GIORGIO DE NOVA

Codice civile e leggi collegate

GIORGIO DE NOVA
Professore Emerito nell'Università degli Studi di Milano

Codice civile e leggi collegate

Costituzione

Trattati UE e FUE

Codice civile

Leggi collegate

2019

ZANICHELLI

Una raccolta legislativa è una operazione complessa e si rendono possibili errori materiali, compiuti nella preparazione editoriale e tipografica della raccolta stessa. L'Autore e la Redazione saranno grati ai lettori che segnaleranno inesattezze o mancanze. L'indirizzo a cui scrivere è:

Zanichelli editore S.p.A. - Via Irnerio, 34 - 40126 Bologna
fax: 051 293311
e-mail: lineasei@zanichelli.it
sito web: www.zanichelli.it

In redazione: Maria Pia Cesaretti
Indice analitico a cura di Donata Rancati

Chiusura redazionale: 4 maggio 2019

Fotocomposizione: Editografica, Rastignano (Bologna)

Finito di stampare nel maggio 2019
dalla LEGO SPA
per conto della Zanichelli editore S.p.A.
Via Irnerio, 34 - 40126 Bologna

PREMESSA

Anche l'edizione di quest'anno presenta molte e rilevanti modifiche.

La trama dei collegamenti muove dal codice - ancor oggi il grande indice del diritto privato, nonostante l'ampio ricorso a testi unici - per portare alle leggi collegate, alla Costituzione, ai trattati comunitari e da tutte tali fonti per ritornare al codice.

Nel codice civile sono stati modificati gli artt. 2044, 2086, 2257, 2330, 2380-bis, 2409-novies, 2475, 2476, 2477, 2486, 2635 e 2635-bis.

Nelle disposizioni per l'attuazione del codice civile è stati modificato l'art. 92.

Tra le leggi collegate sono stati aggiunti il d.lg. 18 maggio 2018, n. 51, sul trattamento dei dati personali (in Leggi coll. II, 4), e uno stralcio del d.lg. 3 luglio 2017, n. 117, codice del Terzo settore (in Leggi coll. XVI, 3).

Significative sono le modificazioni alla disciplina sulla protezione dei dati personali (in Leggi coll. II, 3) da parte del d.lg. 10 agosto 2018, n. 101; alla disciplina sulla tutela degli acquirenti di immobili da costruire (in Leggi coll. V, 2) da parte del d.lg. 12 gennaio 2019, n. 14; al codice delle assicurazioni private (in Leggi coll. VIII, 3) da parte del d.lg. 21 maggio 2018, n. 68; al codice del turismo (in Leggi coll. XI, 9), da parte del d.lg. 21 maggio 2018, n. 62; alla disciplina organica dei contratti di lavoro (in Leggi coll. XII, 7) da parte del d.l. 12 luglio 2018, n. 87, conv. in l. 9 agosto 2018, n. 96; alla disciplina sulla responsabilità delle persone giuridiche (in Leggi coll. XIV, 9) da parte della l. 9 gennaio 2019, n. 3; alla disciplina sull'impresa sociale (in Leggi coll. XVI, 2) da parte del d.lg. 20 luglio 2018, n. 95; al testo unico dell'intermediazione finanziaria (in Leggi coll. XVIII, 1) da parte del d.lg. 21 maggio 2018, n. 68, del d.lg. 10 agosto 2018 n. 107 e del d.lg. 13 febbraio 2019, n. 19; al codice della proprietà industriale (in Leggi coll. XX, 1) da parte del d.lg. 11 maggio 2018 n. 63, del d.lg. 20 febbraio 2019, n. 15 e del d.lg. 19 febbraio 2019, n. 18.

Quanto alla Corte costituzionale si possono segnalare la sentenza n. 194/2018 in tema di calcolo del trattamento di fine rapporto per ogni anno di servizio, la sentenza n. 222/2018 in tema di inabilitazione all'esercizio di una impresa commerciale e di incapacità per la stessa durata ad esercitare uffici direttivi presso qualsiasi impresa, e la sentenza n. 223/2018 in tema di confisca per equivalente ex art. 187-sexies del testo unico dell'intermediazione finanziaria.

Anche in questa edizione è stata data notizia delle più recenti deliberazioni della Consob, della Banca d'Italia e delle autorità indipendenti, la cui funzione regolamentare va assumendo rilievo sempre maggiore.

L'aggiornamento è alla Gazzetta Ufficiale del 4 maggio 2019.

Maggio 2019

GIORGIO DE NOVA

INDICE SOMMARIO

COSTITUZIONE
DELLA REPUBBLICA ITALIANA

Il Capo provvisorio dello Stato

Vista la deliberazione dell'Assemblea Costituente, che nella seduta del 22 dicembre 1947 ha approvato la Costituzione della Repubblica Italiana;

Vista la XVIII disposizione finale della Costituzione;

Promulga

La Costituzione della Repubblica Italiana nel seguente testo:

PRINCIPI FONDAMENTALI

1. *1.* L'Italia è una Repubblica democratica, fondata sul lavoro.

2. La sovranità appartiene al popolo, che la esercita nelle forme e nei limiti della Costituzione.

2. *1.* La Repubblica riconosce e garantisce i diritti inviolabili dell'uomo (1), sia come singolo sia nelle formazioni sociali (c. 14 ss.) ove si svolge la sua personalità, e richiede l'adempimento dei doveri inderogabili di solidarietà politica, economica e sociale (c. 833, 1175, 1900[3]) (2) (3).

3. *1.* Tutti i cittadini hanno pari dignità sociale e sono eguali davanti alla legge, senza distinzione di sesso (cost. 37[1], 48, 51; c. 143, 230-*II*[2]) (4), di razza (5), di lingua, di religione, di opinioni politiche (6), di condizioni personali e sociali (7).

2. È compito della Repubblica rimuovere gli ostacoli di ordine economico e sociale, che, limitando di fatto la libertà e l'eguaglianza dei cittadini, impediscono il pieno sviluppo della persona umana e l'effettiva partecipazione di tutti i lavoratori all'organizzazione politica, economica e sociale del Paese.

4. *1.* La Repubblica riconosce a tutti i cittadini il diritto al lavoro e promuove le condizioni che rendano effettivo questo diritto (8).

2. Ogni cittadino ha il dovere di svolgere, secondo le proprie possibilità e la propria scelta, un'at-

(1) V. la convenzione per la salvaguardia dei diritti dell'uomo e delle libertà fondamentali, firmata a Roma il 4 novembre 1950 (l. 4 agosto 1955, n. 848) in vigore dal 26 ottobre 1955, il protocollo n. 11 fatto a Strasburgo l'11 maggio 1994 (l. 28 agosto 1997, n. 296), che introduce il ricorso individuale alla Corte europea dei diritti dell'uomo e il protocollo n. 14 fatto a Strasburgo il 13 maggio 2004 (l. 15 dicembre 2005, n. 280) sul sistema di controllo della convenzione. Il patto internazionale relativo ai diritti economici, sociali e culturali, ed il patto internazionale relativo ai diritti civili e politici, adottati e aperti alla firma a New York il 16 ed il 19 dicembre 1966 (l. 25 ottobre 1977, n. 881) in vigore dal 15 dicembre 1978 (con riserve); la convenzione per la repressione della tratta degli esseri umani e dello sfruttamento della prostituzione adottata a New York il 21 marzo 1950 (l. 23 novembre 1966, n. 1173) in vigore dal 17 aprile 1980.

(2) V. l. 11 agosto 1991, n. 266, legge-quadro sul volontariato; v. l. 7 dicembre 2000, n. 383, disciplina delle associazioni di promozione sociale.

(3) Per norme in materia di domini collettivi v. l. 20 novembre 2017, n. 168.

(4) V. d.lg. 11 aprile 2006, n. 198, codice delle pari opportunità tra uomo e donna, come modificato dall'art. 1, d.lg. 6 novembre 2007, n. 196. V. la convenzione sull'eliminazione di ogni forma di discriminazione nei confronti delle donne adottata a New York il 18 dicembre 1979 (l. 14 marzo 1985, n. 132) in vigore dal 10 luglio 1985.

(5) V. la convenzione internazionale sull'eliminazione di tutte le forme di discriminazione razziale, aperta alla firma a New York il 7 marzo 1966 (l. 13 ottobre 1975, n. 654 e successive modificazioni) in vigore dal 5 gennaio 1976, e la modifica all'art. 3, l. 13 ottobre 1975, n. 654, introdotta dall'art. 1, l. 16 giugno 2016, n. 115. V. anche d.l. 26 aprile 1993, n. 122, conv. in l. 25 giugno 1993, n. 205, con misure urgenti in materia di discriminazione razziale, etnica e religiosa. Sulla azione civile contro la discriminazione v. art. 42, l. 6 marzo 1998, n. 40. V. d.lg. 9 luglio 2003, n. 215, di attuazione della dir. 2000/43/CE per la parità di trattamento tra le persone indipendentemente dalla razza e dall'origine etnica.

(6) Sulla nullità di «patti o atti diretti a fini di discriminazione politica, religiosa, razziale, di lingua o di sesso» v. art. 15.2, l. 20 maggio 1970, n. 300, come modificato dall'art. 13, l. 9 dicembre 1977, n. 903 e dall'art. 4, d.lg. 9 luglio 2003, n. 216, in *Leggi coll. XII, 2*.

(7) V. l. 19 novembre 1987, n. 476, per il sostegno alle attività di promozione sociale; v. d.lg. 9 luglio 2003, n. 216, sulla parità di trattamento in materia di occupazione e di condizioni di lavoro; v. l. 1° marzo 2006, n. 67, con misure per la tutela giudiziaria delle persone con disabilità vittime di discriminazioni.

(8) Sui provvedimenti per l'occupazione giovanile v. l. 1° giugno 1977, n. 285; d.l. 30 settembre 1977, n. 706, conv. in l. 29 novembre 1977, n. 864; d.l. 6 luglio 1978, n. 351, conv. in l. 4 agosto 1978, n. 479. Sul lavoro dei disabili v. l. 12 marzo 1999, n. 68, e successive modificazioni, d.m. Lavoro 7 luglio 2000, n. 357, in G.U., 4 dicembre 2000, n. 283 e, per il regolamento di esecuzione, d.p.r. 10 ottobre 2000, n. 333.

tività o una funzione che concorra al progresso materiale o spirituale della società (c. 148[1]).

5. *1.* La Repubblica, una e indivisibile, riconosce e promuove le autonomie locali (cost. 114 ss.); attua nei servizi che dipendono dallo Stato il più ampio decentramento amministrativo; adegua i princìpi ed i metodi della sua legislazione alle esigenze dell'autonomia e del decentramento.

6. *1.* La Repubblica tutela con apposite norme le minoranze linguistiche (trans. cost. X) (1).

7. *1.* Lo Stato e la Chiesa cattolica sono, ciascuno nel proprio ordine, indipendenti e sovrani.

2. I loro rapporti sono regolati dai Patti Lateranensi (2). Le modificazioni dei Patti, accettate dalle due parti, non richiedono procedimento di revisione costituzionale (cost. 138 ss.).

8. *1.* Tutte le confessioni religiose sono egualmente libere davanti alla legge (cost. 19).

2. Le confessioni religiose diverse dalla cattolica hanno diritto di organizzarsi secondo i propri statuti, in quanto non contrastino con l'ordinamento giuridico italiano.

3. I loro rapporti con lo Stato sono regolati per legge sulla base di intese con le relative rappresentanze (3).

9. *1.* La Repubblica promuove lo sviluppo della cultura e la ricerca scientifica e tecnica (4).

2. Tutela il paesaggio e il patrimonio storico e artistico della Nazione (5) (6).

(1) V. art. 38 ss., l. cost. 26 febbraio 1948, n. 4, Statuto della Valle d'Aosta, e d.lg. 20 novembre 2017, n. 184, per norme di attuazione dello Statuto speciale della Valle d'Aosta in materia di coordinamento e di raccordo tra la finanza statale e regionale; art. 84 ss., l. cost. 26 febbraio 1948, n. 5, Statuto della Regione Trentino-Alto Adige e l. cost. 4 dicembre 2017, n. 1, per modifiche allo statuto speciale per il Trentino-Alto Adige in materia di tutela delle minoranze linguistiche; art. 3, l. cost. 31 gennaio 1963, n. 1, Statuto della Regione Friuli-Venezia Giulia. V. l. 15 dicembre 1999, n. 482, con norme in materia di tutela delle minoranze linguistiche storiche, che all'art. 2 dispone: «In attuazione dell'art. 6 della Costituzione e in armonia con i princìpi generali stabiliti dagli organismi europei e internazionali, la Repubblica tutela la lingua e la cultura delle popolazioni albanesi, catalane, germaniche, greche, slovene e croate e di quelle parlanti il francese, il franco-provenzale, il friulano, il ladino, l'occitano e il sardo». Per il regolamento v. d.p.r. 2 maggio 2001, n. 345, modificato con d.p.r. 30 gennaio 2003, n. 60. V. l. 23 febbraio 2001, n. 38, con norme a tutela della minoranza linguistica slovena della regione Friuli-Venezia Giulia, e d.m. Interno 4 luglio 2012, in G.U., 18 settembre 2012, n. 218, per l'istituzione del Tavolo istituzionale permanente sulle questioni attinenti la minoranza linguistica slovena in Italia. V. d.lg. 14 settembre 2011, n. 172, con norme di attuazione dello Statuto speciale della regione Trentino-Alto Adige recante modifica dell'art. 32.3 del d.p.r. 15 luglio 1988, n. 574, in materia di tutela della popolazione di lingua ladina in provincia di Bolzano; d.lg. 4 novembre 2015, n. 186, con norme di attuazione dello statuto speciale per la Regione Trentino-Alto Adige recanti modifiche e integrazioni al d.p.r. 15 luglio 1988, n. 574, in materia di uso della lingua tedesca e della lingua ladina nei rapporti dei cittadini con la pubblica amministrazione e nei procedimenti giudiziari. V. d.lg. 13 gennaio 2016, n. 16, con norme di attuazione dello Statuto speciale della regione Sardegna per il trasferimento delle funzioni in materia di tutela della lingua e della cultura delle minoranze linguistiche storiche nella Regione.

(2) V. l. 27 maggio 1929, n. 847, in *Leggi coll. II, 8*; cfr. anche l. 25 marzo 1985, n. 121, in *Leggi coll. II, 7*.

(3) Confronta in proposito l. 24 giugno 1929, n. 1159, sull'esercizio dei culti ammessi nello Stato; l. 11 agosto 1984, n. 449, modificata con l. 5 ottobre 1993, n. 409, a sua volta modificata con l. 8 giugno 2009, n. 68, per le chiese rappresentate dalla Tavola valdese; l. 22 novembre 1988, n. 516, modificata con l. 8 giugno 2009, n. 67 e *Comunicato* in G.U., 27 giugno 2009, n. 147, per l'Unione italiana delle Chiese cristiane avventiste del 7° giorno; l. 22 novembre 1988, n. 517, per le Assemblee di Dio in Italia; l. 8 marzo 1989, n. 101, modificata dalla l. 20 dicembre 1996, n. 638, per l'Unione delle Comunità ebraiche in Italia; l. 12 aprile 1995, n. 116, modificata con l. 12 marzo 2012, n. 34, per l'Unione Cristiana Evangelica Battista d'Italia; l. 29 novembre 1995, n. 520, per la chiesa Evangelica Luterana in Italia; l. 30 luglio 2012, n. 126, per la Sacra arcidiocesi ortodossa d'Italia ed Esarcato per l'Europa Meridionale; l. 30 luglio 2012, n. 127, per la Chiesa di Gesù Cristo dei Santi degli ultimi giorni; l. 30 luglio 2012, n. 128, per la Chiesa apostolica in Italia; l. 31 dicembre 2012, n. 245, per la regolazione dei rapporti tra lo Stato e l'Unione Buddhista Italiana; l. 31 dicembre 2012, n. 246, per la regolazione dei rapporti tra lo Stato e l'Unione Induista Italiana, Sanatana Dharma Samgha; l. 28 giugno 2016, n. 130, per la regolazione dei rapporti tra lo Stato e l'Istituto Buddista Italiano Soka Gakkai.

(4) V. d.lgt. 1° marzo 1945, n. 82, modif. e integr. dal d.l. 7 maggio 1948, n. 1167, sul Consiglio Nazionale delle Ricerche; l. 2 marzo 1963, n. 283, organizzazione e sviluppo della ricerca scientifica in Italia. Per disposizioni in materia di spettacolo v. l. 22 novembre 2017, n. 175.

(5) V. d.lg. 22 gennaio 2004, n. 42, codice dei beni culturali e del paesaggio; v. anche la convenzione sulla protezione del patrimonio culturale e naturale mondiale, firmata a Parigi il 16 novembre 1972 (l. 6 aprile 1977, n. 184) in vigore dal 23 settembre 1978, e la convenzione concernente le misure da prendere per impedire l'importazione, l'esportazione e i trasferimenti illeciti di proprietà di beni culturali, firmata a Parigi il 14 novembre 1970 (l. 30 ottobre 1975, n. 873) in vigore dal 2 gennaio 1979; v., in ultimo, l. 29 aprile 2015, n. 57, di ratifica ed esecuzione della Convenzione europea per la protezione del patrimonio archeologico, fatta alla Valletta il 16 gennaio 1992.

La tutela, la fruizione e la valorizzazione del patrimonio culturale sono attività che rientrano tra i livelli essenziali delle prestazioni di cui all'art. 117.2 Cost.: art. 1, d.l. 20 settembre 2015, n. 146, conv. in l. 12 novembre 2015, n. 182.

(6) Per norme in materia di domini collettivi v. l. 20 novembre 2017, n. 168.

10. *1.* L'ordinamento giuridico italiano si conforma alle norme del diritto internazionale generalmente riconosciute (1).

2. La condizione giuridica dello straniero è regolata dalla legge in conformità delle norme e dei trattati internazionali (prel. 16) (2).

3. Lo straniero, al quale sia impedito nel suo paese l'effettivo esercizio delle libertà democratiche garantite dalla Costituzione italiana, ha diritto d'asilo nel territorio della Repubblica, secondo le condizioni stabilite dalla legge.

4. Non è ammessa l'estradizione dello straniero per reati politici (cost. 26²; p. 13; p.p. 696 ss.) (3).

11. *1.* L'Italia ripudia la guerra come strumento di offesa alla libertà degli altri popoli e come mezzo di risoluzione delle controversie internazionali (cost. 78) (4); consente, in condizioni di parità con gli altri Stati, alle limitazioni di sovranità necessarie ad un ordinamento che assicuri la pace e la giustizia fra le Nazioni; promuove e favorisce le organizzazioni internazionali rivolte a tale scopo (5).

12. *1.* La bandiera della Repubblica è il tricolore italiano: verde, bianco e rosso, a tre bande verticali di eguali dimensioni (6).

PARTE PRIMA

DIRITTI E DOVERI DEI CITTADINI

TITOLO I

Rapporti civili

13. *1.* La libertà personale è inviolabile.

2. Non è ammessa forma alcuna di detenzione, di ispezione o perquisizione personale, né qualsiasi altra restrizione della libertà personale, se non per atto motivato dell'autorità giudiziaria e nei soli casi e modi previsti dalla legge (p.c. 118, 258-260; p.p. 244 ss., 272 ss., 379 ss.).

3. In casi eccezionali di necessità ed urgenza, indicati tassativamente dalla legge, l'autorità di pubblica sicurezza può adottare provvedimenti provvisori, che devono essere comunicati entro quarantotto ore all'autorità giudiziaria e, se questa non li convalida nelle successive quarantotto ore, si intendono revocati e restano privi di ogni effetto (p.p. 352, 380 ss.).

4. È punita ogni violenza fisica e morale sulle persone comunque sottoposte a restrizioni di libertà.

5. La legge stabilisce i limiti massimi della carcerazione preventiva (p. 137 ss.; p.p. 303) (7).

(1) Per le norme generali sulla partecipazione dell'Italia al processo normativo dell'Unione europea e sulle procedure di esenzione degli obblighi comunitari v. l. 4 febbraio 2005, n. 11, come modificata dagli artt. 4-10, l. 4 giugno 2010, n. 96; l. 14 marzo 2005, n. 41, per l'attuazione dell'Eurojust; l. 24 dicembre 2012, n. 234, per norme generali sulla partecipazione dell'Italia alla formazione e all'attuazione della normativa e delle politiche dell'Unione europea.

(2) D.lg. 25 luglio 1998, n. 286, t.u. sull'immigrazione e sulla condizione dello straniero, come modificato dal d.lg. 19 ottobre 1998, n. 380, dal d.lg. 13 aprile 1999, n. 113, dal d.l. 14 settembre 2004, n. 241, conv. in l. 12 novembre 2004, n. 271, e dal d.lg. 29 dicembre 2016, n. 253, e, per il regolamento, d.p.r. 31 agosto 1999, n. 394, come modificato dal d.p.r. 18 ottobre 2004, n. 334; l. 30 luglio 2002, n. 189, in materia di immigrazione e asilo. Sul permesso di soggiorno v. art. 5, l. 6 marzo 1998, n. 40. Per la disciplina dei soggiorni di breve durata degli stranieri v. l. 28 maggio 2007, n. 68. Per la Carta dei valori della cittadinanza e dell'integrazione v. d.m. Interno 23 aprile 2007, in G.U., 15 giugno 2007, n. 137. Per l'adesione della Repubblica italiana alla Convenzione delle Nazioni Unite sulla riduzione dei casi di apolidia, fatta a New York il 30 agosto 1961, v. l. 29 settembre 2015, n. 162.

(3) Questo comma non si applica ai delitti di genocidio: l. cost. 21 giugno 1967, n. 1. Sull'ingresso e il soggiorno dei cittadini extracomunitari v. d.l. 30 dicembre 1989, n. 416, conv. in l. 28 febbraio 1990, n. 39. Sulla circolazione e il soggiorno dei cittadini degli Stati membri dell'Unione europea v. d.p.r. 18 gennaio 2002, n. 54.

(4) V. la Convenzione europea per il regolamento pacifico delle controversie firmata a Strasburgo il 29 aprile 1957 (l. 23 marzo 1958, n. 411) in vigore dal 29 gennaio 1960.

(5) Per la disciplina generale sulla cooperazione internazionale per lo sviluppo v. l. 11 agosto 2014, n. 125. V. l. 9 luglio 1990, n. 185, con nuove norme sul controllo dell'esportazione, importazione e transito dei materiali di armamento e per il regolamento di esecuzione d.p.c.m. 14 gennaio 2005, n. 93, in G.U., 3 giugno 2005, n. 127.

(6) V. d.lg. 5 maggio 1948, n. 535, sulla foggia e uso dell'emblema dello Stato; l. 5 febbraio 1998, n. 22, disposizioni sull'uso della bandiera della Repubblica italiana e di quella dell'Unione europea e, per il regolamento, d.p.r. 7 aprile 2000, n. 121. Per il riconoscimento del «Canto degli italiani» di Goffredo Mameli quale inno nazionale v. l. 4 dicembre 2017, n. 181.

(7) Sui problemi dell'ordine pubblico v. l. 22 maggio 1975, n. 152; l. 8 agosto 1977, n. 533; d.l. 21 marzo 1978, n. 59, conv. in l. 18 maggio 1978, n. 191; d.l. 15 dicembre 1979, n. 625, conv. in l. 6 febbraio 1980, n. 15. Per le più recenti modifiche alla disciplina della custodia cautelare v. l. 16 aprile 2015, n. 47.

14. *1.* Il domicilio è inviolabile (p. 614 ss.).

2. Non vi si possono eseguire ispezioni o perquisizioni o sequestri, se non nei casi e modi stabiliti dalla legge secondo le garanzie prescritte per la tutela della libertà personale (c. 1798 ss., 2905 ss.; p.c. 118, 258, 259, 670 ss.; p.p. 244, 247 ss.).

3. Gli accertamenti e le ispezioni per motivi di sanità e di incolumità pubblica o a fini economici e fiscali sono regolati da leggi speciali.

15. *1.* La libertà e la segretezza della corrispondenza e di ogni altra forma di comunicazione sono inviolabili (p. 615-*III*; 616 ss.; l. aut. 93 ss.) (1).

2. La loro limitazione può avvenire soltanto per atto motivato dell'autorità giudiziaria con le garanzie stabilite dalla legge (p.p. 254, 353 ss.).

16. *1.* Ogni cittadino può circolare e soggiornare liberamente in qualsiasi parte del territorio nazionale, salvo le limitazioni che la legge stabilisce in via generale per motivi di sanità o di sicurezza. Nessuna restrizione può essere determinata da ragioni politiche (trans. cost. XIII) (2).

2. Ogni cittadino è libero di uscire dal territorio della Repubblica e di rientrarvi, salvo gli obblighi di legge (3).

17. *1.* I cittadini hanno diritto di riunirsi pacificamente e senz'armi (4).

2. Per le riunioni, anche in luogo aperto al pubblico, non è richiesto preavviso.

3. Delle riunioni in luogo pubblico deve essere dato preavviso alle autorità, che possono vietarle soltanto per comprovati motivi di sicurezza o di incolumità pubblica.

18. *1.* I cittadini hanno diritto di associarsi liberamente, senza autorizzazione, per fini che non sono vietati ai singoli dalla legge penale (c. 14 ss.; trans. cost. XII) (5).

2. Sono proibite le associazioni segrete (6) e quelle che perseguono, anche indirettamente, scopi politici mediante organizzazioni di carattere militare (7).

19. *1.* Tutti hanno diritto di professare liberamente la propria fede religiosa in qualsiasi forma, individuale o associata, di farne propaganda e di esercitarne in privato o in pubblico il culto, purché non si tratti di riti contrari al buon costume (cost. 8).

20. *1.* Il carattere ecclesiastico e il fine di religione o di culto d'una associazione od istituzione non possono essere causa di speciali limitazioni legislative, né di speciali gravami fiscali per la sua costituzione, capacità giuridica e ogni forma di attività.

21. *1.* Tutti hanno diritto di manifestare liberamente il proprio pensiero con la parola, lo scritto e ogni altro mezzo di diffusione (8).

(1) V. artt. 10, 11, d.p.r. 29 marzo 1973, n. 156, t.u. delle disposizioni legislative in materia postale, di bancoposta e di telecomunicazioni.

(2) V. l. 10 febbraio 1961, n. 5, disposizioni per agevolare la mobilità territoriale dei lavoratori; sulle misure di prevenzione nei confronti di persone pericolose, v. l. 27 dicembre 1956, n. 1423, l. 31 maggio 1965, n. 575, artt. 18-21, l. 22 maggio 1975, n. 152, l. 13 settembre 1982, n. 646, modif. con l. 23 dicembre 1982, n. 936; l. 3 agosto 1988, n. 327; l. 19 marzo 1990, n. 55.

(3) V. l. 21 novembre 1967, n. 1185, norme sui passaporti, il cui art. 18 è stato sostituito dall'art. 5-*bis*, comma 2, d.l. 24 aprile 2014, n. 66, conv. in l. 23 giugno 2014, n. 89; per le disposizioni relative al modello e alle caratteristiche di sicurezza del passaporto ordinario elettronico v. d.m. Affari esteri 23 giugno 2009, n. 303/014, in G.U., 27 giugno 2009, n. 147; per le disposizioni relative ai libretti di passaporto ordinario elettronico v. d.m. Affari esteri 23 giugno 2009, n. 303/015, in G.U., 27 giugno 2009, n. 147; per le specifiche tecniche del processo di emissione del passaporto elettronico v. d.m. Affari esteri 24 dicembre 2012, in G.U., 4 gennaio 2013, n. 3. V. inoltre reg. 15 ottobre 1968, n. 1612/68, sulla libera circolazione dei lavoratori all'interno della Comunità; l. 4 aprile 1977, n. 127; l. 9 febbraio 1982, n. 31, sull'esercizio dell'avvocatura nei paesi CEE; sul diritto dei cittadini dell'Unione e dei loro familiari di circolare e di soggiornare liberamente nel territorio degli Stati membri della CE v. d.lg. 6 febbraio 2007, n. 30, come modificato dal d.lg. 28 febbraio 2008, n. 32 e dal d.l. 23 giugno 2011, n. 89, conv. in l. 2 agosto 2011, n. 129.

(4) V. art. 18 ss., r.d. 18 giugno 1931, n. 773, t.u. delle leggi di pubblica sicurezza.

(5) Per il codice del Terzo settore v. d.lg. 3 luglio 2017, n. 117, in *Leggi coll. XVI, 3*.

(6) Per le norme di attuazione v. l. 25 gennaio 1982, n. 17.

(7) V. d.lg. 14 febbraio 1948, n. 43, divieto delle associazioni di carattere militare; d.lg. 6 settembre 2011, n. 159, codice delle leggi antimafia, come modificato dal d.lg. 15 novembre 2012, n. 218 e dal d.lg. 13 ottobre 2014, n. 153.

(8) Sulla stampa v. l. 8 febbraio 1948, n. 47, l. 28 marzo 1956, n. 168, l. 6 giugno 1975, n. 172. Sui servizi di media audiovisivi e radiofonici v. il t.u. d.lg. 31 luglio 2005, n. 177, come modificato dal d.lg. 15 marzo 2010, n. 44, dall'art. 3, d.l. 31 marzo 2011, n. 34, conv. in l. 26 maggio 2011, n. 75, dal d.lg. 28 giugno 2012, n. 120, dall'art. 9, l. 26 ottobre 2016, n. 198, dal d.lg. 7 dicembre 2017, n. 204 e dall'art. 1.1101-1102, l. 30 dicembre 2018, n. 145. Sulla disciplina del cinema e dell'audiovisivo v. l. 14 novembre 2016, n. 220; per disposizioni in materia di spettacolo v. l. 22 novembre 2017, n. 175; per disposizioni in materia di lavoro nel settore cinematografico e audiovisivo v. d.lg. 7 dicembre 2017, n. 202; per la riforma delle disposizioni legislative in materia di tutela dei minori nel settore cinematografico e audiovisivo v. d.lg. 7 dicembre 2017, n. 203. V. l. 31 luglio 1997, n. 249, che istituisce l'Autorità per le garanzie nelle comunicazioni. Sulla libertà di opinione dei lavoratori, v. art. 1, l. 20 maggio 1970, n. 300, in *Leggi coll. XII, 2*. Per l'attuazione del pluralismo nelle emittenti televisive locali v. l. 6 novembre 2003, n. 313.

2. La stampa non può essere soggetta ad autorizzazioni o censure.

3. Si può procedere a sequestro soltanto per atto motivato dell'autorità giudiziaria nel caso di delitti, per i quali la legge sulla stampa espressamente lo autorizzi, o nel caso di violazione delle norme che la legge stessa prescriva per l'indicazione dei responsabili.

4. In tali casi, quando vi sia assoluta urgenza e non sia possibile il tempestivo intervento della autorità giudiziaria, il sequestro della stampa periodica può essere eseguito da ufficiali di polizia giudiziaria, che devono immediatamente, e non mai oltre ventiquattro ore, fare denunzia all'autorità giudiziaria. Se questa non lo convalida nelle ventiquattro ore successive, il sequestro si intende revocato e privo d'ogni effetto.

5. La legge può stabilire, con norme di carattere generale, che siano resi noti i mezzi di finanziamento della stampa periodica.

6. Sono vietate le pubblicazioni a stampa, gli spettacoli e tutte le altre manifestazioni contrarie al buon costume. La legge stabilisce provvedimenti adeguati a prevenire e a reprimere le violazioni (1).

22. *1.* Nessuno può essere privato, per motivi politici, della capacità giuridica, della cittadinanza, del nome.

23. *1.* Nessuna prestazione personale o patrimoniale può essere imposta se non in base alla legge.

24. *1.* Tutti possono agire in giudizio per la tutela dei propri diritti e interessi legittimi (2).

2. La difesa è diritto inviolabile in ogni stato e grado del procedimento.

3. Sono assicurati ai non abbienti, con appositi istituti, i mezzi per agire e difendersi davanti ad ogni giurisdizione (3).

4. La legge determina le condizioni e i modi per la riparazione degli errori giudiziari (p.p. 643 ss.).

25. *1.* Nessuno può essere distolto dal giudice naturale precostituito per legge.

2. Nessuno può essere punito se non in forza di una legge che sia entrata in vigore prima del fatto commesso (p. 2) (4).

3. Nessuno può essere sottoposto a misure di sicurezza se non nei casi previsti dalla legge (p. 199 ss.; p.p. 658, 679).

26. *1.* L'estradizione del cittadino può essere consentita soltanto ove sia espressamente prevista dalle convenzioni internazionali (cost. 10; p. 13; p.p. 696 ss.).

2. Non può in alcun caso essere ammessa per reati politici (cost. 10) (5).

27. *1.* La responsabilità penale è personale.

2. L'imputato non è considerato colpevole sino alla condanna definitiva.

3. Le pene non possono consistere in trattamenti contrari al senso di umanità e devono tendere alla rieducazione del condannato (6).

4. Non è ammessa la pena di morte (7).

28. *1.* I funzionari e i dipendenti dello Stato e degli enti pubblici sono direttamente responsabili, secondo le leggi penali, civili e amministrative, degli atti compiuti in violazione di diritti. In tali casi la responsabilità civile si estende allo Stato e agli enti pubblici (8).

TITOLO II

Rapporti etico-sociali

29. *1.* La Repubblica riconosce i diritti della famiglia come società naturale fondata sul matrimonio (c. 79 ss.).

2. Il matrimonio è ordinato sulla eguaglianza morale e giuridica dei coniugi (c. 143, 144, 147,

(1) V. l. 12 dicembre 1960, n. 1591, sull'esposizione al pubblico di manifesti, immagini, oggetti contrari al pudore e alla decenza.

(2) Sulla giustizia sportiva v. d.l. 19 agosto 2003, n. 220, conv. in l. 17 ottobre 2003, n. 280.

(3) Sul patrocinio a spese dello Stato v. artt. 74 (L) ss., d.p.r. 30 maggio 2002, n. 115.

(4) Sulla depenalizzazione di delitti e contravvenzioni v. artt. 32-39, l. 24 novembre 1981, n. 689 e d.lg. 30 dicembre 1999, n. 507.

(5) V. nota 3 all'art. 10.

(6) V. l. 26 luglio 1975, n. 354, norme sull'ordinamento penitenziario.

(7) L'art. 1, l. 13 ottobre 1994, n. 589, ha abolito la pena di morte per i delitti previsti dal codice penale militare di guerra e dalle leggi militari di guerra, e l'ha sostituita con la pena massima prevista dal codice penale. Le parole «, se non nei casi previsti dalle leggi militari di guerra» sono state soppresse dall'art. 1, l. cost. 2 ottobre 2007, n. 1.

(8) Sulla responsabilità dei soggetti sottoposti alla giurisdizione della Corte dei conti v. art. 1, l. 14 gennaio 1994, n. 20, come modificato dall'art. 3, d.l. 23 ottobre 1996, n. 543, conv. in l. 20 dicembre 1996, n. 639. Sulla responsabilità civile dei magistrati v. l. 13 aprile 1988, n. 117, modificata dalla l. 2 dicembre 1988, n. 420 e dalla l. 27 febbraio 2015, n. 18. Sulle responsabilità dirigenziali nelle amministrazioni pubbliche v. art. 20, d.lg. 3 febbraio 1993, n. 29, come sostituito dall'art. 6.1, d.lg. 10 novembre 1993, n. 470.

320), con i limiti stabiliti dalla legge a garanzia dell'unità familiare (1) (2).

30. *1.* È dovere e diritto dei genitori mantenere, istruire ed educare i figli, anche se nati fuori del matrimonio (c. 147).

2. Nei casi di incapacità dei genitori, la legge provvede a che siano assolti i loro compiti (3).

3. La legge assicura ai figli nati fuori del matrimonio ogni tutela giuridica e sociale, compatibile con i diritti dei membri della famiglia legittima (c. 250 ss.).

4. La legge detta le norme e i limiti per la ricerca della paternità (c. 269 ss.) (2).

31. *1.* La Repubblica agevola con misure economiche e altre provvidenze la formazione della famiglia e l'adempimento dei compiti relativi, con particolare riguardo alle famiglie numerose (4).

2. Protegge la maternità (cost. 37) (5), l'infanzia e la gioventù, favorendo gli istituti necessari a tale scopo (6) (2).

32. *1.* La Repubblica tutela la salute come fondamentale diritto dell'individuo (7) e interesse della collettività (8), e garantisce cure gratuite agli indigenti (9).

2. Nessuno può essere obbligato a un deter-

(1) Sul diritto al ricongiungimento familiare v. d.lg. 8 gennaio 2007, n. 5.

(2) Per il regolamento recante istituzione e funzionamento del nuovo Osservatorio nazionale sulla famiglia v. d.p.c.m. 10 marzo 2009, n. 43, in G.U., 7 maggio 2009, n. 104.

(3) V. l. 4 maggio 1983, n. 184, sull'adozione e l'affidamento dei minori, modificata con l. 28 marzo 2001, n. 149, in *Leggi coll. II, 14*.

(4) Sulla corresponsione dell'assegno per ogni figlio secondo od ulteriore per ordine di nascita v. art. 21, d.l. 30 settembre 2003, n. 269, conv. in l. 24 novembre 2003, n. 326. Per disposizioni per l'introduzione di una misura nazionale di contrasto alla povertà v. d.lg. 15 settembre 2017, n. 147, modificato dall'art. 11, d.l. 28 gennaio 2019, n. 4, conv. in l. 28 marzo 2019, n. 26. Per disposizioni urgenti in materia di reddito di cittadinanza, v. artt. 1-13, d.l. n. 4/2019 cit., conv. in l. 28 marzo 2019, n. 26.

(5) V. l. 22 maggio 1978, n. 194, norme per la tutela sociale della maternità e sull'interruzione volontaria della gravidanza; l. 19 febbraio 2004, n. 40, norme in materia di procreazione medicalmente assistita, in *Leggi coll. II, 13*.

(6) V. l. 4 maggio 1983, n. 184, sull'adozione e l'affidamento dei minori, modificata con l. 28 marzo 2001, n. 149, in *Leggi coll. II, 14*; convenzione sugli aspetti civili della sottrazione dei minori firmata a l'Aja il 25 ottobre 1980 (l. 15 gennaio 1994, n. 64) in vigore dal 1° maggio 1995; l. 28 agosto 1997, n. 285, disposizioni per la promozione di diritti e di opportunità per l'infanzia e l'adolescenza; l. 6 febbraio 2006, n. 38, disposizioni in materia di lotta contro lo sfruttamento sessuale dei bambini e la pedopornografia; l. 12 luglio 2011, n. 112, per l'istituzione dell'Autorità garante per l'infanzia e l'adolescenza; d.p.c.m. 20 luglio 2012, n. 168, in G.U., 29 settembre 2012, n. 228, per il regolamento recante l'organizzazione dell'Autorità garante per l'infanzia e l'adolescenza, la sede e la gestione delle spese; art. 34, d.lg. 31 luglio 2005, n. 177, come sostituito dall'art. 1, d.lg. 28 giugno 2012, n. 120, per disposizioni a tutela dei minori nell'esercizio delle attività televisive; d.lg. 4 marzo 2014, n. 39, per la lotta contro l'abuso e lo sfruttamento sessuale dei minori e la pornografia minorile; l. 29 maggio 2017, n. 71, per disposizioni a tutela dei minori per la prevenzione ed il contrasto del fenomeno del cyberbullismo; d.lg. 7 dicembre 2017, n. 203, per la riforma delle diposizioni legislative in materia di tutela dei minori nel settore cinematografico e audiovisivo.

(7) V. art. 9, l. 20 maggio 1970, n. 300, in *Leggi coll. XII, 2*; v. l. 5 febbraio 1992, n. 104, legge-quadro per le persone handicappate, e l. 3 marzo 2009, n. 18, di ratifica ed esecuzione della Convenzione delle Nazioni Unite sui diritti delle persone con disabilità, con Protocollo opzionale, fatta a New York il 13 dicembre 2006 e istituzione dell'Osservatorio nazionale sulla condizione delle persone con disabilità; v. l. 22 giugno 2016, n. 112, per disposizioni in materia di assistenza in favore delle persone con disabilità grave prive del sostegno familiare.

(8) V. l. 29 luglio 1975, n. 405, istituzione dei consultori familiari; l. 22 dicembre 1975, n. 685, disciplina degli stupefacenti e delle sostanze psicotrope; d.p.r. 9 ottobre 1990, n. 309, t.u. in materia di stupefacenti e tossicodipendenza, modificato con l. 8 febbraio 2001, n. 12, norme per agevolare l'impiego dei farmaci analgesici oppiacei nella terapia del dolore; l. 14 dicembre 2000, n. 376, disciplina della tutela sanitaria delle attività sportive e della lotta contro il doping; l. 22 febbraio 2001, n. 36, legge quadro sulla protezione dalle esposizioni a campi elettrici, magnetici ed elettromagnetici; l. 5 giugno 2012, n. 86, istituzione del registro nazionale e dei registri regionali degli impianti protesici mammari, obblighi informativi alle pazienti, nonché divieto di intervento di plastica mammaria alle persone minori; d.m. Salute 7 ottobre 2014, in suppl. ord. n. 89 a G.U., 22 novembre 2014, n. 272, protocolli diagnostici nei casi della morte improvvisa infantile e della morte inaspettata del feto; d.lg. 15 febbraio 2016, n. 28, attuazione della dir. 2013/51/EURATOM del Consiglio, del 22 ottobre 2013, che stabilisce requisiti per la tutela della salute della popolazione relativamente alle sostanze radioattive presenti nelle acque destinate al consumo umano; l. 19 agosto 2016, n. 167, disposizioni in materia di accertamenti diagnostici neonatali obbligatori per la prevenzione e la cura delle malattie metaboliche ereditarie; d.l. 7 giugno 2017, n. 73, conv. in l. 31 luglio 2017, n. 119, disposizioni urgenti in materia di prevenzione vaccinale; l. 11 gennaio 2018, n. 3, delega al Governo in materia di sperimentazione clinica di medicinali nonché disposizioni per il riordino delle professioni sanitarie e per la dirigenza sanitaria del Ministero della salute; l. 22 marzo 2019, n. 29, istituzione e disciplina della Rete nazionale dei registri dei tumori.

(9) V. d.lg. 30 dicembre 1992, n. 502, riordino della disciplina in materia sanitaria. V. inoltre d.l. 13 settembre 2012, n. 158, conv. in l. 8 novembre 2012, n. 189, per disposizioni urgenti per promuovere lo sviluppo del Paese mediante un più alto livello di tutela della salute; artt. 12-13-*bis*, d.l. 18 ottobre 2012, n. 179, conv. in l. 17 dicembre 2012, n. 221, sulla sanità digitale; d.l. 25 marzo 2013, n. 24, conv. in l. 23 maggio 2013, n. 57, e successive modificazioni, per disposizioni urgenti in materia sanitaria; d.lg. 4 agosto 2016, n. 171, in materia di dirigenza sanitaria, che, fra l'altro, con l'art. 9.1 abroga l'art. 3-*bis*, comma 1, commi da 3 a 7, e commi 13 e 15, d.lg. n. 502/1992 cit., integrato e corretto con d.lg. 26 luglio 2017, n. 126.

minato trattamento sanitario se non per disposizione di legge. La legge non può in nessun caso violare i limiti imposti dal rispetto della persona umana (1).

33. *1.* L'arte e la scienza sono libere e libero ne è l'insegnamento (2).

2. La Repubblica detta le norme generali sull'istruzione ed istituisce scuole statali per tutti gli ordini e gradi (3).

3. Enti e privati hanno il diritto di istituire scuole ed istituti di educazione, senza oneri per lo Stato.

4. La legge, nel fissare i diritti e gli obblighi delle scuole non statali che chiedono la parità, deve assicurare ad esse piena libertà e ai loro alunni un trattamento scolastico equipollente a quello degli alunni di scuole statali (4).

5. È prescritto un esame di Stato per l'ammissione ai vari ordini e gradi di scuole o per la conclusione di essi e per l'abilitazione all'esercizio professionale.

6. Le istituzioni di alta cultura, università ed accademie, hanno il diritto di darsi ordinamenti autonomi nei limiti stabiliti dalle leggi dello Stato (5).

34. *1.* La scuola è aperta a tutti.

2. L'istruzione inferiore, impartita per almeno otto anni, è obbligatoria e gratuita (6).

(1) V. l. 13 maggio 1978, n. 180, sugli accertamenti e trattamenti sanitari volontari e obbligatori; l. 22 dicembre 2017, n. 219, sulle norme in materia di consenso informato e di disposizioni anticipate di trattamento.

(2) Per disposizioni in materia di spettacolo v. l. 22 novembre 2017, n. 175.

(3) V. l. 13 luglio 2015, n. 107, riforma del sistema nazionale di istruzione e formazione. V. d.lg. 19 febbraio 2004, n. 59, con definizione delle norme generali relative alla scuola dell'infanzia e del primo ciclo dell'istruzione; sul costo dei libri scolastici v. art. 15, d.l. 25 giugno 2008, n. 112, conv. in l. 6 agosto 2008, n. 133, e l. 27 luglio 2011, n. 128, in vigore dal 1° settembre 2011; per norme relative alla valutazione del comportamento degli studenti, sul rendimento scolastico, sull'insegnante unico nella scuola primaria e sull'adozione dei libri di testo v. artt. 2-5, d.l. 1° settembre 2008, n. 137, conv. in l. 30 ottobre 2008, n. 169; sulla riforma del sistema nazionale di istruzione e formazione e delega per il riordino delle disposizioni legislative vigenti v. l. 13 luglio 2015, n. 107; per disposizioni urgenti in materia di funzionalità del sistema scolastico e della ricerca v. d.l. 29 marzo 2016, n. 42, conv. in l. 26 maggio 2016, n. 89; sul riordino, adeguamento e semplificazione del sistema di formazione iniziale e di accesso nei ruoli di docente nella scuola secondaria per renderlo funzionale alla valorizzazione sociale e culturale della professione v. d.lg. 13 aprile 2017, n. 59; per norme sulla promozione della cultura umanistica, sulla valorizzazione del patrimonio e delle produzioni culturali e sul sostegno della creatività v. d.lg. 13 aprile 2017, n. 60; per la revisione dei percorsi dell'istruzione professionale v. d.lg. 13 aprile 2017, n. 61; per norme in materia di valutazione e certificazione delle competenze nel primo ciclo ed esami di Stato v. d.lg. 13 aprile 2017, n. 62; per l'effettività del diritto allo studio attraverso la definizione delle prestazioni, in relazione ai servizi alla persona, con particolare riferimento alle condizioni di disagio e ai servizi strumentali, nonché potenziamento della carta dello studente v. d.lg. 13 aprile 2017, n. 63; per la disciplina della scuola italiana all'estero v. d.lg. 13 aprile 2017, n. 64; per l'istituzione del sistema integrato di educazione e di istruzione dalla nascita sino a sei anni v. d.lg. 13 aprile 2017, n. 65; per norme per la promozione dell'inclusione scolastica degli studenti con disabilità v. d.lg. 13 aprile 2017, n. 66.

(4) V. l. 10 marzo 2000, n. 62, norme per la parità scolastica e disposizioni sul diritto allo studio e all'istruzione.

(5) Per disposizioni urgenti per il diritto allo studio, la valorizzazione del merito e la qualità del sistema universitario e della ricerca v. d.l. 10 novembre 2008, n. 180, conv. in l. 9 gennaio 2009, n. 1; per norme in materia di organizzazione delle università, di personale accademico e reclutamento, nonché delega al Governo per incentivare la qualità e l'efficienza del sistema universitario v. l. 30 dicembre 2010, n. 240.

(6) Sul regolamento di attuazione dell'art. 68, l. 17 maggio 1999, n. 144, concernente l'obbligo di frequenza di attività formative fino al diciottesimo anno di età, v. d.p.r. 12 luglio 2000, n. 257. V. d.lg. 19 febbraio 2004, n. 59, con definizione delle norme generali relative alla scuola dell'infanzia e del primo ciclo dell'istruzione; sul costo dei libri scolastici v. art. 15, d.l. 25 giugno 2008, n. 112, conv. in l. 6 agosto 2008, n. 133, e l. 27 luglio 2011, n. 128, in vigore dal 1° settembre 2011; per norme relative alla valutazione del comportamento degli studenti, sul rendimento scolastico, sull'insegnante unico nella scuola primaria e sull'adozione dei libri di testo v. artt. 2-5, d.l. 1° settembre 2008, n. 137, conv. in l. 30 ottobre 2008, n. 169; sulla riforma del sistema nazionale di istruzione e formazione e delega per il riordino delle disposizioni legislative vigenti v. l. 13 luglio 2015, n. 107; per disposizioni urgenti in materia di funzionalità del sistema scolastico e della ricerca v. d.l. 29 marzo 2016, n. 42, conv. in l. 26 maggio 2016, n. 89; sul riordino, adeguamento e semplificazione del sistema di formazione iniziale e di accesso nei ruoli di docente nella scuola secondaria per renderlo funzionale alla valorizzazione sociale e culturale della professione v. d.lg. 13 aprile 2017, n. 59; per norme sulla promozione della cultura umanistica, sulla valorizzazione del patrimonio e delle produzioni culturali e sul sostegno della creatività v. d.lg. 13 aprile 2017, n. 60; per la revisione dei percorsi dell'istruzione professionale v. d.lg. 13 aprile 2017, n. 61; per norme in materia di valutazione e certificazione delle competenze nel primo ciclo ed esami di Stato v. d.lg. 13 aprile 2017, n. 62; per l'effettività del diritto allo studio attraverso la definizione delle prestazioni, in relazione ai servizi alla persona, con particolare riferimento alle condizioni di disagio e ai servizi strumentali, nonché potenziamento della carta dello studente v. d.lg. 13 aprile 2017, n. 63; per la disciplina della scuola italiana all'estero v. d.lg. 13 aprile 2017, n. 64; per l'istituzione del sistema integrato di educazione e di istruzione dalla nascita sino a sei anni v. d.lg. 13 aprile 2017, n. 65; per norme per la promozione dell'inclusione scolastica degli studenti con disabilità v. d.lg. 13 aprile 2017, n. 66.

3. I capaci e meritevoli, anche se privi di mezzi, hanno diritto di raggiungere i gradi più alti degli studi (1).

4. La Repubblica rende effettivo questo diritto con borse di studio, assegni alle famiglie ed altre provvidenze, che devono essere attribuite per concorso.

TITOLO III

Rapporti economici

35. *1.* La Repubblica tutela il lavoro in tutte le sue forme ed applicazioni (c. 2060).

2. Cura la formazione (2) e l'elevazione professionale dei lavoratori.

3. Promuove e favorisce gli accordi e le organizzazioni internazionali intesi ad affermare e regolare i diritti del lavoro.

4. Riconosce la libertà di emigrazione, salvo gli obblighi stabiliti dalla legge nell'interesse generale, e tutela il lavoro italiano all'estero (3).

36. *1.* Il lavoratore ha diritto ad una retribuzione proporzionata alla quantità e qualità del suo lavoro e in ogni caso sufficiente ad assicurare a sé e alla famiglia un'esistenza libera e dignitosa (c. 2099 ss.) (4).

2. La durata massima della giornata lavorativa è stabilita dalla legge (c. 2107 ss.).

3. Il lavoratore ha diritto al riposo settimanale e a ferie annuali retribuite, e non può rinunziarvi (c. 2109).

37. *1.* La donna lavoratrice ha gli stessi diritti e, a parità di lavoro, le stesse retribuzioni che spettano al lavoratore. Le condizioni di lavoro devono consentire l'adempimento della sua essenziale funzione familiare e assicurare alla madre e al bambino una speciale adeguata protezione (5).

2. La legge stabilisce il limite minimo di età per il lavoro salariato (6).

3. La Repubblica tutela il lavoro dei minori con speciali norme e garantisce ad essi, a parità di lavoro, il diritto alla parità di retribuzione.

38. *1.* Ogni cittadino inabile al lavoro e sprovvisto dei mezzi necessari per vivere ha diritto al mantenimento e all'assistenza sociale.

2. I lavoratori hanno diritto che siano preveduti ed assicurati mezzi adeguati alle loro esigenze di vita in caso di infortunio, malattia, invalidità e vecchiaia, disoccupazione involontaria (c. 2110) (7).

3. Gli inabili ed i minorati hanno diritto all'educazione e all'avviamento professionale.

4. Ai compiti previsti in questo articolo provvedono organi ed istituti predisposti o integrati dallo Stato (8).

5. L'assistenza privata è libera (9).

39. *1.* L'organizzazione sindacale è libera (10).

2. Ai sindacati non può essere imposto altro obbligo se non la loro registrazione presso uffici locali o centrali, secondo le norme di legge.

3. È condizione per la registrazione che gli statuti dei sindacati sanciscano un ordinamento interno a base democratica.

4. I sindacati registrati hanno personalità giuridica. Possono, rappresentati unitariamen-

(1) Sul diritto allo studio dei lavoratori studenti, v. art. 10, l. 20 maggio 1970, n. 300, in *Leggi coll. XII, 2.* Sul diritto agli studi universitari v. l. 2 dicembre 1991, n. 390.

(2) V. l. 21 dicembre 1978, n. 845, legge-quadro in materia di formazione professionale.

(3) V. d.l. 31 luglio 1987, n. 317, conv. in l. 3 ottobre 1987, n. 398, recante norme di tutela dei lavoratori italiani operanti nei Paesi extracomunitari; l. 6 novembre 1989, n. 368, istitutiva del Consiglio generale degli italiani all'estero; v. d.l. 30 maggio 2012, n. 67, conv. in l. 23 luglio 2012, n. 118, per disposizioni urgenti per il rinnovo dei Comitati e del Consiglio generale degli italiani all'estero; v. anche la Convenzione europea di sicurezza sociale firmata a Parigi il 14 dicembre 1972 (l. 27 dicembre 1988, n. 567) in vigore dal 12 aprile 1990.

(4) Sulla garanzia del salario, v. l. 5 novembre 1968, n. 1115, modificata e integrata dalla l. 8 agosto 1972, n. 464, l. 20 maggio 1975, n. 164, l. 12 agosto 1977, n. 675.

(5) V. d.lg. 11 aprile 2006, n. 198, codice delle pari opportunità tra uomo e donna, come modificato dall'art. 1, d.lg. 6 novembre 2007, n. 196. V., inoltre, d.lg. 25 gennaio 2010, n. 5, di attuazione della dir. 2006/54/CE relativa ai principi delle pari opportunità e della parità di trattamento fra uomini e donne in materia di occupazione e impiego.

(6) V. l. 17 ottobre 1967, n. 977, sulla tutela del lavoro dei bambini e degli adolescenti.

(7) V. l. 8 agosto 1995, n. 335, riforma del sistema pensionistico obbligatorio e complementare.

(8) V. l. 8 novembre 2000, n. 328, legge quadro per la realizzazione del sistema integrato di interventi e servizi sociali, e d.lg. 4 maggio 2001, n. 207, di riordino del sistema delle istituzioni pubbliche di assistenza e beneficenza.

(9) V. il codice europeo di sicurezza sociale, adottato a Strasburgo il 16 aprile 1964 (l. 8 aprile 1976, n. 174) in vigore dal 20 gennaio 1977.

(10) Sulla libertà sindacale dei lavoratori, v. art. 14 ss.; sul divieto dei sindacati di comodo, art. 17; sui diritti sindacali, art. 19 ss., l. 20 maggio 1970, n. 300, in *Leggi coll. XII, 2.* Per l'attuazione della dir. 2009/38/CE riguardante l'istituzione di un comitato aziendale europeo o di una procedura per l'informazione e la consultazione dei lavoratori nelle imprese e nei gruppi di imprese di dimensioni comunitarie v. d.lg. 22 giugno 2012, n. 113.

te in proporzione dei loro iscritti, stipulare contratti collettivi di lavoro con efficacia obbligatoria per tutti gli appartenenti alle categorie alle quali il contratto si riferisce (c. 2067 ss.).

40. *1.* Il diritto di sciopero si esercita nell'ambito delle leggi che lo regolano (1).

41. *1.* L'iniziativa economica privata è libera (2).

2. Non può svolgersi in contrasto con l'utilità sociale o in modo da recare danno alla sicurezza, alla libertà, alla dignità umana.

3. La legge determina i programmi (3) e i controlli opportuni perché l'attività economica pubblica e privata possa essere indirizzata e coordinata a fini sociali (4).

42. *1.* La proprietà è pubblica o privata. I beni economici appartengono allo Stato, ad enti o a privati.

2. La proprietà privata è riconosciuta e garantita dalla legge, che ne determina i modi di acquisto, di godimento e i limiti allo scopo di assicurarne la funzione sociale (c. 832) e di renderla accessibile a tutti (5) (6).

3. La proprietà privata può essere, nei casi preveduti dalla legge, e salvo indennizzo, espropriata per motivi d'interesse generale (c. 834) (7).

4. La legge stabilisce le norme ed i limiti della successione legittima (c. 456 ss., 565 ss.) e testamentaria (c. 587 ss.) e i diritti dello Stato sulle eredità (c. 586) (8).

43. *1.* A fini di utilità generale la legge può riservare originariamente o trasferire, mediante espropriazione e salvo indennizzo, allo Stato, ad enti pubblici o a comunità di lavoratori o di utenti determinate imprese o categorie di imprese, che si riferiscano a servizi pubblici essenziali o a fonti di energia o a situazioni di monopolio ed abbiano carattere di preminente interesse generale (9) (6).

44. *1.* Al fine di conseguire il razionale sfruttamento del suolo e di stabilire equi rapporti sociali, la legge impone obblighi e vincoli alla proprietà terriera privata (c. 846 ss.), fissa limiti alla sua estensione secondo le regioni e le zone agrarie, promuove ed impone la bonifica delle terre (c. 857), la trasformazione del latifondo e la ricostituzione delle unità produttive; aiuta la piccola e la media proprietà (10).

2. La legge dispone provvedimenti a favore delle zone montane (11).

45. *1.* La Repubblica riconosce la funzione sociale della cooperazione a carattere di mutualità e senza fini di speculazione privata. La legge ne promuove e favorisce l'incremento con i mezzi più idonei e ne assicura, con gli

(1) V. l. 12 giugno 1990, n. 146, con norme sull'esercizio del diritto di sciopero nei servizi pubblici essenziali, così come modificata dalla l. 11 aprile 2000, n. 83, e dall'art. 1, d.l. 20 settembre 2015, n. 146, conv. in l. 12 novembre 2015, n. 182.

(2) V. d.p.r. 31 marzo 1988, n. 148, t.u. delle norme di legge in materia valutaria, modificato con l. 7 novembre 2000, n. 326; v. l. 10 ottobre 1990, n. 287, con norme per la tutela della concorrenza e del mercato. Sulle abrogazioni delle indebite restrizioni all'accesso e all'esercizio delle professioni e delle attività economiche v. art. 3, d.l. 13 agosto 2011, n. 138, conv. in l. 14 settembre 2011, n. 148. V. l. 11 novembre 2011, n. 180, con norme per la tutela della libertà d'impresa.

(3) Per la programmazione, v. l. 27 febbraio 1967, n. 48; l. 12 agosto 1977, n. 675.

(4) Per le aree depresse del territorio nazionale v. d.l. 22 ottobre 1992, n. 415, conv. in l. 19 dicembre 1992, n. 488, e d.lg. 3 aprile 1993, n. 96. Sul divieto di concentrazione nella stampa quotidiana v. art. 49, l. 5 agosto 1981, n. 416, e art. 3, l. 25 febbraio 1987, n. 67; v. l. 6 agosto 1990, n. 223 che disciplina il sistema radiotelevisivo pubblico e privato.

(5) Sulla proprietà edilizia, v. l. 17 agosto 1942, n. 1150, l. 6 agosto 1967, n. 765, l. 19 novembre 1968, n. 1187, l. 22 ottobre 1971, n. 865, l. 28 gennaio 1977, n. 10, in *Leggi coll. III, 1*; l. 8 agosto 1977, n. 513; l. 5 agosto 1978, n. 457; l. 28 febbraio 1985, n. 47; l. 17 febbraio 1992, n. 179.

(6) Per norme in materia di domini collettivi v. l. 20 novembre 2017, n. 168.

(7) V. d.p.r. 8 giugno 2001, n. 327, recante t.u. delle disposizioni legislative e regolamentari in materia di espropriazione per pubblica utilità, modificato dal d.lg. 27 dicembre 2002, n. 302, t.u. in vigore dal 30 giugno 2003 (art. 3, d.l. 20 giugno 2002, n. 121, conv. in l. 1° agosto 2002, n. 185).

(8) La Corte cost., con sentenza 14 luglio 2017, n. 193, ha dichiarato l'illegittimità costituzionale dell'art. 5 della legge della Provincia autonoma di Bolzano 25 luglio 1978, n. 33 «nella parte in cui prevede che, tra i chiamati alla successione nello stesso grado, ai maschi spetta la preferenza nei confronti delle femmine».

(9) V. l. 6 dicembre 1962, n. 1643, sull'istituzione dell'Enel e sul trasferimento ad esso delle imprese esercenti le industrie elettriche; d.lg. 16 marzo 1999, n. 79, recante norme comuni per il mercato interno dell'energia elettrica, come modificato dall'art. 34, d.lg. 1° giugno 2011, n. 93; d.m. Sviluppo economico 5 luglio 2012, in G.U., 30 luglio 2012, n. 176, per la modifica della Disciplina del mercato elettrico.

(10) Per la proprietà agraria, v. l. 2 gennaio 1940, n. 1, come modificata con l. 15 aprile 1942, n. 515; l. 9 maggio 1975, n. 153; l. 27 dicembre 1977, n. 984; l. 8 novembre 1986, n. 752. Sui «contratti di filiera» v. d.m. 1° agosto 2003, in G.U., 29 settembre 2003, n. 226. Sull'attivazione di nuovi «contratti di filiera» v. art. 63, d.l. 24 gennaio 2012, n. 1, conv. in l. 24 marzo 2012, n. 27. V. d.lg. 3 aprile 2018, n. 34, testo unico in materia di foreste e filiere naturali.

(11) V. l. 3 dicembre 1971, n. 1102, con nuove norme per lo sviluppo della montagna; l. 11 marzo 1975, n. 72; l. 23 marzo 1981, n. 93; d.l. 29 dicembre 1990, n. 413, conv. in l. 26 febbraio 1991, n. 57; l. 31 gennaio 1994, n. 97; l. 29 novembre 1995, n. 513.

opportuni controlli, il carattere e le finalità (c. 2511 ss.) (1).

2. La legge provvede alla tutela e allo sviluppo dell'artigianato (2).

46. *1.* Ai fini della elevazione economica e sociale del lavoro e in armonia con le esigenze della produzione, la Repubblica riconosce il diritto dei lavoratori a collaborare, nei modi e nei limiti stabiliti dalle leggi, alla gestione delle aziende (3).

47. *1.* La Repubblica incoraggia e tutela il risparmio in tutte le sue forme; disciplina, coordina e controlla l'esercizio del credito (4).

2. Favorisce l'accesso del risparmio popolare alla proprietà dell'abitazione (5), alla proprietà diretta coltivatrice (6) e al diretto e indiretto investimento azionario (c. 2349, 2441[7]) nei grandi complessi produttivi del Paese.

TITOLO IV

Rapporti politici

48. *1.* Sono elettori tutti i cittadini, uomini e donne, che hanno raggiunto la maggiore età (c. 2) (7).

2. Il voto è personale ed eguale, libero e segreto. Il suo esercizio è dovere civico.

3. La legge stabilisce requisiti e modalità per l'esercizio del diritto di voto dei cittadini residenti all'estero e ne assicura l'effettività. A tale fine è istituita una circoscrizione Estero per l'elezione delle Camere, alla quale sono assegnati seggi nel numero stabilito da norma costituzionale e secondo criteri determinati dalla legge (8).

4. Il diritto di voto non può essere limitato se non per incapacità civile o per effetto di sentenza penale irrevocabile o nei casi di indegnità morale indicati dalla legge.

49. *1.* Tutti i cittadini hanno diritto di associarsi liberamente in partiti per concorrere con metodo democratico a determinare la politica nazionale (trans. cost. XII) (9).

50. *1.* Tutti i cittadini possono rivolgere petizioni alle Camere per chiedere provvedimenti legislativi o esporre comuni necessità.

51. *1.* Tutti i cittadini dell'uno o dell'altro sesso possono accedere agli uffici pubblici e alle cariche elettive in condizioni di eguaglianza, secondo i requisiti stabiliti dalla legge (trans. cost. XIII). A tale fine la Repubblica promuove con appositi provvedimenti le pari opportunità tra donne e uomini (10).

2. La legge può, per l'ammissione ai pubblici uffici e alle cariche elettive, parificare ai cittadini gli italiani non appartenenti alla Repubblica.

3. Chi è chiamato a funzioni pubbliche elettive ha diritto di disporre del tempo necessario al loro adempimento e di conservare il suo posto di lavoro (11).

52. *1.* La difesa della Patria è sacro dovere del cittadino.

2. Il servizio militare è obbligatorio nei limiti e modi stabiliti dalla legge (12). Il suo adempimen-

(1) V. d.lg.c.p.s. 14 dicembre 1947, n. 1577, in *Leggi coll. XV, 1*; l. 17 febbraio 1971, n. 127, l. 31 gennaio 1992, n. 59, in *Leggi coll. XV, 2*.

(2) V. l. 25 luglio 1956, n. 860; l. 8 agosto 1985, n. 443, in *Leggi coll. XI, 3*.

(3) Sui piani di azionariato v. art. 56-*ter*, d.l. 21 giugno 2013, n. 69, conv. in l. 9 agosto 2013, n. 98.

(4) V. d.lg. 1° settembre 1993, n. 385, in *Leggi coll. XVII, 1*.

(5) V. l. 18 dicembre 1986, n. 891, disposizioni per l'acquisto da parte dei lavoratori dipendenti della prima casa di abitazione nelle aree ad alta tensione abitativa.

(6) V. l. 26 maggio 1965, n. 590, disposizioni per lo sviluppo della proprietà coltivatrice, in *Leggi coll. VII, 2*.

(7) V. d.p.r. 20 marzo 1967, n. 223, t.u. delle leggi per la disciplina dell'elettorato attivo, come modificato dagli artt. 14 ss., l. 8 marzo 1975, n. 39, dalla l. 16 gennaio 1992, n. 15 e, con effetto dal 1° gennaio 2002, dall'art. 26, l. 24 novembre 2000, n. 340; l. 21 marzo 1990, n. 53, sul procedimento elettorale; l. 5 febbraio 2003, n. 17, sull'esercizio del diritto di voto da parte degli elettori affetti da gravi infermità.

(8) Comma inserito dall'art. 1, l. cost. 17 gennaio 2000, n. 1. V. la l. 27 dicembre 2001, n. 459, modificata dall'art. 1, d.l. 15 febbraio 2008, n. 24, conv. in l. 27 febbraio 2008, n. 30, e per il regolamento di attuazione il d.p.r. 2 aprile 2003, n. 104.

(9) Sul finanziamento pubblico dei partiti politici, v. l. 2 maggio 1974, n. 195, modificata con l. 16 gennaio 1978, n. 11; l. 18 novembre 1981, n. 659; l. 27 gennaio 1982, n. 22 (in parte oggetto di referendum abrogativo, tenuto il 18 aprile 1993); l. 3 giugno 1999, n. 157. Sull'abolizione del finanziamento pubblico diretto, disposizioni per la trasparenza e la democraticità dei partiti e disciplina della contribuzione volontaria e della contribuzione indiretta in loro favore v. d.l. 28 dicembre 2013, n. 149, conv. in l. 21 febbraio 2014, n. 13, e *Comunicato* in G.U., 7 marzo 2014, n. 55.

(10) Ultimo periodo aggiunto dalla l. cost. 30 maggio 2003, n. 1. Per il regolamento recante norme per l'organizzazione e il funzionamento della Commissione per le pari opportunità v. d.p.r. 14 maggio 2007, n. 115, come modificato con d.p.r. 20 gennaio 2009, n. 8 e dall'art. 3, d.lg. 25 gennaio 2010, n. 5; per il codice delle pari opportunità v. d.lg. 11 aprile 2006, n. 198, come modificato dall'art. 1, d.lg. 6 novembre 2007, n. 196.

(11) V. art. 31, l. 20 maggio 1970, n. 300, in *Leggi coll. XII, 2*.

(12) Sull'obiezione di coscienza v. l. 8 luglio 1998, n. 230, modificata con l. 2 agosto 2007, n. 130. V. anche Corte cost., 31 luglio 1989, n. 470, che ha dichiarato la illegittimità costituzionale della disposizione che prevede

to non pregiudica la posizione di lavoro del cittadino (c. 2111), né l'esercizio dei diritti politici.

3. L'ordinamento delle Forze armate si informa allo spirito democratico della Repubblica (1).

53. *1.* Tutti sono tenuti a concorrere alle spese pubbliche in ragione della loro capacità contributiva.

2. Il sistema tributario è informato a criteri di progressività.

54. *1.* Tutti i cittadini hanno il dovere di essere fedeli alla Repubblica e di osservarne la Costituzione e le leggi.

2. I cittadini cui sono affidate funzioni pubbliche hanno il dovere di adempierle con disciplina ed onore, prestando giuramento nei casi stabiliti dalla legge (2).

PARTE SECONDA

ORDINAMENTO DELLA REPUBBLICA

TITOLO I

Il Parlamento

Sezione I. — *Le Camere*

55. *1.* Il Parlamento si compone della Camera dei deputati e del Senato della Repubblica.

2. Il Parlamento si riunisce in seduta comune dei membri delle due Camere nei soli casi stabiliti dalla Costituzione (cost. 83, 90, 91, 104, 135).

56. *1.* La Camera dei deputati è eletta a suffragio universale e diretto.

2. Il numero dei deputati è di seicentotrenta, dodici dei quali eletti nella circoscrizione Estero.

3. Sono eleggibili a deputati tutti gli elettori che nel giorno delle elezioni hanno compiuto i venticinque anni di età.

4. La ripartizione dei seggi tra le circoscrizioni, fatto salvo il numero dei seggi assegnati alla circoscrizione Estero, si effettua dividendo il numero degli abitanti della Repubblica, quale risulta dall'ultimo censimento generale della popolazione, per seicentodiciotto e distribuendo i seggi in proporzione alla popolazione di ogni circoscrizione, sulla base dei quozienti interi e dei più alti resti (3).

57. *1.* Il Senato della Repubblica è eletto a base regionale, salvi i seggi assegnati alla circoscrizione Estero.

2. Il numero dei senatori elettivi è di trecentoquindici, sei dei quali eletti nella circoscrizione Estero.

3. Nessuna Regione può avere un numero di senatori inferiore a sette; il Molise ne ha due, la Valle d'Aosta uno.

4. La ripartizione dei seggi tra le Regioni, fatto salvo il numero dei seggi assegnati alla circoscrizione Estero, previa applicazione delle disposizioni del precedente comma, si effettua in proporzione alla popolazione delle Regioni, quale risulta dall'ultimo censimento generale, sulla base dei quozienti interi e dei più alti resti (4).

una durata superiore rispetto al servizio di leva. Sull'istituzione del servizio civile nazionale v. l. 6 marzo 2001, n. 64; sull'istituzione e disciplina del servizio civile universale v. d.lg. 6 marzo 2017, n. 40, come modificato con d.lg. 13 aprile 2018, n. 43. Per disposizioni sulle caratteristiche e sulle modalità di redazione, presentazione e valutazione dei progetti di servizio civile universale in Italia e all'estero v. Comunicato Presidenza del Consiglio dei Ministri – Dipartimento della Gioventù e del servizio civile nazionale in G.U., 30 maggio 2018, n. 124. V. anche Corte cost., 25 giugno 2015, n. 119, che prevede l'illegittimità costituzionale dell'art. 3.1, del d.lg. n. 77/2002 cit. «nella parte in cui prevede il requisito della cittadinanza italiana ai fini dell'ammissione allo svolgimento del servizio civile». Sulla sospensione anticipata del servizio obbligatorio di leva e la disciplina dei volontari di truppa in ferma prefissata v. l. 23 agosto 2004, n. 226.

(1) V. l. 14 novembre 2000, n. 331, sull'istituzione del servizio militare professionale. Sul codice dell'ordinamento militare v. d.lg. 15 marzo 2010, n. 66, e successive modificazioni.

(2) Per gli impiegati civili dello Stato v. d.p.r. 10 gennaio 1957, n. 3.

(3) Articolo modificato dall'art. 1, l. cost. 9 febbraio 1963, n. 2 e, successivamente, dall'art. 1, l. cost. 23 gennaio 2001, n. 1. Per le norme per l'elezione della Camera v. d.p.r. 30 marzo 1957, n. 361, come modificato dalla l. 4 agosto 1993, n. 277, dalla l. 3 febbraio 1997, n. 13, dalla l. 27 dicembre 2001, n. 459, modificata dall'art. 1, d.l. 15 febbraio 2008, n. 24, conv. in l. 27 febbraio 2008, n. 30, dalla l. 2 marzo 2004, n. 61, dalla l. 21 dicembre 2005, n. 270, dalla l. 6 maggio 2015, n. 52, e, da ultimo, dalla l. 3 novembre 2017, n. 165, e d.p.r. 5 gennaio 1994, n. 14, modificato dal d.p.r. 12 febbraio 1994, n. 104, per il regolamento.

(4) Articolo modificato dall'art. 2, l. cost. 27 dicembre 1963, n. 3 e, successivamente, dall'art. 2, l. cost. 23 gennaio 2001, n. 1. Per le norme per l'elezione del Senato v. l. 6 febbraio 1948, n. 29, come modificata dalla l. 4 agosto 1993, n. 276 e dalla l. 21 dicembre 2005, n. 270; v. anche il t.u. approvato con d.lg. 20 dicembre 1993, n. 533, come modificato dalla l. 3 novembre 2017, n. 165.

58. *1.* I senatori sono eletti a suffragio universale e diretto dagli elettori che hanno superato il venticinquesimo anno di età.

2. Sono eleggibili a senatori gli elettori che hanno compiuto il quarantesimo anno.

59. *1.* È senatore di diritto e a vita, salvo rinunzia, chi è stato Presidente della Repubblica.

2. Il Presidente della Repubblica può nominare senatori a vita cinque cittadini che hanno illustrato la Patria per altissimi meriti nel campo sociale, scientifico, artistico e letterario.

60. *1.* La Camera dei deputati e il Senato della Repubblica sono eletti per cinque anni.

2. La durata di ciascuna Camera non può essere prorogata se non per legge e soltanto in caso di guerra (1).

61. *1.* Le elezioni delle nuove Camere hanno luogo entro settanta giorni dalla fine delle precedenti. La prima riunione ha luogo non oltre il ventesimo giorno dalle elezioni.

2. Finché non siano riunite le nuove Camere sono prorogati i poteri delle precedenti.

62. *1.* Le Camere si riuniscono di diritto il primo giorno non festivo di febbraio e di ottobre.

2. Ciascuna Camera può essere convocata in via straordinaria per iniziativa del suo Presidente o del Presidente della Repubblica o di un terzo dei suoi componenti.

3. Quando si riunisce in via straordinaria una Camera, è convocata di diritto anche l'altra.

63. *1.* Ciascuna Camera elegge tra i suoi componenti il Presidente e l'Ufficio di presidenza.

2. Quando il Parlamento si riunisce in seduta comune, il Presidente e l'Ufficio di presidenza sono quelli della Camera dei deputati.

64. *1.* Ciascuna Camera adotta il proprio regolamento a maggioranza assoluta dei suoi componenti.

2. Le sedute sono pubbliche; tuttavia ciascuna delle due Camere e il Parlamento a Camere riunite possono deliberare di adunarsi in seduta segreta.

3. Le deliberazioni di ciascuna Camera e del Parlamento non sono valide se non è presente la maggioranza dei loro componenti e se non sono adottate a maggioranza dei presenti, salvo che la Costituzione prescriva una maggioranza speciale.

4. I membri del Governo, anche se non fanno parte delle Camere, hanno diritto, e se richiesti obbligo, di assistere alle sedute. Devono essere sentiti ogni volta che lo richiedono.

65. *1.* La legge determina i casi di ineleggibilità e di incompatibilità con l'ufficio di deputato o di senatore.

2. Nessuno può appartenere contemporaneamente alle due Camere.

66. *1.* Ciascuna Camera giudica dei titoli di ammissione dei suoi componenti e delle cause sopraggiunte di ineleggibilità e di incompatibilità.

67. *1.* Ogni membro del Parlamento rappresenta la Nazione ed esercita le sue funzioni senza vincolo di mandato.

68. *1.* I membri del Parlamento non possono essere chiamati a rispondere delle opinioni espresse e dei voti dati nell'esercizio delle loro funzioni.

2. Senza autorizzazione della Camera alla quale appartiene, nessun membro del Parlamento può essere sottoposto a perquisizione personale o domiciliare, né può essere arrestato o altrimenti privato della libertà personale, o mantenuto in detenzione, salvo che in esecuzione di una sentenza irrevocabile di condanna, ovvero se sia colto nell'atto di commettere un delitto per il quale è previsto l'arresto obbligatorio in flagranza.

3. Analoga autorizzazione è richiesta per sottoporre i membri del Parlamento ad intercettazioni, in qualsiasi forma, di conversazioni o comunicazioni e a sequestro di corrispondenza (2).

69. *1.* I membri del Parlamento ricevono una indennità stabilita dalla legge.

Sezione II. — *La formazione delle leggi*

70. *1.* La funzione legislativa è esercitata collettivamente dalle due Camere.

71. *1.* L'iniziativa delle leggi appartiene al Governo, a ciascun membro delle Camere ed agli organi ed enti ai quali sia conferita da legge costituzionale (cost. 99).

2. Il popolo esercita l'iniziativa delle leggi, mediante la proposta, da parte di almeno cinquantamila elettori, di un progetto redatto in articoli (3).

72. *1.* Ogni disegno di legge, presentato ad una Camera è, secondo le norme del suo rego-

(1) Articolo così modificato dall'art. 3, l. cost. 9 febbraio 1963, n. 2.

(2) Articolo così sostituito dall'art. 1, l. cost. 29 ottobre 1993, n. 3. V. l. 20 giugno 2003, n. 140, di attuazione dell'art. 68, nonché in materia di processi penali nei confronti delle alte cariche dello Stato.

(3) V. l. 25 maggio 1970, n. 352.

lamento, esaminato da una commissione e poi dalla Camera stessa, che l'approva articolo per articolo e con votazione finale.

2. Il regolamento stabilisce procedimenti abbreviati per i disegni di legge dei quali è dichiarata l'urgenza.

3. Può altresì stabilire in quali casi e forme l'esame e l'approvazione dei disegni di legge sono deferiti a commissioni, anche permanenti, composte in modo da rispecchiare la proporzione dei gruppi parlamentari. Anche in tali casi, fino al momento della sua approvazione definitiva, il disegno di legge è rimesso alla Camera, se il Governo o un decimo dei componenti della Camera o un quinto della commissione richiedono che sia discusso e votato dalla Camera stessa oppure che sia sottoposto alla sua approvazione finale con sole dichiarazioni di voto. Il regolamento determina le forme di pubblicità dei lavori delle commissioni.

4. La procedura normale di esame e di approvazione diretta da parte della Camera è sempre adottata per i disegni di legge in materia costituzionale (cost. 138) ed elettorale e per quelli di delegazione legislativa (cost. 77), di autorizzazione a ratificare trattati internazionali (cost. 80), di approvazione di bilanci e consuntivi (cost. 81).

73. *1.* Le leggi sono promulgate dal Presidente della Repubblica entro un mese dall'approvazione.

2. Se le Camere, ciascuna a maggioranza assoluta dei propri componenti, ne dichiarano l'urgenza, la legge è promulgata nel termine da essa stabilito.

3. Le leggi sono pubblicate subito dopo la promulgazione ed entrano in vigore il quindicesimo giorno successivo alla loro pubblicazione, salvo che le leggi stesse stabiliscano un termine diverso (prel. 10).

74. *1.* Il Presidente della Repubblica, prima di promulgare la legge, può con messaggio motivato alle Camere chiedere una nuova deliberazione.

2. Se le Camere approvano nuovamente la legge, questa deve essere promulgata.

75. *1.* È indetto *referendum* popolare (1) per deliberare l'abrogazione, totale o parziale, di una legge o di un atto avente valore di legge, quando lo richiedono cinquecentomila elettori o cinque Consigli regionali.

2. Non è ammesso il *referendum* per le leggi tributarie e di bilancio, di amnistia e di indulto, di autorizzazione a ratificare trattati internazionali.

3. Hanno diritto di partecipare al *referendum* tutti i cittadini chiamati ad eleggere la Camera dei deputati.

4. La proposta soggetta a *referendum* è approvata se ha partecipato alla votazione la maggioranza degli aventi diritto, e se è raggiunta la maggioranza dei voti validamente espressi.

5. La legge determina le modalità di attuazione del *referendum*.

76. *1.* L'esercizio della funzione legislativa non può essere delegato al Governo se non con determinazione di princìpi e criteri direttivi e soltanto per tempo limitato e per oggetti definiti.

77. *1.* Il Governo non può, senza delegazione delle Camere, emanare decreti che abbiano valore di legge ordinaria.

2. Quando, in casi straordinari di necessità e d'urgenza, il Governo adotta, sotto la sua responsabilità, provvedimenti provvisori con forza di legge, deve il giorno stesso presentarli per la conversione alle Camere che, anche se sciolte, sono appositamente convocate e si riuniscono entro cinque giorni.

3. I decreti perdono efficacia sin dall'inizio, se non sono convertiti in legge entro sessanta giorni dalla loro pubblicazione. Le Camere possono tuttavia regolare con legge i rapporti giuridici sorti sulla base dei decreti non convertiti (2).

78. *1.* Le Camere deliberano lo stato di guerra e conferiscono al Governo i poteri necessari.

79. *1.* L'amnistia e l'indulto sono concessi con legge deliberata a maggioranza dei due terzi dei componenti di ciascuna Camera, in ogni suo articolo e nella votazione finale.

2. La legge che concede l'amnistia o l'indulto stabilisce il termine per la loro applicazione.

3. In ogni caso l'amnistia e l'indulto non possono applicarsi ai reati commessi successivamente alla presentazione del disegno di legge (3).

80. *1.* Le Camere autorizzano con legge la ratifica dei trattati internazionali che sono di natura politica, o prevedono arbitrati o regolamenti giudiziari, o importano variazioni del territorio od oneri alle finanze o modificazioni di leggi.

(1) V. l. 25 maggio 1970, n. 352, modif. con d.l. 1° luglio 1975, n. 264, conv. in l. 25 luglio 1975, n. 351, con d.l. 9 marzo 1995, n. 67, conv. in l. 5 maggio 1995, n. 159, e con l. 27 dicembre 2001, n. 459, modificata dall'art. 1, d.l. 15 febbraio 2008, n. 24, conv. in l. 27 febbraio 2008, n. 30.

(2) Sulla disciplina della potestà normativa del Governo, v. artt. 14 e 15, l. 23 agosto 1988, n. 400.

(3) Articolo così sostituito dall'art. 1, l. cost. 6 marzo 1992, n. 1.

81. *1.* Lo Stato assicura l'equilibrio tra le entrate e le spese del proprio bilancio, tenendo conto delle fasi avverse e delle fasi favorevoli del ciclo economico.

2. Il ricorso all'indebitamento è consentito solo al fine di considerare gli effetti del ciclo economico e, previa autorizzazione delle Camere adottata a maggioranza assoluta dei rispettivi componenti, al verificarsi di eventi eccezionali.

3. Ogni legge che importi nuovi o maggiori oneri provvede ai mezzi per farvi fronte.

4. Le Camere ogni anno approvano con legge il bilancio e il rendiconto consuntivo presentati dal Governo.

5. L'esercizio provvisorio del bilancio non può essere concesso se non per legge e per periodi non superiori complessivamente a quattro mesi.

6. Il contenuto della legge di bilancio, le norme fondamentali e i criteri volti ad assicurare l'equilibrio tra le entrate e le spese dei bilanci e la sostenibilità del debito del complesso delle pubbliche amministrazioni sono stabiliti con legge approvata a maggioranza assoluta dei componenti di ciascuna Camera, nel rispetto dei principi definiti con legge costituzionale (1).

82. *1.* Ciascuna Camera può disporre inchieste su materie di pubblico interesse.

2. A tale scopo nomina fra i propri componenti una commissione formata in modo da rispecchiare la proporzione dei vari gruppi. La commissione d'inchiesta procede alle indagini e agli esami con gli stessi poteri e le stesse limitazioni dell'autorità giudiziaria (2).

TITOLO II

Il Presidente della Repubblica

83. *1.* Il Presidente della Repubblica è eletto dal Parlamento in seduta comune dei suoi membri.

2. All'elezione partecipano tre delegati per ogni Regione eletti dal Consiglio regionale in modo che sia assicurata la rappresentanza delle minoranze. La Valle d'Aosta ha un solo delegato.

3. L'elezione del Presidente della Repubblica ha luogo per scrutinio segreto a maggioranza di due terzi dell'assemblea. Dopo il terzo scrutinio è sufficiente la maggioranza assoluta.

84. *1.* Può essere eletto Presidente della Repubblica ogni cittadino che abbia compiuto i cinquanta anni d'età e goda dei diritti civili e politici.

2. L'ufficio di Presidente della Repubblica è incompatibile con qualsiasi altra carica.

3. L'assegno e la dotazione del Presidente sono determinati per legge.

85. *1.* Il Presidente della Repubblica è eletto per sette anni.

2. Trenta giorni prima che scada il termine, il Presidente della Camera dei deputati convoca in seduta comune il Parlamento e i delegati regionali, per eleggere il nuovo Presidente della Repubblica.

3. Se le Camere sono sciolte, o manca meno di tre mesi alla loro cessazione, la elezione ha luogo entro quindici giorni dalla riunione delle Camere nuove. Nel frattempo sono prorogati i poteri del Presidente in carica.

86. *1.* Le funzioni del Presidente della Repubblica, in ogni caso che egli non possa adempierle, sono esercitate dal Presidente del Senato.

2. In caso di impedimento permanente o di morte o di dimissioni del Presidente della Repubblica, il Presidente della Camera dei deputati indice la elezione del nuovo Presidente della Repubblica entro quindici giorni, salvo il maggior termine previsto se le Camere sono sciolte o manca meno di tre mesi alla loro cessazione.

87. *1.* Il Presidente della Repubblica è il capo dello Stato e rappresenta l'unità nazionale.

2. Può inviare messaggi alle Camere.

3. Indice le elezioni delle nuove Camere e ne fissa la prima riunione.

4. Autorizza la presentazione alle Camere dei disegni di legge di iniziativa del Governo.

5. Promulga le leggi (cost. 73, 74) ed emana i decreti aventi valore di legge e i regolamenti (3).

(1) Articolo così sostituito dall'art. 1, l. cost. 20 aprile 2012, n. 1. In base all'art. 6, l. cost. cit., tali disposizioni «si applicano a decorrere dall'esercizio finanziario relativo all'anno 2014».

(2) Sull'istituzione di una Commissione parlamentare di inchiesta sul fenomeno delle mafie e sulle altre associazioni criminali, anche straniere, per la durata della XVII legislatura v. l. 19 luglio 2013, n. 87; sull'istituzione di una Commissione parlamentare di inchiesta sulle attività illecite connesse al ciclo dei rifiuti e su illeciti ambientali ad esse correlati v. l. 7 gennaio 2014, n. 1.

(3) V. d.p.r. 28 dicembre 1985, n. 1092, t.u. sulla promulgazione delle leggi, sulla emanazione dei decreti del Presidente della Repubblica e sulle pubblicazioni ufficiali della Repubblica italiana, e regolamento, approvato con d.p.r. 14 marzo 1986, n. 217.

6. Indice il *referendum* popolare nei casi previsti dalla Costituzione.

7. Nomina, nei casi indicati dalla legge, i funzionari dello Stato.

8. Accredita e riceve i rappresentanti diplomatici, ratifica i trattati internazionali, previa, quando occorra, l'autorizzazione delle Camere.

9. Ha il comando delle Forze armate, presiede il Consiglio supremo di difesa costituito secondo la legge, dichiara lo stato di guerra deliberato dalle Camere.

10. Presiede il Consiglio superiore della magistratura.

11. Può concedere grazia e commutare le pene.

12. Conferisce le onorificenze della Repubblica (1).

88. *1.* Il Presidente della Repubblica può, sentiti i loro Presidenti, sciogliere le Camere o anche una sola di esse.

2. Non può esercitare tale facoltà negli ultimi sei mesi del suo mandato, salvo che essi coincidano in tutto o in parte con gli ultimi sei mesi della legislatura (2).

89. *1.* Nessun atto del Presidente della Repubblica è valido se non è controfirmato dai ministri proponenti, che ne assumono la responsabilità.

2. Gli atti che hanno valore legislativo e gli altri indicati dalla legge sono controfirmati anche dal Presidente del Consiglio dei ministri.

90. *1.* Il Presidente della Repubblica non è responsabile degli atti compiuti nell'esercizio delle sue funzioni, tranne che per alto tradimento o per attentato alla Costituzione.

2. In tali casi è messo in stato di accusa dal Parlamento in seduta comune, a maggioranza assoluta dei suoi membri (3).

91. *1.* Il Presidente della Repubblica, prima di assumere le sue funzioni, presta giuramento di fedeltà alla Repubblica e di osservanza della Costituzione dinanzi al Parlamento in seduta comune.

TITOLO III

Il Governo

Sezione I. — *Il Consiglio dei ministri*

92. *1.* Il Governo della Repubblica è composto del Presidente del Consiglio e dei ministri, che costituiscono insieme il Consiglio dei ministri (4).

2. Il Presidente della Repubblica nomina il Presidente del Consiglio dei ministri e, su proposta di questo, i ministri.

93. *1.* Il Presidente del Consiglio dei ministri e i ministri, prima di assumere le funzioni, prestano giuramento nelle mani del Presidente della Repubblica.

94. *1.* Il Governo deve avere la fiducia delle due Camere.

2. Ciascuna Camera accorda o revoca la fiducia mediante mozione motivata e votata per appello nominale.

3. Entro dieci giorni dalla sua formazione il Governo si presenta alle Camere per ottenerne la fiducia.

4. Il voto contrario di una o d'entrambe le Camere su una proposta del Governo non importa obbligo di dimissioni.

5. La mozione di sfiducia deve essere firmata da almeno un decimo dei componenti della Camera e non può essere messa in discussione prima di tre giorni dalla sua presentazione.

95. *1.* Il Presidente del Consiglio dei ministri dirige la politica generale del Governo e ne è responsabile. Mantiene l'unità di indirizzo politico ed amministrativo, promuovendo e coordinando l'attività dei ministri.

2. I ministri sono responsabili collegialmente degli atti del Consiglio dei ministri, e individualmente degli atti dei loro dicasteri (cost. 89).

3. La legge provvede all'ordinamento della Presidenza del Consiglio e determina il numero, le attribuzioni e l'organizzazione dei ministeri (5).

(1) Per la determinazione degli atti amministrativi da adottarsi con decreto del Presidente della Repubblica v. l. 12 gennaio 1991, n. 13.

(2) Comma così sostituito dall'art. 1, l. cost. 4 novembre 1991, n. 1.

(3) V. l. 25 gennaio 1962, n. 20, modif. con l. 10 maggio 1978, n. 170, l. 20 maggio 1988, n. 163, l. cost. 16 gennaio 1989, n. 1, l. 5 giugno 1989, n. 219.

(4) Sull'organizzazione del Governo v. d.lg. 30 luglio 1999, n. 300, come modificato dal d.l. 12 giugno 2001, n. 217, conv. in l. 3 agosto 2001, n. 317, d.p.c.m. 10 aprile 2001, in G.U. 7 maggio 2001, n. 104, d.lg. 6 dicembre 2002, n. 287, d.l. 18 maggio 2006, n. 181, conv. in l. 17 luglio 2006, n. 233, d.l. 16 maggio 2008, n. 85, conv. in l. 14 luglio 2008, n. 121. Sulla risoluzione dei conflitti di interessi v. l. 20 luglio 2004, n. 215.

(5) L. 23 agosto 1988, n. 400, disciplina dell'attività di Governo e ordinamento della Presidenza del Consiglio dei Ministri, come modificata dal d.lg. 30 luglio 1999, n. 303 e dalla l. 26 marzo 2001, n. 81; d.p.c.m. 23 luglio 2002, in G.U., 4 settembre 2002, n. 207, ordinamento delle strutture generali della Presidenza del Consiglio dei Ministri, come modificato con il d.p.c.m. 23 aprile 2009 e il d.p.c.m. 28 aprile 2009, in G.U., 5 giugno 2009, n. 128, il d.p.c.m. 30 dicembre 2009 e il d.p.c.m. 31 dicembre 2009, in G.U., 20 febbraio 2010, n. 42; d.p.c.m. 1º marzo 2011,

96. *1.* Il Presidente del Consiglio dei ministri ed i ministri, anche se cessati dalla carica, sono sottoposti, per i reati commessi nell'esercizio delle loro funzioni, alla giurisdizione ordinaria, previa autorizzazione del Senato della Repubblica o della Camera dei deputati, secondo le norme stabilite con legge costituzionale (1).

Sezione II. — *La Pubblica Amministrazione*

97. *1.* Le pubbliche amministrazioni, in coerenza con l'ordinamento dell'Unione europea, assicurano l'equilibrio dei bilanci e la sostenibilità del debito pubblico (2).

2. I pubblici uffici sono organizzati secondo disposizioni di legge, in modo che siano assicurati il buon andamento e l'imparzialità dell'amministrazione (3) (4).

3. Nell'ordinamento degli uffici sono determinate le sfere di competenza, le attribuzioni e le responsabilità proprie dei funzionari.

4. Agli impieghi nelle pubbliche amministrazioni si accede mediante concorso, salvo i casi stabiliti dalla legge (5).

98. *1.* I pubblici impiegati sono al servizio esclusivo della Nazione.

2. Se sono membri del Parlamento, non possono conseguire promozioni se non per anzianità.

3. Si possono con legge stabilire limitazioni al diritto d'iscriversi ai partiti politici per i magistrati, i militari di carriera in servizio attivo, i funzionari ed agenti di polizia, i rappresentanti diplomatici e consolari all'estero.

Sezione III. — *Gli organi ausiliari*

99. *1.* Il Consiglio nazionale dell'economia e del lavoro è composto, nei modi stabiliti dalla legge, di esperti e di rappresentanti delle categorie produttive, in misura che tenga conto della loro importanza numerica e qualitativa (6).

2. È organo di consulenza delle Camere e del Governo per le materie e secondo le funzioni che gli sono attribuite dalla legge.

3. Ha l'iniziativa legislativa e può contribuire alla elaborazione della legislazione economica e sociale secondo i princìpi ed entro i limiti stabiliti dalla legge.

100. *1.* Il Consiglio di Stato è organo di consulenza giuridico-amministrativa e di tutela della giustizia nell'amministrazione.

2. La Corte dei conti esercita il controllo preventivo di legittimità sugli atti del Governo, e anche quello successivo sulla gestione del bilancio dello Stato. Partecipa, nei casi e nelle forme stabiliti dalla legge, al controllo sulla gestione finanziaria degli enti a cui lo Stato contribuisce in via ordinaria. Riferisce direttamente alle Camere sul risultato del riscontro eseguito (7).

3. La legge assicura l'indipendenza dei due istituti e dei loro componenti di fronte al Governo.

TITOLO IV

La Magistratura

in G.U., 14 giugno 2011, n. 136, ordinamento delle strutture generali della Presidenza del Consiglio dei Ministri (testo aggiornato), come modificato con d.p.c.m. 15 febbraio 2012, in G.U., 5 aprile 2012, n. 81, e con d.p.c.m. 13 aprile 2012, in G.U., 13 giugno 2012, n. 136.

(1) Articolo così sostituito dall'art. 1, l. cost. 16 gennaio 1989, n. 1. Cfr. nota 3 all'art. 90.

(2) Comma premesso dall'art. 2, l. cost. 20 aprile 2012, n. 1. In base all'art. 6, l. cost. cit., tali disposizioni «si applicano a decorrere dall'esercizio finanziario relativo all'anno 2014».

(3) L'art. 1.1-*bis*, l. 7 agosto 1990, n. 241, così dispone: «La pubblica amministrazione, nell'adozione di atti di natura non autoritativa, agisce secondo le norme di diritto privato salvo che la legge disponga diversamente».

(4) Per la disciplina della trasparenza da parte delle pubbliche amministrazioni v. d.lg. 14 marzo 2013, n. 33; per disposizioni in materia di inconferibilità e incompatibilità di incarichi presso le pubbliche amministrazioni e gli enti privati in controllo pubblico v. d.lg. 8 aprile 2013, n. 190. Sul codice di comportamento dei dipendenti pubblici v. d.p.r. 16 aprile 2013, n. 62.

(5) V. l. 29 marzo 1983, n. 93, legge quadro sul pubblico impiego; d.lg. 27 ottobre 2009, n. 150, sulla ottimizzazione della produttività del lavoro pubblico e l'efficienza e trasparenza delle pubbliche amministrazioni, modificato con d.lg. 1° agosto 2011, n. 141.

(6) Sull'ordinamento e le attribuzioni del CNEL v. l. 30 dicembre 1986, n. 936, come modificata dall'art. 9.1, l. 4 marzo 2009, n. 15.

(7) Sul regolamento per l'organizzazione delle funzioni di controllo della Corte dei conti v. deliberazione della Corte dei conti 16 giugno 2000, n. 14/DEL/2000, in G.U., 6 luglio 2000, n. 156. Sulla nomina del Presidente della Corte dei conti v. l. 21 luglio 2000, n. 202. Sul regolamento per l'organizzazione ed il funzionamento degli uffici amministrativi e degli altri uffici con compiti strumentali e di supporto alle attribuzioni della Corte dei Conti v. deliberazione della Corte dei Conti 26 gennaio 2010, n. 1/DEL/2010, in suppl. ord. n. 18 a G.U., 27 gennaio 2010, n. 21.

Sezione I. — *Ordinamento giurisdizionale* (1)

101. *1.* La giustizia è amministrata in nome del popolo.

2. I giudici sono soggetti soltanto alla legge.

102. *1.* La funzione giurisdizionale è esercitata da magistrati ordinari istituiti e regolati dalle norme sull'ordinamento giudiziario.

2. Non possono essere istituiti giudici straordinari o giudici speciali. Possono soltanto istituirsi presso gli organi giudiziari ordinari sezioni specializzate per determinate materie, anche con la partecipazione di cittadini idonei estranei alla magistratura (trans. cost. VI).

3. La legge regola i casi e le forme della partecipazione diretta del popolo all'amministrazione della giustizia (2).

103. *1.* Il Consiglio di Stato e gli altri organi di giustizia amministrativa (cost. 125^2) (3) hanno giurisdizione per la tutela nei confronti della pubblica amministrazione degli interessi legittimi (cost. 24, 113) e, in particolari materie indicate dalla legge, anche dei diritti soggettivi.

2. La Corte dei conti ha giurisdizione nelle materie di contabilità pubblica e nelle altre specificate dalla legge.

3. I tribunali militari in tempo di guerra hanno la giurisdizione stabilita dalla legge. In tempo di pace hanno giurisdizione soltanto per i reati militari commessi da appartenenti alle Forze armate (4).

104. *1.* La magistratura costituisce un ordine autonomo e indipendente da ogni altro potere.

2. Il Consiglio superiore della magistratura è presieduto dal Presidente della Repubblica (5).

3. Ne fanno parte di diritto il primo presidente e il procuratore generale della Corte di cassazione.

4. Gli altri componenti sono eletti per due terzi da tutti i magistrati ordinari tra gli appartenenti alle varie categorie, e per un terzo dal Parlamento in seduta comune tra professori ordinari di università in materie giuridiche ed avvocati dopo quindici anni di esercizio.

5. Il Consiglio elegge un vicepresidente fra i componenti designati dal Parlamento.

6. I membri elettivi del Consiglio durano in carica quattro anni e non sono immediatamente rieleggibili.

7. Non possono, finché sono in carica, essere iscritti negli albi professionali, né far parte del Parlamento o di un Consiglio regionale.

105. *1.* Spettano al Consiglio superiore della magistratura, secondo le norme dell'ordinamento giudiziario, le assunzioni, le assegnazioni ed i trasferimenti, le promozioni e i provvedimenti disciplinari nei riguardi dei magistrati.

106. *1.* Le nomine dei magistrati hanno luogo per concorso.

2. La legge sull'ordinamento giudiziario può ammettere la nomina, anche elettiva, di magistrati onorari per tutte le funzioni attribuite a giudici singoli.

3. Su designazione del Consiglio superiore della magistratura possono essere chiamati all'ufficio di consiglieri di cassazione, per meriti insigni, professori ordinari di università in materie giuridiche e avvocati che abbiano quindici anni d'esercizio e siano iscritti negli albi speciali per le giurisdizioni superiori (6).

107. *1.* I magistrati sono inamovibili. Non possono essere dispensati o sospesi dal servizio né destinati ad altre sedi o funzioni se non in seguito a decisione del Consiglio superiore della magistratura, adottata o per i motivi e con le garanzie di difesa stabilite dall'ordinamento giudiziario o con il loro consenso.

2. Il Ministro della giustizia ha facoltà di promuovere l'azione disciplinare.

3. I magistrati si distinguono fra loro soltanto per diversità di funzioni.

4. Il pubblico ministero gode delle garanzie stabilite nei suoi riguardi dalle norme sull'ordinamento giudiziario.

108. *1.* Le norme sull'ordinamento giudiziario e su ogni magistratura sono stabilite con legge.

(1) Sulla responsabilità civile dei magistrati v. l. 13 aprile 1988, n. 117, modificata dalla l. 2 dicembre 1988, n. 420 e dalla l. 27 febbraio 2015, n. 18, e, sulla compilazione di processo verbale a richiesta di uno dei componenti dell'organo collegiale, Corte cost., 19 gennaio 1989, n. 18.

(2) Sui giudizi di assise v. l. 10 aprile 1951, n. 287, modificata con d.l. 14 febbraio 1978, n. 31, conv. in l. 24 marzo 1978, n. 74, e con d.l. 25 settembre 1987, n. 394, conv. in l. 25 novembre 1987, n. 479.

(3) Sulla istituzione dei tribunali amministrativi regionali v. l. 6 dicembre 1971, n. 1034, modificata con l. 21 luglio 2000, n. 205.

(4) V. l. 30 dicembre 1988, n. 561, che istituisce il Consiglio della magistratura militare; d.p.r. 24 marzo 1989, n. 158, con norme di attuazione.

(5) Cfr. l. 24 marzo 1958, n. 195 sulla costituzione ed il funzionamento del Consiglio superiore della magistratura, modificata dalla l. 13 luglio 1965, n. 838, dalla l. 18 dicembre 1967, n. 1198, dalla l. 22 dicembre 1975, n. 695, dalla l. 3 gennaio 1981, n. 1, dalla l. 22 novembre 1985, n. 655, dalla l. 12 aprile 1990, n. 74 e dalla l. 28 marzo 2002, n. 44.

(6) V. l. 5 agosto 1998, n. 303.

2. La legge assicura l'indipendenza dei giudici delle giurisdizioni speciali, del pubblico ministero presso di esse, e degli estranei che partecipano all'amministrazione della giustizia.

109. *1.* L'autorità giudiziaria dispone direttamente della polizia giudiziaria.

110. *1.* Ferme le competenze del Consiglio superiore della magistratura, spettano al Ministro della giustizia l'organizzazione e il funzionamento dei servizi relativi alla giustizia.

Sezione II. — *Norme sulla giurisdizione*

111. *1.* La giurisdizione si attua mediante il giusto processo regolato dalla legge (1).

2. Ogni processo si svolge nel contraddittorio tra le parti, in condizioni di parità, davanti a giudice terzo e imparziale. La legge ne assicura la ragionevole durata (1).

3. Nel processo penale, la legge assicura che la persona accusata di un reato sia, nel più breve tempo possibile, informata riservatamente della natura e dei motivi dell'accusa elevata a suo carico; disponga del tempo e delle condizioni necessari per preparare la sua difesa; abbia la facoltà, davanti al giudice, di interrogare o di far interrogare le persone che rendono dichiarazioni a suo carico, di ottenere la convocazione e l'interrogatorio di persone a sua difesa nelle stesse condizioni dell'accusa e l'acquisizione di ogni altro mezzo di prova a suo favore; sia assistita da un interprete se non comprende o non parla la lingua impiegata nel processo (1).

4. Il processo penale è regolato dal principio del contraddittorio nella formazione della prova. La colpevolezza dell'imputato non può essere provata sulla base di dichiarazioni rese da chi, per libera scelta, si è sempre volontariamente sottratto all'interrogatorio da parte dell'imputato o del suo difensore (1).

5. La legge regola i casi in cui la formazione della prova non ha luogo in contraddittorio per consenso dell'imputato o per accertata impossibilità di natura oggettiva o per effetto di provata condotta illecita (1).

6. Tutti i provvedimenti giurisdizionali devono essere motivati.

7. Contro le sentenze e contro i provvedimenti sulla libertà personale, pronunciati dagli organi giurisdizionali ordinari o speciali, è sempre ammesso ricorso in Cassazione per violazione di legge (p.p. 606). Si può derogare a tale norma soltanto per le sentenze dei tribunali militari in tempo di guerra.

8. Contro le decisioni del Consiglio di Stato e della Corte dei conti il ricorso in Cassazione (p.c. 360; p.p. 606) è ammesso per i soli motivi inerenti alla giurisdizione.

112. *1.* Il pubblico ministero ha l'obbligo di esercitare l'azione penale.

113. *1.* Contro gli atti della pubblica amministrazione è sempre ammessa la tutela giurisdizionale dei diritti e degli interessi legittimi dinanzi agli organi di giurisdizione ordinaria o amministrativa (cost. 24, 103[1]).

2. Tale tutela giurisdizionale non può essere esclusa o limitata a particolari mezzi di impugnazione o per determinate categorie di atti.

3. La legge determina quali organi di giurisdizione possono annullare gli atti della pubblica amministrazione nei casi e con gli effetti previsti dalla legge stessa.

(1) Comma premesso dall'art. 1, l. cost. 23 novembre 1999, n. 2. L'art. 2, l. cost. 23 novembre 1999, n. 2, così dispone: «La legge regola l'applicazione dei princìpi contenuti nella presente legge costituzionale ai procedimenti penali in corso alla data della sua entrata in vigore». L'art. 1, d.l. 7 gennaio 2000, n. 2, conv. in l. 25 febbraio 2000, n. 35, così dispone: «1. Fino alla data di entrata in vigore della legge che disciplina l'attuazione dell'art. 111 della Costituzione, come modificato dalla legge costituzionale 23 novembre 1999, n. 2, ed in applicazione dell'art. 2 della stessa legge costituzionale, i princìpi di cui all'art. 111 della Costituzione si applicano ai procedimenti in corso salve le regole contenute nei commi successivi. || 2. Le dichiarazioni rese nel corso delle indagini preliminari da chi, per libera scelta, si è sempre volontariamente sottratto all'esame dell'imputato o del suo difensore, sono valutate, se già acquisite al fascicolo per il dibattimento, solo se la loro attendibilità è confermata da altri elementi di prova, assunti o formati con diverse modalità. || 3. Le dichiarazioni possono essere comunque valutate quando, sulla base di elementi concreti, verificati in contraddittorio, risulta che la persona è sottoposta a violenza, minaccia, offerta o promessa di denaro o di altra utilità affinché si sottragga all'esame. || 4. Alle dichiarazioni acquisite al fascicolo per il dibattimento, e già valutate ai fini delle decisioni, si applicano nel giudizio dinanzi alla Corte di cassazione le disposizioni vigenti in materia di valutazione della prova al momento delle decisioni stesse. || 5. Nell'udienza preliminare dei processi penali in corso nei confronti di imputato minorenne, il giudice, se ritiene di poter decidere allo stato degli atti, informa l'imputato della possibilità di consentire che il procedimento a suo carico sia definito in quella fase. || 6. Le disposizioni dei commi precedenti si applicano anche ai procedimenti che proseguono con le norme del codice di procedura penale anteriormente vigente». Sulle modifiche al codice penale e al codice di procedura penale in materia di formazione e valutazione della prova in attuazione della legge costituzionale di riforma dell'art. 111 della Costituzione v. l. 1° marzo 2001, n. 63.

TITOLO V

Le Regioni, le Province, i Comuni

114. *1.* La Repubblica è costituita dai Comuni, dalle Province, dalle Città metropolitane, dalle Regioni e dallo Stato (1).

2. I Comuni, le Province, le Città metropolitane e le Regioni sono enti autonomi con propri statuti, poteri e funzioni secondo i princìpi fissati dalla Costituzione.

3. Roma è la capitale della Repubblica. La legge dello Stato disciplina il suo ordinamento (2).

115. . . . . (3).

116. *1.* Il Friuli Venezia Giulia, la Sardegna, la Sicilia, il Trentino-Alto Adige/Südtirol e la Valle d'Aosta/Vallée d'Aoste dispongono di forme e condizioni particolari di autonomia, secondo i rispettivi statuti speciali adottati con legge costituzionale.

2. La Regione Trentino-Alto Adige/Südtirol è costituita dalle Province autonome di Trento e di Bolzano.

3. Ulteriori forme e condizioni particolari di autonomia, concernenti le materie di cui al terzo comma dell'art. 117 e le materie indicate dal secondo comma del medesimo articolo alle lett. *l*), limitatamente all'organizzazione della giustizia di pace, *n*) e *s*), possono essere attribuite ad altre Regioni, con legge dello Stato, su iniziativa della Regione interessata, sentiti gli enti locali, nel rispetto dei princìpi di cui all'art. 119. La legge è approvata dalle Camere a maggioranza assoluta dei componenti, sulla base di intesa fra lo Stato e la Regione interessata (4).

117. *1.* La potestà legislativa è esercitata dallo Stato e dalle Regioni nel rispetto della Costituzione, nonché dei vincoli derivanti dall'ordinamento comunitario e dagli obblighi internazionali.

2. Lo Stato ha legislazione esclusiva nelle seguenti materie:

a) politica estera e rapporti internazionali dello Stato; rapporti dello Stato con l'Unione europea; diritto di asilo e condizione giuridica dei cittadini di Stati non appartenenti all'Unione europea;

b) immigrazione;

c) rapporti tra la Repubblica e le confessioni religiose;

d) difesa e Forze armate; sicurezza dello Stato; armi, munizioni ed esplosivi;

e) moneta, tutela del risparmio e mercati finanziari; tutela della concorrenza; sistema valutario; sistema tributario e contabile dello Stato; armonizzazione dei bilanci pubblici (5); perequazione delle risorse finanziarie;

f) organi dello Stato e relative leggi elettorali; *referendum* statali; elezione del Parlamento europeo;

g) ordinamento e organizzazione amministrativa dello Stato e degli enti pubblici nazionali;

h) ordine pubblico e sicurezza, ad esclusione della polizia amministrativa locale;

(1) Per norme in materia di Province e di Città metropolitane v. artt. 17 e 18, d.l. 6 luglio 2012, n. 95, conv. in l. 7 agosto 2012, n. 135, e l. 7 aprile 2014, n. 56 (con norme anche sulle unioni e fusioni di Comuni), modificata dall'art. 19.01, d.l. 24 aprile 2014, n. 66, conv. in l. 23 giugno 2014, n. 89. Per misure per il sostegno e la valorizzazione dei piccoli comuni, nonché disposizioni per la riqualificazione e il recupero dei centri storici dei medesimi comuni v. l. 6 ottobre 2017, n. 158.

(2) Articolo così sostituito dall'art. 1.1, l. cost. 18 ottobre 2001, n. 3, che prevede le seguenti disposizioni transitorie: «10. 1. Sino all'adeguamento dei rispettivi statuti, le disposizioni della presente legge costituzionale si applicano anche alle Regioni a statuto speciale ed alle province autonome di Trento e di Bolzano per le parti in cui prevedono forme di autonomia più ampie rispetto a quelle già attribuite. || 11. 1. Sino alla revisione delle norme del titolo I della parte seconda della Costituzione, i regolamenti della Camera dei deputati e del Senato della Repubblica possono prevedere la partecipazione di rappresentanti delle Regioni, delle Province autonome e degli enti locali alla Commissione parlamentare per le questioni regionali. || 11. 2. Quando un progetto di legge riguardante le materie di cui al terzo comma dell'art. 117 e all'art. 119 della Costituzione contenga disposizioni sulle quali la Commissione parlamentare per le questioni regionali, integrata ai sensi del comma 1, abbia espresso parere contrario o parere favorevole condizionato all'introduzione di modificazioni specificamente formulate, e la Commissione che ha svolto l'esame in sede referente non vi si sia adeguata, sulle corrispondenti parti del progetto di legge l'Assemblea delibera a maggioranza assoluta dei suoi componenti».

Per l'ordinamento transitorio di Roma Capitale v. art. 24, l. 5 maggio 2009, n. 42. Per disposizioni recanti attuazione dell'art. 24 della l. n. 42/2009 cit. v. d.lg. 17 settembre 2010, n. 156. Per ulteriori disposizioni recanti attuazione dell'art. 24 della l. n. 42/2009 cit. v. d.lg. 18 aprile 2012, n. 61, come modificato con d.lg. 26 aprile 2013, n. 51. Per lo Statuto di Roma Capitale v. *Comunicato* in G.U., 29 marzo 2013, n. 75. Per disposizioni concernenti Roma capitale v. art. 16, d.l. 6 marzo 2014, n. 16, conv. in l. 2 maggio 2014, n. 68.

(3) Articolo abrogato dall'art. 9.2, l. cost. 18 ottobre 2001, n. 3.

(4) Articolo così sostituito dall'art. 2.1, l. cost. 18 ottobre 2001, n. 3.

(5) Le parole «armonizzazione dei bilanci pubblici;» sono state inserite dall'art. 3.1, lett. a, l. cost. 20 aprile 2012, n. 1. In base all'art. 6, l. cost. cit., tali disposizioni «si applicano a decorrere dall'esercizio finanziario relativo all'anno 2014».

i) cittadinanza, stato civile e anagrafi;

l) giurisdizione e norme processuali; ordinamento civile e penale; giustizia amministrativa;

m) determinazione dei livelli essenziali delle prestazioni concernenti i diritti civili e sociali che devono essere garantiti su tutto il territorio nazionale;

n) norme generali sull'istruzione;

o) previdenza sociale;

p) legislazione elettorale, organi di governo e funzioni fondamentali di Comuni, Province e Città metropolitane;

q) dogane, protezione dei confini nazionali e profilassi internazionale;

r) pesi, misure e determinazione del tempo; coordinamento informativo statistico e informatico dei dati dell'amministrazione statale, regionale e locale; opere dell'ingegno;

s) tutela dell'ambiente, dell'ecosistema e dei beni culturali.

3. Sono materie di legislazione concorrente quelle relative a: rapporti internazionali e con l'Unione europea delle Regioni; commercio con l'estero; tutela e sicurezza del lavoro; istruzione, salva l'autonomia delle istituzioni scolastiche e con esclusione della istruzione e della formazione professionale; professioni; ricerca scientifica e tecnologica e sostegno all'innovazione per i settori produttivi; tutela della salute; alimentazione; ordinamento sportivo; protezione civile (1); governo del territorio; porti e aeroporti civili; grandi reti di trasporto e di navigazione; ordinamento della comunicazione; produzione, trasporto e distribuzione nazionale dell'energia; previdenza complementare e integrativa; [...] (2) coordinamento della finanza pubblica e del sistema tributario; valorizzazione dei beni culturali e ambientali e promozione e organizzazione di attività culturali; casse di risparmio, casse rurali, aziende di credito a carattere regionale; enti di credito fondiario e agrario a carattere regionale (3). Nelle materie di legislazione concorrente spetta alle Regioni la potestà legislativa, salvo che per la determinazione dei princìpi fondamentali, riservata alla legislazione dello Stato.

4. Spetta alle Regioni la potestà legislativa in riferimento ad ogni materia non espressamente riservata alla legislazione dello Stato.

5. Le Regioni e le Province autonome di Trento e di Bolzano, nelle materie di loro competenza, partecipano alle decisioni dirette alla formazione degli atti normativi comunitari e provvedono all'attuazione e all'esecuzione degli accordi internazionali e degli atti dell'Unione europea, nel rispetto delle norme di procedura stabilite da legge dello Stato, che disciplina le modalità di esercizio del potere sostitutivo in caso di inadempienza.

6. La potestà regolamentare spetta allo Stato nelle materie di legislazione esclusiva, salva delega alle Regioni. La potestà regolamentare spetta alle Regioni in ogni altra materia. I Comuni, le Province e le Città metropolitane hanno potestà regolamentare in ordine alla disciplina dell'organizzazione e dello svolgimento delle funzioni loro attribuite.

7. Le leggi regionali rimuovono ogni ostacolo che impedisce la piena parità degli uomini e delle donne nella vita sociale, culturale ed economica e promuovono la parità di accesso tra donne e uomini alle cariche elettive.

8. La legge regionale ratifica le intese della Regione con altre Regioni per il migliore esercizio delle proprie funzioni, anche con individuazione di organi comuni.

9. Nelle materie di sua competenza la Regione può concludere accordi con Stati e intese con enti territoriali interni ad altro Stato, nei casi e con le forme disciplinati da leggi dello Stato (4) (5).

118. *1.* Le funzioni amministrative sono attribuite ai Comuni salvo che, per assicurarne l'esercizio unitario, siano conferite a Province, Città metropolitane, Regioni e Stato, sulla base dei princìpi di sussidiarietà, differenziazione ed adeguatezza.

2. I Comuni, le Province e le Città metropolitane sono titolari di funzioni amministrative proprie e di quelle conferite con legge statale o regionale, secondo le rispettive competenze.

3. La legge statale disciplina forme di coordinamento fra Stato e Regioni nelle materie di cui alle lett. *b*) e *h*) del secondo comma dell'art. 117, e disciplina inoltre forme di intesa e coor-

(1) Per il Codice della protezione civile v. d.lg. 2 gennaio 2018, n. 1.

(2) Le parole «armonizzazione dei bilanci pubblici e» sono state soppresse dall'art. 3.1, lett. b, l. cost. 20 aprile 2012, n. 1. In base all'art. 6, l. cost. cit., tali disposizioni «si applicano a decorrere dall'esercizio finanziario relativo all'anno 2014».

(3) Per la ricognizione dei principi fondamentali in materia di casse di risparmio, casse rurali, aziende di credito a carattere regionale, enti di credito fondiario e agrario a carattere regionale v. d.lg. 18 aprile 2006, n. 171.

(4) Articolo così sostituito dall'art. 3.1, l. cost. 18 ottobre 2001, n. 3.

(5) Per il regolamento recante istituzione e funzionamento del nuovo Osservatorio nazionale sulla famiglia v. d.p.c.m. 10 marzo 2009, n. 43, in G.U., 7 maggio 2009, n. 104.

dinamento nella materia della tutela dei beni culturali.

4. Stato, Regioni, Città metropolitane, Province e Comuni favoriscono l'autonoma iniziativa dei cittadini, singoli e associati, per lo svolgimento di attività di interesse generale, sulla base del principio di sussidiarietà (1).

119. *1.* I Comuni, le Province, le Città metropolitane e le Regioni hanno autonomia finanziaria di entrata e di spesa, nel rispetto dell'equilibrio dei relativi bilanci, e concorrono ad assicurare l'osservanza dei vincoli economici e finanziari derivanti dall'ordinamento dell'Unione europea (2).

2. I Comuni, le Province, le Città metropolitane e le Regioni hanno risorse autonome. Stabiliscono e applicano tributi ed entrate propri, in armonia con la Costituzione e secondo i princìpi di coordinamento della finanza pubblica e del sistema tributario. Dispongono di compartecipazioni al gettito di tributi erariali riferibile al loro territorio.

3. La legge dello Stato istituisce un fondo perequativo, senza vincoli di destinazione, per i territori con minore capacità fiscale per abitante.

4. Le risorse derivanti dalle fonti di cui ai commi precedenti consentono ai Comuni, alle Province, alle Città metropolitane e alle Regioni di finanziare integralmente le funzioni pubbliche loro attribuite.

5. Per promuovere lo sviluppo economico, la coesione e la solidarietà sociale, per rimuovere gli squilibri economici e sociali, per favorire l'effettivo esercizio dei diritti della persona, o per provvedere a scopi diversi dal normale esercizio delle loro funzioni, lo Stato destina risorse aggiuntive ed effettua interventi speciali in favore di determinati Comuni, Province, Città metropolitane e Regioni (3).

6. I Comuni, le Province, le Città metropolitane e le Regioni hanno un proprio patrimonio, attribuito secondo i princìpi generali determinati dalla legge dello Stato. Possono ricorrere all'indebitamento solo per finanziare spese di investimento, con la contestuale definizione di piani di ammortamento e a condizione che per il complesso degli enti di ciascuna Regione sia rispettato l'equilibrio di bilancio (4). È esclusa ogni garanzia dello Stato sui prestiti dagli stessi contratti (5).

120. *1.* La Regione non può istituire dazi di importazione o esportazione o transito tra le Regioni, né adottare provvedimenti che ostacolino in qualsiasi modo la libera circolazione delle persone e delle cose tra le Regioni, né limitare l'esercizio del diritto al lavoro in qualunque parte del territorio nazionale.

2. Il Governo può sostituirsi a organi delle Regioni, delle Città metropolitane, delle Province e dei Comuni nel caso di mancato rispetto di norme e trattati internazionali o della normativa comunitaria oppure di pericolo grave per l'incolumità e la sicurezza pubblica, ovvero quando lo richiedono la tutela dell'unità giuridica o dell'unità economica e in particolare la tutela dei livelli essenziali delle prestazioni concernenti i diritti civili e sociali, prescindendo dai confini territoriali dei governi locali. La legge definisce le procedure atte a garantire che i poteri sostitutivi siano esercitati nel rispetto del principio di sussidiarietà e del principio di leale collaborazione (6).

121. *1.* Sono organi della Regione: il Consiglio regionale, la Giunta e il suo presidente.

2. Il Consiglio regionale esercita le potestà legislative (7) attribuite alla Regione e le altre funzioni conferitegli dalla Costituzione e dalle

(1) Articolo così sostituito dall'art. 4.1, l. cost. 18 ottobre 2001, n. 3.

(2) Le parole «, nel rispetto dell'equilibrio dei relativi bilanci, e concorrono ad assicurare l'osservanza dei vincoli economici e finanziari derivanti dall'ordinamento dell'Unione europea» sono state aggiunte dall'art. 4.1, lett. a, l. cost. 20 aprile 2012, n. 1. In base all'art. 6, l. cost. cit., tali disposizioni «si applicano a decorrere dall'esercizio finanziario relativo all'anno 2014».

(3) Sul Fondo per lo sviluppo e la coesione e sul contratto istituzionale di sviluppo v. d.lg. 31 maggio 2011, n. 88.

(4) Le parole «, con la contestuale definizione di piani di ammortamento e a condizione che per il complesso degli enti di ciascuna Regione sia rispettato l'equilibrio di bilancio» sono state aggiunte dall'art. 4.1, lett. b, l. cost. 20 aprile 2012, n. 1. In base all'art. 6, l. cost. cit., tali disposizioni «si applicano a decorrere dall'esercizio finanziario relativo all'anno 2014».

(5) Articolo così sostituito dall'art. 5.1, l. cost. 18 ottobre 2001, n. 3. Sull'indebitamento per spese di investimento v. art. 3.16 ss., l. 24 dicembre 2003, n. 350. Per la delega al Governo in materia di federalismo fiscale in attuazione di questo articolo v. l. 5 maggio 2009, n. 42, come modificata dalla l. 8 giugno 2011, n. 85; per l'istituzione della Commissione tecnica paritetica per l'attuazione del federalismo fiscale v. d.p.c.m. 3 luglio 2009, in G.U., 13 luglio 2009, n. 160. Per disposizioni in materia di federalismo Fiscale Municipale v. d.lg. 14 marzo 2011, n. 23. Per disposizioni attuative degli artt. 2, comma 4, e 14, comma 10, del d.lg. n. 23/2011 cit. v. d.p.c.m. 17 giugno 2011, in suppl. ord. n. 201 a G.U., 2 settembre 2011, n. 204.

(6) Articolo così sostituito dall'art. 6.1, l. cost. 18 ottobre 2001, n. 3.

(7) Le parole «e regolamentari» sono state soppresse dall'art. 1, lett. a, l. cost. 22 novembre 1999, n. 1.

leggi. Può fare proposte di legge alle Camere.

3. La Giunta regionale è l'organo esecutivo delle Regioni.

4. Il Presidente della Giunta rappresenta la Regione; dirige la politica della Giunta e ne è responsabile; promulga le leggi ed emana i regolamenti regionali; dirige le funzioni amministrative delegate dallo Stato alla Regione, conformandosi alle istruzioni del Governo della Repubblica (1).

122. *1.* Il sistema di elezione e i casi di ineleggibilità e di incompatibilità del Presidente e degli altri componenti della Giunta regionale nonché dei consiglieri regionali sono disciplinati con legge della Regione nei limiti dei princìpi fondamentali stabiliti con legge della Repubblica, che stabilisce anche la durata degli organi elettivi (2) (3).

2. Nessuno può appartenere contemporaneamente a un Consiglio o a una Giunta regionale e ad una delle Camere del Parlamento, ad un altro Consiglio o ad altra Giunta regionale, ovvero al Parlamento europeo.

3. Il Consiglio elegge tra i suoi componenti un Presidente e un ufficio di presidenza.

4. I consiglieri regionali non possono essere chiamati a rispondere delle opinioni espresse e dei voti dati nell'esercizio delle loro funzioni.

5. Il Presidente della Giunta regionale, salvo che lo statuto regionale disponga diversamente, è eletto a suffragio universale e diretto. Il Presidente eletto nomina e revoca i componenti della Giunta (4).

123. *1.* Ciascuna Regione ha uno statuto che, in armonia con la Costituzione, ne determina la forma di governo e i princìpi fondamentali di organizzazione e funzionamento. Lo statuto regola l'esercizio del diritto di iniziativa e del *referendum* su leggi e provvedimenti amministrativi della Regione e la pubblicazione delle leggi e dei regolamenti regionali.

2. Lo statuto è approvato e modificato dal Consiglio regionale con legge approvata a maggioranza assoluta dei suoi componenti, con due deliberazioni successive adottate ad intervallo non minore di due mesi. Per tale legge non è richiesta l'apposizione del visto da parte del Commissario del Governo. Il Governo della Repubblica può promuovere la questione di legittimità costituzionale sugli statuti regionali dinanzi alla Corte costituzionale entro trenta giorni dalla loro pubblicazione.

3. Lo statuto è sottoposto a *referendum* popolare qualora entro tre mesi dalla sua pubblicazione ne faccia richiesta un cinquantesimo degli elettori della Regione o un quinto dei componenti il Consiglio regionale. Lo statuto sottoposto a *referendum* non è promulgato se non è approvato dalla maggioranza dei voti validi.

4. In ogni Regione, lo statuto disciplina il Consiglio delle autonomie locali, quale organo

(1) Comma così sostituito dall'art. 1, lett. b, l. cost. 22 novembre 1999, n. 1.

(2) L'art. 5, l. cost. 22 novembre 1999, n. 1, così dispone: «1. Fino alla data di entrata in vigore dei nuovi statuti regionali e delle nuove leggi elettorali ai sensi del primo comma dell'art. 122 della Costituzione, come sostituito dall'art. 2 della presente legge costituzionale, l'elezione del Presidente della Giunta regionale è contestuale al rinnovo dei rispettivi Consigli regionali e si effettua con le modalità previste dalle disposizioni di legge ordinaria vigenti in materia di elezione dei Consigli regionali. Sono candidati alla Presidenza della Giunta regionale i capilista delle liste regionali. È proclamato eletto Presidente della Giunta regionale il candidato che ha conseguito il maggior numero di voti validi in ambito regionale. È eletto alla carica di consigliere il candidato alla carica di Presidente della Giunta regionale che ha conseguito un numero di voti validi immediatamente inferiore a quello del candidato proclamato eletto Presidente. L'Ufficio centrale regionale riserva, a tal fine, l'ultimo dei seggi eventualmente spettanti alle liste circoscrizionali collegate con il capolista della lista regionale proclamato alla carica di consigliere, nell'ipotesi prevista al n. 3) del tredicesimo comma dell'art. 15 della l. 17 febbraio 1968, n. 108, introdotto dal comma 2 dell'art. 3 della l. 23 febbraio 1995, n. 43; o, altrimenti, il seggio attribuito con il resto o con la cifra elettorale minore, tra quelli delle stesse liste, in sede di collegio unico regionale per la ripartizione dei seggi circoscrizionali residui. Qualora tutti i seggi spettanti alle liste collegate siano stati assegnati con quoziente intero in sede circoscrizionale, l'Ufficio centrale regionale procede all'attribuzione di un seggio aggiuntivo, del quale si deve tenere conto per la determinazione della conseguente quota percentuale di seggi spettanti alle liste di maggioranza in seno al Consiglio regionale. || 2. Fino alla data di entrata in vigore dei nuovi statuti regionali si osservano le seguenti disposizioni: *a*) entro dieci giorni dalla proclamazione, il Presidente della Giunta regionale nomina i componenti della Giunta, fra i quali un Vicepresidente, e può successivamente revocarli; *b*) nel caso in cui il Consiglio regionale approvi a maggioranza assoluta una mozione motivata di sfiducia nei confronti del Presidente della Giunta regionale, presentata da almeno un quinto dei suoi componenti e messa in discussione non prima di tre giorni dalla presentazione, entro tre mesi si procede all'indizione di nuove elezioni del Consiglio e del Presidente della Giunta. Si procede parimenti a nuove elezioni del Consiglio e del Presidente della Giunta in caso di dimissioni volontarie, impedimento permanente o morte del Presidente». Sull'elezione diretta dei Presidenti delle regioni a statuto speciale e delle province autonome di Trento e Bolzano, v. l. cost. 31 gennaio 2001, n. 2, in G.U., 1° febbraio 2001, n. 26.

(3) Per l'attuazione di questo comma v. la l. 2 luglio 2004, n. 165.

(4) Articolo così sostituito dall'art. 2, l. cost. 22 novembre 1999, n. 1.

di consultazione fra la Regione e gli enti locali (1).

124. .... (2).

125. *1.* .... (3).

2. Nella Regione sono istituiti organi di giustizia amministrativa di primo grado, secondo l'ordinamento stabilito da legge della Repubblica. Possono istituirsi sezioni con sede diversa dal capoluogo della Regione.

126. *1.* Con decreto motivato del Presidente della Repubblica sono disposti lo scioglimento del Consiglio regionale e la rimozione del Presidente della Giunta che abbiano compiuto atti contrari alla Costituzione o gravi violazioni di legge. Lo scioglimento e la rimozione possono altresì essere disposti per ragioni di sicurezza nazionale. Il decreto è adottato sentita una Commissione di deputati e senatori costituita, per le questioni regionali, nei modi stabiliti con legge della Repubblica.

2. Il Consiglio regionale può esprimere la sfiducia nei confronti del Presidente della Giunta mediante mozione motivata, sottoscritta da almeno un quinto dei suoi componenti e approvata per appello nominale a maggioranza assoluta dei componenti. La mozione non può essere messa in discussione prima di tre giorni dalla presentazione.

3. L'approvazione della mozione di sfiducia nei confronti del Presidente della Giunta eletto a suffragio universale e diretto, nonché la rimozione, l'impedimento permanente, la morte o le dimissioni volontarie dello stesso comportano le dimissioni della Giunta e lo scioglimento del Consiglio. In ogni caso i medesimi effetti conseguono alle dimissioni contestuali della maggioranza dei componenti il Consiglio (4).

127. *1.* Il Governo, quando ritenga che una legge regionale ecceda la competenza della Regione, può promuovere la questione di legittimità costituzionale dinanzi alla Corte costituzionale entro sessanta giorni dalla sua pubblicazione.

2. La Regione, quando ritenga che una legge o un atto avente valore di legge dello Stato o di un'altra Regione leda la sua sfera di competenza, può promuovere la questione di legittimità costituzionale dinanzi alla Corte costituzionale entro sessanta giorni dalla pubblicazione della legge o dell'atto avente valore di legge (5).

128. .... (2).

129. .... (2).

130. .... (2).

131. *1.* Sono costituite le seguenti Regioni: Piemonte; Valle d'Aosta; Lombardia; Trentino-Alto Adige; Veneto; Friuli-Venezia Giulia; Liguria; Emilia-Romagna; Toscana; Umbria, Marche; Lazio; Abruzzi; Molise (6); Campania; Puglia; Basilicata; Calabria; Sicilia; Sardegna.

132. *1.* Si può con legge costituzionale, sentiti i Consigli regionali, disporre la fusione di Regioni esistenti o la creazione di nuove Regioni con un minimo di un milione di abitanti, quando ne facciano richiesta tanti Consigli comunali che rappresentino almeno un terzo delle popolazioni interessate, e la proposta sia approvata con *referendum* dalla maggioranza delle popolazioni stesse.

2. Si può, con l'approvazione della maggioranza delle popolazioni della Provincia o delle Province interessate e del Comune o dei Comuni interessati espressa mediante (7) *referendum* e con legge della Repubblica, sentiti i Consigli regionali, consentire che Province e Comuni, che ne facciano richiesta, siano staccati da una Regione ed aggregati ad un'altra.

133. *1.* Il mutamento delle circoscrizioni provinciali e la istituzione di nuove Province nell'ambito d'una Regione sono stabiliti con legge della Repubblica, su iniziativa dei Comuni, sentita la stessa Regione (8).

2. La Regione, sentite le popolazioni interessate, può con sue leggi istituire nel proprio territorio nuovi Comuni e modificare le loro circoscrizioni e denominazioni.

(1) Articolo già sostituito dall'art. 3, l. cost. 22 novembre 1999, n. 1. L'ultimo comma è stato aggiunto dall'art. 7.1, l. cost. 18 ottobre 2001, n. 3.

(2) Articolo abrogato dall'art. 9.2, l. cost. 18 ottobre 2001, n. 3.

(3) Comma abrogato dall'art. 9.2, l. cost. 18 ottobre 2001, n. 3.

(4) Articolo così sostituito dall'art. 4, l. cost. 22 novembre 1999, n. 1.

(5) Articolo così sostituito dall'art. 8.1, l. cost. 18 ottobre 2001, n. 3.

(6) Così modificato dall'art. 1, l. cost. 27 dicembre 1963, n. 3.

(7) Parole inserite dall'art. 9.1, l. cost. 18 ottobre 2001, n. 3.

(8) Per norme in materia di Province e di Città metropolitane v. artt. 17 e 18, d.l. 6 luglio 2012, n. 95, conv. in l. 7 agosto 2012, n. 135, e l. 7 aprile 2014, n. 56 (con norme anche sulle unioni e fusioni di Comuni), modificata dall'art. 19.01, d.l. 24 aprile 2014, n. 66, conv. in l. 23 giugno 2014, n. 89. Per misure per il sostegno e la valorizzazione dei piccoli comuni, nonché disposizioni per la riqualificazione e il recupero dei centri storici dei medesimi comuni v. l. 6 ottobre 2017, n. 158.

TITOLO VI

Garanzie costituzionali

Sezione I. — *La Corte costituzionale* (1)

134. *1.* La Corte costituzionale giudica:

sulle controversie relative alla legittimità costituzionale delle leggi e degli atti, aventi forza di legge, dello Stato e delle Regioni;

sui conflitti di attribuzione tra i poteri dello Stato e su quelli tra lo Stato e le Regioni, e tra le Regioni;

sulle accuse promosse contro il Presidente della Repubblica, a norma della Costituzione (2).

135. *1.* La Corte costituzionale è composta di quindici giudici nominati per un terzo dal Presidente della Repubblica, per un terzo dal Parlamento in seduta comune e per un terzo dalle supreme magistrature ordinaria ed amministrative.

2. I giudici della Corte costituzionale sono scelti tra i magistrati anche a riposo delle giurisdizioni superiori ordinaria ed amministrative, i professori ordinari di università in materie giuridiche e gli avvocati dopo venti anni d'esercizio.

3. I giudici della Corte costituzionale sono nominati per nove anni, decorrenti per ciascuno di essi dal giorno del giuramento, e non possono essere nuovamente nominati.

4. Alla scadenza del termine il giudice costituzionale cessa dalla carica e dall'esercizio delle funzioni.

5. La Corte elegge fra i suoi componenti, secondo le norme stabilite dalla legge, il Presidente, che rimane in carica per un triennio, ed è rieleggibile, fermi in ogni caso i termini di scadenza dall'ufficio di giudice.

6. L'ufficio di giudice della Corte è incompatibile con quello di membro del Parlamento, di un Consiglio regionale, con l'esercizio della professione di avvocato e con ogni carica ed ufficio indicati dalla legge.

7. Nei giudizi di accusa contro il Presidente della Repubblica intervengono, oltre i giudici ordinari della Corte, sedici membri tratti a sorte da un elenco di cittadini aventi i requisiti per l'eleggibilità a senatore, che il Parlamento compila ogni nove anni mediante elezione con le stesse modalità stabilite per la nomina dei giudici ordinari (3).

136. *1.* Quando la Corte dichiara la illegittimità costituzionale di una norma di legge o di atto avente forza di legge, la norma cessa di avere efficacia dal giorno successivo alla pubblicazione della decisione.

2. La decisione della Corte è pubblicata e comunicata alle Camere ed ai Consigli regionali interessati, affinché, ove lo ritengano necessario, provvedano nelle forme costituzionali.

137. *1.* Una legge costituzionale stabilisce le condizioni, le forme, i termini di proponibilità dei giudizi di legittimità costituzionale, e le garanzie d'indipendenza dei giudici della Corte (4).

2. Con legge ordinaria sono stabilite le altre norme necessarie per la costituzione e il funzionamento della Corte (5).

3. Contro le decisioni della Corte costituzionale non è ammessa alcuna impugnazione.

Sezione II. — *Revisione della Costituzione. Leggi costituzionali*

138. *1.* Le leggi di revisione della Costituzione e le altre leggi costituzionali sono adottate da ciascuna Camera con due successive deliberazioni ad intervallo non minore di tre mesi, e sono approvate a maggioranza assoluta dei componenti di ciascuna Camera nella seconda votazione.

2. Le leggi stesse sono sottoposte a *referendum* popolare quando, entro tre mesi dalla loro pubblicazione, ne facciano domanda un quinto dei membri di una Camera o cinquecentomila elettori o cinque Consigli regionali. La legge sottoposta a *referendum* non è promulgata, se non è approvata dalla maggioranza dei voti validi.

3. Non si fa luogo a *referendum* se la legge è stata approvata nella seconda votazione da ciascuna delle Camere a maggioranza di due terzi dei suoi componenti.

139. *1.* La forma repubblicana non può essere oggetto di revisione costituzionale.

(1) L. cost. 9 febbraio 1948, n. 1; l. cost. 11 marzo 1953, n. 1; l. 11 marzo 1953, n. 87; l. cost. 22 novembre 1967, n. 2; l. cost. 16 gennaio 1989, n. 1. V. deliberazione Corte cost. 26 settembre 2002, in G.U., 19 ottobre 2002, n. 246. Per norme integrative per i giudizi davanti alla Corte costituzionale v. deliberazione Corte cost. 10 giugno 2004, in G.U., 30 giugno 2004, n. 151 e d.p.c. cost. 21 luglio 2004, in G.U. 29 luglio 2004, n. 176, deliberazione Corte cost. 27 ottobre 2005, e deliberazione Corte cost. 12 dicembre 2005, in G.U., 26 gennaio 2006, n. 21.

(2) Articolo così modificato dall'art. 2, l. cost. 16 gennaio 1989, n. 1.

(3) Così modificato dall'art. 1, l. cost. 22 novembre 1967, n. 2, nonché dall'art. 2, l. cost. 16 gennaio 1989, n. 1.

(4) L. cost. 9 febbraio 1948, n. 1, l. cost. 11 marzo 1953, n. 1, l. cost. 22 novembre 1967, n. 2.

(5) L. 11 marzo 1953, n. 87 e l. 18 marzo 1958, n. 265.

DISPOSIZIONI TRANSITORIE E FINALI

I.

1. Con l'entrata in vigore della Costituzione il Capo provvisorio dello Stato esercita le attribuzioni di Presidente della Repubblica e ne assume il titolo.

II.

1. Se alla data della elezione del Presidente della Repubblica non sono costituiti tutti i Consigli regionali, partecipano alla elezione soltanto i componenti delle due Camere.

III.

1. Per la prima composizione del Senato della Repubblica sono nominati senatori, con decreto del Presidente della Repubblica, i deputati dell'Assemblea Costituente che posseggono i requisiti di legge per essere senatori e che:

sono stati Presidenti del Consiglio dei Ministri o di Assemblee legislative;

hanno fatto parte del disciolto Senato;

hanno avuto almeno tre elezioni, compresa quella all'Assemblea Costituente;

sono stati dichiarati decaduti nella seduta della Camera dei deputati del 9 novembre 1926;

hanno scontato la pena della reclusione non inferiore a cinque anni in seguito a condanna del tribunale speciale fascista per la difesa dello Stato.

2. Sono nominati altresì senatori, con decreto del Presidente della Repubblica, i membri del disciolto Senato che hanno fatto parte della Consulta Nazionale.

3. Al diritto di essere nominati senatori si può rinunciare prima della firma del decreto di nomina. L'accettazione della candidatura alle elezioni politiche implica rinuncia al diritto di nomina a senatore.

IV.

1. Per la prima elezione del Senato il Molise è considerato come Regione a sé stante, con il numero dei senatori che gli compete in base alla sua popolazione.

V.

1. La disposizione dell'art. 80 della Costituzione, per quanto concerne i trattati internazionali che importano oneri alle finanze o modificazioni di legge, ha effetto dalla data di convocazione delle Camere.

VI.

1. Entro cinque anni dall'entrata in vigore della Costituzione si procede alla revisione degli organi speciali di giurisdizione attualmente esistenti, salvo le giurisdizioni del Consiglio di Stato, della Corte dei conti e dei tribunali militari.

2. Entro un anno dalla stessa data si provvede con legge al riordinamento del Tribunale supremo militare in relazione all'art. 111.

VII.

1. Fino a quando non sia emanata la nuova legge sull'ordinamento giudiziario in conformità con la Costituzione, continuano ad osservarsi le norme dell'ordinamento vigente (cost. 108).

2. Fino a quando non entri in funzione la Corte costituzionale, la decisione delle controversie indicate nell'art. 134 ha luogo nelle forme e nei limiti delle norme preesistenti all'entrata in vigore della Costituzione.

3. .... (1).

VIII.

1. Le elezioni dei Consigli regionali e degli organi elettivi delle amministrazioni provinciali sono indette entro un anno dall'entrata in vigore della Costituzione (cost. 122).

2. Leggi della Repubblica regolano per ogni ramo della pubblica amministrazione il passag-

(1) Il terzo comma è stato abrogato dall'art. 7, l. cost. 22 novembre 1967, n. 2.

gio delle funzioni statali attribuite alle Regioni. Fino a quando non sia provveduto al riordinamento e alla distribuzione delle funzioni amministrative fra gli enti locali restano alle Province ed ai Comuni le funzioni che esercitano attualmente e le altre di cui le Regioni deleghino loro l'esercizio (cost. 117 ss.).

3. Leggi della Repubblica regolano il passaggio alle Regioni di funzionari e dipendenti dello Stato, anche delle amministrazioni centrali, che sia reso necessario dal nuovo ordinamento. Per la formazione dei loro uffici le Regioni devono, tranne che in casi di necessità, trarre il proprio personale da quello dello Stato e degli enti locali (cost. 118).

IX.

1. La Repubblica, entro tre anni dall'entrata in vigore della Costituzione, adegua le sue leggi alle esigenze delle autonomie locali e alla competenza legislativa attribuita alle Regioni (cost. 117 ss.).

X.

1. Alla Regione del Friuli-Venezia Giulia, di cui all'art. 116, si applicano provvisoriamente le norme generali del Titolo V della parte seconda, ferma restando la tutela delle minoranze linguistiche in conformità con l'art. 6 (1).

XI.

1. Fino a cinque anni dall'entrata in vigore della Costituzione (2) si possono, con leggi costituzionali (cost. 138), formare altre Regioni, a modificazione dell'elenco di cui all'art. 131, anche senza il concorso delle condizioni richieste dal primo comma dell'art. 132, fermo rimanendo tuttavia l'obbligo di sentire le popolazioni interessate.

XII.

1. È vietata la riorganizzazione, sotto qualsiasi forma, del disciolto partito fascista (3).

2. In deroga all'art. 48, sono stabilite con legge, per non oltre un quinquennio dalla entrata in vigore della Costituzione, limitazioni temporanee al diritto di voto e alla eleggibilità per i capi responsabili del regime fascista.

XIII.

[*1.* I membri e i discendenti di Casa Savoia non sono elettori e non possono ricoprire uffici pubblici né cariche elettive] (4).

[*2.* Agli ex re di Casa Savoia, alle loro consorti e ai loro discendenti maschi sono vietati l'ingresso e il soggiorno nel territorio nazionale] (4).

3. I beni, esistenti nel territorio nazionale, degli ex re di Casa Savoia, delle loro consorti e dei loro discendenti maschi, sono avocati allo Stato. I trasferimenti e le costituzioni di diritti reali sui beni stessi, che siano avvenuti dopo il 2 giugno 1946, sono nulli.

XIV.

1. I titoli nobiliari non sono riconosciuti.

2. I predicati di quelli esistenti prima del 28 ottobre 1922 valgono come parte del nome.

3. L'Ordine mauriziano è conservato come ente ospedaliero e funziona nei modi stabiliti dalla legge.

4. La legge regola la soppressione della Consulta araldica.

XV.

1. Con l'entrata in vigore della Costituzione si ha per convertito in legge il d.lg.lgt. 25 giugno 1944, n. 151, sull'ordinamento provvisorio dello Stato.

XVI.

1. Entro un anno dall'entrata in vigore della Costituzione si procede alla revisione e al coordinamento con essa delle precedenti leggi costituzionali che non siano state finora esplicitamente o implicitamente abrogate.

XVII.

1. L'Assemblea Costituente sarà convocata dal suo Presidente per deliberare, entro il 31 gennaio 1948, sulla legge per la elezione del

(1) Cfr. lo Statuto della Regione Friuli-Venezia Giulia.
(2) Il termine è stato portato al 31 dicembre 1963 dall'articolo unico della l. cost. 18 marzo 1958, n. 1.
(3) V. l. 20 giugno 1952, n. 645, modificata dagli artt. 7-13, l. 22 maggio 1975, n. 152.
(4) L'art. 1, l. cost. 23 ottobre 2002, n. 1 così dispone: «I commi primo e secondo della XIII disposizione transitoria e finale della Costituzione esauriscono i loro effetti a decorrere dalla data di entrata in vigore della presente legge costituzionale».

Senato della Repubblica, sugli statuti regionali speciali e sulla legge per la stampa.

2. Fino al giorno delle elezioni delle nuove Camere, l'Assemblea Costituente può essere convocata, quando vi sia necessità di deliberare nelle materie attribuite alla sua competenza dagli artt. 2, primo e secondo comma, e 3, comma primo e secondo, del d.lg. 16 marzo 1946, n. 98.

3. In tale periodo le Commissioni permanenti restano in funzione. Quelle legislative rinviano al Governo i disegni di legge, ad esse trasmessi, con eventuali osservazioni e proposte di emendamenti.

4. I deputati possono presentare al Governo interrogazioni con richiesta di risposta scritta.

5. L'Assemblea Costituente, agli effetti di cui al secondo comma del presente articolo, è convocata dal suo Presidente su richiesta motivata del Governo o di almeno duecento deputati.

XVIII.

1. La presente Costituzione è promulgata dal Capo provvisorio dello Stato entro cinque giorni dalla sua approvazione da parte della Assemblea Costituente, ed entra in vigore il 1° gennaio 1948.

2. Il testo della Costituzione è depositato nella sala comunale di ciascun Comune della Repubblica per rimanervi esposto, durante tutto l'anno 1948, affinché ogni cittadino possa prenderne cognizione.

La Costituzione, munita del sigillo dello Stato, sarà inserita nella Raccolta ufficiale delle leggi e dei decreti della Repubblica. La Costituzione dovrà essere fedelmente osservata come Legge fondamentale della Repubblica da tutti i cittadini e dagli organi dello Stato.

Data a Roma, addì 27 dicembre 1947

ENRICO DE NICOLA

Controfirmano:

Il Presidente dell'Assemblea Costituente
UMBERTO TERRACINI

Il Presidente del Consiglio dei Ministri
ALCIDE DE GASPERI

Visto: *Il guardasigilli*
GRASSI

TRATTATI EUROPEI
E CARTA DEI DIRITTI FONDAMENTALI (*)

TRATTATO SULL'UNIONE EUROPEA (1)

TITOLO I

Disposizioni comuni

1 (*ex* **art. 1 TUE).** Con il presente trattato, le Alte Parti Contraenti istituiscono tra loro un'Unione europea, in appresso denominata «Unione», alla quale gli Stati membri attribuiscono competenze per conseguire i loro obiettivi comuni.

Il presente trattato segna una nuova tappa nel processo di creazione di un'unione sempre più stretta tra i popoli dell'Europa, in cui le decisioni siano prese nel modo più trasparente possibile e il più vicino possibile ai cittadini.

L'Unione si fonda sul presente trattato e sul trattato sul funzionamento dell'Unione europea (in appresso denominati «i trattati»). I due trattati hanno lo stesso valore giuridico. L'Unione sostituisce e succede alla Comunità europea.

2. L'Unione si fonda sui valori del rispetto della dignità umana, della libertà, della democrazia, dell'uguaglianza, dello Stato di diritto e del rispetto dei diritti umani, compresi i diritti delle persone appartenenti a minoranze. Questi valori sono comuni agli Stati membri in una società caratterizzata dal pluralismo, dalla non discriminazione, dalla tolleranza, dalla giustizia, dalla solidarietà e dalla parità tra donne e uomini.

3 (*ex* **art. 2 TUE).** 1. L'Unione si prefigge di

(*) Sono qui riprodotti il Trattato sull'Unione europea, il Trattato sul funzionamento dell'Unione europea e la Carta dei diritti fondamentali dell'Unione europea.

Gli Stati che dal 1° gennaio 2007 fanno parte della UE sono 28 e precisamente: Austria, Belgio, Bulgaria, Cipro, Croazia, Danimarca, Estonia, Finlandia, Francia, Germania, Grecia, Irlanda, Italia, Lettonia, Lituania, Lussemburgo, Malta, Paesi Bassi, Polonia, Portogallo, Regno Unito, Repubblica ceca, Romania, Slovacchia, Slovenia, Spagna, Svezia, Ungheria.

(1) Si riporta la versione consolidata del TUE (pubblicata in G.U.U.E., 9 maggio 2008, n. C 115, e ripubblicata, da ultimo, in G.U.U.E., 30 marzo 2010, n. C 83), come modificato dal Trattato di Lisbona, firmato il 13 dicembre 2007 (l. 2 agosto 2008, n. 130, in suppl. ord. n. 188/L a G.U., 8 agosto 2008, n. 185), in vigore dal 1° dicembre 2009: v. a questo proposito il *Comunicato* in G.U., 20 gennaio 2010, n. 15.

L'art. 3, l. n. 130/2008 cit., così dispone:

«Il presente trattato è concluso per una durata illimitata».

L'art. 5, l. n. 130/2008 cit., così dispone:

«1. Agli articoli, alle sezioni, ai capi, ai titoli e alle parti del trattato sull'Unione europea e del trattato che istituisce la Comunità europea, come modificati dal presente trattato, si applica la nuova numerazione indicata nelle tabelle di corrispondenza contenute nell'allegato del presente trattato e che ne costituisce parte integrante.

2. I rinvii ad articoli, sezioni, capi, titoli e parti nel trattato sull'Unione europea e nel trattato sul funzionamento dell'Unione europea, nonché i rinvii tra gli stessi, sono adattati conformemente al par. 1 e i riferimenti ai paragrafi o ai commi di detti articoli come rinumerati o riordinati da talune disposizioni del presente trattato sono adattati conformemente a dette disposizioni.

I riferimenti ad articoli, sezioni, capi, titoli e parti del trattato sull'Unione europea e del trattato che istituisce la Comunità europea contenuti in altri trattati e atti di diritto primario che fondano l'Unione sono adattati conformemente al par. 1. I riferimenti ai capoversi del trattato sull'Unione europea o ai paragrafi e ai commi degli articoli del trattato sull'Unione europea e del trattato che istituisce la Comunità europea come rinumerati o riordinati dal presente trattato sono adattati conformemente allo stesso.

Tali adeguamenti riguardano anche eventuali casi in cui la disposizione in questione sia abrogata.

3. I riferimenti ai capoversi, agli articoli, alle sezioni, ai capi, ai titoli e alle parti del trattato sull'Unione europea e del trattato che istituisce la Comunità europea, come modificati dal presente trattato, contenuti in altri strumenti o atti si intendono fatti ai capoversi, agli articoli, alle sezioni, ai capi, ai titoli e alle parti di detti trattati secondo la nuova numerazione di cui al par. 1 e, rispettivamente, ai paragrafi o ai commi di detti articoli come rinumerati o riordinati da alcune disposizioni del presente trattato».

Per il testo originario del TUE v. suppl. ord. n. 114 a G.U., 6 luglio 1998, n. 155. Essendosi verificate le condizioni previste dall'art. 14, il Trattato entrò in vigore il 1° maggio 1999.

Il TUE è stato precedentemente modificato dal Trattato di Amsterdam, firmato il 2 ottobre 1997 (l. 16 giugno 1998, n. 209, in suppl. ord. n. 114 a G.U., 6 luglio 1998, n. 155), in vigore dal 1° maggio 1999, e dal Trattato di Nizza, firmato il 26 febbraio 2001 (l. 11 maggio 2002, n. 102, in suppl. ord. n. 114 a G.U., 31 maggio 2002, n. 126), in vigore dal 1° febbraio 2003.

Da ultimo il TUE è stato modificato dalla l. 29 febbraio 2012, n. 17, che ratifica il Trattato relativo all'adesione della Repubblica di Croazia alla UE, fatto a Bruxelles il 9 dicembre 2011.

L'annotazione del Trattato è consultabile sul Cd-Rom allegato al codice (nel caso di edizione con Cd).

promuovere la pace, i suoi valori e il benessere dei suoi popoli.

2. L'Unione offre ai suoi cittadini uno spazio di libertà, sicurezza e giustizia senza frontiere interne, in cui sia assicurata la libera circolazione delle persone insieme a misure appropriate per quanto concerne i controlli alle frontiere esterne, l'asilo, l'immigrazione, la prevenzione della criminalità e la lotta contro quest'ultima.

3. L'Unione instaura un mercato interno. Si adopera per lo sviluppo sostenibile dell'Europa, basato su una crescita economica equilibrata e sulla stabilità dei prezzi, su un'economia sociale di mercato fortemente competitiva, che mira alla piena occupazione e al progresso sociale, e su un elevato livello di tutela e di miglioramento della qualità dell'ambiente. Essa promuove il progresso scientifico e tecnologico.

L'Unione combatte l'esclusione sociale e le discriminazioni e promuove la giustizia e la protezione sociali, la parità tra donne e uomini, la solidarietà tra le generazioni e la tutela dei diritti del minore.

Essa promuove la coesione economica, sociale e territoriale, e la solidarietà tra gli Stati membri.

Essa rispetta la ricchezza della sua diversità culturale e linguistica e vigila sulla salvaguardia e sullo sviluppo del patrimonio culturale europeo.

4. L'Unione istituisce un'unione economica e monetaria la cui moneta è l'euro.

5. Nelle relazioni con il resto del mondo l'Unione afferma e promuove i suoi valori e interessi, contribuendo alla protezione dei suoi cittadini. Contribuisce alla pace, alla sicurezza, allo sviluppo sostenibile della Terra, alla solidarietà e al rispetto reciproco tra i popoli, al commercio libero ed equo, all'eliminazione della povertà e alla tutela dei diritti umani, in particolare dei diritti del minore, e alla rigorosa osservanza e allo sviluppo del diritto internazionale, in particolare al rispetto dei principi della Carta delle Nazioni Unite.

6. L'Unione persegue i suoi obiettivi con i mezzi appropriati, in ragione delle competenze che le sono attribuite nei trattati.

4. 1. In conformità dell'art. 5, qualsiasi competenza non attribuita all'Unione nei trattati appartiene agli Stati membri.

2. L'Unione rispetta l'uguaglianza degli Stati membri davanti ai trattati e la loro identità nazionale insita nella loro struttura fondamentale, politica e costituzionale, compreso il sistema delle autonomie locali e regionali. Rispetta le funzioni essenziali dello Stato, in particolare le funzioni di salvaguardia dell'integrità territoriale, di mantenimento dell'ordine pubblico e di tutela della sicurezza nazionale. In particolare, la sicurezza nazionale resta di esclusiva competenza di ciascuno Stato membro.

3. In virtù del principio di leale cooperazione, l'Unione e gli Stati membri si rispettano e si assistono reciprocamente nell'adempimento dei compiti derivanti dai trattati.

Gli Stati membri adottano ogni misura di carattere generale o particolare atta ad assicurare l'esecuzione degli obblighi derivanti dai trattati o conseguenti agli atti delle istituzioni dell'Unione.

Gli Stati membri facilitano all'Unione l'adempimento dei suoi compiti e si astengono da qualsiasi misura che rischi di mettere in pericolo la realizzazione degli obiettivi dell'Unione.

5 (*ex* art. 5 TCE). 1. La delimitazione delle competenze dell'Unione si fonda sul principio di attribuzione. L'esercizio delle competenze dell'Unione si fonda sui principi di sussidiarietà e proporzionalità.

2. In virtù del principio di attribuzione, l'Unione agisce esclusivamente nei limiti delle competenze che le sono attribuite dagli Stati membri nei trattati per realizzare gli obiettivi da questi stabiliti. Qualsiasi competenza non attribuita all'Unione nei trattati appartiene agli Stati membri.

3. In virtù del principio di sussidiarietà, nei settori che non sono di sua competenza esclusiva l'Unione interviene soltanto se e in quanto gli obiettivi dell'azione prevista non possono essere conseguiti in misura sufficiente dagli Stati membri, né a livello centrale né a livello regionale e locale, ma possono, a motivo della portata o degli effetti dell'azione in questione, essere conseguiti meglio a livello di Unione.

Le istituzioni dell'Unione applicano il principio di sussidiarietà conformemente al protocollo sull'applicazione dei principi di sussidiarietà e di proporzionalità. I parlamenti nazionali vigilano sul rispetto del principio di sussidiarietà secondo la procedura prevista in detto protocollo.

4. In virtù del principio di proporzionalità, il contenuto e la forma dell'azione dell'Unione si limitano a quanto necessario per il conseguimento degli obiettivi dei trattati.

Le istituzioni dell'Unione applicano il principio di proporzionalità conformemente al protocollo sull'applicazione dei principi di sussidiarietà e di proporzionalità.

6 (*ex* art. 6 TUE). 1. L'Unione riconosce i diritti, le libertà e i principi sanciti nella Carta dei diritti fondamentali dell'Unione europea del 7 dicembre 2000, adattata il 12 dicembre

2007 a Strasburgo, che ha lo stesso valore giuridico dei trattati.

Le disposizioni della Carta non estendono in alcun modo le competenze dell'Unione definite nei trattati.

I diritti, le libertà e i principi della Carta sono interpretati in conformità delle disposizioni generali del titolo VII della Carta che disciplinano la sua interpretazione e applicazione e tenendo in debito conto le spiegazioni cui si fa riferimento nella Carta, che indicano le fonti di tali disposizioni.

2. L'Unione aderisce alla Convenzione europea per la salvaguardia dei diritti dell'uomo e delle libertà fondamentali. Tale adesione non modifica le competenze dell'Unione definite nei trattati.

3. I diritti fondamentali, garantiti dalla Convenzione europea per la salvaguardia dei diritti dell'uomo e delle libertà fondamentali e risultanti dalle tradizioni costituzionali comuni agli Stati membri, fanno parte del diritto dell'Unione in quanto principi generali.

7 (*ex* art. 7 TUE). 1. Su proposta motivata di un terzo degli Stati membri, del Parlamento europeo o della Commissione europea, il Consiglio, deliberando alla maggioranza dei quattro quinti dei suoi membri previa approvazione del Parlamento europeo, può constatare che esiste un evidente rischio di violazione grave da parte di uno Stato membro dei valori di cui all'art. 2. Prima di procedere a tale constatazione il Consiglio ascolta lo Stato membro in questione e può rivolgergli delle raccomandazioni, deliberando secondo la stessa procedura.

Il Consiglio verifica regolarmente se i motivi che hanno condotto a tale constatazione permangono validi.

2. Il Consiglio europeo, deliberando all'unanimità su proposta di un terzo degli Stati membri o della Commissione europea e previa approvazione del Parlamento europeo, può constatare l'esistenza di una violazione grave e persistente da parte di uno Stato membro dei valori di cui all'art. 2, dopo aver invitato tale Stato membro a presentare osservazioni.

3. Qualora sia stata effettuata la constatazione di cui al par. 2, il Consiglio, deliberando a maggioranza qualificata, può decidere di sospendere alcuni dei diritti derivanti allo Stato membro in questione dall'applicazione dei trattati, compresi i diritti di voto del rappresentante del governo di tale Stato membro in seno al Consiglio. Nell'agire in tal senso, il Consiglio tiene conto delle possibili conseguenze di una siffatta sospensione sui diritti e sugli obblighi delle persone fisiche e giuridiche.

Lo Stato membro in questione continua in ogni caso ad essere vincolato dagli obblighi che gli derivano dai trattati.

4. Il Consiglio, deliberando a maggioranza qualificata, può successivamente decidere di modificare o revocare le misure adottate a norma del par. 3, per rispondere ai cambiamenti nella situazione che ha portato alla loro imposizione.

5. Le modalità di voto che, ai fini del presente articolo, si applicano al Parlamento europeo, al Consiglio europeo e al Consiglio sono stabilite nell'art. 354 del trattato sul funzionamento dell'Unione europea.

8. 1. L'Unione sviluppa con i paesi limitrofi relazioni privilegiate al fine di creare uno spazio di prosperità e buon vicinato fondato sui valori dell'Unione e caratterizzato da relazioni strette e pacifiche basate sulla cooperazione.

2. Ai fini del par. 1, l'Unione può concludere accordi specifici con i paesi interessati. Detti accordi possono comportare diritti e obblighi reciproci, e la possibilità di condurre azioni in comune. La loro attuazione è oggetto di una concertazione periodica.

TITOLO II

Disposizioni relative ai principi democratici

9. L'Unione rispetta, in tutte le sue attività, il principio dell'uguaglianza dei cittadini, che beneficiano di uguale attenzione da parte delle sue istituzioni, organi e organismi. È cittadino dell'Unione chiunque abbia la cittadinanza di uno Stato membro. La cittadinanza dell'Unione si aggiunge alla cittadinanza nazionale e non la sostituisce.

10. 1. Il funzionamento dell'Unione si fonda sulla democrazia rappresentativa.

2. I cittadini sono direttamente rappresentati, a livello dell'Unione, nel Parlamento europeo.

Gli Stati membri sono rappresentati nel Consiglio europeo dai rispettivi capi di Stato o di governo e nel Consiglio dai rispettivi governi, a loro volta democraticamente responsabili dinanzi ai loro parlamenti nazionali o dinanzi ai loro cittadini.

3. Ogni cittadino ha il diritto di partecipare alla vita democratica dell'Unione. Le decisioni sono prese nella maniera il più possibile aperta e vicina ai cittadini.

4. I partiti politici a livello europeo contribuiscono a formare una coscienza politica europea e ad esprimere la volontà dei cittadini dell'Unione.

11. 1. Le istituzioni danno ai cittadini e alle associazioni rappresentative, attraverso gli opportuni canali, la possibilità di far conoscere e di scambiare pubblicamente le loro opinioni in tutti i settori di azione dell'Unione.

2. Le istituzioni mantengono un dialogo aperto, trasparente e regolare con le associazioni rappresentative e la società civile.

3. Al fine di assicurare la coerenza e la trasparenza delle azioni dell'Unione, la Commissione europea procede ad ampie consultazioni delle parti interessate.

4. Cittadini dell'Unione, in numero di almeno un milione, che abbiano la cittadinanza di un numero significativo di Stati membri, possono prendere l'iniziativa d'invitare la Commissione europea, nell'ambito delle sue attribuzioni, a presentare una proposta appropriata su materie in merito alle quali tali cittadini ritengono necessario un atto giuridico dell'Unione ai fini dell'attuazione dei trattati.

Le procedure e le condizioni necessarie per la presentazione di una iniziativa dei cittadini sono stabilite conformemente all'art. 24, primo comma del trattato sul funzionamento dell'Unione europea.

12. 1. I parlamenti nazionali contribuiscono attivamente al buon funzionamento dell'Unione:

a) venendo informati dalle istituzioni dell'Unione e ricevendo i progetti di atti legislativi dell'Unione in conformità del protocollo sul ruolo dei parlamenti nazionali nell'Unione europea;

b) vigilando sul rispetto del principio di sussidiarietà secondo le procedure previste dal protocollo sull'applicazione dei principi di sussidiarietà e di proporzionalità;

c) partecipando, nell'ambito dello spazio di libertà, sicurezza e giustizia, ai meccanismi di valutazione ai fini dell'attuazione delle politiche dell'Unione in tale settore, in conformità dell'art. 70 del trattato sul funzionamento dell'Unione europea, ed essendo associati al controllo politico di Europol e alla valutazione delle attività di Eurojust, in conformità degli artt. 88 e 85 di detto trattato;

d) partecipando alle procedure di revisione dei trattati in conformità dell'art. 48 del presente trattato;

e) venendo informati delle domande di adesione all'Unione in conformità dell'art. 49 del presente trattato;

f) partecipando alla cooperazione interparlamentare tra parlamenti nazionali e con il Parlamento europeo in conformità del protocollo sul ruolo dei parlamenti nazionali nell'Unione europea.

TITOLO III

Disposizioni relative alle istituzioni

13. 1. L'Unione dispone di un quadro istituzionale che mira a promuoverne i valori, perseguirne gli obiettivi, servire i suoi interessi, quelli dei suoi cittadini e quelli degli Stati membri, garantire la coerenza, l'efficacia e la continuità delle sue politiche e delle sue azioni.

Le istituzioni dell'Unione sono:

— il Parlamento europeo,

— il Consiglio europeo,

— il Consiglio,

— la Commissione europea (in appresso «Commissione»),

— la Corte di giustizia dell'Unione europea,

— la Banca centrale europea,

— la Corte dei conti.

2. Ciascuna istituzione agisce nei limiti delle attribuzioni che le sono conferite dai trattati, secondo le procedure, condizioni e finalità da essi previste. Le istituzioni attuano tra loro una leale cooperazione.

3. Le disposizioni relative alla Banca centrale europea e alla Corte dei conti figurano, insieme a disposizioni dettagliate sulle altre istituzioni, nel trattato sul funzionamento dell'Unione europea.

4. Il Parlamento europeo, il Consiglio e la Commissione sono assistiti da un Comitato economico e sociale e da un Comitato delle regioni, che esercitano funzioni consultive.

14. 1. Il Parlamento europeo esercita, congiuntamente al Consiglio, la funzione legislativa e la funzione di bilancio. Esercita funzioni di controllo politico e consultive alle condizioni stabilite dai trattati. Elegge il presidente della Commissione.

2. Il Parlamento europeo è composto di rappresentanti dei cittadini dell'Unione. Il loro numero non può essere superiore a settecentocinquanta, più il presidente. La rappresentanza dei cittadini è garantita in modo degressivamente proporzionale, con una soglia minima di sei membri per Stato membro. A nessuno Stato membro sono assegnati più di novantasei seggi.

Il Consiglio europeo adotta all'unanimità, su iniziativa del Parlamento europeo e con l'approvazione di quest'ultimo, una decisione che stabilisce la composizione del Parlamento europeo, nel rispetto dei principi di cui al primo comma (1).

3. I membri del Parlamento europeo sono

(1) L'art. 19.1, l. 29 febbraio 2012, n. 17, così dispone: «In deroga all'art. 2 del protocollo sulle disposizioni

eletti a suffragio universale diretto, libero e segreto, per un mandato di cinque anni (1).

4. Il Parlamento europeo elegge tra i suoi membri il presidente e l'ufficio di presidenza.

15. 1. Il Consiglio europeo dà all'Unione gli impulsi necessari al suo sviluppo e ne definisce gli orientamenti e le priorità politiche generali. Non esercita funzioni legislative.

2. Il Consiglio europeo è composto dai capi di Stato o di governo degli Stati membri, dal suo presidente e dal presidente della Commissione. L'alto rappresentante dell'Unione per gli affari esteri e la politica di sicurezza partecipa ai lavori.

3. Il Consiglio europeo si riunisce due volte a semestre su convocazione del presidente. Se l'ordine del giorno lo richiede, i membri del Consiglio europeo possono decidere di farsi assistere ciascuno da un ministro e, per quanto riguarda il presidente della Commissione, da un membro della Commissione. Se la situazione lo richiede, il presidente convoca una riunione straordinaria del Consiglio europeo.

4. Il Consiglio europeo si pronuncia per consenso, salvo nei casi in cui i trattati dispongano diversamente.

5. Il Consiglio europeo elegge il presidente a maggioranza qualificata per un mandato di due anni e mezzo, rinnovabile una volta. In caso di impedimento o colpa grave, il Consiglio europeo può porre fine al mandato secondo la medesima procedura.

6. Il presidente del Consiglio europeo:

a) presiede e anima i lavori del Consiglio europeo;

b) assicura la preparazione e la continuità dei lavori del Consiglio europeo, in cooperazione con il presidente della Commissione e in base ai lavori del Consiglio «Affari generali»;

c) si adopera per facilitare la coesione e il consenso in seno al Consiglio europeo;

d) presenta al Parlamento europeo una relazione dopo ciascuna delle riunioni del Consiglio europeo.

Il presidente del Consiglio europeo assicura, al suo livello e in tale veste, la rappresentanza esterna dell'Unione per le materie relative alla politica estera e di sicurezza comune, fatte salve le attribuzioni dell'alto rappresentante dell'Unione per gli affari esteri e la politica di sicurezza.

Il presidente del Consiglio europeo non può esercitare un mandato nazionale.

16. 1. Il Consiglio esercita, congiuntamente al Parlamento europeo, la funzione legislativa e la funzione di bilancio. Esercita funzioni di definizione delle politiche e di coordinamento alle condizioni stabilite nei trattati.

2. Il Consiglio è composto da un rappresentante di ciascuno Stato membro a livello ministeriale, abilitato a impegnare il governo dello Stato membro che rappresenta e ad esercitare il diritto di voto.

3. Il Consiglio delibera a maggioranza qualificata, salvo nei casi in cui i trattati dispongano diversamente.

4. A decorrere dal 1° novembre 2014, per maggioranza qualificata si intende almeno il 55% dei membri del Consiglio, con un minimo di quindici, rappresentanti Stati membri che totalizzino almeno il 65% della popolazione dell'Unione.

La minoranza di blocco deve comprendere almeno quattro membri del Consiglio; in caso contrario la maggioranza qualificata si considera raggiunta.

Le altre modalità che disciplinano il voto a maggioranza qualificata sono stabilite all'art. 238, par. 2 del trattato sul funzionamento dell'Unione europea.

5. Le disposizioni transitorie relative alla definizione della maggioranza qualificata applicabili fino al 31 ottobre 2014 e quelle applicabili tra il 1° novembre 2014 e il 31 marzo 2017 sono stabilite dal protocollo sulle disposizioni transitorie.

6. Il Consiglio si riunisce in varie formazioni, il cui elenco è adottato conformemente all'art. 236 del trattato sul funzionamento dell'Unione europea.

transitorie, allegato al TUE, al TFUE e al trattato CEEA, e in deroga al numero massimo di seggi previsto all'art. 14, par. 2, primo comma, TUE, il numero dei membri del Parlamento europeo è aumentato di dodici membri per la Croazia, per tener conto dell'adesione della Croazia, nel periodo compreso tra la data di adesione e la fine del mandato 2009-2014 del Parlamento europeo». In base all'art. 3.3, l. cit.: «Il presente trattato entra in vigore il 1° luglio 2013, a condizione che tutti gli strumenti di ratifica siano stati depositati prima di tale data».

(1) L'art. 19.2, l. 29 febbraio 2012, n. 17, così dispone: «In deroga all'art. 14, par. 3, TUE, la Croazia procede, prima della data di adesione, all'elezione *ad hoc* al Parlamento europeo, a suffragio universale diretto della sua popolazione, del numero di membri stabilito al par. 1 del presente articolo, conformemente all'*acquis* dell'Unione. Tuttavia, se l'adesione ha luogo meno di sei mesi prima delle prossime elezioni del Parlamento europeo, i membri del Parlamento europeo che rappresentano i cittadini della Croazia possono essere designati dal parlamento nazionale della Croazia, al proprio interno, a condizione che le persone in questione siano state elette a suffragio universale diretto». In base all'art. 3.3, l. cit.: «Il presente trattato entra in vigore il 1° luglio 2013, a condizione che tutti gli strumenti di ratifica siano stati depositati prima di tale data».

Il Consiglio «Affari generali» assicura la coerenza dei lavori delle varie formazioni del Consiglio. Esso prepara le riunioni del Consiglio europeo e ne assicura il seguito in collegamento con il presidente del Consiglio europeo e la Commissione.

Il Consiglio «Affari esteri» elabora l'azione esterna dell'Unione secondo le linee strategiche definite dal Consiglio europeo e assicura la coerenza dell'azione dell'Unione.

7. Un comitato dei rappresentanti permanenti dei governi degli Stati membri è responsabile della preparazione dei lavori del Consiglio.

8. Il Consiglio si riunisce in seduta pubblica quando delibera e vota su un progetto di atto legislativo. A tal fine, ciascuna sessione del Consiglio è suddivisa in due parti dedicate, rispettivamente, alle deliberazioni su atti legislativi dell'Unione e alle attività non legislative.

9. La presidenza delle formazioni del Consiglio, ad eccezione della formazione «Affari esteri», è esercitata dai rappresentanti degli Stati membri nel Consiglio secondo un sistema di rotazione paritaria, alle condizioni stabilite conformemente all'art. 236 del trattato sul funzionamento dell'Unione europea.

17. 1. La Commissione promuove l'interesse generale dell'Unione e adotta le iniziative appropriate a tal fine. Vigila sull'applicazione dei trattati e delle misure adottate dalle istituzioni in virtù dei trattati. Vigila sull'applicazione del diritto dell'Unione sotto il controllo della Corte di giustizia dell'Unione europea. Dà esecuzione al bilancio e gestisce i programmi. Esercita funzioni di coordinamento, di esecuzione e di gestione, alle condizioni stabilite dai trattati. Assicura la rappresentanza esterna dell'Unione, fatta eccezione per la politica estera e di sicurezza comune e per gli altri casi previsti dai trattati. Avvia il processo di programmazione annuale e pluriennale dell'Unione per giungere ad accordi interistituzionali.

2. Un atto legislativo dell'Unione può essere adottato solo su proposta della Commissione, salvo che i trattati non dispongano diversamente. Gli altri atti sono adottati su proposta della Commissione se i trattati lo prevedono.

3. Il mandato della Commissione è di cinque anni.

I membri della Commissione sono scelti in base alla loro competenza generale e al loro impegno europeo e tra personalità che offrono tutte le garanzie di indipendenza.

La Commissione esercita le sue responsabilità in piena indipendenza. Fatto salvo l'art. 18, par. 2, i membri della Commissione non sollecitano né accettano istruzioni da alcun governo, istituzione, organo o organismo. Essi si astengono da ogni atto incompatibile con le loro funzioni o con l'esecuzione dei loro compiti.

4. La Commissione nominata tra la data di entrata in vigore del trattato di Lisbona e il 31 ottobre 2014 è composta da un cittadino di ciascuno Stato membro, compreso il presidente e l'alto rappresentante dell'Unione per gli affari esteri e la politica di sicurezza, che è uno dei vicepresidenti.

5. A decorrere dal 1° novembre 2014, la Commissione è composta da un numero di membri, compreso il presidente e l'alto rappresentante dell'Unione per gli affari esteri e la politica di sicurezza, corrispondente ai due terzi del numero degli Stati membri, a meno che il Consiglio europeo, deliberando all'unanimità, non decida di modificare tale numero.

I membri della Commissione sono scelti tra i cittadini degli Stati membri in base ad un sistema di rotazione assolutamente paritaria tra gli Stati membri che consenta di riflettere la molteplicità demografica e geografica degli Stati membri. Tale sistema è stabilito all'unanimità dal Consiglio europeo conformemente all'art. 244 del trattato sul funzionamento dell'Unione europea.

6. Il presidente della Commissione:

a) definisce gli orientamenti nel cui quadro la Commissione esercita i suoi compiti;

b) decide l'organizzazione interna della Commissione per assicurare la coerenza, l'efficacia e la collegialità della sua azione;

c) nomina i vicepresidenti, fatta eccezione per l'alto rappresentante dell'Unione per gli affari esteri e la politica di sicurezza, tra i membri della Commissione.

Un membro della Commissione rassegna le dimissioni se il presidente glielo chiede. L'alto rappresentante dell'Unione per gli affari esteri e la politica di sicurezza rassegna le dimissioni conformemente alla procedura di cui all'art. 18, par. 1, se il presidente glielo chiede.

7. Tenuto conto delle elezioni del Parlamento europeo e dopo aver effettuato le consultazioni appropriate, il Consiglio europeo, deliberando a maggioranza qualificata, propone al Parlamento europeo un candidato alla carica di presidente della Commissione. Tale candidato è eletto dal Parlamento europeo a maggioranza dei membri che lo compongono. Se il candidato non ottiene la maggioranza, il Consiglio europeo, deliberando a maggioranza qualificata, propone entro un mese un nuovo candidato, che è eletto dal Parlamento europeo secondo la stessa procedura.

Il Consiglio, di comune accordo con il presidente eletto, adotta l'elenco delle altre personalità che propone di nominare membri della Commissione. Dette personalità sono selezionate in base alle proposte presentate dagli Stati membri, conformemente ai criteri di cui al par. 3, secondo comma e al par. 5, secondo comma.

Il presidente, l'alto rappresentante dell'Unione per gli affari esteri e la politica di sicurezza e gli altri membri della Commissione sono soggetti, collettivamente, ad un voto di approvazione del Parlamento europeo. In seguito a tale approvazione la Commissione è nominata dal Consiglio europeo, che delibera a maggioranza qualificata.

8. La Commissione è responsabile collettivamente dinanzi al Parlamento europeo. Il Parlamento europeo può votare una mozione di censura della Commissione secondo le modalità di cui all'art. 234 del trattato sul funzionamento dell'Unione europea. Se tale mozione è adottata, i membri della Commissione si dimettono collettivamente dalle loro funzioni e l'alto rappresentante dell'Unione per gli affari esteri e la politica di sicurezza si dimette dalle funzioni che esercita in seno alla Commissione.

18. 1. Il Consiglio europeo, deliberando a maggioranza qualificata con l'accordo del presidente della Commissione, nomina l'alto rappresentante dell'Unione per gli affari esteri e la politica di sicurezza. Il Consiglio europeo può porre fine al suo mandato mediante la medesima procedura.

2. L'alto rappresentante guida la politica estera e di sicurezza comune dell'Unione. Contribuisce con le sue proposte all'elaborazione di detta politica e la attua in qualità di mandatario del Consiglio. Egli agisce allo stesso modo per quanto riguarda la politica di sicurezza e di difesa comune.

3. L'alto rappresentante presiede il Consiglio «Affari esteri».

4. L'alto rappresentante è uno dei vicepresidenti della Commissione. Vigila sulla coerenza dell'azione esterna dell'Unione. In seno alla Commissione, è incaricato delle responsabilità che incombono a tale istituzione nel settore delle relazioni esterne e del coordinamento degli altri aspetti dell'azione esterna dell'Unione. Nell'esercizio di queste responsabilità in seno alla Commissione e limitatamente alle stesse, l'alto rappresentante è soggetto alle procedure che regolano il funzionamento della Commissione, per quanto compatibile con i parr. 2 e 3.

19. 1. La Corte di giustizia dell'Unione europea comprende la Corte di giustizia, il Tribunale e i tribunali specializzati. Assicura il rispetto del diritto nell'interpretazione e nell'applicazione dei trattati.

Gli Stati membri stabiliscono i rimedi giurisdizionali necessari per assicurare una tutela giurisdizionale effettiva nei settori disciplinati dal diritto dell'Unione.

2. La Corte di giustizia è composta da un giudice per Stato membro. È assistita da avvocati generali.

Il Tribunale è composto da almeno un giudice per Stato membro.

I giudici e gli avvocati generali della Corte di giustizia e i giudici del Tribunale sono scelti tra personalità che offrano tutte le garanzie di indipendenza e che soddisfino le condizioni richieste agli artt. 253 e 254 del trattato sul funzionamento dell'Unione europea. Sono nominati di comune accordo dai governi degli Stati membri per sei anni. I giudici e gli avvocati generali uscenti possono essere nuovamente nominati.

3. La Corte di giustizia dell'Unione europea si pronuncia conformemente ai trattati:

a) sui ricorsi presentati da uno Stato membro, da un'istituzione o da una persona fisica o giuridica;

b) in via pregiudiziale, su richiesta delle giurisdizioni nazionali, sull'interpretazione del diritto dell'Unione o sulla validità degli atti adottati dalle istituzioni;

c) negli altri casi previsti dai trattati.

TITOLO IV

Disposizioni sulle cooperazioni rafforzate

20 (*ex* artt. 27 A-27 E, 40-40 B, 43-45 TUE; *ex* artt. 11-11 A TCE). 1. Gli Stati membri che intendono instaurare tra loro una cooperazione rafforzata nel quadro delle competenze non esclusive dell'Unione possono far ricorso alle sue istituzioni ed esercitare tali competenze applicando le pertinenti disposizioni dei trattati, nei limiti e con le modalità previsti nel presente articolo e negli articoli da 326 a 334 del trattato sul funzionamento dell'Unione europea.

Le cooperazioni rafforzate sono intese a promuovere la realizzazione degli obiettivi dell'Unione, a proteggere i suoi interessi e a rafforzare il suo processo di integrazione. Sono aperte in qualsiasi momento a tutti gli Stati membri ai sensi dell'art. 328 del trattato sul funzionamento dell'Unione europea.

2. La decisione che autorizza una cooperazione rafforzata è adottata dal Consiglio in ultima istanza, qualora esso stabilisca che gli obiettivi ricercati da detta cooperazione non possono essere conseguiti entro un termine ra-

gionevole dall'Unione nel suo insieme, e a condizione che vi partecipino almeno nove Stati membri. Il Consiglio delibera secondo la procedura di cui all'art. 329 del trattato sul funzionamento dell'Unione europea.

3. Tutti i membri del Consiglio possono partecipare alle sue deliberazioni, ma solo i membri del Consiglio che rappresentano gli Stati membri partecipanti ad una cooperazione rafforzata prendono parte al voto. Le modalità di voto sono previste all'art. 330 del trattato sul funzionamento dell'Unione europea.

4. Gli atti adottati nel quadro di una cooperazione rafforzata vincolano solo gli Stati membri partecipanti. Non sono considerati un *acquis* che deve essere accettato dagli Stati candidati all'adesione all'Unione.

TITOLO V

Disposizioni generali sull'azione esterna dell'Unione e disposizioni specifiche sulla politica estera e di sicurezza comune

CAPO 1

Disposizioni generali sull'azione esterna dell'unione

21. 1. L'azione dell'Unione sulla scena internazionale si fonda sui principi che ne hanno informato la creazione, lo sviluppo e l'allargamento e che essa si prefigge di promuovere nel resto del mondo: democrazia, Stato di diritto, universalità e indivisibilità dei diritti dell'uomo e delle libertà fondamentali, rispetto della dignità umana, principi di uguaglianza e di solidarietà e rispetto dei principi della Carta delle Nazioni Unite e del diritto internazionale.

L'Unione si adopera per sviluppare relazioni e istituire partenariati con i paesi terzi e con le organizzazioni internazionali, regionali o mondiali, che condividono i principi di cui al primo comma. Essa promuove soluzioni multilaterali ai problemi comuni, in particolare nell'ambito delle Nazioni Unite.

2. L'Unione definisce e attua politiche comuni e azioni e opera per assicurare un elevato livello di cooperazione in tutti i settori delle relazioni internazionali al fine di:

a) salvaguardare i suoi valori, i suoi interessi fondamentali, la sua sicurezza, la sua indipendenza e la sua integrità;

b) consolidare e sostenere la democrazia, lo Stato di diritto, i diritti dell'uomo e i principi del diritto internazionale;

c) preservare la pace, prevenire i conflitti e rafforzare la sicurezza internazionale, conformemente agli obiettivi e ai principi della Carta delle Nazioni Unite, nonché ai principi dell'Atto finale di Helsinki e agli obiettivi della Carta di Parigi, compresi quelli relativi alle frontiere esterne;

d) favorire lo sviluppo sostenibile dei paesi in via di sviluppo sul piano economico, sociale e ambientale, con l'obiettivo primo di eliminare la povertà;

e) incoraggiare l'integrazione di tutti i paesi nell'economia mondiale, anche attraverso la progressiva abolizione delle restrizioni agli scambi internazionali;

f) contribuire all'elaborazione di misure internazionali volte a preservare e migliorare la qualità dell'ambiente e la gestione sostenibile delle risorse naturali mondiali, al fine di assicurare lo sviluppo sostenibile;

g) aiutare le popolazioni, i paesi e le regioni colpiti da calamità naturali o provocate dall'uomo;

h) promuovere un sistema internazionale basato su una cooperazione multilaterale rafforzata e il buon governo mondiale.

3. Nell'elaborazione e attuazione dell'azione esterna nei vari settori compresi nel presente titolo e nella parte quinta del trattato sul funzionamento dell'Unione europea e delle altre politiche nei loro aspetti esterni, l'Unione rispetta i principi e persegue gli obiettivi di cui ai parr. 1 e 2.

L'Unione assicura la coerenza tra i vari settori dell'azione esterna e tra questi e le altre politiche. Il Consiglio e la Commissione, assistiti dall'alto rappresentante dell'Unione per gli affari esteri e la politica di sicurezza, garantiscono tale coerenza e cooperano a questo fine.

22. 1. Il Consiglio europeo individua gli interessi e obiettivi strategici dell'Unione sulla base dei principi e degli obiettivi enunciati all'art. 21.

Le decisioni del Consiglio europeo sugli interessi e gli obiettivi strategici dell'Unione riguardano la politica estera e di sicurezza comune e altri settori dell'azione esterna dell'Unione. Possono riferirsi alle relazioni dell'Unione con un paese o una regione o essere improntate ad un approccio tematico. Esse fissano la rispettiva durata e i mezzi che l'Unione e gli Stati membri devono mettere a disposizione.

Il Consiglio europeo delibera all'unanimità su raccomandazione del Consiglio adottata da quest'ultimo secondo le modalità previste per ciascun settore. Le decisioni del Consiglio europeo sono attuate secondo le procedure previste dai trattati.

2. L'alto rappresentante dell'Unione per gli affari esteri e la politica di sicurezza, per il settore della politica estera e di sicurezza comune, e la Commissione, per gli altri settori dell'azione esterna, possono presentare proposte congiunte al Consiglio.

CAPO 2

Disposizioni specifiche sulla politica estera e di sicurezza comune

Sezione 1. — *Disposizioni comuni*

23. 1. L'azione dell'Unione sulla scena internazionale, ai sensi del presente capo, si fonda sui principi, persegue gli obiettivi ed è condotta in conformità delle disposizioni generali di cui al capo 1.

24 (*ex* art. 11 TUE). 1. La competenza dell'Unione in materia di politica estera e di sicurezza comune riguarda tutti i settori della politica estera e tutte le questioni relative alla sicurezza dell'Unione, compresa la definizione progressiva di una politica di difesa comune che può condurre a una difesa comune.

La politica estera e di sicurezza comune è soggetta a norme e procedure specifiche. Essa è definita e attuata dal Consiglio europeo e dal Consiglio che deliberano all'unanimità, salvo nei casi in cui i trattati dispongano diversamente. È esclusa l'adozione di atti legislativi. La politica estera e di sicurezza comune è messa in atto dall'alto rappresentante dell'Unione per gli affari esteri e la politica di sicurezza e dagli Stati membri in conformità dei trattati. Il ruolo specifico del Parlamento europeo e della Commissione in questo settore è definito dai trattati. La Corte di giustizia dell'Unione europea non è competente riguardo a tali disposizioni, ad eccezione della competenza a controllare il rispetto dell'art. 40 del presente trattato e la legittimità di talune decisioni, come previsto dall'art. 275, secondo comma del trattato sul funzionamento dell'Unione europea.

2. Nel quadro dei principi e degli obiettivi dell'azione esterna, l'Unione conduce, stabilisce e attua una politica estera e di sicurezza comune fondata sullo sviluppo della reciproca solidarietà politica degli Stati membri, sull'individuazione delle questioni di interesse generale e sulla realizzazione di un livello sempre maggiore di convergenza delle azioni degli Stati membri.

3. Gli Stati membri sostengono attivamente e senza riserve la politica estera e di sicurezza dell'Unione in uno spirito di lealtà e di solidarietà reciproca e rispettano l'azione dell'Unione in questo settore.

Gli Stati membri operano congiuntamente per rafforzare e sviluppare la loro reciproca solidarietà politica. Essi si astengono da qualsiasi azione contraria agli interessi dell'Unione o tale da nuocere alla sua efficacia come elemento di coesione nelle relazioni internazionali.

Il Consiglio e l'alto rappresentante provvedono affinché detti principi siano rispettati.

25 (*ex* art. 12 TUE). 1. L'Unione conduce la politica estera e di sicurezza comune:

a) definendo gli orientamenti generali,

b) adottando decisioni che definiscono:

i) le azioni che l'Unione deve intraprendere,

ii) le posizioni che l'Unione deve assumere,

iii) le modalità di attuazione delle decisioni di cui ai punti *i*) e *ii*),

e

c) rafforzando la cooperazione sistematica tra gli Stati membri per la conduzione della loro politica.

26 (*ex* art. 13 TUE). 1. Il Consiglio europeo individua gli interessi strategici dell'Unione, fissa gli obiettivi e definisce gli orientamenti generali della politica estera e di sicurezza comune, ivi comprese le questioni che hanno implicazioni in materia di difesa. Adotta le decisioni necessarie.

Qualora lo esigano sviluppi internazionali, il presidente del Consiglio europeo convoca una riunione straordinaria dello stesso per definire le linee strategiche della politica dell'Unione dinanzi a tali sviluppi.

2. Il Consiglio elabora la politica estera e di sicurezza comune e prende le decisioni necessarie per la definizione e l'attuazione di tale politica in base agli orientamenti generali e alle linee strategiche definiti dal Consiglio europeo.

Il Consiglio e l'alto rappresentante dell'Unione per gli affari esteri e la politica di sicurezza assicurano l'unità, la coerenza e l'efficacia dell'azione dell'Unione.

3. La politica estera e di sicurezza comune è attuata dall'alto rappresentante e dagli Stati membri, ricorrendo ai mezzi nazionali e a quelli dell'Unione.

27. 1. L'alto rappresentante dell'Unione per gli affari esteri e la politica di sicurezza, che presiede il Consiglio «Affari esteri», contribuisce con proposte all'elaborazione della politica estera e di sicurezza comune e assicura l'attuazione delle decisioni adottate dal Consiglio europeo e dal Consiglio.

2. L'alto rappresentante rappresenta l'Unione per le materie che rientrano nella politica estera e di sicurezza comune. Conduce, a nome dell'Unione, il dialogo politico con i terzi ed esprime la posizione dell'Unione nelle organizzazioni internazionali e in seno alle conferenze internazionali. . . . .

3. Nell'esecuzione delle sue funzioni, l'alto rappresentante si avvale di un servizio europeo per l'azione esterna. Il servizio lavora in collaborazione con i servizi diplomatici degli Stati membri ed è composto da funzionari dei servizi competenti del segretariato generale del Consiglio e della Commissione e da personale distaccato dai servizi diplomatici nazionali. L'organizzazione e il funzionamento del servizio europeo per l'azione esterna sono fissati da una decisione del Consiglio. Il Consiglio delibera su proposta dell'alto rappresentante, previa consultazione del Parlamento europeo e previa approvazione della Commissione.

28 (*ex* art. 14 TUE). 1. Quando una situazione internazionale richiede un intervento operativo dell'Unione, il Consiglio adotta le decisioni necessarie. Esse definiscono gli obiettivi, la portata e i mezzi di cui l'Unione deve disporre, le condizioni di attuazione e, se necessario, la durata.

Se si produce un cambiamento di circostanze che ha una netta incidenza su una questione oggetto di una tale decisione, il Consiglio rivede i principi e gli obiettivi di detta decisione e adotta le decisioni necessarie.

2. Le decisioni di cui al par. 1 vincolano gli Stati membri nelle loro prese di posizione e nella conduzione della loro azione.

3. Qualsiasi presa di posizione o azione nazionale prevista in applicazione di una decisione di cui al par. 1 forma oggetto di informazione da parte dello Stato membro interessato entro termini che permettano, se necessario, una concertazione preliminare in sede di Consiglio. L'obbligo dell'informazione preliminare non è applicabile per le misure di semplice recepimento sul piano nazionale delle decisioni del Consiglio.

4. In caso di assoluta necessità connessa con l'evoluzione della situazione e in mancanza di una revisione della decisione del Consiglio di cui al par. 1, gli Stati membri possono prendere d'urgenza le misure necessarie, tenuto conto degli obiettivi generali di detta decisione. Lo Stato membro che prende tali misure ne informa immediatamente il Consiglio.

5. In caso di difficoltà rilevanti nell'applicazione di una decisione di cui al presente articolo, uno Stato membro ne investe il Consiglio che delibera al riguardo e ricerca le soluzioni appropriate. Queste ultime non possono essere in contrasto con gli obiettivi della decisione di cui al par. 1 né nuocere alla sua efficacia.

29 (*ex* art. 15 TUE). 1. Il Consiglio adotta decisioni che definiscono l'approccio dell'Unione su una questione particolare di natura geografica o tematica. Gli Stati membri provvedono affinché le loro politiche nazionali siano conformi alle posizioni dell'Unione.

30 (*ex* art. 22 TUE). 1. Ogni Stato membro, l'alto rappresentante dell'Unione per gli affari esteri e la politica di sicurezza, o l'alto rappresentante con l'appoggio della Commissione, possono sottoporre al Consiglio questioni relative alla politica estera e di sicurezza comune e possono presentare rispettivamente iniziative o proposte al Consiglio.

2. Nei casi che richiedono una decisione rapida, l'alto rappresentante convoca, d'ufficio o a richiesta di uno Stato membro, una riunione straordinaria del Consiglio, entro un termine di quarantotto ore o, in caso di emergenza, entro un termine più breve.

31 (*ex* art. 23 TUE). 1. Le decisioni a norma del presente capo sono adottate dal Consiglio europeo e dal Consiglio che deliberano all'unanimità, salvo nei casi in cui il presente capo dispone diversamente. È esclusa l'adozione di atti legislativi.

In caso di astensione dal voto, ciascun membro del Consiglio può motivare la propria astensione con una dichiarazione formale a norma del presente comma. In tal caso esso non è obbligato ad applicare la decisione, ma accetta che essa impegni l'Unione. In uno spirito di mutua solidarietà, lo Stato membro interessato si astiene da azioni che possano contrastare o impedire l'azione dell'Unione basata su tale decisione, e gli altri Stati membri rispettano la sua posizione. Qualora i membri del Consiglio che motivano in tal modo l'astensione rappresentino almeno un terzo degli Stati membri che totalizzano almeno un terzo della popolazione dell'Unione, la decisione non è adottata.

2. In deroga alle disposizioni di cui al par. 1, il Consiglio delibera a maggioranza qualificata:

— quando adotta una decisione che definisce un'azione o una posizione dell'Unione, sulla base di una decisione del Consiglio europeo relativa agli interessi e obiettivi strategici dell'Unione di cui all'art. 22, par. 1;

— quando adotta una decisione che definisce un'azione o una posizione dell'Unione in base a una proposta dell'alto rappresentante dell'Unione per gli affari esteri e la politica di sicurezza presentata in seguito a una richiesta specifica rivolta a quest'ultimo dal Consiglio europeo di sua iniziativa o su iniziativa dell'alto rappresentante;

— quando adotta decisioni relative all'attuazione di una decisione che definisce un'azione o una posizione dell'Unione;

— quando nomina un rappresentante speciale ai sensi dell'art. 33.

Se un membro del Consiglio dichiara che, per specificati e vitali motivi di politica nazionale, intende opporsi all'adozione di una decisione che richiede la maggioranza qualificata, non si procede alla votazione. L'alto rappresentante cerca, in stretta consultazione con lo Stato membro interessato, una soluzione accettabile per quest'ultimo. In mancanza di un risultato il Consiglio, deliberando a maggioranza qualificata, può chiedere che della questione sia investito il Consiglio europeo, in vista di una decisione all'unanimità.

3. Il Consiglio europeo può adottare all'unanimità una decisione che preveda che il Consiglio delibera a maggioranza qualificata in casi diversi da quelli contemplati al par. 2.

4. I parr. 2 e 3 non si applicano alle decisioni che hanno implicazioni nel settore militare o della difesa.

5. Per le questioni procedurali il Consiglio delibera alla maggioranza dei suoi membri.

32 (*ex* art. 16 TUE). Gli Stati membri si consultano in sede di Consiglio europeo e di Consiglio in merito a qualsiasi questione di politica estera e di sicurezza di interesse generale per definire un approccio comune. Prima di intraprendere qualsiasi azione sulla scena internazionale o di assumere qualsiasi impegno che possa ledere gli interessi dell'Unione, ciascuno Stato membro consulta gli altri in sede di Consiglio europeo o di Consiglio. Gli Stati membri assicurano, mediante la convergenza delle loro azioni, che l'Unione possa affermare i suoi interessi e i suoi valori sulla scena internazionale. Gli Stati membri sono solidali tra loro.

Quando il Consiglio europeo o il Consiglio hanno definito un approccio comune dell'Unione ai sensi del primo comma, l'alto rappresentante dell'Unione per gli affari esteri e la politica di sicurezza e i ministri degli affari esteri degli Stati membri coordinano le loro attività nell'ambito del Consiglio.

Le missioni diplomatiche degli Stati membri e le delegazioni dell'Unione nei paesi terzi e presso le organizzazioni internazionali cooperano tra di loro e contribuiscono alla formulazione e all'attuazione dell'approccio comune.

33 (*ex* art. 18 TUE). Il Consiglio, su proposta dell'alto rappresentante dell'Unione per gli affari esteri e la politica di sicurezza, può nominare un rappresentante speciale con un mandato per problemi politici specifici. Il rappresentante speciale esercita il mandato sotto l'autorità dell'alto rappresentante.

34 (*ex* art. 19 TUE). 1. Gli Stati membri coordinano la propria azione nelle organizzazioni internazionali e in occasione di conferenze internazionali. In queste sedi essi difendono le posizioni dell'Unione. L'alto rappresentante dell'Unione per gli affari esteri e la politica di sicurezza assicura l'organizzazione di tale coordinamento.

Nelle organizzazioni internazionali e in occasione di conferenze internazionali alle quali non tutti gli Stati membri partecipano, quelli che vi partecipano difendono le posizioni dell'Unione.

2. Conformemente all'art. 24, par. 3, gli Stati membri rappresentati nelle organizzazioni internazionali o nelle conferenze internazionali alle quali non tutti gli Stati membri partecipano, tengono informati questi ultimi e l'alto rappresentante in merito ad ogni questione di interesse comune.

Gli Stati membri che sono anche membri del Consiglio di sicurezza delle Nazioni Unite si concerteranno e terranno pienamente informati gli altri Stati membri e l'alto rappresentante. Gli Stati membri che sono membri del Consiglio di sicurezza difenderanno, nell'esercizio delle loro funzioni, le posizioni e l'interesse dell'Unione, fatte salve le responsabilità che loro incombono in forza delle disposizioni della Carta delle Nazioni Unite.

Allorché l'Unione ha definito una posizione su un tema all'ordine del giorno del Consiglio di sicurezza delle Nazioni Unite, gli Stati membri che vi partecipano chiedono che l'alto rappresentante sia invitato a presentare la posizione dell'Unione (1).

35 (*ex* art. 20 TUE). Le missioni diplomatiche e consolari degli Stati membri e le delegazioni dell'Unione nei paesi terzi e nelle conferenze internazionali, nonché le loro rappresentanze presso le organizzazioni internazionali, cooperano al fine di garantire il rispetto e l'attuazione delle decisioni che definiscono posizioni e azioni dell'Unione adottate in virtù del presente capo.

(1) V. l. 4 giugno 2010, n. 92, per la ratifica ed esecuzione del Protocollo ai sensi dell'art. 34 TUE recante modifica, per quanto attiene all'istituzione di un archivio di identificazione dei fascicoli a fini doganali, della Convenzione sull'uso dell'informatica nel settore doganale, fatto a Bruxelles l'8 maggio 2003.

Esse intensificano la loro cooperazione procedendo a scambi di informazioni e a valutazioni comuni.

Esse contribuiscono all'attuazione del diritto di tutela dei cittadini dell'Unione nel territorio dei paesi terzi di cui all'art. 20, par. 2, lett. *c*) del trattato sul funzionamento dell'Unione europea e delle misure adottate in applicazione dell'art. 23 di detto trattato.

36 (*ex* art. 21 TUE). L'alto rappresentante dell'Unione per gli affari esteri e la politica di sicurezza consulta regolarmente il Parlamento europeo sui principali aspetti e sulle scelte fondamentali della politica estera e di sicurezza comune e della politica di sicurezza e di difesa comune e lo informa dell'evoluzione di tali politiche. Egli provvede affinché le opinioni del Parlamento europeo siano debitamente prese in considerazione. I rappresentanti speciali possono essere associati all'informazione del Parlamento europeo.

Il Parlamento europeo può rivolgere interrogazioni o formulare raccomandazioni al Consiglio e all'alto rappresentante. Esso procede due volte all'anno ad un dibattito sui progressi compiuti nell'attuazione della politica estera e di sicurezza comune, compresa la politica di sicurezza e di difesa comune.

37 (*ex* art. 24 TUE). L'Unione può concludere accordi con uno o più Stati o organizzazioni internazionali nei settori di pertinenza del presente capo.

38 (*ex* art. 25 TUE). Fatto salvo l'art. 240 del trattato sul funzionamento dell'Unione europea, un comitato politico e di sicurezza controlla la situazione internazionale nei settori che rientrano nella politica estera e di sicurezza comune e contribuisce a definire le politiche formulando pareri per il Consiglio, a richiesta di questo, dell'alto rappresentante dell'Unione per gli affari esteri e la politica di sicurezza o di propria iniziativa. Esso controlla altresì l'attuazione delle politiche concordate, fatte salve le competenze dell'alto rappresentante.

Nel quadro del presente capo, il comitato politico e di sicurezza esercita, sotto la responsabilità del Consiglio e dell'alto rappresentante, il controllo politico e la direzione strategica delle operazioni di gestione delle crisi previste all'art. 43.

Ai fini di un'operazione di gestione delle crisi e per la durata della stessa, quali sono determinate dal Consiglio, quest'ultimo può autorizzare il comitato a prendere le decisioni appropriate in merito al controllo politico e alla direzione strategica dell'operazione.

39. Conformemente all'art. 16 del trattato sul funzionamento dell'Unione europea e in deroga al par. 2 di detto articolo, il Consiglio adotta una decisione che stabilisce le norme relative alla protezione delle persone fisiche con riguardo al trattamento dei dati di carattere personale da parte degli Stati membri nell'esercizio di attività che rientrano nel campo di applicazione del presente capo, e le norme relative alla libera circolazione di tali dati. Il rispetto di tali norme è soggetto al controllo di autorità indipendenti.

40 (*ex* art. 47 TUE). L'attuazione della politica estera e di sicurezza comune lascia impregiudicata l'applicazione delle procedure e la rispettiva portata delle attribuzioni delle istituzioni previste dai trattati per l'esercizio delle competenze dell'Unione di cui agli articoli da 3 a 6 del trattato sul funzionamento dell'Unione europea.

L'attuazione delle politiche previste in tali articoli lascia parimenti impregiudicata l'applicazione delle procedure e la rispettiva portata delle attribuzioni delle istituzioni previste dai trattati per l'esercizio delle competenze dell'Unione a titolo del presente capo.

41 (*ex* art. 28 TUE). 1. Le spese amministrative che le istituzioni sostengono per l'attuazione del presente capo sono a carico del bilancio dell'Unione.

2. Le spese operative cui dà luogo l'attuazione del presente capo sono anch'esse a carico del bilancio dell'Unione, eccetto le spese derivanti da operazioni che hanno implicazioni nel settore militare o della difesa, e a meno che il Consiglio, deliberando all'unanimità, decida altrimenti.

Nei casi in cui non sono a carico del bilancio dell'Unione, le spese sono a carico degli Stati membri secondo un criterio di ripartizione basato sul prodotto nazionale lordo, a meno che il Consiglio, deliberando all'unanimità, non stabilisca altrimenti. Per quanto riguarda le spese derivanti da operazioni che hanno implicazioni nel settore militare o della difesa, gli Stati membri i cui rappresentanti in Consiglio hanno fatto una dichiarazione formale a norma dell'art. 31, par. 1, secondo comma, non sono obbligati a contribuire al loro finanziamento.

3. Il Consiglio adotta una decisione che stabilisce le procedure specifiche per garantire il rapido accesso agli stanziamenti del bilancio dell'Unione destinati al finanziamento urgente di iniziative nel quadro della politica estera e di sicurezza comune, in particolare ai preparativi di una missione di cui all'art. 42, par. 1 e all'art. 43. Esso delibera previa consultazione del Parlamento europeo.

I preparativi delle missioni di cui all'art. 42, par. 1 e all'art. 43 che non sono a carico del bilancio dell'Unione sono finanziati mediante un fondo iniziale costituito da contributi degli Stati membri.

Il Consiglio adotta a maggioranza qualificata, su proposta dell'alto rappresentante dell'Unione per gli affari esteri e la politica di sicurezza, le decisioni che fissano:

a) le modalità di costituzione e finanziamento del fondo iniziale, in particolare le dotazioni finanziarie assegnategli;

b) le modalità di gestione del fondo iniziale;

c) le modalità di controllo finanziario.

Quando la missione prevista conformemente all'art. 42, par. 1 e all'art. 43 non può essere a carico del bilancio dell'Unione, il Consiglio autorizza l'alto rappresentante a ricorrere a detto fondo. L'alto rappresentante riferisce al Consiglio sull'esecuzione di tale mandato.

Sezione 2. — *Disposizioni sulla politica di sicurezza e di difesa comune*

42 (*ex* art. 17 TUE). 1. La politica di sicurezza e di difesa comune costituisce parte integrante della politica estera e di sicurezza comune. Essa assicura che l'Unione disponga di una capacità operativa ricorrendo a mezzi civili e militari. L'Unione può avvalersi di tali mezzi in missioni al suo esterno per garantire il mantenimento della pace, la prevenzione dei conflitti e il rafforzamento della sicurezza internazionale, conformemente ai principi della Carta delle Nazioni Unite. L'esecuzione di tali compiti si basa sulle capacità fornite dagli Stati membri.

2. La politica di sicurezza e di difesa comune comprende la graduale definizione di una politica di difesa comune dell'Unione. Questa condurrà a una difesa comune quando il Consiglio europeo, deliberando all'unanimità, avrà così deciso. In questo caso, il Consiglio europeo raccomanda agli Stati membri di adottare una decisione in tal senso conformemente alle rispettive norme costituzionali.

La politica dell'Unione a norma della presente sezione non pregiudica il carattere specifico della politica di sicurezza e di difesa di taluni Stati membri, rispetta gli obblighi di alcuni Stati membri, i quali ritengono che la loro difesa comune si realizzi tramite l'Organizzazione del trattato del Nordatlantico (NATO), nell'ambito del trattato dell'Atlantico del Nord, ed è compatibile con la politica di sicurezza e di difesa comune adottata in tale contesto.

3. Gli Stati membri mettono a disposizione dell'Unione, per l'attuazione della politica di sicurezza e di difesa comune, capacità civili e militari per contribuire al conseguimento degli obiettivi definiti dal Consiglio. Gli Stati membri che costituiscono tra loro forze multinazionali possono mettere anche tali forze a disposizione della politica di sicurezza e di difesa comune.

Gli Stati membri s'impegnano a migliorare progressivamente le loro capacità militari. L'Agenzia nel settore dello sviluppo delle capacità di difesa, della ricerca, dell'acquisizione e degli armamenti (in appresso denominata «Agenzia europea per la difesa») individua le esigenze operative, promuove misure per rispondere a queste, contribuisce a individuare e, se del caso, mettere in atto qualsiasi misura utile a rafforzare la base industriale e tecnologica del settore della difesa, partecipa alla definizione di una politica europea delle capacità e degli armamenti, e assiste il Consiglio nella valutazione del miglioramento delle capacità militari.

4. Le decisioni relative alla politica di sicurezza e di difesa comune, comprese quelle inerenti all'avvio di una missione di cui al presente articolo, sono adottate dal Consiglio che delibera all'unanimità su proposta dell'alto rappresentante dell'Unione per gli affari esteri e la politica di sicurezza o su iniziativa di uno Stato membro. L'alto rappresentante può proporre il ricorso sia ai mezzi nazionali sia agli strumenti dell'Unione, se del caso congiuntamente alla Commissione.

5. Il Consiglio può affidare lo svolgimento di una missione, nell'ambito dell'Unione, a un gruppo di Stati membri allo scopo di preservare i valori dell'Unione e di servirne gli interessi. Lo svolgimento di detta missione è disciplinato dall'art. 44.

6. Gli Stati membri che rispondono a criteri più elevati in termini di capacità militari e che hanno sottoscritto impegni più vincolanti in materia ai fini delle missioni più impegnative instaurano una cooperazione strutturata permanente nell'ambito dell'Unione. Detta cooperazione è disciplinata dall'art. 46. Essa lascia impregiudicato l'art. 43.

7. Qualora uno Stato membro subisca un'aggressione armata nel suo territorio, gli altri Stati membri sono tenuti a prestargli aiuto e assistenza con tutti i mezzi in loro possesso, in conformità dell'art. 51 della Carta delle Nazioni Unite. Ciò non pregiudica il carattere specifico della politica di sicurezza e di difesa di taluni Stati membri.

Gli impegni e la cooperazione in questo settore rimangono conformi agli impegni assunti nell'ambito dell'Organizzazione del trattato del Nord-Atlantico che resta, per gli Stati che ne sono membri, il fondamento della loro difesa collettiva e l'istanza di attuazione della stessa.

43. 1. Le missioni di cui all'art. 42, par. 1, nelle quali l'Unione può ricorrere a mezzi civili e militari, comprendono le azioni congiunte in materia di disarmo, le missioni umanitarie e di soccorso, le missioni di consulenza e assistenza in materia militare, le missioni di prevenzione dei conflitti e di mantenimento della pace e le missioni di unità di combattimento per la gestione delle crisi, comprese le missioni tese al ristabilimento della pace e le operazioni di stabilizzazione al termine dei conflitti. Tutte queste missioni possono contribuire alla lotta contro il terrorismo, anche tramite il sostegno a paesi terzi per combattere il terrorismo sul loro territorio.

2. Il Consiglio adotta decisioni relative alle missioni di cui al par. 1 stabilendone l'obiettivo, la portata e le modalità generali di realizzazione. L'alto rappresentante dell'Unione per gli affari esteri e la politica di sicurezza, sotto l'autorità del Consiglio e in stretto e costante contatto con il comitato politico e di sicurezza, provvede a coordinare gli aspetti civili e militari di tali missioni.

44. 1. Nel quadro delle decisioni adottate in conformità dell'art. 43, il Consiglio può affidare la realizzazione di una missione a un gruppo di Stati membri che lo desiderano e dispongono delle capacità necessarie per tale missione. Tali Stati membri, in associazione con l'alto rappresentante dell'Unione per gli affari esteri e la politica di sicurezza, si accordano sulla gestione della missione.

2. Gli Stati membri che partecipano alla realizzazione della missione informano periodicamente il Consiglio dell'andamento della missione, di propria iniziativa o a richiesta di un altro Stato membro. Gli Stati membri partecipanti investono immediatamente il Consiglio della questione se la realizzazione di tale missione genera conseguenze di ampia portata o se impone una modifica dell'obiettivo, della portata o delle modalità della missione stabiliti nelle decisioni di cui al par. 1. In tal caso il Consiglio adotta le decisioni necessarie.

45. 1. L'Agenzia europea per la difesa, di cui all'art. 42, par. 3 e posta sotto l'autorità del Consiglio, ha il compito di:

a) contribuire a individuare gli obiettivi di capacità militari degli Stati membri e a valutare il rispetto degli impegni in materia di capacità assunti dagli Stati membri;

b) promuovere l'armonizzazione delle esigenze operative e l'adozione di metodi di acquisizione efficienti e compatibili;

c) proporre progetti multilaterali per il conseguimento degli obiettivi in termini di capacità militari e assicurare il coordinamento dei programmi attuati dagli Stati membri e la gestione di programmi di cooperazione specifici;

d) sostenere la ricerca nel settore della tecnologia della difesa, coordinare e pianificare attività di ricerca congiunte e studi per delineare le soluzioni tecniche che rispondono alle esigenze operative future;

e) contribuire a individuare e, se del caso, attuare qualsiasi misura utile per potenziare la base industriale e tecnologica del settore della difesa e per migliorare l'efficacia delle spese militari.

2. L'Agenzia europea per la difesa è aperta a tutti gli Stati membri che desiderano parteciparvi. Il Consiglio, deliberando a maggioranza qualificata, adotta una decisione che fissa lo statuto, la sede e le modalità di funzionamento dell'Agenzia. Detta decisione tiene conto del grado di partecipazione effettiva alle attività dell'Agenzia. Nell'ambito dell'Agenzia sono costituiti gruppi specifici che riuniscono gli Stati membri impegnati in progetti congiunti. L'Agenzia svolge i suoi compiti in collegamento con la Commissione, se necessario.

46. 1. Gli Stati membri che desiderano partecipare alla cooperazione strutturata permanente di cui all'art. 42, par. 6 e che rispondono ai criteri e sottoscrivono gli impegni in materia di capacità militari specificati nel protocollo sulla cooperazione strutturata permanente notificano la loro intenzione al Consiglio e all'alto rappresentante dell'Unione per gli affari esteri e la politica di sicurezza.

2. Entro tre mesi dalla notifica di cui al par. 1, il Consiglio adotta una decisione che istituisce la cooperazione strutturata permanente e fissa l'elenco degli Stati membri partecipanti. Il Consiglio delibera a maggioranza qualificata previa consultazione dell'alto rappresentante.

3. Ogni Stato membro che, in una fase successiva, desideri partecipare alla cooperazione strutturata permanente notifica la sua intenzione al Consiglio e all'alto rappresentante.

Il Consiglio adotta una decisione che conferma la partecipazione dello Stato membro interessato che risponde ai criteri e sottoscrive gli impegni di cui agli artt. 1 e 2 del protocollo sulla cooperazione strutturata permanente. Il Consiglio delibera a maggioranza qualificata previa consultazione dell'alto rappresentante. Solo i membri del Consiglio che rappresentano gli Stati membri partecipanti prendono parte al voto.

Per maggioranza qualificata s'intende quella definita conformemente all'art. 238, par. 3, lett. *a*) del trattato sul funzionamento dell'Unione europea.

4. Se uno Stato membro partecipante non soddisfa più i criteri o non può più assolvere gli impegni di cui agli artt. 1 e 2 del protocollo sulla cooperazione strutturata permanente, il Consiglio può adottare una decisione che sospende la partecipazione di questo Stato.

Il Consiglio delibera a maggioranza qualificata. Solo i membri del Consiglio che rappresentano gli Stati membri partecipanti, ad eccezione dello Stato membro in questione, prendono parte al voto.

Per maggioranza qualificata s'intende quella definita conformemente all'art. 238, par. 3, lett. *a*) del trattato sul funzionamento dell'Unione europea.

5. Se uno Stato membro partecipante desidera ritirarsi dalla cooperazione strutturata permanente notifica la sua decisione al Consiglio, che prende atto del fatto che la partecipazione dello Stato membro in questione termina.

6. Le decisioni e le raccomandazioni del Consiglio prese nel quadro della cooperazione strutturata permanente, diverse da quelle previste ai paragrafi da 2 a 5, sono adottate all'unanimità. Ai fini del presente paragrafo l'unanimità è costituita dai voti dei soli rappresentanti degli Stati membri partecipanti.

TITOLO VI

Disposizioni finali

47. L'Unione ha personalità giuridica.

48 (*ex* art. 48 TUE). 1. I trattati possono essere modificati conformemente a una procedura di revisione ordinaria. Possono inoltre essere modificati conformemente a procedure di revisione semplificate.

Procedura di revisione ordinaria

2. Il governo di qualsiasi Stato membro, il Parlamento europeo o la Commissione possono sottoporre al Consiglio progetti intesi a modificare i trattati. Tali progetti possono, tra l'altro, essere intesi ad accrescere o a ridurre le competenze attribuite all'Unione nei trattati. Tali progetti sono trasmessi dal Consiglio al Consiglio europeo e notificati ai parlamenti nazionali.

3. Qualora il Consiglio europeo, previa consultazione del Parlamento europeo e della Commissione, adotti a maggioranza semplice una decisione favorevole all'esame delle modifiche proposte, il presidente del Consiglio europeo convoca una convenzione composta da rappresentanti dei parlamenti nazionali, dei capi di Stato o di governo degli Stati membri, del Parlamento europeo e della Commissione. In caso di modifiche istituzionali nel settore monetario, è consultata anche la Banca centrale europea. La convenzione esamina i progetti di modifica e adotta per consenso una raccomandazione a una conferenza dei rappresentanti dei governi degli Stati membri quale prevista al par. 4.

Il Consiglio europeo può decidere a maggioranza semplice, previa approvazione del Parlamento europeo, di non convocare una convenzione qualora l'entità delle modifiche non lo giustifichi. In questo caso, il Consiglio europeo definisce il mandato per una conferenza dei rappresentanti dei governi degli Stati membri.

4. Una conferenza dei rappresentanti dei governi degli Stati membri è convocata dal presidente del Consiglio allo scopo di stabilire di comune accordo le modifiche da apportare ai trattati.

Le modifiche entrano in vigore dopo essere state ratificate da tutti gli Stati membri conformemente alle rispettive norme costituzionali.

5. Qualora, al termine di un periodo di due anni a decorrere dalla firma di un trattato che modifica i trattati, i quattro quinti degli Stati membri abbiano ratificato detto trattato e uno o più Stati membri abbiano incontrato difficoltà nelle procedure di ratifica, la questione è deferita al Consiglio europeo.

Procedure di revisione semplificate

6. Il governo di qualsiasi Stato membro, il Parlamento europeo o la Commissione possono sottoporre al Consiglio europeo progetti intesi a modificare in tutto o in parte le disposizioni della parte terza del trattato sul funzionamento dell'Unione europea relative alle politiche e azioni interne dell'Unione.

Il Consiglio europeo può adottare una decisione che modifica in tutto o in parte le disposizioni della parte terza del trattato sul funzionamento dell'Unione europea. Il Consiglio europeo delibera all'unanimità previa consultazione del Parlamento europeo, della Commissione e, in caso di modifiche istituzionali nel settore monetario, della Banca centrale europea. Tale decisione entra in vigore solo previa approvazione degli Stati membri conformemente alle rispettive norme costituzionali.

La decisione di cui al secondo comma non può estendere le competenze attribuite all'Unione nei trattati.

7. Quando il trattato sul funzionamento dell'Unione europea o il titolo V del presente trat-

tato prevede che il Consiglio deliberi all'unanimità in un settore o in un caso determinato, il Consiglio europeo può adottare una decisione che consenta al Consiglio di deliberare a maggioranza qualificata in detto settore o caso. Il presente comma non si applica alle decisioni che hanno implicazioni militari o che rientrano nel settore della difesa.

Quando il trattato sul funzionamento dell'Unione europea prevede che il Consiglio adotti atti legislativi secondo una procedura legislativa speciale, il Consiglio europeo può adottare una decisione che consenta l'adozione di tali atti secondo la procedura legislativa ordinaria.

Ogni iniziativa presa dal Consiglio europeo in base al primo o al secondo comma è trasmessa ai parlamenti nazionali. In caso di opposizione di un parlamento nazionale notificata entro sei mesi dalla data di tale trasmissione, la decisione di cui al primo o al secondo comma non è adottata. In assenza di opposizione, il Consiglio europeo può adottare detta decisione.

Per l'adozione delle decisioni di cui al primo o al secondo comma, il Consiglio europeo delibera all'unanimità previa approvazione del Parlamento europeo, che si pronuncia a maggioranza dei membri che lo compongono.

49 (*ex* art. 49 TUE). Ogni Stato europeo, che rispetti i valori di cui all'art. 2 e si impegni a promuoverli può domandare di diventare membro dell'Unione. Il Parlamento europeo e i parlamenti nazionali sono informati di tale domanda. Lo Stato richiedente trasmette la sua domanda al Consiglio, che si pronuncia all'unanimità, previa consultazione della Commissione e previa approvazione del Parlamento europeo, che si pronuncia a maggioranza dei membri che lo compongono. Si tiene conto dei criteri di ammissibilità convenuti dal Consiglio europeo.

Le condizioni per l'ammissione e gli adattamenti dei trattati su cui è fondata l'Unione, da essa determinati, formano l'oggetto di un accordo tra gli Stati membri e lo Stato richiedente. Tale accordo è sottoposto a ratifica da tutti gli Stati contraenti conformemente alle loro rispettive norme costituzionali.

50. 1. Ogni Stato membro può decidere, conformemente alle proprie norme costituzionali, di recedere dall'Unione.

2. Lo Stato membro che decide di recedere notifica tale intenzione al Consiglio europeo. Alla luce degli orientamenti formulati dal Consiglio europeo, l'Unione negozia e conclude con tale Stato un accordo volto a definire le modalità del recesso, tenendo conto del quadro delle future relazioni con l'Unione. L'accordo è negoziato conformemente all'art. 218, par. 3 del trattato sul funzionamento dell'Unione europea. Esso è concluso a nome dell'Unione dal Consiglio, che delibera a maggioranza qualificata previa approvazione del Parlamento europeo.

3. I trattati cessano di essere applicabili allo Stato interessato a decorrere dalla data di entrata in vigore dell'accordo di recesso o, in mancanza di tale accordo, due anni dopo la notifica di cui al par. 2, salvo che il Consiglio europeo, d'intesa con lo Stato membro interessato, decida all'unanimità di prorogare tale termine.

4. Ai fini dei parr. 2 e 3, il membro del Consiglio europeo e del Consiglio che rappresenta lo Stato membro che recede non partecipa né alle deliberazioni né alle decisioni del Consiglio europeo e del Consiglio che lo riguardano.

Per maggioranza qualificata s'intende quella definita conformemente all'art. 238, par. 3, lett. *b*) del trattato sul funzionamento dell'Unione europea.

5. Se lo Stato che ha receduto dall'Unione chiede di aderirvi nuovamente, tale richiesta è oggetto della procedura di cui all'art. 49.

51. I protocolli e gli allegati ai trattati ne costituiscono parte integrante.

52. 1. I trattati si applicano al Regno del Belgio, alla Repubblica di Bulgaria, alla Repubblica ceca, al Regno di Danimarca, alla Repubblica federale di Germania, alla Repubblica di Estonia, all'Irlanda, alla Repubblica ellenica, al Regno di Spagna, alla Repubblica francese, alla Repubblica di Croazia, alla Repubblica italiana, alla Repubblica di Cipro, alla Repubblica di Lettonia, alla Repubblica di Lituania, al Granducato di Lussemburgo, alla Repubblica di Ungheria, alla Repubblica di Malta, al Regno dei Paesi Bassi, alla Repubblica d'Austria, alla Repubblica di Polonia, alla Repubblica portoghese, alla Romania, alla Repubblica di Slovenia, alla Repubblica slovacca, alla Repubblica di Finlandia, al Regno di Svezia e al Regno Unito di Gran Bretagna e Irlanda del Nord (1).

2. Il campo di applicazione territoriale dei

(1) Paragrafo così sostituito dall'art. 13, l. 29 febbraio 2012, n. 17. L'art. 3.3, l. cit., così dispone: «Il presente trattato entra in vigore il 1° luglio 2013, a condizione che tutti gli strumenti di ratifica siano stati depositati prima di tale data».

trattati è precisato all'art. 355 del trattato sul funzionamento dell'Unione europea.

53 (*ex* art. 51 TUE). Il presente trattato è concluso per una durata illimitata.

54 (*ex* art. 52 TUE). 1. Il presente trattato sarà ratificato dalle Alte Parti Contraenti conformemente alle loro rispettive norme costituzionali. Gli strumenti di ratifica saranno depositati presso il Governo della Repubblica italiana.

2. Il presente trattato entrerà in vigore il 1° gennaio 1993, se tutti gli strumenti di ratifica saranno stati depositati; altrimenti, il primo giorno del mese successivo all'avvenuto deposito dello strumento di ratifica da parte dello Stato firmatario che procederà per ultimo a tale formalità.

55 (*ex* art. 53 TUE). 1. Il presente trattato, redatto in unico esemplare in lingua bulgara, ceca, croata, danese, estone, finlandese, francese, greca, inglese, irlandese, italiana, lettone, lituana, maltese, neerlandese, polacca, portoghese, rumena, slovacca, slovena, spagnola, svedese, tedesca e ungherese, i testi in ciascuna di queste lingue facenti ugualmente fede, è depositato negli archivi del governo della Repubblica italiana, che provvederà a trasmetterne copia certificata conforme a ciascuno dei governi degli altri Stati firmatari (1).

2. Il presente trattato può essere parimenti tradotto in qualsiasi altra lingua determinata da uno Stato membro che, in base all'ordinamento costituzionale dello Stato in questione, sia lingua ufficiale in tutto il suo territorio o in parte di esso. Lo Stato membro interessato fornisce copia certificata conforme di tale traduzione affinché sia depositata negli archivi del Consiglio.

(1) Paragrafo così sostituito dall'art. 14.1, l. 29 febbraio 2012, n. 17. L'art. 3.3, l. cit., così dispone: «Il presente trattato entra in vigore il 1° luglio 2013, a condizione che tutti gli strumenti di ratifica siano stati depositati prima di tale data».

TRATTATO SUL FUNZIONAMENTO DELL'UNIONE EUROPEA (1) (2)

PARTE PRIMA

PRINCIPI

1. 1. Il presente trattato organizza il funzionamento dell'Unione e determina i settori, la delimitazione e le modalità d'esercizio delle sue competenze.

2. Il presente trattato e il trattato sull'Unione europea costituiscono i trattati su cui è fondata l'Unione. I due trattati, che hanno lo stesso valore giuridico, sono denominati «i trattati».

TITOLO I

Categorie e settori di competenza dell'Unione

2. 1. Quando i trattati attribuiscono all'Unione una competenza esclusiva in un determinato settore, solo l'Unione può legiferare e adottare atti giuridicamente vincolanti. Gli Stati membri possono farlo autonomamente solo se autorizzati dall'Unione oppure per dare attuazione agli atti dell'Unione.

2. Quando i trattati attribuiscono all'Unione una competenza concorrente con quella degli

(1) Denominazione così sostituita alla precedente «Trattato che istituisce la Comunità europea» dall'art. 2, punto 1, l. 2 agosto 2008, n. 130 (Trattato di Lisbona).

(2) Si riporta la versione consolidata del TFUE (pubblicata in G.U.U.E., 9 maggio 2008, n. C 115, e ripubblicata, da ultimo, in G.U.U.E., 30 marzo 2010, n. C 83), come modificato dal Trattato di Lisbona, firmato il 13 dicembre 2007 (l. 2 agosto 2008, n. 130, in suppl. ord. n. 188/L a G.U., 8 agosto 2008, n. 185), in vigore dal 1° dicembre 2009: v. a questo proposito il *Comunicato* in G.U., 20 gennaio 2010, n. 15.

L'art. 3, l. n. 130/2008 cit., così dispone:

«Il presente trattato è concluso per una durata illimitata».

L'art. 5, l. n. 130/2008 cit., così dispone:

«1. Agli articoli, alle sezioni, ai capi, ai titoli e alle parti del trattato sull'Unione europea e del trattato che istituisce la Comunità europea, come modificati dal presente trattato, si applica la nuova numerazione indicata nelle tabelle di corrispondenza contenute nell'allegato del presente trattato e che ne costituisce parte integrante.

2. I rinvii ad articoli, sezioni, capi, titoli e parti nel trattato sull'Unione europea e nel trattato sul funzionamento dell'Unione europea, nonché i rinvii tra gli stessi, sono adattati conformemente al par. 1 e i riferimenti ai paragrafi o ai commi di detti articoli come rinumerati o riordinati da talune disposizioni del presente trattato sono adattati conformemente a dette disposizioni.

I riferimenti ad articoli, sezioni, capi, titoli e parti del trattato sull'Unione europea e del trattato che istituisce la Comunità europea contenuti in altri trattati e atti di diritto primario che fondano l'Unione sono adattati conformemente al par. 1. I riferimenti ai capoversi del trattato sull'Unione europea o ai paragrafi e ai commi degli articoli del trattato sull'Unione europea e del trattato che istituisce la Comunità europea come rinumerati o riordinati dal presente trattato sono adattati conformemente allo stesso.

Tali adeguamenti riguardano anche eventuali casi in cui la disposizione in questione sia abrogata.

3. I riferimenti ai capoversi, agli articoli, alle sezioni, ai capi, ai titoli e alle parti del trattato sull'Unione europea e del trattato che istituisce la Comunità europea, come modificati dal presente trattato, contenuti in altri strumenti o atti si intendono fatti ai capoversi, agli articoli, alle sezioni, ai capi, ai titoli e alle parti di detti trattati secondo la nuova numerazione di cui al par. 1 e, rispettivamente, ai paragrafi o ai commi di detti articoli come rinumerati o riordinati da alcune disposizioni del presente trattato».

Per il testo originario del Trattato CE v. suppl. ord. n. 114 a G.U., 6 luglio 1998, n. 155. Il Trattato fu sottoscritto a Roma il 25 marzo 1957 (l. 14 ottobre 1957, n. 1203, in suppl. ord. a G.U., 23 dicembre 1957, n. 317), ed è in vigore dal 1° gennaio 1958. Il Trattato CE è stato precedentemente modificato dal Trattato Unico Europeo, sottoscritto a Maastricht il 7 febbraio 1992 (l. 3 novembre 1992, n. 454, in suppl. ord. n. 126 a G.U., 24 novembre 1992, n. 277), in vigore dal 1° novembre 1993; dal Trattato di Amsterdam, firmato il 2 ottobre 1997 (l. 16 giugno 1998, n. 209, in suppl. ord. n. 114 a G.U., 6 luglio 1998, n. 155), in vigore dal 1° maggio 1999; e dal Trattato di Nizza, firmato il 26 febbraio 2001 (l. 11 maggio 2002, n. 102, in suppl. ord. n. 114 a G.U., 31 maggio 2002, n. 126), in vigore il 1° febbraio 2003.

Da ultimo il TFUE è stato modificato dal Trattato relativo all'adesione della Repubblica di Croazia alla UE, fatto a Bruxelles il 9 dicembre 2011 (l. 29 febbraio 2012, n. 17).

L'annotazione del Trattato è consultabile sul Cd-Rom allegato al codice (nel caso di edizione con Cd).

Stati membri in un determinato settore, l'Unione e gli Stati membri possono legiferare e adottare atti giuridicamente vincolanti in tale settore. Gli Stati membri esercitano la loro competenza nella misura in cui l'Unione non ha esercitato la propria. Gli Stati membri esercitano nuovamente la loro competenza nella misura in cui l'Unione ha deciso di cessare di esercitare la propria.

3. Gli Stati membri coordinano le loro politiche economiche e occupazionali secondo le modalità previste dal presente trattato, la definizione delle quali è di competenza dell'Unione.

4. L'Unione ha competenza, conformemente alle disposizioni del trattato sull'Unione europea, per definire e attuare una politica estera e di sicurezza comune, compresa la definizione progressiva di una politica di difesa comune.

5. In taluni settori e alle condizioni previste dai trattati, l'Unione ha competenza per svolgere azioni intese a sostenere, coordinare o completare l'azione degli Stati membri, senza tuttavia sostituirsi alla loro competenza in tali settori.

Gli atti giuridicamente vincolanti dell'Unione adottati in base a disposizioni dei trattati relative a tali settori non possono comportare un'armonizzazione delle disposizioni legislative e regolamentari degli Stati membri.

6. La portata e le modalità d'esercizio delle competenze dell'Unione sono determinate dalle disposizioni dei trattati relative a ciascun settore.

3. 1. L'Unione ha competenza esclusiva nei seguenti settori:

a) unione doganale;

b) definizione delle regole di concorrenza necessarie al funzionamento del mercato interno;

c) politica monetaria per gli Stati membri la cui moneta è l'euro;

d) conservazione delle risorse biologiche del mare nel quadro della politica comune della pesca;

e) politica commerciale comune.

2. L'Unione ha inoltre competenza esclusiva per la conclusione di accordi internazionali allorché tale conclusione è prevista in un atto legislativo dell'Unione o è necessaria per consentirle di esercitare le sue competenze a livello interno o nella misura in cui può incidere su norme comuni o modificarne la portata.

4. 1. L'Unione ha competenza concorrente con quella degli Stati membri quando i trattati le attribuiscono una competenza che non rientra nei settori di cui agli artt. 3 e 6.

2. L'Unione ha una competenza concorrente con quella degli Stati membri nei principali seguenti settori:

a) mercato interno,

b) politica sociale, per quanto riguarda gli aspetti definiti nel presente trattato,

c) coesione economica, sociale e territoriale,

d) agricoltura e pesca, tranne la conservazione delle risorse biologiche del mare,

e) ambiente,

f) protezione dei consumatori,

g) trasporti,

h) reti transeuropee,

i) energia,

j) spazio di libertà, sicurezza e giustizia,

k) problemi comuni di sicurezza in materia di sanità pubblica, per quanto riguarda gli aspetti definiti nel presente trattato.

3. Nei settori della ricerca, dello sviluppo tecnologico e dello spazio, l'Unione ha competenza per condurre azioni, in particolare la definizione e l'attuazione di programmi, senza che l'esercizio di tale competenza possa avere per effetto di impedire agli Stati membri di esercitare la loro.

4. Nei settori della cooperazione allo sviluppo e dell'aiuto umanitario, l'Unione ha competenza per condurre azioni e una politica comune, senza che l'esercizio di tale competenza possa avere per effetto di impedire agli Stati membri di esercitare la loro.

5. 1. Gli Stati membri coordinano le loro politiche economiche nell'ambito dell'Unione. A tal fine il Consiglio adotta delle misure, in particolare gli indirizzi di massima per dette politiche.

Agli Stati membri la cui moneta è l'euro si applicano disposizioni specifiche.

2. L'Unione prende misure per assicurare il coordinamento delle politiche occupazionali degli Stati membri, in particolare definendo gli orientamenti per dette politiche.

3. L'Unione può prendere iniziative per assicurare il coordinamento delle politiche sociali degli Stati membri.

6. L'Unione ha competenza per svolgere azioni intese a sostenere, coordinare o completare l'azione degli Stati membri. I settori di tali azioni, nella loro finalità europea, sono i seguenti:

a) tutela e miglioramento della salute umana,

b) industria,

c) cultura,

d) turismo,

e) istruzione, formazione professionale, gioventù e sport,

f) protezione civile,
g) cooperazione amministrativa.

TITOLO II

Disposizioni di applicazione generale

7. L'Unione assicura la coerenza tra le sue varie politiche e azioni, tenendo conto dell'insieme dei suoi obiettivi e conformandosi al principio di attribuzione delle competenze.

8 (*ex* art. 3, par. 2 TCE). Nelle sue azioni l'Unione mira ad eliminare le ineguaglianze, nonché a promuovere la parità, tra uomini e donne.

9. Nella definizione e nell'attuazione delle sue politiche e azioni, l'Unione tiene conto delle esigenze connesse con la promozione di un elevato livello di occupazione, la garanzia di un'adeguata protezione sociale, la lotta contro l'esclusione sociale e un elevato livello di istruzione, formazione e tutela della salute umana.

10. Nella definizione e nell'attuazione delle sue politiche e azioni, l'Unione mira a combattere le discriminazioni fondate sul sesso, la razza o l'origine etnica, la religione o le convinzioni personali, la disabilità, l'età o l'orientamento sessuale.

11 (*ex* art. 6 TCE). Le esigenze connesse con la tutela dell'ambiente devono essere integrate nella definizione e nell'attuazione delle politiche e azioni dell'Unione, in particolare nella prospettiva di promuovere lo sviluppo sostenibile.

12 (*ex* art. 153, par. 2 TCE). Nella definizione e nell'attuazione di altre politiche o attività dell'Unione sono prese in considerazione le esigenze inerenti alla protezione dei consumatori.

13. Nella formulazione e nell'attuazione delle politiche dell'Unione nei settori dell'agricoltura, della pesca, dei trasporti, del mercato interno, della ricerca e sviluppo tecnologico e dello spazio, l'Unione e gli Stati membri tengono pienamente conto delle esigenze in materia di benessere degli animali in quanto esseri senzienti, rispettando nel contempo le disposizioni legislative o amministrative e le consuetudini degli Stati membri per quanto riguarda, in particolare, i riti religiosi, le tradizioni culturali e il patrimonio regionale.

14 (*ex* art. 16 TCE). Fatti salvi l'art. 4 del trattato sull'Unione europea e gli artt. 93, 106 e 107 del presente trattato, in considerazione dell'importanza dei servizi di interesse economico generale nell'ambito dei valori comuni dell'Unione, nonché del loro ruolo nella promozione della coesione sociale e territoriale, l'Unione e gli Stati membri, secondo le rispettive competenze e nell'ambito del campo di applicazione dei trattati, provvedono affinché tali servizi funzionino in base a principi e condizioni, in particolare economiche e finanziarie, che consentano loro di assolvere i propri compiti. Il Parlamento europeo e il Consiglio, deliberando mediante regolamenti secondo la procedura legislativa ordinaria, stabiliscono tali principi e fissano tali condizioni, fatta salva la competenza degli Stati membri, nel rispetto dei trattati, di fornire, fare eseguire e finanziare tali servizi.

15 (*ex* art. 255 TCE). 1. Al fine di promuovere il buon governo e garantire la partecipazione della società civile, le istituzioni, gli organi e gli organismi dell'Unione operano nel modo più trasparente possibile.

2. Il Parlamento europeo si riunisce in seduta pubblica, così come il Consiglio allorché delibera e vota in relazione ad un progetto di atto legislativo.

3. Qualsiasi cittadino dell'Unione e qualsiasi persona fisica o giuridica che risieda o abbia la sede sociale in uno Stato membro ha il diritto di accedere ai documenti delle istituzioni, organi e organismi dell'Unione, a prescindere dal loro supporto, secondo i principi e alle condizioni da definire a norma del presente paragrafo.

I principi generali e le limitazioni a tutela di interessi pubblici o privati applicabili al diritto di accesso ai documenti sono stabiliti mediante regolamenti dal Parlamento europeo e dal Consiglio, che deliberano secondo la procedura legislativa ordinaria.

Ciascuna istituzione, organo od organismo garantisce la trasparenza dei suoi lavori e definisce nel proprio regolamento interno disposizioni specifiche riguardanti l'accesso ai propri documenti, in conformità dei regolamenti di cui al secondo comma.

La Corte di giustizia dell'Unione europea, la Banca centrale europea e la Banca europea per gli investimenti sono soggette al presente paragrafo soltanto allorché esercitano funzioni amministrative.

Il Parlamento europeo e il Consiglio assicurano la pubblicità dei documenti relativi alle procedure legislative nel rispetto delle condizioni previste dai regolamenti di cui al secondo comma.

16 (*ex* art. 286 TCE). 1. Ogni persona ha diritto alla protezione dei dati di carattere personale che la riguardano.

2. Il Parlamento europeo e il Consiglio, deliberando secondo la procedura legislativa or-

dinaria, stabiliscono le norme relative alla protezione delle persone fisiche con riguardo al trattamento dei dati di carattere personale da parte delle istituzioni, degli organi e degli organismi dell'Unione, nonché da parte degli Stati membri nell'esercizio di attività che rientrano nel campo di applicazione del diritto dell'Unione, e le norme relative alla libera circolazione di tali dati. Il rispetto di tali norme è soggetto al controllo di autorità indipendenti.

Le norme adottate sulla base del presente articolo fanno salve le norme specifiche di cui all'art. 39 del trattato sull'Unione europea.

17. 1. L'Unione rispetta e non pregiudica lo status di cui le chiese e le associazioni o comunità religiose godono negli Stati membri in virtù del diritto nazionale.

2. L'Unione rispetta ugualmente lo status di cui godono, in virtù del diritto nazionale, le organizzazioni filosofiche e non confessionali.

3. Riconoscendone l'identità e il contributo specifico, l'Unione mantiene un dialogo aperto, trasparente e regolare con tali chiese e organizzazioni.

PARTE SECONDA

NON DISCRIMINAZIONE E CITTADINANZA DELL'UNIONE

18 (*ex* art. 12 TCE). Nel campo di applicazione dei trattati, e senza pregiudizio delle disposizioni particolari dagli stessi previste, è vietata ogni discriminazione effettuata in base alla nazionalità.

Il Parlamento europeo e il Consiglio, deliberando secondo la procedura legislativa ordinaria, possono stabilire regole volte a vietare tali discriminazioni.

19 (*ex* art. 13 TCE). 1. Fatte salve le altre disposizioni dei trattati e nell'ambito delle competenze da essi conferite all'Unione, il Consiglio, deliberando all'unanimità secondo una procedura legislativa speciale e previa approvazione del Parlamento europeo, può prendere i provvedimenti opportuni per combattere le discriminazioni fondate sul sesso, la razza o l'origine etnica, la religione o le convinzioni personali, la disabilità, l'età o l'orientamento sessuale.

2. In deroga al par. 1, il Parlamento europeo e il Consiglio, deliberando secondo la procedura legislativa ordinaria, possono adottare i principi di base delle misure di incentivazione dell'Unione, ad esclusione di qualsiasi armonizzazione delle disposizioni legislative e regolamentari degli Stati membri, destinate ad appoggiare le azioni degli Stati membri volte a contribuire alla realizzazione degli obiettivi di cui al par. 1.

20 (*ex* art. 17 TCE). 1. È istituita una cittadinanza dell'Unione. È cittadino dell'Unione chiunque abbia la cittadinanza di uno Stato membro. La cittadinanza dell'Unione si aggiunge alla cittadinanza nazionale e non la sostituisce.

2. I cittadini dell'Unione godono dei diritti e sono soggetti ai doveri previsti nei trattati. Essi hanno, tra l'altro:

a) il diritto di circolare e di soggiornare liberamente nel territorio degli Stati membri;

b) il diritto di voto e di eleggibilità alle elezioni del Parlamento europeo e alle elezioni comunali nello Stato membro in cui risiedono, alle stesse condizioni dei cittadini di detto Stato;

c) il diritto di godere, nel territorio di un paese terzo nel quale lo Stato membro di cui hanno la cittadinanza non è rappresentato, della tutela delle autorità diplomatiche e consolari di qualsiasi Stato membro, alle stesse condizioni dei cittadini di detto Stato;

d) il diritto di presentare petizioni al Parlamento europeo, di ricorrere al Mediatore europeo, di rivolgersi alle istituzioni e agli organi consultivi dell'Unione in una delle lingue dei trattati e di ricevere una risposta nella stessa lingua.

Tali diritti sono esercitati secondo le condizioni e i limiti definiti dai trattati e dalle misure adottate in applicazione degli stessi.

21 (*ex* art. 18 TCE). 1. Ogni cittadino dell'Unione ha il diritto di circolare e di soggiornare liberamente nel territorio degli Stati membri, fatte salve le limitazioni e le condizioni previste dai trattati e dalle disposizioni adottate in applicazione degli stessi.

2. Quando un'azione dell'Unione risulti necessaria per raggiungere questo obiettivo e salvo che i trattati non abbiano previsto poteri di azione a tal fine, il Parlamento europeo e il Consiglio, deliberando secondo la procedura legislativa ordinaria, possono adottare disposizioni intese a facilitare l'esercizio dei diritti di cui al par. 1.

3. Agli stessi fini enunciati al par. 1 e salvo che i trattati non abbiano previsto poteri di azione a tale scopo, il Consiglio, deliberando secondo una procedura legislativa speciale, può adottare misure relative alla sicurezza sociale o alla protezione sociale. Il Consiglio delibera all'unanimità previa consultazione del Parlamento europeo.

22 (*ex* art. 19 TCE). 1. Ogni cittadino dell'Unione residente in uno Stato membro di cui non è cittadino ha il diritto di voto e di eleggibilità alle elezioni comunali nello Stato membro in cui risiede, alle stesse condizioni dei cittadini di detto Stato. Tale diritto sarà esercitato con riserva delle modalità che il Consiglio adotta, deliberando all'unanimità secondo una procedura legislativa speciale e previa consultazione del Parlamento europeo; tali modalità possono comportare disposizioni derogatorie ove problemi specifici di uno Stato membro lo giustifichino.

2. Fatte salve le disposizioni dell'art. 223, par. 1, e le disposizioni adottate in applicazione di quest'ultimo, ogni cittadino dell'Unione residente in uno Stato membro di cui non è cittadino ha il diritto di voto e di eleggibilità alle elezioni del Parlamento europeo nello Stato membro in cui risiede, alle stesse condizioni dei cittadini di detto Stato. Tale diritto sarà esercitato con riserva delle modalità che il Consiglio adotta, deliberando all'unanimità secondo una procedura legislativa speciale e previa consultazione del Parlamento europeo; tali modalità possono comportare disposizioni derogatorie ove problemi specifici di uno Stato membro lo giustifichino.

23 (*ex* art. 20 TCE). Ogni cittadino dell'Unione gode, nel territorio di un paese terzo nel quale lo Stato membro di cui ha la cittadinanza non è rappresentato, della tutela da parte delle autorità diplomatiche e consolari di qualsiasi Stato membro, alle stesse condizioni dei cittadini di detto Stato. Gli Stati membri adottano le disposizioni necessarie e avviano i negoziati internazionali richiesti per garantire detta tutela.

Il Consiglio, deliberando secondo una procedura legislativa speciale e previa consultazione del Parlamento europeo, può adottare direttive che stabiliscono le misure di coordinamento e cooperazione necessarie per facilitare tale tutela.

24 (*ex* art. 21 TCE). Il Parlamento europeo e il Consiglio, deliberando mediante regolamenti secondo la procedura legislativa ordinaria, adottano le disposizioni relative alle procedure e alle condizioni necessarie per la presentazione di un'iniziativa dei cittadini ai sensi dell'art. 11 del trattato sull'Unione europea, incluso il numero minimo di Stati membri da cui i cittadini che la presentano devono provenire.

Ogni cittadino dell'Unione ha il diritto di petizione dinanzi al Parlamento europeo conformemente all'art. 227.

Ogni cittadino dell'Unione può rivolgersi al Mediatore istituito conformemente all'art. 228.

Ogni cittadino dell'Unione può scrivere alle istituzioni, agli organi o agli organismi di cui al presente articolo o all'art. 13 del trattato sull'Unione europea in una delle lingue menzionate all'art. 55, par. 1, di tale trattato e ricevere una risposta nella stessa lingua.

25 (*ex* art. 22 TCE). La Commissione presenta una relazione al Parlamento europeo, al Consiglio e al Comitato economico e sociale, ogni tre anni, in merito all'applicazione delle disposizioni della presente parte. Tale relazione tiene conto dello sviluppo dell'Unione.

Su questa base, lasciando impregiudicate le altre disposizioni dei trattati, il Consiglio, deliberando all'unanimità secondo una procedura legislativa speciale e previa approvazione del Parlamento europeo, può adottare disposizioni intese a completare i diritti elencati all'art. 20, par. 2. Tali disposizioni entrano in vigore previa approvazione degli Stati membri, conformemente alle rispettive norme costituzionali.

PARTE TERZA

POLITICHE DELL'UNIONE E AZIONI INTERNE

TITOLO I

Mercato interno

26 (*ex* art. 14 TCE). 1. L'Unione adotta le misure destinate all'instaurazione o al funzionamento del mercato interno, conformemente alle disposizioni pertinenti dei trattati.

2. Il mercato interno comporta uno spazio senza frontiere interne, nel quale è assicurata la libera circolazione delle merci, delle persone, dei servizi e dei capitali secondo le disposizioni dei trattati.

3. Il Consiglio, su proposta della Commissione, definisce gli orientamenti e le condizioni necessari per garantire un progresso equilibrato nell'insieme dei settori considerati.

27 (*ex* art. 15 TCE). Nella formulazione delle proprie proposte intese a realizzare gli obiettivi dell'art. 26, la Commissione tiene conto dell'ampiezza dello sforzo che dovrà essere sopportato, per l'instaurazione del mercato interno, da talune economie che presentano differenze di sviluppo e può proporre le disposizioni appropriate.

Se queste disposizioni assumono la forma di deroghe, esse debbono avere un carattere temporaneo ed arrecare meno perturbazioni possibili al funzionamento del mercato interno.

TITOLO II

Libera circolazione delle merci

28 (*ex* art. 23 TCE). 1. L'Unione comprende un'unione doganale che si estende al complesso degli scambi di merci e comporta il divieto, fra gli Stati membri, dei dazi doganali all'importazione e all'esportazione e di qualsiasi tassa di effetto equivalente, come pure l'adozione di una tariffa doganale comune nei loro rapporti con i paesi terzi.

2. Le disposizioni dell'art. 30 e del capo 32 del presente titolo si applicano ai prodotti originari degli Stati membri e ai prodotti provenienti da paesi terzi che si trovano in libera pratica negli Stati membri.

29 (*ex* art. 24 TCE). Sono considerati in libera pratica in uno Stato membro i prodotti provenienti da paesi terzi per i quali siano state adempiute in tale Stato le formalità di importazione e riscossi i dazi doganali e le tasse di effetto equivalente esigibili e che non abbiano beneficiato di un ristorno totale o parziale di tali dazi e tasse.

CAPO 1

UNIONE DOGANALE

30 (*ex* art. 25 TCE). I dazi doganali all'importazione o all'esportazione o le tasse di effetto equivalente sono vietati tra gli Stati membri. Tale divieto si applica anche ai dazi doganali di carattere fiscale.

31 (*ex* art. 26 TCE). I dazi della tariffa doganale comune sono stabiliti dal Consiglio su proposta della Commissione.

32 (*ex* art. 27 TCE). Nell'adempimento dei compiti che le sono affidati ai sensi del presente capo, la Commissione s'ispira:

a) alla necessità di promuovere gli scambi commerciali fra gli Stati membri e i paesi terzi;

b) all'evoluzione delle condizioni di concorrenza all'interno dell'Unione, nella misura in cui tale evoluzione avrà per effetto di accrescere la capacità di concorrenza delle imprese;

c) alla necessità di approvvigionamento dell'Unione in materie prime e prodotti semilavorati, pur vigilando a che non vengano falsate fra gli Stati membri le condizioni di concorrenza sui prodotti finiti;

d) alla necessità di evitare gravi turbamenti nella vita economica degli Stati membri e di assicurare uno sviluppo razionale della produzione e una espansione del consumo nell'Unione.

CAPO 2

COOPERAZIONE DOGANALE

33 (*ex* art. 135 TCE). Nel quadro del campo di applicazione dei trattati, il Parlamento europeo e il Consiglio, deliberando secondo la procedura legislativa ordinaria, adottano misure per rafforzare la cooperazione doganale tra gli Stati membri e tra questi ultimi e la Commissione.

CAPO 3

DIVIETO DELLE RESTRIZIONI QUANTITATIVE TRA GLI STATI MEMBRI

34 (*ex* art. 28 TCE). Sono vietate fra gli Stati membri le restrizioni quantitative all'importazione nonché qualsiasi misura di effetto equivalente.

35 (*ex* art. 29 TCE). Sono vietate fra gli Stati membri le restrizioni quantitative all'esportazione e qualsiasi misura di effetto equivalente.

36 (*ex* art. 30 TCE). Le disposizioni degli artt. 34 e 35 lasciano impregiudicati i divieti o restrizioni all'importazione, all'esportazione e al transito giustificati da motivi di moralità pubblica, di ordine pubblico, di pubblica sicurezza, di tutela della salute e della vita delle persone e degli animali o di preservazione dei vegetali, di protezione del patrimonio artistico, storico o archeologico nazionale, o di tutela della proprietà industriale e commerciale. Tuttavia, tali divieti o restrizioni non devono costituire un mezzo di discriminazione arbitraria, né una restrizione dissimulata al commercio tra gli Stati membri.

37 (*ex* art. 31 TCE). 1. Gli Stati membri procedono a un riordinamento dei monopoli nazionali che presentano un carattere commerciale, in modo che venga esclusa qualsiasi discriminazione fra i cittadini degli Stati membri per quanto riguarda le condizioni relative all'approvvigionamento e agli sbocchi.

Le disposizioni del presente articolo si applicano a qualsiasi organismo per mezzo del quale uno Stato membro, *de jure* o *de facto*, controlla, dirige o influenza sensibilmente, direttamente o indirettamente, le importazioni o le esportazioni fra gli Stati membri. Tali disposizioni si applicano altresì ai monopoli di Stato delegati.

2. Gli Stati membri si astengono da qualsiasi nuova misura contraria ai principi enunciati nel par. 1 o tale da limitare la portata degli articoli relativi al divieto dei dazi doganali e

delle restrizioni quantitative fra gli Stati membri.

3. Nel caso di un monopolio a carattere commerciale che comporti una regolamentazione destinata ad agevolare lo smercio o la valorizzazione di prodotti agricoli, è opportuno assicurare, nell'applicazione delle norme del presente articolo, garanzie equivalenti per l'occupazione e il tenore di vita dei produttori interessati.

TITOLO III

Agricoltura e pesca

38 (*ex* art. 32 TCE). 1. L'Unione definisce e attua una politica comune dell'agricoltura e della pesca.

Il mercato interno comprende l'agricoltura, la pesca e il commercio dei prodotti agricoli. Per prodotti agricoli si intendono i prodotti del suolo, dell'allevamento e della pesca, come pure i prodotti di prima trasformazione che sono in diretta connessione con tali prodotti. I riferimenti alla politica agricola comune o all'agricoltura e l'uso del termine «agricolo» si intendono applicabili anche alla pesca, tenendo conto delle caratteristiche specifiche di questo settore.

2. Salvo contrarie disposizioni degli articoli da 39 a 44 inclusi, le norme previste per l'instaurazione o il funzionamento del mercato interno sono applicabili ai prodotti agricoli.

3. I prodotti cui si applicano le disposizioni degli articoli da 39 a 44 inclusi sono enumerati nell'elenco che costituisce l'allegato I.

4. Il funzionamento e lo sviluppo del mercato interno per i prodotti agricoli devono essere accompagnati dall'instaurazione di una politica agricola comune.

39 (*ex* art. 33 TCE). 1. Le finalità della politica agricola comune sono:

a) incrementare la produttività dell'agricoltura, sviluppando il progresso tecnico, assicurando lo sviluppo razionale della produzione agricola come pure un impiego migliore dei fattori di produzione, in particolare della manodopera;

b) assicurare così un tenore di vita equo alla popolazione agricola, grazie in particolare al miglioramento del reddito individuale di coloro che lavorano nell'agricoltura;

c) stabilizzare i mercati;

d) garantire la sicurezza degli approvvigionamenti;

e) assicurare prezzi ragionevoli nelle consegne ai consumatori.

2. Nell'elaborazione della politica agricola comune e dei metodi speciali che questa può implicare, si dovrà considerare:

a) il carattere particolare dell'attività agricola che deriva dalla struttura sociale dell'agricoltura e dalle disparità strutturali e naturali fra le diverse regioni agricole;

b) la necessità di operare gradatamente gli opportuni adattamenti;

c) il fatto che, negli Stati membri, l'agricoltura costituisce un settore intimamente connesso all'insieme dell'economia.

40 (*ex* art. 34 TCE). 1. Per raggiungere gli obiettivi previsti dall'art. 39 è creata un'organizzazione comune dei mercati agricoli.

A seconda dei prodotti, tale organizzazione assume una delle forme qui sotto specificate:

a) regole comuni in materia di concorrenza;

b) un coordinamento obbligatorio delle diverse organizzazioni nazionali del mercato;

c) un'organizzazione europea del mercato.

2. L'organizzazione comune in una delle forme indicate al par. 1 può comprendere tutte le misure necessarie al raggiungimento degli obiettivi definiti all'art. 39, e in particolare regolamentazioni dei prezzi, sovvenzioni sia alla produzione che alla distribuzione dei diversi prodotti, sistemi per la costituzione di scorte e per il riporto, meccanismi comuni di stabilizzazione all'importazione o all'esportazione.

Essa deve limitarsi a perseguire gli obiettivi enunciati nell'art. 39 e deve escludere qualsiasi discriminazione fra produttori o consumatori dell'Unione.

Un'eventuale politica comune dei prezzi deve essere basata su criteri comuni e su metodi di calcolo uniformi.

3. Per consentire all'organizzazione comune di cui al par. 1 di raggiungere i suoi obiettivi, potranno essere creati uno o più fondi agricoli di orientamento e di garanzia.

41 (*ex* art. 35 TCE). Per consentire il raggiungimento degli obiettivi definiti dall'art. 39 può essere in particolare previsto nell'ambito della politica agricola comune:

a) un coordinamento efficace degli sforzi intrapresi nei settori della formazione professionale, della ricerca e della divulgazione dell'agronomia, che possono comportare progetti o istituzioni finanziate in comune;

b) azioni comuni per lo sviluppo del consumo di determinati prodotti.

42 (*ex* art. 36 TCE). Le disposizioni del capo relativo alle regole di concorrenza sono applicabili alla produzione e al commercio dei prodotti agricoli soltanto nella misura determinata dal Parlamento europeo e dal Consiglio, nel quadro delle disposizioni e conformemente alla procedura di cui all'art. 43, par. 2, avuto riguardo agli obiettivi enunciati nell'art. 39.

Il Consiglio, su proposta della Commissione, può autorizzare la concessione di aiuti:

a) per la protezione delle aziende sfavorite da condizioni strutturali o naturali;

b) nel quadro di programmi di sviluppo economico.

43 (*ex* art. 37 TCE). 1. La Commissione presenta delle proposte in merito all'elaborazione e all'attuazione della politica agricola comune, ivi compresa la sostituzione alle organizzazioni nazionali di una delle forme di organizzazione comune previste dall'art. 40, par. 1, come pure l'attuazione delle misure specificate nel presente titolo.

Tali proposte devono tener conto dell'interdipendenza delle questioni agricole menzionate nel presente titolo.

2. Il Parlamento europeo e il Consiglio, deliberando secondo la procedura legislativa ordinaria e previa consultazione del Comitato economico e sociale, stabiliscono l'organizzazione comune dei mercati agricoli prevista all'art. 40, par. 1, e le altre disposizioni necessarie al perseguimento degli obiettivi della politica comune dell'agricoltura e della pesca.

3. Il Consiglio, su proposta della Commissione, adotta le misure relative alla fissazione dei prezzi, dei prelievi, degli aiuti e delle limitazioni quantitative, nonché alla fissazione e ripartizione delle possibilità di pesca.

4. L'organizzazione comune prevista dall'art. 40, par. 1, può essere sostituita alle organizzazioni nazionali del mercato, alle condizioni previste dal par. 2:

a) quando l'organizzazione comune offra agli Stati membri che si oppongono alla decisione e dispongono essi stessi di un'organizzazione nazionale per la produzione di cui trattasi garanzie equivalenti per l'occupazione ed il tenore di vita dei produttori interessati, avuto riguardo al ritmo degli adattamenti possibili e delle specializzazioni necessarie; e

b) quando tale organizzazione assicuri agli scambi all'interno dell'Unione condizioni analoghe a quelle esistenti in un mercato nazionale.

5. Qualora un'organizzazione comune venga creata per talune materie prime senza che ancora esista un'organizzazione comune per i prodotti di trasformazione corrispondenti, le materie prime di cui trattasi, utilizzate per i prodotti di trasformazione destinati all'esportazione verso i paesi terzi, possono essere importate dall'esterno dell'Unione.

44 (*ex* art. 38 TCE). Quando in uno Stato membro un prodotto è disciplinato da un'organizzazione nazionale del mercato o da qualsiasi regolamentazione interna di effetto equivalente che sia pregiudizievole alla concorrenza di una produzione similare in un altro Stato membro, gli Stati membri applicano al prodotto in questione in provenienza dallo Stato membro ove sussista l'organizzazione ovvero la regolamentazione suddetta una tassa di compensazione all'entrata, salvo che tale Stato non applichi una tassa di compensazione all'esportazione.

La Commissione fissa l'ammontare di tali tasse nella misura necessaria a ristabilire l'equilibrio; essa può ugualmente autorizzare il ricorso ad altre misure di cui determina le condizioni e modalità.

TITOLO IV

Libera circolazione delle persone, dei servizi e dei capitali

CAPO 1

I LAVORATORI

45 (*ex* art. 39 TCE). 1. La libera circolazione dei lavoratori all'interno dell'Unione è assicurata.

2. Essa implica l'abolizione di qualsiasi discriminazione, fondata sulla nazionalità, tra i lavoratori degli Stati membri, per quanto riguarda l'impiego, la retribuzione e le altre condizioni di lavoro.

3. Fatte salve le limitazioni giustificate da motivi di ordine pubblico, pubblica sicurezza e sanità pubblica, essa importa il diritto:

a) di rispondere a offerte di lavoro effettive;

b) di spostarsi liberamente a tal fine nel territorio degli Stati membri;

c) di prendere dimora in uno degli Stati membri al fine di svolgervi un'attività di lavoro, conformemente alle disposizioni legislative, regolamentari e amministrative che disciplinano l'occupazione dei lavoratori nazionali;

d) di rimanere, a condizioni che costituiranno l'oggetto di regolamenti stabiliti dalla Commissione, sul territorio di uno Stato membro, dopo aver occupato un impiego.

4. Le disposizioni del presente articolo non sono applicabili agli impieghi nella pubblica amministrazione.

46 (*ex* art. 40 TCE). Il Parlamento europeo e il Consiglio, deliberando secondo la procedura legislativa ordinaria e previa consultazione del

Comitato economico e sociale stabiliscono, mediante direttive o regolamenti, le misure necessarie per attuare la libera circolazione dei lavoratori, quale è definita dall'art. 45, in particolare:

a) assicurando una stretta collaborazione tra le amministrazioni nazionali del lavoro;

b) eliminando quelle procedure e pratiche amministrative, come anche i termini per l'accesso agli impieghi disponibili, contemplati dalla legislazione interna ovvero da accordi conclusi in precedenza tra gli Stati membri, il cui mantenimento sarebbe di ostacolo alla liberalizzazione dei movimenti dei lavoratori;

c) abolendo tutti i termini e le altre restrizioni previste dalle legislazioni interne ovvero da accordi conclusi in precedenza tra gli Stati membri, che impongano ai lavoratori degli altri Stati membri, in ordine alla libera scelta di un lavoro, condizioni diverse da quelle stabilite per i lavoratori nazionali;

d) istituendo meccanismi idonei a mettere in contatto le offerte e le domande di lavoro e a facilitarne l'equilibrio a condizioni che evitino di compromettere gravemente il tenore di vita e il livello dell'occupazione nelle diverse regioni e industrie.

47 (*ex* art. 41 TCE). Gli Stati membri favoriscono, nel quadro di un programma comune, gli scambi di giovani lavoratori.

48 (*ex* art. 42 TCE). Il Parlamento europeo e il Consiglio, deliberando secondo la procedura legislativa ordinaria, adottano in materia di sicurezza sociale le misure necessarie per l'instaurazione della libera circolazione dei lavoratori, attuando in particolare un sistema che consenta di assicurare ai lavoratori migranti dipendenti e autonomi e ai loro aventi diritto:

a) il cumulo di tutti i periodi presi in considerazione dalle varie legislazioni nazionali, sia per il sorgere e la conservazione del diritto alle prestazioni sia per il calcolo di queste;

b) il pagamento delle prestazioni alle persone residenti nei territori degli Stati membri.

Qualora un membro del Consiglio dichiari che un progetto di atto legislativo di cui al primo comma lede aspetti importanti del suo sistema di sicurezza sociale, in particolare per quanto riguarda il campo di applicazione, i costi o la struttura finanziaria, oppure ne altera l'equilibrio finanziario, può chiedere che il Consiglio europeo sia investito della questione. In tal caso la procedura legislativa ordinaria è sospesa. Previa discussione ed entro quattro mesi da tale sospensione, il Consiglio europeo:

a) rinvia il progetto al Consiglio, il che pone fine alla sospensione della procedura legislativa ordinaria,

oppure

b) non agisce o chiede alla Commissione di presentare una nuova proposta; in tal caso l'atto inizialmente proposto si considera non adottato.

CAPO 2

IL DIRITTO DI STABILIMENTO

49 (*ex* art. 43 TCE). Nel quadro delle disposizioni che seguono, le restrizioni alla libertà di stabilimento dei cittadini di uno Stato membro nel territorio di un altro Stato membro vengono vietate. Tale divieto si estende altresì alle restrizioni relative all'apertura di agenzie, succursali o filiali, da parte dei cittadini di uno Stato membro stabiliti sul territorio di un altro Stato membro.

La libertà di stabilimento importa l'accesso alle attività autonome e al loro esercizio, nonché la costituzione e la gestione di imprese e in particolare di società ai sensi dell'art. 54, secondo comma, alle condizioni definite dalla legislazione del paese di stabilimento nei confronti dei propri cittadini, fatte salve le disposizioni del capo relativo ai capitali.

50 (*ex* art. 44 TCE). 1. Per realizzare la libertà di stabilimento in una determinata attività, il Parlamento europeo e il Consiglio deliberano mediante direttive secondo la procedura legislativa ordinaria, previa consultazione del Comitato economico e sociale.

2. Il Parlamento europeo, il Consiglio e la Commissione esercitano le funzioni loro attribuite in virtù delle disposizioni che precedono, in particolare:

a) trattando, in generale, con precedenza le attività per le quali la libertà di stabilimento costituisce un contributo particolarmente utile all'incremento della produzione e degli scambi;

b) assicurando una stretta collaborazione tra le amministrazioni nazionali competenti al fine di conoscere le situazioni particolari all'interno dell'Unione delle diverse attività interessate;

c) sopprimendo quelle procedure e pratiche amministrative contemplate dalla legislazione interna ovvero da accordi precedentemente conclusi tra gli Stati membri, il cui mantenimento sarebbe di ostacolo alla libertà di stabilimento;

d) vigilando a che i lavoratori dipendenti di uno degli Stati membri, occupati nel territorio di un altro Stato membro, possano quivi rimanere per intraprendere un'attività autonoma, quando soddisfino alle condizioni che sarebbero loro richieste se entrassero in quello Stato nel momento in cui desiderano accedere all'attività di cui trattasi;

e) rendendo possibile l'acquisto e lo sfruttamento di proprietà fondiarie situate nel territorio di uno Stato membro da parte di un cittadino di un altro Stato membro, sempre che non siano lesi i principi stabiliti dall'art. 39, par. 2;

f) applicando la graduale soppressione delle restrizioni relative alla libertà di stabilimento in ogni ramo di attività considerato, da una parte alle condizioni per l'apertura di agenzie, succursali o filiali sul territorio di uno Stato membro e dall'altra alle condizioni di ammissione del personale della sede principale negli organi di gestione o di controllo di queste ultime;

g) coordinando, nella necessaria misura e al fine di renderle equivalenti, le garanzie che sono richieste, negli Stati membri, alle società a mente dell'art. 54, secondo comma per proteggere gli interessi tanto dei soci come dei terzi;

h) accertandosi che le condizioni di stabilimento non vengano alterate mediante aiuti concessi dagli Stati membri.

51 (*ex* art. 45 TCE). Sono escluse dall'applicazione delle disposizioni del presente capo, per quanto riguarda lo Stato membro interessato, le attività che in tale Stato partecipino, sia pure occasionalmente, all'esercizio dei pubblici poteri.

Il Parlamento europeo e il Consiglio, deliberando secondo la procedura legislativa ordinaria, possono escludere talune attività dall'applicazione delle disposizioni del presente capo.

52 (*ex* art. 46 TCE). 1. Le prescrizioni del presente capo e le misure adottate in virtù di queste ultime lasciano impregiudicata l'applicabilità delle disposizioni legislative, regolamentari e amministrative che prevedano un regime particolare per i cittadini stranieri e che siano giustificate da motivi di ordine pubblico, di pubblica sicurezza e di sanità pubblica.

2. Il Parlamento europeo e il Consiglio, deliberando secondo la procedura legislativa ordinaria, stabiliscono direttive per il coordinamento delle suddette disposizioni.

53 (*ex* art. 47 TCE). 1. Al fine di agevolare l'accesso alle attività autonome e l'esercizio di queste, il Parlamento europeo e il Consiglio, deliberando secondo la procedura legislativa ordinaria, stabiliscono direttive intese al reciproco riconoscimento dei diplomi, certificati ed altri titoli e al coordinamento delle disposizioni legislative, regolamentari e amministrative degli Stati membri relative all'accesso alle attività autonome e all'esercizio di queste.

2. Per quanto riguarda le professioni mediche, paramediche e farmaceutiche, la graduale soppressione delle restrizioni è subordinata al coordinamento delle condizioni richieste per il loro esercizio nei singoli Stati membri.

54 (*ex* art. 48 TCE). Le società costituite conformemente alla legislazione di uno Stato membro e aventi la sede sociale, l'amministrazione centrale o il centro di attività principale all'interno dell'Unione, sono equiparate, ai fini dell'applicazione delle disposizioni del presente capo, alle persone fisiche aventi la cittadinanza degli Stati membri.

Per società si intendono le società di diritto civile o di diritto commerciale, ivi comprese le società cooperative, e le altre persone giuridiche contemplate dal diritto pubblico o privato, ad eccezione delle società che non si prefiggono scopi di lucro.

55 (*ex* art. 294 TCE). Fatta salva l'applicazione delle altre disposizioni dei trattati, gli Stati membri applicano la disciplina nazionale nei confronti della partecipazione finanziaria dei cittadini degli altri Stati membri al capitale delle società a mente dell'art. 54.

CAPO 3

I SERVIZI

56 (*ex* art. 49 TCE). Nel quadro delle disposizioni seguenti, le restrizioni alla libera prestazione dei servizi all'interno dell'Unione sono vietate nei confronti dei cittadini degli Stati membri stabiliti in uno Stato membro che non sia quello del destinatario della prestazione.

Il Parlamento europeo e il Consiglio, deliberando secondo la procedura legislativa ordinaria, possono estendere il beneficio delle disposizioni del presente capo ai prestatori di servizi, cittadini di un paese terzo e stabiliti all'interno dell'Unione.

57 (*ex* art. 50 TCE). Ai sensi dei trattati, sono considerate come servizi le prestazioni fornite normalmente dietro retribuzione, in quanto non siano regolate dalle disposizioni relative alla libera circolazione delle merci, dei capitali e delle persone.

I servizi comprendono in particolare:

a) attività di carattere industriale;
b) attività di carattere commerciale;
c) attività artigiane;
d) attività delle libere professioni.

Senza pregiudizio delle disposizioni del capo relativo al diritto di stabilimento, il prestatore può, per l'esecuzione della sua prestazione, esercitare, a titolo temporaneo, la sua attività nello Stato membro ove la prestazione è fornita, alle stesse condizioni imposte da tale Stato ai propri cittadini).

58 (*ex* art. 51 TCE). 1. La libera circolazione dei servizi, in materia di trasporti, è regolata dalle disposizioni del titolo relativo ai trasporti.

2. La liberalizzazione dei servizi delle banche e delle assicurazioni che sono vincolati a movimenti di capitale deve essere attuata in armonia con la liberalizzazione della circolazione dei capitali.

59 (*ex* art. 52 TCE). 1. Per realizzare la liberalizzazione di un determinato servizio, il Parlamento europeo e il Consiglio, deliberando secondo la procedura legislativa ordinaria e previa consultazione del Comitato economico e sociale, stabiliscono direttive.

2. Nelle direttive di cui al par. 1 sono in generale considerati con priorità i servizi che intervengono in modo diretto nei costi di produzione, ovvero la cui liberalizzazione contribuisce a facilitare gli scambi di merci.

60 (*ex* art. 53 TCE). Gli Stati membri si sforzano di procedere alla liberalizzazione dei servizi in misura superiore a quella obbligatoria in virtù delle direttive stabilite in applicazione dell'art. 59, par. 1, quando ciò sia loro consentito dalla situazione economica generale e dalla situazione del settore interessato.

La Commissione rivolge a tal fine raccomandazioni agli Stati membri interessati.

61 (*ex* art. 54 TCE). Fino a quando non saranno soppresse le restrizioni alla libera prestazione dei servizi, ciascuno degli Stati membri le applica senza distinzione di nazionalità o di residenza a tutti i prestatori di servizi contemplati dall'art. 56, primo comma.

62 (*ex* art. 55 TCE). Le disposizioni degli articoli da 51 a 54 inclusi sono applicabili alla materia regolata dal presente capo.

CAPO 4

CAPITALI E PAGAMENTI

63 (*ex* art. 56 TCE). 1. Nell'ambito delle disposizioni previste dal presente capo sono vietate tutte le restrizioni ai movimenti di capitali tra Stati membri, nonché tra Stati membri e paesi terzi.

2. Nell'ambito delle disposizioni previste dal presente capo sono vietate tutte le restrizioni sui pagamenti tra Stati membri, nonché tra Stati membri e paesi terzi.

64 (*ex* art. 57 TCE). 1. Le disposizioni di cui all'art. 63 lasciano impregiudicata l'applicazione ai paesi terzi di qualunque restrizione in vigore alla data del 31 dicembre 1993 in virtù delle legislazioni nazionali o della legislazione dell'Unione per quanto concerne i movimenti di capitali provenienti da paesi terzi o ad essi diretti, che implichino investimenti diretti, inclusi gli investimenti in proprietà immobiliari, lo stabilimento, la prestazione di servizi finanziari o l'ammissione di valori mobiliari nei mercati finanziari. In conformità con le restrizioni esistenti in base alla normativa nazionale in Bulgaria, Estonia ed Ungheria, la pertinente data è il 31 dicembre 1999. In conformità con le restrizioni esistenti in base al diritto nazionale in Croazia, la pertinente data è il 31 dicembre 2002.

2. Nell'ambito degli sforzi volti a conseguire, nella maggior misura possibile e senza pregiudicare gli altri capi dei trattati, l'obiettivo della libera circolazione di capitali tra Stati membri e paesi terzi, il Parlamento europeo e il Consiglio, deliberando secondo la procedura legislativa ordinaria, adottano le misure concernenti i movimenti di capitali provenienti da paesi terzi o ad essi diretti, in relazione a investimenti diretti, inclusi gli investimenti in proprietà immobiliari, lo stabilimento, la prestazione di servizi finanziari o l'ammissione di valori mobiliari nei mercati finanziari.

3. In deroga al par. 2, solo il Consiglio, deliberando secondo una procedura legislativa speciale, all'unanimità e previa consultazione del Parlamento europeo, può adottare misure che comportino un regresso del diritto dell'Unione per quanto riguarda la liberalizzazione dei movimenti di capitali diretti in paesi terzi o provenienti da essi.

65 (*ex* art. 58 TCE). 1. Le disposizioni dell'art. 63 non pregiudicano il diritto degli Stati membri:

a) di applicare le pertinenti disposizioni della loro legislazione tributaria in cui si opera una distinzione tra i contribuenti che non si trovano nella medesima situazione per quanto riguarda il loro luogo di residenza o il luogo di collocamento del loro capitale;

b) di prendere tutte le misure necessarie per impedire le violazioni della legislazione e delle regolamentazioni nazionali, in particolare nel settore fiscale e in quello della vigilanza prudenziale sulle istituzioni finanziarie, o di stabilire procedure per la dichiarazione dei movimenti di capitali a scopo di informazione amministrativa o statistica, o di adottare misure giustificate da motivi di ordine pubblico o di pubblica sicurezza.

2. Le disposizioni del presente capo non pre-

giudicano l'applicabilità di restrizioni in materia di diritto di stabilimento compatibili con i trattati.

3. Le misure e le procedure di cui ai parr. 1 e 2 non devono costituire un mezzo di discriminazione arbitraria, né una restrizione dissimulata al libero movimento dei capitali e dei pagamenti di cui all'art. 63.

4. In assenza di misure in applicazione dell'art. 64, par. 3, la Commissione o, in mancanza di una decisione della Commissione entro un periodo di tre mesi dalla richiesta dello Stato membro interessato, il Consiglio può adottare una decisione che conferma che le misure fiscali restrittive adottate da uno Stato membro riguardo ad uno o più paesi terzi devono essere considerate compatibili con i trattati nella misura in cui sono giustificate da uno degli obiettivi dell'Unione e compatibili con il buon funzionamento del mercato interno. Il Consiglio delibera all'unanimità su richiesta di uno Stato membro.

66 (*ex* art. 59 TCE). Qualora, in circostanze eccezionali, i movimenti di capitali provenienti da paesi terzi o ad essi diretti causino o minaccino di causare difficoltà gravi per il funzionamento dell'Unione economica e monetaria, il Consiglio, su proposta della Commissione e previa consultazione della Banca centrale europea, può prendere nei confronti di paesi terzi, e se strettamente necessarie, misure di salvaguardia di durata limitata, per un periodo non superiore a sei mesi.

TITOLO V

Spazio di libertà, sicurezza e giustizia

CAPO 1

Disposizioni generali

67 (*ex* art. 61 TCE ed *ex* art. 29 TUE). 1. L'Unione realizza uno spazio di libertà, sicurezza e giustizia nel rispetto dei diritti fondamentali nonché dei diversi ordinamenti giuridici e delle diverse tradizioni giuridiche degli Stati membri.

2. Essa garantisce che non vi siano controlli sulle persone alle frontiere interne e sviluppa una politica comune in materia di asilo, immigrazione e controllo delle frontiere esterne, fondata sulla solidarietà tra Stati membri ed equa nei confronti dei cittadini dei paesi terzi. Ai fini del presente titolo gli apolidi sono equiparati ai cittadini dei paesi terzi.

3. L'Unione si adopera per garantire un livello elevato di sicurezza attraverso misure di prevenzione e di lotta contro la criminalità, il razzismo e la xenofobia, attraverso misure di coordinamento e cooperazione tra forze di polizia e autorità giudiziarie e altre autorità competenti, nonché tramite il riconoscimento reciproco delle decisioni giudiziarie penali e, se necessario, il ravvicinamento delle legislazioni penali.

4. L'Unione facilita l'accesso alla giustizia, in particolare attraverso il principio di riconoscimento reciproco delle decisioni giudiziarie ed extragiudiziali in materia civile.

68. Il Consiglio europeo definisce gli orientamenti strategici della programmazione legislativa e operativa nello spazio di libertà, sicurezza e giustizia.

69. Per quanto riguarda le proposte e le iniziative legislative presentate nel quadro dei capi 4 e 5, i parlamenti nazionali vigilano sul rispetto del principio di sussidiarietà conformemente al protocollo sull'applicazione dei principi di sussidiarietà e di proporzionalità.

70. Fatti salvi gli artt. 258, 259 e 260, il Consiglio, su proposta della Commissione, può adottare misure che definiscono le modalità secondo le quali gli Stati membri, in collaborazione con la Commissione, procedono a una valutazione oggettiva e imparziale dell'attuazione, da parte delle autorità degli Stati membri, delle politiche dell'Unione di cui al presente titolo, in particolare al fine di favorire la piena applicazione del principio di riconoscimento reciproco. Il Parlamento europeo e i parlamenti nazionali sono informati dei contenuti e dei risultati di tale valutazione.

71 (*ex* art. 36 del TUE). È istituito in seno al Consiglio un comitato permanente al fine di assicurare all'interno dell'Unione la promozione e il rafforzamento della cooperazione operativa in materia di sicurezza interna. Fatto salvo l'art. 240, esso favorisce il coordinamento dell'azione delle autorità competenti degli Stati membri. I rappresentanti degli organi e organismi interessati dell'Unione possono essere associati ai lavori del comitato. Il Parlamento europeo e i parlamenti nazionali sono tenuti informati dei lavori.

72 (*ex* art. 64, par. 1 TCE ed *ex* art. 33 TUE). Il presente titolo non osta all'esercizio delle responsabilità incombenti agli Stati membri per il mantenimento dell'ordine pubblico e la salvaguardia della sicurezza interna.

73. Gli Stati membri hanno la facoltà di organizzare tra di loro e sotto la loro responsabilità forme di cooperazione e di coordinamento nel modo che ritengono appropriato tra i dipartimenti competenti delle rispettive amministrazioni responsabili per la salvaguardia della sicurezza nazionale.

74 (*ex* art. 66 TCE). Il Consiglio adotta misure al fine di assicurare la cooperazione amministrativa tra i servizi competenti degli Stati membri nei settori di cui al presente titolo e fra tali servizi e la Commissione. Esso delibera su proposta della Commissione, fatto salvo l'art. 76, e previa consultazione del Parlamento europeo.

75 (*ex* art. 60 TCE). Qualora sia necessario per conseguire gli obiettivi di cui all'art. 67, per quanto riguarda la prevenzione e la lotta contro il terrorismo e le attività connesse, il Parlamento europeo e il Consiglio, deliberando mediante regolamenti secondo la procedura legislativa ordinaria, definiscono un insieme di misure amministrative concernenti i movimenti di capitali e i pagamenti, quali il congelamento dei capitali, dei beni finanziari o dei proventi economici appartenenti, posseduti o detenuti da persone fisiche o giuridiche, da gruppi o da entità non statali.

Il Consiglio, su proposta della Commissione, adotta misure per attuare l'insieme di misure di cui al primo comma.

Gli atti di cui al presente articolo contengono le necessarie disposizioni sulle garanzie giuridiche.

76. Gli atti di cui ai capi 4 e 5 e le misure di cui all'art. 74 che assicurano la cooperazione amministrativa nei settori di cui a tali capi sono adottati:

a) su proposta della Commissione, oppure

b) su iniziativa di un quarto degli Stati membri.

CAPO 2

POLITICHE RELATIVE AI CONTROLLI ALLE FRONTIERE, ALL'ASILO E ALL'IMMIGRAZIONE

77 (*ex* art. 62 TCE). 1. L'Unione sviluppa una politica volta a:

a) garantire l'assenza di qualsiasi controllo sulle persone, a prescindere dalla nazionalità, all'atto dell'attraversamento delle frontiere interne;

b) garantire il controllo delle persone e la sorveglianza efficace dell'attraversamento delle frontiere esterne;

c) instaurare progressivamente un sistema integrato di gestione delle frontiere esterne.

2. Ai fini del par. 1, il Parlamento europeo e il Consiglio, deliberando secondo la procedura legislativa ordinaria, adottano le misure riguardanti:

a) la politica comune dei visti e di altri titoli di soggiorno di breve durata;

b) i controlli ai quali sono sottoposte le persone che attraversano le frontiere esterne;

c) le condizioni alle quali i cittadini dei paesi terzi possono circolare liberamente nell'Unione per un breve periodo;

d) qualsiasi misura necessaria per l'istituzione progressiva di un sistema integrato di gestione delle frontiere esterne;

e) l'assenza di qualsiasi controllo sulle persone, a prescindere dalla nazionalità, all'atto dell'attraversamento delle frontiere interne.

3. Se un'azione dell'Unione risulta necessaria per facilitare l'esercizio del diritto, di cui all'art. 20, par. 2, lett. *a*), e salvo che i trattati non abbiano previsto poteri di azione a tale scopo, il Consiglio, deliberando secondo una procedura legislativa speciale, può adottare disposizioni relative ai passaporti, alle carte d'identità, ai titoli di soggiorno o altro documento assimilato. Il Consiglio delibera all'unanimità previa consultazione del Parlamento europeo.

4. Il presente articolo lascia impregiudicata la competenza degli Stati membri riguardo alla delimitazione geografica delle rispettive frontiere, conformemente al diritto internazionale.

78 (*ex* art. 63, punti 1 e 2 e art. 64, par. 2 TCE). 1. L'Unione sviluppa una politica comune in materia di asilo, di protezione sussidiaria e di protezione temporanea, volta a offrire uno status appropriato a qualsiasi cittadino di un paese terzo che necessita di protezione internazionale e a garantire il rispetto del principio di non respingimento. Detta politica deve essere conforme alla convenzione di Ginevra del 28 luglio 1951 e al protocollo del 31 gennaio 1967 relativi allo status dei rifugiati, e agli altri trattati pertinenti.

2. Ai fini del par. 1, il Parlamento europeo e il Consiglio, deliberando secondo la procedura legislativa ordinaria, adottano le misure relative a un sistema europeo comune di asilo che includa:

a) uno status uniforme in materia di asilo a favore di cittadini di paesi terzi, valido in tutta l'Unione;

b) uno status uniforme in materia di protezione sussidiaria per i cittadini di paesi terzi che, pur senza il beneficio dell'asilo europeo, necessitano di protezione internazionale;

c) un sistema comune volto alla protezione temporanea degli sfollati in caso di afflusso massiccio;

d) procedure comuni per l'ottenimento e

la perdita dello status uniforme in materia di asilo o di protezione sussidiaria;

e) criteri e meccanismi di determinazione dello Stato membro competente per l'esame di una domanda d'asilo o di protezione sussidiaria;

f) norme concernenti le condizioni di accoglienza dei richiedenti asilo o protezione sussidiaria;

g) il partenariato e la cooperazione con paesi terzi per gestire i flussi di richiedenti asilo o protezione sussidiaria o temporanea.

3. Qualora uno o più Stati membri debbano affrontare una situazione di emergenza caratterizzata da un afflusso improvviso di cittadini di paesi terzi, il Consiglio, su proposta della Commissione, può adottare misure temporanee a beneficio dello Stato membro o degli Stati membri interessati. Esso delibera previa consultazione del Parlamento europeo.

79 (*ex* art. 63, punti 3 e 4 TCE). 1. L'Unione sviluppa una politica comune dell'immigrazione intesa ad assicurare, in ogni fase, la gestione efficace dei flussi migratori, l'equo trattamento dei cittadini dei paesi terzi regolarmente soggiornanti negli Stati membri e la prevenzione e il contrasto rafforzato dell'immigrazione illegale e della tratta degli esseri umani.

2. Ai fini del par. 1, il Parlamento europeo e il Consiglio, deliberando secondo la procedura legislativa ordinaria, adottano le misure nei seguenti settori:

a) condizioni di ingresso e soggiorno e norme sul rilascio da parte degli Stati membri di visti e di titoli di soggiorno di lunga durata, compresi quelli rilasciati a scopo di ricongiungimento familiare;

b) definizione dei diritti dei cittadini di paesi terzi regolarmente soggiornanti in uno Stato membro, comprese le condizioni che disciplinano la libertà di circolazione e di soggiorno negli altri Stati membri;

c) immigrazione clandestina e soggiorno irregolare, compresi l'allontanamento e il rimpatrio delle persone in soggiorno irregolare;

d) lotta contro la tratta degli esseri umani, in particolare donne e minori.

3. L'Unione può concludere con i paesi terzi accordi ai fini della riammissione, nei paesi di origine o di provenienza, di cittadini di paesi terzi che non soddisfano o non soddisfano più le condizioni per l'ingresso, la presenza o il soggiorno nel territorio di uno degli Stati membri.

4. Il Parlamento europeo e il Consiglio, deliberando secondo la procedura legislativa ordinaria, possono stabilire misure volte a incentivare e sostenere l'azione degli Stati membri al fine di favorire l'integrazione dei cittadini di paesi terzi regolarmente soggiornanti nel loro territorio, ad esclusione di qualsiasi armonizzazione delle disposizioni legislative e regolamentari degli Stati membri.

5. Il presente articolo non incide sul diritto degli Stati membri di determinare il volume di ingresso nel loro territorio dei cittadini di paesi terzi, provenienti da paesi terzi, allo scopo di cercarvi un lavoro dipendente o autonomo.

80. Le politiche dell'Unione di cui al presente capo e la loro attuazione sono governate dal principio di solidarietà e di equa ripartizione della responsabilità tra gli Stati membri, anche sul piano finanziario. Ogniqualvolta necessario, gli atti dell'Unione adottati in virtù del presente capo contengono misure appropriate ai fini dell'applicazione di tale principio.

CAPO 3

COOPERAZIONE GIUDIZIARIA IN MATERIA CIVILE

81 (*ex* art. 65 TCE). 1. L'Unione sviluppa una cooperazione giudiziaria nelle materie civili con implicazioni transnazionali, fondata sul principio di riconoscimento reciproco delle decisioni giudiziarie ed extragiudiziali. Tale cooperazione può includere l'adozione di misure intese a ravvicinare le disposizioni legislative e regolamentari degli Stati membri.

2. Ai fini del par. 1, il Parlamento europeo e il Consiglio, deliberando secondo la procedura legislativa ordinaria, adottano, in particolare se necessario al buon funzionamento del mercato interno, misure volte a garantire:

a) il riconoscimento reciproco tra gli Stati membri delle decisioni giudiziarie ed extragiudiziali e la loro esecuzione;

b) la notificazione e la comunicazione transnazionali degli atti giudiziari ed extragiudiziali;

c) la compatibilità delle regole applicabili negli Stati membri ai conflitti di leggi e di giurisdizione;

d) la cooperazione nell'assunzione dei mezzi di prova;

e) un accesso effettivo alla giustizia;

f) l'eliminazione degli ostacoli al corretto svolgimento dei procedimenti civili, se necessario promuovendo la compatibilità delle norme di procedura civile applicabili negli Stati membri;

g) lo sviluppo di metodi alternativi per la risoluzione delle controversie;

h) un sostegno alla formazione dei magistrati e degli operatori giudiziari.

3. In deroga al par. 2, le misure relative al

diritto di famiglia aventi implicazioni transnazionali sono stabilite dal Consiglio, che delibera secondo una procedura legislativa speciale. Il Consiglio delibera all'unanimità previa consultazione del Parlamento europeo.

Il Consiglio, su proposta della Commissione, può adottare una decisione che determina gli aspetti del diritto di famiglia aventi implicazioni transnazionali e che potrebbero formare oggetto di atti adottati secondo la procedura legislativa ordinaria. Il Consiglio delibera all'unanimità previa consultazione del Parlamento europeo.

I parlamenti nazionali sono informati della proposta di cui al secondo comma. Se un parlamento nazionale comunica la sua opposizione entro sei mesi dalla data di tale informazione, la decisione non è adottata. In mancanza di opposizione, il Consiglio può adottare la decisione.

CAPO 4

COOPERAZIONE GIUDIZIARIA IN MATERIA PENALE

82 (*ex* art. 31 TUE). 1. La cooperazione giudiziaria in materia penale nell'Unione è fondata sul principio di riconoscimento reciproco delle sentenze e delle decisioni giudiziarie e include il ravvicinamento delle disposizioni legislative e regolamentari degli Stati membri nei settori di cui al par. 2 e all'art. 83.

Il Parlamento europeo e il Consiglio, deliberando secondo la procedura legislativa ordinaria, adottano le misure intese a:

a) definire norme e procedure per assicurare il riconoscimento in tutta l'Unione di qualsiasi tipo di sentenza e di decisione giudiziaria;

b) prevenire e risolvere i conflitti di giurisdizione tra gli Stati membri;

c) sostenere la formazione dei magistrati e degli operatori giudiziari;

d) facilitare la cooperazione tra le autorità giudiziarie o autorità omologhe degli Stati membri in relazione all'azione penale e all'esecuzione delle decisioni.

2. Laddove necessario per facilitare il riconoscimento reciproco delle sentenze e delle decisioni giudiziarie e la cooperazione di polizia e giudiziaria nelle materie penali aventi dimensione transnazionale, il Parlamento europeo e il Consiglio possono stabilire norme minime deliberando mediante direttive secondo la procedura legislativa ordinaria. Queste tengono conto delle differenze tra le tradizioni giuridiche e gli ordinamenti giuridici degli Stati membri.

Esse riguardano:

a) l'ammissibilità reciproca delle prove tra gli Stati membri;

b) i diritti della persona nella procedura penale;

c) i diritti delle vittime della criminalità;

d) altri elementi specifici della procedura penale, individuati dal Consiglio in via preliminare mediante una decisione; per adottare tale decisione il Consiglio delibera all'unanimità previa approvazione del Parlamento europeo.

L'adozione delle norme minime di cui al presente paragrafo non impedisce agli Stati membri di mantenere o introdurre un livello più elevato di tutela delle persone.

3. Qualora un membro del Consiglio ritenga che un progetto di direttiva di cui al par. 2 incida su aspetti fondamentali del proprio ordinamento giuridico penale, può chiedere che il Consiglio europeo sia investito della questione. In tal caso la procedura legislativa ordinaria è sospesa. Previa discussione e in caso di consenso, il Consiglio europeo, entro quattro mesi da tale sospensione, rinvia il progetto al Consiglio, ponendo fine alla sospensione della procedura legislativa ordinaria.

Entro il medesimo termine, in caso di disaccordo, e se almeno nove Stati membri desiderano instaurare una cooperazione rafforzata sulla base del progetto di direttiva in questione, essi ne informano il Parlamento europeo, il Consiglio e la Commissione. In tal caso l'autorizzazione a procedere alla cooperazione rafforzata di cui all'art. 20, par. 2 del trattato sull'Unione europea e all'art. 329, par. 1 del presente trattato si considera concessa e si applicano le disposizioni sulla cooperazione rafforzata.

83 (*ex* art. 31 TUE). 1. Il Parlamento europeo e il Consiglio, deliberando mediante direttive secondo la procedura legislativa ordinaria, possono stabilire norme minime relative alla definizione dei reati e delle sanzioni in sfere di criminalità particolarmente grave che presentano una dimensione transnazionale derivante dal carattere o dalle implicazioni di tali reati o da una particolare necessità di combatterli su basi comuni.

Dette sfere di criminalità sono le seguenti: terrorismo, tratta degli esseri umani e sfruttamento sessuale delle donne e dei minori, traffico illecito di stupefacenti, traffico illecito di armi, riciclaggio di denaro, corruzione, contraffazione di mezzi di pagamento, criminalità informatica e criminalità organizzata.

In funzione dell'evoluzione della criminalità, il Consiglio può adottare una decisione che individua altre sfere di criminalità che rispondono ai criteri di cui al presente paragrafo. Esso delibera all'unanimità previa approvazione del Parlamento europeo.

2. Allorché il ravvicinamento delle disposizioni legislative e regolamentari degli Stati membri in materia penale si rivela indispensabile per garantire l'attuazione efficace di una politica dell'Unione in un settore che è stato oggetto di misure di armonizzazione, norme minime relative alla definizione dei reati e delle sanzioni nel settore in questione possono essere stabilite tramite direttive. Tali direttive sono adottate secondo la stessa procedura legislativa ordinaria o speciale utilizzata per l'adozione delle misure di armonizzazione in questione, fatto salvo l'art. 76.

3. Qualora un membro del Consiglio ritenga che un progetto di direttiva di cui al par. 1 o 2 incida su aspetti fondamentali del proprio ordinamento giuridico penale, può chiedere che il Consiglio europeo sia investito della questione. In tal caso la procedura legislativa ordinaria è sospesa. Previa discussione e in caso di consenso, il Consiglio europeo, entro quattro mesi da tale sospensione, rinvia il progetto al Consiglio, ponendo fine alla sospensione della procedura legislativa ordinaria.

Entro il medesimo termine, in caso di disaccordo, e se almeno nove Stati membri desiderano instaurare una cooperazione rafforzata sulla base del progetto di direttiva in questione, essi ne informano il Parlamento europeo, il Consiglio e la Commissione. In tal caso l'autorizzazione a procedere alla cooperazione rafforzata di cui all'art. 20, par. 2 del trattato sull'Unione europea e all'art. 329, par. 1 del presente trattato si considera concessa e si applicano le disposizioni sulla cooperazione rafforzata.

84. Il Parlamento europeo e il Consiglio, deliberando secondo la procedura legislativa ordinaria, possono stabilire misure per incentivare e sostenere l'azione degli Stati membri nel campo della prevenzione della criminalità, ad esclusione di qualsiasi armonizzazione delle disposizioni legislative e regolamentari degli Stati membri.

85 (*ex* art. 31 TUE). 1. Eurojust ha il compito di sostenere e potenziare il coordinamento e la cooperazione tra le autorità nazionali responsabili delle indagini e dell'azione penale contro la criminalità grave che interessa due o più Stati membri o che richiede un'azione penale su basi comuni, sulla scorta delle operazioni effettuate e delle informazioni fornite dalle autorità degli Stati membri e da Europol.

In questo contesto il Parlamento europeo e il Consiglio, deliberando mediante regolamenti secondo la procedura legislativa ordinaria, determinano la struttura, il funzionamento, la sfera d'azione e i compiti di Eurojust. Tali compiti possono comprendere:

a) l'avvio di indagini penali, nonché la proposta di avvio di azioni penali esercitate dalle autorità nazionali competenti, in particolare quelle relative a reati che ledono gli interessi finanziari dell'Unione;

b) il coordinamento di indagini ed azioni penali di cui alla lett. *a*);

c) il potenziamento della cooperazione giudiziaria, anche attraverso la composizione dei conflitti di competenza e tramite una stretta cooperazione con la Rete giudiziaria europea.

Tali regolamenti fissano inoltre le modalità per associare il Parlamento europeo e i parlamenti nazionali alla valutazione delle attività di Eurojust.

2. Nel contesto delle azioni penali di cui al par. 1, e fatto salvo l'art. 86, gli atti ufficiali di procedura giudiziaria sono eseguiti dai funzionari nazionali competenti.

86. 1. Per combattere i reati che ledono gli interessi finanziari dell'Unione, il Consiglio, deliberando mediante regolamenti secondo una procedura legislativa speciale, può istituire una Procura europea a partire da Eurojust. Il Consiglio delibera all'unanimità, previa approvazione del Parlamento europeo.

In mancanza di unanimità, un gruppo di almeno nove Stati membri può chiedere che il Consiglio europeo sia investito del progetto di regolamento. In tal caso la procedura in sede di Consiglio è sospesa. Previa discussione e in caso di consenso, il Consiglio europeo, entro quattro mesi da tale sospensione, rinvia il progetto al Consiglio per adozione.

Entro il medesimo termine, in caso di disaccordo, e se almeno nove Stati membri desiderano instaurare una cooperazione rafforzata sulla base del progetto di regolamento in questione, essi ne informano il Parlamento europeo, il Consiglio e la Commissione. In tal caso l'autorizzazione a procedere alla cooperazione rafforzata di cui all'art. 20, par. 2 del trattato sull'Unione europea e all'art. 329, par. 1 del presente trattato si considera concessa e si applicano le disposizioni sulla cooperazione rafforzata.

2. La Procura europea è competente per individuare, perseguire e rinviare a giudizio, eventualmente in collegamento con Europol, gli autori di reati che ledono gli interessi finanziari dell'Unione, quali definiti dal regolamento previsto nel par. 1, e i loro complici. Essa esercita l'azione penale per tali reati dinanzi

agli organi giurisdizionali competenti degli Stati membri.

3. I regolamenti di cui al par. 1 stabiliscono lo statuto della Procura europea, le condizioni di esercizio delle sue funzioni, le regole procedurali applicabili alle sue attività e all'ammissibilità delle prove e le regole applicabili al controllo giurisdizionale degli atti procedurali che adotta nell'esercizio delle sue funzioni.

4. Il Consiglio europeo può adottare, contemporaneamente o successivamente, una decisione che modifica il par. 1 allo scopo di estendere le attribuzioni della Procura europea alla lotta contro la criminalità grave che presenta una dimensione transnazionale, e che modifica di conseguenza il par. 2 per quanto riguarda gli autori di reati gravi con ripercussioni in più Stati membri e i loro complici. Il Consiglio europeo delibera all'unanimità previa approvazione del Parlamento europeo e previa consultazione della Commissione.

CAPO 5

Cooperazione di polizia

87 (*ex* art. 30 TUE). 1. L'Unione sviluppa una cooperazione di polizia che associa tutte le autorità competenti degli Stati membri, compresi i servizi di polizia, i servizi delle dogane e altri servizi incaricati dell'applicazione della legge specializzati nel settore della prevenzione o dell'individuazione dei reati e delle relative indagini.

2. Ai fini del par. 1, il Parlamento europeo e il Consiglio, deliberando secondo la procedura legislativa ordinaria, possono stabilire misure riguardanti:

a) la raccolta, l'archiviazione, il trattamento, l'analisi e lo scambio delle pertinenti informazioni;

b) un sostegno alla formazione del personale e la cooperazione relativa allo scambio di personale, alle attrezzature e alla ricerca in campo criminologico;

c) le tecniche investigative comuni ai fini dell'individuazione di forme gravi di criminalità organizzata.

3. Il Consiglio, deliberando secondo una procedura legislativa speciale, può stabilire misure riguardanti la cooperazione operativa tra le autorità di cui al presente articolo. Il Consiglio delibera all'unanimità previa consultazione del Parlamento europeo.

In mancanza di unanimità, un gruppo di almeno nove Stati membri può chiedere che il Consiglio europeo sia investito del progetto di misure. In tal caso la procedura in sede di Consiglio è sospesa. Previa discussione e in caso di consenso, il Consiglio europeo, entro quattro mesi da tale sospensione, rinvia il progetto al Consiglio per adozione.

Entro il medesimo termine, in caso di disaccordo, e se almeno nove Stati membri desiderano instaurare una cooperazione rafforzata sulla base del progetto di misure in questione, essi ne informano il Parlamento europeo, il Consiglio e la Commissione. In tal caso l'autorizzazione a procedere alla cooperazione rafforzata di cui all'art. 20, par. 2 del trattato sull'Unione europea e all'art. 329, par. 1 del presente trattato si considera concessa e si applicano le disposizioni sulla cooperazione rafforzata.

La procedura specifica di cui al secondo e al terzo comma non si applica agli atti che costituiscono uno sviluppo dell'*acquis* di Schengen.

88 (*ex* art. 30 TUE). 1. Europol ha il compito di sostenere e potenziare l'azione delle autorità di polizia e degli altri servizi incaricati dell'applicazione della legge degli Stati membri e la reciproca collaborazione nella prevenzione e lotta contro la criminalità grave che interessa due o più Stati membri, il terrorismo e le forme di criminalità che ledono un interesse comune oggetto di una politica dell'Unione.

2. Il Parlamento europeo e il Consiglio, deliberando mediante regolamenti secondo la procedura legislativa ordinaria, determinano la struttura, il funzionamento, la sfera d'azione e i compiti di Europol. Tali compiti possono comprendere:

a) la raccolta, l'archiviazione, il trattamento, l'analisi e lo scambio delle informazioni trasmesse, in particolare dalle autorità degli Stati membri o di paesi o organismi terzi;

b) il coordinamento, l'organizzazione e lo svolgimento di indagini e di azioni operative, condotte congiuntamente con le autorità competenti degli Stati membri o nel quadro di squadre investigative comuni, eventualmente in collegamento con Eurojust.

Tali regolamenti fissano inoltre le modalità di controllo delle attività di Europol da parte del Parlamento europeo, controllo cui sono associati i parlamenti nazionali.

3. Qualsiasi azione operativa di Europol deve essere condotta in collegamento e d'intesa con le autorità dello Stato membro o degli Stati membri di cui interessa il territorio. L'applicazione di misure coercitive è di competenza esclusiva delle pertinenti autorità nazionali.

89 (*ex* art. 32 TUE). Il Consiglio, deliberando secondo una procedura legislativa speciale, stabilisce le condizioni e i limiti entro i quali le autorità competenti degli Stati membri di cui agli artt. 82 e 87 possono operare nel territorio di un altro Stato membro in collegamento e d'intesa con le autorità di quest'ultimo. Il Consiglio delibera all'unanimità previa consultazione del Parlamento europeo.

TITOLO VI

Trasporti

90 (*ex* art. 70 TCE). Gli obiettivi dei trattati sono perseguiti, per quanto riguarda la materia disciplinata dal presente titolo, nel quadro di una politica comune dei trasporti.

91 (*ex* art. 71 TCE). 1. Ai fini dell'applicazione dell'art. 90 e tenuto conto degli aspetti peculiari dei trasporti, il Parlamento europeo e il Consiglio, deliberando secondo la procedura legislativa ordinaria e previa consultazione del Comitato economico e sociale e del Comitato delle regioni, stabiliscono:

a) norme comuni applicabili ai trasporti internazionali in partenza dal territorio di uno Stato membro o a destinazione di questo, o in transito sul territorio di uno o più Stati membri;

b) le condizioni per l'ammissione di vettori non residenti ai trasporti nazionali in uno Stato membro;

c) le misure atte a migliorare la sicurezza dei trasporti;

d) ogni altra utile disposizione.

2. All'atto dell'adozione delle misure di cui al par. 1, si tiene conto dei casi in cui la loro applicazione rischi di pregiudicare gravemente il tenore di vita e l'occupazione in talune regioni, come pure l'uso delle attrezzature relative ai trasporti.

92 (*ex* art. 72 TCE). Fino a che non siano emanate le disposizioni di cui all'art. 91, par. 1, e salvo che il Consiglio adotti all'unanimità una misura che conceda una deroga, nessuno degli Stati membri può rendere meno favorevoli, nei loro effetti diretti o indiretti nei confronti dei vettori degli altri Stati membri rispetto ai vettori nazionali, le varie disposizioni che disciplinano la materia al 1° gennaio 1958 o, per gli Stati aderenti, alla data della loro adesione.

93 (*ex* art. 73 TCE). Sono compatibili con i trattati gli aiuti richiesti dalle necessità del coordinamento dei trasporti ovvero corrispondenti al rimborso di talune servitù inerenti alla nozione di pubblico servizio.

94 (*ex* art. 74 TCE). Qualsiasi misura in materia di prezzi e condizioni di trasporto, adottata nell'ambito dei trattati, deve tener conto della situazione economica dei vettori.

95 (*ex* art. 75 TCE). 1. Nel traffico interno dell'Unione sono vietate le discriminazioni consistenti nell'applicazione, da parte di un vettore, di prezzi e condizioni di trasporto differenti per le stesse merci e per le stesse relazioni di traffico e fondate sul paese di origine o di destinazione dei prodotti trasportati.

2. Il par. 1 non esclude che il Parlamento europeo e il Consiglio possano adottare altre misure in applicazione dell'art. 91, par. 1.

3. Il Consiglio stabilisce, su proposta della Commissione e previa consultazione del Parlamento europeo e del Comitato economico e sociale, una regolamentazione intesa a garantire l'attuazione delle disposizioni del par. 1.

Esso può prendere in particolare le disposizioni necessarie a permettere alle istituzioni dell'Unione di controllare l'osservanza della norma enunciata dal par. 1 e ad assicurarne l'intero beneficio agli utenti.

4. La Commissione, di sua iniziativa o a richiesta di uno Stato membro, esamina i casi di discriminazioni contemplati dal par. 1 e, dopo aver consultato ogni Stato membro interessato, prende le necessarie decisioni, nel quadro della regolamentazione stabilita conformemente alle disposizioni del par. 3.

96 (*ex* art. 76 TCE). 1. È fatto divieto a uno Stato membro di imporre ai trasporti effettuati all'interno dell'Unione l'applicazione di prezzi e condizioni che importino qualsiasi elemento di sostegno o di protezione nell'interesse di una o più imprese o industrie particolari, salvo quando tale applicazione sia autorizzata dalla Commissione.

2. La Commissione, di propria iniziativa o a richiesta di uno Stato membro, esamina i prezzi e le condizioni di cui al par. 1, avendo particolare riguardo, da una parte, alle esigenze di una politica economica regionale adeguata, alle necessità delle regioni sottosviluppate e ai problemi delle regioni che abbiano gravemente risentito di circostanze politiche e d'altra parte all'incidenza di tali prezzi e condizioni sulla concorrenza tra i modi di trasporto.

Dopo aver consultato tutti gli Stati membri interessati, la Commissione prende le necessarie decisioni.

3. Il divieto di cui al par. 1 non colpisce le tariffe concorrenziali.

97 (*ex* art. 77 TCE). Le tasse o canoni che, a prescindere dai prezzi di trasporto, sono percepiti da un vettore al passaggio delle frontiere non debbono superare un livello ragionevole, avuto riguardo alle spese reali effettivamente determinate dal passaggio stesso.

Gli Stati membri procurano di ridurre progressivamente le spese in questione.

La Commissione può rivolgere raccomandazioni agli Stati membri ai fini dell'applicazione del presente articolo.

98 (*ex* art. 78 TCE). Le disposizioni del presente titolo non ostano alle misure adottate nella Repubblica federale di Germania, sempre che tali misure siano necessarie a compensare gli svantaggi economici cagionati dalla divisione della Germania all'economia di talune regioni della Repubblica federale che risentono di tale divisione. Cinque anni dopo l'entrata in vigore del trattato di Lisbona, il Consiglio, su proposta della Commissione, può adottare una decisione che abroga il presente articolo.

99 (*ex* art. 79 TCE). Presso la Commissione è istituito un comitato a carattere consultivo, composto di esperti designati dai governi degli Stati membri. La Commissione lo consulta in materia di trasporti, ogni qualvolta lo ritenga utile.

100 (*ex* art. 80 TCE). 1. Le disposizioni del presente titolo si applicano ai trasporti ferroviari, su strada e per vie navigabili.

2. Il Parlamento europeo e il Consiglio, deliberando secondo la procedura legislativa ordinaria, possono stabilire le opportune disposizioni per la navigazione marittima e aerea. Essi deliberano previa consultazione del Comitato economico e sociale e del Comitato delle regioni.

TITOLO VII

Norme comuni sulla concorrenza, sulla fiscalità e sul ravvicinamento delle legislazioni

CAPO 1

REGOLE DI CONCORRENZA

Sezione 1. — *Regole applicabili alle imprese*

101 (*ex* art. 81 TCE). 1. Sono incompatibili con il mercato interno e vietati tutti gli accordi tra imprese, tutte le decisioni di associazioni di imprese e tutte le pratiche concordate che possano pregiudicare il commercio tra Stati membri e che abbiano per oggetto o per effetto di impedire, restringere o falsare il gioco della concorrenza all'interno del mercato interno ed in particolare quelli consistenti nel:

a) fissare direttamente o indirettamente i prezzi d'acquisto o di vendita ovvero altre condizioni di transazione;

b) limitare o controllare la produzione, gli sbocchi, lo sviluppo tecnico o gli investimenti;

c) ripartire i mercati o le fonti di approvvigionamento;

d) applicare, nei rapporti commerciali con gli altri contraenti, condizioni dissimili per prestazioni equivalenti, così da determinare per questi ultimi uno svantaggio nella concorrenza;

e) subordinare la conclusione di contratti all'accettazione da parte degli altri contraenti di prestazioni supplementari, che, per loro natura o secondo gli usi commerciali, non abbiano alcun nesso con l'oggetto dei contratti stessi.

2. Gli accordi o decisioni, vietati in virtù del presente articolo, sono nulli di pieno diritto.

3. Tuttavia, le disposizioni del par. 1 possono essere dichiarate inapplicabili:

— a qualsiasi accordo o categoria di accordi fra imprese,

— a qualsiasi decisione o categoria di decisioni di associazioni di imprese, e

— a qualsiasi pratica concordata o categoria di pratiche concordate,

che contribuiscano a migliorare la produzione o la distribuzione dei prodotti o a promuovere il progresso tecnico o economico, pur riservando agli utilizzatori una congrua parte dell'utile che ne deriva, ed evitando di

a) imporre alle imprese interessate restrizioni che non siano indispensabili per raggiungere tali obiettivi;

b) dare a tali imprese la possibilità di eliminare la concorrenza per una parte sostanziale dei prodotti di cui trattasi.

102 (*ex* art. 82 TCE). È incompatibile con il mercato interno e vietato, nella misura in cui possa essere pregiudizievole al commercio tra Stati membri, lo sfruttamento abusivo da parte di una o più imprese di una posizione dominante sul mercato interno o su una parte sostanziale di questo.

Tali pratiche abusive possono consistere in particolare:

a) nell'imporre direttamente od indirettamente prezzi d'acquisto, di vendita od altre condizioni di transazione non eque;

b) nel limitare la produzione, gli sbocchi o lo sviluppo tecnico, a danno dei consumatori;

c) nell'applicare nei rapporti commerciali con gli altri contraenti condizioni dissimili per prestazioni equivalenti, determinando così per questi ultimi uno svantaggio per la concorrenza;

d) nel subordinare la conclusione di contratti all'accettazione da parte degli altri contraenti di prestazioni supplementari, che, per loro natura o secondo gli usi commerciali, non abbiano alcun nesso con l'oggetto dei contratti stessi.

103 (*ex* art. 83 TCE). 1. I regolamenti e le direttive utili ai fini dell'applicazione dei principi contemplati dagli artt. 101 e 102 sono stabiliti dal Consiglio, su proposta della Commissione e previa consultazione del Parlamento europeo.

2. Le disposizioni di cui al par. 1 hanno, in particolare, lo scopo di:

a) garantire l'osservanza dei divieti di cui all'art. 101, par. 1, e all'art. 102, comminando ammende e penalità di mora;

b) determinare le modalità di applicazione dell'art. 101, par. 3, avendo riguardo alla necessità di esercitare una sorveglianza efficace e, nel contempo, semplificare, per quanto possibile, il controllo amministrativo;

c) precisare, eventualmente, per i vari settori economici, il campo di applicazione delle disposizioni degli artt. 101 e 102;

d) definire i rispettivi compiti della Commissione e della Corte di giustizia dell'Unione europea nell'applicazione delle disposizioni contemplate dal presente paragrafo;

e) definire i rapporti fra le legislazioni nazionali da una parte e le disposizioni della presente sezione nonché quelle adottate in applicazione del presente articolo, dall'altra.

104 (*ex* art. 84 TCE). Fino al momento dell'entrata in vigore delle disposizioni adottate in applicazione dell'art. 103, le autorità degli Stati membri decidono in merito all'ammissibilità di intese e allo sfruttamento abusivo di una posizione dominante nel mercato interno, in conformità del diritto nazionale interno e delle disposizioni dell'art. 101, in particolare del par. 3, e dell'art. 102.

105 (*ex* art. 85 TCE). 1. Senza pregiudizio dell'art. 104, la Commissione vigila perché siano applicati i principi fissati dagli artt. 101 e 102. Essa istruisce, a richiesta di uno Stato membro o d'ufficio e in collegamento con le autorità competenti degli Stati membri che le prestano la loro assistenza, i casi di presunta infrazione ai principi suddetti. Qualora essa constati l'esistenza di un'infrazione, propone i mezzi atti a porvi termine.

2. Qualora non sia posto termine alle infrazioni, la Commissione constata l'infrazione ai principi con una decisione motivata. Essa può pubblicare tale decisione e autorizzare gli Stati membri ad adottare le necessarie misure, di cui definisce le condizioni e modalità, per rimediare alla situazione.

3. La Commissione può adottare regolamenti concernenti le categorie di accordi per le quali il Consiglio ha adottato un regolamento o una direttiva conformemente all'art. 103, par. 2, lett. *b*).

106 (*ex* art. 86 TCE). 1. Gli Stati membri non emanano né mantengono, nei confronti delle imprese pubbliche e delle imprese cui riconoscono diritti speciali o esclusivi, alcuna misura contraria alle norme dei trattati, specialmente a quelle contemplate dagli artt. 18 e da 101 a 109 inclusi.

2. Le imprese incaricate della gestione di servizi di interesse economico generale o aventi carattere di monopolio fiscale sono sottoposte alle norme dei trattati, e in particolare alle regole di concorrenza, nei limiti in cui l'applicazione di tali norme non osti all'adempimento, in linea di diritto e di fatto, della specifica missione loro affidata. Lo sviluppo degli scambi non deve essere compromesso in misura contraria agli interessi dell'Unione.

3. La Commissione vigila sull'applicazione delle disposizioni del presente articolo rivolgendo, ove occorra, agli Stati membri, opportune direttive o decisioni.

Sezione 2. — *Aiuti concessi dagli Stati*

107 (*ex* art. 87 TCE). 1. Salvo deroghe contemplate dai trattati, sono incompatibili con il mercato interno, nella misura in cui incidano sugli scambi tra Stati membri, gli aiuti concessi dagli Stati, ovvero mediante risorse statali, sotto qualsiasi forma che, favorendo talune imprese o talune produzioni, falsino o minaccino di falsare la concorrenza.

2. Sono compatibili con il mercato interno:

a) gli aiuti a carattere sociale concessi ai singoli consumatori, a condizione che siano accordati senza discriminazioni determinate dall'origine dei prodotti;

b) gli aiuti destinati a ovviare ai danni arrecati dalle calamità naturali oppure da altri eventi eccezionali;

c) gli aiuti concessi all'economia di determinate regioni della Repubblica federale di Germania che risentono della divisione della Germania, nella misura in cui sono necessari a compensare gli svantaggi economici provocati da tale divisione. Cinque anni dopo l'entrata in vigore del trattato di Lisbona, il Consiglio, su proposta della Commissione, può adottare una decisione che abroga la presente lettera.

3. Possono considerarsi compatibili con il mercato interno:

a) gli aiuti destinati a favorire lo sviluppo economico delle regioni ove il tenore di vita sia anormalmente basso, oppure si abbia una grave forma di sottoccupazione, nonché quello delle regioni di cui all'art. 349, tenuto conto della loro situazione strutturale, economica e sociale;

b) gli aiuti destinati a promuovere la realizzazione di un importante progetto di comune interesse europeo oppure a porre rimedio a un grave turbamento dell'economia di uno Stato membro;

c) gli aiuti destinati ad agevolare lo sviluppo di talune attività o di talune regioni economiche, sempre che non alterino le condizioni degli scambi in misura contraria al comune interesse;

d) gli aiuti destinati a promuovere la cultura e la conservazione del patrimonio, quando non alterino le condizioni degli scambi e della concorrenza nell'Unione in misura contraria all'interesse comune;

e) le altre categorie di aiuti, determinate con decisione del Consiglio, su proposta della Commissione.

108 (*ex* art. 88 TCE). 1. La Commissione procede con gli Stati membri all'esame permanente dei regimi di aiuti esistenti in questi Stati. Essa propone a questi ultimi le opportune misure richieste dal graduale sviluppo o dal funzionamento del mercato interno.

2. Qualora la Commissione, dopo aver intimato agli interessati di presentare le loro osservazioni, constati che un aiuto concesso da uno Stato, o mediante fondi statali, non è compatibile con il mercato interno a norma dell'art. 107, oppure che tale aiuto è attuato in modo abusivo, decide che lo Stato interessato deve sopprimerlo o modificarlo nel termine da essa fissato.

Qualora lo Stato in causa non si conformi a tale decisione entro il termine stabilito, la Commissione o qualsiasi altro Stato interessato può adire direttamente la Corte di giustizia dell'Unione europea, in deroga agli artt. 258 e 259.

A richiesta di uno Stato membro, il Consiglio, deliberando all'unanimità, può decidere che un aiuto, istituito o da istituirsi da parte di questo Stato, deve considerarsi compatibile con il mercato interno, in deroga alle disposizioni dell'art. 107 o ai regolamenti di cui all'art. 109, quando circostanze eccezionali giustifichino tale decisione. Qualora la Commissione abbia iniziato, nei riguardi di tale aiuto, la procedura prevista dal presente paragrafo, primo comma, la richiesta dello Stato interessato rivolta al Consiglio avrà per effetto di sospendere tale procedura fino a quando il Consiglio non si sia pronunciato al riguardo.

Tuttavia, se il Consiglio non si è pronunciato entro tre mesi dalla data della richiesta, la Commissione delibera.

3. Alla Commissione sono comunicati, in tempo utile perché presenti le sue osservazioni, i progetti diretti a istituire o modificare aiuti. Se ritiene che un progetto non sia compatibile con il mercato interno a norma dell'art. 107, la Commissione inizia senza indugio la procedura prevista dal paragrafo precedente. Lo Stato membro interessato non può dare esecuzione alle misure progettate prima che tale procedura abbia condotto a una decisione finale (1).

4. La Commissione può adottare regolamenti concernenti le categorie di aiuti di Stato per le quali il Consiglio ha stabilito, conformemente all'art. 109, che possono essere dispensate dalla procedura di cui al par. 3 del presente articolo.

109 (*ex* art. 89 TCE). Il Consiglio, su proposta della Commissione e previa consultazione del Parlamento europeo, può stabilire tutti i regolamenti utili ai fini dell'applicazione degli artt. 107 e 108 e fissare in particolare le condizioni per l'applicazione dell'art. 108, par. 3, nonché le categorie di aiuti che sono dispensate da tale procedura.

CAPO 2

DISPOSIZIONI FISCALI

110 (*ex* art. 90 TCE). Nessuno Stato membro applica direttamente o indirettamente ai prodotti degli altri Stati membri imposizioni interne, di qualsivoglia natura, superiori a quelle applicate direttamente o indirettamente ai prodotti nazionali similari.

Inoltre, nessuno Stato membro applica ai prodotti degli altri Stati membri imposizioni interne intese a proteggere indirettamente altre produzioni.

111 (*ex* art. 91 TCE). I prodotti esportati nel territorio di uno degli Stati membri non possono beneficiare di alcun ristorno di imposizioni interne che sia superiore alle imposizioni ad essi applicate direttamente o indirettamente.

112 (*ex* art. 92 TCE). Per quanto riguarda le imposizioni diverse dalle imposte sulla cifra d'affari, dalle imposte di consumo e dalle altre imposte indirette, si possono operare esoneri e rimborsi all'esportazione negli altri Stati membri e introdurre tasse di compensazione appli-

(1) L'art. 50, l. 24 dicembre 2012, n. 234, così dispone: «I provvedimenti che concedono aiuti di Stato in violazione dell'art. 108, par. 3, del Trattato sul funzionamento dell'Unione europea possono essere impugnati davanti al tribunale amministrativo regionale competente per territorio».

cabili alle importazioni provenienti dagli Stati membri, soltanto qualora le misure progettate siano state preventivamente approvate per un periodo limitato dal Consiglio, su proposta della Commissione.

113 (*ex* art. 93 TCE). Il Consiglio, deliberando all'unanimità secondo una procedura legislativa speciale e previa consultazione del Parlamento europeo e del Comitato economico e sociale, adotta le disposizioni che riguardano l'armonizzazione delle legislazioni relative alle imposte sulla cifra d'affari, alle imposte di consumo ed altre imposte indirette, nella misura in cui detta armonizzazione sia necessaria per assicurare l'instaurazione ed il funzionamento del mercato interno ed evitare le distorsioni di concorrenza.

CAPO 3

Ravvicinamento delle legislazioni

114 (*ex* art. 95 TCE). 1. Salvo che i trattati non dispongano diversamente, si applicano le disposizioni seguenti per la realizzazione degli obiettivi dell'art. 26. Il Parlamento europeo e il Consiglio, deliberando secondo la procedura legislativa ordinaria e previa consultazione del Comitato economico e sociale, adottano le misure relative al ravvicinamento delle disposizioni legislative, regolamentari ed amministrative degli Stati membri che hanno per oggetto l'instaurazione ed il funzionamento del mercato interno.

2. Il par. 1 non si applica alle disposizioni fiscali, a quelle relative alla libera circolazione delle persone e a quelle relative ai diritti ed interessi dei lavoratori dipendenti.

3. La Commissione, nelle sue proposte di cui al par. 1 in materia di sanità, sicurezza, protezione dell'ambiente e protezione dei consumatori, si basa su un livello di protezione elevato, tenuto conto, in particolare, degli eventuali nuovi sviluppi fondati su riscontri scientifici. Anche il Parlamento europeo ed il Consiglio, nell'ambito delle rispettive competenze, cercheranno di conseguire tale obiettivo.

4. Allorché, dopo l'adozione di una misura di armonizzazione da parte del Parlamento europeo e del Consiglio, da parte del Consiglio o da parte della Commissione, uno Stato membro ritenga necessario mantenere disposizioni nazionali giustificate da esigenze importanti di cui all'art. 36 o relative alla protezione dell'ambiente o dell'ambiente di lavoro, esso notifica tali disposizioni alla Commissione precisando i motivi del mantenimento delle stesse.

5. Inoltre, fatto salvo il par. 4, allorché, dopo l'adozione di una misura di armonizzazione da parte del Parlamento europeo e del Consiglio, da parte del Consiglio o da parte della Commissione, uno Stato membro ritenga necessario introdurre disposizioni nazionali fondate su nuove prove scientifiche inerenti alla protezione dell'ambiente o dell'ambiente di lavoro, giustificate da un problema specifico a detto Stato membro insorto dopo l'adozione della misura di armonizzazione, esso notifica le disposizioni previste alla Commissione precisando i motivi dell'introduzione delle stesse.

6. La Commissione, entro sei mesi dalle notifiche di cui ai parr. 4 e 5, approva o respinge le disposizioni nazionali in questione dopo aver verificato se esse costituiscano o no uno strumento di discriminazione arbitraria o una restrizione dissimulata nel commercio tra gli Stati membri e se rappresentino o no un ostacolo al funzionamento del mercato interno.

In mancanza di decisione della Commissione entro detto periodo, le disposizioni nazionali di cui ai parr. 4 e 5 sono considerate approvate.

Se giustificato dalla complessità della questione e in assenza di pericolo per la salute umana, la Commissione può notificare allo Stato membro interessato che il periodo di cui al presente paragrafo può essere prolungato per un ulteriore periodo di massimo sei mesi.

7. Quando uno Stato membro è autorizzato, a norma del par. 6, a mantenere o a introdurre disposizioni nazionali che derogano a una misura di armonizzazione, la Commissione esamina immediatamente l'opportunità di proporre un adeguamento di detta misura.

8. Quando uno Stato membro solleva un problema specifico di pubblica sanità in un settore che è stato precedentemente oggetto di misure di armonizzazione, esso lo sottopone alla Commissione che esamina immediatamente l'opportunità di proporre misure appropriate al Consiglio.

9. In deroga alla procedura di cui agli artt. 258 e 259, la Commissione o qualsiasi Stato membro può adire direttamente la Corte di giustizia dell'Unione europea ove ritenga che un altro Stato membro faccia un uso abusivo dei poteri contemplati dal presente articolo.

10. Le misure di armonizzazione di cui sopra comportano, nei casi opportuni, una clausola di salvaguardia che autorizza gli Stati membri ad adottare, per uno o più dei motivi di carattere non economico di cui all'art. 36, misure provvisorie soggette ad una procedura di controllo dell'Unione.

115 (*ex* art. 94 TCE). Fatto salvo l'art. 114, il Consiglio, deliberando all'unanimità secondo una procedura legislativa speciale e previa consultazione del Parlamento europeo e del Comitato economico e sociale, stabilisce direttive volte al ravvicinamento delle disposizioni legislative, regolamentari ed amministrative degli Stati membri che abbiano un'incidenza diretta sull'instaurazione o sul funzionamento del mercato interno.

116 (*ex* art. 96 TCE). Qualora la Commissione constati che una disparità esistente nelle disposizioni legislative, regolamentari o amministrative degli Stati membri falsa le condizioni di concorrenza sul mercato interno e provoca, per tal motivo, una distorsione che deve essere eliminata, essa provvede a consultarsi con gli Stati membri interessati.

Se attraverso tale consultazione non si raggiunge un accordo che elimini la distorsione in questione, il Parlamento europeo e il Consiglio, deliberando secondo la procedura legislativa ordinaria, stabiliscono le direttive all'uopo necessarie. Può essere adottata ogni altra opportuna misura prevista dai trattati.

117 (*ex* art. 97 TCE). 1. Quando vi sia motivo di temere che l'emanazione o la modifica di disposizioni legislative, regolamentari o amministrative provochi una distorsione ai sensi dell'articolo precedente, lo Stato membro che vuole procedervi consulta la Commissione. La Commissione, dopo aver consultato gli Stati membri, raccomanda agli Stati interessati le misure idonee ad evitare la distorsione in questione.

2. Se lo Stato che vuole emanare o modificare disposizioni nazionali non si conforma alla raccomandazione rivoltagli dalla Commissione, non si potrà richiedere agli altri Stati membri, nell'applicazione dell'art. 116, di modificare le loro disposizioni nazionali per eliminare tale distorsione. Se lo Stato membro che ha trascurato la raccomandazione della Commissione provoca una distorsione unicamente a suo detrimento, non sono applicabili le disposizioni dell'art. 116.

118. Nell'ambito dell'instaurazione o del funzionamento del mercato interno, il Parlamento europeo e il Consiglio, deliberando secondo la procedura legislativa ordinaria, stabiliscono le misure per la creazione di titoli europei al fine di garantire una protezione uniforme dei diritti di proprietà intellettuale nell'Unione e per l'istituzione di regimi di autorizzazione, di coordinamento e di controllo centralizzati a livello di Unione.

Il Consiglio, deliberando mediante regolamenti secondo una procedura legislativa speciale, stabilisce i regimi linguistici dei titoli europei. Il Consiglio delibera all'unanimità previa consultazione del Parlamento europeo.

TITOLO VIII

Politica economica e monetaria

119 (*ex* art. 4 TCE). 1. Ai fini enunciati all'art. 3 del trattato sull'Unione europea, l'azione degli Stati membri e dell'Unione comprende, alle condizioni previste dai trattati, l'adozione di una politica economica che è fondata sullo stretto coordinamento delle politiche economiche degli Stati membri, sul mercato interno e sulla definizione di obiettivi comuni, condotta conformemente al principio di un'economia di mercato aperta e in libera concorrenza.

2. Parallelamente, alle condizioni e secondo le procedure previste dai trattati, questa azione comprende una moneta unica, l'euro, nonché la definizione e la conduzione di una politica monetaria e di una politica del cambio uniche, che abbiano l'obiettivo principale di mantenere la stabilità dei prezzi e, fatto salvo questo obiettivo, di sostenere le politiche economiche generali nell'Unione conformemente al principio di un'economia di mercato aperta e in libera concorrenza.

3. Queste azioni degli Stati membri e dell'Unione implicano il rispetto dei seguenti principi direttivi: prezzi stabili, finanze pubbliche e condizioni monetarie sane nonché bilancia dei pagamenti sostenibile.

CAPO 1

Politica economica

120 (*ex* art. 98 TCE). Gli Stati membri attuano la loro politica economica allo scopo di contribuire alla realizzazione degli obiettivi dell'Unione definiti all'art. 3 del trattato sull'Unione europea e nel contesto degli indirizzi di massima di cui all'art. 121, par. 2. Gli Stati membri e l'Unione agiscono nel rispetto dei principi di un'economia di mercato aperta e in libera concorrenza, favorendo un'efficace allocazione delle risorse, conformemente ai principi di cui all'art. 119.

121 (*ex* art. 99 TCE). 1. Gli Stati membri considerano le loro politiche economiche una questione di interesse comune e le coordinano nell'ambito del Consiglio, conformemente alle disposizioni dell'art. 120.

2. Il Consiglio, su raccomandazione della Commissione, elabora un progetto di indirizzi di massima per le politiche economiche degli Stati membri e dell'Unione, e ne riferisce le risultanze al Consiglio europeo.

Il Consiglio europeo, deliberando sulla base di detta relazione del Consiglio, dibatte delle conclusioni in merito agli indirizzi di massima per le politiche economiche degli Stati membri e dell'Unione.

Sulla base di dette conclusioni, il Consiglio adotta una raccomandazione che definisce i suddetti indirizzi di massima. Il Consiglio informa il Parlamento europeo in merito a tale raccomandazione.

3. Al fine di garantire un più stretto coordinamento delle politiche economiche e una convergenza duratura dei risultati economici degli Stati membri, il Consiglio, sulla base di relazioni presentate dalla Commissione, sorveglia l'evoluzione economica in ciascuno degli Stati membri e nell'Unione, nonché la coerenza delle politiche economiche con gli indirizzi di massima di cui al par. 2 e procede regolarmente ad una valutazione globale.

Ai fini di detta sorveglianza multilaterale, gli Stati membri trasmettono alla Commissione le informazioni concernenti le misure di rilievo da essi adottate nell'ambito della loro politica economica, nonché tutte le altre informazioni da essi ritenute necessarie.

4. Qualora si accerti, secondo la procedura prevista al par. 3, che le politiche economiche di uno Stato membro non sono coerenti con gli indirizzi di massima di cui al par. 2 o rischiano di compromettere il buon funzionamento dell'unione economica e monetaria, la Commissione può rivolgere un avvertimento allo Stato membro in questione. Il Consiglio, su raccomandazione della Commissione, può rivolgere allo Stato membro in questione le necessarie raccomandazioni. Il Consiglio, su proposta della Commissione, può decidere di rendere pubbliche le proprie raccomandazioni.

Nel contesto del presente paragrafo, il Consiglio delibera senza tener conto del voto del membro del Consiglio che rappresenta lo Stato membro in questione.

Per maggioranza qualificata degli altri membri del Consiglio s'intende quella definita conformemente all'art. 238, par. 3, lett. *a*).

5. Il presidente del Consiglio e la Commissione riferiscono al Parlamento europeo i risultati della sorveglianza multilaterale. Se il Consiglio ha reso pubbliche le proprie raccomandazioni, il presidente del Consiglio può essere invitato a comparire dinanzi alla commissione competente del Parlamento europeo.

6. Il Parlamento europeo e il Consiglio, deliberando mediante regolamenti secondo la procedura legislativa ordinaria, possono adottare le modalità della procedura di sorveglianza multilaterale di cui ai parr. 3 e 4.

122 (*ex* art. 100 TCE). 1. Fatta salva ogni altra procedura prevista dai trattati, il Consiglio, su proposta della Commissione, può decidere, in uno spirito di solidarietà tra Stati membri, le misure adeguate alla situazione economica, in particolare qualora sorgano gravi difficoltà nell'approvvigionamento di determinati prodotti, in particolare nel settore dell'energia.

2. Qualora uno Stato membro si trovi in difficoltà o sia seriamente minacciato da gravi difficoltà a causa di calamità naturali o di circostanze eccezionali che sfuggono al suo controllo, il Consiglio, su proposta della Commissione, può concedere a determinate condizioni un'assistenza finanziaria dell'Unione allo Stato membro interessato. Il presidente del Consiglio informa il Parlamento europeo in merito alla decisione presa.

123 (*ex* art. 101 TCE). 1. Sono vietati la concessione di scoperti di conto o qualsiasi altra forma di facilitazione creditizia, da parte della Banca centrale europea o da parte delle banche centrali degli Stati membri (in appresso denominate «banche centrali nazionali»), a istituzioni, organi od organismi dell'Unione, alle amministrazioni statali, agli enti regionali, locali o altri enti pubblici, ad altri organismi di diritto pubblico o a imprese pubbliche degli Stati membri, così come l'acquisto diretto presso di essi di titoli di debito da parte della Banca centrale europea o delle banche centrali nazionali.

2. Le disposizioni del par. 1 non si applicano agli enti creditizi di proprietà pubblica che, nel contesto dell'offerta di liquidità da parte delle banche centrali, devono ricevere dalle banche centrali nazionali e dalla Banca centrale europea lo stesso trattamento degli enti creditizi privati.

124 (*ex* art. 102 TCE). È vietata qualsiasi misura, non basata su considerazioni prudenziali, che offra alle istituzioni, agli organi o agli organismi dell'Unione, alle amministrazioni statali, agli enti regionali, locali o altri enti pubblici, ad altri organismi di diritto pubblico o a imprese pubbliche degli Stati membri un accesso privilegiato alle istituzioni finanziarie.

125 (*ex* art. 103 TCE). 1. L'Unione non risponde né si fa carico degli impegni assunti dalle amministrazioni statali, dagli enti regionali, locali, o altri enti pubblici, da altri organismi di diritto pubblico o da imprese pubbliche di qualsiasi Stato membro, fatte salve le garanzie finanziarie reciproche per la realizzazione in comune di un progetto economico specifico. Gli Stati membri non sono responsabili né subentrano agli impegni dell'amministrazione statale, degli enti regionali, locali o degli altri enti pubblici, di altri organismi di diritto pubblico o di imprese pubbliche di un altro Stato membro, fatte salve le garanzie finanziarie reciproche per la realizzazione in comune di un progetto specifico.

2. Se necessario, il Consiglio, su proposta della Commissione e previa consultazione del Parlamento europeo, può precisare le definizioni per l'applicazione dei divieti previsti dagli artt. 123 e 124 e dal presente articolo.

126 (*ex* art. 104 TCE). 1. Gli Stati membri devono evitare disavanzi pubblici eccessivi.

2. La Commissione sorveglia l'evoluzione della situazione di bilancio e dell'entità del debito pubblico negli Stati membri, al fine di individuare errori rilevanti. In particolare esamina la conformità alla disciplina di bilancio sulla base dei due criteri seguenti:

a) se il rapporto tra il disavanzo pubblico, previsto o effettivo, e il prodotto interno lordo superi un valore di riferimento, a meno che

— il rapporto non sia diminuito in modo sostanziale e continuo e abbia raggiunto un livello che si avvicina al valore di riferimento,

— oppure, in alternativa, il superamento del valore di riferimento sia solo eccezionale e temporaneo e il rapporto resti vicino al valore di riferimento;

b) se il rapporto tra debito pubblico e prodotto interno lordo superi un valore di riferimento, a meno che detto rapporto non si stia riducendo in misura sufficiente e non si avvicini al valore di riferimento con ritmo adeguato.

I valori di riferimento sono specificati nel protocollo sulla procedura per i disavanzi eccessivi allegato ai trattati.

3. Se uno Stato membro non rispetta i requisiti previsti da uno o entrambi i criteri menzionati, la Commissione prepara una relazione. La relazione della Commissione tiene conto anche dell'eventuale differenza tra il disavanzo pubblico e la spesa pubblica per gli investimenti e tiene conto di tutti gli altri fattori significativi, compresa la posizione economica e di bilancio a medio termine dello Stato membro.

La Commissione può inoltre preparare una relazione se ritiene che in un determinato Stato membro, malgrado i criteri siano rispettati, sussista il rischio di un disavanzo eccessivo.

4. Il comitato economico e finanziario formula un parere in merito alla relazione della Commissione.

5. La Commissione, se ritiene che in uno Stato membro esista o possa determinarsi in futuro un disavanzo eccessivo, trasmette un parere allo Stato membro interessato e ne informa il Consiglio.

6. Il Consiglio, su proposta della Commissione e considerate le osservazioni che lo Stato membro interessato ritenga di formulare, decide, dopo una valutazione globale, se esiste un disavanzo eccessivo.

7. Se, ai sensi del par. 6, decide che esiste un disavanzo eccessivo, il Consiglio adotta senza indebito ritardo, su raccomandazione della Commissione, le raccomandazioni allo Stato membro in questione al fine di far cessare tale situazione entro un determinato periodo. Fatto salvo il disposto del par. 8, dette raccomandazioni non sono rese pubbliche.

8. Il Consiglio, qualora determini che nel periodo prestabilito non sia stato dato seguito effettivo alle sue raccomandazioni, può rendere pubbliche dette raccomandazioni.

9. Qualora uno Stato membro persista nel disattendere le raccomandazioni del Consiglio, quest'ultimo può decidere di intimare allo Stato membro di prendere, entro un termine stabilito, le misure volte alla riduzione del disavanzo che il Consiglio ritiene necessaria per correggere la situazione.

In tal caso il Consiglio può chiedere allo Stato membro in questione di presentare relazioni secondo un calendario preciso, al fine di esaminare gli sforzi compiuti da detto Stato membro per rimediare alla situazione.

10. I diritti di esperire le azioni di cui agli artt. 258 e 259 non possono essere esercitati nel quadro dei paragrafi da 1 a 9 del presente articolo.

11. Fintantoché uno Stato membro non ottempera ad una decisione presa in conformità del par. 9, il Consiglio può decidere di applicare o, a seconda dei casi, di rafforzare una o più delle seguenti misure:

— chiedere che lo Stato membro interessato pubblichi informazioni supplementari, che saranno specificate dal Consiglio, prima dell'emissione di obbligazioni o altri titoli,

— invitare la Banca europea per gli investimenti a riconsiderare la sua politica di prestiti verso lo Stato membro in questione,

— richiedere che lo Stato membro in questione costituisca un deposito infruttifero di importo adeguato presso l'Unione, fino a quando, a parere del Consiglio, il disavanzo eccessivo non sia stato corretto,

— infliggere ammende di entità adeguata.

Il presidente del Consiglio informa il Parlamento europeo delle decisioni adottate.

12. Il Consiglio abroga alcune o tutte le de-

cisioni o raccomandazioni di cui ai paragrafi da 6 a 9 e 11 nella misura in cui ritiene che il disavanzo eccessivo nello Stato membro in questione sia stato corretto. Se precedentemente aveva reso pubbliche le sue raccomandazioni, il Consiglio dichiara pubblicamente, non appena sia stata abrogata la decisione di cui al par. 8, che non esiste più un disavanzo eccessivo nello Stato membro in questione.

13. Nell'adottare le decisioni o raccomandazioni di cui ai parr. 8, 9, 11 e 12, il Consiglio delibera su raccomandazione della Commissione.

Nell'adottare le misure di cui ai paragrafi da 6 a 9, 11 e 12, il Consiglio delibera senza tener conto del voto del membro del Consiglio che rappresenta lo Stato membro in questione.

Per maggioranza qualificata degli altri membri del Consiglio s'intende quella definita conformemente all'art. 238, par. 3, lett. *a*).

14. Ulteriori disposizioni concernenti l'attuazione della procedura descritta nel presente articolo sono precisate nel protocollo sulla procedura per i disavanzi eccessivi allegato ai trattati.

Il Consiglio, deliberando all'unanimità secondo una procedura legislativa speciale e previa consultazione del Parlamento europeo e della Banca centrale europea, adotta le opportune disposizioni che sostituiscono detto protocollo.

Fatte salve le altre disposizioni del presente paragrafo, il Consiglio, su proposta della Commissione e previa consultazione del Parlamento europeo, precisa le modalità e le definizioni per l'applicazione delle disposizioni di detto protocollo.

CAPO 2

POLITICA MONETARIA

127 (*ex* art. 105 TCE). 1. L'obiettivo principale del Sistema europeo di banche centrali, in appresso denominato «SEBC», è il mantenimento della stabilità dei prezzi. Fatto salvo l'obiettivo della stabilità dei prezzi, il SEBC sostiene le politiche economiche generali nell'Unione al fine di contribuire alla realizzazione degli obiettivi dell'Unione definiti nell'art. 3 del trattato sull'Unione europea. Il SEBC agisce in conformità del principio di un'economia di mercato aperta e in libera concorrenza, favorendo una efficace allocazione delle risorse e rispettando i principi di cui all'art. 119.

2. I compiti fondamentali da assolvere tramite il SEBC sono i seguenti:

— definire e attuare la politica monetaria dell'Unione,

— svolgere le operazioni sui cambi in linea con le disposizioni dell'art. 219,

— detenere e gestire le riserve ufficiali in valuta estera degli Stati membri,

— promuovere il regolare funzionamento dei sistemi di pagamento.

3. Il par. 2, terzo trattino, non pregiudica la detenzione e la gestione da parte dei governi degli Stati membri di saldi operativi in valuta estera.

4. La Banca centrale europea viene consultata:

— in merito a qualsiasi proposta di atto dell'Unione che rientri nelle sue competenze,

— dalle autorità nazionali, sui progetti di disposizioni legislative che rientrino nelle sue competenze, ma entro i limiti e alle condizioni stabiliti dal Consiglio, secondo la procedura di cui all'art. 129, par. 4.

La Banca centrale europea può formulare pareri da sottoporre alle istituzioni, agli organi o agli organismi dell'Unione competenti o alle autorità nazionali su questioni che rientrano nelle sue competenze.

5. Il SEBC contribuisce ad una buona conduzione delle politiche perseguite dalle competenti autorità per quanto riguarda la vigilanza prudenziale degli enti creditizi e la stabilità del sistema finanziario.

6. Il Consiglio, deliberando all'unanimità mediante regolamenti secondo una procedura legislativa speciale, previa consultazione del Parlamento europeo e della Banca centrale europea, può affidare alla Banca centrale europea compiti specifici in merito alle politiche che riguardano la vigilanza prudenziale degli enti creditizi e delle altre istituzioni finanziarie, escluse le imprese di assicurazione.

128 (*ex* art. 106 TCE). 1. La Banca centrale europea ha il diritto esclusivo di autorizzare l'emissione di banconote in euro all'interno dell'Unione. La Banca centrale europea e le banche centrali nazionali possono emettere banconote. Le banconote emesse dalla Banca centrale europea e dalle banche centrali nazionali costituiscono le uniche banconote aventi corso legale nell'Unione.

2. Gli Stati membri possono coniare monete metalliche in euro con l'approvazione della Banca centrale europea per quanto riguarda il volume del conio. Il Consiglio, su proposta della Commissione e previa consultazione del Parlamento europeo e della Banca centrale europea, può adottare misure per armonizzare le denominazioni e le specificazioni tecniche di tutte le monete metalliche destinate alla circo-

lazione, nella misura necessaria per agevolare la loro circolazione nell'Unione.

129 (*ex* art. 107 TCE). 1. Il SEBC è retto dagli organi decisionali della Banca centrale europea che sono il consiglio direttivo e il comitato esecutivo.

2. Lo statuto del Sistema europeo di banche centrali e della Banca centrale europea, in appresso denominato «statuto del SEBC e della BCE», è definito nel protocollo allegato ai trattati.

3. L'art. 5, parr. 1, 2 e 3, gli artt. 17 e 18, l'art. 19, par. 1, gli artt. 22, 23, 24 e 26, l'art. 32, parr. 2, 3, 4 e 6, l'art. 33, par. 1, lett. *a*) e l'art. 36 dello statuto del SEBC e della BCE possono essere emendati dal Parlamento europeo e dal Consiglio, che deliberano secondo la procedura legislativa ordinaria. Essi deliberano o su raccomandazione della Banca centrale europea e previa consultazione della Commissione o su proposta della Commissione e previa consultazione della Banca centrale europea.

4. Il Consiglio, su proposta della Commissione e previa consultazione del Parlamento europeo e della Banca centrale europea o deliberando su una raccomandazione della Banca centrale europea e previa consultazione del Parlamento europeo e della Commissione, adotta le disposizioni di cui agli artt. 4, 5, par. 4, 19, par. 2, 20, 28, par. 1, 29, par. 2, 30, par. 4 e 34, par. 3, dello statuto del SEBC e della BCE.

130 (*ex* art. 108 TCE). Nell'esercizio dei poteri e nell'assolvimento dei compiti e dei doveri loro attribuiti dai trattati e dallo statuto del SEBC e della BCE, né la Banca centrale europea né una banca centrale nazionale né un membro dei rispettivi organi decisionali possono sollecitare o accettare istruzioni dalle istituzioni, dagli organi o dagli organismi dell'Unione, dai governi degli Stati membri né da qualsiasi altro organismo. Le istituzioni, gli organi e gli organismi dell'Unione nonché i governi degli Stati membri si impegnano a rispettare questo principio e a non cercare di influenzare i membri degli organi decisionali della Banca centrale europea o delle banche centrali nazionali nell'assolvimento dei loro compiti.

131 (*ex* art. 109 TCE). Ciascuno Stato membro assicura chela propria legislazione nazionale, incluso lo statuto della banca centrale nazionale, sarà compatibile con i trattati e con lo statuto del SEBC e della BCE.

132 (*ex* art. 110 TCE). 1. Per l'assolvimento dei compiti attribuiti al SEBC, la Banca centrale europea, in conformità delle disposizioni dei trattati e alle condizioni stabilite nello statuto del SEBC e della BCE:

— stabilisce regolamenti nella misura necessaria per assolvere i compiti definiti nell'art. 3, par. 1, primo trattino, negli artt. 19, par. 1, 22 o 25, par. 2 dello statuto del SEBC e della BCE e nei casi che sono previsti negli atti del Consiglio di cui all'art. 129, par. 4,

— prende le decisioni necessarie per assolvere compiti attribuiti al SEBC in virtù dei trattati e dello statuto del SEBC e della BCE,

— formula raccomandazioni o pareri.

2. La Banca centrale europea può decidere di pubblicare le sue decisioni, le sue raccomandazioni ed i suoi pareri.

3. Entro i limiti e alle condizioni stabiliti dal Consiglio in conformità della procedura di cui all'art. 129, par. 4, la Banca centrale europea ha il potere di infliggere alle imprese ammende o penalità di mora in caso di inosservanza degli obblighi imposti dai regolamenti e dalle decisioni da essa adottati.

133. Fatte salve le attribuzioni della Banca centrale europea, il Parlamento europeo e il Consiglio, deliberando secondo la procedura legislativa ordinaria, stabiliscono le misure necessarie per l'utilizzo dell'euro come moneta unica. Tali misure sono adottate previa consultazione della Banca centrale europea.

CAPO 3

Disposizioni istituzionali

134 (*ex* art. 114 TCE). 1. Per promuovere il coordinamento delle politiche degli Stati membri in tutta la misura necessaria al funzionamento del mercato interno, è istituito un comitato economico e finanziario.

2. Il comitato economico e finanziario svolge i seguenti compiti:

— formulare pareri, sia a richiesta del Consiglio o della Commissione, sia di propria iniziativa, destinati a tali istituzioni,

— seguire la situazione economica e finanziaria degli Stati membri e dell'Unione e riferire regolarmente in merito al Consiglio e alla Commissione, in particolare sulle relazioni finanziarie con i paesi terzi e le istituzioni internazionali,

— fatto salvo l'art. 240, contribuire alla preparazione dei lavori del Consiglio di cui agli artt. 66, 75, 121, parr. 2, 3, 4 e 6, 122, 124, 125, 126, 127, par. 6, 128, par. 2, 129, parr. 3 e 4, 138, 140, parr. 2 e 3, 143, 144, parr. 2 e 3, e 219, nonché svolgere gli altri compiti consultivi e preparatori ad esso affidati dal Consiglio,

— esaminare, almeno una volta all'anno, la situazione riguardante i movimenti di capitali e la libertà dei pagamenti, quali risultano dall'applicazione dei trattati e dei provvedimenti presi dal Consiglio; l'esame riguarda tutti i provvedimenti riguardanti i movimenti di capitali e i pagamenti; il comitato riferisce alla Commissione e al Consiglio in merito al risultato di tale esame.

Gli Stati membri, la Commissione e la Banca centrale europea nominano ciascuno non più di due membri del comitato.

3. Il Consiglio, su proposta della Commissione e previa consultazione della Banca centrale europea e del comitato di cui al presente articolo, stabilisce disposizioni specifiche relative alla composizione del comitato economico e finanziario. Il presidente del Consiglio informa il Parlamento europeo in merito a tale decisione.

4. Oltre ai compiti di cui al par. 2, se e fintantoché sussistono Stati membri con deroga di cui all'art. 139, il comitato tiene sotto controllo la situazione monetaria e finanziaria nonché il sistema generale dei pagamenti di tali Stati membri e riferisce periodicamente in merito al Consiglio e alla Commissione.

135 (*ex* art. 115 TCE). Per questioni che rientrano nel campo di applicazione degli artt. 121, par. 4, 126, eccettuato il par. 14, 138, 140, par. 1, 140, par. 2, primo comma, 140, par. 3, e 219, il Consiglio o uno Stato membro possono chiedere alla Commissione di fare, secondo i casi, una raccomandazione o una proposta. La Commissione esamina la richiesta e presenta senza indugio le proprie conclusioni al Consiglio.

CAPO 4

Disposizioni specifiche agli Stati membri la cui moneta è l'euro

136. 1. Per contribuire al buon funzionamento dell'unione economica e monetaria e in conformità delle pertinenti disposizioni dei trattati, il Consiglio adotta, secondo la procedura pertinente tra quelle di cui agli artt. 121 e 126, con l'eccezione della procedura di cui all'art. 126, par. 14, misure concernenti gli Stati membri la cui moneta è l'euro, al fine di:

a) rafforzare il coordinamento e la sorveglianza della disciplina di bilancio;

b) elaborare, per quanto li riguarda, gli orientamenti di politica economica vigilando affinché siano compatibili con quelli adottati per l'insieme dell'Unione, e garantirne la sorveglianza.

2. Solo i membri del Consiglio che rappresentano gli Stati membri la cui moneta è l'euro prendono parte al voto sulle misure di cui al par. 1.

Per maggioranza qualificata di detti membri s'intende quella definita conformemente all'art. 238, par. 3, lett. *a*).

3. Gli Stati membri la cui moneta è l'euro possono istituire un meccanismo di stabilità da attivare ove indispensabile per salvaguardare la stabilità della zona euro nel suo insieme. La concessione di qualsiasi assistenza finanziaria necessaria nell'ambito del meccanismo sarà soggetta a una rigorosa condizionalità (1).

137. Le modalità per le riunioni tra i ministri degli Stati membri la cui moneta è l'euro sono stabilite dal protocollo sull'Eurogruppo.

138 (*ex* art. 111, par. 4 TCE). 1. Per garantire la posizione dell'euro nel sistema monetario internazionale, il Consiglio, su proposta della Commissione, adotta una decisione che definisce le posizioni comuni sulle questioni che rivestono un interesse particolare per l'unione economica e monetaria nell'ambito delle competenti istituzioni e conferenze finanziarie internazionali. Il Consiglio delibera previa consultazione della Banca centrale europea.

2. Il Consiglio, su proposta della Commissione, può adottare le misure opportune per garantire una rappresentanza unificata nell'ambito delle istituzioni e conferenze finanziarie internazionali. Il Consiglio delibera previa consultazione della Banca centrale europea.

3. Solo i membri del Consiglio che rappresentano gli Stati membri la cui moneta è l'euro prendono parte al voto sulle misure di cui ai parr. 1 e 2.

Per maggioranza qualificata di detti membri s'intende quella definita conformemente all'art. 238, par. 3, lett. *a*).

CAPO 5

Disposizioni transitorie

139. 1. Gli Stati membri riguardo ai quali il Consiglio non ha deciso che soddisfano alle

(1) Paragrafo aggiunto dall'art. 1, l. 23 luglio 2012, n. 115. L'art. 2, l. cit., così dispone: «Gli Stati membri notificano senza indugio al segretario generale del Consiglio l'espletamento delle procedure richieste dalle rispettive norme costituzionali per l'approvazione della presente decisione. || La presente decisione entra in vigore il 1° gennaio 2013, a condizione che tutte le notifiche di cui al primo comma siano pervenute o, altrimenti, il primo giorno del mese successivo al ricevimento dell'ultima delle notifiche di cui al primo comma».

condizioni necessarie per l'adozione dell'euro sono in appresso denominati «Stati membri con deroga».

2. Le disposizioni seguenti dei trattati non si applicano agli Stati membri con deroga:

a) adozione delle parti degli indirizzi di massima per le politiche economiche che riguardano la zona euro in generale (art. 121, par. 2),

b) mezzi vincolanti per correggere i disavanzi eccessivi (art. 126, parr. 9 e 11),

c) obiettivi e compiti del SEBC (art. 127, parr. 1, 2, 3 e 5),

d) emissione dell'euro (art. 128),

e) atti della Banca centrale europea (art. 132),

f) misure relative all'utilizzo dell'euro (art. 133),

g) accordi monetari e altre misure relative alla politica del cambio (art. 219),

h) designazione dei membri del comitato esecutivo della Banca centrale europea (art. 283, par. 2),

i) decisioni che definiscono le posizioni comuni sulle questioni che rivestono un interesse particolare per l'unione economica e monetaria nell'ambito delle competenti istituzioni e conferenze finanziarie internazionali (art. 138, par. 1),

j) misure per garantire una rappresentanza unificata nell'ambito delle istituzioni e conferenze finanziarie internazionali (art. 138, par. 2).

Pertanto, negli articoli di cui alle lettere da *a*) a *j*), per «Stati membri» si intendono gli Stati membri la cui moneta è l'euro.

3. Gli Stati membri con deroga e le loro banche centrali nazionali sono esclusi dai diritti e dagli obblighi previsti nel quadro del SEBC conformemente al capo IX dello statuto del SEBC e della BCE.

4. I diritti di voto dei membri del Consiglio che rappresentano gli Stati membri con deroga sono sospesi al momento dell'adozione da parte del Consiglio delle misure di cui agli articoli elencati al par. 2, come pure nei casi seguenti:

a) raccomandazioni rivolte agli Stati membri la cui moneta è l'euro nel quadro della sorveglianza multilaterale, per quanto riguarda anche i programmi di stabilità e gli avvertimenti (art. 121, par. 4);

b) misure relative ai disavanzi eccessivi riguardanti gli Stati membri la cui moneta è l'euro (art. 126, parr. 6, 7, 8, 12 e 13).

Per maggioranza qualificata degli altri membri del Consiglio s'intende quella definita conformemente all'art. 238, par. 3, lett. *a*).

140 (*ex* artt. 121, par. 1, 122, par. 2, seconda frase e 123, par. 5 TCE). 1. Almeno una volta ogni due anni o a richiesta di uno Stato membro con deroga, la Commissione e la Banca centrale europea riferiscono al Consiglio sui progressi compiuti dagli Stati membri con deroga nell'adempimento degli obblighi relativi alla realizzazione dell'Unione economica e monetaria. Dette relazioni comprendono un esame della compatibilità tra la legislazione nazionale di ciascuno di tali Stati membri, incluso lo statuto della sua banca centrale, da un lato, e gli artt. 130 e 131 nonché lo statuto del SEBC e della BCE, dall'altro. Le relazioni devono anche esaminare la realizzazione di un alto grado di sostenibile convergenza con riferimento al rispetto dei seguenti criteri da parte di ciascuno Stato membro:

— il raggiungimento di un alto grado di stabilità dei prezzi; questo risulterà da un tasso d'inflazione prossimo a quello dei tre Stati membri, al massimo, che hanno conseguito i migliori risultati in termini di stabilità dei prezzi,

— la sostenibilità della situazione della finanza pubblica; questa risulterà dal conseguimento di una situazione di bilancio pubblico non caratterizzata da un disavanzo eccessivo secondo la definizione di cui all'art. 126, par. 6,

— il rispetto dei margini normali di fluttuazione previsti dal meccanismo di cambio del Sistema monetario europeo per almeno due anni, senza svalutazioni nei confronti dell'euro,

— i livelli dei tassi di interesse a lungo termine che riflettano la stabilità della convergenza raggiunta dallo Stato membro con deroga e della sua partecipazione al meccanismo di cambio.

I quattro criteri esposti nel presente paragrafo e i periodi pertinenti durante i quali devono essere rispettati sono definiti ulteriormente in un protocollo allegato ai trattati. Le relazioni della Commissione e della Banca centrale europea tengono inoltre conto dei risultati dell'integrazione dei mercati, della situazione e dell'evoluzione delle partite correnti delle bilance dei pagamenti, di un esame dell'evoluzione dei costi unitari del lavoro e di altri indici di prezzo.

2. Previa consultazione del Parlamento europeo e dopo dibattito in seno al Consiglio europeo, il Consiglio, su proposta della Commissione, decide quali Stati membri con deroga soddisfano alle condizioni necessarie sulla base dei criteri di cui al par. 1, e abolisce le deroghe degli Stati membri in questione.

Il Consiglio delibera sulla base di una raccomandazione presentata dalla maggioranza qualificata dei membri che, in seno al Consiglio, rappresentano gli Stati membri la cui moneta è l'euro. Questi membri deliberano entro sei mesi dal ricevimento della proposta della Commissione da parte del Consiglio.

Per maggioranza qualificata di detti membri, prevista al secondo comma, s'intende quella definita conformemente all'art. 238, par. 3, lett. *a*).

3. Se si decide, conformemente alla procedura di cui al par. 2, di abolire una deroga, il Consiglio, deliberando all'unanimità degli Stati membri la cui moneta è l'euro e dello Stato membro in questione, su proposta della Commissione e previa consultazione della Banca centrale europea, fissa irrevocabilmente il tasso al quale l'euro subentra alla moneta dello Stato membro in questione e prende le altre misure necessarie per l'introduzione dell'euro come moneta unica nello Stato membro interessato.

141 (*ex* artt. 123, par. 3, e 117, par. 2, primi cinque trattini TCE). 1. Se e fintantoché vi sono Stati membri con deroga e fatto salvo l'art. 129, par. 1, il consiglio generale della Banca centrale europea di cui all'art. 44 dello statuto del SEBC e della BCE sarà costituito in quanto terzo organo decisionale della Banca centrale europea.

2. Se e fintantoché vi sono Stati membri con deroga, la Banca centrale europea, per quanto concerne detti Stati membri:

— rafforza la cooperazione tra le banche centrali nazionali degli Stati membri,

— rafforza il coordinamento delle politiche monetarie degli Stati membri allo scopo di garantire la stabilità dei prezzi,

— sorveglia il funzionamento del meccanismo di cambio,

— procede a consultazioni su questioni che rientrano nelle competenze delle banche centrali nazionali e riguardano la stabilità degli istituti e dei mercati finanziari,

— esercita i compiti svolti un tempo dal Fondo europeo di cooperazione monetaria, precedentemente assunti dall'Istituto monetario europeo.

142 (*ex* art. 124, par. 1 TCE). Ogni Stato membro con deroga considera la propria politica del cambio come un problema di interesse comune. A tal fine gli Stati membri tengono conto delle esperienze acquisite grazie alla cooperazione nell'ambito del meccanismo di cambio.

143 (*ex* art. 119 TCE). 1. In caso di difficoltà o di grave minaccia di difficoltà nella bilancia dei pagamenti di uno Stato membro con deroga, provocate sia da uno squilibrio globale della sua bilancia dei pagamenti, sia dal tipo di valuta di cui esso dispone, e capaci in particolare di compromettere il funzionamento del mercato interno o l'attuazione della politica commerciale comune, la Commissione procede senza indugio a un esame della situazione dello Stato in questione e dell'azione che questo ha intrapreso o può intraprendere conformemente alle disposizioni dei trattati, facendo appello a tutti i mezzi di cui esso dispone. La Commissione indica le misure di cui raccomanda l'adozione da parte dello Stato interessato.

Se l'azione intrapresa da uno Stato membro con deroga e le misure consigliate dalla Commissione non appaiono sufficienti ad appianare le difficoltà o minacce di difficoltà incontrate, la Commissione raccomanda al Consiglio, previa consultazione del comitato economico e finanziario, il concorso reciproco e i metodi del caso.

La Commissione tiene informato regolarmente il Consiglio della situazione e della sua evoluzione.

2. Il Consiglio accorda il concorso reciproco; stabilisce le direttive o decisioni fissandone le condizioni e modalità. Il concorso reciproco può assumere in particolare la forma di:

a) un'azione concordata presso altre organizzazioni internazionali, alle quali gli Stati membri con deroga possono ricorrere;

b) misure necessarie ad evitare deviazioni di traffico quando lo Stato membro con deroga che si trova in difficoltà mantenga o ristabilisca restrizioni quantitative nei confronti dei paesi terzi;

c) concessione di crediti limitati da parte di altri Stati membri, con riserva del consenso di questi.

3. Quando il concorso reciproco raccomandato dalla Commissione non sia stato accordato dal Consiglio ovvero il concorso reciproco accordato e le misure adottate risultino insufficienti, la Commissione autorizza lo Stato membro con deroga che si trova in difficoltà ad adottare delle misure di salvaguardia di cui essa definisce le condizioni e le modalità.

Tale autorizzazione può essere revocata e le condizioni e modalità modificate dal Consiglio.

144 (*ex* art. 120 TCE). 1. In caso di improvvisa crisi nella bilancia dei pagamenti e qualora non intervenga immediatamente una decisione ai sensi dell'art. 143, par. 2, uno Stato membro con deroga può adottare, a titolo conservativo, le misure di salvaguardia necessarie. Tali misure devono provocare il minor turbamento possibile nel funzionamento del mercato interno e non andare oltre la portata strettamente indispensabile a ovviare alle difficoltà improvvise manifestatesi.

2. La Commissione e gli Stati membri devono essere informati in merito a tali misure di salvaguardia al più tardi al momento della loro entrata in vigore. La Commissione può proporre al Consiglio il concorso reciproco ai termini dell'art. 143.

3. Su raccomandazione della Commissione e previa consultazione del comitato economico e finanziario, il Consiglio può decidere che lo Stato membro interessato debba modificare, sospendere o abolire le suddette misure di salvaguardia.

TITOLO IX

Occupazione

145 (*ex* art. 125 TCE). Gli Stati membri e l'Unione, in base al presente titolo, si adoperano per sviluppare una strategia coordinata a favore dell'occupazione, e in particolare a favore della promozione di una forza lavoro competente, qualificata, adattabile e di mercati del lavoro in grado di rispondere ai mutamenti economici, al fine di realizzare gli obiettivi di cui all'art. 3 del trattato sull'Unione europea.

146 (*ex* art. 126 TCE). 1. Gli Stati membri, attraverso le loro politiche in materia di occupazione, contribuiscono al raggiungimento degli obiettivi di cui all'art. 145 in modo coerente con gli indirizzi di massima per le politiche economiche degli Stati membri e dell'Unione adottati a norma dell'art. 121, par. 2.

2. Gli Stati membri, tenuto conto delle prassi nazionali in materia di responsabilità delle parti sociali, considerano la promozione dell'occupazione una questione di interesse comune e coordinano in sede di Consiglio le loro azioni al riguardo, in base alle disposizioni dell'art. 148.

147 (*ex* art. 127 TCE). 1. L'Unione contribuisce ad un elevato livello di occupazione promuovendo la cooperazione tra gli Stati membri nonché sostenendone e, se necessario, integrandone l'azione. Sono in questo contesto rispettate le competenze degli Stati membri.

2. Nella definizione e nell'attuazione delle politiche e delle attività dell'Unione si tiene conto dell'obiettivo di un livello di occupazione elevato.

148 (*ex* art. 128 TCE). 1. In base a una relazione annuale comune del Consiglio e della Commissione, il Consiglio europeo esamina annualmente la situazione dell'occupazione nell'Unione e adotta le conclusioni del caso.

2. Sulla base delle conclusioni del Consiglio europeo, il Consiglio, su proposta della Commissione, previa consultazione del Parlamento europeo, del Comitato economico e sociale, del Comitato delle regioni e del comitato per l'occupazione di cui all'art. 150, elabora annualmente degli orientamenti di cui devono tener conto gli Stati membri nelle rispettive politiche in materia di occupazione. Tali orientamenti sono coerenti con gli indirizzi di massima adottati a norma dell'art. 121, par. 2.

3. Ciascuno Stato membro trasmette al Consiglio e alla Commissione una relazione annuale sulle principali misure adottate per l'attuazione della propria politica in materia di occupazione, alla luce degli orientamenti in materia di occupazione di cui al par. 2.

4. Il Consiglio, sulla base delle relazioni di cui al par. 3 e dei pareri del comitato per l'occupazione, procede annualmente ad un esame dell'attuazione delle politiche degli Stati membri in materia di occupazione alla luce degli orientamenti in materia di occupazione. Il Consiglio, su raccomandazione della Commissione, può, se lo considera opportuno sulla base di detto esame, rivolgere raccomandazioni agli Stati membri.

5. Sulla base dei risultati di detto esame, il Consiglio e la Commissione trasmettono al Consiglio europeo una relazione annuale comune in merito alla situazione dell'occupazione nell'Unione e all'attuazione degli orientamenti in materia di occupazione.

149 (*ex* art. 129 TCE). Il Parlamento europeo e il Consiglio, deliberando secondo la procedura legislativa ordinaria e previa consultazione del Comitato economico e sociale e del Comitato delle regioni, possono adottare misure di incentivazione dirette a promuovere la cooperazione tra Stati membri e a sostenere i loro interventi nel settore dell'occupazione, mediante iniziative volte a sviluppare gli scambi di informazioni e delle migliori prassi, a fornire analisi comparative e indicazioni, nonché a promuovere approcci innovativi e a valutare le esperienze realizzate, in particolare mediante il ricorso a progetti pilota.

Tali misure non comportano l'armonizzazione delle disposizioni legislative e regolamentari degli Stati membri.

150 (*ex* art. 130 TCE). Il Consiglio, deliberando a maggioranza semplice, previa consultazione del Parlamento europeo, istituisce un comitato per l'occupazione a carattere consultivo, al fine di promuovere il coordinamento tra gli Stati membri per quanto riguarda le politiche in materia di occupazione e di mercato del lavoro. Il comitato è incaricato di:

— seguire la situazione dell'occupazione e le politiche in materia di occupazione negli Stati membri e nell'Unione,

— fatto salvo l'art. 240, formulare pareri su richiesta del Consiglio o della Commissione o di propria iniziativa, e contribuire alla preparazione dei lavori del Consiglio di cui all'art. 148.

Nell'esercizio delle sue funzioni, il comitato consulta le parti sociali.

Ogni Stato membro e la Commissione nominano due membri del comitato.

TITOLO X
Politica sociale

151 (*ex* art. 136 TCE). L'Unione e gli Stati membri, tenuti presenti i diritti sociali fondamentali, quali quelli definiti nella Carta sociale europea firmata a Torino il 18 ottobre 1961 e nella Carta comunitaria dei diritti sociali fondamentali dei lavoratori del 1989, hanno come obiettivi la promozione dell'occupazione, il miglioramento delle condizioni di vita e di lavoro, che consenta la loro parificazione nel progresso, una protezione sociale adeguata, il dialogo sociale, lo sviluppo delle risorse umane atto a consentire un livello occupazionale elevato e duraturo e la lotta contro l'emarginazione.

A tal fine, l'Unione e gli Stati membri mettono in atto misure che tengono conto della diversità delle prassi nazionali, in particolare nelle relazioni contrattuali, e della necessità di mantenere la competitività dell'economia dell'Unione.

Essi ritengono che una tale evoluzione risulterà sia dal funzionamento del mercato interno, che favorirà l'armonizzarsi dei sistemi sociali, sia dalle procedure previste dai trattati e dal ravvicinamento delle disposizioni legislative, regolamentari e amministrative.

152. L'Unione riconosce e promuove il ruolo delle parti sociali al suo livello, tenendo conto della diversità dei sistemi nazionali. Essa facilita il dialogo tra tali parti, nel rispetto della loro autonomia.

Il vertice sociale trilaterale per la crescita e l'occupazione contribuisce al dialogo sociale.

153 (*ex* art. 137 TCE). 1. Per conseguire gli obiettivi previsti all'art. 151, l'Unione sostiene e completa l'azione degli Stati membri nei seguenti settori:

a) miglioramento, in particolare, dell'ambiente di lavoro, per proteggere la sicurezza e la salute dei lavoratori;

b) condizioni di lavoro;

c) sicurezza sociale e protezione sociale dei lavoratori;

d) protezione dei lavoratori in caso di risoluzione del contratto di lavoro;

e) informazione e consultazione dei lavoratori;

f) rappresentanza e difesa collettiva degli interessi dei lavoratori e dei datori di lavoro, compresa la cogestione, fatto salvo il par. 5;

g) condizioni di impiego dei cittadini dei paesi terzi che soggiornano legalmente nel territorio dell'Unione;

h) integrazione delle persone escluse dal mercato del lavoro, fatto salvo l'art. 166;

i) parità tra uomini e donne per quanto riguarda le opportunità sul mercato del lavoro ed il trattamento sul lavoro;

j) lotta contro l'esclusione sociale;

k) modernizzazione dei regimi di protezione sociale, fatto salvo il disposto della lett. *c*).

2. A tal fine il Parlamento europeo e il Consiglio:

a) possono adottare misure destinate a incoraggiare la cooperazione tra Stati membri attraverso iniziative volte a migliorare la conoscenza, a sviluppare gli scambi di informazioni e di migliori prassi, a promuovere approcci innovativi e a valutare le esperienze fatte, ad esclusione di qualsiasi armonizzazione delle disposizioni legislative e regolamentari degli Stati membri;

b) possono adottare nei settori di cui al par. 1, lettere da *a*) a *i*), mediante direttive, le prescrizioni minime applicabili progressivamente, tenendo conto delle condizioni e delle normative tecniche esistenti in ciascuno Stato membro. Tali direttive evitano di imporre vincoli amministrativi, finanziari e giuridici di natura tale da ostacolare la creazione e lo sviluppo di piccole e medie imprese.

Il Parlamento europeo e il Consiglio deliberano secondo la procedura legislativa ordinaria previa consultazione del Comitato economico e sociale e del Comitato delle regioni.

Nei settori di cui al par. 1, lett. *c*), *d*), *f*) e *g*), il Consiglio delibera secondo una procedura legislativa speciale, all'unanimità, previa consultazione del Parlamento europeo e di detti Comitati.

Il Consiglio, deliberando all'unanimità, su proposta della Commissione e previa consultazione del Parlamento europeo, può decidere di rendere applicabile al par. 1, lett. *d*), *f*) e *g*) la procedura legislativa ordinaria.

3. Uno Stato membro può affidare alle parti sociali, a loro richiesta congiunta, il compito di mettere in atto le direttive prese a norma del par. 2 o, se del caso, una decisione del Consiglio adottata conformemente all'art. 155.

In tal caso esso si assicura che, al più tardi alla data in cui una direttiva o una decisione devono essere attuate, le parti sociali abbiano stabilito mediante accordo le necessarie disposizioni, fermo restando che lo Stato membro interessato deve adottare le misure necessarie che gli permettano di garantire in qualsiasi momento i risultati imposti da detta direttiva o detta decisione.

4. Le disposizioni adottate a norma del presente articolo:

— non compromettono la facoltà riconosciuta agli Stati membri di definire i principi fondamentali del loro sistema di sicurezza sociale e non devono incidere sensibilmente sull'equilibrio finanziario dello stesso,

— non ostano a che uno Stato membro mantenga o stabilisca misure, compatibili con i trattati, che prevedano una maggiore protezione.

5. Le disposizioni del presente articolo non si applicano alle retribuzioni, al diritto di associazione, al diritto di sciopero né al diritto di serrata.

154 (*ex* art. 138 TCE). 1. La Commissione ha il compito di promuovere la consultazione delle parti sociali a livello dell'Unione e prende ogni misura utile per facilitarne il dialogo provvedendo ad un sostegno equilibrato delle parti.

2. A tal fine la Commissione, prima di presentare proposte nel settore della politica sociale, consulta le parti sociali sul possibile orientamento di un'azione dell'Unione.

3. Se, dopo tale consultazione, ritiene opportuna un'azione dell'Unione, la Commissione consulta le parti sociali sul contenuto della proposta prevista. Le parti sociali trasmettono alla Commissione un parere o, se opportuno, una raccomandazione.

4. In occasione delle consultazioni di cui ai parr. 2 e 3 le parti sociali possono informare la Commissione della loro volontà di avviare il processo previsto dall'art. 155. La durata di tale processo non supera nove mesi, salvo proroga decisa in comune dalle parti sociali interessate e dalla Commissione.

155 (*ex* art. 139 TCE). 1. Il dialogo fra le parti sociali a livello dell'Unione può condurre, se queste lo desiderano, a relazioni contrattuali, ivi compresi accordi.

2. Gli accordi conclusi a livello dell'Unione sono attuati secondo le procedure e le prassi proprie delle parti sociali e degli Stati membri o, nell'ambito dei settori contemplati dall'art. 153, e a richiesta congiunta delle parti firmatarie, in base ad una decisione del Consiglio su proposta della Commissione. Il Parlamento europeo è informato.

Il Consiglio delibera all'unanimità allorché l'accordo in questione contiene una o più disposizioni relative ad uno dei settori per i quali è richiesta l'unanimità a norma dell'art. 153, par. 2.

156 (*ex* art. 140 TCE). Per conseguire gli obiettivi dell'art. 151 e fatte salve le altre disposizioni dei trattati, la Commissione incoraggia la cooperazione tra gli Stati membri e facilita il coordinamento della loro azione in tutti i settori della politica sociale contemplati dal presente capo, in particolare per le materie riguardanti:

— l'occupazione,

— il diritto del lavoro e le condizioni di lavoro,

— la formazione e il perfezionamento professionale,

— la sicurezza sociale,

— la protezione contro gli infortuni e le malattie professionali,

— l'igiene del lavoro;

— il diritto di associazione e la contrattazione collettiva tra datori di lavoro e lavoratori.

A tal fine la Commissione opera a stretto contatto con gli Stati membri mediante studi e pareri e organizzando consultazioni, sia per i problemi che si presentano sul piano nazionale, che per quelli che interessano le organizzazioni internazionali, in particolare mediante iniziative finalizzate alla definizione di orientamenti e indicatori, all'organizzazione di scambi di migliori pratiche e alla preparazione di elementi necessari per il controllo e la valutazione periodici. Il Parlamento europeo è pienamente informato.

Prima di formulare i pareri previsti dal presente articolo, la Commissione consulta il Comitato economico e sociale.

157 (*ex* art. 141 TCE). 1. Ciascuno Stato membro assicura l'applicazione del principio della parità di retribuzione tra lavoratori di sesso maschile e quelli di sesso femminile per uno stesso lavoro o per un lavoro di pari valore.

2. Per retribuzione si intende, a norma del presente articolo, il salario o trattamento normale di base o minimo e tutti gli altri vantaggi pagati direttamente o indirettamente, in contanti o in natura, dal datore di lavoro al lavoratore in ragione dell'impiego di quest'ultimo.

La parità di retribuzione, senza discriminazione fondata sul sesso, implica:

a) che la retribuzione corrisposta per uno stesso lavoro pagato a cottimo sia fissata in base a una stessa unità di misura;

b) che la retribuzione corrisposta per un lavoro pagato a tempo sia uguale per uno stesso posto di lavoro.

3. Il Parlamento europeo e il Consiglio, deliberando secondo la procedura legislativa ordinaria e previa consultazione del Comitato

economico e sociale, adottano misure che assicurino l'applicazione del principio delle pari opportunità e della parità di trattamento tra uomini e donne in materia di occupazione e impiego, ivi compreso il principio della parità delle retribuzioni per uno stesso lavoro o per un lavoro di pari valore.

4. Allo scopo di assicurare l'effettiva e completa parità tra uomini e donne nella vita lavorativa, il principio della parità di trattamento non osta a che uno Stato membro mantenga o adotti misure che prevedano vantaggi specifici diretti a facilitare l'esercizio di un'attività professionale da parte del sesso sottorappresentato ovvero a evitare o compensare svantaggi nelle carriere professionali.

158 (*ex* art. 142 TCE). Gli Stati membri si adoperano a mantenere l'equivalenza esistente nei regimi di congedo retribuito.

159 (*ex* art. 143 TCE). La Commissione elabora una relazione annuale sugli sviluppi nella realizzazione degli obiettivi dell'art. 151, compresa la situazione demografica nell'Unione. Essa trasmette la relazione al Parlamento europeo, al Consiglio e al Comitato economico e sociale.

160 (*ex* art. 144 TCE). Il Consiglio, deliberando a maggioranza semplice, previa consultazione del Parlamento europeo, istituisce un comitato per la protezione sociale a carattere consultivo, al fine di promuovere la cooperazione in materia di protezione sociale tra gli Stati membri e con la Commissione. Il comitato è incaricato:

— di seguire la situazione sociale e lo sviluppo delle politiche di protezione sociale negli Stati membri e nell'Unione,

— di agevolare gli scambi di informazioni, esperienze e buone prassi tra gli Stati membri e con la Commissione,

— fatto salvo l'art. 240, di elaborare relazioni, formulare pareri o intraprendere altre attività nei settori di sua competenza, su richiesta del Consiglio o della Commissione o di propria iniziativa.

Nell'esercizio delle sue funzioni, il comitato stabilisce contatti appropriati con le parti sociali.

Ogni Stato membro e la Commissione nominano due membri del comitato.

161 (*ex* art. 145 TCE). La Commissione dedica, nella sua relazione annuale al Parlamento europeo, un capitolo speciale all'evoluzione della situazione sociale nell'Unione.

Il Parlamento europeo può invitare la Commissione a elaborare delle relazioni su problemi particolari concernenti la situazione sociale.

TITOLO XI

Il Fondo sociale europeo

162 (*ex* art. 146 TCE). Per migliorare le possibilità di occupazione dei lavoratori nell'ambito del mercato interno e contribuire così al miglioramento del tenore di vita, è istituito, nel quadro delle disposizioni seguenti, un Fondo sociale europeo che ha l'obiettivo di promuovere all'interno dell'Unione le possibilità di occupazione e la mobilità geografica e professionale dei lavoratori, nonché di facilitare l'adeguamento alle trasformazioni industriali e ai cambiamenti dei sistemi di produzione, in particolare attraverso la formazione e la riconversione professionale.

163 (*ex* art. 147 TCE). L'amministrazione del Fondo spetta alla Commissione.

In tale compito la Commissione è assistita da un comitato, presieduto da un membro della Commissione e composto di rappresentanti dei governi e delle organizzazioni sindacali dei lavoratori e dei datori di lavoro.

164 (*ex* art. 148 TCE). Il Parlamento europeo e il Consiglio, deliberando secondo la procedura legislativa ordinaria e previa consultazione del Comitato economico e sociale e del Comitato delle regioni, adottano i regolamenti di applicazione relativi al Fondo sociale europeo.

TITOLO XII

Istruzione, formazione professionale, gioventù e sport

165 (*ex* art. 149 TCE). 1. L'Unione contribuisce allo sviluppo di un'istruzione di qualità incentivando la cooperazione tra Stati membri e, se necessario, sostenendo ed integrando la loro azione nel pieno rispetto della responsabilità degli Stati membri per quanto riguarda il contenuto dell'insegnamento e l'organizzazione del sistema di istruzione, nonché delle loro diversità culturali e linguistiche.

L'Unione contribuisce alla promozione dei profili europei dello sport, tenendo conto delle sue specificità, delle sue strutture fondate sul volontariato e della sua funzione sociale ed educativa.

2. L'azione dell'Unione è intesa:

— a sviluppare la dimensione europea dell'istruzione, segnatamente con l'apprendimento e la diffusione delle lingue degli Stati membri,

— a favorire la mobilità degli studenti e

degli insegnanti, promuovendo tra l'altro il riconoscimento accademico dei diplomi e dei periodi di studio,

— a promuovere la cooperazione tra gli istituti di insegnamento,

— a sviluppare lo scambio di informazioni e di esperienze sui problemi comuni dei sistemi di istruzione degli Stati membri,

— a favorire lo sviluppo degli scambi di giovani e di animatori di attività socioeducative e a incoraggiare la partecipazione dei giovani alla vita democratica dell'Europa,

— a incoraggiare lo sviluppo dell'istruzione a distanza,

— a sviluppare la dimensione europea dello sport, promuovendo l'equità e l'apertura nelle competizioni sportive e la cooperazione tra gli organismi responsabili dello sport e proteggendo l'integrità fisica e morale degli sportivi, in particolare dei più giovani tra di essi.

3. L'Unione e gli Stati membri favoriscono la cooperazione con i paesi terzi e le organizzazioni internazionali competenti in materia di istruzione e di sport, in particolare con il Consiglio d'Europa.

4. Per contribuire alla realizzazione degli obiettivi previsti dal presente articolo:

— il Parlamento europeo e il Consiglio, deliberando in conformità della procedura legislativa ordinaria e previa consultazione del Comitato economico e sociale e del Comitato delle regioni, adottano azioni di incentivazione, ad esclusione di qualsiasi armonizzazione delle disposizioni legislative e regolamentari degli Stati membri,

— il Consiglio, su proposta della Commissione, adotta raccomandazioni.

166 (*ex* art. 150 TCE). 1. L'Unione attua una politica di formazione professionale che rafforza ed integra le azioni degli Stati membri, nel pieno rispetto della responsabilità di questi ultimi per quanto riguarda il contenuto e l'organizzazione della formazione professionale.

2. L'azione dell'Unione è intesa:

— a facilitare l'adeguamento alle trasformazioni industriali, in particolare attraverso la formazione e la riconversione professionale,

— a migliorare la formazione professionale iniziale e la formazione permanente, per agevolare l'inserimento e il reinserimento professionale sul mercato del lavoro,

— a facilitare l'accesso alla formazione professionale ed a favorire la mobilità degli istruttori e delle persone in formazione, in particolare dei giovani,

— a stimolare la cooperazione in materia di formazione tra istituti di insegnamento o di formazione professionale e imprese,

— a sviluppare lo scambio di informazioni e di esperienze sui problemi comuni dei sistemi di formazione degli Stati membri.

3. L'Unione e gli Stati membri favoriscono la cooperazione con i paesi terzi e le organizzazioni internazionali competenti in materia di formazione professionale.

4. Il Parlamento europeo e il Consiglio, deliberando secondo la procedura legislativa ordinaria e previa consultazione del Comitato economico e sociale e del Comitato delle Regioni, adottano le misure atte a contribuire alla realizzazione degli obiettivi di cui al presente articolo, ad esclusione di qualsiasi armonizzazione delle disposizioni legislative e regolamentari degli Stati membri e il Consiglio, su proposta della Commissione, adotta raccomandazioni.

TITOLO XIII

Cultura

167 (*ex* art. 151 TCE). 1. L'Unione contribuisce al pieno sviluppo delle culture degli Stati membri nel rispetto delle loro diversità nazionali e regionali, evidenziando nel contempo il retaggio culturale comune.

2. L'azione dell'Unione è intesa ad incoraggiare la cooperazione tra Stati membri e, se necessario, ad appoggiare e ad integrare l'azione di questi ultimi nei seguenti settori:

— miglioramento della conoscenza e della diffusione della cultura e della storia dei popoli europei,

— conservazione e salvaguardia del patrimonio culturale di importanza europea,

— scambi culturali non commerciali,

— creazione artistica e letteraria, compreso il settore audiovisivo.

3. L'Unione e gli Stati membri favoriscono la cooperazione con i paesi terzi e le organizzazioni internazionali competenti in materia di cultura, in particolare con il Consiglio d'Europa.

4. L'Unione tiene conto degli aspetti culturali nell'azione che svolge a norma di altre disposizioni dei trattati, in particolare ai fini di rispettare e promuovere la diversità delle sue culture.

5. Per contribuire alla realizzazione degli obiettivi previsti dal presente articolo:

— il Parlamento europeo e il Consiglio, deliberando secondo la procedura legislativa ordinaria e previa consultazione del Comitato delle regioni, adottano azioni di incentivazione, ad esclusione di qualsiasi armonizzazione delle disposizioni legislative e regolamentari degli Stati membri;

— il Consiglio, su proposta della Commissione, adotta raccomandazioni.

TITOLO XIV

Sanità pubblica

168 (*ex* art. 152 TCE). 1. Nella definizione e nell'attuazione di tutte le politiche ed attività dell'Unione è garantito un livello elevato di protezione della salute umana.

L'azione dell'Unione, che completa le politiche nazionali, si indirizza al miglioramento della sanità pubblica, alla prevenzione delle malattie e affezioni e all'eliminazione delle fonti di pericolo per la salute fisica e mentale. Tale azione comprende la lotta contro i grandi flagelli, favorendo la ricerca sulle loro cause, la loro propagazione e la loro prevenzione, nonché l'informazione e l'educazione in materia sanitaria, nonché la sorveglianza, l'allarme e la lotta contro gravi minacce per la salute a carattere transfrontaliero.

L'Unione completa l'azione degli Stati membri volta a ridurre gli effetti nocivi per la salute umana derivanti dall'uso di stupefacenti, comprese l'informazione e la prevenzione.

2. L'Unione incoraggia la cooperazione tra gli Stati membri nei settori di cui al presente articolo e, ove necessario, appoggia la loro azione. In particolare incoraggia la cooperazione tra gli Stati membri per migliorare la complementarietà dei loro servizi sanitari nelle regioni di frontiera.

Gli Stati membri coordinano tra loro, in collegamento con la Commissione, le rispettive politiche ed i rispettivi programmi nei settori di cui al par. 1. La Commissione può prendere, in stretto contatto con gli Stati membri, ogni iniziativa utile a promuovere detto coordinamento, in particolare iniziative finalizzate alla definizione di orientamenti e indicatori, all'organizzazione di scambi delle migliori pratiche e alla preparazione di elementi necessari per il controllo e la valutazione periodici. Il Parlamento europeo è pienamente informato.

3. L'Unione e gli Stati membri favoriscono la cooperazione con i paesi terzi e con le organizzazioni internazionali competenti in materia di sanità pubblica.

4. In deroga all'art. 2, par. 5, e all'art. 6, lett. *a*), e in conformità dell'art. 4, par. 2, lett. *k*), il Parlamento europeo e il Consiglio, deliberando secondo la procedura legislativa ordinaria e previa consultazione del Comitato economico e sociale e del Comitato delle regioni, contribuiscono alla realizzazione degli obiettivi previsti dal presente articolo, adottando, per affrontare i problemi comuni di sicurezza:

a) misure che fissino parametri elevati di qualità e sicurezza degli organi e sostanze di origine umana, del sangue e degli emoderivati; tali misure non ostano a che gli Stati membri mantengano o introducano misure protettive più rigorose;

b) misure nei settori veterinario e fitosanitario il cui obiettivo primario sia la protezione della sanità pubblica;

c) misure che fissino parametri elevati di qualità e sicurezza dei medicinali e dei dispositivi di impiego medico.

5. Il Parlamento europeo e il Consiglio, deliberando secondo la procedura legislativa ordinaria e previa consultazione del Comitato economico e sociale e del Comitato delle regioni, possono anche adottare misure di incentivazione per proteggere e migliorare la salute umana, in particolare per lottare contro i grandi flagelli che si propagano oltre frontiera, misure concernenti la sorveglianza, l'allarme e la lotta contro gravi minacce per la salute a carattere transfrontaliero, e misure il cui obiettivo diretto sia la protezione della sanità pubblica in relazione al tabacco e all'abuso di alcol, ad esclusione di qualsiasi armonizzazione delle disposizioni legislative e regolamentari degli Stati membri.

6. Il Consiglio, su proposta della Commissione, può altresì adottare raccomandazioni per i fini stabiliti dal presente articolo.

7. L'azione dell'Unione rispetta le responsabilità degli Stati membri per la definizione della loro politica sanitaria e per l'organizzazione e la fornitura di servizi sanitari e di assistenza medica. Le responsabilità degli Stati membri includono la gestione dei servizi sanitari e dell'assistenza medica e l'assegnazione delle risorse loro destinate. Le misure di cui al par. 4, lett. *a*) non pregiudicano le disposizioni nazionali sulla donazione e l'impiego medico di organi e sangue.

TITOLO XV

Protezione dei consumatori

169 (*ex* art. 153 TCE). 1. Al fine di promuovere gli interessi dei consumatori ed assicurare un livello elevato di protezione dei consumatori, l'Unione contribuisce a tutelare la salute, la sicurezza e gli interessi economici dei consumatori nonché a promuovere il loro diritto all'informazione, all'educazione e all'organizzazione per la salvaguardia dei propri interessi.

2. L'Unione contribuisce al conseguimento degli obiettivi di cui al par. 1 mediante:

a) misure adottate a norma dell'art. 114 nel quadro della realizzazione del mercato interno;

b) misure di sostegno, di integrazione e di controllo della politica svolta dagli Stati membri.

3. Il Parlamento europeo e il Consiglio, deliberando secondo la procedura legislativa ordinaria e previa consultazione del Comitato economico e sociale, adottano le misure di cui al par. 2, lett. *b*).

4. Le misure adottate a norma del par. 3 non impediscono ai singoli Stati membri di mantenere o di introdurre misure di protezione più rigorose. Tali misure devono essere compatibili con i trattati. Esse sono notificate alla Commissione.

TITOLO XVI

Reti transeuropee

170 (*ex* art. 154 TCE). 1. Per contribuire al raggiungimento degli obiettivi di cui agli artt. 26 e 174 e per consentire ai cittadini dell'Unione, agli operatori economici e alle collettività regionali e locali di beneficiare pienamente dei vantaggi derivanti dall'instaurazione di uno spazio senza frontiere interne, l'Unione concorre alla costituzione e allo sviluppo di reti transeuropee nei settori delle infrastrutture dei trasporti, delle telecomunicazioni e dell'energia.

2. Nel quadro di un sistema di mercati aperti e concorrenziali, l'azione dell'Unione mira a favorire l'interconnessione e l'interoperabilità delle reti nazionali, nonché l'accesso a tali reti. Essa tiene conto in particolare della necessità di collegare alle regioni centrali dell'Unione le regioni insulari, prive di sbocchi al mare e periferiche.

171 (*ex* art. 155 TCE). 1. Per conseguire gli obiettivi di cui all'art. 170, l'Unione:

— stabilisce un insieme di orientamenti che contemplino gli obiettivi, le priorità e le linee principali delle azioni previste nel settore delle reti transeuropee; in detti orientamenti sono individuati progetti di interesse comune,

— intraprende ogni azione che si riveli necessaria per garantire l'interoperabilità delle reti, in particolare nel campo dell'armonizzazione delle norme tecniche,

— può appoggiare progetti di interesse comune sostenuti dagli Stati membri, individuati nell'ambito degli orientamenti di cui al primo trattino, in particolare mediante studi di fattibilità, garanzie di prestito o abbuoni di interesse; l'Unione può altresì contribuire al finanziamento negli Stati membri, mediante il Fondo di coesione istituito conformemente all'art. 177, di progetti specifici nel settore delle infrastrutture dei trasporti.

L'azione dell'Unione tiene conto della potenziale validità economica dei progetti.

2. Gli Stati membri coordinano tra loro, in collegamento con la Commissione, le politiche svolte a livello nazionale che possono avere un impatto rilevante sulla realizzazione degli obiettivi di cui all'art. 170. La Commissione può prendere, in stretta collaborazione con gli Stati membri, qualsiasi iniziativa utile per favorire detto coordinamento.

3. L'Unione può decidere di cooperare con i paesi terzi per promuovere progetti di interesse comune e garantire l'interoperabilità delle reti.

172 (*ex* art. 156 TCE). Gli orientamenti e le altre misure di cui all'art. 171, par. 1, sono adottati dal Parlamento europeo e dal Consiglio, che deliberano secondo la procedura legislativa ordinaria e previa consultazione del Comitato economico e sociale e del Comitato delle regioni.

Gli orientamenti ed i progetti di interesse comune che riguardano il territorio di uno Stato membro esigono l'approvazione dello Stato membro interessato.

TITOLO XVII

Industria

173 (*ex* art. 157 TCE). 1. L'Unione e gli Stati membri provvedono affinché siano assicurate le condizioni necessarie alla competitività dell'industria dell'Unione.

A tal fine, nell'ambito di un sistema di mercati aperti e concorrenziali, la loro azione è intesa:

— ad accelerare l'adattamento dell'industria alle trasformazioni strutturali,

— a promuovere un ambiente favorevole all'iniziativa ed allo sviluppo delle imprese di tutta l'Unione, segnatamente delle piccole e medie imprese,

— a promuovere un ambiente favorevole alla cooperazione tra imprese,

— a favorire un migliore sfruttamento del potenziale industriale delle politiche d'innovazione, di ricerca e di sviluppo tecnologico.

2. Gli Stati membri si consultano reciprocamente in collegamento con la Commissione e, per quanto è necessario, coordinano le loro azioni. La Commissione può prendere ogni iniziativa utile a promuovere detto coordinamen-

to, in particolare iniziative finalizzate alla definizione di orientamenti e indicatori, all'organizzazione di scambi di migliori pratiche e alla preparazione di elementi necessari per il controllo e la valutazione periodici. Il Parlamento europeo è pienamente informato.

3. L'Unione contribuisce alla realizzazione degli obiettivi di cui al par. 1 attraverso politiche ed azioni da essa attuate ai sensi di altre disposizioni dei trattati. Il Parlamento europeo e il Consiglio, deliberando secondo la procedura legislativa ordinaria e previa consultazione del Comitato economico e sociale, possono decidere misure specifiche, destinate a sostenere le azioni svolte negli Stati membri al fine di realizzare gli obiettivi di cui al par. 1, ad esclusione di qualsiasi armonizzazione delle disposizioni legislative e regolamentari degli Stati membri.

Il presente titolo non costituisce una base per l'introduzione da parte dell'Unione di qualsivoglia misura che possa generare distorsioni di concorrenza o che comporti disposizioni fiscali o disposizioni relative ai diritti ed interessi dei lavoratori dipendenti.

TITOLO XVIII

Coesione economica, sociale e territoriale

174 (*ex* art. 158 TCE). Per promuovere uno sviluppo armonioso dell'insieme dell'Unione, questa sviluppa e prosegue la propria azione intesa a realizzare il rafforzamento della sua coesione economica, sociale e territoriale.

In particolare l'Unione mira a ridurre il divario tra i livelli di sviluppo delle varie regioni ed il ritardo delle regioni meno favorite.

Tra le regioni interessate, un'attenzione particolare è rivolta alle zone rurali, alle zone interessate da transizione industriale e alle regioni che presentano gravi e permanenti svantaggi naturali o demografici, quali le regioni più settentrionali con bassissima densità demografica e le regioni insulari, transfrontaliere e di montagna.

175 (*ex* art. 159 TCE). Gli Stati membri conducono la loro politica economica e la coordinano anche al fine di raggiungere gli obiettivi dell'art. 174. L'elaborazione e l'attuazione delle politiche e azioni dell'Unione, nonché l'attuazione del mercato interno tengono conto degli obiettivi dell'art. 174 e concorrono alla loro realizzazione. L'Unione appoggia questa realizzazione anche con l'azione che essa svolge attraverso fondi a finalità strutturale (Fondo europeo agricolo di orientamento e di garanzia, sezione «orientamento», Fondo sociale europeo, Fondo europeo di sviluppo regionale), la Banca europea per gli investimenti e gli altri strumenti finanziari esistenti.

La Commissione presenta ogni tre anni al Parlamento europeo, al Consiglio, al Comitato economico e sociale e al Comitato delle regioni una relazione sui progressi compiuti nella realizzazione della coesione economica, sociale e territoriale e sul modo in cui i vari strumenti previsti dal presente articolo vi hanno contribuito. Tale relazione è corredata, se del caso, di appropriate proposte.

Le azioni specifiche che si rivelassero necessarie al di fuori dei Fondi, fatte salve le misure decise nell'ambito delle altre politiche dell'Unione, possono essere adottate dal Parlamento europeo e dal Consiglio, che deliberano secondo la procedura legislativa ordinaria e previa consultazione del Comitato economico e sociale e del Comitato delle regioni.

176 (*ex* art. 160 TCE). Il Fondo europeo di sviluppo regionale è destinato a contribuire alla correzione dei principali squilibri regionali esistenti nell'Unione, partecipando allo sviluppo e all'adeguamento strutturale delle regioni in ritardo di sviluppo nonché alla riconversione delle regioni industriali in declino.

177 (*ex* art. 161 TCE). Fatto salvo l'art. 178, il Parlamento europeo e il Consiglio, deliberando mediante regolamenti secondo la procedura legislativa ordinaria e previa consultazione del Comitato economico e sociale e del Comitato delle regioni, definiscono i compiti, gli obiettivi prioritari e l'organizzazione dei fondi a finalità strutturale, elemento quest'ultimo che può comportare il raggruppamento dei fondi. Sono inoltre definite, secondo la stessa procedura, le norme generali applicabili ai fondi, nonché le disposizioni necessarie per garantire l'efficacia e il coordinamento dei fondi tra loro e con gli altri strumenti finanziari esistenti.

Un Fondo di coesione è istituito secondo la stessa procedura per l'erogazione di contributi finanziari a progetti in materia di ambiente e di reti transeuropee nel settore delle infrastrutture dei trasporti.

178 (*ex* art. 162 TCE). I regolamenti di applicazione relativi al Fondo europeo di sviluppo regionale sono adottati dal Parlamento europeo e dal Consiglio, che deliberano secondo la procedura legislativa ordinaria e previa consultazione del Comitato economico e sociale e del Comitato delle regioni.

Per quanto riguarda il Fondo europeo agricolo di orientamento e di garanzia, sezione «orientamento», ed il Fondo sociale europeo restano applicabili rispettivamente gli artt. 43 e 164.

TITOLO XIX

Ricerca e sviluppo tecnologico e spazio

179 (*ex* art. 163 TCE). 1. L'Unione si propone l'obiettivo di rafforzare le sue basi scientifiche e tecnologiche con la realizzazione di uno spazio europeo della ricerca nel quale i ricercatori, le conoscenze scientifiche e le tecnologie circolino liberamente, di favorire lo sviluppo della sua competitività, inclusa quella della sua industria, e di promuovere le azioni di ricerca ritenute necessarie ai sensi di altri capi dei trattati.

2. A tal fine essa incoraggia nell'insieme dell'Unione le imprese, comprese le piccole e le medie imprese, i centri di ricerca e le università nei loro sforzi di ricerca e di sviluppo tecnologico di alta qualità; essa sostiene i loro sforzi di cooperazione, mirando soprattutto a permettere ai ricercatori di cooperare liberamente oltre le frontiere e alle imprese di sfruttare appieno le potenzialità del mercato interno grazie, in particolare, all'apertura degli appalti pubblici nazionali, alla definizione di norme comuni ed all'eliminazione degli ostacoli giuridici e fiscali a detta cooperazione.

3. Tutte le azioni dell'Unione ai sensi dei trattati, comprese le azioni dimostrative, nel settore della ricerca e dello sviluppo tecnologico sono decise e realizzate conformemente alle disposizioni del presente titolo.

180 (*ex* art. 164 TCE). Nel perseguire tali obiettivi, l'Unione svolge le azioni seguenti, che integrano quelle intraprese dagli Stati membri:

a) attuazione di programmi di ricerca, sviluppo tecnologico e dimostrazione, promuovendo la cooperazione con e tra le imprese, i centri di ricerca e le università;

b) promozione della cooperazione in materia di ricerca, sviluppo tecnologico e dimostrazione dell'Unione con i paesi terzi e le organizzazioni internazionali;

c) diffusione e valorizzazione dei risultati delle attività in materia di ricerca, sviluppo tecnologico e dimostrazione dell'Unione;

d) impulso alla formazione e alla mobilità dei ricercatori dell'Unione.

181 (*ex* art. 165 TCE). 1. L'Unione e gli Stati membri coordinano la loro azione in materia di ricerca e sviluppo tecnologico per garantire la coerenza reciproca delle politiche nazionali e della politica dell'Unione.

2. La Commissione, in stretta collaborazione con gli Stati membri, può prendere ogni iniziativa utile a promuovere il coordinamento di cui al par. 1, in particolare iniziative finalizzate alla definizione di orientamenti e indicatori, all'organizzazione di scambi di migliori pratiche e alla preparazione di elementi necessari per il controllo e la valutazione periodici. Il Parlamento europeo è pienamente informato.

182 (*ex* art. 166 TCE). 1. Il Parlamento europeo e il Consiglio, deliberando secondo la procedura legislativa ordinaria e previa consultazione del Comitato economico e sociale, adottano un programma quadro pluriennale che comprende l'insieme delle azioni dell'Unione.

Il programma quadro:

— fissa gli obiettivi scientifici e tecnologici da realizzare mediante le azioni previste dall'art. 180 e le relative priorità,

— indica le grandi linee di dette azioni,

— stabilisce l'importo globale massimo e le modalità della partecipazione finanziaria dell'Unione al programma quadro, nonché le quote rispettive di ciascuna delle azioni previste.

2. Il programma quadro viene adattato o completato in funzione dell'evoluzione della situazione.

3. Il programma quadro è attuato mediante programmi specifici sviluppati nell'ambito di ciascuna azione. Ogni programma specifico precisa le modalità di realizzazione del medesimo, ne fissa la durata e prevede i mezzi ritenuti necessari. La somma degli importi ritenuti necessari, fissati dai programmi specifici, non può superare l'importo globale massimo fissato per il programma quadro e per ciascuna azione.

4. Il Consiglio, deliberando secondo una procedura legislativa speciale e previa consultazione del Parlamento europeo e del Comitato economico e sociale, adotta i programmi specifici.

5. A integrazione delle azioni previste dal programma quadro pluriennale, il Parlamento europeo e il Consiglio, deliberando secondo la procedura legislativa ordinaria e previa consultazione del Comitato economico e sociale, stabiliscono le misure necessarie all'attuazione dello spazio europeo della ricerca.

183 (*ex* art. 167 TCE). Per l'attuazione del programma quadro pluriennale, l'Unione:

— fissa le norme per la partecipazione delle imprese, dei centri di ricerca e delle università,

— fissa le norme applicabili alla divulgazione dei risultati della ricerca.

184 (*ex* art. 168 TCE). Nell'attuazione del programma quadro pluriennale possono essere decisi programmi complementari cui partecipano soltanto alcuni Stati membri che ne assicurano il finanziamento, fatta salva un'eventuale partecipazione dell'Unione.

L'Unione adotta le norme applicabili ai programmi complementari, in particolare in materia di divulgazione delle conoscenze e di accesso di altri Stati membri.

185 (*ex* art. 169 TCE). Nell'attuazione del programma quadro pluriennale l'Unione può prevedere, d'intesa con gli Stati membri interessati, la partecipazione a programmi di ricerca e sviluppo avviati da più Stati membri, compresa la partecipazione alle strutture instaurate per l'esecuzione di detti programmi.

186 (*ex* art. 170 TCE). Nell'attuazione del programma quadro pluriennale l'Unione può prevedere una cooperazione in materia di ricerca, sviluppo tecnologico e dimostrazione dell'Unione con paesi terzi o organizzazioni internazionali.

Le modalità di questa cooperazione possono formare oggetto di accordi tra l'Unione e i terzi interessati.

187 (*ex* art. 171 TCE). L'Unione può creare imprese comuni o qualsiasi altra struttura necessaria alla migliore esecuzione dei programmi di ricerca, sviluppo tecnologico e dimostrazione dell'Unione.

188 (*ex* art. 172 TCE). Il Consiglio, su proposta della Commissione e previa consultazione del Parlamento europeo e del Comitato economico e sociale, adotta le disposizioni di cui all'art. 187.

Il Parlamento europeo e il Consiglio, deliberando secondo la procedura legislativa ordinaria e previa consultazione del Comitato economico e sociale, adottano le disposizioni di cui agli artt. 183, 184 e 185. L'adozione dei programmi complementari richiede l'accordo degli Stati membri interessati.

189. 1. Per favorire il progresso tecnico e scientifico, la competitività industriale e l'attuazione delle sue politiche, l'Unione elabora una politica spaziale europea. A tal fine può promuovere iniziative comuni, sostenere la ricerca e lo sviluppo tecnologico e coordinare gli sforzi necessari per l'esplorazione e l'utilizzo dello spazio.

2. Per contribuire alla realizzazione degli obiettivi di cui al par. 1 il Parlamento europeo e il Consiglio, deliberando secondo la procedura legislativa ordinaria, stabiliscono le misure necessarie, che possono assumere la forma di un programma spaziale europeo, ad esclusione di qualsiasi armonizzazione delle disposizioni legislative e regolamentari degli Stati membri.

3. L'Unione instaura tutti i collegamenti utili con l'Agenzia spaziale europea.

4. Il presente articolo lascia impregiudicate le altre disposizioni del presente titolo.

190 (*ex* art. 173 TCE). All'inizio di ogni anno la Commissione presenta una relazione al Parlamento europeo e al Consiglio. Detta relazione verte in particolare sulle attività svolte in materia di ricerca e di sviluppo tecnologico e di divulgazione dei risultati durante l'anno precedente nonché sul programma di lavoro dell'anno in corso.

TITOLO XX

Ambiente

191 (*ex* art. 174 TCE). 1. La politica dell'Unione in materia ambientale contribuisce a perseguire i seguenti obiettivi:

— salvaguardia, tutela e miglioramento della qualità dell'ambiente,

— protezione della salute umana,

— utilizzazione accorta e razionale delle risorse naturali,

— promozione sul piano internazionale di misure destinate a risolvere i problemi dell'ambiente a livello regionale o mondiale e, in particolare, a combattere i cambiamenti climatici.

2. La politica dell'Unione in materia ambientale mira a un elevato livello di tutela, tenendo conto della diversità delle situazioni nelle varie regioni dell'Unione. Essa è fondata sui principi della precauzione e dell'azione preventiva, sul principio della correzione, in via prioritaria alla fonte, dei danni causati all'ambiente, nonché sul principio «chi inquina paga».

In tale contesto, le misure di armonizzazione rispondenti ad esigenze di protezione dell'ambiente comportano, nei casi opportuni, una clausola di salvaguardia che autorizza gli Stati membri a prendere, per motivi ambientali di natura non economica, misure provvisorie soggette ad una procedura di controllo dell'Unione.

3. Nel predisporre la sua politica in materia ambientale l'Unione tiene conto:

— dei dati scientifici e tecnici disponibili,

— delle condizioni dell'ambiente nelle varie regioni dell'Unione,

— dei vantaggi e degli oneri che possono derivare dall'azione o dall'assenza di azione,

— dello sviluppo socioeconomico dell'Unione nel suo insieme e dello sviluppo equilibrato delle sue singole regioni.

4. Nell'ambito delle rispettive competenze, l'Unione e gli Stati membri collaborano con i paesi terzi e con le competenti organizzazioni internazionali. Le modalità della cooperazione dell'Unione possono formare oggetto di accordi tra questa ed i terzi interessati.

Il comma precedente non pregiudica la competenza degli Stati membri a negoziare nelle sedi internazionali e a concludere accordi internazionali.

192 (*ex* art. 175 TCE). 1. Il Parlamento europeo e il Consiglio, deliberando secondo la procedura legislativa ordinaria e previa consultazione del Comitato economico e sociale e del Comitato delle regioni, decidono in merito alle azioni che devono essere intraprese dall'Unione per realizzare gli obiettivi dell'art. 191.

2. In deroga alla procedura decisionale di cui al par. 1 e fatto salvo l'art. 114, il Consiglio, deliberando all'unanimità secondo una procedura legislativa speciale e previa consultazione del Parlamento europeo, del Comitato economico e sociale e del Comitato delle regioni, adotta:

a) disposizioni aventi principalmente natura fiscale;

b) misure aventi incidenza:

— sull'assetto territoriale,

— sulla gestione quantitativa delle risorse idriche o aventi rapporto diretto o indiretto con la disponibilità delle stesse,

— sulla destinazione dei suoli, ad eccezione della gestione dei residui;

c) misure aventi una sensibile incidenza sulla scelta di uno Stato membro tra diverse fonti di energia e sulla struttura generale dell'approvvigionamento energetico del medesimo.

Il Consiglio, deliberando all'unanimità su proposta della Commissione e previa consultazione del Parlamento europeo, del Comitato economico e sociale e del Comitato delle regioni, può rendere applicabile la procedura legislativa ordinaria alle materie di cui al primo comma.

3. Il Parlamento europeo e il Consiglio, deliberando secondo la procedura legislativa ordinaria e previa consultazione del Comitato economico e sociale e del Comitato delle regioni, adottano programmi generali d'azione che fissano gli obiettivi prioritari da raggiungere.

Le misure necessarie all'attuazione di tali programmi sono adottate conformemente alle condizioni previste al par. 1 o al par. 2, a seconda dei casi.

4. Fatte salve talune misure adottate dall'Unione, gli Stati membri provvedono al finanziamento e all'esecuzione della politica in materia ambientale.

5. Fatto salvo il principio «chi inquina paga», qualora una misura basata sul par. 1 implichi costi ritenuti sproporzionati per le pubbliche autorità di uno Stato membro, tale misura prevede disposizioni appropriate in forma di

— deroghe temporanee e/o

— sostegno finanziario del Fondo di coesione istituito in conformità dell'art. 177.

193 (*ex* art. 176 TCE). I provvedimenti di protezione adottati in virtù dell'art. 192 non impediscono ai singoli Stati membri di mantenere e di prendere provvedimenti per una protezione ancora maggiore. Tali provvedimenti devono essere compatibili con i trattati. Essi sono notificati alla Commissione.

TITOLO XXI

Energia

194. 1. Nel quadro dell'instaurazione o del funzionamento del mercato interno e tenendo conto dell'esigenza di preservare e migliorare l'ambiente, la politica dell'Unione nel settore dell'energia è intesa, in uno spirito di solidarietà tra Stati membri, a:

a) garantire il funzionamento del mercato dell'energia,

b) garantire la sicurezza dell'approvvigionamento energetico nell'Unione,

c) promuovere il risparmio energetico, l'efficienza energetica e lo sviluppo di energie nuove e rinnovabili,

d) promuovere l'interconnessione delle reti energetiche.

2. Fatte salve le altre disposizioni dei trattati, il Parlamento europeo e il Consiglio, deliberando secondo la procedura legislativa ordinaria, stabiliscono le misure necessarie per conseguire gli obiettivi di cui al par. 1. Tali misure sono adottate previa consultazione del Comitato economico e sociale e del Comitato delle regioni.

Esse non incidono sul diritto di uno Stato membro di determinare le condizioni di utilizzo delle sue fonti energetiche, la scelta tra varie fonti energetiche e la struttura generale del suo approvvigionamento energetico, fatto salvo l'art. 192, par. 2, lett. *c*).

3. In deroga al par. 2, il Consiglio, deliberando secondo una procedura legislativa speciale, all'unanimità e previa consultazione del Parlamento europeo, stabilisce le misure ivi contemplate se sono principalmente di natura fiscale.

TITOLO XXII

Turismo

195. 1. L'Unione completa l'azione degli Stati membri nel settore del turismo, in particolare promuovendo la competitività delle imprese dell'Unione in tale settore.

A tal fine l'azione dell'Unione è intesa a:

a) incoraggiare la creazione di un ambiente propizio allo sviluppo delle imprese in detto settore;

b) favorire la cooperazione tra Stati membri, in particolare attraverso lo scambio delle buone pratiche.

2. Il Parlamento europeo e il Consiglio, deliberando secondo la procedura legislativa ordinaria, stabiliscono le misure specifiche destinate a completare le azioni svolte negli Stati membri al fine di realizzare gli obiettivi di cui al presente articolo, ad esclusione di qualsiasi armonizzazione delle disposizioni legislative e regolamentari degli Stati membri.

TITOLO XXIII

Protezione civile

196. 1. L'Unione incoraggia la cooperazione tra gli Stati membri al fine di rafforzare l'efficacia dei sistemi di prevenzione e di protezione dalle calamità naturali o provocate dall'uomo.

L'azione dell'Unione è intesa a:

a) sostenere e completare l'azione degli Stati membri a livello nazionale, regionale e locale concernente la prevenzione dei rischi, la preparazione degli attori della protezione civile negli Stati membri e l'intervento in caso di calamità naturali o provocate dall'uomo all'interno dell'Unione;

b) promuovere una cooperazione operativa rapida ed efficace all'interno dell'Unione tra i servizi di protezione civile nazionali;

c) favorire la coerenza delle azioni intraprese a livello internazionale in materia di protezione civile.

2. Il Parlamento europeo e il Consiglio, deliberando secondo la procedura legislativa ordinaria, stabiliscono le misure necessarie per contribuire alla realizzazione degli obiettivi di cui al par. 1, ad esclusione di qualsiasi armonizzazione delle disposizioni legislative e regolamentari degli Stati membri.

TITOLO XXIV

Cooperazione amministrativa

197. 1. L'attuazione effettiva del diritto dell'Unione da parte degli Stati membri, essenziale per il buon funzionamento dell'Unione, è considerata una questione di interesse comune.

2. L'Unione può sostenere gli sforzi degli Stati membri volti a migliorare la loro capacità amministrativa di attuare il diritto dell'Unione. Tale azione può consistere in particolare nel facilitare lo scambio di informazioni e di funzionari pubblici e nel sostenere programmi di formazione. Nessuno Stato membro è tenuto ad avvalersi di tale sostegno. Il Parlamento europeo e il Consiglio, deliberando mediante regolamenti secondo la procedura legislativa ordinaria, stabiliscono le misure necessarie a tal fine, ad esclusione di qualsiasi armonizzazione delle disposizioni legislative e regolamentari degli Stati membri.

3. Il presente articolo non pregiudica l'obbligo degli Stati membri di attuare il diritto dell'Unione né le prerogative e i doveri della Commissione. Esso non pregiudica le altre disposizioni dei trattati che prevedono la cooperazione amministrativa fra gli Stati membri e fra questi ultimi e l'Unione.

PARTE QUARTA

ASSOCIAZIONE DEI PAESI E TERRITORI D'OLTREMARE

198 (*ex* art. 182 TCE). Gli Stati membri convengono di associare all'Unione i paesi e i territori non europei che mantengono con la Danimarca, la Francia, i Paesi Bassi e il Regno Unito delle relazioni particolari. Questi paesi e territori, qui di seguito chiamati paesi e territori, sono enumerati nell'elenco che costituisce l'allegato II.

Scopo dell'associazione è di promuovere lo sviluppo economico e sociale dei paesi e territori e l'instaurazione di strette relazioni economiche tra essi e l'Unione nel suo insieme.

Conformemente ai principi enunciati nel preambolo del presente trattato, l'associazione deve in primo luogo permettere di favorire gli interessi degli abitanti di questi paesi e territori e la loro prosperità, in modo da condurli allo sviluppo economico, sociale e culturale che essi attendono.

199 (*ex* art. 183 TCE). L'associazione persegue gli obiettivi seguenti:

1) Gli Stati membri applicano ai loro scambi commerciali con i paesi e territori il regime che si accordano tra di loro, in virtù dei trattati.

2) Ciascun paese o territorio applica ai suoi scambi commerciali con gli Stati membri e gli altri paesi e territori il regime che applica allo Stato europeo con il quale mantiene relazioni particolari.

3) Gli Stati membri contribuiscono agli investimenti richiesti dallo sviluppo progressivo di questi paesi e territori.

4) Per gli investimenti finanziati dall'Unione, la partecipazione alle aggiudicazioni e alle forniture è aperta, a parità di condizioni, a tutte le persone fisiche e giuridiche appartenenti agli Stati membri e ai paesi e territori.

5) Nelle relazioni fra gli Stati membri e i paesi e territori, il diritto di stabilimento dei cittadini e delle società è regolato conformemente alle disposizioni e mediante applicazione delle procedure previste al capo relativo al diritto di stabilimento e su una base non discriminatoria, fatte salve le disposizioni particolari prese in virtù dell'art. 203.

200 (*ex* art. 184 TCE). 1. Le importazioni originarie dei paesi e territori beneficiano, al loro ingresso negli Stati membri, del divieto dei dazi doganali che interviene fra gli Stati membri conformemente alle disposizioni dei trattati.

2. All'entrata in ciascun paese e territorio i dazi doganali gravanti sulle importazioni dagli Stati membri e dagli altri paesi e territori sono vietati conformemente alle disposizioni dell'art. 30.

3. Tuttavia, i paesi e territori possono riscuotere dei dazi doganali che rispondano alle necessità del loro sviluppo e ai bisogni della loro industrializzazione o dazi di carattere fiscale che abbiano per scopo di alimentare il loro bilancio.

I dazi di cui al comma precedente non possono eccedere quelli gravanti sulle importazioni dei prodotti in provenienza dallo Stato membro con il quale ciascun paese o territorio mantiene relazioni particolari.

4. Il par. 2 non è applicabile ai paesi e territori i quali, a causa degli obblighi internazionali particolari cui sono soggetti, applicano già una tariffa doganale non discriminatoria.

5. L'introduzione o la modifica di dazi che colpiscano le merci importate nei paesi e territori non deve provocare, in linea di diritto o in linea di fatto, una discriminazione diretta o indiretta tra le importazioni in provenienza dai diversi Stati membri.

201 (*ex* art. 185 TCE). Se il livello dei dazi applicabili alle merci in provenienza da un paese terzo alla loro entrata in un paese o territorio, avuto riguardo alle disposizioni dell'art. 200, par. 1, è tale da provocare deviazioni di traffico a detrimento di uno degli Stati membri, questo può domandare alla Commissione di proporre agli altri Stati membri le misure necessarie per porre rimedio a questa situazione.

202 (*ex* art. 186 TCE). Fatte salve le disposizioni che regolano la pubblica sanità, la pubblica sicurezza e l'ordine pubblico, la libertà di circolazione dei lavoratori dei paesi e territori negli Stati membri e dei lavoratori degli Stati membri nei paesi e territori è regolata da atti adottati a norma dell'art. 203.

203 (*ex* art. 187 TCE). Il Consiglio, deliberando all'unanimità su proposta della Commissione, stabilisce, muovendo dalle realizzazioni acquisite nell'ambito dell'associazione tra i paesi e territori e l'Unione, e basandosi sui principi inscritti nei trattati, le disposizioni relative alle modalità e alla procedura dell'associazione tra i paesi e territori e l'Unione. Allorché adotta le disposizioni in questione secondo una procedura legislativa speciale, il Consiglio delibera all'unanimità su proposta della Commissione e previa consultazione del Parlamento europeo.

204 (*ex* art. 188 TCE). Gli articoli da 198 a 203 si applicano alla Groenlandia fatte salve le disposizioni specifiche per la Groenlandia che figurano nel protocollo concernente il regime particolare applicabile alla Groenlandia, allegato ai trattati.

PARTE QUINTA

AZIONE ESTERNA DELL'UNIONE

TITOLO I

Disposizioni generali sull'azione esterna dell'Unione

205. L'azione dell'Unione sulla scena internazionale, ai sensi della presente parte, si fonda sui principi, persegue gli obiettivi ed è condotta in conformità delle disposizioni generali di cui al capo 1 del titolo V del trattato sull'Unione europea.

TITOLO II

Politica commerciale comune

206 (*ex* art. 131 TCE). L'Unione, tramite l'istituzione di un'unione doganale in conformità degli articoli da 28 a 32, contribuisce nell'interesse comune allo sviluppo armonioso del commercio mondiale, alla graduale soppressione delle restrizioni agli scambi internazionali e agli investimenti esteri diretti, e alla riduzione delle barriere doganali e di altro tipo.

207 (*ex* art. 133 TCE). 1. La politica commerciale comune è fondata su principi uniformi, in particolare per quanto concerne le modificazioni tariffarie, la conclusione di accordi tariffari e commerciali relativi agli scambi di merci e servizi, e gli aspetti commerciali della proprietà intellettuale, gli investimenti esteri diretti, l'uniformazione delle misure di liberalizzazione, la politica di esportazione e le misure di protezione commerciale, tra cui quelle da adottarsi nei casi di dumping e di sovvenzioni. La politica commerciale comune è condotta nel quadro dei principi e obiettivi dell'azione esterna dell'Unione.

2. Il Parlamento europeo e il Consiglio, deliberando mediante regolamenti secondo la procedura legislativa ordinaria, adottano le misure che definiscono il quadro di attuazione della politica commerciale comune.

3. Qualora si debbano negoziare e concludere accordi con uno o più paesi terzi o organizzazioni internazionali, si applica l'art. 218, fatte salve le disposizioni particolari del presente articolo.

La Commissione presenta raccomandazioni al Consiglio, che l'autorizza ad avviare i negoziati necessari. Spetta al Consiglio e alla Commissione adoperarsi affinché gli accordi negoziati siano compatibili con le politiche e norme interne dell'Unione.

Tali negoziati sono condotti dalla Commissione, in consultazione con un comitato speciale designato dal Consiglio per assisterla in questo compito e nel quadro delle direttive che il Consiglio può impartirle. La Commissione riferisce periodicamente al comitato speciale e al Parlamento europeo sui progressi dei negoziati.

4. Per la negoziazione e la conclusione degli accordi di cui al par. 3, il Consiglio delibera a maggioranza qualificata.

Per la negoziazione e la conclusione di accordi nei settori degli scambi di servizi, degli aspetti commerciali della proprietà intellettuale e degli investimenti esteri diretti, il Consiglio delibera all'unanimità qualora tali accordi contengano disposizioni per le quali è richiesta l'unanimità per l'adozione di norme interne.

Il Consiglio delibera all'unanimità anche per la negoziazione e la conclusione di accordi:

a) nel settore degli scambi di servizi culturali e audiovisivi, qualora tali accordi rischino di arrecare pregiudizio alla diversità culturale e linguistica dell'Unione;

b) nel settore degli scambi di servizi nell'ambito sociale, dell'istruzione e della sanità, qualora tali accordi rischino di perturbare seriamente l'organizzazione nazionale di tali servizi e di arrecare pregiudizio alla competenza degli Stati membri riguardo alla loro prestazione.

5. La negoziazione e la conclusione di accordi internazionali nel settore dei trasporti sono soggette al titolo VI della parte terza e all'art. 218.

6. L'esercizio delle competenze attribuite dal presente articolo nel settore della politica commerciale comune non pregiudica la ripartizione delle competenze tra l'Unione e gli Stati membri e non comporta un'armonizzazione delle disposizioni legislative o regolamentari degli Stati membri, se i trattati escludono tale armonizzazione.

TITOLO III

Cooperazione con i Paesi terzi e aiuto umanitario

CAPO 1

Cooperazione allo sviluppo

208 (*ex* art. 177 TCE). 1. La politica dell'Unione nel settore della cooperazione allo sviluppo è condotta nel quadro dei principi e obiettivi dell'azione esterna dell'Unione. La politica di cooperazione allo sviluppo dell'Unione e quella degli Stati membri si completano e si rafforzano reciprocamente.

L'obiettivo principale della politica dell'Unione in questo settore è la riduzione e, a termine, l'eliminazione della povertà. L'Unione tiene conto degli obiettivi della cooperazione allo sviluppo nell'attuazione delle politiche che possono avere incidenze sui paesi in via di sviluppo.

2. L'Unione e gli Stati membri rispettano gli impegni e tengono conto degli obiettivi riconosciuti nel quadro delle Nazioni Unite e delle altre organizzazioni internazionali competenti.

209 (*ex* art. 179 TCE). 1. Il Parlamento europeo e il Consiglio, deliberando secondo la procedura legislativa ordinaria, adottano le misure necessarie per l'attuazione della politica di cooperazione allo sviluppo, che possono riguardare programmi pluriennali di cooperazione con paesi in via di sviluppo o programmi tematici.

2. L'Unione può concludere con i paesi terzi e le organizzazioni internazionali competenti qualsiasi accordo utile alla realizzazione degli obiettivi di cui all'art. 21 del trattato sull'Unione europea e all'art. 208 del presente trattato.

Il primo comma non pregiudica la competenza degli Stati membri a negoziare nelle sedi internazionali e a concludere accordi.

3. La Banca europea per gli investimenti contribuisce, alle condizioni previste dal suo statuto, all'attuazione delle misure di cui al par. 1.

210 (*ex* art. 180 TCE). 1. Per favorire la complementarità e l'efficacia delle azioni, l'Unione e gli Stati membri coordinano le rispettive politiche in materia di cooperazione allo sviluppo e si concertano sui rispettivi programmi di aiuto, anche nelle organizzazioni internazionali e in occasione di conferenze internazionali. Essi possono intraprendere azioni congiunte. Gli Stati membri contribuiscono, se necessario, all'attuazione dei programmi di aiuto dell'Unione.

2. La Commissione può prendere qualsiasi iniziativa utile a promuovere il coordinamento di cui al par. 1.

211 (*ex* art. 181 TCE). Nell'ambito delle rispettive competenze, l'Unione e gli Stati membri collaborano con i paesi terzi e con le competenti organizzazioni internazionali.

CAPO 2

COOPERAZIONE ECONOMICA, FINANZIARIA E TECNICA CON I PAESI TERZI

212 (*ex* art. 181 A TCE). 1. Fatte salve le altre disposizioni dei trattati, in particolare quelle degli articoli da 208 a 211, l'Unione conduce azioni di cooperazione economica, finanziaria e tecnica, comprese azioni di assistenza specialmente in campo finanziario, con paesi terzi diversi dai paesi in via di sviluppo. Tali azioni sono coerenti con la politica di sviluppo dell'Unione e sono condotte nel quadro dei principi e obiettivi dell'azione esterna. Le azioni dell'Unione e degli Stati membri si completano e si rafforzano reciprocamente.

2. Il Parlamento europeo e il Consiglio, deliberando secondo la procedura legislativa ordinaria, adottano le misure necessarie per l'attuazione del par. 1.

3. Nell'ambito delle rispettive competenze, l'Unione e gli Stati membri collaborano con i paesi terzi e con le competenti organizzazioni internazionali. Le modalità della cooperazione dell'Unione possono formare oggetto di accordi tra questa e i terzi interessati.

Il primo comma non pregiudica la competenza degli Stati membri a negoziare nelle sedi internazionali e a concludere accordi internazionali.

213. Allorché la situazione in un paese terzo esige un'assistenza finanziaria urgente da parte dell'Unione, il Consiglio, su proposta della Commissione, adotta le decisioni necessarie.

CAPO 3

AIUTO UMANITARIO

214. 1. Le azioni dell'Unione nel settore dell'aiuto umanitario sono condotte nel quadro dei principi e obiettivi dell'azione esterna dell'Unione. Esse mirano a fornire, in modo puntuale, assistenza, soccorso e protezione alle popolazioni dei paesi terzi vittime di calamità naturali o provocate dall'uomo, per far fronte alle necessità umanitarie risultanti da queste diverse situazioni. Le azioni dell'Unione e degli Stati membri si completano e si rafforzano reciprocamente.

2. Le azioni di aiuto umanitario sono condotte conformemente ai principi del diritto internazionale e ai principi di imparzialità, neutralità e non discriminazione.

3. Il Parlamento europeo e il Consiglio, deliberando secondo la procedura legislativa ordinaria, stabiliscono le misure che definiscono il quadro di attuazione delle azioni di aiuto umanitario dell'Unione.

4. L'Unione può concludere con i paesi terzi e le organizzazioni internazionali competenti qualsiasi accordo utile alla realizzazione degli obiettivi di cui al par. 1 e all'art. 21 del trattato sull'Unione europea.

Il primo comma non pregiudica la competenza degli Stati membri a negoziare nelle sedi internazionali e a concludere accordi.

5. È istituito un corpo volontario europeo di aiuto umanitario per inquadrare contributi comuni dei giovani europei alle azioni di aiuto umanitario dell'Unione. Il Parlamento europeo e il Consiglio, deliberando mediante regolamenti secondo la procedura legislativa ordinaria, ne fissano lo statuto e le modalità di funzionamento.

6. La Commissione può prendere qualsiasi iniziativa utile a promuovere il coordinamento tra le azioni dell'Unione e quelle degli Stati membri, allo scopo di rafforzare l'efficacia e la complementarità dei dispositivi dell'Unione e dei dispositivi nazionali di aiuto umanitario.

7. L'Unione provvede affinché le sue azioni di aiuto umanitario siano coordinate e coerenti con quelle svolte da organizzazioni e organismi internazionali, specie nell'ambito del sistema delle Nazioni Unite.

TITOLO IV

Misure restrittive

215 (*ex* art. 301 TCE). 1. Quando una decisione adottata conformemente al capo 2 del titolo V del trattato sull'Unione europea prevede l'interruzione o la riduzione, totale o parziale, delle relazioni economiche e finanziarie con uno o più paesi terzi, il Consiglio, deliberando a maggioranza qualificata su proposta congiunta dell'alto rappresentante dell'Unione per gli affari esteri e la politica di sicurezza e della Commissione, adotta le misure necessarie. Esso ne informa il Parlamento europeo.

2. Quando una decisione adottata conformemente al capo 2 del titolo V del trattato sull'Unione europea lo prevede, il Consiglio può adottare, secondo la procedura di cui al par. 1, misure restrittive nei confronti di persone fisiche o giuridiche, di gruppi o di entità non statali.

3. Gli atti di cui al presente articolo contengono le necessarie disposizioni sulle garanzie giuridiche.

TITOLO V

Accordi internazionali

216. 1. L'Unione può concludere un accordo con uno o più paesi terzi o organizzazioni internazionali qualora i trattati lo prevedano o qualora la conclusione di un accordo sia necessaria per realizzare, nell'ambito delle politiche dell'Unione, uno degli obiettivi fissati dai trattati, o sia prevista in un atto giuridico vincolante dell'Unione, oppure possa incidere su norme comuni o alterarne la portata.

2. Gli accordi conclusi dall'Unione vincolano le istituzioni dell'Unione e gli Stati membri.

217 (*ex* art. 310 TCE). L'Unione può concludere con uno o più paesi terzi o organizzazioni internazionali accordi che istituiscono un'associazione caratterizzata da diritti ed obblighi reciproci, da azioni in comune e da procedure particolari.

218 (*ex* art. 300 TCE). 1. Fatte salve le disposizioni particolari dell'art. 207, gli accordi tra l'Unione e i paesi terzi o le organizzazioni internazionali sono negoziati e conclusi secondo la procedura seguente.

2. Il Consiglio autorizza l'avvio dei negoziati, definisce le direttive di negoziato, autorizza la firma e conclude gli accordi.

3. La Commissione, o l'alto rappresentante dell'Unione per gli affari esteri e la politica di sicurezza quando l'accordo previsto riguarda esclusivamente o principalmente la politica estera e di sicurezza comune, presenta raccomandazioni al Consiglio, il quale adotta una decisione che autorizza l'avvio dei negoziati e designa, in funzione della materia dell'accordo previsto, il negoziatore o il capo della squadra di negoziato dell'Unione.

4. Il Consiglio può impartire direttive al negoziatore e designare un comitato speciale che deve essere consultato nella conduzione dei negoziati.

5. Il Consiglio, su proposta del negoziatore, adotta una decisione che autorizza la firma dell'accordo e, se del caso, la sua applicazione provvisoria prima dell'entrata in vigore.

6. Il Consiglio, su proposta del negoziatore, adotta una decisione relativa alla conclusione dell'accordo.

Tranne quando l'accordo riguarda esclusivamente la politica estera e di sicurezza comune, il Consiglio adotta la decisione di conclusione dell'accordo:

a) previa approvazione del Parlamento europeo nei casi seguenti:

i) accordi di associazione;

ii) accordo sull'adesione dell'Unione alla Convenzione europea per la salvaguardia dei diritti dell'uomo e delle libertà fondamentali;

iii) accordi che creano un quadro istituzionale specifico organizzando procedure di cooperazione;

iv) accordi che hanno ripercussioni finanziarie considerevoli per l'Unione;

v) accordi che riguardano settori ai quali si applica la procedura legislativa ordinaria oppure la procedura legislativa speciale qualora sia necessaria l'approvazione del Parlamento europeo.

In caso d'urgenza, il Parlamento europeo e il Consiglio possono concordare un termine per l'approvazione;

b) previa consultazione del Parlamento europeo, negli altri casi. Il Parlamento europeo formula il parere nel termine che il Consiglio può fissare in funzione dell'urgenza. In mancanza di parere entro detto termine, il Consiglio può deliberare.

7. All'atto della conclusione di un accordo, il Consiglio, in deroga ai parr. 5, 6 e 9, può abilitare il negoziatore ad approvare a nome dell'Unione le modifiche dell'accordo se quest'ultimo ne prevede l'adozione con una procedura semplificata o da parte di un organo istituito dall'accordo stesso. Il Consiglio correda eventualmente questa abilitazione di condizioni specifiche.

8. Nel corso dell'intera procedura, il Consiglio delibera a maggioranza qualificata.

Tuttavia esso delibera all'unanimità quando l'accordo riguarda un settore per il quale è richiesta l'unanimità per l'adozione di un atto dell'Unione e per gli accordi di associazione e gli accordi di cui all'art. 212 con gli Stati candidati all'adesione. Il Consiglio delibera all'unanimità anche per l'accordo sull'adesione dell'Unione alla Convenzione europea per la salvaguardia dei diritti dell'uomo e delle libertà fondamentali; la decisione sulla conclusione di tale accordo entra in vigore previa approvazione degli Stati membri, conformemente alle rispettive norme costituzionali.

9. Il Consiglio, su proposta della Commissione o dell'alto rappresentante dell'Unione per gli affari esteri e la politica di sicurezza, adotta una decisione sulla sospensione dell'applicazione di un accordo e che stabilisce le posizioni da adottare a nome dell'Unione in un organo istituito da un accordo, se tale organo deve adottare atti che hanno effetti giuridici, fatta eccezione per gli atti che integrano o modificano il quadro istituzionale dell'accordo.

10. Il Parlamento europeo è immediatamente e pienamente informato in tutte le fasi della procedura.

11. Uno Stato membro, il Parlamento europeo, il Consiglio o la Commissione possono domandare il parere della Corte di giustizia circa la compatibilità di un accordo previsto con i trattati. In caso di parere negativo della Corte, l'accordo previsto non può entrare in vigore, salvo modifiche dello stesso o revisione dei trattati.

219 (*ex* art. 111, parr. 1-3 e 5 TCE). 1. In deroga all'art. 218 il Consiglio, su raccomandazione della Banca centrale europea o su raccomandazione della Commissione e previa consultazione della Banca centrale europea, nell'intento di pervenire a un consenso compatibile con l'obiettivo della stabilità dei prezzi, può concludere accordi formali su un sistema di tassi di cambio dell'euro nei confronti delle valute di Stati terzi. Il Consiglio delibera all'unanimità previa consultazione del Parlamento europeo e secondo la procedura di cui al par. 3.

Il Consiglio, su raccomandazione della Banca centrale europea o su raccomandazione della Commissione e previa consultazione della Banca centrale europea, nell'intento di pervenire ad un consenso coerente con l'obiettivo della stabilità dei prezzi, può adottare, adeguare o abbandonare i tassi centrali dell'euro all'interno del sistema dei tassi di cambio. Il presidente del Consiglio informa il Parlamento europeo dell'adozione, dell'adeguamento o dell'abbandono dei tassi centrali dell'euro.

2. In mancanza di un sistema di tassi di cambio rispetto ad una o più valute di Stati terzi, come indicato al par. 1, il Consiglio, su raccomandazione della Commissione e previa consultazione della Banca centrale europea, o su raccomandazione della Banca centrale europea, può formulare gli orientamenti generali di politica del cambio nei confronti di dette valute. Questi orientamenti generali non pregiudicano l'obiettivo prioritario del SEBC di mantenere la stabilità dei prezzi.

3. In deroga all'art. 218, qualora accordi in materia di regime monetario o valutario debbano essere negoziati dall'Unione con uno o più Stati terzi o organizzazioni internazionali, il Consiglio, su raccomandazione della Commissione e previa consultazione della Banca centrale europea, decide le modalità per la negoziazione e la conclusione di detti accordi. Tali modalità devono assicurare che l'Unione esprima una posizione unica. La Commissione è associata a pieno titolo ai negoziati.

4. Senza pregiudizio della competenza dell'Unione e degli accordi dell'Unione relativi all'Unione economica e monetaria, gli Stati membri possono condurre negoziati nelle istanze internazionali e concludere accordi internazionali.

TITOLO VI

Relazioni dell'Unione con le organizzazioni internazionali e i Paesi terzi e delegazioni dell'Unione

220 (*ex* artt. 302-304 TCE). 1. L'Unione attua ogni utile forma di cooperazione con gli organi delle Nazioni Unite e degli istituti specializzati delle Nazioni Unite, il Consiglio d'Europa, l'Organizzazione per la sicurezza e la cooperazione in Europa e l'Organizzazione per la cooperazione e lo sviluppo economico.

L'Unione assicura inoltre i collegamenti che ritiene opportuni con altre organizzazioni internazionali.

2. L'alto rappresentante dell'Unione per gli affari esteri e la politica di sicurezza e la Commissione sono incaricati dell'attuazione del presente articolo.

221. 1. Le delegazioni dell'Unione nei paesi terzi e presso le organizzazioni internazionali assicurano la rappresentanza dell'Unione.

2. Le delegazioni dell'Unione sono poste sotto l'autorità dell'alto rappresentante dell'Unione per gli affari esteri e la politica di sicurezza. Esse agiscono in stretta cooperazione con le missioni diplomatiche e consolari degli Stati membri.

TITOLO VII

Clausola di solidarietà

222. 1. L'Unione e gli Stati membri agiscono congiuntamente in uno spirito di solidarietà qualora uno Stato membro sia oggetto di un attacco terroristico o sia vittima di una calamità naturale o provocata dall'uomo. L'Unione mobilita tutti gli strumenti di cui dispone, inclusi i mezzi militari messi a sua disposizione dagli Stati membri, per:

a) — prevenire la minaccia terroristica sul territorio degli Stati membri;

— proteggere le istituzioni democratiche e la popolazione civile da un eventuale attacco terroristico;

— prestare assistenza a uno Stato membro sul suo territorio, su richiesta delle sue autorità politiche, in caso di attacco terroristico;

b) prestare assistenza a uno Stato membro sul suo territorio, su richiesta delle sue autorità politiche, in caso di calamità naturale o provocata dall'uomo.

2. Se uno Stato membro subisce un attacco terroristico o è vittima di una calamità naturale o provocata dall'uomo, gli altri Stati membri, su richiesta delle sue autorità politiche, gli prestano assistenza. A tal fine gli Stati membri si coordinano in sede di Consiglio.

3. Le modalità di attuazione della presente clausola di solidarietà da parte dell'Unione sono definite da una decisione adottata dal Consiglio, su proposta congiunta della Commissione e dell'alto rappresentante dell'Unione per gli affari esteri e la politica di sicurezza. Quando tale decisione ha implicazioni nel settore della difesa, il Consiglio delibera conformemente all'art. 31, par. 1 del trattato sull'Unione europea. Il Parlamento europeo è informato.

Ai fini del presente paragrafo e fatto salvo l'art. 240, il Consiglio è assistito dal comitato politico e di sicurezza, con il sostegno delle strutture sviluppate nell'ambito della politica di sicurezza e di difesa comune, e dal comitato di cui all'art. 71, i quali gli presentano, se del caso, pareri congiunti.

4. Per consentire all'Unione e agli Stati membri di agire in modo efficace, il Consiglio europeo valuta regolarmente le minacce cui è confrontata l'Unione.

PARTE SESTA

DISPOSIZIONI ISTITUZIONALI E FINANZIARIE

TITOLO I

Disposizioni istituzionali

CAPO 1

LE ISTITUZIONI

Sezione 1. — *Il Parlamento europeo*

223 (*ex* art. 190, parr. 4 e 5 TCE). 1. Il Parlamento europeo elabora un progetto volto a stabilire le disposizioni necessarie per permettere l'elezione dei suoi membri a suffragio universale diretto, secondo una procedura uniforme in tutti gli Stati membri o secondo principi comuni a tutti gli Stati membri.

Il Consiglio, deliberando all'unanimità secondo una procedura legislativa speciale e previa approvazione del Parlamento europeo che si pronuncia alla maggioranza dei membri che lo compongono, stabilisce le disposizioni necessarie. Tali disposizioni entrano in vigore previa approvazione degli Stati membri conformemente alle rispettive norme costituzionali.

2. Previo parere della Commissione e con l'approvazione del Consiglio, il Parlamento europeo, di sua iniziativa, deliberando mediante regolamenti secondo una procedura legislativa speciale, stabilisce lo statuto e le condizioni generali per l'esercizio delle funzioni dei suoi membri. Per le norme o le condizioni relative al regime fiscale dei membri o ex membri è richiesta l'unanimità in sede di Consiglio.

224 (*ex* art. 191, c. 2 TCE). Il Parlamento europeo e il Consiglio, deliberando mediante regolamenti secondo la procedura legislativa ordinaria, determinano lo statuto dei partiti politici a livello europeo di cui all'art. 10, par. 4 del trattato sull'Unione europea, in particolare le norme relative al loro finanziamento.

225 (*ex* art. 192, c. 2 TCE). A maggioranza dei membri che lo compongono, il Parlamento europeo può chiedere alla Commissione di presentare adeguate proposte sulle questioni per le quali reputa necessaria l'elaborazione di un atto dell'Unione ai fini dell'attuazione dei trattati. Se la Commissione non presenta una proposta, essa ne comunica le motivazioni al Parlamento europeo.

226 (*ex* art. 193 TCE). Nell'ambito delle sue funzioni, il Parlamento europeo, su richiesta di un quarto dei membri che lo compongono, può costituire una commissione temporanea d'inchiesta incaricata di esaminare, fatti salvi i poteri conferiti dai trattati ad altre istituzioni o ad altri organi, le denunce di infrazione o di cattiva amministrazione nell'applicazione del diritto dell'Unione, salvo quando i fatti di cui trattasi siano pendenti dinanzi ad una giurisdizione e fino all'espletamento della procedura giudiziaria.

La commissione temporanea d'inchiesta cessa di esistere con il deposito della sua relazione.

Previa approvazione del Consiglio e della Commissione, il Parlamento europeo, di sua iniziativa, deliberando mediante regolamenti secondo una procedura legislativa speciale, fissa le modalità per l'esercizio del diritto d'inchiesta.

227 (*ex* art. 194 TCE). Qualsiasi cittadino dell'Unione, nonché ogni persona fisica o giuridica che risieda o abbia la sede sociale in uno Stato membro, ha il diritto di presentare, individualmente o in associazione con altri cittadini o persone, una petizione al Parlamento europeo su una materia che rientra nel campo di attività dell'Unione e che lo (la) concerne direttamente.

228 (*ex* art. 195 TCE). 1. Un mediatore europeo, eletto dal Parlamento europeo, è abilitato a ricevere le denunce di qualsiasi cittadino dell'Unione o di qualsiasi persona fisica o giuridica che risieda o abbia la sede sociale in uno Stato membro, e riguardanti casi di cattiva amministrazione nell'azione delle istituzioni, degli organi o degli organismi dell'Unione, salvo la Corte di giustizia dell'Unione europea nell'esercizio delle sue funzioni giurisdizionali. Egli istruisce tali denunce e riferisce al riguardo.

Conformemente alla sua missione, il Mediatore, di propria iniziativa o in base alle denunce che gli sono state presentate direttamente o tramite un membro del Parlamento europeo, procede alle indagini che ritiene giustificate, tranne quando i fatti in questione formino o abbiano formato oggetto di una procedura giudiziaria. Qualora il Mediatore constati un caso di cattiva amministrazione, egli ne investe l'istituzione interessata, che dispone di tre mesi per comunicargli il suo parere. Il Mediatore trasmette poi una relazione al Parlamento europeo e all'istituzione, all'organo o all'organismo interessati. La persona che ha sporto denuncia viene informata del risultato dell'indagine.

Ogni anno il Mediatore presenta una relazione al Parlamento europeo sui risultati delle sue indagini.

2. Il Mediatore è eletto dopo ogni elezione del Parlamento europeo per la durata della legislatura. Il suo mandato è rinnovabile.

Il Mediatore può essere dichiarato dimissionario dalla Corte di giustizia, su richiesta del Parlamento europeo, qualora non risponda più alle condizioni necessarie all'esercizio delle sue funzioni o abbia commesso una colpa grave.

3. Il Mediatore esercita le sue funzioni in piena indipendenza. Nell'adempimento dei suoi doveri, egli non sollecita né accetta istruzioni da alcun governo, istituzione, organo o organismo. Per tutta la durata del suo mandato, il Mediatore non può esercitare alcuna altra attività professionale, remunerata o meno.

4. Previo parere della Commissione e con l'approvazione del Consiglio, il Parlamento europeo, di sua iniziativa, deliberando mediante regolamenti secondo una procedura legislativa speciale, fissa lo statuto e le condizioni generali per l'esercizio delle funzioni del Mediatore.

229 (*ex* art. 196 TCE). Il Parlamento europeo tiene una sessione annuale. Esso si riunisce di diritto il secondo martedì del mese di marzo.

Il Parlamento europeo può riunirsi in tornata a richiesta della maggioranza dei membri che lo compongono, del Consiglio o della Commissione.

230 (*ex* art. 197, c. 2, 3 e 4 TCE). La Commissione può assistere a tutte le sedute ed essere ascoltata a sua richiesta.

La Commissione risponde oralmente o per iscritto alle interrogazioni che le sono presentate dal Parlamento europeo o dai membri di questo.

Il Consiglio europeo e il Consiglio sono ascoltati dal Parlamento europeo, secondo le modalità previste dal regolamento interno del Consiglio europeo e da quello del Consiglio.

231 (*ex* art. 198 TCE). Salvo contrarie disposizioni dei trattati, il Parlamento europeo delibera a maggioranza dei suffragi espressi.

Il regolamento interno fissa il numero legale.

232 (*ex* art. 199 TCE). Il Parlamento europeo stabilisce il proprio regolamento interno a maggioranza dei membri che lo compongono.

Gli atti del Parlamento europeo sono pubblicati conformemente alle condizioni previste dai trattati e da detto regolamento.

233 (*ex* art. 200 TCE). Il Parlamento europeo, in seduta pubblica, procede all'esame della relazione generale annuale, che gli è sottoposta dalla Commissione.

234 (*ex* art. 201 TCE). Il Parlamento europeo, cui sia presentata una mozione di censura sull'operato della Commissione, non può pronunciarsi su tale mozione prima che siano trascorsi almeno tre giorni dal suo deposito e con scrutinio pubblico.

Se la mozione di censura è approvata a maggioranza di due terzi dei voti espressi e a maggioranza dei membri che compongono il Parlamento europeo, i membri della Commissione si dimettono collettivamente dalle loro funzioni e l'alto rappresentante dell'Unione per gli affari esteri e la politica di sicurezza si dimette dalle funzioni che esercita in seno alla Commissione. Essi rimangono in carica e continuano a curare gli affari di ordinaria amministrazione fino alla loro sostituzione conformemente all'art. 17 del trattato sull'Unione europea. In questo caso, il mandato dei membri della Commissione nominati per sostituirli scade alla data in cui sarebbe scaduto il mandato dei membri della Commissione costretti a dimettersi collettivamente dalle loro funzioni.

Sezione 2. — *Il Consiglio europeo*

235. 1. In caso di votazione, ciascun membro del Consiglio europeo può ricevere delega da uno solo degli altri membri.

L'art. 16, par. 4 del trattato sull'Unione europea e l'art. 238, par. 2 del presente trattato si applicano al Consiglio europeo allorché delibera a maggioranza qualificata. Allorché il Consiglio europeo delibera mediante votazione, il presidente e il presidente della Commissione non partecipano al voto.

L'astensione di membri presenti o rappresentati non osta all'adozione delle deliberazioni del Consiglio europeo per le quali è richiesta l'unanimità.

2. Il presidente del Parlamento europeo può essere invitato per essere ascoltato dal Consiglio europeo.

3. Il Consiglio europeo delibera a maggioranza semplice in merito alle questioni procedurali e per l'adozione del suo regolamento interno.

4. Il Consiglio europeo è assistito dal segretariato generale del Consiglio.

236. Il Consiglio europeo adotta a maggioranza qualificata:

a) una decisione che stabilisce l'elenco delle formazioni del Consiglio, eccettuate quella «Affari generali» e quella «Affari esteri», conformemente all'art. 16, par. 6 del trattato sull'Unione europea;

b) una decisione sulla presidenza delle formazioni del Consiglio, eccettuata quella «Affari esteri», conformemente all'art. 16, par. 9 del trattato sull'Unione europea.

Sezione 3. — *Il Consiglio*

237 (*ex* art. 204 TCE). Il Consiglio si riunisce su convocazione del suo presidente, per iniziativa di questi, di uno dei suoi membri o della Commissione.

238 (*ex* art. 205, parr. 1 e 2 TCE). 1. Per le deliberazioni che richiedono la maggioranza semplice, il Consiglio delibera alla maggioranza dei membri che lo compongono.

2. In deroga all'art. 16, par. 4 del trattato sull'Unione europea, a decorrere dal 1° novembre 2014 e fatte salve le disposizioni stabilite dal protocollo sulle disposizioni transitorie, quando il Consiglio non delibera su proposta della Commissione o dell'alto rappresentante dell'Unione per gli affari esteri e la politica di sicurezza, per maggioranza qualificata si intende almeno il 72% dei membri del Consiglio rappresentanti Stati membri che totalizzino almeno il 65% della popolazione dell'Unione.

3. A decorrere dal 1° novembre 2014 e fatte salve le disposizioni stabilite dal protocollo sulle disposizioni transitorie, nei casi in cui, a norma dei trattati, non tutti i membri del Consiglio partecipano alla votazione, per maggioranza qualificata si intende quanto segue:

a) per maggioranza qualificata si intende almeno il 55% dei membri del Consiglio rappresentanti gli Stati membri partecipanti che totalizzino almeno il 65% della popolazione di tali Stati.

La minoranza di blocco deve comprendere almeno il numero minimo di membri del Consiglio che rappresentano oltre il 35% della popolazione degli Stati membri partecipanti, più un altro membro; in caso contrario la maggioranza qualificata si considera raggiunta.

b) In deroga alla lett. *a*), quando il Consiglio non delibera su proposta della Commissione o dell'alto rappresentante dell'Unione per gli affari esteri e la politica di sicurezza, per maggioranza qualificata si intende almeno il 72% dei membri del Consiglio rappresentanti gli Stati membri partecipanti, che totalizzino almeno il 65% della popolazione di tali Stati.

4. Le astensioni dei membri presenti o rappresentati non ostano all'adozione delle deliberazioni del Consiglio per le quali è richiesta l'unanimità.

239 (*ex* art. 206 TCE). In caso di votazione, ciascun membro del Consiglio può ricevere delega da uno solo degli altri membri.

240 (*ex* art. 207 TCE). 1. Un comitato costituito dai rappresentanti permanenti dei governi degli Stati membri è responsabile della preparazione dei lavori del Consiglio e dell'esecuzione dei compiti che quest'ultimo gli assegna. Il comitato può adottare decisioni di procedura nei casi previsti dal regolamento interno del Consiglio.

2. Il Consiglio è assistito dal segretariato generale, sotto la responsabilità di un segretario generale nominato dal Consiglio.

Il Consiglio decide a maggioranza semplice in merito all'organizzazione del segretariato generale.

3. Il Consiglio delibera a maggioranza semplice in merito alle questioni procedurali e per l'adozione del suo regolamento interno.

241 (*ex* art. 208 TCE). Il Consiglio, deliberando a maggioranza semplice, può chiedere alla Commissione di procedere a tutti gli studi che esso ritiene opportuni ai fini del raggiungimento degli obiettivi comuni e di sottoporgli tutte le proposte del caso. Se la Commissione non presenta una proposta, ne comunica le motivazioni al Consiglio.

242 (*ex* art. 209 TCE). Il Consiglio deliberando a maggioranza semplice, stabilisce, previa consultazione della Commissione, lo statuto dei comitati previsti dai trattati.

243 (*ex* art. 210 TCE). Il Consiglio fissa gli stipendi, indennità e pensioni del presidente del Consiglio europeo, del presidente della Commissione, dell'alto rappresentante dell'Unione per gli affari esteri e la politica di sicurezza, dei membri della Commissione, dei presidenti, dei membri e dei cancellieri della Corte di giustizia dell'Unione europea, nonché del segretario generale del Consiglio. Esso fissa altresì tutte le indennità sostitutive di retribuzione.

Sezione 4. — *La Commissione*

244. A norma dell'art. 17, par. 5 del trattato sull'Unione europea i membri della Commissione sono scelti in base ad un sistema di rotazione stabilito all'unanimità dal Consiglio europeo secondo i principi seguenti:

a) gli Stati membri sono trattati su un piano di assoluta parità per quanto concerne la determinazione dell'avvicendamento e del periodo di permanenza dei loro cittadini in seno alla Commissione; pertanto lo scarto tra il numero totale dei mandati detenuti da cittadini di due Stati membri non può mai essere superiore a uno;

b) fatta salva la lett. *a*), ciascuna delle Commissioni successive è costituita in modo da riflettere in maniera soddisfacente la molteplicità demografica e geografica degli Stati membri.

245 (*ex* art. 213 TCE). I membri della Commissione si astengono da ogni atto incompatibile con il carattere delle loro funzioni. Gli Stati membri rispettano la loro indipendenza e non cercano di influenzarli nell'adempimento dei loro compiti.

I membri della Commissione non possono, per la durata delle loro funzioni, esercitare alcun'altra attività professionale, rimunerata o meno. Fin dal loro insediamento, essi assumono l'impegno solenne di rispettare, per la durata delle loro funzioni e dopo la cessazione di queste, gli obblighi derivanti dalla loro carica, ed in particolare i doveri di onestà e delicatezza per quanto riguarda l'accettare, dopo tale cessazione, determinate funzioni o vantaggi. In caso di violazione degli obblighi stessi, la Corte di giustizia, su istanza del Consiglio, che delibera a maggioranza semplice, o della Commissione, può, a seconda dei casi, pronunciare le dimissioni d'ufficio alle condizioni previste dall'art. 247 ovvero la decadenza dal diritto a pensione dell'interessato o da altri vantaggi sostitutivi.

246 (*ex* art. 215 TCE). A parte i rinnovi regolari e i decessi, le funzioni dei membri della Commissione cessano individualmente per dimissioni volontarie o d'ufficio.

Il posto divenuto vacante a seguito di dimissioni volontarie o d'ufficio o di decesso è coperto, per la restante durata del mandato del membro, da un nuovo membro della stessa nazionalità, nominato dal Consiglio di comune accordo col presidente della Commissione, previa consultazione del Parlamento europeo e in conformità dei criteri di cui all'art. 17, par. 3, secondo comma del trattato sull'Unione europea.

Il Consiglio, deliberando all'unanimità su proposta del presidente della Commissione, può decidere che tale posto divenuto vacante non deve essere coperto, in particolare se la restante durata del mandato è breve.

In caso di dimissioni volontarie, di dimissioni d'ufficio o di decesso, il presidente è sostituito per la restante durata del suo mandato. Per la sua sostituzione si applica la procedura prevista dall'art. 17, par. 7, primo comma del trattato sull'Unione europea.

In caso di dimissioni volontarie o d'ufficio o di decesso, l'alto rappresentante dell'Unione per gli affari esteri e la politica di sicurezza è sostituito per la restante durata del suo mandato, in conformità dell'art. 18, par. 1 del trattato sull'Unione europea.

In caso di dimissioni volontarie di tutti i membri della Commissione, questi rimangono in carica e continuano a curare gli affari di ordinaria amministrazione fino alla loro sostituzione, per la restante durata del mandato, in conformità dell'art. 17 del trattato sull'Unione europea.

247 (*ex* art. 216 TCE). Qualsiasi membro della Commissione che non risponda più alle condizioni necessarie all'esercizio delle sue funzioni o che abbia commesso una colpa grave può essere dichiarato dimissionario dalla Corte di giustizia, su istanza del Consiglio, che delibera a maggioranza semplice, o della Commissione.

248 (*ex* art. 217, par. 2 TCE). Fatto salvo l'art. 18, par. 4 del trattato sull'Unione europea, le competenze che spettano alla Commissione sono strutturate e ripartite fra i membri dal presidente, in conformità dell'art. 17, par. 6 di detto trattato. Il presidente può modificare la ripartizione delle competenze nel corso del mandato. I membri della Commissione esercitano le funzioni loro attribuite dal presidente, sotto la sua autorità.

249 (*ex* artt. 218, par. 2, e 212 TCE). 1. La Commissione stabilisce il proprio regolamento interno allo scopo di assicurare il proprio funzionamento e quello dei propri servizi. Essa provvede alla pubblicazione del regolamento.

2. La Commissione pubblica ogni anno, almeno un mese prima dell'apertura della sessione del Parlamento europeo, una relazione generale sull'attività dell'Unione.

250 (*ex* art. 219 TCE). Le deliberazioni della Commissione sono prese a maggioranza dei suoi membri.

Il regolamento interno fissa il numero legale.

Sezione 5. — *La Corte di giustizia dell'Unione europea*

251 (*ex* art. 221 TCE). La Corte di giustizia si riunisce in sezioni o in grande sezione, conformemente alle regole previste a tal fine dallo statuto della Corte di giustizia dell'Unione europea.

Ove ciò sia previsto dallo statuto, la Corte di giustizia può riunirsi anche in seduta plenaria.

252 (*ex* art. 222 TCE). La Corte di giustizia è assistita da otto avvocati generali. Ove ciò sia richiesto dalla Corte di giustizia, il Consiglio, deliberando all'unanimità, può aumentare il numero degli avvocati generali.

L'avvocato generale ha l'ufficio di presentare pubblicamente, con assoluta imparzialità e in piena indipendenza, conclusioni motivate sulle cause che, conformemente allo statuto della Corte di giustizia dell'Unione europea, richiedono il suo intervento.

253 (*ex* art. 223 TCE). I giudici e gli avvocati generali della Corte di giustizia, scelti tra personalità che offrano tutte le garanzie di indipendenza e che riuniscano le condizioni richieste per l'esercizio, nei rispettivi paesi, delle più alte funzioni giurisdizionali, ovvero che siano giureconsulti di notoria competenza, sono nominati di comune accordo per sei anni dai governi degli Stati membri, previa consultazione del comitato di cui all'art. 255.

Ogni tre anni si procede a un rinnovo parziale dei giudici e degli avvocati generali, alle condizioni previste dallo statuto della Corte di giustizia dell'Unione europea.

I giudici designano tra loro, per tre anni, il presidente della Corte di giustizia. Il suo mandato è rinnovabile.

I giudici e gli avvocati generali uscenti possono essere nuovamente nominati.

La Corte di giustizia nomina il proprio cancelliere, di cui fissa lo statuto.

La Corte di giustizia stabilisce il proprio regolamento di procedura. Tale regolamento è sottoposto all'approvazione del Consiglio.

254 (*ex* art. 224 TCE). Il numero dei giudici del Tribunale è stabilito dallo statuto della Corte di giustizia dell'Unione europea. Lo statuto può prevedere che il Tribunale sia assistito da avvocati generali.

I membri del Tribunale sono scelti tra persone che offrano tutte le garanzie di indipendenza e possiedano la capacità per l'esercizio di alte funzioni giurisdizionali. Essi sono nominati di comune accordo per sei anni dai governi degli Stati membri, previa consultazione del comitato di cui all'art. 255. Ogni tre anni si procede a un rinnovo parziale. I membri uscenti possono essere nuovamente nominati.

I giudici designano tra loro, per tre anni, il presidente del Tribunale. Il suo mandato è rinnovabile.

Il Tribunale nomina il proprio cancelliere, di cui fissa lo statuto.

Il Tribunale stabilisce il proprio regolamento di procedura di concerto con la Corte di giustizia. Tale regolamento è sottoposto all'approvazione del Consiglio.

Salvo quanto diversamente disposto dallo statuto della Corte di giustizia dell'Unione europea, le disposizioni dei trattati relative alla Corte di giustizia sono applicabili al Tribunale.

255. È istituito un comitato con l'incarico di fornire un parere sull'adeguatezza dei candidati all'esercizio delle funzioni di giudice e di avvocato generale della Corte di giustizia e del Tribunale, prima che i governi degli Stati membri procedano alle nomine in conformità degli artt. 253 e 254.

Il comitato è composto da sette personalità scelte tra ex membri della Corte di giustizia e del Tribunale, membri dei massimi organi giurisdizionali nazionali e giuristi di notoria competenza, uno dei quali è proposto dal Parlamento europeo. Il Consiglio adotta una decisione che stabilisce le regole di funzionamento di detto comitato e una decisione che ne designa i membri. Esso delibera su iniziativa del presidente della Corte di giustizia.

256 (*ex* art. 225 TCE). 1. Il Tribunale è competente a conoscere in primo grado dei ricorsi di cui agli artt. 263, 265, 268, 270 e 272, ad eccezione di quelli attribuiti a un tribunale specializzato istituito in applicazione dell'art. 257 e di quelli che lo statuto riserva alla Corte di giustizia. Lo statuto può prevedere che il Tribunale sia competente per altre categorie di ricorsi.

Le decisioni emesse dal Tribunale ai sensi del presente paragrafo possono essere oggetto di impugnazione dinanzi alla Corte di giustizia per i soli motivi di diritto e alle condizioni ed entro i limiti previsti dallo statuto.

2. Il Tribunale è competente a conoscere dei ricorsi proposti contro le decisioni dei tribunali specializzati.

Le decisioni emesse dal Tribunale ai sensi del presente paragrafo possono eccezionalmente essere oggetto di riesame da parte della Corte di giustizia, alle condizioni ed entro i limiti previsti dallo statuto, ove sussistano gravi rischi che l'unità o la coerenza del diritto dell'Unione siano compromesse.

3. Il Tribunale è competente a conoscere delle questioni pregiudiziali, sottoposte ai sensi dell'art. 267, in materie specifiche determinate dallo statuto.

Il Tribunale, ove ritenga che la causa richieda una decisione di principio che potrebbe compromettere l'unità o la coerenza del diritto dell'Unione, può rinviare la causa dinanzi alla Corte di giustizia affinché si pronunci.

Le decisioni emesse dal Tribunale su questioni pregiudiziali possono eccezionalmente essere oggetto di riesame da parte della Corte di giustizia, alle condizioni ed entro i limiti previsti dallo statuto, ove sussistano gravi rischi che l'unità o la coerenza del diritto dell'Unione siano compromesse.

257 (*ex* art. 225 A TCE). Il Parlamento europeo e il Consiglio, deliberando secondo la procedura legislativa ordinaria, possono istituire tribunali specializzati affiancati al Tribunale, e incaricati di conoscere in primo grado di talune categorie di ricorsi proposti in materie specifiche. Il Parlamento europeo e il Consiglio deliberano mediante regolamenti su proposta della Commissione e previa consultazione della Corte di giustizia o su richiesta della Corte di giustizia e previa consultazione della Commissione.

Il regolamento sull'istituzione di un tribunale specializzato stabilisce le regole relative alla composizione di tale tribunale e precisa la portata delle competenze ad esso conferite.

Le decisioni dei tribunali specializzati possono essere oggetto di impugnazione per i soli motivi di diritto o, qualora il regolamento sull'istituzione del tribunale specializzato lo preveda, anche per motivi di fatto, dinanzi al Tribunale.

I membri dei tribunali specializzati sono scelti tra persone che offrano tutte le garanzie di indipendenza e possiedano la capacità per l'esercizio di funzioni giurisdizionali. Essi sono nominati dal Consiglio, che delibera all'unanimità.

I tribunali specializzati stabiliscono il proprio regolamento di procedura di concerto con la Corte di giustizia. Tale regolamento è sottoposto all'approvazione del Consiglio.

Salvo ove diversamente disposto dal regolamento sull'istituzione del tribunale specializzato, le disposizioni dei trattati relative alla Corte di giustizia dell'Unione europea e le disposizioni dello statuto della Corte di giustizia dell'Unione europea si applicano ai tribunali specializzati. Il titolo I dello statuto e l'art. 64 del medesimo si applicano in ogni caso ai tribunali specializzati.

258 (*ex* art. 226 TCE). La Commissione, quando reputi che uno Stato membro abbia mancato a uno degli obblighi a lui incombenti in virtù dei trattati, emette un parere motivato al riguardo, dopo aver posto lo Stato in condizioni di presentare le sue osservazioni.

Qualora lo Stato in causa non si conformi a tale parere nel termine fissato dalla Commissione, questa può adire la Corte di giustizia dell'Unione europea.

259 (*ex* art. 227 TCE). Ciascuno degli Stati membri può adire la Corte di giustizia dell'Unione europea quando reputi che un altro Stato membro ha mancato a uno degli obblighi a lui incombenti in virtù dei trattati.

Uno Stato membro, prima di proporre contro un altro Stato membro un ricorso fondato su una pretesa violazione degli obblighi che a quest'ultimo incombono in virtù dei trattati, deve rivolgersi alla Commissione.

La Commissione emette un parere motivato dopo che gli Stati interessati siano posti in condizione di presentare in contraddittorio le loro osservazioni scritte e orali.

Qualora la Commissione non abbia formulato il parere nel termine di tre mesi dalla domanda, la mancanza del parere non osta alla facoltà di ricorso alla Corte.

260 (*ex* art. 228 TCE). 1. Quando la Corte di giustizia dell'Unione europea riconosca che uno Stato membro ha mancato ad uno degli obblighi ad esso incombenti in virtù dei trattati, tale Stato è tenuto a prendere i provvedimenti che l'esecuzione della sentenza della Corte comporta.

2. Se ritiene che lo Stato membro in questione non abbia preso le misure che l'esecuzione della sentenza della Corte comporta, la Commissione, dopo aver posto tale Stato in condizione di presentare osservazioni, può adire la Corte. Essa precisa l'importo della somma forfettaria o della penalità, da versare da parte

dello Stato membro in questione, che essa consideri adeguato alle circostanze.

La Corte, qualora riconosca che lo Stato membro in questione non si è conformato alla sentenza da essa pronunciata, può comminargli il pagamento di una somma forfettaria o di una penalità.

Questa procedura lascia impregiudicate le disposizioni dell'art. 259.

3. La Commissione, quando propone ricorso dinanzi alla Corte in virtù dell'art. 258 reputando che lo Stato membro interessato non abbia adempiuto all'obbligo di comunicare le misure di attuazione di una direttiva adottata secondo una procedura legislativa, può, se lo ritiene opportuno, indicare l'importo della somma forfettaria o della penalità da versare da parte di tale Stato che essa consideri adeguato alle circostanze.

Se la Corte constata l'inadempimento, può comminare allo Stato membro in questione il pagamento di una somma forfettaria o di una penalità entro i limiti dell'importo indicato dalla Commissione. Il pagamento è esigibile alla data fissata dalla Corte nella sentenza.

261 (*ex* art. 229 TCE). I regolamenti adottati congiuntamente dal Parlamento europeo e dal Consiglio in virtù delle disposizioni dei trattati possono attribuire alla Corte di giustizia dell'Unione europea una competenza giurisdizionale anche di merito per quanto riguarda le sanzioni previste nei regolamenti stessi.

262 (*ex* art. 229 A TCE). Fatte salve le altre disposizioni dei trattati, il Consiglio, deliberando all'unanimità secondo una procedura legislativa speciale e previa consultazione del Parlamento europeo, può adottare disposizioni intese ad attribuire alla Corte di giustizia dell'Unione europea, nella misura da esso stabilita, la competenza a pronunciarsi su controversie connesse con l'applicazione degli atti adottati in base ai trattati che creano titoli europei di proprietà intellettuale. Tali disposizioni entrano in vigore previa approvazione degli Stati membri, conformemente alle rispettive norme costituzionali.

263 (*ex* art. 230 TCE). La Corte di giustizia dell'Unione europea esercita un controllo di legittimità sugli atti legislativi, sugli atti del Consiglio, della Commissione e della Banca centrale europea che non siano raccomandazioni o pareri, nonché sugli atti del Parlamento europeo e del Consiglio europeo destinati a produrre effetti giuridici nei confronti di terzi. Esercita inoltre un controllo di legittimità sugli atti degli organi o organismi dell'Unione destinati a produrre effetti giuridici nei confronti di terzi.

A tal fine, la Corte è competente a pronunciarsi sui ricorsi per incompetenza, violazione delle forme sostanziali, violazione dei trattati o di qualsiasi regola di diritto relativa alla loro applicazione, ovvero per sviamento di potere, proposti da uno Stato membro, dal Parlamento europeo, dal Consiglio o dalla Commissione.

La Corte è competente, alle stesse condizioni, a pronunciarsi sui ricorsi che la Corte dei conti, la Banca centrale europea ed il Comitato delle regioni propongono per salvaguardare le proprie prerogative.

Qualsiasi persona fisica o giuridica può proporre, alle condizioni previste al primo e secondo comma, un ricorso contro gli atti adottati nei suoi confronti o che la riguardano direttamente e individualmente, e contro gli atti regolamentari che la riguardano direttamente e che non comportano alcuna misura d'esecuzione.

Gli atti che istituiscono gli organi e organismi dell'Unione possono prevedere condizioni e modalità specifiche relative ai ricorsi proposti da persone fisiche o giuridiche contro atti di detti organi o organismi destinati a produrre effetti giuridici nei loro confronti.

I ricorsi previsti dal presente articolo devono essere proposti nel termine di due mesi a decorrere, secondo i casi, dalla pubblicazione dell'atto, dalla sua notificazione al ricorrente ovvero, in mancanza, dal giorno in cui il ricorrente ne ha avuto conoscenza.

264 (*ex* art. 231 TCE). Se il ricorso è fondato, la Corte di giustizia dell'Unione europea dichiara nullo e non avvenuto l'atto impugnato.

Tuttavia la Corte, ove lo reputi necessario, precisa gli effetti dell'atto annullato che devono essere considerati definitivi.

265 (*ex* art. 232 TCE). Qualora, in violazione dei trattati, il Parlamento europeo, il Consiglio europeo, il Consiglio, la Commissione o la Banca centrale europea si astengano dal pronunciarsi, gli Stati membri e le altre istituzioni dell'Unione possono adire la Corte di giustizia dell'Unione europea per far constatare tale violazione. Il presente articolo si applica, alle stesse condizioni, agli organi e organismi dell'Unione che si astengano dal pronunciarsi.

Il ricorso è ricevibile soltanto quando l'istituzione, l'organo o l'organismo in causa siano stati preventivamente richiesti di agire. Se, allo scadere di un termine di due mesi da tale richiesta, l'istituzione, l'organo o l'organismo non hanno preso posizione, il ricorso può essere proposto entro un nuovo termine di due mesi.

Ogni persona fisica o giuridica può adire la Corte alle condizioni stabilite dai commi precedenti per contestare ad una istituzione, organo o organismo dell'Unione di avere omesso di emanare nei suoi confronti un atto che non sia una raccomandazione o un parere.

266 (*ex* art. 233 TCE). L'istituzione, l'organo o l'organismo da cui emana l'atto annullato o la cui astensione sia stata dichiarata contraria ai trattati sono tenuti a prendere i provvedimenti che l'esecuzione della sentenza della Corte di giustizia dell'Unione europea comporta.

Tale obbligo non pregiudica quello eventualmente risultante dall'applicazione dell'art. 340, secondo comma.

267 (*ex* art. 234 TCE). La Corte di giustizia dell'Unione europea è competente a pronunciarsi, in via pregiudiziale:

a) sull'interpretazione dei trattati;

b) sulla validità e l'interpretazione degli atti compiuti dalle istituzioni, dagli organi o dagli organismi dell'Unione.

Quando una questione del genere è sollevata dinanzi ad un organo giurisdizionale di uno degli Stati membri, tale organo giurisdizionale può, qualora reputi necessaria per emanare la sua sentenza una decisione su questo punto, domandare alla Corte di pronunciarsi sulla questione.

Quando una questione del genere è sollevata in un giudizio pendente davanti a un organo giurisdizionale nazionale, avverso le cui decisioni non possa proporsi un ricorso giurisdizionale di diritto interno, tale organo giurisdizionale è tenuto a rivolgersi alla Corte.

Quando una questione del genere è sollevata in un giudizio pendente davanti a un organo giurisdizionale nazionale e riguardante una persona in stato di detenzione, la Corte statuisce il più rapidamente possibile.

268 (*ex* art. 235 TCE). La Corte di giustizia dell'Unione europea è competente a conoscere delle controversie relative al risarcimento dei danni di cui all'art. 340, secondo e terzo comma.

269. La Corte di giustizia è competente a pronunciarsi sulla legittimità di un atto adottato dal Consiglio europeo o dal Consiglio a norma dell'art. 7 del trattato sull'Unione europea unicamente su domanda dello Stato membro oggetto di una constatazione del Consiglio europeo o del Consiglio e per quanto concerne il rispetto delle sole prescrizioni di carattere procedurale previste dal suddetto articolo.

La domanda deve essere formulata entro il termine di un mese a decorrere da detta constatazione. La Corte statuisce entro il termine di un mese a decorrere dalla data della domanda.

270 (*ex* art. 236 TCE). La Corte di giustizia dell'Unione europea è competente a pronunciarsi su qualsiasi controversia tra l'Unione e gli agenti di questa, nei limiti e alle condizioni determinati dallo statuto dei funzionari dell'Unione e dal regime applicabile agli altri agenti dell'Unione.

271 (*ex* art. 237 TCE). La Corte di giustizia dell'Unione europea è competente, nei limiti sotto specificati, a conoscere delle controversie in materia di:

a) esecuzione degli obblighi degli Stati membri derivanti dallo statuto della Banca europea per gli investimenti. Il consiglio di amministrazione della Banca dispone a tale riguardo dei poteri riconosciuti alla Commissione dall'art. 258;

b) deliberazioni del consiglio dei governatori della Banca europea per gli investimenti. Ciascuno Stato membro, la Commissione e il consiglio di amministrazione della Banca possono proporre un ricorso in materia, alle condizioni previste dall'art. 263;

c) deliberazioni del consiglio di amministrazione della Banca europea per gli investimenti. I ricorsi avverso tali deliberazioni possono essere proposti, alle condizioni fissate dall'art. 263, soltanto dagli Stati membri o dalla Commissione e unicamente per violazione delle norme di cui all'art. 19, par. 2 e paragrafi da 5 a 7 inclusi, dello statuto della Banca;

d) esecuzione, da parte delle banche centrali nazionali, degli obblighi derivanti dai trattati e dallo statuto del SEBC e della BCE. Il consiglio direttivo della Banca centrale europea dispone al riguardo, nei confronti delle banche centrali nazionali, dei poteri riconosciuti alla Commissione dall'art. 258 nei confronti degli Stati membri. Quando la Corte riconosca che una banca centrale nazionale ha mancato ad uno degli obblighi ad essa incombenti in virtù dei trattati, essa è tenuta a prendere i provvedimenti che l'esecuzione della sentenza della Corte comporta.

272 (*ex* art. 238 TCE). La Corte di giustizia dell'Unione europea è competente a giudicare in virtù di una clausola compromissoria contenuta in un contratto di diritto pubblico o di diritto privato stipulato dall'Unione o per conto di questa.

273 (*ex* art. 239 TCE). La Corte di giustizia è competente a conoscere di qualsiasi controversia tra Stati membri in connessione con l'oggetto dei trattati, quando tale controversia le venga sottoposta in virtù di un compromesso.

274 (*ex* art. 240 TCE). Fatte salve le competenze attribuite alla Corte di giustizia dell'Unione europea dai trattati, le controversie nelle quali l'Unione sia parte non sono, per tale motivo, sottratte alla competenza delle giurisdizioni nazionali.

275. La Corte di giustizia dell'Unione europea non è competente per quanto riguarda le disposizioni relative alla politica estera e di sicurezza comune, né per quanto riguarda gli atti adottati in base a dette disposizioni.

Tuttavia, la Corte è competente a controllare il rispetto dell'art. 40 del trattato sull'Unione europea e a pronunciarsi sui ricorsi, proposti secondo le condizioni di cui all'art. 263, quarto comma del presente trattato, riguardanti il controllo della legittimità delle decisioni che prevedono misure restrittive nei confronti di persone fisiche o giuridiche adottate dal Consiglio in base al titolo V, capo 2 del trattato sull'Unione europea.

276. Nell'esercizio delle attribuzioni relative alle disposizioni dei capi 4 e 5 della parte terza, titolo V concernenti lo spazio di libertà, sicurezza e giustizia, la Corte di giustizia dell'Unione europea non è competente a esaminare la validità o la proporzionalità di operazioni condotte dalla polizia o da altri servizi incaricati dell'applicazione della legge di uno Stato membro o l'esercizio delle responsabilità incombenti agli Stati membri per il mantenimento dell'ordine pubblico e la salvaguardia della sicurezza interna.

277 (*ex* art. 241 TCE). Nell'eventualità di una controversia che metta in causa un atto di portata generale adottato da un'istituzione, organo o organismo dell'Unione, ciascuna parte può, anche dopo lo spirare del termine previsto all'art. 263, sesto comma, valersi dei motivi previsti all'art. 263, secondo comma, per invocare dinanzi alla Corte di giustizia dell'Unione europea l'inapplicabilità dell'atto stesso.

278 (*ex* art. 242 TCE). I ricorsi proposti alla Corte di giustizia dell'Unione europea non hanno effetto sospensivo. Tuttavia, la Corte può, quando reputi che le circostanze lo richiedano, ordinare la sospensione dell'esecuzione dell'atto impugnato.

279 (*ex* art. 243 TCE). La Corte di giustizia dell'Unione europea, negli affari che le sono proposti, può ordinare i provvedimenti provvisori necessari.

280 (*ex* art. 244 TCE). Le sentenze della Corte di giustizia dell'Unione europea hanno forza esecutiva alle condizioni fissate dall'art. 299.

281 (*ex* art. 245 TCE). Lo statuto della Corte di giustizia dell'Unione europea è stabilito con un protocollo separato.

Il Parlamento europeo e il Consiglio, deliberando secondo la procedura legislativa ordinaria, possono modificare le disposizioni dello statuto, ad eccezione del titolo I e dell'art. 64. Il Parlamento europeo e il Consiglio deliberano su richiesta della Corte di giustizia e previa consultazione della Commissione o su proposta della Commissione e previa consultazione della Corte di giustizia.

Sezione 6. — *La Banca centrale europea*

282. 1. La Banca centrale europea e le banche centrali nazionali costituiscono il Sistema europeo di banche centrali (SEBC). La Banca centrale europea e le banche centrali nazionali degli Stati membri la cui moneta è l'euro, che costituiscono l'Eurosistema, conducono la politica monetaria dell'Unione.

2. Il SEBC è diretto dagli organi decisionali della Banca centrale europea. L'obiettivo principale del SEBC è il mantenimento della stabilità dei prezzi. Fatto salvo tale obiettivo, esso sostiene le politiche economiche generali nell'Unione per contribuire alla realizzazione degli obiettivi di quest'ultima.

3. La Banca centrale europea ha personalità giuridica. Ha il diritto esclusivo di autorizzare l'emissione dell'euro. È indipendente nell'esercizio dei suoi poteri e nella gestione delle sue finanze. Le istituzioni, organi e organismi dell'Unione e i governi degli Stati membri rispettano tale indipendenza.

4. La Banca centrale europea adotta le misure necessarie all'assolvimento dei suoi compiti in conformità degli articoli da 127 a 133, dell'art. 138 e delle condizioni stabilite dallo statuto del SEBC e della BCE. In conformità di questi stessi articoli, gli Stati membri la cui moneta non è l'euro e le rispettive banche centrali conservano le loro competenze nel settore monetario.

5. Nei settori che rientrano nelle sue attribuzioni, la Banca centrale europea è consultata su ogni progetto di atto dell'Unione e su ogni progetto di atto normativo a livello nazionale, e può formulare pareri.

283 (*ex* art. 112 TCE). 1. Il consiglio direttivo della Banca centrale europea comprende i membri del comitato esecutivo della Banca centrale europea nonché i governatori delle banche centrali nazionali degli Stati membri la cui moneta è l'euro.

2. Il comitato esecutivo comprende il presidente, il vicepresidente e quattro altri membri.

Il presidente, il vicepresidente e gli altri membri del comitato esecutivo sono nominati, tra persone di riconosciuta levatura ed esperienza professionale nel settore monetario o bancario, dal Consiglio europeo che delibera a maggioranza qualificata, su raccomandazione del Consiglio e previa consultazione del Parlamento europeo e del consiglio direttivo della Banca centrale europea.

Il loro mandato ha una durata di otto anni e non è rinnovabile.

Soltanto cittadini degli Stati membri possono essere membri del comitato esecutivo.

284 (*ex* art. 113 TCE). 1. Il presidente del Consiglio e un membro della Commissione possono partecipare, senza diritto di voto, alle riunioni del Consiglio direttivo della Banca centrale europea.

Il presidente del Consiglio può sottoporre una mozione alla delibera del consiglio direttivo della Banca centrale europea.

2. Il presidente della Banca centrale europea è invitato a partecipare alle riunioni del Consiglio quando quest'ultimo discute su argomenti relativi agli obiettivi e ai compiti del SEBC.

3. La Banca centrale europea trasmette al Parlamento europeo, al Consiglio e alla Commissione nonché al Consiglio europeo, una relazione annuale sull'attività del SEBC e sulla politica monetaria dell'anno precedente e dell'anno in corso. Il presidente della Banca centrale europea presenta tale relazione al Consiglio e al Parlamento europeo, che può procedere su questa base ad un dibattito generale.

Il presidente della Banca centrale europea e gli altri membri del comitato esecutivo possono, a richiesta del Parlamento europeo o di propria iniziativa, essere ascoltati dalle commissioni competenti del Parlamento europeo.

Sezione 7. — *La Corte dei conti*

285 (*ex* art. 246 TCE). La Corte dei conti assicura il controllo dei conti dell'Unione.

Essa è composta da un cittadino di ciascuno Stato membro. I suoi membri esercitano le loro funzioni in piena indipendenza, nell'interesse generale dell'Unione.

286 (*ex* art. 247 TCE). 1. I membri della Corte dei conti sono scelti tra personalità che fanno o hanno fatto parte, nei rispettivi Stati, delle istituzioni di controllo esterno o che posseggono una qualifica specifica per tale funzione. Essi devono offrire tutte le garanzie d'indipendenza.

2. I membri della Corte dei conti sono nominati per un periodo di sei anni. Il Consiglio, previa consultazione del Parlamento europeo, adotta l'elenco dei membri, redatto conformemente alle proposte presentate da ciascuno Stato membro. Il mandato dei membri della Corte dei conti è rinnovabile.

I membri designano tra loro, per tre anni, il presidente della Corte dei conti. Il suo mandato è rinnovabile.

3. Nell'adempimento dei loro doveri, i membri della Corte dei Conti non sollecitano né accettano istruzioni da alcun governo né da alcun organismo. Essi si astengono da ogni atto incompatibile con il carattere delle loro funzioni.

4. I membri della Corte dei conti non possono, per la durata delle loro funzioni, esercitare alcun'altra attività professionale, remunerata o meno. Fin dal loro insediamento, i membri della Corte dei conti assumono l'impegno solenne di rispettare, per la durata delle loro funzioni e dopo la cessazione di queste, gli obblighi derivanti dalla loro carica ed in particolare i doveri di onestà e delicatezza per quanto riguarda l'accettare, dopo tale cessazione, determinate funzioni o vantaggi.

5. A parte rinnovamenti regolari e i decessi, le funzioni dei membri della Corte dei conti cessano individualmente per dimissioni volontarie o per dimissioni d'ufficio dichiarate dalla Corte di giustizia conformemente alle disposizioni del par. 6.

L'interessato è sostituito per la restante durata del mandato.

Salvo il caso di dimissioni d'ufficio, i membri della Corte dei conti restano in carica fino a quando non si sia provveduto alla loro sostituzione.

6. I membri della Corte dei conti possono essere destituiti dalle loro funzioni oppure essere dichiarati decaduti dal loro diritto alla pensione o da altri vantaggi sostitutivi soltanto se la Corte di giustizia constata, su richiesta della Corte dei conti, che essi non sono più in possesso dei requisiti necessari o non soddisfano più agli obblighi derivanti dalla loro carica.

7. Il Consiglio fissa le condizioni di impiego, in particolare stipendi, indennità e pensioni, del presidente e dei membri della Corte dei conti. Esso fissa altresì tutte le indennità sostitutive di retribuzione.

8. Le disposizioni del protocollo sui privilegi e sulle immunità dell'Unione europea applicabili ai giudici della Corte di giustizia dell'Unione europea sono applicabili anche ai membri della Corte dei conti.

287 (*ex* art. 248 TCE). 1. La Corte dei conti esamina i conti di tutte le entrate e le spese dell'Unione. Esamina del pari i conti di tutte le entrate e le spese di ogni organo o organismo creato dall'Unione, nella misura in cui l'atto costitutivo non escluda tale esame.

La Corte dei conti presenta al Parlamento europeo e al Consiglio una dichiarazione in cui attesta l'affidabilità dei conti e la legittimità e la regolarità delle relative operazioni, che è pubblicata nella *Gazzetta ufficiale dell'Unione euro-*

pea. Detta dichiarazione può essere completata da valutazioni specifiche per ciascuno dei settori principali dell'attività dell'Unione.

2. La Corte dei conti controlla la legittimità e la regolarità delle entrate e delle spese ed accerta la sana gestione finanziaria. Nell'esercitare tale controllo, essa riferisce in particolare su ogni caso di irregolarità.

Il controllo delle entrate si effettua in base agli accertamenti ed ai versamenti delle entrate all'Unione.

Il controllo delle spese si effettua in base agli impegni ed ai pagamenti.

Tali controlli possono essere effettuati prima della chiusura dei conti dell'esercizio di bilancio considerato.

3. Il controllo ha luogo tanto sui documenti quanto, in caso di necessità, sul posto, presso le altre istituzioni dell'Unione, nei locali di qualsiasi organo o organismo che gestisca le entrate o le spese per conto dell'Unione e negli Stati membri, compresi i locali di persone fisiche o giuridiche che ricevano contributi a carico del bilancio. Il controllo negli Stati membri si effettua in collaborazione con le istituzioni nazionali di controllo o, se queste non hanno la necessaria competenza, con i servizi nazionali competenti. La Corte dei conti e le istituzioni nazionali di controllo degli Stati membri cooperano in uno spirito di reciproca fiducia, pur mantenendo la loro indipendenza. Tali istituzioni o servizi comunicano alla Corte dei conti se intendono partecipare al controllo.

Le altre istituzioni dell'Unione, gli organi o organismi che gestiscono le entrate o le spese per conto dell'Unione, le persone fisiche o giuridiche che ricevono contributi a carico del bilancio e le istituzioni nazionali di controllo o, se queste non hanno la necessaria competenza, i servizi nazionali competenti trasmettono alla Corte dei conti, a sua richiesta, i documenti e le informazioni necessari all'espletamento delle sue funzioni.

Per quanto riguarda l'attività della Banca europea per gli investimenti in merito alla gestione delle entrate e delle spese dell'Unione, il diritto della Corte di accedere alle informazioni in possesso della Banca è disciplinato da un accordo tra la Corte, la Banca e la Commissione. In mancanza di un accordo, la Corte ha tuttavia accesso alle informazioni necessarie al controllo delle entrate e delle spese dell'Unione gestite dalla Banca.

4. Dopo la chiusura di ciascun esercizio, la Corte dei conti stende una relazione annua. Questa è trasmessa alle altre istituzioni dell'Unione ed è pubblicata nella *Gazzetta ufficiale dell'Unione europea*, accompagnata dalle risposte delle istituzioni alle osservazioni della Corte dei conti.

La Corte dei conti può inoltre presentare in ogni momento le sue osservazioni su problemi particolari sotto forma, tra l'altro, di relazioni speciali e dare pareri su richiesta di una delle altre istituzioni dell'Unione.

Essa adotta le relazioni annuali, le relazioni speciali o i pareri a maggioranza dei membri che la compongono. Ha tuttavia la possibilità di istituire nel suo ambito delle sezioni per adottare talune categorie di relazioni o di pareri, alle condizioni previste nel suo regolamento interno.

Essa assiste il Parlamento europeo e il Consiglio nell'esercizio della loro funzione di controllo dell'esecuzione del bilancio.

La Corte dei conti stabilisce il proprio regolamento interno. Tale regolamento è sottoposto all'approvazione del Consiglio.

CAPO 2

ATTI GIURIDICI DELL'UNIONE, PROCEDURE DI ADOZIONE E ALTRE DISPOSIZIONI

Sezione 1. — *Atti giuridici dell'Unione*

288 (*ex* art. 249 TCE). Per esercitare le competenze dell'Unione, le istituzioni adottano regolamenti, direttive, decisioni, raccomandazioni e pareri.

Il regolamento ha portata generale. Esso è obbligatorio in tutti i suoi elementi e direttamente applicabile in ciascuno degli Stati membri.

La direttiva vincola lo Stato membro cui è rivolta per quanto riguarda il risultato da raggiungere, salva restando la competenza degli organi nazionali in merito alla forma e ai mezzi.

La decisione è obbligatoria in tutti i suoi elementi. Se designa i destinatari è obbligatoria soltanto nei confronti di questi.

Le raccomandazioni e i pareri non sono vincolanti.

289. 1. La procedura legislativa ordinaria consiste nell'adozione congiunta di un regolamento, di una direttiva o di una decisione da parte del Parlamento europeo e del Consiglio su proposta della Commissione. Tale procedura è definita all'art. 294.

2. Nei casi specifici previsti dai trattati, l'adozione di un regolamento, di una direttiva o di una decisione da parte del Parlamento europeo con la partecipazione del Consiglio o da parte di quest'ultimo con la partecipazione del Parlamento europeo costituisce una procedura legislativa speciale.

3. Gli atti giuridici adottati mediante procedura legislativa sono atti legislativi.

4. Nei casi specifici previsti dai trattati, gli atti legislativi possono essere adottati su iniziativa di un gruppo di Stati membri o del Parlamento europeo, su raccomandazione della Banca centrale europea o su richiesta della Corte di giustizia o della Banca europea per gli investimenti.

290. 1. Un atto legislativo può delegare alla Commissione il potere di adottare atti non legislativi di portata generale che integrano o modificano determinati elementi non essenziali dell'atto legislativo.

Gli atti legislativi delimitano esplicitamente gli obiettivi, il contenuto, la portata e la durata della delega di potere. Gli elementi essenziali di un settore sono riservati all'atto legislativo e non possono pertanto essere oggetto di delega di potere.

2. Gli atti legislativi fissano esplicitamente le condizioni cui è soggetta la delega, che possono essere le seguenti:

a) il Parlamento europeo o il Consiglio possono decidere di revocare la delega;

b) l'atto delegato può entrare in vigore soltanto se, entro il termine fissato dall'atto legislativo, il Parlamento europeo o il Consiglio non sollevano obiezioni.

Ai fini delle lett. *a*) e *b*), il Parlamento europeo delibera a maggioranza dei membri che lo compongono e il Consiglio delibera a maggioranza qualificata.

3. L'aggettivo «delegato» o «delegata» è inserito nel titolo degli atti delegati.

291. 1. Gli Stati membri adottano tutte le misure di diritto interno necessarie per l'attuazione degli atti giuridicamente vincolanti dell'Unione.

2. Allorché sono necessarie condizioni uniformi di esecuzione degli atti giuridicamente vincolanti dell'Unione, questi conferiscono competenze di esecuzione alla Commissione o, in casi specifici debitamente motivati e nelle circostanze previste agli artt. 24 e 26 del trattato sull'Unione europea, al Consiglio.

3. Ai fini del par. 2, il Parlamento europeo e il Consiglio, deliberando mediante regolamenti secondo la procedura legislativa ordinaria, stabiliscono preventivamente le regole e i principi generali relativi alle modalità di controllo da parte degli Stati membri dell'esercizio delle competenze di esecuzione attribuite alla Commissione.

4. I termini «di esecuzione» sono inseriti nel titolo degli atti di esecuzione.

292. Il Consiglio adotta raccomandazioni. Delibera su proposta della Commissione in tutti i casi in cui i trattati prevedono che adotti atti su proposta della Commissione. Delibera all'unanimità nei settori nei quali è richiesta l'unanimità per l'adozione di un atto dell'Unione. La Commissione, e la Banca centrale europea nei casi specifici previsti dai trattati, adottano raccomandazioni.

Sezione 2. — *Procedure di adozione degli atti e altre disposizioni*

293 (*ex* art. 250 TCE). 1. Quando, in virtù dei trattati, delibera su proposta della Commissione, il Consiglio può emendare la proposta solo deliberando all'unanimità, salvo nei casi di cui all'art. 294, parr. 10 e 13, agli artt. 310, 312, 314 e all'art. 315, secondo comma.

2. Fintantoché il Consiglio non ha deliberato, la Commissione può modificare la propria proposta in ogni fase delle procedure che portano all'adozione di un atto dell'Unione.

294 (*ex* art. 251 TCE). 1. Quando nei trattati si fa riferimento alla procedura legislativa ordinaria per l'adozione di un atto, si applica la procedura che segue.

2. La Commissione presenta una proposta al Parlamento europeo e al Consiglio.

Prima lettura

3. Il Parlamento europeo adotta la sua posizione in prima lettura e la trasmette al Consiglio.

4. Se il Consiglio approva la posizione del Parlamento europeo, l'atto in questione è adottato nella formulazione che corrisponde alla posizione del Parlamento europeo.

5. Se il Consiglio non approva la posizione del Parlamento europeo, esso adotta la sua posizione in prima lettura e la trasmette al Parlamento europeo.

6. Il Consiglio informa esaurientemente il Parlamento europeo dei motivi che l'hanno indotto ad adottare la sua posizione in prima lettura. La Commissione informa esaurientemente il Parlamento europeo della sua posizione.

Seconda lettura

7. Se, entro un termine di tre mesi da tale comunicazione, il Parlamento europeo:

a) approva la posizione del Consiglio in prima lettura o non si è pronunciato, l'atto in questione si considera adottato nella formulazione che corrisponde alla posizione del Consiglio;

b) respinge la posizione del Consiglio in prima lettura a maggioranza dei membri che lo compongono, l'atto proposto si considera non adottato;

c) propone emendamenti alla posizione del Consiglio in prima lettura a maggioranza dei membri che lo compongono, il testo così emendato è comunicato al Consiglio e alla Commissione che formula un parere su tali emendamenti.

8. Se, entro un termine di tre mesi dal ricevimento degli emendamenti del Parlamento europeo, il Consiglio, deliberando a maggioranza qualificata:

a) approva tutti gli emendamenti, l'atto in questione si considera adottato;

b) non approva tutti gli emendamenti, il presidente del Consiglio, d'intesa con il presidente del Parlamento europeo, convoca entro sei settimane il comitato di conciliazione.

9. Il Consiglio delibera all'unanimità sugli emendamenti rispetto ai quali la Commissione ha dato parere negativo.

Conciliazione

10. Il comitato di conciliazione, che riunisce i membri del Consiglio o i loro rappresentanti ed altrettanti membri rappresentanti il Parlamento europeo, ha il compito di giungere ad un accordo su un progetto comune a maggioranza qualificata dei membri del Consiglio o dei loro rappresentanti e a maggioranza dei membri rappresentanti il Parlamento europeo entro un termine di sei settimane dalla convocazione, basandosi sulle posizioni del Parlamento europeo e del Consiglio in seconda lettura.

11. La Commissione partecipa ai lavori del comitato di conciliazione e prende ogni iniziativa necessaria per favorire un ravvicinamento fra la posizione del Parlamento europeo e quella del Consiglio.

12. Se, entro un termine di sei settimane dalla convocazione, il comitato di conciliazione non approva un progetto comune, l'atto in questione si considera non adottato.

Terza lettura

13. Se, entro tale termine, il comitato di conciliazione approva un progetto comune, il Parlamento europeo e il Consiglio dispongono ciascuno di un termine di sei settimane a decorrere dall'approvazione per adottare l'atto in questione in base al progetto comune; il Parlamento europeo delibera a maggioranza dei voti espressi e il Consiglio a maggioranza qualificata. In mancanza di una decisione, l'atto in questione si considera non adottato.

14. I termini di tre mesi e di sei settimane di cui al presente articolo sono prorogati rispettivamente di un mese e di due settimane, al massimo, su iniziativa del Parlamento europeo o del Consiglio.

Disposizioni particolari

15. Quando, nei casi previsti dai trattati, un atto legislativo è soggetto alla procedura legislativa ordinaria su iniziativa di un gruppo di Stati membri, su raccomandazione della Banca centrale europea o su richiesta della Corte di giustizia, il par. 2, il par. 6, seconda frase e il par. 9 non si applicano.

In tali casi, il Parlamento europeo e il Consiglio trasmettono alla Commissione il progetto di atto insieme alle loro posizioni in prima e seconda lettura. Il Parlamento europeo o il Consiglio possono chiedere il parere della Commissione durante tutta la procedura, parere che la Commissione può altresì formulare di sua iniziativa. Se lo reputa necessario, essa può anche partecipare al comitato di conciliazione conformemente al par. 11.

295. Il Parlamento europeo, il Consiglio e la Commissione procedono a reciproche consultazioni e definiscono di comune accordo le modalità della cooperazione. A tale scopo, nel rispetto dei trattati, possono concludere accordi interistituzionali che possono assumere carattere vincolante.

296 (*ex* art. 253 TCE). Qualora i trattati non prevedano il tipo di atto da adottare, le istituzioni lo decidono di volta in volta, nel rispetto delle procedure applicabili e del principio di proporzionalità.

Gli atti giuridici sono motivati e fanno riferimento alle proposte, iniziative, raccomandazioni, richieste o pareri previsti dai trattati.

In presenza di un progetto di atto legislativo, il Parlamento europeo e il Consiglio si astengono dall'adottare atti non previsti dalla procedura legislativa applicabile al settore interessato.

297 (*ex* art. 254 TCE). 1. Gli atti legislativi adottati secondo la procedura legislativa ordinaria sono firmati dal presidente del Parlamento europeo e dal presidente del Consiglio.

Gli atti legislativi adottati secondo una procedura legislativa speciale sono firmati dal presidente dell'istituzione che li ha adottati.

Gli atti legislativi sono pubblicati nella *Gazzetta ufficiale dell'Unione europea*. Essi entrano in vigore alla data da essi stabilita oppure, in mancanza di data, il ventesimo giorno successivo alla pubblicazione.

2. Gli atti non legislativi adottati sotto forma di regolamenti, di direttive e di decisioni, quando queste ultime non designano i destinatari, sono firmati dal presidente dell'istituzione che li ha adottati.

I regolamenti, le direttive che sono rivolte a tutti gli Stati membri e le decisioni che non designano i destinatari sono pubblicati nella *Gazzetta ufficiale dell'Unione europea*. Essi entrano in vigore alla data da essi stabilita oppure, in mancanza di data, il ventesimo giorno successivo alla pubblicazione.

Le altre direttive e le decisioni che designano i destinatari sono notificate ai destinatari e hanno efficacia in virtù di tale notificazione.

298. 1. Nell'assolvere i loro compiti le istituzioni, organi e organismi dell'Unione si basano su un'amministrazione europea aperta, efficace ed indipendente.

2. Il Parlamento europeo e il Consiglio, deliberando mediante regolamenti secondo la procedura legislativa ordinaria, fissano disposizioni a tal fine, nel rispetto dello statuto e del regime adottati sulla base dell'art. 336.

299 (*ex* art. 256 TCE). Gli atti del Consiglio, della Commissione o della Banca centrale europea che comportano, a carico di persone che non siano gli Stati, un obbligo pecuniario costituiscono titolo esecutivo.

L'esecuzione forzata è regolata dalle norme di procedura civile vigenti nello Stato sul cui territorio essa viene effettuata. La formula esecutiva è apposta, con la sola verificazione dell'autenticità del titolo, dall'autorità nazionale che il governo di ciascuno degli Stati membri designerà a tal fine, informandone la Commissione e la Corte di giustizia dell'Unione europea.

Assolte tali formalità a richiesta dell'interessato, quest'ultimo può ottenere l'esecuzione forzata richiedendola direttamente all'organo competente, secondo la legislazione nazionale.

L'esecuzione forzata può essere sospesa soltanto in virtù di una decisione della Corte. Tuttavia, il controllo della regolarità dei provvedimenti esecutivi è di competenza delle giurisdizioni nazionali.

CAPO 3

GLI ORGANI CONSULTIVI DELL'UNIONE

300. 1. Il Parlamento europeo, il Consiglio e la Commissione sono assistiti da un Comitato economico e sociale e da un Comitato delle regioni, che esercitano funzioni consultive.

2. Il Comitato economico e sociale è composto da rappresentanti delle organizzazioni di datori di lavoro, di lavoratori dipendenti e di altri attori rappresentativi della società civile, in particolare nei settori socioeconomico, civico, professionale e culturale.

3. Il Comitato delle regioni è composto da rappresentanti delle collettività regionali e locali che sono titolari di un mandato elettorale nell'ambito di una collettività regionale o locale, o politicamente responsabili dinanzi ad un'assemblea eletta.

4. I membri del Comitato economico e sociale e del Comitato delle regioni non sono vincolati da alcun mandato imperativo. Essi esercitano le loro funzioni in piena indipendenza, nell'interesse generale dell'Unione.

5. Le regole di cui ai parr. 2 e 3 relative alla natura della composizione di tali comitati sono riesaminate a intervalli regolari dal Consiglio, per tener conto dell'evoluzione economica, sociale e demografica nell'Unione. Il Consiglio, su proposta della Commissione, adotta delle decisioni a tal fine.

Sezione 1. — *Il Comitato economico e sociale*

301 (*ex* art. 258 TCE). Il numero dei membri del Comitato economico e sociale non può essere superiore a trecentocinquanta.

Il Consiglio, deliberando all'unanimità su proposta della Commissione, adotta una decisione che determina la composizione del Comitato.

Il Consiglio fissa le indennità dei membri del Comitato.

302 (*ex* art. 259 TCE). 1. I membri del Comitato sono nominati per cinque anni. Il Consiglio adotta l'elenco dei membri redatto conformemente alle proposte presentate da ciascuno Stato membro. Il mandato dei membri del Comitato è rinnovabile.

2. Il Consiglio delibera previa consultazione della Commissione. Esso può chiedere il parere delle organizzazioni europee rappresentative dei diversi settori economici e sociali e della società civile interessati dall'attività dell'Unione.

303 (*ex* art. 260 TCE). Il Comitato designa tra i suoi membri il presidente e l'ufficio di presidenza per una durata di due anni e mezzo.

Esso stabilisce il proprio regolamento interno.

Il Comitato è convocato dal presidente su richiesta del Parlamento europeo, del Consiglio o della Commissione. Esso può altresì riunirsi di propria iniziativa.

304 (*ex* art. 262 TCE). Il Parlamento europeo, il Consiglio o la Commissione consultano il Comitato nei casi previsti dai trattati. Tali istituzioni possono consultarlo in tutti i casi in cui lo ritengano opportuno. Il Comitato, qualora lo ritenga opportuno, può formulare un parere di propria iniziativa.

Qualora lo reputino necessario, il Parlamento europeo, il Consiglio o la Commissione fissano al Comitato, per la presentazione del suo parere, un termine che non può essere inferiore ad un mese a decorrere dalla data della comunicazione inviata a tal fine al presidente. Allo spirare del termine fissato, si può non tener conto dell'assenza di parere.

Il parere del Comitato è trasmesso al Parlamento europeo, al Consiglio e alla Commissione, unitamente a un resoconto delle deliberazioni.

Sezione 2. — *Il Comitato delle regioni*

305 (*ex* art. 263, c. 2, 3 e 4 TCE). Il numero dei membri del Comitato delle regioni non può essere superiore a trecentocinquanta.

Il Consiglio, deliberando all'unanimità su proposta della Commissione, adotta una decisione che determina la composizione del Comitato.

I membri del Comitato nonché un numero uguale di supplenti sono nominati per cinque anni. Il loro mandato è rinnovabile. Il Consiglio adotta l'elenco dei membri e dei supplenti redatto conformemente alle proposte presentate da ciascuno Stato membro. Alla scadenza del mandato di cui all'art. 300, par. 3 in virtù del quale sono stati proposti, il mandato dei membri del Comitato termina automaticamente e essi sono sostituiti per la restante durata di detto mandato secondo la medesima procedura. I membri del Comitato non possono essere nel contempo membri del Parlamento europeo.

306 (*ex* art. 264 TCE). Il Comitato delle regioni designa tra i suoi membri il presidente e l'ufficio di presidenza per la durata di due anni e mezzo.

Esso stabilisce il proprio regolamento interno.

Il Comitato è convocato dal presidente su richiesta del Parlamento europeo, del Consiglio o della Commissione. Esso può altresì riunirsi di propria iniziativa.

307 (*ex* art. 265 TCE). Il Parlamento europeo, il Consiglio o la Commissione consultano il Comitato delle regioni nei casi previsti dai trattati e in tutti gli altri casi in cui una di tali istituzioni lo ritenga opportuno, in particolare nei casi concernenti la cooperazione transfrontaliera.

Qualora lo reputino necessario, il Parlamento europeo, il Consiglio o la Commissione fissano al Comitato, per la presentazione del suo parere, un termine che non può essere inferiore a un mese a decorrere dalla data della comunicazione inviata a tal fine al presidente. Allo spirare del termine fissato, si può non tener conto dell'assenza di parere.

Quando il Comitato economico e sociale è consultato in applicazione dell'art. 304, il Parlamento europeo, il Consiglio o la Commissione informano il Comitato delle regioni di tale domanda di parere. Il Comitato delle regioni, qualora ritenga che sono in causa interessi regionali specifici, può formulare un parere in materia.

Il Comitato delle regioni, qualora lo ritenga utile, può formulare un parere di propria iniziativa.

Il parere del Comitato è trasmesso al Parlamento europeo, al Consiglio e alla Commissione, unitamente a un resoconto delle deliberazioni.

CAPO 4

LA BANCA EUROPEA PER GLI INVESTIMENTI

308 (*ex* art. 266 TCE). La Banca europea per gli investimenti è dotata di personalità giuridica.

Sono membri della Banca europea per gli investimenti gli Stati membri.

Lo statuto della Banca europea per gli investimenti costituisce l'oggetto di un protocollo allegato ai trattati. Il Consiglio, deliberando all'unanimità secondo una procedura legislativa speciale su richiesta della Banca europea per gli investimenti e previa consultazione del Parlamento europeo e della Commissione, o su proposta della Commissione e previa consultazione del Parlamento europeo e della Banca europea per gli investimenti, può modificare detto statuto.

309 (*ex* art. 267 TCE). La Banca europea per gli investimenti ha il compito di contribuire, facendo appello al mercato dei capitali ed alle proprie risorse, allo sviluppo equilibrato e senza scosse del mercato interno nell'interesse dell'Unione. A tal fine facilita, mediante la concessione di prestiti e garanzie, senza perseguire scopi di lucro, il finanziamento dei seguenti progetti in tutti i settori dell'economia:

a) progetti contemplanti la valorizzazione delle regioni meno sviluppate;

b) progetti contemplanti l'ammodernamento o la riconversione di imprese oppure la creazione di nuove attività indotte dall'instaurazione o dal funzionamento del mercato interno che, per la loro ampiezza o natura, non possono essere interamente assicurati dai vari mezzi di finanziamento esistenti nei singoli Stati membri;

c) progetti di interesse comune per più Stati membri che, per la loro ampiezza o natura, non possono essere completamente assicurati dai vari mezzi di finanziamento esistenti nei singoli Stati membri.

Nello svolgimento dei suoi compiti la Banca facilita il finanziamento di programmi di investimento congiuntamente con gli interventi dei fondi strutturali e degli altri strumenti finanziari dell'Unione.

TITOLO II

Disposizioni finanziarie

310 (*ex* art. 268 TCE). 1. Tutte le entrate e le spese dell'Unione devono costituire oggetto di previsioni per ciascun esercizio finanziario ed essere iscritte nel bilancio.

Il bilancio annuale dell'Unione è stabilito dal Parlamento europeo e dal Consiglio conformemente all'art. 314.

Nel bilancio, entrate e spese devono risultare in pareggio.

2. Le spese iscritte nel bilancio sono autorizzate per la durata dell'esercizio finanziario annuale in conformità del regolamento di cui all'art. 322.

3. L'esecuzione di spese iscritte nel bilancio richiede l'adozione preliminare di un atto giuridicamente vincolante dell'Unione che dà fondamento giuridico alla sua azione e all'esecuzione della spesa corrispondente in conformità del regolamento di cui all'art. 322, fatte salve le eccezioni previste da quest'ultimo.

4. Per mantenere la disciplina di bilancio, l'Unione, prima di adottare atti che possono avere incidenze rilevanti sul bilancio, deve assicurare che le spese derivanti da tali atti possano essere finanziate entro i limiti delle risorse proprie dell'Unione e nel rispetto del quadro finanziario pluriennale di cui all'art. 312.

5. Il bilancio è eseguito in conformità del principio di sana gestione finanziaria. Gli Stati membri e l'Unione cooperano affinché gli stanziamenti iscritti in bilancio siano utilizzati secondo tale principio.

6. L'Unione e gli Stati membri, conformemente all'art. 325, combattono la frode e le altre attività illegali che ledono gli interessi finanziari dell'Unione.

CAPO 1

RISORSE PROPRIE DELL'UNIONE

311 (*ex* art. 269 TCE). L'Unione si dota dei mezzi necessari per conseguire i suoi obiettivi e per portare a compimento le sue politiche.

Il bilancio, fatte salve le altre entrate, è finanziato integralmente tramite risorse proprie.

Il Consiglio, deliberando secondo una procedura legislativa speciale, all'unanimità e previa consultazione del Parlamento europeo, adotta una decisione che stabilisce le disposizioni relative al sistema delle risorse proprie dell'Unione. In tale contesto è possibile istituire nuove categorie di risorse proprie o sopprimere una categoria esistente. Tale decisione entra in vigore solo previa approvazione degli Stati membri conformemente alle rispettive norme costituzionali.

Il Consiglio, deliberando mediante regolamenti secondo una procedura legislativa speciale, stabilisce le misure di esecuzione del sistema delle risorse proprie dell'Unione nella misura in cui ciò è previsto nella decisione adottata sulla base del terzo comma. Il Consiglio delibera previa approvazione del Parlamento europeo.

CAPO 2

QUADRO FINANZIARIO PLURIENNALE

312. 1. Il quadro finanziario pluriennale mira ad assicurare l'ordinato andamento delle spese dell'Unione entro i limiti delle sue risorse proprie.

È stabilito per un periodo di almeno cinque anni.

Il bilancio annuale dell'Unione è stabilito nel rispetto del quadro finanziario pluriennale.

2. Il Consiglio, deliberando secondo una procedura legislativa speciale, adotta un regolamento che fissa il quadro finanziario pluriennale. Delibera all'unanimità previa approvazione del Parlamento europeo, che si pronuncia a maggioranza dei membri che lo compongono.

Il Consiglio europeo può adottare all'unanimità una decisione che consente al Consiglio di deliberare a maggioranza qualificata quando adotta il regolamento di cui al primo comma.

3. Il quadro finanziario fissa gli importi dei massimali annui degli stanziamenti per impegni per categoria di spesa e del massimale annuo degli stanziamenti per pagamenti. Le categorie di spesa, in numero limitato, corrispondono ai grandi settori di attività dell'Unione.

Il quadro finanziario prevede ogni altra disposizione utile per il corretto svolgimento della procedura annuale di bilancio.

4. Qualora il regolamento del Consiglio che fissa un nuovo quadro finanziario non sia stato adottato alla scadenza del quadro finanziario

precedente, i massimali e le altre disposizioni vigenti nell'ultimo anno coperto sono prorogati fino all'adozione di detto atto.

5. Nel corso della procedura di adozione del quadro finanziario, il Parlamento europeo, il Consiglio e la Commissione adottano ogni misura necessaria a facilitare l'adozione stessa.

CAPO 3

BILANCIO ANNUALE DELL'UNIONE

313 (*ex* art. 272, par. 1 TCE). L'esercizio finanziario ha inizio il 1° gennaio e si chiude al 31 dicembre.

314 (*ex* art. 272, parr. 2-10 TCE). Il Parlamento europeo e il Consiglio, deliberando secondo una procedura legislativa speciale, stabiliscono il bilancio annuale dell'Unione in conformità delle disposizioni in appresso.

1. Ciascuna istituzione, ad eccezione della Banca centrale europea, elabora, anteriormente al 1° luglio, uno stato di previsione delle spese per l'esercizio finanziario successivo. La Commissione raggruppa tali stati di previsione in un progetto di bilancio, che può comportare previsioni divergenti.

Tale progetto comprende una previsione delle entrate e una previsione delle spese.

2. La Commissione sottopone una proposta contenente il progetto di bilancio al Parlamento europeo e al Consiglio non oltre il 1° settembre dell'anno che precede quello dell'esecuzione del bilancio.

La Commissione può modificare il progetto di bilancio nel corso della procedura, fino alla convocazione del comitato di conciliazione di cui al par. 5.

3. Il Consiglio adotta la sua posizione sul progetto di bilancio e la comunica al Parlamento europeo non oltre il 1° ottobre dell'anno che precede quello dell'esecuzione del bilancio. Esso informa esaurientemente il Parlamento europeo dei motivi che l'hanno indotto a adottare tale posizione.

4. Se, entro un termine di quarantadue giorni dalla comunicazione, il Parlamento europeo:

a) approva la posizione del Consiglio, il bilancio è adottato;

b) non ha deliberato, il bilancio si considera adottato;

c) adotta, alla maggioranza dei membri che lo compongono, degli emendamenti, il progetto emendato è trasmesso al Consiglio e alla Commissione. Il presidente del Parlamento europeo, d'intesa con il presidente del Consiglio, convoca senza indugio il comitato di conciliazione. Tuttavia, il comitato di conciliazione non si riunisce se, entro un termine di dieci giorni da detta trasmissione, il Consiglio comunica al Parlamento europeo che approva tutti gli emendamenti.

5. Il comitato di conciliazione, che riunisce i membri del Consiglio o i loro rappresentanti ed altrettanti rappresentanti del Parlamento europeo, ha il compito di giungere, basandosi sulle posizioni del Parlamento europeo e del Consiglio, a un accordo su un progetto comune, a maggioranza qualificata dei membri del Consiglio o dei loro rappresentanti e a maggioranza dei rappresentanti del Parlamento europeo, entro un termine di ventuno giorni dalla convocazione.

La Commissione partecipa ai lavori del comitato di conciliazione e prende ogni iniziativa necessaria per favorire un ravvicinamento fra la posizione del Parlamento europeo e quella del Consiglio.

6. Se, entro il termine di ventuno giorni di cui al par. 5, il comitato di conciliazione giunge a un accordo su un progetto comune, il Parlamento europeo e il Consiglio dispongono ciascuno di un termine di quattordici giorni a decorrere dalla data di tale accordo per approvare il progetto comune.

7. Se, entro il termine di quattordici giorni di cui al par. 6:

a) sia il Parlamento europeo sia il Consiglio approvano il progetto comune o non riescono a deliberare, o se una delle due istituzioni approva il progetto comune mentre l'altra non riesce a deliberare, il bilancio si considera definitivamente adottato in conformità del progetto comune, o

b) sia il Parlamento europeo, deliberando alla maggioranza dei membri che lo compongono, sia il Consiglio respingono il progetto comune, o se una delle due istituzioni respinge il progetto comune mentre l'altra non riesce a deliberare, la Commissione sottopone un nuovo progetto di bilancio, o

c) il Parlamento europeo, deliberando alla maggioranza dei membri che lo compongono, respinge il progetto comune mentre il Consiglio lo approva, la Commissione sottopone un nuovo progetto di bilancio, o

d) il Parlamento europeo approva il progetto comune, mentre il Consiglio lo respinge, il Parlamento europeo può, entro quattordici giorni dalla data in cui il Consiglio lo ha respinto e deliberando a maggioranza dei membri che lo compongono e dei tre quinti dei voti espressi, decidere di confermare tutti gli emendamenti di cui al par. 4, lett. *c*) o parte di essi.

Se un emendamento del Parlamento europeo non è confermato, è mantenuta la posizione concordata in seno al comitato di conciliazione sulla linea di bilancio oggetto di tale emendamento. Il bilancio si considera definitivamente adottato su questa base.

8. Se, entro il termine di ventuno giorni di cui al par. 5, il comitato di conciliazione non giunge a un accordo su un progetto comune, la Commissione sottopone un nuovo progetto di bilancio.

9. Quando la procedura di cui al presente articolo è espletata, il presidente del Parlamento europeo constata che il bilancio è definitivamente adottato.

10. Ciascuna istituzione esercita i poteri ad essa attribuiti dal presente articolo nel rispetto dei trattati e degli atti adottati a norma degli stessi, in particolare in materia di risorse proprie dell'Unione e di equilibrio delle entrate e delle spese.

315 (*ex* art. 273 TCE). Se, all'inizio dell'esercizio finanziario, il bilancio non è stato ancora definitivamente adottato, le spese possono essere effettuate mensilmente per capitolo, in base alle disposizioni del regolamento stabilito in esecuzione dell'art. 322, nel limite di un dodicesimo degli stanziamenti aperti nel capitolo in questione del bilancio dell'esercizio precedente, senza poter superare il dodicesimo degli stanziamenti previsti nello stesso capitolo del progetto di bilancio.

Il Consiglio, su proposta della Commissione, può autorizzare spese superiori al limite del dodicesimo, sempre che siano osservate le altre condizioni di cui al primo comma, conformemente al regolamento stabilito in esecuzione dell'art. 322. Esso trasmette immediatamente la decisione al Parlamento europeo.

La decisione di cui al secondo comma prevede le misure necessarie in materia di risorse ai fini dell'applicazione del presente articolo, conformemente agli atti di cui all'art. 311.

Essa entra in vigore trenta giorni dopo l'adozione se, entro tale termine, il Parlamento europeo, deliberando a maggioranza dei membri che lo compongono, non decide di ridurre dette spese.

316 (*ex* art. 271 TCE). Alle condizioni che saranno determinate in applicazione dell'art. 322, i crediti, che non siano quelli relativi alle spese di personale e che alla fine dell'esercizio finanziario siano rimasti inutilizzati, potranno essere riportati all'esercizio successivo e limitatamente a questo.

I crediti sono specificatamente registrati in capitoli che raggruppano le spese a seconda della loro natura o della loro destinazione e ripartiti in conformità del regolamento stabilito in esecuzione dell'art. 322.

Le spese del Parlamento europeo, del Consiglio europeo e del Consiglio, della Commissione e della Corte di giustizia dell'Unione europea sono iscritte in parti separate del bilancio, senza pregiudizio di un regime speciale per determinate spese comuni.

CAPO 4

Esecuzione del bilancio e scarico

317 (*ex* art. 274 TCE). La Commissione dà esecuzione al bilancio, in cooperazione con gli Stati membri, in base alle disposizioni del regolamento stabilito in esecuzione dell'art. 322, sotto la propria responsabilità e nei limiti dei crediti stanziati, in conformità del principio della buona gestione finanziaria. Gli Stati membri cooperano con la Commissione per garantire che gli stanziamenti siano utilizzati secondo i principi della buona gestione finanziaria.

Il regolamento prevede gli obblighi di controllo e di revisione contabile degli Stati membri nell'esecuzione del bilancio e le responsabilità che ne derivano. Esso prevede inoltre le responsabilità e le modalità particolari secondo le quali ogni istituzione partecipa all'esecuzione delle proprie spese.

All'interno del bilancio, la Commissione può procedere, nei limiti e alle condizioni fissate dal regolamento stabilito in esecuzione dell'art. 322, a trasferimenti di crediti, sia da capitolo a capitolo, sia da suddivisione a suddivisione.

318 (*ex* art. 275 TCE). Ogni anno la Commissione sottopone al Parlamento europeo e al Consiglio i conti dell'esercizio trascorso concernenti le operazioni del bilancio. Inoltre, essa comunica loro un bilancio finanziario che espone l'attivo e il passivo dell'Unione.

La Commissione presenta inoltre al Parlamento europeo e al Consiglio una relazione di valutazione delle finanze dell'Unione basata sui risultati conseguiti, in particolare rispetto alle indicazioni impartite dal Parlamento europeo e dal Consiglio a norma dell'art. 319.

319 (*ex* art. 276 TCE). 1. Il Parlamento europeo, su raccomandazione del Consiglio, dà atto alla Commissione dell'esecuzione del bilancio. A tale scopo esso esamina, successivamente al Consiglio, i conti, il bilancio finanziario e la relazione di valutazione di cui all'art. 318, la relazione annua della Corte dei conti, accompagnata dalle risposte delle istituzioni controllate alle osservazioni della Corte stessa, la dichiarazione di affidabilità di cui all'art. 287, par. 1, secondo comma, nonché le pertinenti relazioni speciali della Corte.

2. Prima di dare atto alla Commissione, o per qualsiasi altro fine nel quadro dell'esercizio delle attribuzioni di quest'ultima in materia di esecuzione del bilancio, il Parlamento europeo può chiedere di ascoltare la Commissione sull'esecuzione delle spese o sul funzionamento dei sistemi di controllo finanziario. La Commissione fornisce al Parlamento europeo, su richiesta di quest'ultimo, tutte le informazioni necessarie.

3. La Commissione compie tutti i passi necessari per dar seguito alle osservazioni che accompagnano le decisioni di scarico ed alle altre osservazioni del Parlamento europeo concernenti l'esecuzione delle spese, nonché alle osservazioni annesse alle raccomandazioni di scarico adottate dal Consiglio.

La Commissione, su richiesta del Parlamento europeo o del Consiglio, sottopone relazioni in merito alle misure adottate sulla scorta di tali osservazioni e in particolare alle istruzioni impartite ai servizi incaricati dell'esecuzione del bilancio. Dette relazioni sono trasmesse altresì alla Corte dei conti.

CAPO 5

Disposizioni comuni

320 (*ex* art. 277 TCE). Il quadro finanziario pluriennale e il bilancio annuale sono stabiliti in euro.

321 (*ex* art. 278 TCE). La Commissione, con riserva di informare le autorità competenti degli Stati membri interessati, può trasferire nella moneta di uno di questi Stati gli averi che essa detiene nella moneta di un altro Stato membro, nella misura necessaria alla loro utilizzazione per gli scopi cui sono destinati dai trattati. La Commissione evita, per quanto possibile, di procedere a tali trasferimenti quando detenga averi disponibili o realizzabili nelle monete di cui ha bisogno.

La Commissione comunica con i singoli Stati membri per il tramite dell'autorità da essi designata. Nell'esecuzione delle operazioni finanziarie essa ricorre alla banca di emissione dello Stato membro interessato oppure ad altri istituti finanziari da questo ultimo autorizzati.

322 (*ex* art. 279 TCE). 1. Il Parlamento europeo e il Consiglio, deliberando secondo la procedura legislativa ordinaria e previa consultazione della Corte dei conti, adottano mediante regolamenti:

a) le regole finanziarie che stabiliscono in particolare le modalità relative alla formazione e all'esecuzione del bilancio, al rendiconto e alla verifica dei conti;

b) le regole che organizzano il controllo della responsabilità degli agenti finanziari, in particolare degli ordinatori e dei contabili.

2. Il Consiglio, deliberando su proposta della Commissione e previa consultazione del Parlamento europeo e della Corte dei conti, fissa le modalità e la procedura secondo le quali le entrate di bilancio previste dal regime delle risorse proprie dell'Unione sono messe a disposizione della Commissione e determina le misure da applicare per far fronte eventualmente alle esigenze di tesoreria.

323. Il Parlamento europeo, il Consiglio e la Commissione vigilano sulla disponibilità dei mezzi finanziari necessari a consentire all'Unione di rispettare gli obblighi giuridici nei confronti dei terzi.

324. Sono convocati regolarmente, su iniziativa della Commissione, incontri tra i presidenti del Parlamento europeo, del Consiglio e della Commissione nell'ambito delle procedure di bilancio di cui al presente titolo. I presidenti prendono tutte le misure necessarie per favorire la concertazione e il ravvicinamento fra le posizioni delle istituzioni che presiedono, al fine di agevolare l'attuazione del presente titolo.

CAPO 6

Lotta contro la frode

325 (*ex* art. 280 TCE). 1. L'Unione e gli Stati membri combattono contro la frode e le altre attività illegali che ledono gli interessi finanziari dell'Unione stessa mediante misure adottate a norma del presente articolo, che siano dissuasive e tali da permettere una protezione efficace negli Stati membri e nelle istituzioni, organi e organismi dell'Unione.

2. Gli Stati membri adottano, per combattere contro la frode che lede gli interessi finanziari dell'Unione, le stesse misure che adottano per combattere contro la frode che lede i loro interessi finanziari.

3. Fatte salve altre disposizioni dei trattati, gli Stati membri coordinano l'azione diretta a tutelare gli interessi finanziari dell'Unione contro la frode. A tale fine essi organizzano, assieme alla Commissione, una stretta e regolare cooperazione tra le autorità competenti.

4. Il Parlamento europeo e il Consiglio, deliberando secondo la procedura legislativa ordinaria, previa consultazione della Corte dei

conti, adottano le misure necessarie nei settori della prevenzione e lotta contro la frode che lede gli interessi finanziari dell'Unione, al fine di pervenire a una protezione efficace ed equivalente in tutti gli Stati membri e nelle istituzioni, organi e organismi dell'Unione.

5. La Commissione, in cooperazione con gli Stati membri, presenta ogni anno al Parlamento europeo e al Consiglio una relazione sulle misure adottate ai fini dell'attuazione del presente articolo.

TITOLO III

Cooperazioni rafforzate

326 (*ex* articoli da 27 A a 27 E, da 40 a 40 B e da 43 a 45 del TUE ed *ex* artt. 11 e 11 A TCE). Le cooperazioni rafforzate rispettano i trattati e il diritto dell'Unione.

Esse non possono recare pregiudizio né al mercato interno né alla coesione economica, sociale e territoriale. Non possono costituire un ostacolo né una discriminazione per gli scambi tra gli Stati membri, né possono provocare distorsioni di concorrenza tra questi ultimi.

327 (*ex* articoli da 27 A a 27 E, da 40 a 40 B e da 43 a 45 del TUE ed *ex* artt. 11 e 11 A TCE). Le cooperazioni rafforzate rispettano le competenze, i diritti e gli obblighi degli Stati membri che non vi partecipano. Questi non ne ostacolano l'attuazione da parte degli Stati membri che vi partecipano.

328 (*ex* articoli da 27 A a 27 E, da 40 a 40 B e da 43 a 45 del TUE ed *ex* artt. 11 e 11 A TCE). 1. Al momento della loro instaurazione le cooperazioni rafforzate sono aperte a tutti gli Stati membri, fatto salvo il rispetto delle eventuali condizioni di partecipazione stabilite dalla decisione di autorizzazione. La partecipazione alle cooperazioni rafforzate resta inoltre possibile in qualsiasi altro momento, fatto salvo il rispetto, oltre che delle condizioni summenzionate, degli atti già adottati in tale ambito.

La Commissione e gli Stati membri che partecipano a una cooperazione rafforzata si adoperano per promuovere la partecipazione del maggior numero possibile di Stati membri.

2. La Commissione e, all'occorrenza, l'alto rappresentante dell'Unione per gli affari esteri e la politica di sicurezza informano periodicamente il Parlamento europeo e il Consiglio in merito allo sviluppo delle cooperazioni rafforzate.

329 (*ex* articoli da 27 A a 27 E, da 40 a 40 B e da 43 a 45 del TUE ed *ex* artt. 11 e 11 A TCE). 1. Gli Stati membri che desiderano instaurare tra loro una cooperazione rafforzata in uno dei settori di cui ai trattati, eccetto i settori di competenza esclusiva e la politica estera e di sicurezza comune, trasmettono una richiesta alla Commissione precisando il campo d'applicazione e gli obiettivi perseguiti dalla cooperazione rafforzata prevista. La Commissione può presentare al Consiglio una proposta al riguardo. Qualora non presenti una proposta, la Commissione informa gli Stati membri interessati delle ragioni di tale decisione.

L'autorizzazione a procedere a una cooperazione rafforzata di cui al primo comma è concessa dal Consiglio, su proposta della Commissione e previa approvazione del Parlamento europeo.

2. La richiesta degli Stati membri che desiderano instaurare tra loro una cooperazione rafforzata nel quadro della politica estera e di sicurezza comune è presentata al Consiglio. Essa è trasmessa all'alto rappresentante dell'Unione per gli affari esteri e la politica di sicurezza, che esprime un parere sulla coerenza della cooperazione rafforzata prevista con la politica estera e di sicurezza comune dell'Unione, e alla Commissione, che esprime un parere, in particolare, sulla coerenza della cooperazione rafforzata prevista con le altre politiche dell'Unione. Essa è inoltre trasmessa per conoscenza al Parlamento europeo.

L'autorizzazione a procedere a una cooperazione rafforzata è concessa con una decisione del Consiglio, che delibera all'unanimità.

330 (*ex* articoli da 27 A a 27 E, da 40 a 40 B e da 43 a 45 del TUE ed *ex* artt. 11 e 11 A TCE). Tutti i membri del Consiglio possono partecipare alle sue deliberazioni, ma solo i membri del Consiglio che rappresentano gli Stati membri partecipanti ad una cooperazione rafforzata prendono parte al voto.

L'unanimità è costituita unicamente dai voti dei rappresentanti degli Stati membri partecipanti.

Per maggioranza qualificata s'intende quella definita conformemente all'art. 238, par. 3.

331 (*ex* articoli da 27 A a 27 E, da 40 a 40 B e da 43 a 45 del TUE ed *ex* artt. 11 e 11 A TCE). 1. Ogni Stato membro che desideri partecipare a una cooperazione rafforzata in corso in uno dei settori di cui all'art. 329, par. 1 notifica tale intenzione al Consiglio e alla Commissione.

La Commissione, entro un termine di quattro mesi dalla data di ricezione della notifica, conferma la partecipazione dello Stato membro in questione. Essa constata, se del caso, che le condizioni di partecipazione sono soddisfatte e adotta le misure transitorie necessarie per l'applicazione degli atti già adottati nel quadro della cooperazione rafforzata.

Tuttavia, se la Commissione ritiene che le condizioni di partecipazione non siano soddisfatte, indica le disposizioni da adottare per soddisfarle e fissa un termine per il riesame della richiesta. Alla scadenza di tale termine, essa riesamina la richiesta in conformità della procedura di cui al secondo comma. Se la Commissione ritiene che le condizioni di partecipazione continuino a non essere soddisfatte, lo Stato membro in questione può sottoporre la questione al Consiglio, che si pronuncia sulla richiesta. Il Consiglio delibera conformemente all'art. 330. Può inoltre adottare, su proposta della Commissione, le misure transitorie di cui al secondo comma.

2. Ogni Stato membro che desideri partecipare a una cooperazione rafforzata in corso nel quadro della politica estera e di sicurezza comune notifica tale intenzione al Consiglio, all'alto rappresentante dell'Unione per gli affari esteri e la politica di sicurezza e alla Commissione.

Il Consiglio conferma la partecipazione dello Stato membro in causa previa consultazione dell'alto rappresentante dell'Unione per gli affari esteri e la politica di sicurezza e dopo aver constatato, se del caso, che le condizioni di partecipazione sono soddisfatte. Il Consiglio, su proposta dell'alto rappresentante, può inoltre adottare le misure transitorie necessarie per l'applicazione degli atti già adottati nel quadro della cooperazione rafforzata. Tuttavia, se il Consiglio ritiene che le condizioni di partecipazione non siano soddisfatte, indica le disposizioni da adottare per soddisfarle e fissa un termine per il riesame della richiesta di partecipazione.

Ai fini del presente paragrafo, il Consiglio delibera all'unanimità e conformemente all'art. 330.

332 (*ex* articoli da 27 A a 27 E, da 40 a 40 B e da 43 a 45 del TUE ed *ex* artt. 11 e 11 A TCE). Le spese derivanti dall'attuazione di una cooperazione rafforzata, diverse dalle spese amministrative che devono sostenere le istituzioni, sono a carico degli Stati membri partecipanti, salvo che il Consiglio, deliberando all'unanimità dei membri previa consultazione del Parlamento europeo, non disponga altrimenti.

333 (*ex* articoli da 27 A a 27 E, da 40 a 40 B e da 43 a 45 del TUE ed *ex* artt. 11 e 11 A TCE). 1. Qualora una disposizione dei trattati che può essere applicata nel quadro di una cooperazione rafforzata preveda che il Consiglio deliberi all'unanimità, il Consiglio, deliberando all'unanimità conformemente alle modalità di cui all'art. 330, può adottare una decisione che prevede che delibererà a maggioranza qualificata.

2. Qualora una disposizione dei trattati che può essere applicata nel quadro di una cooperazione rafforzata preveda che il Consiglio adotti atti secondo una procedura legislativa speciale, il Consiglio, deliberando all'unanimità conformemente alle modalità di cui all'art. 330, può adottare una decisione che prevede che delibererà secondo la procedura legislativa ordinaria. Il Consiglio delibera previa consultazione del Parlamento europeo.

3. I parr. 1 e 2 non si applicano alle decisioni che hanno implicazioni militari o che rientrano nel settore della difesa.

334 (*ex* articoli da 27 A a 27 E, da 40 a 40 B e da 43 a 45 del TUE ed *ex* artt. 11 e 11 A TCE). Il Consiglio e la Commissione assicurano la coerenza delle azioni intraprese nel quadro di una cooperazione rafforzata e la coerenza di dette azioni con le politiche dell'Unione, e cooperano a tale scopo.

PARTE SETTIMA

DISPOSIZIONI GENERALI E FINALI

335 (*ex* art. 282 TCE). In ciascuno degli Stati membri, l'Unione ha la più ampia capacità giuridica riconosciuta alle persone giuridiche dalle legislazioni nazionali; essa può in particolare acquistare o alienare beni immobili e mobili e stare in giudizio. A tale fine, essa è rappresentata dalla Commissione. Tuttavia, l'Unione è rappresentata da ciascuna delle istituzioni, in base alla loro autonomia amministrativa, per le questioni connesse al funzionamento della rispettiva istituzione.

336 (*ex* art. 283 TCE). Il Parlamento europeo e il Consiglio, deliberando mediante regolamenti secondo la procedura legislativa ordinaria e previa consultazione delle altre istituzioni interessate, stabiliscono lo statuto dei funzionari dell'Unione europea e il regime applicabile agli altri agenti dell'Unione.

337 (*ex* art. 284 TCE). Per l'esecuzione dei compiti affidatile, la Commissione può raccogliere tutte le informazioni e procedere a tutte le necessarie verifiche, nei limiti e alle condizioni fissate dal Consiglio, che delibera a maggioranza semplice, conformemente alle disposizioni dei trattati.

338 (*ex* art. 285 TCE). 1. Fatto salvo l'art. 5 del protocollo dello statuto del Sistema europeo di banche centrali e della Banca centrale europea, il Parlamento europeo e il Consiglio, deliberando secondo la procedura legislativa ordinaria, adottano misure per l'elaborazione di statistiche laddove necessario per lo svolgimento delle attività dell'Unione.

2. L'elaborazione delle statistiche dell'Unione presenta i caratteri dell'imparzialità, dell'affidabilità, dell'obiettività, dell'indipendenza scientifica, dell'efficienza economica e della riservatezza statistica; essa non comporta oneri eccessivi per gli operatori economici.

339 (*ex* art. 287 TCE). I membri delle istituzioni dell'Unione, i membri dei comitati e parimenti i funzionari e agenti dell'Unione sono tenuti, anche dopo la cessazione dalle loro funzioni, a non divulgare le informazioni che per loro natura siano protette dal segreto professionale e in particolare quelle relative alle imprese e riguardanti i loro rapporti commerciali ovvero gli elementi dei loro costi.

340 (*ex* art. 288 TCE). La responsabilità contrattuale dell'Unione è regolata dalla legge applicabile al contratto in causa.

In materia di responsabilità extracontrattuale, l'Unione deve risarcire, conformemente ai principi generali comuni ai diritti degli Stati membri, i danni cagionati dalle sue istituzioni o dai suoi agenti nell'esercizio delle loro funzioni.

In deroga al secondo comma, la Banca centrale europea deve risarcire, conformemente ai principi generali comuni al diritto degli Stati membri, i danni cagionati da essa stessa o dai suoi agenti nell'esercizio delle loro funzioni.

La responsabilità personale degli agenti nei confronti dell'Unione è regolata dalle disposizioni che stabiliscono il loro statuto o il regime loro applicabile.

341 (*ex* art. 289 TCE). La sede delle istituzioni dell'Unione è fissata d'intesa comune dai governi degli Stati membri.

342 (*ex* art. 290 TCE). Il regime linguistico delle istituzioni dell'Unione è fissato, senza pregiudizio delle disposizioni previste dallo statuto della Corte di giustizia dell'Unione europea, dal Consiglio, che delibera all'unanimità mediante regolamenti.

343 (*ex* art. 291 TCE). L'Unione gode, sul territorio degli Stati membri, delle immunità e dei privilegi necessari all'assolvimento dei suoi compiti, alle condizioni definite dal protocollo dell'8 aprile 1965 sui privilegi e sulle immunità dell'Unione europea. Lo stesso vale per la Banca centrale europeae per la Banca europea per gli investimenti.

344 (*ex* art. 292 TCE). Gli Stati membri si impegnano a non sottoporre una controversia relativa all'interpretazione o all'applicazione dei trattati a un modo di composizione diverso da quelli previsti dai trattati stessi.

345 (*ex* art. 295 TCE). I trattati lasciano del tutto impregiudicato il regime di proprietà esistente negli Stati membri.

346 (*ex* art. 296 TCE). 1. Le disposizioni dei trattati non ostano alle norme seguenti:

a) nessuno Stato membro è tenuto a fornire informazioni la cui divulgazione sia dallo stesso considerata contraria agli interessi essenziali della propria sicurezza;

b) ogni Stato membro può adottare le misure che ritenga necessarie alla tutela degli interessi essenziali della propria sicurezza e che si riferiscano alla produzione o al commercio di armi, munizioni e materiale bellico; tali misure non devono alterare le condizioni di concorrenza nel mercato interno per quanto riguarda i prodotti che non siano destinati a fini specificamente militari (1).

2. Il Consiglio, deliberando all'unanimità su proposta della Commissione, può apportare modificazioni all'elenco, stabilito il 15 aprile 1958, dei prodotti cui si applicano le disposizioni del par. 1, lett. *b*).

347 (*ex* art. 297 TCE). Gli Stati membri si consultano al fine di prendere di comune accordo le disposizioni necessarie ad evitare che il funzionamento del mercato interno abbia a risentire delle misure che uno Stato membro può essere indotto a prendere nell'eventualità di gravi agitazioni interne che turbino l'ordine pubblico, in caso di guerra o di grave tensione internazionale che costituisca una minaccia di guerra ovvero per far fronte agli impegni da esso assunti ai fini del mantenimento della pace e della sicurezza internazionale.

348 (*ex* art. 298 TCE). Quando delle misure adottate nei casi contemplati dagli artt. 346 e 347 abbiano per effetto di alterare le condizioni di concorrenza nel mercato interno, la Commissione esamina con lo Stato interessato le condizioni alle quali tali misure possono essere rese conformi alle norme sancite dai trattati.

In deroga alla procedura di cui agli artt. 258 e 259, la Commissione o qualsiasi Stato membro può ricorrere direttamente alla Corte di giustizia, ove ritenga che un altro Stato membro faccia un uso abusivo dei poteri contemplati dagli artt. 346 e 347. La Corte di giustizia giudica a porte chiuse.

349 (*ex* art. 299, par. 2, c. 2, 3 e 4 TCE). Tenuto conto della situazione socioeconomica

(1) Per orientamenti e criteri per il ricorso al paragrafo annotato v. dir. p.c.m. 21 gennaio 2014, in G.U., 14 aprile 2014, n. 87.

strutturale della Guadalupa, della Guyana francese, della Martinica, della Riunione, di Saint Barthélemy, di Saint Martin, delle Azzorre, di Madera e delle isole Canarie, aggravata dalla loro grande distanza, dall'insularità, dalla superficie ridotta, dalla topografia e dal clima difficili, dalla dipendenza economica da alcuni prodotti, fattori la cui persistenza e il cui cumulo recano grave danno al loro sviluppo, il Consiglio, su proposta della Commissione e previa consultazione del Parlamento europeo, adotta misure specifiche volte, in particolare, a stabilire le condizioni di applicazione dei trattati a tali regioni, ivi comprese politiche comuni. Allorché adotta le misure specifiche in questione secondo una procedura legislativa speciale, il Consiglio delibera altresì su proposta della Commissione e previa consultazione del Parlamento europeo.

Le misure di cui al primo comma riguardano in particolare politiche doganali e commerciali, politica fiscale, zone franche, politiche in materia di agricoltura e di pesca, condizioni di fornitura delle materie prime e di beni di consumo primari, aiuti di Stato e condizioni di accesso ai fondi strutturali e ai programmi orizzontali dell'Unione.

Il Consiglio adotta le misure di cui al primo comma tenendo conto delle caratteristiche e dei vincoli specifici delle regioni ultraperiferiche senza compromettere l'integrità e la coerenza dell'ordinamento giuridico dell'Unione, ivi compresi il mercato interno e le politiche comuni.

350 (*ex* art. 306 TCE). Le disposizioni dei trattati non ostano all'esistenza e al perfezionamento delle unioni regionali tra il Belgio e il Lussemburgo, come pure tra il Belgio, il Lussemburgo e i Paesi Bassi, nella misura in cui gli obiettivi di tali unioni regionali non sono raggiunti in applicazione dei trattati.

351 (*ex* art. 307 TCE). Le disposizioni dei trattati non pregiudicano i diritti e gli obblighi derivanti da convenzioni concluse, anteriormente al 1° gennaio 1958 o, per gli Stati aderenti, anteriormente alla data della loro adesione, tra uno o più Stati membri da una parte e uno o più Stati terzi dall'altra.

Nella misura in cui tali convenzioni sono incompatibili coi trattati, lo Stato o gli Stati membri interessati ricorrono a tutti i mezzi atti ad eliminare le incompatibilità constatate. Ove occorra, gli Stati membri si forniranno reciproca assistenza per raggiungere tale scopo, assumendo eventualmente una comune linea di condotta.

Nell'applicazione delle convenzioni di cui al primo comma, gli Stati membri tengono conto del fatto che i vantaggi consentiti nei trattati da ciascuno degli Stati membri costituiscono parte integrante dell'instaurazione dell'Unione e sono, per ciò stesso, indissolubilmente connessi alla creazione di istituzioni comuni, all'attribuzione di competenze a favore di queste ultime e alla concessione degli stessi vantaggi da parte di tutti gli altri Stati membri.

352 (*ex* art. 308 TCE). 1. Se un'azione dell'Unione appare necessaria, nel quadro delle politiche definite dai trattati, per realizzare uno degli obiettivi di cui ai trattati senza che questi ultimi abbiano previsto i poteri di azione richiesti a tal fine, il Consiglio, deliberando all'unanimità su proposta della Commissione e previa approvazione del Parlamento europeo, adotta le disposizioni appropriate. Allorché adotta le disposizioni in questione secondo una procedura legislativa speciale, il Consiglio delibera altresì all'unanimità su proposta della Commissione e previa approvazione del Parlamento europeo.

2. La Commissione, nel quadro della procedura di controllo del principio di sussidiarietà di cui all'art. 5, par. 3 del trattato sull'Unione europea, richiama l'attenzione dei parlamenti nazionali sulle proposte fondate sul presente articolo.

3. Le misure fondate sul presente articolo non possono comportare un'armonizzazione delle disposizioni legislative e regolamentari degli Stati membri nei casi in cui i trattati la escludono.

4. Il presente articolo non può servire di base per il conseguimento di obiettivi riguardanti la politica estera e di sicurezza comune e qualsiasi atto adottato a norma del presente articolo rispetta i limiti previsti nell'art. 40, secondo comma, del trattato sull'Unione europea.

353. L'art. 48, par. 7, del trattato sull'Unione europea non si applica agli articoli seguenti:

— art. 311, terzo e quarto comma,
— art. 312, par. 2, primo comma
— art. 352 e
— art. 354.

354 (*ex* art. 309 TCE). Ai fini dell'art. 7 del trattato sull'Unione europea relativo alla sospensione di taluni diritti derivanti dall'appartenenza all'Unione, il membro del Consiglio europeo o del Consiglio che rappresenta lo Stato membro in questione non partecipa al voto e nel calcolo del terzo o dei quattro quinti degli Stati membri di cui ai parr. 1 e 2 di detto articolo non si tiene conto dello Stato membro in questione. L'astensione di membri presenti o rappresentati non osta all'adozione delle decisioni di cui al par. 2 di detto articolo.

Per l'adozione delle decisioni di cui all'art. 7,

parr. 3 e 4 del trattato sull'Unione europea, per maggioranza qualificata s'intende quella definita conformemente all'art. 238, par. 3, lett. *b*) del presente trattato.

Qualora, a seguito di una decisione di sospensione dei diritti di voto adottata a norma dell'art. 7, par. 3 del trattato sull'Unione europea, il Consiglio deliberi a maggioranza qualificata sulla base di una delle disposizioni dei trattati, per maggioranza qualificata s'intende quella definita conformemente all'art. 238, par. 3, lett. *b*) del presente trattato o, qualora il Consiglio agisca su proposta della Commissione o dell'alto rappresentante dell'Unione per gli affari esteri e la politica di sicurezza, quella definita conformemente all'art. 238, par. 3, lett. *a*).

Ai fini dell'art. 7 del trattato sull'Unione europea, il Parlamento europeo delibera alla maggioranza dei due terzi dei voti espressi, che rappresenta la maggioranza dei membri che lo compongono.

355 (*ex* art. 299, par. 2, c. 1, e parr. 3-6 TCE). Oltre alle disposizioni dell'art. 52 del trattato sull'Unione europea relativo al campo di applicazione territoriale dei trattati, si applicano le disposizioni seguenti:

1. Le disposizioni dei trattati si applicano alla Guadalupa, alla Guyana francese, alla Martinica, alla Riunione, a Saint Barthélemy, a Saint Martin, alle Azzorre, a Madera e alle isole Canarie, conformemente all'art. 349.

2. I paesi e i territori d'oltremare, il cui elenco figura nell'allegato II, costituiscono l'oggetto dello speciale regime di associazione definito nella quarta parte.

I trattati non si applicano ai paesi e territori d'oltremare che mantengono relazioni particolari con il Regno Unito di Gran Bretagna e Irlanda del Nord non menzionati nell'elenco precitato.

3. Le disposizioni dei trattati si applicano ai territori europei di cui uno Stato membro assume la rappresentanza nei rapporti con l'estero.

4. Le disposizioni dei trattati si applicano alle isole Åland conformemente alle disposizioni contenute nel protocollo n. 2 dell'atto relativo alle condizioni di adesione della Repubblica d'Austria, della Repubblica di Finlandia e del Regno di Svezia.

5. In deroga all'art. 52 del trattato sull'Unione europea e ai paragrafi da 1 a 4 del presente articolo:

a) i trattati non si applicano alle Faeröer;

b) i trattati non si applicano alle zone di sovranità del Regno Unito di Akrotiri e Dhekelia a Cipro, tranne per quanto necessario ad assicurare l'attuazione del regime definito nel protocollo relativo alle zone di sovranità del Regno Unito di Gran Bretagna e Irlanda del Nord a Cipro, allegato all'atto relativo alle condizioni di adesione all'Unione europea della Repubblica ceca, della Repubblica di Estonia, della Repubblica di Cipro, della Repubblica di Lettonia, della Repubblica di Lituania, della Repubblica di Ungheria, della Repubblica di Malta, della Repubblica di Polonia, della Repubblica di Slovenia e della Repubblica slovacca e secondo i termini di detto protocollo;

c) le disposizioni dei trattati sono applicabili alle isole Normanne ed all'isola di Man soltanto nella misura necessaria per assicurare l'applicazione del regime previsto per tali isole dal trattato relativo all'adesione di nuovi Stati membri alla Comunità economica europea e alla Comunità europea dell'energia atomica, firmato il 22 gennaio 1972.

6. Il Consiglio europeo, su iniziativa dello Stato membro interessato, può adottare una decisione che modifica lo status, nei confronti dell'Unione, di un paese o territorio danese, francese o olandese di cui ai parr. 1 e 2. Il Consiglio europeo delibera all'unanimità previa consultazione della Commissione.

356 (*ex* art. 312 TCE). Il presente trattato è concluso per una durata illimitata.

357 (*ex* art. 313 TCE). Il presente trattato sarà ratificato dalle Alte parti contraenti conformemente alle loro norme costituzionali rispettive. Gli strumenti di ratifica saranno depositati presso il governo della Repubblica italiana.

Il presente trattato entrerà in vigore il primo giorno del mese successivo all'avvenuto deposito dello strumento di ratifica da parte dello Stato firmatario che procederà per ultimo a tale formalità. Tuttavia, qualora tale deposito avvenisse meno di quindici giorni prima dell'inizio del mese seguente, l'entrata in vigore del trattato sarà rinviata al primo giorno del secondo mese successivo alla data del deposito stesso.

358. Le disposizioni dell'art. 55 del trattato sull'Unione europea si applicano al presente trattato.

CARTA DEI DIRITTI FONDAMENTALI DELL'UNIONE EUROPEA (1)

PREAMBOLO

I popoli d'Europa nel creare tra loro un'unione sempre più stretta hanno deciso di condividere un futuro di pace fondato su valori comuni.

Consapevole del suo patrimonio spirituale e morale, l'Unione si fonda sui valori indivisibili e universali della dignità umana, della libertà, dell'uguaglianza e della solidarietà; essa si basa sul principio della democrazia e sul principio dello stato di diritto. Pone la persona al centro della sua azione istituendo la cittadinanza dell'Unione e creando uno spazio di libertà, sicurezza e giustizia.

L'Unione contribuisce alla salvaguardia e allo sviluppo di questi valori comuni nel rispetto della diversità delle culture e delle tradizioni dei popoli d'Europa, nonché dell'identità nazionale degli Stati membri e dell'ordinamento dei loro pubblici poteri a livello nazionale, regionale e locale; essa si sforza di promuovere uno sviluppo equilibrato e sostenibile e assicura la libera circolazione delle persone, dei servizi, delle merci e dei capitali nonché la libertà di stabilimento.

A tal fine è necessario rafforzare la tutela dei diritti fondamentali alla luce dell'evoluzione della società, del progresso sociale e degli sviluppi scientifici e tecnologici, rendendo tali diritti più visibili in una Carta.

La presente Carta riafferma, nel rispetto delle competenze e dei compiti dell'Unione e del principio di sussidiarietà, i diritti derivanti in particolare dalle tradizioni costituzionali e dagli obblighi internazionali comuni agli Stati membri, dalla Convenzione europea per la salvaguardia dei Diritti dell'Uomo e delle Libertà fondamentali, dalle carte sociali adottate dall'Unione e dal Consiglio d'Europa, nonché dalla giurisprudenza della Corte di giustizia dell'Unione europea e da quella della Corte europea dei diritti dell'uomo. In tale contesto, la Carta sarà interpretata dai giudici dell'Unione e degli Stati membri tenendo in debito conto le spiegazioni (2) elaborate sotto l'autorità del praesidium della Convenzione che ha redatto la Carta e aggiornate sotto la responsabilità del praesidium della Convenzione europea.

Il godimento di questi diritti fa sorgere responsabilità e doveri nei confronti degli altri come pure della comunità umana e delle generazioni future.

Pertanto, l'Unione riconosce i diritti, le libertà ed i principi enunciati in appresso.

TITOLO I

Dignità

1. *Dignità umana*. — La dignità umana è inviolabile. Essa deve essere rispettata e tutelata.

2. *Diritto alla vita*. — 1. Ogni persona ha diritto alla vita.

2. Nessuno può essere condannato alla pena di morte, né giustiziato.

3. *Diritto all'integrità della persona*. — 1. Ogni persona ha diritto alla propria integrità fisica e psichica.

2. Nell'ambito della medicina e della biologia devono essere in particolare rispettati:

a) il consenso libero e informato della persona interessata, secondo le modalità definite dalla legge;

b) il divieto delle pratiche eugenetiche, in particolare di quelle aventi come scopo la selezione delle persone;

(1) G.U.C.E., 18 dicembre 2000, n. C 364 (c.d. Carta di Nizza, proclamata il 7 dicembre 2000). Per il testo modificato v. G.U.U.E., 14 dicembre 2007, n. C 303 (c.d. Carta di Strasburgo, proclamata il 12 dicembre 2007), dove si precisa (p. 14): «Il testo [della Carta] di cui sopra riprende, adattandola, la Carta proclamata il 7 dicembre 2000 e la sostituirà a decorrere dall'entrata in vigore del Trattato di Lisbona (1° dicembre 2009: n.d.r.)». Per la versione consolidata della Carta dei diritti fondamentali dell'Unione europea v. G.U.U.E., 30 marzo 2010, n. C 83, e, da ultimo, G.U.U.E., 30 marzo 2010, n. C 83. V. inoltre art. 6.1 TUE.

(2) Per le «spiegazioni» relative alla Carta v. ancora G.U.U.E., 14 dicembre 2007, n. C 303.

c) il divieto di fare del corpo umano e delle sue parti in quanto tali una fonte di lucro;

d) il divieto della clonazione riproduttiva degli esseri umani.

4. *Proibizione della tortura e delle pene o trattamenti inumani o degradanti.* — Nessuno può essere sottoposto a tortura, né a pene o trattamenti inumani o degradanti (1).

5. *Proibizione della schiavitù e del lavoro forzato.* — 1. Nessuno può essere tenuto in condizioni di schiavitù o di servitù.

2. Nessuno può essere costretto a compiere un lavoro forzato o obbligatorio.

3. È proibita la tratta degli esseri umani.

TITOLO II

Libertà

6. *Diritto alla libertà e alla sicurezza.* — *1.* Ogni persona ha diritto alla libertà e alla sicurezza.

7. *Rispetto della vita privata e della vita familiare.* — *1.* Ogni persona ha diritto al rispetto della propria vita privata e familiare, del proprio domicilio e delle proprie comunicazioni.

8. *Protezione dei dati di carattere personale.* — 1. Ogni persona ha diritto alla protezione dei dati di carattere personale che la riguardano.

2. Tali dati devono essere trattati secondo il principio di lealtà, per finalità determinate e in base al consenso della persona interessata o a un altro fondamento legittimo previsto dalla legge. Ogni persona ha il diritto di accedere ai dati raccolti che la riguardano e di ottenerne la rettifica.

3. Il rispetto di tali regole è soggetto al controllo di un'autorità indipendente.

9. *Diritto di sposarsi e di costituire una famiglia.* — *1.* Il diritto di sposarsi e il diritto di costituire una famiglia sono garantiti secondo le leggi nazionali che ne disciplinano l'esercizio.

10. *Libertà di pensiero, di coscienza e di religione.* — 1. Ogni persona ha diritto alla libertà di pensiero, di coscienza e di religione. Tale diritto include la libertà di cambiare religione o convinzione, così come la libertà di manifestare la propria religione o la propria convinzione individualmente o collettivamente, in pubblico o in privato, mediante il culto, l'insegnamento, le pratiche e l'osservanza dei riti.

2. Il diritto all'obiezione di coscienza è riconosciuto secondo le leggi nazionali che ne disciplinano l'esercizio.

11. *Libertà di espressione e d'informazione.* — 1. Ogni persona ha diritto alla libertà di espressione. Tale diritto include la libertà di opinione e la libertà di ricevere o di comunicare informazioni o idee senza che vi possa essere ingerenza da parte delle autorità pubbliche e senza limiti di frontiera.

2. La libertà dei media e il loro pluralismo sono rispettati.

12. *Libertà di riunione e di associazione.* — 1. Ogni persona ha diritto alla libertà di riunione pacifica e alla libertà di associazione a tutti i livelli, segnatamente in campo politico, sindacale e civico, il che implica il diritto di ogni persona di fondare sindacati insieme con altri e di aderirvi per la difesa dei propri interessi.

2. I partiti politici a livello dell'Unione contribuiscono a esprimere la volontà politica dei cittadini dell'Unione.

13. *Libertà delle arti e delle scienze.* — *1.* Le arti e la ricerca scientifica sono libere. La libertà accademica è rispettata.

14. *Diritto all'istruzione.* — 1. Ogni persona ha diritto all'istruzione e all'accesso alla formazione professionale e continua.

2. Questo diritto comporta la facoltà di accedere gratuitamente all'istruzione obbligatoria.

3. La libertà di creare istituti di insegnamento nel rispetto dei principi democratici, così come il diritto dei genitori di provvedere all'educazione e all'istruzione dei loro figli secondo le loro convinzioni religiose, filosofiche e pedagogiche, sono rispettati secondo le leggi nazionali che ne disciplinano l'esercizio.

15. *Libertà professionale e diritto di lavorare.* — 1. Ogni persona ha il diritto di lavorare e di esercitare una professione liberamente scelta o accettata.

2. Ogni cittadino dell'Unione ha la libertà di cercare un lavoro, di lavorare, di stabilirsi o di prestare servizi in qualunque Stato membro.

3. I cittadini dei paesi terzi che sono autorizzati a lavorare nel territorio degli Stati membri hanno diritto a condizioni di lavoro equivalenti a quelle di cui godono i cittadini dell'Unione.

16. *Libertà d'impresa.* — *1.* È riconosciuta la libertà d'impresa, conformemente al diritto dell'Unione e alle legislazioni e prassi nazionali.

(1) V. l. 9 novembre 2012, n. 195, di ratifica ed esecuzione del Protocollo opzionale alla Convenzione delle Nazioni Unite contro la tortura e altri trattamenti o pene crudeli, inumani o degradanti, fatto a New York il 18 dicembre 2002.

17. *Diritto di proprietà*. — 1. Ogni persona ha il diritto di godere della proprietà dei beni che ha acquisito legalmente, di usarli, di disporne e di lasciarli in eredità. Nessuna persona può essere privata della proprietà se non per causa di pubblico interesse, nei casi e nei modi previsti dalla legge e contro il pagamento in tempo utile di una giusta indennità per la perdita della stessa. L'uso dei beni può essere regolato dalla legge nei limiti imposti dall'interesse generale.

2. La proprietà intellettuale è protetta.

18. *Diritto di asilo*. — *1.* Il diritto di asilo è garantito nel rispetto delle norme stabilite dalla convenzione di Ginevra del 28 luglio 1951 e dal protocollo del 31 gennaio 1967, relativi allo *status* dei rifugiati, e a norma del trattato sull'Unione europea e del trattato sul funzionamento dell'Unione europea (in appresso denominati «i trattati»).

19. *Protezione in caso di allontanamento, di espulsione e di estradizione*. — 1. Le espulsioni collettive sono vietate.

2. Nessuno può essere allontanato, espulso o estradato verso uno Stato in cui esiste un rischio serio di essere sottoposto alla pena di morte, alla tortura o ad altre pene o trattamenti inumani o degradanti (1).

TITOLO III

Uguaglianza

20. *Uguaglianza davanti alla legge*. — *1.* Tutte le persone sono uguali davanti alla legge.

21. *Non discriminazione*. — 1. È vietata qualsiasi forma di discriminazione fondata, in particolare, sul sesso, la razza, il colore della pelle o l'origine etnica o sociale, le caratteristiche genetiche, la lingua, la religione o le convinzioni personali, le opinioni politiche o di qualsiasi altra natura, l'appartenenza ad una minoranza nazionale, il patrimonio, la nascita, la disabilità, l'età o l'orientamento sessuale.

2. Nell'ambito d'applicazione dei trattati e fatte salve disposizioni specifiche in essi contenute, è vietata qualsiasi discriminazione in base alla nazionalità.

22. *Diversità culturale, religiosa e linguistica*. — 1. L'Unione rispetta la diversità culturale, religiosa e linguistica.

23. *Parità tra donne e uomini*. — 1. La parità tra donne e uomini deve essere assicurata in tutti i campi, compreso in materia di occupazione, di lavoro e di retribuzione.

2. Il principio della parità non osta al mantenimento o all'adozione di misure che prevedano vantaggi specifici a favore del sesso sottorappresentato.

24. *Diritti del minore*. — 1. I minori hanno diritto alla protezione e alle cure necessarie per il loro benessere. Essi possono esprimere liberamente la propria opinione; questa viene presa in considerazione sulle questioni che li riguardano in funzione della loro età e della loro maturità.

2. In tutti gli atti relativi ai minori, siano essi compiuti da autorità pubbliche o da istituzioni private, l'interesse superiore del minore deve essere considerato preminente.

3. Il minore ha diritto di intrattenere regolarmente relazioni personali e contatti diretti con i due genitori, salvo qualora ciò sia contrario al suo interesse.

25. *Diritti degli anziani*. — *1.* L'Unione riconosce e rispetta il diritto degli anziani di condurre una vita dignitosa e indipendente e di partecipare alla vita sociale e culturale.

26. *Inserimento delle persone con disabilità*. — *1.* L'Unione riconosce e rispetta il diritto delle persone con disabilità di beneficiare di misure intese a garantirne l'autonomia, l'inserimento sociale e professionale e la partecipazione alla vita della comunità.

TITOLO IV

Solidarietà

27. *Diritto dei lavoratori all'informazione e alla consultazione nell'ambito dell'impresa*. — *1.* Ai lavoratori o ai loro rappresentanti devono essere garantite, ai livelli appropriati, l'informazione e la consultazione in tempo utile nei casi e alle condizioni previsti dal diritto dell'Unione e dalle legislazioni e prassi nazionali.

28. *Diritto di negoziazione e di azioni collettive*. — *1.* I lavoratori e i datori di lavoro, o le rispettive organizzazioni, hanno, conformemente al diritto dell'Unione e alle legislazioni e prassi nazionali, il diritto di negoziare e di concludere contratti collettivi, ai livelli appropriati, e di ricorrere, in caso di conflitti di interessi, ad azioni collettive per la difesa dei loro interessi, compreso lo sciopero.

(1) V. l. 9 novembre 2012, n. 195, di ratifica ed esecuzione del Protocollo opzionale alla Convenzione delle Nazioni Unite contro la tortura e altri trattamenti o pene crudeli, inumani o degradanti, fatto a New York il 18 dicembre 2002.

29. *Diritto di accesso ai servizi di collocamento*. — *1.* Ogni persona ha il diritto di accedere a un servizio di collocamento gratuito.

30. *Tutela in caso di licenziamento ingiustificato*. — *1.* Ogni lavoratore ha il diritto alla tutela contro ogni licenziamento ingiustificato, conformemente al diritto dell'Unione e alle legislazioni e prassi nazionali.

31. *Condizioni di lavoro giuste ed eque*. — 1. Ogni lavoratore ha diritto a condizioni di lavoro sane, sicure e dignitose.

2. Ogni lavoratore ha diritto a una limitazione della durata massima del lavoro, a periodi di riposo giornalieri e settimanali e a ferie annuali retribuite.

32. *Divieto del lavoro minorile e protezione dei giovani sul luogo di lavoro*. — 1. Il lavoro minorile è vietato. L'età minima per l'ammissione al lavoro non può essere inferiore all'età in cui termina la scuola dell'obbligo, fatte salve le norme più favorevoli ai giovani ed eccettuate deroghe limitate.

2. I giovani ammessi al lavoro devono beneficiare di condizioni di lavoro appropriate alla loro età ed essere protetti contro lo sfruttamento economico o contro ogni lavoro che possa minarne la sicurezza, la salute, lo sviluppo fisico, psichico, morale o sociale o che possa mettere a rischio la loro istruzione.

33. *Vita familiare e vita professionale*. — 1. È garantita la protezione della famiglia sul piano giuridico, economico e sociale.

2. Al fine di poter conciliare vita familiare e vita professionale, ogni persona ha il diritto di essere tutelata contro il licenziamento per un motivo legato alla maternità e il diritto a un congedo di maternità retribuito e a un congedo parentale dopo la nascita o l'adozione di un figlio.

34. *Sicurezza sociale e assistenza sociale*. — 1. L'Unione riconosce e rispetta il diritto di accesso alle prestazioni di sicurezza sociale e ai servizi sociali che assicurano protezione in casi quali la maternità, la malattia, gli infortuni sul lavoro, la dipendenza o la vecchiaia, oltre che in caso di perdita del posto di lavoro, secondo le modalità stabilite dal diritto dell'Unione e le legislazioni e prassi nazionali.

2. Ogni persona che risieda o si sposti legalmente all'interno dell'Unione ha diritto alle prestazioni di sicurezza sociale e ai benefici sociali conformemente al diritto dell'Unione e alle legislazioni e prassi nazionali.

3. Al fine di lottare contro l'esclusione sociale e la povertà, l'Unione riconosce e rispetta il diritto all'assistenza sociale e all'assistenza abitativa volte a garantire un'esistenza dignitosa a tutti coloro che non dispongano di risorse sufficienti, secondo le modalità stabilite dal diritto dell'Unione e le legislazioni e prassi nazionali.

35. *Protezione della salute*. — *1.* Ogni persona ha il diritto di accedere alla prevenzione sanitaria e di ottenere cure mediche alle condizioni stabilite dalle legislazioni e prassi nazionali. Nella definizione e nell'attuazione di tutte le politiche ed attività dell'Unione è garantito un livello elevato di protezione della salute umana.

36. *Accesso ai servizi d'interesse economico generale*. — *1.* Al fine di promuovere la coesione sociale e territoriale dell'Unione, questa riconosce e rispetta l'accesso ai servizi d'interesse economico generale quale previsto dalle legislazioni e prassi nazionali, conformemente ai trattati.

37. *Tutela dell'ambiente*. — *1.* Un livello elevato di tutela dell'ambiente e il miglioramento della sua qualità devono essere integrati nelle politiche dell'Unione e garantiti conformemente al principio dello sviluppo sostenibile.

38. *Protezione dei consumatori*. — *1.* Nelle politiche dell'Unione è garantito un livello elevato di protezione dei consumatori.

TITOLO V

Cittadinanza

39. *Diritto di voto e di eleggibilità alle elezioni del Parlamento europeo*. — 1. Ogni cittadino dell'Unione ha il diritto di voto e di eleggibilità alle elezioni del Parlamento europeo nello Stato membro in cui risiede, alle stesse condizioni dei cittadini di detto Stato.

2. I membri del Parlamento europeo sono eletti a suffragio universale diretto, libero e segreto.

40. *Diritto di voto e di eleggibilità alle elezioni comunali*. — *1.* Ogni cittadino dell'Unione ha il diritto di voto e di eleggibilità alle elezioni comunali nello Stato membro in cui risiede, alle stesse condizioni dei cittadini di detto Stato.

41. *Diritto ad una buona amministrazione*. — 1. Ogni persona ha diritto a che le questioni che lo riguardano siano trattate in modo imparziale ed equo ed entro un termine ragionevole dalle istituzioni, organi e organismi dell'Unione.

2. Tale diritto comprende in particolare:

a) il diritto di ogni persona di essere ascoltata prima che nei suoi confronti venga adottato un provvedimento individuale che le rechi pregiudizio;

b) il diritto di ogni persona di accedere al fascicolo che la riguarda, nel rispetto dei legittimi interessi della riservatezza e del segreto professionale e commerciale;

c) l'obbligo per l'amministrazione di motivare le proprie decisioni.

3. Ogni persona ha diritto al risarcimento da parte dell'Unione dei danni cagionati dalle sue istituzioni o dai suoi agenti nell'esercizio delle loro funzioni conformemente ai principi generali comuni agli ordinamenti degli Stati membri.

4. Ogni persona può rivolgersi alle istituzioni dell'Unione in una delle lingue dei trattati e deve ricevere una risposta nella stessa lingua.

42. *Diritto d'accesso ai documenti*. — *1.* Ogni cittadino dell'Unione nonché ogni persona fisica o giuridica che risieda o abbia la sede sociale in uno Stato membro ha il diritto di accedere ai documenti delle istituzioni, organi e organismi dell'Unione, a prescindere dal loro supporto.

43. *Mediatore europeo*. — *1.* Ogni cittadino dell'Unione nonché ogni persona fisica o giuridica che risieda o abbia la sede sociale in uno Stato membro ha il diritto di sottoporre al mediatore europeo casi di cattiva amministrazione nell'azione delle istituzioni, organi o organismi dell'Unione, salvo la Corte di giustizia dell'Unione europea nell'esercizio delle sue funzioni giurisdizionali.

44. *Diritto di petizione*. — *1.* Ogni cittadino dell'Unione nonché ogni persona fisica o giuridica che risieda o abbia la sede sociale in uno Stato membro ha il diritto di presentare una petizione al Parlamento europeo.

45. *Libertà di circolazione e di soggiorno*. — 1. Ogni cittadino dell'Unione ha il diritto di circolare e di soggiornare liberamente nel territorio degli Stati membri.

2. La libertà di circolazione e di soggiorno può essere accordata, conformemente ai trattati, ai cittadini dei paesi terzi che risiedono legalmente nel territorio di uno Stato membro.

46. *Tutela diplomatica e consolare*. — *1.* Ogni cittadino dell'Unione gode, nel territorio di un paese terzo nel quale lo Stato membro di cui ha la cittadinanza non è rappresentato, della tutela delle autorità diplomatiche e consolari di qualsiasi Stato membro, alle stesse condizioni dei cittadini di detto Stato.

TITOLO VI

Giustizia

47. *Diritto a un ricorso effettivo e a un giudice imparziale*. — 1. Ogni persona i cui diritti e le cui libertà garantiti dal diritto dell'Unione siano stati violati ha diritto a un ricorso effettivo dinanzi a un giudice, nel rispetto delle condizioni previste nel presente articolo.

2. Ogni persona ha diritto a che la sua causa sia esaminata equamente, pubblicamente ed entro un termine ragionevole da un giudice indipendente e imparziale, precostituito per legge. Ogni persona ha la facoltà di farsi consigliare, difendere e rappresentare.

3. A coloro che non dispongono di mezzi sufficienti è concesso il patrocinio a spese dello Stato qualora ciò sia necessario per assicurare un accesso effettivo alla giustizia.

48. *Presunzione di innocenza e diritti della difesa*. — 1. Ogni imputato è considerato innocente fino a quando la sua colpevolezza non sia stata legalmente provata.

2. Il rispetto dei diritti della difesa è garantito ad ogni imputato.

49. *Principi della legalità e della proporzionalità dei reati e delle pene*. — 1. Nessuno può essere condannato per un'azione o un'omissione che, al momento in cui è stata commessa, non costituiva reato secondo il diritto interno o il diritto internazionale. Parimenti, non può essere inflitta una pena più grave di quella applicabile al momento in cui il reato è stato commesso. Se, successivamente alla commissione del reato, la legge prevede l'applicazione di una pena più lieve, occorre applicare quest'ultima.

2. Il presente articolo non osta al giudizio e alla condanna di una persona colpevole di un'azione o di un'omissione che, al momento in cui è stata commessa, costituiva un crimine secondo i principi generali riconosciuti da tutte le nazioni.

3. Le pene inflitte non devono essere sproporzionate rispetto al reato.

50. *Diritto di non essere giudicato o punito due volte per lo stesso reato*. — *1.* Nessuno può essere perseguito o condannato per un reato per il quale è già stato assolto o condannato nell'Unione a seguito di una sentenza penale definitiva conformemente alla legge.

TITOLO VII

Disposizioni generali

51. *Ambito di applicazione*. — 1. Le disposizioni della presente Carta si applicano alle istituzioni, organi e organismi dell'Unione nel rispetto del principio di sussidiarietà come pure agli Stati membri esclusivamente nell'attuazione del diritto dell'Unione. Pertanto, i suddetti soggetti rispettano i diritti, osservano i principi e ne promuovono l'applicazione secondo le rispettive competenze e nel rispetto dei limiti delle competenze conferite all'Unione nei trattati.

2. La presente Carta non estende l'ambito di applicazione del diritto dell'Unione al di là delle competenze dell'Unione, né introduce competenze nuove o compiti nuovi per l'Unione, né modifica le competenze e i compiti definiti nei trattati.

52. *Portata, e interpretazione dei diritti e dei principi*. — 1. Eventuali limitazioni all'esercizio dei diritti e delle libertà riconosciuti dalla presente Carta devono essere previste dalla legge e rispettare il contenuto essenziale di detti diritti e libertà. Nel rispetto del principio di proporzionalità, possono essere apportate limitazioni solo laddove siano necessarie e rispondano effettivamente a finalità di interesse generale riconosciute dall'Unione o all'esigenza di proteggere i diritti e le libertà altrui.

2. I diritti riconosciuti dalla presente Carta per i quali i trattati prevedono disposizioni si esercitano alle condizioni e nei limiti dagli stessi definiti.

3. Laddove la presente Carta contenga diritti corrispondenti a quelli garantiti dalla Convenzione europea per la salvaguardia dei diritti dell'uomo e delle libertà fondamentali, il significato e la portata degli stessi sono uguali a quelli conferiti dalla suddetta Convenzione. La presente disposizione non preclude che il diritto dell'Unione conceda una protezione più estesa.

4. Laddove la presente Carta riconosca i diritti fondamentali quali risultano dalle tradizioni costituzionali comuni agli Stati membri, tali diritti sono interpretati in armonia con dette tradizioni.

5. Le disposizioni della presente Carta che contengono dei principi possono essere attuate da atti legislativi e esecutivi adottati da istituzioni, organi e organismi dell'Unione e da atti di Stati membri allorché essi danno attuazione al diritto dell'Unione, nell'esercizio delle loro rispettive competenze. Esse possono essere invocate dinanzi a un giudice solo ai fini dell'interpretazione e del controllo di legalità di detti atti.

6. Si tiene pienamente conto delle legislazioni e prassi nazionali, come specificato nella presente Carta.

7. I giudici dell'Unione e degli Stati membri tengono nel debito conto le spiegazioni elaborate al fine di fornire orientamenti per l'interpretazione della presente Carta.

53. *Livello di protezione*. — *1.* Nessuna disposizione della presente Carta deve essere interpretata come limitativa o lesiva dei diritti dell'uomo e delle libertà fondamentali riconosciuti, nel rispettivo ambito di applicazione, dal diritto dell'Unione, dal diritto internazionale, dalle convenzioni internazionali delle quali l'Unione o tutti gli Stati membri sono parti, in particolare dalla Convenzione europea per la salvaguardia dei diritti dell'uomo e delle libertà fondamentali, e dalle costituzioni degli Stati membri.

54. *Divieto dell'abuso di diritto*. — *1.* Nessuna disposizione della presente Carta deve essere interpretata nel senso di comportare il diritto di esercitare un'attività o compiere un atto che miri a distruggere diritti o libertà riconosciuti nella presente Carta o a imporre a tali diritti e libertà limitazioni più ampie di quelle previste dalla presente Carta.

CODICE CIVILE

REGIO DECRETO 16 marzo 1942 – XX, n. 262

APPROVAZIONE DEL TESTO DEL CODICE CIVILE

VITTORIO EMANUELE III

PER GRAZIA DI DIO
E PER VOLONTÀ DELLA NAZIONE

RE D'ITALIA E DI ALBANIA
IMPERATORE D'ETIOPIA

Visti i Regi decreti 12 dicembre 1938-XVI, n. 1852, 26 ottobre 1939-XVII, n. 1856, 30 gennaio 1941-XIX, n. 15, 30 gennaio 1941-XIX, n. 16, 30 gennaio 1941-XIX, n. 17 e 30 gennaio 1941-XIX, n. 18, che danno facoltà al Governo di provvedere alla riunione ed al coordinamento dei libri del Codice civile delle persone, delle successioni per causa di morte e delle donazioni, della proprietà, delle obbligazioni, del lavoro e della tutela dei diritti, approvati con gli stessi Regi decreti;

Vista la legge 30 gennaio 1941-XIX, n. 14, sul valore giuridico della Carta del Lavoro (1);

Udito il Consiglio dei Ministri;

Sulla proposta del Nostro Guardasigilli, Ministro Segretario di Stato per la grazia e giustizia;

Abbiamo decretato e decretiamo:

1. *1.* È approvato il testo del Codice civile, il quale, preceduto dalle disposizioni sul valore giuridico della Carta del Lavoro (1), dal testo della Carta del Lavoro (1), approvato dal Gran Consiglio del Fascismo il 21 aprile 1927, e dalle Disposizioni sulla legge in generale, avrà esecuzione a cominciare dal 21 aprile 1942-XX, sostituendo da questa data i libri del Codice stesso, approvati con i Regi decreti 12 dicembre 1938-XVI, n. 1852, 26 ottobre 1939-XVII, n. 1586, 30 gennaio 1941-XIX, n. 15, 30 gennaio 1941-XIX, n. 16, 30 gennaio 1941-XIX, n. 17 e 30 gennaio 1941-XIX, n. 18 (2).

2. *1.* Un esemplare del testo del Codice civile, firmato da Noi e contrassegnato dal Nostro Ministro Segretario di Stato per la grazia e giustizia, servirà di originale e sarà depositato e custodito nell'Archivio del Regno.

2. Ordiniamo che il presente decreto, munito del sigillo dello Stato, sia inserito nella Raccolta ufficiale delle leggi e dei decreti del Regno d'Italia, mandando a chiunque spetti di osservarlo e di farlo osservare.

Dato a Roma, addì 16 marzo 1942 – XX

VITTORIO EMANUELE

MUSSOLINI-GRANDI

Visto, *il Guardasigilli:* GRANDI.

Registrato alla Corte dei conti, addì 16 marzo 1942 -XX. Atti del Governo, registro n. 443, foglio n. 53.

MANCINI

(1) Abrogata con d.lg.lgt. 14 settembre 1944, n. 287.

(2) Il libro primo è entrato in vigore il 1° luglio 1939; il libro secondo il 21 aprile 1940; il libro terzo il 28 ottobre 1941; gli ultimi tre libri il 21 aprile 1942.

DISPOSIZIONI SULLA LEGGE IN GENERALE

CAPO I

DELLE FONTI DEL DIRITTO

1. *Indicazione delle fonti.* — *1.* Sono fonti del diritto:

1) le leggi (prel. 2, 10 ss.; cost. 70 ss., 117, 138);

2) i regolamenti (prel. 3 ss.);

3) le norme corporative (prel. 5 ss.) (1);

4) gli usi (prel. 8 ss.).

2. *Leggi.* — *1.* La formazione delle leggi e l'emanazione degli atti del Governo aventi forza di legge sono disciplinate da leggi di carattere costituzionale (cost. 70 ss., 117, 118).

3. *Regolamenti.* — *1.* Il potere regolamentare del Governo è disciplinato da leggi di carattere costituzionale (prel. 4) (2).

2. Il potere regolamentare di altre autorità è esercitato nei limiti delle rispettive competenze, in conformità delle leggi particolari (prel. 4) (3).

4. *Limiti della disciplina regolamentare.* — *1.* I regolamenti (prel. 3) non possono contenere norme contrarie alle disposizioni delle leggi.

2. I regolamenti emanati a norma del secondo comma dell'art. 3 non possono nemmeno dettare norme contrarie a quelle dei regolamenti emanati dal Governo.

5. *Norme corporative.* — *1.* Sono norme corporative (prel. 1 n. 3) le ordinanze corporative, gli accordi economici collettivi (c. 2063 ss.), i contratti collettivi di lavoro (c. 2067 ss.) e le sentenze della magistratura del lavoro nelle controversie collettive (4).

6. *Formazione ed efficacia delle norme corporative.* — *1.* La formazione e l'efficacia delle norme corporative sono disciplinate nel codice civile (c. 2063-2081) e in leggi particolari (4).

7. *Limiti della disciplina corporativa.* — *1.* Le norme corporative non possono derogare alle disposizioni imperative delle leggi e dei regolamenti (4).

8. *Usi.* — *1.* Nelle materie regolate dalle leggi e dai regolamenti gli usi hanno efficacia solo in quanto sono da essi richiamati (nav. 1).

2. Le norme corporative prevalgono sugli usi, anche se richiamati dalle leggi e dai regolamenti, salvo che in esse sia diversamente disposto (c. 2078) (4).

9. *Raccolte di usi.* — *1.* Gli usi pubblicati nelle raccolte ufficiali degli enti e degli organi a ciò autorizzati si presumono esistenti fino a prova contraria (5).

CAPO II

DELL'APPLICAZIONE DELLA LEGGE IN GENERALE

10. *Inizio dell'obbligatorietà delle leggi e dei regolamenti.* — *1.* Le leggi e i regolamenti divengono obbligatori nel decimoquinto giorno successivo a quello della loro pubblicazione, salvo che sia altrimenti disposto (cost. 73^3) (6).

2. Le norme corporative divengono obbliga-

(1) Soppresso l'ordinamento corporativo con d.lg.lgt. 23 novembre 1944, n. 369, devono ritenersi abrogate tutte le norme che lo presuppongono; le norme corporative già costituite restano in vigore fino alla loro modificazione (art. 43 d. cit.).

(2) V. art. 17, l. 23 agosto 1988, n. 400.

(3) V. d.lg. 18 agosto 2000, n. 267, e successive modificazioni, per l'ordinamento degli enti locali.

(4) V. nota 1 all'art. 1 prel.

(5) Per gli usi generali v. d.lg.c.p.s. 27 gennaio 1947, n. 152, modificato con l. 13 marzo 1950, n. 115. Per gli usi provinciali v. r.d. 20 settembre 1934, n. 2011. Sul Comitato consultivo nazionale per la formulazione di proposte per la revisione delle raccolte provinciali degli usi v. d.m. Industria 16 maggio 2000. Tra i compiti e le funzioni delle camere di commercio, singolarmente o in forma associata, vi è la: «*m*) raccolta degli usi e delle consuetudini»: art. 2.2, l. 29 dicembre 1993, n. 580, come sostituito dall'art. 1.2, d.lg. 15 febbraio 2010, n. 23.

(6) «Le modifiche eventualmente apportate al decreto-legge in sede di conversione hanno efficacia dal giorno successivo a quello della pubblicazione della legge di conversione, salvo che quest'ultima non disponga diversamente. Esse sono elencate in allegato alla legge»: art. 15.5, l. 23 agosto 1988, n. 400. Sulla pubblicazione delle leggi e degli atti normativi v. art. 5 ss., d.p.r. 28 dicembre 1985, n. 1092.

torie nel giorno successivo a quello della pubblicazione, salvo che in esse sia altrimenti disposto (1).

11. *Efficacia della legge nel tempo*. — *1.* La legge non dispone che per l'avvenire: essa non ha effetto retroattivo (cost. 25[2]).

2. I contratti collettivi di lavoro (c. 2067 ss.) possono stabilire per la loro efficacia una data anteriore alla pubblicazione, purché non preceda quella della stipulazione.

12. *Interpretazione della legge*. — *1.* Nell'applicare la legge non si può ad essa attribuire altro senso che quello fatto palese dal significato proprio delle parole secondo la connessione di esse, e dalla intenzione del legislatore.

2. Se una controversia non può essere decisa con una precisa disposizione, si ha riguardo alle disposizioni che regolano casi simili o materie analoghe; se il caso rimane ancora dubbio, si decide secondo i princìpi generali dell'ordinamento giuridico dello Stato (2).

13. *Esclusione dell'applicazione analogica delle norme corporative*. — *1.* Le norme corporative non possono essere applicate a casi simili o a materie analoghe a quelli da esse contemplati (1).

14. *Applicazione delle leggi penali ed eccezionali*. — *1.* Le leggi penali e quelle che fanno eccezione a regole generali o ad altre leggi non si applicano oltre i casi e i tempi in esse considerati (cost. 25[2]).

15. *Abrogazione delle leggi*. — *1.* Le leggi non sono abrogate che da leggi posteriori per dichiarazione espressa del legislatore, o per incompatibilità tra le nuove disposizioni e le precedenti o perché la nuova legge regola l'intera materia già regolata dalla legge anteriore.

16. *Trattamento dello straniero*. — *1.* Lo straniero è ammesso a godere dei diritti civili attribuiti al cittadino a condizione di reciprocità e salve le disposizioni contenute in leggi speciali (3).

2. Questa disposizione vale anche per le persone giuridiche straniere (cost. 10).

17-31. .... (4).

(1) V. nota 1 all'art. 1 prel.

(2) L'art. 1.4, l. 10 ottobre 1990, n. 287, in *Leggi coll. XXI, 1*, dispone che l'interpretazione delle norme contenute nel titolo primo della legge stessa «è effettuata in base ai principi dell'ordinamento delle Comunità europee in materia di disciplina della concorrenza».

(3) V. l. 5 febbraio 1992, n. 91, in *Leggi coll. II, 2*. V. anche l'art. 219, l. 19 maggio 1975, n. 151. V. d.lg. 25 luglio 1998, n. 286, testo unico sull'immigrazione e sulla condizione dello straniero, come modificato dal d.lg. 19 ottobre 1998, n. 380, dal d.lg. 13 aprile 1999, n. 113 e dalla l. 30 luglio 2002, n. 189 e attuato dal d.p.r. 31 agosto 1999, n. 394.

(4) Articoli abrogati dall'art. 73, l. 31 maggio 1995, n. 218, in *Leggi coll. I, 1*. Per l'entrata in vigore, v. art. 74. Per la disciplina transitoria v. art. 72.

LIBRO PRIMO

DELLE PERSONE E DELLA FAMIGLIA

TITOLO I

Delle persone fisiche (1)

1. *Capacità giuridica*. — *1.* La capacità giuridica si acquista dal momento della nascita.

2. I diritti che la legge riconosce a favore del concepito sono subordinati all'evento della nascita (c. 320, 462, 784).

3. .... (2).

2. *Maggiore età. Capacità di agire*. — *1.* La maggiore età è fissata al compimento del diciottesimo anno. Con la maggiore età si acquista la capacità di compiere tutti gli atti per i quali non sia stabilita una età diversa (c. 84, 165, 250⁵, 264, 291, 774; l. aut. 108) (3).

2. Sono salve le leggi speciali che stabiliscono un'età inferiore in materia di capacità a prestare il proprio lavoro. In tal caso il minore è abilitato all'esercizio dei diritti e delle azioni che dipendono dal contratto di lavoro (4).

3. .... (4).

4. *Commorienza*. — *1.* Quando un effetto giuridico dipende dalla sopravvivenza di una persona a un'altra e non consta quale di esse sia morta prima, tutte si considerano morte nello stesso momento (5).

5. *Atti di disposizione del proprio corpo*. — *1.* Gli atti di disposizione del proprio corpo sono vietati quando cagionino una diminuzione permanente della integrità fisica, o quando siano altrimenti contrari alla legge, all'ordine pubblico o al buon costume (c. 1343, 1418) (6).

6. *Diritto al nome*. — *1.* Ogni persona ha diritto al nome che le è per legge attribuito (c. 143-*II*, 262, 299).

(1) Sull'utilizzo di dichiarazioni sostitutive di certificazioni v. art. 46, d.p.r. 28 dicembre 2000, n. 445.

(2) Si omette il terzo comma, abrogato dall'art. 1, r.d.l. 20 gennaio 1944, n. 25 e dall'art. 3, d.lg.lgt. 14 settembre 1944, n. 287. Per l'individuazione del diritto applicabile v. art. 20, l. 31 maggio 1995, n. 218, in *Leggi coll. I, 1*. Sulla nullità di ogni contratto e ogni altro strumento privato avente un effetto giuridico diretto a limitare la capacità giuridica delle donne v. art. 15.3, l. 14 marzo 1985, n. 132.

(3) Per l'individuazione del diritto applicabile v. art. 23, l. 31 maggio 1995, n. 218, in *Leggi coll. I, 1*. Sulla capacità di scelte scolastiche e di iscrizione nelle scuole secondarie superiori v. l. 18 giugno 1986, n. 281.

(4) Articolo così sostituito dall'art. 1, l. 8 marzo 1975, n. 39, che con l'art. 2 ha abrogato l'art. 3 del codice civile e ha dettato le seguenti norme transitorie: Art. 24. – «Nelle situazioni giuridiche sorte anteriormente all'entrata in vigore della presente legge, quando per atto a titolo oneroso o gratuito, ovvero in base a disposizioni legislative debbono essere effettuate prestazioni continuative o periodiche sino alla maggiore età dell'avente diritto, il termine finale deve essere riferito al compimento del ventunesimo anno del beneficiario». Art. 25. – «Quando le leggi anteriori prevedono che un termine decorre dal compimento della maggiore età, tale termine inizia a decorrere dall'entrata in vigore della presente legge se a tale data il soggetto ha già compiuto il diciottesimo anno di età. || Restano immutate le disposizioni anteriori se, a causa del compimento della maggiore età anteriormente alla data di entrata in vigore della presente legge, è già iniziato il decorso del termine indicato nel comma precedente». La legge n. 39/1975 è entrata in vigore il 10 marzo 1975.

(5) Per l'individuazione del diritto applicabile v. art. 21, l. 31 maggio 1995, n. 218, in *Leggi coll. I, 1*. «La morte si identifica con la cessazione irreversibile di tutte le funzioni dell'encefalo»: art. 1, l. 29 dicembre 1993, n. 578. Per il regolamento v. d.m. Sanità 22 agosto 1994, n. 582, in G.U., 19 ottobre 1994, n. 245, aggiornato con d.m. Salute 11 aprile 2008, in G.U., 12 giugno 2008, n. 136.

(6) V. l. 2 dicembre 1975, n. 644, sul prelievo di parti di cadavere a scopo di trapianto terapeutico e norme sul prelievo dell'ipofisi da cadavere a scopo di produzione di estratti per uso terapeutico; l. 26 giugno 1967, n. 458, sul trapianto del rene tra persone viventi; l. 22 maggio 1978, n. 194, sulla interruzione della gravidanza; l. 12 agosto 1993, n. 301, sui prelievi e innesti di cornea; d.p.r. 9 novembre 1994, n. 694, regolamento sulla semplificazione dell'autorizzazione dei trapianti; l. 1° aprile 1999, n. 91, disposizioni in materia di prelievi e di trapianti di organi e di tessuti, che, all'art. 4, introduce il principio secondo cui «la mancata dichiarazione di volontà è considerata quale assenso alla donazione»; l. 16 dicembre 1999, n. 483, sul trapianto parziale di fegato tra persone viventi; d.m. Sanità 8 aprile 2000, in G.U., 15 aprile 2000, n. 89, sulle dichiarazioni di volontà di donazione di organi; l. 21 ottobre 2005, n. 219, sulle attività trasfusionali; l. 9 gennaio 2006, n. 7, sulla mutilazione genitale femminile; d.lg. 6 novembre 2007, n. 191, e d.lg. 25 gennaio 2010, n. 16, su tessuti e cellule umani; d.lg. 20 dicembre 2007, n. 261, sulla raccolta e lavorazione del sangue umano, come modificato dall'art. 40, l. 4 giugno 2010, n. 96; d.m. Salute 2 novembre 2015, in suppl. ord. n. 69 a G.U., 28 dicembre 2015, n. 600, disposizioni relative ai requisiti di qualità e

2. Nel nome si comprendono il prenome e il cognome.

3. Non sono ammessi cambiamenti, aggiunte o rettifiche al nome, se non nei casi e con le formalità dalla legge indicati (1).

7. *Tutela del diritto al nome*. — *1.* La persona, alla quale si contesti il diritto all'uso del proprio nome o che possa risentire pregiudizio dall'uso che altri indebitamente ne faccia, può chiedere giudizialmente la cessazione del fatto lesivo, salvo il risarcimento dei danni.

2. L'autorità giudiziaria può ordinare che la sentenza sia pubblicata in uno o più giornali (p.c. 120).

8. *Tutela del nome per ragioni familiari*. — *1.* Nel caso previsto dall'articolo precedente, l'azione può essere promossa anche da chi, pur non portando il nome contestato o indebitamente usato, abbia alla tutela del nome un interesse fondato su ragioni familiari degne d'essere protette.

9. *Tutela dello pseudonimo*. — *1.* Lo pseudonimo, usato da una persona in modo che abbia acquistato l'importanza del nome, può essere tutelato ai sensi dell'art. 7 (2).

10. *Abuso dell'immagine altrui*. — *1.* Qualora l'immagine di una persona o dei genitori, del coniuge o dei figli sia stata esposta o pubblicata fuori dei casi in cui l'esposizione o la pubblicazione è dalla legge consentita, ovvero con pregiudizio al decoro o alla reputazione della persona stessa o dei detti congiunti, l'autorità giudiziaria, su richiesta dell'interessato, può disporre che cessi l'abuso, salvo il risarcimento dei danni (3).

TITOLO II

Delle persone giuridiche (4)

CAPO I

Disposizioni generali (5)

11. *Persone giuridiche pubbliche*. — *1.* Le province e i comuni, nonché gli enti pubblici riconosciuti come persone giuridiche godono dei diritti secondo le leggi e gli usi osservati come diritto pubblico.

12. .... (6).

13. *Società*. — *1.* Le società sono regolate dalle disposizioni contenute nel libro V (c. 2247 ss.).

CAPO II

Delle associazioni e delle fondazioni (7)

14. *Atto costitutivo*. — *1.* Le associazioni e le fondazioni devono essere costituite con atto pubblico (c. 1350, 2699).

2. La fondazione può essere disposta anche con testamento (att. c. 3).

15. *Revoca dell'atto costitutivo della fondazione*. — *1.* L'atto di fondazione può essere revocato dal fondatore fino a quando non sia intervenuto il riconoscimento, ovvero il fondatore non abbia fatto iniziare l'attività dell'opera da lui disposta (c. 2331).

2. La facoltà di revoca non si trasmette agli eredi.

16. *Atto costitutivo e statuto. Modificazioni*. — *1.* L'atto costitutivo e lo statuto devono contenere la denominazione dell'ente, l'indicazione dello scopo, del patrimonio e della sede (c. 46), nonché le norme sull'ordinamento e sulla amministrazione (c. 1387). Devono anche determinare, quando trattasi di associazioni, i diritti e gli obblighi degli associati e le condizioni

sicurezza del sangue e degli emocomponenti; d.m. Salute 2 dicembre 2016, in G.U., 12 gennaio 2017, n. 9, sull'importazione ed esportazione del sangue umano e dei suoi prodotti; d.m. Salute 16 aprile 2010, n. 116, in G.U., 26 luglio 2010, n. 172, sul regolamento per lo svolgimento delle attività di trapianto di organi da donatore vivente; l. 19 settembre 2012, n. 167, contenente norme per consentire il trapianto parziale di polmone, pancreas e intestino tra persone viventi; l. 5 giugno 2012, n. 86, sul divieto di interventi di plastica mammaria alle persone minori; d.lg. 16 dicembre 2016, n. 256, sulla codifica di tessuti e cellule umane.

(1) V. d.p.r. 3 novembre 2000, n. 396, in *Leggi coll. II, 1.* Per il ripristino dei nomi e cognomi modificati durante il regime fascista nei territori annessi v. l. 28 marzo 1991, n. 114.

(2) L'indicazione dello pseudonimo individua l'autore dell'opera: v. art. 8, l. 22 aprile 1941, n. 633, in *Leggi coll. XIX, 1.*

(3) V. art. 96 ss., legge ora cit.

(4) Per l'individuazione del diritto applicabile v. art. 25, l. 31 maggio 1995, n. 218, in *Leggi coll. I, 1.*

(5) V. d.p.r. 10 febbraio 2000, n. 361, di semplificazione dei procedimenti di riconoscimento di persone giuridiche private, in *Leggi coll. II, 5.*

(6) L'articolo, inerente le «Persone giuridiche private», è stato abrogato dall'art. 11.1, lett. a, d.p.r. 10 febbraio 2000, n. 361, in *Leggi coll. II, 5.* Sugli istituti di patronato e di assistenza sociale, quali persone giuridiche di diritto privato v. l. 30 marzo 2001, n. 152; sulle ipotesi di trasformazione di IPAB in persone giuridiche di diritto privato v. art. 16, d.lg. 4 maggio 2001, n. 207.

(7) V. artt. 2, 18 cost. Sulla trasformazione degli enti che operano nel settore musicale in fondazioni di diritto privato v. d.lg. 29 giugno 1996, n. 367. Sull'utilizzo di dichiarazioni sostitutive di certificazioni per l'iscrizione presso associazioni o formazioni sociali v. art. 46.1, lett. v. d.p.r. 28 dicembre 2000, n. 445.

della loro ammissione; e, quando trattasi di fondazioni, i criteri e le modalità di erogazione delle rendite.

2. L'atto costitutivo e lo statuto possono inoltre contenere le norme relative alla estinzione dell'ente (c. 27), e alla devoluzione del patrimonio (c. 21[3], 31, 32), e, per le fondazioni, anche quelle relative alla loro trasformazione (c. 28).

3. ....(1).

17. *Acquisto di immobili e accettazione di donazioni, eredità e legati.* — ..... (*omissis*) (2).

18. *Responsabilità degli amministratori.* — *1.* Gli amministratori sono responsabili verso l'ente (c. 2941 n. 7) secondo le norme del mandato (c. 1710 ss.). È però esente da responsabilità quello degli amministratori il quale non abbia partecipato all'atto che ha causato il danno, salvo il caso in cui, essendo a cognizione che l'atto si stava per compiere, egli non abbia fatto constare del proprio dissenso (c. 2260[2], 2392[3]).

19. *Limitazioni del potere di rappresentanza.* — *1.* Le limitazioni del potere di rappresentanza, che non risultano dal registro indicato nell'art. 33, non possono essere opposte ai terzi, salvo che si provi che essi ne erano a conoscenza (c. 1396, 2207, 2298, 2384).

20. *Convocazione dell'assemblea delle associazioni.* — *1.* L'assemblea delle associazioni deve essere convocata dagli amministratori una volta l'anno per l'approvazione del bilancio (c. 2364[2]).

2. L'assemblea deve essere inoltre convocata quando se ne ravvisa la necessità o quando ne è fatta richiesta motivata da almeno un decimo degli associati. In quest'ultimo caso, se gli amministratori non vi provvedono, la convocazione può essere ordinata dal presidente del tribunale (c. 2367; att. c. 8).

21. *Deliberazioni dell'assemblea.* — *1.* Le deliberazioni dell'assemblea sono prese a maggioranza di voti e con la presenza di almeno la metà degli associati (c. 2368). In seconda convocazione la deliberazione è valida qualunque sia il numero degli intervenuti (c. 2369). Nelle deliberazioni di approvazione del bilancio e in quelle che riguardano la loro responsabilità (c. 22) gli amministratori non hanno voto (c. 2373[2]).

2. Per modificare l'atto costitutivo e lo statuto, se in essi non è altrimenti disposto, occorrono la presenza di almeno tre quarti degli associati e il voto favorevole della maggioranza dei presenti (c. 2365).

3. Per deliberare lo scioglimento dell'associazione e la devoluzione del patrimonio occorre il voto favorevole di almeno tre quarti degli associati (att. c. 11).

22. *Azioni di responsabilità contro gli amministratori.* — *1.* Le azioni di responsabilità contro gli amministratori delle associazioni per fatti da loro compiuti sono deliberate dall'assemblea (c. 21, 2393) e sono esercitate dai nuovi amministratori o dai liquidatori (c. 25[3]).

23. *Annullamento e sospensione delle deliberazioni.* — *1.* Le deliberazioni dell'assemblea contrarie alla legge, all'atto costitutivo o allo statuto possono essere annullate su istanza (c. 1442[1]) degli organi dell'ente, di qualunque associato o del pubblico ministero (c. 25, 1109, 1137, 2377[2]).

2. L'annullamento della deliberazione non pregiudica i diritti acquistati dai terzi di buona fede in base ad atti compiuti in esecuzione della deliberazione medesima (c. 25[2], 1445, 2377[6]).

3. Il presidente del tribunale o il giudice istruttore, sentiti gli amministratori dell'associazione, può sospendere, su istanza di colui che ha proposto l'impugnazione, la esecuzione della deliberazione impugnata, quando sussistono gravi motivi. Il decreto di sospensione deve essere motivato ed è notificato agli amministratori (c. 2378).

4. L'esecuzione delle deliberazioni contrarie all'ordine pubblico o al buon costume può essere sospesa anche dall'autorità governativa (att. c. 9).

24. *Recesso ed esclusione degli associati.* — *1.* La qualità di associato non è trasmissibile, salvo che la trasmissione sia consentita dall'atto costitutivo o dallo statuto (c. 2284, 2322).

2. L'associato può sempre recedere dall'associazione (c. 1373) se non ha assunto l'obbligo di farne parte per un tempo determinato. La dichiarazione di recesso deve essere comunicata per iscritto agli amministratori e ha effetto con lo scadere dell'anno in corso, purché sia fatta almeno tre mesi prima (c. 2285).

3. L'esclusione d'un associato non può essere deliberata dall'assemblea che per gravi motivi; l'associato può ricorrere all'autorità giudiziaria entro sei mesi dal giorno in cui gli è stata notificata la deliberazione (c. 2286).

4. Gli associati, che abbiano receduto o siano

(1) Comma abrogato dall'art. 11.1, lett. b, d.p.r. 10 febbraio 2000, n. 361, in *Leggi coll. II, 5*. Per modificazioni dello statuto e dell'atto costitutivo v. art. 2, d.p.r. 10 febbraio 2000, n. 361, in *Leggi coll. II, 5*.

(2) Articolo già abrogato dall'art. 13.1, l. 15 maggio 1997, n. 127 ed espressamente abrogato dall'art. 1.1, l. 22 giugno 2000, n. 192.

stati esclusi o che comunque abbiano cessato di appartenere all'associazione, non possono ripetere i contributi versati, né hanno alcun diritto sul patrimonio dell'associazione (c. 37).

25. *Controllo sull'amministrazione delle fondazioni.* — *1.* L'autorità governativa esercita il controllo e la vigilanza sull'amministrazione delle fondazioni; provvede alla nomina e alla sostituzione degli amministratori o dei rappresentanti, quando le disposizioni contenute nell'atto di fondazione non possono attuarsi; annulla, sentiti gli amministratori, con provvedimento definitivo, le deliberazioni contrarie a norme imperative, all'atto di fondazione, all'ordine pubblico o al buon costume (c. 23^{4}); può sciogliere l'amministrazione e nominare un commissario straordinario, qualora gli amministratori non agiscano in conformità dello statuto e dello scopo della fondazione o della legge.

2. L'annullamento della deliberazione non pregiudica i diritti acquistati dai terzi di buona fede in base ad atti compiuti in esecuzione della deliberazione medesima (c. 23^{2}, 1445, 2377^{6}).

3. Le azioni contro gli amministratori per fatti riguardanti la loro responsabilità devono essere autorizzate dall'autorità governativa e sono esercitate dal commissario straordinario, dai liquidatori o dai nuovi amministratori (c. 18, 22).

26. *Coordinamento di attività e unificazione di amministrazione.* — *1.* L'autorità governativa può disporre il coordinamento dell'attività di più fondazioni ovvero l'unificazione della loro amministrazione, rispettando, per quanto è possibile, la volontà del fondatore (c. 28^{3}).

27. *Estinzione della persona giuridica.* — *1.* Oltre che per le cause previste nell'atto costitutivo e nello statuto, la persona giuridica si estingue quando lo scopo è stato raggiunto o è divenuto impossibile (c. 2272 n. 2, 2484^{1} n. 2).

2. Le associazioni si estinguono inoltre quando tutti gli associati sono venuti a mancare (c. 2272 n. 4).

3. .... (1).

28. *Trasformazione delle fondazioni.* — *1.* Quando lo scopo è esaurito o divenuto impossibile o di scarsa utilità, o il patrimonio è divenuto insufficiente, l'autorità governativa, anziché dichiarare estinta la fondazione, può provvedere alla sua trasformazione, allontanandosi il meno possibile dalla volontà del fondatore (c. 16, 26).

2. La trasformazione non è ammessa quando i fatti che vi darebbero luogo sono considerati nell'atto di fondazione (c. 16) come causa di estinzione della persona giuridica e di devoluzione dei beni a terze persone.

3. Le disposizioni del primo comma di questo articolo e dell'art. 26 non si applicano alle fondazioni destinate a vantaggio soltanto di una o più famiglie determinate (c. 699).

29. *Divieto di nuove operazioni.* — *1.* Gli amministratori non possono compiere nuove operazioni, appena è stato loro comunicato il provvedimento che dichiara l'estinzione della persona giuridica o il provvedimento con cui l'autorità, a norma di legge, ha ordinato lo scioglimento dell'associazione, o appena è stata adottata dall'assemblea la deliberazione di scioglimento dell'associazione medesima. Qualora trasgrediscano a questo divieto, assumono responsabilità personale e solidale (c. 18, 1292 ss., 2274, 2279, 2486).

30. *Liquidazione.* — *1.* Dichiarata l'estinzione della persona giuridica o disposto lo scioglimento dell'associazione, si procede alla liquidazione del patrimonio secondo le norme di attuazione del codice (att. c. 11-21).

31. *Devoluzione dei beni.* — *1.* I beni della persona giuridica, che restano dopo esaurita la liquidazione, sono devoluti in conformità dell'atto costitutivo o dello statuto.

2. Qualora questi non dispongano, se trattasi di fondazione, provvede l'autorità governativa, attribuendo i beni ad altri enti che hanno fini analoghi; se trattasi di associazione, si osservano le deliberazioni dell'assemblea che ha stabilito lo scioglimento e, quando anche queste mancano, provvede nello stesso modo l'autorità governativa.

3. I creditori che durante la liquidazione non hanno fatto valere il loro credito possono chiedere il pagamento a coloro ai quali i beni sono stati devoluti, entro l'anno dalla chiusura della liquidazione (c. 2964 ss.), in proporzione e nei limiti di ciò che hanno ricevuto (c. 2312^{2}, 2324, 2495^{2}).

32. *Devoluzione dei beni con destinazione particolare.* — *1.* Nel caso di trasformazione o di scioglimento di un ente, al quale sono stati donati o lasciati beni con destinazione a scopo diverso da quello proprio dell'ente, l'autorità governativa devolve tali beni, con lo stesso onere, ad altre persone giuridiche che hanno fini analoghi.

33-34. .... (2).

(1) Comma abrogato dall'art. 11.1, lett. c, d.p.r. 10 febbraio 2000, n. 361, in *Leggi coll. II, 5.*
(2) Articoli abrogati dall'art. 11.1, lett. d, d.p.r. 10 febbraio 2000, n. 361, in *Leggi coll. II, 5.*

35. *Disposizione penale*. — *1.* Gli amministratori e i liquidatori che non richiedono le iscrizioni prescritte (1), sono puniti con l'ammenda da lire ventimila [euro 10] a lire un milione [euro 516] (2).

CAPO III

DELLE ASSOCIAZIONI NON RICONOSCIUTE E DEI COMITATI

36. *Ordinamento e amministrazione delle associazioni non riconosciute*. — *1.* L'ordinamento interno e l'amministrazione delle associazioni non riconosciute come persone giuridiche sono regolati dagli accordi degli associati.

2. Le dette associazioni possono stare in giudizio nella persona di coloro ai quali, secondo questi accordi, è conferita la presidenza o la direzione (c. 41^{2}, 1387; p.c. 75^{4}) (3).

37. *Fondo comune*. — *1.* I contributi degli associati e i beni acquistati con questi contributi costituiscono il fondo comune dell'associazione (c. 2659^{1}) (4). Finché questa dura, i singoli associati non possono chiedere la divisione del fondo comune, né pretenderne la quota in caso di recesso (c. 24^{4}).

38. *Obbligazioni*. — *1.* Per le obbligazioni assunte dalle persone che rappresentano l'associazione i terzi possono far valere i loro diritti sul fondo comune. Delle obbligazioni stesse rispondono anche personalmente e solidalmente (c. 1292 ss.) le persone che hanno agito in nome e per conto dell'associazione (c. 41^{1}, 2267, 2291, 2317, 2320^{1}, 2331^{2}, 2509-*II*) (5).

39. *Comitati*. — *1.* I comitati di soccorso o di beneficenza e i comitati promotori di opere pubbliche, monumenti, esposizioni, mostre, festeggiamenti e simili sono regolati dalle disposizioni seguenti, salvo quanto è stabilito nelle leggi speciali.

40. *Responsabilità degli organizzatori*. — *1.* Gli organizzatori e coloro che assumono la gestione dei fondi raccolti sono responsabili personalmente e solidalmente (c. 1292 ss.) della conservazione dei fondi e della loro destinazione allo scopo annunziato.

41. *Responsabilità dei componenti. Rappresentanza in giudizio*. — *1.* Qualora il comitato non abbia ottenuto la personalità giuridica, i suoi componenti rispondono personalmente e solidalmente (c. 1292 ss.) delle obbligazioni assunte (c. 38, 2267, 2291, 2317, 2320^{1}, 2331^{2}, 2509-*II*). I sottoscrittori sono tenuti soltanto a effettuare le oblazioni promesse.

2. Il comitato può stare in giudizio nella persona del presidente (c. 36^{2}, 1387; p.c. 75^{4}).

42. *Diversa destinazione dei fondi*. — *1.* Qualora i fondi raccolti siano insufficienti allo scopo, o questo non sia più attuabile, o, raggiunto lo scopo, si abbia un residuo di fondi, l'autorità governativa stabilisce la devoluzione dei beni, se questa non è stata disciplinata al momento della costituzione (c. 31, 32).

42-*bis*. *Trasformazione, fusione e scissione*. — *1.* Se non è espressamente escluso dall'atto costitutivo o dallo statuto, le associazioni riconosciute e non riconosciute e le fondazioni di cui al presente titolo possono operare reciproche trasformazioni, fusioni o scissioni.

2. La trasformazione produce gli effetti di cui all'art. 2498. L'organo di amministrazione deve predisporre una relazione relativa alla situazione patrimoniale dell'ente in via di trasformazione contenente l'elenco dei creditori, aggiornata a non più di centoventi giorni precedenti la delibera di trasformazione, nonché la relazione di cui all'art. 2500-*sexies*, secondo comma. Si applicano inoltre gli artt. 2499, 2500, 2500-*bis*, 2500-*ter*, secondo comma, 2500-*quinquies* e 2500-*nonies*, in quanto compatibili.

3. Alle fusioni e alle scissioni si applicano, rispettivamente, le disposizioni di cui alle se-

(1) Le parole «dagli artt. 33 e 34, nel termine e secondo le modalità stabiliti dalle norme di attuazione del codice» sono state abrogate dall'art. 11.1, lett. e, d.p.r. 10 febbraio 2000, n. 361, in *Leggi coll. II, 5*.

(2) L'ammenda è stata sostituita dalla sanzione amministrativa: v. art. 1, l. 24 dicembre 1975, n. 706. L'importo è stato così elevato dall'art. 114.1, l. 24 novembre 1981, n. 689. Sulla interdizione temporanea e sulla sospensione dagli uffici direttivi delle persone giuridiche come pena accessoria v. artt. 32-*bis*, 35-*bis* del codice penale.

(3) Sulle associazioni studentesche v. art. 5, comma 1-*bis*, d.p.r. 10 ottobre 1996, n. 567, come inserito dall'art. 4, d.p.r. 9 aprile 1999, n. 156.

(4) Sulle risorse economiche delle organizzazioni di volontariato v. art. 5, l. 11 agosto 1991, n. 266.

(5) Sulla garanzia patrimoniale per le obbligazioni assunte dai partiti politici v. art. 6-*bis*.1, l. 3 giugno 1999, n. 157, introdotto dall'art. 39-*quaterdecies*.2, lett. d, d.l. 30 dicembre 2005, n. 273, conv. in l. 23 febbraio 2006, n. 51, che così dispone: «Le risorse erogate ai partiti ai sensi della presente legge costituiscono, ai sensi dell'art. 2740 del codice civile, garanzia ai fini dell'esatto adempimento delle obbligazioni assunte da parte dei partiti e movimenti politici beneficiari delle stesse. I creditori dei partiti e movimenti politici di cui alla presente legge non possono pretendere direttamente dagli amministratori dei medesimi l'adempimento delle obbligazioni del partito o movimento politico se non qualora questi ultimi abbiano agito con dolo o colpa grave».

zioni II e III del capo X, titolo V, libro V, in quanto compatibili.

4. Gli atti relativi alle trasformazioni, alle fusioni e alle scissioni per i quali il libro V prevede l'iscrizione nel Registro delle imprese sono iscritti nel Registro delle Persone Giuridiche ovvero, nel caso di enti del Terzo settore, nel Registro unico nazionale del Terzo settore (1).

TITOLO III

Del domicilio e della residenza

43. *Domicilio e residenza*. — *1.* Il domicilio di una persona è nel luogo in cui essa ha stabilito la sede principale dei suoi affari e interessi (cost. 14).

2. La residenza è nel luogo in cui la persona ha la dimora abituale.

44. *Trasferimento della residenza e del domicilio*. — *1.* Il trasferimento della residenza non può essere opposto ai terzi di buona fede, se non è stato denunciato nei modi prescritti dalla legge (att. c. 31) (2).

2. Quando una persona ha nel medesimo luogo il domicilio e la residenza e trasferisce questa altrove, di fronte ai terzi di buona fede si considera trasferito pure il domicilio, se non si è fatta una diversa dichiarazione nell'atto in cui è stato denunciato il trasferimento della residenza.

45. *Domicilio dei coniugi, del minore e dell'interdetto*. — *1.* Ciascuno dei coniugi ha il proprio domicilio nel luogo in cui ha stabilito la sede principale dei propri affari o interessi.

2. Il minore ha il domicilio nel luogo di residenza della famiglia (c. 144) o quello del tutore (c. 343 ss.). Se i genitori sono separati (c. 150) o il loro matrimonio è stato annullato (c. 117 ss.) o sciolto o ne sono cessati gli effetti civili (c. 149) o comunque non hanno la stessa residenza, il minore ha il domicilio del genitore con il quale convive.

3. L'interdetto ha il domicilio del tutore (c. 424) (3).

46. *Sede delle persone giuridiche*. — *1.* Quando la legge fa dipendere determinati effetti dalla residenza o dal domicilio, per le persone giuridiche (c. 11 ss.) si ha riguardo al luogo in cui è stabilita la loro sede (c. 16).

2. Nei casi in cui la sede stabilita ai sensi dell'art. 16 o la sede risultante dal registro è diversa da quella effettiva, i terzi possono considerare come sede della persona giuridica anche quest'ultima.

47. *Elezione di domicilio*. — *1.* Si può eleggere domicilio speciale per determinati atti o affari.

2. Questa elezione deve farsi espressamente per iscritto (c. 1350).

TITOLO IV

Dell'assenza e della dichiarazione di morte presunta (4)

CAPO I

DELL'ASSENZA

48. *Curatore dello scomparso*. — *1.* Quando una persona non è più comparsa nel luogo del suo ultimo domicilio (c. 43) o dell'ultima sua residenza (c. 43^2) e non se ne hanno più notizie, il tribunale dell'ultimo domicilio o dell'ultima residenza, su istanza degli interessati o dei presunti successori legittimi o del pubblico ministero, può nominare un curatore che rappresenti (c. 1387) la persona in giudizio o nella formazione degli inventari e dei conti e nelle liquidazioni o divisioni in cui sia interessata, e può dare gli altri provvedimenti necessari alla conservazione del patrimonio dello scomparso (p.c. 721; nav. 206 ss., 834 ss.).

2. Se vi è un legale rappresentante, non si fa luogo alla nomina del curatore. Se vi è un procuratore, il tribunale provvede soltanto per gli atti che il medesimo non può fare.

49. *Dichiarazione di assenza*. — *1.* Trascorsi due anni dal giorno a cui risale l'ultima notizia, i presunti successori legittimi e chiunque ragionevolmente creda di avere sui beni dello scomparso diritti dipendenti dalla morte di lui pos-

(1) Articolo inserito dall'art. 98, d.lg. 3 luglio 2017, n. 117.

(2) Sull'anagrafe della popolazione residente v. l. 24 dicembre 1954, n. 1228 e d.p.r. 30 maggio 1989, n. 223, modificato da ultimo con d.p.r. 17 luglio 2015, n. 126. Sull'anagrafe e il censimento degli italiani residenti all'estero v. l. 27 ottobre 1988, n. 470, modificata dall'art. 1, l. 27 maggio 2002, n. 104, d.p.r. 6 settembre 1989, n. 323. Sulla comunicazione da parte dei cittadini del trasferimento della propria residenza v. art. 16-*bis*, d.l. 29 novembre 2008, n. 185, conv. in l. 28 gennaio 2009, n. 2. Sul cambio di residenza in tempo reale v. art. 5, d.l. 9 febbraio 2012, n. 5, conv. in l. 4 aprile 2012, n. 35 e per il regolamento di attuazione d.p.r. 30 luglio 2012, n. 154.

(3) Articolo così sostituito dall'art. 1, l. 19 maggio 1975, n. 151.

(4) Per l'individuazione del diritto applicabile v. art. 22, l. 31 maggio 1995, n. 218, in *Leggi coll. I, 1*.

sono domandare al tribunale competente, secondo l'articolo precedente, che ne sia dichiarata l'assenza (c. 191; p.c. 722 ss.).

50. *Immissione nel possesso temporaneo dei beni*. — *1.* Divenuta eseguibile la sentenza che dichiara l'assenza, il tribunale, su istanza di chiunque vi abbia interesse o del pubblico ministero, ordina l'apertura degli atti di ultima volontà dell'assente, se vi sono (c. 620-623).

2. Coloro che sarebbero eredi testamentari o legittimi, se l'assente fosse morto nel giorno a cui risale l'ultima notizia di lui, o i loro rispettivi eredi (c. 479) possono domandare l'immissione nel possesso temporaneo dei beni (p.c. 725).

3. I legatari, i donatari e tutti quelli ai quali spetterebbero diritti dipendenti dalla morte dell'assente possono domandare di essere ammessi all'esercizio temporaneo di questi diritti.

4. Coloro che per effetto della morte dell'assente sarebbero liberati da obbligazioni possono essere temporaneamente esonerati dall'adempimento di esse, salvo che si tratti delle obbligazioni alimentari previste dall'art. 434 (c. 63^3).

5. Per ottenere l'immissione nel possesso, l'esercizio temporaneo dei diritti o la liberazione temporanea dalle obbligazioni si deve dare cauzione nella somma determinata dal tribunale; se taluno non sia in grado di darla, il tribunale può stabilire altre cautele, avuto riguardo alla qualità delle persone e alla loro parentela con l'assente (c. 63^4; p.c. 725^3).

51. *Assegno alimentare a favore del coniuge dell'assente*. — *1.* Il coniuge dell'assente, oltre ciò che gli spetta per effetto del regime patrimoniale dei coniugi e per titolo di successione, può ottenere dal tribunale, in caso di bisogno, un assegno alimentare da determinarsi secondo le condizioni della famiglia e l'entità del patrimonio dell'assente (c. 433, 438) (1).

52. *Effetti della immissione nel possesso temporaneo*. — *1.* L'immissione nel possesso temporaneo dei beni deve essere preceduta dalla formazione dell'inventario dei beni (p.c. 769 ss.).

2. Essa attribuisce a coloro che l'ottengono e ai loro successori la amministrazione dei beni dell'assente, la rappresentanza di lui in giudizio (p.c. 81) e il godimento delle rendite dei beni nei limiti stabiliti nell'articolo seguente (p.c. 725).

53. *Godimento dei beni*. — *1.* Gli ascendenti, i discendenti e il coniuge immessi nel possesso temporaneo dei beni ritengono a loro profitto la totalità delle rendite. Gli altri devono riservare all'assente il terzo delle rendite (p.c. 725^3).

54. *Limiti alla disponibilità dei beni*. — *1.* Coloro che hanno ottenuto l'immissione nel possesso temporaneo dei beni non possono alienarli, ipotecarli o sottoporli a pegno, se non per necessità o utilità evidente riconosciuta dal tribunale.

2. Il tribunale nell'autorizzare questi atti dispone circa l'uso e l'impiego delle somme ricavate (p.c. 737).

55. *Immissione di altri nel possesso temporaneo*. — *1.* Se durante il possesso temporaneo taluno prova di avere avuto, al giorno a cui risale l'ultima notizia dell'assente, un diritto prevalente o uguale a quello del possessore, può escludere questo dal possesso o farvisi associare; ma non ha diritto ai frutti (c. 821) se non dal giorno della domanda giudiziale (c. 1148).

56. *Ritorno dell'assente o prova della sua esistenza*. — *1.* Se durante il possesso temporaneo l'assente ritorna o è provata l'esistenza di lui, cessano gli effetti della dichiarazione di assenza, salva, se occorre, l'adozione di provvedimenti per la conservazione del patrimonio a norma dell'art. 48.

2. I possessori temporanei dei beni devono restituirli; ma fino al giorno della loro costituzione in mora (c. 1219) continuano a godere i vantaggi attribuiti dagli artt. 52 e 53, e gli atti compiuti ai sensi dell'art. 54 restano irrevocabili.

3. Se l'assenza è stata volontaria e non è giustificata, l'assente perde il diritto di farsi restituire le rendite riservategli dalla norma dell'art. 53.

57. *Prova della morte dell'assente*. — *1.* Se durante il possesso temporaneo è provata la morte dell'assente, la successione si apre a vantaggio di coloro che al momento della morte erano suoi eredi o legatari (c. 456).

2. Si applica anche in questo caso la disposizione del secondo comma dell'articolo precedente.

CAPO II

DELLA DICHIARAZIONE DI MORTE PRESUNTA

58. *Dichiarazione di morte presunta dell'assente*. — *1.* Quando sono trascorsi dieci anni dal giorno a cui risale l'ultima notizia dell'assente, il tribunale competente secondo l'art. 48, su istanza del pubblico ministero o di taluna delle persone indicate nei capoversi dell'art. 50, può con sentenza dichiarare presunta la

(1) Articolo così sostituito dall'art. 2, l. n. 151/1975.

morte dell'assente nel giorno a cui risale l'ultima notizia (c. 191, 620^{3}; att. c. 114).

2. In nessun caso la sentenza può essere pronunziata se non sono trascorsi nove anni dal raggiungimento della maggiore età dell'assente (c. 2) (1).

3. Può essere dichiarata la morte presunta anche se sia mancata la dichiarazione di assenza.

59. *Termine per la rinnovazione dell'istanza.* — *1.* L'istanza, quando è stata rigettata, non può essere riproposta prima che siano decorsi almeno due anni.

60. *Altri casi di dichiarazione di morte presunta.* — *1.* Oltre che nel caso indicato nell'art. 58, può essere dichiarata la morte presunta nei casi seguenti:

1) quando alcuno è scomparso in operazioni belliche alle quali ha preso parte, sia nei corpi armati, sia al seguito di essi, o alle quali si è comunque trovato presente, senza che si abbiano più notizie di lui, e sono trascorsi due anni dall'entrata in vigore del trattato di pace o, in mancanza di questo, tre anni dalla fine dell'anno in cui sono cessate le ostilità;

2) quando alcuno è stato fatto prigioniero dal nemico, o da questo internato o comunque trasportato in paese straniero, e sono trascorsi due anni dall'entrata in vigore del trattato di pace, o, in mancanza di questo, tre anni dalla fine dell'anno in cui sono cessate le ostilità, senza che si siano avute notizie di lui dopo l'entrata in vigore del trattato di pace ovvero dopo la cessazione delle ostilità;

3) quando alcuno è scomparso per un infortunio e non si hanno più notizie di lui, dopo due anni dal giorno dell'infortunio o, se il giorno non è conosciuto, dopo due anni dalla fine del mese o, se neppure il mese è conosciuto, dalla fine dell'anno in cui l'infortunio è avvenuto (c. 61-63; nav. 206 ss., 837 ss.).

61. *Data della morte presunta.* — *1.* Nei casi previsti dai nn. 1 e 3 dell'articolo precedente, la sentenza determina il giorno e possibilmente l'ora a cui risale la scomparsa nell'operazione bellica o nell'infortunio, e nel caso indicato dal n. 2 il giorno a cui risale l'ultima notizia.

2. Qualora non possa determinarsi l'ora, la morte presunta si ha per avvenuta alla fine del giorno indicato.

62. *Condizioni e forme della dichiarazione di morte presunta.* — *1.* La dichiarazione di morte presunta nei casi indicati dall'art. 60 può essere domandata quando non si è potuto procedere agli accertamenti richiesti dalla legge per la compilazione dell'atto di morte (2).

2. Questa dichiarazione è pronunziata con sentenza del tribunale su istanza del pubblico ministero o di alcuna delle persone indicate nei capoversi dell'art. 50.

3. Il tribunale, qualora non ritenga di accogliere l'istanza di dichiarazione di morte presunta, può dichiarare l'assenza dello scomparso (c. 49 ss.).

63. *Effetti della dichiarazione di morte presunta dell'assente.* — *1.* Divenuta eseguibile la sentenza indicata nell'art. 58, coloro che ottennero l'immissione nel possesso temporaneo dei beni dell'assente o i loro successori possono disporre liberamente dei beni.

2. Coloro ai quali fu concesso l'esercizio temporaneo dei diritti o la liberazione temporanea dalle obbligazioni di cui all'art. 50 conseguono l'esercizio definitivo dei diritti o la liberazione definitiva dalle obbligazioni.

3. Si estinguono inoltre le obbligazioni alimentari indicate nel quarto comma dell'art. 50.

4. In ogni caso cessano le cauzioni e le altre cautele che sono state imposte (c. 50^{5}).

64. *Immissione nel possesso e inventario.* — *1.* Se non v'è stata immissione nel possesso temporaneo dei beni, gli aventi diritto indicati nei capoversi dell'art. 50 o i loro successori conseguono il pieno esercizio dei diritti loro spettanti, quando è diventata eseguibile la sentenza menzionata nell'art. 58.

2. Coloro che prendono possesso dei beni devono fare precedere l'inventario dei beni (p.c. 769 ss.).

3. Parimenti devono far precedere l'inventario dei beni coloro che succedono per effetto della dichiarazione di morte presunta nei casi indicati dall'art. 60.

65. *Nuovo matrimonio del coniuge.* — *1.* Divenuta eseguibile la sentenza che dichiara la morte presunta, il coniuge può contrarre nuovo matrimonio (c. 68, 117^{3}).

66. *Prova dell'esistenza della persona di cui è stata dichiarata la morte presunta.* — *1.* La persona di cui è stata dichiarata la morte presunta, se ritorna o ne è provata l'esistenza, ricupera i beni nello stato in cui si trovano e ha diritto di conseguire il prezzo di quelli alienati, quando esso sia tuttora dovuto (c. 535), o i beni nei quali sia stato investito (c. 73).

2. Essa ha altresì diritto di pretendere l'adempimento delle obbligazioni considerate estinte ai sensi del secondo comma dell'art. 63.

(1) Il comma 2 dell'art. 58 non si applica nel caso di scomparsi in seguito a deportazione avvenuta fra l'8 settembre 1943 e il 25 aprile 1945: l. 14 febbraio 1951, n. 103.

(2) V. d.p.r. 3 novembre 2000, n. 396, in *Leggi coll. II, 1.*

3. Se è provata la data della sua morte, il diritto previsto nel primo comma di questo articolo compete a coloro che a quella data sarebbero stati i suoi eredi o legatari. Questi possono inoltre pretendere l'adempimento delle obbligazioni considerate estinte ai sensi del secondo comma dell'art. 63 per il tempo anteriore alla data della morte.

4. Sono salvi in ogni caso gli effetti delle prescrizioni (c. 2934 ss.) e delle usucapioni (c. 1158 ss.).

67. *Dichiarazione di esistenza o accertamento della morte*. — *1.* La dichiarazione di esistenza della persona di cui è stata dichiarata la morte presunta e l'accertamento della morte possono essere sempre fatti, su richiesta del pubblico ministero o di qualunque interessato, in contraddittorio di tutti coloro che furono parti nel giudizio in cui fu dichiarata la morte presunta.

68. *Nullità del nuovo matrimonio*. — *1.* Il matrimonio contratto a norma dell'art. 65 è nullo, qualora la persona della quale fu dichiarata la morte presunta ritorni o ne sia accertata l'esistenza (c. 117[3]).

2. Sono salvi gli effetti civili del matrimonio dichiarato nullo (c. 128).

3. La nullità non può essere pronunziata nel caso in cui è accertata la morte, anche se avvenuta in una data posteriore a quella del matrimonio.

CAPO III

Delle ragioni eventuali che competono alla persona di cui si ignora l'esistenza o di cui è stata dichiarata la morte presunta

69. *Diritti spettanti alla persona di cui si ignora l'esistenza*. — *1.* Nessuno è ammesso a reclamare un diritto in nome della persona di cui si ignora l'esistenza, se non prova che la persona esisteva quando il diritto è nato.

70. *Successione alla quale sarebbe chiamata la persona di cui si ignora l'esistenza*. — *1.* Quando s'apre una successione alla quale sarebbe chiamata in tutto o in parte una persona di cui s'ignora l'esistenza, la successione è devoluta a coloro ai quali sarebbe spettata in mancanza della detta persona, salvo il diritto di rappresentazione (c. 467 ss.).

2. Coloro ai quali è devoluta la successione devono innanzi tutto procedere all'inventario dei beni (p.c. 769 ss.), e devono dare cauzione (c. 50; p.c. 725).

71. *Estinzione dei diritti spettanti alla persona di cui si ignora l'esistenza*. — *1.* Le disposizioni degli articoli precedenti non pregiudicano la petizione di eredità (c. 533 ss.) né gli altri diritti spettanti alla persona di cui s'ignora l'esistenza o ai suoi eredi o aventi causa, salvi gli effetti della prescrizione (c. 2934 ss.) o dell'usucapione (c. 1158 ss.).

2. La restituzione dei frutti non è dovuta se non dal giorno della costituzione in mora (c. 1219).

72. *Successione a cui sarebbe chiamata la persona della quale è stata dichiarata la morte presunta*. — *1.* Quando s'apre una successione (c. 456) alla quale sarebbe chiamata in tutto o in parte una persona di cui è stata dichiarata la morte presunta (c. 58 ss.), coloro ai quali, in sua mancanza, è devoluta la successione devono innanzi tutto procedere all'inventario dei beni (p.c. 769).

73. *Estinzione dei diritti spettanti alla persona di cui è stata dichiarata la morte presunta*. — *1.* Se la persona di cui è stata dichiarata la morte presunta ritorna o ne è provata l'esistenza al momento dell'apertura della successione, essa o i suoi eredi o aventi causa possono esercitare la petizione di eredità (c. 533 ss.) e far valere ogni altro diritto, ma non possono recuperare i beni se non nello stato in cui si trovano, e non possono ripetere che il prezzo di quelli alienati, quando è ancora dovuto (c. 535), o i beni nei quali esso è stato investito (c. 66), salvi gli effetti della prescrizione (c. 2934 ss.) o dell'usucapione (c. 1158 ss.).

2. Si applica la disposizione del secondo comma dell'art. 71.

TITOLO V

Della parentela e dell'affinità

74. *Parentela*. — *1.* La parentela è il vincolo tra le persone che discendono da uno stesso stipite (c. 77), sia nel caso in cui la filiazione è avvenuta all'interno del matrimonio, sia nel caso in cui è avvenuta al di fuori di esso, sia nel caso in cui il figlio è adottivo. Il vincolo di parentela non sorge nei casi di adozione di persone maggiori di età, di cui agli artt. 291 e seguenti (1) (2).

75. *Linee della parentela*. — *1.* Sono parenti in linea retta le persone di cui l'una discende dall'altra; in linea collaterale quelle che, pur

(1) Comma così sostituito dall'art. 1.1, l. 10 dicembre 2012, n. 219.
(2) V. art. 104, d.lg. 28 dicembre 2013, n. 154, in *Leggi coll. II, 12*.

avendo uno stipite comune, non discendono l'una dall'altra.

76. *Computo dei gradi.* — *1.* Nella linea retta si computano altrettanti gradi quante sono le generazioni, escluso lo stipite.

2. Nella linea collaterale i gradi si computano dalle generazioni, salendo da uno dei parenti fino allo stipite comune e da questo discendendo all'altro parente, sempre restando escluso lo stipite.

77. *Limite della parentela.* — *1.* La legge non riconosce il vincolo di parentela oltre il sesto grado (c. 572), salvo che per alcuni effetti specialmente determinati.

78. *Affinità.* — *1.* L'affinità è il vincolo tra un coniuge e i parenti dell'altro coniuge.

2. Nella linea e nel grado in cui taluno è parente d'uno dei coniugi, egli è affine dell'altro coniuge.

3. L'affinità non cessa per la morte, anche senza prole, del coniuge da cui deriva, salvo che per alcuni effetti specialmente determinati (c. 434). Cessa se il matrimonio è dichiarato nullo (c. 117 ss.), salvi gli effetti di cui all'art. 87, n. 4.

TITOLO VI

Del matrimonio

CAPO I

Della promessa di matrimonio (1)

79. *Effetti.* — *1.* La promessa di matrimonio non obbliga a contrarlo né ad eseguire ciò che si fosse convenuto per il caso di non adempimento (c. 80, 81).

80. *Restituzione dei doni.* — *1.* Il promittente può domandare la restituzione dei doni fatti a causa della promessa di matrimonio, se questo non è stato contratto.

2. La domanda non è proponibile dopo un anno dal giorno in cui s'è avuto il rifiuto di celebrare il matrimonio o dal giorno della morte di uno dei promittenti (c. 2964 ss.).

81. *Risarcimento dei danni.* — *1.* La promessa di matrimonio fatta vicendevolmente per atto pubblico (c. 2699) o per scrittura privata (c. 2702) da una persona maggiore di età (c. 2) o dal minore ammesso a contrarre matrimonio a norma dell'art. 84, oppure risultante dalla richiesta della pubblicazione (c. 96), obbliga il promittente che senza giusto motivo ricusi di eseguirla a risarcire il danno cagionato all'altra parte per le spese fatte e per le obbligazioni contratte a causa di quella promessa (c. 1337). Il danno è risarcito entro il limite in cui le spese e le obbligazioni corrispondono alla condizione delle parti (2).

2. Lo stesso risarcimento è dovuto dal promittente che con la propria colpa ha dato giusto motivo al rifiuto dell'altro.

3. La domanda non è proponibile dopo un anno dal giorno del rifiuto di celebrare il matrimonio (c. 2964 ss.).

CAPO II

Del matrimonio celebrato davanti a ministri del culto cattolico e del matrimonio celebrato davanti a ministri dei culti ammessi nello Stato

82. *Matrimonio celebrato davanti a ministri del culto cattolico.* — *1.* Il matrimonio celebrato davanti a un ministro del culto cattolico è regolato in conformità del Concordato con la Santa Sede e delle leggi speciali sulla materia (3).

83. *Matrimonio celebrato davanti a ministri dei culti ammessi nello Stato.* — *1.* Il matrimonio celebrato davanti a ministri dei culti ammessi nello Stato è regolato dalle disposizioni del capo seguente, salvo quanto è stabilito nella legge speciale concernente tale matrimonio (4).

CAPO III

Del matrimonio celebrato davanti all'ufficiale dello Stato civile

Sezione I. — *Delle condizioni necessarie per contrarre matrimonio* (5)

84. *Età.* — *1.* I minori di età (c. 2) non possono contrarre matrimonio (c. 117[2]).

(1) Per l'individuazione del diritto applicabile v. art. 26, l. 31 maggio 1995, n. 218, in *Leggi coll. I, 1.*

(2) Comma così sostituito dall'art. 3, l. 19 maggio 1975, n. 151.

(3) V. art. 8 dell'Accordo di modificazione del Concordato Lateranense, e art. 5 ss. della l. 27 maggio 1929, n. 847, in *Leggi coll. II, 7, Leggi coll. II, 8.*

(4) Sul matrimonio degli acattolici, v. l. 24 giugno 1929, n. 1159; sul matrimonio delle persone appartenenti all'ebraismo v. art. 14, l. 8 marzo 1989, n. 101.

(5) Per l'individuazione del diritto applicabile v. art. 27, l. 31 maggio 1995, n. 218, in *Leggi coll. I, 1.*

2. Il tribunale (att. c. 38), su istanza dell'interessato, accertata la sua maturità psico-fisica e la fondatezza delle ragioni addotte, sentito il pubblico ministero, i genitori o il tutore, può con decreto emesso in camera di consiglio ammettere per gravi motivi al matrimonio chi abbia compiuto i sedici anni (c. 90, 165, 183^{1}).

3. Il decreto è comunicato al pubblico ministero, agli sposi, ai genitori e al tutore.

4. Contro il decreto può essere proposto reclamo, con ricorso alla corte d'appello, nel termine perentorio di dieci giorni dalla comunicazione (c. 87, 89).

5. La corte d'appello decide con ordinanza non impugnabile, emessa in camera di consiglio (c. 87, 89).

6. Il decreto acquista efficacia quando è decorso il termine previsto nel quarto comma, senza che sia stato proposto reclamo (c. 87, 89) (1).

85. *Interdizione per infermità di mente. — 1.* Non può contrarre matrimonio l'interdetto per infermità di mente (c. 102^{5}, 116^{2}, 119, 414 ss.).

2. Se l'istanza di interdizione è soltanto promossa, il pubblico ministero può chiedere che si sospenda la celebrazione del matrimonio; in tal caso la celebrazione non può aver luogo finché la sentenza che ha pronunziato sull'istanza non sia passata in giudicato (p.c. 324).

86. *Libertà di stato. — 1.* Non può contrarre matrimonio chi è vincolato da un matrimonio o da un'unione civile tra persone dello stesso sesso (2) precedente (c. 65, 102^{3}, 116^{2}, 117, 124) (3).

87. *Parentela, affinità, adozione* [...] (4). — *1.* Non possono contrarre matrimonio fra loro:

1) gli ascendenti e i discendenti in linea retta [...] (5) (c. 116^{2});

2) i fratelli e le sorelle germani, consanguinei o uterini (c. 116^{2});

3) lo zio e la nipote, la zia e il nipote;

4) gli affini in linea retta; il divieto sussiste anche nel caso in cui l'affinità deriva da matrimonio dichiarato nullo o sciolto o per il quale è stata pronunciata la cessazione degli effetti civili (c. 116^{2});

5) gli affini in linea collaterale in secondo grado;

6) l'adottante, l'adottato e i suoi discendenti;

7) i figli adottivi della stessa persona;

8) l'adottato e i figli dell'adottante;

9) l'adottato e il coniuge dell'adottante, l'adottante e il coniuge dell'adottato (c. 300^{2}).

.... (6).

.... (7).

2. Il tribunale, su ricorso degli interessati, con decreto emesso in camera di consiglio, sentito il pubblico ministero, può autorizzare il matrimonio nei casi indicati dai nn. 3 e 5, anche se si tratti di affiliazione [...] (8). L'autorizzazione può essere accordata anche nel caso indicato dal n. 4, quando l'affinità deriva da matrimonio dichiarato nullo (c. 117^{4}) (9).

3. Il decreto è notificato agli interessati e al pubblico ministero (c. 89).

4. Si applicano le disposizioni dei commi quarto, quinto e sesto dell'art. 84 (10).

88. *Delitto. — 1.* Non possono contrarre matrimonio tra loro le persone delle quali l'una è stata condannata per omicidio consumato o tentato sul coniuge dell'altra (c. 116^{2}, 117).

2. Se ebbe luogo soltanto rinvio a giudizio ovvero fu ordinata la cattura, si sospende la celebrazione del matrimonio fino a quando non è pronunziata sentenza di proscioglimento.

89. *Divieto temporaneo di nuove nozze. — 1.* Non può contrarre matrimonio la donna (c. 116^{2}), se non dopo trecento giorni dallo scioglimento (c. 149), dall'annullamento (c. 117) o dalla cessazione degli effetti civili (c. 149^{2}) del precedente matrimonio. Sono esclusi dal divieto i casi in cui lo scioglimento o la cessazione degli effetti civili del precedente matrimonio siano stati pronunciati in base all'art. 3, n. 2, lett. *b*) ed *f*), della l. 1° dicembre 1970, n. 898, e nei casi in cui il matrimonio sia stato dichiarato nullo per impotenza, anche soltanto a generare, di uno dei coniugi (11).

2. Il tribunale con decreto emesso in camera

(1) Articolo così sostituito dall'art. 4, l. n. 151/1975.
(2) Le parole «o da un'unione civile tra persone dello stesso sesso» sono state inserite dall'art. 1.32, l. 20 maggio 2016, n. 76.
(3) V. la Convenzione relativa al rilascio di un certificato di capacità matrimoniale, adottata a Monaco il 5 settembre 1980 (l. 19 novembre 1984, n. 950) in vigore dal 1° luglio 1985.
(4) Le parole «e affiliazione» sono state soppresse dall'art. 1.1, lett. a, d.lg. 28 dicembre 2013, n. 154.
(5) Le parole «, legittimi o naturali» sono state soppresse dall'art. 1.1, lett. b, d.lg. 28 dicembre 2013, n. 154.
(6) Comma abrogato dall'art. 1.1, lett. c, d.lg. 28 dicembre 2013, n. 154.
(7) Comma abrogato dall'art. 1.1, lett. d, d.lg. 28 dicembre 2013, n. 154.
(8) Le parole «o di filiazione naturale» sono state soppresse dall'art. 1.1, lett. e, d.lg. 28 dicembre 2013, n. 154.
(9) Comma così sostituito dall'art. 78, l. 4 maggio 1983, n. 184, in *Leggi coll. II, 14.*
(10) Articolo così sostituito dall'art. 5, l. n. 151/1975.
(11) Comma così sostituito dall'art. 22, l. 6 marzo 1987, n. 74.

di consiglio, sentito il pubblico ministero, può autorizzare il matrimonio quando è inequivocabilmente escluso lo stato di gravidanza o se risulta da sentenza passata in giudicato che il marito non ha convissuto con la moglie, nei trecento giorni precedenti lo scioglimento, l'annullamento o la cessazione degli effetti civili del matrimonio. Si applicano le disposizioni dei commi quarto, quinto e sesto dell'art. 84 e del comma quinto dell'art. 87.

3. Il divieto cessa dal giorno in cui la gravidanza è terminata (1).

90. *Assistenza del minore.* — *1.* Con il decreto di cui all'art. 84 il tribunale o la corte d'appello nominano, se le circostanze lo esigono, un curatore speciale che assista il minore nella stipulazione delle convenzioni matrimoniali (att. c. 38) (2).

91. .... (3).

92. .... (4).

Sezione II. — *Delle formalità preliminari del matrimonio*

93. *Pubblicazione.* — *1.* La celebrazione del matrimonio dev'essere preceduta dalla pubblicazione fatta a cura dell'ufficiale dello stato civile (c. 100, 101, 116^3, 134, 135) (5).

2. .... (6).

94. *Luogo della pubblicazione.* — *1.* La pubblicazione deve essere richiesta (c. 96) (5) all'ufficiale dello stato civile del comune dove uno degli sposi ha la residenza (c. 43^2) ed è fatta nei comuni di residenza degli sposi.

2-3. .... (7).

95. .... (8).

96. *Richiesta della pubblicazione.* — *1.* La richiesta della pubblicazione deve farsi da ambedue gli sposi o da persona che ne ha da essi ricevuto speciale incarico (c. 115, 135).

97. .... (8).

98. *Rifiuto della pubblicazione.* — *1.* L'ufficiale dello stato civile che non crede di poter procedere alla pubblicazione rilascia un certificato coi motivi del rifiuto (c. 112, 138).

2. Contro il rifiuto è dato ricorso al tribunale, che provvede in camera di consiglio, sentito il pubblico ministero (p.c. 737 ss.).

99. *Termine per la celebrazione del matrimonio.* — *1.* Il matrimonio non può essere celebrato prima del quarto giorno dopo compiuta la pubblicazione (c. 138).

2. Se il matrimonio non è celebrato nei centottanta giorni successivi, la pubblicazione si considera come non avvenuta.

100. *Riduzione del termine e omissione della pubblicazione.* — *1.* Il tribunale, su istanza degli interessati, con decreto non impugnabile emesso in camera di consiglio, sentito il pubblico ministero, può ridurre, per gravi motivi, il termine della pubblicazione. In questo caso la riduzione del termine è dichiarata nella pubblicazione.

2. Può anche autorizzare, con le stesse modalità, per cause gravissime, l'omissione della pubblicazione, quando gli sposi davanti al cancelliere dichiarano sotto la propria responsabilità che nessuno degli impedimenti stabiliti dagli artt. 85, 86, 87, 88 e 89 si oppone al matrimonio (9).

3. Il cancelliere deve far precedere alla dichiarazione la lettura di detti articoli e ammonire i dichiaranti sull'importanza della loro attestazione e sulla gravità delle possibili conseguenze (9).

4. .... (6) (10).

101. *Matrimonio in imminente pericolo di vita.* — *1.* Nel caso di imminente pericolo di vita di uno degli sposi, l'ufficiale dello stato civile del luogo può procedere alla celebrazione del matrimonio senza pubblicazione e senza l'assenso al matrimonio, se questo è richiesto (11), purché gli sposi prima giurino che non esistono tra loro impedimenti non suscettibili di dispensa.

2. L'ufficiale dello stato civile dichiara nell'atto di matrimonio il modo con cui ha accer-

(1) Articolo così sostituito dall'art. 6, l. n. 151/1975.
(2) Articolo così sostituito dall'art. 7, l. n. 151/1975.
(3) L'art. 91, relativo ai matrimoni tra persone di razza diversa, è stato abrogato dall'art. 1, r.d.l. 20 gennaio 1944, n. 25 e dall'art. 3, d.lg.lgt. 14 settembre 1944, n. 287.
(4) L'art. 92, relativo al matrimonio del Re e dei Principi Reali, è abrogato per incompatibilità con la scelta istituzionale espressa nella Costituzione.
(5) V. d.p.r. 3 novembre 2000, n. 396, in *Leggi coll. II, 1.*
(6) Comma abrogato dall'art. 110.3, d.p.r. 3 novembre 2000, n. 396, in *Leggi coll. II, 1.*
(7) Commi abrogati dall'art. 110.3, d.p.r. 3 novembre 2000, n. 396, in *Leggi coll. II, 1.*
(8) Articolo abrogato dall'art. 110.3, d.p.r. 3 novembre 2000, n. 396, in *Leggi coll. II, 1.*
(9) Comma così sostituito dall'art. 137, d.lg. 19 febbraio 1998, n. 51.
(10) Articolo così sostituito dall'art. 9, l. n. 151/1975.
(11) Il riferimento all'assenso è ora privo di oggetto, dopo la sostituzione dell'art. 90, operata dall'art. 7, l. 19 maggio 1975, n. 151.

tato l'imminente pericolo di vita (nav. 204, 834).

Sezione III. — *Delle opposizioni al matrimonio*

102. *Persone che possono fare opposizione*. — *1.* I genitori e, in mancanza loro, gli altri ascendenti e i collaterali entro il terzo grado (c. 76) possono fare opposizione al matrimonio dei loro parenti per qualunque causa che osti alla sua celebrazione (1).

2. Se uno degli sposi è soggetto a tutela (c. 343 ss.) o a cura (c. 390 ss.), il diritto di fare opposizione compete anche al tutore o al curatore.

3. Il diritto di opposizione compete anche al coniuge della persona che vuole contrarre un altro matrimonio (c. 86).

4. Quando si tratta di matrimonio in contravvenzione all'art. 89, il diritto di opposizione spetta anche, se il precedente matrimonio fu sciolto (c. 149), ai parenti del precedente marito e, se il matrimonio fu dichiarato nullo (c. 117 ss.), a colui col quale il matrimonio era stato contratto e ai parenti di lui.

5. Il pubblico ministero deve sempre fare opposizione al matrimonio, se sa che vi osta un impedimento o se gli consta l'infermità di mente di uno degli sposi, nei confronti del quale, a causa dell'età, non possa essere promossa l'interdizione (c. 85, 416).

103. *Atto di opposizione*. — *1.* L'atto di opposizione deve dichiarare la qualità che attribuisce all'opponente il diritto di farla, le cause dell'opposizione, e contenere l'elezione di domicilio nel comune dove siede il tribunale nel cui territorio si deve celebrare il matrimonio.

2. .... (2).

104. *Effetti dell'opposizione*. — *1.* ..... (2).

2. Se l'opposizione è respinta, l'opponente, che non sia un ascendente o il pubblico ministero, può essere condannato al risarcimento dei danni.

105. .... (3).

Sezione IV. — *Della celebrazione del matrimonio*

106. *Luogo della celebrazione*. — *1.* Il matrimonio deve essere celebrato pubblicamente nella casa comunale (c. 110) davanti all'ufficiale dello stato civile al quale fu fatta la richiesta di pubblicazione (c. 94, 109; att. c. 116[2]) (4).

107. *Forma della celebrazione*. — *1.* Nel giorno indicato dalle parti l'ufficiale dello stato civile, alla presenza di due testimoni, anche se parenti (c. 74), dà lettura agli sposi degli artt. 143, 144 e 147; riceve da ciascuna delle parti personalmente, l'una dopo l'altra, la dichiarazione che esse si vogliono prendere rispettivamente in marito e in moglie, e di seguito dichiara che esse sono unite in matrimonio (5).

2. L'atto di matrimonio deve essere compilato immediatamente dopo la celebrazione (c. 130 ss.) (6).

108. *Inapponibilità di termini e condizioni*. — *1.* La dichiarazione degli sposi di prendersi rispettivamente in marito e in moglie non può essere sottoposta né a termine (c. 1184), né a condizione (c. 1353 ss.).

2. Se le parti aggiungono un termine o una condizione, l'ufficiale dello stato civile non può procedere alla celebrazione del matrimonio (c. 138). Se ciò nonostante il matrimonio è celebrato, il termine e la condizione si hanno per non apposti.

109. *Celebrazione in un comune diverso*. — *1.* Quando vi è necessità o convenienza di celebrare il matrimonio in un comune diverso da quello indicato nell'art. 106, l'ufficiale dello stato civile, trascorso il termine stabilito nel primo comma dell'art. 99, richiede per iscritto l'ufficiale del luogo dove il matrimonio si deve celebrare.

2. La richiesta è menzionata nell'atto di celebrazione (c. 107) e in esso inserita. Nel giorno successivo alla celebrazione del matrimonio, l'ufficiale davanti al quale esso fu celebrato invia, per la trascrizione, copia autentica dell'atto all'ufficiale da cui fu fatta la richiesta (c. 138).

110. *Celebrazione fuori della casa comunale*. — *1.* Se uno degli sposi, per infermità o per altro impedimento giustificato all'ufficio dello stato civile, è nell'impossibilità di recarsi alla casa comunale, l'ufficiale si trasferisce col segretario nel luogo in cui si trova lo sposo impedito, e ivi, alla presenza di quattro testimoni, procede alla celebrazione del matrimonio secondo l'art. 107 (c. 137).

111. *Celebrazione per procura*. — *1.* I militari

(1) V. d.p.r. 3 novembre 2000, n. 396, in *Leggi coll. II, 1.*
(2) Comma abrogato dall'art. 110.3, d.p.r. 3 novembre 2000, n. 396, in *Leggi coll. II, 1.*
(3) V. nota 4 all'art. 92.
(4) Art. 124 ss., r.d. 9 luglio 1939, n. 1238, ora cit.
(5) Per l'individuazione del diritto applicabile v. art. 28, l. 31 maggio 1995, n. 218, in *Leggi coll. I, 1.*
(6) Articolo così sostituito dall'art. 10, l. n. 151/1975.

e le persone che per ragioni di servizio si trovano al seguito delle forze armate possono, in tempo di guerra, celebrare il matrimonio per procura.

2. La celebrazione del matrimonio per procura può anche farsi se uno degli sposi risiede all'estero e concorrono gravi motivi da valutarsi dal tribunale nella cui circoscrizione risiede l'altro sposo. L'autorizzazione è concessa con decreto non impugnabile emesso in camera di consiglio, sentito il pubblico ministero.

3. La procura deve contenere la indicazione della persona con la quale il matrimonio si deve contrarre.

4. La procura deve essere fatta per atto pubblico (c. 2699); i militari e le persone al seguito delle forze armate, in tempo di guerra, possono farla nelle forme speciali ad essi consentite.

5. Il matrimonio non può essere celebrato quando sono trascorsi centottanta giorni da quello in cui la procura è stata rilasciata (c. 99[2]).

6. La coabitazione, anche temporanea, dopo la celebrazione del matrimonio, elimina gli effetti della revoca della procura, ignorata dall'altro coniuge al momento della celebrazione (c. 1396) (1).

112. *Rifiuto della celebrazione. — 1.* L'ufficiale dello stato civile non può rifiutare la celebrazione del matrimonio se non per una causa ammessa dalla legge (c. 84 ss., 93 ss.).

2. Se la rifiuta, deve rilasciare un certificato con l'indicazione dei motivi (c. 98, 138).

3. Contro il rifiuto è dato ricorso al tribunale, che provvede in camera di consiglio, sentito il pubblico ministero (p.c. 737 ss.).

113. *Matrimonio celebrato davanti a un apparente ufficiale dello stato civile. — 1.* Si considera celebrato davanti all'ufficiale dello stato civile il matrimonio che sia stato celebrato dinanzi a persona la quale, senza avere la qualità di ufficiale dello stato civile, ne esercitava pubblicamente le funzioni, a meno che entrambi gli sposi, al momento della celebrazione, abbiano saputo che la detta persona non aveva tale qualità (c. 534, 1153, 1189, 1415; att. c. 116[2]).

114. .... (2).

Sezione V. — *Del matrimonio dei cittadini in paese straniero e degli stranieri nello Stato*

115. *Matrimonio del cittadino all'estero. — 1.* Il cittadino è soggetto alle disposizioni contenute nella sezione prima di questo capo (c. 84 ss.), anche quando contrae matrimonio in paese straniero secondo le forme ivi stabilite (3).

2. .... (4).

116. *Matrimonio dello straniero nello Stato. — 1.* Lo straniero che vuole contrarre matrimonio nello Stato deve presentare all'ufficiale dello stato civile una dichiarazione dell'autorità competente del proprio paese, dalla quale risulti che giusta le leggi a cui è sottoposto nulla osta al matrimonio [nonché un documento attestante la regolarità del soggiorno nel territorio italiano] (5).

2. Anche lo straniero è tuttavia soggetto alle disposizioni contenute negli artt. 85, 86, 87, nn. 1, 2 e 4, 88 e 89.

3. Lo straniero che ha domicilio o residenza nello Stato deve inoltre far fare la pubblicazione secondo le disposizioni di questo codice (c. 93 ss.).

Sezione VI. — *Della nullità del matrimonio* (6)

117. *Matrimonio contratto con violazione degli artt. 84, 86, 87, 88. — 1.* Il matrimonio contratto con violazione degli artt. 86, 87 e 88 può essere impugnato dai coniugi, dagli ascendenti prossimi, dal pubblico ministero e da tutti coloro che abbiano per impugnarlo un interesse legittimo e attuale (c. 127, 191).

2. Il matrimonio contratto con violazione dell'art. 84 può essere impugnato dai coniugi, da ciascuno dei genitori e dal pubblico ministero. La relativa azione di annullamento può essere proposta personalmente dal minore non oltre un anno dal raggiungimento della maggiore età (c. 2). La domanda, proposta dal genitore o dal pubblico ministero, deve essere respinta ove, anche in pendenza del giudizio, il minore abbia raggiunto la maggiore età ovvero vi sia stato concepimento o procreazione e

(1) Articolo così sostituito dall'art. 11, l. n. 151/1975.

(2) V. nota 4 all'art. 92.

(3) Sul matrimonio del cittadino all'estero, davanti al capo di un Ufficio consolare, v. artt. 12 ss., d.lg. 3 febbraio 2011, n. 71.

(4) Comma abrogato dall'art. 110.3, d.p.r. 3 novembre 2000, n. 396, in *Leggi coll. II, 1.*

(5) Le parole «nonché un documento attestante la regolarità del soggiorno nel territorio italiano» sono state inserite dall'art. 1.15, l. 15 luglio 2009, n. 94. Successivamente la Corte cost., con sentenza 25 luglio 2011, n. 245, ne ha dichiarato l'illegittimità costituzionale.

(6) In base all'art. 224, l. 19 maggio 1975, n. 151, in *Leggi coll. II, 6,* le cause di invalidità dei matrimoni celebrati anteriormente all'entrata in vigore della legge stessa e le relative azioni sono regolate dalle disposizioni anteriori.

in ogni caso sia accertata la volontà del minore di mantenere in vita il vincolo matrimoniale.

3. Il matrimonio contratto dal coniuge dell'assente non può essere impugnato finché dura l'assenza (c. 48 ss.).

4. Nei casi in cui si sarebbe potuta accordare l'autorizzazione ai sensi del quarto comma dell'art. 87, il matrimonio non può essere impugnato dopo un anno dalla celebrazione.

5. La disposizione del primo comma del presente articolo si applica anche nel caso di nullità del matrimonio previsto dall'art. 68 (1).

118. .... (2).

119. *Interdizione*. — *1.* Il matrimonio di chi è stato interdetto per infermità di mente (c. 85, 414) può essere impugnato dal tutore, dal pubblico ministero e da tutti coloro che abbiano un interesse legittimo se, al tempo del matrimonio, vi era già sentenza di interdizione passata in giudicato, ovvero se la interdizione è stata pronunziata posteriormente ma l'infermità esisteva al tempo del matrimonio. Può essere impugnato, dopo revocata l'interdizione (c. 429), anche dalla persona che era interdetta.

2. L'azione non può essere proposta se, dopo revocata l'interdizione, vi è stata coabitazione per un anno (c. 120[2], 122[4], 123[2]) (3).

120. *Incapacità di intendere e di volere*. — *1.* Il matrimonio può essere impugnato da quello dei coniugi che, quantunque non interdetto (c. 85, 102[5], 119), provi di essere stato incapace di intendere o di volere, per qualunque causa, anche transitoria, al momento della celebrazione del matrimonio (c. 428, 591 n. 3, 775).

2. L'azione non può essere proposta se vi è stata coabitazione per un anno dopo che il coniuge incapace ha recuperato la pienezza delle facoltà mentali (c. 119[2], 122[4], 123[2]) (4).

121. .... (5).

122. *Violenza ed errore*. — *1.* Il matrimonio può essere impugnato da quello dei coniugi il cui consenso è stato estorto con violenza (c. 1434 ss.) o determinato da timore di eccezionale gravità derivante da cause esterne allo sposo.

2. Il matrimonio può altresì essere impugnato da quello dei coniugi il cui consenso è stato dato per effetto di errore sull'identità della persona o di errore essenziale su qualità personali dell'altro coniuge (c. 1428 ss.).

3. L'errore sulle qualità personali è essenziale qualora, tenute presenti le condizioni dell'altro coniuge, si accerti che lo stesso non avrebbe prestato il suo consenso se le avesse esattamente conosciute e purché l'errore riguardi:

1) l'esistenza di una malattia fisica o psichica o di una anomalia o deviazione sessuale, tali da impedire lo svolgimento della vita coniugale (c. 89[1]);

2) l'esistenza di una sentenza di condanna per delitto non colposo alla reclusione non inferiore a cinque anni, salvo il caso di intervenuta riabilitazione (p. 178) prima della celebrazione del matrimonio. L'azione di annullamento non può essere proposta prima che la sentenza sia divenuta irrevocabile;

3) la dichiarazione di delinquenza abituale o professionale (p. 102, 103, 105);

4) la circostanza che l'altro coniuge sia stato condannato per delitti concernenti la prostituzione (p. 600-*II*, 600-*V*) a pena non inferiore a due anni. L'azione di annullamento non può essere proposta prima che la condanna sia divenuta irrevocabile;

5) lo stato di gravidanza causato da persona diversa dal soggetto caduto in errore, purché vi sia stato disconoscimento ai sensi dell'art. 233, se la gravidanza è stata portata a termine.

4. L'azione non può essere proposta se vi è stata coabitazione per un anno dopo che siano cessate la violenza o le cause che hanno determinato il timore ovvero sia stato scoperto l'errore (c. 119[2], 120[2], 123[2]) (6).

123. *Simulazione*. — *1.* Il matrimonio può essere impugnato da ciascuno dei coniugi quando gli sposi abbiano convenuto di non adempiere agli obblighi e di non esercitare i diritti da esso discendenti (c. 1414 ss.).

2. L'azione non può essere proposta decorso un anno dalla celebrazione del matrimonio ovvero nel caso in cui i contraenti abbiano convissuto come coniugi successivamente alla celebrazione medesima (c. 119[2], 120[2], 122[4]) (7).

124. *Vincolo di precedente matrimonio*. — *1.* Il coniuge può in qualunque tempo impugnare il matrimonio o l'unione civile tra persone dello stesso sesso (8) dell'altro coniuge (c. 86, 117;

(1) Articolo così sostituito dall'art. 12, l. n. 151/1975.
(2) Articolo abrogato dall'art. 13, l. n. 151/1975.
(3) Articolo così sostituito dall'art. 14, l. n. 151/1975.
(4) Articolo così sostituito dall'art. 15, l. n. 151/1975.
(5) Articolo abrogato dall'art. 16, l. n. 151/1975.
(6) Articolo così sostituito dall'art. 17, l. n. 151/1975.
(7) Articolo così sostituito dall'art. 18, l. n. 151/1975.
(8) Le parole «o l'unione civile tra persone dello stesso sesso» sono state inserite dall'art. 1.33, l. 20 maggio 2016, n. 76.

p. 556); se si oppone la nullità del primo matrimonio, tale questione deve essere preventivamente giudicata.

125. *Azione del pubblico ministero*. — *1.* L'azione di nullità non può essere promossa dal pubblico ministero dopo la morte di uno dei coniugi.

126. *Separazione dei coniugi in pendenza del giudizio*. — *1.* Quando è proposta domanda di nullità del matrimonio, il tribunale può, su istanza di uno dei coniugi, ordinare la loro separazione temporanea durante il giudizio (c. 150 ss., 232²) (1); può ordinarla anche d'ufficio, se ambedue i coniugi o uno di essi sono minori (c. 2) o interdetti (c. 414).

127. *Intrasmissibilità dell'azione*. — *1.* L'azione per impugnare il matrimonio non si trasmette agli eredi se non quando il giudizio è già pendente alla morte dell'attore.

128. *Matrimonio putativo*. — *1.* Se il matrimonio è dichiarato nullo, gli effetti del matrimonio valido si producono, in favore dei coniugi, fino alla sentenza che pronunzia la nullità, quando i coniugi stessi lo hanno contratto in buona fede, oppure quando il loro consenso è stato estorto con violenza o determinato da timore di eccezionale gravità derivante da cause esterne agli sposi (c. 122).

2. Il matrimonio dichiarato nullo ha gli effetti del matrimonio valido rispetto ai figli (2).

3. Se le condizioni indicate nel primo comma si verificano per uno solo dei coniugi, gli effetti valgono soltanto in favore di lui e dei figli (c. 584).

4. Il matrimonio dichiarato nullo, contratto in malafede da entrambi i coniugi, ha gli effetti del matrimonio valido rispetto ai figli nati o concepiti durante lo stesso (3), salvo che la nullità dipenda da [...] (4) incesto.

5. Nell'ipotesi di cui al quarto comma, rispetto ai figli si applica l'art. 251 (5) (6).

129. *Diritti dei coniugi in buona fede*. — *1.* Quando le condizioni del matrimonio putativo si verificano rispetto ad ambedue i coniugi, il giudice può disporre a carico di uno di essi e per un periodo non superiore a tre anni l'obbligo di corrispondere somme periodiche di denaro, in proporzione alle sue sostanze, a favore dell'altro, ove questi non abbia adeguati redditi propri e non sia passato a nuove nozze.

2. Per i provvedimenti che il giudice adotta riguardo ai figli, si applica l'art. 155 (7).

129-*bis*. *Responsabilità del coniuge in mala fede e del terzo*. — *1.* Il coniuge al quale sia imputabile la nullità del matrimonio è tenuto a corrispondere all'altro coniuge in buona fede, qualora il matrimonio sia annullato, una congrua indennità, anche in mancanza di prova del danno sofferto. L'indennità deve comunque comprendere una somma corrispondente al mantenimento per tre anni. È tenuto altresì a prestare gli alimenti al coniuge in buona fede, sempre che non vi siano altri obbligati (c. 433).

2. Il terzo al quale sia imputabile la nullità del matrimonio è tenuto a corrispondere al coniuge in buona fede, se il matrimonio è annullato, l'indennità prevista nel comma precedente.

3. In ogni caso il terzo che abbia concorso con uno dei coniugi nel determinare la nullità del matrimonio è solidalmente responsabile con lo stesso per il pagamento dell'indennità (c. 1292 ss.) (8).

Sezione VII. — *Delle prove della celebrazione del matrimonio*

130. *Atto di celebrazione del matrimonio*. — *1.* Nessuno può reclamare il titolo di coniuge e gli effetti del matrimonio, se non presenta l'atto di celebrazione estratto dai registri dello stato civile (c. 107, 109, 162²).

2. Il possesso di stato, quantunque allegato da ambedue i coniugi, non dispensa dal presentare l'atto di celebrazione (c. 131, 132²).

131. *Possesso di stato*. — *1.* Il possesso di stato, conforme all'atto di celebrazione del matrimonio, sana ogni difetto di forma (c. 236, 237).

132. *Mancanza dell'atto di celebrazione*. — *1.* Nel caso di distruzione o di smarrimento dei registri dello stato civile l'esistenza del matrimonio può essere provata a norma dell'art. 452.

2. Quando vi sono indizi che per dolo o per

(1) Ma v. ora art. 146.2.
(2) Comma così sostituito dall'art. 2.1, lett. a, d.lg. 28 dicembre 2013, n. 154.
(3) In base all'art. 225, l. 19 maggio 1975, n. 151, in *Leggi coll. II, 6*, il figlio acquista lo stato di figlio nato nel matrimonio anche se il matrimonio è stato dichiarato nullo anteriormente alla data di entrata in vigore della legge stessa.
(4) Le parole «bigamia o» sono state soppresse dall'art. 2.1, lett. b, d.lg. 28 dicembre 2013, n. 154.
(5) Comma così sostituito dall'art. 2.1, lett. c, d.lg. 28 dicembre 2013, n. 154.
(6) Articolo così sostituito dall'art. 19, l. n. 151/1975.
(7) Articolo così sostituito dall'art. 20, l. n. 151/1975.
(8) Articolo aggiunto dall'art. 21, l. n. 151/1975.

colpa del pubblico ufficiale o per un caso di forza maggiore l'atto di matrimonio non è stato inserito nei registri a ciò destinati, la prova dell'esistenza del matrimonio è ammessa, sempre che risulti in modo non dubbio un conforme possesso di stato (c. 240).

133. *Prova della celebrazione risultante da sentenza penale*. — *1.* Se la prova della celebrazione del matrimonio risulta da sentenza penale, l'iscrizione della sentenza nel registro dello stato civile assicura al matrimonio, dal giorno della sua celebrazione, tutti gli effetti riguardo tanto ai coniugi quanto ai figli.

Sezione VIII. — *Disposizioni penali* (1)

134. *Omissione di pubblicazione*. — *1.* Sono puniti con l'ammenda da lire ottantamila [euro 41] a lire quattrocentomila [euro 206] gli sposi e l'ufficiale dello stato civile che hanno celebrato matrimonio senza che la celebrazione sia stata preceduta dalla prescritta pubblicazione (c. 93 ss.).

135. *Pubblicazione senza richiesta o senza documenti*. — *1.* È punito con l'ammenda da lire quarantamila [euro 20] a lire duecentomila [euro 103] l'ufficiale dello stato civile che ha proceduto alla pubblicazione di un matrimonio senza la richiesta di cui all'art. 96 o quando manca alcuno dei documenti prescritti dal primo comma dell'art. 97.

136. *Impedimenti conosciuti dall'ufficiale dello stato civile*. — *1.* L'ufficiale dello stato civile che procede alla celebrazione del matrimonio, quando vi osta qualche impedimento o divieto (c. 84 ss.) di cui egli ha notizia, è punito con l'ammenda da lire centomila [euro 51] a lire seicentomila [euro 309].

137. *Incompetenza dell'ufficiale dello stato civile. Mancanza dei testimoni*. — *1.* È punito con l'ammenda da lire sessantamila [euro 30] a lire quattrocentomila [euro 206] l'ufficiale dello stato civile che ha celebrato un matrimonio per cui non era competente (c. 106, 109).

2. La stessa pena (2) si applica all'ufficiale dello stato civile che ha proceduto alla celebrazione di un matrimonio senza la presenza di testimoni (att. c. 116[2]).

138. *Altre infrazioni*. — *1.* È punito con l'ammenda stabilita nell'art. 135 l'ufficiale dello stato civile che in qualunque modo contravviene alle disposizioni degli artt. 93, 95, 98, 99, 106, 107, 108, 109, 110 e 112 o commette qualsiasi altra infrazione per cui non sia stabilita una pena speciale in questa sezione.

139. *Cause di nullità note a uno dei coniugi*. — *1.* Il coniuge il quale, conoscendo prima della celebrazione una causa di nullità del matrimonio, l'abbia lasciata ignorare all'altro, è punito, se il matrimonio è annullato, con l'ammenda da lire ottantamila [euro 41] a lire quattrocentomila [euro 206] (c. 1338) (3).

140. *Inosservanza del divieto temporaneo di nuove nozze*. — *1.* La donna che contrae matrimonio contro il divieto dell'art. 89, l'ufficiale che lo celebra e l'altro coniuge sono puniti con l'ammenda da lire quarantamila [euro 20] a lire centosessantamila [euro 82] (4) (5).

141. *Competenza*. — *1.* I reati previsti nei precedenti articoli sono di competenza del tribunale (6).

142. *Limiti d'applicazione delle precedenti disposizioni*. — *1.* Le disposizioni della presente sezione si applicano quando i fatti ivi contemplati non costituiscono reato più grave (7).

CAPO IV

DEI DIRITTI E DEI DOVERI CHE NASCONO DAL MATRIMONIO (8)

143. *Diritti e doveri reciproci dei coniugi*. — *1.* Con il matrimonio il marito e la moglie acquistano gli stessi diritti e assumono i medesimi doveri (cost. 29; c. 151[2]).

2. Dal matrimonio deriva l'obbligo reciproco alla fedeltà, all'assistenza morale e materiale, alla collaborazione nell'interesse della famiglia e alla coabitazione.

3. Entrambi i coniugi sono tenuti, ciascuno in relazione alle proprie sostanze e alla propria capacità di lavoro professionale o casalingo, a

(1) L'ammenda è stata sostituita dalla sanzione amministrativa: v. art. 1, l. 24 dicembre 1975, n. 706. L'entità delle sanzioni pecuniarie previste dagli artt. 134, 135, 136, 137, 138, 139 è così determinata in applicazione dell'art. 114.1, l. 24 novembre 1981, n. 689.
(2) Ora: sanzione.
(3) Articolo così sostituito dall'art. 22, l. n. 151/1975.
(4) L'ammenda è stata sostituita dalla sanzione amministrativa: v. art. 1, l. 24 dicembre 1975, n. 706.
(5) Articolo così sostituito dall'art. 23, l. n. 151/1975.
(6) V. ora art. 13 ss., l. 24 novembre 1981, n. 689.
(7) Articolo da coordinare con la l. 24 novembre 1981, n. 689.
(8) Per l'individuazione del diritto applicabile ai rapporti personali tra coniugi v. art. 29, l. 31 maggio 1995, n. 218, in *Leggi coll. I, 1*.

contribuire ai bisogni della famiglia (1).

143-*bis*. *Cognome della moglie*. — *1.* La moglie aggiunge al proprio cognome quello del marito e lo conserva durante lo stato vedovile, fino a che passi a nuove nozze (2) (3).

143-*ter*. . . . . (4).

144. *Indirizzo della vita familiare e residenza della famiglia*. — *1.* I coniugi concordano tra loro l'indirizzo della vita familiare e fissano la residenza della famiglia secondo le esigenze di entrambi e quelle preminenti della famiglia stessa (c. 43).

2. A ciascuno dei coniugi spetta il potere di attuare l'indirizzo concordato (5).

145. *Intervento del giudice*. — *1.* In caso di disaccordo ciascuno dei coniugi può chiedere, senza formalità, l'intervento del giudice (att. c. 41) il quale, sentite le opinioni espresse dai coniugi e, per quanto opportuno, dai figli conviventi che abbiano compiuto il sedicesimo anno, tenta di raggiungere una soluzione concordata.

2. Ove questa non sia possibile e il disaccordo concerna la fissazione della residenza (c. 144) o altri affari essenziali, il giudice, qualora ne sia richiesto espressamente e congiuntamente dai coniugi, adotta, con provvedimento non impugnabile, la soluzione che ritiene più adeguata alle esigenze dell'unità e della vita della famiglia (6).

146. *Allontanamento dalla residenza familiare*. — *1.* Il diritto all'assistenza morale e materiale previsto dall'art. 143 è sospeso nei confronti del coniuge che, allontanatosi senza giusta causa dalla residenza familiare (c. 144), rifiuta di tornarvi.

2. La proposizione della domanda di separazione (c. 150 ss.) o di annullamento (c. 117) o di scioglimento o di cessazione degli effetti civili del matrimonio (c. 149) costituisce giusta causa di allontanamento dalla residenza familiare.

3. Il giudice può, secondo le circostanze, ordinare il sequestro dei beni del coniuge allontanatosi (c. 179, 215 ss.) nella misura atta a garantire l'adempimento degli obblighi previsti dagli articoli 143, terzo comma, e 147 (7).

147. *Doveri verso i figli*. — *1.* Il matrimonio impone ad ambedue i coniugi l'obbligo di mantenere, istruire, educare e assistere moralmente i figli, nel rispetto delle loro capacità, inclinazioni naturali e aspirazioni, secondo quanto previsto dall'art. 315-*bis* (8) (9).

148. *Concorso negli oneri*. — *1.* I coniugi devono adempiere l'obbligo di cui all'art. 147, secondo quanto previsto dall'art. 316-*bis* (10).

CAPO V

DELLO SCIOGLIMENTO DEL MATRIMONIO E DELLA SEPARAZIONE DEI CONIUGI (11)

149. *Scioglimento del matrimonio*. — *1.* Il

(1) Articolo così sostituito dall'art. 24, l. n. 151/1975.

(2) Articolo aggiunto dall'art. 25, l. n. 151/1975.

(3) In caso di scioglimento del matrimonio, la donna perde il cognome che aveva aggiunto al proprio a seguito del matrimonio, salvo autorizzazione del tribunale: art. 5.2, 3, 4, l. 1° dicembre 1970, n. 898, come sostituito dall'art. 9, l. 6 marzo 1987, n. 74, in *Leggi coll. II, 9*. Per il cambio del cognome per gli orfani delle vittime di crimini domestici v. art. 13, l. 11 gennaio 2018, n. 4.

(4) Articolo aggiunto dall'art. 25, l. n. 151/1975, e successivamente abrogato dall'art. 26, l. 5 febbraio 1992, n. 91, di cui v. l'art. 5.

(5) Articolo così sostituito dall'art. 26, l. n. 151/1975.

(6) Articolo così sostituito dall'art. 27, l. n. 151/1975.

(7) Articolo così sostituito dall'art. 28, l. n. 151/1975.

(8) Sulla permanenza dell'obbligo anche in caso di nuove nozze di uno o entrambi i genitori divorziati, v. art. 6, l. 1° dicembre 1970, n. 898, come sostituito dall'art. 11, l. 6 marzo 1987, n. 74, in *Leggi coll. II, 9*. Per i figli adottivi v. art. 48, l. 4 maggio 1983, n. 184, in *Leggi coll. II, 14*.

(9) Articolo così sostituito, da ultimo, dall'art. 3, d.lg. 28 dicembre 2013, n. 154.

(10) Articolo così sostituito, da ultimo, dall'art. 4, d.lg. 28 dicembre 2013, n. 154.

(11) Per l'individuazione del diritto applicabile v. art. 31, l. 31 maggio 1995, n. 218, in *Leggi coll. I, 1*. V. la Convenzione sul riconoscimento dei divorzi e delle separazioni personali, firmata all'Aja il 1° giugno 1970 (l. 10 giugno 1985, n. 301, con riserva in G.U., 1° aprile 1986, n. 75, p. 9 per il caso di applicazione a coniugi italiani di legge diversa da quella applicabile in base al diritto internazionale privato italiano), in vigore dal 20 aprile 1986.

Sulla disciplina dei giudizi di separazione personale e di scioglimento o di cessazione degli effetti civili del matrimonio v. art. 4, l. 1° dicembre 1970, n. 898, in *Leggi coll. II, 9* e art. 23, l. 6 marzo 1987, n. 74, che così dispone: «1. Fino all'entrata in vigore del nuovo testo del codice di procedura civile, ai giudizi di separazione personale dei coniugi si applicano, in quanto compatibili, le regole di cui all'art. 4 della l. 1° dicembre 1970, n. 898, come sostituito dall'art. 8 della presente della legge. || 2. I giudizi di separazione personale e di scioglimento o di cessazione degli effetti civili del matrimonio pendenti, in ogni stato e grado, alla data di entrata in vigore della presente legge saranno definiti secondo le disposizioni processuali anteriormente vigenti. || 3. L'impugnazione

matrimonio si scioglie con la morte di uno dei coniugi e negli altri casi previsti dalla legge (c. 65, 68) (1).

2. Gli effetti civili del matrimonio celebrato con rito religioso, ai sensi dell'art. 82 o dell'art. 83, e regolarmente trascritto, cessano alla morte di uno dei coniugi e negli altri casi previsti dalla legge (c. 191) (2) (1).

150. *Separazione personale* (3). — *1.* È ammessa la separazione personale dei coniugi (c. 126, 155, 156, 156-*II*, 191¹, 232², 297¹, 548, 585).

2. La separazione può essere giudiziale o consensuale (c. 232², 234²; p.c. 706 ss.).

3. Il diritto di chiedere la separazione giudiziale o l'omologazione di quella consensuale spetta esclusivamente ai coniugi (4).

151. *Separazione giudiziale.* — *1.* La separazione può essere chiesta (p.c. 706 ss.) quando si verificano, anche indipendentemente dalla volontà di uno o di entrambi i coniugi, fatti tali da rendere intollerabile la prosecuzione della convivenza o da recare grave pregiudizio alla educazione della prole.

2. Il giudice, pronunziando la separazione, dichiara, ove ne ricorrano le circostanze e ne sia richiesto, a quale dei coniugi sia addebitabile la separazione (c. 156¹, 548², 585²), in considerazione del suo comportamento contrario ai doveri che derivano dal matrimonio (c. 143) (5).

152-153. . . . . (6).

154. *Riconciliazione.* — *1.* La riconciliazione tra i coniugi comporta l'abbandono della domanda di separazione personale già proposta (c. 157) (7).

155. *Provvedimenti riguardo ai figli.* — *1.* In caso di separazione, riguardo ai figli, si applicano le disposizioni contenute nel Capo II del titolo IX (8).

155-*bis*-155-*sexies*. . . . . (9).

156. *Effetti della separazione sui rapporti patrimoniali tra i coniugi.* — *1.* Il giudice, pronunziando la separazione, stabilisce a vantaggio del coniuge cui non sia addebitabile la separazione (c. 151²) il diritto di ricevere dall'altro coniuge quanto è necessario al suo mantenimento, qualora egli non abbia adeguati redditi propri.

2. L'entità di tale somministrazione è determinata in relazione alle circostanze e ai redditi dell'obbligato.

3. Resta fermo l'obbligo di prestare gli alimenti di cui agli artt. 433 e seguenti.

4. Il giudice che pronunzia la separazione può imporre al coniuge di prestare idonea garanzia reale o personale se esiste il pericolo che egli possa sottrarsi all'adempimento degli obblighi previsti dai precedenti commi e dall'art. 155.

5. La sentenza costituisce titolo per l'iscrizione dell'ipoteca giudiziale ai sensi dell'art. 2818.

6. In caso di inadempienza, su richiesta dell'avente diritto, il giudice può disporre il sequestro (p.c. 671) di parte dei beni del coniuge obbligato e ordinare ai terzi, tenuti a corrispondere anche periodicamente somme di danaro all'obbligato, che una parte di esse venga versata direttamente agli aventi diritto (10).

7. Qualora sopravvengano giustificati motivi il giudice, su istanza di parte, può disporre la

delle sentenze di separazione personale e di scioglimento o di cessazione degli effetti civili del matrimonio pubblicate prima dell'entrata in vigore della presente legge resta regolata dalla legge anteriore».

Sulla convenzione di negoziazione assistita e sulla semplificazione dei procedimenti di separazione personale e di divorzio v. artt. 6 e 12, d.l. 12 settembre 2014, n. 132, conv. in l. 10 novembre 2014, n. 162, in *Leggi coll. II, 10.*

(1) V. la l. 1° dicembre 1970, n. 898, come modificata dalla l. 6 marzo 1987, n. 74, in *Leggi coll. II, 9*, sulla disciplina dei casi di scioglimento del matrimonio. L'art. 4, l. 14 aprile 1982, n. 164, dispone che la sentenza di rettificazione di attribuzione di sesso «provoca lo scioglimento del matrimonio o la cessazione degli effetti civili conseguenti alla trascrizione del matrimonio celebrato con rito religioso. Si applicano le disposizioni del codice civile e della l. 1° dicembre 1970, n. 898, e successive modificazioni». La Corte cost., con sentenza 11 giugno 2014, n. 170, ha dichiarato costituzionalmente illegittimi gli artt. 2 e 4 della l. 14 aprile 1982, n. 164, «nella parte in cui non prevedono che la sentenza di rettificazione dell'attribuzione di sesso di uno dei coniugi, che provoca lo scioglimento del matrimonio o la cessazione degli effetti civili conseguenti alla trascrizione del matrimonio, consenta, comunque, ove entrambi lo richiedano, di mantenere in vita un rapporto di coppia giuridicamente regolato con altra forma di convivenza registrata, che tuteli adeguatamente i diritti ed obblighi della coppia medesima, con le modalità da statuirsi dal legislatore».

(2) Articolo così sostituito dall'art. 31, l. n. 151/1975.

(3) V. art. 226, l. 19 maggio 1975, n. 151, in *Leggi coll. II, 6.*

(4) Articolo così sostituito dall'art. 32, l. n. 151/1975.

(5) Articolo così sostituito dall'art. 33, l. n. 151/1975. V. anche art. 212, l. n. 151/1975.

(6) Articoli abrogati dall'art. 34, l. n. 151/1975.

(7) Articolo così sostituito dall'art. 35, l. n. 151/1975.

(8) Articolo così sostituito, da ultimo, dall'art. 5, d.lg. 28 dicembre 2013, n. 154.

(9) Articoli inseriti dall'art. 1.2, l. 8 febbraio 2006, n. 54, e successivamente abrogati dall'art. 106.1, lett. a, d.lg. 28 dicembre 2013, n. 154.

(10) La Corte cost., con sentenza 31 maggio 1983, n. 144, ha dichiarato costituzionalmente illegittimo questo comma «nella parte in cui non prevede che le disposizioni ivi contenute si applichino a favore dei figli di coniugi consensualmente separati». La Corte cost., con sentenza 19 gennaio 1987, n. 5, ha dichiarato costituzionalmente

revoca o la modifica dei provvedimenti di cui ai commi precedenti (1).

156-*bis*. *Cognome della moglie*. — *1.* Il giudice può vietare alla moglie l'uso del cognome del marito (c. 143-*II*) quando tale uso sia a lui gravemente pregiudizievole, e può parimenti autorizzare la moglie a non usare il cognome stesso, qualora dall'uso possa derivarle grave pregiudizio (2).

157. *Cessazione degli effetti della separazione*. — *1.* I coniugi possono di comune accordo far cessare gli effetti della sentenza di separazione, senza che sia necessario l'intervento del giudice, con una espressa dichiarazione o con un comportamento non equivoco che sia incompatibile con lo stato di separazione (c. 154).

2. La separazione può essere pronunziata nuovamente soltanto in relazione a fatti e comportamenti intervenuti dopo la riconciliazione (3).

158. *Separazione consensuale*. — *1.* La separazione per il solo consenso dei coniugi non ha effetto senza l'omologazione del giudice (c. 150³; p.c. 711).

2. Quando l'accordo dei coniugi relativamente all'affidamento e al mantenimento dei figli è in contrasto con l'interesse di questi il giudice riconvoca i coniugi indicando ad essi le modificazioni da adottare nell'interesse dei figli e, in caso di inidonea soluzione, può rifiutare allo stato l'omologazione (4) (5).

CAPO VI

DEL REGIME PATRIMONIALE DELLA FAMIGLIA (6)

Sezione I. — *Disposizioni generali*

159. *Del regime patrimoniale legale tra i coniugi*. — *1.* Il regime patrimoniale legale della famiglia, in mancanza di diversa convenzione stipulata a norma dell'art. 162, è costituito dalla comunione dei beni regolata dalla sezione III del presente capo (7) (8).

160. *Diritti inderogabili*. — *1.* Gli sposi non possono derogare né ai diritti né ai doveri previsti dalla legge per effetto del matrimonio (c. 143, 147, 148) (9).

161. *Riferimento generico a leggi o agli usi*. — *1.* Gli sposi non possono pattuire in modo generico che i loro rapporti patrimoniali siano in tutto o in parte regolati da leggi alle quali non sono sottoposti o dagli usi, ma devono enunciare in modo concreto il contenuto dei patti con i quali intendono regolare questi loro rapporti (c. 210).

162. *Forma delle convenzioni matrimoniali*. — *1.* Le convenzioni matrimoniali debbono essere stipulate per atto pubblico (c. 2699) sotto pena di nullità (c. 1350) (10).

2. La scelta del regime di separazione può anche essere dichiarata nell'atto di celebrazio-

illegittimo questo comma, «nella parte in cui non prevede che le disposizioni ivi contenute si applichino ai coniugi separati consensualmente». La Corte cost., con sentenza 6 luglio 1994, n. 278, ha dichiarato costituzionalmente illegittimo questo comma «nella parte in cui non prevede che il giudice istruttore possa adottare nel corso della causa di separazione il provvedimento di ordinare ai terzi debitori del coniuge obbligato al mantenimento di versare una parte delle somme direttamente agli aventi diritto». La Corte cost., con sentenza 19 luglio 1996, n. 258, ha dichiarato l'illegittimità costituzionale di questo comma, «nella parte in cui non prevede che il giudice istruttore possa adottare, nel corso della causa di separazione, il provvedimento di sequestro di parte dei beni del coniuge obbligato al mantenimento». La Corte cost. 18 aprile 1997, n. 99 in G.U., prima serie speciale, 23 aprile 1997, n. 17, ha dichiarato non fondata, nei sensi di cui in motivazione, la questione di legittimità costituzionale di questo comma, interpretato nel senso che il sequestro ivi previsto possa essere disposto a garanzia del mantenimento dei figli anche naturali riconosciuti o dichiarati.

Per l'anticipazione di un importo non superiore all'assegno, in caso di inadempimento del coniuge, a valere sulle risorse del Fondo di solidarietà a tutela del coniuge in stato di bisogno v. art. 1.415, l. 28 dicembre 2015, n. 208, e d.m. Giustizia 15 dicembre 2016, in G.U., 14 gennaio 2017, n. 11.

(1) Articolo così sostituito dall'art. 37, l. n. 151/1975. V. anche artt. 227 e 228, l. n. 151/1975, in *Leggi coll. II, 6*.

(2) Articolo aggiunto dall'art. 38, l. n. 151/1975.

(3) Articolo così sostituito dall'art. 39, l. n. 151/1975.

(4) Articolo così sostituito dall'art. 40, l. n. 151/1975.

(5) La Corte cost., con sentenza 18 febbraio 1988, n. 186, ha dichiarato la illegittimità costituzionale di questo articolo, «nella parte in cui non prevede che il decreto di omologazione della separazione consensuale costituisce titolo per l'iscrizione dell'ipoteca giudiziale ai sensi dell'art. 2818 del codice civile».

(6) Per l'individuazione del diritto applicabile v. art. 30, l. 31 maggio 1995, n. 218, in *Leggi coll. I, 1*.

(7) Articolo così sostituito dall'art. 41, l. n. 151/1975.

(8) Per i rapporti patrimoniali fra coniugi in caso di scioglimento del matrimonio v. artt. 8, 9, 9-*bis*, l. 1° dicembre 1970, n. 898, e successive modifiche, in *Leggi coll. II, 9*.

(9) Articolo così sostituito dall'art. 42, l. n. 151/1975.

(10) Sulla necessaria presenza di due testimoni v. art. 48, l. 16 febbraio 1913, n. 89, come sostituito dall'art. 12.1, l. 28 novembre 2005, n. 246, in *Leggi coll. XXIII, 1*.

ne del matrimonio (c. 130) (1).

3. Le convenzioni possono essere stipulate in ogni tempo, ferme restando le disposizioni dell'art. 194 (2).

4. Le convenzioni matrimoniali non possono essere opposte ai terzi quando a margine dell'atto di matrimonio non risultano annotati (1) la data del contratto, il notaio rogante e le generalità dei contraenti, ovvero la scelta di cui al secondo comma (c. 2647; att. c. 34-*II*) (3).

163. *Modifica delle convenzioni. — 1.* Le modifiche delle convenzioni matrimoniali, anteriori o successive al matrimonio, non hanno effetto se l'atto pubblico (4) non è stipulato col consenso di tutte le persone che sono state parti nelle convenzioni medesime, o dei loro eredi.

2. Se uno dei coniugi muore dopo aver consentito con atto pubblico alla modifica delle convenzioni, questa produce i suoi effetti se le altre parti esprimono anche successivamente il loro consenso, salva l'omologazione del giudice. L'omologazione può essere chiesta da tutte le persone che hanno partecipato alla modificazione delle convenzioni o dai loro eredi.

3. Le modifiche convenute e la sentenza di omologazione hanno effetto rispetto ai terzi solo se ne è fatta annotazione in margine all'atto del matrimonio (c. 162^4; att. c. 34-*II*).

4. L'annotazione deve inoltre essere fatta a margine della trascrizione delle convenzioni matrimoniali ove questa sia richiesta a norma degli artt. 2643 e seguenti (att. c. 34-II^2) (5).

164. *Simulazione delle convenzioni matrimoniali. — 1.* È consentita ai terzi la prova della simulazione (c. 1414, 1417) delle convenzioni matrimoniali.

2. Le controdichiarazioni scritte possono aver effetto nei confronti di coloro tra i quali sono intervenute, solo se fatte con la presenza ed il simultaneo consenso di tutte le persone che sono state parti nelle convenzioni matrimoniali (6).

165. *Capacità del minore. — 1.* Il minore ammesso a contrarre matrimonio (c. 84^2) è pure capace di prestare il consenso per tutte le relative convenzioni (c. 774) matrimoniali, le quali sono valide se egli è assistito dai genitori esercenti la responsabilità genitoriale (7) su di lui (c. 316) o dal tutore (c. 343) o dal curatore speciale nominato a norma dell'art. 90 (8).

166. *Capacità dell'inabilitato. — 1.* Per la validità delle stipulazioni e delle donazioni (c. 774), fatte nel contratto di matrimonio dall'inabilitato (c. 415) o da colui contro il quale è stato promosso giudizio di inabilitazione (c. 417), è necessaria l'assistenza del curatore già nominato (c. 419^3). Se questi non è stato ancora nominato, si provvede alla nomina di un curatore speciale.

166-*bis*. *Divieto di costituzione di dote. — 1.* È nulla ogni convenzione che comunque tenda (c. 1344) alla costituzione di beni in dote (9).

Sezione II. — *Del fondo patrimoniale* (10)

167. *Costituzione del fondo patrimoniale. — 1.* Ciascuno o ambedue i coniugi, per atto pubblico (c. 1350, 2647, 2699), o un terzo, anche per testamento (c. 587, 2647^3), possono costituire un fondo patrimoniale, destinando determinati beni, immobili (c. 812) o mobili iscritti in pubblici registri (c. 815), o titoli di credito (c. 1992 ss.), a far fronte ai bisogni della famiglia (att. c. 32).

2. La costituzione del fondo patrimoniale per atto tra vivi, effettuata dal terzo, si perfeziona con l'accettazione dei coniugi. L'accettazione può essere fatta con atto pubblico posteriore.

3. La costituzione può essere fatta anche durante il matrimonio.

4. I titoli di credito devono essere vincolati rendendoli nominativi con annotazione del vincolo o in altro modo idoneo (c. 2021 ss., 2024) (11).

168. *Impiego ed amministrazione del fondo.*

(1) V. d.p.r. 3 novembre 2000, n. 396, in *Leggi coll. II, 1.*
(2) Comma così modificato dall'art. 1, l. 10 aprile 1981, n. 142, che all'art. 2 dispone: «L'autorizzazione del giudice è prevista soltanto per il mutamento, dopo la celebrazione del matrimonio, di convenzioni matrimoniali stipulate per atto pubblico prima dell'entrata in vigore della presente legge».
(3) Articolo così sostituito dall'art. 43, l. n. 151/1975.
(4) Sulla necessaria presenza di due testimoni v. art. 48, l. 16 febbraio 1913, n. 89, come sostituito dall'art. 12.1, l. 28 novembre 2005, n. 246, in *Leggi coll. XXIII, 1.*
(5) Articolo così sostituito dall'art. 44, l. n. 151/1975.
(6) Articolo così sostituito dall'art. 45, l. n. 151/1975.
(7) Le parole «responsabilità genitoriale» sono state così sostituite alla precedente «potestà» dall'art. 6, d.lg. 28 dicembre 2013, n. 154.
(8) Articolo così sostituito dall'art. 46, l. n. 151/1975.
(9) Articolo aggiunto dall'art. 47, l. n. 151/1975. V. anche art. 227, l. n. 151/1975, in *Leggi coll. II, 6.*
(10) Intitolazione così sostituita dall'art. 48, l. n. 151/1975. V. anche art. 227, l. n. 151/1975, in *Leggi coll. II, 6.*
(11) Articolo così sostituito dall'art. 49, l. n. 151/1975.

— *1.* La proprietà dei beni costituenti il fondo patrimoniale spetta ad entrambi i coniugi, salvo che sia diversamente stabilito nell'atto di costituzione.

2. I frutti dei beni costituenti il fondo patrimoniale sono impiegati per i bisogni della famiglia.

3. L'amministrazione dei beni costituenti il fondo patrimoniale è regolata dalle norme relative all'amministrazione della comunione legale (c. 180 ss.) (1).

169. *Alienazione dei beni del fondo.* — *1.* Se non è stato espressamente consentito nell'atto di costituzione, non si possono alienare, ipotecare, dare in pegno o comunque vincolare beni del fondo patrimoniale se non con il consenso di entrambi i coniugi e, se vi sono figli minori, con l'autorizzazione concessa dal giudice (att. c. 32), con provvedimento emesso in camera di consiglio, nei soli casi di necessità od utilità evidente (2).

170. *Esecuzione sui beni e sui frutti.* — *1.* L'esecuzione sui beni del fondo e sui frutti di essi non può aver luogo per debiti che il creditore conosceva essere stati contratti per scopi estranei ai bisogni della famiglia (c. 326) (3).

171. *Cessazione del fondo.* — *1.* La destinazione del fondo termina a seguito dell'annullamento o dello scioglimento o della cessazione degli effetti civili del matrimonio.

2. Se vi sono figli minori il fondo dura fino al compimento della maggiore età dell'ultimo figlio. In tale caso il giudice (att. c. 32) può dettare, su istanza di chi vi abbia interesse, norme per l'amministrazione del fondo.

3. Considerate le condizioni economiche dei genitori e dei figli ed ogni altra circostanza, il giudice (att. c. 32) può altresì attribuire ai figli, in godimento o in proprietà, una quota dei beni del fondo.

4. Se non vi sono figli, si applicano le disposizioni sullo scioglimento della comunione legale (c. 191 ss.) (4).

172-176. .... (5).

Sezione III. — *Della comunione legale* (6)

177. *Oggetto della comunione.* — *1.* Costituiscono oggetto della comunione:

a) gli acquisti compiuti dai due coniugi insieme o separatamente durante il matrimonio, ad esclusione di quelli relativi ai beni personali (c. 179, 2659 n. 1);

b) i frutti dei beni propri di ciascuno dei coniugi, percepiti e non consumati allo scioglimento della comunione (c. 191);

c) i proventi dell'attività separata di ciascuno dei coniugi se, allo scioglimento della comunione (c. 191), non siano stati consumati;

d) le aziende gestite da entrambi i coniugi e costituite dopo il matrimonio (c. 181, 182^2, 191^3).

2. Qualora si tratti di aziende appartenenti ad uno dei coniugi anteriormente al matrimonio ma gestite da entrambi, la comunione concerne solo gli utili e gli incrementi (7).

178. *Beni destinati all'esercizio di impresa.* — *1.* I beni destinati all'esercizio dell'impresa di uno dei coniugi costituita dopo il matrimonio e gli incrementi dell'impresa costituita anche precedentemente si considerano oggetto della comunione solo se sussistono al momento dello scioglimento di questa (c. $177^{\text{lett. } b\text{-}c}$, 191) (8).

179. *Beni personali.* — *1.* Non costituiscono oggetto della comunione e sono beni personali del coniuge (c. 185, $217^{2\text{-}4}$):

a) i beni di cui, prima del matrimonio, il coniuge era proprietario o rispetto ai quali era titolare di un diritto reale di godimento;

b) i beni acquisiti successivamente al matrimonio per effetto di donazione o successione, quando nell'atto di liberalità o nel testamento non è specificato che essi sono attribuiti alla comunione;

c) i beni di uso strettamente personale di ciascun coniuge ed i loro accessori (c. 210^2, 2647);

d) i beni che servono all'esercizio della professione del coniuge, tranne quelli destinati alla conduzione di un'azienda facente parte della comunione (c. $177^{1, \text{ lett. } d}$, 210^2, 2647);

e) i beni ottenuti a titolo di risarcimento del danno nonché la pensione attinente alla perdita parziale o totale della capacità lavorativa (c. 210^2, 2647);

f) i beni acquisiti con il prezzo del trasferimento dei beni personali sopraelencati o col

(1) Articolo così sostituito dall'art. 50, l. n. 151/1975.
(2) Articolo così sostituito dall'art. 51, l. n. 151/1975.
(3) Articolo così sostituito dall'art. 52, l. n. 151/1975.
(4) Articolo così sostituito dall'art. 53, l. n. 151/1975.
(5) Articoli abrogati dall'art. 54, l. n. 151/1975.
(6) Intitolazione così sostituita dall'art. 55, l. n. 151/1975, che ha inoltre soppresso la suddivisione in paragrafi della medesima sezione III. V. anche art. 228, l. n. 151/1975, in *Leggi coll. II, 6*.
(7) Articolo così sostituito dall'art. 56, l. n. 151/1975.
(8) Articolo così sostituito dall'art. 57, l. n. 151/1975.

loro scambio, purché ciò sia espressamente dichiarato all'atto dell'acquisto.

2. L'acquisto di beni immobili, o di beni mobili elencati nell'art. 2683, effettuato dopo il matrimonio, è escluso dalla comunione, ai sensi delle lett. *c*), *d*) ed *f*) del precedente comma, quando tale esclusione risulti dall'atto di acquisto se di esso sia stato parte anche l'altro coniuge (1).

180. *Amministrazione dei beni della comunione.* — *1.* L'amministrazione dei beni della comunione e la rappresentanza in giudizio per gli atti ad essa relativi spettano disgiuntamente ad entrambi i coniugi.

2. Il compimento degli atti eccedenti l'ordinaria amministrazione nonché la stipula dei contratti con i quali si concedono o si acquistano diritti personali di godimento e la rappresentanza in giudizio per le relative azioni spettano congiuntamente ad entrambi i coniugi (c. 210[3]) (2).

181. *Rifiuto di consenso.* — *1.* Se uno dei coniugi rifiuta il consenso per la stipulazione di un atto di straordinaria amministrazione o per gli altri atti per cui il consenso è richiesto, l'altro coniuge può rivolgersi al giudice per ottenere l'autorizzazione nel caso in cui la stipulazione dell'atto è necessaria nell'interesse della famiglia o dell'azienda che a norma della lett. *d*) dell'art. 177 fa parte della comunione (3).

182. *Amministrazione affidata ad uno solo dei coniugi.* — *1.* In caso di lontananza o di altro impedimento di uno dei coniugi l'altro, in mancanza di procura del primo risultante da atto pubblico (c. 2699) o da scrittura privata autenticata, può compiere, previa autorizzazione del giudice e con le cautele eventualmente da questo stabilite, gli atti necessari per i quali è richiesto, a norma dell'art. 180, il consenso di entrambi i coniugi.

2. Nel caso di gestione comune di azienda, uno dei coniugi può essere delegato dall'altro al compimento di tutti gli atti necessari all'attività dell'impresa (4).

183. *Esclusione dall'amministrazione.* — *1.* Se uno dei coniugi è minore (c. 84[2]) o non può amministrare ovvero se ha male amministrato, l'altro coniuge può chiedere al giudice di escluderlo dall'amministrazione (att. c. 33).

2. Il coniuge privato dell'amministrazione può chiedere al giudice di esservi reintegrato, se sono venuti meno i motivi che hanno determinato l'esclusione.

3. La esclusione opera di diritto riguardo al coniuge interdetto (c. 414) e permane sino a quando non sia cessato lo stato di interdizione (5).

184. *Atti compiuti senza il necessario consenso.* — *1.* Gli atti compiuti da un coniuge senza il necessario consenso dell'altro coniuge e da questo non convalidati (c. 1444) sono annullabili se riguardano beni immobili o beni mobili elencati nell'art. 2683.

2. L'azione può essere proposta dal coniuge il cui consenso era necessario entro un anno dalla data in cui ha avuto conoscenza dell'atto e in ogni caso entro un anno dalla data di trascrizione (c. 1441, 1442). Se l'atto non sia stato trascritto e quando il coniuge non ne abbia avuto conoscenza prima dello scioglimento della comunione l'azione non può essere proposta oltre l'anno dallo scioglimento stesso.

3. Se gli atti riguardano beni mobili diversi da quelli indicati nel primo comma, il coniuge che li ha compiuti senza il consenso dell'altro è obbligato su istanza di quest'ultimo a ricostituire la comunione nello stato in cui era prima del compimento dell'atto o, qualora ciò non sia possibile, al pagamento dell'equivalente secondo i valori correnti all'epoca della ricostituzione della comunione (6).

185. *Amministrazione dei beni personali del coniuge.* — *1.* All'amministrazione dei beni che non rientrano nella comunione (c. 179) o nel fondo patrimoniale (c. 167 ss.) si applicano le disposizioni dei commi secondo, terzo e quarto dell'art. 217 (7).

186. *Obblighi gravanti sui beni della comunione.* — *1.* I beni della comunione rispondono:

a) di tutti i pesi ed oneri gravanti su di essi al momento dell'acquisto;

b) di tutti i carichi dell'amministrazione;

c) delle spese per il mantenimento della famiglia e per l'istruzione e l'educazione dei figli e di ogni obbligazione contratta dai coniugi, anche separatamente, nell'interesse della famiglia;

d) di ogni obbligazione contratta congiuntamente dai coniugi (8).

(1) Articolo così sostituito dall'art. 58, l. n. 151/1975.
(2) Articolo così sostituito dall'art. 59, l. n. 151/1975.
(3) Articolo così sostituito dall'art. 60, l. n. 151/1975.
(4) Articolo così sostituito dall'art. 61, l. n. 151/1975.
(5) Articolo così sostituito dall'art. 62, l. n. 151/1975.
(6) Articolo così sostituito dall'art. 63, l. n. 151/1975.
(7) Articolo così sostituito dall'art. 64, l. n. 151/1975.
(8) Articolo così sostituito dall'art. 65, l. n. 151/1975.

187. *Obbligazioni contratte dai coniugi prima del matrimonio.* — *1.* I beni della comunione, salvo quanto disposto nell'art. 189, non rispondono delle obbligazioni contratte da uno dei coniugi prima del matrimonio (1).

188. *Obbligazioni derivanti da donazioni o successioni.* — *1.* I beni della comunione, salvo quanto disposto nell'art. 189, non rispondono delle obbligazioni da cui sono gravate le donazioni (c. 437, 438^{2}) e le successioni (c. 752 ss.) conseguite dai coniugi durante il matrimonio e non attribuite alla comunione (c. $179^{1, \text{lett. } b}$) (2).

189. *Obbligazioni contratte separatamente dai coniugi.* — *1.* I beni della comunione, fino al valore corrispondente alla quota del coniuge obbligato, rispondono, quando i creditori non possono soddisfarsi sui beni personali (c. 179), delle obbligazioni contratte, dopo il matrimonio, da uno dei coniugi per il compimento di atti eccedenti l'ordinaria amministrazione senza il necessario consenso dell'altro.

2. I creditori particolari di uno dei coniugi, anche se il credito è sorto anteriormente al matrimonio, possono soddisfarsi in via sussidiaria sui beni della comunione, fino al valore corrispondente alla quota del coniuge obbligato. Ad essi, se chirografari, sono preferiti i creditori della comunione (3).

190. *Responsabilità sussidiaria dei beni personali.* — *1.* I creditori possono agire in via sussidiaria sui beni personali (c. 179) di ciascuno dei coniugi, nella misura della metà del credito, quando i beni della comunione non sono sufficienti a soddisfare i debiti su di essa gravanti (4).

191. *Scioglimento della comunione.* — *1.* La comunione si scioglie (c. 2647) per la dichiarazione di assenza (c. 49) o di morte presunta (c. 58) di uno dei coniugi, per l'annullamento (c. 117), per lo scioglimento o per la cessazione degli effetti civili del matrimonio (c. 149), per la separazione personale (c. 150), per la separazione giudiziale dei beni (c. 193), per mutamento convenzionale del regime patrimoniale (c. 210), per il fallimento di uno dei coniugi (c. 171^{4}).

2. Nel caso di separazione personale, la comunione tra i coniugi si scioglie nel momento in cui il presidente del tribunale autorizza i coniugi a vivere separati, ovvero alla data di sottoscrizione del processo verbale di separazione consensuale dei coniugi dinanzi al presidente, purché omologato. L'ordinanza con la quale i coniugi sono autorizzati a vivere separati è comunicata all'ufficiale dello stato civile ai fini dell'annotazione dello scioglimento della comunione (5).

3. Nel caso di azienda di cui alla lett. *d*) dell'art. 177, lo scioglimento della comunione può essere deciso, per accordo dei coniugi, osservata la forma prevista dall'art. 162 (6).

192. *Rimborsi e restituzioni.* — *1.* Ciascuno dei coniugi è tenuto a rimborsare alla comunione le somme prelevate dal patrimonio comune per fini diversi dall'adempimento delle obbligazioni previste dall'art. 186.

2. È tenuto altresì a rimborsare il valore dei beni di cui all'art. 189, a meno che, trattandosi di atto di straordinaria amministrazione da lui compiuto, dimostri che l'atto stesso sia stato vantaggioso per la comunione o abbia soddisfatto una necessità della famiglia.

3. Ciascuno dei coniugi può richiedere la restituzione delle somme prelevate dal patrimonio personale ed impiegate in spese ed investimenti del patrimonio comune.

4. I rimborsi e le restituzioni si effettuano al momento dello scioglimento della comunione; tuttavia il giudice può autorizzarli in un momento anteriore se l'interesse della famiglia lo esige o lo consente.

5. Il coniuge che risulta creditore può chiedere di prelevare beni comuni sino a concorrenza del proprio credito. In caso di dissenso si applica il quarto comma. I prelievi si effettuano sul denaro, quindi sui mobili e infine sugli immobili (7).

193. *Separazione giudiziale dei beni.* — *1.* La separazione giudiziale dei beni può essere pronunziata in caso di interdizione (c. 414) o di inabilitazione (c. 415) di uno dei coniugi o di cattiva amministrazione della comunione (c. 191).

2. Può altresì essere pronunziata quando il disordine degli affari di uno dei coniugi o la condotta da questi tenuta nell'amministrazione dei beni mette in pericolo gli interessi dell'altro o della comunione o della famiglia, oppure

(1) Articolo così sostituito dall'art. 66, l. n. 151/1975.
(2) Articolo così sostituito dall'art. 67, l. n. 151/1975.
(3) Articolo così sostituito dall'art. 68, l. n. 151/1975.
(4) Articolo così sostituito dall'art. 69, l. n. 151/1975.
(5) Comma inserito dall'art. 2, l. 6 maggio 2015, n. 55. In base all'art. 3, l. cit., tali disposizioni «si applicano ai procedimenti in corso alla data di entrata in vigore della presente legge, anche nei casi in cui il procedimento di separazione che ne costituisce il presupposto risulti ancora pendente alla medesima data».
(6) Articolo così sostituito dall'art. 70, l. n. 151/1975.
(7) Articolo così sostituito dall'art. 71, l. n. 151/1975.

quando uno dei coniugi non contribuisce ai bisogni di questa in misura proporzionale alle proprie sostanze e capacità di lavoro (c. 148).

3. La separazione può essere chiesta da uno dei coniugi o dal suo legale rappresentante.

4. La sentenza che pronunzia la separazione retroagisce al giorno in cui è stata proposta la domanda ed ha l'effetto di instaurare il regime di separazione dei beni regolato nella sezione V del presente capo (c. 215 ss.), salvi i diritti dei terzi.

5. La sentenza è annotata a margine dell'atto di matrimonio e sull'originale delle convenzioni matrimoniali (1).

194. *Divisione dei beni della comunione.* — *1.* La divisione dei beni della comunione legale si effettua ripartendo in parti eguali l'attivo e il passivo (c. 210[3]).

2. Il giudice, in relazione alle necessità della prole e all'affidamento di essa, può costituire a favore di uno dei coniugi l'usufrutto su una parte dei beni spettanti all'altro coniuge (2).

195. *Prelevamento dei beni mobili.* — *1.* Nella divisione i coniugi o i loro eredi hanno diritto di prelevare i beni mobili che appartenevano ai coniugi stessi prima della comunione (c. 177[lett. *a*]) o che sono ad essi pervenuti durante la medesima per successione o donazione (c. 177[lett. *b*]). In mancanza di prova contraria si presume che i beni mobili facciano parte della comunione (3).

196. *Ripetizione del valore in caso di mancanza delle cose da prelevare.* — *1.* Se non si trovano i beni mobili che il coniuge o i suoi eredi hanno diritto di prelevare a norma dell'articolo precedente essi possono ripeterne il valore, provandone l'ammontare anche per notorietà, salvo che la mancanza di quei beni sia dovuta a consumazione per uso o perimento o per altra causa non imputabile all'altro coniuge (4).

197. *Limiti al prelevamento nei riguardi dei terzi.* — *1.* Il prelevamento autorizzato dagli articoli precedenti non può farsi, a pregiudizio dei terzi, qualora la proprietà individuale dei beni non risulti da atto avente data certa (c. 2704). È fatto salvo al coniuge o ai suoi eredi il diritto di regresso sui beni della comunione spettanti all'altro coniuge nonché sugli altri beni di lui (5).

198-209. . . . . (6).

Sezione IV. — *Della comunione convenzionale* (7)

210. *Modifiche convenzionali alla comunione legale dei beni.* — *1.* I coniugi possono, mediante convenzione (c. 2647) stipulata a norma dell'art. 162, modificare il regime della comunione legale dei beni purché i patti non siano in contrasto con le disposizioni dell'art. 161.

2. I beni indicati alle lett. *c*), *d*) ed *e*) dell'art. 179 non possono essere compresi nella comunione convenzionale.

3. Non sono derogabili le norme della comunione legale relative all'amministrazione dei beni della comunione (c. 180 ss.) e all'uguaglianza delle quote (c. 194[1]) limitatamente ai beni che formerebbero oggetto della comunione legale (c. 177 ss.) (8).

211. *Obbligazioni dei coniugi contratte prima del matrimonio.* — *1.* I beni della comunione rispondono delle obbligazioni contratte da uno dei coniugi prima del matrimonio limitatamente al valore dei beni di proprietà del coniuge stesso prima del matrimonio che, in base a convenzione stipulata a norma dell'art. 162, sono entrati a far parte della comunione dei beni (9).

212-214. . . . . (10).

Sezione V. — *Del regime di separazione dei beni* (11)

215. *Separazione dei beni.* — *1.* I coniugi possono convenire che ciascuno di essi conservi la titolarità esclusiva dei beni acquistati durante il matrimonio (12) (13).

(1) Articolo così sostituito dall'art. 72, l. n. 151/1975.
(2) Articolo così sostituito dall'art. 73, l. n. 151/1975.
(3) Articolo così sostituito dall'art. 74, l. n. 151/1975.
(4) Articolo così sostituito dall'art. 75, l. n. 151/1975.
(5) Articolo così sostituito dall'art. 76, l. n. 151/1975.
(6) Articoli abrogati dall'art. 77, l. n. 151/1975.
(7) Intitolazione così sostituita dall'art. 78, l. n. 151/1975.
(8) Articolo così sostituito dall'art. 79, l. n. 151/1975.
(9) Articolo così sostituito dall'art. 80, l. n. 151/1975.
(10) Articoli abrogati dall'art. 81, l. n. 151/1975.
(11) Intitolazione così sostituita dall'art. 82, l. n. 151/1975.
(12) Articolo così sostituito dall'art. 83, l. n. 151/1975.
(13) Sulla necessaria presenza di due testimoni v. art. 48, l. 16 febbraio 1913, n. 89, come sostituito dall'art. 12.1, l. 28 novembre 2005, n. 246, in *Leggi coll. XXIII, 1.*

216. . . . . (1).

217. *Amministrazione e godimento dei beni.* — *1.* Ciascun coniuge ha il godimento e l'amministrazione dei beni di cui è titolare esclusivo.

2. Se ad uno dei coniugi è stata conferita la procura ad amministrare i beni dell'altro con l'obbligo di rendere conto dei frutti, egli è tenuto verso l'altro coniuge secondo le regole del mandato (c. 179, 185, 1703 ss.).

3. Se uno dei coniugi ha amministrato i beni dell'altro con procura senza l'obbligo di rendere conto dei frutti, egli ed i suoi eredi, a richiesta dell'altro coniuge o allo scioglimento o alla cessazione degli effetti civili del matrimonio (c. 149), sono tenuti a consegnare i frutti esistenti e non rispondono per quelli consumati (c. 179, 185).

4. Se uno dei coniugi, nonostante l'opposizione dell'altro, amministra i beni di questo o comunque compie atti relativi a detti beni risponde dei danni e della mancata percezione dei frutti (c. 179, 185) (2).

218. *Obbligazioni del coniuge che gode dei beni dell'altro coniuge.* — *1.* Il coniuge che gode dei beni dell'altro coniuge è soggetto a tutte le obbligazioni dell'usufruttuario (c. 1001 ss.) (3).

219. *Prova della proprietà dei beni.* — *1.* Il coniuge può provare con ogni mezzo nei confronti dell'altro la proprietà esclusiva di un bene.

2. I beni di cui nessuno dei coniugi può dimostrare la proprietà esclusiva sono di proprietà indivisa per pari quota di entrambi i coniugi (4).

220-230. . . . . (5).

Sezione VI. — *Dell'impresa familiare* (6)

230-*bis*. *Impresa familiare.* — *1.* Salvo che sia configurabile un diverso rapporto (c. 2094, 2251 ss., 2549), il familiare che presta in modo continuativo la sua attività di lavoro nella famiglia o nell'impresa familiare ha diritto al mantenimento secondo la condizione patrimoniale della famiglia e partecipa agli utili dell'impresa familiare ed ai beni acquistati con essi nonché agli incrementi dell'azienda, anche in ordine all'avviamento, in proporzione alla quantità e qualità del lavoro prestato. Le decisioni concernenti l'impiego degli utili e degli incrementi nonché quelle inerenti alla gestione straordinaria, agli indirizzi produttivi e alla cessazione dell'impresa sono adottate, a maggioranza, dai familiari che partecipano alla impresa stessa. I familiari partecipanti all'impresa che non hanno la piena capacità di agire (c. 2) sono rappresentati nel voto da chi esercita la responsabilità genitoriale (7) su di essi (c. 315 ss.) (8).

2. Il lavoro della donna è considerato equivalente a quello dell'uomo (cost. 37).

3. Ai fini della disposizione di cui al primo comma si intende come familiare il coniuge, i parenti entro il terzo grado, gli affini entro il secondo (c. 74-78); per impresa familiare quella cui collaborano il coniuge, i parenti entro il terzo grado, gli affini entro il secondo.

4. Il diritto di partecipazione di cui al primo comma è intrasferibile, salvo che il trasferimento avvenga a favore di familiari indicati nel comma precedente col consenso di tutti i partecipi (c. 2284, 2322, 2469, 2530, 2534). Esso può essere liquidato in danaro alla cessazione, per qualsiasi causa, della prestazione del lavoro, ed altresì in caso di alienazione dell'azienda (c. 768-*II*). Il pagamento può avvenire in più annualità, determinate, in difetto di accordo, dal giudice (c. 2289).

5. In caso di divisione ereditaria (c. 713 ss.) o di trasferimento dell'azienda (c. 2556 ss.) i partecipi di cui al primo comma hanno diritto di prelazione sull'azienda. Si applica, nei limiti in cui è compatibile, la disposizione dell'art. 732.

6. Le comunioni tacite familiari nell'esercizio dell'agricoltura sono regolate dagli usi che non contrastino con le precedenti norme (9) (10).

(1) Articolo abrogato dall'art. 84, l. n. 151/1975.
(2) Articolo così sostituito dall'art. 85, l. n. 151/1975.
(3) Articolo così sostituito dall'art. 86, l. n. 151/1975.
(4) Articolo così sostituito dall'art. 87, l. n. 151/1975.
(5) Articoli abrogati dall'art. 88, l. n. 151/1975.
(6) Sezione inserita dall'art. 89, l. n. 151/1975.
(7) Le parole «responsabilità genitoriale» sono state così sostituite alla precedente «potestà» dall'art. 105.1, d.lg. 28 dicembre 2013, n. 154.
(8) V. art. 14, l. 9 dicembre 1977, n. 903: «Alle lavoratrici autonome che prestino lavoro continuativo nell'impresa familiare è riconosciuto il diritto di rappresentare l'impresa negli organi statutari delle cooperative, dei consorzi e di ogni altra forma associativa».
(9) Articolo inserito, insieme alla sezione VI, dall'art. 89, l. n. 151/1975.
(10) L'art. 2.2, l. 20 febbraio 2006, n. 96, così dispone: «Possono essere addetti allo svolgimento dell'attività agrituristica l'imprenditore agricolo ai sensi dell'art. 230-*bis* del codice civile, (...)».

230-*ter*. *Diritti del convivente*. — *1*. Al convivente di fatto che presti stabilmente la propria opera all'interno dell'impresa dell'altro convivente spetta una partecipazione agli utili dell'impresa familiare ed ai beni acquistati con essi nonché agli incrementi dell'azienda, anche in ordine all'avviamento, commisurata al lavoro prestato. Il diritto di partecipazione non spetta qualora tra i conviventi esista un rapporto di società o di lavoro subordinato (1).

TITOLO VII

Dello stato di figlio (2) (3)

CAPO I

DELLA PRESUNZIONE DI PATERNITÀ (4)

231. *Paternità del marito*. — *1*. Il marito è padre del figlio concepito o nato durante il matrimonio (c. 232, 243-*II*) (5).

232. *Presunzione di concepimento durante il matrimonio*. — *1*. Si presume concepito durante il matrimonio il figlio nato quando non sono ancora trascorsi trecento giorni dalla data dell'annullamento (c. 117 ss.), dello scioglimento (c. 149) o della cessazione degli effetti civili del matrimonio (6).

2. La presunzione non opera decorsi trecento giorni dalla pronuncia di separazione giudiziale (c. 151), o dalla omologazione di separazione consensuale (c. 158), ovvero dalla data della comparizione dei coniugi avanti al giudice quando gli stessi sono stati autorizzati a vivere separatamente nelle more del giudizio di separazione o dei giudizi previsti nel comma precedente (c. 126) (7).

233. .... (8).

234. *Nascita del figlio dopo i trecento giorni*. — *1*. Ciascuno dei coniugi e i loro eredi possono provare che il figlio, nato dopo i trecento giorni dall'annullamento (c. 117 ss.), dallo scioglimento o dalla cessazione degli effetti civili del matrimonio (c. 149), è stato concepito durante il matrimonio.

2. Possono analogamente provare il concepimento durante la convivenza quando il figlio sia nato dopo i trecento giorni dalla pronuncia di separazione giudiziale (c. 151), o dalla omologazione di separazione consensuale (c. 158), ovvero dalla data di comparizione dei coniugi avanti al giudice quando gli stessi sono stati autorizzati a vivere separatamente nelle more del giudizio di separazione o dei giudizi previsti nel comma precedente.

3. In ogni caso il figlio può provare di essere stato concepito durante il matrimonio (9) (10).

235. .... (8).

CAPO II

DELLE PROVE DELLA FILIAZIONE (11)

236. *Atto di nascita e possesso di stato*. — *1*. La filiazione [...] (12) si prova con l'atto di nascita (c. 452) iscritto nei registri dello stato civile (c. 238, 241) (13).

2. Basta, in mancanza di questo titolo, il possesso continuo dello stato di figlio [...] (14) (c. 237, 241).

237. *Fatti costitutivi del possesso di stato*. — *1*. Il possesso di stato risulta da una serie di fatti che nel loro complesso valgano a dimostrare le relazioni di filiazione (c. 231) e di parentela (c. 74) fra una persona e la famiglia a cui essa pretende di appartenere.

2. In ogni caso devono concorrere i seguenti fatti:

che il genitore abbia trattato la persona

(1) Articolo aggiunto dall'art. 1.46, l. 20 maggio 2016, n. 76.

(2) Rubrica così sostituita alla precedente «Della filiazione» dall'art. 7.1, d.lg. 28 dicembre 2013, n. 154.

(3) Per l'individuazione del diritto applicabile v. artt. 33-35, l. 31 maggio 1995, n. 218, in *Leggi coll. I, 1*. Sullo stato di figlio a seguito delle tecniche di procreazione medicalmente assistita v. artt. 8 e 9, l. 19 febbraio 2004, n. 40, in *Leggi coll. II, 13*.

(4) Rubrica così sostituita alla precedente «Della filiazione legittima» dall'art. 7.2, d.lg. 28 dicembre 2013, n. 154. Le parole «Sezione I. Dello stato di figlio legittimo» sono state soppresse dall'art. 7.3, d.lg. cit.

(5) Articolo così sostituito dall'art. 8, d.lg. 28 dicembre 2013, n. 154.

(6) Comma così sostituito dall'art. 9, d.lg. 28 dicembre 2013, n. 154.

(7) Articolo così sostituito dall'art. 90, l. n. 151/1975.

(8) Articolo abrogato dall'art. 106.1, lett. a, d.lg. 28 dicembre 2013, n. 154.

(9) Comma così sostituito dall'art. 10, d.lg. 28 dicembre 2013, n. 154.

(10) Articolo così sostituito dall'art. 92, l. n. 151/1975.

(11) La sezione II del capo I del titolo VII del libro primo del codice civile (*Delle prove della filiazione*) è stata così sostituita dalla seguente «Capo II. Delle prove della filiazione» dall'art. 7.4, d.lg. 28 dicembre 2013, n. 154.

(12) La parola «legittima» è stata soppressa dall'art. 11, d.lg. 28 dicembre 2013, n. 154.

(13) V. d.p.r. 3 novembre 2000, n. 396, in *Leggi coll. II, 1*.

(14) La parola «legittimo» è stata soppressa dall'art. 11, d.lg. 28 dicembre 2013, n. 154.

come figlio ed abbia provveduto in questa qualità al mantenimento, all'educazione e al collocamento di essa;

che la persona sia stata costantemente considerata come tale nei rapporti sociali;

che sia stata riconosciuta in detta qualità dalla famiglia (1) (2).

238. *Irreclamabilità di uno stato di figlio contrario a quello attribuito dall'atto di nascita* (3). — *1.* Salvo quanto disposto dagli artt. 128, 234, 239, 240 e 244 (4), nessuno può reclamare uno stato contrario a quello che gli attribuiscono l'atto di nascita di figlio nato nel matrimonio (5) e il possesso di stato conforme all'atto stesso (c. 131, 236, 237).

2. .... (6) (7).

239. *Reclamo dello stato di figlio.* — *1.* Qualora si tratti di supposizione di parto o di sostituzione di neonato, il figlio può reclamare uno stato diverso.

2. L'azione di reclamo dello stato di figlio può essere esercitata anche da chi è nato nel matrimonio ma fu iscritto come figlio di ignoti, salvo che sia intervenuta sentenza di adozione.

3. L'azione può inoltre essere esercitata per reclamare uno stato di figlio conforme alla presunzione di paternità da chi è stato riconosciuto in contrasto con tale presunzione e da chi fu iscritto in conformità di altra presunzione di paternità.

4. L'azione può, altresì, essere esercitata per reclamare un diverso stato di figlio quando il precedente è stato comunque rimosso (8).

240. *Contestazione dello stato di figlio.* — *1.* Lo stato di figlio può essere contestato nei casi di cui al primo e secondo comma dell'art. 239 (9).

241. *Prova in giudizio* (10). — *1.* Quando mancano l'atto di nascita e il possesso di stato, la prova della filiazione può darsi in giudizio con ogni mezzo (11).

2. .... (12).

242-243. .... (13).

243-*bis*. *Disconoscimento di paternità.* — *1.* L'azione di disconoscimento di paternità del figlio nato nel matrimonio può essere esercitata dal marito, dalla madre e dal figlio medesimo.

2. Chi esercita l'azione è ammesso a provare che non sussiste rapporto di filiazione tra il figlio e il presunto padre.

3. La sola dichiarazione della madre non esclude la paternità (14).

CAPO III

DELL'AZIONE DI DISCONOSCIMENTO E DELLE AZIONI DI CONTESTAZIONE E DI RECLAMO DELLO STATO DI FIGLIO (15)

244. *Termini dell'azione di disconoscimento.*

(1) Comma così sostituito dall'art. 12, d.lg. 28 dicembre 2013, n. 154.

(2) La Corte cost., con sentenza 21 dicembre 2016, n. 286, «1) dichiara l'illegittimità costituzionale della norma desumibile dagli artt. 237, 262 e 299 del codice civile; 72, primo comma, del r.d. 9 luglio 1939, n. 1238; e 33 e 34 del d.p.r. 3 novembre 2000, n. 396, nella parte in cui non consente ai coniugi, di comune accordo, di trasmettere ai figli, al momento della nascita, anche il cognome materno; 2) dichiara in via consequenziale, ai sensi dell'art. 27 della l. 11 marzo 1953, n. 87, l'illegittimità costituzionale dell'art. 262, primo comma, cod. civ., nella parte in cui non consente ai genitori, di comune accordo, di trasmettere al figlio, al momento della nascita, anche il cognome materno; 3) dichiara in via consequenziale, ai sensi dell'art. 27 della l. n. 87 del 1953, l'illegittimità costituzionale dell'art. 299, terzo comma, cod. civ., nella parte in cui non consente ai coniugi, in caso di adozione compiuta da entrambi, di attribuire, di comune accordo, anche il cognome materno al momento dell'adozione».

(3) Rubrica così sostituita alla precedente «Atto di nascita conforme al possesso di stato» dall'art. 13.1, lett. a, d.lg. 28 dicembre 2013, n. 154.

(4) Le parole «234, 239, 240 e 244» sono state così sostituite alle precedenti «233, 234, 235 e 239» dall'art. 13.1, lett. b, d.lg. 28 dicembre 2013, n. 154.

(5) Le parole «figlio nato nel matrimonio» sono state così sostituite alle precedenti «figlio legittimo» dall'art. 105.2, d.lg. 28 dicembre 2013, n. 154.

(6) Comma abrogato dall'art. 13.1, lett. c, d.lg. 28 dicembre 2013, n. 154.

(7) Articolo così sostituito dall'art. 94, l. n. 151/1975.

(8) Articolo così sostituito dall'art. 14, d.lg. 28 dicembre 2013, n. 154.

(9) Articolo così sostituito dall'art. 15, d.lg. 28 dicembre 2013, n. 154.

(10) Rubrica così sostituita alla precedente «Prova con testimoni» dall'art. 16.1, lett. a, d.lg. 28 dicembre 2013, n. 154.

(11) Comma così sostituito dall'art. 16.1, lett. b, d.lg. 28 dicembre 2013, n. 154.

(12) Comma abrogato dall'art. 16.1, lett. c, d.lg. 28 dicembre 2013, n. 154.

(13) Articoli abrogati dall'art. 106.1, lett. a, d.lg. 28 dicembre 2013, n. 154.

(14) Articolo inserito dall'art. 17, d.lg. 28 dicembre 2013, n. 154.

(15) La sezione III del capo I del titolo VII del libro primo del codice civile (*Dell'azione di disconoscimento e delle azioni di contestazione e di reclamo di legittimità*) è stata così sostituita dalla seguente «Capo III. Dell'azione di disconoscimento e delle azioni di contestazione e di reclamo dello stato di figlio» dall'art. 7.5, d.lg. 28 dicembre 2013, n. 154.

— *1.* L'azione di disconoscimento della paternità da parte della madre deve essere proposta nel termine di sei mesi dalla nascita del figlio ovvero dal giorno in cui è venuta a conoscenza dell'impotenza di generare del marito al tempo del concepimento.

2. Il marito può disconoscere il figlio nel termine di un anno che decorre dal giorno della nascita quando egli si trovava al tempo di questa nel luogo in cui è nato il figlio; se prova di aver ignorato la propria impotenza di generare ovvero l'adulterio della moglie al tempo del concepimento, il termine decorre dal giorno in cui ne ha avuto conoscenza.

3. Se il marito non si trovava nel luogo in cui è nato il figlio il giorno della nascita il termine, di cui al secondo comma, decorre dal giorno del suo ritorno o dal giorno del ritorno nella residenza familiare se egli ne era lontano. In ogni caso, se egli prova di non aver avuto notizia della nascita in detti giorni, il termine decorre dal giorno in cui ne ha avuto notizia.

4. Nei casi previsti dal primo e dal secondo comma l'azione non può essere, comunque, proposta oltre cinque anni dal giorno della nascita (1).

5. L'azione di disconoscimento della paternità può essere proposta dal figlio che ha raggiunto la maggiore età. L'azione è imprescrittibile riguardo al figlio.

6. L'azione può essere altresì promossa da un curatore speciale nominato dal giudice, assunte sommarie informazioni, su istanza del figlio minore che ha compiuto i quattordici anni ovvero del pubblico ministero o dell'altro genitore, quando si tratti di figlio di età inferiore (2).

245. *Sospensione del termine*. — *1.* Se la parte interessata a promuovere l'azione di disconoscimento della paternità si trova in stato di interdizione per infermità di mente (c. 414), ovvero versa in condizioni di abituale grave infermità di mente, che lo renda incapace di provvedere ai propri interessi, la decorrenza del termine indicato nell'art. 244 è sospesa nei suoi confronti, sino a che duri lo stato di interdizione o durino le condizioni di abituale grave infermità di mente.

2. Quando il figlio si trova in stato di interdizione ovvero versa in condizioni di abituale grave infermità di mente, che lo renda incapace di provvedere ai propri interessi, l'azione può essere altresì promossa da un curatore speciale nominato dal giudice, assunte sommarie informazioni, su istanza del pubblico ministero, del tutore, o dell'altro genitore. Per gli altri legittimati l'azione può essere proposta dal tutore o, in mancanza di questo, da un curatore speciale, previa autorizzazione del giudice (3).

246. *Trasmissibilità dell'azione*. — *1.* Se il presunto padre o la madre titolari dell'azione di disconoscimento di paternità sono morti senza averla promossa, ma prima che sia decorso il termine previsto dall'art. 244, sono ammessi ad esercitarla in loro vece i discendenti o gli ascendenti; il nuovo termine decorre dalla morte del presunto padre o della madre, o dalla nascita del figlio se si tratta di figlio postumo o dal raggiungimento della maggiore età da parte di ciascuno dei discendenti.

2. Se il figlio titolare dell'azione di disconoscimento di paternità è morto senza averla promossa sono ammessi ad esercitarla in sua vece il coniuge o i discendenti nel termine di un anno che decorre dalla morte del figlio o dal raggiungimento della maggiore età da parte di ciascuno dei discendenti.

3. Si applicano il sesto comma dell'art. 244 e l'art. 245 (4).

247. *Legittimazione passiva*. — *1.* Il presunto padre, la madre ed il figlio sono litisconsorti necessari (p.c. 102) nel giudizio di disconoscimento.

2. Se una delle parti è minore o interdetta (c. 414), l'azione è proposta in contraddittorio con un curatore nominato dal giudice davanti al quale il giudizio deve essere promosso (att. c. 38^{3}).

3. Se una delle parti è un minore emancipato (c. 390 ss.) o un maggiore inabilitato (c. 415), l'azione è proposta contro la stessa assistita da un curatore parimenti nominato dal giudice.

4. Se il presunto padre o la madre o il figlio sono morti l'azione si propone nei confronti delle persone indicate nell'articolo precedente o, in loro mancanza, nei confronti di un curatore parimenti nominato dal giudice (c. 248^{3}) (5).

248. *Legittimazione all'azione di contestazione dello stato di figlio. Imprescrittibilità* (6). — *1.*

(1) V. art. 104, d.lg. 28 dicembre 2013, n. 154, in *Leggi coll. II, 12*.
(2) Articolo così sostituito dall'art. 18, d.lg. 28 dicembre 2013, n. 154.
(3) Articolo così sostituito, da ultimo, dall'art. 19.1, d.lg. 28 dicembre 2013, n. 154.
(4) Articolo così sostituito, da ultimo, dall'art. 19.2, d.lg. 28 dicembre 2013, n. 154.
(5) Articolo così sostituito dall'art. 98, l. n. 151/1975.
(6) Rubrica così sostituita alla precedente «Legittimazione dell'azione di contestazione della legittimità. Imprescrittibilità» dall'art. 20.1, lett. a, d.lg. 28 dicembre 2013, n. 154.

L'azione di contestazione dello stato di figlio spetta a chi dall'atto di nascita del figlio risulti suo genitore e a chiunque vi abbia interesse (p.c. 100) (1).

2. L'azione è imprescrittibile.

3. Quando l'azione è proposta nei confronti di persone premorte o minori o altrimenti incapaci, si osservano le disposizioni dell'articolo precedente.

4. Nel giudizio devono essere chiamati entrambi i genitori (p.c. 102) (2).

5. Si applicano il sesto comma dell'art. 244 e il secondo comma dell'art. 245 (3).

249. *Legittimazione all'azione di reclamo dello stato di figlio. Imprescrittibilità.* — *1.* L'azione per reclamare lo stato di figlio spetta al medesimo.

2. L'azione è imprescrittibile.

3. Quando l'azione è proposta nei confronti di persone premorte o minori o altrimenti incapaci, si osservano le disposizioni dell'art. 247.

4. Nel giudizio devono essere chiamati entrambi i genitori.

5. Si applicano il sesto comma dell'art. 244 e il secondo comma dell'art. 245 (4).

CAPO IV

DEL RICONOSCIMENTO DEI FIGLI NATI FUORI DAL MATRIMONIO (5)

250. *Riconoscimento.* — *1.* Il figlio nato fuori del matrimonio può essere riconosciuto, nei modi previsti dall'art. 254, dalla madre e dal padre, anche se già uniti in matrimonio con altra persona all'epoca del concepimento. Il riconoscimento può avvenire tanto congiuntamente quanto separatamente (6).

2. Il riconoscimento del figlio che ha compiuto i quattordici anni (7) non produce effetto senza il suo assenso.

3. Il riconoscimento del figlio che non ha compiuto i quattordici anni (8) non può avvenire senza il consenso dell'altro genitore che abbia già effettuato il riconoscimento.

4. Il consenso non può essere rifiutato se risponde all'interesse del figlio. Il genitore che vuole riconoscere il figlio, qualora il consenso dell'altro genitore sia rifiutato, ricorre al giudice competente, che fissa un termine per la notifica del ricorso all'altro genitore. Se non viene proposta opposizione entro trenta giorni dalla notifica, il giudice decide con sentenza che tiene luogo del consenso mancante (c. 2932); se viene proposta opposizione, il giudice, assunta ogni opportuna informazione, dispone l'audizione del figlio minore che abbia compiuto i dodici anni, o anche di età inferiore, ove capace di discernimento, e assume eventuali provvedimenti provvisori e urgenti al fine di instaurare la relazione, salvo che l'opposizione non sia palesemente fondata. Con la sentenza che tiene luogo del consenso mancante, il giudice assume i provvedimenti opportuni in relazione all'affidamento e al mantenimento del minore ai sensi dell'art. 315-*bis* e al suo cognome ai sensi dell'art. 262 (9).

5. Il riconoscimento non può essere fatto dai genitori che non abbiano compiuto il sedicesimo anno di età, salvo che il giudice li autorizzi, valutate le circostanze e avuto riguardo all'interesse del figlio (10).

251. *Autorizzazione al riconoscimento.* — *1.* Il figlio nato da persone, tra le quali esiste un vincolo di parentela (c. 74) in linea retta all'infinito o in linea collaterale nel secondo grado, ovvero un vincolo di affinità (c. 78) in linea retta, può essere riconosciuto previa autorizzazione del giudice (att. c. 38) avuto riguardo

(1) Comma così sostituito dall'art. 20.1, lett. b, d.lg. 28 dicembre 2013, n. 154.

(2) Articolo così sostituito dall'art. 99, l. n. 151/1975.

(3) Comma aggiunto dall'art. 20.1, lett. c, d.lg. 28 dicembre 2013, n. 154.

(4) Articolo così sostituito dall'art. 21, lett. c, d.lg. 28 dicembre 2013, n. 154.

(5) La rubrica del paragrafo 1 della sezione I del capo II del libro primo del codice civile (*Del riconoscimento dei figli naturali*) è stata così sostituita dalla seguente «Capo IV. Del riconoscimento dei figli nati fuori dal matrimonio» dall'art. 7.8, d.lg. 28 dicembre 2013, n. 154. Contemporaneamente le parole «Capo II. Della filiazione naturale e della legittimazione» e le parole «Sezione I. Della filiazione naturale» sono state soppresse dall'art. 7.6-7, d.lg. cit.

V. art. 104, d.lg. 28 dicembre 2013, n. 154, in *Leggi coll. II, 12.*

(6) Comma così sostituito dall'art. 1.2, lett. a, l. 10 dicembre 2012, n. 219.

(7) Le parole «quattordici anni» sono state così sostituite alle precedenti «sedici anni» dall'art. 1.2, lett. b, l. 10 dicembre 2012, n. 219.

(8) Le parole «quattordici anni» sono state così sostituite alle precedenti «sedici anni» dall'art. 1.2, lett. c, l. 10 dicembre 2012, n. 219.

(9) Comma così sostituito dall'art. 1.2, lett. d, l. 10 dicembre 2012, n. 219.

(10) Articolo così sostituito dall'art. 102, l. n. 151/1975. Successivamente le parole «, salvo che il giudice li autorizzi, valutate le circostanze e avuto riguardo all'interesse del figlio» sono state aggiunte dall'art. 1.2, lett. e, l. 10 dicembre 2012, n. 219.

all'interesse del figlio e alla necessità di evitare allo stesso qualsiasi pregiudizio.

2. Il riconoscimento di una persona minore di età è autorizzato dal giudice (att. c. 38) (1) (2).

252. *Affidamento del figlio nato fuori del matrimonio e suo inserimento nella famiglia del genitore* (3). — *1.* Qualora il figlio nato fuori del matrimonio (4) di uno dei coniugi sia riconosciuto durante il matrimonio il giudice (att. c. 51), valutate le circostanze, decide in ordine all'affidamento del minore e adotta ogni altro provvedimento a tutela del suo interesse morale e materiale.

2. L'eventuale inserimento del figlio nato fuori del matrimonio (5) nella famiglia legittima di uno dei genitori può essere autorizzato dal giudice (att. c. 51) qualora ciò non sia contrario all'interesse del minore e sia accertato il consenso dell'altro coniuge convivente e degli altri figli (6) che abbiano compiuto il sedicesimo anno di età e siano conviventi, nonché dell'altro genitore (7) che abbia effettuato il riconoscimento. In questo caso il giudice stabilisce le condizioni cui ciascun genitore deve attenersi (8).

3. Qualora il figlio [...] (9) sia riconosciuto anteriormente al matrimonio, il suo inserimento nella famiglia [...] (10) è subordinato al consenso dell'altro coniuge, a meno che il figlio fosse già convivente con il genitore all'atto del matrimonio o l'altro coniuge conoscesse l'esistenza del figlio [...] (9).

4. È altresì richiesto il consenso dell'altro genitore [...] (11) che abbia effettuato il riconoscimento (12).

5. In caso di disaccordo tra i genitori, ovvero di mancato consenso degli altri figli conviventi, la decisione è rimessa al giudice tenendo conto dell'interesse dei minori. Prima dell'adozione del provvedimento, il giudice dispone l'ascolto dei figli minori che abbiano compiuto gli anni dodici e anche di età inferiore ove capaci di discernimento (13).

253. *Inammissibilità del riconoscimento.* — *1.* In nessun caso è ammesso un riconoscimento in contrasto con lo stato di figlio [...] (14) in cui la persona si trova (15).

254. *Forma del riconoscimento* (16). — *1.* Il riconoscimento del figlio nato fuori del matrimonio (17) è fatto nell'atto di nascita, oppure con una apposita dichiarazione, posteriore alla nascita o al concepimento, davanti ad un ufficiale dello stato civile (18) (19) (c. 344) o in un atto pubblico (c. 2699) o in un testamento (c. 587 ss.) qualunque sia la forma di questo.

2. . . . . (20) (21).

255. *Riconoscimento di un figlio premorto.* — *1.* Può anche aver luogo il riconoscimento del

(1) La parola «giudice» è stata così sostituita alle precedenti «tribunale per i minorenni» dall'art. 22, d.lg. 28 dicembre 2013, n. 154.

(2) Articolo così sostituito, da ultimo, dall'art. 1.3, l. 10 dicembre 2012, n. 219.

(3) Rubrica così sostituita alla precedente «Affidamento del figlio naturale e suo inserimento nella famiglia legittima» dall'art. 23.1, lett. a, d.lg. 28 dicembre 2013, n. 154.

(4) Le parole «nato fuori del matrimonio» sono state così sostituite alla precedente «naturale» dall'art. 23.1, lett. b, d.lg. 28 dicembre 2013, n. 154.

(5) Le parole «nato fuori del matrimonio» sono state così sostituite alla precedente «naturale» dall'art. 23.1, lett. c, d.lg. 28 dicembre 2013, n. 154.

(6) Le parole «convivente e degli altri figli» sono state così sostituite alle precedenti «e dei figli legittimi» dall'art. 23.1, lett. c, d.lg. 28 dicembre 2013, n. 154.

(7) La parola «genitore» è stata così sostituita alle precedenti «genitore naturale» dall'art. 23.1, lett. c, d.lg. 28 dicembre 2013, n. 154.

(8) Ultimo periodo così sostituito dall'art. 23.1, lett. c, d.lg. 28 dicembre 2013, n. 154.

(9) La parola «naturale» è stata soppressa dall'art. 23.1, lett. d, d.lg. 28 dicembre 2013, n. 154.

(10) La parola «legittima» è stata soppressa dall'art. 23.1, lett. d, d.lg. 28 dicembre 2013, n. 154.

(11) La parola «naturale» è stata soppressa dall'art. 23.1, lett. e, d.lg. 28 dicembre 2013, n. 154.

(12) Articolo così sostituito dall'art. 104, l. n. 151/1975.

(13) Comma aggiunto dall'art. 23.1, lett. f, d.lg. 28 dicembre 2013, n. 154.

(14) Le parole «legittimo o legittimato» sono state soppresse dall'art. 24, d.lg. 28 dicembre 2013, n. 154.

(15) Articolo così sostituito dall'art. 105, l. n. 151/1975.

(16) Testo così corretto, secondo l'avviso di rettifica in G.U., 2 ottobre 1976, n. 263.

(17) Le parole «nato fuori del matrimonio» sono state così sostituite alla precedente «naturale» dall'art. 25.1, lett. a, d.lg. 28 dicembre 2013, n. 154.

(18) V. d.p.r. 3 novembre 2000, n. 396, in *Leggi coll. II, 1.* V. anche la Convenzione sulla estensione della competenza delle autorità qualificate a ricevere il riconoscimento dei figli nati fuori del matrimonio, adottata a Roma il 14 settembre 1961 (l. 24 aprile 1967, n. 344), in vigore dal 5 agosto 1981.

(19) Le parole «o davanti al giudice tutelare» sono state soppresse dall'art. 138 d.lg. 19 febbraio 1998, n. 51.

(20) Comma abrogato dall'art. 25.1, lett. b, d.lg. 28 dicembre 2013, n. 154.

(21) Articolo così sostituito dall'art. 106, l. n. 151/1975.

figlio premorto, in favore dei suoi discendenti [...] (1).

256. *Irrevocabilità del riconoscimento.* — *1.* Il riconoscimento è irrevocabile. Quando è contenuto in un testamento ha effetto dal giorno della morte del testatore, anche se il testamento è stato revocato (c. 679) (2).

257. *Clausole limitatrici.* — *1.* È nulla ogni clausola diretta a limitare gli effetti del riconoscimento.

258. *Effetti del riconoscimento.* — *1.* Il riconoscimento produce effetti riguardo al genitore da cui fu fatto e riguardo ai parenti di esso (3).

2. L'atto di riconoscimento di uno solo dei genitori non può contenere indicazioni relative all'altro genitore. Queste indicazioni, qualora siano state fatte, sono senza effetto.

3. Il pubblico ufficiale che le riceve e l'ufficiale dello stato civile che le riproduce sui registri dello stato civile sono puniti con l'ammenda (4) da lire quarantamila [euro 20] a lire centosessantamila [euro 82]. Le indicazioni stesse devono essere cancellate (5).

259-260. .... (6).

261. .... (7).

262. *Cognome del figlio nato fuori del matrimonio* (8). — *1.* Il figlio [...] (9) assume il cognome del genitore che per primo lo ha riconosciuto. Se il riconoscimento è stato effettuato contemporaneamente da entrambi i genitori il figlio [...] (9) assume il cognome del padre.

2. Se la filiazione nei confronti del padre è stata accertata o riconosciuta successivamente al riconoscimento da parte della madre, il figlio può assumere il cognome del padre aggiungendolo, anteponendolo o sostituendolo a quello della madre (10).

3. Se la filiazione nei confronti del genitore è stata accertata o riconosciuta successivamente all'attribuzione del cognome da parte dell'ufficiale dello stato civile, si applica il primo e il secondo comma del presente articolo; il figlio può mantenere il cognome precedentemente attribuitogli, ove tale cognome sia divenuto autonomo segno della sua identità personale, aggiungendolo, anteponendolo o sostituendolo al cognome del genitore che per primo lo ha riconosciuto o al cognome dei genitori in caso di riconoscimento da parte di entrambi (11).

4. Nel caso di minore età del figlio, il giudice (att. c. 51) decide circa l'assunzione del cognome del genitore, previo ascolto del figlio minore, che abbia compiuto gli anni dodici e anche di età inferiore ove capace di discernimento (12) (13) (14).

263. *Impugnazione del riconoscimento per difetto di veridicità.* — *1.* Il riconoscimento può essere impugnato per difetto di veridicità dall'autore del riconoscimento, da colui che è stato riconosciuto e da chiunque vi abbia interesse.

2. L'azione è imprescrittibile riguardo al figlio.

3. L'azione di impugnazione da parte dell'autore del riconoscimento deve essere proposta nel termine di un anno che decorre dal

(1) Le parole «legittimi e dei suoi figli naturali riconosciuti» sono state soppresse dall'art. 26, d.lg. 28 dicembre 2013, n. 154.

(2) Articolo così sostituito dall'art. 107, l. n. 151/1975.

(3) Comma così sostituito dall'art. 1.4, l. 10 dicembre 2012, n. 219.

(4) L'ammenda è stata sostituita dalla sanzione amministrativa: v. art. 1, l. 24 dicembre 1975, n. 706. L'importo è stato così elevato dall'art. 114.1, l. 24 novembre 1981, n. 689.

(5) Articolo così sostituito dall'art. 108, l. n. 151/1975.

(6) Articoli abrogati dall'art. 109, l. n. 151/1975.

(7) Articolo abrogato dall'art. 106.1, lett. a, d.lg. 28 dicembre 2013, n. 154.

(8) Le parole «nato fuori del matrimonio» sono state aggiunte dall'art. 27.1, lett. a, d.lg. 28 dicembre 2013, n. 154.

(9) La parola «naturale» è stata soppressa dall'art. 27.1, lett. b, d.lg. 28 dicembre 2013, n. 154.

(10) Comma così sostituito dall'art. 27.1, lett. c, d.lg. 28 dicembre 2013, n. 154.

(11) Comma aggiunto dall'art. 27.1, lett. d, d.lg. 28 dicembre 2013, n. 154.

(12) Le parole «l'assunzione del cognome del genitore, previo ascolto del figlio minore, che abbia compiuto gli anni dodici e anche di età inferiore ove capace di discernimento» sono state così sostituite alle precedenti «l'assunzione del cognome del padre» dall'art. 27.1, lett. e, d.lg. 28 dicembre 2013, n. 154.

(13) Articolo così sostituito dall'art. 111, l. n. 151/1975.

(14) La Corte cost., con sentenza 21 dicembre 2016, n. 286, «1) dichiara l'illegittimità costituzionale della norma desumibile dagli artt. 237, 262 e 299 del codice civile; 72, primo comma, del r.d. 9 luglio 1939, n. 1238; e 33 e 34 del d.p.r. 3 novembre 2000, n. 396, nella parte in cui non consente ai coniugi, di comune accordo, di trasmettere ai figli, al momento della nascita, anche il cognome materno; 2) dichiara in via consequenziale, ai sensi dell'art. 27 della l. 11 marzo 1953, n. 87, l'illegittimità costituzionale dell'art. 262, primo comma, cod. civ., nella parte in cui non consente ai genitori, di comune accordo, di trasmettere al figlio, al momento della nascita, anche il cognome materno; 3) dichiara in via consequenziale, ai sensi dell'art. 27 della l. n. 87 del 1953, l'illegittimità costituzionale dell'art. 299, terzo comma, cod. civ., nella parte in cui non consente ai coniugi, in caso di adozione compiuta da entrambi, di attribuire, di comune accordo, anche il cognome materno al momento dell'adozione».

giorno dell'annotazione del riconoscimento sull'atto di nascita. Se l'autore del riconoscimento prova di aver ignorato la propria impotenza al tempo del concepimento, il termine decorre dal giorno in cui ne ha avuto conoscenza; nello stesso termine, la madre che abbia effettuato il riconoscimento è ammessa a provare di aver ignorato l'impotenza del presunto padre. L'azione non può essere comunque proposta oltre cinque anni dall'annotazione del riconoscimento.

4. L'azione di impugnazione da parte degli altri legittimati deve essere proposta nel termine di cinque anni che decorrono dal giorno dell'annotazione del riconoscimento sull'atto di nascita. Si applica l'art. 245 (1).

264. *Impugnazione da parte del figlio minore.* — *1.* L'impugnazione del riconoscimento per difetto di veridicità può essere altresì promossa da un curatore speciale nominato dal giudice, assunte sommarie informazioni, su istanza del figlio minore che ha compiuto quattordici anni, ovvero del pubblico ministero o dell'altro genitore che abbia validamente riconosciuto il figlio, quando si tratti di figlio di età inferiore (2).

265. *Impugnazione per violenza.* — *1.* Il riconoscimento può essere impugnato per violenza (c. 1434) dall'autore del riconoscimento entro un anno dal giorno in cui la violenza è cessata.

2. Se l'autore del riconoscimento è minore (c. 2), l'azione può essere promossa entro un anno dal conseguimento dell'età maggiore (c. 267).

266. *Impugnazione del riconoscimento per effetto di interdizione giudiziale.* — *1.* Il riconoscimento può essere impugnato per l'incapacità che deriva da interdizione giudiziale (c. 414 ss.) dal rappresentante dell'interdetto e, dopo la revoca dell'interdizione (c. 429), dall'autore del riconoscimento, entro un anno dalla data della revoca (c. 267).

267. *Trasmissibilità dell'azione.* — *1.* Nei casi indicati dagli artt. 265 e 266, se l'autore del riconoscimento è morto senza aver promosso l'azione, ma prima che sia scaduto il termine, l'azione può essere promossa dai discendenti, dagli ascendenti o dagli eredi.

2. Nel caso indicato dal primo comma dell'art. 263, se l'autore del riconoscimento è morto senza aver promosso l'azione, ma prima che sia decorso il termine previsto dal terzo comma dello stesso articolo, sono ammessi ad esercitarla in sua vece i discendenti o gli ascendenti, entro un anno decorrente dalla morte dell'autore del riconoscimento o dalla nascita del figlio se si tratta di figlio postumo o dal raggiungimento della maggiore età da parte di ciascuno dei discendenti (3).

3. Se il figlio riconosciuto è morto senza aver promosso l'azione di cui all'art. 263, sono ammessi ad esercitarla in sua vece il coniuge o i discendenti nel termine di un anno che decorre dalla morte del figlio riconosciuto o dal raggiungimento della maggiore età da parte di ciascuno dei discendenti (3).

4. La morte dell'autore del riconoscimento o del figlio riconosciuto non impedisce l'esercizio dell'azione da parte di coloro che ne hanno interesse, nel termine di cui al quarto comma dell'art. 263 (3).

5. Si applicano il sesto comma dell'art. 244 e l'art. 245 (4).

268. *Provvedimenti in pendenza del giudizio.* — *1.* Quando è impugnato il riconoscimento, il giudice può dare, in pendenza del giudizio, i provvedimenti che ritenga opportuni nell'interesse del figlio (5).

CAPO V

DELLA DICHIARAZIONE GIUDIZIALE DELLA PATERNITÀ E DELLA MATERNITÀ (6)

269. *Dichiarazione giudiziale di paternità e maternità.* — *1.* La paternità (att. c. 123) e la maternità [...] (7) possono essere giudizialmente dichiarate nei casi in cui il riconoscimento è ammesso (c. 250 ss.).

2. La prova della paternità e della maternità può essere data con ogni mezzo.

3. La maternità è dimostrata provando la identità di colui che si pretende essere figlio e

(1) Articolo così sostituito dall'art. 28, d.lg. 28 dicembre 2013, n. 154. V. art. 104, d.lg. cit., in *Leggi coll. II, 12.*
(2) Articolo così sostituito, da ultimo, dall'art. 29, d.lg. 28 dicembre 2013, n. 154.
(3) Comma aggiunto dall'art. 30.1, d.lg. 28 dicembre 2013, n. 154. V. art. 104, d.lg. 28 dicembre 2013, n. 154, in *Leggi coll. II, 12.*
(4) Comma aggiunto dall'art. 30.1, d.lg. 28 dicembre 2013, n. 154.
(5) V. d.p.r. 3 novembre 2000, n. 396, in *Leggi coll. II, 1.*
(6) La rubrica del paragrafo 2 della sezione I del capo II del libro primo del codice civile (*Della dichiarazione giudiziale della paternità e della maternità naturale*) è stata così sostituita dalla seguente «Capo V. Della dichiarazione giudiziale della paternità e della maternità» dall'art. 7.9, d.lg. 28 dicembre 2013, n. 154.
(7) La parola «naturale» è stata soppressa dall'art. 30.2, d.lg. 28 dicembre 2013, n. 154.

di colui che fu partorito dalla donna, la quale si assume essere madre.

4. La sola dichiarazione della madre e la sola esistenza di rapporti tra la madre e il preteso padre all'epoca del concepimento non costituiscono prova della paternità [...] (1) (2).

270. *Legittimazione attiva e termine.* — *1.* L'azione per ottenere che sia dichiarata giudizialmente la paternità o la maternità [...] (3) è imprescrittibile riguardo al figlio.

2. Se il figlio muore prima di avere iniziato l'azione, questa può essere promossa dai discendenti [...] (4), entro due anni dalla morte.

3. L'azione promossa dal figlio, se egli muore, può essere proseguita dai discendenti legittimi, legittimati o naturali riconosciuti (5).

4. Si applica l'art. 245 (6).

271-272. .... (7).

273. *Azione nell'interesse del minore o dell'interdetto.* — *1.* L'azione per ottenere che sia giudizialmente dichiarata la paternità o la maternità [...] (8) (c. 269) può essere promossa, nell'interesse del minore, dal genitore che esercita la responsabilità genitoriale (9) prevista dall'art. 316 o dal tutore (c. 357). Il tutore però deve chiedere l'autorizzazione del giudice, il quale può anche nominare un curatore speciale.

2. Occorre il consenso del figlio per promuovere o per proseguire l'azione se egli ha compiuto l'età di quattordici (10) anni.

3. Per l'interdetto l'azione può essere promossa dal tutore (c. 424) previa autorizzazione del giudice (att. c. 38^2) (11).

274. *Ammissibilità dell'azione.* — *1.* L'azione per la dichiarazione giudiziale di paternità o di maternità naturale (c. 269) è ammessa solo quando concorrono specifiche circostanze tali da farla apparire giustificata.

2. Sull'ammissibilità il tribunale decide in camera di consiglio con decreto motivato, su ricorso di chi intende promuovere l'azione, sentiti il pubblico ministero e le parti e assunte le informazioni del caso. Contro il decreto si può proporre reclamo con ricorso alla Corte d'appello, che pronuncia anch'essa in camera di consiglio.

3. L'inchiesta sommaria compiuta dal tribunale ha luogo senza alcuna pubblicità e deve essere mantenuta segreta. Al termine della inchiesta gli atti e i documenti della stessa sono depositati in cancelleria ed il cancelliere deve darne avviso alle parti le quali, entro quindici giorni dalla comunicazione di detto avviso, hanno facoltà di esaminarli e di depositare memorie illustrative.

4. Il tribunale, anche prima di ammettere l'azione, può, se trattasi di minore o d'altra persona incapace, nominare un curatore speciale che la rappresenti in giudizio (12).

275. .... (13).

276. *Legittimazione passiva.* — *1.* La domanda per la dichiarazione di paternità o di maternità [...] (14) deve essere proposta nei confronti del presunto genitore o, in sua mancanza, nei confronti dei suoi eredi. In loro mancanza, la domanda deve essere proposta nei confronti di un curatore nominato dal giudice davanti al quale il giudizio deve essere promosso.

2. Alla domanda può contraddire chiunque vi abbia interesse (p.c. 100) (15).

277. *Effetti della sentenza.* — *1.* La sentenza che dichiara la filiazione [...] (16) produce gli effetti del riconoscimento (c. 258 ss.).

2. Il giudice può anche dare i provvedimenti che stima utili per l'affidamento (17), il mante-

(1) La parola «naturale» è stata soppressa dall'art. 30.2, d.lg. 28 dicembre 2013, n. 154.
(2) Articolo così sostituito dall'art. 113, l. n. 151/1975.
(3) La parola «naturale» è stata soppressa dall'art. 31.1, lett. a, d.lg. 28 dicembre 2013, n. 154.
(4) Le parole «legittimi, legittimati o naturali riconosciuti» sono state soppresse dall'art. 31.1, lett. b, d.lg. 28 dicembre 2013, n. 154.
(5) Articolo così sostituito dall'art. 114, l. n. 151/1975.
(6) Comma aggiunto dall'art. 31.1, lett. c, d.lg. 28 dicembre 2013, n. 154.
(7) Articoli abrogati dall'art. 115, l. n. 151/1975.
(8) La parola «naturale» è stata soppressa dall'art. 32.1, lett. a, d.lg. 28 dicembre 2013, n. 154.
(9) Le parole «responsabilità genitoriale» sono state così sostituite alla precedente «potestà» dall'art. 32.1, lett. a, d.lg. 28 dicembre 2013, n. 154.
(10) La parola «quattordici» è stata così sostituita alla precedente «sedici» dall'art. 32.1, lett. a, d.lg. 28 dicembre 2013, n. 154.
(11) Articolo così sostituito dall'art. 116, l. n. 151/1975.
(12) La Corte cost., con sentenza 10 febbraio 2006, n. 50, ha dichiarato costituzionalmente illegittimo questo articolo.
(13) Articolo abrogato dall'art. 118, l. n. 151/1975.
(14) La parola «naturale» è stata soppressa dall'art. 33, d.lg. 28 dicembre 2013, n. 154.
(15) Articolo così sostituito dall'art. 1.5, l. 10 dicembre 2012, n. 219.
(16) La parola «naturale» è stata soppressa dall'art. 34.1, lett. a, d.lg. 28 dicembre 2013, n. 154.
(17) Le parole «l'affidamento,» sono state inserite dall'art. 34.1, lett. b, d.lg. 28 dicembre 2013, n. 154.

nimento, l'istruzione e l'educazione del figlio e per la tutela degli interessi patrimoniali di lui (1).

278. *Autorizzazione all'azione*. — *1.* Nei casi di figlio nato da persone, tra le quali esiste un vincolo di parentela in linea retta all'infinito o in linea collaterale nel secondo grado, ovvero un vincolo di affinità in linea retta, l'azione per ottenere che sia giudizialmente dichiarata la paternità o la maternità non può essere promossa senza previa autorizzazione ai sensi dell'art. 251 (2).

279. *Responsabilità per il mantenimento e l'educazione*. — *1.* In ogni caso in cui non può proporsi l'azione per la dichiarazione giudiziale di paternità o di maternità, il figlio nato fuori del matrimonio (3) può agire per ottenere il mantenimento, l'istruzione e l'educazione (c. 147). Il figlio nato fuori del matrimonio (3) se maggiorenne e in stato di bisogno può agire per ottenere gli alimenti (c. 433 ss.) a condizione che il diritto al mantenimento di cui all'art. 315-*bis*, sia venuto meno (4).

2. L'azione è ammessa previa autorizzazione del giudice ai sensi dell'art. 251 (5).

3. L'azione può essere promossa nell'interesse del figlio minore da un curatore speciale nominato dal giudice su richiesta del pubblico ministero o del genitore che esercita la responsabilità genitoriale (6) (7).

280-290. .... (8).

TITOLO VIII

Dell'adozione di persone maggiori di età (9)

CAPO I

DELL'ADOZIONE DI PERSONE MAGGIORI DI ETÀ E DEI SUOI EFFETTI (10)

291. *Condizioni*. — *1.* L'adozione è permessa alle persone che non hanno discendenti legittimi [...] (11), che hanno compiuto gli anni trentacinque e che superano almeno di diciotto anni l'età di coloro che essi intendono adottare.

2. Quando eccezionali circostanze lo consigliano, il tribunale può autorizzare l'adozione se l'adottante ha raggiunto almeno l'età di trent'anni, ferma restando la differenza di età di cui al comma precedente (12).

292. .... (13).

293. *Divieto d'adozione di figli* [...] (14). — *1.* I figli [...] (14) non possono essere adottati dai loro genitori (c. 250 ss.).

2. .... (15) (16).

294. *Pluralità di adottati o di adottanti*. — *1.* È

(1) Comma così sostituito dall'art. 119, l. 19 maggio 1975, n. 151.

(2) Articolo così sostituito, da ultimo, dall'art. 35, d.lg. 28 dicembre 2013, n. 154.

(3) Le parole «nato fuori del matrimonio» sono state così sostituite alla precedente «naturale» dall'art. 36.1, lett. a, d.lg. 28 dicembre 2013, n. 154.

(4) Le parole «a condizione che il diritto al mantenimento di cui all'art. 315-*bis*, sia venuto meno» sono state inserite dall'art. 36.1, lett. a, d.lg. 28 dicembre 2013, n. 154.

(5) Comma così sostituito dall'art. 36.1, lett. b, d.lg. 28 dicembre 2013, n. 154.

(6) Le parole «responsabilità genitoriale» sono state così sostituite alla precedente «potestà» dall'art. 36.1, lett. c, d.lg. 28 dicembre 2013, n. 154.

(7) Articolo così sostituito dall'art. 121, l. n. 151/1975.

(8) Articoli abrogati, unitamente all'intera sezione II del capo II del titolo VII del libro I, dall'art. 1.10, l. 10 dicembre 2012, n. 219.

(9) Intitolazione così modificata dall'art. 58, l. 4 maggio 1983, n. 184, in *Leggi coll. II, 14*. Per l'adozione di minori e l'adozione in casi particolari v. legge ora cit. Per l'individuazione del diritto applicabile v. art. 38 ss., l. 31 maggio 1995, n. 218, in *Leggi coll. I, 1*.

(10) Intitolazione così modificata dall'art. 59, l. n. 184/1983, il cui art. 60 statuisce che le disposizioni di questo capo non si applicano ai minori (ma v. art. 55 legge cit.).

(11) La Corte cost., con sentenza 19 maggio 1988, n. 557, ha dichiarato l'illegittimità costituzionale dell'art. 291 cod. civ., «nella parte in cui non consente l'adozione a persone che abbiano discendenti legittimi o legittimati maggiorenni e consenzienti». La Corte cost., con sentenza 20 luglio 2004, n. 245, ha dichiarato l'illegittimità costituzionale dell'art. 291 cod. civ. «nella parte in cui non prevede che l'adozione di maggiorenni non possa essere pronunciata in presenza di figli naturali, riconosciuti dall'adottante, minorenni o, se maggiorenni, non consenzienti».

Le parole «o legittimati» sono state successivamente soppresse per effetto dell'art. 105.4, d.lg. 28 dicembre 2013, n. 154.

(12) Articolo così sostituito dall'art. 1, l. 5 giugno 1967, n. 431. La norma è ora applicabile solo all'adozione di maggiorenni: nel primo comma non ha più significato il riferimento all'età minima di trentacinque anni, il secondo comma è implicitamente abrogato.

(13) Articolo abrogato dall'art. 1, r.d.l. 20 gennaio 1944, n. 25, e dall'art. 3, d.lg.lgt. 14 settembre 1944, n. 287.

(14) Le parole «nati fuori del matrimonio» sono state soppresse dall'art. 37.1, d.lg. 28 dicembre 2013, n. 154.

(15) Comma abrogato dall'art. 67, l. n. 184/1983.

(16) Articolo così sostituito dall'art. 131, l. n. 151/1975.

ammessa l'adozione di più persone anche con atti successivi (c. 87 n. 7) (1).

2. Nessuno può essere adottato da più di una persona, salvo che i due adottanti siano marito e moglie.

295. *Adozione da parte del tutore. — 1.* Il tutore non può adottare la persona della quale ha avuto la tutela, se non dopo che sia stato approvato il conto della sua amministrazione, sia stata fatta la consegna dei beni e siano state estinte le obbligazioni risultanti a suo carico o data idonea garanzia per il loro adempimento (c. 385 ss.).

296. *Consenso per l'adozione. — 1.* Per l'adozione si richiede il consenso dell'adottante e dell'adottando (c. 311 ss.).

2. .... (2).

297. *Assenso del coniuge o dei genitori. — 1.* Per l'adozione è necessario l'assenso dei genitori dell'adottando e l'assenso del coniuge dell'adottante e dell'adottando, se coniugati e non legalmente separati (c. 150).

2. Quando è negato l'assenso previsto dal primo comma, il tribunale, sentiti gli interessati, su istanza dell'adottante, può, ove ritenga il rifiuto ingiustificato o contrario all'interesse dell'adottando, pronunziare ugualmente l'adozione, salvo che si tratti dell'assenso dei genitori esercenti la responsabilità genitoriale (3) o del coniuge, se convivente, dell'adottante o dell'adottando. Parimenti il tribunale può pronunziare l'adozione quando è impossibile ottenere l'assenso per incapacità o irreperibilità delle persone chiamate ad esprimerlo (4).

298. *Decorrenza degli effetti dell'adozione. — 1.* L'adozione produce i suoi effetti dalla data del decreto che la pronunzia (c. 313; att. c. 35).

2. Finché il decreto non è emanato, tanto l'adottante quanto l'adottando possono revocare il loro consenso.

3. Se l'adottante muore dopo la prestazione del consenso e prima dell'emanazione del decreto, si può procedere al compimento degli atti necessari per l'adozione.

4. Gli eredi dell'adottante possono presentare al tribunale (5) memorie e osservazioni per opporsi all'adozione.

5. Se l'adozione è ammessa, essa produce i suoi effetti dal momento della morte dell'adottante.

299. *Cognome dell'adottato. — 1.* L'adottato assume il cognome dell'adottante e lo antepone al proprio (c. 6, 262).

2. Nel caso in cui la filiazione sia stata accertata o riconosciuta successivamente all'adozione si applica il primo comma (6).

3. Il figlio nato fuori del matrimonio (7) che sia stato riconosciuto dai propri genitori e sia successivamente adottato, assume il cognome dell'adottante.

4. Se l'adozione è compiuta da entrambi i coniugi, l'adottato assume il cognome del marito.

5. Se l'adozione è compiuta da una donna maritata, l'adottato, che non sia figlio del marito, assume il cognome della famiglia di lei (8) (9).

300. *Diritti e doveri dell'adottato. — 1.* L'adottato conserva tutti i diritti (c. 147) e i doveri (c. 315 ss.) verso la sua famiglia di origine, salve le eccezioni stabilite dalla legge.

2. L'adozione non induce alcun rapporto civile tra l'adottante e la famiglia dell'adottato né tra l'adottato e i parenti dell'adottante (c. 567[2]), salve le eccezioni stabilite dalla legge (c. 87, 433).

(1) Comma così sostituito dall'art. 2, l. 5 giugno 1967, n. 431.
(2) Comma abrogato dall'art. 67, l. n. 184/1983.
(3) Le parole «responsabilità genitoriale» sono state così sostituite alla precedente «potestà» dall'art. 37.2, d.lg. 28 dicembre 2013, n. 154.
(4) Articolo così sostituito dall'art. 132, l. n. 151/1975.
(5) Competenza così fissata dall'art. 3, l. 5 giugno 1967, n. 431.
(6) Comma così sostituito dall'art. 38, d.lg. 28 dicembre 2013, n. 154.
(7) Le parole «figlio nato fuori del matrimonio» sono state così sostituite alle precedenti «figlio naturale» dall'art. 105.3, d.lg. 28 dicembre 2013, n. 154.
(8) Articolo così sostituito dall'art. 61, l. n. 184/1983.
(9) La Corte cost., con sentenza 21 dicembre 2016, n. 286, «1) dichiara l'illegittimità costituzionale della norma desumibile dagli artt. 237, 262 e 299 del codice civile; 72, primo comma, del r.d. 9 luglio 1939, n. 1238; e 33 e 34 del d.p.r. 3 novembre 2000, n. 396, nella parte in cui non consente ai coniugi, di comune accordo, di trasmettere ai figli, al momento della nascita, anche il cognome materno; 2) dichiara in via consequenziale, ai sensi dell'art. 27 della l. 11 marzo 1953, n. 87, l'illegittimità costituzionale dell'art. 262, primo comma, cod. civ., nella parte in cui non consente ai genitori, di comune accordo, di trasmettere al figlio, al momento della nascita, anche il cognome materno; 3) dichiara in via consequenziale, ai sensi dell'art. 27 della l. n. 87 del 1953, l'illegittimità costituzionale dell'art. 299, terzo comma, cod. civ., nella parte in cui non consente ai coniugi, in caso di adozione compiuta da entrambi, di attribuire, di comune accordo, anche il cognome materno al momento dell'adozione».

301. .... (1).

302. .... (2).

303. .... (3).

304. *Diritti di successione.* — *1.* L'adozione non attribuisce all'adottante alcun diritto di successione.

2. I diritti dell'adottato nella successione dell'adottante sono regolati dalle norme contenute nel libro II (c. 468, 536², 567).

305. *Revoca dell'adozione.* — *1.* L'adozione si può revocare soltanto nei casi preveduti dagli articoli seguenti (c. 567; att. c. 35).

306. *Revoca per indegnità dell'adottato.* — *1.* La revoca dell'adozione può essere pronunziata dal tribunale su domanda dell'adottante, quando l'adottato abbia attentato alla vita di lui o del suo coniuge, dei suoi discendenti o ascendenti, ovvero si sia reso colpevole verso loro di delitto punibile con pena restrittiva della libertà personale non inferiore nel minimo a tre anni.

2. Se l'adottante muore in conseguenza dell'attentato, la revoca dell'adozione può essere chiesta da coloro ai quali si devolverebbe l'eredità in mancanza dell'adottato e dei suoi discendenti.

307. *Revoca per indegnità dell'adottante.* — *1.* Quando i fatti previsti dall'articolo precedente sono stati compiuti dall'adottante contro l'adottato, oppure contro il coniuge o i discendenti o gli ascendenti di lui, la revoca può essere pronunziata su domanda dell'adottato (4).

308. .... (2).

309. *Decorrenza degli effetti della revoca.* — *1.* Gli effetti dell'adozione (c. 298 ss.) cessano quando passa in giudicato la sentenza di revoca (att. c. 37²).

2. Se tuttavia la revoca è pronunziata dopo la morte dell'adottante per fatto imputabile all'adottato, l'adottato e i suoi discendenti sono esclusi dalla successione dell'adottante (c. 463 ss.).

310. .... (5).

CAPO II (6)

DELLE FORME DELL'ADOZIONE DI PERSONE DI MAGGIORE ETÀ (7)

311. *Manifestazione del consenso.* — *1.* Il consenso dell'adottante e dell'adottando o del legale rappresentante di questo deve essere manifestato personalmente al presidente del tribunale nel cui circondario l'adottante ha residenza (att. c. 35).

2. .... (8).

3. L'assenso delle persone indicate negli artt. 296 e 297 può essere dato da persona munita di procura speciale rilasciata per atto pubblico (c. 2699) o per scrittura privata autenticata (c. 2703).

312. *Accertamenti del tribunale.* — *1.* Il tribunale, assunte le opportune informazioni, verifica:

1) se tutte le condizioni della legge sono state adempiute;

2) se l'adozione conviene all'adottando (9).

313. *Provvedimento del tribunale.* — *1.* Il tribunale, in camera di consiglio, sentito il pubblico ministero e omessa ogni altra formalità di procedura, provvede con sentenza decidendo di far luogo o non far luogo alla adozione.

2. L'adottante, il pubblico ministero, l'adottando, entro trenta giorni dalla comunicazione, possono proporre impugnazione avanti la corte d'appello, che decide in camera di consiglio, sentito il pubblico ministero (10).

314. *Pubblicità.* — *1.* La sentenza definitiva che pronuncia l'adozione è trascritta a cura del cancelliere del tribunale competente, entro il decimo giorno successivo a quello della relativa comunicazione, da effettuarsi non oltre cinque giorni dal deposito, da parte del cancelliere del giudice dell'impugnazione, su apposito registro e comunicata all'ufficiale di stato civile per l'annotazione a margine dell'atto di nascita

(1) Articolo sostituito dall'art. 133, l. n. 151/1975, e successivamente abrogato dall'art. 67, l. n. 184/1983.
(2) Articolo abrogato dall'art. 67, l. n. 184/1983.
(3) Articolo sostituito dall'art. 134, l. n. 151/1975, e successivamente abrogato dall'art. 67, l. n. 184/1983.
(4) Articolo così sostituito dall'art. 62, l. n. 184/1983.
(5) Articolo sostituito dall'art. 135, l. n. 151/1975, e successivamente abrogato dall'art. 67, l. n. 184/1983.
(6) L'art. 3, l. 5 giugno 1967, n. 431 (che ha soppresso il comma 2 dell'art. 311), ha sostituito, per le ipotesi previste in questo capo, la competenza del tribunale nel cui circondario l'adottante ha residenza alla competenza della Corte d'Appello. Per la competenza territoriale nel caso in cui l'adottante risieda all'estero, v. art. 33, d.p.r. 5 gennaio 1967, n. 200.
(7) Intitolazione così sostituita dall'art. 63, l. n. 184/1983.
(8) Comma soppresso dall'art. 3, l. 5 giugno 1967, n. 431.
(9) Articolo così sostituito dall'art. 64, l. n. 184/1983.
(10) Articolo così sostituito dall'art. 30, l. 28 marzo 2001, n. 149.

dell'adottato (att. c. 37).

2. Con la procedura di cui al primo comma deve essere altresì trascritta ed annotata la sentenza di revoca della adozione, passata in giudicato (p.c. 324).

3. L'autorità giudiziaria può inoltre ordinare la pubblicazione della sentenza che pronuncia l'adozione o della sentenza di revoca nei modi che ritiene opportuni (p.c. 120) (1).

CAPO III

Dell'adozione speciale (2)

....

TITOLO IX

Della responsabilità genitoriale e dei diritti e doveri del figlio (3)

CAPO I

Dei diritti e doveri del figlio (4)

315. *Stato giuridico della filiazione.* — *1.* Tutti i figli hanno lo stesso stato giuridico (5).

315-*bis*. *Diritti e doveri del figlio.* — *1.* Il figlio ha diritto di essere mantenuto, educato, istruito e assistito moralmente dai genitori, nel rispetto delle sue capacità, delle sue inclinazioni naturali e delle sue aspirazioni (6).

2. Il figlio ha diritto di crescere in famiglia e di mantenere rapporti significativi con i parenti.

3. Il figlio minore che abbia compiuto gli anni dodici, e anche di età inferiore ove capace di discernimento, ha diritto di essere ascoltato in tutte le questioni e le procedure che lo riguardano.

4. Il figlio deve rispettare i genitori e deve contribuire, in relazione alle proprie capacità, alle proprie sostanze e al proprio reddito, al mantenimento della famiglia finché convive con essa (7).

316. *Responsabilità genitoriale.* — *1.* Entrambi i genitori hanno la responsabilità genitoriale che è esercitata di comune accordo tenendo conto delle capacità, delle inclinazioni naturali e delle aspirazioni del figlio. I genitori di comune accordo stabiliscono la residenza abituale del minore.

2. In caso di contrasto su questioni di particolare importanza ciascuno dei genitori può ricorrere senza formalità al giudice indicando i provvedimenti che ritiene più idonei.

3. Il giudice, sentiti i genitori e disposto l'ascolto del figlio minore che abbia compiuto gli anni dodici e anche di età inferiore ove capace di discernimento, suggerisce le determinazioni che ritiene più utili nell'interesse del figlio e dell'unità familiare. Se il contrasto permane il giudice attribuisce il potere di decisione a quello dei genitori che, nel singolo caso, ritiene il più idoneo a curare l'interesse del figlio.

4. Il genitore che ha riconosciuto il figlio esercita la responsabilità genitoriale su di lui. Se il riconoscimento del figlio, nato fuori del matrimonio, è fatto dai genitori, l'esercizio della responsabilità genitoriale spetta ad entrambi (c. 250).

5. Il genitore che non esercita la responsabilità genitoriale vigila sull'istruzione, sull'educazione e sulle condizioni di vita del figlio (c. 147) (8).

316-*bis*. *Concorso nel mantenimento.* — *1.* I genitori devono adempiere i loro obblighi nei confronti dei figli in proporzione alle rispettive sostanze e secondo la loro capacità di lavoro professionale o casalingo. Quando i genitori non hanno mezzi sufficienti, gli altri ascendenti, in ordine di prossimità, sono tenuti a fornire ai genitori stessi i mezzi necessari affinché possano adempiere i loro doveri nei confronti dei figli.

2. In caso di inadempimento il presidente del tribunale, su istanza di chiunque vi ha interesse, sentito l'inadempiente ed assunte informazioni, può ordinare con decreto che una quota dei redditi dell'obbligato, in proporzione agli stessi, sia versata direttamente all'altro genitore o a chi sopporta le spese per il manteni-

(1) Articolo così sostituito dall'art. 31, l. 28 marzo 2001, n. 149.
(2) Le disposizioni di codesto capo sono state abrogate dall'art. 67, l. n. 184/1983.
(3) Rubrica così sostituita alla precedente «Della potestà dei genitori e dei diritti e doveri del figlio» dall'art. 7.10, d.lg. 28 dicembre 2013, n. 154.
(4) Capo inserito dall'art. 7.11, d.lg. 28 dicembre 2013, n. 154.
(5) Articolo così sostituito dall'art. 1.7, l. 10 dicembre 2012, n. 219.
(6) Per disposizioni in materia di uscita dei minori di 14 anni dai locali scolastici v. art. 19-*bis*, d.l. 16 ottobre 2017, n. 148, conv. in l. 4 dicembre 2017, n. 172.
(7) Articolo inserito dall'art. 1.8, l. 10 dicembre 2012, n. 219.
(8) Articolo così sostituito, da ultimo, dall'art. 39, d.lg. 28 dicembre 2013, n. 154.

mento, l'istruzione e l'educazione della prole.

3. Il decreto, notificato agli interessati ed al terzo debitore, costituisce titolo esecutivo, ma le parti ed il terzo debitore possono proporre opposizione nel termine di venti giorni dalla notifica.

4. L'opposizione è regolata dalle norme relative all'opposizione al decreto di ingiunzione, in quanto applicabili.

5. Le parti ed il terzo debitore possono sempre chiedere, con le forme del processo ordinario, la modificazione e la revoca del provvedimento (1).

317. *Impedimento di uno dei genitori. — 1.* Nel caso di lontananza, di incapacità o di altro impedimento che renda impossibile ad uno dei genitori l'esercizio della responsabilità genitoriale (2) (p. 19 n. 6, 32, 34) questa è esercitata in modo esclusivo dall'altro.

2. La responsabilità genitoriale di entrambi i genitori non cessa a seguito di separazione (c. 150 ss.), scioglimento (c. 149), cessazione degli effetti civili (c. 149^2), annullamento (c. 117 ss.), nullità del matrimonio; il suo esercizio, in tali casi, è regolato dal capo II del presente titolo (3) (4).

317-*bis*. *Rapporti con gli ascendenti. — 1.* Gli ascendenti hanno diritto di mantenere rapporti significativi con i nipoti minorenni.

2. L'ascendente al quale è impedito l'esercizio di tale diritto può ricorrere al giudice (att. c. 38) del luogo di residenza abituale del minore affinché siano adottati i provvedimenti più idonei nell'esclusivo interesse del minore. Si applica l'art. 336, secondo comma (5).

318. *Abbandono della casa del genitore. — 1.* Il figlio, sino alla maggiore età o all'emancipazione (6), non può abbandonare la casa dei genitori o del genitore che esercita su di lui la responsabilità genitoriale (7) né la dimora da essi assegnatagli. Qualora se ne allontani senza permesso, i genitori possono richiamarlo ricorrendo, se necessario, al giudice tutelare (8).

319. .... (9).

320. *Rappresentanza e amministrazione. — 1.* I genitori congiuntamente, o quello di essi che esercita in via esclusiva la responsabilità genitoriale (10), rappresentano i figli nati e nascituri, fino alla maggiore età o all'emancipazione, (11) in tutti gli atti civili e ne amministrano i beni (c. 1387). Gli atti di ordinaria amministrazione, esclusi i contratti con i quali si concedono o si acquistano diritti personali di godimento (c. 1571, 1615), possono essere compiuti disgiuntamente da ciascun genitore.

2. Si applicano, in caso di disaccordo o di esercizio difforme dalle decisioni concordate, le disposizioni dell'art. 316.

3. I genitori non possono alienare (p.c. 733), ipotecare (c. 2806 ss.) o dare in pegno (c. 2784 ss.) i beni pervenuti al figlio a qualsiasi titolo, anche a causa di morte, accettare o rinunziare ad eredità o legati (c. 471, 519, 649, 650), accettare donazioni (c. 782^2, 784), procedere allo scioglimento di comunioni (c. 713 ss., 1111 ss.), contrarre mutui (c. 1813) o locazioni ultranovennali (c. 1572) o compiere altri atti eccedenti la ordinaria amministrazione né promuovere, transigere (c. 1965, 1966^1) o compromettere in arbitri (p.c. 806 ss.) giudizi relativi a tali atti, se non per necessità o utilità evidente del figlio dopo autorizzazione del giudice tutelare (p.c. 747).

4. I capitali non possono essere riscossi senza autorizzazione del giudice tutelare, il quale ne determina l'impiego.

5. L'esercizio di un'impresa commerciale (c. 2195) non può essere continuato se non con l'autorizzazione del tribunale su parere del giudice tutelare. Questi può consentire l'esercizio provvisorio dell'impresa, fino a quando il tribunale abbia deliberato sulla istanza (c. 2294).

(1) Articolo inserito dall'art. 40, d.lg. 28 dicembre 2013, n. 154.

(2) Le parole «responsabilità genitoriale» sono state così sostituite alla precedente «potestà» dall'art. 41.1, lett. a, d.lg. 28 dicembre 2013, n. 154.

(3) Comma così sostituito dall'art. 41.1, lett. b, d.lg. 28 dicembre 2013, n. 154.

(4) Articolo così sostituito dall'art. 139, l. n. 151/1975.

(5) Articolo aggiunto dall'art. 140, l. 19 maggio 1975, n. 151, e successivamente così sostituito dall'art. 42, d.lg. 28 dicembre 2013, n. 154.

(6) Le parole «, sino alla maggiore età o all'emancipazione,» sono state inserite dall'art. 43.1, lett. a, d.lg. 28 dicembre 2013, n. 154.

(7) Le parole «responsabilità genitoriale» sono state così sostituite alla precedente «potestà» dall'art. 43.1, lett. b, d.lg. 28 dicembre 2013, n. 154.

(8) Articolo così sostituito dall'art. 141, l. n. 151/1975.

(9) Articolo abrogato dall'art. 142, l. n. 151/1975.

(10) Le parole «responsabilità genitoriale» sono state così sostituite alla precedente «potestà» dall'art. 44.1, lett. a, d.lg. 28 dicembre 2013, n. 154.

(11) Le parole «, fino alla maggiore età o all'emancipazione,» sono state inserite dall'art. 44.1, lett. b, d.lg. 28 dicembre 2013, n. 154.

6. Se sorge conflitto di interessi patrimoniali tra i figli soggetti alla stessa responsabilità genitoriale (1), o tra essi e i genitori o quello di essi che esercita in via esclusiva la responsabilità genitoriale (1), il giudice tutelare nomina ai figli un curatore speciale (c. 374, 375). Se il conflitto sorge tra i figli e uno solo dei genitori esercenti la responsabilità genitoriale (1), la rappresentanza dei figli spetta esclusivamente all'altro genitore (att. c. 45[1]) (2).

321. *Nomina di un curatore speciale.* — *1.* In tutti i casi in cui i genitori congiuntamente, o quello di essi che esercita in via esclusiva la responsabilità genitoriale (3), non possono o non vogliono compiere uno o più atti di interesse del figlio, eccedente l'ordinaria amministrazione (c. 471), il giudice, su richiesta del figlio stesso, del pubblico ministero o di uno dei parenti che vi abbia interesse, e sentiti i genitori, può nominare al figlio un curatore speciale autorizzandolo al compimento di tali atti (att. c. 45[1]) (4).

322. *Inosservanza delle disposizioni precedenti.* — *1.* Gli atti compiuti senza osservare le norme dei precedenti articoli del presente titolo possono essere annullati su istanza dei genitori esercenti la responsabilità genitoriale (5) o del figlio o dei suoi eredi o aventi causa (c. 1441 ss.) (6).

323. *Atti vietati ai genitori.* — *1.* I genitori esercenti la responsabilità genitoriale (7) sui figli non possono, neppure all'asta pubblica (p.c. 503, 733), rendersi acquirenti direttamente o per interposta persona (c. 599[2]) dei beni e dei diritti del minore (c. 378, 779, 1261, 1471, 2233[3]).

2. Gli atti compiuti in violazione del divieto previsto nel comma precedente possono essere annullati su istanza del figlio o dei suoi eredi o aventi causa (c. 1441 ss.).

3. I genitori esercenti la responsabilità genitoriale (7) non possono diventare cessionari di alcuna ragione o credito verso il minore (c. 1260 ss.) (8).

324. *Usufrutto legale.* — *1.* I genitori esercenti la responsabilità genitoriale (9) hanno in comune l'usufrutto dei beni del figlio, fino alla maggiore età o all'emancipazione (10).

2. I frutti percepiti sono destinati al mantenimento della famiglia e all'istruzione ed educazione dei figli (c. 147, 315-*II*).

3. Non sono soggetti ad usufrutto legale:

1) i beni acquistati dal figlio con i proventi del proprio lavoro (c. 315-*II*);

2) i beni lasciati o donati al figlio per intraprendere una carriera, un'arte o una professione;

3) i beni lasciati o donati con la condizione che i genitori esercenti la responsabilità genitoriale (9) o uno di essi non ne abbiano l'usufrutto: la condizione però non ha effetto per i beni spettanti al figlio a titolo di legittima (c. 356, 536 ss.);

4) i beni pervenuti al figlio per eredità, legato o donazione e accettati nell'interesse del figlio contro la volontà dei genitori esercenti la responsabilità genitoriale (9). Se uno solo di essi era favorevole all'accettazione, l'usufrutto legale spetta esclusivamente a lui (11).

325. *Obblighi inerenti all'usufrutto legale.* — *1.* Gravano sull'usufrutto legale gli obblighi propri dell'usufruttuario (c. 1001 ss., 1002[3]) (12).

326. *Inalienabilità dell'usufrutto legale. Esecuzione sui frutti.* — *1.* L'usufrutto legale non può essere oggetto di alienazione, di pegno (c. 2784) o di ipoteca (c. 2810) né di esecuzione da parte dei creditori (c. 2910 ss.).

2. L'esecuzione sui frutti dei beni del figlio da parte dei creditori dei genitori o di quello di

(1) Le parole «responsabilità genitoriale» sono state così sostituite alla precedente «potestà» dall'art. 44.1, lett. a, d.lg. 28 dicembre 2013, n. 154.

(2) Articolo così sostituito dall'art. 143, l. n. 151/1975.

(3) Le parole «responsabilità genitoriale» sono state così sostituite alla precedente «potestà» dall'art. 45, d.lg. 28 dicembre 2013, n. 154.

(4) Articolo così sostituito dall'art. 144, l. n. 151/1975.

(5) Le parole «responsabilità genitoriale» sono state così sostituite alla precedente «potestà» dall'art. 46, d.lg. 28 dicembre 2013, n. 154.

(6) Articolo così sostituito dall'art. 145, l. n. 151/1975.

(7) Le parole «responsabilità genitoriale» sono state così sostituite alla precedente «potestà» dall'art. 47, d.lg. 28 dicembre 2013, n. 154.

(8) Articolo così sostituito dall'art. 146, l. n. 151/1975.

(9) Le parole «responsabilità genitoriale» sono state così sostituite alla precedente «potestà» dall'art. 48.1, d.lg. 28 dicembre 2013, n. 154.

(10) Le parole «, fino alla maggiore età o all'emancipazione» sono state inserite dall'art. 48.2, d.lg. 28 dicembre 2013, n. 154.

(11) Articolo così sostituito dall'art. 147, l. n. 151/1975.

(12) Articolo così sostituito dall'art. 148, l. n. 151/1975.

essi che ne è titolare esclusivo non può aver luogo per debiti che il creditore conosceva essere stati contratti per scopi estranei ai bisogni della famiglia (c. 143[2]) (1).

327. *Usufrutto legale di uno solo dei genitori.* — *1.* Il genitore che esercita in modo esclusivo la responsabilità genitoriale (2) (c. 317) è il solo titolare dell'usufrutto legale (3).

328. *Nuove nozze.* — *1.* Il genitore che passa a nuove nozze conserva l'usufrutto legale, con l'obbligo tuttavia di accantonare in favore del figlio quanto risulti eccedente rispetto alle spese per il mantenimento, l'istruzione e l'educazione di quest'ultimo (c. 147) (4).

329. *Godimento dei beni dopo la cessazione dell'usufrutto legale.* — *1.* Cessato l'usufrutto legale, se il genitore ha continuato a godere i beni del figlio convivente con esso senza procura ma senza opposizione, o anche con procura ma senza l'obbligo di rendere conto dei frutti, egli o i suoi eredi non sono tenuti che a consegnare i frutti esistenti al tempo della domanda.

330. *Decadenza dalla responsabilità genitoriale* (5) *sui figli.* — *1.* Il giudice (att. c. 38, 51) può pronunziare la decadenza dalla responsabilità genitoriale (5) quando il genitore viola o trascura i doveri ad essa inerenti o abusa dei relativi poteri con grave pregiudizio del figlio.

2. In tale caso, per gravi motivi, il giudice può ordinare l'allontanamento del figlio dalla residenza familiare (6) ovvero l'allontanamento del genitore o convivente che maltratta o abusa del minore (7) (8).

331. .... (9).

332. *Reintegrazione nella responsabilità genitoriale* (10). — *1.* Il giudice (att. c. 38, 51) può reintegrare nella responsabilità genitoriale (10) il genitore che ne è decaduto, quando, cessate le ragioni per le quali la decadenza è stata pronunciata, è escluso ogni pericolo di pregiudizio per il figlio (11).

333. *Condotta del genitore pregiudizievole ai figli.* — *1.* Quando la condotta di uno o di entrambi i genitori non è tale da dare luogo alla pronuncia di decadenza prevista dall'art. 330, ma appare comunque pregiudizievole al figlio, il giudice (att. c. 38, 51), secondo le circostanze può adottare i provvedimenti convenienti e può anche disporre l'allontanamento di lui dalla residenza familiare ovvero l'allontanamento del genitore o convivente che maltratta o abusa del minore (12).

2. Tali provvedimenti sono revocabili in qualsiasi momento (13).

334. *Rimozione dall'amministrazione.* — *1.* Quando il patrimonio del minore è male amministrato, il tribunale (att. c. 38, 51) può stabilire le condizioni a cui i genitori devono attenersi nell'amministrazione o può rimuovere entrambi o uno solo di essi dall'amministrazione stessa e privarli, in tutto o in parte, dell'usufrutto legale.

2. L'amministrazione è affidata ad un curatore, se è disposta la rimozione di entrambi i genitori (14).

335. *Riammissione nell'esercizio dell'amministrazione.* — *1.* Il genitore rimosso dall'amministrazione ed eventualmente privato dell'usufrutto legale può essere riammesso dal tribunale (att. c. 38, 51) nell'esercizio dell'una e nel godimento dell'altro, quando sono cessati i motivi che hanno provocato il provvedimento.

336. *Procedimento.* — *1.* I provvedimenti indicati negli articoli precedenti sono adottati su ricorso dell'altro genitore, dei parenti o del pubblico ministero e, quando si tratta di revocare deliberazioni anteriori, anche del genitore interessato.

(1) Articolo così sostituito dall'art. 149, l. n. 151/1975.
(2) Le parole «responsabilità genitoriale» sono state così sostituite alla precedente «potestà» dall'art. 49, d.lg. 28 dicembre 2013, n. 154.
(3) Articolo così sostituito dall'art. 150, l. n. 151/1975.
(4) Articolo così sostituito dall'art. 151, l. n. 151/1975.
(5) Le parole «responsabilità genitoriale» sono state così sostituite alla precedente «potestà» dall'art. 50, d.lg. 28 dicembre 2013, n. 154.
(6) Sul cambio di affidamento nel caso in cui il genitore affidatario divorziato non si attenga alle condizioni dettate v. art. 6.5, l. 1° dicembre 1970, n. 898, come sostituito dall'art. 11, l. 6 marzo 1987, n. 74. Sulla decadenza dalla potestà e sulla sospensione dal suo esercizio come pena accessoria, v. artt. 19, 32, 34 cod. pen. Sui rapporti tra potestà e adozione v. l. 4 maggio 1983, n. 184, in *Leggi coll. II, 14*.
(7) Le parole da «ovvero l'allontanamento» a «minore» sono aggiunte dall'art. 37.1, l. 28 marzo 2001, n. 149.
(8) Articolo così sostituito dall'art. 152, l. n. 151/1975.
(9) Articolo abrogato dall'art. 153, l. n. 151/1975.
(10) Le parole «responsabilità genitoriale» sono state così sostituite alla precedente «potestà» dall'art. 51, d.lg. 28 dicembre 2013, n. 154.
(11) Articolo così sostituito dall'art. 154, l. n. 151/1975.
(12) Le parole da «ovvero l'allontanamento» a «minore» sono aggiunte dall'art. 37.2, l. 28 marzo 2001, n. 149.
(13) Articolo così sostituito dall'art. 155, l. n. 151/1975.
(14) Articolo così sostituito dall'art. 156, l. n. 151/1975.

2. Il tribunale provvede in camera di consiglio, assunte informazioni e sentito il pubblico ministero (p.c. 737 ss.); dispone, inoltre, l'ascolto del figlio minore che abbia compiuto gli anni dodici e anche di età inferiore ove capace di discernimento. Nei casi in cui il provvedimento è richiesto contro il genitore, questi deve essere sentito (1).

3. In caso di urgente necessità il tribunale può adottare, anche di ufficio, provvedimenti temporanei nell'interesse del figlio.

4. Per i provvedimenti di cui ai commi precedenti, i genitori e il minore sono assistiti da un difensore (2) (3).

336-*bis*. *Ascolto del minore*. — *1.* Il minore che abbia compiuto gli anni dodici e anche di età inferiore ove capace di discernimento è ascoltato dal presidente del tribunale o dal giudice delegato nell'ambito dei procedimenti nei quali devono essere adottati provvedimenti che lo riguardano. Se l'ascolto è in contrasto con l'interesse del minore, o manifestamente superfluo, il giudice non procede all'adempimento dandone atto con provvedimento motivato.

2. L'ascolto è condotto dal giudice, anche avvalendosi di esperti o di altri ausiliari. I genitori, anche quando parti processuali del procedimento, i difensori delle parti, il curatore speciale del minore, se già nominato, ed il pubblico ministero, sono ammessi a partecipare all'ascolto se autorizzati dal giudice, al quale possono proporre argomenti e temi di approfondimento prima dell'inizio dell'adempimento.

3. Prima di procedere all'ascolto il giudice informa il minore della natura del procedimento e degli effetti dell'ascolto. Dell'adempimento è redatto processo verbale nel quale è descritto il contegno del minore, ovvero è effettuata registrazione audio video (4).

337. *Vigilanza del giudice tutelare*. — *1.* Il giudice tutelare deve vigilare sull'osservanza delle condizioni che il tribunale abbia stabilito per l'esercizio della responsabilità genitoriale (5) e per l'amministrazione dei beni (6).

CAPO II

ESERCIZIO DELLA RESPONSABILITÀ GENITORIALE A SEGUITO DI SEPARAZIONE, SCIOGLIMENTO, CESSAZIONE DEGLI EFFETTI CIVILI, ANNULLAMENTO, NULLITÀ DEL MATRIMONIO OVVERO ALL'ESITO DI PROCEDIMENTI RELATIVI AI FIGLI NATI FUORI DEL MATRIMONIO (7)

337-*bis*. *Ambito di applicazione*. — *1.* In caso di separazione, scioglimento, cessazione degli effetti civili, annullamento, nullità del matrimonio e nei procedimenti relativi ai figli nati fuori del matrimonio si applicano le disposizioni del presente capo (8).

337-*ter*. *Provvedimenti riguardo ai figli*. — *1.* Il figlio minore ha il diritto di mantenere un rapporto equilibrato e continuativo con ciascuno dei genitori, di ricevere cura, educazione, istruzione e assistenza morale da entrambi e di conservare rapporti significativi con gli ascendenti e con i parenti di ciascun ramo genitoriale.

2. Per realizzare la finalità indicata dal primo comma, nei procedimenti di cui all'art. 337-*bis*, il giudice adotta i provvedimenti relativi alla prole con esclusivo riferimento all'interesse morale e materiale di essa. Valuta prioritaria-

(1) Comma così sostituito dall'art. 52, d.lg. 28 dicembre 2013, n. 154.

(2) Le parole «anche a spese dello Stato nei casi previsti dalla legge» sono state soppresse dall'art. 299 (L), d.p.r. 30 maggio 2002, n. 115.

(3) Articolo così sostituito dall'art. 157, l. n. 151/1975. Successivamente l'art. 37.3, l. 28 marzo 2001, n. 149 ha aggiunto l'ultimo comma. L'art. 1, d.l. 1° luglio 2002, n. 126, conv. in l. 2 agosto 2002, n. 175, così dispone: «1. In via transitoria, fino alla emanazione di una specifica disciplina sulla difesa di ufficio e sul patrocinio a spese dello Stato nei procedimenti disciplinati dalla l. 4 maggio 1983, n. 184, e successive modificazioni, e comunque non oltre il 30 giugno 2003, ai predetti procedimenti e ai relativi giudizi di opposizione continuano ad applicarsi le disposizioni processuali vigenti anteriormente alla data di entrata in vigore del d.l. 24 aprile 2001, n. 150, convertito, con modificazioni, dalla l. 23 giugno 2001, n. 240. || 2. In via transitoria e fino alla emanazione di nuove disposizioni che regolano i procedimenti di cui all'art. 336 del codice civile, e comunque non oltre il 30 giugno 2003, ai medesimi procedimenti continuano ad applicarsi le disposizioni processuali vigenti anteriormente alla data di entrata in vigore del d.l. 24 aprile 2001, n. 150, convertito, con modificazioni, dalla l. 23 giugno 2001, n. 240». L'art. 15, d.l. 24 giugno 2003, n. 147, conv. in l. 1° agosto 2003, n. 200, così dispone: «Le disposizioni previste dal d.l. 1° luglio 2002, n. 126, convertito, con modificazioni, dalla l. 2 agosto 2002, n. 175, sono prorogate al 30 giugno 2004».

(4) Articolo inserito dall'art. 53, d.lg. 28 dicembre 2013, n. 154.

(5) Le parole «responsabilità genitoriale» sono state così sostituite alla precedente «potestà» dall'art. 54, d.lg. 28 dicembre 2013, n. 154.

(6) Articolo così sostituito dall'art. 1, l. 19 maggio 1975, n. 151.

(7) Capo inserito dall'art. 7.12, d.lg. 28 dicembre 2013, n. 154.

(8) Articolo aggiunto dall'art. 55, d.lg. 28 dicembre 2013, n. 154.

mente la possibilità che i figli minori restino affidati a entrambi i genitori oppure stabilisce a quale di essi i figli sono affidati, determina i tempi e le modalità della loro presenza presso ciascun genitore, fissando altresì la misura e il modo con cui ciascuno di essi deve contribuire al mantenimento, alla cura, all'istruzione e all'educazione dei figli. Prende atto, se non contrari all'interesse dei figli, degli accordi intervenuti tra i genitori. Adotta ogni altro provvedimento relativo alla prole, ivi compreso, in caso di temporanea impossibilità di affidare il minore ad uno dei genitori, l'affidamento familiare. All'attuazione dei provvedimenti relativi all'affidamento della prole provvede il giudice del merito e, nel caso di affidamento familiare, anche d'ufficio. A tal fine copia del provvedimento di affidamento è trasmessa, a cura del pubblico ministero, al giudice tutelare.

3. La responsabilità genitoriale è esercitata da entrambi i genitori. Le decisioni di maggiore interesse per i figli relative all'istruzione, all'educazione, alla salute e alla scelta della residenza abituale del minore sono assunte di comune accordo tenendo conto delle capacità, dell'inclinazione naturale e delle aspirazioni dei figli. In caso di disaccordo la decisione è rimessa al giudice. Limitatamente alle decisioni su questioni di ordinaria amministrazione, il giudice può stabilire che i genitori esercitino la responsabilità genitoriale separatamente. Qualora il genitore non si attenga alle condizioni dettate, il giudice valuterà detto comportamento anche al fine della modifica delle modalità di affidamento.

4. Salvo accordi diversi liberamente sottoscritti dalle parti, ciascuno dei genitori provvede al mantenimento dei figli in misura proporzionale al proprio reddito; il giudice stabilisce, ove necessario, la corresponsione di un assegno periodico al fine di realizzare il principio di proporzionalità, da determinare considerando:

1) le attuali esigenze del figlio;

2) il tenore di vita goduto dal figlio in costanza di convivenza con entrambi i genitori;

3) i tempi di permanenza presso ciascun genitore;

4) le risorse economiche di entrambi i genitori;

5) la valenza economica dei compiti domestici e di cura assunti da ciascun genitore.

5. L'assegno è automaticamente adeguato agli indici ISTAT in difetto di altro parametro indicato dalle parti o dal giudice.

6. Ove le informazioni di carattere economico fornite dai genitori non risultino sufficientemente documentate, il giudice dispone un accertamento della polizia tributaria sui redditi e sui beni oggetto della contestazione, anche se intestati a soggetti diversi (1).

337-*quater*. *Affidamento a un solo genitore e opposizione all'affidamento condiviso*. — *1.* Il giudice può disporre l'affidamento dei figli ad uno solo dei genitori qualora ritenga con provvedimento motivato che l'affidamento all'altro sia contrario all'interesse del minore.

2. Ciascuno dei genitori può, in qualsiasi momento, chiedere l'affidamento esclusivo quando sussistono le condizioni indicate al primo comma. Il giudice, se accoglie la domanda, dispone l'affidamento esclusivo al genitore istante, facendo salvi, per quanto possibile, i diritti del minore previsti dal primo comma dell'art. 337-*ter*. Se la domanda risulta manifestamente infondata, il giudice può considerare il comportamento del genitore istante ai fini della determinazione dei provvedimenti da adottare nell'interesse dei figli, rimanendo ferma l'applicazione dell'art. 96 del codice di procedura civile.

3. Il genitore cui sono affidati i figli in via esclusiva, salva diversa disposizione del giudice, ha l'esercizio esclusivo della responsabilità genitoriale su di essi; egli deve attenersi alle condizioni determinate dal giudice. Salvo che non sia diversamente stabilito, le decisioni di maggiore interesse per i figli sono adottate da entrambi i genitori. Il genitore cui i figli non sono affidati ha il diritto ed il dovere di vigilare sulla loro istruzione ed educazione e può ricorrere al giudice quando ritenga che siano state assunte decisioni pregiudizievoli al loro interesse (1).

337-*quinquies*. *Revisione delle disposizioni concernenti l'affidamento dei figli*. — *1.* I genitori hanno diritto di chiedere (p.c. 710[1]) in ogni tempo la revisione delle disposizioni concernenti l'affidamento dei figli, l'attribuzione dell'esercizio della responsabilità genitoriale su di essi e delle eventuali disposizioni relative alla misura e alla modalità del contributo (p.c. 710, 711[5]) (1).

337-*sexies*. *Assegnazione della casa familiare e prescrizioni in tema di residenza*. — *1.* Il godimento della casa familiare è attribuito tenendo prioritariamente conto dell'interesse dei figli. Dell'assegnazione il giudice tiene conto nella regolazione dei rapporti economici tra i genitori, considerato l'eventuale titolo di proprietà.

(1) Articolo aggiunto dall'art. 55, d.lg. 28 dicembre 2013, n. 154.

Il diritto al godimento della casa familiare viene meno nel caso che l'assegnatario non abiti o cessi di abitare stabilmente nella casa familiare o conviva more uxorio o contragga nuovo matrimonio. Il provvedimento di assegnazione e quello di revoca sono trascrivibili e opponibili a terzi ai sensi dell'art. 2643 (c. 1599[3]).

2. In presenza di figli minori, ciascuno dei genitori è obbligato a comunicare all'altro, entro il termine perentorio di trenta giorni, l'avvenuto cambiamento di residenza o di domicilio. La mancata comunicazione obbliga al risarcimento del danno eventualmente verificatosi a carico del coniuge o dei figli per la difficoltà di reperire il soggetto (1).

337-*septies*. *Disposizioni in favore dei figli maggiorenni*. — *1.* Il giudice, valutate le circostanze, può disporre in favore dei figli maggiorenni non indipendenti economicamente il pagamento di un assegno periodico. Tale assegno, salvo diversa determinazione del giudice, è versato direttamente all'avente diritto.

2. Ai figli maggiorenni portatori di handicap grave si applicano integralmente le disposizioni previste in favore dei figli minori (1).

337-*octies*. *Poteri del giudice e ascolto del minore*. — *1.* Prima dell'emanazione, anche in via provvisoria, dei provvedimenti di cui all'art. 337-*ter*, il giudice può assumere, ad istanza di parte o d'ufficio, mezzi di prova. Il giudice dispone, inoltre, l'ascolto del figlio minore che abbia compiuto gli anni dodici e anche di età inferiore ove capace di discernimento. Nei procedimenti in cui si omologa o si prende atto di un accordo dei genitori, relativo alle condizioni di affidamento dei figli, il giudice non procede all'ascolto se in contrasto con l'interesse del minore o manifestamente superfluo.

2. Qualora ne ravvisi l'opportunità, il giudice, sentite le parti e ottenuto il loro consenso, può rinviare l'adozione dei provvedimenti di cui all'art. 337-*ter* per consentire che i coniugi, avvalendosi di esperti, tentino una mediazione per raggiungere un accordo, con particolare riferimento alla tutela dell'interesse morale e materiale dei figli (1).

338-341. .... (2).

342. .... (3).

TITOLO IX-*bis*

Ordini di protezione contro gli abusi familiari (4)

342-*bis*. *Ordini di protezione contro gli abusi familiari*. — *1.* Quando la condotta del coniuge o di altro convivente è causa di grave pregiudizio all'integrità fisica o morale ovvero alla libertà dell'altro coniuge o convivente, il giudice (5), su istanza di parte, può adottare con decreto uno o più dei provvedimenti di cui all'art. 342-*ter*.

342-*ter*. *Contenuto degli ordini di protezione*. — *1.* Con il decreto di cui all'art. 342-*bis* il giudice ordina al coniuge o convivente, che ha tenuto la condotta pregiudizievole, la cessazione della stessa condotta e dispone l'allontanamento dalla casa familiare del coniuge o del convivente che ha tenuto la condotta pregiudizievole prescrivendogli altresì, ove occorra, di non avvicinarsi ai luoghi abitualmente frequentati dall'istante, ed in particolare al luogo di lavoro, al domicilio della famiglia d'origine, ovvero al domicilio di altri prossimi congiunti o di altre persone ed in prossimità dei luoghi di istruzione dei figli della coppia, salvo che questi non debba frequentare i medesimi luoghi per esigenze di lavoro.

2. Il giudice può disporre, altresì, ove occorra l'intervento dei servizi sociali del territorio o di un centro di mediazione familiare, nonché delle associazioni che abbiano come fine statutario il sostegno e l'accoglienza di donne e minori o di altri soggetti vittime di abusi e maltrattati; il pagamento periodico di un assegno a favore delle persone conviventi che, per effetto dei provvedimenti di cui al primo comma, rimangono prive di mezzi adeguati, fissando modalità e termini di versamento e prescrivendo, se del caso, che la somma sia versata direttamente all'avente diritto dal datore di lavoro dell'obbligato, detraendola dalla retribuzione allo stesso spettante.

3. Con il medesimo decreto il giudice, nei casi di cui ai precedenti commi, stabilisce la durata dell'ordine di protezione, che decorre dal giorno dell'avvenuta esecuzione dello stes-

(1) Articolo aggiunto dall'art. 55, d.lg. 28 dicembre 2013, n. 154.
(2) Articoli abrogati dall'art. 159, l. n. 151/1975.
(3) Articolo abrogato dall'art. 1, r.d.l. 20 gennaio 1944, n. 25.
(4) Titolo inserito dall'art. 2, l. 4 aprile 2001, n. 154.
(5) Le parole «, qualora il fatto non costituisca reato perseguibile d'ufficio» sono state soppresse dall'art. 1.1, l. 6 novembre 2003, n. 304.

so. Questa non può essere superiore a un anno (1) e può essere prorogata, su istanza di parte, soltanto se ricorrano gravi motivi per il tempo strettamente necessario.

4. Con il medesimo decreto il giudice determina le modalità di attuazione. Ove sorgano difficoltà o contestazioni in ordine all'esecuzione, lo stesso giudice provvede con decreto ad emanare i provvedimenti più opportuni per l'attuazione, ivi compreso l'ausilio della forza pubblica e dell'ufficiale sanitario.

TITOLO X

Della tutela e dell'emancipazione (2)

CAPO I

DELLA TUTELA DEI MINORI

343. *Apertura della tutela*. — *1.* Se entrambi i genitori sono morti o per altre cause (3) non possono esercitare la responsabilità genitoriale (4), si apre la tutela presso il tribunale del circondario (5) dove è la sede principale degli affari e interessi del minore (c. 43; att. c. 129).

2. Se il tutore è domiciliato o trasferisce il domicilio in altro circondario (6), la tutela può essere ivi trasferita (c. 45^2) con decreto del tribunale.

Sezione I. — *Del giudice tutelare*

344. *Funzioni del giudice tutelare* (7). — *1.* Presso ogni tribunale (8) il giudice tutelare soprintende alle tutele e alle curatele ed esercita le altre funzioni affidategli dalla legge (c. 389; att. c. 43 ss.; p.c. 737 ss.).

2. Il giudice tutelare può chiedere l'assistenza degli organi della pubblica amministrazione e di tutti gli enti i cui scopi corrispondono alle sue funzioni (c. 354, 400 ss.).

Sezione II. — *Del tutore e del protutore*

345. *Denunzie al giudice tutelare*. — *1.* L'ufficiale dello stato civile, che riceve la dichiarazione di morte di una persona la quale ha lasciato figli in età minore ovvero la dichiarazione di nascita di un figlio di genitori ignoti, e il notaio, che procede alla pubblicazione di un testamento contenente la designazione di un tutore o di un protutore (c. 348), devono darne notizia al giudice tutelare entro dieci giorni.

2. Il cancelliere, entro quindici giorni dalla pubblicazione o dal deposito in cancelleria, deve dare notizia al giudice tutelare delle decisioni dalle quali derivi l'apertura di una tutela.

3. I parenti entro il terzo grado (c. 76) devono denunziare al giudice tutelare il fatto da cui deriva l'apertura della tutela entro dieci giorni da quello in cui ne hanno avuto notizia. La denunzia deve essere fatta anche dalla persona designata quale tutore o protutore (c. 348) entro dieci giorni da quello in cui ha avuto notizia della designazione.

346. *Nomina del tutore e del protutore*. — *1.* Il giudice tutelare, appena avuta notizia del fatto da cui deriva l'apertura della tutela, procede alla nomina del tutore e del protutore (c. 348, 354, 360, 389).

347. *Tutela di più fratelli*. — *1.* È nominato un solo tutore a più fratelli e sorelle, salvo che particolari circostanze consiglino la nomina di più tutori. Se vi è conflitto di interessi tra minori soggetti alla stessa tutela, il giudice tutelare nomina ai minori un curatore speciale (c. 320^6) (9).

348. *Scelta del tutore*. — *1.* Il giudice tutelare nomina tutore la persona designata dal genitore che ha esercitato per ultimo la responsabilità genitoriale (10) (c. 316). La designazione può essere fatta per testamento (c. 587^2), per atto pubblico (c. 2699) o per scrittura privata autenticata (c. 2703).

2. Se manca la designazione ovvero se gravi motivi si oppongono alla nomina della persona

(1) Le parole «un anno» sono state così sostituite alle precedenti «sei mesi» dall'art. 10, d.l. 23 febbraio 2009, n. 11, conv. in l. 23 aprile 2009, n. 38.

(2) Per l'individuazione del diritto applicabile v. art. 42 ss., l. 31 maggio 1995, n. 218, in *Leggi coll. I, 1.*

(3) Sulla decadenza dalla responsabilità genitoriale e sulla sospensione dal suo esercizio come pena accessoria, v. artt. 19, 32, 34 cod. pen.

(4) Le parole «responsabilità genitoriale» sono state così sostituite alla precedente «potestà dei genitori» dall'art. 56, d.lg. 28 dicembre 2013, n. 154.

(5) Parole così sostituite dall'art. 139, d.lg. 19 febbraio 1998, n. 51.

(6) Parola così sostituita dall'art. 139, d.lg. n. 51/1998.

(7) Sulle funzioni di giudice tutelare esercitate dall'autorità consolare, v. art. 33, d.lg. 3 febbraio 2011, n. 71.

(8) Parola così sostituita dall'art. 140, d.lg. n. 51/1998.

(9) Articolo così sostituito dall'art. 160, l. n. 151/1975.

(10) Le parole «responsabilità genitoriale» sono state così sostituite alla precedente «potestà dei genitori» dall'art. 57.1, lett. a, d.lg. 28 dicembre 2013, n. 154.

designata, la scelta del tutore avviene preferibilmente tra gli ascendenti o tra gli altri prossimi parenti (c. 74) o affini (c. 78) del minore, i quali, in quanto sia opportuno, devono essere sentiti.

3. Il giudice, prima di procedere alla nomina del tutore, dispone l'ascolto del minore che abbia compiuto gli anni dodici e anche di età inferiore ove capace di discernimento (1).

4. In ogni caso la scelta deve cadere su persona idonea all'ufficio, di ineccepibile condotta, la quale dia affidamento di educare e istruire il minore conformemente a quanto è prescritto nell'art. 147.

5. .... (2).

349. *Giuramento del tutore.* — *1.* Il tutore, prima di assumere l'ufficio, presta davanti al giudice tutelare giuramento di esercitarlo con fedeltà e diligenza (c. 411[1]).

350. *Incapacità all'ufficio tutelare.* — *1.* Non possono essere nominati tutori e, se sono stati nominati, devono cessare dall'ufficio (att. c. 129):

1) coloro che non hanno la libera amministrazione del proprio patrimonio;

2) coloro che sono stati esclusi dalla tutela per disposizione scritta del genitore il quale per ultimo ha esercitato la responsabilità genitoriale (3);

3) coloro che hanno o sono per avere o dei quali gli ascendenti, i discendenti o il coniuge hanno o sono per avere col minore una lite, per effetto della quale può essere pregiudicato lo stato del minore o una parte notevole del patrimonio di lui;

4) coloro che sono incorsi nella perdita della responsabilità genitoriale (3) o nella decadenza da essa (c. 330), o sono stati rimossi da altra tutela (c. 384);

5) il fallito che non è stato cancellato dal registro dei falliti (c. 411[1]).

351. *Dispensa dall'ufficio tutelare.* — *1.* Sono dispensati dall'ufficio di tutore:

1) .... (4);

2) il Presidente del Consiglio dei Ministri;

3) i membri del Sacro Collegio;

4) i Presidenti delle Assemblee legislative;

5) i Ministri Segretari di Stato.

2. Le persone indicate nei nn. 2, 3, 4 e 5 possono far noto al giudice tutelare che non intendono valersi della dispensa (c. 411[1]).

352. *Dispensa su domanda.* — *1.* Hanno diritto di essere dispensati su loro domanda dall'assumere o dal continuare l'esercizio della tutela:

1) i grandi ufficiali dello Stato non compresi nell'articolo precedente (5);

2) gli arcivescovi, i vescovi e i ministri del culto aventi cura d'anime;

3) .... (6);

4) i militari in attività di servizio;

5) chi ha compiuto gli anni sessantacinque;

6) chi ha più di tre figli minori;

7) chi esercita altra tutela;

8) chi è impedito di esercitare la tutela da infermità permanente;

9) chi ha missione dal Governo fuori dello Stato o risiede per ragioni di pubblico servizio fuori della circoscrizione del tribunale dove è costituita la tutela (c. 411[1]).

353. *Domanda di dispensa.* — *1.* La domanda di dispensa per le cause indicate nell'articolo precedente deve essere presentata al giudice tutelare prima della prestazione del giuramento, salvo che la causa di dispensa sia sopravvenuta.

2. Il tutore è tenuto ad assumere e a mantenere l'ufficio fino a quando la tutela non sia stata conferita ad altra persona (c. 360, 411[1]).

354. *Tutela affidata a enti di assistenza.* — *1.* La tutela dei minori, che non hanno nel luogo del loro domicilio parenti conosciuti o capaci di esercitare l'ufficio di tutore, può essere deferita dal giudice tutelare a un ente di assistenza nel comune dove ha domicilio il minore (c. 45[2]) o all'ospizio in cui questi è ricoverato (c. 402). L'amministrazione dell'ente o dell'ospizio delega uno dei propri membri a esercitare le funzioni di tutela (c. 355[2]).

2. È tuttavia in facoltà del giudice tutelare di nominare un tutore al minore quando la natura o l'entità dei beni o altre circostanze lo richiedono.

355. *Protutore.* — *1.* Sono applicabili al protutore le disposizioni stabilite per il tutore in questa sezione.

2. Non si nomina il protutore nei casi con-

(1) Comma così sostituito dall'art. 57.1, lett. b, d.lg. 28 dicembre 2013, n. 154.
(2) Comma abrogato dall'art. 1, r.d.l. 20 gennaio 1944, n. 25, e dall'art. 3 d.lg.lgt. 14 settembre 1944, n. 287.
(3) Le parole «responsabilità genitoriale» sono state così sostituite alla precedente «potestà dei genitori» dall'art. 58, d.lg. 28 dicembre 2013, n. 154.
(4) Il n. 1, che regolava la dispensa dei principi della famiglia reale, è abrogato per incompatibilità con la scelta istituzionale espressa nella Costituzione.
(5) V. r.d. 16 dicembre 1927, n. 2210.
(6) Questo numero, relativo alle donne, è stato abrogato dall'art. 161, l. n. 151/1975, in *Leggi coll. II, 6.*

templati nel primo comma dell'art. 354.

356. *Donazione o disposizione testamentaria a favore del minore*. — *1.* Chi fa una donazione o dispone con testamento a favore di un minore, anche se questi è soggetto alla responsabilità genitoriale (1), può nominargli un curatore speciale per l'amministrazione dei beni donati o lasciati (c. 324[3] n. 3).

2. Se il donante o il testatore non ha disposto altrimenti, il curatore speciale deve osservare le forme stabilite dagli artt. 374 e 375 per il compimento di atti eccedenti l'ordinaria amministrazione (p.c. 747 ss.).

3. Si applica in ogni caso al curatore speciale l'art. 384.

Sezione III. — *Dell'esercizio della tutela*

357. *Funzioni del tutore*. — *1.* Il tutore ha la cura della persona del minore (c. 45[2], 147, 371), lo rappresenta in tutti gli atti civili (c. 320, 1387), e ne amministra i beni (c. 2048, 2941 n. 3).

358. *Doveri del minore*. — *1.* Il minore deve rispetto e obbedienza al tutore (c. 315). Egli non può abbandonare la casa o l'istituto al quale è stato destinato, senza il permesso del tutore.

2. Qualora se ne allontani senza permesso, il tutore ha diritto di richiamarvelo, ricorrendo, se è necessario, al giudice tutelare.

359. .... (2).

360. *Funzioni del protutore*. — *1.* Il protutore rappresenta il minore (c. 1387) nei casi in cui l'interesse di questo è in opposizione con l'interesse del tutore (c. 380[2]).

2. Se anche il protutore si trova in opposizione d'interessi col minore, il giudice tutelare nomina un curatore speciale.

3. Il protutore è tenuto a promuovere la nomina di un nuovo tutore nel caso in cui il tutore è venuto a mancare o ha abbandonato l'ufficio. Frattanto egli ha cura della persona del minore, lo rappresenta e può fare tutti gli atti conservativi e gli atti urgenti di amministrazione.

361. *Provvedimenti urgenti*. — *1.* Prima che il tutore o il protutore abbia assunto le proprie funzioni, spetta al giudice tutelare di dare, sia d'ufficio sia su richiesta del pubblico ministero, di un parente (c. 74) o di un affine (c. 78) del minore, i provvedimenti urgenti che possono occorrere per la cura del minore o per conservare e amministrare il patrimonio. Il giudice può procedere, occorrendo, all'apposizione dei sigilli, nonostante qualsiasi dispensa.

362. *Inventario*. — *1.* Il tutore, nei dieci giorni successivi a quello in cui ha avuto legalmente notizia della sua nomina, deve procedere all'inventario dei beni del minore, nonostante qualsiasi dispensa (att. c. 46[1]).

2. L'inventario deve essere compiuto nel termine di trenta giorni, salva al giudice tutelare la facoltà di prorogare il termine se le circostanze lo esigono.

363. *Formazione dell'inventario*. — *1.* L'inventario si fa col ministero del cancelliere del tribunale (3) o di un notaio a ciò delegato dal giudice tutelare, con l'intervento del protutore e, se è possibile, anche del minore che abbia compiuto gli anni sedici, e con l'assistenza di due testimoni scelti preferibilmente fra i parenti o gli amici della famiglia.

2. Il giudice può consentire che l'inventario sia fatto senza ministero di cancelliere o di notaio, se il valore presumibile del patrimonio non eccede quindicimila lire [euro 7,75].

3. L'inventario è depositato presso il tribunale (3).

4. Nel verbale di deposito il tutore e il protutore ne dichiarano con giuramento la sincerità.

364. *Contenuto dell'inventario*. — *1.* Nell'inventario si indicano gli immobili, i mobili, i crediti e i debiti e si descrivono le carte, note e scritture relative allo stato attivo e passivo del patrimonio, osservando le formalità stabilite nel codice di procedura civile (p.c. 769 ss.).

365. *Inventario di aziende*. — *1.* Se nel patrimonio del minore esistono aziende commerciali (c. 2195, 2555) o agricole (c. 2135), si procede con le forme usate nel commercio o nell'economia agraria alla formazione dell'inventario dell'azienda (c. 2214 ss.), con l'assistenza e l'intervento delle persone indicate nell'art. 363. Questi particolari inventari sono pure depositati presso il tribunale (3) e il loro riepilogo è riportato nell'inventario generale.

366. *Beni amministrati da curatore speciale*. — *1.* Il tutore deve comprendere nell'inventario generale del patrimonio del minore anche i beni, la cui amministrazione è stata deferita a un curatore speciale (c. 356). Se questi ha formato un inventario particolare di tali beni, deve rimetterne copia al tutore, il quale lo unirà all'inventario generale.

(1) Le parole «responsabilità genitoriale» sono state così sostituite alla precedente «potestà dei genitori» dall'art. 59, d.lg. 28 dicembre 2013, n. 154.
(2) Articolo abrogato dall'art. 162, l. n. 151/1975.
(3) Parole così sostituite dall'art. 141, d.lg. 19 febbraio 1998, n. 51.

2. Il curatore deve anche comunicare al tutore copia dei conti periodici della sua amministrazione, salvo che il disponente lo abbia esonerato.

367. *Dichiarazione di debiti o crediti del tutore.* — *1.* Il tutore, che ha debiti, crediti o altre ragioni verso il minore, deve esattamente dichiararli prima della chiusura dell'inventario. Il cancelliere o il notaio hanno l'obbligo di interpellarlo al riguardo.

2. Nel caso d'inventario senza opera di cancelliere o di notaio (c. 363^2), il tutore è interpellato dal giudice tutelare all'atto del deposito.

3. In ogni caso si fa menzione dell'interpellazione e della dichiarazione del tutore nell'inventario o nel verbale di deposito (c. 368).

368. *Omissione della dichiarazione.* — *1.* Se il tutore, conoscendo il suo credito o le sue ragioni, espressamente interpellato non li ha dichiarati, decade da ogni suo diritto.

2. Qualora, sapendo di essere debitore, non abbia dichiarato fedelmente il proprio debito, può essere rimosso dalla tutela (c. 384).

369. *Deposito di titoli e valori.* — *1.* Il tutore deve depositare il denaro, i titoli di credito al portatore (c. 2003) e gli oggetti preziosi esistenti nel patrimonio del minore presso un istituto di credito (att. c. 251) designato dal giudice tutelare, salvo che questi disponga diversamente per la loro custodia.

2. Non è tenuto a depositare le somme occorrenti per le spese urgenti di mantenimento e di educazione del minore e per le spese di amministrazione.

370. *Amministrazione prima dell'inventario.* — *1.* Prima che sia compiuto l'inventario, l'amministrazione del tutore deve limitarsi agli affari che non ammettono dilazione (c. 361).

371. *Provvedimenti circa l'educazione e l'amministrazione.* — *1.* Compiuto l'inventario, il giudice tutelare, su proposta del tutore e sentito il protutore, delibera:

1) sul luogo dove il minore deve essere cresciuto e sul suo avviamento agli studi o all'esercizio di un'arte, mestiere o professione, disposto l'ascolto dello stesso minore che abbia compiuto gli anni dieci e anche di età inferiore ove capace di discernimento e richiesto, quando opportuno, l'avviso dei parenti prossimi (1);

2) sulla spesa annua occorrente per il mantenimento e la istruzione del minore e per l'amministrazione del patrimonio, fissando i modi d'impiego del reddito eccedente;

3) sulla convenienza di continuare ovvero alienare o liquidare le aziende commerciali (c. 2195, 2555), che si trovano nel patrimonio del minore, e sulle relative modalità e cautele (c. 2294).

2. Nel caso in cui il giudice stimi evidentemente utile per il minore la continuazione dell'esercizio dell'impresa, il tutore deve domandare l'autorizzazione del tribunale (att. c. 38). In pendenza della deliberazione del tribunale il giudice tutelare può consentire l'esercizio provvisorio dell'impresa (c. 2198; l. camb. 10; l. ass. 13).

372. *Investimento di capitali.* — *1.* I capitali del minore devono, previa autorizzazione del giudice tutelare, essere dal tutore investiti:

1) in titoli dello Stato o garantiti dallo Stato;

2) nell'acquisto di beni immobili posti nello Stato;

3) in mutui garantiti da idonea ipoteca sopra beni posti nello Stato, o in obbligazioni emesse da pubblici istituti autorizzati a esercitare il credito fondiario;

4) in depositi fruttiferi presso le casse postali o presso altre casse di risparmio o monti di credito su pegno. Il giudice, sentito il tutore e il protutore, può autorizzare il deposito presso altri istituti di credito (att. c. 251), ovvero, per motivi particolari, un investimento diverso da quelli sopra indicati (att. c. 45^1).

373. *Titoli al portatore.* — *1.* Se nel patrimonio del minore si trovano titoli al portatore (c. 2003), il tutore deve farli convertire in nominativi (c. 1999, 2021), salvo che il giudice tutelare disponga che siano depositati in cauta custodia (att. c. 45^1).

374. *Autorizzazione del giudice tutelare.* — *1.* Il tutore non può senza l'autorizzazione del giudice tutelare (c. 377; att. c. 45^1):

1) acquistare beni, eccettuati i mobili necessari per l'uso del minore, per l'economia domestica e per l'amministrazione del patrimonio;

2) riscuotere capitali, consentire alla cancellazione di ipoteche o allo svincolo di pegni, assumere obbligazioni, salvo che queste riguardino le spese necessarie per il mantenimento del minore e per l'ordinaria amministrazione del suo patrimonio;

3) accettare eredità o rinunciarvi, accettare donazioni o legati soggetti a pesi o a condizioni (c. 320^3, 471);

4) fare contratti di locazione d'immobili oltre il novennio o che in ogni caso si prolunghino oltre un anno dopo il raggiungimento

(1) Numero così sostituito dall'art. 60, d.lg. 28 dicembre 2013, n. 154.

della maggiore età (c. 2);

5) promuovere giudizi, salvo che si tratti di denunzie di nuova opera o di danno temuto, di azioni possessorie o di sfratto e di azioni per riscuotere frutti o per ottenere provvedimenti conservativi.

375. *Autorizzazione del tribunale*. — *1.* Il tutore non può senza l'autorizzazione del tribunale (p.c. 732):

1) alienare beni, eccettuati i frutti (c. 820) e i mobili soggetti a facile deterioramento;

2) costituire pegni (c. 2784) o ipoteche (c. 2821);

3) procedere a divisioni (c. 713 ss., 1111 ss.) o promuovere i relativi giudizi (p.c. 784 ss.);

4) fare compromessi (p.c. 806) e transazioni (c. 1965, 1966[1]) o accettare concordati.

2. L'autorizzazione è data su parere del giudice tutelare.

376. *Vendita di beni*. — *1.* Nell'autorizzare la vendita di beni, il tribunale determina se debba farsi all'incanto o a trattative private, fissandone in ogni caso il prezzo minimo (p.c. 733).

2. Quando nel dare l'autorizzazione il tribunale non ha stabilito il modo di erogazione o di reimpiego del prezzo, lo stabilisce il giudice tutelare (att. c. 45[1]).

377. *Atti compiuti senza l'osservanza delle norme dei precedenti articoli*. — *1.* Gli atti compiuti senza osservare le norme dei precedenti articoli possono essere annullati su istanza del tutore o del minore o dei suoi eredi o aventi causa (c. 1425 ss.).

378. *Atti vietati al tutore e al protutore*. — *1.* Il tutore e il protutore non possono, neppure all'asta pubblica, rendersi acquirenti direttamente o per interposta persona dei beni e dei diritti del minore (c. 323, 779, 1261, 1471, 2233[3]).

2. Non possono prendere in locazione i beni del minore senza l'autorizzazione e le cautele fissate dal giudice tutelare.

3. Gli atti compiuti in violazione di questi divieti possono essere annullati su istanza delle persone indicate nell'articolo precedente, ad eccezione del tutore e del protutore che li hanno compiuti (c. 1441 ss.).

4. Il tutore e il protutore non possono neppure diventare cessionari di alcuna ragione o credito verso il minore (c. 596, 1261).

379. *Gratuità della tutela*. — *1.* L'ufficio tutelare è gratuito.

2. Il giudice tutelare tuttavia, considerando l'entità del patrimonio e le difficoltà dell'amministrazione, può assegnare al tutore un'equa indennità. Può altresì, se particolari circostanze lo richiedono, sentito il protutore, autorizzare il tutore a farsi coadiuvare nell'amministrazione, sotto la sua personale responsabilità, da una o più persone stipendiate.

380. *Contabilità dell'amministrazione*. — *1.* Il tutore deve tenere regolare contabilità della sua amministrazione e renderne conto ogni anno al giudice tutelare (att. c. 46[1]).

2. Il giudice può sottoporre il conto annuale all'esame del protutore e di qualche prossimo parente (c. 74) o affine (c. 78) del minore.

381. *Cauzione*. — *1.* Il giudice tutelare, tenuto conto della particolare natura ed entità del patrimonio, può imporre al tutore di prestare una cauzione, determinandone l'ammontare e le modalità (att. c. 131).

2. Egli può anche liberare il tutore in tutto o in parte dalla cauzione che avesse prestato.

382. *Responsabilità del tutore e del protutore*. — *1.* Il tutore deve amministrare il patrimonio del minore con la diligenza del buon padre di famiglia (c. 1176). Egli risponde verso il minore di ogni danno a lui cagionato violando i propri doveri.

2. Nella stessa responsabilità incorre il protutore per ciò che riguarda i doveri del proprio ufficio.

Sezione IV. — *Della cessazione del tutore dall'ufficio*

383. *Esonero dall'ufficio*. — *1.* Il giudice tutelare può sempre esonerare il tutore dall'ufficio, qualora l'esercizio di esso sia al tutore soverchiamente gravoso e vi sia altra persona atta a sostituirlo (att. c. 129[2]).

384. *Rimozione e sospensione del tutore*. — *1.* Il giudice tutelare può rimuovere dall'ufficio il tutore che si sia reso colpevole di negligenza o abbia abusato dei suoi poteri, o si sia dimostrato inetto nell'adempimento di essi, o sia divenuto immeritevole dell'ufficio per atti anche estranei alla tutela, ovvero sia divenuto insolvente.

2. Il giudice non può rimuovere il tutore se non dopo averlo sentito o citato; può tuttavia sospenderlo dall'esercizio della tutela nei casi che non ammettono dilazione (c. 356, 393; att. c. 129[2]).

Sezione V. — *Del rendimento del conto finale*

385. *Conto finale*. — *1.* Il tutore che cessa dalle funzioni deve fare subito la consegna dei beni e deve presentare nel termine di due mesi il conto finale dell'amministrazione al giudice tutelare. Questi può concedere una proroga (att. c. 46[1]).

386. *Approvazione del conto*. — *1.* Il giudice

tutelare invita il protutore, il minore divenuto maggiore (c. 2) o emancipato (c. 390 ss.), ovvero, secondo le circostanze, il nuovo rappresentante legale a esaminare il conto e a presentare le loro osservazioni.

2. Se non vi sono osservazioni, il giudice che non trova nel conto irregolarità o lacune lo approva; in caso contrario nega l'approvazione (att. c. 45[1]).

3. Qualora il conto non sia stato presentato o sia impugnata la decisione del giudice tutelare, provvede l'autorità giudiziaria nel contraddittorio degli interessati (att. c. 45[3]).

387. *Prescrizione delle azioni relative alla tutela*. — *1.* Le azioni del minore contro il tutore e quelle del tutore contro il minore relative alla tutela si prescrivono in cinque anni dal compimento della maggiore età (c. 2) o dalla morte del minore. Se il tutore ha cessato dall'ufficio e ha presentato il conto prima della maggiore età o della morte del minore, il termine decorre dalla data del provvedimento col quale il giudice tutelare pronunzia sul conto stesso (c. 386, 2941 n. 3).

2. Le disposizioni di quest'articolo non si applicano all'azione per il pagamento del residuo che risulta dal conto definitivo.

388. *Divieto di convenzioni prima dell'approvazione del conto*. — *1.* Nessuna convenzione tra il tutore e il minore divenuto maggiore (c. 2) può aver luogo prima che sia decorso un anno dall'approvazione (1) del conto della tutela (c. 295, 596, 779).

2. La convenzione può essere annullata su istanza del minore o dei suoi eredi o aventi causa (c. 1441 ss.).

389. *Registro delle tutele*. — *1.* Nel registro delle tutele, istituito presso ogni giudice tutelare, sono iscritti a cura del cancelliere l'apertura e la chiusura della tutela, la nomina, l'esonero e la rimozione del tutore e del protutore, le risultanze degli inventari e dei rendiconti e tutti i provvedimenti che portano modificazione nello stato personale o patrimoniale del minore (att. c. 48 ss.).

2. Dell'apertura e della chiusura della tutela il cancelliere dà comunicazione entro dieci giorni all'ufficiale dello stato civile per l'annotazione in margine all'atto di nascita del minore (2).

CAPO II

DELL'EMANCIPAZIONE

390. *Emancipazione di diritto*. — *1.* Il minore è di diritto emancipato (att. c. 129) col matrimonio (c. 84).

391. . . . . (3).

392. *Curatore dell'emancipato*. — *1.* Curatore del minore sposato con persona maggiore di età è il coniuge.

2. Se entrambi i coniugi sono minori di età (c. 2), il giudice tutelare può nominare un unico curatore, scelto preferibilmente fra i genitori.

3. Se interviene l'annullamento per una causa diversa dall'età (c. 117), o lo scioglimento o la cessazione degli effetti civili del matrimonio (c. 149) o la separazione personale (c. 150), il giudice tutelare nomina curatore uno dei genitori, se idoneo all'ufficio o, in mancanza, altra persona. Nel caso in cui il minore contrae successivamente matrimonio, il curatore lo assiste altresì negli atti previsti nell'art. 165 (4).

393. *Incapacità o rimozione del curatore*. — *1.* Sono applicabili al curatore le disposizioni degli artt. 348 ultimo comma (5), 350 e 384 (att. c. 129[2]).

394. *Capacità dell'emancipato*. — *1.* L'emancipazione conferisce al minore la capacità di compiere gli atti che non eccedono l'ordinaria amministrazione (c. 320, 374 n. 2, 1572).

2. Il minore emancipato può con l'assistenza del curatore riscuotere i capitali sotto la condizione di un idoneo impiego e può stare in giudizio sia come attore sia come convenuto.

3. Per gli altri atti eccedenti la ordinaria amministrazione, oltre il consenso del curatore (c. 395), è necessaria l'autorizzazione del giudice tutelare (c. 472). Per gli atti indicati nell'art. 375 l'autorizzazione, se curatore non è il genitore, deve essere data dal tribunale su parere del giudice tutelare.

4. Qualora nasca conflitto di interessi fra il minore e il curatore, è nominato un curatore speciale a norma dell'ultimo comma dell'art. 320 (att. c. 45[1]).

395. *Rifiuto del consenso da parte del curatore*. — *1.* Nel caso in cui il curatore rifiuta il suo consenso, il minore può ricorrere al giudice

(1) L'art. 3.2, l. 9 gennaio 2004, n. 6 ha sostituito con le parole «prima che sia decorso un anno dall'approvazione» le precedenti «prima dell'approvazione».
(2) V. d.p.r. 3 novembre 2000, n. 396, in *Leggi coll. II, 1*.
(3) Articolo abrogato dall'art. 6, l. 8 marzo 1975, n. 39.
(4) Articolo così sostituito dall'art. 7, l. 8 marzo 1975, n. 39.
(5) Abrogato dall'art. 1, r.d.l. 20 gennaio 1944, n. 25 e dall'art. 3, d.lg.lgt. 14 settembre 1944, n. 287.

tutelare, il quale, se stima ingiustificato il rifiuto, nomina un curatore speciale per assistere il minore nel compimento dell'atto, salva, se occorre, l'autorizzazione del tribunale (att. c. 45[1]).

396. *Inosservanza delle precedenti norme.* — *1.* Gli atti compiuti senza osservare le norme stabilite nell'art. 394 possono essere annullati su istanza del minore o dei suoi eredi o aventi causa (c. 1441 ss.).

2. Sono applicabili al curatore le disposizioni dell'art. 378.

397. *Emancipato autorizzato all'esercizio di un'impresa commerciale.* — *1.* Il minore emancipato può esercitare un'impresa commerciale (c. 2195) senza l'assistenza del curatore, se è autorizzato dal tribunale, previo parere del giudice tutelare e sentito il curatore (c. 2198; l. camb. 9; l. ass. 12).

2. L'autorizzazione può essere revocata dal tribunale su istanza del curatore o d'ufficio, previo, in entrambi i casi, il parere del giudice tutelare e sentito il minore emancipato.

3. Il minore emancipato, che è autorizzato all'esercizio di un'impresa commerciale, può compiere da solo gli atti che eccedono l'ordinaria amministrazione, anche se estranei all'esercizio dell'impresa (c. 394, 774, 2294).

398-399. .... (1).

TITOLO XI

Dell'affiliazione e dell'affidamento (2) (3)

400. *Norme regolatrici dell'assistenza dei minori.* — *1.* L'assistenza dei minori è regolata, oltre che dalle leggi speciali (4), dalle norme del presente titolo (5).

401. *Limiti di applicazione delle norme.* — *1.* Le disposizioni del presente titolo si applicano anche ai minori che sono figli di genitori non conosciuti, ovvero figli di genitori che si trovino (6) nell'impossibilità di provvedere al loro mantenimento (7) (8).

2. Le stesse disposizioni si applicano ai minori ricoverati in un istituto di pubblica assistenza o assistiti da questo per il mantenimento, l'educazione o la rieducazione, ovvero in istato di abbandono materiale o morale (9).

402. *Poteri tutelari spettanti agli istituti di assistenza.* — *1.* L'istituto di pubblica assistenza esercita i poteri tutelari sul minore ricoverato o assistito, secondo le norme del titolo X, capo I di questo libro (c. 343 ss.), fino a quando non si provveda alla nomina di un tutore (c. 348), e in tutti i casi nei quali l'esercizio della responsabilità genitoriale (10) o della tutela sia impedito (c. 317, 330, 384). Resta salva la facoltà del giudice tutelare di deferire la tutela all'ente di assistenza o all'ospizio, ovvero di nominare un tutore a norma dell'art. 354.

2. Nel caso in cui il genitore riprenda l'esercizio della responsabilità genitoriale (10), l'istituto deve chiedere al giudice tutelare di fissare eventualmente limiti o condizioni a tale esercizio (11).

403. *Intervento della pubblica autorità a favore dei minori.* — *1.* Quando il minore è moralmente o materialmente abbandonato o è allevato in locali insalubri o pericolosi, oppure da persone per negligenza, immoralità, ignoranza o per altri motivi incapaci di provvedere all'educazione di lui, la pubblica autorità, a mezzo degli organi di protezione dell'infanzia, lo colloca in luogo sicuro, sino a quando si possa provvedere in modo definitivo alla sua protezione (12).

(1) Articoli abrogati dall'art. 6, l. 8 marzo 1975, n. 39.
(2) Intitolazione così sostituita dall'art. 163, l. n. 151/1975.
(3) Per l'individuazione del diritto applicabile v. art. 42 ss., l. 31 maggio 1995, n. 218, in *Leggi coll. I, 1.*
(4) Sull'affidamento familiare v. art. 176, r.d. 15 aprile 1926, n. 718; art. 13, r.d.l. 8 maggio 1927, n. 798, conv. in l. 6 dicembre 1928, n. 2838 (modif. con l. 13 aprile 1933, n. 312, e con l. 8 giugno 1942, n. 826); art. 27, r.d.l. 20 luglio 1934, n. 1404, conv. in l. 27 maggio 1935, n. 835, sostituito dall'art. unico, l. 25 luglio 1956, n. 888.
(5) Ma v. ora artt. 1-5, l. 4 maggio 1983, n. 184, in *Leggi coll. II, 14*, sull'affidamento dei minori.
(6) Le parole «figli di genitori che si trovino» sono state così sostituite alle precedenti «figli naturali riconosciuti dalla sola madre che si trovi» dall'art. 61, d.lg. 28 dicembre 2013, n. 154.
(7) La parola «mantenimento» è stata così sostituita alla precedente «allevamento» dall'art. 61, d.lg. 28 dicembre 2013, n. 154.
(8) Comma sostituito dall'art. 8, l. 8 marzo 1975, n. 39.
(9) Ma v. ora art. 1, l. n. 184/1983, in *Leggi coll. II, 14.*
(10) Le parole «responsabilità genitoriale» sono state così sostituite alla precedente «potestà dei genitori» dall'art. 62, d.lg. 28 dicembre 2013, n. 154.
(11) Ma v. ora art. 3, l. n. 184/1983, in *Leggi coll. II, 14.*
(12) Ma v. ora art. 2, l. n. 184/1983, in *Leggi coll. II, 14.*

TITOLO XII

Delle misure di protezione delle persone prive in tutto od in parte di autonomia (1)

CAPO I

DELL'AMMINISTRAZIONE DI SOSTEGNO (2)

404. *Amministrazione di sostegno.* — *1.* La persona che, per effetto di una infermità ovvero di una menomazione fisica o psichica, si trova nella impossibilità, anche parziale o temporanea, di provvedere ai propri interessi, può essere assistita da un amministratore di sostegno, nominato dal giudice tutelare del luogo in cui questa ha la residenza o il domicilio.

405. *Decreto di nomina dell'amministratore di sostegno. Durata dell'incarico e relativa pubblicità.* — *1.* Il giudice tutelare provvede entro sessanta giorni dalla data di presentazione della richiesta alla nomina dell'amministratore di sostegno con decreto motivato immediatamente esecutivo, su ricorso di uno dei soggetti indicati nell'art. 406.

2. Il decreto che riguarda un minore non emancipato può essere emesso solo nell'ultimo anno della sua minore età e diventa esecutivo a decorrere dal momento in cui la maggiore età è raggiunta.

3. Se l'interessato è un interdetto o un inabilitato, il decreto è esecutivo dalla pubblicazione della sentenza di revoca dell'interdizione o dell'inabilitazione.

4. Qualora ne sussista la necessità, il giudice tutelare adotta anche d'ufficio i provvedimenti urgenti per la cura della persona interessata e per la conservazione e l'amministrazione del suo patrimonio. Può procedere alla nomina di un amministratore di sostegno provvisorio indicando gli atti che è autorizzato a compiere.

5. Il decreto di nomina dell'amministratore di sostegno deve contenere l'indicazione:

1) delle generalità della persona beneficiaria e dell'amministratore di sostegno;

2) della durata dell'incarico, che può essere anche a tempo indeterminato;

3) dell'oggetto dell'incarico e degli atti che l'amministratore di sostegno ha il potere di compiere in nome e per conto del beneficiario;

4) degli atti che il beneficiario può compiere solo con l'assistenza dell'amministratore di sostegno;

5) dei limiti, anche periodici, delle spese che l'amministratore di sostegno può sostenere con utilizzo delle somme di cui il beneficiario ha o può avere la disponibilità;

6) della periodicità con cui l'amministratore di sostegno deve riferire al giudice circa l'attività svolta e le condizioni di vita personale e sociale del beneficiario.

6. Se la durata dell'incarico è a tempo determinato, il giudice tutelare può prorogarlo con decreto motivato pronunciato anche d'ufficio prima della scadenza del termine.

7. Il decreto di apertura dell'amministrazione di sostegno, il decreto di chiusura ed ogni altro provvedimento assunto dal giudice tutelare nel corso dell'amministrazione di sostegno devono essere immediatamente annotati a cura del cancelliere nell'apposito registro.

8. Il decreto di apertura dell'amministrazione di sostegno e il decreto di chiusura devono essere comunicati, entro dieci giorni, all'ufficiale dello stato civile per le annotazioni in margine all'atto di nascita del beneficiario. Se la durata dell'incarico è a tempo determinato, le annotazioni devono essere cancellate alla scadenza del termine indicato nel decreto di apertura o in quello eventuale di proroga.

406. *Soggetti.* — *1.* Il ricorso per l'istituzione dell'amministrazione di sostegno può essere proposto dallo stesso soggetto beneficiario, anche se minore, interdetto o inabilitato, ovvero da uno dei soggetti indicati nell'art. 417.

2. Se il ricorso concerne persona interdetta o inabilitata il medesimo è presentato congiuntamente all'istanza di revoca dell'interdizione o dell'inabilitazione davanti al giudice competente per quest'ultima.

3. I responsabili dei servizi sanitari e sociali direttamente impegnati nella cura e assistenza della persona, ove a conoscenza di fatti tali da rendere opportuna l'apertura del procedimento di amministrazione di sostegno, sono tenuti a proporre al giudice tutelare il ricorso di cui all'art. 407 o a fornirne comunque notizia al pubblico ministero.

407. *Procedimento.* — *1.* Il ricorso per l'istituzione dell'amministrazione di sostegno deve indicare le generalità del beneficiario, la sua dimora abituale, le ragioni per cui si richiede la nomina dell'amministratore di sostegno, il nominativo ed il domicilio, se conosciuti dal ricorrente, del coniuge, dei discendenti, degli ascendenti, dei fratelli e dei conviventi del beneficiario.

(1) Rubrica così sostituita dall'art. 2.1, l. 9 gennaio 2004, n. 6.
(2) Capo così premesso dall'art. 3.1, l. 9 gennaio 2004, n. 6.

2. Il giudice tutelare deve sentire personalmente la persona cui il procedimento si riferisce recandosi, ove occorra, nel luogo in cui questa si trova e deve tener conto, compatibilmente con gli interessi e le esigenze di protezione della persona, dei bisogni e delle richieste di questa.

3. Il giudice tutelare provvede, assunte le necessarie informazioni e sentiti i soggetti di cui all'art. 406; in caso di mancata comparizione provvede comunque sul ricorso. Dispone altresì, anche d'ufficio, gli accertamenti di natura medica e tutti gli altri mezzi istruttori utili ai fini della decisione.

4. Il giudice tutelare può, in ogni tempo, modificare o integrare, anche d'ufficio, le decisioni assunte con il decreto di nomina dell'amministratore di sostegno.

5. In ogni caso, nel procedimento di nomina dell'amministratore di sostegno interviene il pubblico ministero.

408. *Scelta dell'amministratore di sostegno*. — *1.* La scelta dell'amministratore di sostegno avviene con esclusivo riguardo alla cura ed agli interessi della persona del beneficiario. L'amministratore di sostegno può essere designato dallo stesso interessato, in previsione della propria eventuale futura incapacità, mediante atto pubblico o scrittura privata autenticata. In mancanza, ovvero in presenza di gravi motivi, il giudice tutelare può designare con decreto motivato un amministratore di sostegno diverso. Nella scelta, il giudice tutelare preferisce, ove possibile, il coniuge che non sia separato legalmente, la persona stabilmente convivente, il padre, la madre, il figlio o il fratello o la sorella, il parente entro il quarto grado ovvero il soggetto designato dal genitore superstite con testamento, atto pubblico o scrittura privata autenticata.

2. Le designazioni di cui al primo comma possono essere revocate dall'autore con le stesse forme.

3. Non possono ricoprire le funzioni di amministratore di sostegno gli operatori dei servizi pubblici o privati che hanno in cura o in carico il beneficiario.

4. Il giudice tutelare, quando ne ravvisa l'opportunità, e nel caso di designazione dell'interessato quando ricorrano gravi motivi, può chiamare all'incarico di amministratore di sostegno anche altra persona idonea, ovvero uno dei soggetti di cui al titolo II al cui legale rappresentante ovvero alla persona che questi ha facoltà di delegare con atto depositato presso l'ufficio del giudice tutelare, competono tutti i doveri e tutte le facoltà previste nel presente capo.

409. *Effetti dell'amministrazione di sostegno*. — *1.* Il beneficiario conserva la capacità di agire per tutti gli atti che non richiedono la rappresentanza esclusiva o l'assistenza necessaria dell'amministratore di sostegno.

2. Il beneficiario dell'amministrazione di sostegno può in ogni caso compiere gli atti necessari a soddisfare le esigenze della propria vita quotidiana.

410. *Doveri dell'amministratore di sostegno*. — *1.* Nello svolgimento dei suoi compiti l'amministratore di sostegno deve tener conto dei bisogni e delle aspirazioni del beneficiario.

2. L'amministratore di sostegno deve tempestivamente informare il beneficiario circa gli atti da compiere nonché il giudice tutelare in caso di dissenso con il beneficiario stesso. In caso di contrasto, di scelte o di atti dannosi ovvero di negligenza nel perseguire l'interesse o nel soddisfare i bisogni o le richieste del beneficiario, questi, il pubblico ministero o gli altri soggetti di cui all'art. 406 possono ricorrere al giudice tutelare, che adotta con decreto motivato gli opportuni provvedimenti.

3. L'amministratore di sostegno non è tenuto a continuare nello svolgimento dei suoi compiti oltre dieci anni, ad eccezione dei casi in cui tale incarico è rivestito dal coniuge, dalla persona stabilmente convivente, dagli ascendenti o dai discendenti.

411. *Norme applicabili all'amministrazione di sostegno*. — *1.* Si applicano all'amministratore di sostegno, in quanto compatibili, le disposizioni di cui agli articoli da 349 a 353 e da 374 a 388. I provvedimenti di cui agli artt. 375 e 376 sono emessi dal giudice tutelare.

2. All'amministratore di sostegno si applicano altresì, in quanto compatibili, le disposizioni degli artt. 596, 599 e 779.

3. Sono in ogni caso valide le disposizioni testamentarie e le convenzioni in favore dell'amministratore di sostegno che sia parente entro il quarto grado del beneficiario, ovvero che sia coniuge o persona che sia stata chiamata alla funzione in quanto con lui stabilmente convivente.

4. Il giudice tutelare, nel provvedimento con il quale nomina l'amministratore di sostegno, o successivamente, può disporre che determinati effetti, limitazioni o decadenze, previsti da disposizioni di legge per l'interdetto o l'inabilitato, si estendano al beneficiario dell'amministrazione di sostegno, avuto riguardo all'interesse del medesimo ed a quello tutelato dalle predette disposizioni. Il provvedimento è assunto con decreto motivato a seguito di ricorso che può essere presentato anche dal beneficiario direttamente.

412. *Atti compiuti dal beneficiario o dall'am-*

ministratore di sostegno in violazione di norme di legge o delle disposizioni del giudice. — *1.* Gli atti compiuti dall'amministratore di sostegno in violazione di disposizioni di legge, od in eccesso rispetto all'oggetto dell'incarico o ai poteri conferitigli dal giudice, possono essere annullati su istanza dell'amministratore di sostegno, del pubblico ministero, del beneficiario o dei suoi eredi ed aventi causa.

2. Possono essere parimenti annullati su istanza dell'amministratore di sostegno, del beneficiario, o dei suoi eredi ed aventi causa, gli atti compiuti personalmente dal beneficiario in violazione delle disposizioni di legge o di quelle contenute nel decreto che istituisce l'amministrazione di sostegno.

3. Le azioni relative si prescrivono nel termine di cinque anni. Il termine decorre dal momento in cui è cessato lo stato di sottoposizione all'amministrazione di sostegno.

413. *Revoca dell'amministrazione di sostegno*. — *1.* Quando il beneficiario, l'amministratore di sostegno, il pubblico ministero o taluno dei soggetti di cui all'art. 406, ritengono che si siano determinati i presupposti per la cessazione dell'amministrazione di sostegno, o per la sostituzione dell'amministratore, rivolgono istanza motivata al giudice tutelare.

2. L'istanza è comunicata al beneficiario ed all'amministratore di sostegno.

3. Il giudice tutelare provvede con decreto motivato, acquisite le necessarie informazioni e disposti gli opportuni mezzi istruttori.

4. Il giudice tutelare provvede altresì, anche d'ufficio, alla dichiarazione di cessazione dell'amministrazione di sostegno quando questa si sia rivelata inidonea a realizzare la piena tutela del beneficiario. In tale ipotesi, se ritiene che si debba promuovere giudizio di interdizione o di inabilitazione, ne informa il pubblico ministero, affinché vi provveda. In questo caso l'amministrazione di sostegno cessa con la nomina del tutore o del curatore provvisorio ai sensi dell'art. 419, ovvero con la dichiarazione di interdizione o di inabilitazione.

CAPO II (1)

DELLA INTERDIZIONE, DELLA INABILITAZIONE (2) E DELLA INCAPACITÀ NATURALE (1) (3)

414. *Persone che possono essere interdette*. — *1.* Il maggiore di età (c. 2) e il minore emancipato (c. 390 ss.; att. c. 40), i quali si trovano in condizioni di abituale infermità di mente che li rende incapaci di provvedere ai propri interessi, sono interdetti quando ciò è necessario per assicurare la loro adeguata protezione (c. 85, 119, 193, 245, 427, 2942 n. 1) (4).

415. *Persone che possono essere inabilitate*. — *1.* Il maggiore di età infermo di mente, lo stato del quale non è talmente grave da far luogo all'interdizione, può essere inabilitato (c. 166, 193).

2. Possono anche essere inabilitati coloro che, per prodigalità (c. 776[2]) o per abuso abituale di bevande alcooliche o di stupefacenti, espongono sé o la loro famiglia a gravi pregiudizi economici.

3. Possono infine essere inabilitati il sordo (5) e il cieco dalla nascita o dalla prima infanzia, se non hanno ricevuto un'educazione sufficiente, salva l'applicazione dell'art. 414 quando risulta che essi sono del tutto incapaci di provvedere ai propri interessi (c. 776).

416. *Interdizione e inabilitazione nell'ultimo anno di minore età*. — *1.* Il minore non emancipato può essere interdetto o inabilitato nell'ultimo anno della sua minore età. L'interdizione o l'inabilitazione ha effetto dal giorno in cui il minore raggiunge l'età maggiore (c. 421; att. c. 40).

417. *Istanza d'interdizione o di inabilitazione*. — *1.* L'interdizione e l'inabilitazione possono essere promosse dalle persone indicate negli artt. 414 e 415, dal coniuge, dalla persona stabilmente convivente (6), dai parenti entro il quarto grado, dagli affini entro il secondo grado, dal tutore o curatore ovvero dal pubblico ministero (att. c. 40).

2. Se l'interdicendo o l'inabilitando si trova

(1) Parole introdotte dall'art. 4.1, l. 9 gennaio 2004, n. 6.

(2) Per l'individuazione del diritto applicabile v. art. 42 ss., l. 31 maggio 1995, n. 218, in *Leggi coll. I, 1.*

(3) Sugli accertamenti e trattamenti sanitari volontari e obbligatori per malattia mentale, v. artt. 34 e 35, l. 23 dicembre 1978, n. 833; l'art. 35.6 così dispone: «Qualora ne sussista la necessità il giudice tutelare adotta i provvedimenti urgenti che possono occorrere per conservare e per amministrare il patrimonio dell'infermo».

(4) Articolo così sostituito dall'art. 4.2, l. 9 gennaio 2004, n. 6.

(5) L'art. 1.1, l. 20 febbraio 2006, n. 95, così dispone: «In tutte le disposizioni legislative vigenti, il termine "sordomuto" è sostituito con l'espressione "sordo"».

(6) Le parole «possono essere promosse dalle persone indicate negli artt. 414 e 415, dal coniuge, dalla persona stabilmente convivente» sono state così sostituite alle precedenti «possono essere promosse dal coniuge» dall'art. 5.1, l. 9 gennaio 2004, n. 6.

sotto la responsabilità genitoriale (1) (c. 316) o ha per curatore uno dei genitori (c. 392), l'interdizione o l'inabilitazione non può essere promossa che su istanza del genitore medesimo o del pubblico ministero (p.c. 712 ss.).

418. *Poteri dell'autorità giudiziaria*. — *1.* Promosso il giudizio d'interdizione, può essere dichiarata anche d'ufficio l'inabilitazione per infermità di mente.

2. Se nel corso del giudizio d'inabilitazione si rivela l'esistenza delle condizioni richieste per l'interdizione, il pubblico ministero fa istanza al tribunale di pronunziare l'interdizione, e il tribunale provvede nello stesso giudizio, premessa l'istruttoria necessaria (att. c. 40).

3. Se nel corso del giudizio di interdizione o di inabilitazione appare opportuno applicare l'amministrazione di sostegno, il giudice, d'ufficio o ad istanza di parte, dispone la trasmissione del procedimento al giudice tutelare. In tal caso il giudice competente per l'interdizione o per l'inabilitazione può adottare i provvedimenti urgenti di cui al quarto comma dell'art. 405 (2).

419. *Mezzi istruttori e provvedimenti provvisori*. — *1.* Non si può pronunziare l'interdizione o l'inabilitazione senza che si sia proceduto all'esame dell'interdicendo o dell'inabilitando.

2. Il giudice (att. c. 40) può in questo esame farsi assistere da un consulente tecnico. Può anche d'ufficio disporre i mezzi istruttori utili ai fini del giudizio, interrogare i parenti prossimi dell'interdicendo o inabilitando e assumere le necessarie informazioni.

3. Dopo l'esame, qualora sia ritenuto opportuno, può essere nominato un tutore provvisorio all'interdicendo o un curatore provvisorio all'inabilitando (p.c. 717).

420. .... (3).

421. *Decorrenza degli effetti dell'interdizione e dell'inabilitazione*. — *1.* L'interdizione e l'inabilitazione producono i loro effetti dal giorno della pubblicazione della sentenza, salvo il caso previsto dall'art. 416 (p.c. 133).

422. *Cessazione del tutore e del curatore provvisorio*. — *1.* Nella sentenza che rigetta l'istanza d'interdizione o d'inabilitazione, può disporsi che il tutore o il curatore provvisorio rimanga in ufficio fino a che la sentenza non sia passata in giudicato (p.c. 324).

423. *Pubblicità*. — *1.* Il decreto di nomina del tutore o del curatore provvisorio e la sentenza d'interdizione o d'inabilitazione devono essere immediatamente annotati a cura del cancelliere nell'apposito registro (att. c. 48, 49) e comunicati entro dieci giorni all'ufficiale dello stato civile per le annotazioni in margine all'atto di nascita (att. c. 42).

424. *Tutela dell'interdetto e curatela dell'inabilitato*. — *1.* Le disposizioni sulla tutela dei minori (c. 343 ss.) e quelle sulla curatela dei minori emancipati (c. 392 ss.) si applicano rispettivamente alla tutela degli interdetti e alla curatela degli inabilitati.

2. Le stesse disposizioni si applicano rispettivamente anche nei casi di nomina del tutore provvisorio dell'interdicendo e del curatore provvisorio dell'inabilitando a norma dell'art. 419. Per l'interdicendo non si nomina il protutore provvisorio.

3. Nella scelta del tutore dell'interdetto e del curatore dell'inabilitato il giudice tutelare individua di preferenza la persona più idonea all'incarico tra i soggetti, e con i criteri, indicati nell'art. 408 (4).

425. *Esercizio dell'impresa commerciale da parte dell'inabilitato*. — *1.* L'inabilitato può continuare l'esercizio dell'impresa commerciale soltanto se autorizzato dal tribunale su parere del giudice tutelare (c. 2198, 2294; l. camb. 9; l. ass. 12). L'autorizzazione può essere subordinata alla nomina di un institore (c. 2203 ss.).

426. *Durata dell'ufficio*. — *1.* Nessuno è tenuto a continuare nella tutela dell'interdetto o nella curatela dell'inabilitato oltre dieci anni, ad eccezione del coniuge, della persona stabilmente convivente (5), degli ascendenti o dei discendenti.

427. *Atti compiuti dall'interdetto e dall'inabilitato*. — *1.* Nella sentenza che pronuncia l'interdizione o l'inabilitazione, o in successivi provvedimenti dell'autorità giudiziaria, può stabilirsi che taluni atti di ordinaria amministrazione possano essere compiuti dall'interdetto senza l'intervento ovvero con l'assistenza del tutore, o che taluni atti eccedenti l'ordinaria amministrazione possano essere compiuti dall'inabilitato senza l'assistenza del curatore (6).

(1) Le parole «responsabilità genitoriale» sono state così sostituite alla precedente «potestà dei genitori» dall'art. 63, d.lg. 28 dicembre 2013, n. 154.
(2) Comma aggiunto dall'art. 6.1, l. 9 gennaio 2004, n. 6.
(3) Articolo abrogato dall'art. 11, l. 13 maggio 1978, n. 180.
(4) Comma così sostituito dall'art. 7.1, l. 9 gennaio 2004, n. 6.
(5) Le parole «della persona stabilmente convivente,» sono state inserite dall'art. 8.1, l. 9 gennaio 2004, n. 6.
(6) Comma premesso dall'art. 9.1, l. 9 gennaio 2004, n. 6.

2. Gli atti compiuti dall'interdetto dopo la sentenza di interdizione possono essere annullati su istanza del tutore, dell'interdetto o dei suoi eredi o aventi causa (c. 1441 ss.). Sono del pari annullabili gli atti compiuti dall'interdetto dopo la nomina del tutore provvisorio, qualora alla nomina segua la sentenza d'interdizione.

3. Possono essere annullati su istanza dell'inabilitato o dei suoi eredi o aventi causa gli atti eccedenti l'ordinaria amministrazione (c. 374, 432, 1572) fatti dall'inabilitato, senza l'osservanza delle prescritte formalità, dopo la sentenza di inabilitazione o dopo la nomina del curatore provvisorio, qualora alla nomina sia seguita l'inabilitazione (c. 776).

4. Per gli atti compiuti dall'interdetto prima della sentenza d'interdizione o prima della nomina del tutore provvisorio si applicano le disposizioni dell'articolo seguente.

428. *Atti compiuti da persona incapace d'intendere o di volere.* — *1.* Gli atti compiuti da persona che, sebbene non interdetta, si provi essere stata per qualsiasi causa, anche transitoria, incapace d'intendere o di volere al momento in cui gli atti sono stati compiuti, possono essere annullati (c. 1441 ss.) su istanza della persona medesima o dei suoi eredi o aventi causa, se ne risulta un grave pregiudizio all'autore (c. 120, 591 n. 3).

2. L'annullamento dei contratti (c. 775) non può essere pronunziato se non quando, per il pregiudizio che sia derivato o possa derivare alla persona incapace d'intendere o di volere o per la qualità del contratto o altrimenti, risulta la malafede dell'altro contraente (c. 1425^2).

3. L'azione si prescrive nel termine di cinque anni dal giorno in cui l'atto o il contratto è stato compiuto (c. 1442).

4. Resta salva ogni diversa disposizione di legge (c. 120, 591, 775; att. c. 130).

429. *Revoca dell'interdizione e dell'inabilitazione.* — *1.* Quando cessa la causa dell'interdizione o dell'inabilitazione, queste possono essere revocate su istanza del coniuge, dei parenti entro il quarto grado o degli affini entro il secondo grado, del tutore dell'interdetto, del curatore dell'inabilitato o su istanza del pubblico ministero.

2. Il giudice tutelare deve vigilare per riconoscere se la causa dell'interdizione o dell'inabilitazione continui. Se ritiene che sia venuta meno, deve informarne il pubblico ministero (att. c. 42).

3. Se nel corso del giudizio per la revoca dell'interdizione o dell'inabilitazione appare opportuno che, successivamente alla revoca, il soggetto sia assistito dall'amministratore di sostegno, il tribunale, d'ufficio o ad istanza di parte, dispone la trasmissione degli atti al giudice tutelare (1).

430. *Pubblicità.* — *1.* Alla sentenza di revoca dell'interdizione o dell'inabilitazione si applica l'art. 423.

431. *Decorrenza degli effetti della sentenza di revoca.* — *1.* La sentenza che revoca l'interdizione o l'inabilitazione produce i suoi effetti appena passata in giudicato (p.c. 324).

2. Tuttavia gli atti compiuti dopo la pubblicazione della sentenza di revoca non possono essere impugnati se non quando la revoca è esclusa con sentenza passata in giudicato.

432. *Inabilitazione nel giudizio di revoca dell'interdizione.* — *1.* L'autorità giudiziaria che, pur riconoscendo fondata l'istanza di revoca dell'interdizione, non crede che l'infermo abbia riacquistato la piena capacità, può revocare l'interdizione e dichiarare inabilitato l'infermo medesimo.

2. Si applica anche in questo caso il primo comma dell'articolo precedente.

3. Gli atti non eccedenti l'ordinaria amministrazione, compiuti dall'inabilitato dopo la pubblicazione della sentenza che revoca l'interdizione, possono essere impugnati solo quando la revoca è esclusa con sentenza passata in giudicato (p.c. 324).

TITOLO XIII

Degli alimenti

433. *Persone obbligate.* — *1.* All'obbligo di prestare gli alimenti sono tenuti, nell'ordine (c. 2751 n. 4):

1) il coniuge (c. 51, 156^3, 548^2, 585^2);
2) i figli, anche adottivi, e, in loro mancanza, i discendenti prossimi (2);
3) i genitori (3) e, in loro mancanza, gli ascendenti prossimi; gli adottanti (4);
4) i generi e le nuore;
5) il suocero e la suocera;

(1) Comma aggiunto dall'art. 10.1, l. 9 gennaio 2004, n. 6.
(2) Numero così sostituito dall'art. 64.1, lett. a, d.lg. 28 dicembre 2013, n. 154.
(3) V. le Convenzioni internazionali dell'Aja del 1956 e 1958 relative agli obblighi alimentari verso i figli minori (l. 4 agosto 1960, n. 918) in vigore dal 1° gennaio 1962.
(4) Numero così sostituito dall'art. 64.1, lett. b, d.lg. 28 dicembre 2013, n. 154.

6) i fratelli e le sorelle germani o unilaterali, con precedenza dei germani sugli unilaterali (1).

434. *Cessazione dell'obbligo tra affini.* — *1.* L'obbligazione alimentare del suocero e della suocera e quella del genero e della nuora cessano:

1) quando la persona che ha diritto agli alimenti è passata a nuove nozze;

2) quando il coniuge, da cui deriva l'affinità, e i figli nati dalla sua unione con l'altro coniuge e i loro discendenti sono morti (c. 78[3]).

435. .... (2).

436. *Obbligo tra adottante e adottato.* — *1.* L'adottante deve gli alimenti al figlio adottivo con precedenza sui genitori [...] (3) di lui (4).

437. *Obbligo del donatario.* — *1.* Il donatario (c. 769 ss.) è tenuto, con precedenza su ogni altro obbligato, a prestare gli alimenti al donante, a meno che si tratti di donazione fatta in riguardo di un matrimonio (c. 785) o di una donazione rimuneratoria (c. 438[2], 801).

438. *Misura degli alimenti.* — *1.* Gli alimenti possono essere chiesti solo da chi versa in istato di bisogno e non è in grado di provvedere al proprio mantenimento.

2. Essi devono essere assegnati in proporzione del bisogno di chi li domanda e delle condizioni economiche di chi deve somministrarli. Non devono tuttavia superare quanto sia necessario per la vita dell'alimentando, avuto però riguardo alla sua posizione sociale.

3. Il donatario non è tenuto oltre il valore della donazione tuttora esistente nel suo patrimonio (c. 660).

439. *Misura degli alimenti tra fratelli e sorelle.* — *1.* Tra fratelli e sorelle gli alimenti sono dovuti nella misura dello stretto necessario.

2. Possono comprendere anche le spese per l'educazione e l'istruzione se si tratta di minore (5).

440. *Cessazione, riduzione e aumento.* — *1.* Se dopo l'assegnazione degli alimenti mutano le condizioni economiche di chi li somministra o di chi li riceve, l'autorità giudiziaria provvede per la cessazione, la riduzione o l'aumento, secondo le circostanze. Gli alimenti possono pure essere ridotti per la condotta disordinata o riprovevole dell'alimentato.

2. Se, dopo assegnati gli alimenti, consta che uno degli obbligati di grado anteriore (c. 433) è in condizione di poterli somministrare, l'autorità giudiziaria non può liberare l'obbligato di grado posteriore se non quando abbia imposto all'obbligato di grado anteriore di somministrare gli alimenti.

441. *Concorso di obbligati.* — *1.* Se più persone sono obbligate nello stesso grado alla prestazione degli alimenti, tutte devono concorrere alla prestazione stessa, ciascuna in proporzione delle proprie condizioni economiche (c. 446).

2. Se le persone chiamate in grado anteriore alla prestazione non sono in condizioni di sopportare l'onere in tutto o in parte, l'obbligazione stessa è posta in tutto o in parte a carico delle persone chiamate in grado posteriore.

3. Se gli obbligati non sono concordi sulla misura, sulla distribuzione e sul modo di somministrazione degli alimenti, provvede l'autorità giudiziaria secondo le circostanze.

442. *Concorso di aventi diritto.* — *1.* Quando più persone hanno diritto agli alimenti nei confronti di un medesimo obbligato, e questi non è in grado di provvedere ai bisogni di ciascuna di esse, l'autorità giudiziaria dà i provvedimenti opportuni, tenendo conto della prossimità della parentela e dei rispettivi bisogni, e anche della possibilità che taluno degli aventi diritto abbia di conseguire gli alimenti da obbligati di grado ulteriore.

443. *Modo di somministrazione degli alimenti.* — *1.* Chi deve somministrare gli alimenti ha la scelta di adempiere questa obbligazione o mediante un assegno alimentare corrisposto in periodi anticipati (c. 2948 n. 2), o accogliendo e mantenendo nella propria casa colui che vi ha diritto.

2. L'autorità giudiziaria può però, secondo le circostanze, determinare il modo di somministrazione.

3. In caso di urgente necessità l'autorità giudiziaria può altresì porre temporaneamente l'obbligazione degli alimenti a carico di uno solo tra quelli che vi sono obbligati, salvo il regresso verso gli altri.

444. *Adempimento della prestazione alimentare.* — *1.* L'assegno alimentare prestato secondo le modalità stabilite non può essere nuovamente richiesto, qualunque uso l'alimentando ne abbia fatto.

445. *Decorrenza degli alimenti.* — *1.* Gli alimenti sono dovuti dal giorno della domanda giudiziale o dal giorno della costituzione in mo-

(1) Articolo così sostituito dall'art. 168, l. 19 maggio 1975, n. 151.
(2) Articolo abrogato dall'art. 169, l. n. 151/1975.
(3) Le parole «legittimi o naturali» sono state soppresse dall'art. 65, d.lg. 28 dicembre 2013, n. 154.
(4) Articolo così sostituito dall'art. 170, l. n. 151/1975.
(5) Comma sostituito dall'art. 9, l. 8 marzo 1975, n. 39.

ra dell'obbligato (c. 1219), quando questa costituzione sia entro sei mesi seguita dalla domanda giudiziale.

446. *Assegno provvisorio*. — *1.* Finché non sono determinati definitivamente il modo e la misura degli alimenti (1), il presidente del tribunale può, sentita l'altra parte, ordinare un assegno in via provvisoria ponendolo, nel caso di concorso di più obbligati, a carico anche di uno solo di essi, salvo il regresso verso gli altri.

447. *Inammissibilità di cessione e di compensazione*. — *1.* Il credito alimentare non può essere ceduto (c. 1260[1]).

2. L'obbligato agli alimenti non può opporre all'altra parte la compensazione (c. 1241, 1246 n. 5), neppure quando si tratta di prestazioni arretrate.

448. *Cessazione per morte dell'obbligato*. — *1.* L'obbligo degli alimenti cessa con la morte dell'obbligato, anche se questi li ha somministrati in esecuzione di sentenza (c. 50[4], 63).

448-*bis*. *Cessazione per decadenza dell'avente diritto dalla responsabilità genitoriale* (2) *sui figli*. — *1.* Il figlio, anche adottivo, e, in sua mancanza, i discendenti prossimi non sono tenuti all'adempimento dell'obbligo di prestare gli alimenti al genitore nei confronti del quale è stata pronunciata la decadenza dalla responsabilità genitoriale (2) e, per i fatti che non integrano i casi di indegnità di cui all'art. 463, possono escluderlo dalla successione (3).

TITOLO XIV

Degli atti dello stato civile (4)

449. *Registri dello stato civile*. — *1.* I registri dello stato civile sono tenuti in ogni comune in conformità delle norme contenute nella legge sull'ordinamento dello stato civile (5).

450. *Pubblicità dei registri dello stato civile*. — *1.* I registri dello stato civile sono pubblici.

2. Gli ufficiali dello stato civile devono rilasciare gli estratti e i certificati che vengono loro domandati con le indicazioni dalla legge prescritte.

3. Essi devono altresì compiere negli atti affidati alla loro custodia le indagini domandate dai privati.

451. *Forza probatoria degli atti*. — *1.* Gli atti dello stato civile fanno prova, fino a querela di falso (p.c. 221 ss.), di ciò che l'ufficiale pubblico attesta essere avvenuto alla sua presenza o da lui compiuto.

2. Le dichiarazioni dei comparenti fanno fede fino a prova contraria.

3. Le indicazioni estranee all'atto non hanno alcun valore.

452. *Mancanza, distruzione o smarrimento di registri*. — *1.* Se non si sono tenuti i registri o sono andati distrutti o smarriti o se, per qualunque altra causa, manca in tutto o in parte la registrazione dell'atto, la prova della nascita (c. 236) o della morte può essere data con ogni mezzo (c. 132[1]).

2. In caso di mancanza, di distruzione totale o parziale, di alterazione o di occultamento accaduti per dolo del richiedente, questi non è ammesso alla prova consentita nel comma precedente.

453. *Annotazione*. — *1.* Nessuna annotazione può essere fatta sopra un atto già iscritto nei registri se non è disposta per legge ovvero non è ordinata dall'autorità giudiziaria.

454. .... (6).

455. *Efficacia della sentenza di rettificazione*. — *1.* La sentenza di rettificazione non può essere opposta a quelli che non concorsero a domandare la rettificazione, ovvero non furono parti in giudizio o non vi furono regolarmente chiamati (c. 2909).

(1) Le parole «il pretore o» sono state soppresse dall'art. 142, d.lg. 19 febbraio 1998, n. 51.

(2) Le parole «responsabilità genitoriale» sono state così sostituite alla precedente «potestà» dall'art. 66, d.lg. 28 dicembre 2013, n. 154.

(3) Articolo aggiunto dall'art. 1.9, l. 10 dicembre 2012, n. 219.

(4) V. art. 104.11, d.lg. 28 dicembre 2013, n. 154, in *Leggi coll. II, 12*.

(5) Sulla dispensa dalla legalizzazione per atti o documenti confezionati all'estero riguardanti lo stato civile v. la Convenzione di Atene del 15 settembre 1977 (l. 25 maggio 1981, n. 386) in vigore dal 1° marzo 1982.

(6) Articolo abrogato dall'art. 110.3, d.p.r. 3 novembre 2000, n. 396, in *Leggi coll. II, 1*.

LIBRO SECONDO

DELLE SUCCESSIONI

TITOLO I

Disposizioni generali sulle successioni (1)

CAPO I

DELL'APERTURA DELLA SUCCESSIONE, DELLA DELAZIONE E DELL'ACQUISTO DELL'EREDITÀ

456. *Apertura della successione*. — *1.* La successione si apre al momento della morte (c. 4, 58 ss.), nel luogo dell'ultimo domicilio del defunto (c. 43).

457. *Delazione dell'eredità*. — *1.* L'eredità si devolve per legge (c. 565 ss.) o per testamento (c. 587 ss.; cost. 42^{4}).

2. Non si fa luogo alla successione legittima se non quando manca, in tutto o in parte, quella testamentaria.

3. Le disposizioni testamentarie non possono pregiudicare i diritti che la legge riserva ai legittimari (c. 536 ss.).

458. *Divieto di patti successori*. — *1.* Fatto salvo quanto disposto dagli artt. 768-*bis* e seguenti (2), è nulla (c. 1418) ogni convenzione con cui taluno dispone della propria successione (c. 679, 1412, 1920, 2122^{4}). È del pari nullo ogni atto col quale taluno dispone dei diritti che gli possono spettare su una successione non ancora aperta, o rinunzia ai medesimi (c. 557^{2}, 2823).

459. *Acquisto dell'eredità*. — *1.* L'eredità si acquista con l'accettazione (c. 470 ss., 586). L'effetto dell'accettazione risale al momento nel quale si è aperta la successione (c. 456, 1146).

460. *Poteri del chiamato prima dell'accettazione*. — *1.* Il chiamato all'eredità può esercitare le azioni possessorie (c. 1168 ss.) a tutela dei beni ereditari, senza bisogno di materiale apprensione.

2. Egli inoltre può compiere atti conservativi, di vigilanza e di amministrazione temporanea (c. 486), e può farsi autorizzare dall'autorità giudiziaria a vendere i beni che non si possono conservare o la cui conservazione importa grave dispendio (p.c. 747, 748).

3. Non può il chiamato compiere gli atti indicati nei commi precedenti, quando si è provveduto alla nomina di un curatore dell'eredità a norma dell'art. 528.

461. *Rimborso delle spese sostenute dal chiamato*. — *1.* Se il chiamato rinunzia all'eredità (c. 519 ss.), le spese sostenute per gli atti indicati dall'articolo precedente sono a carico dell'eredità.

CAPO II

DELLA CAPACITÀ DI SUCCEDERE

462. *Capacità delle persone fisiche*. — *1.* Sono capaci di succedere tutti coloro che sono nati o concepiti al tempo dell'apertura della successione (c. 1, 594 ss., 784).

2. Salvo prova contraria, si presume concepito al tempo dell'apertura della successione chi è nato entro i trecento giorni dalla morte della persona della cui successione si tratta (c. 232).

3. Possono inoltre ricevere per testamento i figli di una determinata persona vivente al tempo della morte del testatore, benché non ancora concepiti (c. 643, 715, 784).

CAPO III

DELL'INDEGNITÀ

463. *Casi d'indegnità*. — *1.* È escluso dalla successione come indegno:

(1) V. att. c. 52 ss. Per l'individuazione del diritto applicabile v. art. 46 ss., l. 31 maggio 1995, n. 218, in *Leggi coll. I, 1*, nonché reg. (UE) n. 650/2012, in materia di successioni e di creazione di un certificato successorio europeo, in *Leggi coll. I, 5*. Sul certificato successorio europeo v. art. 32, l. 30 ottobre 2014, n. 161. Sulle norme in materia di imposta sulle successioni e sulle donazioni v. d.lg. 31 ottobre 1990, x, e successive modificazioni.

(2) Le parole «Fatto salvo quanto disposto dagli artt. 768-*bis* e seguenti» sono state premesse dall'art. 1, l. 14 febbraio 2006, n. 55.

1) chi ha volontariamente ucciso o tentato di uccidere la persona della cui successione si tratta, o il coniuge, o un discendente, o un ascendente della medesima, purché non ricorra alcuna delle cause che escludono la punibilità a norma della legge penale (c. 306, 309²; p. 45 ss.);

2) chi ha commesso, in danno di una di tali persone, un fatto al quale la legge (1) dichiara applicabili le disposizioni sull'omicidio (p. 579, 580);

3) chi ha denunziato una di tali persone per reato punibile (2) con l'ergastolo o con la reclusione per un tempo non inferiore nel minimo a tre anni, se la denunzia è stata dichiarata calunniosa in giudizio penale (p. 368); ovvero ha testimoniato contro le persone medesime imputate dei predetti reati, se la testimonianza è stata dichiarata, nei confronti di lui, falsa in giudizio penale (p. 372);

3-*bis*) chi, essendo decaduto dalla responsabilità genitoriale (3) nei confronti della persona della cui successione si tratta a norma dell'art. 330, non è stato reintegrato nella responsabilità genitoriale (3) alla data di apertura della successione della medesima (c. 448-*II*) (4);

4) chi ha indotto con dolo (c. 1439) o violenza (c. 1434) la persona, della cui successione si tratta, a fare, revocare o mutare il testamento, o ne l'ha impedita;

5) chi ha soppresso, celato o alterato il testamento dal quale la successione sarebbe stata regolata;

6) chi ha formato un testamento falso o ne ha fatto scientemente uso (5).

463-*bis*. *Sospensione dalla successione*. — *1.* Sono sospesi dalla successione il coniuge, anche legalmente separato, nonché la parte dell'unione civile indagati per l'omicidio volontario o tentato nei confronti dell'altro coniuge o dell'altra parte dell'unione civile, fino al decreto di archiviazione o alla sentenza definitiva di proscioglimento. In tal caso si fa luogo alla nomina di un curatore ai sensi dell'art. 528. In caso di condanna o di applicazione della pena su richiesta delle parti, ai sensi dell'art. 444 del codice di procedura penale, il responsabile è escluso dalla successione ai sensi dell'art. 463 del presente codice.

2. Le disposizioni di cui al primo comma si applicano anche nei casi di persona indagata per l'omicidio volontario o tentato nei confronti di uno o entrambi i genitori, del fratello o della sorella.

3. Il pubblico ministero, compatibilmente con le esigenze di segretezza delle indagini, comunica senza ritardo alla cancelleria del tribunale del circondario in cui si è aperta la successione l'avvenuta iscrizione nel registro delle notizie di reato, ai fini della sospensione di cui al presente articolo (6).

464. *Restituzione dei frutti*. — *1.* L'indegno è obbligato a restituire i frutti che gli sono pervenuti dopo l'apertura della successione (c. 535, 1148).

465. *Indegnità del genitore*. — *1.* Colui che è escluso per indegnità dalla successione non ha sui beni della medesima, che siano devoluti ai suoi figli, i diritti di usufrutto (c. 324) o di amministrazione (c. 320) che la legge accorda ai genitori.

466. *Riabilitazione dell'indegno*. — *1.* Chi è incorso nell'indegnità è ammesso a succedere quando la persona, della cui successione si tratta, ve lo ha espressamente abilitato con atto pubblico (c. 2699) o con testamento (c. 587²).

2. Tuttavia l'indegno non espressamente abilitato, se è stato contemplato nel testamento quando il testatore conosceva la causa dell'indegnità, è ammesso a succedere nei limiti della disposizione testamentaria (c. 1444).

CAPO IV

DELLA RAPPRESENTAZIONE

467. *Nozione*. — *1.* La rappresentazione fa subentrare i discendenti [...] (7) nel luogo e nel grado del loro ascendente (c. 564³, 740), in tutti i casi in cui questi non può (c. 4, 463) o non vuole (c. 459, 519) accettare l'eredità o il legato (c. 522, 523, 649).

2. Si ha rappresentazione nella successione testamentaria (c. 674 ss.) quando il testatore non ha provveduto per il caso in cui l'istituito non possa o non voglia accettare l'eredità o il legato, e sempre che non si tratti di legato di usufrutto o di altro diritto di natura personale (8).

(1) La parola «penale» è stata soppressa dall'art. 1.1, lett. a, l. 8 luglio 2005, n. 137.
(2) Le parole «con la morte,» sono state soppresse dall'art. 1.1, lett. b, l. 8 luglio 2005, n. 137.
(3) Le parole «responsabilità genitoriale» sono state così sostituite alle precedenti «potestà genitoriale» dall'art. 105.1, d.lg. 28 dicembre 2013, n. 154.
(4) Numero inserito dall'art. 1.1, lett. c, l. 8 luglio 2005, n. 137.
(5) L'art. 609-*novies* c.p. dispone che la condanna per determinati reati a sfondo sessuale comporta «l'esclusione dalla successione della persona offesa».
(6) Articolo inserito dall'art. 5.1, l. 11 gennaio 2018, n. 4.
(7) Le parole «legittimi o naturali» sono state soppresse dall'art. 67, d.lg. 28 dicembre 2013, n. 154.
(8) Articolo così sostituito dall'art. 171, l. 19 maggio 1975, n. 151.

468. *Soggetti*. — *1.* La rappresentazione ha luogo, nella linea retta (c. 75), a favore dei discendenti (c. 580) dei figli anche adottivi (1), [...] (2) e, nella linea collaterale (c. 75), a favore dei discendenti dei fratelli e delle sorelle del defunto.

2. I discendenti possono succedere per rappresentazione anche se hanno rinunziato (c. 519 ss.) all'eredità della persona in luogo della quale subentrano, o sono incapaci (c. 596 ss.) o indegni di succedere (c. 463) rispetto a questa (c. 740²) (3).

469. *Estensione del diritto di rappresentazione. Divisione*. — *1.* La rappresentazione ha luogo in infinito, siano uguali o disuguali il grado dei discendenti e il loro numero in ciascuna stirpe.

2. La rappresentazione ha luogo anche nel caso di unicità di stirpe.

3. Quando vi è rappresentazione, la divisione si fa per stirpi (c. 726²).

4. Se uno stipite ha prodotto più rami, la suddivisione avviene per stirpi anche in ciascun ramo, e per capi tra i membri del medesimo ramo.

CAPO V

DELL'ACCETTAZIONE DELL'EREDITÀ

Sezione I. — *Disposizioni generali*

470. *Accettazione pura e semplice e accettazione col beneficio di inventario*. — *1.* L'eredità può essere accettata (c. 2648, 2685) puramente e semplicemente (c. 475, 476) o col beneficio d'inventario (c. 484 ss.).

2. L'accettazione col beneficio di inventario può farsi nonostante qualunque divieto del testatore (c. 634).

471. *Eredità devolute a minori o interdetti*. — *1.* Non si possono accettare le eredità devolute ai minori (c. 2, 320) e agli interdetti (c. 414), se non col beneficio di inventario (c. 489), osservate le disposizioni degli artt. 321 e 374.

472. *Eredità devolute a minori emancipati o a inabilitati*. — *1.* I minori emancipati (c. 390 ss.) e gli inabilitati (c. 415 ss.) non possono accettare le eredità, se non col beneficio d'inventario (c. 489), osservate le disposizioni dell'art. 394.

473. *Eredità devolute a persone giuridiche o ad associazioni, fondazioni ed enti non riconosciuti*. — *1.* L'accettazione delle eredità devolute alle persone giuridiche o ad associazioni, fondazioni ed enti non riconosciuti (c. 11 ss.) non può farsi che col beneficio d'inventario.

2. Il presente articolo non si applica alle società (4).

474. *Modi di accettazione*. — *1.* L'accettazione può essere espressa o tacita.

475. *Accettazione espressa*. — *1.* L'accettazione è espressa quando, in un atto pubblico (c. 2699) o in una scrittura privata (c. 2702), il chiamato all'eredità ha dichiarato di accettarla oppure ha assunto il titolo di erede (c. 2685).

2. È nulla la dichiarazione di accettare sotto condizione (c. 1353 ss.) o a termine (c. 1184, 1326²).

3. Parimenti è nulla la dichiarazione di accettazione parziale di eredità (c. 1326⁵).

476. *Accettazione tacita*. — *1.* L'accettazione è tacita quando il chiamato all'eredità compie un atto che presuppone necessariamente la sua volontà di accettare e che non avrebbe il diritto di fare se non nella qualità di erede (c. 477, 478, 527, 2648³).

477. *Donazione, vendita e cessione dei diritti di successione*. — *1.* La donazione, la vendita o la cessione, che il chiamato all'eredità faccia dei suoi diritti di successione a un estraneo o a tutti gli altri chiamati o ad alcuno di questi, importa accettazione dell'eredità.

478. *Rinunzia che importa accettazione*. — *1.* La rinunzia ai diritti di successione, qualora sia fatta verso corrispettivo o a favore di alcuni soltanto dei chiamati, importa accettazione (c. 467, 519²).

479. *Trasmissione del diritto di accettazione*. — *1.* Se il chiamato all'eredità muore senza averla accettata, il diritto di accettarla si trasmette agli eredi.

2. Se questi non sono d'accordo per accettare o rinunziare, colui che accetta l'eredità acquista tutti i diritti e soggiace a tutti i pesi ere-

(1) Le parole «anche adottivi» sono state così sostituite alle precedenti «legittimi, legittimati e adottivi» dall'art. 68, d.lg. 28 dicembre 2013, n. 154.

(2) Le parole «nonché dei discendenti dei figli naturali del defunto,» sono state soppresse dall'art. 68, d.lg. 28 dicembre 2013, n. 154.

(3) La Corte cost., con sentenza 14 aprile 1969, n. 79, ha dichiarato costituzionalmente illegittimi gli artt. 577, 467, «limitatamente alla parte in cui esclude dalla rappresentazione il figlio naturale di chi, figlio o fratello del *de cuius*, non potendo o non volendo accettare, non lasci o non abbia discendenti legittimi», e 468 c.c., «a norma dell'art. 27 della l. 11 marzo 1953, n. 87, e negli stessi limiti di cui al predetto art. 467 del Codice civile».

(4) Articolo così sostituito dall'art. 1.2, l. 22 giugno 2000, n. 192.

ditari, mentre vi rimane estraneo chi ha rinunziato.

3. La rinunzia all'eredità propria del trasmittente include rinunzia all'eredità che al medesimo è devoluta (c. 468[2]).

480. *Prescrizione*. — *1.* Il diritto di accettare l'eredità si prescrive in dieci anni (c. 487, 525) (1).

2. Il termine decorre dal giorno dell'apertura della successione (c. 456) e, in caso d'istituzione condizionale (c. 633 ss.), dal giorno in cui si verifica la condizione (c. 1353, 1359; att. c. 139). In caso di accertamento giudiziale della filiazione il termine decorre dal passaggio in giudicato della sentenza che accerta la filiazione stessa (2).

3. Il termine non corre per i chiamati ulteriori, se vi è stata accettazione da parte di precedenti chiamati e successivamente il loro acquisto ereditario è venuto meno.

481. *Fissazione di un termine per l'accettazione*. — *1.* Chiunque vi ha interesse può chiedere che l'autorità giudiziaria fissi un termine (p.c. 749) entro il quale il chiamato dichiari se accetta o rinunzia all'eredità. Trascorso questo termine senza che abbia fatto la dichiarazione, il chiamato perde il diritto (c. 2964) di accettare (c. 488).

482. *Impugnazione per violenza o dolo*. — *1.* L'accettazione dell'eredità si può impugnare quando è effetto di violenza o di dolo (c. 526, 1434 ss.).

2. L'azione si prescrive in cinque anni dal giorno in cui è cessata la violenza o è stato scoperto il dolo (c. 1442).

483. *Impugnazione per errore*. — *1.* L'accettazione dell'eredità non si può impugnare se è viziata da errore (c. 526, 1428 ss.).

2. Tuttavia, se si scopre un testamento del quale non si aveva notizia al tempo dell'accettazione, l'erede non è tenuto a soddisfare i legati (c. 649 ss.) scritti in esso oltre il valore dell'eredità, o con pregiudizio della porzione legittima che gli è dovuta (c. 536 ss.). Se i beni ereditari non bastano a soddisfare tali legati, si riducono proporzionalmente anche i legati scritti in altri testamenti. Se alcuni legatari sono stati già soddisfatti per intero, contro di loro è data azione di regresso.

3. L'onere di provare il valore dell'eredità incombe all'erede (c. 2697).

Sezione II. — *Del beneficio d'inventario*

484. *Accettazione col beneficio d'inventario*. — *1.* L'accettazione col beneficio d'inventario (c. 510) si fa mediante dichiarazione, ricevuta (c. 1350) da un notaio o dal cancelliere del tribunale del circondario (3) in cui si è aperta la successione (c. 456), e inserita nel registro delle successioni conservato nello stesso tribunale (3) (att. c. 52, 53).

2. Entro un mese dall'inserzione, la dichiarazione deve essere trascritta, a cura del cancelliere, presso l'ufficio dei registri immobiliari del luogo in cui si è aperta la successione (c. 456, 459, 507[2], 509[2], 2648).

3. La dichiarazione deve essere preceduta o seguita dall'inventario, nelle forme prescritte dal codice di procedura civile (p.c. 769 ss.).

4. Se l'inventario è fatto prima della dichiarazione, nel registro deve pure menzionarsi la data in cui esso è stato compiuto.

5. Se l'inventario è fatto dopo la dichiarazione, l'ufficiale pubblico che lo ha redatto deve, nel termine di un mese, far inserire nel registro l'annotazione della data in cui esso è stato compiuto.

485. *Chiamato all'eredità che è nel possesso di beni*. — *1.* Il chiamato all'eredità, quando a qualsiasi titolo è nel possesso di beni ereditari, deve fare l'inventario entro tre mesi dal giorno dell'apertura della successione (c. 456) o della notizia della devoluta eredità. Se entro questo termine lo ha cominciato ma non è stato in grado di completarlo, può ottenere dal giudice di pace (4) del luogo in cui si è aperta la successione una proroga che, salvo gravi circostanze, non deve eccedere i tre mesi (p.c. 749[4]).

2. Trascorso tale termine senza che l'inventario sia stato compiuto, il chiamato all'eredità è considerato erede puro e semplice.

3. Compiuto l'inventario, il chiamato che non abbia ancora fatto la dichiarazione a norma dell'art. 484 ha un termine di quaranta giorni da quello del compimento dell'inventario medesimo, per deliberare se accetta (c. 470 ss.) o rinunzia (c. 519 ss.) all'eredità. Trascorso questo termine senza che abbia deliberato, è considerato erede puro e semplice (c. 476).

486. *Poteri*. — *1.* Durante i termini stabiliti dall'articolo precedente per fare l'inventario e per deliberare, il chiamato, oltre che esercitare

(1) V. art. 230.3, l. 19 maggio 1975, n. 151, in *Leggi coll. II, 6*, che indica in tre anni il termine entro il quale il figlio nato fuori del matrimonio riconosciuto prima dell'entrata in vigore della legge deve far valere le proprie ragioni ereditarie sui beni della successione.

(2) Periodo aggiunto dall'art. 69, d.lg. 28 dicembre 2013, n. 154.

(3) Parole così sostituite dall'art. 143, d.lg. 19 febbraio 1998, n. 51.

(4) Le parole «giudice di pace» sono state così sostituite alla precedente «tribunale» dall'art. 27.2, lett. a, n. 1, d.lg. 13 luglio 2017, n. 116. In base all'art. 32.3, d.lg. cit., tali disposizioni «entrano in vigore il 31 ottobre 2021».

i poteri indicati nell'art. 460, può stare in giudizio come convenuto per rappresentare l'eredità.

2. Se non compare, l'autorità giudiziaria nomina un curatore all'eredità affinché la rappresenti in giudizio (p.c. 78-80).

487. *Chiamato all'eredità che non è nel possesso di beni.* — *1.* Il chiamato all'eredità, che non è nel possesso di beni ereditari, può fare la dichiarazione di accettare col beneficio d'inventario fino a che il diritto di accettare non è prescritto (c. 480).

2. Quando ha fatto la dichiarazione, deve compiere l'inventario nel termine di tre mesi dalla dichiarazione, salva la proroga accordata dall'autorità giudiziaria a norma dell'art. 485; in mancanza, è considerato erede puro e semplice.

3. Quando ha fatto l'inventario non preceduto da dichiarazione d'accettazione, questa deve essere fatta nei quaranta giorni successivi al compimento dell'inventario; in mancanza, il chiamato perde il diritto di accettare l'eredità.

488. *Dichiarazione in caso di termine fissato dall'autorità giudiziaria.* — *1.* Il chiamato all'eredità che non è nel possesso di beni ereditari, qualora gli sia stato assegnato un termine a norma dell'art. 481, deve, entro detto termine, compiere anche l'inventario; se fa la dichiarazione e non l'inventario, è considerato erede puro e semplice.

2. L'autorità giudiziaria può accordare una dilazione (p.c. 749^4).

489. *Incapaci.* — *1.* I minori, gli interdetti (c. 414) e gli inabilitati (c. 415) non s'intendono decaduti dal beneficio d'inventario (c. 471, 472), se non al compimento di un anno dalla maggiore età (c. 2) o dal cessare dello stato d'interdizione o d'inabilitazione (c. 431), qualora entro tale termine non si siano conformati alle norme della presente sezione.

490. *Effetti del beneficio d'inventario.* — *1.* L'effetto del beneficio d'inventario consiste nel tener distinto il patrimonio del defunto da quello dell'erede (c. 2830, 2941 n. 5).

2. Conseguentemente:

1) l'erede conserva verso l'eredità tutti i diritti e tutti gli obblighi che aveva verso il defunto, tranne quelli che si sono estinti per effetto della morte (c. 448);

2) l'erede non è tenuto al pagamento dei debiti ereditari e dei legati oltre il valore dei beni a lui pervenuti (c. 564);

3) i creditori dell'eredità e i legatari hanno preferenza sul patrimonio ereditario di fronte ai creditori dell'erede (c. 495, 499, 502). Essi però non sono dispensati dal domandare la separazione dei beni, secondo le disposizioni del capo seguente, se vogliono conservare questa preferenza anche nel caso che l'erede decada dal beneficio d'inventario (c. 493, 494, 505) o vi rinunzi.

491. *Responsabilità dell'erede nell'amministrazione.* — *1.* L'erede con beneficio d'inventario non risponde dell'amministrazione dei beni ereditari se non per colpa grave (c. 496, 531).

492. *Garanzia.* — *1.* Se i creditori o altri aventi interesse lo richiedono, l'erede deve dare idonea garanzia (c. 1179) per il valore dei beni mobili (c. 812) compresi nell'inventario, per i frutti (c. 820) degli immobili e per il prezzo dei medesimi che sopravanzi al pagamento dei creditori ipotecari.

493. *Alienazione dei beni ereditari senza autorizzazione.* — *1.* L'erede decade dal beneficio d'inventario (c. 494, 505, 509, 564), se aliena o sottopone a pegno (c. 2784 ss.) o ipoteca (c. 2808 ss.) beni ereditari, o transige (c. 1965 ss.) relativamente a questi beni senza l'autorizzazione giudiziaria e senza osservare le forme prescritte dal codice di procedura civile (p.c. 747, 748).

2. Per i beni mobili l'autorizzazione non è necessaria trascorsi cinque anni dalla dichiarazione di accettare con beneficio d'inventario.

494. *Omissioni o infedeltà nell'inventario.* — *1.* Dal beneficio d'inventario decade (c. 493, 505, 509, 564) l'erede che ha omesso in mala fede di denunziare nell'inventario beni appartenenti all'eredità (c. 762), o che ha denunziato in mala fede, nell'inventario stesso, passività non esistenti (c. 527).

495. *Pagamento dei creditori e legatari.* — *1.* Trascorso un mese dalla trascrizione prevista nell'art. 484 o dall'annotazione disposta nello stesso articolo per il caso che l'inventario sia posteriore alla dichiarazione, l'erede, quando creditori o legatari non si oppongono (c. 498) ed egli non intende promuovere la liquidazione a norma dell'art. 503, paga i creditori e i legatari a misura che si presentano, salvi i loro diritti di poziorità (c. 2741, 2830).

2. Esaurito l'asse ereditario, i creditori rimasti insoddisfatti hanno soltanto diritto di regresso contro i legatari, ancorché di cosa determinata appartenente al testatore (c. 649), nei limiti del valore del legato.

3. Tale diritto si prescrive in tre anni dal giorno dell'ultimo pagamento, salvo che il credito sia anteriormente prescritto (c. 2934 ss.).

496. *Rendimento del conto.* — *1.* L'erede ha l'obbligo di rendere conto della sua amministrazione ai creditori e ai legatari, i quali possono fare assegnare un termine all'erede (p.c. 263-266; att. p.c. 109).

497. *Mora nel rendimento del conto.* — *1.* L'erede non può essere costretto al pagamento con i propri beni, se non quando è stato costituito in mora (c. 1219) a presentare il conto e non ha ancora soddisfatto a quest'obbligo.

2. Dopo la liquidazione del conto, non può essere costretto al pagamento con i propri beni se non fino alla concorrenza delle somme di cui è debitore.

498. *Liquidazione dell'eredità in caso di opposizione.* — *1.* Qualora entro il termine indicato nell'art. 495 gli sia stata notificata opposizione da parte di creditori o di legatari, l'erede non può eseguire pagamenti (c. 502), ma deve provvedere alla liquidazione (c. 503) dell'eredità nell'interesse di tutti i creditori e legatari (c. 499 ss.).

2. A tal fine egli, non oltre un mese dalla notificazione dell'opposizione, deve, a mezzo di un notaio del luogo dell'aperta successione, invitare i creditori e i legatari a presentare, entro un termine stabilito dal notaio stesso e non inferiore a giorni trenta, le dichiarazioni di credito.

3. L'invito è spedito per raccomandata ai creditori e ai legatari dei quali è noto il domicilio o la residenza ed è pubblicato nel foglio degli annunzi legali della provincia (att. c. 52^{3}) (1).

499. *Procedura di liquidazione.* — *1.* Scaduto il termine entro il quale devono presentarsi le dichiarazioni di credito, l'erede provvede, con l'assistenza del notaio, a liquidare le attività ereditarie facendosi autorizzare alle alienazioni necessarie (p.c. 747, 748). Se l'alienazione ha per oggetto beni sottoposti a privilegio (c. 2745 ss.) o a ipoteca (c. 2808), i privilegi non si estinguono, e le ipoteche non possono essere cancellate (c. 2882) sino a che l'acquirente non depositi il prezzo nel modo stabilito dal giudice o non provveda al pagamento dei creditori collocati nello stato di graduazione previsto dal comma seguente.

2. L'erede forma, sempre con l'assistenza del notaio, lo stato di graduazione. I creditori sono collocati secondo i rispettivi diritti di prelazione (c. 2741 ss.). Essi sono preferiti ai legatari. Tra i creditori non aventi diritto a prelazione l'attivo ereditario è ripartito in proporzione dei rispettivi crediti.

3. Qualora, per soddisfare i creditori, sia necessario comprendere nella liquidazione anche l'oggetto di un legato di specie (c. 649), sulla somma che residua dopo il pagamento dei creditori il legatario di specie è preferito agli altri legatari.

500. *Termine per la liquidazione.* — *1.* L'autorità giudiziaria, su istanza di alcuno dei creditori o legatari, può assegnare un termine all'erede per liquidare le attività ereditarie e per formare lo stato di graduazione (p.c. 749).

501. *Reclami.* — *1.* Compiuto lo stato di graduazione (c. 499^{2}), il notaio ne dà avviso con raccomandata ai creditori e legatari di cui è noto il domicilio o la residenza, e provvede alla pubblicazione di un estratto dello stato nel foglio degli annunzi legali della provincia (1). Trascorsi senza reclami (p.c. 778) trenta giorni dalla data di questa pubblicazione, lo stato di graduazione diviene definitivo.

502. *Pagamento dei creditori e dei legatari.* — *1.* Divenuto definitivo lo stato di graduazione o passata in giudicato (p.c. 324) la sentenza che pronunzia sui reclami, l'erede deve soddisfare i creditori e i legatari in conformità dello stato medesimo. Questo costituisce titolo esecutivo contro l'erede (p.c. 474).

2. La collocazione dei crediti condizionali non impedisce il pagamento dei creditori posteriori, sempre che questi diano cauzione (c. 1179).

3. I creditori e i legatari che non si sono presentati hanno azione contro l'erede solo nei limiti della somma che residua dopo il pagamento dei creditori e dei legatari collocati nello stato di graduazione. Questa azione si prescrive in tre anni dal giorno in cui lo stato è divenuto definitivo o è passata in giudicato la sentenza che ha pronunziato sui reclami, salvo che il credito sia anteriormente prescritto (c. 495).

503. *Liquidazione promossa dall'erede.* — *1.* Anche quando non vi è opposizione di creditori o di legatari, l'erede può valersi della procedura di liquidazione prevista dagli articoli precedenti (att. c. 132).

2. Il pagamento fatto a creditori privilegiati o ipotecari non impedisce all'erede di valersi di questa procedura.

504. *Liquidazione nel caso di più eredi.* — *1.* Se vi sono più eredi con beneficio d'inventario (c. 510), ciascuno può promuovere la liquidazione; ma deve convocare i propri coeredi davanti al notaio nel termine che questi ha stabilito per la dichiarazione dei crediti. I coeredi che non si presentano sono rappresentati nella liquidazione dal notaio.

505. *Decadenza dal beneficio.* — *1.* L'erede che, in caso di opposizione, non osserva le norme stabilite dall'art. 498 o non compie la liquidazione o lo stato di graduazione nel termine stabilito dall'art. 500, decade dal beneficio d'in-

(1) L'art. 31, l. 24 novembre 2000, n. 340, ha disposto l'abolizione dei fogli degli annunzi legali delle province e la sostituzione di tale forma di pubblicità con la pubblicazione nella *Gazzetta Ufficiale*.

ventario (c. 493, 494, 509, 564).

2. Parimenti decade dal beneficio d'inventario l'erede che, nel caso previsto dall'art. 503, dopo l'invito ai creditori di presentare le dichiarazioni di credito, esegue pagamenti prima che sia definita la procedura di liquidazione o non osserva il termine che gli è stato prefisso a norma dell'art. 500.

3. La decadenza non si verifica quando si tratta di pagamenti a favore di creditori privilegiati o ipotecari (c. 503[2]).

4. In ogni caso la decadenza dal beneficio d'inventario può essere fatta valere solo dai creditori del defunto e dai legatari (c. 509).

506. *Procedure individuali.* — *1.* Eseguita la pubblicazione prescritta dal terzo comma dell'art. 498, non possono essere promosse procedure esecutive a istanza dei creditori. Possono tuttavia essere continuate quelle in corso, ma la parte di prezzo che residua dopo il pagamento dei creditori privilegiati e ipotecari deve essere distribuita in base allo stato di graduazione previsto dall'art. 499.

2. I crediti a termine diventano esigibili (c. 1186). Resta tuttavia il beneficio del termine, quando il credito è munito di garanzia reale su beni la cui alienazione non si renda necessaria ai fini della liquidazione, e la garanzia stessa è idonea ad assicurare il soddisfacimento integrale del credito.

3. Dalla data di pubblicazione dell'invito ai creditori previsto dal terzo comma dell'art. 498 è sospeso il decorso degl'interessi dei crediti chirografari (c. 1282). I creditori tuttavia hanno diritto, compiuta la liquidazione, al collocamento degli interessi sugli eventuali residui.

507. *Rilascio dei beni ai creditori e ai legatari.* — *1.* L'erede, non oltre un mese dalla scadenza del termine stabilito per presentare le dichiarazioni di credito (c. 498), se non ha provveduto ad alcun atto di liquidazione, può rilasciare tutti i beni ereditari a favore dei creditori e dei legatari (c. 1977 ss.).

2. A tal fine l'erede deve, nelle forme indicate dall'art. 498, dare avviso ai creditori e ai legatari dei quali è noto il domicilio o la residenza; deve iscrivere la dichiarazione di rilascio nel registro delle successioni (att. c. 52, 53), annotarla in margine alla trascrizione prescritta dal secondo comma dell'art. 484, e trascriverla presso gli uffici dei registri immobiliari dei luoghi in cui si trovano gli immobili ereditari (c. 2643 ss.) e presso gli uffici dove sono registrati i beni mobili (c. 2663).

3. Dal momento in cui è trascritta la dichiarazione di rilascio, gli atti di disposizione dei beni ereditari compiuti dall'erede sono senza effetto rispetto ai creditori e ai legatari (c. 2649).

4. L'erede deve consegnare i beni al curatore nominato secondo le norme dell'articolo seguente. Eseguita la consegna, egli resta liberato da ogni responsabilità per i debiti ereditari.

508. *Nomina del curatore.* — *1.* Trascritta la dichiarazione di rilascio, il tribunale (1) del luogo dell'aperta successione, su istanza dell'erede o di uno dei creditori o legatari, o anche d'ufficio, nomina un curatore, perché provveda alla liquidazione secondo le norme degli artt. 498 e seguenti (c. 1387).

2. Il decreto di nomina del curatore è iscritto nel registro delle successioni (att. c. 52, 53).

3. Le attività che residuano, pagate le spese della curatela e soddisfatti i creditori e i legatari collocati nello stato di graduazione (c. 499[2]), spettano all'erede, salva l'azione dei creditori e legatari, che non si sono presentati, nei limiti determinati dal terzo comma dell'art. 502.

509. *Liquidazione proseguita su istanza dei creditori o legatari.* — *1.* Se, dopo la scadenza del termine stabilito per presentare le dichiarazioni di credito, l'erede incorre nella decadenza dal beneficio d'inventario (c. 493, 494, 505), ma nessuno dei creditori o legatari la fa valere (c. 505[4]), il tribunale (1) del luogo dell'aperta successione, su istanza di uno dei creditori o legatari, sentiti l'erede e coloro che hanno presentato le dichiarazioni di credito, può nominare un curatore con l'incarico di provvedere alla liquidazione dell'eredità secondo le norme degli artt. 499 e seguenti. Dopo la nomina del curatore, la decadenza dal beneficio non può più essere fatta valere.

2. Il decreto di nomina del curatore è iscritto nel registro delle successioni (att. c. 52, 53), annotato a margine della trascrizione prescritta dal secondo comma dell'art. 484, e trascritto negli uffici dei registri immobiliari dei luoghi dove si trovano gli immobili ereditari e negli uffici dove sono registrati i beni mobili (c. 2663).

3. L'erede perde l'amministrazione dei beni ed è tenuto a consegnarli al curatore. Gli atti di disposizione che l'erede compie dopo trascritto il decreto di nomina del curatore sono senza effetto rispetto ai creditori e ai legatari (c. 2644).

510. *Accettazione o inventario fatti da uno dei chiamati.* — *1.* L'accettazione con beneficio d'inventario fatta da uno dei chiamati giova a tutti gli altri, anche se l'inventario è compiuto da un chiamato diverso da quello che ha fatto la dichiarazione.

(1) Parola così sostituita dall'art. 144, d.lg. 19 febbraio 1998, n. 51.

511. *Spese.* — *1.* Le spese dell'apposizione dei sigilli, dell'inventario e di ogni altro atto dipendente dall'accettazione con beneficio d'inventario sono a carico dell'eredità.

CAPO VI

DELLA SEPARAZIONE DEI BENI DEL DEFUNTO DA QUELLI DELL'EREDE

512. *Oggetto della separazione.* — *1.* La separazione dei beni del defunto da quelli dell'erede assicura il soddisfacimento, con i beni del defunto, dei creditori di lui e dei legatari che l'hanno esercitata (c. 514), a preferenza dei creditori dell'erede (c. 2758[3], 2772[2]).

2. Il diritto alla separazione spetta anche ai creditori o legatari che hanno altre garanzie sui beni del defunto.

3. La separazione non impedisce ai creditori e ai legatari che l'hanno esercitata, di soddisfarsi anche sui beni propri dell'erede (c. 490).

513. *Separazione contro i legatari di specie.* — *1.* I creditori del defunto possono esercitare la separazione anche rispetto ai beni che formano oggetto di legato di specie (c. 649, 756).

514. *Rapporti tra creditori separatisti e non separatisti.* — *1.* I creditori e i legatari che hanno esercitato la separazione hanno diritto di soddisfarsi sui beni separati a preferenza dei creditori e dei legatari che non l'hanno esercitata, quando il valore della parte di patrimonio non separata sarebbe stato sufficiente a soddisfare i creditori e i legatari non separatisti.

2. Fuori di questo caso, i creditori e i legatari non separatisti possono concorrere con coloro che hanno esercitato la separazione; ma, se parte del patrimonio non è stata separata, il valore di questa si aggiunge al prezzo dei beni separati per determinare quanto spetterebbe a ciascuno dei concorrenti, e quindi si considera come attribuito integralmente ai creditori e ai legatari non separatisti (att. c. 54).

3. Quando la separazione è esercitata da creditori e legatari, i creditori sono preferiti ai legatari. La preferenza è anche accordata, nel caso previsto dal comma precedente, ai creditori non separatisti di fronte ai legatari separatisti (c. 756).

4. Restano salve in ogni caso le cause di prelazione (c. 2741 ss.).

515. *Cessazione della separazione.* — *1.* L'erede può impedire o far cessare la separazione pagando i creditori e i legatari, e dando cauzione per il pagamento di quelli il cui diritto è sospeso da condizione o sottoposto a termine, oppure contestato.

516. *Termine per l'esercizio del diritto alla separazione.* — *1.* Il diritto alla separazione deve essere esercitato entro il termine di tre mesi dall'apertura della successione (c. 456).

517. *Separazione riguardo ai mobili.* — *1.* Il diritto alla separazione riguardo ai mobili si esercita mediante domanda giudiziale.

2. La domanda si propone con ricorso al tribunale (1) del luogo dell'aperta successione, il quale ordina l'inventario, se non è ancora fatto, e dà le disposizioni necessarie per la conservazione dei beni stessi.

3. Riguardo ai mobili già alienati dall'erede, il diritto alla separazione comprende soltanto il prezzo non ancora pagato.

518. *Separazione riguardo agli immobili.* — *1.* Riguardo agli immobili (c. 812) e agli altri beni capaci d'ipoteca (c. 2810), il diritto alla separazione si esercita mediante l'iscrizione del credito o del legato sopra ciascuno dei beni stessi. L'iscrizione si esegue nei modi stabiliti per iscrivere le ipoteche (c. 2827 ss.), indicando il nome del defunto e quello dell'erede, se è conosciuto, e dichiarando che l'iscrizione stessa viene presa a titolo di separazione dei beni. Per tale iscrizione non è necessario esibire il titolo.

2. Le iscrizioni a titolo di separazione, anche se eseguite in tempi diversi, prendono tutte il grado della prima e prevalgono sulle trascrizioni ed iscrizioni contro l'erede o il legatario, anche se anteriori.

3. Alle iscrizioni a titolo di separazione sono applicabili le norme sulle ipoteche (c. 2808 ss.).

CAPO VII

DELLA RINUNZIA ALL'EREDITÀ

519. *Dichiarazione di rinunzia.* — *1.* La rinunzia all'eredità (c. 320[3], 374 n. 3, 467, 468, 481, 552, 586, 683, 703[5]) deve farsi con dichiarazione, ricevuta (c. 1350) da un notaio o dal cancelliere del tribunale del circondario (2) in cui si è aperta la successione, e inserita nel registro delle successioni (att. c. 52, 53, 133).

2. La rinunzia fatta gratuitamente (c. 478) a favore di tutti coloro ai quali si sarebbe devoluta la quota del rinunziante non ha effetto finché, a cura di alcuna delle parti, non siano osservate le forme indicate nel comma precedente.

(1) Parola così sostituita dall'art. 144, d.lg. 19 febbraio 1998, n. 51.
(2) Parole così sostituite dall'art. 146, d.lg. n. 51/1998.

520. *Rinunzia condizionata, a termine o parziale.* — *1.* È nulla la rinunzia fatta sotto condizione (c. 1353 ss.) o a termine (c. 1184, 1326^2) o solo per parte (c. 475).

521. *Retroattività della rinunzia.* — *1.* Chi rinunzia all'eredità è considerato come se non vi fosse mai stato chiamato.

2. Il rinunziante può tuttavia ritenere la donazione o domandare il legato a lui fatto sino alla concorrenza della porzione disponibile (c. 556), salve le disposizioni degli artt. 551 e 552.

522. *Devoluzione nelle successioni legittime.* — *1.* Nelle successioni legittime la parte di colui che rinunzia si accresce a coloro che avrebbero concorso col rinunziante, salvo il diritto di rappresentazione (c. 467 ss.) e salvo il disposto dell'ultimo comma dell'art. 571. Se il rinunziante è solo, l'eredità si devolve a coloro ai quali spetterebbe nel caso che egli mancasse.

523. *Devoluzione nelle successioni testamentarie.* — *1.* Nelle successioni testamentarie, se il testatore non ha disposto una sostituzione (c. 688) e se non ha luogo il diritto di rappresentazione (c. 467^2), la parte del rinunziante si accresce ai coeredi a norma dell'art. 674, ovvero si devolve agli eredi legittimi a norma dell'art. 677.

524. *Impugnazione della rinunzia da parte dei creditori.* — *1.* Se taluno rinunzia, benché senza frode, a un'eredità con danno dei suoi creditori, questi possono farsi autorizzare (c. 2652 n. 1) ad accettare l'eredità in nome e luogo del rinunziante, al solo scopo di soddisfarsi sui beni ereditari fino alla concorrenza dei loro crediti (c. *2900*, *2901*, 2652 n. 1).

2. Il diritto dei creditori si prescrive in cinque anni dalla rinunzia (c. 2934 ss.).

525. *Revoca della rinunzia.* — *1.* Fino a che il diritto di accettare l'eredità non è prescritto (c. 480) contro i chiamati che vi hanno rinunziato, questi possono sempre accettarla, se non è già stata acquistata da altro dei chiamati, senza pregiudizio delle ragioni acquistate da terzi sopra i beni dell'eredità.

526. *Impugnazione per violenza o dolo.* — *1.* La rinunzia all'eredità si può impugnare solo se è l'effetto di violenza o di dolo (c. 482, 483, 1434 ss.).

2. L'azione si prescrive in cinque anni dal giorno in cui è cessata la violenza o è stato scoperto il dolo (c. 1442).

527. *Sottrazione di beni ereditari.* — *1.* I chiamati all'eredità, che hanno sottratto o nascosto beni spettanti all'eredità stessa, decadono dalla facoltà di rinunziarvi e si considerano eredi puri e semplici, nonostante la loro rinunzia (c. 494).

CAPO VIII

DELL'EREDITÀ GIACENTE

528. *Nomina del curatore.* — *1.* Quando il chiamato non ha accettato l'eredità e non è nel possesso di beni ereditari (c. 487), il tribunale del circondario (1) in cui si è aperta la successione (c. 456), su istanza delle persone interessate o anche d'ufficio, nomina un curatore dell'eredità (c. 460^3, 1387; att. c. 134).

2. Il decreto di nomina del curatore, a cura del cancelliere, è pubblicato per estratto nel foglio degli annunzi legali della provincia (2) e iscritto nel registro delle successioni (att. c. 52, 53).

529. *Obblighi del curatore.* — *1.* Il curatore è tenuto a procedere all'inventario dell'eredità, a esercitarne e promuoverne le ragioni, a rispondere alle istanze proposte contro la medesima, ad amministrarla, a depositare presso le casse postali o presso un istituto di credito designato dal tribunale (3) il danaro che si trova nell'eredità o si ritrae dalla vendita dei mobili o degli immobili, e, da ultimo, a rendere conto della propria amministrazione (p.c. 782, 783).

530. *Pagamento dei debiti ereditari.* — *1.* Il curatore può provvedere al pagamento dei debiti ereditari e dei legati, previa autorizzazione del tribunale (p.c. 782) (3).

2. Se però alcuno dei creditori o dei legatari fa opposizione, il curatore non può procedere ad alcun pagamento, ma deve provvedere alla liquidazione dell'eredità secondo le norme degli artt. 498 e seguenti (att. c. 134^2).

531. *Inventario, amministrazione e rendimento dei conti.* — *1.* Le disposizioni della sezione II del capo V di questo titolo, che riguardano l'inventario, l'amministrazione e il rendimento di conti da parte dell'erede con beneficio d'inventario, sono comuni al curatore dell'eredità giacente, esclusa la limitazione della responsabilità per colpa (c. 491).

532. *Cessazione della curatela per accettazione dell'eredità.* — *1.* Il curatore cessa dalle sue funzioni quando l'eredità è stata accettata.

(1) Parole così sostituite dall'art. 145, d.lg. 19 febbraio 1998, n. 51.
(2) L'art. 31, l. 24 novembre 2000, n. 340, ha disposto l'abolizione dei fogli degli annunzi legali delle province e la sostituzione di tale forma di pubblicità con la pubblicazione nella *Gazzetta Ufficiale*.
(3) Parola così sostituita dall'art. 144, d.lg. n. 51/1998.

CAPO IX

DELLA PETIZIONE DI EREDITÀ

533. *Nozione*. — *1.* L'erede può chiedere il riconoscimento della sua qualità ereditaria contro chiunque possiede tutti o parte dei beni ereditari a titolo di erede o senza titolo alcuno, allo scopo di ottenere la restituzione dei beni medesimi (c. 71, 73).

2. L'azione è imprescrittibile, salvi gli effetti dell'usucapione rispetto ai singoli beni (c. 948³, 1158 ss.) (1).

534. *Diritti dei terzi*. — *1.* L'erede può agire anche contro gli aventi causa da chi possiede a titolo di erede o senza titolo.

2. Sono salvi i diritti acquistati, per effetto di convenzioni a titolo oneroso con l'erede apparente, dai terzi i quali provino di avere contrattato in buona fede (c. 1147, 1153, 1189, 1396, 1415, 1445).

3. La disposizione del comma precedente non si applica ai beni immobili e ai beni mobili iscritti nei pubblici registri (c. 2683), se l'acquisto a titolo di erede (c. 2648) e l'acquisto dall'erede apparente non sono stati trascritti anteriormente alla trascrizione dell'acquisto da parte dell'erede o del legatario vero, o alla trascrizione della domanda giudiziale contro l'erede apparente (c. 2652 n. 7).

535. *Possessore di beni ereditari*. — *1.* Le disposizioni in materia di possesso si applicano anche al possessore di beni ereditari, per quanto riguarda la restituzione dei frutti, le spese, i miglioramenti e le addizioni (c. 1148 ss.).

2. Il possessore in buona fede, che ha alienato pure in buona fede una cosa dell'eredità, è solo obbligato a restituire all'erede il prezzo o il corrispettivo ricevuto. Se il prezzo o il corrispettivo è ancora dovuto, l'erede subentra nel diritto di conseguirlo (c. 2038).

3. È possessore in buona fede colui che ha acquistato il possesso dei beni ereditari, ritenendo per errore di essere erede. La buona fede non giova se l'errore dipende da colpa grave (c. 1147).

CAPO X

DEI LEGITTIMARI (1)

Sezione I. — *Dei diritti riservati ai legittimari*

536. *Legittimari*. — *1.* Le persone a favore delle quali la legge riserva una quota di eredità o altri diritti nella successione sono: il coniuge (c. 548), i figli, gli ascendenti (2).

2. Ai figli [...] (3) sono equiparati [...] (4) gli adottivi (c. 304).

3. A favore dei discendenti dei figli [...] (5), i quali vengono alla successione in luogo di questi (c. 467), la legge riserva gli stessi diritti che sono riservati ai figli [...] (5) (6).

537. *Riserva a favore dei figli* [...] (7). — *1.* Salvo quanto disposto dall'art. 542, se il genitore lascia un figlio solo, [...] (8) a questi è riservata la metà del patrimonio.

2. Se i figli sono più, è loro riservata la quota dei due terzi, da dividersi in parti uguali tra tutti i figli [...] (9).

3. .... (10) (11).

538. *Riserva a favore degli ascendenti* [...] (12). — *1.* Se chi muore non lascia figli [...] (13), ma ascendenti [...] (14), a favore di questi è riservato un terzo del patrimonio, salvo quanto disposto dall'art. 544.

2. In caso di pluralità di ascendenti, la riserva è ripartita tra i medesimi secondo i criteri previsti dall'art. 569 (15).

539. .... (16).

540. *Riserva a favore del coniuge*. — *1.* A favore del coniuge è riservata la metà del patrimonio dell'altro coniuge, salve le disposizioni

(1) V. art. 104, d.lg. 28 dicembre 2013, n. 154, in *Leggi coll. II, 12*.
(2) Le parole «i figli, gli ascendenti» sono state così sostituite alle precedenti «i figli legittimi, i figli naturali, gli ascendenti legittimi» dall'art. 70.1, lett. a, d.lg. 28 dicembre 2013, n. 154.
(3) Le parole «legittimi» sono state soppresse dall'art. 70.1, lett. b, d.lg. 28 dicembre 2013, n. 154.
(4) Le parole «i legittimati e» sono state soppresse dall'art. 70.1, lett. b, d.lg. 28 dicembre 2013, n. 154.
(5) Le parole «legittimi o naturali» sono state soppresse dall'art. 70.1, lett. c, d.lg. 28 dicembre 2013, n. 154.
(6) Articolo così sostituito dall'art. 172, l. 19 maggio 1975, n. 151.
(7) Le parole «legittimi e naturali» sono state soppresse dall'art. 71.1, lett. a, d.lg. 28 dicembre 2013, n. 154.
(8) Le parole «legittimo o naturale,» sono state soppresse dall'art. 71.1, lett. b, d.lg. 28 dicembre 2013, n. 154.
(9) Le parole «, legittimi e naturali» sono state soppresse dall'art. 71.1, lett. c, d.lg. 28 dicembre 2013, n. 154.
(10) Comma abrogato dall'art. 71.1, lett. d, d.lg. 28 dicembre 2013, n. 154.
(11) Articolo così sostituito dall'art. 173, l. n. 151/1975.
(12) La parola «legittimi» è stata soppressa dall'art. 72.1, lett. a, d.lg. 28 dicembre 2013, n. 154.
(13) Le parole «legittimi né naturali» sono state soppresse dall'art. 72.1, lett. b, d.lg. 28 dicembre 2013, n. 154.
(14) La parola «legittimi» è stata soppressa dall'art. 72.1, lett. b, d.lg. 28 dicembre 2013, n. 154.
(15) Articolo così sostituito dall'art. 174, l. n. 151/1975.
(16) Articolo abrogato dall'art. 175, l. n. 151/1975.

dell'art. 542 per il caso di concorso con i figli.

2. Al coniuge, anche quando concorra con altri chiamati, sono riservati i diritti di abitazione (c. 1022) sulla casa adibita a residenza familiare (c. 144) e di uso (c. 1021) sui mobili che la corredano, se di proprietà del defunto o comuni (c. 2648). Tali diritti gravano sulla porzione disponibile (c. 556) e, qualora questa non sia sufficiente, per il rimanente sulla quota di riserva del coniuge ed eventualmente sulla quota riservata ai figli (1).

541. .... (2).

542. *Concorso di coniuge e figli.* — *1.* Se chi muore lascia, oltre al coniuge, un solo figlio, [...] (3) a quest'ultimo è riservato un terzo del patrimonio ed un altro terzo spetta al coniuge.

2. Quando i figli [...] (4) sono più di uno, ad essi è complessivamente riservata la metà del patrimonio e al coniuge spetta un quarto del patrimonio del defunto. La divisione tra tutti i figli [...] (4) è effettuata in parti uguali.

3. .... (5) (6).

543. .... (7).

544. *Concorso di ascendenti* [...] (8) *e coniuge.* — *1.* Quando chi muore non lascia figli (9), ma ascendenti [...] (10) e il coniuge, a quest'ultimo è riservata la metà del patrimonio, ed agli ascendenti un quarto.

2. In caso di pluralità di ascendenti, la quota di riserva ad essi attribuita ai sensi del precedente comma è ripartita tra i medesimi secondo i criteri previsti dall'art. 569 (11).

545-547. .... (12).

548. *Riserva a favore del coniuge separato.* — *1.* Il coniuge cui non è stata addebitata la separazione con sentenza passata in giudicato, ai sensi del secondo comma dell'art. 151, ha gli stessi diritti successori del coniuge non separato (c. 157).

2. Il coniuge cui è stata addebitata la separazione con sentenza passata in giudicato ha diritto soltanto ad un assegno vitalizio se al momento dell'apertura della successione godeva degli alimenti a carico del coniuge deceduto (c. 433). L'assegno è commisurato alle sostanze ereditarie e alla qualità e al numero degli eredi legittimi, e non è comunque di entità superiore a quella della prestazione alimentare goduta. La medesima disposizione si applica nel caso in cui la separazione sia stata addebitata ad entrambi i coniugi (c. 585) (13).

549. *Divieto di pesi o condizioni sulla quota dei legittimari.* — *1.* Il testatore non può imporre pesi (c. 647) o condizioni (c. 634) sulla quota spettante ai legittimari, salva l'applicazione delle norme contenute nel titolo IV di questo libro (c. 733-735).

550. *Lascito eccedente la porzione disponibile.* — *1.* Quando il testatore dispone di un usufrutto (c. 978 ss.) o di una rendita vitalizia (c. 1872) il cui reddito eccede quello della porzione disponibile (c. 556), i legittimari, ai quali è stata assegnata la nuda proprietà della disponibile o di parte di essa, hanno la scelta o di eseguire tale disposizione o di abbandonare la nuda proprietà della porzione disponibile. Nel secondo caso il legatario, conseguendo la disponibile abbandonata, non acquista la qualità di erede (c. 588).

2. La stessa scelta spetta ai legittimari quando il testatore ha disposto della nuda proprietà di una parte eccedente la disponibile.

3. Se i legittimari sono più, occorre l'accordo di tutti perché la disposizione testamentaria abbia esecuzione.

4. Le stesse norme si applicano anche se dell'usufrutto, della rendita o della nuda proprietà è stato disposto con donazione.

551. *Legato in sostituzione di legittima.* — *1.* Se a un legittimario è lasciato un legato in sostituzione della legittima, egli può rinunciare al legato (c. 649, 650) e chiedere la legittima (c. 521^2).

2. Se preferisce di conseguire il legato, perde il diritto di chiedere un supplemento, nel caso che il valore del legato sia inferiore a quello della legittima, e non acquista la qualità di erede (c. 588). Questa disposizione non si applica

(1) Articolo così sostitutito dall'art. 176, l. n. 151/1975.
(2) Articolo abrogato dall'art. 177, l. n. 151/1975.
(3) Le parole «legittimo o naturale,» sono state soppresse dall'art. 73.1, lett. a, d.lg. 28 dicembre 2013, n. 154.
(4) Le parole «, legittimi o naturali,» sono state soppresse dall'art. 73.1, lett. b, d.lg. 28 dicembre 2013, n. 154.
(5) Comma abrogato dall'art. 73.1, lett. c, d.lg. 28 dicembre 2013, n. 154.
(6) Articolo così sostituito dall'art. 178, l. n. 151/1975.
(7) Articolo abrogato dall'art. 179, l. n. 151/1975.
(8) La parola «legittimi» è stata soppressa dall'art. 74.1, lett. a, d.lg. 28 dicembre 2013, n. 154.
(9) La parola «figli» è stata così sostituita alle precedenti «né figli legittimi né figli naturali» dall'art. 74.1, lett. b, d.lg. 28 dicembre 2013, n. 154.
(10) La parola «legittimi» è stata soppressa dall'art. 74.1, lett. b, d.lg. 28 dicembre 2013, n. 154.
(11) Articolo così sostituito dall'art. 180, l. n. 151/1975.
(12) Articoli abrogati dall'art. 181, l. n. 151/1975.
(13) Articolo così sostituito dall'art. 182, l. n. 151/1975.

quando il testatore ha espressamente attribuito al legittimario la facoltà di chiedere il supplemento.

3. Il legato in sostituzione della legittima grava sulla porzione indisponibile (c. 556). Se però il valore del legato eccede quello della legittima spettante al legittimario, per l'eccedenza il legato grava sulla disponibile.

552. *Donazioni e legati in conto di legittima.* — *1.* Il legittimario che rinunzia all'eredità (c. 519 ss.), quando non si ha rappresentazione (c. 467), può sulla disponibile ritenere le donazioni o conseguire i legati a lui fatti (c. 521²); ma quando non vi è stata espressa dispensa dall'imputazione (c. 564²), se per integrare la legittima spettante agli eredi è necessario ridurre le disposizioni testamentarie o le donazioni (c. 554 ss.), restano salve le assegnazioni, fatte dal testatore sulla disponibile, che non sarebbero soggette a riduzione se il legittimario accettasse l'eredità, e si riducono le donazioni e i legati fatti a quest'ultimo.

Sezione II. — *Della reintegrazione della quota riservata ai legittimari*

553. *Riduzione delle porzioni degli eredi legittimi in concorso con legittimari.* — *1.* Quando sui beni lasciati dal defunto si apre in tutto o in parte la successione legittima, nel concorso di legittimari con altri successibili, le porzioni che spetterebbero a questi ultimi si riducono proporzionalmente nei limiti in cui è necessario per integrare la quota riservata ai legittimari, i quali però devono imputare a questa, ai sensi dell'art. 564, quanto hanno ricevuto dal defunto in virtù di donazioni o di legati (c. 735²).

554. *Riduzione delle disposizioni testamentarie.* — *1.* Le disposizioni testamentarie eccedenti la quota di cui il defunto poteva disporre sono soggette a riduzione nei limiti della quota medesima (c. 2652 n. 8).

555. *Riduzione delle donazioni.* — *1.* Le donazioni, il cui valore eccede la quota della quale il defunto poteva disporre, sono soggette a riduzione (c. 557 ss.) fino alla quota medesima (att. c. 135).

2. Le donazioni non si riducono se non dopo esaurito il valore dei beni di cui è stato disposto per testamento (c. 1923²).

556. *Determinazione della porzione disponibile.* — *1.* Per determinare l'ammontare della quota di cui il defunto poteva disporre si forma una massa di tutti i beni che appartenevano al defunto al tempo della morte, detraendone i debiti. Si riuniscono quindi fittiziamente i beni di cui sia stato disposto a titolo di donazione, secondo il loro valore determinato in base alle regole dettate negli artt. 747 a 750, e sull'asse così formato si calcola la quota di cui il defunto poteva disporre (att. c. 135²).

557. *Soggetti che possono chiedere la riduzione.* — *1.* La riduzione delle donazioni e delle disposizioni lesive della porzione di legittima non può essere domandata che dai legittimari e dai loro eredi o aventi causa.

2. Essi non possono rinunziare a questo diritto, finché vive il donante, né con dichiarazione espressa, né prestando il loro assenso alla donazione (c. 458).

3. I donatari e i legatari non possono chiedere la riduzione, né approfittarne. Non possono chiederla né approfittarne nemmeno i creditori del defunto, se il legittimario avente diritto alla riduzione ha accettato con il beneficio d'inventario (c. 484 ss., 2652 n. 8, 2690 n. 5).

558. *Modo di ridurre le disposizioni testamentarie.* — *1.* La riduzione delle disposizioni testamentarie avviene proporzionalmente, senza distinguere tra eredi e legatari.

2. Se il testatore ha dichiarato che una sua disposizione deve avere effetto a preferenza delle altre, questa disposizione non si riduce, se non in quanto il valore delle altre non sia sufficiente a integrare la quota riservata ai legittimari.

559. *Modo di ridurre le donazioni.* — *1.* Le donazioni si riducono cominciando dall'ultima e risalendo via via alle anteriori.

560. *Riduzione del legato e della donazione d'immobili.* — *1.* Quando oggetto del legato o della donazione da ridurre è un immobile, la riduzione si fa separando dall'immobile medesimo la parte occorrente per integrare la quota riservata, se ciò può avvenire comodamente (c. 720).

2. Se la separazione non può farsi comodamente e il legatario o il donatario ha nell'immobile un'eccedenza maggiore del quarto della porzione disponibile, l'immobile si deve lasciare per intero nell'eredità, salvo il diritto di conseguire il valore della porzione disponibile. Se l'eccedenza non supera il quarto, il legatario o il donatario può ritenere tutto l'immobile, compensando in danaro i legittimari.

3. Il legatario o il donatario che è legittimario può ritenere tutto l'immobile, purché il valore di esso non superi l'importo della porzione disponibile e della quota che gli spetta come legittimario.

561. *Restituzione degli immobili.* — *1.* Gli immobili restituiti in conseguenza della riduzione sono liberi da ogni peso o ipoteca (c. 2808 ss.) di cui il legatario o il donatario può averli gravati, salvo il disposto del n. 8 dell'art. 2652. I pesi e le ipoteche restano efficaci se la riduzione è domandata dopo venti anni dalla trascrizione della donazione, salvo in questo caso l'obbligo del donatario di compensare in denaro i legittimari in ragione del conseguente minor valore dei beni, purché la domanda sia stata proposta entro dieci anni dall'apertura della successione. Le stesse disposizioni si applicano per i mobili iscritti in pubblici registri (c. 2683, 2690 n. 5) (1).

2. I frutti (c. 820) sono dovuti a decorrere dal giorno della domanda giudiziale (c. 1148).

562. *Insolvenza del donatario soggetto a riduzione.* — *1.* Se la cosa donata è perita per causa imputabile al donatario o ai suoi aventi causa o se la restituzione della cosa donata non può essere richiesta contro l'acquirente, e il donatario è in tutto o in parte insolvente, il valore della donazione che non si può recuperare dal donatario si detrae dalla massa ereditaria, ma restano impregiudicate le ragioni di credito del legittimario e dei donatari antecedenti contro il donatario insolvente.

563. *Azione contro gli aventi causa dai donatari soggetti a riduzione.* — *1.* Se i donatari contro i quali è stata pronunziata la riduzione hanno alienato a terzi gli immobili donati e non sono trascorsi venti anni dalla trascrizione della (2) donazione (3), il legittimario, premessa l'escussione dei beni del donatario, può chiedere ai successivi acquirenti, nel modo e nell'ordine in cui si potrebbe chiederla ai donatari medesimi, la restituzione degli immobili (c. 2652 n. 8).

2. L'azione per ottenere la restituzione deve proporsi secondo l'ordine di data delle alienazioni, cominciando dall'ultima. Contro i terzi acquirenti può anche essere richiesta, entro il termine di cui al primo comma (4), la restituzione dei beni mobili, oggetto della donazione, salvi gli effetti del possesso di buona fede (c. 1153).

3. Il terzo acquirente può liberarsi dall'obbligo di restituire in natura le cose donate pagando l'equivalente in danaro.

4. Salvo il disposto del n. 8) dell'art. 2652, il decorso del termine di cui al primo comma e di quello di cui all'art. 561, primo comma, è sospeso nei confronti del coniuge e dei parenti in linea retta del donante che abbiano notificato e trascritto, nei confronti del donatario e dei suoi aventi causa (5), un atto stragiudiziale di opposizione alla donazione. Il diritto dell'opponente è personale e rinunziabile. L'opposizione perde effetto se non è rinnovata prima che siano trascorsi venti anni dalla sua trascrizione (6).

564. *Condizioni per l'esercizio dell'azione di riduzione.* — *1.* Il legittimario che non ha accettato l'eredità col beneficio d'inventario (c. 484 ss., 557) non può chiedere la riduzione delle donazioni e dei legati, salvo che le donazioni e i legati siano stati fatti a persone chiamate come coeredi, ancorché abbiano rinunziato all'eredità (c. 519 ss.). Questa disposizione non si applica all'erede che ha accettato col beneficio d'inventario e che ne è decaduto (c. 493 ss.).

2. In ogni caso il legittimario, che domanda la riduzione di donazioni o di disposizioni testamentarie, deve imputare alla sua porzione legittima le donazioni e i legati a lui fatti, salvo che ne sia stato espressamente dispensato (c. 553; att. c. 135^2).

3. Il legittimario che succede per rappresentazione (c. 467 ss.) deve anche imputare le donazioni e i legati fatti, senza espressa dispensa, al suo ascendente (c. 740; att. c. 135^2).

4. La dispensa non ha effetto a danno dei donatari anteriori.

5. Ogni cosa, che, secondo le regole contenute nel capo II del titolo IV di questo libro, è esente da collazione, è pure esente da imputazione (c. 737 ss.).

TITOLO II

Delle successioni legittime

565. *Categorie dei successibili.* — *1.* Nella successione legittima l'eredità si devolve al coniuge (c. 584, 585), ai discendenti [...] (7), agli ascendenti [...] (8), ai collaterali, agli altri pa-

(1) L'originario secondo periodo è stato così sostituito dagli attuali secondo e terzo periodo dall'art. 2.4-*novies*, lett. a, n. 1), d.l. 14 marzo 2005, n. 35, conv. in l. 14 maggio 2005, n. 80.

(2) Le parole «trascrizione della» sono state inserite dall'art. 3.1, lett. a, l. 28 dicembre 2005, n. 263.

(3) Le parole «e non sono trascorsi venti anni dalla donazione» sono state inserite dall'art. 2.4-*novies*, lett. a, n. 2), d.l. 14 marzo 2005, n. 35, conv. in l. 14 maggio 2005, n. 80.

(4) Le parole «, entro il termine di cui al primo comma,» sono state inserite dall'art. 2.4-*novies*, lett. a, n. 3), d.l. 14 marzo 2005, n. 35, conv. in l. 14 maggio 2005, n. 80.

(5) Le parole «e dei suoi aventi causa» sono state inserite dall'art. 3.1, lett. b, l. 28 dicembre 2005, n. 263.

(6) Comma aggiunto dall'art. 2.4-*novies*, lett. a, n. 4), d.l. 14 marzo 2005, n. 35, conv. in l. 14 maggio 2005, n. 80.

(7) Le parole «legittimi e naturali» sono state soppresse dall'art. 75, d.lg. 28 dicembre 2013, n. 154.

(8) La parola «legittimi» è stata soppressa dall'art. 75, d.lg. 28 dicembre 2013, n. 154.

renti e allo Stato, nell'ordine e secondo le regole stabilite nel presente titolo (1)(2).

CAPO I

DELLA SUCCESSIONE DEI PARENTI (3)

566. *Successione dei figli.* — *1.* Al padre ed alla madre succedono (c. 581) i figli, in parti uguali (c. 687) (4).

567. *Successione dei figli adottivi* (5). — *1.* Ai figli sono equiparati gli adottivi (c. 291 ss., 304) (6).

2. I figli adottivi sono estranei alla successione dei parenti dell'adottante (c. 300[2]).

568. *Successione dei genitori.* — *1.* A colui che muore senza lasciare prole, né fratelli o sorelle o loro discendenti (c. 467 ss.), succedono (c. 582) il padre e la madre in eguali porzioni, o il genitore che sopravvive (c. 538).

569. *Successione degli ascendenti.* — *1.* A colui che muore senza lasciare prole, né genitori, né fratelli o sorelle o loro discendenti (c. 467 ss.), succedono (c. 582) per una metà gli ascendenti della linea paterna e per l'altra metà gli ascendenti della linea materna (c. 538, 544).

2. Se però gli ascendenti non sono di eguale grado (c. 76), l'eredità è devoluta al più vicino senza distinzione di linea (c. 75).

570. *Successione dei fratelli e delle sorelle.* — *1.* A colui che muore senza lasciare prole, né genitori, né altri ascendenti, succedono (c. 582) i fratelli e le sorelle in parti uguali.

2. I fratelli e le sorelle unilaterali conseguono però la metà della quota che conseguono i germani.

571. *Concorso di genitori o ascendenti con fratelli e sorelle.* — *1.* Se coi genitori o con uno soltanto di essi concorrono fratelli e sorelle germani del defunto, tutti sono ammessi alla successione del medesimo per capi, purché in nessun caso la quota, in cui succedono i genitori o uno di essi, sia minore della metà.

2. Se vi sono fratelli e sorelle unilaterali, ciascuno di essi consegue la metà della quota che consegue ciascuno dei germani o dei genitori, salva in ogni caso la quota della metà in favore di questi ultimi (c. 582).

3. Se entrambi i genitori non possono (c. 463) o non vogliono venire alla successione e vi sono ulteriori ascendenti, a questi ultimi si devolve, nel modo determinato dall'art. 569, la quota che sarebbe spettata a uno dei genitori in mancanza dell'altro (7).

572. *Successione di altri parenti.* — *1.* Se alcuno muore senza lasciare prole, né genitori, né altri ascendenti, né fratelli o sorelle o loro discendenti (c. 583), la successione si apre a favore del parente o dei parenti prossimi (c. 76), senza distinzione di linea (c. 75).

2. La successione non ha luogo tra i parenti oltre il sesto grado (c. 77).

573. *Successione dei figli nati fuori del matrimonio* (8). — *1.* Le disposizioni relative alla successione dei figli nati fuori del matrimonio (8) si applicano quando la filiazione è stata riconosciuta o giudizialmente dichiarata (c. 250 ss.), salvo quanto è disposto dall'art. 580.

574-576. .... (9).

577. .... (10).

578-579. .... (11).

580. *Diritti dei figli nati fuori del matrimo-*

(1) Articolo così sostituito dall'art. 183, l. n. 151/1975.

(2) La Corte cost., con sentenza 4 luglio 1979, n. 55, ha dichiarato costituzionalmente illegittimo questo articolo – nel testo previgente – «nella parte in cui esclude dalla categoria dei chiamati alla successione legittima, in mancanza di altri successibili, e prima dello Stato, i fratelli e le sorelle naturali riconosciuti o dichiarati».

La Corte cost., con sentenza 12 aprile 1990, n. 184, ha dichiarato costituzionalmente illegittimo questo articolo «nella parte in cui, in mancanza di altri successibili all'infuori dello Stato, non prevede la successione legittima tra fratelli e sorelle naturali, dei quali sia legalmente accertato il rispettivo *status* di filiazione nei confronti del comune genitore».

(3) I capi I e II del titolo II sono stati unificati nel capo I dall'art. 184, l. n. 151/1975, che ha conseguentemente così sostituito la relativa intitolazione. V. art. 104, d.lg. 28 dicembre 2013, n. 154, in *Leggi coll. II, 12.*

(4) Articolo così sostituito, da ultimo, dall'art. 76, d.lg. 28 dicembre 2013, n. 154.

(5) Rubrica così sostituita alla precedente «Successione dei figli legittimati e adottivi» dall'art. 77.1, lett. a, d.lg. 28 dicembre 2013, n. 154.

(6) Comma così sostituito dall'art. 77.1, lett. b, d.lg. 28 dicembre 2013, n. 154.

(7) Articolo così sostituito dall'art. 186, l. n. 151/1975.

(8) Le parole «nati fuori del matrimonio» sono state così sostituite alla precedente «naturali» dall'art. 78, d.lg. 28 dicembre 2013, n. 154.

(9) Articoli abrogati dall'art. 187, l. n. 151/1975.

(10) La Corte cost., con sentenza 14 aprile 1969, n. 79, ha dichiarato costituzionalmente illegittimo l'art. 577, il cui testo era: «Il figlio naturale succede all'ascendente legittimo immediato del suo genitore che non può o non vuole accettare l'eredità, se l'ascendente non lascia né coniuge, né discendenti o ascendenti, né fratelli o sorelle o loro discendenti, né altri parenti legittimi entro il terzo grado».

(11) Articoli abrogati dall'art. 106.1, lett. a, d.lg. 28 dicembre 2013, n. 154.

nio (1) *non riconoscibili*. — *1*. Ai figli nati fuori del matrimonio (2) aventi diritto al mantenimento, all'istruzione e alla educazione, a norma dell'art. 279, spetta un assegno vitalizio pari all'ammontare della rendita della quota di eredità alla quale avrebbero diritto, se la filiazione fosse stata dichiarata o riconosciuta (c. 279²).

2. I figli nati fuori del matrimonio (2) hanno diritto di ottenere su loro richiesta la capitalizzazione dell'assegno loro spettante a norma del comma precedente, in denaro, ovvero, a scelta degli eredi legittimi, in beni ereditari (3).

CAPO II (4)

DELLA SUCCESSIONE DEL CONIUGE

581. *Concorso del coniuge con i figli*. — *1*. Quando con il coniuge concorrono figli [...] (5), il coniuge ha diritto alla metà dell'eredità (c. 540²), se alla successione concorre un solo figlio, e ad un terzo negli altri casi (6).

582. *Concorso del coniuge con ascendenti* [...] (7), *fratelli e sorelle*. — *1*. Al coniuge sono devoluti i due terzi dell'eredità se egli concorre con ascendenti [...] (8) o con fratelli e sorelle anche se unilaterali, ovvero con gli uni e con gli altri. In questo ultimo caso la parte residua è devoluta agli ascendenti, ai fratelli e alle sorelle, secondo le disposizioni dell'art. 571, salvo in ogni caso agli ascendenti il diritto a un quarto della eredità (9).

583. *Successione del solo coniuge*. — *1*. In mancanza di figli [...] (10), di ascendenti, di fratelli o sorelle, al coniuge si devolve tutta l'eredità (11).

584. *Successione del coniuge putativo*. — *1*. Quando il matrimonio è stato dichiarato nullo (c. 128) dopo la morte di uno dei coniugi, al coniuge superstite di buona fede spetta la quota attribuita al coniuge dalle disposizioni che precedono. Si applica altresì la disposizione del secondo comma dell'art. 540.

2. Egli è però escluso dalla successione, quando la persona della cui eredità si tratta è legata da valido matrimonio al momento della morte (c. 124) (12).

585. *Successione del coniuge separato*. — *1*. Il coniuge cui non è stata addebitata la separazione con sentenza passata in giudicato (c. 151²) ha gli stessi diritti successori del coniuge non separato.

2. Nel caso in cui al coniuge sia stata addebitata la separazione con sentenza passata in giudicato si applicano le disposizioni del secondo comma dell'art. 548 (13).

CAPO III (4)

DELLA SUCCESSIONE DELLO STATO (14)

586. *Acquisto dei beni da parte dello Stato*. — *1*. In mancanza d'altri successibili, l'eredità è devoluta allo Stato (cost. 42⁴). L'acquisto si opera di diritto senza bisogno di accettazione (c. 459) e non può farsi luogo a rinuncia (c. 519).

2. Lo Stato non risponde dei debiti ereditari e dei legati oltre il valore dei beni acquistati (c. 490).

TITOLO III

Delle successioni testamentarie

(1) Le parole «nati fuori del matrimonio» sono state così sostituite alla precedente «naturali» dall'art. 79.1, lett. a, d.lg. 28 dicembre 2013, n. 154.

(2) Le parole «nati fuori del matrimonio» sono state così sostituite alla precedente «naturali» dall'art. 79.1, lett. b, d.lg. 28 dicembre 2013, n. 154.

(3) Articolo così sostituito dall'art. 188, l. n. 151/1975. In base all'art. 237, l. n. 151/1975, in *Leggi coll. II, 6*, questa norma si applica anche alle successioni apertesi prima dell'entrata in vigore della legge stessa, se i diritti dei figli nati fuori del matrimonio non riconoscibili non sono stati definiti con sentenza passata in giudicato o mediante convenzione.

(4) I capi III e IV del titolo II sono stati rispettivamente rinumerati in capo II e capo III dall'art. 184, l. n. 151/1975, restando invariate le rubriche.

(5) Le parole «legittimi o figli naturali, o figli legittimi e naturali» sono state soppresse dall'art. 80, d.lg. 28 dicembre 2013, n. 154.

(6) Articolo così sostituito dall'art. 189, l. n. 151/1975.

(7) La parola «legittimi» è stata soppressa dall'art. 81.1, lett. a, d.lg. 28 dicembre 2013, n. 154.

(8) La parola «legittimi» è stata soppressa dall'art. 81.1, lett. b, d.lg. 28 dicembre 2013, n. 154.

(9) Articolo così sostituito dall'art. 190, l. n. 151/1975.

(10) Le parole «legittimi o naturali» sono state soppresse dall'art. 82, d.lg. 28 dicembre 2013, n. 154.

(11) Articolo così sostituito dall'art. 191, l. n. 151/1975.

(12) Articolo così sostituito dall'art. 192, l. n. 151/1975.

(13) Articolo così sostituito dall'art. 193, l. n. 151/1975.

(14) Per l'individuazione del diritto applicabile v. art. 49, l. 31 maggio 1995, n. 218, in *Leggi coll. I, 1*.

CAPO I

Disposizioni generali

587. *Testamento*. — *1.* Il testamento è un atto revocabile (c. 679 ss.) con il quale taluno dispone, per il tempo in cui avrà cessato di vivere, di tutte le proprie sostanze o di parte di esse (c. 2821^{2}) (1).

2. Le disposizioni di carattere non patrimoniale, che la legge consente siano contenute in un testamento (c. 254, 256, 348, 424^{3}, 466, 2735^{1}; l. aut. 24^{3}, 93^{4}), hanno efficacia, se contenute in un atto che ha la forma del testamento (c. 601 ss.), anche se manchino disposizioni di carattere patrimoniale (2).

588. *Disposizioni a titolo universale e a titolo particolare*. — *1.* Le disposizioni testamentarie, qualunque sia l'espressione o la denominazione usata dal testatore, sono a titolo universale e attribuiscono la qualità di erede, se comprendono l'universalità o una quota dei beni del testatore. Le altre disposizioni sono a titolo particolare e attribuiscono la qualità di legatario (c. *1010*).

2. L'indicazione di beni determinati o di un complesso di beni non esclude che la disposizione sia a titolo universale, quando risulta che il testatore ha inteso assegnare quei beni come quota del patrimonio.

589. *Testamento congiuntivo o reciproco*. — *1.* Non si può fare testamento da due o più persone nel medesimo atto, né a vantaggio di un terzo, né con disposizione reciproca (c. 635).

590. *Conferma ed esecuzione volontaria di disposizioni testamentarie nulle*. — *1.* La nullità della disposizione testamentaria (att. c. 137), da qualunque causa dipenda, non può essere fatta valere (c. 1423) da chi, conoscendo la causa della nullità, ha, dopo la morte del testatore, confermato (c. 1444) la disposizione o dato ad essa volontaria esecuzione (c. 627^{2}, 799, 1933^{2}, 2034, 2126, 2940).

CAPO II

Della capacità di disporre per testamento (3)

591. *Casi d'incapacità*. — *1.* Possono disporre per testamento tutti coloro che non sono dichiarati incapaci dalla legge.

2. Sono incapaci di testare:

1) coloro che non hanno compiuto la maggiore età (c. 2);

2) gli interdetti per infermità di mente (c. 414 ss.);

3) quelli che, sebbene non interdetti, si provi essere stati, per qualsiasi causa, anche transitoria, incapaci di intendere e di volere nel momento in cui fecero testamento (c. 120, 428, 775, 1425^{2}) (4).

3. Nei casi d'incapacità preveduti dal presente articolo il testamento può essere impugnato da chiunque vi ha interesse. L'azione si prescrive nel termine di cinque anni dal giorno in cui è stata data esecuzione alle disposizioni testamentarie.

CAPO III

Della capacità di ricevere per testamento

592. .... (5).

593. .... (6).

594. *Assegno ai figli nati fuori del matrimonio* (7) *non riconoscibili*. — *1.* Gli eredi, i legatari e i donatari sono tenuti, in proporzione a quanto hanno ricevuto, a corrispondere ai figli

(1) La Corte cost., con sentenza 4 aprile 1996, n. 106, ha dichiarato costituzionalmente illegittimo l'art. 5 d.p.r. 29 dicembre 1973, n. 1032, t.u. sulle prestazioni previdenziali a favore di dipendenti statali, «nella parte in cui esclude che, nell'assenza delle persone ivi indicate, l'indennità di buonuscita formi oggetto di successione per testamento o, in mancanza, per legge». Per l'indennità in caso di morte del lavoratore nell'impresa v. art. 2122 cod. civ.

(2) Per le disposizioni anticipate di trattamento v. art. 4, l. 22 dicembre 2017, n. 219.

(3) Per l'individuazione del diritto applicabile v. art. 47, l. 31 maggio 1995, n. 218, in *Leggi coll. I, 1.*

(4) Comma sostituito dall'art. 10, l. 8 marzo 1975, n. 39.

(5) La Corte cost., con sentenza 28 dicembre 1970, n. 205, ha dichiarato costituzionalmente illegittimo l'art. 592, il cui testo era: «Se vi sono discendenti legittimi, i figli naturali, quando la filiazione è stata riconosciuta o dichiarata, non possono ricevere per testamento più di quanto avrebbero ricevuto se la successione si fosse devoluta in base alla legge. I figli naturali riconoscibili, quando la filiazione risulta nei modi indicati dall'art. 279, non possono ricevere più di quanto, secondo la disposizione del comma precedente, potrebbero conseguire se la filiazione fosse stata riconosciuta o dichiarata».

(6) Articolo abrogato dall'art. 194, l. n. 151/1975.

(7) Le parole «nati fuori del matrimonio» sono state così sostituite alla precedente «naturali» dall'art. 83.1, lett. a, d.lg. 28 dicembre 2013, n. 154.

nati fuori del matrimonio (1) di cui all'art. 279, un assegno vitalizio nei limiti stabiliti dall'art. 580, se il genitore non ha disposto per donazione o testamento in favore dei figli medesimi. Se il genitore ha disposto in loro favore, essi possono rinunziare alla disposizione e chiedere l'assegno (2).

595. . . . . (3).

596. *Incapacità del tutore e del protutore. — 1.* Sono nulle le disposizioni testamentarie della persona sottoposta a tutela in favore del tutore, se fatte dopo la nomina di questo (c. 346) e prima che sia approvato il conto (c. 386) o sia estinta l'azione per il rendimento del conto medesimo (c. 387), quantunque il testatore sia morto dopo l'approvazione. Questa norma si applica anche al protutore, se il testamento è fatto nel tempo in cui egli sostituiva il tutore (c. 360).

2. Sono però valide le disposizioni fatte in favore del tutore o del protutore che è ascendente, discendente, fratello, sorella o coniuge del testatore (c. 411^2).

597. *Incapacità del notaio, dei testimoni e dell'interprete. — 1.* Sono nulle le disposizioni a favore del notaio o di altro ufficiale (c. 609, 611, 616, 617) che ha ricevuto il testamento pubblico, ovvero a favore di alcuno dei testimoni o dell'interprete intervenuti al testamento medesimo (c. 603).

598. *Incapacità di chi ha scritto o ricevuto il testamento segreto. — 1.* Sono nulle le disposizioni a favore della persona che ha scritto il testamento segreto (c. 604), salvo che siano approvate di mano dello stesso testatore o nell'atto della consegna. Sono pure nulle le disposizioni a favore del notaio a cui il testamento segreto è stato consegnato in plico non sigillato (c. 605).

599. *Persone interposte. — 1.* Le disposizioni testamentarie a vantaggio delle persone incapaci indicate dagli artt. (4) 596, 597 e 598 sono nulle anche se fatte sotto nome d'interposta persona (c. 378).

2. Sono reputate persone interposte il padre, la madre, i discendenti e il coniuge della persona incapace, anche se chiamati congiuntamente con l'incapace (c. 411^2, 779).

600. . . . . (5).

CAPO IV

DELLA FORMA DEI TESTAMENTI (6)

Sezione I. — *Dei testamenti ordinari*

601. *Forme. — 1.* Le forme ordinarie di testamento sono il testamento olografo e il testamento per atto di notaio.

2. Il testamento per atto di notaio è pubblico o segreto.

602. *Testamento olografo. — 1.* Il testamento olografo deve essere scritto per intero, datato e sottoscritto di mano del testatore (c. 606^1).

2. La sottoscrizione deve essere posta alla fine delle disposizioni. Se anche non è fatta indicando nome e cognome, è tuttavia valida quando designa con certezza la persona del testatore.

3. La data deve contenere l'indicazione del giorno, mese e anno. La prova della non verità della data è ammessa soltanto quando si tratta di giudicare della capacità del testatore (c. 591),

(1) Le parole «nati fuori del matrimonio» sono state così sostituite alla precedente «naturali» dall'art. 83.1, lett. b, d.lg. 28 dicembre 2013, n. 154.

(2) Articolo così sostituito dall'art. 195, l. n. 151/1975. In base all'art. 237, l. n. 151/1975, in *Leggi coll. II, 6*, questa norma si applica anche alle successioni apertesi prima della entrata in vigore della legge stessa, se i diritti dei figli nati fuori del matrimonio non riconoscibili non sono stati definiti con sentenza passata in giudicato o mediante convenzione.

(3) Articolo abrogato dall'art. 196, l. n. 151/1975.

(4) Il rinvio agli artt. 592 e 593 non è più operante, perché il primo è stato dichiarato costituzionalmente illegittimo con sentenza della Corte cost. 28 dicembre 1970, n. 205, il secondo è stato abrogato dall'art. 194, l. 19 maggio 1975, n. 151. Quanto al rinvio all'art. 595, la Corte cost., con sentenza 20 dicembre 1979, n. 153, ha dichiarato costituzionalmente illegittimo l'art. 595 cod. civ. nel testo abrogato dall'art. 196, l. 19 maggio 1975, n. 151, e l'art. 599 «nella parte in cui richiama il predetto art. 595».

(5) Articolo abrogato dall'art. 13.1, l. 15 maggio 1997, n. 127, come sostituito dall'art. 1.1, l. 22 giugno 2000, n. 192.

(6) Sul registro generale dei testamenti, istituito presso il Ministero della giustizia, Ufficio centrale degli archivi notarili, v. l. 25 maggio 1981, n. 307, di ratifica ed esecuzione della Convenzione firmata a Basilea il 16 maggio 1972, in vigore dal 26 dicembre 1981, nonché il regolamento emanato con d.p.r. 18 dicembre 1984, n. 956; il d.m. 18 marzo 1988, in G.U., 6 aprile 1988, n. 80; il d.m. 29 marzo 1988, in G.U., 8 aprile 1988, n. 82; il d.m. 5 maggio 1988, in G.U., 10 maggio 1988, n. 108; il d.m. 27 giugno 1988, in G.U., 30 giugno 1988, n. 152; il d.m. 25 ottobre 1993, n. 586, in G.U., 31 gennaio 1994, n. 24.

Per l'individuazione del diritto applicabile v. art. 48, l. 31 maggio 1995, n. 218, in *Leggi coll. I, 1*.

Sulla forma di un testamento internazionale v. l. 29 novembre 1990, n. 387, di adesione ed esecuzione della Convenzione adottata a Washington il 26 ottobre 1973, in vigore dal 16 novembre 1991.

della priorità di data tra più testamenti (c. 682) o di altra questione da decidersi in base al tempo del testamento (c. 651², 656, 657, 687).

603. *Testamento pubblico*. — *1.* Il testamento pubblico è ricevuto dal notaio in presenza di due testimoni (1).

2. Il testatore, in presenza dei testimoni, dichiara al notaio la sua volontà, la quale è ridotta in iscritto a cura del notaio stesso. Questi dà lettura del testamento al testatore in presenza dei testimoni. Di ciascuna di tali formalità è fatta menzione nel testamento.

3. Il testamento deve indicare il luogo, la data del ricevimento e l'ora della sottoscrizione, ed essere sottoscritto dal testatore, dai testimoni e dal notaio. Se il testatore non può sottoscrivere, o può farlo solo con grave difficoltà, deve dichiararne la causa, e il notaio deve menzionare questa dichiarazione prima della lettura dell'atto (c. 606).

4. Per il testamento del muto, sordo [o sordomuto] (2) si osservano le norme stabilite dalla legge notarile per gli atti pubblici di queste persone. Qualora il testatore sia incapace anche di leggere, devono intervenire quattro testimoni.

604. *Testamento segreto*. — *1.* Il testamento segreto può essere scritto dal testatore o da un terzo (c. 598). Se è scritto dal testatore, deve essere sottoscritto da lui alla fine delle disposizioni; se è scritto in tutto o in parte da altri, o se è scritto con mezzi meccanici, deve portare la sottoscrizione del testatore anche in ciascun mezzo foglio, unito o separato (c. 607).

2. Il testatore che sa leggere ma non sa scrivere, o che non ha potuto apporre la sottoscrizione quando faceva scrivere le proprie disposizioni, deve altresì dichiarare al notaio, che riceve il testamento, di averlo letto ed aggiungere la causa che gli ha impedito di sottoscriverlo: di ciò si fa menzione nell'atto di ricevimento.

3. Chi non sa o non può leggere non può fare testamento segreto (3).

605. *Formalità del testamento segreto*. — *1.* La carta su cui sono stese le disposizioni o quella che serve da involto deve essere sigillata con un'impronta, in guisa che il testamento non si possa aprire né estrarre senza rottura o alterazione.

2. Il testatore, in presenza di due testimoni, consegna personalmente al notaio la carta così sigillata, o la fa sigillare nel modo sopra indicato in presenza del notaio e dei testimoni, e dichiara che in questa carta è contenuto il suo testamento. Il testatore, se è muto o sordo (2), deve scrivere tale dichiarazione in presenza dei testimoni e deve pure dichiarare per iscritto di aver letto il testamento, se questo è stato scritto da altri.

3. Sulla carta in cui dal testatore è scritto o involto il testamento, o su un ulteriore involto predisposto dal notaio e da lui debitamente sigillato, si scrive l'atto di ricevimento nel quale si indicano il fatto della consegna e la dichiarazione del testatore, il numero e l'impronta dei sigilli, e l'assistenza dei testimoni a tutte le formalità.

4. L'atto deve essere sottoscritto dal testatore, dai testimoni e dal notaio.

5. Se il testatore non può, per qualunque impedimento, sottoscrivere l'atto della consegna, si osserva quel che è stabilito circa il testamento per atto pubblico. Tutto ciò deve essere fatto di seguito e senza passare ad altri atti.

606. *Nullità del testamento per difetto di forma*. — *1.* Il testamento è nullo (c. 1418 ss.) quando manca l'autografia o la sottoscrizione nel caso di testamento olografo (c. 602), ovvero manca la redazione per iscritto, da parte del notaio, delle dichiarazioni del testatore o la sottoscrizione dell'uno o dell'altro, nel caso di testamento per atto di notaio (c. 603, 604).

2. Per ogni altro difetto di forma il testamento può essere annullato (c. 1441 ss.) su istanza di chiunque vi ha interesse. L'azione di annullamento si prescrive nel termine di cinque anni dal giorno in cui è stata data esecuzione alle disposizioni testamentarie (c. 590).

607. *Validità del testamento segreto come olografo*. — *1.* Il testamento segreto, che manca di qualche requisito suo proprio, ha effetto come testamento olografo, qualora di questo abbia i requisiti (c. 602).

608. *Ritiro di testamento segreto od olografo*. — *1.* Il testamento segreto e il testamento olografo che è stato depositato possono dal testatore essere ritirati in ogni tempo dalle mani del notaio presso il quale si trovano (c. 685).

2. A cura del notaio si redige verbale della restituzione; il verbale è sottoscritto dal testatore, da due testimoni e dal notaio; se il testatore non può sottoscrivere, se ne fa menzione.

3. Quando il testamento è depositato in un

(1) Sulle formalità richieste per il testamento pubblico, v. anche art. 50 ss., l. 16 febbraio 1913, n. 89, sul notariato, in *Leggi coll. XXIII, 1*.

(2) L'art. 1.1, l. 20 febbraio 2006, n. 95, così dispone: «In tutte le disposizioni legislative vigenti, il termine “sordomuto” è sostituito con l'espressione “sordo”».

(3) Per il testamento dei ciechi, v. art. 2.2, l. 3 febbraio 1975, n. 18.

pubblico archivio, il verbale è redatto dall'archivista e sottoscritto dal testatore, dai testimoni e dall'archivista medesimo.

4. Della restituzione del testamento si prende nota in margine o in calce all'atto di consegna o di deposito.

Sezione II. — *Dei testamenti speciali*

609. *Malattie contagiose, calamità pubbliche o infortuni.* — *1.* Quando il testatore non può valersi delle forme ordinarie (c. 601 ss.), perché si trova in luogo dove domina una malattia reputata contagiosa, o per causa di pubblica calamità o d'infortunio, il testamento è valido se ricevuto da un notaio (1), dal conciliatore del luogo, dal sindaco o da chi ne fa le veci, o da un ministro di culto, in presenza di due testimoni di età non inferiore a sedici anni.

2. Il testamento è redatto e sottoscritto da chi lo riceve; è sottoscritto anche dal testatore e dai testimoni. Se il testatore o i testimoni non possono sottoscrivere, se ne indica la causa.

610. *Termine di efficacia.* — *1.* Il testamento ricevuto nel modo indicato dall'articolo precedente perde la sua efficacia tre mesi dopo la cessazione della causa che ha impedito al testatore di valersi delle forme ordinarie.

2. Se il testatore muore nell'intervallo, il testamento deve essere depositato, appena è possibile, nell'archivio notarile del luogo in cui è stato ricevuto.

611. *Testamento a bordo di nave.* — *1.* Durante il viaggio per mare il testamento può essere ricevuto a bordo della nave dal comandante di essa.

2. Il testamento del comandante può essere ricevuto da colui che lo segue immediatamente in ordine di servizio.

612. *Forme.* — *1.* Il testamento indicato dall'articolo precedente è redatto in doppio originale alla presenza di due testimoni e deve essere sottoscritto dal testatore, dalla persona che lo ha ricevuto e dai testimoni; se il testatore o i testimoni non possono sottoscrivere, si deve indicare il motivo che ha impedito la sottoscrizione.

2. Il testamento è conservato tra i documenti di bordo (nav. 169 ss.) ed è annotato sul giornale di bordo ovvero sul giornale nautico e sul ruolo d'equipaggio.

613. *Consegna.* — *1.* Se la nave approda a un porto estero in cui vi sia un'autorità consolare, il comandante è tenuto a consegnare all'autorità medesima uno degli originali del testamento e una copia dell'annotazione fatta sul giornale di bordo ovvero sul giornale nautico e sul ruolo d'equipaggio.

2. Al ritorno della nave nello Stato, i due originali del testamento, o quello non depositato durante il viaggio, devono essere consegnati all'autorità marittima locale insieme con la copia della predetta annotazione.

3. Della consegna si rilascia dichiarazione, di cui si fa cenno in margine all'annotazione sopraindicata.

614. *Verbale di consegna.* — *1.* L'autorità marittima o consolare locale deve redigere verbale della consegna del testamento e trasmettere il verbale e gli atti ricevuti al Ministero della difesa o al Ministero della marina mercantile (2), secondo che il testamento sia stato ricevuto a bordo di una nave della marina militare o di una nave della marina mercantile. Il Ministero ordina il deposito di uno degli originali nel suo archivio, e trasmette l'altro all'archivio notarile del luogo del domicilio o dell'ultima residenza del testatore.

615. *Termine di efficacia.* — *1.* Il testamento fatto durante il viaggio per mare, nella forma stabilita dagli artt. 611 e seguenti, perde la sua efficacia tre mesi dopo lo sbarco del testatore in un luogo dove è possibile fare testamento nelle forme ordinarie (c. 601 ss.).

616. *Testamento a bordo di aeromobile.* — *1.* Al testamento fatto a bordo di un aeromobile durante il viaggio si applicano le disposizioni degli articoli da 611 a 615.

2. Il testamento è ricevuto dal comandante, in presenza di uno o, quando è possibile, di due testimoni.

3. Le attribuzioni delle autorità marittime a norma degli artt. 613 e 614 spettano alle autorità aeronautiche.

4. Il testamento è annotato sul giornale di rotta (nav. 772).

617. *Testamento dei militari e assimilati* (3). — *1.* Il testamento dei militari e delle persone al seguito delle forze armate dello Stato può essere ricevuto da un ufficiale o da un cappellano militare o da un ufficiale della Croce Rossa (c. 618), in presenza di due testimoni; esso deve essere sottoscritto dal testatore, dalla persona che lo ha ricevuto e dai testimoni. Se il testatore o i testimoni non possono sottoscrivere, si deve indicare il motivo che ha impedito la sottoscrizione.

2. Il testamento deve essere al più presto

(1) Le parole «dal pretore o» sono state soppresse dall'art. 147, d.lg. 19 febbraio 1998, n. 51.
(2) Nel testo originario si parlava di Ministero della marina e di Ministero delle comunicazioni.
(3) V. art. 117 ss., l. 8 luglio 1938, n. 1415.

trasmesso al quartiere generale e da questo al Ministero competente, che ne ordina il deposito nell'archivio notarile del luogo del domicilio o dell'ultima residenza del testatore (c. 43).

618. *Casi e termini d'efficacia*. — *1.* Nella forma speciale stabilita dall'articolo precedente possono testare soltanto coloro i quali, appartenendo a corpi o servizi mobilitati o comunque impegnati in guerra, si trovano in zona di operazioni belliche o sono prigionieri presso il nemico, e coloro che sono acquartierati o di presidio fuori dello Stato o in luoghi dove siano interrotte le comunicazioni.

2. Il testamento perde la sua efficacia tre mesi dopo il ritorno del testatore in un luogo dove è possibile far testamento nelle forme ordinarie (c. 601 ss.).

619. *Nullità*. — *1.* I testamenti previsti in questa sezione sono nulli (c. 1418 ss.) quando manca la redazione in iscritto della dichiarazione del testatore ovvero la sottoscrizione della persona autorizzata a riceverla o del testatore (c. 606[1]).

2. Per gli altri difetti di forma si osserva il disposto del secondo comma dell'art. 606 (c. 590).

Sezione III. — *Della pubblicazione dei testamenti olografi e dei testamenti segreti*

620. *Pubblicazione del testamento olografo*. — *1.* Chiunque è in possesso di un testamento olografo (c. 602) deve presentarlo a un notaio per la pubblicazione, appena ha notizia della morte del testatore.

2. Chiunque crede di avervi interesse può chiedere, con ricorso al giudice di pace del luogo (1) in cui si è aperta la successione (c. 456), che sia fissato un termine per la presentazione (p.c. 749).

3. Il notaio procede alla pubblicazione del testamento in presenza di due testimoni, redigendo nella forma degli atti pubblici un verbale nel quale descrive lo stato del testamento, ne riproduce il contenuto e fa menzione della sua apertura, se è stato presentato chiuso con sigillo. Il verbale è sottoscritto dalla persona che presenta il testamento, dai testimoni e dal notaio. Ad esso sono uniti la carta in cui è scritto il testamento, vidimata in ciascun mezzo foglio dal notaio e dai testimoni, e l'estratto dell'atto di morte del testatore o copia del provvedimento che ordina l'apertura degli atti di ultima volontà dell'assente o della sentenza che dichiara la morte presunta (c. 50, 58).

4. Nel caso in cui il testamento è stato depositato dal testatore presso un notaio, la pubblicazione è eseguita dal notaio depositario.

5. Avvenuta la pubblicazione, il testamento olografo ha esecuzione (att. c. 3, 7).

6. Per giustificati motivi, su istanza di chiunque vi ha interesse, il giudice di pace (2) può disporre che periodi o frasi di carattere non patrimoniale siano cancellati dal testamento e omessi nelle copie che fossero richieste, salvo che l'autorità giudiziaria ordini il rilascio di copia integrale.

621. *Pubblicazione del testamento segreto*. — *1.* Il testamento segreto deve essere aperto e pubblicato dal notaio appena gli perviene la notizia della morte del testatore. Chiunque crede di avervi interesse può chiedere, con ricorso al giudice di pace del luogo (3) in cui si è aperta la successione, che sia fissato un termine per l'apertura e la pubblicazione (p.c. 749).

2. Si applicano le disposizioni del terzo comma dell'art. 620.

622. *Comunicazione dei testamenti alla cancelleria del tribunale* (4). — *1.* Il notaio deve trasmettere alla cancelleria del tribunale (4), nella cui giurisdizione si è aperta la successione, copia in carta libera dei verbali previsti dagli artt. 620 e 621 e del testamento pubblico (att. c. 55).

623. *Comunicazioni agli eredi e legatari*. — *1.* Il notaio che ha ricevuto un testamento pubblico, appena gli è nota la morte del testatore, o, nel caso di testamento olografo o segreto, dopo la pubblicazione, comunica l'esistenza del testamento agli eredi e legatari di cui conosce il domicilio o la residenza (c. 43).

(1) Le parole «giudice di pace del luogo» sono state così sostituite alle precedenti «tribunale del circondario» dall'art. 27.2, lett. a, n. 2, lett. a, d.lg. 13 luglio 2017, n. 116. In base all'art. 32.3, d.lg. cit., tali disposizioni «entrano in vigore il 31 ottobre 2021».

(2) Le parole «giudice di pace» sono state così sostituite alla precedente «tribunale» dall'art. 27.2, lett. a, n. 2, lett. b, d.lg. 13 luglio 2017, n. 116. In base all'art. 32.3, d.lg. cit., tali disposizioni «entrano in vigore il 31 ottobre 2021».

(3) Le parole «giudice di pace del luogo» sono state così sostituite alle precedenti «tribunale del circondario» dall'art. 27.2, lett. a, n. 3, d.lg. 13 luglio 2017, n. 116. In base all'art. 32.3, d.lg. cit., tali disposizioni «entrano in vigore il 31 ottobre 2021».

(4) Parole così sostituite dall'art. 148, d.lg. n. 51/1998.

CAPO V

DELL'ISTITUZIONE DI EREDE E DEI LEGATI

Sezione I. — *Disposizioni generali*

624. *Violenza, dolo, errore*. — *1.* La disposizione testamentaria può essere impugnata (c. 2652 n. 7) da chiunque vi abbia interesse quando è l'effetto di errore (c. 1428 ss.), di violenza (c. 1434 ss.) o di dolo (c. 1439).

2. L'errore sul motivo, sia esso di fatto o di diritto, è causa di annullamento della disposizione testamentaria, quando il motivo risulta dal testamento ed è il solo che ha determinato il testatore a disporre (c. 787, 1429).

3. L'azione si prescrive in cinque anni dal giorno in cui si è avuta notizia della violenza, del dolo o dell'errore (c. 1442, 2652 n. 7, 2690 n. 4).

625. *Erronea indicazione dell'erede o del legatario o della cosa che forma oggetto della disposizione*. — *1.* Se la persona dell'erede o del legatario è stata erroneamente indicata, la disposizione ha effetto, quando dal contesto del testamento o altrimenti risulta in modo non equivoco quale persona il testatore voleva nominare (c. 628).

2. La disposizione ha effetto anche quando la cosa che forma oggetto della disposizione è stata erroneamente indicata o descritta, ma è certo a quale cosa il testatore intendeva riferirsi.

626. *Motivo illecito*. — *1.* Il motivo illecito rende nulla la disposizione testamentaria, quando risulta dal testamento ed è il solo che ha determinato il testatore a disporre (c. 634, 647³, 788, 1345).

627. *Disposizione fiduciaria*. — *1.* Non è ammessa azione in giudizio per accertare che le disposizioni fatte a favore di persona dichiarata nel testamento sono soltanto apparenti e che in realtà riguardano altra persona, anche se espressioni del testamento possono indicare o far presumere che si tratta di persona interposta.

2. Tuttavia la persona dichiarata nel testamento, se ha spontaneamente eseguito la disposizione fiduciaria trasferendo i beni alla persona voluta dal testatore, non può agire per la ripetizione, salvo che sia un incapace (c. 590, 799, 1933², 2034, 2126, 2940).

3. Le disposizioni di questo articolo non si applicano al caso in cui l'istituzione o il legato sono impugnati come fatti per interposta persona a favore d'incapaci a ricevere (c. 599).

628. *Disposizione a favore di persona incerta*. — *1.* È nulla ogni disposizione fatta a favore di persona che sia indicata in modo da non poter essere determinata (c. 625, 1920²).

629. *Disposizioni a favore dell'anima*. — *1.* Le disposizioni a favore dell'anima sono valide qualora siano determinati i beni o possa essere determinata la somma da impiegarsi a tale fine.

2. Esse si considerano come un onere (c. 647) a carico dell'erede o del legatario, e si applica l'art. 648.

3. Il testatore può designare una persona che curi l'esecuzione della disposizione, anche nel caso in cui manchi un interessato a richiedere l'adempimento.

630. *Disposizioni a favore dei poveri*. — *1.* Le disposizioni a favore dei poveri e altre simili, espresse genericamente, senza che si determini l'uso o il pubblico istituto a cui beneficio sono fatte, s'intendono fatte in favore dei poveri del luogo in cui il testatore aveva domicilio al tempo della sua morte, e i beni sono devoluti all'ente comunale di assistenza (1).

2. La precedente disposizione si applica anche quando la persona incaricata dal testatore di determinare l'uso o il pubblico istituto non può o non vuole accettare l'incarico (c. 631, 1349, 1473).

631. *Disposizioni rimesse all'arbitrio del terzo*. — *1.* È nulla ogni disposizione testamentaria con la quale si fa dipendere dall'arbitrio di un terzo l'indicazione dell'erede o del legatario, ovvero la determinazione della quota di eredità (c. 778¹).

2. Tuttavia è valida la disposizione a titolo particolare (c. 588) in favore di persona da scegliersi dall'onerato o da un terzo tra più persone determinate dal testatore o appartenenti a famiglie o categorie di persone da lui determinate, ed è pure valida la disposizione a titolo particolare a favore di uno tra più enti determinati del pari dal testatore. Se sono indicate più persone in modo alternativo e non è stabilito chi deve fare la scelta, questa si considera lasciata all'onerato (c. 778²).

3. Se l'onerato o il terzo non può o non vuole fare la scelta, questa è fatta con decreto dal presidente del tribunale del luogo in cui si è aperta la successione (c. 456), dopo avere assunto le opportune informazioni (p.c. 751).

632. *Determinazione di legato per arbitrio altrui*. — *1.* È nulla la disposizione che lascia al mero arbitrio dell'onerato o di un terzo di determinare l'oggetto o la quantità del legato (c. 664², 1349).

2. Sono validi i legati fatti a titolo di rimunerazione per i servizi prestati al testatore (c.

(1) Sullo scioglimento degli enti comunali di assistenza e la successione ad essi dei comuni, cfr. art. 25, commi 5 e 8, d.p.r. 24 luglio 1977, n. 616.

770^{1}), anche se non ne sia indicato l'oggetto o la quantità.

Sezione II. — *Delle disposizioni condizionali, a termine e modali*

633. *Condizione sospensiva o risolutiva.* — *1.* Le disposizioni a titolo universale o particolare (c. 588) possono farsi sotto condizione sospensiva o risolutiva (c. 480^{2}, 549, 1353 ss., 2659^{2}, 2660^{2} n. 6).

634. *Condizioni impossibili o illecite.* — *1.* Nelle disposizioni testamentarie si considerano non apposte le condizioni impossibili e quelle contrarie a norme imperative, all'ordine pubblico o al buon costume (c. 5, 23^{4}, 25^{1}, 1343, 1354^{2}, 2031^{2}, 2035), salvo quanto è stabilito dall'art. 626.

635. *Condizione di reciprocità.* — *1.* È nulla la disposizione a titolo universale o particolare fatta dal testatore a condizione di essere a sua volta avvantaggiato nel testamento dell'erede o del legatario (c. 589).

636. *Divieto di nozze.* — *1.* È illecita la condizione che impedisce le prime nozze o le ulteriori.

2. Tuttavia il legatario di usufrutto (c. 978 ss.) o di uso, di abitazione (c. 1021 ss.) o di pensione, o di altra prestazione periodica per il caso o per il tempo del celibato o della vedovanza, non può goderne che durante il celibato o la vedovanza (att. c. 138).

637. *Termine.* — *1.* Si considera non apposto a una disposizione a titolo universale (c. 588) il termine dal quale l'effetto di essa deve cominciare o cessare (c. 702^{2}).

638. *Condizione di non fare o di non dare.* — *1.* Se il testatore ha disposto sotto la condizione che l'erede o il legatario non faccia o non dia qualche cosa per un tempo indeterminato, la disposizione si considera fatta sotto condizione risolutiva (c. 1353), salvo che dal testamento risulti una contraria volontà del testatore.

639. *Garanzia in caso di condizione risolutiva.* — *1.* Se la disposizione testamentaria è sottoposta a condizione risolutiva (c. 638), l'autorità giudiziaria, qualora ne ravvisi l'opportunità, può imporre all'erede o al legatario (p.c. 750) di prestare idonea garanzia (c. 1179) a favore di coloro ai quali l'eredità o il legato dovrebbe devolversi nel caso che la condizione si avverasse (c. 641^{2}).

640. *Garanzia in caso di legato sottoposto a condizione sospensiva o a termine.* — *1.* Se a taluno è lasciato un legato sotto condizione sospensiva (c. 1353) o dopo un certo tempo, l'onerato può essere costretto (p.c. 750) a dare idonea garanzia (c. 1179) al legatario, salvo che il testatore abbia diversamente disposto (c. 641^{2}).

2. La garanzia può essere imposta anche al legatario quando il legato è a termine finale.

641. *Amministrazione in caso di condizione sospensiva o di mancata prestazione di garanzia.* — *1.* Qualora l'erede sia istituito sotto condizione sospensiva (c. 1353), finché questa condizione non si verifica o non è certo che non si può più verificare, è dato all'eredità un amministratore.

2. Vale la stessa norma anche nel caso in cui l'erede o il legatario non adempie l'obbligo di prestare la garanzia prevista dai due articoli precedenti.

642. *Persone a cui spetta l'amministrazione.* — *1.* L'amministrazione spetta alla persona a cui favore è stata disposta la sostituzione (c. 688 ss.), ovvero al coerede o ai coeredi, quando tra essi e l'erede condizionale vi è il diritto di accrescimento (c. 674 ss.).

2. Se non è prevista la sostituzione e non vi sono coeredi a favore dei quali abbia luogo il diritto di accrescimento, l'amministrazione spetta al presunto erede legittimo (c. 565).

3. In ogni caso l'autorità giudiziaria, quando concorrono giusti motivi, può provvedere altrimenti.

643. *Amministrazione in caso di eredi nascituri.* — *1.* Le disposizioni dei due precedenti articoli si applicano anche nel caso in cui sia chiamato a succedere un non concepito, figlio di una determinata persona vivente (c. 462^{2}). A questa spetta la rappresentanza del nascituro (c. 1387), per la tutela dei suoi diritti successori, anche quando l'amministratore dell'eredità è una persona diversa.

2. Se è chiamato un concepito (c. 462), l'amministrazione spetta al padre e alla madre (c. 320) (1).

644. *Obblighi e facoltà degli amministratori.* — *1.* Agli amministratori indicati dai precedenti articoli sono comuni le regole che si riferiscono ai curatori dell'eredità giacente (c. 528 ss.; p.c. 782, 783).

645. *Condizione sospensiva potestativa senza termine.* — *1.* Se la condizione apposta all'istituzione di erede o al legato è sospensiva potestativa (c. 1355) e non è indicato il termine per l'adempimento, gli interessati possono adire l'autorità giudiziaria perché fissi questo termine (p.c. 749).

646. *Retroattività della condizione.* — *1.* L'a-

(1) Comma così sostituito dall'art. 84, d.lg. 28 dicembre 2013, n. 154.

dempimento della condizione ha effetto retroattivo (c. 456, 1360); ma l'erede o il legatario, nel caso di condizione risolutiva, non è tenuto a restituire i frutti (c. 820) se non dal giorno in cui la condizione si è verificata (c. 1361²). L'azione per la restituzione dei frutti si prescrive in cinque anni.

647. *Onere.* — *1.* Tanto all'istituzione di erede quanto al legato può essere apposto un onere (c. 549, 690).

2. Se il testatore non ha diversamente disposto, l'autorità giudiziaria, qualora ne ravvisi l'opportunità, può imporre all'erede o al legatario gravato dall'onere una cauzione (c. 1179; p.c. 750).

3. L'onere impossibile o illecito si considera non apposto; rende tuttavia nulla la disposizione, se ne ha costituito il solo motivo determinante (c. 626, 634, 794).

648. *Adempimento dell'onere.* — *1.* Per l'adempimento dell'onere può agire qualsiasi interessato (c. 793³, 1174).

2. Nel caso d'inadempimento dell'onere, l'autorità giudiziaria può pronunziare la risoluzione (c. *1455*) della disposizione testamentaria (c. 677³), se la risoluzione è stata prevista dal testatore, o se l'adempimento dell'onere ha costituito il solo motivo determinante della disposizione (c. 2652 n. 1).

Sezione III. — *Dei legati*

649. *Acquisto del legato.* — *1.* Il legato si acquista senza bisogno di accettazione, salva la facoltà di rinunziare (c. 1236, 1333², 1411², 2648⁴).

2. Quando oggetto del legato è la proprietà di una cosa determinata o altro diritto appartenente al testatore, la proprietà o il diritto si trasmette dal testatore al legatario al momento della morte del testatore (c. 691, 697, 1376).

3. Il legatario però deve domandare all'onerato il possesso della cosa legata, anche quando ne è stato espressamente dispensato dal testatore.

650. *Fissazione di un termine per la rinunzia.* — *1.* Chiunque ha interesse può chiedere che l'autorità giudiziaria fissi un termine (p.c. 749) entro il quale il legatario dichiari se intende esercitare la facoltà di rinunziare. Trascorso questo termine senza che abbia fatto alcuna dichiarazione, il legatario perde (c. 2964) il diritto di rinunziare (c. 481).

651. *Legato di cosa dell'onerato o di un terzo.* — *1.* Il legato di cosa dell'onerato o di un terzo è nullo, salvo che dal testamento o da altra dichiarazione scritta dal testatore risulti che questi sapeva che la cosa legata apparteneva all'onerato o al terzo. In questo ultimo caso l'onerato è obbligato ad acquistare la proprietà della cosa dal terzo e a trasferirla al legatario (c. 1478), ma è in sua facoltà di pagarne al legatario il giusto prezzo (c. 1474³).

2. Se però la cosa legata, pur appartenendo ad altri al tempo del testamento, si trova in proprietà del testatore al momento della sua morte, il legato è valido.

652. *Legato di cosa solo in parte del testatore.* — *1.* Se al testatore appartiene una parte della cosa legata o un diritto sulla medesima, il legato è valido solo relativamente a questa parte o a questo diritto, salvo che risulti la volontà del testatore di legare la cosa per intero, in conformità dell'articolo precedente (c. 1480).

653. *Legato di cosa genericamente determinata.* — *1.* È valido il legato di cosa determinata solo nel genere, anche se nessuna del genere ve n'era nel patrimonio del testatore al tempo del testamento e nessuna se ne trova al tempo della morte.

654. *Legato di cosa non esistente nell'asse.* — *1.* Quando il testatore ha lasciato una sua cosa particolare, o una cosa determinata soltanto nel genere da prendersi dal suo patrimonio, il legato non ha effetto se la cosa non si trova nel patrimonio del testatore al tempo della sua morte.

2. Se la cosa si trova nel patrimonio del testatore al tempo della sua morte, ma non nella quantità determinata, il legato ha effetto per la quantità che vi si trova.

655. *Legato di cosa da prendersi da certo luogo.* — *1.* Il legato di cose da prendersi da certo luogo ha effetto soltanto se le cose vi si trovano, e per la parte che vi si trova; ha tuttavia effetto per l'intero quando, alla morte del testatore, le cose non vi si trovano, in tutto o in parte, perché erano state rimosse temporaneamente dal luogo in cui di solito erano custodite.

656. *Legato di cosa del legatario.* — *1.* Il legato di cosa che al tempo in cui fu fatto il testamento era già di proprietà del legatario è nullo, se la cosa si trova in proprietà di lui anche al tempo dell'apertura della successione.

2. Se al tempo dell'apertura della successione la cosa si trova in proprietà del testatore, il legato è valido, ed è altresì valido se in questo tempo la cosa si trova in proprietà dell'onerato o di un terzo, e dal testamento risulta che essa fu legata in previsione di tale avvenimento.

657. *Legato di cosa acquistata dal legatario.* — *1.* Se il legatario, dopo la confezione del testamento, ha acquistato dal testatore, a titolo oneroso o a titolo gratuito, la cosa a lui legata, il legato è senza effetto in conformità dell'art. 686.

2. Se dopo la confezione del testamento la cosa legata è stata dal legatario acquistata, a titolo gratuito, dall'onerato o da un terzo, il legato è senza effetto; se l'acquisto ha avuto luogo a titolo oneroso, il legatario ha diritto al rimborso del prezzo, qualora ricorrano le circostanze indicate dall'art. 651.

658. *Legato di credito o di liberazione da debito.* — *1.* Il legato di un credito o di liberazione da un debito ha effetto per la sola parte del credito o del debito che sussiste al tempo della morte del testatore (c. *1236*).

2. L'erede è soltanto tenuto a consegnare al legatario i titoli del credito legato che si trovavano presso il testatore (c. 1262).

659. *Legato a favore del creditore.* — *1.* Se il testatore, senza fare menzione del debito, fa un legato al suo creditore, il legato non si presume fatto per soddisfare il legatario del suo credito (c. *1197*).

660. *Legato di alimenti.* — *1.* Il legato di alimenti, a favore di chiunque sia fatto, comprende le somministrazioni indicate dall'art. 438, salvo che il testatore abbia altrimenti disposto.

661. *Prelegato.* — *1.* Il legato a favore di uno dei coeredi e a carico di tutta l'eredità si considera come legato per l'intero ammontare.

662. *Onere della prestazione del legato.* — *1.* Il testatore può porre la prestazione del legato a carico degli eredi ovvero a carico di uno o più legatari (c. 671). Quando il testatore non ha disposto, alla prestazione sono tenuti gli eredi.

2. Su ciascuno dei diversi onerati il legato grava in proporzione della rispettiva quota ereditaria o del legato, se il testatore non ha diversamente disposto (c. 752).

663. *Legato imposto a un solo erede.* — *1.* Se l'obbligo di adempiere il legato è stato particolarmente imposto a uno degli eredi, questi solo è tenuto a soddisfarlo (c. 752).

2. Se è stata legata una cosa propria di un coerede (c. 651), i coeredi sono tenuti a compensarlo del valore di essa con danaro o con beni ereditari, in proporzione della loro quota ereditaria, quando non consta una contraria volontà del testatore.

664. *Adempimento del legato di genere.* — *1.* Nel legato di cosa determinata soltanto nel genere, la scelta, quando dal testatore non è affidata al legatario o a un terzo, spetta all'onerato. Questi è obbligato a dar cose di qualità non inferiore alla media (c. 1178); ma se nel patrimonio ereditario vi è una sola delle cose appartenenti al genere indicato, l'onerato non ha facoltà né può essere obbligato a prestarne un'altra, salvo espressa disposizione contraria del testatore.

2. Se la scelta è lasciata dal testatore al legatario o a un terzo, questi devono scegliere una cosa di media qualità; ma se cose del genere indicato si trovano nell'eredità, il legatario può scegliere la migliore.

3. Se il terzo non può o non vuole fare la scelta, questa è fatta a norma del terzo comma dell'art. 631.

665. *Scelta nel legato alternativo.* — *1.* Nel legato alternativo la scelta spetta all'onerato, a meno che il testatore l'abbia lasciata al legatario o a un terzo (c. 1286).

666. *Trasmissione all'erede della facoltà di scelta.* — *1.* Tanto nel legato di genere quanto in quello alternativo, se l'onerato o il legatario a cui compete la scelta non ha potuto farla, la facoltà di scegliere si trasmette al suo erede.

2. La scelta fatta è irretrattabile (c. 1286[2]).

667. *Accessioni della cosa legata.* — *1.* La cosa legata, con tutte le sue pertinenze (c. 817-819), deve essere prestata al legatario nello stato in cui si trova al tempo della morte del testatore.

2. Se è stato legato un fondo, sono comprese nel legato anche le costruzioni fatte nel fondo, sia che esistessero già al tempo della confezione del testamento, sia che non esistessero, salva in ogni caso l'applicabilità del secondo comma dell'art. 686.

3. Se il fondo legato è stato accresciuto con acquisti posteriori, questi sono dovuti al legatario, purché siano contigui al fondo e costituiscano con esso una unità economica.

668. *Adempimento del legato.* — *1.* Se la cosa legata è gravata da una servitù (c. 1027 ss.), da un canone o da altro onere inerente al fondo, ovvero da una rendita fondiaria (c. 1863, 1869), il peso ne è sopportato dal legatario.

2. Se la cosa legata è vincolata per una rendita semplice (c. 1863 ss.), un censo o altro debito dell'eredità, o anche di un terzo, l'erede è tenuto al pagamento delle annualità o degli interessi e della somma principale, secondo la natura del debito, qualora il testatore non abbia diversamente disposto (c. 756).

669. *Frutti della cosa legata.* — *1.* Se oggetto del legato è una cosa fruttifera, appartenente al testatore al momento della sua morte, i frutti o gli interessi sono dovuti al legatario da questo momento (c. 821).

2. Se la cosa appartiene all'onerato o a un terzo (c. 651), ovvero se si tratta di cosa determinata per genere o quantità, i frutti o gli interessi sono dovuti dal giorno della domanda giudiziale o dal giorno in cui la prestazione del legato è stata promessa, salvo che il testatore abbia diversamente disposto.

670. *Legato di prestazioni periodiche.* — *1.* Se è stata legata una somma di danaro o una quantità di altre cose fungibili, da prestarsi a termini periodici, il primo termine decorre dalla morte del testatore, e il legatario acquista il diritto a tutta la prestazione dovuta per il termine in corso, ancorché fosse in vita soltanto al principio di esso. Il legato però non può esigersi se non dopo scaduto il termine.

2. Si può tuttavia esigere all'inizio del termine il legato a titolo di alimenti (c. 660).

671. *Legati e oneri a carico del legatario.* — *1.* Il legatario è tenuto all'adempimento del legato e di ogni altro onere a lui imposto entro i limiti del valore della cosa legata (c. 793²).

672. *Spese per la prestazione del legato.* — *1.* Le spese per la prestazione del legato sono a carico dell'onerato (c. 1196).

673. *Perimento della cosa legata. Impossibilità della prestazione.* — *1.* Il legato non ha effetto se la cosa legata è interamente perita durante la vita del testatore.

2. L'obbligazione dell'onerato si estingue se, dopo la morte del testatore, la prestazione è divenuta impossibile per causa a lui non imputabile (c. 1256 ss.).

Sezione IV. — *Del diritto di accrescimento*

674. *Accrescimento tra coeredi.* — *1.* Quando più eredi sono stati istituiti con uno stesso testamento nell'universalità dei beni (c. 588), senza determinazione di parti o in parti uguali, anche se determinate, qualora uno di essi non possa (c. 463) o non voglia (c. 459, 519) accettare, la sua parte si accresce agli altri (c. 523, 642², 773², 1874, 2609).

2. Se più eredi sono stati istituiti in una stessa quota, l'accrescimento ha luogo a favore degli altri istituiti nella quota medesima.

3. L'accrescimento non ha luogo quando dal testamento risulta una diversa volontà del testatore.

4. È salvo in ogni caso il diritto di rappresentazione (c. 467 ss.).

675. *Accrescimento tra collegatari.* — *1.* L'accrescimento ha luogo anche tra più legatari ai quali è stato legato uno stesso oggetto, salvo che dal testamento risulti una diversa volontà e salvo sempre il diritto di rappresentazione (c. 467²).

676. *Effetti dell'accrescimento.* — *1.* L'acquisto per accrescimento ha luogo di diritto.

2. I coeredi o i legatari, a favore dei quali si verifica l'accrescimento, subentrano negli obblighi a cui era sottoposto l'erede o il legatario mancante, salvo che si tratti di obblighi di carattere personale.

677. *Mancanza di accrescimento.* — *1.* Se non ha luogo l'accrescimento, la porzione dell'erede mancante si devolve agli eredi legittimi, e la porzione del legatario mancante va a profitto dell'onerato.

2. Gli eredi legittimi e l'onerato subentrano negli obblighi che gravavano sull'erede o sul legatario mancante, salvo che si tratti di obblighi di carattere personale.

3. Le disposizioni precedenti si applicano anche nel caso di risoluzione di disposizioni testamentarie per inadempimento dell'onere (c. 648).

678. *Accrescimento nel legato di usufrutto.* — *1.* Quando a più persone è legato un usufrutto in modo che tra di loro vi sia il diritto di accrescimento, l'accrescimento ha luogo anche quando una di esse viene a mancare dopo conseguito il possesso della cosa su cui cade l'usufrutto (c. 982).

2. Se non vi è diritto di accrescimento, la porzione del legatario mancante si consolida con la proprietà.

Sezione V. — *Della revocazione delle disposizioni testamentarie*

679. *Revocabilità del testamento.* — *1.* Non si può in alcun modo rinunziare alla facoltà di revocare (c. 587) o mutare le disposizioni testamentarie: ogni clausola o condizione contraria non ha effetto (c. 458).

680. *Revocazione espressa.* — *1.* La revocazione espressa può farsi soltanto con un nuovo testamento, o con un atto ricevuto da notaio in presenza di due testimoni, in cui il testatore personalmente dichiara di revocare, in tutto o in parte, la disposizione anteriore.

681. *Revocazione della revocazione.* — *1.* La revocazione totale o parziale di un testamento può essere a sua volta revocata sempre con le forme stabilite dall'articolo precedente. In tal caso rivivono le disposizioni revocate.

682. *Testamento posteriore.* — *1.* Il testamento posteriore (c. 602), che non revoca in modo espresso i precedenti, annulla in questi soltanto le disposizioni che sono con esso incompatibili.

683. *Testamento posteriore inefficace.* — *1.* La revocazione fatta con un testamento posteriore conserva la sua efficacia anche quando questo rimane senza effetto perché l'erede istituito o il legatario è premorto al testatore, o è incapace (c. 596 ss.) o indegno (c. 463 ss.), ovvero ha rinunziato all'eredità (c. 519 ss.) o al legato (c. 649).

684. *Distruzione del testamento olografo.* — *1.*

Il testamento olografo (c. 602) distrutto, lacerato o cancellato, in tutto o in parte, si considera in tutto o in parte revocato, a meno che si provi che fu distrutto, lacerato o cancellato da persona diversa dal testatore, ovvero si provi che il testatore non ebbe l'intenzione di revocarlo.

685. *Effetti del ritiro del testamento segreto.* — *1.* Il ritiro del testamento segreto, a opera del testatore, dalle mani del notaio o dell'archivista presso cui si trova depositato (c. 608), non importa revocazione del testamento quando la scheda testamentaria può valere come testamento olografo (c. 607).

686. *Alienazione e trasformazione della cosa legata.* — *1.* L'alienazione che il testatore faccia della cosa legata o di parte di essa, anche mediante vendita con patto di riscatto (c. 1500), revoca il legato riguardo a ciò che è stato alienato, anche quando l'alienazione è annullabile per cause diverse dai vizi del consenso (c. 1394, 1425), ovvero la cosa ritorna in proprietà del testatore.

2. Lo stesso avviene se il testatore ha trasformato la cosa legata in un'altra, in guisa che quella abbia perduto la precedente forma e la primitiva denominazione (c. 667^2).

3. È ammessa la prova di una diversa volontà del testatore.

687. *Revocazione per sopravvenienza di figli.* — *1.* Le disposizioni a titolo universale o particolare (c. 588, 803), fatte da chi al tempo del testamento non aveva o ignorava di aver figli o discendenti, sono revocate di diritto per l'esistenza o la sopravvenienza di un figlio o discendente [...] (1) del testatore, benché postumo, anche (2) adottivo (c. 291 ss.), ovvero per il riconoscimento di un figlio nato fuori del matrimonio (3) (c. 250 ss.).

2. La revocazione ha luogo anche se il figlio è stato concepito al tempo del testamento (4).

3. La revocazione non ha invece luogo qualora il testatore abbia provveduto al caso che esistessero o sopravvenissero figli o discendenti da essi.

4. Se i figli o discendenti non vengono alla successione e non si fa luogo a rappresentazione (c. 467 ss.), la disposizione ha il suo effetto.

CAPO VI

DELLE SOSTITUZIONI

Sezione I. — *Della sostituzione ordinaria*

688. *Casi di sostituzione ordinaria.* — *1.* Il testatore può sostituire all'erede istituito altra persona per il caso che il primo non possa (c. 463) o non voglia (c. 459, 519) accettare l'eredità (c. 523, 795).

2. Se il testatore ha disposto per uno solo di questi casi, si presume che egli si sia voluto riferire anche a quello non espresso, salvo che consti una sua diversa volontà.

689. *Sostituzione plurima. Sostituzione reciproca.* — *1.* Possono sostituirsi più persone a una sola e una sola a più.

2. La sostituzione può anche essere reciproca tra i coeredi istituiti. Se essi sono stati istituiti in parti disuguali, la proporzione fra le quote fissate nella prima istituzione si presume ripetuta anche nella sostituzione. Se nella sostituzione insieme con gli istituiti è chiamata un'altra persona, la quota vacante viene divisa in parti uguali tra tutti i sostituiti.

690. *Obblighi dei sostituiti.* — *1.* I sostituiti devono adempiere gli obblighi imposti agli istituiti, a meno che una diversa volontà sia stata espressa dal testatore o si tratti di obblighi di carattere personale.

691. *Sostituzione ordinaria nei legati.* — *1.* Le norme stabilite in questa sezione si applicano anche ai legati.

Sezione II. — *Della sostituzione fedecommissaria*

692. *Sostituzione fedecommissaria.* — *1.* Ciascuno dei genitori o degli altri ascendenti in linea retta o il coniuge dell'interdetto (c. 414) possono istituire rispettivamente il figlio, il discendente, o il coniuge con l'obbligo di conservare e restituire alla sua morte i beni anche costituenti la legittima (c. 536 ss.), a favore della persona o degli enti che, sotto la vigilanza del tutore, hanno avuto cura dell'interdetto medesimo (c. 2660^2 n. 6).

(1) La parola «legittimo» è stata soppressa dall'art. 85.1, lett. a, d.lg. 28 dicembre 2013, n. 154.
(2) La parola «anche» è stata così sostituita alle precedenti «o legittimato o» dall'art. 85.1, lett. a, d.lg. 28 dicembre 2013, n. 154.
(3) La parole «nato fuori del matrimonio» sono state così sostituite alla precedente «naturale» dall'art. 85.1, lett. a, d.lg. 28 dicembre 2013, n. 154.
(4) Comma così sostituito dall'art. 85.1, lett. b, d.lg. 28 dicembre 2013, n. 154.

2. La stessa disposizione si applica nel caso del minore di età (c. 2), se trovasi nelle condizioni di abituale infermità di mente tali da far presumere che nel termine indicato dall'art. 416 interverrà la pronunzia di interdizione.

3. Nel caso di pluralità di persone o enti di cui al primo comma i beni sono attribuiti proporzionalmente al tempo durante il quale gli stessi hanno avuto cura dell'interdetto.

4. La sostituzione è priva di effetto nel caso in cui l'interdizione sia negata o il relativo procedimento non sia iniziato entro due anni dal raggiungimento della maggiore età del minore abitualmente infermo di mente. È anche priva di effetto nel caso di revoca dell'interdizione (c. 429) o rispetto alle persone o agli enti che abbiano violato gli obblighi di assistenza.

5. In ogni altro caso la sostituzione è nulla (c. *1379*) (1).

693. *Diritti e obblighi dell'istituito.* — *1.* L'istituito ha il godimento e la libera amministrazione dei beni che formano oggetto della sostituzione, e può stare in giudizio per tutte le azioni relative ai beni medesimi. Egli può altresì compiere tutte le innovazioni dirette ad una migliore utilizzazione dei beni.

2. All'istituito sono comuni, in quanto applicabili, le norme concernenti l'usufruttuario (c. 981 ss.).

3. .... (2).

694. *Alienazione dei beni.* — *1.* L'autorità giudiziaria può consentire l'alienazione dei beni che formano oggetto della sostituzione in caso di utilità evidente, disponendo il reimpiego delle somme ricavate. Può anche essere consentita, con le necessarie cautele, la costituzione d'ipoteche sui beni medesimi a garanzia di crediti destinati a miglioramenti e trasformazioni fondiarie (p.c. 747 ss.).

695. *Diritti dei creditori personali dell'istituito.* — *1.* I creditori personali dell'istituito possono agire soltanto sui frutti (c. 820) dei beni che formano oggetto della sostituzione.

696. *Devoluzione al sostituito.* — *1.* L'eredità si devolve al sostituito al momento della morte dell'istituito.

2. Se le persone o gli enti che hanno avuto cura dell'incapace muoiono o si estinguono prima della morte di lui, i beni o la porzione dei beni che spetterebbe loro è devoluta ai successori legittimi (c. 565) dell'incapace (3).

697. *Sostituzione fedecommissaria nei legati.* — *1.* Le norme stabilite in questa sezione sono applicabili anche ai legati.

698. *Usufrutto successivo.* — *1.* La disposizione, con la quale è lasciato a più persone successivamente l'usufrutto (c. 978), una rendita (c. 1872 ss.) o un'annualità, ha valore soltanto a favore di quelli che alla morte del testatore si trovano primi chiamati a goderne (c. 796).

699. *Premi di nuzialità, opere di assistenza e simili.* — *1.* È valida la disposizione testamentaria avente per oggetto l'erogazione periodica, in perpetuo o a tempo, di somme determinate per premi di nuzialità o di natalità, sussidi per l'avviamento a una professione o a un'arte, opere di assistenza, o per altri fini di pubblica utilità, a favore di persone da scegliersi entro una determinata categoria o tra i discendenti di determinate famiglie. Tali annualità possono riscattarsi secondo le norme dettate in materia di rendita (c. 1865 ss.).

CAPO VII

Degli esecutori testamentari

700. *Facoltà di nomina e di sostituzione.* — *1.* Il testatore può nominare uno o più esecutori testamentari (c. 629[3]) e, per il caso che alcuni o tutti non vogliano o non possano accettare, altro o altri in loro sostituzione.

2. Se sono nominati più esecutori testamentari, essi devono agire congiuntamente, salvo che il testatore abbia diviso tra loro le attribuzioni, o si tratti di provvedimento urgente per la conservazione di un bene o di un diritto ereditario.

3. Il testatore può autorizzare l'esecutore testamentario a sostituire altri a se stesso, qualora egli non possa continuare nell'ufficio.

701. *Persone capaci di essere nominate.* — *1.* Non possono essere nominati esecutori testamentari coloro che non hanno la piena capacità di obbligarsi (c. 2, 394, 414 ss.).

2. Anche un erede o un legatario può essere nominato esecutore testamentario.

702. *Accettazione e rinunzia alla nomina.* — *1.* L'accettazione della nomina di esecutore te-

(1) Articolo così sostituito dall'art. 197, l. 19 maggio 1975, n. 151. V. art. 238, l. n. 151/1975: «La disposizione dell'art. 692 del codice civile si applica anche alle successioni apertesi prima dell'entrata in vigore della presente legge a meno che la nullità della sostituzione non sia stata già pronunziata con sentenza passata in giudicato. Salvo quanto previsto dal comma precedente, le sostituzioni fedecommissarie anteriori all'entrata in vigore della presente legge sono regolate dalle disposizioni anteriori».

(2) Comma abrogato dall'art. 198, l. n. 151/1975.

(3) Articolo così sostituito dall'art. 199, l. n. 151/1975.

stamentario o la rinunzia alla stessa deve risultare da dichiarazione fatta nella cancelleria del tribunale (1) nella cui giurisdizione si è aperta la successione (c. 456), e deve essere annotata nel registro delle successioni (att. c. 52, 53).

2. L'accettazione non può essere sottoposta a condizione (c. 1353) o a termine (c. 1184).

3. L'autorità giudiziaria, su istanza di qualsiasi interessato, può assegnare all'esecutore un termine per l'accettazione (p.c. 749), decorso il quale l'esecutore si considera rinunziante.

703. *Funzioni dell'esecutore testamentario.* — *1.* L'esecutore testamentario deve curare che siano esattamente eseguite le disposizioni di ultima volontà del defunto.

2. A tal fine, salvo contraria volontà del testatore, egli deve amministrare la massa ereditaria, prendendo possesso dei beni che ne fanno parte.

3. Il possesso non può durare più di un anno dalla dichiarazione di accettazione, salvo che l'autorità giudiziaria, per motivi di evidente necessità, sentiti gli eredi, ne prolunghi la durata, che non potrà mai superare un altro anno.

4. L'esecutore deve amministrare come un buon padre di famiglia (c. 1176[1]) e può compiere tutti gli atti di gestione occorrenti. Quando è necessario alienare beni dell'eredità, ne chiede l'autorizzazione all'autorità giudiziaria, la quale provvede sentiti gli eredi (p.c. 747 ss.).

5. Qualsiasi atto dell'esecutore testamentario non pregiudica il diritto del chiamato a rinunziare all'eredità (c. 519 ss.) o ad accettarla col beneficio d'inventario (c. 484 ss.).

704. *Rappresentanza processuale.* — *1.* Durante la gestione dell'esecutore testamentario, le azioni relative all'eredità devono essere proposte anche nei confronti dell'esecutore (p.c. 102). Questi ha facoltà d'intervenire (p.c. 105) nei giudizi promossi dall'erede e può esercitare le azioni relative all'esercizio del suo ufficio.

705. *Apposizione di sigilli e inventario.* — *1.* L'esecutore testamentario fa apporre i sigilli (p.c. 752 ss.) quando tra i chiamati all'eredità vi sono minori (c. 2), assenti (c. 48 ss.), interdetti (c. 414) o persone giuridiche (c. 11 ss.).

2. Egli in tal caso fa redigere l'inventario dei beni dell'eredità in presenza dei chiamati all'eredità o dei loro rappresentanti, o dopo averli invitati.

706. *Divisione da compiersi dall'esecutore testamentario.* — *1.* Il testatore può disporre che l'esecutore testamentario, quando non è un erede o un legatario, proceda alla divisione tra gli eredi dei beni dell'eredità. In questo caso si osserva il disposto dell'art. 733.

2. Prima di procedere alla divisione l'esecutore testamentario deve sentire gli eredi.

707. *Consegna dei beni all'erede.* — *1.* L'esecutore testamentario deve consegnare all'erede, che ne fa richiesta, i beni dell'eredità che non sono necessari all'esercizio del suo ufficio.

2. Egli non può rifiutare tale consegna a causa di obbligazioni che debba adempiere conformemente alla volontà del testatore, o di legati condizionali o a termine, se l'erede dimostra di averli già soddisfatti, od offre idonea garanzia (c. 1179) per l'adempimento delle obbligazioni, dei legati o degli oneri (c. 640).

708. *Disaccordo tra più esecutori testamentari.* — *1.* Se gli esecutori che devono agire congiuntamente non sono d'accordo circa un atto del loro ufficio, provvede l'autorità giudiziaria, sentiti, se occorre, gli eredi (p.c. 750).

709. *Conto della gestione.* — *1.* L'esecutore testamentario deve rendere il conto della sua gestione al termine della stessa, e anche spirato l'anno dalla morte del testatore, se la gestione si prolunga oltre l'anno (p.c. 263, 266; att. p.c. 109).

2. Egli è tenuto, in caso di colpa, al risarcimento dei danni verso gli eredi e verso i legatari (c. 2043 ss.).

3. Gli esecutori testamentari, quando sono più, rispondono solidalmente (c. 1292, 2055) per la gestione comune.

4. Il testatore non può esonerare l'esecutore testamentario dall'obbligo di rendere il conto o dalla responsabilità della gestione.

710. *Esonero dell'esecutore testamentario.* — *1.* Su istanza di ogni interessato, l'autorità giudiziaria può esonerare l'esecutore testamentario dal suo ufficio per gravi irregolarità nell'adempimento dei suoi obblighi, per inidoneità all'ufficio o per aver commesso azione che ne menomi la fiducia.

2. L'autorità giudiziaria, prima di provvedere, deve sentire l'esecutore e può disporre opportuni accertamenti (p.c. 750).

711. *Retribuzione.* — *1.* L'ufficio dell'esecutore testamentario è gratuito. Tuttavia il testatore può stabilire una retribuzione a carico dell'eredità.

712. *Spese.* — *1.* Le spese fatte dall'esecutore testamentario per l'esercizio del suo ufficio sono a carico dell'eredità.

TITOLO IV

Della divisione

(1) Parole così sostituite dall'art. 148, d.lg. 19 febbraio 1998, n. 51.

CAPO I

DISPOSIZIONI GENERALI

713. *Facoltà di domandare la divisione.* — *1.* I coeredi possono sempre domandare la divisione (c. 1111 ss., 1350 n. 11, 2646, 2685; p.c. 22, 784 ss.).

2. Quando però tutti gli eredi istituiti o alcuni di essi sono minori di età (c. 2), il testatore può disporre che la divisione non abbia luogo prima che sia trascorso un anno dalla maggiore età dell'ultimo nato.

3. Egli può anche disporre che la divisione dell'eredità o di alcuni beni di essa non abbia luogo prima che sia trascorso dalla sua morte un termine non eccedente il quinquennio.

4. Tuttavia in ambedue i casi l'autorità giudiziaria, qualora gravi circostanze lo richiedano, può, su istanza di uno o più coeredi, consentire che la divisione si effettui senza indugio o dopo un termine minore di quello stabilito dal testatore.

714. *Godimento separato di parte dei beni.* — *1.* Può domandarsi la divisione anche quando uno o più coeredi hanno goduto separatamente parte dei beni ereditari, salvo che si sia verificata l'usucapione per effetto di possesso esclusivo (c. 1102^{2}, 1158 ss.)

715. *Casi d'impedimento alla divisione.* — *1.* Se tra i chiamati alla successione vi è un concepito (c. 462), la divisione non può aver luogo prima della nascita del medesimo. Parimenti la divisione non può aver luogo durante la pendenza di un giudizio sulla filiazione (1) di colui che, in caso di esito favorevole del giudizio, sarebbe chiamato a succedere, né può aver luogo durante lo svolgimento della procedura amministrativa per l'ammissione del riconoscimento previsto dal quarto comma dell'art. 252 o per il riconoscimento dell'ente istituito erede.

2. L'autorità giudiziaria può tuttavia autorizzare la divisione, fissando le opportune cautele.

3. La disposizione del comma precedente si applica anche se tra i chiamati alla successione vi sono nascituri non concepiti (c. 462^{3}; p.c. 782).

4. Se i nascituri non concepiti sono istituiti senza determinazione di quote, l'autorità giudiziaria può attribuire agli altri coeredi tutti i beni ereditari o parte di essi, secondo le circostanze, disponendo le opportune cautele nell'interesse dei nascituri (p.c. 747).

716. .... (2).

717. *Sospensione della divisione per ordine del giudice.* — *1.* L'autorità giudiziaria, su istanza di uno dei coeredi, può sospendere, per un periodo di tempo non eccedente i cinque anni, la divisione dell'eredità o di alcuni beni, qualora l'immediata sua esecuzione possa recare notevole pregiudizio al patrimonio ereditario (c. 1111).

718. *Diritto ai beni in natura.* — *1.* Ciascun coerede può chiedere la sua parte in natura dei beni mobili e immobili dell'eredità, salve le disposizioni degli articoli seguenti (c. 1114).

719. *Vendita dei beni per il pagamento dei debiti ereditari.* — *1.* Se i coeredi aventi diritto a più della metà dell'asse concordano nella necessità della vendita per il pagamento dei debiti e pesi ereditari (c. 752 ss.), si procede (p.c. 747 ss.) alla vendita all'incanto dei beni mobili e, se occorre, di quei beni immobili la cui alienazione rechi minor pregiudizio agli interessi dei condividenti (c. 2646).

2. Quando concorre il consenso di tutte le parti, la vendita può seguire tra i soli condividenti e senza pubblicità, salvo che vi sia opposizione dei legatari o dei creditori.

720. *Immobili non divisibili.* — *1.* Se nell'eredità vi sono immobili non comodamente divisibili, o il cui frazionamento recherebbe pregiudizio alle ragioni della pubblica economia (3) o dell'igiene, e la divisione dell'intera sostanza non può effettuarsi senza il loro frazionamento, essi devono preferibilmente essere compresi per intero, con addebito dell'eccedenza, nella porzione di uno dei coeredi aventi diritto alla quota maggiore, o anche nelle porzioni di più coeredi, se questi ne richiedono congiuntamente l'attribuzione. Se nessuno dei coeredi è a ciò disposto, si fa luogo alla vendita all'incanto (c. 2646).

721. *Vendita degli immobili.* — *1.* I patti e le condizioni della vendita degli immobili, qualora non siano concordati dai condividenti, sono stabiliti dall'autorità giudiziaria.

722. *Beni indivisibili nell'interesse della produzione nazionale.* — *1.* In quanto non sia di-

(1) Le parole «sulla filiazione» sono state così sostituite alle precedenti «sulla legittimità o sulla filiazione naturale» dall'art. 86, d.lg. 28 dicembre 2013, n. 154.

(2) Articolo abrogato dall'art. 200, l. n. 151/1975.

(3) L'art. 11, l. 14 agosto 1971, n. 817, come modificato dall'art. 11, d.lg. 18 maggio 2001, n. 228, prevede un vincolo trentennale di indivisibilità per i fondi acquistati con agevolazioni creditizie statali a favore della proprietà coltivatrice.

versamente disposto dalle leggi speciali (1), le disposizioni dei due articoli precedenti si applicano anche nel caso in cui nell'eredità vi sono beni che la legge dichiara indivisibili nell'interesse della produzione nazionale.

723. *Resa dei conti.* — *1.* Dopo la vendita, se ha avuto luogo, dei mobili e degli immobili si procede ai conti che i condividenti si devono rendere, alla formazione dello stato attivo e passivo dell'eredità e alla determinazione delle porzioni ereditarie e dei conguagli o rimborsi che si devono tra loro i condividenti (c. 2817 n. 2).

724. *Collazione e imputazione.* — *1.* I coeredi tenuti a collazione, a norma del capo II di questo titolo (c. 737 ss.), conferiscono tutto ciò che è stato loro donato.

2. Ciascun erede deve imputare alla sua quota le somme di cui era debitore verso il defunto e quelle di cui è debitore verso i coeredi in dipendenza dei rapporti di comunione.

725. *Prelevamenti.* — *1.* Se i beni donati non sono conferiti in natura (c. 746, 750), o se vi sono debiti da imputare alla quota di un erede a norma del secondo comma dell'articolo precedente, gli altri eredi prelevano dalla massa ereditaria beni in proporzione delle loro rispettive quote (c. 1113[4]).

2. I prelevamenti, per quanto è possibile, si formano con oggetti della stessa natura e qualità di quelli che non sono stati conferiti in natura.

726. *Stima e formazione delle parti.* — *1.* Fatti i prelevamenti, si provvede alla stima di ciò che rimane nella massa, secondo il valore venale dei singoli oggetti.

2. Eseguita la stima, si procede alla formazione di tante porzioni quanti sono gli eredi o le stirpi condividenti (c. 469[3]) in proporzione delle quote.

727. *Norme per la formazione delle porzioni.* — *1.* Salvo quanto è disposto dagli artt. 720 e 722, le porzioni devono essere formate, previa stima dei beni, comprendendo una quantità di mobili, immobili e crediti di eguale natura e qualità, in proporzione dell'entità di ciascuna quota (c. 718, 1114).

2. Si deve tuttavia evitare, per quanto è possibile, il frazionamento delle biblioteche, gallerie e collezioni che hanno un'importanza storica, scientifica o artistica (c. 816).

728. *Conguagli in danaro.* — *1.* L'ineguaglianza in natura nelle quote ereditarie si compensa con un equivalente in danaro (c. 2817 n. 2, 2834).

729. *Assegnazione o attribuzione delle porzioni.* — *1.* L'assegnazione delle porzioni eguali è fatta mediante estrazione a sorte. Per le porzioni diseguali si procede mediante attribuzione. Tuttavia, rispetto a beni costituenti frazioni eguali di quote diseguali, si può procedere per estrazione a sorte (c. 2646).

730. *Deferimento delle operazioni a un notaio.* — *1.* Le operazioni indicate negli articoli precedenti possono essere, col consenso di tutti i coeredi, deferite a un notaio. La nomina di questo, in mancanza di accordo, è fatta con decreto dal tribunale (2) del luogo dell'aperta successione (c. 456).

2. Qualora sorgano contestazioni nel corso delle operazioni, esse sono riservate e rimesse tutte insieme alla cognizione dell'autorità giudiziaria competente, che provvede con unica sentenza.

731. *Suddivisioni tra stirpi.* — *1.* Le norme sulla divisione dell'intero asse si osservano anche nelle suddivisioni tra i componenti di ciascuna stirpe (c. 469).

732. *Diritto di prelazione.* — *1.* Il coerede, che vuole alienare a un estraneo la sua quota o parte di essa (c. 1542 ss.), deve notificare la proposta di alienazione, indicandone il prezzo, agli altri coeredi, i quali hanno diritto di prelazione. Questo diritto deve essere esercitato nel termine di due mesi dall'ultima delle notificazioni. In mancanza della notificazione, i coeredi hanno diritto di riscattare la quota dall'acquirente e da ogni successivo avente causa, finché dura lo stato di comunione ereditaria.

2. Se i coeredi che intendono esercitare il diritto di riscatto sono più, la quota è assegnata a tutti in parti uguali (c. 230-*II*[5]).

733. *Norme date dal testatore per la divisione.* — *1.* Quando il testatore ha stabilito particolari norme per formare le porzioni, queste norme sono vincolanti per gli eredi, salvo che l'effettivo valore dei beni non corrisponda alle quote stabilite dal testatore.

2. Il testatore può disporre che la divisione si effettui secondo la stima di persona da lui designata che non sia erede o legatario (c. 706): la divisione proposta da questa persona non vincola gli eredi, se l'autorità giudiziaria, su istanza di taluno di essi, la riconosce con-

(1) Cfr. l. 3 giugno 1940, n. 1078 contenente norme per evitare il frazionamento delle unità poderali assegnate a contadini coltivatori diretti, con le modificazioni introdotte dalla l. 19 febbraio 1992, n. 191, secondo cui il divieto di frazionamento ha durata trentennale dalla prima assegnazione; l. prov. Bolzano 28 novembre 2001, n. 17, legge sui masi chiusi.

(2) Parola così sostituita dall'art. 144, d.lg. 19 febbraio 1998, n. 51.

traria alla volontà del testatore o manifestamente iniqua.

734. *Divisione fatta dal testatore.* — *1.* Il testatore può dividere i suoi beni tra gli eredi comprendendo nella divisione anche la parte non disponibile (c. 556).

2. Se nella divisione fatta dal testatore non sono compresi tutti i beni lasciati al tempo della morte, i beni in essa non compresi sono attribuiti conformemente alla legge (c. 565 ss.), se non risulta una diversa volontà del testatore.

735. *Preterizione di eredi e lesione di legittima.* — *1.* La divisione nella quale il testatore non abbia compreso qualcuno dei legittimari (c. 536) o degli eredi istituiti è nulla.

2. Il coerede che è stato leso nella quota di riserva può esercitare l'azione di riduzione contro gli altri coeredi (c. 554 ss.).

736. *Consegna dei documenti.* — *1.* Compiuta la divisione, si devono rimettere a ciascuno dei condividenti i documenti relativi ai beni e diritti particolarmente loro assegnati.

2. I documenti di una proprietà che è stata divisa rimangono a quello che ne ha la parte maggiore, con l'obbligo di comunicarli agli altri condividenti che vi hanno interesse, ogni qualvolta se ne faccia richiesta. Gli stessi documenti, se la proprietà è divisa in parti eguali, e quelli comuni all'intera eredità si consegnano alla persona scelta a tal fine da tutti gli interessati, la quale ha obbligo di comunicarli a ciascuno di essi, a ogni loro domanda. Se vi è contrasto nella scelta, la persona è determinata con decreto dal giudice di pace (1) del luogo dell'aperta successione (c. 456), su ricorso di alcuno degli interessati, sentiti gli altri.

CAPO II

DELLA COLLAZIONE

737. *Soggetti tenuti alla collazione.* — *1.* I figli [...] (2) e i loro discendenti [...] (2) ed il coniuge che concorrono alla successione (c. 565) devono conferire ai coeredi tutto ciò che hanno ricevuto dal defunto per donazione direttamente o indirettamente, salvo che il defunto non li abbia da ciò dispensati (att. c. 135[2]).

2. La dispensa da collazione non produce effetto se non nei limiti della quota disponibile (c. 556) (3).

738. *Limiti della collazione per il coniuge.* — *1.* Non sono soggette a collazione le donazioni di modico valore (c. 783) fatte al coniuge (4).

739. *Donazioni ai discendenti o al coniuge dell'erede. Donazioni a coniugi.* — *1.* L'erede non è tenuto a conferire le donazioni fatte ai suoi discendenti o al coniuge, ancorché succedendo a costoro ne abbia conseguito il vantaggio.

2. Se le donazioni sono state fatte congiuntamente a coniugi di cui uno è discendente del donante, la sola porzione a questo donata è soggetta a collazione.

740. *Donazioni fatte all'ascendente dell'erede.* — *1.* Il discendente che succede per rappresentazione (c. 467 ss.) deve conferire ciò che è stato donato all'ascendente, anche nel caso in cui abbia rinunziato all'eredità di questo (c. 519 ss.) (5).

741. *Collazione di assegnazioni varie.* — *1.* È soggetto a collazione ciò che il defunto ha speso a favore dei suoi discendenti per assegnazioni fatte a causa di matrimonio, per avviarli all'esercizio di una attività produttiva o professionale, per soddisfare premi relativi a contratti di assicurazione sulla vita a loro favore (c. 1920, 1923[2]) o per pagare i loro debiti (6).

742. *Spese non soggette a collazione.* — *1.* Non sono soggette a collazione le spese di mantenimento e di educazione e quelle sostenute per malattia, né quelle ordinarie fatte per abbigliamento o per nozze (c. 809).

2. Le spese per il corredo nuziale e quelle per l'istruzione artistica o professionale sono soggette a collazione solo per quanto eccedono notevolmente la misura ordinaria, tenuto conto delle condizioni economiche del defunto (c. 809).

3. Non sono soggette a collazione le liberalità previste dal secondo comma dell'art. 770.

743. *Società contratta con l'erede.* — *1.* Non è dovuta collazione di ciò che si è conseguito per effetto di società contratta senza frode (c. *1344*) tra il defunto e alcuno dei suoi eredi, se le condizioni sono state regolate con atto di data certa (c. 2704).

744. *Perimento della cosa donata.* — *1.* Non è soggetta a collazione la cosa perita per causa

(1) Le parole «giudice di pace» sono state così sostituite alla precedente «tribunale» dall'art. 27.2, lett. a, n. 4, d.lg. 13 luglio 2017, n. 116. In base all'art. 32.3, d.lg. cit., tali disposizioni «entrano in vigore il 31 ottobre 2021».
(2) La parole «legittimi e naturali» sono state soppresse dall'art. 87, d.lg. 28 dicembre 2013, n. 154.
(3) Articolo così sostituito dall'art. 201, l. n. 151/1975.
(4) Articolo così sostituito dall'art. 202, l. n. 151/1975.
(5) Articolo così sostituito dall'art. 203, l. n. 151/1975.
(6) Articolo così sostituito dall'art. 204, l. n. 151/1975.

non imputabile al donatario (c. 1256).

745. *Frutti e interessi*. — *1.* I frutti delle cose e gli interessi sulle somme soggette a collazione non sono dovuti che dal giorno in cui si è aperta la successione (c. 456).

746. *Collazione d'immobili*. — *1.* La collazione di un bene immobile si fa o col rendere il bene in natura o con l'imputarne il valore alla propria porzione, a scelta di chi conferisce.

2. Se l'immobile è stato alienato o ipotecato, la collazione si fa soltanto con l'imputazione.

747. *Collazione per imputazione*. — *1.* La collazione per imputazione si fa avuto riguardo al valore dell'immobile al tempo dell'aperta successione (c. 456).

748. *Miglioramenti, spese e deterioramenti*. — *1.* In tutti i casi, si deve dedurre a favore del donatario il valore delle migliorie apportate al fondo nei limiti del loro valore al tempo dell'aperta successione (c. 456, 1150).

2. Devono anche computarsi a favore del donatario le spese straordinarie da lui sostenute per la conservazione della cosa, non cagionate da sua colpa (c. 1150).

3. Il donatario dal suo canto è obbligato per i deterioramenti che, per sua colpa, hanno diminuito il valore dell'immobile.

4. Il coerede che conferisce un immobile in natura può ritenerne il possesso sino all'effettivo rimborso delle somme che gli sono dovute per spese e miglioramenti (c. 975², 1006, 1011, 1152, 1502², 2040).

749. *Miglioramenti e deterioramenti dell'immobile alienato*. — *1.* Nel caso in cui l'immobile è stato alienato dal donatario, i miglioramenti e i deterioramenti fatti dall'acquirente devono essere computati a norma dell'articolo precedente.

750. *Collazione di mobili*. — *1.* La collazione dei mobili si fa soltanto per imputazione, sulla base del valore che essi avevano al tempo dell'aperta successione (c. 456).

2. Se si tratta di cose delle quali non si può far uso senza consumarle, e il donatario le ha già consumate, si determina il valore che avrebbero avuto secondo il prezzo corrente (c. 1474) al tempo dell'aperta successione.

3. Se si tratta di cose che con l'uso si deteriorano, il loro valore al tempo dell'aperta successione è stabilito con riguardo allo stato in cui si trovano.

4. La determinazione del valore dei titoli dello Stato, degli altri titoli di credito quotati in borsa e delle derrate e delle merci il cui prezzo corrente è stabilito dalle mercuriali, si fa in base ai listini di borsa e alle mercuriali del tempo dell'aperta successione.

751. *Collazione del danaro*. — *1.* La collazione del danaro donato si fa prendendo una minore quantità del danaro che si trova nell'eredità, secondo il valore legale della specie donata o di quella ad essa legalmente sostituita all'epoca dell'aperta successione (c. 1277 ss.).

2. Quando tale danaro non basta e il donatario non vuole conferire altro danaro o titoli dello Stato, sono prelevati mobili o immobili ereditari, in proporzione delle rispettive quote (c. 725).

CAPO III

DEL PAGAMENTO DEI DEBITI

752. *Ripartizione dei debiti ereditari tra gli eredi*. — *1.* I coeredi contribuiscono tra loro (c. 1295) al pagamento dei debiti e pesi ereditari in proporzione delle loro quote ereditarie, salvo che il testatore abbia altrimenti disposto (c. 662, 1315) (1).

753. *Immobili gravati da rendita redimibile*. — *1.* Ogni coerede, quando i beni immobili dell'eredità sono gravati con ipoteca da una prestazione di rendita redimibile (c. 1865 ss., 1869), può chiedere che gli immobili ne siano affrancati e resi liberi prima che si proceda alla formazione delle quote ereditarie (c. 726). Se uno dei coeredi si oppone, decide l'autorità giudiziaria. Se i coeredi dividono l'eredità nello stato in cui si trova, l'immobile gravato deve stimarsi con gli stessi criteri con cui si stimano gli altri beni immobili, detratto dal valore di esso il capitale corrispondente alla prestazione, secondo le norme relative al riscatto della ren-

(1) L'art. 1.6, d.l. 27 agosto 1993, n. 324, conv. in l. 27 ottobre 1993, n. 423, così dispone: «La responsabilità degli amministratori e dei dipendenti delle unità sanitarie locali, delle regioni, delle province e dei comuni è personale. Essa si estende agli eredi nei casi di illecito arricchimento del dante causa, nei limiti in cui gli stessi eredi ne abbiano beneficiato patrimonialmente». L'art. 1.1, l. 14 gennaio 1994, n. 20, come modificato dall'art. 3, d.l. 23 ottobre 1996, n. 543, conv. in l. 20 dicembre 1996, n. 639, e dall'art. 17.30-*quater*, d.l. 1° luglio 2009, n. 78, conv. in l. 3 agosto 2009, n. 102, così dispone: «La responsabilità dei soggetti sottoposti alla giurisdizione della Corte dei conti in materia di contabilità pubblica è personale e limitata ai fatti ed alle omissioni commessi con dolo o con colpa grave, ferma restando l'insindacabilità nel merito delle scelte discrezionali. In ogni caso è esclusa la gravità della colpa quando il fatto dannoso tragga origine dall'emanazione di un atto vistato e registrato in sede di controllo preventivo di legittimità. Il relativo debito si trasmette agli eredi secondo le leggi vigenti nei casi di illecito arricchimento del dante causa e di conseguente indebito arricchimento degli eredi stessi».

dita (c. 1866), salvo che esista un patto speciale intorno al capitale da corrispondersi per l'affrancazione.

2. Alla prestazione della rendita è tenuto solo l'erede, nella cui quota cade detto immobile, con l'obbligo di garantire i coeredi.

754. *Pagamento dei debiti e rivalsa. — 1.* Gli eredi sono tenuti verso i creditori al pagamento dei debiti e pesi ereditari personalmente in proporzione della loro quota ereditaria (c. 1295, 1315, 1316, 1318) e ipotecariamente per l'intero (c. 2809[2]). Il coerede che ha pagato oltre la parte a lui incombente può ripetere dagli altri coeredi soltanto la parte per cui essi devono contribuire a norma dell'art. 752, quantunque si sia fatto surrogare nei diritti dei creditori (c. 1201 ss.).

2. Il coerede conserva la facoltà di chiedere il pagamento del credito a lui personale e garantito da ipoteca, non diversamente da ogni altro creditore, detratta la parte che deve sopportare come coerede (c. 752).

755. *Quota di debito ipotecario non pagata da un coerede. — 1.* In caso d'insolvenza di un coerede, la sua quota di debito ipotecario è ripartita in proporzione tra tutti gli altri coeredi (c. 1299[2]).

756. *Esenzione del legatario dal pagamento dei debiti. — 1.* Il legatario non è tenuto a pagare i debiti ereditari (c. 668), salvo ai creditori l'azione ipotecaria sul fondo legato (c. 2858 ss.) e l'esercizio del diritto di separazione (c. 512 ss.); ma il legatario che ha estinto il debito di cui era gravato il fondo legato subentra nelle ragioni del creditore contro gli eredi (c. 1203, 2866).

CAPO IV

DEGLI EFFETTI DELLA DIVISIONE E DELLA GARANZIA DELLE QUOTE

757. *Diritto dell'erede sulla propria quota. — 1.* Ogni coerede è reputato solo e immediato successore in tutti i beni componenti la sua quota o a lui pervenuti dalla successione, anche per acquisto all'incanto (c. 719, 720), e si considera come se non avesse mai avuto la proprietà degli altri beni ereditari (c. 2646).

758. *Garanzia tra coeredi. — 1.* I coeredi si devono vicendevole garanzia per le sole molestie ed evizioni (c. 1483 ss.) derivanti da causa anteriore alla divisione.

2. La garanzia non ha luogo, se è stata esclusa con clausola espressa nell'atto di divisione, o se il coerede soffre l'evizione per propria colpa (c. 1487[2]).

759. *Evizione subita da un coerede. — 1.* Se alcuno dei coeredi subisce evizione (c. 1483 ss.), il valore del bene evitto, calcolato al momento dell'evizione, deve essere ripartito tra tutti i coeredi ai fini della garanzia stabilita dall'articolo precedente, in proporzione del valore che i beni attribuiti a ciascuno di essi hanno al tempo dell'evizione e tenuto conto dello stato in cui si trovano al tempo della divisione.

2. Se uno dei coeredi è insolvente, la parte per cui è obbligato deve essere egualmente ripartita tra l'erede che ha sofferto l'evizione e tutti gli eredi solventi.

760. *Inesigibilità di crediti. — 1.* Non è dovuta garanzia per l'insolvenza del debitore di un credito assegnato a uno dei coeredi, se l'insolvenza è sopravvenuta soltanto dopo che è stata fatta la divisione (c. 1267).

2. La garanzia della solvenza del debitore di una rendita (c. 1861 ss.) è dovuta per i cinque anni successivi alla divisione.

CAPO V

DELL'ANNULLAMENTO E DELLA RESCISSIONE IN MATERIA DI DIVISIONE

761. *Annullamento per violenza o dolo. — 1.* La divisione può essere annullata (c. 768) quando è l'effetto di violenza (c. 1435 ss.) o di dolo (c. 1439).

2. L'azione si prescrive in cinque anni dal giorno in cui è cessata la violenza o in cui il dolo è stato scoperto (c. 1442).

762. *Omissione di beni ereditari. — 1.* L'omissione di uno o più beni dell'eredità non dà luogo a nullità della divisione, ma soltanto a un supplemento della divisione stessa.

763. *Rescissione per lesione. — 1.* La divisione può essere rescissa (c. 1448 ss.) quando taluno dei coeredi prova di essere stato leso oltre il quarto (c. 2652 n. 1).

2. La rescissione è ammessa anche nel caso di divisione fatta dal testatore (c. 734, 735), quando il valore dei beni assegnati ad alcuno dei coeredi è inferiore di oltre un quarto all'entità della quota ad esso spettante.

3. L'azione si prescrive in due anni dalla divisione (c. 1449).

764. *Atti diversi dalla divisione. — 1.* L'azione di rescissione è anche ammessa contro ogni altro atto (c. 537[3]) che abbia per effetto di far cessare tra i coeredi la comunione dei beni ereditari.

2. L'azione non è ammessa contro la transazione (c. 1965 ss.) con la quale si è posto fine alle questioni insorte a causa della divisione o

dell'atto fatto in luogo della medesima, ancorché non fosse al riguardo incominciata alcuna lite.

765. *Vendita del diritto ereditario fatta al coerede*. — *1.* L'azione di rescissione non è ammessa contro la vendita del diritto ereditario (c. 477, 1542 ss.) fatta senza frode (c. *1344*) a uno dei coeredi, a suo rischio e pericolo (c. 1448[4]), da parte degli altri coeredi o di uno di essi.

766. *Stima dei beni*. — *1.* Per conoscere se vi è lesione si procede alla stima dei beni secondo il loro stato e valore al tempo della divisione.

767. *Facoltà del coerede di dare il supplemento*. — *1.* Il coerede contro il quale è promossa l'azione di rescissione può troncarne il corso e impedire una nuova divisione, dando il supplemento della porzione ereditaria, in danaro o in natura, all'attore e agli altri coeredi che si sono a lui associati (c. 1450).

768. *Alienazione della porzione ereditaria*. — *1.* Il coerede che ha alienato la sua porzione o una parte di essa non è più ammesso a impugnare la divisione per dolo o violenza (c. 761), se l'alienazione è seguita quando il dolo era stato scoperto o la violenza era cessata (c. *1444*).

2. Il coerede non perde il diritto di proporre l'impugnazione, se la vendita è limitata a oggetti di facile deterioramento o di valore minimo in rapporto alla quota.

CAPO V-*bis*

DEL PATTO DI FAMIGLIA (1)

768-*bis*. *Nozione*. — *1.* È patto di famiglia il contratto con cui, compatibilmente con le disposizioni in materia di impresa familiare (c. 230-*II*) e nel rispetto delle differenti tipologie societarie (c. 2252, 2300, 2322, 2355, 2355-*II*, 2469, 2470), l'imprenditore trasferisce, in tutto o in parte, l'azienda, e il titolare di partecipazioni societarie trasferisce, in tutto o in parte, le proprie quote, ad uno o più discendenti.

768-*ter*. *Forma*. — *1.* A pena di nullità il contratto deve essere concluso per atto pubblico (c. 1350, 2699).

768-*quater*. *Partecipazione*. — *1.* Al contratto devono partecipare anche il coniuge e tutti coloro che sarebbero legittimari ove in quel momento si aprisse la successione nel patrimonio dell'imprenditore.

2. Gli assegnatari dell'azienda o delle partecipazioni societarie devono liquidare gli altri partecipanti al contratto, ove questi non vi rinunzino in tutto o in parte, con il pagamento di una somma corrispondente al valore delle quote previste dagli artt. 536 e seguenti; i contraenti possono convenire che la liquidazione, in tutto o in parte, avvenga in natura.

3. I beni assegnati con lo stesso contratto agli altri partecipanti non assegnatari dell'azienda, secondo il valore attribuito in contratto, sono imputati alle quote di legittima loro spettanti; l'assegnazione può essere disposta anche con successivo contratto che sia espressamente dichiarato collegato al primo e purché vi intervengano i medesimi soggetti che hanno partecipato al primo contratto o coloro che li abbiano sostituiti.

4. Quanto ricevuto dai contraenti non è soggetto a collazione o a riduzione.

768-*quinquies*. *Vizi del consenso*. — *1.* Il patto può essere impugnato dai partecipanti ai sensi degli artt. 1427 e seguenti.

2. L'azione si prescrive nel termine di un anno.

768-*sexies*. *Rapporti con i terzi*. — *1.* All'apertura della successione dell'imprenditore, il coniuge e gli altri legittimari che non abbiano partecipato al contratto possono chiedere ai beneficiari del contratto stesso il pagamento della somma prevista dal secondo comma dell'art. 768-*quater*, aumentata degli interessi legali.

2. L'inosservanza delle disposizioni del primo comma costituisce motivo di impugnazione ai sensi dell'art. 768-*quinquies*.

768-*septies*. *Scioglimento*. — *1.* Il contratto può essere sciolto o modificato dalle medesime persone che hanno concluso il patto di famiglia nei modi seguenti:

1) mediante diverso contratto, con le medesime caratteristiche e i medesimi presupposti di cui al presente capo (c. 1372);

2) mediante recesso, se espressamente previsto nel contratto stesso (c. 1373) e, necessariamente, attraverso dichiarazione agli altri contraenti certificata da un notaio.

768-*octies*. *Controversie*. — *1.* Le controversie derivanti dalle disposizioni di cui al presente capo sono devolute preliminarmente a uno degli organismi di conciliazione previsti dall'art. 38 del d.lg. 17 gennaio 2003, n. 5 (2).

(1) Capo inserito dall'art. 2, l. 14 febbraio 2006, n. 55.

(2) L'art. 38, d.lg. 17 gennaio 2003, n. 5, è stato abrogato dall'art. 23, d.lg. 4 marzo 2010, n. 28. Sulla necessità di esperire preliminarmente il procedimento di mediazione nelle controversie in materia di patto di famiglia v. art. 5.1-*bis*, d.lg. 4 marzo 2010, n. 28.

TITOLO V

Delle donazioni (1) (2)

CAPO I

DISPOSIZIONI GENERALI

769. *Definizione*. — *1.* La donazione è il contratto (c. 782, 1321 ss.) col quale, per spirito di liberalità (c. 770), una parte arricchisce l'altra (c. 374 n. 3), disponendo a favore di questa di un suo diritto o assumendo verso la stessa una obbligazione (c. 1862²).

770. *Donazione rimuneratoria*. — *1.* È donazione anche la liberalità fatta per riconoscenza o in considerazione dei meriti del donatario o per speciale rimunerazione (c. 437, 797 n. 3, 805).

2. Non costituisce donazione la liberalità che si suole fare in occasione di servizi resi o comunque in conformità agli usi (c. 742³, 809).

771. *Donazione di beni futuri*. — *1.* La donazione non può comprendere che i beni presenti del donante (c. 1348). Se comprende beni futuri, è nulla rispetto a questi (c. 1419, 1421 ss.), salvo che si tratti di frutti non ancora separati (c. 820²).

2. Qualora oggetto della donazione sia un'universalità di cose (c. 816) e il donante ne conservi il godimento trattenendola presso di sé, si considerano comprese nella donazione anche le cose che vi si aggiungono successivamente, salvo che dall'atto risulti una diversa volontà.

772. *Donazione di prestazioni periodiche*. — *1.* La donazione che ha per oggetto prestazioni periodiche si estingue alla morte del donante, salvo che risulti dall'atto una diversa volontà.

773. *Donazione a più donatari*. — *1.* La donazione fatta congiuntamente a favore di più donatari s'intende fatta per parti uguali, salvo che dall'atto risulti una diversa volontà.

2. È valida la clausola con cui il donante dispone che, se uno dei donatari non può o non vuole accettare, la sua parte si accresca agli altri (c. 674 ss.).

CAPO II

DELLA CAPACITÀ DI DISPORRE E DI RICEVERE PER DONAZIONE (3)

774. *Capacità di donare*. — *1.* Non possono fare donazione coloro che non hanno la piena capacità di disporre dei propri beni (c. 2, 394, 424, 427). È tuttavia valida la donazione fatta dal minore e dall'inabilitato nel loro contratto di matrimonio a norma degli artt. 165 e 166.

2. Le disposizioni precedenti si applicano anche al minore emancipato autorizzato all'esercizio di un'impresa commerciale (c. 397).

775. *Donazione fatta da persona incapace d'intendere o di volere*. — *1.* La donazione fatta da persona che, sebbene non interdetta (c. 414), si provi essere stata per qualsiasi causa, anche transitoria, incapace d'intendere o di volere al momento in cui la donazione è stata fatta, può essere annullata (c. 120, 428, 591) su istanza del donante, dei suoi eredi o aventi causa (c. 799).

2. L'azione si prescrive in cinque anni dal giorno in cui la donazione è stata fatta (c. 428³, 1442).

776. *Donazione fatta dall'inabilitato*. — *1.* La donazione fatta dall'inabilitato (c. 415), anche se anteriore alla sentenza d'inabilitazione o alla nomina del curatore provvisorio (c. 419), può essere annullata se fatta dopo che è stato promosso il giudizio d'inabilitazione (p.c. 712 ss.).

2. Il curatore dell'inabilitato per prodigalità (c. 415²) può chiedere l'annullamento della donazione, anche se fatta nei sei mesi anteriori all'inizio del giudizio d'inabilitazione.

777. *Donazioni fatte da rappresentanti di persone incapaci*. — *1.* Il padre (c. 316², 320) e il tutore non possono fare donazioni per la persona incapace da essi rappresentata.

2. Sono consentite, con le forme abilitative richieste (c. 375), le liberalità in occasione di nozze a favore dei discendenti dell'interdetto o dell'inabilitato (c. 785).

778. *Mandato a donare*. — *1.* È nullo il mandato con cui si attribuisce ad altri la facoltà di designare la persona del donatario o di deter-

(1) Per l'individuazione del diritto applicabile v. art. 56, l. 31 maggio 1995, n. 218, in *Leggi coll. I, 1*, e la Convenzione di Roma.

(2) Nei trasferimenti di immobili a titolo gratuito, dove l'edificio o l'unità immobiliare non ne sia già dotato, l'art. 6.2, d.lg. 19 agosto 2005, n. 192, come modificato dall'art. 6, l. 3 agosto 2013, n. 90, dispone che il proprietario è tenuto a produrre l'attestato di prestazione energetica.

(3) Sui finanziamenti e contributi a partiti politici v. art. 7, l. 2 maggio 1974, n. 195.

minare l'oggetto della donazione (c. 631[1]).

2. È peraltro valida la donazione a favore di persona che un terzo sceglierà tra più persone designate dal donante o appartenenti a determinate categorie, o a favore di una persona giuridica tra quelle indicate dal donante stesso (c. 631[2]).

3. È del pari valida la donazione che ha per oggetto una cosa che un terzo determinerà tra più cose indicate dal donante o entro i limiti di valore dal donante stesso stabiliti.

779. *Donazione a favore del tutore o protutore.* — *1.* È nulla la donazione (c. 1471 n. 3) a favore di chi è stato tutore o protutore del donante, se fatta prima che sia stato approvato il conto (c. 386) o sia estinta l'azione per il rendimento del conto medesimo (c. 323, 378, 387, 411[2], 1261, 1471 n. 3, 2233[3]).

2. Si applicano le disposizioni dell'art. 599.

780. .... (1).

781. .... (2).

CAPO III

Della forma e degli effetti della donazione

782. *Forma della donazione.* — *1.* La donazione deve essere fatta per atto pubblico (c. 2699), sotto pena di nullità (c. 1350, 1875). Se ha per oggetto cose mobili, essa non è valida che per quelle specificate con indicazione del loro valore nell'atto medesimo della donazione, ovvero in una nota a parte sottoscritta dal donante, dal donatario e dal notaio (3).

2. L'accettazione può essere fatta nell'atto stesso o con atto pubblico posteriore. In questo caso la donazione non è perfetta se non dal momento in cui l'atto di accettazione è notificato al donante.

3. Prima che la donazione sia perfetta, tanto il donante quanto il donatario possono revocare la loro dichiarazione (c. 1328).

4. .... (4).

783. *Donazioni di modico valore.* — *1.* La donazione di modico valore che ha per oggetto beni mobili è valida anche se manca l'atto pubblico, purché vi sia stata la tradizione.

2. La modicità deve essere valutata anche in rapporto alle condizioni economiche del donante.

784. *Donazione a nascituri.* — *1.* La donazione può essere fatta anche a favore di chi è soltanto concepito, ovvero a favore dei figli di una determinata persona vivente al tempo della donazione, benché non ancora concepiti (c. 462, 643).

2. L'accettazione della donazione a favore di nascituri, benché non concepiti, è regolata dalle disposizioni degli artt. 320 e 321.

3. Salvo diversa disposizione del donante, l'amministrazione dei beni donati spetta al donante o ai suoi eredi, i quali possono essere obbligati a prestare idonea garanzia (c. 1179). I frutti maturati prima della nascita sono riservati al donatario se la donazione è fatta a favore di un nascituro già concepito. Se è fatta a favore di un non concepito, i frutti sono riservati al donante sino al momento della nascita del donatario.

785. *Donazione in riguardo di matrimonio.* — *1.* La donazione fatta in riguardo di un determinato futuro matrimonio (c. 165, 166), sia dagli sposi tra loro (c. 774), sia da altri a favore di uno o di entrambi gli sposi o dei figli nascituri da questi, si perfeziona senza bisogno che sia accettata, ma non produce effetto finché non segua il matrimonio (c. 437, 805).

2. L'annullamento del matrimonio (c. 117 ss.) importa la nullità della donazione. Restano tuttavia salvi i diritti acquistati dai terzi di buona fede tra il giorno del matrimonio e il passaggio in giudicato (p.c. 324) della sentenza che dichiara la nullità del matrimonio. Il coniuge di buona fede (c. 128) non è tenuto a restituire i frutti percepiti anteriormente alla domanda di annullamento del matrimonio (c. 1148).

3. La donazione in favore di figli nascituri rimane efficace per i figli rispetto ai quali si verificano gli effetti del matrimonio putativo (c. 128).

786. .... (5).

787. *Errore sul motivo della donazione.* — *1.* La donazione può essere impugnata per errore sul motivo, sia esso di fatto o di diritto, quando

(1) Articolo abrogato dall'art. 205, l. 19 maggio 1975, n. 151.

(2) La Corte cost. con sentenza 27 giugno 1973, n. 91, ha dichiarato costituzionalmente illegittimo l'art. 781, il cui testo era: «I coniugi non possono, durante il matrimonio, farsi l'uno all'altro alcuna liberalità, salve quelle conformi agli usi».

(3) Sulla necessaria presenza di due testimoni v. art. 48, l. 16 febbraio 1913, n. 89, come sostituito dall'art. 12.1, l. 28 novembre 2005, n. 246, in *Leggi coll. XXIII, 1*.

(4) Comma abrogato dall'art. 13.1, l. 15 maggio 1997, n. 127, come sostituito dall'art. 1.1, l. 22 giugno 2000, n. 192.

(5) Articolo abrogato dall'art. 13.1, l. 15 maggio 1997, n. 127, come sostituito dall'art. 1.1, l. 22 giugno 2000, n. 192.

il motivo risulta dall'atto ed è il solo che ha determinato il donante a compiere la liberalità (c. 624^{2}, 1428 ss.).

788. *Motivo illecito*. — *1.* Il motivo illecito rende nulla la donazione quando risulta dall'atto ed è il solo che ha determinato il donante alla liberalità (c. 626, 1345, 1418 ss.).

789. *Inadempimento o ritardo nell'esecuzione*. — *1.* Il donante, in caso d'inadempimento o di ritardo nell'eseguire la donazione, è responsabile soltanto per dolo o per colpa grave (c. 798, 1710^{1}, 1768^{2}, 1812, 1821^{2}, 2030^{2}).

790. *Riserva di disporre di cose determinate*. — *1.* Quando il donante si è riservata la facoltà di disporre di qualche oggetto compreso nella donazione o di una determinata somma sui beni donati, e muore senza averne disposto, tale facoltà non può essere esercitata dagli eredi.

791. *Condizione di riversibilità*. — *1.* Il donante può stipulare la riversibilità delle cose donate, sia per il caso di premorienza del solo donatario, sia per il caso di premorienza del donatario e dei suoi discendenti.

2. Nel caso in cui la donazione è fatta con generica indicazione della riversibilità, questa riguarda la premorienza, non solo del donatario, ma anche dei suoi discendenti.

3. Non si fa luogo a riversibilità che a beneficio del solo donante. Il patto a favore di altri si considera non apposto.

792. *Effetti della riversibilità*. — *1.* Il patto di riversibilità produce l'effetto di risolvere tutte le alienazioni dei beni donati e di farli ritornare al donante liberi da ogni peso o ipoteca, ad eccezione dell'ipoteca iscritta a garanzia della dote (1) o di altre convenzioni matrimoniali, quando gli altri beni del coniuge donatario non sono sufficienti, e nel caso soltanto in cui la donazione è stata fatta con lo stesso contratto matrimoniale da cui l'ipoteca risulta.

2. È valido il patto per cui la riversione non deve pregiudicare la quota di riserva spettante al coniuge superstite (c. 540 ss.) sul patrimonio del donatario, compresi in esso i beni donati.

793. *Donazione modale*. — *1.* La donazione può essere gravata da un onere (c. 647, 797 n. 3, 1861^{2}).

2. Il donatario è tenuto all'adempimento dell'onere entro i limiti del valore della cosa donata (c. 671).

3. Per l'adempimento dell'onere può agire, oltre il donante, qualsiasi interessato, anche durante la vita del donante stesso (c. 648).

4. La risoluzione (c. *1455*) per inadempimento dell'onere, se preveduta nell'atto di donazione, può essere domandata dal donante o dai suoi eredi (c. 2652 n. 1).

794. *Onere illecito o impossibile*. — *1.* L'onere illecito o impossibile si considera non apposto; rende tuttavia nulla la donazione (c. 1418) se ne ha costituito il solo motivo determinante (c. 647^{3}, 788).

795. *Divieto di sostituzione*. — *1.* Nelle donazioni non sono permesse le sostituzioni se non nei casi e nei limiti stabiliti per gli atti di ultima volontà (c. 688 ss.).

2. La nullità delle sostituzioni non importa nullità della donazione.

796. *Riserva di usufrutto*. — *1.* È permesso al donante di riservare l'usufrutto (c. 1002^{3}) dei beni donati a proprio vantaggio (c. 790), e dopo di lui a vantaggio di un'altra persona o anche di più persone, ma non successivamente (c. 698).

797. *Garanzia per evizione*. — *1.* Il donante è tenuto a garanzia verso il donatario, per l'evizione che questi può soffrire delle cose donate (c. 1483 ss.), nei casi seguenti:

1) se ha espressamente promesso la garanzia;

2) se l'evizione dipende dal dolo o dal fatto personale di lui;

3) se si tratta di donazione che impone oneri al donatario (c. 793), o di donazione rimuneratoria (c. 770), nei quali casi la garanzia è dovuta fino alla concorrenza dell'ammontare degli oneri o dell'entità delle prestazioni ricevute dal donante (c. 1547^{2}).

798. *Responsabilità per vizi della cosa*. — *1.* Salvo patto speciale, la garanzia del donante non si estende ai vizi della cosa (c. 1490 ss.), a meno che il donante sia stato in dolo (c. 789, 1710^{1}, 1768^{2}, 1812, 1821^{2}, 2030^{2}).

799. *Conferma ed esecuzione volontaria di donazioni nulle*. — *1.* La nullità della donazione, da qualunque causa dipenda, non può essere fatta valere (c. 1423) dagli eredi o aventi causa dal donante che, conoscendo la causa della nullità, hanno, dopo la morte di lui, confermato la donazione o vi hanno dato volontaria esecuzione (c. 590, 627^{2}, 1933^{2}, 2034, 2126, 2940).

CAPO IV

DELLA REVOCAZIONE DELLE DONAZIONI

800. *Cause di revocazione*. — *1.* La donazione può essere revocata per ingratitudine o per sopravvenienza di figli (c. 1922^{2}).

801. *Revocazione per ingratitudine*. — *1.* La

(1) L'art. 47, l. 19 maggio 1975, n. 151 ha inserito l'art. 166-*bis*, che vieta la costituzione di dote.

domanda di revocazione per ingratitudine (c. 2652 n. 1) non può essere proposta che quando il donatario ha commesso uno dei fatti previsti dai nn. 1, 2 e 3 dell'art. 463, ovvero si è reso colpevole d'ingiuria grave verso il donante o ha dolosamente arrecato grave pregiudizio al patrimonio di lui o gli ha rifiutato indebitamente gli alimenti dovuti ai sensi degli artt. 433, [435] (1) e 436.

802. *Termini e legittimazione ad agire.* — *1.* La domanda di revocazione per causa d'ingratitudine deve essere proposta dal donante o dai suoi eredi, contro il donatario o i suoi eredi, entro l'anno dal giorno in cui il donante è venuto a conoscenza del fatto che consente la revocazione (c. 2964 ss.).

2. Se il donatario si è reso responsabile di omicidio volontario (p. 575 ss.) in persona del donante o gli ha dolosamente impedito di revocare la donazione, il termine per proporre l'azione è di un anno dal giorno in cui gli eredi hanno avuto notizia della causa di revocazione.

803. *Revocazione per sopravvenienza di figli.* — *1.* Le donazioni fatte da chi non aveva o ignorava di avere figli o discendenti al tempo della donazione, possono essere revocate per la sopravvenienza o l'esistenza di un figlio o discendente del donante. Possono inoltre essere revocate per il riconoscimento di un figlio, salvo che si provi che al tempo della donazione il donante aveva notizia dell'esistenza del figlio.

2. La revocazione può essere domandata anche se il figlio del donante era già concepito al tempo della donazione (2).

804. *Termine per l'azione.* — *1.* L'azione di revocazione per sopravvenienza di figli deve essere proposta entro cinque anni (c. 2964 ss.) dal giorno della nascita dell'ultimo figlio nato nel matrimonio (3) o discendente [...] (4) ovvero della notizia dell'esistenza del figlio o discendente, ovvero dell'avvenuto riconoscimento del figlio nato fuori del matrimonio (5).

2. Il donante non può proporre o proseguire l'azione dopo la morte del figlio o del discendente.

805. *Donazioni irrevocabili.* — *1.* Non possono revocarsi per causa d'ingratitudine, né per sopravvenienza di figli, le donazioni rimuneratorie (c. 770) e quelle fatte in riguardo di un determinato matrimonio (c. 785).

806. *Inammissibilità della rinunzia preventiva.* — *1.* Non è valida la rinunzia preventiva alla revocazione della donazione per ingratitudine o per sopravvenienza di figli.

807. *Effetti della revocazione.* — *1.* Revocata la donazione per ingratitudine o sopravvenienza di figli, il donatario deve restituire i beni in natura, se essi esistono ancora, e i frutti relativi, a partire dal giorno della domanda (c. 1148).

2. Se il donatario ha alienato i beni, deve restituirne il valore, avuto riguardo al tempo della domanda, e i frutti relativi, a partire dal giorno della domanda stessa (c. 1148).

808. *Effetti nei riguardi dei terzi.* — *1.* La revocazione per ingratitudine o per sopravvenienza di figli non pregiudica i terzi che hanno acquistato diritti anteriormente alla domanda, salvi gli effetti della trascrizione di questa (c. 2652 n. 1).

2. Il donatario, che prima della trascrizione della domanda di revocazione ha costituito sui beni donati diritti reali che ne diminuiscono il valore, deve indennizzare il donante della diminuzione di valore sofferta dai beni stessi.

809. *Norme sulle donazioni applicabili ad altri atti di liberalità.* — *1.* Le liberalità, anche se risultano da atti diversi da quelli previsti dall'art. 769 (c. 1180, 1236, 1411, 1875, 1920), sono soggette alle stesse norme che regolano la revocazione delle donazioni per causa d'ingratitudine e per sopravvenienza di figli, nonché a quelle sulla riduzione delle donazioni (c. 555 ss.) per integrare la quota dovuta ai legittimari (c. 1922, 1923[2]).

2. Questa disposizione non si applica alle liberalità previste dal secondo comma dell'art. 770 e a quelle che a norma dell'art. 742 non sono soggette a collazione.

(1) Abrogato l'art. 435 dall'art. 169, l. 19 maggio 1975, n. 151, il rinvio è ora senza oggetto.
(2) Articolo così sostituito dall'art. 88, d.lg. 28 dicembre 2013, n. 154.
(3) Le parole «nato nel matrimonio» sono state aggiunte dall'art. 89, d.lg. 28 dicembre 2013, n. 154.
(4) La parola «legittimo» è stata soppressa dall'art. 89, d.lg. 28 dicembre 2013, n. 154.
(5) Le parole «nato fuori del matrimonio» sono state così sostituite alla precedente «naturale» dall'art. 89, d.lg. 28 dicembre 2013, n. 154.

LIBRO TERZO

DELLA PROPRIETÀ

TITOLO I

Dei beni

CAPO I

DEI BENI IN GENERALE

810. *Nozione*. — *1.* Sono beni le cose che possono formare oggetto di diritti.

Sezione I. — *Dei beni nell'ordine corporativo*

811. .... (1).

Sezione II. — *Dei beni immobili e mobili*

812. *Distinzione dei beni*. — *1.* Sono beni immobili il suolo, le sorgenti e i corsi d'acqua, gli alberi, gli edifici e le altre costruzioni, anche se unite al suolo a scopo transitorio, e in genere tutto ciò che naturalmente o artificialmente è incorporato al suolo.

2. Sono reputati immobili i mulini, i bagni e gli altri edifici galleggianti quando sono saldamente assicurati alla riva o all'alveo e sono destinati ad esserlo in modo permanente per la loro utilizzazione.

3. Sono mobili tutti gli altri beni.

813. *Distinzione dei diritti*. — *1.* Salvo che dalla legge risulti diversamente, le disposizioni concernenti i beni immobili si applicano anche ai diritti reali che hanno per oggetto beni immobili e alle azioni relative; le disposizioni concernenti i beni mobili si applicano a tutti gli altri diritti (2).

814. *Energie*. — *1.* Si considerano beni mobili le energie naturali che hanno valore economico (3).

815. *Beni mobili iscritti in pubblici registri*. — *1.* I beni mobili iscritti in pubblici registri sono soggetti alle disposizioni che li riguardano (c. 507, 509, 534, 819, 1156, 1162, 2683 ss., 2750, 2779, 2810, 2914, 2915; nav. 245 ss., 861 ss.) e, in mancanza, alle disposizioni relative ai beni mobili (4).

816. *Universalità di mobili*. — *1.* È considerata universalità di mobili la pluralità di cose che appartengono alla stessa persona e hanno una destinazione unitaria (c. 727^{2}, 771^{2}, 994, 1156, 1160, 1170, 2784, 2914 n. 3).

2. Le singole cose componenti la universalità possono formare oggetto di separati atti e rapporti giuridici.

817. *Pertinenze*. — *1.* Sono pertinenze le cose destinate in modo durevole a servizio o ad ornamento di un'altra cosa (5).

2. La destinazione può essere effettuata dal proprietario della cosa principale o da chi ha un diritto reale sulla medesima (nav. 246 ss., 862 ss.).

818. *Regime delle pertinenze*. — *1.* Gli atti e i rapporti giuridici che hanno per oggetto la cosa principale comprendono anche le pertinenze

(1) Articolo abrogato dall'art. 3, d.lg.lgt. 14 settembre 1944, n. 287.

(2) L'art. 22.1, r.d. 29 luglio 1927, n. 1443, dispone che «la miniera e le sue pertinenze sono sottoposte alle disposizioni di diritto che disciplinano gli immobili».

L'art. 23.2 dispone che «sono considerati come mobili i materiali estratti, le provviste, gli arredi».

(3) Sul riassetto della normativa in materia di ricerca e coltivazione delle risorse geotermiche v. d.lg. 11 febbraio 2010, n. 22.

(4) L'art. 3.4, d.l. 14 marzo 2005, n. 35, conv. in l. 14 maggio 2005, n. 80, come modificato dall'art. 13, l. 28 novembre 2005, n. 246, così dispone: «In tutti i casi nei quali per gli atti e le dichiarazioni aventi ad oggetto l'alienazione di veicoli registrati nel pubblico registro automobilistico (PRA) e rimorchi di valore non superiore a 25.000 euro o la costituzione di diritti di garanzia sui medesimi è necessaria l'autenticazione della relativa sottoscrizione, essa può essere effettuata gratuitamente in forma amministrativa anche dai funzionari del Ministero delle infrastrutture e dei trasporti, dai funzionari e dai titolari degli sportelli telematici dell'automobilista di cui all'art. 2 del d.p.r. 19 settembre 2000, n. 358, nonché dai funzionari dell'Automobile Club d'Italia competenti». Per l'autenticazione da parte degli uffici comunali e dei titolari degli sportelli telematici dell'automobilista v. art. 7.1, d.l. 4 luglio 2006, n. 223, conv. in l. 4 agosto 2006, n. 248.

(5) Per la definizione di pertinenze della miniera, v. art. 23, r.d. 29 luglio 1927, n. 1443.

(c. 667, 1477, 2912), se non è diversamente disposto (1).

2. Le pertinenze possono formare oggetto di separati atti o rapporti giuridici (2).

3. La cessazione della qualità di pertinenza non è opponibile ai terzi i quali abbiano anteriormente acquistato diritti sulla cosa principale (nav. 247², 863).

819. *Diritti dei terzi sulle pertinenze.* — *1.* La destinazione di una cosa al servizio o all'ornamento di un'altra non pregiudica i diritti preesistenti su di essa a favore dei terzi. Tali diritti non possono essere opposti ai terzi di buona fede se non risultano da scrittura avente data certa anteriore (c. 2704), quando la cosa principale è un bene immobile o un bene mobile iscritto in pubblici registri (c. 815, 2683; nav. 247¹, 863).

Sezione III. — *Dei frutti*

820. *Frutti naturali e frutti civili.* — *1.* Sono frutti naturali quelli che provengono direttamente dalla cosa, vi concorra o no l'opera dell'uomo, come i prodotti agricoli, la legna, i parti degli animali, i prodotti delle miniere, cave e torbiere.

2. Finché non avviene la separazione, i frutti formano parte della cosa. Si può tuttavia disporre di essi come di cosa mobile futura (c. 771¹, 1348, 1472).

3. Sono frutti civili quelli che si ritraggono dalla cosa come corrispettivo del godimento che altri ne abbia. Tali sono gli interessi dei capitali (c. 1282, 1815), i canoni enfiteutici (c. 957 ss.), le rendite vitalizie (c. 1872 ss.) e ogni altra rendita, il corrispettivo delle locazioni (c. 1571 ss.).

821. *Acquisto dei frutti.* — *1.* I frutti naturali appartengono al proprietario della cosa che li produce (c. 1477, 1775), salvo che la loro proprietà sia attribuita ad altri (c. 896, 959, 984, 1021, 1148, 1615, 1960, 2791). In quest'ultimo caso la proprietà si acquista con la separazione (3).

2. Chi fa propri i frutti deve nei limiti del loro valore rimborsare colui che abbia fatto spese per la produzione e il raccolto (c. 984³, 1149).

3. I frutti civili si acquistano giorno per giorno, in ragione della durata del diritto (c. 1263³, 1531¹).

CAPO II

DEI BENI APPARTENENTI ALLO STATO, AGLI ENTI PUBBLICI E AGLI ENTI ECCLESIASTICI (4)

822. *Demanio pubblico.* — *1.* Appartengono allo Stato e fanno parte del demanio pubblico il lido del mare, la spiaggia, le rade e i porti; i fiumi, i torrenti, i laghi e le altre acque definite pubbliche dalle leggi in materia (nav. 28, 692) (5); le opere destinate alla difesa nazionale.

(1) L'art. 41-*sexies*, l. 17 agosto 1942, n. 1150, come modificato dall'art. 12.9, l. 28 novembre 2005, n. 246, così dispone: «Nelle nuove costruzioni ed anche nelle aree di pertinenza delle costruzioni stesse, debbono essere riservati appositi spazi per parcheggi in misura non inferiore ad un metro quadrato per ogni 10 metri cubi di costruzione. || Gli spazi per parcheggi realizzati in forza del primo comma non sono gravati da vincoli pertinenziali di sorta né da diritti d'uso a favore dei proprietari di altre unità immobiliari e sono trasferibili autonomamente da esse».

(2) L'art. 9.5, l. 24 marzo 1989, n. 122, come sostituito dall'art. 10, d.l. 9 febbraio 2012, n. 5, conv. in l. 4 aprile 2012, n. 35, così dispone: «Fermo restando quanto previsto dall'art. 41-*sexies*, della l. 17 agosto 1942, n. 1150, e successive modificazioni, e l'immodificabilità dell'esclusiva destinazione a parcheggio, la proprietà dei parcheggi realizzati a norma del comma 1 può essere trasferita, anche in deroga a quanto previsto nel titolo edilizio che ha legittimato la costruzione e nei successivi atti convenzionali, solo con contestuale destinazione del parcheggio trasferito a pertinenza di altra unità immobiliare sita nello stesso comune. I parcheggi realizzati ai sensi del comma 4 non possono essere ceduti separatamente dall'unità immobiliare alla quale sono legati da vincolo pertinenziale e i relativi atti di cessione sono nulli, ad eccezione di espressa previsione contenuta nella convenzione stipulata con il comune, ovvero quando quest'ultimo abbia autorizzato l'atto di cessione».

(3) Sulla raccolta dei tartufi, v. l. 16 dicembre 1985, n. 752; sulla raccolta e commercializzazione dei funghi epigei v. l. 23 agosto 1993, n. 352, d.p.r. 14 luglio 1995, n. 376.

(4) Per i beni appartenenti alle regioni, v. art. 119.4 cost. Sul trasferimento dei beni immobili e dei diritti reali sugli immobili appartenenti allo Stato, situati nei territori delle regioni a statuto speciale, nonché delle province autonome di Trento e Bolzano, al patrimonio dei predetti enti v. art. 3.114, l. 23 dicembre 1996, n. 662, come sostituito dall'art. 6, d.l. 31 dicembre 1996, n. 669, conv. in l. 28 febbraio 1997, n. 30.

Sui decreti dell'Agenzia del demanio, che individuano i beni demaniali e i beni del patrimonio indisponibile e disponibile, anche in relazione «ai beni utilizzati per uso pubblico, ininterrottamente da oltre venti anni, con il consenso dei proprietari», decreti che «hanno effetto dichiarativo della proprietà, in assenza di precedenti trascrizioni, e producono gli effetti previsti dall'art. 2644 del codice civile, nonché effetti sostitutivi dell'iscrizione del bene in catasto», v. art. 1, d.l. 25 settembre 2001, n. 351, conv. in l. 23 novembre 2001, n. 410. Per la individuazione dei beni immobili di proprietà dello Stato v. decreto Agenzia del demanio 2 dicembre 2003, n. 46321, in G.U., 16 dicembre 2003, n. 291.

(5) V. r.d. 11 dicembre 1933, n. 1775, come modificato, da ultimo, dall'art. 96, d.lg. 3 aprile 2006, n. 152. Sulla tutela ambientale delle acque pubbliche v. l. 5 gennaio 1994, n. 37; art. 73 ss., d.lg. 3 aprile 2006, n. 152, norme in

2. Fanno parimenti parte del demanio pubblico, se appartengono allo Stato, le strade (1), le autostrade e le strade ferrate; gli aerodromi (nav. 692 *a*); gli acquedotti; gli immobili riconosciuti d'interesse storico, archeologico e artistico a norma delle leggi in materia (2); le raccolte dei musei, delle pinacoteche, degli archivi, delle biblioteche; e infine gli altri beni che sono dalla legge assoggettati al regime proprio del demanio pubblico (c. 824) (3).

823. *Condizione giuridica del demanio pubblico*. — *1.* I beni che fanno parte del demanio pubblico sono inalienabili e non possono formare oggetto di diritti a favore di terzi (c. 1145[2]), se non nei modi e nei limiti stabiliti dalle leggi che li riguardano (nav. 30 ss., 694 ss.) (4).

2. Spetta all'autorità amministrativa la tutela dei beni che fanno parte del demanio pubblico. Essa ha facoltà sia di procedere in via amministrativa, sia di valersi dei mezzi ordinari a difesa della proprietà (c. 948-951) e del possesso (c. 1168-1170) regolati dal presente codice.

824. *Beni delle province e dei comuni soggetti al regime dei beni demaniali*. — *1.* I beni della specie di quelli indicati dal secondo comma dell'art. 822, se appartengono alle province o ai comuni, sono soggetti al regime del demanio pubblico.

2. Allo stesso regime sono soggetti i cimiteri e i mercati comunali.

825. *Diritti demaniali su beni altrui*. — *1.* Sono parimenti soggetti al regime del demanio pubblico i diritti reali che spettano allo Stato, alle province e ai comuni su beni appartenenti ad altri soggetti, quando i diritti stessi sono costituiti per l'utilità di alcuno dei beni indicati dagli articoli precedenti o per il conseguimento di fini di pubblico interesse corrispondenti a quelli a cui servono i beni medesimi (5).

826. *Patrimonio dello Stato, delle province e dei comuni* (6). — *1.* I beni appartenenti allo Stato, alle province e ai comuni, i quali non siano della specie di quelli indicati dagli articoli precedenti, costituiscono il patrimonio dello Stato o, rispettivamente, delle province e dei comuni.

2. Fanno parte del patrimonio indisponibile dello Stato le foreste che a norma delle leggi in materia costituiscono il demanio forestale dello Stato (7), le miniere (8), le cave e torbiere (9) quando la disponibilità ne è sottratta al proprietario del fondo (c. 840), le cose d'interesse storico, archeologico, paletnologico, paleontologico e artistico, da chiunque e in qualunque modo ritrovate nel sottosuolo, i beni costituenti la dotazione della presidenza della Repubblica (cost. 84[3]), le caserme, gli armamenti, gli aeromobili militari (nav. 745) e le navi da guerra (10).

3. Fanno parte del patrimonio indisponibile dello Stato o, rispettivamente, delle province e dei comuni, secondo la loro appartenenza, gli edifici destinati a sede di uffici pubblici, con i loro arredi, e gli altri beni destinati a un pubblico servizio (11).

materia di danno ambientale. Sulla concessione a terzi della gestione del servizio idrico integrato v. d.m. Ambiente 22 novembre 2001, in G.U., 1° dicembre 2001, n. 280.

(1) L. 20 marzo 1865, n. 2248 all. F; r.d. 15 novembre 1923, n. 2506; l. 2 gennaio 1952, n. 41; l. 12 febbraio 1958, n. 126; art. 13 ss., d.lg. 30 aprile 1992, n. 285. Sul trasferimento al demanio delle regioni e degli enti locali v. d.p.c.m. 21 febbraio 2000, in G.U., 13 giugno 2000, n. 136.

(2) V. d.lg. 22 gennaio 2004, n. 42, codice dei beni culturali e del paesaggio. V. anche la Convenzione sulla salvaguardia del patrimonio architettonico in Europa, firmata a Granada il 3 ottobre 1985 (l. 15 febbraio 1989, n. 93), in vigore dal 1° settembre 1989.

(3) R.d. 23 maggio 1924, n. 827. Per l'alienazione di beni mobili dello Stato v. d.p.r. 13 febbraio 2001, n. 189.

(4) Per le concessioni demaniali marittime v. d.l. 5 ottobre 1993, n. 400, conv. in l. 4 dicembre 1993, n. 494, modificato dall'art. 10.1, l. 16 marzo 2001, n. 88. Sugli alloggi demaniali v. d.m. Finanze 14 aprile 1998, n. 152, in G.U., 20 maggio 1998, n. 115.

(5) Per i beni appartenenti alle regioni, v. art. 119.4 cost.

(6) V. nota 4 all'intestazione di questo capo.

(7) V. art. 106 ss., r.d. 30 dicembre 1923, n. 3267; l. 5 gennaio 1933, n. 30; r.d. 5 ottobre 1933, n. 1577.

(8) Per le miniere, v. r.d. 29 luglio 1927, n. 1443, modificato con l. 7 novembre 1941, n. 1360, e con d.p.r. 28 giugno 1955, n. 620; l. 3 aprile 1961, n. 283; d.p.r. 9 aprile 1959, n. 128; l. 6 ottobre 1982, n. 752; l. 15 giugno 1984, n. 246; l. 30 luglio 1990, n. 221.

(9) Per le cave, v. art. 45, r.d. 29 luglio 1927, n. 1443, come modificato dall'art. 7, d.p.r. 28 giugno 1955, n. 620, e dall'art. 1, d.l. 11 giugno 1998, n. 180, conv. in l. 3 agosto 1998, n. 267; v. anche d.p.r. 9 aprile 1959, n. 128.

(10) Costituisce patrimonio indisponibile dello Stato la fauna selvatica: art. 1.1, l. 11 febbraio 1992, n. 157.

(11) Sull'acquisto da parte del Ministero degli affari esteri di immobili all'estero da adibire a sede di rappresentanze diplomatiche e sulla vendita e permuta di immobili di pertinenza del patrimonio dello Stato situati all'estero, v. l. 3 febbraio 1979, n. 34.

Sui beni costituenti il patrimonio dell'Ente Ferrovie dello Stato v. art. 15, l. 17 maggio 1985, n. 210.

827. *Beni immobili vacanti*. — *1*. I beni immobili che non sono in proprietà di alcuno spettano al patrimonio dello Stato (c. 923) (1).

828. *Condizione giuridica dei beni patrimoniali*. — *1*. I beni che costituiscono il patrimonio dello Stato, delle province e dei comuni (c. 826) sono soggetti alle regole particolari che li concernono e, in quanto non è diversamente disposto, alle regole del presente codice (2).

2. I beni che fanno parte del patrimonio indisponibile non possono essere sottratti alla loro destinazione, se non nei modi stabiliti dalle leggi che li riguardano (2).

829. *Passaggio di beni dal demanio al patrimonio*. — *1*. Il passaggio dei beni dal demanio pubblico al patrimonio dello Stato deve essere dichiarato dall'autorità amministrativa. Dell'atto deve essere dato annunzio nella *Gazzetta Ufficiale* della Repubblica.

2. Per quanto riguarda i beni delle province e dei comuni, il provvedimento che dichiara il passaggio al patrimonio dev'essere pubblicato nei modi stabiliti per i regolamenti comunali e provinciali.

830. *Beni degli enti pubblici non territoriali*. — *1*. I beni appartenenti agli enti pubblici non territoriali sono soggetti alle regole del presente codice, salve le disposizioni delle leggi speciali.

2. Ai beni di tali enti che sono destinati a un pubblico servizio si applica la disposizione del secondo comma dell'art. 828.

831. *Beni degli enti ecclesiastici ed edifici di culto*. — *1*. I beni degli enti ecclesiastici sono soggetti alle norme del presente codice (p.c. 514), in quanto non è diversamente disposto dalle leggi speciali che li riguardano (3).

2. Gli edifici destinati all'esercizio pubblico del culto cattolico, anche se appartengono a privati, non possono essere sottratti alla loro destinazione neppure per effetto di alienazione, fino a che la destinazione stessa non sia cessata in conformità delle leggi che li riguardano.

TITOLO II

Della proprietà

CAPO I

Disposizioni generali

832. *Contenuto del diritto*. — *1*. Il proprietario ha diritto di godere e disporre (c. 1060) delle cose in modo pieno ed esclusivo, entro i limiti e con l'osservanza degli obblighi stabiliti dall'ordinamento giuridico (cost. 42 ss.).

833. *Atti d'emulazione*. — *1*. Il proprietario non può fare atti i quali non abbiano altro scopo che quello di nuocere o recare molestia ad altri.

834. *Espropriazione per pubblico interesse*. — *1*. Nessuno può essere privato in tutto o in parte dei beni di sua proprietà, se non per causa di pubblico interesse, legalmente dichiarata, e contro il pagamento di una giusta indennità (c. 838, 865, 963^2; cost. 42^3, 43).

2. Le norme relative all'espropriazione per causa di pubblico interesse sono determinate da leggi speciali (4).

835. *Requisizioni*. — *1*. Quando ricorrono gravi e urgenti necessità pubbliche, militari o civili, può essere disposta la requisizione dei beni mobili o immobili. Al proprietario è dovuta una giusta indennità.

2. Le norme relative alle requisizioni sono determinate da leggi speciali (5).

836. *Vincoli e obblighi temporanei*. — *1*. Per le cause indicate dall'articolo precedente l'autorità amministrativa, nei limiti e con le forme stabiliti da leggi speciali, può sottoporre a particolari vincoli od obblighi (cost. 44) di carattere temporaneo le aziende commerciali (c. 2195) e agricole (c. 963^5, 2135).

837. *Ammassi*. — *1*. Allo scopo di regolare la distribuzione di determinati prodotti agricoli o industriali nell'interesse della produzione nazionale sono costituiti gli ammassi (c. 2617).

(1) I beni immobili situati nelle regioni del Trentino-Alto Adige, della Sicilia e della Sardegna, che non sono di proprietà di alcuno spettano alla regione: art. 58.4 st. T.A.A.; art. 34 st. Sic.; art. 14.3 st. Sar.

(2) R.d. 23 maggio 1924, n. 827 e nota 4 all'intestazione di questo capo. Sugli alloggi appartenenti al patrimonio dello Stato v. d.m. Finanze 14 aprile 1998, n. 152, in G.U., 20 maggio 1998, n. 115. Sulla valorizzazione ed utilizzo del patrimonio immobiliare dello Stato v. l. 2 aprile 2001, n. 136.

(3) Art. 9 ss., l. 27 maggio 1929, n. 848; art. 18 ss., r.d. 2 dicembre 1929, n. 2262.

(4) V. d.p.r. 8 giugno 2001, n. 327, recante t.u. delle disposizioni legislative e regolamentari in materia di espropriazione per pubblica utilità, modificato dal d.lg. 27 dicembre 2002, n. 302, t.u. in vigore dal 30 giugno 2003 (art. 3, d.l. 20 giugno 2002, n. 121, conv. in l. 1° agosto 2002, n. 185). Sulla utilizzazione senza titolo di un bene per scopi di interesse pubblico v. art. 42-*bis*, d.p.r. 8 giugno 2001, n. 327, inserito dall'art. 34, d.l. 6 luglio 2011, n. 98, conv. in l. 15 luglio 2011, n. 111.

(5) V. r.d.l. 2 settembre 1919, n. 1915, conv. in l. 17 aprile 1925, n. 473; art. 258, r.d. 27 luglio 1934, n. 1265.

2. Le norme per il conferimento dei prodotti negli ammassi sono contenute in leggi speciali (1).

838. *Espropriazione di beni che interessano la produzione nazionale o di prevalente interesse pubblico.* — *1.* Salve le disposizioni delle leggi penali e di polizia, nonché le norme dell'ordinamento corporativo (2) e le disposizioni particolari concernenti beni determinati, quando il proprietario abbandona la conservazione, la coltivazione o l'esercizio di beni che interessano la produzione nazionale, in modo da nuocere gravemente alle esigenze della produzione stessa, può farsi luogo all'espropriazione dei beni da parte dell'autorità amministrativa, premesso il pagamento di una giusta indennità (att. c. 56).

2. La stessa disposizione si applica se il deperimento dei beni ha per effetto di nuocere gravemente al decoro delle città o alle ragioni dell'arte, della storia o della sanità pubblica.

839. *Beni d'interesse storico e artistico.* — *1.* Le cose di proprietà privata, immobili e mobili, che presentano interesse artistico, storico, archeologico o etnografico, sono sottoposte alle disposizioni delle leggi speciali (c. 826[2], 879[1]) (3).

CAPO II

DELLA PROPRIETÀ FONDIARIA

Sezione I. — *Disposizioni generali*

840. *Sottosuolo e spazio sovrastante al suolo.* — *1.* La proprietà (c. 959) del suolo si estende al sottosuolo (c. 955), con tutto ciò che vi si contiene, e il proprietario può fare qualsiasi escavazione od opera che non rechi danno al vicino. Questa disposizione non si applica a quanto forma oggetto delle leggi sulle miniere, cave e torbiere (c. 826[2]) (4). Sono del pari salve le limitazioni derivanti dalle leggi sulle antichità e belle arti (5), sulle acque (6), sulle opere idrauliche (7) e da altre leggi speciali (nav. 714 ss.).

2. Il proprietario del suolo non può opporsi ad attività di terzi che si svolgano a tale profondità nel sottosuolo o a tale altezza nello spazio sovrastante, che egli non abbia interesse ad escluderle (c. 833; nav. 823).

841. *Chiusura del fondo.* — *1.* Il proprietario può chiudere in qualunque tempo il fondo (c. 1064).

842. *Caccia e pesca.* — *1.* Il proprietario di un fondo non può impedire che vi si entri per lo esercizio della caccia, a meno che il fondo sia chiuso nei modi stabiliti dalla legge sulla caccia (8) o vi siano colture in atto suscettibili di danno (c. 923).

2. Egli può sempre opporsi a chi non è munito della licenza rilasciata dall'autorità.

3. Per l'esercizio della pesca occorre il consenso del proprietario del fondo (c. 923) (9).

843. *Accesso al fondo.* — *1.* Il proprietario deve permettere l'accesso e il passaggio nel suo fondo, sempre che ne venga riconosciuta la necessità, al fine di costruire o riparare un muro o altra opera propria del vicino oppure comune.

2. Se l'accesso cagiona danno, è dovuta un'adeguata indennità (c. 924, 925, 1038, 1053).

3. Il proprietario deve parimenti permettere l'accesso a chi vuole riprendere la cosa sua che vi si trovi accidentalmente o l'animale che vi si

(1) V. da ultimo l. 21 agosto 1953, n. 589.
(2) V. nota 1 all'art. 1 prel.
(3) V. d.lg. 22 gennaio 2004, n. 42, codice dei beni culturali e del paesaggio. Sul controllo della circolazione dei beni culturali v. la convenzione adottata a Parigi il 14 novembre 1970 ratificata e resa esecutiva con l. 30 ottobre 1975, n. 873, ed entrata in vigore il 2 gennaio 1979.
(4) V. note 8 e 9 all'art. 826. In particolare, sugli idrocarburi, v. inoltre l. 10 febbraio 1953, n. 136; l. 11 gennaio 1957, n. 6; l. 21 luglio 1967, n. 613; d.p.r. 24 maggio 1979, n. 886; l. 9 gennaio 1991, n. 9. Le funzioni amministrative statali in materia di acque minerali e termali, di cave e torbiere sono state trasferite alle regioni con d.p.r. 14 gennaio 1972, n. 2.
(5) V. nota 3 all'art. 839.
(6) R.d. 11 dicembre 1933, n. 1775; r.d. 18 ottobre 1934, n. 2174; art. 73 ss., d.lg. 3 aprile 2006, n. 152, norme in materia di danno ambientale.
(7) R.d. 25 luglio 1904, n. 523, e successive modificazioni.
(8) V. l. 11 febbraio 1992, n. 157 che all'art. 1.2 dispone: «L'esercizio dell'attività venatoria è consentito purché non contrasti con l'esigenza di conservazione della fauna selvatica e non arrechi danno effettivo alle produzioni agricole».
(9) R.d. 8 ottobre 1931, n. 1604, e successive modificazioni; l. 20 marzo 1968, n. 433. Per il trasferimento alle regioni delle funzioni amministrative statali in materia di caccia e di pesca nelle acque interne, v. d.p.r. 15 gennaio 1972, n. 11. Sull'orientamento e modernizzazione del settore della pesca e dell'acquacoltura v. d.lg. 18 maggio 2001, n. 226, e successive modificazioni. Sulle misure per il riassetto della normativa in materia di pesca e acquacoltura v. d.lg. 9 gennaio 2012, n. 4.

sia riparato sfuggendo alla custodia. Il proprietario può impedire l'accesso consegnando la cosa o l'animale (c. 896[3]).

844. *Immissioni*. — *1.* Il proprietario di un fondo non può impedire le immissioni di fumo o di calore, le esalazioni, i rumori, gli scuotimenti e simili propagazioni derivanti dal fondo del vicino, se non superano la normale tollerabilità, avuto anche riguardo alla condizione dei luoghi (c. 890) (1).

2. Nell'applicare questa norma l'autorità giudiziaria deve contemperare le esigenze della produzione con le ragioni della proprietà (c. 944, 1044). Può tener conto della priorità di un determinato uso (2).

845. *Regole particolari per scopi di pubblico interesse*. — *1.* La proprietà fondiaria è soggetta a regole particolari per il conseguimento di scopi di pubblico interesse nei casi previsti dalle leggi speciali (3) e dalle disposizioni contenute nelle sezioni seguenti.

Sezione II. — *Del riordinamento della proprietà rurale*

846-848. .... (4).

849. *Fondi compresi entro maggiori unità fondiarie*. — *1.* Indipendentemente dalla formazione del consorzio previsto dall'articolo seguente, il proprietario di terreni entro i quali sono compresi appezzamenti appartenenti ad altri, di estensione inferiore alla minima unità colturale (c. 846), può domandare che gli sia trasferita la proprietà di questi ultimi (c. 2932), pagandone il prezzo, allo scopo di attuare una migliore sistemazione delle unità fondiarie. In caso di contrasto decide l'autorità giudiziaria, sentite le associazioni professionali circa la sussistenza delle condizioni che giustificano la richiesta di trasferimento (att. c. 57).

850. *Consorzi a scopo di ricomposizione fondiaria*. — *1.* Quando più terreni contigui e inferiori alla minima unità colturale (c. 846) appartengono a diversi proprietari, può, su istanza di alcuno degli interessati o per iniziativa dell'autorità amministrativa, essere costituito un consorzio tra gli stessi proprietari, allo scopo di provvedere a una ricomposizione fondiaria idonea alla migliore utilizzazione dei terreni stessi (c. 851-856).

2. Per la costituzione del consorzio si applicano le norme stabilite per i consorzi di bonifica (c. 862 ss.).

851. *Trasferimenti coattivi*. — *1.* Il consorzio indicato dall'articolo precedente può predisporre il piano di riordinamento.

2. Per la migliore sistemazione delle unità fondiarie può procedersi a espropriazioni e a trasferimenti coattivi; può anche procedersi a rettificazioni di confini e ad arrotondamento di fondi.

852. *Terreni esclusi dai trasferimenti*. — *1.* Dai trasferimenti coattivi previsti dall'articolo precedente sono esclusi:

1) gli appezzamenti forniti di casa di abitazione civile o colonica;

2) i terreni adiacenti ai fabbricati e costituenti dipendenze dei medesimi;

3) le aree fabbricabili;

4) gli orti, i giardini, i parchi;

5) i terreni necessari per piazzali o luoghi di deposito di stabilimenti industriali o commerciali;

6) i terreni soggetti a inondazioni, a scoscendimenti o ad altri gravi rischi;

(1) Sull'inquinamento atmosferico, v. art. 267 ss., d.lg. 3 aprile 2006, n. 152, norme in materia di danno ambientale, e d.lg. 13 agosto 2010, n. 155, come modificato dal d.lg. 24 dicembre 2012, n. 250. Sull'inquinamento delle acque, v. art. 73 ss., d.lg. 152/2006; per disposizioni per la difesa del mare v. l. 31 dicembre 1982, n. 979, l. 28 febbraio 1992, n. 220. V. inoltre l. 8 ottobre 1997, n. 344; l. 9 dicembre 1998, n. 426 e l. 23 marzo 2001, n. 93 sugli interventi in campo ambientale. Per l'attuazione della dir. 2010/75/UE relativa alle emissioni industriali (prevenzione e riduzione integrate dell'inquinamento) v. d.lg. 4 marzo 2014, n. 46. V. anche le convenzioni internazionali sull'inquinamento da idrocarburi, adottate a Bruxelles il 29 novembre 1969 e il 18 dicembre 1971 (l. 6 aprile 1977, n. 185) in vigore dal 28 maggio 1979; la convenzione sulla salvaguardia del mare Mediterraneo dall'inquinamento, adottata a Bruxelles il 16 febbraio 1976 (l. 25 gennaio 1979, n. 30) in vigore dal 5 marzo 1979; la convenzione sulla prevenzione dell'inquinamento marino, adottata a Londra, Città del Messico, Mosca e Washington (l. 2 maggio 1983, n. 305), in vigore dal 30 maggio 1984.

Sui limiti massimi di esposizione al rumore v. d.p.c.m. 1° marzo 1991, in G.U., 8 marzo 1991, n. 57; sull'inquinamento acustico v. l. 26 ottobre 1995, n. 447, modificata dall'art. 7, l. 31 luglio 2002, n. 179, d.lg. 18 febbraio 2005, n. 59, d.lg. 19 agosto 2005, n. 194. Per misure a tutela dell'ozono stratosferico e dell'ambiente v. l. 28 dicembre 1993, n. 549.

(2) L'art. 6-*ter*, d.l. 30 dicembre 2008, n. 208, conv. in l. 27 febbraio 2009, n. 13, così dispone: «Nell'accertare la normale tollerabilità delle immissioni e delle emissioni acustiche, ai sensi dell'art. 844 del codice civile, sono fatte salve in ogni caso le disposizioni di legge e di regolamento vigenti che disciplinano specifiche sorgenti e la priorità di un determinato uso».

(3) Per l'utilizzazione delle terre incolte abbandonate o insufficientemente coltivate, l. 4 agosto 1978, n. 440. Sul ritiro di seminativi dalla produzione (*set aside*) v. d.m. 16 gennaio 1989, n. 34.

(4) Articoli abrogati dall'art. 7.10, d.lg. 29 marzo 2004, n. 99, in *Leggi coll. VII, 10*.

7) i terreni che per la loro speciale destinazione, ubicazione o singolarità di coltura presentano caratteristiche di spiccata individualità.

853. *Trasferimento dei diritti reali.* — *1.* Nei trasferimenti coattivi (c. 851) le servitù prediali sono abolite, conservate o create in relazione alle esigenze della nuova sistemazione (c. 1031).

2. Gli altri diritti reali di godimento sono trasferiti sui terreni assegnati in cambio e, qualora non siano costituiti su tutti i terreni dello stesso proprietario, sono trasferiti soltanto su una parte determinata del fondo assegnato in cambio, che corrisponda in valore ai terreni su cui esistevano.

3. Le ipoteche che non siano costituite su tutti i terreni dello stesso proprietario sono trasferite sul fondo di nuova assegnazione per una quota corrispondente in valore ai terreni su cui erano costituite. In caso di espropriazione forzata dell'immobile gravato da ipoteca su una quota, l'immobile è espropriato per intero e il credito è collocato, secondo il grado dell'ipoteca, sulla parte del prezzo corrispondente alla quota soggetta all'ipoteca medesima.

854. *Notifica e trascrizione del piano di riordinamento.* — *1.* Il piano di riordinamento dev'essere preventivamente portato a cognizione degli interessati, e contro di esso è ammesso reclamo in via amministrativa, nelle forme e nei termini stabiliti da leggi speciali.

2. Il provvedimento amministrativo di approvazione definitiva del piano dev'essere trascritto presso l'ufficio dei registri immobiliari nella cui circoscrizione sono situati i beni (c. 2645).

855. *Effetti dell'approvazione del piano di riordinamento.* — *1.* Con l'approvazione del piano di riordinamento si operano i trasferimenti di proprietà e degli altri diritti reali; sono anche costituite le servitù imposte nel piano stesso.

856. *Competenza dell'autorità giudiziaria.* — *1.* Nelle materie indicate dagli artt. 850 e seguenti è salva la competenza dell'autorità giudiziaria ordinaria per la tutela dei diritti degli interessati. L'autorità giudiziaria non può tuttavia con le sue decisioni provocare una revisione del piano di riordinamento, ma può procedere alla conversione e liquidazione in danaro dei diritti da essa accertati.

2. Il credito relativo è privilegiato a norma delle leggi speciali.

Sezione III. — *Della bonifica integrale*

857. *Terreni soggetti a bonifica.* — *1.* Per il conseguimento di fini igienici, demografici, economici o di altri fini sociali possono essere dichiarati soggetti a bonifica i terreni che si trovano in un comprensorio, in cui sono laghi, stagni, paludi e terre paludose, ovvero costituito da terreni montani dissestati nei riguardi idrogeologici e forestali, o da terreni estensivamente coltivati per gravi cause d'ordine fisico o sociale, i quali siano suscettibili di una radicale trasformazione dell'ordinamento produttivo (c. 947) (1).

858. *Comprensorio di bonifica e piano delle opere.* — *1.* Il comprensorio di bonifica e il piano generale dei lavori e di attività coordinate sono determinati e pubblicati a norma della legge speciale (c. 1044) (2).

859. *Opere di competenza dello Stato.* — *1.* Il piano generale indicato dall'articolo precedente stabilisce quali opere di bonifica siano di competenza dello Stato.

860. *Concorso dei proprietari nella spesa.* — *1.* I proprietari dei beni situati entro il perimetro del comprensorio sono obbligati a contribuire nella spesa necessaria per l'esecuzione, la manutenzione e l'esercizio delle opere in ragione del beneficio che traggono dalla bonifica.

861. *Opere di competenza dei privati.* — *1.* I proprietari degli immobili indicati dall'articolo precedente sono obbligati a eseguire, in conformità del piano generale di bonifica e delle connesse direttive di trasformazione agraria, le opere di competenza privata che siano d'interesse comune a più fondi o d'interesse particolare a taluno di essi.

862. *Consorzi di bonifica.* — *1.* All'esecuzione, alla manutenzione e all'esercizio delle opere di bonifica può provvedersi a mezzo di consorzi tra i proprietari interessati.

2. A tali consorzi possono essere anche affidati l'esecuzione, la manutenzione e l'esercizio delle altre opere d'interesse comune a più fondi o d'interesse particolare a uno di essi.

3. I consorzi sono costituiti per decreto del Presidente della Repubblica e, in mancanza dell'iniziativa privata, possono essere formati anche d'ufficio.

4. Essi sono persone giuridiche pubbliche (c. 11) e svolgono la loro attività secondo le norme dettate dalla legge speciale (3).

863. *Consorzi di miglioramento fondiario.* — *1.* Nelle forme stabilite per i consorzi di boni-

(1) V. r.d. 13 febbraio 1933, n. 215; l. 12 febbraio 1942, n. 183.
(2) Art. 2 ss., r.d. n. 215/1933.
(3) V. art. 54 ss., r.d. n. 215/1933.

fica possono essere costituiti anche consorzi per l'esecuzione, la manutenzione e l'esercizio di opere di miglioramento fondiario comuni a più fondi e indipendenti da un piano generale di bonifica (c. 914, 918 ss.).

2. Essi sono persone giuridiche private. Possono tuttavia assumere il carattere di persone giuridiche pubbliche (c. 11) quando, per la loro vasta estensione territoriale o per la particolare importanza delle loro funzioni ai fini dell'incremento della produzione, sono riconosciuti di interesse nazionale con provvedimento dell'autorità amministrativa (1).

864. *Contributi consorziali.* — *1.* I contributi dei proprietari nella spesa di esecuzione, manutenzione ed esercizio delle opere di bonifica e di miglioramento fondiario sono esigibili con le norme e i privilegi stabiliti per l'imposta fondiaria (c. 2775).

865. *Espropriazione per inosservanza degli obblighi.* — *1.* Quando l'inosservanza degli obblighi imposti ai proprietari risulta tale da compromettere l'attuazione del piano di bonifica, può farsi luogo all'espropriazione parziale o totale del fondo appartenente al proprietario inadempiente, osservate le disposizioni della legge speciale (2).

2. L'espropriazione ha luogo a favore del consorzio, se questo ne fa richiesta, o, in mancanza, a favore di altra persona che si obblighi ad eseguire le opere offrendo opportune garanzie (c. 1179).

Sezione IV. — *Dei vincoli idrogeologici e delle difese fluviali*

866. *Vincoli per scopi idrogeologici e per altri scopi.* — *1.* Anche indipendentemente da un piano di bonifica (c. 857 ss.), i terreni di qualsiasi natura e destinazione possono essere sottoposti a vincolo idrogeologico, osservate le forme e le condizioni stabilite dalla legge speciale (3), al fine di evitare che possano con danno pubblico subire denudazioni, perdere la stabilità o turbare il regime delle acque.

2. L'utilizzazione dei terreni e l'eventuale loro trasformazione, la qualità delle colture, il governo dei boschi e dei pascoli sono assoggettati, per effetto del vincolo, alle limitazioni stabilite dalle leggi in materia (4).

3. Parimenti, a norma della legge speciale (5), possono essere sottoposti a limitazione nella loro utilizzazione i boschi che per la loro speciale ubicazione difendono terreni o fabbricati dalla caduta di valanghe, dal rotolamento dei sassi, dal sorrenamento e dalla furia dei venti, e quelli ritenuti utili per le condizioni igieniche locali (6).

867. *Sistemazione e rimboschimento dei terreni vincolati.* — *1.* Al fine del rimboschimento e del rinsaldamento i terreni vincolati possono essere assoggettati a espropriazione, a occupazione temporanea o a sospensione dell'esercizio del pascolo, nei modi e con le forme stabiliti dalle leggi in materia (7).

868. *Regolamento protettivo dei corsi d'acqua.* — *1.* I proprietari d'immobili situati in prossimità di corsi d'acqua che arrecano o minacciano danni all'agricoltura, ad abitati o a manufatti d'interesse pubblico sono obbligati, anche indipendentemente da un piano di bonifica, a contribuire all'esecuzione delle opere necessarie per il regolamento del corso d'acqua nelle forme stabilite dalle leggi speciali (8).

Sezione V. — *Della proprietà edilizia*

869. *Piani regolatori.* — *1.* I proprietari d'immobili nei comuni dove sono formati piani regolatori (9) devono osservare le prescrizioni dei piani stessi nelle costruzioni e nelle riedificazioni o modificazioni delle costruzioni esistenti (10).

(1) V. art. 71, r.d. n. 215/1933.
(2) V. art. 42, r.d. n. 215/1933.
(3) V. r.d. 30 dicembre 1923, n. 3267.
(4) V. art. 7 ss., r.d. n. 3267/1923.
(5) V. art. 17 ss., r.d. n. 3267/1923.
(6) V. d.lg. 3 aprile 2018, n. 34, testo unico in materia di foreste e filiere naturali.
(7) V. art. 75 ss., r.d. n. 3267/1923.
(8) V. r.d. 25 luglio 1904, n. 523, modificato con l. 13 luglio 1911, n. 744.
(9) Per gli *standards* urbanistici da osservare anche nei comuni sprovvisti di piano regolatore, v. l. 6 agosto 1967, n. 765.
(10) L. 17 agosto 1942, n. 1150, modificata da l. 21 dicembre 1955, n. 1357, l. 6 agosto 1967, n. 765, l. 19 novembre 1968, n. 1187, l. 1° giugno 1971, n. 291, l. 22 ottobre 1971, n. 865, l. 28 gennaio 1977, n. 10, in *Leggi coll. III, 1*, l. 28 febbraio 1985, n. 47.

Per la costruzione di parcheggi anche in deroga agli strumenti urbanistici e ai regolamenti edilizi vigenti v. art. 9, l. 24 marzo 1989, n. 122, e successive modificazioni.

Per il divieto di edificare su area boscata percorsa dal fuoco v. art. 10.1, l. 21 novembre 2000, n. 353, come modificato dall'art. 4.173, l. 24 dicembre 2003, n. 350.

870. *Comparti.* — *1.* Quando è prevista la formazione di comparti, costituenti unità fabbricabili con speciali modalità di costruzione e di adattamento, gli aventi diritto sugli immobili compresi nel comparto devono regolare i loro reciproci rapporti in modo da rendere possibile l'attuazione del piano. Possono anche riunirsi in consorzio per l'esecuzione delle opere. In mancanza di accordo, può procedersi all'espropriazione a norma delle leggi in materia.

871. *Norme di edilizia e di ornato pubblico.* — *1.* Le regole da osservarsi nelle costruzioni sono stabilite dalla legge speciale e dai regolamenti edilizi comunali (1).

2. La legge speciale stabilisce altresì le regole da osservarsi per le costruzioni nelle località sismiche (2).

872. *Violazione delle norme di edilizia.* — *1.* Le conseguenze di carattere amministrativo della violazione delle norme indicate dall'articolo precedente sono stabilite da leggi speciali.

2. Colui che per effetto della violazione ha subito danno deve esserne risarcito (c. 2043), salva la facoltà di chiedere la riduzione in pristino quando si tratta della violazione delle norme contenute nella sezione seguente o da questa richiamate (c. 2933).

Sezione VI. — *Delle distanze nelle costruzioni, piantagioni e scavi, e dei muri, fossi e siepi interposti tra i fondi*

873. *Distanze nelle costruzioni.* — *1.* Le costruzioni su fondi finitimi, se non sono unite o aderenti, devono essere tenute a distanza non minore di tre metri. Nei regolamenti locali può essere stabilita una distanza maggiore (c. 878) (3).

874. *Comunione forzosa del muro sul confine.* — *1.* Il proprietario di un fondo contiguo al muro altrui può chiederne la comunione (c. 2932) per tutta l'altezza o per parte di essa, purché lo faccia per tutta l'estensione della sua proprietà. Per ottenere la comunione deve pagare la metà del valore del muro, o della parte di muro resa comune, e la metà del valore del suolo su cui il muro è costruito. Deve inoltre eseguire le opere che occorrono per non danneggiare il vicino (c. 876, 885, 888, 904).

875. *Comunione forzosa del muro che non è sul confine.* — *1.* Quando il muro si trova a una distanza dal confine minore di un metro e mezzo ovvero a distanza minore della metà di quella stabilita dai regolamenti locali, il vicino può chiedere la comunione del muro soltanto allo scopo di fabbricare contro il muro stesso, pagando, oltre il valore della metà del muro, il valore del suolo da occupare con la nuova fabbrica, salvo che il proprietario preferisca estendere il suo muro sino al confine (c. 877).

2. Il vicino che intende domandare la comunione deve interpellare preventivamente il proprietario se preferisca di estendere il muro al confine o di procedere alla sua demolizione. Questi deve manifestare la propria volontà entro il termine di giorni quindici e deve procedere alla costruzione o alla demolizione entro sei mesi dal giorno in cui ha comunicato la risposta.

876. *Innesto nel muro sul confine.* — *1.* Se il vicino vuole servirsi del muro esistente sul confine solo per innestarvi un capo del proprio muro, non ha l'obbligo di renderlo comune a norma dell'art. 874, ma deve pagare un'indennità per l'innesto.

877. *Costruzioni in aderenza.* — *1.* Il vicino, senza chiedere la comunione del muro posto sul confine, può costruire sul confine stesso in aderenza, ma senza appoggiare la sua fabbrica a quella preesistente.

2. Questa norma si applica anche nel caso previsto dall'art. 875; il vicino in tal caso deve pagare soltanto il valore del suolo (c. 879, 904).

878. *Muro di cinta.* — *1.* Il muro di cinta e ogni altro muro isolato che non abbia un'altezza superiore ai tre metri non è considerato per il computo della distanza indicata dall'art. 873.

2. Esso, quando è posto sul confine, può essere reso comune anche a scopo d'appoggio, purché non preesista al di là un edificio a distanza inferiore ai tre metri.

879. *Edifici non soggetti all'obbligo delle distanze o a comunione forzosa.* — *1.* Alla comunione forzosa non sono soggetti gli edifici appartenenti al demanio pubblico (c. 822) e quelli soggetti allo stesso regime (c. 824), né gli edifici che sono riconosciuti di interesse storico, archeologico o artistico, a norma delle leggi in materia (c. 839) (4). Il vicino non può neppure usare della facoltà concessa dall'art. 877.

(1) V. art. 4, d.p.r. 6 giugno 2001, n. 380, in *Leggi coll. III, 5*; d.p.r. 24 luglio 1996, n. 503, regolamento recante norme per l'eliminazione delle barriere architettoniche negli edifici, spazi e servizi pubblici.

(2) V. l. 25 novembre 1962, n. 1684, e l. 2 febbraio 1974, n. 64.

(3) Per la possibilità di realizzare opere dirette all'eliminazione delle barriere architettoniche in deroga alle norme sulle distanze previste dai regolamenti edilizi v. art. 3, l. 9 gennaio 1989, n. 13, come modificato dall'art. 1, l. 27 febbraio 1989, n. 62.

(4) V. nota 3 all'art. 839.

2. Alle costruzioni che si fanno in confine con le piazze e le vie pubbliche non si applicano le norme relative alle distanze, ma devono osservarsi le leggi e i regolamenti che le riguardano (1).

880. *Presunzione di comunione del muro divisorio.* — *1.* Il muro che serve di divisione tra edifici si presume comune fino alla sua sommità e, in caso di altezze ineguali, fino al punto in cui uno degli edifici comincia ad essere più alto (c. 903).

2. Si presume parimenti comune il muro che serve di divisione tra cortili, giardini e orti o tra recinti nei campi.

881. *Presunzione di proprietà esclusiva del muro divisorio.* — *1.* Si presume che il muro divisorio tra i campi, cortili, giardini od orti appartenga al proprietario del fondo verso il quale esiste il piovente e in ragione del piovente medesimo.

2. Se esistono sporti, come cornicioni, mensole e simili, o vani che si addentrano oltre la metà della grossezza del muro, e gli uni e gli altri risultano costruiti col muro stesso, si presume che questo spetti al proprietario dalla cui parte gli sporti o i vani si presentano, anche se vi sia soltanto qualcuno di tali segni.

3. Se uno o più di essi sono da una parte, e uno o più dalla parte opposta, il muro è reputato comune: in ogni caso la positura del piovente prevale su tutti gli altri indizi.

882. *Riparazioni del muro comune.* — *1.* Le riparazioni e le ricostruzioni necessarie del muro comune sono a carico di tutti quelli che vi hanno diritto e in proporzione del diritto di ciascuno (c. 1104), salvo che la spesa sia stata cagionata dal fatto di uno dei partecipanti.

2. Il comproprietario di un muro comune può esimersi dall'obbligo di contribuire nelle spese di riparazione e ricostruzione, rinunziando al diritto di comunione (c. 1350 n. 5, 2643 n. 5), purché il muro comune non sostenga un edificio di sua spettanza.

3. La rinunzia non libera il rinunziante dall'obbligo delle riparazioni e ricostruzioni a cui abbia dato causa col fatto proprio.

883. *Abbattimento di edificio appoggiato al muro comune.* — *1.* Il proprietario che vuole atterrare un edificio sostenuto da un muro comune può rinunziare alla comunione di questo, ma deve farvi le riparazioni e le opere che la demolizione rende necessarie per evitare ogni danno al vicino.

884. *Appoggio e immissioni di travi e catene nel muro comune.* — *1.* Il comproprietario di un muro comune può fabbricare appoggiandovi le sue costruzioni e può immettervi travi, purché le mantenga a distanza di cinque centimetri dalla superficie opposta, salvo il diritto dell'altro comproprietario di fare accorciare la trave fino alla metà del muro, nel caso in cui egli voglia collocare una trave nello stesso luogo, aprirvi un incavo o appoggiarvi un camino. Il comproprietario può anche attraversare il muro comune con chiavi e catene di rinforzo, mantenendo la stessa distanza. Egli è tenuto in ogni caso a riparare i danni causati dalle opere compiute.

2. Non può fare incavi nel muro comune, né eseguirvi altra opera che ne comprometta la stabilità o che in altro modo lo danneggi.

885. *Innalzamento del muro comune.* — *1.* Ogni comproprietario può alzare il muro comune, ma sono a suo carico tutte le spese di costruzione e conservazione della parte sopraedificata (c. 903^2). Anche questa può dal vicino essere resa comune a norma dell'art. 874.

2. Se il muro non è atto a sostenere la sopraedificazione, colui che l'esegue è tenuto a ricostruirlo o a rinforzarlo a sue spese. Per il maggiore spessore che sia necessario, il muro deve essere costruito sul suolo proprio, salvo che esigenze tecniche impongano di costruirlo su quello del vicino. In entrambi i casi il muro ricostruito o ingrossato resta di proprietà comune, e il vicino deve essere indennizzato di ogni danno prodotto dall'esecuzione delle opere. Nel secondo caso il vicino ha diritto di conseguire anche il valore della metà del suolo occupato per il maggiore spessore.

3. Qualora il vicino voglia acquistare la comunione della parte sopraelevata del muro, si tiene conto, nel calcolare il valore di questa, anche delle spese occorse per la ricostruzione o per il rafforzamento.

886. *Costruzione del muro di cinta.* — *1.* Ciascuno può costringere il vicino a contribuire per metà nella spesa di costruzione dei muri di cinta che separano le rispettive case, i cortili e i giardini posti negli abitati. L'altezza di essi, se non è diversamente determinata dai regolamenti locali o dalla convenzione, deve essere di tre metri (c. 888).

887. *Fondi a dislivello negli abitati.* — *1.* Se di due fondi posti negli abitati uno è superiore e

(1) Sulle fasce di rispetto v. art. 16 ss., d.lg. 30 aprile 1992, n. 285 (l'art. 16 è stato modificato dall'art. 11, d.lg. 10 settembre 1993, n. 360); art. 26 ss., d.p.r. 16 dicembre 1992, n. 495, modificato dal d.p.r. 26 aprile 1993, n. 147 e dal d.p.r. 16 settembre 1996, n. 610.

l'altro inferiore, il proprietario del fondo superiore deve sopportare per intero le spese di costruzione e conservazione del muro dalle fondamenta all'altezza del proprio suolo, ed entrambi i proprietari devono contribuire per tutta la restante altezza.

2. Il muro deve essere costruito per metà sul terreno del fondo inferiore e per metà sul terreno del fondo superiore.

888. *Esonero dal contributo nelle spese*. — *1.* Il vicino si può esimere dal contribuire nelle spese di costruzione del muro di cinta o divisorio, cedendo, senza diritto a compenso, la metà del terreno su cui il muro di separazione deve essere costruito. In tal caso il muro è di proprietà di colui che l'ha costruito, salva la facoltà del vicino di renderlo comune ai sensi dell'art. 874, senza obbligo però di pagare la metà del valore del suolo su cui il muro è stato costruito.

889. *Distanze per pozzi, cisterne, fosse e tubi*. — *1.* Chi vuole aprire pozzi, cisterne, fosse di latrina o di concime presso il confine, anche se su questo si trova un muro divisorio, deve osservare la distanza di almeno due metri tra il confine e il punto più vicino del perimetro interno delle opere predette.

2. Per i tubi d'acqua pura o lurida, per quelli di gas e simili e loro diramazioni deve osservarsi la distanza di almeno un metro dal confine.

3. Sono salve in ogni caso le disposizioni dei regolamenti locali.

890. *Distanze per fabbriche e depositi nocivi o pericolosi*. — *1.* Chi presso il confine, anche se su questo si trova un muro divisorio, vuole fabbricare forni, camini, magazzini di sale, stalle e simili, o vuol collocare materie umide o esplodenti o in altro modo nocive, ovvero impiantare macchinari, per i quali può sorgere pericolo di danni, deve osservare le distanze stabilite dai regolamenti e, in mancanza, quelle necessarie a preservare i fondi vicini da ogni danno alla solidità, salubrità e sicurezza (c. 844).

891. *Distanze per canali e fossi*. — *1.* Chi vuole scavare fossi o canali presso il confine, se non dispongono in modo diverso i regolamenti locali, deve osservare una distanza eguale alla profondità del fosso o canale. La distanza si misura dal confine al ciglio della sponda più vicina, la quale deve essere a scarpa naturale ovvero munita di opere di sostegno. Se il confine si trova in un fosso comune o in una via privata, la distanza si misura da ciglio a ciglio o dal ciglio al lembo esteriore della via (c. 911).

892. *Distanze per gli alberi*. — *1.* Chi vuol piantare alberi presso il confine (c. 893) deve osservare le distanze stabilite dai regolamenti e, in mancanza, dagli usi locali. Se gli uni e gli altri non dispongono, devono essere osservate le seguenti distanze dal confine:

1) tre metri per gli alberi di alto fusto. Rispetto alle distanze, si considerano alberi di alto fusto quelli il cui fusto, semplice o diviso in rami, sorge ad altezza notevole, come sono i noci, i castagni, le querce, i pini, i cipressi, gli olmi, i pioppi, i platani e simili;

2) un metro e mezzo per gli alberi di non alto fusto. Sono reputati tali quelli il cui fusto, sorto ad altezza non superiore a tre metri, si diffonde in rami;

3) mezzo metro per le viti, gli arbusti, le siepi vive, le piante da frutto di altezza non maggiore di due metri e mezzo.

2. La distanza deve essere però di un metro, qualora le siepi siano di ontano, di castagno o di altre piante simili che si recidono periodicamente vicino al ceppo, e di due metri per le siepi di robinie.

3. La distanza si misura dalla linea del confine alla base esterna del tronco dell'albero nel tempo della piantagione, o dalla linea stessa al luogo dove fu fatta la semina.

4. Le distanze anzidette non si devono osservare se sul confine esiste un muro divisorio, proprio o comune, purché le piante siano tenute ad altezza che non ecceda la sommità del muro.

893. *Alberi presso strade, canali e sul confine di boschi*. — *1.* Per gli alberi che nascono o si piantano nei boschi, sul confine con terreni non boschivi, o lungo le strade o le sponde dei canali, si osservano, trattandosi di boschi, canali e strade di proprietà privata, i regolamenti (1) e, in mancanza, gli usi locali. Se gli uni e gli altri non dispongono, si osservano le distanze prescritte dall'articolo precedente.

894. *Alberi a distanza non legale*. — *1.* Il vicino può esigere che si estirpino gli alberi e le siepi che sono piantati o nascono a distanza minore di quelle indicate dagli articoli precedenti.

895. *Divieto di ripiantare alberi a distanza non legale*. — *1.* Se si è acquistato il diritto di tenere alberi a distanza minore di quelle sopra indicate, e l'albero muore o viene reciso o abbattuto, il vicino non può sostituirlo, se non osservando la distanza legale (c. 892).

(1) Sulle fasce di rispetto v. art. 16 ss., d.lg. 30 aprile 1992, n. 285 (l'art. 16 è stato modificato dall'art. 11, d.lg. 10 settembre 1993, n. 360); art. 26 ss., d.p.r. 16 dicembre 1992, n. 495, modificato dal d.p.r. 26 aprile 1993, n. 147 e dal d.p.r. 16 settembre 1996, n. 610.

2. La disposizione non si applica quando gli alberi fanno parte di un filare situato lungo il confine.

896. *Recisione di rami protesi e di radici. — 1.* Quegli sul cui fondo si protendono i rami degli alberi del vicino può in qualunque tempo costringerlo a tagliarli, e può egli stesso tagliare le radici che si addentrano nel suo fondo, salvi però in ambedue i casi i regolamenti e gli usi locali.

2. Se gli usi locali non dispongono diversamente, i frutti naturalmente caduti dai rami protesi sul fondo del vicino appartengono al proprietario del fondo su cui sono caduti (c. 821).

3. Se a norma degli usi locali i frutti appartengono al proprietario dell'albero, per la raccolta di essi si applica il disposto dell'art. 843.

896-*bis*. *Distanze minime per gli apiari. — 1.* Gli apiari devono essere collocati a non meno di dieci metri da strade di pubblico transito e a non meno di cinque metri dai confini di proprietà pubbliche e private.

2. Il rispetto delle distanze di cui al primo comma non è obbligatorio se tra l'apiario e i luoghi ivi indicati esistono dislivelli di almeno due metri o se sono interposti, senza soluzioni di continuità, muri, siepi o altri ripari idonei a non consentire il passaggio delle api. Tali ripari devono avere una altezza di almeno due metri. Sono comunque fatti salvi gli accordi tra le parti interessate.

3. Nel caso di accertata presenza di impianti industriali saccariferi, gli apiari devono rispettare una distanza minima di un chilometro dai suddetti luoghi di produzione (1).

897. *Comunione di fossi. — 1.* Ogni fosso interposto tra due fondi si presume comune.

2. Si presume che il fosso appartenga al proprietario che se ne serve per gli scoli delle sue terre, o al proprietario del fondo dalla cui parte è il getto della terra o lo spurgo ammucchiatovi da almeno tre anni.

3. Se uno o più di tali segni sono da una parte e uno o più dalla parte opposta, il fosso si presume comune.

898. *Comunione di siepi. — 1.* Ogni siepe tra due fondi si presume comune ed è mantenuta a spese comuni, salvo che vi sia termine di confine o altra prova in contrario.

2. Se uno solo dei fondi è recinto, si presume che la siepe appartenga al proprietario del fondo recinto, ovvero di quello dalla cui parte si trova la siepe stessa in relazione ai termini di confine esistenti.

899. *Comunione di alberi. — 1.* Gli alberi sorgenti nella siepe comune sono comuni.

2. Gli alberi sorgenti sulla linea di confine si presumono comuni, salvo titolo o prova in contrario.

3. Gli alberi che servono di limite o che si trovano nella siepe comune non possono essere tagliati, se non di comune consenso o dopo che l'autorità giudiziaria abbia riconosciuto la necessità o la convenienza del taglio.

Sezione VII. — *Delle luci e delle vedute*

900. *Specie di finestre. — 1.* Le finestre o altre aperture sul fondo del vicino sono di due specie: luci, quando danno passaggio alla luce e all'aria, ma non permettono di affacciarsi sul fondo del vicino (c. 901); vedute o prospetti, quando permettono di affacciarsi e di guardare di fronte, obliquamente o lateralmente (c. 905 ss.).

901. *Luci. — 1.* Le luci che si aprono sul fondo del vicino devono:

1) essere munite di un'inferriata idonea a garantire la sicurezza del vicino e di una grata fissa in metallo le cui maglie non siano maggiori di tre centimetri quadrati;

2) avere il lato inferiore a un'altezza non minore di due metri e mezzo dal pavimento o dal suolo del luogo al quale si vuole dare luce e aria, se esse sono al piano terreno, e non minore di due metri, se sono ai piani superiori;

3) avere il lato inferiore a un'altezza non minore di due metri e mezzo dal suolo del fondo vicino, a meno che si tratti di locale che sia in tutto o in parte a livello inferiore al suolo del vicino e la condizione dei luoghi non consenta di osservare l'altezza stessa.

902. *Apertura priva dei requisiti prescritti per le luci. — 1.* L'apertura che non ha i caratteri di veduta o di prospetto (c. 900) è considerata come luce, anche se non sono state osservate le prescrizioni indicate dall'art. 901.

2. Il vicino ha sempre il diritto di esigere che essa sia resa conforme alle prescrizioni dell'articolo predetto.

903. *Luci nel muro proprio o nel muro comune. — 1.* Le luci possono essere aperte dal proprietario del muro contiguo al fondo altrui.

2. Se il muro è comune, nessuno dei proprietari può aprire luci senza il consenso dell'altro; ma chi ha sopraelevato il muro comune può aprirle nella maggiore altezza a cui il vicino non abbia voluto contribuire (c. 885).

(1) Articolo così inserito dall'art. 8, l. 24 dicembre 2004, n. 313.

904. *Diritto di chiudere le luci.* — *1.* La presenza di luci in un muro non impedisce al vicino di acquistare la comunione del muro medesimo (c. 874) né di costruire in aderenza (c. 877).

2. Chi acquista la comunione del muro non può chiudere le luci se ad esso non appoggia il suo edificio.

905. *Distanza per l'apertura di vedute dirette e balconi.* — *1.* Non si possono aprire vedute dirette (c. 900) verso il fondo chiuso o non chiuso e neppure sopra il tetto del vicino, se tra il fondo di questo e la faccia esteriore del muro in cui si aprono le vedute dirette non vi è la distanza di un metro e mezzo (c. 907).

2. Non si possono parimenti costruire balconi o altri sporti, terrazze, lastrici solari e simili, muniti di parapetto che permetta di affacciarsi sul fondo del vicino, se non vi è la distanza di un metro e mezzo tra questo fondo e la linea esteriore di dette opere.

3. Il divieto cessa allorquando tra i due fondi vicini vi è una via pubblica.

906. *Distanza per l'apertura di vedute laterali od oblique.* — *1.* Non si possono aprire vedute laterali od oblique (c. 900) sul fondo del vicino se non si osserva la distanza di settantacinque centimetri, la quale deve misurarsi dal più vicino lato della finestra o dal più vicino sporto.

907. *Distanza delle costruzioni dalle vedute.* — *1.* Quando si è acquistato il diritto di avere vedute dirette verso il fondo vicino (c. 1027 ss.), il proprietario di questo non può fabbricare a distanza minore di tre metri, misurata a norma dell'art. 905.

2. Se la veduta diretta forma anche veduta obliqua, la distanza di tre metri deve pure osservarsi dai lati della finestra da cui la veduta obliqua si esercita.

3. Se si vuole appoggiare la nuova costruzione al muro in cui sono le dette vedute dirette od oblique, essa deve arrestarsi almeno a tre metri sotto la loro soglia.

Sezione VIII. — *Dello stillicidio*

908. *Scarico delle acque piovane.* — *1.* Il proprietario deve costruire i tetti in maniera che le acque piovane scolino nel suo terreno e non può farle cadere nel fondo del vicino.

2. Se esistono pubblici colatoi, deve provvedere affinché le acque piovane vi siano immesse con gronde o canali. Si osservano in ogni caso i regolamenti locali e le leggi sulla polizia idraulica (1).

Sezione IX. — *Delle acque*

909. *Diritto sulle acque esistenti nel fondo.* — *1.* Il proprietario del suolo ha il diritto di utilizzare le acque in esso esistenti, salve le disposizioni delle leggi speciali per le acque pubbliche e per le acque sotterranee (2).

2. Egli può anche disporne a favore d'altri, qualora non osti il diritto di terzi; ma, dopo essersi servito delle acque, non può divertirle in danno d'altri fondi.

910. ....(3).

911. *Apertura di nuove sorgenti e altre opere.* — *1.* Chi vuole aprire sorgenti, stabilire capi o aste di fonte e in genere eseguire opere per estrarre acqua dal sottosuolo o costruire canali o acquedotti, oppure scavarne, profondarne o allargarne il letto, aumentarne o diminuirne il pendio o variarne la forma, deve, oltre le distanze stabilite nell'art. 891, osservare le maggiori distanze ed eseguire le opere che siano necessarie per non recare pregiudizio ai fondi altrui, sorgenti, capi o aste di fonte, canali o acquedotti preesistenti e destinati all'irrigazione dei terreni o agli usi domestici o industriali.

912. *Conciliazione di opposti interessi.* — *1.* Se sorge controversia tra i proprietari a cui un'acqua non pubblica può essere utile, l'autorità giudiziaria deve valutare l'interesse dei singoli proprietari nei loro rapporti e rispetto ai vantaggi che possono derivare all'agricoltura o all'industria dall'uso a cui l'acqua è destinata o si vuol destinare (c. 844, 1044).

2. L'autorità giudiziaria può assegnare un'indennità ai proprietari che sopportino diminuzione del proprio diritto.

3. In tutti i casi devono osservarsi le disposizioni delle leggi sulle acque e sulle opere idrauliche (4).

913. *Scolo delle acque.* — *1.* Il fondo inferiore è soggetto a ricevere le acque che dal fondo più elevato scolano naturalmente, senza che sia intervenuta l'opera dell'uomo (c. 1094 ss.).

2. Il proprietario del fondo inferiore non può impedire questo scolo, né il proprietario del fondo superiore può renderlo più gravoso.

3. Se per opere di sistemazione agraria del-

(1) Art. 63 ss., 93 ss., t.u. 25 luglio 1904, n. 523, e r.d. 13 luglio 1911, n. 774.

(2) Art. 92 ss., r.d. 11 dicembre 1933, n. 1775. Sull'utilizzazione e la commercializzazione delle acque minerali naturali, v. d.lg. 8 ottobre 2011, n. 176.

(3) Articolo abrogato dall'art. 2, comma 1, d.p.r. 18 febbraio 1999, n. 238.

(4) T.u. 25 luglio 1904, n. 523; r.d. 11 dicembre 1933, n. 1775.

l'uno o dell'altro fondo si rende necessaria una modificazione del deflusso naturale delle acque, è dovuta un'indennità al proprietario del fondo a cui la modificazione stessa ha recato pregiudizio (c. 1044).

914. *Consorzi per regolare il deflusso delle acque*. — *1.* Qualora per esigenze della produzione si debba provvedere a opere di sistemazione degli scoli, di soppressione di ristagni o di raccolta di acque, l'autorità amministrativa, su richiesta della maggioranza degli interessati o anche d'ufficio, può costituire un consorzio tra i proprietari dei fondi che traggono beneficio dalle opere stesse.

2. Si applicano a tale consorzio le disposizioni del secondo e del terzo comma dell'art. 921 (c. 863, 865).

915. *Riparazione di sponde e argini*. — *1.* Qualora le sponde o gli argini che servivano di ritegno alle acque siano stati in tutto o in parte distrutti o atterrati, ovvero per la naturale variazione del corso delle acque si renda necessario costruire nuovi argini o ripari, e il proprietario del fondo non provveda sollecitamente a ripararli o a costruirli, ciascuno dei proprietari che hanno sofferto o possono ricevere danno può provvedervi, previa autorizzazione del tribunale (1), che provvede in via d'urgenza.

2. Le opere devono essere eseguite in modo che il proprietario del fondo, in cui esse si compiono, non ne subisca danno, eccetto quello temporaneo causato dall'esecuzione delle opere stesse.

916. *Rimozione degli ingombri*. — *1.* Le disposizioni dell'articolo precedente si applicano anche quando si tratta di togliere un ingombro formatosi sulla superficie di un fondo o in un fosso, rivo, colatoio o altro alveo, a causa di materie in essi impigliate, in modo che le acque danneggino o minaccino di danneggiare i fondi vicini.

917. *Spese per la riparazione, costruzione o rimozione*. — *1.* Tutti i proprietari, ai quali torna utile che le sponde e gli argini siano conservati o costruiti e gli ingombri rimossi, devono contribuire nella spesa in proporzione del vantaggio che ciascuno ne ritrae.

2. Tuttavia, se la distruzione degli argini, la variazione delle acque o l'ingombro nei loro corsi deriva da colpa di alcuno dei proprietari, le spese di conservazione, di costruzione o di riparazione gravano esclusivamente su di lui, salvo in ogni caso il risarcimento dei danni.

918. *Consorzi volontari*. — *1.* Possono costituirsi in consorzio i proprietari di fondi vicini che vogliano riunire e usare in comune le acque defluenti dal medesimo bacino di alimentazione o da bacini contigui.

2. L'adesione degli interessati e il regolamento del consorzio devono risultare da atto scritto (c. 1350).

3. Il regolamento del consorzio è deliberato dalla maggioranza calcolata in base all'estensione dei terreni a cui serve l'acqua.

919. *Scioglimento del consorzio*. — *1.* Lo scioglimento del consorzio non ha luogo se non quando è deliberato da una maggioranza eccedente i tre quarti, o quando, potendosi la divisione effettuare senza grave danno, essa è domandata da uno degli interessati.

920. *Norme applicabili*. — *1.* Salvo quanto è disposto dagli articoli precedenti, si applicano ai consorzi volontari ivi indicati le norme stabilite per la comunione (c. 1100 ss.).

921. *Consorzi coattivi*. — *1.* Nel caso indicato dall'art. 918, il consorzio può anche essere costituito d'ufficio dall'autorità amministrativa, allo scopo di provvedere a una migliore utilizzazione delle acque.

2. Per le forme di costituzione e il funzionamento si osservano le norme stabilite per i consorzi di miglioramento fondiario (c. 863).

3. Il consorzio può anche procedere all'espropriazione dei singoli diritti, mediante il pagamento delle dovute indennità (c. 865).

CAPO III

DEI MODI DI ACQUISTO DELLA PROPRIETÀ

922. *Modi di acquisto*. — *1.* La proprietà si acquista per occupazione (c. 923 ss.), per invenzione (c. 927 ss.), per accessione (c. 934 ss.), per specificazione (c. 940), per unione o commistione (c. 939), per usucapione (c. 1158 ss.), per effetto di contratti (c. 1376 ss.), per successione a causa di morte (c. 456 ss.) e negli altri modi stabiliti dalla legge.

Sezione I. — *Dell'occupazione e dell'invenzione*

923. *Cose suscettibili di occupazione*. — *1.* Le cose mobili (c. 812) che non sono proprietà di alcuno si acquistano con l'occupazione (c. 827).

(1) Parola così sostituita dall'art. 149, d.lg. 19 febbraio 1998, n. 51.

2. Tali sono le cose abbandonate e gli animali che formano oggetto di caccia o di pesca (c. 842) (1).

924. *Sciami di api.* — *1.* Il proprietario di sciami di api ha diritto d'inseguirli sul fondo altrui, ma deve indennità per il danno cagionato al fondo (c. 843, 925, 1038, 1053); se non li ha inseguiti entro due giorni o ha cessato durante due giorni d'inseguirli, può prenderli e ritenerli il proprietario del fondo.

925. *Animali mansuefatti.* — *1.* Gli animali mansuefatti possono essere inseguiti dal proprietario nel fondo altrui, salvo il diritto del proprietario del fondo a indennità per il danno (c. 843, 924, 1038, 1053).

2. Essi appartengono a chi se ne è impossessato, se non sono reclamati entro venti giorni da quando il proprietario ha avuto conoscenza del luogo dove si trovano.

926. *Migrazione di colombi, conigli e pesci.* — *1.* I conigli o pesci che passano ad un'altra conigliera o peschiera si acquistano dal proprietario di queste, purché non vi siano stati attirati con arte o con frode.

2. La stessa norma si osserva per i colombi che passano ad altra colombaia, salve le diverse disposizioni di legge sui colombi viaggiatori.

927. *Cose ritrovate.* — *1.* Chi trova una cosa mobile deve restituirla al proprietario, e, se non lo conosce, deve consegnarla senza ritardo al sindaco del luogo in cui l'ha trovata, indicando le circostanze del ritrovamento (2).

928. *Pubblicazione del ritrovamento.* — *1.* Il sindaco rende nota la consegna per mezzo di pubblicazione nell'albo pretorio del comune, da farsi per due domeniche successive e da restare affissa per tre giorni ogni volta.

929. *Acquisto di proprietà della cosa ritrovata.* — *1.* Trascorso un anno dall'ultimo giorno della pubblicazione senza che si presenti il proprietario, la cosa oppure il suo prezzo, se le circostanze ne hanno richiesto la vendita, appartiene a chi l'ha trovata.

2. Così il proprietario come il ritrovatore, riprendendo la cosa o ricevendo il prezzo, devono pagare le spese occorse.

930. *Premio dovuto al ritrovatore.* — *1.* Il proprietario deve pagare a titolo di premio al ritrovatore, se questi lo richiede, il decimo della somma o del prezzo della cosa ritrovata.

2. Se tale somma o prezzo eccede le diecimila lire [euro 5,16], il premio per il sovrappiù è solo del ventesimo.

3. Se la cosa non ha valore commerciale, la misura del premio è fissata dal giudice secondo il suo prudente apprezzamento.

931. *Equiparazione del possessore o detentore al proprietario.* — *1.* Agli effetti delle disposizioni contenute negli artt. 927 e seguenti, al proprietario sono equiparati, secondo le circostanze, il possessore e il detentore (c. 1140).

932. *Tesoro.* — *1.* Tesoro è qualunque cosa mobile di pregio, nascosta o sotterrata, di cui nessuno può provare d'essere proprietario.

2. Il tesoro appartiene al proprietario del fondo in cui si trova (c. 959, 988). Se il tesoro è trovato nel fondo altrui, purché sia stato scoperto per solo effetto del caso, spetta per metà al proprietario del fondo e per metà al ritrovatore. La stessa disposizione si applica se il tesoro è scoperto in una cosa mobile altrui.

3. Per il ritrovamento degli oggetti d'interesse storico, archeologico, paletnologico, paleontologico e artistico, si osservano le disposizioni delle leggi speciali (c. 826^{2}) (3).

933. *Rigetti del mare e piante sul lido. Relitti aeronautici.* — *1.* I diritti sopra le cose gettate in mare o sopra quelle che il mare rigetta e sopra le piante e le erbe che crescono lungo le rive del mare sono regolati dalle leggi speciali (nav. 510 ss.).

2. Parimenti si osservano le leggi speciali per il ritrovamento di aeromobili e di relitti di aeromobili (nav. 993 ss.).

Sezione II. — *Dell'accessione, della specificazione, dell'unione e della commistione* (4)

934. *Opere fatte sopra o sotto il suolo.* — *1.* Qualunque piantagione, costruzione od opera esistente sopra o sotto il suolo appartiene al proprietario (c. 667) di questo, salvo quanto è disposto dagli artt. 935, 936, 937 e 938 e salvo che risulti diversamente dal titolo (c. 952 ss.) o dalla legge (c. 959^{2}, 975^{3}, 986^{2}, 1150^{5}, 1593, 2811).

935. *Opere fatte dal proprietario del suolo con materiali altrui.* — *1.* Il proprietario del suolo che ha fatto costruzioni, piantagioni

(1) Sulla caccia, v. l. 11 febbraio 1992, n. 157, che all'art. 12.6 dispone: «la fauna selvatica abbattuta durante l'esercizio venatorio nel rispetto delle disposizioni della presente legge appartiene a colui che l'ha cacciata». Sulla raccolta dei tartufi v. l. 16 dicembre 1985, n. 752, modificata con l. 17 maggio 1991, n. 162.

(2) Per le cose ritrovate nelle aerostazioni e aeromobili, v. l. 18 maggio 1967, n. 401.

(3) Art. 88 ss., d.lg. 22 gennaio 2004, n. 42, codice dei beni culturali e del paesaggio.

(4) Sulla accessione invertita nelle occupazioni senza titolo della Pubblica amministrazione v. art. 3, l. 27 ottobre 1988, n. 458, come modificato dall'art. 58, d.lg. 8 giugno 2001, n. 327.

od opere con materiali altrui deve pagarne il valore, se la separazione non è chiesta dal proprietario dei materiali, ovvero non può farsi senza che si rechi grave danno all'opera costruita o senza che perisca la piantagione. Deve inoltre, anche nel caso che si faccia la separazione, il risarcimento dei danni, se è in colpa grave.

2. In ogni caso la rivendicazione dei materiali (c. 948) non è ammessa trascorsi sei mesi dal giorno in cui il proprietario ha avuto notizia dell'incorporazione (c. 2964 ss.).

936. *Opere fatte da un terzo con materiali propri.* — *1.* Quando le piantagioni, costruzioni od opere sono state fatte da un terzo con suoi materiali, il proprietario del fondo ha diritto di ritenerle o di obbligare colui che le ha fatte a levarle.

2. Se il proprietario preferisce di ritenerle, deve pagare a sua scelta il valore dei materiali e il prezzo della mano d'opera oppure l'aumento di valore recato al fondo (c. 1150).

3. Se il proprietario del fondo domanda che siano tolte, esse devono togliersi a spese di colui che le ha fatte (c. 2933). Questi può inoltre essere condannato al risarcimento dei danni.

4. Il proprietario non può obbligare il terzo a togliere le piantagioni, costruzioni od opere, quando sono state fatte a sua scienza e senza opposizione o quando sono state fatte dal terzo in buona fede (c. 1147).

5. La rimozione non può essere domandata trascorsi sei mesi dal giorno in cui il proprietario ha avuto notizia dell'incorporazione (c. 2964 ss.).

937. *Opere fatte da un terzo con materiali altrui.* — *1.* Se le piantagioni, costruzioni o altre opere sono state fatte da un terzo con materiali altrui, il proprietario di questi può rivendicarli (c. 948), previa separazione a spese del terzo, se la separazione può ottenersi senza grave danno delle opere e del fondo.

2. La rivendicazione non è ammessa trascorsi sei mesi dal giorno in cui il proprietario ha avuto notizia dell'incorporazione (c. 2964 ss.).

3. Nel caso che la separazione dei materiali non sia richiesta o che i materiali siano inseparabili, il terzo che ne ha fatto uso e il proprietario del suolo che sia stato in mala fede sono tenuti in solido (c. 1292 ss.) al pagamento di un'indennità pari al valore dei materiali stessi. Il proprietario dei materiali può anche esigere tale indennità dal proprietario del suolo, ancorché in buona fede, limitatamente al prezzo che da questo fosse ancora dovuto. Può altresì chiedere il risarcimento dei danni, tanto nei confronti del terzo che ne abbia fatto uso senza il suo consenso, quanto nei confronti del proprietario del suolo che in mala fede abbia autorizzato l'uso.

938. *Occupazione di porzione di fondo attiguo.* — *1.* Se nella costruzione di un edificio si occupa in buona fede una porzione del fondo attiguo, e il proprietario di questo non fa opposizione entro tre mesi dal giorno in cui ebbe inizio la costruzione, l'autorità giudiziaria, tenuto conto delle circostanze, può attribuire al costruttore la proprietà dell'edificio e del suolo occupato. Il costruttore è tenuto a pagare al proprietario del suolo il doppio del valore della superficie occupata, oltre il risarcimento dei danni.

939. *Unione e commistione.* — *1.* Quando più cose appartenenti a diversi proprietari sono state unite o mescolate in guisa da formare un sol tutto, ma sono separabili senza notevole deterioramento, ciascuno conserva la proprietà della cosa sua e ha diritto di ottenerne la separazione. In caso diverso, la proprietà ne diventa comune in proporzione del valore delle cose spettanti a ciascuno.

2. Quando però una delle cose si può riguardare come principale o è di molto superiore per valore, ancorché serva all'altra di ornamento, il proprietario della cosa principale acquista la proprietà del tutto. Egli ha l'obbligo di pagare all'altro il valore della cosa che vi è unita o mescolata; ma se l'unione o la mescolanza è avvenuta senza il suo consenso ad opera del proprietario della cosa accessoria, egli non è obbligato a corrispondere che la somma minore tra l'aumento di valore apportato alla cosa principale e il valore della cosa accessoria.

3. È inoltre dovuto il risarcimento dei danni in caso di colpa grave.

940. *Specificazione.* — *1.* Se taluno ha adoperato una materia che non gli apparteneva per formare una nuova cosa, possa o non possa la materia riprendere la sua prima forma, ne acquista la proprietà pagando al proprietario il prezzo della materia, salvo che il valore della materia sorpassi notevolmente quello della mano d'opera. In quest'ultimo caso la cosa spetta al proprietario della materia, il quale deve pagare il prezzo della mano d'opera (c. 686[2]).

941. *Alluvione.* — *1.* Le unioni di terra e gli incrementi, che si formano successivamente e impercettibilmente nei fondi posti lungo le rive dei fiumi o torrenti, appartengono al proprietario del fondo, salvo quanto è disposto dalle leggi speciali (c. 947).

942. *Terreni abbandonati dalle acque correnti.* — *1.* I terreni abbandonati dalle acque correnti, che insensibilmente si ritirano da una delle rive portandosi sull'altra, appartengono al demanio pubblico, senza che il confinante della riva opposta possa reclamare il terreno perduto.

2. Ai sensi del primo comma, si intendono per acque correnti i fiumi, i torrenti e le altre acque definite pubbliche dalle leggi in materia.

3. Quanto stabilito al primo comma vale anche per i terreni abbandonati dal mare, dai laghi, dalla lagune e dagli stagni appartenenti al demanio pubblico (c. 947) (1).

943. *Laghi e stagni.* — *1.* Il terreno che l'acqua copre quando essa è all'altezza dello sbocco del lago o dello stagno appartiene al proprietario del lago o dello stagno, ancorché il volume dell'acqua venga a scemare.

2. Il proprietario non acquista alcun diritto sopra la terra lungo la riva che l'acqua ricopre nei casi di piena straordinaria.

944. *Avulsione.* — *1.* Se un fiume o torrente stacca per forza istantanea una parte considerevole e riconoscibile di un fondo contiguo al suo corso e la trasporta verso un fondo inferiore o verso l'opposta riva, il proprietario del fondo al quale si è unita la parte staccata ne acquista la proprietà. Deve però pagare all'altro proprietario un'indennità nei limiti del maggior valore recato al fondo dall'avulsione.

945. *Isole e unioni di terra.* — *1.* Le isole e unioni di terra che si formano nel letto dei fiumi o torrenti appartengono al demanio pubblico (c. 822, 947) (2).

946. *Alveo abbandonato.* — *1.* Se un fiume o un torrente si forma un nuovo letto, abbandonando l'antico, il terreno abbandonato rimane assoggettato al regime proprio del demanio pubblico (3).

947. *Mutamenti del letto dei fiumi derivanti da regolamento del loro corso.* — *1.* Le disposizioni degli artt. 942, 945 e 946 si applicano ai terreni comunque abbandonati sia a seguito di eventi naturali che per fatti artificiali indotti dall'attività antropica, ivi comprendendo anche i terreni abbandonati per fenomeni di inalveamento.

2. La disposizione dell'art. 941 non si applica nel caso in cui le alluvioni derivano da regolamento del corso dei fiumi (c. 914), da bonifiche (c. 857 ss.) o da altri fatti artificiali indotti dall'attività antropica.

3. In ogni caso è esclusa la sdemanializzazione tacita dei beni del demanio idrico (4).

CAPO IV

DELLE AZIONI A DIFESA DELLA PROPRIETÀ

948. *Azione di rivendicazione.* — *1.* Il proprietario (c. 1706, 2789) può rivendicare la cosa (c. 1994) da chiunque la possiede o detiene (c. 1140) e può proseguire l'esercizio dell'azione anche se costui, dopo la domanda, ha cessato, per fatto proprio, di possedere o detenere la cosa (c. 2653 n. 1). In tal caso il convenuto è obbligato a ricuperarla per l'attore a proprie spese, o, in mancanza, a corrispondergliene il valore, oltre a risarcirgli il danno.

2. Il proprietario, se consegue direttamente dal nuovo possessore o detentore la restituzione della cosa, è tenuto a restituire al precedente possessore o detentore la somma ricevuta in luogo di essa.

3. L'azione di rivendicazione non si prescrive (c. 935², 937) salvi gli effetti dell'acquisto della proprietà da parte di altri per usucapione (c. 1158 ss.).

949. *Azione negatoria.* — *1.* Il proprietario (c. 1012², 1079) può agire per far dichiarare l'inesistenza di diritti affermati da altri sulla cosa, quando ha motivo di temerne pregiudizio.

2. Se sussistono anche turbative o molestie, il proprietario può chiedere che se ne ordini la cessazione, oltre la condanna al risarcimento del danno.

950. *Azione di regolamento di confini.* — *1.* Quando il confine tra due fondi è incerto, ciascuno dei proprietari può chiedere che sia stabilito giudizialmente.

2. Ogni mezzo di prova è ammesso.

3. In mancanza di altri elementi, il giudice si attiene al confine delineato dalle mappe catastali.

951. *Azione per apposizione di termini.* — *1.* Se i termini tra fondi contigui mancano o sono diventati irriconoscibili, ciascuno dei proprietari ha diritto di chiedere che essi siano apposti o ristabiliti a spese comuni.

TITOLO III

Della superficie (5)

952. *Costituzione del diritto di superficie.* — *1.*

(1) Articolo così sostituito dall'art. 1, l. 5 gennaio 1994, n. 37.
(2) Il secondo e il terzo comma di questo articolo sono stati abrogati dall'art. 2, l. 5 gennaio 1994, n. 37.
(3) Articolo così sostituito dall'art. 3, l. 5 gennaio 1994, n. 37.
(4) Articolo così sostituito dall'art. 4, l. 5 gennaio 1994, n. 37.
(5) Per l'individuazione del diritto applicabile v. art. 51, l. 31 maggio 1995, n. 218, in *Leggi coll. I, 1.*

Il proprietario può costituire il diritto di fare e mantenere al disopra del suolo una costruzione a favore di altri, che ne acquista la proprietà (c. 934, 1350 n. 2, 2643 n. 2).

2. Del pari può alienare la proprietà della costruzione già esistente, separatamente dalla proprietà del suolo (c. 956) (1).

953. *Costituzione a tempo determinato.* — *1.* Se la costituzione del diritto è stata fatta per un tempo determinato, allo scadere del termine il diritto di superficie si estingue e il proprietario del suolo diventa proprietario della costruzione (c. 934).

954. *Estinzione del diritto di superficie.* — *1.* L'estinzione del diritto di superficie per scadenza del termine importa l'estinzione dei diritti reali imposti dal superficiario. I diritti gravanti sul suolo si estendono alla costruzione, salvo, per le ipoteche, il disposto del primo comma dell'art. 2816.

2. I contratti di locazione, che hanno per oggetto la costruzione, non durano se non per l'anno in corso alla scadenza del termine (c. 976, 999, 1596, 1599^{1}).

3. Il perimento della costruzione non importa, salvo patto contrario, l'estinzione del diritto di superficie.

4. Il diritto di fare la costruzione sul suolo altrui si estingue per prescrizione per effetto del non uso protratto per venti anni (c. 2934 ss.).

955. *Costruzioni al disotto del suolo.* — *1.* Le disposizioni precedenti si applicano anche nel caso in cui è concesso il diritto di fare e mantenere costruzioni al disotto del suolo altrui (c. 840).

956. *Divieto di proprietà separata delle piantagioni.* — *1.* Non può essere costituita o trasferita la proprietà delle piantagioni separatamente dalla proprietà del suolo (c. 952^{2}).

TITOLO IV

Dell'enfiteusi (2)

957. *Disposizioni inderogabili.* — *1.* L'enfiteusi, salvo che il titolo disponga altrimenti, è regolata dalle norme contenute negli articoli seguenti (3).

2. Il titolo (c. 587, 1350 n. 2, 2643 n. 2, 2648) non può tuttavia derogare alle norme contenute negli artt. 958 secondo comma, 961 secondo comma, [962], 965, 968, 971 e 973 (c. 964^{2}).

958. *Durata.* — *1.* L'enfiteusi può essere perpetua o a tempo.

2. L'enfiteusi temporanea (c. 1077, 2815^{2}) non può essere costituita per una durata inferiore ai venti anni (c. 957^{2}).

959. *Diritti dell'enfiteuta.* — *1.* L'enfiteuta ha gli stessi diritti che avrebbe il proprietario sui frutti del fondo (c. 820 s.), sul tesoro (c. 932) e relativamente alle utilizzazioni del sottosuolo in conformità delle disposizioni delle leggi speciali (c. 840).

2. Il diritto dell'enfiteuta si estende alle accessioni (c. 934 ss.).

960. *Obblighi dell'enfiteuta.* — *1.* L'enfiteuta ha l'obbligo di migliorare il fondo e di pagare al concedente un canone periodico (c. 972, 975) (4). Questo può consistere in una somma di danaro ovvero in una quantità fissa di prodotti naturali (c. 2763).

2. L'enfiteuta non può pretendere remissione o riduzione del canone per qualunque insolita sterilità del fondo o perdita di frutti (c. 1635).

961. *Pagamento del canone.* — *1.* L'obbligo del pagamento del canone grava solidalmente (c. 1292) su tutti i coenfiteuti e sugli eredi dell'enfiteuta (c. 1295) finché dura la comunione.

2. Nel caso in cui segua la divisione e il fondo venga goduto separatamente dagli enfiteuti o dagli eredi, ciascuno risponde per gli obblighi inerenti all'enfiteusi proporzionalmente al valore della sua porzione (c. 957^{2}).

962. .... (5).

963. *Perimento totale o parziale del fondo.* — *1.* Quando il fondo enfiteutico perisce interamente, l'enfiteusi si estingue.

2. Se è perita una parte notevole del fondo e il canone risulta sproporzionato al valore della parte residua, l'enfiteuta, secondo le circostanze, può chiedere una congrua riduzione del canone, o rinunziare al suo diritto, restituendo il fondo al concedente, salvo il diritto al rim-

(1) Per la costituzione di diritti di superficie su aree comunali o nel sottosuolo delle stesse per la realizzazione di parcheggi privati v. art. 9.4, l. 24 marzo 1989, n. 122, e successive modificazioni.

(2) Per l'individuazione del diritto applicabile v. art. 51, l. 31 maggio 1995, n. 218, in *Leggi coll. I, 1.*

(3) Per la nuova disciplina dell'enfiteusi v. l. 22 luglio 1966, n. 607; l. 18 dicembre 1970, n. 1138; e l. 14 giugno 1974, n. 270. V. anche le sentenze della Corte cost. 13 marzo 1969, n. 37; 18 luglio 1973, n. 145; 6 marzo 1974, n. 53; 23 maggio 1997, n. 143.

(4) Per la determinazione del canone, v. art. 1, l. n. 607/1966; artt. 2, 5 ss., l. n. 1138/1970; artt. 1 e 3, l. n. 270/1974; per l'aggiornamento del canone v. Corte cost., 7 aprile 1988, n. 406.

(5) Articolo abrogato dall'art. 18, l. n. 607/1966.

borso dei miglioramenti sulla parte residua (c. 975).

3. La domanda di riduzione del canone e la rinunzia al diritto non sono ammesse, decorso un anno dall'avvenuto perimento (c. 2964 ss.).

4. Qualora il fondo sia assicurato e l'assicurazione sia fatta anche nell'interesse del concedente, l'indennità è ripartita tra il concedente e l'enfiteuta in proporzione del valore dei rispettivi diritti (c. 1891).

5. Nel caso di espropriazione per pubblico interesse (c. 834), l'indennità si ripartisce a norma del comma precedente.

964. *Imposte e altri pesi*. — *1.* Le imposte e gli altri pesi che gravano sul fondo sono a carico dell'enfiteuta, salve le disposizioni delle leggi speciali (c. 1009).

2. Se in virtù del titolo costitutivo sono a carico del concedente, tale obbligo non può eccedere l'ammontare del canone.

965. *Disponibilità del diritto dell'enfiteuta*. — *1.* L'enfiteuta può disporre del proprio diritto (c. 968), sia per atto tra vivi (c. 1350 n. 2, 2643 n. 2), sia per atto di ultima volontà (c. 587, 2648).

2. Per l'alienazione del diritto dell'enfiteuta non è dovuta alcuna prestazione al concedente.

3. Nell'atto costitutivo può essere vietato all'enfiteuta di disporre per atto tra vivi, in tutto o in parte, del proprio diritto, per un tempo non maggiore di venti anni (c. 1379).

4. Nel caso di alienazione compiuta contro tale divieto, l'enfiteuta non è liberato dai suoi obblighi verso il concedente ed è tenuto a questi solidalmente (c. 1292 ss.) con l'acquirente (c. 957[2]).

966. .... (1).

967. *Diritti e obblighi dell'enfiteuta e del concedente in caso di alienazione*. — *1.* In caso di alienazione, il nuovo enfiteuta è obbligato solidalmente (c. 1292 ss.) col precedente al pagamento dei canoni non soddisfatti.

2. Il precedente enfiteuta non è liberato dai suoi obblighi, prima che sia stato notificato l'atto di acquisto al concedente.

3. In caso di alienazione del diritto del concedente, l'acquirente non può pretendere l'adempimento degli obblighi dell'enfiteuta prima che a questo sia stata notificata l'alienazione.

968. *Subenfiteusi*. — *1.* La subenfiteusi non è ammessa (c. 957[2]).

969. *Ricognizione*. — *1.* Il concedente può richiedere la ricognizione del proprio diritto (c. 1988) da chi si trova nel possesso del fondo enfiteutico, un anno prima del compimento del ventennio (c. 2720).

2. Per l'atto di ricognizione non è dovuta alcuna prestazione. Le spese dell'atto sono a carico del concedente.

970. *Prescrizione del diritto dell'enfiteuta*.— *1.* Il diritto dell'enfiteuta si prescrive per effetto del non uso protratto per venti anni (c. 2934 ss.).

971. *Affrancazione*. — *1-3*. .... (2).

4. Se più sono gli enfiteuti, la affrancazione può promuoversi anche da uno solo di essi, ma per la totalità. In questo caso l'affrancante subentra nei diritti del concedente verso gli altri enfiteuti, salva, a favore di questi, una riduzione proporzionale del canone.

5. Se più sono i concedenti, l'affrancazione può effettuarsi per la quota che spetta a ciascun concedente.

6. [L'affrancazione si opera mediante il pagamento di una somma risultante dalla capitalizzazione del canone annuo sulla base dell'interesse legale] (3). Le modalità sono stabilite da leggi speciali (att. c. 58) (4).

972. *Devoluzione*. — *1.* Il concedente può chiedere la devoluzione del fondo enfiteutico (c. 2653 n. 2, 2815[2]):

1) se l'enfiteuta deteriora il fondo o non adempie all'obbligo di migliorarlo (c. 960);

2) se l'enfiteuta è in mora nel pagamento di due annualità di canone (c. 960, 1219). La devoluzione non ha luogo se l'enfiteuta ha effettuato il pagamento dei canoni maturati prima che sia intervenuta nel giudizio sentenza, ancorché di primo grado, che abbia accolto la domanda (c. 1453[3]).

2. La domanda di devoluzione (c. 2653 n. 2)

(1) Articolo abrogato dall'art. 10, l. n. 1138/1970.

(2) I primi tre commi dell'art. 971 sono stati abrogati dall'art. 10, l. n. 1138/1970.

(3) La frase fra parentesi quadre è tacitamente abrogata per incompatibilità con l'art. 9, l. n. 1138/1970, che così dispone: «L'affrancazione del fondo si opera in ogni caso, anche quando si tratta di enfiteusi urbane ed edificatorie, mediante il pagamento di una somma pari a quindici volte l'ammontare del canone». La Corte cost., con sentenza 20 maggio 2008, n. 160, ha dichiarato l'illegittimità costituzionale degli artt. 5 e 6, l. 18 dicembre 1970, n. 1138, «nella parte in cui, per le enfiteusi urbane costituite anteriormente al 28 ottobre 1941, non prevedono che il valore di riferimento per la determinazione del capitale per l'affrancazione delle stesse sia periodicamente aggiornato mediante l'applicazione di coefficienti di maggiorazione idonei a mantenerne adeguata, con una ragionevole approssimazione, la corrispondenza con la effettiva realtà economica».

(4) Sulle modalità dell'affrancazione v. l. n. 607/1966 e l. n. 1138/1970.

non preclude all'enfiteuta il diritto di affrancare, sempre che ricorrano le condizioni previste dall'art. 971 (1).

973. *Clausola risolutiva espressa*. — *1.* La dichiarazione del concedente di valersi della clausola risolutiva espressa (c. 1456) non impedisce l'esercizio del diritto di affrancazione (c. 971) (2).

974. *Diritti dei creditori dell'enfiteuta*. — *1.* I creditori dell'enfiteuta possono intervenire nel giudizio di devoluzione per conservare le loro ragioni (c. 2900), valendosi all'uopo anche del diritto di affrancazione che spetti all'enfiteuta (c. 971); possono offrire il risarcimento dei danni e dare cauzione per l'avvenire.

2. I creditori, che hanno iscritto ipoteca contro l'enfiteuta anteriormente alla trascrizione della domanda di devoluzione e ai quali questa non è stata notificata in tempo utile per poter intervenire, conservano il diritto di affrancazione anche dopo avvenuta la devoluzione (c. 2653 n. 2, 2815).

975. *Miglioramenti e addizioni*. — *1.* Quando cessa l'enfiteusi (c. 958, 963, 970, 972), all'enfiteuta spetta il rimborso dei miglioramenti nella misura dell'aumento di valore conseguito dal fondo per effetto dei miglioramenti stessi, quali sono accertati al tempo della riconsegna (c. 985, 1151, 1592) (3).

2. Se in giudizio è stata fornita qualche prova della sussistenza in genere dei miglioramenti, all'enfiteuta compete la ritenzione del fondo fino a quando non è soddisfatto il suo credito (c. 748^{4}, 1006, 1011, 1152, 1502^{2}, 2040).

3. Per le addizioni fatte dall'enfiteuta, quando possono essere tolte senza nocumento del fondo, il concedente, se vuole ritenerle, deve pagarne il valore al tempo della riconsegna. Se le addizioni non sono separabili senza nocumento e costituiscono miglioramento, si applica la disposizione del primo comma di questo articolo (c. 986, 1150^{5}, 1593; att. c. 157).

976. *Locazioni concluse dall'enfiteuta*. — *1.* Per le locazioni concluse dall'enfiteuta si applicano le norme dell'art. 999 (c. 954^{2}, 1596, 1599^{1}).

977. *Enfiteusi costituite dalle persone giuridiche*. — *1.* Le disposizioni contenute negli articoli precedenti si applicano anche alle enfiteusi costituite dalle persone giuridiche, salvo che sia disposto diversamente dalle leggi speciali.

TITOLO V

Dell'usufrutto, dell'uso e dell'abitazione (4)

CAPO I

DELL'USUFRUTTO

Sezione I. — *Disposizioni generali*

978. *Costituzione*. — *1.* L'usufrutto è stabilito dalla legge (c. 324, 327) o dalla volontà dell'uomo (c. 587, 636^{2}, 1350 n. 2, 2643 n. 2, 2648). Può anche acquistarsi per usucapione (c. 1158 ss.).

979. *Durata*. — *1.* La durata dell'usufrutto non può eccedere la vita dell'usufruttuario (c. 678, 698, 796, 1014).

2. L'usufrutto costituito a favore di una persona giuridica (c. 11 ss.) non può durare più di trenta anni (c. 1014).

980. *Cessione dell'usufrutto*. — *1.* L'usufruttuario (c. 965, 1024) può cedere il proprio diritto per un certo tempo o per tutta la sua durata, se ciò non è vietato dal titolo costitutivo.

2. La cessione dev'essere notificata al proprietario; finché non sia stata notificata, l'usufruttuario è solidalmente obbligato con il cessionario verso il proprietario (c. 1002^{3}, 1292).

Sezione II. — *Dei diritti nascenti dall'usufrutto*

981. *Contenuto del diritto di usufrutto*. — *1.* L'usufruttuario ha diritto di godere della cosa (c. 2025, 2352, 2561), ma deve rispettarne la destinazione economica (c. 986, 996, 1015, 2561^{2}).

2. Egli può trarre dalla cosa ogni utilità che questa può dare, fermi i limiti stabiliti in questo capo.

982. *Possesso della cosa*. — *1.* L'usufruttuario ha il diritto di conseguire il possesso della cosa di cui ha l'usufrutto, salvo quanto è disposto dall'art. 1002.

983. *Accessioni*. — *1.* L'usufrutto si estende a tutte le accessioni della cosa (c. 934 ss., 1998).

2. Se il proprietario dopo l'inizio dell'usufrutto, con il consenso dell'usufruttuario, ha fatto nel fondo costruzioni o piantagioni, l'usufruttuario è tenuto a corrispondere gli interessi sulle somme impiegate (c. 1005^{3}, 1009). La nor-

(1) L'ultima parte di questo comma, omessa nel testo, è stata abrogata dall'art. 8, l. n. 607/1966.
(2) Articolo così modificato dall'art. 9, l. n. 607/1966.
(3) V. art. 14, l. n. 607/1966.
(4) Per l'individuazione del diritto applicabile v. art. 51, l. 31 maggio 1995, n. 218, in *Leggi coll. I, 1*.

ma si applica anche nel caso in cui le costruzioni o piantagioni sono state fatte per disposizione della pubblica autorità.

984. *Frutti*. — *1.* I frutti naturali e i frutti civili spettano all'usufruttuario per la durata del suo diritto (c. 820, 821).

2. Se il proprietario e l'usufruttuario si succedono nel godimento della cosa entro l'anno agrario o nel corso di un periodo produttivo di maggiore durata, l'insieme di tutti i frutti si ripartisce fra l'uno e l'altro in proporzione della durata del rispettivo diritto nel periodo stesso (att. c. 150).

3. Le spese per la produzione e il raccolto sono a carico del proprietario e dell'usufruttuario nella proporzione indicata dal comma precedente ed entro i limiti del valore dei frutti (c. 821^2).

985. *Miglioramenti*. — *1.* L'usufruttuario ha diritto a un'indennità per i miglioramenti che sussistono al momento della restituzione della cosa (att. c. 157).

2. L'indennità si deve corrispondere nella minor somma tra l'importo della spesa e l'aumento di valore conseguito dalla cosa per effetto dei miglioramenti.

3. L'autorità giudiziaria, avuto riguardo alle circostanze, può disporre che il pagamento dell'indennità prevista dai commi precedenti sia fatto ratealmente, imponendo in questo caso idonea garanzia (c. 975, 1151, 1592).

986. *Addizioni*. — *1.* L'usufruttuario può eseguire addizioni che non alterino la destinazione economica della cosa (c. 981).

2. Egli ha diritto di toglierle alla fine dell'usufrutto, qualora ciò possa farsi senza nocumento della cosa, salvo che il proprietario preferisca ritenere le addizioni stesse. In questo caso deve essere corrisposta all'usufruttuario una indennità pari alla minor somma tra l'importo della spesa e il valore delle addizioni al tempo della riconsegna (c. 975^3, 1150^5, 1593; att. c. 157).

3. Se le addizioni non possono separarsi senza nocumento della cosa e costituiscono miglioramento di essa, si applicano le disposizioni relative ai miglioramenti (c. 985).

987. *Miniere, cave e torbiere*. — *1.* L'usufruttuario gode delle cave e torbiere già aperte e in esercizio all'inizio dell'usufrutto. Non ha facoltà di aprirne altre senza il consenso del proprietario.

2. Per le ricerche e le coltivazioni minerarie, di cui abbia ottenuto il permesso, l'usufruttuario deve indennizzare il proprietario dei danni che saranno accertati alla fine dell'usufrutto.

3. Se il permesso è stato ottenuto dal proprietario o da un terzo, questi devono all'usufruttuario un'indennità corrispondente al diminuito godimento del fondo durante l'usufrutto.

988. *Tesoro*. — *1.* Il diritto dell'usufruttuario non si estende al tesoro che si scopra durante l'usufrutto, salve le ragioni che gli possono competere come ritrovatore (c. 932).

989. *Boschi, filari e alberi sparsi di alto fusto*. — *1.* Se nell'usufrutto sono compresi boschi o filari cedui ovvero boschi o filari di alto fusto destinati alla produzione di legna, l'usufruttuario può procedere ai tagli ordinari, curando il mantenimento dell'originaria consistenza dei boschi o dei filari e provvedendo, se occorre, alla loro ricostituzione.

2. Circa il modo, l'estensione, l'ordine e l'epoca dei tagli, l'usufruttuario è tenuto a uniformarsi, oltre che alle leggi e ai regolamenti forestali, alla pratica costante della regione.

3. Le stesse regole si applicano agli alberi di alto fusto sparsi per la campagna, destinati ad essere tagliati.

990. *Alberi di alto fusto divelti, spezzati o periti*. — *1.* Gli alberi di alto fusto divelti, spezzati o periti per accidente spettano al proprietario. L'usufruttuario può servirsi di essi soltanto per le riparazioni che sono a suo carico (c. 1004).

991. *Alberi fruttiferi*. — *1.* Gli alberi fruttiferi che periscono e quelli divelti o spezzati per accidente appartengono all'usufruttuario, ma questi ha l'obbligo di sostituirne altri.

992. *Pali per vigne e per altre coltivazioni*. — *1.* L'usufruttuario può prendere nei boschi i pali occorrenti per le vigne e per le altre coltivazioni che ne abbisognano, osservando sempre la pratica costante della regione.

993. *Semenzai*. — *1.* L'usufruttuario può servirsi dei piantoni dei semenzai, ma deve osservare la pratica costante della regione per il tempo e il modo della estrazione e per la rimessa dei virgulti.

994. *Perimento delle mandre o dei greggi*. — *1.* Se l'usufrutto è stabilito sopra una mandra o un gregge, l'usufruttuario è tenuto a surrogare gli animali periti, fino alla concorrente quantità dei nati, dopo che la mandra o il gregge ha cominciato ad essere mancante del numero primitivo.

2. Se la mandra o il gregge perisce interamente per causa non imputabile all'usufruttuario, questi non è obbligato verso il proprietario che a rendere conto delle pelli o del loro valore.

995. *Cose consumabili*. — *1.* Se l'usufrutto comprende cose consumabili, l'usufruttuario ha diritto di servirsene e ha l'obbligo di pagarne il valore al termine dell'usufrutto secondo la stima convenuta.

2. Mancando la stima, è in facoltà dell'usufruttuario di pagare le cose secondo il valore che hanno al tempo in cui finisce l'usufrutto o di restituirne altre in eguale qualità e quantità.

996. *Cose deteriorabili.* — *1.* Se l'usufrutto comprende cose che, senza consumarsi in un tratto, si deteriorano a poco a poco, l'usufruttuario ha diritto di servirsene secondo l'uso al quale sono destinate, e alla fine dell'usufrutto è soltanto tenuto a restituirle nello stato in cui si trovano.

997. *Impianti, opifici e macchinari.* — *1.* Se l'usufrutto comprende impianti, opifici o macchinari che hanno una destinazione produttiva, l'usufruttuario è tenuto a riparare e a sostituire durante l'usufrutto le parti che si logorano, in modo da assicurare il regolare funzionamento delle cose suddette. Se l'usufruttuario ha sopportato spese che eccedono quelle delle ordinarie riparazioni (c. 1004), il proprietario, al termine dell'usufrutto, è tenuto a corrispondergli una congrua indennità.

998. *Scorte vive e morte.* — *1.* Le scorte vive e morte di un fondo devono essere restituite in eguale quantità e qualità. L'eccedenza o la deficienza di esse deve essere regolata in danaro, secondo il loro valore al termine dell'usufrutto.

999. *Locazioni concluse dall'usufruttuario.* — *1.* Le locazioni concluse dall'usufruttuario, in corso al tempo della cessazione dell'usufrutto, purché constino da atto pubblico (c. 2699) o da scrittura privata di data certa (c. 2704) anteriore, continuano per la durata stabilita, ma non oltre il quinquennio dalla cessazione dell'usufrutto (c. 954[2], 976, 1596, 1599[1]).

2. Se la cessazione dell'usufrutto avviene per la scadenza del termine stabilito, le locazioni (c. 1078) non durano in ogni caso se non per l'anno, e, trattandosi di fondi rustici dei quali il principale raccolto è biennale o triennale, se non per il biennio o triennio che si trova in corso al tempo in cui cessa l'usufrutto (att. c. 151).

1000. *Riscossione di capitali.* — *1.* Per la riscossione di somme che rappresentano un capitale gravato d'usufrutto (c. 1250, 1254, 1998), è necessario il concorso del titolare del credito e dell'usufruttuario. Il pagamento fatto a uno solo di essi non è opponibile all'altro, salve in ogni caso le norme relative alla cessione dei crediti (c. 1264, 1265).

2. Il capitale riscosso dev'essere investito in modo fruttifero e su di esso si trasferisce l'usufrutto. Se le parti non sono d'accordo sul modo d'investimento, provvede l'autorità giudiziaria.

Sezione III. — *Degli obblighi nascenti dall'usufrutto*

1001. *Obbligo di restituzione. Misura della diligenza.* — *1.* L'usufruttuario deve restituire le cose che formano oggetto del suo diritto, al termine dell'usufrutto, salvo quanto è disposto dall'art. 995.

2. Nel godimento della cosa egli deve usare la diligenza del buon padre di famiglia (c. 1176[1]).

1002. *Inventario e garanzia.* — *1.* L'usufruttuario prende le cose nello stato in cui si trovano.

2. Egli è tenuto a fare a sue spese l'inventario dei beni, previo avviso al proprietario (p.c. 769). Quando l'usufruttuario è dispensato dal fare l'inventario, questo può essere richiesto dal proprietario a sue spese.

3. L'usufruttuario deve inoltre dare idonea garanzia (c. 1179). Dalla prestazione della garanzia sono dispensati i genitori che hanno l'usufrutto legale sui beni dei loro figli minori (c. 324). Sono anche dispensati il venditore e il donante con riserva d'usufrutto (c. 796); ma, qualora questi cedano l'usufrutto (c. 980), il cessionario è tenuto a prestare garanzia (c. 1015).

4. L'usufruttuario non può conseguire il possesso dei beni (c. 982) prima di aver adempiuto agli obblighi suindicati.

1003. *Mancanza o insufficienza della garanzia.* — *1.* Se l'usufruttuario non presta la garanzia a cui è tenuto, si osservano le disposizioni seguenti:

gli immobili sono locati o messi sotto amministrazione, salva la facoltà all'usufruttuario di farsi assegnare per propria abitazione una casa compresa nell'usufrutto. L'amministrazione è affidata, con il consenso dell'usufruttuario, al proprietario o altrimenti a un terzo scelto di comune accordo tra proprietario e usufruttuario o, in mancanza di tale accordo, nominato dall'autorità giudiziaria (att. c. 59);

il danaro è collocato a interesse (c. 1000[2]);

i titoli al portatore (c. 2003) si convertono in nominativi (c. 2021) a favore del proprietario con il vincolo dell'usufrutto (c. 2025), ovvero si depositano presso una terza persona, scelta dalle parti, o presso un istituto di credito, la cui designazione, in caso di dissenso, è fatta dall'autorità giudiziaria;

le derrate sono vendute e il loro prezzo è parimenti collocato a interesse (c. 1000[2]).

2. In questi casi appartengono all'usufruttuario gli interessi dei capitali, le rendite, le pigioni e i fitti.

3. Se si tratta di mobili i quali si deteriorano con l'uso, il proprietario può chiedere che siano venduti e ne sia impiegato il prezzo come quello delle derrate. L'usufruttuario può nondimeno domandare che gli siano lasciati i mobili necessari per il proprio uso.

1004. *Spese a carico dell'usufruttuario.* — *1.* Le spese e, in genere, gli oneri relativi alla custodia, amministrazione e manutenzione ordinaria della cosa sono a carico dell'usufruttuario.

2. Sono pure a suo carico le riparazioni straordinarie rese necessarie dall'inadempimento degli obblighi di ordinaria manutenzione (c. 1015).

1005. *Riparazioni straordinarie.* — *1.* Le riparazioni straordinarie sono a carico del proprietario.

2. Riparazioni straordinarie sono quelle necessarie ad assicurare la stabilità dei muri maestri e delle volte, la sostituzione delle travi, il rinnovamento, per intero o per una parte notevole, dei tetti, solai, scale, argini, acquedotti, muri di sostegno o di cinta.

3. L'usufruttuario deve corrispondere al proprietario, durante l'usufrutto, l'interesse (c. 1284) delle somme spese per le riparazioni straordinarie (c. 983^2, 1009).

1006. *Rifiuto del proprietario alle riparazioni.* — *1.* Se il proprietario rifiuta di eseguire le riparazioni poste a suo carico o ne ritarda l'esecuzione senza giusto motivo, è in facoltà dell'usufruttuario di farle eseguire a proprie spese. Le spese devono essere rimborsate alla fine dell'usufrutto senza interesse. A garanzia del rimborso l'usufruttuario ha diritto di ritenere l'immobile riparato (c. 748^4, 975^2, 1011, 1502^2, 2040, 2756; att. c. 152).

1007. *Rovina parziale di edificio accessorio.* — *1.* Le disposizioni dei due articoli precedenti si applicano anche nel caso in cui, per vetustà o caso fortuito, rovini soltanto in parte l'edificio che formava accessorio necessario del fondo soggetto a usufrutto.

1008. *Imposte e altri pesi a carico dell'usufruttuario.* — *1.* L'usufruttuario è tenuto, per la durata del suo diritto, ai carichi annuali, come le imposte, i canoni, le rendite fondiarie e gli altri pesi che gravano sul reddito.

2. Per l'anno in corso al principio e alla fine dell'usufrutto questi carichi si ripartiscono tra il proprietario e l'usufruttuario in proporzione della durata del rispettivo diritto (c. 984^2).

1009. *Imposte e altri pesi a carico del proprietario.* — *1.* Al pagamento dei carichi imposti sulla proprietà durante l'usufrutto, salvo diverse disposizioni di legge, è tenuto il proprietario, ma l'usufruttuario gli deve corrispondere l'interesse (c. 1284) della somma pagata (c. 983^2, 1005^3).

2. Se l'usufruttuario ne anticipa il pagamento, ha diritto di essere rimborsato del capitale alla fine dell'usufrutto (c. 1011).

1010. *Passività gravanti su eredità in usufrutto.* — *1.* L'usufruttuario di un'eredità o di una quota di eredità (c. 588) è obbligato a pagare per intero, o in proporzione della quota, le annualità e gli interessi dei debiti o dei legati da cui l'eredità stessa sia gravata.

2. Per il pagamento del capitale dei debiti o dei legati, che si renda necessario durante l'usufrutto, è in facoltà dell'usufruttuario di fornire la somma occorrente, che gli deve essere rimborsata senza interesse alla fine dell'usufrutto (c. 1011).

3. Se l'usufruttuario non può o non vuole fare questa anticipazione, il proprietario può pagare tale somma, sulla quale l'usufruttuario deve corrispondergli l'interesse (c. 1284) durante l'usufrutto, o può vendere una porzione dei beni soggetti all'usufrutto fino alla concorrenza della somma dovuta.

4. Se per il pagamento dei debiti si rende necessaria la vendita dei beni, questa è fatta d'accordo tra proprietario e usufruttuario, salvo ricorso all'autorità giudiziaria in caso di dissenso. L'espropriazione forzata deve seguire contro ambedue.

1011. *Ritenzione per le somme anticipate.* — *1.* Nelle ipotesi contemplate dal secondo comma dell'art. 1009, e dal secondo comma dell'art. 1010, l'usufruttuario ha diritto di ritenzione sui beni che sono in suo possesso fino alla concorrenza della somma a lui dovuta (c. 748^4, 975^2, 1006, 1502^2, 2040; att. c. 152).

1012. *Usurpazione durante l'usufrutto e azioni relative alle servitù.* — *1.* Se durante l'usufrutto un terzo commette usurpazione sul fondo o altrimenti offende le ragioni del proprietario, l'usufruttuario è tenuto a fargliene denunzia e, omettendola, è responsabile dei danni che eventualmente siano derivati al proprietario (c. 1586, 1777^2).

2. L'usufruttuario può far riconoscere l'esistenza delle servitù a favore del fondo (c. 1079) o la inesistenza di quelle che si pretende di esercitare sul fondo medesimo (c. 949); egli deve in questi casi chiamare in giudizio il proprietario (p.c. 102).

1013. *Spese per le liti.* — *1.* Le spese delle liti che riguardano tanto la proprietà quanto l'usufrutto sono sopportate dal proprietario e dall'usufruttuario in proporzione del rispettivo interesse.

Sezione IV. — *Estinzione e modificazioni dell'usufrutto*

1014. *Estinzione dell'usufrutto.* — *1.* Oltre quanto è stabilito dall'art. 979, l'usufrutto si estingue (c. 2814):

1) per prescrizione per effetto del non uso durato per venti anni (c. 2934 ss.);

2) per la riunione dell'usufrutto e della proprietà nella stessa persona (c. 1072);

3) per il totale perimento della cosa su cui è costituito (c. 1016-1019).

1015. *Abusi dell'usufruttuario*. — *1.* L'usufrutto può anche cessare per l'abuso che faccia l'usufruttuario del suo diritto alienando i beni o deteriorandoli o lasciandoli andare in perimento per mancanza di ordinarie riparazioni (c. 981, 1004, 2561[3]).

2. L'autorità giudiziaria può, secondo le circostanze, ordinare che l'usufruttuario dia garanzia, qualora ne sia esente (c. 1002), o che i beni siano locati o posti sotto amministrazione a spese di lui, o anche dati in possesso al proprietario con l'obbligo di pagare annualmente all'usufruttuario, durante l'usufrutto, una somma determinata.

3. I creditori dell'usufruttuario possono intervenire nel giudizio (p.c. 105) per conservare le loro ragioni (c. 2900), offrire il risarcimento dei danni e dare garanzia per l'avvenire (c. 2900).

1016. *Perimento parziale della cosa*. — *1.* Se una sola parte della cosa soggetta all'usufrutto perisce, l'usufrutto si conserva sopra ciò che rimane (c. 1018).

1017. *Perimento della cosa per colpa o dolo di terzi*. — *1.* Se il perimento della cosa non è conseguenza di caso fortuito, l'usufrutto si trasferisce sull'indennità dovuta dal responsabile del danno.

1018. *Perimento dell'edificio*. — *1.* Se l'usufrutto è stabilito sopra un fondo, del quale fa parte un edificio, e questo viene in qualsiasi modo a perire, l'usufruttuario ha diritto di godere dell'area e dei materiali (c. 1016).

2. La stessa disposizione si applica se l'usufrutto è stabilito soltanto sopra un edificio. In tal caso, però, il proprietario, se intende costruire un altro edificio, ha il diritto di occupare l'area e di valersi dei materiali, pagando all'usufruttuario, durante l'usufrutto, gli interessi (c. 1284) sulla somma corrispondente al valore dell'area e dei materiali.

1019. *Perimento di cosa assicurata dall'usufruttuario*. — *1.* Se l'usufruttuario ha provveduto alla assicurazione della cosa o al pagamento dei premi per la cosa già assicurata, l'usufrutto si trasferisce sull'indennità dovuta dall'assicuratore.

2. Se è perito un edificio e il proprietario intende di ricostruirlo con la somma conseguita come indennità, l'usufruttuario non può opporsi. L'usufrutto in questo caso si trasferisce sull'edificio ricostruito. Se però la somma impiegata nella ricostruzione è maggiore di quella spettante in usufrutto, il diritto dell'usufruttuario sul nuovo edificio è limitato in proporzione di quest'ultima.

1020. *Requisizione o espropriazione*. — *1.* Se la cosa è requisita o espropriata per pubblico interesse (c. 834), l'usufrutto si trasferisce sull'indennità relativa.

CAPO II

DELL'USO E DELL'ABITAZIONE

1021. *Uso*. — *1.* Chi ha il diritto d'uso (c. 540[2], 581, 584[1]) di una cosa può servirsi di essa (c. 636[2]) e, se è fruttifera, può raccogliere i frutti (c. 821) per quanto occorre ai bisogni suoi e della sua famiglia (c. 1023).

2. I bisogni si devono valutare secondo la condizione sociale del titolare del diritto (c. 438).

1022. *Abitazione*. — *1.* Chi ha il diritto di abitazione (c. 540[2], 581, 584[1]) di una casa può abitarla (c. 636[2]) limitatamente ai bisogni suoi e della sua famiglia (c. 1023).

1023. *Ambito della famiglia*. — *1.* Nella famiglia si comprendono anche i figli nati dopo che è cominciato il diritto d'uso o di abitazione, quantunque nel tempo in cui il diritto è sorto la persona non avesse contratto matrimonio. Si comprendono inoltre i figli adottivi (c. 291 ss.) e i figli riconosciuti (c. 250 ss.), anche se l'adozione o il riconoscimento sono seguiti dopo che il diritto era già sorto (1). Si comprendono infine le persone che convivono con il titolare del diritto per prestare a lui o alla sua famiglia i loro servizi (c. 2240; att. c. 153).

1024. *Divieto di cessione*. — *1.* I diritti di uso e di abitazione non si possono cedere o dare in locazione.

1025. *Obblighi inerenti all'uso e all'abitazione*. — *1.* Chi ha l'uso di un fondo e ne raccoglie tutti i frutti o chi ha il diritto di abitazione e occupa tutta la casa è tenuto alle spese di coltura, alle riparazioni ordinarie e al pagamento dei tributi come l'usufruttuario (c. 1004-1008).

(1) Periodo così sostituito dall'art. 90, d.lg. 28 dicembre 2013, n. 154.

2. Se non raccoglie che una parte dei frutti o non occupa che una parte della casa, contribuisce in proporzione di ciò che gode.

1026. *Applicabilità delle norme sull'usufrutto.* — *1.* Le disposizioni relative all'usufrutto (c. 978 ss.) si applicano, in quanto compatibili, all'uso e all'abitazione.

TITOLO VI

Delle servitù prediali (1)

CAPO I

Disposizioni generali

1027. *Contenuto del diritto.* — *1.* La servitù prediale consiste nel peso imposto sopra un fondo per l'utilità (c. 1074) di un altro fondo appartenente a diverso proprietario (c. 1072).

1028. *Nozione dell'utilità.* — *1.* L'utilità può consistere anche nella maggiore comodità o amenità del fondo dominante. Può del pari essere inerente alla destinazione industriale del fondo (c. 2596).

1029. *Servitù per vantaggio futuro.* — *1.* È ammessa la costituzione di una servitù per assicurare a un fondo un vantaggio futuro.

2. È ammessa altresì a favore o a carico di un edificio da costruire o di un fondo da acquistare; ma in questo caso la costituzione non ha effetto se non dal giorno in cui l'edificio è costruito o il fondo è acquistato (c. 1472).

1030. *Prestazioni accessorie.* — *1.* Il proprietario del fondo servente non è tenuto a compiere alcun atto per rendere possibile l'esercizio della servitù da parte del titolare, salvo che la legge o il titolo disponga altrimenti (c. 1070, 1091).

1031. *Costituzione delle servitù.* — *1.* Le servitù prediali possono essere costituite coattivamente (c. 1032 ss.) o volontariamente (c. 1058 ss.). Possono anche essere costituite per usucapione o per destinazione del padre di famiglia (c. 1061-1062).

CAPO II

Delle servitù coattive

1032. *Modi di costituzione.* — *1.* Quando, in forza di legge (c. 1033 ss.), il proprietario di un fondo ha diritto di ottenere da parte del proprietario di un altro fondo la costituzione di una servitù, questa, in mancanza di contratto, è costituita con sentenza (c. 2643 n. 14, 2932). Può anche essere costituita con atto dell'autorità amministrativa nei casi specialmente determinati dalla legge.

2. La sentenza stabilisce le modalità della servitù e determina l'indennità dovuta (c. 1038, 1039, 1047, 1049, 1053).

3. Prima del pagamento dell'indennità il proprietario del fondo servente può opporsi all'esercizio della servitù.

Sezione I. — *Dell'acquedotto e dello scarico coattivo*

1033. *Obbligo di dare passaggio alle acque.* — *1.* Il proprietario è tenuto a dare passaggio per i suoi fondi alle acque di ogni specie che si vogliono condurre da parte di chi ha, anche solo temporaneamente, il diritto di utilizzarle per i bisogni della vita o per usi agrari o industriali.

2. Sono esenti da questa servitù le case, i cortili, i giardini e le aie ad esse attinenti (c. 1046, 1051[4]).

1034. *Apertura di nuovo acquedotto.* — *1.* Chi ha diritto di condurre acque per il fondo altrui deve costruire il necessario acquedotto, ma non può far defluire le acque negli acquedotti già esistenti e destinati al corso di altre acque.

2. Il proprietario del fondo soggetto alla servitù può tuttavia impedire la costruzione, consentendo il passaggio nei propri acquedotti già esistenti, qualora ciò non rechi notevole pregiudizio alla condotta che si domanda. In tal caso al proprietario dell'acquedotto è dovuta un'indennità da determinarsi avuto riguardo all'acqua che s'introduce, al valore dell'acquedotto, alle opere che si rendono necessarie per il nuovo passaggio e alle maggiori spese di manutenzione.

3. La facoltà indicata dal comma precedente non è consentita al proprietario del fondo servente nei confronti della pubblica amministrazione.

1035. *Attraversamento di acquedotti.* — *1.* Chi vuol condurre l'acqua per il fondo altrui può attraversare al disopra o al disotto gli acquedotti preesistenti, appartengano essi al pro-

(1) Per l'individuazione del diritto applicabile v. art. 51, l. 31 maggio 1995, n. 218, in *Leggi coll. I, 1*. Sulla nuova regolamentazione delle servitù militari v. artt. 320 ss., d.lg. 15 marzo 2010, n. 66, e artt. 428 ss., d.p.r. 15 marzo 2010, n. 90.

Sulla disciplina delle servitù e dell'attività dei terzi in prossimità della sede ferroviaria ai fini della tutela della sicurezza dell'esercizio, v. art. 36 ss., d.p.r. 11 luglio 1980, n. 753.

prietario del fondo o ad altri, purché esegua le opere necessarie a impedire ogni danno o alterazione degli acquedotti stessi (c. 1046).

1036. *Attraversamento di fiumi o di strade*. — *1.* Se per la condotta delle acque occorre attraversare strade pubbliche o corsi di acque pubbliche, si osservano le leggi e i regolamenti sulle strade e sulle acque (c. 1046) (1).

1037. *Condizioni per la costituzione della servitù*. — *1.* Chi vuol far passare le acque sul fondo altrui deve dimostrare che può disporre dell'acqua durante il tempo per cui chiede il passaggio; che la medesima è sufficiente per l'uso al quale si vuol destinare; che il passaggio richiesto è il più conveniente e il meno pregiudizievole al fondo servente, avuto riguardo alle condizioni dei fondi vicini, al pendio e alle altre condizioni per la condotta, per il corso e lo sbocco delle acque.

1038. *Indennità per l'imposizione della servitù*. — *1.* Prima di imprendere la costruzione dell'acquedotto, chi vuol condurre acqua per il fondo altrui deve pagare il valore, secondo la stima, dei terreni da occupare, senza detrazione delle imposte e degli altri carichi inerenti al fondo, oltre l'indennità (c. 843², 924, 925, 1053) per i danni, ivi compresi quelli derivanti dalla separazione in due o più parti o da altro deterioramento del fondo da intersecare (c. 1046).

2. Per i terreni, però, che sono occupati soltanto per il deposito delle materie estratte e per il getto dello spurgo non si deve pagare che la metà del valore del suolo, e sempre senza detrazione delle imposte e degli altri carichi inerenti; ma nei terreni medesimi il proprietario del fondo servente può fare piantagioni e rimuovere e trasportare le materie ammucchiate, purché tutto segua senza danno dell'acquedotto, del suo spurgo e della sua riparazione.

1039. *Indennità per il passaggio temporaneo*. — *1.* Qualora il passaggio delle acque sia domandato per un tempo non maggiore di nove anni, il pagamento dei valori e delle indennità indicati dall'articolo precedente è ristretto alla sola metà, ma con l'obbligo, scaduto il termine, di rimettere le cose nel primitivo stato.

2. Il passaggio temporaneo può essere reso perpetuo prima della scadenza del termine mediante il pagamento dell'altra metà con gli interessi legali (c. 1284) dal giorno in cui il passaggio è stato praticato; scaduto il termine, non si tiene più conto di ciò che è stato pagato per la concessione temporanea.

1040. *Uso dell'acquedotto*. — *1.* Chi possiede un acquedotto nel fondo altrui non può immettervi maggiore quantità d'acqua, se l'acquedotto non ne è capace o ne può venir danno al fondo servente.

2. Se l'introduzione di una maggior quantità d'acqua esige nuove opere, queste non possono farsi, se prima non se ne determinano la natura e la qualità e non si paga la somma dovuta per il suolo da occupare e per i danni nel modo stabilito dall'art. 1038.

3. La stessa disposizione si applica anche quando per il passaggio attraverso un acquedotto occorre sostituire una tomba a un ponte-canale o viceversa.

1041. *Letto dell'acquedotto*. — *1.* È sempre in facoltà del proprietario del fondo servente di far determinare stabilmente il letto dell'acquedotto con l'apposizione di capisaldi o soglie da riportarsi a punti fissi. Se però di tale facoltà egli non ha fatto uso al tempo della concessione dell'acquedotto, deve sopportare la metà delle spese occorrenti.

1042. *Obblighi inerenti all'uso di corsi contigui a fondi altrui*. — *1.* Se un corso d'acqua impedisce ai proprietari dei fondi contigui l'accesso ai medesimi, o la continuazione dell'irrigazione o dello scolo delle acque, coloro che si servono di quel corso sono obbligati, in proporzione del beneficio che ne ritraggono, a costruire e a mantenere i ponti e i loro accessi sufficienti per un comodo e sicuro transito, come pure le botti sotterranee, i ponti-canali o altre opere simili per continuare l'irrigazione o lo scolo, salvi i diritti derivanti dal titolo o dall'usucapione (c. 1158 ss.).

1043. *Scarico coattivo*. — *1.* Le disposizioni contenute negli articoli precedenti (c. 1033 ss.) per il passaggio delle acque si applicano anche se il passaggio è domandato al fine di scaricare acque sovrabbondanti che il vicino non consente di ricevere nel suo fondo (c. 913).

2. Lo scarico può essere anche domandato per acque impure, purché siano adottate le precauzioni atte a evitare qualsiasi pregiudizio o molestia.

1044. *Bonifica*. — *1.* Ferme le disposizioni delle leggi sulla bonifica (c. 858) (2) e sul vincolo forestale (3), il proprietario che intende

(1) Artt. 93, 98, lett. d, t.u. 25 luglio 1904, n. 523; artt. 55, 80, 84, l. 20 marzo 1865, n. 2248; art. 16 ss., d.lg. 30 aprile 1992, n. 285.
(2) R.d. 13 febbraio 1933, n. 215.
(3) R.d. 30 dicembre 1923, n. 3267.

prosciugare o bonificare le sue terre con fognature, con colmate o altri mezzi ha diritto, premesso il pagamento dell'indennità e col minor danno possibile, di condurre per fogne o per fossi le acque di scolo attraverso i fondi che separano le sue terre da un corso d'acqua o da qualunque altro colatoio (c. 913).

2. Se il prosciugamento risulta in contrasto con gli interessi di coloro che utilizzano le acque provenienti dal fondo paludoso, e se gli opposti interessi non si possono conciliare con opportune opere che importino una spesa proporzionata allo scopo, l'autorità giudiziaria dà le disposizioni per assicurare l'interesse prevalente, avuto in ogni caso riguardo alle esigenze generali della produzione (c. 912). Se si fa luogo al prosciugamento, può essere assegnata una congrua indennità a coloro che al prosciugamento si sono opposti.

1045. *Utilizzazione di fogne o di fossi altrui.* — *1.* I proprietari dei fondi attraversati da fogne o da fossi altrui, o che altrimenti possono approfittare dei lavori fatti in forza dell'articolo precedente, hanno facoltà di servirsene per risanare i loro fondi, a condizione che non ne venga danno ai fondi già risanati e che essi sopportino le nuove spese occorrenti per modificare le opere già eseguite, affinché queste siano in grado di servire anche ai fondi attraversati, e inoltre sopportino una parte proporzionale delle spese già fatte e di quelle richieste per il mantenimento delle opere, le quali divengono comuni.

1046. *Norme per l'esecuzione delle opere.* — *1.* Nell'esecuzione delle opere indicate dagli articoli precedenti sono applicabili le disposizioni del secondo comma dell'art. 1033 e degli artt. 1035 e 1036.

Sezione II. — *Dell'appoggio e dell'infissione di chiusa*

1047. *Contenuto della servitù.* — *1.* Chi ha diritto di derivare acque da fiumi, torrenti, rivi, canali, laghi o serbatoi può, qualora sia necessario, appoggiare o infiggere una chiusa alle sponde, con l'obbligo però di pagare l'indennità e di fare e mantenere le opere atte ad assicurare i fondi da ogni danno.

1048. *Obblighi degli utenti.* — *1.* Nella derivazione e nell'uso delle acque a norma del precedente articolo, deve evitarsi tra gli utenti superiori e gli inferiori ogni vicendevole pregiudizio che possa provenire dallo stagnamento, dal rigurgito o dalla diversione delle acque medesime.

Sezione III. — *Della somministrazione coattiva di acqua a un edificio o a un fondo*

1049. *Somministrazione di acqua a un edificio.* — *1.* Se a una casa o alle sue dipendenze manca l'acqua necessaria per l'alimentazione degli uomini o degli animali e per gli altri usi domestici, e non è possibile procurarla senza eccessivo dispendio, il proprietario del fondo vicino deve consentire che sia dedotta l'acqua di sopravanzo nella misura indispensabile per le necessità anzidette.

2. Prima che siano iniziati i lavori, deve pagarsi il valore dell'acqua, che si chiede di dedurre, calcolato per un'annualità. Si devono altresì sostenere tutte le spese per le opere di presa e di derivazione. Si applicano inoltre le disposizioni del 1° comma dell'art. 1038.

3. In mancanza di convenzione, la sentenza determina le modalità della derivazione, e l'indennità dovuta (c. 2932).

4. Qualora si verifichi un mutamento nelle condizioni originarie, la derivazione può essere soppressa su istanza dell'una o dell'altra parte (c. 1082).

1050. *Somministrazione di acqua a un fondo.* — *1.* Le norme stabilite dall'articolo precedente si applicano anche se il proprietario di un fondo non ha acqua per irrigarlo, quando le acque del fondo vicino consentono una parziale somministrazione, dopo soddisfatto ogni bisogno domestico, agricolo o industriale.

2. Le disposizioni di questo articolo e del precedente non si applicano nel caso in cui delle acque si dispone in forza di concessione amministrativa.

Sezione IV. — *Del passaggio coattivo*

1051. *Passaggio coattivo.* — *1.* Il proprietario, il cui fondo è circondato da fondi altrui, e che non ha uscita sulla via pubblica né può procurarsela senza eccessivo dispendio o disagio, ha diritto di ottenere il passaggio sul fondo vicino per la coltivazione e il conveniente uso del proprio fondo.

2. Il passaggio si deve stabilire in quella parte per cui l'accesso alla via pubblica è più breve e riesce di minore danno al fondo sul quale è consentito. Esso può essere stabilito anche mediante sottopassaggio, qualora ciò sia preferibile, avuto riguardo al vantaggio del fondo dominante e al pregiudizio del fondo servente.

3. Le stesse disposizioni si applicano nel caso in cui taluno, avendo un passaggio sul fondo altrui, abbia bisogno ai fini suddetti di ampliarlo per il transito dei veicoli anche a trazione meccanica.

4. Sono esenti da questa servitù le case, i cortili, i giardini e le aie ad esse attinenti (c. 1033[2]).

1052. *Passaggio coattivo a favore di fondo non intercluso.* — *1.* Le disposizioni dell'articolo precedente si possono applicare anche se il proprietario del fondo ha un accesso alla via pubblica, ma questo è inadatto o insufficiente ai bisogni del fondo e non può essere ampliato.

2. Il passaggio può essere concesso dall'autorità giudiziaria solo quando questa riconosce che la domanda risponde alle esigenze dell'agricoltura o dell'industria (1).

1053. *Indennità.* — *1.* Nei casi previsti dai due articoli precedenti è dovuta un'indennità proporzionata al danno cagionato dal passaggio (c. 843[2], 924, 925, 1038).

2. Qualora, per attuare il passaggio, sia necessario occupare con opere stabili o lasciare incolta una zona del fondo servente, il proprietario che lo domanda deve, prima d'imprendere le opere o d'iniziare il passaggio, pagare il valore della zona predetta nella misura stabilita dal primo comma dell'art. 1038.

1054. *Interclusione per effetto di alienazione o di divisione.* — *1.* Se il fondo è divenuto da ogni parte chiuso per effetto di alienazione a titolo oneroso, il proprietario ha diritto di ottenere dall'altro contraente il passaggio senza alcuna indennità (att. c. 154).

2. La stessa norma si applica in caso di divisione.

1055. *Cessazione dell'interclusione.* — *1.* Se il passaggio cessa di essere necessario, può essere soppresso in qualunque tempo a istanza del proprietario del fondo dominante o del fondo servente. Quest'ultimo deve restituire il compenso ricevuto; ma l'autorità giudiziaria può disporre una riduzione della somma, avuto riguardo alla durata della servitù e al danno sofferto. Se l'indennità fu convenuta in annualità, la prestazione cessa dall'anno successivo.

Sezione V. — *Dell'elettrodotto coattivo e del passaggio coattivo di linee teleferiche* (2)

1056. *Passaggio di condutture elettriche.* — *1.* Ogni proprietario è tenuto a dare passaggio per i suoi fondi alle condutture elettriche, in conformità delle leggi in materia (3).

1057. *Passaggio di vie funicolari.* — *1.* Ogni proprietario è parimenti tenuto a lasciar passare sopra il suo fondo le gomene di vie funicolari aeree a uso agrario o industriale e a tollerare sul fondo le opere, i meccanismi e le occupazioni necessarie a tale scopo, in conformità delle leggi in materia (4).

CAPO III

Delle servitù volontarie

1058. *Modi di costituzione.* — *1.* Le servitù prediali possono essere costituite per contratto (c. 1350 n. 4, 2643 n. 4) o per testamento (c. 649 ss., 2648).

1059. *Servitù concessa da uno dei comproprietari.* — *1.* La servitù concessa da uno dei comproprietari di un fondo indiviso non è costituita se non quando gli altri l'hanno anch'essi concessa unitamente o separatamente (c. 1108[3]).

2. La concessione, però, fatta da uno dei comproprietari (c. 1103), indipendentemente dagli altri, obbliga il concedente e i suoi eredi o aventi causa a non porre impedimento all'esercizio del diritto concesso.

1060. *Servitù costituite dal nudo proprietario.* — *1.* Il proprietario può, senza il consenso dell'usufruttuario, imporre sul fondo le servitù che non pregiudicano il diritto di usufrutto (c. 978 ss.).

CAPO IV

Delle servitù acquistate per usucapione e per destinazione del padre di famiglia

1061. *Servitù non apparenti.* — *1.* Le servitù non apparenti non possono acquistarsi per usucapione (c. 1158 ss.; att. c. 158) o per destinazione del padre di famiglia (c. 1062).

2. Non apparenti sono le servitù quando non si hanno opere visibili e permanenti destinate al loro esercizio (c. 1489).

(1) La Corte cost., con sentenza 10 maggio 1999, n. 167 ha dichiarato l'illegittimità costituzionale di questo comma, «nella parte in cui non prevede che il passaggio coattivo di cui al primo comma possa essere concesso dall'autorità giudiziaria quando questa riconosca che la domanda risponde alle esigenze di accessibilità – di cui alla legislazione relativa ai portatori di *handicap* – degli edifici destinati ad uso abitativo».

(2) Sulle limitazioni legali della proprietà e sulle servitù conseguenti agli impianti di reti di comunicazione elettrica v. artt. 91 e 92, d.lg. 1° agosto 2003, n. 259.

(3) Art. 119 ss., t.u. 11 dicembre 1933, n. 1775; l. 28 giugno 1986, n. 339.

(4) L. 13 luglio 1907, n. 403, modificata con d.p.r. 28 giugno 1955, n. 771.

1062. *Destinazione del padre di famiglia*. — *1.* La destinazione del padre di famiglia ha luogo quando consta, mediante qualunque genere di prova, che due fondi, attualmente divisi, sono stati posseduti dallo stesso proprietario, e che questi ha posto o lasciato le cose nello stato dal quale risulta la servitù.

2. Se i due fondi cessarono di appartenere allo stesso proprietario, senza alcuna disposizione relativa alla servitù, questa si intende stabilita attivamente e passivamente a favore e sopra ciascuno dei fondi separati.

CAPO V

DELL'ESERCIZIO DELLE SERVITÙ

1063. *Norme regolatrici*. — *1.* L'estensione e l'esercizio delle servitù sono regolati dal titolo e, in mancanza, dalle disposizioni seguenti.

1064. *Estensione del diritto di servitù*. — *1.* Il diritto di servitù comprende tutto ciò che è necessario per usarne.

2. Se il fondo viene chiuso (c. 841), il proprietario deve lasciarne libero e comodo l'ingresso a chi ha un diritto di servitù che renda necessario il passaggio per il fondo stesso.

1065. *Esercizio conforme al titolo o al possesso*. — *1.* Colui che ha un diritto di servitù non può usarne se non a norma del suo titolo o del suo possesso. Nel dubbio circa l'estensione e le modalità di esercizio, la servitù deve ritenersi costituita in guisa da soddisfare il bisogno del fondo dominante col minor aggravio del fondo servente.

1066. *Possesso delle servitù*. — *1.* Nelle questioni di possesso (c. 1140) delle servitù si ha riguardo alla pratica dell'anno antecedente e, se si tratta di servitù esercitate a intervalli maggiori di un anno, si ha riguardo alla pratica dell'ultimo godimento.

1067. *Divieto di aggravare o di diminuire l'esercizio della servitù*. — *1.* Il proprietario del fondo dominante non può fare innovazioni che rendano più gravosa la condizione del fondo servente.

2. Il proprietario del fondo servente non può compiere alcuna cosa che tenda a diminuire l'esercizio della servitù o a renderlo più incomodo.

1068. *Trasferimento della servitù in luogo diverso*. — *1.* Il proprietario del fondo servente non può trasferire l'esercizio della servitù in luogo diverso da quello nel quale è stata stabilita originariamente.

2. Tuttavia, se l'originario esercizio è divenuto più gravoso per il fondo servente o se impedisce di fare lavori, riparazioni o miglioramenti, il proprietario del fondo servente può offrire al proprietario dell'altro fondo un luogo egualmente comodo per l'esercizio dei suoi diritti, e questi non può ricusarlo.

3. Il cambiamento di luogo per l'esercizio della servitù si può del pari concedere su istanza del proprietario del fondo dominante, se questi prova che il cambiamento riesce per lui di notevole vantaggio e non reca danno al fondo servente.

4. L'autorità giudiziaria può anche disporre che la servitù sia trasferita su altro fondo del proprietario del fondo servente o di un terzo che vi acconsenta, purché l'esercizio di essa riesca egualmente agevole al proprietario del fondo dominante.

1069. *Opere sul fondo servente*. — *1.* Il proprietario del fondo dominante, nel fare le opere necessarie per conservare la servitù, deve scegliere il tempo e il modo che siano per recare minore incomodo al proprietario del fondo servente.

2. Egli deve fare le opere a sue spese, salvo che sia diversamente stabilito dal titolo o dalla legge (c. 1030).

3. Se però le opere giovano anche al fondo servente, le spese sono sostenute in proporzione dei rispettivi vantaggi.

1070. *Abbandono del fondo servente*. — *1.* Il proprietario del fondo servente, quando è tenuto in forza del titolo o della legge alle spese necessarie per l'uso o per la conservazione della servitù (c. 1030), può sempre liberarsene, rinunziando alla proprietà del fondo servente a favore del proprietario del fondo dominante (c. 1350 n. 5, 2643 n. 5).

2. Nel caso in cui l'esercizio della servitù sia limitato a una parte del fondo, la rinunzia può limitarsi alla parte stessa.

1071. *Divisione del fondo dominante o del fondo servente*. — *1.* Se il fondo dominante viene diviso, la servitù è dovuta a ciascuna porzione, senza che però si renda più gravosa la condizione del fondo servente (c. 1067).

2. Se il fondo servente viene diviso e la servitù ricade su una parte determinata del fondo stesso, le altre parti sono liberate.

CAPO VI

DELL'ESTINZIONE DELLE SERVITÙ

1072. *Estinzione per confusione*. — *1.* La servitù si estingue quando in una sola persona si riunisce la proprietà del fondo dominante con quella del fondo servente (c. 1014 n. 2, 2862).

1073. *Estinzione per prescrizione*. — *1.* La servitù si estingue per prescrizione quando non se ne usa per venti anni (c. 2934 ss.).

2. Il termine decorre dal giorno in cui si è cessato di esercitarla; ma, se si tratta di servitù negativa o di servitù per il cui esercizio non è necessario il fatto dell'uomo, il termine decorre dal giorno in cui si è verificato un fatto che ne ha impedito l'esercizio.

3. Nelle servitù che si esercitano a intervalli, il termine decorre dal giorno in cui la servitù si sarebbe potuta esercitare e non ne fu ripreso l'esercizio.

4. Agli effetti dell'estinzione si computa anche il tempo per il quale la servitù non fu esercitata dai precedenti titolari.

5. Se il fondo dominante appartiene a più persone in comune, l'uso della servitù fatto da una di esse impedisce l'estinzione riguardo a tutte.

6. La sospensione o l'interruzione della prescrizione (c. 2941 ss.) a vantaggio di uno dei comproprietari giova anche agli altri.

1074. *Impossibilità di uso e mancanza di utilità*. — *1.* L'impossibilità di fatto di usare delle servitù e il venir meno dell'utilità della medesima non fanno estinguere la servitù, se non è decorso il termine indicato dall'articolo precedente.

1075. *Esercizio limitato della servitù*. — *1.* La servitù esercitata in modo da trarne un'utilità minore di quella indicata dal titolo si conserva per intero (att. c. 158).

1076. *Esercizio della servitù non conforme al titolo o al possesso*. — *1.* L'esercizio di una servitù in tempo diverso da quello determinato dal titolo o dal possesso (c. 1065) non ne impedisce l'estinzione per prescrizione (c. 1073).

1077. *Servitù costituite sul fondo enfiteutico*. — *1.* Le servitù costituite dall'enfiteuta sul fondo enfiteutico cessano quando l'enfiteusi si estingue per decorso del termine (c. 958), per prescrizione (c. 970) o per devoluzione (c. 972).

1078. *Servitù costituite a favore del fondo enfiteutico, dotale o in usufrutto*. — *1.* Le servitù costituite dall'enfiteuta a favore del fondo enfiteutico non cessano con l'estinguersi dell'enfiteusi (c. 975). Lo stesso vale per le servitù costituite dall'usufruttuario a favore del fondo di cui ha l'usufrutto (c. 985) o dal marito a favore del fondo dotale (1).

CAPO VII

Delle azioni a difesa delle servitù

1079. *Accertamento della servitù e altri provvedimenti di tutela*. — *1.* Il titolare della servitù (c. 1012²) può farne riconoscere in giudizio (c. 2653 n. 1) l'esistenza contro chi ne contesta l'esercizio (c. 949) e può far cessare gli eventuali impedimenti e turbative. Può anche chiedere la rimessione delle cose in pristino, oltre il risarcimento dei danni (c. 2933).

CAPO VIII

Di alcune servitù in materia di acque

Sezione I. — *Della servitù di presa o di derivazione di acqua*

1080. *Presa d'acqua continua*. — *1.* Il diritto alla presa d'acqua continua si può esercitare in ogni istante (c. 1084 ss.).

1081. *Modulo d'acqua*. — *1.* Nelle servitù in cui è convenuta ed espressa una costante quantità di acqua, la quantità deve esprimersi in relazione al modulo.

2. Il modulo è l'unità di misura dell'acqua corrente.

3. Esso è un corpo d'acqua che scorre nella costante quantità di cento litri al minuto secondo e si divide in decimi, centesimi e millesimi.

1082. *Forma della bocca e dell'edificio derivatore*. — *1.* Quando, per la derivazione di una data e costante quantità di acqua corrente, è stata determinata la forma della bocca e dell'edificio derivatore, le parti non possono chiederne la modificazione per eccedenza o deficienza di acqua, salvo che l'eccedenza o la deficienza provenga da variazioni seguite nel canale dispensatore o nel corso delle acque in esso correnti.

2. Se la forma non è stata determinata, ma la bocca e l'edificio derivatore sono stati costruiti e posseduti per cinque anni, non è neppure ammesso dopo tale tempo alcun reclamo delle parti per eccedenza o deficienza d'acqua, salvo nel caso di variazione seguita nel canale o nel corso delle acque.

3. In mancanza di titolo o di possesso, la forma è determinata dall'autorità giudiziaria.

(1) L'art. 166-*bis* cod. civ., introdotto dall'art. 47, l. 19 maggio 1975, n. 151, vieta ora la costituzione di dote.

1083. *Determinazione della quantità d'acqua.* — *1.* Quando la quantità d'acqua non è stata determinata, ma la derivazione è stata fatta per un dato scopo, s'intende concessa la quantità necessaria per lo scopo medesimo, e chi vi ha interesse può in ogni tempo fare stabilire la forma della derivazione in modo che ne venga assicurato l'uso necessario e impedito l'eccesso.

2. Se però è stata determinata la forma della bocca e dell'edificio derivatore, o se, in mancanza di titolo, si è posseduta per cinque anni la derivazione in una data forma, non è ammesso reclamo delle parti, se non nel caso indicato dall'articolo precedente.

1084. *Norme regolatrici della servitù.* — *1.* Per l'esercizio della servitù di presa d'acqua, quando non dispone il titolo o non è possibile riferirsi al possesso, si osservano gli usi locali.

2. In mancanza di tali usi si osservano le disposizioni dei tre articoli seguenti.

1085. *Tempo d'esercizio della servitù.* — *1.* Il diritto alla presa d'acqua si esercita, per l'acqua estiva, dall'equinozio di primavera a quello d'autunno; per l'acqua iemale, dall'equinozio di autunno a quello di primavera.

2. La distribuzione d'acqua per giorni e per notti si riferisce al giorno e alla notte naturali.

3. L'uso delle acque nei giorni festivi è regolato dalle feste di precetto vigenti al tempo in cui l'uso fu convenuto o in cui si è incominciato a possedere.

1086. *Distribuzione per ruota.* — *1.* Nelle distribuzioni per ruota il tempo che impiega l'acqua per giungere alla bocca di derivazione dell'utente si consuma a suo carico, e la coda dell'acqua appartiene a quello di cui cessa il turno.

1087. *Acque sorgenti o sfuggite.* — *1.* Nei canali soggetti a distribuzioni per ruota le acque sorgenti o sfuggite, ma contenute nell'alveo del canale, non possono trattenersi o derivarsi da un utente che al tempo del suo turno.

1088. *Variazione del turno tra gli utenti.* — *1.* Gli utenti dei medesimi canali possono variare o permutare tra loro il turno, purché tale cambiamento non rechi danno agli altri.

1089. *Acqua impiegata come forza motrice.* — *1.* Chi ha diritto di servirsi dell'acqua come forza motrice non può, senza espressa disposizione del titolo, impedirne o rallentarne il corso, procurandone il ribocco o ristagno.

1090. *Manutenzione del canale.* — *1.* Nella servitù di presa o di condotta d'acqua, quando il titolo non dispone altrimenti, il proprietario del fondo servente può domandare che il canale sia mantenuto convenientemente spurgato e le sue sponde siano tenute in istato di buona manutenzione a spese del proprietario del fondo dominante (c. 1069).

1091. *Obblighi del concedente fino al luogo di consegna dell'acqua.* — *1.* Se il titolo non dispone diversamente, il concedente dell'acqua di una fonte o di un canale è tenuto verso gli utenti a eseguire le opere ordinarie e straordinarie per la derivazione e condotta dell'acqua fino al punto in cui ne fa la consegna, a mantenere in buono stato gli edifici, a conservare l'alveo e le sponde della fonte o del canale, a praticare i consueti spurghi e a usare la dovuta diligenza, affinché la derivazione e la regolare condotta dell'acqua siano in tempi debiti effettuate (c. 1030).

1092. *Deficienza dell'acqua.* — *1.* La deficienza dell'acqua deve essere sopportata da chi ha diritto di prenderla e di usarla nel tempo in cui la deficienza si verifica.

2. Tra diversi utenti la deficienza dell'acqua deve essere sopportata prima da quelli che hanno titolo o possesso più recente, e tra utenti in parità di condizione dall'ultimo utente.

3. Tuttavia l'autorità giudiziaria, con provvedimento in camera di consiglio, sentiti gli uffici tecnici competenti (att. c. 60), può modificare o limitare i turni di utilizzazione e dare le altre disposizioni necessarie in relazione alla quantità di acqua disponibile, agli usi e alle colture a cui l'acqua è destinata.

4. Il concedente dell'acqua è tenuto a una proporzionale diminuzione del corrispettivo per la deficienza dell'acqua verificatasi per causa naturale o per fatto altrui. Parimenti si fa luogo alle dovute indennità in conseguenza delle modificazioni o limitazioni di turni, che siano state disposte dall'autorità giudiziaria.

1093. *Riduzione della servitù.* — *1.* Se la servitù dà diritto di derivare acqua da un fondo e per fatti indipendenti dalla volontà del proprietario si verifica una diminuzione dell'acqua tale che essa non possa bastare alle esigenze del fondo servente, il proprietario di questo può chiedere una riduzione della servitù, avuto riguardo ai bisogni di ciascun fondo. In questo caso è dovuta una congrua indennità al proprietario del fondo dominante.

Sezione II. — *Della servitù degli scoli e degli avanzi di acqua*

1094. *Servitù attiva degli scoli.* — *1.* Gli scoli o acque colaticce derivanti dall'altrui fondo possono costituire oggetto di servitù a favore del fondo che li riceve, all'effetto di impedire la loro diversione.

1095. *Usucapione della servitù attiva degli*

scoli. — *1.* Nella servitù attiva degli scoli il termine per l'usucapione (c. 1061) comincia a decorrere dal giorno in cui il proprietario del fondo dominante ha fatto sul fondo servente opere visibili e permanenti destinate a raccogliere e condurre i detti scoli a vantaggio del proprio fondo.

2. Quando sul fondo servente è aperto un cavo destinato a raccogliere e condurre gli scoli, il regolare spurgo e la manutenzione delle sponde fanno presumere che il cavo sia opera del proprietario del fondo dominante, purché non vi sia titolo, segno o prova in contrario.

3. Si reputa segno contrario l'esistenza sul cavo di opere costruite o mantenute dal proprietario del fondo in cui il cavo è aperto.

1096. *Diritti del proprietario del fondo servente*. — *1.* La servitù degli scoli non toglie al proprietario del fondo servente il diritto di usare liberamente dell'acqua a vantaggio del suo fondo, di cambiare la coltivazione di questo e di abbandonarne in tutto o in parte l'irrigazione.

1097. *Diritto agli avanzi d'acqua*. — *1.* Quando l'acqua è concessa, riservata o posseduta per un determinato uso, con restituzione al concedente o ad altri di ciò che ne sopravanza, tale uso non può variarsi a danno del fondo a cui la restituzione è dovuta.

1098. *Divieto di deviare acque di scolo o avanzi d'acqua*. — *1.* Il proprietario del fondo vincolato alla restituzione degli scoli o degli avanzi d'acqua non può deviarne una parte qualunque adducendo di avervi introdotto una maggiore quantità di acqua viva o un diverso corpo ma deve lasciarli discendere nella totalità a favore del fondo dominante.

1099. *Sostituzione di acqua viva*. — *1.* Il proprietario del fondo soggetto alla servitù degli scoli o degli avanzi d'acqua può sempre liberarsi da tale servitù mediante la concessione e l'assicurazione al fondo dominante di un corpo d'acqua viva, la cui quantità è determinata dall'autorità giudiziaria, tenuto conto di tutte le circostanze.

TITOLO VII

Della comunione

CAPO I

Della comunione in generale

1100. *Norme regolatrici*. — *1.* Quando la proprietà o altro diritto reale spetta in comune a più persone (c. 177 ss., 210 ss., 713 ss., 939, 1350 n. 3; c.p.i. 6; l. aut. 10), se il titolo o la legge (nav. 258 ss., 872 ss.) non dispone diversamente, si applicano le norme seguenti (c. 920, 2248).

1101. *Quote dei partecipanti*. — *1.* Le quote dei partecipanti alla comunione si presumono eguali (c. 1118).

2. Il concorso dei partecipanti, tanto nei vantaggi quanto nei pesi della comunione, è in proporzione delle rispettive quote (c. 1123).

1102. *Uso della cosa comune*. — *1.* Ciascun partecipante può servirsi della cosa comune, purché non ne alteri la destinazione e non impedisca agli altri partecipanti di farne parimenti uso secondo il loro diritto (c. 1108). A tal fine può apportare a proprie spese le modificazioni necessarie per il migliore godimento della cosa.

2. Il partecipante non può estendere il suo diritto sulla cosa comune in danno degli altri partecipanti, se non compie atti idonei a mutare il titolo del suo possesso (c. 1164).

1103. *Disposizioni della quota*. — *1.* Ciascun partecipante può disporre del suo diritto e cedere ad altri il godimento della cosa nei limiti della sua quota (c. 1059; nav. 873).

2. Per le ipoteche costituite da uno dei partecipanti si osservano le disposizioni contenute nel capo IV del titolo III del libro VI (c. 2825; nav. 263, 872).

1104. *Obblighi dei partecipanti*. — *1.* Ciascun partecipante deve contribuire nelle spese necessarie per la conservazione e per il godimento della cosa comune e nelle spese deliberate dalla maggioranza a norma delle disposizioni seguenti (c. 1105-1108), salva la facoltà di liberarsene con la rinunzia al suo diritto (c. 882, 1118^{2}, 1118^{4}).

2. La rinunzia non giova al partecipante che abbia anche tacitamente approvato la spesa.

3. Il cessionario del partecipante è tenuto in solido (c. 1292 ss.) con il cedente a pagare i contributi da questo dovuti e non versati.

1105. *Amministrazione*. — *1.* Tutti i partecipanti hanno diritto di concorrere nell'amministrazione della cosa comune.

2. Per gli atti di ordinaria amministrazione le deliberazioni della maggioranza dei partecipanti, calcolata secondo il valore delle loro quote, sono obbligatorie per la minoranza dissenziente (c. 1109 n. 1, 1137; nav. 259, 872).

3. Per la validità delle deliberazioni della maggioranza si richiede che tutti i partecipanti siano stati preventivamente informati dell'oggetto della deliberazione (c. 1109 n. 2).

4. Se non si prendono i provvedimenti necessari per l'amministrazione della cosa comune o non si forma una maggioranza, ovvero se la deliberazione adottata non viene eseguita, ciascun partecipante può ricorrere all'autorità giudiziaria. Questa provvede in camera di consiglio e può anche nominare un amministratore (c. 2347[1], 2468[5]; nav. 261, 872).

1106. *Regolamento della comunione e nomina di amministratore.* — *1.* Con la maggioranza calcolata nel modo indicato dall'articolo precedente, può essere formato un regolamento per l'ordinaria amministrazione e per il miglior godimento della cosa comune (c. 1138).

2. Nello stesso modo l'amministrazione può essere delegata ad uno o più partecipanti, o anche a un estraneo, determinandosi i poteri e gli obblighi dell'amministratore (c. 1129, 2347[1], 2468[5]).

1107. *Impugnazione del regolamento.* — *1.* Ciascuno dei partecipanti dissenzienti può impugnare davanti all'autorità giudiziaria il regolamento della comunione entro trenta giorni dalla deliberazione che lo ha approvato. Per gli assenti il termine decorre dal giorno in cui è stata loro comunicata la deliberazione. L'autorità giudiziaria decide con unica sentenza sulle opposizioni proposte.

2. Decorso il termine indicato dal comma precedente senza che il regolamento sia stato impugnato, questo ha effetto anche per gli eredi e gli aventi causa dai singoli partecipanti.

1108. *Innovazioni e altri atti eccedenti l'ordinaria amministrazione.* — *1.* Con deliberazione della maggioranza dei partecipanti che rappresenti almeno due terzi del valore complessivo della cosa comune (c. 1109 n. 3), si possono disporre tutte le innovazioni dirette al miglioramento della cosa o a renderne più comodo o redditizio il godimento, purché esse non pregiudichino il godimento di alcuno dei partecipanti e non importino una spesa eccessivamente gravosa (c. 1120, 1121; nav. 260[1], 872).

2. Nello stesso modo si possono compiere gli altri atti eccedenti l'ordinaria amministrazione, sempre che non risultino pregiudizievoli all'interesse di alcuno dei partecipanti (c. 1109 n. 3).

3. È necessario il consenso di tutti i partecipanti per gli atti di alienazione o di costituzione di diritti reali sul fondo comune e per le locazioni di durata superiore a nove anni.

4. L'ipoteca può essere tuttavia consentita dalla maggioranza indicata dal primo comma, qualora abbia lo scopo di garantire la restituzione delle somme mutuate per la ricostruzione o per il miglioramento della cosa comune (nav. 262, 872).

1109. *Impugnazione delle deliberazioni.* — *1.* Ciascuno dei componenti la minoranza dissenziente può impugnare davanti all'autorità giudiziaria le deliberazioni della maggioranza (c. 23, 1137, 2377):

1) nel caso previsto dal secondo comma dell'art. 1105, se la deliberazione è gravemente pregiudizievole alla cosa comune;

2) se non è stata osservata la disposizione del terzo comma dell'art. 1105;

3) se la deliberazione relativa a innovazioni o ad altri atti eccedenti l'ordinaria amministrazione è in contrasto con le norme del primo e del secondo comma dell'art. 1108.

2. L'impugnazione deve essere proposta, sotto pena di decadenza (c. 2964 ss.), entro trenta giorni dalla deliberazione. Per gli assenti il termine decorre dal giorno in cui è stata loro comunicata la deliberazione. In pendenza del giudizio, l'autorità giudiziaria può ordinare la sospensione del provvedimento deliberato (c. 1137[2]).

1110. *Rimborso di spese.* — *1.* Il partecipante che, in caso di trascuranza degli altri partecipanti o dell'amministratore, ha sostenuto spese necessarie per la conservazione della cosa comune, ha diritto al rimborso (c. 1104, 1134).

1111. *Scioglimento della comunione.* — *1.* Ciascuno dei partecipanti può sempre domandare lo scioglimento della comunione (c. 1506); l'autorità giudiziaria può stabilire una congrua dilazione, in ogni caso non superiore a cinque anni, se l'immediato scioglimento può pregiudicare gli interessi degli altri (c. 717).

2. Il patto di rimanere in comunione per un tempo non maggiore di dieci anni è valido e ha effetto anche per gli aventi causa dai partecipanti. Se è stato stipulato per un termine maggiore, questo si riduce a dieci anni.

3. Se gravi circostanze lo richiedono, l'autorità giudiziaria può ordinare lo scioglimento della comunione prima del tempo convenuto (c. 713[3]; nav. 260[2], 872).

1112. *Cose non soggette a divisione.* — *1.* Lo scioglimento della comunione non può essere chiesto quando si tratta di cose che, se divise, cesserebbero di servire all'uso a cui sono destinate (c. 720, 1119) (1).

1113. *Intervento nella divisione e opposizione.* — *1.* I creditori e gli aventi causa da un partecipante possono intervenire nella divisione a proprie spese, ma non possono impugnare la divisione già eseguita, a meno che abbiano notificato un'opposizione anteriormente alla divisione stessa e salvo sempre ad essi l'esperimento dell'azione revocatoria (c. 2901 ss.) o dell'azione surrogatoria (c. 2900).

(1) V. nota 3 all'art. 720 e nota 1 all'art. 722.

2. Nella divisione che ha per oggetto beni immobili (c. 1350 n. 11), l'opposizione, per l'effetto indicato dal comma precedente, deve essere trascritta prima della trascrizione dell'atto di divisione e, se si tratta di divisione giudiziale, prima della trascrizione della relativa domanda (c. 2646, 2685).

3. Devono essere chiamati a intervenire, perché la divisione abbia effetto nei loro confronti, i creditori iscritti e coloro che hanno acquistato diritti sull'immobile in virtù di atti soggetti a trascrizione e trascritti prima della trascrizione dell'atto di divisione o della trascrizione della domanda di divisione giudiziale (c. 2646, 2685, 2825).

4. Nessuna ragione di prelevamento in natura per crediti nascenti dalla comunione può opporsi contro le persone indicate dal comma precedente, eccetto le ragioni di prelevamento nascenti da titolo anteriore alla comunione medesima, ovvero da collazione (c. 737 ss.).

1114. *Divisione in natura.* — *1.* La divisione ha luogo in natura (c. 2283), se la cosa può essere comodamente divisa (c. 1506) in parti corrispondenti alle quote dei partecipanti (c. 718 ss.).

1115. *Obbligazioni solidali dei partecipanti.* — *1.* Ciascun partecipante può esigere che siano estinte le obbligazioni in solido contratte per la cosa comune, le quali siano scadute o scadano entro l'anno dalla domanda di divisione.

2. La somma per estinguere le obbligazioni si preleva dal prezzo di vendita della cosa comune, e, se la divisione ha luogo in natura, si procede alla vendita di una congrua frazione della cosa, salvo diverso accordo tra i condividenti.

3. Il partecipante che ha pagato il debito in solido e non ha ottenuto rimborso concorre nella divisione per una maggiore quota corrispondente al suo diritto verso gli altri condividenti.

1116. *Applicabilità delle norme sulla divisione ereditaria.* — *1.* Alla divisione delle cose comuni si applicano le norme sulla divisione dell'eredità (c. 713 ss.), in quanto non siano in contrasto con quelle sopra stabilite.

CAPO II

Del condominio negli edifici

1117. *Parti comuni dell'edificio.* — *1.* Sono oggetto di proprietà comune dei proprietari delle singole unità immobiliari dell'edificio, anche se aventi diritto a godimento periodico e se non risulta il contrario dal titolo:

1) tutte le parti dell'edificio necessarie all'uso comune, come il suolo su cui sorge l'edificio, le fondazioni, i muri maestri, i pilastri e le travi portanti, i tetti e i lastrici solari, le scale, i portoni di ingresso, i vestiboli, gli anditi, i portici, i cortili e le facciate;

2) le aree destinate a parcheggio nonché i locali per i servizi in comune, come la portineria, incluso l'alloggio del portiere, la lavanderia, gli stenditoi e i sottotetti destinati, per le caratteristiche strutturali e funzionali, all'uso comune;

3) le opere, le installazioni, i manufatti di qualunque genere destinati all'uso comune, come gli ascensori, i pozzi, le cisterne, gli impianti idrici e fognari, i sistemi centralizzati di distribuzione e di trasmissione per il gas, per l'energia elettrica, per il riscaldamento ed il condizionamento dell'aria, per la ricezione radiotelevisiva e per l'accesso a qualunque altro genere di flusso informativo, anche da satellite o via cavo, e i relativi collegamenti fino al punto di diramazione ai locali di proprietà individuale dei singoli condomini, ovvero, in caso di impianti unitari, fino al punto di utenza, salvo quanto disposto dalle normative di settore in materia di reti pubbliche (1).

1117-*bis*. *Ambito di applicabilità.* — *1.* Le disposizioni del presente capo si applicano, in quanto compatibili, in tutti i casi in cui più unità immobiliari o più edifici ovvero più condominii di unità immobiliari o di edifici abbiano parti comuni ai sensi dell'art. 1117 (2).

1117-*ter*. *Modificazioni delle destinazioni d'uso.* — *1.* Per soddisfare esigenze di interesse condominiale, l'assemblea, con un numero di voti che rappresenti i quattro quinti dei partecipanti al condominio e i quattro quinti del valore dell'edificio, può modificare la destinazione d'uso delle parti comuni.

2. La convocazione dell'assemblea deve essere affissa per non meno di trenta giorni consecutivi nei locali di maggior uso comune o negli spazi a tal fine destinati e deve effettuarsi mediante lettera raccomandata o equipollenti mezzi telematici, in modo da pervenire almeno venti giorni prima della data di convocazione.

3. La convocazione dell'assemblea, a pena di nullità, deve indicare le parti comuni oggetto

(1) Articolo così sostituito dall'art. 1, l. 11 dicembre 2012, n. 220.
(2) Articolo inserito dall'art. 2, l. 11 dicembre 2012, n. 220.

della modificazione e la nuova destinazione d'uso.

4. La deliberazione deve contenere la dichiarazione espressa che sono stati effettuati gli adempimenti di cui ai precedenti commi.

5. Sono vietate le modificazioni delle destinazioni d'uso che possono recare pregiudizio alla stabilità o alla sicurezza del fabbricato o che ne alterano il decoro architettonico (1).

1117-*quater*. *Tutela delle destinazioni d'uso.* — *1.* In caso di attività che incidono negativamente e in modo sostanziale sulle destinazioni d'uso delle parti comuni, l'amministratore o i condomini, anche singolarmente, possono diffidare l'esecutore e possono chiedere la convocazione dell'assemblea per far cessare la violazione, anche mediante azioni giudiziarie. L'assemblea delibera in merito alla cessazione di tali attività con la maggioranza prevista dal secondo comma dell'art. 1136 (1).

1118. *Diritti dei partecipanti sulle parti comuni.* — *1.* Il diritto di ciascun condomino sulle parti comuni, salvo che il titolo non disponga altrimenti, è proporzionale al valore dell'unità immobiliare che gli appartiene (att. c. 63[3]).

2. Il condomino non può rinunziare al suo diritto sulle parti comuni (c. 1104, 1138[4]).

3. Il condomino non può sottrarsi all'obbligo di contribuire alle spese per la conservazione delle parti comuni, neanche modificando la destinazione d'uso della propria unità immobiliare, salvo quanto disposto da leggi speciali (c. 1104).

4. Il condomino può rinunciare all'utilizzo dell'impianto centralizzato di riscaldamento o di condizionamento, se dal suo distacco non derivano notevoli squilibri di funzionamento o aggravi di spesa per gli altri condomini. In tal caso il rinunziante resta tenuto a concorrere al pagamento delle sole spese per la manutenzione straordinaria dell'impianto e per la sua conservazione e messa a norma (c. 1104[1]) (2).

1119. *Indivisibilità.* — *1.* Le parti comuni dell'edificio non sono soggette a divisione, a meno che la divisione possa farsi senza rendere più incomodo l'uso della cosa a ciascun condomino (c. 1138[4]) e con il consenso di tutti i partecipanti al condominio (3).

1120. *Innovazioni.* — *1.* I condomini, con la maggioranza indicata dal quinto comma dell'art. 1136, possono disporre tutte le innovazioni dirette al miglioramento o all'uso più comodo o al maggior rendimento delle cose comuni (c. 1108[1]) (4) (5).

2. I condomini, con la maggioranza indicata dal secondo comma dell'art. 1136, possono disporre le innovazioni che, nel rispetto della normativa di settore, hanno ad oggetto:

1) le opere e gli interventi volti a migliorare la sicurezza e la salubrità degli edifici e degli impianti;

2) le opere e gli interventi previsti per eliminare le barriere architettoniche, per il contenimento del consumo energetico degli edifici e per realizzare parcheggi destinati a servizio delle unità immobiliari o dell'edificio, nonché per la produzione di energia mediante l'utilizzo di impianti di cogenerazione, fonti eoliche, solari o comunque rinnovabili da parte del condominio o di terzi che conseguano a titolo oneroso un diritto reale o personale di godimento del lastrico solare o di altra idonea superficie comune;

3) l'installazione di impianti centralizzati per la ricezione radiotelevisiva e per l'accesso a qualunque altro genere di flusso informativo,

(1) Articolo inserito dall'art. 2, l. 11 dicembre 2012, n. 220.

(2) Articolo così sostituito dall'art. 3, l. 11 dicembre 2012, n. 220.

(3) Le parole «e con il consenso di tutti i partecipanti al condominio» sono state aggiunte dall'art. 4, l. 11 dicembre 2012, n. 220.

(4) Le deliberazioni che hanno per oggetto le innovazioni dirette ad eliminare le barriere architettoniche sono approvate con le maggioranze previste dall'art. 1136, 2° e 3° comma cod. civ.: art. 2, l. 9 gennaio 1989, n. 13; art. 78, d.p.r. 6 giugno 2001, n. 380, in *Leggi coll. III, 5*.

Le deliberazioni che hanno per oggetto le opere e gli interventi di realizzazione di parcheggi sono approvate, in prima o in seconda convocazione, con la maggioranza prevista dall'art. 1136, 2° comma, cod. civ., restando fermo quanto disposto dagli artt. 1120.2, e 1121.3 cod. civ.: art. 9.3, l. 24 marzo 1989, n. 122, modificato dall'art. 17.90, l. 15 maggio 1997, n. 127.

Le deliberazioni che hanno per oggetto interventi e innovazioni volti all'uso razionale dell'energia sono approvate con la maggioranza delle quote millesimali: art. 26, l. 9 gennaio 1991, n. 10.

Le deliberazioni che hanno ad oggetto le opere di installazione di nuovi impianti per la radiodiffusione da satellite sono adottate con la maggioranza prevista dall'art. 1120.2, cod. civ.: art. 2-*bis*.13, d.l. 23 gennaio 2001, n. 5, conv. in l. 20 marzo 2001, n. 66, come modificato dall'art. 29, l. 11 dicembre 2012, n. 220. Le stesse disposizioni si applicano alle innovazioni condominiali relative ai lavori di ammodernamento necessari al passaggio dei cavi in fibra ottica: art. 1.7, l. 18 giugno 2009, n. 69.

(5) Gli interventi di recupero possono essere deliberati dalla maggioranza dei condomini che rappresenti almeno la metà del valore dell'edificio: art. 30.2, l. 5 agosto 1978, n. 457, come introdotto dall'art. 15.1, l. 17 febbraio 1992, n. 179.

anche da satellite o via cavo, e i relativi collegamenti fino alla diramazione per le singole utenze, ad esclusione degli impianti che non comportano modifiche in grado di alterare la destinazione della cosa comune e di impedire agli altri condomini di farne uso secondo il loro diritto (1).

3. L'amministratore è tenuto a convocare l'assemblea entro trenta giorni dalla richiesta anche di un solo condomino interessato all'adozione delle deliberazioni di cui al precedente comma. La richiesta deve contenere l'indicazione del contenuto specifico e delle modalità di esecuzione degli interventi proposti. In mancanza, l'amministratore deve invitare senza indugio il condomino proponente a fornire le necessarie integrazioni (1).

4. Sono vietate le innovazioni che possano recare pregiudizio alla stabilità o alla sicurezza del fabbricato, che ne alterino il decoro architettonico o che rendano talune parti comuni dell'edificio inservibili all'uso o al godimento anche di un solo condomino (c. 1108^1, 1138^4).

1121. *Innovazioni gravose o voluttuarie.* — *1.* Qualora l'innovazione importi una spesa molto gravosa o abbia carattere voluttuario rispetto alle particolari condizioni e all'importanza dell'edificio, e consista in opere, impianti o manufatti suscettibili di utilizzazione separata, i condomini che non intendono trarne vantaggio sono esonerati da qualsiasi contributo nella spesa.

2. Se l'utilizzazione separata non è possibile, l'innovazione non è consentita, salvo che la maggioranza dei condomini che l'ha deliberata o accettata intenda sopportarne integralmente la spesa.

3. Nel caso previsto dal primo comma i condomini e i loro eredi o aventi causa possono tuttavia, in qualunque tempo, partecipare ai vantaggi dell'innovazione, contribuendo nelle spese di esecuzione e di manutenzione dell'opera (c. 1108^1) (2).

1122. *Opere su parti di proprietà o uso individuale.* — *1.* Nell'unità immobiliare di sua proprietà ovvero nelle parti normalmente destinate all'uso comune, che siano state attribuite in proprietà esclusiva o destinate all'uso individuale, il condomino non può eseguire opere che rechino danno alle parti comuni ovvero determinino pregiudizio alla stabilità, alla sicurezza o al decoro architettonico dell'edificio.

2. In ogni caso è data preventiva notizia all'amministratore che ne riferisce all'assemblea (3).

1122-*bis*. *Impianti non centralizzati di ricezione radiotelevisiva e di produzione di energia da fonti rinnovabili.* — *1.* Le installazioni di impianti non centralizzati per la ricezione radiotelevisiva e per l'accesso a qualunque altro genere di flusso informativo, anche da satellite o via cavo, e i relativi collegamenti fino al punto di diramazione per le singole utenze sono realizzati in modo da recare il minor pregiudizio alle parti comuni e alle unità immobiliari di proprietà individuale, preservando in ogni caso il decoro architettonico dell'edificio, salvo quanto previsto in materia di reti pubbliche.

2. È consentita l'installazione di impianti per la produzione di energia da fonti rinnovabili destinati al servizio di singole unità del condominio sul lastrico solare, su ogni altra idonea superficie comune e sulle parti di proprietà individuale dell'interessato.

3. Qualora si rendano necessarie modificazioni delle parti comuni, l'interessato ne dà comunicazione all'amministratore indicando il contenuto specifico e le modalità di esecuzione degli interventi. L'assemblea può prescrivere, con la maggioranza di cui al quinto comma dell'articolo 1136, adeguate modalità alternative di esecuzione o imporre cautele a salvaguardia della stabilità, della sicurezza o del decoro architettonico dell'edificio e, ai fini dell'installazione degli impianti di cui al secondo comma, provvede, a richiesta degli interessati, a ripartire l'uso del lastrico solare e delle altre superfici comuni, salvaguardando le diverse forme di utilizzo previste dal regolamento di condominio o comunque in atto. L'assemblea, con la medesima maggioranza, può altresì subordinare l'esecuzione alla prestazione, da parte dell'interessato, di idonea garanzia per i danni eventuali.

4. L'accesso alle unità immobiliari di proprietà individuale deve essere consentito ove necessario per la progettazione e per l'esecuzione delle opere. Non sono soggetti ad autorizzazione gli impianti destinati alle singole unità abitative (4).

1122-*ter*. *Impianti di videosorveglianza sulle parti comuni.* — *1.* Le deliberazioni concernen-

(1) Comma inserito dall'art. 5, l. 11 dicembre 2012, n. 220.
(2) Gli interventi di recupero possono essere deliberati dalla maggioranza dei condomini che rappresenti almeno la metà del valore dell'edificio: art. 30.2, l. 5 agosto 1978, n. 457, come introdotto dall'art. 15.1, l. 17 febbraio 1992, n. 179.
(3) Articolo così sostituito dall'art. 6, l. 11 dicembre 2012, n. 220.
(4) Articolo inserito dall'art. 7, l. 11 dicembre 2012, n. 220.

ti l'installazione sulle parti comuni dell'edificio di impianti volti a consentire la videosorveglianza su di esse sono approvate dall'assemblea con la maggioranza di cui al secondo comma dell'art. 1136 (1).

1123. *Ripartizione delle spese*. — *1.* Le spese necessarie per la conservazione e per il godimento delle parti comuni dell'edificio, per la prestazione dei servizi nell'interesse comune e per le innovazioni deliberate dalla maggioranza sono sostenute dai condomini in misura proporzionale al valore della proprietà di ciascuno, salvo diversa convenzione (c. 1104, 1118^2; att. c. 63, 68 ss.).

2. Se si tratta di cose destinate a servire i condomini in misura diversa, le spese sono ripartite in proporzione dell'uso che ciascuno può farne.

3. Qualora un edificio abbia più scale, cortili, lastrici solari, opere o impianti destinati a servire una parte dell'intero fabbricato, le spese relative alla loro manutenzione sono a carico del gruppo di condomini che ne trae utilità (att. c. 63).

1124. *Manutenzione e sostituzione delle scale e degli ascensori* (2). — *1.* Le scale e gli ascensori sono mantenuti e sostituiti dai proprietari delle unità immobiliari a cui servono (3). La spesa relativa è ripartita tra essi, per metà in ragione del valore delle singole unità immobiliari e per l'altra metà esclusivamente in misura proporzionale all'altezza di ciascun piano dal suolo (att. c. 68 ss.) (4).

2. Al fine del concorso nella metà della spesa, che è ripartita in ragione del valore, si considerano come piani le cantine, i palchi morti, le soffitte o camere a tetto e i lastrici solari, qualora non siano di proprietà comune.

1125. *Manutenzione e ricostruzione dei soffitti, delle volte e dei solai*. — *1.* Le spese per la manutenzione e ricostruzione dei soffitti, delle volte e dei solai sono sostenute in parti eguali dai proprietari di due piani l'uno all'altro sovrastanti, restando a carico del proprietario del piano superiore la copertura del pavimento e a carico del proprietario del piano inferiore l'intonaco, la tinta e la decorazione del soffitto.

1126. *Lastrici solari di uso esclusivo*. — *1.* Quando l'uso dei lastrici solari o di una parte di essi non è comune a tutti i condomini, quelli che ne hanno l'uso esclusivo sono tenuti a contribuire per un terzo nella spesa delle riparazioni o ricostruzioni del lastrico: gli altri due terzi sono a carico di tutti i condomini dell'edificio o della parte di questo a cui il lastrico solare serve, in proporzione del valore del piano o della porzione di piano di ciascuno (att. c. 68 ss.).

1127. *Costruzione sopra l'ultimo piano dell'edificio*. — *1.* Il proprietario dell'ultimo piano dell'edificio può elevare nuovi piani o nuove fabbriche, salvo che risulti altrimenti dal titolo. La stessa facoltà spetta a chi è proprietario esclusivo del lastrico solare.

2. La sopraelevazione non è ammessa se le condizioni statiche dell'edificio non la consentono.

3. I condomini possono altresì opporsi alla sopraelevazione, se questa pregiudica l'aspetto architettonico dell'edificio ovvero diminuisce notevolmente l'aria o la luce dei piani sottostanti.

4. Chi fa la sopraelevazione deve corrispondere agli altri condomini un'indennità pari al valore attuale dell'area da occuparsi con la nuova fabbrica, diviso per il numero dei piani, ivi compreso quello da edificare, e detratto l'importo della quota a lui spettante. Egli è inoltre tenuto a ricostruire il lastrico solare di cui tutti o parte dei condomini avevano il diritto di usare.

1128. *Perimento totale o parziale dell'edificio*. — *1.* Se l'edificio perisce interamente o per una parte che rappresenti i tre quarti del suo valore, ciascuno dei condomini può richiedere la vendita all'asta del suolo e dei materiali, salvo che sia stato diversamente convenuto.

2. Nel caso di perimento di una parte minore, l'assemblea dei condomini delibera circa la ricostruzione delle parti comuni dell'edificio, e ciascuno è tenuto a concorrervi in proporzione dei suoi diritti sulle parti stesse (c. 1123).

3. L'indennità corrisposta per l'assicurazione relativa alle parti comuni è destinata alla ricostruzione di queste.

4. Il condomino che non intende partecipare alla ricostruzione dell'edificio è tenuto a cedere (c. 2932) agli altri condomini i suoi diritti,

(1) Articolo inserito dall'art. 7, l. 11 dicembre 2012, n. 220.

(2) Rubrica così sostituita alla precedente «Manutenzione e ricostruzione delle scale» dall'art. 8.1, lett. b, l. 11 dicembre 2012, n. 220.

(3) Per il regolamento recante norme per l'attuazione della dir. 95/16/CE sugli ascensori e di semplificazione dei procedimenti per la concessione del nulla osta per ascensori e montacarichi, nonché della relativa licenza di esercizio v. d.p.r. 30 aprile 1999, n. 162, come modificato dal d.p.r. 5 ottobre 2010, n. 214 e dal d.p.r. 10 gennaio 2017, n. 23.

(4) Comma così sostituito dall'art. 8.1, lett. a,, l. 11 dicembre 2012, n. 220.

anche sulle parti di sua esclusiva proprietà, secondo la stima che ne sarà fatta, salvo che non preferisca cedere i diritti stessi ad alcuni soltanto dei condomini.

1129. *Nomina, revoca ed obblighi dell'amministratore.* — *1.* Quando i condomini sono più di otto, se l'assemblea non vi provvede (c. 1106), la nomina di un amministratore è fatta dall'autorità giudiziaria su ricorso di uno o più condomini o dell'amministratore dimissionario.

2. Contestualmente all'accettazione della nomina e ad ogni rinnovo dell'incarico, l'amministratore comunica i propri dati anagrafici e professionali, il codice fiscale, o, se si tratta di società, anche la sede legale e la denominazione, il locale ove si trovano i registri di cui ai nn. 6) e 7) dell'art. 1130, nonché i giorni e le ore in cui ogni interessato, previa richiesta all'amministratore, può prenderne gratuitamente visione e ottenere, previo rimborso della spesa, copia da lui firmata.

3. L'assemblea può subordinare la nomina dell'amministratore alla presentazione ai condomini di una polizza individuale di assicurazione per la responsabilità civile per gli atti compiuti nell'esercizio del mandato.

4. L'amministratore è tenuto altresì ad adeguare i massimali della polizza se nel periodo del suo incarico l'assemblea deliberi lavori straordinari. Tale adeguamento non deve essere inferiore all'importo di spesa deliberato e deve essere effettuato contestualmente all'inizio dei lavori. Nel caso in cui l'amministratore sia coperto da una polizza di assicurazione per la responsabilità civile professionale generale per l'intera attività da lui svolta, tale polizza deve essere integrata con una dichiarazione dell'impresa di assicurazione che garantisca le condizioni previste dal periodo precedente per lo specifico condominio.

5. Sul luogo di accesso al condominio o di maggior uso comune, accessibile anche ai terzi, è affissa l'indicazione delle generalità, del domicilio e dei recapiti, anche telefonici, dell'amministratore.

6. In mancanza dell'amministratore, sul luogo di accesso al condominio o di maggior uso comune, accessibile anche ai terzi, è affissa l'indicazione delle generalità e dei recapiti, anche telefonici, della persona che svolge funzioni analoghe a quelle dell'amministratore.

7. L'amministratore è obbligato a far transitare le somme ricevute a qualunque titolo dai condomini o da terzi, nonché quelle a qualsiasi titolo erogate per conto del condominio, su uno specifico conto corrente, postale o bancario, intestato al condominio; ciascun condomino, per il tramite dell'amministratore, può chiedere di prendere visione ed estrarre copia, a proprie spese, della rendicontazione periodica.

8. Alla cessazione dell'incarico l'amministratore è tenuto alla consegna di tutta la documentazione in suo possesso afferente al condominio e ai singoli condomini e ad eseguire le attività urgenti al fine di evitare pregiudizi agli interessi comuni senza diritto ad ulteriori compensi.

9. Salvo che sia stato espressamente dispensato dall'assemblea, l'amministratore è tenuto ad agire per la riscossione forzosa delle somme dovute dagli obbligati entro sei mesi dalla chiusura dell'esercizio nel quale il credito esigibile è compreso, anche ai sensi dell'art. 63, primo comma, delle disposizioni per l'attuazione del presente codice.

10. L'incarico di amministratore ha durata di un anno e si intende rinnovato per eguale durata. L'assemblea convocata per la revoca o le dimissioni delibera in ordine alla nomina del nuovo amministratore (c. 1136[4]).

11. La revoca dell'amministratore può essere deliberata in ogni tempo dall'assemblea, con la maggioranza prevista per la sua nomina oppure con le modalità previste dal regolamento di condominio. Può altresì essere disposta dall'autorità giudiziaria, su ricorso di ciascun condomino, nel caso previsto dal quarto comma dell'art. 1131, se non rende il conto della gestione, ovvero in caso di gravi irregolarità (att. c. 64). Nei casi in cui siano emerse gravi irregolarità fiscali o di non ottemperanza a quanto disposto dal n. 3) del dodicesimo comma del presente articolo, i condomini, anche singolarmente, possono chiedere la convocazione dell'assemblea per far cessare la violazione e revocare il mandato all'amministratore. In caso di mancata revoca da parte dell'assemblea, ciascun condomino può rivolgersi all'autorità giudiziaria; in caso di accoglimento della domanda, il ricorrente, per le spese legali, ha titolo alla rivalsa nei confronti del condominio, che a sua volta può rivalersi nei confronti dell'amministratore revocato.

12. Costituiscono, tra le altre, gravi irregolarità:

1) l'omessa convocazione dell'assemblea per l'approvazione del rendiconto condominiale, il ripetuto rifiuto di convocare l'assemblea per la revoca e per la nomina del nuovo amministratore o negli altri casi previsti dalla legge;

2) la mancata esecuzione di provvedimenti giudiziari e amministrativi, nonché di deliberazioni dell'assemblea;

3) la mancata apertura ed utilizzazione del conto di cui al settimo comma;

4) la gestione secondo modalità che possono generare possibilità di confusione tra il patrimonio del condominio e il patrimonio personale dell'amministratore o di altri condomini;

5) l'aver acconsentito, per un credito insoddisfatto, alla cancellazione delle formalità eseguite nei registri immobiliari a tutela dei diritti del condominio;

6) qualora sia stata promossa azione giudiziaria per la riscossione delle somme dovute al condominio, l'aver omesso di curare diligentemente l'azione e la conseguente esecuzione coattiva;

7) l'inottemperanza agli obblighi di cui all'art. 1130, nn. 6), 7) e 9);

8) l'omessa, incompleta o inesatta comunicazione dei dati di cui al secondo comma del presente articolo.

13. In caso di revoca da parte dell'autorità giudiziaria, l'assemblea non può nominare nuovamente l'amministratore revocato.

14. L'amministratore, all'atto dell'accettazione della nomina e del suo rinnovo, deve specificare analiticamente, a pena di nullità della nomina stessa, l'importo dovuto a titolo di compenso per l'attività svolta.

15. Per quanto non disciplinato dal presente articolo si applicano le disposizioni di cui alla sezione I del capo IX del titolo III del libro IV.

16. Il presente articolo si applica anche agli edifici di alloggi di edilizia popolare ed economica, realizzati o recuperati da enti pubblici a totale partecipazione pubblica o con il concorso dello Stato, delle regioni, delle province o dei comuni, nonché a quelli realizzati da enti pubblici non economici o società private senza scopo di lucro con finalità sociali proprie dell'edilizia residenziale pubblica (1).

1130. *Attribuzioni dell'amministratore*. — *1.* L'amministratore, oltre a quanto previsto dall'art. 1129 e dalle vigenti disposizioni di legge, deve:

1) eseguire le deliberazioni dell'assemblea (c. 1135 ss.), convocarla annualmente per l'approvazione del rendiconto condominiale di cui all'art. 1130-*bis* e curare l'osservanza del regolamento di condominio(c. 1138);

2) disciplinare l'uso delle cose comuni e la fruizione dei servizi nell'interesse comune, in modo che ne sia assicurato il miglior godimento a ciascuno dei condomini (c. 1117);

3) riscuotere i contributi (c. 1123-1126) ed erogare le spese occorrenti per la manutenzione ordinaria delle parti comuni dell'edificio e per l'esercizio dei servizi comuni;

4) compiere gli atti conservativi relativi alle parti comuni dell'edificio;

5) eseguire gli adempimenti fiscali;

6) curare la tenuta del registro di anagrafe condominiale contenente le generalità dei singoli proprietari e dei titolari di diritti reali e di diritti personali di godimento, comprensive del codice fiscale e della residenza o domicilio, i dati catastali di ciascuna unità immobiliare, nonché ogni dato relativo alle condizioni di sicurezza delle parti comuni dell'edificio (2). Ogni variazione dei dati deve essere comunicata all'amministratore in forma scritta entro sessanta giorni (att. c. 63^5). L'amministratore, in caso di inerzia, mancanza o incompletezza delle comunicazioni, richiede con lettera raccomandata le informazioni necessarie alla tenuta del registro di anagrafe. Decorsi trenta giorni, in caso di omessa o incompleta risposta, l'amministratore acquisisce le informazioni necessarie, addebitandone il costo ai responsabili;

7) curare la tenuta del registro dei verbali delle assemblee, del registro di nomina e revoca dell'amministratore e del registro di contabilità. Nel registro dei verbali delle assemblee sono altresì annotate: le eventuali mancate costituzioni dell'assemblea, le deliberazioni nonché le brevi dichiarazioni rese dai condomini che ne hanno fatto richiesta; allo stesso registro è allegato il regolamento di condominio, ove adottato. Nel registro di nomina e revoca dell'amministratore sono annotate, in ordine cronologico, le date della nomina e della revoca di ciascun amministratore del condominio, nonché gli estremi del decreto in caso di provvedimento giudiziale. Nel registro di contabilità sono annotati in ordine cronologico, entro trenta giorni da quello dell'effettuazione, i singoli movimenti in entrata ed in uscita. Tale registro può tenersi anche con modalità informatizzate;

8) conservare tutta la documentazione inerente alla propria gestione riferibile sia al rapporto con i condomini sia allo stato tecnico-amministrativo dell'edificio e del condominio;

9) fornire al condomino che ne faccia ri-

(1) Articolo così sostituito dall'art. 9, l. 11 dicembre 2012, n. 220.
(2) Le parole «delle parti comuni dell'edificio» sono state inserite dall'art. 1.9, lett. c, d.l. 23 dicembre 2013, n. 145, conv. in l. 21 febbraio 2014, n. 9.

chiesta attestazione relativa allo stato dei pagamenti degli oneri condominiali e delle eventuali liti in corso;

10) redigere il rendiconto condominiale annuale della gestione e convocare l'assemblea per la relativa approvazione entro centottanta giorni (c. 1129[11], 1135[1] n. 3) (1).

1130-*bis*. *Rendiconto condominiale*. — *1.* Il rendiconto condominiale contiene le voci di entrata e di uscita ed ogni altro dato inerente alla situazione patrimoniale del condominio, ai fondi disponibili ed alle eventuali riserve, che devono essere espressi in modo da consentire l'immediata verifica. Si compone di un registro di contabilità, di un riepilogo finanziario, nonché di una nota sintetica esplicativa della gestione con l'indicazione anche dei rapporti in corso e delle questioni pendenti. L'assemblea condominiale può, in qualsiasi momento o per più annualità specificamente identificate, nominare un revisore che verifichi la contabilità del condominio. La deliberazione è assunta con la maggioranza prevista per la nomina dell'amministratore e la relativa spesa è ripartita fra tutti i condomini sulla base dei millesimi di proprietà. I condomini e i titolari di diritti reali o di godimento sulle unità immobiliari possono prendere visione dei documenti giustificativi di spesa in ogni tempo ed estrarne copia a proprie spese. Le scritture e i documenti giustificativi devono essere conservati per dieci anni dalla data della relativa registrazione.

2. L'assemblea può anche nominare, oltre all'amministratore, un consiglio di condominio composto da almeno tre condomini negli edifici di almeno dodici unità immobiliari. Il consiglio ha funzioni consultive e di controllo (2).

1131. *Rappresentanza*. — *1.* Nei limiti delle attribuzioni stabilite dall'art. 1130 (3) o dei maggiori poteri conferitigli dal regolamento di condominio (c. 1138) o dall'assemblea, l'amministratore ha la rappresentanza dei partecipanti e può agire in giudizio sia contro i condomini sia contro i terzi (att. c. 65).

2. Può essere convenuto in giudizio per qualunque azione concernente le parti comuni dell'edificio (c. 1117); a lui sono notificati i provvedimenti dell'autorità amministrativa che si riferiscono allo stesso oggetto.

3. Qualora la citazione o il provvedimento abbia un contenuto che esorbita dalle attribuzioni dell'amministratore, questi è tenuto a darne senza indugio notizia all'assemblea dei condomini (c. 1136[4]).

4. L'amministratore che non adempie a quest'obbligo può essere revocato (c. 1129; att. c. 64) ed è tenuto al risarcimento dei danni (c. 1138[4]).

1132. *Dissenso dei condomini rispetto alle liti*. — *1.* Qualora l'assemblea dei condomini abbia deliberato di promuovere una lite o di resistere a una domanda, il condomino dissenziente, con atto notificato all'amministratore, può separare la propria responsabilità in ordine alle conseguenze della lite per il caso di soccombenza. L'atto deve essere notificato entro trenta giorni da quello in cui il condomino ha avuto notizia della deliberazione.

2. Il condomino dissenziente ha diritto di rivalsa per ciò che abbia dovuto pagare alla parte vittoriosa.

3. Se l'esito della lite è stato favorevole al condominio, il condomino dissenziente che ne abbia tratto vantaggio è tenuto a concorrere nelle spese del giudizio che non sia stato possibile ripetere dalla parte soccombente (c. 1138[4]).

1133. *Provvedimenti presi dall'amministratore*. — *1.* I provvedimenti presi dall'amministratore nell'ambito dei suoi poteri sono obbligatori per i condomini. Contro i provvedimenti dell'amministratore è ammesso ricorso all'assemblea, senza pregiudizio del ricorso all'autorità giudiziaria nei casi e nel termine previsti dall'art. 1137.

1134. *Gestione di iniziativa individuale*. — *1.* Il condomino che ha assunto la gestione delle parti comuni senza autorizzazione dell'amministratore o dell'assemblea non ha diritto al rimborso, salvo che si tratti di spesa urgente (c. 1110) (4).

1135. *Attribuzioni dell'assemblea dei condomini* (5). — *1.* Oltre a quanto è stabilito dagli articoli precedenti, l'assemblea dei condomini provvede (att. c. 61[2], 66):

1) alla conferma dell'amministratore e all'eventuale sua retribuzione;

2) all'approvazione del preventivo delle spese occorrenti durante l'anno e alla relativa ripartizione tra i condomini;

(1) Articolo così sostituito dall'art. 10, l. 11 dicembre 2012, n. 220.
(2) Articolo inserito dall'art. 11, l. 11 dicembre 2012, n. 220.
(3) Le parole «dall'art. 1130» sono state così sostituite alle precedenti «dall'articolo precedente» dall'art. 12, l. 11 dicembre 2012, n. 220.
(4) Articolo così sostituito dall'art. 13.1, l. 11 dicembre 2012, n. 220.
(5) Sulla partecipazione del conduttore all'assemblea dei condomini, v. art. 10, l. 27 luglio 1978, n. 392, in *Leggi coll. VI, 1.*

3) all'approvazione del rendiconto annuale dell'amministratore (c. 1130^{1} n. 10) e all'impiego del residuo attivo della gestione;

4) alle opere di manutenzione straordinaria e alle innovazioni, costituendo obbligatoriamente un fondo speciale di importo pari all'ammontare dei lavori; se i lavori devono essere eseguiti in base a un contratto che ne prevede il pagamento graduale in funzione del loro progressivo stato di avanzamento, il fondo può essere costituito in relazione ai singoli pagamenti dovuti (1).

2. L'amministratore non può ordinare lavori di manutenzione straordinaria, salvo che rivestano carattere urgente, ma in questo caso deve riferirne nella prima assemblea.

3. L'assemblea può autorizzare l'amministratore a partecipare e collaborare a progetti, programmi e iniziative territoriali promossi dalle istituzioni locali o da soggetti privati qualificati, anche mediante opere di risanamento di parti comuni degli immobili nonché di demolizione, ricostruzione e messa in sicurezza statica, al fine di favorire il recupero del patrimonio edilizio esistente, la vivibilità urbana, la sicurezza e la sostenibilità ambientale della zona in cui il condominio è ubicato (2).

1136. *Costituzione dell'assemblea e validità delle deliberazioni.* — *1.* L'assemblea in prima convocazione è regolarmente costituita con l'intervento di tanti condomini che rappresentino i due terzi del valore dell'intero edificio e la maggioranza dei partecipanti al condominio (att. c. 67 ss.).

2. Sono valide le deliberazioni approvate con un numero di voti che rappresenti la maggioranza degli intervenuti e almeno la metà del valore dell'edificio (att. c. 61^{2}).

3. Se l'assemblea in prima convocazione non può deliberare per mancanza di numero legale, l'assemblea in seconda convocazione delibera in un giorno successivo a quello della prima e, in ogni caso, non oltre dieci giorni dalla medesima. L'assemblea in seconda convocazione è regolarmente costituita con l'intervento di tanti condomini che rappresentino almeno un terzo del valore dell'intero edificio e un terzo dei partecipanti al condominio. La deliberazione è valida se approvata dalla maggioranza degli intervenuti con un numero di voti che rappresenti almeno un terzo del valore dell'edificio.

4. Le deliberazioni che concernono la nomina e la revoca dell'amministratore (c. 1129) o le liti attive e passive relative a materie che esorbitano dalle attribuzioni dell'amministratore medesimo (c. 1131^{3}), le deliberazioni che concernono la ricostruzione dell'edificio o riparazioni straordinarie di notevole entità e le deliberazioni di cui agli artt. 1117-*quater*, 1120, secondo comma, 1122-*ter* nonché 1135, terzo comma, devono essere sempre approvate con la maggioranza stabilita dal secondo comma del presente articolo.

5. Le deliberazioni di cui all'art. 1120, primo comma, e all'art. 1122-*bis*, terzo comma, devono essere approvate dall'assemblea con un numero di voti che rappresenti la maggioranza degli intervenuti ed almeno i due terzi del valore dell'edificio (att. c. 62^{2}).

6. L'assemblea non può deliberare, se non consta che tutti gli aventi diritto sono stati regolarmente convocati.

7. Delle riunioni dell'assemblea si redige processo verbale da trascrivere nel registro tenuto dall'amministratore (c. 1138^{4}) (3).

1137. *Impugnazione delle deliberazioni dell'assemblea.* — *1.* Le deliberazioni prese dall'assemblea a norma degli articoli precedenti sono obbligatorie per tutti i condomini (c. 1105).

2. Contro le deliberazioni contrarie alla legge o al regolamento di condominio (c. 1138) ogni condomino assente, dissenziente o astenuto può adire l'autorità giudiziaria chiedendone l'annullamento nel termine perentorio di trenta giorni, che decorre dalla data della deliberazione per i dissenzienti o astenuti e dalla data di comunicazione della deliberazione per gli assenti (c. 1109^{2}, 1138^{4}).

3. L'azione di annullamento non sospende l'esecuzione della deliberazione, salvo che la sospensione sia ordinata dall'autorità giudiziaria (c. 23, 1109^{1}, 2377).

4. L'istanza per ottenere la sospensione proposta prima dell'inizio della causa di merito non sospende né interrompe il termine per la proposizione dell'impugnazione della deliberazione. Per quanto non espressamente previsto, la sospensione è disciplinata dalle norme di cui al libro IV, titolo I, capo III, sezione I, con l'esclusione dell'art. 669-*octies*, sesto comma, del codice di procedura civile (4).

(1) Numero così sostituito dall'art. 13.2, lett. a, l. 11 dicembre 2012, n. 220. Successivamente l'ultimo periodo è stato aggiunto dall'art. 1.9, lett. d, d.l. 23 dicembre 2013, n. 145, conv. in l. 21 febbraio 2014, n. 9.

(2) Comma aggiunto dall'art. 13.2, lett. b, l. 11 dicembre 2012, n. 220.

(3) Articolo così sostituito dall'art. 14, l. 11 dicembre 2012, n. 220.

(4) Articolo così sostituito dall'art. 15, l. 11 dicembre 2012, n. 220.

1138. *Regolamento di condominio*. — *1.* Quando in un edificio il numero dei condomini è superiore a dieci, deve essere formato un regolamento, il quale contenga le norme circa l'uso delle cose comuni (c. 1117) e la ripartizione delle spese (c. 1123), secondo i diritti e gli obblighi spettanti a ciascun condomino, nonché le norme per la tutela del decoro dell'edificio e quelle relative all'amministrazione (c. 1106[1]; att. c. 68 ss., 155).

2. Ciascun condomino può prendere l'iniziativa per la formazione del regolamento di condominio o per la revisione di quello esistente.

3. Il regolamento deve essere approvato dall'assemblea con la maggioranza stabilita dal secondo comma dell'art. 1136 ed allegato al registro indicato dal n. 7) dell'art. 1130 (att. c. 71). Esso può essere impugnato a norma dell'art. 1107 (1).

4. Le norme del regolamento non possono in alcun modo menomare i diritti di ciascun condomino, quali risultano dagli atti di acquisto e dalle convenzioni, e in nessun caso possono derogare alle disposizioni degli artt. 1118 secondo comma, 1119, 1120, 1129, 1131, 1132, 1136 e 1137 (att. c. 72, 155).

5. Le norme del regolamento non possono vietare di possedere o detenere animali domestici (2).

1139. *Rinvio alle norme sulla comunione*. — *1.* Per quanto non è espressamente previsto da questo capo (att. c. 156) si osservano le norme sulla comunione in generale (c. 1101 ss.; att. c. 61-72).

TITOLO VIII

Del possesso (3)

CAPO I

Disposizioni generali

1140. *Possesso*. — *1.* Il possesso è il potere sulla cosa che si manifesta in un'attività corrispondente all'esercizio della proprietà o di altro diritto reale (c. 1066).

2. Si può possedere direttamente o per mezzo di altra persona, che ha la detenzione della cosa (c. 1141).

1141. *Mutamento della detenzione in possesso*. — *1.* Si presume il possesso in colui che esercita il potere di fatto, quando non si prova che ha cominciato a esercitarlo semplicemente come detenzione.

2. Se alcuno ha cominciato ad avere la detenzione, non può acquistare il possesso finché il titolo non venga a essere mutato per causa proveniente da un terzo o in forza di opposizione da lui fatta contro il possessore. Ciò vale anche per i successori a titolo universale (c. 1146).

1142. *Presunzione di possesso intermedio*. — *1.* Il possessore attuale che ha posseduto in tempo più remoto si presume che abbia posseduto anche nel tempo intermedio.

1143. *Presunzione di possesso anteriore*. — *1.* Il possesso attuale non fa presumere il possesso anteriore, salvo che il possessore abbia un titolo a fondamento del suo possesso; in questo caso si presume che egli abbia posseduto dalla data del titolo.

1144. *Atti di tolleranza*. — *1.* Gli atti compiuti con altrui tolleranza non possono servire di fondamento all'acquisto del possesso.

1145. *Possesso di cose fuori commercio*. — *1.* Il possesso delle cose di cui non si può acquistare la proprietà è senza effetto.

2. Tuttavia nei rapporti tra privati è concessa l'azione di spoglio (c. 1168) rispetto ai beni appartenenti al pubblico demanio e ai beni delle province e dei comuni soggetti al regime proprio del demanio pubblico (c. 822, 824).

3. Se trattasi di esercizio di facoltà, le quali possono formare oggetto di concessione da parte della pubblica amministrazione, è data altresì l'azione di manutenzione (c. 1170).

1146. *Successione nel possesso. Accessione del possesso*. — *1.* Il possesso continua nell'erede con effetto dall'apertura della successione (c. 456, 460, 1141[2]).

2. Il successore a titolo particolare può unire al proprio possesso quello del suo autore per goderne gli effetti.

1147. *Possesso di buona fede*. — *1.* È possessore di buona fede chi possiede ignorando di ledere l'altrui diritto (c. 535[3]).

2. La buona fede non giova se l'ignoranza dipende da colpa grave.

3. La buona fede è presunta e basta che vi sia stata al tempo dell'acquisto (c. 113, 1153, 1415, 1445, 2033 ss.).

(1) Comma così sostituito dall'art. 16.1, lett. a, l. 11 dicembre 2012, n. 220.
(2) Comma aggiunto dall'art. 16.1, lett. b, l. 11 dicembre 2012, n. 220.
(3) Per l'individuazione del diritto applicabile v. art. 51, l. 31 maggio 1995, n. 218, in *Leggi coll. I, 1.*

CAPO II

Degli effetti del possesso

Sezione I. — *Dei diritti e degli obblighi del possessore nella restituzione della cosa*

1148. *Acquisto dei frutti.* — *1.* Il possessore di buona fede (c. 1147) fa suoi i frutti naturali separati fino al giorno della domanda giudiziale e i frutti civili maturati fino allo stesso giorno (c. 820, 821). Egli, fino alla restituzione della cosa, risponde verso il rivendicante (c. 948) dei frutti percepiti dopo la domanda giudiziale e di quelli che avrebbe potuto percepire dopo tale data, usando la diligenza di un buon padre di famiglia (c. 1176[1], 2033).

1149. *Rimborso delle spese per la produzione e il raccolto dei frutti.* — *1.* Il possessore che è tenuto a restituire i frutti indebitamente percepiti ha diritto al rimborso delle spese a norma del secondo comma dell'art. 821 (c. 2040).

1150. *Riparazioni, miglioramenti e addizioni.* — *1.* Il possessore, anche se di mala fede, ha diritto al rimborso delle spese fatte per le riparazioni straordinarie.

2. Ha anche diritto a indennità per i miglioramenti recati alla cosa, purché sussistano al tempo della restituzione.

3. L'indennità si deve corrispondere nella misura dell'aumento di valore conseguito dalla cosa per effetto dei miglioramenti, se il possessore è di buona fede; se il possessore è di mala fede, nella minor somma tra l'importo della spesa e l'aumento di valore.

4. Se il possessore è tenuto alla restituzione dei frutti, gli spetta anche il rimborso delle spese fatte per le riparazioni ordinarie, limitatamente al tempo per il quale la restituzione è dovuta.

5. Per le addizioni fatte dal possessore sulla cosa si applica il disposto dell'art. 936. Tuttavia, se le addizioni costituiscono miglioramento e il possessore è di buona fede, è dovuta un'indennità nella misura dell'aumento di valore conseguito dalla cosa (c. 2040; att. c. 157).

1151. *Pagamento delle indennità.* — *1.* L'autorità giudiziaria, avuto riguardo alle circostanze, può disporre che il pagamento delle indennità previste dall'articolo precedente sia fatto ratealmente, ordinando, in questo caso, le opportune garanzie (c. 1179, 2040).

1152. *Ritenzione a favore del possessore di buona fede.* — *1.* Il possessore di buona fede può ritenere la cosa (c. 748[4], 975[2], 1006, 1011, 1502[2], 2040) finché non gli siano corrisposte le indennità dovute, purché queste siano state domandate nel corso del giudizio di rivendicazione (c. 948) e sia stata fornita una prova generica della sussistenza delle riparazioni e dei miglioramenti (c. 2756).

2. Egli ha lo stesso diritto finché non siano prestate le garanzie ordinate dall'autorità giudiziaria nel caso previsto dall'articolo precedente (c. 2040, 2864).

Sezione II. — *Del possesso di buona fede di beni mobili*

1153. *Effetti dell'acquisto del possesso.* — *1.* Colui al quale sono alienati beni mobili da parte di chi non ne è proprietario, ne acquista la proprietà mediante il possesso, purché sia in buona fede (c. 1147) al momento della consegna e sussista un titolo idoneo al trasferimento della proprietà (c. 563[2]).

2. La proprietà si acquista libera da diritti altrui sulla cosa, se questi non risultano dal titolo e vi è la buona fede dell'acquirente (c. 1599[2]).

3. Nello stesso modo si acquistano i diritti di usufrutto (c. 978), di uso (c. 1021) e di pegno (c. 2784, 2913).

1154. *Conoscenza dell'illegittima provenienza della cosa.* — *1.* A colui che ha acquistato conoscendo l'illegittima provenienza della cosa non giova l'erronea credenza che il suo autore o un precedente possessore ne sia divenuto proprietario.

1155. *Acquisto di buona fede e precedente alienazione ad altri.* — *1.* Se taluno con successivi contratti aliena a più persone un bene mobile, quella tra esse che ne ha acquistato in buona fede il possesso è preferita alle altre, anche se il suo titolo è di data posteriore (c. 1265, 1380, 1991, 2644).

1156. *Universalità di mobili e mobili iscritti in pubblici registri.* — *1.* Le disposizioni degli articoli precedenti non si applicano alle universalità di mobili (c. 816) e ai beni mobili iscritti in pubblici registri (c. 815, 2683 ss.; nav. 146 ss., 753 ss.).

1157. *Possesso di titoli di credito.* — *1.* Gli effetti del possesso di buona fede dei titoli di credito sono regolati dal titolo V del libro IV (c. 1994).

Sezione III. — *Dell'usucapione*

1158. *Usucapione dei beni immobili e dei diritti reali immobiliari.* — *1.* La proprietà dei beni immobili e gli altri diritti reali di godimento sui beni medesimi si acquistano in virtù del possesso continuato per venti anni (c. 954[4], 970, 978, 1031, 1166; att. c. 252).

1159. *Usucapione decennale.* — *1.* Colui che acquista in buona fede (c. 1147) da chi non è proprietario un immobile, in forza di un titolo che sia idoneo a trasferire la proprietà e che sia stato debitamente trascritto (c. 2643 ss.), ne compie l'usucapione in suo favore col decorso di dieci anni dalla data della trascrizione.

2. La stessa disposizione si applica nel caso di acquisto degli altri diritti reali di godimento sopra un immobile.

1159-*bis*. *Usucapione speciale per la piccola proprietà rurale.* — *1.* La proprietà dei fondi rustici con annessi fabbricati situati in comuni classificati montani dalla legge si acquista in virtù del possesso continuato per quindici anni.

2. Colui che acquista in buona fede (c. 1147) da chi non è proprietario, in forza di un titolo che sia idoneo a trasferire la proprietà e che sia debitamente trascritto (c. 2643 ss.), un fondo rustico con annessi fabbricati, situati in comuni classificati montani dalla legge, ne compie l'usucapione in suo favore col decorso di cinque anni dalla data di trascrizione.

3. La legge speciale stabilisce la procedura, le modalità e le agevolazioni per la regolarizzazione del titolo di proprietà.

4. Le disposizioni di cui ai commi precedenti si applicano anche ai fondi rustici con annessi fabbricati, situati in comuni non classificati montani dalla legge, aventi un reddito non superiore ai limiti fissati dalla legge speciale (1).

1160. *Usucapione delle universalità di mobili.* — *1.* L'usucapione di un'universalità di mobili (c. 816) o di diritti reali di godimento sopra la medesima si compie in virtù del possesso continuato per venti anni.

2. Nel caso di acquisto in buona fede (c. 1147) da chi non è proprietario, in forza di titolo idoneo, l'usucapione si compie con il decorso di dieci anni.

1161. *Usucapione dei beni mobili.* — *1.* In mancanza di titolo idoneo (c. 1153), la proprietà dei beni mobili e gli altri diritti reali di godimento sui beni medesimi si acquistano in virtù del possesso continuato per dieci anni, qualora il possesso sia stato acquistato in buona fede (c. 1147).

2. Se il possessore è di mala fede, l'usucapione si compie con il decorso di venti anni (2).

1162. *Usucapione di beni mobili iscritti in pubblici registri.* — *1.* Colui che acquista in buona fede (c. 1147) da chi non è proprietario un bene mobile iscritto in pubblici registri (c. 815, 1156, 2683; nav. 146 ss., 753 ss.), in forza di un titolo che sia idoneo a trasferire la proprietà e che sia stato debitamente trascritto, ne compie in suo favore l'usucapione col decorso di tre anni dalla data della trascrizione.

2. Se non concorrono le condizioni previste dal comma precedente, l'usucapione si compie col decorso di dieci anni.

3. Le stesse disposizioni si applicano nel caso di acquisto degli altri diritti reali di godimento.

1163. *Vizi del possesso.* — *1.* Il possesso acquistato in modo violento o clandestino non giova per l'usucapione se non dal momento in cui la violenza o la clandestinità è cessata.

1164. *Interversione del possesso.* — *1.* Chi ha il possesso corrispondente all'esercizio di un diritto reale su cosa altrui non può usucapire la proprietà della cosa stessa, se il titolo del suo possesso non è mutato per causa proveniente da un terzo o in forza di opposizione da lui fatta contro il diritto del proprietario (c. 1141). Il tempo necessario per l'usucapione decorre dalla data in cui il titolo del possesso è stato mutato.

1165. *Applicazione di norme sulla prescrizione.* — *1.* Le disposizioni generali sulla prescrizione (c. 2934 ss.), quelle relative alle cause di sospensione e d'interruzione (c. 2941 ss.) e al computo dei termini (c. 2962 ss.) si osservano, in quanto applicabili, rispetto all'usucapione.

1166. *Inefficacia delle cause di impedimento e di sospensione rispetto al terzo possessore.* — *1.* Nell'usucapione ventennale non hanno luogo, riguardo al terzo possessore di un immobile o di un diritto reale sopra un immobile, né l'impedimento derivante da condizione o da termine (c. 2935), né le cause di sospensione indicate dall'art. 2942.

2. L'impedimento derivante da condizione o da termine e le cause di sospensione menzionate nel detto articolo non sono nemmeno opponibili al terzo possessore nella prescrizione per non uso dei diritti reali sui beni da lui posseduti (c. 954^4, 970, 1014, 1073).

1167. *Interruzione dell'usucapione per perdita di possesso.* — *1.* L'usucapione è interrotta (c. 2945) quando il possessore è stato privato del possesso per oltre un anno.

2. L'interruzione si ha come non avvenuta se

(1) Articolo aggiunto dalla l. 10 maggio 1976, n. 346, che stabilisce anche la procedura, le modalità e le agevolazioni per la regolarizzazione del titolo di proprietà.

(2) Per l'individuazione del diritto applicabile v. art. 53, l. 31 maggio 1995, n. 218, in *Leggi coll. I, 1*.

è stata proposta l'azione diretta a ricuperare il possesso (c. 1168) e questo è stato ricuperato.

CAPO III

DELLE AZIONI A DIFESA DEL POSSESSO

1168. *Azione di reintegrazione*. — *1.* Chi è stato violentemente od occultamente (c. 1170[3]) spogliato del possesso (c. 460[1], 1145[2]) può, entro l'anno dal sofferto spoglio, chiedere contro l'autore di esso la reintegrazione del possesso medesimo.

2. L'azione è concessa altresì a chi ha la detenzione della cosa (c. 1585[2]), tranne il caso che l'abbia per ragioni di servizio o di ospitalità.

3. Se lo spoglio è clandestino, il termine per chiedere la reintegrazione decorre dal giorno della scoperta dello spoglio.

4. La reintegrazione deve ordinarsi dal giudice sulla semplice notorietà del fatto, senza dilazione (p.c. 703 ss.).

1169. *Reintegrazione contro l'acquirente consapevole dello spoglio*. — *1.* La reintegrazione si può domandare anche contro chi è nel possesso in virtù di un acquisto a titolo particolare, fatto con la conoscenza dell'avvenuto spoglio.

1170. *Azione di manutenzione*. — *1.* Chi è stato molestato nel possesso (c. 460[1], 1145[3]) di un immobile, di un diritto reale sopra un immobile o di un'universalità di mobili (c. 816) può, entro l'anno dalla turbativa, chiedere la manutenzione del possesso medesimo (p.c. 703 ss.).

2. L'azione è data se il possesso dura da oltre un anno, continuo e non interrotto, e non è stato acquistato violentemente o clandestinamente. Qualora il possesso sia stato acquistato in modo violento o clandestino, l'azione può nondimeno esercitarsi, decorso un anno dal giorno in cui la violenza o la clandestinità è cessata.

3. Anche colui che ha subito uno spoglio non violento o clandestino può chiedere di essere rimesso nel possesso, se ricorrono le condizioni indicate dal comma precedente.

TITOLO IX

Della denunzia di nuova opera e di danno temuto

1171. *Denunzia di nuova opera*. — *1.* Il proprietario, il titolare di altro diritto reale di godimento o il possessore, il quale ha ragione di temere che da una nuova opera, da altri intrapresa sul proprio come sull'altrui fondo, sia per derivare danno alla cosa che forma l'oggetto del suo diritto o del suo possesso, può denunziare all'autorità giudiziaria la nuova opera, purché questa non sia terminata (c. 2645-*II*[6]) e non sia trascorso un anno dal suo inizio.

2. L'autorità giudiziaria, presa sommaria cognizione del fatto, può vietare la continuazione dell'opera, ovvero permetterla, ordinando le opportune cautele: nel primo caso, per il risarcimento del danno prodotto dalla sospensione dell'opera, qualora le opposizioni al suo proseguimento risultino infondate nella decisione del merito; nel secondo caso, per la demolizione o riduzione dell'opera e per il risarcimento del danno che possa soffrirne il denunziante, se questi ottiene sentenza favorevole, nonostante la permessa continuazione (p.c. 688 ss.).

1172. *Denunzia di danno temuto*. — *1.* Il proprietario, il titolare di altro diritto reale di godimento o il possessore, il quale ha ragione di temere che da qualsiasi edificio, albero o altra cosa sovrasti pericolo di un danno grave e prossimo alla cosa che forma l'oggetto del suo diritto o del suo possesso, può denunziare il fatto all'autorità giudiziaria e ottenere, secondo le circostanze, che si provveda per ovviare al pericolo (p.c. 688 ss.).

2. L'autorità giudiziaria, qualora ne sia il caso, dispone idonea garanzia (c. 1179) per i danni eventuali.

LIBRO QUARTO

DELLE OBBLIGAZIONI

TITOLO I

Delle obbligazioni in generale

CAPO I

Disposizioni preliminari

1173. *Fonti delle obbligazioni*. — *1.* Le obbligazioni derivano da contratto (c. 1321 ss.), da fatto illecito (c. 2043 ss.), o da ogni altro atto o fatto idoneo a produrle (c. 433 ss., 1718^{4}, 1762^{1}, 1890^{2}, 1987 ss., 2028 ss., 2033 ss., 2041 ss., 2126; l. camb. 11; l. ass. 14) in conformità dell'ordinamento giuridico.

1174. *Carattere patrimoniale della prestazione*. — *1.* La prestazione che forma oggetto dell'obbligazione deve essere suscettibile di valutazione economica e deve corrispondere a un interesse, anche non patrimoniale, del creditore (c. 648^{1}, 793^{3}, 1255, 1256^{2}, 1379, 1411).

1175. *Comportamento secondo correttezza*. — *1.* Il debitore e il creditore devono comportarsi secondo le regole della correttezza (c. 1337, 1358, 1366, 1375, 1460^{2}, 2598 n. 3) (1).

CAPO II

Dell'adempimento delle obbligazioni

Sezione I. — *Dell'adempimento in generale*

1176. *Diligenza nell'adempimento*. — *1.* Nell'adempiere l'obbligazione il debitore deve usare la diligenza del buon padre di famiglia (c. 382^{1}, 703^{4}, 1001^{2}, 1587, 1710^{1}, 1768^{1}, 1804, 1961^{2}, 2148^{2}, 2167^{2}, 2392^{1}, 2407^{1}).

2. Nell'adempimento delle obbligazioni inerenti all'esercizio di un'attività professionale, la diligenza deve valutarsi con riguardo alla natura dell'attività esercitata (c. 2104^{1}, 2174^{2}, 2224^{1}, 2236).

1177. *Obbligazione di custodire*. — *1.* L'obbligazione di consegnare una cosa determinata include quella di custodirla fino alla consegna.

1178. *Obbligazione generica*. — *1.* Quando l'obbligazione ha per oggetto la prestazione di cose determinate soltanto nel genere, il debitore deve prestare cose di qualità non inferiore alla media (c. 664).

1179. *Obbligo di garanzia*. — *1.* Chi è tenuto a dare una garanzia, senza che ne siano determinati il modo e la forma, può prestare a sua scelta un'idonea garanzia reale (c. 2784 ss.) o personale (c. 1936 ss., 1943^{1}), ovvero altra sufficiente cautela.

1180. *Adempimento del terzo*. — *1.* L'obbligazione può essere adempiuta da un terzo, anche contro la volontà del creditore, se questi non ha interesse a che il debitore esegua personalmente la prestazione.

2. Tuttavia il creditore può rifiutare l'adempimento offertogli dal terzo, se il debitore gli ha manifestato la sua opposizione.

1181. *Adempimento parziale*. — *1.* Il creditore può rifiutare un adempimento parziale anche se la prestazione è divisibile (c. 1314 ss.), salvo che la legge o gli usi dispongano diversamente (c. 1208 n. 3, 1258, 1285, 1384; l. camb. 45^{2}; l. ass. 37^{2}).

1182. *Luogo dell'adempimento*. — *1.* Se il luogo nel quale la prestazione deve essere eseguita non è determinato dalla convenzione o dagli usi e non può desumersi dalla natura della prestazione (c. 1774) o da altre circostanze, si osservano le norme che seguono.

2. L'obbligazione di consegnare una cosa certa e determinata deve essere adempiuta nel luogo in cui si trovava la cosa quando l'obbligazione è sorta (c. 1510^{1}, 1590^{4}).

3. L'obbligazione avente per oggetto una somma di danaro deve essere adempiuta al domicilio (c. 43) che il creditore ha al tempo della scadenza (c. 1498^{3}, 1834^{2}, 1843^{2}) (2). Se tale domicilio è diverso da quello che il creditore

(1) Articolo così modificato dall'art. 3.2, d.lg.lgt. 14 settembre 1944, n. 287.

(2) I pagamenti da parte dello Stato e degli altri enti pubblici sono effettuati presso gli uffici di tesoreria della amministrazione debitrice: v., per lo Stato, art. 417 ss., r.d. 23 maggio 1924, n. 827, e, per le province e i comuni, art. 216 ss., d.lg. 18 agosto 2000, n. 267.

aveva quando è sorta l'obbligazione e ciò rende più gravoso l'adempimento, il debitore, previa dichiarazione al creditore, ha diritto di eseguire il pagamento al proprio domicilio.

4. Negli altri casi l'obbligazione deve essere adempiuta al domicilio che il debitore ha al tempo della scadenza (att. c. 159).

1183. *Tempo dell'adempimento*. — *1.* Se non è determinato il tempo in cui la prestazione deve essere eseguita, il creditore può esigerla immediatamente. Qualora tuttavia, in virtù degli usi o per la natura della prestazione ovvero per il modo o il luogo dell'esecuzione, sia necessario un termine, questo, in mancanza di accordo delle parti, è stabilito dal giudice (c. 645, 1817[1]).

2. Se il termine per l'adempimento è rimesso alla volontà del debitore, spetta ugualmente al giudice di stabilirlo secondo le circostanze (c. 1817[2]); se è rimesso alla volontà del creditore, il termine può essere fissato su istanza del debitore che intende liberarsi.

1184. *Termine*. — *1.* Se per l'adempimento è fissato un termine, questo si presume a favore del debitore, qualora non risulti stabilito a favore del creditore (c. 1185, 1208 n. 4, 1457, 1771[2]) o di entrambi (c. 1563, 1816; l. camb. 46).

1185. *Pendenza del termine*. — *1.* Il creditore non può esigere la prestazione prima della scadenza, salvo che il termine sia stabilito esclusivamente a suo favore (c. 1184).

2. Tuttavia il debitore non può ripetere (c. 2033) ciò che ha pagato anticipatamente, anche se ignorava l'esistenza del termine. In questo caso però egli può ripetere, nei limiti della perdita subita, ciò di cui il creditore si è arricchito per effetto del pagamento anticipato (c. 2041[1]).

1186. *Decadenza dal termine*. — *1.* Quantunque il termine sia stabilito a favore del debitore, il creditore può esigere immediatamente la prestazione se il debitore è divenuto insolvente o ha diminuito, per fatto proprio, le garanzie che aveva date (c. 2743, 2813) o non ha dato le garanzie che aveva promesse.

1187. *Computo del termine*. — *1.* Il termine fissato per l'adempimento delle obbligazioni è computato secondo le disposizioni dell'art. 2963 (l. camb. 41, 97; l. ass. 79).

2. La disposizione relativa alla proroga del termine che scade in giorno festivo si osserva se non vi sono usi diversi (l. camb. 96; l. ass. 78).

3. È salva in ogni caso una diversa pattuizione.

1188. *Destinatario del pagamento*. — *1.* Il pagamento (c. *1321*) deve essere fatto al creditore (c. 1000) o al suo rappresentante (c. 1387 ss.), ovvero alla persona indicata dal creditore o autorizzata dalla legge (p.c. 494[1]) o dal giudice a riceverlo (c. 1208 n. 1).

2. Il pagamento fatto a chi non era legittimato a riceverlo libera il debitore, se il creditore lo ratifica (c. 1399) o se ne ha approfittato (c. 1190).

1189. *Pagamento al creditore apparente*. — *1.* Il debitore che esegue il pagamento a chi appare legittimato a riceverlo (c. *1396*) in base a circostanze univoche, è liberato se prova di essere stato in buona fede (c. 534[2], 1264[2], 1836, 1992[2], 2559).

2. Chi ha ricevuto il pagamento è tenuto alla restituzione verso il vero creditore, secondo le regole stabilite per la ripetizione dell'indebito (c. 2033 ss.).

1190. *Pagamento al creditore incapace*. — *1.* Il pagamento fatto al creditore incapace di riceverlo non libera il debitore, se questi non prova che ciò che fu pagato è stato rivolto a vantaggio dell'incapace (c. 1188[2], 1443, 1769, 2039, 2041).

1191. *Pagamento eseguito da un incapace*. — *1.* Il debitore che ha eseguito la prestazione dovuta non può impugnare il pagamento a causa della propria incapacità (c. 1933[2], 2034[1], *2940*).

1192. *Pagamento eseguito con cose altrui*. — *1.* Il debitore non può impugnare il pagamento

Sulle condizioni per il pagamento l'art. 48-*bis*, d.p.r. 29 settembre 1973, n. 602, introdotto dall'art. 2.9, d.l. 3 ottobre 2006, n. 262, conv. in l. 24 novembre 2006, n. 286, e successivamente modificato dall'art. 19, d.l. 1° ottobre 2007, n. 159, conv. in l. 29 novembre 2007, n. 222, così dispone: «1. A decorrere dalla data di entrata in vigore del regolamento di cui al comma 2, le amministrazioni pubbliche di cui all'art. 1, comma 2, del d.lg. 30 marzo 2001, n. 165, e le società a prevalente partecipazione pubblica, prima di effettuare, a qualunque titolo, il pagamento di un importo superiore a diecimila euro, verificano, anche in via telematica, se il beneficiario è inadempiente all'obbligo di versamento derivante dalla notifica di una o più cartelle di pagamento per un ammontare complessivo pari almeno a tale importo e, in caso affermativo, non procedono al pagamento e segnalano la circostanza all'agente della riscossione competente per territorio, ai fini dell'esercizio dell'attività di riscossione delle somme iscritte a ruolo. || 2. Con regolamento del Ministro dell'economia e delle finanze, da adottare ai sensi dell'art. 17, comma 3, della l. 23 agosto 1988, n. 400, sono stabilite le modalità di attuazione delle disposizioni di cui al comma 1. || 2-*bis*. Con decreto di natura non regolamentare del Ministro dell'economia e delle finanze, l'importo di cui al comma 1 può essere aumentato, in misura comunque non superiore al doppio, ovvero diminuito». Per il regolamento di attuazione v. d.m. Economia e Finanze 18 gennaio 2008, n. 40, in G.U., 14 marzo 2008, n. 63.

eseguito con cose di cui non poteva disporre, salvo che offra di eseguire la prestazione dovuta con cose di cui può disporre.

2. Il creditore che ha ricevuto il pagamento in buona fede (c. 1147, 1153, 1479) può impugnarlo, salvo il diritto al risarcimento del danno (c. 1218).

1193. *Imputazione del pagamento. — 1.* Chi ha più debiti della medesima specie verso la stessa persona può dichiarare, quando paga, quale debito intende soddisfare.

2. In mancanza di tale dichiarazione, il pagamento deve essere imputato al debito scaduto; tra più debiti scaduti, a quello meno garantito; tra più debiti ugualmente garantiti, al più oneroso per il debitore; tra più debiti ugualmente onerosi, al più antico. Se tali criteri non soccorrono, l'imputazione è fatta proporzionalmente ai vari debiti (c. 1249).

1194. *Imputazione del pagamento agli interessi. — 1.* Il debitore non può imputare il pagamento al capitale, piuttosto che agli interessi e alle spese, senza il consenso del creditore.

2. Il pagamento fatto in conto di capitale e d'interessi deve essere imputato prima agli interessi (c. 1199[2]).

1195. *Quietanza con imputazione. — 1.* Chi, avendo più debiti, accetta una quietanza nella quale il creditore ha dichiarato di imputare il pagamento a uno di essi, non può pretendere un'imputazione diversa, se non vi è stato dolo (c. 1439[1]) o sorpresa da parte del creditore.

1196. *Spese del pagamento. — 1.* Le spese del pagamento sono a carico del debitore (c. 672, 1215, 1475, 1510[2], 1774[2]).

1197. *Prestazione in luogo dell'adempimento. — 1.* Il debitore non può liberarsi eseguendo una prestazione diversa da quella dovuta, anche se di valore uguale o maggiore, salvo che il creditore consenta. In questo caso l'obbligazione si estingue quando la diversa prestazione è eseguita (c. *659*).

2. Se la prestazione consiste nel trasferimento della proprietà o di un altro diritto, il debitore è tenuto alla garanzia per l'evizione e per i vizi della cosa secondo le norme della vendita (c. 1483 ss., 1490 ss.), salvo che il creditore preferisca esigere la prestazione originaria e il risarcimento del danno.

3. In ogni caso non rivivono le garanzie prestate dai terzi (c. 2881).

1198. *Cessione di un credito in luogo dell'adempimento. — 1.* Quando in luogo dell'adempimento è ceduto un credito, l'obbligazione si estingue con la riscossione del credito (c. 2928), se non risulta una diversa volontà delle parti.

2. È salvo quanto è disposto dal secondo comma dell'art. 1267.

1199. *Diritto del debitore alla quietanza. — 1.* Il creditore che riceve il pagamento deve, a richiesta e a spese del debitore, rilasciare quietanza e farne annotazione sul titolo, se questo non è restituito al debitore (c. 2213[2], 2704[3], 2726).

2. Il rilascio di una quietanza per il capitale fa presumere il pagamento degli interessi (c. 1194[2]).

1200. *Liberazione dalle garanzie. — 1.* Il creditore che ha ricevuto il pagamento deve consentire la liberazione dei beni dalle garanzie reali (c. 2784 ss.) date per il credito e da ogni altro vincolo che comunque ne limiti la disponibilità (c. 1208[2]).

Sezione II. — *Del pagamento con surrogazione*

1201. *Surrogazione per volontà del creditore. — 1.* Il creditore, ricevendo il pagamento da un terzo (c. 1180), può surrogarlo nei propri diritti (c. 754[1], 2843). La surrogazione deve essere fatta in modo espresso e contemporaneamente al pagamento.

1202. *Surrogazione per volontà del debitore. — 1.* Il debitore, che prende a mutuo (c. 1813 ss.) una somma di danaro o altra cosa fungibile al fine di pagare il debito, può surrogare il mutuante nei diritti del creditore, anche senza il consenso di questo.

2. La surrogazione ha effetto quando concorrono le seguenti condizioni:

1) che il mutuo e la quietanza risultino da atto avente data certa (c. 2704);

2) che nell'atto di mutuo sia indicata espressamente la specifica destinazione della somma mutuata;

3) che nella quietanza si menzioni la dichiarazione del debitore circa la provenienza della somma impiegata nel pagamento. Sulla richiesta del debitore, il creditore non può rifiutarsi di inserire nella quietanza tale dichiarazione (1).

1203. *Surrogazione legale. — 1.* La surrogazione ha luogo di diritto nei seguenti casi:

1) a vantaggio di chi, essendo creditore, ancorché chirografario, paga un altro creditore che ha diritto di essergli preferito in ragione dei suoi privilegi (c. 2745 ss.), del suo pegno (c. 2784 ss.) o delle sue ipoteche (c. 2808 ss.);

(1) V. inoltre l'art. 8, d.l. 31 gennaio 2007, n. 7, conv. in l. 2 aprile 2007, n. 40, come modificato dall'art. 2.450, l. 24 dicembre 2007, n. 244, in *Leggi coll. XXI, 4.*

2) a vantaggio dell'acquirente di un immobile che, fino alla concorrenza del prezzo di acquisto, paga uno o più creditori a favore dei quali l'immobile è ipotecato (c. 2866);

3) a vantaggio di colui che, essendo tenuto con altri o per altri al pagamento del debito, aveva interesse di soddisfarlo (c. 1299, 1949);

4) a vantaggio dell'erede con beneficio d'inventario (c. 484 ss.), che paga con danaro proprio i debiti (c. 490 n. 2) ereditari;

5) negli altri casi stabiliti dalla legge (c. 756, 971⁴, 1259, 1762, 1776, 1780², 1796², 1916, 2036³, 2038¹, 2856, 2866, 2869, 2871²; l. camb. 82).

1204. *Terzi garanti.* — *1.* La surrogazione contemplata nei precedenti articoli ha effetto anche contro i terzi che hanno prestato garanzia per il debitore.

2. Se il credito è garantito da pegno, si osserva la disposizione del secondo comma dell'art. 1263.

1205. *Surrogazione parziale.* — *1.* Se il pagamento è parziale (c. 1181), il terzo surrogato e il creditore concorrono nei confronti del debitore in proporzione di quanto è loro dovuto, salvo patto contrario.

Sezione III. — *Della mora del creditore*

1206. *Condizioni.* — *1.* Il creditore è in mora quando, senza motivo legittimo, non riceve il pagamento offertogli nei modi indicati dagli articoli seguenti o non compie quanto è necessario affinché il debitore possa adempiere l'obbligazione (att. c. 160).

1207. *Effetti.* — *1.* Quando il creditore è in mora, è a suo carico l'impossibilità della prestazione sopravvenuta per causa non imputabile al debitore (c. 1256 ss., 1673). Non sono più dovuti gli interessi (c. 1282) né i frutti della cosa (c. 820) che non siano stati percepiti dal debitore.

2. Il creditore è pure tenuto a risarcire i danni derivati dalla sua mora e a sostenere le spese per la custodia e la conservazione della cosa dovuta.

3. Gli effetti della mora si verificano dal giorno dell'offerta (c. 1208), se questa è successivamente dichiarata valida con sentenza passata in giudicato (p.c. 324) o se è accettata dal creditore.

1208. *Requisiti per la validità dell'offerta.* — *1.* Affinché l'offerta sia valida è necessario (c. 1214, 1220):

1) che sia fatta al creditore capace di ricevere o a chi ha la facoltà di ricevere per lui (c. 1188 ss.);

2) che sia fatta da persona che può validamente adempiere (c. 1191);

3) che comprenda la totalità della somma o delle cose dovute, dei frutti o degli interessi e delle spese liquide, e una somma per le spese non liquide, con riserva di un supplemento, se è necessario (c. 1181);

4) che il termine sia scaduto, se stipulato in favore del creditore (c. 1184);

5) che si sia verificata la condizione dalla quale dipende l'obbligazione (c. 1353 ss.);

6) che l'offerta sia fatta alla persona del creditore o nel suo domicilio (c. 1182);

7) che l'offerta sia fatta da un ufficiale pubblico a ciò autorizzato (att. c. 73 ss.).

2. Il debitore può subordinare l'offerta al consenso del creditore necessario per liberare i beni dalle garanzie reali (c. 2784 ss.) o da altri vincoli che comunque ne limitano la disponibilità (c. 1200).

1209. *Offerta reale e offerta per intimazione.* — *1.* Se l'obbligazione ha per oggetto danaro (c. 1277 ss.), titoli di credito (c. 1992 ss.), ovvero cose mobili da consegnare al domicilio del creditore, l'offerta deve essere reale (att. c. 73¹, 74).

2. Se si tratta invece di cose mobili da consegnare in luogo diverso (c. 1182², 1510), l'offerta consiste nell'intimazione al creditore di riceverle, fatta mediante atto a lui notificato nelle forme prescritte per gli atti di citazione (c. 1214, 1216; att. c. 73², 75; p.c. 137 ss.).

1210. *Facoltà di deposito e suoi effetti liberatori.* — *1.* Se il creditore rifiuta di accettare l'offerta reale (c. 1209¹) o non si presenta per ricevere le cose offertegli mediante intimazione (c. 1209²), il debitore può eseguire il deposito (c. 1514; att. c. 77, 78).

2. Eseguito il deposito, quando questo è accettato dal creditore o è dichiarato valido con sentenza passata in giudicato (p.c. 324), il debitore non può più ritirarlo (c. 1213) ed è liberato dalla sua obbligazione.

1211. *Cose deperibili o di dispendiosa custodia.* — *1.* Se le cose non possono essere conservate o sono deteriorabili, oppure se le spese della loro custodia sono eccessive, il debitore, dopo l'offerta reale o l'intimazione di ritirarle, può farsi autorizzare dal giudice di pace (1) a venderle nei modi stabiliti per le cose pignorate e a depositarne il prezzo (c. 2797; p.c. 529 ss.).

(1) Le parole «giudice di pace» sono state così sostituite alla precedente «tribunale» dall'art. 27.2, lett. b, n. 1, d.lg. 13 luglio 2017, n. 116. In base all'art. 32.3, d.lg. cit., tali disposizioni «entrano in vigore il 31 ottobre 2021».

1212. *Requisiti del deposito.* — *1.* Per la validità del deposito è necessario:

1) che sia stato preceduto da un'intimazione notificata al creditore e contenente l'indicazione del giorno, dell'ora e del luogo in cui la cosa offerta sarà depositata (att. c. 74^{4});

2) che il debitore abbia consegnato la cosa, con gli interessi e i frutti dovuti fino al giorno dell'offerta (c. 1207), nel luogo indicato dalla legge o, in mancanza, dal giudice;

3) che sia redatto dal pubblico ufficiale un processo verbale da cui risulti la natura delle cose offerte, il rifiuto di riceverle da parte del creditore o la sua mancata comparizione, e infine il fatto del deposito (att. c. 78);

4) che, in caso di non comparizione del creditore, il processo verbale di deposito gli sia notificato con l'invito a ritirare la cosa depositata (att. c. 73^{1}).

2. Il deposito che ha per oggetto somme di danaro può eseguirsi anche presso un istituto di credito (att. c. 73^{1}, 76, 251; l. camb. 48).

1213. *Ritiro del deposito.* — *1.* Il deposito non produce effetto se il debitore lo ritira prima che sia stato accettato dal creditore o prima che sia stato riconosciuto valido con sentenza passata in giudicato (c. 1210; p.c. 324).

2. Se, dopo l'accettazione del deposito o il passaggio in giudicato della sentenza che lo dichiara valido, il creditore consente che il debitore ritiri il deposito, egli non può più rivolgersi contro i condebitori e i fideiussori, né valersi dei privilegi, del pegno e delle ipoteche che garantivano il credito (c. 2878).

1214. *Offerta secondo gli usi e deposito.* — *1.* Se il debitore ha offerto la cosa dovuta nelle forme d'uso anziché in quelle prescritte dagli articoli 1208 e 1209, gli effetti della mora si verificano dal giorno in cui egli esegue il deposito a norma dell'art. 1212 (att. c. 73^{1}, 77), se questo è accettato dal creditore o è dichiarato valido con sentenza passata in giudicato (p.c. 324).

1215. *Spese.* — *1.* Quando l'offerta reale e il deposito sono validi, le spese occorse sono a carico del creditore (c. 1196).

1216. *Intimazione di ricevere la consegna di un immobile.* — *1.* Se deve essere consegnato un immobile, l'offerta consiste nella intimazione al creditore di prenderne possesso. L'intimazione deve essere fatta nella forma prescritta dal secondo comma dell'art. 1209 (att. c. 73^{2}, 75; p.c. 137 ss.).

2. Il debitore, dopo l'intimazione al creditore, può ottenere dal giudice la nomina di un sequestratario. In questo caso egli è liberato dal momento in cui ha consegnato al sequestratario la cosa dovuta (att. c. 79).

1217. *Obbligazioni di fare.* — *1.* Se la prestazione consiste in un fare, il creditore è costituito in mora mediante l'intimazione di ricevere la prestazione o di compiere gli atti che sono da parte sua necessari per renderla possibile (att. c. 80).

2. L'intimazione può essere fatta nelle forme d'uso.

CAPO III

DELL'INADEMPIMENTO DELLE OBBLIGAZIONI

1218. *Responsabilità del debitore.* — *1.* Il debitore che non esegue (c. 1228) esattamente la prestazione dovuta (c. 1176 ss.) è tenuto al risarcimento del danno (c. 1223 ss., 1229, 1307, 1453 ss., 2740; att. c. 160) se non prova che l'inadempimento o il ritardo è stato determinato da impossibilità della prestazione (c. 1256, 1257) derivante da causa a lui non imputabile (c. 1494, 1557, 1578^{2}, 1588, 1611, 1618, 1668, 1673^{1}, 1681, 1693, 1710, 1768, 1785, 1787, 1804 ss., 1821, 1836, 1915, 1924, 2104, 2236).

1219. *Costituzione in mora.* — *1.* Il debitore è costituito in mora (c. 2943^{4}) mediante intimazione o richiesta fatta per iscritto (c. 1308, 1334, 1335; att. c. 160).

2. Non è necessaria la costituzione in mora:

1) quando il debito deriva da fatto illecito (c. 2043 ss.);

2) quando il debitore ha dichiarato per iscritto di non volere eseguire l'obbligazione (c. 1460);

3) quando è scaduto il termine (c. 1183 ss.), se la prestazione deve essere eseguita al domicilio del creditore (c. 1182^{3}). Se il termine scade dopo la morte del debitore, gli eredi non sono costituiti in mora che mediante intimazione o richiesta fatta per iscritto, e decorsi otto giorni dall'intimazione o dalla richiesta (1).

1220. *Offerta non formale.* — *1.* Il debitore non può essere considerato in mora, se tempestivamente ha fatto offerta della prestazione dovuta, anche senza osservare le forme indicate nella sezione III del precedente capo (c. 1208 ss.), a meno che il creditore l'abbia rifiutata per un motivo legittimo.

1221. *Effetti della mora sul rischio.* — *1.* Il debitore che è in mora non è liberato per la sopravvenuta impossibilità della prestazione

(1) Sui ritardi di pagamento nelle «transazioni commerciali», v. d.lg. 9 ottobre 2002, n. 231, in *Leggi coll. IV, 9*; sui pagamenti della pubblica amministrazione v. d.l. 8 aprile 2013, n. 35, conv. in l. 6 giugno 2013, n. 64.

derivante da causa a lui non imputabile, se non prova che l'oggetto della prestazione sarebbe ugualmente perito presso il creditore (c. 1805[2]).

2. In qualunque modo sia perita o smarrita una cosa illecitamente sottratta, la perdita di essa non libera chi l'ha sottratta dall'obbligo di restituirne il valore.

1222. *Inadempimento di obbligazioni negative.* — *1.* Le disposizioni sulla mora non si applicano alle obbligazioni di non fare; ogni fatto compiuto in violazione di queste costituisce di per sé inadempimento.

1223. *Risarcimento del danno.* — *1.* Il risarcimento del danno per l'inadempimento o per il ritardo deve comprendere così la perdita subita dal creditore come il mancato guadagno (c. 1905[2], 2056[2]), in quanto ne siano conseguenza immediata e diretta (c. 1225, 1382, 1479[2], 1515[4], 1516[2], 1518, 1589, 1591, 1696, 1905, 2056).

1224. *Danni nelle obbligazioni pecuniarie.* — *1.* Nelle obbligazioni che hanno per oggetto una somma di danaro (c. 1277 ss.), sono dovuti dal giorno della mora gli interessi legali (c. 1284), anche se non erano dovuti precedentemente e anche se il creditore non prova di aver sofferto alcun danno. Se prima della mora erano dovuti interessi in misura superiore a quella legale (c. 1284[3]), gli interessi moratori sono dovuti nella stessa misura (c. 1950[3]).

2. Al creditore che dimostra di aver subito un danno maggiore spetta l'ulteriore risarcimento (p.c. 429[3]). Questo non è dovuto se è stata convenuta la misura degli interessi moratori (1).

1225. *Prevedibilità del danno.* — *1.* Se l'inadempimento o il ritardo non dipende da dolo del debitore (c. 1479[3]), il risarcimento è limitato al danno che poteva prevedersi nel tempo in cui è sorta l'obbligazione.

1226. *Valutazione equitativa del danno.* — *1.* Se il danno non può essere provato nel suo preciso ammontare, è liquidato dal giudice con valutazione equitativa (c. 2056).

1227. *Concorso del fatto colposo del creditore.* — *1.* Se il fatto colposo del creditore ha concorso a cagionare il danno, il risarcimento è diminuito secondo la gravità della colpa e l'entità delle conseguenze che ne sono derivate (c. 2056).

2. Il risarcimento non è dovuto per i danni che il creditore avrebbe potuto evitare usando l'ordinaria diligenza (c. 1914[1], 2056).

1228. *Responsabilità per fatto degli ausiliari.* — *1.* Salva diversa volontà delle parti, il debitore che nell'adempimento dell'obbligazione si vale dell'opera di terzi, risponde anche dei fatti dolosi o colposi di costoro (c. 1229[2], 1670, 1717, 1785-*II*, *2049*).

1229. *Clausole di esonero da responsabilità.* — *1.* È nullo (c. *1419*[1]) qualsiasi patto che esclude o limita preventivamente la responsabilità del debitore per dolo o per colpa grave (c. 1341[2], 1382, 1490[2], 1579, 1681[2], 1694, 1713[2], 1785-*IV*, 1838[4]).

2. È nullo altresì qualsiasi patto preventivo di esonero o di limitazione di responsabilità per i casi in cui il fatto del debitore o dei suoi ausiliari costituisca violazione di obblighi derivanti da norme di ordine pubblico (c. 1580).

CAPO IV

Dei modi di estinzione delle obbligazioni diversi dall'adempimento

Sezione I. — *Della novazione*

1230. *Novazione oggettiva.* — *1.* L'obbligazione si estingue quando le parti sostituiscono all'obbligazione originaria una nuova obbligazione con oggetto o titolo diverso.

2. La volontà di estinguere l'obbligazione precedente deve risultare in modo non equivoco (l. camb. 66; l. ass. 58).

1231. *Modalità che non importano novazione.* — *1.* Il rilascio di un documento o la sua rinnovazione, l'apposizione o l'eliminazione di un termine e ogni altra modificazione accessoria dell'obbligazione non producono novazione.

1232. *Privilegi, pegno e ipoteche.* — *1.* I privilegi (c. 2745 ss.), il pegno (c. 2784 ss.) e le ipoteche (c. 2808 ss.) del credito originario si estinguono, se le parti non convengono espressamente di mantenerli per il nuovo credito (c. 2878 n. 3).

(1) Per la rivalutazione dei crediti di lavoro v. art. 429.3 c.p.c. Gli enti previdenziali sono tenuti a corrispondere gli interessi legali sulle prestazioni dovute, e l'importo degli interessi va dedotto dall'eventuale maggior danno da svalutazione: art. 16.6, l. 30 dicembre 1991, n. 412, come modificato dall'art. 1.783, l. 27 dicembre 2006, n. 296; l'art. 22.36, l. 23 dicembre 1994, n. 724, che ha esteso l'applicazione dell'art. 16.6, l. 412/1991 cit. «anche agli emolumenti di natura retributiva, pensionistica ed assistenziale, per i quali non sia maturato il diritto alla percezione entro il 31 dicembre 1994, spettanti ai dipendenti pubblici e privati in attività di servizio o in quiescenza», è stato dichiarato costituzionalmente illegittimo dalla Corte cost., con sentenza 2 novembre 2000, n. 459, limitatamente alle parole «e privati». Per la considerazione della svalutazione monetaria v. art. 20, l. 3 maggio 1982, n. 203, in *Leggi coll. VII, 6.*

1233. *Riserva delle garanzie nelle obbligazioni solidali.* — *1.* Se la novazione si effettua tra il creditore e uno dei debitori in solido (c. 1292 ss.) con effetto liberatorio per tutti (c. 1300), i privilegi, il pegno e le ipoteche del credito anteriore possono essere riservati soltanto sui beni del debitore che fa la novazione.

1234. *Inefficacia della novazione.* — *1.* La novazione è senza effetto, se non esisteva l'obbligazione originaria (c. 1325 n. 2, 1418).

2. Qualora l'obbligazione originaria derivi da un titolo annullabile (c. 1425 ss.), la novazione è valida se il debitore ha assunto validamente il nuovo debito conoscendo il vizio del titolo originario (c. 1444).

1235. *Novazione soggettiva.* — *1.* Quando un nuovo debitore è sostituito a quello originario che viene liberato, si osservano le norme contenute nel capo VI di questo titolo (c. 1268 ss.).

Sezione II. — *Della remissione*

1236. *Dichiarazione di remissione del debito.* — *1.* La dichiarazione del creditore di rimettere il debito estingue l'obbligazione quando è comunicata al debitore (c. *658*), salvo che questi dichiari in un congruo termine di non volerne profittare (c. 1301, 1333, 2113, 2726).

1237. *Restituzione volontaria del titolo.* — *1.* La restituzione volontaria del titolo originale del credito, fatta dal creditore al debitore, costituisce prova della liberazione anche rispetto ai condebitori in solido (c. 1301).

2. Se il titolo del credito è in forma pubblica (c. 2699), la consegna volontaria della copia spedita in forma esecutiva (c. 2714; p.c. 475) fa presumere la liberazione, salva la prova contraria.

1238. *Rinunzia alle garanzie.* — *1.* La rinunzia alle garanzie dell'obbligazione non fa presumere la remissione del debito.

1239. *Fideiussori.* — *1.* La remissione accordata al debitore principale libera i fideiussori (c. 1936 ss.).

2. La remissione accordata a uno dei fideiussori non libera gli altri che per la parte del fideiussore liberato. Tuttavia se gli altri fideiussori hanno consentito la liberazione, essi rimangono obbligati per l'intero.

1240. *Rinunzia a una garanzia verso corrispettivo.* — *1.* Il creditore che ha rinunziato, verso corrispettivo, alla garanzia prestata da un terzo deve imputare al debito principale quanto ha ricevuto, a beneficio del debitore e di coloro che hanno prestato garanzia per l'adempimento dell'obbligazione.

Sezione III. — *Della compensazione*

1241. *Estinzione per compensazione.* — *1.* Quando due persone sono obbligate l'una verso l'altra, i due debiti si estinguono per le quantità corrispondenti, secondo le norme degli articoli che seguono (c. 1302, 1853, 1930, 1931, 2271).

1242. *Effetti della compensazione.* — *1.* La compensazione estingue i due debiti dal giorno della loro coesistenza. Il giudice non può rilevarla d'ufficio.

2. La prescrizione (c. 2934 ss.) non impedisce la compensazione, se non era compiuta quando si è verificata la coesistenza dei due debiti.

1243. *Compensazione legale e giudiziale.* — *1.* La compensazione si verifica solo tra due debiti che hanno per oggetto una somma di danaro o una quantità di cose fungibili dello stesso genere e che sono ugualmente liquidi ed esigibili.

2. Se il debito opposto in compensazione non è liquido ma è di facile e pronta liquidazione, il giudice può dichiarare la compensazione per la parte del debito che riconosce esistente, e può anche sospendere la condanna per il credito liquido fino all'accertamento del credito opposto in compensazione.

1244. *Dilazione.* — *1.* La dilazione concessa gratuitamente dal creditore non è di ostacolo alla compensazione.

1245. *Debiti non pagabili nello stesso luogo.* — *1.* Quando i due debiti non sono pagabili nello stesso luogo, si devono computare le spese del trasporto al luogo del pagamento (c. 1196).

1246. *Casi in cui la compensazione non si verifica.* — *1.* La compensazione si verifica qualunque sia il titolo dell'uno o dell'altro debito, eccettuati i casi:

1) di credito per la restituzione di cose di cui il proprietario sia stato ingiustamente spogliato (c. 1168);

2) di credito per la restituzione di cose depositate (c. 1766 ss.) o date in comodato (c. 1803 ss.);

3) di credito dichiarato impignorabile (p.c. 545);

4) di rinunzia alla compensazione fatta preventivamente dal debitore;

5) di divieto stabilito dalla legge (c. 447^2, 1272^3, 2271).

1247. *Compensazione opposta da terzi garanti.* — *1.* Il fideiussore può opporre in compensazione il debito che il creditore ha verso il debitore principale (c. 1945).

2. Lo stesso diritto spetta al terzo che ha costituito un'ipoteca (c. 2808 ss., 2859, 2870) o un pegno (c. 2784 ss.).

1248. *Inopponibilità della compensazione*. — *1.* Il debitore, se ha accettato puramente e semplicemente la cessione che il creditore ha fatta delle sue ragioni a un terzo (c. 1264), non può opporre al cessionario la compensazione che avrebbe potuto opporre al cedente (c. 1272^3, 1409, 2805).

2. La cessione non accettata dal debitore, ma a questo notificata (c. 1264), impedisce la compensazione dei crediti sorti posteriormente alla notificazione.

1249. *Compensazione di più debiti*. — *1.* Quando una persona ha verso un'altra più debiti compensabili, si osservano per la compensazione le disposizioni del secondo comma dell'art. 1193.

1250. *Compensazione rispetto ai terzi*. — *1.* La compensazione non si verifica in pregiudizio dei terzi che hanno acquistato diritti di usufrutto (c. 1000 ss.) o di pegno (c. 2784 ss.) su uno dei crediti (c. 1830, 2917).

1251. *Garanzie annesse al credito*. — *1.* Chi ha pagato un debito mentre poteva invocare la compensazione non può più valersi, in pregiudizio dei terzi, dei privilegi e delle garanzie a favore del suo credito, salvo che abbia ignorato l'esistenza di questo per giusti motivi.

1252. *Compensazione volontaria*. — *1.* Per volontà delle parti può aver luogo compensazione anche se non ricorrono le condizioni previste dagli articoli precedenti.

2. Le parti possono anche stabilire preventivamente le condizioni di tale compensazione.

Sezione IV. — *Della confusione*

1253. *Effetti della confusione*. — *1.* Quando le qualità di creditore e di debitore si riuniscono nella stessa persona, l'obbligazione si estingue (c. 1014 n. 2, 1072, 1303), e i terzi che hanno prestato garanzia per il debitore sono liberati (c. 1945).

1254. *Confusione rispetto ai terzi*. — *1.* La confusione non opera in pregiudizio dei terzi che hanno acquistato diritti di usufrutto (c. 1000) o di pegno (c. 2800) sul credito.

1255. *Riunione delle qualità di fideiussore e di debitore*. — *1.* Se nella medesima persona si riuniscono le qualità di fideiussore e di debitore principale, la fideiussione resta in vita (c. 1945), purché il creditore vi abbia interesse (c. 1174).

Sezione V. — *Dell'impossibilità sopravvenuta per causa non imputabile al debitore*

1256. *Impossibilità definitiva e impossibilità temporanea*. — *1.* L'obbligazione si estingue quando, per una causa non imputabile al debitore, la prestazione diventa impossibile (c. 673^2, 994^2, 1207, 1218, 1221, 1288, 1463 ss., 1588, 1780^1, 1818, 2175).

2. Se l'impossibilità è solo temporanea, il debitore, finché essa perdura, non è responsabile del ritardo nell'adempimento. Tuttavia l'obbligazione si estingue se l'impossibilità perdura fino a quando, in relazione al titolo dell'obbligazione o alla natura dell'oggetto, il debitore non può più essere ritenuto obbligato a eseguire la prestazione ovvero il creditore non ha più interesse a conseguirla (c. 1174).

1257. *Smarrimento di cosa determinata*. — *1.* La prestazione che ha per oggetto una cosa determinata si considera divenuta impossibile anche quando la cosa è smarrita senza che possa esserne provato il perimento.

2. In caso di successivo ritrovamento della cosa (c. 927 ss.), si applicano le disposizioni del secondo comma dell'articolo precedente.

1258. *Impossibilità parziale*. — *1.* Se la prestazione è divenuta impossibile solo in parte, il debitore si libera dall'obbligazione eseguendo la prestazione per la parte che è rimasta possibile (c. 1181, 1464, 2175).

2. La stessa disposizione si applica quando, essendo dovuta una cosa determinata, questa ha subito un deterioramento, o quando residua alcunché dal perimento totale della cosa.

1259. *Subingresso del creditore nei diritti del debitore*. — *1.* Se la prestazione che ha per oggetto una cosa determinata è divenuta impossibile, in tutto o in parte, il creditore subentra nei diritti spettanti al debitore in dipendenza del fatto che ha causato l'impossibilità (c. 1203), e può esigere dal debitore la prestazione di quanto questi abbia conseguito a titolo di risarcimento (c. 1780^2, 2742).

CAPO V

DELLA CESSIONE DEI CREDITI (1)

1260. *Cedibilità dei crediti*. — *1.* Il creditore può trasferire a titolo oneroso o gratuito il suo credito (c. 1198, 1858), anche senza il consenso

(1) Sulla cessione dei crediti d'impresa v. l. 21 febbraio 1991, n. 52, in *Leggi coll. IV, 1.*

del debitore, purché il credito non abbia carattere strettamente personale o il trasferimento non sia vietato dalla legge (c. 447) (1).

2. Le parti possono escludere la cedibilità del credito (c. 1379, 1823), ma il patto non è opponibile al cessionario, se non si prova che egli lo conosceva al tempo della cessione.

1261. *Divieti di cessione.* — *1.* I magistrati dell'ordine giudiziario, i funzionari delle cancellerie e segreterie giudiziarie, gli ufficiali giudiziari, gli avvocati, i procuratori, i patrocinatori (c. 2233^{3}) e i notai non possono, neppure per interposta persona, rendersi cessionari di diritti sui quali è sorta contestazione davanti l'autorità giudiziaria di cui fanno parte o nella cui giurisdizione esercitano le loro funzioni, sotto pena di nullità e dei danni (c. 1389^{2}).

2. La disposizione del comma precedente non si applica alle cessioni di azioni ereditarie tra coeredi, né a quelle fatte in pagamento di debiti o per difesa di beni posseduti dal cessionario.

1262. *Documenti probatori del credito.* — *1.* Il cedente deve consegnare al cessionario i documenti probatori del credito che sono in suo possesso (c. 1477^{3}; l. camb. 25^{2}).

2. Se è stata ceduta solo una parte del credito, il cedente è tenuto a dare al cessionario una copia autentica dei documenti.

1263. *Accessori del credito.* — *1.* Per effetto della cessione, il credito è trasferito al cessionario con i privilegi (c. 2745 ss.), con le garanzie personali (c. 1936 ss.) e reali (c. 2784 ss., 2843) e con gli altri accessori (l. camb. 25).

2. Il cedente non può trasferire al cessionario, senza il consenso del costituente, il possesso della cosa ricevuta in pegno; in caso di dissenso, il cedente rimane custode del pegno (c. 1204^{2}).

3. Salvo patto contrario, la cessione non comprende i frutti scaduti (c. 821^{3}).

1264. *Efficacia della cessione riguardo al debitore ceduto.* — *1.* La cessione ha effetto nei confronti del debitore ceduto quando questi l'ha accettata o quando gli è stata notificata (c. 1248^{2}, 1407^{1}, 2914 n. 2).

2. Tuttavia, anche prima della notificazione, il debitore che paga al cedente non è liberato, se il cessionario prova che il debitore medesimo era a conoscenza dell'avvenuta cessione (c. 1189, 1978^{2}, 2559) (2).

1265. *Efficacia della cessione riguardo ai terzi.* — *1.* Se il medesimo credito ha formato oggetto di più cessioni a persone diverse, prevale la cessione notificata per prima al debitore, o quella che è stata prima accettata dal debitore con atto di data certa (c. 2704), ancorché essa sia di data posteriore (c. 1155, 1380, 1991, 2644).

2. La stessa norma si osserva quando il credito ha formato oggetto di costituzione di usufrutto (c. 1000) o di pegno (c. 1978^{2}, 2800 ss., 2914 n. 2).

(1) Per i limiti alla cedibilità di stipendi, salari e pensioni dei dipendenti dalle pubbliche amministrazioni v. d.p.r. 5 gennaio 1950, n. 180.

Sono incedibili i crediti per assegni familiari: art. 22, d.p.r. 30 maggio 1955, n. 797, nonché i crediti dei partiti politici ai contributi statali: art. 6, l. 2 maggio 1974, n. 195, modificato dall'art. 39-*quaterdecies*, d.l. 30 dicembre 2005, n. 273, conv. in l. 23 febbraio 2006, n. 51.

Sulla cessione dei crediti nei confronti della Pubblica Amministrazione v. art. 9, l. 20 marzo 1865, n. 2248, all. E, per la necessità dell'adesione della P.A. alla cessione; nonché art. 69, r.d. 18 novembre 1923, n. 2440, modificato dall'art. 3.5-*decies*, d.l. 9 settembre 2005, n. 182, conv. in l. 11 novembre 2005, n. 231, per la necessità dell'atto pubblico o della scrittura privata autenticata e della notificazione. Sulla certificazione da parte delle Regioni e degli enti locali che il credito è certo, liquido ed esigibile ai fini della cessione pro soluto v. art. 9.3-*bis*, d.l. 29 novembre 2008, n. 185, conv. in l. 28 gennaio 2009, n. 2, e d.m. Economia e Finanze 19 maggio 2009, in G.U., 9 luglio 2009, n. 157. Sugli strumenti per favorire la cessione v. art. 37.1, d.l. 24 aprile 2014, n. 66, conv. in l. 23 giugno 2014, n. 89, d.m. Economia e Finanze 27 giugno 2014, in G.U., 15 luglio 2014, n. 162, e d.m. Economia e Finanze 11 marzo 2015, in G.U., 26 maggio 2015, n. 120. Sulla semplificazione della cessione dei crediti nei confronti delle pubbliche amministrazioni v. art. 8, d.l. 8 aprile 2013, n. 35, conv. in l. 6 giugno 2013, n. 64.

Sulla cessione dei crediti di imposta v. artt. 43-*bis* e 43-*ter*, d.p.r. 29 settembre 1973, n. 602, introdotti dall'art. 3.94, l. 28 dicembre 1995, n. 549, e, per il regolamento, d.m. Finanze 30 settembre 1997, n. 384, in G.U., 5 novembre 1997, n. 258. Sulla compensazione tra certificazioni e crediti tributari v. art. 9, d.l. 8 aprile 2013, n. 35, conv. in l. 6 giugno 2013, n. 64.

Sulla cessione dei contributi alle imprese editrici da parte di queste ultime per il pagamento dei contributi previdenziali v. art. 3, l. 22 dicembre 1989, n. 411.

Sulla cessione dei crediti da parte delle amministrazioni pubbliche v. art. 8, d.l. 28 marzo 1997, n. 79, conv. in l. 28 maggio 1997, n. 140.

Per la cessione dei crediti derivanti da contratti pubblici relativi a lavori, servizi e forniture v. art. 106.13, d.lg. 18 aprile 2016, n. 50.

(2) Nel caso di cessione di rapporti giuridici in blocco a banche la pubblicazione sulla *Gazzetta Ufficiale* produce gli effetti previsti dall'art. 1264: art. 58, d.lg. 1° settembre 1993, n. 385, in *Leggi coll. XVII, 1*. L'art. 7.7, d.l. 15 aprile 2002, n. 63, conv. in l. 15 giugno 2002, n. 112, in relazione alle privatizzazioni così dispone: «La pubblicazione del presente decreto tiene luogo degli adempimenti in materia di costituzione di società per azioni previsti dalle vigenti disposizioni».

1266. *Obbligo di garanzia del cedente*. — *1.* Quando la cessione è a titolo oneroso, il cedente è tenuto a garantire l'esistenza del credito al tempo della cessione (c. 1410). La garanzia può essere esclusa per patto, ma il cedente resta sempre obbligato per il fatto proprio (c. 1487[2]).

2. Se la cessione è a titolo gratuito, la garanzia è dovuta solo nei casi e nei limiti in cui la legge pone a carico del donante la garanzia per l'evizione (c. 797).

1267. *Garanzia della solvenza del debitore*. — *1.* Il cedente non risponde della solvenza del debitore, salvo che ne abbia assunto la garanzia (c. 760, 1829, 1858, 2255). In questo caso egli risponde nei limiti di quanto ha ricevuto; deve inoltre corrispondere gli interessi, rimborsare le spese della cessione e quelle che il cessionario abbia sopportate per escutere il debitore, e risarcire il danno (c. 2012; l. camb. 19[1]; l. ass. 21[1]). Ogni patto diretto ad aggravare la responsabilità del cedente è senza effetto.

2. Quando il cedente ha garantito la solvenza del debitore, la garanzia cessa, se la mancata realizzazione del credito per insolvenza del debitore è dipesa da negligenza del cessionario nell'iniziare o nel proseguire le istanze contro il debitore stesso (c. 1198, 1957).

CAPO VI

Della delegazione, dell'espromissione e dell'accollo

1268. *Delegazione cumulativa*. — *1.* Se il debitore assegna al creditore un nuovo debitore, il quale si obbliga verso il creditore (c. 1333), il debitore originario non è liberato dalla sua obbligazione, salvo che il creditore dichiari espressamente di liberarlo (c. 1274).

2. Tuttavia il creditore che ha accettato l'obbligazione del terzo non può rivolgersi al delegante, se prima non ha richiesto al delegato l'adempimento (c. 1530).

1269. *Delegazione di pagamento*. — *1.* Se il debitore per eseguire il pagamento ha delegato un terzo, questi può obbligarsi verso il creditore, salvo che il debitore l'abbia vietato.

2. Il terzo delegato per eseguire il pagamento non è tenuto ad accettare l'incarico, ancorché sia debitore del delegante (c. 1180[1]). Sono salvi gli usi diversi.

1270. *Estinzione della delegazione*. — *1.* Il delegante può revocare la delegazione, fino a quando il delegato non abbia assunto l'obbligazione in confronto del delegatario o non abbia eseguito il pagamento a favore di questo.

2. Il delegato può assumere l'obbligazione o eseguire il pagamento a favore del delegatario anche dopo la morte o la sopravvenuta incapacità del delegante.

1271. *Eccezioni opponibili dal delegato*. — *1.* Il delegato può opporre al delegatario le eccezioni relative ai suoi rapporti con questo.

2. Se le parti non hanno diversamente pattuito, il delegato non può opporre al delegatario, benché questi ne fosse stato a conoscenza, le eccezioni che avrebbe potuto opporre al delegante, salvo che sia nullo il rapporto tra delegante e delegatario.

3. Il delegato non può neppure opporre le eccezioni relative al rapporto tra il delegante e il delegatario, se ad esso le parti non hanno fatto espresso riferimento.

1272. *Espromissione*. — *1.* Il terzo che, senza delegazione del debitore (c. 1180[1]), ne assume verso il creditore il debito (c. 1333), è obbligato in solido (c. 1292 ss.) col debitore originario, se il creditore non dichiara espressamente di liberare quest'ultimo.

2. Se non si è convenuto diversamente, il terzo non può opporre al creditore le eccezioni relative ai suoi rapporti col debitore originario.

3. Può opporgli invece le eccezioni che al creditore avrebbe potuto opporre il debitore originario, se non sono personali a quest'ultimo e non derivano da fatti successivi all'espromissione. Non può opporgli la compensazione che avrebbe potuto opporre il debitore originario, quantunque si sia verificata prima dell'espromissione (c. 1248[1]).

1273. *Accollo*. — *1.* Se il debitore e un terzo convengono che questi assuma (c. 1333) il debito dell'altro, il creditore può aderire alla convenzione, rendendo irrevocabile la stipulazione a suo favore (c. 1411).

2. L'adesione del creditore importa liberazione del debitore originario solo se ciò costituisce condizione espressa della stipulazione o se il creditore dichiara espressamente di liberarlo (c. 1274[3]).

3. Se non vi è liberazione del debitore, questi rimane obbligato in solido col terzo (c. 1292 ss.).

4. In ogni caso il terzo è obbligato verso il creditore che ha aderito alla stipulazione nei limiti in cui ha assunto il debito, e può opporre al creditore le eccezioni fondate sul contratto in base al quale l'assunzione è avvenuta (c. 1413).

1274. *Insolvenza del nuovo debitore*. — *1.* Il creditore che, in seguito a delegazione, ha liberato il debitore originario, non ha azione contro di lui se il delegato diviene insolvente, salvo che ne abbia fatto espressa riserva (c. 1268).

2. Tuttavia, se il delegato era insolvente al tempo in cui assunse il debito in confronto del creditore, il debitore originario non è liberato.

3. Le medesime disposizioni si osservano quando il creditore ha aderito all'accollo stipulato a suo favore e la liberazione del debitore originario era condizione espressa della stipulazione (c. 1273[2]).

1275. *Estinzione delle garanzie. — 1.* In tutti i casi nei quali il creditore libera il debitore originario, si estinguono le garanzie annesse al credito, se colui che le ha prestate non consente espressamente a mantenerle (c. 1232, 2878).

1276. *Invalidità della nuova obbligazione. — 1.* Se l'obbligazione assunta dal nuovo debitore verso il creditore è dichiarata nulla (c. 1418 ss.) o annullata (c. 1425 ss.), e il creditore aveva liberato il debitore originario, l'obbligazione di questo rivive, ma il creditore non può valersi delle garanzie prestate da terzi (c. 2881).

CAPO VII

DI ALCUNE SPECIE DI OBBLIGAZIONI

Sezione I. — *Delle obbligazioni pecuniarie*

1277. *Debito di somma di danaro. — 1.* I debiti pecuniari si estinguono con moneta avente corso legale nello Stato al tempo del pagamento e per il suo valore nominale (l. ass. 82).

2. Se la somma dovuta era determinata in una moneta che non ha più corso legale al tempo del pagamento, questo deve farsi in moneta legale ragguagliata per valore alla prima (1).

1278. *Debito di somma di monete non aventi corso legale. — 1.* Se la somma dovuta è determinata in una moneta non avente corso legale nello Stato, il debitore ha facoltà di pagare in moneta legale, al corso del cambio nel giorno della scadenza e nel luogo stabilito per il pagamento (c. 1182; l. camb. 47; l. ass. 39).

1279. *Clausola di pagamento effettivo in monete non aventi corso legale. — 1.* La disposizione dell'articolo precedente non si applica, se la moneta non avente corso legale nello Stato è indicata con la clausola «effettivo» o altra equivalente, salvo che alla scadenza dell'obbligazione non sia possibile procurarsi tale moneta (l. camb. 47; l. ass. 39).

1280. *Debito di specie monetaria avente valore intrinseco. — 1.* Il pagamento deve farsi con una specie di moneta avente valore intrinseco, se così è stabilito dal titolo costitutivo del debito, sempreché la moneta avesse corso legale al tempo in cui l'obbligazione fu assunta.

2. Se però la moneta non è reperibile, o non ha più corso, o ne è alterato il valore intrinseco, il pagamento si effettua con moneta corrente che rappresenti il valore intrinseco che la specie monetaria dovuta aveva al tempo in cui l'obbligazione fu assunta.

1281. *Leggi speciali. — 1.* Le norme che precedono si osservano in quanto non siano in contrasto con i principi derivanti da leggi speciali.

2. Sono salve le disposizioni particolari concernenti i pagamenti da farsi fuori del territorio dello Stato (2).

1282. *Interessi nelle obbligazioni pecuniarie. — 1.* I crediti liquidi ed esigibili (c. 1499) di somme di danaro producono interessi di pieno diritto (c. 1224), salvo che la legge (c. 506[3], 669, 1207[2], 1714, 1815[2], 2033, 2036[2], 2151[2], 2154) o il titolo (c. 1815[1]) stabiliscano diversamente (c. 2948 n. 4).

2. Salvo patto contrario, i crediti per fitti e pigioni non producono interessi se non dalla costituzione in mora (c. 1219; att. c. 161[1]).

3. Se il credito ha per oggetto rimborso di spese fatte per cose da restituire, non decorrono interessi per il periodo di tempo in cui chi ha fatto le spese abbia goduto della cosa senza corrispettivo e senza essere tenuto a render conto del godimento.

1283. *Anatocismo. — 1.* In mancanza di usi contrari, gli interessi scaduti possono produrre interessi solo dal giorno della domanda giudiziale o per effetto di convenzione posteriore alla loro scadenza, e sempre che si tratti di interessi dovuti almeno per sei mesi (att. c. 162) (3).

1284. *Saggio degli interessi. — 1.* Il saggio degli interessi legali è determinato in misura pari allo 0,3 per cento in ragione d'anno. Il Ministro del tesoro, con proprio decreto (4)

(1) Sull'introduzione dell'euro, v. d.lg. 24 giugno 1998, n. 213, in *Leggi coll. IV, 8.*

(2) Per la disciplina valutaria v. il t.u. approvato con d.p.r. 31 marzo 1988, n. 148, modificato con l. 7 novembre 2000, n. 326, nonché i d.m. 13 giugno 1988, n. 211, 15 settembre 1988, n. 411, 23 settembre 1988, n. 420, 10 marzo 1989, n. 105, 27 aprile 1990, 14 luglio 1990, n. 313. Per la depenalizzazione degli illeciti valutari v. l. 21 ottobre 1988, n. 455.

(3) Per modalità e criteri per la produzione di interessi sugli interessi scaduti nelle operazioni poste in essere nell'esercizio dell'attività bancaria e finanziaria v. art. 120.2, d.lg. 1° settembre 1993, n. 385, in *Leggi coll. XVII, 1,* nonché deliberazione CICR 3 agosto 2016, in G.U., 10 settembre 2016, n. 212. L'art. 37.50, d.l. 4 luglio 2006, n. 223, conv. in l. 4 agosto 2006, n. 248, così dispone: «Gli interessi previsti per il rimborso di tributi non producono in nessun caso interessi ai sensi dell'art. 1283 del codice civile».

(4) Saggio fissato al 5 per cento nel testo originario del codice; al 10 per cento dal 16 dicembre 1990 (art. 1, l. 26 novembre 1990, n. 353); al 5 per cento dal 1° gennaio 1997 (art. 2.185, l. 23 dicembre 1996, n. 662); al 2,5 per

pubblicato nella *Gazzetta Ufficiale* della Repubblica italiana non oltre il 15 dicembre dell'anno precedente a quello cui il saggio si riferisce, può modificarne annualmente la misura, sulla base del rendimento medio annuo lordo dei titoli di Stato di durata non superiore a dodici mesi e tenuto conto del tasso di inflazione registrato nell'anno. Qualora entro il 15 dicembre non sia fissata una nuova misura del saggio, questo rimane invariato per l'anno successivo (att. c. 161²) (1).

2. Allo stesso saggio si computano gli interessi convenzionali, se le parti non ne hanno determinato la misura.

3. Gli interessi superiori alla misura legale devono essere determinati per iscritto (c. 1350, 2725); altrimenti sono dovuti nella misura legale (c. 1815²; l. camb. 5²; l. ass. 7) (2).

4. Se le parti non ne hanno determinato la misura, dal momento in cui è proposta domanda giudiziale il saggio degli interessi legali è pari a quello previsto dalla legislazione speciale relativa ai ritardi di pagamento nelle transazioni commerciali (3).

5. La disposizione del quarto comma si applica anche all'atto con cui si promuove il procedimento arbitrale (3).

Sezione II. — *Delle obbligazioni alternative*

1285. *Obbligazione alternativa.* — *1.* Il debitore di un'obbligazione alternativa si libera eseguendo una delle due prestazioni dedotte in obbligazione, ma non può costringere il creditore a ricevere parte dell'una e parte dell'altra (c. 1181) (4).

1286. *Facoltà di scelta.* — *1.* La scelta spetta al debitore, se non è stata attribuita al creditore o ad un terzo (c. 665).

2. La scelta diviene irrevocabile con l'esecuzione di una delle due prestazioni, ovvero con la dichiarazione di scelta (c. 666, 1453², 1492²), comunicata all'altra parte, o ad entrambe se la scelta è fatta da un terzo.

3. Se la scelta deve essere fatta da più persone, il giudice può fissare loro un termine. Se la scelta non è fatta nel termine stabilito, essa è fatta dal giudice (att. c. 81).

1287. *Decadenza dalla facoltà di scelta.* — *1.* Quando il debitore, condannato alternativamente a due prestazioni, non ne esegue alcuna nel termine assegnatogli dal giudice, la scelta spetta al creditore.

2. Se la facoltà di scelta spetta al creditore e questi non l'esercita nel termine stabilito o in quello fissatogli dal debitore, la scelta passa a quest'ultimo.

3. Se la scelta è rimessa a un terzo e questi non la fa nel termine assegnatogli, essa è fatta dal giudice (c. 631³, 664³, 1349; att. c. 81).

1288. *Impossibilità di una delle prestazioni.* — *1.* L'obbligazione alternativa si considera semplice, se una delle due prestazioni non poteva

cento dal 1° gennaio 1999 (d.m. Tesoro 10 dicembre 1998, in G.U., 11 dicembre 1998, n. 289); al 3,5 per cento dal 1° gennaio 2001 (d.m. Tesoro 11 dicembre 2000, in G.U., 15 dicembre 2000, n. 292); al 3 per cento dal 1° gennaio 2002 (d.m. Economia e Finanze 11 dicembre 2001, in G.U., 14 dicembre 2001, n. 290); al 2,5 per cento dal 1° gennaio 2004 (d.m. Economia e Finanze 1° dicembre 2003, in G.U., 10 dicembre 2003, n. 286); al 3 per cento dal 1° gennaio 2008 (d.m. Economia e Finanze 12 dicembre 2007, in G.U., 15 dicembre 2007, n. 291); all'1 per cento dal 1° gennaio 2010 (d.m. Economia e Finanze 4 dicembre 2009, in G.U., 15 dicembre 2009, n. 291); all'1,5 per cento dal 1° gennaio 2011 (d.m. Economia e Finanze 7 dicembre 2010, in G.U., 15 dicembre 2010, n. 292); al 2,5 per cento dal 1° gennaio 2012 (d.m. Economia e Finanze 12 dicembre 2011, in G.U., 15 dicembre 2011, n. 291); all'1 per cento dal 1° gennaio 2014 (d.m. Economia e Finanze 12 dicembre 2013, in G.U., 13 dicembre 2013, n. 292); allo 0,5 per cento dal 1° gennaio 2015 (d.m. Economia e Finanze 11 dicembre 2014, in G.U., 15 dicembre 2014, n. 290); allo 0,2 per cento dal 1° gennaio 2016 (d.m. Economia e Finanze 11 dicembre 2015, in G.U., 15 dicembre 2015, n. 291); allo 0,1 per cento dal 1° gennaio 2017 (d.m. Economia e Finanze 7 dicembre 2016, in G.U., 14 dicembre 2016, n. 291); allo 0,3 per cento dal 1° gennaio 2018 (d.m. Economia e Finanze 13 dicembre 2017, in G.U., 15 dicembre 2017, n. 292); allo 0,8 per cento dal 1° gennaio 2019 (d.m. Economia e Finanze 12 dicembre 2018, in G.U., 15 dicembre 2018, n. 291).

(1) Comma così sostituito dall'art. 2.185, l. 23 dicembre 1996, n. 662, in vigore dal 1° settembre 1997.

(2) Articolo così sostituito dall'art. 1, l. 26 novembre 1990, n. 353, in vigore dal 16 dicembre 1990. L'art. 2.4, l. 7 marzo 1996, n. 108, in *Leggi coll. IX, 6,* come modificato dall'art. 8.5, lett. d, d.l. 13 maggio 2011, n. 70, conv., in l. 12 luglio 2011, n. 106, individua il limite oltre il quale gli interessi sono sempre usurari nel tasso medio per la categoria di operazioni in cui il credito è compreso, aumentato di un quarto, cui si aggiunge un margine di ulteriori quattro punti percentuali. La differenza tra il limite e il tasso medio non può essere superiore a otto punti percentuali.

(3) Comma aggiunto dall'art. 17.1, d.l. 12 settembre 2014, n. 132, conv. in l. 10 novembre 2014, n. 162. In base all'art. 17.2, d.l. cit., tali disposizioni «producono effetti rispetto ai procedimenti iniziati a decorrere dal trentesimo giorno successivo all'entrata in vigore della legge di conversione del presente decreto». Per la legislazione speciale sui ritardi di pagamento nelle transazioni commerciali v. d.lg. 9 ottobre 2002, n. 231, in *Leggi coll. IV, 9.*

(4) Per la corresponsione in unica soluzione su accordo delle parti dell'assegno di divorzio v. art. 5.8, l. 1° dicembre 1970, n. 898, come modificata dalla l. 6 marzo 1987, n. 74, in *Leggi coll. II, 9.*

formare oggetto di obbligazione (c. 1174, 1346 ss.) o se è divenuta impossibile per causa non imputabile ad alcuna delle parti (c. 1256 ss., 1557).

1289. *Impossibilità colposa di una delle prestazioni.* — *1.* Quando la scelta spetta al debitore, l'obbligazione alternativa diviene semplice, se una delle due prestazioni diventa impossibile anche per causa a lui imputabile. Se una delle due prestazioni diviene impossibile per colpa del creditore, il debitore è liberato dall'obbligazione, qualora non preferisca eseguire l'altra prestazione e chiedere il risarcimento dei danni.

2. Quando la scelta spetta al creditore, il debitore è liberato dall'obbligazione, se una delle due prestazioni diviene impossibile per colpa del creditore, salvo che questi preferisca esigere l'altra prestazione e risarcire il danno. Se dell'impossibilità deve rispondere il debitore, il creditore può scegliere l'altra prestazione o esigere il risarcimento del danno.

1290. *Impossibilità sopravvenuta di entrambe le prestazioni.* — *1.* Qualora entrambe le prestazioni siano divenute impossibili e il debitore debba rispondere riguardo a una di esse, egli deve pagare l'equivalente di quella che è divenuta impossibile per l'ultima, se la scelta spettava a lui. Se la scelta spettava al creditore, questi può domandare l'equivalente dell'una o dell'altra.

1291. *Obbligazione con alternativa multipla.* — *1.* Le regole stabilite in questa sezione si osservano anche quando le prestazioni dedotte in obbligazione sono più di due.

Sezione III. — *Delle obbligazioni in solido*

1292. *Nozione della solidarietà.* — *1.* L'obbligazione è in solido quando più debitori sono obbligati tutti per la medesima prestazione, in modo che ciascuno può essere costretto all'adempimento per la totalità (c. 1951, 2871) e l'adempimento da parte di uno libera gli altri; oppure quando tra più creditori ciascuno ha diritto di chiedere l'adempimento dell'intera obbligazione e l'adempimento conseguito da uno di essi libera il debitore verso tutti i creditori.

1293. *Modalità varie dei singoli rapporti.* — *1.* La solidarietà non è esclusa dal fatto che i singoli debitori siano tenuti ciascuno con modalità diverse, o il debitore comune sia tenuto con modalità diverse di fronte ai singoli creditori (c. 1297).

1294. *Solidarietà tra condebitori.* — *1.* I condebitori sono tenuti in solido (c. 38, 129-*II*[3], 443[3], 961[1], 1408[2], 1546, 1716[3], 1854, 1944[1], 1946, 2054[3], 2055, 2112[2], 2260, 2506-*IV*[3], 2518; att. c. 63[2]), se dalla legge o dal titolo non risulta diversamente (c. 441, 752, 754, 961[2], 1682[1], 1911, 1944[2], 2150[2], 2268, 2304, 2495[2]).

1295. *Divisibilità tra gli eredi.* — *1.* Salvo patto contrario, l'obbligazione si divide tra gli eredi di uno dei condebitori o di uno dei creditori in solido, in proporzione delle rispettive quote (c. 752, 754[1], 1315).

1296. *Scelta del creditore per il pagamento.* — *1.* Il debitore ha la scelta di pagare all'uno o all'altro dei creditori in solido, quando non è stato prevenuto da uno di essi con domanda giudiziale.

1297. *Eccezioni personali.* — *1.* Uno dei debitori in solido non può opporre al creditore le eccezioni personali agli altri debitori (c. 1945).

2. A uno dei creditori in solido il debitore non può opporre le eccezioni personali agli altri creditori (c. 1293).

1298. *Rapporti interni tra debitori o creditori solidali.* — *1.* Nei rapporti interni l'obbligazione in solido si divide tra i diversi debitori o tra i diversi creditori, salvo che sia stata contratta nell'interesse esclusivo di alcuno di essi.

2. Le parti di ciascuno si presumono uguali, se non risulta diversamente (c. 2055).

1299. *Regresso tra condebitori.* — *1.* Il debitore in solido che ha pagato l'intero debito può ripetere dai condebitori soltanto la parte di ciascuno di essi (c. 1203 n. 3, 1310[2], 1954, 2871[2]).

2. Se uno di questi è insolvente, la perdita si ripartisce per contributo tra gli altri condebitori, compreso quello che ha fatto il pagamento (c. 1910[4], 1947[2], 1954, 2280[2], 2615[2]).

3. La stessa norma si applica qualora sia insolvente il condebitore nel cui esclusivo interesse l'obbligazione era stata assunta.

1300. *Novazione.* — *1.* La novazione tra il creditore e uno dei debitori in solido libera gli altri debitori (c. 1230, 1233). Qualora però si sia voluto limitare la novazione a uno solo dei debitori, gli altri non sono liberati che per la parte di quest'ultimo.

2. Se convenuta tra uno dei creditori in solido e il debitore, la novazione ha effetto verso gli altri creditori solo per la parte del primo.

1301. *Remissione.* — *1.* La remissione a favore di uno dei debitori in solido libera anche gli altri debitori (c. 1236, 1237), salvo che il creditore abbia riservato il suo diritto verso gli altri, nel qual caso il creditore non può esigere il credito da questi, se non detratta la parte del debitore a favore del quale ha consentito la remissione.

2. Se la remissione è fatta da uno dei creditori in solido, essa libera il debitore verso gli altri creditori solo per la parte spettante al primo.

1302. *Compensazione*. — *1.* Ciascuno dei debitori in solido può opporre in compensazione (c. 1241 ss.) il credito di un condebitore solo fino alla concorrenza della parte di quest'ultimo.

2. A uno dei creditori in solido il debitore può opporre in compensazione ciò che gli è dovuto da un altro dei creditori, ma solo per la parte di questo.

1303. *Confusione*. — *1.* Se nella medesima persona si riuniscono le qualità di creditore e di debitore in solido, l'obbligazione degli altri debitori si estingue per la parte di quel condebitore.

2. Se nella medesima persona si riuniscono le qualità di debitore e di creditore in solido, l'obbligazione si estingue per la parte di questo (c. 1253).

1304. *Transazione*. — *1.* La transazione (c. 1965 ss.) fatta dal creditore con uno dei debitori in solido non produce effetto nei confronti degli altri, se questi non dichiarano di volerne profittare.

2. Parimenti, se è intervenuta tra uno dei creditori in solido e il debitore, la transazione non ha effetto nei confronti degli altri creditori, se questi non dichiarano di volerne profittare.

1305. *Giuramento*. — *1.* Il giuramento (c. 2736 ss.) sul debito e non sul vincolo solidale, deferito da uno dei debitori in solido al creditore o da uno dei creditori in solido al debitore, ovvero dal creditore a uno dei debitori in solido o dal debitore a uno dei creditori in solido, produce gli effetti seguenti:

il giuramento ricusato dal creditore o dal debitore, ovvero prestato dal condebitore o dal concreditore in solido, giova agli altri condebitori o concreditori;

il giuramento prestato dal creditore o dal debitore, ovvero ricusato dal condebitore o dal concreditore in solido, nuoce solo a chi lo ha deferito o a colui al quale è stato deferito.

1306. *Sentenza*. — *1.* La sentenza pronunziata tra il creditore e uno dei debitori in solido, o tra il debitore e uno dei creditori in solido, non ha effetto contro gli altri debitori o contro gli altri creditori (c. 2909).

2. Gli altri debitori possono opporla al creditore, salvo che sia fondata sopra ragioni personali al condebitore; gli altri creditori possono farla valere contro il debitore, salve le eccezioni personali che questi può opporre a ciascuno di essi.

1307. *Inadempimento*. — *1.* Se l'adempimento dell'obbligazione è divenuto impossibile per causa imputabile a uno o più condebitori (c. 1218), gli altri condebitori non sono liberati dall'obbligo solidale di corrispondere il valore della prestazione dovuta. Il creditore può chiedere il risarcimento del danno ulteriore al condebitore o a ciascuno dei condebitori inadempienti.

1308. *Costituzione in mora*. — *1.* La costituzione in mora (c. 1219) di uno dei debitori in solido non ha effetto riguardo agli altri, salvo il disposto dell'art. 1310.

2. La costituzione in mora del debitore da parte di uno dei creditori in solido giova agli altri.

1309. *Riconoscimento del debito*. — *1.* Il riconoscimento del debito (c. 1988) fatto da uno dei debitori in solido non ha effetto riguardo agli altri; se è fatto dal debitore nei confronti di uno dei creditori in solido, giova agli altri.

1310. *Prescrizione*. — *1.* Gli atti con i quali il creditore interrompe la prescrizione contro uno dei debitori in solido, oppure uno dei creditori in solido interrompe la prescrizione (c. 2943 ss.) contro il comune debitore, hanno effetto riguardo agli altri debitori o agli altri creditori (c. 1308, 1957[4]; l. camb. 95; l. ass. 76).

2. La sospensione della prescrizione (c. 2941, 2942) nei rapporti di uno dei debitori o di uno dei creditori in solido non ha effetto riguardo agli altri. Tuttavia il debitore che sia stato costretto a pagare ha regresso contro i condebitori liberati in conseguenza della prescrizione (c. 1299).

3. La rinunzia alla prescrizione (c. 2937) fatta da uno dei debitori in solido non ha effetto riguardo agli altri; fatta in confronto di uno dei creditori in solido, giova agli altri. Il condebitore che ha rinunziato alla prescrizione non ha regresso verso gli altri debitori liberati in conseguenza della prescrizione medesima.

1311. *Rinunzia alla solidarietà*. — *1.* Il creditore che rinunzia alla solidarietà a favore di uno dei debitori conserva l'azione in solido contro gli altri (c. 1313).

2. Rinunzia alla solidarietà:

1) il creditore che rilascia a uno dei debitori quietanza per la parte di lui senza alcuna riserva;

2) il creditore che ha agito giudizialmente contro uno dei debitori per la parte di lui, se questi ha aderito alla domanda, o se è stata pronunciata una sentenza di condanna.

1312. *Pagamento separato dei frutti o degli interessi*. — *1.* Il creditore che riceve, separatamente e senza riserva, la parte dei frutti o degli interessi che è a carico di uno dei debitori perde contro di lui l'azione in solido per i frutti o per gli interessi scaduti, ma la conserva per quelli futuri.

1313. *Insolvenza di un condebitore in caso di rinunzia alla solidarietà*. — *1.* Nel caso di rinunzia del creditore alla solidarietà verso alcuno dei debitori, se uno degli altri è insolvente, la sua parte di debito è ripartita per contributo tra tutti i condebitori, compreso quello che era stato liberato dalla solidarietà (c. 1311).

Sezione IV. — *Delle obbligazioni divisibili e indivisibili*

1314. *Obbligazioni divisibili*. — *1.* Se più sono i debitori o i creditori di una prestazione divisibile e l'obbligazione non è solidale (c. 441, 752, 754[1], 961[2], 1911), ciascuno dei creditori non può domandare il soddisfacimento del credito che per la sua parte, e ciascuno dei debitori non è tenuto a pagare il debito che per la sua parte (c. 1295).

1315. *Limiti alla divisibilità tra gli eredi del debitore*. — *1.* Il beneficio della divisione non può essere opposto da quello tra gli eredi del debitore, che è stato incaricato di eseguire la prestazione o che è in possesso della cosa dovuta, se questa è certa e determinata (c. 752, 754[1], 1295).

1316. *Obbligazioni indivisibili*. — *1.* L'obbligazione è indivisibile, quando la prestazione ha per oggetto una cosa o un fatto che non è suscettibile di divisione per sua natura o per il modo in cui è stato considerato dalle parti contraenti.

1317. *Disciplina delle obbligazioni indivisibili*. — *1.* Le obbligazioni indivisibili sono regolate dalle norme relative alle obbligazioni solidali (c. 1292 ss.), in quanto applicabili, salvo quanto è disposto dagli articoli seguenti.

1318. *Indivisibilità nei confronti con gli eredi*. — *1.* L'indivisibilità opera anche nei confronti degli eredi del debitore o di quelli del creditore (c. 1295).

1319. *Diritto di esigere l'intero*. — *1.* Ciascuno dei creditori può esigere l'esecuzione dell'intera prestazione indivisibile (c. 1772[2]). Tuttavia l'erede del creditore, che agisce per il soddisfacimento dell'intero credito, deve dare cauzione a garanzia dei coeredi (c. 1179).

1320. *Estinzione parziale*. — *1.* Se uno dei creditori ha fatto remissione del debito (c. 1236 ss.) o ha consentito a ricevere un'altra prestazione in luogo di quella dovuta (c. 1197), il debitore non è liberato verso gli altri creditori. Questi tuttavia non possono domandare la prestazione indivisibile se non addebitandosi ovvero rimborsando il valore della parte di colui che ha fatto la remissione o che ha ricevuto la prestazione diversa (c. 1301[2]).

2. La medesima disposizione si applica in caso di transazione (c. 1304), novazione (c. 1300), compensazione (c. 1302) e confusione (c. 1303).

TITOLO II

Dei contratti in generale (1)

CAPO I

Disposizioni preliminari

1321. *Nozione*. — *1.* Il contratto è l'accordo di due o più parti per costituire, regolare o estinguere (c. *1188*) tra loro un rapporto giuridico patrimoniale.

1322. *Autonomia contrattuale*. — *1.* Le parti possono liberamente determinare il contenuto del contratto nei limiti imposti dalla legge e dalle norme corporative (2).

2. Le parti possono anche concludere contratti che non appartengano ai tipi aventi una disciplina particolare (c. 1323, 1987, 2249), purché siano diretti a realizzare interessi meritevoli di tutela secondo l'ordinamento giuridico (c. 2645-*III*) (3).

1323. *Norme regolatrici dei contratti*. — *1.* Tutti i contratti, ancorché non appartengano ai tipi che hanno una disciplina particolare (c. 1322[2]), sono sottoposti alle norme generali contenute in questo titolo.

1324. *Norme applicabili agli atti unilaterali*. — *1.* Salvo diverse disposizioni di legge, le norme che regolano i contratti si osservano, in quanto compatibili, per gli atti unilaterali tra vivi aventi contenuto patrimoniale (c. 470, 482, 483, 519, 526, 1334, 1373, 1387, 1414[3], 1456[2], 1503, 1987 ss., 2732, 2821).

(1) Per l'individuazione del diritto applicabile alle obbligazioni contrattuali v. art. 57, l. 31 maggio 1995, n. 218, in *Leggi coll. I, 1* e la Convenzione di Roma.

(2) V. nota 1 all'art. 1 prel.

(3) Per il divieto di stipulare contratti agrari atipici di concessione di fondi rustici v. art. 13, l. 15 settembre 1964, n. 756. Per la riconduzione all'affitto dei contratti aventi per oggetto la concessione di fondi rustici v. art. 27, l. 3 maggio 1982, n. 203, in *Leggi coll. VII, 6*.

CAPO II

Dei requisiti del contratto

1325. *Indicazione dei requisiti*. — *1.* I requisiti del contratto sono:

1) l'accordo delle parti (c. 1326 ss.);

2) la causa (c. 1234[1], 1343 ss., 1472[2], 1876, 1895, 1904, 1939; nav. 514);

3) l'oggetto (c. 1346 ss.);

4) la forma, quando risulta che è prescritta dalla legge sotto pena di nullità (c. 1350 ss.).

Sezione I. — *Dell'accordo delle parti*

1326. *Conclusione del contratto*. — *1.* Il contratto è concluso nel momento in cui chi ha fatto la proposta ha conoscenza (c. 1335) dell'accettazione dell'altra parte (c. 782[2], 1333).

2. L'accettazione deve giungere al proponente nel termine da lui stabilito o in quello ordinariamente necessario secondo la natura dell'affare o secondo gli usi (c. 1328[2]).

3. Il proponente può ritenere efficace l'accettazione tardiva, purché ne dia immediatamente avviso all'altra parte.

4. Qualora il proponente richieda per l'accettazione una forma determinata, l'accettazione non ha effetto se è data in forma diversa (c. 1352).

5. Un'accettazione non conforme alla proposta equivale a nuova proposta.

1327. *Esecuzione prima della risposta dell'accettante*. — *1.* Qualora, su richiesta del proponente o per la natura dell'affare o secondo gli usi, la prestazione debba eseguirsi senza una preventiva risposta, il contratto è concluso nel tempo e nel luogo in cui ha avuto inizio l'esecuzione.

2. L'accettante deve dare prontamente avviso all'altra parte dell'iniziata esecuzione e, in mancanza, è tenuto al risarcimento del danno.

1328. *Revoca della proposta e dell'accettazione*. — *1.* La proposta può essere revocata finché il contratto non sia concluso (c. 782). Tuttavia, se l'accettante ne ha intrapreso in buona fede l'esecuzione prima di avere notizia della revoca, il proponente è tenuto a indennizzarlo delle spese e delle perdite subite per l'iniziata esecuzione del contratto (c. 1337).

2. L'accettazione può essere revocata, purché la revoca giunga a conoscenza del proponente prima dell'accettazione (c. 1326[2], 1335).

1329. *Proposta irrevocabile*. — *1.* Se il proponente si è obbligato a mantenere ferma la proposta per un certo tempo, la revoca è senza effetto (c. 1331, 1333[1], 1887).

2. Nell'ipotesi prevista dal comma precedente, la morte o la sopravvenuta incapacità (c. 414) del proponente non toglie efficacia alla proposta, salvo che la natura dell'affare o altre circostanze escludano tale efficacia.

1330. *Morte o incapacità dell'imprenditore*. — *1.* La proposta o l'accettazione, quando è fatta dall'imprenditore (c. 2082) nell'esercizio della sua impresa, non perde efficacia se l'imprenditore muore o diviene incapace (c. 414) prima della conclusione del contratto, salvo che si tratti di piccoli imprenditori (c. 2083) o che diversamente risulti dalla natura dell'affare o da altre circostanze (c. 1674, 1722 n. 4, 2558[1]).

1331. *Opzione*. — *1.* Quando le parti convengono che una di esse rimanga vincolata alla propria dichiarazione e l'altra abbia facoltà di accettarla o meno, la dichiarazione della prima si considera quale proposta irrevocabile per gli effetti previsti dall'art. 1329.

2. Se per l'accettazione non è stato fissato un termine, questo può essere stabilito dal giudice (c. 1183[1]).

1332. *Adesione di altre parti al contratto*. — *1.* Se ad un contratto possono aderire altre parti e non sono determinate le modalità dell'adesione, questa deve essere diretta all'organo che sia stato costituito per l'attuazione del contratto o, in mancanza di esso, a tutti i contraenti originari (c. 1981, 2528).

1333. *Contratto con obbligazioni del solo proponente*. — *1.* La proposta diretta a concludere un contratto da cui derivino obbligazioni solo per il proponente (c. 1236, 1268, 1272, 1273, 1936) è irrevocabile appena giunge a conoscenza della parte alla quale è destinata (c. 1335).

2. Il destinatario può rifiutare la proposta nel termine richiesto dalla natura dell'affare o dagli usi. In mancanza di tale rifiuto il contratto è concluso.

1334. *Efficacia degli atti unilaterali*. — *1.* Gli atti unilaterali (c. 1324) producono effetto dal momento in cui pervengono a conoscenza della persona alla quale sono destinati (c. 1335, 1724).

1335. *Presunzione di conoscenza*. — *1.* La proposta, l'accettazione (c. 1326), la loro revoca (c. 1328) e ogni altra dichiarazione diretta a una determinata persona si reputano conosciute nel momento in cui giungono all'indirizzo del destinatario, se questi non prova di essere stato, senza sua colpa, nell'impossibilità di averne notizia.

1336. *Offerta al pubblico*. — *1.* L'offerta al pubblico, quando contiene gli estremi essenziali del contratto alla cui conclusione è diretta, vale come proposta, salvo che risulti diversamente dalle circostanze o dagli usi (c. 1989) (1).

2. La revoca dell'offerta, se è fatta nella stessa forma dell'offerta o in forma equipollente, è efficace anche in confronto di chi non ne ha avuto notizia.

1337. *Trattative e responsabilità precontrattuale.* — *1.* Le parti, nello svolgimento delle trattative e nella formazione del contratto, devono comportarsi secondo buona fede (c. 81, 1175, 1358, 1366, 1375).

1338. *Conoscenza delle cause d'invalidità.* — *1.* La parte che, conoscendo o dovendo conoscere l'esistenza di una causa d'invalidità del contratto (c. 1418 ss.), non ne ha dato notizia all'altra parte è tenuta a risarcire il danno (c. *2043*) da questa risentito per avere confidato, senza sua colpa, nella validità del contratto (c. 139, 1398).

1339. *Inserzione automatica di clausole.* — *1.* Le clausole, i prezzi di beni o di servizi, imposti dalla legge o da norme corporative (2), sono di diritto inseriti nel contratto, anche in sostituzione delle clausole difformi apposte dalle parti (c. 1419^{2}, 1679^{4}, 1815^{2}, 1932^{2}, 2066^{2}, 2077^{2}).

1340. *Clausole d'uso.* — *1.* Le clausole d'uso s'intendono inserite nel contratto, se non risulta che non sono state volute dalle parti (c. 1374).

1341. *Condizioni generali di contratto.* — *1.* Le condizioni generali di contratto (c. 1342, 1679, 2211) predisposte da uno dei contraenti sono efficaci nei confronti dell'altro, se al momento della conclusione del contratto questi le ha conosciute o avrebbe dovuto conoscerle usando l'ordinaria diligenza (c. 1370).

2. In ogni caso non hanno effetto (c. 1418, *1419*^{2}), se non sono specificamente approvate per iscritto, le condizioni che stabiliscono, a favore di colui che le ha predisposte, limitazioni di responsabilità (c. 1229), facoltà di recedere dal contratto (c. 1373) o di sospenderne l'esecuzione (c. 1461), ovvero sanciscono a carico dell'altro contraente decadenze (c. 2965), limitazioni alla facoltà di opporre eccezioni (c. 1462), restrizioni alla libertà contrattuale nei rapporti coi terzi (c. 1379, 1566-1568, 2596^{1}), tacita proroga o rinnovazione del contratto (c. 1597, 1899^{2}), clausole compromissorie (p.c. 808) o deroghe alla competenza dell'autorità giudiziaria (p.c. 28, 29) (3).

1342. *Contratto concluso mediante moduli o formulari.* — *1.* Nei contratti conclusi mediante la sottoscrizione di moduli o formulari, predisposti per disciplinare in maniera uniforme determinati rapporti contrattuali, le clausole aggiunte al modulo o al formulario prevalgono su quelle del modulo o del formulario qualora siano incompatibili con esse, anche se queste ultime non sono state cancellate (c. 1370).

2. Si osserva inoltre la disposizione del secondo comma dell'articolo precedente (4) (5).

(1) Per il divieto di discriminazione nelle offerte al pubblico v. art. 43.2, lett. b, d.lg. 25 luglio 1998, n. 286, che così dispone: «compie un atto di discriminazione (...) chiunque imponga condizioni più svantaggiose o si rifiuti di fornire beni o servizi offerti al pubblico ad uno straniero soltanto a causa della sua condizione di straniero o di appartenente ad una determinata razza, religione, etnia o nazionalità»; e art. 2.1, d.lg. 9 luglio 2003, n. 215, il quale dispone che «a causa della razza o dell'origine etnica (...) non sia praticata alcuna discriminazione diretta o indiretta». Per il divieto di discriminazione diretta e indiretta fondata sul sesso nell'accesso a beni e servizi a disposizione del pubblico v. art. 55-*ter*, d.lg. 11 aprile 2006, n. 198, che al 4° comma così dispone: «Resta impregiudicata la libertà contrattuale delle parti, nella misura in cui la scelta del contraente non si basa sul sesso della persona».

(2) V. nota 1 all'art. 1 prel.

(3) Tra i compiti e le funzioni delle camere di commercio, singolarmente o in forma associata, vi è: « *h*) predisposizione di contratti-tipo tra imprese, loro associazioni e associazioni di tutela degli interessi dei consumatori e degli utenti; *i*) promozione di forme di controllo sulla presenza di clausole inique inserite nei contratti»: art. 2.2, l. 29 dicembre 1993, n. 580, come sostituito dall'art. 1.2, d.lg. 15 febbraio 2010, n. 23. L'art. 118.1, d.lg. 1° settembre 1993, n. 385, in *Leggi coll. XVII, 1*, così dispone: «Nei contratti a tempo indeterminato può essere convenuta, con clausola approvata specificatamente dal cliente, la facoltà di modificare unilateralmente i tassi, i prezzi e le altre condizioni previste dal contratto qualora sussista un giustificato motivo». La deliberazione CICR 9 febbraio 2000, in G.U., 22 febbraio 2000, n. 43, dispone che «le clausole relative alla capitalizzazione degli interessi non hanno effetto se non sono specificamente approvate per iscritto». Sulle clausole vessatorie nelle convenzioni unilaterali per le prestazioni professionali degli avvocati v. art. 13-*bis*, l. 31 dicembre 2012, n. 247. Sulle clausole condotte abusive nei contratti di lavoro autonomo v. art. 3, l. 22 maggio 2017, n. 81.

(4) Il mediatore che per l'esercizio della propria attività si avvalga di moduli o formulari, nei quali siano indicate le condizioni di contratto, deve preventivamente depositarne copia presso la commissione camerale per il ruolo dei mediatori: art. 5.4, l. 3 febbraio 1989, n. 39.

(5) L'art. 113 c.p.c., come modificato dall'art. 1, d.l. 8 febbraio 2003, n. 18, conv. in l. 7 aprile 2003, n. 63, così dispone: «Nel pronunciare sulla causa il giudice deve seguire le norme del diritto, salvo che la legge gli attribuisca il potere di decidere secondo equità. || Il giudice di pace decide secondo equità le cause il cui valore non eccede millecento euro, salvo quelle derivanti da rapporti giuridici relativi a contratti conclusi secondo le modalità di cui all'art. 1342 del codice civile». L'art. 1-*bis* del decreto citato così dispone: «1. Le disposizioni di cui all'art. 1 si applicano ai giudizi instaurati con citazione notificata dal 10 febbraio 2003». La Corte cost., con sentenza 6 luglio 2004, n. 206, ha dichiarato costituzionalmente illegittimo l'art. 113, secondo comma, c.p.c., «nella parte in cui non prevede che il giudice di pace debba osservare i princìpi informatori della materia».

Sezione II. — *Della causa del contratto*

1343. *Causa illecita.* — *1.* La causa (c. 1325 n. 2) è illecita quando è contraria a norme imperative, all'ordine pubblico o al buon costume (c. 1418²).

1344. *Contratto in frode alla legge.* — *1.* Si reputa altresì illecita la causa quando il contratto costituisce il mezzo per eludere l'applicazione di una norma imperativa (c. 166-*II*, 743, 1418²).

1345. *Motivo illecito.* — *1.* Il contratto è illecito quando le parti si sono determinate a concluderlo esclusivamente per un motivo illecito comune ad entrambe (c. 626, 788, 1418²).

Sezione III. — *Dell'oggetto del contratto*

1346. *Requisiti.* — *1.* L'oggetto del contratto (c. 1325 n. 3) deve essere possibile, lecito, determinato o determinabile (c. 1418²).

1347. *Possibilità sopravvenuta dell'oggetto.* — *1.* Il contratto sottoposto a condizione sospensiva (c. 1353 ss.) o a termine è valido, se la prestazione inizialmente impossibile diviene possibile prima dell'avveramento della condizione o della scadenza del termine.

1348. *Cose future.* — *1.* La prestazione di cose future (c. 820², 1472) può essere dedotta in contratto, salvi i particolari divieti della legge (c. 458, 771¹, 2331⁵, 2823).

1349. *Determinazione dell'oggetto.* — *1.* Se la determinazione della prestazione dedotta in contratto è deferita a un terzo e non risulta che le parti vollero rimettersi al suo mero arbitrio, il terzo deve procedere con equo apprezzamento. Se manca la determinazione del terzo o se questa è manifestamente iniqua o erronea, la determinazione è fatta dal giudice (c. 631-632, 664², 733, 778³, 1287³, 1473², 2264, 2473³, 2603⁴).

2. La determinazione rimessa al mero arbitrio del terzo non si può impugnare se non provando la sua mala fede. Se manca la determinazione del terzo e le parti non si accordano per sostituirlo, il contratto è nullo.

3. Nel determinare la prestazione il terzo deve tener conto anche delle condizioni generali della produzione a cui il contratto eventualmente abbia riferimento.

Sezione IV. — *Della forma del contratto*

1350. *Atti che devono farsi per iscritto.* — *1.* Devono farsi per atto pubblico (c. 2699 ss.) o per scrittura privata (c. 2702 ss.), sotto pena di nullità (c. 1338, 1351, 1392, 1399, 1403, 1418, 2725², 2806):

1) i contratti che trasferiscono la proprietà di beni immobili (c. 812);

2) i contratti che costituiscono, modificano o trasferiscono il diritto di usufrutto (c. 978 ss.) su beni immobili, il diritto di superficie (c. 952 ss.), il diritto del concedente e dell'enfiteuta (c. 957 ss.);

3) i contratti che costituiscono la comunione (c. 1100 ss.) di diritti indicati dai numeri precedenti;

4) i contratti che costituiscono o modificano le servitù prediali (c. 1027 ss.), il diritto di uso su beni immobili e il diritto di abitazione (c. 1021 ss.);

5) gli atti di rinunzia ai diritti indicati dai numeri precedenti;

6) i contratti di affrancazione del fondo enfiteutico (c. 971);

7) i contratti di anticresi (c. 1960 ss.);

8) i contratti di locazione di beni immobili per una durata superiore a nove anni (c. 1571-1572) (1);

9) i contratti di società (c. 2247 ss.) o di associazione (c. 2549 ss.) con i quali si conferisce il godimento di beni immobili o di altri diritti reali immobiliari per un tempo eccedente i nove anni o per un tempo indeterminato;

10) gli atti che costituiscono rendite perpetue (c. 1861 ss.) o vitalizie (c. 1872 ss.), salve le disposizioni relative alle rendite dello Stato;

11) gli atti di divisione (c. 713 ss., 1111 ss.) di beni immobili e di altri diritti reali immobiliari;

12) le transazioni (c. 1965 ss.) che hanno per oggetto controversie relative ai rapporti giuridici menzionati nei numeri precedenti;

13) gli altri atti specialmente indicati dalla legge (c. 14, 47, 162, 167, 348, 484, 519, 768-*III*, 782, 918², 1284³, 1503³, 1543¹, 1978¹, 2096, 2103², 2125, 2233³, 2328, 2333³, 2463², 2500, 2504, 2521, 2603, 2607², 2821, 2879, 2882; p.c. 807, 808; nav. 237, 249, 328, 565, 857, 864, 1027) (2).

1351. *Contratto preliminare.* — *1.* Il contratto

(1) Ma v. art. 41, l. n. 203/1982, in *Leggi coll. VII, 6*, secondo cui: «I contratti agrari ultranovennali, compresi quelli in corso, anche se verbali o non trascritti, sono validi ed hanno effetto anche riguardo ai terzi».
«Il contratto di locazione delle imbarcazioni e delle navi da diporto è redatto per iscritto a pena di nullità ed è tenuto a bordo in originale o copia conforme»: art. 42.3, d.lg. 18 luglio 2005, n. 171.

(2) Sulla necessità della forma scritta per i contratti delle banche e degli intermediari finanziari v. art. 117.1, d.lg. 1° settembre 1993, n. 385, in *Leggi coll. XVII, 1*.

preliminare è nullo (c. 1350), se non è fatto nella stessa forma che la legge prescrive per il contratto definitivo (c. 2645-*II*, 2668[4], 2775-*II*, 2780, 2825-*II*, 2932).

1352. *Forme convenzionali.* — *1.* Se le parti hanno convenuto per iscritto di adottare una determinata forma per la futura conclusione di un contratto, si presume (c. 2728) che la forma sia stata voluta per la validità di questo (c. 1326[4], 2725).

CAPO III

DELLA CONDIZIONE NEL CONTRATTO

1353. *Contratto condizionale.* — *1.* Le parti possono subordinare l'efficacia o la risoluzione del contratto o di un singolo patto a un avvenimento futuro e incerto (c. 108, 257, 475[2], 520, 633 ss., 702[2], 2010; l. camb. 1, 16, 31; l. ass. 1, 18).

1354. *Condizioni illecite o impossibili.* — *1.* È nullo il contratto al quale è apposta una condizione, sospensiva o risolutiva, contraria a norme imperative, all'ordine pubblico o al buon costume.

2. La condizione impossibile rende nullo il contratto se è sospensiva (c. 1347); se è risolutiva, si ha come non apposta (c. 634).

3. Se la condizione illecita o impossibile è apposta a un patto singolo del contratto, si osservano, riguardo all'efficacia del patto, le disposizioni dei commi precedenti, fermo quanto è disposto dall'art. 1419.

1355. *Condizione meramente potestativa.* — *1.* È nulla l'alienazione di un diritto o l'assunzione di un obbligo subordinata a una condizione sospensiva che la faccia dipendere dalla mera volontà dell'alienante o, rispettivamente, da quella del debitore.

1356. *Pendenza della condizione.* — *1.* In pendenza della condizione sospensiva l'acquirente di un diritto può compiere atti conservativi (c. 2901; p.c. 670 ss.).

2. L'acquirente di un diritto sotto condizione risolutiva può, in pendenza di questa, esercitarlo, ma l'altro contraente può compiere atti conservativi.

1357. *Atti di disposizione in pendenza della condizione.* — *1.* Chi ha un diritto subordinato a condizione sospensiva o risolutiva può disporne in pendenza di questa; ma gli effetti di ogni atto di disposizione sono subordinati alla stessa condizione.

1358. *Comportamento delle parti nello stato di pendenza.* — *1.* Colui che si è obbligato o che ha alienato un diritto sotto condizione sospensiva, ovvero lo ha acquistato sotto condizione risolutiva, deve, in pendenza della condizione, comportarsi secondo buona fede per conservare integre le ragioni dell'altra parte (c. 1175, 1375).

1359. *Avveramento della condizione.* — *1.* La condizione si considera avverata qualora sia mancata per causa imputabile alla parte che aveva interesse contrario all'avveramento di essa.

1360. *Retroattività della condizione.* — *1.* Gli effetti dell'avveramento della condizione retroagiscono al tempo in cui è stato concluso il contratto, salvo che, per volontà delle parti o per la natura del rapporto, gli effetti del contratto o della risoluzione debbano essere riportati a un momento diverso (c. 646, 1757, 2655).

2. Se però la condizione risolutiva è apposta a un contratto ad esecuzione continuata o periodica, l'avveramento di essa, in mancanza di patto contrario, non ha effetto riguardo alle prestazioni già eseguite (c. 1373[2], 1458, 1465[4], 2126[1], 2332[2]).

1361. *Atti di amministrazione.* — *1.* L'avveramento della condizione (c. 1359) non pregiudica la validità degli atti di amministrazione compiuti dalla parte a cui, in pendenza della condizione stessa, spettava l'esercizio del diritto.

2. Salvo diverse disposizioni di legge o diversa pattuizione, i frutti percepiti sono dovuti dal giorno in cui la condizione si è avverata (c. 646).

CAPO IV

DELL'INTERPRETAZIONE DEL CONTRATTO

1362. *Intenzione dei contraenti.* — *1.* Nell'interpretare il contratto si deve indagare quale sia stata la comune intenzione delle parti e non limitarsi al senso letterale delle parole.

2. Per determinare la comune intenzione delle parti, si deve valutare il loro comportamento complessivo anche posteriore alla conclusione del contratto (c. 1326).

1363. *Interpretazione complessiva delle clausole.* — *1.* Le clausole del contratto si interpretano le une per mezzo delle altre, attribuendo a ciascuna il senso che risulta dal complesso dell'atto.

1364. *Espressioni generali.* — *1.* Per quanto generali siano le espressioni usate nel contratto, questo non comprende che gli oggetti sui quali le parti si sono proposte di contrattare.

1365. *Indicazioni esemplificative.* — *1.* Quando in un contratto si è espresso un caso al fine di spiegare un patto, non si presumono esclusi i casi non espressi, ai quali, secondo ragione, può estendersi lo stesso patto.

1366. *Interpretazione di buona fede. — 1.* Il contratto deve essere interpretato secondo buona fede (c. 1175, 1337, 1358, 1375).

1367. *Conservazione del contratto. — 1.* Nel dubbio, il contratto o le singole clausole devono interpretarsi nel senso in cui possono avere qualche effetto, anziché in quello secondo cui non ne avrebbero alcuno (c. 1424).

1368. *Pratiche generali interpretative. — 1.* Le clausole ambigue s'interpretano secondo ciò che si pratica generalmente nel luogo in cui il contratto è stato concluso.

2. Nei contratti in cui una delle parti è un imprenditore (c. 2082), le clausole ambigue s'interpretano secondo ciò che si pratica generalmente nel luogo in cui è la sede dell'impresa (c. 2196 n. 4, 2197).

1369. *Espressioni con più sensi. — 1.* Le espressioni che possono avere più sensi devono, nel dubbio, essere intese nel senso più conveniente alla natura e all'oggetto del contratto.

1370. *Interpretazione contro l'autore della clausola. — 1.* Le clausole inserite nelle condizioni generali di contratto (c. 1341) o in moduli o formulari predisposti da uno dei contraenti s'interpretano, nel dubbio, a favore dell'altro.

1371. *Regole finali. — 1.* Qualora, nonostante l'applicazione delle norme contenute in questo capo, il contratto rimanga oscuro, esso deve essere inteso nel senso meno gravoso per l'obbligato, se è a titolo gratuito, e nel senso che realizzi l'equo contemperamento degli interessi delle parti, se è a titolo oneroso (1).

CAPO V

DEGLI EFFETTI DEL CONTRATTO

Sezione I. — *Disposizioni generali*

1372. *Efficacia del contratto. — 1.* Il contratto ha forza di legge tra le parti. Non può essere sciolto che per mutuo consenso o per cause ammesse dalla legge (c. 1373, 1399^{3}, 1453 ss., 1896, 1955, 1956, 2272 n. 3).

2. Il contratto non produce effetto rispetto ai terzi che nei casi previsti dalla legge (c. 1411).

1373. *Recesso unilaterale. — 1.* Se a una delle parti è attribuita (c. 1341^{2}) la facoltà di recedere dal contratto, tale facoltà può essere esercitata finché il contratto non abbia avuto un principio di esecuzione (c. 1464, 1537 ss., 1660, 1671, 1674, 1722 n. 4, 1985, 2224^{2}, 2227, 2237, 2558^{2}) (2).

2. Nei contratti a esecuzione continuata o periodica (c. 1360^{2}, 1458, 2126^{1}, 2332^{2}), tale facoltà può essere esercitata anche successivamente, ma il recesso non ha effetto per le prestazioni già eseguite o in corso di esecuzione (c. 24, 1569, 1596^{2}, 1614, 1625, 1627, 1750, 1833, 1845, 1855, 1893, 1897 ss., 1918, 2096^{3}, 2118, 2119, 2160, 2177, 2183, 2244, 2285, 2307^{3}, 2343^{4}, 2437, 2532, 2558^{2}, 2609).

3. Qualora sia stata stipulata la prestazione di un corrispettivo per il recesso, questo ha effetto quando la prestazione è eseguita (c. 1386).

4. È salvo in ogni caso il patto contrario.

1374. *Integrazione del contratto. — 1.* Il contratto obbliga le parti non solo a quanto è nel medesimo espresso, ma anche a tutte le conseguenze che ne derivano secondo la legge, o, in mancanza, secondo gli usi (prel. 8) e l'equità (c. 1340).

1375. *Esecuzione di buona fede. — 1.* Il contratto deve essere eseguito secondo buona fede (c. 1175, 1337, 1358, 1366, 1460).

1376. *Contratto con effetti reali. — 1.* Nei contratti che hanno per oggetto il trasferimento della proprietà di una cosa determinata, la costituzione o il trasferimento di un diritto reale (c. 1465) ovvero il trasferimento di un altro diritto, la proprietà o il diritto si trasmettono e si acquistano per effetto del consenso delle parti legittimamente manifestato (c. 1706, 2003, 2008, 2011, 2015, 2022, 2247, 2253, 2786, 2808^{2}; c.p.i. 64) (3).

1377. *Trasferimento di una massa di cose. — 1.* Quando oggetto del trasferimento è una determinata massa di cose, anche se omogenee, si applica la disposizione dell'articolo precedente, ancorché, per determinati effetti, le cose debbano essere numerate, pesate o misurate.

1378. *Trasferimento di cosa determinata solo nel genere. — 1.* Nei contratti che hanno per oggetto il trasferimento di cose determinate solo nel genere, la proprietà si trasmette con l'individuazione fatta d'accordo tra le parti o nei modi da esse stabiliti (c. 1465^{3}). Trattandosi

(1) Si omette il comma successivo, abrogato dall'art. 3, d.lg.lgt. 14 settembre 1944, n. 287.

(2) Per il recesso dell'investitore dai contratti di collocamento di strumenti finanziari o di gestione di portafogli individuali conclusi fuori sede o collocati a distanza, v. art. 30, d.lg. 24 febbraio 1998, n. 58, in *Leggi coll. XVIII, 1*.

(3) Nei territori in cui vige il sistema tavolare, «il diritto di proprietà e gli altri diritti reali su beni immobili non si acquistano per atto tra vivi se non con la iscrizione del diritto nel libro fondiario»: art. 2.1, r.d. 28 marzo 1929, n. 499.

di cose che devono essere trasportate da un luogo a un altro, l'individuazione avviene anche mediante la consegna al vettore (c. 1678 ss.) o allo spedizioniere (c. 1737 ss.).

1379. *Divieto di alienazione*. — *1.* Il divieto di alienare (c. *692*^{5}, 965^{3}, 980^{1}, 1260^{2}) stabilito per contratto (c. 1341^{2}) ha effetto solo tra le parti, e non è valido se non è contenuto entro convenienti limiti di tempo e se non risponde a un apprezzabile interesse di una delle parti (c. 1174).

1380. *Conflitto tra più diritti personali di godimento*. — *1.* Se, con successivi contratti, una persona concede a diversi contraenti un diritto personale di godimento relativo alla stessa cosa, il godimento spetta al contraente che per primo lo ha conseguito (c. 1155, 1265^{1}, 1991, 2644).

2. Se nessuno dei contraenti ha conseguito il godimento, è preferito quello che ha il titolo di data certa (c. 2704) anteriore.

3. Sono salve le norme relative agli effetti della trascrizione (c. 2643 n. 8, 10, 11, 12 e 2644; c.p.i. 138$^{1,\ \text{lett.}\ b}$).

1381. *Promessa dell'obbligazione o del fatto del terzo*. — *1.* Colui che ha promesso l'obbligazione o il fatto di un terzo è tenuto a indennizzare l'altro contraente, se il terzo rifiuta di obbligarsi o non compie il fatto promesso.

Sezione II. — *Della clausola penale e della caparra*

1382. *Effetti della clausola penale*. — *1.* La clausola, con cui si conviene che, in caso d'inadempimento o di ritardo nell'adempimento (c. 1218), uno dei contraenti è tenuto a una determinata prestazione, ha l'effetto di limitare il risarcimento alla prestazione promessa, se non è stata convenuta la risarcibilità del danno ulteriore (c. 1223, 1229).

2. La penale è dovuta indipendentemente dalla prova del danno.

1383. *Divieto di cumulo*. — *1.* Il creditore non può domandare insieme la prestazione principale e la penale, se questa non è stata stipulata per il semplice ritardo.

1384. *Riduzione della penale*. — *1.* La penale può essere diminuita equamente dal giudice, se l'obbligazione principale è stata eseguita in parte ovvero se l'ammontare della penale è manifestamente eccessivo, avuto sempre riguardo all'interesse che il creditore aveva all'adempimento (c. 1181, 1526^{2}; att. c. 163).

1385. *Caparra confirmatoria*. — *1.* Se al momento della conclusione del contratto (c. 1326 ss.) una parte dà all'altra, a titolo di caparra, una somma di danaro o una quantità di altre cose fungibili, la caparra, in caso di adempimento, deve essere restituita o imputata alla prestazione dovuta.

2. Se la parte che ha dato la caparra è inadempiente, l'altra può recedere dal contratto (c. 1373), ritenendo la caparra; se inadempiente è invece la parte che l'ha ricevuta, l'altra può recedere dal contratto ed esigere il doppio della caparra (c. 1386; att. c. 164).

3. Se però la parte che non è inadempiente preferisce domandare l'esecuzione o la risoluzione (c. 1453 ss.) del contratto, il risarcimento del danno è regolato dalle norme generali (c. 1223 ss.; att. c. 164).

1386. *Caparra penitenziale*. — *1.* Se nel contratto è stipulato il diritto di recesso per una (c. 1373) o per entrambe le parti, la caparra ha la sola funzione di corrispettivo del recesso (c. 1373^{3}).

2. In questo caso, il recedente perde la caparra data o deve restituire il doppio di quella che ha ricevuta.

CAPO VI

DELLA RAPPRESENTANZA (1)

1387. *Fonti della rappresentanza*. — *1.* Il potere di rappresentanza è conferito dalla legge (c. 48^{1}, 320, 357, 360, 424, 508, 528, 643, 1702, 2409^{4}) ovvero dall'interessato (c. 16^{1}, 36^{2}, 41^{2}, 2266, 2295 n. 3, 2328 n. 9, 2463^{2}, 2521^{3}, 2603 n. 4, 2612 n. 4).

1388. *Contratto concluso dal rappresentante*. — *1.* Il contratto concluso dal rappresentante in nome e nell'interesse del rappresentato, nei limiti delle facoltà conferitegli, produce direttamente effetto nei confronti del rappresentato.

1389. *Capacità del rappresentante e del rappresentato*. — *1.* Quando la rappresentanza è conferita dall'interessato, per la validità del contratto concluso dal rappresentante basta che questi abbia la capacità di intendere e di volere (c. 428, 1425^{2}), avuto riguardo alla natura e al contenuto del contratto stesso, sempre che sia legalmente capace il rappresentato (c. 1425^{1}).

(1) Per l'individuazione del diritto applicabile alla rappresentanza volontaria v. art. 60, l. 31 maggio 1995, n. 218, in *Leggi coll. I, 1*.

2. In ogni caso, per la validità del contratto concluso dal rappresentante è necessario che il contratto non sia vietato al rappresentato (c. 323, 378, 779, 1261, 1471, 2233[3]).

1390. *Vizi della volontà.* — *1.* Il contratto è annullabile (c. 1441 ss.) se è viziata la volontà del rappresentante. Quando però il vizio riguarda elementi predeterminati dal rappresentato, il contratto è annullabile solo se era viziata la volontà di questo.

1391. *Stati soggettivi rilevanti.* — *1.* Nei casi in cui è rilevante lo stato di buona o di mala fede, di scienza o d'ignoranza di determinate circostanze (c. 1153, 1428), si ha riguardo alla persona del rappresentante, salvo che si tratti di elementi predeterminati dal rappresentato.

2. In nessun caso il rappresentato che è in mala fede può giovarsi dello stato d'ignoranza o di buona fede del rappresentante (c. 1894).

1392. *Forma della procura.* — *1.* La procura non ha effetto se non è conferita con le forme prescritte per il contratto che il rappresentante deve concludere (c. 1350 ss., 1399).

1393. *Giustificazione dei poteri del rappresentante.* — *1.* Il terzo che contratta col rappresentante può sempre esigere che questi giustifichi i suoi poteri e, se la rappresentanza risulta da un atto scritto, che gliene dia una copia da lui firmata.

1394. *Conflitto d'interessi.* — *1.* Il contratto concluso dal rappresentante in conflitto d'interessi col rappresentato (c. 1395) può essere annullato (c. 1441 ss.) su domanda del rappresentato, se il conflitto era conosciuto o riconoscibile dal terzo.

1395. *Contratto con se stesso.* — *1.* È annullabile (c. 1441 ss.) il contratto che il rappresentante conclude con se stesso, in proprio o come rappresentante di un'altra parte, a meno che il rappresentato lo abbia autorizzato specificatamente ovvero il contenuto del contratto sia determinato in modo da escludere la possibilità di conflitto d'interessi (c. 1394, 1735).

2. L'impugnazione può essere proposta soltanto dal rappresentato (c. 1471 n. 4).

1396. *Modificazione ed estinzione della procura.* — *1.* Le modificazioni e la revoca della procura (c. 111[6]) devono essere portate a conoscenza dei terzi con mezzi idonei. In mancanza, esse non sono opponibili ai terzi, se non si prova che questi le conoscevano al momento della conclusione del contratto (c. 2207, 2266[3]).

2. Le altre cause di estinzione del potere di rappresentanza conferito dall'interessato (c. 1722, 1727 ss.) non sono opponibili ai terzi che le hanno senza colpa ignorate (c. 19, 1903[1], 2298[1], 2383[5], 2384[2], 2384-*II*).

1397. *Restituzione del documento della rappresentanza.* — *1.* Il rappresentante è tenuto a restituire il documento dal quale risultano i suoi poteri, quando questi sono cessati.

1398. *Rappresentanza senza potere.* — *1.* Colui che ha contrattato come rappresentante senza averne i poteri o eccedendo i limiti delle facoltà conferitegli, è responsabile del danno che il terzo contraente ha sofferto per avere confidato senza sua colpa nella validità del contratto (c. 1338, 1890[2], 2822[2]; l. camb. 11; l. ass. 14).

1399. *Ratifica.* — *1.* Nell'ipotesi prevista dall'articolo precedente, il contratto può essere ratificato dall'interessato (c. 1711, 1890[1], 2032, 2822[2]), con l'osservanza delle forme prescritte per la conclusione di esso (c. 1392).

2. La ratifica ha effetto retroattivo, ma sono salvi i diritti dei terzi.

3. Il terzo e colui che ha contrattato come rappresentante possono d'accordo sciogliere il contratto prima della ratifica (c. 1372).

4. Il terzo contraente può invitare l'interessato a pronunziarsi sulla ratifica assegnandogli un termine, scaduto il quale, nel silenzio, la ratifica s'intende negata (c. 1712[2]).

5. La facoltà di ratifica si trasmette agli eredi.

1400. *Speciali forme di rappresentanza.* — *1.* Le speciali forme di rappresentanza nelle imprese agricole e commerciali sono regolate dal libro V (c. 2138, 2150, 2203 ss.).

CAPO VII

Del contratto per persona da nominare

1401. *Riserva di nomina del contraente.* — *1.* Nel momento della conclusione del contratto (c. 1326) una parte può riservarsi la facoltà di nominare successivamente la persona che deve acquistare i diritti e assumere gli obblighi nascenti dal contratto stesso (1).

1402. *Termine e modalità della dichiarazione di nomina.* — *1.* La dichiarazione di nomina deve essere comunicata all'altra parte nel termine di tre giorni dalla stipulazione del contratto, se le parti non hanno stabilito un termine diverso (2).

(1) Nelle offerte pubbliche di vendita «non sono ammesse accettazioni per persona da nominare»: art. 6.2, l. 18 febbraio 1992, n. 149.

(2) In base all'art. 32, d.p.r. 26 aprile 1986, n. 131, condizione per il pagamento dell'imposta di registro in misura fissa è che la dichiarazione sia esercitata nelle debite forme entro tre giorni dalla data dell'atto.

2. La dichiarazione non ha effetto se non è accompagnata dall'accettazione della persona nominata o se non esiste una procura anteriore al contratto.

1403. *Forme e pubblicità*. — *1.* La dichiarazione di nomina e la procura o l'accettazione della persona nominata non hanno effetto se non rivestono la stessa forma che le parti hanno usata per il contratto, anche se non prescritta dalla legge (c. 1392).

2. Se per il contratto è richiesta a determinati effetti una forma di pubblicità (c. 2643 ss.), deve agli stessi effetti essere resa pubblica anche la dichiarazione di nomina, con l'indicazione dell'atto di procura o dell'accettazione della persona nominata.

1404. *Effetti della dichiarazione di nomina*. — *1.* Quando la dichiarazione di nomina è stata validamente fatta, la persona nominata acquista i diritti e assume gli obblighi derivanti dal contratto con effetto dal momento in cui questo fu stipulato.

1405. *Effetti della mancata dichiarazione di nomina*. — *1.* Se la dichiarazione di nomina non è fatta validamente nel termine stabilito dalla legge o dalle parti, il contratto produce i suoi effetti fra i contraenti originari (c. 1762[1]).

CAPO VIII

Della cessione del contratto

1406. *Nozione*. — *1.* Ciascuna parte può sostituire a sé un terzo nei rapporti derivanti da un contratto con prestazioni corrispettive, se queste non sono state ancora eseguite, purché l'altra parte vi consenta (c. 1594, 1602, 1918[3], 2112, 2160, 2558) (1).

1407. *Forma*. — *1.* Se una parte ha consentito preventivamente che l'altra sostituisca a sé un terzo nei rapporti derivanti dal contratto, la sostituzione è efficace nei suoi confronti dal momento in cui le è stata notificata o in cui essa l'ha accettata (c. 1264[1]).

2. Se tutti gli elementi del contratto risultano da un documento nel quale è inserita la clausola «all'ordine» o altra equivalente, la girata del documento produce la sostituzione del giratario nella posizione del girante (c. 1889, 1918[5], 2011).

1408. *Rapporti fra contraente ceduto e cedente*. — *1.* Il cedente è liberato dalle sue obbligazioni verso il contraente ceduto dal momento in cui la sostituzione diviene efficace nei confronti di questo (c. 1407).

2. Tuttavia il contraente ceduto, se ha dichiarato di non liberare il cedente, può agire contro di lui qualora il cessionario non adempia le obbligazioni assunte (c. 1267).

3. Nel caso previsto dal comma precedente, il contraente ceduto deve dare notizia al cedente dell'inadempimento del cessionario, entro quindici giorni da quello in cui l'inadempimento si è verificato; in mancanza è tenuto al risarcimento del danno.

1409. *Rapporti fra contraente ceduto e cessionario*. — *1.* Il contraente ceduto può opporre al cessionario tutte le eccezioni derivanti dal contratto, ma non quelle fondate su altri rapporti col cedente, salvo che ne abbia fatto espressa riserva al momento in cui ha consentito alla sostituzione.

1410. *Rapporti fra cedente e cessionario*. — *1.* Il cedente è tenuto a garantire la validità del contratto (c. 1266).

2. Se il cedente assume la garanzia dell'adempimento del contratto, egli risponde come un fideiussore per le obbligazioni del contraente ceduto (c. 1944[1]).

CAPO IX

Del contratto a favore di terzi

1411. *Contratto a favore di terzi*. — *1.* È valida la stipulazione a favore di un terzo (c. 1273[1], 1372[2], 1599[4], 1689, 1773, 1875, 1920), qualora lo stipulante vi abbia interesse (c. 1174).

2. Salvo patto contrario, il terzo acquista il diritto contro il promittente per effetto della stipulazione (c. 1689). Questa però può essere revocata o modificata dallo stipulante, finché il terzo non abbia dichiarato, anche in confronto del promittente, di volerne profittare (c. 1921).

3. In caso di revoca della stipulazione o di rifiuto del terzo di profittarne, la prestazione

(1) Sulla cessione, anche senza il consenso del locatore, del contratto di affitto di fondi rustici, v. art. 12.3, l. 11 febbraio 1971, n. 11, in *Leggi coll. VII, 4*; e del contratto di locazione di immobili urbani, v. artt. 6.3, 36, l. 27 luglio 1978, n. 392, in *Leggi coll. VI, 1*.

In relazione ai contratti pubblici relativi a lavori, servizi e forniture v. art. 105.1, d.lg. 18 aprile 2016, n. 50, come modificato dall'art. 69.1, lett. a, d.lg. 19 aprile 2017, n. 56, che così dispone: «I soggetti affidatari dei contratti di cui al presente codice eseguono in proprio le opere o i lavori, i servizi, le forniture compresi nel contratto. Il contratto non può essere ceduto a pena di nullità, fatto salvo quanto previsto dall'art. 106, comma 1, lett. *d*). È ammesso il subappalto secondo le disposizioni del presente articolo».

rimane a beneficio dello stipulante, salvo che diversamente risulti dalla volontà delle parti o dalla natura del contratto.

1412. *Prestazione al terzo dopo la morte dello stipulante*. — *1.* Se la prestazione deve essere fatta al terzo dopo la morte dello stipulante, questi può revocare il beneficio anche con una disposizione testamentaria (c. 587 ss.) e quantunque il terzo abbia dichiarato di volerne profittare, salvo che, in quest'ultimo caso, lo stipulante abbia rinunciato per iscritto al potere di revoca (c. 1921).

2. La prestazione deve essere eseguita a favore degli eredi del terzo se questi premuore allo stipulante, purché il beneficio non sia stato revocato o lo stipulante non abbia disposto diversamente.

1413. *Eccezioni opponibili dal promittente al terzo*. — *1.* Il promittente può opporre al terzo le eccezioni fondate sul contratto dal quale il terzo deriva il suo diritto, ma non quelle fondate su altri rapporti tra promittente e stipulante.

CAPO X

DELLA SIMULAZIONE

1414. *Effetti della simulazione tra le parti*. — *1.* Il contratto simulato non produce effetto tra le parti (c. 123, 164; p. 388).

2. Se le parti hanno voluto concludere un contratto diverso da quello apparente, ha effetto tra esse il contratto dissimulato, purché ne sussistano i requisiti di sostanza e di forma.

3. Le precedenti disposizioni si applicano anche agli atti unilaterali destinati a una persona determinata, che siano simulati per accordo tra il dichiarante e il destinatario (c. 1324, 1334) (1).

1415. *Effetti della simulazione rispetto ai terzi*. — *1.* La simulazione non può essere opposta né dalle parti contraenti, né dagli aventi causa o dai creditori del simulato alienante, ai terzi che in buona fede (c. 1147) hanno acquistato diritti dal titolare apparente (c. 1153), salvi gli effetti della trascrizione della domanda di simulazione (c. 2652 n. 4, 2690 n. 1; c.p.i.138).

2. I terzi possono far valere la simulazione in confronto delle parti, quando essa pregiudica i loro diritti.

1416. *Rapporti con i creditori*. — *1.* La simulazione non può essere opposta dai contraenti ai creditori del titolare apparente che in buona fede hanno compiuto atti di esecuzione sui beni che furono oggetto del contratto simulato (c. 2910 ss.).

2. I creditori del simulato alienante possono far valere la simulazione che pregiudica i loro diritti, e, nel conflitto con i creditori chirografari del simulato acquirente, sono preferiti a questi, se il loro credito è anteriore all'atto simulato.

1417. *Prova della simulazione*. — *1.* La prova per testimoni (c. 2721 ss.) della simulazione è ammissibile senza limiti, se la domanda è proposta da creditori o da terzi e, qualora sia diretta a far valere l'illiceità del contratto dissimulato (c. 1343 ss., 1354), anche se è proposta dalle parti (c. 164^1).

CAPO XI

DELLA NULLITÀ DEL CONTRATTO

1418. *Cause di nullità del contratto*. — *1.* Il contratto è nullo quando è contrario a norme imperative, salvo che la legge disponga diversamente.

2. Producono nullità del contratto la mancanza di uno dei requisiti indicati dall'art. 1325, l'illiceità della causa (c. 1343), l'illiceità dei motivi nel caso indicato dall'art. 1345 e la mancanza nell'oggetto dei requisiti stabiliti dall'art. 1346 (c. 2379).

3. Il contratto è altresì nullo negli altri casi stabiliti dalla legge (c. 458, 778, 779, 785^2, 788, 794, 1341^2, 1354, 1471 n. 1 e 2, 1472^2, 1876, 1895, 1904, 1963, 1972, 2103^2, 2115^3, 2122^4, 2265, 2332, 2744; l. aut. 120 n. 1) (2).

1419. *Nullità parziale*. — *1.* La nullità parziale di un contratto o la nullità di singole clausole importa la nullità dell'intero contratto, se risulta che i contraenti non lo avrebbero concluso senza quella parte del suo contenuto che è colpita dalla nullità (c. 475^3, *1229*, *1341*^{2}, 1354^3, 1480, *2265*).

(1) Sul divieto di conti e libretti di risparmio anonimi o con intestazione fittizia v. art. 50, d.lg. 21 novembre 2007, n. 231, in *Leggi coll. XVII, 12*. Sul divieto di intestazione fittizia dei veicoli v. art. 94-*bis*, d.lg. 30 aprile 1992, n. 285, inserito dall'art. 12.2, l. 29 luglio 2010, n. 120.

(2) «Le alienazioni, le convenzioni e gli atti giuridici in genere, compiuti contro i divieti stabiliti dalle disposizioni del titolo I della Parte seconda, o senza l'osservanza delle condizioni e modalità da esse prescritte, sono nulli»: art. 164, d.lg. 22 gennaio 2004, n. 42, codice dei beni culturali e del paesaggio.

Sui casi in cui il notaio non può ricevere o autenticare atti v. art. 28, l. 16 febbraio 1913, n. 89, come modificato dall'art. 12.1, l. 28 novembre 2005, n. 246, in *Leggi coll. XXIII, 1*.

2. La nullità di singole clausole non importa la nullità del contratto, quando le clausole nulle sono sostituite di diritto da norme imperative (c. 1339, 1679^{4}, 1815^{2}, 1932^{2}, 2066^{2}, 2077^{2}, 2115^{3}, 2936).

1420. *Nullità del contratto plurilaterale*. — *1.* Nei contratti con più di due parti, in cui le prestazioni di ciascuna sono dirette al conseguimento di uno scopo comune, la nullità che colpisce il vincolo di una sola delle parti non importa nullità del contratto, salvo che la partecipazione di essa debba, secondo le circostanze, considerarsi essenziale (c. 1446, 1459, 1466).

1421. *Legittimazione all'azione di nullità*. — *1.* Salvo diverse disposizioni di legge (l. aut. *122^{5}*), la nullità può essere fatta valere da chiunque vi ha interesse (c. 1462) e può essere rilevata d'ufficio dal giudice (c. 2379).

1422. *Imprescrittibilità dell'azione di nullità*. — *1.* L'azione per far dichiarare la nullità (c. 2652 n. 6) non è soggetta a prescrizione (c. 117, 123^{2}), salvi gli effetti dell'usucapione (c. 1158 ss.) e della prescrizione delle azioni di ripetizione (c. 2379, 2934 ss.).

1423. *Inammissibilità della convalida*. — *1.* Il contratto nullo non può essere convalidato (c. 1972), se la legge non dispone diversamente (c. 117, 123^{2}, 590, 799, 2332^{5}, 2379).

1424. *Conversione del contratto nullo*. — *1.* Il contratto nullo può produrre gli effetti di un contratto diverso, del quale contenga i requisiti di sostanza e di forma, qualora, avuto riguardo allo scopo perseguito dalle parti, debba ritenersi che esse lo avrebbero voluto se avessero conosciuto la nullità (c. 1367; c.p.i. 76).

CAPO XII

DELL'ANNULLABILITÀ DEL CONTRATTO

Sezione I. — *Dell'incapacità*

1425. *Incapacità delle parti*. — *1.* Il contratto è annullabile se una delle parti era legalmente incapace di contrattare (c. 1441 ss.) (1).

2. È parimenti annullabile, quando ricorrono le condizioni stabilite dall'art. 428, il contratto stipulato da persona incapace d'intendere o di volere (c. 120, 591 n. 3, 775, 1191, 1389).

1426. *Raggiri usati dal minore*. — *1.* Il contratto non è annullabile, se il minore ha con raggiri occultato la sua minore età (c. 2); ma la semplice dichiarazione da lui fatta di essere maggiorenne non è di ostacolo all'impugnazione del contratto.

Sezione II. — *Dei vizi del consenso*

1427. *Errore, violenza e dolo*. — *1.* Il contraente (c. 1390), il cui consenso fu dato per errore (c. 1428 ss.), estorto con violenza (c. 1434 ss.) o carpito con dolo (c. 1439), può chiedere l'annullamento del contratto (c. 1441 ss.) secondo le disposizioni seguenti (c. 122, 482-483, 526, 624, 686, 761, 768-*V*, 787, 1969).

1428. *Rilevanza dell'errore*. — *1.* L'errore è causa di annullamento del contratto (c. 122, 483, 624, 787, 1391, 1973 ss., 2732) quando è essenziale (c. 1429) ed è riconoscibile dall'altro contraente (c. 1431).

1429. *Errore essenziale*. — *1.* L'errore è essenziale:

1) quando cade sulla natura o sull'oggetto del contratto;

2) quando cade sull'identità dell'oggetto della prestazione ovvero sopra una qualità dello stesso che, secondo il comune apprezzamento o in relazione alle circostanze, deve ritenersi determinante del consenso;

3) quando cade sull'identità o sulle qualità della persona dell'altro contraente, sempre che l'una o le altre siano state determinanti del consenso (c. 122);

4) quando, trattandosi di errore di diritto, è stato la ragione unica o principale del contratto (c. 1969).

1430. *Errore di calcolo*. — *1.* L'errore di calcolo non dà luogo ad annullamento del contratto, ma solo a rettifica, tranne che, concretandosi in errore sulla quantità, sia stato determinante del consenso (c. 1429).

1431. *Errore riconoscibile*. — *1.* L'errore si considera riconoscibile quando, in relazione al contenuto, alle circostanze del contratto ovvero alla qualità dei contraenti, una persona di normale diligenza (c. 1176^{1}) avrebbe potuto rilevarlo (c. 1337).

1432. *Mantenimento del contratto rettificato*. — *1.* La parte in errore non può domandare l'annullamento del contratto se, prima che ad essa possa derivarne pregiudizio, l'altra offre di eseguirlo in modo conforme al contenuto e alle modalità del contratto che quella intendeva concludere (c. 1450, 1467^{3}).

1433. *Errore nella dichiarazione o nella sua trasmissione*. — *1.* Le disposizioni degli articoli precedenti si applicano anche al caso in cui

(1) Sulla incapacità di contrattare con la pubblica amministrazione come pena accessoria v. artt. 19, 32-*ter*, 32-*quater* cod. pen.

l'errore cade sulla dichiarazione, o in cui la dichiarazione è stata inesattamente trasmessa dalla persona o dall'ufficio che ne era stato incaricato.

1434. *Violenza.* — *1.* La violenza è causa di annullamento del contratto (c. 122, 265, 482, 526, 624, 761, 2732), anche se esercitata da un terzo (c. 1439).

1435. *Caratteri della violenza.* — *1.* La violenza deve essere di tal natura da far impressione sopra una persona sensata e da farle temere di esporre sé o i suoi beni a un male ingiusto e notevole. Si ha riguardo, in questa materia, all'età, al sesso e alla condizione delle persone.

1436. *Violenza diretta contro terzi.* — *1.* La violenza è causa di annullamento del contratto anche quando il male minacciato riguarda la persona o i beni del coniuge del contraente o di un discendente o ascendente di lui.

2. Se il male minacciato riguarda altre persone, l'annullamento del contratto è rimesso alla prudente valutazione delle circostanze da parte del giudice.

1437. *Timore riverenziale.* — *1.* Il solo timore riverenziale non è causa di annullamento del contratto (c. 122^{1}).

1438. *Minaccia di far valere un diritto.* — *1.* La minaccia di far valere un diritto può essere causa di annullamento del contratto solo quando è diretta a conseguire vantaggi ingiusti.

1439. *Dolo.* — *1.* Il dolo è causa di annullamento del contratto (c. 482, 526, 624, 761) quando i raggiri usati da uno dei contraenti sono stati tali che, senza di essi, l'altra parte non avrebbe contrattato (c. 1195, 1975^{1}, 1986).

2. Quando i raggiri sono stati usati da un terzo, il contratto è annullabile se essi erano noti al contraente che ne ha tratto vantaggio (c. 1434).

1440. *Dolo incidente.* — *1.* Se i raggiri non sono stati tali da determinare il consenso, il contratto è valido, benché senza di essi sarebbe stato concluso a condizioni diverse; ma il contraente in mala fede risponde dei danni.

Sezione III. — *Dell'azione di annullamento*

1441. *Legittimazione.* — *1.* L'annullamento del contratto può essere domandato (c. 1462) solo dalla parte nel cui interesse è stabilito dalla legge (c. 184, 322, 323, 377, 378, 388, 396, 427, 428, 482, 526, 624, 761, 775, 787, 848, 1394, 1395, 1425 ss., 1471 n. 3 e 4, 1971 ss.).

2. L'incapacità del condannato in istato di interdizione legale (p. 32) può essere fatta valere da chiunque vi ha interesse.

1442. *Prescrizione.* — *1.* L'azione di annullamento si prescrive in cinque anni (c. 184, 428^{3}, 482^{2}, 526^{2}, 624^{3}, 761^{2}, 775^{2}, 848).

2. Quando l'annullabilità dipende da vizio del consenso (c. 1427 ss.) o da incapacità legale (c. 1425, 1426), il termine decorre dal giorno in cui è cessata la violenza, è stato scoperto l'errore o il dolo, è cessato lo stato d'interdizione o d'inabilitazione (c. 429), ovvero il minore ha raggiunto la maggiore età (c. 2).

3. Negli altri casi il termine decorre dal giorno della conclusione del contratto.

4. L'annullabilità può essere opposta dalla parte convenuta per l'esecuzione del contratto, anche se è prescritta l'azione per farla valere (c. 1449^{2}, 1467^{3}, 1468, 1495^{3}).

1443. *Ripetizione contro il contraente incapace.* — *1.* Se il contratto è annullato per incapacità (c. 1425) di uno dei contraenti, questi non è tenuto a restituire all'altro la prestazione ricevuta se non nei limiti in cui è stata rivolta a suo vantaggio (c. 1190, 1769, 2039, 2041).

1444. *Convalida.* — *1.* Il contratto annullabile può essere convalidato dal contraente al quale spetta l'azione di annullamento, mediante un atto che contenga la menzione del contratto e del motivo di annullabilità, e la dichiarazione che s'intende convalidarlo (c. 184, 2824).

2. Il contratto è pure convalidato, se il contraente al quale spettava l'azione di annullamento vi ha dato volontariamente esecuzione conoscendo il motivo di annullabilità (c. 1234^{2}, 1399, 2264^{2}).

3. La convalida non ha effetto, se chi l'esegue non è in condizione di concludere validamente il contratto (c. 1423, 1451).

1445. *Effetti dell'annullamento nei confronti dei terzi.* — *1.* L'annullamento che non dipende da incapacità legale non pregiudica i diritti acquistati a titolo oneroso dai terzi di buona fede, salvi gli effetti della trascrizione della domanda di annullamento (c. 23^{2}, 25^{2}, 534^{2}, 785^{2}, 1399^{2}, 1452, 1458^{2}, 2332, 2377^{6}, 2652 n. 6; att. c. 165).

1446. *Annullabilità nel contratto plurilaterale.* — *1.* Nei contratti indicati dall'art. 1420 l'annullabilità che riguarda il vincolo di una sola delle parti non importa annullamento del contratto, salvo che la partecipazione di questa debba, secondo le circostanze, considerarsi essenziale (c. 1459, 1466).

CAPO XIII

DELLA RESCISSIONE DEL CONTRATTO

1447. *Contratto concluso in istato di pericolo.* — *1.* Il contratto con cui una parte ha assunto obbligazioni a condizioni inique, per la necessità, nota alla controparte, di salvare sé o altri dal pericolo attuale di un danno grave alla persona (c. 2045), può essere rescisso sulla domanda (c. 2652 n. 1) della parte che si è obbligata (c. 1462).

2. Il giudice nel pronunciare la rescissione, può, secondo le circostanze, assegnare un equo compenso all'altra parte per l'opera prestata.

1448. *Azione generale di rescissione per lesione.* — *1.* Se vi è sproporzione tra la prestazione di una parte e quella dell'altra, e la sproporzione è dipesa dallo stato di bisogno di una parte, del quale l'altra ha approfittato per trarne vantaggio, la parte danneggiata può domandare la rescissione del contratto (c. 1462).

2. L'azione non è ammissibile se la lesione non eccede la metà del valore che la prestazione eseguita o promessa dalla parte danneggiata aveva al tempo del contratto.

3. La lesione deve perdurare fino al tempo in cui la domanda è proposta.

4. Non possono essere rescissi per causa di lesione i contratti aleatori (c. 1469).

5. Sono salve le disposizioni relative alla rescissione della divisione (c. 763, 764, 1964, 1970, 2922[2]).

1449. *Prescrizione.* — *1.* L'azione di rescissione si prescrive in un anno dalla conclusione del contratto (c. 763[3]); ma se il fatto costituisce reato, si applica l'ultimo comma dell'art. 2947.

2. La rescindibilità del contratto non può essere opposta in via di eccezione quando l'azione è prescritta (c. 1442[4], 1495[3]).

1450. *Offerta di modificazione del contratto.* — *1.* Il contraente contro il quale è domandata la rescissione può evitarla offrendo una modificazione del contratto sufficiente per ricondurlo ad equità (c. 767, 1432, 1467[3], 1468).

1451. *Inammissibilità della convalida.* — *1.* Il contratto rescindibile non può essere convalidato (c. 1444).

1452. *Effetti della rescissione rispetto ai terzi.* — *1.* La rescissione del contratto non pregiudica i diritti acquistati dai terzi (c. 23[2], 25[2], 534[2], 785[2], 1399[2], 1458[2], 2332, 2377[6]), salvi gli effetti della trascrizione della domanda di rescissione (c. 2652 n. 1).

CAPO XIV

DELLA RISOLUZIONE DEL CONTRATTO

Sezione I. — *Della risoluzione per inadempimento*

1453. *Risolubilità del contratto per inadempimento.* — *1.* Nei contratti con prestazioni corrispettive, quando uno dei contraenti non adempie le sue obbligazioni, l'altro può a sua scelta chiedere (c. 2652 n. 1) l'adempimento o la risoluzione del contratto (c. 1878, 1976), salvo, in ogni caso, il risarcimento del danno (c. 648, 793[4], 1385[3], 1479, 1480, 1489, 1492, 1497, 1924, 2286).

2. La risoluzione può essere domandata anche quando il giudizio è stato promosso per ottenere l'adempimento; ma non può più chiedersi l'adempimento quando è stata domandata la risoluzione (c. 1492[2]).

3. Dalla data della domanda di risoluzione l'inadempiente non può più adempiere la propria obbligazione (c. 972 n. 2).

1454. *Diffida ad adempiere.* — *1.* Alla parte inadempiente l'altra può intimare per iscritto di adempiere in un congruo termine, con dichiarazione che, decorso inutilmente detto termine, il contratto s'intenderà senz'altro risoluto (c. 1482[2], 1662[2]).

2. Il termine non può essere inferiore a quindici giorni, salvo diversa pattuizione delle parti o salvo che, per la natura del contratto o secondo gli usi, risulti congruo un termine minore.

3. Decorso il termine senza che il contratto sia stato adempiuto, questo è risoluto di diritto.

1455. *Importanza dell'inadempimento.* — *1.* Il contratto non si può risolvere se l'inadempimento di una delle parti ha scarsa importanza, avuto riguardo all'interesse dell'altra (c. 1522[2], 1525, 1564, 1668[2], 1819, 1820, 2286).

1456. *Clausola risolutiva espressa.* — *1.* I contraenti possono convenire espressamente che il contratto si risolva nel caso che una determinata obbligazione non sia adempiuta secondo le modalità stabilite (c. 973, 1458[2], 1525).

2. In questo caso, la risoluzione si verifica di diritto (c. 1517) quando la parte interessata dichiara all'altra che intende valersi della clausola risolutiva.

1457. *Termine essenziale per una delle parti.* — *1.* Se il termine fissato per la prestazione di una delle parti deve considerarsi essenziale nell'interesse dell'altra, questa, salvo patto o uso contrario, se vuole esigerne l'esecuzione nonostante la scadenza del termine, deve darne notizia all'altra parte entro tre giorni.

2. In mancanza, il contratto s'intende risoluto di diritto anche se non è stata espressamente pattuita la risoluzione (c. 1456[2], 1901[3]).

1458. *Effetti della risoluzione.* — *1.* La risoluzione del contratto per inadempimento ha effetto retroattivo tra le parti (c. 1519), salvo il caso di contratti ad esecuzione continuata o periodica, riguardo ai quali l'effetto della risoluzione non si estende alle prestazioni già eseguite (c. 1360^2, 1373^2, 2126^1, 2332^2).

2. La risoluzione, anche se è stata espressamente pattuita (c. 1456), non pregiudica i diritti acquistati dai terzi, salvi gli effetti della trascrizione della domanda di risoluzione (c. 23^2, 25^2, 534^2, 785^2, 1399^2, 1452, 1595, 2332, 2377^6, 2652 n. 1).

1459. *Risoluzione nel contratto plurilaterale.* — *1.* Nei contratti indicati dall'art. 1420 l'inadempimento di una delle parti non importa la risoluzione del contratto rispetto alle altre, salvo che la prestazione mancata debba, secondo le circostanze, considerarsi essenziale (c. 1446, 1466).

1460. *Eccezione d'inadempimento.* — *1.* Nei contratti con prestazioni corrispettive, ciascuno dei contraenti può rifiutarsi di adempiere la sua obbligazione, se l'altro non adempie (c. 1218 ss.) o non offre di adempiere (c. 1208 ss., 1220) contemporaneamente la propria, salvo che termini diversi per l'adempimento siano stati stabiliti dalle parti o risultino dalla natura del contratto (c. 1481, 1482, 1901).

2. Tuttavia non può rifiutarsi l'esecuzione se, avuto riguardo alle circostanze, il rifiuto è contrario alla buona fede (c. 1375, 1565).

1461. *Mutamento nelle condizioni patrimoniali dei contraenti.* — *1.* Ciascun contraente può sospendere l'esecuzione della prestazione da lui dovuta, se le condizioni patrimoniali dell'altro sono divenute tali da porre in evidente pericolo il conseguimento della controprestazione, salvo che sia prestata idonea garanzia (c. 1179, 1822, 1956, 1959^1; att. c. 169).

1462. *Clausola limitativa della proponibilità di eccezioni.* — *1.* La clausola con cui si stabilisce che una delle parti non può opporre eccezioni al fine di evitare o ritardare la prestazione dovuta (c. 1341^2), non ha effetto per le eccezioni di nullità (c. 1418 ss.), di annullabilità (c. 1425 ss.) e di rescissione (c. 1447 ss.) del contratto.

2. Nei casi in cui la clausola è efficace, il giudice, se riconosce che concorrono gravi motivi, può tuttavia sospendere la condanna, imponendo, se del caso, una cauzione.

Sezione II. — *Dell'impossibilità sopravvenuta*

1463. *Impossibilità totale.* — *1.* Nei contratti con prestazioni corrispettive, la parte liberata per la sopravvenuta impossibilità della prestazione dovuta (c. 1256) non può chiedere la controprestazione (c. 1686), e deve restituire quella che abbia già ricevuta, secondo le norme relative alla ripetizione dell'indebito (c. 2033 ss.).

1464. *Impossibilità parziale.* — *1.* Quando la prestazione di una parte è divenuta solo parzialmente impossibile (c. 1258), l'altra parte ha diritto a una corrispondente riduzione della prestazione da essa dovuta, e può anche recedere dal contratto (c. 1373) qualora non abbia un interesse apprezzabile (c. 1174) all'adempimento parziale (c. 1181, 1672, 2228).

1465. *Contratto con effetti traslativi o costitutivi.* — *1.* Nei contratti che trasferiscono la proprietà di una cosa determinata ovvero costituiscono o trasferiscono diritti reali (c. 1376), il perimento della cosa per una causa non imputabile all'alienante non libera l'acquirente dall'obbligo di eseguire la controprestazione, ancorché la cosa non gli sia stata consegnata (c. 1673, 2254).

2. La stessa disposizione si applica nel caso in cui l'effetto traslativo o costitutivo sia differito fino allo scadere di un termine.

3. Qualora oggetto del trasferimento sia una cosa determinata solo nel genere, l'acquirente non è liberato dall'obbligo di eseguire la controprestazione, se l'alienante ha fatto la consegna o se la cosa è stata individuata (c. 1378).

4. L'acquirente è in ogni caso liberato dalla sua obbligazione, se il trasferimento era sottoposto a condizione sospensiva e l'impossibilità è sopravvenuta prima che si verifichi la condizione (c. 1360^2, 1523).

1466. *Impossibilità nel contratto plurilaterale.* — *1.* Nei contratti indicati dall'art. 1420 l'impossibilità della prestazione di una delle parti non importa scioglimento del contratto rispetto alle altre, salvo che la prestazione mancata debba, secondo le circostanze, considerarsi essenziale (c. 1446, 1459).

Sezione III. — *Dell'eccessiva onerosità*

1467. *Contratto con prestazioni corrispettive.* — *1.* Nei contratti a esecuzione continuata o periodica ovvero a esecuzione differita, se la prestazione di una delle parti è divenuta eccessivamente onerosa per il verificarsi di avvenimenti straordinari e imprevedibili, la parte che deve tale prestazione può domandare la risoluzione del contratto, con gli effetti stabiliti dall'art. 1458 (att. c. 168).

2. La risoluzione non può essere domandata se la sopravvenuta onerosità rientra nell'alea normale del contratto.

3. La parte contro la quale è domandata la risoluzione può evitarla offrendo di modificare equamente le condizioni del contratto (c. 767, 1432, 1450, 1623, 1664).

1468. *Contratto con obbligazioni di una sola parte.* — *1.* Nell'ipotesi prevista dall'articolo precedente, se si tratta di un contratto nel quale una sola delle parti ha assunto obbligazioni, questa può chiedere una riduzione della sua prestazione ovvero una modificazione nelle modalità di esecuzione, sufficienti per ricondurla ad equità.

1469. *Contratto aleatorio*. — *1.* Le norme degli articoli precedenti (c. 1467 ss.) non si applicano ai contratti aleatori (c. 1448[4]) per loro natura (c. 1879[2], 1926) o per volontà delle parti (c. 1472[2]).

CAPO XIV-*bis*

Dei contratti del consumatore (1)

1469-*bis*. *Contratti del consumatore*. — *1.* Le disposizioni del presente titolo si applicano ai contratti del consumatore, ove non derogate dal codice del consumo o da altre disposizioni più favorevoli per il consumatore (2).

TITOLO III

Dei singoli contratti

CAPO I

Della vendita

Sezione I. — *Disposizioni generali*

1470. *Nozione*. — *1.* La vendita è il contratto che ha per oggetto il trasferimento della proprietà di una cosa o il trasferimento di un altro diritto verso il corrispettivo di un prezzo (c. 1350 n. 1, 1376 ss., 1862[1], 2751-*II* n. 4 e 5).

1471. *Divieti speciali di comprare*. — *1.* Non possono essere compratori nemmeno all'asta pubblica, né direttamente né per interposta persona (c. 2233[3]):

1) gli amministratori dei beni dello Stato, dei comuni, delle province o degli altri enti pubblici, rispetto ai beni affidati alla loro cura;

2) gli ufficiali pubblici, rispetto ai beni che sono venduti per loro ministero (c. 1261);

3) coloro che per legge o per atto della pubblica autorità amministrano beni altrui (c. 320 ss., 357 ss., 424 ss.), rispetto ai beni medesimi (c. 323, 378, 779);

4) i mandatari, rispetto ai beni che sono stati incaricati di vendere, salvo il disposto dell'art. 1395 (c. 1735).

2. Nei primi due casi l'acquisto è nullo (c. 1418 ss.); negli altri è annullabile (c. 1441 ss.).

1472. *Vendita di cose future*. — *1.* Nella vendita che ha per oggetto una cosa futura (c. 1348), l'acquisto della proprietà si verifica non appena la cosa viene ad esistenza (c. 1476 n. 2, 2822). Se oggetto della vendita sono gli alberi o i frutti di un fondo, la proprietà si acquista quando gli alberi sono tagliati o i frutti sono separati (c. 820[2]).

2. Qualora le parti non abbiano voluto concludere un contratto aleatorio, la vendita è nulla (c. 1325 n. 2, 1418 ss.), se la cosa non viene ad esistenza.

1473. *Determinazione del prezzo affidata a un terzo*. — *1.* Le parti possono affidare la determinazione del prezzo a un terzo, eletto nel contratto o da eleggere posteriormente.

2. Se il terzo non vuole o non può accettare l'incarico, ovvero le parti non si accordano per la sua nomina o per la sua sostituzione, la nomina, su richiesta di una delle parti, è fatta dal presidente del tribunale del luogo in cui è stato concluso il contratto (c. 1349; att. c. 82).

1474. *Mancanza di determinazione espressa del prezzo*. — *1.* Se il contratto ha per oggetto cose che il venditore vende abitualmente e le parti non hanno determinato il prezzo, né hanno convenuto il modo di determinarlo, né esso è stabilito per atto della pubblica autorità o da norme corporative (3), si presume che le parti abbiano voluto riferirsi al prezzo normalmente praticato dal venditore.

2. Se si tratta di cose aventi un prezzo di borsa o di mercato, il prezzo si desume dai listini o dalle mercuriali del luogo in cui deve essere eseguita la consegna, o da quelli della piazza più vicina (c. 1515[3], 1696).

3. Qualora le parti abbiano inteso riferirsi al giusto prezzo, si applicano le disposizioni dei commi precedenti; e, quando non ricorrono i casi da essi previsti, il prezzo, in mancanza di accordo, è determinato da un terzo, nominato a norma del secondo comma dell'articolo precedente (c. 1561).

(1) Capo aggiunto dall'art. 25, l. 6 febbraio 1996, n. 52, in attuazione della direttiva 93/13/CEE. Sui contratti stipulati tra consumatori e fornitori di servizi di comunicazione elettronica v. art. 70, d.lg. 1° agosto 2003, n. 259.

(2) L'art. 1469-*bis* è stato così sostituito ai precedenti artt. 1469-*bis*, 1469-*ter*, 1469-*quater*, 1469-*quinquies* e 1469-*sexies* dall'art. 142, d.lg. 6 settembre 2005, n. 206, in *Leggi coll. XI, 6*. L'art. 38, d.lg. 206/2005 così dispone: «Per quanto non previsto dal codice, ai contratti conclusi tra il consumatore ed il professionista si applicano le disposizioni del codice civile».

(3) V. nota 1 all'art. 1 prel.

1475. *Spese della vendita*. — *1.* Le spese del contratto di vendita e le altre accessorie (c. 1510²) sono a carico del compratore, se non è stato pattuito diversamente (c. 1196, 1479², 1554).

§ 1. — *Delle obbligazioni del venditore*

1476. *Obbligazioni principali del venditore* (1). — *1.* Le obbligazioni principali del venditore sono:

1) quella di consegnare la cosa al compratore (c. 1182², 1183, 1477, 1510);

2) quella di fargli acquistare la proprietà della cosa o il diritto, se l'acquisto non è effetto immediato del contratto (c. 1285, 1376, 1377, 1378, 1472, 1478);

3) quella di garantire il compratore dall'evizione (c. 1483 ss.) e dai vizi della cosa (c. 1490 ss.).

1477. *Consegna della cosa*. — *1.* La cosa deve essere consegnata nello stato in cui si trovava al momento della vendita.

2. Salvo diversa volontà delle parti, la cosa deve essere consegnata insieme con gli accessori, le pertinenze (c. 817) e i frutti (c. 820, 821¹) dal giorno della vendita.

3. Il venditore deve pure consegnare i titoli e i documenti relativi alla proprietà e all'uso della cosa venduta (c. 1262, 1527).

1478. *Vendita di cosa altrui*. — *1.* Se al momento del contratto la cosa venduta non era di proprietà del venditore, questi è obbligato a procurarne l'acquisto al compratore (c. 1476 n. 2).

2. Il compratore diventa proprietario nel momento in cui il venditore acquista la proprietà dal titolare di essa (c. 2822; att. c. 171).

1479. *Buona fede del compratore*. — *1.* Il compratore può chiedere la risoluzione del contratto (c. 1453), se, quando l'ha concluso, ignorava che la cosa non era di proprietà del venditore (c. 1192), e se frattanto il venditore non gliene ha fatto acquistare la proprietà (c. 1153, 1265, 2644).

2. Salvo il disposto dell'art. 1223, il venditore è tenuto a restituire all'acquirente il prezzo pagato, anche se la cosa è diminuita di valore o è deteriorata; deve inoltre rimborsargli le spese e i pagamenti legittimamente fatti per il contratto (c. 1475). Se la diminuzione di valore o il deterioramento derivano da un fatto del compratore, dall'ammontare suddetto si deve detrarre l'utile che il compratore ne ha ricavato.

3. Il venditore è inoltre tenuto a rimborsare al compratore le spese necessarie e utili fatte per la cosa, e, se era in mala fede, anche quelle voluttuarie (c. 1225, 1482², 1483, 1488; att. c. 171).

1480. *Vendita di cosa parzialmente di altri*. — *1.* Se la cosa che il compratore riteneva di proprietà del venditore era solo in parte di proprietà altrui, il compratore può chiedere la risoluzione del contratto e il risarcimento del danno a norma dell'articolo precedente, quando deve ritenersi, secondo le circostanze, che non avrebbe acquistato la cosa senza quella parte di cui non è divenuto proprietario (c. 1419¹); altrimenti può solo ottenere una riduzione del prezzo, oltre al risarcimento del danno (c. 1484, 1488, 1489; att. c. 171).

1481. *Pericolo di rivendica*. — *1.* Il compratore può sospendere il pagamento del prezzo, quando ha ragione di temere che la cosa o una parte di essa possa essere rivendicata da terzi (c. 948), salvo che il venditore presti idonea garanzia (c. 1460).

2. Il pagamento non può essere sospeso se il pericolo era noto al compratore al tempo della vendita (c. 1460², 1489²).

1482. *Cosa gravata da garanzie reali o da altri vincoli*. — *1.* Il compratore può altresì sospendere il pagamento del prezzo, se la cosa venduta risulta gravata da garanzie reali (c. 2784 ss., 2808 ss.) o da vincoli derivanti da pignoramento (p.c. 491 ss.) o da sequestro (p.c. 671 ss.), non dichiarati dal venditore e dal compratore stesso ignorati (c. 1460).

2. Egli può inoltre far fissare dal giudice un termine, alla scadenza del quale, se la cosa non è liberata, il contratto è risoluto con obbligo del venditore di risarcire il danno ai sensi dell'art. 1479.

3. Se l'esistenza delle garanzie reali o dei vincoli sopra indicati era nota al compratore, questi non può chiedere la risoluzione del contratto, e il venditore è tenuto verso di lui solo per il caso di evizione (c. 1483).

1483. *Evizione totale della cosa*. — *1.* Se il compratore (c. 797, 1197², 1553, 2254, 2921, 2927) subisce l'evizione totale della cosa per effetto di diritti che un terzo ha fatti valere su di essa, il venditore è tenuto a risarcirlo del danno (c. 1223 ss.) a norma dell'art. 1479.

2. Egli deve inoltre corrispondere al compratore il valore dei frutti che questi sia tenuto a restituire a colui dal quale è evitto, le spese che

(1) L'art. 12, d.l. 21 marzo 1978, n. 59, conv. in l. 18 maggio 1978, n. 191, ha imposto l'obbligo di comunicazione all'autorità locale di pubblica sicurezza a «chiunque cede la proprietà o il godimento o a qualunque altro titolo consente, per un tempo superiore a un mese, l'uso esclusivo di un fabbricato o di parte di esso».

egli abbia fatte per la denunzia della lite (c. 1485) e quelle che abbia dovuto rimborsare all'attore (c. 1484).

1484. *Evizione parziale*. — *1.* In caso di evizione parziale della cosa, si osservano le disposizioni dell'art. 1480 e quella del secondo comma dell'articolo precedente (c. 2921²).

1485. *Chiamata in causa del venditore*. — *1.* Il compratore convenuto da un terzo che pretende di avere diritti sulla cosa venduta, deve chiamare in causa il venditore (p.c. 106). Qualora non lo faccia e sia condannato con sentenza passata in giudicato (p.c. 324), perde il diritto alla garanzia, se il venditore prova che esistevano ragioni sufficienti per far respingere la domanda.

2. Il compratore che ha spontaneamente riconosciuto il diritto del terzo perde il diritto alla garanzia, se non prova che non esistevano ragioni sufficienti per impedire l'evizione (c. 1489).

1486. *Responsabilità limitata del venditore*. — *1.* Se il compratore ha evitato l'evizione della cosa mediante il pagamento di una somma di danaro, il venditore può liberarsi da tutte le conseguenze della garanzia col rimborso della somma pagata, degli interessi e di tutte le spese (c. 1489).

1487. *Modificazione o esclusione convenzionale della garanzia*. — *1.* I contraenti possono aumentare o diminuire gli effetti della garanzia e possono altresì pattuire che il venditore non sia soggetto a garanzia alcuna.

2. Quantunque sia pattuita l'esclusione della garanzia, il venditore è sempre tenuto per l'evizione derivante da un fatto suo proprio (c. 797²). È nullo ogni patto contrario (c. 1266¹, 1375, 1489).

1488. *Effetti dell'esclusione della garanzia*. — *1.* Quando è esclusa la garanzia, non si applicano le disposizioni degli artt. 1479 e 1480; se si verifica l'evizione, il compratore può pretendere dal venditore soltanto la restituzione del prezzo pagato e il rimborso delle spese.

2. Il venditore è esente anche da quest'obbligo quando la vendita è stata convenuta a rischio e pericolo del compratore (c. 1489).

1489. *Cosa gravata da oneri o da diritti di godimento di terzi*. — *1.* Se la cosa venduta è gravata da oneri o da diritti reali o personali non apparenti (c. *869*, 1061, 1599, 1600) che ne diminuiscono il libero godimento e non sono stati dichiarati nel contratto, il compratore che non ne abbia avuto conoscenza può domandare la risoluzione del contratto oppure una riduzione del prezzo secondo la disposizione dell'art. 1480.

2. Si osservano inoltre, in quanto applicabili, le disposizioni degli artt. 1481, 1485, 1486, 1487 e 1488.

1490. *Garanzia per i vizi della cosa venduta*. — *1.* Il venditore è tenuto a garantire che la cosa venduta sia immune da vizi che la rendano inidonea all'uso a cui è destinata o ne diminuiscano in modo apprezzabile il valore (c. 1578, 1667, 1698, 2226, 2254, 2922¹).

2. Il patto con cui si esclude o si limita la garanzia non ha effetto, se il venditore ha in mala fede taciuto al compratore i vizi della cosa (c. 1229, 1579).

1491. *Esclusione della garanzia*. — *1.* Non è dovuta la garanzia se al momento del contratto il compratore conosceva i vizi della cosa; parimenti non è dovuta, se i vizi erano facilmente riconoscibili, salvo, in questo caso, che il venditore abbia dichiarato che la cosa era esente da vizi (c. 1579).

1492. *Effetti della garanzia*. — *1.* Nei casi indicati dall'art. 1490 il compratore può domandare a sua scelta la risoluzione del contratto (c. 1453 ss.) ovvero la riduzione del prezzo (c. 1668), salvo che, per determinati vizi, gli usi escludano la risoluzione.

2. La scelta è irrevocabile quando è fatta con la domanda giudiziale.

3. Se la cosa consegnata è perita in conseguenza dei vizi, il compratore ha diritto alla risoluzione del contratto; se invece è perita per caso fortuito o per colpa del compratore, o se questi l'ha alienata o trasformata, egli non può domandare che la riduzione del prezzo.

1493. *Effetti della risoluzione del contratto*. — *1.* In caso di risoluzione del contratto il venditore deve restituire il prezzo e rimborsare al compratore le spese e i pagamenti legittimamente fatti per la vendita (c. 1475).

2. Il compratore deve restituire la cosa, se questa non è perita in conseguenza dei vizi.

1494. *Risarcimento del danno*. — *1.* In ogni caso il venditore è tenuto verso il compratore al risarcimento del danno (c. 1223), se non prova di avere ignorato senza colpa i vizi della cosa.

2. Il venditore deve altresì risarcire al compratore i danni derivati dai vizi della cosa (c. 1578², 1812, 1821).

1495. *Termini e condizioni per l'azione*. — *1.* Il compratore decade dal diritto alla garanzia, se non denunzia i vizi al venditore (c. 1745¹, 2112¹) entro otto giorni dalla scoperta (c. 1511), salvo il diverso termine stabilito dalle parti (c. 2965) o dalla legge (c. 1511, 1512, 1522).

2. La denunzia non è necessaria se il venditore ha riconosciuto l'esistenza del vizio o l'ha occultato.

3. L'azione si prescrive, in ogni caso, in un

anno dalla consegna; ma il compratore, che sia convenuto per l'esecuzione del contratto, può sempre far valere la garanzia (c. 1442^{4}, 1449^{2}), purché il vizio della cosa sia stato denunziato entro otto giorni dalla scoperta e prima del decorso dell'anno dalla consegna.

1496. *Vendita di animali.* — *1.* Nella vendita di animali la garanzia per i vizi è regolata dalle leggi speciali o, in mancanza, dagli usi locali. Se neppure questi dispongono, si osservano le norme che precedono (c. 1490 ss.).

1497. *Mancanza di qualità.* — *1.* Quando la cosa venduta non ha le qualità promesse ovvero quelle essenziali per l'uso a cui è destinata, il compratore ha diritto di ottenere la risoluzione del contratto secondo le disposizioni generali sulla risoluzione per inadempimento (c. 1453 ss.), purché il difetto di qualità ecceda i limiti di tolleranza stabiliti dagli usi.

2. Tuttavia il diritto di ottenere la risoluzione è soggetto alla decadenza e alla prescrizione stabilite dall'art. 1495.

§ 2. — *Delle obbligazioni del compratore*

1498. *Pagamento del prezzo.* — *1.* Il compratore è tenuto a pagare il prezzo nel termine e nel luogo fissati dal contratto (c. 2817 n. 1).

2. In mancanza di pattuizione e salvi gli usi diversi, il pagamento deve avvenire al momento della consegna e nel luogo dove questa si esegue (c. 1510, 1528).

3. Se il prezzo non si deve pagare al momento della consegna, il pagamento si fa al domicilio del venditore (c. 1182).

1499. *Interessi compensativi sul prezzo.* — *1.* Salvo diversa pattuizione, qualora la cosa venduta e consegnata al compratore produca frutti o altri proventi (c. 1477^{2}), decorrono gli interessi sul prezzo, anche se questo non è ancora esigibile (c. 1282^{1}).

§ 3. — *Del riscatto convenzionale*

1500. *Patto di riscatto.* — *1.* Il venditore può riservarsi il diritto di riavere la proprietà della cosa venduta mediante la restituzione del prezzo e i rimborsi stabiliti dalle disposizioni che seguono (c. 1604; att. c. 173).

2. Il patto di restituire un prezzo superiore a quello stipulato per la vendita è nullo per l'eccedenza (c. 1548, 2744).

1501. *Termini.* — *1.* Il termine per il riscatto non può essere maggiore di due anni nella vendita di beni mobili (c. 1510 ss.) e di cinque anni in quella di beni immobili (c. 1537 ss.). Se le parti stabiliscono un termine maggiore, esso si riduce a quello legale.

2. Il termine stabilito dalla legge è perentorio e non si può prorogare.

1502. *Obblighi del riscattante.* — *1.* Il venditore che esercita il diritto di riscatto è tenuto a rimborsare al compratore il prezzo, le spese e ogni altro pagamento legittimamente fatto per la vendita, le spese per le riparazioni necessarie e, nei limiti dell'aumento, quelle che hanno aumentato il valore della cosa (c. 1150^{3}).

2. Fino al rimborso delle spese necessarie e utili, il compratore ha diritto di ritenere la cosa (c. 748^{4}, 975^{2}, 1006, 1011, 1152, 2040). Il giudice tuttavia, per il rimborso delle spese utili, può accordare una dilazione disponendo, se occorrono, le opportune cautele (c. 1151, 1179).

1503. *Esercizio del riscatto.* — *1.* Il venditore decade dal diritto di riscatto, se entro il termine fissato (c. 1501) non comunica al compratore la dichiarazione di riscatto e non gli corrisponde le somme liquide dovute per il rimborso del prezzo, delle spese e di ogni altro pagamento legittimamente fatto per la vendita.

2. Se il compratore rifiuta di ricevere il pagamento di tali rimborsi, il venditore decade dal diritto di riscatto, qualora non ne faccia offerta reale (c. 1209 ss.) entro otto giorni dalla scadenza del termine.

3. Nella vendita di beni immobili la dichiarazione di riscatto deve essere fatta per iscritto, sotto pena di nullità (c. 1350, 2653 n. 3, 2691).

1504. *Effetti del riscatto rispetto ai subacquirenti.* — *1.* Il venditore che ha legittimamente esercitato il diritto di riscatto nei confronti del compratore può ottenere il rilascio della cosa anche dai successivi acquirenti, purché il patto sia ad essi opponibile (c. 2653 n. 3).

2. Se l'alienazione è stata notificata al venditore, il riscatto deve essere esercitato in confronto del terzo acquirente.

1505. *Diritti costituiti dal compratore sulla cosa.* — *1.* Il venditore che ha esercitato il diritto di riscatto riprende la cosa esente dai pesi e dalle ipoteche da cui sia stata gravata; ma è tenuto a mantenere le locazioni fatte senza frode, purché abbiano data certa (c. 2704) e siano state convenute per un tempo non superiore ai tre anni (c. 1606^{1}).

1506. *Riscatto di parte indivisa.* — *1.* In caso di vendita con patto di riscatto di una parte indivisa di una cosa, il comproprietario che chiede la divisione (c. 1111) deve proporre la domanda anche in confronto del venditore.

2. Se la cosa non è comodamente divisibile (c. 720 ss.) e si fa luogo all'incanto, il venditore che non ha esercitato il riscatto anteriormente all'aggiudicazione decade da tale diritto, anche se aggiudicatario sia lo stesso compratore.

1507. *Vendita congiuntiva di cosa indivisa*. — *1.* Se più persone hanno venduto congiuntamente, mediante un solo contratto, una cosa indivisa, ciascuna può esercitare il diritto di riscatto solo sopra la quota che le spettava.

2. La medesima disposizione si osserva se il venditore ha lasciato più eredi.

3. Il compratore, nei casi sopra espressi, può esigere che tutti i venditori o tutti i coeredi esercitino congiuntamente il diritto di riscatto dell'intera cosa; se essi non si accordano, il riscatto può esercitarsi soltanto da parte di colui o di coloro che offrono di riscattare la cosa per intero.

1508. *Vendita separata di cosa indivisa*. — *1.* Se i comproprietari di una cosa non l'hanno venduta congiuntamente e per intero, ma ciascuno ha venduto la sola sua quota, essi possono separatamente esercitare il diritto di riscatto sopra la quota che loro spettava, e il compratore non può valersi della facoltà prevista dall'ultimo comma dell'articolo precedente.

1509. *Riscatto contro gli eredi del compratore*. — *1.* Qualora il compratore abbia lasciato più eredi, il diritto di riscatto si può esercitare contro ciascuno di essi solo per la parte che gli spetta, anche quando la cosa venduta è tuttora indivisa.

2. Se l'eredità è stata divisa e la cosa venduta è stata assegnata a uno degli eredi, il diritto di riscatto non può esercitarsi contro di lui che per la totalità.

Sezione II. — *Della vendita di cose mobili* (1)

§ 1. — *Disposizioni generali*

1510. *Luogo della consegna*. — *1.* In mancanza di patto o di uso contrario, la consegna della cosa deve avvenire nel luogo dove questa si trovava al tempo della vendita, se le parti ne erano a conoscenza (c. 1182[2]), ovvero nel luogo dove il venditore aveva il suo domicilio (c. 43) o la sede dell'impresa.

2. Salvo patto o uso contrario, se la cosa venduta deve essere trasportata da un luogo all'altro, il venditore si libera dall'obbligo della consegna rimettendo la cosa al vettore (c. 1678 ss.) o allo spedizioniere (c. 1737 ss.); le spese del trasporto sono a carico del compratore (c. 1196, 1475).

1511. *Denunzia nella vendita di cose da trasportare*. — *1.* Nella vendita di cose da trasportare da un luogo a un altro, il termine (c. 1495[1]) per la denunzia dei vizi e dei difetti di qualità apparenti decorre dal giorno del ricevimento (att. c. 172).

1512. *Garanzia di buon funzionamento*. — *1.* Se il venditore ha garantito per un tempo determinato il buon funzionamento della cosa venduta (c. 1490 ss.), il compratore, salvo patto contrario, deve denunziare al venditore (c. 1745, 2212) il difetto di funzionamento entro trenta giorni dalla scoperta, sotto pena di decadenza (c. 2964 ss.). L'azione si prescrive in sei mesi dalla scoperta.

2. Il giudice, secondo le circostanze, può assegnare al venditore un termine per sostituire o riparare (c. 1668[1]) la cosa in modo da assicurarne il buon funzionamento, salvo il risarcimento dei danni.

3. Sono salvi gli usi i quali stabiliscono che la garanzia di buon funzionamento è dovuta anche in mancanza di patto espresso (att. c. 174).

1513. *Accertamento dei difetti*. — *1.* In caso di divergenza sulla qualità o condizione della cosa, il venditore o il compratore possono chiederne la verifica nei modi stabiliti dall'art. 696 del codice di procedura civile. Il giudice, su istanza della parte interessata, può ordinare il deposito (att. c. 77) o il sequestro (p.c. 670 ss.) della cosa stessa, nonché la vendita per conto di

(1) V. la Convenzione delle Nazioni Unite sui contratti di compravendita internazionale di merci adottata a Vienna l'11 aprile 1980 (l. 11 dicembre 1985, n. 765) in vigore sul piano internazionale e per l'Italia dal 1° gennaio 1988, in *Leggi coll. V, 1*.

Per la disciplina delle vendite straordinarie e di liquidazione v. art. 15, d.lg. 31 marzo 1998, n. 114.

Per l'offerta fuori sede di servizi finanziari e di servizi di investimento, v. art. 30, d.lg. 24 febbraio 1998, n. 58, in *Leggi coll. XVIII, 1*.

Per la vendita dei cosmetici v. l. 11 ottobre 1986, n. 713, come modificata con d.lg. 10 settembre 1991, n. 300 e con d.lg. 24 aprile 1997, n. 126.

Sul trasferimento del diritto di reimpianto dei vigneti v. d.m. Risorse agricole, alimentari e forestali 29 gennaio 1997, in G.U., 20 febbraio 1997, n. 42.

Sul divieto di vendita di macchine, attrezzature di lavoro e impianti non rispondenti alla vigente legislazione antinfortunistica, v. art. 22 ss, d.lg. 9 aprile 2008, n. 81.

Sul divieto di vendita e di cessione a qualsiasi titolo di mine antipersona v. art. 1.2, l. 29 ottobre 1997, n. 374.

Sul divieto di commercializzazione di amianto, di prodotti di amianto o di prodotti contenenti amianto v. art. 1.2, l. 27 marzo 1992, n. 257, come sostituito dall'art. 16.1, l. 24 aprile 1998, n. 128, e poi modificato dall'art. 4.29, l. 9 dicembre 1998, n. 426.

chi spetta, determinandone le condizioni.

2. La parte che non ha chiesto la verifica della cosa, deve, in caso di contestazione, provarne rigorosamente l'identità e lo stato.

1514. *Deposito della cosa venduta*. — *1.* Se il compratore non si presenta per ricevere la cosa acquistata, il venditore può depositarla, per conto e a spese del compratore medesimo, in un locale di pubblico deposito (att. c. 77), oppure in altro locale idoneo determinato dal giudice di pace (1) nel luogo in cui la consegna doveva essere fatta.

2. Il venditore deve dare al compratore pronta notizia del deposito eseguito (c. 1210, 1686, 1690[2]; nav. 450).

1515. *Esecuzione coattiva per inadempimento del compratore*. — *1.* Se il compratore non adempie l'obbligazione di pagare il prezzo (c. 1498), il venditore può far vendere senza ritardo la cosa per conto e a spese di lui.

2. La vendita è fatta all'incanto a mezzo di una persona autorizzata a tali atti (att. c. 83) o, in mancanza di essa nel luogo in cui la vendita deve essere eseguita, a mezzo di un ufficiale giudiziario. Il venditore deve dare tempestiva notizia al compratore del giorno, del luogo e dell'ora in cui la vendita sarà eseguita.

3. Se la cosa ha un prezzo corrente, stabilito per atto della pubblica autorità o da norme corporative (2), ovvero risultante da listini di borsa o da mercuriali, la vendita può essere fatta senza incanto, al prezzo corrente, a mezzo delle persone indicate nel comma precedente o di un commissario (c. 1735) (3) nominato dal giudice di pace (4). In tal caso il venditore deve dare al compratore pronta notizia della vendita.

4. Il venditore ha diritto alla differenza tra il prezzo convenuto e il ricavo netto della vendita, oltre al risarcimento del maggior danno (c. 1518, 1536, 1551, 1686, 1690, 1718[2], 1789[1], 1796[1]; nav. 450).

1516. *Esecuzione coattiva per inadempimento del venditore*. — *1.* Se la vendita ha per oggetto cose fungibili che hanno un prezzo corrente a norma del terzo comma dell'articolo precedente, e il venditore non adempie la sua obbligazione, il compratore può fare acquistare senza ritardo le cose, a spese del venditore, a mezzo di una delle persone indicate nel secondo e terzo comma dell'articolo precedente (att. c. 83). Dell'acquisto il compratore deve dare pronta notizia al venditore.

2. Il compratore ha diritto alla differenza tra l'ammontare della spesa occorsa per l'acquisto e il prezzo convenuto, oltre al risarcimento del maggior danno (c. 1536, 1551).

1517. *Risoluzione di diritto*. — *1.* La risoluzione ha luogo di diritto a favore del contraente che, prima della scadenza del termine stabilito, abbia offerto all'altro, nelle forme di uso, la consegna della cosa (c. 1477) o il pagamento del prezzo (c. 1498), se l'altra parte non adempie la propria obbligazione.

2. La risoluzione di diritto ha luogo pure a favore del venditore, se, alla scadenza del termine stabilito per la consegna, il compratore, la cui obbligazione di pagare il prezzo non sia scaduta, non si presenta per ricevere la cosa preventivamente offerta, ovvero non l'accetta.

3. Il contraente che intende valersi della risoluzione disposta dal presente articolo deve darne comunicazione all'altra parte entro otto giorni dalla scadenza del termine; in mancanza di tale comunicazione, si osservano le disposizioni generali sulla risoluzione per inadempimento (c. 1453 ss.).

1518. *Normale determinazione del risarcimento*. — *1.* Se la vendita ha per oggetto una cosa che ha un prezzo corrente a norma del terzo comma dell'art. 1515, e il contratto si risolve per l'inadempimento di una delle parti (c. 1517), il risarcimento (c. 1223) è costituito dalla differenza tra il prezzo convenuto e quello corrente nel luogo e nel giorno in cui si doveva fare la consegna, salva la prova di un maggior danno.

2. Nella vendita a esecuzione periodica, la liquidazione del danno si determina sulla base dei prezzi correnti nel luogo e nel giorno fissati per le singole consegne.

1519. *Restituzione di cose non pagate*. — *1.* Se la vendita è stata fatta senza dilazione per il pagamento del prezzo, il venditore, in mancanza di pagamento, può riprendere il possesso delle cose vendute, finché queste si trovano

(1) Le parole «giudice di pace» sono state così sostituite alla precedente «tribunale» dall'art. 27.2, lett. b, n. 2, d.lg. 13 luglio 2017, n. 116. In base all'art. 32.3, d.lg. cit., tali disposizioni «entrano in vigore il 31 ottobre 2021».

(2) V. nota 1 all'art. 1 prel.

(3) Il termine «commissario» (quale risulta dalla *Gazzetta Ufficiale*) va sostituito con «commissionario».

Sull'obbligo di chi vende un immobile ad uno straniero o ad un apolide di darne comunicazione scritta all'autorità di pubblica sicurezza v. art. 7, d.lg. 25 luglio 1998, n. 286.

(4) Le parole «dal giudice di pace» sono state così sostituite alle precedenti «dal tribunale» dall'art. 27.2, lett. b, n. 3, d.lg. 13 luglio 2017, n. 116. In base all'art. 32.3, d.lg. cit., tali disposizioni «entrano in vigore il 31 ottobre 2021».

presso il compratore, purché la domanda sia proposta entro quindici giorni dalla consegna e le cose si trovino nello stato in cui erano al tempo della consegna stessa.

2. Il diritto di riprendere il possesso delle cose non si può esercitare in pregiudizio dei privilegi previsti dagli artt. 2764 e 2765, salvo che si provi che il creditore, al tempo della introduzione di esse nella casa o nel fondo locato ovvero nel fondo concesso a mezzadria o a colonia, conosceva che il prezzo era ancora dovuto.

3. La disposizione del comma precedente si applica anche a favore dei creditori del compratore che abbiano sequestrato o pignorato le cose, a meno che si provi che essi, al momento del sequestro o del pignoramento, conoscevano che il prezzo era ancora dovuto.

§ 1-*bis*. — *Della vendita dei beni di consumo* (1)

1519-*bis*-**1519**-*nonies*. . . . . (2).

§ 2. — *Della vendita con riserva di gradimento, a prova, a campione*

1520. *Vendita con riserva di gradimento*. — *1.* Quando si vendono cose con riserva di gradimento da parte del compratore, la vendita non si perfeziona fino a che il gradimento non sia comunicato al venditore (c. 1331[1]).

2. Se l'esame della cosa deve farsi presso il venditore, questi è liberato, qualora il compratore non vi proceda nel termine stabilito dal contratto o dagli usi, o, in mancanza, in un termine congruo fissato dal venditore.

3. Se la cosa si trova presso il compratore e questi non si pronunzia nel termine sopra indicato, la cosa si considera di suo gradimento.

1521. *Vendita a prova*. — *1.* La vendita a prova si presume fatta sotto la condizione sospensiva (c. 1353 ss.) che la cosa abbia le qualità pattuite o sia idonea all'uso a cui è destinata.

2. La prova si deve eseguire nel termine e secondo le modalità stabiliti dal contratto o dagli usi.

1522. *Vendita su campione e su tipo di campione*. — *1.* Se la vendita è fatta su campione, s'intende che questo deve servire come esclusivo paragone per la qualità della merce, e in tal caso qualsiasi difformità attribuisce al compratore il diritto alla risoluzione del contratto (c. 1760 n. 1).

2. Qualora, però, dalla convenzione o dagli usi risulti che il campione deve servire unicamente a indicare in modo approssimativo la qualità, si può domandare la risoluzione soltanto se la difformità dal campione sia notevole (c. 1455).

3. In ogni caso l'azione è soggetta alla decadenza e alla prescrizione stabilite dall'art. 1495 (att. c. 172).

§ 3. — *Della vendita con riserva della proprietà* (3)

1523. *Passaggio della proprietà e dei rischi*. — *1.* Nella vendita a rate con riserva della proprietà, il compratore acquista la proprietà della cosa col pagamento dell'ultima rata di prezzo (c. 1376), ma assume i rischi dal momento della consegna (c. 1465[2], 2054[3]).

1524. *Opponibilità della riserva di proprietà nei confronti di terzi*. — *1.* La riserva della proprietà è opponibile ai creditori del compratore, solo se risulta da atto scritto avente data certa (c. 2704) anteriore al pignoramento.

2. Se la vendita ha per oggetto macchine e il prezzo è superiore alle lire trentamila [euro 15,49], la riserva della proprietà è opponibile anche al terzo acquirente, purché il patto di riservato dominio sia trascritto in apposito registro tenuto nella cancelleria del tribunale nella giurisdizione del quale è collocata la macchina (c. 2762), e questa, quando è acquistata dal terzo, si trovi ancora nel luogo dove la trascrizione è stata eseguita (att. c. 84, 175, 254 ss.) (4).

3. Sono salve le disposizioni relative ai beni mobili iscritti in pubblici registri (c. 2683 ss.).

1525. *Inadempimento del compratore*. — *1.* Nonostante patto contrario, il mancato pagamento di una sola rata, che non superi l'ottava parte del prezzo, non dà luogo alla risoluzione

(1) Paragrafo inserito dall'art. 1, d.lg. 2 febbraio 2002, n. 24. Sulla vendita dei beni di consumo v. ora art. 128 ss., d.lg. 6 settembre 2005, n. 206, in *Leggi coll. XI, 6*.

(2) Articoli abrogati dall'art. 146.1, lett. s, d.lg. 6 settembre 2005, n. 206, in *Leggi coll. XI, 6*.

(3) V. l. 28 novembre 1965, n. 1329, sulla vendita con riserva di proprietà di macchine utensili nuove.

(4) L'art. 11.3, d.lg. 9 ottobre 2002, n. 231, in *Leggi coll. IV, 9*, così dispone: «La riserva della proprietà di cui all'art. 1523 del codice civile, preventivamente concordata per iscritto tra l'acquirente ed il venditore, è opponibile ai creditori del compratore se è confermata nelle singole fatture delle successive forniture aventi data certa anteriore al pignoramento e regolarmente registrate nelle scritture contabili».

del contratto, e il compratore conserva il beneficio del termine relativamente alle rate successive (c. 1455).

1526. *Risoluzione del contratto*. — *1.* Se la risoluzione del contratto ha luogo per l'inadempimento del compratore, il venditore deve restituire le rate riscosse, salvo il diritto a un equo compenso per l'uso della cosa, oltre al risarcimento del danno (c. 1458).

2. Qualora si sia convenuto che le rate pagate restino acquisite al venditore a titolo d'indennità (c. 1382), il giudice, secondo le circostanze, può ridurre l'indennità convenuta (c. 1384).

3. La stessa disposizione si applica nel caso in cui il contratto sia configurato come locazione, e sia convenuto che, al termine di esso, la proprietà della cosa sia acquisita al conduttore per effetto del pagamento dei canoni pattuiti (1).

§ 4. — *Della vendita su documenti e con pagamento contro documenti*

1527. *Consegna*. — *1.* Nella vendita su documenti, il venditore si libera dall'obbligo della consegna rimettendo al compratore il titolo rappresentativo della merce (c. 1996) e gli altri documenti stabiliti dal contratto o, in mancanza, dagli usi (c. 1477[3]).

1528. *Pagamento del prezzo*. — *1.* Salvo patto o usi contrari, il pagamento del prezzo e degli accessori deve eseguirsi nel momento e nel luogo in cui avviene la consegna dei documenti indicati dall'articolo precedente (c. 1498[2]).

2. Quando i documenti sono regolari, il compratore non può rifiutare il pagamento del prezzo adducendo eccezioni relative alla qualità e allo stato delle cose, a meno che queste risultino già dimostrate (c. 1460).

1529. *Rischi*. — *1.* Se la vendita ha per oggetto cose in viaggio, e tra i documenti consegnati al compratore è compresa la polizza di assicurazione per i rischi del trasporto, sono a carico del compratore i rischi a cui si trova esposta la merce dal momento della consegna al vettore (c. 1510[2]).

2. Questa disposizione non si applica se il venditore al tempo del contratto era a conoscenza della perdita o dell'avaria della merce, e le ha in mala fede taciute al compratore.

1530. *Pagamento contro documenti a mezzo di banca*. — *1.* Quando il pagamento del prezzo deve avvenire a mezzo di una banca, il venditore non può rivolgersi al compratore se non dopo il rifiuto opposto dalla banca stessa e constatato all'atto della presentazione dei documenti nelle forme stabilite dagli usi (c. 1268[2]).

2. La banca che ha confermato il credito al venditore può opporgli solo le eccezioni derivanti dall'incompletezza o irregolarità dei documenti e quelle relative al rapporto di conferma del credito (c. 1271[3]).

§ 5. — *Della vendita a termine di titoli di credito*

1531. *Interessi, dividendi e diritto di voto*. — *1.* Nella vendita a termine di titoli di credito (c. 1992 ss.), gli interessi e i dividendi esigibili dopo la conclusione del contratto e prima della scadenza del termine, se riscossi dal venditore, sono accreditati al compratore.

2. Qualora la vendita abbia per oggetto titoli azionari (c. 2346 ss.), il diritto di voto spetta al venditore fino al momento della consegna (c. 1550; att. c. 177).

1532. *Diritto di opzione*. — *1.* Il diritto di opzione (c. 2441) inerente ai titoli venduti a termine spetta al compratore.

2. Il venditore, qualora il compratore gliene faccia richiesta in tempo utile, deve mettere il compratore in grado di esercitare il diritto di opzione, oppure deve esercitarlo per conto del compratore, se questi gli ha fornito i fondi necessari.

3. In mancanza di richiesta da parte del compratore, il venditore deve curare la vendita dei diritti di opzione per conto del compratore, a mezzo di un agente di cambio o di un istituto di credito (c. 1550; att. c. 251).

1533. *Estrazione per premi o rimborsi*. — *1.* Se i titoli venduti a termine sono soggetti a estrazione per premi o rimborsi, i diritti e gli oneri derivanti dall'estrazione spettano al compratore, qualora la conclusione del contratto sia anteriore al giorno stabilito per l'inizio dell'estrazione.

2. Il venditore, al solo effetto indicato dal comma precedente, deve comunicare per iscritto al compratore una distinta numerica dei titoli almeno un giorno prima dell'inizio dell'estrazione.

3. In mancanza di tale comunicazione, il compratore ha facoltà di acquistare, a spese del venditore, i diritti spettanti a una quantità corrispondente di titoli, dandone comunicazione al venditore prima dell'inizio dell'estrazione (c. 1550).

(1) Per l'alienazione con pagamento rateale di partecipazioni di società da privatizzare, v. art. 9, d.l. 31 maggio 1994, n. 332, conv. in l. 30 luglio 1994, n. 474.

1534. *Versamenti richiesti sui titoli.* — *1.* Il compratore deve fornire al venditore, almeno due giorni prima della scadenza, le somme necessarie per eseguire i versamenti richiesti sui titoli non liberati (c. 1550, 2356).

1535. *Proroga dei contratti a termine.* — *1.* Se alla scadenza del termine le parti convengono di prorogare l'esecuzione del contratto, è dovuta la differenza tra il prezzo originario e quello corrente nel giorno della scadenza, salva l'osservanza degli usi diversi.

1536. *Inadempimento.* — *1.* In caso d'inadempimento della vendita a termine di titoli, si osservano le norme degli artt. 1515 e 1516, salva, per i contratti di borsa, l'applicazione delle leggi speciali (1).

Sezione III. — *Della vendita di cose immobili* (2)

1537. *Vendita a misura.* — *1.* Quando un

(1) V. r.d.l. 30 giugno 1932, n. 815, in *Leggi coll. XVIII, 4.*

(2) Sulla nullità degli atti giuridici relativi ad edifici v. artt. 17 e 40, l. 28 febbraio 1985, n. 47, in *Leggi coll. III, 2,* per omessa indicazione della concessione edilizia. V. anche art. 2.57, l. 23 dicembre 1996, n. 662, in *Leggi coll. III, 4*. Sulle alienazioni di immobili nelle zone dichiarate di importanza militare v. art. 335, d.lg. 15 marzo 2010, n. 66, e artt. 443-444, d.p.r. 15 marzo 2010, n. 90.

I commi 1-*bis* e 1-*ter* dell'art. 29, l. 27 febbraio 1985, n. 52, come inseriti dall'art. 19.14, d.l. 31 maggio 2010, n. 78, conv. in l. 30 luglio 2010, n. 122, e dall'art. 8.1-*bis*, d.l. 24 aprile 2017, n. 50, conv. in l. 21 giugno 2017, n. 96, così dispongono: «1-*bis*. Gli atti pubblici e le scritture private autenticate tra vivi aventi ad oggetto il trasferimento, la costituzione o lo scioglimento di comunione di diritti reali su fabbricati già esistenti, ad esclusione dei diritti reali di garanzia, devono contenere, per le unità immobiliari urbane, a pena di nullità, oltre all'identificazione catastale, il riferimento alle planimetrie depositate in catasto e la dichiarazione, resa in atti dagli intestatari, della conformità allo stato di fatto dei dati catastali e delle planimetrie sulla base delle disposizioni vigenti in materia catastale. La predetta dichiarazione può essere sostituita da un'attestazione di conformità rilasciata da un tecnico abilitato alla presentazione degli atti di aggiornamento catastale. Prima della stipula dei predetti atti il notaio individua gli intestatari catastali e verifica la loro conformità con le risultanze dei registri immobiliari. || 1-*ter*. Se la mancanza del riferimento alle planimetrie depositate in catasto o della dichiarazione, resa dagli intestatari, della conformità allo stato di fatto dei dati catastali e delle planimetrie, ovvero dell'attestazione di conformità rilasciata da un tecnico abilitato non siano dipese dall'inesistenza delle planimetrie o dalla loro difformità dallo stato di fatto, l'atto può essere confermato anche da una sola delle parti mediante atto successivo, redatto nella stessa forma del precedente, che contenga gli elementi omessi. L'atto di conferma costituisce atto direttamente conseguente a quello cui si riferisce, ai sensi dell'art. 10, comma 3, del d.lg. 14 marzo 2011, n. 23».

L'art. 6.3, d.lg. 19 agosto 2005, n. 192, come sostituito dall'art. 1.7, d.l. 23 dicembre 2013, n. 145, conv. in l. 21 febbraio 2014, n. 9, prescrive l'inserimento nei contratti di compravendita immobiliare e negli atti di trasferimento di immobili a titolo oneroso di una clausola con la quale l'acquirente dichiara di aver ricevuto l'attestato di prestazione energetica, che in copia deve essere altresì allegato al contratto, con sanzione amministrativa in caso di omissione.

Sull'obbligo delle parti di dichiarare, all'atto della cessione dell'immobile, le modalità di pagamento del corrispettivo e l'eventuale attività di mediazione v. art. 35.22, d.l. 4 luglio 2006, n. 223, conv. in l. 4 agosto 2006, n. 248.

Sulla nullità degli atti di compravendita di aree ed immobili ricadenti nei territori in cui i soprassuoli boschivi siano stati percorsi dal fuoco, in caso di mancato richiamo del vincolo a non mutare la destinazione in atto prima dell'incendio per almeno quindici anni, v. art. 10, l. 21 novembre 2000, n. 353, come modificato dall'art. 4.173, l. 24 dicembre 2003, n. 350.

L'art. 7.1-1-*bis*, l. 12 agosto 1993, n. 310, come modificato dall'art. 2, d.p.r. 9 novembre 2005, n. 304, così dispone: «1. I notai che ricevono atti o autenticano scritture private aventi ad oggetto trasferimenti di terreni nei comuni nei quali vige il sistema del libro fondiario di cui al r.d. 28 marzo 1929, n. 499, comunicano, entro il mese successivo a quello della stipula, al questore del luogo ove è ubicato l'immobile i dati relativi alle parti contraenti, o loro rappresentanti, al bene compravenduto e al prezzo indicato. || 1-*bis*. Qualora sulla base di elementi comunque acquisiti vi sia la necessità di verificare se un atto negoziale sia stato posto in essere per le finalità indicate nell'art. 12-*quinquies*, comma 1, del d.l. 8 giugno 1992, n. 306, convertito, con modificazioni, dalla l. 7 agosto 1992, n. 356, il questore può richiedere al notaio rogante o autenticante copia dell'atto e al notaio competente copia di ogni altro atto o contratto che sia connesso o comunque collegato con l'atto negoziale per il quale è stata fatta inizialmente la richiesta».

L'art. 1.497, l. 23 dicembre 2005, n. 266, come modificato dall'art. 35.21, d.l. 4 luglio 2006, n. 223, conv. in l. 4 agosto 2006, n. 248, e dall'art. 1.309, l. 27 dicembre 2006, n. 296, così dispone: «In deroga alla disciplina di cui all'art. 43 del t.u. delle disposizioni concernenti l'imposta di registro, di cui al d.p.r. 26 aprile 1986, n. 131, e fatta salva l'applicazione dell'art. 39, primo comma, lett. *d*), ultimo periodo, del d.p.r. 29 settembre 1973, n. 600, per le sole cessioni nei confronti di persone fisiche che non agiscano nell'esercizio di attività commerciali, artistiche o professionali, aventi ad oggetto immobili ad uso abitativo e relative pertinenze, all'atto della cessione e su richiesta della parte acquirente resa al notaio, la base imponibile ai fini delle imposte di registro, ipotecarie e catastali è costituita dal valore dell'immobile determinato ai sensi dell'art. 52, commi 4 e 5, del citato t.u. di cui al d.p.r. n. 131 del 1986, indipendentemente dal corrispettivo pattuito indicato nell'atto. Le parti hanno comunque l'obbligo di indicare nell'atto il corrispettivo pattuito. Gli onorari notarili sono ridotti del 30 per cento».

determinato immobile (c. 812) è venduto con l'indicazione della sua misura e per un prezzo stabilito in ragione di un tanto per ogni unità di misura, il compratore ha diritto a una riduzione, se la misura effettiva dell'immobile è inferiore a quella indicata nel contratto (att. c. 166).

2. Se la misura risulta superiore a quella indicata nel contratto, il compratore deve corrispondere il supplemento del prezzo, ma ha facoltà di recedere dal contratto (c. 1373) qualora l'eccedenza oltrepassi la ventesima parte della misura dichiarata (c. 1430, 1631).

1538. *Vendita a corpo*. — *1.* Nei casi in cui il prezzo è determinato in relazione al corpo dell'immobile e non alla sua misura, sebbene questa sia stata indicata (c. 1631), non si fa luogo a diminuzione o a supplemento di prezzo, salvo che la misura reale sia inferiore o superiore di un ventesimo rispetto a quella indicata nel contratto.

2. Nel caso in cui dovrebbe pagarsi un supplemento di prezzo, il compratore ha la scelta di recedere dal contratto (c. 1373) o di corrispondere il supplemento (c. 1430).

1539. *Recesso dal contratto*. — *1.* Quando il compratore esercita il diritto di recesso, il venditore è tenuto a restituire il prezzo e a rimborsare le spese del contratto (c. 1475).

1540. *Vendita cumulativa di più immobili*. — *1.* Se due o più immobili sono stati venduti con lo stesso contratto per un solo e medesimo prezzo, con l'indicazione della misura di ciascuno di essi, e si trova che la quantità è minore nell'uno e maggiore nell'altro, se ne fa la compensazione fino alla debita concorrenza; il diritto al supplemento o alla diminuzione del prezzo spetta in conformità delle disposizioni sopra stabilite.

1541. *Prescrizione*. — *1.* Il diritto del venditore al supplemento e quello del compratore alla diminuzione del prezzo o al recesso dal contratto si prescrivono in un anno dalla consegna dell'immobile (att. c. 178).

Sezione IV. — *Della vendita di eredità*

1542. *Garanzia*. — *1.* Chi vende un'eredità senza specificarne gli oggetti non è tenuto a garantire che la propria qualità di erede (c. 477, 732, 765).

1543. *Forme*. — *1.* La vendita di un'eredità deve farsi per atto scritto, sotto pena di nullità (c. 1350).

2. Il venditore è tenuto a prestarsi agli atti che sono necessari da parte sua per rendere efficace, di fronte ai terzi, la trasmissione di ciascuno dei diritti compresi nell'eredità.

1544. *Obblighi del venditore*. — *1.* Se il venditore ha percepito i frutti di qualche bene o riscosso qualche credito ereditario, ovvero ha venduto qualche bene dell'eredità, è tenuto a rimborsarne il compratore, salvo patto contrario.

1545. *Obblighi del compratore*. — *1.* Il compratore deve rimborsare il venditore di quanto questi ha pagato per debiti e pesi dell'eredità, e deve corrispondergli quanto gli sarebbe dovuto dall'eredità medesima, salvo che sia convenuto diversamente.

1546. *Responsabilità per debiti ereditari*. — *1.* Il compratore, se non vi è patto contrario, è obbligato in solido (c. 1292 ss.) col venditore a pagare i debiti ereditari.

1547. *Altre forme di alienazione di eredità*. — *1.* Le disposizioni precedenti si applicano alle altre forme di alienazione di un'eredità a titolo oneroso.

2. Nelle alienazioni a titolo gratuito la garanzia è regolata dall'art. 797.

CAPO II

DEL RIPORTO

1548. *Nozione*. — *1.* Il riporto è il contratto per il quale il riportato trasferisce in proprietà al riportatore titoli di credito di una data specie per un determinato prezzo, e il riportatore assume l'obbligo di trasferire al riportato, alla scadenza del termine stabilito (c. 1551^2), la proprietà di altrettanti titoli della stessa specie, verso rimborso del prezzo, che può essere aumentato o diminuito nella misura convenuta (c. 1500) (1).

1549. *Perfezione del contratto*. — *1.* Il contratto si perfeziona con la consegna dei titoli.

1550. *Diritti accessori e obblighi inerenti ai titoli*. — *1.* I diritti accessori e gli obblighi inerenti ai titoli dati a riporto spettano al riportato. Si applicano le disposizioni degli artt. 1531, 1532, 1533 e 1534.

Sulla garanzia del venditore in ordine alla conformità degli impianti alla vigente normativa in materia di sicurezza v. art. 11-*quaterdecies*.13, lett. a, l. 2 dicembre 2005, n. 248 e il regolamento di attuazione: d.m. Sviluppo economico 22 gennaio 2008, n. 37, in G.U., 12 marzo 2008, n. 61, come modificato dall'art. 35.2, d.l. 25 giugno 2008, n. 112, conv. in l. 6 agosto 2008, n. 133.

(1) Per le operazioni di prestito titoli v. art. 7, d.l. 8 gennaio 1996, n. 6, conv. in l. 6 marzo 1996, n. 110, come modificato dall'art. 1, d.lg. 21 novembre 1997, n. 435, e dall'art. 16, d.lg. 21 novembre 1997, n. 461.

2. Il diritto di voto, salvo patto contrario, spetta al riportatore (c. 1531^2; att. c. 177).

1551. *Inadempimento.* — *1.* In caso di inadempimento di una delle parti, si osservano le disposizioni degli artt. 1515 e 1516, salva per i contratti di borsa l'applicazione delle leggi speciali (1).

2. Se entrambe le parti non adempiono le proprie obbligazioni nel termine stabilito, il riporto cessa di avere effetto, e ciascuna parte ritiene ciò che ha ricevuto al tempo della stipulazione del contratto.

CAPO III

Della permuta

1552. *Nozione.* — *1.* La permuta è il contratto che ha per oggetto il reciproco trasferimento della proprietà di cose, o di altri diritti, da un contraente all'altro.

1553. *Evizione.* — *1.* Il permutante, se ha sofferto l'evizione e non intende riavere la cosa data, ha diritto al valore della cosa evitta, secondo le norme stabilite per la vendita (c. 1483 ss.), salvo in ogni caso il risarcimento del danno.

1554. *Spese della permuta.* — *1.* Salvo patto contrario, le spese della permuta e le altre accessorie sono a carico di entrambi i contraenti in parti uguali (c. 1475).

1555. *Applicabilità delle norme sulla vendita.* — *1.* Le norme stabilite per la vendita (c. 1470 ss.) si applicano alla permuta, in quanto siano con questa compatibili.

CAPO IV

Del contratto estimatorio

1556. *Nozione.* — *1.* Con il contratto estimatorio una parte consegna una o più cose mobili all'altra e questa si obbliga a pagare il prezzo, salvo che restituisca le cose nel termine stabilito.

1557. *Impossibilità di restituzione.* — *1.* Chi ha ricevuto le cose non è liberato dall'obbligo di pagarne il prezzo, se la restituzione di esse nella loro integrità è divenuta impossibile per causa a lui non imputabile (c. 1218, 1288).

1558. *Disponibilità delle cose.* — *1.* Sono validi gli atti di disposizione compiuti da chi ha ricevuto le cose; ma i suoi creditori non possono sottoporle a pignoramento o a sequestro finché non ne sia stato pagato il prezzo.

2. Colui che ha consegnato le cose non può disporne fino a che non gli siano restituite.

CAPO V

Della somministrazione

1559. *Nozione.* — *1.* La somministrazione è il contratto con il quale una parte si obbliga, verso corrispettivo di un prezzo, a eseguire, a favore dell'altra, prestazioni periodiche o continuative di cose (c. 1677) (2).

1560. *Entità della somministrazione.* — *1.* Qualora non sia determinata l'entità della somministrazione, s'intende pattuita quella corrispondente al normale fabbisogno della parte che vi ha diritto, avuto riguardo al tempo della conclusione del contratto.

2. Se le parti hanno stabilito soltanto il limite massimo e quello minimo per l'intera somministrazione o per le singole prestazioni, spetta all'avente diritto alla somministrazione di stabilire, entro i limiti suddetti, il quantitativo dovuto.

3. Se l'entità della somministrazione deve determinarsi in relazione al fabbisogno ed è stabilito un quantitativo minimo, l'avente diritto alla somministrazione è tenuto per la quantità corrispondente al fabbisogno se questo supera il minimo stesso.

1561. *Determinazione del prezzo.* — *1.* Nella somministrazione a carattere periodico, se il prezzo deve essere determinato secondo le norme dell'art. 1474, si ha riguardo al tempo della scadenza delle singole prestazioni e al luogo in cui queste devono essere eseguite.

1562. *Pagamento del prezzo.* — *1.* Nella somministrazione a carattere periodico il prezzo è corrisposto all'atto delle singole prestazioni e in proporzione di ciascuna di esse.

2. Nella somministrazione a carattere continuativo il prezzo è pagato secondo le scadenze di uso.

(1) V. nota 1 all'art. 1536.

(2) Sull'esclusione dei contratti di somministrazione, purché stipulati preventivamente in forma scritta e consegnati contestualmente in copia al consumatore, dalla disciplina del credito al consumo v. art. 121.4, d.lg. 1° settembre 1993, n. 385, in *Leggi coll. XVII, 1.* L'art. 21.1, l. 23 luglio 2009, n. 99, così dispone: «I gestori dei servizi dell'energia elettrica, del gas naturale e delle telecomunicazioni forniscono all'utente indicazioni trasparenti circa le offerte proposte sul mercato, affinché sia possibile per il cliente interessato dall'offerta di servizi effettuare valutazioni e confronti, anche in relazione ad eventuali offerte alternative di altri gestori».

1563. *Scadenza delle singole prestazioni.* — *1.* Il termine stabilito per le singole prestazioni si presume pattuito nell'interesse di entrambe le parti (c. 1184).

2. Se l'avente diritto alla somministrazione ha la facoltà di fissare la scadenza delle singole prestazioni, egli deve comunicarne la data al somministrante con un congruo preavviso.

1564. *Risoluzione del contratto.* — *1.* In caso d'inadempimento di una delle parti relativo a singole prestazioni, l'altra può chiedere la risoluzione del contratto, se l'inadempimento ha una notevole importanza (c. 1455) ed è tale da menomare la fiducia nell'esattezza dei successivi adempimenti.

1565. *Sospensione della somministrazione.* — *1.* Se la parte che ha diritto alla somministrazione è inadempiente e l'inadempimento è di lieve entità, il somministrante non può sospendere l'esecuzione del contratto senza dare congruo preavviso (c. 1455, 1460, 1845²).

1566. *Patto di preferenza.* — *1.* Il patto (c. 1341²) con cui l'avente diritto alla somministrazione si obbliga a dare la preferenza al somministrante nella stipulazione di un successivo contratto per lo stesso oggetto, è valido purché la durata dell'obbligo non ecceda il termine di cinque anni. Se è convenuto un termine maggiore, questo si riduce a cinque anni.

2. L'avente diritto alla somministrazione deve comunicare al somministrante le condizioni propostegli da terzi e il somministrante deve dichiarare, sotto pena di decadenza, nel termine stabilito o, in mancanza, in quello richiesto dalle circostanze o dagli usi, se intende valersi del diritto di preferenza.

1567. *Esclusiva a favore del somministrante.* — *1.* Se nel contratto è pattuita la clausola di esclusiva a favore del somministrante, l'altra parte non può ricevere da terzi prestazioni della stessa natura, né, salvo patto contrario, può provvedere con mezzi propri alla produzione delle cose che formano oggetto del contratto (c. 1743).

1568. *Esclusiva a favore dell'avente diritto alla somministrazione.* — *1.* Se la clausola di esclusiva è pattuita (c. 1341²) a favore dell'avente diritto alla somministrazione, il somministrante non può compiere nella zona per cui l'esclusiva è concessa e per la durata del contratto, né direttamente né indirettamente, prestazioni della stessa natura di quelle che formano oggetto del contratto.

2. L'avente diritto alla somministrazione, che assume l'obbligo di promuovere, nella zona assegnatagli, la vendita delle cose di cui ha l'esclusiva, risponde dei danni (c. 1223) in caso di inadempimento a tale obbligo, anche se ha eseguito il contratto rispetto al quantitativo minimo che sia stato fissato (c. 1743).

1569. *Contratto a tempo indeterminato.* — *1.* Se la durata della somministrazione non è stabilita, ciascuna delle parti può recedere dal contratto (c. 1373²), dando preavviso nel termine pattuito o in quello stabilito dagli usi o, in mancanza, in un termine congruo avuto riguardo alla natura della somministrazione.

1570. *Rinvio.* — *1.* Si applicano alla somministrazione, in quanto compatibili con le disposizioni che precedono, anche le regole che disciplinano il contratto a cui corrispondono le singole prestazioni.

CAPO VI

DELLA LOCAZIONE (1)

Sezione I. — *Disposizioni generali*

1571. *Nozione.* — *1.* La locazione è il contratto col quale una parte (c. 320¹) si obbliga a

(1) Per la disciplina delle locazioni di immobili urbani, v. l. 27 luglio 1978, n. 392, in *Leggi coll. VI, 1*, il cui ambito di applicazione è determinato dagli artt. 26, 27, 41, 42. Per la disciplina transitoria dei contratti in corso, soggetti o non a proroga, vedine il titolo II. V. anche l. 9 dicembre 1998, n. 431, in *Leggi coll. VI, 2.* Sulla trasmissione telematica dei dati concernenti i contratti da registrare v. d.m. 24 dicembre 1999, in G.U., 31 dicembre 1999, n. 306. L'art. 1, comma 346, l. 30 dicembre 2004, n. 311 così dispone: «I contratti di locazione, o che comunque costituiscono diritti relativi di godimento, di unità immobiliari ovvero di loro porzioni, comunque stipulati, sono nulli se, ricorrendone i presupposti, non sono registrati». Per la concessione in uso e in locazione dei beni immobili appartenenti allo Stato v. d.p.r. 13 settembre 2005, n. 296. L'art. 12.5-*bis*, d.lg. 25 luglio 1998, n. 286, come inserito dall'art. 5.1, d.l. 23 maggio 2008, n. 92, conv. in l. 24 luglio 2008, n. 125, e poi modificato dall'art. 1.14, l. 15 luglio 2009, n. 94, così dispone: «Salvo che il fatto costituisca più grave reato, chiunque a titolo oneroso, al fine di trarre ingiusto profitto, dà alloggio ovvero cede, anche in locazione, un immobile ad uno straniero che sia privo di titolo di soggiorno al momento della stipula o del rinnovo del contratto di locazione, è punito con la reclusione da sei mesi a tre anni. La condanna con provvedimento irrevocabile ovvero l'applicazione della pena su richiesta delle parti a norma dell'art. 444 del codice di procedura penale, anche se è stata concessa la sospensione condizionale della pena, comporta la confisca dell'immobile, salvo che appartenga a persona estranea al reato. Si osservano, in quanto applicabili, le disposizioni vigenti in materia di gestione e destinazione dei beni confiscati. Le somme di denaro ricavate dalla vendita, ove disposta, dei beni confiscati sono destinate al potenziamento delle attività di prevenzione e repressione dei reati in tema di immigrazione clandestina». Sulla

far godere all'altra una cosa mobile o immobile per un dato tempo, verso un determinato corrispettivo (c. 1803[2]; att. c. 180).

1572. *Locazioni e anticipazioni eccedenti l'ordinaria amministrazione*. — *1.* Il contratto di locazione per una durata superiore a nove anni è atto eccedente l'ordinaria amministrazione (c. 320[3], 374 n. 4, 1108[3], 1350 n. 8, 2643 n. 8, 2923[2]).

2. Sono altresì atti eccedenti l'ordinaria amministrazione le anticipazioni del corrispettivo della locazione per una durata superiore a un anno (c. 1605).

1573. *Durata della locazione* (1). — *1.* Salvo diverse norme di legge (c. 1607, 1629), la locazione non può stipularsi per un tempo eccedente i trenta anni. Se stipulata per un periodo più lungo o in perpetuo, è ridotta al termine suddetto.

1574. *Locazione senza determinazione di tempo* (2). — *1.* Quando le parti non hanno determinato la durata della locazione, questa si intende convenuta:

1) se si tratta di case senza arredamento di mobili o di locali per l'esercizio di una professione, di un'industria o di un commercio, per la durata di un anno, salvi gli usi locali;

2) se si tratta di camere o di appartamenti mobiliati, per la durata corrispondente all'unità di tempo a cui è commisurata la pigione;

3) se si tratta di cose mobili, per la durata corrispondente all'unità di tempo a cui è commisurato il corrispettivo;

4) se si tratta di mobili forniti dal locatore per l'arredamento di un fondo urbano, per la durata della locazione del fondo stesso (c. 1596, 1600, 1616, 1630, 1800).

1575. *Obbligazioni principali del locatore* (3). — *1.* Il locatore deve:

1) consegnare al conduttore la cosa locata in buono stato di manutenzione (c. 1617);

2) mantenerla in istato da servire all'uso convenuto (c. 1576 ss.);

3) garantirne il pacifico godimento durante la locazione (c. 1585 ss.).

1576. *Mantenimento della cosa in buono stato locativo*. — *1.* Il locatore deve eseguire, durante la locazione, tutte le riparazioni necessarie (c. 1583), eccettuate quelle di piccola manutenzione che sono a carico del conduttore (c. 1609, 1621, 2153, 2764).

2. Se si tratta di cose mobili, le spese di conservazione e di ordinaria manutenzione sono, salvo patto contrario, a carico del conduttore (4).

1577. *Necessità di riparazioni*. — *1.* Quando la cosa locata abbisogna di riparazioni che non sono a carico del conduttore (c. 1576), questi è tenuto a darne avviso al locatore (c. 1583).

2. Se si tratta di riparazioni urgenti, il conduttore può eseguirle direttamente, salvo rimborso, purché ne dia contemporaneamente avviso al locatore (4).

1578. *Vizi della cosa locata*. — *1.* Se al momento della consegna la cosa locata (c. 2254[2]) è affetta da vizi che ne diminuiscono in modo apprezzabile l'idoneità all'uso pattuito (c. 1490 ss., 1667 ss., 1698, 2226), il conduttore può domandare la risoluzione del contratto o una riduzione del corrispettivo, salvo che si tratti di vizi da lui conosciuti o facilmente riconoscibili (c. 1580).

2. Il locatore è tenuto a risarcire al conduttore i danni derivati da vizi della cosa, se non prova di avere senza colpa ignorato i vizi stessi al momento della consegna (c. 1494[2], 1812, 1821).

1579. *Limitazioni convenzionali della responsabilità*. — *1.* Il patto con cui si esclude o si limita la responsabilità del locatore per i vizi della cosa non ha effetto (c. 1229[1]), se il locatore li ha in mala fede taciuti al conduttore (c. 1490[2]) oppure se i vizi sono tali da rendere impossibile il godimento della cosa (c. 1580).

1580. *Cose pericolose per la salute*. — *1.* Se i vizi della cosa o di parte notevole di essa espon-

occupazione abusiva di immobili e il divieto di allacciamento a pubblici servizi v. art. 5, d.l. 28 marzo 2014, n. 47, conv. in l. 23 maggio 2014, n. 80. Sulle operazioni di locazione finanziaria (*leasing*) l'art. 17.2, l. 2 maggio 1976, n. 183, così dispone: «Per operazioni di locazione finanziaria si intendono le operazioni di locazione di beni mobili e immobili, acquistati o fatti costruire dal locatore, su scelta e indicazione del conduttore, che ne assume tutti i rischi, e con facoltà per quest'ultimo di divenire proprietario dei beni locati al termine della locazione, dietro versamento di un prezzo prestabilito».

(1) Per la durata minima della locazione di immobili urbani adibiti ad uso di abitazione v. artt. 2, 3, l. 9 dicembre 1998, n. 431, in *Leggi coll. VI, 2*; per gli immobili destinati ad uso diverso, di sei o nove anni, con diritto di rinnovazione: artt. 27 e 28, l. n. 392/1978, in *Leggi coll. VI, 1*; per la durata dei contratti in corso soggetti a proroga, v. rispettivamente gli artt. 58 e 67, l. n. 392/1978, in *Leggi coll. VI, 1*, e, per le ipotesi in cui il locatore può recedere, v. art. 59, l. n. 392/1978, in *Leggi coll. VI, 1*.

(2) V. nota 1 all'art. 1573.

(3) V. nota 1 all'art. 1476.

(4) Sulla ripartizione degli oneri accessori e degli oneri relativi a riparazioni straordinarie nella locazione di immobili ad uso abitativo, v. art. 9, l. n. 392/1978, in *Leggi coll. VI, 1*.

gono a serio pericolo la salute (cost. 32) del conduttore o dei suoi familiari o dipendenti, il conduttore può ottenere la risoluzione del contratto, anche se i vizi gli erano noti, nonostante qualunque rinunzia (c. 1229^{2}).

1581. *Vizi sopravvenuti*. — *1.* Le disposizioni degli articoli precedenti si osservano, in quanto applicabili, anche nel caso di vizi della cosa sopravvenuti nel corso della locazione.

1582. *Divieto d'innovazione*. — *1.* Il locatore non può compiere sulla cosa innovazioni che diminuiscano il godimento da parte del conduttore (c. 1575 n. 2).

1583. *Mancato godimento per riparazioni urgenti*. — *1.* Se nel corso della locazione la cosa abbisogna di riparazioni che non possono differirsi fino al termine del contratto, il conduttore deve tollerarle anche quando importano privazione del godimento di parte della cosa locata (c. 1576, 1577, 1584).

1584. *Diritti del conduttore in caso di riparazioni*. — *1.* Se l'esecuzione delle riparazioni si protrae per oltre un sesto della durata della locazione e, in ogni caso, per oltre venti giorni, il conduttore ha diritto a una riduzione del corrispettivo, proporzionata all'intera durata delle riparazioni stesse e all'entità del mancato godimento.

2. Indipendentemente dalla sua durata, se l'esecuzione delle riparazioni rende inabitabile quella parte della cosa che è necessaria per l'alloggio del conduttore e della sua famiglia, il conduttore può ottenere, secondo le circostanze, lo scioglimento del contratto (c. 1622).

1585. *Garanzia per molestie*. — *1.* Il locatore è tenuto a garantire il conduttore dalle molestie che diminuiscono l'uso o il godimento della cosa, arrecate da terzi che pretendono di avere diritti sulla cosa medesima (c. 1575 n. 3).

2. Non è tenuto a garantirlo dalle molestie di terzi che non pretendono di avere diritti, salva al conduttore la facoltà di agire contro di essi in nome proprio (c. 1168^{2}, 2254^{2}).

1586. *Pretese da parte di terzi*. — *1.* Se i terzi che arrecano le molestie pretendono di avere diritti sulla cosa locata, il conduttore è tenuto a darne pronto avviso al locatore, sotto pena del risarcimento dei danni (c. 1012, 1777^{2}).

2. Se i terzi agiscono in via giudiziale, il locatore è tenuto ad assumere la lite, qualora sia chiamato nel processo. Il conduttore deve essere estromesso con la semplice indicazione del locatore, se non ha interesse a rimanervi.

1587. *Obbligazioni principali del conduttore*. — *1.* Il conduttore deve:

1) prendere in consegna la cosa e osservare la diligenza del buon padre di famiglia (c. 1176^{1}) nel servirsene per l'uso determinato nel contratto (1) o per l'uso che può altrimenti presumersi dalle circostanze;

2) dare il corrispettivo nei termini convenuti (c. 820^{3}, 1282^{2}, 2764, 2948 n. 3) (2).

1588. *Perdita e deterioramento della cosa locata*. — *1.* Il conduttore risponde della perdita e del deterioramento (c. 1592^{2}) della cosa che avvengono nel corso della locazione, anche se derivanti da incendio (c. 1611), qualora non provi che siano accaduti per causa a lui non imputabile (c. 1218 ss., 1256 ss., 2281).

2. È pure responsabile della perdita e del deterioramento cagionati da persone che egli ha ammesse, anche temporaneamente, all'uso o al godimento della cosa (c. 1594).

1589. *Incendio di cosa assicurata*. — *1.* Se la cosa distrutta o deteriorata per incendio era stata assicurata dal locatore o per conto di questo (c. 1891), la responsabilità del conduttore verso il locatore è limitata alla differenza tra l'indennizzo corrisposto dall'assicuratore e il danno effettivo (c. 1223).

2. Quando si tratta di cosa mobile stimata (c. 1908^{2}) e l'assicurazione è stata fatta per valore uguale alla stima, cessa ogni responsabilità del conduttore in confronto del locatore, se questi è indennizzato dall'assicuratore.

3. Sono salve in ogni caso le norme concernenti il diritto di surrogazione dell'assicuratore (c. 1916).

1590. *Restituzione della cosa locata*. — *1.* Il conduttore deve restituire la cosa al locatore nello stato medesimo in cui l'ha ricevuta, in conformità della descrizione che ne sia stata fatta dalle parti, salvo il deterioramento o il consumo risultante dall'uso della cosa in conformità del contratto (c. 1807, 2281).

2. In mancanza di descrizione, si presume che il conduttore abbia ricevuto la cosa in buono stato di manutenzione.

3. Il conduttore non risponde del perimento o deterioramento dovuti a vetustà (c. 1609).

4. Le cose mobili si devono restituire nel luogo dove sono state consegnate (c. 1182^{2}).

1591. *Danni per ritardata restituzione*. — *1.* Il conduttore in mora (c. 1219 ss.) a restituire la

(1) Sulla risoluzione del contratto di locazione di immobile urbano, per uso diverso da quello pattuito, v. art. 80, l. n. 392/1978, in *Leggi coll. VI, 1*.

(2) Per il mancato pagamento del canone nella locazione di immobili adibiti ad uso di abitazione, v. art. 5, l. n. 392/1978, in *Leggi coll. VI, 1*. Sul divieto di corrispondere i canoni in contanti v. art. 12.1.1, d.l. 6 dicembre 2011, n. 201, conv. in l. 22 dicembre 2011, n. 214, come introdotto dall'art. 1.50, l. 27 dicembre 2013, n. 147.

cosa è tenuto a dare al locatore il corrispettivo convenuto fino alla riconsegna, salvo l'obbligo di risarcire il maggior danno (c. 1223) (1).

1592. *Miglioramenti.* — *1.* Salvo disposizioni particolari della legge o degli usi, il conduttore non ha diritto a indennità per i miglioramenti apportati alla cosa locata. Se però vi è stato il consenso del locatore, questi è tenuto a pagare un'indennità corrispondente alla minor somma tra l'importo della spesa e il valore del risultato utile al tempo della riconsegna (c. 975, 985, 1151).

2. Anche nel caso in cui il conduttore non ha diritto a indennità, il valore dei miglioramenti può compensare i deterioramenti che si sono verificati senza colpa grave del conduttore (c. 1588).

1593. *Addizioni.* — *1.* Il conduttore che ha eseguito addizioni sulla cosa locata ha diritto di toglierle alla fine della locazione qualora ciò possa avvenire senza nocumento della cosa, salvo che il proprietario preferisca ritenere le addizioni stesse. In tal caso questi deve pagare al conduttore un'indennità pari alla minor somma tra l'importo della spesa e il valore delle addizioni al tempo della riconsegna.

2. Se le addizioni non sono separabili senza nocumento della cosa e ne costituiscono un miglioramento, si osservano le norme dell'articolo precedente (c. 975[3], 986, 1150[5]).

1594. *Sublocazione o cessione della locazione.* — *1.* Il conduttore, salvo patto contrario, ha facoltà di sublocare la cosa locatagli (2), ma non può cedere il contratto (c. 1406 ss.) senza il consenso del locatore (c. 1588[2], 1624, 1649, 1804, 2149) (3).

2. Trattandosi di cosa mobile, la sublocazione deve essere autorizzata dal locatore o consentita dagli usi (nav. 378, 394).

1595. *Rapporti tra il locatore e il subconduttore.* — *1.* Il locatore, senza pregiudizio dei suoi diritti verso il conduttore, ha azione diretta contro il subconduttore per esigere il prezzo della sublocazione, di cui questi sia ancora debitore al momento della domanda giudiziale, e per costringerlo ad adempiere tutte le altre obbligazioni derivanti dal contratto di sublocazione.

2. Il subconduttore non può opporgli pagamenti anticipati, salvo che siano stati fatti secondo gli usi locali (c. 1605[1]).

3. Senza pregiudizio delle ragioni del subconduttore verso il sublocatore, la nullità o la risoluzione (c. 1458[2]) del contratto di locazione ha effetto anche nei confronti del subconduttore, e la sentenza pronunciata tra locatore e conduttore ha effetto anche contro di lui (c. 2909).

1596. *Fine della locazione per lo spirare del termine.* — *1.* La locazione per un tempo determinato dalle parti cessa con lo spirare del termine, senza che sia necessaria la disdetta (c. 954[2], 976, 999).

2. La locazione senza determinazione di tempo non cessa, se prima della scadenza stabilita a norma dell'art. 1574 una delle parti non comunica all'altra disdetta (c. 1373[2]) nel termine fissato dalle norme corporative (4) o, in mancanza, in quello determinato dalle parti o dagli usi (c. 1603) (5).

1597. *Rinnovazione tacita del contratto.* — *1.* La locazione si ha per rinnovata se, scaduto il termine di essa, il conduttore rimane ed è lasciato nella detenzione della cosa locata o se, trattandosi di locazione a tempo indeterminato (c. 1574), non è stata comunicata la disdetta a norma dell'articolo precedente (nav. 382).

2. La nuova locazione è regolata dalle stesse condizioni della precedente, ma la sua durata è quella stabilita per le locazioni a tempo indeterminato (c. 1574).

3. Se è stata data licenza, il conduttore non può opporre la tacita rinnovazione, salvo che consti la volontà del locatore di rinnovare il contratto (5).

1598. *Garanzie della locazione.* — *1.* Le garanzie prestate da terzi non si estendono alle obbligazioni derivanti da proroghe della durata del contratto.

1599. *Trasferimento a titolo particolare della cosa locata.* — *1.* Il contratto di locazione è opponibile al terzo acquirente (c. 1603), se ha

(1) «Chi continua ad occupare un immobile dopo l'emissione del provvedimento di rilascio è tenuto a corrispondere l'intero canone determinato ai sensi degli artt. 12 e 24, l. 27 luglio 1978, n. 392, nonché gli oneri accessori ai sensi dell'art. 9 della stessa legge»: art. 4, d.l. 30 gennaio 1979, n. 21, conv. in l. 31 marzo 1979, n. 93.
Per la locazione di immobili ad uso non abitativo v. art. 2.1, d.l. 25 settembre 1987, n. 393, conv. in l. 25 novembre 1987, n. 478.

(2) Sulla sublocazione di immobili urbani, v. artt. 2 e 36, l. n. 392/1978, in *Leggi coll. VI, 1.*

(3) Per gli immobili urbani destinati ad uso di abitazione, l'art. 6.2, l. n. 392/1978, in *Leggi coll. VI, 1,* prevede che «in caso di separazione consensuale o di nullità matrimoniale al conduttore succede l'altro coniuge se tra i due si sia così convenuto»; per gli immobili ad uso diverso, v. art. 36, l. n. 392/1978, in *Leggi coll. VI, 1.*

(4) V. nota 1 all'art. 1 prel.

(5) Per la locazione di immobili urbani, v. art. 28, l. n. 392/1978, in *Leggi coll. VI, 1.*

data certa (c. 2704) anteriore all'alienazione della cosa (c. 954[2], 976, 999) (1).

2. La disposizione del comma precedente non si applica alla locazione di beni mobili non iscritti in pubblici registri, se l'acquirente ne ha conseguito il possesso in buona fede (c. 1147[1], 1153[2]).

3. Le locazioni di beni immobili non trascritte non sono opponibili al terzo acquirente, se non nei limiti di un novennio dall'inizio della locazione (c. 2643 n. 8, 2644, 2923).

4. L'acquirente è in ogni caso tenuto a rispettare la locazione, se ne ha assunto l'obbligo verso l'alienante.

1600. *Detenzione anteriore al trasferimento. — 1.* Se la locazione non ha data certa (c. 2704), ma la detenzione del conduttore è anteriore al trasferimento, l'acquirente (c. 2923) non è tenuto a rispettare la locazione che per una durata corrispondente a quella stabilita per le locazioni a tempo indeterminato (c. 1574) (2).

1601. *Risarcimento del danno al conduttore licenziato. — 1.* Se il conduttore è stato licenziato dall'acquirente perché il contratto di locazione non aveva data certa (c. 2704) anteriore al trasferimento, il locatore è tenuto a risarcirgli il danno.

1602. *Effetti dell'opponibilità della locazione al terzo acquirente. — 1.* Il terzo acquirente tenuto a rispettare la locazione subentra, dal giorno del suo acquisto, nei diritti e nelle obbligazioni derivanti dal contratto di locazione.

1603. *Clausola di scioglimento del contratto in caso di alienazione. — 1.* Se si è convenuto che il contratto possa sciogliersi in caso di alienazione della cosa locata (3), l'acquirente che vuole valersi di tale facoltà deve dare licenza al conduttore rispettando il termine di preavviso stabilito dal secondo comma dell'art. 1596. In tal caso al conduttore licenziato non spetta il risarcimento dei danni, salvo patto contrario (c. 1625, 2923[5]).

1604. *Vendita della cosa locata con patto di riscatto. — 1.* Il compratore con patto di riscatto (c. 1500 ss.) non può esercitare la facoltà di licenziare il conduttore fino a che il suo acquisto non sia divenuto irrevocabile con la scadenza del termine fissato per il riscatto (c. 1501) (3).

1605. *Liberazione o cessione del corrispettivo della locazione. — 1.* La liberazione o la cessione del corrispettivo della locazione non ancora scaduto non può opporsi al terzo acquirente della cosa locata, se non risulta da atto scritto avente data certa (c. 2704) anteriore al trasferimento (c. 2918, 2924). Si può in ogni caso opporre il pagamento anticipato eseguito in conformità degli usi locali (c. 2812[3]).

2. Se la liberazione o la cessione è stata fatta per un periodo eccedente i tre anni e non è stata trascritta (c. 2643 n. 9, 2644), può essere opposta solo entro i limiti di un triennio; se il triennio è già trascorso, può essere opposta solo nei limiti dell'anno in corso nel giorno del trasferimento (c. 2812[4], 2918, 2924).

1606. *Estinzione del diritto del locatore. — 1.* Nei casi in cui il diritto del locatore sulla cosa locata si estingue con effetto retroattivo, le locazioni da lui concluse aventi data certa (c. 2704) sono mantenute, purché siano state fatte senza frode e non eccedano il triennio (c. 1505).

2. Sono salve le diverse disposizioni di legge.

Sezione II. — *Della locazione di fondi urbani* (4) (5)

1607. *Durata massima della locazione di case. — 1.* La locazione di una casa per abitazione può essere convenuta per tutta la durata della vita dell'inquilino e per due anni successivi alla sua morte.

1608. *Garanzie per il pagamento della pigione. — 1.* Nelle locazioni di case non mobiliate l'inquilino può essere licenziato se non fornisce la casa di mobili sufficienti (c. 2764) o non presta altre garanzie idonee ad assicurare il pagamento della pigione.

(1) In caso di assegnazione dell'abitazione nella casa familiare a seguito dello scioglimento del matrimonio «l'assegnazione, in quanto trascritta, è opponibile al terzo acquirente ai sensi dell'art. 1599 del codice civile»: art. 6.6, l. 1° dicembre 1970, n. 898, come sostituito dall'art. 11, l. 6 marzo 1987, n. 74, in *Leggi coll. II, 9*.

(2) V. nota 1 all'art. 1573.

(3) Per le locazioni di immobili urbani, l'art. 7, l. n. 392/1978, in *Leggi coll. VI, 1*, sancisce la nullità della clausola che prevede la risoluzione del contratto in caso di alienazione della cosa locata.

(4) V. nota 1 al capo VI. Sull'obbligo di registrazione dei contratti di locazione di immobili urbani, ad eccezione di quelli non formati per atto pubblico o scrittura privata autenticata di durata non superiore a trenta giorni complessivi all'anno, v. art. 2-*bis* della Parte seconda della tariffa allegata al d.p.r. 26 aprile 1986, n. 131, come modificato dall'art. 21.18, lett. e, l. 27 dicembre 1997, n. 449.

(5) Nei trasferimenti di immobili a titolo gratuito, dove l'edificio o l'unità immobiliare non ne sia già dotato, l'art. 6.2, d.lg. 19 agosto 2005, n. 192, come modificato dall'art. 6, l. 3 agosto 2013, n. 90, dispone che il proprietario è tenuto a produrre l'attestato di prestazione energetica.

1609. *Piccole riparazioni a carico dell'inquilino.* — *1.* Le riparazioni di piccola manutenzione, che a norma dell'art. 1576 devono essere eseguite dall'inquilino a sue spese, sono quelle dipendenti da deterioramenti prodotti dall'uso, e non quelle dipendenti da vetustà (c. 1590[3], 1807) o da caso fortuito.

2. Le suddette riparazioni, in mancanza di patto, sono determinate dagli usi locali.

1610. *Spurgo di pozzi e di latrine.* — *1.* Lo spurgo dei pozzi e delle latrine è a carico del locatore (1).

1611. *Incendio di casa abitata da più inquilini.* — *1.* Se si tratta di casa occupata da più inquilini, tutti sono responsabili verso il locatore del danno prodotto dall'incendio, proporzionatamente al valore della parte occupata. Se nella casa abita anche il locatore, si detrae dalla somma dovuta una quota corrispondente alla parte da lui occupata (c. 1589).

2. La disposizione del comma precedente non si applica se si prova che l'incendio è cominciato dall'abitazione di uno degli inquilini, ovvero se alcuno di questi prova che l'incendio non è potuto cominciare nella sua abitazione.

1612. *Recesso convenzionale del locatore.* — *1.* Il locatore che si è riservata la facoltà di recedere dal contratto (c. 1373[2]) per abitare egli stesso nella casa locata deve dare licenza motivata nel termine stabilito dagli usi locali (p.c. 657 ss.).

1613. *Facoltà di recesso degli impiegati pubblici.* — *1.* Gli impiegati delle pubbliche amministrazioni possono, nonostante patto contrario, recedere dal contratto nel caso di trasferimento, purché questo non sia stato disposto su loro domanda.

2. Tale facoltà si esercita mediante disdetta motivata, e il recesso ha effetto dal secondo mese successivo a quello in corso alla data della disdetta (2).

1614. *Morte dell'inquilino.* — *1.* Nel caso di morte dell'inquilino, se la locazione deve ancora durare per più di un anno ed è stata vietata la sublocazione (c. 1594), gli eredi possono recedere dal contratto (c. 1373[2]) entro tre mesi dalla morte.

2. Il recesso si deve esercitare mediante disdetta comunicata con preavviso non inferiore a tre mesi (c. 1627) (3).

Sezione III. — *Dell'affitto*

§ 1. — *Disposizioni generali*

1615. *Gestione e godimento della cosa produttiva.* — *1.* Quando la locazione ha per oggetto il godimento di una cosa produttiva, mobile o immobile, l'affittuario deve curarne la gestione in conformità della destinazione economica della cosa (c. 1618, 1619) e dell'interesse della produzione (cost. 41[3]). A lui spettano i frutti (c. 821[1]) e le altre utilità della cosa.

1616. *Affitto senza determinazione di tempo.* — *1.* Se le parti non hanno determinato la durata dell'affitto, ciascuna di esse può recedere dal contratto (c. 1373[2]) dando all'altra un congruo preavviso (c. 1596[2]).

2. Sono salve le norme corporative (4) e gli usi che dispongano diversamente (c. 1625[1]).

1617. *Obblighi del locatore.* — *1.* Il locatore è tenuto a consegnare la cosa, con i suoi accessori e le sue pertinenze (c. 817), in istato da servire all'uso e alla produzione a cui è destinata (c. 1575 n. 1).

1618. *Inadempimenti dell'affittuario.* — *1.* Il locatore può chiedere la risoluzione del contratto (c. 1455), se l'affittuario non destina al servizio della cosa i mezzi necessari per la gestione di essa, se non osserva le regole della buona tecnica, ovvero se muta stabilmente la destinazione economica della cosa (c. 1615) (5).

1619. *Diritto di controllo.* — *1.* Il locatore può accertare in ogni tempo, anche con accesso in luogo, se l'affittuario osserva gli obblighi che gli incombono (c. 1662).

1620. *Incremento della produttività della cosa.* — *1.* L'affittuario può prendere le iniziative atte a produrre un aumento di reddito della cosa, purché esse non importino obblighi per il locatore o non gli arrechino pregiudizio, e siano conformi all'interesse della produzione (c. 1592).

1621. *Riparazioni.* — *1.* Il locatore è tenuto

(1) Per le locazioni di immobili urbani disciplinate dalla l. n. 392/1978, in *Leggi coll. VI, 1*, l'art. 9 pone questo onere a carico del conduttore.

(2) Sulla facoltà di recesso del conduttore per gravi motivi v. art. 4, l. n. 392/1978, in *Leggi coll. VI, 1*. Sulla facoltà di recesso delle pubbliche amministrazioni v. art. 2-*bis*, d.l. 15 ottobre 2013, n. 120, conv. in l. 13 dicembre 2013, n. 137.

(3) Per le locazioni di immobili urbani disciplinate dalla l. n. 392/1978, in *Leggi coll. VI, 1*, sulla successione nel contratto per morte del conduttore v. artt. 6 e 37.

(4) V. nota 1 all'art. 1 prel.

(5) Ma v. ora, per l'affitto di fondi rustici, l'art. 16, l. 3 maggio 1982, n. 203, in *Leggi coll. VII, 6*.

ad eseguire a sue spese, durante l'affitto, le riparazioni straordinarie. Le altre sono a carico dell'affittuario (c. 1576, 2153, 2764).

1622. *Perdite determinate da riparazioni.* — *1.* Se l'esecuzione delle riparazioni che sono a carico del locatore determina per l'affittuario una perdita superiore al quinto del reddito annuale o, nel caso di affitto non superiore a un anno, al quinto del reddito complessivo, l'affittuario può domandare una riduzione del fitto in ragione della diminuzione del reddito oppure, secondo le circostanze, lo scioglimento del contratto (c. 1584).

1623. *Modificazioni sopravvenute del rapporto contrattuale.* — *1.* Se, in conseguenza di una disposizione di legge, di una norma corporativa (1) o di un provvedimento dell'autorità riguardanti la gestione produttiva, il rapporto contrattuale risulta notevolmente modificato in modo che le parti ne risentano rispettivamente una perdita e un vantaggio, può essere richiesto un aumento o una diminuzione del fitto (c. 1467[2]) ovvero, secondo le circostanze, lo scioglimento del contratto (c. 1467[1]).

2. Sono salve le diverse disposizioni della legge, della norma corporativa (1) o del provvedimento dell'autorità.

1624. *Divieto di subaffitto. Cessione dell'affitto.* — *1.* L'affittuario non può subaffittare la cosa senza il consenso del locatore (c. 1594[1]).

2. La facoltà di cedere l'affitto comprende quella di subaffittare; la facoltà di subaffittare non comprende quella di cedere l'affitto (2).

1625. *Clausola di scioglimento del contratto in caso di alienazione.* — *1.* Se si è convenuto che l'affitto possa sciogliersi in caso di alienazione (c. 1603), l'acquirente che voglia dare licenza all'affittuario deve osservare la disposizione dell'art. 1616.

2. Quando l'affitto ha per oggetto un fondo rustico, la licenza deve essere data col preavviso di sei mesi e ha effetto per la fine dell'anno agrario in corso alla scadenza del termine di preavviso.

1626. *Incapacità o insolvenza dell'affittuario.* — *1.* L'affitto si scioglie per l'interdizione (c. 414 ss.), l'inabilitazione (c. 415 ss.) o l'insolvenza dell'affittuario, salvo che al locatore sia prestata idonea garanzia (c. 1179) per l'esatto adempimento degli obblighi dell'affittuario.

1627. *Morte dell'affittuario.* — *1.* Nel caso di morte dell'affittuario, il locatore e gli eredi dell'affittuario possono, entro tre mesi dalla morte, recedere dal contratto (c. 1373[2]) mediante disdetta comunicata all'altra parte con preavviso di sei mesi (c. 1614).

2. Se l'affitto ha per oggetto un fondo rustico, la disdetta ha effetto per la fine dell'anno agrario in corso alla scadenza del termine di preavviso.

§ 2. — *Dell'affitto di fondi rustici* (3)

1628. *Durata minima dell'affitto.* — *1.* Se le norme corporative (4) stabiliscono un periodo minimo di durata del contratto, l'affitto di un fondo rustico stipulato per una durata inferiore si estende al periodo minimo così stabilito (5).

1629. *Fondi destinati al rimboschimento.* — *1.* L'affitto di fondi rustici destinati al rimboschimento può essere stipulato per un termine massimo di novantanove anni.

1630. *Affitto senza determinazione di tempo.* — *1.* L'affitto a tempo indeterminato di un fondo soggetto a rotazione di colture si reputa stipulato per il tempo necessario affinché l'affittuario possa svolgere e portare a compimento il normale ciclo di avvicendamento delle colture praticate nel fondo.

2. Se il fondo non è soggetto ad avvicendamento di colture, l'affitto si reputa fatto per il tempo necessario alla raccolta dei frutti.

3. L'affitto non cessa se prima della scadenza una delle parti non ha dato disdetta con preavviso di sei mesi.

4. Sono salve le diverse disposizioni delle norme corporative (5) (1).

1631. *Estensione del fondo.* — *1.* Per l'affitto a misura, oppure a corpo con indicazione della misura, nel caso di eccesso o di difetto dell'estensione del fondo rispetto alla misura indicata, i diritti e le obbligazioni delle parti sono determinati secondo le norme contenute nel capo della vendita (c. 1537).

1632. *Miglioramenti.* — . . . . (6).

(1) V. nota 1 all'art. 1 prel.

(2) Il d.lg.lgt. 5 aprile 1945, n. 156, ha vietato, per i fondi rustici, la cessione del contratto e il subaffitto. Il divieto è ribadito dall'art. 21, l. 11 febbraio 1971, n. 11 (con l'eccezione dell'art. 12.3) in *Leggi coll. VII, 4.*

(3) V. ora l. n. 203/1982, in *Leggi coll. VII, 6.* Sull'affitto a conduttore non coltivatore diretto, v. l. 22 luglio 1966, n. 606, come modificata dalla l. 11 febbraio 1971, n. 11, in *Leggi coll. VII, 4.*

(4) Il riferimento alle norme corporative è ora privo di oggetto: v. invece art. 17, l. 11 febbraio 1971, n. 11, in *Leggi coll. VII, 4,* per l'affitto a conduttore non coltivatore diretto.

(5) Ma v. artt. 1 e 22, l. n. 203/1982, in *Leggi coll. VII, 6.*

(6) Articolo abrogato dall'art. 29, l. n. 11/1971, in *Leggi coll. VII, 4,* che regola la materia agli artt. 10-16. V. anche art. 16 ss., l. n. 203/1982, in *Leggi coll. VII, 6.*

1633. *Diritti derivanti dall'esecuzione dei miglioramenti*. — .... (1).

1634. *Inderogabilità*. — *1.* Le disposizioni dei due articoli precedenti sono inderogabili (2).

1635. *Perdita fortuita dei frutti negli affitti pluriennali*. — *1.* Se, durante l'affitto convenuto per più anni, almeno la metà (3) dei frutti di un anno non ancora separati perisce per caso fortuito, l'affittuario può domandare una riduzione del fitto, salvo che la perdita trovi compenso nei precedenti raccolti (c. 1636).

2. Qualora la perdita non trovi compenso nei precedenti raccolti, la riduzione è determinata alla fine dell'affitto, eseguito il conguaglio con i frutti raccolti in tutti gli anni decorsi. Il giudice può dispensare provvisoriamente l'affittuario dal pagamento di una parte del fitto in proporzione della perdita sofferta.

3. La riduzione non può mai eccedere la metà del fitto.

4. In ogni caso si deve tener conto degli indennizzi che l'affittuario abbia conseguiti o possa conseguire in relazione alla perdita sofferta.

5. Al perimento è equiparata la mancata produzione dei frutti (4).

1636. *Perdita fortuita dei frutti negli affitti annuali*. — *1.* Se l'affitto ha la durata di un solo anno, e si è verificata la perdita per caso fortuito di almeno la metà (5) dei frutti, l'affittuario può essere esonerato dal pagamento di una parte del fitto, in misura non superiore alla metà (4).

1637. *Accollo di casi fortuiti*. — *1.* L'affittuario può, con patto espresso, assumere il rischio dei casi fortuiti ordinari (c. 1643). Sono reputati tali i fortuiti che, avuto riguardo ai luoghi e a ogni altra circostanza, le parti potevano ragionevolmente ritenere probabili.

2. È nullo il patto col quale l'affittuario si assoggetta ai casi fortuiti straordinari.

1638. *Espropriazione per pubblico interesse*. — *1.* In caso di espropriazione per pubblico interesse (c. 834) o di occupazione temporanea del fondo locato, l'affittuario ha diritto di ottenere dal locatore la parte d'indennità a questo corrisposta per i frutti non percepiti o per il mancato raccolto (6).

1639. *Canone di affitto*. — *1.* Il fitto può consistere anche in una quota ovvero in una quantità fissa o variabile dei frutti del fondo locato (7).

1640. *Scorte morte*. — *1.* Le scorte morte costituenti la dotazione del fondo, che sono state consegnate all'affittuario all'inizio dell'affitto, con determinazione della specie, qualità e quantità, devono, anche se stimate, essere restituite al locatore alla fine dell'affitto, nella stessa specie, qualità e quantità e, se si tratta di scorte fisse, come macchinari e attrezzi, nello stesso stato d'uso. L'eccedenza o la deficienza deve essere regolata in danaro, secondo il valore corrente al tempo della riconsegna. La dotazione necessaria non può essere distratta e deve essere mantenuta secondo le esigenze delle colture e la pratica dei luoghi.

2. La disposizione del comma precedente si applica anche se, all'inizio dell'affitto, l'affittuario ha depositato la somma che rappresenti il valore delle scorte presso il locatore, salvo l'obbligo di questo di restituirla al tempo della riconsegna delle scorte.

3. Se le scorte sono state consegnate con la sola indicazione del valore, l'affittuario ne acquista la proprietà, e, alla fine dell'affitto, deve restituire il valore ricevuto o scorte in natura per un corrispondente valore, determinato secondo il prezzo corrente, al tempo della riconsegna, ovvero parte dell'uno e parte delle altre (c. 1645[3]).

4. Sono salve le diverse disposizioni delle norme corporative (8) o le diverse pattuizioni delle parti (9).

1641. *Scorte vive*. — *1.* Quando il bestiame

(1) Articolo abrogato dall'art. 29, l. n. 11/1971, in *Leggi coll. VII, 4*, che regola la materia agli artt. 10-16. V. anche art. 16 ss., l. n. 203/1982, in *Leggi coll. VII, 6*.

(2) Articolo tacitamente abrogato dalla l. n. 11/1971, in *Leggi coll. VII, 4*.

(3) L'art. 12, l. 12 giugno 1962, n. 567, in *Leggi coll. VII, 1*, ammette la riduzione in caso di perimento o mancata produzione di un terzo dei frutti; sulla determinazione delle percentuali di riduzione, v. art. 5, l. n. 11/1971, in *Leggi coll. VII, 4*.

(4) Ma v. artt. 16-19, l. n. 203/1982, in *Leggi coll. VII, 6*.

(5) V. nota 3 all'art. 1635.

(6) L'art. 37.9, d.p.r. 8 giugno 2001, n. 327, prevede a favore del coltivatore diretto costretto ad abbandonare il fondo, oggetto di espropriazione per interventi di edilizia abitativa, una indennità pari a quella spettante al proprietario.

(7) L'art. 1, l. 10 dicembre 1973, n. 814, in *Leggi coll. VII, 5*, dispone che: «Nell'affitto di fondo rustico il canone è determinato e corrisposto in denaro», e stabilisce le modalità di determinazione del canone. V. ora artt. 8 ss., l. n. 203/1982, in *Leggi coll. VII, 6*.

(8) V. nota 1 all'art. 1 prel.

(9) V. art. 35, l. n. 203/1982, in *Leggi coll. VII, 6*.

da lavoro o da allevamento, costituente la dotazione del fondo, è stato in tutto o in parte fornito dal locatore, si osservano le disposizioni degli articoli seguenti, salve le norme corporative (1) o i patti diversi.

1642. *Proprietà del bestiame consegnato*. — *1.* Qualora il bestiame consegnato all'affittuario sia stato determinato con indicazione della specie, del numero, del sesso, della qualità, dell'età e del peso, anche se ne è stata fatta stima, la proprietà di esso rimane al locatore. Tuttavia l'affittuario può disporre dei singoli capi, ma deve mantenere nel fondo la dotazione necessaria (c. 1645).

1643. *Rischio della perdita del bestiame*. — *1.* Il rischio della perdita del bestiame è a carico dell'affittuario dal momento in cui questi lo ha ricevuto, se non è stato diversamente pattuito (c. 1637).

1644. *Accrescimenti e frutti del bestiame*. — *1.* L'affittuario fa suoi i parti e gli altri frutti del bestiame, l'accrescimento e ogni altro provento che ne deriva (c. 1615).

2. Il letame però deve essere impiegato esclusivamente nella coltivazione del fondo.

1645. *Riconsegna del bestiame*. — *1.* Nel caso previsto dall'art. 1642, al termine del contratto l'affittuario deve restituire bestiame corrispondente per specie, numero, sesso, qualità, età e peso a quello ricevuto. Se vi sono differenze di qualità o di quantità contenute nei limiti in cui esse possano ammettersi avuto riguardo ai bisogni della coltivazione del fondo, l'affittuario deve restituire bestiame di uguale valore. Se vi è eccedenza o deficienza nel valore del bestiame, ne è fatto conguaglio in danaro tra le parti, secondo il valore al tempo della riconsegna.

2. La disposizione del comma precedente si applica anche se, all'inizio dell'affitto, l'affittuario ha depositato presso il locatore la somma che rappresenta il valore del bestiame.

3. Si applica altresì la disposizione del terzo comma dell'art. 1640.

4. Sono salve le disposizioni delle norme corporative (1) e i patti diversi.

1646. *Rapporti fra gli affittuari uscente e subentrante*. — *1.* L'affittuario uscente deve mettere a disposizione di chi gli subentra nella coltivazione i locali opportuni e gli altri comodi occorrenti per i lavori dell'anno seguente; il nuovo affittuario deve lasciare al precedente i locali opportuni e gli altri comodi occorrenti per il consumo dei foraggi e per le raccolte che restano da fare.

2. Per l'ulteriore determinazione dei rapporti tra l'affittuario uscente e l'affittuario subentrante si osservano le disposizioni delle norme corporative (1) e, in mancanza, gli usi locali.

§ 3. — *Dell'affitto a coltivatore diretto* (2)

1647. *Nozione*. — *1.* Quando l'affitto ha per oggetto un fondo che l'affittuario coltiva col lavoro prevalentemente proprio o di persone della sua famiglia (c. 2083), si applicano le norme che seguono, sempre che il fondo non superi i limiti di estensione che, per singole zone e colture, possono essere determinati dalle norme corporative (1) (c. 1654, 2079, 2751-*II* n. 4).

1648. *Casi fortuiti ordinari*. — *1.* Il giudice, con riguardo alle condizioni economiche dell'affittuario, può disporre il pagamento rateale del fitto se per un caso fortuito ordinario, le cui conseguenze l'affittuario ha assunte a suo carico, si verifica la perdita di almeno la metà dei frutti del fondo (c. 1637, 1654) (3).

1649. *Subaffitto*. — *1.* Se il locatore consente il subaffitto, questo è considerato come locazione diretta tra il locatore e il nuovo affittuario (c. 1594, 1654) (4).

1650. .... (5).

1651. .... (6).

1652. *Anticipazioni all'affittuario*. — *1.* Qualora l'affittuario non possa provvedere altrimenti, il locatore è tenuto ad anticipargli le sementi e le materie fertilizzanti e antiparassitarie necessarie per la coltivazione del fondo.

2. Il credito del locatore produce interessi in misura corrispondente al saggio legale (c. 1284, 1654).

(1) V. nota 1 all'art. 1 prel.

(2) Per quanto riguarda il canone, cfr. art. 1 ss., l. 10 dicembre 1973, n. 814, in *Leggi coll. VII, 5*, art. 8 ss., l. n. 203/1982, in *Leggi coll. VII, 6*; per il diritto di prelazione, v. art. 8, l. 26 maggio 1965, n. 590 e successive modificazioni, in *Leggi coll. VII, 2*.

(3) Sulla nullità del patto di assunzione di un rischio per fortuito ordinario, che incida su più di un terzo della produzione, cfr. art. 11, l. 12 giugno 1962, n. 567, in *Leggi coll. VII, 1*.

(4) Per la nullità del subaffitto v. ora art. 21, l. n. 203/1982, in *Leggi coll. VII, 6*.

(5) Articolo abrogato dall'art. 29, l. n. 11/1971, in *Leggi coll. VII, 4*. L'art. 2, l. 28 marzo 1957, n. 244, dispone che «nel caso di morte dell'affittuario coltivatore diretto, il contratto continua con il coniuge e con gli altri eredi legittimi sempreché siano coltivatori diretti e dispongano di forza lavorativa che costituisca almeno un terzo di quella necessaria per le normali esigenze di coltivazione del fondo».

(6) V. nota 6 all'art. 1632.

1653. .... (1).

1654. *Inderogabilità.* — *1.* Le disposizioni che precedono sono inderogabili.

CAPO VII

DELL'APPALTO

1655. *Nozione.* — *1.* L'appalto è il contratto col quale una parte assume, con organizzazione dei mezzi necessari e con gestione a proprio rischio (c. 2082), il compimento di un'opera o di un servizio (c. 1677) verso un corrispettivo in danaro (c. 2222; nav. 241) (2).

1656. *Subappalto.* — *1.* L'appaltatore non può dare in subappalto l'esecuzione dell'opera o del servizio, se non è stato autorizzato dal committente (c. 1670) (3).

1657. *Determinazione del corrispettivo.* — *1.* Se le parti non hanno determinato la misura del corrispettivo né hanno stabilito il modo di determinarla, essa è calcolata con riferimento alle tariffe esistenti o agli usi; in mancanza, è determinata dal giudice (c. 1474, 1709, 1733, 1740, 1755[2], 2225, 2233).

1658. *Fornitura della materia.* — *1.* La materia necessaria a compiere l'opera deve essere fornita dall'appaltatore, se non è diversamente stabilito dalla convenzione o dagli usi (c. 2223).

1659. *Variazioni concordate del progetto.* — *1.* L'appaltatore non può apportare variazioni alle modalità convenute dell'opera se il committente non le ha autorizzate.

2. L'autorizzazione si deve provare per iscritto (c. 2725).

3. Anche quando le modificazioni sono state autorizzate, l'appaltatore, se il prezzo dell'intera opera è stato determinato globalmente, non ha diritto a compenso per le variazioni o per le aggiunte, salvo diversa pattuizione (c. 1661[1]).

1660. *Variazioni necessarie del progetto.* — *1.* Se per l'esecuzione dell'opera a regola d'arte è necessario apportare variazioni al progetto e le parti non si accordano, spetta al giudice di determinare le variazioni da introdurre e le correlative variazioni del prezzo (c. 1659).

2. Se l'importo delle variazioni supera il sesto del prezzo complessivo convenuto, l'appaltatore può recedere dal contratto (c. 1373) e può ottenere, secondo le circostanze, un'equa indennità.

3. Se le variazioni sono di notevole entità, il committente può recedere dal contratto (c. 1373) ed è tenuto a corrispondere un equo indennizzo (4).

1661. *Variazioni ordinate dal committente.* — *1.* Il committente può apportare variazioni al progetto, purché il loro ammontare non superi il sesto del prezzo complessivo convenuto. L'appaltatore ha diritto al compenso per i maggiori lavori eseguiti, anche se il prezzo dell'opera era stato determinato globalmente (c. 1659).

2. La disposizione del comma precedente non si applica quando le variazioni, pur essendo contenute nei limiti suddetti, importano notevoli modificazioni della natura dell'opera o dei quantitativi nelle singole categorie di lavori previste nel contratto per l'esecuzione dell'opera medesima.

1662. *Verifica nel corso di esecuzione dell'opera.* — *1.* Il committente ha diritto di controllare lo svolgimento dei lavori e di verificarne a proprie spese lo stato (c. 1619).

2. Quando, nel corso dell'opera, si accerta che la sua esecuzione non procede secondo le condizioni stabilite dal contratto e a regola d'arte, il committente può fissare un congruo termine entro il quale l'appaltatore si deve conformare a tali condizioni; trascorso inutilmente il termine stabilito, il contratto è risoluto, salvo il diritto del committente al risarcimento del danno (c. 1454, 2224).

1663. *Denuncia dei difetti della materia.* — *1.* L'appaltatore è tenuto a dare pronto avviso al committente dei difetti della materia da questo fornita, se si scoprono nel corso dell'opera e possono comprometterne la regolare esecuzione.

1664. *Onerosità o difficoltà dell'esecuzione.* — *1.* Qualora per effetto di circostanze impre-

(1) Articolo abrogato dall'art. 29, l. n. 11/1971, in *Leggi coll. VII, 4.*

(2) Sulla relazione tra appalto e rapporto di lavoro v. art. 29, d.lg. 10 settembre 2003, n. 276, come modificato dall'art. 30, l. 7 luglio 2016, n. 122.

Per il codice dei contratti pubblici v. d.lg. 18 aprile 2016, n. 50, come modificato dal d.lg. 19 aprile 2017, n. 56.

Sul regolamento recante il capitolato generale d'appalto dei lavori pubblici, v. d.m. Lavori pubblici 19 aprile 2000, n. 145, in G.U., 7 giugno 2000, n. 131.

Sulle norme per la sicurezza degli impianti v. l. 5 marzo 1990, n. 46 e gli artt. 4 e 6, l. 5 gennaio 1996, n. 25.

(3) Sul subappalto nei contratti pubblici v. art. 105, d.lg. 18 aprile 2016, n. 50, come modificato dall'art. 69, d.lg. 19 aprile 2017, n. 56.

(4) Per le varianti degli appalti pubblici v. artt. 106 e 149, d.lg. 18 aprile 2016, n. 50, dove l'art. 106 è stato modificato dall'art. 70, d.lg. 19 aprile 2017, n. 56.

vedibili si siano verificati aumenti o diminuzioni nel costo dei materiali o della mano d'opera, tali da determinare un aumento o una diminuzione superiori al decimo del prezzo complessivo convenuto, l'appaltatore o il committente possono chiedere una revisione del prezzo medesimo. La revisione può essere accordata solo per quella differenza che eccede il decimo (1).

2. Se nel corso dell'opera si manifestano difficoltà di esecuzione derivanti da cause geologiche, idriche e simili, non previste dalle parti, che rendano notevolmente più onerosa la prestazione dell'appaltatore, questi ha diritto a un equo compenso (c. 1467^2).

1665. *Verifica e pagamento dell'opera*. — *1.* Il committente, prima di ricevere la consegna, ha diritto di verificare l'opera compiuta.

2. La verifica deve esser fatta dal committente appena l'appaltatore lo mette in condizione di poterla eseguire.

3. Se, nonostante l'invito fattogli dall'appaltatore, il committente tralascia di procedere alla verifica senza giusti motivi, ovvero non ne comunica il risultato entro un breve termine, l'opera si considera accettata.

4. Se il committente riceve senza riserve la consegna dell'opera, questa si considera accettata ancorché non si sia proceduto alla verifica (c. 1667, 2226).

5. Salvo diversa pattuizione o uso contrario, l'appaltatore ha diritto al pagamento del corrispettivo quando l'opera è accettata dal committente (att. c. 181).

1666. *Verifica e pagamento di singole partite*. — *1.* Se si tratta di opera da eseguire per partite, ciascuno dei contraenti può chiedere che la verifica avvenga per le singole partite. In tal caso l'appaltatore può domandare il pagamento in proporzione dell'opera eseguita.

2. Il pagamento fa presumere l'accettazione della parte di opera pagata; non produce questo effetto il versamento di semplici acconti (att. c. 181).

1667. *Difformità e vizi dell'opera*. — *1.* L'appaltatore è tenuto alla garanzia per le difformità e i vizi dell'opera (c. 1490 ss., 1578, 1698, 2226). La garanzia non è dovuta se il committente ha accettato l'opera (c. 1665) e le difformità o i vizi erano da lui conosciuti o erano riconoscibili, purché, in questo caso, non siano stati in mala fede taciuti dall'appaltatore.

2. Il committente deve, a pena di decadenza, denunziare all'appaltatore le difformità o i vizi entro sessanta giorni dalla scoperta. La denunzia non è necessaria se l'appaltatore ha riconosciuto le difformità o i vizi o se li ha occultati (c. 1495^2, 1670).

3. L'azione contro l'appaltatore si prescrive in due anni dal giorno della consegna dell'opera. Il committente convenuto per il pagamento può sempre far valere la garanzia, purché le difformità o i vizi siano stati denunziati entro sessanta giorni dalla scoperta e prima che siano decorsi i due anni dalla consegna (c. 1495^3; att. c. 181; nav. 240, 855) (2).

1668. *Contenuto della garanzia per difetti dell'opera*. — *1.* Il committente può chiedere che le difformità o i vizi siano eliminati a spese dell'appaltatore, oppure che il prezzo sia proporzionalmente diminuito, salvo il risarcimento del danno nel caso di colpa dell'appaltatore (c. 1223).

2. Se però le difformità o i vizi dell'opera sono tali da renderla del tutto inadatta alla sua destinazione, il committente può chiedere la risoluzione del contratto (c. 1492, 2226^3; att. c. 181).

1669. *Rovina e difetti di cose immobili*. — *1.* Quando si tratta di edifici o di altre cose immobili destinate per loro natura a lunga durata, se, nel corso di dieci anni dal compimento, l'opera, per vizio del suolo o per difetto della costruzione, rovina in tutto o in parte, ovvero presenta evidente pericolo di rovina o gravi difetti, l'appaltatore è responsabile nei confronti del committente e dei suoi aventi causa, purché sia fatta la denunzia entro un anno dalla scoperta (c. 2053).

2. Il diritto del committente si prescrive in un anno dalla denunzia.

1670. *Responsabilità dei subappaltatori*. — *1.* L'appaltatore, per agire in regresso (c. 1228) nei confronti dei subappaltatori (c. 1656), deve, sotto pena di decadenza, comunicare ad essi la denunzia entro sessanta giorni dal ricevimento (c. 1667^2).

1671. *Recesso unilaterale dal contratto*. — *1.* Il committente può recedere dal contratto (c. 1373), anche se è stata iniziata l'esecuzione dell'opera o la prestazione del servizio, purché tenga indenne l'appaltatore delle spese sostenute, dei lavori eseguiti e del mancato guada-

(1) Per le clausole di revisione dei prezzi negli appalti pubblici v. art. 106.1, lett. a, d.lg. 18 aprile 2016, n. 50.

(2) Sulle garanzie prestate dalle imprese di autoriparazione v. art. 11, l. 5 febbraio 1992, n. 122. Per gli appalti pubblici, l'art. 102.5, d.lg. 18 aprile 2016, n. 50, come modificato dall'art. 66.1, lett. f, d.lg. 19 aprile 2017, n. 56, così dispone: «Salvo quanto disposto dall'art. 1669 del codice civile, l'appaltatore risponde per la difformità e i vizi dell'opera o delle prestazioni, ancorché riconoscibili, purché denunciati dalla stazione appaltante prima che il certificato di collaudo assuma carattere definitivo».

gno (c. 1685[1], 1725, 1734, 1738, 2227, 2237).

1672. *Impossibilità di esecuzione dell'opera.* — *1.* Se il contratto si scioglie perché l'esecuzione dell'opera è divenuta impossibile in conseguenza di una causa non imputabile ad alcuna delle parti (c. 1464), il committente deve pagare la parte dell'opera già compiuta, nei limiti in cui è per lui utile, in proporzione del prezzo pattuito per l'opera intera (c. 1675, 1686[3], 2228, 2231[2]).

1673. *Perimento o deterioramento della cosa.* — *1.* Se, per causa non imputabile ad alcuna delle parti, l'opera perisce o è deteriorata prima che sia accettata dal committente o prima che il committente sia in mora a verificarla (c. 1207[1]), il perimento o il deterioramento è a carico dell'appaltatore, qualora questi abbia fornito la materia (c. 1218).

2. Se la materia è stata fornita in tutto o in parte dal committente, il perimento o il deterioramento dell'opera è a suo carico per quanto riguarda la materia da lui fornita, e per il resto è a carico dell'appaltatore (c. 1465).

1674. *Morte dell'appaltatore.* — *1.* Il contratto di appalto non si scioglie per la morte dell'appaltatore, salvo che la considerazione della sua persona sia stata motivo determinante del contratto. Il committente può sempre recedere dal contratto (c. 1373), se gli eredi dell'appaltatore non danno affidamento per la buona esecuzione dell'opera o del servizio (c. 1330, 1614, 1627, 1722, n. 4, 2558[1]).

1675. *Diritti e obblighi degli eredi dell'appaltatore.* — *1.* Nel caso di scioglimento del contratto per morte dell'appaltatore, il committente è tenuto a pagare agli eredi il valore delle opere eseguite, in ragione del prezzo pattuito, e a rimborsare le spese sostenute per l'esecuzione del rimanente, ma solo nei limiti in cui le opere eseguite e le spese sostenute gli sono utili (c. 1672).

2. Il committente ha diritto di domandare la consegna, verso una congrua indennità, dei materiali preparati e dei piani in via di esecuzione, salve le norme che proteggono le opere dell'ingegno (c. 2578) (1).

1676. *Diritti degli ausiliari dell'appaltatore verso il committente.* — *1.* Coloro che, alle dipendenze dell'appaltatore, hanno dato la loro attività per eseguire l'opera o per prestare il servizio possono proporre azione diretta contro il committente per conseguire quanto è loro dovuto, fino alla concorrenza del debito che il committente ha verso l'appaltatore nel tempo in cui essi propongono la domanda (c. 2112[6], 2900) (2).

1677. *Prestazione continuativa o periodica di servizi.* — *1.* Se l'appalto ha per oggetto prestazioni continuative o periodiche di servizi, si osservano, in quanto compatibili, le norme di questo capo e quelle relative al contratto di somministrazione (c. 1559 ss.).

CAPO VIII

DEL TRASPORTO (3)

Sezione I. — *Disposizioni generali*

1678. *Nozione.* — *1.* Col contratto di trasporto il vettore si obbliga, verso corrispettivo (c. 2761[1], 2951), a trasferire persone (c. 1681 ss.) o cose (c. 1683 ss.) da un luogo a un altro (c. 1741).

1679. *Pubblici servizi di linea.* — *1.* Coloro che per concessione amministrativa esercitano servizi di linea per il trasporto di persone o di cose sono obbligati ad accettare le richieste di trasporto che siano compatibili con i mezzi ordinari dell'impresa, secondo le condizioni generali (c. 1341) stabilite o autorizzate nell'atto

(1) V. l. 22 aprile 1941, n. 633, in *Leggi coll. XIX, 1*.

(2) Sul pagamento diretto dell'amministrazione al subappaltatore negli appalti pubblici v. art. 18.3-*bis*, l. 19 marzo 1990, n. 55, come introdotto dall'art. 34, d.lg. 19 dicembre 1991, n. 406. Successivamente l'art. 34, d.lg. 406/1991 è stato abrogato dall'art. 231, d.p.r. 21 dicembre 1999, n. 554; con determinazione 26 marzo 2003, n. 8/2003, in G.U., 7 maggio 2003, n. 104, il Consiglio dell'Autorità per la vigilanza sui lavori pubblici ha disposto che l'art. 231, d.p.r. 554/1999 non ha abrogato il comma 3-*bis* dell'art. 18, l. 55/1990, che, pertanto, è da considerarsi ancora vigente.

Per l'applicazione del regime di responsabilità solidale in caso di distacco in Italia di lavoratori da parte di imprese di altro Stato membro v. art. 4.4, d.lg. 17 luglio 2016, n. 136.

(3) Sul contratto di viaggio, v. la convenzione internazionale firmata a Bruxelles il 23 aprile 1970 (CCV) (l. 27 dicembre 1977, n. 1084) in vigore dal 4 ottobre 1979, limitatamente «ai contratti di viaggio internazionali che debbano essere eseguiti totalmente o parzialmente in uno Stato diverso dallo Stato dove il contratto è stato stipulato o da dove il viaggiatore è partito».

Sull'autotrasporto e l'intermodalità v. l. 23 dicembre 1997, n. 454.

Sulla garanzia dello Stato per il risarcimento dei danni subiti da terzi in conseguenza di atti di guerra o di terrorismo sull'esercizio del servizio aereo, in favore delle imprese di trasporto aereo nazionali, nonché delle imprese di gestione aeroportuale, v. d.l. 28 settembre 2001, n. 354, conv. in l. 27 novembre 2001, n. 413.

di concessione e rese note al pubblico (c. 2597, 2951[4]).

2. I trasporti devono eseguirsi secondo l'ordine delle richieste; in caso di più richieste simultanee, deve essere preferita quella di percorso maggiore.

3. Se le condizioni generali ammettono speciali concessioni, il vettore è obbligato ad applicarle a parità di condizioni a chiunque ne faccia richiesta.

4. Salve le speciali concessioni ammesse dalle condizioni generali, qualunque deroga alle medesime è nulla, e alla clausola difforme è sostituita la norma delle condizioni generali (c. 1339, 1419[2]).

1680. *Limiti di applicabilità delle norme*. — *1.* Le disposizioni di questo capo si applicano anche ai trasporti per via d'acqua o per via d'aria e a quelli ferroviari e postali, in quanto non siano derogate dal codice della navigazione e dalle leggi speciali (1).

Sezione II. — *Del trasporto di persone*

1681. *Responsabilità del vettore*. — *1.* Salva la responsabilità per il ritardo e per l'inadempimento nell'esecuzione del trasporto (c. 1218 ss.), il vettore risponde dei sinistri che colpiscano la persona del viaggiatore durante il viaggio e della perdita o dell'avaria delle cose che il viaggiatore porta con sé, se non prova di aver adottato tutte le misure idonee a evitare il danno (c. 1693, 2050, 2951).

2. Sono nulle le clausole che limitano la responsabilità del vettore per i sinistri che colpiscono il viaggiatore (c. 1229, 1694).

3. Le norme di questo articolo si osservano anche nei contratti di trasporto gratuito.

1682. *Responsabilità del vettore nei trasporti cumulativi*. — *1.* Nei trasporti cumulativi ciascun vettore risponde nell'ambito del proprio percorso (c. 1700).

2. Tuttavia il danno per il ritardo o per l'interruzione del viaggio si determina in ragione dell'intero percorso (c. 1294, 1317).

Sezione III. — *Del trasporto di cose* (2)

1683. *Indicazioni e documenti che devono essere forniti al vettore*. — *1.* Il mittente deve indicare con esattezza al vettore il nome del destinatario e il luogo di destinazione, la natura, il peso, la quantità e il numero delle cose da trasportare e gli altri estremi necessari per eseguire il trasporto.

2. Se per l'esecuzione del trasporto occorrono particolari documenti, il mittente deve rimetterli al vettore all'atto in cui consegna le cose da trasportare.

3. Sono a carico del mittente i danni che derivano dall'omissione e dall'inesattezza delle indicazioni o dalla mancata consegna o irregolarità dei documenti.

1684. *Lettera di vettura e ricevuta di carico*. — *1.* Su richiesta del vettore, il mittente deve rilasciare una lettera di vettura con la propria sottoscrizione, contenente le indicazioni enunciate nell'articolo precedente e le condizioni convenute per il trasporto.

2. Su richiesta del mittente, il vettore deve rilasciare un duplicato della lettera di vettura con la propria sottoscrizione o, se non gli è stata rilasciata lettera di vettura, una ricevuta di carico, con le stesse indicazioni.

3. Salvo contrarie disposizioni di legge, il duplicato della lettera di vettura e la ricevuta di carico possono essere rilasciate con la clausola «all'ordine» (c. 1691, 1996, 2008 ss.).

1685. *Diritti del mittente*. — *1.* Il mittente può sospendere il trasporto e chiedere la restituzione delle cose, ovvero ordinare la consegna a un destinatario diverso da quello originariamente indicato o anche disporre diversamente, salvo l'obbligo di rimborsare le spese e di risarcire i danni derivanti dal contrordine (c. 1671, 1725, 1734, 1738, 2227, 2237).

(1) Per i trasporti ferroviari interni di persone, v. r.d.l. 11 ottobre 1934, n. 1948, conv. in l. 4 aprile 1935, n. 911, e successive modificazioni; per i trasporti ferroviari interni di cose, v. r.d.l. 25 gennaio 1940, n. 9, conv. in l. 13 maggio 1940, n. 674, e successive modificazioni; ed in particolare v. l. 7 ottobre 1977, n. 754. Per i trasporti ferroviari internazionali, v. le convenzioni firmate a Berna il 7 febbraio 1970 ed il relativo protocollo addizionale (l. 27 ottobre 1975, n. 692) in vigore dal 1° maggio 1976. Per i trasporti internazionali di merci su strada, v. la convenzione di Ginevra del 19 maggio 1956 (l. 6 dicembre 1960, n. 1621) in vigore dal 2 luglio 1961, ed il relativo protocollo di modifica (l. 27 aprile 1982, n. 242) in vigore dal 16 dicembre 1982. Per i trasporti aerei internazionali v. la convenzione di Varsavia del 12 ottobre 1929 (l. 19 maggio 1932, n. 84) e i protocolli aggiuntivi, nonché l. 7 luglio 1988, n. 274, ed il regolamento CE, n. 2027/97, in G.U.C.E., 17 ottobre 1997, n. L. 285.

(2) Per il trasporto internazionale di merci pericolose su strada, v. l'Accordo europeo dell'Aja del 30 settembre 1957 (l. 12 agosto 1962, n. 1839), in vigore dal 3 giugno 1963. Per il trasporto marittimo di sostanze nucleari, v. la convenzione adottata a Bruxelles il 17 dicembre 1971 (l. 28 aprile 1976, n. 381), in vigore dal 19 ottobre 1980. Sull'autotrasporto di merci per conto di terzi v. d.lg. 21 novembre 2005, n. 286, come modificato dal d.lg. 22 dicembre 2008, n. 214, e d.m. Infrastrutture e Trasporti 1° febbraio 2006, in G.U., 7 febbraio 2006, n. 31.

2. Qualora dal vettore sia stato rilasciato al mittente un duplicato della lettera di vettura o una ricevuta di carico (c. 1684[2]), il mittente non può disporre delle cose consegnate per il trasporto, se non esibisce al vettore il duplicato o la ricevuta per farvi annotare le nuove indicazioni. Queste devono essere sottoscritte dal vettore.

3. Il mittente non può disporre delle cose trasportate dal momento in cui esse sono passate a disposizione del destinatario (c. 1689).

1686. *Impedimenti e ritardi nell'esecuzione del trasporto.* — *1.* Se l'inizio o la continuazione del trasporto sono impediti (c. 1256, 1463 ss.) o soverchiamente ritardati per causa non imputabile al vettore, questi deve chiedere immediatamente istruzioni al mittente, provvedendo alla custodia delle cose consegnategli.

2. Se le circostanze rendono impossibile la richiesta di istruzioni al mittente o se le istruzioni non sono attuabili, il vettore può depositare le cose a norma dell'art. 1514 (att. c. 77), o, se sono soggette a rapido deterioramento, può farle vendere a norma dell'art. 1515. Il vettore deve informare prontamente il mittente del deposito o della vendita (c. 1690; att. c. 83).

3. Il vettore ha diritto al rimborso delle spese. Se il trasporto è stato iniziato, egli ha diritto anche al pagamento del prezzo in proporzione del percorso compiuto, salvo che l'interruzione del trasporto sia dovuta alla perdita totale delle cose derivante da caso fortuito (c. 1464, 1672, 2228, 2231[2]).

1687. *Riconsegna delle merci.* — *1.* Il vettore deve mettere le cose trasportate a disposizione del destinatario nel luogo, nel termine e con le modalità indicati dal contratto o, in mancanza, dagli usi (c. 2951).

2. Se la riconsegna non deve eseguirsi presso il destinatario, il vettore deve dargli prontamente avviso dell'arrivo delle cose trasportate (c. 1691[2]).

3. Se dal mittente è stata rilasciata una lettera di vettura, il vettore deve esibirla al destinatario (c. 1684, 1685[3]).

1688. *Termine di resa.* — *1.* Il termine di resa, quando sono indicati più termini parziali, è determinato dalla somma di questi.

1689. *Diritti del destinatario.* — *1.* I diritti nascenti dal contratto di trasporto verso il vettore spettano al destinatario dal momento in cui, arrivate le cose a destinazione o scaduto il termine in cui sarebbero dovute arrivare, il destinatario ne richiede la riconsegna al vettore (c. 1411[2], 1685[3]).

2. Il destinatario non può esercitare i diritti nascenti dal contratto se non verso pagamento al vettore dei crediti derivanti dal trasporto e degli assegni da cui le cose trasportate sono gravate (c. 1692, 1702). Nel caso in cui l'ammontare delle somme dovute sia controverso, il destinatario deve depositare la differenza contestata presso un istituto di credito (att. c. 251).

1690. *Impedimenti alla riconsegna.* — *1.* Se il destinatario è irreperibile ovvero rifiuta o ritarda a chiedere la riconsegna delle cose trasportate, il vettore deve domandare immediatamente istruzioni al mittente e si applicano le disposizioni dell'art. 1686.

2. Se sorge controversia tra più destinatari o circa il diritto del destinatario alla riconsegna o circa l'esecuzione di questa, ovvero se il destinatario ritarda a ricevere le cose trasportate, il vettore può depositarle a norma dell'art. 1514 o, se sono soggette a rapido deterioramento, può farle vendere a norma dell'art. 1515 per conto dell'avente diritto. Il vettore deve informare prontamente il mittente del deposito o della vendita (att. c. 83, nav. 450).

1691. *Lettera di vettura o ricevuta di carico all'ordine.* — *1.* Se il vettore ha rilasciato al mittente un duplicato della lettera di vettura all'ordine o la ricevuta di carico all'ordine (c. 1684[3]), i diritti nascenti dal contratto verso il vettore si trasferiscono mediante girata del titolo (c. 1685, 1996, 2009 ss.).

2. In tal caso il vettore è esonerato dall'obbligo di dare avviso dell'arrivo delle cose trasportate (c. 1687[2]), salvo che sia stato indicato un domiciliatario nel luogo di destinazione, e l'indicazione risulti dal duplicato della lettera di vettura o dalla ricevuta di carico.

3. Il possessore del duplicato della lettera di vettura all'ordine o della ricevuta di carico all'ordine deve restituire il titolo al vettore all'atto della riconsegna delle cose trasportate.

1692. *Responsabilità del vettore nei confronti del mittente.* — *1.* Il vettore che esegue la riconsegna al destinatario senza riscuotere i propri crediti o gli assegni da cui è gravata la cosa, o senza esigere il deposito della somma controversa (c. 1689[2]), è responsabile verso il mittente (c. 1702) dell'importo degli assegni dovuti al medesimo e non può rivolgersi a quest'ultimo per il pagamento dei propri crediti, salva l'azione verso il destinatario (c. 2951).

1693. *Responsabilità per perdita e avaria.* — *1.* Il vettore è responsabile della perdita e dell'avaria (c. 1696) delle cose consegnategli per il trasporto, dal momento in cui le riceve a quello in cui le riconsegna al destinatario, se non prova che la perdita o l'avaria è derivata da caso fortuito, dalla natura o dai vizi delle cose stesse o del loro imballaggio, o dal fatto del mittente o da quello del destinatario (c. 1218, 1681).

2. Se il vettore accetta le cose da trasportare senza riserve, si presume che le cose stesse non presentino vizi apparenti d'imballaggio (c. 1701) (1).

1694. *Presunzioni di fortuito*. — *1.* Sono valide le clausole che stabiliscono presunzioni di caso fortuito per eventi che normalmente, in relazione ai mezzi e alle condizioni del trasporto, dipendono da caso fortuito (c. 1681, 2698; att. c. 182).

1695. *Calo naturale*. — *1.* Per le cose che, data la loro particolare natura, sono soggette durante il trasporto a diminuzione nel peso o nella misura, il vettore risponde solo delle diminuzioni che oltrepassano il calo naturale, a meno che il mittente o il destinatario provi che la diminuzione non è avvenuta in conseguenza della natura delle cose o che per le circostanze del caso non poteva giungere alla misura accertata.

2. Si deve tener conto del calo separatamente per ogni collo.

1696. *Calcolo del danno in caso di perdita o di avaria*. — *1.* Il danno derivante da perdita o da avaria si calcola secondo il prezzo corrente delle cose trasportate nel luogo e nel tempo della riconsegna (c. 1223).

2. Il risarcimento dovuto dal vettore non può essere superiore a un euro per ogni chilogrammo di peso lordo della merce perduta o avariata nei trasporti nazionali ed all'importo di cui all'art. 23, comma 3, della Convenzione per il trasporto stradale di merci, ratificata con l. 6 dicembre 1960, n. 1621, e successive modificazioni, nei trasporti internazionali (2).

3. La previsione di cui al comma precedente non è derogabile a favore del vettore se non nei casi e con le modalità previste dalle leggi speciali e dalle convenzioni internazionali applicabili (2).

4. Il vettore non può avvalersi della limitazione della responsabilità prevista a suo favore dal presente articolo ove sia fornita la prova che la perdita o l'avaria della merce sono stati determinati da dolo o colpa grave del vettore o dei suoi dipendenti e preposti, ovvero di ogni altro soggetto di cui egli si sia avvalso per l'esecuzione del trasporto, quando tali soggetti abbiano agito nell'esercizio delle loro funzioni (2) (1).

1697. *Accertamento della perdita e dell'avaria*. — *1.* Il destinatario ha diritto di fare accertare a sue spese, prima della riconsegna, l'identità e lo stato delle cose trasportate.

2. Se la perdita o l'avaria esiste, il vettore deve rimborsargli le spese.

3. Salvo diverse disposizioni della legge, la perdita e l'avaria si accertano nei modi stabiliti dall'art. 696 del codice di procedura civile.

1698. *Estinzione dell'azione nei confronti del vettore*. — *1.* Il ricevimento senza riserve delle cose trasportate col pagamento di quanto è dovuto al vettore (c. 1689²) estingue le azioni derivanti dal contratto, tranne il caso di dolo o colpa grave del vettore. Sono salve le azioni per perdita parziale o per avaria non riconoscibili al momento della riconsegna, purché in quest'ultimo caso il danno sia denunziato appena conosciuto e non oltre otto giorni dopo il ricevimento (c. 1490 ss., 1578, 1667 ss., 2226; att. c. 182).

1699. *Trasporto con rispedizione della merce*. — *1.* Se il vettore si obbliga di far proseguire le cose trasportate, oltre le proprie linee, per mezzo di vettori successivi, senza farsi rilasciare dal mittente una lettera di vettura (c. 1684) diretta fino al luogo di destinazione, si presume che egli assuma, per il trasporto oltre le proprie linee, gli obblighi di uno spedizioniere (c. 1737 ss.).

1700. *Trasporto cumulativo*. — *1.* Nei trasporti che sono assunti cumulativamente da più vettori successivi con unico contratto, i vettori rispondono in solido (c. 1292 ss.) per l'esecuzione del contratto dal luogo originario di partenza fino al luogo di destinazione (c. 1317, 1682).

2. Il vettore chiamato a rispondere di un fatto non proprio può agire in regresso contro gli altri vettori, singolarmente o cumulativamente. Se risulta che il fatto dannoso è avvenuto nel percorso di uno dei vettori, questi è tenuto al risarcimento integrale; in caso contrario, al risarcimento sono tenuti i vettori in parti proporzionali ai percorsi, esclusi quei vettori che provino che il danno non è avvenuto nel proprio percorso.

1701. *Diritto di accertamento dei vettori successivi*. — *1.* I vettori successivi hanno diritto di far dichiarare, nella lettera di vettura o in atto separato, lo stato delle cose da trasportare al momento in cui sono loro consegnate. In mancanza di dichiarazione, si presume che le abbiano ricevute in buono stato e conformi alla lettera di vettura (c. 1693²).

1702. *Riscossione dei crediti da parte dell'ultimo vettore*. — *1.* L'ultimo vettore rappresenta (c. 1387) i vettori precedenti per la riscossione

(1) Sui limiti del risarcimento dovuto dal vettore stradale per perdita o avaria v. l. 22 agosto 1985, n. 450.
(2) Comma aggiunto dall'art. 10, d.lg. 21 novembre 2005, n. 286.

dei rispettivi crediti che nascono dal contratto di trasporto e per l'esercizio del privilegio sulle cose trasportate (c. 2761[1]).

2. Se egli omette tale riscossione o l'esercizio del privilegio, è responsabile verso i vettori precedenti per le somme dovute, salva l'azione contro il destinatario (c. 1692).

CAPO IX

DEL MANDATO

Sezione I. — *Disposizioni generali*

1703. *Nozione*. — *1.* Il mandato è il contratto col quale una parte si obbliga a compiere uno o più atti giuridici per conto dell'altra (c. 778, 1856, 2030[1]).

1704. *Mandato con rappresentanza*. — *1.* Se al mandatario è stato conferito il potere di agire in nome del mandante, si applicano anche le norme del capo VI del titolo II di questo libro (c. 1387 ss.).

1705. *Mandato senza rappresentanza*. — *1.* Il mandatario che agisce in proprio nome acquista i diritti e assume gli obblighi derivanti dagli atti compiuti con i terzi, anche se questi hanno avuto conoscenza del mandato.

2. I terzi non hanno alcun rapporto col mandante. Tuttavia il mandante, sostituendosi al mandatario, può esercitare i diritti di credito derivanti dall'esecuzione del mandato, salvo che ciò possa pregiudicare i diritti attribuiti al mandatario dalle disposizioni degli articoli che seguono (c. 1721).

1706. *Acquisti del mandatario*. — *1.* Il mandante può rivendicare le cose mobili acquistate per suo conto dal mandatario che ha agito in nome proprio, salvi i diritti acquistati dai terzi per effetto del possesso di buona fede (c. 1153 ss.).

2. Se le cose acquistate dal mandatario sono beni immobili o beni mobili iscritti in pubblici registri, il mandatario è obbligato a ritrasferirle al mandante. In caso d'inadempimento, si osservano le norme relative all'esecuzione dell'obbligo di contrarre (c. 2652 n. 2, 2690 n. 1, 2932; att. c. 183).

1707. *Creditori del mandatario*. — *1.* I creditori del mandatario non possono far valere le loro ragioni sui beni che, in esecuzione del mandato, il mandatario ha acquistati in nome proprio, purché, trattandosi di beni mobili o di crediti, il mandato risulti da scrittura avente data certa (c. 2704) anteriore al pignoramento, ovvero, trattandosi di beni immobili o di beni mobili iscritti in pubblici registri, sia anteriore al pignoramento la trascrizione dell'atto di ritrasferimento o della domanda giudiziale diretta a conseguirlo (c. 2915[2]; att. c. 183).

1708. *Contenuto del mandato*. — *1.* Il mandato comprende non solo gli atti per i quali è stato conferito, ma anche quelli che sono necessari al loro compimento.

2. Il mandato generale non comprende gli atti che eccedono l'ordinaria amministrazione, se non sono indicati espressamente (l. camb. 12; l. ass. 15).

1709. *Presunzione di onerosità*. — *1.* Il mandato si presume oneroso. La misura del compenso, se non è stabilita dalle parti, è determinata in base alle tariffe professionali o agli usi; in mancanza è determinata dal giudice (c. 1474, 1657, 1733, 1740, 1755[2], 2225, 2233).

§ 1. — *Delle obbligazioni del mandatario*

1710. *Diligenza del mandatario*. — *1.* Il mandatario è tenuto a eseguire il mandato (c. 2030, 2392[1], 2407[1], 2608) con la diligenza del buon padre di famiglia (c. 1176[1]); ma se il mandato è gratuito, la responsabilità per colpa è valutata con minor rigore (c. 789, 798, 1768[2], 1812, 1821[2], 2030[2], 2392[1]).

2. Il mandatario è tenuto a rendere note al mandante le circostanze sopravvenute che possono determinare la revoca (c. 1723 ss.) o la modificazione del mandato.

1711. *Limiti del mandato*. — *1.* Il mandatario non può eccedere i limiti fissati nel mandato. L'atto che esorbita dal mandato resta a carico del mandatario, se il mandante non lo ratifica (c. 1398, 1399, 1712[2]).

2. Il mandatario può discostarsi dalle istruzioni ricevute, qualora circostanze ignote al mandante, e tali che non possano essergli comunicate in tempo, facciano ragionevolmente ritenere che lo stesso mandante avrebbe dato la sua approvazione.

1712. *Comunicazione dell'eseguito mandato*. — *1.* Il mandatario deve senza ritardo comunicare al mandante l'esecuzione del mandato.

2. Il ritardo del mandante a rispondere dopo aver ricevuto tale comunicazione, per un tempo superiore a quello richiesto dalla natura dell'affare o dagli usi, importa approvazione, anche se il mandatario si è discostato dalle istruzioni o ha ecceduto i limiti del mandato (c. 1711).

1713. *Obbligo di rendiconto*. — *1.* Il mandatario deve rendere al mandante il conto del suo operato e rimettergli tutto ciò che ha ricevuto a causa del mandato (p.c. 263-266; att. p.c. 109).

2. La dispensa preventiva dall'obbligo di

rendiconto non ha effetto nei casi in cui il mandatario deve rispondere per dolo o per colpa grave (c. 1229).

1714. *Interessi sulle somme riscosse.* — *1.* Il mandatario deve corrispondere al mandante gli interessi legali (c. 1284) sulle somme riscosse per conto del mandante stesso, con decorrenza dal giorno in cui avrebbe dovuto fargliene la consegna o la spedizione ovvero impiegarle secondo le istruzioni ricevute.

1715. *Responsabilità per le obbligazioni dei terzi.* — *1.* In mancanza di patto contrario, il mandatario che agisce in proprio nome (c. 1705) non risponde verso il mandante dell'adempimento delle obbligazioni assunte dalle persone con le quali ha contrattato, tranne il caso che l'insolvenza di queste gli fosse o dovesse essergli nota all'atto della conclusione del contratto (c. 1736).

1716. *Pluralità di mandatari.* — *1.* Salvo patto contrario, il mandato conferito a più persone designate a operare congiuntamente non ha effetto, se non è accettato da tutte (c. 1730).

2. Se nel mandato non è dichiarato che i mandatari devono agire congiuntamente, ciascuno di essi può concludere l'affare (c. 2203[3]). In questo caso il mandante, appena avvertito della conclusione (c. 1712), deve darne notizia agli altri mandatari; in mancanza è tenuto a risarcire i danni derivanti dall'omissione o dal ritardo.

3. Se più mandatari hanno comunque operato congiuntamente, essi sono obbligati in solido (c. 1292 ss.) verso il mandante.

1717. *Sostituto del mandatario.* — *1.* Il mandatario che, nell'esecuzione del mandato, sostituisce altri a se stesso, senza esservi autorizzato o senza che ciò sia necessario per la natura dell'incarico (c. 1856[2]), risponde dell'operato della persona sostituita (c. 1228, 1656, 1670, 1770, 2149, 2232).

2. Se il mandante aveva autorizzato la sostituzione senza indicare la persona, il mandatario risponde soltanto quando è in colpa nella scelta.

3. Il mandatario risponde delle istruzioni che ha impartite al sostituto.

4. Il mandante può agire direttamente contro la persona sostituita dal mandatario.

1718. *Custodia delle cose e tutela dei diritti del mandante.* — *1.* Il mandatario deve provvedere alla custodia delle cose che gli sono state spedite per conto del mandante e tutelare i diritti di quest'ultimo di fronte al vettore, se le cose presentano segni di deterioramento o sono giunte con ritardo (c. 1693 ss.).

2. Se vi è urgenza, il mandatario può procedere alla vendita delle cose a norma dell'art. 1515 (att. c. 83).

3. Di questi fatti, come pure del mancato arrivo della merce, egli deve dare immediato avviso al mandante.

4. Le disposizioni di questo articolo si applicano anche se il mandatario non accetta l'incarico conferitogli dal mandante, sempre che tale incarico rientri nell'attività professionale del mandatario.

§ 2. — *Delle obbligazioni del mandante*

1719. *Mezzi necessari per l'esecuzione del mandato.* — *1.* Il mandante, salvo patto contrario, è tenuto a somministrare al mandatario i mezzi necessari per l'esecuzione del mandato e per l'adempimento delle obbligazioni che a tal fine il mandatario ha contratte in proprio nome (c. 1705, 1748[3], 1756).

1720. *Spese e compenso del mandatario.* — *1.* Il mandante deve rimborsare al mandatario le anticipazioni, con gli interessi legali (c. 1284) dal giorno in cui sono state fatte, e deve pagargli il compenso che gli spetta (c. 1709, 2761[2]).

2. Il mandante deve inoltre risarcire i danni che il mandatario ha subiti a causa dell'incarico.

1721. *Diritto del mandatario sui crediti.* — *1.* Il mandatario ha diritto di soddisfarsi sui crediti pecuniari sorti dagli affari che ha conclusi, con precedenza sul mandante e sui creditori di questo (c. 1705[2], 2761[2]).

§ 3. — *Dell'estinzione del mandato*

1722. *Cause di estinzione.* — *1.* Il mandato si estingue:

1) per la scadenza del termine o per il compimento, da parte del mandatario, dell'affare per il quale è stato conferito;

2) per revoca da parte del mandante (c. 1723 ss.);

3) per rinunzia del mandatario (c. 1727);

4) per la morte, l'interdizione (c. 414 ss.) o l'inabilitazione (c. 415 ss.) del mandante o del mandatario (c. 1723[2], 1728, 2013[4]; l. camb. 22[3]; l. ass. 26[3]). Tuttavia il mandato che ha per oggetto il compimento di atti relativi all'esercizio di un'impresa (c. 2082) non si estingue, se l'esercizio dell'impresa è continuato, salvo il diritto di recesso delle parti o degli eredi (c. 1330, 1373, 1674, 2558[1]).

1723. *Revocabilità del mandato.* — *1.* Il mandante può revocare il mandato; ma, se era stata pattuita l'irrevocabilità, risponde dei danni, salvo che ricorra una giusta causa.

2. Il mandato conferito anche nell'interesse

del mandatario o di terzi non si estingue per revoca da parte del mandante, salvo che sia diversamente stabilito o ricorra una giusta causa di revoca (c. 2259[1]); non si estingue per la morte o per la sopravvenuta incapacità del mandante (c. 1722 n. 4, 2013[4]).

1724. *Revoca tacita*. — *1.* La nomina di un nuovo mandatario per lo stesso affare o il compimento di questo da parte del mandante importano revoca del mandato, e producono effetto dal giorno in cui sono stati comunicati al mandatario (c. 1334, 1335).

1725. *Revoca del mandato oneroso*. — *1.* La revoca del mandato oneroso (c. 1709), conferito per un tempo determinato o per un determinato affare, obbliga il mandante a risarcire i danni (c. 1223 ss.), se è fatta prima della scadenza del termine o del compimento dell'affare, salvo che ricorra una giusta causa (c. 1734, 1738).

2. Se il mandato è a tempo indeterminato, la revoca obbliga il mandante al risarcimento, qualora non sia dato un congruo preavviso, salvo che ricorra una giusta causa.

1726. *Revoca del mandato collettivo*. — *1.* Se il mandato è stato conferito da più persone con unico atto e per un affare d'interesse comune, la revoca non ha effetto qualora non sia fatta da tutti i mandanti, salvo che ricorra una giusta causa (c. 1730, 2609[2]).

1727. *Rinunzia del mandatario*. — *1.* Il mandatario che rinunzia senza giusta causa al mandato deve risarcire i danni (c. 1223 ss.) al mandante. Se il mandato è a tempo indeterminato, il mandatario che rinunzia senza giusta causa è tenuto al risarcimento, qualora non abbia dato un congruo preavviso.

2. In ogni caso la rinunzia deve essere fatta in modo e in tempo tali che il mandante possa provvedere altrimenti, salvo il caso di impedimento grave da parte del mandatario (c. 1747).

1728. *Morte o incapacità del mandante o del mandatario*. — *1.* Quando il mandato si estingue per morte o per incapacità sopravvenuta del mandante (c. 1722 n. 4, 1723[2]), il mandatario che ha iniziato l'esecuzione deve continuarla, se vi è pericolo nel ritardo.

2. Quando il mandato si estingue per morte o per sopravvenuta incapacità del mandatario, i suoi eredi ovvero colui che lo rappresenta o lo assiste, se hanno conoscenza del mandato, devono avvertire prontamente il mandante e prendere intanto nell'interesse di questo i provvedimenti richiesti dalle circostanze.

1729. *Mancata conoscenza della causa di estinzione*. — *1.* Gli atti che il mandatario ha compiuti prima di conoscere l'estinzione del mandato sono validi nei confronti del mandante o dei suoi eredi.

1730. *Estinzione del mandato conferito a più mandatari*. — *1.* Salvo patto contrario, il mandato conferito a più persone designate a operare congiuntamente si estingue anche se la causa di estinzione concerne uno solo dei mandatari (c. 1716, 1726).

Sezione II. — *Della commissione*

1731. *Nozione*. — *1.* Il contratto di commissione è un mandato che ha per oggetto l'acquisto o la vendita di beni per conto del committente e in nome del commissionario (c. 1705, 1746[2]).

1732. *Operazioni a fido*. — *1.* Il commissionario si presume autorizzato a concedere dilazioni di pagamento in conformità degli usi del luogo in cui compie l'operazione, se il committente non ha disposto altrimenti (c. 1744, 2210[2]).

2. Se il commissionario concede dilazioni di pagamento, malgrado il divieto del committente o quando non è autorizzato dagli usi, il committente può esigere da lui il pagamento immediato, salvo il diritto del commissionario di far propri i vantaggi che derivano dalla concessa dilazione.

3. Il commissionario che ha concesso dilazioni di pagamento deve indicare al committente la persona del contraente e il termine concesso; altrimenti l'operazione si considera fatta senza dilazione e si applica il disposto del comma precedente.

1733. *Misura della provvigione*. — *1.* La misura della provvigione spettante al commissionario, se non è stabilita dalle parti, si determina secondo gli usi del luogo in cui è compiuto l'affare. In mancanza di usi provvede il giudice secondo equità (c. 1657, 1709, 1740, 1755[2], 2225, 2233).

1734. *Revoca della commissione*. — *1.* Il committente può revocare l'ordine di concludere l'affare fino a che il commissionario non l'abbia concluso. In tal caso spetta al commissionario una parte della provvigione, che si determina tenendo conto delle spese sostenute e dell'opera prestata (c. 1671, 1685[1], 1725, 1738, 2227, 2237).

1735. *Commissionario contraente in proprio*. — *1.* Nella commissione di compera o di vendita di titoli, divise o merci aventi un prezzo corrente che risulti nei modi indicati dal terzo comma dell'art. 1515, se il committente non ha diversamente disposto, il commissionario può fornire al prezzo suddetto le cose che deve comprare, o può acquistare per sé le cose che deve vendere, salvo, in ogni caso, il suo diritto alla provvigione (c. 1395[1]).

2. Anche quando il committente ha fissato il prezzo, il commissionario che acquista per sé non può praticare un prezzo inferiore a quello corrente nel giorno in cui compie l'operazione, se questo è superiore al prezzo fissato dal committente; e il commissionario che fornisce le cose che deve comprare non può praticare un prezzo superiore a quello corrente, se questo è inferiore al prezzo fissato dal committente.

1736. *Star del credere*. — *1.* Il commissionario che, in virtù di patto o di uso, è tenuto allo «star del credere» risponde nei confronti del committente per l'esecuzione dell'affare (c. 1715). In tal caso ha diritto, oltre che alla provvigione, a un compenso o a una maggiore provvigione, la quale, in mancanza di patto, si determina secondo gli usi del luogo in cui è compiuto l'affare. In mancanza di usi provvede il giudice secondo equità (c. 1733).

Sezione III. — *Della spedizione*

1737. *Nozione*. — *1.* Il contratto di spedizione è un mandato col quale lo spedizioniere assume l'obbligo di concludere, in nome proprio e per conto del mandante (c. 1705), un contratto di trasporto (c. 1678) e di compiere le operazioni accessorie (c. 1378, 1510[2], 2951).

1738. *Revoca*. — *1.* Finché lo spedizioniere non abbia concluso il contratto di trasporto col vettore, il mittente può revocare l'ordine di spedizione, rimborsando lo spedizioniere delle spese sostenute e corrispondendogli un equo compenso per l'attività prestata (c. 1671, 1685[1], 1725, 2227, 2237).

1739. *Obblighi dello spedizioniere*. — *1.* Nella scelta della via, del mezzo e delle modalità di trasporto della merce, lo spedizioniere è tenuto a osservare le istruzioni del committente e, in mancanza, a operare secondo il migliore interesse del medesimo (c. 1711).

2. Salvo che gli sia stato diversamente ordinato e salvi gli usi contrari, lo spedizioniere non ha obbligo di provvedere all'assicurazione delle cose spedite.

3. I premi, gli abbuoni e i vantaggi di tariffa ottenuti dallo spedizioniere devono essere accreditati al committente, salvo patto contrario (c. 1699).

1740. *Diritti dello spedizioniere*. — *1.* La misura della retribuzione dovuta allo spedizioniere per l'esecuzione dell'incarico si determina, in mancanza di convenzione, secondo le tariffe professionali o, in mancanza, secondo gli usi del luogo in cui avviene la spedizione (c. 1657, 1709, 1755[2], 2225, 2233, 2951).

2. Le spese anticipate e i compensi per le prestazioni accessorie eseguite dallo spedizioniere sono liquidati sulla base dei documenti giustificativi, a meno che il rimborso e i compensi siano stati preventivamente convenuti in una somma globale unitaria.

1741. *Spedizioniere vettore*. — *1.* Lo spedizioniere che con mezzi propri o altrui assume l'esecuzione del trasporto in tutto o in parte, ha gli obblighi e i diritti del vettore (c. 1678 ss.).

CAPO X

Del contratto di agenzia (1)

1742. *Nozione*. — *1.* Col contratto di agenzia una parte assume stabilmente l'incarico di promuovere, per conto dell'altra, verso retribuzione, la conclusione di contratti in una zona determinata (nav. 290[2]) (2).

2. Il contratto deve essere provato per iscritto. Ciascuna parte ha diritto di ottenere dall'altra un documento dalla stessa sottoscritto che riproduca il contenuto del contratto e delle clausole aggiuntive. Tale diritto è irrinunciabile (3).

(1) Il d.lg. 10 settembre 1991, n. 303, di attuazione della direttiva 86/653/CEE, all'art. 6 così dispone: «1. Le disposizioni del presente decreto si applicano ai contratti già in corso alla data del 1° gennaio 1990, a decorrere dal 1° gennaio 1994. || 2. Salvo quanto previsto dal comma 1, le disposizioni di cui all'art. 4 si applicano a decorrere dal 1° gennaio 1993».

(2) Per la disciplina dell'attività di agente e rappresentante di commercio v. l. 3 maggio 1985, n. 204, modificata con l. 15 maggio 1986, n. 190, e d.m. 21 agosto 1985, in G.U., 9 settembre 1985, n. 212, modificato con d.m. 17 dicembre 1986, in G.U., 17 gennaio 1987, n. 13.

L'art. 2.3 dell'acc. ec. coll. 20 giugno 1956 dispone che all'atto della stipulazione del contratto di agenzia «debbono essere precisate per iscritto, oltre al nome delle parti, la zona assegnata, i prodotti da trattarsi, la misura della provvigione e compensi, la durata quando questa non sia a tempo indeterminato» (e v. ora art. 31, acc. ec. coll. 19 dicembre 1979 e art. 2.3 acc. ec. coll. 24 giugno 1981).

(3) Comma così sostituito dall'art. 1, d.lg. 15 febbraio 1999, n. 65. Sulla nullità delle clausole che impegnano, in esclusiva, uno o più agenti assicurativi relativi al ramo responsabilità civile auto ad una o più compagnie assicurative individuate, o che impongono ai medesimi soggetti il prezzo minimo o lo sconto massimo praticabili ai consumatori per gli stessi servizi, v. art. 8.2, d.l. 4 luglio 2006, n. 223, conv. in l. 4 agosto 2006, n. 248.

1743. *Diritto di esclusiva.* — *1.* Il preponente non può valersi contemporaneamente di più agenti nella stessa zona e per lo stesso ramo di attività (c. 1748[2]), né l'agente può assumere l'incarico di trattare nella stessa zona e per lo stesso ramo gli affari di più imprese in concorrenza tra loro (c. 1567-1568).

1744. *Riscossioni.* — *1.* L'agente non ha facoltà di riscuotere i crediti del preponente. Se questa facoltà gli è stata attribuita, egli non può concedere sconti o dilazioni senza speciale autorizzazione (c. 1732[1], 2210[2]).

1745. *Rappresentanza dell'agente.* — *1.* Le dichiarazioni che riguardano l'esecuzione del contratto concluso per il tramite dell'agente e i reclami relativi alle inadempienze contrattuali sono validamente fatti all'agente (c. 1512, 2212[1]).

2. L'agente può chiedere i provvedimenti cautelari (p.c. 670 ss.) nell'interesse del preponente e presentare i reclami che sono necessari per la conservazione dei diritti spettanti a quest'ultimo.

1746. *Obblighi dell'agente.* — *1.* Nell'esecuzione dell'incarico l'agente deve tutelare gli interessi del preponente e agire con lealtà e buona fede. In particolare, deve adempiere l'incarico affidatogli in conformità delle istruzioni ricevute (c. 1711) e fornire al preponente le informazioni riguardanti le condizioni del mercato nella zona assegnatagli, e ogni altra informazione utile per valutare la convenienza dei singoli affari (c. 1759[1]). È nullo ogni patto contrario (1).

2. Egli deve altresì osservare gli obblighi che incombono al commissionario (c. 1731 ss.), ad eccezione di quelli di cui all'art. 1736 (2), in quanto non siano esclusi dalla natura del contratto di agenzia.

3. È vietato il patto che ponga a carico dell'agente una responsabilità, anche solo parziale, per l'inadempimento del terzo. È però consentito eccezionalmente alle parti di concordare di volta in volta la concessione di una apposita garanzia da parte dell'agente, purché ciò avvenga con riferimento a singoli affari, di particolare natura e importo, individualmente determinati; l'obbligo di garanzia assunto dall'agente non sia di ammontare più elevato della provvigione che per quell'affare l'agente medesimo avrebbe diritto a percepire; sia previsto per l'agente un apposito corrispettivo (3).

1747. *Impedimento dell'agente.* — *1.* L'agente che non è in grado di eseguire l'incarico affidatogli deve dare immediato avviso al preponente. In mancanza è obbligato al risarcimento del danno (c. 1727[2]).

1748. *Diritti dell'agente.* — *1.* Per tutti gli affari conclusi durante il contratto l'agente ha diritto alla provvigione (c. 2751-*II* n. 3) quando l'operazione è stata conclusa per effetto del suo intervento.

2. La provvigione è dovuta anche per gli affari conclusi dal preponente con terzi che l'agente aveva in precedenza acquisito come clienti per affari dello stesso tipo o appartenenti alla zona o alla categoria o gruppo di clienti riservati all'agente, salvo che sia diversamente pattuito (c. 1743).

3. L'agente ha diritto alla provvigione sugli affari conclusi dopo la data di scioglimento del contratto se la proposta è pervenuta al preponente o all'agente in data antecedente o gli affari sono conclusi entro un termine ragionevole dalla data di scioglimento del contratto e la conclusione è da ricondurre prevalentemente all'attività da lui svolta; in tali casi la provvigione è dovuta solo all'agente precedente, salvo che da specifiche circostanze risulti equo ripartire la provvigione tra gli agenti intervenuti.

4. Salvo che sia diversamente pattuito, la provvigione spetta all'agente nel momento e nella misura in cui il preponente ha eseguito o avrebbe dovuto eseguire la prestazione in base al contratto concluso con il terzo. La provvigione spetta all'agente, al più tardi, inderogabilmente dal momento e nella misura in cui il terzo ha eseguito o avrebbe dovuto eseguire la prestazione qualora il preponente avesse eseguito la prestazione a suo carico.

5. Se il preponente e il terzo si accordano per non dare, in tutto o in parte, esecuzione al contratto, l'agente ha diritto, per la parte ineseguita, a una provvigione ridotta nella misura determinata dagli usi o, in mancanza, dal giudice secondo equità.

6. L'agente è tenuto a restituire le provvigioni riscosse solo nella ipotesi e nella misura in cui sia certo che il contratto tra il terzo e il preponente non avrà esecuzione per cause non imputabili al preponente. È nullo ogni patto più sfavorevole all'agente.

7. L'agente non ha diritto al rimborso delle spese di agenzia (c. 1719, 1756) (4).

1749. *Obblighi del preponente.* — *1.* Il prepo-

(1) Comma così sostituito dall'art. 2, d.lg. 15 febbraio 1999, n. 65.
(2) Parole inserite dall'art. 28.1, l. 21 dicembre 1999, n. 526.
(3) Comma inserito dall'art. 28.2, l. 21 dicembre 1999, n. 526.
(4) Articolo così sostituito dall'art. 3, d.lg. 15 febbraio 1999, n. 65.

nente, nei rapporti con l'agente, deve agire con lealtà e buona fede. Egli deve mettere a disposizione dell'agente la documentazione necessaria relativa ai beni o servizi trattati e fornire all'agente le informazioni necessarie all'esecuzione del contratto: in particolare avvertire l'agente, entro un termine ragionevole, non appena preveda che il volume delle operazioni commerciali sarà notevolmente inferiore a quello che l'agente avrebbe potuto normalmente attendersi. Il preponente deve inoltre informare l'agente, entro un termine ragionevole, dell'accettazione o del rifiuto e della mancata esecuzione di un affare procuratogli.

2. Il preponente consegna all'agente un estratto conto delle provvigioni dovute al più tardi l'ultimo giorno del mese successivo al trimestre nel corso del quale esse sono maturate. L'estratto conto indica gli elementi essenziali in base ai quali è stato effettuato il calcolo delle provvigioni. Entro il medesimo termine le provvigioni liquidate devono essere effettivamente pagate all'agente.

3. L'agente ha diritto di esigere che gli siano fornite tutte le informazioni necessarie per verificare l'importo delle provvigioni liquidate e in particolare un estratto dei libri contabili.

4. È nullo ogni patto contrario alle disposizioni del presente articolo (1).

1750. *Durata del contratto o recesso. — 1.* Il contratto di agenzia a tempo determinato che continui ad essere eseguito dalle parti successivamente alla scadenza del termine si trasforma in contratto a tempo indeterminato.

2. Se il contratto di agenzia è a tempo indeterminato, ciascuna delle parti può recedere dal contratto stesso (c. 1373^2) dandone preavviso all'altra entro un termine stabilito.

3. Il termine di preavviso non può comunque essere inferiore ad un mese per il primo anno di durata del contratto, a due mesi per il secondo anno iniziato, a tre mesi per il terzo anno iniziato, a quattro mesi per il quarto anno, a cinque mesi per il quinto anno e a sei mesi per il sesto anno e per tutti gli anni successivi.

4. Le parti possono concordare termini di preavviso di maggiore durata, ma il preponente non può osservare un termine inferiore a quello posto a carico dell'agente.

5. Salvo diverso accordo tra le parti, la scadenza del termine di preavviso deve coincidere con l'ultimo giorno del mese di calendario (2).

1751. *Indennità in caso di cessazione del rapporto. — 1.* All'atto della cessazione del rapporto, il preponente è tenuto a corrispondere all'agente un'indennità se ricorrono le seguenti condizioni (3):

l'agente abbia procurato nuovi clienti al preponente o abbia sensibilmente sviluppato gli affari con i clienti esistenti e il preponente riceva ancora sostanziali vantaggi derivanti dagli affari con tali clienti;

il pagamento di tale indennità sia equo, tenuto conto di tutte le circostanze del caso, in particolare delle provvigioni che l'agente perde e che risultano dagli affari con tali clienti.

2. L'indennità non è dovuta:

quando il preponente risolve il contratto per un'inadempienza imputabile all'agente, la quale, per la sua gravità, non consenta la prosecuzione anche provvisoria del rapporto;

quando l'agente recede dal contratto, a meno che il recesso sia giustificato da circostanze attribuibili al preponente o da circostanze attribuibili all'agente, quali età, infermità o malattia, per le quali non può più essergli ragionevolmente chiesta la prosecuzione dell'attività;

quando, ai sensi di un accordo con il preponente, l'agente cede ad un terzo i diritti e gli obblighi che ha in virtù del contratto d'agenzia.

3. L'importo dell'indennità non può superare una cifra equivalente ad un'indennità annua calcolata sulla base della media annuale delle retribuzioni riscosse dall'agente negli ultimi cinque anni e, se il contratto risale a meno di cinque anni, sulla media del periodo in questione.

4. La concessione dell'indennità non priva comunque l'agente del diritto all'eventuale risarcimento dei danni.

5. L'agente decade dal diritto all'indennità prevista dal presente articolo se, nel termine di un anno dallo scioglimento del rapporto, omette di comunicare al preponente l'intenzione di far valere i propri diritti.

6. Le disposizioni di cui al presente articolo sono inderogabili a svantaggio dell'agente (4).

7. L'indennità è dovuta anche se il rapporto cessa per morte dell'agente (5).

(1) Articolo così sostituito dall'art. 4, d.lg. 15 febbraio 1999, n. 65.

(2) Articolo così sostituito dall'art. 3, d.lg. n. 303/1991.

(3) Alinea così sostituito dall'art. 5.1, d.lg. 15 febbraio 1999, n. 65.

(4) Articolo così sostituito dall'art. 4, d.lg. n. 303/1991. Questo articolo si applica dal 1° gennaio 1993 ai contratti che non erano in corso al 1° gennaio 1990, e dal 1° gennaio 1994 a quelli che erano già in corso al 1° gennaio 1990 (art. 6 d.lg. cit.).

(5) Comma così inserito dall'art. 5.2, d.lg. 15 febbraio 1999, n. 65.

1751-*bis*. *Patto di non concorrenza*. — *1.* Il patto che limita la concorrenza da parte dell'agente dopo lo scioglimento del contratto deve farsi per iscritto. Esso deve riguardare la medesima zona, clientela e genere di beni o servizi per i quali era stato concluso il contratto di agenzia e la sua durata non può eccedere i due anni successivi all'estinzione del contratto (1).

2. L'accettazione del patto di non concorrenza comporta, in occasione della cessazione del rapporto, la corresponsione all'agente commerciale di una indennità di natura non provvigionale. L'indennità va commisurata alla durata, non superiore a due anni dopo l'estinzione del contratto, alla natura del contratto di agenzia e all'indennità di fine rapporto. La determinazione della indennità in base ai parametri di cui al precedente periodo è affidata alla contrattazione tra le parti tenuto conto degli accordi economici nazionali di categoria. In difetto di accordo l'indennità è determinata dal giudice in via equitativa anche con riferimento:

1) alla media dei corrispettivi riscossi dall'agente in pendenza di contratto ed alla loro incidenza sul volume d'affari complessivo nello stesso periodo;

2) alle cause di cessazione del contratto di agenzia;

3) all'ampiezza della zona assegnata all'agente;

4) all'esistenza o meno del vincolo di esclusiva per un solo preponente (2).

1752. *Agente con rappresentanza*. — *1.* Le disposizioni del presente capo si applicano anche nell'ipotesi in cui all'agente è conferita dal preponente la rappresentanza per la conclusione dei contratti (c. 1387 ss.).

1753. *Agenti di assicurazione*. — *1.* Le disposizioni di questo capo sono applicabili anche agli agenti di assicurazione, in quanto non siano derogate dalle norme corporative (3) o dagli usi e in quanto siano compatibili con la natura dell'attività assicurativa (c. 1903).

CAPO XI

DELLA MEDIAZIONE

1754. *Mediatore*. — *1.* È mediatore colui che mette in relazione due o più parti per la conclusione di un affare, senza essere legato ad alcuna di esse da rapporti di collaborazione, di dipendenza o di rappresentanza (c. 1761) (4).

1755. *Provvigione*. — *1.* Il mediatore ha diritto alla provvigione (c. 2950) da ciascuna delle parti, se l'affare è concluso per effetto del suo intervento (c. 1748).

2. La misura della provvigione e la proporzione in cui questa deve gravare su ciascuna delle parti, in mancanza di patto, di tariffe professionali o di usi, sono determinate dal giudice secondo equità (c. 1657, 1709, 1733, 1740, 2225, 2233) (5).

1756. *Rimborso delle spese*. — *1.* Salvo patti o usi contrari, il mediatore ha diritto al rimborso delle spese nei confronti della persona per incarico della quale sono state eseguite anche se l'affare non è stato concluso (c. 1719, 1748).

1757. *Provvigione nei contratti condizionali o invalidi*. — *1.* Se il contratto è sottoposto a condizione sospensiva, il diritto alla provvigione sorge nel momento in cui si verifica la condizione (c. 1360[1]).

(1) Articolo così inserito dall'art. 5, d.lg. n. 303/1991. Questo articolo si applica solo dal 1° gennaio 1994 ai contratti già in corso al 1° gennaio 1990 (art. 6.1 d.lg. cit.).

(2) Comma aggiunto dall'art. 23.1, l. 29 dicembre 2000, n. 422. L'art. 23.2 dispone che «Le disposizioni di cui al comma 1 si applicano esclusivamente agli agenti che esercitano in forma individuale, di società di persone o di società di capitali con un solo socio, nonché, ove previsto da accordi economici nazionali di categoria, a società di capitali costituite esclusivamente o prevalentemente da agenti commerciali. Le disposizioni di cui al comma 1 acquistano efficacia dal 1° giugno 2001».

(3) V. nota 1 all'art. 1 prel.

(4) Sulla professione di mediatore, v. l. 21 marzo 1958, n. 253 e l. 3 febbraio 1989, n. 39, che all'art. 2 istituisce il ruolo degli agenti di affari in mediazione, cui è obbligatorio iscriversi; all'art. 5.4 impone al mediatore che per la propria attività si avvalga di moduli o formulari, nei quali siano indicate le condizioni di contratto, di depositarne previamente copia presso la commissione camerale per il ruolo; all'art. 6.1 dispone che «hanno diritto a provvigione soltanto coloro che sono iscritti nei ruoli»; all'art. 8.1 impone a chi esercita l'attività di mediazione senza essere iscritto nel ruolo «la restituzione alle parti contraenti delle provvigioni percepite». Per il regolamento di attuazione v. d.m. 21 dicembre 1990, n. 452, in G.U., 5 marzo 1991, n. 54. Sui mediatori pubblici v. l. 20 marzo 1913, n. 272; sui mediatori marittimi v. l. 12 marzo 1968, n. 478; sugli esercenti attività di intermediazione nei servizi turistici v. art. 18 ss. dell'Allegato 1, d.lg. 23 maggio 2011, n. 79; sulla intermediazione dei diritti connessi al diritto d'autore v. art. 39.2-3, d.l. 24 gennaio 2012, n. 1, conv. in l. 24 marzo 2012, n. 27.

(5) L'art. 6.2, l. 3 febbraio 1989, n. 39 dispone che «la misura delle provvigioni e la proporzione in cui questa deve gravare su ciascuna delle parti, in mancanza di patto, sono determinate dalle giunte camerali, sentito il parere della commissione provinciale di cui all'art. 7 e tenendo conto degli usi locali».

2. Se il contratto è sottoposto a condizione risolutiva, il diritto alla provvigione non viene meno col verificarsi della condizione.

3. La disposizione del comma precedente si applica anche quando il contratto è annullabile (c. 1425 ss.) o rescindibile (c. 1447 ss.), se il mediatore non conosceva la causa d'invalidità.

1758. *Pluralità di mediatori*. — *1.* Se l'affare è concluso per l'intervento di più mediatori, ciascuno di essi ha diritto a una quota della provvigione.

1759. *Responsabilità del mediatore*. — *1.* Il mediatore deve comunicare alle parti le circostanze a lui note, relative alla valutazione e alla sicurezza dell'affare, che possono influire sulla conclusione di esso (c. 1746[1]).

2. Il mediatore risponde dell'autenticità della sottoscrizione delle scritture e dell'ultima girata dei titoli trasmessi per il suo tramite (c. 2008 ss.).

1760. *Obblighi del mediatore professionale*. — *1.* Il mediatore professionale in affari su merci o su titoli deve (c. 1764):

1) conservare i campioni delle merci vendute sopra campione (c. 1522), finché sussista la possibilità di controversia sull'identità della merce;

2) rilasciare al compratore una lista firmata dei titoli negoziati, con l'indicazione della serie e del numero;

3) annotare sull'apposito libro (c. 2214 ss.) gli estremi essenziali del contratto che si stipula col suo intervento e rilasciare alle parti copia da lui sottoscritta di ogni annotazione.

1761. *Rappresentanza del mediatore*. — *1.* Il mediatore può essere incaricato da una delle parti di rappresentarla negli atti relativi all'esecuzione del contratto concluso con il suo intervento (c. 1752, 1754).

1762. *Contraente non nominato*. — *1.* Il mediatore che non manifesta a un contraente il nome dell'altro risponde dell'esecuzione del contratto (c. 1405) e, quando lo ha eseguito, subentra nei diritti verso il contraente non nominato (c. 1203 ss.).

2. Se dopo la conclusione del contratto il contraente non nominato si manifesta all'altra parte o è nominato dal mediatore, ciascuno dei contraenti può agire direttamente contro l'altro, ferma restando la responsabilità del mediatore.

1763. *Fideiussione del mediatore*. — *1.* Il mediatore può prestare fideiussione per una delle parti (c. 1936 ss.).

1764. *Sanzioni*. — *1.* Il mediatore che non adempie gli obblighi imposti dall'art. 1760 è punito con l'ammenda da lire diecimila [euro 5] a lire un milione [euro 516] (p. 26) (1).

2. Nei casi più gravi può essere aggiunta la sospensione dalla professione fino a sei mesi (p. 35).

3. Alle stesse pene è soggetto il mediatore che presta la sua attività nell'interesse di persona notoriamente insolvente o della quale conosce lo stato d'incapacità.

1765. *Leggi speciali*. — *1.* Sono salve le disposizioni delle leggi speciali.

CAPO XII

DEL DEPOSITO

Sezione I. — *Del deposito in generale*

1766. *Nozione*. — *1.* Il deposito è il contratto col quale una parte riceve dall'altra una cosa mobile con l'obbligo di custodirla e di restituirla in natura.

1767. *Presunzione di gratuità*. — *1.* Il deposito si presume gratuito, salvo che dalla qualità professionale del depositario o da altre circostanze si debba desumere una diversa volontà delle parti.

1768. *Diligenza nella custodia*. — *1.* Il depositario deve usare nella custodia la diligenza del buon padre di famiglia (c. 1176[1], 1177, 2148[2], 2167[2], 2790).

2. Se il deposito è gratuito, la responsabilità per colpa è valutata con minor rigore (c. 789, 798, 1710[1], 1812, 1821, 2030[2]).

1769. *Responsabilità del depositario incapace*. — *1.* Il depositario incapace è responsabile della conservazione della cosa nei limiti in cui può essere tenuto a rispondere per fatti illeciti (c. 2046, 2047). In ogni caso il depositante ha diritto di conseguire la restituzione della cosa finché questa si trova presso il depositario; altrimenti può pretendere il rimborso di ciò che sia stato rivolto a vantaggio di quest'ultimo (c. 1190, 1443, 2039, 2041).

1770. *Modalità della custodia*. — *1.* Il depositario non può servirsi della cosa depositata (c. 1782) né darla in deposito ad altri, senza il consenso del depositante (c. 1656, 1717, 2149, 2232).

2. Se circostanze urgenti lo richiedono, il depositario può esercitare la custodia in modo diverso da quello convenuto, dandone avviso al depositante appena è possibile.

(1) L'importo è stato così elevato dall'art. 114.1, l. 24 novembre 1981, n. 689.

1771. *Richiesta di restituzione e obbligo di ritirare la cosa*. — *1.* Il depositario deve restituire la cosa appena il depositante la richiede, salvo che sia convenuto un termine nell'interesse del depositario (c. 1183, 1184, 1834).

2. Il depositario può richiedere in qualunque tempo che il depositante riprenda la cosa, salvo che sia convenuto un termine nell'interesse del depositante. Anche se non è stato convenuto un termine il giudice può concedere al depositante un termine congruo per ricevere la cosa.

1772. *Pluralità di depositanti e di depositari*. — *1.* Se più sono i depositanti di una cosa ed essi non si accordano circa la restituzione, questa deve farsi secondo le modalità stabilite dall'autorità giudiziaria.

2. La stessa norma si applica quando a un solo depositante succedono più eredi, se la cosa non è divisibile (c. 1316).

3. Se più sono i depositari, il depositante ha facoltà di chiedere la restituzione a quello tra essi che detiene la cosa. Questi deve darne pronta notizia agli altri.

1773. *Terzo interessato nel deposito*. — *1.* Se la cosa è stata depositata anche nell'interesse di un terzo e questi ha comunicato al depositante e al depositario la sua adesione (c. 1411), il depositario non può liberarsi restituendo la cosa al depositante senza il consenso del terzo (c. 1798).

1774. *Luogo di restituzione e spese relative*. — *1.* Salvo diversa convenzione, la restituzione della cosa deve farsi nel luogo in cui doveva essere custodita (c. 1182[2]).

2. Le spese per la restituzione sono a carico del depositante (c. 1196).

1775. *Restituzione dei frutti*. — *1.* Il depositario è obbligato a restituire i frutti della cosa che egli abbia percepiti (c. 821[1]).

1776. *Obblighi dell'erede del depositario*. — *1.* L'erede del depositario, il quale ha alienato in buona fede la cosa che ignorava essere tenuta in deposito, è obbligato soltanto a restituire il corrispettivo ricevuto (c. 1811). Se questo non è stato ancora pagato, il depositante subentra nel diritto dell'alienante (c. 1203 ss.).

1777. *Persona a cui deve essere restituita la cosa*. — *1.* Il depositario deve restituire la cosa al depositante o alla persona indicata per riceverla (c. 1188, 1836), e non può esigere che il depositante provi di esserne proprietario.

2. Se è convenuto in giudizio da chi rivendica la proprietà della cosa (c. 948) o pretende di avere diritti su di essa, deve, sotto pena del risarcimento del danno, denunziare la controversia al depositante (c. 1012, 1586), e può ottenere di essere estromesso dal giudizio indicando la persona del medesimo. In questo caso egli può anche liberarsi dall'obbligo di restituire la cosa, depositandola, nei modi stabiliti dal giudice, a spese del depositante (p.c. 109).

1778. *Cosa proveniente da reato*. — *1.* Il depositario, se scopre che la cosa proviene da un reato e gli è nota la persona alla quale è stata sottratta, deve denunziarle il deposito fatto presso di sé.

2. Il depositario è liberato se restituisce la cosa al depositante decorsi dieci giorni dalla denunzia senza che gli sia stata notificata opposizione.

1779. *Cosa propria del depositario*. — *1.* Il depositario è liberato da ogni obbligazione, se risulta che la cosa gli appartiene e che il depositante non ha su di essa alcun diritto.

1780. *Perdita non imputabile della detenzione della cosa*. — *1.* Se la detenzione della cosa è tolta al depositario in conseguenza di un fatto a lui non imputabile, egli è liberato dall'obbligazione di restituire la cosa (c. 1256 ss.), ma deve, sotto pena di risarcimento del danno, denunziare immediatamente al depositante il fatto per cui ha perduto la detenzione.

2. Il depositante ha diritto di ricevere ciò che, in conseguenza del fatto stesso, il depositario abbia conseguito, e subentra nei diritti spettanti a quest'ultimo (c. 1259).

1781. *Diritti del depositario*. — *1.* Il depositante è obbligato a rimborsare il depositario delle spese fatte per conservare la cosa, a tenerlo indenne delle perdite cagionate dal deposito e a pagargli il compenso pattuito (c. 1802, 2761[3]).

1782. *Deposito irregolare*. — *1.* Se il deposito ha per oggetto una quantità di danaro o di altre cose fungibili, con facoltà per il depositario di servirsene, questi ne acquista la proprietà ed è tenuto a restituirne altrettante della stessa specie e qualità (c. 1834).

2. In tal caso si osservano, in quanto applicabili (c. 1816, 1817), le norme relative al mutuo (c. 1813 ss.).

Sezione II. — *Del deposito in albergo*

1783. *Responsabilità per le cose portate in albergo*. — *1.* Gli albergatori sono responsabili di ogni deterioramento, distruzione o sottrazione delle cose portate dal cliente in albergo.

2. Sono considerate cose portate in albergo:

1) le cose che vi si trovano durante il tempo nel quale il cliente dispone dell'alloggio;

2) le cose di cui l'albergatore, un membro della sua famiglia o un suo ausiliario assumono la custodia, fuori dell'albergo, durante il periodo di tempo in cui il cliente dispone dell'alloggio;

3) le cose di cui l'albergatore, un membro della sua famiglia o un suo ausiliario assumono la custodia sia nell'albergo, sia fuori dell'albergo, durante un periodo di tempo ragionevole, precedente o successivo a quello in cui il cliente dispone dell'alloggio.

3. La responsabilità di cui al presente articolo è limitata al valore di quanto sia deteriorato, distrutto o sottratto, sino all'equivalente di cento volte il prezzo di locazione dell'alloggio per giornata (1).

1784. *Responsabilità per le cose consegnate e obblighi dell'albergatore*. — *1.* La responsabilità dell'albergatore è illimitata:

1) quando le cose gli sono state consegnate in custodia;

2) quando ha rifiutato di ricevere in custodia cose che aveva l'obbligo di accettare.

2. L'albergatore ha l'obbligo di accettare le carte-valori, il denaro contante e gli oggetti di valore; egli può rifiutarsi di riceverli soltanto se si tratti di oggetti pericolosi o che, tenuto conto della importanza e delle condizioni di gestione dell'albergo, abbiano valore eccessivo o natura ingombrante.

3. L'albergatore può esigere che la cosa consegnatagli sia contenuta in un involucro chiuso o sigillato (1).

1785. *Limiti di responsabilità*. — *1.* L'albergatore non è responsabile quando il deterioramento, la distruzione o la sottrazione sono dovuti:

1) al cliente, alle persone che l'accompagnano, che sono al suo servizio o che gli rendono visita;

2) a forza maggiore;

3) alla natura della cosa (c. 1218) (1).

1785-*bis*. *Responsabilità per colpa dell'albergatore*. — *1.* L'albergatore è responsabile, senza che egli possa invocare il limite previsto dall'ultimo comma dell'art. 1783, quando il deterioramento, la distruzione o la sottrazione delle cose portate dal cliente in albergo sono dovuti a colpa sua, dei membri della sua famiglia o dei suoi ausiliari (c. 1228) (2).

1785-*ter*. *Obbligo di denuncia del danno*. — *1.* Fuori del caso previsto dall'art. 1785-*bis*, il cliente non potrà valersi delle precedenti disposizioni se, dopo aver constatato il deterioramento, la distruzione o la sottrazione, denunci il fatto all'albergatore con ritardo ingiustificato (2).

1785-*quater*. *Nullità*. — *1.* Sono nulli i patti o le dichiarazioni tendenti ad escludere o a limitare preventivamente la responsabilità dell'albergatore (c. 1229) (2).

1785-*quinquies*. *Limiti di applicazione*. — *1.* Le disposizioni della presente sezione non si applicano ai veicoli, alle cose lasciate negli stessi, né agli animali vivi (2).

1786. *Stabilimenti e locali assimilati agli alberghi*. — *1.* Le norme di questa sezione si applicano anche agli imprenditori di case di cura, stabilimenti di pubblici spettacoli, stabilimenti balneari, pensioni, trattorie, carrozze letto e simili.

Sezione III. — *Del deposito nei magazzini generali*

1787. *Responsabilità dei magazzini generali*. — *1.* I magazzini generali (3) sono responsabili della conservazione delle merci depositate, a meno che si provi che la perdita, il calo o l'avaria è derivata da caso fortuito, dalla natura delle merci ovvero da vizi di esse o dell'imballaggio (c. 1218).

1788. *Diritti del depositante*. — *1.* Il depositante ha diritto d'ispezionare le merci depositate e di ritirare i campioni d'uso (c. 1793[3]).

1789. *Vendita delle cose depositate*. — *1.* I magazzini generali, previo avviso al depositante, possono procedere alla vendita delle merci, quando, al termine del contratto, le merci non sono ritirate o non è rinnovato il deposito, ovvero, trattandosi di deposito a tempo indeterminato, quando è decorso un anno dalla data del deposito, e in ogni caso quando le merci sono minacciate di deperimento. Per la vendita si osservano le modalità stabilite dall'art. 1515 (att. c. 83).

2. Il ricavato della vendita, dedotte le spese e quanto altro spetta ai magazzini generali, deve essere tenuto a disposizione degli aventi diritto.

1790. *Fede di deposito*. — *1.* I magazzini generali, a richiesta del depositante, devono rilasciare una fede di deposito delle merci depositate (c. 1996).

(1) Articolo così sostituito dall'art. 3, l. 10 giugno 1978, n. 316, di ratifica ed esecuzione della convenzione europea sulla responsabilità degli albergatori, firmata a Parigi il 17 dicembre 1962, ed entrata in vigore il 12 agosto 1979.

(2) Articolo così introdotto dall'art. 3, l. 10 giugno 1978, n. 316.

(3) R.d.l. 1° luglio 1926, n. 2290, conv. in l. 9 giugno 1927, n. 1158; l. 12 maggio 1930, n. 685; r.d. 16 gennaio 1927, n. 126; r.d. 17 marzo 1938, n. 726; d.lg. 9 novembre 1990, n. 376.

2. La fede di deposito deve indicare:

1) il cognome e il nome o la ditta (c. 2563 ss.) e il domicilio (c. 43) del depositante;

2) il luogo del deposito;

3) la natura e la quantità delle cose depositate e gli altri estremi atti a individuarle;

4) se per la merce sono stati pagati i diritti doganali e se essa è stata assicurata.

1791. *Nota di pegno*. — *1.* Alla fede di deposito è unita la nota di pegno, sulla quale sono ripetute le indicazioni richieste dall'articolo precedente.

2. La fede di deposito e la nota di pegno devono essere staccate da un unico registro a matrice, da conservarsi presso i magazzini.

1792. *Intestazione e circolazione dei titoli*. — *1.* La fede di deposito e la nota di pegno possono intestarsi al nome del depositante o di un terzo da questo designato, e sono trasferibili, sia congiuntamente sia separatamente, mediante girata (c. 2009 ss.).

1793. *Diritti del possessore*. — *1.* Il possessore della fede di deposito unita alla nota di pegno ha diritto alla riconsegna delle cose depositate (c. 1996); egli ha altresì diritto di richiedere che, a sue spese, le cose depositate siano divise in più partite e che per ogni partita gli sia rilasciata una fede di deposito distinta con la nota di pegno in sostituzione del titolo complessivo (c. 2000).

2. Il possessore della sola nota di pegno ha diritto di pegno sulle cose depositate (c. 2784 ss.).

3. Il possessore della sola fede di deposito non ha diritto alla riconsegna delle cose depositate, se non osserva le condizioni indicate dall'art. 1795; egli può valersi della facoltà concessa dall'art. 1788.

1794. *Prima girata della nota di pegno*. — *1.* La prima girata della sola nota di pegno deve indicare l'ammontare del credito e degli interessi nonché la scadenza. La girata corredata delle dette indicazioni deve essere trascritta sulla fede di deposito e controfirmata dal giratario.

2. La girata della nota di pegno che non indica l'ammontare del credito vincola, a favore del possessore di buona fede (c. 1147[1], 1994), tutto il valore delle cose depositate. Rimane tuttavia salva al titolare o al terzo possessore della fede di deposito che abbia pagato una somma non dovuta, l'azione di rivalsa nei confronti del diretto contraente e del possessore di mala fede della nota di pegno.

1795. *Diritti del possessore della sola fede di deposito*. — *1.* Il possessore della sola fede di deposito può ritirare le cose depositate anche prima della scadenza del debito per cui furono costituite in pegno, depositando presso i magazzini generali la somma dovuta alla scadenza al creditore pignoratizio.

2. Sotto la responsabilità dei magazzini generali, quando si tratta di merci fungibili, il possessore della sola fede di deposito può ritirare anche parte delle merci, depositando presso i magazzini generali una somma proporzionale all'ammontare del debito garantito dalla nota di pegno e alla quantità delle merci ritirate.

1796. *Diritti del possessore della nota di pegno insoddisfatto*. — *1.* Il possessore della nota di pegno, che non sia stato soddisfatto alla scadenza e che abbia levato il protesto a norma della legge cambiaria (l. camb. 68), può far vendere le cose depositate in conformità dell'art. 1515, decorsi otto giorni da quello della scadenza.

2. Il girante che ha pagato volontariamente il possessore della nota di pegno è surrogato nei diritti di questo (c. 1203 ss.), e può procedere alla vendita delle cose depositate decorsi otto giorni dalla scadenza (c. 1515; att. c. 83).

1797. *Azione nei confronti dei giranti*. — *1.* Il possessore della nota di pegno non può agire contro il girante, se prima non ha proceduto alla vendita del pegno (c. 2012).

2. I termini per esercitare l'azione di regresso contro i giranti sono quelli stabiliti dalla legge cambiaria (l. camb. 94) e decorrono dal giorno in cui è avvenuta la vendita delle cose depositate.

3. Il possessore della nota di pegno decade dall'azione di regresso contro i giranti, se alla scadenza non leva il protesto o se, entro quindici giorni dal protesto, non fa istanza per la vendita delle cose depositate.

4. Egli conserva tuttavia l'azione contro i giranti della fede di deposito e contro il debitore. Quest'azione si prescrive in tre anni.

CAPO XIII

DEL SEQUESTRO CONVENZIONALE

1798. *Nozione*. — *1.* Il sequestro convenzionale è il contratto col quale due o più persone affidano a un terzo una cosa o una pluralità di cose, rispetto alla quale sia nata tra esse controversia, perché la custodisca e la restituisca a quella a cui spetterà quando la controversia sarà definita (c. 1773).

1799. *Obblighi, diritti e poteri del sequestratario*. — *1.* Gli obblighi, i diritti e i poteri del sequestratario sono determinati dal contratto; in mancanza, si osservano le disposizioni seguenti.

1800. *Conservazione e alienazione dell'oggetto del sequestro*. — *1.* Il sequestratario, per la custodia delle cose affidategli, è soggetto alle norme del deposito (c. 1766 ss.).

2. Se vi è imminente pericolo di perdita o di grave deterioramento delle cose mobili affidategli, il sequestratario può alienarle, dandone pronta notizia agli interessati.

3. Qualora la natura delle cose lo richieda, egli ha pure l'obbligo di amministrarle. In questo caso si applicano le norme del mandato (c. 1703 ss.).

4. Il sequestratario non può consentire locazioni per durata superiore a quella stabilita per le locazioni a tempo indeterminato (c. 1574).

1801. *Liberazione del sequestratario*. — *1.* Prima che la controversia sia definita, il sequestratario non può essere liberato che per accordo delle parti o per giusti motivi.

1802. *Compenso e rimborso delle spese al sequestratario*. — *1.* Il sequestratario ha diritto a compenso, se non si è pattuito diversamente. Egli ha pure diritto al rimborso delle spese e di ogni altra erogazione fatta per la conservazione e per l'amministrazione della cosa (c. 1781, 2761[3]).

CAPO XIV

DEL COMODATO

1803. *Nozione*. — *1.* Il comodato è il contratto col quale una parte consegna all'altra una cosa mobile o immobile (1), affinché se ne serva per un tempo o per un uso determinato, con l'obbligo di restituire la stessa cosa ricevuta (2).

2. Il comodato è essenzialmente gratuito (c. 1571).

1804. *Obbligazioni del comodatario*. — *1.* Il comodatario è tenuto a custodire e a conservare la cosa con la diligenza del buon padre di famiglia (c. 1176[1], 1805[1]). Egli non può servirsene che per l'uso determinato dal contratto o dalla natura della cosa (c. 1805[2]).

2. Non può concedere a un terzo il godimento della cosa senza il consenso del comodante.

3. Se il comodatario non adempie gli obblighi suddetti, il comodante può chiedere l'immediata restituzione della cosa, oltre al risarcimento del danno (c. 1218).

1805. *Perimento della cosa*. — *1.* Il comodatario è responsabile se la cosa perisce per un caso fortuito a cui poteva sottrarla sostituendola con la cosa propria, o se, potendo salvare una delle due cose, ha preferito la propria.

2. Il comodatario che impiega la cosa per un uso diverso o per un tempo più lungo di quello a lui consentito, è responsabile (c. 1218) della perdita avvenuta per causa a lui non imputabile, qualora non provi che la cosa sarebbe perita anche se non l'avesse impiegata per l'uso diverso o l'avesse restituita a tempo debito (c. 1221[1]).

1806. *Stima*. — *1.* Se la cosa è stata stimata al tempo del contratto, il suo perimento è a carico del comodatario, anche se avvenuto per causa a lui non imputabile.

1807. *Deterioramento per effetto dell'uso*. — *1.* Se la cosa si deteriora per solo effetto dell'uso per cui è stata consegnata e senza colpa del comodatario, questi non risponde del deterioramento (c. 1590[3], 1609).

1808. *Spese per l'uso della cosa e spese straordinarie*. — *1.* Il comodatario non ha diritto al rimborso delle spese sostenute per servirsi della cosa.

2. Egli però ha diritto di essere rimborsato delle spese straordinarie sostenute per la conservazione della cosa, se queste erano necessarie e urgenti (c. 2756).

1809. *Restituzione*. — *1.* Il comodatario è obbligato a restituire la cosa alla scadenza del termine convenuto o, in mancanza di termine, quando se ne è servito in conformità del contratto (c. 1810).

2. Se però, durante il termine convenuto o prima che il comodatario abbia cessato di servirsi della cosa, sopravviene un urgente e impreveduto bisogno al comodante, questi può esigerne la restituzione immediata (c. 1468).

1810. *Comodato senza determinazione di durata*. — *1.* Se non è stato convenuto un termine né questo risulta dall'uso a cui la cosa doveva essere destinata, il comodatario è tenuto a restituirla non appena il comodante la richiede.

1811. *Morte del comodatario*. — *1.* In caso di morte del comodatario, il comodante, benché sia stato convenuto un termine (c. 1809), può esigere dagli eredi l'immediata restituzione della cosa (c. 1776).

1812. *Danni al comodatario per vizi della cosa*. — *1.* Se la cosa comodata ha vizi tali che rechino danno a chi se ne serve, il comodante è tenuto al risarcimento qualora, conoscendo i vizi della cosa, non ne abbia avvertito il comodatario (c. 789, 798, 1710[1], 1768[2], 1821, 2030[2]).

(1) V. nota 1 all'art. 1476.

(2) Sulla cessione gratuita dell'uso di impianti di distribuzione di carburanti v. art. 1.6, d.lg. 11 febbraio 1998, n. 32.

CAPO XV

DEL MUTUO

1813. *Nozione*. — *1.* Il mutuo è il contratto col quale una parte consegna all'altra una determinata quantità di danaro o di altre cose fungibili, e l'altra si obbliga a restituire altrettante cose della stessa specie e qualità (c. 1782, 2766) (1).

1814. *Trasferimento della proprietà*. — *1.* Le cose date a mutuo passano in proprietà del mutuatario (c. 1782).

1815. *Interessi*. — *1.* Salvo diversa volontà delle parti, il mutuatario deve corrispondere gli interessi al mutuante. Per la determinazione degli interessi si osservano le disposizioni dell'art. 1284.

2. Se sono convenuti interessi usurari, la clausola è nulla e non sono dovuti interessi (2).

1816. *Termine per la restituzione fissato dalle parti*. — *1.* Il termine per la restituzione si presume stipulato a favore di entrambe le parti e, se il mutuo è a titolo gratuito, a favore del mutuatario (c. 1184).

1817. *Termine per la restituzione fissato dal giudice*. — *1.* Se non è fissato un termine per la restituzione, questo è stabilito dal giudice, avuto riguardo alle circostanze (c. 1183[1]).

2. Se è stato convenuto che il mutuatario paghi solo quando potrà, il termine per il pagamento è pure fissato dal giudice (c. 1183[2]).

1818. *Impossibilità o notevole difficoltà di restituzione*. — *1.* Se sono state mutuate cose diverse dal danaro, e la restituzione è divenuta impossibile o notevolmente difficile per causa non imputabile al debitore, questi è tenuto a pagarne il valore, avuto riguardo al tempo e al luogo in cui la restituzione si doveva eseguire (c. 1256).

1819. *Restituzione rateale*. — *1.* Se è stata convenuta la restituzione rateale delle cose mutuate e il mutuatario non adempie l'obbligo del pagamento anche di una sola rata, il mutuante può chiedere, secondo le circostanze, l'immediata restituzione dell'intero (c. 1455, 1525) (3).

1820. *Mancato pagamento degli interessi*. — *1.* Se il mutuatario non adempie l'obbligo del pagamento degli interessi, il mutuante può chiedere la risoluzione del contratto (c. 1455).

1821. *Danni al mutuatario per vizi delle cose*. — *1.* Il mutuante è responsabile del danno cagionato al mutuatario per i vizi delle cose date a prestito, se non prova di averli ignorati senza colpa.

2. Se il mutuo è gratuito, il mutuante è responsabile solo nel caso in cui, conoscendo i vizi, non ne abbia avvertito il mutuatario (c. 789, 798, 1710[1], 1768[2], 1812, 2030[2]).

1822. *Promessa di mutuo*. — *1.* Chi ha promesso di dare a mutuo può rifiutare l'adempimento della sua obbligazione, se le condizioni patrimoniali dell'altro contraente sono divenute tali da rendere notevolmente difficile la restituzione, e non gli sono offerte idonee garanzie (c. 1461).

(1) Sui prestiti partecipativi per l'innovazione e lo sviluppo delle piccole imprese, nei quali una parte del corrispettivo è commisurata al risultato economico dell'impresa finanziata, v. art. 35, l. 5 ottobre 1991, n. 317.

Sulla estinzione anticipata dei mutui immobiliari, sulla cd. portabilità del mutuo, sulla estinzione dell'ipoteca v. artt. 7, 8, 8-*bis*, 13.8-*sexies* ss., d.l. 31 gennaio 2007, n. 7, conv. in l. 2 aprile 2007, n. 40, in *Leggi coll. XXI, 4*.

Sui contratti di assicurazione connessi all'erogazione di mutui immobiliari v. art. 28.1-2-*bis*, d.l. 24 gennaio 2012, n. 1, conv. in l. 24 marzo 2012, n. 27, come modificato dall'art. 1.135, l. 4 agosto 2017, n. 124.

Per una guida pratica sul mutuo ipotecario v. comunicato Banca d'Italia in suppl. ord. n. 191 a G.U., 12 ottobre 2012, n. 239.

(2) Comma così sostituito dall'art. 4, l. 7 marzo 1996, n. 108, in *Leggi coll. IX, 6*, come modificato dall'art. 8.5, lett. d, d.l. 13 maggio 2011, n. 70, conv., in l. 12 luglio 2011, n. 106, che all'art. 2.4 individua il limite oltre il quale gli interessi sono sempre usurari nel tasso medio per la categoria di operazioni in cui il credito è compreso, aumentato di un quarto, cui si aggiunge un margine di ulteriori quattro punti percentuali. La differenza tra il limite e il tasso medio non può essere superiore a otto punti percentuali. Sull'interpretazione autentica della l. 7 marzo 1996, n. 108, v. d.l. 29 dicembre 2000, n. 394, conv. in l. 28 febbraio 2001, n. 24, in *Leggi coll. XVII, 11*. Per la classificazione delle operazioni creditizie per categorie omogenee v., da ultimo, d.m. Economia e Finanze 27 settembre 2018, in G.U., 29 settembre 2018, n. 227. Per la rilevazione dei tassi effettivi globali medi v., da ultimo, d.m. Economia e Finanze 25 marzo 2019, in G.U., 30 marzo 2019, n. 76. Per istruzioni per la rilevazione dei tassi effettivi globali medi ai sensi della legge sull'usura v. *Comunicato*, in G.U., 9 agosto 2016, n. 185. Sulla rinegoziazione dei mutui edilizi agevolati v. d.m. Tesoro, Bilancio e Programmazione Economica 24 marzo 2000, n. 110. Sulla rinegoziazione dei mutui agli enti locali v. d.m. Economia e Finanze 20 giugno 2003, in G.U., 24 giugno 2003, n. 144.

(3) Per i contratti di mutuo riferiti all'acquisto di unità immobiliari da adibire ad abitazione principale del mutuatario, l'art. 2.476, l. 24 dicembre 2007, n. 244, prevede una facoltà di sospensione del pagamento.

In materia di «rinegoziazione dei contratti di mutuo ipotecario» fino al 31 dicembre 2012, v. l'art. 8.6, d.l. 13 maggio 2011, n. 70, conv. in l. 12 luglio 2011, n. 106.

CAPO XVI

DEL CONTO CORRENTE

1823. *Nozione.* — *1.* Il conto corrente è il contratto col quale le parti si obbligano ad annotare in un conto i crediti derivanti da reciproche rimesse, considerandoli inesigibili e indisponibili fino alla chiusura del conto.

2. Il saldo del conto è esigibile alla scadenza stabilita. Se non è richiesto il pagamento, il saldo si considera quale prima rimessa di un nuovo conto e il contratto si intende rinnovato a tempo indeterminato (c. 1833) (1).

1824. *Crediti esclusi dal conto corrente.* — *1.* Sono esclusi dal conto corrente i crediti che non sono suscettibili di compensazione (c. 1246).

2. Qualora il contratto intervenga tra imprenditori (c. 2082 ss.), s'intendono esclusi dal conto i crediti estranei alle rispettive imprese.

1825. *Interessi.* — *1.* Sulle rimesse decorrono gli interessi nella misura stabilita dal contratto o dagli usi ovvero, in mancanza, in quella legale (c. 1282, 1284).

1826. *Spese e diritti di commissione.* — *1.* L'esistenza del conto corrente non esclude i diritti di commissione e il rimborso delle spese per le operazioni che danno luogo alle rimesse. Tali diritti sono inclusi nel conto, salvo convenzione contraria (c. 1857).

1827. *Effetti dell'inclusione nel conto.* — *1.* L'inclusione di un credito nel conto corrente non esclude l'esercizio delle azioni ed eccezioni relative all'atto da cui il credito deriva.

2. Se l'atto è dichiarato nullo (c. 1418 ss.), annullato (c. 1425 ss.), rescisso (c. 1447 ss.) o risoluto (c. 1453 ss.), la relativa partita si elimina dal conto.

1828. *Efficacia della garanzia dei crediti iscritti.* — *1.* Se il credito incluso nel conto è assistito da una garanzia reale (c. 1960 ss., 2784 ss., 2808 ss.) o personale (c. 1936 ss.), il correntista ha diritto di valersi della garanzia per il saldo esistente a suo favore alla chiusura del conto e fino alla concorrenza del credito garantito.

2. La stessa disposizione si applica se per il credito esiste un coobbligato solidale (c. 1292 ss.).

1829. *Crediti verso terzi.* — *1.* Se non risulta una diversa volontà delle parti, l'inclusione nel conto di un credito verso un terzo si presume fatta con la clausola «salvo incasso». In tal caso, se il credito non è soddisfatto, il ricevente ha la scelta di agire per la riscossione o di eliminare la partita dal conto reintegrando nelle sue ragioni colui che ha fatto la rimessa. Può eliminare la partita dal conto anche dopo avere infruttuosamente esercitato le azioni contro il debitore (c. 1267, 1857).

1830. *Sequestro o pignoramento del saldo.* — *1.* Se il creditore di un correntista ha sequestrato (c. 2905) o pignorato (c. 2917) l'eventuale saldo del conto spettante al suo debitore, l'altro correntista non può, con nuove rimesse, pregiudicare le ragioni del creditore (c. 1250). Non si considerano nuove rimesse quelle fatte in dipendenza di diritti sorti prima del sequestro o del pignoramento.

2. Il correntista presso cui è stato eseguito il sequestro o il pignoramento deve darne notizia all'altro. Ciascuno di essi può recedere dal contratto (c. 1373[2], 1833).

1831. *Chiusura del conto.* — *1.* La chiusura del conto con la liquidazione del saldo è fatta alle scadenze stabilite dal contratto o dagli usi e, in mancanza, al termine di ogni semestre, computabile dalla data del contratto (c. 1833[3]).

1832. *Approvazione del conto.* — *1.* L'estratto conto trasmesso da un correntista all'altro s'intende approvato, se non è contestato nel termine pattuito o in quello usuale, o altrimenti nel termine che può ritenersi congruo secondo le circostanze (2).

2. L'approvazione del conto non preclude il diritto di impugnarlo per errori di scritturazione o di calcolo, per omissioni o per duplicazioni. L'impugnazione deve essere proposta, sotto pena di decadenza (c. 2964 ss.), entro sei mesi dalla data di ricezione dell'estratto conto relativo alla liquidazione di chiusura, che deve essere spedito per mezzo di raccomandata (c. 1857) (2).

1833. *Recesso dal contratto.* — *1.* Se il contratto è a tempo indeterminato (c. 1823[2]), ciascuna delle parti può recedere dal contratto (c. 1373[2]) a ogni chiusura del conto, dandone preavviso almeno dieci giorni prima.

2. In caso d'interdizione (c. 414 ss.), d'inabilitazione (c. 415 ss.), d'insolvenza o di morte di una delle parti, ciascuna di queste o gli eredi hanno diritto di recedere dal contratto.

3. Lo scioglimento del contratto impedisce l'inclusione nel conto di nuove partite, ma il pagamento del saldo non può richiedersi che

(1) Per una guida pratica sul conto corrente v. comunicato Banca d'Italia in suppl. ord. n. 191 a G.U., 12 ottobre 2012, n. 239.

(2) La l. 24 gennaio 1962, n. 13 ha disposto che i termini che scadono in un giorno feriale di chiusura degli sportelli bancari sono prorogati al primo giorno feriale di apertura successivo.

alla scadenza del periodo stabilito dall'art. 1831.

CAPO XVII

Dei contratti bancari (1)

Sezione I. — *Dei depositi bancari*

1834. *Depositi di danaro*. — *1.* Nei depositi di una somma di danaro presso una banca, questa ne acquista la proprietà (c. 1782) ed è obbligata a restituirla nella stessa specie monetaria, alla scadenza del termine convenuto ovvero a richiesta del depositante, con l'osservanza del periodo di preavviso stabilito dalle parti o dagli usi (c. 1852).

2. Salvo patto contrario, i versamenti e i prelevamenti si eseguono alla sede della banca presso la quale si è costituito il rapporto (c. 1182[3]).

1835. *Libretto di deposito a risparmio*. — *1.* Se la banca rilascia un libretto di deposito a risparmio, i versamenti e i prelevamenti si devono annotare sul libretto.

2. Le annotazioni sul libretto, firmate dall'impiegato della banca che appare addetto al servizio (c. 2210), fanno piena prova nei rapporti tra banca e depositante.

3. È nullo ogni patto contrario.

1836. *Legittimazione del possessore*. — *1.* Se il libretto di deposito è pagabile al portatore (c. 2003), la banca che senza dolo o colpa grave adempie la prestazione nei confronti del possessore è liberata, anche se questi non è il depositante (c. 1189, 1992).

2. La stessa disposizione si applica nel caso in cui il libretto di deposito pagabile al portatore sia intestato al nome di una determinata persona o in altro modo contrassegnato.

3. Sono salve le disposizioni delle leggi speciali (2).

1837. ....(3).

1838. *Deposito di titoli in amministrazione*. — *1.* La banca che assume il deposito di titoli in amministrazione deve custodire i titoli, esigerne gli interessi o i dividendi, verificare i sorteggi per l'attribuzione di premi o per il rimborso di capitale, curare le riscossioni per conto del depositante, e in generale provvedere alla tutela dei diritti inerenti ai titoli. Le somme riscosse devono essere accreditate al depositante.

2. Se per i titoli depositati si deve provvedere al versamento di decimi o si deve esercitare un diritto di opzione (c. 2441), la banca deve chiedere in tempo utile istruzioni al depositante e deve eseguirle, qualora abbia ricevuto i fondi all'uopo occorrenti. In mancanza d'istruzioni, i diritti di opzione devono essere venduti per conto del depositante a mezzo di un agente di cambio.

3. Alla banca spetta un compenso nella misura stabilita dalla convenzione o dagli usi, nonché il rimborso delle spese necessarie da essa fatte.

4. È nullo il patto col quale si esonera la banca dall'osservare, nell'amministrazione dei titoli, l'ordinaria diligenza (c. 1176[2], 1229).

Sezione II. — *Del servizio bancario delle cassette di sicurezza*

1839. *Cassette di sicurezza*. — *1.* Nel servizio delle cassette di sicurezza, la banca risponde verso l'utente per l'idoneità e la custodia dei locali e per l'integrità della cassetta, salvo il caso fortuito.

1840. *Apertura della cassetta*. — *1.* Se la cassetta è intestata a più persone, l'apertura di essa è consentita singolarmente a ciascuno degli intestatari (c. 1314), salvo diversa pattuizione (c. 1317).

2. In caso di morte dell'intestatario o di uno degli intestatari, la banca che ne abbia ricevuto comunicazione non può consentire l'apertura della cassetta se non con l'accordo di tutti gli aventi diritto o secondo le modalità stabilite dall'autorità giudiziaria (c. 1772).

1841. *Apertura forzata della cassetta*. — *1.* Quando il contratto è scaduto, la banca, previa intimazione all'intestatario e decorsi sei mesi dalla data della medesima, può chiedere al giudice di pace (4) l'autorizzazione ad aprire la cassetta. L'intimazione può farsi anche mediante raccomandata con avviso di ricevimento.

(1) Sulla trasparenza delle operazioni e dei servizi bancari e finanziari v. art. 115 ss., d.lg. 1° settembre 1993, n. 385, in *Leggi coll. XVII, 1*, e deliberazione CICR 4 marzo 2003, in *Leggi coll. XVII, 3*.

(2) Sull'ammortamento dei libretti di deposito, v. l. 30 luglio 1951, n. 948, e, per quelli di modico valore, l. 26 maggio 1975, n. 187 e l. 29 maggio 1989, n. 206.

(3) Articolo abrogato dall'art. 11, l. 8 marzo 1975, n. 39.

(4) Le parole «giudice di pace» sono state così sostituite alla precedente «tribunale» dall'art. 27.2, lett. b, n. 4, d.lg. 13 luglio 2017, n. 116. In base all'art. 32.3, d.lg. cit., tali disposizioni «entrano in vigore il 31 ottobre 2021».

2. L'apertura si esegue con l'assistenza di un notaio all'uopo designato e con le cautele che il giudice di pace (1) ritiene opportune.

3. Il giudice di pace (1) può dare le disposizioni necessarie per la conservazione degli oggetti rinvenuti e può ordinare la vendita di quella parte di essi che occorra al soddisfacimento di quanto è dovuto alla banca per canoni e spese.

Sezione III. — *Dell'apertura di credito bancario*

1842. *Nozione*. — *1.* L'apertura di credito bancario è il contratto col quale la banca si obbliga a tenere a disposizione dell'altra parte una somma di danaro per un dato periodo di tempo o a tempo indeterminato.

1843. *Utilizzazione del credito*. — *1.* Se non è convenuto altrimenti, l'accreditato può utilizzare in più volte il credito, secondo le forme di uso, e può con successivi versamenti ripristinare la sua disponibilità.

2. Salvo patto contrario, i prelevamenti e i versamenti si eseguono presso la sede della banca dove è costituito il rapporto (c. 1182[3]).

1844. *Garanzia*. — *1.* Se per l'apertura di credito è data una garanzia reale (c. 1960 ss., 2784 ss., 2808 ss.) o personale (c. 1936 ss.), questa non si estingue prima della fine del rapporto per il solo fatto che l'accreditato cessa di essere debitore della banca.

2. Se la garanzia diviene insufficiente, la banca può chiedere un supplemento di garanzia o la sostituzione del garante (c. 1850, 1867, 1877, 1943[2], 2743). Se l'accreditato non ottempera alla richiesta, la banca può ridurre il credito proporzionalmente al diminuito valore della garanzia o recedere dal contratto (c. 1373[2]).

1845. *Recesso dal contratto*. — *1.* Salvo patto contrario, la banca non può recedere dal contratto (c. 1373[2]) prima della scadenza del termine, se non per giusta causa.

2. Il recesso sospende immediatamente (c. 1565) l'utilizzazione del credito, ma la banca deve concedere un termine di almeno quindici giorni per la restituzione delle somme utilizzate e dei relativi accessori.

3. Se l'apertura di credito è a tempo indeterminato, ciascuna delle parti può recedere dal contratto, mediante preavviso nel termine stabilito dal contratto, dagli usi o, in mancanza, in quello di quindici giorni (2).

Sezione IV. — *Dell'anticipazione bancaria*

1846. *Disponibilità delle cose date in pegno*. — *1.* Nell'anticipazione bancaria su pegno di titoli o di merci, la banca non può disporre delle cose ricevute in pegno, se ha rilasciato un documento nel quale le cose stesse sono individuate (c. 1851, 2792). Il patto contrario deve essere provato per iscritto (c. 2725).

1847. *Assicurazione delle merci*. — *1.* La banca deve provvedere per conto del contraente (c. 1891) all'assicurazione delle merci date in pegno, se, per la natura, il valore o l'ubicazione di esse, l'assicurazione risponde alle cautele d'uso.

1848. *Spese di custodia*. — *1.* La banca, oltre al corrispettivo dovutole, ha diritto al rimborso delle spese occorse per la custodia delle merci e dei titoli (c. 2790), salvo che ne abbia acquistato la disponibilità (c. 1846, 1851).

1849. *Ritiro dei titoli o delle merci*. — *1.* Il contraente, anche prima della scadenza del contratto, può ritirare in parte i titoli o le merci dati in pegno, previo rimborso proporzionale delle somme anticipate e delle altre somme spettanti alla banca secondo la disposizione dell'articolo precedente, salvo che il credito residuo risulti insufficientemente garantito (c. 1850).

1850. *Diminuzione della garanzia*. — *1.* Se il valore della garanzia diminuisce almeno di un decimo rispetto a quello che era al tempo del contratto, la banca può chiedere al debitore un supplemento di garanzia nei termini d'uso, con la diffida che, in mancanza, si procederà alla vendita dei titoli o delle merci dati in pegno (c. 1844[2], 1867 n. 2, 1877, 1943[2], 2743). Se il debitore non ottempera alla richiesta, la banca può procedere alla vendita a norma del secondo e quarto comma dell'art. 2797.

2. La banca ha diritto al rimborso immediato del residuo non soddisfatto col ricavato della vendita.

1851. *Pegno irregolare a garanzia di anticipazione*. — *1.* Se, a garanzia di uno o più crediti, sono vincolati depositi di danaro, merci o titoli che non siano stati individuati o per i quali sia stata conferita alla banca la facoltà di disporre (c. 1846), la banca deve restituire solo la somma o la parte delle merci o dei titoli che eccedono l'ammontare dei crediti garantiti. L'eccedenza è determinata in relazione al valore delle merci o dei titoli al tempo della scadenza dei crediti (c. 1848).

(1) Le parole «giudice di pace» sono state così sostituite alla precedente «tribunale» dall'art. 27.2, lett. b, n. 4, d.lg. 13 luglio 2017, n. 116. In base all'art. 32.3, d.lg. cit., tali disposizioni «entrano in vigore il 31 ottobre 2021».

(2) V. nota 2 all'art. 1832.

Sezione V. — *Delle operazioni bancarie in conto corrente*

1852. *Disposizione da parte del correntista*. — *1.* Qualora il deposito (c. 1834 ss.), l'apertura di credito (c. 1842 ss.) o altre operazioni bancarie siano regolate in conto corrente, il correntista può disporre in qualsiasi momento delle somme risultanti a suo credito, salva l'osservanza del termine di preavviso eventualmente pattuito (c. 1834[1]).

1853. *Compensazioni tra i saldi di più rapporti o più conti*. — *1.* Se tra la banca e il correntista esistono più rapporti o più conti, ancorché in monete differenti, i saldi attivi e passivi si compensano reciprocamente, salvo patto contrario (c. 1241 ss.).

1854. *Conto corrente intestato a più persone*. — *1.* Nel caso in cui il conto sia intestato a più persone, con facoltà per le medesime di compiere operazioni anche separatamente, gli intestatari sono considerati creditori o debitori in solido dei saldi del conto (c. 1292 ss.).

1855. *Operazioni a tempo indeterminato*. — *1.* Se l'operazione regolata in conto corrente è a tempo indeterminato, ciascuna delle parti può recedere dal contratto (c. 1373[2]), dandone preavviso nel termine stabilito dagli usi o, in mancanza, entro quindici giorni (1).

1856. *Esecuzione d'incarichi*. — *1.* La banca risponde secondo le regole del mandato (c. 1703 ss.) per l'esecuzione d'incarichi ricevuti dal correntista o da altro cliente.

2. Se l'incarico deve eseguirsi su una piazza dove non esistono filiali della banca, questa può incaricare dell'esecuzione un'altra banca o un suo corrispondente (c. 1717).

1857. *Norme applicabili*. — *1.* Alle operazioni regolate in conto corrente si applicano le norme degli artt. 1826, 1829 e 1832.

Sezione VI. — *Dello sconto bancario*

1858. *Nozione*. — *1.* Lo sconto è il contratto col quale la banca, previa deduzione dell'interesse, anticipa al cliente l'importo di un credito verso terzi non ancora scaduto, mediante la cessione, salvo buon fine, del credito stesso (c. 1260 ss.).

1859. *Sconto di cambiali*. — *1.* Se lo sconto avviene mediante girata di cambiale o di assegno bancario (c. 2009 ss.), la banca, nel caso di mancato pagamento, oltre ai diritti derivanti dal titolo, ha anche il diritto alla restituzione della somma anticipata.

2. Sono salve le norme delle leggi speciali relative alla cessione della provvista nello sconto di tratte non accettate o munite di clausole «senza accettazione» (2).

1860. *Sconto di tratte documentate*. — *1.* La banca che ha scontato tratte documentate ha sulla merce lo stesso privilegio del mandatario finché il titolo rappresentativo (c. 1996) è in suo possesso (c. 2761[2]).

CAPO XVIII

Della rendita perpetua

1861. *Nozione*. — *1.* Col contratto di rendita perpetua una parte conferisce all'altra il diritto di esigere in perpetuo la prestazione periodica di una somma di danaro o di una certa quantità di altre cose fungibili (c. 2948 n. 1), quale corrispettivo dell'alienazione di un immobile (c. 2817 n. 1) o della cessione di un capitale (c. 1350 n. 10, 1863).

2. La rendita perpetua può essere costituita anche quale onere dell'alienazione gratuita di un immobile o della cessione gratuita di un capitale (c. 793).

1862. *Norme applicabili*. — *1.* L'alienazione dell'immobile, se fatta a titolo oneroso, è soggetta alle norme stabilite per la vendita (c. 1470 ss.).

2. L'alienazione o la cessione fatta a titolo gratuito è soggetta alle norme stabilite per la donazione (c. 769 ss.).

1863. *Rendita fondiaria e rendita semplice*. — *1.* È fondiaria la rendita costituita mediante alienazione di un immobile (c. 668). È semplice quella costituita mediante cessione di un capitale.

1864. *Garanzia della rendita semplice*. — *1.* La rendita semplice deve essere garantita con ipoteca (c. 2808) sopra un immobile; altrimenti il capitale è ripetibile (c. 1869).

1865. *Diritto di riscatto della rendita perpetua*. — *1.* La rendita perpetua è redimibile a volontà del debitore, nonostante qualunque convenzione contraria (c. 753, 1879).

2. Le parti possono tuttavia convenire che il riscatto non possa eseguirsi durante la vita del beneficiario o prima di un certo termine, il quale non può eccedere i dieci anni nella rendita semplice e i trenta anni nella rendita fondiaria.

(1) V. nota 2 all'art. 1832.
(2) R.d.l. 21 settembre 1933, n. 1345.

3. Può anche stipularsi che il debitore non esegua il riscatto senza averne dato preavviso al beneficiario. Il termine di preavviso non può eccedere l'anno.

4. Se sono convenuti termini più lunghi, essi si riducono nei limiti sopra stabiliti (c. 699, 1869).

1866. *Esercizio del riscatto*. — *1.* Il riscatto della rendita semplice e della rendita fondiaria si effettua mediante il pagamento della somma che risulta dalla capitalizzazione della rendita annua sulla base dell'interesse legale (c. 1284).

2. Le modalità del riscatto sono stabilite dalle leggi speciali (c. 1869) (1).

1867. *Riscatto forzoso*. — *1.* Il debitore di una rendita perpetua può essere costretto al riscatto:

1) se è in mora nel pagamento di due annualità di rendita (c. 1219);

2) se non ha dato al creditore le garanzie promesse, o se, venendo a mancare quelle già date, non ne sostituisce altre di uguale sicurezza (c. 1844^2, 1850, 1943^2, 2743);

3) se, per effetto di alienazione o di divisione, il fondo su cui è garantita la rendita è diviso fra più di tre persone (c. 1869).

1868. *Riscatto per insolvenza del debitore*. — *1.* Si fa pure luogo al riscatto della rendita nel caso d'insolvenza del debitore, salvo che, essendo stato alienato il fondo su cui era garantita la rendita, l'acquirente se ne sia assunto il debito (c. 1273) o si dichiari pronto ad assumerlo (c. 1869).

1869. *Altre prestazioni perpetue*. — *1.* Le disposizioni degli artt. 1864, 1865, 1866, 1867 e 1868 si applicano a ogni altra annua prestazione perpetua costituita a qualsiasi titolo, anche per atto di ultima volontà.

1870. *Ricognizione*. — *1.* Il debitore della rendita o di ogni altra prestazione annua che debba o possa durare oltre i dieci anni deve fornire a proprie spese al titolare, se questi lo richiede, un nuovo documento (c. 1988, 2720), trascorsi nove anni dalla data del precedente (att. c. 186).

1871. *Rendite dello Stato*. — *1.* Le disposizioni di questo capo non si applicano alle rendite emesse dallo Stato.

CAPO XIX

DELLA RENDITA VITALIZIA

1872. *Modi di costituzione*. — *1.* La rendita vitalizia può essere costituita a titolo oneroso, mediante alienazione di un bene mobile o immobile o mediante cessione di capitale (c. 1350 n. 10, 2057).

2. La rendita vitalizia può essere costituita anche per donazione (c. 769 ss.) o per testamento (c. 587 ss., 698), e in questo caso si osservano le norme stabilite dalla legge per tali atti.

1873. *Determinazione della durata*. — *1.* La rendita vitalizia può costituirsi per la durata della vita del beneficiario o di altra persona (c. 1876).

2. Essa può costituirsi anche per la durata della vita di più persone.

1874. *Costituzione a favore di più persone*. — *1.* Se la rendita è costituita a favore di più persone, la parte spettante al creditore premorto si accresce a favore degli altri, salvo patto contrario (c. 674 ss., 773^2).

1875. *Costituzione a favore di un terzo*. — *1.* La rendita vitalizia costituita a favore di un terzo (c. 1411 ss.), quantunque importi per questo una liberalità, non richiede le forme stabilite per la donazione (c. 782 ss., 809).

1876. *Rendita costituita su persone già defunte*. — *1.* Il contratto è nullo (c. 1325 n. 2, 1418), se la rendita è costituita per la durata della vita di persona che, al tempo del contratto, aveva già cessato di vivere.

1877. *Risoluzione del contratto di vitalizio oneroso*. — *1.* Il creditore di una rendita vitalizia costituita a titolo oneroso può chiedere la risoluzione del contratto (c. 1453 ss.), se il promittente non gli dà o diminuisce le garanzie pattuite (c. 1844^2, 1850, 1867 n. 2, 1943^2, 2743).

1878. *Mancanza di pagamento delle rate scadute*. — *1.* In caso di mancato pagamento delle rate di rendita scadute (c. 2948 n. 1), il creditore della rendita, anche se è lo stesso stipulante, non può domandare la risoluzione del contratto (c. 1453 ss.), ma può far sequestrare (p.c. 671 ss.) e vendere (p.c. 501 ss.) i beni del suo debitore affinché col ricavato della vendita si faccia l'impiego di una somma sufficiente ad assicurare il pagamento della rendita.

1879. *Divieto di riscatto e onerosità sopravvenuta*. — *1.* Il debitore della rendita, salvo patto contrario, non può liberarsi dal pagamento della rendita stessa offrendo il rimborso del capitale, anche se rinunzia alla ripetizione delle annualità pagate (c. 1865).

2. Egli è tenuto a pagare la rendita per tutto il tempo per il quale è stata costituita, per quanto gravosa sia divenuta la sua prestazione (c. 1469).

1880. *Modalità del pagamento della rendita*.

(1) L. 11 giugno 1925, n. 998.

— *1.* La rendita vitalizia costituita mediante contratto è dovuta al creditore in proporzione del numero dei giorni vissuti da colui sulla vita del quale è costituita.

2. Se però è stato convenuto di pagarla a rate anticipate, ciascuna rata si acquista dal giorno in cui è scaduta.

1881. *Sequestro o pignoramento della rendita.* — *1.* Quando la rendita vitalizia è costituita a titolo gratuito (c. 1872[2]), si può disporre che essa non sia soggetta a pignoramento o a sequestro (p.c. 670 ss.) entro i limiti del bisogno alimentare del creditore (c. 438).

CAPO XX

DELL'ASSICURAZIONE

Sezione I. — *Disposizioni generali*

1882. *Nozione.* — *1.* L'assicurazione è il contratto col quale l'assicuratore, verso pagamento di un premio (c. 2952), si obbliga a rivalere l'assicurato, entro i limiti convenuti, del danno ad esso prodotto da un sinistro, ovvero a pagare un capitale o una rendita (c. 1872 ss.) al verificarsi di un evento attinente alla vita umana (1).

1883. *Esercizio delle assicurazioni.* — *1.* L'impresa di assicurazione non può essere esercitata che da un istituto di diritto pubblico o da una società per azioni e con l'osservanza delle norme stabilite dalle leggi speciali (2).

1884. *Assicurazioni mutue.* — *1.* Le assicurazioni mutue sono disciplinate dalle norme del presente capo, in quanto compatibili con la specialità del rapporto (c. 2546 ss.).

1885. *Assicurazioni contro i rischi della navigazione.* — *1.* Le assicurazioni contro i rischi della navigazione sono disciplinate dalle norme del presente capo per quanto non è regolato dal codice della navigazione (nav. 446 ss., 514 ss.).

1886. *Assicurazioni sociali.* — *1.* Le assicurazioni sociali sono disciplinate dalle leggi speciali. In mancanza si applicano le norme del presente capo.

1887. *Efficacia della proposta.* — *1.* La proposta scritta diretta all'assicuratore rimane ferma (c. 1329[1]) per il termine di quindici giorni, o di trenta giorni quando occorre una visita medica (c. 2964). Il termine decorre dalla data della consegna o della spedizione della proposta (c. 1932).

1888. *Prova del contratto.* — *1.* Il contratto di assicurazione deve essere provato per iscritto (c. 2725).

2. L'assicuratore è obbligato a rilasciare al contraente la polizza di assicurazione o altro documento da lui sottoscritto (att. c. 187).

3. L'assicuratore è anche tenuto a rilasciare, a richiesta e a spese del contraente, duplicati o copie della polizza; ma in tal caso può esigere la presentazione o la restituzione dell'originale (att. c. 187).

1889. *Polizze all'ordine e al portatore.* — *1.* Se la polizza di assicurazione è all'ordine o al portatore, il suo trasferimento importa trasferimento del credito verso l'assicuratore, con gli effetti della cessione (c. 1407[2], 1918[5], 2002).

— *2.* Tuttavia l'assicuratore è liberato se senza dolo o colpa grave adempie la prestazione nei confronti del giratario o del portatore della polizza, anche se questi non è l'assicurato (c. 1992[2]).

3. In caso di smarrimento, furto o distruzione della polizza all'ordine, si applicano le disposizioni relative all'ammortamento dei titoli all'ordine (c. 2016 ss.; att. c. 187).

1890. *Assicurazione in nome altrui.* — *1.* Se il contraente stipula l'assicurazione in nome altrui senza averne il potere, l'interessato può ratificare il contratto anche dopo la scadenza o il verificarsi del sinistro (c. 1399).

2. Il contraente è tenuto personalmente ad osservare gli obblighi derivanti dal contratto fino al momento in cui l'assicuratore ha avuto notizia della ratifica o del rifiuto di questa (l. camb. 11; l. ass. 14).

(1) Sulla nullità dei contratti di assicurazione aventi ad oggetto il rischio del sequestro di persona v. art. 2, d.l. 15 gennaio 1991, n. 8, conv. in l. 15 marzo 1991, n. 82. Sulla nullità del contratto di assicurazione «con il quale un ente pubblico assicuri propri amministratori per i rischi derivanti dall'espletamento dei compiti istituzionali connessi con la carica e riguardanti la responsabilità per danni cagionati allo Stato o ad enti pubblici e la responsabilità contabile» v. art. 3.59, l. 24 dicembre 2007, n. 244. Sulla assicurazione dei crediti all'esportazione v. d.lg. 25 febbraio 2000, n. 95.

(2) Sulle assicurazioni private v. d.lg. 7 settembre 2005, n. 209, codice delle assicurazioni private, in *Leggi coll. VIII, 3*; sulla assicurazione obbligatoria R.C. auto e natanti v. d.p.r. 24 novembre 1970, n. 973, in *Leggi coll. VIII, 1*; sull'assicurazione contro gli infortuni domestici, v. l. 3 dicembre 1999, n. 493 e d.m. Lavoro 15 settembre 2000, in G.U., 22 settembre 2000, n. 222, e per l'estensione dell'assicurazione ai casi di infortunio mortale v. d.m. Lavoro e Politiche sociali 31 gennaio 2006, in G.U., 17 maggio 2006, n. 113; sull'assicurazione per la responsabilità civile e infortuni come requisito necessario per l'esercizio dell'attività venatoria v. art. 12.8, l. 11 febbraio 1992, n. 157. Per la vigilanza sulle assicurazioni v. l. 12 agosto 1982, n. 576, istitutiva dell'ISVAP, e d.p.r. 4 marzo 1983, n. 315.

3. Egli deve all'assicuratore i premi del periodo in corso nel momento in cui l'assicuratore ha avuto notizia del rifiuto della ratifica.

1891. *Assicurazione per conto altrui o per conto di chi spetta*. — *1.* Se l'assicurazione è stipulata per conto altrui o per conto di chi spetta, il contraente deve adempiere gli obblighi derivanti dal contratto, salvi quelli che per loro natura non possono essere adempiuti che dall'assicurato (c. 963[4]).

2. I diritti derivanti dal contratto spettano all'assicurato, e il contraente, anche se in possesso della polizza, non può farli valere senza espresso consenso dell'assicurato medesimo.

3. All'assicurato sono opponibili le eccezioni che si possono opporre al contraente in dipendenza del contratto.

4. Per il rimborso dei premi pagati all'assicuratore e delle spese del contratto, il contraente ha privilegio sulle somme dovute dall'assicuratore nello stesso grado dei crediti per spese di conservazione (c. 2756).

1892. *Dichiarazioni inesatte e reticenze con dolo o colpa grave*. — *1.* Le dichiarazioni inesatte e le reticenze del contraente, relative a circostanze tali che l'assicuratore non avrebbe dato il suo consenso o non lo avrebbe dato alle medesime condizioni se avesse conosciuto il vero stato delle cose, sono causa di annullamento (c. 1441 ss.) del contratto quando il contraente ha agito con dolo o con colpa grave (c. 1894, 1898).

2. L'assicuratore decade (c. 2964 ss.) dal diritto d'impugnare il contratto se, entro tre mesi dal giorno in cui ha conosciuto l'inesattezza della dichiarazione o la reticenza, non dichiara al contraente di volere esercitare l'impugnazione.

3. L'assicuratore ha diritto ai premi relativi al periodo di assicurazione in corso al momento in cui ha domandato l'annullamento e, in ogni caso, al premio convenuto per il primo anno. Se il sinistro si verifica prima che sia decorso il termine indicato dal comma precedente, egli non è tenuto a pagare la somma assicurata.

4. Se l'assicurazione riguarda più persone o più cose, il contratto è valido per quelle persone o per quelle cose alle quali non si riferisce la dichiarazione inesatta o la reticenza (c. 1932).

1893. *Dichiarazioni inesatte e reticenze senza dolo o colpa grave*. — *1.* Se il contraente ha agito senza dolo o colpa grave, le dichiarazioni inesatte e le reticenze non sono causa di annullamento del contratto, ma l'assicuratore può recedere dal contratto stesso (c. 1373[2]), mediante dichiarazione da farsi all'assicurato nei tre mesi dal giorno in cui ha conosciuto l'inesattezza della dichiarazione o la reticenza (c. 1894).

2. Se il sinistro si verifica prima che l'inesattezza della dichiarazione o la reticenza sia conosciuta dall'assicuratore, o prima che questi abbia dichiarato di recedere dal contratto, la somma dovuta è ridotta in proporzione della differenza tra il premio convenuto e quello che sarebbe stato applicato se si fosse conosciuto il vero stato delle cose (c. 1932).

1894. *Assicurazione in nome o per conto di terzi*. — *1.* Nelle assicurazioni in nome o per conto di terzi (c. 1890, 1891), se questi hanno conoscenza dell'inesattezza delle dichiarazioni o delle reticenze relative al rischio, si applicano a favore dell'assicuratore le disposizioni degli artt. 1892 e 1893 (c. 1391, 1932).

1895. *Inesistenza del rischio*. — *1.* Il contratto è nullo (c. 1325 n. 2, 1418) se il rischio non è mai esistito o ha cessato di esistere prima della conclusione del contratto (nav. 514).

1896. *Cessazione del rischio durante l'assicurazione*. — *1.* Il contratto si scioglie se il rischio cessa di esistere dopo la conclusione del contratto stesso, ma l'assicuratore ha diritto al pagamento dei premi finché la cessazione del rischio non gli sia comunicata o non venga altrimenti a sua conoscenza. I premi relativi al periodo di assicurazione in corso al momento della comunicazione o della conoscenza sono dovuti per intero.

2. Qualora gli effetti dell'assicurazione debbano avere inizio in un momento posteriore alla conclusione del contratto e il rischio cessi nell'intervallo, l'assicuratore ha diritto al solo rimborso delle spese.

1897. *Diminuzione del rischio*. — *1.* Se il contraente comunica all'assicuratore mutamenti che producono una diminuzione del rischio tale che, se fosse stata conosciuta al momento della conclusione del contratto, avrebbe portato alla stipulazione di un premio minore, l'assicuratore, a decorrere dalla scadenza del premio o della rata di premio successiva alla comunicazione suddetta, non può esigere che il minor premio, ma ha facoltà di recedere dal contratto (c. 1373[2]) entro due mesi dal giorno in cui è stata fatta la comunicazione.

2. La dichiarazione di recesso dal contratto ha effetto dopo un mese (c. 1932; att. c. 187).

1898. *Aggravamento del rischio*. — *1.* Il contraente ha l'obbligo di dare immediato avviso all'assicuratore dei mutamenti che aggravano il rischio in modo tale che, se il nuovo stato di cose fosse esistito e fosse stato conosciuto dall'assicuratore al momento della conclusione del contratto, l'assicuratore non avrebbe consentito l'assicurazione o l'avrebbe consentita per un premio più elevato (c. 1892, 1926).

2. L'assicuratore può recedere dal contratto (c. 1373²), dandone comunicazione per iscritto all'assicurato entro un mese dal giorno in cui ha ricevuto l'avviso o ha avuto in altro modo conoscenza dell'aggravamento del rischio.

3. Il recesso dell'assicuratore ha effetto immediato se l'aggravamento è tale che l'assicuratore non avrebbe consentito l'assicurazione; ha effetto dopo quindici giorni, se l'aggravamento del rischio è tale che per l'assicurazione sarebbe stato richiesto un premio maggiore.

4. Spettano all'assicuratore i premi relativi al periodo di assicurazione in corso al momento in cui è comunicata la dichiarazione di recesso.

5. Se il sinistro si verifica prima che siano trascorsi i termini per la comunicazione e per l'efficacia del recesso, l'assicuratore non risponde qualora l'aggravamento del rischio sia tale che egli non avrebbe consentito l'assicurazione se il nuovo stato di cose fosse esistito al momento del contratto; altrimenti, la somma dovuta è ridotta, tenuto conto del rapporto tra il premio stabilito nel contratto e quello che sarebbe stato fissato se il maggiore rischio fosse esistito al tempo del contratto stesso (c. 1932; att. c. 187).

1899. *Durata dell'assicurazione*. — *1.* L'assicurazione ha effetto dalle ore ventiquattro del giorno della conclusione del contratto alle ore ventiquattro dell'ultimo giorno della durata stabilita nel contratto stesso. L'assicuratore, in alternativa ad una copertura di durata annuale, può proporre una copertura di durata poliennale a fronte di una riduzione del premio rispetto a quello previsto per la stessa copertura dal contratto annuale. In questo caso, se il contratto supera i cinque anni, l'assicurato, trascorso il quinquennio, ha facoltà di recedere dal contratto con preavviso di sessanta giorni e con effetto dalla fine dell'annualità nel corso della quale la facoltà di recesso è stata esercitata (c. 1373²) (1).

2. Il contratto può essere tacitamente prorogato una o più volte, ma ciascuna proroga tacita non può avere una durata superiore a due anni (c. 1932; att. c. 187).

3. Le norme del presente articolo non si applicano alle assicurazioni sulla vita (c. 1919 ss.).

1900. *Sinistri cagionati con dolo o con colpa grave dell'assicurato o dei dipendenti*. — *1.* L'assicuratore non è obbligato per i sinistri cagionati da dolo o da colpa grave del contraente, dell'assicurato o del beneficiario, salvo patto contrario per i casi di colpa grave (c. 1917).

2. L'assicuratore è obbligato per il sinistro cagionato da dolo o da colpa grave delle persone del fatto delle quali l'assicurato deve rispondere (c. 2048, 2049; nav. 524).

3. Egli è obbligato altresì, nonostante patto contrario, per i sinistri conseguenti ad atti del contraente, dell'assicurato o del beneficiario, compiuti per dovere di solidarietà umana (cost. 2) o nella tutela degli interessi comuni all'assicuratore (c. 1914³; nav. 522²).

1901. *Mancato pagamento del premio*. — *1.* Se il contraente non paga il premio o la prima rata di premio stabilita dal contratto, l'assicurazione resta sospesa fino alle ore ventiquattro del giorno in cui il contraente paga quanto è da lui dovuto.

2. Se alle scadenze convenute il contraente non paga i premi successivi, l'assicurazione resta sospesa dalle ore ventiquattro del quindicesimo giorno dopo quello della scadenza (c. 1460).

3. Nelle ipotesi previste dai due commi precedenti il contratto è risoluto di diritto (c. 1453 ss.) se l'assicuratore, nel termine di sei mesi dal giorno in cui il premio o la rata sono scaduti, non agisce per la riscossione; l'assicuratore ha diritto soltanto al pagamento del premio relativo al periodo di assicurazione in corso e al rimborso delle spese. La presente norma non si applica alle assicurazioni sulla vita (c. 1919 ss., 1924, 1932; att. c. 187).

1902. *Fusione, concentrazione e liquidazione coatta amministrativa*. — *1.* La fusione (c. 2501 s.) e la concentrazione di aziende tra più imprese assicuratrici non sono cause di scioglimento del contratto di assicurazione. Il contratto continua con l'impresa assicuratrice che risulta dalla fusione o che incorpora le imprese preesistenti (c. 2504-*II*). Per i trasferimenti di portafoglio si osservano le leggi speciali (c. 2558).

2. Nel caso di liquidazione coatta amministrativa dell'impresa assicuratrice, il contratto di assicurazione si scioglie nei modi e con gli effetti stabiliti dalle leggi speciali anche per ciò che riguarda il privilegio a favore della massa degli assicurati (att. c. 187).

1903. *Agenti di assicurazione*. — *1.* Gli agenti autorizzati a concludere contratti di assicura-

(1) Gli attuali secondo e terzo periodo sono stati così sostituiti al precedente secondo periodo dall'art. 21.3, l. 23 luglio 2009, n. 99, periodo che così disponeva: «In caso di durata poliennale, l'assicurato ha facoltà di recedere annualmente dal contratto senza oneri e con preavviso di sessanta giorni». L'art. 21.4, l. cit., così dispone: «Le disposizioni di cui al comma 3 si applicano ai contratti stipulati successivamente alla data di entrata in vigore della presente legge».

zione possono compiere gli atti concernenti le modificazioni e la risoluzione dei contratti medesimi, salvi i limiti contenuti nella procura che sia pubblicata nelle forme richieste dalla legge (c. 1753).

2. Possono inoltre promuovere azioni ed essere convenuti in giudizio in nome dell'assicuratore, per le obbligazioni dipendenti dagli atti compiuti nell'esecuzione del loro mandato, davanti l'autorità giudiziaria del luogo in cui ha sede l'agenzia presso la quale è stato concluso il contratto (c. 1932; att. c. 187).

Sezione II. — *Dell'assicurazione contro i danni* (1)

1904. *Interesse all'assicurazione*. — *1.* Il contratto di assicurazione contro i danni è nullo (c. 1325 n. 2, 1418) se, nel momento in cui l'assicurazione deve avere inizio, non esiste un interesse dell'assicurato al risarcimento del danno (c. 1895).

1905. *Limiti del risarcimento*. — *1.* L'assicuratore è tenuto a risarcire, nei modi e nei limiti stabiliti dal contratto, il danno sofferto dall'assicurato in conseguenza del sinistro (c. 1908).

2. L'assicuratore risponde del profitto sperato solo se si è espressamente obbligato (c. 1223).

1906. *Danni cagionati da vizio della cosa*. — *1.* Salvo patto contrario, l'assicuratore non risponde dei danni prodotti da vizio intrinseco della cosa assicurata, che non gli sia stato denunziato.

2. Se il vizio ha aggravato il danno, l'assicuratore, salvo patto contrario, risponde del danno nella misura in cui sarebbe stato a suo carico, qualora il vizio non fosse esistito.

1907. *Assicurazione parziale*. — *1.* Se l'assicurazione copre solo una parte del valore che la cosa assicurata aveva nel tempo del sinistro, l'assicuratore risponde dei danni in proporzione della parte suddetta, a meno che non sia diversamente convenuto.

1908. *Valore della cosa assicurata*. — *1.* Nell'accertare il danno non si può attribuire alle cose perite o danneggiate un valore superiore a quello che avevano al tempo del sinistro.

2. Il valore delle cose assicurate può essere tuttavia stabilito al tempo della conclusione del contratto, mediante stima accettata per iscritto dalle parti (c. 1341[2]).

3. Non equivale a stima la dichiarazione di valore delle cose assicurate contenuta nella polizza o in altri documenti (nav. 515, 1021).

4. Nell'assicurazione dei prodotti del suolo il danno si determina in relazione al valore che i prodotti avrebbero avuto al tempo della maturazione o al tempo in cui ordinariamente si raccolgono.

1909. *Assicurazione per somma eccedente il valore delle cose*. — *1.* L'assicurazione per una somma che eccede il valore reale della cosa assicurata non è valida se vi è stato dolo da parte dell'assicurato; l'assicuratore, se è in buona fede, ha diritto ai premi del periodo di assicurazione in corso.

2. Se non vi è stato dolo da parte del contraente, il contratto ha effetto fino alla concorrenza del valore reale della cosa assicurata, e il contraente ha diritto di ottenere per l'avvenire una proporzionale riduzione del premio.

1910. *Assicurazione presso diversi assicuratori*. — *1.* Se per il medesimo rischio sono contratte separatamente più assicurazioni presso diversi assicuratori, l'assicurato deve dare avviso di tutte le assicurazioni a ciascun assicuratore.

2. Se l'assicurato omette dolosamente di dare l'avviso, gli assicuratori non sono tenuti a pagare l'indennità.

3. Nel caso di sinistro, l'assicurato deve darne avviso a tutti gli assicuratori a norma dell'art. 1913, indicando a ciascuno il nome degli altri. L'assicurato può chiedere a ciascun assicuratore l'indennità dovuta secondo il rispettivo contratto, purché le somme complessivamente riscosse non superino l'ammontare del danno (c. 1908).

4. L'assicuratore che ha pagato ha diritto di regresso contro gli altri per la ripartizione proporzionale in ragione delle indennità dovute secondo i rispettivi contratti (c. 1299). Se un assicuratore è insolvente, la sua quota viene ripartita fra gli altri assicuratori (c. 1299[2]).

1911. *Coassicurazione*. — *1.* Qualora la medesima assicurazione o l'assicurazione di rischi relativi alle stesse cose sia ripartita tra più assicuratori per quote determinate, ciascun assicuratore è tenuto al pagamento dell'indennità assicurata soltanto in proporzione della rispettiva quota, anche se unico è il contratto sottoscritto da tutti gli assicuratori (c. 1314).

1912. *Terremoto, guerra, insurrezione, tumulti popolari*. — *1.* Salvo patto contrario, l'assicura-

(1) L'art. 1.11, l. 4 agosto 2017, n. 124, così dispone: «Le imprese di assicurazione praticano uno sconto significativo rispetto al prezzo della polizza altrimenti applicato nel caso in cui l'assicurato contragga più polizze assicurative di veicoli in suo possesso e sottoscriva per ciascuna polizza una clausola di guida esclusiva».

tore non è obbligato per i danni determinati da movimenti tellurici, da guerra, da insurrezione o da tumulti popolari (nav. 512).

1913. *Avviso all'assicuratore in caso di sinistro*. — *1.* L'assicurato deve dare avviso del sinistro all'assicuratore o all'agente autorizzato a concludere il contratto (c. 1903), entro tre giorni da quello in cui il sinistro si è verificato o l'assicurato ne ha avuta conoscenza (c. 1915). Non è necessario l'avviso, se l'assicuratore o l'agente autorizzato alla conclusione del contratto interviene entro il detto termine alle operazioni di salvataggio o di constatazione del sinistro (c. 1914; nav. 533).

2. Nelle assicurazioni contro la mortalità del bestiame l'avviso, salvo patto contrario, deve essere dato entro ventiquattro ore (c. 1910^{3}).

1914. *Obbligo di salvataggio*. — L'assicurato deve fare quanto gli è possibile per evitare o diminuire il danno (c. 1227^{2}, 1915).

2. Le spese fatte a questo scopo dall'assicurato sono a carico dell'assicuratore, in proporzione del valore assicurato rispetto a quello che la cosa aveva nel tempo del sinistro (c. 1907), anche se il loro ammontare, unitamente a quello del danno, supera la somma assicurata, e anche se non si è raggiunto lo scopo salvo che l'assicuratore provi che le spese sono state fatte inconsideratamente (c. 1932, 2031; att. c. 187; nav. 534).

3. L'assicuratore risponde dei danni materiali direttamente derivati alle cose assicurate dai mezzi adoperati dall'assicurato per evitare o diminuire i danni del sinistro, salvo che egli provi che tali mezzi sono stati adoperati inconsideratamente (c. 1900^{3}).

4. L'intervento dell'assicuratore per il salvataggio delle cose assicurate e per la loro conservazione non pregiudica i suoi diritti (c. 1913^{1}).

5. L'assicuratore che interviene al salvataggio deve, se richiesto dall'assicurato, anticiparne le spese o concorrere in proporzione del valore assicurato.

1915. *Inadempimento dell'obbligo di avviso o di salvataggio*. — *1.* L'assicurato che dolosamente non adempie (c. 1218) l'obbligo dell'avviso (c. 1913) o del salvataggio (c. 1914) perde il diritto all'indennità.

2. Se l'assicurato omette colposamente di adempiere tale obbligo, l'assicuratore ha diritto di ridurre l'indennità in ragione del pregiudizio sofferto (c. 1932; att. c. 187).

1916. *Diritto di surrogazione dell'assicuratore*. — *1.* L'assicuratore che ha pagato l'indennità è surrogato, fino alla concorrenza dell'ammontare di essa, nei diritti dell'assicurato verso i terzi responsabili (c. 1203, 1589^{3}).

2. Salvo il caso di dolo, la surrogazione non ha luogo se il danno è causato dai figli, [...] (1) dagli ascendenti, da altri parenti (c. 74 ss.) o da affini (c. 78) dell'assicurato stabilmente con lui conviventi o da domestici (c. 2240) (2).

3. L'assicurato è responsabile verso l'assicuratore del pregiudizio arrecato al diritto di surrogazione.

4. Le disposizioni di questo articolo si applicano anche alle assicurazioni contro gli infortuni sul lavoro e contro le disgrazie accidentali (3).

1917. *Assicurazione della responsabilità civile*. — *1.* Nell'assicurazione della responsabilità civile l'assicuratore è obbligato a tenere indenne l'assicurato di quanto questi, in conseguenza del fatto accaduto durante il tempo dell'assicurazione, deve pagare a un terzo, in dipendenza della responsabilità dedotta nel contratto. Sono esclusi i danni derivanti da fatti dolosi (c. 1900; nav. 798).

2. L'assicuratore ha facoltà, previa comunicazione all'assicurato, di pagare direttamente al terzo danneggiato l'indennità dovuta, ed è obbligato al pagamento diretto se l'assicurato lo richiede (c. 2767) (4).

3. Le spese sostenute per resistere all'azione del danneggiato contro l'assicurato sono a carico dell'assicuratore nei limiti del quarto della somma assicurata. Tuttavia, nel caso che sia dovuta al danneggiato una somma superiore al capitale assicurato, le spese giudiziali si ripartiscono tra assicuratore e assicurato in proporzione del rispettivo interesse (c. 1932).

4. L'assicurato, convenuto dal danneggiato, può chiamare in causa l'assicuratore (c. 1932, 2952; p.c. 106).

1918. *Alienazione delle cose assicurate*. — *1.*

(1) Le parole «dagli affiliati,» sono state soppresse dall'art. 91, d.lg. 28 dicembre 2013, n. 154.

(2) La Corte cost., con sentenza 21 maggio 1975, n. 117, ha dichiarato costituzionalmente illegittimo questo comma, «nella parte in cui non annovera, tra le persone nei confronti delle quali non è ammessa surrogazione, il coniuge dell'assicurato».

(3) La Corte cost., con sentenza 18 luglio 1991, n. 356, ha dichiarato l'illegittimità costituzionale di questo articolo «nella parte in cui consente all'assicuratore di avvalersi, nell'esercizio del diritto di surrogazione nei confronti del terzo responsabile, anche delle somme da questi dovute all'assicurato a titolo di risarcimento del danno biologico».

(4) Per l'assicurazione per la responsabilità civile e infortuni per l'esercizio dell'attività venatoria v. art. 12.10, l. 11 febbraio 1992, n. 157.

L'alienazione delle cose assicurate non è causa di scioglimento del contratto di assicurazione (nav. 517).

2. L'assicurato, che non comunica all'assicuratore l'avvenuta alienazione e all'acquirente l'esistenza del contratto di assicurazione, rimane obbligato a pagare i premi che scadono posteriormente alla data dell'alienazione.

3. I diritti e gli obblighi dell'assicurato passano all'acquirente, se questi, avuta notizia dell'esistenza del contratto di assicurazione, entro dieci giorni dalla scadenza del primo premio successivo all'alienazione, non dichiara all'assicuratore, mediante raccomandata, che non intende subentrare nel contratto (c. 1406 ss.). Spettano in tal caso all'assicuratore i premi relativi al periodo di assicurazione in corso.

4. L'assicuratore, entro dieci giorni da quello in cui ha avuto notizia dell'avvenuta alienazione, può recedere dal contratto (c. 1373[2]) con preavviso di quindici giorni, che può essere dato anche mediante raccomandata.

5. Se è stata emessa una polizza all'ordine o al portatore (c. 1889), nessuna notizia dell'alienazione deve essere data all'assicuratore, e così quest'ultimo come l'acquirente non possono recedere dal contratto (c. 1407[2]).

Sezione III. — *Dell'assicurazione sulla vita*

1919. *Assicurazione sulla vita propria o di un terzo.* — *1.* L'assicurazione può essere stipulata sulla vita propria o su quella di un terzo (c. 1899[3]).

2. L'assicurazione contratta per il caso di morte di un terzo non è valida se questi o il suo legale rappresentante non dà il consenso alla conclusione del contratto. Il consenso deve essere provato per iscritto (c. 2725).

1920. *Assicurazione a favore di un terzo.* — *1.* È valida l'assicurazione sulla vita a favore di un terzo (c. 741, 1411 ss.).

2. La designazione del beneficiario può essere fatta nel contratto di assicurazione, o con successiva dichiarazione scritta comunicata all'assicuratore, o per testamento (c. 587); essa è efficace anche se il beneficiario è determinato solo genericamente (c. 628). Equivale a designazione l'attribuzione della somma assicurata fatta nel testamento a favore di una determinata persona.

3. Per effetto della designazione il terzo acquista un diritto proprio ai vantaggi dell'assicurazione (c. 1411[2]).

1921. *Revoca del beneficio.* — *1.* La designazione del beneficiario è revocabile con le forme con le quali può essere fatta a norma dell'articolo precedente. La revoca non può tuttavia farsi dagli eredi dopo la morte del contraente, né dopo che, verificatosi l'evento, il beneficiario ha dichiarato di voler profittare del beneficio (c. 1411[2]).

2. Se il contraente ha rinunziato per iscritto al potere di revoca, questa non ha effetto dopo che il beneficiario ha dichiarato al contraente di voler profittare del beneficio. La rinunzia del contraente e la dichiarazione del beneficiario devono essere comunicate per iscritto all'assicuratore (att. c. 188).

1922. *Decadenza dal beneficio.* — *1.* La designazione del beneficiario, anche se irrevocabile, non ha effetto qualora il beneficiario attenti alla vita dell'assicurato (c. 801).

2. Se la designazione è irrevocabile ed è stata fatta a titolo di liberalità, essa può essere revocata nei casi previsti dall'art. 800 (att. c. 188).

1923. *Diritti dei creditori e degli eredi.* — *1.* Le somme dovute dall'assicuratore al contraente o al beneficiario non possono essere sottoposte ad azione esecutiva (p.c. 491 ss.) o cautelare (p.c. 670 ss.).

2. Sono salve, rispetto ai premi pagati, le disposizioni relative alla revocazione degli atti compiuti in pregiudizio dei creditori (c. 2901 ss.) e quelle relative alla collazione, all'imputazione (c. 741) e alla riduzione (c. 555 ss.) delle donazioni.

1924. *Mancato pagamento dei premi.* — *1.* Se il contraente non paga il premio relativo al primo anno, l'assicuratore può agire per l'esecuzione del contratto nel termine di sei mesi dal giorno in cui il premio è scaduto. La disposizione si applica anche se il premio è ripartito in più rate, fermo restando il disposto dei primi due commi dell'art. 1901; in tal caso il termine decorre dalla scadenza delle singole rate.

2. Se il contraente non paga i premi successivi nel termine di tolleranza previsto dalla polizza o, in mancanza, nel termine di venti giorni dalla scadenza, il contratto è risoluto di diritto (c. 1453 ss.), e i premi pagati restano acquisiti all'assicuratore, salvo che sussistano le condizioni per il riscatto dell'assicurazione o per la riduzione della somma assicurata.

1925. *Riscatto e riduzione della polizza.* — *1.* Le polizze di assicurazione devono regolare i diritti di riscatto e di riduzione della somma assicurata, in modo tale che l'assicurato sia in grado, in ogni momento, di conoscere quale sarebbe il valore di riscatto o di riduzione dell'assicurazione.

1926. *Cambiamento di professione dell'assicurato.* — *1.* I cambiamenti di professione o di attività dell'assicurato non fanno cessare gli effetti dell'assicurazione, qualora non aggravino il rischio in modo tale che, se il nuovo stato di cose fosse esistito al tempo del contratto, l'assicuratore non avrebbe consentito l'assicurazione (c. 1469, 1898).

2. Qualora i cambiamenti siano di tale natura che, se il nuovo stato di cose fosse esistito al tempo del contratto, l'assicuratore avrebbe consentito l'assicurazione per un premio più elevato, il pagamento della somma assicurata è ridotto in proporzione del minor premio convenuto in confronto di quello che sarebbe stato stabilito.

3. Se l'assicurato dà notizia dei suddetti cambiamenti all'assicuratore, questi, entro quindici giorni, deve dichiarare se intende far cessare gli effetti del contratto ovvero ridurre la somma assicurata o elevare il premio.

4. Se l'assicuratore dichiara di voler modificare il contratto in uno dei due sensi su indicati, l'assicurato, entro quindici giorni successivi, deve dichiarare se intende accettare la proposta.

5. Se l'assicurato dichiara di non accettare, il contratto è risoluto, salvo il diritto dell'assicuratore al premio relativo al periodo di assicurazione in corso e salvo il diritto dell'assicurato al riscatto (c. 1925). Il silenzio dell'assicurato vale come adesione alla proposta dell'assicuratore.

6. Le comunicazioni e dichiarazioni previste dai commi precedenti possono farsi anche mediante raccomandata (c. 1932; att. c. 187).

1927. *Suicidio dell'assicurato*. — *1.* In caso di suicidio dell'assicurato, avvenuto prima che siano decorsi due anni dalla stipulazione del contratto, l'assicuratore non è tenuto al pagamento delle somme assicurate, salvo patto contrario.

2. L'assicuratore non è nemmeno obbligato se, essendovi stata sospensione del contratto per mancato pagamento dei premi (c. 1901, 1924), non sono decorsi due anni dal giorno in cui la sospensione è cessata.

Sezione IV. — *Della riassicurazione*

1928. *Prova*. — *1.* I contratti generali di riassicurazione (c. 2952) relativi a una serie di rapporti assicurativi devono essere provati per iscritto (c. 2725).

2. I rapporti di riassicurazione in esecuzione dei contratti generali e i contratti di riassicurazione per singoli rischi possono essere provati secondo le regole generali (c. 2697 ss.).

1929. *Efficacia del contratto*. — *1.* Il contratto di riassicurazione non crea rapporti tra l'assicurato e il riassicuratore, salve le disposizioni delle leggi speciali sul privilegio a favore della massa degli assicurati.

1930. *Diritto del riassicurato in caso di liquidazione coatta amministrativa*. — *1.* In caso di liquidazione coatta amministrativa del riassicurato, il riassicuratore deve pagare integralmente l'indennità dovuta al riassicurato, salva la compensazione con i premi e gli altri crediti (c. 1241 ss.; att. c. 187).

1931. *Compensazione dei crediti e debiti*. — *1.* In caso di liquidazione coatta amministrativa dell'impresa del riassicuratore o del riassicurato, i debiti e i crediti che, alla fine della liquidazione, risultano dalla chiusura dei conti relativi a più contratti di riassicurazione, si compensano di diritto (c. 1241 ss.; att. c. 187).

Sezione V. — *Disposizioni finali*

1932. *Norme inderogabili*. — *1.* Le disposizioni degli artt. 1887, 1892, 1893, 1894, 1897, 1898, 1899 secondo comma, 1901, 1903 secondo comma, 1914 secondo comma, 1915 secondo comma, 1917 terzo e quarto comma e 1926 non possono essere derogate se non in senso più favorevole all'assicurato.

2. Le clausole che derogano in senso meno favorevole all'assicurato sono sostituite di diritto dalle corrispondenti disposizioni di legge (c. 1339, 1419^2).

CAPO XXI

Del giuoco e della scommessa

1933. *Mancanza di azione*. — *1.* Non compete azione per il pagamento di un debito di giuoco o di scommessa, anche se si tratta di giuoco o di scommessa non proibiti (1).

2. Il perdente tuttavia non può ripetere quanto abbia spontaneamente pagato dopo l'esito di un giuoco o di una scommessa in cui non vi sia stata alcuna frode (c. 590, 627^2, 799, 2034, 2126, 2940). La ripetizione è ammessa in ogni caso se il perdente è un incapace.

1934. *Competizioni sportive*. — *1.* Sono ec-

(1) Per l'esclusione dell'eccezione di giuoco nei contratti aventi ad oggetto servizi e attività di investimento, in relazione a strumenti finanziari derivati, v. art. 23.5, d.lg. 24 febbraio 1998, n. 58, come modificato dall'art. 4.3, lett. d, d.lg. 17 settembre 2007, n. 164, in *Leggi coll. XVIII, 1*.

cettuati dalla norma del primo comma dell'articolo precedente, anche rispetto alle persone che non vi prendono parte, i giuochi che addestrano al maneggio delle armi, le corse di ogni specie e ogni altra competizione sportiva.

2. Tuttavia il giudice può rigettare o ridurre la domanda, qualora ritenga la posta eccessiva.

1935. *Lotterie autorizzate.* — *1.* Le lotterie danno luogo ad azione in giudizio, qualora siano state legalmente autorizzate (1).

CAPO XXII

DELLA FIDEIUSSIONE

Sezione I. — *Disposizioni generali*

1936. *Nozione.* — *1.* È fideiussore colui che, obbligandosi personalmente verso il creditore, garantisce l'adempimento di un'obbligazione altrui (c. 1255, 1333, 1763; l. camb. 35 ss.; l. ass. 28 ss.).

2. La fideiussione è efficace anche se il debitore non ne ha conoscenza (c. 1180^2, 1950^1).

1937. *Manifestazione della volontà.* — *1.* La volontà di prestare fideiussione deve essere espressa.

1938. *Fideiussione per obbligazioni future o condizionali.* — *1.* La fideiussione può essere prestata anche per un'obbligazione condizionale (c. 1353) o futura (c. 1844, 1956, 1958) con la previsione, in questo ultimo caso, dell'importo massimo garantito (2).

1939. *Validità della fideiussione.* — *1.* La fideiussione non è valida (c. 1325 n. 2, 1418) se non è valida l'obbligazione principale, salvo che sia prestata per un'obbligazione assunta da un incapace (c. 1945, 1950^4).

1940. *Fideiussore del fideiussore.* — *1.* La fideiussione può essere prestata così per il debitore principale, come per il suo fideiussore (c. 1948).

1941. *Limiti della fideiussione.* — *1.* La fideiussione non può eccedere ciò che è dovuto dal debitore, né può essere prestata a condizioni più onerose.

2. Può prestarsi per una parte soltanto del debito o a condizioni meno onerose.

3. La fideiussione eccedente il debito o contratta a condizioni più onerose è valida nei limiti dell'obbligazione principale.

1942. *Estensione della fideiussione.* — *1.* Salvo patto contrario, la fideiussione si estende a tutti gli accessori del debito principale, nonché alle spese per la denunzia al fideiussore della causa promossa contro il debitore principale e alle spese successive.

1943. *Obbligazione di prestare fideiussione.* — *1.* Il debitore obbligato a dare un fideiussore (c. 1179) deve presentare persona capace, che possieda beni sufficienti a garantire l'obbligazione e che abbia o elegga domicilio nella giurisdizione della corte di appello in cui la fideiussione si deve prestare (att. c. 189).

2. Quando il fideiussore è divenuto insolvente, deve esserne dato un altro (c. 1844^2, 1850, 1867 n. 2, 1877, 2743), tranne che la fideiussione sia stata prestata dalla persona voluta dal creditore.

Sezione II. — *Dei rapporti tra creditore e fideiussore*

1944. *Obbligazione del fideiussore.* — *1.* Il fideiussore è obbligato in solido col debitore principale al pagamento del debito (c. 1292 ss., 1410^2, 2871^2).

2. Le parti però possono convenire che il fideiussore non sia tenuto a pagare prima dell'escussione del debitore principale. In tal caso, il fideiussore, che sia convenuto dal creditore e intenda valersi del beneficio dell'escussione, deve indicare i beni del debitore principale da sottoporre ad esecuzione (c. 2268, 2868).

3. Salvo patto contrario, il fideiussore è tenuto ad anticipare le spese necessarie.

1945. *Eccezioni opponibili dal fideiussore.* — *1.* Il fideiussore può opporre contro il creditore tutte le eccezioni che spettano al debitore principale (c. 1239, 1247, 1253), salva quella derivante dall'incapacità (c. 1939).

1946. *Fideiussione prestata da più persone.* — *1.* Se più persone hanno prestato fideiussione per un medesimo debitore e a garanzia di un medesimo debito, ciascuna di esse è obbligata per l'intero debito (c. 1239^2, 1294), salvo che sia stato pattuito il beneficio della divisione.

1947. *Beneficio della divisione.* — *1.* Se è stato stipulato il beneficio della divisione, ogni fideiussore che sia convenuto per il pagamento dell'intero debito può esigere che il creditore riduca l'azione alla parte da lui dovuta.

2. Se alcuno dei fideiussori era insolvente al tempo in cui un altro ha fatto valere il beneficio della divisione, questi è obbligato per tale insolvenza in proporzione della sua quota, ma

(1) Per il regolamento sui concorsi e le operazioni a premio v. d.p.r. 26 ottobre 2001, n. 430.
(2) Articolo così sostituito dall'art. 10.1, l. 17 febbraio 1992, n. 154.

non risponde delle insolvenze sopravvenute (c. 1299[2]).

1948. *Obbligazione del fideiussore del fideiussore.* — *1.* Il fideiussore del fideiussore (c. 1940) non è obbligato verso il creditore, se non nel caso in cui il debitore principale e tutti i fideiussori di questo siano insolventi, o siano liberati perché incapaci.

Sezione III. — *Dei rapporti tra fideiussore e debitore principale*

1949. *Surrogazione del fideiussore nei diritti del creditore.* — *1.* Il fideiussore che ha pagato il debito è surrogato nei diritti che il creditore aveva contro il debitore (c. 1203 n. 3, 1955).

1950. *Regresso contro il debitore principale.* — *1.* Il fideiussore che ha pagato ha regresso contro il debitore principale, benché questi non fosse consapevole della prestata fideiussione (c. 1936[2]).

2. Il regresso comprende il capitale, gli interessi e le spese che il fideiussore ha fatte dopo che ha denunziato al debitore principale le istanze proposte contro di lui.

3. Il fideiussore inoltre ha diritto agli interessi legali (c. 1284) sulle somme pagate dal giorno del pagamento. Se il debito principale produceva interessi in misura superiore al saggio legale (c. 1284[3]), il fideiussore ha diritto a questi fino al rimborso del capitale (c. 1224[1]).

4. Se il debitore è incapace (c. 1939), il regresso del fideiussore è ammesso solo nei limiti di ciò che sia stato rivolto a suo vantaggio (c. 1190).

1951. *Regresso contro più debitori principali.* — *1.* Se vi sono più debitori principali obbligati in solido (c. 1292 ss.), il fideiussore che ha garantito per tutti ha regresso contro ciascuno per ripetere integralmente ciò che ha pagato.

1952. *Divieto di agire contro il debitore principale.* — *1.* Il fideiussore non ha regresso contro il debitore principale se, per avere omesso di denunziargli il pagamento fatto, il debitore ha pagato ugualmente il debito.

2. Se il fideiussore ha pagato senza averne dato avviso al debitore principale, questi può opporgli le eccezioni che avrebbe potuto opporre al creditore principale all'atto del pagamento.

3. In entrambi i casi è fatta salva al fideiussore l'azione per la ripetizione contro il creditore (c. 2033).

1953. *Rilievo del fideiussore.* — *1.* Il fideiussore, anche prima di aver pagato, può agire contro il debitore perché questi gli procuri la liberazione o, in mancanza, presti le garanzie necessarie (c. 1179) per assicurargli il soddisfacimento delle eventuali ragioni di regresso, nei casi seguenti:

1) quando è convenuto in giudizio per il pagamento;

2) quando il debitore è divenuto insolvente;

3) quando il debitore si è obbligato di liberarlo dalla fideiussione entro un tempo determinato;

4) quando il debito è divenuto esigibile per la scadenza del termine;

5) quando sono decorsi cinque anni, e l'obbligazione principale non ha un termine, purché essa non sia di tal natura da non potersi estinguere prima di un tempo determinato (c. 1183 ss.).

Sezione IV. — *Dei rapporti tra più fideiussori*

1954. *Regresso contro gli altri fideiussori.* — *1.* Se più persone hanno prestato fideiussione per un medesimo debitore e per un medesimo debito, il fideiussore che ha pagato ha regresso contro gli altri fideiussori per la loro rispettiva porzione (c. 1299[1]). Se uno di questi è insolvente, si osserva la disposizione del secondo comma dell'art. 1299.

Sezione V. — *Dell'estinzione della fideiussione*

1955. *Liberazione del fideiussore per fatto del creditore.* — *1.* La fideiussione si estingue quando, per fatto del creditore, non può avere effetto la surrogazione del fideiussore nei diritti (c. 1949), nel pegno (c. 2784 ss.), nelle ipoteche (c. 2808 ss.) e nei privilegi (c. 2745 ss.) del creditore (c. 2869, 2926).

1956. *Liberazione del fideiussore per obbligazione futura.* — *1.* Il fideiussore per un'obbligazione futura (c. 1938) è liberato se il creditore, senza speciale autorizzazione del fideiussore, ha fatto credito al terzo, pur conoscendo che le condizioni patrimoniali di questo erano divenute tali da rendere notevolmente più difficile il soddisfacimento del credito (c. 1461, 1959).

2. Non è valida la preventiva rinuncia del fideiussore ad avvalersi della liberazione (1).

1957. *Scadenza dell'obbligazione principale.*

(1) Comma aggiunto dall'art. 10.2, l. 17 febbraio 1992, n. 154.

— *1.* Il fideiussore rimane obbligato anche dopo la scadenza dell'obbligazione principale, purché il creditore entro sei mesi abbia proposto le sue istanze contro il debitore e le abbia con diligenza continuate (c. 1198[2], 1267[2]).

2. La disposizione si applica anche al caso in cui il fideiussore ha espressamente limitato la sua fideiussione allo stesso termine dell'obbligazione principale.

3. In questo caso però l'istanza contro il debitore deve essere proposta entro due mesi.

4. L'istanza proposta contro il debitore interrompe la prescrizione anche nei confronti del fideiussore (c. 1310[1], 2943 ss.; att. c. 190).

CAPO XXIII

Del mandato di credito

1958. *Effetti del mandato di credito*. — *1.* Se una persona si obbliga verso un'altra, che le ha conferito l'incarico, a fare credito a un terzo, in nome e per conto proprio, quella che ha dato l'incarico risponde come fideiussore (c. 1944) di un debito futuro (c. 1938, 1956).

2. Colui che ha accettato l'incarico non può rinunziarvi, ma chi l'ha conferito può revocarlo, salvo l'obbligo di risarcire il danno all'altra parte (c. 1723).

1959. *Sopravvenuta insolvenza del mandante o del terzo*. — *1.* Se, dopo l'accettazione dell'incarico, le condizioni patrimoniali di colui che lo ha conferito o del terzo sono divenute tali da rendere notevolmente più difficile il soddisfacimento del credito, colui che ha accettato l'incarico non può essere costretto ad eseguirlo (c. 1461).

2. Si applica inoltre la disposizione dell'art. 1956.

CAPO XXIV

Dell'anticresi

1960. *Nozione*. — *1.* L'anticresi è il contratto col quale il debitore o un terzo si obbliga a consegnare un immobile al creditore a garanzia del credito, affinché il creditore ne percepisca i frutti (c. 821), imputandoli agli interessi, se dovuti (c. 1282), e quindi al capitale (c. 1194).

1961. *Obblighi del creditore anticretico*. — *1.* Il creditore, se non è stato convenuto diversamente, è obbligato a pagare i tributi e i pesi annui dell'immobile ricevuto in anticresi.

2. Egli ha l'obbligo di conservare, amministrare e coltivare il fondo da buon padre di famiglia (c. 1176[1]). Le spese relative devono essere prelevate dai frutti.

3. Il creditore, se vuole liberarsi da tali obblighi, può, in ogni tempo, restituire l'immobile al debitore, purché non abbia rinunziato a tale facoltà.

1962. *Durata dell'anticresi*. — *1.* L'anticresi dura finché il creditore sia stato interamente soddisfatto del suo credito, anche se il credito o l'immobile dato in anticresi sia divisibile, salvo che sia stata stabilita la durata.

2. In ogni caso l'anticresi non può avere una durata superiore a dieci anni.

3. Se è stato stipulato un termine maggiore, questo si riduce al termine suddetto.

1963. *Divieto del patto commissorio*. — *1.* È nullo qualunque patto, anche posteriore alla conclusione del contratto, con cui si conviene che la proprietà dell'immobile passi al creditore nel caso di mancato pagamento del debito (c. 2744).

1964. *Compensazione dei frutti con gli interessi*. — *1.* Salva la disposizione dell'art. 1448, è valido il patto col quale le parti convengono che i frutti si compensino con gli interessi in tutto o in parte. In tal caso il debitore può in ogni tempo estinguere il suo debito e rientrare nel possesso dell'immobile (att. c. 192).

CAPO XXV

Della transazione

1965. *Nozione*. — *1.* La transazione è il contratto col quale le parti, facendosi reciproche concessioni, pongono fine a una lite già incominciata o prevengono una lite che può sorgere tra loro (c. 764[2], 1304).

2. Con le reciproche concessioni si possono creare, modificare o estinguere anche rapporti diversi da quello che ha formato oggetto della pretesa e della contestazione delle parti (1).

1966. *Capacità a transigere e disponibilità dei diritti*. — *1.* Per transigere le parti devono avere la capacità di disporre dei diritti che formano oggetto della lite (c. 180[2], 320[3], 375 n. 4, 2393[5]).

2. La transazione è nulla se tali diritti, per loro natura o per espressa disposizione di leg-

(1) Sulla convenzione di negoziazione assistita da uno o più avvocati v. art. 2, d.l. 12 settembre 2014, n. 132, conv. in l. 10 novembre 2014, n. 162.

ge, sono sottratti alla disponibilità delle parti (c. 2113[1]).

1967. *Prova*. — *1.* La transazione deve essere provata per iscritto, fermo il disposto del n. 12 dell'art. 1350 (c. 2725).

1968. *Transazione sulla falsità di documenti*. — *1.* La transazione nei giudizi civili di falso (p.c. 221 ss.) non produce alcun effetto, se non è stata omologata dal tribunale, sentito il pubblico ministero.

1969. *Errore di diritto*. — *1.* La transazione non può essere annullata per errore di diritto relativo alle questioni che sono state oggetto di controversia tra le parti (c. 1429 n. 4).

1970. *Lesione*. — *1.* La transazione non può essere impugnata per causa di lesione (c. 1448).

1971. *Transazione su pretesa temeraria*. — *1.* Se una delle parti era consapevole della temerarietà della sua pretesa, l'altra può chiedere l'annullamento della transazione (c. *1438*, 1441 ss.).

1972. *Transazione su un titolo nullo*. — *1.* È nulla (c. 1418) la transazione relativa a un contratto illecito (c. 1343 ss.), ancorché le parti abbiano trattato della nullità di questo.

2. Negli altri casi in cui la transazione è stata fatta relativamente a un titolo nullo, l'annullamento di essa può chiedersi solo dalla parte che ignorava la causa di nullità del titolo (c. 1423).

1973. *Annullabilità per falsità di documenti*. — *1.* È annullabile (c. 1427, 1441 ss.) la transazione fatta, in tutto o in parte, sulla base di documenti che in seguito sono stati riconosciuti falsi.

1974. *Annullabilità per cosa giudicata*. — *1.* È pure annullabile (c. 1427, 1441 ss.) la transazione fatta su lite già decisa con sentenza passata in giudicato (p.c. 324), della quale le parti o una di esse non avevano notizia.

1975. *Annullabilità per scoperta di documenti*. — *1.* La transazione che le parti hanno conclusa generalmente sopra tutti gli affari che potessero esservi tra loro non può impugnarsi per il fatto che posteriormente una di esse venga a conoscenza di documenti che le erano ignoti al tempo della transazione, salvo che questi siano stati occultati dall'altra parte (c. 1439).

2. La transazione è annullabile (c. 1427, 1441 ss.), quando non riguarda che un affare determinato e con documenti posteriormente scoperti si prova che una delle parti non aveva alcun diritto.

1976. *Risoluzione della transazione per inadempimento*. — *1.* La risoluzione della transazione per inadempimento non può essere richiesta se il rapporto preesistente è stato estinto per novazione (c. 1230 ss.), salvo che il diritto alla risoluzione sia stato espressamente stipulato (c. 1453 ss.).

CAPO XXVI

Della cessione dei beni ai creditori

1977. *Nozione*. — *1.* La cessione dei beni ai creditori è il contratto col quale il debitore incarica i suoi creditori o alcuni di essi di liquidare tutte o alcune sue attività e di ripartirne tra loro il ricavato in soddisfacimento dei loro crediti (c. 507).

1978. *Forma*. — *1.* La cessione dei beni si deve fare per iscritto, sotto pena di nullità (c. 1350, 2649, 2687, 2725[2]).

2. Se tra i beni ceduti esistono crediti, si osservano le disposizioni degli artt. 1264 e 1265.

1979. *Poteri dei creditori cessionari*. — *1.* L'amministrazione dei beni ceduti spetta ai creditori cessionari. Questi possono esercitare tutte le azioni di carattere patrimoniale relative ai beni medesimi (att. c. 193).

1980. *Effetti della cessione*. — *1.* Il debitore non può disporre dei beni ceduti.

2. I creditori anteriori alla cessione che non vi hanno partecipato possono agire esecutivamente anche su tali beni.

3. I creditori cessionari, se la cessione ha avuto per oggetto solo alcune attività del debitore, non possono agire esecutivamente sulle altre attività prima di aver liquidato quelle cedute (att. c. 193).

1981. *Spese*. — *1.* I creditori che hanno concluso il contratto o vi hanno aderito (c. 1332) devono anticipare le spese necessarie per la liquidazione e hanno il diritto di prelevarne l'importo sul ricavato di essa.

1982. *Riparto*. — *1.* I creditori devono ripartire tra loro le somme ricavate in proporzione dei rispettivi crediti, salve le cause di prelazione (c. 2741). Il residuo spetta al debitore (att. c. 193).

1983. *Controllo del debitore*. — *1.* Il debitore ha diritto di controllare la gestione e di averne il rendiconto alla fine della liquidazione, o alla fine di ogni anno se la gestione dura più di un anno (p.c. 263-266; att. p.c. 109).

2. Se è stato nominato un liquidatore, questi deve rendere il conto anche al debitore (att. c. 193).

1984. *Liberazione del debitore*. — *1.* Se non vi è patto contrario, il debitore è liberato verso i creditori solo dal giorno in cui essi ricevono la parte loro spettante sul ricavato della liquidazione, e nei limiti di quanto hanno ricevuto (att. c. 193).

1985. *Recesso dal contratto*. — *1.* Il debitore può recedere dal contratto (c. 1373) offrendo il pagamento del capitale e degli interessi a coloro con i quali ha contrattato o che hanno aderito alla cessione (c. 1332). Il recesso ha effetto dal giorno del pagamento.

2. Il debitore è tenuto al rimborso delle spese di gestione (att. c. 193).

1986. *Annullamento e risoluzione del contratto*. — *1.* La cessione può essere annullata (c. 1441 ss.) se il debitore, avendo dichiarato di cedere tutti i suoi beni, ha dissimulato parte notevole di essi, ovvero se ha occultato passività o ha simulato passività inesistenti.

2. La cessione può essere risoluta per inadempimento secondo le regole generali (c. 1453 ss.).

TITOLO IV

Delle promesse unilaterali (1)

1987. *Efficacia delle promesse*. — *1.* La promessa unilaterale di una prestazione non produce effetti obbligatori fuori dei casi ammessi dalla legge (c. 1322[2], 1333).

1988. *Promessa di pagamento e ricognizione di debito*. — *1.* La promessa di pagamento o la ricognizione di un debito (c. 969, 1309, 1870, 2720, 2944, 2966) dispensa colui a favore del quale è fatta dall'onere di provare (c. 2697) il rapporto fondamentale. L'esistenza di questo si presume fino a prova contraria.

1989. *Promessa al pubblico*. — *1.* Colui che, rivolgendosi al pubblico, promette una prestazione a favore di chi si trovi in una determinata situazione o compia una determinata azione, è vincolato dalla promessa non appena questa è resa pubblica (c. 1334).

2. Se alla promessa non è apposto un termine, o questo non risulta dalla natura o dallo scopo della medesima, il vincolo del promittente cessa, qualora entro l'anno dalla promessa non gli sia stato comunicato l'avveramento della situazione o il compimento dell'azione prevista nella promessa.

1990. *Revoca della promessa*. — *1.* La promessa può essere revocata prima della scadenza del termine indicato dall'articolo precedente solo per giusta causa, purché la revoca sia resa pubblica nella stessa forma della promessa o in forma equivalente (c. 1336[2]).

2. In nessun caso la revoca può avere effetto se la situazione prevista nella promessa si è già verificata o se l'azione è già stata compiuta.

1991. *Cooperazione di più persone*. — *1.* Se l'azione è stata compiuta da più persone separatamente, oppure se la situazione è comune a più persone, la prestazione promessa, quando è unica, spetta a colui che per primo ne ha dato notizia al promittente.

TITOLO V

Dei titoli di credito (2)

CAPO I

Disposizioni generali

1992. *Adempimento della prestazione*. — *1.* Il possessore di un titolo di credito ha diritto alla prestazione in esso indicata verso presentazione del titolo, purché sia legittimato nelle forme prescritte dalla legge (c. 2003, 2008, 2021).

2. Il debitore, che senza dolo o colpa grave adempie la prestazione nei confronti del possessore, è liberato anche se questi non è il titolare del diritto (c. 1189[1], 1836, 1889[2], 2006[3]; l. camb. 46[3]).

1993. *Eccezioni opponibili*. — *1.* Il debitore può opporre al possessore del titolo soltanto le eccezioni a questo personali, le eccezioni di forma (l. camb. 1 e 2; l. ass. 1 e 2), quelle che sono fondate sul contesto letterale del titolo, nonché quelle che dipendono da falsità della propria firma, da difetto di capacità (c. 2, 414 ss.) o di rappresentanza (c. 1387) al momento dell'emissione, o dalla mancanza delle condizioni necessarie per l'esercizio dell'azione (l. camb. 94; l. ass. 75).

2. Il debitore può opporre al possessore del titolo le eccezioni fondate sui rapporti personali con i precedenti possessori, soltanto se, nell'acquistare il titolo, il possessore ha agito intenzionalmente a danno del debitore medesimo (l. camb. 21; l. ass. 25).

1994. *Effetti del possesso di buona fede*. — *1.* Chi ha acquistato in buona fede il possesso di un titolo di credito (c. 1147[1], 1153, 1157), in conformità delle norme che ne disciplinano la circolazione (c. 2003, 2008, 2021), non è soggetto a rivendicazione (c. 948; l. camb. 20).

1995. *Trasferimento dei diritti accessori*. — *1.* Il trasferimento del titolo di credito comprende anche i diritti accessori che sono ad esso

(1) Per l'individuazione del diritto applicabile v. art. 58, l. 31 maggio 1995, n. 218, in *Leggi coll. I, 1.*
(2) Per l'individuazione del diritto applicabile v. art. 59, l. 31 maggio 1995, n. 218, in *Leggi coll. I, 1.*

inerenti (c. 2011[1]; l. camb. 18; l. ass. 20).

1996. *Titoli rappresentativi.* — *1.* I titoli rappresentativi di merci attribuiscono al possessore il diritto alla consegna delle merci che sono in essi specificate, il possesso delle medesime e il potere di disporne mediante trasferimento del titolo (c. 1527, 1684, 1790 ss.; nav. 463, 466, 961).

1997. *Efficacia dei vincoli sul credito.* — *1.* Il pegno (c. 2786 ss.), il sequestro (p.c. 670 ss.), il pignoramento (p.c. 491 ss.) e ogni altro vincolo sul diritto menzionato in un titolo di credito o sulle merci da esso rappresentate non hanno effetto se non si attuano sul titolo (c. 2014, 2024 ss.).

1998. *Titoli con diritto a premi.* — *1.* Nel caso di usufrutto di titoli di credito il godimento dell'usufruttario si estende ai premi e alle altre utilità aleatorie prodotte dal titolo (c. 978 ss., 983, 2025).

2. Il premio è investito a norma dell'art. 1000.

3. Nel pegno di titoli di credito la garanzia non si estende ai premi e alle altre utilità aleatorie prodotte dal titolo (c. 2786 ss., 2791).

1999. *Conversione dei titoli.* — *1.* I titoli di credito al portatore (c. 2003) possono essere convertiti dall'emittente in titoli nominativi (c. 2021), su richiesta e a spese del possessore.

2. Salvo il caso in cui la convertibilità sia stata espressamente esclusa dall'emittente, i titoli nominativi possono essere convertiti in titoli al portatore, su richiesta e a spese dell'intestatario che dimostri la propria identità e la propria capacità a norma del secondo comma dell'art. 2022 (c. 373).

2000. *Riunione e frazionamento dei titoli.* — *1.* I titoli di credito emessi in serie possono essere riuniti in un titolo multiplo, su richiesta e a spese del possessore.

2. I titoli di credito multipli possono essere frazionati in più titoli di taglio minore (c. 1793) (1).

2001. *Rinvio a disposizioni speciali.* — *1.* Le norme di questo titolo si applicano in quanto non sia diversamente disposto da altre norme di questo codice o di leggi speciali (2).

2. I titoli del debito pubblico, i biglietti di banca e gli altri titoli equivalenti sono regolati da leggi speciali (3).

2002. *Documenti di legittimazione e titoli impropri.* — *1.* Le norme di questo titolo non si applicano ai documenti che servono solo a identificare l'avente diritto alla prestazione, o a consentire il trasferimento del diritto senza l'osservanza delle forme proprie della cessione (c. 1835, 1836[1], 1889).

CAPO II

Dei titoli al portatore

2003. *Trasferimento del titolo e legittimazione del possessore.* — *1.* Il trasferimento del titolo al portatore (c. 2412) si opera con la consegna del titolo (c. *1376*, 1994).

2. Il possessore del titolo al portatore è legittimato all'esercizio del diritto in esso menzionato in base alla presentazione del titolo (c. 1992).

2004. *Limitazione della libertà di emissione.* — *1.* Il titolo di credito contenente l'obbligazione di pagare una somma di danaro non può essere emesso al portatore se non nei casi stabiliti dalla legge.

2005. *Titolo deteriorato.* — *1.* Il possessore di un titolo deteriorato che non sia più idoneo alla circolazione, ma sia tuttora sicuramente identificabile, ha diritto di ottenere dall'emittente un titolo equivalente, verso la restituzione del primo e il rimborso delle spese.

2006. *Smarrimento e sottrazione del titolo.* — *1.* Salvo disposizioni di leggi speciali (4), non è ammesso l'ammortamento dei titoli al portatore smarriti o sottratti (c. 2016).

2. Tuttavia chi denunzia all'emittente lo smarrimento o la sottrazione d'un titolo al portatore e gliene fornisce la prova ha diritto alla prestazione e agli accessori della medesima, decorso il termine di prescrizione del titolo.

3. Il debitore che esegue la prestazione a

(1) Art. 8, r.d. 29 marzo 1942, n. 239, in *Leggi coll. XIV, 4*.

(2) Cfr. r.d. 14 dicembre 1933, n. 1669, in *Leggi coll. IX, 1*, e r.d. 21 dicembre 1933, n. 1736, in *Leggi coll. IX, 3*.

(3) D.p.r. 30 dicembre 2003, n. 398, t.u. in materia di debito pubblico. L'art. 3, l. 7 aprile 1997, n. 96, come modificato dall'art. 87.1, l. 27 dicembre 2002, n. 289, così dispone: «1. Le banconote ed i biglietti a debito dello Stato si prescrivono a favore dell'Erario decorsi dieci anni dalla data di cessazione del corso legale. || 1-*bis*. Le banconote in lire possono essere convertite in euro presso le filiali della Banca d'Italia non oltre il 28 febbraio 2012. || 2. In deroga a quanto stabilito dal comma 1, le banconote ed i biglietti dello Stato per i quali è già stata disposta da almeno cinque anni la cessazione del corso legale si prescrivono a favore dell'Erario nel termine di cinque anni dalla data di entrata in vigore della presente legge».

(4) V. l. 30 luglio 1951, n. 948. Sul rimborso del capitale di titoli di Stato al portatore sottratti, distrutti o smarriti v. l. 12 agosto 1993, n. 313 e d.m. Tesoro, 30 marzo 1994, in G.U., 12 aprile 1994, n. 84.

favore del possessore del titolo prima del termine suddetto è liberato, salvo che si provi che egli conoscesse il vizio del possesso del presentatore (c. 1992[2], 2016[5]).

4. Se i titoli smarriti o sottratti sono azioni al portatore (c. 2354), il denunziante può essere autorizzato dal tribunale, previa cauzione, se del caso, a esercitare i diritti inerenti alle azioni (c. 2350 ss.) anche prima del termine di prescrizione, fino a quando i titoli non vengano presentati da altri.

5. È salvo, in ogni caso, l'eventuale diritto del denunziante verso il possessore del titolo.

2007. *Distruzione del titolo. — 1.* Il possessore del titolo al portatore, che ne provi la distruzione, ha diritto di chiedere all'emittente il rilascio di un duplicato o di un titolo equivalente.

2. Le spese sono a carico del richiedente.

3. Se la prova della distruzione non è raggiunta, si osservano le disposizioni dell'articolo precedente.

CAPO III

DEI TITOLI ALL'ORDINE

2008. *Legittimazione del possessore. — 1.* Il possessore di un titolo all'ordine è legittimato all'esercizio del diritto in esso menzionato in base a una serie continua di girate (c. 1992; l. camb. 20; l. ass. 22).

2009. *Forma della girata. — 1.* La girata deve essere scritta sul titolo e sottoscritta dal girante (l. camb. 17[1]; l. ass. 19[1]).

2. È valida la girata anche se non contiene l'indicazione del giratario (l. camb. 17[2]; l. ass. 19[2]).

3. La girata al portatore vale come girata in bianco (l. camb. 16[3]; l. ass. 18[4]).

2010. *Girata condizionale o parziale. — 1.* Qualsiasi condizione apposta alla girata si ha come non scritta (c. 1353; l. camb. 16[1]; l. ass. 18[1]).

2. È nulla la girata parziale (l. camb. 16[2]; l. ass. 18[2]).

2011. *Effetti della girata. — 1.* La girata trasferisce (c. *1376*) tutti i diritti inerenti al titolo (c. 1407[2], 1995, 2831[2]; l. camb. 18; l. ass. 20).

2. Se il titolo è girato in bianco, il possessore può riempire la girata col proprio nome o con quello di altra persona, ovvero può girare di nuovo il titolo o trasmetterlo a un terzo senza riempire la girata o senza apporne una nuova (l. camb. 18[2]; l. ass. 20[2]).

2012. *Obblighi del girante. — 1.* Salvo diversa disposizione di legge (c. 1797; l. camb. 19; l. ass. 21) o clausola contraria risultante dal titolo, il girante non è obbligato per l'inadempimento della prestazione da parte dell'emittente (c. 1267).

2013. *Girata per incasso o per procura. — 1.* Se alla girata è apposta una clausola che importa conferimento di una procura per incasso, il giratario può esercitare tutti i diritti inerenti al titolo, ma non può girare il titolo, fuorché per procura.

2. L'emittente può opporre al giratario per procura soltanto le eccezioni opponibili al girante.

3. L'efficacia della girata per procura non cessa per la morte o per la sopravvenuta incapacità del girante (c. 1722 n. 4, 1723[2]; l. camb. 22; l. ass. 26).

2014. *Girata a titolo di pegno. — 1.* Se alla girata è apposta una clausola che importa costituzione di pegno (c. 2786), il giratario può esercitare tutti i diritti inerenti al titolo, ma la girata da lui fatta vale solo come girata per procura (l. camb. 23).

2. L'emittente non può opporre al giratario in garanzia le eccezioni fondate sui propri rapporti personali col girante, a meno che il giratario, ricevendo il titolo, abbia agito intenzionalmente a danno dell'emittente (c. 1993[2], 2026; l. camb. 23).

2015. *Cessione del titolo all'ordine. — 1.* L'acquisto di un titolo all'ordine con un mezzo diverso dalla girata produce gli effetti della cessione (c. 1260 ss.; l. camb. 24; l. ass. 27).

2016. *Procedura d'ammortamento. — 1.* In caso di smarrimento, sottrazione o distruzione del titolo (c. 1889[3]), il possessore può farne denunzia al debitore e chiedere l'ammortamento del titolo con ricorso al presidente del tribunale del luogo in cui il titolo è pagabile (l. camb. 89 ss.; l. ass. 69 ss.).

2. Il ricorso deve indicare i requisiti essenziali del titolo e, se si tratta di titolo in bianco (c. 2009[3], 2011[2]), quelli sufficienti a identificarlo.

3. Il presidente del tribunale, premessi gli opportuni accertamenti sulla verità dei fatti e sul diritto del possessore, pronunzia con decreto l'ammortamento e autorizza il pagamento del titolo dopo trenta giorni dalla data di pubblicazione del decreto nella *Gazzetta Ufficiale* della Repubblica, purché nel frattempo non sia fatta opposizione dal detentore. Se alla data della pubblicazione il titolo non è ancora scaduto, il termine per il pagamento decorre dalla data della scadenza (c. 2018).

4. Il decreto deve essere notificato al debitore e pubblicato nella *Gazzetta Ufficiale* della Repubblica a cura del ricorrente.

5. Nonostante la denunzia, il pagamento fatto al detentore prima della notificazione del decreto libera il debitore (c. 2006[3], 2027).

2017. *Opposizione del detentore*. — *1.* L'opposizione del detentore deve essere proposta davanti al tribunale che ha pronunziato l'ammortamento, con citazione da notificarsi al ricorrente e al debitore.

2. L'opposizione non è ammissibile senza il deposito del titolo presso la cancelleria del tribunale.

3. Se l'opposizione è respinta, il titolo è consegnato a chi ha ottenuto l'ammortamento.

2018. *Diritti del ricorrente durante il termine per l'opposizione*. — *1.* Durante il termine stabilito dall'art. 2016, il ricorrente può compiere tutti gli atti che tendono a conservare i suoi diritti, e, se il titolo è scaduto o pagabile a vista, può esigerne il pagamento mediante cauzione o chiedere il deposito giudiziario della somma (c. 2027).

2019. *Effetti dell'ammortamento*. — *1.* Trascorso senza opposizione il termine indicato dall'art. 2016, il titolo non ha più efficacia, salve le ragioni del detentore verso chi ha ottenuto l'ammortamento (c. 2027[3]).

2. Chi ha ottenuto l'ammortamento, su presentazione del decreto e di un certificato del cancelliere del tribunale comprovante che non fu interposta opposizione, può esigere il pagamento o, qualora il titolo sia in bianco (c. 2009[2], 2011[2]) o non sia ancora scaduto, può ottenere un duplicato.

2020. *Leggi speciali*. — *1.* Le norme di questa sezione si applicano ai titoli all'ordine regolati da leggi speciali in quanto queste non dispongano diversamente (1).

CAPO IV

DEI TITOLI NOMINATIVI

2021. *Legittimazione del possessore*. — *1.* Il possessore di un titolo nominativo è legittimato all'esercizio del diritto in esso menzionato per effetto dell'intestazione a suo favore contenuta nel titolo e nel registro dell'emittente (c. 1992).

2022. *Trasferimento*. — *1.* Il trasferimento del titolo nominativo si opera mediante l'annotazione del nome dell'acquirente sul titolo e nel registro dell'emittente o col rilascio di un nuovo titolo intestato al nuovo titolare (c. *1376*). Del rilascio deve essere fatta annotazione nel registro.

2. Colui che chiede l'intestazione del titolo a favore di un'altra persona, o il rilascio di un nuovo titolo ad essa intestato, deve provare la propria identità e la propria capacità di disporre, mediante certificazione di un notaio o di un agente di cambio. Se l'intestazione o il rilascio è richiesto dall'acquirente, questi deve esibire il titolo e dimostrare il suo diritto mediante atto autentico (c. 1999[2], 2024).

3. Le annotazioni nel registro e sul titolo sono fatte a cura e sotto la responsabilità dell'emittente.

4. L'emittente che esegue il trasferimento nei modi indicati dal presente articolo è esonerato da responsabilità, salvo il caso di colpa (c. 2355[4]; nav. 464[3], 962[3]).

2023. *Trasferimento mediante girata*. — *1.* Salvo diverse disposizioni della legge, il titolo nominativo può essere trasferito anche mediante girata (c. 2009) autenticata da un notaio o da un agente di cambio (c. *1376*).

2. La girata deve essere datata e sottoscritta dal girante e contenere l'indicazione del giratario. Se il titolo non è interamente liberato, è necessaria anche la sottoscrizione del giratario (c. 2356).

3. Il trasferimento mediante girata non ha efficacia nei confronti dell'emittente fino a che non ne sia fatta annotazione nel registro. Il giratario che si dimostra possessore del titolo in base a una serie continua di girate ha diritto di ottenere l'annotazione del trasferimento nel registro dell'emittente.

2024. *Vincoli sul credito*. — *1.* Nessun vincolo sul credito produce effetti nei confronti dell'emittente e dei terzi, se non risulta da una corrispondente annotazione sul titolo e nel registro (c. 167[4], 1997).

2. Per l'annotazione si osserva il disposto del secondo comma dell'art. 2022.

2025. *Usufrutto*. — *1.* Chi ha l'usufrutto (c. 978 ss.) del credito menzionato in un titolo nominativo ha diritto di ottenere un titolo separato da quello del proprietario.

2026. *Pegno*. — *1.* La costituzione in pegno (c. 2786) di un titolo nominativo può farsi anche mediante consegna del titolo, girato con la clausola «in garanzia» o altra equivalente (c. 2014).

2. Il giratario in garanzia non può trasmettere ad altri il titolo se non mediante girata per procura (c. 2013, 2014).

2027. *Ammortamento*. — *1.* In caso di smarrimento, sottrazione o distruzione del titolo,

(1) V. r.d. 14 dicembre 1933, n. 1669, in *Leggi coll. IX, 1*, l. 13 gennaio 1994, n. 43, in *Leggi coll. IX, 2*, r.d. 21 dicembre 1933, n. 1736, in *Leggi coll. IX, 3*, e l. 12 giugno 1973, n. 349, in *Leggi coll. IX, 4*.

l'intestatario o il giratario di esso può farne denunzia all'emittente e chiedere l'ammortamento del titolo in conformità delle norme relative ai titoli all'ordine (c. 2016 ss.).

2. In caso di smarrimento, sottrazione o distruzione di azioni nominative, durante il termine stabilito dall'art. 2016 il ricorrente può esercitare i diritti inerenti alle azioni, salva, se del caso, la prestazione di una cauzione (c. 2018).

3. L'ammortamento estingue il titolo, ma non pregiudica le ragioni del detentore verso chi ha ottenuto il nuovo titolo (c. 2019).

TITOLO VI

Della gestione di affari (1)

2028. *Obbligo di continuare la gestione.* — *1.* Chi, senza esservi obbligato, assume scientemente la gestione di un affare altrui, è tenuto a continuarla e a condurla a termine finché l'interessato non sia in grado di provvedervi da se stesso.

2. L'obbligo di continuare la gestione sussiste anche se l'interessato muore prima che l'affare sia terminato, finché l'erede possa provvedere direttamente.

2029. *Capacità del gestore.* — *1.* Il gestore deve avere la capacità di contrattare (c. 1425).

2030. *Obbligazioni del gestore.* — *1.* Il gestore è soggetto alle stesse obbligazioni che deriverebbero da un mandato (c. 1710 ss.).

2. Tuttavia il giudice, in considerazione delle circostanze che hanno indotto il gestore ad assumere la gestione, può moderare il risarcimento dei danni ai quali questi sarebbe tenuto per effetto della sua colpa (c. 789, 798, 1710, 1768², 1812, 1821²).

2031. *Obblighi dell'interessato.* — *1.* Qualora la gestione sia stata utilmente iniziata, l'interessato deve adempiere le obbligazioni che il gestore ha assunte in nome di lui, deve tenere indenne il gestore di quelle assunte dal medesimo in nome proprio e rimborsargli tutte le spese necessarie o utili con gli interessi (c. 1284) dal giorno in cui le spese stesse sono state fatte (c. 1914²).

2. Questa disposizione non si applica agli atti di gestione eseguiti contro il divieto dell'interessato, eccetto che tale divieto sia contrario alla legge, all'ordine pubblico o al buon costume.

2032. *Ratifica dell'interessato.* — *1.* La ratifica (c. 1399) dell'interessato produce, relativamente alla gestione, gli effetti che sarebbero derivati da un mandato (c. 1703 ss.), anche se la gestione è stata compiuta da persona che credeva di gestire un affare proprio.

TITOLO VII

Del pagamento dell'indebito (1)

2033. *Indebito oggettivo.* — *1.* Chi ha eseguito un pagamento non dovuto ha diritto di ripetere ciò che ha pagato (c. 1185², 1463, 1952³). Ha inoltre diritto ai frutti (c. 820 ss.) e agli interessi (c. 1284) dal giorno del pagamento, se chi lo ha ricevuto era in mala fede, oppure, se questi era in buona fede (c. 1147), dal giorno della domanda.

2034. *Obbligazioni naturali.* — *1.* Non è ammessa la ripetizione di quanto è stato spontaneamente prestato in esecuzione di doveri morali o sociali, salvo che la prestazione sia stata eseguita da un incapace (c. 590, 627², 799, 1933², 2126, 2940).

2. I doveri indicati dal comma precedente, e ogni altro per cui la legge non accorda azione ma esclude la ripetizione di ciò che è stato spontaneamente pagato, non producono altri effetti.

2035. *Prestazione contraria al buon costume.* — *1.* Chi ha eseguito una prestazione per uno scopo che, anche da parte sua, costituisca offesa al buon costume non può ripetere quanto ha pagato.

2036. *Indebito soggettivo.* — *1.* Chi ha pagato un debito altrui, credendosi debitore in base a un errore scusabile, può ripetere ciò che ha pagato, sempre che il creditore non si sia privato in buona fede (c. 1147) del titolo o delle garanzie del credito.

2. Chi ha ricevuto l'indebito (c. 1189²) è anche tenuto a restituire i frutti (c. 820 ss.) e gli interessi (c. 1284) dal giorno del pagamento, se era in mala fede, o dal giorno della domanda, se era in buona fede (c. 1147).

3. Quando la ripetizione non è ammessa, colui che ha pagato subentra nei diritti del creditore (c. 1203 ss.).

2037. *Restituzione di cosa determinata.* — *1.* Chi ha ricevuto indebitamente una cosa determinata è tenuto a restituirla (c. 1189²).

2. Se la cosa è perita, anche per caso fortuito (c. 1218, 1256¹), chi l'ha ricevuta in mala fede è tenuto a corrisponderne il valore; se la cosa è

(1) Per l'individuazione del diritto applicabile v. art. 61, l. 31 maggio 1995, n. 218, in *Leggi coll. I, 1.*

soltanto deteriorata, colui che l'ha data può chiedere l'equivalente, oppure la restituzione e un'indennità per la diminuzione di valore.

3. Chi ha ricevuto la cosa in buona fede (c. 1147) non risponde del perimento o del deterioramento di essa, ancorché dipenda da fatto proprio, se non nei limiti del suo arricchimento (c. 2041).

2038. *Alienazione della cosa ricevuta indebitamente*. — *1.* Chi, avendo ricevuto la cosa in buona fede (c. 1147), l'ha alienata prima di conoscere l'obbligo di restituirla è tenuto a restituire il corrispettivo conseguito. Se questo è ancora dovuto, colui che ha pagato l'indebito subentra nel diritto dell'alienante (c. 1203 ss.). Nel caso di alienazione a titolo gratuito, il terzo acquirente è obbligato, nei limiti del suo arricchimento (c. 2041), verso colui che ha pagato l'indebito.

2. Chi ha alienato la cosa ricevuta in mala fede, o dopo aver conosciuto l'obbligo di restituirla, è obbligato a restituirla in natura o a corrisponderne il valore. Colui che ha pagato l'indebito può però esigere il corrispettivo dell'alienazione e può anche agire direttamente per conseguirlo. Se l'alienazione è stata fatta a titolo gratuito, l'acquirente, qualora l'alienante sia stato inutilmente escusso, è obbligato, nei limiti dell'arricchimento (c. 2041), verso colui che ha pagato l'indebito.

2039. *Indebito ricevuto da un incapace*. — *1.* L'incapace che ha ricevuto l'indebito, anche in mala fede, non è tenuto che nei limiti in cui ciò che ha ricevuto è stato rivolto a suo vantaggio (c. 1190, 1443).

2040. *Rimborso di spese e di miglioramenti*. — *1.* Colui al quale è restituita la cosa è tenuto a rimborsare il possessore delle spese e dei miglioramenti, a norma degli artt. 1149, 1150, 1151 e 1152.

TITOLO VIII

Dell'arricchimento senza causa (1)

2041. *Azione generale di arricchimento*. — *1.* Chi, senza una giusta causa, si è arricchito a danno di un'altra persona è tenuto, nei limiti dell'arricchimento, a indennizzare quest'ultima della correlativa diminuzione patrimoniale (c. 1185[2]; l. camb. 67; l. ass. 59).

2. Qualora l'arricchimento abbia per oggetto una cosa determinata, colui che l'ha ricevuta è tenuto a restituirla in natura, se sussiste al tempo della domanda.

2042. *Carattere sussidiario dell'azione*. — *1.* L'azione di arricchimento non è proponibile quando il danneggiato può esercitare un'altra azione per farsi indennizzare del pregiudizio subito.

TITOLO IX

Dei fatti illeciti

2043. *Risarcimento per fatto illecito*. — *1.* Qualunque fatto doloso (c. 139, 833, 937[3], 1440, 2236, 2920, 2925), o colposo (p.c. 60, 96), che cagiona ad altri un danno ingiusto, obbliga colui che ha commesso il fatto a risarcire il danno (c. 7, 10, 129-*II*, 872[2], 935 ss., 948, 949, *1337* ss., 2600, 2675, 2947) (2).

(1) Per l'individuazione del diritto applicabile v. art. 61, l. 31 maggio 1995, n. 218, in *Leggi coll. I, 1*.

(2) Per il danno ambientale v. art. 311 ss., d.lg. 3 aprile 2006, n. 152.

Sulla responsabilità civile dei magistrati v. l. 13 aprile 1988, n. 117, modificata dalla l. 2 dicembre 1998, n. 420 e dalla l. 27 febbraio 2015, n. 18, e, sulla compilazione di processo verbale a richiesta di uno dei componenti dell'organo collegiale, Corte cost. 19 gennaio 1989, n. 18.

Sul ristoro di danni patrimoniali alle vittime delle richieste estorsive e dell'usura v. l. 23 febbraio 1999, n. 44, come modificata dal d.l. 13 settembre 1999, n. 317, conv. con modificazioni in l. 12 novembre 1999, n. 414; d.m. 2 luglio 2002, n. 239, in G.U., 30 ottobre 2002, n. 255. Per la determinazione degli importi dell'indennizzo alle vittime dei reati internazionali violenti v. d.m. Interno 31 agosto 2017, in G.U., 10 ottobre 2017, n. 237.

Per l'indennizzo a soggetti danneggiati da vaccinazioni, trasfusioni e somministrazione di emoderivati v. l. 25 febbraio 1992, n. 210, modificata dalla l. 25 luglio 1997, n. 238, e art. 4, d.l. 5 dicembre 2005, n. 250, conv. in l. 3 febbraio 2006, n. 27. La Corte cost., con sentenza 16 ottobre 2000, n. 423, ha dichiarato costituzionalmente illegittimo l'art. 1.1, l. 25 febbraio 1992, n. 210, «nella parte in cui non prevede il diritto all'indennizzo, alle condizioni ivi stabilite, di coloro che siano stati sottoposti a vaccinazione antiepatite B, a partire dall'anno 1983».

Sul risarcimento del danno, anche attraverso la reintegrazione in forma specifica, da parte del giudice amministrativo, nelle controversie devolute alla sua giurisdizione esclusiva, v. art. 35, d.lg. 31 marzo 1998, n. 80, sostituito dall'art. 7.1, lett. c, l. 21 luglio 2000, n. 205.

Per il diritto all'equa riparazione in caso di danno patrimoniale per mancato rispetto del termine ragionevole di cui all'art. 6, par. 1, della Convenzione per la salvaguardia dei diritti dell'uomo e delle libertà fondamentali, ratificata ai sensi della l. 4 agosto 1955, n. 848, v. art. 2, l. 24 marzo 2001, n. 89.

Sulla responsabilità dei gestori delle aree sciabili attrezzate v. art. 4, l. 24 dicembre 2003, n. 363.

2044. *Legittima difesa.* — *1.* Non è responsabile chi cagiona il danno per legittima difesa di sé o di altri (p. 52). →

2045. *Stato di necessità.* — *1.* Quando chi ha compiuto il fatto dannoso vi è stato costretto dalla necessità di salvare sé o altri dal pericolo attuale di un danno grave alla persona (c. 1447), e il pericolo non è stato da lui volontariamente causato né era altrimenti evitabile (p. 54), al danneggiato è dovuta un'indennità (c. 2047[2]), la cui misura è rimessa all'equo apprezzamento del giudice (att. c. 194).

2046. *Imputabilità del fatto dannoso.* — *1.* Non risponde delle conseguenze del fatto dannoso chi non aveva la capacità d'intendere o di volere al momento in cui lo ha commesso, a meno che lo stato d'incapacità derivi da sua colpa (p. 85, 87).

2047. *Danno cagionato dall'incapace.* — *1.* In caso di danno cagionato da persona incapace di intendere o di volere, il risarcimento è dovuto da chi è tenuto alla sorveglianza dell'incapace, salvo che provi di non aver potuto impedire il fatto (c. 2048[3]).

2. Nel caso in cui il danneggiato non abbia potuto ottenere il risarcimento da chi è tenuto alla sorveglianza, il giudice, in considerazione delle condizioni economiche delle parti, può condannare l'autore del danno a un'equa indennità (c. 2045).

2048. *Responsabilità dei genitori, dei tutori, dei precettori e dei maestri d'arte.* — *1.* Il padre e la madre (c. 316), o il tutore (c. 357, 424), sono responsabili del danno cagionato dal fatto illecito dei figli minori non emancipati (c. 390 ss.) o delle persone soggette alla tutela, che abitano con essi. La stessa disposizione si applica all'affiliante (1).

2. I precettori e coloro che insegnano un mestiere o un'arte sono responsabili del danno cagionato dal fatto illecito dei loro allievi e apprendisti (c. 2130 ss.) nel tempo in cui sono sotto la loro vigilanza (2).

3. Le persone indicate dai commi precedenti sono liberate dalla responsabilità soltanto se provano di non aver potuto impedire il fatto (c. 1900, 2047[1]).

2049. *Responsabilità dei padroni e dei committenti.* — *1.* I padroni e i committenti sono responsabili per i danni arrecati dal fatto illecito dei loro domestici e commessi nell'esercizio delle incombenze a cui sono adibiti (c. 1900).

2050. *Responsabilità per l'esercizio di attività pericolose.* — *1.* Chiunque cagiona danno ad altri nello svolgimento di un'attività pericolosa, per sua natura o per la natura dei mezzi adoperati, è tenuto al risarcimento, se non prova di avere adottato tutte le misure idonee a evitare il danno (c. 1681[1], 2054[1]) (3).

2051. *Danno cagionato da cosa in custodia.* — *1.* Ciascuno è responsabile del danno cagionato dalle cose che ha in custodia, salvo che provi il caso fortuito (c. 2052).

2052. *Danno cagionato da animali.* — *1.* Il proprietario di un animale o chi se ne serve per il tempo in cui lo ha in uso, è responsabile dei danni cagionati dall'animale, sia che fosse sotto la sua custodia, sia che fosse smarrito o fuggito, salvo che provi il caso fortuito (c. 2051).

2053. *Rovina di edificio.* — *1.* Il proprietario di un edificio o di altra costruzione è responsabile dei danni cagionati dalla loro rovina, salvo che provi che questa non è dovuta a difetto di manutenzione o a vizio di costruzione (c. 1669).

2054. *Circolazione di veicoli.* — *1.* Il conducente di un veicolo senza guida di rotaie è obbligato a risarcire il danno prodotto a persone o a cose dalla circolazione del veicolo, se non prova di aver fatto tutto il possibile per

(1) L'art. 77, l. 4 maggio 1983, n. 184, in *Leggi coll. II, 14*, ha abrogato gli artt. 404 ss. cod. civ., relativi all'affiliazione.

(2) Sulla responsabilità patrimoniale del personale delle scuole statali per comportamenti degli alunni v. art. 61, l. 11 luglio 1980, n. 312.

(3) Sulla responsabilità derivante dall'esercizio di un impianto nucleare, v. l. 31 dicembre 1962, n. 1860, modificata con l. 19 dicembre 1969, n. 1008. V. anche l. 12 febbraio 1974, n. 109, di ratifica ed esecuzione delle convenzioni di Parigi del 29 luglio 1960, e 28 gennaio 1964, in vigore dal 17 settembre 1975, e, per applicazione, d.p.r. 10 maggio 1975, n. 519, e d.m. 20 marzo 1979, in G.U., 5 aprile 1979, n. 96. Sulla responsabilità per i danni causati da oggetti spaziali v. l. 25 gennaio 1983, n. 23, di attuazione della convenzione firmata a Londra, Mosca e Washington il 29 marzo 1972 (l. 5 maggio 1976, n. 426), in vigore dal 22 febbraio 1983. Sui rischi di incidenti rilevanti connessi con determinate attività industriali v. d.p.c.m. 31 marzo 1989, in suppl. ord. a G.U., 21 aprile 1989, n. 93. Sul controllo dei pericoli di incidenti rilevanti connessi con determinate sostanze pericolose v. d.lg. 17 agosto 1999, n. 334, come modificato dal d.lg. 21 settembre 2005, n. 238. Sul controllo del pericolo di incidenti rilevanti connessi con sostanze pericolose v. d.lg. 26 giugno 2015, n. 105.

L'art. 15.1, d.lg. 30 giugno 2003, n. 196, in *Leggi coll. II, 3*, così dispone: «chiunque cagiona danno ad altri per effetto del trattamento di dati personali è tenuto al risarcimento ai sensi dell'art. 2050 del codice civile».

evitare il danno (c. 2050, 2947²; p. 589-*II*, 590-*II*) (1).

2. Nel caso di scontro tra veicoli si presume, fino a prova contraria, che ciascuno dei conducenti abbia concorso ugualmente a produrre il danno subito dai singoli veicoli (c. 2055³) (2).

3. Il proprietario del veicolo, o, in sua vece, l'usufruttuario (c. 978 ss.) o l'acquirente con patto di riservato dominio (c. 1523 ss.), è responsabile in solido (c. 1292) col conducente, se non prova che la circolazione del veicolo è avvenuta contro la sua volontà (3).

4. In ogni caso le persone indicate dai commi precedenti sono responsabili dei danni derivati da vizi di costruzione o da difetto di manutenzione del veicolo.

2055. *Responsabilità solidale.* — *1.* Se il fatto dannoso è imputabile a più persone, tutte sono obbligate in solido (c. 1292) al risarcimento del danno.

2. Colui che ha risarcito il danno ha regresso (c. 1299) contro ciascuno degli altri, nella misura determinata dalla gravità della rispettiva colpa e dall'entità delle conseguenze che ne sono derivate (c. 1227¹).

3. Nel dubbio, le singole colpe si presumono uguali (c. 2054²).

2056. *Valutazione dei danni.* — *1.* Il risarcimento dovuto al danneggiato si deve determinare secondo le disposizioni degli artt. 1223, 1226 e 1227.

2. Il lucro cessante è valutato dal giudice con equo apprezzamento delle circostanze del caso (c. 1226).

2057. *Danni permanenti.* — *1.* Quando il danno alle persone ha carattere permanente la liquidazione può essere fatta dal giudice, tenuto conto delle condizioni delle parti e della natura del danno, sotto forma di una rendita vitalizia (c. 1872 ss.). In tal caso il giudice dispone le opportune cautele (att. c. 194).

2058. *Risarcimento in forma specifica.* — *1.* Il danneggiato può chiedere la reintegrazione in forma specifica, qualora sia in tutto o in parte possibile (c. 7, 2930, 2931, 2933; c.p.i. 124, 125, 126).

2. Tuttavia il giudice può disporre che il risarcimento avvenga solo per equivalente, se la reintegrazione in forma specifica risulta eccessivamente onerosa per il debitore (att. c. 194).

2059. *Danni non patrimoniali.* — Il danno non patrimoniale deve essere risarcito solo nei casi determinati dalla legge (p.c. 89²; p. 185²) (4).

(1) Sull'assicurazione obbligatoria per i danni derivanti dalla circolazione dei veicoli e dei natanti, v. art. 122 ss., d.lg. 7 settembre 2005, n. 209, in *Leggi coll. VIII, 3*. L'art. 40.1, d.lg. 18 luglio 2005, n. 171, così dispone: «1. La responsabilità civile verso i terzi derivante dalla circolazione delle unità da diporto, come definite dall'art. 3, è regolata dall'art. 2054, comma 3, del codice civile e si applica la prescrizione stabilita dall'art. 2947, comma 2, dello stesso codice».

(2) La Corte cost., con sentenza 29 dicembre 1972, n. 205, ha dichiarato costituzionalmente illegittimo questo comma, «limitatamente alla parte in cui nel caso di scontro tra veicoli esclude che la presunzione di egual concorso dei conducenti operi anche se uno dei veicoli non abbia riportato danni». «Nel caso di scontro tra sciatori, si presume, fino a prova contraria, che ciascuno di essi abbia concorso ugualmente a produrre gli eventuali danni»: art. 19, l. 24 dicembre 2003, n. 363.

(3) In caso di locazione senza conducente con facoltà di acquisto-*leasing* «ai fini del risarcimento dei danni prodotti a persone o cose dalla circolazione dei veicoli, il locatario è responsabile in solido con il conducente ai sensi dell'art. 2054, comma terzo, del codice civile»: art. 91.2, d.lg. 30 aprile 1992, n. 285.

L'art. 40.2, d.lg. 18 luglio 2005, n. 171 così dispone: «Ai fini dell'applicazione dell'art. 2054, comma 3, del codice civile il locatario dell'unità da diporto è responsabile in solido con il proprietario e, in caso di locazione finanziaria, l'utilizzatore dell'unità da diporto è responsabile in solido con il conducente in vece del proprietario».

(4) Sul diritto di rettifica «dei soggetti di cui siano state pubblicate immagini od ai quali siano stati attribuiti atti o pensieri o affermazioni da essi ritenuti lesivi della loro dignità o contrari a verità», v. art. 8, l. 8 febbraio 1948, n. 47, come sostituito dall'art. 42, l. 5 agosto 1981, n. 416. Sulla rettifica radiotelevisiva v. art. 32-*quinquies*, d.lg. 31 luglio 2005, n. 177, introdotto dall'art. 17.1, lett. pp, d.lg. 15 marzo 2010, n. 44. Sulla rettifica di informazioni sanitarie da parte del ministro della sanità v. art. 7, l. 5 febbraio 1992, n. 175.

L'art. 15.2, d.lg. 30 giugno 2003, n. 196, in *Leggi coll. II, 3*, prevede il risarcimento del danno non patrimoniale nel caso di violazione delle modalità del trattamento e requisiti dei dati personali, di cui all'art. 11 del decreto cit.

La Corte cost., con sentenza 11 luglio 2003, n. 233, ha dichiarata non fondata, nei sensi di cui in motivazione, la questione di illegittimità di questo articolo, interpretato nel senso che «il danno non patrimoniale, in quanto riferito alla astratta fattispecie di reato, è risarcibile anche nell'ipotesi in cui, in sede civile, la colpa dell'autore del fatto risulti da una presunzione di legge».

LIBRO QUINTO
DEL LAVORO

TITOLO I
Della disciplina delle attività professionali

CAPO I
Disposizioni generali

2060. *Del lavoro*. — *1.* Il lavoro è tutelato in tutte le sue forme organizzative ed esecutive, intellettuali, tecniche e manuali (cost. 35) (1).

2061. *Ordinamento delle categorie professionali*. — *1.* L'ordinamento delle categorie professionali è stabilito dalle leggi, dai regolamenti, dai provvedimenti dell'autorità governativa e dagli statuti delle associazioni professionali (c. 2229).

2062. *Esercizio professionale delle attività economiche*. — *1.* L'esercizio professionale delle attività economiche è disciplinato dalle leggi, dai regolamenti [e dalle norme corporative] (cost. 41; c. 2082, 2247) (2).

[CAPO II
Delle ordinanze corporative e degli accordi economici collettivi

[**2063.** *Oggetto*. — *1.* Le ordinanze corporative per il coordinamento della produzione e degli scambi possono avere per oggetto:

1) la disciplina unitaria della produzione;

2) il regolamento dei rapporti tra determinate categorie professionali;

3) le tariffe per le prestazioni e per i beni di consumo offerti al pubblico in condizioni di privilegio.

2. Le materie indicate nel n. 2 possono anche, nei casi e nei modi stabiliti dalla legge, formare oggetto di accordi economici collettivi tra le associazioni professionali che rappresentano le categorie interessate.]

[**2064.** *Formazione e pubblicazione*. — *1.* La formazione e la pubblicazione delle ordinanze corporative e degli accordi economici collettivi sono regolate dalle leggi speciali.]

[**2065.** *Efficacia*. — *1.* Le ordinanze corporative e gli accordi economici collettivi hanno efficacia per tutti coloro che esercitano la loro attività nel ramo di produzione regolato dalle ordinanze e dagli accordi medesimi.]

[**2066.** *Inderogabilità*. — *1.* I contratti individuali non possono derogare alle ordinanze corporative e agli accordi economici collettivi, salvo che questi lo consentano.

2. Le clausole dei contratti individuali, difformi dalle norme inderogabili contenute nelle ordinanze e negli accordi previsti nel presente capo, sono sostituite di diritto dalle norme suddette.

3. La disposizione del comma precedente non si applica ai contratti stipulati prima della entrata in vigore dell'ordinanza corporativa o dell'accordo economico collettivo. L'ordinanza e l'accordo possono tuttavia stabilire che le norme in essi contenute si applichino anche ai contratti ad esecuzione continuata o periodica in corso, per la parte non ancora eseguita.]]

CAPO III
Del contratto collettivo di lavoro e delle norme equiparate

2067. *Soggetti*. — *1.* I contratti collettivi di lavoro sono stipulati dalle associazioni professionali (cost. 39[4]) (3).

2068. *Rapporti di lavoro sottratti a contratto collettivo*. — *1.* Non possono essere regolati da contratto collettivo i rapporti di lavoro, in

(1) Articolo così modificato dall'art. 3.2, d.lg.lgt. 14 settembre 1944, n. 287, recante provvedimenti relativi alla riforma della legislazione civile.

(2) V. nota 1 all'art. 1 prel. Si mettono fra parentesi quadre le disposizioni implicitamente abrogate per l'avvenuta soppressione degli organi corporativi centrali (r.d.l. 9 agosto 1943, n. 721) e delle associazioni sindacali fasciste (d.lg.lgt. 23 novembre 1944, n. 369).

(3) Sugli accordi sindacali nel pubblico impiego, v. l. 29 marzo 1983, n. 93.

quanto siano disciplinati con atti della pubblica autorità in conformità della legge.

2. Sono altresì sottratti alla disciplina del contratto collettivo i rapporti di lavoro concernenti prestazioni di carattere personale o domestico (c. 2240 ss.) (1).

2069. *Efficacia.* — *1.* Il contratto collettivo deve contenere l'indicazione della categoria di imprenditori e di prestatori di lavoro, ovvero delle imprese o della impresa, a cui si riferisce, e del territorio dove ha efficacia.

2. In mancanza di tali indicazioni il contratto collettivo è obbligatorio per tutti gli imprenditori e i prestatori di lavoro rappresentati dalle associazioni stipulanti.

2070. *Criteri di applicazione.* — *1.* L'appartenenza alla categoria professionale, ai fini dell'applicazione del contratto collettivo, si determina secondo l'attività effettivamente esercitata dall'imprenditore (c. 2082).

2. Se l'imprenditore esercita distinte attività aventi carattere autonomo, si applicano ai rispettivi rapporti di lavoro le norme dei contratti collettivi corrispondenti alle singole attività.

3. Quando il datore di lavoro esercita non professionalmente un'attività organizzata, si applica il contratto collettivo che regola i rapporti di lavoro relativi alle imprese che esercitano la stessa attività.

2071. *Contenuto.* — *1.* Il contratto collettivo deve contenere le disposizioni occorrenti, secondo la natura del rapporto, per dare esecuzione alle norme di questo codice concernenti la disciplina del lavoro, i diritti e gli obblighi degli imprenditori e dei prestatori di lavoro (2).

2. Deve inoltre indicare le qualifiche e le rispettive mansioni dei prestatori di lavoro appartenenti alla categoria a cui si riferisce la disciplina collettiva.

3. Deve infine contenere la determinazione della sua durata (c. 2074).

[**2072.** *Deposito e pubblicazione.* — *1.* Il deposito e la pubblicazione del contratto collettivo sono regolati dalle leggi speciali.

2. Prima della pubblicazione l'autorità governativa deve accertare che ricorrano le condizioni richieste per la validità del contratto collettivo.

3. La pubblicazione può essere rifiutata, se il contratto collettivo non contiene le disposizioni e le indicazioni richieste dall'art. 2071, salvo che le parti si siano obbligate a integrarlo con successivi patti da stipularsi entro un termine stabilito. Se i patti integrativi non sono stipulati nel termine, può essere adita la magistratura del lavoro per la formazione delle disposizioni integrative.

4. Contro il rifiuto di pubblicazione è ammesso ricorso alla magistratura del lavoro a norma delle leggi speciali] (3).

[**2073.** *Denunzia.* — *1.* La denunzia del contratto collettivo deve farsi almeno tre mesi prima della scadenza.

2. Se, avvenuta la denunzia, le associazioni professionali non hanno, un mese prima della scadenza, provveduto alla stipulazione e al deposito del nuovo contratto collettivo, ed è rimasto infruttuoso l'esperimento di conciliazione previsto nell'art. 412 del codice di procedura civile, può essere adita la magistratura del lavoro per la formazione di nuove condizioni di lavoro] (3).

[**2074.** *Efficacia dopo la scadenza.* — *1.* Il contratto collettivo, anche quando è stato denunziato, continua a produrre i suoi effetti dopo la scadenza, fino a che sia intervenuto un nuovo regolamento collettivo] (3).

[**2075.** *Efficacia nel caso di variazioni nell'inquadramento.* — *1.* Il contratto collettivo conserva efficacia nei confronti della categoria alla quale si riferisce, anche se la rappresentanza legale di questa, per effetto di variazioni nell'inquadramento, spetta ad altra associazione.

2. Questa ha però facoltà di denunziare il contratto collettivo indipendentemente dal termine fissato per la scadenza di esso] (3).

[**2076.** *Contratto collettivo annullabile.* — *1.* Il contratto collettivo annullabile conserva efficacia fino a che intervenga una sentenza di annullamento passata in giudicato.

2. La domanda di annullamento è proposta davanti la magistratura del lavoro dalle associazioni interessate o dal pubblico ministero.

3. La domanda deve essere proposta, sotto pena di decadenza, entro sei mesi dalla pubblicazione del contratto collettivo] (3).

2077. *Efficacia del contratto collettivo sul contratto individuale.* — *1.* I contratti individuali di lavoro tra gli appartenenti alle categorie alle quali si riferisce il contratto collettivo devono uniformarsi alle disposizioni di questo.

2. Le clausole difformi dei contratti individuali, preesistenti o successivi al contratto collettivo, sono sostituite di diritto da quelle del

(1) La Corte cost., con sentenza 9 aprile 1969, n. 68, ha dichiarato costituzionalmente illegittimo questo comma, «nella parte in cui dispone che sono sottratti alla disciplina del contratto collettivo i rapporti di lavoro concernenti prestazioni di carattere domestico».

(2) Così modificato dall'art. 3 d.lg.lgt. 14 settembre 1944, n. 287.

(3) V. l'osservazione in nota 2 all'art. 2062.

contratto collettivo, salvo che contengano speciali condizioni più favorevoli ai prestatori di lavoro (c. 1339, 1419[2], 2066).

2078. *Efficacia degli usi*. — *1.* In mancanza di disposizioni di legge e di contratto collettivo si applicano gli usi. Tuttavia gli usi più favorevoli ai prestatori di lavoro prevalgono sulle norme dispositive di legge.

2. Gli usi non prevalgono sui contratti individuali di lavoro.

2079. *Rapporti di associazione agraria e di affitto a coltivatore diretto*. — *1.* La disciplina del contratto collettivo di lavoro si applica anche ai rapporti di associazione agraria regolati dal capo II del titolo II (c. 2141 ss.) ed a quelli di affitto a coltivatore diretto del fondo (c. 1647 ss.).

2. Tuttavia in questi rapporti il contratto collettivo non deve contenere norme relative al salario, all'orario di lavoro, alle ferie, al periodo di prova, od altre che contrastino con la natura dei rapporti medesimi.

2080. *Colonia parziaria e affitto con obbligo di miglioria*. — *1.* Nei contratti individuali di colonia parziaria (c. 2164 ss.) e di affitto a coltivatore diretto (c. 1647) con obbligo di miglioria, conservano efficacia le clausole difformi dalle disposizioni del contratto collettivo stipulato durante lo svolgimento del rapporto.

[**2081.** *Norme equiparate al contratto collettivo*. — *1.* Le disposizioni sul contratto collettivo di lavoro contenute in questo capo valgono, in quanto applicabili, per le altre norme corporative che disciplinano rapporti di lavoro] (1).

TITOLO II

Del lavoro nell'impresa

CAPO I

DELL'IMPRESA IN GENERALE (2)

Sezione I. — *Dell'imprenditore*

2082. *Imprenditore*. — *1.* È imprenditore chi esercita professionalmente un'attività economica organizzata al fine della produzione o dello scambio di beni o di servizi (c. 230-*II*, 320[5], 371, 397, 425, 1330, 1368[2], 1400, 1510[1], 1722 n. 4, 1824[2], 2135, 2195, 2238, 2247).

2083. *Piccoli imprenditori*. — *1.* Sono piccoli imprenditori i coltivatori diretti del fondo (c. 1647), gli artigiani (3), i piccoli commercianti e coloro che esercitano un'attività professionale organizzata prevalentemente con il lavoro proprio e dei componenti (c. 230-*II*[3]) della famiglia (c. 2202, 2214[3], 2221).

2084. *Condizioni per l'esercizio dell'impresa*. — *1.* La legge determina le categorie d'imprese il cui esercizio è subordinato a concessione o autorizzazione amministrativa (4).

2. Le altre condizioni per l'esercizio delle

(1) V. l'osservazione in nota 2 all'art. 2062.

(2) L'art. 2.2, d.lg. 30 marzo 2001, n. 165, come modificato dall'art. 33, d.lg. 27 ottobre 2009, n. 150, così dispone: «I rapporti di lavoro dei dipendenti delle amministrazioni pubbliche sono disciplinati dalle disposizioni del capo I, titolo II, del libro V del codice civile e dalle leggi sui rapporti di lavoro subordinato nell'impresa, fatte salve le diverse disposizioni contenute nel presente decreto, che costituiscono disposizioni di carattere imperativo. Eventuali disposizioni di legge, regolamento o statuto, che introducano discipline dei rapporti di lavoro la cui applicabilità sia limitata ai dipendenti delle amministrazioni pubbliche, o a categorie di essi, possono essere derogate da successivi contratti o accordi collettivi e, per la parte derogata non sono ulteriormente applicabili, salvo che la legge disponga espressamente in senso contrario».

(3) Per la nozione di imprenditore artigiano, v. artt. 2, 3, 4, l. 8 agosto 1985, n. 443, in *Leggi coll. XI, 3*. Sulla definizione di piccola e media impresa ai fini degli aiuti di Stato v. d.m. Industria 18 settembre 1997, in G.U., 1° ottobre 1997, n. 229, e d.m. Attività produttive 18 aprile 2005, in G.U., 12 ottobre 2005, n. 238.

(4) L'art. 49.4-*bis*, d.l. 31 maggio 2010, n. 78, conv. in l. 30 luglio 2010, n. 122 così dispone: «L'art. 19 della l. 7 agosto 1990, n. 241, è sostituito dal seguente: "Art. 19. (*Segnalazione certificata di inizio attività – Scia*). — 1. Ogni atto di autorizzazione, licenza, concessione non costitutiva, permesso o nulla osta comunque denominato, comprese le domande per le iscrizioni in albi o ruoli richieste per l'esercizio di attività imprenditoriale, commerciale o artigianale il cui rilascio dipenda esclusivamente dall'accertamento di requisiti e presupposti richiesti dalla legge o da atti amministrativi a contenuto generale, e non sia previsto alcun limite o contingente complessivo o specifici strumenti di programmazione settoriale per il rilascio degli stessi, è sostituito da una segnalazione dell'interessato, con la sola esclusione dei casi in cui sussistano vincoli ambientali, paesaggistici o culturali e degli atti rilasciati dalle amministrazioni preposte alla difesa nazionale, alla pubblica sicurezza, all'immigrazione, all'asilo, alla cittadinanza, all'amministrazione della giustizia, all'amministrazione delle finanze, ivi compresi gli atti concernenti le reti di acquisizione del gettito, anche derivante dal gioco, nonché di quelli previsti dalla normativa per le costruzioni in zone sismiche e di quelli imposti dalla normativa comunitaria. La segnalazione è corredata dalle dichiarazioni sostitutive di certificazioni e dell'atto di notorietà per quanto riguarda tutti gli stati, le qualità personali e i fatti previsti negli artt. 46 e 47 del t.u. di cui al d.p.r. 28 dicembre 2000, n. 445, nonché, ove espressamente previsto dalla normativa vigente, dalle attestazioni e asseverazioni di tecnici abilitati, ovvero dalle dichiarazioni di conformità da parte dell'Agenzia delle imprese di cui all'art. 38, comma 4,

diverse categorie di imprese sono stabilite dalla legge (1)[e dalle norme corporative] (2).

2085. *Indirizzo della produzione*. — *1.* Il controllo sull'indirizzo della produzione e degli scambi in relazione all'interesse unitario dell'economia nazionale è esercitato dallo Stato, nei modi previsti dalla legge [e dalle norme corporative] (2).

2. La legge stabilisce altresì i casi e i modi nei quali si esercita la vigilanza dello Stato sulla gestione delle imprese (cost. 41).

2086. *Gestione dell'impresa* (3). — *1.* L'imprenditore è il capo dell'impresa e da lui dipendono gerarchicamente i suoi collaboratori (c. 2094, 2104).

2. L'imprenditore, che operi in forma societaria o collettiva, ha il dovere di istituire un assetto organizzativo, amministrativo e contabile adeguato alla natura e alle dimensioni dell'impresa, anche in funzione della rilevazione tempestiva della crisi dell'impresa e della perdita della continuità aziendale, nonché di attivarsi senza indugio per l'adozione e l'attuazione di uno degli strumenti previsti dall'ordinamento per il superamento della crisi e il recupero della continuità aziendale (4).

2087. *Tutela delle condizioni di lavoro*. — *1.* L'imprenditore è tenuto ad adottare nell'esercizio dell'impresa le misure che, secondo la

del d.l. 25 giugno 2008, n. 112, convertito, con modificazioni, dalla l. 6 agosto 2008, n. 133, relative alla sussistenza dei requisiti e dei presupposti di cui al primo periodo; tali attestazioni e asseverazioni sono corredate dagli elaborati tecnici necessari per consentire le verifiche di competenza dell'amministrazione. Nei casi in cui la normativa vigente prevede l'acquisizione di atti o pareri di organi o enti appositi, ovvero l'esecuzione di verifiche preventive, essi sono comunque sostituiti dalle autocertificazioni, attestazioni e asseverazioni o certificazioni di cui al presente comma, salve le verifiche successive degli organi e delle amministrazioni competente. La segnalazione, corredata delle dichiarazioni, attestazioni e asseverazioni nonché dei relativi elaborati tecnici, può essere presentata mediante posta raccomandata con avviso di ricevimento, ad eccezione dei procedimenti per cui è previsto l'utilizzo esclusivo della modalità telematica; in tal caso la segnalazione si considera presentata al momento della ricezione da parte dell'amministrazione. || 2. L'attività oggetto della segnalazione può essere iniziata dalla data della presentazione della segnalazione all'amministrazione competente. || 3. L'amministrazione competente, in caso di accertata carenza dei requisiti e dei presupposti di cui al comma 1, nel termine di sessanta giorni dal ricevimento della segnalazione di cui al medesimo comma, adotta motivati provvedimenti di divieto di prosecuzione dell'attività e di rimozione degli eventuali effetti dannosi di essa. Qualora sia possibile conformare l'attività intrapresa e i suoi effetti alla normativa vigente, l'amministrazione competente, con atto motivato, invita il privato a provvedere, disponendo la sospensione dell'attività intrapresa e prescrivendo le misure necessarie con la fissazione di un termine non inferiore a trenta giorni per l'adozione di queste ultime. In difetto di adozione delle misure stesse, decorso il suddetto termine, l'attività si intende vietata. || 4. Decorso il termine per l'adozione dei provvedimenti di cui al comma 3, primo periodo, ovvero di cui al comma 6-*bis*, l'amministrazione competente adotta comunque i provvedimenti previsti dal medesimo comma 3 in presenza delle condizioni previste dall'art. 21-*nonies*. || 4-*bis*. Il presente articolo non si applica alle attività economiche a prevalente carattere finanziario, ivi comprese quelle regolate dal t.u. delle leggi in materia bancaria e creditizia di cui al d.lg. 1° settembre 1993, n. 385, e dal t.u. in materia di intermediazione finanziaria di cui al d.lg. 24 febbraio 1998, n. 58. || 5...... || 6. Ove il fatto non costituisca più grave reato, chiunque, nelle dichiarazioni o attestazioni o asseverazioni che corredano la segnalazione di inizio attività, dichiara o attesta falsamente l'esistenza dei requisiti o dei presupposti di cui al comma 1 è punito con la reclusione da uno a tre anni. || 6-*bis*. Nei casi di Scia in materia edilizia, il termine di sessanta giorni di cui al primo periodo del comma 3 è ridotto a trenta giorni. Fatta salva l'applicazione delle disposizioni di cui al comma 4 e al comma 6, restano altresì ferme le disposizioni relative alla vigilanza sull'attività urbanistico-edilizia, alle responsabilità e alle sanzioni previste dal d.p.r. 6 giugno 2001, n. 380, e dalle leggi regionali. || 6-*ter*. La segnalazione certificata di inizio attività, la denuncia e la dichiarazione di inizio attività si riferiscono ad attività liberalizzate e non costituiscono provvedimenti taciti direttamente impugnabili. Gli interessati possono sollecitare l'esercizio delle verifiche spettanti all'amministrazione e, in caso di inerzia, esperire esclusivamente l'azione di cui all'art. 31, commi 1, 2 e 3 del d.lg. 2 luglio 2010, n. 104 "». V. art. 6, l. 23 luglio 2009, n. 99.

Per disposizioni di semplificazione per le imprese v. art. 12 ss., d.l. 9 febbraio 2012, n. 5, conv. in l. 4 aprile 2012, n. 35.

(1) Per la disciplina delle imprese editrici di quotidiani e periodici v. l. 5 agosto 1981, n. 416, come modificata dalla l. 30 aprile 1983, n. 137, dalla l. 10 gennaio 1985, n. 1, dalla l. 25 febbraio 1987, n. 67 e dalla l. 7 marzo 2001, n. 62. Per la disciplina del sistema radiotelevisivo v. d.lg. 31 luglio 2005, n. 177, t.u. dei servizi di media audiovisivi e radiofonici, come modificato dal d.lg. 15 marzo 2010, n. 44, dall'art. 3, d.l. 31 marzo 2011, n. 34, conv. in l. 26 maggio 2011, n. 75, dal d.lg. 28 giugno 2012, n. 120, dall'art. 9, l. 26 ottobre 2016, n. 198, e dal d.lg. 7 dicembre 2017, n. 204.

(2) V. l'osservazione in nota 2 all'art. 2062.

(3) Rubrica così sostituita alla precedente «Direzione e gerarchia nell'impresa» dall'art. 375.1, d.lg. 12 gennaio 2019, n. 14. In base all'art. 389.2, d.lg. cit., tali disposizioni «entrano in vigore il trentesimo giorno successivo alla pubblicazione nella *Gazzetta Ufficiale* del presente decreto».

(4) Comma aggiunto dall'art. 375.2, d.lg. 12 gennaio 2019, n. 14. In base all'art. 389.2, d.lg. cit., tali disposizioni «entrano in vigore il trentesimo giorno successivo alla pubblicazione nella *Gazzetta Ufficiale* del presente decreto».

particolarità del lavoro, l'esperienza e la tecnica, sono necessarie a tutelare l'integrità fisica e la personalità morale dei prestatori di lavoro (cost. 37) (1).

[**2088.** *Responsabilità dell'imprenditore*. — *1.* L'imprenditore deve uniformarsi nell'esercizio dell'impresa ai princìpi dell'ordinamento corporativo e agli obblighi che ne derivano, e risponde verso lo Stato dell'indirizzo della produzione e degli scambi, in conformità della legge e delle norme corporative] (2).

[**2089.** *Inosservanza degli obblighi dell'imprenditore*. — *1.* Se l'imprenditore non osserva gli obblighi imposti dall'ordinamento corporativo nell'interesse della produzione, in modo da determinare grave danno alla economia nazionale, gli organi corporativi, dopo aver compiuto le opportune indagini e richiesto all'imprenditore i chiarimenti necessari, possono disporre la trasmissione degli atti al pubblico ministero presso la corte d'appello di cui fa parte la magistratura del lavoro competente per territorio, perché promuova eventualmente i provvedimenti indicati nell'art. 2091] (2).

[**2090.** *Procedimento*. — *1.* Il presidente della magistratura del lavoro, ricevuta l'istanza del pubblico ministero, fissa il giorno per la comparizione dell'imprenditore e assegna un termine entro il quale egli deve presentare le sue deduzioni.

2. La magistratura del lavoro decide in camera di consiglio, sentiti il pubblico ministero e l'imprenditore. Può anche, prima di decidere, sentire l'associazione professionale alla quale appartiene l'imprenditore, assumere le informazioni e compiere le indagini che ritiene necessarie.

3. Contro la sentenza della magistratura del lavoro l'imprenditore e il pubblico ministero possono proporre ricorso per cassazione a norma dell'art. 426 del codice di procedura civile] (2).

[**2091.** *Sanzioni*. — *1.* La magistratura del lavoro, se accerta che l'inosservanza perdura, fissa un termine entro il quale l'imprenditore deve uniformarsi agli obblighi suddetti.

2. Qualora l'imprenditore non vi ottemperi nel termine fissato, la magistratura del lavoro può ordinare la sospensione dell'esercizio dell'impresa o, se la sospensione è tale da recare pregiudizio all'economia nazionale, può nominare un amministratore che assuma la gestione dell'impresa, scegliendolo fra le persone designate dall'imprenditore, se riconosciute idonee, e determinandone i poteri e la durata.

3. Se si tratta di società, la magistratura del lavoro, anziché nominare un amministratore, può assegnare un termine entro il quale la società deve provvedere a sostituire gli amministratori in carica con altre persone riconosciute idonee] (2).

[**2092.** *Sanzioni previste da leggi speciali*. — *1.* Le disposizioni dei tre articoli precedenti non si applicano nei casi in cui per le trasgressioni commesse dall'imprenditore le leggi speciali prevedono particolari sanzioni a di lui carico] (2).

2093. *Imprese esercitate da enti pubblici*. — *1.* Le disposizioni di questo libro si applicano agli enti pubblici inquadrati nelle associazioni professionali.

2. Agli enti pubblici non inquadrati si applicano le disposizioni di questo libro, limitatamente alle imprese da essi esercitate (c. 2201).

3. Sono salve le diverse disposizioni della legge (c. 2221) (3).

Sezione II. — *Dei collaboratori dell'imprenditore*

2094. *Prestatore di lavoro subordinato*. — *1.* È prestatore di lavoro subordinato chi si obbliga mediante retribuzione a collaborare nell'impresa, prestando il proprio lavoro intellettuale o manuale alle dipendenze e sotto la direzione dell'imprenditore (cost. 36 ss.; c. 2086, 2104, 2239) (4).

2095. *Categorie dei prestatori di lavoro*. — *1.* I prestatori di lavoro subordinato si distinguono in dirigenti, quadri, impiegati e operai (att. c. 95) (5).

2. Le leggi speciali e le norme corporative (6), in relazione a ciascun ramo di produzio-

(1) V. art. 9, l. 20 maggio 1970, n. 300, in *Leggi coll. XII, 2*. V. d.lg. 2 febbraio 2002, n. 25 e d.lg. 9 aprile 2008, n. 81, come modificato dal d.lg. 3 agosto 2009, n. 106.

(2) V. l'osservazione in nota 2 all'art. 2062.

(3) Sulla sospensione dei dipendenti e sulla revoca dei componenti gli organi di amministrazione e di controllo degli enti pubblici economici, dei quali risulti accertata l'appartenenza ad associazioni segrete, cfr. art. 4, l. 25 gennaio 1982, n. 17.

Sulle c.d. privatizzazioni v. d.l. 5 dicembre 1991, n. 386, conv. in l. 29 gennaio 1992, n. 35; d.l. 31 maggio 1994, n. 332, conv. in l. 30 luglio 1994, n. 474, in *Leggi coll. XIV, 7*.

(4) V. art. 1.2, l. 18 dicembre 1973, n. 877, sul lavoro a domicilio. Per i rapporti tra società e sportivi professionisti v. l. 23 marzo 1981, n. 91.

(5) Comma così modificato dall'art. 1, l. 13 maggio 1985, n. 190.

(6) Soppresso l'ordinamento corporativo (v. nota 1 all'art. 1 prel.), il riferimento alle norme corporative va inteso, per quanto possibile, come relativo alla contrattazione collettiva postcorporativa.

ne e alla particolare struttura dell'impresa, determinano i requisiti di appartenenza alle indicate categorie.

Sezione III. — *Del rapporto di lavoro*

§ 1. — *Della costituzione del rapporto di lavoro* (1)

2096. *Assunzione in prova*. — *1.* Salvo diversa disposizione delle norme corporative (2), l'assunzione del prestatore di lavoro per un periodo di prova deve risultare da atto scritto (c. 1350, 2241, 2725).

2. L'imprenditore e il prestatore di lavoro sono rispettivamente tenuti a consentire e a fare l'esperimento che forma oggetto del patto di prova.

3. Durante il periodo di prova ciascuna delle parti può recedere dal contratto (c. 1373[2]), senza obbligo di preavviso o d'indennità (3). Se però la prova è stabilita per un tempo minimo necessario, la facoltà di recesso non può esercitarsi prima della scadenza del termine.

4. Compiuto il periodo di prova, l'assunzione diviene definitiva e il servizio prestato si computa nell'anzianità del prestatore di lavoro (c. 2120).

2097. .... (4).

2098. *Violazione delle norme sul collocamento dei prestatori di lavoro*. — *1.* Il contratto di lavoro stipulato senza l'osservanza delle disposizioni concernenti la disciplina della domanda e dell'offerta di lavoro (5) può essere annullato, salva l'applicazione delle sanzioni penali (c. 2126) (6).

2. La domanda di annullamento è proposta dal pubblico ministero, su denunzia dell'ufficio di collocamento, entro un anno dalla data dell'assunzione del prestatore di lavoro (c. 2964 ss.).

§ 2. — *Dei diritti e degli obblighi delle parti*

2099. *Retribuzione*. — *1.* La retribuzione del prestatore di lavoro può essere stabilita a tempo o a cottimo (c. 2100, 2101) e deve essere corrisposta nella misura determinata dalle norme corporative (7), con le modalità e nei termini in uso nel luogo in cui il lavoro viene eseguito (cost. 36, 37; c. 2751-*II* n. 1, 2955 n. 2, 2956 n. 1).

2. In mancanza di norme corporative (7) o di accordo tra le parti, la retribuzione è determinata dal giudice, tenuto conto, ove occorra, del parere delle associazioni professionali (8).

3. Il prestatore di lavoro può anche essere retribuito in tutto o in parte con partecipazione agli utili o ai prodotti (c. 2102), con provvigione o con prestazioni in natura (c. 2121, 2590[2]; c.p.i. 64).

2100. *Obbligatorietà del cottimo*. — *1.* Il prestatore di lavoro deve essere retribuito secondo il sistema del cottimo quando, in conseguenza dell'organizzazione del lavoro, è vincolato all'osservanza di un determinato ritmo produttivo, o quando la valutazione della sua prestazione è fatta in base al risultato delle misurazioni dei tempi di lavorazione (c. 2101, 2131) (9).

2. Le norme corporative (7) determinano i rami di produzione e i casi in cui si verificano le condizioni previste nel comma precedente e stabiliscono i criteri per la formazione delle tariffe.

2101. *Tariffe di cottimo*. — *1.* Le norme corporative (7) possono stabilire che le tariffe di

(1) Sulle informazioni che il datore di lavoro è tenuto a fornire al lavoratore assunto, v. d.lg. 26 maggio 1997, n. 152. Sulla istituzione e tenuta del libro unico del lavoro v. artt. 39 e 40, d.l. 25 giugno 2008, n. 112, conv. in l. 6 agosto 2008, n. 133.

(2) V. l'osservazione in nota 1 all'art. 1 prel.

(3) La Corte cost., con sentenza 16 dicembre 1980, n. 189, ha dichiarato costituzionalmente illegittimo questo comma, «nella parte in cui non riconosce il diritto alla indennità di anzianità di cui agli artt. 2120 e 2121 stesso codice, al lavoratore assunto con patto di prova nel caso di recesso dal contratto durante il periodo di prova medesimo».

(4) Articolo abrogato dall'art. 9, l. 18 aprile 1962, n. 230, sul contratto di lavoro a tempo determinato.
Per il lavoro a termine v. d.lg. 6 settembre 2001, n. 368. Sul contratto di formazione e lavoro v. art. 3, d.l. 30 ottobre 1984, n. 726, conv. in l. 19 dicembre 1984, n. 863, come modificato dall'art. 9, d.l. 29 marzo 1991, n. 108, conv. in l. 1° giugno 1991, n. 169.

(5) V. d.lg. 21 aprile 2000, n. 181. Per le chiamate nominative di giovani e per norme urgenti sulle assunzioni obbligatorie, v. artt. 8 e 9, d.l. 29 gennaio 1983, n. 17, conv. in l. 25 marzo 1983, n. 79. Per le assunzioni con richiesta nominativa v. d.l. 30 ottobre 1984, n. 726, conv. in l. 19 dicembre 1984, n. 863.

(6) Sulle sanzioni per la violazione di norme in materia di collocamento v. art. 20 d.l. 3 febbraio 1970, n. 7, conv. in l. 11 marzo 1979, n. 83, come modificato dall'art. 27, l. 28 febbraio 1987, n. 56.

(7) V. l'osservazione in nota 6 all'art. 2095.

(8) Soppresse in base al d.lg.lgt. 23 novembre 1944, n. 369.

(9) Sulla retribuzione dei lavoratori a domicilio in base a tariffe di cottimo pieno risultanti dai contratti collettivi, v. art. 8, l. 18 dicembre 1973, n. 877.

cottimo non divengano definitive se non dopo un periodo di esperimento.

2. Le tariffe possono essere sostituite o modificate soltanto se intervengono mutamenti nelle condizioni di esecuzione del lavoro, e in ragione degli stessi. In questo caso la sostituzione o la variazione della tariffa non diviene definitiva se non dopo il periodo di esperimento stabilito dalle norme corporative (1).

3. L'imprenditore deve comunicare preventivamente ai prestatori di lavoro i dati riguardanti gli elementi costitutivi della tariffa di cottimo, le lavorazioni da eseguirsi e il relativo compenso unitario. Deve altresì comunicare i dati relativi alla quantità di lavoro eseguita e al tempo impiegato.

2102. *Partecipazione agli utili. — 1.* Se le norme corporative (1) o la convenzione non dispongono diversamente, la partecipazione agli utili spettante al prestatore di lavoro (c. 2349, 2554[2]) è determinata in base agli utili netti dell'impresa, e, per le imprese soggette alla pubblicazione del bilancio (c. 2423, 2454, 2491, 2519), in base agli utili netti risultanti dal bilancio regolarmente approvato e pubblicato (c. 2433, 2435, 2554[2]).

2103. *Prestazione del lavoro. — 1.* Il lavoratore (2) deve essere adibito alle mansioni per le quali è stato assunto (att. c. 96) o a quelle corrispondenti all'inquadramento superiore che abbia successivamente acquisito ovvero a mansioni riconducibili allo stesso livello e categoria legale di inquadramento delle ultime effettivamente svolte.

2. In caso di modifica degli assetti organizzativi aziendali che incide sulla posizione del lavoratore, lo stesso può essere assegnato a mansioni appartenenti al livello di inquadramento inferiore purché rientranti nella medesima categoria legale.

3. Il mutamento di mansioni è accompagnato, ove necessario, dall'assolvimento dell'obbligo formativo, il cui mancato adempimento non determina comunque la nullità dell'atto di assegnazione delle nuove mansioni.

4. Ulteriori ipotesi di assegnazione di mansioni appartenenti al livello di inquadramento inferiore, purché rientranti nella medesima categoria legale, possono essere previste dai contratti collettivi.

5. Nelle ipotesi di cui al secondo e al quarto comma, il mutamento di mansioni è comunicato per iscritto, a pena di nullità, e il lavoratore ha diritto alla conservazione del livello di inquadramento e del trattamento retributivo in godimento, fatta eccezione per gli elementi retributivi collegati a particolari modalità di svolgimento della precedente prestazione lavorativa.

6. Nelle sedi di cui all'art. 2113, quarto comma, o avanti alle commissioni di certificazione, possono essere stipulati accordi individuali di modifica delle mansioni, della categoria legale e del livello di inquadramento e della relativa retribuzione, nell'interesse del lavoratore alla conservazione dell'occupazione, all'acquisizione di una diversa professionalità o al miglioramento delle condizioni di vita. Il lavoratore può farsi assistere da un rappresentante dell'associazione sindacale cui aderisce o conferisce mandato o da un avvocato o da un consulente del lavoro.

7. Nel caso di assegnazione a mansioni superiori il lavoratore ha diritto al trattamento corrispondente all'attività svolta e l'assegnazione diviene definitiva, salvo diversa volontà del lavoratore, ove la medesima non abbia avuto luogo per ragioni sostitutive di altro lavoratore in servizio, dopo il periodo fissato dai contratti collettivi o, in mancanza, dopo sei mesi continuativi.

8. Il lavoratore non può essere trasferito da un'unità produttiva ad un'altra se non per comprovate ragioni tecniche, organizzative e produttive.

9. Salvo che ricorrano le condizioni di cui al secondo e al quarto comma e fermo quanto disposto al sesto comma, ogni patto contrario è nullo (c. 1350, 1419[2]) (3).

2104. *Diligenza del prestatore di lavoro. — 1.* Il prestatore di lavoro deve usare la diligenza richiesta dalla natura della prestazione dovuta, dall'interesse dell'impresa e da quello superiore della produzione nazionale (c. 1176).

2. Deve inoltre osservare le disposizioni per l'esecuzione e per la disciplina del lavoro impartite dall'imprenditore e dai collaboratori di questo dai quali gerarchicamente dipende (c. 2086, 2094, 2106) (4).

2105. *Obbligo di fedeltà. — 1.* Il prestatore di

(1) V. l'osservazione in nota 6 all'art. 2095.

(2) Per il divieto di qualsiasi discriminazione fra uomini e donne v. art. 29, d.lg. 11 aprile 2006, n. 198.

(3) Articolo così sostituito, da ultimo, dall'art. 3.1, d.lg. 15 giugno 2015, n. 81. Per l'applicazione alle lavoratrici madri, v. d.lg. 26 marzo 2001, n. 151, come modificato dal d.lg. 23 aprile 2003, n. 115, dall'art. 1, commi 336-337 e 339, l. 24 dicembre 2012, n. 228, dall'art. 34, d.l. 21 giugno 2013, n. 69, conv. in l. 9 agosto 2013, n. 98, dal d.lg. 15 giugno 2015, n. 80 e dall'art. 14.7, l. 7 agosto 2015, n. 124.

(4) Per il lavoro a domicilio v. art. 11, l. 18 dicembre 1973, n. 877.

lavoro non deve trattare affari, per conto proprio o di terzi, in concorrenza con l'imprenditore, né divulgare notizie attinenti all'organizzazione e ai metodi di produzione dell'impresa, o farne uso in modo da poter recare ad essa pregiudizio (c. 2106, 2125) (1).

2106. *Sanzioni disciplinari*. — *1.* L'inosservanza delle disposizioni contenute nei due articoli precedenti può dar luogo all'applicazione di sanzioni disciplinari, secondo la gravità dell'infrazione e in conformità delle norme corporative (att. c. 97) (2).

2107. *Orario di lavoro*. — *1.* La durata giornaliera e settimanale della prestazione di lavoro non può superare i limiti stabiliti dalle leggi speciali (cost. 36[2]) (3) o dalle norme corporative (4).

2108. *Lavoro straordinario e notturno*. — *1.* In caso di prolungamento dell'orario normale, il prestatore di lavoro deve essere compensato per le ore straordinarie con un aumento di retribuzione rispetto a quella dovuta per il lavoro ordinario.

2. Il lavoro notturno non compreso in regolari turni periodici deve essere parimenti retribuito con una maggiorazione rispetto al lavoro diurno.

3. I limiti entro i quali sono consentiti il lavoro straordinario e quello notturno, la durata di essi e la misura della maggiorazione sono stabiliti dalla legge (5) o dalle norme corporative (3) (4).

2109. *Periodo di riposo*. — *1.* Il prestatore di lavoro ha diritto ad un giorno di riposo ogni settimana (cost. 36[3]), di regola in coincidenza con la domenica (6).

2. Ha anche diritto [dopo un anno d'ininterrotto servizio] (7), ad un periodo annuale di ferie retribuito, possibilmente continuativo, nel tempo che l'imprenditore stabilisce, tenuto conto delle esigenze dell'impresa e degli interessi del prestatore di lavoro (cost. 36[3]). La durata di tale periodo è stabilita dalla legge, dalle norme corporative (4), dagli usi o secondo equità (att. c. 98).

3. L'imprenditore deve preventivamente comunicare al prestatore di lavoro il periodo stabilito per il godimento delle ferie.

4. Non può essere computato nelle ferie il periodo di preavviso indicato nell'art. 2118 (8).

2110. *Infortunio, malattia, gravidanza, puerperio*. — *1.* In caso di infortunio, di malattia, di gravidanza o di puerperio, se la legge o le norme corporative (4) non stabiliscono forme equivalenti di previdenza o di assistenza, è dovuto al prestatore di lavoro la retribuzione o un'indennità nella misura e per il tempo determinati dalle leggi speciali (9), dalle norme cor-

(1) Sul divieto di concorrenza nel lavoro a domicilio v. art. 11, l. 18 dicembre 1973, n. 877. Sulla tutela degli autori di segnalazioni di reati di irregolarità di cui siano venuti a conoscenza nell'ambito di un rapporto di lavoro pubblico o privato v. l. 30 novembre 2017, n. 179.

(2) V. l'osservazione in nota 6 all'art. 2095. E v. l'art. 7, l. 20 maggio 1970, n. 300, in *Leggi coll. XII, 2*.

(3) V. r.d.l. 15 marzo 1923, n. 692; r.d. 10 settembre 1923, nn. 1955, 1956, 1957, e successive modificazioni. Sul lavoro straordinario v. d.l. 29 settembre 1998, n. 335, conv. in l. 27 novembre 1998, n. 409. Sull'organizzazione dell'orario di lavoro v. d.lg. 8 aprile 2003, n. 66, modificato dall'art. 41, d.l. 25 giugno 2008, n. 112, conv. in l. 6 agosto 2008, n. 133, e d.lg. 19 luglio 2004, n. 213.

(4) V. l'osservazione in nota 6 all'art. 2095.

(5) Quanto al lavoro straordinario cfr. gli artt. 5 e 5-*bis* (aggiunto dall'art. unico, l. 30 ottobre 1955, n. 1079) r.d.l. 15 marzo 1923, n. 692. Quanto al lavoro notturno, cfr.d.lg. 26 novembre 1999, n. 532, come modificato dall'art. 21, l. 3 febbraio 2003, n. 14; per i bambini e adolescenti, art. 15, l. 17 ottobre 1967, n. 977, come sostituito dall'art. 10, d.lg. 4 agosto 1999, n. 345; per le donne, art. 53, d.lg. 26 marzo 2001, n. 151, modificato dall'art. 11, d.lg. 15 giugno 2015, n. 80.

(6) Per il riposo settimanale, per i bambini e adolescenti, cfr. art. 22, l. 17 ottobre 1967, n. 977, come modificato dall'art. 13, d.lg. 4 agosto 1999, n. 345. In materia di protezione dei giovani sul lavoro v. d.lg. 18 agosto 2000, n. 262.

(7) La Corte cost., con sentenza 10 maggio 1963, n. 66, ha dichiarato costituzionalmente illegittimo questo comma, limitatamente all'inciso «dopo un anno d'ininterrotto servizio». Per il lavoro a tempo determinato, v. d.lg. 6 settembre 2001, n. 368.

La Corte cost., con sentenza 16 dicembre 1980, n. 189, ha dichiarato costituzionalmente illegittimo questo articolo, «nella parte in cui non prevede il diritto a ferie retribuite anche per il lavoratore assunto in prova in caso di recesso dal contratto durante il periodo di prova medesimo».

(8) La Corte cost., con sentenza 30 dicembre 1987, n. 616, ha dichiarato la illegittimità costituzionale di questo articolo, «nella parte in cui non prevede che la malattia insorta durante il periodo feriale ne sospenda il decorso».

(9) V. d.lg. 26 marzo 2001, n. 151, t.u. delle disposizioni legislative in materia di tutela e sostegno della maternità e della paternità, a norma dell'art. 15 della l. 8 marzo 2000, n. 53, come modificato dal d.lg. 23 aprile 2003, n. 115, dall'art. 1, commi 336-337 e 339, l. 24 dicembre 2012, n. 228, dall'art. 34, d.l. 21 giugno 2013, n. 69, conv. in l. 9 agosto 2013, n. 98, dal d.lg. 15 giugno 2015, n. 80 e dall'art. 14.7, l. 7 agosto 2015, n. 124. Sul congedo obbligatorio per il padre v. art. 1.205, l. 28 dicembre 2015, n. 208. La Corte cost., con sentenza 14 dicembre 2001, n. 405, ha dichiarato costituzionalmente illegittimo l'art. 24.1, nella parte in cui esclude la corresponsione dell'indennità di maternità in caso di licenziamento nel periodo di interdizione dal lavoro. La Corte cost., con sentenza 7 aprile

porative (1), dagli usi o secondo equità (cost. 38[2]; c. 2111[2]; att. c. 98).

2. Nei casi indicati nel comma precedente, l'imprenditore ha diritto di recedere dal contratto a norma dell'art. 2118, decorso il periodo stabilito dalla legge (2), dalle norme corporative (1), dagli usi o secondo equità.

3. Il periodo di assenza dal lavoro per una delle cause anzidette deve essere computato nell'anzianità di servizio (c. 2120).

2111. *Servizio militare.* — [*1.* La chiamata alle armi per adempiere agli obblighi di leva risolve il contratto di lavoro, salvo diverse disposizioni delle norme corporative] (3) (4).

2. In caso di richiamo alle armi, si applicano le disposizioni del primo e del terzo comma dell'articolo precedente (cost. 52[2]) (5) (6).

2112. *Mantenimento dei diritti dei lavoratori in caso di trasferimento d'azienda.* — *1.* In caso di trasferimento d'azienda (c. 2556), il rapporto di lavoro continua con il cessionario ed il lavoratore conserva tutti i diritti che ne derivano (c. 2558).

2. Il cedente ed il cessionario sono obbligati, in solido (c. 1292 ss.), per tutti i crediti che il lavoratore aveva al tempo del trasferimento. Con le procedure di cui agli artt. 410 e 411 del codice di procedura civile il lavoratore può consentire la liberazione del cedente dalle obbligazioni derivanti dal rapporto di lavoro.

3. Il cessionario è tenuto ad applicare i trattamenti economici e normativi previsti dai contratti collettivi nazionali, territoriali ed aziendali vigenti alla data del trasferimento, fino alla loro scadenza, salvo che siano sostituiti da altri contratti collettivi applicabili all'impresa del cessionario. L'effetto di sostituzione si produce esclusivamente fra contratti collettivi del medesimo livello.

4. Ferma restando la facoltà di esercitare il recesso ai sensi della normativa in materia di licenziamenti, il trasferimento d'azienda non

2011, n. 116, ha dichiarato costituzionalmente illegittimo l'art. 16, lett. *c*), nella parte in cui non consente, nell'ipotesi di parto prematuro con ricovero del neonato in una struttura sanitaria pubblica o privata, che la madre lavoratrice possa fruire, a sua richiesta e compatibilmente con le sue condizioni di salute attestate da documentazione medica, del congedo obbligatorio che le spetta, o di parte di esso, a far tempo dalla data d'ingresso del bambino nella casa familiare.

(1) V. l'osservazione in nota 6 all'art. 2095.

(2) Cfr. artt. 54 (come modificato dall'art. 4, d.lg. 23 aprile 2003, n. 115) e 56, d.lg. 26 marzo 2001, n. 151.

(3) V. l'osservazione in nota 1 all'art. 1 prel.

(4) V. l'art. 77, d.p.r. 14 febbraio 1964, n. 237, come sostituito dall'art. 22, l. 24 dicembre 1986, n. 958 e poi modificato dall'art. 13, d.p.r. 20 ottobre 1998, n. 403: «Gli arruolati di leva sono tenuti a compiere la ferma di leva per la durata prevista dalla normativa vigente. || La chiamata alle armi per adempiere gli obblighi di leva sospende il rapporto di lavoro per tutto il periodo della ferma e il lavoratore ha diritto alla conservazione del posto. || Entro trenta giorni dal congedo o dall'invio in licenza illimitata in attesa di congedo, il lavoratore deve porsi a disposizione del datore di lavoro per riprendere servizio. In mancanza, il rapporto di lavoro è risolto. || Per l'ammissione ai concorsi nelle pubbliche amministrazioni e per le assunzioni in impieghi, servizi e attività in uffici pubblici e privati, non deve essere imposta la condizione di aver soddisfatto gli obblighi militari di leva o di esserne esente. || L'interessato è comunque tenuto a comprovare di essere in posizione regolare nei riguardi degli obblighi di leva e nei riguardi degli obblighi del servizio militare. || Per la partecipazione ai pubblici concorsi il limite massimo di età richiesto è elevato di un periodo pari all'effettivo servizio prestato, comunque non superiore a tre anni, per i cittadini che hanno prestato servizio militare volontario, di leva e di leva prolungata. || I periodi di effettivo servizio militare di leva, di richiamo alle armi, di ferma volontaria e di rafferma, prestati presso le Forze armate e nell'Arma dei carabinieri, sono valutati nei pubblici concorsi con lo stesso punteggio che le commissioni esaminatrici attribuiscono per i servizi prestati negli impieghi civili presso enti pubblici. || Ai fini dell'ammissibilità e della valutazione dei titoli nei concorsi banditi dalle pubbliche amministrazioni è da considerarsi a tutti gli effetti il periodo di tempo trascorso come militare di leva o richiamato, in pendenza di rapporto di lavoro. || Le norme del presente articolo sono applicabili ai concorsi banditi dalle amministrazioni dello Stato, comprese le aziende autonome, e dagli altri enti pubblici, regionali, provinciali e comunali per l'assunzione e l'immissione di personale esterno in tutte le qualifiche, carriere, fasce o categorie funzionali previste dai rispettivi ordinamenti organici. [...]».

Per i lavoratori chiamati al servizio sostitutivo civile cfr. l. 8 luglio 1998, n. 230. Con l. 6 marzo 2001, n. 64 è stato poi istituito il servizio civile nazionale; con d.lg. 6 marzo 2017, n. 40, come modificato con d.lg. 13 aprile 2018, n. 43, è stato istituito e disciplinato il servizio civile universale.

La Corte cost., con sentenza 16 febbraio 1963, n. 8, ha dichiarato costituzionalmente illegittimo l'art. 1.2, d.lg.c.p.s., 13 settembre 1946, n. 303, nella parte in cui non prescrive che il periodo di servizio militare sia computato ai fini dell'indennità di anzianità.

(5) Sul richiamo alle armi degli impiegati privati, v. l. 10 giugno 1940, n. 653; e degli impiegati pubblici, v. l. 3 maggio 1955, n. 370. La Corte cost., con sentenza 4 maggio 1984, n. 136, ha dichiarato costituzionalmente illegittimi gli artt. 1 ss., l. 10 giugno 1940, n. 653, «nella parte in cui si riferiscono ai soli impiegati privati e non anche agli operai richiamati alle armi».

(6) Sulla sospensione anticipata del servizio obbligatorio di leva e la disciplina dei volontari di truppa in ferma prefissata v. l. 23 agosto 2004, n. 226.

costituisce di per sé motivo di licenziamento. Il lavoratore, le cui condizioni di lavoro subiscono una sostanziale modifica nei tre mesi successivi al trasferimento d'azienda, può rassegnare le proprie dimissioni con gli effetti di cui all'art. 2119, primo comma.

5. Ai fini e per gli effetti di cui al presente articolo si intende per trasferimento d'azienda qualsiasi operazione che, in seguito a cessione contrattuale o fusione, comporti il mutamento nella titolarità di un'attività economica organizzata, con o senza scopo di lucro, preesistente al trasferimento e che conserva nel trasferimento la propria identità a prescindere dalla tipologia negoziale o dal provvedimento sulla base del quale il trasferimento è attuato ivi compresi l'usufrutto o l'affitto di azienda (c. 2561, 2562). Le disposizioni del presente articolo si applicano altresì al trasferimento di parte dell'azienda, intesa come articolazione funzionalmente autonoma di un'attività economica organizzata, identificata come tale dal cedente e dal cessionario al momento del suo trasferimento (1) (2).

6. Nel caso in cui l'alienante stipuli con l'acquirente un contratto di appalto la cui esecuzione avviene utilizzando il ramo d'azienda oggetto di cessione, tra appaltante e appaltatore opera un regime di solidarietà di cui all'art. 29, comma 2, del d.lg. 10 settembre 2003, n. 276 (3).

2113. *Rinunzie e transazioni.* — *1.* Le rinunzie (c. 1236 ss.) e le transazioni (c. 1966[2]), che hanno per oggetto diritti del prestatore di lavoro derivanti da disposizioni inderogabili della legge e dei contratti o accordi collettivi concernenti i rapporti di cui all'art. 409 del codice di procedura civile, non sono valide.

2. L'impugnazione deve essere proposta, a pena di decadenza, entro sei mesi dalla data di cessazione del rapporto o dalla data della rinunzia o della transazione, se queste sono intervenute dopo la cessazione medesima.

3. Le rinunzie e le transazioni di cui ai commi precedenti possono essere impugnate con qualsiasi atto scritto, anche stragiudiziale, del lavoratore idoneo a renderne nota la volontà.

4. Le disposizioni del presente articolo non si applicano alla conciliazione intervenuta ai sensi degli artt. 185, 410, 411, 412-*ter* e 412-*quater* (4) del codice di procedura civile (5).

§ 3. — *Della previdenza e dell'assistenza*

2114. *Previdenza ed assistenza obbligatorie.*

(1) A decorrere dal 1° luglio 2001, l'art. 2, d.lg. 2 febbraio 2001, n. 18, così dispone: «All'art. 47 della l. 29 dicembre 1990, n. 428, i commi 1, 2, 3 e 4 sono sostituiti dai seguenti: "1. Quando si intenda effettuare, ai sensi dell'art. 2112 del codice civile, un trasferimento d'azienda in cui sono complessivamente occupati più di quindici lavoratori, anche nel caso in cui il trasferimento riguardi una parte d'azienda, ai sensi del medesimo art. 2112, il cedente ed il cessionario devono darne comunicazione per iscritto almeno venticinque giorni prima che sia perfezionato l'atto da cui deriva il trasferimento o che sia raggiunta un'intesa vincolante tra le parti, se precedente, alle rispettive rappresentanze sindacali unitarie, ovvero alle rappresentanze sindacali aziendali costituite, a norma dell'art. 19 della l. 20 maggio 1970, n. 300, nelle unità produttive interessate, nonché ai sindacati di categoria che hanno stipulato il contratto collettivo applicato nelle imprese interessate al trasferimento. In mancanza delle predette rappresentanze aziendali, resta fermo l'obbligo di comunicazione nei confronti dei sindacati di categoria comparativamente più rappresentativi e può essere assolto dal cedente e dal cessionario per il tramite dell'associazione sindacale alla quale aderiscono o conferiscono mandato. L'informazione deve riguardare: *a*) la data o la data proposta del trasferimento; *b*) i motivi del programmato trasferimento d'azienda; *c*) le sue conseguenze giuridiche, economiche e sociali per i lavoratori; *d*) le eventuali misure previste nei confronti di questi ultimi. || 2. Su richiesta scritta delle rappresentanze sindacali o dei sindacati di categoria, comunicata entro sette giorni dal ricevimento della comunicazione di cui al comma 1, il cedente e il cessionario sono tenuti ad avviare, entro sette giorni dal ricevimento della predetta richiesta, un esame congiunto con i soggetti sindacali richiedenti. La consultazione si intende esaurita qualora, decorsi dieci giorni dal suo inizio, non sia stato raggiunto un accordo. || 3. Il mancato rispetto, da parte del cedente o del cessionario, degli obblighi previsti dai commi 1 e 2 costituisce condotta antisindacale ai sensi dell'art. 28 della l. 20 maggio 1970, n. 300. || 4. Gli obblighi d'informazione e di esame congiunto previsti dal presente articolo devono essere assolti anche nel caso in cui la decisione relativa al trasferimento sia stata assunta da altra impresa controllante. La mancata trasmissione da parte di quest'ultima delle informazioni necessarie non giustifica l'inadempimento dei predetti obblighi"». Al personale assorbito dall'amministrazione che ha operato la dismissione si applica l'art. 2112: art. 44.3, l. 27 dicembre 1997, n. 449.

(2) Comma sostituito dall'art. 32.1, d.lg. 10 settembre 2003, n. 276, «fermi restando i diritti dei prestatori di lavoro in caso di trasferimento d'azienda di cui alla normativa di recepimento delle direttive europee in materia».

(3) Comma aggiunto dall'art. 32.2, d.lg. 10 settembre 2003, n. 276. Successivamente le parole «di cui all'art. 29, comma 2, del d.lg. 10 settembre 2003, n. 276» sono state così sostituite alle precedenti «di cui all'art. 1676» dall'art. 9, d.lg. 6 ottobre 2004, n. 251.

(4) Le parole «ai sensi degli artt. 185, 410, 411, 412-*ter* e 412-*quater*» sono state così sostituite alle precedenti «ai sensi degli artt. 185, 410 e 411» dall'art. 31.7, l. 4 novembre 2010, n. 183.

(5) Articolo sostituito dall'art. 6, l. 11 agosto 1973, n. 533.

— *1.* Le leggi speciali e le norme corporative (1) determinano i casi e le forme di previdenza e di assistenza obbligatorie e le contribuzioni e prestazioni relative (cost. 38).

2115. *Contribuzioni.* — *1.* Salvo diverse disposizioni della legge o delle norme corporative (1), l'imprenditore e il prestatore di lavoro contribuiscono in parti eguali alle istituzioni di previdenza e di assistenza.

2. L'imprenditore è responsabile del versamento del contributo, anche per la parte che è a carico del prestatore di lavoro, salvo il diritto di rivalsa secondo le leggi speciali (c. 2753, 2754).

3. È nullo qualsiasi patto diretto ad eludere gli obblighi relativi alla previdenza o all'assistenza (c. 1418, 1419[2]).

2116. *Prestazioni.* — *1.* Le prestazioni indicate nell'art. 2114 sono dovute al prestatore di lavoro, anche quando l'imprenditore non ha versato regolarmente i contributi dovuti alle istituzioni di previdenza e di assistenza, salvo diverse disposizioni delle leggi speciali o delle norme corporative (1).

2. Nei casi in cui, secondo tali disposizioni, le istituzioni di previdenza e di assistenza, per mancata o irregolare contribuzione, non sono tenute a corrispondere in tutto o in parte le prestazioni dovute, l'imprenditore è responsabile del danno che ne deriva al prestatore di lavoro (c. 2751-*II* n. 1).

2117. *Fondi speciali per la previdenza e l'assistenza.* — *1.* I fondi speciali per la previdenza e l'assistenza che l'imprenditore abbia costituiti, anche senza contribuzione dei prestatori di lavoro, non possono essere distratti dal fine al quale sono destinati e non possono formare oggetto di esecuzione da parte dei creditori dell'imprenditore o del prestatore di lavoro (c. 2123[2], 2429; p.c. 545) (2).

§ 4. — *Dell'estinzione del rapporto di lavoro*

2118. *Recesso dal contratto a tempo indeterminato.* — *1.* Ciascuno dei contraenti può recedere dal contratto di lavoro a tempo indeterminato, dando il preavviso nel termine e nei modi stabiliti dalle norme corporative (1), dagli usi o secondo equità (c. 2109[2]; att. c. 98) (3).

2. In mancanza di preavviso, il recedente è tenuto verso l'altra parte a un'indennità equivalente all'importo della retribuzione che sarebbe spettata per il periodo di preavviso.

3. La stessa indennità è dovuta dal datore di lavoro nel caso di cessazione del rapporto per morte del prestatore di lavoro (c. 1750[2], 2122, 2244, 2751-*II* n. 1, 2948 n. 5).

2119. *Recesso per giusta causa.* — *1.* Ciascuno dei contraenti può recedere dal contratto prima della scadenza del termine, se il contratto è a tempo determinato, o senza preavviso, se il contratto è a tempo indeterminato, qualora si verifichi una causa che non consenta la prosecuzione, anche provvisoria, del rapporto. Se il contratto è a tempo indeterminato, al prestatore di lavoro che recede per giusta causa compete l'indennità indicata nel secondo comma dell'articolo precedente.

2. Non costituisce giusta causa di risoluzione del contratto il fallimento dell'imprenditore (c. 2221) o la liquidazione coatta amministrativa dell'azienda (3).

2120. *Disciplina del trattamento di fine rapporto.* — *1.* In ogni caso di cessazione del rapporto di lavoro subordinato, il prestatore di lavoro ha diritto ad un trattamento di fine rapporto. Tale trattamento si calcola sommando per ciascun anno di servizio una quota pari e comunque non superiore all'importo della retribuzione dovuta per l'anno stesso divisa per 13,5. La quota è proporzionalmente ridotta per le frazioni di anno, computandosi come mese intero le frazioni di mese uguali o superiori a 15 giorni.

2. Salvo diversa previsione dei contratti collettivi la retribuzione annua, ai fini del comma precedente, comprende tutte le somme, compreso l'equivalente delle prestazioni in natura, corrisposte in dipendenza del rapporto di lavoro, a titolo non occasionale e con esclusione di quanto è corrisposto a titolo di rimborso spese (4).

3. In caso di sospensione della prestazione di

(1) V. l'osservazione in nota 6 all'art. 2095.

(2) Sui fondi pensione v. d.lg. 5 dicembre 2005, n. 252, e provvedimento ISVAP 10 novembre 2006, n. 2472, in G.U., 22 novembre 2006, n. 272.

(3) Per la limitazione del licenziamento di operai e impiegati ai casi di giusta causa e giustificato motivo, v. l. 15 luglio 1966, n. 604, in *Leggi coll. XII, 1* (e per il diritto alla reintegrazione nel posto di lavoro v. art. 18, l. 20 maggio 1970, n. 300, in *Leggi coll. XII, 2*); l. 11 maggio 1990, n. 108, in *Leggi coll. XII, 4*. Per il divieto di licenziamento delle lavoratrici per causa di matrimonio v. art. 35, d.lg. 11 aprile 2006, n. 198, e delle lavoratrici madri, v. art. 54, d.lg. 26 marzo 2001, n. 151, come modificato dall'art. 4, d.lg. 23 aprile 2003, n. 115. Sulle dimissioni volontarie e la risoluzione consensuale v. art. 26, d.lg. 14 settembre 2015, n. 151, modificato dall'art. 5.3, d.lg. 24 settembre 2016, n. 185.

(4) Sull'esclusione del valore del servizio di mensa dalla retribuzione v. art. 6.3, d.l. 11 luglio 1992, n. 333, conv. in l. 8 agosto 1992, n. 359.

lavoro nel corso dell'anno per una delle cause di cui all'art. 2110, nonché in caso di sospensione totale o parziale per la quale sia prevista l'integrazione salariale, deve essere computato nella retribuzione di cui al primo comma l'equivalente della retribuzione a cui il lavoratore avrebbe avuto diritto in caso di normale svolgimento del rapporto di lavoro.

4. Il trattamento di cui al precedente primo comma, con esclusione della quota maturata nell'anno, è incrementato, su base composta, al 31 dicembre di ogni anno, con l'applicazione di un tasso costituito dall'1,5 per cento in misura fissa e dal 75 per cento dell'aumento dell'indice dei prezzi al consumo per le famiglie di operai ed impiegati, accertato dall'ISTAT, rispetto al mese di dicembre dell'anno precedente.

5. Ai fini della applicazione del tasso di rivalutazione di cui al comma precedente per frazioni di anno, l'incremento dell'indice ISTAT è quello risultante nel mese di cessazione del rapporto di lavoro rispetto a quello di dicembre dell'anno precedente. Le frazioni di mese uguali o superiori a quindici giorni si computano come mese intero.

6. Il prestatore di lavoro, con almeno otto anni di servizio presso lo stesso datore di lavoro, può chiedere, in costanza di rapporto di lavoro, una anticipazione non superiore al 70 per cento sul trattamento cui avrebbe diritto nel caso di cessazione del rapporto alla data della richiesta.

7. Le richieste sono soddisfatte annualmente entro i limiti del 10 per cento degli aventi titolo, di cui al precedente comma, e comunque del 4 per cento del numero totale dei dipendenti.

8. La richiesta deve essere giustificata dalla necessità di:

a) eventuali spese sanitarie per terapie e interventi straordinari riconosciuti dalle competenti strutture pubbliche;

b) acquisto della prima casa di abitazione per sé o per i figli, documentato con atto notarile (1).

9. L'anticipazione può essere ottenuta una sola volta nel corso del rapporto di lavoro e viene detratta, a tutti gli effetti, dal trattamento di fine rapporto.

10. Nell'ipotesi di cui all'art. 2122 la stessa anticipazione è detratta dall'indennità prevista dalla norma medesima.

11. Condizioni di miglior favore possono essere previste dai contratti collettivi o da patti individuali. I contratti collettivi possono altresì stabilire criteri di priorità per l'accoglimento delle richieste di anticipazione (c. 2424-*II*[4]) (2).

2121. *Computo dell'indennità di mancato preavviso.* — *1.* L'indennità di cui all'art. 2118 deve calcolarsi computando le provvigioni, i premi di produzione, le partecipazioni agli utili o ai prodotti ed ogni altro compenso di carattere continuativo, con esclusione di quanto è corrisposto a titolo di rimborso spese (c. 2099, 2102).

2. Se il prestatore di lavoro è retribuito in tutto o in parte con provvigioni, con premi di produzione o con partecipazioni, l'indennità suddetta è determinata sulla media degli emolumenti degli ultimi tre anni di servizio o del minor tempo di servizio prestato.

3. Fa parte della retribuzione anche l'equivalente del vitto e dell'alloggio dovuto al prestatore di lavoro (2).

2122. *Indennità in caso di morte.* — *1.* In caso di morte del prestatore di lavoro, le indennità indicate dagli artt. 2118 e 2120 devono corrispondersi al coniuge, ai figli e, se vivevano a carico del prestatore di lavoro, ai parenti entro il terzo grado (c. 76) e agli affini entro il secondo grado (c. 78, 1751[4]) (3).

2. La ripartizione delle indennità, se non vi è accordo tra gli aventi diritto, deve farsi secondo il bisogno di ciascuno.

3. In mancanza delle persone indicate nel primo comma, le indennità sono attribuite se-

(1) La Corte cost., con sentenza 5 aprile 1991, n. 142, ha dichiarato l'illegittimità costituzionale di questa lettera, «nella parte in cui non prevede la possibilità di concessione dell'anticipazione in ipotesi di acquisto *in itinere* comprovato con mezzi idonei a dimostrarne l'effettività».

(2) Articolo così sostituito dall'art. 1, l. 29 maggio 1982, n. 297, in *Leggi coll. XII, 3*. L'art. 2.5, l. 8 agosto 1995, n. 335 così dispone: «Per i lavoratori assunti dal 1° gennaio 1996 alle dipendenze delle Amministrazioni pubbliche di cui all'art. 1 del d.lg. 3 febbraio 1993, n. 29, i trattamenti di fine servizio, comunque denominati, sono regolati in base a quanto previsto dall'art. 2120 del codice civile in materia di trattamento di fine rapporto».

(3) La Corte cost., con sentenza 22 luglio 1985, n. 213, ha dichiarata non fondata, nei sensi di cui in motivazione, la questione di legittimità costituzionale di questo comma, interpretato nel senso che il termine «coniuge» non comprende il vedovo o la vedova cui sia stata addebitata la separazione senza corresponsione di assegni alimentari a carico del lavoratore.

Sul diritto del coniuge nei cui confronti sia stata pronunciata sentenza di scioglimento o di cessazione degli effetti civili del matrimonio al quaranta per cento dell'indennità riferibile agli anni in cui il rapporto di lavoro è coinciso con il matrimonio v. art. 12-*bis*, l. 1° dicembre 1970, n. 898, come introdotto dall'art. 16, l. 6 marzo 1987, n. 74, in *Leggi coll. II, 9*.

condo le norme della successione legittima (c. 565 ss.) (1).

4. È nullo (c. 1418) ogni patto anteriore alla morte del prestatore di lavoro circa l'attribuzione e la ripartizione delle indennità (c. 458).

2123. *Forme di previdenza*. — *1.* Salvo patto contrario, l'imprenditore che ha compiuto volontariamente atti di previdenza può dedurre dalle somme da lui dovute a norma degli artt. 2110, 2111 e 2120 quanto il prestatore di lavoro ha diritto di percepire per effetto degli atti medesimi (c. 1751^{2}).

2. Se esistono fondi di previdenza formati con il contributo dei prestatori di lavoro, questi hanno diritto alla liquidazione della propria quota, qualunque sia la causa della cessazione del contratto.

2124. *Certificato di lavoro*. — *1.* Se non è obbligatorio il libretto di lavoro (2), all'atto della cessazione del contratto, qualunque ne sia la causa, l'imprenditore deve rilasciare un certificato con l'indicazione del tempo durante il quale il prestatore di lavoro è stato occupato alle sue dipendenze e delle mansioni esercitate.

2125. *Patto di non concorrenza*. — *1.* Il patto con il quale si limita lo svolgimento dell'attività del prestatore di lavoro, per il tempo successivo alla cessazione del contratto, è nullo se non risulta da atto scritto, se non è pattuito un corrispettivo a favore del prestatore di lavoro e se il vincolo non è contenuto entro determinati limiti di oggetto, di tempo e di luogo.

2. La durata del vincolo non può essere superiore a cinque anni, se si tratta di dirigenti, e a tre anni negli altri casi. Se è pattuita una durata maggiore, essa si riduce nella misura suindicata (c. 2557, 2596; att. c. 198).

§ 5. — *Disposizioni finali*

2126. *Prestazione di fatto con violazione di legge*. — *1.* La nullità o l'annullamento del contratto di lavoro non produce effetto (c. 1360^{2}, 1373^{2}, 1458, 2332^{2}) per il periodo in cui il rapporto ha avuto esecuzione (c. 590, 627^{2}, 799, 1933^{2}, 2034, 2940), salvo che la nullità derivi dall'illiceità dell'oggetto o della causa (c. 1343 ss., 1346).

2. Se il lavoro è stato prestato con violazione di norme poste a tutela del prestatore di lavoro, questi ha in ogni caso diritto alla retribuzione.

2127. *Divieto d'interposizione nel lavoro a cottimo*. — *1.* È vietato all'imprenditore di affidare a propri dipendenti lavori a cottimo da eseguirsi da prestatori di lavoro assunti e retribuiti direttamente dai dipendenti medesimi.

2. In caso di violazione di tale divieto, l'imprenditore risponde direttamente, nei confronti dei prestatori di lavoro assunti dal proprio dipendente, degli obblighi derivanti dai contratti di lavoro da essi stipulati.

2128. *Lavoro a domicilio*. — *1.* Ai prestatori di lavoro a domicilio si applicano le disposizioni di questa sezione, in quanto compatibili con la specialità del rapporto (3).

2129. *Contratto di lavoro per i dipendenti da enti pubblici*. — *1.* Le disposizioni di questa sezione si applicano ai prestatori di lavoro dipendenti da enti pubblici, salvo che il rapporto sia diversamente regolato dalla legge (att. c. 98^{2}).

Sezione IV. — *Del tirocinio*

2130. *Durata del tirocinio*. — *1.* Il periodo di tirocinio non può superare i limiti stabiliti dalle norme corporative (4) o dagli usi (5).

2131. *Retribuzione*. — *1.* La retribuzione dell'apprendista non può assumere la forma del salario a cottimo (6).

2132. *Istruzione professionale*. — *1.* L'imprenditore deve permettere che l'apprendista frequenti i corsi per la formazione professionale e deve destinarlo soltanto ai lavori attinenti alla specialità professionale a cui si riferisce il tirocinio (7).

(1) La Corte cost., con sentenza 19 gennaio 1972, n. 8, ha dichiarato costituzionalmente illegittimo questo comma «nella parte in cui esclude che il lavoratore subordinato, in mancanza delle persone indicate nel primo comma, possa disporre per testamento delle indennità di cui allo stesso articolo».

(2) Per lo speciale libretto di controllo necessario per il lavoratore a domicilio, v. art. 10, l. 18 dicembre 1973, n. 877, come modificato dall'art. 39.9, d.l. 25 giugno 2008, n. 112, conv. in l. 6 agosto 2008, n. 133. Sul registro d'impresa tenuto dal datore di lavoro agricolo v. d.m. Lavoro 5 novembre 1994, n. 752, in G.U., 17 gennaio 1995, n. 13.

(3) Sul lavoro a domicilio v. l. 18 dicembre 1973, n. 877, come interpretata e modificata con l. 16 dicembre 1980, n. 858. Per le sanzioni a carico del committente v. art. 3, d.lg. 9 settembre 1994, n. 566.

(4) V. l'osservazione in nota 6 all'art. 2095.

(5) Sul contratto di formazione e lavoro v. art. 3, d.l. 30 ottobre 1984, n. 726, conv. in l. 19 dicembre 1984, n. 863, come modificato dall'art. 9, d.l. 29 marzo 1991, n. 108, conv. in l. 1° giugno 1991, n. 169.

(6) V. art. 11.1, lett. f, l. 19 gennaio 1955, n. 25, come sostituita dall'art. 2, l. 2 aprile 1968, n. 424.

(7) V. art. 11, l. 19 gennaio 1955, n. 25.

2133. *Attestato di tirocinio*. — *1.* Alla cessazione del tirocinio, l'apprendista, per il quale non è obbligatorio il libretto di lavoro, ha diritto di ottenere un attestato del tirocinio compiuto (c. 2124) (1).

2134. *Norme applicabili al tirocinio*. — *1.* Al tirocinio si applicano le disposizioni della sezione precedente, in quanto siano compatibili con la specialità del rapporto e non siano derogate da disposizioni delle leggi speciali o da norme corporative (2).

CAPO II

DELL'IMPRESA AGRICOLA

Sezione I. — *Disposizioni generali*

2135. *Imprenditore agricolo*. — *1.* È imprenditore agricolo chi esercita una delle seguenti attività: coltivazione del fondo, selvicoltura, allevamento di animali e attività connesse.

2. Per coltivazione del fondo, per selvicoltura e per allevamento di animali si intendono le attività dirette alla cura ed allo sviluppo di un ciclo biologico o di una fase necessaria del ciclo stesso, di carattere vegetale o animale, che utilizzano o possono utilizzare il fondo, il bosco o le acque dolci, salmastre o marine.

3. Si intendono comunque connesse le attività, esercitate dal medesimo imprenditore agricolo, dirette alla manipolazione, conservazione, trasformazione, commercializzazione e valorizzazione che abbiano ad oggetto prodotti ottenuti prevalentemente dalla coltivazione del fondo o del bosco o dall'allevamento di animali, nonché le attività dirette alla fornitura di beni o servizi mediante l'utilizzazione prevalente di attrezzature o risorse dell'azienda normalmente impiegate nell'attività agricola esercitata, ivi comprese le attività di valorizzazione del territorio e del patrimonio rurale e forestale, ovvero di ricezione ed ospitalità come definite dalla legge (c. 2557[5]) (3) (4).

2136. *Inapplicabilità delle norme sulla registrazione*. — *1.* Le norme relative all'iscrizione nel registro delle imprese (c. 2188 ss.) non si applicano agli imprenditori agricoli, salvo quanto è disposto dall'art. 2200.

2137. *Responsabilità dell'imprenditore agricolo*. — *1.* L'imprenditore, anche se esercita l'impresa su fondo altrui, è soggetto agli obblighi stabiliti dalla legge e dalle norme corporative (5) concernenti l'esercizio dell'agricoltura.

2138. *Dirigenti e fattori di campagna*. — *1.* I poteri dei dirigenti preposti all'esercizio dell'impresa agricola e quelli dei fattori di campagna, se non sono determinati per iscritto dal preponente, sono regolati dalle norme corporative (5) e, in mancanza, dagli usi.

2139. *Scambio di mano d'opera o di servizi*. — *1.* Tra piccoli imprenditori agricoli è ammesso lo scambio di mano d'opera o di servizi secondo gli usi.

2140. .... (6).

Sezione II. — *Della mezzadria* (7)

2141. *Nozione*. — *1.* Nella mezzadria il concedente ed il mezzadro, in proprio e quale capo di una famiglia colonica (c. 2150), si associano per la coltivazione di un podere e per l'esercizio delle attività connesse (c. 2135[2]) al fine di dividerne a metà (8) i prodotti e gli utili (c. 2155, 2156). È valido tuttavia il patto con il quale taluni prodotti si dividono in proporzioni diverse.

(1) V. art. 18, l. 19 gennaio 1955, n. 25.

(2) V. l'osservazione in nota 6 all'art. 2095.

(3) Articolo così sostituito dall'art. 1.1, d.lg. 18 maggio 2001, n. 228, in *Leggi coll. VII, 9*.

(4) Sulla modificazione in imprese agricole individuali delle società di fatto e delle comunioni tacite familiari di cui all'art. 230-*bis*.6 cod. civ., v. art. 9-*bis*.2, d.l. 28 marzo 1997, n. 79, conv. in l. 28 maggio 1997, n. 140 (il termine è stato prorogato al 1° dicembre 1998 dall'art. 56.4, l. 27 dicembre 1997, n. 449). Per il regolamento sulla Carta dell'agricoltore e del pescatore e sull'anagrafe delle aziende agricole v. d.p.r. 1° dicembre 1999, n. 503. Sull'imprenditore ittico e sul giovane imprenditore ittico v. artt. 4 e 5, d.lg. 9 gennaio 2012, n. 4. Sull'imprenditore apistico v. artt. 2 e 3, l. 24 dicembre 2004, n. 313. Sulle attività agrituristiche v. art. 2.1, l. 20 febbraio 2006, n. 96. Sulla qualità di imprenditore agricolo delle società di persone e società a responsabilità limitata che trasformano prodotti agricoli ceduti dai soci v. art. 1.1094, l. 27 dicembre 2006, n. 296, come modificato dall'art. 1.177, l. 24 dicembre 2007, n. 244. Per misure di semplificazione per le imprese agricole v. art. 25.1-2, d.l. 9 febbraio 2012, n. 5, conv. in l. 4 aprile 2012, n. 35. Sull'agricoltura sociale v. l. 18 agosto 2015, n. 141.

(5) V. l'osservazione in nota 1 all'art. 1 prel.

(6) Articolo abrogato dall'art. 205, l. 19 maggio 1975, n. 151.

(7) L'art. 3, l. 15 settembre 1964, n. 756, vieta – a far data dal 23 settembre 1974 – la stipulazione di nuovi contratti di mezzadria. V. ora la l. n. 203/1982, in *Leggi coll. VII, 6*, e in particolare, per la conversione in affitto, gli artt. 25 ss.

(8) L'art. 4, l. 15 settembre 1964, n. 756, dispone che la quota del mezzadro non può essere inferiore al 58%. V. anche art. 37, l. n. 203/1982, in *Leggi coll. VII, 6*.

2142. *Famiglia colonica.* — *1.* [La composizione della famiglia colonica non può volontariamente essere modificata senza il consenso del concedente, salvi i casi di matrimonio, di adozione e di riconoscimento di figli naturali] (1). La composizione e le variazioni della famiglia colonica devono risultare dal libretto colonico (c. 2161).

2143. *Mezzadria a tempo indeterminato.* — *1.* La mezzadria a tempo indeterminato s'intende convenuta per la durata di un anno agrario, salvo diverse disposizioni delle norme corporative (2), e si rinnova tacitamente di anno in anno, se non è stata comunicata disdetta almeno sei mesi prima della scadenza nei modi fissati dalle norme corporative (2), dalla convenzione o dagli usi (c. 2144).

2144. *Mezzadria a tempo determinato.* — *1.* La mezzadria a tempo determinato non cessa di diritto alla scadenza del termine.

2. Se non è comunicata disdetta a norma dell'articolo precedente, il contratto s'intende rinnovato di anno in anno (3).

2145. *Diritti ed obblighi del concedente.* — *1.* Il concedente conferisce il godimento del podere, dotato di quanto occorre per l'esercizio dell'impresa (c. 2146) e di un'adeguata casa per la famiglia colonica.

[*2.* La direzione dell'impresa spetta al concedente, il quale deve osservare le norme della buona tecnica agraria] (4).

2146. *Conferimento delle scorte.* — *1.* Le scorte vive e morte sono conferite dal concedente e dal mezzadro in parti uguali, salvo diversa disposizione delle norme corporative (2), della convenzione o degli usi.

2. Le scorte conferite divengono comuni in proporzione dei rispettivi conferimenti (c. 2163).

2147. *Obblighi del mezzadro.* — *1.* Il mezzadro è obbligato a prestare, secondo le direttive del concedente (5) e le necessità della coltivazione, il lavoro proprio e quello della famiglia colonica.

2. È a carico del mezzadro, salvo diverse disposizioni delle norme corporative (2), della convenzione o degli usi, la spesa della mano d'opera eventualmente necessaria per la normale coltivazione del podere.

2148. *Obblighi di residenza e di custodia.* — *1.* Il mezzadro ha l'obbligo di risiedere stabilmente nel podere con la famiglia colonica (c. 2145).

2. Egli deve custodire il podere e mantenerlo in normale stato di produttività. Egli deve altresì custodire e conservare le altre cose affidategli dal concedente, con la diligenza del buon padre di famiglia (c. 1176[1]), e non può, senza il consenso del concedente o salvo uso contrario, svolgere attività a suo esclusivo profitto o compiere prestazioni a favore di terzi.

2149. *Divieto di subconcessione.* — *1.* Il mezzadro non può cedere la mezzadria, né affidare ad altri la coltivazione del podere (c. 1656, 1717, 1770, 2232), senza il consenso del concedente (6).

2150. *Rappresentanza della famiglia colonica.* — *1.* Nei rapporti relativi alla mezzadria il mezzadro rappresenta, nei confronti del concedente, i componenti della famiglia colonica (7).

2. Le obbligazioni contratte dal mezzadro nell'esercizio della mezzadria sono garantite dai suoi beni e da quelli comuni della famiglia colonica. I componenti della famiglia colonica non rispondono con i loro beni, se non hanno prestato espressa garanzia.

[**2151.** *Spese per la coltivazione.* — *1.* Le spese per la coltivazione del podere e per l'esercizio delle attività connesse, escluse quelle per la mano d'opera previste dall'art. 2147, sono a carico del concedente e del mezzadro in parti eguali, se non dispongono diversamente le norme corporative, la convenzione o gli usi.

2. Se il mezzadro è sfornito di mezzi propri, il concedente deve anticipare senza interesse, sino alla scadenza dell'anno agrario in corso, le spese indicate nel comma precedente, salvo rivalsa mediante prelevamento sui prodotti e sugli utili] (8).

(1) Norma tacitamente abrogata dall'art. 7, legge n. 756/1964, che ammette la modificazione della composizione della famiglia colonica anche senza il consenso del concedente, «purché non ne risulti compromessa la normale conduzione del fondo». V. anche art. 48, l. n. 203/1982, in *Leggi coll. VII, 6.*

(2) V. l'osservazione in nota 1 all'art. 1 prel.

(3) Sulla proroga dei contratti di mezzadria v. l'art. 14, l. n. 756/1964.

(4) Comma tacitamente abrogato dall'art. 6, l. n. 756/1964, secondo cui «il mezzadro collabora con il concedente nella direzione dell'impresa».

(5) V. ora invece l'art. 6, l. n. 756/1964, di cui alla nota 4 all'art. 2145.

(6) V. d.lg.lgt. 5 aprile 1945, n. 156.

(7) V. ora art. 48, l. n. 203/1982 in *Leggi coll. VII, 6.*

(8) Articolo tacitamente abrogato e sostituito dall'art. 5, l. n. 756/1964, che così dispone: «Le spese per la coltivazione del podere e per l'esercizio delle attività connesse, ivi comprese quelle per l'impiego e la manutenzione dei mezzi meccanici ed escluse quelle per la mano d'opera, previste dall'art. 2147 del codice civile sono a carico del concedente e del mezzadro in parti uguali.

2152. *Miglioramenti*. — *1*. Il concedente che intende compiere miglioramenti sul podere deve valersi del lavoro dei componenti della famiglia colonica che siano forniti della necessaria capacità lavorativa, e questi sono tenuti a prestarlo verso compenso.

2. La misura del compenso, se non è stabilita dalle norme corporative (1), dalla convenzione o dagli usi, è determinata dal giudice, sentite, ove occorra, le associazioni professionali (2) e tenuto conto dell'eventuale incremento di reddito realizzato dal mezzadro (3).

2153. *Riparazioni di piccola manutenzione*. — *1*. Salvo diverse disposizioni delle norme corporative (1), della convenzione o degli usi, sono a carico del mezzadro le riparazioni di piccola manutenzione della casa colonica e degli strumenti di lavoro, di cui egli e la famiglia colonica si servono.

2154. *Anticipazioni di carattere alimentare alla famiglia colonica*. — *1*. Se la quota dei prodotti spettante al mezzadro, per scarsezza del raccolto a lui non imputabile, non è sufficiente ai bisogni alimentari della famiglia colonica, e questa non è in grado di provvedervi, il concedente deve somministrare senza interesse il necessario per il mantenimento della famiglia colonica [salvo rivalsa mediante prelevamento sulla parte dei prodotti e degli utili spettanti al mezzadro] (4).

2. Il giudice, con riguardo alle circostanze, può disporre il rimborso rateale.

2155. *Raccolta e divisione dei prodotti*. — *1*. Il mezzadro non può iniziare le operazioni di raccolta senza il consenso del concedente (5) ed è obbligato a custodire i prodotti sino alla divisione (6).

2. I prodotti sono divisi in natura sul fondo con l'intervento delle parti (c. 2156, 2157).

[*3*. Salvo diverse disposizioni delle norme corporative, della convenzione o degli usi, il mezzadro deve trasportare ai magazzini del concedente la quota a questo assegnata nella divisione] (7).

2156. *Vendita dei prodotti*. — *1*. La vendita dei prodotti, che in conformità degli usi non si dividono in natura, è fatta dal concedente previo accordo col mezzadro e, in mancanza, sulla base del prezzo di mercato.

2. La divisione si effettua sul ricavato della vendita, dedotte le spese (8).

2157. *Diritto di preferenza del concedente*. — *1*. Il mezzadro, nella vendita, deve, a parità di condizioni, preferire il concedente (9).

2158. *Morte di una delle parti*. — *1*. La mezzadria non si scioglie per la morte del concedente.

2. In caso di morte del mezzadro la mezzadria si scioglie alla fine dell'anno agrario in corso, salvo che tra gli eredi del mezzadro vi sia persona idonea a sostituirlo ed i componenti della famiglia colonica si accordino nel designarla.

3. Se la morte del mezzadro è avvenuta negli ultimi quattro mesi dell'anno agrario, i componenti della famiglia colonica possono chiedere che la mezzadria continui sino alla fine dell'anno successivo, purché assicurino la buona coltivazione del podere. La richiesta deve essere fatta entro due mesi dalla morte del mezzadro, o, se ciò non è possibile, prima dell'inizio del nuovo anno agrario.

4. In tutti i casi, se il podere non è coltivato con la dovuta diligenza (c. 2148), il concedente può fare eseguire a sue spese i lavori necessari [salvo rivalsa mediante prelevamento sui prodotti e sugli utili] (4).

2159. *Scioglimento del contratto*. — *1*. Salve le norme generali sulla risoluzione dei contratti per inadempimento (c. 1453 ss.), ciascuna delle parti può chiedere lo scioglimento del contratto quando si verificano fatti tali da non consentire la prosecuzione del rapporto.

2160. *Trasferimento del diritto di godimento del fondo*. — *1*. Se viene trasferito il diritto di godimento del fondo, la mezzadria continua nei confronti di chi subentra al concedente, salvo che il mezzadro, entro un mese dalla notizia del trasferimento, dichiari di recedere dal contratto (c. 1373). In tal caso il recesso ha effetto alla fine dell'anno agrario in corso o di quello successivo, se non è comunicato almeno tre mesi prima della fine dell'anno agrario in corso.

Se il mezzadro è sfornito di mezzi propri il concedente deve anticipare senza interessi sino alla scadenza dell'anno agrario le spese indicate nel precedente comma».

(1) V. nota 1 all'art. 1 prel.
(2) Soppresse con d.lg.lgt. 23 novembre 1944, n. 369.
(3) Per le innovazioni del mezzadro, v. art. 8, l. n. 756/1964.
(4) La frase tra parentesi quadre è tacitamente abrogata dall'art. 4.2, l. n. 756/1964.
(5) V. nota 4 all'art. 2145.
(6) La divisione dei prodotti è ora disciplinata dall'art. 4, l. n. 756/1964.
(7) Comma abrogato implicitamente dall'art. 4, l. n. 756/1964.
(8) La vendita dei prodotti è ora disciplinata dall'art. 4, l. n. 756/1964.
(9) Cfr. art. 4, l. n. 756/1964.

2. I crediti e i debiti del concedente verso il mezzadro risultanti dal libretto colonico (c. 2161) passano a chi subentra nel godimento del fondo, salva per i debiti la responsabilità sussidiaria dell'originario concedente.

2161. *Libretto colonico.* — *1.* Il concedente deve istituire un libretto colonico da tenersi in due esemplari, uno per ciascuna delle parti (c. 2142).

2. Il concedente deve annotare di volta in volta su entrambi gli esemplari i crediti e i debiti delle parti relative alla mezzadria, con indicazione della data e del fatto che li ha determinati.

3. Le annotazioni devono, alla fine dell'anno agrario, essere sottoscritte per accettazione dal concedente e dal mezzadro.

4. Il mezzadro deve presentare il libretto colonico al concedente per le annotazioni e per i saldi annuali.

2162. *Efficacia probatoria del libretto colonico.* — *1.* Le annotazioni eseguite sui due esemplari del libretto colonico fanno prova a favore e contro ciascuno dei contraenti, se il mezzadro non ha reclamato entro novanta giorni dalla consegna del libretto fattagli dal concedente (c. 2964 ss.).

2. Se una delle parti non presenta il proprio libretto, fa fede quello presentato.

3. In ogni caso le annotazioni delle partite fanno prova contro chi le ha scritte (c. 2707).

4. Con la sottoscrizione delle parti alla chiusura annuale del conto colonico, questo s'intende approvato. Le risultanze del conto possono essere impugnate soltanto per errori materiali, omissioni, falsità e duplicazioni di partite entro novanta giorni dalla consegna del libretto al mezzadro (c. 2964 ss.).

2163. *Assegnazione delle scorte al termine della mezzadria.* — *1.* Salvo diverse disposizioni delle norme corporative (1), della convenzione o degli usi, l'assegnazione delle scorte al termine della mezzadria deve farsi secondo le norme seguenti:

1) se si tratta di scorte vive, secondo la specie, il sesso, il numero, la qualità e il peso, ovvero, in mancanza di tali determinazioni, secondo il valore, tenuto conto della differenza di esso tra il tempo del conferimento e quello della riconsegna;

2) se si tratta di scorte morte circolanti, per quantità e qualità, valutando le eccedenze e le diminuzioni in base ai prezzi di mercato nel tempo della riconsegna;

3) se si tratta di scorte morte fisse, per specie, quantità, qualità e stato d'uso (2).

Sezione III. — *Della colonia parziaria*

2164. *Nozione.* — *1.* Nella colonia parziaria il concedente ed uno o più coloni si associano per la coltivazione di un fondo e per l'esercizio delle attività connesse (c. 2135[2]), al fine di dividerne i prodotti e gli utili.

2. La misura della ripartizione dei prodotti e degli utili è stabilita dalle norme corporative (3), dalla convenzione o dagli usi.

2165. *Durata.* — *1.* La colonia parziaria è contratta per il tempo necessario affinché il colono possa svolgere e portare a compimento un ciclo normale di rotazione delle colture praticate nel fondo (4).

2. Se non si fa luogo a rotazione di colture, la colonia non può avere una durata inferiore a due anni.

2166. *Obblighi del concedente.* — *1.* Il concedente deve consegnare il fondo in istato di servire alla produzione alla quale è destinato.

2167. *Obblighi del colono.* — *1.* Il colono deve prestare il lavoro proprio secondo le direttive del concedente (5) e le necessità della coltivazione (c. 2147).

2. Egli deve custodire il fondo e mantenerlo in normale stato di produttività; deve altresì custodire e conservare le altre cose affidategli dal concedente con la diligenza del buon padre di famiglia (c. 1176[1], 2148).

2168. *Morte di una delle parti.* — *1.* La colonia parziaria non si scioglie per la morte del concedente (c. 2158[1]).

2. In caso di morte del colono, si applicano a favore degli eredi di questo le disposizioni del secondo, terzo e quarto comma dell'art. 2158.

2169. *Rinvio.* — *1.* Sono applicabili alla colonia parziaria le norme dettate per la mezzadria negli artt. 2145, secondo comma, 2147, secondo comma, 2149, 2151, secondo comma, 2152, 2155, 2156, 2157, 2159, 2160 e 2163, nonché quelle concernenti la tenuta e l'efficacia

(1) V. nota 1 all'art. 1 prel.

(2) La l. 29 maggio 1956, n. 500, detta norme interpretative in materia.

(3) Le quote di riparto sono ora stabilite dagli artt. 9-10, l. 15 settembre 1964, n. 756 (e v. l'interpretazione autentica data dalla l. 1° marzo 1968, n. 198).

(4) L'art. 14.2, l. n. 756/1964, proroga «fino a nuova disposizione» i contratti di colonia parziaria, ivi compresi quelli con clausola migliorataria e quelli misti ad affitto.

(5) Per il rinvio dell'art. 12, l. n. 756/1964, alla colonia si applica l'art. 6 di tale legge, che pone il principio della collaborazione nella direzione dell'impresa.

probatoria del libretto colonico (c. 2161, 2162), qualora le parti l'abbiano d'accordo istituito (1).

Sezione IV. — *Della soccida* (2)

§ 1. — *Disposizioni generali*

2170. *Nozione*. — *1.* Nella soccida il soccidante e il soccidario si associano per l'allevamento e lo sfruttamento di una certa quantità di bestiame e per l'esercizio delle attività connesse, al fine di ripartire l'accrescimento del bestiame e gli altri prodotti e utili che ne derivano (c. 2181, 2184).

2. L'accrescimento consiste tanto nei parti sopravvenuti, quanto nel maggior valore intrinseco che il bestiame abbia al termine del contratto.

§ 2. — *Della soccida semplice*

2171. *Nozione*. — *1.* Nella soccida semplice il bestiame è conferito dal soccidante (c. 2181[2]).

2. La stima del bestiame all'inizio del contratto non ne trasferisce la proprietà al soccidario.

3. La stima deve indicare il numero, la razza, la qualità, il sesso, il peso e l'età del bestiame e il relativo prezzo di mercato. La stima serve di base per determinare il prelevamento a cui ha diritto il soccidante alla fine del contratto, a norma dell'art. 2181.

2172. *Durata del contratto*. — *1.* Se nel contratto non è stabilito un termine, la soccida ha la durata di tre anni.

2. Alla scadenza del termine il contratto non cessa di diritto, e la parte che non intende rinnovarlo deve darne disdetta almeno sei mesi prima della scadenza o nel maggior termine fissato dalle norme corporative (3), dalla convenzione o dagli usi.

3. Se non è data disdetta, il contratto s'intende rinnovato di anno in anno.

2173. *Direzione dell'impresa e assunzione di mano d'opera*. — *1.* La direzione dell'impresa spetta al soccidante, il quale deve esercitarla secondo le regole della buona tecnica dell'allevamento.

2. La scelta di prestatori di lavoro, estranei alla famiglia del soccidario, deve essere fatta col consenso del soccidante, anche quando secondo la convenzione o gli usi la relativa spesa è posta a carico del soccidario.

2174. *Obblighi del soccidario*. — *1.* Il soccidario deve prestare, secondo le direttive del soccidante (c. 2173), il lavoro occorrente per la custodia e l'allevamento del bestiame affidatogli, per la lavorazione dei prodotti e per il trasporto sino ai luoghi di ordinario deposito.

2. Il soccidario deve usare la diligenza del buon allevatore (c. 1176[2]).

2175. *Perimento del bestiame*. — *1.* Il soccidario non risponde del bestiame che provi essere perito per causa a lui non imputabile, ma deve rendere conto delle parti recuperabili (c. 1256, 1258).

2176. *Reintegrazione del bestiame conferito*. — *1.* Nella soccida stipulata per un tempo non inferiore a tre anni, qualora durante la prima metà del periodo contrattuale perisca la maggior parte del bestiame inizialmente conferito, per causa non imputabile al soccidario, questi può chiederne la reintegrazione con altri capi di valore intrinseco eguale a quello che i capi periti avevano all'inizio del contratto, tenuto conto del numero, della razza, della qualità, del sesso, del peso e dell'età.

2. Se il soccidante non provvede alla reintegrazione, il soccidario può recedere dal contratto.

2177. *Trasferimento dei diritti sul bestiame*. — *1.* Se la proprietà o il godimento del bestiame dato a soccida viene trasferito ad altri, il contratto non si scioglie e i crediti e i debiti del soccidante, derivanti dalla soccida, passano all'acquirente in proporzione della quota acquistata, salva per i debiti la responsabilità sussidiaria del soccidante.

2. Se il trasferimento riguarda la maggior parte del bestiame, il soccidario può, nel termine di un mese da quando ha avuto conoscenza del trasferimento, recedere dal contratto con effetto dalla fine dell'anno in corso.

2178. *Accrescimenti, prodotti, utili e spese*. — *1.* Gli accrescimenti (c. 2170[2]), i prodotti, gli utili e le spese si dividono tra le parti secondo le proporzioni stabilite dalle norme corporative (3), dalla convenzione o dagli usi.

2. È nullo il patto per il quale il soccidario debba sopportare nella perdita una parte maggiore di quella spettantegli nel guadagno.

2179. *Morte di una delle parti*. — *1.* La soccida non si scioglie per la morte del soccidante.

(1) V. le osservazioni in nota agli articoli cui è fatto rinvio.
(2) Alla soccida, fatta eccezione per quella con conferimento di pascolo, si applicano le norme della l. 15 settembre 1964, n. 756.
(3) V. nota 1 all'art. 1 prel.

2. In caso di morte del soccidario si osservano, in quanto applicabili, nei riguardi degli eredi le disposizioni del secondo, terzo e quarto comma dell'art. 2158.

2180. *Scioglimento del contratto.* — *1.* Salve le norme generali sulla risoluzione dei contratti per inadempimento (c. 1453 ss.), ciascuna delle parti può chiedere lo scioglimento del contratto, quando si verificano fatti tali da non consentire la prosecuzione del rapporto.

2181. *Prelevamento e divisione al termine del contratto.* — *1.* Al termine del contratto le parti procedono a nuova stima del bestiame.

2. Il soccidante preleva, d'accordo con il soccidario, un complesso di capi che, avuto riguardo al numero, alla razza, al sesso, al peso, alla qualità e all'età, sia corrispondente alla consistenza del bestiame apportato all'inizio della soccida (c. 2171^{3}). Il di più si divide a norma dell'art. 2178.

3. Se non vi sono capi sufficienti ad eguagliare la stima iniziale, il soccidante prende quelli che rimangono.

§ 3. — *Della soccida parziaria*

2182. *Conferimento del bestiame.* — *1.* Nella soccida parziaria il bestiame è conferito da entrambi i contraenti nelle proporzioni convenute.

2. Essi divengono comproprietari del bestiame in proporzione del rispettivo conferimento.

2183. *Reintegrazione del bestiame conferito.* — *1.* Nella soccida stipulata per un tempo non inferiore a tre anni, qualora durante la prima metà del periodo contrattuale perisca per causa non imputabile al soccidario la maggior parte del bestiame inizialmente conferito, e i contraenti non si accordino per la reintegrazione, ciascuno di essi ha diritto di recedere dal contratto.

2. Salvo diverso accordo delle parti, il recesso ha effetto con la fine dell'anno in corso.

3. Il bestiame rimasto è diviso fra le parti nella proporzione indicata nell'art. 2184.

4. Se è convenuto che nella divisione del bestiame da farsi alla scadenza del contratto sia attribuita ad uno dei contraenti una quota maggiore di quella corrispondente al suo conferimento, tale quota deve essere ridotta in rapporto alla minor durata della soccida.

2184. *Divisione del bestiame, dei prodotti e degli utili.* — *1.* Gli accrescimenti (c. 2170^{2}), i prodotti, gli utili, le spese e, al termine del contratto, il bestiame conferito si dividono nella proporzione stabilita dalle norme corporative (1), dalla convenzione o dagli usi.

2185. *Rinvio.* — *1.* Per quanto non è disposto dagli articoli precedenti, si applicano alla soccida parziaria le disposizioni relative alla soccida semplice (c. 2172, 2175, 2177, 2179, 2181).

§ 4. — *Della soccida con conferimento di pascolo* (2)

2186. *Nozione e norme applicabili.* — *1.* Si ha rapporto di soccida anche quando il bestiame è conferito dal soccidario e il soccidante conferisce il terreno per il pascolo.

2. In tal caso il soccidario ha la direzione dell'impresa e al soccidante spetta il controllo della gestione.

3. Si osservano inoltre le disposizioni dell'art. 2184 e, in quanto applicabili, quelle dettate per la soccida semplice (c. 2172, 2174, 2179, 2180).

Sezione V. — *Disposizione finale*

2187. *Usi.* — *1.* Nei rapporti di associazione agraria regolati dalle sezioni II, III e IV di questo capo, per quanto non è espressamente disposto, si applicano, in mancanza di convenzione, gli usi (c. 1374; att. c. 195 ss.).

CAPO III

Delle imprese commerciali e delle altre imprese soggette a registrazione

Sezione I. — *Del registro delle imprese*

2188. *Registro delle imprese.* — *1.* È istituito il registro delle imprese per le iscrizioni previste dalla legge (c. 2136, 2195, 2200, 2410^{2}).

2. Il registro è tenuto dall'ufficio del registro delle imprese sotto la vigilanza di un giudice delegato dal presidente del tribunale.

3. Il registro è pubblico (att. c. 99) (3).

2189. *Modalità dell'iscrizione.* — *1.* Le iscrizioni nel registro sono eseguite su domanda sottoscritta dall'interessato.

(1) V. nota 1 all'art. 1 prel.

(2) A tale contratto non si applicano le norme della l. 15 settembre 1964, n. 756, per espressa esclusione dell'art. 2. Per la conversione in affitto v. art. 25.2, l. 3 maggio 1982, n. 203, in *Leggi coll. VII, 6*.

(3) Sull'istituzione dell'ufficio del registro delle imprese presso la camera di commercio v. art. 8, l. 29 di-

2. Prima di procedere all'iscrizione, l'ufficio del registro deve accertare l'autenticità della sottoscrizione e il concorso delle condizioni richieste dalla legge per l'iscrizione (1).

3. Il rifiuto dell'iscrizione deve essere comunicato con raccomandata al richiedente. Questi può ricorrere entro otto giorni al giudice del registro, che provvede con decreto (c. 2192).

2190. *Iscrizione d'ufficio*. — *1.* Se un'iscrizione obbligatoria non è stata richiesta, l'ufficio del registro invita mediante raccomandata l'imprenditore a richiederla entro un congruo termine. Decorso inutilmente il termine assegnato, il giudice del registro può ordinarla con decreto.

2191. *Cancellazione d'ufficio*. — *1.* Se un'iscrizione è avvenuta senza che esistano le condizioni richieste dalla legge, il giudice del registro, sentito l'interessato, ne ordina con decreto la cancellazione.

2192. *Ricorso contro il decreto del giudice del registro*. — *1.* Contro il decreto del giudice del registro emesso a norma degli articoli precedenti, l'interessato, entro quindici giorni dalla comunicazione, può ricorrere al tribunale dal quale dipende l'ufficio del registro.

2. Il decreto che pronunzia sul ricorso deve essere iscritto d'ufficio nel registro.

2193. *Efficacia dell'iscrizione*. — *1.* I fatti dei quali la legge prescrive l'iscrizione, se non sono stati iscritti, non possono essere opposti ai terzi da chi è obbligato a richiederne l'iscrizione, a meno che questi provi che i terzi ne abbiano avuto conoscenza (c. 2448).

2. L'ignoranza dei fatti dei quali la legge prescrive l'iscrizione non può essere opposta dai terzi dal momento in cui l'iscrizione è avvenuta.

3. Sono salve le disposizioni particolari della legge.

2194. *Inosservanza dell'obbligo di iscrizione*. — *1.* Salvo quanto disposto dagli artt. 2626 (2) e 2634 (3), chiunque omette di richiedere l'iscrizione nei modi e nel termine stabiliti dalla legge, è punito con l'ammenda da lire ventimila [euro 10] a lire un milione [euro 516] (4).

Sezione II. — *Dell'obbligo di registrazione*

2195. *Imprenditori soggetti a registrazione*. — *1.* Sono soggetti all'obbligo dell'iscrizione nel registro delle imprese (c. 2188 ss.) gli imprenditori che esercitano:

1) un'attività industriale diretta alla produzione di beni o di servizi (c. 2135²) (5);

2) un'attività intermediaria nella circolazione dei beni (6);

3) un'attività di trasporto per terra, per acqua o per aria (c. 1678 ss.);

4) un'attività bancaria (c. 1834 ss.) o assicurativa (c. 1882 ss.);

5) altre attività ausiliarie delle precedenti (c. 1754 ss.).

2. Le disposizioni della legge che fanno riferimento alle attività e alle imprese commerciali si applicano, se non risulta diversamente, a tutte le attività indicate in questo articolo e alle imprese che le esercitano.

2196. *Iscrizione dell'impresa*. — *1.* Entro trenta giorni dall'inizio dell'impresa l'imprenditore che esercita un'attività commerciale (c. 2195) deve chiedere l'iscrizione all'ufficio del registro delle imprese nella cui circoscrizione stabilisce la sede, indicando:

1) il cognome e il nome, il luogo e la data

cembre 1993, n. 580. Per il regolamento v. d.p.r. 7 dicembre 1995, n. 581. Per il regolamento sulla semplificazione della disciplina in materia di registro delle imprese v. d.p.r. 14 dicembre 1999, n. 558.

Per il regolamento di semplificazione del procedimento relativo alla cancellazione di imprese e società non più operative dal registro delle imprese v. d.p.r. 23 luglio 2004, n. 247, in *Leggi coll. XI, 1*.

(1) L'art. 20.7-*bis*, d.l. 24 giugno 2014, n. 91, conv. in l. 11 agosto 2014, n. 116, così dispone: «Al fine di facilitare e di accelerare ulteriormente le procedure finalizzate all'avvio delle attività economiche nonché le procedure di iscrizione nel registro delle imprese, rafforzando il grado di conoscibilità delle vicende relative all'attività dell'impresa, quando l'iscrizione è richiesta sulla base di un atto pubblico o di una scrittura privata autenticata, a decorrere dal primo giorno del mese successivo alla data di entrata in vigore della legge di conversione del presente decreto, il conservatore del registro procede all'iscrizione immediata dell'atto. L'accertamento delle condizioni richieste dalla legge per l'iscrizione rientra nella esclusiva responsabilità del pubblico ufficiale che ha ricevuto o autenticato l'atto. Resta ferma la cancellazione d'ufficio ai sensi dell'art. 2191 del codice civile. La disposizione del presente comma non si applica alle società per azioni».

(2) Cfr. art. 2630 a seguito delle modificazioni operate dall'art. 1, d.lg. 11 aprile 2002, n. 61.

(3) Il riferimento all'art. 2634 c.c. è da intendersi al testo vigente prima delle modificazioni introdotte dall'art. 1, d.lg. 11 aprile 2002, n. 61.

(4) L'ammenda è stata sostituita dalla sanzione amministrativa: v. art. 1, l. 24 dicembre 1975, n. 706. Ma v. la nota 3 all'art. 2188. L'importo è stato così elevato dall'art. 114.1, l. 24 novembre 1981, n. 689.

(5) Sul registro delle imprese radiotelevisive v. art. 10 ss., d.p.r. 27 marzo 1992, n. 255.

(6) Per la riforma della disciplina relativa al settore del commercio v. d.lg. 31 marzo 1998, n. 114, in *Leggi coll. XIII, 1*.

di nascita (1), la cittadinanza;
2) la ditta (c. 2563 ss.);
3) l'oggetto dell'impresa;
4) la sede dell'impresa;
5) il cognome e il nome degli institori (c. 2203 ss.) e procuratori (c. 2209).

2. .... (2).

3. L'imprenditore deve inoltre chiedere l'iscrizione delle modificazioni relative agli elementi suindicati e della cessazione dell'impresa, entro trenta giorni da quello in cui le modificazioni o la cessazione si verificano.

2197. *Sedi secondarie.* — *1.* L'imprenditore che istituisce nel territorio dello Stato sedi secondarie con una rappresentanza stabile deve, entro trenta giorni, chiederne l'iscrizione all'ufficio del registro delle imprese del luogo dove è la sede principale dell'impresa.

2. Nello stesso termine la richiesta deve essere fatta all'ufficio del luogo nel quale è istituita la sede secondaria, indicando altresì la sede principale, e il cognome e il nome del rappresentante preposto alla sede secondaria (c. 2203^{2}) (3).

3. La disposizione del secondo comma si applica anche all'imprenditore che ha all'estero la sede principale dell'impresa.

4. L'imprenditore che istituisce sedi secondarie con rappresentanza stabile all'estero deve, entro trenta giorni, chiederne l'iscrizione all'ufficio del registro nella cui circoscrizione si trova la sede principale.

2198. *Minori, interdetti e inabilitati.* — *1.* I provvedimenti di autorizzazione all'esercizio di una impresa commerciale (c. 2195) da parte di un minore emancipato (c. 397) o di un inabilitato (c. 425; att. c. 199) o nell'interesse di un minore non emancipato (c. 320^{5}, 371^{2}) o di un interdetto (c. 424) e i provvedimenti con i quali l'autorizzazione viene revocata devono essere comunicati senza indugio a cura del cancelliere all'ufficio del registro delle imprese per l'iscrizione.

2199. *Indicazione dell'iscrizione.* — *1.* L'imprenditore deve indicare negli atti e nella corrispondenza, che si riferiscono all'impresa, il registro presso il quale è iscritto.

2200. *Società.* — *1.* Sono soggette all'obbligo dell'iscrizione nel registro delle imprese le società costituite secondo uno dei tipi regolati nei capi III e seguenti del titolo V (c. 2291 ss.) e le società cooperative (c. 2511 ss.), anche se non esercitano un'attività commerciale (c. 2136).

2. L'iscrizione delle società nel registro delle imprese è regolata dalle disposizioni dei titoli V e VI (c. 2296, 2297, 2317, 2330^{1}, 2331, 2410^{2}, 2436 ss., 2444 ss., 2463^{3}, 2500^{2}, 2502-*II*, 2504, 2508, 2523).

2201. *Enti pubblici.* — *1.* Gli enti pubblici che hanno per oggetto esclusivo o principale un'attività commerciale (c. 2093) sono soggetti all'obbligo dell'iscrizione nel registro delle imprese.

2202. *Piccoli imprenditori.* — *1.* Non sono soggetti all'obbligo dell'iscrizione nel registro delle imprese i piccoli imprenditori (c. 2083) (4).

Sezione III. — *Disposizioni particolari per le imprese commerciali*

§ 1. — *Della rappresentanza*

2203. *Preposizione institoria.* — *1.* È institore colui che è preposto dal titolare (c. 425) all'esercizio di un'impresa commerciale (c. 2195).

2. La preposizione può essere limitata all'esercizio di una sede secondaria o di un ramo particolare dell'impresa (c. 2197).

3. Se sono preposti più institori, questi possono agire disgiuntamente, salvo che nella procura sia diversamente disposto (c. 1716^{2}).

2204. *Poteri dell'institore.* — *1.* L'institore può compiere tutti gli atti pertinenti all'esercizio dell'impresa a cui è preposto, salve le limitazioni contenute nella procura (c. 2206^{2}). Tuttavia non può alienare o ipotecare i beni immobili del preponente, se non è stato a ciò espressamente autorizzato.

2. L'institore può stare in giudizio in nome del preponente per le obbligazioni dipendenti da atti compiuti nell'esercizio dell'impresa a cui è preposto (p.c. 77^{2}).

2205. *Obblighi dell'institore.* — *1.* Per le imprese o le sedi secondarie alle quali è preposto, l'institore è tenuto, insieme con l'imprenditore, all'osservanza delle disposizioni riguardanti l'iscrizione nel registro delle imprese (c. 2196 ss.) e la tenuta delle scritture contabili (c. 2214 ss.).

2206. *Pubblicità della procura.* — *1.* La procura con sottoscrizione del preponente autenticata deve essere depositata per l'iscrizione presso il competente ufficio del registro delle imprese (c. 2196, 2197).

2. In mancanza dell'iscrizione, la rappresen-

(1) Così modificato per effetto della l. 31 ottobre 1955, n. 1064.
(2) Comma abrogato dall'art. 33.1, l. 24 novembre 2000, n. 340.
(3) L'ultimo periodo è stato abrogato dall'art. 33.1, l. 24 novembre 2000, n. 340.
(4) V. l. 5 ottobre 1991, n. 317, con interventi per l'innovazione e lo sviluppo delle piccole imprese.

tanza si reputa generale e le limitazioni di essa non sono opponibili ai terzi, se non si prova che questi le conoscevano al momento della conclusione dell'affare (c. 2193, 2209).

2207. *Modificazione e revoca della procura.* — *1.* Gli atti con i quali viene successivamente limitata o revocata la procura devono essere depositati, per l'iscrizione nel registro delle imprese (c. 2188), anche se la procura non fu pubblicata.

2. In mancanza dell'iscrizione, le limitazioni o la revoca non sono opponibili ai terzi, se non si prova che questi le conoscevano al momento della conclusione dell'affare (c. 2193, 2209).

2208. *Responsabilità personale dell'institore.* — *1.* L'institore è personalmente obbligato se omette di far conoscere al terzo che egli tratta per il preponente; tuttavia il terzo può agire anche contro il preponente per gli atti compiuti dall'institore, che siano pertinenti all'esercizio dell'impresa a cui è preposto (c. 2204).

2209. *Procuratori.* — *1.* Le disposizioni degli artt. 2206 e 2207 si applicano anche ai procuratori, i quali, in base a un rapporto continuativo, abbiano il potere di compiere per l'imprenditore gli atti pertinenti all'esercizio dell'impresa, pur non essendo preposti ad esso.

2210. *Poteri dei commessi dell'imprenditore.* — *1.* I commessi dell'imprenditore, salve le limitazioni contenute nell'atto di conferimento della rappresentanza, possono compiere gli atti che ordinariamente comporta la specie delle operazioni di cui sono incaricati (c. 1835²).

2. Non possono tuttavia esigere il prezzo delle merci delle quali non facciano la consegna (c. 2213), né concedere dilazioni o sconti che non sono d'uso, salvo che siano a ciò espressamente autorizzati (c. 1732¹, 1744).

2211. *Poteri di deroga alle condizioni generali di contratto.* — *1.* I commessi, anche se autorizzati a concludere contratti in nome dell'imprenditore, non hanno il potere di derogare alle condizioni generali di contratto o alle clausole stampate sui moduli dell'impresa, se non sono muniti di una speciale autorizzazione scritta (c. 1341, 1342).

2212. *Poteri dei commessi relativi agli affari conclusi.* — *1.* Per gli affari da essi conclusi, i commessi dell'imprenditore sono autorizzati a ricevere per conto di questo le dichiarazioni che riguardano l'esecuzione del contratto e i reclami relativi alle inadempienze contrattuali (c. 1745¹).

2. Sono altresì legittimati a chiedere i provvedimenti cautelari (p.c. 670 ss.) nell'interesse dell'imprenditore (c. 1745²).

2213. *Poteri dei commessi preposti alla vendita.* — *1.* I commessi preposti alla vendita nei locali dell'impresa possono esigere il prezzo delle merci da essi vendute, salvo che alla riscossione sia palesemente destinata una cassa speciale.

2. Fuori dei locali dell'impresa non possono esigere il prezzo, se non sono autorizzati o se non consegnano quietanza (c. 1199) firmata dall'imprenditore.

§ 2. — *Delle scritture contabili* (1)

2214. *Libri obbligatori e altre scritture contabili.* — *1.* L'imprenditore che esercita un'attività commerciale (c. 2195) deve tenere il libro giornale e il libro degli inventari (c. 2215, 2216).

2. Deve altresì tenere le altre scritture contabili che siano richieste dalla natura e dalle dimensioni dell'impresa (att. c. 200) e conservare ordinatamente per ciascun affare gli originali delle lettere, dei telegrammi e delle fatture ricevute, nonché le copie delle lettere, dei telegrammi e delle fatture spedite (c. 2220, 2709-2711).

3. Le disposizioni di questo paragrafo non si applicano ai piccoli imprenditori (c. 1760 n. 3, 2083, 2447-*VI*¹, 2478¹).

2215. *Modalità di tenuta delle scritture contabili.* — *1.* I libri contabili, prima di essere messi in uso, devono essere numerati progressivamente in ogni pagina e, qualora sia previsto l'obbligo della bollatura o della vidimazione, devono essere bollati in ogni foglio dall'ufficio del registro delle imprese o da un notaio secondo le disposizioni delle leggi speciali. L'ufficio del registro o il notaio deve dichiarare nell'ultima pagina dei libri il numero dei fogli che li compongono (c. 2710).

2. Il libro giornale e il libro degli inventari devono essere numerati progressivamente e non sono soggetti a bollature né a vidimazione (c. 2421²) (2).

2215-*bis*. *Documentazione informatica.* — *1.* I libri, i repertori, le scritture e la documentazione la cui tenuta è obbligatoria per disposizione di legge o di regolamento o che sono richiesti dalla natura o dalle dimensioni dell'impresa possono essere formati e tenuti con strumenti informatici.

2. Le registrazioni contenute nei documenti di cui al primo comma debbono essere rese

(1) Att. c. 200.
(2) Articolo così sostituito dall'art. 8.1, l. 18 ottobre 2001, n. 383.

consultabili in ogni momento con i mezzi messi a disposizione dal soggetto tenutario e costituiscono informazione primaria e originale da cui è possibile effettuare, su diversi tipi di supporto, riproduzioni e copie per gli usi consentiti dalla legge.

3. Gli obblighi di numerazione progressiva e di vidimazione previsti dalle disposizioni di legge o di regolamento per la tenuta dei libri, repertori e scritture sono assolti, in caso di tenuta con strumenti informatici, mediante apposizione, almeno una volta all'anno, della marcatura temporale e della firma digitale dell'imprenditore o di altro soggetto dal medesimo delegato (1).

4. Qualora per un anno non siano state eseguite registrazioni, la firma digitale e la marcatura temporale devono essere apposte all'atto di una nuova registrazione e da tale apposizione decorre il periodo annuale di cui al terzo comma (1).

5. I libri, i repertori e le scritture tenuti con strumenti informatici, secondo quanto previsto dal presente articolo, hanno l'efficacia probatoria di cui agli artt. 2709 e 2710 del codice civile (2).

6. Per i libri e per i registri la cui tenuta è obbligatoria per disposizione di legge o di regolamento di natura tributaria, il termine di cui al terzo comma opera secondo le norme in materia di conservazione digitale contenute nelle medesime disposizioni (3).

2216. *Contenuto del libro giornale.* — *1.* Il libro giornale deve indicare giorno per giorno le operazioni relative all'esercizio dell'impresa (4).

2217. *Redazione dell'inventario.* — *1.* L'inventario deve redigersi all'inizio dell'esercizio dell'impresa e successivamente ogni anno, e deve contenere l'indicazione e la valutazione delle attività e delle passività relative all'impresa, nonché delle attività e delle passività dell'imprenditore estranee alla medesima.

2. L'inventario si chiude con il bilancio e con il conto dei profitti e delle perdite, il quale deve dimostrare con evidenza e verità gli utili conseguiti o le perdite subite (c. 2423). Nelle valutazioni di bilancio l'imprenditore deve attenersi ai criteri stabiliti per i bilanci delle società per azioni, in quanto applicabili (c. 2425, 2426).

3. L'inventario deve essere sottoscritto dall'imprenditore entro tre mesi dal termine per la presentazione della dichiarazione dei redditi ai fini delle imposte dirette (5).

2218. *Bollatura facoltativa.* — *1.* L'imprenditore può far bollare nei modi indicati nell'art. 2215 gli altri libri da lui tenuti (4).

2219. *Tenuta della contabilità.* — *1.* Tutte le scritture devono essere tenute secondo le norme di un'ordinata contabilità, senza spazi in bianco, senza interlinee e senza trasporti in margine. Non vi si possono fare abrasioni e, se è necessaria qualche cancellazione, questa deve eseguirsi in modo che le parole cancellate siano leggibili (c. 2710).

2220. *Conservazione delle scritture contabili.* — *1.* Le scritture devono essere conservate per dieci anni dalla data dell'ultima registrazione (c. 2312^4, 2496).

2. Per lo stesso periodo devono conservarsi le fatture, le lettere e i telegrammi ricevuti e le copie delle fatture, delle lettere e dei telegrammi spediti (6).

3. Le scritture e i documenti di cui al presente articolo possono essere conservati sotto forma di registrazioni su supporti di immagini, sempre che le registrazioni corrispondano ai documenti e possano in ogni momento essere rese leggibili con i mezzi messi a disposizione dal soggetto che utilizza detti supporti (7).

§ 3. — *Dell'insolvenza*

2221. *Fallimento e concordato preventivo.* — *1.* Gli imprenditori che esercitano un'attività

(1) Comma così sostituito dall'art. 6.2, lett. f-*quater*, n. 1, d.l. 13 maggio 2011, n. 70, conv. in l. 12 luglio 2011, n. 106.

(2) Articolo inserito dall'art. 16.12-*bis*, d.l. 29 novembre 2008, n. 185, conv. in l. 28 gennaio 2009, n. 2. L'art. 16.12-*ter*, d.l. cit., così dispone: «L'obbligo di bollatura dei documenti di cui all'art. 2215-*bis* del codice civile, introdotto dal comma 12-*bis* del presente articolo, in caso di tenuta con strumenti informatici, è assolto in base a quanto previsto all'art. 7 del decreto del Ministero dell'economia e delle finanze 23 gennaio 2004, pubblicato nella *Gazzetta Ufficiale* n. 27 del 3 febbraio 2004».

(3) Comma aggiunto dall'art. 6.2, lett. f-*quater*, n. 2, d.l. 13 maggio 2011, n. 70, conv. in l. 12 luglio 2011, n. 106.

(4) Articolo così sostituito dall'art. 7-*bis*, d.l. 10 giugno 1994, n. 357, conv. in l. 8 agosto 1994, n. 489.

(5) Comma così sostituito dall'art. 7-*bis*, d.l. 10 giugno 1994, n. 357, conv. in l. 8 agosto 1994, n. 489.

(6) Per la facoltà di utilizzare la fotoriproduzione, v. art. 43, d.lg. 7 marzo 2005, n. 82, e, per gli enti pubblici economici, d.m. 11 settembre 1974, in G.U., 25 novembre 1974, n. 306.

Sull'obbligo di conservazione delle scritture contabili, anche oltre il termine stabilito dall'art. 2220 cod. civ., fino a quando non siano definiti gli accertamenti relativi al corrispondente periodo d'imposta, v. art. 22, d.p.r. 29 settembre 1973, n. 600, e successive modificazioni.

(7) Comma aggiunto dall'art. 7-*bis*, d.l. 10 giugno 1994, n. 357, conv. in l. 8 agosto 1994, n. 489.

commerciale (c. 2195), esclusi gli enti pubblici (c. 2201) e i piccoli imprenditori (c. 2083), sono soggetti, in caso d'insolvenza, alle procedure del fallimento e del concordato preventivo, salve le disposizioni delle leggi speciali.

TITOLO III

Del lavoro autonomo (1)

CAPO I

DISPOSIZIONI GENERALI

2222. *Contratto d'opera*. — *1.* Quando una persona si obbliga a compiere verso un corrispettivo un'opera o un servizio, con lavoro prevalentemente proprio e senza vincolo di subordinazione nei confronti del committente, si applicano le norme di questo capo, salvo che il rapporto abbia una disciplina particolare nel libro IV (c. 1655 ss.).

2223. *Prestazione della materia*. — *1.* Le disposizioni di questo capo si osservano anche se la materia è fornita dal prestatore d'opera (c. 1658), purché le parti non abbiano avuto prevalentemente in considerazione la materia, nel qual caso si applicano le norme sulla vendita (c. 1470 ss.).

2224. *Esecuzione dell'opera*. — *1.* Se il prestatore d'opera non procede all'esecuzione dell'opera secondo le condizioni stabilite dal contratto e a regola d'arte (c. 1176[2]), il committente può fissare un congruo termine, entro il quale il prestatore d'opera deve conformarsi a tali condizioni.

2. Trascorso inutilmente il termine fissato, il committente può recedere dal contratto (c. 1373[2]), salvo il diritto al risarcimento dei danni (c. 1662).

2225. *Corrispettivo*. — *1.* Il corrispettivo, se non è convenuto dalle parti e non può essere determinato secondo le tariffe professionali o gli usi, è stabilito dal giudice in relazione al risultato ottenuto e al lavoro normalmente necessario per ottenerlo (c. 1657, 1709, 1733, 1755[2], 2233, 2263[2]).

2226. *Difformità e vizi dell'opera*. — *1.* L'accettazione espressa o tacita dell'opera libera il prestatore d'opera dalla responsabilità per difformità o per vizi della medesima, se all'atto dell'accettazione questi erano noti al committente o facilmente riconoscibili, purché in questo caso non siano stati dolosamente occultati (c. 1665).

2. Il committente deve, a pena di decadenza, denunziare le difformità e i vizi occulti al prestatore d'opera entro otto giorni dalla scoperta (c. 1667 ss.). L'azione si prescrive entro un anno dalla consegna (att. c. 201).

3. I diritti del committente nel caso di difformità o di vizi dell'opera sono regolati dall'art. 1668.

2227. *Recesso unilaterale dal contratto*. — *1.* Il committente può recedere dal contratto (c. 1373), ancorché sia iniziata l'esecuzione dell'opera, tenendo indenne il prestatore d'opera delle spese, del lavoro eseguito e del mancato guadagno (c. 1671, 1685[1], 1725, 1734, 1738, 2237).

2228. *Impossibilità sopravvenuta dell'esecuzione dell'opera*. — *1.* Se l'esecuzione dell'opera diventa impossibile per causa non imputabile ad alcuna delle parti, il prestatore d'opera ha diritto ad un compenso per il lavoro prestato in relazione all'utilità della parte dell'opera compiuta (c. 1464, 1672, 1686, 2231[2]).

CAPO II

DELLE PROFESSIONI INTELLETTUALI

2229. *Esercizio delle professioni intellettuali*. — *1.* La legge determina le professioni intellettuali (att. c. 202) per l'esercizio delle quali è necessaria l'iscrizione in appositi albi o elenchi (c. 2231).

2. L'accertamento dei requisiti per l'iscrizione negli albi o negli elenchi, la tenuta dei medesimi e il potere disciplinare sugli iscritti sono demandati alle associazioni professionali (2), sotto la vigilanza dello Stato, salvo che la legge disponga diversamente.

3. Contro il rifiuto dell'iscrizione o la cancellazione degli albi o elenchi, e contro i provvedimenti disciplinari che importano la perdita o la sospensione del diritto all'esercizio della professione è ammesso ricorso in via giurisdizionale nei modi e nei termini stabiliti dalle leggi speciali (3) (4).

(1) Per misure per la tutela del lavoro non imprenditoriale v. l. 22 maggio 2017, n. 81.

(2) V. d.lg.lgt. 23 novembre 1944, n. 382.

(3) Per l'iscrizione dei cittadini extracomunitari agli albi v. art. 35, l. 6 marzo 1998, n. 40, e art. 37, d.lg. 25 luglio 1998, n. 286. V. anche d.lg. 2 febbraio 2001, n. 96, di attuazione della direttiva 98/5 CE volta a facilitare l'esercizio permanente di avvocato in altro Stato membro. Sulla incompatibilità tra pubblico impiego ed esercizio della professione di avvocato v. l. 25 novembre 2003, n. 339.

(4) Sulla pubblicità sanitaria e la repressione dell'esercizio abusivo delle professioni sanitarie v. l. 5 febbraio 1992, n. 175. L'art. 2.1, d.l. 4 luglio 2006, n. 223, conv. in l. 4 agosto 2006, n. 248, così dispone: «(...) sono abrogate

2230. *Prestazione d'opera intellettuale.* — *1.* Il contratto che ha per oggetto una prestazione di opera intellettuale è regolato dalle norme seguenti (att. c. 202) e, in quanto compatibili con queste e con la natura del rapporto, dalle disposizioni del capo precedente.

2. Sono salve le disposizioni delle leggi speciali.

2231. *Mancanza d'iscrizione.* — *1.* Quando l'esercizio di un'attività professionale è condizionato all'iscrizione in un albo o elenco, la prestazione eseguita da chi non è iscritto non gli dà azione per il pagamento della retribuzione (c. 1418, *2033*, *2034*, *2042*, *2126*).

2. La cancellazione dall'albo o elenco risolve il contratto in corso, salvo il diritto del prestatore d'opera al rimborso delle spese incontrate e a un compenso adeguato all'utilità del lavoro compiuto (c. 1464, 1672, 1686, 2228).

2232. *Esecuzione dell'opera.* — *1.* Il prestatore d'opera deve eseguire personalmente l'incarico assunto. Può tuttavia valersi, sotto la propria direzione e responsabilità (c. 1228), di sostituti e ausiliari, se la collaborazione di altri è consentita dal contratto o dagli usi e non è incompatibile con l'oggetto della prestazione (c. 1717).

2233. *Compenso.* — *1.* Il compenso, se non è convenuto dalle parti e non può essere determinato secondo le tariffe o gli usi, è determinato dal giudice, sentito il parere dell'associazione professionale a cui il professionista appartiene (c. 1657, 1709, 1733, 1755², 2225) (1).

2. In ogni caso la misura del compenso deve essere adeguata all'importanza dell'opera e al decoro della professione (c. *2751-II n. 2*).

3. Sono nulli, se non redatti in forma scritta, i patti conclusi tra gli avvocati ed i praticanti abilitati con i loro clienti che stabiliscono i compensi professionali (2).

2234. *Spese e acconti.* — *1.* Il cliente, salvo diversa pattuizione, deve anticipare al prestatore d'opera le spese occorrenti al compimento dell'opera (c. 1460) e corrispondere, secondo gli usi, gli acconti sul compenso (c. *2751-II n. 2*).

2235. *Divieto di ritenzione.* — *1.* Il prestatore d'opera non può ritenere le cose e i documenti ricevuti, se non per il periodo strettamente necessario alla tutela dei propri diritti secondo le leggi professionali (3).

2236. *Responsabilità del prestatore d'opera.* — *1.* Se la prestazione implica la soluzione di problemi tecnici di speciale difficoltà, il prestatore d'opera non risponde dei danni, se non in caso di dolo o di colpa grave (c. 1176², 1218) (4).

2237. *Recesso.* — *1.* Il cliente può recedere dal contratto (c. 1373), rimborsando al prestatore d'opera le spese sostenute e pagando il compenso per l'opera svolta (c. 1671, 1685¹, 1725, 1734, 1738, 2227).

2. Il prestatore d'opera può recedere dal contratto per giusta causa. In tal caso egli ha diritto al rimborso delle spese fatte e al compenso per l'opera svolta, da determinarsi con riguardo al risultato utile che ne sia derivato al cliente.

3. Il recesso del prestatore d'opera deve essere esercitato in modo da evitare pregiudizio al cliente.

2238. *Rinvio.* — *1.* Se l'esercizio della professione costituisce elemento di un'attività organizzata in forma d'impresa, si applicano anche le disposizioni del titolo II (c. 2082 ss.).

2. In ogni caso, se l'esercente una professione intellettuale impiega sostituti o ausiliari, si applicano le disposizioni delle sezioni II, III e IV del capo I del titolo II (c. 2094 ss.).

TITOLO IV

Del lavoro subordinato in particolari rapporti

le disposizioni legislative e regolamentari che prevedono con riferimento alle attività libero professionali e intellettuali: (...); *b*) il divieto, anche parziale, di svolgere pubblicità informativa circa i titoli e le specializzazioni professionali, le caratteristiche del servizio offerto, nonché il prezzo e i costi complessivi delle prestazioni secondo criteri di trasparenza e veridicità del messaggio il cui rispetto è verificato dall'ordine». Per la ricognizione dei principi fondamentali in materia di professioni v. d.lg. 2 febbraio 2006, n. 30.

(1) V. d.lg.lgt. 23 novembre 1944, n. 382. L'art. 2.1, d.l. 4 luglio 2006, n. 223, conv. in l. 4 agosto 2006, n. 248, così dispone: «(...) sono abrogate le disposizioni legislative e regolamentari che prevedono con riferimento alle attività libero professionali e intellettuali: *a*) l'obbligatorietà di tariffe fisse o minime ovvero il divieto di pattuire compensi parametrati al raggiungimento degli obiettivi perseguiti; (...)».

Per la determinazione dei parametri per la liquidazione giudiziale dei compensi per le professioni legali v. d.m. Giustizia 20 luglio 2012, n. 140, in G.U., 22 agosto 2012, n. 195. Sui compensi spettanti agli avvocati, sull'equo compenso e sulle clausole vessatorie v. artt. 13 e 13-*bis*, l. 31 dicembre 2012, n. 247.

(2) Comma così sostituito dall'art. 2.2-*bis*, d.l. 4 luglio 2006, n. 223, conv. in l. 4 agosto 2006, n. 248.

(3) Per la professione forense, cfr. art. 66, r.d.l. 22 novembre 1933, n. 1578.

(4) Sulla responsabilità professionale dell'esercente le professioni sanitarie v. art. 3, d.l. 13 settembre 2012, n. 158, conv. in l. 8 novembre 2012, n. 189.

CAPO I

Disposizioni generali

2239. *Norme applicabili.* — *1.* I rapporti di lavoro subordinato che non sono inerenti all'esercizio di un'impresa sono regolati dalle disposizioni delle sezioni II, III e IV del capo I del titolo II, in quanto compatibili con la specialità del rapporto (c. 2094 ss.; att. c. 98²).

CAPO II

Del lavoro domestico (1)

2240. *Norme applicabili.* — *1.* Il rapporto di lavoro che ha per oggetto la prestazione di servizi di carattere domestico è regolato dalle disposizioni di questo capo (att. c. 203), e, in quanto più favorevoli al prestatore di lavoro, dalla convenzione e dagli usi (c. 2068²).

2241. *Periodo di prova.* — *1.* Il patto di prova si presume per i primi otto giorni (c. 2096).

2242. *Vitto, alloggio e assistenza.* — *1.* Il prestatore di lavoro ammesso alla convivenza familiare ha diritto, oltre alla retribuzione in danaro, al vitto, all'alloggio e, per le infermità di breve durata, alla cura e all'assistenza medica.

2. Le parti devono contribuire alle istituzioni di previdenza e di assistenza, nei casi e nei modi stabiliti dalla legge (2).

2243. *Periodo di riposo.* — *1.* Il prestatore di lavoro, oltre al riposo settimanale secondo gli usi (3), ha diritto [dopo un anno di ininterrotto servizio] (4), ad un periodo di ferie retribuito, che non può essere inferiore a otto giorni.

2244. *Recesso.* — *1.* Al contratto di lavoro domestico sono applicabili le norme sul recesso (c. 1373²) volontario e per giusta causa, stabilite negli artt. 2118 e 2119.

2. Il periodo di preavviso non può essere inferiore a otto giorni o, se l'anzianità di servizio è superiore a due anni, a quindici giorni (5).

2245. *Indennità di anzianità.* — *1.* In caso di cessazione del contratto è dovuta al prestatore di lavoro un'indennità proporzionale agli anni di servizio [salvo il caso di licenziamento per colpa di lui o di dimissioni volontarie.]

2. L'ammontare dell'indennità è determinato sulla base dell'ultima retribuzione in danaro, nella misura di otto giorni per ogni anno di servizio.

[*3.* Se gli usi lo stabiliscono, l'indennità è dovuta anche nel caso di dimissioni volontarie] (6).

2246. *Certificato di lavoro.* — *1.* Alla cessazione del contratto il prestatore di lavoro ha diritto al rilascio di un certificato che attesti la natura delle mansioni disimpegnate e il periodo di servizio prestato (c. 2124).

TITOLO V

Delle società (7) (8) (9)

CAPO I

Disposizioni generali

2247. *Contratto di società* (10). — *1.* Con il contratto di società due o più persone conferiscono beni o servizi (c. 2253) (11) per l'esercizio

(1) V. l. 2 aprile 1958, n. 339 per la tutela del rapporto di lavoro domestico (è opportuno ricordare che l'art. 17 è stato dichiarato costituzionalmente illegittimo dalla Corte cost., con sentenza 4 maggio 1972, n. 85, «nella parte in cui esclude il diritto del prestatore di lavoro all'indennità di anzianità in caso di cessazione del rapporto per licenziamento in tronco»). V. anche, per la tredicesima mensilità, l. 27 dicembre 1953, n. 940.

(2) Sull'obbligo delle assicurazioni sociali, v. d.p.r. 31 dicembre 1971, n. 1403.

(3) Per il riposo settimanale di una giornata intera v. art. 7, l. 2 aprile 1958, n. 339.

(4) La Corte cost., con sentenza 17 febbraio 1969, n. 16, ha dichiarato costituzionalmente illegittimo questo articolo limitatamente all'inciso «dopo un anno di ininterrotto servizio».

(5) Per la determinazione del periodo di preavviso, v. ora art. 16, l. 2 aprile 1958, n. 339.

(6) L'art. 17, l. 2 aprile 1958, n. 339 ha riconosciuto l'indennità «in caso di licenziamento o di dimissioni» ed ha così implicitamente modificato i primi due commi e tacitamente abrogato il 3° comma. La Corte cost., con sentenza 4 maggio 1972, n. 85, ha poi dichiarato costituzionalmente illegittimo l'art. 17 legge cit. «nella parte in cui esclude il diritto all'indennità di anzianità in caso di licenziamento in tronco».

(7) Sui procedimenti in materia di diritto societario v. d.lg. 17 gennaio 2003, n. 5.

(8) L'art. 10.3, l. 12 novembre 2011, n. 183, così dispone: «È consentita la costituzione di società per l'esercizio di attività professionali regolamentate nel sistema ordinistico secondo i modelli societari regolati dai titoli V e VI del libro V del codice civile».

(9) Sulle c.d. «società benefit» v. art. 1.376-384, l. 28 dicembre 2015, n. 208.

(10) Rubrica così sostituita dall'art. 1, d.lg. 3 marzo 1993, n. 88.

(11) L'art. 2, d.l. 4 luglio 2006, n. 223, conv. in l. 4 agosto 2006, n. 248, così dispone: «(...) sono abrogate le disposizioni legislative e regolamentari che prevedono con riferimento alle attività libero professionali e intellettuali: (...) *c*) il divieto di fornire all'utenza servizi professionali di tipo interdisciplinare da parte di società di persone o associazioni tra professionisti, fermo restando che l'oggetto sociale relativo all'attività libero-pro-

in comune di un'attività economica (c. 2082) allo scopo di dividerne gli utili (c. 2328[1], 2463[1]).

2248. *Comunione a scopo di godimento*. — *1.* La comunione costituita o mantenuta al solo scopo del godimento di una o più cose è regolata dalle norme del titolo VII del libro III (c. 1100 ss.).

2249. *Tipi di società*. — *1.* Le società che hanno per oggetto l'esercizio di un'attività commerciale (c. 2195) devono costituirsi (c. 1322; att. c. 216 ss.) secondo uno dei tipi regolati nei capi III e seguenti di questo titolo (c. 2509) (1).

2. Le società che hanno per oggetto l'esercizio di un'attività diversa (c. 2135, 2229) sono regolate dalle disposizioni sulla società semplice (c. 2251-2290), a meno che i soci abbiano voluto costituire la società secondo uno degli altri tipi regolati nei capi III e seguenti di questo titolo.

3. Sono salve le disposizioni riguardanti le società cooperative (c. 2511 ss.) e quelle delle leggi speciali che per l'esercizio di particolari categorie d'imprese prescrivono la costituzione della società secondo un determinato tipo.

2250. *Indicazione negli atti e nella corrispondenza*. — *1.* Negli atti e nella corrispondenza delle società soggette all'obbligo dell'iscrizione nel registro delle imprese (c. 2200) devono essere indicati la sede della società e l'ufficio del registro delle imprese presso il quale questa è iscritta e il numero di iscrizione.

2. Il capitale delle società per azioni, in accomandita per azioni e a responsabilità limitata deve essere negli atti e nella corrispondenza indicato secondo la somma effettivamente versata e quale risulta esistente dall'ultimo bilancio.

3. Dopo lo scioglimento (c. 2484) delle società previste dal primo comma deve essere espressamente indicato negli atti e nella corrispondenza che la società è in liquidazione (c. 2487-*II*, 2630) (2).

4. Negli atti e nella corrispondenza delle società per azioni ed (3) a responsabilità limitata deve essere indicato se queste hanno un unico socio (c. 2497-*II*, 2508[4]) (4).

5. Gli atti delle società costituite secondo uno dei tipi regolati nei capi V, VI e VII del presente titolo, per i quali è obbligatoria l'iscrizione o il deposito, possono essere altresì pubblicati in apposita sezione del registro delle imprese in altra lingua ufficiale delle Comunità europee, con traduzione giurata di un esperto (5).

6. In caso di discordanza con gli atti pubblicati in lingua italiana, quelli pubblicati in altra lingua ai sensi del quinto comma non possono essere opposti ai terzi, ma questi possono avvalersene, salvo che la società dimostri che essi erano a conoscenza della loro versione in lingua italiana (5).

7. Le società di cui al quinto comma che dispongono di uno spazio elettronico destinato alla comunicazione collegato ad una rete telematica ad accesso pubblico forniscono, attraverso tale mezzo, tutte le informazioni di cui al primo, secondo, terzo e quarto comma (5).

CAPO II

DELLA SOCIETÀ SEMPLICE

Sezione I. — *Disposizioni generali*

2251. *Contratto sociale*. — *1.* Nella società semplice (att. c. 204) il contratto non è soggetto a forme speciali, salve quelle richieste dalla natura dei beni conferiti (c. 1350 n. 9).

2252. *Modificazioni del contratto sociale*. — *1.* Il contratto sociale può essere modificato soltanto con il consenso di tutti i soci, se non è convenuto diversamente (c. 2500-*III*, 2502, 2506-*III*[5]).

Sezione II. — *Dei rapporti tra i soci*

2253. *Conferimenti*. — *1.* Il socio è obbligato a eseguire i conferimenti determinati nel contratto sociale (c. 2286).

2. Se i conferimenti non sono determinati, si presume che i soci siano obbligati a conferire, in parti eguali tra loro, quanto è necessario per il conseguimento dell'oggetto sociale.

fessionale deve essere esclusivo, che il medesimo professionista non può partecipare a più di una società e che la specifica prestazione deve essere resa da uno o più soci professionisti previamente indicati, sotto la propria personale responsabilità».

(1) Per le società di armamento v. art. 278 ss. c. nav. Sulle società e le associazioni sportive dilettantistiche v. art. 90.18, l. 27 dicembre 2002, n. 289, come sostituito dall'art. 4.6-*ter*, d.l. 22 marzo 2004, n. 72, conv. in l. 21 maggio 2004, n. 128.

(2) Così sostituito dall'art. 1, d.p.r. 29 dicembre 1969, n. 1127.

(3) Le parole «per azioni ed» sono state inserite dall'art. 6.3, d.lg. 6 febbraio 2004, n. 37.

(4) Comma aggiunto dall'art. 2, d.lg. 3 marzo 1993, n. 88.

(5) Comma aggiunto dall'art. 42.1, l. 7 luglio 2009, n. 88.

2254. *Garanzia e rischi dei conferimenti.* — *1.* Per le cose conferite in proprietà la garanzia dovuta dal socio e il passaggio dei rischi sono regolati dalle norme sulla vendita (c. 1465, 1483 ss., 2286^3).

2. Il rischio delle cose conferite in godimento resta a carico del socio che le ha conferite (c. 2281). La garanzia per il godimento è regolata dalle norme sulla locazione (c. 1578 ss., 2342^3, 2440, 2464^5).

2255. *Conferimento di crediti.* — *1.* Il socio che ha conferito un credito risponde della insolvenza del debitore, nei limiti indicati dall'art. 1267 per il caso di assunzione convenzionale della garanzia (c. 2342, 2440).

2256. *Uso illegittimo delle cose sociali.* — *1.* Il socio non può servirsi, senza il consenso degli altri soci, delle cose appartenenti al patrimonio sociale per fini estranei a quelli della società.

2257. *Amministrazione disgiuntiva.* — *1.* La gestione dell'impresa si svolge nel rispetto della disposizione di cui all'art. 2086, secondo comma, e spetta esclusivamente agli amministratori, i quali compiono le operazioni necessarie per l'attuazione dell'oggetto sociale. Salvo diversa pattuizione (c. 2258), l'amministrazione della società spetta a ciascuno dei soci disgiuntamente dagli altri (1).

2. Se l'amministrazione spetta disgiuntamente a più soci, ciascun socio amministratore ha diritto di opporsi all'operazione che un altro voglia compiere, prima che sia compiuta.

3. La maggioranza dei soci, determinata secondo la parte attribuita a ciascun socio negli utili, decide sull'opposizione (c. 2258^2, 2475^3).

2258. *Amministrazione congiuntiva.* — *1.* Se l'amministrazione spetta congiuntamente a più soci, è necessario il consenso di tutti i soci amministratori per il compimento delle operazioni sociali.

2. Se è convenuto che per l'amministrazione o per determinati atti sia necessario il consenso della maggioranza, questa si determina a norma dell'ultimo comma dell'articolo precedente.

3. Nei casi preveduti da questo articolo, i singoli amministratori non possono compiere da soli alcun atto, salvo che vi sia urgenza di evitare un danno alla società (c. 2475^3).

2259. *Revoca della facoltà di amministrare.* — *1.* La revoca dell'amministratore nominato con il contratto sociale non ha effetto se non ricorre una giusta causa (c. 1723^2).

2. L'amministratore nominato con atto separato è revocabile secondo le norme sul mandato (c. 1726).

3. La revoca per giusta causa può in ogni caso essere chiesta giudizialmente da ciascun socio.

2260. *Diritti e obblighi degli amministratori.* — *1.* I diritti e gli obblighi degli amministratori sono regolati dalle norme sul mandato (c. 1703 ss.).

2. Gli amministratori sono solidalmente responsabili verso la società (c. 1292 ss.) per l'adempimento degli obblighi ad essi imposti dalla legge e dal contratto sociale. Tuttavia la responsabilità non si estende a quelli che dimostrino di essere esenti da colpa (c. 18, 2392^3).

2261. *Controllo dei soci.* — *1.* I soci che non partecipano all'amministrazione hanno diritto di avere dagli amministratori notizia dello svolgimento degli affari sociali, di consultare i documenti relativi all'amministrazione e di ottenere il rendiconto quando gli affari per cui fu costituita la società sono stati compiuti.

2. Se il compimento degli affari sociali dura oltre un anno, i soci hanno diritto di avere il rendiconto dell'amministrazione al termine di ogni anno, salvo che il contratto stabilisca un termine diverso.

2262. *Utili.* — *1.* Salvo patto contrario, ciascun socio ha diritto di percepire la sua parte di utili dopo l'approvazione del rendiconto (c. 2303, 2350, 2433).

2263. *Ripartizione dei guadagni e delle perdite.* — *1.* Le parti spettanti ai soci nei guadagni e nelle perdite si presumono proporzionali ai conferimenti. Se il valore dei conferimenti non è determinato dal contratto, esse si presumono eguali (c. 2265).

2. La parte spettante al socio che ha conferito la propria opera, se non è determinata dal contratto, è fissata dal giudice secondo equità (c. 2295 n. 7).

3. Se il contratto determina soltanto la parte di ciascun socio nei guadagni, nella stessa misura si presume che debba determinarsi la partecipazione alle perdite (c. 2265).

2264. *Partecipazione ai guadagni e alle perdite rimessa alla determinazione di un terzo.* — *1.* La determinazione della parte di ciascun socio nei

(1) Comma così sostituito dall'art. 377.1, d.lg. 12 gennaio 2019, n. 14. In base all'art. 389.2, d.lg. cit., tali disposizioni «entrano in vigore il trentesimo giorno successivo alla pubblicazione nella *Gazzetta Ufficiale* del presente decreto».

Si riporta, di seguito, il testo del primo comma dell'art. 2257, come precedentemente formulato:

«Salvo diversa pattuizione, l'amministrazione della società spetta a ciascuno dei soci disgiuntamente dagli altri».

guadagni e nelle perdite può essere rimessa ad un terzo (c. 1349).

2. La determinazione del terzo può essere impugnata soltanto nei casi previsti dall'art. 1349 e nel termine di tre mesi dal giorno in cui il socio, che pretende di esserne leso, ne ha avuto comunicazione (c. 2964 ss.). L'impugnazione non può essere proposta dal socio che ha volontariamente eseguito la determinazione del terzo (c. 1444).

2265. *Patto leonino.* — *1.* È nullo (c. 1418, *1419^{1}, 2263*) il patto con il quale uno o più soci sono esclusi da ogni partecipazione agli utili o alle perdite (c. 2178^{2}, 2348^{2}, 2553, 2554).

Sezione III. — *Dei rapporti con i terzi*

2266. *Rappresentanza della società.* — *1.* La società acquista diritti e assume obbligazioni per mezzo dei soci che ne hanno la rappresentanza (c. 1387) e sta in giudizio nella persona dei medesimi (c. 2278).

2. In mancanza di diversa disposizione del contratto, la rappresentanza spetta a ciascun socio amministratore (c. 2257-2260) e si estende a tutti gli atti che rientrano nell'oggetto sociale (c. 2298).

3. Le modificazioni e l'estinzione dei poteri di rappresentanza sono regolate dall'art. 1396.

2267. *Responsabilità per le obbligazioni sociali.* — *1.* I creditori della società possono far valere i loro diritti sul patrimonio sociale (c. 2268). Per le obbligazioni sociali rispondono inoltre personalmente e solidalmente (c. 1292 ss.) i soci che hanno agito in nome e per conto della società e, salvo patto contrario, gli altri soci (c. 33^{4}, 38, 41^{1}, 2291, 2297, 2317^{2}).

2. Il patto deve essere portato a conoscenza dei terzi con mezzi idonei; in mancanza, la limitazione della responsabilità o l'esclusione della solidarietà non è opponibile a coloro che non ne hanno avuto conoscenza.

2268. *Escussione preventiva del patrimonio sociale.* — *1.* Il socio richiesto del pagamento di debiti sociali può domandare, anche se la società è in liquidazione (c. 2275 ss.), la preventiva escussione del patrimonio sociale (c. 2304, 2461^{1}), indicando i beni sui quali il creditore possa agevolmente soddisfarsi (c. 1944^{2}, 2304).

2269. *Responsabilità del nuovo socio.* — *1.* Chi entra a far parte di una società già costituita risponde con gli altri soci per le obbligazioni sociali anteriori all'acquisto della qualità di socio.

2270. *Creditore particolare del socio.* — *1.* Il creditore particolare del socio, finché dura la società, può far valere i suoi diritti sugli utili spettanti al debitore (c. 2262) e compiere atti conservativi sulla quota spettante a quest'ultimo nella liquidazione (c. 2282, 2283).

2. Se gli altri beni del debitore sono insufficienti a soddisfare i suoi crediti, il creditore particolare del socio può inoltre chiedere in ogni tempo la liquidazione della quota del suo debitore (c. 2288^{2}, 2305, 2537, 2614). La quota deve essere liquidata (c. 2289) entro tre mesi dalla domanda, salvo che sia deliberato lo scioglimento della società (c. 2272).

2271. *Esclusione della compensazione.* — *1.* Non è ammessa compensazione (c. 1241, 1246 n. 5) fra il debito che un terzo ha verso la società e il credito che egli ha verso un socio.

Sezione IV. — *Dello scioglimento della società*

2272. *Cause di scioglimento.* — *1.* La società si scioglie (c. 2308, 2323):

1) per il decorso del termine (c. 2273, 2484^{1} n. 1);

2) per il conseguimento dell'oggetto sociale o per la sopravvenuta impossibilità di conseguirlo (c. 27^{1}, 2484^{1} n. 2);

3) per la volontà di tutti i soci (c. 1372, 2252, 2284, 2484^{1} n. 6);

4) quando viene a mancare la pluralità dei soci, se nel termine di sei mesi questa non è ricostituita (c. 27^{2}, 2323);

5) per le altre cause previste dal contratto sociale (c. 2284, 2484^{1} n. 7).

2273. *Proroga tacita.* — *1.* La società è tacitamente prorogata a tempo indeterminato quando, decorso il tempo per cui fu contratta, i soci continuano a compiere le operazioni sociali (c. 2285^{1}, 2307^{3}).

2274. *Poteri degli amministratori dopo lo scioglimento.* — *1.* Avvenuto lo scioglimento della società, i soci amministratori conservano il potere di amministrare, limitatamente agli affari urgenti, fino a che siano presi i provvedimenti necessari per la liquidazione (c. 29, 2279, 2486).

2275. *Liquidatori.* — *1.* Se il contratto non prevede il modo di liquidare il patrimonio sociale e i soci non sono d'accordo nel determinarlo, la liquidazione è fatta da uno o più liquidatori, nominati con il consenso di tutti i soci o, in caso di disaccordo, dal presidente del tribunale (c. 2309).

2. I liquidatori possono essere revocati per volontà di tutti i soci e in ogni caso dal tribunale per giusta causa su domanda di uno o più soci (c. 2259, 2487).

2276. *Obblighi e responsabilità dei liquidatori.* — *1.* Gli obblighi e la responsabilità dei liquidatori sono regolati dalle disposizioni stabilite per gli amministratori (c. 2260), in quanto non sia diversamente disposto dalle norme seguenti o dal contratto sociale (c. 2489).

2277. *Inventario.* — *1.* Gli amministratori devono consegnare ai liquidatori i beni e i documenti sociali e presentare ad essi il conto della gestione relativo al periodo successivo all'ultimo rendiconto.

2. I liquidatori devono prendere in consegna i beni e i documenti sociali, e redigere, insieme con gli amministratori, l'inventario dal quale risulti lo stato attivo e passivo del patrimonio sociale. L'inventario deve essere sottoscritto dagli amministratori e dai liquidatori (c. 2489).

2278. *Poteri dei liquidatori.* — *1.* I liquidatori possono compiere gli atti necessari per la liquidazione e, se i soci non hanno disposto diversamente, possono vendere anche in blocco i beni sociali e fare transazioni e compromessi (c. 2489[2]).

2. Essi rappresentano la società anche in giudizio (c. 2266).

2279. *Divieto di nuove operazioni.* — *1.* I liquidatori non possono intraprendere nuove operazioni. Contravvenendo a tale divieto, essi rispondono personalmente e solidalmente (c. 1292 ss.) per gli affari intrapresi (c. 29, 2486, 2489).

2280. *Pagamento dei debiti sociali.* — *1.* I liquidatori non possono ripartire tra i soci, neppure parzialmente, i beni sociali, finché non siano pagati i creditori della società o non siano accantonate le somme necessarie per pagarli (c. 2633).

2. Se i fondi disponibili risultano insufficienti per il pagamento dei debiti sociali, i liquidatori possono chiedere ai soci i versamenti ancora dovuti sulle rispettive quote e, se occorre, le somme necessarie, nei limiti della rispettiva responsabilità e in proporzione della parte di ciascuno nelle perdite (c. 2263, 2267). Nella stessa proporzione si ripartisce tra i soci il debito del socio insolvente (c. 1299[2]).

2281. *Restituzione dei beni conferiti in godimento.* — *1.* I soci che hanno conferito beni in godimento hanno diritto di riprenderli nello stato in cui si trovano (c. 1590). Se i beni sono periti o deteriorati per causa imputabile agli amministratori, i soci hanno diritto al risarcimento del danno a carico del patrimonio sociale (c. 1588), salva l'azione contro gli amministratori (c. 2254[2]).

2282. *Ripartizione dell'attivo.* — *1.* Estinti i debiti sociali, l'attivo residuo è destinato al rimborso dei conferimenti (c. 2263[2]). L'eventuale eccedenza è ripartita tra i soci in proporzione della parte di ciascuno nei guadagni (c. 2263[3], 2265).

2. L'ammontare dei conferimenti non aventi per oggetto somme di danaro è determinato secondo la valutazione che ne è stata fatta nel contratto o, in mancanza, secondo il valore che essi avevano nel momento in cui furono eseguiti.

2283. *Ripartizione di beni in natura.* — *1.* Se è convenuto che la ripartizione dei beni sia fatta in natura, si applicano le disposizioni sulla divisione delle cose comuni (c. 1114 ss., 2817 n. 2).

Sezione V. — *Dello scioglimento del rapporto sociale limitatamente a un socio*

2284. *Morte del socio.* — *1.* Salvo contraria disposizione del contratto sociale, in caso di morte di uno dei soci, gli altri devono liquidare la quota agli eredi (c. 2289), a meno che preferiscano sciogliere la società (c. 2272 n. 3) ovvero continuarla con gli eredi stessi e questi vi acconsentano (c. 230-*II*[4], 2322, 2469, 2530, 2534).

2285. *Recesso del socio.* — *1.* Ogni socio può recedere dalla società (c. 1373[2]) quando questa è contratta a tempo indeterminato (c. 2273) o per tutta la vita di uno dei soci.

2. Può inoltre recedere nei casi previsti nel contratto sociale ovvero quando sussiste una giusta causa.

3. Nei casi previsti nel primo comma il recesso deve essere comunicato agli altri soci con un preavviso di almeno tre mesi (c. 24[2], 230-*II*[4], 2307[3]).

2286. *Esclusione.* — *1.* L'esclusione di un socio può avere luogo per gravi inadempienze (c. 24[3], 1455) delle obbligazioni che derivano dalla legge o dal contratto sociale (c. 2253, 2301, 2320), nonché per l'interdizione, l'inabilitazione del socio (c. 414 ss.; att. c. 208[2]) o per la sua condanna ad una pena che importa l'interdizione, anche temporanea, dai pubblici uffici (p. 32).

2. Il socio che ha conferito nella società la propria opera (c. 2263[2]) o il godimento di una cosa (c. 2254[2]) può altresì essere escluso per la sopravvenuta inidoneità a svolgere l'opera conferita o per il perimento della cosa dovuto a causa non imputabile agli amministratori.

3. Parimenti può essere escluso il socio che si è obbligato con il conferimento a trasferire la proprietà di una cosa, se questa è perita prima che la proprietà sia acquistata alla società (c. 1465[2], 2254[1], 2531, 2533[1]).

2287. *Procedimento di esclusione.* — *1.* L'esclusione è deliberata dalla maggioranza dei soci, non computandosi nel numero di questi il socio da escludere, ed ha effetto decorsi trenta giorni dalla data della comunicazione al socio escluso (c. 24[3], 2533[1]).

2. Entro questo termine il socio escluso può fare opposizione davanti al tribunale, il quale può sospendere l'esecuzione.

3. Se la società si compone di due soci, l'esclusione di uno di essi è pronunciata dal tribunale, su domanda dell'altro.

2288. *Esclusione di diritto.* — *1.* È escluso di diritto il socio che sia dichiarato fallito (c. 2533[1]).

2. Parimenti è escluso di diritto il socio nei cui confronti un suo creditore particolare abbia ottenuto la liquidazione della quota a norma dell'art. 2270.

2289. *Liquidazione della quota del socio uscente.* — *1.* Nei casi in cui il rapporto sociale si scioglie limitatamente a un socio (c. 2284-2286), questi o i suoi eredi hanno diritto soltanto ad una somma di danaro che rappresenti il valore della quota (c. 230-*II*[4]).

2. La liquidazione della quota è fatta in base alla situazione patrimoniale della società nel giorno in cui si verifica lo scioglimento.

3. Se vi sono operazioni in corso, il socio o i suoi eredi partecipano agli utili e alle perdite inerenti alle operazioni medesime.

4. Salvo quanto è disposto nell'art. 2270, il pagamento della quota spettante al socio deve essere fatto entro sei mesi dal giorno in cui si verifica lo scioglimento del rapporto (c. 2307, 2535).

2290. *Responsabilità del socio uscente o dei suoi eredi.* — *1.* Nei casi in cui il rapporto sociale si scioglie limitatamente a un socio (c. 2284-2286), questi o i suoi eredi sono responsabili verso i terzi per le obbligazioni sociali (c. 2267) fino al giorno in cui si verifica lo scioglimento (c. 2536).

2. Lo scioglimento deve essere portato a conoscenza dei terzi con mezzi idonei; in mancanza non è opponibile ai terzi che lo hanno senza colpa ignorato.

CAPO III

DELLA SOCIETÀ IN NOME COLLETTIVO (1)

2291. *Nozione.* — *1.* Nella società in nome collettivo (c. 2315, 2615-*III*) tutti i soci rispondono solidalmente (c. 1292 ss.) e illimitatamente per le obbligazioni sociali (c. 2304, 2500-*V*).

2. Il patto contrario non ha effetto nei confronti dei terzi (c. 2267[2], 2297).

2292. *Ragione sociale.* — *1.* La società in nome collettivo agisce sotto una ragione sociale costituita dal nome di uno o più soci con l'indicazione del rapporto sociale (c. 2295 n. 2, 2567).

2. La società può conservare nella ragione sociale il nome del socio receduto o defunto, se il socio receduto o gli eredi del socio defunto vi consentono (att. c. 207).

2293. *Norme applicabili.* — *1.* La società in nome collettivo è regolata dalle norme di questo capo e, in quanto queste non dispongano, dalle norme del capo precedente (c. 2251 ss.) (2).

2294. *Incapace.* — *1.* La partecipazione di un incapace alla società in nome collettivo è subordinata in ogni caso all'osservanza delle disposizioni degli artt. 320, 371, 397, 424 e 425 (att. c. 208).

2295. *Atto costitutivo.* — *1.* L'atto costitutivo della società deve indicare:

1) il cognome e il nome, il luogo e la data di nascita (3), il domicilio, la cittadinanza dei soci;

2) la ragione sociale (c. 2292);

3) i soci che hanno l'amministrazione e la rappresentanza della società (c. 2298);

4) la sede della società e le eventuali sedi secondarie (c. 2250, 2299);

5) l'oggetto sociale (c. 2615-*III*);

6) i conferimenti di ciascun socio, il valore ad essi attribuito e il modo di valutazione (c. 2253 ss.);

7) le prestazioni a cui sono obbligati i soci di opera (c. 2263[2]);

8) le norme secondo le quali gli utili devono essere ripartiti e la quota di ciascun socio negli utili e nelle perdite (c. 2263 ss.);

9) la durata della società (c. 2307).

2296. *Pubblicazione.* — *1.* L'atto costitutivo della società, con sottoscrizione autenticata (c. 2703) dei contraenti, o una copia autentica di esso se la stipulazione è avvenuta per atto pubblico (c. 2699), deve entro trenta giorni (4) essere depositato per l'iscrizione, a cura degli amministratori (c. 2630), presso l'ufficio del

(1) Sulla disciplina della regolarizzazione delle società di fatto o irregolari in una delle forme previste da questo capo o dal capo IV, v. art. 3.68 ss., l. 23 dicembre 1996, n. 662, come sostituito dall'art. 3, l. 21 novembre 2000, n. 342.

(2) Per la rivalutazione monetaria v. art. 5, l. 29 dicembre 1990, n. 408.

(3) Così modificato per effetto della l. 31 ottobre 1955, n. 1064.

(4) Per gli atti ricevuti o autenticati all'estero, v. nota 4 all'art. 2671.

registro delle imprese (c. 2188 ss.; att. c. 99 ss.) nella cui circoscrizione è stabilita la sede sociale (c. 2297).

2. Se gli amministratori non provvedono al deposito nel termine indicato nel comma precedente, ciascun socio può provvedervi a spese della società, o far condannare gli amministratori ad eseguirlo.

3. Se la stipulazione è avvenuta per atto pubblico, è obbligato ad eseguire il deposito anche il notaio (c. 2630).

2297. *Mancata registrazione*. — *1.* Fino a quando la società non è iscritta nel registro delle imprese (att. c. 99), i rapporti tra la società e i terzi, ferma restando la responsabilità illimitata e solidale di tutti i soci (c. 2291), sono regolati dalle disposizioni relative alla società semplice (c. 2251-2290).

2. Tuttavia si presume che ciascun socio che agisce per la società abbia la rappresentanza sociale, anche in giudizio. I patti che attribuiscono la rappresentanza ad alcuno soltanto dei soci o che limitano i poteri di rappresentanza non sono opponibili ai terzi, a meno che si provi che questi ne erano a conoscenza (c. 2317).

2298. *Rappresentanza della società*. — *1.* L'amministratore che ha la rappresentanza della società può compiere tutti gli atti che rientrano nell'oggetto sociale, salve le limitazioni che risultano dall'atto costitutivo o dalla procura. Le limitazioni non sono opponibili ai terzi, se non sono iscritte nel registro delle imprese (att. c. 99) o se non si prova che i terzi ne hanno avuto conoscenza (c. 2193, 2384², 2475-*II*²).

2. .... (1).

2299. *Sedi secondarie*. — *1.* Un estratto dell'atto costitutivo deve essere depositato per l'iscrizione presso l'ufficio del registro delle imprese (att. c. 99) del luogo in cui la società istituisce sedi secondarie con una rappresentanza stabile, entro trenta giorni dall'istituzione delle medesime (c. 2197).

2. L'estratto deve indicare l'ufficio del registro presso il quale è iscritta la società e la data dell'iscrizione.

3. .... (1).

4. L'istituzione di sedi secondarie deve essere denunciata per l'iscrizione nello stesso termine anche all'ufficio del registro del luogo dove è iscritta la società (c. 2330⁴, 2630).

2300. *Modificazioni dell'atto costitutivo*. — *1.* Gli amministratori devono richiedere nel termine di trenta giorni (2) all'ufficio del registro delle imprese (att. c. 99) l'iscrizione delle modificazioni dell'atto costitutivo (c. 2252) e degli altri fatti relativi alla società, dei quali è obbligatoria l'iscrizione (c. 2630).

2. Se la modificazione dell'atto costitutivo risulta da deliberazione dei soci, questa deve essere depositata in copia autentica.

3. Le modificazioni dell'atto costitutivo, finché non sono iscritte, non sono opponibili ai terzi, a meno che si provi che questi ne erano a conoscenza (c. 2193; att. c. 211).

2301. *Divieto di concorrenza*. — *1.* Il socio non può, senza il consenso degli altri soci, esercitare per conto proprio o altrui una attività concorrente con quella della società, né partecipare come socio illimitatamente responsabile (c. 2291, 2318, 2452) ad altra società concorrente (c. 2390).

2. Il consenso si presume, se l'esercizio dell'attività o la partecipazione ad altra società preesisteva al contratto sociale, e gli altri soci ne erano a conoscenza.

3. In caso d'inosservanza delle disposizioni del primo comma la società ha diritto al risarcimento del danno, salva l'applicazione dell'art. 2286.

2302. *Scritture contabili*. — *1.* Gli amministratori devono tenere i libri e le altre scritture contabili prescritti dall'art. 2214 (c. 2312; att. c. 200).

2303. *Limiti alla distribuzione degli utili*. — *1.* Non può farsi luogo a ripartizione di somme tra soci se non per utili realmente conseguiti (c. 2262, 2321, 2433², 2627).

2. Se si verifica una perdita del capitale sociale, non può farsi luogo a ripartizione di utili fino a che il capitale non sia reintegrato o ridotto in misura corrispondente.

2304. *Responsabilità dei soci*. — *1.* I creditori sociali, anche se la società è in liquidazione (c. 2309 ss.), non possono pretendere il pagamento dai singoli soci, se non dopo l'escussione del patrimonio sociale (c. 2268, 2461¹).

2305. *Creditore particolare del socio*. — *1.* Il creditore particolare del socio, finché dura la società (c. 2308), non può chiedere la liquidazione della quota del socio debitore (c. 2270, 2307, 2537, 2614).

2306. *Riduzione di capitale*. — *1.* La deliberazione di riduzione di capitale, mediante rimborso ai soci delle quote pagate o mediante liberazione di essi dall'obbligo di ulteriori versamenti, può essere eseguita soltanto dopo tre mesi dal giorno dell'iscrizione nel registro delle

(1) Comma abrogato dall'art. 33.1, l. 24 novembre 2000, n. 340.
(2) Per gli atti ricevuti o autenticati all'estero, v. nota 4 all'art. 2671.

imprese (att. c. 99), purché entro questo termine nessun creditore sociale anteriore all'iscrizione abbia fatto opposizione (c. 2629; att. c. 211).

2. Il tribunale, nonostante l'opposizione, può disporre che l'esecuzione abbia luogo, previa prestazione da parte della società di un'idonea garanzia (c. 1179, 2445).

2307. *Proroga della società.* — *1.* Il creditore particolare del socio può fare opposizione alla proroga della società, entro tre mesi dall'iscrizione della deliberazione di proroga nel registro delle imprese (att. c. 99).

2. Se l'opposizione è accolta, la società deve, entro tre mesi dalla notificazione della sentenza, liquidare la quota del socio debitore dell'opponente (c. 2289).

3. In caso di proroga tacita (c. 2273) ciascun socio può sempre recedere dalla società (c. 1373), dando preavviso a norma dell'art. 2285, e il creditore particolare del socio può chiedere la liquidazione della quota del suo debitore a norma dell'art. 2270 (att. c. 211).

2308. *Scioglimento della società.* — *1.* La società si scioglie (c. 2250[3]), oltre che per le cause indicate dall'art. 2272, per provvedimento dell'autorità governativa nei casi stabiliti dalla legge, e, salvo che abbia per oggetto un'attività non commerciale (c. 2135, 2486[2]), per la dichiarazione di fallimento (c. 2221, 2484[2]).

2309. *Pubblicazione della nomina dei liquidatori.* — *1.* La deliberazione dei soci o la sentenza (c. 2332[4], 2487[2]) che nomina i liquidatori e ogni atto successivo che importa cambiamento nelle persone dei liquidatori devono essere, entro trenta giorni (1) dalla notizia della nomina, depositati in copia autentica a cura dei liquidatori medesimi per l'iscrizione presso l'ufficio del registro delle imprese (c. 2630).

2. . . . . (2).

2310. *Rappresentanza della società in liquidazione.* — *1.* Dall'iscrizione della nomina dei liquidatori la rappresentanza della società, anche in giudizio, spetta ai liquidatori (c. 2489).

2311. *Bilancio finale di liquidazione e piano di riparto.* — *1.* Compiuta la liquidazione, i liquidatori devono redigere il bilancio finale e proporre ai soci il piano di riparto.

2. Il bilancio, sottoscritto dai liquidatori, e il piano di riparto devono essere comunicati mediante raccomandata ai soci, e s'intendono approvati se non sono stati impugnati nel termine di due mesi dalla comunicazione (c. 2964 ss.).

3. In caso d'impugnazione del bilancio e del piano di riparto, il liquidatore può chiedere che le questioni relative alla liquidazione siano esaminate separatamente da quelle relative alla divisione, alle quali il liquidatore può restare estraneo.

4. Con l'approvazione del bilancio i liquidatori sono liberati di fronte ai soci (c. 2492, 2493, 2633).

2312. *Cancellazione della società.* — *1.* Approvato il bilancio finale di liquidazione, i liquidatori devono chiedere la cancellazione della società dal registro delle imprese.

2. Dalla cancellazione della società i creditori sociali che non sono stati soddisfatti possono far valere i loro crediti nei confronti dei soci e, se il mancato pagamento è dipeso da colpa dei liquidatori, anche nei confronti di questi (c. 2324).

3. Le scritture contabili (c. 2302) e i documenti che non spettano ai singoli soci sono depositati presso la persona designata dalla maggioranza.

4. Le scritture contabili e i documenti devono essere conservati per dieci anni a decorrere dalla cancellazione della società dal registro delle imprese (3).

CAPO IV

DELLA SOCIETÀ IN ACCOMANDITA SEMPLICE (4)

2313. *Nozione.* — *1.* Nella società in accomandita semplice (c. 2615-*III*) i soci accomandatari (c. 2318) rispondono solidalmente (c. 1292 ss.) e illimitatamente per le obbligazioni sociali (c. 2500-*V*) e i soci accomandanti (c. 2320) rispondono limitatamente alla quota conferita.

2. Le quote di partecipazione dei soci non possono essere rappresentate da azioni (c. 2452).

2314. *Ragione sociale.* — *1.* La società agisce sotto una ragione sociale costituita dal nome di almeno uno dei soci accomandatari, con l'indicazione di società in accomandita semplice, salvo il disposto del secondo comma dell'art. 2292 (c. 2564, 2567).

2. L'accomandante, il quale consente che il

(1) Parole così sostituite dall'art. 33.4, l. 24 novembre 2000, n. 340.
(2) Comma abrogato dall'art. 33.1, l. 24 novembre 2000, n. 340.
(3) V. nota 6 all'art. 2220.
(4) Sulla disciplina per la regolarizzazione delle società di fatto o irregolari in una delle forme previste da questo capo o dal capo III v. art. 3.68 ss., l. 23 dicembre 1996, n. 662, come sostituito dall'art. 3, l. 21 novembre 2000, n. 342.

suo nome sia compreso nella ragione sociale, risponde di fronte ai terzi illimitatamente e solidalmente (c. 1292 ss.) con i soci accomandatari per le obbligazioni sociali (c. 2320).

2315. *Norme applicabili.* — *1.* Alla società in accomandita semplice si applicano le disposizioni relative alla società in nome collettivo (c. 2291-2312), in quanto siano compatibili con le norme seguenti (1).

2316. *Atto costitutivo.* — *1.* L'atto costitutivo deve indicare i soci accomandatari e i soci accomandanti.

2317. *Mancata registrazione.* — *1.* Fino a quando la società non è iscritta nel registro delle imprese (att. c. 99), ai rapporti fra la società e i terzi si applicano le disposizioni dell'art. 2297.

2. Tuttavia per le obbligazioni sociali i soci accomandanti rispondono limitatamente alla loro quota, salvo che abbiano partecipato alle operazioni sociali (c. 2320).

2318. *Soci accomandatari.* — *1.* I soci accomandatari hanno i diritti e gli obblighi dei soci della società in nome collettivo.

2. L'amministrazione della società può essere conferita soltanto a soci accomandatari (c. 2323[2]).

2319. *Nomina e revoca degli amministratori.* — *1.* Se l'atto costitutivo non dispone diversamente, per la nomina degli amministratori e per la loro revoca nel caso indicato nel secondo comma dell'art. 2259 sono necessari il consenso dei soci accomandatari e l'approvazione di tanti soci accomandanti che rappresentino la maggioranza del capitale da essi sottoscritto.

2320. *Soci accomandanti.* — *1.* I soci accomandanti non possono compiere atti di amministrazione, né trattare o concludere affari in nome della società, se non in forza di procura speciale per singoli affari. Il socio accomandante che contravviene a tale divieto assume responsabilità illimitata e solidale (c. 1292 ss.) verso i terzi per tutte le obbligazioni sociali (c. 2313, 2317[2]) e può essere escluso a norma dell'art. 2286.

2. I soci accomandanti possono tuttavia prestare la loro opera sotto la direzione degli amministratori e, se l'atto costitutivo lo consente, dare autorizzazioni e pareri per determinate operazioni e compiere atti di ispezione e di sorveglianza.

3. In ogni caso essi hanno diritto di avere comunicazione annuale del bilancio e del conto dei profitti e delle perdite, e di controllarne l'esattezza, consultando i libri e gli altri documenti della società.

2321. *Utili percepiti in buona fede.* — *1.* I soci accomandanti non sono tenuti alla restituzione degli utili riscossi in buona fede secondo il bilancio regolarmente approvato (c. 2433[4]).

2322. *Trasferimento della quota.* — *1.* La quota di partecipazione del socio accomandante è trasmissibile per causa di morte.

2. Salvo diversa disposizione dell'atto costitutivo, la quota può essere ceduta, con effetto verso la società, con il consenso dei soci che rappresentano la maggioranza del capitale (c. 230-*II*[4], 2284, 2469, 2530, 2534).

2323. *Cause di scioglimento.* — *1.* La società si scioglie (c. 2250[3]), oltre che per le cause previste nell'art. 2308, quando rimangono soltanto soci accomandanti o soci accomandatari, sempreché nel termine di sei mesi non sia stato sostituito il socio che è venuto meno (c. 2272 n. 4).

2. Se vengono a mancare tutti gli accomandatari, per il periodo indicato dal comma precedente gli accomandanti nominano un amministratore provvisorio per il compimento degli atti di ordinaria amministrazione (c. 2386[5]). L'amministratore provvisorio non assume la qualità di socio accomandatario (c. 2318[2]).

2324. *Diritti dei creditori sociali dopo la liquidazione.* — *1.* Salvo il diritto previsto dal secondo comma dell'art. 2312 nei confronti degli accomandatari e dei liquidatori, i creditori sociali che non sono stati soddisfatti nella liquidazione della società possono far valere i loro crediti anche nei confronti degli accomandanti, limitatamente alla quota di liquidazione.

CAPO V

Società per azioni (2)

Sezione I. — *Disposizioni generali*

2325. *Responsabilità.* — *1.* Nella società per azioni (3) per le obbligazioni sociali risponde soltanto la società con il suo patrimonio.

(1) Per la rivalutazione monetaria v. art. 5, l. 29 dicembre 1990, n. 408.

(2) L'intero Capo V è stato così sostituito dall'art. 1.1, d.lg. 17 gennaio 2003, n. 6.

(3) Sulle società per azioni con azioni quotate in borsa, v. d.l. 8 aprile 1974, n. 95, conv. in l. 7 giugno 1974, n. 216, in *Leggi coll. XIV, 5*, e d.lg. 24 febbraio 1998, n. 58, in *Leggi coll. XVIII, 1*. Sulle società fiduciarie e di revisione, v. l. 23 novembre 1939, n. 1966, in *Leggi coll. XIV, 1*. Sulle società che esercitano l'impresa di assicurazione, v. l. 12 agosto 1982, n. 576, istitutiva dell'ISVAP. Sulle start-up innovative v. art. 25 ss., d.l. 18 ottobre 2012, n. 179, conv. in l. 17 dicembre 2012, n. 221, art. 11-*bis*, d.l. 31 maggio 2014, n. 83, conv. in l. 29 luglio 2014, n. 106, e art. 10.1, lett. a, n. 7-*bis*, d.l. 18 ottobre 2012, n. 179, conv. in l. 17 dicembre 2012, n. 221, inserito dall'art. 4.11-*novies*, d.l. 24

2. In caso di insolvenza della società, per le obbligazioni sociali sorte nel periodo in cui le azioni sono appartenute ad una sola persona, questa risponde illimitatamente quando i conferimenti non siano stati effettuati secondo quanto previsto dall'art. 2342 o fin quando non sia stata attuata la pubblicità prescritta dall'art. 2362.

2325-*bis*. *Società che fanno ricorso al mercato del capitale di rischio*. — *1.* Ai fini dell'applicazione del presente titolo (1), sono società che fanno ricorso al mercato del capitale di rischio le società con azioni quotate in mercati regolamentati o diffuse fra il pubblico in misura rilevante (att. c. 111-*II*) (2).

2. Le norme di questo titolo si applicano alle società con azioni (3) quotate in mercati regolamentati in quanto non sia diversamente disposto da altre norme di questo codice o di leggi speciali.

2326. *Denominazione sociale*. — *1.* La denominazione sociale, in qualunque modo formata, deve contenere l'indicazione di società per azioni.

2327. *Ammontare minimo del capitale*. — *1.* La società per azioni deve costituirsi con un capitale non inferiore a cinquantamila (4) euro (c. 2445[1], 2447[1]) (5).

2328. *Atto costitutivo*. — *1.* La società può essere costituita per contratto o per atto unilaterale.

2. L'atto costitutivo deve essere redatto per atto pubblico e deve indicare:

1) il cognome e il nome o la denominazione, la data e il luogo di nascita o lo Stato (6) di costituzione, il domicilio o la sede, la cittadinanza dei soci e degli eventuali promotori, nonché il numero delle azioni assegnate a ciascuno di essi;

2) la denominazione e il comune ove sono poste la sede della società e le eventuali sedi secondarie (att. c. 111-*III*);

3) l'attività che costituisce l'oggetto sociale;

4) l'ammontare del capitale sottoscritto e di quello versato;

5) il numero e l'eventuale valore nominale delle azioni, le loro caratteristiche e le modalità di emissione e circolazione;

6) il valore attribuito ai crediti e beni conferiti in natura;

7) le norme secondo le quali gli utili devono essere ripartiti;

8) i benefici eventualmente accordati ai promotori o ai soci fondatori;

9) il sistema di amministrazione adottato, il numero degli amministratori e i loro poteri, indicando quali tra essi hanno la rappresentanza della società;

10) il numero dei componenti il collegio sindacale;

11) la nomina dei primi amministratori e

gennaio 2015, n. 3, conv. in l. 24 marzo 2015, n. 33. Sulle società di investimento a capitale variabile v. art. 43 ss., d.lg. 24 febbraio 1998, n. 58, in *Leggi coll. XVIII, 1*.

(1) La parola «titolo» è stata così sostituita alla precedente «capo» dall'art. 5.1, lett. a, d.lg. 6 febbraio 2004, n. 37.

(2) L'art. 2-*bis*, deliberazione Consob 14 maggio 1999, n. 11971, inserito dalla deliberazione Consob 23 dicembre 2003, n. 14372 e successivamente modificato con deliberazioni Consob 19 marzo 2009, n. 16840 e 9 maggio 2012, n. 18214, così dispone: «Art. 2-*bis*. *Definizione di emittenti strumenti finanziari diffusi fra il pubblico in misura rilevante*. — 1. Sono emittenti azioni diffuse fra il pubblico in misura rilevante gli emittenti italiani i quali, contestualmente: *a*) abbiano azionisti diversi dai soci di controllo in numero superiore a cinquecento che detengano complessivamente una percentuale di capitale sociale almeno pari al 5%; *b*) non abbiano la possibilità di redigere il bilancio in forma abbreviata ai sensi dell'art. 2435-*bis*, primo comma, del codice civile. || 2. I limiti di cui al comma precedente si considerano superati soltanto se le azioni alternativamente: – abbiano costituito oggetto di un'offerta al pubblico di sottoscrizione e vendita o corrispettivo di un'offerta pubblica di scambio; – abbiano costituito oggetto di un collocamento, in qualsiasi forma realizzato, anche rivolto a soli investitori qualificati come definiti ai sensi dell'art. 34-*ter*, comma 1, lett. *b*); – siano o siano state negoziate su sistemi multilaterali di negoziazione con il consenso dell'emittente o del socio di controllo ovvero siano state ammesse alla negoziazione su mercati regolamentati e successivamente siano state oggetto di revoca; – siano emesse da banche e siano acquistate o sottoscritte presso le loro sedi o dipendenze. || 3. Non si considerano emittenti diffusi quegli emittenti le cui azioni sono soggette a limiti legali alla circolazione riguardanti anche l'esercizio dei diritti aventi contenuto patrimoniale, ovvero il cui oggetto sociale prevede esclusivamente lo svolgimento di attività non lucrative di utilità sociale o volte al godimento da parte dei soci di un bene o di un servizio. || 4. Sono emittenti obbligazioni diffuse fra il pubblico in misura rilevante gli emittenti italiani di obbligazioni di valore nominale complessivamente non inferiore a 5 milioni di euro e con un numero di obbligazionisti superiore a cinquecento».

(3) Le parole «Le norme di questo titolo si applicano alle società con azioni» sono state così sostituite alle precedenti «Le norme di questo capo si applicano alle società emittenti di azioni» dall'art. 5.1, lett. b, d.lg. 6 febbraio 2004, n. 37.

(4) La parola «cinquantamila» è stata così sostituita alla precedente «centoventimila» dall'art. 20.7, d.l. 24 giugno 2014, n. 91, conv. in l. 11 agosto 2014, n. 116.

(5) Per i vari limiti minimi di capitale delle società esercenti l'assicurazione contro i danni v. art. 14.1, lett. c, d.lg. 7 settembre 2005, n. 209; e per l'assicurazione sulla vita v. art. 176 ss., d.lg. 209/2005, in *Leggi coll. VIII, 3*.

(6) Le parole «lo Stato» sono state inserite dall'art. 5.1, lett. c, d.lg. 6 febbraio 2004, n. 37.

sindaci ovvero dei componenti del consiglio di sorveglianza (1) e, quando previsto, del soggetto incaricato di effettuare la revisione legale dei conti (2);

12) l'importo globale, almeno approssimativo, delle spese per la costituzione poste a carico della società;

13) la durata della società ovvero, se la società è costituita a tempo indeterminato, il periodo di tempo, comunque non superiore ad un anno, decorso il quale il socio potrà recedere.

3. Lo statuto contenente le norme relative al funzionamento della società, anche se forma oggetto di atto separato, costituisce parte integrante dell'atto costitutivo. In caso di contrasto tra le clausole dell'atto costitutivo e quelle dello statuto prevalgono le seconde.

2329. *Condizioni per la costituzione*. — *1.* Per procedere alla costituzione della società è necessario:

1) che sia sottoscritto per intero il capitale sociale;

2) che siano rispettate le previsioni degli artt. 2342, 2343 e 2343-*ter* (3) relative ai conferimenti;

3) che sussistano le autorizzazioni e le altre condizioni richieste dalle leggi speciali per la costituzione della società, in relazione al suo particolare oggetto (c. 2331[4], 2463[3]; att. c. 223-*IV*) (4).

2330. *Deposito dell'atto costitutivo e iscrizione della società*. — *1.* Il notaio che ha ricevuto l'atto costitutivo deve depositarlo entro dieci giorni (5) (6) presso l'ufficio del registro delle imprese nella cui circoscrizione è stabilita la sede sociale, allegando i documenti comprovanti la sussistenza delle condizioni previste dall'art. 2329.

2. Se il notaio o gli amministratori non provvedono al deposito nel termine indicato nel comma precedente, ciascun socio può provvedervi a spese della società.

3. L'iscrizione della società nel registro delle imprese è richiesta contestualmente al deposito dell'atto costitutivo. L'ufficio del registro delle imprese, verificata la regolarità formale della documentazione, iscrive la società nel registro.

4. Se la società istituisce sedi secondarie, si applica l'art. 2299 (c. 2336, 2463[3], 2523[1]).

2331. *Effetti dell'iscrizione*. — *1.* Con l'iscrizione nel registro la società acquista la personalità giuridica.

2. Per le operazioni compiute in nome della società prima dell'iscrizione sono illimitatamente e solidalmente responsabili verso i terzi coloro che hanno agito. Sono altresì solidalmente e illimitatamente responsabili il socio unico fondatore e quelli tra i soci che nell'atto costitutivo o con atto separato hanno deciso, autorizzato o consentito il compimento dell'operazione.

3. Qualora successivamente all'iscrizione la società abbia approvato un'operazione prevista dal precedente comma, è responsabile anche la società ed essa è tenuta a rilevare coloro che hanno agito.

4. Le somme depositate a norma del secondo comma dell'art. 2342 non possono essere consegnate agli amministratori se non provano l'avvenuta iscrizione della società nel registro. Se entro novanta giorni dalla stipulazione dell'atto costitutivo o dal rilascio delle autorizzazioni previste dal n. 3) dell'art. 2329 l'iscrizione non ha avuto luogo, esse sono restituite ai sottoscrittori e l'atto costitutivo perde efficacia.

5. Prima dell'iscrizione nel registro è vietata l'emissione delle azioni ed esse, salvo l'offerta pubblica di sottoscrizione ai sensi dell'art. 2333, non possono costituire oggetto di una offerta al pubblico di prodotti finanziari (7) (c. 2463[3], 2523[2]).

2332. *Nullità della società*. — *1.* Avvenuta l'iscrizione nel registro delle imprese, la nullità della società può essere pronunciata soltanto nei seguenti casi:

1) mancata stipulazione dell'atto costitutivo nella forma dell'atto pubblico;

(1) Le parole «ovvero dei componenti del consiglio di sorveglianza» sono state inserite dall'art. 5.1, lett. c, d.lg. 6 febbraio 2004, n. 37.

(2) Le parole «incaricato di effettuare la revisione legale dei conti» sono state così sostituite alle precedenti «al quale è demandato il controllo contabile» dall'art. 37.1, d.lg. 27 gennaio 2010, n. 39.

(3) Le parole «, 2343 e 2343-*ter*» sono state così sostituite alle precedenti «e 2343» dall'art. 1.1, d.lg. 4 agosto 2008, n. 142.

(4) Per l'esercizio di attività bancaria, v. art. 13 ss., d.lg. 1° settembre 1993, n. 385, in *Leggi coll. XVII, 1*; per l'esercizio di attività assicurativa, v. d.lg. 7 settembre 2005, n. 209, in *Leggi coll. VIII, 3*.

(5) Le parole «entro dieci giorni» sono state così sostituite alle precedenti «entro venti giorni» dall'art. 3.1-*quinquies*, d.l. 14 dicembre 2018, n. 135, conv. in l. 11 febbraio 2019, n. 12, e tale disposizione «ha effetto a decorrere dalla data di entrata in vigore della legge di conversione del presente decreto».

(6) Per gli atti ricevuti o autenticati all'estero, v. nota 4 all'art. 2671.

(7) Le parole «offerta al pubblico di prodotti finanziari» sono state così sostituite alle precedenti «sollecitazione all'investimento» dall'art. 5, d.lg. 28 marzo 2007, n. 51.

2) illiceità dell'oggetto sociale;

3) mancanza nell'atto costitutivo di ogni indicazione riguardante la denominazione della società, o i conferimenti, o l'ammontare del capitale sociale o l'oggetto sociale.

2. La dichiarazione di nullità non pregiudica l'efficacia degli atti compiuti in nome della società dopo l'iscrizione nel registro delle imprese.

3. I soci non sono liberati dall'obbligo di conferimento fino a quando non sono soddisfatti i creditori sociali.

4. La sentenza che dichiara la nullità nomina i liquidatori.

5. La nullità non può essere dichiarata quando la causa di essa è stata eliminata e di tale eliminazione è stata data pubblicità con iscrizione nel registro delle imprese.

6. Il dispositivo della sentenza che dichiara la nullità deve essere iscritto, a cura degli amministratori o dei liquidatori nominati ai sensi del quarto comma, nel registro delle imprese (c. 2463[3], 2523[2]).

Sezione II. — *Della costituzione per pubblica sottoscrizione*

2333. *Programma e sottoscrizione delle azioni*. — *1.* La società può essere costituita anche per mezzo di pubblica sottoscrizione sulla base di un programma che ne indichi l'oggetto e il capitale, le principali disposizioni dell'atto costitutivo e dello statuto, l'eventuale partecipazione che i promotori si riservano agli utili e il termine entro il quale deve essere stipulato l'atto costitutivo.

2. Il programma con le firme autenticate dei promotori, prima di essere reso pubblico, deve essere depositato presso un notaio (c. 2337).

3. Le sottoscrizioni delle azioni devono risultare da atto pubblico o da scrittura privata autenticata. L'atto deve indicare il cognome e il nome o la denominazione, il domicilio o la sede del sottoscrittore, il numero delle azioni sottoscritte e la data della sottoscrizione (c. 2331[5]).

2334. *Versamenti e convocazione dell'assemblea dei sottoscrittori*. — *1.* Raccolte le sottoscrizioni, i promotori, con raccomandata o nella forma prevista nel programma, devono assegnare ai sottoscrittori un termine non superiore a trenta giorni per fare il versamento prescritto dal secondo comma dell'art. 2342.

2. Decorso inutilmente questo termine, è in facoltà dei promotori di agire contro i sottoscrittori morosi o di scioglierli dall'obbligazione assunta. Qualora i promotori si avvalgano di quest'ultima facoltà, non può procedersi alla costituzione della società prima che siano collocate le azioni che quelli avevano sottoscritte.

3. Salvo che il programma stabilisca un termine diverso, i promotori, nei venti giorni successivi al termine fissato per il versamento prescritto dal primo comma del presente articolo, devono convocare l'assemblea dei sottoscrittori mediante raccomandata, da inviarsi a ciascuno di essi almeno dieci giorni prima di quello fissato per l'assemblea, con l'indicazione delle materie da trattare.

2335. *Assemblea dei sottoscrittori*. — *1.* L'assemblea dei sottoscrittori:

1) accerta l'esistenza delle condizioni richieste per la costituzione della società;

2) delibera sul contenuto dell'atto costitutivo e dello statuto;

3) delibera sulla riserva di partecipazione agli utili fatta a proprio favore dai promotori;

4) nomina gli amministratori ed i sindaci ovvero i componenti del consiglio di sorveglianza (1) e, quando previsto, il soggetto incaricato di effettuare la revisione legale dei conti (2).

2. L'assemblea è validamente costituita con la presenza della metà dei sottoscrittori.

3. Ciascun sottoscrittore ha diritto a un voto, qualunque sia il numero delle azioni sottoscritte, e per la validità delle deliberazioni si richiede il voto favorevole della maggioranza dei presenti.

4. Tuttavia per modificare le condizioni stabilite nel programma è necessario il consenso di tutti i sottoscrittori.

2336. *Stipulazione e deposito dell'atto costitutivo*. — *1.* Eseguito quanto è prescritto nell'articolo precedente, gli intervenuti all'assemblea, in rappresentanza anche dei sottoscrittori assenti, stipulano l'atto costitutivo, che deve essere depositato per l'iscrizione nel registro delle imprese a norma dell'art. 2330.

Sezione III. — *Dei promotori e dei soci fondatori*

2337. *Promotori*. — *1.* Sono promotori coloro che nella costituzione per pubblica sottoscrizione hanno firmato il programma a norma del secondo comma dell'art. 2333.

(1) Le parole «ed i sindaci ovvero i componenti del consiglio di sorveglianza» sono state così sostituite alle precedenti «i membri del collegio sindacale» dall'art. 5.1, lett. d, d.lg. 6 febbraio 2004, n. 37.

(2) Le parole «incaricato di effettuare la revisione legale dei conti» sono state così sostituite alle precedenti «cui è demandato il controllo contabile» dall'art. 37.2, d.lg. 27 gennaio 2010, n. 39.

2338. *Obbligazioni dei promotori.* — *1.* I promotori sono solidalmente responsabili verso i terzi per le obbligazioni assunte per costituire la società.

2. La società è tenuta a rilevare i promotori dalle obbligazioni assunte e a rimborsare loro le spese sostenute, sempre che siano state necessarie per la costituzione della società o siano state approvate dall'assemblea.

3. Se per qualsiasi ragione la società non si costituisce, i promotori non possono rivalersi verso i sottoscrittori delle azioni.

2339. *Responsabilità dei promotori.* — *1.* I promotori sono solidalmente responsabili verso la società e verso i terzi:

1) per l'integrale sottoscrizione del capitale sociale e per i versamenti richiesti per la costituzione della società;

2) per l'esistenza dei conferimenti in natura in conformità della relazione giurata indicata nell'art. 2343;

3) per la veridicità delle comunicazioni da essi fatte al pubblico per la costituzione della società.

2. Sono del pari solidalmente responsabili verso la società e verso i terzi coloro per conto dei quali i promotori hanno agito.

2340. *Limiti dei benefici riservati ai promotori.* — *1.* I promotori possono riservarsi nell'atto costitutivo, indipendentemente dalla loro qualità di soci, una partecipazione non superiore complessivamente a un decimo degli utili netti risultanti dal bilancio e per un periodo massimo di cinque anni (c. 2341).

2. Essi non possono stipulare a proprio vantaggio altro beneficio.

2341. *Soci fondatori.* — *1.* La disposizione del primo comma dell'art. 2340 si applica anche ai soci che nella costituzione simultanea o in quella per pubblica sottoscrizione stipulano l'atto costitutivo (c. 2463[3]).

Sezione III-*bis*. — *Dei patti parasociali*

2341-*bis*. *Patti parasociali.* — *1.* I patti, in qualunque forma stipulati, che al fine di stabilizzare gli assetti proprietari o il governo della società:

a) hanno per oggetto l'esercizio del diritto di voto nelle società per azioni o nelle società che le controllano;

b) pongono limiti al trasferimento delle relative azioni o delle partecipazioni in società che le controllano;

c) hanno per oggetto o per effetto l'esercizio anche congiunto di un'influenza dominante su tali società,

non possono avere durata superiore a cinque anni e si intendono stipulati per questa durata anche se le parti hanno previsto un termine maggiore; i patti sono rinnovabili alla scadenza.

2. Qualora il patto non preveda un termine di durata, ciascun contraente ha diritto di recedere con un preavviso di centottanta giorni.

3. Le disposizioni di questo articolo non si applicano ai patti strumentali ad accordi di collaborazione nella produzione o nello scambio di beni o servizi e relativi a società interamente possedute dai partecipanti all'accordo.

2341-*ter*. *Pubblicità dei patti parasociali.* — *1.* Nelle società che fanno ricorso al mercato del capitale di rischio i patti parasociali devono essere comunicati alla società e dichiarati in apertura di ogni assemblea. La dichiarazione deve essere trascritta nel verbale e questo deve essere depositato presso l'ufficio del registro delle imprese.

2. In caso di mancanza della dichiarazione prevista dal comma precedente i possessori delle azioni cui si riferisce il patto parasociale non possono esercitare il diritto di voto e le deliberazioni assembleari adottate con il loro voto determinante sono impugnabili a norma dell'art. 2377.

Sezione IV. — *Dei conferimenti*

2342. *Conferimenti.* — *1.* Se nell'atto costitutivo non è stabilito diversamente, il conferimento deve farsi in danaro.

2. Alla sottoscrizione dell'atto costitutivo deve essere versato presso una banca almeno il venticinque per cento dei conferimenti in danaro o, nel caso di costituzione con atto unilaterale, il loro intero ammontare (c. 2331[4], 2334[1]).

3. Per i conferimenti di beni in natura e di crediti si osservano le disposizioni degli artt. 2254 e 2255. Le azioni corrispondenti a tali conferimenti devono essere integralmente liberate al momento della sottoscrizione (c. 2440[1]).

4. Se viene meno la pluralità dei soci, i versamenti ancora dovuti devono essere effettuati entro novanta giorni (c. 2439[1]).

5. Non possono formare oggetto di conferimento le prestazioni di opera o di servizi (c. 2325[2], 2329[1], 2345, 2440[1], 2464[6]) (1).

(1) Articolo così sostituito dall'art. 5, d.p.r. n. 30/1986. Per l'espressa previsione del conferimento di servizi da parte della Società italiana per le imprese miste all'estero – SIMEST S.p.A. v. art. 3.4, l. 24 aprile 1990, n. 100.

2343. *Stima dei conferimenti di beni in natura e di crediti.* — *1.* Chi conferisce beni in natura o crediti deve presentare la relazione giurata di un esperto designato dal tribunale nel cui circondario ha sede la società, contenente la descrizione dei beni o dei crediti conferiti, l'attestazione che il loro valore è almeno pari a quello ad essi attribuito ai fini della determinazione del capitale sociale e dell'eventuale soprapprezzo e i criteri di valutazione seguiti. La relazione deve essere allegata all'atto costitutivo (c. 2339[1]).

2. L'esperto risponde dei danni causati alla società, ai soci e ai terzi. Si applicano le disposizioni dell'art. 64 del codice di procedura civile (c. 2465[3], 2500-*III*[2]).

3. Gli amministratori devono, nel termine di centottanta giorni dalla iscrizione della società, controllare le valutazioni contenute nella relazione indicata nel primo comma e, se sussistano fondati motivi, devono procedere alla revisione della stima. Fino a quando le valutazioni non sono state controllate, le azioni corrispondenti ai conferimenti sono inalienabili e devono restare depositate presso la società (c. 2500-*III*[2]).

4. Se risulta che il valore dei beni o dei crediti conferiti era inferiore di oltre un quinto a quello per cui avvenne il conferimento, la società deve proporzionalmente ridurre il capitale sociale, annullando le azioni che risultano scoperte. Tuttavia il socio conferente può versare la differenza in danaro o recedere dalla società; il socio recedente ha diritto alla restituzione del conferimento, qualora sia possibile in tutto o in parte in natura. L'atto costitutivo può prevedere, salvo in ogni caso quanto disposto dal quinto comma dell'art. 2346, che per effetto dell'annullamento delle azioni disposto nel presente comma si determini una loro diversa ripartizione tra i soci (c. 2329[1], 2440[1], 2500-*III*[2], 2501-*VI*[7], 2506-*III*[2]).

2343-*bis*. *Acquisto della società da promotori, fondatori, soci e amministratori.* — *1.* L'acquisto da parte della società, per un corrispettivo pari o superiore al decimo del capitale sociale, di beni o di crediti dei promotori, dei fondatori, dei soci o degli amministratori, nei due anni dalla iscrizione della società nel registro delle imprese, deve essere autorizzato dall'assemblea ordinaria.

2. L'alienante deve presentare la relazione giurata di un esperto designato dal tribunale nel cui circondario ha sede la società ovvero la documentazione di cui all'art. 2343-*ter* primo e secondo comma (1) contenente la descrizione dei beni o dei crediti, il valore a ciascuno di essi attribuito, i criteri di valutazione seguiti, nonché l'attestazione che tale valore non è inferiore al corrispettivo, che deve comunque essere indicato.

3. La relazione deve essere depositata nella sede della società durante i quindici giorni che precedono l'assemblea. I soci possono prenderne visione. Entro trenta giorni dall'autorizzazione il verbale dell'assemblea, corredato dalla relazione dell'esperto designato dal tribunale ovvero dalla documentazione di cui all'art. 2343-*ter* (2), deve essere depositato a cura degli amministratori presso l'ufficio del registro delle imprese.

4. Le disposizioni del presente articolo non si applicano agli acquisti che siano effettuati a condizioni normali nell'ambito delle operazioni correnti della società né a quelli che avvengono nei mercati regolamentati o sotto il controllo dell'autorità giudiziaria o amministrativa (c. 2465[3]).

5. In caso di violazione delle disposizioni del presente articolo gli amministratori e l'alienante sono solidalmente responsabili per i danni causati alla società, ai soci ed ai terzi (c. 2465[3]).

2343-*ter*. *Conferimento di beni in natura o crediti senza relazione di stima.* — *1.* Nel caso di conferimento di valori mobiliari ovvero di strumenti del mercato monetario non è richiesta la relazione di cui all'art. 2343, primo comma, se il valore ad essi attribuito ai fini della determinazione del capitale sociale e dell'eventuale sovrapprezzo è pari o inferiore al prezzo medio ponderato al quale sono stati negoziati su uno o più mercati regolamentati nei sei mesi precedenti il conferimento (att. c. 111-*II*[2]).

2. Fuori dai casi in cui è applicabile il primo comma, non è altresì richiesta la relazione di cui all'art. 2343, primo comma, qualora il valore attribuito, ai fini della determinazione del capitale sociale e dell'eventuale sovrapprezzo, ai beni in natura o crediti conferiti sia pari o inferiore:

a) al *fair value* iscritto nel bilancio dell'esercizio precedente quello nel quale è effettuato il conferimento a condizione che il bilancio sia sottoposto a revisione legale e la relazione del revisore non esprima rilievi in ordine alla valutazione dei beni oggetto del conferimento, ovvero

(1) Le parole «ovvero la documentazione di cui all'art. 2343-*ter* primo e secondo comma» sono state inserite dall'art. 20.4, d.l. 24 giugno 2014, n. 91, conv. in l. 11 agosto 2014, n. 116.

(2) Le parole «ovvero dalla documentazione di cui all'art. 2343-*ter*» sono state inserite dall'art. 20.4, d.l. 24 giugno 2014, n. 91, conv. in l. 11 agosto 2014, n. 116.

b) al valore risultante da una valutazione riferita ad una data precedente di non oltre sei mesi il conferimento e conforme ai principi e criteri generalmente riconosciuti per la valutazione dei beni oggetto del conferimento, a condizione che essa provenga da un esperto indipendente da chi effettua il conferimento, dalla società e dai soci che esercitano individualmente o congiuntamente il controllo sul soggetto conferente o sulla società medesima, dotato di adeguata e comprovata professionalità (1).

3. Chi conferisce beni o crediti ai sensi del primo e secondo comma presenta la documentazione dalla quale risulta il valore attribuito ai conferimenti e la sussistenza, per i conferimenti di cui al secondo comma, delle condizioni ivi indicate. La documentazione è allegata all'atto costitutivo.

4. L'esperto di cui al secondo comma, lett. *b*), risponde dei danni causati alla società, ai soci e ai terzi (2).

5. Ai fini dell'applicazione del secondo comma, lett. *a*), per la definizione di «fair value» si fa riferimento ai principi contabili internazionali adottati dall'Unione europea (3).

2343-*quater*. *Fatti eccezionali o rilevanti che incidono sulla valutazione*. — *1.* Gli amministratori verificano, nel termine di trenta giorni dalla iscrizione della società, se, nel periodo successivo a quello di cui all'art. 2343-*ter*, primo comma, sono intervenuti fatti eccezionali che hanno inciso sul prezzo dei valori mobiliari o degli strumenti del mercato monetario conferiti in modo tale da modificare sensibilmente il valore di tali beni alla data di iscrizione della società nel registro delle imprese, comprese le situazioni in cui il mercato dei valori o strumenti non è più liquido. Gli amministratori verificano altresì nel medesimo termine se, successivamente al termine dell'esercizio cui si riferisce il bilancio di cui alla lett. *a*) del secondo comma dell'art. 2343-*ter*, o alla data della valutazione di cui alla lett. *b*) del medesimo comma, si sono verificati fatti nuovi rilevanti tali da modificare sensibilmente il valore dei beni o dei crediti conferiti alla data di iscrizione della società nel registro delle imprese, nonché i requisiti di professionalità ed indipendenza dell'esperto che ha reso la valutazione di cui all'art. 2343-*ter*, secondo comma, lett. *b*) (4).

2. Qualora gli amministratori ritengano che siano intervenuti i fatti di cui al primo comma, ovvero ritengano non idonei i requisiti di professionalità e indipendenza dell'esperto che ha reso la valutazione di cui all'art. 2343-*ter*, secondo comma, lett. *b*), si procede, su iniziativa degli amministratori, ad una nuova valutazione ai sensi e per gli effetti dell'art. 2343 (5).

3. Fuori dai casi di cui al secondo comma, è depositata per l'iscrizione nel registro delle imprese, nel medesimo termine di cui al primo comma, una dichiarazione degli amministratori contenente le seguenti informazioni:

a) la descrizione dei beni o dei crediti conferiti per i quali non si è fatto luogo alla relazione di cui all'art. 2343, primo comma;

b) il valore ad essi attribuito, la fonte di tale valutazione e, se del caso, il metodo di valutazione;

c) la dichiarazione che tale valore è almeno pari a quello loro attribuito ai fini della determinazione del capitale sociale e dell'eventuale sovrapprezzo;

d) la dichiarazione che non sono intervenuti fatti eccezionali o rilevanti che incidono sulla valutazione di cui alla lett. *b*);

e) la dichiarazione di idoneità dei requisiti di professionalità e indipendenza dell'esperto di cui all'art. 2343-*ter*, secondo comma, lett. *b*).

4. Fino all'iscrizione della dichiarazione le azioni sono inalienabili e devono restare depositate presso la società (2).

2344. *Mancato pagamento delle quote*. — *1.* Se il socio non esegue i pagamenti dovuti (c. 2466), decorsi quindici giorni dalla pubblicazione di una diffida nella *Gazzetta Ufficiale* della Repubblica, gli amministratori, se non ritengono utile promuovere azione per l'esecuzione del conferimento, offrono le azioni agli altri soci, in proporzione alla loro partecipazione (6), per un corrispettivo non inferiore ai conferimenti ancora dovuti. In mancanza di offerte possono far vendere le azioni a rischio e per conto del socio, a mezzo di una banca o di un intermediario autorizzato alla negoziazione in mercati regolamentati (7).

(1) Comma così sostituito dall'art. 1.1, lett. a, d.lg. 29 novembre 2010, n. 224.
(2) Articolo inserito dall'art. 1.2, d.lg. 4 agosto 2008, n. 142.
(3) Comma aggiunto dall'art. 1.1, lett. b, d.lg. 29 novembre 2010, n. 224.
(4) Comma così sostituito dall'art. 1.2, lett. a, d.lg. 29 novembre 2010, n. 224.
(5) Comma così sostituito dall'art. 1.2, lett. b, d.lg. 29 novembre 2010, n. 224.
(6) Le parole «alla loro partecipazione» sono state così sostituite alle precedenti «della loro partecipazione» dall'art. 5.1, lett. e, d.lg. 6 febbraio 2004, n. 37.
(7) Le parole «in mercati regolamentati» sono state così sostituite alle precedenti «nei mercati regolamentati» dall'art. 5.1, lett. e, d.lg. 6 febbraio 2004, n. 37.

2. Qualora la vendita non possa aver luogo per mancanza di compratori, gli amministratori possono dichiarare decaduto il socio, trattenendo le somme riscosse, salvo il risarcimento dei maggiori danni.

3. Le azioni non vendute, se non possono essere rimesse in circolazione entro l'esercizio in cui fu pronunziata la decadenza del socio moroso, devono essere estinte con la corrispondente riduzione del capitale.

4. Il socio in mora nei versamenti non può esercitare il diritto di voto.

2345. *Prestazioni accessorie.* — *1.* Oltre l'obbligo dei conferimenti, l'atto costitutivo può stabilire l'obbligo dei soci di eseguire prestazioni accessorie non consistenti in danaro, determinandone il contenuto, la durata, le modalità e il compenso, e stabilendo particolari sanzioni per il caso di inadempimento (c. 2342^5, 2464^6). Nella determinazione del compenso devono essere osservate le norme applicabili ai rapporti aventi per oggetto le stesse prestazioni.

2. Le azioni alle quali è connesso l'obbligo delle prestazioni anzidette devono essere nominative e non sono trasferibili senza il consenso degli amministratori.

3. Se non è diversamente disposto dall'atto costitutivo, gli obblighi previsti in questo articolo non possono essere modificati senza il consenso di tutti i soci.

Sezione V. — *Delle azioni e di altri strumenti finanziari partecipativi*

2346. *Emissione delle azioni.* — *1.* La partecipazione sociale è rappresentata da azioni; salvo diversa disposizione di leggi speciali lo statuto può escludere l'emissione dei relativi titoli o prevedere l'utilizzazione di diverse tecniche di legittimazione e circolazione.

2. Se determinato nello statuto, il valore nominale di ciascuna azione corrisponde ad una frazione del capitale sociale; tale determinazione deve riferirsi senza eccezioni a tutte le azioni emesse dalla società (c. 2420-II^2).

3. In mancanza di indicazione del valore nominale delle azioni, le disposizioni che ad esso si riferiscono si applicano con riguardo al loro numero in rapporto al totale delle azioni emesse (c. 2420-II^2).

4. A ciascun socio è assegnato un numero di azioni proporzionale alla parte del capitale sociale sottoscritta e per un valore non superiore a quello del suo conferimento. Lo statuto (1) può prevedere una diversa assegnazione delle azioni (c. 2420-II^2).

5. In nessun caso il valore dei conferimenti può essere complessivamente inferiore all'ammontare globale del capitale sociale (c. 2420-II^2, 2464^1).

6. Resta salva la possibilità che la società, a seguito dell'apporto da parte dei soci o di terzi anche di opera o servizi, emetta strumenti finanziari forniti di diritti patrimoniali o anche di diritti amministrativi, escluso il voto nell'assemblea generale degli azionisti. In tal caso lo statuto ne disciplina le modalità e condizioni di emissione, i diritti che conferiscono, le sanzioni in caso di inadempimento delle prestazioni e, se ammessa, la legge di circolazione (c. 2343^4, 2351^5, 2411^3, 2525^5).

2347. *Indivisibilità delle azioni.* — *1.* Le azioni sono indivisibili. Nel caso di comproprietà di un'azione, i diritti dei comproprietari devono essere esercitati da un rappresentante comune nominato secondo le modalità previste dagli artt. 1105 e 1106.

2. Se il rappresentante comune non è stato nominato, le comunicazioni e le dichiarazioni fatte dalla società a uno dei comproprietari sono efficaci nei confronti di tutti (c. 2352^5, 2525^5).

3. I comproprietari dell'azione rispondono solidalmente delle obbligazioni da essa derivanti.

2348. *Categorie di azioni.* — *1.* Le azioni devono essere di uguale valore e conferiscono ai loro possessori uguali diritti.

2. Si possono tuttavia creare, con lo statuto o con successive modificazioni di questo, categorie di azioni fornite di diritti diversi (c. 2350^2, 2351^2, 2351^4) anche per quanto concerne la incidenza delle perdite (c. 2265). In tal caso la società, nei limiti imposti dalla legge, può liberamente determinare il contenuto delle azioni delle varie categorie (2).

3. Tutte le azioni appartenenti ad una medesima categoria conferiscono uguali diritti (c. 2525^5).

2349. *Azioni e strumenti finanziari a favore dei prestatori di lavoro.* — *1.* Se lo statuto lo prevede, l'assemblea straordinaria può deliberare l'assegnazione di utili ai prestatori di lavoro

(1) Le parole «Lo statuto» sono state così sostituite alle precedenti «L'atto costitutivo» dall'art. 7, d.lg. 28 dicembre 2004, n. 310.

(2) Per le azioni di risparmio v. art. 145 ss., d.lg. 24 febbraio 1998, n. 58, in *Leggi coll. XVIII, 1.* Per l'applicazione del secondo comma alle azioni dei soci sovventori di cooperative v. art. 4.5, l. 31 gennaio 1992, n. 59, in *Leggi coll. XV, 2.*

dipendenti dalla società o di società controllate mediante l'emissione, per un ammontare corrispondente agli utili stessi, di speciali categorie di azioni da assegnare individualmente ai prestatori di lavoro, con norme particolari riguardo alla forma, al modo di trasferimento ed ai diritti spettanti agli azionisti. Il capitale sociale deve essere aumentato in misura corrispondente.

2. L'assemblea straordinaria può altresì deliberare l'assegnazione ai prestatori di lavoro (1) dipendenti della società o di società controllate di strumenti finanziari, diversi dalle azioni, forniti di diritti patrimoniali o anche di (2) diritti amministrativi, escluso il voto nell'assemblea generale degli azionisti. In tal caso possono essere previste norme particolari riguardo alle condizioni di esercizio dei diritti attribuiti, alla possibilità di trasferimento ed alle eventuali cause di decadenza o riscatto (c. 2351[4], 2525[5]).

2350. *Diritto agli utili e alla quota di liquidazione*. — *1.* Ogni azione attribuisce il diritto a una parte proporzionale degli utili netti e del patrimonio netto risultante dalla liquidazione, salvi i diritti stabiliti a favore di speciali categorie di azioni (3).

2. Fuori dai casi di cui all'art. 2447-*bis*, la società può emettere azioni fornite di diritti patrimoniali correlati ai risultati dell'attività sociale in un determinato settore. Lo statuto stabilisce i criteri di individuazione dei costi e ricavi imputabili al settore, le modalità di rendicontazione, i diritti attribuiti a tali azioni, nonché le eventuali (4) condizioni e modalità di conversione in azioni di altra categoria.

3. Non possono essere pagati dividendi ai possessori delle azioni previste dal precedente comma se non nei limiti degli utili risultanti dal bilancio della società.

2351. *Diritto di voto*. — *1.* Ogni azione attribuisce il diritto di voto.

2. Salvo quanto previsto dalle leggi speciali, lo statuto può prevedere la creazione di azioni senza diritto di voto, con diritto di voto limitato a particolari argomenti, con diritto di voto subordinato al verificarsi di particolari condizioni non meramente potestative. Il valore di tali azioni non può complessivamente superare la metà del capitale sociale (c. 2369[5]).

3. Lo statuto può altresì prevedere che, in relazione alla quantità delle azioni possedute da uno stesso soggetto, il diritto di voto sia limitato a una misura massima o disporne scaglionamenti (5).

4. Salvo quanto previsto dalle leggi speciali, lo statuto può prevedere la creazione di azioni con diritto di voto plurimo anche per particolari argomenti o subordinato al verificarsi di particolari condizioni non meramente potestative. Ciascuna azione a voto plurimo può avere fino a un massimo di tre voti (att. c. 212) (5).

5. Gli strumenti finanziari di cui agli artt. 2346, sesto comma, e 2349, secondo comma, possono essere dotati del diritto di voto su argomenti specificamente indicati e in particolare può essere ad essi riservata, secondo modalità stabilite dallo statuto, la nomina di un componente indipendente del consiglio di amministrazione o del consiglio di sorveglianza o di un sindaco. Alle persone così nominate si applicano le medesime norme previste per gli altri componenti dell'organo cui partecipano (c. 2383[1], 2400[1], 2409-*IX*[3], 2409-*XII*[2]).

2352. *Pegno, usufrutto e sequestro delle azioni*. — *1.* Nel caso di pegno o usufrutto sulle azioni (6), il diritto di voto spetta, salvo convenzione contraria, al creditore pignoratizio o all'usufruttuario. Nel caso di sequestro delle azioni il diritto di voto è esercitato dal custode.

2. Se le azioni attribuiscono un diritto di opzione, questo spetta al socio ed al medesimo sono attribuite le azioni in base ad esso sottoscritte. Qualora il socio non provveda almeno tre giorni prima della scadenza al versamento delle somme necessarie per l'esercizio del diritto di opzione e qualora gli altri soci non si offrano di acquistarlo, questo deve essere alienato per suo conto a mezzo banca od intermediario autorizzato alla negoziazione nei mercati regolamentati.

3. Nel caso di aumento del capitale sociale ai sensi dell'art. 2442, il pegno, l'usufrutto o il sequestro si estendono alle azioni di nuova emissione.

4. Se sono richiesti versamenti sulle azioni,

(1) Le parole «prestatori di lavoro» sono state inserite dall'art. 5.1, lett. f, d.lg. 6 febbraio 2004, n. 37.
(2) Le parole «anche di» sono state inserite dall'art. 5.1, lett. f, d.lg. 6 febbraio 2004, n. 37.
(3) Per le azioni di risparmio v. art. 145 ss., d.lg. 24 febbraio 1998, n. 58, in *Leggi coll. XVIII, 1*. Per l'applicazione del secondo comma alle azioni dei soci sovventori di cooperative v. art. 4.5, l. 31 gennaio 1992, n. 59, in *Leggi coll. XV, 2*.
(4) Le parole «le eventuali» sono state così sostituite alle precedenti «l'eventuali» dall'art. 5.1, lett. g, d.lg. 6 febbraio 2004, n. 37.
(5) Comma così sostituito dall'art. 20.8-*bis*, d.l. 24 giugno 2014, n. 91, conv. in l. 11 agosto 2014, n. 116.
(6) Sulle modalità di costituzione dei vincoli reali sulle azioni, v. artt. 3 e 4, r.d. 29 marzo 1942, n. 239, in *Leggi coll. XIV, 4*.

nel caso di pegno, il socio deve provvedere al versamento delle somme necessarie almeno tre giorni prima della scadenza; in mancanza il creditore pignoratizio può vendere le azioni nel modo stabilito dal secondo comma del presente articolo. Nel caso di usufrutto, l'usufruttuario deve provvedere al versamento, salvo il suo diritto alla restituzione al termine dell'usufrutto.

5. Se l'usufrutto spetta a più persone, si applica il secondo comma dell'art. 2347.

6. Salvo che dal titolo o dal provvedimento del giudice risulti diversamente, i diritti amministrativi diversi da quelli previsti nel presente articolo spettano, nel caso di pegno o di usufrutto, sia al socio sia al creditore pignoratizio o all'usufruttuario; nel caso di sequestro sono esercitati dal custode (c. 2471-*II*).

2353. *Azioni di godimento*. — *1.* Salvo diversa disposizione dello statuto, le azioni di godimento attribuite ai possessori delle azioni rimborsate non danno diritto di voto nell'assemblea (c. 2445). Esse concorrono nella ripartizione degli utili che residuano dopo il pagamento alle azioni non rimborsate di un dividendo pari all'interesse legale e, nel caso di liquidazione, nella ripartizione del patrimonio sociale residuo dopo il rimborso delle altre azioni al loro valore nominale.

2354. *Titoli azionari*. — *1.* I titoli possono essere nominativi o al portatore, a scelta del socio, se lo statuto o le leggi speciali non stabiliscono (1) diversamente.

2. Finché le azioni non siano interamente liberate, non possono essere emessi titoli al portatore.

3. I titoli azionari devono indicare:

1) la denominazione e la sede della società;

2) la data dell'atto costitutivo e della sua iscrizione e l'ufficio del registro delle imprese dove la società è iscritta;

3) il loro valore nominale o, se si tratta di azioni senza valore nominale, il numero complessivo delle azioni emesse, nonché l'ammontare del capitale sociale;

4) l'ammontare dei versamenti parziali sulle azioni non interamente liberate;

5) i diritti e gli obblighi particolari ad essi inerenti (2).

4. I titoli azionari devono essere sottoscritti da uno degli amministratori. È valida la sottoscrizione mediante riproduzione meccanica della firma.

5. Le disposizioni di questo articolo si applicano anche ai certificati provvisori che si distribuiscono ai soci prima dell'emissione dei titoli definitivi.

6. Sono salve le disposizioni delle leggi speciali in tema di strumenti finanziari negoziati o destinati alla negoziazione nelle sedi di negoziazione (3) (c. 2355^{5}, 2370^{2}).

7. Lo statuto può assoggettare le azioni alla disciplina prevista dalle leggi speciali di cui al precedente comma (c. 2355^{5}, 2370^{2}, 2525^{5}).

2355. *Circolazione delle azioni*. — *1.* Nel caso di mancata emissione dei titoli azionari il trasferimento delle azioni ha effetto nei confronti della società dal momento dell'iscrizione nel libro dei soci.

2. Le azioni al portatore si trasferiscono con la consegna del titolo.

3. Il trasferimento delle azioni nominative si opera mediante girata autenticata da un notaio o da altro soggetto secondo quanto previsto dalle leggi speciali. Il giratario che si dimostra possessore in base a una serie continua di girate ha diritto di ottenere l'annotazione del trasferimento nel libro dei soci, ed è comunque legittimato ad esercitare i diritti sociali; resta salvo l'obbligo della società, previsto dalle leggi speciali, di aggiornare il libro dei soci.

4. Il trasferimento delle azioni nominative con mezzo diverso dalla girata si opera a norma dell'art. 2022.

5. Nei casi previsti ai commi sesto e settimo dell'art. 2354, il trasferimento si opera mediante scritturazione sui conti destinati a registrare i movimenti degli strumenti finanziari; in tal caso, se le azioni sono nominative, si applica il terzo comma e la scritturazione sul conto equivale alla girata (c. 2525^{5}).

2355-*bis*. *Limiti alla circolazione delle azioni*. — *1.* Nel caso di azioni nominative ed in quello di mancata emissione dei titoli azionari, lo statuto può sottoporre a particolari condizioni il loro trasferimento e può, per un periodo non superiore a cinque anni dalla costituzione della società o dal momento in cui il divieto viene introdotto, vietarne il trasferimento (c. $2437^{2,\text{ lett. } b}$).

2. Le clausole dello statuto che subordinano

(1) La parola «stabiliscono» è stata così sostituita alla precedente «stabiliscano» dall'art. 5.1, lett. h, d.lg. 6 febbraio 2004, n. 37.

(2) L'art. 145, d.lg. 24 febbraio 1998, n. 58, in *Leggi coll. XVIII, 1*, dispone che le azioni di risparmio devono contenere anche tale denominazione e l'indicazione dei privilegi che le assistono.

(3) Le parole «nelle sedi di negoziazione» sono state così sostituite alle precedenti «nei mercati regolamentati» dall'art. 4.2, d.lg. 12 agosto 2016, n. 176.

il trasferimento delle azioni al mero gradimento di organi sociali o di altri soci sono inefficaci se non prevedono, a carico della società o degli altri soci, un obbligo di acquisto oppure il diritto di recesso dell'alienante; resta ferma l'applicazione dell'art. 2357. Il corrispettivo dell'acquisto o rispettivamente la quota di liquidazione sono determinati secondo le modalità e nella misura previste dall'art. 2437-*ter*.

3. La disposizione del precedente comma si applica in ogni ipotesi di clausole che sottopongono a particolari condizioni il trasferimento a causa di morte delle azioni, salvo che sia previsto il gradimento e questo sia concesso (c. 2469[2]).

4. Le limitazioni al trasferimento delle azioni devono risultare dal titolo.

2356. *Responsabilità in caso di trasferimento di azioni non liberate*. — *1.* Coloro che hanno trasferito azioni non liberate sono obbligati in solido con gli acquirenti per l'ammontare dei versamenti ancora dovuti, per il periodo di tre anni dall'annotazione del trasferimento nel libro dei soci (c. 2472).

2. Il pagamento non può essere ad essi domandato se non nel caso in cui la richiesta al possessore dell'azione sia rimasta infruttuosa.

2357. *Acquisto delle proprie azioni*. — *1.* La società non può acquistare azioni proprie se non nei limiti degli utili distribuibili e delle riserve disponibili risultanti dall'ultimo bilancio regolarmente approvato. Possono essere acquistate soltanto azioni interamente liberate (c. 2357-*III*[1], 2357-*III*[2]).

2. L'acquisto deve essere autorizzato dall'assemblea, la quale ne fissa le modalità, indicando in particolare il numero massimo di azioni da acquistare, la durata, non superiore ai diciotto mesi, per la quale l'autorizzazione è accordata, il corrispettivo minimo ed il corrispettivo massimo (c. 2357-*III* [1], 2357-*III*[2], 2359-*II*[2]).

3. Il valore nominale delle azioni acquistate a norma del primo e secondo comma dalle società che fanno ricorso al mercato del capitale di rischio non può eccedere la quinta parte del capitale sociale, tenendosi conto a tal fine anche delle azioni possedute da società controllate (1).

4. Le azioni acquistate in violazione dei commi precedenti debbono essere alienate secondo modalità da determinarsi dall'assemblea, entro un anno dal loro acquisto. In mancanza, deve procedersi senza indugio al loro annullamento e alla corrispondente riduzione del capitale. Qualora l'assemblea non provveda, gli amministratori e i sindaci devono chiedere che la riduzione sia disposta dal tribunale secondo il procedimento previsto dall'art. 2446, secondo comma (c. 2357-*II*[2]).

5. Le disposizioni del presente articolo si applicano anche agli acquisti fatti per tramite di società fiduciaria o per interposta persona (c. 2355-*II* [2], 2357-*II*, 2437-*VI*[1]).

2357-*bis*. *Casi speciali di acquisto delle proprie azioni*. — *1.* Le limitazioni contenute nell'art. 2357 non si applicano quando l'acquisto di azioni proprie avvenga:

1) in esecuzione di una deliberazione dell'assemblea di riduzione del capitale, da attuarsi mediante riscatto e annullamento di azioni (c. 2437-*VI* [1]);

2) a titolo gratuito, sempre che si tratti di azioni interamente liberate;

3) per effetto di successione universale o di fusione o scissione;

4) in occasione di esecuzione forzata per il soddisfacimento di un credito della società, sempre che si tratti di azioni interamente liberate (c. 2359-*IV*[1]).

2. Se il valore nominale delle azioni proprie supera il limite della quinta parte del capitale per effetto di acquisti avvenuti a norma dei nn. 2), 3) e 4) del primo comma del presente articolo, si applica per l'eccedenza il penultimo comma dell'art. 2357, ma il termine entro il quale deve avvenire l'alienazione è di tre anni (2).

2357-*ter*. *Disciplina delle proprie azioni*. — *1.* Gli amministratori non possono disporre delle azioni acquistate a norma dei due articoli precedenti se non previa autorizzazione dell'assemblea, la quale deve stabilire le relative modalità. A tal fine possono essere previste, nei limiti stabiliti dal primo e secondo comma dell'art. 2357, operazioni successive di acquisto ed alienazione.

2. Finché le azioni restano in proprietà della società, il diritto agli utili e il diritto di opzione sono attribuiti proporzionalmente alle altre azioni. Il diritto di voto è sospeso, ma le azioni proprie sono tuttavia computate ai fini del calcolo delle maggioranze e delle quote richieste per la costituzione e per le deliberazioni dell'assemblea (c. 2357-*IV* [1]). Nelle società che fanno ricorso al mercato del capitale di rischio il computo delle azioni proprie è disciplinato dall'art. 2368, terzo comma (3).

3. L'acquisto di azioni proprie comporta una

(1) Comma così sostituito dall'art. 7.3-*sexies*, lett. a, d.l. 10 febbraio 2009, n. 5, conv. in l. 9 aprile 2009, n. 33.
(2) Comma così sostituito dall'art. 7.3-*sexies*, lett. b, d.l. 10 febbraio 2009, n. 5, conv. in l. 9 aprile 2009, n. 33.
(3) Comma così sostituito dall'art. 1.3, d.lg. 29 novembre 2010, n. 224.

riduzione del patrimonio netto di eguale importo, tramite l'iscrizione nel passivo del bilancio di una specifica voce, con segno negativo (c. 2424-*II*[7]) (1).

2357-*quater*. *Divieto di sottoscrizione delle proprie azioni*. — *1.* Salvo quanto previsto dall'art. 2357-*ter*, secondo comma (2), la società non può sottoscrivere azioni proprie.

2. Le azioni sottoscritte in violazione del divieto stabilito nel precedente comma si intendono sottoscritte e devono essere liberate dai promotori e dai soci fondatori o, in caso di aumento del capitale sociale, dagli amministratori. La presente disposizione non si applica a chi dimostri di essere esente da colpa (c. 2369[2]).

3. Chiunque abbia sottoscritto in nome proprio, ma per conto della società, azioni di quest'ultima è considerato a tutti gli effetti sottoscrittore per conto proprio. Della liberazione delle azioni rispondono solidalmente, a meno che dimostrino di essere esenti da colpa, i promotori, i soci fondatori e, nel caso di aumento del capitale sociale, gli amministratori.

2358. *Altre operazioni sulle proprie azioni*. — *1.* La società non può, direttamente o indirettamente, accordare prestiti, né fornire garanzie per l'acquisto o la sottoscrizione delle proprie azioni, se non alle condizioni previste dal presente articolo.

2. Tali operazioni sono preventivamente autorizzate dall'assemblea straordinaria.

3. Gli amministratori della società predispongono una relazione che illustri, sotto il profilo giuridico ed economico, l'operazione, descrivendone le condizioni, evidenziando le ragioni e gli obiettivi imprenditoriali che la giustificano, lo specifico interesse che l'operazione presenta per la società, i rischi che essa comporta per la liquidità e la solvibilità della società ed indicando il prezzo al quale il terzo acquisirà le azioni. Nella relazione gli amministratori attestano altresì che l'operazione ha luogo a condizioni di mercato, in particolare per quanto riguarda le garanzie prestate e il tasso di interesse praticato per il rimborso del finanziamento, e che il merito di credito della controparte è stato debitamente valutato. La relazione è depositata presso la sede della società durante i trenta giorni che precedono l'assemblea. Il verbale dell'assemblea, corredato dalla relazione degli amministratori, è depositato entro trenta giorni per l'iscrizione nel registro delle imprese.

4. In deroga all'art. 2357-*ter*, quando le somme o le garanzie fornite ai sensi del presente articolo sono utilizzate per l'acquisto di azioni detenute dalla società ai sensi dell'art. 2357 e 2357-*bis* l'assemblea straordinaria autorizza gli amministratori a disporre di tali azioni con la delibera di cui al secondo comma. Il prezzo di acquisto delle azioni è determinato secondo i criteri di cui all'art. 2437-*ter*, secondo comma. Nel caso di azioni negoziate in un mercato regolamentato il prezzo di acquisto è pari almeno al prezzo medio ponderato al quale le azioni sono state negoziate nei sei mesi che precedono la pubblicazione dell'avviso di convocazione dell'assemblea.

5. Qualora la società accordi prestiti o fornisca garanzie per l'acquisto o la sottoscrizione delle azioni proprie a singoli amministratori della società o della controllante o alla stessa controllante ovvero a terzi che agiscono in nome proprio e per conto dei predetti soggetti, la relazione di cui al terzo comma attesta altresì che l'operazione realizza al meglio l'interesse della società.

6. L'importo complessivo delle somme impiegate e delle garanzie fornite ai sensi del presente articolo non può eccedere il limite degli utili distribuibili e delle riserve disponibili risultanti dall'ultimo bilancio regolarmente approvato, tenuto conto anche dell'eventuale acquisto di proprie azioni ai sensi dell'art. 2357. Una riserva indisponibile pari all'importo complessivo delle somme impiegate e delle garanzie fornite è iscritta al passivo del bilancio.

7. La società non può, neppure per tramite di società fiduciaria, o per interposta persona, accettare azioni proprie in garanzia.

8. Salvo quanto previsto dal comma sesto, le disposizioni del presente articolo non si applicano alle operazioni effettuate per favorire l'acquisto di azioni da parte di dipendenti della società o di quelli di società controllanti o controllate.

9. Resta salvo quanto previsto dagli artt. 2391-*bis* e 2501-*bis* (3).

2359. *Società controllate e società collegate*. — *1.* Sono considerate società controllate:

1) le società in cui un'altra società dispone

(1) Comma così sostituito dall'art. 6.1, d.lg. 18 agosto 2015, n. 139. In base all'art. 12.1, d.lg. cit., tali disposizioni «entrano in vigore dal 1° gennaio 2016 e si applicano ai bilanci relativi agli esercizi finanziari aventi inizio a partire da quella data».

(2) Le parole «secondo comma» sono state così sostituite alle precedenti «comma secondo» dall'art. 5.1, lett. i, d.lg. 6 febbraio 2004, n. 37.

(3) Articolo così sostituito dall'art. 1.4, d.lg. 4 agosto 2008, n. 142.

della maggioranza dei voti esercitabili nell'assemblea ordinaria;

2) le società in cui un'altra società dispone di voti sufficienti per esercitare un'influenza dominante nell'assemblea ordinaria;

3) le società che sono sotto influenza dominante di un'altra società in virtù di particolari vincoli contrattuali con essa (1).

2. Ai fini dell'applicazione dei nn. 1 e 2 del primo comma si computano anche i voti spettanti a società controllate, a società fiduciarie e a persona interposta: non si computano i voti spettanti per conto di terzi (1).

3. Sono considerate collegate le società sulle quali un'altra società esercita un'influenza notevole. L'influenza si presume quando nell'assemblea ordinaria può essere esercitato almeno un quinto dei voti ovvero un decimo se la società ha azioni quotate in mercati regolamentati (c. 2424-*II*[2], 2497-*VI*[1]) (2) (3).

2359-*bis*. *Acquisto di azioni o quote da parte di società controllate*. — *1.* La società controllata non può acquistare azioni o quote della società controllante se non nei limiti degli utili distribuibili e delle riserve disponibili risultanti dall'ultimo bilancio regolarmente approvato. Possono essere acquistate soltanto azioni interamente liberate.

2. L'acquisto deve essere autorizzato dall'assemblea a norma del secondo comma dell'art. 2357.

3. In nessun caso il valore nominale delle azioni acquistate a norma dei commi primo e secondo può eccedere la quinta parte del capitale della società controllante qualora questa sia una società che faccia ricorso al mercato del capitale di rischio, tenendosi conto a tal fine delle azioni possedute dalla medesima società controllante o dalle società da essa controllate (c. 2359-*IV*[2-3]) (4).

4. Una riserva indisponibile, pari all'importo delle azioni o quote della società controllante iscritto all'attivo del bilancio deve essere costituita e mantenuta finché le azioni o quote non siano trasferite.

5. La società controllata da altra società non può esercitare il diritto di voto nelle assemblee di questa.

6. Le disposizioni di questo articolo si applicano anche agli acquisti fatti per il tramite di società fiduciaria o per interposta persona (c. 2359-*III*[1], 2359-*IV*[1], 2427-*II*[1]) (5).

2359-*ter*. *Alienazione o annullamento delle azioni o quote della società controllante*. — *1.* Le azioni o quote acquistate in violazione dell'art. 2359-*bis* devono essere alienate secondo modalità da determinarsi dall'assemblea entro un anno dal loro acquisto.

2. In mancanza, la società controllante deve procedere senza indugio al loro annullamento e alla corrispondente riduzione del capitale, con rimborso secondo i criteri indicati dagli artt. 2437-*ter* e 2437-*quater*. Qualora l'assemblea non provveda, gli amministratori e i sindaci devono chiedere che la riduzione sia disposta dal tribunale secondo il procedimento previsto dall'art. 2446, secondo comma (c. 2359-*IV*[2]).

2359-*quater*. *Casi speciali di acquisto o di possesso di azioni o quote della società controllante*. — *1.* Le limitazioni dell'art. 2359-*bis* non si applicano quando l'acquisto avvenga ai sensi dei nn. 2, 3 e 4 del primo comma dell'art. 2357-*bis*.

2. Le azioni o quote così acquistate, che superino il limite stabilito dal terzo comma dell'art. 2359-*bis*, devono tuttavia essere alienate, secondo modalità da determinarsi dall'assemblea entro tre anni dall'acquisto. Si applica il secondo comma dell'art. 2359-*ter*.

3. Se il limite indicato dal terzo comma dell'art. 2359-*bis* è superato per effetto di circostanze sopravvenute, la società controllante, entro tre anni dal momento in cui si è verificata la circostanza che ha determinato il superamento del limite, deve procedere all'annulla-

(1) Sulla parità di accesso agli organi delle società, costituite in Italia, controllate da pubbliche amministrazioni v. d.p.r. 30 novembre 2012, n. 251.

(2) Le parole «in mercati regolamentati» sono state così sostituite alle precedenti «in borsa» dall'art. 8, d.lg. 28 dicembre 2004, n. 310.

(3) Sulle vicende del controllo delle società editrici di giornali quotidiani v. art. 2, l. 5 agosto 1981, n. 416, come modificato dall'art. 2, l. 30 aprile 1983, n. 137, dalla l. 10 gennaio 1985, n. 1 e dall'art. 2, l. 25 febbraio 1987, n. 67. Sulle concentrazioni nella stampa quotidiana v. art. 3, l. 25 febbraio 1987, n. 67, come modificato dall'art. 28, l. 3 maggio 2004, n. 112. Sul controllo a fini antitrust v. art. 7, l. 10 ottobre 1990, n. 287, in *Leggi coll. XXI, 1.*

Sulla nozione di controllo per le banche v. art. 23, d.lg. 1° settembre 1993, n. 385, in *Leggi coll. XVII, 1.* Sulla definizione di controllo per le società emittenti strumenti finanziari quotati v. art. 93, d.lg. 24 febbraio 1998, n. 58, in *Leggi coll. XVIII, 1.*

Sulla redazione di bilanci consolidati di gruppo nelle società per azioni quotate in borsa v. art. 117, d.lg. 24 febbraio 1998, n. 58, in *Leggi coll. XVIII, 1*; art. 25 ss., d.lg. 9 aprile 1991, n. 127, in *Leggi coll. XIV, 6.*

(4) Comma così sostituito dall'art. 1.4, d.lg. 29 novembre 2010, n. 224.

(5) Sull'acquisto di azioni della controllante quotata v. art. 132, d.lg. 24 febbraio 1998, n. 58, in *Leggi coll. XVIII, 1.*

mento delle azioni o quote in misura proporzionale a quelle possedute da ciascuna società, con conseguente riduzione del capitale e con rimborso alle società controllate secondo i criteri indicati dagli artt. 2437-*ter* e 2437-*quater*. Qualora l'assemblea non provveda, gli amministratori e i sindaci devono chiedere che la riduzione sia disposta dal tribunale secondo il procedimento previsto dall'art. 2446, secondo comma.

2359-*quinquies*. *Sottoscrizione di azioni o quote della società controllante*. — *1.* La società controllata non può sottoscrivere azioni o quote della società controllante.

2. Le azioni o quote sottoscritte in violazione del comma precedente si intendono sottoscritte e devono essere liberate dagli amministratori, che non dimostrino di essere esenti da colpa.

3. Chiunque abbia sottoscritto in nome proprio, ma per conto della società controllata, azioni o quote della società controllante è considerato a tutti gli effetti sottoscrittore per conto proprio. Della liberazione delle azioni o quote rispondono solidalmente gli amministratori della società controllata che non dimostrino di essere esenti da colpa.

2360. *Divieto di sottoscrizione reciproca di azioni*. — *1.* È vietato alle società di costituire o di aumentare il capitale mediante sottoscrizione reciproca di azioni, anche per tramite di società fiduciaria o per interposta persona.

2361. *Partecipazioni*. — *1.* L'assunzione di partecipazioni in altre imprese, anche se prevista genericamente nello statuto, non è consentita, se per la misura e per l'oggetto della partecipazione ne risulta sostanzialmente modificato l'oggetto sociale determinato dallo statuto.

2. L'assunzione di partecipazioni in altre imprese comportante una responsabilità illimitata per le obbligazioni delle medesime (att. c. 111-*XII*) deve essere deliberata dall'assemblea; di tali partecipazioni gli amministratori danno specifica informazione nella nota integrativa del bilancio (1).

2362. *Unico azionista*. — *1.* Quando le azioni risultano appartenere ad una sola persona o muta la persona dell'unico socio, gli amministratori devono depositare per l'iscrizione nel registro delle imprese una dichiarazione contenente l'indicazione del cognome e nome o della denominazione, della data e del luogo di nascita o lo Stato (2) di costituzione, del domicilio o della sede e cittadinanza dell'unico socio (c. 2325[2], 2470[4]).

2. Quando si costituisce o ricostituisce la pluralità dei soci, gli amministratori ne devono depositare apposita dichiarazione per l'iscrizione nel registro delle imprese.

3. L'unico socio o colui che cessa di essere tale può provvedere alla pubblicità prevista nei commi precedenti.

4. Le dichiarazioni degli amministratori previste dai precedenti commi devono essere depositate entro trenta giorni dall'iscrizione nel libro dei soci e devono indicare la data di iscrizione.

5. I contratti della società con l'unico socio (c. 2478[3]) o le operazioni a favore dell'unico socio sono opponibili ai creditori della società solo se risultano dal libro delle adunanze e delle deliberazioni del consiglio di amministrazione o da atto scritto avente data certa anteriore al pignoramento.

Sezione VI. — *Dell'assemblea* (3)

2363. *Luogo di convocazione dell'assemblea*. — *1.* L'assemblea è convocata nel comune dove ha sede la società, se lo statuto non dispone diversamente.

2. L'assemblea è ordinaria o straordinaria (4).

2364. *Assemblea ordinaria nelle società prive di consiglio di sorveglianza*. — *1.* Nelle società prive di consiglio di sorveglianza, l'assemblea ordinaria:

1) approva il bilancio;

2) nomina e revoca gli amministratori; no-

(1) Per le partecipazioni relative a società con azioni quotate in borsa, v. artt. 120 e 121, d.lg. 24 febbraio 1998, n. 58, in *Leggi coll. XVIII, 1*.

(2) Le parole «lo Stato» sono state inserite dall'art. 5.1, lett. l, d.lg. 6 febbraio 2004, n. 37.

(3) Sul voto per corrispondenza nelle società quotate v. art. 127, d.lg. 24 febbraio 1998, n. 58, in *Leggi coll. XVIII, 1*. Per il regolamento concernente le condizioni e le modalità per l'esercizio del diritto di voto per corrispondenza nelle assemblee delle società direttamente o indirettamente controllate dallo Stato e da enti pubblici per le quali sono intervenute procedure di dismissione v. provv. Banca d'Italia 30 dicembre 1994, in G.U., 5 gennaio 1995, n. 4. Sul diritto dei soci di società quotate di prendere visione degli atti depositati per l'assemblea v. art. 130, d.lg. 24 febbraio 1998, n. 58, in *Leggi coll. XVIII, 1*.

(4) V. art. 145.6, d.lg. 24 febbraio 1998, n. 58, in *Leggi coll. XVIII, 1*: «Della parte di capitale sociale rappresentata da azioni di risparmio non si tiene conto ai fini della costituzione dell'assemblea e della validità delle deliberazioni, né per il calcolo delle aliquote stabilite dagli artt. 2367, 2393, quinto e sesto comma, 2393-*bis*, 2408, secondo comma e 2409, primo comma, del codice civile».

mina i sindaci e il presidente del collegio sindacale e, quando previsto, il soggetto incaricato di effettuare la revisione legale dei conti (1);

3) determina il compenso degli amministratori e dei sindaci (2), se non è stabilito dallo statuto;

4) delibera sulla responsabilità degli amministratori e dei sindaci;

5) delibera sugli altri oggetti attribuiti dalla legge alla competenza dell'assemblea, nonché sulle autorizzazioni eventualmente richieste dallo statuto per il compimento di atti degli amministratori, ferma in ogni caso la responsabilità di questi per gli atti compiuti;

6) approva l'eventuale regolamento dei lavori assembleari.

2. L'assemblea ordinaria deve essere convocata almeno una volta l'anno, entro il termine stabilito dallo statuto e comunque non superiore a centoventi giorni dalla chiusura dell'esercizio sociale. Lo statuto può prevedere un maggior termine, comunque non superiore a centottanta giorni, nel caso di società tenute alla redazione del bilancio consolidato ovvero (3) quando lo richiedono particolari esigenze relative alla struttura ed all'oggetto della società; in questi casi gli amministratori segnalano nella relazione prevista dall'art. 2428 le ragioni della dilazione (c. 2364-*II*[2], 2478-*II*[1]) (4).

2364-*bis*. *Assemblea ordinaria nelle società con consiglio di sorveglianza*. — *1.* Nelle società ove è previsto il consiglio di sorveglianza, l'assemblea ordinaria:

1) nomina e revoca i consiglieri di sorveglianza;

2) determina il compenso ad essi spettante, se non è stabilito nello statuto;

3) delibera sulla responsabilità dei consiglieri di sorveglianza;

4) delibera sulla distribuzione degli utili;

5) nomina il soggetto incaricato di effettuare la revisione legale dei conti (5).

2. Si applica il secondo comma dell'art. 2364 (c. 2409-*XII*[3], 2433[1]).

2365. *Assemblea straordinaria*. — *1.* L'assemblea straordinaria delibera sulle modificazioni dello statuto, sulla nomina, sulla sostituzione e sui poteri dei liquidatori e su ogni altra materia espressamente attribuita dalla legge alla sua competenza.

2. Fermo quanto disposto dagli artt. 2420-*ter* e 2443, lo statuto può attribuire alla competenza dell'organo amministrativo o del consiglio di sorveglianza o del consiglio di gestione le deliberazioni concernenti la fusione nei casi previsti dagli artt. 2505 e 2505-*bis*, l'istituzione o la soppressione di sedi secondarie, la indicazione di quali tra gli amministratori hanno la rappresentanza della società, la riduzione del capitale in caso di recesso del socio, gli adeguamenti dello statuto a disposizioni normative, il trasferimento della sede sociale nel territorio nazionale. Si applica in ogni caso l'art. 2436 (6).

2366. *Formalità per la convocazione*. — *1.* L'assemblea è convocata dall'amministratore unico, dal consiglio di amministrazione (7) o dal consiglio di gestione mediante avviso contenente l'indicazione del giorno, dell'ora e del luogo dell'adunanza e l'elenco delle materie da trattare.

2. L'avviso deve essere pubblicato nella *Gazzetta Ufficiale* della Repubblica o in almeno un quotidiano indicato nello statuto almeno quindici giorni (8) prima di quello fissato per l'assemblea (9); se i quotidiani indicati nello statuto hanno cessato le pubblicazioni, l'avviso deve

(1) Le parole «incaricato di effettuare la revisione legale dei conti» sono state così sostituite alle precedenti «al quale è demandato il controllo contabile» dall'art. 37.3, d.lg. 27 gennaio 2010, n. 39.

(2) Nelle società con azioni quotate in borsa, l'assemblea conferisce e revoca l'incarico alla società di revisione: art. 159, d.lg. 24 febbraio 1998, n. 58, in *Leggi coll. XVIII, 1*.

(3) La parola «ovvero» è stata così sostituita alla precedente «e» dall'art. 9, d.lg. 28 dicembre 2004, n. 310.

(4) Per il termine di approvazione del bilancio nelle imprese private di assicurazione, v. art. 92, d.lg. 7 settembre 2005, n. 209.

(5) Le parole «il soggetto incaricato di effettuare la revisione legale dei conti» sono state così sostituite alle precedenti «il revisore» dall'art. 37.4, d.lg. 27 gennaio 2010, n. 39.

(6) In base all'art. 5, r.d. 29 marzo 1942, n. 239, in *Leggi coll. XIV, 4*, l'assemblea straordinaria può deliberare che non si attribuiscano ai soci i titoli delle azioni. Sull'assemblea straordinaria delle società quotate v. art. 126.2, d.lg. 24 febbraio 1998, n. 58, in *Leggi coll. XVIII, 1*.

(7) Le parole «L'assemblea è convocata dall'amministratore unico, dal consiglio di amministrazione» sono state così sostituite alle precedenti «Salvo quanto previsto dalle leggi speciali per le società, diverse dalle società cooperative, che fanno ricorso al mercato del capitale di rischio, l'assemblea è convocata dagli amministratori» dall'art. 1.1, lett. a, d.lg. 18 giugno 2012, n. 91. L'art. 5.1, d.lg. cit., così dispone: «Le disposizioni recate dall'art. 1 e dall'art. 2, limitatamente al comma 7, e dall'art. 3, limitatamente ai commi 1, 2, 9, 10 e 11 si applicano alle assemblee il cui avviso di convocazione sia pubblicato dopo il 1° gennaio 2013».

(8) Trenta giorni per le società quotate: art. 1.1, d.m. Giustizia 5 novembre 1998, n. 437.

(9) Sulla raccomandazione alle società per azioni quotate in borsa di pubblicare l'avviso anche su due quotidiani v. comunicazione Consob 16 luglio 1990, n. SOC/RM/90004190.

essere pubblicato nella *Gazzetta Ufficiale* (1). Per le società [...] che fanno ricorso al mercato del capitale di rischio, le modalità di pubblicazione dell'avviso sono definite dalle leggi speciali (2).

3. Lo statuto delle società che non fanno ricorso al mercato del capitale di rischio può, in deroga al comma precedente, consentire la convocazione mediante avviso comunicato ai soci con mezzi che garantiscano la prova dell'avvenuto ricevimento almeno otto giorni prima dell'assemblea.

4. In mancanza delle formalità previste per la convocazione (3), l'assemblea si reputa regolarmente costituita, quando è rappresentato l'intero capitale sociale e partecipa all'assemblea la maggioranza dei componenti degli organi amministrativi e di controllo (c. 2479-*II*[5]). Tuttavia in tale ipotesi ciascuno dei partecipanti può opporsi alla discussione degli argomenti sui quali non si ritenga sufficientemente informato.

5. Nell'ipotesi di cui al comma precedente, dovrà essere data tempestiva comunicazione delle deliberazioni assunte ai componenti degli organi amministrativi e di controllo non presenti.

2367. *Convocazione su richiesta di soci*. — *1.* Gli amministratori o il consiglio di gestione devono convocare senza ritardo l'assemblea, quando ne è fatta domanda da tanti soci (4) che rappresentino almeno il ventesimo del capitale sociale nelle società che fanno ricorso al mercato del capitale di rischio e il decimo del capitale sociale nelle altre (5) o la minore percentuale prevista nello statuto, e nella domanda sono indicati gli argomenti da trattare.

2. Se gli amministratori o il consiglio di gestione, oppure in loro vece i sindaci o il consiglio di sorveglianza o il comitato per il controllo sulla gestione, non provvedono, il tribunale, sentiti i componenti degli organi amministrativi e di controllo, ove il rifiuto di provvedere risulti ingiustificato, ordina con decreto la convocazione dell'assemblea, designando la persona che deve presiederla.

3. La convocazione su richiesta di soci non è ammessa per argomenti sui quali l'assemblea delibera, a norma di legge, su proposta degli amministratori o sulla base di un progetto o di una relazione da essi predisposta.

2368. *Costituzione dell'assemblea e validità delle deliberazioni*. — *1.* L'assemblea ordinaria è regolarmente costituita quando è rappresentata (6) almeno la metà del capitale sociale, escluse dal computo le azioni prive del diritto di voto nell'assemblea medesima. Essa delibera a maggioranza assoluta, salvo che lo statuto richieda una maggioranza più elevata. Per la nomina alle cariche sociali lo statuto può stabilire norme particolari.

2. L'assemblea straordinaria delibera con il voto favorevole di [...] (7) più della metà del capitale sociale, se lo statuto non richiede una

(1) Periodo aggiunto dall'art. 5.1, lett. m, d.lg. 6 febbraio 2004, n. 37.

(2) Ultimo periodo aggiunto dall'art. 1.1, lett. b, d.lg. 27 gennaio 2010, n. 27. In base all'art. 7.1, d.lg. cit., tali disposizioni «si applicano alle assemblee il cui avviso di convocazione sia pubblicato dopo il 31 ottobre 2010. Fino a tale data continuano ad applicarsi le disposizioni sostituite od abrogate dalle corrispondenti disposizioni del presente decreto legislativo».

Successivamente le parole «, diverse dalle società cooperative,» sono state soppresse dall'art. 1.1, lett. b, d.lg. 18 giugno 2012, n. 91. L'art. 5.1, d.lg. cit., così dispone: «Le disposizioni recate dall'art. 1 e dall'art. 2, limitatamente al comma 7, e dall'art. 3, limitatamente ai commi 1, 2, 9, 10 e 11 si applicano alle assemblee il cui avviso di convocazione sia pubblicato dopo il 1° gennaio 2013».

(3) Le parole «previste per la convocazione,» sono state così sostituite alla precedente «suddette» dall'art. 1.1, lett. c, d.lg. 27 gennaio 2010, n. 27. In base all'art. 7.1, d.lg. cit., tali disposizioni «si applicano alle assemblee il cui avviso di convocazione sia pubblicato dopo il 31 ottobre 2010. Fino a tale data continuano ad applicarsi le disposizioni sostituite od abrogate dalle corrispondenti disposizioni del presente decreto legislativo».

(4) V. nota 4 all'art. 2363.

(5) Le parole da «almeno» fino a «altre» sono state così sostituite alle precedenti «almeno il decimo del capitale sociale» dall'art. 1.2, d.lg. 27 gennaio 2010, n. 27. In base all'art. 7.1, d.lg. cit., tali disposizioni «si applicano alle assemblee il cui avviso di convocazione sia pubblicato dopo il 31 ottobre 2010. Fino a tale data continuano ad applicarsi le disposizioni sostituite od abrogate dalle corrispondenti disposizioni del presente decreto legislativo».

(6) Le parole «quando è rappresentata» sono state così sostituite alle precedenti «con l'intervento di tanti soci che rappresentino» dall'art. 1.3, lett. a, d.lg. 27 gennaio 2010, n. 27. In base all'art. 7.1, d.lg. cit., tali disposizioni «si applicano alle assemblee il cui avviso di convocazione sia pubblicato dopo il 31 ottobre 2010. Fino a tale data continuano ad applicarsi le disposizioni sostituite od abrogate dalle corrispondenti disposizioni del presente decreto legislativo».

(7) Le parole «tanti soci che rappresentino» sono state soppresse dall'art. 1.3, lett. b, d.lg. 27 gennaio 2010, n. 27. In base all'art. 7.1, d.lg. cit., tali disposizioni «si applicano alle assemblee il cui avviso di convocazione sia pubblicato dopo il 31 ottobre 2010. Fino a tale data continuano ad applicarsi le disposizioni sostituite od abrogate dalle corrispondenti disposizioni del presente decreto legislativo».

maggioranza più elevata. Nelle società che fanno ricorso al mercato del capitale di rischio l'assemblea straordinaria è regolarmente costituita quando è rappresentata (1) almeno la metà del capitale sociale o la maggiore percentuale prevista dallo statuto e delibera con il voto favorevole di almeno i due terzi del capitale rappresentato in assemblea.

3. Salvo diversa disposizione di legge le azioni per le quali non può essere esercitato il diritto di voto sono computate ai fini della regolare costituzione dell'assemblea. Le medesime azioni e quelle per le quali il diritto di voto non è stato esercitato a seguito della dichiarazione del soggetto al quale spetta il diritto di voto (2) di astenersi per conflitto di interessi non sono computate ai fini del calcolo della maggioranza e della quota di capitale richiesta per l'approvazione della deliberazione (c. 2377[5]) (3).

2369. *Seconda convocazione e convocazioni successive. — 1.* Se all'assemblea non è complessivamente rappresentata la parte di capitale richiesta dall'articolo precedente, l'assemblea deve essere nuovamente convocata. Salvo che lo statuto disponga diversamente, le assemblee delle società, diverse dalle società cooperative, che fanno ricorso al mercato del capitale di rischio, si tengono in unica convocazione alla quale si applicano, per l'assemblea ordinaria, le maggioranze indicate dal terzo e quarto comma, nonché dall'art. 2368, primo comma, secondo periodo, e per l'assemblea straordinaria, le maggioranze previste dal settimo comma del presente articolo. Restano salve le disposizioni di legge o dello statuto che richiedono maggioranze più elevate per l'approvazione di talune deliberazioni (4).

2. Nell'avviso di convocazione dell'assemblea può essere fissato il giorno per la seconda convocazione. Questa non può aver luogo nello stesso giorno fissato per la prima. Se il giorno per la seconda convocazione non è indicato nell'avviso, l'assemblea deve essere riconvocata entro trenta giorni dalla data della prima, e il termine stabilito dal secondo comma dell'art. 2366 è ridotto ad otto giorni.

3. In seconda convocazione l'assemblea ordinaria delibera sugli oggetti che avrebbero dovuto essere trattati nella prima, qualunque sia la parte di capitale rappresentata [...] (5), e l'assemblea straordinaria è regolarmente costituita con la partecipazione di oltre un terzo del capitale sociale e delibera con il voto favorevole di almeno i due terzi del capitale rappresentato in assemblea.

4. Lo statuto può richiedere maggioranze più elevate, tranne che per l'approvazione del bilancio e per la nomina e la revoca delle cariche sociali.

5. Nelle società che non fanno ricorso al mercato del capitale di rischio è necessario, anche in seconda convocazione, il voto favorevole di [...] (6) più di un terzo del capitale sociale per le deliberazioni concernenti il cambiamento dell'oggetto sociale, la trasformazione della società, lo scioglimento anticipato, la pro-

(1) Le parole «quando è rappresentata» sono state così sostituite alle precedenti «con la presenza di tanti soci che rappresentino» dall'art. 1.3, lett. b, d.lg. 27 gennaio 2010, n. 27. In base all'art. 7.1, d.lg. cit., tali disposizioni «si applicano alle assemblee il cui avviso di convocazione sia pubblicato dopo il 31 ottobre 2010. Fino a tale data continuano ad applicarsi le disposizioni sostituite od abrogate dalle corrispondenti disposizioni del presente decreto legislativo».

(2) Le parole «soggetto al quale spetta il diritto di voto» sono state così sostituite alla precedente «socio» dall'art. 1.3, lett. c, d.lg. 27 gennaio 2010, n. 27. In base all'art. 7.1, d.lg. cit., tali disposizioni «si applicano alle assemblee il cui avviso di convocazione sia pubblicato dopo il 31 ottobre 2010. Fino a tale data continuano ad applicarsi le disposizioni sostituite od abrogate dalle corrispondenti disposizioni del presente decreto legislativo».

(3) V. nota 4 all'art. 2363.

(4) Comma già sostituito dall'art. 1.4, lett. a, d.lg. 27 gennaio 2010, n. 27. In base all'art. 7.1, d.lg. cit., tali disposizioni «si applicano alle assemblee il cui avviso di convocazione sia pubblicato dopo il 31 ottobre 2010. Fino a tale data continuano ad applicarsi le disposizioni sostituite od abrogate dalle corrispondenti disposizioni del presente decreto legislativo».

Successivamente il secondo periodo è stato così sostituito dall'art. 1.2, lett. a, d.lg. 18 giugno 2012, n. 91, e il terzo periodo è stato aggiunto dall'art. 1.2, lett. b, d.lg. n. 91/2012 cit. L'art. 5.1, d.lg. cit., così dispone: «Le disposizioni recate dall'art. 1 e dall'art. 2, limitatamente al comma 7, e dall'art. 3, limitatamente ai commi 1, 2, 9, 10 e 11 si applicano alle assemblee il cui avviso di convocazione sia pubblicato dopo il 1° gennaio 2013».

(5) Le parole «dai soci partecipanti» sono state soppresse dall'art. 1.4, lett. b, d.lg. 27 gennaio 2010, n. 27. In base all'art. 7.1, d.lg. cit., tali disposizioni «si applicano alle assemblee il cui avviso di convocazione sia pubblicato dopo il 31 ottobre 2010. Fino a tale data continuano ad applicarsi le disposizioni sostituite od abrogate dalle corrispondenti disposizioni del presente decreto legislativo».

(6) Le parole «tanti soci che rappresentino» sono state soppresse dall'art. 1.4, lett. c, d.lg. 27 gennaio 2010, n. 27. In base all'art. 7.1, d.lg. cit., tali disposizioni «si applicano alle assemblee il cui avviso di convocazione sia pubblicato dopo il 31 ottobre 2010. Fino a tale data continuano ad applicarsi le disposizioni sostituite od abrogate dalle corrispondenti disposizioni del presente decreto legislativo».

roga della società, la revoca dello stato di liquidazione, il trasferimento della sede sociale all'estero e l'emissione delle azioni di cui al secondo comma dell'art. 2351 (1).

6. Lo statuto può prevedere eventuali ulteriori convocazioni dell'assemblea, alle quali si applicano le disposizioni del terzo, quarto e quinto comma.

7. Nelle società che fanno ricorso al mercato del capitale di rischio l'assemblea straordinaria è costituita, nelle convocazioni successive alla seconda, quando è rappresentato (2) almeno un quinto del capitale sociale, salvo che lo statuto richieda una quota di capitale più elevata, e delibera con il voto favorevole di almeno i due terzi del capitale rappresentato in assemblea (c. 2377[5]) (3).

2370. *Diritto d'intervento all'assemblea ed esercizio del voto*. — *1.* Possono intervenire all'assemblea coloro ai quali spetta il diritto di voto.

2. Lo statuto delle società le cui azioni non sono ammesse alla gestione accentrata, può richiedere il preventivo deposito delle azioni presso la sede sociale o presso le banche indicate nell'avviso di convocazione, fissando il termine entro il quale debbono essere depositate ed eventualmente prevedendo che non possano essere ritirate prima che l'assemblea abbia avuto luogo. Qualora le azioni emesse dalle società indicate al primo periodo siano diffuse fra il pubblico in misura rilevante il termine non può essere superiore a due giorni non festivi.

3. Se le azioni sono nominative, le società di cui al secondo comma provvedono all'iscrizione nel libro dei soci di coloro che hanno partecipato all'assemblea o che hanno effettuato il deposito.

4. Lo statuto può consentire l'intervento all'assemblea mediante mezzi di telecomunicazione ovvero l'espressione del voto per corrispondenza o in via elettronica. Chi esprime il voto per corrispondenza o in via elettronica si considera intervenuto all'assemblea (4).

5. Resta fermo quanto previsto dalle leggi speciali in materia di legittimazione all'intervento e all'esercizio del diritto di voto nell'assemblea nonché in materia di aggiornamento del libro soci nelle società con azioni ammesse alla gestione accentrata (5).

2371. *Presidenza dell'assemblea*. — *1.* L'assemblea è presieduta dalla persona indicata nello statuto o, in mancanza, da quella eletta con il voto della maggioranza dei presenti. Il presidente è assistito da un segretario designato nello stesso modo. Il presidente dell'assemblea verifica la regolarità della costituzione, accerta l'identità e la legittimazione dei presenti, regola il suo svolgimento ed accerta i risultati delle votazioni; degli esiti di tali accertamenti deve essere dato conto nel verbale.

(1) Le parole «e l'emissione delle azioni di cui al secondo comma dell'art. 2351» sono state così sostituite alle precedenti «e l'emissione di azioni privilegiate» dall'art. 5.1, lett. n, d.lg. 6 febbraio 2004, n. 37.

(2) Le parole «quando è rappresentato» sono state così sostituite alle precedenti «con la presenza di tanti soci che rappresentino» dall'art. 1.4, lett. d, d.lg. 27 gennaio 2010, n. 27. In base all'art. 7.1, d.lg. cit., tali disposizioni «si applicano alle assemblee il cui avviso di convocazione sia pubblicato dopo il 31 ottobre 2010. Fino a tale data continuano ad applicarsi le disposizioni sostituite od abrogate dalle corrispondenti disposizioni del presente decreto legislativo».

(3) Le parole «, e delibera con il voto favorevole di almeno i due terzi del capitale rappresentato in assemblea» sono state aggiunte dall'art. 1.4, lett. d, d.lg. 27 gennaio 2010, n. 27. In base all'art. 7.1, d.lg. cit., tali disposizioni «si applicano alle assemblee il cui avviso di convocazione sia pubblicato dopo il 31 ottobre 2010. Fino a tale data continuano ad applicarsi le disposizioni sostituite od abrogate dalle corrispondenti disposizioni del presente decreto legislativo».

(4) Cfr. l'art. 4, l. 29 dicembre 1962, n. 1745, secondo cui: «Ha diritto al pagamento degli utili e all'intervento in assemblea, quando il titolo azionario sia stato trasferito per girata, il giratario che se ne dimostra possessore in base a una serie continua di girate. || L'azionista, ancorché già iscritto nel libro dei soci, non può esigere gli utili senza esibire i titoli alla società emittente o alle aziende di credito o società finanziarie incaricate del pagamento e non può intervenire in assemblea se non li abbia depositati almeno cinque giorni prima presso la sede sociale o presso le aziende di credito o società finanziarie indicate nell'avviso di convocazione. || In deroga a quanto previsto dal comma precedente, lo Stato può esigere gli utili ed intervenire in assemblea dimostrando che le proprie azioni sono depositate presso la Tesoreria centrale dello Stato, mediante dichiarazione scritta a firma del tesoriere (terzo comma inserito dall'art. 54.4, l. 27 dicembre 1997, n. 449). || I titoli depositati per l'intervento in assemblea non possono essere restituiti prima che l'assemblea abbia avuto luogo».

Per il deposito accentrato degli strumenti finanziari v. art. 85, d.lg. 24 febbraio 1998, n. 58, in *Leggi coll. XVIII, 1*. Per le società privatizzate v. art. 5.5, d.l. 31 maggio 1994, n. 332, conv. in l. 30 luglio 1994, n. 474, in *Leggi coll. XIV, 7*. Sul voto per corrispondenza nelle SICAV v. art. 46.2, d.lg. 24 febbraio 1998, n. 58, in *Leggi coll. XVIII, 1*.

(5) Articolo così sostituito dall'art. 1.5, d.lg. 27 gennaio 2010, n. 27. In base all'art. 7.1, d.lg. cit., tali disposizioni «si applicano alle assemblee il cui avviso di convocazione sia pubblicato dopo il 31 ottobre 2010. Fino a tale data continuano ad applicarsi le disposizioni sostituite od abrogate dalle corrispondenti disposizioni del presente decreto legislativo».

2. L'assistenza del segretario non è necessaria quando il verbale dell'assemblea è redatto da un notaio.

2372. *Rappresentanza nell'assemblea*. — *1.* Coloro ai quali spetta il diritto di voto possono farsi rappresentare nell'assemblea salvo che, nelle società che non fanno ricorso al mercato del capitale di rischio e nelle società cooperative, lo statuto disponga diversamente. La rappresentanza deve essere conferita per iscritto e i documenti relativi devono essere conservati dalla società (1).

2. Nelle società che fanno ricorso al mercato del capitale di rischio la rappresentanza può essere conferita solo per singole assemblee, con effetto anche per le successive convocazioni, salvo che si tratti di procura generale o di procura conferita da una società, associazione, fondazione o altro ente collettivo o istituzione ad un proprio dipendente.

3. La delega non può essere rilasciata con il nome del rappresentante in bianco ed è sempre revocabile nonostante ogni patto contrario. Il rappresentante può farsi sostituire solo da chi sia espressamente indicato nella delega.

4. Se la rappresentanza è conferita ad una società, associazione, fondazione od altro ente collettivo o istituzione, questi possono delegare soltanto un proprio dipendente o collaboratore.

5. La rappresentanza non può essere conferita né ai membri degli organi amministrativi o di controllo o ai dipendenti della società, né alle società da essa controllate o ai membri degli organi amministrativi o di controllo o ai dipendenti di queste (2).

6. La stessa persona non può rappresentare in assemblea più di venti soci o, se si tratta di società previste nel secondo comma di questo articolo, più di cinquanta soci se la società ha capitale non superiore a cinque milioni di euro, più di cento soci se la società ha capitale superiore a cinque milioni di euro e non superiore a venticinque milioni di euro, e più di duecento soci se la società ha capitale superiore a venticinque milioni di euro.

7. Le disposizioni del quinto e del sesto comma di questo articolo si applicano anche nel caso di girata delle azioni per procura (2) (3).

8. Le disposizioni del quinto e del sesto comma non si applicano alle società con azioni quotate nei mercati regolamentati diverse dalle società cooperative. Resta fermo quanto previsto dall'art. 2539 (4).

2373. *Conflitto d'interessi*. — *1.* La deliberazione approvata con il voto determinante di coloro (5) che abbiano, per conto proprio o di terzi, un interesse in conflitto con quello della società è impugnabile a norma dell'art. 2377 qualora possa recarle danno (c. 2479-*III*[2]).

2. Gli amministratori non possono votare nelle deliberazioni riguardanti la loro responsabilità. I componenti del consiglio di gestione non possono votare nelle deliberazioni riguardanti la nomina, la revoca o la responsabilità dei consiglieri di sorveglianza.

2374. *Rinvio dell'assemblea*. — *1.* I soci intervenuti che riuniscono un terzo del capitale rappresentato nell'assemblea, se dichiarano di non essere sufficientemente informati sugli oggetti posti in deliberazione, possono chiedere che l'assemblea sia rinviata a non oltre cinque giorni.

2. Questo diritto non può esercitarsi che una sola volta per lo stesso oggetto.

2375. *Verbale delle deliberazioni dell'assemblea*. — *1.* Le deliberazioni dell'assemblea devono constare da verbale sottoscritto dal presidente e dal segretario o dal notaio. Il verbale deve indicare la data dell'assemblea e, anche in allegato, l'identità dei partecipanti e il capitale rappresentato da ciascuno; deve altresì indica-

(1) Comma così sostituito dall'art. 1.6, lett. a, d.lg. 27 gennaio 2010, n. 27. In base all'art. 7.1, d.lg. cit., tali disposizioni «si applicano alle assemblee il cui avviso di convocazione sia pubblicato dopo il 31 ottobre 2010. Fino a tale data continuano ad applicarsi le disposizioni sostituite od abrogate dalle corrispondenti disposizioni del presente decreto legislativo».

(2) Per le società quotate v. art. 136 ss., d.lg. 24 febbraio 1998, n. 58, in *Leggi coll. XVIII, 1*. Il divieto si applica anche alle società di revisione: art. 160.1, decreto cit.

(3) Sulla dichiarazione del presidente dell'assemblea di società per azioni quotate in borsa di rispondenza delle deleghe all'art. 2372 v. circolare Consob 12 marzo 1981, n. 81/02348. Sulla sollecitazione e la raccolta delle deleghe di voto nelle società quotate v. art. 137 ss., d.lg. 24 febbraio 1998, n. 58, in *Leggi coll. XVIII, 1*.

(4) Comma aggiunto dall'art. 1.6, lett. b, d.lg. 27 gennaio 2010, n. 27. In base all'art. 7.1, d.lg. cit., tali disposizioni «si applicano alle assemblee il cui avviso di convocazione sia pubblicato dopo il 31 ottobre 2010. Fino a tale data continuano ad applicarsi le disposizioni sostituite od abrogate dalle corrispondenti disposizioni del presente decreto legislativo».

(5) Le parole «di coloro» sono state così sostituite alle precedenti «di soci» dall'art. 1.7, d.lg. 27 gennaio 2010, n. 27. In base all'art. 7.1, d.lg. cit., tali disposizioni «si applicano alle assemblee il cui avviso di convocazione sia pubblicato dopo il 31 ottobre 2010. Fino a tale data continuano ad applicarsi le disposizioni sostituite od abrogate dalle corrispondenti disposizioni del presente decreto legislativo».

re le modalità e il risultato delle votazioni e deve consentire, anche per allegato, l'identificazione dei soci favorevoli, astenuti o dissenzienti. Nel verbale devono essere riassunte, su richiesta dei soci, le loro dichiarazioni pertinenti all'ordine del giorno.

2. Il verbale dell'assemblea straordinaria deve essere redatto da un notaio.

3. Il verbale deve essere redatto senza ritardo, nei tempi necessari per la tempestiva esecuzione degli obblighi di deposito o di pubblicazione (1).

2376. *Assemblee speciali*. — *1.* Se esistono diverse categorie di azioni o strumenti finanziari che conferiscono diritti amministrativi, le deliberazioni dell'assemblea, che pregiudicano i diritti di una di esse, devono essere approvate anche dall'assemblea speciale degli appartenenti alla categoria interessata.

2. Alle assemblee speciali si applicano le disposizioni relative alle assemblee straordinarie (2).

3. Quando le azioni o gli strumenti finanziari sono ammessi al sistema di gestione accentrata la legittimazione all'intervento e al voto nella relativa assemblea è disciplinata dalle leggi speciali (3).

2377. *Annullabilità delle deliberazioni*. — *1.* Le deliberazioni dell'assemblea, prese in conformità della legge e dell'atto costitutivo, vincolano tutti i soci, ancorché non intervenuti o dissenzienti (c. 2479-*III*^{4}) (4).

2. Le deliberazioni che non sono prese in conformità della legge o dello statuto possono essere impugnate dai soci assenti, dissenzienti od astenuti, dagli amministratori, dal consiglio di sorveglianza e dal collegio sindacale.

3. L'impugnazione può essere proposta dai soci quando possiedono tante azioni aventi diritto di voto con riferimento alla deliberazione che rappresentino, anche congiuntamente, l'uno per mille del capitale sociale nelle società che fanno ricorso al mercato del capitale di rischio e il cinque per cento nelle altre; lo statuto può ridurre o escludere questo requisito. Per l'impugnazione delle deliberazioni delle assemblee speciali queste percentuali sono riferite al capitale rappresentato dalle azioni della categoria (c. 2378^{2}).

4. I soci che non rappresentano la parte di capitale indicata nel comma precedente e quelli che, in quanto privi di voto, non sono legittimati a proporre l'impugnativa hanno diritto al risarcimento del danno loro cagionato dalla non conformità della deliberazione alla legge o allo statuto (c. 2378^{5}).

5. La deliberazione non può essere annullata:

1) per la partecipazione all'assemblea di persone non legittimate, salvo che tale partecipazione sia stata determinante ai fini della regolare costituzione dell'assemblea a norma degli artt. 2368 e 2369;

2) per l'invalidità di singoli voti o per il loro errato conteggio, salvo che il voto invalido o l'errore di conteggio siano stati determinanti ai fini del raggiungimento della maggioranza richiesta;

3) per l'incompletezza o l'inesattezza del verbale, salvo che impediscano l'accertamento del contenuto, degli effetti e della validità della deliberazione (c. 2479-*III*^{4}).

6. L'impugnazione o la domanda di risarcimento del danno sono proposte nel termine di novanta giorni dalla data della deliberazione, ovvero, se questa è soggetta ad iscrizione nel registro delle imprese, entro novanta giorni dall'iscrizione o, se è soggetta solo a deposito presso l'ufficio del registro delle imprese, entro novanta giorni dalla data di questo (c. 2378^{5}).

7. L'annullamento della deliberazione ha effetto rispetto a tutti i soci ed obbliga gli amministratori, il consiglio di sorveglianza e il consiglio di gestione a prendere i conseguenti provvedimenti sotto la propria responsabilità. In ogni caso sono salvi i diritti acquistati in buona fede dai terzi in base ad atti compiuti in esecuzione della deliberazione (c. 2379^{4}, 2479-*III*^{4}).

8. L'annullamento della deliberazione non può aver luogo, se la deliberazione impugnata è sostituita con altra presa in conformità della legge e dello statuto. In tal caso il giudice provvede sulle spese di lite, ponendole di norma a carico della società, e sul risarcimento dell'eventuale danno (c. 2379^{4}, 2479-*III*^{4}).

9. Restano salvi i diritti acquisiti dai terzi sulla base della deliberazione sostituita (c. 2341-*III*^{2}, 2373^{1}, 2388^{4}, 2409-*XIV*, 2416^{1},

(1) Sul contenuto del verbale delle assemblee delle società per azioni quotate in borsa e sul suo invio alla Consob v. comunicazione Consob 16 luglio 1990, n. SOC/RM/90004190.

(2) Per la disciplina dell'assemblea dei possessori di azioni di risparmio, v. art. 146, d.lg. 24 febbraio 1998, n. 58, in *Leggi coll. XVIII, 1*.

(3) Comma aggiunto dall'art. 1.3, d.lg. 18 giugno 2012, n. 91. L'art. 5.1, d.lg. cit., così dispone: «Le disposizioni recate dall'art. 1 e dall'art. 2, limitatamente al comma 7, e dall'art. 3, limitatamente ai commi 1, 2, 9, 10 e 11 si applicano alle assemblee il cui avviso di convocazione sia pubblicato dopo il 1° gennaio 2013».

(4) Comma così premesso dall'art. 5.1, lett. o, d.lg. 6 febbraio 2004, n. 37.

2434-*II*, 2479-*III*[4]) (1) (2).

2378. *Procedimento d'impugnazione*. — *1.* L'impugnazione è proposta con atto di citazione davanti al tribunale del luogo dove la società ha sede.

2. Il socio o i soci opponenti devono dimostrarsi possessori al tempo dell'impugnazione del numero delle azioni previsto dal terzo comma dell'art. 2377 (3). Fermo restando quanto disposto dall'art. 111 del codice di procedura civile, qualora nel corso del processo venga meno a seguito di trasferimenti per atto tra vivi il richiesto numero delle azioni, il giudice, previa se del caso revoca del provvedimento di sospensione dell'esecuzione della deliberazione, non può pronunciare l'annullamento e provvede sul risarcimento dell'eventuale danno, ove richiesto.

3. Con ricorso depositato contestualmente al deposito, anche in copia, della citazione, l'impugnante può chiedere la sospensione dell'esecuzione della deliberazione. In caso di eccezionale e motivata urgenza, il presidente del tribunale, omessa la convocazione della società convenuta, provvede sull'istanza con decreto motivato, che deve altresì contenere la designazione del giudice per la trattazione della causa di merito e la fissazione, davanti al giudice designato, entro quindici giorni, dell'udienza per la conferma, modifica o revoca dei provvedimenti emanati con il decreto, nonché la fissazione del termine per la notificazione alla controparte del ricorso e del decreto.

4. Il giudice designato per la trattazione della causa di merito, sentiti gli amministratori e sindaci, provvede valutando comparativamente il pregiudizio che subirebbe il ricorrente dalla esecuzione e quello che subirebbe la società dalla sospensione dell'esecuzione della deliberazione; può disporre in ogni momento che i soci opponenti prestino idonea garanzia per l'eventuale risarcimento dei danni. All'udienza, il giudice, ove lo ritenga utile, esperisce il tentativo di conciliazione eventualmente suggerendo le modificazioni da apportare alla deliberazione impugnata e, ove la soluzione appaia realizzabile, rinvia adeguatamente l'udienza.

5. Tutte le impugnazioni relative alla medesima deliberazione, anche se separatamente proposte ed ivi comprese le domande proposte ai sensi del quarto comma dell'art. 2377 (4), devono essere istruite congiuntamente e decise con unica sentenza. Salvo quanto disposto dal quarto comma del presente articolo, la trattazione della causa di merito ha inizio trascorso il termine stabilito nel sesto comma dell'art. 2377 (5) (6).

6. I dispositivi del provvedimento di sospensione e della sentenza che decide sull'impugnazione devono essere iscritti, a cura degli amministratori, nel registro delle imprese (c. 2388[4], 2479-*III*[4]) (7).

2379. *Nullità delle deliberazioni*. — *1.* Nei casi di mancata convocazione dell'assemblea, di mancanza del verbale e di impossibilità o illiceità dell'oggetto la deliberazione può essere impugnata da chiunque vi abbia interesse entro tre anni dalla sua iscrizione o deposito nel registro delle imprese, se la deliberazione vi è soggetta, o dalla trascrizione nel libro delle adunanze dell'assemblea, se la deliberazione non è soggetta né a iscrizione né a deposito. Possono essere impugnate senza limiti di tempo le deliberazioni che modificano l'oggetto sociale prevedendo attività illecite o impossibili.

2. Nei casi e nei termini previsti dal precedente comma l'invalidità può essere rilevata d'ufficio dal giudice.

3. Ai fini di quanto previsto dal primo comma la convocazione non si considera mancante nel caso d'irregolarità dell'avviso, se questo proviene da un componente dell'organo di amministrazione o di controllo della società ed è idoneo a consentire a coloro che hanno diritto di intervenire di essere preventivamente (8) av-

(1) L'art. 147.3, d.lg. 24 febbraio 1998, n. 58, in *Leggi coll. XVIII, 1*, riconosce il diritto d'impugnativa al rappresentante comune dei possessori di azioni di risparmio.

(2) Sulla deliberazione che approva il bilancio certificato dalla società di revisione, v. art. 157, d.lg. 24 febbraio 1998, n. 58, in *Leggi coll. XVIII, 1*.

(3) Le parole «terzo comma» sono state così sostituite alle precedenti «secondo comma» dall'art. 5.1, lett. p, n. 1, d.lg. 6 febbraio 2004, n. 37.

(4) Le parole «quarto comma» sono state così sostituite alle precedenti «terzo comma» dall'art. 5.1, lett. p, n. 2, d.lg. 6 febbraio 2004, n. 37.

(5) Le parole «sesto comma» sono state così sostituite alle precedenti «quinto comma» dall'art. 5.1, lett. p, n. 2, d.lg. 6 febbraio 2004, n. 37.

(6) Sul deposito accentrato degli strumenti finanziari v. art. 85, d.lg. 24 febbraio 1998, n. 58, in *Leggi coll. XVIII, 1*.

(7) Comma aggiunto dall'art. 5.1, lett. p, n. 3, d.lg. 6 febbraio 2004, n. 37.

(8) La parola «preventivamente» è stata così sostituita alla precedente «tempestivamente» dall'art. 5.1, lett. q, n. 1, d.lg. 6 febbraio 2004, n. 37.

vertiti della convocazione e della data dell'assemblea. Il verbale non si considera mancante se contiene la data della deliberazione e il suo oggetto ed è sottoscritto dal presidente dell'assemblea, o dal presidente del consiglio d'amministrazione o del consiglio di sorveglianza e dal segretario o dal notaio.

4. Si applicano, in quanto compatibili, il settimo e ottavo comma dell'art. 2377 (c. 2379-*III*[1], 2416[1], 2434-*II*) (1) (2).

2379-*bis*. *Sanatoria della nullità*. — *1.* L'impugnazione della deliberazione invalida per mancata convocazione non può essere esercitata da chi anche successivamente abbia dichiarato il suo assenso allo svolgimento dell'assemblea.

2. L'invalidità della deliberazione per mancanza del verbale può essere sanata mediante verbalizzazione eseguita prima dell'assemblea successiva. La deliberazione ha effetto dalla data in cui è stata presa, salvi i diritti dei terzi che in buona fede ignoravano la deliberazione (c. 2479-*III* [4]).

2379-*ter*. *Invalidità delle deliberazioni di aumento o di riduzione del capitale e della emissione di obbligazioni*. — *1.* Nei casi previsti dall'art. 2379 l'impugnativa dell'aumento di capitale, della riduzione del capitale ai sensi dell'art. 2445 o della emissione di obbligazioni non può essere proposta dopo che siano trascorsi centottanta giorni dall'iscrizione della deliberazione nel registro delle imprese o, nel caso di mancata convocazione, novanta giorni dall'approvazione del bilancio dell'esercizio nel corso del quale la deliberazione è stata anche parzialmente eseguita.

2. Nelle società che fanno ricorso al mercato del capitale di rischio l'invalidità della deliberazione di aumento del capitale non può essere pronunciata dopo che a norma dell'art. 2444 sia stata iscritta nel registro delle imprese l'attestazione che l'aumento è stato anche parzialmente eseguito; l'invalidità della deliberazione di riduzione del capitale ai sensi dell'art. 2445 o della deliberazione di emissione delle obbligazioni non può essere pronunciata dopo che la deliberazione sia stata anche parzialmente eseguita.

3. Resta salvo il diritto al risarcimento del danno eventualmente spettante ai soci e ai terzi (c. 2479-*III*[4]).

Sezione VI-*bis*. — *Dell'amministrazione e del controllo*.

§ 1. — *Disposizioni generali*

2380. *Sistemi di amministrazione e di controllo*. — *1.* Se lo statuto non dispone diversamente, l'amministrazione e il controllo della società sono regolati dai successivi parr. 2, 3 e 4.

2. Lo statuto può adottare per l'amministrazione e per il controllo della società il sistema di cui al par. 5, oppure quello di cui al par. 6; salvo che la deliberazione disponga altrimenti, la variazione di sistema ha effetto alla data dell'assemblea convocata per l'approvazione del bilancio relativo all'esercizio successivo.

3. Salvo che sia diversamente stabilito, le disposizioni che fanno riferimento agli amministratori si applicano a seconda dei casi al consiglio di amministrazione o al consiglio di gestione.

§ 2. — *Degli amministratori* (3)

2380-*bis*. *Amministrazione della società*. — *1.* La gestione dell'impresa si svolge nel rispetto della disposizione di cui all'art. 2086, secondo comma, e spetta esclusivamente agli amministratori, i quali compiono le operazioni necessarie per l'attuazione dell'oggetto sociale (4).

2. L'amministrazione della società può essere affidata anche a non soci.

3. Quando l'amministrazione è affidata a più persone, queste costituiscono il consiglio di amministrazione.

4. Se lo statuto non stabilisce il numero degli amministratori, ma ne indica solamente un numero massimo e minimo, la determinazione spetta all'assemblea.

5. Il consiglio di amministrazione sceglie tra i suoi componenti il presidente, se questi non è

(1) Le parole «settimo e ottavo comma» sono state così sostituite alle precedenti «sesto e settimo comma» dall'art. 5.1, lett. q, n. 2, d.lg. 6 febbraio 2004, n. 37.

(2) V. nota 2 all'art. 2377.

(3) V. la raccomandazione Consob 20 febbraio 1997 in materia di controlli societari per le società con titoli negoziati in mercati regolamentati e art. 150.1, d.lg. 24 febbraio 1998, n. 58, in *Leggi coll. XVIII, 1*.

(4) Comma così sostituito dall'art. 377.2, d.lg. 12 gennaio 2019, n. 14. In base all'art. 389.2, d.lg. cit., tali disposizioni «entrano in vigore il trentesimo giorno successivo alla pubblicazione nella *Gazzetta Ufficiale* del presente decreto».

Si riporta, di seguito, il testo del primo comma dell'art. 2380-*bis*, come precedentemente formulato:

«La gestione dell'impresa spetta esclusivamente agli amministratori, i quali compiono le operazioni necessarie per l'attuazione dell'oggetto sociale».

nominato dall'assemblea (c. 2409-*XI*[1], 2409-*XIX*[1]).

2381. *Presidente, comitato esecutivo e amministratori delegati*. — *1.* Salvo diversa previsione dello statuto, il presidente convoca il consiglio di amministrazione, ne fissa l'ordine del giorno, ne coordina i lavori e provvede affinché adeguate informazioni sulle materie iscritte all'ordine del giorno vengano fornite a tutti i consiglieri.

2. Se lo statuto o l'assemblea lo consentono, il consiglio di amministrazione può delegare proprie attribuzioni ad un comitato esecutivo composto da alcuni dei suoi componenti, o ad uno o più dei suoi componenti.

3. Il consiglio di amministrazione determina il contenuto, i limiti e le eventuali modalità di esercizio della delega; può sempre impartire direttive agli organi delegati e avocare a sé operazioni rientranti nella delega. Sulla base delle informazioni ricevute valuta l'adeguatezza dell'assetto organizzativo, amministrativo e contabile della società; quando elaborati, esamina i piani strategici, industriali e finanziari della società; valuta, sulla base della relazione degli organi delegati, il generale andamento della gestione (c. 2392[2], 2409-*IX*[1]).

4. Non possono essere delegate le attribuzioni indicate negli artt. 2420-*ter*, 2423, 2443, 2446, 2447, 2501-*ter* e 2506-*bis* (c. 2409-*IX*[1]).

5. Gli organi delegati curano che l'assetto organizzativo, amministrativo e contabile sia adeguato alla natura e alle dimensioni dell'impresa e riferiscono al consiglio di amministrazione e al collegio sindacale, con la periodicità fissata dallo statuto e in ogni caso almeno ogni sei mesi (1), sul generale andamento della gestione e sulla sua prevedibile evoluzione nonché sulle operazioni di maggior rilievo, per le loro dimensioni o caratteristiche, effettuate dalla società e dalle sue controllate (c. 2409-*IX*[1]).

6. Gli amministratori sono tenuti ad agire in modo informato; ciascun amministratore può chiedere agli organi delegati che in consiglio siano fornite informazioni relative alla gestione della società (c. 2409-*XI*[1], 2409-*XIX*[1], 2544[1]).

2382. *Cause di ineleggibilità e di decadenza*. — *1.* Non può essere nominato amministratore, e se nominato decade dal suo ufficio, l'interdetto, l'inabilitato, il fallito, o chi è stato condannato ad una pena che importa l'interdizione, anche temporanea, dai pubblici uffici o l'incapacità ad esercitare uffici direttivi (c. 2387[1], 2399[1], 2409-*XI*[1], 2409-*XII*[10], 2409-*XIX*[1]) (2).

2383. *Nomina e revoca degli amministratori*. — *1.* La nomina degli amministratori spetta all'assemblea, fatta eccezione per i primi amministratori, che sono nominati nell'atto costitutivo, e salvo il disposto degli artt. 2351, 2449 e 2450.

2. Gli amministratori non possono essere nominati per un periodo superiore a tre esercizi, e scadono alla data dell'assemblea convocata per l'approvazione del bilancio relativo all'ultimo esercizio della loro carica.

3. Gli amministratori sono rieleggibili, salvo diversa disposizione dello statuto, e sono revocabili dall'assemblea in qualunque tempo, anche se nominati nell'atto costitutivo, salvo il diritto dell'amministratore al risarcimento dei danni, se la revoca avviene senza giusta causa (c. 2409-*XII*[5]) (3).

(1) Le parole «sei mesi» sono state così sostituite alle precedenti «centottanta giorni» dall'art. 5.1, lett. r, d.lg. 6 febbraio 2004, n. 37.

(2) Per la necessità in taluni casi del requisito della cittadinanza italiana, v. art. 4.1, l. 23 novembre 1939, n. 1966, artt. 143 e 751 cod. nav. Prevedono cause di incompatibilità l'art. 90, r.d.l. 30 dicembre 1923, n. 2960; l'art. 2, l. 15 febbraio 1953, n. 60.

L'art. 36, d.l. 6 dicembre 2011, n. 201, conv. in l. 22 dicembre 2011, n. 214, così dispone: «Art. 36. *Tutela della concorrenza e partecipazioni personali incrociate nei mercati del credito e finanziari*. — 1. È vietato ai titolari di cariche negli organi gestionali, di sorveglianza e di controllo e ai funzionari di vertice di imprese o gruppi di imprese operanti nei mercati del credito, assicurativi e finanziari di assumere o esercitare analoghe cariche in imprese o gruppi di imprese concorrenti. || 2. Ai fini del divieto di cui al comma 1, si intendono concorrenti le imprese o i gruppi di imprese tra i quali non vi sono rapporti di controllo ai sensi dell'art. 7 della l. 10 ottobre 1990, n. 287 e che operano nei medesimi mercati del prodotto e geografici. || *2-bis*. Nell'ipotesi di cui al comma 1, i titolari di cariche incompatibili possono optare nel termine di 90 giorni dalla nomina. Decorso inutilmente tale termine, decadono da entrambe le cariche e la decadenza è dichiarata dagli organi competenti degli organismi interessati nei trenta giorni successivi alla scadenza del termine o alla conoscenza dell'inosservanza del divieto. In caso di inerzia, la decadenza è dichiarata dall'Autorità di vigilanza di settore competente. || *2-ter*. In sede di prima applicazione, il termine per esercitare l'opzione di cui al comma 2-*bis*, primo periodo, è di 120 giorni decorrenti dalla data di entrata in vigore della legge di conversione del presente decreto». Su tale norma v. regolamento ISVAP 18 giugno 2012, n. 42, in G.U., 25 giugno 2012, n. 146, comunicato Banca d'Italia in G.U., 30 giugno 2012, n. 151, e deliberazione Consob 28 novembre 2012, n. 18390, in G.U. 28 dicembre 2012, n. 301.

(3) L'art.17.22-*bis*, d.l. 1° luglio 2009, n. 78, conv. in l. 3 agosto 2009, n. 102, così dispone: «Ai fini della riduzione del costo di funzionamento degli organi sociali delle società controllate, direttamente o indirettamente, da un singolo ente locale, affidatarie di servizi pubblici o di attività strumentali, può essere disposta, entro sei mesi

4. Entro trenta giorni (1) dalla notizia della loro nomina gli amministratori devono chiederne l'iscrizione nel registro delle imprese indicando per ciascuno di essi il cognome e il nome, il luogo e la data di nascita, il domicilio e la cittadinanza, nonché a quali tra essi è attribuita la rappresentanza della società, precisando se disgiuntamente o congiuntamente (c. 2409-*XI*[1], 2475[2]).

5. Le cause di nullità o di annullabilità della nomina degli amministratori che hanno la rappresentanza della società non sono opponibili ai terzi dopo l'adempimento della pubblicità di cui al quarto comma, salvo che la società provi che i terzi ne erano a conoscenza (c. 2409-*XI*[1], 2409-*XIX*[1], 2475[2]) (2).

2384. *Poteri di rappresentanza*. — *1.* Il potere di rappresentanza attribuito agli amministratori dallo statuto o dalla deliberazione di nomina è generale (c. 2475-*II*).

2. Le limitazioni ai poteri degli amministratori che risultano dallo statuto o da una decisione degli organi competenti non sono opponibili ai terzi, anche se pubblicate, salvo che si provi che questi abbiano intenzionalmente agito a danno della società (c. 2298, 2409-*XI*[1], 2409-*XIX*[1], 2475-*II*[2]).

2385. *Cessazione degli amministratori*. — *1.* L'amministratore che rinunzia all'ufficio deve darne comunicazione scritta al consiglio d'amministrazione e al presidente del collegio sindacale. La rinunzia ha effetto immediato, se rimane in carica la maggioranza del consiglio di amministrazione, o, in caso contrario, dal momento in cui la maggioranza del consiglio si è ricostituita in seguito all'accettazione dei nuovi amministratori.

2. La cessazione degli amministratori per scadenza del termine ha effetto dal momento in cui il consiglio di amministrazione è stato ricostituito.

3. La cessazione degli amministratori dall'ufficio per qualsiasi causa deve essere iscritta entro trenta giorni nel registro delle imprese a cura del collegio sindacale (c. 2409-*XI*[1], 2409-*XIX*[1]).

2386. *Sostituzione degli amministratori*. — *1.* Se nel corso dell'esercizio vengono a mancare uno o più amministratori, gli altri provvedono a sostituirli con deliberazione approvata dal collegio sindacale, purché la maggioranza sia sempre costituita da amministratori nominati dall'assemblea. Gli amministratori così nominati restano in carica fino alla prossima assemblea.

2. Se viene meno la maggioranza degli amministratori nominati dall'assemblea, quelli rimasti in carica devono convocare l'assemblea perché provveda alla sostituzione dei mancanti.

3. Salvo diversa disposizione dello statuto o dell'assemblea, gli amministratori nominati ai sensi del comma precedente scadono insieme con quelli in carica all'atto della loro nomina.

4. Se particolari disposizioni dello statuto prevedono che a seguito della cessazione di taluni amministratori cessi l'intero consiglio, l'assemblea per la nomina del nuovo consiglio è convocata d'urgenza dagli amministratori rimasti in carica; lo statuto può tuttavia prevedere l'applicazione in tal caso di quanto disposto nel successivo comma.

5. Se vengono a cessare l'amministratore unico o tutti gli amministratori, l'assemblea per la nomina dell'amministratore o dell'intero consiglio deve essere convocata d'urgenza dal collegio sindacale, il quale può compiere nel frattempo gli atti di ordinaria amministrazione (c. 2409-*XVIII*[1], 2409-*XIX*[1]).

2387. *Requisiti di onorabilità, professionalità e indipendenza*. — *1.* Lo statuto può subordinare l'assunzione della carica di amministratore al possesso di speciali requisiti di onorabilità, professionalità ed indipendenza, anche con riferimento ai requisiti al riguardo previsti da codici di comportamento redatti da associazioni di categoria o da società di gestione di mercati regolamentati. Si applica in tal caso l'art. 2382.

2. Resta salvo quanto previsto da leggi speciali in relazione all'esercizio di particolari attività (c. 2409-*XI*[1], 2409-*XIX*[1]).

2388. *Validità delle deliberazioni del consiglio*. — *1.* Per la validità delle deliberazioni del consiglio di amministrazione è necessaria la presenza della maggioranza degli amministratori in carica, quando lo statuto non richiede un

dalla data di entrata in vigore della legge di conversione del presente decreto, la revoca anticipata degli organi amministrativi e di controllo e degli organismi di vigilanza in carica, a seguito dell'adozione di delibere assembleari finalizzate alla riduzione del numero dei componenti o dei loro emolumenti»; l'art.17.22-*ter*, d.l. cit., così dispone: «La revoca disposta ai sensi del comma 22-*bis* integra gli estremi della giusta causa di cui all'art. 2383, terzo comma, del codice civile e non comporta, pertanto, il diritto dei componenti revocati al risarcimento di cui alla medesima disposizione».

(1) Per gli atti ricevuti o autenticati all'estero, v. nota 4 all'art. 2671.

(2) Sull'obbligo per le società per azioni quotate in borsa di comunicare entro dieci giorni alla Consob ogni variazione nel consiglio di amministrazione v. comunicazione Consob 16 luglio 1990, n. SOC/RM/90004190.

maggior numero di presenti. Lo statuto può prevedere che la presenza alle riunioni del consiglio avvenga anche mediante mezzi di telecomunicazione.

2. Le deliberazioni del consiglio di amministrazione sono prese a maggioranza assoluta dei presenti, salvo diversa disposizione dello statuto.

3. Il voto non può essere dato per rappresentanza.

4. Le deliberazioni che non sono prese in conformità della legge o dello statuto possono essere impugnate solo dal collegio sindacale e dagli amministratori assenti o dissenzienti entro novanta giorni dalla data della deliberazione; si applica in quanto compatibile l'art. 2378. Possono essere altresì impugnate dai soci le deliberazioni lesive dei loro diritti; si applicano in tal caso, in quanto compatibili, gli artt. 2377 e 2378.

5. In ogni caso sono salvi i diritti acquistati in buona fede dai terzi in base ad atti compiuti in esecuzione delle deliberazioni (c. 2409-*XI*[2], 2409 -*XIX*[1]).

2389. *Compensi degli amministratori.* — *1.* I compensi spettanti ai membri del consiglio di amministrazione e del comitato esecutivo sono stabiliti all'atto della nomina o dall'assemblea.

2. Essi possono essere costituiti in tutto o in parte da partecipazioni agli utili o dall'attribuzione del diritto di sottoscrivere a prezzo predeterminato azioni di futura emissione.

3. La rimunerazione degli amministratori investiti di particolari cariche in conformità dello statuto è stabilita dal consiglio di amministrazione, sentito il parere del collegio sindacale. Se lo statuto lo prevede, l'assemblea può determinare un importo complessivo per la remunerazione di tutti gli amministratori, inclusi quelli investiti di particolari cariche (c. 2409-*XIX* [1]).

2390. *Divieto di concorrenza.* — *1.* Gli amministratori non possono assumere la qualità di soci illimitatamente responsabili in società concorrenti, né esercitare un'attività concorrente per conto proprio o di terzi, né essere amministratori o direttori generali in società concorrenti, salvo autorizzazione dell'assemblea.

2. Per l'inosservanza di tale divieto l'amministratore può essere revocato dall'ufficio e risponde dei danni (c. 2409-*XI*[1], 2409-*XIX*[1]).

2391. *Interessi degli amministratori.* — *1.* L'amministratore deve dare notizia agli altri amministratori e al collegio sindacale di ogni interesse che, per conto proprio o di terzi, abbia in una determinata operazione della società, precisandone la natura, i termini, l'origine e la portata; se si tratta di amministratore delegato, deve altresì astenersi dal compiere l'operazione, investendo della stessa l'organo collegiale, se si tratta di amministratore unico, deve darne notizia anche alla prima assemblea utile (1).

2. Nei casi previsti dal precedente comma la deliberazione del consiglio di amministrazione deve adeguatamente motivare le ragioni e la convenienza per la società dell'operazione.

3. Nei casi di inosservanza a quanto disposto nei due precedenti commi del presente articolo ovvero nel caso di deliberazioni del consiglio o del comitato esecutivo adottate con il voto determinante dell'amministratore interessato, le deliberazioni medesime, qualora possano recare danno alla società, possono essere impugnate dagli amministratori e dal collegio sindacale entro novanta giorni dalla loro data; l'impugnazione non può essere proposta da chi ha consentito con il proprio voto alla deliberazione se sono stati adempiuti gli obblighi di informazione previsti dal primo comma. In ogni caso sono salvi i diritti acquistati in buona fede dai terzi in base ad atti compiuti in esecuzione della deliberazione.

4. L'amministratore risponde dei danni derivati alla società dalla sua azione od omissione.

5. L'amministratore risponde altresì dei danni che siano derivati alla società dalla utilizzazione a vantaggio proprio o di terzi di dati, notizie o opportunità di affari appresi nell'esercizio del suo incarico (c. 2409 -*XI*[2], 2409-*XIX*[1]).

2391-*bis*. *Operazioni con parti correlate.* — *1.* Gli organi di amministrazione delle società che fanno ricorso al mercato del capitale di rischio adottano, secondo principi generali indicati dalla Consob (2), regole che assicurano la trasparenza e la correttezza sostanziale e procedurale delle operazioni con parti correlate e li rendono noti nella relazione sulla gestione; a tali fini possono farsi assistere da esperti indipendenti, in ragione della natura, del valore o delle caratteristiche dell'operazione (c. 2358).

2. I principi di cui al primo comma si applicano alle operazioni realizzate direttamente o per il tramite di società controllate e discipli-

(1) Le parole «, se si tratta di amministratore unico, deve darne notizia anche alla prima assemblea utile» sono state aggiunte dall'art. 11, d.lg. 28 dicembre 2004, n. 310.

(2) V. deliberazione Consob 12 marzo 2010, n. 17221, in G.U., 25 marzo 2010, n. 70, modificata con deliberazione Consob 23 giugno 2010, n. 17389, in G.U., 2 luglio 2010, n. 152.

nano le operazioni stesse in termini di competenza decisionale, di motivazione e di documentazione. L'organo di controllo vigila sull'osservanza delle regole adottate ai sensi del primo comma e ne riferisce nella relazione all'assemblea (1).

2392. *Responsabilità verso la società*. — *1.* Gli amministratori devono adempiere i doveri ad essi imposti dalla legge e dallo statuto con la diligenza richiesta dalla natura dell'incarico e dalle loro specifiche competenze. Essi sono solidalmente responsabili verso la società dei danni derivanti dall'inosservanza di tali doveri, a meno che si tratti di attribuzioni proprie del comitato esecutivo o di funzioni in concreto attribuite ad uno o più amministratori.

2. In ogni caso gli amministratori, fermo quanto disposto dal comma terzo dell'art. 2381, sono solidalmente responsabili se, essendo a conoscenza di fatti pregiudizievoli, non hanno fatto quanto potevano per impedirne il compimento o eliminarne o attenuarne le conseguenze dannose.

3. La responsabilità per gli atti o le omissioni degli amministratori non si estende a quello tra essi che, essendo immune da colpa, abbia fatto annotare senza ritardo il suo dissenso nel libro delle adunanze e delle deliberazioni del consiglio, dandone immediata notizia per iscritto al presidente del collegio sindacale (c. 2409-*XI*^{1}, 2409-*XIX*^{1}, 2476).

2393. *Azione sociale di responsabilità*. — *1.* L'azione di responsabilità contro gli amministratori è promossa in seguito a deliberazione dell'assemblea, anche se la società è in liquidazione.

2. La deliberazione concernente la responsabilità degli amministratori può essere presa in occasione della discussione del bilancio, anche se non è indicata nell'elenco delle materie da trattare, quando si tratta di fatti di competenza dell'esercizio cui si riferisce il bilancio.

3. L'azione di responsabilità può anche essere promossa a seguito di deliberazione del collegio sindacale, assunta con la maggioranza dei due terzi dei suoi componenti (2).

4. L'azione può essere esercitata entro cinque anni dalla cessazione dell'amministratore dalla carica.

5. La deliberazione dell'azione di responsabilità importa la revoca dall'ufficio degli amministratori contro cui è proposta, purché sia presa con il voto favorevole di almeno un quinto del capitale sociale. In questo caso, l'assemblea provvede alla sostituzione degli amministratori (3).

6. La società può rinunziare all'esercizio dell'azione di responsabilità e può transigere, purché la rinunzia e la transazione siano approvate con espressa deliberazione dell'assemblea, e purché non vi sia il voto contrario di una minoranza di soci che rappresenti almeno il quinto del capitale sociale o, nelle società che fanno ricorso al mercato del capitale di rischio, almeno un ventesimo del capitale sociale, ovvero la misura prevista nello statuto per l'esercizio dell'azione sociale di responsabilità ai sensi dei commi primo e secondo dell'art. 2393-*bis* (c. 2407^{3}, 2409-*X*^{1}, 2409-*X*^{4}, 2409-*XIX*^{1}) (4).

2393-*bis*. *Azione sociale di responsabilità esercitata dai soci*. — *1.* L'azione sociale di responsabilità può essere esercitata anche dai soci che rappresentino almeno un quinto del capitale sociale o la diversa misura prevista nello statuto, comunque non superiore al terzo (c. 2393^{6}).

2. Nelle società che fanno ricorso al mercato del capitale di rischio, l'azione di cui al comma precedente può essere esercitata dai soci che rappresentino un quarantesimo (5) del capitale sociale o la minore misura prevista nello statuto (c. 2393^{6}).

3. La società deve essere chiamata in giudizio e l'atto di citazione è ad essa notificato anche in persona del presidente del collegio sindacale.

4. I soci che intendono promuovere l'azione nominano, a maggioranza del capitale posseduto, uno o più rappresentanti comuni per l'esercizio dell'azione e per il compimento degli atti conseguenti.

5. In caso di accoglimento della domanda, la società rimborsa agli attori le spese del giudizio e quelle sopportate nell'accertamento dei fatti che il giudice non abbia posto a carico dei soccombenti o che non sia possibile recuperare a seguito della loro escussione.

6. I soci che hanno agito possono rinunciare all'azione o transigerla; ogni corrispettivo per la rinuncia o transazione deve andare a vantaggio della società.

7. Si applica all'azione prevista dal presente articolo l'ultimo comma dell'articolo prece-

(1) Articolo così inserito dall'art. 12, d.lg. 28 dicembre 2004, n. 310.
(2) Comma inserito dall'art. 3.1, lett. a, n. 1, l. 28 dicembre 2005, n. 262.
(3) Comma così sostituito dall'art. 3.1, lett. a, n. 2, l. 28 dicembre 2005, n. 262.
(4) V. nota 4 all'art. 2363.
(5) Le parole «un quarantesimo» sono state così sostituite alle precedenti «un ventesimo» dall'art. 3.1, lett. b, l. 28 dicembre 2005, n. 262.

dente (c. 2407^{3}, 2409-*X*^{1}, 2409-*X*^{5}, 2409-*XIX*^{1}).

2394. *Responsabilità verso i creditori sociali.* — *1.* Gli amministratori rispondono verso i creditori sociali per l'inosservanza degli obblighi inerenti alla conservazione dell'integrità del patrimonio sociale.

2. L'azione può essere proposta dai creditori quando il patrimonio sociale risulta insufficiente al soddisfacimento dei loro crediti.

3. La rinunzia all'azione da parte della società non impedisce l'esercizio dell'azione da parte dei creditori sociali. La transazione può essere impugnata dai creditori sociali soltanto con l'azione revocatoria quando ne ricorrono gli estremi (c. 2407^{3}, 2409-*X*^{5}, 2409-*XI*^{1}, 2409-*XIX*^{1}).

2394-*bis*. *Azioni di responsabilità nelle procedure concorsuali.* — *1.* In caso di fallimento, liquidazione coatta amministrativa e amministrazione straordinaria le azioni di responsabilità previste dai precedenti articoli spettano al curatore del fallimento, al commissario liquidatore e al commissario straordinario (c. 2407^{3}, 2409-*X*^{5}, 2409-*XI*^{1}, 2409-*XIX*^{1}).

2395. *Azione individuale del socio e del terzo.* — *1.* Le disposizioni dei precedenti articoli non pregiudicano il diritto al risarcimento del danno spettante al singolo socio o al terzo (c. 2476^{6}) che sono stati direttamente danneggiati da atti colposi o dolosi degli amministratori.

2. L'azione può essere esercitata entro cinque anni dal compimento dell'atto che ha pregiudicato il socio o il terzo (c. 2407^{3}, 2409-*XI*^{1}, 2409-*XIX*^{1}).

2396. *Direttori generali.* — *1.* Le disposizioni che regolano la responsabilità degli amministratori si applicano anche ai direttori generali nominati dall'assemblea o per disposizione dello statuto, in relazione ai compiti loro affidati, salve le azioni esercitabili in base al rapporto di lavoro con la società.

§ 3. — *Del collegio sindacale* (1)

2397. *Composizione del collegio.* — *1.* Il collegio sindacale si compone di tre o cinque membri effettivi, soci o non soci. Devono inoltre essere nominati due sindaci supplenti.

2. Almeno un membro effettivo ed uno supplente devono essere scelti tra i revisori legali iscritti nell'apposito registro (2). I restanti membri, se non iscritti in tale registro, devono essere scelti fra gli iscritti negli albi professionali individuati con decreto del Ministro della giustizia (3), o fra i professori universitari di ruolo, in materie economiche o giuridiche (c. 2399^{2}, 2401^{1}, 2409-*XIV*^{1}) (4).

3. .... (5).

2398. *Presidenza del collegio.* — *1.* Il presidente del collegio sindacale è nominato dall'assemblea (4).

2399. *Cause d'ineleggibilità e di decadenza.* — *1.* Non possono essere eletti alla carica di sindaco e, se eletti, decadono dall'ufficio:

a) coloro che si trovano nelle condizioni previste dall'art. 2382;

b) il coniuge, i parenti e gli affini entro il quarto grado degli amministratori della società, gli amministratori, il coniuge, i parenti e gli affini entro il quarto grado degli amministratori delle società da questa controllate, delle società che la controllano e di quelle sottoposte a comune controllo;

c) coloro che sono legati alla società o alle società da questa controllate o alle società che la controllano o a quelle sottoposte a comune controllo da un rapporto di lavoro o da un rapporto continuativo di consulenza o di prestazione d'opera retribuita, ovvero da altri rapporti di natura patrimoniale che ne compromettano l'indipendenza (c. 2409-*V*^{1}, 2409-*XVII*^{2}) (6).

2. La cancellazione o la sospensione dal re-

(1) V. la raccomandazione Consob 20 febbraio 1997 in materia di controlli societari per le società con titoli negoziati nei mercati regolamentati. Sul collegio sindacale nelle società quotate v. art. 148 ss., d.lg. 24 febbraio 1998, n. 58, in *Leggi coll. XVIII, 1*. Sulla revisione contabile nelle società quotate v. art. 155 ss., d.lg. 24 febbraio 1998, n. 58, in *Leggi coll. XVIII, 1*.

(2) Le parole «tra i revisori legali iscritti nell'apposito registro» sono state così sostituite alle precedenti «tra gli iscritti nel registro dei revisori contabili istituito presso il Ministero della giustizia» dall'art. 37.5, d.lg. 27 gennaio 2010, n. 39.

(3) D.m. Giustizia 29 dicembre 2004, n. 320, in G.U., 18 gennaio 2004, n. 13, che così dispone: «I membri del collegio sindacale, previsti dal secondo comma dell'art. 2397 del codice civile, possono essere scelti fra gli iscritti negli albi professionali tenuti dai seguenti ordini e collegi vigilati dal Ministero della giustizia: *a*) Avvocati; *b*) Dottori commercialisti; *c*) Ragionieri e periti commerciali; *d*) Consulenti del lavoro».

(4) L'articolo non si applica al collegio sindacale delle società con azioni quotate: v. art. 154.1, d.lg. 24 febbraio 1998, n. 58, in *Leggi coll. XVIII, 1*.

(5) Comma aggiunto dall'art. 14.14, l. 12 novembre 2011, n. 183, e successivamente abrogato dall'art. 35.1, d.l. 9 febbraio 2012, n. 5, conv. in l. 4 aprile 2012, n. 35.

(6) Il comma non si applica al consiglio di sorveglianza e al comitato per il controllo sulla gestione delle società con azioni quotate: v. art. 154.3, d.lg. 24 febbraio 1998, n. 58, in *Leggi coll. XVIII, 1*.

gistro dei revisori legali e delle società di revisione legale (1) e la perdita dei requisiti previsti dall'ultimo comma dell'art. 2397 sono causa di decadenza dall'ufficio di sindaco.

3. Lo statuto può prevedere altre cause di ineleggibilità o decadenza, nonché cause di incompatibilità e limiti e criteri per il cumulo degli incarichi (c. 2403-*II*^{4}, 2404^{3}, 2417^{1}) (2) (3).

2400. *Nomina e cessazione dall'ufficio.* — *1.* I sindaci sono nominati per la prima volta nell'atto costitutivo e successivamente dall'assemblea, salvo il disposto degli artt. 2351, 2449 e 2450. Essi restano in carica per tre esercizi, e scadono alla data dell'assemblea convocata per l'approvazione del bilancio relativo al terzo esercizio della carica. La cessazione dei sindaci per scadenza del termine ha effetto dal momento in cui il collegio è stato ricostituito.

2. I sindaci possono essere revocati solo per giusta causa. La deliberazione di revoca deve essere approvata con decreto dal tribunale, sentito l'interessato.

3. La nomina dei sindaci, con l'indicazione per ciascuno di essi del cognome e del nome, del luogo e della data di nascita e del domicilio, e la cessazione dall'ufficio devono essere iscritte, a cura degli amministratori, nel registro delle imprese nel termine di trenta giorni (c. 2409-*XIV*^{1}) (4).

4. Al momento della nomina dei sindaci e prima dell'accettazione dell'incarico, sono resi noti all'assemblea gli incarichi di amministrazione e di controllo da essi ricoperti presso altre società (5).

2401. *Sostituzione.* — *1.* In caso di morte, di rinunzia o di decadenza di un sindaco, subentrano i supplenti in ordine di età, nel rispetto dell'art. 2397, secondo comma. I nuovi sindaci restano in carica fino alla prossima assemblea, la quale deve provvedere alla nomina dei sindaci effettivi e supplenti necessari per l'integrazione del collegio, nel rispetto dell'art. 2397, secondo comma. I nuovi nominati scadono insieme con quelli in carica.

2. In caso di sostituzione del presidente, la presidenza è assunta fino alla prossima assemblea dal sindaco più anziano.

3. Se con i sindaci supplenti non si completa il collegio sindacale, deve essere convocata l'assemblea perché provveda all'integrazione del collegio medesimo.

2402. *Retribuzione.* — *1.* La retribuzione annuale dei sindaci, se non è stabilita nello statuto, deve essere determinata dalla assemblea all'atto della nomina per l'intero periodo di durata del loro ufficio (c. 2409 -*XIV*^{1}) (6).

2403. *Doveri del collegio sindacale.* — *1.* Il collegio sindacale (7) vigila sull'osservanza della legge e dello statuto, sul rispetto dei principi di corretta amministrazione ed in particolare sull'adeguatezza dell'assetto organizzativo, amministrativo e contabile adottato dalla società e sul suo concreto funzionamento (c. 2409-*XIII* ^{1}).

2. Esercita inoltre il controllo contabile nel caso previsto dall'art. 2409-*bis*, terzo comma (3).

2403-*bis*. *Poteri del collegio sindacale.* — *1.* I sindaci possono in qualsiasi momento procedere, anche individualmente, ad atti di ispezione e di controllo.

2. Il collegio sindacale può chiedere agli amministratori notizie, anche con riferimento a società controllate, sull'andamento delle operazioni sociali o su determinati affari. Può altresì scambiare informazioni con i corrispondenti organi delle società controllate in merito ai sistemi di amministrazione e controllo ed all'andamento generale dell'attività sociale (c. 2409 -*XIV*^{1}).

3. Gli accertamenti eseguiti devono risultare dal libro previsto dall'art. 2421, primo comma, n. 5 (c. 2409-*XIV* ^{1}).

4. Nell'espletamento di specifiche operazioni di ispezione e di controllo i sindaci sotto la propria responsabilità ed a proprie spese possono avvalersi di propri dipendenti ed ausiliari che non si trovino in una delle condizioni previste dall'art. 2399 (c. 2409 -*XIV*^{1}).

5. L'organo amministrativo può rifiutare agli ausiliari e ai dipendenti dei sindaci l'accesso a

(1) Le parole «dei revisori legali e delle società di revisione legale» sono state così sostituite alle precedenti «dei revisori contabili» dall'art. 37.6, d.lg. 27 gennaio 2010, n. 39.

(2) Per le incompatibilità nelle società con azioni quotate, v. art. 148.3 e 160, d.lg. 24 febbraio 1998, n. 58, in *Leggi coll. XVIII, 1*.

(3) L'articolo non si applica al collegio sindacale delle società con azioni quotate: v. art. 154.1, d.lg. 24 febbraio 1998, n. 58, in *Leggi coll. XVIII, 1*.

(4) Per gli atti ricevuti o autenticati all'estero, v. nota 4 all'art. 2671.

(5) Comma aggiunto dall'art. 2.2, lett. a, l. 28 dicembre 2005, n. 262.

(6) Sulla determinazione dei compensi v. d.l. 21 giugno 1995, n. 239, conv. in l. 3 agosto 1995, n. 336.

(7) Sui doveri dei sindaci delle società con azioni quotate in borsa, v. art. 149 ss., d.lg. 24 febbraio 1998, n. 58, in *Leggi coll. XVIII, 1*.

informazioni riservate (c. 2409-*XIV*[1]) (1).

2404. *Riunioni e deliberazioni del collegio.* — *1.* Il collegio sindacale deve riunirsi almeno ogni novanta giorni. La riunione può svolgersi, se lo statuto lo consente indicandone le modalità, anche con mezzi di telecomunicazione (c. 2409-*XIV*[1], 2409-*XVIII*[6]).

2. Il sindaco che, senza giustificato motivo, non partecipa durante un esercizio sociale a due riunioni del collegio decade dall'ufficio.

3. Delle riunioni del collegio deve redigersi verbale, che viene trascritto nel libro previsto dall'art. 2421, primo comma, n. 5, e sottoscritto dagli intervenuti (c. 2409-*XIV*[1], 2409 -*XVIII*[6]).

4. Il collegio sindacale è regolarmente costituito con la presenza della maggioranza dei sindaci e delibera a maggioranza assoluta dei presenti. Il sindaco dissenziente ha diritto di fare iscrivere a verbale i motivi del proprio dissenso (c. 2409-*XIV*[1], 2409-*XVIII*[6]).

2405. *Intervento alle adunanze del consiglio di amministrazione e alle assemblee.* — *1.* I sindaci devono assistere alle adunanze del consiglio di amministrazione, alle assemblee e alle riunioni del comitato esecutivo (c. 2409-*XVIII*[6]).

2. I sindaci, che non assistono senza giustificato motivo alle assemblee o, durante un esercizio sociale, a due adunanze consecutive del consiglio d'amministrazione o del comitato esecutivo, decadono dall'ufficio (1).

2406. *Omissioni degli amministratori.* — *1.* In caso di omissione o di ingiustificato ritardo da parte degli amministratori, il collegio sindacale deve convocare l'assemblea ed eseguire le pubblicazioni prescritte dalla legge.

2. Il collegio sindacale può altresì, previa comunicazione al presidente del consiglio di amministrazione, convocare l'assemblea qualora nell'espletamento del suo incarico ravvisi fatti censurabili di rilevante gravità e vi sia urgente necessità di provvedere (c. 2408[2], 2409-*XIV*[1]).

2407. *Responsabilità.* — *1.* I sindaci devono adempiere i loro doveri con la professionalità e la diligenza richieste dalla natura dell'incarico; sono responsabili della verità delle loro attestazioni e devono conservare il segreto sui fatti e sui documenti di cui hanno conoscenza per ragione del loro ufficio.

2. Essi sono responsabili solidalmente con gli amministratori per i fatti o le omissioni di questi, quando il danno non si sarebbe prodotto se essi avessero vigilato in conformità degli obblighi della loro carica.

3. All'azione di responsabilità contro i sindaci si applicano, in quanto compatibili, le disposizioni degli artt. 2393, 2393-*bis*, 2394, 2394-*bis* e 2395 (c. 2409-*VI*[1]) (2).

2408. *Denunzia al collegio sindacale.* — *1.* Ogni socio può denunziare i fatti che ritiene censurabili al collegio sindacale, il quale deve tener conto della denunzia nella relazione all'assemblea.

2. Se la denunzia è fatta da tanti soci che rappresentino un ventesimo del capitale sociale o un cinquantesimo nelle società che fanno ricorso al mercato del capitale di rischio, il collegio sindacale deve indagare senza ritardo sui fatti denunziati e presentare le sue conclusioni ed eventuali proposte all'assemblea; deve altresì, nelle ipotesi previste dal secondo comma dell'art. 2406, convocare l'assemblea. Lo statuto può prevedere per la denunzia percentuali minori di partecipazione (c. 2409-*XIV*[1], 2409-*XVIII*[6]).

2409. *Denunzia al tribunale.* — *1.* Se vi è fondato sospetto che gli amministratori, in violazione dei loro doveri, abbiano compiuto gravi irregolarità nella gestione che possono arrecare danno alla società o a una o più società controllate, i soci che rappresentano il decimo del capitale sociale o, nelle società che fanno ricorso al mercato del capitale di rischio, il ventesimo del capitale sociale possono denunziare i fatti al tribunale con ricorso notificato anche alla società. Lo statuto può prevedere percentuali minori di partecipazione.

2. Il tribunale, sentiti in camera di consiglio gli amministratori e i sindaci, può ordinare l'ispezione dell'amministrazione della società a spese dei soci richiedenti, subordinandola, se del caso, alla prestazione di una cauzione. Il provvedimento è reclamabile.

3. Il tribunale non ordina l'ispezione e sospende per un periodo determinato il procedimento se l'assemblea sostituisce gli amministratori e i sindaci con soggetti di adeguata professionalità, che si attivano senza indugio per accertare se le violazioni sussistono e, in caso positivo, per eliminarle, riferendo al tribunale sugli accertamenti e le attività compiute.

4. Se le violazioni denunziate sussistono ovvero se gli accertamenti e le attività compiute ai sensi del terzo comma risultano insufficienti alla loro eliminazione, il tribunale può disporre gli opportuni provvedimenti provvisori e convocare l'assemblea per le conseguenti delibera-

(1) L'articolo non si applica al collegio sindacale delle società con azioni quotate: v. art. 154.1, d.lg. 24 febbraio 1998, n. 58, in *Leggi coll. XVIII, 1*.

(2) Per la responsabilità delle società di revisione v. art. 164, d.lg. 24 febbraio 1998, n. 58, in *Leggi coll. XVIII, 1*.

zioni. Nei casi più gravi può revocare gli amministratori ed eventualmente anche i sindaci e nominare un amministratore giudiziario, determinandone i poteri e la durata (att. c. 92).

5. L'amministratore giudiziario può proporre l'azione di responsabilità contro gli amministratori e i sindaci. Si applica l'ultimo comma dell'art. 2393.

6. Prima della scadenza del suo incarico l'amministratore giudiziario rende conto al tribunale che lo ha nominato; convoca e presiede l'assemblea per la nomina dei nuovi amministratori e sindaci o per proporre, se del caso, la messa in liquidazione della società o la sua ammissione ad una procedura concorsuale.

7. I provvedimenti previsti da questo articolo possono essere adottati anche su richiesta del collegio sindacale, del consiglio di sorveglianza o del comitato per il controllo sulla gestione, nonché, nelle società che fanno ricorso al mercato del capitale di rischio, del pubblico ministero; in questi casi le spese per l'ispezione sono a carico della società (c. 2409-*XIII* ^{1}, 2545-*XV*^{1}) (1) (2).

§ 4. — *Della revisione legale dei conti* (3)

2409-*bis*. *Revisione legale dei conti*. — *1.* La revisione legale dei conti sulla società è esercitata da un revisore legale dei conti o da una società di revisione legale iscritti nell'apposito registro (c. 2409-*XV*, 2501-*VI*^{3}).

2. Lo statuto delle società che non siano tenute alla redazione del bilancio consolidato può prevedere che la revisione legale dei conti sia esercitata dal collegio sindacale. In tal caso il collegio sindacale è costituito da revisori legali iscritti nell'apposito registro (c. 2403^{2}, 2409-*V*^{1}) (4).

2409-*ter*-2409-*quater*. . . . . (5).

[**2409**-*quinquies*. *Cause di ineleggibilità e di decadenza*. — *1.* Salvo quanto disposto dall'art. 2409-*bis*, terzo comma, non possono essere incaricati del controllo contabile, e se incaricati decadono dall'ufficio, i sindaci della società o delle società da questa controllate, delle società che la controllano o di quelle sottoposte a comune controllo, nonché coloro che si trovano nelle condizioni previste dall'art. 2399, primo comma.

2. Lo statuto può prevedere altre cause di ineleggibilità o di decadenza, nonché cause di incompatibilità; può prevedere altresì ulteriori requisiti concernenti la specifica qualificazione professionale del soggetto incaricato del controllo contabile.

3. Nel caso di società di revisione le disposizioni del presente articolo si applicano con riferimento ai soci della medesima ed ai soggetti incaricati della revisione (c. 2409-*XV*)] (6).

2409-*sexies*. . . . . (5).

2409-*septies*. *Scambio di informazioni*. — *1.* Il collegio sindacale e i soggetti incaricati della revisione legale dei conti (7) si scambiano tempestivamente le informazioni rilevanti per l'espletamento dei rispettivi compiti (c. 2409-*XIV*^{1}) (8).

§ 5. — *Del sistema dualistico*

2409-*octies*. *Sistema basato su un consiglio di gestione e un consiglio di sorveglianza*. — *1.* Lo statuto può prevedere che l'amministrazione ed il controllo siano esercitati da un consiglio di gestione e da un consiglio di sorveglianza in conformità alle norme seguenti (c. 2544^{2}).

2409-*novies*. *Consiglio di gestione*. — *1.* La gestione dell'impresa si svolge nel rispetto del-

(1) Sulla legittimazione a proporre denunzia delle federazioni sportive nazionali nei confronti delle società sportive professionistiche v. art. 13, l. 23 marzo 1981, n. 91, come sostituito dall'art. 4, d.l. 20 settembre 1996, n. 485, conv. in l. 18 novembre 1996, n. 586, e dall'art. 8, d.lg. 6 febbraio 2004, n. 37.

(2) Sulla denuncia del commissario contro gli amministratori e i sindaci delle società fiduciarie, delle società fiduciarie e di revisione e degli enti di gestione fiduciaria v. art. 2.6 d.l. 5 giugno 1986, n. 233, conv. in l. 1° agosto 1986, n. 430, in *Leggi coll. XXII, 5*.

Sulla denuncia della Banca d'Italia per abusivismo bancario o finanziario v. art. 132-*bis*, d.lg. 1° settembre 1993, n. 385, in *Leggi coll. XVII, 1*.

(3) Rubrica così sostituita alla precedente «Del controllo contabile» dall'art. 37.7, d.lg. 27 gennaio 2010, n. 39.

(4) Articolo così sostituito dall'art. 37.8, d.lg. 27 gennaio 2010, n. 39.

(5) Articolo abrogato dall'art. 37.9, d.lg. 27 gennaio 2010, n. 39.

(6) Articolo abrogato dall'art. 37.9, d.lg. 27 gennaio 2010, n. 39. In base all'art. 43.1, lett. l, d.lg. cit., l'articolo è abrogato ma continua ad essere applicato «fino alla data di entrata in vigore dei regolamenti del Ministro dell'economia e delle finanze emanati ai sensi del presente decreto legislativo».

(7) Le parole «della revisione legale dei conti» sono state così sostituite alle precedenti «del controllo contabile» dall'art. 37.10, d.lg. 27 gennaio 2010, n. 39.

(8) L'articolo non si applica al consiglio di sorveglianza e al comitato per il controllo sulla gestione delle società con azioni quotate: v. art. 154.2-3, d.lg. 24 febbraio 1998, n. 58, in *Leggi coll. XVIII, 1*.

la disposizione di cui all'art. 2086, secondo comma, e spetta esclusivamente al consiglio di gestione, il quale compie le operazioni necessarie per l'attuazione dell'oggetto sociale (1). Può delegare proprie attribuzioni ad uno o più dei suoi componenti; si applicano in tal caso il terzo, quarto e quinto comma dell'art. 2381.

2. È costituito da un numero di componenti, anche non soci, non inferiore a due.

3. Fatta eccezione per i primi componenti, che sono nominati nell'atto costitutivo, e salvo quanto disposto dagli artt. 2351, 2449 e 2450, la nomina dei componenti il consiglio di gestione spetta al consiglio di sorveglianza, previa determinazione del loro numero nei limiti stabiliti dallo statuto.

4. I componenti del consiglio di gestione non possono essere nominati consiglieri di sorveglianza, e restano in carica per un periodo non superiore a tre esercizi, con scadenza alla data della riunione del consiglio di sorveglianza convocato per l'approvazione del bilancio relativo all'ultimo esercizio della loro carica.

5. I componenti del consiglio di gestione sono rieleggibili, salvo diversa disposizione dello statuto, e sono revocabili dal consiglio di sorveglianza in qualunque tempo, anche se nominati nell'atto costitutivo, salvo il diritto al risarcimento dei danni se la revoca avviene senza giusta causa.

6. Se nel corso dell'esercizio vengono a mancare uno o più componenti del consiglio di gestione, il consiglio di sorveglianza provvede senza indugio alla loro sostituzione.

2409-*decies*. *Azione sociale di responsabilità*. — *1.* L'azione di responsabilità contro i consiglieri di gestione è promossa dalla società o dai soci, ai sensi degli artt. 2393 e 2393-*bis*.

2. L'azione sociale di responsabilità può anche essere proposta a seguito di deliberazione del consiglio di sorveglianza. La deliberazione è assunta dalla maggioranza dei componenti del consiglio di sorveglianza e, se è presa a maggioranza dei due terzi dei suoi componenti, importa la revoca dall'ufficio dei consiglieri di gestione contro cui è proposta, alla cui sostituzione provvede contestualmente lo stesso consiglio di sorveglianza.

3. L'azione può essere esercitata dal consiglio di sorveglianza entro cinque anni dalla cessazione dell'amministratore dalla carica.

4. Il consiglio di sorveglianza può rinunziare all'esercizio dell'azione di responsabilità e può transigerla, purché la rinunzia e la transazione siano approvate dalla maggioranza assoluta dei componenti del consiglio di sorveglianza e purché non si opponga la percentuale di soci indicata nell'ultimo comma dell'art. 2393.

5. La rinuncia all'azione da parte della società o del consiglio di sorveglianza non impedisce l'esercizio delle azioni previste dagli artt. 2393-*bis*, 2394 e 2394-*bis*.

2409-*undecies*. *Norme applicabili*. — *1.* Al consiglio di gestione si applicano, in quanto compatibili, le disposizioni degli artt. 2380-*bis*, quinto comma, 2381, sesto comma, 2382, 2383, quarto e quinto comma, 2384, 2385, 2387, 2390, 2392, 2394, 2394-*bis*, 2395.

2. Si applicano alle deliberazioni del consiglio di gestione gli artt. 2388 e 2391, e la legittimazione ad impugnare le deliberazioni spetta anche al consiglio di sorveglianza.

2409-*duodecies*. *Consiglio di sorveglianza*. — *1.* Salvo che lo statuto non preveda un maggior numero, il consiglio di sorveglianza si compone di un numero di componenti, anche non soci, non inferiore a tre.

2. Fatta eccezione per i primi componenti che sono nominati nell'atto costitutivo, e salvo quanto disposto dagli artt. 2351, 2449 e 2450, la nomina dei componenti il consiglio di sorveglianza spetta all'assemblea, previa determinazione del loro numero nei limiti stabiliti dallo statuto.

3. I componenti del consiglio di sorveglianza restano in carica per tre esercizi e scadono alla data della successiva assemblea prevista dal secondo comma dell'art. 2364-*bis*. La cessazione per scadenza del termine ha effetto dal momento in cui il consiglio di sorveglianza è stato ricostituito.

4. Almeno un componente effettivo del consiglio di sorveglianza deve essere scelto tra i revisori legali iscritti nell'apposito registro (2).

5. I componenti del consiglio di sorveglianza sono rieleggibili, salvo diversa disposizione dello statuto, e sono revocabili dall'assemblea in qualunque tempo con deliberazione adottata con la maggioranza prevista dal quinto comma

(1) Periodo così sostituito al precedente «La gestione dell'impresa spetta esclusivamente al consiglio di gestione, il quale compie le operazioni necessarie per l'attuazione dell'oggetto sociale» dall'art. 377.3, d.lg. 12 gennaio 2019, n. 14. In base all'art. 389.2, d.lg. cit., tali disposizioni «entrano in vigore il trentesimo giorno successivo alla pubblicazione nella *Gazzetta Ufficiale* del presente decreto».

(2) Le parole «i revisori legali iscritti nell'apposito registro» sono state così sostituite alle precedenti «gli iscritti nel registro dei revisori contabili istituito presso il Ministero della giustizia» dall'art. 37.11, d.lg. 27 gennaio 2010, n. 39.

dell'art. 2393 (1), anche se nominati nell'atto costitutivo, salvo il diritto al risarcimento dei danni, se la revoca avviene senza giusta causa.

6. Lo statuto, fatto salvo quanto previsto da leggi speciali in relazione all'esercizio di particolari attività, può subordinare l'assunzione della carica al possesso di particolari requisiti di onorabilità, professionalità e indipendenza.

7. Se nel corso dell'esercizio vengono a mancare uno o più componenti del consiglio di sorveglianza, l'assemblea provvede senza indugio alla loro sostituzione.

8. Il presidente del consiglio di sorveglianza è eletto dall'assemblea.

9. Lo statuto determina i poteri del presidente del consiglio di sorveglianza.

10. Non possono essere eletti alla carica di componente del consiglio di sorveglianza e, se eletti, decadono dall'ufficio:

a) coloro che si trovano nelle condizioni previste dall'art. 2382;

b) i componenti del consiglio di gestione;

c) coloro che sono legati alla società o alle società da questa controllate o a quelle sottoposte a comune controllo da un rapporto di lavoro o da un rapporto continuativo di consulenza o di prestazione d'opera retribuita che ne compromettano l'indipendenza (2) (3).

11. Lo statuto può prevedere altre cause di ineleggibilità o decadenza, nonché cause di incompatibilità e limiti e criteri per il cumulo degli incarichi.

2409-*terdecies*. *Competenza del consiglio di sorveglianza*. — *1.* Il consiglio di sorveglianza:

a) nomina e revoca i componenti del consiglio di gestione; ne determina il compenso, salvo che la relativa competenza sia attribuita dallo statuto all'assemblea;

b) approva il bilancio di esercizio e, ove redatto, il bilancio consolidato;

c) esercita le funzioni di cui all'art. 2403, primo comma (4);

d) promuove l'esercizio dell'azione di responsabilità nei confronti dei componenti del consiglio di gestione;

e) presenta la denunzia al tribunale di cui all'art. 2409 (4);

f) riferisce per iscritto almeno una volta all'anno all'assemblea sull'attività di vigilanza svolta, sulle omissioni e sui fatti censurabili rilevati (4);

f-bis) se previsto dallo statuto, delibera in ordine alle operazioni strategiche e ai piani (5), industriali e finanziari della società predisposti dal consiglio di gestione, ferma in ogni caso la responsabilità di questo per gli atti compiuti (6).

2. Lo statuto può prevedere che in caso di mancata approvazione del bilancio o qualora lo richieda almeno un terzo dei componenti del consiglio di gestione o del consiglio di sorveglianza la competenza per l'approvazione del bilancio di esercizio sia attribuita all'assemblea.

3. I componenti del consiglio di sorveglianza devono adempiere i loro doveri con la diligenza richiesta dalla natura dell'incarico. Sono responsabili solidalmente con i componenti del consiglio di gestione per i fatti o le omissioni di questi quando il danno non si sarebbe prodotto se avessero vigilato in conformità degli obblighi della loro carica.

4. I componenti del consiglio di sorveglianza possono assistere alle adunanze del consiglio di gestione e devono partecipare alle assemblee.

2409-*quaterdecies*. *Norme applicabili*. — *1.* Al consiglio di sorveglianza ed ai suoi componenti si applicano, in quanto compatibili, gli artt. 2388, 2400, terzo e quarto (7) comma, 2402, 2403-*bis*, secondo e terzo comma, 2404, primo, terzo e quarto comma, 2406, 2408 e 2409-*septies*.

2. Alla deliberazione del consiglio di sorveglianza con cui viene approvato il bilancio di esercizio si applica l'art. 2434-*bis* ed essa può venire impugnata anche dai soci ai sensi dell'art. 2377.

2409-*quinquiesdecies*. *Revisione legale*. — *1.* La revisione legale dei conti è svolta a norma dell'art. 2409-*bis*, primo comma (8).

(1) Le parole «dal quinto comma dell'art. 2393» sono state così sostituite alle precedenti «dal quarto comma dell'art. 2393» dall'art. 3.1, lett. c, l. 28 dicembre 2005, n. 262.

(2) Lettera così sostituita dall'art. 13, d.lg. 28 dicembre 2004, n. 310.

(3) Il comma non si applica al consiglio di sorveglianza e al comitato per il controllo sulla gestione delle società con azioni quotate: v. art. 154.2-3, d.lg. 24 febbraio 1998, n. 58, in *Leggi coll. XVIII, 1*.

(4) La lettera non si applica al consiglio di sorveglianza e al comitato per il controllo sulla gestione delle società con azioni quotate: v. art. 154.2-3, d.lg. 24 febbraio 1998, n. 58, in *Leggi coll. XVIII, 1*.

(5) Le parole «alle operazioni strategiche e ai piani» sono state così sostituite alle precedenti «ai piani strategici» dall'art. 14, d.lg. 28 dicembre 2004, n. 310.

(6) Lettera aggiunta dall'art. 5.1, lett. s, d.lg. 6 febbraio 2004, n. 37.

(7) Le parole «e quarto» sono state inserite dall'art. 2.2, lett. b, l. 28 dicembre 2005, n. 262.

(8) Articolo così sostituito dall'art. 37.12, d.lg. 27 gennaio 2010, n. 39.

§ 6. — *Del sistema monistico*

2409-*sexiesdecies*. *Sistema basato sul consiglio di amministrazione e un comitato costituito al suo interno*. — *1.* Lo statuto può prevedere che l'amministrazione ed il controllo siano esercitati rispettivamente dal consiglio di amministrazione e da un comitato costituito al suo interno (c. 2544[3]).

2409-*septiesdecies*. *Consiglio di amministrazione*. — *1.* La gestione dell'impresa spetta esclusivamente al consiglio di amministrazione.

2. Almeno un terzo dei componenti del consiglio di amministrazione deve essere in possesso dei requisiti di indipendenza stabiliti per i sindaci dall'art. 2399, primo comma, e, se lo statuto lo prevede, di quelli al riguardo previsti da codici di comportamento redatti da associazioni di categoria o da società di gestione di mercati regolamentati (c. 2409-*XVIII*[2]).

3. Al momento della nomina dei componenti del consiglio di amministrazione e prima dell'accettazione dell'incarico, sono resi noti all'assemblea gli incarichi di amministrazione e di controllo da essi ricoperti presso altre società (1).

2409-*octiesdecies*. *Comitato per il controllo sulla gestione*. — *1.* Salvo diversa disposizione dello statuto, la determinazione del numero e la nomina dei componenti del comitato per il controllo sulla gestione spetta al consiglio di amministrazione. Nelle società che fanno ricorso al mercato del capitale di rischio il numero dei componenti del comitato non può essere inferiore a tre.

2. Il comitato è composto da amministratori in possesso dei requisiti di onorabilità e professionalità stabiliti dallo statuto e dei requisiti di indipendenza di cui all'art. 2409-*septiesdecies*, che non siano membri del comitato esecutivo ed ai quali non siano attribuite deleghe o particolari cariche e comunque non svolgano, anche di mero fatto, funzioni attinenti alla gestione dell'impresa sociale o di società che la controllano o ne sono controllate.

3. Almeno uno dei componenti del comitato per il controllo sulla gestione deve essere scelto fra i revisori legali iscritti nell'apposito registro (2).

4. In caso di morte, rinunzia revoca o decadenza di un componente del comitato per il controllo sulla gestione, il consiglio di amministrazione provvede senza indugio a sostituirlo scegliendolo tra gli altri amministratori in possesso dei requisiti previsti dai commi precedenti; se ciò non è possibile, provvede senza indugio a norma dell'art. 2386 scegliendo persona provvista dei suddetti requisiti.

5. Il comitato per il controllo sulla gestione:

a) elegge al suo interno, a maggioranza assoluta dei suoi membri, il presidente;

b) vigila sull'adeguatezza della struttura organizzativa della società, del sistema di controllo interno e del sistema amministrativo e contabile, nonché sulla sua idoneità a rappresentare correttamente i fatti di gestione;

c) svolge gli ulteriori compiti affidatigli dal consiglio di amministrazione con particolare riguardo ai rapporti con il soggetto incaricato di effettuare la revisione legale dei conti (3).

6. Al comitato per il controllo sulla gestione si applicano altresì, in quanto compatibili, gli artt. 2404, primo, terzo e quarto comma, 2405, primo comma, e 2408.

2409-*noviesdecies*. *Norme applicabili e revisione legale* (4). — *1.* Al consiglio di amministrazione si applicano, in quanto compatibili, gli articoli da 2380-*bis*, 2381, 2382, 2383, 2384, 2385, 2386, 2387, 2388, 2389, 2390, 2391, 2392, 2393, 2393-*bis*, 2394, 2394-*bis*, 2395.

2. La revisione legale dei conti è svolta ai sensi dell'art. 2409-*bis*, primo comma (5).

Sezione VII. — *Delle obbligazioni*

2410. *Emissione*. — *1.* Se la legge o lo statuto non dispongono diversamente, l'emissione di obbligazioni è deliberata dagli amministratori.

2. In ogni caso la deliberazione di emissione deve risultare da verbale redatto da notaio ed è depositata ed iscritta a norma dell'art. 2436 (c. 2420-*III*[3]).

2411. *Diritti degli obbligazionisti*. — *1.* Il diritto degli obbligazionisti alla restituzione del capitale ed agli interessi può essere, in tutto o in parte, subordinato alla soddisfazione dei di-

(1) Comma aggiunto dall'art. 2.2, lett. c, l. 28 dicembre 2005, n. 262.

(2) Le parole «i revisori legali iscritti nell'apposito registro» sono state così sostituite alle precedenti «gli iscritti nel registro dei revisori contabili» dall'art. 37.13, d.lg. 27 gennaio 2010, n. 39.

(3) Le parole «il soggetto incaricato di effettuare la revisione legale dei conti» sono state così sostituite alle precedenti «i soggetti incaricati del controllo contabile» dall'art. 37.14, d.lg. 27 gennaio 2010, n. 39.

(4) Rubrica così sostituita alla precedente «Norme applicabili e controllo contabile» dall'art. 37.15, lett. a, d.lg. 27 gennaio 2010, n. 39.

(5) Comma così sostituito dall'art. 37.15, lett. b, d.lg. 27 gennaio 2010, n. 39.

ritti di altri creditori della società.

2. I tempi e l'entità del pagamento degli interessi possono variare in dipendenza di parametri oggettivi anche relativi all'andamento economico della società.

3. La disciplina della presente sezione si applica inoltre agli strumenti finanziari, comunque denominati, che condizionano i tempi e l'entità del rimborso del capitale all'andamento economico della società (1).

2412. *Limiti all'emissione*. — *1.* La società può emettere obbligazioni al portatore o nominative per somma complessivamente non eccedente il doppio del capitale sociale, della riserva legale e delle riserve disponibili risultanti dall'ultimo bilancio approvato. I sindaci attestano il rispetto del suddetto limite.

2. Il limite di cui al primo comma può essere superato se le obbligazioni emesse in eccedenza sono destinate alla sottoscrizione da parte di investitori professionali soggetti a vigilanza prudenziale a norma delle leggi speciali. In caso di successiva circolazione delle obbligazioni, chi le trasferisce risponde della solvenza della società nei confronti degli acquirenti che non siano investitori professionali.

3. Non è soggetta al limite di cui al primo comma, e non rientra nel calcolo al fine del medesimo, l'emissione di obbligazioni garantite da ipoteca di primo grado su immobili di proprietà della società, sino a due terzi del valore degli immobili medesimi (c. 2413[1], 2414-*II*[1]).

4. Al computo del limite di cui al primo comma concorrono gli importi relativi a garanzie comunque prestate dalla società per obbligazioni emesse da altre società, anche estere (2).

5. I commi primo e secondo non si applicano alle emissioni di obbligazioni destinate ad essere quotate in mercati regolamentati o in sistemi multilaterali di negoziazione ovvero di obbligazioni che danno il diritto di acquisire ovvero di sottoscrivere azioni (c. 2420-*II*) (3).

6. Quando ricorrono particolari ragioni che interessano l'economia nazionale, la società può essere autorizzata con provvedimento dell'autorità governativa, ad emettere obbligazioni per somma superiore a quanto previsto nel presente articolo, con l'osservanza dei limiti, delle modalità e delle cautele stabilite nel provvedimento stesso (c. 2413[1]).

7. Restano salve le disposizioni di leggi speciali relative a particolari categorie di società e alle riserve di attività.

8. .... (4) (5).

2413. *Riduzione del capitale*. — *1.* Salvo i casi previsti dal terzo, quarto e quinto comma dell'art. 2412, la società che ha emesso obbligazioni non può ridurre volontariamente il capitale sociale o distribuire riserve se rispetto all'ammontare delle obbligazioni ancora in circolazione il limite di cui al primo comma dell'articolo medesimo non risulta più rispettato (c. 2445[1]).

2. Se la riduzione del capitale sociale è obbligatoria, o le riserve diminuiscono in conseguenza di perdite, non possono distribuirsi utili sinché l'ammontare del capitale sociale, della riserva legale e delle riserve disponibili non eguagli la metà dell'ammontare delle obbligazioni in circolazione (6).

2414. *Contenuto delle obbligazioni*. — *1.* I titoli obbligazionari devono indicare:

1) la denominazione, l'oggetto e la sede della società, con l'indicazione dell'ufficio del registro delle imprese presso il quale la società è iscritta;

(1) Per gli atti ricevuti od autenticati all'estero, v. nota 4 all'art. 2671.

(2) Comma inserito dall'art. 11.1, lett. a, l. 28 dicembre 2005, n. 262.

(3) Comma così sostituito dall'art. 32.26, d.l. 22 giugno 2012, n. 83, conv. in l. 7 agosto 2012, n. 134.

(4) Per le società che esercitano la vendita rateale di autoveicoli v. art. 29, r.d.l. 15 marzo 1927, n. 436. Per la facoltà di emettere obbligazioni anche in deroga all'art. 2410 cod. civ. da parte di soggetti che attuano interventi nel settore dei trasporti rapidi di massa v. art. 8, l. 26 febbraio 1992, n. 211. Sulla emissione di obbligazioni da parte di società cooperative v. art. 58, l. 23 dicembre 1998, n. 448, come modificato dall'art. 156, d.lg. 1° settembre 1993, n. 385, in *Leggi coll. XV, 4*.

Per la particolare disciplina delle obbligazioni bancarie v. art. 12, d.lg. 1 settembre 1993, n. 385, in *Leggi coll. XVII, 1*.

La deliberazione CICR 3 marzo 1994, in G.U., 11 marzo 1994, n. 58, prevede che il limite per l'emissione di obbligazioni «è elevato sino all'ammontare del capitale versato e delle riserve risultanti dall'ultimo bilancio approvato per le società con titoli negoziati in un mercato regolamentato» e per le «società finanziarie vigilate iscritte nell'elenco speciale di cui all'art. 107» d.lg. 1° settembre 1993, n. 385, in *Leggi coll. XVII, 1*.

Sulla emissione di titoli obbligazionari da parte di enti territoriali v. art. 35, l. 23 dicembre 1994, n. 724, e, per il regolamento, d.m. Tesoro 29 gennaio 1996, n. 152, in G.U., 23 marzo 1996, n. 70.

(5) Comma aggiunto dall'art. 15, d.lg. 28 dicembre 2004, n. 310 e successivamente abrogato dall'art. 11.1, lett. b, l. 28 dicembre 2005, n. 262.

(6) Le parole «, della riserva legale e delle riserve disponibili non eguagli la metà dell'ammontare delle obbligazioni in circolazione» sono state così sostituite alle precedenti «e delle riserve non eguagli l'ammontare delle obbligazioni in circolazione» dall'art. 5.1, lett. u, d.lg. 6 febbraio 2004, n. 37.

2) il capitale sociale e le riserve esistenti al momento dell'emissione;

3) la data della deliberazione di emissione e della sua iscrizione nel registro;

4) l'ammontare complessivo dell'emissione, il valore nominale di ciascun titolo, i diritti con essi attribuiti, il rendimento o i criteri per la sua determinazione e il modo di pagamento e di rimborso, l'eventuale subordinazione dei diritti degli obbligazionisti a quelli di altri creditori della società;

5) le eventuali garanzie da cui sono assistiti (c. 2414-*II* [2]);

6) la data di rimborso del prestito e gli estremi dell'eventuale prospetto informativo (c. 2420-*II*[6], 2421[1]) (1).

2414-*bis*. *Costituzione delle garanzie*. — *1.* La deliberazione di emissione di obbligazioni che preveda la costituzione di garanzie reali a favore dei sottoscrittori deve designare un notaio che, per conto dei sottoscrittori, compia le formalità necessarie per la costituzione delle garanzie medesime.

2. Qualora un azionista pubblico garantisca i titoli obbligazionari si applica il n. 5) dell'art. 2414 (2).

3. Le garanzie, reali e personali e di qualunque altra natura e le cessioni di credito in garanzia, che assistono i titoli obbligazionari possono essere costituite in favore dei sottoscrittori delle obbligazioni o anche di un loro rappresentante che sarà legittimato a esercitare in nome e per conto dei sottoscrittori tutti i diritti, sostanziali e processuali, relativi alle garanzie medesime (3).

2415. *Assemblea degli obbligazionisti*. — *1.* L'assemblea degli obbligazionisti delibera:

1) sulla nomina e sulla revoca del rappresentante comune;

2) sulle modificazioni delle condizioni del prestito (c. 2503-*II*[3]);

3) sulla proposta di amministrazione controllata e di concordato;

4) sulla costituzione di un fondo per le spese necessarie alla tutela dei comuni interessi e sul rendiconto relativo;

5) sugli altri oggetti d'interesse comune degli obbligazionisti.

2. L'assemblea è convocata dal consiglio di amministrazione, dal consiglio di gestione (4) o dal rappresentante degli obbligazionisti, quando lo ritengono necessario, o quando ne è fatta richiesta da tanti obbligazionisti che rappresentino il ventesimo dei titoli emessi e non estinti (c. 2447-*VIII*[2]).

3. Si applicano all'assemblea degli obbligazionisti le disposizioni relative all'assemblea straordinaria dei soci e le sue deliberazioni sono iscritte, a cura del notaio che ha redatto il verbale, nel registro delle imprese. Per la validità delle deliberazioni sull'oggetto indicato nel primo comma, n. 2, è necessario anche in seconda convocazione il voto favorevole degli obbligazionisti che rappresentino la metà delle obbligazioni emesse e non estinte (c. 2447-*VIII*[2]). Quando le obbligazioni sono ammesse al sistema di gestione accentrata la legittimazione all'intervento e al voto nell'assemblea degli obbligazionisti è disciplinata dalle leggi speciali (5).

4. La società, per le obbligazioni da essa eventualmente possedute, non può partecipare alle deliberazioni (c. 2447-*VIII*[2]).

5. All'assemblea degli obbligazionisti possono assistere gli amministratori, i sindaci e i componenti del consiglio di gestione o di sorveglianza (c. 2417[2], 2419, 2447-*VIII*[2]) (6).

2416. *Impugnazione delle deliberazioni dell'assemblea*. — *1.* Le deliberazioni prese dall'assemblea degli obbligazionisti sono impugnabili a norma degli artt. 2377 e 2379. Le percentuali previste dall'art. 2377 sono calcolate con riferimento (7) all'ammontare del prestito obbligazionario e alla circostanza che le obbligazioni siano quotate in mercati regolamentati.

2. L'impugnazione è proposta innanzi al tri-

(1) Numero inserito dall'art. 5.1, lett. v, d.lg. 6 febbraio 2004, n. 37.

(2) Comma aggiunto dall'art. 5.1, lett. z, d.lg. 6 febbraio 2004, n. 37.

(3) Comma aggiunto dall'art. 13.2, d.l. 12 settembre 2014, n. 133, conv. in l. 11 novembre 2014, n. 164.

(4) Le parole «dal consiglio di amministrazione, dal consiglio di gestione» sono state così sostituite alle precedenti «dagli amministratori» dall'art. 1.4, lett. a, d.lg. 18 giugno 2012, n. 91. L'art. 5.1, d.lg. cit., così dispone: «Le disposizioni recate dall'art. 1 e dall'art. 2, limitatamente al comma 7, e dall'art. 3, limitatamente ai commi 1, 2, 9, 10 e 11 si applicano alle assemblee il cui avviso di convocazione sia pubblicato dopo il 1° gennaio 2013».

(5) Ultimo periodo aggiunto dall'art. 1.4, lett. b, d.lg. 18 giugno 2012, n. 91. L'art. 5.1, d.lg. cit., così dispone: «Le disposizioni recate dall'art. 1 e dall'art. 2, limitatamente al comma 7, e dall'art. 3, limitatamente ai commi 1, 2, 9, 10 e 11 si applicano alle assemblee il cui avviso di convocazione sia pubblicato dopo il 1° gennaio 2013».

(6) Comma così sostituito dall'art. 1.4, lett. c, d.lg. 18 giugno 2012, n. 91. L'art. 5.1, d.lg. cit., così dispone: «Le disposizioni recate dall'art. 1 e dall'art. 2, limitatamente al comma 7, e dall'art. 3, limitatamente ai commi 1, 2, 9, 10 e 11 si applicano alle assemblee il cui avviso di convocazione sia pubblicato dopo il 1° gennaio 2013».

(7) Le parole «Le percentuali previste dall'art. 2377 sono calcolate con riferimento» sono state così sostituite alle precedenti «Le quote previste nell'art. 2377 s'intendono riferite» dall'art. 5.1, lett. aa, d.lg. 6 febbraio 2004, n. 37.

bunale, nella cui giurisdizione la società ha sede, in contraddittorio del rappresentante degli obbligazionisti (c. 2447-*VIII* [2]).

2417. *Rappresentante comune*. — *1.* Il rappresentante comune può essere scelto al di fuori degli obbligazionisti e possono essere nominate anche le persone giuridiche autorizzate all'esercizio dei servizi di investimento nonché le società fiduciarie. Non possono essere nominati rappresentanti comuni degli obbligazionisti e, se nominati, decadono dall'ufficio, gli amministratori, i sindaci, i dipendenti della società debitrice e coloro che si trovano nelle condizioni indicate nell'art. 2399.

2. Se non è nominato dall'assemblea a norma dell'art. 2415, il rappresentante comune è nominato con decreto dal tribunale su domanda di uno o più obbligazionisti o degli amministratori della società.

3. Il rappresentante comune dura in carica per un periodo non superiore a tre esercizi sociali (1) e può essere rieletto. L'assemblea degli obbligazionisti ne fissa il compenso. Entro trenta giorni dalla notizia della sua nomina il rappresentante comune deve richiederne l'iscrizione nel registro delle imprese (c. 2447-*VIII*[3]) (2).

2418. *Obblighi e poteri del rappresentante comune*. — *1.* Il rappresentante comune deve provvedere all'esecuzione delle deliberazioni dell'assemblea degli obbligazionisti, tutelare gli interessi comuni di questi nei rapporti con la società e assistere alle operazioni di sorteggio delle obbligazioni. Egli ha diritto di assistere all'assemblea dei soci.

2. Per la tutela degli interessi comuni ha la rappresentanza processuale degli obbligazionisti anche nell'amministrazione controllata, nel concordato preventivo, nel fallimento, nella liquidazione coatta amministrativa e nell'amministrazione straordinaria della società debitrice (c. 2447-*VIII*[3]) (3).

2419. *Azione individuale degli obbligazionisti*. — *1.* Le disposizioni degli articoli precedenti non precludono le azioni individuali degli obbligazionisti, salvo che queste siano incompatibili con le deliberazioni dell'assemblea previste dall'art. 2415 (c. 2447-*VIII*[2]).

2420. *Sorteggio delle obbligazioni*. — *1.* Le operazioni per l'estrazione a sorte delle obbligazioni devono farsi, a pena di nullità, alla presenza del rappresentante comune o, in mancanza, di un notaio.

2420-*bis*. *Obbligazioni convertibili in azioni*. — *1.* L'assemblea straordinaria può deliberare l'emissione di obbligazioni convertibili in azioni, determinando il rapporto di cambio e il periodo e le modalità della conversione. La deliberazione non può essere adottata se il capitale sociale non sia stato interamente versato.

2. Contestualmente la società deve deliberare l'aumento del capitale sociale per un ammontare corrispondente alle azioni da attribuire in conversione. Si applicano, in quanto compatibili, le disposizioni del secondo, terzo, quarto e quinto comma dell'art. 2346.

3. Nel primo mese di ciascun semestre gli amministratori provvedono all'emissione delle azioni spettanti agli obbligazionisti che hanno chiesto la conversione nel semestre precedente. Entro il mese successivo gli amministratori devono depositare per l'iscrizione nel registro delle imprese un'attestazione dell'aumento del capitale sociale in misura corrispondente al valore nominale delle azioni emesse. Si applica la disposizione del secondo comma dell'art. 2444.

4. Fino a quando non siano scaduti i termini fissati per la conversione, la società non può deliberare né la riduzione volontaria del capitale sociale, né la modificazione delle disposizioni dello statuto concernenti la ripartizione degli utili, salvo che ai possessori di obbligazioni convertibili sia stata data la facoltà, mediante avviso depositato presso l'ufficio del registro delle imprese almeno novanta giorni prima della convocazione dell'assemblea, di esercitare il diritto di conversione nel termine di trenta giorni dalla pubblicazione (c. 2503-*II*[2]).

5. Nei casi di aumento del capitale mediante imputazione di riserve e di riduzione del capitale per perdite, il rapporto di cambio è modificato in proporzione alla misura dell'aumento o della riduzione.

6. Le obbligazioni convertibili in azioni devono indicare in aggiunta a quanto stabilito nell'art. 2414, il rapporto di cambio e le modalità della conversione (4).

2420-*ter*. *Delega agli amministratori*. — *1.* Lo

(1) Le parole «a tre esercizi sociali» sono state così sostituite alle precedenti «ad un triennio» dall'art. 5.1, lett. bb, d.lg. 6 febbraio 2004, n. 37.

(2) L'art. 147.1, d.lg. 24 febbraio 1998, n. 58, in *Leggi coll. XVIII, 1*, dichiara applicabili le disposizioni di questo articolo al rappresentante comune dei possessori di azioni di risparmio.

(3) Sugli obblighi e poteri del rappresentante comune dei possessori di azioni di risparmio v. art. 147.3, d.lg. 24 febbraio 1998, n. 58, in *Leggi coll. XVIII, 1*.

(4) Sull'obbligo del prospetto informativo delle emissioni di obbligazioni convertibili per le società per azioni quotate in borsa v. comunicazione Consob 3 settembre 1986, n. 86/13923.

statuto può attribuire agli amministratori la facoltà di emettere in una o più volte obbligazioni convertibili, fino ad un ammontare determinato e per il periodo massimo di cinque anni dalla data di iscrizione della società nel registro delle imprese. In tal caso la delega comprende anche quella relativa al corrispondente aumento del capitale sociale (1).

2. Tale facoltà può essere attribuita anche mediante modificazione dello statuto, per il periodo massimo di cinque anni dalla data della deliberazione.

3. Si applica il secondo comma dell'art. 2410 (c. 2365[2], 2381[4]).

Sezione VIII. — *Dei libri sociali*

2421. *Libri sociali obbligatori.* — *1.* Oltre i libri e le altre scritture contabili prescritti nell'art. 2214, la società deve tenere:

1) il libro dei soci, nel quale devono essere indicati distintamente per ogni categoria il numero delle azioni, il cognome e il nome dei titolari delle azioni nominative, i trasferimenti e i vincoli ad esse relativi e i versamenti eseguiti (c. 2422[1], 2541[3]);

2) il libro delle obbligazioni, il quale deve indicare l'ammontare delle obbligazioni emesse e di quelle estinte, il cognome e il nome dei titolari delle obbligazioni nominative e i trasferimenti e i vincoli ad esse relativi (c. 2422[2]);

3) il libro delle adunanze e delle deliberazioni delle assemblee, in cui devono essere trascritti anche i verbali redatti per atto pubblico (c. 2421[1], 2421[2], 2541[3]);

4) il libro delle adunanze e delle deliberazioni del consiglio di amministrazione o del consiglio di gestione;

5) il libro delle adunanze e delle deliberazioni del collegio sindacale ovvero del consiglio di sorveglianza o del comitato per il controllo sulla gestione (c. 2403-*II*[3]);

6) il libro delle adunanze e delle deliberazioni del comitato esecutivo, se questo esiste;

7) il libro delle adunanze e delle deliberazioni delle assemblee degli obbligazionisti, se sono state emesse obbligazioni;

8) il libro degli strumenti finanziari emessi ai sensi dell'art. 2447-*sexies* (c. 2421[2]).

2. I libri indicati nel primo comma, nn. 1, 2, 3, 4 e 8 sono tenuti a cura degli amministratori o dei componenti del consiglio di gestione, il libro indicato nel n. 5 a cura del collegio sindacale ovvero del consiglio di sorveglianza o del comitato per il controllo sulla gestione, il libro indicato nel n. 6 a cura del comitato esecutivo e il libro indicato nel n. 7 a cura del rappresentante comune degli obbligazionisti.

3. I libri di cui al presente articolo, prima che siano messi in uso, devono essere numerati progressivamente in ogni pagina e bollati in ogni foglio a norma dell'art. 2215 (2).

2422. *Diritto d'ispezione dei libri sociali.* — *1.* I soci hanno diritto di esaminare i libri indicati nel primo comma, nn. 1 e 3 dell'art. 2421 e di ottenerne estratti a proprie spese (c. 2545-*II*[1]) (3).

2. Eguale diritto spetta al rappresentante comune degli obbligazionisti per i libri indicati nei nn. 2 e 3 dell'art. 2421, e al rappresentante comune dei possessori di strumenti finanziari ed ai singoli possessori per il libro indicato al n. 8, ai singoli obbligazionisti per il libro indicato nel n. 7 dell'articolo medesimo.

Sezione IX. — *Del bilancio*

2423. *Redazione del bilancio.* — *1.* Gli amministratori devono redigere il bilancio di esercizio, costituito dallo stato patrimoniale, dal conto economico, dal rendiconto finanziario (4) e dalla nota integrativa.

2. Il bilancio deve essere redatto con chiarezza e deve rappresentare in modo veritiero e corretto la situazione patrimoniale e finanziaria della società e il risultato economico dell'esercizio.

3. Se le informazioni richieste da specifiche disposizioni di legge non sono sufficienti a dare una rappresentazione veritiera e corretta, si

(1) Sull'informazione della Consob e del pubblico per le società per azioni quotate in borsa v. comunicazione Consob 16 luglio 1990, n. SOC/RM/90004190.

(2) L'art. 155.3, d.lg. 24 febbraio 1998, n. 58, in *Leggi coll. XVIII, 1*, dichiara applicabile questo comma al libro tenuto dalla società di revisione. L'art. 3, l. 12 agosto 1993, n. 310 dispone che gli amministratori, entro sessanta giorni dall'entrata in vigore della legge medesima, devono presentare il libro dei soci alla cancelleria del tribunale competente o ad un notaio per la vidimazione.

(3) L'art. 147.3, d.lg. 24 febbraio 1998, n. 58, in *Leggi coll. XVIII, 1*, riconosce l'identico diritto al rappresentante comune dei possessori di azioni di risparmio. Per i diritti dei soci delle cooperative v. art. 1, l. 31 gennaio 1992, n. 59, in *Leggi coll. XV, 2*.

(4) Le parole «, dal rendiconto finanziario» sono state inserite dall'art. 6.2, lett. a, d.lg. 18 agosto 2015, n. 139. In base all'art. 12.1, d.lg. cit., tali disposizioni «entrano in vigore dal 1° gennaio 2016 e si applicano ai bilanci relativi agli esercizi finanziari aventi inizio a partire da quella data».

devono fornire le informazioni complementari necessarie allo scopo.

4. Non occorre rispettare gli obblighi in tema di rilevazione, valutazione, presentazione e informativa quando la loro osservanza abbia effetti irrilevanti al fine di dare una rappresentazione veritiera e corretta. Rimangono fermi gli obblighi in tema di regolare tenuta delle scritture contabili. Le società illustrano nella nota integrativa i criteri con i quali hanno dato attuazione alla presente disposizione (1).

5. Se, in casi eccezionali, l'applicazione di una disposizione degli articoli seguenti è incompatibile con la rappresentazione veritiera e corretta, la disposizione non deve essere applicata. La nota integrativa deve motivare la deroga e deve indicarne l'influenza sulla rappresentazione della situazione patrimoniale, finanziaria e del risultato economico. Gli eventuali utili derivanti dalla deroga devono essere iscritti in una riserva non distribuibile se non in misura corrispondente al valore recuperato (c. 2429², 2478-*II*).

6. Il bilancio deve essere redatto in unità di euro, senza cifre decimali, ad eccezione della nota integrativa che può essere redatta in migliaia di euro (c. 2381⁴, 2426¹, 2447-*VII*², 2490¹).

2423-*bis*. *Principi di redazione del bilancio*. — *1.* Nella redazione del bilancio devono essere osservati i seguenti principi:

1) la valutazione delle voci deve essere fatta secondo prudenza e nella prospettiva della continuazione dell'attività [...] (2);

1-*bis*) la rilevazione e la presentazione delle voci è effettuata tenendo conto della sostanza dell'operazione o del contratto (3);

2) si possono indicare esclusivamente gli utili realizzati alla data di chiusura dell'esercizio;

3) si deve tener conto dei proventi e degli oneri di competenza dell'esercizio, indipendentemente dalla data dell'incasso o del pagamento;

4) si deve tener conto dei rischi e delle perdite di competenza dell'esercizio, anche se conosciuti dopo la chiusura di questo;

5) gli elementi eterogenei ricompresi nelle singole voci devono essere valutati separatamente;

6) i criteri di valutazione non possono essere modificati da un esercizio all'altro.

2. Deroghe al principio enunciato nel n. 6 del comma precedente sono consentite in casi eccezionali. La nota integrativa deve motivare la deroga e indicarne l'influenza sulla rappresentazione della situazione patrimoniale e finanziaria e del risultato economico (c. 2426¹, 2478-*II*¹).

2423-*ter*. *Struttura dello stato patrimoniale e del conto economico*. — *1.* Salve le disposizioni di leggi speciali per le società che esercitano particolari attività, nello stato patrimoniale e nel conto economico devono essere iscritte separatamente, e nell'ordine indicato, le voci previste negli artt. 2424 e 2425.

2. Le voci precedute da numeri arabi possono essere ulteriormente suddivise, senza eliminazione della voce complessiva e dell'importo corrispondente; esse possono essere raggruppate soltanto quando il raggruppamento, a causa del loro importo, è irrilevante ai fini indicati nel secondo comma dell'art. 2423 o quando esso favorisce la chiarezza del bilancio. In questo secondo caso la nota integrativa deve contenere distintamente le voci oggetto di raggruppamento.

3. Devono essere aggiunte altre voci qualora il loro contenuto non sia compreso in alcuna di quelle previste dagli artt. 2424 e 2425.

4. Le voci precedute da numeri arabi devono essere adattate quando lo esige la natura dell'attività esercitata.

5. Per ogni voce dello stato patrimoniale e del conto economico deve essere indicato l'importo della voce corrispondente dell'esercizio precedente. Se le voci non sono comparabili, quelle relative all'esercizio precedente devono essere adattate; la non comparabilità e l'adattamento o l'impossibilità di questo devono essere segnalati e commentati nella nota integrativa.

(1) Comma inserito dall'art. 6.2, lett. b, d.lg. 18 agosto 2015, n. 139. In base all'art. 12.1, d.lg. cit., tali disposizioni «entrano in vigore dal 1° gennaio 2016 e si applicano ai bilanci relativi agli esercizi finanziari aventi inizio a partire da quella data».

(2) Le parole «, nonché tenendo conto della funzione economica dell'elemento dell'attivo o del passivo considerato» sono state soppresse dall'art. 6.3, lett. a, d.lg. 18 agosto 2015, n. 139. In base all'art. 12.1, d.lg. cit., tali disposizioni «entrano in vigore dal 1° gennaio 2016 e si applicano ai bilanci relativi agli esercizi finanziari aventi inizio a partire da quella data».

(3) Numero inserito dall'art. 6.3, lett. b, d.lg. 18 agosto 2015, n. 139. In base all'art. 12.1, d.lg. cit., tali disposizioni «entrano in vigore dal 1° gennaio 2016 e si applicano ai bilanci relativi agli esercizi finanziari aventi inizio a partire da quella data».

6. Sono vietati i compensi di partite (c. 2478-*II*[1]) (1).

2424. *Contenuto dello stato patrimoniale*. — *1.* Lo stato patrimoniale deve essere redatto in conformità al seguente schema:

ATTIVO:

A) Crediti verso soci per versamenti ancora dovuti, con separata indicazione della parte già richiamata.

B) Immobilizzazioni, con separata indicazione di quelle concesse in locazione finanziaria:

I – Immobilizzazioni immateriali:

1) costi di impianto e di ampliamento;

2) costi di sviluppo (2);

3) diritti di brevetto industriale e diritti di utilizzazione delle opere dell'ingegno;

4) concessioni, licenze, marchi e diritti simili;

5) avviamento;

6) immobilizzazioni in corso e acconti;

7) altre.

Totale.

II – Immobilizzazioni materiali:

1) terreni e fabbricati;

2) impianti e macchinario;

3) attrezzature industriali e commerciali;

4) altri beni;

5) immobilizzazioni in corso e acconti.

Totale.

III – Immobilizzazioni finanziarie, con separata indicazione, per ciascuna voce dei crediti, degli importi esigibili entro l'esercizio successivo:

1) partecipazioni in:

a) imprese controllate;

b) imprese collegate;

c) imprese controllanti;

d) imprese sottoposte al controllo delle controllanti (3);

d-bis) altre imprese (4);

2) crediti:

a) verso imprese controllate;

b) verso imprese collegate;

c) verso controllanti;

d) verso imprese sottoposte al controllo delle controllanti;

d-bis) verso altri (5);

3) altri titoli;

4) strumenti finanziari derivati attivi (6).

Totale.

Totale immobilizzazioni (B);

C) Attivo circolante:

I – Rimanenze:

1) materie prime, sussidiarie e di consumo;

2) prodotti in corso di lavorazione e semilavorati;

3) lavori in corso su ordinazione;

4) prodotti finiti e merci;

5) acconti.

Totale

II – Crediti, con separata indicazione, per ciascuna voce, degli importi esigibili oltre l'esercizio successivo:

1) verso clienti;

2) verso imprese controllate;

3) verso imprese collegate;

4) verso controllanti;

5) verso imprese sottoposte al controllo delle controllanti (7);

(1) Per il bilancio delle imprese assicuratrici v. art. 88 ss., d.lg. 7 settembre 2005, n. 209; per le banche v. d.lg. 27 gennaio 1992, n. 87, come modificato dagli artt. 6 e 7, d.lg. 30 dicembre 2003, n. 394, e dall'art. 3, d.lg. 3 novembre 2008, n. 173, e d.lg. 18 agosto 2015, n. 136; per le imprese editrici di giornali quotidiani v. art. 7, l. 30 aprile 1983, n. 137; per i concessionari privati e la concessionaria pubblica per la radiodiffusione sonora o televisiva v. art. 14, l. 6 agosto 1990, n. 223.

(2) Le parole «2) costi di sviluppo;» sono state così sostituite alle precedenti «2) costi di ricerca, di sviluppo e di pubblicità;» dall'art. 6.4, lett. a, d.lg. 18 agosto 2015, n. 139. In base all'art. 12.1, d.lg. cit., tali disposizioni «entrano in vigore dal 1° gennaio 2016 e si applicano ai bilanci relativi agli esercizi finanziari aventi inizio a partire da quella data».

(3) Lettera così sostituita dall'art. 6.4, lett. b, d.lg. 18 agosto 2015, n. 139. In base all'art. 12.1, d.lg. cit., tali disposizioni «entrano in vigore dal 1° gennaio 2016 e si applicano ai bilanci relativi agli esercizi finanziari aventi inizio a partire da quella data».

(4) Lettera inserita dall'art. 6.4, lett. b, d.lg. 18 agosto 2015, n. 139. In base all'art. 12.1, d.lg. cit., tali disposizioni «entrano in vigore dal 1° gennaio 2016 e si applicano ai bilanci relativi agli esercizi finanziari aventi inizio a partire da quella data».

(5) Numero così sostituito dall'art. 6.4, lett. c, d.lg. 18 agosto 2015, n. 139. In base all'art. 12.1, d.lg. cit., tali disposizioni «entrano in vigore dal 1° gennaio 2016 e si applicano ai bilanci relativi agli esercizi finanziari aventi inizio a partire da quella data».

(6) Numero così sostituito dall'art. 6.4, lett. d, d.lg. 18 agosto 2015, n. 139. In base all'art. 12.1, d.lg. cit., tali disposizioni «entrano in vigore dal 1° gennaio 2016 e si applicano ai bilanci relativi agli esercizi finanziari aventi inizio a partire da quella data».

(7) I numeri da 5) a 5-*quater*) sono stati così sostituiti ai precedenti 4-*bis*), 4-*ter*) e 5) dall'art. 6.4, lett. e, d.lg. 18 agosto 2015, n. 139. In base all'art. 12.1, d.lg. cit., tali disposizioni «entrano in vigore dal 1° gennaio 2016 e si applicano ai bilanci relativi agli esercizi finanziari aventi inizio a partire da quella data».

5-*bis*) crediti tributari (1);
5-*ter*) imposte anticipate (1);
5-*quater*) verso altri (1).
Totale.

III – Attività finanziarie che non costituiscono immobilizzazioni:
1) partecipazioni in imprese controllate;
2) partecipazioni in imprese collegate;
3) partecipazioni in imprese controllanti;
3-*bis*) partecipazioni in imprese sottoposte al controllo delle controllanti (2);
4) altre partecipazioni;
5) strumenti finanziari derivati attivi (3);
6) altri titoli.
Totale.

IV – Disponibilità liquide:
1) depositi bancari e postali;
2) assegni;
3) danaro e valori in cassa.
Totale.
Totale attivo circolante (C).

D) Ratei e risconti (4).

PASSIVO:

A) Patrimonio netto:
I – Capitale.
II – Riserva da soprapprezzo delle azioni.
III – Riserve di rivalutazione.
IV – Riserva legale.
V – Riserve statutarie
VI – Altre riserve, distintamente indicate (5).
VII – Riserva per operazioni di copertura dei flussi finanziari attesi (5).
VIII – Utili (perdite) portati a nuovo (5).
IX – Utile (perdita) dell'esercizio (5).
X – Riserva negativa per azioni proprie in portafoglio (5).
Totale.

B) Fondi per rischi e oneri:
1) per trattamento di quiescenza e obblighi simili;
2) per imposte, anche differite (6);
3) strumenti finanziari derivati passivi (6);
4) altri (6).
Totale.

C) Trattamento di fine rapporto di lavoro subordinato.

D) Debiti, con separata indicazione, per ciascuna voce, degli importi esigibili oltre l'esercizio successivo:
1) obbligazioni;
2) obbligazioni convertibili;
3) debiti verso soci per finanziamenti;
4) debiti verso banche;
5) debiti verso altri finanziatori;
6) acconti;
7) debiti verso fornitori;
8) debiti rappresentati da titoli di credito;
9) debiti verso imprese controllate;
10) debiti verso imprese collegate;
11) debiti verso controllanti;
11-*bis*) debiti verso imprese sottoposte al controllo delle controllanti (7);
12) debiti tributari;
13) debiti verso istituti di previdenza e di sicurezza sociale;
14) altri debiti.
Totale.

(1) I numeri da 5) a 5-*quater*) sono stati così sostituiti ai precedenti 4-*bis*), 4-*ter*) e 5) dall'art. 6.4, lett. e, d.lg. 18 agosto 2015, n. 139. In base all'art. 12.1, d.lg. cit., tali disposizioni «entrano in vigore dal 1° gennaio 2016 e si applicano ai bilanci relativi agli esercizi finanziari aventi inizio a partire da quella data».

(2) Numero inserito dall'art. 6.4, lett. f, d.lg. 18 agosto 2015, n. 139. In base all'art. 12.1, d.lg. cit., tali disposizioni «entrano in vigore dal 1° gennaio 2016 e si applicano ai bilanci relativi agli esercizi finanziari aventi inizio a partire da quella data».

(3) Numero così sostituito dall'art. 6.4, lett. f, d.lg. 18 agosto 2015, n. 139. In base all'art. 12.1, d.lg. cit., tali disposizioni «entrano in vigore dal 1° gennaio 2016 e si applicano ai bilanci relativi agli esercizi finanziari aventi inizio a partire da quella data».

(4) Numero così sostituito dall'art. 6.4, lett. g, d.lg. 18 agosto 2015, n. 139. In base all'art. 12.1, d.lg. cit., tali disposizioni «entrano in vigore dal 1° gennaio 2016 e si applicano ai bilanci relativi agli esercizi finanziari aventi inizio a partire da quella data».

(5) I numeri da VI a X sono stati così sostituiti ai precedenti da VI a IX dall'art. 6.4, lett. h, d.lg. 18 agosto 2015, n. 139. In base all'art. 12.1, d.lg. cit., tali disposizioni «entrano in vigore dal 1° gennaio 2016 e si applicano ai bilanci relativi agli esercizi finanziari aventi inizio a partire da quella data».

(6) I numeri 2), 3) e 4) sono stati così sostituiti ai precedenti 2) e 3) dall'art. 6.4, lett. i, d.lg. 18 agosto 2015, n. 139. In base all'art. 12.1, d.lg. cit., tali disposizioni «entrano in vigore dal 1° gennaio 2016 e si applicano ai bilanci relativi agli esercizi finanziari aventi inizio a partire da quella data».

(7) Numero inserito dall'art. 6.4, lett. l, d.lg. 18 agosto 2015, n. 139. In base all'art. 12.1, d.lg. cit., tali disposizioni «entrano in vigore dal 1° gennaio 2016 e si applicano ai bilanci relativi agli esercizi finanziari aventi inizio a partire da quella data».

E) Ratei e risconti (1).

2. Se un elemento dell'attivo o del passivo ricade sotto più voci dello schema, nella nota integrativa deve annotarsi, qualora ciò sia necessario ai fini della comprensione del bilancio, la sua appartenenza anche a voci diverse da quella nella quale è iscritto.

3. .... (2).

4. È fatto salvo quanto disposto dall'art. 2447-*septies* con riferimento ai beni e rapporti giuridici compresi nei patrimoni destinati ad uno specifico affare ai sensi della lett. *a*) del primo comma dell'art. 2447-*bis* (c. 2435-*II*[2], 2478-*II*[1]).

2424-*bis*. *Disposizioni relative a singole voci dello stato patrimoniale*. — *1.* Gli elementi patrimoniali destinati ad essere utilizzati durevolmente devono essere iscritti tra le immobilizzazioni.

2. Le partecipazioni in altre imprese in misura non inferiore a quelle stabilite dal terzo comma dell'art. 2359 si presumono immobilizzazioni.

3. Gli accantonamenti per rischi ed oneri sono destinati soltanto a coprire perdite o debiti di natura determinata, di esistenza certa o probabile, dei quali tuttavia alla chiusura dell'esercizio sono indeterminati o l'ammontare o la data di sopravvenienza.

4. Nella voce: «trattamento di fine rapporto di lavoro subordinato» deve essere indicato l'importo calcolato a norma dell'art. 2120.

5. Le attività oggetto di contratti di compravendita con obbligo di retrocessione a termine devono essere iscritte nello stato patrimoniale del venditore.

6. Nella voce ratei e risconti attivi devono essere iscritti i proventi di competenza dell'esercizio esigibili in esercizi successivi, e i costi sostenuti entro la chiusura dell'esercizio ma di competenza di esercizi successivi. Nella voce ratei e risconti passivi devono essere iscritti i costi di competenza dell'esercizio esigibili in esercizi successivi e i proventi percepiti entro la chiusura dell'esercizio ma di competenza di esercizi successivi. Possono essere iscritte in tali voci soltanto quote di costi e proventi, comuni a due o più esercizi, l'entità dei quali vari in ragione del tempo (c. 2478-*II* [1]).

7. Le azioni proprie sono rilevate in bilancio a diretta riduzione del patrimonio netto, ai sensi di quanto disposto dal terzo comma dell'art. 2357-*ter* (3).

2425. *Contenuto del conto economico*. — *1.* Il conto economico deve essere redatto in conformità al seguente schema:

A) *Valore della produzione*:

1) ricavi delle vendite e delle prestazioni;

2) variazioni delle rimanenze di prodotti in corso di lavorazione, semilavorati e finiti;

3) variazioni dei lavori in corso su ordinazione;

4) incrementi di immobilizzazioni per lavori interni;

5) altri ricavi e proventi, con separata indicazione dei contributi in conto esercizio.

Totale.

B) *Costi della produzione*:

6) per materie prime, sussidiarie, di consumo e di merci;

7) per servizi;

8) per godimento di beni di terzi;

9) per il personale:

a) salari e stipendi;

b) oneri sociali;

c) trattamento di fine rapporto;

d) trattamento di quiescenza e simili;

e) altri costi;

10) ammortamenti e svalutazioni:

a) ammortamento delle immobilizzazioni immateriali;

b) ammortamento delle immobilizzazioni materiali;

c) altre svalutazioni delle immobilizzazioni;

d) svalutazioni dei crediti compresi nell'attivo circolante e delle disponibilità liquide;

11) variazioni delle rimanenze di materie prime, sussidiarie, di consumo e merci;

12) accantonamenti per rischi;

13) altri accantonamenti;

14) oneri diversi di gestione.

Totale.

(1) Lettera così sostituita dall'art. 6.4, lett. m, d.lg. 18 agosto 2015, n. 139. In base all'art. 12.1, d.lg. cit., tali disposizioni «entrano in vigore dal 1° gennaio 2016 e si applicano ai bilanci relativi agli esercizi finanziari aventi inizio a partire da quella data».

(2) Comma abrogato dall'art. 6.4, lett. n, d.lg. 18 agosto 2015, n. 139. In base all'art. 12.1, d.lg. cit., tali disposizioni «entrano in vigore dal 1° gennaio 2016 e si applicano ai bilanci relativi agli esercizi finanziari aventi inizio a partire da quella data».

(3) Comma aggiunto dall'art. 6.5, d.lg. 18 agosto 2015, n. 139. In base all'art. 12.1, d.lg. cit., tali disposizioni «entrano in vigore dal 1° gennaio 2016 e si applicano ai bilanci relativi agli esercizi finanziari aventi inizio a partire da quella data».

Differenza tra valore e costi della produzione (A – B).

C) *Proventi e oneri finanziari*:

15) proventi da partecipazioni, con separata indicazione di quelli relativi ad imprese controllate e collegate (c. 2427[1]) e di quelli relativi a controllanti e a imprese sottoposte al controllo di queste ultime (1);

16) altri proventi finanziari:

a) da crediti iscritti nelle immobilizzazioni, con separata indicazione di quelli da imprese controllate e collegate e di quelli da controllanti e da imprese sottoposte al controllo di queste ultime (2);

b) da titoli iscritti nelle immobilizzazioni che non costituiscono partecipazioni;

c) da titoli iscritti nell'attivo circolante che non costituiscono partecipazioni;

d) proventi diversi dai precedenti, con separata indicazione di quelli da imprese controllate e collegate e di quelli da controllanti e da imprese sottoposte al controllo di queste ultime (3);

17) interessi e altri oneri finanziari, con separata indicazione di quelli verso imprese controllate e collegate e verso controllanti (c. 2427[1]);

17-*bis*) utili e perdite su cambi.

Totale (15 + 16 – 17 + – 17-*bis*).

D) *Rettifiche di valore di attività e passività finanziarie* (4):

18) rivalutazioni:

a) di partecipazioni;

b) di immobilizzazioni finanziarie che non costituiscono partecipazioni;

c) di titoli iscritti all'attivo circolante che non costituiscono partecipazioni;

d) di strumenti finanziari derivati (5);

19) svalutazioni:

a) di partecipazioni;

b) di immobilizzazioni finanziarie che non costituiscono partecipazioni;

c) di titoli iscritti nell'attivo circolante che non costituiscono partecipazioni;

d) di strumenti finanziari derivati (6).

Totale delle rettifiche (18 – 19).

E) *Risultato prima delle imposte (A-B+-C+-D)*:

20) imposte sul reddito dell'esercizio, correnti, differite e anticipate;

21) utile (perdite) dell'esercizio (7).

2425-*bis*. *Iscrizione dei ricavi, proventi, costi ed oneri*. — *1*. I ricavi e i proventi, i costi e gli oneri devono essere indicati al netto dei resi, degli sconti, abbuoni e premi, nonché delle imposte direttamente connesse con la vendita dei prodotti e la prestazione dei servizi.

2. I ricavi e i proventi, i costi e gli oneri relativi ad operazioni in valuta devono essere determinati al cambio corrente alla data nella quale la relativa operazione è compiuta.

3. I proventi e gli oneri relativi ad operazioni di compravendita con obbligo di retrocessione a termine, ivi compresa la differenza tra prezzo a termine e prezzo a pronti, devono essere iscritti per le quote di competenza dell'esercizio.

4. Le plusvalenze derivanti da operazioni di compravendita con locazione finanziaria al venditore sono ripartite in funzione della durata del contratto di locazione (c. 2478-*II*[1]) (8).

2425-*ter*. *Rendiconto finanziario*. — *1*. Dal rendiconto finanziario risultano, per l'esercizio

(1) Le parole «e di quelli relativi a controllanti e a imprese sottoposte al controllo di queste ultime» sono state aggiunte dall'art. 6.6, lett. a, d.lg. 18 agosto 2015, n. 139. In base all'art. 12.1, d.lg. cit., tali disposizioni «entrano in vigore dal 1° gennaio 2016 e si applicano ai bilanci relativi agli esercizi finanziari aventi inizio a partire da quella data».

(2) Le parole «e da imprese sottoposte al controllo di queste ultime» sono state aggiunte dall'art. 6.6, lett. b, d.lg. 18 agosto 2015, n. 139. In base all'art. 12.1, d.lg. cit., tali disposizioni «entrano in vigore dal 1° gennaio 2016 e si applicano ai bilanci relativi agli esercizi finanziari aventi inizio a partire da quella data».

(3) Le parole «e da imprese sottoposte al controllo di queste ultime» sono state aggiunte dall'art. 6.6, lett. c, d.lg. 18 agosto 2015, n. 139. In base all'art. 12.1, d.lg. cit., tali disposizioni «entrano in vigore dal 1° gennaio 2016 e si applicano ai bilanci relativi agli esercizi finanziari aventi inizio a partire da quella data».

(4) Lettera così sostituita dall'art. 6.6, lett. d, d.lg. 18 agosto 2015, n. 139. In base all'art. 12.1, d.lg. cit., tali disposizioni «entrano in vigore dal 1° gennaio 2016 e si applicano ai bilanci relativi agli esercizi finanziari aventi inizio a partire da quella data».

(5) Lettera aggiunta dall'art. 6.6, lett. e, d.lg. 18 agosto 2015, n. 139. In base all'art. 12.1, d.lg. cit., tali disposizioni «entrano in vigore dal 1° gennaio 2016 e si applicano ai bilanci relativi agli esercizi finanziari aventi inizio a partire da quella data».

(6) Lettera aggiunta dall'art. 6.6, lett. f, d.lg. 18 agosto 2015, n. 139. In base all'art. 12.1, d.lg. cit., tali disposizioni «entrano in vigore dal 1° gennaio 2016 e si applicano ai bilanci relativi agli esercizi finanziari aventi inizio a partire da quella data».

(7) Lettera così sostituita dall'art. 6.6, lett. g, d.lg. 18 agosto 2015, n. 139. In base all'art. 12.1, d.lg. cit., tali disposizioni «entrano in vigore dal 1° gennaio 2016 e si applicano ai bilanci relativi agli esercizi finanziari aventi inizio a partire da quella data».

(8) Comma aggiunto dall'art. 16, d.lg. 28 dicembre 2004, n. 310.

a cui è riferito il bilancio e per quello precedente, l'ammontare e la composizione delle disponibilità liquide, all'inizio e alla fine dell'esercizio, ed i flussi finanziari dell'esercizio derivanti dall'attività operativa, da quella di investimento, da quella di finanziamento, ivi comprese, con autonoma indicazione, le operazioni con i soci (1).

2426. *Criteri di valutazioni. — 1.* Nelle valutazioni devono essere osservati i seguenti criteri (2):

1) le immobilizzazioni sono iscritte al costo di acquisto o di produzione. Nel costo di acquisto si computano anche i costi accessori. Il costo di produzione comprende tutti i costi direttamente imputabili al prodotto. Può comprendere anche altri costi, per la quota ragionevolmente imputabile al prodotto, relativi al periodo di fabbricazione e fino al momento dal quale il bene può essere utilizzato; con gli stessi criteri possono essere aggiunti gli oneri relativi al finanziamento della fabbricazione, interna o presso terzi; le immobilizzazioni rappresentate da titoli sono rilevate in bilancio con il criterio del costo ammortizzato, ove applicabile (3);

2) il costo delle immobilizzazioni, materiali e immateriali, la cui utilizzazione è limitata nel tempo deve essere sistematicamente ammortizzato in ogni esercizio in relazione con la loro residua possibilità di utilizzazione. Eventuali modifiche dei criteri di ammortamento e dei coefficienti applicati devono essere motivate nella nota integrativa;

3) l'immobilizzazione che, alla data della chiusura dell'esercizio, risulti durevolmente di valore inferiore a quello determinato secondo i nn. 1 e 2 deve essere iscritta a tale minore valore. Il minor valore (4) non può essere mantenuto nei successivi bilanci se sono venuti meno i motivi della rettifica effettuata; questa disposizione non si applica a rettifiche di valore relative all'avviamento (5).

Per le immobilizzazioni consistenti in partecipazioni in imprese controllate o collegate che risultino iscritte per un valore superiore a quello derivante dall'applicazione del criterio di valutazione previsto dal successivo n. 4 o, se non vi sia obbligo di redigere il bilancio consolidato, al valore corrispondente alla frazione di patrimonio netto risultante dall'ultimo bilancio dell'impresa partecipata, la differenza dovrà essere motivata nella nota integrativa;

4) le immobilizzazioni consistenti in partecipazioni in imprese controllate o collegate possono essere valutate, con riferimento ad una o più tra dette imprese, anziché secondo il criterio indicato al n. 1, per un importo pari alla corrispondente frazione del patrimonio netto risultante dall'ultimo bilancio delle imprese medesime, detratti i dividendi ed operate le rettifiche richieste dai principi di redazione del bilancio consolidato nonché quelle necessarie per il rispetto dei principi indicati negli artt. 2423 e 2423-*bis*.

Quando la partecipazione è iscritta per la prima volta in base al metodo del patrimonio netto, il costo di acquisto superiore al valore corrispondente del patrimonio netto riferito alla data di acquisizione o (6) risultante dall'ultimo bilancio dell'impresa controllata o collegata può essere iscritto nell'attivo, purché ne siano indicate le ragioni nella nota integrativa. La differenza, per la parte attribuibile a beni ammortizzabili o all'avviamento, deve essere ammortizzata.

Negli esercizi successivi le plusvalenze, derivanti dall'applicazione del metodo del patrimonio netto, rispetto al valore indicato nel bilancio dell'esercizio precedente sono iscritte in una riserva non distribuibile;

(1) Articolo inserito dall'art. 6.7, d.lg. 18 agosto 2015, n. 139. In base all'art. 12.1, d.lg. cit., tali disposizioni «entrano in vigore dal 1° gennaio 2016 e si applicano ai bilanci relativi agli esercizi finanziari aventi inizio a partire da quella data».

(2) Per i giudizi sui bilanci da parte della società di revisione nelle società quotate v. art. 156, d.lg. 24 febbraio 1998, n. 58, in *Leggi coll. XVIII, 1*.

(3) Le parole «le immobilizzazioni rappresentate da titoli sono rilevate in bilancio con il criterio del costo ammortizzato, ove applicabile» sono state aggiunte dall'art. 6.8, lett. a, d.lg. 18 agosto 2015, n. 139. In base all'art. 12.2, d.lg. cit., tali disposizioni «possono non essere applicate alle componenti delle voci riferite a operazioni che non hanno ancora esaurito i loro effetti in bilancio».

(4) Le parole «. Il minor valore» sono state così sostituite alla precedente «; questo» dall'art. 6.8, lett. b, d.lg. 18 agosto 2015, n. 139. In base all'art. 12.1, d.lg. cit., tali disposizioni «entrano in vigore dal 1° gennaio 2016 e si applicano ai bilanci relativi agli esercizi finanziari aventi inizio a partire da quella data».

(5) Le parole «; questa disposizione non si applica a rettifiche di valore relative all'avviamento» sono state aggiunte dall'art. 6.8, lett. b, d.lg. 18 agosto 2015, n. 139. In base all'art. 12.1, d.lg. cit., tali disposizioni «entrano in vigore dal 1° gennaio 2016 e si applicano ai bilanci relativi agli esercizi finanziari aventi inizio a partire da quella data».

(6) Le parole «riferito alla data di acquisizione o» sono state inserite dall'art. 6.8, lett. c, d.lg. 18 agosto 2015, n. 139. In base all'art. 12.1, d.lg. cit., tali disposizioni «entrano in vigore dal 1° gennaio 2016 e si applicano ai bilanci relativi agli esercizi finanziari aventi inizio a partire da quella data».

5) i costi di impianto e di ampliamento e i costi di sviluppo aventi utilità pluriennale possono essere iscritti nell'attivo con il consenso, ove esistente, del collegio sindacale. I costi di impianto e ampliamento devono essere ammortizzati entro un periodo non superiore a cinque anni. I costi di sviluppo sono ammortizzati secondo la loro vita utile; nei casi eccezionali in cui non è possibile stimarne attendibilmente la vita utile, sono ammortizzati entro un periodo non superiore a cinque anni. Fino a che l'ammortamento dei costi di impianto e ampliamento e di sviluppo non è completato possono essere distribuiti dividendi solo se residuano riserve disponibili sufficienti a coprire l'ammontare dei costi non ammortizzati (1);

6) l'avviamento può essere iscritto nell'attivo con il consenso, ove esistente, del collegio sindacale, se acquisito a titolo oneroso, nei limiti del costo per esso sostenuto. L'ammortamento dell'avviamento è effettuato secondo la sua vita utile; nei casi eccezionali in cui non è possibile stimarne attendibilmente la vita utile, è ammortizzato entro un periodo non superiore a dieci anni. Nella nota integrativa è fornita una spiegazione del periodo di ammortamento dell'avviamento (2);

7) il disaggio e l'aggio su prestiti sono rilevati secondo il criterio stabilito dal n. 8) (3);

8) i crediti e i debiti sono rilevati in bilancio secondo il criterio del costo ammortizzato, tenendo conto del fattore temporale e, per quanto riguarda i crediti, del valore di presumibile realizzo (4);

8-*bis*) le attività e passività monetarie in valuta sono iscritte al cambio a pronti alla data di chiusura dell'esercizio; i conseguenti utili o perdite su cambi devono essere imputati al conto economico e l'eventuale utile netto è accantonato in apposita riserva non distribuibile fino al realizzo. Le attività e passività in valuta non monetarie devono essere iscritte al cambio vigente al momento del loro acquisto (5);

9) le rimanenze, i titoli e le attività finanziarie che non costituiscono immobilizzazioni sono iscritti al costo di acquisto o di produzione, calcolato secondo il n. 1, ovvero al valore di realizzazione desumibile dall'andamento del mercato, se minore; tale minor valore non può essere mantenuto nei successivi bilanci se ne sono venuti meno i motivi. I costi di distribuzione non possono essere computati nel costo di produzione;

10) il costo dei beni fungibili può essere calcolato col metodo della media ponderata o con quelli: «primo entrato, primo uscito» o: «ultimo entrato, primo uscito»; se il valore così ottenuto differisce in misura apprezzabile dai costi correnti alla chiusura dell'esercizio, la differenza deve essere indicata, per categoria di beni, nella nota integrativa (c. 2435-*II*[5]);

11) i lavori in corso su ordinazione possono essere iscritti sulla base dei corrispettivi contrattuali maturati con ragionevole certezza;

11-*bis*) gli strumenti finanziari derivati, anche se incorporati in altri strumenti finanziari, sono iscritti al *fair value*. Le variazioni del *fair value* sono imputate al conto economico oppure, se lo strumento copre il rischio di variazione dei flussi finanziari attesi di un altro strumento finanziario o di un'operazione programmata, direttamente ad una riserva positiva o negativa di patrimonio netto; tale riserva è imputata al conto economico nella misura e nei tempi corrispondenti al verificarsi o al modificarsi dei flussi di cassa dello strumento coperto o al verificarsi dell'operazione oggetto di copertura. Gli elementi oggetto di copertura contro il rischio di variazioni dei tassi di interesse o dei tassi di cambio o dei prezzi di mercato o

(1) Numero così sostituito dall'art. 6.8, lett. d, d.lg. 18 agosto 2015, n. 139. In base all'art. 12.1, d.lg. cit., tali disposizioni «entrano in vigore dal 1° gennaio 2016 e si applicano ai bilanci relativi agli esercizi finanziari aventi inizio a partire da quella data».

(2) Le parole da «. L'ammortamento» fino a «dell'avviamento;» sono state così sostituite alle precedenti «e deve essere ammortizzato entro un periodo di cinque anni. È tuttavia consentito ammortizzare sistematicamente l'avviamento in un periodo limitato di durata superiore, purché esso non superi la durata per l'utilizzazione di questo attivo e ne sia data adeguata motivazione nella nota integrativa;» dall'art. 6.8, lett. e, d.lg. 18 agosto 2015, n. 139. In base all'art. 12.2, d.lg. cit., tali disposizioni «possono non essere applicate alle componenti delle voci riferite a operazioni che non hanno ancora esaurito i loro effetti in bilancio».

(3) Numero così sostituito dall'art. 6.8, lett. f, d.lg. 18 agosto 2015, n. 139. In base all'art. 12.1, d.lg. cit., tali disposizioni «entrano in vigore dal 1° gennaio 2016 e si applicano ai bilanci relativi agli esercizi finanziari aventi inizio a partire da quella data».

(4) Numero così sostituito dall'art. 6.8, lett. g, d.lg. 18 agosto 2015, n. 139. In base all'art. 12.2, d.lg. cit., tali disposizioni «possono non essere applicate alle componenti delle voci riferite a operazioni che non hanno ancora esaurito i loro effetti in bilancio».

(5) Numero così sostituito dall'art. 6.8, lett. h, d.lg. 18 agosto 2015, n. 139. In base all'art. 12.1, d.lg. cit., tali disposizioni «entrano in vigore dal 1° gennaio 2016 e si applicano ai bilanci relativi agli esercizi finanziari aventi inizio a partire da quella data».

contro il rischio di credito sono valutati simmetricamente allo strumento derivato di copertura; si considera sussistente la copertura in presenza, fin dall'inizio, di stretta e documentata correlazione tra le caratteristiche dello strumento o dell'operazione coperti e quelle dello strumento di copertura. Non sono distribuibili gli utili che derivano dalla valutazione al *fair value* degli strumenti finanziari derivati non utilizzati o non necessari per la copertura. Le riserve di patrimonio che derivano dalla valutazione al *fair value* di derivati utilizzati a copertura dei flussi finanziari attesi di un altro strumento finanziario o di un'operazione programmata non sono considerate nel computo del patrimonio netto per le finalità di cui agli artt. 2412, 2433, 2442, 2446 e 2447 e, se positive, non sono disponibili e non sono utilizzabili a copertura delle perdite (1);

12) .... (2) (3).

2. Ai fini della presente Sezione, per la definizione di «strumento finanziario», di «attività finanziaria» e «passività finanziaria», di «strumento finanziario derivato», di «costo ammortizzato», di «fair value», di «attività monetaria» e «passività monetaria», «parte correlata» e «modello e tecnica di valutazione generalmente accettato» si fa riferimento ai principi contabili internazionali adottati dall'Unione europea (4).

3. Ai fini dell'applicazione delle disposizioni del primo comma, n. 11-*bis*), sono considerati strumenti finanziari derivati anche quelli collegati a merci che conferiscono all'una o all'altra parte contraente il diritto di procedere alla liquidazione del contratto per contanti o mediante altri strumenti finanziari, ad eccezione del caso in cui si verifichino contemporaneamente le seguenti condizioni:

a) il contratto sia stato concluso e sia mantenuto per soddisfare le esigenze previste dalla società che redige il bilancio di acquisto, di vendita o di utilizzo delle merci;

b) il contratto sia stato destinato a tale scopo fin dalla sua conclusione;

c) si prevede che il contratto sia eseguito mediante consegna della merce (4).

4. Il *fair value* è determinato con riferimento:

a) al valore di mercato, per gli strumenti finanziari per i quali è possibile individuare facilmente un mercato attivo; qualora il valore di mercato non sia facilmente individuabile per uno strumento, ma possa essere individuato per i suoi componenti o per uno strumento analogo, il valore di mercato può essere derivato da quello dei componenti o dello strumento analogo;

b) al valore che risulta da modelli e tecniche di valutazione generalmente accettati, per gli strumenti per i quali non sia possibile individuare facilmente un mercato attivo; tali modelli e tecniche di valutazione devono assicurare una ragionevole approssimazione al valore di mercato (4).

5. Il *fair value* non è determinato se l'applicazione dei criteri indicati al quarto comma non dà un risultato attendibile (4).

2427. *Contenuto della nota integrativa.* — *1.* La nota integrativa deve indicare, oltre a quanto stabilito da altre disposizioni:

1) i criteri applicati nella valutazione delle voci del bilancio, nelle rettifiche di valore e nella conversione dei valori non espressi all'origine in moneta avente corso legale nello Stato;

2) i movimenti delle immobilizzazioni, specificando per ciascuna voce: il costo; le precedenti rivalutazioni, ammortamenti e svalutazioni; le acquisizioni, gli spostamenti da una ad altra voce, le alienazioni avvenuti nell'esercizio; le rivalutazioni, gli ammortamenti e le svalutazioni effettuati nell'esercizio; il totale delle rivalutazioni riguardanti le immobilizzazioni esistenti alla chiusura dell'esercizio;

3) la composizione delle voci: «costi di impianto e di ampliamento» e: «costi di sviluppo» (5), nonché le ragioni della iscrizione ed i rispettivi criteri di ammortamento;

(1) Numero inserito dall'art. 6.8, lett. i, d.lg. 18 agosto 2015, n. 139. In base all'art. 12.1, d.lg. cit., tali disposizioni «entrano in vigore dal 1° gennaio 2016 e si applicano ai bilanci relativi agli esercizi finanziari aventi inizio a partire da quella data».

(2) Numero abrogato dall'art. 6.8, lett. l, d.lg. 18 agosto 2015, n. 139. In base all'art. 12.1, d.lg. cit., tali disposizioni «entrano in vigore dal 1° gennaio 2016 e si applicano ai bilanci relativi agli esercizi finanziari aventi inizio a partire da quella data».

(3) Per i giudizi sui bilanci da parte della società di revisione nelle società quotate v. art. 156, d.lg. 24 febbraio 1998, n. 58, in *Leggi coll. XVIII, 1*.

(4) Comma aggiunto dall'art. 6.8, lett. m, d.lg. 18 agosto 2015, n. 139. In base all'art. 12.1, d.lg. cit., tali disposizioni «entrano in vigore dal 1° gennaio 2016 e si applicano ai bilanci relativi agli esercizi finanziari aventi inizio a partire da quella data».

(5) Le parole «costi di sviluppo» sono state così sostituite alle precedenti «costi di ricerca, di sviluppo e di pubblicità» dall'art. 6.9, lett. a, d.lg. 18 agosto 2015, n. 139. In base all'art. 12.1, d.lg. cit., tali disposizioni «entrano in vigore dal 1° gennaio 2016 e si applicano ai bilanci relativi agli esercizi finanziari aventi inizio a partire da quella data».

3-*bis*) la misura e le motivazioni delle riduzioni di valore applicate alle immobilizzazioni materiali e (1) immateriali (2), facendo a tal fine esplicito riferimento al loro concorso alla futura produzione di risultati economici, alla loro prevedibile durata utile e, per quanto rilevante (3), al loro valore di mercato, segnalando altresì le differenze rispetto a quelle operate negli esercizi precedenti ed evidenziando la loro influenza sui risultati economici dell'esercizio (4);

4) le variazioni intervenute nella consistenza delle altre voci dell'attivo e del passivo; in particolare, per le voci del patrimonio netto, per i fondi e per il trattamento di fine rapporto, la formazione e le utilizzazioni;

5) l'elenco delle partecipazioni, possedute direttamente o per tramite di società fiduciaria o per interposta persona, in imprese controllate e collegate, indicando per ciascuna la denominazione, la sede, il capitale, l'importo del patrimonio netto, l'utile o la perdita dell'ultimo esercizio, la quota posseduta e il valore attribuito in bilancio o il corrispondente credito;

6) distintamente per ciascuna voce, l'ammontare dei crediti e dei debiti di durata residua superiore a cinque anni, e dei debiti assistiti da garanzie reali su beni sociali, con specifica indicazione della natura delle garanzie e con specifica ripartizione secondo le aree geografiche;

6-*bis*) eventuali effetti significativi delle variazioni nei cambi valutari verificatesi successivamente alla chiusura dell'esercizio;

6-*ter*) distintamente per ciascuna voce, l'ammontare dei crediti e dei debiti relativi ad operazioni che prevedono l'obbligo per l'acquirente di retrocessione a termine;

7) la composizione delle voci «ratei e risconti attivi» e «ratei e risconti passivi» e della voce «altri fondi» dello stato patrimoniale [...] (5), nonché la composizione della voce «altre riserve»;

7-*bis*) le voci di patrimonio netto devono essere analiticamente indicate, con specificazione in appositi prospetti della loro origine, possibilità di utilizzazione e distribuibilità, nonché della loro avvenuta utilizzazione nei precedenti esercizi;

8) l'ammontare degli oneri finanziari imputati nell'esercizio ai valori iscritti nell'attivo dello stato patrimoniale, distintamente per ogni voce;

9) l'importo complessivo degli impegni, delle garanzie e delle passività potenziali non risultanti dallo stato patrimoniale, con indicazione della natura delle garanzie reali prestate; gli impegni esistenti in materia di trattamento di quiescenza e simili, nonché gli impegni assunti nei confronti di imprese controllate, collegate, nonché controllanti e imprese sottoposte al controllo di quest'ultime sono distintamente indicati (6);

10) [...] (7) la ripartizione dei ricavi delle vendite e delle prestazioni secondo categorie di attività e secondo aree geografiche;

11) l'ammontare dei proventi da partecipazioni, indicati nell'art. 2425, n. 15), diversi dai dividendi;

12) la suddivisione degli interessi ed altri oneri finanziari, indicati nell'art. 2425, n. 17), relativi a prestiti obbligazionari, a debiti verso banche, e altri;

13) l'importo e la natura dei singoli elementi di ricavo o di costo di entità o incidenza eccezionali (8);

14) un apposito prospetto contenente:

a) la descrizione delle differenze temporanee che hanno comportato la rilevazione di imposte differite e anticipate, specificando l'aliquota applicata e le variazioni rispetto all'esercizio precedente, gli importi accreditati o

(1) Le parole «materiali e» sono state inserite dall'art. 18.1, lett. a, d.lg. 28 dicembre 2004, n. 310.

(2) Le parole «di durata indeterminata» sono state soppresse dall'art. 18.1, lett. b, d.lg. 28 dicembre 2004, n. 310.

(3) La parola «rilevante» è stata sostituita alla precedente «determinabile» dall'art. 18.1, lett. c, d.lg. 28 dicembre 2004, n. 310.

(4) Le parole «e sugli indicatori di redditività di cui sia stata data comunicazione» sono state soppresse dall'art. 18.1, lett. d, d.lg. 28 dicembre 2004, n. 310.

(5) Le parole «, quando il loro ammontare sia apprezzabile» sono state soppresse dall'art. 6.9, lett. b, d.lg. 18 agosto 2015, n. 139. In base all'art. 12.1, d.lg. cit., tali disposizioni «entrano in vigore dal 1° gennaio 2016 e si applicano ai bilanci relativi agli esercizi finanziari aventi inizio a partire da quella data».

(6) Numero così sostituito dall'art. 6.9, lett. c, d.lg. 18 agosto 2015, n. 139. In base all'art. 12.1, d.lg. cit., tali disposizioni «entrano in vigore dal 1° gennaio 2016 e si applicano ai bilanci relativi agli esercizi finanziari aventi inizio a partire da quella data».

(7) Le parole «se significativa,» sono state soppresse dall'art. 6.9, lett. d, d.lg. 18 agosto 2015, n. 139. In base all'art. 12.1, d.lg. cit., tali disposizioni «entrano in vigore dal 1° gennaio 2016 e si applicano ai bilanci relativi agli esercizi finanziari aventi inizio a partire da quella data».

(8) Numero così sostituito dall'art. 6.9, lett. e, d.lg. 18 agosto 2015, n. 139. In base all'art. 12.1, d.lg. cit., tali disposizioni «entrano in vigore dal 1° gennaio 2016 e si applicano ai bilanci relativi agli esercizi finanziari aventi inizio a partire da quella data».

addebitati a conto economico oppure a patrimonio netto, le voci escluse dal computo e le relative motivazioni;

b) l'ammontare delle imposte anticipate contabilizzato in bilancio attinenti a perdite dell'esercizio o di esercizi precedenti e le motivazioni dell'iscrizione, l'ammontare non ancora contabilizzato e le motivazioni della mancata iscrizione;

15) il numero medio dei dipendenti, ripartito per categoria;

16) l'ammontare dei compensi, delle anticipazioni e dei crediti concessi agli (1) spettanti agli amministratori ed ai sindaci, cumulativamente per ciascuna categoria, precisando il tasso d'interesse, le principali condizioni e gli importi eventualmente rimborsati, cancellati o oggetto di rinuncia, nonché gli impegni assunti per loro conto per effetto di garanzie di qualsiasi tipo prestate, precisando il totale per ciascuna categoria (2);

16-*bis*) salvo che la società sia inclusa in un ambito di consolidamento e le informazioni siano contenute nella nota integrativa del relativo bilancio consolidato, l'importo totale dei corrispettivi spettanti al revisore legale o alla società di revisione legale per la revisione legale dei conti annuali, l'importo totale dei corrispettivi di competenza per gli altri servizi di verifica svolti, l'importo totale dei corrispettivi di competenza per i servizi di consulenza fiscale e l'importo totale dei corrispettivi di competenza per altri servizi diversi dalla revisione contabile (3);

17) il numero e il valore nominale di ciascuna categoria di azioni della società e il numero e il valore nominale delle nuove azioni della società sottoscritte durante l'esercizio;

18) le azioni di godimento, le obbligazioni convertibili in azioni, i warrants, le opzioni (4) e i titoli o valori simili emessi dalla società, specificando il loro numero e i diritti che essi attribuiscono;

19) il numero e le caratteristiche degli altri strumenti finanziari emessi dalla società, con l'indicazione dei diritti patrimoniali e partecipativi che conferiscono e delle principali caratteristiche delle operazioni relative;

19-*bis*) i finanziamenti effettuati dai soci alla società, ripartiti per scadenze e con la separata indicazione di quelli con clausola di postergazione rispetto agli altri creditori;

20) i dati richiesti dal terzo comma dell'art. 2447-*septies* con riferimento ai patrimoni destinati ad uno specifico affare ai sensi della lett. *a*) del primo comma dell'art. 2447-*bis*;

21) i dati richiesti dall'art. 2447-*decies*, ottavo comma;

22) le operazioni di locazione finanziaria che comportano il trasferimento al locatario della parte prevalente dei rischi e dei benefici inerenti ai beni che ne costituiscono oggetto, sulla base di un apposito prospetto dal quale risulti il valore attuale delle rate di canone non scadute quale determinato utilizzando tassi di interesse pari all'onere finanziario effettivo inerenti i singoli contratti, l'onere finanziario effettivo attribuibile ad essi e riferibile all'esercizio, l'ammontare complessivo al quale i beni oggetto di locazione sarebbero stati iscritti alla data di chiusura dell'esercizio qualora fossero stati considerati immobilizzazioni, con separata indicazione di ammortamenti, rettifiche e riprese di valore che sarebbero stati inerenti all'esercizio (c. 2435-*II*[5], 2478-*II*[1]);

22-*bis*) le operazioni realizzate con parti correlate, precisando l'importo, la natura del rapporto e ogni altra informazione necessaria per la comprensione del bilancio relativa a tali operazioni, qualora le stesse [...] (5) non siano state concluse a normali condizioni di mercato. Le informazioni relative alle singole operazioni possono essere aggregate secondo la loro natura, salvo quando la loro separata evidenziazione sia necessaria per comprendere gli effetti delle operazioni medesime sulla situazione patrimoniale e finanziaria e sul risultato economico della società (6);

(1) Le parole «, delle anticipazioni e dei crediti concessi agli» sono state inserite dall'art. 6.9, lett. f, d.lg. 18 agosto 2015, n. 139. In base all'art. 12.1, d.lg. cit., tali disposizioni «entrano in vigore dal 1° gennaio 2016 e si applicano ai bilanci relativi agli esercizi finanziari aventi inizio a partire da quella data».

(2) Le parole da «, precisando il tasso d'interesse» fino a «categoria» sono state aggiunte dall'art. 6.9, lett. f, d.lg. 18 agosto 2015, n. 139. In base all'art. 12.1, d.lg. cit., tali disposizioni «entrano in vigore dal 1° gennaio 2016 e si applicano ai bilanci relativi agli esercizi finanziari aventi inizio a partire da quella data».

(3) Numero inserito dall'art. 37.16, d.lg. 27 gennaio 2010, n. 39.

(4) Le parole «, i warrants, le opzioni» sono state inserite dall'art. 6.9, lett. g, d.lg. 18 agosto 2015, n. 139. In base all'art. 12.1, d.lg. cit., tali disposizioni «entrano in vigore dal 1° gennaio 2016 e si applicano ai bilanci relativi agli esercizi finanziari aventi inizio a partire da quella data».

(5) Le parole «siano rilevanti e» sono state soppresse dall'art. 6.9, lett. h, d.lg. 18 agosto 2015, n. 139. In base all'art. 12.1, d.lg. cit., tali disposizioni «entrano in vigore dal 1° gennaio 2016 e si applicano ai bilanci relativi agli esercizi finanziari aventi inizio a partire da quella data».

(6) Numero aggiunto dall'art. 1.1, d.lg. 3 novembre 2008, n. 173, di cui v. art. 6: «Le disposizioni del presente decreto si applicano ai bilanci e alle relazioni relativi agli esercizi aventi inizio da data successiva a quella della sua entrata in vigore».

22-*ter*) la natura e l'obiettivo economico di accordi non risultanti dallo stato patrimoniale, con indicazione del loro effetto patrimoniale, finanziario ed economico, a condizione che i rischi e i benefici da essi derivanti siano significativi e l'indicazione degli stessi sia necessaria per valutare la situazione patrimoniale e finanziaria e il risultato economico della società (1);

22-*quater*) la natura e l'effetto patrimoniale, finanziario ed economico dei fatti di rilievo avvenuti dopo la chiusura dell'esercizio (2);

22-*quinquies*) il nome e la sede legale dell'impresa che redige il bilancio consolidato dell'insieme più grande di imprese di cui l'impresa fa parte in quanto impresa controllata, nonché il luogo in cui è disponibile la copia del bilancio consolidato (2);

22-*sexies*) il nome e la sede legale dell'impresa che redige il bilancio consolidato dell'insieme più piccolo di imprese di cui l'impresa fa parte in quanto impresa controllata nonché il luogo in cui è disponibile la copia del bilancio consolidato (2);

22-*septies*) la proposta di destinazione degli utili o di copertura delle perdite (2);

2. Le informazioni in nota integrativa relative alle voci dello stato patrimoniale e del conto economico sono presentate secondo l'ordine in cui le relative voci sono indicate nello stato patrimoniale e nel conto economico (3).

2427-*bis*. *Informazioni relative al «fair value»* (4) *degli strumenti finanziari*. — 1. Nella nota integrativa sono indicati:

1) per ciascuna categoria di strumenti finanziari derivati:

a) il loro *fair value*;

b) informazioni sulla loro entità e sulla loro natura (c. 2435-*II*[5]), compresi i termini e le condizioni significative che possono influenzare l'importo, le scadenze e la certezza dei flussi finanziari futuri (5);

b-bis) gli assunti fondamentali su cui si basano i modelli e le tecniche di valutazione, qualora il *fair value* non sia stato determinato sulla base di evidenze di mercato (6);

b-ter) le variazioni di valore iscritte direttamente nel conto economico, nonché quelle imputate alle riserve di patrimonio netto (6);

b-quater) una tabella che indichi i movimenti delle riserve di *fair value* avvenuti nell'esercizio (6);

2) per le immobilizzazioni finanziarie iscritte a un valore superiore al loro fair value, con esclusione delle partecipazioni in società controllate e collegate ai sensi dell'art. 2359 e delle partecipazioni in *joint venture*:

a) il valore contabile e il *fair value* delle singole attività, o di appropriati raggruppamenti di tali attività;

b) i motivi per i quali il valore contabile non è stato ridotto, inclusa la natura degli elementi sostanziali sui quali si basa il convincimento che tale valore possa essere recuperato.

2-4. . . . . (7).

5. . . . . (8) (9).

(1) Numero aggiunto dall'art. 1.1, d.lg. 3 novembre 2008, n. 173, di cui v. art. 6: «Le disposizioni del presente decreto si applicano ai bilanci e alle relazioni relativi agli esercizi aventi inizio da data successiva a quella della sua entrata in vigore».

(2) Numero aggiunto dall'art. 6.9, lett. i, d.lg. 18 agosto 2015, n. 139. In base all'art. 12.1, d.lg. cit., tali disposizioni «entrano in vigore dal 1° gennaio 2016 e si applicano ai bilanci relativi agli esercizi finanziari aventi inizio a partire da quella data».

(3) Comma aggiunto dall'art. 1.2, d.lg. 3 novembre 2008, n. 173, e successivamente così sostituito dall'art. 6.9, lett. l, d.lg. 18 agosto 2015, n. 139. In base all'art. 12.1, d.lg. n. 139/2015 cit., tali disposizioni «entrano in vigore dal 1° gennaio 2016 e si applicano ai bilanci relativi agli esercizi finanziari aventi inizio a partire da quella data».

(4) Le parole «"fair value"» sono state così sostituite alle precedenti «valore equo "fair value"» dall'art. 6.10, lett. a, d.lg. 18 agosto 2015, n. 139. In base all'art. 12.1, d.lg. cit., tali disposizioni «entrano in vigore dal 1° gennaio 2016 e si applicano ai bilanci relativi agli esercizi finanziari aventi inizio a partire da quella data».

(5) Le parole «, compresi i termini e le condizioni significative che possono influenzare l'importo, le scadenze e la certezza dei flussi finanziari futuri» sono state aggiunte dall'art. 6.10, lett. b, d.lg. 18 agosto 2015, n. 139. In base all'art. 12.1, d.lg. cit., tali disposizioni «entrano in vigore dal 1° gennaio 2016 e si applicano ai bilanci relativi agli esercizi finanziari aventi inizio a partire da quella data».

(6) Lettera aggiunta dall'art. 6.10, lett. b, d.lg. 18 agosto 2015, n. 139. In base all'art. 12.1, d.lg. cit., tali disposizioni «entrano in vigore dal 1° gennaio 2016 e si applicano ai bilanci relativi agli esercizi finanziari aventi inizio a partire da quella data».

(7) Commi abrogati dall'art. 6.10, lett. c, d.lg. 18 agosto 2015, n. 139. In base all'art. 12.1, d.lg. cit., tali disposizioni «entrano in vigore dal 1° gennaio 2016 e si applicano ai bilanci relativi agli esercizi finanziari aventi inizio a partire da quella data».

(8) Comma abrogato dall'art. 1.3, d.lg. 3 novembre 2008, n. 173, di cui v. art. 6: «Le disposizioni del presente decreto si applicano ai bilanci e alle relazioni relativi agli esercizi aventi inizio da data successiva a quella della sua entrata in vigore».

(9) Articolo inserito dall'art. 1, d.lg. 30 dicembre 2003, n. 394, di cui v. art. 8: «Le disposizioni del presente decreto entrano in vigore dal 1° gennaio 2005».

2428. *Relazione sulla gestione*. — *1.* Il bilancio deve essere corredato da una relazione degli amministratori contenente un'analisi fedele, equilibrata ed esauriente della situazione della società e dell'andamento e del risultato della gestione (1), nel suo complesso e nei vari settori in cui essa ha operato, anche attraverso imprese controllate, con particolare riguardo ai costi, ai ricavi e agli investimenti, nonché una descrizione dei principali rischi e incertezze cui la società è esposta (2).

2. L'analisi di cui al primo comma è coerente con l'entità e la complessità degli affari della società e contiene, nella misura necessaria alla comprensione della situazione della società e dell'andamento e del risultato della sua gestione, gli indicatori di risultato finanziari e, se del caso, quelli non finanziari pertinenti all'attività specifica della società, comprese le informazioni attinenti all'ambiente e al personale. L'analisi contiene, ove opportuno, riferimenti agli importi riportati nel bilancio e chiarimenti aggiuntivi su di essi (3).

3. Dalla relazione devono in ogni caso risultare:

1) le attività di ricerca e di sviluppo;

2) i rapporti con imprese controllate, collegate, controllanti e imprese sottoposte al controllo di queste ultime;

3) il numero e il valore nominale sia delle azioni proprie sia delle azioni o quote di società controllanti possedute dalla società, anche per tramite di società fiduciaria o per interposta persona, con l'indicazione della parte di capitale corrispondente (c. 2435-*II* 6);

4) il numero e il valore nominale sia delle azioni proprie sia delle azioni o quote di società controllanti acquistate o alienate dalla società, nel corso dell'esercizio, anche per tramite di società fiduciaria o per interposta persona, con l'indicazione della corrispondente parte di capitale, dei corrispettivi e dei motivi degli acquisti e delle alienazioni (c. 2435-*II*6);

5) .... (4);

6) l'evoluzione prevedibile della gestione;

6-*bis*) in relazione all'uso da parte della società di strumenti finanziari e se rilevanti per la valutazione della situazione patrimoniale e finanziaria e del risultato economico dell'esercizio:

a) gli obiettivi e le politiche della società in materia di gestione del rischio finanziario, compresa la politica di copertura per ciascuna principale categoria di operazioni previste;

b) l'esposizione della società al rischio di prezzo, al rischio di credito, al rischio di liquidità e al rischio di variazione dei flussi finanziari (c. 2427-*II* 5).

4. .... (5).

5. Dalla relazione deve inoltre risultare l'elenco delle sedi secondarie della società (c. 2435 1, 2478-*II* 1, 2497-*III* 1, 2545 1) (6).

2429. *Relazione dei sindaci e deposito del bilancio*. — *1.* Il bilancio deve essere comunicato dagli amministratori al collegio sindacale e al soggetto incaricato della revisione legale dei conti (7), con la relazione, almeno trenta giorni prima di quello fissato per l'assemblea che deve discuterlo.

2. Il collegio sindacale deve riferire all'assemblea sui risultati dell'esercizio sociale e sull'attività svolta nell'adempimento dei propri doveri, e fare le osservazioni e le proposte in ordine al bilancio e alla sua approvazione, con particolare riferimento all'esercizio della deroga di cui all'art. 2423, quarto comma. [...] (8) (9).

(1) Le parole da «contenente un'analisi fedele» fino a «gestione» sono state così sostituite alle precedenti «sulla situazione della società e sull'andamento della gestione» dall'art. 1.1, lett. a, d.lg. 2 febbraio 2007, n. 32. L'art. 5, d.lg. cit., così dispone: «Le disposizioni del presente decreto si applicano ai bilanci relativi agli esercizi aventi inizio dalla data successiva a quella della sua entrata in vigore».

(2) Le parole «, nonché una descrizione dei principali rischi e incertezze cui la società è esposta» sono state aggiunte dall'art. 1.1, lett. b, d.lg. 2 febbraio 2007, n. 32. L'art. 5, d.lg. cit., così dispone: «Le disposizioni del presente decreto si applicano ai bilanci relativi agli esercizi aventi inizio dalla data successiva a quella della sua entrata in vigore».

(3) Comma inserito dall'art. 1.1, lett. c, d.lg. 2 febbraio 2007, n. 32. L'art. 5, d.lg. cit., così dispone: «Le disposizioni del presente decreto si applicano ai bilanci relativi agli esercizi aventi inizio dalla data successiva a quella della sua entrata in vigore».

(4) Numero abrogato dall'art. 6.11, d.lg. 18 agosto 2015, n. 139. In base all'art. 12.1, d.lg. cit., tali disposizioni «entrano in vigore dal 1° gennaio 2016 e si applicano ai bilanci relativi agli esercizi finanziari aventi inizio a partire da quella data».

(5) Comma abrogato dall'art. 2.1, d.lg. 6 novembre 2007, n. 195.

(6) Per il regolamento v. deliberazione Consob 6 aprile 2000, n. 12475, in suppl. ord. G.U., 8 maggio 2000, n. 105.

(7) Le parole «e al soggetto incaricato della revisione legale dei conti» sono state inserite dall'art. 37.17, lett. a, d.lg. 27 gennaio 2010, n. 39.

(8) Ultimo periodo soppresso dall'art. 37.17, lett. b, d.lg. 27 gennaio 2010, n. 39.

(9) Il comma non si applica al collegio sindacale delle società con azioni quotate: v. art. 154.1, d.lg. 24 febbraio 1998, n. 58, in *Leggi coll. XVIII, 1*.

3. Il bilancio, con le copie integrali dell'ultimo bilancio delle società controllate e un prospetto riepilogativo dei dati essenziali dell'ultimo bilancio delle società collegate, deve restare depositato in copia nella sede della società, insieme con le relazioni degli amministratori, dei sindaci e del soggetto incaricato della revisione legale dei conti (1), durante i quindici giorni che precedono l'assemblea, e finché sia approvato. I soci possono prenderne visione.

4. Il deposito delle copie dell'ultimo bilancio delle società controllate prescritto dal comma precedente può essere sostituito, per quelle incluse nel consolidamento, dal deposito di un prospetto riepilogativo dei dati essenziali dell'ultimo bilancio delle medesime (c. 2435[1], 2478-*II*[1], 2545[1]).

2430. *Riserva legale*. — *1.* Dagli utili netti annuali deve essere dedotta una somma corrispondente almeno alla ventesima parte di essi per costituire una riserva, fino a che questa non abbia raggiunto il quinto del capitale sociale.

2. La riserva deve essere reintegrata a norma del comma precedente se viene diminuita per qualsiasi ragione.

3. Sono salve le disposizioni delle leggi speciali (c. 2431, 2478-*II*[1]).

2431. *Soprapprezzo delle azioni*. — *1.* Le somme percepite dalla società per l'emissione di azioni ad un prezzo superiore al loro valore nominale, ivi comprese quelle derivate dalla conversione di obbligazioni, non possono essere distribuite fino a che la riserva legale non abbia raggiunto il limite stabilito dall'art. 2430 (c. 2478-*II*[1]).

2432. *Partecipazione agli utili*. — *1.* Le partecipazioni agli utili eventualmente spettanti ai promotori, ai soci fondatori e agli amministratori sono computate sugli utili netti risultanti dal bilancio, fatta deduzione della quota di riserva legale.

2433. *Distribuzione degli utili ai soci*. — *1.* La deliberazione sulla distribuzione degli utili è adottata dall'assemblea che approva il bilancio ovvero, qualora il bilancio sia approvato dal consiglio di sorveglianza, dall'assemblea convocata a norma dell'art. 2364-*bis*, secondo comma.

2. Non possono essere pagati dividendi sulle azioni, se non per utili realmente conseguiti e risultanti dal bilancio regolarmente approvato.

3. Se si verifica una perdita del capitale sociale, non può farsi luogo a ripartizione di utili fino a che il capitale non sia reintegrato o ridotto in misura corrispondente.

4. I dividendi erogati in violazione delle disposizioni del presente articolo non sono ripetibili, se i soci li hanno riscossi in buona fede in base a bilancio regolarmente approvato, da cui risultano utili netti corrispondenti.

2433-*bis*. *Acconti sui dividendi*. — *1.* La distribuzione di acconti sui dividendi è consentita solo alle società il cui bilancio è assoggettato per legge a revisione legale dei conti, secondo il regime previsto dalle leggi speciali per gli enti di interesse pubblico (2).

2. La distribuzione di acconti sui dividendi deve essere prevista dallo statuto ed è deliberata dagli amministratori dopo il rilascio da parte del soggetto incaricato di effettuare la revisione legale dei conti (3) di un giudizio positivo sul bilancio dell'esercizio precedente e la sua approvazione.

3. Non è consentita la distribuzione di acconti sui dividendi quando dall'ultimo bilancio approvato risultino perdite relative all'esercizio o a esercizi precedenti.

4. L'ammontare degli acconti sui dividendi non può superare la minor somma tra l'importo degli utili conseguiti dalla chiusura dell'esercizio precedente, diminuito delle quote che dovranno essere destinate a riserva per obbligo legale o statutario, e quello delle riserve disponibili.

5. Gli amministratori deliberano la distribuzione di acconti sui dividendi sulla base di un prospetto contabile e di una relazione, dai quali risulti che la situazione patrimoniale, economica e finanziaria della società consente la distribuzione stessa. Su tali documenti deve essere acquisito il parere del soggetto incaricato della revisione legale dei conti (4).

6. Il prospetto contabile, la relazione degli amministratori e il parere del soggetto incaricato della revisione legale dei conti (4) debbono restare depositati in copia nella sede della

(1) Le parole «della revisione legale dei conti» sono state così sostituite alle precedenti «del controllo contabile» dall'art. 37.17, lett. c, d.lg. 27 gennaio 2010, n. 39.

(2) Le parole «a revisione legale dei conti, secondo il regime previsto dalle leggi speciali per gli enti di interesse pubblico» sono state così sostituite alle precedenti «al controllo da parte di società di revisione iscritte all'albo speciale» dall'art. 37.18, lett. a, d.lg. 27 gennaio 2010, n. 39

(3) Le parole «del soggetto incaricato di effettuare la revisione legale dei conti» sono state così sostituite alle precedenti «della società di revisione» dall'art. 37.18, lett. b, d.lg. 27 gennaio 2010, n. 39.

(4) Le parole «della revisione legale dei conti» sono state così sostituite alle precedenti «del controllo contabile» dall'art. 37.18, lett. c, d.lg. 27 gennaio 2010, n. 39.

società fino all'approvazione del bilancio dell'esercizio in corso. I soci possono prenderne visione.

7. Ancorché sia successivamente accertata l'inesistenza degli utili di periodo risultanti dal prospetto, gli acconti sui dividendi erogati in conformità con le altre disposizioni del presente articolo non sono ripetibili se i soci li hanno riscossi in buona fede.

2434. *Azione di responsabilità*. — *1.* L'approvazione del bilancio non implica liberazione degli amministratori, dei direttori generali, dei dirigenti preposti alla redazione dei documenti contabili societari (1) e dei sindaci per le responsabilità incorse nella gestione sociale (c. 2476^{8}).

2434-*bis*. *Invalidità della deliberazione di approvazione del bilancio*. — *1.* Le azioni previste dagli artt. 2377 e 2379 non possono essere proposte nei confronti delle deliberazioni di approvazione del bilancio dopo che è avvenuta l'approvazione del bilancio dell'esercizio successivo.

2. La legittimazione ad impugnare la deliberazione di approvazione del bilancio su cui il soggetto incaricato di effettuare la revisione legale dei conti ha emesso un giudizio privo di rilievi (2) spetta a tanti soci che rappresentino almeno il cinque per cento del capitale sociale.

3. Il bilancio dell'esercizio nel corso del quale viene dichiarata l'invalidità di cui al comma precedente tiene conto delle ragioni di questa (c. 2409-*XIV*^{2}, 2479-*III*^{4}).

2435. *Pubblicazione del bilancio e dell'elenco dei soci e dei titolari di diritti su azioni*. — *1.* Entro trenta giorni dall'approvazione una copia del bilancio, corredata dalle relazioni previste dagli artt. 2428 e 2429 e dal verbale di approvazione dell'assemblea o del consiglio di sorveglianza, deve essere, a cura degli amministratori, depositata presso l'ufficio del registro delle imprese o spedita al medesimo ufficio a mezzo di lettera raccomandata (3).

2. Entro trenta giorni dall'approvazione del bilancio le società non aventi azioni quotate in mercati regolamentati sono tenute altresì a depositare per l'iscrizione nel registro delle imprese l'elenco dei soci riferito alla data di approvazione del bilancio, con l'indicazione del numero delle azioni possedute, nonché dei soggetti diversi dai soci che sono titolari di diritti o beneficiari di vincoli sulle azioni medesime. L'elenco deve essere corredato dall'indicazione analitica delle annotazioni effettuate nel libro dei soci a partire dalla data di approvazione del bilancio dell'esercizio precedente (c. 2478-*II*^{2}).

2435-*bis*. *Bilancio in forma abbreviata*. — *1.* Le società, che non abbiano emesso titoli negoziati in mercati regolamentati, possono redigere il bilancio in forma abbreviata quando, nel primo esercizio o, successivamente, per due esercizi consecutivi, non abbiano superato due dei seguenti limiti:

1) totale dell'attivo dello stato patrimoniale: 4.400.000 euro (4);

2) ricavi delle vendite e delle prestazioni: 8.800.000 euro (4);

3) dipendenti occupati in media durante l'esercizio: 50 unità (c. 2477^{3}).

2. Nel bilancio in forma abbreviata lo stato patrimoniale comprende solo le voci contrassegnate nell'art. 2424 con lettere maiuscole e con numeri romani; le voci A e D dell'attivo possono essere comprese nella voce CII; [...] (5) la voce E del passivo può essere compresa nella voce D; nelle voci CII dell'attivo e D del passivo devono essere separatamente indicati i crediti e i debiti esigibili oltre l'esercizio successivo. Le società che redigono il bilancio in forma abbreviata sono esonerate dalla reda-

(1) Le parole «, dei dirigenti preposti alla redazione dei documenti contabili societari» sono state inserite dall'art. 15.1, lett. a, l. 28 dicembre 2005, n. 262.

(2) Le parole «il soggetto incaricato di effettuare la revisione legale dei conti ha emesso un giudizio privo di rilievi» sono state così sostituite alle precedenti «il revisore non ha formulato rilievi» dall'art. 37.19, d.lg. 27 gennaio 2010, n. 39.

(3) Sul deposito mediante trasmissione telematica o su supporto informatico da parte di professionisti muniti della firma digitale v. art. 31.2-*ter* e 2-*quater*, l. 24 novembre 2000, n. 340, come inseriti dall'art. 2, l. 24 dicembre 2003, n. 350.

(4) Numero così sostituito dall'art. 1.4, d.lg. 3 novembre 2008, n. 173, di cui v. art. 6: «Le disposizioni del presente decreto si applicano ai bilanci e alle relazioni relativi agli esercizi aventi inizio da data successiva a quella della sua entrata in vigore».

(5) Le parole «dalle voci BI e BII dell'attivo devono essere detratti in forma esplicita gli ammortamenti e le svalutazioni;» sono state soppresse dall'art. 6.12, lett. a, d.lg. 18 agosto 2015, n. 139. In base all'art. 12.1, d.lg. cit., tali disposizioni «entrano in vigore dal 1° gennaio 2016 e si applicano ai bilanci relativi agli esercizi finanziari aventi inizio a partire da quella data».

zione del rendiconto finanziario (1).

3. Nel conto economico del bilancio in forma abbreviata le seguenti voci previste dall'art. 2425 possono essere tra loro raggruppate:

voci A2 e A3;

voci B9(c), B9(d), B9(e);

voci B10(a), B10(b), B10(c);

voci C16(b) e C16(c);

voci D18(a), D18(b), D18(c), D18(d) (2);

voci D19(a), D19(b), D19(c), D19(d) (3).

4. .... (4).

5. Fermo restando le indicazioni richieste dal terzo, quarto e quinto comma dell'art. 2423, dal secondo e quinto comma dell'art. 2423-*ter*, dal secondo comma dell'art. 2424, dal primo comma, nn. 4) e 6), dell'art. 2426, la nota integrativa fornisce le indicazioni richieste dal primo comma dell'art. 2427, nn. 1), 2), 6), per quest'ultimo limitatamente ai soli debiti senza indicazione della ripartizione geografica, 8), 9), 13), 15), per quest'ultimo anche omettendo la ripartizione per categoria, 16), 22-*bis*), 22-*ter*), per quest'ultimo anche omettendo le indicazioni riguardanti gli effetti patrimoniali, finanziari ed economici, 22-*quater*), 22-*sexies*), per quest'ultimo anche omettendo l'indicazione del luogo in cui è disponibile la copia del bilancio consolidato, nonché dal primo comma dell'art. 2427-*bis*, n. 1) (5).

6. Le società possono limitare l'informativa richiesta ai sensi dell'art. 2427, primo comma, n. 22-*bis*, alle operazioni realizzate direttamente o indirettamente con i loro maggiori azionisti ed a quelle con i membri degli organi di amministrazione e controllo, nonché con le imprese in cui la società stessa detiene una partecipazione (6) (7).

7. Qualora le società indicate nel primo comma forniscano nella nota integrativa le informazioni richieste dai nn. 3) e 4) dell'art. 2428, esse sono esonerate dalla redazione della relazione sulla gestione.

8. Le società che redigono il bilancio in forma abbreviata, in deroga a quanto disposto dall'art. 2426, hanno la facoltà di iscrivere i titoli al costo di acquisto, i crediti al valore di presumibile realizzo e i debiti al valore nominale (8).

9. Le società che a norma del presente articolo redigono il bilancio in forma abbreviata devono redigerlo in forma ordinaria quando per il secondo esercizio consecutivo abbiano superato due dei limiti indicati nel primo comma (c. 2478-*II*[1]).

2435-*ter*. *Bilancio delle micro-imprese*. — 1. Sono considerate micro-imprese le società di cui all'art. 2435-*bis* che nel primo esercizio o, successivamente, per due esercizi consecutivi, non abbiano superato due dei seguenti limiti:

1) totale dell'attivo dello stato patrimoniale: 175.000 euro;

2) ricavi delle vendite e delle prestazioni: 350.000 euro;

3) dipendenti occupati in media durante l'esercizio: 5 unità.

(1) Ultimo periodo aggiunto dall'art. 6.12, lett. a, d.lg. 18 agosto 2015, n. 139. In base all'art. 12.1, d.lg. cit., tali disposizioni «entrano in vigore dal 1° gennaio 2016 e si applicano ai bilanci relativi agli esercizi finanziari aventi inizio a partire da quella data».

(2) Le parole «, D18(d)» sono state inserite dall'art. 6.12, lett. b, d.lg. 18 agosto 2015, n. 139. In base all'art. 12.1, d.lg. cit., tali disposizioni «entrano in vigore dal 1° gennaio 2016 e si applicano ai bilanci relativi agli esercizi finanziari aventi inizio a partire da quella data».

(3) Le parole «, D19(d)» sono state inserite dall'art. 6.12, lett. b, d.lg. 18 agosto 2015, n. 139. In base all'art. 12.1, d.lg. cit., tali disposizioni «entrano in vigore dal 1° gennaio 2016 e si applicano ai bilanci relativi agli esercizi finanziari aventi inizio a partire da quella data».

(4) Comma abrogato dall'art. 6.12, lett. c, d.lg. 18 agosto 2015, n. 139. In base all'art. 12.1, d.lg. cit., tali disposizioni «entrano in vigore dal 1° gennaio 2016 e si applicano ai bilanci relativi agli esercizi finanziari aventi inizio a partire da quella data».

(5) Comma così sostituito dall'art. 6.12, lett. d, d.lg. 18 agosto 2015, n. 139. In base all'art. 12.1, d.lg. cit., tali disposizioni «entrano in vigore dal 1° gennaio 2016 e si applicano ai bilanci relativi agli esercizi finanziari aventi inizio a partire da quella data».

(6) Comma inserito dall'art. 1.5, d.lg. 3 novembre 2008, n. 173, di cui v. art. 6: «Le disposizioni del presente decreto si applicano ai bilanci e alle relazioni relativi agli esercizi aventi inizio da data successiva a quella della sua entrata in vigore». Successivamente le parole «con le imprese in cui la società stessa detiene una partecipazione» sono state così sostituite alle precedenti «limitare alla natura e all'obiettivo economico le informazioni richieste ai sensi dell'art. 2427, primo comma, n. 22-*ter*» dall'art. 6.12, lett. e, d.lg. 18 agosto 2015, n. 139. In base all'art. 12.1, d.lg. cit., tali disposizioni «entrano in vigore dal 1° gennaio 2016 e si applicano ai bilanci relativi agli esercizi finanziari aventi inizio a partire da quella data».

(7) Comma inserito dall'art. 1.5, d.lg. 3 novembre 2008, n. 173, di cui v. art. 6: «Le disposizioni del presente decreto si applicano ai bilanci e alle relazioni relativi agli esercizi aventi inizio da data successiva a quella della sua entrata in vigore».

(8) Comma inserito dall'art. 6.12, lett. f, d.lg. 18 agosto 2015, n. 139. In base all'art. 12.1, d.lg. cit., tali disposizioni «entrano in vigore dal 1° gennaio 2016 e si applicano ai bilanci relativi agli esercizi finanziari aventi inizio a partire da quella data».

2. Fatte salve le norme del presente articolo, gli schemi di bilancio e i criteri di valutazione delle micro-imprese sono determinati secondo quanto disposto dall'art. 2435-*bis*. Le micro-imprese sono esonerate dalla redazione:

1) del rendiconto finanziario;

2) della nota integrativa quando in calce allo stato patrimoniale risultino le informazioni previste dal primo comma dell'art. 2427, nn. 9) e 16);

3) della relazione sulla gestione: quando in calce allo stato patrimoniale risultino le informazioni richieste dai nn. 3) e 4) dell'art. 2428.

3. Non sono applicabili le disposizioni di cui al quinto comma dell'art. 2423 e al n. 11-*bis* del primo comma dell'art. 2426.

4. Le società che si avvalgono delle esenzioni previste del presente articolo devono redigere il bilancio, a seconda dei casi, in forma abbreviata o in forma ordinaria quando per il secondo esercizio consecutivo abbiano superato due dei limiti indicati nel primo comma (1).

Sezione X. — *Delle modificazioni dello statuto*

2436. *Deposito, iscrizione e pubblicazione delle modificazioni*. — *1.* Il notaio che ha verbalizzato la deliberazione di modifica dello statuto, entro trenta giorni, verificato l'adempimento delle condizioni stabilite dalla legge, ne richiede l'iscrizione nel registro delle imprese contestualmente al deposito e allega le eventuali autorizzazioni richieste.

2. L'ufficio del registro delle imprese, verificata la regolarità formale della documentazione, iscrive la delibera nel registro.

3. Se il notaio ritiene non adempiute le condizioni stabilite dalla legge, ne dà comunicazione tempestivamente, e comunque non oltre il termine previsto dal primo comma del presente articolo, agli amministratori. Gli amministratori, nei trenta giorni successivi, possono convocare l'assemblea per gli opportuni provvedimenti oppure ricorrere al tribunale per il provvedimento di cui ai successivi commi; in mancanza la deliberazione è definitivamente inefficace.

4. Il tribunale, verificato l'adempimento delle condizioni richieste dalla legge e sentito il pubblico ministero, ordina l'iscrizione nel registro delle imprese con decreto soggetto a reclamo.

5. La deliberazione non produce effetti se non dopo l'iscrizione.

6. Dopo ogni modifica dello statuto deve esserne depositato nel registro delle imprese il testo integrale nella sua redazione aggiornata (c. 2365[2], 2410[2], 2446[3], 2447-*IV*[1], 2480[1], 2481[1], 2487-*III*[1], 2502-*II*[1], 2502-*II*[2], 2545-*IX*[1]) (2) (3).

2437. *Diritto di recesso*. — *1.* Hanno diritto di recedere, per tutte o parte delle loro azioni, i soci che non hanno concorso alle deliberazioni riguardanti:

a) la modifica della clausola dell'oggetto sociale, quando consente un cambiamento significativo dell'attività della società;

b) la trasformazione della società;

c) il trasferimento della sede sociale all'estero;

d) la revoca dello stato di liquidazione;

e) l'eliminazione di una o più cause di recesso previste dal successivo comma ovvero dallo statuto;

f) la modifica dei criteri di determinazione del valore dell'azione in caso di recesso;

g) le modificazioni dello statuto concernenti i diritti di voto o di partecipazione.

2. Salvo che lo statuto disponga diversamente, hanno diritto di recedere i soci che non hanno concorso all'approvazione delle deliberazioni riguardanti:

a) la proroga del termine;

b) l'introduzione o la rimozione di vincoli alla circolazione dei titoli azionari.

3. Se la società è costituita a tempo indeterminato e le azioni non sono quotate in un mercato regolamentato il socio può recedere con il preavviso di almeno centottanta giorni; lo statuto può prevedere un termine maggiore, non superiore ad un anno.

4. Lo statuto delle società che non fanno ricorso al mercato del capitale di rischio può prevedere ulteriori cause di recesso.

5. Restano salve le disposizioni dettate in tema di recesso per le società soggette ad attività di direzione e coordinamento.

6. È nullo ogni patto volto ad escludere o rendere più gravoso l'esercizio del diritto di recesso nelle ipotesi previste dal primo comma del presente articolo (c. 2359-*IV*[3], 2526[3]).

(1) Articolo aggiunto dall'art. 6.13, d.lg. 18 agosto 2015, n. 139. In base all'art. 12.1, d.lg. cit., tali disposizioni «entrano in vigore dal 1° gennaio 2016 e si applicano ai bilanci relativi agli esercizi finanziari aventi inizio a partire da quella data».

(2) Sull'obbligo di comunicazione alla Consob, da parte delle società con azioni quotate in borsa, delle proposte di modificazione dell'atto costitutivo, v. comunicazione Consob 16 luglio 1990, n. SOC/RM/90004190.

(3) Per gli atti ricevuti o autenticati all'estero v. nota 4 all'art. 2671.

2437-*bis*. *Termini e modalità di esercizio*. — *1.* Il diritto di recesso è esercitato mediante lettera raccomandata che deve essere spedita entro quindici giorni dall'iscrizione nel registro delle imprese della delibera che lo legittima, con l'indicazione delle generalità del socio recedente, del domicilio per le comunicazioni inerenti al procedimento, del numero e della categoria delle azioni per le quali il diritto di recesso viene esercitato. Se il fatto che legittima il recesso è diverso da una deliberazione, esso è esercitato entro trenta giorni dalla sua conoscenza da parte del socio.

2. Le azioni per le quali è esercitato il diritto di recesso non possono essere cedute e devono essere depositate presso la sede sociale.

3. Il recesso non può essere esercitato e, se già esercitato, è privo di efficacia, se, entro novanta giorni, la società revoca la delibera che lo legittima ovvero se è deliberato lo scioglimento della società.

2437-*ter*. *Criteri di determinazione del valore delle azioni*. — *1.* Il socio ha diritto alla liquidazione delle azioni per le quali esercita il recesso.

2. Il valore di liquidazione delle azioni è determinato dagli amministratori, sentito il parere del collegio sindacale e del soggetto incaricato della revisione legale dei conti (1), tenuto conto della consistenza patrimoniale della società e delle sue prospettive reddituali, nonché dell'eventuale valore di mercato delle azioni.

3. Il valore di liquidazione delle azioni quotate in mercati regolamentati è determinato facendo [...] (2) riferimento alla media aritmetica dei prezzi di chiusura nei sei mesi che precedono la pubblicazione ovvero ricezione dell'avviso di convocazione dell'assemblea le cui deliberazioni legittimano il recesso. Lo statuto delle società con azioni quotate in mercati regolamentati può prevedere che il valore di liquidazione sia determinato secondo i criteri indicati dai commi 2 e 4 del presente articolo, fermo restando che in ogni caso tale valore non può essere inferiore al valore che sarebbe dovuto in applicazione del criterio indicato dal primo periodo del presente comma (3).

4. Lo statuto può stabilire criteri diversi di determinazione del valore di liquidazione, indicando gli elementi dell'attivo e del passivo del bilancio che possono essere rettificati rispetto ai valori risultanti dal bilancio, unitamente ai criteri di rettifica, nonché altri elementi suscettibili di valutazione patrimoniale da tenere in considerazione.

5. I soci hanno diritto di conoscere la determinazione del valore di cui al secondo comma del presente articolo nei quindici giorni precedenti alla data fissata per l'assemblea; ciascun socio ha diritto di prenderne visione e di ottenerne copia a proprie spese.

6. In caso di contestazione da proporre contestualmente alla dichiarazione di recesso il valore di liquidazione è determinato entro novanta giorni dall'esercizio del diritto di recesso tramite relazione giurata di un esperto nominato dal tribunale, che provvede anche sulle spese, su istanza della parte più diligente; si applica in tal caso il primo comma dell'art. 1349 (c. 2355-*II*[3], 2359-*III*[2], 2437-*VI*[1], 2443[3]).

2437-*quater*. *Procedimento di liquidazione*. — *1.* Gli amministratori offrono in opzione le azioni del socio recedente agli altri soci in proporzione al numero delle azioni possedute. Se vi sono obbligazioni convertibili, il diritto di opzione spetta anche ai possessori di queste, in concorso con i soci, sulla base del rapporto di cambio.

2. L'offerta di opzione è depositata presso il registro delle imprese entro quindici giorni dalla determinazione definitiva del valore di liquidazione. Per l'esercizio del diritto di opzione deve essere concesso un termine non inferiore a trenta giorni dal deposito dell'offerta.

3. Coloro che esercitano il diritto di opzione, purché ne facciano contestuale richiesta, hanno diritto di prelazione nell'acquisto delle azioni che siano rimaste non optate.

4. Qualora i soci non acquistino in tutto o in parte le azioni del recedente, gli amministratori possono collocarle presso terzi; nel caso di azioni quotate in mercati regolamentati, il loro collocamento avviene mediante offerta nei mercati medesimi.

5. In caso di mancato collocamento ai sensi delle disposizioni dei commi precedenti entro centottanta giorni dalla comunicazione del recesso (4), le azioni del recedente vengono rimborsate mediante acquisto da parte della società utilizzando riserve disponibili anche in dero-

(1) Le parole «revisione legale dei conti» sono state così sostituite alle precedenti «revisione contabile» dall'art. 37.20, d.lg. 27 gennaio 2010, n. 39.

(2) La parola «esclusivo» è stata soppressa dall'art. 20.3, d.l. 24 giugno 2014, n. 91, conv. in l. 11 agosto 2014, n. 116.

(3) Ultimo periodo aggiunto dall'art. 20.3, d.l. 24 giugno 2014, n. 91, conv. in l. 11 agosto 2014, n. 116.

(4) Le parole «entro centottanta giorni dalla comunicazione del recesso» sono state inserite dall'art. 5.1, lett. cc, d.lg. 6 febbraio 2004, n. 37.

ga a quanto previsto dal terzo comma dell'art. 2357.

6. In assenza di utili e riserve disponibili, deve essere convocata l'assemblea straordinaria per deliberare la riduzione del capitale sociale, ovvero lo scioglimento della società.

7. Alla deliberazione di riduzione del capitale sociale si applicano le disposizioni del comma secondo, terzo e quarto dell'art. 2445; ove l'opposizione sia accolta la società si scioglie (c. 2359-*III*[2], 2437-*VI*[1], 2484[1]).

2437-*quinquies*. *Disposizioni speciali per le società con azioni quotate in mercati regolamentati*. — *1.* Se le azioni sono quotate in mercati regolamentati hanno diritto di recedere i soci che non hanno concorso alla deliberazione che comporta l'esclusione dalla quotazione.

2437-*sexies*. *Azioni riscattabili*. — *1.* Le disposizioni degli artt. 2437-*ter* e 2437-*quater* si applicano, in quanto compatibili, alle azioni o categorie di azioni per le quali lo statuto prevede un potere di riscatto da parte della società o dei soci. Resta salva in tal caso l'applicazione della disciplina degli artt. 2357 e 2357-*bis*.

2438. *Aumento di capitale*. — *1.* Un aumento di capitale non può essere eseguito fino a che le azioni precedentemente emesse non siano interamente liberate (c. 2481[2]).

2. In caso di violazione del precedente comma, gli amministratori sono solidalmente responsabili per i danni arrecati ai soci ed ai terzi. Restano in ogni caso salvi gli obblighi assunti con la sottoscrizione delle azioni emesse in violazione del precedente comma (c. 2524[3]) (1).

2439. *Sottoscrizione e versamenti*. — *1.* Salvo quanto previsto nel quarto comma dell'art. 2342, i sottoscrittori delle azioni di nuova emissione devono, all'atto della sottoscrizione, versare alla società almeno il venticinque per cento del valore nominale delle azioni sottoscritte. Se è previsto un soprapprezzo, questo deve essere interamente versato all'atto della sottoscrizione.

2. Se l'aumento di capitale non è integralmente sottoscritto entro il termine che, nell'osservanza di quelli stabiliti dall'art. 2441, secondo e terzo comma, deve risultare dalla deliberazione, il capitale è aumentato di un importo pari alle sottoscrizioni raccolte soltanto se la deliberazione medesima lo abbia espressamente previsto.

2440. *Conferimenti di beni in natura e di crediti*. — *1.* Se l'aumento di capitale avviene mediante conferimento di beni in natura o di crediti si applicano le disposizioni degli artt. 2342, terzo e quinto comma, e 2343.

2. L'aumento di capitale mediante conferimento di beni in natura o di crediti può essere sottoposto, su decisione degli amministratori, alla disciplina di cui agli artt. 2343-*ter* e 2343-*quater*.

3. Ai fini dell'applicazione dell'art. 2343-*ter*, primo comma, rileva il periodo di negoziazione di sei mesi precedenti la data alla quale si riferisce la relazione degli amministratori redatta ai sensi dell'art. 2441, sesto comma. Il conferimento è eseguito entro sessanta giorni da tale data, ovvero entro novanta giorni qualora l'aumento sia deliberato da una società che fa ricorso al mercato del capitale di rischio.

4. Qualora trovi applicazione l'art. 2343-*ter*, secondo comma, il conferimento è eseguito, nel caso di cui alla lett. *a*), entro il termine dell'esercizio successivo a quello cui si riferisce il bilancio, ovvero, nel caso di cui alla lett. *b*), entro sei mesi dalla data cui si riferisce la valutazione.

5. La verifica prevista dall'art. 2343-*quater*, primo comma, è eseguita dagli amministratori nel termine di trenta giorni dall'esecuzione del conferimento ovvero, se successiva, dalla data di iscrizione nel registro delle imprese della deliberazione di aumento del capitale. La dichiarazione di cui all'art. 2343-*quater*, terzo comma, è allegata all'attestazione prevista dall'art. 2444.

6. Qualora siano conferiti beni in natura o crediti valutati ai sensi dell'art. 2343-*ter*, secondo comma, nel termine indicato al quinto comma uno o più soci che rappresentino, e che rappresentavano alla data della delibera di aumento del capitale, almeno il ventesimo del capitale sociale, nell'ammontare precedente l'aumento medesimo, possono richiedere che si proceda, su iniziativa degli amministratori, ad una nuova valutazione ai sensi e per gli effetti dell'art. 2343; la domanda dei soci non ha effetto qualora gli amministratori all'esito della verifica prevista dal quinto comma procedano ai sensi dell'art. 2343-*quater*, secondo comma (2).

2440-*bis*. . . . . (3).

(1) Sulle informazioni dovute alla Consob in caso di aumenti di capitale di società per azioni quotate in borsa v. comunicazione Consob 16 luglio 1990, n. SOC/RM/90004190; sull'obbligo del prospetto informativo degli aumenti di capitale di società per azioni quotate in borsa v. comunicazione Consob 3 settembre 1986, n. 86/13923.

(2) Articolo così sostituito dall'art. 1.5, d.lg. 29 novembre 2010, n. 224.

(3) Articolo inserito dall'art. 1.6, d.lg. 4 agosto 2008, n. 142, e successivamente abrogato dall'art. 1.6, d.lg. 29 novembre 2010, n. 224.

2441. *Diritto di opzione.* — *1.* Le azioni di nuova emissione e le obbligazioni convertibili in azioni devono essere offerte in opzione ai soci in proporzione al numero delle azioni possedute. Se vi sono obbligazioni convertibili il diritto di opzione spetta anche ai possessori di queste, in concorso con i soci, sulla base del rapporto di cambio (1).

2. L'offerta di opzione deve essere depositata presso l'ufficio del registro delle imprese e contestualmente resa nota mediante un avviso pubblicato sul sito internet della società, con modalità atte a garantire la sicurezza del sito medesimo, l'autenticità dei documenti e la certezza della data di pubblicazione, o, in mancanza, mediante deposito presso la sede della società. Per l'esercizio del diritto di opzione deve essere concesso un termine non inferiore a quindici giorni dalla pubblicazione dell'offerta (c. 2439[2]) (2).

3. Coloro che esercitano il diritto di opzione, purché ne facciano contestuale richiesta, hanno diritto di prelazione nell'acquisto delle azioni e delle obbligazioni convertibili in azioni che siano rimaste non optate. Se le azioni sono quotate in (3) mercati regolamentati, i diritti di opzione non esercitati devono essere offerti nel mercato regolamentato dagli amministratori, per conto della società, entro il mese successivo alla scadenza del termine stabilito a norma del secondo comma, per almeno cinque sedute, salvo che i diritti di opzione siano già stati integralmente venduti (4).

4. Il diritto di opzione non spetta per le azioni di nuova emissione che, secondo la deliberazione di aumento del capitale, devono essere liberate mediante conferimenti in natura. Nelle società con azioni quotate in mercati regolamentati lo statuto può altresì escludere il diritto di opzione nei limiti del dieci per cento del capitale sociale preesistente, a condizione che il prezzo di emissione corrisponda al valore di mercato delle azioni e ciò sia confermato in apposita relazione da un revisore legale o da una società di revisione legale (c. 2443[1]) (5).

5. Quando l'interesse della società lo esige, il diritto di opzione può essere escluso o limitato con la deliberazione di aumento di capitale [...] (6).

6. Le proposte di aumento di capitale sociale con esclusione o limitazione del diritto di opzione, ai sensi del primo periodo del quarto comma o del quinto comma del presente articolo, devono essere illustrate dagli amministratori con apposita relazione, dalla quale devono risultare le ragioni dell'esclusione o della limitazione, ovvero, qualora l'esclusione derivi da un conferimento in natura, le ragioni di questo e in ogni caso i criteri adottati per la determinazione del prezzo di emissione. La relazione deve essere comunicata dagli amministratori al collegio sindacale o al consiglio di sorveglianza e al soggetto incaricato della revisione legale dei conti (7) almeno trenta giorni prima di quello fissato per l'assemblea. Entro quindici giorni il collegio sindacale deve esprimere il proprio parere sulla congruità del prezzo di emissione delle azioni. Il parere del collegio sindacale e, nell'ipotesi prevista dal quarto comma, la relazione giurata dell'esperto designato dal Tribunale ovvero la documentazione indicata dall'art. 2343-*ter*, terzo comma, devono restare depositati nella sede della società durante i quindici giorni che precedono l'assemblea e finché questa non abbia deliberato; i soci possono prenderne visione (8). La deliberazione determina il prezzo di emissione delle azioni in base al valore del patrimonio netto,

(1) Sui diritti del possessore di azioni di risparmio, v. art. 145.7, d.lg. 24 febbraio 1998, n. 58, in *Leggi coll. XVIII, 1.* Sull'informazione alla Consob v. comunicazione 16 luglio 1990, n. SOC/RM/90004190.

(2) Comma così sostituito dall'art. 20.6, d.l. 24 giugno 2014, n. 91, conv. in l. 11 agosto 2014, n. 116.

(3) La parola «in» è stata sostituita alla precedente «sui» dall'art. 19.1, lett. a, d.lg. 28 dicembre 2004, n. 310.

(4) Le parole «entro il mese successivo alla scadenza del termine stabilito a norma del secondo comma, per almeno cinque sedute, salvo che i diritti di opzione siano già stati integralmente venduti» sono state così sostituite alle precedenti «per almeno cinque riunioni, entro il mese successivo alla scadenza del termine stabilito a norma del secondo comma» dall'art. 2.1, lett. a, d.lg. 11 ottobre 2012, n. 184.

(5) Le parole «da un revisore legale o da una società di revisione legale» sono state così sostituite alle precedenti «dal revisore legale o dalla società di revisione legale» dall'art. 2.1, lett. b, d.lg. 11 ottobre 2012, n. 184.

(6) Le parole «, approvata da tanti soci che rappresentino oltre la metà del capitale sociale, anche se la deliberazione è presa in assemblea di convocazione successiva alla prima» sono state soppresse dall'art. 2.1, lett. c, d.lg. 11 ottobre 2012, n. 184.

(7) Le parole «della revisione legale dei conti» sono state così sostituite alle precedenti «del controllo contabile» dall'art. 37.21, d.lg. 27 gennaio 2010, n. 39.

(8) Le parole da «Il parere del collegio sindacale» fino a «visione» sono state così sostituite alle precedenti «Il parere del collegio sindacale e la relazione giurata dell'esperto designato dal tribunale nell'ipotesi prevista dal quarto comma devono restare depositati nella sede della società durante i quindici giorni che precedono l'assemblea e finché questa non abbia deliberato; i soci possono prenderne visione» dall'art. 1.7, d.lg. 29 novembre 2010, n. 224.

tenendo conto, per le azioni quotate in mercati regolamentati (1), anche dell'andamento delle quotazioni nell'ultimo semestre (c. 2443[1]) (2).

7. Non si considera escluso né limitato il diritto di opzione qualora la deliberazione di aumento di capitale preveda che le azioni di nuova emissione siano sottoscritte da banche, da enti o società finanziarie soggetti al controllo della Commissione nazionale per le società e la borsa ovvero da altri soggetti autorizzati all'esercizio dell'attività di collocamento di strumenti finanziari, con obbligo di offrirle agli azionisti della società, con operazioni di qualsiasi tipo, in conformità con i primi tre commi del presente articolo. Nel periodo di detenzione delle azioni offerte agli azionisti e comunque fino a quando non sia stato esercitato il diritto di opzione, i medesimi soggetti non possono esercitare il diritto di voto. Le spese dell'operazione sono a carico della società e la deliberazione di aumento del capitale deve indicarne l'ammontare.

8. Con deliberazione dell'assemblea presa con la maggioranza richiesta per le assemblee straordinarie può essere escluso il diritto di opzione per le (3) azioni di nuova emissione, se queste sono offerte in sottoscrizione ai dipendenti della società o di società che la controllano o che sono da essa controllate. [...] (4) (5).

2442. *Passaggio di riserve a capitale*. — *1.* L'assemblea può aumentare il capitale, imputando a capitale le riserve e gli altri fondi iscritti in bilancio in quanto disponibili (c. 2481-*III*).

2. In questo caso le azioni di nuova emissione devono avere le stesse caratteristiche di quelle in circolazione, e devono essere assegnate gratuitamente agli azionisti in proporzione di quelle da essi già possedute.

3. L'aumento di capitale può attuarsi anche mediante aumento del valore nominale delle azioni in circolazione (c. 2352[3]).

2443. *Delega agli amministratori*. — *1.* Lo statuto può attribuire agli amministratori la facoltà di aumentare in una o più volte il capitale fino ad un ammontare determinato e per il periodo massimo di cinque anni dalla data dell'iscrizione della società nel registro delle imprese. Tale facoltà può prevedere anche l'adozione delle deliberazioni di cui al quarto e quinto comma dell'art. 2441; in questo caso si applica in quanto compatibile il sesto comma dell'art. 2441 e lo statuto determina i criteri cui gli amministratori devono attenersi (6).

2. La facoltà di cui al secondo periodo del precedente comma può essere attribuita anche mediante modificazione dello statuto, [...] (7) per il periodo massimo di cinque anni dalla data della deliberazione (8).

3. Il verbale della deliberazione degli amministratori di aumentare il capitale deve essere redatto da un notaio e deve essere depositato e iscritto a norma dall'art. 2436 (c. 2365[2], 2381[4]).

4. Se agli amministratori è attribuita la facoltà di adottare le deliberazioni di cui all'art. 2441, quarto comma, qualora essi decidano di deliberare l'aumento di capitale con conferimenti di beni in natura o di crediti senza la relazione dell'esperto di cui all'art. 2343, avvalendosi delle disposizioni contenute nell'art. 2343-*ter*, il conferimento non può avere efficacia, salvo che consti il consenso di tutti i soci, prima del decorso del termine di trenta giorni dall'iscrizione nel registro delle imprese della deliberazione di aumento, contenente anche le dichiarazioni previste nelle lett. *a*), *b*), *c*) ed *e*), di cui all'art. 2343-*quater*, terzo comma. Entro detto termine uno o più soci che rappresenta-

(1) Le parole «in mercati regolamentati» sono state così sostituite alle precedenti «in borsa» dall'art. 19.1, lett. b, d.lg. 28 dicembre 2004, n. 310.

(2) Il comma non si applica al collegio sindacale delle società con azioni quotate: art. 154.1, d.lg. 24 febbraio 1998, n. 58, in *Leggi coll. XVIII, 1*. V. anche art. 158.1-2, d.lg. n. 58/1998 cit.

(3) Le parole «per le» sono state così sostituite alle precedenti «limitatamente a un quarto delle» dall'art. 2.1, lett. d, d.lg. 11 ottobre 2012, n. 184.

(4) Periodo soppresso dall'art. 2.1, lett. d, d.lg. 11 ottobre 2012, n. 184.

(5) Articolo sostituito dall'art. 13.1, d.l. 8 aprile 1974, n. 95, conv. in l. 7 giugno 1974, n. 216. Per le società con azioni quotate, v. art. 134.1, d.lg. 24 febbraio 1998, n. 58, in *Leggi coll. XVIII, 1*.

(6) Sull'informazione della Consob e del pubblico per le società per azioni quotate in borsa v. comunicazione Consob 16 luglio 1990, n. SOC/RM/90004190.

(7) Le parole «approvata con la maggioranza prevista dal quinto comma dell'art. 2441,» sono state soppresse dall'art. 2.2, d.lg. 11 ottobre 2012, n. 184.

(8) L'art. 12.11, d.l. 29 novembre 2008, n. 185, conv. in l. 28 gennaio 2009, n. 2, così dispone: «Ai fini delle operazioni di cui al presente articolo e all'art. 1 del d.l. 9 ottobre 2008, n. 155, convertito, con modificazioni, dalla l. 4 dicembre 2008, n. 190, le deliberazioni previste dall'art. 2441, quinto comma, e dall'art. 2443, secondo comma, del codice civile sono assunte con le stesse maggioranze previste per le deliberazioni di aumento di capitale dagli artt. 2368 e 2369 del codice civile. I termini stabiliti per le operazioni della specie ai sensi del codice civile e del t.u. delle disposizioni in materia di intermediazione finanziaria, di cui al d.lg. 24 febbraio 1998, n. 58, (in *Leggi coll. XVIII, 1*), sono ridotti della metà».

no, e che rappresentavano alla data della delibera di aumento del capitale, almeno il ventesimo del capitale sociale, nell'ammontare precedente l'aumento medesimo, possono richiedere che si proceda, su iniziativa degli amministratori, ad una nuova valutazione ai sensi e per gli effetti di cui all'art. 2343. In mancanza di tale domanda, gli amministratori depositano per l'iscrizione nel registro delle imprese unitamente all'attestazione di cui all'art. 2444 la dichiarazione prevista all'art. 2343-*quater*, terzo comma, lett. *d*) (1).

2444. *Iscrizione nel registro delle imprese*. — *1.* Nei trenta giorni dall'avvenuta sottoscrizione delle azioni di nuova emissione gli amministratori devono depositare per l'iscrizione nel registro delle imprese un'attestazione che l'aumento del capitale è stato eseguito.

2. Fino a che l'iscrizione nel registro non sia avvenuta, l'aumento del capitale non può essere menzionato negli atti della società (c. 2379-*III*[2], 2420-*II*[3]).

2445. *Riduzione del capitale sociale*. — *1.* La riduzione del capitale sociale può aver luogo sia mediante liberazione dei soci dall'obbligo dei versamenti ancora dovuti, sia mediante rimborso del capitale ai soci, nei limiti ammessi dagli artt. 2327 e 2413.

2. L'avviso di convocazione dell'assemblea deve indicare le ragioni e le modalità della riduzione. Nel caso di società cui si applichi l'art. 2357, terzo comma, la riduzione deve comunque effettuarsi con modalità tali che le azioni proprie eventualmente possedute dopo la riduzione non eccedano la quinta parte del capitale sociale (2).

3. La deliberazione può essere eseguita soltanto dopo novanta giorni dal giorno dell'iscrizione nel registro delle imprese, purché entro questo termine nessun creditore sociale anteriore all'iscrizione abbia fatto opposizione.

4. Il tribunale, quando ritenga infondato il pericolo di pregiudizio per i creditori oppure la società abbia prestato idonea garanzia, dispone che l'operazione (3) abbia luogo nonostante l'opposizione (c. 2379-*III*[1], 2379-*III*[2], 2487-*III*[2], 2500-*IX*[2], 2503[2]).

2446. *Riduzione del capitale per perdite*. — *1.* Quando risulta che il capitale è diminuito di oltre un terzo in conseguenza di perdite, gli amministratori o il consiglio di gestione, e nel caso di loro inerzia il collegio sindacale ovvero il consiglio di sorveglianza, devono senza indugio convocare l'assemblea per gli opportuni provvedimenti. All'assemblea deve essere sottoposta una relazione sulla situazione patrimoniale della società, con le osservazioni del collegio sindacale o del comitato per il controllo sulla gestione. La relazione e le osservazioni devono restare depositate in copia nella sede della società durante gli otto giorni che precedono l'assemblea, perché i soci possano prenderne visione. Nell'assemblea gli amministratori devono dare conto dei fatti di rilievo avvenuti dopo la redazione della relazione.

2. Se entro l'esercizio successivo la perdita non risulta diminuita a meno di un terzo, l'assemblea ordinaria o il consiglio di sorveglianza che approva il bilancio di tale esercizio deve ridurre il capitale in proporzione delle perdite accertate. In mancanza gli amministratori e i sindaci o il consiglio di sorveglianza devono chiedere al tribunale che venga disposta la riduzione del capitale in ragione delle perdite risultanti dal bilancio. Il tribunale provvede, sentito il pubblico ministero, con decreto soggetto a reclamo, che deve essere iscritto nel registro delle imprese a cura degli amministratori (c. 2357[5], 2359-*III*[2], 2359-*IV*[3]; att. c. 111-*XIII*).

3. Nel caso in cui le azioni emesse dalla società siano senza valore nominale, lo statuto, una sua modificazione ovvero una deliberazione adottata con le maggioranze previste per l'assemblea straordinaria possono prevedere che la riduzione del capitale di cui al precedente comma sia deliberata dal consiglio di amministrazione. Si applica in tal caso l'art. 2436 (c. 2381[4], 2482-*II*[6]) (4).

2447. *Riduzione del capitale sociale al di sotto del limite legale*. — *1.* Se, per la perdita di oltre un terzo del capitale, questo si riduce al disotto del minimo stabilito dall'art. 2327, gli amministratori o il consiglio di gestione e, in caso di loro inerzia, il consiglio di sorveglianza devono senza indugio convocare l'assemblea per deliberare la riduzione del capitale ed il contemporaneo aumento del medesimo ad una cifra non inferiore al detto minimo, o la trasformazione della società (c. 2381[4], 2484[1]).

(1) Comma aggiunto dall'art. 1.8, d.lg. 29 novembre 2010, n. 224.

(2) Comma così sostituito dall'art. 7.3-*sexies*, lett. c, d.l. 10 febbraio 2009, n. 5, conv. in l. 9 aprile 2009, n. 33.

(3) Le parole «l'operazione» sono state così sostituite alle precedenti «la riduzione» dall'art. 5.1, lett. dd, d.lg. 6 febbraio 2004, n. 37.

(4) Sulla riduzione del capitale sociale per perdite nelle società con azioni quotate in borsa che abbiano emesso azioni di risparmio v. art. 145.5, d.lg. 24 febbraio 1998, n. 58, in *Leggi coll. XVIII, 1*.

Sezione XI. — *Dei patrimoni destinati ad uno specifico affare*

2447-*bis*. *Patrimoni destinati ad uno specifico affare*. — *1.* La società può:

a) costituire uno o più patrimoni ciascuno dei quali destinato in via esclusiva ad uno specifico affare (c. 2447-*VI*[1], 2447-*VII*[1], 2447-*IX*[1]);

b) convenire che nel contratto relativo al finanziamento di uno specifico affare al rimborso totale o parziale del finanziamento medesimo siano destinati i proventi dell'affare stesso, o parte di essi (c. 2447-*X*[1]).

2. Salvo quanto disposto in leggi speciali, i patrimoni destinati ai sensi della lett. *a*) del primo comma non possono essere costituiti per un valore complessivamente superiore al dieci per cento del patrimonio netto della società e non possono comunque essere costituiti per l'esercizio di affari attinenti ad attività riservate in base alle leggi speciali (c. 2350[2], 2424[4], 2427[1]) (1).

2447-*ter*. *Deliberazione costitutiva del patrimonio destinato*. — *1.* La deliberazione che ai sensi della lett. *a*) del primo comma dell'art. 2447-*bis* destina un patrimonio ad uno specifico affare deve indicare:

a) l'affare al quale è destinato il patrimonio;

b) i beni e i rapporti giuridici compresi in tale patrimonio;

c) il piano economico-finanziario da cui risulti la congruità del patrimonio rispetto alla realizzazione dell'affare, le modalità e le regole relative al suo impiego, il risultato che si intende perseguire e le eventuali garanzie offerte ai terzi;

d) gli eventuali apporti di terzi, le modalità di controllo sulla gestione e di partecipazione ai risultati dell'affare;

e) la possibilità di emettere strumenti finanziari di partecipazione all'affare, con la specifica indicazione dei diritti che attribuiscono (c. 2447-*VIII*[1]);

f) la nomina di un revisore legale o di una società di revisione legale per la revisione dei conti dell'affare, quando la società non è già assoggettata alla revisione legale (2);

g) le regole di rendicontazione dello specifico affare.

2. Salvo diversa disposizione dello statuto, la deliberazione di cui al presente articolo è adottata dall'organo amministrativo (3) a maggioranza assoluta dei suoi componenti (c. 2447-*V*[3]).

2447-*quater*. *Pubblicità della costituzione del patrimonio destinato*. — *1.* La deliberazione prevista dal precedente articolo deve essere depositata e iscritta a norma dell'art. 2436.

2. Nel termine di sessanta giorni dall'iscrizione della deliberazione nel registro delle imprese i creditori sociali anteriori all'iscrizione possono fare opposizione. Il tribunale, nonostante l'opposizione, può disporre che la deliberazione sia eseguita previa prestazione da parte della società di idonea garanzia.

2447-*quinquies*. *Diritti dei creditori*. — *1.* Decorso il termine di cui al secondo comma del precedente articolo ovvero dopo l'iscrizione nel registro delle imprese del provvedimento del tribunale ivi previsto, i creditori della società non possono far valere alcun diritto sul patrimonio destinato allo specifico affare né, salvo che per la parte spettante alla società, sui frutti o proventi da esso derivanti.

2. Qualora nel patrimonio siano compresi immobili o beni mobili iscritti in pubblici registri, la disposizione del precedente comma non si applica fin quando la destinazione allo specifico affare non è trascritta nei rispettivi registri (c. *2645-III*).

3. Qualora la deliberazione prevista dall'art. 2447-*ter* non disponga diversamente, per le obbligazioni contratte in relazione allo specifico affare la società risponde nei limiti del patrimonio ad esso destinato. Resta salva tuttavia la responsabilità illimitata della società per le obbligazioni derivanti da fatto illecito.

4. Gli atti compiuti in relazione allo specifico affare debbono recare espressa menzione del vincolo di destinazione; in mancanza ne risponde la società con il suo patrimonio residuo (c. 2447-*IX*).

2447-*sexies*. *Libri obbligatori e altre scritture contabili*. — *1.* Con riferimento allo specifico affare cui un patrimonio è destinato ai sensi della lett. *a*) del primo comma dell'art. 2447-*bis*, gli amministratori (4) tengono separatamente i libri e le scritture contabili prescritti dagli artt. 2214 e seguenti. Qualora siano emes-

(1) L'art. 10, d.lg. 3 luglio 2017, n. 117, così dispone: «Gli enti del Terzo settore dotati di personalità giuridica ed iscritti nel registro delle imprese possono costituire uno o più patrimoni destinati ad uno specifico affare ai sensi e per gli effetti degli artt. 2447-*bis* e seguenti del codice civile».

(2) Lettera così sostituita dall'art. 37.22, d.lg. 27 gennaio 2010, n. 39.

(3) Le parole «dall'organo amministrativo» sono state così sostituite alle precedenti «dal consiglio di amministrazione o di gestione» dall'art. 5.1, lett. ee, d.lg. 6 febbraio 2004, n. 37.

(4) Le parole «o il consiglio di gestione» sono state soppresse dall'art. 5.1, lett. ff, d.lg. 6 febbraio 2004, n. 37.

si strumenti finanziari, la società deve altresì tenere un libro indicante le loro caratteristiche, l'ammontare di quelli emessi e di quelli estinti, le generalità dei titolari degli strumenti nominativi e i trasferimenti e i vincoli ad essi relativi.

2447-*septies*. *Bilancio*. — *1.* I beni e i rapporti compresi nei patrimoni destinati ai sensi della lett. *a*) del primo comma dell'art. 2447-*bis* sono distintamente indicati nello stato patrimoniale della società.

2. Per ciascun patrimonio destinato gli amministratori redigono un separato rendiconto, allegato al bilancio, secondo quanto previsto dagli artt. 2423 e seguenti.

3. Nella nota integrativa del bilancio della società gli amministratori devono illustrare il valore e la tipologia dei beni e dei rapporti giuridici compresi in ciascun patrimonio destinato, ivi inclusi quelli apportati da terzi, i criteri adottati per la imputazione degli elementi comuni di costo e di ricavo, nonché il corrispondente regime della responsabilità.

4. Qualora la deliberazione costitutiva del patrimonio destinato preveda una responsabilità illimitata della società per le obbligazioni contratte in relazione allo specifico affare, l'impegno da ciò derivante deve risultare in calce allo stato patrimoniale e formare oggetto di valutazione secondo criteri da illustrare nella nota integrativa.

2447-*octies*. *Assemblee speciali*. — *1.* Per ogni categoria di strumenti finanziari previsti dalla lett. *e*) del primo comma dell'art. 2447-*ter* l'assemblea dei possessori delibera:

1) sulla nomina e sulla revoca dei rappresentanti comuni di ciascuna categoria, con funzione di controllo sul regolare andamento dello specifico affare, e sull'azione di responsabilità nei loro confronti;

2) sulla costituzione di un fondo per le spese necessarie alla tutela dei comuni interessi dei possessori degli strumenti finanziari e sul rendiconto relativo;

3) sulle modificazioni dei diritti attribuiti dagli strumenti finanziari;

4) sulle controversie con la società e sulle relative transazioni e rinunce;

5) sugli altri oggetti di interesse comune a ciascuna categoria di strumenti finanziari.

2. Alle assemblee speciali si applicano le disposizioni contenute negli artt. 2415, secondo, terzo, quarto e quinto comma, 2416 e 2419.

3. Al rappresentante comune si applicano gli artt. 2417 e 2418.

2447-*novies*. *Rendiconto finale*. — *1.* Quando si realizza ovvero è divenuto impossibile l'affare cui è stato destinato un patrimonio ai sensi della lett. *a*) del primo comma dell'art. 2447-*bis*, gli amministratori (1) redigono un rendiconto finale che, accompagnato da una relazione dei sindaci e del soggetto incaricato della revisione legale dei conti (2), deve essere depositato presso l'ufficio del registro delle imprese.

2. Nel caso in cui non siano state integralmente soddisfatte le obbligazioni contratte per lo svolgimento dello specifico affare cui era destinato il patrimonio, i relativi creditori possono chiederne la liquidazione mediante lettera raccomandata da inviare alla società entro novanta giorni dal deposito di cui al comma precedente. In tale caso, si applicano esclusivamente le disposizioni sulla liquidazione delle società di cui al capo VIII del presente titolo, in quanto compatibili (3).

3. Sono comunque salvi, con riferimento ai beni e rapporti compresi nel patrimonio destinato, i diritti dei creditori previsti dall'art. 2447-*quinquies*.

4. La deliberazione costitutiva del patrimonio destinato può prevedere anche altri casi di cessazione della destinazione del patrimonio allo specifico affare. In tali ipotesi ed in quella di fallimento della società si applicano le disposizioni del presente articolo.

2447-*decies*. *Finanziamento destinato ad uno specifico affare*. — *1.* Il contratto relativo al finanziamento di uno specifico affare ai sensi della lett. *b*) del primo comma dell'art. 2447-*bis* può prevedere che al rimborso totale o parziale del finanziamento siano destinati, in via esclusiva, tutti o parte dei proventi dell'affare stesso.

2. Il contratto deve contenere:

a) una descrizione dell'operazione che consenta di individuarne lo specifico oggetto; le modalità ed i tempi di realizzazione; i costi previsti ed i ricavi attesi;

b) il piano finanziario dell'operazione, indicando la parte coperta dal finanziamento e quella a carico della società;

c) i beni strumentali necessari alla realizzazione dell'operazione;

d) le specifiche garanzie che la società offre in ordine all'obbligo di esecuzione del contratto e di corretta e tempestiva realizzazione dell'operazione;

(1) Le parole «o il consiglio di gestione» sono state soppresse dall'art. 5.1, lett. gg, d.lg. 6 febbraio 2004, n. 37.

(2) Le parole «revisione legale dei conti» sono state così sostituite alle precedenti «revisione contabile» dall'art. 37.23, d.lg. 27 gennaio 2010, n. 39.

(3) Ultimo periodo così sostituito dall'art. 20, d.lg. 28 dicembre 2004, n. 310.

e) i controlli che il finanziatore, o soggetto da lui delegato, può effettuare sull'esecuzione dell'operazione;

f) la parte dei proventi destinati al rimborso del finanziamento e le modalità per determinarli;

g) le eventuali garanzie che la società presta per il rimborso di parte del finanziamento;

h) il tempo massimo di rimborso, decorso il quale nulla più è dovuto al finanziatore.

3. I proventi dell'operazione costituiscono patrimonio separato da quello della società, e da quello relativo ad ogni altra operazione di finanziamento effettuata ai sensi della presente disposizione, a condizione:

a) che copia del contratto sia depositata per l'iscrizione presso l'ufficio del registro delle imprese;

b) che la società adotti sistemi di incasso e di contabilizzazione idonei ad individuare in ogni momento i proventi dell'affare ed a tenerli separati dal restante patrimonio della società.

4. Alle condizioni di cui al comma precedente, sui proventi, sui frutti di essi e degli investimenti eventualmente effettuati in attesa del rimborso al finanziatore, non sono ammesse azioni da parte dei creditori sociali; alle medesime condizioni, delle obbligazioni nei confronti del finanziatore risponde esclusivamente il patrimonio separato, salva (1) l'ipotesi di garanzia parziale di cui al secondo comma, lett. *g*).

5. I creditori della società, sino al rimborso del finanziamento, o alla scadenza del termine di cui al secondo comma, lett. *h*) sui beni strumentali destinati alla realizzazione dell'operazione possono esercitare esclusivamente azioni conservative a tutela dei loro diritti.

6. Se il fallimento della società impedisce la realizzazione o la continuazione dell'operazione cessano le limitazioni di cui al comma precedente, ed il finanziatore ha diritto di insinuazione al passivo per il suo credito, al netto delle somme di cui ai commi terzo e quarto.

7. Fuori dall'ipotesi di cartolarizzazione previste dalle leggi vigenti, il finanziamento non può essere rappresentato da titoli destinati alla circolazione.

8. La nota integrativa alle voci di bilancio relative ai proventi di cui al terzo comma, ed ai beni di cui al quarto comma, deve contenere l'indicazione della destinazione dei proventi e dei vincoli relativi ai beni (c. 2427[1]).

Sezione XII.

2448. *Effetti della pubblicazione nel registro delle imprese*. — *1.* Gli atti per i quali il codice prescrive l'iscrizione o il deposito nel registro delle imprese sono opponibili ai terzi soltanto dopo tale pubblicazione, a meno che la società provi che i terzi ne erano a conoscenza (c. 2193).

2. Per le operazioni compiute entro il quindicesimo giorno dalla pubblicazione di cui al comma precedente, gli atti non sono opponibili ai terzi che provino di essere stati nella impossibilità di averne conoscenza (c. 2505-*III*[1]).

Sezione XIII. — *Delle società con partecipazione dello Stato o di enti pubblici*

2449. *Società con partecipazione dello Stato o di enti pubblici*. — *1.* Se lo Stato o gli enti pubblici hanno partecipazioni in una società per azioni che non fa ricorso al mercato del capitale di rischio, lo statuto può ad essi conferire la facoltà di nominare un numero di amministratori e sindaci, ovvero componenti del consiglio di sorveglianza, proporzionale alla partecipazione al capitale sociale.

2. Gli amministratori e i sindaci o i componenti del consiglio di sorveglianza nominati a norma del primo comma possono essere revocati soltanto dagli enti che li hanno nominati (2). Essi hanno i diritti e gli obblighi dei membri nominati dall'assemblea. Gli amministratori non possono essere nominati per un periodo superiore a tre esercizi e scadono alla data dell'assemblea convocata per l'approvazione del bilancio relativo all'ultimo esercizio della loro carica.

3. I sindaci, ovvero i componenti del consiglio di sorveglianza, restano in carica per tre esercizi e scadono alla data dell'assemblea convocata per l'approvazione del bilancio relativo al terzo esercizio della loro carica.

4. Alle società che fanno ricorso al capitale di rischio si applicano le disposizioni del sesto comma dell'art. 2346. Il consiglio di amministrazione può altresì proporre all'assemblea, che delibera con le maggioranze previste per l'assemblea ordinaria, che i diritti amministrativi previsti dallo statuto a favore dello Stato o degli enti pubblici siano rappresentati da una

(1) La parola «salva» è stata così sostituita alla precedente «tranne» dall'art. 5.1, lett. hh, d.lg. 6 febbraio 2004, n. 37.

(2) Sulla revoca di amministratori e sindaci dei quali risulti l'appartenenza ad associazioni segrete v. art. 4, l. 25 gennaio 1982, n. 17. Sulla trasparenza delle relazioni finanziarie tra i poteri pubblici e le imprese pubbliche v. d.lg. 11 novembre 2003, n. 333, come modificato dall'art. 1, d.lg. 19 dicembre 2007, n. 226.

particolare categoria di azioni. A tal fine è in ogni caso necessario il consenso dello Stato o dell'ente pubblico a favore del quale i diritti amministrativi sono previsti (c. 2383[1], 2400[1], 2409-*IX*[3], 2409-*XII*[2]) (1).

2450. .... (2).

Sezione XIV. — *Delle società di interesse nazionale* (3)

2451. *Norme applicabili.* — *1.* Le disposizioni di questo capo si applicano anche alle società per azioni d'interesse nazionale, compatibilmente con le disposizioni delle leggi speciali che stabiliscono per tali società una particolare disciplina circa la gestione sociale, la trasferibilità delle azioni, il diritto di voto e la nomina degli amministratori, dei sindaci (4) e dei dirigenti (5).

CAPO VI

Della società in accomandita per azioni (6)

2452. *Responsabilità e partecipazioni.* — *1.* Nella società in accomandita per azioni i soci accomandatari rispondono solidalmente e illimitatamente per le obbligazioni sociali, e i soci accomandanti sono obbligati nei limiti della quota di capitale sottoscritta. Le quote di partecipazione dei soci sono rappresentate da azioni.

2453. *Denominazione sociale.* — *1.* La denominazione della società è costituita dal nome di almeno uno dei soci accomandatari, con l'indicazione di società in accomandita per azioni.

2454. *Norme applicabili.* — *1.* Alla società in accomandita per azioni sono applicabili le norme relative alla società per azioni, in quanto

(1) Articolo così sostituito dall'art. 13.1, l. 25 febbraio 2008, n. 34. In base all'art. 13.2, l. cit.: «Il consiglio di amministrazione, nelle società che ricorrono al capitale di rischio e nelle quali sia prevista la nomina di amministratori ai sensi dell'art. 2449 del codice civile, nel testo vigente anteriormente alla data di entrata in vigore della presente legge, adegua lo statuto entro otto mesi da tale data, prevedendo che i diritti amministrativi siano rappresentati da strumenti finanziari, non trasferibili e condizionati alla persistenza della partecipazione dello Stato o dell'ente pubblico, ai sensi dell'art. 2346, sesto comma del codice civile. Scaduto il predetto termine di otto mesi, perdono efficacia le disposizioni statutarie non conformi alle disposizioni dell'art. 2449, come sostituito dal comma 1». L'art. 16-*bis*, d.l. 31 dicembre 2007, n. 248, conv. in l. 28 febbraio 2008, n. 31, così dispone: «*Responsabilità degli amministratori di società quotate partecipate da amministrazioni pubbliche.* — 1. Per le società con azioni quotate in mercati regolamentati, con partecipazione anche indiretta dello Stato o di altre amministrazioni o di enti pubblici, inferiore al 50 per cento, nonché per le loro controllate, la responsabilità degli amministratori e dei dipendenti è regolata dalle norme del diritto civile e le relative controversie sono devolute esclusivamente alla giurisdizione del giudice ordinario. Le disposizioni di cui al primo periodo non si applicano ai giudizi in corso alla data di entrata in vigore della legge di conversione del presente decreto». L'art. 8 (*Obblighi di trasparenza per le società a partecipazione pubblica*), d.l. 6 luglio 2011, n. 98, conv. in l. 15 luglio 2011, n. 111, così dispone: «Entro tre mesi dall'entrata in vigore del presente decreto, tutti gli enti e gli organismi pubblici inseriscono sul proprio sito istituzionale curandone altresì il periodico aggiornamento, l'elenco delle società di cui detengono, direttamente o indirettamente, quote di partecipazione anche minoritaria indicandone l'entità, nonché una rappresentazione grafica che evidenzia i collegamenti tra l'ente o l'organismo e le società ovvero tra le società controllate e indicano se, nell'ultimo triennio dalla pubblicazione, le singole società hanno raggiunto il pareggio di bilancio».

(2) Articolo abrogato dall'art. 3.1, d.l. 15 febbraio 2007, n. 10, conv. in l. 6 aprile 2007, n. 46.

(3) L'art. 7 (*Operatività della Cassa depositi e prestiti - CDP S.p.A*), d.l. 31 marzo 2011, n. 34, conv. in l. 26 maggio 2011, n. 75, così dispone: «1. Dopo il comma 8 dell'art. 5 del d.l. 30 settembre 2003, n. 269, convertito, con modificazioni, dalla l. 24 novembre 2003, n. 326, è inserito il seguente: "8-*bis*. Fermo restando quanto previsto al comma 8, CDP S.p.A. può altresì assumere partecipazioni in società di rilevante interesse nazionale in termini di strategicità del settore di operatività, di livelli occupazionali, di entità di fatturato ovvero di ricadute per il sistema economico-produttivo del Paese, e che risultino in una stabile situazione di equilibrio finanziario, patrimoniale ed economico e siano caratterizzate da adeguate prospettive di redditività. Ai fini della qualificazione di società di interesse nazionale, con decreto del Ministro dell'economia e delle finanze di natura non regolamentare sono definiti i requisiti, anche quantitativi, delle società oggetto di possibile acquisizione da parte di CDP S.p.A. ai sensi del presente comma. Il decreto è trasmesso alle Camere. Le medesime partecipazioni possono essere acquisite anche attraverso veicoli societari o fondi di investimento partecipati da CDP S.p.A. ed eventualmente da società private o controllate dallo Stato o enti pubblici. Nel caso in cui dette partecipazioni siano acquisite mediante utilizzo di risorse provenienti dalla raccolta postale, le stesse sono contabilizzate nella gestione separata di cui al comma 8"».

(4) Sulla revoca di amministratori e sindaci dei quali risulti l'appartenenza ad associazioni segrete v. art. 4, l. 25 gennaio 1982, n. 17. Sulla trasparenza delle relazioni finanziarie tra i poteri pubblici e le imprese pubbliche v. d.lg. 11 novembre 2003, n. 333, come modificato dall'art. 1, d.lg. 19 dicembre 2007, n. 226.

(5) Per le banche v. d.lg. 1° settembre 1993, n. 385, in *Leggi coll. XVII, 1*. Per la RAI v. d.l. 6 dicembre 1984, n. 807, conv. in l. 4 febbraio 1985, n. 10; l. 28 dicembre 2015, n. 220.

(6) L'intero Capo VI è stato così sostituito dall'art. 2.1, d.lg. 17 gennaio 2003, n. 6.

compatibili con le disposizioni seguenti.

2455. *Soci accomandatari.* — *1.* L'atto costitutivo deve indicare i soci accomandatari.

2. I soci accomandatari sono di diritto amministratori e sono soggetti agli obblighi degli amministratori della società per azioni (1).

2456. *Revoca degli amministratori.* — *1.* La revoca degli amministratori deve essere deliberata con la maggioranza prescritta per le deliberazioni dell'assemblea straordinaria della società per azioni.

2. Se la revoca avviene senza giusta causa, l'amministratore revocato ha diritto al risarcimento dei danni.

2457. *Sostituzione degli amministratori.* — *1.* L'assemblea con la maggioranza indicata nell'articolo precedente provvede a sostituire l'amministratore che, per qualunque causa, ha cessato dal suo ufficio. Nel caso di pluralità di amministratori, la nomina deve essere approvata dagli amministratori rimasti in carica.

2. Il nuovo amministratore assume la qualità di socio accomandatario dal momento dell'accettazione della nomina.

2458. *Cessazione dall'ufficio di tutti i soci amministratori.* — *1.* In caso di cessazione dall'ufficio di tutti gli amministratori, la società si scioglie se nel termine di centottanta giorni non si è provveduto alla loro sostituzione e i sostituti non hanno accettato la carica.

2. Per questo periodo il collegio sindacale nomina un amministratore provvisorio per il compimento degli atti di ordinaria amministrazione. L'amministratore provvisorio non assume la qualità di socio accomandatario.

2459. *Sindaci, consiglio di sorveglianza e azione di responsabilità.* — *1.* I soci accomandatari non hanno diritto di voto per le azioni ad essi spettanti nelle deliberazioni dell'assemblea che concernono la nomina e la revoca dei sindaci ovvero dei componenti del consiglio di sorveglianza e l'esercizio dell'azione di responsabilità.

2460. *Modificazioni dell'atto costitutivo.* — *1.* Le modificazioni dell'atto costitutivo devono essere approvate dall'assemblea con le maggioranze prescritte per l'assemblea straordinaria della società per azioni, e devono inoltre essere approvate da tutti i soci accomandatari.

2461. *Responsabilità degli accomandatari verso i terzi.* — *1.* La responsabilità dei soci accomandatari verso i terzi è regolata dall'art. 2304.

2. Il socio accomandatario che cessa dall'ufficio di amministratore non risponde per le obbligazioni della società sorte posteriormente all'iscrizione nel registro delle imprese della cessazione dall'ufficio.

CAPO VII

DELLA SOCIETÀ A RESPONSABILITÀ LIMITATA

Sezione I. — *Disposizioni generali*

2462. *Responsabilità.* — *1.* Nella società a responsabilità limitata per le obbligazioni sociali risponde soltanto la società con il suo patrimonio.

2. In caso di insolvenza della società, per le obbligazioni sociali sorte nel periodo in cui l'intera partecipazione è appartenuta ad una sola persona, questa risponde illimitatamente quando i conferimenti non siano stati effettuati secondo quanto previsto dall'art. 2464, o fin quando non sia stata attuata la pubblicità prescritta dall'art. 2470.

2463. *Costituzione.* — *1.* La società può essere costituita con contratto o con atto unilaterale.

2. L'atto costitutivo deve essere redatto per atto pubblico e deve indicare:

1) il cognome e il nome o la denominazione, la data e il luogo di nascita o lo Stato (2) di costituzione, il domicilio o la sede, la cittadinanza di ciascun socio;

2) la denominazione, contenente l'indicazione di società a responsabilità limitata, e il comune ove sono poste la sede della società e le eventuali sedi secondarie (att. c. 111-*III*);

3) l'attività che costituisce l'oggetto sociale;

4) l'ammontare del capitale, non inferiore a diecimila euro, sottoscritto e di quello versato (c. 2482[1]);

5) i conferimenti di ciascun socio e il valore attribuito ai crediti e ai beni conferiti in natura;

6) la quota di partecipazione di ciascun socio;

7) le norme relative al funzionamento della società, indicando quelle concernenti l'amministrazione, la rappresentanza;

8) le persone cui è affidata l'amministrazione e l'eventuale soggetto incaricato di effet-

(1) L'art. 24, l. 4 giugno 1985, n. 281, ha abrogato l'art. 2387 cod. civ., che imponeva agli amministratori di s.p.a. di prestare cauzione.

(2) Le parole «lo Stato» sono state inserite dall'art. 5.1, lett. ii, d.lg. 6 febbraio 2004, n. 37.

tuare la revisione legale dei conti (1);

9) l'importo globale, almeno approssimativo, della spese per la costituzione poste a carico della società.

3. Si applicano alla società a responsabilità limitata le disposizioni degli artt. 2329, 2330, 2331, 2332 e 2341.

4. L'ammontare del capitale può essere determinato in misura inferiore a euro diecimila, pari almeno a un euro. In tal caso i conferimenti devono farsi in denaro e devono essere versati per intero alle persone cui è affidata l'amministrazione (2).

5. La somma da dedurre dagli utili netti risultanti dal bilancio regolarmente approvato, per formare la riserva prevista dall'art. 2430, deve essere almeno pari a un quinto degli stessi, fino a che la riserva non abbia raggiunto, unitamente al capitale, l'ammontare di diecimila euro. La riserva così formata può essere utilizzata solo per imputazione a capitale e per copertura di eventuali perdite. Essa deve essere reintegrata a norma del presente comma se viene diminuita per qualsiasi ragione (2).

2463-*bis*. *Società a responsabilità limitata semplificata*. — *1.* La società a responsabilità limitata semplificata può essere costituita con contratto o atto unilaterale da persone fisiche [...] (3).

2. L'atto costitutivo deve essere redatto per atto pubblico in conformità al modello standard tipizzato con decreto del Ministro della giustizia, di concerto con il Ministro dell'economia e delle finanze e con il Ministro dello sviluppo economico (4), e deve indicare:

1) il cognome, il nome, la data, il luogo di nascita, il domicilio, la cittadinanza di ciascun socio;

2) la denominazione sociale contenente l'indicazione di società a responsabilità limitata semplificata e il comune ove sono poste la sede della società e le eventuali sedi secondarie;

3) l'ammontare del capitale sociale, pari almeno ad 1 euro e inferiore all'importo di 10.000 euro previsto all'art. 2463, secondo comma, n. 4), sottoscritto e interamente versato alla data della costituzione. Il conferimento deve farsi in denaro ed essere versato all'organo amministrativo;

4) i requisiti previsti dai nn. 3), 6), 7), 8) del secondo comma dell'art. 2463;

5) luogo e data di sottoscrizione;

6) gli amministratori [...] (5).

2-bis. Le clausole del modello standard tipizzato sono inderogabili (6).

3. La denominazione di società a responsabilità limitata semplificata, l'ammontare del capitale sottoscritto e versato, la sede della società e l'ufficio del registro delle imprese presso cui questa è iscritta devono essere indicati negli atti, nella corrispondenza della società e nello spazio elettronico destinato alla comunicazione collegato con la rete telematica ad accesso pubblico.

4. .... (7).

5. Salvo quanto previsto dal presente articolo, si applicano alla società a responsabilità limitata semplificata le disposizioni del presente capo in quanto compatibili (8).

Sezione II. — *Dei conferimenti e delle quote*

2464. *Conferimenti*. — *1.* Il valore dei conferimenti non può essere complessivamente inferiore all'ammontare globale del capitale sociale (c. 2346[5]).

2. Possono essere conferiti tutti gli elementi dell'attivo suscettibili di valutazione economica.

3. Se nell'atto costitutivo non è stabilito diversamente, il conferimento deve farsi in danaro.

4. Alla sottoscrizione dell'atto costitutivo de-

(1) Le parole «l'eventuale soggetto incaricato di effettuare la revisione legale dei conti» sono state così sostituite alle precedenti «gli eventuali soggetti incaricati del controllo contabile» dall'art. 37.24, d.lg. 27 gennaio 2010, n. 39.

(2) Comma aggiunto dall'art. 9.15-*ter*, d.l. 28 giugno 2013, n. 76, conv. in l. 9 agosto 2013, n. 99.

(3) Le parole «che non abbiano compiuto i trentacinque anni di età alla data della costituzione» sono state soppresse dall'art. 9.13, lett. a, d.l. 28 giugno 2013, n. 76, conv. in l. 9 agosto 2013, n. 99.

(4) V. d.m. Giustizia 23 giugno 2012, n. 138, in G.U., 14 agosto 2012, n. 189.

(5) Le parole «, i quali devono essere scelti tra i soci» sono state soppresse dall'art. 9.13, lett. b, d.l. 28 giugno 2013, n. 76, conv. in l. 9 agosto 2013, n. 99.

(6) Comma inserito dall'art. 9.13, lett. b-*bis*, d.l. 28 giugno 2013, n. 76, conv. in l. 9 agosto 2013, n. 99.

(7) Comma soppresso dall'art. 9.13, lett. c, d.l. 28 giugno 2013, n. 76, conv. in l. 9 agosto 2013, n. 99.

(8) Articolo inserito dall'art. 3.1, d.l. 24 gennaio 2012, n. 1, conv. in l. 24 marzo 2012, n. 27. L'art. 3.3, d.l. cit., così dispone: «L'atto costitutivo e l'iscrizione nel registro delle imprese sono esenti da diritto di bollo e di segreteria e non sono dovuti onorari notarili». L'art. 9.15, d.l. 28 giugno 2013, n. 76, conv. in l. 9 agosto 2013, n. 99, così dispone: «Le società a responsabilità limitata a capitale ridotto iscritte al registro delle imprese ai sensi dell'art. 44 del d.l. 22 giugno 2012, n. 83, convertito, con modificazioni, dalla l. 7 agosto 2012, n. 134, alla data di entrata in vigore del presente decreto, sono qualificate società a responsabilità limitata semplificata».

ve essere versato all'organo amministrativo nominato nell'atto costitutivo (1) almeno il venticinque per cento dei conferimenti in danaro e l'intero soprapprezzo o, nel caso di costituzione con atto unilaterale, il loro intero ammontare. I mezzi di pagamento sono indicati nell'atto (2). Il versamento può essere sostituito dalla stipula, per un importo almeno corrispondente, di una polizza di assicurazione o di una fideiussione bancaria con le caratteristiche determinate con decreto del Presidente del Consiglio dei Ministri; in tal caso il socio può in ogni momento sostituire la polizza o la fideiussione con il versamento del corrispondente importo in danaro (c. 2481-*II*[4]).

5. Per i conferimenti di beni in natura e di crediti si osservano le disposizioni degli artt. 2254 e 2255. Le quote corrispondenti a tali conferimenti devono essere integralmente liberate al momento della sottoscrizione (c. 2481-*II*[4]).

6. Il conferimento può anche avvenire mediante la prestazione di una polizza di assicurazione o di una fideiussione bancaria con cui vengono garantiti, per l'intero valore ad essi assegnato, gli obblighi assunti dal socio aventi per oggetto la prestazione d'opera o di servizi a favore della società (c. 2342[5], 2345). In tal caso, se l'atto costitutivo lo prevede, la polizza o la fideiussione possono essere sostituite dal socio con il versamento a titolo di cauzione del corrispondente importo in danaro presso la società (c. 2481-*II*[4]).

7. Se viene meno la pluralità dei soci, i versamenti ancora dovuti devono essere effettuati nei novanta giorni (c. 2462[2], 2466[5]).

2465. *Stima dei conferimenti di beni in natura e di crediti*. — *1.* Chi conferisce beni in natura o crediti deve presentare la relazione giurata di un revisore legale o di una società di revisione legali iscritti nell'apposito registro (3). La relazione, che deve contenere la descrizione dei beni o crediti conferiti, l'indicazione dei criteri di valutazione adottati e l'attestazione che il loro valore è almeno pari a quello ad essi attribuito ai fini della determinazione del capitale sociale e dell'eventuale soprapprezzo, deve essere allegata all'atto costitutivo.

2. La disposizione del precedente comma si applica in caso di acquisto da parte della società, per un corrispettivo pari o superiore al decimo del capitale sociale, di beni o di crediti dei soci fondatori, dei soci e degli amministratori, nei due anni dalla iscrizione della società nel registro delle imprese. In tal caso l'acquisto, salvo diversa disposizione dell'atto costitutivo, deve essere autorizzato con decisione dei soci a norma dell'art. 2479.

3. Nei casi previsti dai precedenti commi si applicano il secondo comma dell'art. 2343 ed il quarto e quinto comma dell'art. 2343-*bis* (c. 2500-*III*[2]).

2466. *Mancata esecuzione dei conferimenti*. — *1.* Se il socio non esegue il conferimento nel termine prescritto, gli amministratori diffidano il socio moroso ad eseguirlo nel termine di trenta giorni (c. 2344).

2. Decorso inutilmente questo termine gli amministratori, qualora non ritengano utile promuovere azione per l'esecuzione dei conferimenti dovuti, possono vendere agli altri soci in proporzione della (4) loro partecipazione la quota del socio moroso. La vendita è effettuata a rischio e pericolo del medesimo per il valore risultante dall'ultimo bilancio approvato. In mancanza di offerte per l'acquisto, se l'atto costitutivo lo consente, la quota è venduta all'incanto.

3. Se la vendita non può aver luogo per mancanza di compratori, gli amministratori escludono il socio, trattenendo le somme riscosse. Il capitale deve essere ridotto in misura corrispondente.

4. Il socio moroso non può partecipare alle decisioni dei soci.

5. Le disposizioni dei precedenti commi si applicano anche nel caso in cui per qualsiasi motivo siano scadute o divengano inefficaci la polizza assicurativa o la garanzia bancaria prestate ai sensi dell'art. 2464. Resta salva in tal caso la possibilità del socio di sostituirle con il versamento del corrispondente importo di danaro.

2467. *Finanziamenti dei soci*. — *1.* Il rimborso dei finanziamenti dei soci a favore della società è postergato rispetto alla soddisfazione degli altri creditori e, se avvenuto nell'anno precedente la dichiarazione di fallimento della società, deve essere restituito.

2. Ai fini del precedente comma s'intendono

(1) Le parole «all'organo amministrativo nominato nell'atto costitutivo» sono state così sostituite alle precedenti «presso una banca» dall'art. 9.15-*bis*, lett. a, d.l. 28 giugno 2013, n. 76, conv. in l. 9 agosto 2013, n. 99.

(2) Periodo inserito dall'art. 9.15-*bis*, lett. b, d.l. 28 giugno 2013, n. 76, conv. in l. 9 agosto 2013, n. 99.

(3) Le parole «di un revisore legale o di una società di revisione legali iscritti nell'apposito registro» sono state così sostituite alle precedenti «di un esperto o di una società di revisione iscritti nel registro dei revisori contabili o di una società di revisione iscritta nell'albo speciale» dall'art. 37.25, d.lg. 27 gennaio 2010, n. 39.

(4) Le parole «proporzione alla» sono sostituite alle precedenti «proporzione della» dall'art. 5.1, lett. ll, d.lg. 6 febbraio 2004, n. 37 (che, erroneamente, riferisce la modifica all'art. 2465, secondo comma).

finanziamenti dei soci a favore della società quelli, in qualsiasi forma effettuati, che sono stati concessi in un momento in cui, anche in considerazione del tipo di attività esercitata dalla società, risulta un eccessivo squilibrio dell'indebitamento rispetto al patrimonio netto oppure in una situazione finanziaria della società nella quale sarebbe stato ragionevole un conferimento (c. 2497-*V*) (1).

2468. *Quote di partecipazione*. — *1.* Le partecipazioni dei soci non possono essere rappresentate da azioni né costituire oggetto di offerta al pubblico di prodotti finanziari (2).

2. Salvo quanto disposto dal terzo comma del presente articolo, i diritti sociali spettano ai soci in misura proporzionale alla partecipazione da ciascuno posseduta. Se l'atto costitutivo non prevede diversamente, le partecipazioni dei soci sono determinate in misura proporzionale al conferimento.

3. Resta salva la possibilità che l'atto costitutivo preveda l'attribuzione a singoli soci di particolari diritti riguardanti l'amministrazione della società o la distribuzione degli utili.

4. Salvo diversa disposizione dell'atto costitutivo e salvo in ogni caso quanto previsto dal primo comma dell'art. 2473, i diritti previsti dal precedente comma possono essere modificati solo con il consenso di tutti i soci (c. 2473[1]).

5. Nel caso di comproprietà di una partecipazione, i diritti dei comproprietari devono essere esercitati da un rappresentante comune nominato secondo le modalità previste dagli artt. 1105 e 1106 (3).

2469. *Trasferimento delle partecipazioni*. — *1.* Le partecipazioni sono liberamente trasferibili (4) per atto tra vivi e per successione a causa di morte, salvo contraria disposizione dell'atto costitutivo.

2. Qualora l'atto costitutivo preveda l'intrasferibilità delle partecipazioni o ne subordini il trasferimento al gradimento di organi sociali, di soci o di terzi senza prevederne condizioni e limiti, o ponga condizioni o limiti che nel caso concreto impediscono il trasferimento a causa di morte, il socio o i suoi eredi possono esercitare il diritto di recesso ai sensi dell'art. 2473 (c. 2355-*II*[3]). In tali casi l'atto costitutivo può stabilire un termine, non superiore a due anni dalla costituzione della società o dalla sottoscrizione della partecipazione, prima del quale il recesso non può essere esercitato (5) (6).

2470. *Efficacia e pubblicità*. — *1.* Il trasferimento delle partecipazioni ha effetto di fronte alla società dal momento del deposito di cui al (7) successivo comma.

2. L'atto di trasferimento, con sottoscrizione autenticata, deve essere depositato entro trenta giorni, a cura del notaio autenticante, presso l'ufficio del registro delle imprese nella cui circoscrizione è stabilita la sede sociale. [...] (8). In caso di trasferimento a causa di morte il deposito è effettuato (9) a richiesta dell'erede o del legatario verso presentazione della documen-

(1) L'art. 1.239, l. 27 dicembre 2017, n. 205, così dispone: «L'art. 2467 del codice civile non si applica alle somme versate dai soci alle cooperative a titolo di prestito sociale».

(2) Le parole «offerta al pubblico di prodotti finanziari» sono state così sostituite alle precedenti «sollecitazione all'investimento» dall'art. 5, d.lg. 28 marzo 2007, n. 51.

(3) L'ultimo periodo è stato soppresso dall'art. 21, d.lg. 28 dicembre 2004, n. 310.

(4) La parola «trasferibili» è stata così sostituita alla precedente «trasmissibili» dall'art. 5.1, lett. nn, d.lg. 6 febbraio 2004, n. 37.

(5) Comma così sostituito dall'art. 1.1, l. 12 agosto 1993, n. 310.

(6) Comma aggiunto dall'art. 1.2, l. 12 agosto 1993, n. 310.

(7) Le parole «del deposito di cui al» sono state così sostituite alle precedenti «dell'iscrizione nel libro dei soci secondo quanto previsto nel» dall'art. 16.12-*quater*, lett. a, d.l. 29 novembre 2008, n. 185, conv. in l. 28 gennaio 2009, n. 2. L'art. 16.12-*undecies*, d.l. cit., così dispone «Le disposizioni di cui ai commi da 12-*quater* a 12-*decies* entrano in vigore il sessantesimo giorno successivo alla data di entrata in vigore della legge di conversione del presente decreto. Entro tale termine, gli amministratori delle società a responsabilità limitata depositano, con esenzione da ogni imposta e tassa, apposita dichiarazione per integrare le risultanze del registro delle imprese con quelle del libro dei soci».

(8) Periodo soppresso dall'art. 16.12-*quater*, lett. b, d.l. 29 novembre 2008, n. 185, conv. in l. 28 gennaio 2009, n. 2. L'art. 16.12-*undecies*, d.l. cit., così dispone «Le disposizioni di cui ai commi da 12-*quater* a 12-*decies* entrano in vigore il sessantesimo giorno successivo alla data di entrata in vigore della legge di conversione del presente decreto. Entro tale termine, gli amministratori delle società a responsabilità limitata depositano, con esenzione da ogni imposta e tassa, apposita dichiarazione per integrare le risultanze del registro delle imprese con quelle del libro dei soci».

(9) Le parole «è effettuato» sono state così sostituite alle precedenti «e l'iscrizione sono effettuati» dall'art. 16.12-*quater*, lett. b, d.l. 29 novembre 2008, n. 185, conv. in l. 28 gennaio 2009, n. 2. L'art. 16.12-*undecies*, d.l. cit., così dispone «Le disposizioni di cui ai commi da 12-*quater* a 12-*decies* entrano in vigore il sessantesimo giorno successivo alla data di entrata in vigore della legge di conversione del presente decreto. Entro tale termine, gli amministratori delle società a responsabilità limitata depositano, con esenzione da ogni imposta e tassa, apposita dichiarazione per integrare le risultanze del registro delle imprese con quelle del libro dei soci».

tazione richiesta per l'annotazione nel libro dei soci dei corrispondenti trasferimenti in materia di società per azioni (1).

3. Se la quota è alienata con successivi contratti a più persone, quella tra esse che per prima ha effettuato in buona fede l'iscrizione nel registro delle imprese è preferita alle altre, anche se il suo titolo è di data posteriore.

4. Quando l'intera partecipazione appartiene ad un solo socio o muta la persona dell'unico socio, gli amministratori devono depositare per l'iscrizione nel registro (2) delle imprese una dichiarazione contenente l'indicazione del cognome e nome o della denominazione, della data e del luogo di nascita o lo Stato (3) di costituzione, del domicilio o della sede e cittadinanza dell'unico socio (c. 2362).

5. Quando si costituisce o ricostituisce la pluralità dei soci, gli amministratori ne devono depositare apposita dichiarazione per l'iscrizione nel registro delle imprese.

6. L'unico socio o colui che cessa di essere tale può provvedere alla pubblicità prevista nei commi precedenti.

7. Le dichiarazioni degli amministratori previste dai commi quarto e quinto devono essere depositate entro trenta giorni dall'avvenuta variazione della compagine sociale (4).

2471. *Espropriazione della partecipazione.* — *1.* La partecipazione può formare oggetto di espropriazione. Il pignoramento si esegue mediante notificazione al debitore e alla società e successiva iscrizione nel registro delle imprese. [...] (5).

2. L'ordinanza del giudice che dispone la vendita della partecipazione deve essere notificata alla società a cura del creditore.

3. Se la partecipazione non è liberamente trasferibile e il creditore, il debitore e la società non si accordano sulla vendita della quota stessa, la vendita ha luogo all'incanto; ma la vendita è priva di effetto se, entro dieci giorni dall'aggiudicazione, la società presenta un altro acquirente che offra lo stesso prezzo.

4. Le disposizioni del comma precedente si applicano anche in caso di fallimento di un socio.

2471-*bis*. *Pegno, usufrutto e sequestro della partecipazione.* — *1.* La partecipazione può formare oggetto di pegno, usufrutto e sequestro. Salvo quanto disposto dal terzo comma dell'articolo che precede, si applicano le disposizioni dell'art. 2352.

2472. *Responsabilità dell'alienante per i versamenti ancora dovuti.* — *1.* Nel caso di cessione della partecipazione l'alienante è obbligato so-

(1) L'art. 36.1-*bis*, d.l. 25 giugno 2008, n. 112, conv. in l. 6 agosto 2008, n. 133, come modificato dall'art. 16.12-*decies*, d.l. 29 novembre 2008, n. 185, conv. in l. 28 gennaio 2009, n. 2, così dispone: «L'atto di trasferimento di cui al secondo comma dell'art. 2470 del codice civile può essere sottoscritto con firma digitale, nel rispetto della normativa anche regolamentare concernente la sottoscrizione dei documenti informatici, ed è depositato, entro trenta giorni, presso l'ufficio del registro delle imprese nella cui circoscrizione è stabilita la sede sociale, a cura di un intermediario abilitato ai sensi dell'art. 31, comma 2-*quater*, della l. 24 novembre 2000, n. 340. Resta salva la disciplina tributaria applicabile agli atti di cui al presente comma». In base all'art. 16.12-*undecies*, d.l. 185/2008 cit.: «Le disposizioni di cui ai commi da 12-*quater* a 12-*decies* entrano in vigore il sessantesimo giorno successivo alla data di entrata in vigore della legge di conversione del presente decreto. Entro tale termine, gli amministratori delle società a responsabilità limitata depositano, con esenzione da ogni imposta e tassa, apposita dichiarazione per integrare le risultanze del registro delle imprese con quelle del libro dei soci».

L'art. 14.8, l. 12 novembre 2011, n. 183, così dispone: «Il comma 1-*bis* dell'art. 36 del d.l. 25 giugno 2008, n. 112, convertito, con modificazioni, dalla l. 6 agosto 2008, n. 133, deve intendersi nel senso che l'atto di trasferimento delle partecipazioni di società a responsabilità limitata ivi disciplinato è in deroga al secondo comma dell'art. 2470 del codice civile ed è sottoscritto con la firma digitale di cui all'art. 24 del codice di cui al d.lg. 7 marzo 2005, n. 82».

Sulla annotazione nei registri tenuti dall'intermediario in caso di offerte attraverso portali per la raccolta di capitali v. art. 100-*ter*, d.lg. 24 febbraio 1998, n. 58 in *Leggi coll. XVIII, 1*.

(2) Le parole «l'iscrizione nel registro» sono state così sostituite alle precedenti «l'iscrizione del registro» dall'art. 5.1, lett. oo, d.lg. 6 febbraio 2004, n. 37.

(3) Le parole «lo Stato» sono state inserite dall'art. 5.1, lett. oo, d.lg. 6 febbraio 2004, n. 37.

(4) Comma così sostituito dall'art. 16.12-*quater*, lett. c, d.l. 29 novembre 2008, n. 185, conv. in l. 28 gennaio 2009, n. 2. L'art. 16.12-*undecies*, d.l. cit., così dispone «Le disposizioni di cui ai commi da 12-*quater* a 12-*decies* entrano in vigore il sessantesimo giorno successivo alla data di entrata in vigore della legge di conversione del presente decreto. Entro tale termine, gli amministratori delle società a responsabilità limitata depositano, con esenzione da ogni imposta e tassa, apposita dichiarazione per integrare le risultanze del registro delle imprese con quelle del libro dei soci».

(5) Le parole «Gli amministratori procedono senza indugio all'annotazione nel libro dei soci» sono state soppresse dall'art. 16.12-*quinquies*, d.l. 29 novembre 2008, n. 185, conv. in l. 28 gennaio 2009, n. 2. L'art. 16.12-*undecies*, d.l. cit., così dispone «Le disposizioni di cui ai commi da 12-*quater* a 12-*decies* entrano in vigore il sessantesimo giorno successivo alla data di entrata in vigore della legge di conversione del presente decreto. Entro tale termine, gli amministratori delle società a responsabilità limitata depositano, con esenzione da ogni imposta e tassa, apposita dichiarazione per integrare le risultanze del registro delle imprese con quelle del libro dei soci».

lidalmente con l'acquirente, per il periodo di tre anni dall'iscrizione del trasferimento nel registro delle imprese (1), per i versamenti ancora dovuti (c. 2356).

2. Il pagamento non può essere domandato all'alienante se non quando la richiesta al socio moroso è rimasta infruttuosa.

2473. *Recesso del socio.* — *1.* L'atto costitutivo determina quando il socio può recedere dalla società e le relative modalità. In ogni caso il diritto di recesso compete ai soci che non hanno consentito al cambiamento dell'oggetto o del tipo di società, alla sua fusione o scissione, alla revoca dello stato di liquidazione, al trasferimento della sede all'estero, alla eliminazione di una o più cause di recesso previste dall'atto costitutivo e al compimento di operazioni che comportano una sostanziale modificazione dell'oggetto della società determinato nell'atto costitutivo o una rilevante modificazione dei diritti attribuiti ai soci a norma dell'art. 2468, quarto comma. Restano salve le disposizioni in materia di recesso per le società soggette ad attività di direzione e coordinamento (c. 2468^{4}).

2. Nel caso di società contratta a tempo indeterminato il diritto di recesso compete al socio in ogni momento e può essere esercitato con un preavviso di almeno centottanta giorni; l'atto costitutivo può prevedere un periodo di preavviso di durata maggiore purché non superiore ad un anno.

3. I soci che recedono dalla società hanno diritto di ottenere il rimborso della propria partecipazione in proporzione del patrimonio sociale. Esso a tal fine è determinato tenendo conto del suo valore di mercato al momento della dichiarazione di recesso; in caso di disaccordo la determinazione è compiuta tramite relazione giurata di un esperto nominato dal tribunale, che provvede anche sulle spese, su istanza della parte più diligente; si applica in tal caso il primo comma dell'art. 1349.

4. Il rimborso delle partecipazioni per cui è stato esercitato il diritto di recesso deve essere eseguito entro centottanta giorni dalla comunicazione del medesimo fatta alla società. Esso può avvenire anche mediante acquisto da parte degli altri soci proporzionalmente alle loro partecipazioni oppure da parte di un terzo concordemente individuato da soci medesimi. Qualora ciò non avvenga, il rimborso è effettuato utilizzando riserve disponibili o, in mancanza, (2) corrispondentemente riducendo il capitale sociale; in quest'ultimo caso si applica l'art. 2482 e, qualora sulla base di esso non risulti possibile il rimborso della partecipazione del socio receduto, la società viene posta in liquidazione.

5. Il recesso non può essere esercitato e, se già esercitato, è privo di efficacia, se la società revoca la delibera che lo legittima ovvero se è deliberato lo scioglimento della società (c. 2469^{2}, 2481-*II*^{1}, 2484^{1}).

2473-*bis*. *Esclusione del socio.* — *1.* L'atto costitutivo può prevedere specifiche ipotesi di esclusione per giusta causa del socio. In tal caso si applicano le disposizioni del precedente articolo, esclusa la possibilità del rimborso della partecipazione mediante riduzione del capitale sociale.

2474. *Operazioni sulle proprie partecipazioni.* — *1.* In nessun caso la società può acquistare o accettare in garanzia partecipazioni proprie, ovvero accordare prestiti o fornire garanzia per il loro acquisto o la loro sottoscrizione.

Sezione III. — *Dell'amministrazione della società e dei controlli*

2475. *Amministrazione della società.* — *1.* La gestione dell'impresa si svolge nel rispetto della disposizione di cui all'art. 2086, secondo comma, e spetta esclusivamente agli amministratori, i quali compiono le operazioni necessarie per l'attuazione dell'oggetto sociale. Salvo diversa disposizione dell'atto costitutivo, l'amministrazione della società è affidata a uno o più soci nominati con decisione dei soci presa ai sensi dell'art. 2479 (3).

(1) Le parole «registro delle imprese» sono state così sostituite alle precedenti «libro dei soci» dall'art. 16.12-*sexies*, d.l. 29 novembre 2008, n. 185, conv. in l. 28 gennaio 2009, n. 2. L'art. 16.12-*undecies*, d.l. cit., così dispone «Le disposizioni di cui ai commi da 12-*quater* a 12-*decies* entrano in vigore il sessantesimo giorno successivo alla data di entrata in vigore della legge di conversione del presente decreto. Entro tale termine, gli amministratori delle società a responsabilità limitata depositano, con esenzione da ogni imposta e tassa, apposita dichiarazione per integrare le risultanze del registro delle imprese con quelle del libro dei soci».

(2) Le parole «, in mancanza,» sono state così sostituite alle precedenti «in mancanza» dall'art. 5.1, lett. pp, d.lg. 6 febbraio 2004, n. 37.

(3) Comma così sostituito dall'art. 377.4, d.lg. 12 gennaio 2019, n. 14. In base all'art. 389.2, d.lg. cit., tali disposizioni «entrano in vigore il trentesimo giorno successivo alla pubblicazione nella *Gazzetta Ufficiale* del presente decreto».

Si riporta, di seguito, il testo del primo comma dell'art. 2475, come precedentemente formulato:

«Salvo diversa disposizione dell'atto costitutivo, l'amministrazione della società è affidata a uno o più soci nominati con decisione dei soci presa ai sensi dell'art. 2479».

2. All'atto di nomina degli amministratori si applicano il quarto e quinto comma dell'art. 2383.

3. Quando l'amministrazione è affidata a più persone, queste costituiscono il consiglio di amministrazione. L'atto costitutivo può tuttavia prevedere, salvo quanto disposto nell'ultimo comma del presente articolo, che l'amministrazione sia ad esse affidata disgiuntamente oppure congiuntamente; in tali casi si applicano, rispettivamente, gli artt. 2257 e 2258.

4. Qualora sia costituito un consiglio di amministrazione, l'atto costitutivo può prevedere che le decisioni siano adottate mediante consultazione scritta o sulla base del consenso espresso per iscritto. In tal caso dai documenti sottoscritti dagli amministratori devono risultare con chiarezza l'argomento oggetto della decisione ed il consenso alla stessa.

5. La redazione del progetto di bilancio e dei progetti di fusione o scissione, nonché le decisioni di aumento del capitale ai sensi dell'art. 2481 sono in ogni caso di competenza dell'organo amministrativo.

6. Si applica, in quanto compatibile, l'art. 2381 (1).

2475-*bis*. *Rappresentanza della società*. — *1.* Gli amministratori hanno la rappresentanza generale della società (c. 2384).

2. Le limitazioni ai poteri degli amministratori che risultano dall'atto costitutivo o dall'atto di nomina, anche se pubblicate, non sono opponibili ai terzi, salvo che si provi che questi abbiano intenzionalmente agito a danno della società (c. 2298, 2384[2]).

2475-*ter*. *Conflitto di interessi*. — *1.* I contratti conclusi dagli amministratori che hanno la rappresentanza della società in conflitto di interessi, per conto proprio o di terzi, con la medesima possono essere annullati su domanda della società, se il conflitto era conosciuto o riconoscibile dal terzo.

2. Le decisioni adottate dal consiglio di amministrazione con il voto determinante di un amministratore in conflitto di interessi con la società, qualora le cagionino un danno patrimoniale, possono essere impugnate entro novanta giorni dagli amministratori e, ove esistenti, dai soggetti previsti dall'art. 2477. In ogni caso sono salvi i diritti acquistati in buona fede dai terzi in base ad atti compiuti in esecuzione della decisione.

2476. *Responsabilità degli amministratori e controllo dei soci*. — *1.* Gli amministratori sono solidalmente responsabili verso la società dei danni derivanti dall'inosservanza dei doveri ad essi imposti dalla legge e dall'atto costitutivo per l'amministrazione della società. Tuttavia la responsabilità non si estende a quelli che dimostrino di essere esenti da colpa e, essendo a cognizione che l'atto si stava per compiere, abbiano fatto constare del proprio dissenso (c. 2392).

2. I soci che non partecipano all'amministrazione hanno diritto di avere dagli amministratori notizie sullo svolgimento degli affari sociali e di consultare, anche tramite professionisti di loro fiducia, i libri sociali ed i documenti relativi all'amministrazione.

3. L'azione di responsabilità contro gli amministratori è promossa da ciascun socio, il quale può altresì chiedere, in caso di gravi irregolarità nella gestione della società, che sia adottato provvedimento cautelare di revoca degli amministratori medesimi. In tal caso il giudice può subordinare il provvedimento alla prestazione di apposita cauzione (c. *2409*).

4. In caso di accoglimento della domanda la società, salvo il suo diritto di regresso nei confronti degli amministratori, rimborsa agli attori le spese di giudizio e quelle da essi sostenute per l'accertamento dei fatti.

5. Salvo diversa disposizione dell'atto costitutivo, l'azione di responsabilità contro gli amministratori può essere oggetto di rinuncia o transazione da parte della società, purché vi consenta una maggioranza dei soci rappresentante almeno i due terzi del capitale sociale e purché non si oppongano tanti soci che rappresentano almeno il decimo del capitale sociale.

6. Gli amministratori rispondono verso i creditori sociali per l'inosservanza degli obblighi inerenti alla conservazione dell'integrità del patrimonio sociale. L'azione può essere proposta dai creditori quando il patrimonio sociale risulta insufficiente al soddisfacimento dei loro crediti. La rinunzia all'azione da parte della società non impedisce l'esercizio dell'azione da parte dei creditori sociali. La transazione può essere impugnata dai creditori sociali soltanto con l'azione revocatoria quando ne ricorrono gli estremi (2).

(1) Comma aggiunto dall'art. 377.5, d.lg. 12 gennaio 2019, n. 14. In base all'art. 389.2, d.lg. cit., tali disposizioni «entrano in vigore il trentesimo giorno successivo alla pubblicazione nella *Gazzetta Ufficiale* del presente decreto».

(2) Comma inserito dall'art. 378.1, d.lg. 12 gennaio 2019, n. 14. In base all'art. 389.2, d.lg. cit., tali disposizioni «entrano in vigore il trentesimo giorno successivo alla pubblicazione nella *Gazzetta Ufficiale* del presente decreto».

7. Le disposizioni dei precedenti commi non pregiudicano il diritto al risarcimento dei danni spettante al singolo socio o al terzo che sono stati direttamente danneggiati da atti dolosi o colposi degli amministratori (c. 2395).

8. Sono altresì solidalmente responsabili con gli amministratori, ai sensi dei precedenti commi, i soci che hanno intenzionalmente deciso o autorizzato il compimento di atti dannosi per la società, i soci o i terzi.

9. L'approvazione del bilancio da parte dei soci non implica liberazione degli amministratori e dei sindaci per le responsabilità incorse nella gestione sociale (c. 2434).

2477. *Sindaco e revisione legale dei conti. — 1.* L'atto costitutivo può prevedere, determinandone le competenze e i poteri, ivi compresa la revisione legale dei conti, la nomina di un organo di controllo o di un revisore. Se lo statuto non dispone diversamente, l'organo di controllo è costituito da un solo membro effettivo (1).

. . . . (2).

2. La nomina dell'organo di controllo o del revisore è obbligatoria se la società:

a) è tenuta alla redazione del bilancio consolidato;

b) controlla una società obbligata alla revisione legale dei conti;

c) ha superato per due esercizi consecutivi almeno uno dei seguenti limiti:

1) totale dell'attivo dello stato patrimoniale: 2 milioni di euro;

2) ricavi delle vendite e delle prestazioni: 2 milioni di euro;

3) dipendenti occupati in media durante l'esercizio: 10 unità (3).

3. L'obbligo di nomina dell'organo di controllo o del revisore di cui alla lett. *c* del secondo comma cessa quando, per tre esercizi consecutivi, non è superato alcuno dei predetti limiti (3).

4. Nel caso di nomina di un organo di controllo, anche monocratico, si applicano le disposizioni sul collegio sindacale previste per le società per azioni (4).

5. L'assemblea che approva il bilancio in cui vengono superati i limiti indicati al [...] (5) terzo comma deve provvedere, entro trenta giorni, alla nomina dell'organo di controllo o del revisore (6). Se l'assemblea non provvede, alla nomina provvede il tribunale su richiesta di qualsiasi soggetto interessato o su segnalazione del conservatore del registro delle imprese (7) (8) (9).

(1) Comma così sostituito dall'art. 35.2, lett. a, d.l. 9 febbraio 2012, n. 5, conv. in l. 4 aprile 2012, n. 35.

(2) Il comma 2, che disponeva «La nomina dell'organo di controllo o del revisore è obbligatoria se il capitale sociale non è inferiore a quello minimo stabilito per le società per azioni», è stato abrogato dall'art. 20.8, d.l. 24 giugno 2014, n. 91, conv. in l. 11 agosto 2014, n. 116, che così dispone: «Conseguentemente, la sopravvenuta insussistenza dell'obbligo di nomina dell'organo di controllo o del revisore costituisce giusta causa di revoca».

(3) Comma così sostituito dall'art. 379.1, d.lg. 12 gennaio 2019, n. 14. In base all'art. 389.2, d.lg. cit., tali disposizioni «entrano in vigore il trentesimo giorno successivo alla pubblicazione nella *Gazzetta Ufficiale* del presente decreto».

L'art. 389.3, d.lg. cit., così dispone: «Le società a responsabilità limitata e le società cooperative costituite alla data di entrata in vigore del presente articolo, quando ricorrono i requisiti di cui al comma 1, devono provvedere a nominare gli organi di controllo o il revisore e, se necessario, ad uniformare l'atto costitutivo e lo statuto alle disposizioni di cui al predetto comma entro nove mesi dalla predetta data. Fino alla scadenza del termine, le previgenti disposizioni dell'atto costitutivo e dello statuto conservano la loro efficacia anche se non sono conformi alle inderogabili disposizioni di cui al comma 1. Ai fini della prima applicazione delle disposizioni di cui all'art. 2477 del codice civile, commi secondo e terzo, come sostituiti dal comma 1, si ha riguardo ai due esercizi antecedenti la scadenza indicata nel primo periodo».

Si riporta, di seguito, il testo del secondo e del terzo comma dell'art. 2477, come precedentemente formulati: «[...]. || La nomina dell'organo di controllo o del revisore è obbligatoria se la società: *a*) è tenuta alla redazione del bilancio consolidato; *b*) controlla una società obbligata alla revisione legale dei conti; *c*) per due esercizi consecutivi ha superato due dei limiti indicati dal primo comma dell'art. 2435-*bis*».

(4) Comma così sostituito dall'art. 35.2, lett. c, d.l. 9 febbraio 2012, n. 5, conv. in l. 4 aprile 2012, n. 35.

(5) Le parole «secondo e» sono state soppresse dall'art. 20.8, d.l. 24 giugno 2014, n. 91, conv. in l. 11 agosto 2014, n. 116.

(6) Le parole «dell'organo di controllo o del revisore» sono state così sostituite alle precedenti «del sindaco» dall'art. 35.2, lett. b, d.l. 9 febbraio 2012, n. 5, conv. in l. 4 aprile 2012, n. 35.

(7) Le parole «o su segnalazione del conservatore del registro delle imprese» sono state aggiunte dall'art. 379.2, d.lg. 12 gennaio 2019, n. 14. In base all'art. 389.2, d.lg. cit., tali disposizioni «entrano in vigore il trentesimo giorno successivo alla pubblicazione nella *Gazzetta Ufficiale* del presente decreto».

(8) Articolo così sostituito, da ultimo, dall'art. 14.13, l. 12 novembre 2011, n. 183.

(9) «In deroga all'art. 2488 del codice civile è in ogni caso obbligatoria, per le società sportive professionistiche, la nomina del collegio sindacale»: art. 10.1, l. 23 marzo 1981, n. 91, come modificato dall'art. 4.1, d.l. 20 settembre 1996, n. 485, conv. in l. 18 novembre 1996, n. 586.

L'art. 14.9, l. 12 novembre 2011, n. 183, così dispone: «A partire dal 1° gennaio 2012, le società a responsabilità limitata che non abbiano nominato il collegio sindacale possono redigere il bilancio secondo uno schema sem-

6. Si applicano le disposizioni dell'art. 2409 anche se la società è priva di organo di controllo (1).

2478. *Libri sociali obbligatori.* — *1.* Oltre i libri e le altre scritture contabili prescritti nell'art. 2214, la società deve tenere:

1) .... (2);

2) il libro delle decisioni dei soci, nel quale sono trascritti senza indugio sia i verbali delle assemblee, anche se redatti per atto pubblico, sia le decisioni prese ai sensi del primo periodo del terzo comma dell'art. 2479; la relativa documentazione è conservata dalla società (c. 2479-*II* [2]);

3) il libro delle decisioni degli amministratori;

4) il libro delle decisioni del collegio sindacale nominato (3) ai sensi dell'art. 2477.

2. I libri indicati nei nn. 2) e 3) del primo comma (4) devono essere tenuti a cura degli amministratori; il libro indicato nel n. 4) del primo comma deve essere tenuto (5) a cura dei sindaci [...] (6).

3. I contratti della società con l'unico socio o le operazioni a favore dell'unico socio sono opponibili ai creditori della società solo se risultano dal libro indicato nel n. 3) del primo comma o da atto scritto avente data certa anteriore al pignoramento (c. 2362[5]).

2478-*bis*. *Bilancio e distribuzione degli utili ai soci.* — *1.* Il bilancio deve essere redatto con l'osservanza delle disposizioni di cui alla sezione IX, del capo V del presente libro (7). Esso è presentato ai soci entro il termine stabilito dall'atto costitutivo e comunque non superiore a centoventi giorni dalla chiusura dell'esercizio sociale, salva la possibilità di un maggior termine nei limiti ed alle condizioni previsti dal secondo comma dell'art. 2364.

2. Entro trenta giorni dalla decisione dei soci di approvazione del bilancio deve essere depositata (8) presso l'ufficio del registro delle im-

plificato. Con decreto del Ministro dell'economia e delle finanze, da adottare entro novanta giorni dalla data di entrata in vigore della presente legge, sono definite le voci e la struttura che compongono lo schema di bilancio semplificato e le modalità di attuazione del presente comma».

(1) Comma aggiunto dall'art. 379.2, d.lg. 12 gennaio 2019, n. 14. In base all'art. 389.2, d.lg. cit., tali disposizioni «entrano in vigore il trentesimo giorno successivo alla pubblicazione nella *Gazzetta Ufficiale* del presente decreto».

(2) Numero abrogato dall'art. 16.12-*septies*, lett. a, d.l. 29 novembre 2008, n. 185, conv. in l. 28 gennaio 2009, n. 2. L'art. 16.12-*undecies*, d.l. cit., così dispone «Le disposizioni di cui ai commi da 12-*quater* a 12-*decies* entrano in vigore il sessantesimo giorno successivo alla data di entrata in vigore della legge di conversione del presente decreto. Entro tale termine, gli amministratori delle società a responsabilità limitata depositano, con esenzione da ogni imposta e tassa, apposita dichiarazione per integrare le risultanze del registro delle imprese con quelle del libro dei soci».

(3) La parola «nominato» è stata così sostituita alle precedenti «o del revisore nominati» dall'art. 37.27, d.lg. 27 gennaio 2010, n. 39.

(4) Le parole «I libri indicati nei nn. 2) e 3) del primo comma» sono state così sostituite alle precedenti «I primi tre libri» dall'art. 16.12-*septies*, lett. b, d.l. 29 novembre 2008, n. 185, conv. in l. 28 gennaio 2009, n. 2. L'art. 16.12-*undecies*, d.l. cit., così dispone «Le disposizioni di cui ai commi da 12-*quater* a 12-*decies* entrano in vigore il sessantesimo giorno successivo alla data di entrata in vigore della legge di conversione del presente decreto. Entro tale termine, gli amministratori delle società a responsabilità limitata depositano, con esenzione da ogni imposta e tassa, apposita dichiarazione per integrare le risultanze del registro delle imprese con quelle del libro dei soci».

(5) Le parole «; il libro indicato nel n. 4) del primo comma deve essere tenuto» sono state così sostituite alle precedenti «e il quarto» dall'art. 16.12-*septies*, lett. b, d.l. 29 novembre 2008, n. 185, conv. in l. 28 gennaio 2009, n. 2. L'art. 16.12-*undecies*, d.l. cit., così dispone «Le disposizioni di cui ai commi da 12-*quater* a 12-*decies* entrano in vigore il sessantesimo giorno successivo alla data di entrata in vigore della legge di conversione del presente decreto. Entro tale termine, gli amministratori delle società a responsabilità limitata depositano, con esenzione da ogni imposta e tassa, apposita dichiarazione per integrare le risultanze del registro delle imprese con quelle del libro dei soci».

(6) Le parole «o del revisore» sono state soppresse dall'art. 37.27, d.lg. 27 gennaio 2010, n. 39.

(7) Periodo così sostituito dall'art. 6.14, d.lg. 18 agosto 2015, n. 139. In base all'art. 12.1, d.lg. cit., tali disposizioni «entrano in vigore dal 1° gennaio 2016 e si applicano ai bilanci relativi agli esercizi finanziari aventi inizio a partire da quella data».

(8) Le parole «deve essere depositata» sono state così sostituite alle precedenti «devono essere depositati» dall'art. 16.12-*octies*, d.l. 29 novembre 2008, n. 185, conv. in l. 28 gennaio 2009, n. 2. L'art. 16.12-*undecies*, d.l. cit., così dispone «Le disposizioni di cui ai commi da 12-*quater* a 12-*decies* entrano in vigore il sessantesimo giorno successivo alla data di entrata in vigore della legge di conversione del presente decreto. Entro tale termine, gli amministratori delle società a responsabilità limitata depositano, con esenzione da ogni imposta e tassa, apposita dichiarazione per integrare le risultanze del registro delle imprese con quelle del libro dei soci».

prese, a norma dell'art. 2435, copia del bilancio approvato [...] (1).

3. La decisione dei soci che approva il bilancio decide sulla distribuzione degli utili ai soci.

4. Possono essere distribuiti esclusivamente gli utili realmente conseguiti e risultanti da bilancio regolarmente approvato.

5. Se si verifica una perdita del capitale sociale, non può farsi luogo a ripartizione (2) degli utili fino a che il capitale non sia reintegrato o ridotto in misura corrispondente.

6. Gli utili erogati in violazione delle disposizioni del presente articolo non sono ripetibili se i soci li hanno riscossi in buona fede in base a bilancio regolarmente approvato, da cui risultano utili netti corrispondenti.

Sezione IV. — *Delle decisioni dei soci*

2479. *Decisioni dei soci.* — *1.* I soci decidono sulle materie riservate alla loro competenza dall'atto costitutivo, nonché sugli argomenti che uno o più amministratori o tanti soci che rappresentano almeno un terzo del capitale sociale sottopongono alla loro approvazione (3).

2. In ogni caso sono riservate alla competenza dei soci:

1) l'approvazione del bilancio e la distribuzione degli utili;

2) la nomina, se prevista nell'atto costitutivo, degli amministratori;

3) la nomina nei casi previsti dall'art. 2477 dei sindaci e del presidente del collegio sindacale o del soggetto incaricato di effettuare la revisione legale dei conti (4);

4) le modificazioni dell'atto costitutivo (c. 2479-*II* [3]);

5) la decisione di compiere operazioni che comportano una sostanziale modificazione dell'oggetto sociale determinato nell'atto costitutivo o una rilevante modificazione dei diritti dei soci (c. 2479-*II* [3]).

3. L'atto costitutivo può prevedere che le decisioni dei soci siano adottate mediante consultazione scritta o sulla base del consenso espresso per iscritto (c. 2478[1]). In tal caso dai documenti sottoscritti dai soci devono risultare con chiarezza l'argomento oggetto della decisione ed il consenso alla stessa (c. 2490[1]).

4. Qualora nell'atto costitutivo non vi sia la previsione di cui al terzo comma e comunque (5) con riferimento alle materie indicate nei nn. 4 e 5 del secondo comma del presente articolo nonché nel caso previsto dal quarto comma dell'art. 2482-*bis* (6) oppure quando lo richiedono uno o più amministratori o un numero di soci che rappresentano almeno un terzo del capitale sociale, le decisioni dei soci debbono essere adottate mediante deliberazione assembleare ai sensi dell'art. 2479-*bis*.

5. Ogni socio ha diritto di partecipare alle decisioni previste dal presente articolo ed il suo voto vale in misura proporzionale alla sua partecipazione.

6. Salvo diversa disposizione dell'atto costitutivo, le decisioni dei soci sono prese con il voto favorevole di una maggioranza che rappresenti almeno la metà del capitale sociale (c. 2465[2], 2475[1]) (7).

2479-*bis*. *Assemblea dei soci.* — *1.* L'atto costitutivo determina i modi di convocazione dell'assemblea dei soci, tali comunque da assicurare la tempestiva informazione sugli argomenti da trattare. In mancanza la convocazione è effettuata mediante lettera raccomandata spedita ai soci almeno otto giorni prima dell'adunanza nel domicilio risultante dal registro delle imprese (8).

(1) Le parole «e l'elenco dei soci e degli altri titolari di diritti sulle partecipazioni sociali» sono state soppresse dall'art. 16.12-*octies*, d.l. 29 novembre 2008, n. 185, conv. in l. 28 gennaio 2009, n. 2. L'art. 16.12-*undecies*, d.l. cit., così dispone «Le disposizioni di cui ai commi da 12-*quater* a 12-*decies* entrano in vigore il sessantesimo giorno successivo alla data di entrata in vigore della legge di conversione del presente decreto. Entro tale termine, gli amministratori delle società a responsabilità limitata depositano, con esenzione da ogni imposta e tassa, apposita dichiarazione per integrare le risultanze del registro delle imprese con quelle del libro dei soci».

(2) La parola «ripartizione» è stata così sostituita alla precedente «distribuzione» dall'art. 5.1, lett. rr, d.lg. 6 febbraio 2004, n. 37.

(3) Il segno grafico «.» è stato così sostituito al precedente «;» dall'art. 5.1, lett. ss, n. 1, d.lg. 6 febbraio 2004, n. 37.

(4) Le parole «del soggetto incaricato di effettuare la revisione legale dei conti» sono state così sostituite alle precedenti «o del revisore» dall'art. 37.28, d.lg. 27 gennaio 2010, n. 39.

(5) La parola «comunque» è stata così sostituita alle precedenti «in ogni caso» dall'art. 5.1, lett. ss, n. 2, d.lg. 6 febbraio 2004, n. 37.

(6) Le parole «nonché nel caso previsto dal quarto comma dell'art. 2482-*bis*» sono state aggiunte dall'art. 5.1, lett. ss, n. 2, d.lg. 6 febbraio 2004, n. 37.

(7) Comma così sostituito dall'art. 5.1, lett. ss, n. 3, d.lg. 6 febbraio 2004, n. 37.

(8) Le parole «registro delle imprese» sono state così sostituite alle precedenti «libro dei soci» dall'art. 16.12-*sexies*, d.l. 29 novembre 2008, n. 185, conv. in l. 28 gennaio 2009, n. 2. L'art. 16.12-*undecies*, d.l. cit., così dispone «Le disposizioni di cui ai commi da 12-*quater* a 12-*decies* entrano in vigore il sessantesimo giorno successivo alla

2. Se l'atto costitutivo non dispone diversamente, il socio può farsi rappresentare in assemblea e la relativa documentazione è conservata secondo quanto prescritto dall'art. 2478, primo comma, n. 2).

3. Salvo diversa disposizione dell'atto costitutivo l'assemblea si riunisce presso la sede sociale ed è regolarmente costituita con la presenza di tanti soci che rappresentano almeno la metà del capitale sociale e delibera a maggioranza assoluta e, nei casi previsti dai nn. 4) e 5) del secondo comma dell'art. 2479, con il voto favorevole dei soci che rappresentano almeno la metà del capitale sociale.

4. L'assemblea è presieduta dalla persona indicata nell'atto costitutivo o, in mancanza, da quella designata dagli intervenuti. Il presidente dell'assemblea verifica la regolarità della costituzione, accerta l'identità e la legittimazione dei presenti, regola il suo svolgimento ed accerta i risultati delle votazioni; degli esiti di tali accertamenti deve essere dato conto nel verbale.

5. In ogni caso la deliberazione s'intende adottata quando ad essa partecipa l'intero capitale sociale e tutti gli amministratori e sindaci sono presenti o informati della riunione e nessuno si oppone alla trattazione dell'argomento (c. 2366^4, 2479^4, 2480^1).

2479-*ter*. *Invalidità delle decisioni dei soci*. — *1.* Le decisioni dei soci che non sono prese in conformità della legge o dell'atto costitutivo possono essere impugnate dai soci che non vi hanno consentito, da ciascun amministratore e dal collegio sindacale entro novanta giorni dalla loro trascrizione nel libro delle decisioni dei soci. Il tribunale, qualora ne ravvisi l'opportunità e ne sia fatta richiesta dalla società o da chi ha proposto l'impugnativa, può assegnare un termine non superiore a centottanta giorni per l'adozione di una nuova decisione idonea ad eliminare la causa di invalidità.

2. Qualora possano recare danno alla società, sono impugnabili a norma del precedente comma le decisioni assunte con la partecipazione determinante di soci che hanno, per conto proprio o di terzi, un interesse in conflitto con quello della società (c. 2373^1).

3. Le decisioni aventi oggetto illecito o impossibile e quelle prese in assenza assoluta di informazione possono essere impugnate da chiunque vi abbia interesse entro tre anni dalla trascrizione indicata nel primo periodo del primo comma (1). Possono essere impugnate senza limiti di tempo le deliberazioni che modificano l'oggetto sociale prevedendo attività impossibili o illecite.

4. Si applicano, in quanto compatibili, gli artt. 2377, primo, quinto, settimo, ottavo e nono comma (2), 2378, 2379-*bis*, 2379-*ter* e 2434-*bis*.

Sezione V. — *Delle modificazioni dell'atto costitutivo*

2480. *Modificazioni dell'atto costitutivo*. — *1.* Le modificazioni dell'atto costitutivo sono deliberate dall'assemblea dei soci a norma dell'art. 2479-*bis*. Il verbale è redatto da notaio e si applica l'art. 2436.

2481. *Aumento di capitale*. — *1.* L'atto costitutivo può attribuire agli amministratori la facoltà di aumentare il capitale sociale, determinandone i limiti e le modalità di esercizio; la decisione degli amministratori, che deve risultare da verbale redatto senza indugio da notaio, deve essere depositata ed iscritta a norma dell'art. 2436 (c. 2443).

2. La decisione di aumentare il capitale sociale non può essere attuata fin quando i conferimenti precedentemente dovuti non sono stati integralmente eseguiti (c. 2438^1, 2475^5).

2481-*bis*. *Aumento di capitale mediante nuovi conferimenti*. — *1.* In caso di decisione di aumento del capitale sociale mediante nuovi conferimenti spetta ai soci il diritto di sottoscriverlo in proporzione delle partecipazioni da essi possedute. L'atto costitutivo può prevedere, salvo per il caso di cui all'art. 2482-*ter*, che l'aumento di capitale possa essere attuato anche mediante offerta di quote di nuova emissione a terzi; in tal caso spetta ai soci che non hanno consentito alla decisione il diritto di recesso a norma dell'art. 2473.

2. La decisione di aumento di capitale prevede l'eventuale soprapprezzo e le modalità ed i termini entro i quali può essere esercitato il diritto di sottoscrizione. Tali termini non possono essere inferiori a trenta giorni dal momento in cui viene comunicato ai soci che l'aumento di capitale può essere sottoscritto. La

data di entrata in vigore della legge di conversione del presente decreto. Entro tale termine, gli amministratori delle società a responsabilità limitata depositano, con esenzione da ogni imposta e tassa, apposita dichiarazione per integrare le risultanze del registro delle imprese con quelle del libro dei soci».

(1) La parola «primo» è stata così sostituita alla precedente «secondo» dall'art. 22, d.lg. 28 dicembre 2004, n. 310.

(2) Le parole «primo, quinto, settimo, ottavo e nono comma,» sono state così sostituite alle precedenti «quarto, sesto, settimo e ottavo comma,» dall'art. 5.1, lett. tt, d.lg. 6 febbraio 2004, n. 37.

decisione può anche consentire, disciplinandone le modalità, che la parte dell'aumento di capitale non sottoscritta da uno o più soci sia sottoscritta dagli altri soci o da terzi.

3. Se l'aumento di capitale non è integralmente sottoscritto nel termine stabilito dalla decisione, il capitale è aumentato di un importo pari alle sottoscrizioni raccolte soltanto se la deliberazione medesima lo abbia espressamente consentito.

4. Salvo quanto previsto dal secondo periodo del quarto comma e dal sesto comma dell'art. 2464, i sottoscrittori dell'aumento di capitale devono, all'atto della sottoscrizione, versare alla società almeno il venticinque per cento della parte di capitale sottoscritta e, se previsto, l'intero soprapprezzo. Per i conferimenti di beni in natura o di crediti si applica quanto disposto dal quinto comma dell'art. 2464.

5. Se l'aumento di capitale è sottoscritto dall'unico socio, il conferimento in danaro deve essere integralmente versato all'atto della sottoscrizione.

6. Nei trenta giorni dall'avvenuta sottoscrizione gli amministratori devono depositare per l'iscrizione nel registro delle imprese un'attestazione che l'aumento di capitale è stato eseguito.

2481-*ter*. *Passaggio di riserve a capitale*. — *1.* La società può aumentare il capitale imputando ad esso le riserve e gli altri fondi iscritti in bilancio in quanto disponibili (c. 2442).

2. In questo caso la quota di partecipazione di ciascun socio resta immutata.

2482. *Riduzione del capitale sociale*. — *1.* La riduzione del capitale sociale può avere luogo, nei limiti previsti dal n. 4) dell'art. 2463, mediante rimborso ai soci delle quote pagate o mediante liberazione di essi dall'obbligo dei versamenti ancora dovuti.

2. La decisione dei soci di ridurre il capitale sociale può essere eseguita soltanto dopo novanta giorni (1) dal giorno dell'iscrizione nel registro delle imprese della decisione medesima, purché entro questo termine nessun creditore sociale anteriore all'iscrizione abbia fatto opposizione.

3. Il tribunale, quando ritenga infondato il pericolo di pregiudizio per i creditori oppure la società abbia prestato un'idonea garanzia, dispone che l'esecuzione abbia luogo nonostante l'opposizione (c. 2473^4).

2482-*bis*. *Riduzione del capitale per perdite*. — *1.* Quando risulta che il capitale è diminuito di oltre un terzo in conseguenza di perdite, gli amministratori devono senza indugio convocare l'assemblea dei soci per gli opportuni provvedimenti.

2. All'assemblea deve essere sottoposta una relazione degli amministratori sulla situazione patrimoniale della società, con le osservazioni nei casi previsti dall'art. 2477 del collegio sindacale o del soggetto incaricato di effettuare la revisione legale dei conti (2). Se l'atto costitutivo non prevede diversamente, copia della relazione e delle osservazioni deve essere depositata nella sede della società almeno otto giorni prima dell'assemblea, perché i soci possano prenderne visione.

3. Nell'assemblea gli amministratori devono dare conto dei fatti di rilievo avvenuti dopo la redazione della relazione prevista nel precedente comma.

4. Se entro l'esercizio successivo la perdita non risulta diminuita a meno di un terzo, deve essere convocata l'assemblea per l'approvazione del bilancio e per la riduzione del capitale in proporzione delle perdite accertate (3). In mancanza gli amministratori e i sindaci o il soggetto incaricato di effettuare la revisione legale dei conti (4) nominati ai sensi dell'art. 2477 devono chiedere al tribunale che venga disposta la riduzione del capitale in ragione delle perdite risultanti dal bilancio (c. 2479^4).

5. Il tribunale, anche su istanza di qualsiasi interessato, provvede con decreto soggetto a reclamo, che deve essere iscritto nel registro delle imprese a cura degli amministratori.

6. Si applica, in quanto compatibile, l'ultimo comma dell'art. 2446.

2482-*ter*. *Riduzione del capitale al disotto del minimo legale*. — *1.* Se, per la perdita di oltre un terzo del capitale, questo si riduce al disotto del minimo stabilito dal n. 4) dell'art. 2463, gli

(1) Le parole «novanta giorni» sono state così sostituite alle precedenti «tre mesi» dall'art. 5.1, lett. uu, d.lg. 6 febbraio 2004, n. 37.

(2) Le parole «o del soggetto incaricato di effettuare la revisione legale dei conti» sono state così sostituite alle precedenti «o del revisore» dall'art. 37.29, lett. a, d.lg. 27 gennaio 2010, n. 39.

(3) Le parole «deve essere convocata l'assemblea per l'approvazione del bilancio e per la riduzione del capitale in proporzione delle perdite accertate» sono state così sostituite alle precedenti «l'assemblea convocata per l'approvazione del bilancio deve ridurre il capitale in proporzione delle perdite accertate» dall'art. 5.1, lett. vv, d.lg. 6 febbraio 2004, n. 37.

(4) Le parole «o il soggetto incaricato di effettuare la revisione legale dei conti» sono state così sostituite alle precedenti «o il revisore» dall'art. 37.29, lett. b, d.lg. 27 gennaio 2010, n. 39.

amministratori devono senza indugio convocare l'assemblea per deliberare la riduzione del capitale ed il contemporaneo aumento del medesimo ad una cifra non inferiore al detto minimo (c. 2481-*II*[1]).

2. È fatta salva la possibilità di deliberare la trasformazione della società.

2482-*quater*. *Riduzione del capitale per perdite e diritti dei soci*. — *1.* In tutti i casi di riduzione del capitale per perdite è esclusa ogni modificazione delle quote di partecipazione e dei diritti spettanti ai soci.

2483. *Emissione di titoli di debito*. — *1.* Se l'atto costitutivo lo prevede, la società può emettere titoli di debito. In tal caso l'atto costitutivo attribuisce la relativa competenza ai soci o agli amministratori determinando gli eventuali limiti, le modalità e le maggioranze necessarie per la decisione.

2. I titoli emessi ai sensi del precedente comma possono essere sottoscritti soltanto da investitori professionali soggetti a vigilanza prudenziale a norma delle leggi speciali. In caso di successiva circolazione dei titoli di debito, chi li trasferisce risponde della solvenza della società nei confronti degli acquirenti che non siano investitori professionali ovvero soci della società medesima.

3. La decisione di emissione dei titoli prevede le condizioni del prestito e le modalità del rimborso ed è iscritta a cura degli amministratori presso il registro delle imprese. Può altresì prevedere che, previo consenso della maggioranza dei possessori dei titoli, la società possa modificare tali condizioni e modalità.

4. Restano salve le disposizioni di leggi speciali relative a particolari categorie di società e alle riserve di attività.

CAPO VIII

SCIOGLIMENTO E LIQUIDAZIONE DELLE SOCIETÀ DI CAPITALI (1) (2)

2484. *Cause di scioglimento*. — *1.* Le società per azioni, in accomandita per azioni e a responsabilità limitata si sciolgono:

1) per il decorso del termine (c. 2545-*XII*[1]);

2) per il conseguimento dell'oggetto sociale o per la sopravvenuta impossibilità di conseguirlo, salvo che l'assemblea, all'uopo convocata senza indugio, non deliberi le opportune modifiche statutarie (c. 2487[1], 2545-*XII*[1]);

3) per l'impossibilità di funzionamento o per la continuata inattività dell'assemblea (c. 2545-*XII*[1]);

4) per la riduzione del capitale al disotto del minimo legale, salvo quanto è disposto dagli artt. 2447 e 2482-*ter* (c. 2487[1]);

5) nelle ipotesi previste dagli artt. 2437-*quater* e 2473 (c. 2545-*XII*[1]);

6) per deliberazione dell'assemblea (c. 2487[1], 2545-*XII*[1]);

7) per le altre cause previste dall'atto costitutivo o dallo statuto (c. 2545-*XII*[1]).

2. La società inoltre si scioglie per le altre cause previste dalla legge; in queste ipotesi le disposizioni dei seguenti articoli si applicano in quanto compatibili.

3. Gli effetti dello scioglimento si determinano, nelle ipotesi previste dai nn. 1, 2, 3, 4 e 5 del primo comma, alla data dell'iscrizione presso l'ufficio del registro delle imprese della dichiarazione con cui gli amministratori ne accertano la causa e, nell'ipotesi prevista dal n. 6 del medesimo comma, alla data dell'iscrizione della relativa deliberazione (c. 2485[1], 2485[2]).

4. Quando l'atto costitutivo o lo statuto prevedono altre cause di scioglimento, essi devono determinare la competenza a deciderle od accertarle, e ad effettuare gli adempimenti pubblicitari di cui al precedente comma (3).

2485. *Obblighi degli amministratori*. — *1.* Gli amministratori devono senza indugio accertare il verificarsi di una causa di scioglimento e procedere agli adempimenti previsti dal terzo comma dell'art. 2484. Essi, in caso di ritardo od omissione, sono personalmente e solidalmente responsabili per i danni subiti dalla società, dai soci, dai creditori sociali e dai terzi.

2. Quando gli amministratori omettono gli adempimenti di cui al precedente comma, il tribunale, su istanza di singoli soci o ammini-

(1) Sulla particolare procedura di liquidazione delle «società sportive» v. art. 13, l. 23 marzo 1981, n. 91, come sostituito dall'art. 4, d.l. 20 settembre 1996, n. 485, conv. in l. 18 novembre 1996, n. 586, e dall'art. 8, d.lg. 6 febbraio 2004, n. 37.

(2) L'intero Capo VIII è stato aggiunto dall'art. 4.1, d.lg. 17 gennaio 2003, n. 6.

(3) L'art. 145.5, d.lg. 24 febbraio 1998, n. 58, in *Leggi coll. XVIII, 1*, dispone, per le società con azioni quotate in borsa che abbiano emesso azioni di risparmio, che la società si scioglie se non viene ristabilito entro i termini il rapporto fra azioni ordinarie e azioni di risparmio e con voto limitato, alterato dalla diminuzione di capitale per perdite.

stratori ovvero dei sindaci, accerta il verificarsi della causa di scioglimento, con decreto che deve essere iscritto a norma del terzo comma dell'art. 2484.

2486. *Poteri degli amministratori*. — *1.* Al verificarsi di una causa di scioglimento e fino al momento della consegna di cui all'art. 2487-*bis*, gli amministratori conservano il potere di gestire la società, ai soli fini della conservazione dell'integrità e del valore del patrimonio sociale.

2. Gli amministratori sono personalmente e solidalmente responsabili dei danni arrecati alla società, ai soci, ai creditori sociali ed ai terzi, per atti od omissioni compiuti in violazione del precedente comma. (1).

3. Quando è accertata la responsabilità degli amministratori a norma del presente articolo, e salva la prova di un diverso ammontare, il danno risarcibile si presume pari alla differenza tra il patrimonio netto alla data in cui l'amministratore è cessato dalla carica o, in caso di apertura di una procedura concorsuale, alla data di apertura di tale procedura e il patrimonio netto determinato alla data in cui si è verificata una causa di scioglimento di cui all'art. 2484, detratti i costi sostenuti e da sostenere, secondo un criterio di normalità, dopo il verificarsi della causa di scioglimento e fino al compimento della liquidazione. Se è stata aperta una procedura concorsuale e mancano le scritture contabili o se a causa dell'irregolarità delle stesse o per altre ragioni i netti patrimoniali non possono essere determinati, il danno è liquidato in misura pari alla differenza tra attivo e passivo accertati nella procedura (2).

2487. *Nomina e revoca dei liquidatori; criteri di svolgimento della liquidazione*. — *1.* Salvo che nei casi previsti dai nn. 2, 4 e 6 del primo comma dell'art. 2484 non abbia già provveduto l'assemblea e salvo che l'atto costitutivo o lo statuto non dispongano in materia, gli amministratori, contestualmente all'accertamento della causa di scioglimento, debbono convocare l'assemblea dei soci perché deliberi, con le maggioranze previste per le modificazioni dell'atto costitutivo o dello statuto, su:

a) il numero dei liquidatori e le regole di funzionamento del collegio in caso di pluralità di liquidatori;

b) la nomina dei liquidatori, con indicazione di quelli cui spetta la rappresentanza della società;

c) i criteri in base ai quali deve svolgersi la liquidazione; i poteri dei liquidatori, con particolare riguardo alla cessione dell'azienda sociale, di rami di essa, ovvero anche di singoli beni o diritti, o blocchi di essi; gli atti necessari per la conservazione del valore dell'impresa, ivi compreso il suo esercizio provvisorio, anche di singoli rami, in funzione del migliore realizzo.

2. Se gli amministratori omettono la convocazione di cui al comma precedente, il tribunale vi provvede su istanza di singoli soci o amministratori, ovvero dei sindaci, e, nel caso in cui l'assemblea non si costituisca o non deliberi, adotta con decreto le decisioni ivi previste.

3. L'assemblea può sempre modificare, con le maggioranze richieste per le modificazioni dell'atto costitutivo o dello statuto, le deliberazioni di cui al primo comma.

4. I liquidatori possono essere revocati dall'assemblea o, quando sussiste una giusta causa, dal tribunale su istanza di soci, dei sindaci o del pubblico ministero.

2487-*bis*. *Pubblicità della nomina dei liquidatori ed effetti*. — *1.* La nomina dei liquidatori e la determinazione dei loro poteri, comunque avvenuta, nonché le loro modificazioni, devono essere iscritte, a loro cura, nel registro delle imprese.

2. Alla denominazione sociale deve essere aggiunta l'indicazione trattarsi di società in liquidazione.

3. Avvenuta l'iscrizione di cui al primo comma gli amministratori cessano dalla carica e consegnano ai liquidatori i libri sociali, una situazione dei conti alla data di effetto dello scioglimento ed un rendiconto sulla loro gestione relativo al periodo successivo all'ultimo bilancio approvato. Di tale consegna viene redatto apposito verbale (c. 2486^{1}, 2490^{4}).

2487-*ter*. *Revoca dello stato di liquidazione*. — *1.* La società può in ogni momento revocare lo stato di liquidazione, occorrendo previa eliminazione della causa di scioglimento, con deliberazione dell'assemblea presa con le maggioranze richieste per le modificazioni dell'atto costitutivo o dello statuto (c. $2437^{1,\text{ lett. d}}$, 2473^{1}). Si applica l'art. 2436.

2. La revoca ha effetto solo dopo sessanta giorni dall'iscrizione nel registro delle imprese

(1) Comma inserito dall'art. 378.1, d.lg. 12 gennaio 2019, n. 14. In base all'art. 389.2, d.lg. cit., tali disposizioni «entrano in vigore il trentesimo giorno successivo alla pubblicazione nella *Gazzetta Ufficiale* del presente decreto».

(2) Comma aggiunto dall'art. 378.2, d.lg. 12 gennaio 2019, n. 14. In base all'art. 389.2, d.lg. cit., tali disposizioni «entrano in vigore il trentesimo giorno successivo alla pubblicazione nella *Gazzetta Ufficiale* del presente decreto».

della relativa deliberazione, salvo che consti il consenso dei creditori della società o il pagamento dei creditori che non hanno dato il consenso. Qualora nel termine suddetto i creditori anteriori all'iscrizione abbiano fatto opposizione, si applica l'ultimo comma dell'art. 2445.

2488. *Organi sociali.* — *1.* Le disposizioni sulle decisioni dei soci, sulle assemblee e sugli organi amministrativi e di controllo si applicano, in quanto compatibili, anche durante la liquidazione.

2489. *Poteri, obblighi e responsabilità dei liquidatori.* — *1.* Salvo diversa disposizione statutaria, ovvero adottata in sede di nomina, i liquidatori hanno il potere di compiere tutti gli atti utili per la liquidazione della società.

2. I liquidatori debbono adempiere i loro doveri con la professionalità e diligenza richieste dalla natura dell'incarico e la loro responsabilità per i danni derivanti dall'inosservanza di tali doveri è disciplinata secondo le norme in tema di responsabilità degli amministratori.

2490. *Bilanci in fase di liquidazione.* — *1.* I liquidatori devono redigere il bilancio e presentarlo, alle scadenze previste per il bilancio di esercizio della società, per l'approvazione all'assemblea o, nel caso previsto dal terzo comma dell'art. 2479, ai soci. Si applicano, in quanto compatibili con la natura, le finalità e lo stato della liquidazione, le disposizioni degli artt. 2423 e seguenti.

2. Nella relazione i liquidatori devono illustrare l'andamento, le prospettive, anche temporali, della liquidazione, ed i principi e criteri adottati per realizzarla.

3. Nella nota integrativa i liquidatori debbono indicare e motivare i criteri di valutazione adottati.

4. Nel primo bilancio successivo alla loro nomina i liquidatori devono indicare le variazioni nei criteri di valutazione adottati rispetto all'ultimo bilancio approvato, e le ragioni e conseguenze di tali variazioni. Al medesimo bilancio deve essere allegata la documentazione consegnata dagli amministratori a norma del terzo comma dell'art. 2487-*bis*, con le eventuali osservazioni dei liquidatori.

5. Quando sia prevista una continuazione, anche parziale, dell'attività di impresa, le relative poste di bilancio devono avere una indicazione separata; la relazione deve indicare le ragioni e le prospettive della continuazione; la nota integrativa deve indicare e motivare i criteri di valutazione adottati.

6. Qualora per oltre tre anni consecutivi non venga depositato il bilancio di cui al presente articolo, la società è cancellata d'ufficio dal registro delle imprese con gli effetti previsti dall'art. 2495 (c. 2484[1]).

2491. *Poteri e doveri particolari dei liquidatori.* — *1.* Se i fondi disponibili risultano insufficienti per il pagamento dei debiti sociali, i liquidatori possono chiedere proporzionalmente ai soci i versamenti ancora dovuti.

2. I liquidatori non possono ripartire tra i soci acconti sul risultato della liquidazione, salvo che dai bilanci risulti che la ripartizione non incide sulla disponibilità di somme idonee alla integrale e tempestiva soddisfazione dei creditori sociali; i liquidatori possono condizionare la ripartizione alla prestazione da parte del socio di idonee garanzie.

3. I liquidatori sono personalmente e solidalmente responsabili per i danni cagionati ai creditori sociali con la violazione delle disposizioni del comma precedente.

2492. *Bilancio finale di liquidazione.* — *1.* Compiuta la liquidazione, i liquidatori devono redigere il bilancio finale, indicando la parte spettante a ciascun socio o azione nella divisione dell'attivo.

2. Il bilancio, sottoscritto dai liquidatori e accompagnato dalla relazione dei sindaci e del soggetto incaricato di effettuare la revisione legale dei conti (1), è depositato presso l'ufficio del registro delle imprese.

3. Nei novanta giorni successivi all'iscrizione dell'avvenuto deposito, ogni socio può proporre reclamo davanti al tribunale in contraddittorio dei liquidatori.

4. I reclami devono essere riuniti e decisi in unico giudizio, nel quale tutti i soci possono intervenire. La trattazione della causa ha inizio quando sia decorso il termine suddetto. La sentenza fa stato anche riguardo ai non intervenuti (c. 2494[1]).

2493. *Approvazione tacita del bilancio.* — *1.* Decorso il termine di novanta giorni senza che siano stati proposti reclami, il bilancio finale di liquidazione s'intende approvato, e i liquidatori, salvi i loro obblighi relativi alla distribuzione dell'attivo risultante dal bilancio, sono liberati di fronte ai soci.

2. Indipendentemente dalla decorrenza del termine, la quietanza, rilasciata senza riserve all'atto del pagamento dell'ultima quota di riparto, importa approvazione del bilancio.

2494. *Deposito delle somme non riscosse.* — *1.* Le somme spettanti ai soci, non riscosse entro novanta giorni dall'iscrizione dell'avvenuto

(1) Le parole «di effettuare la revisione legale dei conti» sono state così sostituite alle precedenti «della revisione contabile» dall'art. 37.30, d.lg. 27 gennaio 2010, n. 39.

deposito del bilancio a norma dell'art. 2492, devono essere depositate presso una banca con l'indicazione del cognome e del nome del socio o dei numeri delle azioni, se queste sono al portatore (c. 2496) (1).

2495. *Cancellazione della società.* — *1.* Approvato il bilancio finale di liquidazione, i liquidatori devono chiedere la cancellazione della società dal registro delle imprese.

2. Ferma restando l'estinzione della società, dopo la cancellazione i creditori sociali non soddisfatti possono far valere i loro crediti nei confronti dei soci, fino alla concorrenza delle somme da questi riscosse in base al bilancio finale di liquidazione, e nei confronti dei liquidatori, se il mancato pagamento è dipeso da colpa di questi. La domanda, se proposta entro un anno dalla cancellazione, può essere notificata presso l'ultima sede della società (c. 2490[6]).

2496. *Deposito dei libri sociali.* — *1.* Compiuta la liquidazione, la distribuzione dell'attivo o il deposito indicato nell'art. 2494, i libri della società devono essere depositati e conservati per dieci anni presso l'ufficio del registro delle imprese; chiunque può esaminarli, anticipando le spese.

CAPO IX

DIREZIONE E COORDINAMENTO DI SOCIETÀ (2)

2497. *Responsabilità.* — *1.* Le società o gli enti che, esercitando attività di direzione e coordinamento di società, agiscono nell'interesse imprenditoriale proprio o altrui in violazione dei principi di corretta gestione societaria e imprenditoriale delle società medesime, sono direttamente responsabili nei confronti dei soci di queste per il pregiudizio arrecato alla redditività ed al valore della partecipazione sociale, nonché nei confronti dei creditori sociali per la lesione cagionata all'integrità del patrimonio della società. Non vi è responsabilità quando il danno risulta mancante alla luce del risultato complessivo dell'attività di direzione e coordinamento ovvero integralmente eliminato anche a seguito di operazioni a ciò dirette (3).

2. Risponde in solido chi abbia comunque preso parte al fatto lesivo e, nei limiti del vantaggio conseguito, chi ne abbia consapevolmente tratto beneficio.

3. Il socio ed il creditore sociale possono agire contro la società o l'ente che esercita l'attività di direzione e coordinamento, solo se non sono stati soddisfatti dalla società soggetta alla attività di direzione e coordinamento.

4. Nel caso di fallimento, liquidazione coatta amministrativa e amministrazione straordinaria di società soggetta ad altrui direzione e coordinamento, l'azione spettante ai creditori di questa è esercitata dal curatore o dal commissario liquidatore o dal commissario straordinario (c. 2497-*IV*[1]).

2497-*bis*. *Pubblicità.* — *1.* La società deve indicare la società o l'ente alla cui attività di direzione e coordinamento è soggetta (4) negli atti e nella corrispondenza, nonché mediante iscrizione, a cura degli amministratori, presso la sezione del registro delle imprese di cui al comma successivo.

2. È istituita presso il registro delle imprese apposita sezione nella quale sono indicate le società o gli enti (5) che esercitano attività di direzione e coordinamento e quelle che vi sono soggette.

3. Gli amministratori che omettono l'indicazione di cui al comma primo ovvero l'iscrizione di cui al comma secondo, o le mantengono quando la soggezione è cessata, sono responsabili dei danni che la mancata conoscenza di tali fatti abbia recato ai soci o ai terzi.

4. La società deve esporre, in apposita sezione della nota integrativa, un prospetto riepilogativo dei dati essenziali dell'ultimo bilancio della società o dell'ente che esercita su di essa l'attività di direzione e coordinamento.

5. Parimenti, gli amministratori devono indicare nella relazione sulla gestione i rapporti intercorsi con chi esercita l'attività di direzione

(1) Per le società cooperative, sulla devoluzione di tali somme in caso di mancata riscossione entro cinque anni, v. art. 8, l. 17 luglio 1975, n. 400.

(2) L'intero Capo IX è stato aggiunto dall'art. 5.1, d.lg. 17 gennaio 2003, n. 6.

(3) L'art. 19.6, d.l. 1° luglio 2009, n. 78, conv. in l. 3 agosto 2009, n. 102, così dispone: «L'art. 2497, primo comma, del codice civile, si interpreta nel senso che per enti si intendono i soggetti giuridici collettivi, diversi dallo Stato, che detengono la partecipazione sociale nell'ambito della propria attività imprenditoriale ovvero per finalità di natura economica o finanziaria».

(4) Le parole «la società o l'ente alla cui attività di direzione e coordinamento è soggetta» sono state così sostituite alle precedenti «la propria soggezione all'altrui attività di direzione e coordinamento» dall'art. 5.1, lett. zz, n. 1, d.lg. 6 febbraio 2004, n. 37.

(5) Le parole «sono indicate le società o gli enti» sono state così sostituite alle precedenti «sono indicati i soggetti» dall'art. 5.1, lett. zz, n. 2, d.lg. 6 febbraio 2004, n. 37.

e coordinamento e con le altre società che vi sono soggette, nonché l'effetto che tale attività ha avuto sull'esercizio dell'impresa sociale e sui suoi risultati.

2497-*ter*. *Motivazione delle decisioni*. — *1.* Le decisioni delle società soggette ad attività di direzione e coordinamento, quando da questa influenzate, debbono essere analiticamente motivate e recare puntuale indicazione delle ragioni e degli interessi la cui valutazione ha inciso sulla decisione. Di esse viene dato adeguato conto nella relazione di cui all'art. 2428.

2497-*quater*. *Diritto di recesso*. — *1.* Il socio di società soggetta ad attività di direzione e coordinamento può recedere:

a) quando la società o l'ente che esercita attività di direzione e coordinamento ha deliberato una trasformazione che implica il mutamento del suo scopo sociale, ovvero ha deliberato una modifica del suo oggetto sociale consentendo l'esercizio di attività che alterino in modo sensibile e diretto le condizioni economiche e patrimoniali della società soggetta ad attività di direzione e coordinamento;

b) quando a favore del socio sia stata pronunciata, con decisione esecutiva, condanna di chi esercita attività di direzione e coordinamento ai sensi dell'art. 2497; in tal caso il diritto di recesso può essere esercitato soltanto per l'intera partecipazione del socio;

c) all'inizio ed alla cessazione dell'attività di direzione e coordinamento, quando non si tratta di una società con azioni quotate in mercati regolamentati e ne deriva un'alterazione delle condizioni di rischio dell'investimento e non venga promossa un'offerta pubblica di acquisto.

2. Si applicano, a seconda dei casi ed in quanto compatibili, le disposizioni previste per il diritto di recesso del socio nella società per azioni o in quella a responsabilità limitata.

2497-*quinquies*. *Finanziamenti nell'attività di direzione e coordinamento*. — *1.* Ai finanziamenti effettuati a favore della società da chi esercita attività di direzione e coordinamento nei suoi confronti o da altri soggetti ad essa sottoposti si applica l'art. 2467.

2497-*sexies*. *Presunzioni*. — *1.* Ai fini di quanto previsto nel presente capo, si presume salvo prova contraria che l'attività di direzione e coordinamento di società sia esercitata dalla società o ente tenuto al consolidamento dei loro bilanci o che comunque le controlla (1) ai sensi dell'art. 2359 (c. 2497-*VII*[1]).

2. .... (2).

2497-*septies*. *Coordinamento fra società*. — *1.* Le disposizioni del presente capo si applicano altresì alla società o all'ente che, fuori dalle ipotesi di cui all'art. 2497-*sexies*, esercita attività di direzione e coordinamento di società sulla base di un contratto con le società medesime o di clausole dei loro statuti (3).

CAPO X

DELLA TRASFORMAZIONE, DELLA FUSIONE E DELLA SCISSIONE (4)

Sezione I. — *Della trasformazione.*

2498. *Continuità dei rapporti giuridici*. — *1.* Con la trasformazione l'ente trasformato conserva i diritti e gli obblighi e prosegue in tutti i rapporti anche processuali dell'ente che ha effettuato la trasformazione (5).

2499. *Limiti alla trasformazione*. — *1.* Può farsi luogo alla trasformazione anche in pendenza di procedura concorsuale, purché non vi siano incompatibilità con le finalità o lo stato della stessa.

2500. *Contenuto, pubblicità ed efficacia dell'atto di trasformazione*. — *1.* La trasformazione in società per azioni, in accomandita per azioni o a responsabilità limitata deve risultare da atto pubblico, contenente le indicazioni previste dalla legge per l'atto di costituzione del tipo adottato.

2. L'atto di trasformazione è soggetto alla disciplina prevista per il tipo adottato ed alle forme di pubblicità relative, nonché alla pubblicità richiesta per la cessazione dell'ente che effettua la trasformazione.

3. La trasformazione ha effetto dall'ultimo degli adempimenti pubblicitari di cui al comma precedente (c. 2500-*V*[1]).

2500-*bis*. *Invalidità della trasformazione*. — *1.* Eseguita la pubblicità di cui all'articolo pre-

(1) Le parole «dalla società o ente tenuto al consolidamento dei loro bilanci o che comunque le controlla» sono state così sostituite alle precedenti «dalle società o enti tenuti al consolidamento dei loro bilanci o che comunque le controllano» dall'art. 5.1, lett. aaa, n. 1, d.lg. 6 febbraio 2004, n. 37.

(2) Comma soppresso dall'art. 5.1, lett. aaa, n. 2, d.lg. 6 febbraio 2004, n. 37.

(3) Articolo inserito dall'art. 5.1, lett. bbb, d.lg. 6 febbraio 2004, n. 37.

(4) L'intero Capo X è stato aggiunto dall'art. 6.1, d.lg. 17 gennaio 2003, n. 6.

(5) Sul divieto di trasformazione delle società cooperative in società ordinarie, v. art. 14, l. 17 febbraio 1971, n. 127.

cedente, l'invalidità dell'atto di trasformazione non può essere pronunciata.

2. Resta salvo il diritto al risarcimento del danno eventualmente spettante ai partecipanti all'ente trasformato ed ai terzi danneggiati dalla trasformazione.

2500-*ter*. *Trasformazione di società di persone*. — *1.* Salvo diversa disposizione del contratto sociale, la trasformazione di società di persone in società di capitali è decisa con il consenso della maggioranza dei soci determinata secondo la parte attribuita a ciascuno negli utili; in ogni caso al socio che non ha concorso alla decisione spetta il diritto di recesso.

2. Nei casi previsti dal precedente comma il capitale della società risultante dalla trasformazione deve essere determinato sulla base dei valori attuali degli elementi dell'attivo e del passivo e deve risultare da relazione di stima redatta a norma dell'art. 2343 ovvero dalla documentazione di cui all'art. 2343-*ter* ovvero, infine, nel caso di società a responsabilità limitata, dell'art. 2465. Si applicano altresì, nel caso di società per azioni o in accomandita per azioni, il secondo, terzo e, in quanto compatibile, quarto comma dell'art. 2343 ovvero, nelle ipotesi di cui al primo e secondo comma dell'art. 2343-*ter*, il terzo comma del medesimo articolo (c. 2500-*IV*[1]) (1).

2500-*quater*. *Assegnazione di azioni o quote*. — *1.* Nel caso previsto dall'art. 2500-*ter*, ciascun socio ha diritto all'assegnazione di un numero di azioni o di una quota proporzionale alla sua partecipazione, salvo quanto disposto dai commi successivi.

2. Il socio d'opera ha diritto all'assegnazione di un numero di azioni o di una quota in misura corrispondente alla partecipazione che l'atto costitutivo gli riconosceva precedentemente alla trasformazione o, in mancanza, d'accordo tra i soci ovvero, in difetto di accordo, determinata dal giudice secondo equità.

3. Nelle ipotesi di cui al comma precedente, le azioni o quote assegnate agli altri soci si riducono proporzionalmente.

2500-*quinquies*. *Responsabilità dei soci*. — *1.* La trasformazione non libera i soci a responsabilità illimitata dalla responsabilità per le obbligazioni sociali sorte prima degli adempimenti previsti dal terzo comma dell'art. 2500, se non risulta che i creditori sociali hanno dato il loro consenso alla trasformazione.

2. Il consenso si presume se i creditori, ai quali la deliberazione di trasformazione sia stata comunicata per raccomandata o con altri mezzi che garantiscano la prova dell'avvenuto ricevimento, non lo hanno espressamente negato nel termine di sessanta giorni dal ricevimento della comunicazione.

2500-*sexies*. *Trasformazione di società di capitali*. — *1.* Salvo diversa disposizione dello statuto, la deliberazione di trasformazione di società di capitali in società di persone è adottata con le maggioranze previste per le modifiche dello statuto. È comunque richiesto il consenso dei soci che con la trasformazione assumono responsabilità illimitata.

2. Gli amministratori devono predisporre una relazione che illustri le motivazioni e gli effetti della trasformazione. Copia della relazione deve restare depositata presso la sede sociale durante i trenta giorni che precedono l'assemblea convocata per deliberare la trasformazione; i soci hanno diritto di prenderne visione e di ottenerne gratuitamente copia.

3. Ciascun socio ha diritto all'assegnazione di una partecipazione proporzionale al valore della sua quota o delle sue azioni.

4. I soci che con la trasformazione assumono responsabilità illimitata, rispondono illimitatamente anche per le obbligazioni sociali sorte anteriormente alla trasformazione (c. 2500-*VII*[2]).

2500-*septies*. *Trasformazione eterogenea da società di capitali*. — *1.* Le società disciplinate nei capi V, VI, VII del presente titolo possono trasformarsi in consorzi, società consortili, società cooperative, comunioni di azienda, associazioni non riconosciute e fondazioni.

2. Si applica l'art. 2500-*sexies*, in quanto compatibile.

3. La deliberazione deve essere assunta con il voto favorevole dei due terzi degli aventi diritto, e comunque con il consenso dei soci che assumono responsabilità illimitata.

4. La deliberazione di trasformazione in fondazione produce gli effetti che il capo II del titolo II del Libro primo ricollega all'atto di fondazione o alla volontà del fondatore.

2500-*octies*. *Trasformazione eterogenea in società di capitali*. — *1.* I consorzi, le società consortili, le comunioni d'azienda, le associazioni riconosciute e le fondazioni possono trasformarsi in una delle società disciplinate nei capi V, VI, VII del presente titolo (c. 2545-*X*).

2. La deliberazione di trasformazione deve essere assunta, nei consorzi, con il voto favorevole della maggioranza assoluta dei consorziati; nelle comunioni di aziende all'unanimità; nelle società consortili e nelle associazioni

(1) Comma così sostituito dall'art. 20.5, d.l. 24 giugno 2014, n. 91, conv. in l. 11 agosto 2014, n. 116.

con la maggioranza richiesta dalla legge o dall'atto costitutivo per lo scioglimento anticipato.

3. La trasformazione di associazioni in società di capitali può essere esclusa dall'atto costitutivo o, per determinate categorie di associazioni, dalla legge; non è comunque ammessa per le associazioni che abbiano ricevuto contributi pubblici oppure liberalità e oblazioni del pubblico (att. c. 223-*VIII*). Il capitale sociale della società risultante dalla trasformazione è diviso in parti uguali fra gli associati, salvo diverso accordo tra gli stessi.

4. La trasformazione di fondazioni in società di capitali è disposta dall'autorità governativa, su proposta dell'organo competente. Le azioni o quote sono assegnate secondo le disposizioni dell'atto di fondazione o, in mancanza, dell'art. 31.

2500-*novies*. *Opposizione dei creditori*. — *1.* In deroga a quanto disposto dal terzo comma dell'art. 2500, la trasformazione eterogenea ha effetto dopo sessanta giorni dall'ultimo degli adempimenti pubblicitari previsti dallo stesso articolo, salvo che consti il consenso dei creditori o il pagamento dei creditori che non hanno dato il consenso.

2. I creditori possono, nel suddetto termine di sessanta giorni, fare opposizione. Si applica in tal caso l'ultimo comma dell'art. 2445.

Sezione II. — *Della fusione delle società* (1)

2501. *Forme di fusione*. — *1.* La fusione di più società può eseguirsi mediante la costituzione di una nuova società, o mediante l'incorporazione in una società di una o più altre.

2. La partecipazione alla fusione non è consentita alle società in liquidazione che abbiano iniziato la distribuzione dell'attivo (c. 2505-IV^{1}) (2).

2501-*bis*. *Fusione a seguito di acquisizione con indebitamento*. — *1.* Nel caso di fusione tra società, una delle quali abbia contratto debiti per acquisire il controllo dell'altra, quando per effetto della fusione il patrimonio di quest'ultima viene a costituire garanzia generica o fonte di rimborso di detti debiti, si applica la disciplina del presente articolo (c. 2358).

2. Il progetto di fusione di cui all'art. 2501-*ter* deve indicare le risorse finanziarie previste per il soddisfacimento delle obbligazioni della società risultante dalla fusione.

3. La relazione di cui all'art. 2501-*quinquies* deve indicare le ragioni che giustificano l'operazione e contenere un piano economico e finanziario con indicazione della fonte delle risorse finanziarie e la descrizione degli obiettivi che si intendono raggiungere.

4. La relazione degli esperti di cui all'art. 2501-*sexies*, attesta la ragionevolezza delle indicazioni contenute nel progetto di fusione ai sensi del precedente secondo comma.

5. Al progetto deve essere allegata una (3) relazione del soggetto incaricato della revisione legale dei conti (4) della società obiettivo o della società acquirente.

6. Alle fusioni di cui al primo comma non si applicano le disposizioni degli artt. 2505 e 2505-*bis*.

2501-*ter*. *Progetto di fusione*. — *1.* L'organo amministrativo delle società partecipanti alla fusione redige un progetto di fusione, dal quale devono in ogni caso risultare:

1) il tipo, la denominazione o ragione sociale, la sede delle società partecipanti alla fusione;

2) l'atto costitutivo della nuova società risultante dalla fusione o di quella incorporante, con le eventuali modificazioni derivanti dalla fusione;

3) il rapporto di cambio delle azioni o quote, nonché l'eventuale conguaglio in danaro (c. 2505^{1});

4) le modalità di assegnazione delle azioni o delle quote della società che risulta dalla fusione o di quella incorporante (c. 2505^{1});

5) la data dalla quale tali azioni o quote partecipano agli utili (c. 2504-II^{3}, 2505^{1}, 2506-IV^{1});

6) la data a decorrere dalla quale le operazioni delle società partecipanti alla fusione sono imputate al bilancio della società che risulta dalla fusione o di quella incorporante (c. 2504-II^{3}, 2506-IV^{1});

7) il trattamento eventualmente riservato a particolari categorie di soci e ai possessori di titoli diversi dalle azioni;

8) i vantaggi particolari eventualmente proposti a favore dei soggetti cui compete l'am-

(1) Sulle fusioni transfrontaliere v. d.lg. 30 maggio 2008, n. 108, in *Leggi coll. XIV, 10*. Sul riporto delle perdite nelle fusioni di società v. d.l. 18 giugno 1986, n. 277, conv. in l. 8 agosto 1986, n. 487.

(2) Per le aziende di credito, v. art. 57 ss., d.lg. 1° settembre 1993, n. 385, in *Leggi coll. XVII, 1*.

(3) La parola «una» è stata inserita dall'art. 5.1, lett. ccc, d.lg. 6 febbraio 2004, n. 37.

(4) Le parole «del soggetto incaricato della revisione legale dei conti» sono state così sostituite alle precedenti «della società di revisione incaricata della revisione contabile obbligatoria» dall'art. 37.31, d.lg. 27 gennaio 2010, n. 39.

ministrazione delle società partecipanti alla fusione (c. 2506-*II*[1]).

2. Il conguaglio in danaro indicato nel n. 3 del comma precedente non può essere superiore al dieci per cento del valore nominale delle azioni o delle quote assegnate (c. 2505-*IV*[1]).

3. Il progetto di fusione è depositato per l'iscrizione nel registro delle imprese del luogo ove hanno sede le società partecipanti alla fusione (c. 2505[3], 2505-*II*[2]). In alternativa al deposito presso il registro delle imprese il progetto di fusione è pubblicato nel sito Internet della società, con modalità atte a garantire la sicurezza del sito medesimo, l'autenticità dei documenti e la certezza della data di pubblicazione (1).

4. Tra l'iscrizione o la pubblicazione nel sito Internet (2) del progetto e la data fissata per la decisione in ordine alla fusione devono intercorrere almeno trenta giorni, salvo che i soci rinuncino al termine con consenso unanime (c. 2381[4], 2501-*II*[2], 2501-*VII*[1], 2503[1], 2505[2], 2505-*III*[1], 2505-*IV*[1], 2506-*II*[5]).

2501-*quater*. *Situazione patrimoniale*. — *1.* L'organo amministrativo delle società partecipanti alla fusione redige (3), con l'osservanza delle norme sul bilancio d'esercizio, la situazione patrimoniale delle società stesse, riferita ad una data non anteriore di oltre centoventi giorni al giorno in cui il progetto di fusione è depositato nella sede della società ovvero pubblicato sul sito Internet di questa (4).

2. La situazione patrimoniale può essere sostituita dal bilancio dell'ultimo esercizio, se questo è stato chiuso non oltre sei mesi prima del giorno del deposito o della pubblicazione indicato nel primo comma, ovvero, nel caso di società quotata in mercati regolamentati, dalla relazione finanziaria semestrale prevista dalle leggi speciali, purché non riferita ad una data antecedente sei mesi dal giorno di deposito o pubblicazione indicato al primo comma (c. 2501-*VII*, 2506-*III*[1]) (5).

3. La situazione patrimoniale non è richiesta se vi rinunciano all'unanimità i soci e i possessori di altri strumenti finanziari che attribuiscono il diritto di voto di ciascuna delle società partecipanti alla fusione (6).

2501-*quinquies*. *Relazione dell'organo amministrativo*. — *1.* L'organo amministrativo delle società partecipanti alla fusione deve predisporre una relazione che illustri e giustifichi, sotto il profilo giuridico ed economico, il progetto di fusione e in particolare il rapporto di cambio delle azioni o delle quote.

2. La relazione deve indicare i criteri di determinazione del rapporto di cambio. Nella relazione devono essere segnalate le eventuali difficoltà di valutazione (c. 2501-*II*[3], 2501-*VII*[1], 2505[1], 2506-*III*[1]).

3. L'organo amministrativo segnala ai soci in assemblea e all'organo amministrativo delle altre società partecipanti alla fusione le modifiche rilevanti degli elementi dell'attivo e del passivo eventualmente intervenute tra la data in cui il progetto di fusione è depositato presso la sede della società ovvero pubblicato nel sito Internet di questa e la data della decisione sulla fusione (7).

4. La relazione di cui al primo comma non è richiesta se vi rinunciano all'unanimità i soci e i possessori di altri strumenti finanziari che attribuiscono il diritto di voto di ciascuna delle società partecipanti alla fusione (7).

2501-*sexies*. *Relazione degli esperti*. — *1.* Uno o più esperti per ciascuna società redigono (8) una relazione sulla congruità del rapporto di cambio delle azioni o delle quote, che indichi:

a) il metodo o i metodi seguiti per la determinazione del rapporto di cambio proposto e i valori risultanti dall'applicazione di ciascuno di essi;

b) le eventuali difficoltà di valutazione.

2. La relazione deve contenere, inoltre, un parere sull'adeguatezza del metodo o dei metodi seguiti per la determinazione del rapporto di cambio e sull'importanza relativa attribuita a ciascuno di essi nella determinazione del valore adottato.

3. L'esperto o gli esperti sono scelti tra i sog-

(1) Comma così sostituito dall'art. 1.1, lett. a, d.lg. 22 giugno 2012, n. 123.

(2) Le parole «o la pubblicazione nel sito Internet» sono state inserite dall'art. 1.1, lett. b, d.lg. 22 giugno 2012, n. 123.

(3) La parola «redige» è stata così sostituita alle precedenti «deve redigere» dall'art. 1.2, lett. a, d.lg. 22 giugno 2012, n. 123.

(4) Le parole «ovvero pubblicato sul sito Internet di questa» sono state aggiunte dall'art. 1.2, lett. a, d.lg. 22 giugno 2012, n. 123.

(5) Le parole da «del giorno del deposito» fino alla fine del comma sono state così sostituite alle precedenti «del giorno del deposito indicato nel primo comma» dall'art. 1.2, lett. b, d.lg. 22 giugno 2012, n. 123.

(6) Comma aggiunto dall'art. 1.2, lett. c, d.lg. 22 giugno 2012, n. 123.

(7) Comma aggiunto dall'art. 1.3, d.lg. 22 giugno 2012, n. 123.

(8) La parola «redigono» è stata così sostituita alle precedenti «devono redigere» dall'art. 1.4, lett. a, d.lg. 22 giugno 2012, n. 123.

getti di cui al primo comma dell'art. 2409-*bis* e, se la società incorporante o la società risultante dalla fusione è una società per azioni o in accomandita per azioni, sono designati dal tribunale del luogo in cui ha sede la società. Se la società è quotata in mercati regolamentati, l'esperto è scelto tra le società di revisione sottoposte alla vigilanza della Commissione Nazionale per le Società e la Borsa (1).

4. In ogni caso, le società partecipanti alla fusione possono congiuntamente richiedere al tribunale del luogo in cui ha sede la società risultante dalla fusione o quella incorporante la nomina di uno o più esperti comuni.

5. Ciascun esperto ha diritto di ottenere dalle società partecipanti alla fusione tutte le informazioni e i documenti utili e di procedere ad ogni necessaria verifica.

6. L'esperto risponde dei danni causati alle società partecipanti alle fusioni, ai loro soci e ai terzi. Si applicano le disposizioni dell'art. 64 del codice di procedura civile (c. 2503[1]).

7. Ai soggetti di cui ai precedenti terzo e quarto comma è altresì affidata, in ipotesi di fusione di società di persone con società di capitali, la relazione di stima del patrimonio della società di persone a norma dell'art. 2343 (c. 2501-*II*[4], 2501-*VII*[1], 2503[1], 2504-*II*[4], 2505[1], 2505-*II*[1], 2505-*IV*[1], 2506-*III*[3]).

8. La relazione di cui al primo comma non è richiesta se vi rinunciano all'unanimità i soci e i possessori di altri strumenti finanziari che attribuiscono il diritto di voto (2) di ciascuna società partecipante alla fusione (3).

2501-*septies*. *Deposito di atti*. — *1.* Devono restare depositati in copia nella sede delle società partecipanti alla fusione, ovvero pubblicati sul sito Internet delle stesse (4), durante i trenta giorni che precedono la decisione in ordine alla fusione, salvo che i soci rinuncino al termine con consenso unanime, e finché la fusione sia decisa:

1) il progetto di fusione con le relazioni, ove redatte (5), indicate negli artt. 2501-*quinquies* e 2501-*sexies* (c. 2505[2], 2505-*II*[2]);

2) i bilanci degli ultimi tre esercizi delle società partecipanti alla fusione, con le relazioni dei soggetti cui compete l'amministrazione e la revisione legale (c. 2505[2]) (6);

3) le situazioni patrimoniali delle società partecipanti alla fusione ove redatte a norma dell'art. 2501-*quater*, primo comma, ovvero, nel caso previsto dall'art. 2501-*quater*, secondo comma, la relazione finanziaria semestrale (c. 2505-*IV*[1]) (7).

2. I soci hanno diritto di prendere visione di questi documenti e di ottenerne gratuitamente copia (c. 2502-*II*[1], 2502-*II*[2], 2506-*III*[5]). Su richiesta del socio le copie gli sono trasmesse telematicamente. La società non è tenuta a fornire copia dei documenti, qualora gli stessi siano stati pubblicati sul sito Internet della società dal quale sia possibile effettuarne liberamente copia o stampa (8).

2502. *Decisione in ordine alla fusione*. — *1.* La fusione è decisa da ciascuna delle società che vi partecipano mediante approvazione del relativo progetto. Se l'atto costitutivo o lo statuto non dispongono diversamente, tale approvazione avviene, nelle società di persone, con il consenso della maggioranza dei soci determinata secondo la parte attribuita a ciascuno negli utili, salva la facoltà di recesso per il socio che non abbia consentito alla fusione e, nelle società di capitali, secondo le norme previste per la modificazione dell'atto costitutivo o statuto (c. 2505[3]).

2. La decisione di fusione può apportare al progetto di cui all'art. 2501-*ter* solo le modifiche che non incidono sui diritti dei soci o dei terzi (c. 2506-*III*[5]) (9).

2502-*bis*. *Deposito e iscrizione della decisione*

(1) Comma già sostituito dall'art. 5.1, lett. ddd, d.lg. 6 febbraio 2004, n. 37. Successivamente il secondo periodo è stato così sostituito dall'art. 37.32, d.lg. 27 gennaio 2010, n. 39.

(2) Le parole «e i possessori di altri strumenti finanziari che attribuiscono il diritto di voto» sono state inserite dall'art. 1.4, lett. b, d.lg. 22 giugno 2012, n. 123.

(3) Comma aggiunto dall'art. 1.1., d.lg. 13 ottobre 2009, n. 147. L'art. 2, d.lg. cit., così dispone: «Le disposizioni dell'art. 1 si applicano alle fusioni e alle scissioni i cui progetti, alla data di entrata in vigore del presente decreto, non siano stati approvati dagli organi competenti di alcuna delle società partecipanti alla fusione o alla scissione».

(4) Le parole «ovvero pubblicati sul sito Internet delle stesse,» sono state inserite dall'art. 1.5, lett. a, d.lg. 22 giugno 2012, n. 123.

(5) Le parole «con le relazioni, ove redatte,» sono state così sostituite alle precedenti «con le relazioni» dall'art. 1.5, lett. b, d.lg. 22 giugno 2012, n. 123.

(6) Le parole «la revisione legale» sono state così sostituite alle precedenti «il controllo contabile» dall'art. 37.33, d.lg. 27 gennaio 2010, n. 39.

(7) Numero così sostituito dall'art. 1.5, lett. c, d.lg. 22 giugno 2012, n. 123.

(8) I periodi da «Su richiesta del socio» fino alla fine del comma sono stati aggiunti dall'art. 1.5, lett. d, d.lg. 22 giugno 2012, n. 123.

(9) Sulle informazioni alla Consob v. comunicazione 16 luglio 1990, n. SOC/RM/90004190.

di fusione. — *1.* La deliberazione di fusione delle società previste nei capi V, VI e VII deve essere depositata per l'iscrizione nel registro delle imprese, insieme con i documenti indicati nell'art. 2501-*septies*. Si applica l'art. 2436.

2. La decisione di fusione delle società previste nei capi II, III e IV deve essere depositata per l'iscrizione nell'ufficio del registro delle imprese, insieme con i documenti indicati nell'art. 2501-*septies*; il deposito va effettuato a norma dell'art. 2436 se la società risultante dalla fusione o quella incorporante è regolata dai capi V, VI, VII (c. 2503[1], 2505-*III*[1], 2506-*III*[5]).

2503. *Opposizione dei creditori*. — *1.* La fusione può essere attuata solo dopo sessanta giorni dall'ultima delle iscrizioni previste dall'art. 2502-*bis*, salvo che consti il consenso dei creditori delle società che vi partecipano anteriori all'iscrizione o alla pubblicazione (1) prevista nel terzo comma dell'art. 2501-*ter*, o il pagamento dei creditori che non hanno dato il consenso, ovvero il deposito delle somme corrispondenti presso una banca, salvo che la relazione di cui all'art. 2501-*sexies* sia redatta, per tutte le società partecipanti alla fusione, da un'unica società di revisione la quale asseveri, sotto la propria responsabilità ai sensi del sesto comma dell'art. 2501-*sexies*, che la situazione patrimoniale e finanziaria delle società partecipanti alla fusione rende non necessarie garanzie a tutela dei suddetti creditori (c. 2505-*IV*[1]).

2. Se non ricorre alcuna di tali eccezioni, i creditori indicati al comma precedente possono, nel suddetto termine di sessanta giorni, fare opposizione. Si applica in tal caso l'ultimo comma dell'art. 2445 (c. 2503-*II*[1], 2506-*III*[5]) (2).

2503-*bis*. *Obbligazioni*. — *1.* I possessori di obbligazioni delle società partecipanti alla fusione possono fare opposizione a norma dell'art. 2503, salvo che la fusione sia approvata dall'assemblea degli obbligazionisti.

2. Ai possessori di obbligazioni convertibili deve essere data facoltà, mediante avviso da pubblicarsi nella *Gazzetta Ufficiale* della Repubblica italiana almeno novanta giorni prima della iscrizione del progetto di fusione, di esercitare il diritto di conversione nel termine di trenta giorni dalla pubblicazione dell'avviso (c. 2420-*II*[4]).

3. Ai possessori di obbligazioni convertibili che non abbiano esercitato la facoltà di conversione devono essere assicurati diritti equivalenti a quelli loro spettanti prima della fusione, salvo che la modificazione dei loro diritti sia stata approvata dall'assemblea prevista dall'art. 2415 (c. 2506-*III*[5]).

2504. *Atto di fusione*. — *1.* La fusione deve risultare da atto pubblico.

2. L'atto di fusione deve essere depositato per l'iscrizione, a cura del notaio o dei soggetti cui compete l'amministrazione della società risultante dalla fusione o di quella incorporante, entro trenta giorni, nell'ufficio del registro delle imprese dei luoghi ove è posta la sede delle società partecipanti alla fusione, di quella che ne risulta o della società incorporante.

3. Il deposito relativo alla società risultante dalla fusione o di quella incorporante non può precedere quelli relativi alle altre società partecipanti alla fusione (c. 2504-*II*[2], 2504-*II*[5], 2504-*IV*[1], 2506-*III*[5]).

2504-*bis*. *Effetti della fusione*. — *1.* La società che risulta dalla fusione o quella incorporante assumono i diritti e gli obblighi delle società partecipanti alla fusione, proseguendo in tutti i loro rapporti, anche processuali, anteriori alla fusione.

2. La fusione ha effetto quando è stata eseguita l'ultima delle iscrizioni prescritte dall'art. 2504. Nella fusione mediante incorporazione può tuttavia essere stabilita una data successiva.

3. Per gli effetti ai quali si riferisce il primo comma dell'art. 2501-*ter*, nn. 5 e 6, possono essere stabilite date anche anteriori.

4. Nel primo bilancio successivo alla fusione le attività e le passività sono iscritte ai valori risultanti dalle scritture contabili alla data di efficacia della fusione medesima; se dalla fusione emerge un disavanzo, esso deve essere imputato, ove possibile, agli elementi dell'attivo e del passivo delle società partecipanti alla fusione e, per la differenza e nel rispetto delle condizioni previste dal n. 6 dell'art. 2426, ad avviamento. Quando si tratta di società che fa ricorso al mercato del capitale di rischio, devono altresì essere allegati alla nota integrativa prospetti contabili indicanti i valori attribuiti alle attività e passività delle società che hanno partecipato alla fusione e la relazione di cui all'art. 2501-*sexies*. Se dalla fusione emerge un avanzo, esso è iscritto ad apposita voce del patrimonio netto, ovvero, quando sia dovuto a previsione di risultati economici sfavorevoli, in una voce dei fondi per rischi ed oneri (c. 2506-*IV*[1]) (3).

(1) Le parole «o alla pubblicazione» sono state inserite dall'art. 1.6, d.lg. 22 giugno 2012, n. 123.

(2) Per le operazioni ricomprese nel progetto di ristrutturazione degli enti creditizi pubblici, il termine è di quindici giorni: art. 5.5, d.lg. 20 novembre 1990, n. 356.

(3) Ultimo periodo aggiunto dall'art. 23, d.lg. 28 dicembre 2004, n. 310.

5. La fusione attuata mediante costituzione di una nuova società di capitali ovvero mediante incorporazione in una società di capitali non libera i soci a responsabilità illimitata dalla responsabilità per le obbligazioni delle rispettive società partecipanti alla fusione anteriori all'ultima delle iscrizioni prescritte dall'art. 2504, se non risulta che i creditori hanno dato il loro consenso.

2504-*ter*. *Divieto di assegnazione di azioni o quote*. — *1.* La società che risulta dalla fusione non può assegnare azioni o quote in sostituzione di quelle delle società partecipanti alla fusione possedute, anche per il tramite di società fiduciarie o di interposta persona, dalle società medesime.

2. La società incorporante non può assegnare azioni o quote in sostituzione di quelle delle società incorporate possedute, anche per il tramite di società fiduciaria o di interposta persona, dalle incorporate medesime o dalla società incorporante (c. 2506-*III*^{5}).

2504-*quater*. *Invalidità della fusione*. — *1.* Eseguite le iscrizioni dell'atto di fusione a norma del secondo comma dell'art. 2504, l'invalidità dell'atto di fusione non può essere pronunciata.

2. Resta salvo il diritto al risarcimento del danno eventualmente spettante ai soci o ai terzi danneggiati dalla fusione (c. 2506-*III*^{5}).

2505. *Incorporazione di società interamente possedute*. — *1.* Alla fusione per incorporazione di una società in un'altra che possiede tutte le azioni o le quote della prima non si applicano le disposizioni dell'art. 2501-*ter*, primo comma, nn. 3, 4 e 5 e degli artt. 2501-*quinquies* e 2501-*sexies*.

2. L'atto costitutivo o lo statuto può prevedere che la fusione per incorporazione di una società in un'altra che possiede tutte le azioni o le quote della prima sia decisa, con deliberazione risultante da atto pubblico, dai rispettivi organi amministrativi, sempre che siano rispettate, con riferimento a ciascuna delle società partecipanti alla fusione, le disposizioni dell'art. 2501-*ter*, terzo e quarto comma, nonché, quanto alla società incorporante, quelle dell'art. 2501-*septies* (1).

3. I soci della società incorporante che rappresentano almeno il cinque per cento del capitale sociale possono in ogni caso, con domanda indirizzata alla società entro otto giorni dal deposito o dalla pubblicazione (2) di cui al terzo comma dell'art. 2501-*ter*, chiedere che la decisione di approvazione della fusione da parte della incorporante medesima sia adottata a norma del primo comma dell'art. 2502 (c. 2365^{2}, 2501-*II*^{6}, 2505-*II*^{3}, 2506-*III*^{5}).

2505-*bis*. *Incorporazione di società possedute al novanta per cento*. — *1.* Alla fusione per incorporazione di una o più società in un'altra che possiede almeno il novanta per cento delle loro azioni o quote non si applicano le disposizioni degli artt. 2501-*quater*, 2501-*quinquies*, 2501-*sexies* e 2501-*septies* (3), qualora venga concesso agli altri soci della società incorporata il diritto di far acquistare le loro azioni o quote dalla società incorporante per un corrispettivo determinato alla stregua dei criteri previsti per il recesso.

2. L'atto costitutivo o lo statuto possono prevedere che la fusione per incorporazione di una o più società in un'altra che possiede almeno il novanta per cento delle loro azioni o quote sia decisa, quanto alla società incorporante, dal suo organo amministrativo, con deliberazione risultante da atto pubblico, sempre che siano rispettate le disposizioni dell'art. 2501-*septies* (4), e che l'iscrizione o la pubblicazione prevista (5) dall'art. 2501-*ter*, terzo comma, sia fatta, per la società incorporante, almeno trenta giorni prima della data fissata per la decisione di fusione da parte della società incorporata.

3. Si applica la disposizione di cui al terzo comma dell'art. 2505 (c. 2365^{2}, 2501-*II*^{6}, 2506-*III*^{5}).

2505-*ter*. *Effetti della pubblicazione degli atti del procedimento di fusione nel registro delle imprese*. — *1.* Alle iscrizioni nel registro delle imprese ai sensi degli artt. 2501-*ter*, 2502-*bis* e 2504 conseguono gli effetti previsti dall'art. 2448 (c. 2506-*III*^{5}).

2505-*quater*. *Fusioni cui non partecipano società con capitale rappresentato da azioni*. — *1.* Se alla fusione non partecipano società regola-

(1) Le parole «le disposizioni dell'art. 2501-*ter*, terzo e quarto comma, nonché, quanto alla società incorporante, quelle dell'art. 2501-*septies*» sono state così sostituite alle precedenti «le disposizioni dell'art. 2501-*ter* e, quanto alla società incorporante, anche quelle dell'art. 2501-*septies*, primo comma, nn. 1 e 2» dall'art. 1.7, lett. a, d.lg. 22 giugno 2012, n. 123.

(2) Le parole «o dalla pubblicazione» sono state inserite dall'art. 1.7, lett. b, d.lg. 22 giugno 2012, n. 123.

(3) Le parole «degli artt. 2501-*quater*, 2501-*quinquies*, 2501-*sexies* e 2501-*septies*» sono state così sostituite alle precedenti «dell'art. 2501-*sexies*» dall'art. 1.8, lett. a, d.lg. 22 giugno 2012, n. 123.

(4) Le parole «dell'art. 2501-*septies*» sono state così sostituite alle precedenti «dell'art. 2501-*septies*, primo comma, nn. 1 e 2» dall'art. 1.8, lett. b, d.lg. 22 giugno 2012, n. 123.

(5) Le parole «l'iscrizione o la pubblicazione prevista» sono state così sostituite alle precedenti «l'iscrizione prevista» dall'art. 1.8, lett. b, d.lg. 22 giugno 2012, n. 123.

te dai capi V e VI del presente titolo, né società cooperative per azioni, non si applicano le disposizioni degli artt. 2501, secondo comma, e 2501-*ter*, secondo comma; [...] (1) i termini di cui agli artt. 2501-*ter*, quarto comma, 2501-*septies*, primo comma, e 2503, primo comma, sono ridotti alla metà.

Sezione III. — *Della scissione delle società*

2506. *Forme di scissione*. — *1.* Con la scissione una società assegna l'intero suo patrimonio a più società, preesistenti o di nuova costituzione, o parte del suo patrimonio, in tal caso anche ad una sola società, e le relative azioni o quote ai suoi soci.

2. È consentito un conguaglio in danaro, purché non superiore al dieci per cento del valore nominale delle azioni o quote attribuite. È consentito inoltre che, per consenso unanime, ad alcuni soci non vengano distribuite azioni o quote (2) di una delle società beneficiarie della scissione, ma azioni o quote (2) della società scissa.

3. La società scissa può, con la scissione, attuare il proprio scioglimento senza liquidazione, ovvero continuare la propria attività.

4. La partecipazione alla scissione non è consentita alle società in liquidazione che abbiano iniziato la distribuzione dell'attivo.

2506-*bis*. *Progetto di scissione*. — *1.* L'organo amministrativo delle società partecipanti alla scissione redige un progetto dal quale devono risultare i dati indicati nel primo comma dell'art. 2501-*ter* ed inoltre l'esatta descrizione degli elementi patrimoniali da assegnare a ciascuna delle società beneficiarie e dell'eventuale conguaglio in danaro.

2. Se la destinazione di un elemento dell'attivo non è desumibile dal progetto, esso, nell'ipotesi di assegnazione dell'intero patrimonio della società scissa, è ripartito tra le società beneficiarie in proporzione della quota del patrimonio netto assegnato a ciascuna di esse, così come valutato ai fini della determinazione del rapporto di cambio; se l'assegnazione del patrimonio della società è solo parziale, tale elemento rimane in capo alla società trasferente.

3. Degli elementi del passivo, la cui destinazione non è desumibile dal progetto, rispondono in solido, nel primo caso, le società beneficiarie, nel secondo la società scissa e le società beneficiarie. La responsabilità solidale è limitata al valore effettivo del patrimonio netto attribuito a ciascuna società beneficiaria.

4. Dal progetto di scissione devono risultare i criteri di distribuzione delle azioni o quote delle società beneficiarie. Qualora il progetto preveda una attribuzione delle partecipazioni ai soci non proporzionale alla loro quota di partecipazione originaria, il progetto medesimo deve prevedere il diritto dei soci che non approvino la scissione di far acquistare le proprie partecipazioni per un corrispettivo determinato alla stregua dei criteri previsti per il recesso, indicando coloro a cui carico è posto l'obbligo di acquisto.

5. Il progetto di scissione è depositato per l'iscrizione nel registro delle imprese ovvero pubblicato sul sito Internet della società a norma dell'art. 2501-*ter*, commi terzo e quarto (c. 2381[4]) (3).

2506-*ter*. *Norme applicabili*. — *1.* L'organo amministrativo delle società partecipanti alla scissione redige la situazione patrimoniale e la relazione illustrativa in conformità agli artt. 2501-*quater* e 2501-*quinquies*.

2. La relazione dell'organo amministrativo deve inoltre illustrare i criteri di distribuzione delle azioni o quote e deve indicare il valore effettivo del patrimonio netto assegnato alle società beneficiarie e di quello che eventualmente rimanga nella società scissa. Quando la scissione si realizza mediante aumento di capitale con conferimento di beni in natura o di crediti, la relazione dell'organo amministrativo menziona, ove prevista, l'elaborazione della relazione di cui all'art. 2343 e il registro delle imprese presso il quale tale relazione è depositata (4).

3. Si applica alla scissione l'art. 2501-*sexies*; la situazione patrimoniale prevista dall'art. 2501-*quater* e le relazioni previste dagli artt. 2501-*quinquies* e 2501-*sexies*, non sono richieste (5) quando la scissione avviene mediante la

(1) Le parole «le disposizioni dell'art. 2501-*sexies* possono essere derogate con il consenso di tutti i soci delle società partecipanti alla fusione;» sono state soppresse dall'art. 1.2., d.lg. 13 ottobre 2009, n. 147. L'art. 2, d.lg. cit., così dispone: «Le disposizioni dell'art. 1 si applicano alle fusioni e alle scissioni i cui progetti, alla data di entrata in vigore del presente decreto, non siano stati approvati dagli organi competenti di alcuna delle società partecipanti alla fusione o alla scissione».

(2) Le parole «o quote» sono state inserite dall'art. 5.1, lett. eee, d.lg. 6 febbraio 2004, n. 37.

(3) Comma così sostituito dall'art. 1.9, d.lg. 22 giugno 2012, n. 123.

(4) Ultimo periodo aggiunto dall'art. 27.1, l. 30 ottobre 2014, n. 161.

(5) Le parole «la situazione patrimoniale prevista dall'art. 2501-*quater* e le relazioni previste dagli artt. 2501-*quinquies* e 2501-*sexies*, non sono richieste» sono state così sostituite alle precedenti «la relazione ivi prevista non è richiesta» dall'art. 1.10, lett. a, d.lg. 22 giugno 2012, n. 123.

costituzione di una o più nuove società e non siano previsti criteri di attribuzione delle azioni o quote diversi da quello proporzionale.

4. Con il consenso unanime dei soci e dei possessori di altri strumenti finanziari che danno diritto di voto nelle società partecipanti alla scissione l'organo amministrativo può essere esonerato dalla redazione dei documenti previsti nei precedenti commi.

5. Sono altresì applicabili alla scissione gli artt. 2501-*septies*, 2502, 2502-*bis*, 2503, 2503-*bis*, 2504, 2504-*ter*, 2504-*quater*, 2505, primo e secondo comma (1), 2505-*bis* e 2505-*ter*. Tutti i riferimenti alla fusione contenuti in detti articoli s'intendono riferiti anche alla scissione.

2506-*quater*. *Effetti della scissione*. — *1.* La scissione ha effetto dall'ultima delle iscrizioni dell'atto di scissione nell'ufficio del registro delle imprese in cui sono iscritte le società beneficiarie; può essere tuttavia stabilita una data successiva, tranne che nel caso di scissione mediante costituzione di società nuove. Per gli effetti a cui si riferisce l'art. 2501-*ter*, nn. 5 e 6, possono essere stabilite date anche anteriori. Si applica il quarto comma dell'art. 2504-*bis*.

2. Qualunque società beneficiaria può effettuare gli adempimenti pubblicitari relativi alla società scissa.

3. Ciascuna società è solidalmente responsabile, nei limiti del valore effettivo del patrimonio netto ad essa assegnato o rimasto, dei debiti della società scissa non soddisfatti dalla società cui fanno carico.

CAPO XI

DELLE SOCIETÀ COSTITUITE ALL'ESTERO (2)

2507. *Rapporti con il diritto comunitario*. — *1.* L'interpretazione ed applicazione delle disposizioni contenute nel presente capo è effettuata in base ai principi dell'ordinamento delle Comunità europee.

2508. *Società estere con sede secondaria nel territorio dello Stato*. — *1.* Le società costituite all'estero, le quali stabiliscono nel territorio dello Stato una o più sedi secondarie con rappresentanza stabile, sono soggette, per ciascuna sede, alle disposizioni della legge italiana sulla pubblicità degli atti sociali. Esse devono inoltre pubblicare, secondo le medesime disposizioni, il cognome, il nome, la data e il luogo di nascita delle persone che le rappresentano stabilmente nel territorio dello Stato, con indicazione dei relativi poteri.

2. Ai terzi che hanno compiuto operazioni con la sede secondaria non può essere opposto che gli atti pubblicati ai sensi dei commi precedenti sono difformi da quelli pubblicati nello Stato ove è situata la sede principale.

3. Le società costituite all'estero sono altresì soggette, per quanto riguarda le sedi secondarie, alle disposizioni che regolano l'esercizio dell'impresa o che la subordinano all'osservanza di particolari condizioni.

4. Negli atti e nella corrispondenza delle sedi secondarie di società costituite all'estero devono essere contenute le indicazioni richieste dall'art. 2250; devono essere altresì indicati l'ufficio del registro delle imprese presso la quale è iscritta la sede secondaria e il numero di iscrizione.

2509. *Società estere di tipo diverso da quelle nazionali*. — *1.* Le società costituite all'estero, che sono di tipo diverso da quelli regolati in questo codice, sono soggette alle norme della società per azioni, per ciò che riguarda gli obblighi relativi all'iscrizione degli atti sociali nel registro delle imprese e la responsabilità degli amministratori.

2509-*bis*. *Responsabilità in caso di inosservanza delle formalità*. — *1.* Fino all'adempimento delle formalità sopra indicate, coloro che agiscono in nome della società rispondono illimitatamente e solidalmente per le obbligazioni sociali.

2510. *Società con prevalenti interessi stranieri*. — *1.* Sono salve le disposizioni delle leggi speciali che vietano o sottopongono a particolari condizioni l'esercizio di determinate attività da parte di società nelle quali siano rappresentati interessi stranieri.

TITOLO VI

Delle società cooperative e delle mutue assicuratrici (3) (4)

(1) La parola «2505,» era stata inserita dall'art. 24, d.lg. 28 dicembre 2004, n. 310. Successivamente le parole «primo e secondo comma,» sono state inserite dall'art. 1.10, lett. b, d.lg. 22 giugno 2012, n. 123.

(2) L'intero Capo XI è stato aggiunto dall'art. 7.1, d.lg. 17 gennaio 2003, n. 6.

(3) Titolo così sostituito dall'art. 8.1, d.lg. 17 gennaio 2003, n. 6.

(4) L'art. 10.3, l. 12 novembre 2011, n. 183, così dispone: «È consentita la costituzione di società per l'esercizio di attività professionali regolamentate nel sistema ordinistico secondo i modelli societari regolati dai titoli V e VI del libro V del codice civile».

CAPO I

DELLE SOCIETÀ COOPERATIVE (1)

Sezione I. — *Disposizioni generali. Cooperative a mutualità prevalente*

2511. *Società cooperative*. — *1.* Le cooperative sono società a capitale variabile con scopo mutualistico (2) iscritte presso l'albo delle società cooperative di cui all'art. 2512, secondo comma, e all'art. 223-*sexiesdecies* delle disposizioni per l'attuazione del presente codice (3) (4) (5).

2512. *Cooperativa a mutualità prevalente*. — *1.* Sono società cooperative a mutualità prevalente, in ragione del tipo di scambio mutualistico, quelle che:

1) svolgono la loro attività prevalentemente in favore dei soci, consumatori o utenti di beni o servizi;

2) si avvalgono prevalentemente, nello svolgimento della loro attività, delle prestazioni lavorative dei soci;

3) si avvalgono prevalentemente, nello svolgimento della loro attività, degli apporti di beni o servizi da parte dei soci.

2. Le società cooperative a mutualità prevalente si iscrivono in un apposito albo, presso il quale depositano annualmente i propri bilanci (6) (7) (8).

(1) Per l'istituzione dell'Albo delle società cooperative v. d.m. Attività produttive 23 giugno 2004, in G.U., 13 luglio 2004, n. 162, ed *Errata corrige* in G.U., 19 luglio 2004, n. 167.

L'art. 14.15, l. 12 novembre 2011, n. 183, così dispone: «Nel caso in cui siano entrate in vigore norme di legge o regolamentari che incidano, direttamente o indirettamente, sulle materie regolate dallo statuto sociale, le società cooperative di cui al capo I del titolo VI del libro V del codice civile, le cui azioni non siano negoziate in mercati regolamentati, possono modificare il proprio statuto con le maggioranze assembleari previste in via generale dallo statuto per le sue modificazioni, anche nei casi in cui lo statuto stesso preveda maggioranze più elevate per la modifica di determinati suoi articoli».

(2) V. d.lg.c.p.s., 14 dicembre 1947, n. 1577, ratificato, con modificazioni, dalla l. 2 aprile 1951, n. 302, in *Leggi coll. XV, 1*, l. 17 febbraio 1971, n. 127, l. 31 gennaio 1992, n. 59, in *Leggi coll. XV, 2*, art. 21, l. 7 agosto 1997, n. 266, in *Leggi coll. XV, 3*, l. 3 aprile 2001, n. 142, l. 23 dicembre 1998, n. 448, in *Leggi coll. XV, 4*, e d.lg. 2 agosto 2002, n. 220, in *Leggi coll. XV, 5*.

(3) Le parole «iscritte presso l'albo delle società cooperative di cui all'art. 2512, secondo comma, e all'art. 223-*sexiesdecies* delle disposizioni per l'attuazione del presente codice» sono state inserite dall'art. 10.1, l. 23 luglio 2009, n. 99.

(4) L'art. 9.1, l. 23 luglio 2009, n. 99, così dispone: «Al fine di uniformarne la disciplina ai princìpi del codice civile, i consorzi agrari sono costituiti in società cooperative disciplinate dalle disposizioni di cui agli artt. 2511 e seguenti del medesimo codice. L'uso della denominazione di consorzio agrario è riservato esclusivamente alle società cooperative di cui al presente comma. I consorzi agrari sono considerati cooperative a mutualità prevalente indipendentemente dai criteri stabiliti dall'art. 2513 del codice civile qualora rispettino i requisiti di cui all'art. 2514 del medesimo codice. I consorzi agrari adeguano i propri statuti alle disposizioni del codice civile entro dodici mesi dalla data di entrata in vigore della presente legge. Per i consorzi agrari in liquidazione coatta amministrativa per i quali sia accertata la mancanza di presupposti per il superamento dello stato di insolvenza e, in ogni caso, in mancanza della presentazione e dell'autorizzazione della proposta di concordato, l'autorità amministrativa che vigila sulla liquidazione revoca l'esercizio provvisorio dell'impresa e provvede a rinnovare la nomina dei commissari liquidatori. Alle proposte di concordato dei consorzi agrari non si applicano i termini di cui all'art. 124, primo comma, del r.d. 16 marzo 1942, n. 267, e successive modificazioni».

(5) Sulle misure volte a rafforzare la governance delle società cooperative di consumo con numero di soci superiore a centomila v. d.m. Sviluppo economico 18 settembre 2014, in G.U., 31 ottobre 2014, n. 254.

(6) Per l'istituzione dell'Albo delle società cooperative v. d.m. Attività produttive 23 giugno 2004, in G.U., 13 luglio 2004, n. 162, ed *Errata corrige*, in G.U., 19 luglio 2004, n. 167.

Il termine di presentazione delle domande di iscrizione è stabilito al 31 marzo 2005 dall'art. 19-*ter*.2, d.l. 9 novembre 2004, n. 266, conv., con modificazioni, dalla l. 27 dicembre 2004, n. 306.

(7) L'art. 82.25-26, d.l. 25 giugno 2008, n. 112, conv. in l. 6 agosto 2008, n. 133, così dispone: «25. Le cooperative a mutualità prevalente di cui all'art. 2512 del codice civile che presentano in bilancio un debito per finanziamento contratto con i soci superiore a 50 milioni di euro, sempre che tale debito sia superiore al patrimonio netto contabile, comprensivo dell'utile d'esercizio, così come risultanti alla data di approvazione del bilancio d'esercizio, destinano il 5 per cento dell'utile netto annuale al fondo di solidarietà per i cittadini meno abbienti di cui all'art. 1, commi da 29 a 31 secondo le modalità e i termini stabiliti con decreto non regolamentare emanato dal Ministro dell'economia e delle finanze, d'intesa con il Ministro della giustizia. || 26. La disposizione di cui al comma 25 si applica in relazione agli utili evidenziati nei bilanci relativi all'esercizio in corso alla data di entrata in vigore del presente decreto e a quello successivo».

(8) L'art. 10.2-3, l. 23 luglio 2009, n. 99, così dispone: «La presentazione della comunicazione unica di cui all'art. 9 del d.l. 31 gennaio 2007, n. 7, convertito, con modificazioni, dalla l. 2 aprile 2007, n. 40, all'ufficio del registro delle imprese determina, nel caso di impresa cooperativa, l'automatica iscrizione nell'albo delle società cooperative, di cui all'art. 2512, secondo comma, del codice civile e all'art. 223-*sexiesdecies* delle disposizioni per l'attuazione del codice civile e disposizioni transitorie, di cui al r.d. 30 marzo 1942, n. 318, come modificato dal comma 6 del presente articolo. || 3. Per i fini di cui al comma 2, l'ufficio del registro delle imprese trasmette

2513. *Criteri per la definizione della prevalenza*. — *1.* Gli amministratori e i sindaci documentano la condizione di prevalenza di cui al precedente articolo nella nota integrativa al bilancio, evidenziando contabilmente i seguenti parametri:

a) i ricavi dalle vendite dei beni e dalle prestazioni di servizi verso i soci sono superiori al cinquanta per cento del totale dei ricavi delle vendite e delle prestazioni ai sensi dell'art. 2425, primo comma, punto A1;

b) il costo del lavoro dei soci è superiore al cinquanta per cento del totale del costo del lavoro di cui all'art. 2425, primo comma, punto B9 computate le altre forme di lavoro inerenti lo scopo mutualistico (1);

c) il costo della produzione per servizi ricevuti dai soci ovvero per beni conferiti dai soci è rispettivamente superiore al cinquanta per cento del totale dei costi dei servizi di cui all'art. 2425, primo comma, punto B7, ovvero al costo delle merci o materie prime acquistate o conferite, di cui all'art. 2425, primo comma, punto B6.

2. Quando si realizzano contestualmente più tipi di scambio mutualistico, la condizione di prevalenza è documentata facendo riferimento alla media ponderata delle percentuali delle lettere precedenti.

3. Nelle cooperative agricole la condizione di prevalenza sussiste quando la quantità o il valore dei prodotti conferiti dai soci è superiore al cinquanta per cento della quantità o del valore totale dei prodotti (c. 2545-*VIII* 1) (2) (3) (4).

2514. *Requisiti delle cooperative a mutualità prevalente*. — *1.* Le cooperative a mutualità prevalente devono prevedere nei propri statuti:

a) il divieto di distribuire i dividendi in misura superiore all'interesse massimo dei buoni postali fruttiferi, aumentato di due punti e mezzo rispetto al capitale effettivamente versato;

b) il divieto di remunerare gli strumenti finanziari offerti in sottoscrizione ai soci cooperatori in misura superiore a due punti rispetto al limite massimo previsto per i dividendi;

c) il divieto di distribuire le riserve fra i soci cooperatori;

d) l'obbligo di devoluzione, in caso di scioglimento della società, dell'intero patrimonio sociale, dedotto soltanto il capitale sociale e i dividendi eventualmente maturati, ai fondi mutualistici per la promozione e lo sviluppo della cooperazione.

2. Le cooperative deliberano l'introduzione e la soppressione delle clausole di cui al comma precedente con le maggioranze previste per l'assemblea straordinaria (c. 2545-*VIII* 1) (3).

2515. *Denominazione sociale*. — *1.* La denominazione sociale, in qualunque modo formata, deve contenere l'indicazione di società cooperativa.

2. L'indicazione di cooperativa non può essere usata da società che non hanno scopo mutualistico.

3. .... (5).

2516. *Rapporti con i soci*. — *1.* Nella costitu-

immediatamente all'albo delle società cooperative la comunicazione unica, nonché la comunicazione della cancellazione della società cooperativa dal registro o della sua trasformazione in altra forma societaria per l'immediata cancellazione dal suddetto albo».

(1) Le parole «computate le altre forme di lavoro inerenti lo scopo mutualistico» sono state aggiunte dall'art. 25, d.lg. 28 dicembre 2004, n. 310.

(2) V. d.m. Attività produttive 30 dicembre 2005, in G.U., 25 gennaio 2006, n. 20, con regimi derogatori ai criteri per la definizione della prevalenza.

(3) L'art. 9.1, l. 23 luglio 2009, n. 99, così dispone: «Al fine di uniformarne la disciplina ai princìpi del codice civile, i consorzi agrari sono costituiti in società cooperative disciplinate dalle disposizioni di cui agli artt. 2511 e seguenti del medesimo codice. L'uso della denominazione di consorzio agrario è riservato esclusivamente alle società cooperative di cui al presente comma. I consorzi agrari sono considerati cooperative a mutualità prevalente indipendentemente dai criteri stabiliti dall'art. 2513 del codice civile qualora rispettino i requisiti di cui all'art. 2514 del medesimo codice. I consorzi agrari adeguano i propri statuti alle disposizioni del codice civile entro dodici mesi dalla data di entrata in vigore della presente legge. Per i consorzi agrari in liquidazione coatta amministrativa per i quali sia accertata la mancanza di presupposti per il superamento dello stato di insolvenza e, in ogni caso, in mancanza della presentazione e dell'autorizzazione della proposta di concordato, l'autorità amministrativa che vigila sulla liquidazione revoca l'esercizio provvisorio dell'impresa e provvede a rinnovare la nomina dei commissari liquidatori. Alle proposte di concordato dei consorzi agrari non si applicano i termini di cui all'art. 124, primo comma, del r.d. 16 marzo 1942, n. 267, e successive modificazioni».

(4) L'art. 10.4, l. 23 luglio 2009, n. 99, così dispone: «Le società cooperative, ai fini della dimostrazione del possesso del requisito di cui all'art. 2513 del codice civile, comunicano annualmente le notizie di bilancio all'amministrazione presso la quale è tenuto l'albo delle società cooperative con gli strumenti informatici di cui all'art. 223-*sexiesdecies* delle disposizioni per l'attuazione del codice civile e disposizioni transitorie, di cui al r.d. 30 marzo 1942, n. 318, come modificato dal comma 6 del presente articolo».

(5) Comma abrogato dall'art. 10.5, l. 23 luglio 2009, n. 99.

zione e nell'esecuzione dei rapporti mutualistici deve essere rispettato il principio di parità di trattamento.

2517. *Enti mutualistici*. — *1.* Le disposizioni del presente titolo non si applicano agli enti mutualistici diversi dalle società.

2518. *Responsabilità per le obbligazioni sociali*. — *1.* Nelle società cooperative per le obbligazioni sociali risponde soltanto la società con il suo patrimonio.

2519. *Norme applicabili*. — *1.* Alle società cooperative, per quanto non previsto dal presente titolo, si applicano in quanto compatibili le disposizioni sulla società per azioni.

2. L'atto costitutivo può prevedere che trovino applicazione, in quanto compatibili, le norme sulla società a responsabilità limitata nelle cooperative con un numero di soci cooperatori inferiore a venti ovvero con un attivo dello stato patrimoniale non superiore ad un milione di euro.

2520. *Leggi speciali*. — *1.* Le cooperative regolate dalle leggi speciali sono soggette alle disposizioni del presente titolo, in quanto compatibili.

2. La legge può prevedere la costituzione di cooperative destinate a procurare beni o servizi a soggetti appartenenti a particolari categorie anche di non soci (1).

Sezione II. — *Della costituzione*

2521. *Atto costitutivo*. — *1.* La società deve costituirsi per atto pubblico.

2. L'atto costitutivo stabilisce le regole per lo svolgimento dell'attività mutualistica e può prevedere che la società svolga la propria attività anche con terzi.

3. L'atto costitutivo deve indicare:

1) il cognome e il nome o la denominazione, il luogo e la data di nascita o di costituzione, il domicilio o la sede, la cittadinanza dei soci;

2) la denominazione, e il comune ove è posta la sede della società e le eventuali sedi secondarie;

3) la indicazione specifica dell'oggetto sociale con riferimento ai requisiti e agli interessi dei soci;

4) la quota di capitale sottoscritta da ciascun socio, i versamenti eseguiti e, se il capitale è ripartito in azioni, il loro valore nominale;

5) il valore attribuito ai crediti e ai beni conferiti in natura;

6) i requisiti e le condizioni per l'ammissione dei soci e il modo e il tempo in cui devono essere eseguiti i conferimenti;

7) le condizioni per l'eventuale recesso o per la esclusione dei soci;

8) le regole per la ripartizione degli utili (2) e i criteri per la ripartizione dei ristorni;

9) le forme di convocazione dell'assemblea, in quanto si deroga alle disposizioni di legge;

10) il sistema di amministrazione adottato, il numero degli amministratori e i loro poteri, indicando quali tra essi hanno la rappresentanza della società;

11) il numero dei componenti del collegio sindacale;

12) la nomina dei primi amministratori e sindaci;

13) l'importo globale, almeno approssimativo, delle spese per la costituzione poste a carico della società.

4. Lo statuto contenente le norme relative al funzionamento della società, anche se forma oggetto di atto separato, si considera parte integrante dell'atto costitutivo.

5. I rapporti tra la società e i soci possono essere disciplinati da regolamenti che determinano i criteri e le regole inerenti allo svolgimento dell'attività mutualistica tra la società e i soci. I regolamenti, quando non costituiscono parte integrante dell'atto costitutivo, sono predisposti dagli amministratori e approvati dall'assemblea con le maggioranze previste per le assemblee straordinarie.

(1) Per le cooperative agricole, l. 7 luglio 1907, n. 526; per le cooperative di consumo, r.d.l. 17 settembre 1925, n. 1735; per le banche cooperative v. art. 28 ss., d.lg. 1° settembre 1993, n. 385, in *Leggi coll. XVII, 1*; per le cooperative edilizie, r.d. 28 aprile 1938, n. 1165, e successive modificazioni; per le cooperative di produzione e lavoro, e loro consorzi, l. 25 giugno 1909, n. 422, r.d. 12 febbraio 1911, n. 278; per le cooperative giornalistiche v. art. 6, l. 5 agosto 1981, n. 416, come modificato dall'art. 4, l. 25 febbraio 1987, n. 67.

Per le cooperative di produzione e lavoro per la salvaguardia dell'occupazione v. art. 17, l. 27 febbraio 1985, n. 49, e successive modificazioni. Per le cooperative sociali v. l. 9 novembre 1991, n. 381.

(2) Per la determinazione della percentuale massima ai fini dell'accesso ai benefici di legge v. art. 26.1, lett. a, d.lg.c.p.s. 14 dicembre 1947, n. 1577, in *Leggi coll. XV, 1*, ovvero, in caso di disciplina statutaria dei prestiti sociali, v. art. 17.3, l. 19 marzo 1983, n. 72. Sulla remunerazione dei prestiti sociali v. art. 6-*bis*, l. 22 dicembre 1980, n. 891, mentre sugli importi v. art. 10, l. 31 gennaio 1992, n. 59, in *Leggi coll. XV, 2*, che li eleva a quaranta milioni [euro 20.658,28], e, per le cooperative agricole e di produzione e lavoro, ad ottanta milioni [euro 41.316,55]. Per l'adeguamento v. d.m. Lavoro 31 luglio 1998, in G.U., 21 ottobre 1998, n. 246. V. anche art. 59, l. 23 dicembre 1998, n. 448.

2522. *Numero dei soci.* — *1.* Per costituire una società cooperativa è necessario che i soci siano almeno nove.

2. Può essere costituita una società cooperativa da almeno tre soci quando i medesimi sono persone fisiche e la società adotta le norme della società a responsabilità limitata; nel caso di attività agricola possono essere soci anche le società semplici (1).

3. Se successivamente alla costituzione il numero dei soci diviene inferiore a quello stabilito nei precedenti commi, esso deve essere integrato nel termine massimo di un anno, trascorso il quale la società si scioglie e deve essere posta in liquidazione.

4. La legge determina il numero minimo di soci necessario per la costituzione di particolari categorie di cooperative (2).

2523. *Deposito dell'atto costitutivo e iscrizione della società.* — *1.* Il notaio che ha ricevuto l'atto costitutivo deve depositarlo entro venti giorni (3) presso l'ufficio del registro delle imprese nella cui circoscrizione è stabilita la sede sociale, a norma dell'art. 2330.

2. Gli effetti dell'iscrizione e della nullità sono regolati rispettivamente dagli artt. 2331 e 2332.

2524. *Variabilità del capitale.* — *1.* Il capitale sociale non è determinato in un ammontare prestabilito.

2. Nelle società cooperative l'ammissione di nuovi soci, nelle forme previste dall'art. 2528 non importa modificazione dell'atto costitutivo.

3. La società può deliberare aumenti di capitale con modificazione dell'atto costitutivo nelle forme previste dagli artt. 2438 e seguenti.

4. L'esclusione o la limitazione del diritto di opzione può essere autorizzata dall'assemblea su proposta motivata degli amministratori.

Sezione III. — *Delle quote e delle azioni*

2525. *Quote e azioni.* — *1.* Il valore nominale di ciascuna azione o quota non può essere inferiore a venticinque euro né per le azioni (4) superiore a cinquecento euro.

2. Ove la legge non preveda diversamente, nelle società cooperative nessun socio può avere una quota superiore a centomila euro, né tante azioni il cui valore nominale superi tale somma.

3. L'atto costitutivo, nelle società cooperative con più di cinquecento soci, può elevare il limite previsto nel precedente comma sino al due per cento del capitale sociale. Le azioni eccedenti tale limite possono essere riscattate o alienate nell'interesse del socio dagli amministratori e, comunque, i relativi diritti patrimoniali sono destinati a riserva indivisibile a norma dell'art. 2545-*ter*.

4. I limiti di cui ai commi precedenti non si applicano nel caso di conferimenti di beni in natura o di crediti, nei casi previsti dagli artt. 2545-*quinquies* e 2545-*sexies*, e con riferimento ai soci diversi dalle persone fisiche ed ai sottoscrittori degli strumenti finanziari dotati di diritti di amministrazione.

5. Alle azioni si applicano, in quanto compatibili, le disposizioni degli artt. 2346, 2347, 2348, 2349, 2354 e 2355. Tuttavia nelle azioni non è indicato l'ammontare del capitale né quello dei versamenti parziali sulle azioni non completamente liberate (c. 2545-V^{3}, 2545-VI^{3}).

2526. *Soci finanziatori e altri sottoscrittori di titoli di debito.* — *1.* L'atto costitutivo può prevedere l'emissione di strumenti finanziari, secondo la disciplina prevista per le società per azioni.

2. L'atto costitutivo stabilisce i diritti patrimoniali o anche amministrativi (5) attribuiti ai possessori degli strumenti finanziari e le eventuali condizioni cui è sottoposto il loro trasferimento. I privilegi previsti nella ripartizione degli utili e nel rimborso del capitale non si estendono alle riserve indivisibili a norma dell'art. 2545-*ter*. Ai possessori di strumenti finanziari non può, in ogni caso, essere attribuito più di un terzo dei voti spettanti all'insieme dei soci presenti ovvero rappresentati in ciascuna assemblea generale.

3. Il recesso dei possessori di strumenti finanziari forniti del diritto di voto è disciplinato dagli artt. 2437 e seguenti.

4. La cooperativa cui si applicano le norme

(1) Le parole «; nel caso di attività agricola possono essere soci anche le società semplici» sono state aggiunte dall'art. 26, d.lg. 28 dicembre 2004, n. 310.

(2) L'art. 22, d.lg.c.p.s. 14 dicembre 1947, n. 1577, in *Leggi coll. XV, 1*, dispone che i soci devono essere almeno nove e che ai fini dell'iscrizione nel registro prefettizio, le cooperative di consumo devono avere almeno cinquanta soci. Per le banche popolari, v. art. 30, d.lg. 1° settembre 1993, n. 385, in *Leggi coll. XVII, 1*.

(3) Per gli atti ricevuti o autenticati all'estero, v. nota 4 all'art. 2671.

(4) Le parole «per le azioni» sono state inserite dall'art. 27, d.lg. 28 dicembre 2004, n. 310.

(5) Le parole «i diritti patrimoniali o anche amministrativi» sono state così sostituite alle precedenti «i diritti di amministrazione o patrimoniali» dall'art. 5.1, lett. fff, d.lg. 6 febbraio 2004, n. 37.

sulla società a responsabilità limitata può offrire in sottoscrizione strumenti privi di diritti di amministrazione solo a investitori qualificati (c. 2541[1], 2545-*V*[3]) (1).

2527. *Requisiti dei soci.* — *1.* L'atto costitutivo stabilisce i requisiti per l'ammissione dei nuovi soci e la relativa procedura, secondo criteri non discriminatori coerenti con lo scopo mutualistico e l'attività economica svolta.

2. Non possono in ogni caso divenire soci quanti esercitano in proprio imprese in concorrenza con quella della cooperativa (2).

3. L'atto costitutivo può prevedere, determinandone i diritti e gli obblighi, l'ammissione del nuovo socio cooperatore in una categoria speciale in ragione dell'interesse alla sua formazione ovvero del suo inserimento nell'impresa. I soci ammessi alla categoria speciale non possono in ogni caso superare un terzo del numero totale dei soci cooperatori. Al termine di un periodo comunque non superiore a cinque anni il nuovo socio è ammesso a godere i diritti che spettano agli altri soci cooperatori.

2528. *Procedura di ammissione e carattere aperto della società.* — *1.* L'ammissione di un nuovo socio è fatta con deliberazione degli amministratori su domanda dell'interessato. La deliberazione di ammissione deve essere comunicata all'interessato e annotata a cura degli amministratori nel libro dei soci.

2. Il nuovo socio deve versare, oltre l'importo della quota o delle azioni, il soprapprezzo eventualmente determinato dall'assemblea in sede di approvazione del bilancio su proposta dagli amministratori.

3. Il consiglio di amministrazione deve entro sessanta giorni motivare la deliberazione di rigetto della domanda di ammissione e comunicarla agli interessati.

4. Qualora la domanda di ammissione non sia accolta dagli amministratori, chi l'ha proposta può entro sessanta giorni dalla comunicazione del diniego chiedere che sull'istanza si pronunci l'assemblea, la quale delibera sulle domande non accolte, se non appositamente convocata, in occasione della sua prossima successiva convocazione.

5. Gli amministratori nella relazione al bilancio illustrano le ragioni delle determinazioni assunte con riguardo all'ammissione dei nuovi soci (c. 2524[2]).

2529. *Acquisto delle proprie quote o azioni.* — *1.* L'atto costitutivo può autorizzare gli amministratori ad acquistare o rimborsare quote o azioni della società, purché sussistano le condizioni previste dal secondo comma dell'art. 2545-*quinquies* e l'acquisto o il rimborso è fatto nei limiti degli utili distribuibili e delle riserve disponibili risultanti dall'ultimo bilancio regolarmente approvato.

2530. *Trasferibilità della quota o delle azioni.* — *1.* La quota o le azioni dei soci cooperatori non possono essere cedute con effetto verso la società, se la cessione non è autorizzata dagli amministratori.

2. Il socio che intende trasferire la propria quota o le proprie azioni deve darne comunicazione agli amministratori con lettera raccomandata.

3. Il provvedimento che concede o nega l'autorizzazione deve essere comunicato al socio entro sessanta giorni dal ricevimento della richiesta.

4. Decorso tale termine, il socio è libero di trasferire la propria partecipazione e la società deve iscrivere nel libro dei soci l'acquirente che abbia i requisiti previsti per divenire socio.

5. Il provvedimento che nega al socio l'autorizzazione deve essere motivato. Contro il diniego il socio entro sessanta giorni dal ricevimento della comunicazione può proporre opposizione al tribunale.

6. Qualora l'atto costitutivo vieti la cessione della quota o delle azioni il socio può recedere dalla società, con preavviso di novanta giorni. Il diritto di recesso, in caso di divieto statutario di trasferimento della partecipazione, non può essere esercitato prima che siano decorsi due anni dall'ingresso del socio nella società.

2531. *Mancato pagamento delle quote o delle azioni.* — *1.* Il socio che non esegue in tutto o in parte il pagamento delle quote o delle azioni sottoscritte può, previa intimazione da parte degli amministratori, essere escluso a norma dell'art. 2533.

2532. *Recesso del socio.* — *1.* Il socio cooperatore può recedere dalla società nei casi previsti dalla legge e dall'atto costitutivo. Il recesso non può essere parziale.

2. La dichiarazione di recesso deve essere comunicata con raccomandata alla società. Gli amministratori devono esaminarla entro sessanta giorni dalla ricezione. Se non sussistono i presupposti del recesso, gli amministratori

(1) L'art. 11.3-*bis*, d.l. 23 dicembre 2013, n. 145, conv. in l. 21 febbraio 2014, n. 9, così dispone: «Il quarto comma dell'art. 2526 del codice civile si interpreta nel senso che, nelle cooperative cui si applicano le norme sulle società a responsabilità limitata, il limite all'emissione di strumenti finanziari si riferisce esclusivamente ai titoli di debito».

(2) Comma così sostituito dall'art. 28, d.lg. 28 dicembre 2004, n. 310.

devono darne immediata comunicazione al socio, che entro sessanta giorni dal ricevimento della comunicazione, può proporre opposizione innanzi il tribunale.

3. Il recesso ha effetto per quanto riguarda il rapporto sociale dalla comunicazione del provvedimento di accoglimento della domanda. Ove la legge o l'atto costitutivo non preveda diversamente, per i rapporti mutualistici tra socio e società il recesso ha effetto con la chiusura dell'esercizio in corso, se comunicato tre mesi prima, e, in caso contrario, con la chiusura dell'esercizio successivo.

2533. *Esclusione del socio.* — *1.* L'esclusione del socio, oltre che nel caso indicato all'art. 2531, può aver luogo:

1) nei casi previsti dall'atto costitutivo;

2) per gravi inadempienze delle obbligazioni che derivano dalla legge, dal contratto sociale, dal regolamento o dal rapporto mutualistico;

3) per mancanza o perdita dei requisiti previsti per la partecipazione alla società;

4) nei casi previsti dall'art. 2286;

5) nei casi previsti dell'art. 2288, primo comma.

2. L'esclusione deve essere deliberata dagli amministratori o, se l'atto costitutivo lo prevede, dall'assemblea.

3. Contro la deliberazione di esclusione il socio può proporre opposizione al tribunale, nel termine di sessanta giorni dalla comunicazione.

4. Qualora l'atto costitutivo non preveda diversamente, lo scioglimento del rapporto sociale determina anche la risoluzione dei rapporti mutualistici pendenti (c. 2531[1]).

2534. *Morte del socio.* — *1.* In caso di morte del socio, gli eredi hanno diritto alla liquidazione della quota o al rimborso delle azioni secondo le disposizioni dell'articolo seguente.

2. L'atto costitutivo può prevedere che gli eredi provvisti dei requisiti per l'ammissione alla società subentrino nella partecipazione del socio deceduto.

3. Nell'ipotesi prevista dal secondo comma, in caso di pluralità di eredi, questi debbono nominare un rappresentante comune, salvo che la quota sia divisibile e la società consenta la divisione.

2535. *Liquidazione della quota o rimborso delle azioni del socio uscente.* — *1.* La liquidazione della quota o il rimborso delle azioni ha luogo sulla base del bilancio dell'esercizio in cui si sono verificati il recesso, l'esclusione o la morte del socio.

2. La liquidazione della partecipazione sociale, eventualmente ridotta in proporzione alle perdite imputabili al capitale, avviene sulla base dei criteri stabiliti nell'atto costitutivo. Salvo diversa disposizione, la liquidazione comprende anche il rimborso del soprapprezzo, ove versato, qualora sussista nel patrimonio della società e non sia stato destinato ad aumento gratuito del capitale ai sensi dell'art. 2545-*quinquies*, terzo comma.

3. Il pagamento deve essere fatto entro centottanta giorni dall'approvazione del bilancio. L'atto costitutivo può prevedere che, per la frazione della quota o le azioni assegnate al socio ai sensi degli artt. 2545-*quinquies* e 2545-*sexies*, la liquidazione o il rimborso, unitamente agli interessi legali, possa essere corrisposto in più rate entro un termine massimo di cinque anni (1).

2536. *Responsabilità del socio uscente e dei suoi eredi.* — *1.* Il socio che cessa di far parte della società risponde verso questa per il pagamento dei conferimenti non versati, per un anno dal giorno in cui il recesso, la esclusione o la cessione della quota si è verificata.

2. Se entro un anno dallo scioglimento del rapporto associativo si manifesta l'insolvenza della società, il socio uscente è obbligato verso questa nei limiti di quanto ricevuto per la liquidazione della quota o per il rimborso delle azioni.

3. Nello stesso modo e per lo stesso termine sono responsabili verso la società gli eredi del socio defunto.

2537. *Creditore particolare del socio.* — *1.* Il creditore particolare del socio cooperatore, finché dura la società, non può agire esecutivamente sulla quota e sulle azioni del medesimo.

Sezione IV. — *Degli organi sociali* (2)

2538. *Assemblea.* — *1.* Nelle assemblee hanno diritto di voto coloro che risultano iscritti da almeno novanta giorni nel libro dei soci.

2. Ciascun socio cooperatore ha un voto, qualunque sia il valore della quota o il numero delle azioni possedute. L'atto costitutivo deter-

(1) V. art. 9, l. 31 gennaio 1992, n. 59, in *Leggi coll. XV, 2*, per il rimborso al socio uscente del sovrapprezzo versato al momento della sua ammissione alla società.

(2) Sulla assemblea speciale dei possessori di azioni di partecipazione cooperativa e sul rappresentante comune v. art. 6, l. 31 gennaio 1992, n. 59, in *Leggi coll. XV, 2.*

mina i limiti al diritto di voto degli strumenti finanziari offerti in sottoscrizione ai soci cooperatori (1).

3. Ai soci cooperatori persone giuridiche l'atto costitutivo può attribuire più voti, ma non oltre cinque, in relazione all'ammontare della quota oppure al numero dei loro membri.

4. Nelle cooperative in cui i soci realizzano lo scopo mutualistico attraverso l'integrazione delle rispettive imprese o di talune fasi di esse, l'atto costitutivo può prevedere che il diritto di voto sia attribuito in ragione della partecipazione allo scambio mutualistico (c. 2615-*III*). Lo statuto stabilisce un limite per il voto plurimo per tali categorie di soci, in modo che nessuno di essi possa esprimere più del decimo dei voti in ciascuna assemblea generale. In ogni caso, ad essi non può essere attribuito più di un terzo dei voti spettanti all'insieme dei soci presenti o rappresentati in ciascuna assemblea generale.

5. Le maggioranze richieste per la costituzione delle assemblee e per la validità delle deliberazioni sono determinate dall'atto costitutivo e sono calcolate secondo il numero dei voti spettanti ai soci.

6. L'atto costitutivo può prevedere che il voto venga espresso per corrispondenza, ovvero mediante altri mezzi di telecomunicazione. In tal caso l'avviso di convocazione deve contenere per esteso la deliberazione proposta. Se sono poste in votazione proposte diverse da quelle indicate nell'avviso di convocazione, i voti espressi per corrispondenza non si computano ai fini della regolare costituzione dell'assemblea.

2539. *Rappresentanza nell'assemblea*. — *1.* Nelle cooperative disciplinate dalle norme sulla società per azioni ciascun socio può rappresentare sino ad un massimo di dieci soci.

2. Il socio imprenditore individuale può farsi rappresentare nell'assemblea anche dal coniuge, dai parenti entro il terzo grado e dagli affini entro il secondo che collaborano all'impresa (2).

2540. *Assemblee separate*. — *1.* L'atto costitutivo delle società cooperative può prevedere lo svolgimento di assemblee separate, anche rispetto a specifiche materie ovvero in presenza di particolari categorie di soci.

2. Lo svolgimento di assemblee separate deve essere previsto quando la società cooperativa ha più di tremila soci e svolge la propria attività in più province ovvero se ha più di cinquecento soci e si realizzano più gestioni mutualistiche.

3. L'atto costitutivo stabilisce il luogo, i criteri e le modalità di convocazione e di partecipazione all'assemblea generale dei soci delegati e assicura in ogni caso la proporzionale rappresentanza delle minoranze espresse dalle assemblee separate.

4. I delegati debbono essere soci. Alla assemblea generale possono assistere anche i soci che hanno preso parte alle assemblee separate.

5. Le deliberazioni della assemblea generale possono essere impugnate ai sensi dell'art. 2377 anche dai soci assenti e dissenzienti nelle assemblee separate quando, senza i voti espressi dai delegati delle assemblee separate irregolarmente tenute, verrebbe meno la maggioranza richiesta per la validità della deliberazione.

6. Le deliberazioni delle assemblee separate non possono essere autonomamente impugnate.

7. Le disposizioni del presente articolo non si applicano alle società cooperative con azioni ammesse alla quotazione in mercati regolamentati.

2541. *Assemblee speciali dei possessori degli strumenti finanziari*. — *1.* Se sono stati emessi strumenti finanziari privi di diritto di voto, l'assemblea speciale di ciascuna categoria delibera:

1) sull'approvazione delle deliberazioni dell'assemblea della società cooperativa che pregiudicano i diritti della categoria;

2) sull'esercizio dei diritti ad essa eventualmente attribuiti ai sensi dell'art. 2526;

3) sulla nomina e sulla revoca dei rappresentanti comuni di ciascuna categoria e sull'azione di responsabilità nei loro confronti;

4) sulla costituzione di un fondo per le spese, necessario alla tutela dei comuni interessi dei possessori degli strumenti finanziari e sul rendiconto relativo;

5) sulle controversie con la società cooperativa e sulle relative transazioni e rinunce;

6) sugli altri oggetti di interesse comune a ciascuna categoria di strumenti finanziari.

2. La assemblea speciale è convocata dagli amministratori della società cooperativa o dal

(1) Sulle limitazioni relative ai soci delle cooperative di consumo, che percepiscono una retribuzione a carico del bilancio sociale, v. r.d.l. 17 settembre 1925, n. 1735.

(2) Sulla possibilità di farsi rappresentare da non soci nell'assemblea delle cooperative agricole, v. art. 7, l. n. 127/1971. Sul diritto dei partecipi all'impresa familiare di rappresentarla negli organi statutari delle cooperative, v. art. 14, l. 9 dicembre 1977, n. 903.

rappresentante comune, quando lo ritengano necessario o quando almeno un terzo dei possessori degli strumenti finanziari ne faccia richiesta.

3. Il rappresentante comune deve provvedere all'esecuzione delle deliberazioni dell'assemblea speciale e deve tutelare gli interessi comuni dei possessori degli strumenti finanziari nei rapporti con la società cooperativa.

4. Il rappresentante comune ha diritto di esaminare i libri di cui all'art. 2421, nn. 1 e 3 e di ottenere estratti; ha altresì il diritto di assistere all'assemblea della società cooperativa e di impugnarne le deliberazioni.

2542. *Consiglio di amministrazione.* — *1.* La nomina degli amministratori spetta all'assemblea fatta eccezione per i primi amministratori che sono nominati nell'atto costitutivo e salvo quanto disposto nell'ultimo comma del presente articolo.

2. L'amministrazione della società è affidata ad un organo collegiale formato da almeno tre soggetti. Alle cooperative di cui all'art. 2519, secondo comma, si applica la disposizione prevista dall'art. 2383, secondo comma (1).

3. La maggioranza degli amministratori è scelta tra i soci cooperatori (2) ovvero tra le persone indicate dai soci cooperatori persone giuridiche.

4. .... (3).

5. L'atto costitutivo può prevedere che uno o più amministratori siano scelti tra gli appartenenti alle diverse categorie dei soci, in proporzione dell'interesse che ciascuna categoria ha nell'attività sociale. In ogni caso, ai possessori di strumenti finanziari non può essere attribuito il diritto di eleggere più di un terzo degli amministratori.

6. La nomina di uno o più amministratori può essere attribuita dall'atto costitutivo allo Stato o ad enti pubblici. In ogni caso, la nomina della maggioranza degli amministratori è riservata all'assemblea.

2543. *Organo di controllo.* — *1.* La nomina del collegio sindacale è obbligatoria nei casi previsti dal secondo e terzo comma dell'art. 2477, nonché quando la società emette strumenti finanziari non partecipativi.

2. L'atto costitutivo può attribuire il diritto di voto nell'elezione dell'organo di controllo proporzionalmente alle quote o alle azioni possedute ovvero in ragione della partecipazione allo scambio mutualistico.

3. I possessori degli strumenti finanziari dotati di diritti di amministrazione possono eleggere, se lo statuto lo prevede, nel complesso sino ad un terzo dei componenti dell'organo di controllo.

2544. *Sistemi di amministrazione.* — *1.* Indipendentemente dal sistema di amministrazione adottato non possono essere delegati dagli amministratori, oltre le materie previste dall'art. 2381, i poteri in materia di ammissione, di recesso e di esclusione dei soci e le decisioni che incidono sui rapporti mutualistici con i soci.

2. Se la cooperativa ha adottato il sistema di amministrazione di cui all'art. 2409-*octies*, i possessori di strumenti finanziari non possono eleggere più di un terzo dei componenti del consiglio di sorveglianza e più di un terzo dei componenti del consiglio di gestione. I componenti del consiglio di sorveglianza eletti dai soci cooperatori devono essere scelti tra i soci cooperatori ovvero tra le persone indicate dai soci cooperatori persone giuridiche.

3. Se la cooperativa ha adottato il sistema di amministrazione di cui all'art. 2409-*sexiesdecies*, agli amministratori eletti dai possessori di strumenti finanziari, in misura comunque non superiore ad un terzo, non possono essere attribuite deleghe operative né gli stessi possono fare parte del comitato esecutivo.

2545. *Relazione annuale sul carattere mutualistico della cooperativa.* — *1.* Gli amministratori e i sindaci della società, in occasione della approvazione del bilancio di esercizio debbono, nelle relazioni previste dagli artt. 2428 e 2429 indicare specificamente i criteri seguiti nella gestione sociale per il conseguimento dello scopo mutualistico.

2545-*bis*. *Diritti dei soci.* — *1.* Nelle società cooperative cui si applica la disciplina della società per azioni, oltre a quanto stabilito dal primo comma dell'art. 2422, i soci, quando almeno un decimo del numero complessivo lo richieda ovvero almeno un ventesimo quando la cooperativa ha più di tremila soci, hanno diritto di esaminare, attraverso un rappresentante, eventualmente assistito da un professionista di sua fiducia, il libro delle adunanze e delle deliberazioni del consiglio di amministrazione e il libro delle deliberazioni del comitato esecutivo, se esiste.

2. I diritti di cui al comma precedente non spettano ai soci in mora per la mancata esecu-

(1) Comma inserito dall'art. 1.236, lett. b, l. 27 dicembre 2017, n. 205.

(2) Sulla eleggibilità dei delegati nelle assemblee delle cooperative agricole alle cariche sociali, v. art. 7, l. 17 febbraio 1971 n. 127.

(3) Comma soppresso dall'art. 29, d.lg. 28 dicembre 2004, n. 310.

zione dei conferimenti o inadempienti rispetto alle obbligazioni contratte con la società.

2545-*ter*. *Riserve indivisibili*. — *1.* Sono indivisibili le riserve che per disposizione di legge o dello statuto non possono essere ripartite tra i soci, neppure in caso di scioglimento della società.

2. Le riserve indivisibili possono essere utilizzate per la copertura di perdite solo dopo che sono esaurite le riserve che la società aveva destinato ad operazioni di aumento di capitale e quelle che possono essere ripartite tra i soci in caso di scioglimento della società (c. 2525^3, 2526^2).

2545-*quater*. *Riserve legali, statutarie e volontarie*. — *1.* Qualunque sia l'ammontare del fondo di riserva legale, deve essere a questo destinato almeno il trenta per cento degli utili netti annuali.

2. Una quota degli utili netti annuali deve essere corrisposta ai fondi mutualistici per la promozione e lo sviluppo della cooperazione, nella misura e con le modalità previste dalla legge.

3. L'assemblea determina, nel rispetto di quanto previsto dall'art. 2545-*quinquies*, la destinazione degli utili non assegnati ai sensi del primo e secondo comma (1).

2545-*quinquies*. *Diritto agli utili e alle riserve dei soci cooperatori*. — *1.* L'atto costitutivo indica le modalità e la percentuale massima di ripartizione dei dividendi tra i soci cooperatori.

2. Possono essere distribuiti dividendi, acquistate proprie quote o azioni ovvero assegnate ai soci le riserve divisibili se il rapporto tra il patrimonio netto e il complessivo indebitamento della società è superiore ad un quarto. La condizione (2) non si applica nei confronti dei possessori di strumenti finanziari (c. 2529^1).

3. L'atto costitutivo può autorizzare l'assemblea ad assegnare ai soci le riserve divisibili attraverso:

a) l'emissione degli strumenti finanziari di cui all'art. 2526;

b) mediante aumento proporzionale delle quote sottoscritte e versate, o mediante l'emissione di nuove azioni, anche in deroga a quanto previsto dall'art. 2525, nella misura massima complessiva del venti per cento del valore originario (c. 2535^2).

4. Le riserve divisibili, spettanti al socio in caso di scioglimento del rapporto, possono essere assegnate, se lo statuto non prevede diversamente, attraverso l'emissione di strumenti finanziari liberamente trasferibili e devono esserlo ove il rapporto tra il patrimonio netto e il complessivo indebitamento della società sia inferiore ad un quarto.

5. Le disposizioni dei commi secondo e terzo non si applicano alle cooperative con azioni quotate in mercati regolamentati (c. 2525^4, 2535^3, 2545-*IV*^{3}) (3).

2545-*sexies*. *Ristorni*. — *1.* L'atto costitutivo determina i criteri di ripartizione dei ristorni ai soci proporzionalmente alla quantità e qualità degli scambi mutualistici.

2. Le cooperative devono riportare separatamente nel bilancio i dati relativi all'attività svolta con i soci, distinguendo eventualmente le diverse gestioni mutualistiche.

3. L'assemblea può deliberare la ripartizione dei ristorni a ciascun socio anche mediante aumento proporzionale delle rispettive quote o con l'emissione di nuove azioni, in deroga a quanto previsto dall'art. 2525, ovvero mediante l'emissione di strumenti finanziari (c. 2525^4, 2535^3).

2545-*septies*. *Gruppo cooperativo paritetico*. — *1.* Il contratto con cui più cooperative appartenenti anche a categorie diverse regolano, anche in forma consortile, la direzione e il coordinamento delle rispettive imprese deve indicare:

1) la durata;

2) la cooperativa o le cooperative cui è attribuita direzione del gruppo, indicandone i relativi poteri;

3) l'eventuale partecipazione di altri enti pubblici e privati;

4) i criteri e le condizioni di adesione e di recesso dal contratto;

5) i criteri di compensazione e l'equilibrio nella distribuzione dei vantaggi derivanti dall'attività comune.

2. La cooperativa può recedere dal contratto senza che ad essa possano essere imposti oneri di alcun tipo qualora, per effetto dell'adesione al gruppo, le condizioni dello scambio risultino pregiudizievoli per i propri soci.

3. Le cooperative aderenti ad un gruppo so-

(1) Articolo così sostituito dall'art. 8, l. 31 gennaio 1992, n. 59, in *Leggi coll. XV, 2*. La remunerazione del capitale sociale non può in alcun caso essere superiore alla remunerazione dei prestiti sociali: art. 17.3, l. 19 marzo 1983, n. 72. Una quota degli utili di esercizio può essere destinata ad aumento gratuito del capitale: art. 7.1, l. n. 59/1992, in *Leggi coll. XV, 2*, di cui v. anche art. 11 sulla quota di utili da corrispondere ai fondi mutualistici.

(2) Le parole «La condizione» sono state così sostituite alle precedenti «Il divieto» dall'art. 30.1, lett. a, d.lg. 28 dicembre 2004, n. 310.

(3) Comma aggiunto dall'art. 30.1, lett. b, d.lg. 28 dicembre 2004, n. 310.

no tenute a depositare in forma scritta l'accordo di partecipazione presso l'albo delle società cooperative.

Sezione V. — *Delle modificazioni dell'atto costitutivo*

2545-*octies*. *Perdita della qualifica di cooperativa a mutualità prevalente*. — *1.* La cooperativa perde la qualifica di cooperativa a mutualità prevalente quando, per due esercizi consecutivi, non rispetti la condizione di prevalenza, di cui all'art. 2513, ovvero quando modifichi le previsioni statutarie di cui all'art. 2514.

2. In questo caso, sentito il parere del revisore esterno, ove presente, gli amministratori devono redigere un apposito bilancio, da notificarsi entro sessanta giorni dalla approvazione al Ministero delle attività produttive (1), al fine di determinare il valore effettivo dell'attivo patrimoniale da imputare alle riserve indivisibili. Il bilancio deve essere verificato senza rilievi da una società di revisione.

3. Qualora la cooperativa abbia perso la qualifica di cooperativa a mutualità prevalente per il mancato rispetto della condizione di prevalenza di cui all'art. 2513, l'obbligo di cui al secondo comma si applica soltanto nel caso in cui la cooperativa medesima modifichi le previsioni statutarie di cui all'art. 2514 o abbia emesso strumenti finanziari (2).

4. In tutti i casi di perdita della citata qualifica, la cooperativa è tenuta a segnalare espressamente tale condizione attraverso gli strumenti di comunicazione informatica previsti dall'art. 223-*sexiesdecies* delle disposizioni per l'attuazione del presente codice (2).

5. Lo stesso obbligo sussiste per la cooperativa nel caso in cui le risultanze contabili relative al primo anno successivo alla perdita della detta qualifica evidenzino il rientro nei parametri della mutualità prevalente (2).

6. In seguito alle predette segnalazioni, l'amministrazione presso la quale è tenuto l'albo delle società cooperative provvede alla variazione della sezione di iscrizione all'albo medesimo senza alcun ulteriore onere istruttorio (2).

7. L'omessa o ritardata comunicazione della perdita della qualifica di cooperativa a mutualità prevalente è segnalata all'amministrazione finanziaria e comporta l'applicazione della sanzione amministrativa della sospensione semestrale di ogni attività dell'ente, intesa come divieto di assumere nuove eventuali obbligazioni contrattuali (2).

2545-*novies*. *Modificazioni dell'atto costitutivo*. — *1.* Alle deliberazioni che importano modificazioni dell'atto costitutivo si applica l'art. 2436.

2. La fusione e la scissione di società cooperative sono disciplinate dal titolo V, capo X, sezione II e III.

2545-*decies*. *Trasformazione*. — *1.* Le società cooperative diverse da quelle a mutualità prevalente possono deliberare, con il voto favorevole di almeno la metà dei soci della cooperativa, la trasformazione in una società del tipo previsto dal titolo V, capi II, III, IV, V, VI e VII, o in consorzio.

2. Quando i soci sono meno di cinquanta, la deliberazione deve essere approvata con il voto favorevole dei due terzi di essi. Quando i soci sono più di diecimila, l'atto costitutivo può prevedere che la trasformazione sia deliberata con il voto favorevole dei due terzi dei votanti se all'assemblea sono presenti, personalmente o per delega, almeno il venti per cento dei soci.

3. All'esito della trasformazione gli strumenti finanziari con diritto di voto sono convertiti in partecipazioni ordinarie, conservando gli eventuali privilegi.

2545-*undecies*. *Devoluzione del patrimonio e bilancio di trasformazione*. — *1.* La deliberazione di trasformazione devolve il valore effettivo del patrimonio, dedotti il capitale versato e rivalutato e i dividendi non ancora distribuiti, eventualmente aumentato fino a concorrenza dell'ammontare minimo del capitale della nuova società, esistenti alla data di trasformazione, ai fondi mutualistici per la promozione e lo sviluppo della cooperazione.

2. Alla proposta di deliberazione di trasformazione gli amministratori allegano una relazione giurata di un esperto designato dal tribunale nel cui circondario ha sede la società cooperativa, attestante il valore effettivo del patrimonio dell'impresa.

3. L'assemblea non può procedere alla deliberazione di cui ai precedenti commi qualora la cooperativa non sia stata sottoposta a revisione da parte dell'autorità di vigilanza nell'anno precedente o, comunque, gli amministratori non ne abbiano fatto richiesta da almeno novanta giorni (3).

(1) Le parole «un apposito bilancio, da notificarsi entro sessanta giorni dalla approvazione al Ministero delle attività produttive,» sono state così sostituite alle precedenti «il bilancio» dall'art. 31, d.lg. 28 dicembre 2004, n. 310.
(2) Comma aggiunto dall'art. 10.8, l. 23 luglio 2009, n. 99.
(3) Comma aggiunto dall'art. 32, d.lg. 28 dicembre 2004, n. 310.

2545-*duodecies*. *Scioglimento*. — *1.* La società cooperativa si scioglie per le cause indicate ai nn. 1, 2, 3, 5, 6 e 7 dell'art. 2484, nonché per la perdita del capitale sociale.

2545-*terdecies*. *Insolvenza*. — *1.* In caso di insolvenza della società, l'autorità governativa alla quale spetta il controllo sulla società dispone la liquidazione coatta amministrativa. Le cooperative che svolgono attività commerciale sono soggette anche al fallimento.

2. La dichiarazione di fallimento preclude la liquidazione coatta amministrativa e il provvedimento di liquidazione coatta amministrativa preclude la dichiarazione di fallimento (1) (2).

Sezione VI. — *Dei controlli*

2545-*quaterdecies*. *Controllo sulle società cooperative*. — *1.* Le società cooperative sono sottoposte alle autorizzazioni, alla vigilanza e agli altri controlli sulla gestione previsti dalle leggi speciali (3).

2545-*quinquiesdecies*. *Controllo giudiziario*. — *1.* I fatti previsti dall'art. 2409 possono essere denunciati al tribunale dai soci che siano titolari del decimo del capitale sociale ovvero da un decimo del numero complessivo dei soci, e, nelle società cooperative che hanno più di tremila soci, da un ventesimo dei soci.

2. Il ricorso deve essere notificato a cura dei ricorrenti anche all'autorità di vigilanza.

3. Il tribunale, sentiti in camera di consiglio gli amministratori, i sindaci e l'autorità di vigilanza, dichiara improcedibile il ricorso se per i medesimi fatti sia stato già nominato un ispettore o un commissario dall'autorità di vigilanza.

4. L'autorità di vigilanza dispone la sospensione del procedimento dalla medesima iniziato se il tribunale per i medesimi fatti ha nominato un ispettore o un amministratore giudiziario.

2545-*sexiesdecies*. *Gestione commissariale*. — *1.* In caso di gravi irregolarità di funzionamento o fondati indizi di crisi (4) delle società cooperative, l'autorità di vigilanza (5) può revocare gli amministratori e i sindaci, e affidare la gestione della società ad un commissario, determinando i poteri e la durata. Ove l'importanza della società cooperativa lo richieda, l'autorità di vigilanza può nominare un vice commissario che collabora con il commissario e lo sostituisce in caso di impedimento.

2. Al commissario possono essere conferiti per determinati atti anche i poteri dell'assemblea, ma le relative deliberazioni non sono valide senza l'approvazione dell'autorità di vigilanza (5).

3. Se l'autorità di vigilanza accerta irregolarità nelle procedure di ammissione dei nuovi soci, può diffidare la società cooperativa e, qualora non si adegui, assumere i provvedimenti di cui al quarto comma (6).

4. Laddove vengano accertate una o più irregolarità suscettibili di specifico adempimento, l'autorità di vigilanza, previa diffida, può nominare un commissario, anche nella persona del legale rappresentante o di un componente dell'organo di controllo societario, che si sostituisce agli organi amministrativi dell'ente, limitatamente al compimento degli specifici adempimenti indicati (7) (8).

2545-*septiesdecies*. *Scioglimento per atto dell'autorità*. — *1.* L'autorità di vigilanza, con provvedimento da pubblicarsi nella *Gazzetta Ufficiale* e da iscriversi nel registro delle imprese, può sciogliere le società cooperative e gli enti mutualistici che non perseguono lo scopo mutualistico o non sono in condizione di raggiungere gli scopi per cui sono stati costituiti o che per due anni consecutivi non hanno depositato il bilancio di esercizio o non hanno compiuto atti di gestione.

2. Se vi è luogo a liquidazione, con lo stesso provvedimento sono nominati uno o più com-

(1) Sulla nuova procedura di liquidazione, v. l. 17 luglio 1975, n. 400.

(2) Per i criteri per la determinazione e liquidazione dei compensi spettanti ai commissari liquidatori e ai membri dei comitati di sorveglianza delle procedure di liquidazione coatta amministrativa ai sensi di questo articolo v. d.m. Sviluppo economico 3 novembre 2016, in G.U., 5 dicembre 2016, n. 284.

(3) V. d.lg.c.p.s. 14 dicembre 1947, n. 1577 e successive modificazioni, in *Leggi coll. XV, 1*. V. anche art. 15, l. n. 59/1992, in *Leggi coll. XV, 2*.

(4) Le parole «gravi irregolarità di funzionamento o fondati indizi di crisi» sono state così sostituite alle precedenti «irregolare funzionamento» dall'art. 1.236, lett. c, n. 1, l. 27 dicembre 2017, n. 205.

(5) Le parole «di vigilanza» sono state sostituite alla precedente «governativa» dall'art. 33, d.lg. 28 dicembre 2004, n. 310.

(6) Le parole «di cui al quarto comma» sono state così sostituite alle precedenti «di cui ai commi precedenti» dall'art. 1.236, lett. c, n. 2, l. 27 dicembre 2017, n. 205.

(7) Comma aggiunto dall'art. 1.236, lett. c, n. 3, l. 27 dicembre 2017, n. 205.

(8) Per i criteri per la determinazione e liquidazione dei compensi spettanti ai commissari governativi v. d.m. Sviluppo economico 13 marzo 2018, in G.U., 18 maggio 2018, n. 114.

missari liquidatori (1) (2).

2545-*octiesdecies*. *Sostituzione dei liquidatori*. — *1.* In caso di irregolarità o di eccessivo ritardo nello svolgimento della liquidazione ordinaria di una società cooperativa, l'autorità di vigilanza (3) può sostituire i 3liquidatori o, se questi sono stati nominati dall'autorità giudiziaria, può chiederne la sostituzione al tribunale.

2. Fatti salvi i casi di liquidazione per i quali è intervenuta la nomina di un liquidatore da parte dell'autorità giudiziaria, l'autorità di vigilanza dispone la pubblicazione nella *Gazzetta Ufficiale*, per la conseguente cancellazione dal registro delle imprese, dell'elenco delle società cooperative e degli enti mutualistici in liquidazione ordinaria che non hanno depositato i bilanci di esercizio relativi agli ultimi cinque anni.

3. Entro il termine perentorio di trenta giorni dalla pubblicazione i creditori e gli altri interessati possono presentare all'autorità governativa formale e motivata domanda intesa a consentire la prosecuzione della liquidazione. Trascorso il suddetto termine, a seguito di comunicazione da parte dell'autorità di vigilanza, il conservatore del registro delle imprese territorialmente competente provvede alla cancellazione della società cooperativa o dell'ente mutualistico dal registro medesimo (4).

CAPO II

DELLE MUTUE ASSICURATRICI

2546. *Nozione*. — *1.* Nella società di mutua assicurazione le obbligazioni sono garantite dal patrimonio sociale.

2. I soci sono tenuti al pagamento dei contributi fissi o variabili, entro il limite massimo determinato dall'atto costitutivo.

3. Nelle mutue assicuratrici non si può acquistare la qualità di socio, se non assicurandosi presso la società, e si perde la qualità di socio con l'estinguersi dell'assicurazione, salvo quanto disposto dall'art. 2548.

2547. *Norme applicabili*. — *1.* Le società di mutua assicurazione sono soggette alle autorizzazioni, alla vigilanza e agli altri controlli stabiliti dalle leggi speciali sull'esercizio dell'assicurazione, e sono regolate dalle norme stabilite per le società cooperative, in quanto compatibili con la loro natura.

2548. *Conferimenti per la costituzione di fondi di garanzia*. — *1.* L'atto costitutivo può prevedere la costituzione di fondi di garanzia per il pagamento delle indennità, mediante speciali conferimenti da parte di assicurati o di terzi, attribuendo anche a questi ultimi la qualità di socio.

2. L'atto costitutivo può attribuire a ciascuno dei soci sovventori più voti, ma non oltre cinque, in relazione all'ammontare del conferimento (5).

3. I voti attribuiti ai soci sovventori, come tali, devono in ogni caso essere inferiori al numero dei voti spettanti ai soci assicurati.

4. I soci sovventori possono essere nominati amministratori. La maggioranza degli amministratori deve essere costituita da soci assicurati (c. 2546[3]).

TITOLO VII

Dell'associazione in partecipazione

2549. *Nozione*. — *1.* Con il contratto di associazione in partecipazione (att. c. 219) l'associante attribuisce all'associato una partecipazione agli utili (c. 2553) della sua impresa o di uno o più affari verso il corrispettivo di un determinato apporto (c. 1350 n. 9).

2. Nel caso in cui l'associato sia una persona fisica l'apporto di cui al primo comma non può consistere, nemmeno in parte, in una prestazione di lavoro (6).

(1) Non si procede alla nomina del commissario liquidatore laddove il totale dell'attivo patrimoniale, purché composto solo da poste di natura mobiliare, dell'ultimo bilancio approvato dagli organi sociali risulti inferiore ad euro 25.000,00: d.m. Sviluppo economico 17 gennaio 2007, in G.U., 6 aprile 2007, n. 81.

(2) Per i criteri per la determinazione e liquidazione dei compensi spettanti ai commissari liquidatori e ai membri dei comitati di sorveglianza delle procedure di liquidazione coatta amministrativa ai sensi di questo articolo v. d.m. Sviluppo economico 3 novembre 2016, in G.U., 5 dicembre 2016, n. 284.

(3) Le parole «di vigilanza» sono state sostituite alla precedente «governativa» dall'art. 34, d.lg. 28 dicembre 2004, n. 310.

(4) Per la semplificazione del procedimento per la sostituzione del liquidatore ordinario delle società cooperative v. d.p.r. 19 dicembre 2000, n. 449.

(5) Per l'applicazione alle società cooperative v. art. 4, l. 31 gennaio 1992, n. 59, in *Leggi coll. XV, 2.*

(6) Comma aggiunto dall'art. 1.28, l. 28 giugno 2012, n. 92, e successivamente così sostituito dall'art. 53.1, lett. a, d.lg. 15 giugno 2015, n. 81. L'art. 53.2, d.lg. cit., così dispone: «I contratti di associazione in partecipazione in atto alla data di entrata in vigore del presente decreto, nei quali l'apporto dell'associato persona fisica consiste, in tutto o in parte, in una prestazione di lavoro, sono fatti salvi fino alla loro cessazione».

.... (1).

2550. *Pluralità di associazioni.* — *1.* Salvo patto contrario, l'associante non può attribuire partecipazioni per la stessa impresa o per lo stesso affare ad altre persone senza il consenso dei precedenti associati.

2551. *Diritti ed obbligazioni dei terzi.* — *1.* I terzi acquistano diritti e assumono obbligazioni soltanto verso l'associante (c. 2554).

2552. *Diritti dell'associante e dell'associato.* — *1.* La gestione dell'impresa o dell'affare spetta all'associante.

2. Il contratto può determinare quale controllo possa esercitare l'associato sull'impresa o sullo svolgimento dell'affare per cui l'associazione è stata contratta.

3. In ogni caso l'associato ha diritto al rendiconto dell'affare compiuto, o a quello annuale della gestione se questa si protrae per più di un anno (c. 2554) (2).

2553. *Divisione degli utili e delle perdite.* — *1.* Salvo patto contrario, l'associato partecipa alle perdite nella stessa misura in cui partecipa agli utili, ma le perdite che colpiscono l'associato non possono superare il valore del suo apporto.

2554. *Partecipazione agli utili e alle perdite.* — *1.* Le disposizioni degli artt. 2551 e 2552 si applicano anche al contratto di cointeressenza agli utili di un'impresa senza partecipazione alle perdite, e al contratto con il quale un contraente attribuisce la partecipazione agli utili e alle perdite della sua impresa, senza il corrispettivo di un determinato apporto.

2. Per le partecipazioni agli utili attribuite ai prestatori di lavoro resta salva la disposizione dell'art. 2102.

TITOLO VIII

Dell'azienda

CAPO I

Disposizioni generali

2555. *Nozione.* — *1.* L'azienda è il complesso dei beni organizzati dall'imprenditore (c. 2082) per l'esercizio dell'impresa (c. 177[1, lett. d], 178, 365).

2556. *Imprese soggette a registrazione.* — *1.* Per le imprese soggette a registrazione (c. 2195, 2200) i contratti che hanno per oggetto il trasferimento della proprietà o il godimento dell'azienda devono essere provati per iscritto (c. 2725), salva l'osservanza delle forme stabilite dalla legge per il trasferimento dei singoli beni che compongono l'azienda (c. 1350) o per la particolare natura del contratto (c. 162, 782, 1543).

2. I contratti di cui al primo comma, in forma pubblica o per scrittura privata autenticata, devono essere depositati per l'iscrizione nel registro delle imprese, nel termine di trenta giorni, a cura del notaio rogante o autenticante (c. 2193, 2194) (3).

2557. *Divieto di concorrenza.* — *1.* Chi aliena l'azienda deve astenersi, per il periodo di cinque anni dal trasferimento, dall'iniziare una nuova impresa che per l'oggetto, l'ubicazione o altre circostanze sia idonea a sviare la clientela dell'azienda ceduta (c. 2125, *2229* ss., 2596).

2. Il patto di astenersi dalla concorrenza in limiti più ampi di quelli previsti dal comma precedente è valido, purché non impedisca ogni attività professionale dell'alienante. Esso non può eccedere la durata di cinque anni dal trasferimento (c. 2596[1]).

3. Se nel patto è indicata una durata maggiore o la durata non è stabilita, il divieto di concorrenza vale per il periodo di cinque anni dal trasferimento (c. 2125[2], 2596[2]).

4. Nel caso di usufrutto (c. 2561) o di affitto (c. 2562) dell'azienda il divieto di concorrenza disposto dal primo comma vale nei confronti del proprietario o del locatore per la durata dell'usufrutto o dell'affitto.

5. Le disposizioni di questo articolo si applicano alle aziende agricole solo per le attività ad esse connesse (c. 2135[2]), quando rispetto a queste sia possibile uno sviamento di clientela.

2558. *Successione nei contratti.* — *1.* Se non è pattuito diversamente, l'acquirente dell'azienda subentra nei contratti (c. 1406) stipulati per l'esercizio dell'azienda stessa che non abbiano

(1) Comma aggiunto dall'art. 1.28, l. 28 giugno 2012, n. 92, e successivamente abrogato dall'art. 53.1, lett. b, d.lg. 15 giugno 2015, n. 81.

(2) L'art. 1.30, l. 28 giugno 2012, n. 92, così dispone: «I rapporti di associazione in partecipazione con apporto di lavoro instaurati o attuati senza che vi sia stata un'effettiva partecipazione dell'associato agli utili dell'impresa o dell'affare, ovvero senza consegna del rendiconto previsto dall'art. 2552 del codice civile, si presumono, salva prova contraria, rapporti di lavoro subordinato a tempo indeterminato. La predetta presunzione si applica, altresì, qualora l'apporto di lavoro non presenti i requisiti di cui all'art. 69-*bis*, comma 2, lett. *a*), del d.lg. 10 settembre 2003, n. 276, introdotto dal comma 26 del presente articolo».

(3) Comma così sostituito dall'art. 6.1, l. 12 agosto 1993, n. 310. Sull'obbligo di comunicazione al questore dei notai in relazione al trasferimento di esercizi commerciali v. art. 7, legge ora cit.

carattere personale (c. 2112, 2610; l. aut. 132) (1).

2. Il terzo contraente può tuttavia recedere dal contratto (c. 1373) entro tre mesi dalla notizia del trasferimento, se sussiste una giusta causa, salvo in questo caso la responsabilità dell'alienante.

3. Le stesse disposizioni si applicano anche nei confronti dell'usufruttuario e dell'affittuario per la durata dell'usufrutto e dell'affitto (c. 2561, 2562).

2559. *Crediti relativi all'azienda ceduta. — 1.* La cessione dei crediti relativi all'azienda ceduta, anche in mancanza di notifica al debitore o di sua accettazione (c. 1264, 1265), ha effetto, nei confronti dei terzi, dal momento dell'iscrizione del trasferimento nel registro delle imprese. Tuttavia il debitore ceduto è liberato se paga in buona fede all'alienante.

2. Le stesse disposizioni si applicano anche nel caso di usufrutto dell'azienda (c. 2561), se esso si estende ai crediti relativi alla medesima.

2560. *Debiti relativi all'azienda ceduta. — 1.* L'alienante non è liberato dai debiti, inerenti all'esercizio dell'azienda ceduta, anteriori al trasferimento, se non risulta che i creditori vi hanno consentito (2).

2. Nel trasferimento di un'azienda commerciale risponde dei debiti suddetti anche l'acquirente dell'azienda, se essi risultano dai libri contabili obbligatori (c. 2112^2, 2214; att. c. 220).

2561. *Usufrutto dell'azienda. — 1.* L'usufruttuario dell'azienda deve esercitarla sotto la ditta che la contraddistingue (c. 2563 ss.).

2. Egli deve gestire l'azienda senza modificarne la destinazione (c. 981) e in modo da conservare l'efficienza dell'organizzazione e degli impianti (c. 997) e le normali dotazioni di scorte (c. 998).

3. Se non adempie a tale obbligo o cessa arbitrariamente dalla gestione dell'azienda, si applica l'art. 1015.

4. La differenza tra le consistenze d'inventario all'inizio e al termine dell'usufrutto è regolata in danaro, sulla base dei valori correnti al termine dell'usufrutto (c. 2112^4).

2562. *Affitto dell'azienda. — 1.* Le disposizioni dell'articolo precedente si applicano anche nel caso di affitto dell'azienda (c. 2112^4) (3).

CAPO II

DELLA DITTA E DELL'INSEGNA

2563. *Ditta. — 1.* L'imprenditore (c. 2082) ha diritto all'uso esclusivo della ditta da lui prescelta (4).

2. La ditta, comunque sia formata, deve contenere almeno il cognome o la sigla dell'imprenditore, salvo quanto è disposto dall'art. 2565 (c. 2566; att. c. 221).

2564. *Modificazione della ditta. — 1.* Quando la ditta è uguale o simile a quella usata da altro imprenditore e può creare confusione (c. 2598 n. 1) per l'oggetto dell'impresa e per il luogo in cui questa è esercitata, deve essere integrata o modificata con indicazioni idonee a differenziarla (c. 2567^2, 2568).

2. Per le imprese commerciali (c. 2195) l'obbligo dell'integrazione o modificazione spetta a chi ha iscritto la propria ditta nel registro delle imprese in epoca posteriore (5).

2565. *Trasferimento della ditta. — 1.* La ditta non può essere trasferita separatamente dall'azienda (c. 2573).

2. Nel trasferimento dell'azienda per atto tra vivi (c. 2556) la ditta non passa all'acquirente senza il consenso dell'alienante (c. *2573*^{2}).

3. Nella successione nell'azienda per causa di morte la ditta si trasmette al successore, salvo diversa disposizione testamentaria (c. 2292^2).

2566. *Registrazione della ditta. — 1.* Per le imprese commerciali (c. 2195), l'ufficio del registro delle imprese deve rifiutare l'iscrizione della ditta (c. 2189, 2192), se questa non è conforme a quanto è prescritto dal secondo comma dell'art. 2563 o, trattandosi di ditta derivata (c. 2565), se non è depositata copia dell'atto in base al quale ha avuto luogo la successione nell'azienda.

(1) Per i contratti di locazione immobiliare, v. art. 36, l. 27 luglio 1978, n. 392, in *Leggi coll. VI, 1*. Per la disciplina in caso di cessione a banche v. art. 58, d.lg. 1° settembre 1993, n. 385, in *Leggi coll. XVII, 1*.

(2) Per la disapplicazione della norma in caso di cessioni di aziende o di rami di aziende effettuate in attuazione di programmi di imprese in amministrazione straordinaria, v. art. 3.1, d.l. 9 dicembre 1986, n. 835, conv. in l. 6 febbraio 1987, n. 19.

(3) Sul diritto di prelazione dell'affittuario di aziende appartenenti ad imprese assoggettate a fallimento, concordato preventivo per cessione dei beni, liquidazione coatta amministrativa e amministrazione straordinaria v. art. 3.4, l. 23 luglio 1991, n. 223.

(4) V. artt. 8-10 Convenzione di Parigi per la protezione della proprietà industriale, firmata il 20 marzo 1883, e più volte modificata.

(5) V. art. 28.6, d.p.r. 7 dicembre 1995, n. 581.

2567. *Società.* — *1.* La ragione sociale e la denominazione delle società sono regolate dai titoli V e VI di questo libro (c. 2292, 2314, 2326, 2453, 2463, 2515).

2. Tuttavia si applicano anche ad esse le disposizioni dell'art. 2564.

2568. *Insegna.* — *1.* Le disposizioni del primo comma dell'art. 2564 si applicano all'insegna.

CAPO III

DEL MARCHIO (1)

2569. *Diritto di esclusività.* — *1.* Chi ha registrato nelle forme stabilite dalla legge (c.p.i. 118 ss.) un nuovo marchio (c.p.i. 12) idoneo a distinguere prodotti o servizi ha diritto di valersene in modo esclusivo (c.p.i. 20) per i prodotti o servizi per i quali è stato registrato (2).

2. In mancanza di registrazione il marchio è tutelato a norma dell'art. 2571.

2570. *Marchi collettivi.* — *1.* I soggetti che svolgono la funzione di garantire l'origine, la natura o la qualità di determinati prodotti o servizi possono ottenere la registrazione di marchi collettivi per concederne l'uso, secondo le norme dei rispettivi regolamenti, a produttori o commercianti (c.p.i. 11) (3).

2571. *Preuso.* — *1.* Chi ha fatto uso di un marchio non registrato ha la facoltà di continuare ad usarne, nonostante la registrazione da altri ottenuta, nei limiti in cui anteriormente se ne è valso (c. 2569^{2}; c.p.i. $12^{1, \text{lett. } b}$).

2572. *Divieto di soppressione del marchio.* — *1.* Il rivenditore può apporre il proprio marchio ai prodotti che mette in vendita, ma non può sopprimere il marchio del produttore (c.p.i. 20^{3}).

2573. *Trasferimento del marchio.* — *1.* Il marchio può essere trasferito o concesso in licenza per la totalità o per una parte dei prodotti o servizi per i quali è stato registrato, purché in ogni caso dal trasferimento o dalla licenza non derivi inganno in quei caratteri dei prodotti o servizi che sono essenziali nell'apprezzamento del pubblico (c.p.i. 23) (4).

2. Quando il marchio è costituito da un segno figurativo, da una denominazione di fantasia o da una ditta derivata (c. 2565), si presume che il diritto all'uso esclusivo di esso sia trasferito insieme con l'azienda.

2574. *Leggi speciali.* — *1.* Le condizioni per la registrazione dei marchi e degli atti di trasferimento dei medesimi, nonché gli effetti della registrazione sono stabiliti dalle leggi speciali.

TITOLO IX

Dei diritti sulle opere dell'ingegno e sulle invenzioni industriali (5)

CAPO I

DEL DIRITTO DI AUTORE SULLE OPERE DELL'INGEGNO LETTERARIE E ARTISTICHE

2575. *Oggetto del diritto.* — *1.* Formano oggetto del diritto di autore le opere dell'ingegno di carattere creativo che appartengono alle scienze, alla letteratura, alla musica, alle arti figurative, all'architettura, al teatro e alla cinematografia (6), qualunque ne sia il modo o la forma di espressione (l. aut. 1) (7).

2576. *Acquisto del diritto.* — *1.* Il titolo originario dell'acquisto del diritto di autore è costituito dalla creazione dell'opera, quale particolare espressione del lavoro intellettuale (l. aut. 6).

2577. *Contenuto del diritto.* — *1.* L'autore ha il diritto esclusivo di pubblicare l'opera e di utilizzarla economicamente in ogni forma e modo, nei limiti e per gli effetti fissati dalla legge (c. 2581; l. aut. 12-19).

2. L'autore, anche dopo la cessione dei diritti previsti dal comma precedente (c. 2581), può

(1) Sulla tutela penale v. art. 473 ss. p.
(2) Comma così sostituito dall'art. 81, d.lg. 4 dicembre 1992, n. 480.
(3) Articolo così sostituito dall'art. 82, d.lg. n. 480/1992.
(4) Comma così sostituito dall'art. 83, d.lg. n. 480/1992.
(5) Per l'individuazione del diritto applicabile v. art. 54, l. 31 maggio 1995, n. 218, in *Leggi coll. I, 1.* Sulla istituzione di Sezioni specializzate in materia di proprietà industriale ed intellettuale v. d.lg. 27 giugno 2003, n. 168.
(6) Sulla tutela penale v. art. 171 ss., l. 22 aprile 1941, n. 633, in *Leggi coll. XIX, 1.*
(7) V. la Convenzione di Unione di Berna, entrata in vigore il 5 dicembre 1887, più volte modificata, riveduta da ultimo con atto firmato a Parigi il 24 luglio 1971 (l. 20 giugno 1978, n. 399), in vigore dal 14 novembre 1979; la Convenzione universale sul diritto d'autore, riveduta a Parigi il 24 luglio 1971 (l. 16 maggio 1977, n. 306) in vigore dal 25 gennaio 1980, con l'integrazione di cui alla l. 31 marzo 1983, n. 102; la Convenzione internazionale firmata a Roma il 26 ottobre 1961 (l. 22 novembre 1973, n. 866), in vigore dall'8 aprile 1975; v. anche l. 28 aprile 1976, n. 424, di ratifica ed esecuzione di accordi internazionali in materia di proprietà intellettuale, entrati in vigore il 20 e 24 aprile 1977.

rivendicare la paternità dell'opera (c. 2589) e può opporsi a qualsiasi deformazione, mutilazione o altra modificazione (1) dell'opera stessa, che possa essere di pregiudizio al suo onore o alla sua reputazione (c. 2579[2], 2582; l. aut. 20).

2578. *Progetti di lavori.* — *1.* All'autore di progetti di lavori di ingegneria o di altri lavori analoghi che costituiscono soluzioni originali di problemi tecnici, compete, oltre il diritto esclusivo di riproduzione dei piani e disegni dei progetti medesimi, il diritto di ottenere un equo compenso da coloro che eseguono il progetto tecnico a scopo di lucro senza il suo consenso (l. aut. 99) (2).

2579. *Interpreti ed esecutori.* — *1.* Agli artisti attori o interpreti di opere o composizioni drammatiche o letterarie, e agli artisti esecutori di opere o composizioni musicali, anche se le opere o composizioni sovraindicate sono in dominio pubblico, compete, nei limiti, per gli effetti e con le modalità fissati dalle leggi speciali, indipendentemente dall'eventuale retribuzione loro spettante per la recitazione, rappresentazione od esecuzione, il diritto ad un equo compenso nei confronti di chiunque diffonda o trasmetta per radio, telefono od altro apparecchio equivalente, ovvero incida, registri o comunque riproduca su dischi fonografici, pellicola cinematografica od altro apparecchio equivalente la suddetta recitazione, rappresentazione od esecuzione (l. aut. 80).

2. Gli artisti attori od interpreti e gli artisti esecutori hanno diritto di opporsi alla diffusione, trasmissione o riproduzione della loro recitazione, rappresentazione od esecuzione che possa essere di pregiudizio al loro onore o alla loro reputazione (c. 2577[2], 2582; l. aut. 81).

2580. *Soggetti del diritto.* — *1.* Il diritto di autore spetta all'autore ed ai suoi aventi causa nei limiti e per gli effetti fissati dalle leggi speciali (l. aut. 108) (3).

2581. *Trasferimento dei diritti di utilizzazione.* — *1.* I diritti di utilizzazione sono trasferibili (c. 2577[2]; l. aut. 107).

2. Il trasferimento per atto tra vivi deve essere provato per iscritto (c. 2725; l. aut. 110).

2582. *Ritiro dell'opera dal commercio.* — *1.* L'autore, qualora concorrano gravi ragioni morali, ha diritto di ritirare l'opera dal commercio, salvo l'obbligo di indennizzare coloro che hanno acquistato i diritti di riprodurre, diffondere, eseguire, rappresentare o mettere in commercio l'opera medesima.

2. Questo diritto è personale e intrasmissibile (l. aut. 142).

2583. *Leggi speciali.* — *1.* L'esercizio dei diritti contemplati in questo capo e la loro durata sono regolati dalle leggi speciali (4).

CAPO II

Del diritto di brevetto per invenzioni industriali (5)

2584. *Diritto di esclusività.* — *1.* Chi ha ottenuto un brevetto per un'invenzione industriale (c.p.i. 118 ss.) ha il diritto esclusivo di attuare l'invenzione e di disporne entro i limiti e alle condizioni stabilite dalla legge (c. 2589; c.p.i. 64[3], 141 ss.).

2. Il diritto si estende anche al commercio del prodotto a cui l'invenzione si riferisce (c.p.i. 66) (6).

2585. *Oggetto del brevetto.* — *1.* Possono costituire oggetto di brevetto le nuove invenzioni (c.p.i. 45, 46, 47) atte ad avere un'applicazione industriale (c.p.i. 49), quali un metodo o un processo di lavorazione industriale, una macchina, uno strumento, un utensile o un dispositivo meccanico, un prodotto o un risultato industriale e l'applicazione tecnica di un principio scientifico, purché essa dia immediati risultati industriali.

2. In quest'ultimo caso il brevetto è limitato ai soli risultati indicati dall'inventore.

2586. *Brevetto per nuovi metodi o processi di fabbricazione.* — *1.* Il brevetto concernente un

(1) Per il diritto di opporsi altresì «ad ogni atto a danno dell'opera» v. art. 20.1, l. 22 aprile 1941, n. 633, come sostituito dall'art. 2, d.p.r. 8 gennaio 1979, n. 19, in *Leggi coll. XIX, 1.*

(2) Per la proprietà dell'opera e dei progetti del perito agrario v. d.m. 15 maggio 1993, n. 372.

(3) Seguiva un secondo comma, abrogato dall'art. 12, l. 8 marzo 1975, n. 39.

(4) L. 22 aprile 1941, n. 633, in *Leggi coll. XIX, 1.*

(5) Sulla tutela penale v. art. 473 ss. p.

(6) V. la Convenzione di Parigi per la protezione della proprietà industriale, firmata il 20 marzo 1883, e più volte modificata; l'atto di revisione della Convenzione sul rilascio del brevetto europeo fatto a Monaco il 29 novembre 2000 (l. 29 novembre 2007, n. 224), in vigore dal 13 dicembre 2007; la Convenzione sull'unificazione di alcuni principi della legislazione sui brevetti di invenzione, adottata a Strasburgo il 27 novembre 1973 (l. 26 maggio 1978, n. 260), in vigore dal 18 maggio 1981; il trattato di cooperazione in materia di brevetti, firmato a Washington il 19 giugno 1970 (l. 26 maggio 1978, n. 260), in vigore dal 28 marzo 1985; la ratifica ed esecuzione del Protocollo sui privilegi e le immunità del tribunale unificato dei brevetti, fatto a Bruxelles il 29 giugno 2016 (l. 4 dicembre 2017, n. 201).

nuovo metodo o processo di fabbricazione industriale ne attribuisce al titolare l'uso esclusivo (c.p.i. 67).

2. .... (1).

2587. *Brevetto dipendente da brevetto altrui.* — *1.* Il brevetto per invenzione industriale, la cui attuazione implica quella d'invenzioni protette da precedenti brevetti per invenzioni industriali ancora in vigore, non pregiudica i diritti dei titolari di questi ultimi, e non può essere attuato né utilizzato senza il consenso di essi.

2. Sono salve le disposizioni delle leggi speciali (c.p.i. 68²).

2588. *Soggetti del diritto.* — *1.* Il diritto di brevetto spetta all'autore dell'invenzione e ai suoi aventi causa (c. 2594; c.p.i. 62, 63²).

2589. *Trasferibilità.* — *1.* I diritti nascenti dalle invenzioni industriali, tranne il diritto di esserne riconosciuto autore, sono trasferibili (c. 2594; c.p.i. 62, 63¹).

2590. *Invenzione del prestatore di lavoro.* — *1.* Il prestatore di lavoro ha diritto di essere riconosciuto autore dell'invenzione fatta nello svolgimento del rapporto di lavoro.

2. I diritti e gli obblighi delle parti relativi all'invenzione sono regolati dalle leggi speciali (c. 2594; c.p.i. 64).

2591. *Rinvio alle leggi speciali.* — *1.* Le condizioni e le modalità per la concessione del brevetto, l'esercizio dei diritti che ne derivano e la loro durata sono regolati dalle leggi speciali.

CAPO III

Del diritto di brevetto per modelli di utilità e di registrazione per disegni e modelli (2)

2592. *Modelli di utilità.* — *1.* Chi, in conformità della legge, ha ottenuto un brevetto per un'invenzione atta a conferire a macchine o parti di esse, strumenti, utensili od oggetti particolare efficacia o comodità di applicazione o di impiego, ha il diritto esclusivo di attuare l'invenzione, di disporne e di fare commercio dei prodotti a cui si riferisce (c. 2589).

2. Il brevetto per le macchine nel loro complesso non comprende la protezione delle singole parti.

2593. *Modelli e disegni.* — *1.* Chi ha ottenuto una registrazione per un nuovo disegno o modello che abbia carattere individuale, ha il diritto esclusivo di utilizzarlo e di vietare a terzi di utilizzarlo senza il suo consenso, in conformità alle leggi speciali (3).

2594. *Norme applicabili.* — *1.* Ai diritti di brevetto e di registrazioni contemplati in questo capo, si applicano gli artt. 2588, 2589 e 2590. Le condizioni e le modalità per la concessione del brevetto e della registrazione, l'esercizio dei diritti che ne derivano e la loro durata sono regolati dalle leggi speciali (4).

TITOLO X

Della disciplina della concorrenza e dei consorzi

CAPO I

Della disciplina della concorrenza

Sezione I. — *Disposizioni generali*

2595. *Limiti legali della concorrenza.* — *1.* La concorrenza deve svolgersi in modo da non ledere gli interessi dell'economia nazionale e nei limiti stabiliti dalla legge (c. 2596, 2598 ss.) (5) e dalle norme corporative (6).

2596. *Limiti contrattuali della concorrenza.* — *1.* Il patto che limita la concorrenza (c. 1341²) deve essere provato per iscritto (c. 2725). Esso è valido se circoscritto ad una determinata zona o ad una determinata attività, e non può eccedere la durata di cinque anni (c. 2125, 2557).

2. Se la durata del patto non è determinata o è stabilita per un periodo superiore a cinque anni, il patto è valido per la durata di un quinquennio (att. c. 222).

(1) Il secondo comma è stato abrogato dall'art. 13.1, d.lg. 19 marzo 1996, n. 198.
(2) Rubrica così sostituita dall'art. 21.1, d.lg. 2 febbraio 2001, n. 95.
(3) Articolo così sostituito dall'art. 21.2, d.lg. 2 febbraio 2001, n. 95.
(4) Articolo così sostituito dall'art. 21.3, d.lg. 2 febbraio 2001, n. 95.
(5) Sul divieto di accordi, decisioni e pratiche che alterano il gioco della concorrenza all'interno del mercato comune, v. art. 85 trattato istitutivo della CEE, reso esecutivo con l. 14 ottobre 1957, n. 1203; artt. 65-66 del trattato istitutivo della CECA, reso esecutivo con l. 25 giugno 1952, n. 766. V. l. 10 ottobre 1990, n. 287, in *Leggi coll. XXI, 1.*
Per le procedure istruttorie dell'Autorità garante della concorrenza, v. d.p.r. 11 luglio 2003, n. 284.
(6) V. nota 1 all'art. 1 prel.

2597. *Obbligo di contrattare nel caso di monopolio.* — *1.* Chi esercita un'impresa (c. 2082) in condizione di monopolio legale ha l'obbligo di contrattare (c. 2932) (1) con chiunque richieda le prestazioni che formano oggetto dell'impresa, osservando la parità di trattamento (c. 1679[3]) (2).

Sezione II. — *Della concorrenza sleale*

2598. *Atti di concorrenza sleale.* — *1.* Ferme le disposizioni che concernono la tutela dei segni distintivi (c. 2563 ss., 2569 ss.) e dei diritti di brevetto (c. 2584 ss., 2592 ss.), compie atti di concorrenza sleale chiunque:

1) usa nomi o segni distintivi idonei a produrre confusione con i nomi o con i segni distintivi legittimamente usati da altri, o imita servilmente i prodotti di un concorrente, o compie con qualsiasi altro mezzo atti idonei a creare confusione con i prodotti e con l'attività di un concorrente (l. aut. 102);

2) diffonde notizie e apprezzamenti sui prodotti e sull'attività di un concorrente, idonei a determinarne il discredito, o si appropria di pregi dei prodotti o dell'impresa di un concorrente;

3) si vale direttamente o indirettamente di ogni altro mezzo non conforme ai princìpi della correttezza professionale e idoneo a danneggiare l'altrui azienda (c.p.i. 98, 99) (3).

2599. *Sanzioni.* — *1.* La sentenza che accerta atti di concorrenza sleale ne inibisce la continuazione e dà gli opportuni provvedimenti affinché ne vengano eliminati gli effetti.

2600. *Risarcimento del danno.* — *1.* Se gli atti di concorrenza sleale sono compiuti con dolo o con colpa, l'autore è tenuto al risarcimento dei danni (c. 2043).

2. In tale ipotesi può essere ordinata la pubblicazione della sentenza (p.c. 120).

3. Accertati gli atti di concorrenza, la colpa si presume.

2601. *Azione delle associazioni professionali.* — *1.* Quando gli atti di concorrenza sleale pregiudicano gli interessi di una categoria professionale, l'azione per la repressione della concorrenza sleale può essere promossa anche dalle associazioni professionali e dagli enti che rappresentano la categoria (4).

CAPO II (5)

Dei consorzi per il coordinamento della produzione e degli scambi (6)

Sezione I. — *Disposizioni generali*

2602. *Nozione e norme applicabili.* — *1.* Con il contratto di consorzio (att. c. 223) (7) più imprenditori istituiscono un'organizzazione comune per la disciplina o per lo svolgimento di determinate fasi delle rispettive imprese.

2. Il contratto di cui al precedente comma è regolato dalle norme seguenti, salve le diverse disposizioni delle leggi speciali (8).

2603. *Forma e contenuto del contratto.* — *1.* Il contratto deve essere fatto per iscritto sotto pena di nullità (c. 1350, 1418 ss.).

2. Esso deve indicare:

1) l'oggetto e la durata (c. 2604) del consorzio;

(1) Dispone l'art. 187, r.d. 6 maggio 1940, n. 635, che detta il regolamento esecutivo del t.u. della legge di pubblica sicurezza, che «gli esercenti non possono, senza un legittimo motivo, rifiutare le prestazioni del proprio esercizio a chiunque le domandi e ne corrisponda il prezzo».

(2) Sul divieto di sfruttamento abusivo di una posizione dominante nel mercato comune v. art. 86 trattato istitutivo della CEE, reso esecutivo con l. 14 ottobre 1957, n. 1203; v. anche l. 10 ottobre 1990, n. 287, in *Leggi coll. XXI, 1*.

(3) V. art. 10-*bis* della Convenzione d'Unione di Parigi firmata il 20 marzo 1883, nel testo modificato a Lisbona il 31 ottobre 1958.

(4) Cfr. d.lg.lgt. 23 novembre 1944, n. 369. L'art. 2.8, l. 29 dicembre 1993, n. 580, come sostituito dall'art. 1.2, d.lg. 15 febbraio 2010, n. 23, dispone che le camere di commercio possono «promuovere l'azione per la repressione della concorrenza sleale ai sensi dell'art. 2601 del codice civile».

(5) Le norme di questo capo non si applicano alle società consortili per azioni costituite per agevolare il risanamento delle imprese: art. 1.5, l. 5 dicembre 1978, n. 787.

(6) Sul consorzio tra società cooperative v. art. 5, l. 17 febbraio 1971, n. 127; sulle associazioni dei produttori agricoli e relative unioni v. l. 20 ottobre 1978, n. 674; sui consorzi agrari v. l. 28 ottobre 1999, n. 410, abrogata «ad eccezione dell'art. 2, dell'art. 5, commi 2, 3, 5 e 6, e dell'art. 6»: v. art. 1.9-*bis*, d.l. 18 maggio 2006, n. 181, conv. in l. 17 luglio 2006, n. 233.

(7) Sulle provvidenze a favore dei consorzi e delle società consortili tra piccole e medie imprese, nonché delle società consortili miste, v. l. 21 maggio 1981, n. 240 e l. 5 ottobre 1991, n. 317.

(8) Articolo così sostituito dall'art. 1, l. 10 maggio 1976, n. 377.

Per il gruppo europeo di interesse economico (GEIE) v. d.lg. 23 luglio 1991, n. 240, di applicazione del regolamento n. 85/2137/CEE.

2) la sede dell'ufficio eventualmente costituito;

3) gli obblighi assunti e i contributi dovuti dai consorziati;

4) le attribuzioni e i poteri degli organi consortili anche in ordine alla rappresentanza in giudizio;

5) le condizioni di ammissione di nuovi consorziati;

6) i casi di recesso e di esclusione;

7) le sanzioni per l'inadempimento degli obblighi dei consorziati.

3. Se il consorzio ha per oggetto il contingentamento della produzione o degli scambi, il contratto deve inoltre stabilire le quote dei singoli consorziati o i criteri per la determinazione di esse.

4. Se l'atto costitutivo deferisce la risoluzione di questioni relative alla determinazione delle quote ad una o più persone, le decisioni di queste possono essere impugnate innanzi all'autorità giudiziaria, se sono manifestamente inique od erronee, entro trenta giorni dalla notizia (c. 1349, 2264, 2964 ss.).

2604. *Durata del consorzio*. — *1.* In mancanza di determinazione della durata del contratto, questo è valido per dieci anni (1).

2605. *Controllo sull'attività dei singoli consorziati*. — *1.* I consorziati devono consentire i controlli e le ispezioni da parte degli organi previsti dal contratto, al fine di accertare l'esatto adempimento delle obbligazioni assunte.

2606. *Deliberazioni consortili*. — *1.* Se il contratto non dispone diversamente, le deliberazioni relative all'attuazione dell'oggetto del consorzio sono prese col voto favorevole della maggioranza dei consorziati (c. 2607, 2611 nn. 3, 4).

2. Le deliberazioni che non sono prese in conformità alle disposizioni di questo articolo o a quelle del contratto possono essere impugnate davanti all'autorità giudiziaria entro trenta giorni (c. 2964 ss.). Per i consorziati assenti il termine decorre dalla comunicazione o, se si tratta di deliberazione soggetta ad iscrizione, dalla data di questa.

2607. *Modificazioni del contratto*. — *1.* Il contratto, se non è diversamente convenuto, non può essere modificato senza il consenso di tutti i consorziati.

2. Le modificazioni devono essere fatte per iscritto sotto pena di nullità (c. 1350, 1418 ss.).

2608. *Organi preposti al consorzio*. — *1.* La responsabilità verso i consorziati di coloro che sono preposti al consorzio è regolata dalle norme sul mandato (c. 1710 ss.).

2609. *Recesso ed esclusione*. — *1.* Nei casi di recesso (c. 1373) e di esclusione previsti dal contratto (c. 2610[2]), la quota di partecipazione del consorziato receduto o escluso si accresce proporzionalmente a quelle degli altri.

2. Il mandato conferito dai consorziati per l'attuazione degli scopi del consorzio, ancorché dato con unico atto, cessa nei confronti del consorziato receduto o escluso (c. 1726).

2610. *Trasferimento dell'azienda*. — *1.* Salvo patto contrario, in caso di trasferimento a qualunque titolo dell'azienda l'acquirente subentra nel contratto di consorzio (c. 2558).

2. Tuttavia, se sussiste una giusta causa, in caso di trasferimento dell'azienda per atto fra vivi, gli altri consorziati possono deliberare, entro un mese dalla notizia dell'avvenuto trasferimento, l'esclusione dell'acquirente dal consorzio.

2611. *Cause di scioglimento*. — *1.* Il contratto di consorzio si scioglie:

1) per il decorso del tempo stabilito per la sua durata (c. 2604);

2) per il conseguimento dell'oggetto o per l'impossibilità di conseguirlo;

3) per volontà unanime dei consorziati (c. 2607);

4) per deliberazione dei consorziati, presa a norma dell'art. 2606, se sussiste una giusta causa;

5) per provvedimento dell'autorità governativa, nei casi ammessi dalla legge (c. 2619);

6) per le altre cause previste nel contratto.

Sezione II. — *Dei consorzi con attività esterna*

2612. *Iscrizione nel registro delle imprese*. — *1.* Se il contratto prevede l'istituzione di un ufficio destinato a svolgere un'attività con i terzi, un estratto del contratto deve, a cura degli amministratori, entro trenta giorni dalla stipulazione, essere depositato per l'iscrizione presso l'ufficio del registro delle imprese (att. c. 108) del luogo dove l'ufficio ha sede (c. 2630).

2. L'estratto deve indicare:

1) la denominazione e l'oggetto del consorzio e la sede dell'ufficio;

2) il cognome e il nome dei consorziati;

3) la durata del consorzio;

4) le persone a cui vengono attribuite la presidenza, la direzione e la rappresentanza del consorzio ed i rispettivi poteri;

5) il modo di formazione del fondo con-

(1) Articolo così sostituito dall'art. 2, l. 10 maggio 1976, n. 377.

sortile e le norme relative alla liquidazione.

3. Del pari devono essere iscritte nel registro delle imprese le modificazioni del contratto concernenti gli elementi sopra indicati (c. 2607) (1).

2613. *Rappresentanza in giudizio.* — *1.* I consorzi possono essere convenuti in giudizio in persona di coloro ai quali il contratto attribuisce la presidenza o la direzione (c. 41²), anche se la rappresentanza è attribuita ad altre persone.

2614. *Fondo consortile.* — *1.* I contributi dei consorziati e i beni acquistati con questi contributi costituiscono il fondo consortile. Per la durata del consorzio i consorziati non possono chiedere la divisione del fondo, e i creditori particolari dei consorziati non possono far valere i loro diritti sul fondo medesimo.

2615. *Responsabilità verso i terzi.* — *1.* Per le obbligazioni assunte in nome del consorzio dalle persone che ne hanno la rappresentanza, i terzi possono far valere i loro diritti esclusivamente sul fondo consortile (2).

2. Per le obbligazioni assunte dagli organi del consorzio per conto dei singoli consorziati rispondono questi ultimi solidalmente (c. 1292 ss.) col fondo consortile. In caso di insolvenza nei rapporti tra i consorziati il debito dell'insolvente si ripartisce tra tutti in proporzione delle quote.

2615-*bis*. *Situazione patrimoniale.* — *1.* Entro due mesi dalla chiusura dell'esercizio annuale le persone che hanno la direzione del consorzio redigono la situazione patrimoniale osservando le norme relative al bilancio di esercizio delle società per azioni e lo depositano presso l'ufficio del registro delle imprese.

2. Alle persone che hanno la direzione del consorzio sono applicati gli artt. 2621 n. 1 (3), e 2626 (4).

3. Negli atti e nella corrispondenza del consorzio devono essere indicati la sede di questo, l'ufficio del registro delle imprese presso il quale esso è iscritto e il numero di iscrizione (5).

Sezione II-*bis*.

2615-*ter*. *Società consortili* (6). — *1.* Le società previste nei capi III e seguenti del titolo V possono assumere come oggetto sociale gli scopi indicati nell'art. 2602 (c. 2538⁴).

2. In tal caso l'atto costitutivo può stabilire l'obbligo dei soci di versare contributi in denaro (5).

Sezione III. — *Dei consorzi obbligatori*

2616. *Costituzione.* — *1.* Con provvedimento dell'autorità governativa, sentite le corporazioni interessate (7), può essere disposta, anche per zone determinate, la costituzione di consorzi obbligatori fra esercenti lo stesso ramo o rami similari di attività economica, qualora la costituzione stessa risponda alle esigenze dell'organizzazione della produzione.

2. Nello stesso modo, ricorrendo le condizioni di cui al comma precedente, possono essere trasformati in obbligatori i consorzi costituiti volontariamente (att. c. 111).

2617. *Consorzi per l'ammasso dei prodotti agricoli.* — *1.* Quando la legge prescrive l'ammasso di determinati prodotti agricoli (c. 837), la gestione collettiva di questi è fatta per conto degli imprenditori interessati a mezzo di consorzi obbligatori, secondo le disposizioni delle leggi speciali (8).

Sezione IV. — *Dei controlli dell'autorità governativa*

2618. *Approvazione del contratto consortile.* — *1.* I contratti previsti nel presente capo, se sono tali da influire sul mercato generale dei beni in essi contemplati, sono soggetti ad approvazione da parte dell'autorità governativa, sentite le corporazioni interessate (att. c. 111) (9).

2619. *Controllo sull'attività del consorzio.* —

(1) Sui consorzi di difesa costituiti da imprenditori agricoli v. art. 11 ss., d.lg. 29 marzo 2004, n. 102, come modificato con d.lg. 18 aprile 2008, n. 82 e con d.lg. 26 marzo 2018, n. 32.

(2) L'art. 3, l. 10 maggio 1976, n. 377, ha così modificato il comma, che nella versione originaria prevedeva anche la responsabilità illimitata e solidale delle persone che hanno agito in nome del consorzio.

(3) Cfr. artt. 2621, 2622 e 2623 a seguito delle modificazioni operate dall'art. 1, d.lg. 11 aprile 2002, n. 61.

(4) Cfr. art. 2630 a seguito delle modificazioni operate dall'art. 1, d.lg. 11 aprile 2002, n. 61.

(5) Articolo aggiunto dall'art. 4, l. 10 maggio 1976, n. 377.

(6) Sulle società consortili per azioni costituite per agevolare il risanamento delle imprese v. l. 5 dicembre 1978, n. 787.

(7) Le corporazioni sono state soppresse con r.d.l. 9 agosto 1943, n. 721.

(8) V. l. 21 agosto 1953, n. 589.

(9) V. nota 7 all'art. 2616.

1. L'attività dei consorzi è sottoposta alla vigilanza dell'autorità governativa (att. c. 111).

2. Quando l'attività del consorzio risulta non conforme agli scopi per cui è stato costituito, l'autorità governativa può sciogliere gli organi del consorzio e affidare la gestione a un commissario governativo (c. 2639) ovvero, nei casi più gravi, può disporre lo scioglimento del consorzio stesso (c. 2611 n. 5).

2620. *Estensione delle norme di controllo alle società.* — *1.* Le disposizioni di questa sezione si applicano anche alle società che si costituiscono per raggiungere gli scopi indicati nell'art. 2602.

2. L'autorità governativa può sempre disporre lo scioglimento della società, quando la costituzione di questa non abbia avuto l'approvazione prevista nell'art. 2618 (att. c. 111).

TITOLO XI

Disposizioni penali in materia di società, di consorzi e di altri enti privati (1)

CAPO I

Delle falsità

2621. *False comunicazioni sociali.* — *1.* Fuori dai casi previsti dall'art. 2622, gli amministratori, i direttori generali, i dirigenti preposti alla redazione dei documenti contabili societari, i sindaci e i liquidatori, i quali, al fine di conseguire per sé o per altri un ingiusto profitto, nei bilanci, nelle relazioni o nelle altre comunicazioni sociali dirette ai soci o al pubblico, previste dalla legge, consapevolmente espongono fatti materiali rilevanti non rispondenti al vero ovvero omettono fatti materiali rilevanti la cui comunicazione è imposta dalla legge sulla situazione economica, patrimoniale o finanziaria della società o del gruppo al quale la stessa appartiene, in modo concretamente idoneo ad indurre altri in errore, sono puniti con la pena della reclusione da uno a cinque anni.

2. La stessa pena si applica anche se le falsità o le omissioni riguardano beni posseduti o amministrati dalla società per conto di terzi (2).

2621-*bis*. *Fatti di lieve entità.* — *1.* Salvo che costituiscano più grave reato, si applica la pena da sei mesi a tre anni di reclusione se i fatti di cui all'art. 2621 sono di lieve entità, tenuto conto della natura e delle dimensioni della società e delle modalità o degli effetti della condotta.

2. Salvo che costituiscano più grave reato, si applica la stessa pena di cui al comma precedente quando i fatti di cui all'art. 2621 riguardano società che non superano i limiti indicati dal secondo comma dell'art. 1 del r.d. 16 marzo 1942, n. 267 (3). In tale caso, il delitto è procedibile a querela della società, dei soci, dei creditori o degli altri destinatari della comunicazione sociale (4).

2621-*ter*. *Non punibilità per particolare tenuità.* — *1.* Ai fini della non punibilità per particolare tenuità del fatto, di cui all'art. 131-*bis* del codice penale, il giudice valuta, in modo prevalente, l'entità dell'eventuale danno cagionato alla società, ai soci o ai creditori conseguente ai fatti di cui agli artt. 2621 e 2621-*bis* (4).

2622. *False comunicazioni sociali delle società quotate.* — *1.* Gli amministratori, i direttori generali, i dirigenti preposti alla redazione dei documenti contabili societari, i sindaci e i liquidatori di società emittenti strumenti finanziari ammessi alla negoziazione in un mercato regolamentato italiano o di altro Paese dell'Unione europea, i quali, al fine di conseguire per sé o per altri un ingiusto profitto, nei bilanci, nelle relazioni o nelle altre comunicazioni sociali dirette ai soci o al pubblico consapevolmente espongono fatti materiali non rispondenti al vero ovvero omettono fatti materiali rilevanti la cui comunicazione è imposta dalla legge sulla situazione economica, patrimoniale o finanziaria della società o del gruppo al quale la stessa appartiene, in modo concretamente idoneo ad indurre altri in errore, sono puniti con la pena della reclusione da tre a otto anni.

2. Alle società indicate nel comma precedente sono equiparate:

1) le società emittenti strumenti finanziari per i quali è stata presentata una richiesta di ammissione alla negoziazione in un mercato regolamentato italiano o di altro Paese dell'Unione europea;

2) le società emittenti strumenti finanziari

(1) Rubrica così sostituita, da ultimo, alle precedente «Disposizioni penali in materia di società e di consorzi» dall'art. 2, d.lg. 15 marzo 2017, n. 38. V. att. c. 209. Sulla interdizione temporanea e sulla sospensione dagli uffici direttivi delle persone giuridiche e delle imprese come pena accessoria v. artt. 32-*bis*, 35-*bis* cod. pen. Sulle sanzioni penali e amministrative in relazione alle società quotate v. artt. 172 ss. e 188 ss., d.lg. 24 febbraio 1998, n. 58, in *Leggi coll. XVIII, 1*. Sulle sanzioni pecuniarie in relazione ai reati in materia societaria v. art. 25-*ter*, d.lg. 8 giugno 2001, n. 231, in *Leggi coll. XIV, 9*.

(2) Articolo così sostituito, da ultimo, dall'art. 9, l. 27 maggio 2015, n. 69.

(3) In *Leggi coll. XXII, 1*.

(4) Articolo inserito dall'art. 10, l. 27 maggio 2015, n. 69.

ammessi alla negoziazione in un sistema multilaterale di negoziazione italiano;

3) le società che controllano società emittenti strumenti finanziari ammessi alla negoziazione in un mercato regolamentato italiano o di altro Paese dell'Unione europea;

4) le società che fanno appello al pubblico risparmio o che comunque lo gestiscono.

3. Le disposizioni di cui ai commi precedenti si applicano anche se le falsità o le omissioni riguardano beni posseduti o amministrati dalla società per conto di terzi (1).

2623. .... (2).

2624. .... (3).

2625. *Impedito controllo*. — *1.* Gli amministratori che, occultando documenti o con altri idonei artifici, impediscono o comunque ostacolano lo svolgimento delle attività di controllo [...] (4) legalmente attribuite ai soci o ad altri organi sociali (5), sono puniti con la sanzione amministrativa pecuniaria fino a 10.329 euro.

2. Se la condotta ha cagionato un danno ai soci, si applica la reclusione fino ad un anno e si procede a querela della persona offesa.

3. La pena è raddoppiata se si tratta di società con titoli quotati in mercati regolamentati italiani o di altri Stati dell'Unione europea o diffusi tra il pubblico in misura rilevante ai sensi dell'art. 116 del testo unico di cui al d.lg. 24 febbraio 1998, n. 58 (6) (7).

CAPO II

Degli illeciti commessi dagli amministratori

2626. *Indebita restituzione dei conferimenti*. — *1.* Gli amministratori che, fuori dei casi di legittima riduzione del capitale sociale, restituiscono, anche simulatamente, i conferimenti ai soci o li liberano dall'obbligo di eseguirli, sono puniti con la reclusione fino ad un anno.

2627. *Illegale ripartizione degli utili e delle riserve*. — *1.* Salvo che il fatto non costituisca più grave reato, gli amministratori che ripartiscono utili o acconti su utili non effettivamente conseguiti o destinati per legge a riserva, ovvero che ripartiscono riserve, anche non costituite con utili, che non possono per legge essere distribuite, sono puniti con l'arresto fino ad un anno.

2. La restituzione degli utili o la ricostituzione delle riserve prima del termine previsto per l'approvazione del bilancio estingue il reato.

2628. *Illecite operazioni sulle azioni o quote sociali o della società controllante*. — *1.* Gli amministratori che, fuori dei casi consentiti dalla legge, acquistano o sottoscrivono azioni o quote sociali, cagionando una lesione all'integrità del capitale sociale o delle riserve non distribuibili per legge, sono puniti con la reclusione fino ad un anno.

2. La stessa pena si applica agli amministratori che, fuori dei casi consentiti dalla legge, acquistano o sottoscrivono azioni o quote emesse dalla società controllante, cagionando una lesione del capitale sociale o delle riserve non distribuibili per legge.

3. Se il capitale sociale o le riserve sono ricostituiti prima del termine previsto per l'approvazione del bilancio relativo all'esercizio in relazione al quale è stata posta in essere la condotta, il reato è estinto.

2629. *Operazioni in pregiudizio dei creditori*. — *1.* Gli amministratori che, in violazione delle disposizioni di legge a tutela dei creditori, effettuano riduzioni del capitale sociale o fusioni con altra società o scissioni, cagionando danno ai creditori, sono puniti, a querela della persona offesa, con la reclusione da sei mesi a tre anni.

2. Il risarcimento del danno ai creditori prima del giudizio estingue il reato.

CAPO III

Degli illeciti commessi mediante omissione

2629-*bis*. *Omessa comunicazione del conflitto d'interessi*. — *1.* L'amministratore o il componente del consiglio di gestione di una società con titoli quotati in mercati regolamentati italiani o di altro Stato dell'Unione europea o diffusi tra il pubblico in misura rilevante ai sensi dell'art. 116 del testo unico di cui al d.lg. 24 febbraio 1998, n. 58 (6), e successive modifica-

(1) Articolo così sostituito, da ultimo, dall'art. 11, l. 27 maggio 2015, n. 69.
(2) Articolo abrogato dall'art. 34.2, l. 28 dicembre 2005, n. 262.
(3) Articolo abrogato dall'art. 37.34, d.lg. 27 gennaio 2010, n. 39.
(4) Le parole «o di revisione» sono state soppresse dall'art. 37.35, lett. a, d.lg. 27 gennaio 2010, n. 39.
(5) Le parole «o ad altri organi sociali» sono state così sostituite alle precedenti «, ad altri organi sociali o alle società di revisione» dall'art. 37.35, lett. b, d.lg. 27 gennaio 2010, n. 39.
(6) In *Leggi coll. XVIII, 1*.
(7) Comma inserito dall'art. 39.2, lett. a, l. 28 dicembre 2005, n. 262.

zioni, ovvero di un soggetto sottoposto a vigilanza ai sensi del testo unico di cui al d.lg. 1° settembre 1993, n. 385 (1), del citato testo unico di cui al d.lg. n. 58 del 1998 (2), del d.lg. 7 settembre 2005, n. 209 (3) (4), o del d.lg. 21 aprile 1993, n. 124 (5), che vìola gli obblighi previsti dall'art. 2391, primo comma, è punito con la reclusione da uno a tre anni, se dalla violazione siano derivati danni alla società o a terzi (6).

2630. *Omessa esecuzione di denunce, comunicazioni e depositi*. — *1.* Chiunque, essendovi tenuto per legge a causa delle funzioni rivestite in una società o in un consorzio, omette di eseguire, nei termini prescritti, denunce, comunicazioni o depositi presso il registro delle imprese, ovvero omette di fornire negli atti, nella corrispondenza e nella rete telematica le informazioni prescritte dall'art. 2250, primo, secondo, terzo e quarto comma, è punito con la sanzione amministrativa pecuniaria da 103 euro a 1.032 euro. Se la denuncia, la comunicazione o il deposito avvengono nei trenta giorni successivi alla scadenza dei termini prescritti, la sanzione amministrativa pecuniaria è ridotta ad un terzo.

2. Se si tratta di omesso deposito dei bilanci, la sanzione amministrativa pecuniaria è aumentata di un terzo (7).

2631. *Omessa convocazione dell'assemblea*. — *1.* Gli amministratori e i sindaci che omettono di convocare l'assemblea dei soci nei casi previsti dalla legge o dallo statuto, nei termini ivi previsti, sono puniti con la sanzione amministrativa pecuniaria da 1.032 a 6.197 euro. Ove la legge o lo statuto non prevedano espressamente un termine, entro il quale effettuare la convocazione, questa si considera omessa allorché siano trascorsi trenta giorni dal momento in cui amministratori e sindaci sono venuti a conoscenza del presupposto che obbliga alla convocazione dell'assemblea dei soci.

2. La sanzione amministrativa pecuniaria è aumentata di un terzo in caso di convocazione a seguito di perdite o per effetto di espressa legittima richiesta da parte dei soci.

CAPO IV

Degli altri illeciti, delle circostanze attenuanti e delle misure di sicurezza patrimoniali

2632. *Formazione fittizia del capitale*. — *1.* Gli amministratori e i soci conferenti che, anche in parte, formano od aumentano fittiziamente il capitale sociale mediante attribuzioni di azioni o quote in misura complessivamente superiore all'ammontare del capitale sociale, sottoscrizione reciproca di azioni o quote, sopravvalutazione rilevante dei conferimenti di beni in natura o di crediti ovvero del patrimonio della società nel caso di trasformazione, sono puniti con la reclusione fino ad un anno (8).

2633. *Indebita ripartizione dei beni sociali da parte dei liquidatori*. — *1.* I liquidatori che, ripartendo i beni sociali tra i soci prima del pagamento dei creditori sociali o dell'accantonamento delle somme necessario a soddisfarli, cagionano danno ai creditori, sono puniti, a querela della persona offesa, con la reclusione da sei mesi a tre anni.

2. Il risarcimento del danno ai creditori prima del giudizio estingue il reato.

2634. *Infedeltà patrimoniale*. — *1.* Gli amministratori, i direttori generali e i liquidatori, che, avendo un interesse in conflitto con quello della società, al fine di procurare a sé o ad altri un ingiusto profitto o altro vantaggio, compiono o concorrono a deliberare atti di disposizione dei beni sociali, cagionando intenzionalmente alla società un danno patrimoniale, sono puniti con la reclusione da sei mesi a tre anni.

(1) In *Leggi coll. XVII, 1.*
(2) In *Leggi coll. XVIII, 1.*
(3) In *Leggi coll. VIII, 3.*
(4) Le parole «del d.lg. 7 settembre 2005, n. 209» sono state così sostituite alle precedenti «della l. 12 agosto 1982, n. 576» dall'art. 6, d.lg. 29 dicembre 2006, n. 303.
(5) Il d.lg. 21 aprile 1993, n. 124 è stato abrogato dall'art. 21.8, d.lg. 5 dicembre 2005, n. 252.
(6) Articolo inserito dall'art. 31.1, l. 28 dicembre 2005, n. 262.
(7) Articolo così sostituito dall'art. 9.5, l. 11 novembre 2011, n. 180.
L'art. 16.6-*bis*, d.l. 29 novembre 2008, n. 185, conv. in l. 28 gennaio 2009, n. 2, come introdotto dall'art. 37, d.l. 9 febbraio 2012, n. 5, conv. in l. 4 aprile 2012, n. 35, così dispone: «L'ufficio del registro delle imprese che riceve una domanda di iscrizione da parte di un'impresa costituita in forma societaria che non ha iscritto il proprio indirizzo di posta elettronica certificata, in luogo dell'irrogazione della sanzione prevista dall'art. 2630 del codice civile, sospende la domanda per tre mesi, in attesa che essa sia integrata con l'indirizzo di posta elettronica certificata».
(8) Articolo così sostituito prima dall'art. 1, d.lg. 11 aprile 2002, n. 61 e, successivamente, dall'art. 111-*quinquies*, att. c.c., come inserito dall'art. 9.1, lett. f, d.lg. 17 gennaio 2003, n. 6.

2. La stessa pena si applica se il fatto è commesso in relazione a beni posseduti o amministrati dalla società per conto di terzi, cagionando a questi ultimi un danno patrimoniale.

3. In ogni caso non è ingiusto il profitto della società collegata o del gruppo, se compensato da vantaggi, conseguiti o fondatamente prevedibili, derivanti dal collegamento o dall'appartenenza al gruppo.

4. Per i delitti previsti dal primo e secondo comma si procede a querela della persona offesa.

2635. *Corruzione tra privati.* — *1.* Salvo che il fatto costituisca più grave reato, gli amministratori, i direttori generali, i dirigenti preposti alla redazione dei documenti contabili societari, i sindaci e i liquidatori, di società o enti privati che, anche per interposta persona, sollecitano o ricevono, per sé o per altri, denaro o altra utilità non dovuti, o ne accettano la promessa, per compiere o per omettere un atto in violazione degli obblighi inerenti al loro ufficio o degli obblighi di fedeltà, sono puniti con la reclusione da uno a tre anni. Si applica la stessa pena se il fatto è commesso da chi nell'ambito organizzativo della società o dell'ente privato esercita funzioni direttive diverse da quelle proprie dei soggetti di cui al precedente periodo (1).

2. Si applica la pena della reclusione fino a un anno e sei mesi se il fatto è commesso da chi è sottoposto alla direzione o alla vigilanza di uno dei soggetti indicati al primo comma.

3. Chi, anche per interposta persona, offre, promette o dà denaro o altra utilità non dovuti alle persone indicate nel primo e nel secondo comma, è punito con le pene ivi previste (2).

4. Le pene stabilite nei commi precedenti sono raddoppiate se si tratta di società con titoli quotati in mercati regolamentati italiani o di altri Stati dell'Unione europea o diffusi tra il pubblico in misura rilevante ai sensi dell'art. 116 del t.u. delle disposizioni in materia di intermediazione finanziaria, di cui al d.lg. 24 febbraio 1998, n. 58, e successive modificazioni (3).

5. .... (4) (5).

6. Fermo quanto previsto dall'art. 2641, la misura della confisca per valore equivalente non può essere inferiore al valore delle utilità date, promesse o offerte (6).

2635-*bis*. *Istigazione alla corruzione tra privati.* — *1.* Chiunque offre o promette denaro o altra utilità non dovuti agli amministratori, ai direttori generali, ai dirigenti preposti alla redazione dei documenti contabili societari, ai sindaci e ai liquidatori, di società o enti privati, nonché a chi svolge in essi un'attività lavorativa con l'esercizio di funzioni direttive, affinché compia od ometta un atto in violazione degli obblighi inerenti al proprio ufficio o degli obblighi di fedeltà, soggiace, qualora l'offerta o la promessa non sia accettata, alla pena stabilita nel primo comma dell'art. 2635, ridotta di un terzo.

2. La pena di cui al primo comma si applica agli amministratori, ai direttori generali, ai dirigenti preposti alla redazione dei documenti contabili societari, ai sindaci e ai liquidatori, di società o enti privati, nonché a chi svolge in essi attività lavorativa con l'esercizio di funzioni direttive, che sollecitano per sé o per altri, anche per interposta persona, una promessa o dazione di denaro o di altra utilità, per compiere o per omettere un atto in violazione degli obblighi inerenti al loro ufficio o degli obblighi di fedeltà, qualora la sollecitazione non sia accettata.

3. .... (7) (8).

2635-*ter*. *Pene accessorie.* — *1.* La condanna per il reato di cui all'art. 2635, primo comma, importa in ogni caso l'interdizione temporanea dagli uffici direttivi delle persone giuridiche e delle imprese di cui all'art. 32-*bis* del codice penale nei confronti di chi sia già stato condannato per il medesimo reato o per quello di cui all'art. 2635-*bis*, secondo comma (9).

2636. *Illecita influenza sull'assemblea.* — *1.* Chiunque, con atti simulati o fraudolenti, determina la maggioranza in assemblea, allo scopo di procurare a sé o ad altri un ingiusto profitto, è punito con la reclusione da sei mesi a tre anni.

(1) Comma così sostituito dall'art. 3.1, lett. a, d.lg. 15 marzo 2017, n. 38.
(2) Comma così sostituito dall'art. 3.1, lett. b, d.lg. 15 marzo 2017, n. 38.
(3) In *Leggi coll. XVIII, 1.*
(4) Comma abrogato dall'art. 1.5, lett. a, l. 9 gennaio 2019, n. 3.
(5) Articolo così sostituito, da ultimo, dall'art. 1.76, l. 6 novembre 2012, n. 190.
(6) Comma aggiunto dall'art. 3, d.lg. 29 ottobre 2016, n. 202. Le parole «utilità date, promesse o offerte» sono state successivamente così sostituite alle precedenti «utilità date o promesse» dall'art. 3.1, lett. c, d.lg. 15 marzo 2017, n. 38.
(7) Comma abrogato dall'art. 1.5, lett. b, l. 9 gennaio 2019, n. 3.
(8) Articolo inserito dall'art. 4, d.lg. 15 marzo 2017, n. 38.
(9) Articolo inserito dall'art. 5, d.lg. 15 marzo 2017, n. 38.

2637. *Aggiotaggio.* — *1.* Chiunque diffonde notizie false, ovvero pone in essere operazioni simulate o altri artifici concretamente idonei a provocare una sensibile alterazione del prezzo di strumenti finanziari non quotati o per i quali non è stata presentata una richiesta di ammissione alle negoziazioni in un mercato regolamentato (1), ovvero ad incidere in modo significativo sull'affidamento che il pubblico ripone nella stabilità patrimoniale di banche o di gruppi bancari, è punito con la pena della reclusione da uno a cinque anni.

2638. *Ostacolo all'esercizio delle funzioni delle autorità pubbliche di vigilanza.* — *1.* Gli amministratori, i direttori generali, i dirigenti preposti alla redazione dei documenti contabili societari (2), i sindaci e i liquidatori di società o enti e gli altri soggetti sottoposti per legge alle autorità pubbliche di vigilanza, o tenuti ad obblighi nei loro confronti, i quali nelle comunicazioni alle predette autorità previste in base alla legge, al fine di ostacolare l'esercizio delle funzioni di vigilanza, espongono fatti materiali non rispondenti al vero, ancorché oggetto di valutazioni, sulla situazione economica, patrimoniale o finanziaria dei sottoposti alla vigilanza ovvero, allo stesso fine, occultano con altri mezzi fraudolenti, in tutto o in parte fatti che avrebbero dovuto comunicare, concernenti la situazione medesima, sono puniti con la reclusione da uno a quattro anni. La punibilità è estesa anche al caso in cui le informazioni riguardino beni posseduti o amministrati dalla società per conto di terzi.

2. Sono puniti con la stessa pena gli amministratori, i direttori generali, i dirigenti preposti alla redazione dei documenti contabili societari (2), i sindaci e i liquidatori di società, o enti e gli altri soggetti sottoposti per legge alle autorità pubbliche di vigilanza o tenuti ad obblighi nei loro confronti, i quali, in qualsiasi forma, anche omettendo le comunicazioni dovute alle predette autorità, consapevolmente ne ostacolano le funzioni.

3. La pena è raddoppiata se si tratta di società con titoli quotati in mercati regolamentati italiani o di altri Stati dell'Unione europea o diffusi tra il pubblico in misura rilevante ai sensi dell'art. 116 del testo unico di cui al d.lg. 24 febbraio 1998, n. 58 (3) (4).

3-bis (5). Agli effetti della legge penale, le autorità e le funzioni di risoluzione di cui al decreto di recepimento della dir. 2014/59/UE sono equiparate alle autorità e alle funzioni di vigilanza (6).

2639. *Estensione delle qualifiche soggettive.* — *1.* Per i reati previsti dal presente titolo al soggetto formalmente investito della qualifica o titolare della funzione prevista dalla legge civile è equiparato sia chi è tenuto a svolgere la stessa funzione, diversamente qualificata, sia chi esercita in modo continuativo e significativo i poteri tipici inerenti alla qualifica o alla funzione.

2. Fuori dei casi di applicazione delle norme riguardanti i delitti dei pubblici ufficiali contro la pubblica amministrazione, le disposizioni sanzionatorie relative agli amministratori si applicano anche a coloro che sono legalmente incaricati dall'autorità giudiziaria o dall'autorità pubblica di vigilanza di amministrare la società o i beni dalla stessa posseduti o gestiti per conto di terzi.

2640. *Circostanza attenuante.* — *1.* Se i fatti previsti come reato agli articoli precedenti hanno cagionato un'offesa di particolare tenuità la pena è diminuita.

2641. *Confisca.* — *1.* In caso di condanna o di applicazione della pena su richiesta delle parti per uno dei reati previsti dal presente titolo è ordinata la confisca del prodotto o del profitto del reato e dei beni utilizzati per commetterlo.

2. Quando non è possibile l'individuazione o l'apprensione dei beni indicati nel comma primo, la confisca ha ad oggetto una somma di denaro o beni di valore equivalente.

3. Per quanto non stabilito nei commi precedenti si applicano le disposizioni dell'art. 240 del codice penale.

2642. . . . . (7).

(1) Le parole «strumenti finanziari non quotati o per i quali non è stata presentata una richiesta di ammissione alle negoziazioni in un mercato regolamentato,» sono state così sostituite alle precedenti «strumenti finanziari, quotati o non quotati,» dall'art. 9.4, l. 18 aprile 2005, n. 62.

(2) Le parole «i dirigenti preposti alla redazione dei documenti contabili societari,» sono state inserite dall'art. 15.1, lett. c, l. 28 dicembre 2005, n. 262.

(3) In *Leggi coll. XVIII, 1.*

(4) Comma aggiunto dall'art. 39.2, lett. c, l. 28 dicembre 2005, n. 262.

(5) Così in G.U.

(6) Comma aggiunto dall'art. 101.1, d.lg. 16 novembre 2015, n. 180.

(7) Articolo implicitamente abrogato dall'art. 1, d.lg. 11 aprile 2002, n. 61.

LIBRO SESTO

DELLA TUTELA DEI DIRITTI

TITOLO I

Della trascrizione (1)

CAPO I

DELLA TRASCRIZIONE DEGLI ATTI RELATIVI AI BENI IMMOBILI

2643. *Atti soggetti a trascrizione*. — *1.* Si devono rendere pubblici col mezzo della trascrizione (c. 2658 ss.) (2):

1) i contratti che trasferiscono la proprietà di beni immobili (c. 812);

2) i contratti che costituiscono, trasferiscono o modificano il diritto di usufrutto (c. 978 ss.) su beni immobili, il diritto di superficie (c. 952 ss.), i diritti del concedente e dell'enfiteuta (c. 957 ss.);

2-*bis*) i contratti che trasferiscono, costituiscono o modificano i diritti edificatori comunque denominati, previsti da normative statali o regionali, ovvero da strumenti di pianificazione territoriale (3);

3) i contratti che costituiscono la comunione (c. 1100 ss.) dei diritti menzionati nei numeri precedenti;

4) i contratti che costituiscono o modificano servitù prediali (c. 1027 ss.), il diritto di uso sopra beni immobili, il diritto di abitazione (c. 1021 ss.);

5) gli atti tra vivi di rinunzia ai diritti menzionati nei numeri precedenti;

6) i provvedimenti con i quali nell'esecuzione forzata si trasferiscono la proprietà di beni immobili o altri diritti reali immobiliari (p.c. 574, 586, 590), eccettuato il caso di vendita seguita nel processo di liberazione degli immobili dalle ipoteche a favore del terzo acquirente (c. 2896);

7) gli atti e le sentenze di affrancazione del fondo enfiteutico (c. 971);

8) i contratti di locazione di beni immobili che hanno durata superiore a nove anni (c. 1572, 1599^{3}, 2923^{2}) (4);

9) gli atti e le sentenze da cui risulta liberazione o cessione di pigioni o di fitti non ancora scaduti, per un termine maggiore di tre anni (c. 1605^{2}, 2918, 2924);

10) i contratti di società (c. 2247 ss.) e di associazione (c. 14 ss., 2549 ss.) con i quali si conferisce il godimento di beni immobili o di altri diritti reali immobiliari, quando la durata della società o dell'associazione eccede i nove anni o è indeterminata (att. c. 231);

11) gli atti di costituzione dei consorzi (c. 862 ss., 2602 ss.) che hanno l'effetto indicato dal numero precedente (att. c. 231);

12) i contratti di anticresi (c. 1960 ss.; att. c. 231);

12-*bis*) gli accordi di mediazione che accertano l'usucapione con la sottoscrizione del processo verbale autenticata da un pubblico ufficiale a ciò autorizzato (5);

13) le transazioni (c. 1965 ss.) che hanno per oggetto controversie sui diritti menzionati nei numeri precedenti;

14) le sentenze (c. 2932) che operano la costituzione, il trasferimento o la modificazione di uno dei diritti menzionati nei numeri precedenti (c. 163^{4}, 2645 ss.).

2644. *Effetti della trascrizione*. — *1.* Gli atti enunciati nell'articolo precedente non hanno effetto riguardo ai terzi che a qualunque titolo hanno acquistato diritti sugli immobili in base a un atto trascritto (c. 2659) o iscritto (c. 2839) anteriormente alla trascrizione degli atti medesimi.

2. Seguita la trascrizione, non può avere ef-

(1) Att. c. 224 ss. Per l'individuazione del diritto applicabile v. art. 55, l. 31 maggio 1995, n. 218, in *Leggi coll. I, 1*.

(2) Sui libri fondiari nella regione Trentino-Alto Adige, nelle province di Trieste e di Gorizia, nel comune di Cortina d'Ampezzo, v. r.d. 28 marzo 1929, n. 499, modificato e integrato dalla l. 29 ottobre 1974, n. 594 e dalla l. 8 agosto 1977, n. 574. Sull'obbligo della trascrizione ai fini fiscali, v. d.lg. 31 ottobre 1990, n. 347.

(3) Numero inserito dall'art. 5.3, d.l. 13 maggio 2011, n. 70, conv. in l. 12 luglio 2011, n. 106.

(4) Ma v. art. 41, l. 3 maggio 1982, n. 203, in *Leggi coll. VII, 6*, secondo cui: «I contratti agrari ultranovennali, compresi quelli in corso, anche se verbali o non trascritti, sono validi ed hanno effetto anche riguardo ai terzi».

(5) Numero inserito dall'art. 84-*bis*, d.l. 21 giugno 2013, n. 69, conv. in l. 9 agosto 2013, n. 98.

fetto contro colui che ha trascritto (c. 2666) alcuna trascrizione o iscrizione di diritti acquistati verso il suo autore, quantunque l'acquisto risalga a data anteriore (c. 1376, 2650, 2812, 2848[2], 2914 ss.; att. c. 224, 225).

2645. *Altri atti soggetti a trascrizione.* — *1.* Deve del pari rendersi pubblico, agli effetti previsti dall'articolo precedente, ogni altro atto o provvedimento (c. 854, 1032; p.c. 748, 783, 788) che produce in relazione a beni immobili o a diritti immobiliari taluno degli effetti dei contratti menzionati nell'art. 2643, salvo che dalla legge risulti che la trascrizione non è richiesta o è richiesta a effetti diversi (c. 2672).

2645-*bis*. *Trascrizione di contratti preliminari.* — *1.* I contratti preliminari aventi ad oggetto la conclusione di taluno dei contratti di cui ai nn. 1, 2, 3 e 4 dell'art. 2643, anche se sottoposti a condizione o relativi a edifici da costruire o in corso di costruzione, devono essere trascritti se risultano da atto pubblico o da scrittura privata con sottoscrizione autenticata o accertata giudizialmente.

2. La trascrizione del contratto definitivo o di altro atto che costituisca comunque esecuzione dei contratti preliminari di cui al comma 1, ovvero della sentenza che accoglie la domanda diretta ad ottenere l'esecuzione in forma specifica dei contratti preliminari predetti, prevale sulle trascrizioni ed iscrizioni eseguite contro il promittente alienante dopo la trascrizione del contratto preliminare.

3. Gli effetti della trascrizione del contratto preliminare cessano e si considerano come mai prodotti se entro un anno dalla data convenuta tra le parti per la conclusione del contratto definitivo, e in ogni caso entro tre anni dalla trascrizione predetta, non sia eseguita la trascrizione del contratto definitivo o di altro atto che costituisca comunque esecuzione del contratto preliminare o della domanda giudiziale di cui all'art. 2652, primo comma, n. 2).

4. I contratti preliminari aventi ad oggetto porzioni di edifici da costruire o in corso di costruzione devono indicare, per essere trascritti, la superficie utile della porzione di edificio e la quota del diritto spettante al promissario acquirente relativa all'intero costruendo edificio espressa in millesimi.

5. Nel caso previsto nel comma 4 la trascrizione è eseguita con riferimento al bene immobile per la quota determinata secondo le modalità di cui al comma stesso. Non appena l'edificio viene ad esistenza gli effetti della trascrizione si producono rispetto alle porzioni materiali corrispondenti alle quote di proprietà predeterminate nonché alle relative parti comuni. L'eventuale differenza di superficie o di quota contenuta nei limiti di un ventesimo rispetto a quelle indicate nel contratto preliminare non produce effetti.

6. Ai fini delle disposizioni di cui al comma 5, si intende esistente l'edificio nel quale sia stato eseguito il rustico, comprensivo delle mura perimetrali delle singole unità, e sia stata completata la copertura (c. 2659, 2668[4], 2775-*II*, 2780, 2825-*II*) (1).

2645-*ter*. *Trascrizione di atti di destinazione per la realizzazione di interessi meritevoli di tutela riferibili a persone con disabilità, a pubbliche amministrazioni, o ad altri enti o persone fisiche.* — *1.* Gli atti in forma pubblica con cui beni immobili o beni mobili iscritti in pubblici registri sono destinati, per un periodo non superiore a novanta anni o per la durata della vita della persona fisica beneficiaria, alla realizzazione di interessi meritevoli di tutela riferibili a persone con disabilità, a pubbliche amministrazioni, o ad altri enti o persone fisiche ai sensi dell'art. 1322, secondo comma, possono essere trascritti al fine di rendere opponibile ai terzi il vincolo di destinazione; per la realizzazione di tali interessi può agire, oltre al conferente, qualsiasi interessato anche durante la vita del conferente stesso. I beni conferiti e i loro frutti possono essere impiegati solo per la realizzazione del fine di destinazione e possono costituire oggetto di esecuzione, salvo quanto previsto dall'art. 2915, primo comma, solo per debiti contratti per tale scopo (2) (3).

2645-*quater*. *Trascrizione di atti costitutivi di vincolo.* — *1.* Si devono trascrivere, se hanno per oggetto beni immobili, gli atti di diritto privato, i contratti e gli altri atti di diritto privato, anche unilaterali, nonché le convenzioni e i contratti con i quali vengono costituiti a favore dello Stato, della regione, degli altri enti pubblici territoriali ovvero di enti svolgenti un servizio di interesse pubblico, vincoli di uso pubblico o comunque ogni altro vincolo a qualsiasi

(1) Articolo aggiunto dall'art. 3.1, d.l. 31 dicembre 1996, n. 669, conv. in l. 28 febbraio 1997, n. 30.
Sulla trascrizione dei contratti di godimento in funzione della successiva alienazione di immobili v. art. 23, d.l. 12 settembre 2014, n. 133, conv. in l. 11 novembre 2014, n. 164, in *Leggi coll. V, 3*, come modificato dall'art. 4.2-*bis*, d.l. 3 maggio 2016, n. 59, conv. in l. 30 giugno 2016, n. 119.

(2) Articolo inserito dall'art. 39-*novies*, d.l. 30 dicembre 2005, n. 273, conv. in l. 23 febbraio 2006, n. 51.

(3) Sulla istituzione di trust, vincoli di destinazione e fondi speciali composti di beni sottoposti a vincolo di destinazione in favore delle persone con disabilità grave v. art. 6, l. 22 giugno 2016, n. 112.

fine richiesto dalle normative statali e regionali, dagli strumenti urbanistici comunali nonché dai conseguenti strumenti di pianificazione territoriale e dalle convenzioni urbanistiche a essi relative (1).

2646. *Trascrizione delle divisioni*. — *1.* Si devono trascrivere le divisioni (c. 713, 1111 ss.) che hanno per oggetto beni immobili (c. 812), come pure i provvedimenti di aggiudicazione degli immobili divisi mediante incanto, i provvedimenti di attribuzione delle quote tra condividenti e i verbali di estrazione a sorte delle quote (p.c. 788 ss.).

2. Si devono pure trascrivere la domanda di divisione giudiziale e l'atto di opposizione indicato dall'art. 1113, per gli effetti ivi enunciati (c. 2685; att. c. 224).

2647. *Costituzione del fondo patrimoniale e separazione di beni*. — *1.* Devono essere trascritti, se hanno per oggetto beni immobili, la costituzione del fondo patrimoniale (c. 167 ss.), le convenzioni matrimoniali che escludono i beni medesimi dalla comunione tra i coniugi (c. 210), gli atti e i provvedimenti di scioglimento della comunione (c. 191 ss.), gli atti di acquisto di beni personali a norma delle lett. *c*), *d*), *e*) ed *f*) dell'art. 179, a carico, rispettivamente, dei coniugi titolari del fondo patrimoniale o del coniuge titolare del bene escluso o che cessa di far parte della comunione.

2. Le trascrizioni previste dal precedente comma devono essere eseguite anche relativamente ai beni immobili che successivamente entrano a far parte del patrimonio familiare (2) o risultano esclusi dalla comunione tra i coniugi.

3. La trascrizione del vincolo derivante dal fondo patrimoniale costituito per testamento deve essere eseguita d'ufficio dal conservatore contemporaneamente alla trascrizione dell'acquisto a causa di morte (c. 162^4, 163^3, 163^4, 2685) (3).

2648. *Accettazione di eredità e acquisto di legato*. — *1.* Si devono trascrivere (c. 2660 ss.) l'accettazione dell'eredità (c. 470 ss., 484^2) che importi acquisto dei diritti enunciati nei nn. 1, 2 e 4 dell'art. 2643 o liberazione dai medesimi e l'acquisto del legato che abbia lo stesso oggetto (c. 649).

2. La trascrizione dell'accettazione dell'eredità si opera in base alla dichiarazione del chiamato all'eredità, contenuta in un atto pubblico (c. 2699) ovvero in una scrittura privata con sottoscrizione autenticata (c. 2703) o accertata giudizialmente.

3. Se il chiamato ha compiuto uno degli atti che importano accettazione tacita dell'eredità (c. 476 ss.), si può richiedere la trascrizione sulla base di quell'atto, qualora esso risulti da sentenza, da atto pubblico o da scrittura privata con sottoscrizione autenticata o accertata giudizialmente.

4. La trascrizione dell'acquisto del legato (c. 649) si opera sulla base di un estratto autentico del testamento (att. c. 225, 228).

2649. *Cessione dei beni ai creditori*. — *1.* Deve essere trascritta, qualora comprenda beni immobili, la cessione che il debitore fa dei suoi beni ai creditori, perché questi procedano alla liquidazione dei medesimi e alla ripartizione del ricavato (c. 1977 ss., 2687; att. c. 225, 231).

2. Non hanno effetto, rispetto ai creditori, le trascrizioni o iscrizioni di diritti acquistati verso il debitore, se eseguite dopo che la cessione è stata trascritta (c.507^3, 509^3).

2650. *Continuità delle trascrizioni*. — *1.* Nei casi in cui, per le disposizioni precedenti, un atto di acquisto è soggetto a trascrizione, le successive trascrizioni o iscrizioni a carico dell'acquirente non producono effetto, se non è stato trascritto l'atto anteriore di acquisto (c. 2655, 2688).

2. Quando l'atto anteriore di acquisto è stato trascritto, le successive trascrizioni o iscrizioni producono effetto secondo il loro ordine rispettivo, salvo il disposto dell'art. 2644.

3. L'ipoteca legale a favore dell'alienante e quella a favore del condividente (c. 2817), iscritte contemporaneamente alla trascrizione del titolo di acquisto o della divisione, prevalgono sulle trascrizioni o iscrizioni eseguite anteriormente contro l'acquirente o il condividente tenuto al conguaglio (att. c. 225, 229).

2651. *Trascrizione di sentenze*. — *1.* Si devono trascrivere le sentenze da cui risulta estinto per prescrizione (c. 2934 ss.) o acquistato per usucapione (c. 1158 ss.) (4) ovvero in altro modo non soggetto a trascrizione uno dei diritti indicati dai nn. 1, 2 e 4 dell'art. 2643 (c. 941, 946, 954, 970, 1014, 1073).

2652. *Domande riguardanti atti soggetti a trascrizione. Effetti delle relative trascrizioni rispetto ai terzi*. — *1.* Si devono trascrivere, qualora si riferiscano ai diritti menzionati nell'art. 2643 (c. 2690), le domande giudiziali indicate dai

(1) Articolo aggiunto dall'art. 5.5-*quaterdecies*, d.l. 2 marzo 2012, n. 16, conv. in l. 26 aprile 2012, n. 44.
(2) Termine utilizzato per difetto di coordinamento: leggi «fondo patrimoniale».
(3) Articolo così sostituito dall'art. 206, l. 19 maggio 1975, n. 151.
(4) Sulla trascrizione del decreto o della sentenza che contengano riconoscimento della proprietà in caso di usucapione della piccola proprietà rurale, v. art. 3.7, l. 10 maggio 1976, n. 346.

numeri seguenti, agli effetti per ciascuna di esse previsti (c. 2654, 2668; att. c. 225 ss.):

1) le domande di risoluzione dei contratti (c. 1453) e quelle indicate dal secondo comma dell'art. 648 e dall'ultimo comma dell'art. 793, le domande di rescissione (c. 1447 ss.), le domande di revocazione delle donazioni (c. 800 ss.), nonché quelle indicate dall'art. 524.

Le sentenze che accolgono tali domande non pregiudicano i diritti acquistati dai terzi in base a un atto trascritto o iscritto anteriormente alla trascrizione della domanda (c. 2644);

2) le domande dirette a ottenere l'esecuzione in forma specifica dell'obbligo a contrarre (c. 2932).

La trascrizione della sentenza che accoglie la domanda prevale sulle trascrizioni e iscrizioni eseguite contro il convenuto dopo la trascrizione della domanda;

3) le domande dirette a ottenere l'accertamento giudiziale (p.c. 216 ss.) della sottoscrizione di scritture private (c. 2702 ss.) in cui si contiene un atto soggetto a trascrizione o a iscrizione.

La trascrizione o l'iscrizione dell'atto contenuto nella scrittura produce effetto dalla data in cui è stata trascritta la domanda;

4) le domande dirette all'accertamento della simulazione (c. 1414 ss.) di atti soggetti a trascrizione.

La sentenza che accoglie la domanda non pregiudica i diritti acquistati dai terzi di buona fede in base a un atto trascritto o iscritto anteriormente alla trascrizione della domanda;

5) le domande di revoca degli atti soggetti a trascrizione, che siano stati compiuti in pregiudizio dei creditori (c. 2901).

La sentenza che accoglie la domanda non pregiudica i diritti acquistati a titolo oneroso dai terzi di buona fede in base a un atto trascritto o iscritto anteriormente alla trascrizione della domanda;

6) le domande dirette a far dichiarare la nullità (c. 1422) o a far pronunziare l'annullamento (c. 1445) di atti soggetti a trascrizione e le domande dirette a impugnare la validità della trascrizione (c. 2665).

Se la domanda è trascritta dopo cinque anni dalla data della trascrizione dell'atto impugnato, la sentenza che l'accoglie non pregiudica i diritti acquistati a qualunque titolo dai terzi di buona fede in base a un atto trascritto o iscritto anteriormente alla trascrizione della domanda. Se però la domanda è diretta a far pronunziare l'annullamento per una causa diversa dall'incapacità legale, la sentenza che l'accoglie non pregiudica i diritti acquistati dai terzi di buona fede in base a un atto trascritto o iscritto anteriormente alla trascrizione della domanda, anche se questa è stata trascritta prima che siano decorsi cinque anni dalla data della trascrizione dell'atto impugnato, purché in questo caso i terzi abbiano acquistato a titolo oneroso (c. 1445; att. c. 227) (1);

7) le domande con le quali si contesta il fondamento di un acquisto a causa di morte (c. 624).

Salvo quanto è disposto dal secondo e dal terzo comma dell'art. 534, se la trascrizione della domanda è eseguita dopo cinque anni dalla data della trascrizione dell'acquisto, la sentenza che accoglie la domanda non pregiudica i terzi di buona fede che, in base a un atto trascritto o iscritto anteriormente alla trascrizione della domanda, hanno a qualunque titolo acquistato diritti da chi appare erede o legatario (att. c. 227);

8) le domande di riduzione delle donazioni e delle disposizioni testamentarie per lesione di legittima (c. 554 ss., 561).

Se la trascrizione è eseguita dopo dieci anni dall'apertura della successione, la sentenza che accoglie la domanda non pregiudica i terzi che hanno acquistato a titolo oneroso diritti in base a un atto trascritto o iscritto anteriormente alla trascrizione della domanda (att. c. 227);

9) le domande di revocazione e quelle di opposizione di terzo contro le sentenze soggette a trascrizione per le cause previste dai nn. 1, 2, 3 e 6 dell'art. 395 del codice di procedura civile e dal secondo comma dell'art. 404 dello stesso codice.

Se la domanda è trascritta dopo cinque anni dalla trascrizione della sentenza impugnata, la sentenza che l'accoglie non pregiudica i diritti acquistati dai terzi di buona fede in base a un atto trascritto o iscritto anteriormente alla trascrizione della domanda (att. c. 226, 227, 231).

2. Alla domanda giudiziale è equiparato l'atto notificato con il quale la parte, in presenza di compromesso (p.c. 806) o di clausola compromissoria (p.c. 808), dichiara all'altra la propria intenzione di promuovere il procedimento arbitrale, propone la domanda e procede, per quanto le spetta, alla nomina degli arbitri (2).

(1) Ma v. art. 17.3, l. 28 febbraio 1985, n. 47, secondo cui la sentenza che accerta la nullità degli atti di trasferimento di edifici perché da essi non risultano gli estremi della concessione «non pregiudica i diritti di garanzia o di servitù acquisiti in base ad un atto iscritto o trascritto anteriormente alla trascrizione della domanda diretta a far accertare la nullità degli atti».

(2) Comma così aggiunto dell'art. 26.1, l. 5 gennaio 1994, n. 25.

2653. *Altre domande e atti soggetti a trascrizione a diversi effetti.* — *1.* Devono parimenti essere trascritti (c. 2654, 2668, 2691; att. c. 225 ss.):

1) le domande dirette a rivendicare la proprietà o altri diritti reali di godimento su beni immobili e le domande dirette all'accertamento dei diritti stessi (c. 948, 949, 1079).

La sentenza pronunziata contro il convenuto indicato nella trascrizione della domanda ha effetto anche contro coloro che hanno acquistato diritti dal medesimo in base a un atto trascritto dopo la trascrizione della domanda (c. 2644);

2) la domanda di devoluzione del fondo enfiteutico (c. 972, 2655[2]).

La pronunzia di devoluzione ha effetto anche nei confronti di coloro che hanno acquistato diritti dall'enfiteuta in base a un atto trascritto posteriormente alla trascrizione della domanda (c. 974[2]);

3) le domande e le dichiarazioni di riscatto (c. 1503) nella vendita di beni immobili.

Se la trascrizione di tali domande o dichiarazioni è eseguita dopo sessanta giorni dalla scadenza del termine per l'esercizio del riscatto, restano salvi i diritti acquistati dai terzi dopo la scadenza del termine medesimo in base a un atto trascritto o iscritto anteriormente alla trascrizione della domanda o della dichiarazione (att. c. 227);

4) le domande di separazione degli immobili dotali (c. 166-*II*) e quelle di scioglimento della comunione tra coniugi avente per oggetto beni immobili (c. 2647).

La sentenza che pronunzia la separazione o lo scioglimento non ha effetto a danno dei terzi che, anteriormente alla trascrizione della domanda, hanno validamente acquistato dal marito (c. 180) diritti relativi a beni dotali (c. 166-*II*) o a beni della comunione;

5) gli atti e le domande che interrompono il corso dell'usucapione di beni immobili (c. 1165, 2943 ss.).

L'interruzione non ha effetto riguardo ai terzi che hanno acquistato diritti dal possessore in base a un atto trascritto o iscritto, se non dalla data della trascrizione dell'atto o della domanda (att. c. 226, 231).

2. Alla domanda giudiziale è equiparato l'atto notificato con il quale la parte, in presenza di compromesso (p.c. 806) o di clausola compromissoria (p.c. 808), dichiara all'altra la propria intenzione di promuovere il procedimento arbitrale, propone la domanda e procede, per quanto le spetta, alla nomina degli arbitri (1).

2654. *Annotazione di domande o atti soggetti a trascrizione.* — *1.* La trascrizione degli atti e delle domande indicate dai due articoli precedenti dev'essere anche annotata in margine alla trascrizione o iscrizione, quando si riferisce a un atto trascritto o iscritto (c. 2655, 2668, 2692).

2655. *Annotazione di atti e di sentenze.* — *1.* Qualora un atto trascritto o iscritto sia dichiarato nullo (c. 1418 ss.) o sia annullato (c. 1425 ss.), risoluto (c. 1453 ss.), rescisso (c. 1447 ss.) o revocato (c. 2901 ss.) o sia soggetto a condizione risolutiva (c. 1360), la dichiarazione di nullità e, rispettivamente, l'annullamento, la risoluzione, la rescissione, la revocazione, l'avveramento della condizione devono annotarsi in margine alla trascrizione o all'iscrizione dell'atto (c. 2692[2], 2896).

2. Si deve del pari annotare, in margine alla trascrizione della relativa domanda (c. 2653 n. 2), la sentenza di devoluzione del fondo enfiteutico (c. 972).

3. Se tali annotazioni non sono eseguite, non producono effetto le successive trascrizioni o iscrizioni a carico di colui che ha ottenuto la dichiarazione di nullità o l'annullamento, la risoluzione, la rescissione, la revoca o la devoluzione o a favore del quale si è avverata la condizione. Eseguita l'annotazione, le trascrizioni o iscrizioni già compiute hanno il loro effetto secondo l'ordine rispettivo (c. 2650, 2692[2]; att. c. 225).

4. L'annotazione si opera in base alla sentenza o alla convenzione da cui risulta uno dei fatti sopra indicati; se si tratta di condizione, può eseguirsi in virtù della dichiarazione unilaterale del contraente in danno del quale la condizione stessa si è verificata (c. 2692[2]).

2656. *Forme per l'annotazione.* — *1.* L'annotazione si esegue secondo le norme stabilite dagli articoli seguenti per la trascrizione, in quanto applicabili (c. 2692).

2657. *Titolo per la trascrizione.* — *1.* La trascrizione (c. 2674[1]) non si può eseguire se non in forza di sentenza (p.c. 132, 586[3], 825[3]), di atto pubblico (c. 2699) o di scrittura privata con sottoscrizione autenticata (c. 2703) o accertata giudizialmente (p.c. 215 ss.) (2).

2. Le sentenze e gli atti eseguiti in paese estero (3), devono essere legalizzati.

(1) Comma così aggiunto dall'art. 26.2, l. 5 gennaio 1994, n. 25.
(2) Sull'individuazione catastale degli immobili trasferiti, v. artt. 3 e 4, d.p.r. 26 ottobre 1972, n. 650.
(3) Art. 64 ss., l. 31 maggio 1995, n. 218, in *Leggi coll. I, 1.*

2658. *Atti da presentare al conservatore*. — *1.* La parte che domanda la trascrizione del titolo deve presentarne al conservatore dei registri immobiliari copia autenticata, se si tratta di atti pubblici o di sentenze, e, se si tratta di scritture private, deve presentare l'originale (c. 2648[4]), salvo che questo si trovi depositato in un pubblico archivio o negli atti di un notaio. In questo caso basta la presentazione di una copia autenticata dall'archivista o dal notaio, dalla quale risulti che la scrittura ha i requisiti indicati dall'articolo precedente.

2. Per la trascrizione di una domanda giudiziale occorre presentare copia autentica del documento che la contiene, munito della relazione di notifica (p.c. 148) alla controparte.

2659. *Nota di trascrizione*. — *1.* Chi domanda la trascrizione di un atto tra vivi deve presentare al conservatore dei registri immobiliari, insieme con la copia del titolo, una nota in doppio originale, nella quale devono essere indicati (c. 2665, 2669[2]):

1) il cognome e il nome, il luogo e la data di nascita e il numero di codice fiscale delle parti, nonché il regime patrimoniale delle stesse, se coniugate, secondo quanto risulta da loro dichiarazione resa nel titolo o da certificato dell'ufficiale di stato civile; la denominazione o la ragione sociale, la sede e il numero di codice fiscale delle persone giuridiche, delle società previste dai capi II, III e IV del titolo V del libro quinto e delle associazioni non riconosciute, con l'indicazione, per queste ultime e per le società semplici, anche delle generalità delle persone che le rappresentano secondo l'atto costitutivo. Per i condominii devono essere indicati l'eventuale denominazione, l'ubicazione e il codice fiscale (1);

2) il titolo di cui si chiede la trascrizione e la data del medesimo;

3) il cognome e il nome del pubblico ufficiale che ha ricevuto l'atto o autenticato le firme, o l'autorità giudiziaria che ha pronunziato la sentenza;

4) la natura e la situazione dei beni a cui si riferisce il titolo, con le indicazioni richieste dall'art. 2826, nonché, nel caso previsto dall'art. 2645-*bis*, comma 4, la superficie e la quota espressa in millesimi di cui a quest'ultima disposizione (2).

2. Se l'acquisto, la rinunzia o la modificazione del diritto sono sottoposti a termine o a condizione, se ne deve fare menzione nella nota di trascrizione. Tale menzione non è necessaria se, al momento in cui l'atto si trascrive, la condizione sospensiva si è verificata o la condizione risolutiva è mancata ovvero il termine iniziale è scaduto (c. 2660[2] n. 6, 2668[3]) (3).

2660. *Trascrizione degli acquisti a causa di morte*. — *1.* Chi domanda la trascrizione di un acquisto a causa di morte deve presentare, oltre l'atto indicato dall'art. 2648, il certificato di morte dell'autore della successione e una copia o un estratto autentico del testamento, se l'acquisto segue in base a esso (c. 2674; nav. 254).

2. Deve anche presentare una nota in doppio originale con le seguenti indicazioni (c. 2665):

1) il cognome e il nome, il luogo e la data di nascita dell'erede o legatario e del defunto (4);

2) la data di morte;

3) se la successione è devoluta per legge (c. 565 ss.), il vincolo che univa all'autore il chiamato e la quota a questo spettante;

4) se la successione è devoluta per testamento (c. 587 ss.), la forma e la data del medesimo, il nome del pubblico ufficiale che l'ha ricevuto o che l'ha in deposito;

5) la natura e la situazione dei beni con le indicazioni richieste dall'art. 2826;

6) la condizione o il termine, qualora siano apposti alla disposizione testamentaria, salvo il caso contemplato dal secondo comma del precedente articolo, nonché la sostituzione fidecommissaria, qualora sia stata disposta a norma dell'art. 692.

2661. *Ulteriori trascrizioni in base allo stesso titolo*. — *1.* Quando si domanda la trascrizione di un acquisto a causa di morte e per la stessa successione è stato già trascritto altro acquisto in base allo stesso titolo, basta presentare l'atto di accettazione (c. 475) se si tratta di acquisto a titolo di erede. Deve essere anche indicata la trascrizione anteriormente eseguita, se si tratta dello stesso ufficio, e, se si tratta di ufficio di-

(1) Le parole «. Per i condominii devono essere indicati l'eventuale denominazione, l'ubicazione e il codice fiscale» sono state aggiunte dall'art. 17, l. 11 dicembre 2012, n. 220.

(2) Numero così sostituito dall'art. 3.2, d.l. 31 dicembre 1996, n. 669, conv. in l. 28 febbraio 1997, n. 30.

(3) Articolo così sostituito dall'art. 1, l. 27 febbraio 1985, n. 52. V. d.m. 5 luglio 1986 in G.U., 24 luglio 1986, n. 170. Per l'indicazione del codice fiscale, nelle note di trascrizione relative ad atti *mortis causa*, del *de cuius* e degli eredi o legatari v. d.m. 7 giugno 1986, in G.U., 12 giugno 1986, n. 134. Per la presentazione di note su supporto informatico v. d.m. 9 gennaio 1990, in suppl. ord. G.U., 1° febbraio 1990, n. 26, e per il servizio telematico, d.m. 10 ottobre 1992, in G.U., 16 dicembre 1992, n. 295.

(4) Numero così sostituito dall'art. 2, l. 27 febbraio 1985, n. 52.

verso, deve essere presentato il certificato della trascrizione medesima.

2. Se chi ha trascritto anteriormente ha presentato un estratto del testamento, alla domanda di nuova trascrizione deve essere allegato, qualora occorra, un altro estratto o la copia dell'intero testamento (nav. 254).

2662. *Trascrizione di acquisti a causa di morte in luogo di altri chiamati*. — *1.* Qualora l'acquisto a causa di morte si colleghi alla rinunzia (c. 519 ss.) o alla morte di uno dei chiamati (c. 467), chi domanda la trascrizione deve presentare il documento comprovante la morte o la rinunzia, facendone menzione nella nota (c. 2660[2]).

2. Se invece l'acquisto dipende da altra ragione che impedisce ad alcuno dei chiamati di succedere (c. 70, 463), non è necessario esibire un documento che giustifichi la ragione stessa, ma il richiedente risponde dei danni, quando le sue dichiarazioni non corrispondono a verità.

3. Qualora alcuna delle cause di impedimento sopra indicate si sia constatata dopo la trascrizione dell'acquisto a causa di morte, essa si annota (c. 2655) in margine alla trascrizione stessa, purché risulti da regolare documento (nav. 254).

2663. *Ufficio in cui deve farsi la trascrizione*. — *1.* La trascrizione deve essere fatta presso ciascun ufficio dei registri immobiliari nella cui circoscrizione sono situati i beni (c. 484[2]).

2664. *Conservazione dei titoli. Trascrizione e restituzione della nota*. — *1.* Il conservatore dei registri immobiliari deve custodire negli archivi, in appositi volumi, i titoli che gli sono consegnati e deve inserire, con numerazione progressiva annuale, nella raccolta delle note costituente il registro particolare delle trascrizioni uno degli originali della nota (c. 2659), indicandovi il giorno della consegna del titolo e il numero d'ordine assegnato nel registro generale (c. 2678) (1).

2. Il conservatore deve restituire al richiedente uno degli originali della nota, nel quale deve certificare l'eseguita trascrizione con le indicazioni sopra accennate (c. 2840[2]).

2665. *Omissioni o inesattezze nelle note*. — *1.* L'omissione o l'inesattezza di alcuna delle indicazioni richieste nelle note menzionate negli artt. 2659 e 2660 non nuoce alla validità della trascrizione, eccetto che induca incertezza sulle persone, sul bene o sul rapporto giuridico, a cui si riferisce l'atto o, rispettivamente, la sentenza o la domanda (c. 2652 n. 6).

2666. *Limiti soggettivi dell'efficacia della trascrizione*. — *1.* La trascrizione, da chiunque si faccia, giova a tutti coloro che vi hanno interesse.

2667. *Atti compiuti per persona incapace*. — *1.* I rappresentanti di persone incapaci e coloro che hanno prestato assistenza alle medesime (c. 320, 321, 357, 394, 424) devono curare che si esegua la trascrizione degli atti, delle sentenze o delle domande giudiziali che sono soggetti a trascrizione e rispetto ai quali essi hanno esercitato il loro ufficio.

2. La mancanza della trascrizione può anche essere opposta ai minori (c. 2), agli interdetti (c. 414 ss.) e a qualsiasi altro incapace (c. 415 ss.), salvo ai medesimi il regresso contro i tutori, gli amministratori o i curatori che avevano l'obbligo della trascrizione.

3. La mancanza della trascrizione non può essere opposta dalle persone che avevano l'obbligo di eseguirla per i propri rappresentati o amministrati, né dai loro eredi.

2668. *Cancellazione della trascrizione*. — *1.* La cancellazione della trascrizione delle domande enunciate dagli artt. 2652 e 2653 e delle relative annotazioni (c. 2654) si esegue quando è debitamente consentita dalle parti interessate ovvero è ordinata giudizialmente con sentenza passata in giudicato (p.c. 324, 586[3]) (2).

2. Deve essere giudizialmente ordinata, qualora la domanda sia rigettata o il processo sia estinto per rinunzia o per inattività delle parti (p.c. 306, 307, 562[2]).

3. Si deve cancellare l'indicazione della condizione o del termine negli atti trascritti, quando l'avveramento o la mancanza della condizione ovvero la scadenza del termine risulta da sentenza o da dichiarazione, anche unilaterale, della parte, in danno della quale la condizione sospensiva si è verificata o la condizione risolutiva è mancata ovvero il termine iniziale è scaduto (c. 2659[2]).

4. Si deve cancellare la trascrizione dei contratti preliminari quando la cancellazione è debitamente consentita dalle parti interessate ovvero è ordinata giudizialmente con sentenza passata in giudicato (3).

2668-*bis*. *Durata dell'efficacia della trascrizione della domanda giudiziale*. — *1.* La trascrizio-

(1) Comma così sostituito dall'art. 3, l. 27 febbraio 1985, n. 52. V. art. 11, d.m. 10 ottobre 1992, in G.U., 16 dicembre 1992, n. 295.

(2) Sulla cancellazione in caso di vendita di beni in sede di liquidazione coatta amministrativa degli enti cooperativi, v. art. 5, l. 17 luglio 1975, n. 400.

(3) Comma aggiunto dall'art. 3.1-*bis*, d.l. 31 dicembre 1996, n. 669, conv. in l. 28 febbraio 1997, n. 30.

ne della domanda giudiziale conserva il suo effetto per venti anni dalla sua data. L'effetto cessa se la trascrizione non è rinnovata prima che scada detto termine.

2. Per ottenere la rinnovazione si presenta al conservatore una nota in doppio originale conforme a quella della precedente trascrizione, in cui si dichiara che si intende rinnovare la trascrizione originaria.

3. In luogo del titolo si può presentare la nota precedente.

4. Il conservatore deve osservare le disposizioni dell'art. 2664.

5. Se al tempo della rinnovazione gli immobili a cui si riferisce il titolo risultano dai registri delle trascrizioni passati agli eredi o aventi causa di colui contro il quale venne eseguita la formalità, la rinnovazione deve essere fatta anche nei confronti degli eredi o aventi causa e la nota deve contenere le indicazioni stabilite dall'art. 2659, se queste risultano dai registri medesimi (1).

2668-*ter*. *Durata dell'efficacia della trascrizione del pignoramento immobiliare e del sequestro conservativo sugli immobili*. — *1.* Le disposizioni di cui all'art. 2668-*bis* si applicano anche nel caso di trascrizione del pignoramento immobiliare e del sequestro conservativo sugli immobili (1).

2669. *Trascrizione anteriore al pagamento dell'imposta di registro*. — *1.* La trascrizione può essere domandata, quantunque non sia stata ancora pagata l'imposta di registro a cui è soggetto il titolo, se si tratta di atto pubblico (c. 2699) ricevuto nello Stato o di sentenza pronunziata da un'autorità giudiziaria dello Stato (p.c. 132, 586³, 825³) (2).

2. .... (3).

2670. *Spese della trascrizione*. — *1.* Le spese della trascrizione devono essere anticipate da chi la domanda, salvo il diritto al rimborso verso l'interessato.

2. Se più sono gli interessati, ciascuno di essi deve rimborsare la persona che ha eseguito la trascrizione della parte di spesa corrispondente alla quota per cui è interessato (c. 1314).

2671. *Obbligo dei pubblici ufficiali*. — *1.* Il notaio o altro pubblico ufficiale che ha ricevuto o autenticato l'atto soggetto a trascrizione ha l'obbligo di curare che questa venga eseguita nel più breve tempo possibile, ed è tenuto al risarcimento dei danni in caso di ritardo, salva l'applicazione delle pene pecuniarie previste dalle leggi speciali, se lascia trascorrere trenta giorni dalla data dell'atto ricevuto o autenticato (4).

2. Rimangono ferme le disposizioni delle leggi speciali che stabiliscono a carico di altre persone l'obbligo di richiedere la trascrizione di determinati atti e le relative sanzioni (p.c. 555) (5).

2672. *Leggi speciali*. — *1.* Sono salve le disposizioni delle leggi speciali che richiedono la trascrizione di atti non contemplati dal presente capo (6) e le altre disposizioni che non sono incompatibili con quelle contenute nel capo medesimo (c. 484², 507², 509², 854²; p.c. 555, 679).

(1) Articolo inserito dall'art. 62, l. 18 giugno 2009, n. 69. L'art. 58.4, l. cit., così dispone: «La trascrizione della domanda giudiziale, del pignoramento immobiliare e del sequestro conservativo sugli immobili eseguita venti anni prima dell'entrata in vigore della presente legge o in un momento ancora anteriore conserva il suo effetto se rinnovata ai sensi degli articoli 2668-*bis* e 2668-*ter* del codice civile entro dodici mesi dalla data di entrata in vigore della presente legge».

(2) Sul rilascio di copie di atti non registrati, ai fini della trascrizione, v. art. 65.5, d.p.r. 26 aprile 1986, n. 131.

(3) Comma abrogato dall'art. 30, l. 27 febbraio 1985, n. 52.

(4) L'art. unico, l. 13 marzo 1980, n. 73, come sostituito dall'art. 6, d.lg. 29 dicembre 1992, n. 516, dispone: «1. Per gli atti ricevuti od autenticati all'estero, i termini di cui all'art. 2671 del c.c. decorrono dalla data del deposito effettuato a norma dell'art. 106, n. 4 della l. 16 febbraio 1913, n. 89. || 2. Per gli atti ricevuti o autenticati all'estero per i quali sia prevista la pubblicità nel registro delle imprese, i termini decorrono dalla data stabilita nel comma 1, ma il deposito per l'iscrizione deve avvenire entro il quarantacinquesimo giorno successivo al compimento dell'atto». L'art. 106, n. 4 cit., come sostituito dall'art. 3, d.l. 31 dicembre 1996, n. 669, conv. in l. 28 febbraio 1997, n. 30, prevede: «Nell'archivio notarile distrettuale sono depositati e conservati (...) gli originali e le copie degli atti pubblici rogati e delle scritture private autenticate in Stato estero prima di farne uso nel territorio dello Stato italiano, sempre che non siano già depositati presso un notaio esercente in Italia».

Sull'obbligo del notaio o altro pubblico ufficiale di versare su apposito conto corrente dedicato gli importi relativi ai propri atti, e sullo svincolo eseguita la registrazione e la pubblicità dell'atto e verificata l'assenza di formalità pregiudizievoli v. art. 1.63-67, l. 27 dicembre 2013, n. 147.

(5) Sull'obbligo di trascrizione ai fini fiscali, v. d.lg. 31 ottobre 1990, n. 347.

(6) V. artt. 18, 22, 42, r.d. 29 giugno 1927, n. 1443; art. 2, l. 3 giugno 1940, n. 1078; art. 11, l. 14 agosto 1971, n. 817, come modificato dall'art. 11, d.lg. 18 maggio 2001, n. 228; art. 15, d.lg. 22 gennaio 2004, n. 42, codice dei beni culturali e del paesaggio, come modificato dall'art. 2.1, d.lg. 26 marzo 2008, n. 62.

CAPO II
DELLA PUBBLICITÀ DEI REGISTRI IMMOBILIARI E DELLA RESPONSABILITÀ DEI CONSERVATORI (1)

2673. *Obblighi del conservatore*. — *1.* Il conservatore dei registri immobiliari deve rilasciare a chiunque ne fa richiesta copia delle trascrizioni, delle iscrizioni e delle annotazioni, o il certificato che non ve ne è alcuna.

2. Deve, altresì, permettere l'ispezione dei suoi registri (c. 2678-2679) nei modi e nelle ore fissate dalla legge (2).

3. Il conservatore deve anche rilasciare copia dei documenti che sono depositati presso di lui in originale o i cui originali sono depositati negli atti di un notaio o in pubblico archivio fuori della circoscrizione del tribunale nella quale ha sede il suo ufficio (c. 2714).

2674. *Divieto di rifiutare gli atti del proprio ufficio*. — *1.* Il conservatore può ricusare di ricevere le note e i titoli (c. 2658 ss.), se non sono in carattere intelligibile e non può riceverli quando il titolo non ha i requisiti stabiliti dagli artt. 2657, 2660, primo comma, 2821, 2835 e 2837 o non è presentato con le modalità previste dall'art. 2658 e quando la nota non contiene le indicazioni prescritte dagli artt. 2659, 2660 e 2839, nn. 1, 3, 4 e 7 (att. c. 113-*II*) (3).

2. In ogni altro caso il conservatore non può ricusare o ritardare di ricevere la consegna dei titoli presentati e di eseguire le trascrizioni, iscrizioni o annotazioni richieste, nonché di spedire le copie o i certificati. Le parti possono far stendere immediatamente verbale del rifiuto o del ritardo da un notaio o da un ufficiale giudiziario assistito da due testimoni (4).

2674-*bis*. *Trascrizione e iscrizione con riserva e impugnazione*. — *1.* Al di fuori dei casi di cui al precedente articolo, qualora emergano gravi e fondati dubbi sulla trascrivibilità di un atto o sulla iscrivibilità di una ipoteca, il conservatore, su istanza della parte richiedente, esegue la formalità con riserva.

2. La parte a favore della quale è stata eseguita la formalità con riserva deve proporre reclamo all'autorità giudiziaria (att. c. 113-*III*) (5).

2675. *Responsabilità del conservatore*. — (6).

2676. *Diversità tra registri, copie e certificati*. — *1.* Nel caso di diversità tra i risultati dei registri e quelli delle copie o dei certificati rilasciati dal conservatore dei registri immobiliari, prevale ciò che risulta dai registri (7).

2677. *Orario per le domande di trascrizione e iscrizione*. — *1.* Il conservatore non può ricevere alcuna domanda di trascrizione o di iscrizione fuorché nelle ore, determinate dalla legge, nelle quali l'ufficio è aperto al pubblico (8).

2678. *Registro generale*. — *1.* Il conservatore è obbligato a tenere un registro generale d'ordine in cui giornalmente deve annotare, secondo l'ordine di presentazione, ogni titolo (c. 2658) che gli è rimesso perché sia trascritto, iscritto o annotato.

2. Questo registro, deve indicare il numero d'ordine, il giorno della richiesta ed il relativo numero di presentazione, la persona dell'esibitore e le persone per cui la richiesta è fatta, i titoli presentati con la nota (c. 2659 ss.), l'oggetto della richiesta, e cioè se questa è fatta per trascrizione, per iscrizione o per annotazione, e

(1) Sulla introduzione di un sistema di elaborazione automatica nelle conservatorie dei registri immobiliari v. l. 27 febbraio 1985, n. 52, d.m. 30 luglio 1985, in G.U., 5 agosto 1985, n. 183, d.m. 10 ottobre 1992, in G.U., 16 dicembre 1992, n. 295, d.m. 17 luglio 1993, in G.U., 29 luglio 1993, n. 176, d.m. 19 aprile 1994, n. 701, in G.U., 24 dicembre 1994, n. 300, d.m. 10 marzo 1995, in G.U., 4 aprile 1995, n. 79.

Sulla utilizzazione di procedure telematiche per gli adempimenti in materia di registrazione, trascrizione, iscrizione, annotazione e voltura degli atti relativi a diritti sugli immobili v. art. 3-*bis*, d.lg. 18 dicembre 1997, n. 463 e decreto 12 dicembre 2001, in G.U., 22 dicembre 2001, n. 297.

(2) Comma così sostituito dall'art. 4, l. 27 febbraio 1985, n. 52, che all'art. 24, come sostituito da ultimo dall'art. 7-*quater*.38, d.l. 22 ottobre 2016, n. 193, conv. in l. 1° dicembre 2016, n. 225, fissa l'orario per il pubblico nelle conservatorie dalle ore 8,30 alle ore 13 dei giorni feriali, con esclusione del sabato (nell'ultimo giorno lavorativo del mese l'orario è limitato fino alle ore 11).

(3) Comma così sostituito dall'art. 5, l. n. 52/1985.

(4) Comma così sostituito dall'art. 1, l. 21 gennaio 1983, n. 22. In caso di rifiuto o di ritardo del conservatore l'art. 30, l. 25 giugno 1943, n. 540, consente alla parte di valersi del procedimento stabilito dall'art. 745 c.p.c.

(5) Articolo aggiunto dall'art. 7, l. n. 52/1985.

(6) Articolo abrogato dall'art. 2, l. 21 gennaio 1983, n. 22, recante la nuova disciplina della responsabilità dei conservatori dei registri immobiliari.

(7) Articolo così sostituito dall'art. 3, l. 21 gennaio 1983, n. 22.

(8) Articolo così sostituito dall'art. 9, l. 27 febbraio 1985, n. 52. Per gli orari al pubblico delle conservatorie v. nota 2 all'art. 2673.

le persone riguardo alle quali la trascrizione, la iscrizione o l'annotazione si deve eseguire.

3. Appena avvenuta l'accettazione del titolo e della nota, il conservatore ne deve dare ricevuta in carta libera all'esibitore, senza spesa; la ricevuta contiene l'indicazione del numero di presentazione (c. 2664, 2853) (1).

2679. *Altri registri da tenersi dal conservatore.* — *1.* Oltre al registro generale, il conservatore deve tenere, nei modi previsti dall'art. 2664, i registri particolari:

1) per le trascrizioni (c. 2643 ss.);

2) per le iscrizioni (c. 2847 ss.);

3) per le annotazioni (c. 2654, 2655, 2831, 2843).

2. Deve inoltre tenere gli altri registri che sono ordinati dalla legge (2).

2680. *Tenuta del registro generale d'ordine.* — *1.* Il registro generale deve essere vidimato in ogni foglio dal presidente o da un giudice del tribunale nella cui circoscrizione è stabilito l'ufficio, indicando nel relativo processo verbale il numero dei fogli e il giorno in cui sono stati vidimati (3).

2. Questo registro deve essere scritto di seguito, senza spazi in bianco o interlinee e senza aggiunte. Le cancellature di parole devono essere approvate dal conservatore in fine di ciascun foglio con la sua firma e con l'indicazione del numero delle parole cancellate.

3. Il registro, alla fine di ciascun giorno, deve essere chiuso con l'indicazione del numero dei titoli annotati e firmato dal conservatore.

4. In esso si deve rigorosamente osservare la serie delle date, dei fogli e dei numeri d'ordine (4) (5).

2681. *Divieto di rimozione dei registri.* — *1.* I registri sopra indicati non possono essere rimossi dall'ufficio del conservatore, fuorché per ordine di una corte d'appello, qualora ne sia riconosciuta la necessità, e mediante le cautele determinate dalla stessa corte.

2682. *Sanzioni contro il conservatore.* — (6).

CAPO III

Della trascrizione degli atti relativi ad alcuni beni mobili

Sezione I. — *Della trascrizione relativamente alle navi, agli aeromobili e agli autoveicoli*

2683. *Beni per i quali è disposta la pubblicità.* — *1.* Devono essere resi pubblici col mezzo della trascrizione (c. 2657 ss.), osservate le altre forme di pubblicità stabilite dalla legge (nav. 250 ss., 865 ss.), gli atti menzionati negli articoli seguenti, quando hanno per oggetto:

1) le navi e i galleggianti iscritti nei registri indicati dal codice della navigazione (nav. 146 ss.);

2) gli aeromobili iscritti nei registri indicati dallo stesso codice (nav. 753 ss.);

3) gli autoveicoli iscritti nel pubblico registro automobilistico (7).

2684. *Atti soggetti a trascrizione.* — *1.* Sono soggetti alla trascrizione per gli effetti stabiliti dall'art. 2644:

1) i contratti che trasferiscono la proprietà o costituiscono la comunione (c. 2686, 2689, 2690; nav. 250 ss., 865 ss.);

2) i contratti che costituiscono o modificano diritti di usufrutto (c. 978 ss.) o di uso (c. 1021 ss.) o che trasferiscono il diritto di usufrutto (c. 2686, 2689);

3) gli atti tra vivi di rinunzia ai diritti indicati dai numeri precedenti;

4) le transazioni (c. 1965 ss.) che hanno per oggetto controversie sui diritti indicati dai numeri precedenti;

5) i provvedimenti con i quali nel giudizio di espropriazione si trasferiscono la proprietà o gli altri diritti menzionati nei numeri precedenti (nav. 664, 665, 1068);

6) le sentenze che operano la costituzione, la modificazione o il trasferimento di uno dei diritti indicati dai numeri precedenti (c. 2690).

(1) Articolo così sostituito dall'art. 10, l. n. 52/1985. Sulle modalità di trasmissione telematica al procuratore della Repubblica v. d.m. Agenzia del Territorio 10 dicembre 2008, in G.U., 16 dicembre 2008, n. 293.

(2) Articolo così sostituito dall'art. 11, l. n. 52/1985.

(3) L'art. 1.279, l. 24 dicembre 2007, n. 244, così dispone: «In deroga all'art. 2680, primo comma, del codice civile, fino a quando non sarà data attuazione a quanto stabilito dall'art. 61 del codice dell'amministrazione digitale, di cui al d.lg. 7 marzo 2005, n. 82, la vidimazione del registro generale d'ordine viene eseguita dal conservatore».

(4) Articolo così sostituito dall'art. 12, l. 27 febbraio 1985, n. 52.

(5) Sulla tenuta dei registri particolari, v. artt. 1 e 2, l. 23 ottobre 1969, n. 789, e d.m. 13 febbraio 1970, in G.U., 17 marzo 1970, n. 69.

(6) Articolo abrogato dall'art. 2, l. 21 gennaio 1983, n. 22.

(7) R.d. 15 marzo 1927, n. 436; r.d. 29 luglio 1927, n. 1814; art. 94, d.lg. 30 aprile 1992, n. 285, come sostituito dall'art. 17.18, l. 27 dicembre 1997, n. 449.

2685. *Altri atti soggetti a trascrizione.* — *1.* Si devono trascrivere le divisioni e gli altri atti menzionati nell'art. 2646, la costituzione del fondo patrimoniale e gli altri atti menzionati nell'art. 2647, l'accettazione dell'eredità (c. 470 ss., 484[2]) e l'acquisto del legato (c. 649) che importano acquisto dei diritti indicati dai nn. 1 e 2 dell'art. 2684 o liberazione dai medesimi.

2. La trascrizione ha gli effetti stabiliti per i beni immobili (1).

2686. *Sentenze.* — *1.* Devono essere trascritte, agli effetti dell'art. 2644, le sentenze da cui risulta acquistato, modificato o estinto uno dei diritti indicati dai nn. 1 e 2 dell'art. 2684 in forza di un titolo non trascritto.

2687. *Cessione dei beni ai creditori.* — *1.* Deve essere trascritta per gli effetti indicati dall'art. 2649, la cessione che il debitore fa dei suoi beni ai creditori, perché questi procedano alla liquidazione dei medesimi e alla ripartizione del ricavato (c. 1977 ss.; att. c. 231).

2688. *Continuità delle trascrizioni.* — *1.* Nei casi in cui, per le disposizioni precedenti, un atto di acquisto è soggetto a trascrizione, le successive trascrizioni o iscrizioni non producono effetto se non è stato trascritto l'atto anteriore di acquisto (c. 2650).

2. Quando l'atto anteriore di acquisto è stato trascritto, le successive trascrizioni o iscrizioni producono il loro effetto secondo l'ordine rispettivo, salvo il disposto dell'art. 2644.

2689. *Usucapione.* — *1.* Devono essere trascritte le sentenze da cui risulta acquistato per usucapione (c. 1162) uno dei diritti indicati dai nn. 1 e 2 dell'art. 2684.

2690. *Domande relative ad atti soggetti a trascrizione.* — *1.* Devono essere trascritte (c. 2652, 2692), qualora si riferiscano ai diritti menzionati dall'art. 2684:

1) le domande indicate dai nn. 1, 2, 3, 4 e 5 dell'art. 2652 per gli effetti ivi disposti;

2) le domande dirette all'accertamento di uno dei contratti indicati dai nn. 1 e 2 dell'art. 2684 (c. 2686).

La trascrizione della sentenza che accoglie la domanda prevale sulle trascrizioni e iscrizioni eseguite contro il convenuto dopo la trascrizione della domanda;

3) le domande dirette a far dichiarare la nullità (c. 1418 ss.) o a far pronunziare l'annullamento (c. 1441) di atti soggetti a trascrizione e le domande dirette a impugnare la validità della trascrizione.

La sentenza che accoglie la domanda non pregiudica i diritti acquistati a qualunque titolo dai terzi di buona fede in base a un atto trascritto o iscritto anteriormente alla trascrizione della domanda medesima, se questa è stata resa pubblica dopo tre anni dalla data della trascrizione dell'atto che si impugna. Se però la domanda è diretta a far pronunziare l'annullamento per una causa diversa dall'incapacità legale, la sentenza che l'accoglie non pregiudica i diritti acquistati dai terzi di buona fede in base a un atto trascritto o iscritto anteriormente alla trascrizione della domanda, anche se questa è stata trascritta prima che siano decorsi tre anni dalla data della trascrizione dell'atto impugnato, purché in questo caso i terzi abbiano acquistato a titolo oneroso (c. 1445; att. c. 227);

4) le domande con le quali si contesta il fondamento di un acquisto a causa di morte (c. 624).

Salvo quanto è disposto dal secondo e dal terzo comma dell'art. 534, se la domanda è trascritta dopo tre anni dalla data della trascrizione dell'atto impugnato, la sentenza che l'accoglie non pregiudica i terzi di buona fede che, in base a un atto trascritto o iscritto anteriormente alla trascrizione della domanda, hanno a qualunque titolo acquistato diritti da chi appare erede o legatario (att. c. 227);

5) le domande di riduzione delle donazioni e delle disposizioni testamentarie per lesione di legittima (c. 554 ss., 561).

Se la trascrizione è eseguita dopo tre anni dall'apertura della successione, la sentenza che accoglie la domanda non pregiudica i terzi che hanno acquistato a titolo oneroso diritti in base a un atto trascritto o iscritto anteriormente alla trascrizione della domanda (att. c. 227);

6) le domande di revocazione e quelle di opposizione di terzo contro le sentenze soggette a trascrizione per le cause previste dai nn. 1, 2, 3 e 6 dell'art. 395 del codice di procedura civile e dal secondo comma dell'art. 404 dello stesso codice.

Se la domanda è trascritta dopo tre anni dalla trascrizione della sentenza impugnata, la sentenza che l'accoglie non pregiudica i diritti acquistati dai terzi di buona fede in base a un atto trascritto o iscritto anteriormente alla trascrizione della domanda (c. 2692; att. c. 227).

2. Alla domanda giudiziale è equiparato l'atto notificato con il quale la parte, in presenza di compromesso (p.c. 806) o di clausola compromissoria (p.c. 808), dichiara all'altra la propria intenzione di promuovere il procedimento arbitrale, propone la domanda e procede, per quanto le spetta, alla nomina degli arbitri (2).

(1) Articolo così sostituito dall'art. 207, l. 19 maggio 1975, n. 151.
(2) Comma così aggiunto dall'art. 26.3, l. 5 gennaio 1994, n. 25.

2691. *Altre domande e atti soggetti a trascrizione*. — *1.* Devono del pari trascriversi, quando si riferiscono ai beni menzionati nell'art. 2683, le domande e gli atti indicati dai nn. 1, 3, 4 e 5 dell'art. 2653, per gli effetti ivi disposti (c. 2692).

2. Alla domanda giudiziale è equiparato l'atto notificato con il quale la parte, in presenza di compromesso (p.c. 806) o di clausola compromissoria (p.c. 808), dichiara all'altra la propria intenzione di promuovere il procedimento arbitrale, propone la domanda e procede, per quanto le spetta, alla nomina degli arbitri (1).

2692. *Annotazione della trascrizione delle domande e degli atti*. — *1.* La trascrizione delle domande e degli atti indicati dai due articoli precedenti dev'essere anche annotata secondo le modalità stabilite dall'art. 2654.

2. Si osservano inoltre le disposizioni del primo, terzo e quarto comma dell'art. 2655 e quelle dell'art. 2656.

2693. *Trascrizione del pignoramento e del sequestro*. — *1.* Deve essere trascritto, dopo la notificazione, il provvedimento che ordina il sequestro conservativo (p.c. 671 ss.) per gli effetti disposti dall'art. 2906. Si deve trascrivere del pari l'atto di pignoramento (p.c. 518) per gli effetti disposti dagli artt. 2913, 2914, 2915 e 2916.

2694. *Richiamo di altre leggi*. — *1.* Sono salve le disposizioni del codice della navigazione e delle leggi speciali che richiedono la trascrizione di atti non contemplati dal presente capo (nav. 238 ss., 250 ss., 271, 279 ss., 543, 624, 650, 652, 853 ss., 865 ss., 875, 1009, 1045, 1061, 1063) e le altre disposizioni non incompatibili con quelle contenute nel capo medesimo.

2695. *Forme e modalità della trascrizione*. — *1.* Le forme e le modalità delle trascrizioni previste in questo capo sono regolate dal codice della navigazione, per quanto riguarda le navi e gli aeromobili (nav. 250 ss., 865 ss.), e dalla legge speciale per quanto riguarda gli autoveicoli (2).

2. In mancanza, si osservano le norme concernenti la trascrizione degli atti relativi ai beni immobili, in quanto sono applicabili.

Sezione II. — *Della trascrizione relativamente ad altri beni mobili*

2696. *Rinvio*. — *1.* Per gli altri beni mobili per cui è disposta la trascrizione di determinati atti si osservano le disposizioni delle leggi che li riguardano (3).

TITOLO II

Delle prove

CAPO I

Disposizioni generali

2697. *Onere della prova*. — *1.* Chi vuol fare valere un diritto in giudizio deve provare i fatti che ne costituiscono il fondamento (att. c. 233; p.c. 99, 100, 115).

2. Chi eccepisce l'inefficacia di tali fatti ovvero eccepisce che il diritto si è modificato o estinto deve provare i fatti su cui l'eccezione si fonda.

2698. *Patti relativi all'onere della prova*. — *1.* Sono nulli i patti con i quali è invertito ovvero è modificato l'onere della prova, quando si tratta di diritti di cui le parti non possono disporre o quando l'inversione o la modificazione ha per effetto di rendere a una delle parti eccessivamente difficile l'esercizio del diritto (c. 1694).

CAPO II

Della prova documentale

Sezione I. — *Dell'atto pubblico*

2699. *Atto pubblico*. — *1.* L'atto pubblico è il documento redatto, con le richieste formalità (4), da un notaio (5) o da altro pubblico ufficiale autorizzato ad attribuirgli pubblica fede nel luogo dove l'atto è formato (6).

2700. *Efficacia dell'atto pubblico*. — *1.* L'atto pubblico fa piena prova, fino a querela di falso (p.c. 221 ss.), della provenienza del documento

(1) Comma così aggiunto dall'art. 26.4, l. 5 gennaio 1994, n. 25.
(2) V. r.d.l. 15 marzo 1927, n. 436, e r.d. 29 luglio 1927, n. 1814.
(3) Art. 103 ss., l. 22 aprile 1941, n. 633, in *Leggi coll. XIX, 1*. Per la trascrizione nel pubblico registro per la cinematografia v. art. 3 ss., d.p.c.m. 8 aprile 1998, n. 163.
(4) Sulla redazione degli atti pubblici v. art. 7, d.p.r. 28 dicembre 2000, n. 445.
(5) V. art. 47 ss., l. 16 febbraio 1913, n. 89, come modificati dall'art. 12.1, l. 28 novembre 2005, n. 246, in *Leggi coll. XXIII, 1*.
(6) V. la convenzione riguardante l'abolizione della legalizzazione di atti pubblici stranieri, firmata a L'Aja il 5 ottobre 1961 (l. 20 dicembre 1966, n. 1253) in vigore dall'11 febbraio 1978.

dal pubblico ufficiale che lo ha formato, nonché delle dichiarazioni delle parti e degli altri fatti che il pubblico ufficiale attesta avvenuti in sua presenza o da lui compiuti (nav. 178, 775).

2701. *Conversione dell'atto pubblico*. — *1.* Il documento formato da ufficiale pubblico incompetente o incapace ovvero senza l'osservanza delle formalità prescritte, se è stato sottoscritto dalle parti, ha la stessa efficacia probatoria della scrittura privata (c. 2702).

Sezione II. — *Della scrittura privata*

2702. *Efficacia della scrittura privata*. — *1.* La scrittura privata fa piena prova, fino a querela di falso (p.c. 221 ss.), della provenienza delle dichiarazioni da chi l'ha sottoscritta, se colui contro il quale la scrittura è prodotta ne riconosce la sottoscrizione, ovvero se questa è legalmente considerata come riconosciuta (c. 2703; p.c. 215; nav. 178, 775).

2703. *Sottoscrizione autenticata*. — *1.* Si ha per riconosciuta la sottoscrizione autenticata dal notaio o da altro pubblico ufficiale a ciò autorizzato (1).

2. L'autenticazione consiste nell'attestazione da parte del pubblico ufficiale che la sottoscrizione è stata apposta in sua presenza. Il pubblico ufficiale deve previamente accertare l'identità della persona che sottoscrive.

2704. *Data della scrittura privata nei confronti dei terzi*. — *1.* La data della scrittura privata della quale non è autenticata la sottoscrizione non è certa e computabile riguardo ai terzi, se non dal giorno in cui la scrittura è stata registrata (2) o dal giorno della morte o della sopravvenuta impossibilità fisica di colui o di uno di coloro che l'hanno sottoscritta o dal giorno in cui il contenuto della scrittura è riprodotto in atti pubblici (c. 2699) o, infine, dal giorno in cui si verifica un altro fatto che stabilisca in modo egualmente certo l'anteriorità della formazione del documento.

2. La data della scrittura privata che contiene dichiarazioni unilaterali non destinate a persona determinata può essere accertata con qualsiasi mezzo di prova.

3. Per l'accertamento della data nelle quietanze (c. 1199) il giudice, tenuto conto delle circostanze, può ammettere qualsiasi mezzo di prova.

2705. *Telegramma*. — *1.* Il telegramma ha l'efficacia probatoria della scrittura privata (c. 2702), se l'originale consegnato all'ufficio di partenza è sottoscritto dal mittente, ovvero se è stato consegnato o fatto consegnare dal mittente medesimo, anche senza sottoscriverlo (p.c. 634[1]).

2. La sottoscrizione può essere autenticata da notaio (c. 2703).

3. Se l'identità della persona che ha sottoscritto l'originale del telegramma è stata accertata nei modi stabiliti dai regolamenti, è ammessa la prova contraria.

4. Il mittente può fare indicare nel telegramma se l'originale è stato firmato con o senza autenticazione.

2706. *Conformità tra originale e riproduzione del telegramma*. — *1.* La riproduzione del telegramma consegnata al destinatario si presume, fino a prova contraria, conforme all'originale.

2. Il mittente, se ha fatto collazionare il telegramma secondo le disposizioni dei regolamenti, si presume esente da colpa per le divergenze verificatesi tra originale e riproduzione.

2707. *Carte e registri domestici*. — *1.* Le carte e i registri domestici fanno prova contro chi li ha scritti:

1) quando enunciano espressamente un pagamento ricevuto;

2) quando contengono la menzione espressa che l'annotazione è stata fatta per supplire alla mancanza di titolo in favore di chi è indicato come creditore.

2708. *Annotazione in calce, in margine o a tergo di un documento*. — *1.* L'annotazione fatta dal creditore in calce, in margine o a tergo di un documento rimasto in suo possesso fa prova, benché non sottoscritta da lui, se tende ad accertare la liberazione del debitore.

2. Lo stesso valore ha l'annotazione fatta dal creditore in calce, in margine o a tergo di una quietanza o di un esemplare del documento del debito posseduto dal debitore.

Sezione III. — *Delle scritture contabili delle imprese soggette a registrazione*

2709. *Efficacia probatoria contro l'imprenditore*. — *1.* I libri e le altre scritture contabili (c. 2214 ss., 2421) delle imprese soggette a registrazione (c. 2195) fanno prova contro l'imprenditore (p.c. 634[2]). Tuttavia chi vuol trarne vantaggio non può scinderne il contenuto (nav. 178).

2710. *Efficacia probatoria tra imprenditori*. —

(1) Il processo verbale di conciliazione redatto dal capo di ufficio consolare all'estero ha efficacia di scrittura privata riconosciuta in giudizio: art. 36, d.lg. 3 febbraio 2011, n. 71.

(2) Art. 17, d.p.r. 26 aprile 1986, n. 131, e successive modificazioni.

1. I libri bollati e vidimati nelle forme di legge (c. 2214 ss.), quando sono regolarmente tenuti (c. 2219), possono fare prova tra imprenditori (c. 2082) per i rapporti inerenti all'esercizio dell'impresa (p.c. 634[2]).

2711. *Comunicazione ed esibizione*. — *1.* La comunicazione integrale dei libri, delle scritture contabili e della corrispondenza può essere ordinata dal giudice solo nelle controversie relative allo scioglimento della società (c. 2272, 2308, 2323, 2484, 2545 -*XII*), alla comunione dei beni (c. 1100 ss.) e alla successione per causa di morte (c. 456 ss.).

2. Negli altri casi il giudice può ordinare, anche d'ufficio, che si esibiscano i libri per estrarne le registrazioni concernenti la controversia in corso (p.c. 212[2]). Può ordinare altresì l'esibizione di singole scritture contabili, lettere, telegrammi o fatture concernenti la controversia stessa.

Sezione IV. — *Delle riproduzioni meccaniche*

2712. *Riproduzioni meccaniche*. — *1.* Le riproduzioni fotografiche, informatiche (1) o cinematografiche, le registrazioni fonografiche e, in genere, ogni altra rappresentazione meccanica di fatti e di cose formano piena prova dei fatti e delle cose rappresentate, se colui contro il quale sono prodotte non ne disconosce la conformità ai fatti o alle cose medesime (p.c. 261).

Sezione V. — *Delle taglie o tacche di contrassegno*

2713. *Taglie o tacche di contrassegno*. — *1.* Le taglie o tacche di contrassegno corrispondenti al contrassegno di riscontro formano piena prova tra coloro che usano provare in tal modo le somministrazioni che fanno o ricevono al minuto.

Sezione VI. — *Delle copie degli atti* (2)

2714. *Copie di atti pubblici*. — *1.* Le copie di atti pubblici (c. 2699) spedite nelle forme prescritte da depositari pubblici autorizzati (c. 2673[3]) fanno fede come l'originale (p.c. 212[1]).

2. La stessa fede fanno le copie di copie di atti pubblici originali, spedite da depositari pubblici di esse, a ciò autorizzati.

2715. *Copie di scritture private originali depositate*. — *1.* Le copie delle scritture private depositate presso pubblici uffici e spedite da pubblici depositari autorizzati hanno la stessa efficacia della scrittura originale da cui sono estratte (c. 2702; p.c. 212[1]).

2716. *Mancanza dell'atto originale o di copia depositata*. — *1.* In mancanza dell'originale dell'atto pubblico (c. 2699) o di una copia di esso (c. 2714) presso un pubblico depositario, le copie spedite in conformità dell'art. 2714 fanno piena prova; ma se tali copie, o anche la copia esistente presso un pubblico depositario quando manca l'originale, presentano cancellature, abrasioni, intercalazioni o altri difetti esteriori, è rimesso al giudice di apprezzarne l'efficacia probatoria.

2. In mancanza dell'originale scrittura privata (c. 2702), le copie di essa spedite in conformità dell'art. 2715 fanno egualmente prova; ma se presentano cancellature, abrasioni, intercalazioni o altri difetti esteriori, è rimesso parimenti al giudice di apprezzarne l'efficacia probatoria. Resta in ogni caso salva la questione circa l'autenticità dell'originale mancante.

2717. *Valore probatorio di altre copie*. — *1.* Le copie rilasciate da pubblici ufficiali fuori dei casi contemplati dagli articoli precedenti hanno l'efficacia di un principio di prova per iscritto.

2718. *Valore probatorio di copie parziali*. — *1.* Le copie parziali o le riproduzioni per estratto, rilasciate nella forma prescritta da pubblici ufficiali che ne sono depositari e sono debitamente autorizzati, fanno piena prova solo per quella parte dell'originale che riproducono letteralmente (p.c. 212[1]).

2719. *Copie fotografiche di scritture*. — *1.* Le copie fotografiche di scritture hanno la stessa efficacia delle autentiche, se la loro conformità con l'originale è attestata da pubblico ufficiale competente ovvero non è espressamente disconosciuta (p.c. 212).

Sezione VII. — *Degli atti di ricognizione o di rinnovazione*

2720. *Efficacia probatoria*. — *1.* L'atto di ricognizione (c. 969, 1870, 1988) o di rinnovazione fa piena prova delle dichiarazioni contenute nel documento originale, se non si dimostra, producendo quest'ultimo, che vi è stato errore nella ricognizione o nella rinnovazione.

(1) La parola «, informatiche» è stata inserita dall'art. 23-*quater*, d.lg. 7 marzo 2005, n. 82 (in *Leggi coll. IV, 4*), come inserito dall'art. 16.2, d.lg. 30 dicembre 2010, n. 235.

(2) Sulla formazione e autentificazione di copie v. art. 18, d.p.r. 28 dicembre 2000, n. 445.

CAPO III

DELLA PROVA TESTIMONIALE

2721. *Ammissibilità: limiti di valore*. — *1.* La prova per testimoni (p.c. 244 ss.) dei contratti non è ammessa quando il valore dell'oggetto eccede le lire cinquemila [euro 2,58] (c. 1417, 2729^{2}, 2735; att. c. 233; p.c. 421^{2}, 621).

2. Tuttavia l'autorità giudiziaria può consentire la prova oltre il limite anzidetto, tenuto conto della qualità delle parti, della natura del contratto e di ogni altra circostanza.

2722. *Patti aggiunti o contrari al contenuto di un documento*. — *1.* La prova per testimoni non è ammessa (c. 2724, 2729^{2}) se ha per oggetto patti aggiunti o contrari al contenuto di un documento, per i quali si alleghi che la stipulazione è stata anteriore o contemporanea.

2723. *Patti posteriori alla formazione del documento*. — *1.* Qualora si alleghi che, dopo la formazione di un documento, è stato stipulato un patto aggiunto o contrario al contenuto di esso, l'autorità giudiziaria può consentire la prova per testimoni soltanto se, avuto riguardo alla qualità delle parti, alla natura del contratto e a ogni altra circostanza, appare verosimile che siano state fatte aggiunte o modificazioni verbali (c. 2729^{2}).

2724. *Eccezioni al divieto della prova testimoniale*. — *1.* La prova per testimoni è ammessa in ogni caso:

1) quando vi è un principio di prova per iscritto: questo è costituito da qualsiasi scritto, proveniente dalla persona contro la quale è diretta la domanda o dal suo rappresentante, che faccia apparire verosimile il fatto allegato (c. 241, 2717);

2) quando il contraente è stato nell'impossibilità morale o materiale di procurarsi una prova scritta;

3) quando il contraente ha senza sua colpa perduto il documento che gli forniva la prova (c. 2725).

2725. *Atti per i quali è richiesta la prova per iscritto o la forma scritta*. — *1.* Quando, secondo la legge o la volontà delle parti (c. 1352), un contratto deve essere provato per iscritto (c. 1659^{2}, 1846, 1888^{1}, 1919^{2}, 1928^{1}, 1967, 2556^{1}, 2581^{2}, 2596^{1}), la prova per testimoni è ammessa soltanto nel caso indicato dal n. 3 dell'art. precedente (c. 2729^{2}).

2. La stessa regola si applica nei casi in cui la forma scritta è richiesta sotto pena di nullità (c. 1350 ss.).

2726. *Prova del pagamento e della remissione*. — *1.* Le norme stabilite per la prova testimoniale dei contratti si applicano anche al pagamento e alla remissione del debito (c. 1199, 1236 ss.).

CAPO IV

DELLE PRESUNZIONI

2727. *Nozione*. — *1.* Le presunzioni sono le conseguenze che la legge o il giudice (c. 2729) trae da un fatto noto per risalire a un fatto ignorato.

2728. *Prova contro le presunzioni legali*. — *1.* Le presunzioni legali dispensano da qualunque prova coloro a favore dei quali esse sono stabilite.

2. Contro le presunzioni sul fondamento delle quali la legge dichiara nulli certi atti o non ammette l'azione in giudizio non può essere data prova contraria, salvo che questa sia consentita dalla legge stessa.

2729. *Presunzioni semplici*. — *1.* Le presunzioni non stabilite dalla legge sono lasciate alla prudenza del giudice, il quale non deve ammettere che presunzioni gravi, precise e concordanti.

2. Le presunzioni non si possono ammettere nei casi in cui la legge esclude la prova per testimoni (c. 2721 ss.).

CAPO V

DELLA CONFESSIONE

2730. *Nozione*. — *1.* La confessione è la dichiarazione che una parte fa della verità di fatti ad essa sfavorevoli e favorevoli all'altra parte (c. 2734).

2. La confessione è giudiziale (c. 2733) o stragiudiziale (c. 2735).

2731. *Capacità richiesta per la confessione*. — *1.* La confessione non è efficace se non proviene da persona capace di disporre (c. 2733^{2}) del diritto, a cui i fatti confessati si riferiscono (c. 1966). Qualora sia resa da un rappresentante (c. 1387 ss.), è efficace solo se fatta entro i limiti e nei modi in cui questi vincola il rappresentato.

2732. *Revoca della confessione*. — *1.* La confessione non può essere revocata se non si prova che è stata determinata da errore di fatto o da violenza (c. 1324).

2733. *Confessione giudiziale*. — *1.* È giudiziale la confessione resa in giudizio (p.c. 228).

2. Essa forma piena prova contro colui che l'ha fatta, purché non verta su fatti relativi a diritti non disponibili (c. 2731).

3. In caso di litisconsorzio necessario (p.c. 102), la confessione resa da alcuni soltanto dei litisconsorti è liberamente apprezzata dal giudice (c. 1309).

2734. *Dichiarazioni aggiunte alla confessione.* — *1.* Quando alla dichiarazione indicata dall'art. 2730 si accompagna quella di altri fatti o circostanze tendenti a infirmare l'efficacia del fatto confessato ovvero a modificarne o a estinguerne gli effetti, le dichiarazioni fanno piena prova nella loro integrità se l'altra parte non contesta la verità dei fatti o delle circostanze aggiunte. In caso di contestazione, è rimesso al giudice di apprezzare, secondo le circostanze, l'efficacia probatoria delle dichiarazioni.

2735. *Confessione stragiudiziale.* — *1.* La confessione stragiudiziale fatta alla parte o a chi la rappresenta ha la stessa efficacia probatoria di quella giudiziale. Se è fatta a un terzo o se è contenuta in un testamento (c. 587), è liberamente apprezzata dal giudice.

2. La confessione stragiudiziale non può provarsi per testimoni, se verte su un oggetto per il quale la prova testimoniale non è ammessa dalla legge (c. 2721 ss.).

CAPO VI

DEL GIURAMENTO

2736. *Specie.* — *1.* Il giuramento è di due specie:

1) è decisorio (p.c. 233) quello che una parte deferisce all'altra per farne dipendere la decisione totale o parziale della causa (c. 2960);

2) è suppletorio (p.c. 240) quello che è deferito d'ufficio dal giudice a una delle parti al fine di decidere la causa quando la domanda o le eccezioni non sono pienamente provate, ma non sono del tutto sfornite di prova, ovvero quello che è deferito al fine di stabilire il valore della cosa domandata, se non si può accertarlo altrimenti (p.c. 241).

2737. *Capacità delle parti.* — *1.* Per deferire o riferire il giuramento (p.c. 233, 234, 240, 242) si richiedono le condizioni indicate dall'art. 2731.

2738. *Efficacia.* — *1.* Se è stato prestato il giuramento deferito o riferito (p.c. 238), l'altra parte non è ammessa a provare il contrario, né può chiedere la revocazione della sentenza qualora il giuramento sia stato dichiarato falso (p.c. 395, n. 2).

2. Può tuttavia domandare il risarcimento dei danni nel caso di condanna penale per falso giuramento (p. 371). Se la condanna penale non può essere pronunziata perché il reato è estinto, il giudice civile può conoscere del reato al solo fine del risarcimento (p. 185, 198) (1).

3. In caso di litisconsorzio necessario (p.c. 102), il giuramento prestato da alcuni soltanto dei litisconsorti è liberamente apprezzato dal giudice (c. 1305).

2739. *Oggetto.* — *1.* Il giuramento non può essere deferito o riferito per la decisione di cause relative a diritti di cui le parti non possono disporre (c. 1966, 2731), né sopra un fatto illecito (c. 2043 ss.) o sopra un contratto per la validità del quale sia richiesta la forma scritta (c. 1350), né per negare un fatto che da un atto pubblico (c. 2699) risulti avvenuto alla presenza del pubblico ufficiale che ha formato l'atto stesso (c. 2700).

2. Il giuramento non può essere deferito che sopra un fatto proprio della parte a cui si deferisce o sulla conoscenza che essa ha di un fatto altrui (c. 2960[2]) e non può essere riferito qualora il fatto che ne è l'oggetto non sia comune a entrambe le parti.

TITOLO III

Della responsabilità patrimoniale, delle cause di prelazione e della conservazione della garanzia patrimoniale

CAPO I

DISPOSIZIONI GENERALI

2740. *Responsabilità patrimoniale.* — *1.* Il debitore risponde dell'adempimento delle obbligazioni (c. 1176 ss.) con tutti i suoi beni presenti e futuri (c. 2901, 2910).

2. Le limitazioni della responsabilità non sono ammesse se non nei casi stabiliti dalla legge (c. 170, 187 ss., 326, 490, 557[3], 695, 2117, 2150, 2447-*V*[3], 2645-*III*; p.c. 514).

2741. *Concorso dei creditori e cause di prelazione.* — *1.* I creditori hanno eguale diritto di essere soddisfatti sui beni del debitore, salve le cause legittime di prelazione.

2. Sono cause legittime di prelazione i privilegi (c. 2745 ss.), il pegno (c. 2784 ss.) e le ipoteche (c. 2808 ss.).

(1) La Corte cost., con sentenza 4 aprile 1996, n. 105, ha dichiarato l'illegittimità costituzionale di questa norma, «nella parte in cui non prevede che il giudice civile possa conoscere del reato di falso giuramento al solo fine del risarcimento anche nel caso in cui la sentenza irrevocabile di assoluzione pronunziata nel giudizio penale non abbia efficacia di giudicato nei confronti del danneggiato».

2742. *Surrogazione dell'indennità alla cosa*. — *1.* Se le cose soggette a privilegio (c. 2745 ss.), pegno (c. 2784 ss.) o ipoteca (c. 2808 ss.) sono perite o deteriorate, le somme dovute dagli assicuratori per indennità della perdita o del deterioramento (c. 1905 ss.) sono vincolate al pagamento dei crediti privilegiati, pignoratizi o ipotecari, secondo il loro grado, eccetto che le medesime vengano impiegate a riparare la perdita o il deterioramento (nav. 553, 1026). L'autorità giudiziaria può, su istanza degli interessati, disporre le opportune cautele per assicurare l'impiego delle somme nel ripristino o nella riparazione della cosa.

2. Gli assicuratori sono liberati qualora paghino dopo trenta giorni dalla perdita o dal deterioramento, senza che sia stata fatta opposizione. Quando però si tratta di immobili su cui gravano iscrizioni, gli assicuratori non sono liberati se non dopo che è decorso senza opposizione il termine di trenta giorni dalla notificazione ai creditori iscritti (c. 2844) del fatto che ha dato luogo alla perdita o al deterioramento.

3. Sono del pari vincolate al pagamento dei crediti suddetti le somme dovute per causa di servitù coattive (c. 1032 ss.) o di comunione forzosa (c. 874 ss.) o di espropriazione per pubblico interesse (c. 834), osservate, per quest'ultima, le disposizioni della legge speciale (1).

2743. *Diminuzione della garanzia*. — *1.* Qualora la cosa data in pegno o sottoposta a ipoteca perisca o si deteriori, anche per caso fortuito, in modo da essere insufficiente alla sicurezza del creditore, questi può chiedere che gli sia prestata idonea garanzia su altri beni e, in mancanza, può chiedere l'immediato pagamento del suo credito (c. 1186).

2744. *Divieto del patto commissorio*. — *1.* È nullo il patto col quale si conviene che, in mancanza del pagamento del credito nel termine fissato, la proprietà della cosa ipotecata o data in pegno passi al creditore (c. 1963). Il patto è nullo anche se posteriore alla costituzione dell'ipoteca o del pegno (c. 2796, 2798).

CAPO II

DEI PRIVILEGI (2)

Sezione I. — *Disposizioni generali*

2745. *Fondamento del privilegio*. — *1.* Il privilegio è accordato dalla legge in considerazione della causa del credito (att. c. 234; nav. 551). La costituzione del privilegio può tuttavia dalla legge essere subordinata (c. 2775²) alla convenzione delle parti; può anche essere subordinata a particolari forme di pubblicità (c. 2762, 2810³) (3).

2746. *Distinzione dei privilegi*. — *1.* Il privilegio è generale o speciale. Il primo si esercita su tutti i beni mobili del debitore (c. 2751 ss.), il secondo su determinati beni mobili (c. 2755 ss.) o immobili (c. 2770 ss.).

2747. *Efficacia del privilegio*. — *1.* Il privilegio generale non può esercitarsi in pregiudizio dei diritti spettanti ai terzi sui mobili che ne formano oggetto (c. 1153, 2777 ss.), salvo quanto è disposto dagli artt. 2913, 2914, 2915 e 2916.

2. Se la legge non dispone diversamente (c. 2756², 2757³, 2760², 2761⁴, 2764⁵, 2765⁶), il privilegio speciale sui mobili, sempre che sussista la particolare situazione alla quale è subordinato, può esercitarsi in pregiudizio dei diritti acquistati dai terzi posteriormente al sorgere di esso.

2748. *Efficacia del privilegio speciale rispetto*

(1) D.p.r. 8 giugno 2001, n. 327.

(2) L'art. 15, l. 29 luglio 1975, n. 426 (che sostituisce gli artt. 2751, 2752, 2753, 2754, 2758, 2759, 2771, 2772, 2776, 2777, 2778, 2779 e 2780 cod. civ., inserisce l'art. 2751-*bis* cod. civ., abroga l'art. 2773 cod. civ., e l'art. 66 della l. 30 aprile 1969, n. 153), così dispone: «Le disposizioni dei precedenti articoli si osservano anche per i crediti sorti anteriormente all'entrata in vigore della presente legge. Esse si applicano altresì se il privilegio è stato fatto valere anteriormente qualora la procedura sia ancora in corso al momento dell'entrata in vigore della stessa legge. || I titolari di crediti privilegiati, intervenuti nell'esecuzione o ammessi al passivo fallimentare in data anteriore all'entrata in vigore della presente legge, possono contestare i crediti che, per effetto delle nuove norme di cui ai precedenti articoli, sono stati anteposti ai loro crediti nel grado del privilegio, proponendo opposizione a norma dell'art. 512 del codice di procedura civile, fino alla distribuzione della somma ricavata dalla vendita, oppure l'impugnazione prevista dall'art. 100 del r.d. 16 marzo 1942, n. 267, fino a che il giudice competente non abbia reso esecutivo il riparto finale, secondo le norme contenute nello stesso decreto. || Ai crediti relativi a tributi soppressi in attuazione della l. 9 ottobre 1971, n. 825, continuano ad applicarsi in materia di privilegi le disposizioni di legge vigenti anteriormente all'entrata in vigore della presente legge».

(3) L'art. 186.1, d.lg. 18 aprile 2016, n. 50, così dispone «I crediti dei soggetti che finanziano o rifinanziano, a qualsiasi titolo, anche tramite la sottoscrizione di obbligazioni e titoli similari, la realizzazione di lavori pubblici, di opere di interesse pubblico o la gestione di pubblici servizi hanno privilegio generale, ai sensi degli artt. 2745 e seguenti del codice civile, sui beni mobili, ivi inclusi i crediti, del concessionario e delle società di progetto che siano concessionarie o affidatarie di contratto di partenariato pubblico privato o contraenti generali, ai sensi dell'art. 194».

al pegno e alle ipoteche. — *1.* Se la legge non dispone altrimenti, il privilegio speciale sui beni mobili non può esercitarsi in pregiudizio del creditore pignoratizio (c. 2777, 2781).

2. I creditori che hanno privilegio sui beni immobili sono preferiti ai creditori ipotecari se la legge non dispone diversamente (c. 2772; att. c. 234) (1).

2749. *Estensione del privilegio*. — *1.* Il privilegio accordato al creditore si estende alle spese ordinarie per l'intervento nel processo di esecuzione (c. 2755, 2770; p.c. 499 ss.). Si estende anche agli interessi dovuti per l'anno in corso alla data del pignoramento (p.c. 491 s.) e per quelli dell'anno precedente (c. 2754).

2. Gli interessi successivamente maturati hanno privilegio nei limiti della misura legale (c. 1284) fino alla data della vendita.

2750. *Privilegi marittimi, aeronautici e privilegi stabiliti da leggi speciali*. — *1.* I privilegi sulla nave, sul nolo e sulle cose caricate e i privilegi sull'aeromobile, sul nolo e sulle cose caricate sono regolati dal codice della navigazione (nav. 552, 561, 1023, 1024).

2. Ai privilegi previsti da leggi speciali (2) si applicano le norme di questo capo, se non è diversamente disposto.

Sezione II. — *Dei privilegi sui mobili*

§ 1. — *Dei privilegi generali sui mobili*

2751. *Crediti per spese funebri, d'infermità, alimenti*. — *1.* Hanno privilegio generale (c. 2746) sui mobili, nell'ordine che segue (c. 2778 n. 17), i crediti riguardanti (c. 2776):

1) le spese funebri necessarie secondo gli usi;

2) le spese d'infermità fatte negli ultimi sei mesi della vita del debitore;

3) le somministrazioni di vitto, vesti e alloggio, nei limiti della stretta necessità, fatte al debitore per lui e per la sua famiglia negli ultimi sei mesi;

4) i crediti di alimenti per gli ultimi tre mesi a favore delle persone alle quali gli alimenti sono dovuti per legge (3) (c. 433 ss.; p.c. 545) (4).

2751-*bis*. *Crediti per retribuzioni e provvigioni, crediti dei coltivatori diretti, delle società od enti cooperativi e delle imprese artigiane*. — *1.* Hanno privilegio generale (c. 2746) sui mobili i crediti riguardanti (c. 2776, 2777[2]):

1) le retribuzioni (c. 2099 ss., 2108, 2109, 2110, 2111) dovute, sotto qualsiasi forma, ai prestatori di lavoro subordinato e tutte le indennità dovute per effetto della cessazione del rapporto di lavoro (c. 2118, 2120), nonché il credito del lavoratore per i danni conseguenti alla mancata corresponsione, da parte del datore di lavoro, dei contributi previdenziali ed assicurativi obbligatori (c. 2116) ed il credito per il risarcimento del danno subito per effetto di un licenziamento inefficace, nullo o annullabile (5);

2) le retribuzioni dei professionisti, compresi il contributo integrativo da versare alla

(1) L'art. 17.11, d.lg. 5 febbraio 1997, n. 22, come modificato dall'art. 1.11, l. 9 dicembre 1998, n. 426 e dall'art. 9.2, l. 23 marzo 2001, n. 93, così dispone: «Le spese sostenute per la messa in sicurezza, la bonifica ed il ripristino ambientale delle aree inquinate nonché per la realizzazione delle eventuali misure di sicurezza, ai sensi dei commi 2 e 3, sono assistite da privilegio speciale immobiliare sulle aree medesime, ai sensi e per gli effetti dell'art. 2748, secondo comma, del codice civile. Detto privilegio si può esercitare anche in pregiudizio dei diritti acquistati dai terzi sull'immobile. Le predette spese sono altresì assistite da privilegio generale mobili».

(2) Sul privilegio delle banche che concedono finanziamenti a medio e lungo termine alle imprese v. art. 46, d.lg. 1° settembre 1993, n. 385, in *Leggi coll. XVII, 1*.

Sul privilegio per la riscossione delle imposte ipotecarie v. art. 8, d.lg. 31 ottobre 1990, n. 347.

(3) La Corte cost., con sentenza 21 gennaio 2000, n. 17 ha dichiarato non fondata, nei sensi di cui in motivazione, la questione di legittimità costituzionale dell'art. 2751, n. 4), interpretato nel senso di estendere il privilegio anche al credito di mantenimento del coniuge separato o divorziato.

(4) Articolo così sostituito dall'art. 1, l. 29 luglio 1975, n. 426.

(5) La Corte cost., con sentenza 28 novembre 1983, n. 326, ha dichiarato costituzionalmente illegittimo questo comma, «nella parte in cui non munisce del privilegio generale istituito dall'art. 2 della legge n. 426/1975 il credito del lavoratore subordinato per danni conseguenti ad infortunio sul lavoro, del quale sia responsabile il datore di lavoro, se e nei limiti in cui il creditore non sia soddisfatto dalla percezione delle indennità previdenziali e assistenziali obbligatorie dovute al lavoratore subordinato in dipendenza dello stesso infortunio». V. l'art. 18, l. 20 maggio 1970, n. 300, in *Leggi coll. XII, 2*.

La Corte cost., con sentenza 29 maggio 2002, n. 220, e, da ultimo, con sentenza 6 aprile 2004, n. 113, ha dichiarato costituzionalmente illegittimo questo numero, «nella parte in cui non munisce del privilegio generale sui mobili il credito del lavoratore subordinato per danni conseguenti a malattia professionale, della quale sia responsabile il datore di lavoro».

La Corte cost., con sentenza 6 aprile 2004, n. 113, ha dichiarato costituzionalmente illegittimo questo numero, «nella parte in cui non munisce del privilegio generale sui mobili il credito del lavoratore subordinato per danni da demansionamento subiti a causa dell'illegittimo comportamento del datore di lavoro».

rispettiva cassa di previdenza ed assistenza e il credito di rivalsa per l'imposta sul valore aggiunto (1) e di ogni altro prestatore d'opera intellettuale (2) dovute per gli ultimi due anni di prestazione (c. 2233);

3) le provvigioni derivanti dal rapporto di agenzia dovute per l'ultimo anno di prestazione e le indennità dovute per la cessazione del rapporto medesimo (c. 1748 ss.) (3);

4) i crediti del coltivatore diretto, sia proprietario che affittuario (c. 1647 ss.), mezzadro (c. 2141 ss.), colono (c. 2164 ss.), soccidario (c. 2170 ss.) o comunque compartecipante, per i corrispettivi della vendita dei prodotti, nonché i crediti del mezzadro o del colono indicati dall'art. 2765;

5) i crediti dell'impresa artigiana (c. 2083), definita ai sensi delle disposizioni legislative vigenti, nonché delle società ed enti cooperativi di produzione e lavoro (c. 2511 ss.) per i corrispettivi dei servizi prestati e della vendita dei manufatti (4) (5);

5-*bis*) i crediti delle società cooperative agricole e dei loro consorzi per i corrispettivi della vendita dei prodotti (6);

5-*ter*) i crediti delle imprese fornitrici di lavoro temporaneo di cui alla l. 24 giugno 1997, n. 196, per gli oneri retributivi e previdenziali addebitati alle imprese utilizzatrici (7).

2752. *Crediti per tributi diretti dello Stato, per imposta sul valore aggiunto e per tributi degli enti locali*. — *1.* Hanno privilegio generale sui mobili del debitore i crediti dello Stato per le imposte e le sanzioni dovute secondo le norme in materia di imposta sul reddito delle persone fisiche, imposta sul reddito delle persone giuridiche, imposta sul reddito delle società, imposta regionale sulle attività produttive ed imposta locale sui redditi (8).

2. .... (9).

3. Hanno altresì privilegio generale sui mobili (c. 2776, 2778 n. 19) del debitore i crediti dello Stato per le imposte, le pene pecuniarie e le soprattasse dovute secondo le norme relative all'imposta sul valore aggiunto.

4. Hanno lo stesso privilegio, subordinatamente a quello dello Stato, i crediti per le imposte, tasse e tributi dei comuni e delle provin-

(1) Le parole «, compresi il contributo integrativo da versare alla rispettiva cassa di previdenza ed assistenza e il credito di rivalsa per l'imposta sul valore aggiunto» sono state inserite dall'art. 1.474, l. 27 dicembre 2017, n. 205.

(2) La Corte cost., con sentenza 29 gennaio 1998, n. 1, ha dichiarato costituzionalmente illegittimo l'art. 2751-*bis*, n. 2 «limitatamente alla parola intellettuale».

(3) La Corte cost., con sentenza 7 gennaio 2000, n. 1, ha dichiarato non fondata, nei sensi di cui in motivazione, la questione di legittimità costituzionale dell'art. 2751-*bis*, n. 3, interpretato nel senso di escludere dall'ambito applicativo i crediti delle società di capitali, per la diversità causale di tali crediti rispetto a quelli destinati a soddisfare le esigenze di sostentamento del lavoratore, che il legislatore ha inteso tutelare.

(4) Numero così sostituito dall'art. 36, d.l. 9 febbraio 2012, n. 5, conv. in l. 4 aprile 2012, n. 35. L'art. 82.3-*bis*, d.l. 21 giugno 2013, n. 69, conv. in l. 9 agosto 2013, n. 98, così dispone: «Al fine di garantire i crediti spettanti alle cooperative di lavoro, in relazione alla loro finalità mutualistica, il privilegio di cui all'art. 2751-*bis*, n. 5), del codice civile, spettante per corrispettivi dei servizi prestati e dei manufatti prodotti, è riconosciuto qualora le medesime cooperative abbiano superato positivamente o abbiano comunque richiesto la revisione di cui al d.lg. 2 agosto 2002, n. 220».

(5) Articolo inserito dall'art. 2, l. n. 426/1975.

(6) Numero aggiunto dall'art. 18.2, l. 31 gennaio 1992, n. 59, in *Leggi coll. XV, 2*. L'art. 1, l. 18 gennaio 1994, n. 44, ha così disposto: «1. Le disposizioni del n. 5-*bis*) dell'art. 2751-*bis*, del codice civile introdotto dall'art. 18, comma 2, della l. 31 gennaio 1992, n. 59, si applicano anche ai crediti sorti anteriormente alla data di entrata in vigore della citata legge n. 59 del 1992. Esse si applicano altresì se il privilegio è stato fatto valere anteriormente, qualora la procedura sia ancora in corso alla data di entrata in vigore della medesima legge n. 59 del 1992. || 2. I titolari di crediti privilegiati intervenuti nell'esecuzione o ammessi al passivo fallimentare in data anteriore a quella di entrata in vigore della citata legge n. 59 del 1992 possono contestare i crediti che, per effetto della nuova disposizione di cui all'art. 2751-*bis*, n. 5-*bis*), del codice civile, sono stati anteposti ai loro crediti nel grado del privilegio, proponendo opposizione a norma dell'art. 512 del codice di procedura civile, fino alla distribuzione della somma ricavata dalla vendita, oppure l'impugnazione prevista dall'art. 100 delle disposizioni approvate con r.d. 16 marzo 1942, n. 267, fino a che il giudice competente non abbia reso esecutivo il riparto finale, secondo le norme contenute nelle stesse disposizioni».

(7) Numero aggiunto dall'art. 117.2, l. 23 dicembre 2000, n. 388. La norma si intende riferita alla somministrazione prevista dal d.lg. 10 settembre 2003, n. 276, in base all'art. 86.4 del medesimo decreto.

(8) Comma già sostituito dall'art. 33, d.lg. 26 febbraio 1999, n. 46. Successivamente le parole da «per le imposte» fino alla fine del comma sono state così sostituite alle precedenti «per l'imposta sul reddito delle persone fisiche, per l'imposta sul reddito delle persone giuridiche, per l'imposta regionale sulle attività produttive e per l'imposta locale sui redditi, diversi da quelli indicati nel primo comma dell'art. 2771, iscritti nei ruoli resi esecutivi nell'anno in cui il concessionario del servizio di riscossione procede o interviene nell'esecuzione e nell'anno precedente» dall'art. 23.37, d.l. 6 luglio 2011, n. 98, conv. in l. 15 luglio 2011, n. 111, secondo cui «la disposizione si osserva anche per i crediti sorti anteriormente all'entrata in vigore del presente decreto».

(9) Comma abrogato dall'art. 33, d.lg. 26 febbraio 1999, n. 46.

ce previsti dalla legge per la finanza locale (1) e dalle norme relative all'imposta comunale sulla pubblicità e ai diritti sulle pubbliche affissioni (c. 2778 n. 20) (2) (3).

2753. *Crediti per contributi di assicurazione obbligatoria per l'invalidità, la vecchiaia e i superstiti*. — *1.* Hanno privilegio generale sui mobili (c. 2776, 2778 n. 1) del datore di lavoro i crediti derivanti dal mancato versamento dei contributi ad istituti, enti o fondi speciali, compresi quelli sostitutivi o integrativi, che gestiscono forme di assicurazione obbligatoria per l'invalidità, la vecchiaia ed i superstiti (c. 2115) (4).

2754. *Crediti per contributi relativi ad altre forme di assicurazione*. — *1.* Hanno pure privilegio generale sui mobili del datore di lavoro i crediti per i contributi dovuti ad istituti ed enti per forme di tutela previdenziale e assistenziale diverse da quelle indicate dal precedente articolo, nonché gli accessori, limitatamente al cinquanta per cento del loro ammontare, relativi a tali crediti ed a quelli indicati dal precedente articolo (c. 2778 n. 8) (4).

§ 2. — *Dei privilegi sopra determinati mobili*

2755. *Spese per atti conservativi o di espropriazione*. — *1.* I crediti per spese di giustizia fatte per atti conservativi (c. 2905; p.c. 671 ss.) o per l'espropriazione di beni mobili (p.c. 513 ss.) nell'interesse comune dei creditori hanno privilegio sui beni stessi (c. 2777).

2756. *Crediti per prestazioni e spese di conservazione e miglioramento*. — *1.* I crediti per le prestazioni e le spese relative alla conservazione o al miglioramento di beni mobili hanno privilegio (c. 2778 n. 4) sui beni stessi, purché questi si trovino ancora presso chi ha fatto le prestazioni o le spese (c. 1152).

2. Il privilegio ha effetto anche in pregiudizio dei terzi che hanno diritti sulla cosa (c. 1153, 2747[2]), qualora chi ha fatto le prestazioni o le spese sia stato in buona fede (c. 1147).

3. Il creditore può ritenere la cosa soggetta al privilegio finché non è soddisfatto del suo credito e può anche venderla secondo le norme stabilite per la vendita del pegno (c. 2797; p.c. 502).

2757. *Crediti per somministrazioni e lavori occorrenti per la produzione agricola*. — *1.* I crediti per le somministrazioni di sementi, di materie fertilizzanti e antiparassitarie e di acqua per irrigazione, come pure i crediti per lavori di coltivazione e di raccolta dell'annata agricola hanno privilegio sui frutti (c. 820), alla cui produzione abbiano concorso (c. 2778 n. 5 e 6).

2. Il privilegio si può esercitare finché i frutti si trovano nel fondo o nelle sue dipendenze.

3. Si applica la disposizione del secondo comma dell'art. 2756 (c. 2742[2]).

2758. *Crediti per tributi indiretti*. — *1.* I crediti dello Stato per i tributi indiretti (5) hanno privilegio (c. 2778 n. 7) sui mobili ai quali i tributi si riferiscono e sugli altri beni indicati dalle leggi relative, con l'effetto da esse stabilito (c. 2772).

2. Eguale privilegio hanno i crediti di rivalsa verso il cessionario ed il committente previsti dalle norme relative all'imposta sul valore aggiunto, sui beni che hanno formato oggetto della cessione o ai quali si riferisce il servizio.

3. Il privilegio, per quanto riguarda l'imposta di successione, non ha effetto in pregiudizio dei creditori che hanno esercitato il diritto di separazione dei beni del defunto da quelli dell'erede (c. 512 ss.) (6).

(1) V. art. 90, d.p.r. 26 ottobre 1972, n. 633, e art. 82, d.p.r. 29 settembre 1973, n. 597.

(2) L'art. 13.13, d.l. 6 dicembre 2011, n. 201, conv. in l. 22 dicembre 2011, n. 214, così dispone: «Ai fini del quarto comma dell'art. 2752 del codice civile il riferimento alla "legge per la finanza locale" si intende effettuato a tutte disposizioni che disciplinano i singoli tributi comunali e provinciali».

(3) Articolo così sostituito dall'art. 3, l. n. 426/1975. Per il privilegio per le imposte sulla produzione e sui consumi v. art. 16, d.lg. 26 ottobre 1995, n. 504. Per il privilegio del diritto di ripetizione in caso di revoca delle agevolazioni e incentivi alle imprese v. art. 24.33, l. 27 dicembre 1997, n. 449.

(4) Articolo così sostituito dall'art. 4, l. n. 426/1975.

(5) Per l'imposta di registro, «Il privilegio si estingue con il decorso di cinque anni dalla data di registrazione» (art. 56.4, d.p.r. 26 aprile 1986, n. 131); per l'imposta sulle successioni e donazioni, «Lo Stato ha privilegio secondo le norme stabilite dal codice civile. Il privilegio si estingue con il decorso di cinque anni dalla data dell'apertura della successione o, in caso di dilazione del pagamento, dal giorno di scadenza dell'ultima rata ovvero dal giorno in cui si è verificata la decadenza prevista dall'art. 27» (art. 41, d.lg. 31 ottobre 1990, n. 346, come modificato dall'art. 2, d.lg. 18 dicembre 1997, n. 473); per l'imposta sul valore aggiunto, «In caso di responsabilità solidale del cessionario o del committente lo Stato ha privilegio speciale, ai sensi degli artt. 2758 e 2772 del codice civile, sui beni mobili o immobili che hanno formato oggetto della cessione o ai quali si riferisce il servizio prestato» (art. 62.4, d.p.r. 26 ottobre 1972, n. 633, e successive modificazioni).

(6) Articolo così sostituito dall'art. 5, l. n. 426/1975. I crediti relativi alle tariffe dovute all'organismo di controllo per il prosciutto di San Daniele sono privilegiati ai sensi dell'art. 2758 cod. civ.: art. 11.5, l. 14 febbraio 1990, n. 30.

2759. *Crediti per le imposte sul reddito.* — *1.* I crediti dello Stato per l'imposta sul reddito delle persone fisiche, sul reddito delle persone giuridiche e per l'imposta locale sui redditi, dovuta per i due anni anteriori a quello in cui si procede, hanno privilegio, limitatamente all'imposta o alla quota d'imposta imputabile al reddito d'impresa, sopra i mobili che servono all'esercizio di imprese commerciali e sopra le merci che si trovano nel locale adibito all'esercizio stesso o nell'abitazione dell'imprenditore (c. 2778 n. 7).

2. Il privilegio si applica sui beni indicati nel comma precedente ancorché appartenenti a persona diversa dall'imprenditore, salvo che si tratti di beni rubati o smarriti, di merci affidate all'imprenditore per la lavorazione o di merci non ancora nazionalizzate munite di regolare bolletta doganale.

3. Qualora l'accertamento del reddito iscritto a ruolo sia stato determinato sinteticamente ai fini dell'imposta sul reddito delle persone fisiche, la ripartizione proporzionale dell'imposta, prevista dal primo comma, viene effettuata sulla base dei redditi iscritti o iscrivibili ai fini dell'imposta locale sui redditi (1).

2760. *Crediti dell'albergatore.* — *1.* I crediti dell'albergatore per mercedi e somministrazioni verso le persone albergate (c. 2954) hanno privilegio (c. 2778 n. 12) sulle cose da queste portate nell'albergo e nelle dipendenze e che continuano a trovarvisi (c. 1783 ss.).

2. Il privilegio ha effetto anche in pregiudizio dei terzi (c. 2747^2) che hanno diritti sulle cose stesse, a meno che l'albergatore fosse a conoscenza di tali diritti al tempo in cui le cose sono state portate nell'albergo.

2761. *Crediti del vettore, del mandatario, del depositario e del sequestratario.* — *1.* I crediti dipendenti dal contratto di trasporto (c. 1678 s., 2951) e quelli per le spese d'imposta anticipate dal vettore hanno privilegio sulle cose trasportate finché queste rimangono presso di lui (c. 1702).

2. I crediti derivanti dall'esecuzione del mandato (c. 1703 ss.) hanno privilegio sulle cose del mandante che il mandatario detiene per l'esecuzione del mandato (c. 1721).

3. I crediti derivanti dal deposito (c. 1781, 1787 s.) o dal sequestro convenzionale (c. 1802) a favore del depositario e del sequestratario hanno parimenti privilegio sulle cose che questi detengono per effetto del deposito o del sequestro.

4. Si applicano a questi privilegi (c. 2778 n. 13) le disposizioni del secondo (c. 2747^2) e del terzo comma dell'art. 2756 (c. 2797; p.c. 502).

2762. *Privilegio del venditore di macchine.* — *1.* Chi ha venduto macchine per un prezzo superiore a lire trentamila [euro 15,49] ha privilegio (c. 2778 n. 14) per il prezzo non pagato sulle macchine vendute e consegnate, anche se sono incorporate o congiunte all'immobile di proprietà del compratore o di un terzo (c. 819) (2).

2. Il privilegio è subordinato alla trascrizione dei documenti, dai quali la vendita e il credito risultano, nel registro indicato dal secondo comma dell'art. 1524. La trascrizione è eseguita presso il tribunale nella giurisdizione del quale è collocata la macchina.

3. Il privilegio dura per un triennio dalla data della vendita e ha effetto fino a quando la macchina si trova in possesso del compratore nel luogo dove è stata eseguita la trascrizione, salvo il caso di sottrazione fraudolenta.

4. Il privilegio stabilito in questo articolo spetta anche alle banche autorizzate all'esercizio di prestiti con garanzia sul macchinario, le quali abbiano anticipato al compratore il prezzo per l'acquisto. Il privilegio sussiste a condizione che il documento rilasciato a prova della sovvenzione indichi lo scopo, l'ammontare e la scadenza del credito, contenga l'esatta designazione della macchina soggetta al privilegio e sia trascritto a norma del secondo comma di questo articolo.

5. Se il privilegio della banca concorre con quello del venditore, è preferito il creditore che ha trascritto per primo.

2763. *Crediti per canoni enfiteutici.* — *1.* I crediti del concedente (c. 960) per il canone dovuto dall'enfiteuta per l'anno in corso e per il precedente hanno privilegio (c. 2778 n. 15) sui frutti dell'anno (c. 820) e su quelli raccolti anteriormente, purché si trovino nel fondo o nelle sue dipendenze.

2764. *Crediti del locatore di immobili.* — *1.* Il credito delle pigioni e dei fitti degli immobili (c. 1571 ss., 1615 ss.) ha privilegio (c. 2778 n. 16) sui frutti (c. 820) dell'anno e su quelli raccolti anteriormente, nonché sopra tutto ciò che serve a fornire l'immobile o a coltivare il fondo locato.

2. Il privilegio sussiste per il credito dell'anno in corso, dell'antecedente e dei successivi, se la locazione ha data certa (c. 2704), e, in caso diverso, per quello dell'anno in corso e del susseguente.

3. Lo stesso privilegio ha il credito dipenden-

(1) Articolo così sostituito dall'art. 6, l. n. 426/1975.
(2) V. artt. 6 e 10, l. 28 novembre 1965, n. 1329.

te da mancate riparazioni le quali siano a carico del conduttore (c. 1576, 1609, 1621), il credito per i danni arrecati all'immobile locato, per la mancata restituzione delle scorte (c. 1640 s.) e ogni altro credito dipendente da inadempimento del contratto.

4. Il privilegio sui frutti sussiste finché si trovano nel fondo o nelle sue dipendenze. Esso si può far valere anche nei confronti del subconduttore (c. 1595).

5. Il privilegio sulle cose che servono a fornire l'immobile locato o alla coltivazione del fondo sussiste pure se le cose appartengono al subconduttore, nei limiti in cui il locatore ha azione contro il medesimo (c. 1595).

6. Il privilegio sulle cose che servono a fornire l'immobile locato ha luogo altresì nei confronti dei terzi finché le cose si trovano nell'immobile, salvo che si provi che il locatore conoscesse il diritto del terzo al tempo in cui sono state introdotte (c. 1519^2, 2747^2).

7. Qualora le cose che servono a fornire la casa o il fondo locato ovvero a coltivare il medesimo vengano asportate dall'immobile senza il consenso del locatore, questi conserva su di esse il privilegio, purché ne domandi il sequestro, nei modi stabiliti dal codice di procedura civile per il sequestro conservativo (p.c. 671 ss.), entro il termine di trenta giorni dall'asportazione, se si tratta di mobili che servono a fornire o a coltivare il fondo rustico, e di quindici giorni, se si tratta di mobili che servono a fornire la casa. Restano salvi in ogni caso i diritti acquistati dopo l'asportazione dai terzi che ignoravano l'esistenza del privilegio (c. 1153).

2765. *Crediti derivanti dai contratti di mezzadria e di colonia*. — *1.* Colui che concede un fondo a mezzadria (c. 2141 ss.) o a colonia (c. 2164 ss.) e il mezzadro o il colono (c. 2751-*II* n. 4) hanno, per i crediti derivanti dal contratto, privilegio (c. 2778 n. 16) sulla rispettiva parte dei frutti (c. 820) e sulle cose che servono a coltivare o a fornire il fondo dato a mezzadria o a colonia.

2. Il privilegio sui frutti sussiste finché questi si trovano nel fondo o nelle sue dipendenze.

3. Si applicano le disposizioni degli ultimi tre commi dell'art. 2764 (c. 1519^2, 2747^2).

2766. .... (1).

2767. *Crediti per risarcimento di danni contro l'assicurato*. — *1.* Nel caso di assicurazione della responsabilità civile, il credito del danneggiato per il risarcimento ha privilegio (c. 2778 n. 11) sull'indennità dovuta dall'assicuratore (c. 1917, 2952; att. c. 235).

2768. *Crediti dipendenti da reato*. — *1.* Per i crediti dipendenti da reato (c. 2947) hanno privilegio (c. 2778 n. 10) sulle cose sequestrate lo Stato e le altre persone indicate dal codice penale, secondo le disposizioni del codice stesso e del codice di procedura penale (p.p. 316 ss.).

2769. *Sequestro della cosa soggetta a privilegio*. — *1.* Il creditore che ha privilegio su una cosa mobile, se ha fondati motivi di temere la rimozione della cosa dalla particolare situazione alla quale è subordinata la sussistenza del privilegio, può domandarne il sequestro conservativo (c. 2905 ss.; att. c. 234; p.c. 671 ss.).

Sezione III. — *Dei privilegi sopra gli immobili* (2)

2770. *Crediti per atti conservativi o di espropriazione*. — *1.* I crediti per le spese di giustizia fatte per atti conservativi (c. 2905; p.c. 671 ss.) o per l'espropriazione di beni immobili (p.c. 555 ss.) nell'interesse comune dei creditori sono privilegiati sul prezzo degli immobili stessi.

2. Del pari ha privilegio il credito dell'acquirente di un immobile per le spese fatte per la dichiarazione della liberazione dell'immobile dalle ipoteche (c. 2777, 2889 ss.; p.c. 792 ss., 795^2).

2771. .... (3).

2772. *Crediti per tributi indiretti*. — *1.* Hanno pure privilegio i crediti dello Stato per ogni tributo indiretto (c. 2780 n. 4) (4), nonché quel-

(1) Articolo abrogato dall'art. 161.1, d.lg. 1° settembre 1993, n. 385, in *Leggi coll. XVII, 1*. L'art. 44 del decreto citato, nel testo introdotto dall'art. 1, d.l. 4 gennaio 1994, n. 1, conv. in l. 17 febbraio 1994, n. 135, dispone tuttavia misure a garanzia del credito agrario.

(2) L'art. 17.11, d.lg. 5 febbraio 1997, n. 22, come modificato dall'art. 1.11, l. 9 dicembre 1998, n. 426 e dall'art. 9.2, l. 23 marzo 2001, n. 93, così dispone: «Le spese sostenute per la messa in sicurezza, la bonifica ed il ripristino ambientale delle aree inquinate nonché per la realizzazione delle eventuali misure di sicurezza, ai sensi dei commi 2 e 3, sono assistite da privilegio speciale immobiliare sulle aree medesime, ai sensi e per gli effetti dell'art. 2748, secondo comma, del codice civile. Detto privilegio si può esercitare anche in pregiudizio dei diritti acquistati dai terzi sull'immobile. Le predette spese sono altresì assistite da privilegio generale mobili».

(3) Articolo abrogato dall'art. 23.38, d.l. 6 luglio 2011, n. 98, conv. in l. 15 luglio 2011, n. 111.

(4) V. la nota 5 all'art. 2758. Inoltre, «Il credito dello Stato per l'imposta ipotecaria dovuta sulle iscrizioni, rinnovazioni e relative annotazioni ha privilegio, oltre che sull'immobile cui la formalità si riferisce a norma del codice civile, anche sul credito garantito con preferenza rispetto ad ogni ragione su di esso spettante a terzi» (art. 8, d.lg. 31 ottobre 1990, n. 347), e «I privilegi previsti a garanzia dei crediti dello Stato per le imposte ipotecaria e

li derivanti dall'applicazione dell'imposta comunale sull'incremento di valore degli immobili (c. 2780 n. 5), sopra gli immobili ai quali il tributo si riferisce.

2. I crediti dello Stato, derivanti dall'applicazione dell'imposta sul valore aggiunto, hanno privilegio, in caso di responsabilità solidale del cessionario, sugli immobili che hanno formato oggetto della cessione o ai quali si riferisce il servizio prestato.

3. Eguale privilegio hanno i crediti di rivalsa, verso il cessionario ed il committente, previsti dalle norme relative all'imposta sul valore aggiunto, sugli immobili che hanno formato oggetto della cessione o ai quali si riferisce il servizio.

4. Il privilegio non si può esercitare in pregiudizio dei diritti che i terzi hanno anteriormente acquistato sugli immobili.

5. Per le imposte suppletive il privilegio non si può neppure esercitare in pregiudizio dei diritti acquistati successivamente dai terzi.

6. Lo stesso privilegio, per quanto riguarda l'imposta di successione, non ha effetto a danno dei creditori del defunto che hanno iscritto la loro ipoteca nei tre mesi dalla morte di lui (c. 2748), né ha effetto a danno dei creditori che hanno esercitato il diritto di separazione dei beni del defunto da quelli dell'erede (c. 512 ss.) (1).

2773. .... (2).

2774. *Crediti per concessione di acque.* — *1.* I crediti dello Stato per i canoni dovuti dai concessionari di acque pubbliche (3) o di acque derivate da canali demaniali (c. 822, 823) ovvero per i lavori eseguiti d'ufficio sono privilegiati (c. 2780 n. 3) sugli impianti, in conformità delle leggi speciali.

2. Tale privilegio, per quanto riguarda i canoni, non è opponibile ai terzi che hanno acquistato diritti sugli immobili anteriormente all'atto di concessione o, trattandosi di crediti per lavori, anteriormente al sorgere dei crediti stessi.

2775. *Contributi per opere di bonifica e di miglioramento.* — *1.* I crediti per i contributi indicati dall'art. 864 sono privilegiati (c. 2780 n. 2) sugli immobili che traggono beneficio dalle opere di bonifica o di miglioramento.

2. La costituzione del privilegio per le opere di miglioramento è subordinata all'osservanza delle leggi speciali (4).

2775-*bis*. *Credito per mancata esecuzione di contratti preliminari.* — *1.* Nel caso di mancata esecuzione del contratto preliminare trascritto ai sensi dell'art. 2645-*bis*, i crediti del promissario acquirente che ne conseguono hanno privilegio speciale sul bene immobile oggetto del contratto preliminare, sempre che gli effetti della trascrizione non siano cessati al momento della risoluzione del contratto risultante da atto avente data certa, ovvero al momento della domanda giudiziale di risoluzione del contratto o di condanna al pagamento, ovvero al momento della trascrizione del pignoramento o al momento dell'intervento nella esecuzione promossa da terzi.

2. Il privilegio non è opponibile ai creditori garantiti da ipoteca relativa a mutui erogati al promissario acquirente per l'acquisto del bene immobile nonché ai creditori garantiti da ipoteca ai sensi dell'art. 2825-*bis* (5).

2776. *Collocazione sussidiaria sugli immobili.* — *1.* I crediti relativi al trattamento di fine rapporto nonché all'indennità di cui all'art. 2118 sono collocati sussidiariamente, in caso di infruttuosa esecuzione sui mobili, sul prezzo degli immobili, con preferenza rispetto ai crediti chirografari.

2. I crediti indicati dagli artt. 2751 e 2751-*bis*, ad eccezione di quelli indicati al precedente comma, ed i crediti per contributi dovuti a istituti, enti o fondi speciali, compresi quelli sostitutivi o integrativi, che gestiscono forme di assicurazione obbligatoria per l'invalidità, la vecchiaia ed i superstiti, di cui all'art. 2753, sono collocati sussidiariamente, in caso di infruttuosa esecuzione sui mobili, sul prezzo degli immobili, con preferenza rispetto ai crediti chirografari, ma dopo i crediti indicati al primo comma.

3. I crediti dello Stato indicati dal primo e (6) dal terzo comma dell'art. 2752 sono collocati sussidiariamente, in caso di infruttuosa esecu-

catastale si estinguono col decorso di cinque anni dalla data di registrazione dell'atto o dalla data in cui è stata eseguita o doveva essere eseguita la formalità o la voltura» (art. 17.4, d.lg. n. 347/1990).

(1) Articolo così sostituito dall'art. 8, l. n. 426/1975.

(2) Articolo abrogato dall'art. 9, l. n. 426/1975.

(3) V. r.d. 11 dicembre 1933, n. 1775, come modificato dal d.lg. 12 luglio 1993, n. 275.

(4) V. art. 21, r.d. 13 febbraio 1933, n. 215; art. 13.2, l. 2 gennaio 1940, n. 1; art. 29, l. 25 luglio 1952, n. 991.

(5) Articolo aggiunto dall'art. 3.4, d.l. 31 dicembre 1996, n. 669, conv. in l. 28 febbraio 1997, n. 30.

(6) Le parole «dal primo e» sono state inserite dall'art. 23.39, d.l. 6 luglio 2011, n. 98, conv. in l. 15 luglio 2011, n. 111, secondo cui «la disposizione si osserva anche per i crediti sorti anteriormente all'entrata in vigore del presente decreto».

zione sui mobili, sul prezzo degli immobili, con preferenza rispetto ai crediti chirografari, ma dopo i crediti indicati al comma precedente (1).

Sezione IV. — *Dell'ordine dei privilegi*

2777. *Preferenza delle spese di giustizia e di altri crediti.* — *1.* I crediti per spese di giustizia enunciati dagli artt. 2755 e 2770 sono preferiti ad ogni altro credito anche pignoratizio o ipotecario (c. 2748, 2778, 2780).

2. Immediatamente dopo le spese di giustizia sono collocati i crediti aventi privilegio generale mobiliare di cui all'art. 2751-*bis* nell'ordine seguente:

a) i crediti di cui all'art. 2751-*bis*, n. 1;

b) i crediti di cui all'art. 2751-*bis*, nn. 2 e 3;

c) i crediti di cui all'art. 2751-*bis*, nn. 4 e 5.

3. I privilegi che le leggi speciali dichiarano preferiti ad ogni altro credito sono sempre posposti al privilegio per le spese di giustizia ed ai privilegi indicati nell'art. 2751-*bis* (c. 2782) (2).

2778. *Ordine degli altri privilegi sui mobili.* — *1.* Salvo quanto è disposto dall'art. 2777, nel concorso di crediti aventi privilegio generale (c. 2751 ss.) o speciale (c. 2755 ss.) sulla medesima cosa, la prelazione si esercita nell'ordine che segue (c. 2779, 2781, 2782, 2783; att. c. 236):

1) i crediti per contributi ad istituti, enti o fondi speciali – compresi quelli sostitutivi o integrativi – che gestiscono forme di assicurazione obbligatoria per l'invalidità, la vecchiaia ed i superstiti, indicati dall'art. 2753 (3);

2) i crediti per le imposte sui redditi immobiliari, indicati dall'art. 2771, quando il privilegio si esercita separatamente sopra i frutti, i fitti e le pigioni degli immobili;

3) .... (4);

4) i crediti per prestazioni e spese di conservazione e miglioramento di beni mobili, indicati dall'art. 2756;

5) i crediti per le mercedi dovute ai lavoratori impiegati nelle opere di coltivazione e di raccolta, indicate dall'art. 2757;

6) i crediti per sementi e materie fertilizzanti e antiparassitarie e per somministrazione di acqua per irrigazione, nonché i crediti per i lavori di coltivazione e di raccolta indicati dall'art. 2757. Qualora tali crediti vengano in concorso tra loro, sono preferiti quelli di raccolta, seguono quelli di coltivazione e, infine, gli altri crediti indicati dallo stesso articolo;

7) i crediti per i tributi indiretti, indicati dall'art. 2758, salvo che la legge speciale accordi un diverso grado di preferenza, e i crediti per le imposte sul reddito, indicati dall'art. 2759;

8) i crediti per contributi dovuti a istituti ed enti per forme di tutela previdenziale e assistenziale indicati dall'art. 2754, nonché gli accessori, limitatamente al cinquanta per cento del loro ammontare, relativi a tali crediti ed a quelli indicati dal precedente n. 1 del presente articolo (3);

9) .... (4);

10) i crediti dipendenti da reato, indicati dall'art. 2768, sulle cose sequestrate, nei casi e secondo l'ordine stabiliti dal codice penale e dal codice di procedura penale;

11) i crediti per risarcimento indicati dall'art. 2767;

12) i crediti dell'albergatore, indicati dall'art. 2760;

13) i crediti del vettore, del mandatario, del depositario e del sequestratario, indicati dall'art. 2761;

14) i crediti del venditore di macchine o della banca per le anticipazioni del prezzo, indicati dall'art. 2762;

15) i crediti per canoni enfiteutici, indicati dall'art. 2763;

16) i crediti del locatore e i crediti del concedente dipendenti dai contratti di mezzadria e colonia, indicati rispettivamente dagli artt. 2764 e 2765;

17) i crediti per spese funebri, d'infermità, per somministrazioni ed alimenti, nell'ordine indicato dall'art. 2751 (5);

18) i crediti dello Stato per tributi diretti, indicati dal primo comma dell'art. 2752;

(1) Articolo così sostituito dall'art. 1, l. 29 maggio 1982, n. 297, in *Leggi coll. XII, 3*.

(2) Articolo così sostituito dall'art. 11, l. n. 426/1975.

(3) L'art. 4.3, d.l. 9 ottobre 1989, n. 338, conv. in l. 7 dicembre 1989, n. 389, così dispone: «I crediti per premi dovuti all'INAIL, di cui al n. 8 del primo comma dell'art. 2778 del codice civile, sono collocati, per l'intero ammontare, tra quelli indicati al n. 1 del primo comma del predetto articolo».

(4) Numero abrogato dall'art. 161.1, d.lg. 1° settembre 1993, n. 385, in *Leggi coll. XVII, 1*. L'art. 44 del citato decreto, nel testo introdotto dall'art. 1, d.l. 4 gennaio 1994, n. 1, conv. in l. 17 febbraio 1994, n. 135, ha tuttavia ricollocato il privilegio per il credito agrario e peschereccio dopo il n. 2 dell'art. 2778.

(5) La Corte cost., con sentenza 21 gennaio 2000, n. 17 ha dichiarato non fondata, nei sensi di cui in motivazione, la questione di legittimità costituzionale dell'art. 2751, n. 4), interpretato nel senso di estendere il privilegio anche al credito di mantenimento del coniuge separato o divorziato.

19) i crediti dello Stato indicati dal terzo comma dell'art. 2752;

20) i crediti degli enti locali per tributi indicati dal quarto comma dell'art. 2752 (1).

2779. *Concorso dei privilegi con ipoteche sugli autoveicoli*. — *1.* Se i privilegi indicati dall'articolo precedente concorrono con le ipoteche sugli autoveicoli, menzionate nell'art. 2810, queste sono posposte ai privilegi menzionati nei primi dieci numeri dell'art. 2778 e sono preferite a tutti gli altri (att. c. 234) (2).

2780. *Ordine dei privilegi sugli immobili*. — *1.* Quando sul prezzo dello stesso immobile concorrono più crediti privilegiati, la prelazione ha luogo secondo l'ordine seguente (c. 2777, 2782, 2783):

1) i crediti per le imposte sui redditi immobiliari, indicati dall'art. 2771;

2) i crediti per i contributi, indicati dall'art. 2775;

3) i crediti dello Stato per le concessioni di acque, indicati dall'art. 2774;

4) i crediti per i tributi indiretti, indicati dall'art. 2772;

5) i crediti per l'imposta comunale sull'incremento di valore degli immobili (c. 2772) (3);

5-*bis*) i crediti del promissario acquirente per mancata esecuzione dei contratti preliminari, indicati all'art. 2775-*bis* (4).

2781. *Concorso di privilegi speciali con crediti pignoratizi*. — *1.* Qualora con crediti assistiti da privilegio speciale concorra un credito garantito con pegno (c. 2784) e uno dei privilegi debba essere preferito rispetto al pegno, tale privilegio prevale su quegli altri che devono essere posposti al pegno, anche se anteriori di grado (c. 2748; att. c. 234).

2782. *Concorso di crediti egualmente privilegiati*. — *1.* I crediti egualmente privilegiati concorrono tra loro in proporzione del rispettivo importo.

2. La stessa disposizione si osserva quando concorrono tra loro più crediti privilegiati ai quali le leggi speciali attribuiscono genericamente una prelazione su ogni altro credito.

2783. *Preferenza non determinata dalla legge*. — *1.* Quando dalla legge non risulta il grado di preferenza di un determinato privilegio speciale, esso prende grado dopo ogni altro privilegio speciale regolato nel codice (att. c. 234).

2783-*bis*. *Crediti derivanti dall'applicazione dei prelievi di cui agli artt. 49 e 50 del trattato che istituisce la Comunità europea del carbone e dell'acciaio*. — *1.* I crediti derivanti dall'applicazione dei prelievi di cui agli artt. 49 e 50 del Trattato che istituisce la Comunità europea del carbone e dell'acciaio, nonché dalle relative maggiorazioni di mora, sono equiparati, ai fini dell'applicazione delle disposizioni del presente capo, ai crediti dello Stato per l'imposta sul valore aggiunto (5).

2783-*ter*. *Crediti dello Stato attinenti alle risorse proprie tradizionali di pertinenza del bilancio generale dell'Unione europea*. — *1.* I crediti dello Stato attinenti alle risorse proprie tradizionali di cui all'art. 2, par. 1, lett. *a*), della decisione n. 2007/436/CE/Euratom del Consiglio, del 7 giugno 2007, di pertinenza del bilancio generale dell'Unione europea sono equiparati, ai fini dell'applicazione delle disposizioni del presente capo, ai crediti dello Stato per l'imposta sul valore aggiunto (6).

CAPO III

DEL PEGNO

Sezione I. — *Disposizioni generali*

2784. *Nozione*. — *1.* Il pegno è costituito a garanzia dell'obbligazione dal debitore o da un terzo per il debitore (att. c. 237).

2. Possono essere dati in pegno i beni mobili

(1) Articolo così sostituito dall'art. 12, l. n. 426/1975.

(2) Articolo così sostituito dall'art. 13, l. n. 426/1975.

(3) Articolo così sostituito dall'art. 14, l. n. 426/1975.

(4) Numero aggiunto dall'art. 3.5, d.l. 31 dicembre 1996, n. 669, conv. in l. 28 febbraio 1997, n. 30.

(5) Articolo aggiunto dall'art. 40, l. 29 dicembre 1990, n. 428, che così prosegue: «2. L'art. 2783-*bis* del codice civile si applica anche ai crediti sorti anteriormente alla sua entrata in vigore ed anche se siano già stati fatti valere, purché la procedura esecutiva o concorsuale sia, alla stessa data, ancora in corso. || 3. I titolari dei crediti privilegiati, intervenuti nell'esecuzione o ammessi al passivo fallimentare in data anteriore a quella di entrata in vigore dell'art. 2783-*bis* del codice civile, possono contestare l'esistenza o l'ammontare o la prelazione dei crediti che, per effetto dello stesso articolo, vengano anteposti ai loro crediti proponendo opposizione a norma dell'art. 512 del codice di procedura civile, fino alla distribuzione della somma ricavata dalla vendita, oppure l'impugnazione della somma ricavata dalla vendita, oppure l'impugnazione prevista dall'art. 100 delle disposizioni sulla disciplina del fallimento, del concordato preventivo, dell'amministrazione controllata e della liquidazione coatta amministrativa, approvate con r.d. 16 marzo 1942, n. 267, fino a che il giudice competente non abbia reso esecutivo il riparto finale, secondo le norme contenute nello stesso decreto».

(6) Articolo inserito dall'art. 9.3, d.l. 2 marzo 2012, n. 16, conv. in l. 26 aprile 2012, n. 44.

(c. 812), le universalità di mobili (c. 816), i crediti e altri diritti aventi per oggetto beni mobili (c. 813).

2785. *Rinvio a leggi speciali*. — *1.* Le disposizioni del presente capo non derogano alle leggi speciali concernenti casi e forme particolari di costituzione di pegno, né a quelle concernenti gli istituti autorizzati a fare prestiti sopra pegni (c. 1844, 1846, 1851, 2014, 2025) (1).

Sezione II. — *Del pegno dei beni mobili*

2786. *Costituzione*. — *1.* Il pegno si costituisce con la consegna al creditore della cosa o del documento che conferisce l'esclusiva disponibilità della cosa (c. 1997, 2014).

2. La cosa o il documento possono essere anche consegnati a un terzo designato dalle parti o possono essere posti in custodia di entrambe, in modo che il costituente sia nell'impossibilità di disporne senza la cooperazione del creditore (2).

2787. *Prelazione del creditore pignoratizio*. — *1.* Il creditore ha diritto di farsi pagare con prelazione sulla cosa ricevuta in pegno (c. 2744, 2911).

2. La prelazione non si può far valere se la cosa data in pegno non è rimasta in possesso del creditore o presso il terzo designato dalle parti.

3. Quando il credito garantito eccede la somma di lire cinquemila [euro 2,58], la prelazione non ha luogo se il pegno non risulta da scrittura con data certa, la quale contenga sufficiente indicazione del credito e della cosa (c. 2704, 2800, 2806[1]).

4. Se però il pegno risulta da polizza o da altra scrittura di enti che, debitamente autorizzati, compiono professionalmente operazioni di credito su pegno, la data della scrittura può essere accertata con ogni mezzo di prova (att. c. 237).

2788. *Prelazione per il credito degli interessi*. — *1.* La prelazione ha luogo anche per gli interessi dell'anno in corso alla data del pignoramento (p.c. 492, 518) o, in mancanza di questo (p.c. 502), alla data della notificazione del precetto (p.c. 479 ss.). La prelazione ha luogo inoltre per gli interessi successivamente maturati, nei limiti della misura legale (c. 1284), fino alla data della vendita (c. 2796).

2789. *Rivendicazione della cosa da parte del creditore pignoratizio*. — *1.* Il creditore che ha perduto il possesso della cosa ricevuta in pegno, oltre le azioni a difesa del possesso (c. 1168 ss.), può anche esercitare l'azione di rivendicazione (c. 948 ss.), se questa spetta al costituente.

2790. *Conservazione della cosa e spese relative*. — *1.* Il creditore è tenuto a custodire la cosa ricevuta in pegno (c. 1770) e risponde, secondo le regole generali, della perdita e del deterioramento di essa (c. 1218 ss., 1760, 1780).

2. Colui che ha costituito il pegno è tenuto al rimborso delle spese occorse per la conservazione della cosa.

2791. *Pegno di cosa fruttifera*. — *1.* Se è data in pegno una cosa fruttifera, il creditore, salvo patto contrario, ha la facoltà di fare suoi i frutti (c. 821), imputandoli prima alle spese e agli interessi e poi al capitale.

2792. *Divieto di uso e disposizione della cosa*. — *1.* Il creditore non può, senza il consenso del costituente, usare della cosa (c. 1770), salvo che l'uso sia necessario per la conservazione di essa. Egli non può darla in pegno o concederne ad altri il godimento.

2. In ogni caso, deve imputare l'utile ricavato prima alle spese e agli interessi e poi al capitale.

2793. *Sequestro della cosa*. — *1.* Se il creditore abusa della cosa data in pegno, il costituente può domandarne il sequestro (c. 2905; p.c. 671 ss.).

2794. *Restituzione della cosa*. — *1.* Colui che ha costituito il pegno non può esigerne la restituzione, se non sono stati interamente pagati (c. 2799) il capitale e gli interessi e non sono state rimborsate le spese relative al debito e al pegno (c. 1849, 1962).

2. Se il pegno è stato costituito dal debitore e questi ha verso lo stesso creditore un altro debito sorto dopo la costituzione del pegno e scaduto prima che sia pagato il debito anteriore, il creditore ha soltanto il diritto di ritenzione a garanzia del nuovo credito.

(1) Sulla costituzione di pegno sui prosciutti a denominazione d'origine tutelata v. l. 24 luglio 1985, n. 401; d.m. 30 ottobre 1985, in G.U., 19 novembre 1985, n. 272; d.m. 30 novembre 1985, in G.U., 5 dicembre 1985, n. 286. Sul pegno mobiliare non possessorio v. artt. 1 ss., d.l. 3 maggio 2016, n. 59, conv. in l. 30 giugno 2016, n. 119, in *Leggi coll. XVII, 8*.

(2) L'art. 18.2, d.lg. 29 marzo 2004, n. 102, come modificato dall'art. 7, d.l. 10 gennaio 2006, n. 2, conv. in l. 11 marzo 2006, n. 81, così dispone: «Nelle ipotesi di cui al comma 1, in deroga a quanto previsto nell'art. 2786 del codice civile, gli imprenditori agricoli continuano ad utilizzare le quote di produzione, i diritti all'aiuto di cui al reg. (CE) n. 1782/2003 del Consiglio, del 29 settembre 2003, iscritti nel registro di cui all'art. 3 del d.l. 9 settembre 2005, n. 182, convertito, con modificazioni, dalla l. 11 novembre 2005, n. 231 e i diritti di reimpianto».

2795. *Vendita anticipata*. — *1.* Se la cosa data in pegno si deteriora in modo da far temere che essa divenga insufficiente alla sicurezza del creditore, questi, previo avviso a colui che ha costituito il pegno, può chiedere al giudice l'autorizzazione a vendere la cosa (p.c. 502).

2. Con il provvedimento che autorizza la vendita il giudice dispone anche circa il deposito del prezzo a garanzia del credito. Il costituente può evitare la vendita e farsi restituire il pegno, offrendo altra garanzia reale che il giudice riconosca idonea.

3. Il costituente può del pari, in caso di deterioramento o di diminuzione di valore della cosa data in pegno, domandare al giudice l'autorizzazione a venderla oppure chiedere la restituzione del pegno, offrendo altra garanzia reale che il giudice riconosca idonea.

4. Il costituente può chiedere al giudice l'autorizzazione a vendere la cosa, qualora si presenti un'occasione favorevole. Con il provvedimento di autorizzazione il giudice dispone le condizioni della vendita e il deposito del prezzo (p.c. 530).

2796. *Vendita della cosa*. — *1.* Il creditore per il conseguimento di quanto gli è dovuto può far vendere la cosa ricevuta in pegno secondo le forme stabilite dall'articolo seguente (c. 2744; p.c. 502).

2797. *Forme della vendita*. — *1.* Prima di procedere alla vendita il creditore, a mezzo di ufficiale giudiziario, deve intimare al debitore di pagare il debito e gli accessori, avvertendolo che, in mancanza, si procederà alla vendita. L'intimazione deve essere notificata anche al terzo che abbia costituito il pegno.

2. Se entro cinque giorni dall'intimazione non è proposta opposizione, o se questa è rigettata, il creditore può far vendere la cosa al pubblico incanto (p.c. 534 ss.), o, se la cosa ha un prezzo di mercato, anche a prezzo corrente (c. 1515), a mezzo di persona autorizzata a tali atti (att. c. 83). Se il debitore non ha residenza o domicilio eletto nel luogo di residenza del creditore, il termine per l'opposizione è determinato a norma dell'art. 166 (*ora* 163-*bis*) del codice di procedura civile (c. 1850[1]).

3. Il giudice, sull'opposizione del costituente, può limitare la vendita a quella tra più cose date in pegno, il cui valore basti a pagare il debito.

4. Per la vendita della cosa data in pegno le parti possono convenire forme diverse (c. 1850[1], 2744, 2803, 2804[2]).

2798. *Assegnazione della cosa in pagamento*. — *1.* Il creditore può sempre domandare al giudice che la cosa gli venga assegnata in pagamento (c. 2925 ss.; p.c. 505 ss.) fino alla concorrenza del debito, secondo la stima da farsi con perizia o secondo il prezzo corrente, se la cosa ha un prezzo di mercato (c. 2744, 2803).

2799. *Indivisibilità del pegno*. — *1.* Il pegno è indivisibile (c. 2809[2]) e garantisce il credito finché questo non è integralmente soddisfatto, anche se il debito o la cosa data in pegno è divisibile.

Sezione III. — *Del pegno di crediti e di altri diritti*

2800. *Condizioni della prelazione*. — *1.* Nel pegno di crediti la prelazione non ha luogo, se non quando il pegno risulta da atto scritto e la costituzione di esso è stata notificata al debitore del credito dato in pegno ovvero è stata da questo accettata con scrittura avente data certa (c. 1265, 2704).

2801. *Consegna del documento*. — *1.* Se il credito costituito in pegno risulta da un documento, il costituente è tenuto a consegnarlo al creditore.

2802. *Riscossione d'interessi e di prestazioni periodiche*. — *1.* Il creditore pignoratizio è tenuto a riscuotere gli interessi del credito o le altre prestazioni periodiche, imputandone l'ammontare in primo luogo alle spese e agli interessi e poi al capitale (c. 1998[3], 2791). Egli è tenuto a compiere gli atti conservativi del credito ricevuto in pegno.

2803. *Riscossione del credito dato in pegno*. — *1.* Il creditore pignoratizio è tenuto a riscuotere, alla scadenza, il credito ricevuto in pegno e, se questo ha per oggetto danaro o altre cose fungibili, deve, a richiesta del debitore, effettuarne il deposito nel luogo stabilito d'accordo o altrimenti determinato dall'autorità giudiziaria. Se il credito garantito è scaduto, il creditore può ritenere del denaro ricevuto quanto basta per il soddisfacimento delle sue ragioni e restituire il residuo al costituente o, se si tratta di cose diverse dal danaro, può farle vendere o chiederne l'assegnazione secondo le norme degli artt. 2797 e 2798.

2804. *Assegnazione o vendita del credito dato in pegno*. — *1.* Il creditore pignoratizio non soddisfatto può in ogni caso chiedere che gli sia assegnato in pagamento il credito ricevuto in pegno, fino a concorrenza del suo credito (c. 2798, 2928).

2. Se il credito non è ancora scaduto, egli può anche farlo vendere nelle forme stabilite dall'art. 2797.

2805. *Eccezioni opponibili dal debitore del credito dato in pegno*. — *1.* Il debitore del credito dato in pegno può opporre al creditore pignoratizio le eccezioni che gli spetterebbero contro il proprio creditore (c. 1250, 1254).

2. Se il debitore medesimo ha accettato senza riserve la costituzione del pegno, non può opporre al creditore pignoratizio la compensazione verificatasi anteriormente (c. 1243[1]).

2806. *Pegno di diritti diversi dai crediti.* — *1.* Il pegno di diritti diversi dai crediti si costituisce nella forma rispettivamente richiesta per il trasferimento dei diritti stessi, fermo il disposto del terzo comma dell'art. 2787.

2. Sono salve le disposizioni delle leggi speciali (1).

2807. *Norme applicabili al pegno di crediti.* — *1.* Per tutto ciò che non è regolato nella presente sezione si osservano, in quanto applicabili, le norme della sezione precedente (c. 2786 ss.).

CAPO IV

DELLE IPOTECHE (2)

Sezione I. — *Disposizioni generali*

2808. *Costituzione ed effetti dell'ipoteca.* — *1.* L'ipoteca attribuisce al creditore il diritto di espropriare, anche in confronto del terzo acquirente (c. 2858 ss., 2910[2]; p.c. 602 ss.), i beni vincolati a garanzia del suo credito e di essere soddisfatto con preferenza sul prezzo ricavato dall'espropriazione (c. 518, 2748[2], 2770 ss., 2777, 2911, 2916).

2. L'ipoteca può avere per oggetto beni del debitore o di un terzo (c. 2868 ss.) e si costituisce (c. 1376) mediante iscrizione nei registri immobiliari (c. 2827 ss.).

3. L'ipoteca è legale (c. 2817), giudiziale (c. 2818 ss.) o volontaria (c. 2821 ss.).

2809. *Specialità e indivisibilità dell'ipoteca.* — *1.* L'ipoteca deve essere iscritta su beni specialmente indicati e per una somma determinata in danaro (c. 2826, 2838).

2. Essa è indivisibile (c. 2799) e sussiste per intero sopra tutti i beni vincolati, sopra ciascuno di essi e sopra ogni loro parte (c. 853[3]).

2810. *Oggetto dell'ipoteca.* — *1.* Sono capaci d'ipoteca:

1) i beni immobili che sono in commercio con le loro pertinenze (c. 812, 817);

2) l'usufrutto dei beni stessi (c. 326, 978 ss., 2814);

3) il diritto di superficie (c. 952 ss.);

4) il diritto dell'enfiteuta e quello del concedente sul fondo enfiteutico (c. 957 ss.).

2. Sono anche capaci d'ipoteca le rendite dello Stato nel modo determinato dalle leggi relative al debito pubblico, e inoltre le navi (nav. 565 ss.), gli aeromobili (nav. 1027 ss.) e gli autoveicoli, secondo le leggi che li riguardano.

3. Sono considerati ipoteche i privilegi iscritti sugli autoveicoli a norma della legge speciale (c. 2779) (3).

2811. *Miglioramenti e accessioni.* — *1.* L'ipoteca si estende ai miglioramenti (c. 975, 985), nonché alle costruzioni e alle altre accessioni (c. 934 ss.) dell'immobile ipotecato, salve le eccezioni stabilite dalla legge (c. 2804, 2816, 2864, 2873[3]).

2812. *Diritti costituiti sulla cosa ipotecata.* — *1.* Le servitù (c. 1027 ss.) di cui sia stata trascritta la costituzione dopo l'iscrizione dell'ipoteca non sono opponibili al creditore ipotecario (c. 2644[2]), il quale può far subastare la cosa come libera. La stessa disposizione si applica per i diritti di usufrutto, di uso e di abitazione (c. 978 ss., 1021 ss.).

2. Tali diritti si estinguono con l'espropriazione del fondo (p.c. 555 ss.) e i titolari sono ammessi a far valere le loro ragioni sul ricavato, con preferenza rispetto alle ipoteche iscritte posteriormente alla trascrizione dei diritti medesimi.

3. Per coloro che hanno acquistato il diritto di superficie (c. 952 ss.) o il diritto d'enfiteusi (c. 957 ss.) sui beni soggetti all'ipoteca e hanno trascritto l'acquisto posteriormente all'iscrizione dell'ipoteca, si osservano le disposizioni relative ai terzi acquirenti (c. 2858 ss.).

4. Le cessioni e le liberazioni di pigioni e di fitti non scaduti (c. 1605), che non siano trascritte o siano inferiori al triennio, sono opponibili ai creditori ipotecari solo se hanno data certa (c. 2704) anteriore al pignoramento (p.c. 555) e per un termine non superiore a un anno dal giorno del pignoramento (c. 1605, 2918, 2924).

(1) L'art. 18.1, d.lg. 29 marzo 2004, n. 102, come modificato dall'art. 7, d.l. 10 gennaio 2006, n. 2, conv. in l. 11 marzo 2006, n. 81 così dispone: «Gli imprenditori agricoli, singoli o associati, per garantire l'adempimento delle obbligazioni contratte nell'esercizio dell'impresa agricola possono costituire in pegno, ai sensi dell'art. 2806 del codice civile, anche le quote di produzione, i diritti all'aiuto di cui al reg. (CE) n. 1782/2003 del Consiglio, del 29 settembre 2003, iscritti nel registro di cui all'art. 3 del d.l. 9 settembre 2005, n. 182, convertito, con modificazioni, dalla l. 11 novembre 2005, n. 231 e i diritti di reimpianto della propria azienda».

(2) Sul finanziamento alle imprese garantito da trasferimento di bene immobile sospensivamente condizionato v. art. 48-*bis*, d.lg. 1° settembre 1993, n. 385, in *Leggi coll. XVII, 1.*

(3) Art. 2 ss., r.d.l. 15 marzo 1927, n. 436; art. 11 ss., r.d. 29 luglio 1927, n. 1814.

5. Le cessioni e le liberazioni trascritte non sono opponibili ai creditori ipotecari anteriori alla trascrizione, se non per il termine stabilito dal comma precedente (att. c. 238).

2813. *Pericolo di danno alle cose ipotecate*. — *1.* Qualora il debitore o un terzo compia atti da cui possa derivare il perimento o il deterioramento dei beni ipotecati, il creditore può domandare all'autorità giudiziaria che ordini la cessazione di tali atti o disponga le cautele necessarie per evitare il pregiudizio della sua garanzia (c. 1186, 2743).

2814. *Ipoteca sull'usufrutto e sulla nuda proprietà*. — *1.* Le ipoteche costituite sull'usufrutto (c. 2810 n. 2) si estinguono col cessare di questo (c. 979, 1014 ss.). Tuttavia, se la cessazione si verifica per rinunzia o per abuso (c. 1015) da parte dell'usufruttuario ovvero per acquisto della nuda proprietà da parte del medesimo (c. 1014 n. 2), l'ipoteca perdura fino a che non si verifichi l'evento che avrebbe altrimenti prodotto l'estinzione dell'usufrutto.

2. Se la nuda proprietà è gravata da ipoteca, questa, avvenendo l'estinzione dell'usufrutto, si estende alla piena proprietà. Ma nei casi in cui, secondo la disposizione del comma precedente, perdura l'ipoteca costituita sull'usufrutto, l'estensione non pregiudica il credito garantito con l'ipoteca stessa.

2815. *Ipoteca sul diritto del concedente e sul diritto dell'enfiteuta*. — *1.* Nel caso di affrancazione (c. 971), le ipoteche gravanti sul diritto del concedente (c. 2810 n. 4) si risolvono sul prezzo dovuto per l'affrancazione (c. 2742); le ipoteche gravanti sul diritto dell'enfiteuta si estendono alla piena proprietà.

2. Nel caso di devoluzione (c. 972) o di cessazione dell'enfiteusi per decorso del termine (c. 958), le ipoteche gravanti sul diritto dell'enfiteuta (c. 2810 n. 4) si risolvono sul prezzo dovuto per i miglioramenti (c. 975), senza deduzione di quanto è dovuto al concedente per i canoni non soddisfatti (c. 2763). Il prezzo dei miglioramenti, se da atto scritto non risulta concordato con i creditori ipotecari, deve determinarsi giudizialmente, anche in contraddittorio dei medesimi. Le ipoteche gravanti sul diritto del concedente si estendono alla piena proprietà.

3. Quando l'enfiteusi si estingue per prescrizione (c. 970), si estinguono le ipoteche che gravano sul diritto dell'enfiteuta.

4. Se per causa diversa da quelle sopra indicate vengono a riunirsi in una medesima persona il diritto del concedente e il diritto dell'enfiteuta, le ipoteche gravanti sull'uno e sull'altro continuano a gravarli separatamente; ma se l'ipoteca grava soltanto sull'uno o sull'altro diritto, essa si estende alla piena proprietà.

2816. *Ipoteca sul diritto di superficie*. — *1.* Le ipoteche che hanno per oggetto il diritto di superficie (c. 2810 n. 3) si estinguono nel caso di devoluzione della superficie al proprietario del suolo per decorso del termine (c. 954). Se però il superficiario ha diritto a un corrispettivo, le ipoteche iscritte contro di lui si risolvono sul corrispettivo medesimo. Le ipoteche iscritte contro il proprietario del suolo non si estendono alla superficie.

2. Se per altre cause si riuniscono nella medesima persona il diritto del proprietario del suolo e quello del superficiario, le ipoteche sull'uno e sull'altro diritto continuano a gravare separatamente i diritti stessi.

Sezione II. — *Dell'ipoteca legale*

2817. *Persone a cui compete*. — *1.* Hanno ipoteca legale (c. 2874):

1) l'alienante sopra gli immobili alienati per l'adempimento degli obblighi che derivano dall'atto di alienazione (c. 1498, 2650^3, 2834, 2867^3);

2) i coeredi, i soci e altri condividenti per il pagamento dei conguagli sopra gli immobili assegnati ai condividenti ai quali incombe tale obbligo (c. 723, 728, 1111, 2283, 2650^3, 2825^3, 2834);

3) lo Stato sopra i beni dell'imputato e della persona civilmente responsabile, secondo le disposizioni del codice penale e del codice di procedura penale (1) (2).

Sezione III. — *Dell'ipoteca giudiziale*

2818. *Provvedimenti da cui deriva*. — *1.* Ogni sentenza che porta condanna al pagamento di una somma o all'adempimento di altra obbligazione ovvero al risarcimento dei danni da liquidarsi successivamente è titolo per iscrivere ipoteca sui beni del debitore (c. 156^5, 2828, 2830, 2874; p.c. 278).

2. Lo stesso ha luogo per gli altri provvedimenti giudiziali ai quali la legge attribuisce tale

(1) Numero ora privo di oggetto, in quanto «sono abrogate le disposizioni del codice penale che prevedono l'ipoteca legale»: art. 218.1 disp. att. c.p.p.

(2) Articolo così sostituito dall'art. 208, l. 19 maggio 1975, n. 151.

effetto (c. 2836; p.c. 186-*III*[6], 655) (1).

2819. *Sentenze arbitrali*. — *1.* Si può iscrivere ipoteca in base al lodo degli arbitri, quando è stato reso esecutivo (p.c. 825).

2820. *Sentenze straniere*. — *1.* Si può parimenti iscrivere ipoteca in base alle sentenze pronunziate dalle autorità giudiziarie straniere, dopo che ne è stata dichiarata l'efficacia dall'autorità giudiziaria italiana, salvo che le convenzioni internazionali dispongano diversamente (2).

Sezione IV. — *Dell'ipoteca volontaria*

2821. *Concessione d'ipoteca*. — *1.* L'ipoteca può essere concessa anche mediante dichiarazione unilaterale. La concessione deve farsi per atto pubblico (c. 2699 ss.) o per scrittura privata (c. 2702 ss., 2835), sotto pena di nullità (nav. 41).

2. Non può essere concessa per testamento (c. 2674[1], 2882[2]).

2822. *Ipoteca su beni altrui*. — *1.* Se l'ipoteca è concessa da chi non è proprietario della cosa, l'iscrizione può essere validamente presa solo quando la cosa è acquistata dal concedente (c. 1478).

2. Se l'ipoteca è concessa da persona che agisce come rappresentante senza averne la qualità, l'iscrizione può essere validamente presa solo quando il proprietario ha ratificato la concessione (c. 1398, 1399).

2823. *Ipoteca su beni futuri*. — *1.* L'ipoteca su cosa futura può essere validamente iscritta solo quando la cosa è venuta a esistenza (c. 458, 1348).

2824. *Ipoteca iscritta in base a titolo annullabile*. — *1.* L'iscrizione d'ipoteca eseguita in virtù di un titolo annullabile (c. 1425 ss.) rimane convalidata con la convalida del titolo (c. 1444).

2825. *Ipoteca su beni indivisi*. — *1.* L'ipoteca costituita sulla propria quota da uno dei partecipanti alla comunione (c. 1103) produce effetto rispetto a quei beni o a quella porzione di beni che a lui verranno assegnati nella divisione (c. 757).

2. Se nella divisione (c. 1111 ss.) sono assegnati a un partecipante beni diversi da quello da lui ipotecato, l'ipoteca si trasferisce su questi altri beni, col grado derivante dall'originaria iscrizione e nei limiti del valore del bene in precedenza ipotecato, quale risulta dalla divisione, purché l'ipoteca sia nuovamente iscritta con l'indicazione di detto valore entro novanta giorni dalla trascrizione della divisione medesima (c. 2646).

3. Il trasferimento però non pregiudica le ipoteche iscritte contro tutti i partecipanti (c. 1108), né l'ipoteca legale spettante ai condividenti per i conguagli (c. 2817 n. 2).

4. I creditori ipotecari e i cessionari di un partecipante (c. 1113), al quale siano stati assegnati beni diversi da quelli ipotecati o ceduti, possono far valere le loro ragioni anche sulle somme a lui dovute per conguagli o, qualora sia stata attribuita una somma di danaro in luogo di beni in natura, possono far valere le loro ragioni su tale somma, con prelazione determinata dalla data di iscrizione o di trascrizione dei titoli rispettivi, nel limite però del valore dei beni precedentemente ipotecati o ceduti.

5. I debitori delle somme sono tuttavia liberati quando le abbiano pagate al condividente dopo trenta giorni da che la divisione è stata notificata ai creditori ipotecari o ai cessionari senza che da costoro sia stata fatta opposizione (att. c. 239).

2825-*bis*. *Ipoteca sul bene oggetto di contratto preliminare*. — *1.* L'ipoteca iscritta su edificio o complesso condominiale, anche da costruire o in corso di costruzione, a garanzia di finanziamento dell'intervento edilizio ai sensi degli artt. 38 e seguenti del d.lg. 1° settembre 1993, n. 385 (3), prevale sulla trascrizione anteriore dei contratti preliminari di cui all'art. 2645-*bis*, limitatamente alla quota di debito derivante dal suddetto finanziamento che il promissario acquirente si sia accollata con il contratto preliminare o con altro atto successivo eventualmente adeguata ai sensi dell'art. 39, comma 3, del citato d.lg. n. 385 del 1993 (3). Se l'accollo risulta da atto successivo, questo è annotato in margine alla trascrizione del contratto preliminare (4).

2826. *Indicazione dell'immobile ipotecato*. — *1.* Nell'atto di concessione dell'ipoteca l'immobile deve essere specificatamente designato con l'indicazione della sua natura, del comune

(1) Sulla sentenza che pronuncia lo scioglimento o la cessazione degli effetti civili del matrimonio, v. art. 8, l. 1° dicembre 1970, n. 898, in *Leggi coll. II, 9*.

Sul decreto di omologazione della separazione consensuale v. Corte cost., sentenza 18 febbraio 1988, n. 186, in nota 5 all'art. 158 cod. civ.

(2) Art. 64 ss., l. 31 maggio 1995, n. 218, in *Leggi coll. I, 1*.

(3) In *Leggi coll. XVII, 1*.

(4) Articolo aggiunto dall'art. 3.3, d.l. 31 dicembre 1996, n. 669, conv. in l. 28 febbraio 1997, n. 70.

in cui si trova, nonché dei dati di identificazione catastale; per i fabbricati in corso di costruzione devono essere indicati i dati di identificazione catastale del terreno su cui insistono (c. 2659[1] n. 4, 2809, 2839, 2841) (1).

Sezione V. — *Dell'iscrizione e rinnovazione delle ipoteche*

§ 1. — *Dell'iscrizione*

2827. *Luogo dell'iscrizione*. — *1.* L'ipoteca si iscrive (c. 2808[2]) nell'ufficio dei registri immobiliari del luogo in cui si trova l'immobile (c. 2839).

2828. *Immobili su cui può iscriversi l'ipoteca giudiziale*. — *1.* L'ipoteca giudiziale (c. 2818 ss.) si può iscrivere su qualunque degli immobili appartenenti al debitore e su quelli che gli pervengono successivamente alla condanna, a misura che egli li acquista.

2829. *Iscrizione sui beni del defunto*. — *1.* L'iscrizione d'ipoteca sui beni di un defunto può eseguirsi con la semplice indicazione della sua persona, osservate per il resto le regole ordinarie. Se però risulta trascritto l'acquisto dei beni da parte degli eredi (c. 2648), l'iscrizione deve eseguirsi contro costoro.

2830. *Ipoteca giudiziale sui beni dell'eredità beneficiata e dell'eredità giacente*. — *1.* Se l'eredità è accettata con beneficio d'inventario (c. 484 ss.) o se si tratta di eredità giacente (c. 528 ss.), non possono essere iscritte ipoteche giudiziali (c. 2818 ss.) sui beni ereditari, neppure in base a sentenze pronunziate anteriormente alla morte del debitore.

2831. *Ipoteca a garanzia di obbligazioni all'ordine o al portatore*. — *1.* Le obbligazioni risultanti dai titoli all'ordine (c. 2008 ss.) o al portatore (c. 2003 ss.) possono essere garantite con ipoteca.

2. Per i titoli all'ordine l'ipoteca è iscritta (c. 2839[2], n. 1) a favore dell'attuale possessore e si trasmette ai successivi possessori (c. 2011, 2887); questi non sono tenuti a effettuare l'annotazione prevista dall'art. 2843 (c. 2845).

3. Per i titoli al portatore l'ipoteca a favore degli obbligazionisti (c. 2410) è iscritta con l'indicazione dell'emittente, della data dell'atto di emissione, della serie, del numero e del valore delle obbligazioni emesse. In margine all'iscrizione deve essere annotato il nome del rappresentante degli obbligazionisti, appena questo sia nominato (c. 2417, 2418). Per l'annotazione (c. 2843) deve presentarsi copia della deliberazione o del provvedimento giudiziale di nomina (c. 2839[2], n. 1, 2845).

2832-2833. .... (2).

2834. *Iscrizione dell'ipoteca legale dell'alienante e del condividente*. — *1.* Il conservatore dei registri immobiliari (c. 2664 ss., 2673 ss.), nel trascrivere un atto di alienazione o di divisione, deve iscrivere d'ufficio l'ipoteca legale che spetta all'alienante o al condividente a norma dei nn. 1 e 2 dell'art. 2817, a meno che gli sia presentato un atto pubblico (c. 2699 ss.) o una scrittura privata con sottoscrizione autenticata o accertata giudizialmente (c. 2703; p.c. 214 ss.), da cui risulti che gli obblighi sono stati adempiuti o che vi è stata rinunzia all'ipoteca da parte dell'alienante o del condividente (att. c. 229) (3).

2835. *Iscrizione in base a scrittura privata*. — *1.* Se il titolo per l'iscrizione risulta da scrittura privata (c. 2702 ss.), la sottoscrizione di chi ha concesso l'ipoteca deve essere autenticata (c. 2703) o accertata giudizialmente (p.c. 214 ss.).

2. Il richiedente deve presentare la scrittura originale o, se questa è depositata in pubblico archivio o negli atti di un notaio, una copia autenticata, con la certificazione che ricorrono i requisiti innanzi indicati.

3. L'originale o la copia rimane in deposito nell'ufficio dei registri immobiliari (c. 2663, 2674[1], 2882[2]).

2836. *Iscrizione in base ad atto pubblico o a sentenza*. — *1.* Se il titolo per l'iscrizione risulta da un atto pubblico ricevuto nello Stato (c. 2699 ss.) o da una sentenza (p.c. 131 ss.) o da altro provvedimento giudiziale ad essa parificato (p.c. 655), si deve presentare copia del titolo.

2. .... (4).

2837. *Atti formati all'estero*. — *1.* Gli atti formati in paese estero che si presentano per l'iscrizione devono essere legalizzati (c. 2674[1], 2882[2]) (5).

(1) Articolo così sostituito dall'art. 13, l. 27 febbraio 1985, n. 52, che, all'art. 29, prevede che: «Negli atti con cui si concede l'ipoteca o di cui si chiede la trascrizione, l'immobile deve essere designato anche con l'indicazione di almeno tre dei suoi confini».

(2) Articoli abrogati dall'art. 209, l. 19 maggio 1975, n. 151.

(3) Articolo così sostituito dall'art. 4, l. 21 gennaio 1983, n. 22.

(4) Comma abrogato dall'art. 30, l. 27 febbraio 1985, n. 52.

(5) Sulla legalizzazione di firme di atti da e per l'estero v. art. 33, d.p.r. 28 dicembre 2000, n. 445. Sulla abolizione della legalizzazione di atti pubblici stranieri v. la Convenzione dell'Aja del 5 ottobre 1961 (l. 20 dicembre 1966, n. 1253), in vigore dall'11 febbraio 1978.

2838. *Somma per cui l'iscrizione è eseguita*. — *1.* Se la somma di danaro non è altrimenti determinata (c. 2809[1]) negli atti in base ai quali è eseguita l'iscrizione o in atto successivo, essa è determinata dal creditore nella nota per l'iscrizione (c. 2839[2] n. 4).

2. Qualora tra la somma enunciata nell'atto e quella enunciata nella nota vi sia divergenza, l'iscrizione ha efficacia per la somma minore.

2839. *Formalità per l'iscrizione dell'ipoteca*. — *1.* Per eseguire l'iscrizione deve presentarsi il titolo costitutivo (c. 518, 2835 ss.) insieme con una nota sottoscritta dal richiedente in doppio originale.

2. La nota deve indicare:

1) il cognome e il nome, il luogo e la data di nascita e il numero di codice fiscale del creditore, del debitore e dell'eventuale terzo datore di ipoteca; la denominazione o la ragione sociale, la sede e il numero di codice fiscale delle persone giuridiche, delle società previste dai capi II, III e IV del titolo V del libro quinto e delle associazioni non riconosciute, con l'indicazione, per queste ultime e per le società semplici, anche delle generalità delle persone che le rappresentano secondo l'atto costitutivo.

Per le obbligazioni all'ordine (c. 2008 ss.) o al portatore (c. 2003 ss.) si devono osservare le norme dell'art. 2831. Per le obbligazioni all'ordine si deve inoltre esibire il titolo al conservatore, il quale vi annota l'eseguita iscrizione dell'ipoteca. Per le obbligazioni al portatore si deve presentare copia dell'atto di emissione e del piano di ammortamento;

2) il domicilio eletto dal creditore nella circoscrizione del tribunale in cui ha sede l'ufficio dei registri immobiliari;

3) il titolo, la sua data e il nome del pubblico ufficiale che lo ha ricevuto o autenticato;

4) l'importo della somma per la quale l'iscrizione è presa (c. 2838);

5) gli interessi e le annualità che il credito produce (c. 2855);

6) il tempo della esigibilità;

7) la natura e la situazione dei beni gravati, con le indicazioni prescritte dall'art. 2826 (c. 2841; nav. 569) (1).

2840. *Certificato dell'iscrizione*. — *1.* Eseguita l'iscrizione, il conservatore restituisce al richiedente uno degli originali della nota, certificando, in calce al medesimo, la data e il numero d'ordine dell'iscrizione (c. 2678 ss., 2850[3]).

2. I titoli consegnati al conservatore sono custoditi secondo quanto è disposto dall'art. 2664.

2841. *Omissioni e inesattezze nei titoli o nelle note*. — *1.* L'omissione o l'inesattezza di alcune delle indicazioni nel titolo, in base al quale è presa l'iscrizione, o nella nota (c. 2839[2]) non nuoce alla validità dell'iscrizione, salvo che induca incertezza sulla persona del creditore o del debitore o sull'ammontare del credito ovvero sulla persona del proprietario del bene gravato, quando l'indicazione ne è necessaria, o sull'identità dei singoli beni gravati.

2. Nel caso di altre omissioni o inesattezze, si può ordinare la rettificazione a istanza e a spese della parte interessata (c. 2886[2]).

2842. *Variazione del domicilio eletto*. — *1.* È in facoltà del creditore, del suo mandatario o del suo erede o avente causa di variare il domicilio eletto nell'iscrizione (c. 2839), sostituendone un altro nella stessa circoscrizione.

2. Il cambiamento deve essere annotato dal conservatore in margine o in calce all'iscrizione.

3. La dichiarazione circa il cambiamento del domicilio deve risultare da atto ricevuto o autenticato da notaio e deve rimanere depositata nell'ufficio del conservatore (c. 2664).

2843. *Annotazione di cessione, di surrogazione e di altri atti dispositivi del credito*. — *1.* La trasmissione o il vincolo dell'ipoteca per cessione (c. 1260 ss.), surrogazione (c. 1201 ss.), pegno (c. 2800 ss.), postergazione di grado o costituzione in dote (c. 166-*II*) del credito ipotecario, nonché per sequestro (c. 2905 s.; p.c. 671 ss.), pignoramento (c. 2913 ss.; p.c. 492 ss., 544[2]) o assegnazione (c. 2925 ss.; p.c. 505 ss., 554[2]) del credito medesimo si deve annotare in margine all'iscrizione dell'ipoteca.

2. La trasmissione o il vincolo dell'ipoteca non ha effetto finché l'annotazione non sia stata eseguita (c. 2866[2]). Dopo l'annotazione l'iscrizione non si può cancellare senza il consenso dei titolari dei diritti indicati nell'annotazione medesima (c. 2879[2]) e le intimazioni o notificazioni che occorrono in dipendenza dell'iscrizione devono essere loro fatte nel domicilio eletto.

3. Per l'annotazione deve essere consegnata al conservatore copia del titolo e, qualora questo sia una scrittura privata o un atto formato in paese estero, si applicano le disposizioni degli artt. 2835 e 2837.

2844. *Azioni e notificazioni*. — *1.* Le azioni a cui le iscrizioni possono dar luogo contro i creditori sono promosse davanti all'autorità giudiziaria competente, per mezzo di citazione (p.c. 163) da farsi alla persona in mani proprie (p.c.

(1) Articolo così sostituito dall'art. 14, l. n. 52/1985.

138) o all'ultimo domicilio da essi eletto (c. 2839, 2842).

2. La stessa disposizione si applica per ogni altra notificazione relativa alle dette iscrizioni (c. 2861², 2890).

3. Se non è stata fatta elezione di domicilio o se è morta la persona ovvero è cessato l'ufficio presso cui si era eletto il domicilio le citazioni e le notificazioni possono essere fatte all'ufficio presso il quale l'iscrizione è stata presa.

4. Se si tratta di giudizio promosso dal debitore contro il suo creditore per la riduzione dell'ipoteca (c. 2872 ss.) o per la cancellazione totale o parziale dell'iscrizione (c. 2884), il creditore deve essere citato nei modi ordinari stabiliti dal codice di procedura civile (p.c. 163 ss.).

2845. *Notificazioni relative a iscrizioni per obbligazioni all'ordine e al portatore.* — *1.* Se l'iscrizione è presa per obbligazioni risultanti da titoli all'ordine (c. 2008 ss.), le citazioni e notificazioni previste dall'articolo precedente devono farsi nei confronti di chi ha preso l'iscrizione a norma degli artt. 2831 e 2839, salvo che dai registri risulti l'annotazione a favore di un possessore successivo.

2. Se si tratta di obbligazioni al portatore (c. 2003 ss., 2413 ss.), le citazioni e le notificazioni devono essere fatte al rappresentante degli obbligazionisti il cui nome è annotato in margine all'iscrizione (c. 2831). Le citazioni e le notificazioni devono essere iscritte nel registro delle imprese (c. 2188 ss.) e pubblicate per estratto in un giornale quotidiano designato dall'autorità giudiziaria.

3. Se manca per qualsiasi causa il rappresentante o il nome di lui non è stato annotato in margine all'iscrizione dell'ipoteca, le citazioni e le notificazioni sono fatte nei confronti di un curatore da nominarsi dall'autorità giudiziaria (p.c. 78). Il decreto di nomina del curatore deve essere pubblicato con le modalità prescritte nel comma precedente.

2846. *Spese d'iscrizione.* — *1.* Le spese d'iscrizione dell'ipoteca (c. 2855¹) sono a carico del debitore, se non vi è patto contrario, ma devono essere anticipate dal richiedente.

§ 2. — *Della rinnovazione*

2847. *Durata dell'efficacia dell'iscrizione.* — *1.* L'iscrizione conserva il suo effetto (c. 2808) per venti anni dalla sua data. L'effetto cessa se l'iscrizione non è rinnovata (c. 2850) prima che scada detto termine (att. c. 240).

2848. *Nuova iscrizione dell'ipoteca.* — *1.* Nonostante il decorso del termine indicato dall'articolo precedente, il creditore può procedere a nuova iscrizione; in tal caso l'ipoteca prende grado dalla data della nuova iscrizione.

2. La nuova iscrizione non può essere presa contro i terzi acquirenti dell'immobile ipotecato che hanno trascritto il loro titolo (c. 2644).

2849. ....(1).

2850. *Formalità per la rinnovazione.* — *1.* Per ottenere la rinnovazione si presenta al conservatore una nota in doppio originale conforme a quella della precedente iscrizione (c. 2839) in cui si dichiari che s'intende rinnovare l'iscrizione originaria.

2. In luogo del titolo si può presentare la nota precedente.

3. Il conservatore deve osservare le disposizioni dell'art. 2840.

2851. *Rinnovazione rispetto a beni trasferiti agli eredi o aventi causa.* — *1.* Se al tempo della rinnovazione gli immobili ipotecati risultano dai registri delle trascrizioni passati agli eredi del debitore o ai suoi aventi causa, la rinnovazione deve essere fatta anche nei confronti degli eredi o aventi causa e la nota deve contenere le indicazioni stabilite dall'art. 2839, se queste risultano dai registri medesimi.

Sezione VI. — *Dell'ordine delle ipoteche*

2852. *Grado dell'ipoteca.* — *1.* L'ipoteca prende grado (c. 2853) dal momento della sua iscrizione (c. 2848¹), anche se è iscritta per un credito condizionale (c. 1357). La stessa norma si applica per i crediti che possano eventualmente nascere in dipendenza di un rapporto già esistente.

2853. *Richieste contemporanee d'iscrizione.* — *1.* Il numero d'ordine delle iscrizioni determina il loro grado. Nondimeno, se più persone presentano contemporaneamente la nota per ottenere iscrizione contro la stessa persona o sugli stessi immobili, le iscrizioni sono eseguite sotto lo stesso numero, e di ciò si fa menzione nella ricevuta spedita dal conservatore a ciascuno dei richiedenti (c. 2854).

2854. *Ipoteche iscritte nello stesso grado.* — *1.* I crediti con iscrizione ipotecaria dello stesso grado (c. 2853) sugli stessi beni concorrono tra loro in proporzione dell'importo relativo.

2855. *Estensione degli effetti dell'iscrizione.* — *1.* L'iscrizione del credito fa collocare nello

(1) Articolo abrogato dall'art. 209, l. 19 maggio 1975, n. 151.

stesso grado le spese dell'atto di costituzione d'ipoteca, quelle dell'iscrizione (c. 2846) e rinnovazione (c. 2847) e quelle ordinarie occorrenti per l'intervento nel processo di esecuzione. Per il credito di maggiori spese giudiziali le parti possono estendere l'ipoteca con patto espresso, purché sia presa la corrispondente iscrizione.

2. Qualunque sia la specie d'ipoteca, l'iscrizione di un capitale che produce interessi fa collocare nello stesso grado gli interessi dovuti, purché ne sia enunciata la misura nell'iscrizione (c. 2839[2] n. 5). La collocazione degli interessi è limitata alle due annate anteriori e a quella in corso al giorno del pignoramento (p.c. 491 ss.; nav. 576), ancorché sia stata pattuita l'estensione a un maggior numero di annualità; le iscrizioni particolari prese per altri arretrati hanno effetto dalla loro data.

3. L'iscrizione del capitale fa pure collocare nello stesso grado gli interessi maturati dopo il compimento dell'annata in corso alla data del pignoramento, però soltanto nella misura legale (c. 1284) e fino alla data della vendita (att. c. 241).

2856. *Surrogazione del creditore perdente.* — *1.* Il creditore che ha ipoteca sopra uno o più immobili, qualora si trovi perdente perché sul loro prezzo si è in tutto o in parte soddisfatto un creditore anteriore, la cui ipoteca si estendeva ad altri beni dello stesso debitore, può surrogarsi (c. 1203) nell'ipoteca iscritta a favore del creditore soddisfatto, al fine di esercitare l'azione ipotecaria su questi altri beni con preferenza rispetto ai creditori posteriori alla propria iscrizione. Lo stesso diritto spetta ai creditori perdenti in seguito alla detta surrogazione (c. 2866[3]).

2. Questa disposizione si applica anche ai creditori perdenti per causa di privilegi immobiliari (c. 2770 ss.).

2857. *Limiti della surrogazione.* — *1.* La surrogazione non si può esercitare sui beni dati in ipoteca da un terzo (c. 2868), né sui beni alienati dal debitore (c. 2858), quando l'alienazione è stata trascritta anteriormente all'iscrizione del creditore perdente (c. 2644).

2. Trattandosi di beni acquistati dal debitore posteriormente a detta iscrizione, se il creditore soddisfatto aveva esteso a essi la sua ipoteca giudiziale (c. 2828), il creditore perdente può esercitare la surrogazione anche su tali beni.

3. Per far valere il diritto alla surrogazione deve essere eseguita annotazione in margine all'ipoteca del creditore soddisfatto; per l'annotazione deve presentarsi al conservatore copia dello stato di graduazione dal quale risulta l'incapienza (c. 2843).

Sezione VII. — *Degli effetti dell'ipoteca rispetto al terzo acquirente*

2858. *Facoltà del terzo acquirente.* — *1.* Il terzo acquirente dei beni ipotecati, che ha trascritto (c. 2643 ss.) il suo titolo di acquisto e non è personalmente obbligato, se non preferisce pagare i creditori iscritti (c. 2827 ss., 2852 ss.), può rilasciare (c. 2861 ss.) i beni stessi ovvero liberarli dalle ipoteche, osservando le norme contenute nella sezione XII di questo capo (c. 2889 ss.). In mancanza, l'espropriazione segue contro di lui secondo le norme prescritte dal codice di procedura civile (att. c. 242; p.c. 602 ss.).

2859. *Eccezioni opponibili dal terzo acquirente.* — *1.* Se la domanda diretta a ottenere la condanna del debitore è posteriore alla trascrizione del titolo del terzo acquirente, questi, ove non abbia preso parte al giudizio, può opporre al creditore procedente tutte le eccezioni non opposte dal debitore e quelle altresì che spetterebbero a questo dopo la condanna (c. 2870).

2. Le eccezioni suddette però non sospendono il corso dei termini stabiliti per la liberazione del bene dalle ipoteche (c. 2889 ss.; att. c. 242).

2860. *Capacità per il rilascio.* — *1.* Può procedere al rilascio (c. 2861 ss.) soltanto chi ha la capacità di alienare.

2861. *Termine ed esecuzione del rilascio.* — *1.* Il rilascio dei beni ipotecati si esegue con dichiarazione alla cancelleria del tribunale competente per l'espropriazione (p.c. 26). La dichiarazione deve essere fatta non oltre i dieci giorni dalla data del pignoramento.

2. Il certificato della cancelleria attestante la dichiarazione deve, a cura del terzo, essere annotato (c. 2843) in margine alla trascrizione dell'atto di pignoramento e deve essere notificato, entro cinque giorni dalla sua data, al creditore procedente (c. 2844).

3. Sull'istanza di questo o di qualunque altro interessato, il tribunale provvede alla nomina di un amministratore, in confronto del quale prosegue il processo di espropriazione (p.c. 602 ss.).

4. Il terzo rimane responsabile della custodia dell'immobile (p.c. 559 ss.) fino alla consegna all'amministratore.

2862. *Ipoteche e altri diritti reali a carico e a favore del terzo.* — *1.* Il rilascio non pregiudica le ipoteche, le servitù e gli altri diritti reali resi pubblici contro il terzo prima dell'annotazione del rilascio (c. 2861).

2. Le ipoteche, le servitù e gli altri diritti reali che già spettavano al terzo prima dell'acquisto riprendono efficacia dopo il rilascio o dopo la vendita all'incanto eseguita contro di lui (p.c. 576 ss.).

3. Del pari riprendono efficacia le servitù che al momento dell'iscrizione dell'ipoteca esistevano a favore del fondo ipotecato e a carico di altro fondo del terzo (c. 1072). Esse sono comprese nell'espropriazione del fondo ipotecato.

2863. *Ricupero dell'immobile rilasciato e abbandono dell'esecuzione.* — *1.* Finché non sia avvenuta la vendita, il terzo può ricuperare l'immobile rilasciato, pagando i crediti iscritti (c. 2852 ss.) e i loro accessori (c. 2855), oltre le spese.

2. Qualora la vendita sia avvenuta e, dopo pagati i creditori iscritti, vi sia un residuo del prezzo, questo spetta al terzo acquirente (p.c. 510).

3. Il rilascio non ha effetto se il processo di esecuzione si estingue per rinunzia o per inattività delle parti (p.c. 629 ss.).

2864. *Danni causati dal terzo e miglioramenti.* — *1.* Il terzo è tenuto a risarcire i danni (c. 2043 ss.) che da sua colpa grave sono derivati all'immobile in pregiudizio dei creditori iscritti (c. 2813).

2. Egli non può ritenere l'immobile per causa di miglioramenti (c. 1152); ma ha il diritto di far separare dal prezzo di vendita la parte corrispondente ai miglioramenti eseguiti dopo la trascrizione del suo titolo, fino a concorrenza del valore dei medesimi al tempo della vendita.

3. Se il prezzo non copre il valore dell'immobile nello stato in cui era prima dei miglioramenti e insieme quello dei miglioramenti, esso deve dividersi in due parti proporzionali ai detti valori.

2865. *Frutti dovuti dal terzo.* — *1.* I frutti (c. 820) dell'immobile ipotecato sono dovuti dal terzo (c. 1148) a decorrere dal giorno in cui è stato eseguito il pignoramento (p.c. 555 ss.).

2. Nel caso di liberazione dell'immobile dalle ipoteche (c. 2889 ss.; p.c. 792 ss.) i frutti sono del pari dovuti dal giorno del pignoramento o, in mancanza di pignoramento, dal giorno della notificazione eseguita in conformità dell'art. 2890.

2866. *Diritti del terzo nei confronti del debitore e di altri terzi acquirenti.* — *1.* Il terzo che ha pagato i creditori iscritti (c. 2858) ovvero ha rilasciato l'immobile (c. 2861) o sofferto l'espropriazione (p.c. 602) ha ragione d'indennità verso il suo autore, anche se si tratta di acquisto a titolo gratuito (c. 1482 ss.).

2. Ha pure diritto di subingresso (c. 1203) nelle ipoteche costituite a favore del creditore soddisfatto sugli altri beni del debitore; se questi sono stati acquistati da terzi, non ha azione che contro coloro i quali hanno trascritto il loro acquisto in data posteriore alla trascrizione del suo titolo (c. 2644). Per esercitare il subingresso deve fare eseguire la relativa annotazione in conformità dell'art. 2843 (c. 2871^2).

3. Il subingresso non pregiudica l'esercizio del diritto di surrogazione stabilito dall'art. 2856 a favore dei creditori che hanno un'iscrizione anteriore alla trascrizione del titolo del terzo acquirente.

2867. *Terzo debitore di somma in dipendenza dell'acquisto.* — *1.* Se il terzo acquirente, che ha trascritto il suo titolo, è debitore, in dipendenza dell'acquisto (c. 1498), di una somma attualmente esigibile, la quale basti a soddisfare tutti i creditori iscritti contro il precedente proprietario, ciascuno di questi può obbligarlo al pagamento.

2. Se il debito del terzo non è attualmente esigibile, o è minore o diverso da ciò che è dovuto ai detti creditori, questi, purché di comune accordo, possono egualmente richiedere che venga loro pagato, fino alla rispettiva concorrenza, ciò che il terzo deve nei modi e termini della sua obbligazione.

3. Nell'uno e nell'altro caso l'acquirente non può evitare di pagare, offrendo il rilascio dell'immobile (c. 2861), ma, eseguito il pagamento, l'immobile è liberato da ogni ipoteca, non esclusa quella che spetta all'alienante (c. 2817 n. 1), e il terzo ha diritto di ottenere che si cancellino le relative iscrizioni (c. 2882 ss.).

Sezione VIII. — *Degli effetti dell'ipoteca rispetto al terzo datore*

2868. *Beneficio di escussione.* — *1.* Chi ha costituito un'ipoteca a garanzia del debito altrui (c. 2808^2, 2871) non può invocare il beneficio della preventiva escussione del debitore, se il beneficio non è stato convenuto (c. 1944^2, 2910^2; p.c. 602 ss.).

2869. *Estinzione dell'ipoteca per fatto del creditore.* — *1.* L'ipoteca costituita dal terzo si estingue se, per fatto del creditore, non può avere effetto la surrogazione (c. 1203) del terzo nei diritti, nel pegno, nelle ipoteche e nei privilegi del creditore (c. 1955).

2870. *Eccezioni opponibili dal terzo datore.* — *1.* Il terzo datore che non ha preso parte al giudizio diretto alla condanna del debitore può opporre al creditore le eccezioni indicate dall'art. 2859.

2871. *Diritti del terzo datore che ha pagato i creditori iscritti o ha sofferto l'espropriazione.* — *1.* Il terzo datore che ha pagato i creditori iscritti o ha sofferto l'espropriazione ha regresso contro il debitore (c. 1950). Se vi sono più debitori obbligati in solido (c. 1292 ss.) il terzo che ha costituito l'ipoteca a garanzia di tutti ha regresso contro ciascuno per l'intero (c. 1951).

2. Il terzo datore ha regresso contro i fideiussori (c. 1936 ss.) del debitore. Ha inoltre regresso contro gli altri terzi datori per la loro rispettiva porzione (c. 1299, 1954, 2868) e può esercitare, anche nei confronti dei terzi acquirenti, il subingresso previsto dal secondo comma dell'art. 2866.

Sezione IX. — *Della riduzione delle ipoteche*

2872. *Modalità della riduzione.* — *1.* La riduzione delle ipoteche si opera riducendo la somma per la quale è stata presa l'iscrizione (c. 2838) o restringendo l'iscrizione a una parte soltanto dei beni (c. 2876).

2. Questa restrizione può aver luogo anche se l'ipoteca ha per oggetto un solo bene, qualora questo abbia parti distinte o tali che si possano comodamente distinguere (att. c. 243).

2873. *Esclusione della riduzione.* — *1.* Non è ammessa domanda di riduzione riguardo alla quantità dei beni né riguardo alla somma, se la quantità dei beni o la somma è stata determinata per convenzione o per sentenza (c. 2799).

2. Tuttavia, se sono stati eseguiti pagamenti parziali così da estinguere almeno il quinto del debito originario, si può chiedere una riduzione proporzionale per quanto riguarda la somma.

3. Nel caso d'ipoteca iscritta su un edificio, il costituente che dopo l'iscrizione ha eseguito sopraelevazioni può chiedere che l'ipoteca sia ridotta, per modo che le sopraelevazioni ne restino esenti in tutto o in parte, osservato il limite stabilito dall'art. 2876 per il valore della cautela (att. c. 243).

2874. *Riduzione dell'ipoteca legale e dell'ipoteca giudiziale.* — *1.* Le ipoteche legali, eccettuate quelle indicate dai nn. 1 e 2 dell'art. 2817, e le ipoteche giudiziali (c. 2818 ss.) devono ridursi su domanda degli interessati, se i beni compresi nell'iscrizione hanno un valore che eccede la cautela da somministrarsi (c. 2875) o se la somma determinata dal creditore nell'iscrizione (c. 2838) eccede di un quinto quella che l'autorità giudiziaria dichiara dovuta.

2875. *Eccesso nel valore dei beni.* — *1.* Si reputa che il valore dei beni ecceda la cautela da somministrarsi, se tanto alla data dell'iscrizione dell'ipoteca, quanto posteriormente, supera di un terzo l'importo dei crediti iscritti, accresciuto degli accessori a norma dell'art. 2855.

2876. *Limiti della riduzione.* — *1.* La riduzione si opera rispettando l'eccedenza del quinto per ciò che riguarda la somma del credito e l'eccedenza del terzo per ciò che riguarda il valore della cautela.

2877. *Spese della riduzione.* — *1.* Le spese necessarie per eseguire la riduzione, anche se consentita dal creditore, sono sempre a carico del richiedente, a meno che la riduzione abbia luogo per eccesso nella determinazione del credito fatta dal creditore (c. 2838), nel qual caso sono a carico di quest'ultimo.

2. Se la riduzione è stata ordinata con sentenza, le spese del giudizio sono a carico del soccombente, salvo che siano compensate tra le parti (p.c. 92).

Sezione X. — *Dell'estinzione delle ipoteche*

2878. *Cause di estinzione.* — *1.* L'ipoteca si estingue:

1) con la cancellazione dell'iscrizione (c. 2882 ss.);

2) con la mancata rinnovazione dell'iscrizione entro il termine indicato dall'art. 2847;

3) con l'estinguersi dell'obbligazione (c. 1176 ss., 1230 ss., 2934);

4) col perimento del bene ipotecato, salvo quanto è stabilito dall'art. 2742;

5) con la rinunzia del creditore (c. 2879);

6) con lo spirare del termine a cui l'ipoteca è stata limitata o col verificarsi della condizione risolutiva (c. 1353);

7) con la pronunzia del provvedimento che trasferisce all'acquirente il diritto espropriato e ordina la cancellazione delle ipoteche (p.c. 586).

2879. *Rinunzia all'ipoteca.* — *1.* La rinunzia del creditore all'ipoteca (c. 2878 n. 5, 2881, 2899) deve essere espressa e deve risultare da atto scritto, sotto pena di nullità.

2. La rinunzia non ha effetto di fronte ai terzi che anteriormente alla cancellazione dell'ipoteca abbiano acquistato il diritto all'ipoteca medesima ed eseguito la relativa annotazione a termini dell'art. 2843.

2880. *Prescrizione rispetto a beni acquistati da terzi.* — *1.* Riguardo ai beni acquistati da terzi, l'ipoteca si estingue per prescrizione (c. 2934), indipendentemente dal credito (c. 2878 n. 3), col decorso di venti anni dalla data della trascrizione del titolo di acquisto, salve le cause di sospensione e d'interruzione (c. 2941 ss.).

2881. *Nuova iscrizione dell'ipoteca.* — *1.* Salvo diversa disposizione di legge (c. 1197^3, 1276, 2926^2, 2927^2), se la causa estintiva dell'obbligazione è dichiarata nulla o altrimenti non sussiste ovvero è dichiarata nulla la rinunzia (c. 2879) fatta dal creditore all'ipoteca, e l'iscrizione non è stata conservata, si può procedere a nuova iscrizione e questa prende grado dalla sua data.

Sezione XI. — *Della cancellazione dell'iscrizione*

2882. *Formalità per la cancellazione.* — *1.* La cancellazione consentita dalle parti interessate (c. 374 n. 2) deve essere eseguita dal conservatore in seguito a presentazione dell'atto contenente il consenso del creditore.

2. Per quest'atto devono essere osservate le forme prescritte dagli artt. 2821, 2835 e 2837.

2883. *Capacità per consentire la cancellazione.* — *1.* Chi non ha la capacità richiesta per liberare il debitore non può consentire la cancellazione dell'iscrizione se non è assistito dalle persone il cui intervento è necessario per la liberazione (c. 320, 374, 394, 424).

2. Il rappresentante legale dell'incapace e ogni altro amministratore, anche se autorizzati a esigere il credito e a liberare il debitore, non possono consentire la cancellazione dell'iscrizione, ove il credito non sia soddisfatto.

2884. *Cancellazione ordinata con sentenza.* — *1.* La cancellazione deve essere eseguita dal conservatore, quando è ordinata con sentenza passata in giudicato (c. 2909; p.c. 324) o con altro provvedimento definitivo emesso dalle autorità competenti (p.c. 586, 794) (1).

2885. *Cancellazione sotto condizione.* — *1.* Se è stato convenuto od ordinato che la cancellazione non debba aver luogo che sotto la condizione di nuova ipoteca, di nuovo impiego o sotto altra condizione, la cancellazione non può essere eseguita se non si fa constare al conservatore che la condizione è stata adempiuta.

2886. *Formalità per la cancellazione.* — *1.* Chi richiede la cancellazione totale o parziale deve presentare al conservatore l'atto su cui la richiesta è fondata (c. 2882, 2884).

2. La cancellazione di un'iscrizione o la rettifica (c. 2841[2]) deve essere eseguita in margine all'iscrizione medesima, con l'indicazione del titolo dal quale è stata consentita od ordinata e della data in cui si esegue, e deve portare la sottoscrizione del conservatore.

2887. *Cancellazione delle ipoteche a garanzia dei titoli all'ordine.* — *1.* La cancellazione della ipoteca costituita a garanzia dell'obbligazione risultante da un titolo all'ordine (c. 2008 ss., 2831) è consentita dal creditore risultante nei registri immobiliari e l'atto di consenso deve essere presentato al conservatore insieme con il titolo, il quale è restituito dopo che il conservatore vi ha eseguito l'annotazione della cancellazione (2).

2. La cancellazione dell'ipoteca importa la perdita del diritto di regresso contro i giranti anteriori alla cancellazione medesima (c. 2011).

2888. *Rifiuto di cancellazione.* — *1.* Qualora il conservatore rifiuti di procedere alla cancellazione di un'iscrizione, il richiedente può proporre reclamo all'autorità giudiziaria (att. c. 113).

Sezione XII. — *Del modo di liberare i beni dalle ipoteche*

2889. *Facoltà di liberare i beni dalle ipoteche.* — *1.* Il terzo acquirente dei beni ipotecati, che ha trascritto il suo titolo e non è personalmente obbligato a pagare i creditori ipotecari, ha facoltà di liberare i beni da ogni ipoteca iscritta anteriormente alla trascrizione del suo titolo di acquisto (c. 2858; att. c. 244; p.c. 792 ss.).

2. Tale facoltà spetta all'acquirente anche dopo il pignoramento (p.c. 555 ss.), purché nel termine di trenta giorni (c. 2892) proceda in conformità dell'articolo che segue.

2890. *Notificazione.* — *1.* L'acquirente deve far notificare, per mezzo di ufficiale giudiziario, ai creditori iscritti (c. 2827 ss.), nel domicilio da essi eletto (c. 2844), e al precedente proprietario un atto nel quale siano indicati:

1) il titolo, la data del medesimo e la data della sua trascrizione;

2) la qualità e la situazione dei beni col numero del catasto o altra loro designazione, quale risulta dallo stesso titolo;

3) il prezzo stipulato o il valore da lui stesso dichiarato, se si tratta di beni pervenutigli a titolo lucrativo o di cui non sia stato determinato il prezzo (c. 2893[1]).

2. In ogni caso, il prezzo o il valore dichiarato non può essere inferiore a quello stabilito come base degli incanti dal codice di procedura civile in caso di espropriazione (p.c. 568).

3. Nell'atto della notificazione il terzo acqui-

(1) V. art. 5, l. 17 luglio 1975, n. 400.
(2) Comma così sostituito dall'art. 15, l. 27 febbraio 1985, n. 52.

rente deve eleggere domicilio nel comune dove ha sede il tribunale competente per l'espropriazione (p.c. 26) e deve offrire di pagare il prezzo o il valore dichiarato.

4. Un estratto sommario della notificazione è inserito nel giornale degli annunci giudiziari (p.c. 792).

2891. *Diritto dei creditori di far vendere i beni.* — *1.* Entro il termine di quaranta giorni (c. 2892) dalla notificazione indicata dall'articolo precedente, qualunque dei creditori iscritti (c. 2827 ss.) o dei relativi fideiussori (c. 1936 ss.) ha diritto di richiedere l'espropriazione dei beni (p.c. 795) con ricorso al presidente del tribunale competente a norma del codice di procedura civile (p.c. 26), purché adempia le condizioni che seguono:

1) che la richiesta sia notificata al terzo acquirente nel domicilio da lui eletto a norma dell'articolo precedente e al proprietario anteriore;

2) che contenga la dichiarazione del richiedente di aumentare di un decimo il prezzo stipulato o il valore dichiarato;

3) che contenga l'offerta di una cauzione per una somma eguale al quinto del prezzo aumentato come sopra;

4) che l'originale e le copie della richiesta siano sottoscritti dal richiedente o da un suo procuratore munito di mandato speciale.

2. L'omissione di alcuna di queste condizioni produce nullità della richiesta (c. 2893).

2892. *Divieto di proroga dei termini.* — *1.* I termini fissati dal secondo comma dell'art. 2889 e dal primo comma dell'art. 2891 non possono essere prorogati.

2893. *Mancata richiesta dell'incanto.* — *1.* Se l'incanto non è domandato nel tempo e nel modo prescritti dall'art. 2891, il valore del bene rimane definitivamente stabilito nel prezzo che l'acquirente ha posto a disposizione dei creditori a norma dell'art. 2890 n. 3.

2. La liberazione del bene dalle ipoteche avviene dopo che è stato depositato il prezzo e si è provveduto nei modi indicati dal codice di procedura civile (p.c. 792 ss.).

2894. *Effetti del mancato deposito del prezzo.* — *1.* Se il terzo acquirente non deposita il prezzo entro il termine stabilito dall'art. 792 del codice di procedura civile, la richiesta di liberazione del bene dalle ipoteche rimane senza effetto, salva la responsabilità del richiedente per i danni verso i creditori iscritti.

2895. *Desistenza del creditore.* — *1.* La desistenza del creditore che ha richiesto l'incanto non può impedire l'espropriazione, a meno che vi consentano espressamente gli altri creditori iscritti.

2896. *Aggiudicazione al terzo acquirente.* — *1.* Se l'aggiudicazione segue a favore del terzo acquirente, il decreto di trasferimento deve essere annotato in margine alla trascrizione dell'atto di acquisto (c. 2643 n. 6).

2897. *Regresso dell'acquirente divenuto compratore all'incanto.* — *1.* Il terzo acquirente al quale è stato aggiudicato l'immobile ha regresso contro il venditore per il rimborso di ciò che eccede il prezzo stipulato nel contratto di vendita (c. 2866).

2898. *Beni non ipotecati per il credito per il quale si procede.* — *1.* Nel caso in cui il titolo d'acquisto del terzo acquirente comprende mobili e immobili (c. 812 ss.), o comprende più immobili, gli uni ipotecati e gli altri liberi, ovvero non tutti gravati dalle stesse iscrizioni, situati nella giurisdizione dello stesso tribunale o in diverse giurisdizioni di tribunali, alienati per un unico prezzo ovvero per prezzi distinti, il prezzo di ciascun immobile assoggettato a particolari e separate iscrizioni deve dichiararsi nella notificazione, ragguagliato al prezzo totale espresso nel titolo.

2. Il creditore che richiede l'espropriazione (c. 2891) non può in nessun caso essere costretto a estendere la sua domanda ai mobili, o ad altri immobili, fuori di quelli che sono ipotecati per il suo credito, salvo il regresso del terzo acquirente contro il suo autore per il risarcimento del danno che venga a soffrire a causa della separazione dei beni compresi nell'acquisto e delle relative coltivazioni.

Sezione XIII. — *Della rinunzia e dell'astensione del creditore nell'espropriazione forzata*

2899. *Divieto di rinunzia a un'ipoteca a danno di altro creditore.* — *1.* Il creditore, che ha ipoteca su vari immobili, dopo che gli è stata fatta la notificazione indicata dall'art. 2890, se si tratta del processo di liberazione dalle ipoteche, o dopo la notificazione del provvedimento che dispone la vendita (c. 2891; p.c. 569), in caso di espropriazione, non può rinunziare (c. 2879) alla sua ipoteca sopra uno di quegli immobili né astenersi dall'intervenire nel giudizio di espropriazione, qualora sia con ciò favorito un creditore a danno di altro creditore anteriormente iscritto (c. 2852 ss.); se egli rinunzia o si astiene, è responsabile dei danni, a meno che vi siano giusti motivi.

2. La stessa disposizione si applica nel caso in cui la rinunzia o l'astensione favorisca un terzo acquirente a danno di un creditore con ipoteca anteriore o di un altro terzo acquirente che abbia un titolo anteriormente trascritto.

CAPO V

DEI MEZZI DI CONSERVAZIONE DELLA GARANZIA PATRIMONIALE

Sezione I. — *Dell'azione surrogatoria*

2900. *Condizioni, modalità ed effetti.* — *1.* Il creditore, per assicurare che siano soddisfatte o conservate le sue ragioni, può esercitare i diritti e le azioni che spettano verso i terzi al proprio debitore e che questi trascura di esercitare, purché i diritti e le azioni abbiano contenuto patrimoniale e non si tratti di diritti o di azioni che, per loro natura o per disposizione di legge, non possono essere esercitati se non dal loro titolare (c. 974, 1015[3], 1113, 1201 ss., 1259, 1780[2], 1796[2], 2036[3], 2789, 2856, 2866[3], 2871[2], 2939).

2. Il creditore, qualora agisca giudizialmente, deve citare anche il debitore al quale intende surrogarsi (p.c. 102).

Sezione II. — *Dell'azione revocatoria*

2901. *Condizioni.* — *1.* Il creditore, anche se il credito è soggetto a condizione o a termine, può domandare (c. 2652 n. 5) che siano dichiarati inefficaci nei suoi confronti gli atti di disposizione del patrimonio con i quali il debitore rechi pregiudizio alle sue ragioni (c. 524, 1113), quando concorrono le seguenti condizioni:

1) che il debitore conoscesse il pregiudizio che l'atto arrecava alle ragioni del creditore o, trattandosi di atto anteriore al sorgere del credito, l'atto fosse dolosamente preordinato al fine di pregiudicarne il soddisfacimento;

2) che, inoltre, trattandosi di atto a titolo oneroso, il terzo fosse consapevole del pregiudizio e, nel caso di atto anteriore al sorgere del credito, fosse partecipe della dolosa preordinazione.

2. Agli effetti della presente norma, le prestazioni di garanzia, anche per debiti altrui, sono considerate atti a titolo oneroso, quando sono contestuali al credito garantito.

3. Non è soggetto a revoca l'adempimento di un debito scaduto (c. 1183).

4. L'inefficacia dell'atto non pregiudica i diritti acquistati a titolo oneroso dai terzi di buona fede, salvi gli effetti della trascrizione della domanda di revocazione (c. 2652 n. 5, 2690).

2902. *Effetti.* — *1.* Il creditore, ottenuta la dichiarazione di inefficacia, può promuovere nei confronti dei terzi acquirenti le azioni esecutive (c. 2910[2]) o conservative (c. 2905) sui beni che formano oggetto dell'atto impugnato.

2. Il terzo contraente, che abbia verso il debitore ragioni di credito dipendenti dall'esercizio dell'azione revocatoria, non può concorrere sul ricavato dei beni che sono stati oggetto dell'atto dichiarato inefficace, se non dopo che il creditore è stato soddisfatto.

2903. *Prescrizione dell'azione.* — *1.* L'azione revocatoria si prescrive in cinque anni dalla data dell'atto (c. 2934 ss.).

2904. *Rinvio.* — *1.* Sono salve le disposizioni sull'azione revocatoria in materia fallimentare e in materia penale (p. 192 ss.).

Sezione III. — *Del sequestro conservativo*

2905. *Sequestro nei confronti del debitore o del terzo.* — *1.* Il creditore può chiedere il sequestro conservativo (c. 2693) dei beni del debitore, secondo le regole stabilite dal codice di procedura civile (p.c. 671 ss.).

2. Il sequestro può essere chiesto anche nei confronti del terzo acquirente dei beni del debitore, qualora sia stata proposta l'azione per far dichiarare l'inefficacia dell'alienazione (c. 2901 ss.).

2906. *Effetti.* — *1.* Non hanno effetto in pregiudizio del creditore sequestrante le alienazioni e gli altri atti che hanno per oggetto la cosa sequestrata, in conformità delle regole stabilite per il pignoramento (c. 2843, 2913 ss.).

2. Non ha parimenti effetto in pregiudizio del creditore opponente il pagamento eseguito dal debitore, qualora l'opposizione sia stata proposta nei casi e con le forme stabilite dalla legge (c. 498, 2693, 2742[2]; att. c. 245).

TITOLO IV

Della tutela giurisdizionale dei diritti

CAPO I

DISPOSIZIONI GENERALI

2907. *Attività giurisdizionale.* — *1.* Alla tutela giurisdizionale dei diritti provvede l'autorità giudiziaria su domanda di parte (p.c. 99) e, quando la legge lo dispone, anche su istanza del pubblico ministero (c. 67, 85[2], 102[5], 117, 119, 125, 336, 417, 418; p.c. 69; c.p.i. 122) o d'ufficio.

2. La tutela giurisdizionale dei diritti, nell'interesse delle categorie professionali, è attuata su domanda delle associazioni legalmente riconosciute, nei casi determinati dalla legge e con le forme da questa stabilite (p.c. 409 ss.) (1).

2908. *Effetti costitutivi delle sentenze*. — *1.* Nei casi previsti dalla legge, l'autorità giudiziaria può costituire, modificare o estinguere rapporti giuridici, con effetto tra le parti, i loro eredi o aventi causa.

2909. *Cosa giudicata*. — *1.* L'accertamento contenuto nella sentenza passata in giudicato fa stato a ogni effetto tra le parti, i loro eredi o aventi causa (c. 1306; p.c. 324).

CAPO II

DELL'ESECUZIONE FORZATA (2)

Sezione I. — *Dell'espropriazione*

§ 1. — *Disposizioni generali*

2910. *Oggetto dell'espropriazione*. — *1.* Il creditore, per conseguire quanto gli è dovuto, può fare espropriare i beni del debitore (c. 170, 186 ss., 326, 2740), secondo le regole stabilite dal codice di procedura civile (p.c. 483 ss.) (3).

2. Possono essere espropriati anche i beni di un terzo quando sono vincolati a garanzia del credito (c. 2858 ss., 2868 ss.) o quando sono oggetto di un atto che è stato revocato perché compiuto in pregiudizio del creditore (c. 2901 ss.).

2911. *Beni gravati da pegno o ipoteca*. — *1.* Il creditore che ha pegno su beni del debitore non può pignorare altri beni del debitore medesimo, se non sottopone a esecuzione anche i beni gravati dal pegno. Non può parimenti, quando ha ipoteca, pignorare altri immobili, se non sottopone a pignoramento anche gli immobili gravati dall'ipoteca (p.c. 502, 558).

2. La stessa disposizione si applica se il creditore ha privilegio speciale (c. 2755 ss., 2770 ss.) su determinati beni.

§ 2. — *Degli effetti del pignoramento*

2912. *Estensione del pignoramento*. — *1.* Il pignoramento (p.c. 491 ss., 513 ss., 555 ss.), comprende gli accessori, le pertinenze (c. 817) e i frutti (c. 820) della cosa pignorata (c. 2693, 2865).

2913. *Inefficacia delle alienazioni del bene pignorato*. — *1.* Non hanno effetto (c. 2747[1]) in pregiudizio del creditore pignorante e dei creditori che intervengono nell'esecuzione (p.c. 498 ss.) gli atti di alienazione dei beni sottoposti a pignoramento, salvi gli effetti del possesso di buona fede per i mobili non iscritti in pubblici registri (c. 815, 1153, 2693; att. c. 245).

2914. *Alienazione anteriore al pignoramento*. — *1.* Non hanno effetto (c. 2747[1]) in pregiudizio del creditore pignorante e dei creditori che intervengono nell'esecuzione (p.c. 498 ss.), sebbene anteriori al pignoramento:

1) le alienazioni di beni immobili (c. 812) o di beni mobili iscritti in pubblici registri (c. 815), che siano state trascritte successivamente al pignoramento (c. 1707, 2644, 2684, 2693);

2) le cessioni di crediti (c. 1260 ss.) che siano state notificate (c. 1265) al debitore ceduto o accettate dal medesimo successivamente al pignoramento;

3) le alienazioni di universalità di mobili (c. 816) che non abbiano data certa (c. 2704);

4) le alienazioni di beni mobili di cui non sia stato trasmesso il possesso anteriormente al pignoramento, salvo che risultino da atto avente data certa (c. 2704).

2915. *Atti che limitano la disponibilità dei beni pignorati*. — *1.* Non hanno effetto (c. 2747[1]) in pregiudizio del creditore pignorante e dei creditori che intervengono nell'esecuzione (p.c. 498 ss.) gli atti che importano vincoli di indisponibilità (c. 169, 1980), se non sono stati trascritti prima del pignoramento, quando hanno per oggetto beni immobili o beni mobili iscritti in pubblici registri (c. 2647, 2649, 2685, 2687, 2693), e, negli altri casi, se non hanno data certa (c. 2704) anteriore al pignoramento.

2. Non hanno del pari effetto in pregiudizio del creditore pignorante e dei creditori che intervengono nell'esecuzione gli atti e le domande per la cui efficacia rispetto ai terzi acquirenti la legge richiede la trascrizione (c. 2652, 2653),

(1) V. art. 28, l. 20 maggio 1970, n. 300, in *Leggi coll. XII, 2*; art. 38, d.lg. 11 aprile 2006, n. 198, come modificato dall'art. 8-*quater*, d.l. 8 aprile 2008, n. 59, conv. in l. 6 giugno 2008, n. 101.

(2) L'art. 14.1, d.l. 31 dicembre 1996, n. 669, conv. in l. 28 febbraio 1997, n. 30, come modificato dall'art. 147, l. 23 dicembre 2000, n. 388 e dall'art. 44.3, d.l. 30 settembre 2003, n. 269, conv. in l. 24 novembre 2003, n. 326, così dispone: «Le amministrazioni dello Stato e gli enti pubblici non economici completano le procedure per l'esecuzione dei provvedimenti giurisdizionali e dei lodi arbitrali aventi efficacia esecutiva e comportanti l'obbligo di pagamento di somme di danaro entro il termine di centoventi giorni dalla notificazione del titolo esecutivo. Prima di tale termine il creditore non può procedere ad esecuzione forzata né alla notifica di atto di precetto».

(3) V. anche l. 3 agosto 1998, n. 302, con norme in tema di espropriazione forzata e di atti affidabili ai notai, d.l. 17 dicembre 1999, n. 480, conv. in l. 16 febbraio 2000, n. 25 e d.l. 18 ottobre 2000, n. 291, conv. in l. 14 dicembre 2000, n. 372.

se sono trascritti successivamente al pignoramento.

2916. *Ipoteche e privilegi.* — *1.* Nella distribuzione della somma ricavata dall'esecuzione (p.c. 509 ss.) non si tiene conto (c. 2747[1]):

1) delle ipoteche (c. 2808 ss.), anche se giudiziali (c. 2818 ss.), iscritte dopo il pignoramento;

2) dei privilegi per la cui efficacia è necessaria l'iscrizione (c. 2762), se questa ha luogo dopo il pignoramento;

3) dei privilegi per crediti sorti dopo il pignoramento.

2917. *Estinzione del credito pignorato.* — *1.* Se oggetto del pignoramento è un credito, l'estinzione di esso per cause verificatesi in epoca successiva al pignoramento non ha effetto in pregiudizio del creditore pignorante e dei creditori che intervengono nell'esecuzione (c. 1830[1]; p.c. 498 ss.).

2918. *Cessioni e liberazioni di pigioni e di fitti.* — *1.* Le cessioni e le liberazioni di pigioni e di fitti non ancora scaduti per un periodo eccedente i tre anni non hanno effetto in pregiudizio del creditore pignorante e dei creditori che intervengono nell'esecuzione (p.c. 498 ss.), se non sono trascritte anteriormente al pignoramento (c. 1605, 2643 n. 9). Le cessioni e le liberazioni per un tempo inferiore ai tre anni e le cessioni e le liberazioni superiori ai tre anni non trascritte non hanno effetto, se non hanno data certa (c. 2704) anteriore al pignoramento e, in ogni caso, non oltre il termine di un anno dalla data del pignoramento (c. 2812, 2924).

§ 3. — *Effetti della vendita forzata e dell'assegnazione*

2919. *Effetto traslativo della vendita forzata.* — *1.* La vendita forzata (p.c. 503 ss.) trasferisce all'acquirente i diritti che sulla cosa spettavano a colui che ha subito l'espropriazione, salvi gli effetti del possesso di buona fede (c. 1147, 1153). Non sono però opponibili all'acquirente diritti acquisiti da terzi sulla cosa, se i diritti stessi non hanno effetto in pregiudizio del creditore pignorante (c. 2913 ss.) e dei creditori intervenuti nell'esecuzione (p.c. 498 ss.).

2920. *Diritti di terzi sulla cosa mobile venduta.* — *1.* Se oggetto della vendita è una cosa mobile, coloro che avevano la proprietà o altri diritti reali su di essa, ma non hanno fatto valere le loro ragioni sulla somma ricavata dall'esecuzione (p.c. 541 ss.) non possono farle valere nei confronti dell'acquirente di buona fede (c. 1153), né possono ripetere dai creditori la somma distribuita. Resta ferma la responsabilità del creditore procedente di mala fede per i danni e per le spese.

2921. *Evizione.* — *1.* L'acquirente della cosa espropriata, se ne subisce l'evizione (c. 1483), può ripetere il prezzo non ancora distribuito, dedotte le spese, e, se la distribuzione è già avvenuta (p.c. 510), può ripeterne da ciascun creditore la parte che ha riscossa e dal debitore l'eventuale residuo, salva la responsabilità del creditore procedente per i danni e per le spese.

2. Se l'evizione è soltanto parziale (c. 1484), l'acquirente ha diritto di ripetere una parte proporzionale del prezzo. La ripetizione ha luogo anche se l'aggiudicatario, per evitare l'evizione, ha pagato una somma di danaro.

3. In ogni caso l'acquirente non può ripetere il prezzo nei confronti dei creditori privilegiati o ipotecari ai quali la causa di evizione non era opponibile.

2922. *Vizi della cosa. Lesione.* — *1.* Nella vendita forzata non ha luogo la garanzia per i vizi della cosa (c. 1490).

2. Essa non può essere impugnata per causa di lesione (c. 1448).

2923. *Locazioni.* — *1.* Le locazioni (c. 1571 ss.) consentite da chi ha subito l'espropriazione sono opponibili all'acquirente se hanno data certa (c. 2704) anteriore al pignoramento (c. 1599), salvo che, trattandosi di beni mobili, l'acquirente ne abbia conseguito il possesso in buona fede (c. 1153).

2. Le locazioni immobiliari eccedenti i nove anni (c. 1572) che non sono state trascritte (c. 2643 n. 8) anteriormente al pignoramento non sono opponibili all'acquirente, se non nei limiti di un novennio dall'inizio della locazione (c. 1599[3]).

3. In ogni caso l'acquirente non è tenuto a rispettare la locazione qualora il prezzo convenuto sia inferiore di un terzo al giusto prezzo o a quello risultante da precedenti locazioni.

4. Se la locazione non ha data certa (c. 2704), ma la detenzione del conduttore è anteriore al pignoramento della cosa locata, l'acquirente non è tenuto a rispettare la locazione che per la durata corrispondente a quella stabilita per le locazioni a tempo indeterminato (c. 1574, 1600).

5. Se nel contratto di locazione è convenuto che esso possa risolversi in caso di alienazione, l'acquirente può intimare licenza al conduttore secondo le disposizioni dell'art. 1603.

2924. *Cessioni e liberazioni di pigioni e di fitti.* — *1.* Le cessioni e le liberazioni di pigioni e di fitti non ancora scaduti non sono opponibili all'acquirente, salvo che si tratti di cessioni o di liberazioni eccedenti al triennio e trascritte anteriormente al pignoramento (c. 2643 n. 9) o si tratti di anticipazioni fatte in conformità degli usi locali (c. 2812, 2918).

2925. *Norme applicabili all'assegnazione forzata*. — *1.* Le norme concernenti la vendita forzata (c. 2919 ss.) si applicano anche all'assegnazione forzata (p.c. 505 ss.), salvo quanto è disposto negli articoli seguenti.

2926. *Diritti dei terzi sulla cosa assegnata*. — *1.* Se l'assegnazione ha per oggetto beni mobili, i terzi che ne avevano la proprietà possono, entro il termine di sessanta giorni dall'assegnazione, rivolgersi contro l'assegnatario che ha ricevuto in buona fede il possesso (c. 1147, 1153), al solo scopo di ripetere la somma corrispondente al suo credito soddisfatto con l'assegnazione. La stessa facoltà spetta ai terzi che avevano sulla cosa altri diritti reali, nei limiti del valore del loro diritto.

2. L'assegnatario conserva le sue ragioni nei confronti del debitore, ma si estinguono le garanzie prestate da terzi.

2927. *Evizione della cosa assegnata*. — *1.* L'assegnatario, se subisce l'evizione della cosa (c. 1483), ha diritto di ripetere quanto ha pagato agli altri creditori, salva la responsabilità del creditore procedente per i danni e per le spese.

2. L'assegnatario conserva le sue ragioni nei confronti del debitore espropriato, ma non le garanzie prestate da terzi.

2928. *Assegnazione di crediti*. — *1.* Se oggetto dell'assegnazione è un credito (p.c. 553), il diritto dell'assegnatario verso il debitore che ha subito l'espropriazione non si estingue che con la riscossione del credito assegnato.

2929. *Nullità del processo esecutivo*. — *1.* La nullità degli atti esecutivi che hanno preceduto la vendita o l'assegnazione non ha effetto riguardo all'acquirente o all'assegnatario, salvo il caso di collusione con il creditore procedente. Gli altri creditori non sono in nessun caso tenuti a restituire quanto hanno ricevuto per effetto dell'esecuzione.

Sezione I-*bis*. — *Dell'espropriazione di beni oggetto di vincoli di indisponibilità o di alienazioni a titolo gratuito* (1)

2929-*bis*. *Espropriazione di beni oggetto di vincoli di indisponibilità o di alienazioni a titolo gratuito*. — *1.* Il creditore che sia pregiudicato da un atto del debitore, di costituzione di vincolo di indisponibilità o di alienazione, che ha per oggetto beni immobili o mobili iscritti in pubblici registri, compiuto a titolo gratuito successivamente al sorgere del credito, può procedere, munito di titolo esecutivo, a esecuzione forzata, ancorché non abbia preventivamente ottenuto sentenza dichiarativa di inefficacia, se trascrive il pignoramento nel termine di un anno dalla data in cui l'atto è stato trascritto. La disposizione di cui al presente comma si applica anche al creditore anteriore che, entro un anno dalla trascrizione dell'atto pregiudizievole, interviene nell'esecuzione da altri promossa.

2. Quando il bene, per effetto o in conseguenza dell'atto, è stato trasferito a un terzo, il creditore promuove l'azione esecutiva nelle forme dell'espropriazione contro il terzo proprietario ed è preferito ai creditori personali di costui nella distribuzione del ricavato. Se con l'atto è stato riservato o costituito alcuno dei diritti di cui al primo comma dell'art. 2812, il creditore pignora la cosa come libera nei confronti del proprietario. Tali diritti si estinguono con la vendita del bene e i terzi titolari sono ammessi a far valere le loro ragioni sul ricavato, con preferenza rispetto ai creditori cui i diritti sono opponibili (2).

3. Il debitore, il terzo assoggettato a espropriazione e ogni altro interessato alla conservazione del vincolo possono proporre le opposizioni all'esecuzione di cui al titolo V del libro terzo del codice di procedura civile quando contestano la sussistenza dei presupposti di cui al primo comma o che l'atto abbia arrecato pregiudizio alle ragioni del creditore o che il debitore abbia avuto conoscenza del pregiudizio arrecato (2).

4. L'azione esecutiva di cui al presente articolo non può esercitarsi in pregiudizio dei diritti acquistati a titolo oneroso dall'avente causa del contraente immediato, salvi gli effetti della trascrizione del pignoramento (2).

Sezione II. — *Dell'esecuzione forzata in forma specifica*

2930. *Esecuzione forzata per consegna o rilascio*. — *1.* Se non è adempiuto l'obbligo di consegnare una cosa determinata, mobile o immo-

(1) Sezione inserita dall'art. 12.1, d.l. 27 giugno 2015, n. 83, conv. in l. 6 agosto 2015, n. 132. In base all'art. 23.6, d.l. cit., tali disposizioni «si applicano esclusivamente alle procedure esecutive iniziate successivamente alla data di entrata in vigore del presente decreto».

(2) Gli attuali commi secondo, terzo e quarto sono stati così sostituiti agli originari commi secondo e terzo dall'art. 4[1-bis], d.l. 3 maggio 2016, n. 59, conv. in l. 30 giugno 2016, n. 119.

bile, l'avente diritto può ottenere la consegna o il rilascio forzati a norma delle disposizioni del codice di procedura civile (p.c. 605 ss.).

2931. *Esecuzione forzata degli obblighi di fare.* — *1.* Se non è adempiuto un obbligo di fare, l'avente diritto può ottenere che esso sia eseguito a spese dell'obbligato nelle forme stabilite dal codice di procedura civile (p.c. 612 ss.).

2932. *Esecuzione specifica dell'obbligo di concludere un contratto.* — *1.* Se colui che è obbligato a concludere un contratto (c. 250[4], 1032, 1351, 1679, 1706[2], 2597) non adempie l'obbligazione, l'altra parte, qualora sia possibile e non sia escluso dal titolo, può ottenere una sentenza che produca gli effetti del contratto non concluso (c. 2643 n. 14, 2652 n. 2, 2684 n. 6, 2690 n. 1, 2908).

2. Se si tratta di contratti che hanno per oggetto il trasferimento della proprietà di una cosa determinata o la costituzione o il trasferimento di un altro diritto, la domanda non può essere accolta, se la parte che l'ha proposta non esegue la sua prestazione (c. 1208 ss.) o non ne fa offerta nei modi di legge, a meno che la prestazione non sia ancora esigibile (att. c. 246).

2933. *Esecuzione forzata degli obblighi di non fare.* — *1.* Se non è adempiuto un obbligo di non fare, l'avente diritto può ottenere che sia distrutto, a spese dell'obbligato, ciò che è stato fatto in violazione dell'obbligo (p.c. 612 ss.).

2. Non può essere ordinata la distruzione della cosa e l'avente diritto può conseguire solo il risarcimento dei danni, se la distruzione della cosa è di pregiudizio all'economia nazionale.

TITOLO V

Della prescrizione e della decadenza

CAPO I

DELLA PRESCRIZIONE

Sezione I. — *Disposizioni generali*

2934. *Estinzione dei diritti.* — *1.* Ogni diritto si estingue per prescrizione (att. c. 252), quando il titolare non lo esercita per il tempo (c. 2962, 2963) determinato dalla legge (c. 1242[2]).

2. Non sono soggetti alla prescrizione i diritti indisponibili e gli altri diritti indicati dalla legge (c. 248[2], 249[2], 263[3], 270[1], 533[2], 713, 841, 902[2], 948[3], 1111, 1422, 1865).

2935. *Decorrenza della prescrizione.* — *1.* La prescrizione comincia a decorrere dal giorno in cui il diritto può essere fatto valere (c. 184, 387, 428[3], 480[2], 495[3], 502[3], 526[2], 591[3], 606[2], 619[2], 624[3], 761[2], 763[3], 775[2], 1073[2], 1442[2], 1449, 1495[3], 1541, 1667[3], 1669[2], 1797[2], 2880, 2903, 2957; nav. 383, 395, 418, 438, 481, 487, 500, 509, 513, 547, 577, 973, 979, 992, 995; l. camb. 94; l. ass. 75).

2936. *Inderogabilità delle norme sulla prescrizione.* — *1.* È nullo ogni patto diretto a modificare la disciplina legale della prescrizione (c. 1418 ss.).

2937. *Rinunzia alla prescrizione.* — *1.* Non può rinunziare alla prescrizione chi non può disporre validamente del diritto.

2. Si può rinunziare alla prescrizione solo quando questa è compiuta.

3. La rinunzia può risultare da un fatto incompatibile con la volontà di valersi della prescrizione.

2938. *Non rilevabilità d'ufficio.* — *1.* Il giudice non può rilevare d'ufficio la prescrizione non opposta (p.c. 112).

2939. *Opponibilità della prescrizione da parte dei terzi.* — *1.* La prescrizione può essere opposta dai creditori e da chiunque vi ha interesse, qualora la parte non la faccia valere (c. 2900). Può essere opposta anche se la parte vi ha rinunziato (c. 2937).

2940. *Pagamento del debito prescritto.* — *1.* Non è ammessa la ripetizione di ciò che è stato spontaneamente pagato in adempimento di un debito prescritto (c. 590, 627[2], 799, 1933[2], 2034, 2126).

Sezione II. — *Della sospensione della prescrizione*

2941. *Sospensione per rapporto tra le parti.* — *1.* La prescrizione rimane sospesa (c. 1073[6], 1310[2], 2952[4]):

1) tra i coniugi (c. 184);

2) tra chi esercita la responsabilità genitoriale (1) di cui all'art. 316 (2) o i poteri a essa inerenti e le persone che vi sono sottoposte;

3) tra il tutore e il minore (c. 346 ss.) o l'interdetto (c. 424) soggetti alla tutela, finché non sia stato reso e approvato il conto finale (c. 386), salvo quanto è disposto dall'art. 387 per le azioni relative alla tutela;

4) tra il curatore e il minore emancipato (c. 392 ss.) o l'inabilitato (c. 424);

(1) Le parole «responsabilità genitoriale» sono state così sostituite alla precedente «potestà» dall'art. 92, d.lg. 28 dicembre 2013, n. 154.

(2) Riferimento così modificato dall'art. 210, l. 19 maggio 1975, n. 151.

5) tra l'erede e l'eredità accettata con beneficio d'inventario (c. 484 ss., 490);

6) tra le persone i cui beni sono sottoposti per legge o per provvedimento del giudice all'amministrazione altrui e quelle da cui l'amministrazione è esercitata, finché non sia stato reso e approvato definitivamente il conto;

7) tra le persone giuridiche e i loro amministratori, finché sono in carica, per le azioni di responsabilità contro di essi (c. 18, 2393) (1);

8) tra il debitore che ha dolosamente occultato l'esistenza del debito e il creditore, finché il dolo non sia stato scoperto (att. c. 247).

2942. *Sospensione per la condizione del titolare*. — *1.* La prescrizione rimane sospesa (c. 1073^{6}, 1166, 1319^{2}; att. c. 247):

1) contro i minori non emancipati (c. 316, 390 ss.) e gli interdetti per infermità di mente (c. 414 ss.), per il tempo in cui non hanno rappresentante legale e per sei mesi successivi alla nomina del medesimo o alla cessazione dell'incapacità;

2) in tempo di guerra, contro i militari in servizio e gli appartenenti alle forze armate dello Stato e contro coloro che si trovano per ragioni di servizio al seguito delle forze stesse, per il tempo indicato dalle disposizioni delle leggi di guerra.

Sezione III. — *Dell'interruzione della prescrizione*

2943. *Interruzione da parte del titolare*. — *1.* La prescrizione è interrotta (c. 1073^{6}, 1310^{1}) dalla notificazione dell'atto con il quale si inizia un giudizio, sia questo di cognizione (p.c. 163, 638) ovvero conservativo (p.c. 671, 688, 700, 703) o esecutivo (p.c. 480, 491).

2. È pure interrotta dalla domanda proposta nel corso di un giudizio (c. 2945^{2}).

3. L'interruzione si verifica anche se il giudice adito è incompetente (p.c. 7 ss.).

4. La prescrizione è inoltre interrotta da ogni altro atto che valga a costituire in mora il debitore (c. 1219, 1957^{4}) e dall'atto notificato con il quale una parte, in presenza di compromesso (p.c. 806) o clausola compromissoria (p.c. 808), dichiara la propria intenzione di promuovere il procedimento arbitrale, propone la domanda e procede, per quanto le spetta, alla nomina degli arbitri (2).

2944. *Interruzione per effetto di riconoscimento*. — *1.* La prescrizione è interrotta dal riconoscimento del diritto (c. 1870, 1988, 2966) da parte di colui contro il quale il diritto stesso può essere fatto valere.

2945. *Effetti e durata dell'interruzione*. — *1.* Per effetto dell'interruzione s'inizia un nuovo periodo di prescrizione.

2. Se l'interruzione è avvenuta mediante uno degli atti indicati dai primi due commi dell'art. 2943, la prescrizione non corre fino al momento in cui passa in giudicato la sentenza che definisce il giudizio (p.c. 324).

3. Se il processo si estingue (p.c. 306 ss.), rimane fermo l'effetto interruttivo e il nuovo periodo di prescrizione comincia dalla data dell'atto interruttivo.

4. Nel caso di arbitrato la prescrizione non corre dal momento della notificazione dell'atto contenente la domanda di arbitrato sino al momento in cui il lodo che definisce il giudizio non è più impugnabile o passa in giudicato la sentenza resa sull'impugnazione (3).

Sezione IV. — *Del termine della prescrizione*

§ 1. — *Della prescrizione ordinaria*

2946. *Prescrizione ordinaria*. — *1.* Salvi i casi in cui la legge dispone diversamente (c. 387^{2}, 428^{3}, 482^{2}, 495^{3}, 502^{3}, 524^{2}, 526^{2}, 591^{3}, 606^{2}, 619^{2}, 624^{3}, 646, 761^{2}, 763^{3}, 775^{3}, 954^{4}, 970, 1014 n. 1, 1026, 1073^{1}, 1442^{1}, 1449^{1}, 1495^{3}, 1497^{2}, 1522^{3}, 1541, 1667^{3}, 1669^{2}, 1797^{4}, 2226^{2}, 2880, 2903, 2947 ss.; nav. 240, 373, 383, 395, 418, 481, 487, 500, 509, 513, 547, 577, 855, 937, 973, 992, 995; l. camb. 94; l. ass. 75), i diritti si estinguono per prescrizione con il decorso di dieci anni (att. c. 248).

§ 2. — *Delle prescrizioni brevi*

2947. *Prescrizione del diritto al risarcimento del danno*. — *1.* Il diritto al risarcimento del

(1) La Corte cost., con sentenza 24 luglio 1998, n. 322, ha dichiarato l'illegittimità costituzionale di questo numero, «nella parte in cui non prevede che la prescrizione rimane sospesa tra la società in accomandita semplice ed i suoi amministratori, finché sono in carica, per le azioni di responsabilità contro di essi».

La Corte cost., con sentenza 11 dicembre 2015, n. 262, ha dichiarato l'illegittimità costituzionale di questo numero, «nella parte in cui non prevede che la prescrizione sia sospesa tra la società in nome collettivo e i suoi amministratori, finché sono in carica, per le azioni di responsabilità contro di essi».

(2) Comma così sostituito dall'art. 25.1, l. 5 gennaio 1994, n. 25.

(3) Comma così aggiunto dall'art. 25.2, l. 5 gennaio 1994, n. 25.

danno derivante da fatto illecito si prescrive in cinque anni dal giorno in cui il fatto si è verificato (c. 2043 ss.) (1).

2. Per il risarcimento del danno prodotto dalla circolazione dei veicoli di ogni specie il diritto si prescrive in due anni (c. 2054) (2).

3. In ogni caso, se il fatto è considerato dalla legge come reato e per il reato è stabilita una prescrizione più lunga, questa si applica anche all'azione civile. Tuttavia, se il reato è estinto (p. 150 ss.) per causa diversa dalla prescrizione o è intervenuta sentenza irrevocabile nel giudizio penale (p.p. 648), il diritto al risarcimento del danno si prescrive nei termini indicati dai primi due commi, con decorrenza dalla data di estinzione del reato o dalla data in cui la sentenza è divenuta irrevocabile (c. 1449[1]) (3).

2948. *Prescrizione di cinque anni.* — *1.* Si prescrivono in cinque anni:

1) le annualità delle rendite perpetue (c. 1861) o vitalizie (c. 1872);

1-*bis*) il capitale nominale dei titoli di Stato (4) emessi al portatore (5);

2) le annualità delle pensioni alimentari (c. 433 ss.);

3) le pigioni delle case, i fitti dei beni rustici e ogni altro corrispettivo di locazioni (c. 1587 n. 2, 1639);

4) gli interessi (c. 1282) e, in generale, tutto ciò che deve pagarsi periodicamente ad anno o in termini più brevi (6);

5) le indennità spettanti per la cessazione del rapporto di lavoro (c. 1751, 2118 ss.) (7).

2949. *Prescrizione in materia di società.* — *1.* Si prescrivono in cinque anni i diritti che derivano dai rapporti sociali (c. 2941 n. 7), se la società è iscritta nel registro delle imprese (c. 2188, 2200).

2. Nello stesso termine si prescrive l'azione di responsabilità che spetta ai creditori sociali verso gli amministratori nei casi stabiliti dalla legge (c. 2394, 2486[2]).

2950. *Prescrizione del diritto del mediatore.* — *1.* Si prescrive in un anno il diritto del mediatore al pagamento della provvigione (c. 1755).

2951. *Prescrizione in materia di spedizione e di trasporto.* — *1.* Si prescrivono in un anno i diritti derivanti dal contratto di spedizione (c. 1737) e dal contratto di trasporto (c. 1678).

2. La prescrizione si compie con il decorso di diciotto mesi se il trasporto ha inizio o termine fuori d'Europa.

3. Il termine decorre dall'arrivo a destinazione della persona o, in caso di sinistro, dal giorno di questo, ovvero dal giorno in cui è avvenuta o sarebbe dovuta avvenire la riconsegna della cosa al luogo di destinazione (c. 1687).

4. Si prescrivono parimenti in un anno dalla richiesta del trasporto i diritti verso gli esercenti pubblici servizi di linea indicati dall'art. 1679.

2952. *Prescrizione in materia di assicurazione.* — *1.* Il diritto al pagamento delle rate di premio si prescrive in un anno dalle singole scadenze (c. 1901).

2. Gli altri diritti derivanti dal contratto di assicurazione (c. 1882 ss.) e dal contratto di

(1) L'art. 3, d.lg. 15 gennaio 2016, n. 7, che prevede disposizioni in materia di abrogazioni di reati e introduzione di illeciti con sanzioni pecuniarie civili, dispone che per gli illeciti sottoposti a sanzioni pecuniarie si osserva l'art. 2947.1.

(2) L'art. 40.1, d.lg. 18 luglio 2005, n. 171, estende questa disciplina alla responsabilità verso terzi derivante da circolazione di natanti e imbarcazioni da diporto.

(3) L'art. 4.43, l. 12 novembre 2011, n. 183, così dispone: «La prescrizione del diritto al risarcimento del danno derivante da mancato recepimento nell'ordinamento dello Stato di direttive o altri provvedimenti obbligatori comunitari soggiace, in ogni caso, alla disciplina di cui all'art. 2947 del codice civile e decorre dalla data in cui il fatto, dal quale sarebbero derivati i diritti se la direttiva fosse stata tempestivamente recepita, si è effettivamente verificato».

(4) Parole così sostituite dall'art. 54.2, l. 27 dicembre 1997, n. 449. L'art. 54.5 dispone: «è prescritto il capitale dei titoli nominativi di debito pubblico, anche se annotati di ipoteca o altro vincolo, se non reclamato nel corso di cinque anni dalla data di rimborsabilità».

(5) Numero così inserito dall'art. 2, l. 12 agosto 1993, n. 313.

(6) La Corte cost., con sentenza 10 giugno 1966, n. 63, ha dichiarato costituzionalmente illegittimo il n. 4 dell'art. 2948 «limitatamente alla parte in cui consente che la prescrizione del diritto alla retribuzione decorra durante il rapporto di lavoro». La prescrizione decorre se il rapporto di lavoro è caratterizzato da stabilità: Corte cost., sentenza 12 dicembre 1972, n. 174. La Corte cost., con sentenza 7 aprile 1981, n. 50, ha dichiarato costituzionalmente illegittimo l'art. 2, 1° comma, r.d.l. 19 gennaio 1939, n. 295, che prevedeva la prescrizione biennale di stipendi, pensioni ed altri emolumenti degli impiegati dello Stato.

(7) L'art. 93.4, d.lg. 18 agosto 2000, n. 267 dispone che «l'azione di responsabilità si prescrive in cinque anni dalla commissione del fatto» per gli amministratori e per il personale degli enti locali.

L'art. 1.2, l. 14 gennaio 1994, n. 20, come modificato dall'art. 3, d.l. 23 ottobre 1996, n. 543, conv. in l. 20 dicembre 1996, n. 543, per i soggetti sottoposti al controllo della Corte dei Conti, così dispone: «Il diritto al risarcimento del danno si prescrive in ogni caso in cinque anni, decorrenti dalla data in cui si è verificato il fatto dannoso, ovvero, in caso di occultamento doloso del danno, dalla data della sua scoperta».

riassicurazione (c. 1928 ss.) si prescrivono in due anni dal giorno in cui si è verificato il fatto su cui il diritto si fonda, ad esclusione del contratto di assicurazione sulla vita i cui diritti si prescrivono in dieci anni (1).

3. Nell'assicurazione della responsabilità civile (c. 1917), il termine decorre dal giorno in cui il terzo ha richiesto il risarcimento all'assicurato o ha promosso contro di questo l'azione.

4. La comunicazione all'assicuratore della richiesta del terzo danneggiato o dell'azione da questo proposta sospende il corso della prescrizione (c. 2941) finché il credito del danneggiato non sia divenuto liquido ed esigibile oppure il diritto del terzo danneggiato non sia prescritto.

5. La disposizione del comma precedente si applica all'azione del riassicurato verso il riassicuratore per il pagamento dell'indennità (c. 1928 ss.; nav. 547).

2953. *Effetti del giudicato sulle prescrizioni brevi.* — *1.* I diritti per i quali la legge stabilisce una prescrizione più breve di dieci anni, quando riguardo ad essi è intervenuta sentenza di condanna passata in giudicato (p.c. 324), si prescrivono con il decorso di dieci anni (c. 2946).

§ 3. — *Delle prescrizioni presuntive*

2954. *Prescrizione di sei mesi.* — *1.* Si prescrive in sei mesi il diritto degli albergatori e degli osti per l'alloggio e il vitto che somministrano, e si prescrive nello stesso termine il diritto di tutti coloro che dànno alloggio con o senza pensione (c. 2959, 2960).

2955. *Prescrizione di un anno.* — *1.* Si prescrive in un anno (c. 2959, 2960) il diritto:

1) degli insegnanti, per la retribuzione delle lezioni che impartiscono a mesi o a giorni o a ore (c. 2956 n. 4);

2) dei prestatori di lavoro, per le retribuzioni corrisposte a periodi non superiori al mese (c. 2099, 2956 n. 1) (2);

3) di coloro che tengono convitto o casa di educazione e di istruzione, per il prezzo della pensione e dell'istruzione;

4) degli ufficiali giudiziari, per il compenso degli atti compiuti nella loro qualità;

5) dei commercianti, per il prezzo delle merci vendute a chi non ne fa commercio;

6) dei farmacisti, per il prezzo dei medicinali.

2956. *Prescrizione di tre anni.* — *1.* Si prescrive in tre anni (c. 2959, 2960) il diritto:

1) dei prestatori di lavoro, per le retribuzioni corrisposte a periodi superiori al mese (c. 2099, 2955 n. 2) (2);

2) dei professionisti, per il compenso dell'opera prestata e per il rimborso delle spese correlative (c. 2233 ss.);

3) dei notai, per gli atti del loro ministero;

4) degli insegnanti, per la retribuzione delle lezioni impartite a tempo più lungo di un mese (c. 2955 n. 1).

2957. *Decorrenza delle prescrizioni presuntive.* — *1.* Il termine della prescrizione decorre (c. 2935) dalla scadenza della retribuzione periodica o dal compimento della prestazione (2).

2. Per le competenze dovute agli avvocati, ai procuratori (3) e ai patrocinatori legali il termine decorre dalla decisione della lite (p.c. 324), dalla conciliazione delle parti o dalla revoca del mandato (p.c. 85); per gli affari non terminati, la prescrizione decorre dall'ultima prestazione.

2958. *Corso della prescrizione.* — *1.* La prescrizione decorre anche se vi è stata continuazione di somministrazioni o di prestazioni.

2959. *Ammissioni di colui che oppone la prescrizione.* — *1.* L'eccezione è rigettata, se chi oppone la prescrizione nei casi indicati dagli artt. 2954, 2955 e 2956 ha comunque ammesso in giudizio che l'obbligazione non è stata estinta (c. 2961[4]).

2960. *Delazione di giuramento.* — *1.* Nei casi indicati dagli artt. 2954, 2955 e 2956, colui al quale la prescrizione è stata opposta può deferire all'altra parte il giuramento per accertare se si è verificata l'estinzione del debito (c. 2736 ss.; p.c. 233).

2. Il giuramento può essere deferito al coniuge superstite e agli eredi o ai loro rappresentanti legali per dichiarare se hanno notizia dell'estinzione del debito (c. 2739[2]).

2961. *Restituzione di documenti.* — *1.* I cancellieri, gli arbitri, gli avvocati, i procuratori e i patrocinatori legali sono esonerati dal rendere conto degli incartamenti relativi alle liti dopo tre anni da che queste sono state decise o sono altrimenti terminate.

(1) Comma così sostituito, da ultimo, dall'art. 22.14, d.l. 18 ottobre 2012, n. 179, conv. in l. 17 dicembre 2012, n. 221, «al fine di superare possibili disparità di trattamento tra i consumatori nel settore delle polizza vita».

(2) La Corte cost., con sentenza 10 giugno 1966, n. 63, ha dichiarato costituzionalmente illegittimi gli artt. 2955 n. 2 e 2956 n. 1, «limitatamente alla parte in cui consentono che la prescrizione del diritto alla retribuzione decorra durante il rapporto di lavoro». La prescrizione decorre se il rapporto di lavoro è caratterizzato da stabilità: Corte cost., sentenza 12 dicembre 1972, n. 174.

(3) L'art. 1, l. 24 febbraio 1997, n. 27, ha soppresso l'Albo dei procuratori legali.

2. Tale esonero si verifica, per gli ufficiali giudiziari, dopo due anni dal compimento degli atti ad essi affidati.

3. Anche alle persone designate in questo articolo può essere deferito il giuramento perché dichiarino se ritengono o sanno dove si trovano gli atti o le carte (c. 2960).

4. Si applica in questo caso il disposto dell'art. 2959.

§ 4. — *Del computo dei termini*

2962. *Compimento della prescrizione*. — *1.* In tutti i casi contemplati dal presente codice e dalle altre leggi, la prescrizione si verifica quando è compiuto l'ultimo giorno del termine.

2963. *Computo dei termini di prescrizione*. — *1.* I termini di prescrizione contemplati dal presente codice e dalle altre leggi si computano secondo il calendario comune (p.c. 155[2]).

2. Non si computa il giorno nel corso del quale cade il momento iniziale del termine e la prescrizione si verifica con lo spirare dell'ultimo istante del giorno finale.

3. Se il termine scade in giorno festivo, è prorogato di diritto al giorno seguente non festivo (1).

4. La prescrizione a mesi si verifica nel mese di scadenza e nel giorno di questo corrispondente al giorno del mese iniziale.

5. Se nel mese di scadenza manca tale giorno, il termine si compie con l'ultimo giorno dello stesso mese.

CAPO II

DELLA DECADENZA

2964. *Inapplicabilità di regole della prescrizione*. — *1.* Quando un diritto deve esercitarsi entro un dato termine sotto pena di decadenza (c. 24[3], 80[2], 81[3], 117[4], 119[2], 120[2], 122[4], 123[2], 244, 246, 265, 266, 267, 270, 481, 501, 507, 516, 650, 732, 802, 804, 875[2], 924, 925[2], 929, 935[2], 936[5], 937[2], 938, 1107, 1109, 1137[3], 1138[3], 1168, 1170, 1171, 1286, 1287, 1326[2], 1329[1], 1333[2], 1399[4], 1402, 1495, 1497[2], 1501, 1503, 1506[2], 1512, 1522[3], 1614[1], 1627, 1667[2], 1669, 1670, 1698, 1778[2], 1832[2], 1887, 1892[2], 1893, 1897, 1898, 1913, 1957[1], 2098[2], 2113[2], 2162[4], 2189[3], 2192, 2226[2], 2264[2], 2287[2], 2306[1], 2307[1], 2311[2], 2352[2], 2377[5], 2391[3], 2410[2], 2416[1], 2437-*II*[2], 2445[2], 2446[2], 2492[3], 2480, 2500-*V*[2], 2503[2], 2533[3], 2603[4], 2606[2], 2610[2], 2742[2], 2764[7], 2797[2], 2847), non si applicano le norme relative all'interruzione della prescrizione (c. 2943 ss.). Del pari non si applicano le norme che si riferiscono alla sospensione (c. 2941 ss.), salvo che sia disposto altrimenti (c. 245).

2965. *Decadenze stabilite contrattualmente*. — *1.* È nullo (c. 1418 ss.) il patto (c. 1341[2]) con cui si stabiliscono termini di decadenza che rendono eccessivamente difficile a una delle parti l'esercizio del diritto.

2966. *Cause che impediscono la decadenza*. — *1.* La decadenza non è impedita se non dal compimento dell'atto previsto dalla legge o dal contratto. Tuttavia, se si tratta di un termine stabilito dal contratto o da una norma di legge relativa a diritti disponibili (c. 2968), la decadenza può essere anche impedita dal riconoscimento del diritto (c. 1870, 1988) proveniente dalla persona contro la quale si deve far valere il diritto soggetto a decadenza.

2967. *Effetto dell'impedimento della decadenza*. — *1.* Nei casi in cui la decadenza è impedita (c. 2966), il diritto rimane soggetto alle disposizioni che regolano la prescrizione (c. 2934 ss.).

2968. *Diritti indisponibili*. — *1.* Le parti non possono modificare la disciplina legale della decadenza né possono rinunziare alla decadenza medesima, se questa è stabilita dalla legge in materia sottratta alla disponibilità delle parti (c. 2966).

2969. *Rilievo d'ufficio*. — *1.* La decadenza non può essere rilevata d'ufficio dal giudice, salvo che, trattandosi di materia sottratta alla disponibilità delle parti, il giudice debba rilevare le cause d'improponibilità dell'azione (p.c. 112).

(1) V. l. 4 marzo 1958, n. 132; l. 5 marzo 1977, n. 54, contenenti disposizioni in materia di ricorrenze festive.

DISPOSIZIONI PER L'ATTUAZIONE DEL CODICE CIVILE E DISPOSIZIONI TRANSITORIE (1)

CAPO I

DISPOSIZIONI DI ATTUAZIONE

Sezione I. — *Disposizioni relative al libro I* (2)

1-2. .... (3).

3. *1.* Il notaio che interviene per la stipulazione di atti tra vivi ovvero per la pubblicazione di testamenti, con i quali si dispongono fondazioni (c. 14) o si fanno donazioni o lasciti in favore di enti da istituire (c. 600, 786), è obbligato a farne denunzia al prefetto entro trenta giorni.

2. La denunzia deve contenere gli estremi essenziali dell'atto, il testo letterale concernente la liberalità, l'indicazione degli eredi e della loro residenza.

3. Il prefetto è autorizzato a promuovere, nei modi e nei casi stabiliti dalla legge, gli atti conservativi che reputa necessari per l'esecuzione della disposizione sia nei confronti degli eredi, sia nei confronti dei terzi.

4. Può anche chiedere al tribunale, in caso di urgenza o di necessità, la nomina di un amministratore provvisorio dei beni. Il tribunale provvede con decreto in camera di consiglio.

4. .... (4).

5. .... (5).

6. *1.* L'acquisto di beni immobili in seguito a subastazione effettuata a carico di un debitore della persona giuridica non è soggetto alla necessità dell'autorizzazione (5). Tuttavia entro trenta giorni dall'acquisto i rappresentanti della persona giuridica devono darne comunicazione al prefetto.

7. *1.* Il notaio che interviene per la stipulazione di atti tra vivi ovvero per la pubblicazione di testamenti, nei quali si dispongono donazioni o lasciti in favore di una persona giuridica, deve darne notizia entro trenta giorni al rappresentante della persona giuridica e al prefetto della provincia in cui questa ha la sua sede.

8. *1.* La convocazione dell'assemblea delle associazioni (c. 20) deve farsi nelle forme stabilite dallo statuto e, se questo non dispone, mediante avviso personale che deve contenere l'ordine del giorno degli argomenti da trattare.

2. Se non è vietato dall'atto costitutivo o dallo statuto, gli associati possono farsi rappresentare nell'assemblea da altri associati mediante delega scritta anche in calce all'avviso di convocazione (c. 2372).

9. *1.* Nell'ipotesi prevista dal quarto comma dell'art. 23 del codice il provvedimento di sospensione deve essere comunicato agli amministratori, i quali possono entro quindici giorni proporre reclamo.

2. In tal caso l'autorità governativa, se non ritiene di revocare il provvedimento, ne dà comunicazione al pubblico ministero, il quale promuove l'azione di annullamento della deliberazione.

10. .... (4).

11. *1.* Quando la persona giuridica è dichiarata estinta (c. 27) o quando l'associazione è sciolta (c. 21[3]), il presidente del tribunale, su istanza degli amministratori, dei soci, dei creditori, del pubblico ministero o anche di ufficio, nomina uno o più commissari liquidatori (c. 30), salvo che l'atto costitutivo o lo statuto non preveda una diversa forma di nomina e a questa si proceda entro un mese dal provvedimento. La preventiva designazione dei liquidatori nell'atto costitutivo o nello statuto non ha effetto.

(1) R.d. 30 marzo 1942, n. 318.

(2) Sulla semplificazione dei procedimenti di riconoscimento di persone giuridiche private v. d.p.r. 10 febbraio 2000, n. 361.

(3) Articoli abrogati dall'art. 11.1, lett. f, d.p.r. 10 febbraio 2000, n. 361.

(4) Articolo abrogato dall'art. 11.1, lett. f, d.p.r. 10 febbraio 2000, n. 361.

(5) L'art. 13.1, l. 15 maggio 1997, n. 127, ha abrogato le disposizioni che prescrivono autorizzazioni per l'acquisto di immobili o per accettazione di donazioni, eredità e legati da parte di persone giuridiche, associazioni e fondazioni.

2. Quando lo scioglimento dell'associazione è deliberato dall'assemblea, la nomina può essere fatta dall'assemblea medesima con la maggioranza prevista dall'art. 21 del codice.

3. Possono essere nominati liquidatori anche gli amministratori uscenti.

4. In ogni caso la nomina fatta dall'assemblea o nelle forme previste nell'atto costitutivo o nello statuto deve essere comunicata immediatamente al presidente del tribunale.

12. *1.* I liquidatori esercitano la loro funzione sotto la diretta sorveglianza del presidente del tribunale e si considerano ad ogni effetto di legge pubblici ufficiali. Essi possono essere revocati e sostituiti in ogni tempo anche d'ufficio dallo stesso presidente con provvedimento non soggetto a reclamo.

2. I liquidatori deliberano a maggioranza.

13. *1.* I liquidatori, entro quindici giorni dalla comunicazione avutane, devono procedere all'annotazione della loro nomina nel registro dove la persona giuridica è iscritta, e richiedere agli amministratori la consegna dei beni e delle scritture della persona giuridica. All'atto della consegna è redatto inventario di cui è trasmessa copia al presidente del tribunale.

2. Se gli amministratori si rifiutano di procedere alla consegna, il presidente del tribunale autorizza il rilascio coattivo con decreto non soggetto a reclamo. In questo caso l'inventario è redatto dall'ufficiale giudiziario procedente.

14. *1.* Entro trenta giorni dalla formazione dell'inventario i liquidatori, dopo avere determinato la consistenza dell'attivo e del passivo dell'ente, se riconoscono che il patrimonio non è sufficiente al pagamento integrale della passività, devono iniziare la liquidazione generale dei beni nell'interesse di tutti i creditori, dandone avviso mediante annotazione nel registro delle persone giuridiche.

2. Il medesimo avviso deve essere dato nel caso in cui i liquidatori non ritengono di dover procedere alla liquidazione generale, essendovi eccedenza dell'attivo sul passivo.

3. In quest'ultimo caso i creditori dell'ente possono fare opposizione entro trenta giorni dall'annotazione chiedendo la liquidazione generale del patrimonio.

4. Le opposizioni si propongono davanti al presidente del tribunale. Contro il provvedimento di questo è ammesso reclamo davanti al presidente della corte nel termine di quindici giorni. Il provvedimento definitivo è annotato nel registro a cura dei liquidatori.

15. *1.* Quando non sono intervenute opposizioni ai sensi dell'articolo precedente o queste sono state rigettate con provvedimento definitivo, i liquidatori provvedono a riscuotere i crediti dell'ente, a convertire in danaro, nei limiti in cui è necessario, i beni e a pagare i creditori a misura che si presentano.

2. I liquidatori possono provvedere al pagamento anche dei creditori il cui credito non è attualmente esigibile, e devono provvedere alle cautele necessarie per assicurare il pagamento dei creditori condizionali.

3. Soddisfatti i creditori, i liquidatori formano l'inventario dei beni residuati e rendono conto della gestione al presidente del tribunale.

4. Copia dell'inventario e del rendiconto approvato dal presidente del tribunale deve essere trasmessa all'autorità governativa.

5. I liquidatori distribuiscono i beni residuati a norma dell'art. 31 del codice, provocando, quando è necessario, le disposizioni dell'autorità governativa (c. 31-32).

16. *1.* Quando è disposta la liquidazione generale del patrimonio dell'ente si osservano, in quanto applicabili, le disposizioni degli artt. 201, 207, 208, 209, 210, 212 e 213 del r.d. 16 marzo 1942, n. 267 (1), salve le disposizioni seguenti.

17. *1.* I termini, che secondo le disposizioni richiamate nell'articolo precedente decorrono dalla data del provvedimento di liquidazione o di nomina dei liquidatori o dalla sua pubblicazione nella *Gazzetta Ufficiale*, decorrono dalla data in cui è stato annotato nel registro il provvedimento che dispone la liquidazione generale della persona giuridica ai sensi del precedente art. 14.

18. *1.* La pubblicità del provvedimento che ordina la liquidazione e del bilancio finale di liquidazione si attua mediante annotazione nel registro delle persone giuridiche a cura dei liquidatori. Nei casi in cui le norme richiamate nell'art. 16 richiedono il deposito di atti nella cancelleria del tribunale, il deposito si deve effettuare presso la cancelleria in cui è tenuto il registro delle persone giuridiche.

19. *1.* Le attribuzioni, che secondo le norme sulla liquidazione coatta amministrativa sono demandate all'autorità che ha nominato il liquidatore, spettano al presidente del tribunale.

20. *1.* Chiusa la liquidazione, il presidente del tribunale ordina la cancellazione dell'ente dal registro delle persone giuridiche.

2. .... (2).

21. *1.* La competenza per i provvedimenti

(1) In *Leggi coll. XXII, 1.*
(2) Comma abrogato dall'art. 11.1, lett. f, d.p.r. 10 febbraio 2000, n. 361, in *Leggi coll. II, 5.*

relativi alla liquidazione spetta al tribunale del capoluogo della provincia in cui è registrata la persona giuridica.

22-30. .... (1).

31. *1.* Il trasferimento della residenza (c. 44) si prova con la doppia dichiarazione fatta al comune che si abbandona e a quello dove s'intende fissare la dimora abituale. Nella dichiarazione fatta al comune che si abbandona deve risultare il luogo in cui è fissata la nuova residenza.

32. *1.* Il pubblico ministero deve essere sempre sentito nei procedimenti di volontaria giurisdizione riguardanti il fondo patrimoniale (c. 167 ss.) (2).

33. *1.* Nel caso previsto dall'art. 183 del codice, il tribunale, in camera di consiglio, provvede con decreto, su istanza dell'altro coniuge, e sentito il pubblico ministero (3).

34. .... (4).

34-*bis*. *1.* Il notaio rogante deve, nel termine di trenta giorni dalla data del matrimonio o dalla data dell'atto pubblico di modifica delle convenzioni, ovvero di quella dell'omologazione nel caso previsto dal secondo comma dell'art. 163 del codice, richiedere l'annotazione a margine dell'atto di matrimonio della convenzione matrimoniale dell'atto di modifica della stessa.

2. Nello stesso termine deve richiedere l'annotazione di cui all'ultimo comma dell'art. 163 del codice (5).

35. *1.* Sulla domanda di adozione (c. 291 ss.) e di revoca dell'adozione (c. 305 ss.) di minore di età provvede il tribunale per i minorenni (c. 314-327) (6).

36. *1.* La rinunzia alla cittadinanza di cui all'art. 143-*ter* del codice deve essere fatta dinanzi all'ufficiale di stato civile del luogo dove la rinunziante risiede, ed è trascritta nei registri di cittadinanza.

2. Qualora la rinunziante risieda all'estero, la rinunzia deve essere fatta dinanzi all'agente diplomatico o consolare del luogo di residenza. L'agente la trascrive in apposito registro e ne rimette immediatamente copia al Ministero dell'interno che ne cura, a mezzo dell'autorità competente, la trascrizione nei registri di cittadinanza (7).

37. *1.* L'iscrizione nel registro previsto nell'art. 314 del codice si esegue senza spese.

2. L'iscrizione della sentenza che revoca l'adozione (c. 309) deve essere altresì annotata in margine all'iscrizione del decreto di adozione (8).

37-*bis*. *1.* I figli maggiorenni portatori di handicap grave previsti dall'art. 337-*septies*, secondo comma, del codice civile, sono coloro i quali siano portatori di handicap ai sensi dell'art. 3, comma 3, della l. 5 febbraio 1992, n. 104 (9).

38. *1.* Sono di competenza del tribunale per i minorenni i provvedimenti contemplati dagli artt. 84, 90, 330, 332, 333, 334, 335 e 371, ultimo comma del codice civile. Per i procedimenti di cui all'art. 333 resta esclusa la competenza del tribunale per i minorenni nell'ipotesi in cui sia in corso, tra le stesse parti, giudizio di separazione o divorzio o giudizio ai sensi dell'art. 316 del codice civile; in tale ipotesi per tutta la durata del processo la competenza, anche per i provvedimenti contemplati dalle disposizioni richiamate nel primo periodo, spetta al giudice ordinario. Sono, altresì, di competenza del tribunale per i minorenni i provvedimenti contemplati dagli artt. 251 e 317-*bis* del codice civile (10).

2. Sono emessi dal tribunale ordinario i provvedimenti relativi ai minori per i quali non è espressamente stabilita la competenza di una diversa autorità giudiziaria. Nei procedimenti in materia di affidamento e di mantenimento dei minori si applicano, in quanto compatibili, gli artt. 737 e seguenti del codice di procedura civile.

3. Fermo restando quanto previsto per le azioni di stato, il tribunale competente provvede in ogni caso in camera di consiglio, sentito il pubblico ministero, e i provvedimenti emessi sono immediatamente esecutivi, salvo che il giudice disponga diversamente. Quando il provvedimento è emesso dal tribunale per i minorenni, il reclamo si propone davanti alla sezione di corte di appello per i minorenni (11).

(1) Articoli abrogati dall'art. 11.1, lett. f, d.p.r. 10 febbraio 2000, n. 361.
(2) Articolo così sostituito dall'art. 213, l. 19 maggio 1975, n. 151.
(3) Articolo così sostituito dall'art. 214, l. 19 maggio 1975, n. 151.
(4) Articolo abrogato dall'art. 106.1, lett. b, d.lg. 28 dicembre 2013, n. 154.
(5) Articolo aggiunto dall'art. 216, l. 19 maggio 1975, n. 151.
(6) Articolo così sostituito, da ultimo, dall'art. 96.1, lett. a, d.lg. 28 dicembre 2013, n. 154.
(7) Articolo così sostituito dall'art. 218, l. 19 maggio 1975, n. 151.
(8) Articolo così sostituito dall'art. 220, l. 19 maggio 1975, n. 151.
(9) Articolo inserito dall'art. 96.1, lett. b, d.lg. 28 dicembre 2013, n. 154.
(10) Ultimo periodo aggiunto dall'art. 96.1, lett. c, d.lg. 28 dicembre 2013, n. 154.
(11) Articolo così sostituito dall'art. 3.1, l. 10 dicembre 2012, n. 219. L'art. 4.1, l. cit., così dispone: «Le disposizioni di cui all'art. 3 si applicano ai giudizi instaurati a decorrere dalla data di entrata in vigore della presente legge».

38-*bis*. Quando la salvaguardia del minore è assicurata con idonei mezzi tecnici, quali l'uso di un vetro specchio unitamente ad impianto citofonico, i difensori delle parti, il curatore speciale del minore, se già nominato, ed il pubblico ministero possono seguire l'ascolto del minore, in luogo diverso da quello in cui egli si trova, senza chiedere l'autorizzazione del giudice prevista dall'art. 336-*bis*, secondo comma, del codice civile (1).

39. .... (2).

40. *1.* La domanda per l'interdizione del minore emancipato (c. 414) e quella per l'interdizione o l'inabilitazione del minore nell'ultimo anno della minore età (c. 416) devono essere proposte davanti al tribunale per i minorenni.

41. *1.* I provvedimenti previsti nell'art. 145 del codice sono di competenza del tribunale del circondario del luogo in cui è stabilita la residenza familiare o, se questa manchi, del tribunale del luogo del domicilio di uno dei coniugi. Il tribunale provvede in composizione monocratica (3).

42. *1.* I provvedimenti indicati nell'art. 423 del codice e le sentenze di revoca previste nell'art. 429 del codice stesso devono essere trasmessi in copia in carta libera, entro dieci giorni dalla pubblicazione, al giudice tutelare a cura del cancelliere dell'autorità giudiziaria che li ha pronunziati.

43. *1.* I provvedimenti del giudice tutelare (c. 344) sono emessi con decreto.

2. Nei casi urgenti la richiesta di un provvedimento può essere fatta al giudice anche verbalmente.

44. *1.* Il giudice tutelare può convocare in qualunque momento il tutore, il protutore, il curatore e l'amministratore di sostegno allo scopo di chiedere informazioni, chiarimenti e notizie sulla gestione della tutela, della curatela o dell'amministrazione di sostegno, e di dare istruzioni inerenti agli interessi morali e patrimoniali del minore o del beneficiario (4).

45. *1.* La competenza a decidere dei reclami avverso i decreti del giudice tutelare spetta al tribunale ordinario quando si tratta dei provvedimenti indicati negli artt. 320, 321, 372, 373, 374, 376, secondo comma, 386, 394 e 395 del codice.

2. La competenza spetta al tribunale per i minorenni in tutti gli altri casi.

3. Nell'ipotesi prevista nell'art. 386, ultimo comma, del codice l'autorità giudiziaria competente provvede in sede contenziosa.

46. *1.* Tutti gli atti della procedura della tutela, compresi l'inventario, i conti annuali e il conto finale, sono esenti da tasse di bollo e di registro (5).

2. Sono del pari esenti da tasse di bollo e di registro (5) gli atti previsti nel titolo XI del libro I del codice.

46-*bis*. *1.* Gli atti e i provvedimenti relativi ai procedimenti previsti dal titolo XII del libro primo del codice non sono soggetti all'obbligo di registrazione e sono esenti dal contributo unificato previsto dall'art. 9 del testo unico delle disposizioni legislative e regolamentari in materia di spese di giustizia, di cui al d.p.r. 30 maggio 2002, n. 115 (6).

47. *1.* Presso l'ufficio del giudice tutelare sono tenuti un registro delle tutele dei minori e degli interdetti (c. 343 ss., 414 ss.), un registro delle curatele dei minori emancipati e degli inabilitati (c. 400 ss., 414 ss.) ed un registro delle amministrazioni di sostegno (7).

48. *1.* Nel registro delle tutele, in un capitolo speciale per ciascuna di esse, si devono annotare a cura del cancelliere (c. 389):

il giorno in cui si è aperta la tutela;

la data e gli estremi essenziali della sentenza che ha pronunziato l'interdizione se trattasi di interdetti;

il nome, il cognome, la condizione e il domicilio del tutore e del protutore, la data della loro nomina e della prestazione del giuramento da parte del tutore;

le risultanze dell'inventario e del conto annuale;

l'esonero e la rimozione del tutore o del protutore e in generale tutti i provvedimenti che portano modificazioni allo stato personale e patrimoniale della persona sottoposta a tutela;

la chiusura della tutela e la menzione del provvedimento che ne ha provocato la chiusura;

le risultanze del rendiconto definitivo.

49. *1.* Nel registro delle curatele, in un capitolo speciale per ciascuna di esse, si devono annotare a cura del cancelliere:

(1) Articolo inserito dall'art. 96.1, lett. d, d.lg. 28 dicembre 2013, n. 154.
(2) Articolo abrogato dall'art. 11.1, l. 9 gennaio 2004, n. 6.
(3) Articolo così sostituito prima dall'art. 222, l. 19 maggio 1975, n. 151, e successivamente dall'art. 151, d.lg. 19 febbraio 1998, n. 51.
(4) Articolo così sostituito dall'art. 12.1, l. 9 gennaio 2004, n. 6.
(5) Agevolazione ora esclusa dal d.p.r. 29 settembre 1973, n. 601.
(6) Articolo inserito dall'art. 13.1, l. 9 gennaio 2004, n. 6.
(7) Articolo così sostituito dall'art. 14.1, l. 9 gennaio 2004, n. 6. Per il registro delle amministrazioni di sostegno v. d.m. 12 marzo 2004, in G.U., 18 marzo 2004, n. 65.

la data e gli estremi essenziali del provvedimento che concede l'emancipazione o della sentenza che pronunzia l'inabilitazione;

il nome, il cognome, la condizione, l'età e il domicilio della persona emancipata o inabilitata;

il nome, il cognome, la condizione e il domicilio del curatore nominato all'emancipato o all'inabilitato;

la data del provvedimento che revoca l'emancipazione o della sentenza che revoca l'inabilitazione.

49-*bis*. *1.* Nel registro delle amministrazioni di sostegno, in un capitolo speciale per ciascuna di esse, si devono annotare a cura del cancelliere:

1) la data e gli estremi essenziali del provvedimento che dispone l'amministrazione di sostegno, e di ogni altro provvedimento assunto dal giudice nel corso della stessa, compresi quelli emanati in via d'urgenza ai sensi dell'art. 405 del codice;

2) le complete generalità della persona beneficiaria;

3) le complete generalità dell'amministratore di sostegno o del legale rappresentante del soggetto che svolge la relativa funzione, quando non si tratta di persona fisica;

4) la data e gli estremi essenziali del provvedimento che dispone la revoca o la chiusura dell'amministrazione di sostegno (1).

50. *1.* Il cancelliere è responsabile della tenuta dei registri, che sono da lui numerati e vidimati prima di essere posti in uso (2).

51. *1.* Nel registro delle tutele devono essere annotati, in capitoli speciali per ciascun minore, i provvedimenti emanati dal tribunale per i minorenni ai sensi degli artt. 252, 262, 279, 316, 317-*bis*, 330, 332, 333, 334 e 335 del codice (3).

2. A tal fine la cancelleria del tribunale che ha emesso il provvedimento deve trasmetterne copia in carta libera entro dieci giorni all'ufficio del giudice tutelare del luogo in cui il minore ha il domicilio per la prescritta annotazione (4).

Sezione II. — *Disposizioni relative al libro II*

51-*bis*. *1.* I provvedimenti previsti negli artt. 485, primo comma, 508, primo comma, 509, primo comma, 517, secondo comma, 528, primo comma, 529, 530, primo comma, [...] (5) 730, primo comma, [...] (6) del codice sono adottati dal tribunale in composizione monocratica (7).

52. *1.* Presso la cancelleria di ogni tribunale è tenuto, a cura del cancelliere, il registro delle successioni (8).

2. In questo registro sono inseriti gli estremi degli atti e delle dichiarazioni indicati dalla legge (c. 484, 507², 508², 509², 519¹, 528², 702¹). L'inserzione è fatta d'ufficio dal cancelliere, se si tratta di dichiarazioni da lui ricevute o di provvedimenti del tribunale (9); su istanza della parte e dietro produzione di copia autentica dell'atto, negli altri casi.

3. Il registro è diviso in tre parti. Nella prima sono registrati le dichiarazioni di accettazione dell'eredità con beneficio d'inventario (c. 484) e tutti gli atti e le indicazioni relativi al beneficio d'inventario e all'amministrazione e liquidazione delle eredità beneficiate, comprese le nomine del curatore previste dagli artt. 508 e 509 del codice e la menzione della pubblicazione dell'invito ai creditori per la presentazione delle dichiarazioni di credito (c. 498³). Nella seconda sono registrate le dichiarazioni di rinunzia all'eredità (c. 519). Nella terza sono registrati i provvedimenti di nomina dei curatori delle eredità giacenti (c. 528), nonché gli atti relativi alla curatela e le dichiarazioni di accettazione o di rinunzia degli esecutori testamentari (c. 702).

4. Il registro deve essere alla fine munito di una rubrica alfabetica contenente l'indicazione del nome delle persone la cui successione si è aperta e il riferimento alla pagina nella quale sono contenute le diverse indicazioni.

53. *1.* Il registro, prima di essere posto in uso, deve essere numerato e vidimato in ciascun

(1) Articolo inserito dall'art. 15.1, l. 9 gennaio 2004, n. 6.

(2) Articolo così sostituito dall'art. 152, d.lg. 19 febbraio 1998, n. 51.

(3) A termini dell'art. 69, l. 4 maggio 1983, n. 184, in *Leggi coll. II, 14*, nel registro delle tutele devono essere altresì annotati i provvedimenti urgenti di cui all'art. 10 della legge cit.

(4) Articolo così sostituito dall'art. 223, l. n. 151/1975.

(5) Le parole «620, secondo e sesto comma, 621, primo comma,» sono state soppresse dall'art. 27.3, lett. a, d.lg. 13 luglio 2017, n. 116. In base all'art. 32.3, d.lg. cit., tali disposizioni «entrano in vigore il 31 ottobre 2021».

(6) Le parole «e 736, secondo comma,» sono state soppresse dall'art. 27.3, lett. a, d.lg. 13 luglio 2017, n. 116. In base all'art. 32.3, d.lg. cit., tali disposizioni «entrano in vigore il 31 ottobre 2021».

(7) Articolo così inserito dall'art. 153, d.lg. n. 51/1998.

(8) Comma così sostituito dall'art. 154, d.lg. n. 51/1998.

(9) Parola così sostituita dall'art. 154, d.lg. n. 51/1998.

foglio dal cancelliere (1). Nell'ultima pagina il cancelliere (1) indica il numero dei fogli di cui esso è composto.

2. Il registro può essere esaminato da chiunque ne faccia domanda e la cancelleria deve rilasciare gli estratti e i certificati che sono richiesti.

54. *1.* I creditori e i legatari non separatisti, se hanno proposto domanda giudiziale allo scopo di far valere sugli immobili separati il diritto loro attribuito dal secondo comma dell'art. 514 del codice, possono far annotare tale domanda in margine all'iscrizione in separazione.

2. Eseguita l'annotazione della domanda di concorso, il vincolo della separazione non può cessare se non col consenso di coloro che hanno eseguito l'annotazione, salvo che la loro pretesa sia stata giudizialmente esclusa.

55. *1.* Le copie dei verbali e dei testamenti, che sono trasmesse alla cancelleria del tribunale (2) secondo l'art. 622 del codice, devono, a cura del cancelliere, essere raccolte in appositi volumi e annotate in una rubrica alfabetica generale. Le copie possono essere esaminate da chiunque ne faccia richiesta.

Sezione III. — *Disposizioni relative al libro III*

56. *1.* Il provvedimento dell'autorità amministrativa con il quale si dispone che si proceda all'espropriazione a norma dell'art. 838 del codice è dato con decreto motivato del ministro competente. Il decreto deve contenere la designazione precisa del bene soggetto a espropriazione e deve essere notificato all'interessato, il quale può impugnarlo con ricorso al consiglio di Stato.

2. Si osservano nell'espropriazione, in quanto applicabili, le norme della legge generale sull'espropriazione per pubblica utilità.

57. *1.* Le azioni previste dall'art. 849 del codice sono di competenza del tribunale, in quanto non siano di competenza del giudice di pace a norma dell'art. 7, quarto comma, del codice di procedura civile (3).

2. Nel caso regolato dall'art. 849 il giudice fissa con ordinanza l'udienza per la comparizione del rappresentante dell'associazione professionale, il quale può delegare altra persona. Si osservano nel resto, in quanto applicabili, le disposizioni dettate dal codice di procedura civile per i consulenti tecnici (p.c. 61 ss.).

57-*bis*. *1.* L'autorizzazione prevista nell'art. 915, primo comma, del codice è data dal giudice di pace (4).

58. *1.* Le modalità e gli effetti dell'affrancazione (c. 971) del fondo enfiteutico sono regolati dalle disposizioni della l. 11 giugno 1925, n. 998, e del r.d. 7 febbraio 1926, n. 426 (5).

2. Il prezzo di affrancazione può essere corrisposto anche in titoli del debito pubblico consolidato di qualsiasi specie, osservate, per la determinazione del loro valore, le disposizioni dell'art. 9 della legge anzidetta.

3. Le disposizioni del primo comma del presente articolo si applicano anche alla riduzione in misura fissa dei canoni enfiteutici, dei censi e di altre prestazioni perpetue consistenti in una quota di prodotti naturali.

59. *1.* La domanda per la nomina dell'amministratore o per la designazione dell'istituto di credito nei casi previsti dall'art. 1003 del codice, se non è proposta in corso di giudizio, si propone con ricorso al presidente del tribunale: nel caso di nomina dell'amministratore, al presidente del tribunale del luogo in cui si trovano gli immobili o si trova la parte più rilevante di essi.

2. Il presidente del tribunale provvede con decreto, sentita l'altra parte.

3. Contro tale provvedimento si può proporre reclamo al presidente della corte d'appello nel termine di dieci giorni dalla notificazione.

60. *1.* Gli uffici tecnici che devono essere sentiti a norma del terzo comma dell'art. 1092 del codice sono l'ufficio locale del genio civile e il locale ispettorato dell'agricoltura.

60-*bis*. *1.* Le domande previste dall'art. 1105,

(1) Parola così sostituita dall'art. 155, d.lg. n. 51/1998.

(2) Parole così sostituite dall'art. 156, d.lg. n. 51/1998.

(3) Comma così sostituito dall'art. 27.3, lett. b, d.lg. 13 luglio 2017, n. 116. In base all'art. 32.3, d.lg. cit., tali disposizioni «entrano in vigore il 31 ottobre 2021».

Si riporta, di seguito, il testo del primo comma dell'art. 57, come precedentemente formulato:

«Le azioni previste dagli artt. 848 e 849 del codice sono di competenza del tribunale, qualunque sia il valore della causa».

(4) Articolo inserito dall'art. 157, d.lg. 19 febbraio 1998, n. 51. Le parole «giudice di pace» sono state successivamente così sostituite alle precedenti «tribunale in composizione monocratica» dall'art. 27.3, lett. c, d.lg. 13 luglio 2017, n. 116. In base all'art. 32.3, d.lg. cit., tali disposizioni «entrano in vigore il 31 ottobre 2021».

(5) Sulle modalità e gli effetti attuali dell'affrancazione, v. l. 22 luglio 1966, n. 607; l. 18 dicembre 1970, n. 1138; l. 14 giugno 1974, n. 270.

quarto comma, del codice si propongono con ricorso al giudice di pace (1).

60-*ter*. *1.* Sull'impugnazione del regolamento e delle deliberazioni, di cui agli artt. 1107 e 1109 del codice, è competente il giudice di pace (2).

61. *1.* Qualora un edificio o un gruppo di edifici appartenenti per piani o porzioni di piano a proprietari diversi si possa dividere in parti che abbiano le caratteristiche di edifici autonomi, il condominio può essere sciolto e i comproprietari di ciascuna parte possono costituirsi in condominio separato.

2. Lo scioglimento è deliberato dall'assemblea con la maggioranza prescritta dal secondo comma dell'art. 1136 del codice, o è disposto dall'autorità giudiziaria su domanda di almeno un terzo dei comproprietari di quella parte dell'edificio della quale si chiede la separazione.

62. *1.* La disposizione del primo comma dell'articolo precedente si applica anche se restano in comune con gli originari partecipanti alcune delle cose indicate dall'art. 1117 del codice.

2. Qualora la divisione non possa attuarsi senza modificare lo stato delle cose e occorrano opere per la sistemazione diversa dei locali o delle dipendenze tra i condomini, lo scioglimento del condominio deve essere deliberato dall'assemblea con la maggioranza prescritta dal quinto comma dell'art. 1136 del codice stesso.

63. *1.* Per la riscossione dei contributi in base allo stato di ripartizione approvato dall'assemblea (c. 1123), l'amministratore, senza bisogno di autorizzazione di questa, può ottenere un decreto di ingiunzione immediatamente esecutivo, nonostante opposizione (p.c. 642), ed è tenuto a comunicare ai creditori non ancora soddisfatti che lo interpellino i dati dei condomini morosi (3).

2. I creditori non possono agire nei confronti degli obbligati in regola con i pagamenti, se non dopo l'escussione degli altri condomini.

3. In caso di mora nel pagamento dei contributi che si sia protratta per un semestre, l'amministratore può sospendere il condomino moroso dalla fruizione dei servizi comuni suscettibili di godimento separato.

4. Chi subentra nei diritti di un condomino è obbligato solidalmente con questo (c. 1292 ss.) al pagamento dei contributi relativi all'anno in corso e a quello precedente.

5. Chi cede diritti su unità immobiliari resta obbligato solidalmente con l'avente causa per i contributi maturati fino al momento in cui è trasmessa all'amministratore copia autentica del titolo che determina il trasferimento del diritto (4).

64. *1.* Sulla revoca dell'amministratore, nei casi indicati dall'undicesimo comma dell'art. 1129 e dal quarto comma dell'art. 1131 del codice, il giudice di pace (5) provvede in camera di consiglio, con decreto motivato, sentito l'amministratore in contraddittorio con il ricorrente.

2. Contro il provvedimento del giudice di pace può essere proposto reclamo in tribunale entro dieci giorni dalla notificazione o dalla comunicazione (6) (7).

65. *1.* Quando per qualsiasi causa manca il legale rappresentante dei condomini, chi intende iniziare o proseguire una lite contro i partecipanti a un condominio può richiedere la nomina di un curatore speciale ai sensi dell'art. 80 del codice di procedura civile.

2. Il curatore speciale deve senza indugio convocare l'assemblea dei condomini per avere istruzioni sulla condotta della lite.

66. *1.* L'assemblea, oltre che annualmente in via ordinaria per le deliberazioni indicate dall'art. 1135 del codice, può essere convocata in

(1) Articolo inserito dall'art. 27.3, lett. d, d.lg. 13 luglio 2017, n. 116. In base all'art. 32.3, d.lg. cit., tali disposizioni «entrano in vigore il 31 ottobre 2025».

(2) Articolo inserito dall'art. 27.3, lett. d, d.lg. 13 luglio 2017, n. 116. In base all'art. 32.3, d.lg. cit., tali disposizioni «entrano in vigore il 31 ottobre 2021».

(3) L'art. 30, l. 11 dicembre 2012, n. 220, così dispone: «I contributi per le spese di manutenzione ordinaria e straordinaria nonché per le innovazioni sono prededucibili ai sensi dell'art. 111 del r.d. 16 marzo 1942, n. 267, e successive modificazioni, se divenute esigibili ai sensi dell'art. 63, primo comma, delle disposizioni per l'attuazione del codice civile e disposizioni transitorie, come sostituito dall'art. 18 della presente legge, durante le procedure concorsuali».

(4) Articolo così sostituito dall'art. 18, l. 11 dicembre 2012, n. 220.

(5) Le parole «il giudice di pace» sono state così sostituite alle precedenti «il tribunale» dall'art. 27.3, lett. e, n. 1, d.lg. 13 luglio 2017, n. 116. In base all'art. 32.3, d.lg. cit., tali disposizioni «entrano in vigore il 31 ottobre 2025».

(6) Comma così sostituito dall'art. 27.3, lett. e, n. 2, d.lg. 13 luglio 2017, n. 116. In base all'art. 32.3, d.lg. cit., tali disposizioni «entrano in vigore il 31 ottobre 2025».

Si riporta, di seguito, il testo del secondo comma dell'art. 64, come precedentemente formulato:

«Contro il provvedimento del tribunale può essere proposto reclamo alla corte d'appello nel termine di dieci giorni dalla notificazione o dalla comunicazione».

(7) Articolo sostituito dall'art. 19, l. 11 dicembre 2012, n. 220.

via straordinaria dall'amministratore quando questi lo ritiene necessario o quando ne è fatta richiesta da almeno due condomini che rappresentino un sesto del valore dell'edificio. Decorsi inutilmente dieci giorni dalla richiesta, i detti condomini possono provvedere direttamente alla convocazione.

2. In mancanza dell'amministratore, l'assemblea tanto ordinaria quanto straordinaria può essere convocata a iniziativa di ciascun condomino.

3. L'avviso di convocazione, contenente specifica indicazione dell'ordine del giorno, deve essere comunicato almeno cinque giorni prima della data fissata per l'adunanza in prima convocazione, a mezzo di posta raccomandata, posta elettronica certificata, fax o tramite consegna a mano, e deve contenere l'indicazione del luogo e dell'ora della riunione. In caso di omessa, tardiva o incompleta convocazione degli aventi diritto, la deliberazione assembleare è annullabile ai sensi dell'art. 1137 del codice su istanza dei dissenzienti o assenti perché non ritualmente convocati (1).

4. L'assemblea in seconda convocazione non può tenersi nel medesimo giorno solare della prima (1).

5. L'amministratore ha facoltà di fissare più riunioni consecutive in modo da assicurare lo svolgimento dell'assemblea in termini brevi, convocando gli aventi diritto con un unico avviso nel quale sono indicate le ulteriori date ed ore di eventuale prosecuzione dell'assemblea validamente costituitasi (1).

67. *1.* Ogni condomino può intervenire all'assemblea anche a mezzo di rappresentante, munito di delega scritta. Se i condomini sono più di venti, il delegato non può rappresentare più di un quinto dei condomini e del valore proporzionale.

2. Qualora un'unità immobiliare appartenga in proprietà indivisa a più persone, queste hanno diritto a un solo rappresentante nell'assemblea, che è designato dai comproprietari interessati a norma dell'art. 1106 del codice.

3. Nei casi di cui all'art. 1117-*bis* del codice, quando i partecipanti sono complessivamente più di sessanta, ciascun condominio deve designare, con la maggioranza di cui all'art. 1136, quinto comma, del codice, il proprio rappresentante all'assemblea per la gestione ordinaria delle parti comuni a più condominii e per la nomina dell'amministratore. In mancanza, ciascun partecipante può chiedere che l'autorità giudiziaria nomini il rappresentante del proprio condominio. Qualora alcuni dei condominii interessati non abbiano nominato il proprio rappresentante, l'autorità giudiziaria provvede alla nomina su ricorso anche di uno solo dei rappresentanti già nominati, previa diffida a provvedervi entro un congruo termine. La diffida ed il ricorso all'autorità giudiziaria sono notificati al condominio cui si riferiscono in persona dell'amministratore o, in mancanza, a tutti i condomini.

4. Ogni limite o condizione al potere di rappresentanza si considera non apposto. Il rappresentante risponde con le regole del mandato e comunica tempestivamente all'amministratore di ciascun condominio l'ordine del giorno e le decisioni assunte dall'assemblea dei rappresentanti dei condominii. L'amministratore riferisce in assemblea.

5. All'amministratore non possono essere conferite deleghe per la partecipazione a qualunque assemblea.

6. L'usufruttuario di un piano o porzione di piano dell'edificio esercita il diritto di voto negli affari che attengono all'ordinaria amministrazione e al semplice godimento delle cose e dei servizi comuni.

7. Nelle altre deliberazioni, il diritto di voto spetta ai proprietari, salvi i casi in cui l'usufruttuario intenda avvalersi del diritto di cui all'art. 1006 del codice ovvero si tratti di lavori od opere ai sensi degli artt. 985 e 986 del codice. In tutti questi casi l'avviso di convocazione deve essere comunicato sia all'usufruttuario sia al nudo proprietario.

8. Il nudo proprietario e l'usufruttuario rispondono solidalmente per il pagamento dei contributi dovuti all'amministrazione condominiale (2).

68. *1.* Ove non precisato dal titolo ai sensi dell'art. 1118, per gli effetti indicati dagli artt. 1123, 1124, 1126 e 1136 del codice, il valore proporzionale di ciascuna unità immobiliare è espresso in millesimi in apposita tabella allegata al regolamento di condominio.

2. Nell'accertamento dei valori di cui al primo comma non si tiene conto del canone locatizio, dei miglioramenti e dello stato di manutenzione di ciascuna unità immobiliare (3).

69. *1.* I valori proporzionali delle singole unità immobiliari espressi nella tabella millesimale di cui all'art. 68 possono essere rettificati o

(1) Gli attuali commi dal terzo al quinto sono stati così sostituiti all'originario terzo comma dall'art. 20, l. 11 dicembre 2012, n. 220.

(2) Articolo così sostituito dall'art. 21, l. 11 dicembre 2012, n. 220.

(3) Articolo così sostituito dall'art. 22, l. 11 dicembre 2012, n. 220.

modificati all'unanimità. Tali valori possono essere rettificati o modificati, anche nell'interesse di un solo condomino, con la maggioranza prevista dall'art. 1136, secondo comma, del codice, nei seguenti casi:

1) quando risulta che sono conseguenza di un errore;

2) quando, per le mutate condizioni di una parte dell'edificio, in conseguenza di sopraelevazione, di incremento di superfici o di incremento o diminuzione delle unità immobiliari, è alterato per più di un quinto il valore proporzionale dell'unità immobiliare anche di un solo condomino. In tal caso il relativo costo è sostenuto da chi ha dato luogo alla variazione.

2. Ai soli fini della revisione dei valori proporzionali espressi nella tabella millesimale allegata al regolamento di condominio ai sensi dell'art. 68, può essere convenuto in giudizio unicamente il condominio in persona dell'amministratore. Questi è tenuto a darne senza indugio notizia all'assemblea dei condomini. L'amministratore che non adempie a quest'obbligo può essere revocato ed è tenuto al risarcimento degli eventuali danni.

3. Le norme di cui al presente articolo si applicano per la rettifica o la revisione delle tabelle per la ripartizione delle spese redatte in applicazione dei criteri legali o convenzionali (1).

70. *1.* Per le infrazioni al regolamento di condominio può essere stabilito, a titolo di sanzione, il pagamento di una somma fino ad euro 200 e, in caso di recidiva, fino ad euro 800. La somma è devoluta al fondo di cui l'amministratore dispone per le spese ordinarie. L'irrogazione della sanzione è deliberata dall'assemblea con le maggioranze di cui al secondo comma dell'art. 1136 del Codice (2).

71. *1.* Il registro indicato dal quarto comma dell'art. 1129 e dal terzo comma dell'art. 1138 del codice è tenuto presso l'associazione professionale dei proprietari di fabbricati (3).

71-*bis*. *1.* Possono svolgere l'incarico di amministratore di condominio coloro:

a) che hanno il godimento dei diritti civili;

b) che non sono stati condannati per delitti contro la pubblica amministrazione, l'amministrazione della giustizia, la fede pubblica, il patrimonio o per ogni altro delitto non colposo per il quale la legge commina la pena della reclusione non inferiore, nel minimo, a due anni e, nel massimo, a cinque anni;

c) che non sono stati sottoposti a misure di prevenzione divenute definitive, salvo che non sia intervenuta la riabilitazione;

d) che non sono interdetti o inabilitati;

e) il cui nome non risulta annotato nell'elenco dei protesti cambiari;

f) che hanno conseguito il diploma di scuola secondaria di secondo grado;

g) che hanno frequentato un corso di formazione iniziale e svolgono attività di formazione periodica in materia di amministrazione condominiale (4).

2. I requisiti di cui alle lett. *f*) e *g*) del primo comma non sono necessari qualora l'amministratore sia nominato tra i condomini dello stabile.

3. Possono svolgere l'incarico di amministratore di condominio anche società di cui al titolo V del libro V del codice. In tal caso, i requisiti devono essere posseduti dai soci illimitatamente responsabili, dagli amministratori e dai dipendenti incaricati di svolgere le funzioni di amministrazione dei condominii a favore dei quali la società presta i servizi.

4. La perdita dei requisiti di cui alle lett. *a*), *b*), *c*), *d*) ed *e*) del primo comma comporta la cessazione dall'incarico. In tale evenienza ciascun condomino può convocare senza formalità l'assemblea per la nomina del nuovo amministratore.

5. A quanti hanno svolto attività di amministrazione di condominio per almeno un anno, nell'arco dei tre anni precedenti alla data di entrata in vigore della presente disposizione, è consentito lo svolgimento dell'attività di amministratore anche in mancanza dei requisiti di cui alle lett. *f*) e *g*) del primo comma. Resta salvo l'obbligo di formazione periodica (5).

71-*ter*. *1.* Su richiesta dell'assemblea, che delibera con la maggioranza di cui al secondo comma dell'articolo 1136 del codice, l'ammini-

(1) Articolo così sostituito dall'art. 23, l. 11 dicembre 2012, n. 220.

(2) Articolo così sostituito dall'art. 24, l. 11 dicembre 2012, n. 220. Successivamente le parole «L'irrogazione della sanzione è deliberata dall'assemblea con le maggioranze di cui al secondo comma dell'art. 1136 del Codice» sono state aggiunte dall'art. 1.9, lett. e, d.l. 23 dicembre 2013, n. 145, conv. in l. 21 febbraio 2014, n. 9.

(3) Soppressa con d.lg.lgt. 23 novembre 1944, n. 369.

(4) Per il regolamento recante la determinazione dei criteri e delle modalità per la formazione degli amministratori di condominio nonché dei corsi di formazione per gli amministratori condominiali v. d.m. Giustizia 13 agosto 2014, n. 140, in G.U., 24 settembre 2014, n. 222.

(5) Articolo inserito dall'art. 25, l. 11 dicembre 2012, n. 220.

stratore è tenuto ad attivare un sito internet del condominio che consenta agli aventi diritto di consultare ed estrarre copia in formato digitale dei documenti previsti dalla delibera assembleare. Le spese per l'attivazione e la gestione del sito internet sono poste a carico dei condomini (1).

71-*quater*. *1.* Per controversie in materia di condominio, ai sensi dell'art. 5, comma 1, del d.lg. 4 marzo 2010, n. 28, si intendono quelle derivanti dalla violazione o dall'errata applicazione delle disposizioni del libro III, titolo VII, capo II, del codice e degli articoli da 61 a 72 delle presenti disposizioni per l'attuazione del codice.

2. La domanda di mediazione deve essere presentata, a pena di inammissibilità, presso un organismo di mediazione ubicato nella circoscrizione del tribunale nella quale il condominio è situato.

3. Al procedimento è legittimato a partecipare l'amministratore, previa delibera assembleare da assumere con la maggioranza di cui all'art. 1136, secondo comma, del codice.

4. Se i termini di comparizione davanti al mediatore non consentono di assumere la delibera di cui al terzo comma, il mediatore dispone, su istanza del condominio, idonea proroga della prima comparizione.

5. La proposta di mediazione deve essere approvata dall'assemblea con la maggioranza di cui all'art. 1136, secondo comma, del codice. Se non si raggiunge la predetta maggioranza, la proposta si deve intendere non accettata.

6. Il mediatore fissa il termine per la proposta di conciliazione di cui all'art. 11 del d.lg. 4 marzo 2010, n. 28, tenendo conto della necessità per l'amministratore di munirsi della delibera assembleare (1).

72. *1.* I regolamenti di condominio non possono derogare alle disposizioni dei precedenti artt. 63, 66, 67 e 69.

Sezione IV. — *Disposizioni relative al libro IV*

73. *1.* Gli atti di offerta reale e quelli di deposito previsti dagli artt. 1209, primo comma, 1212, 1214 del codice, sono eseguiti da un notaio o da un ufficiale giudiziario.

2. Le offerte per intimazione, previste dagli artt. 1209, secondo comma, e 1216, primo comma, sono eseguite con atto di ufficiale giudiziario.

73-*bis*. .... (2).

74. *1.* Il processo verbale dell'offerta reale deve essere redatto in conformità delle disposizioni dell'art. 126 del codice di procedura civile e deve in particolare contenere la specificazione dell'oggetto dell'offerta e le dichiarazioni del creditore.

2. Quando l'offerta è accettata, il pubblico ufficiale esegue il pagamento e riceve le dichiarazioni del creditore per quietanza e per liberazione delle garanzie.

3. Se il creditore non è presente all'offerta, il processo verbale deve essergli notificato nelle forme prescritte per la citazione.

4. L'intimazione prescritta dall'art. 1212 n. 1, del codice, può essere fatta con lo stesso atto di notificazione del verbale dell'offerta. In ogni caso tra l'intimazione e il deposito deve trascorrere un termine non minore di giorni tre.

75. *1.* L'atto di intimazione, nei casi previsti dagli artt. 1209, secondo comma, e 1216, primo comma, del codice, deve contenere l'indicazione del giorno, dell'ora e del luogo in cui il debitore intende procedere alla consegna delle cose mobili o al rilascio dell'immobile a favore del creditore, con rispetto di un intervallo non minore di giorni tre.

2. La mancata comparizione del creditore o il suo rifiuto di accettare l'offerta sono accertati con verbale redatto da un notaio o da un ufficiale giudiziario nel luogo, nel giorno e nell'ora indicati nell'atto di intimazione, con tutte le altre indicazioni prescritte dal primo comma dell'articolo precedente, e da tale giorno decorrono gli effetti della mora.

76. *1.* I depositi che hanno per oggetto titoli di credito o somme di danaro debbono essere eseguiti presso la cassa dei depositi e prestiti secondo le norme della legge speciale, oppure presso un istituto di credito (att. c. 251).

77. *1.* Il deposito di cose mobili diverse dal danaro e di titoli di credito, nei casi previsti dagli artt. 1210, primo comma, e 1214 del codice e in ogni altro caso in cui esso sia prescritto dalla legge o dal giudice (c. 1513, 1514, 1686) ovvero sia voluto dalle parti, si esegue presso

(1) Articolo inserito dall'art. 25, l. 11 dicembre 2012, n. 220.

(2) Articolo inserito dall'art. 158, d.lg. 19 febbraio 1998, n. 51, e successivamente abrogato dall'art. 27.3, lett. f, d.lg. 13 luglio 2017, n. 116. In base all'art. 32.3, d.lg. n. 116/2017 cit., tali disposizioni «entrano in vigore il 31 ottobre 2021».

Si riporta, di seguito, il testo dell'art. 73-*bis*, come precedentemente formulato:

«I provvedimenti previsti negli artt. 1211, 1514, primo comma, 1515, terzo comma, e 1841 del codice sono adottati dal tribunale in composizione monocratica».

stabilimenti di pubblico deposito a norma delle leggi speciali.

2. Qualora non esistano stabilimenti di pubblico deposito nel luogo in cui deve essere eseguita la prestazione, o se ricorrono particolari ragioni, il giudice di pace (1) del luogo predetto, su ricorso della parte interessata, può autorizzare con decreto il deposito presso altro locale idoneo.

78. *1.* Il pubblico ufficiale, che a norma dell'art. 1210 del codice procede al deposito di danaro, di titoli di credito o di altre cose mobili, deve redigere processo verbale della relativa operazione in conformità del successivo art. 1212 n. 3, e dell'art. 126 del codice di procedura civile, e consegnarne copia al depositario, nonché al creditore comparso, se la richiede.

2. Se il creditore non è stato presente, deve essergli notificata copia del processo verbale nelle forme prescritte per gli atti di citazione.

79. *1.* Il sequestratario dell'immobile, nel caso previsto dal secondo comma dell'art. 1216 del codice, è nominato, se non vi è giudizio pendente, dal giudice di pace (2) del luogo in cui si trova l'immobile.

2. Il giudice di pace provvede con decreto, sentito il creditore. Contro tale decreto è ammesso reclamo a norma dell'art. 739 del codice di procedura civile (3).

3. La consegna dell'immobile al sequestratario deve risultare da processo verbale redatto da un notaio o da un ufficiale giudiziario. Copia del processo verbale deve essere notificata al creditore che non sia stato presente.

80. *1.* L'atto d'intimazione previsto dall'art. 1217 del codice, se non è determinato il tempo in cui la prestazione deve essere eseguita, e in ogni caso se la prestazione medesima deve effettuarsi in località diversa dal domicilio del creditore, deve contenere l'indicazione del giorno, dell'ora e del luogo in cui il debitore intende eseguire la prestazione, col rispetto di un intervallo di almeno tre giorni, a meno che la natura del rapporto non imponga un intervallo minore.

2. Il mancato ricevimento della prestazione da parte del creditore nel giorno stabilito può essere accertato nelle forme di uso e da tale giorno decorrono gli effetti della mora (c. 1207).

81. *1.* Nei casi previsti dagli artt. 1286, terzo comma, e 1287, terzo comma, del codice, l'istanza per la fissazione del termine entro il quale deve essere fatta la scelta e quella per la scelta della prestazione da parte del giudice si propongono, se non vi è giudizio pendente, davanti l'autorità giudiziaria del luogo in cui la prestazione deve eseguirsi, osservate le disposizioni previste rispettivamente dagli artt. 749 e 750 del codice di procedura civile.

82. *1.* L'istanza per la nomina del terzo nei casi previsti dal secondo comma dell'art. 1473 del codice, qualora non vi sia giudizio in corso, si propone con ricorso al presidente del tribunale del luogo in cui deve eseguirsi la consegna della cosa a norma dell'art. 1510 del codice.

2. Il ricorso deve essere notificato alle altre parti interessate e al terzo. Il presidente del tribunale provvede con decreto: contro di questo è ammesso reclamo al primo presidente della corte di appello entro dieci giorni dalla notificazione.

3. La nomina deve cadere normalmente su persona esperta iscritta in albi o elenchi o ruoli istituiti a norma di legge.

83. *1.* Sono autorizzati alle operazioni di vendita con o senza incanto a norma dell'art. 1515 del codice, o alle operazioni di compra a norma del successivo art. 1516 (c. 2797[2]):

1) gli agenti di cambio, per i valori pubblici e per i titoli di credito specificati nelle leggi sulle borse;

2) i mediatori in merci iscritti presso i consigli provinciali delle corporazioni (4), per le merci e le derrate.

2. La vendita all'incanto deve essere annunziata con le forme di una pubblicità commerciale adeguata alla natura ed al valore delle cose poste in vendita.

3. Il verbale d'incanto è depositato nella can-

(1) Le parole «giudice di pace» sono state così sostituite alla precedente «pretore» dall'art. 27.3, lett. g, d.lg. 13 luglio 2017, n. 116. In base all'art. 32.3, d.lg. cit., tali disposizioni «entrano in vigore il 31 ottobre 2021».

(2) Le parole «dal giudice di pace» sono state così sostituite alle precedenti «dal presidente del tribunale» dall'art. 27.3, lett. h, n. 1, d.lg. 13 luglio 2017, n. 116. In base all'art. 32.3, d.lg. cit., tali disposizioni «entrano in vigore il 31 ottobre 2021».

(3) Comma così sostituito dall'art. 27.3, lett. h, n. 2, d.lg. 13 luglio 2017, n. 116. In base all'art. 32.3, d.lg. cit., tali disposizioni «entrano in vigore il 31 ottobre 2021».

Si riporta, di seguito, il testo del secondo comma dell'art. 79, come precedentemente formulato:

«Il presidente del tribunale provvede con decreto, sentito il creditore. Contro tale decreto è ammesso reclamo al presidente della corte d'appello, entro dieci giorni dalla notificazione».

(4) Ora Camere di commercio, industria, artigianato e agricoltura: v. l. 26 settembre 1966, n. 792.

celleria del tribunale (1) del luogo in cui si è proceduto alla vendita.

4. Le operazioni di vendita senza incanto e quelle di compra devono essere documentate mediante certificato, fattura o fissato bollato, in doppio esemplare, uno dei quali è consegnato alla parte richiedente e l'altro, vistato da questa, è conservato dalla persona che ha eseguito l'incarico.

5. Il compenso dovuto alla persona predetta, se non esiste una tariffa approvata, è stabilito con decreto del tribunale (1) del luogo in cui l'incanto è stato eseguito.

84. *1.* Il contratto di vendita con riserva di proprietà di macchine per prezzo superiore a lire trentamila [euro 15,49] deve essere iscritto, agli effetti previsti dal secondo comma dell'art. 1524 del codice, nel registro istituito presso la cancelleria del tribunale nella cui giurisdizione la macchina viene collocata.

2. Le sottoscrizioni delle parti devono essere autenticate, se il contratto non risulta da atto pubblico.

Sezione V. — *Disposizioni relative al libro V*

85-91. .... (2).

92. *1.* Il decreto, previsto dall'art. 2409 del codice, che nomina l'amministratore giudiziario nelle società di cui ai capi V, VI e VII (3) del titolo V del libro V del codice priva l'imprenditore, dalla sua data, dell'amministrazione della società nei limiti dei poteri conferiti all'amministratore giudiziario.

2. Salvo che il decreto disponga diversamente, l'amministratore giudiziario non può compiere atti eccedenti l'ordinaria amministrazione, senza l'autorizzazione del tribunale.

3. Entro i limiti dei poteri conferitigli, l'amministratore sta in giudizio nelle controversie, anche pendenti, relative alla gestione della società.

4. All'amministratore giudiziario possono essere attribuiti per determinati atti i poteri dell'assemblea. Le relative deliberazioni non sono efficaci senza l'approvazione del tribunale.

5. Il compenso dell'amministratore giudiziario è determinato dal tribunale (4).

93. *1.* L'amministratore giudiziario è, per quanto attiene all'esercizio delle sue funzioni, pubblico ufficiale.

94. *1.* L'amministratore giudiziario deve adempiere ai doveri del proprio ufficio con la diligenza richiesta dalla natura del proprio ufficio e può essere revocato dal tribunale su richiesta dei soggetti legittimati a chiederne la nomina (5).

2. L'amministratore che cessa dal suo ufficio deposita nella cancelleria del tribunale del luogo, ove è la sede principale dell'impresa, il conto della gestione. L'avvenuto deposito è comunicato immediatamente alla società (5).

3. Il presidente del tribunale con decreto fissa l'udienza, in termine non inferiore a quindici giorni dal deposito, nella quale le parti possono presentare le loro osservazioni, e nomina un giudice per la procedura. Non sono ammesse contestazioni relative ai criteri tecnici della gestione nei limiti dei poteri conferiti all'amministratore.

4. Si applicano le disposizioni degli artt. 263, secondo comma, e seguenti del codice di procedura civile.

95. *1.* Quando le leggi o le norme corporative (6) non dispongono, l'appartenenza alla categoria d'impiegato o di operaio (c. 2095) è determinata dal r.d.l. 13 novembre 1924, n. 1825, convertito nella l. 18 marzo 1926, n. 562.

96. *1.* L'imprenditore deve far conoscere al prestatore di lavoro, al momento dell'assunzione, la categoria e la qualifica che gli sono assegnate in relazione alle mansioni per cui è stato assunto (c. 2103).

2. Le qualifiche dei prestatori di lavoro, nell'ambito di ciascuna delle categorie indicate nell'art. 2095 del codice, possono essere stabilite e raggruppate per gradi secondo la loro importanza nell'ordinamento dell'impresa. Il prestatore di lavoro assume il grado gerarchico corrispondente alla qualifica e alle mansioni.

(1) L'art. 1, d.lg. 19 febbraio 1998, n. 51, ha soppresso l'ufficio del pretore, trasferendo le competenze al tribunale ordinario.

(2) Si omettono, in quanto privi di oggetto dopo la soppressione degli organi corporativi, ad opera del d.lg.lgt. 23 novembre 1944, n. 369. Si riproducono però gli artt. 92-94 ancora utili per il rinvio operato dall'art. 103 ss., att. cod. civ.

(3) Le parole «capi V, VI e VII» sono state così sostituite alle precedenti «capi V e VI» dall'art. 379.4, d.lg. 12 gennaio 2019, n. 14. In base all'art. 389.2, d.lg. cit., tali disposizioni «entrano in vigore il trentesimo giorno successivo alla pubblicazione nella *Gazzetta Ufficiale* del presente decreto».

(4) Articolo così sostituito dall'art. 9.1, lett. a, d.lg. 17 gennaio 2003, n. 6.

(5) Comma così sostituito dall'art. 9.1, lett. b, d.lg. n. 6/2003.

(6) V. nota 1 all'art. 1 prel.

3. I contratti collettivi di lavoro possono stabilire che, nel caso di divergenza tra l'imprenditore e il prestatore di lavoro circa l'assegnazione della qualifica, l'accertamento dei fatti rilevanti per la determinazione della qualifica venga fatto da un collegio costituito da un funzionario dell'ispettorato corporativo (1), che presiede, e da un delegato di ciascuna delle associazioni professionali che rappresentano le categorie interessate (2).

4. Sui fatti rilevanti per la determinazione della qualifica che hanno formato oggetto dell'accertamento compiuto con tali forme, non sono ammesse nuove indagini o prove, salvo che l'accertamento sia viziato da errore manifesto.

97. *1.* Nel caso previsto dall'art. 2106 del codice, ai prestatori di lavoro addetti alle imprese esercitate da enti pubblici inquadrati sindacalmente, le sanzioni disciplinari stabilite nei regolamenti emanati dagli enti medesimi si applicano solo in quanto compatibili con le particolari disposizioni dei contratti collettivi a cui gli enti sono soggetti.

98. *1.* Nei rapporti d'impiego inerenti all'esercizio dell'impresa, in mancanza di norme corporative (3) o di usi più favorevoli per quanto concerne il trattamento cui ha diritto l'impiegato nei casi d'infortunio, di malattia, di gravidanza o di puerperio (c. 2110), la durata del periodo feriale (c. 2109), del periodo di preavviso (c. 2118), la misura dell'indennità sostitutiva di questo e l'ammontare dell'indennità di anzianità in caso di cessazione del rapporto (c. 2120), si applicano le corrispondenti norme del r.d.l. 13 novembre 1924, n. 1825, convertito nella l. 18 marzo 1926, n. 562.

2. Le richiamate norme si applicano altresì ai rapporti di impiego dei dipendenti di enti pubblici anche se non inquadrati sindacalmente, in quanto il rapporto non sia diversamente disciplinato da leggi o regolamenti speciali, nonché ai rapporti d'impiego non inerenti all'esercizio di un'impresa, in quanto non esistano convenzioni od usi più favorevoli al prestatore di lavoro.

99. *1.* Le disposizioni relative all'istituzione del registro delle imprese previsto dall'art. 2188 del codice saranno emanate con decreto del Presidente della Repubblica. Tale decreto stabilirà altresì la data di attuazione del registro delle imprese, nonché le condizioni per l'iscrizione delle imprese individuali e sociali esistenti in tale momento (att. c. 101-*II*).

100-101. .... (4).

101-*bis*. *1.* Copia integrale o parziale di ogni atto per il quale è prescritta l'iscrizione o il deposito nel registro delle imprese deve essere rilasciata a chi ne faccia richiesta, anche per corrispondenza, senza che il costo di tale copia possa eccedere il costo amministrativo (5).

101-*ter*. *1.* Ai fini della pubblicità prescritta dagli artt. 2506 e 2507 del codice civile la società richiedente deve allegare agli atti e documenti ivi previsti la traduzione giurata in lingua italiana e deve indicare gli estremi della pubblicità attuata nello Stato ove è situata la sede principale. Dell'avvenuto deposito dei documenti deve essere fatta menzione nel Bollettino Ufficiale delle società per azioni e a responsabilità limitata (6) (7).

101-*quater*. *1.* Le società soggette alla legislazione di un altro Stato appartenente alla Comunità economica europea, le quali stabiliscono nel territorio dello Stato più sedi secondarie con rappresentanza stabile, possono attuare la pubblicità dell'atto costitutivo, dello statuto e dei bilanci nell'ufficio del registro delle imprese di una soltanto delle sedi secondarie, depositando negli altri l'attestazione dell'eseguita pubblicità (6).

102. *1.* Le norme per la formazione del ruolo, per la nomina e per la disciplina dei revisori ufficiali dei conti e quelle per la vigilanza e per la disciplina dei sindaci delle società saranno emanate con decreto del Presidente della Repubblica.

2\. Fino all'entrata in vigore di tale decreto continueranno ad applicarsi le disposizioni anteriori (8).

103. *1.* I provvedimenti del tribunale previsti dall'art. 2409 del codice sono disposti con decreto, il quale deve essere comunicato a cura del cancelliere, entro cinque giorni, all'ufficio del registro delle imprese per l'iscrizione (9).

.... (10).

(1) Ora Ispettorato del lavoro.
(2) Soppresse col d.lg.lgt. 23 novembre 1944, n. 369.
(3) V. nota 1 all'art. 1 prel.
(4) Articolo abrogato dall'art. 9.1, lett. f, d.lg. n. 6/2003.
(5) Articolo aggiunto dall'art. 20, d.p.r. 29 dicembre 1969, n. 1127.
(6) Articolo aggiunto dall'art. 5, d.lg. 29 dicembre 1992, n. 516.
(7) V. d.p.r. 14 dicembre 1999, n. 558.
(8) R.d.l. 24 luglio 1936, n. 1548, conv. in l. 3 aprile 1937, n. 517.
(9) Comma così sostituito dall'art. 9.1, lett. c, n. 1), d.lg. n. 6/2003.
(10) Comma abrogato dall'art. 9.1, lett. c, n. 2), d.lg. n. 6/2003.

104. *1.* Il tribunale, prima di procedere alla nomina del rappresentante degli obbligazionisti prevista dall'art. 2417 del codice, deve sentire gli amministratori o il consiglio di gestione della società (1).

105. *1.* La liquidazione coatta amministrativa delle società cooperative (c. 2545-*XIII*) è regolata dalle norme generali sulla liquidazione coatta amministrativa delle società, salvo che le leggi speciali dispongano diversamente.

106. *1.* Le norme degli artt. 92, 93 e 94 di queste disposizioni si applicano anche al commissario governativo incaricato della gestione della società cooperativa a norma dell'art. 2545-*sexiesdecies* del codice, intendendosi sostituiti nei poteri del tribunale, per quanto riguarda le disposizioni dei precedenti artt. 92 e 94, primo comma, l'autorità governativa che ha nominato il commissario (2).

107. *1.* Alle mutue assicuratrici regolate da leggi speciali le disposizioni del capo II del titolo VI del libro V del codice (c. 2546 ss.) si applicano in quanto compatibili con le leggi medesime.

108-109. .... (3).

110. *1.* La competenza dell'autorità governativa nell'esercizio dei poteri ad essa demandati dal libro V del codice è determinata dalle leggi speciali.

111. *1.* Le norme per l'attuazione delle disposizioni contenute nelle sezioni III e IV del capo II del titolo X del libro V del codice saranno emanate con decreto reale.

2. Fino all'entrata in vigore di tale decreto la disciplina dei consorzi obbligatori e i controlli dell'autorità governativa sui consorzi volontari continuano ad essere regolati dalle leggi anteriori.

111-*bis*. *1.* La misura rilevante di cui all'art. 2325-*bis* del codice è quella stabilita a norma dell'art. 116 del d.lg. 24 febbraio 1998, n. 58 [...] (4). Nel caso previsto dall'art. 2409-*bis*, secondo comma, del codice, si applicano alla società di revisione le disposizioni degli artt. 155, comma 2, 162, commi 1 e 2, 163, commi 1 e 4 del d.lg. n. 58 del 1998 (5).

2. Ai fini di cui all'art. 2343-*ter*, per valori mobiliari e strumenti del mercato monetario si intendono quelli di cui all'art. 1, commi 1-*bis* e 1-*ter*, del testo unico delle disposizioni in materia di intermediazione finanziaria, di cui al d.lg. 24 febbraio 1998, n. 58 (6).

111-*ter*. *1.* Chi richiede l'iscrizione presso il registro delle imprese dell'atto costitutivo di una società deve indicarne nella domanda l'indirizzo, comprensivo della via e del numero civico, ove è posta la sua sede. In caso di successiva modificazione di tale indirizzo gli amministratori ne depositano apposita dichiarazione presso il registro delle imprese (7).

111-*quater*. *1.* La società di revisione di cui all'art. 2447-*ter* del codice è scelta tra quelle iscritte nell'albo speciale delle società di revisione tenuto dalla Commissione nazionale per le società e la borsa a norma delle leggi speciali (8) (7).

111-*quinquies*. *1.* L'art. 2632 del codice, come modificato dal d.lg. 11 aprile 2002, n. 61, è sostituito dal seguente: .... (*omissis*) (7).

111-*sexies*. *1.* Gli artt. 100, 101, 108 e 109 sono abrogati (7).

111-*septies*. *1.* Le cooperative sociali che rispettino le norme di cui alla l. 8 novembre 1991, n. 381, sono considerate, indipendentemente dai requisiti di cui all'art. 2513 del codice, cooperative a mutualità prevalente. Le cooperative agricole che esercitano le attività di cui all'art. 2135 del codice sono considerate cooperative a mutualità prevalente se soddisfano le condizioni di cui al terzo comma dell'art. 2513 del codice. Le piccole società cooperative costituite ai sensi della l. 7 agosto 1997, n. 266, nel termine previsto all'art. 223-*duodecies* del codice devono trasformarsi nella società cooperativa disciplinata dall'art. 2522 del codice (7).

111-*octies*. *1.* Sono investitori istituzionali destinati alle società cooperative quelli costituiti ai sensi della l. 25 febbraio 1985, n. 49, i fondi mutualistici e i fondi pensione costituiti da società cooperative (7).

(1) Articolo così sostituito dall'art. 9.1, lett. d, d.lg. n. 6/2003.
(2) Articolo così sostituito dall'art. 9.1, lett. e, d.lg. n. 6/2003.
(3) Articolo abrogato dall'art. 9.1, lett. f, d.lg. n. 6/2003.
(4) Le parole «, e risultante alla data del 1° gennaio 2004» sono state soppresse dall'art. 3, d.lg. 11 ottobre 2012, n. 184.
(5) V. nota 2 all'art. 2325-*bis* c.c.
(6) Articolo inserito dall'art. 9.1, lett. f, d.lg. n. 6/2003. L'art. 2, d.lg. 4 agosto 2008, n. 142, ha aggiunto il secondo comma.
(7) Articolo inserito dall'art. 9.1, lett. f, d.lg. n. 6/2003.
(8) Le parole «; essa non può essere una persona fisica» sono state soppresse dall'art. 5.1, lett. ggg, d.lg. 6 febbraio 2004, n. 37.

111-*novies*. *1.* Le società di revisione di cui al secondo comma dell'art. 2545-*octies* del codice sono quelle di cui al d.lg. 27 gennaio 1992, n. 88 (1).

111-*decies*. *1.* Ferma restando la natura indivisibile delle riserve accantonate, non rilevano ai fini dell'obbligo di devoluzione previsto dall'art. 17 della l. 23 dicembre 2000, n. 388, la modificazione delle clausole previste dall'art. 26 del d.lg.c.p.s. 14 dicembre 1947, n. 1577, ovvero la decadenza dai benefici fiscali per effetto della perdita del requisito della prevalenza come disciplinato dagli artt. 2512 e 2513 del codice.

2. Gli amministratori devono, tuttavia, redigere un bilancio ai sensi dell'art. 2545-*octies* del codice (1).

111-*undecies*. *1.* Il Ministro delle attività produttive, di concerto con il Ministro dell'economia e delle finanze, stabilisce, con proprio decreto, regimi derogatori al requisito della prevalenza, così come definite dall'art. 2513 del codice, in relazione alla struttura dell'impresa e del mercato in cui le cooperative operano, a specifiche disposizioni normative cui le cooperative devono uniformarsi e alla circostanza che la realizzazione del bene destinato allo scambio mutualistico richieda il decorso di un periodo di tempo superiore all'anno di esercizio (1).

111-*duodecies*. *1.* Qualora tutti i loro soci illimitatamente responsabili, di cui all'art. 2361, comma secondo, del codice, siano società per azioni, in accomandita per azioni o società a responsabilità limitata, le società in nome collettivo o in accomandita semplice devono redigere il bilancio secondo le norme previste per le società per azioni; esse devono inoltre redigere e pubblicare il bilancio consolidato come disciplinato dall'art. 26 del d.lg. 9 aprile 1991, n. 127, ed in presenza dei presupposti ivi previsti (1).

111-*terdecies*. *1.* La deliberazione prevista dal secondo comma dell'art. 2446 del codice è verbalizzata ed iscritta nel registro delle imprese a norma dell'art. 2436 del codice (2).

111-*quaterdecies*. *1.* La durata del primo incarico di controllo contabile può coincidere con quello di revisione affidato alla stessa società (3).

Sezione VI. — *Disposizioni relative al libro VI*

112. . . . . (4).

113. *1.* Il reclamo menzionato nell'art. 2888 del codice si propone al tribunale, il quale provvede con decreto motivato in camera di consiglio, sentiti il conservatore e il pubblico ministero.

2. Contro il provvedimento che non accoglie la domanda il richiedente può proporre reclamo alla corte d'appello.

3. Il tribunale o la corte può ordinare che la domanda di cancellazione sia proposta nelle forme ordinarie in contraddittorio delle persone che ritiene abbiano interesse contrario alla cancellazione medesima.

113-*bis*. *1.* Il conservatore, nel caso in cui non riceva i titoli e le note ai sensi dell'art. 2674 del codice, indica sulle note i motivi del rifiuto e restituisce uno degli originali alla parte richiedente. La parte può avvalersi del procedimento stabilito nell'art. 745 del codice di procedura civile.

2. Dello stesso procedimento la parte può avvalersi per il ritardo nel rilascio di certificati o di copie.

3. Il pubblico ministero comunica al Ministero della giustizia e al Ministero delle finanze la decisione adottata (5).

113-*ter*. *1.* Il reclamo previsto nell'art. 2674-*bis* del codice si propone con ricorso, entro il termine perentorio di trenta giorni dalla esecuzione della formalità, davanti al tribunale nella cui circoscrizione è stabilita la conservatoria; entro lo stesso termine il ricorso deve essere notificato al conservatore, a pena di improcedibilità.

2. Il tribunale provvede in camera di consiglio, con decreto motivato, immediatamente esecutivo, sentiti il pubblico ministero, il conservatore e le parti interessate.

3. Contro il provvedimento del tribunale è consentito reclamo alla corte d'appello, con ricorso notificato, a pena di improcedibilità, anche al conservatore.

4. A margine della formalità eseguita con riserva il conservatore annota la proposizione del reclamo, il decreto immediatamente esecutivo del tribunale e il decreto definitivo.

5. Quando il reclamo non è proposto o è

(1) Articolo inserito dall'art. 9.1, lett. f, d.lg. n. 6/2003.
(2) Articolo inserito dall'art. 5.1, lett. hhh, d.lg. 6 febbraio 2004, n. 37.
(3) Articolo aggiunto dall'art. 35, d.lg. 28 dicembre 2004, n. 310.
(4) Articolo abrogato dall'art. 2, l. 21 gennaio 1983, n. 22.
(5) Articolo aggiunto dall'art. 6, l. 27 febbraio 1985, n. 52.

rigettato definitivamente, la formalità perde ogni effetto (1).

CAPO II

Disposizioni transitorie (2)

Sezione I. — *Disposizioni relative al libro I*

114. *1.* La pronunzia di immissione nel possesso definitivo dei beni dell'assente, emessa a termini degli artt. 36 e 38 del codice del 1865, equivale a tutti gli effetti alla dichiarazione di morte presunta prevista nell'art. 58 del nuovo codice.

2. Fino al trenta giugno 1942 non può essere dichiarata la morte presunta nell'ipotesi prevista nell'art. 58 del nuovo codice, se non quando concorrono le condizioni indicate negli artt. 36 e 38 del codice del 1865 per la pronunzia di immissione definitiva nei beni dell'assente.

115. *1.* Il termine di tre mesi, previsto nel secondo comma dell'art. 14 della l. 27 maggio 1929, n. 847, è ridotto a un mese.

2. Il capo primo della legge suddetta è abrogato.

116. *1.* L'impugnazione prevista nell'art. 123, primo comma, del codice non può essere proposta dal coniuge impotente per i matrimoni anteriori al 1° luglio 1939.

2. I matrimoni che sono stati celebrati anteriormente al 1° luglio 1939 davanti ad un ufficiale dello stato civile incompetente o senza la presenza dei testimoni non si possono più impugnare (3).

117. *1.* Se il matrimonio è stato annullato prima del 1° luglio 1939 ed è stata riconosciuta la mala fede di entrambi i coniugi, i figli nati o concepiti durante il matrimonio possono acquistare lo stato di figli nati fuori del matrimonio (4) riconosciuti ai sensi dell'art. 128, ultimo comma, del codice con effetto dal giorno della domanda giudiziale proposta in contraddittorio dei genitori o dei loro eredi.

118. *1.* Gli atti di costituzione di dote aventi per oggetto beni futuri, stipulati prima del 1° luglio 1939, conservano la loro efficacia anche rispetto ai beni che pervengono alla moglie dopo tale data.

119. *1.* I lucri dotali in favore del coniuge sopravvivente, stipulati prima del 1° luglio 1939, conservano la loro efficacia.

2. Conservano parimenti la loro efficacia le ipoteche iscritte a garanzia dei lucri medesimi.

120. *1.* L'azione di disconoscimento di paternità è soggetta ai termini e alle cause di decadenza previsti nel nuovo codice, anche quando si tratta di impugnare la legittimità dei figli nati prima dell'entrata in vigore dello stesso codice, sempre che l'azione non sia già estinta a norma delle disposizioni del codice del 1865.

121. *1.* Le azioni di reclamo di stato di figlio nato nel matrimonio (5), spettanti agli eredi che non siano discendenti del figlio a norma dell'art. 178 del codice del 1865, possono essere continuate quando la domanda è stata proposta prima del 1° luglio 1939.

122. *1.* Le disposizioni del codice relative al riconoscimento dei figli nati fuori del matrimonio (6) si applicano anche ai figli nati o concepiti prima del 1° luglio 1939.

2. Il riconoscimento di figli nati fuori del matrimonio (6), compiuto prima di tale data fuori dei casi in cui era ammesso secondo le leggi anteriori, non può essere annullato, se al momento in cui fu fatto concorrevano le condizioni per cui sarebbe ammissibile secondo le disposizioni del codice.

3. Tale riconoscimento vale anche agli effetti delle successioni aperte prima del 1° luglio 1939, purché i diritti successori del figlio non siano stati esclusi con sentenza passata in giudicato o non sia intervenuta transazione tra le parti interessate o non siano trascorsi tre anni dall'apertura della successione senza che il figlio abbia fatto valere alcuna ragione ereditaria sui beni della successione.

123. *1.* L'azione per la dichiarazione giudiziale di paternità può essere proposta dai figli nati prima del 1° luglio 1939 solo nel caso in cui ricorrono le condizioni previste dall'art. 189 del codice del 1865. L'azione può essere proposta, sempre che ricorrano tali condizioni, an-

(1) Articolo aggiunto dall'art. 8, l. n. 52/1985.

(2) Le disposizioni transitorie della legge di riforma del diritto di famiglia sono riprodotte di seguito alle disposizioni di attuazione e transitorie del codice civile.

(3) Si mantengono nel testo originale questo e i successivi articoli, nonostante l'intervenuta modificazione dei corrispondenti articoli del codice civile.

(4) Le parole «figli nati fuori del matrimonio» sono state così sostituite alle precedenti «figli naturali» dall'art. 96.1, lett. e, d.lg. 28 dicembre 2013, n. 154.

(5) Le parole «nato nel matrimonio» sono state così sostituite alla precedente «legittimo» dall'art. 96.1, lett. f, d.lg. 28 dicembre 2013, n. 154.

(6) Le parole «nati fuori del matrimonio» sono state così sostituite alla precedente «naturali» dall'art. 96.1, lett. g, d.lg. 28 dicembre 2013, n. 154.

che dai figli nati fuori del matrimonio (1) per i quali è ammessa dall'art. 278 del nuovo codice (2).

2. I figli nati fuori del matrimonio (3) che si trovano nelle condizioni previste nei nn. 1 e 4 dell'art. 269 del codice, ma che non possono ottenere la dichiarazione giudiziale di paternità perché nati prima del 1° luglio 1939, possono agire soltanto per ottenere gli alimenti (4).

3. Nei casi in cui l'azione per la dichiarazione giudiziale di paternità è ammessa secondo le norme del codice del 1865, essa è soggetta al termine stabilito dall'art. 271 del nuovo codice.

4. Le disposizioni del codice relative alle forme dei giudizi per la dichiarazione giudiziale di paternità o di maternità naturale si applicano anche ai figli nati o concepiti prima del 1° luglio 1939.

5. I giudizi relativi alla dichiarazione di paternità o di maternità [...] (5) proposti prima del 1° luglio 1939 non possono essere proseguiti se non è intervenuto il decreto contemplato dall'art. 274 del codice stesso, salvo il caso che si sia già ottenuta una sentenza anche se interlocutoria.

124-125. .... (6).

126. *1.* La disposizione del secondo comma dell'art. 293 (7) del nuovo codice è applicabile anche alle adozioni costituite prima del 1° luglio 1939, a meno che siano state già impugnate ai sensi dell'art. 205 del codice del 1865.

127. *1.* Le disposizioni del codice sulla revoca dell'adozione (c. 305 ss.) si applicano anche alle adozioni costituite prima del 1° luglio 1939.

127-*bis*. *1.* I divieti contenuti nei nn. 6, 7, 8 e 9 dell'art. 87 del codice civile sono applicabili all'affiliazione (8).

128. *1.* Se l'ipotesi prevista dall'art. 342 del codice si è verificata prima del 1° luglio 1939, il tribunale, su istanza del figlio medesimo o dei parenti o del pubblico ministero, può privare il genitore della responsabilità genitoriale (9) sui figli, quando risulta che egli impartisce ad essi una educazione non corrispondente ai fini nazionali, e può provvedere in conformità dell'art. 342 del codice (10).

129. *1.* Le norme del codice in materia di tutela e di curatela (c. 344 ss.) si applicano anche alle tutele e alle curatele che si sono aperte prima del 1° luglio 1939.

2. Tuttavia i tutori, i protutori e i curatori già nominati conservano l'ufficio, salve le disposizioni degli artt. 383, 384 e 393 del codice, e sempre che non ricorrano cause d'incapacità previste dal codice stesso (c. 350, 393).

130. *1.* La disposizione dell'art. 428 del codice è applicabile anche se gli atti in essa contemplati sono stati compiuti prima del 1° luglio 1939.

131. *1.* Le ipoteche legali sui beni del tutore iscritte a norma degli artt. 292, 293 e 1969, n. 3, del codice del 1865 possono essere cancellate quando il tutore ne fa istanza al giudice tutelare, il quale, se ordina la cancellazione, provvede secondo l'art. 381 del nuovo codice.

Sezione II. — *Disposizioni relative al libro II*

132. *1.* L'erede col beneficio d'inventario (c. 484) può promuovere la procedura di liquidazione ai sensi dell'art. 503 del codice anche se l'accettazione è stata fatta prima del 21 aprile 1940.

133. *1.* La rinunzia all'eredità o al legato, fatta dopo il 21 aprile 1940, produce tutti gli effetti previsti dal codice, ancorché si tratti di successione apertasi anteriormente a quella data (c. 519 ss.).

134. *1.* La disposizione dell'art. 528 del codice è applicabile anche per le successioni apertesi prima del 21 aprile 1940, se il chiamato non ha ancora accettato e non è nel possesso di beni ereditari.

(1) Le parole «nati fuori del matrimonio» sono state così sostituite alla precedente «adulterini» dall'art. 96.1, lett. h, d.lg. 28 dicembre 2013, n. 154.

(2) La Corte cost., con sentenza 16 febbraio 1963, n. 7, ha dichiarato costituzionalmente illegittimi questi commi.

(3) Le parole «nati fuori del matrimonio» sono state così sostituite alla precedente «naturali» dall'art. 96.1, lett. h, d.lg. 28 dicembre 2013, n. 154.

(4) La Corte cost., con sentenza 16 febbraio 1963, n. 7, ha dichiarato costituzionalmente illegittimi questi commi. Cfr. anche l'art. 1, l. 23 novembre 1971, n. 1047.

(5) La parola «naturale» è stata soppressa dall'art. 96.1, lett. h, d.lg. 28 dicembre 2013, n. 154.

(6) Articoli abrogati dall'art. 106.1, lett. b, d.lg. 28 dicembre 2013, n. 154.

(7) Abrogato dall'art. 67, l. 4 maggio 1983, n. 184, in *Leggi coll. II, 14*.

(8) Articolo inserito dall'art. 96.1, lett. i, d.lg. 28 dicembre 2013, n. 154.

(9) Le parole «responsabilità genitoriale» sono state così sostituite alla precedente «potestà» dall'art. 105.1, d.lg. 28 dicembre 2013, n. 154.

(10) Articolo implicitamente abrogato per l'abrogazione dell'art. 342 cod. civ., ad opera dell'art. 1, r.d.l. 20 gennaio 1944, n. 25, e dell'art. 3, d.lg.lgt. 14 settembre 1944, n. 287.

2. L'obbligo del curatore di procedere alla liquidazione dell'eredità giacente (c. 530^2) incombe anche sui curatori già nominati, se, in caso di opposizione dei creditori o legatari, il pretore ritiene opportuno disporre la liquidazione.

135. *1.* Le norme sulla riduzione delle donazioni (c. 555 ss.) sono applicabili anche alle donazioni fatte anteriormente al 21 aprile 1940, purché la successione si sia aperta dopo. Tali donazioni sono soggette a riduzione, avuto riguardo alla misura dei diritti riservati ai legittimari stabilita dal codice (c. 537 ss.).

2. La medesima disposizione si applica per le regole stabilite dal codice sulla collazione (c. 737 ss.), sull'imputazione (c. 564) e sulla riunione fittizia (c. 556).

3. Tuttavia per le donazioni di beni mobili fatte anteriormente al 21 aprile 1940, si tiene conto del valore risultante dalla stima annessa all'atto di donazione.

136. *1.* Le disposizioni degli artt. 580 e 594 del codice si applicano anche alle successioni apertesi prima del 21 aprile 1940, se i diritti dei figli nati fuori del matrimonio (1) non riconoscibili o non riconosciuti non sono stati definiti con sentenza passata in giudicato o mediante convenzione.

2. Possono inoltre valersi delle disposizioni degli artt. 580 e 594 i figli nati fuori del matrimonio (1) che si trovano nelle condizioni previste dai nn. 1 e 4 dell'art. 269 del codice, ma che non possono ottenere la dichiarazione giudiziale di paternità perché nati anteriomente al 1° luglio 1939 (2).

3. I figli nati fuori del matrimonio (1) indicati dal comma precedente hanno facoltà di chiedere l'assegno vitalizio (c. 594) anche per le successioni già aperte, ma non oltre cinque anni prima del 21 aprile 1940; l'assegno in questo caso deve essere calcolato con riguardo allo stato e al valore che i beni ereditari avevano a tale data.

137. *1.* Non possono essere promosse né proseguite azioni per la dichiarazione di nullità, per vizio di forma, per incapacità a ricevere o per altre cause, di disposizioni testamentarie e di donazioni che sono valide secondo il codice. La nullità ammessa anche da questo non può essere pronunziata se non nei limiti da esso previsti.

138. *1.* Le condizioni di vedovanza ammesse dall'ultimo comma dell'art. 850 del codice del 1865, relative alle successioni apertesi prima del 21 aprile 1940, conservano la loro efficacia.

139. *1.* I diritti derivanti da una disposizione testamentaria sotto condizione sospensiva si trasmettono agli eredi dell'onorato, se questi muore dopo il 21 aprile 1940 senza che la condizione si sia verificata.

140. *1.* Ancorché la divisione sia stata già effettuata, si applica la norma dell'art. 759 del codice, se l'evizione ha luogo dopo il 21 aprile 1940.

141. *1.* Le norme sulla revocazione per ingratitudine (c. 801 ss.) sono applicabili alle donazioni anteriori, se la causa di revocazione si è verificata dopo il 21 aprile 1940. Tuttavia la norma del secondo comma dell'art. 802 del codice è applicabile anche se la causa di revocazione è anteriore.

Sezione III. — *Disposizioni relative al libro III*

142-149. .... (3).

150. *1.* Per l'acquisto dei frutti al termine dell'usufrutto, se questo ha avuto inizio anteriormente al 28 ottobre 1941, si osserva il disposto dell'art. 480 del codice del 1865.

151. *1.* Le disposizioni dell'art. 999 del codice si applicano anche alle locazioni concluse dall'usufruttuario anteriormente al 28 ottobre 1941.

152. *1.* Il diritto di ritenzione ammesso dagli artt. 1006 e 1011 del codice spetta all'usufruttuario anche per le somme a lui dovute in dipendenza di anticipazioni effettuate prima del 28 ottobre 1941.

153. *1.* La disposizione dell'art. 1023 del codice si applica anche ai diritti di uso e di abitazione costituiti prima del 28 ottobre 1941.

154. *1.* Se l'interclusione del fondo si è verificata per effetto di vendita anteriore al 28 ottobre 1941, il compratore non è tenuto a dare il passaggio senza indennità (c. 1054).

155. *1.* Le disposizioni concernenti la revisione dei regolamenti di condominio e la trascrizione di essi (c. 1138) si applicano anche ai regolamenti formati prima del 28 ottobre 1941.

2. Cessano di avere effetto le disposizioni dei regolamenti di condominio che siano contrarie

(1) Le parole «figli nati fuori del matrimonio» sono state così sostituite alle precedenti «figli naturali» dall'art. 105.3, d.lg. 28 dicembre 2013, n. 154.

(2) La Corte cost., con sentenza 16 febbraio 1963, n. 7, ha dichiarato costituzionalmente illegittimo questo comma. V. ora il testo attuale dell'art. 580 cod. civ.

(3) Articoli abrogati dall'art. 18, l. 22 luglio 1966, n. 607.

alle norme richiamate nell'ultimo comma dell'art. 1138 del codice e nell'art. 72 di queste disposizioni.

155-*bis*. *1.* L'assemblea, ai fini dell'adeguamento degli impianti non centralizzati di cui all'art. 1122-*bis*, primo comma, del codice, già esistenti alla data di entrata in vigore del predetto articolo, adotta le necessarie prescrizioni con le maggioranze di cui all'art. 1136, commi primo, secondo e terzo, del codice (1).

156. *1.* I condomini costituiti in forma di società cooperativa possono conservare tale forma di amministrazione.

2. Ai rapporti di condominio negli edifici di cooperative edilizie le quali godono del contributo dello Stato nel pagamento degli interessi sui mutui si applicano le disposizioni delle leggi speciali.

157. *1.* Per i diritti spettanti al possessore, all'usufruttuario o all'enfiteuta a causa di riparazioni, di miglioramenti o di addizioni eseguite anteriormente al 28 ottobre 1941 si applicano le norme del codice del 1865, salvo quanto è stabilito dall'art. 152 di queste disposizioni.

158. *1.* Il termine per l'usucapione delle servitù discontinue apparenti (c. 1061) comincia a decorrere dal 28 ottobre 1941.

2. La disposizione dell'art. 1075 del codice si applica se la prescrizione del modo della servitù non si è compiuta prima del 28 ottobre 1941.

Sezione IV. — *Disposizioni relative al libro IV*

159. *1.* Il luogo in cui devono essere adempiute le obbligazioni che scadono dopo l'entrata in vigore del codice si determina in conformità dell'art. 1182 del codice stesso, anche se si tratta di obbligazioni sorte anteriormente.

160. *1.* Le disposizioni del codice relative alla mora del creditore (c. 1206 ss.), all'inadempimento e alla mora del debitore (c. 1218 ss.) si applicano anche se si tratta di obbligazione sorta prima dell'entrata in vigore del codice stesso, se l'offerta di pagamento sia stata compiuta ovvero l'inadempimento o la mora si sia verificato posteriormente.

161. *1.* I crediti di somme di danaro che siano divenuti esigibili prima dell'entrata in vigore del nuovo codice (c. 1282), producono, da questa data, interessi di pieno diritto, anche se tale effetto non si verificava secondo le disposizioni del codice del 1865.

2. Gli interessi legali che si maturano dopo la data predetta devono essere computati al saggio stabilito dall'art. 1284 del nuovo codice.

162. *1.* La disposizione dell'art. 1283 del codice si applica anche se si tratta di obbligazioni sorte anteriormente all'entrata in vigore del codice stesso, quando gl'interessi sono dovuti per almeno sei mesi.

163. *1.* Il giudice può ridurre la penale manifestamente eccessiva (c. 1384) anche se il contratto sia stato concluso anteriormente all'entrata in vigore del codice e anche se il pagamento della penale sia stato giudizialmente domandato e il giudizio sia pendente alla data suddetta.

164. *1.* Le disposizioni del secondo e terzo comma dell'art. 1385 del codice si applicano anche se il contratto sia stato concluso anteriormente al giorno dell'entrata in vigore del codice stesso, e anche se a tale data sia stato già iniziato il giudizio e questo sia tuttora pendente.

165. *1.* Gli effetti dell'annullamento o della risoluzione dei contratti rispetto ai terzi sono regolati dalle disposizioni del codice civile del 1865 se la domanda sia stata proposta anteriormente all'entrata in vigore del nuovo codice.

166. *1.* Per le vendite immobiliari stipulate anteriormente all'entrata in vigore del codice, la rescissione a causa di lesione è regolata dalle disposizioni del codice del 1865.

167. *1.* Le disposizioni dell'art. 1462 del codice si applicano anche se la clausola ivi prevista sia inserita in un contratto stipulato prima del giorno dell'entrata in vigore del codice stesso, quando l'eccezione del debitore sia opposta dopo o, se proposta prima, il relativo giudizio sia ancora pendente alla data predetta.

168. *1.* Le disposizioni relative agli effetti dell'eccessiva onerosità sopravvenuta (c. 1467 ss.) si applicano anche per i contratti conclusi prima dell'entrata in vigore del codice se le circostanze e gli avvenimenti da cui deriva la eccessiva onerosità si siano verificati dopo.

169. *1.* Le disposizioni che regolano le conseguenze del sopravvenuto mutamento nelle condizioni patrimoniali del debitore (c. 1461) si applicano anche quando si tratti di contratti anteriori all'entrata in vigore del codice, se il mutamento si avveri posteriormente.

170. *1.* Le disposizioni del secondo comma dell'art. 1473 del codice si applicano anche ai contratti di vendita conclusi anteriormente all'entrata in vigore del codice stesso, se il rifiuto o l'impedimento del terzo ad accettare l'incarico si verificano dopo.

171. *1.* Le disposizioni degli artt. 1478, 1479

(1) Articolo inserito dall'art. 26, l. 11 dicembre 2012, n. 220.

e 1480 del codice si applicano anche ai contratti di vendita conclusi anteriormente al giorno dell'entrata in vigore di esso, se a tale data non ne era stato domandato in giudizio l'annullamento.

172. *1.* Le disposizioni che impongono la denuncia dei vizi o della mancanza di qualità della cosa venduta e stabiliscono i termini per farla, si applicano anche se il contratto sia stato concluso anteriormente all'entrata in vigore del codice, purché la consegna o il ricevimento della cosa abbiano avuto luogo posteriormente.

173. *1.* Le disposizioni relative al riscatto convenzionale nel contratto di vendita (c. 1500 ss.), tranne quella del primo comma dell'art. 1501, si applicano anche ai contratti conclusi anteriormente all'entrata in vigore del codice quando il diritto di riscatto venga esercitato posteriormente.

174. *1.* Le disposizioni dell'art. 1512 del codice si applicano ai contratti di vendita anteriori all'entrata in vigore di esso se il difetto di funzionamento sia scoperto posteriormente.

175. *1.* Qualora secondo le leggi anteriori i contratti di vendita di cose mobili con riserva di proprietà fossero opponibili ai creditori o ai terzi aventi causa dal compratore indipendentemente dai requisiti prescritti dall'art. 1524 del codice, le formalità relative, trattandosi di contratti conclusi anteriormente al giorno dell'entrata in vigore di esso, devono essere adempiute entro tre mesi dalla data medesima. In mancanza, la riserva di proprietà non può essere opposta ai creditori del compratore che abbiano pignorato la cosa e ai terzi aventi causa dal medesimo che abbiano acquistato diritti sulla cosa stessa posteriormente alla data anzidetta.

176. *1.* Le disposizioni degli artt. 1525 e 1526 del codice si applicano ai contratti conclusi anteriormente al giorno dell'entrata in vigore di esso e anche se la risoluzione per inadempimento sia stata giudizialmente domandata e il giudizio sia tuttora pendente alla data suddetta.

177. *1.* Le disposizioni degli artt. 1531, secondo comma, e 1550, secondo comma, del codice, relative all'esercizio del diritto di voto, si applicano anche ai contratti di vendita a termine o di riporto di titoli di credito, che siano in corso di esecuzione all'entrata in vigore del codice stesso.

178. *1.* La prescrizione stabilita dall'art. 1541 del codice si applica anche se si tratta di contratto di vendita anteriore alla data dell'entrata in vigore del codice stesso qualora la consegna dell'immobile sia stata eseguita posteriormente e al momento della consegna non sia già decorso il termine stabilito dall'art. 1478 del codice del 1865.

179. *1.* I patti di preferenza previsti dall'art. 1566 del codice che alla data dell'entrata in vigore di questo devono ancora durare oltre cinque anni, sono validi nei limiti di un quinquennio computabile da tale data.

2. Le modalità per l'esercizio del diritto di preferenza stabilite dal secondo comma dell'art. 1566 predetto, si osservano se l'esercizio medesimo ha luogo dopo l'entrata in vigore del codice, anche se il patto sia stato stipulato anteriormente.

180. *1.* I rapporti di locazione in corso al giorno dell'entrata in vigore del nuovo codice sono regolati dal codice del 1865.

2. Tuttavia si applicano, con effetto da tale data, le disposizioni del nuovo codice dichiarate inderogabili, o che siano comunque di ordine pubblico, e tutte le altre che regolano fatti o situazioni non previste specificamente dalla legge anteriore.

181. *1.* Le disposizioni degli artt. 1665, 1666, 1667 e 1668 del codice si applicano anche per i contratti anteriori, se l'opera o singole partite di essa siano compiute o comunque alla loro consegna si addivenga dopo l'entrata in vigore del codice stesso.

182. *1.* Le disposizioni dell'art. 1694 e della seconda parte dell'art. 1698 del codice si osservano anche se il contratto sia anteriore all'entrata in vigore del codice stesso.

183. *1.* Le disposizioni degli artt. 1706 e 1707 del codice si applicano anche se il mandato sia stato conferito anteriormente all'entrata in vigore del codice stesso.

184. *1.* Le cause di estinzione del mandato (c. 1722 ss.) sono regolate dal codice se si verificano dopo l'entrata in vigore di questo, anche se si tratta di mandato conferito anteriormente.

185. *1.* La disposizione del secondo comma dell'art. 1815 del codice si applica anche se il contratto di mutuo sia anteriore all'entrata in vigore del codice stesso.

186. *1.* Il creditore di una rendita o di ogni altra prestazione annua costituita anteriormente all'entrata in vigore del nuovo codice, può pretendere dal debitore il rilascio di un nuovo documento secondo la disposizione dell'art. 1870 del codice stesso, ma il termine di nove anni decorre dall'entrata in vigore di questo se non scada prima il termine di ventotto anni stabilito dall'art. 2136 del codice del 1865.

187. *1.* Le disposizioni degli artt. 1888, secondo e terzo comma 1889, 1902, 1903, secondo comma, 1930 e 1931 del codice si applicano anche ai contratti in corso.

2. Si applicano parimenti ai contratti suddetti le disposizioni degli artt. 1897, 1898 e 1926, quando le modificazioni del rischio da esse previste si verificano dopo l'entrata in vigore del codice, la disposizione del secondo comma dell'art. 1899, se la proroga tacita non è già avvenuta anteriormente alla entrata in vigore medesima, le disposizioni dell'art. 1901 relativamente ai premi che scadono dopo l'entrata in vigore medesima, le disposizioni degli artt. 1914, secondo comma, e 1915, secondo comma, per i sinistri verificatisi dopo l'entrata in vigore medesima.

188. *1.* Le disposizioni dell'art. 1921 del codice si applicano alle dichiarazioni di revoca posteriori all'entrata in vigore di esso, anche se il contratto di assicurazione sia stato concluso anteriormente.

2. Qualora i fatti che producono la decadenza del beneficiario o che autorizzano la revoca del beneficio si siano verificati dopo l'entrata in vigore predetta, si applicano le disposizioni dell'art. 1922 del codice, anche se il contratto di assicurazione sia anteriore.

189. *1.* Le disposizioni del primo comma dell'art. 1943 del codice si osservano quando la presentazione del fideiussore avviene posteriormente all'entrata in vigore del codice stesso, anche se l'obbligazione di dare un fideiussore sia sorta anteriormente.

2. La disposizione del precedente comma non si applica se l'obbligazione di dare un fideiussore deriva da un contratto.

190. *1.* La disposizione dell'art. 1957 del codice si applica anche alle fideiussioni anteriori all'entrata in vigore del codice stesso se l'obbligazione principale scade dopo.

2. Se l'obbligazione è già scaduta, il termine di sei mesi stabilito dal primo comma dell'art. 1957 decorre dall'entrata in vigore suddetta.

191. *1.* La disposizione del secondo comma dell'art. 1962 del codice si applica anche ai contratti di anticresi anteriori, ma il termine di dieci anni decorre dall'entrata in vigore del codice stesso.

192. *1.* Il debitore può valersi della facoltà accordatagli dall'art. 1964 del codice, anche se il contratto di anticresi sia anteriore all'entrata in vigore del codice stesso.

193. *1.* Le disposizioni degli artt. 1979, 1980, 1982, 1983, 1984 e 1985 del codice si applicano anche ai contratti di cessione dei beni ai creditori, conclusi anteriormente all'entrata in vigore di esso.

194. *1.* Le disposizioni degli artt. 2045, 2057 e 2058 del codice si applicano anche se i fatti da cui deriva la responsabilità del loro autore sono avvenuti anteriormente all'entrata in vigore del codice stesso.

Sezione V. — *Disposizioni relative al libro V*

195. *1.* Le disposizioni contenute nelle sezioni III e IV del capo I del titolo II del libro V del codice (c. 2096 ss.) e quelle contenute nelle sezioni II, III, IV e V del capo II dello stesso titolo (c. 2141 ss.) si applicano anche ai rapporti in corso al momento dell'entrata in vigore del codice, salvo quanto è stabilito negli articoli seguenti.

196. *1.* Nei contratti di lavoro a tempo determinato in corso al giorno dell'entrata in vigore del codice, che devono ancora durare per un periodo superiore a quello indicato dall'ultimo comma dell'art. 2097 del codice stesso, il prestatore di lavoro può recedere dal contratto, decorso il quinquennio o il decennio dal giorno suddetto (1).

197. *1.* Le rinunzie e le transazioni successive alla cessazione del rapporto di lavoro previste dall'art. 2113 del codice, che hanno avuto luogo nei tre mesi anteriori all'entrata in vigore del codice, sono impugnabili a norma dell'articolo medesimo, e il termine per l'impugnazione decorre dalla data predetta.

198. *1.* I patti di non concorrenza previsti dall'art. 2125 del codice, che al giorno dell'entrata in vigore del codice devono ancora durare per un periodo superiore a quello stabilito nell'articolo stesso, sono efficaci per il periodo previsto nella detta disposizione a decorrere dalla data predetta.

199. *1.* L'inabilitato, che al giorno dell'entrata in vigore del codice esercita un'impresa commerciale, non può continuarla se non con l'autorizzazione prevista dall'art. 425 del codice stesso. Questa autorizzazione produce effetto fino dal detto giorno qualora sia pubblicata, secondo le nuove disposizioni, entro tre mesi successivi.

200. *1.* Le disposizioni del codice, relative alla tenuta delle scritture contabili (c. 2214 ss.) e alla redazione del bilancio (c. 2217, 2423 ss.) per gli imprenditori che esercitano un'attività commerciale (c. 2195) e per le società soggette a registrazione (c. 2200), entreranno in vigore il 1° gennaio 1943.

2. Fino a tale data le scritture contabili si considerano regolarmente tenute a tutti gli effetti previsti dal codice in quanto siano regolarmente tenute secondo le leggi anteriori.

(1) L'art. 2097 è stato abrogato dall'art. 9, l. 18 aprile 1962, n. 630.

3. Fino all'attuazione delle disposizioni relative al registro delle imprese (att. c. 99 ss.), la numerazione, la bollatura e la vidimazione dei libri contabili prescritte dal codice saranno eseguite dal cancelliere del tribunale o della pretura, o da un notaio secondo le leggi anteriori, e le relative richieste dovranno essere annotate nel registro dei libri di commercio istituito presso la cancelleria del tribunale a norma delle leggi anteriori.

201. *1.* Ai contratti d'opera stipulati prima dell'entrata in vigore del codice non si applica la decadenza prevista nel secondo comma dell'art. 2226 del codice, salvo che la consegna dell'opera avvenga posteriormente all'entrata in vigore del codice stesso.

202. *1.* Le disposizioni contenute nel capo II del titolo III del libro V del codice (c. 2229 ss.) si applicano anche ai rapporti di prestazione d'opera intellettuale in corso al giorno dell'entrata in vigore del codice stesso, salva l'osservanza delle leggi speciali.

203. *1.* Le disposizioni contenute nel capo II del titolo IV del libro V del codice (c. 2240 ss.) si applicano anche ai rapporti di lavoro domestico in corso al giorno dell'entrata in vigore del codice stesso.

204. *1.* Le società civili a tempo determinato, esistenti al giorno dell'entrata in vigore del codice, continuano ad essere soggette alle leggi anteriori per la durata del contratto, purché questa risulti da atto scritto di data anteriore al 27 febbraio 1942.

2. Le società civili a tempo indeterminato e quelle, il cui termine di durata non risulta da atto scritto di data anteriore al 27 febbraio 1942, sono soggette alle norme del codice sulle società semplici (c. 2251 ss.) a partire dal 1° luglio 1945 (1). Tuttavia anche dopo tale data le obbligazioni sociali sorte antecedentemente alla data suddetta sono regolate dalle disposizioni delle leggi anteriori.

3. Alle società civili costituite in forma di società per azioni, esistenti al giorno dell'entrata in vigore del codice, si applicano le disposizioni relative a questo tipo di società (c. 2325 ss.).

205. *1.* Le società commerciali (c. 2195) e le società cooperative, esistenti al giorno dell'entrata in vigore del codice, ma non legalmente costituite secondo le leggi anteriori, devono adempiere, entro il 31 dicembre 1942, le formalità stabilite dal codice secondo le norme dettate dall'art. 100 di queste disposizioni.

206. *1.* Le società commerciali e le società cooperative, legalmente costituite al giorno dell'entrata in vigore del codice, devono provvedere ad uniformare l'atto costitutivo e lo statuto alle nuove disposizioni entro il 30 giugno 1945 (1). Fino a questa data le disposizioni dell'atto costitutivo e dello statuto, in vigore al momento dell'attuazione del codice, conservano la loro efficacia, anche se non sono a questo conformi, salve le norme degli articoli seguenti.

207. *1.* Non è necessario il consenso del socio receduto o degli eredi del socio defunto, richiesto dal secondo comma dell'art. 2292 del codice, se il socio è receduto o defunto almeno un anno prima dell'entrata in vigore del codice stesso, ed il suo nome è stato conservato nella ragione sociale senza opposizione del socio receduto o degli eredi del socio defunto.

208. *1.* L'incapace, che sia socio di una società in nome collettivo o socio accomandatario di una società in accomandita, deve ottenere le autorizzazioni previste dagli artt. 320, 371, 397, 424 e 425 del codice entro tre mesi dall'entrata in vigore di questo.

2. Se entro tale termine non sono state ottenute le autorizzazioni prescritte, l'incapace può essere escluso a norma dell'art. 2286 del codice.

209. *1.* Hanno immediata applicazione con l'entrata in vigore del codice, anche per le società esistenti a tale data, nonostante ogni contraria disposizione dell'atto costitutivo o dello statuto, gli articoli da 2357 a 2362, 2367, 2373, da 2377 a 2379, 2389, da 2391 a 2396, da 2398 a 2409, da 2422 e 2446, nonché le disposizioni del titolo XI del libro V del codice (c. 2621 ss.).

2. Le società, che anteriormente al giorno dell'entrata in vigore del codice hanno investito in tutto o in parte il proprio capitale in difformità delle disposizioni degli artt. 2359 e 2360, devono uniformarsi alle disposizioni stesse entro il 30 giugno 1945 (1).

210. *1.* L'emissione di obbligazioni da parte di società per azioni, esistenti al giorno dell'entrata in vigore del codice, è regolata dalle nuove disposizioni (c. 2410 ss.).

2. Gli artt. 2415, 2416, 2417, 2418, 2419 e 2420 del codice si applicano anche alle obbligazioni emesse anteriormente alla suddetta data.

211. *1.* Le modificazioni dell'atto costitutivo e dello statuto delle società commerciali e delle società cooperative, esistenti al giorno dell'entrata in vigore del codice, nonché la trasformazione e la fusione delle società stesse sono regolate dalle nuove disposizioni.

(1) Termine prorogato dalla l. 18 ottobre 1950, n. 920 «fino all'attuazione della revisione del codice civile».

211-*bis*. *1.* Il secondo periodo dell'art. 2441, settimo comma, del codice non si applica alle azioni detenute, alla data del 7 marzo 1992, dai soggetti indicati nel medesimo comma, con obbligo di offrirle agli azionisti (1).

212. *1.* Le deliberazioni di modifica dello statuto di società iscritte nel registro delle imprese alla data del 31 agosto 2014 con cui è prevista la creazione di azioni a voto plurimo ai sensi dell'art. 2351 del codice sono prese, anche in prima convocazione, con il voto favorevole di almeno i due terzi del capitale rappresentato in assemblea (2).

213. *1.* Salvo contraria disposizione dell'atto costitutivo o dello statuto, la durata dell'ufficio degli amministratori delle società esistenti al giorno dell'entrata in vigore del codice resta regolata dalla legge anteriore sino al 30 giugno 1945 (3). Gli amministratori in carica a questa data decadono dall'ufficio alla prima scadenza, per decorrenza del termine, di uno o più amministratori, successiva alla data stessa, salva la disposizione del secondo comma dell'art. 2385 del codice.

214. *1.* Le disposizioni dell'art. 2387 del codice non si applicano agli amministratori in carica al giorno dell'entrata in vigore del codice stesso per la durata della loro nomina.

215. *1.* Le società per azioni, che al giorno dell'entrata in vigore del codice hanno un capitale non inferiore a cinquecentomila lire [euro 258,23], possono conservare la forma della società per azioni per il tempo stabilito per la loro durata antecedentemente al 27 febbraio 1942.

2. Le società per azioni, che al giorno dell'entrata in vigore del codice, hanno un capitale inferiore a cinquecentomila lire [euro 258,23], e che entro il 30 giugno 1945 (3) non abbiano provveduto a conformarsi a uno dei tipi sociali previsti dal codice, sono sciolte, e gli amministratori devono entro un mese convocare l'assemblea per le deliberazioni relative alla liquidazione secondo le norme stabilite dal codice stesso.

216. *1.* Le società a garanzia limitata (4), esistenti al giorno dell'entrata in vigore del codice nella Venezia Giulia e Tridentina, a norma del r.d. 4 novembre 1928, n. 2325, se non hanno provveduto a conformarsi al codice entro il 30 giugno 1945, sono soggette, a decorrere dal 1° luglio 1945 (3) alle nuove disposizioni sulla società a responsabilità limitata (c. 2462 ss.).

217. *1.* Le società cooperative in nome collettivo e quelle per azioni, esistenti al giorno dell'entrata in vigore del codice, sono soggette alle disposizioni dettate dal codice stesso rispettivamente per le società cooperative a responsabilità illimitata e per le società cooperative a responsabilità limitata, salvo quanto disposto dagli artt. 206 e seguenti di queste disposizioni.

2. Le società cooperative in accomandita, esistenti al giorno dell'entrata in vigore del codice, che entro il 30 giugno 1945 (3) non abbiano provveduto a conformarsi al medesimo, devono essere poste in liquidazione.

3. Le disposizioni di questo articolo si applicano anche ai consorzi conservati in vigore nella Venezia Giulia e Tridentina a norma del primo comma dell'art. 41 del r.d. 4 novembre 1928, n. 2325.

218. *1.* Le società (5) in liquidazione alla data del 1° gennaio 2004, sono liquidate secondo le leggi anteriori.

2. Le società (5) in liquidazione dal 1° gennaio 2004, sono liquidate secondo le nuove disposizioni (6).

219. *1.* I rapporti di associazione in partecipazione costituiti anteriormente all'entrata in vigore del codice sono regolati dalle leggi anteriori.

220. *1.* La disposizione del secondo comma dell'art. 2560 del codice non si applica ai trasferimenti di azienda anteriori all'entrata in vigore del codice.

221. *1.* L'imprenditore deve, entro il 30 giugno 1945 (3), uniformare alla disposizione dell'art. 2563 del codice la ditta costituita anteriormente all'entrata in vigore del codice stesso.

222. *1.* La disposizione dell'art. 2596 del codice non si applica ai patti limitativi della concorrenza conclusi anteriormente al 27 febbraio 1942.

2. Tuttavia i patti limitativi della concorrenza, conclusi prima del 27 febbraio 1942 per tempo indeterminato, o che alla data di entrata in vigore del codice devono ancora durare per oltre cinque anni, hanno efficacia entro i limiti di un quinquennio da quest'ultima data.

223. *1.* I contratti di consorzio previsti dal capo II del titolo X del libro V del codice, sti-

(1) Articolo aggiunto dall'art. 210.5, d.lg. 24 febbraio 1998, n. 58, in *Leggi coll. XVIII, 1*.
(2) Articolo così sostituito dall'art. 20.8-*ter*, d.l. 24 giugno 2014, n. 91, conv. in l. 11 agosto 2014, n. 116.
(3) Termine prorogato dalla l. 18 ottobre 1950, n. 920 «fino all'attuazione della revisione del codice civile».
(4) V. la legge austriaca 6 marzo 1906, B.L.I. n. 58.
(5) La parola «poste» è stata soppressa dall'art. 5.1, lett. iii, d.lg. 6 febbraio 2004, n. 37.
(6) Articolo così sostituito dall'art. 9.2, lett. a, d.lg. n. 6/2003.

pulati anteriormente all'entrata in vigore del codice stesso, sono soggetti alle nuove disposizioni a partire dal 1° luglio 1945 (1).

2. Entro il 30 giugno 1945 (1) tali contratti devono essere uniformati alle disposizioni stesse: le relative deliberazioni sono prese con il voto favorevole della maggioranza dei consorziati e possono essere impugnate davanti l'autorità giudiziaria dai consorziati assenti o dissenzienti entro trenta giorni dalla data della deliberazione. In mancanza il consorzio è sciolto.

223-*bis*. *1.* Le società di cui ai capi V, VI e VII del titolo V del libro V, del codice civile, iscritte nel registro delle imprese alla data del 1° gennaio 2004, devono uniformare l'atto costitutivo e lo statuto alle nuove disposizioni inderogabili entro il 30 settembre 2004.

1. Le decisioni di trasformazione della società a responsabilità limitata in società per azioni possono essere prese entro il 30 settembre 2004, anche in deroga a clausole statutarie, con il voto favorevole di una maggioranza che rappresenti più della metà del capitale sociale (2).

2. Le deliberazioni dell'assemblea straordinaria di mero adattamento dell'atto costitutivo e dello statuto a nuove disposizioni inderogabili possono essere assunte, entro il termine di cui al primo comma, a maggioranza semplice, qualunque sia la parte di capitale rappresentata in assemblea. Con la medesima maggioranza ed entro il medesimo termine possono essere assunte le deliberazioni dell'assemblea straordinaria aventi ad oggetto l'introduzione nello statuto di clausole che escludono l'applicazione di nuove disposizioni di legge, derogabili con specifica clausola statutaria; fino alla avvenuta adozione della modifica statutaria e comunque non oltre il 30 settembre 2004, per tali società resta in vigore la relativa disciplina statutaria e di legge vigente alla data del 31 dicembre 2003 (3).

3. Le modifiche statutarie necessarie per l'attribuzione all'organo amministrativo, al consiglio di sorveglianza o al consiglio di gestione della competenza all'adeguamento dello statuto alle disposizioni di cui all'art. 2365, secondo comma, del codice sono deliberate dall'assemblea straordinaria con le modalità e le maggioranze indicate nei commi precedenti.

4. Fino alla data indicata al primo comma, le previgenti disposizioni dell'atto costitutivo e dello statuto conservano la loro efficacia anche se non sono conformi alle disposizioni inderogabili del presente decreto.

5. Dalla data del 1° gennaio 2004 non possono essere iscritte nel registro delle imprese le società di cui ai capi V, VI e VII del titolo V del libro V del codice civile, anche se costituite anteriormente a detta data, che siano regolate da atto costitutivo e statuto non conformi al decreto medesimo. Si applica in tale caso l'art. 2331, quarto comma, del codice.

6. Le società costituite anteriormente al 1° gennaio 2004 possono, in sede di costituzione o di modificazione dello statuto, adottare clausole statutarie conformi ai decreti legislativi attuativi della l. 3 ottobre 2001, n. 366. Tali clausole avranno efficacia a decorrere dal momento, successivo alla data del 1° gennaio 2004, in cui saranno iscritte nel registro delle imprese con contestuale deposito dello statuto nella sua nuova versione (4).

223-*ter*. *1.* Le società per azioni costituite prima del 1° gennaio 2004 con un capitale sociale inferiore a centoventimila euro possono conservare la forma della società per azioni per il tempo, stabilito antecedentemente alla data del 1° gennaio 2004, per la loro durata (4).

223-*quater*. *1.* Nel caso in cui la legge preveda che le autorizzazioni di cui agli artt. 2329, n. 3, e 2436, secondo comma, del codice civile siano rilasciate successivamente alla stipulazione dell'atto costitutivo o, rispettivamente, alla deliberazione, i termini previsti dalle suddette disposizioni decorrono dal giorno in cui l'originale o la copia autentica del provvedimento di autorizzazione è stato consegnato al notaio.

2. L'autorità competente al rilascio delle autorizzazioni di cui al primo comma è altresì legittimata, qualora l'iscrizione nel registro delle imprese sia avvenuta nonostante la loro mancanza o invalidità, a proporre istanza per la cancellazione della società medesima dal registro. Il tribunale provvede, sentita la società, in camera di consiglio e nel caso di accoglimento dell'istanza si applica l'art. 2332 del codice (4).

223-*quinquies*. *1.* Tutti i termini previsti in disposizioni speciali con riferimento all'omologazione dell'atto costitutivo o di deliberazioni assembleari decorrono dalla data di iscrizione di tali atti nel registro delle imprese (4).

223-*sexies*. *1.* Le disposizioni degli artt. 2377, 2378, 2379, 2379-*bis*, 2379-*ter* e 2434-*bis* del codice civile si applicano anche alle deliberazioni

(1) Termine prorogato dalla l. 18 ottobre 1950, n. 920 «fino all'attuazione della revisione del codice civile».
(2) Comma inserito dall'art. 5.1, lett. lll, n. 1, d.lg. 6 febbraio 2004, n. 37.
(3) Comma così sostituito dall'art. 5.1, lett. lll, n. 2, d.lg. 6 febbraio 2004, n. 37.
(4) Articolo inserito dall'art. 9.2, lett. b, d.lg. n. 6/2003.

anteriori alla data del 1° gennaio 2004, salvo che l'azione sia stata già proposta. Tuttavia se i termini scadono entro il 31 marzo 2004, le azioni per l'annullamento o la dichiarazione di nullità delle deliberazioni possono essere esercitate entro il 31 marzo 2004 (1).

223-*septies*. *1.* Se non diversamente disposto, le norme del codice civile che fanno riferimento agli amministratori e ai sindaci trovano applicazione, in quanto compatibili, anche ai componenti del consiglio di gestione e del consiglio di sorveglianza, per le società che abbiano adottato il sistema dualistico, e ai componenti del consiglio di amministrazione e ai componenti del comitato per il controllo sulla gestione, per le società che abbiano adottato il sistema monistico.

2. Ogni riferimento al collegio sindacale o ai sindaci presente nelle leggi speciali è da intendersi effettuato anche al consiglio di sorveglianza e al comitato per il controllo sulla gestione o ai loro componenti, ove compatibile con le specificità di tali organi (1).

223-*octies*. *1.* La trasformazione prevista dall'art. 2500-*octies* del codice civile è consentita alle associazioni e fondazioni costituite prima del 1° gennaio 2004 soltanto quando non comporta distrazione, dalle originarie finalità, di fondi o valori creati con contributi di terzi o in virtù di particolari regimi fiscali di agevolazione. Nell'ipotesi di fondi creati in virtù di particolari regimi fiscali di agevolazione, la trasformazione è consentita nel caso in cui siano previamente versate le relative imposte.

2. La trasformazione di cui al primo comma non è consentita alle fondazioni bancarie (1).

223-*novies*. *1.* I procedimenti previsti dall'art. 2409 del codice, pendenti alla data del 1° gennaio 2004, proseguono secondo le norme anteriormente vigenti.

2. Il tribunale ha il potere di dichiarare cessata la materia del contendere, qualora le modifiche introdotte comportino la sanatoria delle irregolarità denunciate (1).

223-*decies*. *1.* Gli articoli da 2415 a 2420 del codice civile si applicano anche alle obbligazioni emesse anteriormente al 1° gennaio 2004 (1).

223-*undecies*. *1.* I bilanci relativi ad esercizi chiusi prima del 1° gennaio 2004 sono redatti secondo le leggi anteriormente vigenti.

2. I bilanci relativi ad esercizi chiusi tra il 1° gennaio 2004 e il 30 settembre 2004 possono essere redatti secondo le leggi anteriormente vigenti o secondo le nuove disposizioni.

3. I bilanci relativi ad esercizi chiusi dopo la data del 30 settembre 2004 sono redatti secondo le nuove disposizioni (1).

223-*duodecies*. *1.* Le società di cui al capo I del titolo VI del libro V del codice civile, iscritte nel registro delle imprese alla data del 1° gennaio 2004, devono uniformare l'atto costitutivo e lo statuto alle nuove disposizioni inderogabili entro il 31 marzo 2005 (2).

2. Le deliberazioni necessarie per l'adeguamento dell'atto costitutivo e dello statuto alle nuove disposizioni inderogabili possono essere adottate, in terza convocazione, a maggioranza semplice dei presenti.

3. L'art. 2365, secondo comma, del codice civile, nella parte relativa all'adeguamento dello statuto a disposizioni normative, trova applicazione anche per l'adeguamento alle norme introdotte con i decreti legislativi attuativi della l. n. 366 del 2001. Le modifiche statutarie necessarie per l'attribuzione all'organo amministrativo, al consiglio di sorveglianza o al consiglio di gestione della competenza all'adeguamento dello statuto alle disposizioni di cui al presente decreto sono deliberate dall'assemblea straordinaria con le modalità e le maggioranze indicate nei commi precedenti.

4. Fino alla data indicata al primo comma le previgenti disposizioni dell'atto costitutivo e dello statuto conservano la loro efficacia anche se non sono conformi alle disposizioni inderogabili del presente decreto.

5. Dalla data del 1° gennaio 2004 non possono essere iscritte nel registro delle imprese le società di cui al capo I del titolo VI del libro V del codice, anche se costituite anteriormente a detta data, che siano regolate da atto costitutivo e statuto non conformi al decreto medesimo. Si applica in tale caso l'art. 2331, quarto comma, del codice civile.

6. Le disposizioni fiscali di carattere agevolativo previste dalle leggi speciali si applicano soltanto alle cooperative a mutualità prevalente.

7. Conservano le agevolazioni fiscali le società cooperative e i loro consorzi che, con le modalità e le maggioranze previste per le deliberazioni assembleari dall'art. 2538 del codice, adeguano i propri statuti alle disposizioni che

(1) Articolo inserito dall'art. 9.2, lett. b, d.lg. n. 6/2003.

(2) Le parole «31 marzo 2005» hanno sostituito le precedenti «31 dicembre 2004» per effetto dell'art. 36, d.lg. 28 dicembre 2004, n. 310.

disciplinano le società cooperative a mutualità prevalente entro il 31 marzo 2005 (1) (2).

223-*terdecies*. *1.* Alle banche popolari e alle banche di credito cooperativo si applica l'art. 223-*duodecies*; il termine per l'adeguamento degli statuti alle nuove disposizioni inderogabili del codice civile è fissato al 30 giugno 2005. Entro lo stesso termine le banche cooperative provvedono all'iscrizione presso l'Albo delle società cooperative.

2. Ai consorzi agrari continuano ad applicarsi le norme vigenti alla data di entrata in vigore della l. n. 366 del 2001 (3).

223-*quaterdecies*. *1.* Nelle cooperative che hanno adottato e osservano le clausole previste dall'art. 14 del d.p.r. 29 settembre 1973, n. 601, alla data del 1° gennaio 2004, la deliberazione di trasformazione deve devolvere il patrimonio in essere alla data di trasformazione, dedotti il capitale versato e rivalutato ed i dividendi non ancora distribuiti, eventualmente aumentato sino a concorrenza dell'ammontare minimo del capitale della nuova società, ai fondi mutualistici per la promozione e lo sviluppo della cooperazione (2).

223-*quinquiesdecies*. *1.* Le cooperative che non hanno adottato le clausole previste dall'art. 14 del d.p.r. 29 settembre 1973, n. 601, alla data del 1 gennaio 2004, possono deliberare la trasformazione in società lucrative con le maggioranze previste dall'art. 2545-*decies* del codice senza che trovi applicazione la devoluzione del patrimonio ai fondi mutualistici.

2. In deroga all'art. 2545-*quater* del codice civile, le cooperative di cui al primo comma, qualora non accedano ai benefici fiscali, devono destinare al fondo di riserva legale il venti per cento degli utili netti annuali (4).

3. L'obbligo di cui all'art. 2545-*undecies* del codice (5) si applica, salva la rinunzia ai benefici fiscali da parte della cooperativa, limitatamente alle riserve indivisibili accantonate ai sensi dell'art. 2545-*ter*, primo comma, del codice dal 1° gennaio 2004 (2).

223-*sexiesdecies*. *1.* Entro il 30 giugno 2004, il Ministro delle attività produttive predispone un Albo delle società cooperative tenuto a cura del Ministero delle attività produttive, ove si iscrivono le cooperative a mutualità prevalente, e a tal fine consente di comunicare annualmente attraverso strumenti di comunicazione informatica le notizie di bilancio, anche ai fini della dimostrazione del possesso del requisito di cui all'art. 2513 del codice, all'amministrazione presso la quale è tenuto l'albo. L'omessa comunicazione comporta l'applicazione della sanzione amministrativa della sospensione semestrale di ogni attività dell'ente, intesa come divieto di assumere nuove eventuali obbligazioni contrattuali (6). In una diversa sezione del medesimo Albo sono tenute ad iscriversi anche le cooperative diverse da quelle a mutualità prevalente (7).

2. Il Ministro delle attività produttive, di concerto con il Ministro dell'economia e delle finanze, adegua ogni tre anni, con proprio decreto le previsioni di cui all'artt. 2519 e 2525 del codice tenuto conto delle variazioni dell'indice nazionale generale annuo dei prezzi al consumo delle famiglie di operai e impiegati, calcolate dall'Istat (2) (8).

223-*septiesdecies*. *1.* Fermo restando quanto

(1) Le parole «31 marzo 2005» hanno sostituito le precedenti «31 dicembre 2004» per effetto dell'art. 19-*ter*.1, d.l. 9 novembre 2004, n. 266, conv. in l. 27 dicembre 2004, n. 306.

(2) Articolo inserito dall'art. 9.2, lett. b, d.lg. n. 6/2003.

(3) Articolo inserito dall'art. 9.2, lett. b, d.lg. n. 6/2003 e successivamente così sostituito dall'art. 37, d.lg. 28 dicembre 2004, n. 310.

(4) Comma inserito dall'art. 5.1, lett. mmm, n. 1, d.lg. 6 febbraio 2004, n. 37.

(5) Le parole «cui all'articolo» hanno sostituito le precedenti «devolvere le riserve indivisibili previsto dall'articolo» per effetto dell'art. 5.1, lett. mmm, n. 2, d.lg. 6 febbraio 2004, n. 37.

(6) Le parole da «comunicare annualmente» fino a «contrattuali» sono state così sostituite alle precedenti «depositare i bilanci attraverso strumenti di comunicazione informatica» dall'art. 10.6, l. 23 luglio 2009, n. 99.

(7) Per l'istituzione dell'Albo delle società cooperative v. d.m. Attività produttive 23 giugno 2004, in G.U., 13 luglio 2004, n. 162, ed *Errata corrige* in G.U., 19 luglio 2004, n. 167.

Il termine di presentazione delle domande di iscrizione è stabilito al 31 marzo 2005 dall'art. 19-*ter*.2, d.l. 9 novembre 2004, n. 266, conv. in l. 27 dicembre 2004, n. 306.

(8) L'art. 10.2-4, l. 23 luglio 2009, n. 99, così dispone: «La presentazione della comunicazione unica di cui all'art. 9 del d.l. 31 gennaio 2007, n. 7, convertito, con modificazioni, dalla l. 2 aprile 2007, n. 40, all'ufficio del registro delle imprese determina, nel caso di impresa cooperativa, l'automatica iscrizione nell'albo delle società cooperative, di cui all'art. 2512, secondo comma, del codice civile e all'art. 223-*sexiesdecies* delle disposizioni per l'attuazione del codice civile e disposizioni transitorie, di cui al r.d. 30 marzo 1942, n. 318, come modificato dal comma 6 del presente articolo. || 3. Per i fini di cui al comma 2, l'ufficio del registro delle imprese trasmette immediatamente all'albo delle società cooperative la comunicazione unica, nonché la comunicazione della cancellazione della società cooperativa dal registro o della sua trasformazione in altra forma societaria per l'immediata cancellazione dal suddetto albo. || 4. Le società cooperative, ai fini della dimostrazione del possesso del requisito di cui all'art. 2513 del codice civile, comunicano annualmente le notizie di bilancio all'ammini-

previsto degli artt. 2545-*septiesdecies* e 2545-*octiesdecies* del codice, [...] (1) gli enti cooperativi che non hanno depositato i bilanci di esercizio da oltre cinque anni, qualora non risulti l'esistenza di valori patrimoniali immobiliari, sono sciolti senza nomina del liquidatore con provvedimento dell'autorità di vigilanza da iscriversi nel registro delle imprese. Entro il termine perentorio di trenta giorni dalla pubblicazione nella *Gazzetta Ufficiale* i creditori o gli altri interessati possono presentare formale e motivata domanda all'autorità governativa, intesa ad ottenere la nomina del commissario liquidatore; in mancanza, a seguito di comunicazione dell'autorità di vigilanza, il conservatore del registro delle imprese territorialmente competente provvede alla cancellazione della società cooperativa o dell'ente mutualistico dal registro medesimo (2).

223-*octiesdecies*. *1.* I bilanci relativi ad esercizi chiusi prima del 1° gennaio 2004 sono redatti secondo le leggi anteriormente vigenti.

2. I bilanci relativi ad esercizi chiusi tra la data del 1° gennaio 2004 e quella del 31 dicembre 2004 possono essere redatti secondo le leggi anteriormente vigenti o secondo le nuove disposizioni.

3. I bilanci relativi ad esercizi chiusi dopo la data del 31 dicembre 2004 sono redatti secondo le nuove disposizioni (2).

223-*noviesdecies*. *1.* Le società cooperative poste in liquidazione prima del 1° gennaio 2004 sono liquidate secondo le leggi anteriori.

2. Le società cooperative poste in liquidazione dopo il 1° gennaio 2004 sono liquidate secondo le nuove disposizioni (2).

223-*vicies*. *1.* I procedimenti riguardanti società cooperative previsti dall'art. 2409 del codice, pendenti al 1° gennaio 2004, proseguono secondo le norme anteriormente vigenti (2).

223-*vicies-semel*. *1.* Il limite di cinque anni previsto dall'art. 2341-*bis* si applica ai patti parasociali stipulati prima del 1° gennaio 2004 e decorre dalla medesima data (2).

223-*vicies-bis*. *1.* Qualora la fattispecie di cui al primo comma dell'art. 2362 del codice sia precedente al 1° gennaio 2004, il termine ivi previsto decorre dalla sua data di entrata in vigore (2).

223-*vicies-ter*. *1.* Non si applica la lett. *e*) del primo comma dell'art. 2437 del codice alla eliminazione delle cause di recesso, previste nel secondo comma del medesimo articolo, purché deliberata entro il 30 giugno 2004 (2).

Sezione VI. — *Disposizioni relative al libro VI*

224. *1.* Salvo quanto è disposto dagli articoli seguenti, la trascrizione di un atto, eseguita in conformità delle leggi anteriori a effetti diversi da quelli stabiliti dal codice (c. 2644 ss.), produce gli effetti previsti dal codice stesso, a decorrere dal giorno dell'entrata in vigore di questo.

225. *1.* Le disposizioni del codice che regolano gli effetti dell'omissione della trascrizione o dell'annotazione non si applicano agli atti anteriori all'entrata in vigore del codice stesso, per i quali la trascrizione non era richiesta secondo le leggi precedenti o era richiesta a effetti diversi.

226. *1.* La trascrizione delle domande giudiziali prevista dagli artt. 2652 e 2653 del codice, anche se eseguita prima dell'entrata in vigore di questo, non pregiudica in nessun caso i diritti acquistati dai terzi prima di tale entrata in vigore, se essi erano fatti salvi dalle leggi anteriori.

227. *1.* Le disposizioni del codice, secondo le quali la trascrizione di una domanda giudiziale eseguita oltre un certo termine non pregiudica i diritti acquistati dai terzi (c. 2652 n. 6, 7, 8, 9), non si applicano ai diritti che sono stati acquistati anteriormente all'entrata in vigore del codice stesso e che non erano fatti salvi dalle leggi anteriori, a meno che i diritti medesimi siano resi pubblici prima della trascrizione della domanda e il termine stabilito dal codice per la loro salvezza sia decorso dal giorno dell'entrata in vigore di questo.

228. *1.* La trascrizione del testamento o del certificato di denunciata successione, eseguita a norma delle leggi anteriori, produce dal giorno dell'entrata in vigore del codice gli stessi effetti che questo attribuisce alla trascrizione dell'accettazione dell'eredità (c. 2648).

229. *1.* Le disposizioni degli artt. 2650 e 2834 del codice relative all'ipoteca legale a favore del condividente non si applicano alle divisioni

strazione presso la quale è tenuto l'albo delle società cooperative con gli strumenti informatici di cui all'art. 223-*sexiesdecies* delle disposizioni per l'attuazione del codice civile e disposizioni transitorie, di cui al r.d. 30 marzo 1942, n. 318, come modificato dal comma 6 del presente articolo».

(1) Le parole «entro il 31 dicembre 2004» sono state soppresse dall'art. 10.13, l. 23 luglio 2009, n. 99.

(2) Articolo inserito dall'art. 9.2, lett. b, d.lg. n. 6/2003.

stipulate prima dell'entrata in vigore del codice stesso, ancorché trascritte successivamente.

230. *1.* Salvo quanto è disposto dai successivi artt. 231 e 232, le norme del r.d. 28 marzo 1929, n. 499, e della legge sui libri fondiari nel testo allegato al decreto medesimo, fino a che non sarà provveduto al loro coordinamento con le disposizioni del codice, continuano ad avere vigore nei territori delle nuove province, e in luogo delle disposizioni del codice del 1865 si intendono richiamate le corrispondenti disposizioni del nuovo codice.

231. *1.* Formano oggetto di annotazione, secondo le disposizioni della legge sui libri fondiari, anche:

1) gli atti menzionati dai nn. 10, 11 e 12 dell'art. 2643 del codice agli effetti previsti dall'art. 19 della legge sui libri fondiari;

2) gli atti di costituzione del patrimonio familiare agli effetti previsti dalle disposizioni del codice (c. 167, 2647);

3) la cessione dei beni ai creditori (c. 1977 ss.) agli effetti previsti dalle disposizioni del codice stesso (c. 2649);

4) le domande e gli atti indicati dagli artt. 2652 e 2653 del codice agli effetti disposti dagli articoli medesimi, in quanto non siano incompatibili con gli effetti stabiliti dalla legge sui libri fondiari.

232. *1.* L'annotazione del vincolo dotale (c. 166-*II*) e della comunione dei beni tra coniugi (c. 177 ss.) prevista dall'art. 19, lett. *c*) della legge sui libri fondiari o l'omissione dell'annotazione medesima produce dal giorno dell'entrata in vigore del codice gli effetti da questo stabiliti (c. 2647).

232-*bis*. *1.* A decorrere dal 25 novembre 1973, la responsabilità per danni del conservatore dei registri immobiliari è regolata dalle norme relative agli impiegati civili dello Stato, salvo che per i rapporti definiti con sentenza passata in giudicato, con transazione, o comunque esauriti (1).

233. *1.* Le disposizioni del codice relative alle prove (c. 2697 ss.) si applicano anche nei giudizi pendenti, se non è stata pronunziata sentenza definitiva, ancorché di primo grado.

2. La prova testimoniale (c. 2721 ss.; p.c. 244) per gli atti eseguiti anteriormente all'entrata in vigore del codice rimane tuttavia ammissibile anche nei casi in cui non è da questo consentita, se essa poteva essere ammessa a norma del codice civile del 1865 o del codice di commercio del 1882.

234. *1.* Le disposizioni del codice relative ai diritti dei creditori privilegiati (c. 2745 ss.), all'ordine dei privilegi (c. 2777 ss.) e all'efficacia di questi rispetto al pegno, alle ipoteche e agli altri diritti reali (c. 2747-2748) si osservano anche per i privilegi sorti anteriormente all'entrata in vigore del codice stesso, se sono fatti valere posteriormente.

235. *1.* La disposizione dell'art. 2767 del codice si applica anche ai crediti per risarcimento sorti prima dell'entrata in vigore del codice stesso, se l'indennità dovuta dall'assicuratore non è stata ancora corrisposta.

236. *1.* Quando un credito al quale le leggi speciali attribuiscono il privilegio del creditore pignoratizio viene in concorso con i crediti indicati dall'art. 2778 del codice, esso è preferito a quelli di cui ai nn. 12 e seguenti dello stesso articolo e posposto agli altri.

237. *1.* Se il pegno è stato costituito anteriormente all'entrata in vigore del codice, le condizioni per l'efficacia della prelazione sono determinate dalle leggi anteriori.

2. Si osservano invece le disposizioni del codice per ciò che concerne i poteri e gli obblighi del creditore pignoratizio (c. 2800 ss.).

3. Continua tuttavia ad applicarsi la disposizione del secondo comma dell'art. 1888 del codice del 1865, se il secondo credito è divenuto esigibile anteriormente all'entrata in vigore del nuovo codice.

238. *1.* L'opponibilità ai creditori ipotecari dei diritti costituiti sulla cosa ipotecata e delle cessioni o liberazioni di pigioni o di fitti è regolata dalle disposizioni del codice (c. 2812), quantunque si tratti di diritti sorti o di cessioni o liberazioni effettuate anteriormente all'entrata in vigore del codice stesso, sempre che il pignoramento sia eseguito posteriormente.

239. *1.* Le disposizioni dell'art. 2825 del codice si applicano anche alle ipoteche costituite e alle cessioni effettuate anteriormente all'entrata in vigore del codice stesso, se la divisione ha luogo posteriormente.

240. *1.* Le ipoteche iscritte prima dell'entrata in vigore del codice conservano la loro efficacia per venti anni dall'entrata in vigore del codice stesso, a meno che per la cessazione di tale efficacia (c. 2847), secondo le disposizioni del codice del 1865, rimanga a decorrere un termine più breve.

241. *1.* La disposizione dell'ultimo comma

(1) Articolo aggiunto dall'art. 5, l. 21 gennaio 1983, n. 22, che, all'art. 6.1, così dispone: «Il Ministero delle finanze è responsabile dei danni cagionati, anche senza dolo o colpa grave, dal conservatore dei registri immobiliari dopo il 24 novembre 1973».

dell'art. 2855 del codice non si applica alle ipoteche iscritte prima dell'entrata in vigore del codice stesso. L'estensione degli effetti dell'iscrizione continua a essere regolata dalle leggi anteriori.

242. *1.* Le disposizioni del codice, secondo le quali l'esercizio di determinate facoltà del terzo acquirente dell'immobile ipotecato è subordinato alla trascrizione del titolo (c. 2858 ss.), non si applicano a coloro il cui acquisto è anteriore all'entrata in vigore del codice stesso, se a norma del codice del 1865 la trascrizione non era a quell'effetto richiesta.

243. *1.* Le disposizioni degli artt. 2872, secondo comma, e 2873, secondo e terzo comma, del codice si applicano anche alle ipoteche iscritte anteriormente all'entrata in vigore del codice stesso.

244. *1.* Se il processo di liberazione dei beni dalle ipoteche è in corso all'entrata in vigore del codice, esso prosegue secondo le norme delle leggi anteriori, ma, per quanto concerne l'espropriazione, si osservano le disposizioni dell'art. 222 delle norme di attuazione e transitorie relative al codice di procedura civile, approvate con r.d. 18 dicembre 1941, n. 1368.

245. *1.* Gli effetti del sequestro conservativo e del pignoramento eseguiti anteriormente all'entrata in vigore del nuovo codice sono determinati dalle disposizioni del codice del 1865.

246. *1.* Le disposizioni dell'art. 2932 del codice si applicano anche se l'obbligo di concludere il contratto è sorto anteriormente all'entrata in vigore del codice stesso, purché l'inadempimento si verifichi posteriormente.

247. *1.* Cessano di avere effetto dalla data di entrata in vigore del codice le cause di sospensione della prescrizione che non sono da questo ammesse (c. 2941 ss.).

248. *1.* Rimangono immutate le disposizioni vigenti circa il termine della prescrizione nei riguardi dei buoni del tesoro ordinari e pluriennali, dei titoli del debito pubblico, delle cartelle della sezione autonoma del credito comunale e provinciale, dei libretti postali di risparmio, dei buoni postali fruttiferi e di quelli della cassa depositi e prestiti.

2. Rimangono parimenti immutate le disposizioni delle leggi speciali che stabiliscono termini di prescrizione diversi da quello ordinario (c. 2946).

CAPO III

Disposizioni generali e finali

249. .... (1).

250. .... (2).

251. *1.* Quando nel codice o in queste disposizioni si fa riferimento a istituti di credito, in detta espressione s'intendono comprese, oltre l'istituto d'emissione, le imprese autorizzate e controllate, a norma delle leggi vigenti, dall'ispettorato per la difesa del risparmio e per l'esercizio del credito.

2. Tuttavia il deposito prescritto dal n. 2 dell'art. 2329 deve essere eseguito presso l'istituto di emissione (3).

252. *1.* Quando per l'esercizio di un diritto ovvero per la prescrizione o per l'usucapione il codice stabilisce un termine più breve di quello stabilito dalle leggi anteriori, il nuovo termine si applica anche all'esercizio dei diritti sorti anteriormente e alle prescrizioni e usucapioni in corso, ma il nuovo termine decorre dal 1° luglio 1939 se esso è stabilito dal I libro del codice, dal 21 aprile 1940 se è stabilito dal II libro, dal 28 ottobre 1941 se è stabilito dal III libro e dalla entrata in vigore del codice stesso se è stabilito dagli altri libri, purché, a norma della legge precedente, non rimanga a decorrere un termine minore.

2. La stessa disposizione si applica in ogni altro caso in cui l'acquisto di un diritto è subordinato al decorso di un termine più breve di quello stabilito dalle leggi anteriori.

253. *1.* Le trascrizioni e le annotazioni di vincolo previste dal codice e da queste disposizioni, quando si tratta di rendite del debito pubblico o di altri beni per i quali leggi speciali stabiliscano determinate forme di pubblicità, si eseguono con l'osservanza di dette leggi.

254. *1.* I modelli dei registri delle persone giuridiche, delle legittimazioni per decreto presidenziale, delle adozioni, delle tutele e curatele, delle successioni e di quello previsto dal secondo comma dell'art. 1524 del codice sono determinati con decreto del Ministro della giustizia.

255. *1.* Per la tenuta del registro previsto dal secondo comma dell'art. 1524 del codice e per le formalità della trascrizione, si osservano, in quanto applicabili, le disposizioni degli artt.

(1) L'articolo, relativo allo stato delle persone della famiglia reale, è abrogato per incompatibilità con la scelta istituzionale espressa dalla Costituzione.
(2) L'articolo è da ritenere abrogato in conseguenza dell'abrogazione delle leggi razziali.
(3) Comma abrogato dall'art. 36, d.p.r. 10 febbraio 1986, n. 30.

2658, primo comma, 2659, 2664, 2673, 2677 e 2680, primo, secondo e quarto comma del codice stesso.

2. Le trascrizioni devono essere eseguite giornalmente, al momento della presentazione della nota e dell'atto da trascriversi.

3. Il numero d'ordine della trascrizione è quello progressivo del registro delle trascrizioni.

4. Il cancelliere deve formare un fascicolo per ogni trascrizione secondo le disposizioni stabilite per i fascicoli di cancelleria dall'art. 36 del r.d. 18 dicembre 1941, n. 1368.

256. *1.* Quando nelle leggi e nei regolamenti sono richiamate le disposizioni del codice civile del 1865 e del codice di commercio del 1882 s'intendono richiamate le disposizioni corrispondenti del nuovo codice.

LEGGI COLLEGATE

I. DISPOSIZIONI SULLA LEGGE APPLICABILE

I. 1.

LEGGE 31 maggio 1995, n. 218. — *Riforma del sistema italiano di diritto internazionale privato* (1).

TITOLO I

Disposizioni generali

1. *Oggetto della legge*. — 1. La presente legge determina l'ambito della giurisdizione italiana, pone i criteri per l'individuazione del diritto applicabile e disciplina l'efficacia delle sentenze e degli atti stranieri.

2. *Convenzioni internazionali*. — 1. Le disposizioni della presente legge non pregiudicano l'applicazione delle convenzioni internazionali in vigore per l'Italia.

2. Nell'interpretazione di tali convenzioni si terrà conto del loro carattere internazionale e dell'esigenza della loro applicazione uniforme.

TITOLO II

Giurisdizione italiana

3. *Ambito della giurisdizione*. — 1. La giurisdizione italiana sussiste quando il convenuto è domiciliato o residente in Italia o vi ha un rappresentante che sia autorizzato a stare in giudizio a norma dell'art. 77 del codice di procedura civile e negli altri casi in cui è prevista dalla legge.

2. La giurisdizione sussiste inoltre in base ai criteri stabiliti dalle sezioni 2, 3 e 4 del titolo II della Convenzione concernente la competenza giurisdizionale e l'esecuzione delle decisioni in materia civile e commerciale e protocollo, firmati a Bruxelles il 27 settembre 1968, resi esecutivi con la l. 21 giugno 1971, n. 804, e successive modificazioni in vigore per l'Italia, anche allorché il convenuto non sia domiciliato nel territorio di uno Stato contraente, quando si tratti di una delle materie comprese nel campo di applicazione della Convenzione. Rispetto alle altre materie la giurisdizione sussiste anche in base ai criteri stabiliti per la competenza per territorio.

4. *Accettazione e deroga della giurisdizione*. — 1. Quando non vi sia giurisdizione in base all'art. 3, essa nondimeno sussiste se le parti l'abbiano convenzionalmente accettata e tale accettazione sia provata per iscritto, ovvero il convenuto compaia nel processo senza eccepire il difetto di giurisdizione nel primo atto difensivo.

2. La giurisdizione italiana può essere convenzionalmente derogata a favore di un giudice straniero o di un arbitrato estero se la deroga è provata per iscritto e la causa verte su diritti disponibili.

3. La deroga è inefficace se il giudice o gli arbitri indicati declinano la giurisdizione o comunque non possono conoscere della causa.

5. *Azioni reali relative ad immobili siti all'estero*. — 1. La giurisdizione italiana non sussiste rispetto ad azioni reali aventi ad oggetto beni immobili situati all'estero.

6. *Questioni preliminari*. — 1. Il giudice italiano conosce, incidentalmente, le questioni che non rientrano nella giurisdizione italiana e la cui soluzione è necessaria per decidere sulla domanda proposta.

7. *Pendenza di un processo straniero*. — 1. Quando, nel corso del giudizio, sia eccepita la previa pendenza tra le stesse parti di domanda avente il medesimo oggetto e il medesimo titolo dinanzi a un giudice straniero, il giudice italiano, se ritiene che il provvedimento straniero possa produrre effetto per l'ordinamento italiano, sospende il giudizio. Se il giudice straniero declina la propria giurisdizione o se il provvedimento straniero non è riconosciuto nell'ordinamento italiano, il giudizio in Italia prosegue, previa riassunzione ad istanza della parte interessata.

2. La pendenza della causa innanzi al giudice straniero si determina secondo la legge dello Stato in cui il processo si svolge.

3. Nel caso di pregiudizialità di una causa

(1) Suppl. ord. n. 68 a G.U., 3 giugno 1995, n. 68.

straniera, il giudice italiano può sospendere il processo se ritiene che il provvedimento straniero possa produrre effetti per l'ordinamento italiano.

8. *Momento determinante della giurisdizione*. — 1. Per la determinazione della giurisdizione italiana si applica l'art. 5 del codice di procedura civile. Tuttavia la giurisdizione sussiste se i fatti e le norme che la determinano sopravvengono nel corso del processo.

9. *Giurisdizione volontaria*. — 1. In materia di giurisdizione volontaria, la giurisdizione sussiste, oltre che nei casi specificamente contemplati dalla presente legge e in quelli in cui è prevista la competenza per territorio di un giudice italiano, quando il provvedimento richiesto concerne un cittadino italiano o una persona residente in Italia o quando esso riguarda situazioni o rapporti ai quali è applicabile la legge italiana.

10. *Materia cautelare*. — 1. In materia cautelare, la giurisdizione italiana sussiste quando il provvedimento deve essere eseguito in Italia o quando il giudice italiano ha giurisdizione nel merito.

11. *Rilevabilità del difetto di giurisdizione*. — 1. Il difetto di giurisdizione può essere rilevato, in qualunque stato e grado del processo, soltanto dal convenuto costituito che non abbia espressamente o tacitamente accettato la giurisdizione italiana. È rilevato dal giudice d'ufficio, sempre in qualunque stato e grado del processo, se il convenuto è contumace, se ricorre l'ipotesi di cui all'art. 5, ovvero se la giurisdizione italiana è esclusa per effetto di una norma internazionale.

12. *Legge regolatrice del processo*. — 1. Il processo civile che si svolge in Italia è regolato dalla legge italiana.

TITOLO III

Diritto applicabile

CAPO I

Disposizioni generali

13. *Rinvio*. — 1. Quando negli articoli successivi è richiamata la legge straniera, si tiene conto del rinvio operato dal diritto internazionale privato straniero alla legge di un altro Stato:

a) se il diritto di tale Stato accetta il rinvio;

b) se si tratta di rinvio alla legge italiana.

2. L'applicazione del comma 1 è tuttavia esclusa:

a) nei casi in cui le disposizioni della presente legge rendono applicabile la legge straniera sulla base della scelta effettuata in tal senso dalle parti interessate;

b) riguardo alle disposizioni concernenti la forma degli atti;

c) in relazione alle disposizioni del Capo XI del presente Titolo.

3. Nei casi di cui agli artt. 33, 34 e 35 si tiene conto del rinvio soltanto se esso conduce all'applicazione di una legge che consente lo stabilimento della filiazione.

4. Quando la presente legge dichiara in ogni caso applicabile una convenzione internazionale si segue sempre, in materia di rinvio, la soluzione adottata dalla convenzione (1).

14. *Conoscenza della legge straniera applicabile*. — 1. L'accertamento della legge straniera è compiuto d'ufficio dal giudice. A tal fine questi può avvalersi, oltre che degli strumenti indicati dalle convenzioni internazionali, di informazioni acquisite per il tramite del Ministero della giustizia; può altresì interpellare esperti o istituzioni specializzate.

2. Qualora il giudice non riesca ad accertare la legge straniera indicata, neanche con l'aiuto delle parti, applica la legge richiamata mediante altri criteri di collegamento eventualmente previsti per la medesima ipotesi normativa. In mancanza si applica la legge italiana.

15. *Interpretazione e applicazione della legge straniera*. — 1. La legge straniera è applicata secondo i propri criteri di interpretazione e di applicazione nel tempo.

16. *Ordine pubblico*. — 1. La legge straniera non è applicata se i suoi effetti sono contrari all'ordine pubblico.

2. In tal caso si applica la legge richiamata mediante altri criteri di collegamento eventualmente previsti per la medesima ipotesi normativa. In mancanza si applica la legge italiana.

17. *Norme di applicazione necessaria*. — 1. È fatta salva la prevalenza sulle disposizioni che seguono delle norme italiane che, in considerazione del loro oggetto e del loro scopo, debbono essere applicate nonostante il richiamo alla legge straniera.

18. *Ordinamenti plurilegislativi*. — 1. Se nell'ordinamento dello Stato richiamato dalle disposizioni della presente legge coesistono più sistemi normativi a base territoriale o personale, la legge applicabile si determina secondo i criteri utilizzati da quell'ordinamento.

2. Se tali criteri non possono essere indivi-

(1) In materia di obbligazioni contrattuali v. art. 15, Convenzione di Roma.

duati, si applica il sistema normativo con il quale il caso di specie presenta il collegamento più stretto.

19. *Apolidi, rifugiati e persone con più cittadinanze.* — 1. Nei casi in cui le disposizioni della presente legge richiamano la legge nazionale di una persona, se questa è apolide o rifugiata si applica la legge dello Stato del domicilio o, in mancanza, la legge dello Stato di residenza.

2. Se la persona ha più cittadinanze, si applica la legge di quello tra gli Stati di appartenenza con il quale essa ha il collegamento più stretto. Se tra le cittadinanze vi è quella italiana, questa prevale.

CAPO II

CAPACITÀ E DIRITTI DELLE PERSONE FISICHE

20. *Capacità giuridica delle persone fisiche.* — 1. La capacità giuridica delle persone fisiche [c. 1] è regolata dalla loro legge nazionale. Le condizioni speciali di capacità, prescritte dalla legge regolatrice di un rapporto, sono disciplinate dalla stessa legge.

21. *Commorienza.* — 1. Quando occorre stabilire la sopravvivenza di una persona ad un'altra e non consta quale di esse sia morta prima [c. 4], il momento della morte si accerta in base alla legge regolatrice del rapporto rispetto al quale l'accertamento rileva.

22. *Scomparsa, assenza e morte presunta.* — 1. I presupposti e gli effetti della scomparsa, dell'assenza e della morte presunta di una persona sono regolati dalla sua ultima legge nazionale [c. 48 ss.].

2. Sussiste la giurisdizione italiana per le materie di cui al comma 1:

a) se l'ultima legge nazionale della persona era quella italiana;

b) se l'ultima residenza della persona era in Italia;

c) se l'accertamento della scomparsa, dell'assenza o della morte presunta può produrre effetti giuridici nell'ordinamento italiano.

23. *Capacità di agire delle persone fisiche.* — 1. La capacità di agire delle persone fisiche [c. 2] è regolata dalla loro legge nazionale. Tuttavia, quando la legge regolatrice di un atto prescrive condizioni speciali di capacità di agire, queste sono regolate dalla stessa legge.

2. In relazione a contratti tra persone che si trovano nello stesso Stato, la persona considerata capace dalla legge dello Stato in cui il contratto è concluso può invocare l'incapacità derivante dalla propria legge nazionale solo se l'altra parte contraente, al momento della conclusione del contratto, era a conoscenza di tale incapacità o l'ha ignorata per sua colpa.

3. In relazione agli atti unilaterali, la persona considerata capace dalla legge dello Stato in cui l'atto è compiuto può invocare l'incapacità derivante dalla propria legge nazionale soltanto se ciò non rechi pregiudizio a soggetti che senza loro colpa hanno fatto affidamento sulla capacità dell'autore dell'atto.

4. Le limitazioni di cui ai commi 2 e 3 non si applicano agli atti relativi a rapporti di famiglia e di successione per causa di morte, né agli atti relativi a diritti reali su immobili situati in uno Stato diverso da quello in cui l'atto è compiuto.

24. *Diritti della personalità.* — 1. L'esistenza ed il contenuto dei diritti della personalità sono regolati dalla legge nazionale del soggetto; tuttavia i diritti che derivano da un rapporto di famiglia sono regolati dalla legge applicabile a tale rapporto.

2. Le conseguenze della violazione dei diritti di cui al comma 1 sono regolate dalla legge applicabile alla responsabilità per fatti illeciti.

CAPO III

PERSONE GIURIDICHE

25. *Società ed altri enti.* — 1. Le società, le associazioni, le fondazioni ed ogni altro ente, pubblico o privato, anche se privo di natura associativa [c. 11 ss.], sono disciplinati dalla legge dello Stato nel cui territorio è stato perfezionato il procedimento di costituzione. Si applica, tuttavia, la legge italiana se la sede dell'amministrazione è situata in Italia, ovvero se in Italia si trova l'oggetto principale di tali enti.

2. In particolare sono disciplinati dalla legge regolatrice dell'ente:

a) la natura giuridica;

b) la denominazione o ragione sociale;

c) la costituzione, la trasformazione e l'estinzione;

d) la capacità;

e) la formazione, i poteri e le modalità di funzionamento degli organi;

f) la rappresentanza dell'ente;

g) le modalità di acquisto e di perdita della qualità di associato o socio nonché i diritti e gli obblighi inerenti a tale qualità;

h) la responsabilità per le obbligazioni dell'ente;

i) le conseguenze delle violazioni della legge o dell'atto costitutivo.

3. I trasferimenti della sede statutaria in altro Stato e le fusioni di enti con sede in Stati

diversi hanno efficacia soltanto se posti in essere conformemente alle leggi di detti Stati interessati.

CAPO IV

Rapporti di famiglia

26. *Promessa di matrimonio*. — 1. La promessa di matrimonio [c. 79 ss.] e le conseguenze della sua violazione sono regolate dalla legge nazionale comune dei nubendi o, in mancanza, dalla legge italiana.

27. *Condizioni per contrarre matrimonio*. — 1. La capacità matrimoniale e le altre condizioni per contrarre matrimonio [c. 84 ss.] sono regolate dalla legge nazionale di ciascun nubendo al momento del matrimonio. Resta salvo lo stato libero che uno dei nubendi abbia acquistato per effetto di un giudicato italiano o riconosciuto in Italia.

28. *Forma del matrimonio*. — 1. Il matrimonio è valido, quanto alla forma [c. 107], se è considerato tale dalla legge del luogo di celebrazione o dalla legge nazionale di almeno uno dei coniugi al momento della celebrazione o dalla legge dello Stato di comune residenza in tale momento.

29. *Rapporti personali tra coniugi*. — 1. I rapporti personali tra coniugi [c. 143 ss.] sono regolati dalla legge nazionale comune.

2. I rapporti personali tra coniugi aventi diverse cittadinanze o più cittadinanze comuni sono regolati dalla legge dello Stato nel quale la vita matrimoniale è prevalentemente localizzata.

30. *Rapporti patrimoniali tra coniugi*. — 1. I rapporti patrimoniali tra coniugi [c. 159 ss.] sono regolati dalla legge applicabile ai loro rapporti personali. I coniugi possono tuttavia convenire per iscritto che i loro rapporti patrimoniali sono regolati dalla legge dello Stato di cui almeno uno di essi è cittadino o nel quale almeno uno di essi risiede.

2. L'accordo dei coniugi sul diritto applicabile è valido se è considerato tale dalla legge scelta o da quella del luogo in cui l'accordo è stato stipulato.

3. Il regime dei rapporti patrimoniali fra coniugi regolato da una legge straniera è opponibile ai terzi solo se questi ne abbiano avuto conoscenza o lo abbiano ignorato per loro colpa. Relativamente ai diritti reali su beni immobili, l'opponibilità è limitata ai casi in cui siano state rispettate le forme di pubblicità prescritte dalla legge dello Stato in cui i beni si trovano.

30-*bis*. *Contratti di convivenza*. — 1. Ai contratti di convivenza si applica la legge nazionale comune dei contraenti. Ai contraenti di diversa cittadinanza si applica la legge del luogo in cui la convivenza è prevalentemente localizzata.

2. Sono fatte salve le norme nazionali, europee ed internazionali che regolano il caso di cittadinanza plurima (1).

31. *Separazione personale e scioglimento del matrimonio*. — 1. La separazione personale e lo scioglimento del matrimonio [c. 149 ss.] sono regolati dalla legge nazionale comune dei coniugi al momento della domanda di separazione o di scioglimento del matrimonio; in mancanza si applica la legge dello Stato nel quale la vita matrimoniale risulta prevalentemente localizzata.

2. La separazione personale e lo scioglimento del matrimonio, qualora non siano previsti dalla legge straniera applicabile, sono regolati dalla legge italiana.

32. *Giurisdizione in materia di nullità, annullamento, separazione personale e scioglimento del matrimonio*. — 1. In materia di nullità e di annullamento del matrimonio, di separazione personale e di scioglimento del matrimonio, la giurisdizione italiana sussiste, oltre che nei casi previsti dall'art. 3, anche quando uno dei coniugi è cittadino italiano o il matrimonio è stato celebrato in Italia.

32-*bis*. *Matrimonio contratto all'estero da cittadini italiani dello stesso sesso*. — 1. Il matrimonio contratto all'estero da cittadini italiani con persona dello stesso sesso produce gli effetti dell'unione civile regolata dalla legge italiana (2).

32-*ter*. *Unione civile tra persone maggiorenni dello stesso sesso*. — 1. La capacità e le altre condizioni per costituire unione civile sono regolate dalla legge nazionale di ciascuna parte al momento della costituzione dell'unione civile. Se la legge applicabile non ammette l'unione civile tra persone maggiorenni dello stesso sesso si applica la legge italiana. Le disposizioni di cui all'art. 1, comma 4, della l. 20 maggio 2016, n. 76 (3), sono di applicazione necessaria.

2. Ai fini del nulla osta di cui all'art. 116, primo comma, del codice civile, non rilevano gli impedimenti relativi al sesso delle parti. Qualora la produzione del nulla osta sia preclusa in ragione del mancato riconoscimento,

(1) Articolo inserito dall'art. 1.64, l. 20 maggio 2016, n. 76.
(2) Articolo inserito dall'art. 1.1, lett. a, d.lg. 19 gennaio 2017, n. 7.
(3) In *Leggi coll. II, 11*.

secondo la legge dello Stato di cui lo straniero è cittadino, dell'unione civile tra persone dello stesso sesso o di analogo istituto, il nulla osta è sostituito da un certificato o altro atto comunque idoneo ad attestare la libertà di stato, ovvero da dichiarazione sostitutiva ai sensi del d.p.r. 28 dicembre 2000, n. 445. Resta salva la libertà di stato accertata o acquisita per effetto di un giudicato italiano o riconosciuto in Italia

3. L'unione civile è valida, quanto alla forma, se è considerata tale dalla legge del luogo di costituzione o dalla legge nazionale di almeno una delle parti o dalla legge dello Stato di comune residenza al momento della costituzione.

4. I rapporti personali e patrimoniali tra le parti sono regolati dalla legge dello Stato davanti alle cui autorità l'unione è stata costituita. A richiesta di una delle parti il giudice può disporre l'applicazione della legge dello Stato nel quale la vita comune è prevalentemente localizzata. Le parti possono convenire per iscritto che i loro rapporti patrimoniali sono regolati dalla legge dello Stato di cui almeno una di esse è cittadina o nel quale almeno una di esse risiede.

5. Alle obbligazioni alimentari si applica l'art. 45 (1).

32-*quater*. *Scioglimento dell'unione civile*. — 1. In materia di scioglimento dell'unione civile la giurisdizione italiana sussiste, oltre che nei casi previsti dagli artt. 3 e 9, anche quando una delle parti è cittadina italiana o l'unione è stata costituita in Italia. I medesimi titoli di giurisdizione si applicano anche in materia di nullità o di annullamento dell'unione civile.

2. Lo scioglimento dell'unione civile è regolato dalla legge applicabile al divorzio in conformità al reg. n. 1259/2010/UE del Consiglio del 20 dicembre 2010 relativo ad una cooperazione rafforzata nel settore della legge applicabile al divorzio e alla separazione personale (2) (1).

32-*quinquies*. *Unione civile costituita all'estero tra cittadini italiani dello stesso sesso*. — 1. L'unione civile, o altro istituto analogo, costituiti all'estero tra cittadini italiani dello stesso sesso abitualmente residenti in Italia produce gli effetti dell'unione civile regolata dalla legge italiana (1).

33. *Filiazione*. — 1. Lo stato di figlio [c. 231 ss.] è determinato dalla legge nazionale del figlio o, se più favorevole, dalla legge dello Stato di cui uno dei genitori è cittadino, al momento della nascita.

2. La legge individuata ai sensi del comma 1 regola i presupposti e gli effetti dell'accertamento e della contestazione dello stato di figlio; qualora la legge così individuata non permetta l'accertamento o la contestazione dello stato di figlio si applica la legge italiana.

3. Lo stato di figlio, acquisito in base alla legge nazionale di uno dei genitori, non può essere contestato che alla stregua di tale legge; se tale legge non consente la contestazione si applica la legge italiana.

4. Sono di applicazione necessaria le norme del diritto italiano che sanciscono l'unicità dello stato di figlio (3).

34. . . . . (4).

35. *Riconoscimento di figlio* [...] (5). — 1. Le condizioni per il riconoscimento del figlio sono regolate dalla legge nazionale del figlio al momento della nascita, o se più favorevole, dalla legge nazionale del soggetto che fa il riconoscimento, nel momento in cui questo avviene; se tali leggi non prevedono il riconoscimento si applica la legge italiana (6).

2. La capacità del genitore di fare il riconoscimento è regolata dalla sua legge nazionale.

3. La forma del riconoscimento è regolata dalla legge dello Stato in cui esso è fatto o da quella che ne disciplina la sostanza.

36. *Rapporti tra genitori e figli*. — 1. I rapporti personali e patrimoniali tra genitori e figli, compresa la responsabilità genitoriale (7), sono regolati dalla legge nazionale del figlio.

36-*bis*. 1. Nonostante il richiamo ad altra legge, si applicano in ogni caso le norme del diritto italiano che:

a) attribuiscono ad entrambi i genitori la responsabilità genitoriale;

b) stabiliscono il dovere di entrambi i genitori di provvedere al mantenimento del figlio;

c) attribuiscono al giudice il potere di adottare provvedimenti limitativi o ablativi della responsabilità genitoriale in presenza di condotte pregiudizievoli per il figlio (8).

(1) Articolo inserito dall'art. 1.1, lett. a, d.lg. 19 gennaio 2017, n. 7.
(2) In *Leggi coll. I, 4*.
(3) Articolo così sostituito dall'art. 101.1, lett. a, d.lg. 28 dicembre 2013, n. 154.
(4) Articolo abrogato dall'art. 106.1, lett. c, d.lg. 28 dicembre 2013, n. 154.
(5) La parola «naturale» è stata soppressa dall'art. 101.1, lett. b, d.lg. 28 dicembre 2013, n. 154.
(6) Comma così sostituito dall'art. 101.1, lett. b, d.lg. 28 dicembre 2013, n. 154.
(7) Le parole «responsabilità genitoriale» sono state così sostituite alle precedenti «potestà dei genitori» dall'art. 101.1, lett. c, d.lg. 28 dicembre 2013, n. 154.
(8) Articolo inserito dall'art. 101.1, lett. d, d.lg. 28 dicembre 2013, n. 154.

37. *Giurisdizione in materia di filiazione*. — 1. In materia di filiazione e di rapporti personali fra genitori e figli la giurisdizione italiana sussiste, oltre che nei casi previsti rispettivamente dagli artt. 3 e 9, anche quando uno dei genitori o il figlio è cittadino italiano o risiede in Italia.

CAPO V

Adozione

38. *Adozione*. — 1. I presupposti, la costituzione e la revoca dell'adozione [c. 291 ss.] sono regolati dal diritto nazionale dell'adottante o degli adottanti se comune o, in mancanza, dal diritto dello Stato nel quale gli adottanti sono entrambi residenti, ovvero da quello dello Stato nel quale la loro vita matrimoniale è prevalentemente localizzata, al momento dell'adozione. Tuttavia si applica il diritto italiano quando è richiesta al giudice italiano l'adozione di un minore, idonea ad attribuirgli lo stato di figlio [...] (1).

2. È in ogni caso salva l'applicazione della legge nazionale dell'adottando maggiorenne per la disciplina dei consensi che essa eventualmente richieda.

39. *Rapporti fra adottato e famiglia adottiva*. — 1. I rapporti personali e patrimoniali fra l'adottato e l'adottante o gli adottanti ed i parenti di questi sono regolati dal diritto nazionale dell'adottante o degli adottanti se comune o, in mancanza, dal diritto dello Stato nel quale gli adottanti sono entrambi residenti ovvero da quello dello Stato nel quale la loro vita matrimoniale è prevalentemente localizzata.

40. *Giurisdizione in materia di adozione*. — 1. I giudici italiani hanno giurisdizione in materia di adozione allorché:

a) gli adottanti o uno di essi o l'adottando sono cittadini italiani ovvero stranieri residenti in Italia;

b) l'adottando è un minore in stato di abbandono in Italia.

2. In materia di rapporti personali o patrimoniali fra l'adottato e l'adottante o gli adottanti ed i parenti di questi i giudici italiani hanno giurisdizione, oltre che nelle ipotesi previste dall'art. 3, ogni qualvolta l'adozione si è costituita in base al diritto italiano.

41. *Riconoscimento dei provvedimenti stranieri in materia di adozione*. — 1. I provvedimenti stranieri in materia di adozione sono riconoscibili in Italia ai sensi degli artt. 64, 65 e 66.

2. Restano ferme le disposizioni delle leggi speciali in materia di adozione dei minori.

CAPO VI

Protezione degli incapaci e obblighi alimentari

42. *Giurisdizione e legge applicabile in materia di protezione dei minori*. — 1. La protezione dei minori è in ogni caso regolata dalla Convenzione dell'Aja del 5 ottobre 1961, sulla competenza delle autorità e sulla legge applicabile in materia di protezione dei minori, resa esecutiva con la l. 24 ottobre 1980, n. 742.

2. Le disposizioni della Convenzione si applicano anche alle persone considerate minori soltanto dalla loro legge nazionale, nonché alle persone la cui residenza abituale non si trova in uno degli Stati contraenti.

43. *Protezione dei maggiori d'età*. — 1. I presupposti e gli effetti delle misure di protezione degli incapaci maggiori di età, nonché i rapporti fra l'incapace e chi ne ha la cura, sono regolati dalla legge nazionale dell'incapace. Tuttavia, per proteggere in via provvisoria e urgente la persona o i beni dell'incapace, il giudice italiano può adottare le misure previste dalla legge italiana.

44. *Giurisdizione in materia di protezione dei maggiori d'età*. — 1. La giurisdizione italiana in materia di misure di protezione degli incapaci maggiori di età sussiste, oltre che nei casi previsti dagli artt. 3 e 9, anche quando esse si rendono necessarie per proteggere, in via provvisoria e urgente, la persona o i beni dell'incapace che si trovino in Italia.

2. Quando in base all'art. 66 nell'ordinamento italiano si producono gli effetti di un provvedimento straniero in materia di capacità di uno straniero, la giurisdizione italiana sussiste per pronunciare i provvedimenti modificativi o integrativi eventualmente necessari.

45. *Obbligazioni alimentari nella famiglia*. — 1. Le obbligazioni alimentari nella famiglia sono regolate dalla legge designata dal reg. 2009/4/CE del Consiglio del 18 dicembre 2008 relativo alla competenza, alla legge applicabile, al riconoscimento e all'esecuzione delle decisioni e alla cooperazione in materia di obbligazioni alimentari, e successive modificazioni (2).

(1) La parola «legittimo» è stata soppressa dall'art. 101.1, lett. e, d.lg. 28 dicembre 2013, n. 154.
(2) Articolo così sostituito dall'art. 1.1, lett. b, d.lg. 19 gennaio 2017, n. 7.

CAPO VII

SUCCESSIONI (1)

46. *Successione per causa di morte*. — 1. La successione per causa di morte [c. 456 ss.] è regolata dalla legge nazionale del soggetto della cui eredità si tratta, al momento della morte.

2. Il soggetto della cui eredità si tratta può sottoporre, con dichiarazione espressa in forma testamentaria, l'intera successione alla legge dello Stato in cui risiede. La scelta non ha effetto se al momento della morte il dichiarante non risiedeva più in tale Stato. Nell'ipotesi di successione di un cittadino italiano, la scelta non pregiudica i diritti che la legge italiana attribuisce ai legittimari residenti in Italia al momento della morte della persona della cui successione si tratta.

3. La divisione ereditaria è regolata dalla legge applicabile alla successione, salvo che i condividenti, d'accordo fra loro, abbiano designato la legge del luogo d'apertura della successione o del luogo ove si trovano uno o più beni ereditari.

47. *Capacità di testare*. — 1. La capacità di disporre per testamento [c. 591 ss.], di modificarlo o di revocarlo è regolata dalla legge nazionale del disponente al momento del testamento, della modifica o della revoca.

48. *Forma del testamento*. — 1. Il testamento è valido, quanto alla forma [c. 601 ss.], se è considerato tale dalla legge dello Stato nel quale il testatore ha disposto, ovvero dalla legge dello Stato di cui il testatore, al momento del testamento o della morte, era cittadino o dalla legge dello Stato in cui aveva il domicilio o la residenza.

49. *Successione dello Stato*. — 1. Quando la legge applicabile alla successione, in mancanza di successibili, non attribuisce la successione allo Stato, i beni ereditari esistenti in Italia sono devoluti allo Stato italiano [c. 586].

50. *Giurisdizione in materia successoria*. — 1. In materia successoria la giurisdizione italiana sussiste:

a) se il defunto era cittadino italiano al momento della morte;

b) se la successione si è aperta in Italia;

c) se la parte dei beni ereditari di maggiore consistenza economica è situata in Italia;

d) se il convenuto è domiciliato o residente in Italia o ha accettato la giurisdizione italiana, salvo che la domanda sia relativa a beni immobili situati all'estero;

e) se la domanda concerne beni situati in Italia.

CAPO VIII

DIRITTI REALI

51. *Possesso e diritti reali*. — 1. Il possesso [c. 1140 ss.], la proprietà [c. 832 ss.] e gli altri diritti reali [c. 952 ss., 957 ss., 978 ss., 1027 ss.] su beni mobili ed immobili sono regolati dalla legge dello Stato in cui i beni si trovano.

2. La stessa legge ne regola l'acquisto e la perdita, salvo che in materia successoria e nei casi in cui l'attribuzione di un diritto reale dipenda da un rapporto di famiglia o da un contratto.

52. *Diritti reali su beni in transito*. — 1. I diritti reali su beni in transito sono regolati dalla legge del luogo di destinazione.

53. *Usucapione di beni mobili*. — 1. L'usucapione di beni mobili [c. 1160 ss.] è regolata dalla legge dello Stato in cui il bene si trova al compimento del termine prescritto.

54. *Diritti su beni immateriali*. — 1. I diritti su beni immateriali [c. 2575 ss.] sono regolati dalla legge dello Stato di utilizzazione.

55. *Pubblicità degli atti relativi ai diritti reali*. — 1. La pubblicità degli atti di costituzione, trasferimento ed estinzione dei diritti reali [c. 2643 ss.] è regolata dalla legge dello Stato in cui il bene si trova al momento dell'atto.

CAPO IX

DONAZIONI

56. *Donazioni*. — 1. Le donazioni [c. 769 ss.] sono regolate dalla legge nazionale del donante al momento della donazione.

2. Il donante può, con dichiarazione espressa contestuale alla donazione, sottoporre la donazione stessa alla legge dello Stato in cui egli risiede.

3. La donazione è valida, quanto alla forma, se è considerata tale dalla legge che ne regola la sostanza oppure dalla legge dello Stato nel quale l'atto è compiuto.

(1) In materia di successioni e di creazione di un certificato successorio europeo v. reg. (UE) n. 650/2012, in *Leggi coll. I, 5*.

CAPO X

Obbligazioni contrattuali

57. *Obbligazioni contrattuali*. — 1. Le obbligazioni contrattuali [c. 1321 ss.] sono in ogni caso regolate dalla Convenzione di Roma del 19 giugno 1980 sulla legge applicabile alle obbligazioni contrattuali, resa esecutiva con la l. 18 dicembre 1984, n. 975, senza pregiudizio delle altre convenzioni internazionali, in quanto applicabili.

CAPO XI

Obbligazioni non contrattuali

58. *Promessa unilaterale*. — 1. La promessa unilaterale [c. 1987 ss.] è regolata dalla legge dello Stato in cui viene manifestata.

59. *Titoli di credito*. — 1. La cambiale, il vaglia cambiario e l'assegno sono in ogni caso regolati dalle disposizioni contenute nelle Convenzioni di Ginevra del 7 giugno 1930, sui conflitti di legge in materia di cambiale e di vaglia cambiario, di cui al r.d.l. 25 agosto 1932, n. 1130, convertito dalla l. 22 dicembre 1932, n. 1946, e del 19 marzo 1931, sui conflitti di legge in materia di assegni bancari, di cui al r.d.l. 24 agosto 1933, n. 1077, convertito dalla l. 4 gennaio 1934, n. 61.

2. Tali disposizioni si applicano anche alle obbligazioni assunte fuori dei territori degli Stati contraenti o allorché esse designino la legge di uno Stato non contraente.

3. Gli altri titoli di credito sono regolati dalla legge dello Stato in cui il titolo è stato emesso. Tuttavia le obbligazioni diverse da quella principale sono regolate dalla legge dello Stato in cui ciascuna è stata assunta.

60. *Rappresentanza volontaria*. — 1. La rappresentanza volontaria [c. 1387 ss.] è regolata dalla legge dello Stato in cui il rappresentante ha la propria sede d'affari sempre che egli agisca a titolo professionale e che tale sede sia conosciuta o conoscibile dal terzo. In assenza di tali condizioni si applica la legge dello Stato in cui il rappresentante esercita in via principale i suoi poteri nel caso concreto.

2. L'atto di conferimento dei poteri di rappresentanza è valido, quanto alla forma, se considerato tale dalla legge che ne regola la sostanza oppure dalla legge dello Stato in cui è posto in essere.

61. *Obbligazioni nascenti dalla legge*. — 1. La gestione di affari altrui [c. 2028 ss.], l'arricchimento senza causa [c. 2041 ss.], il pagamento dell'indebito [c. 2033 ss.] e le altre obbligazioni legali, non diversamente regolate dalla presente legge, sono sottoposti alla legge dello Stato in cui si è verificato il fatto da cui deriva l'obbligazione.

62. *Responsabilità per fatto illecito*. — 1. La responsabilità per fatto illecito [c. 2043 ss.] è regolata dalla legge dello Stato in cui si è verificato l'evento. Tuttavia il danneggiato può chiedere l'applicazione della legge dello Stato in cui si è verificato il fatto che ha causato il danno.

2. Qualora il fatto illecito coinvolga soltanto cittadini di un medesimo Stato in esso residenti, si applica la legge di tale Stato.

63. *Responsabilità extracontrattuale per danno da prodotto*. — 1. La responsabilità per danno da prodotto è regolata, a scelta del danneggiato, dalla legge dello Stato in cui si trova il domicilio o l'amministrazione del produttore, oppure da quella dello Stato in cui il prodotto è stato acquistato, a meno che il produttore provi che il prodotto vi è stato immesso in commercio senza il suo consenso.

TITOLO IV

Efficacia di sentenze ed atti stranieri

64. *Riconoscimento di sentenze straniere*. — 1. La sentenza straniera è riconosciuta in Italia senza che sia necessario il ricorso ad alcun procedimento quando:

a) il giudice che l'ha pronunciata poteva conoscere della causa secondo i principi sulla competenza giurisdizionale propri dell'ordinamento italiano;

b) l'atto introduttivo del giudizio è stato portato a conoscenza del convenuto in conformità a quanto previsto dalla legge del luogo dove si è svolto il processo e non sono stati violati i diritti essenziali della difesa;

c) le parti si sono costituite in giudizio secondo la legge del luogo dove si è svolto il processo o la contumacia è stata dichiarata in conformità a tale legge;

d) essa è passata in giudicato secondo la legge del luogo in cui è stata pronunziata;

e) essa non è contraria ad altra sentenza pronunziata da un giudice italiano passata in giudicato;

f) non pende un processo davanti a un giudice italiano per il medesimo oggetto e fra le stesse parti, che abbia avuto inizio prima del processo straniero;

g) le sue disposizioni non producono effetti contrari all'ordine pubblico.

65. *Riconoscimento di provvedimenti stranieri.* — 1. Hanno effetto in Italia i provvedimenti stranieri relativi alla capacità delle persone nonché all'esistenza di rapporti di famiglia o di diritti della personalità quando essi sono stati pronunciati dalle autorità dello Stato la cui legge è richiamata dalle norme della presente legge o producono effetti nell'ordinamento di quello Stato, anche se pronunciati da autorità di altro Stato, purché non siano contrari all'ordine pubblico e siano stati rispettati i diritti essenziali della difesa.

66. *Riconoscimento di provvedimenti stranieri di giurisdizione volontaria.* — 1. I provvedimenti stranieri di volontaria giurisdizione sono riconosciuti senza che sia necessario il ricorso ad alcun procedimento, sempre che siano rispettate le condizioni di cui all'art. 65, in quanto applicabili, quando sono pronunciati dalle autorità dello Stato la cui legge è richiamata dalle disposizioni della presente legge, o producono effetti nell'ordinamento di quello Stato ancorché emanati da autorità di altro Stato, ovvero sono pronunciati da un'autorità che sia competente in base a criteri corrispondenti a quelli propri dell'ordinamento italiano.

67. *Attuazione di sentenze e provvedimenti stranieri di giurisdizione volontaria e contestazione del riconoscimento.* — 1. In caso di mancata ottemperanza o di contestazione del riconoscimento della sentenza straniera o del provvedimento straniero di volontaria giurisdizione, ovvero quando sia necessario procedere ad esecuzione forzata, chiunque vi abbia interesse può chiedere all'autorità giudiziaria ordinaria (1) l'accertamento dei requisiti del riconoscimento.

1-*bis*. Le controversie di cui al comma 1 sono disciplinate dall'art. 30 del d.lg. 1° settembre 2011, n. 150 (2).

2. La sentenza straniera o il provvedimento straniero di volontaria giurisdizione, unitamente al provvedimento che accoglie la domanda di cui al comma 1, costituiscono titolo per l'attuazione e per l'esecuzione forzata.

3. Se la contestazione ha luogo nel corso di un processo, il giudice adito pronuncia con efficacia limitata al giudizio.

68. *Attuazione ed esecuzione di atti pubblici ricevuti all'estero.* — 1. Le norme di cui all'art. 67 si applicano anche rispetto all'attuazione e all'esecuzione forzata in Italia di atti pubblici ricevuti in uno Stato estero e ivi muniti di forza esecutiva.

69. *Assunzione di mezzi di prova disposti da giudici stranieri.* — 1. Le sentenze e i provvedimenti di giudici stranieri riguardanti esami di testimoni, accertamenti tecnici, giuramenti, interrogatori o altri mezzi di prova da assumersi nella Repubblica sono resi esecutivi con decreto della corte d'appello del luogo in cui si deve procedere a tali atti.

2. Se l'assunzione dei mezzi di prova è chiesta dalla parte interessata, l'istanza è proposta alla corte mediante ricorso, al quale deve essere unita copia autentica della sentenza o del provvedimento che ha ordinato gli atti chiesti. Se l'assunzione è domandata dallo stesso giudice, la richiesta deve essere trasmessa in via diplomatica.

3. La corte delibera in camera di consiglio e, qualora autorizzi l'assunzione, rimette gli atti al giudice competente.

4. Può disporsi l'assunzione di mezzi di prova o l'espletamento di altri atti istruttori non previsti dall'ordinamento italiano sempreché essi non contrastino con i principi dell'ordinamento stesso.

5. L'assunzione o l'espletamento richiesti sono disciplinati dalla legge italiana. Tuttavia si osservano le forme espressamente richieste dall'autorità giudiziaria straniera in quanto compatibili con i principi dell'ordinamento italiano.

70. *Esecuzione richiesta in via diplomatica.* — 1. Se la richiesta per l'assunzione di mezzi di prova di atti di istruzione è fatta in via diplomatica e la parte interessata non ha costituito un procuratore che ne promuova l'assunzione, i provvedimenti necessari per questa sono pronunciati d'ufficio dal giudice procedente e le notificazioni sono fatte a cura del cancelliere.

71. *Notificazione di atti di autorità straniere.* — 1. La notificazione di citazioni a comparire davanti ad autorità straniere o di altri atti provenienti da uno Stato estero è autorizzata dal pubblico ministero presso il tribunale nella cui giurisdizione la notificazione si deve eseguire.

(1) Le parole «all'autorità giudiziaria ordinaria» sono state così sostituite alle precedenti «alla corte d'appello del luogo di attuazione» dall'art. 34.38, lett. a, d.lg. 1° settembre 2011, n. 150. L'art. 36, d.lg. cit., così dispone: «1. Le norme del presente decreto si applicano ai procedimenti instaurati successivamente alla data di entrata in vigore dello stesso. || 2. Le norme abrogate o modificate dal presente decreto continuano ad applicarsi alle controversie pendenti alla data di entrata in vigore dello stesso».

(2) Comma inserito dall'art. 34.38, lett. a, d.lg. 1° settembre 2011, n. 150. L'art. 36, d.lg. cit., così dispone: «1. Le norme del presente decreto si applicano ai procedimenti instaurati successivamente alla data di entrata in vigore dello stesso. || 2. Le norme abrogate o modificate dal presente decreto continuano ad applicarsi alle controversie pendenti alla data di entrata in vigore dello stesso».

2. La notificazione richiesta in via diplomatica è eseguita, a cura del pubblico ministero, da un ufficiale giudiziario da lui richiesto.

3. La notificazione avviene secondo le modalità previste dalla legge italiana. Tuttavia si osservano le modalità richieste dall'autorità straniera in quanto compatibili con i principi dell'ordinamento italiano. In ogni caso l'atto può essere consegnato, da chi procede alla notificazione, al destinatario che lo accetti volontariamente.

TITOLO V

Disposizioni transitorie e finali

72. *Disposizioni transitorie*. — 1. La presente legge si applica in tutti i giudizi iniziati dopo la data della sua entrata in vigore, fatta salva l'applicabilità alle situazioni esaurite prima di tale data delle previgenti norme di diritto internazionale privato.

2. I giudizi pendenti sono decisi dal giudice italiano se i fatti e le norme che determinano la giurisdizione sopravvengono nel corso del processo.

73. *Abrogazioni*. — 1. Sono abrogati gli articoli dal 17 al 31 delle disposizioni sulla legge in generale premesse al codice civile, nonché gli artt. 2505 e 2509 del codice civile e gli artt. 2, 3, 4 e 37, secondo comma, del codice di procedura civile; gli articoli dal 796 all'805 del codice procedura civile sono abrogati a far data dal 31 dicembre 1996 (1).

74. *Entrata in vigore*. — 1. La presente legge entra in vigore il 1° settembre 1995; gli articoli dal 64 al 71 entrano in vigore il 31 dicembre 1996 (2).

I. 2.

REGOLAMENTO (CE) N. 593/2008 DEL PARLAMENTO EUROPEO E DEL CONSIGLIO, del 17 giugno 2008, *sulla legge applicabile alle obbligazioni contrattuali («Roma I»)* (3).

IL PARLAMENTO EUROPEO E IL CONSIGLIO DELL'UNIONE EUROPEA,

visto il trattato che istituisce la Comunità europea, in particolare l'art. 61, lett. *c*), e l'art. 67, par. 5, secondo trattino,

vista la proposta della Commissione,

visto il parere del Comitato economico e sociale europeo,

deliberando secondo la procedura di cui all'art. 251 del trattato,

considerando quanto segue:

1. La Comunità si prefigge di conservare e sviluppare uno spazio di libertà, sicurezza e giustizia. Al fine di una progressiva istituzione di tale spazio, la Comunità dovrebbe adottare misure nel settore della cooperazione giudiziaria in materia civile che presentino implicazioni transfrontaliere nella misura necessaria per il corretto funzionamento del mercato interno.

2. A norma dell'art. 65, lett. *b*) del trattato, queste misure dovrebbero includere la promozione della compatibilità delle regole applicabili negli Stati membri ai conflitti di leggi e di competenza giurisdizionale.

3. Il Consiglio europeo di Tampere del 15 e 16 ottobre 1999 ha avallato il principio del reciproco riconoscimento delle sentenze e altre decisioni delle autorità giudiziarie quale pietra angolare della cooperazione giudiziaria in materia civile, invitando il Consiglio e la Commissione ad adottare un programma di misure per l'attuazione di tale principio.

4. Il 30 novembre 2000 il Consiglio ha adottato un programma congiunto della Commissione e del Consiglio di misure relative all'attuazione del principio del riconoscimento reciproco delle decisioni in materia civile e commerciale. Il programma ravvisa nelle misure relative all'armonizzazione delle regole di conflitto di leggi gli strumenti che facilitano il reciproco riconoscimento delle decisioni.

5. Il programma dell'Aia, adottato dal Consiglio europeo il 5 novembre 2004, ha auspicato la prosecuzione attiva del lavoro sulle regole di conflitto di leggi per quanto riguarda le obbligazioni contrattuali («Roma I»).

6. Il corretto funzionamento del mercato interno esige che le regole di conflitto di leggi in vigore negli Stati membri designino la medesima legge nazionale quale che sia il paese del giudice adito, onde favorire la prevedibilità dell'esito delle controversie giudiziarie, la certezza circa la legge applicabile e la libera circolazione delle sentenze.

7. Il campo di applicazione materiale e le disposizioni del presente regolamento dovrebbero essere coerenti con il reg. (CE) n. 44/2001 del Consiglio, del 22 dicembre 2000, concernente la competenza giurisdizionale, il ricono-

(1) Articolo così sostituito dall'art. 10.1, d.l. 23 ottobre 1996, n. 542, conv. in l. 23 dicembre 1996, n. 649.
(2) Articolo così sostituito dall'art. 10.2, d.l. 23 ottobre 1996, n. 542, conv. in l. 23 dicembre 1996, n. 649.
(3) G.U.U.E., 4 luglio 2008, n. L 177.

scimento e l'esecuzione delle decisioni in materia civile e commerciale («Bruxelles I») e con il reg. (CE) n. 864/2007 del Parlamento europeo e del Consiglio, dell'11 luglio 2007, sulla legge applicabile alle obbligazioni extracontrattuali («Roma II») (1).

8. I rapporti di famiglia dovrebbero comprendere l'ascendenza e la discendenza, il matrimonio, l'affinità e i parenti collaterali. Il riferimento, nell'art. 1, par. 2, ai rapporti che hanno effetti comparabili al matrimonio e ad altri rapporti di famiglia dovrebbe essere interpretato in conformità della legge dello Stato membro del giudice adito.

9. Le obbligazioni derivanti da cambiali, assegni, vaglia cambiari e da altri strumenti negoziabili dovrebbero riguardare anche le polizze di carico qualora le obbligazioni derivanti da queste ultime risultino dal loro carattere negoziabile.

10. Le obbligazioni derivanti dalle trattative precontrattuali sono coperte dall'art. 12 del reg. (CE) n. 864/2007 (1). Pertanto tali obbligazioni dovrebbero essere escluse dal campo di applicazione del presente regolamento.

11. La libertà delle parti di scegliere la legge applicabile dovrebbe costituire una delle pietre angolari del sistema delle regole di conflitto di leggi in materia di obbligazioni contrattuali.

12. L'accordo tra le parti volto a conferire a uno o più organi giurisdizionali di uno Stato membro competenza esclusiva a conoscere delle controversie riguardanti il contratto dovrebbe essere uno dei fattori di cui tenere conto nello stabilire se la scelta della legge risulta in modo chiaro.

13. Il presente regolamento non impedisce che le parti includano nel loro contratto, mediante riferimento, un diritto non statale ovvero una convenzione internazionale.

14. Qualora la Comunità dovesse adottare in un idoneo strumento giuridico norme di diritto sostanziale dei contratti, comprendenti clausole e condizioni standard, tale strumento può prevedere la possibilità per le parti di scegliere l'applicazione di tali norme.

15. Allorché è operata la scelta della legge e tutti gli altri elementi pertinenti alla situazione sono ubicati in un paese diverso da quello la cui legge è stata scelta, la scelta effettuata non dovrebbe pregiudicare l'applicazione delle disposizioni della legge di quel paese alle quali non è permesso derogare convenzionalmente. Questa norma dovrebbe applicarsi a prescindere dal fatto che la scelta di una legge sia stata accompagnata dalla scelta di un organo giurisdizionale. Senza mirare a una modifica sostanziale rispetto all'art. 3, par. 3, della Convenzione del 1980 sulla legge applicabile alle obbligazioni contrattuali («Convenzione di Roma»), la formulazione del presente regolamento si allinea per quanto possibile all'art. 14 del reg. (CE) n. 864/2007 (1).

16. Per contribuire al conseguimento dell'obiettivo generale del presente regolamento, che è la certezza del diritto nello spazio giudiziario europeo, le regole di conflitto di leggi dovrebbero offrire un alto grado di prevedibilità. Il giudice dovrebbe tuttavia disporre di un margine di valutazione che gli consenta di stabilire quale sia la legge che presenta il collegamento più stretto con la situazione.

17. Per quanto concerne la legge applicabile in mancanza di scelta, è opportuno dare alle nozioni di «prestazione di servizi» e di «vendita di beni» la stessa interpretazione utilizzata nell'applicazione dell'art. 5 del reg. (CE) n. 44/2001, nella misura in cui la vendita di beni e la prestazione di servizi sono contemplati da detto regolamento. I contratti di affiliazione (franchising) e di distribuzione, pur essendo contratti di prestazione di servizi, sono oggetto di norme specifiche.

18. Per quanto concerne la legge applicabile in mancanza di scelta, i sistemi multilaterali dovrebbero essere quelli in cui si conducono attività di negoziazione, come i mercati regolamentati e i sistemi multilaterali di negoziazione di cui all'art. 4 della dir. 2004/39/CE del Parlamento europeo e del Consiglio, del 21 aprile 2004, relativa ai mercati degli strumenti finanziari, a prescindere dal fatto che si basino o meno su una controparte centrale.

19. In mancanza di scelta della legge, la legge applicabile dovrebbe essere determinata conformemente alla regola prevista per lo specifico tipo di contratto. Qualora non possa essere classificato tra i tipi di contratto specificati o qualora i suoi elementi lo facciano rientrare nell'ambito di più di uno dei tipi specificati, il contratto dovrebbe essere disciplinato dalla legge del paese nel quale la parte che deve effettuare la prestazione caratteristica del contratto ha la residenza abituale. Nel caso di un contratto costituito da un insieme di diritti e obblighi che possono essere considerati rientrare in più di uno dei tipi di contratto specificati, la prestazione caratteristica del contratto dovrebbe essere determinata in funzione del suo baricentro.

(1) In *Leggi coll. I, 3.*

20. Qualora il contratto presenti manifestamente un collegamento più stretto con un paese diverso da quello indicato all'art. 4, parr. 1 o 2, una clausola di salvaguardia dovrebbe prevedere che si debba applicare la legge di tale diverso paese. Per determinare tale paese si dovrebbe considerare, tra l'altro, se il contratto in questione sia strettamente collegato a un altro contratto o ad altri contratti.

21. In mancanza di scelta, qualora la legge applicabile non possa essere determinata sulla base della possibilità di far rientrare il contratto in uno dei tipi di contratto specificati ovvero in quanto legge del paese di residenza abituale della parte che deve effettuare la prestazione caratteristica del contratto, il contratto dovrebbe essere disciplinato dalla legge del paese con il quale presenta il collegamento più stretto. Per determinare tale paese si dovrebbe considerare, tra l'altro, se il contratto in questione sia strettamente collegato a un altro contratto o ad altri contratti.

22. Per quanto concerne l'interpretazione dei contratti di trasporto di merci, non si mira ad una modifica sostanziale rispetto all'art. 4, par. 4, terza frase, della Convenzione di Roma. Di conseguenza, i contratti di noleggio a viaggio e altri contratti il cui oggetto essenziale sia il trasporto di merci dovrebbero essere considerati come contratti di trasporto di merci. Ai fini del presente regolamento il termine «mittente» dovrebbe designare chiunque concluda un contratto di trasporto con il vettore e il termine «il vettore» dovrebbe designare la parte contraente che si incarica di trasportare i beni, a prescindere dal fatto che effettui direttamente o meno il trasporto.

23. Per quanto riguarda i contratti conclusi da soggetti considerati deboli, è opportuno proteggere tali soggetti tramite regole di conflitto di leggi più favorevoli ai loro interessi di quanto non lo siano le norme generali.

24. Per quanto riguarda più in particolare i contratti conclusi da consumatori, la regola di conflitto di leggi dovrebbe permettere di ridurre le spese per la risoluzione delle controversie, che sono spesso di valore relativamente modesto, e tener conto dell'evoluzione delle tecniche di commercializzazione a distanza. La coerenza tra il presente regolamento e il reg. (CE) n. 44/2001 richiede, da un canto, che si faccia riferimento al concetto di «attività diretta» come condizione d'applicazione della norma che tutela il consumatore e, dall'altro, che questa nozione sia oggetto di un'interpretazione armoniosa nel reg. (CE) n. 44/2001 e nel presente regolamento tenendo presente che una dichiarazione congiunta del Consiglio e della Commissione relativa all'art. 15 del regolamento (CE) n. 44/2001 precisa che l'applicazione dell'art. 15, par. 1, lett. *c*), «presuppone non soltanto che l'impresa diriga le sue attività verso lo Stato membro in cui è domiciliato il consumatore, o verso una pluralità di Stati che comprende tale Stato membro, ma anche che il contratto sia stato concluso nell'ambito di dette attività». Tale dichiarazione ricorda inoltre che «la mera accessibilità di un dato sito Internet non è sufficiente ai fini dell'applicabilità dell'art. 15: occorre che il sito medesimo inviti a concludere contratti a distanza e che un contratto sia stato effettivamente concluso a distanza, con qualsiasi mezzo. In quest'ambito, la lingua o la valuta caratteristica del sito Internet non costituisce un elemento pertinente».

25. I consumatori dovrebbero essere tutelati da quelle disposizioni del paese di loro residenza abituale cui non si può derogare convenzionalmente, a condizione che il contratto del consumatore sia stato concluso quale risultato dell'esercizio da parte del professionista delle sue attività commerciali o professionali in tale paese specifico. La stessa tutela andrebbe garantita se il professionista, pur non esercitando le sue attività commerciali o professionali nel paese in cui il consumatore ha la residenza abituale, diriga in qualche modo le sue attività verso tale paese o verso una pluralità di paesi comprendenti tale paese e il contratto venga concluso quale risultato di tali attività.

26. Ai fini del presente regolamento, i servizi finanziari quali i servizi e le attività di investimento e i servizi accessori prestati da un professionista a un consumatore, di cui alle sezioni A e B dell'allegato I della dir. 2004/39/CE, e i contratti concernenti la vendita di quote negli organismi di investimento collettivo, rientranti o meno nel campo di applicazione della dir. 85/611/CEE del Consiglio, del 20 dicembre 1985, concernente il coordinamento delle disposizioni legislative, regolamentari ed amministrative in materia di taluni organismi d'investimento collettivo in valori mobiliari (o.i.c.v.m.), dovrebbero essere soggetti all'art. 6 del presente regolamento. Di conseguenza, ove si faccia riferimento alle clausole e condizioni che disciplinano l'emissione o l'offerta al pubblico di valori mobiliari ovvero alla sottoscrizione e al rimborso di quote negli organismi di investimento collettivo, tali riferimenti dovrebbero comprendere tutti gli aspetti che vincolano l'emittente o l'offerente al consumatore, ma non dovrebbero comprendere gli aspetti che implicano la prestazione di servizi finanziari.

27. È opportuno prevedere varie deroghe alla regola generale di conflitto di leggi per i

contratti conclusi da consumatori. In virtù di una di tali deroghe, la norma generale non si dovrebbe applicare ai contratti aventi per oggetto un diritto reale immobiliare o l'affitto di un immobile, salvo che il contratto riguardi un diritto di godimento a tempo parziale di beni immobili ai sensi della dir. 94/47/CE del Parlamento europeo e del Consiglio, del 26 ottobre 1994, concernente la tutela dell'acquirente per taluni aspetti dei contratti relativi all'acquisizione di un diritto di godimento a tempo parziale di beni immobili.

28. È importante assicurare che i diritti e le obbligazioni costitutivi di uno strumento finanziario non siano soggetti alla regola generale applicabile ai contratti conclusi da consumatori, in quanto ciò potrebbe portare all'applicabilità di leggi diverse per ciascuno degli strumenti emessi, modificandone quindi la natura e impedendone una negoziazione e un'offerta fungibili. Analogamente, ogniqualvolta tali strumenti sono emessi o offerti, il rapporto contrattuale instaurato tra l'emittente o l'offerente e il consumatore non dovrebbe essere necessariamente soggetto all'applicazione obbligatoria della legge vigente nel paese di residenza abituale del consumatore, data la necessità di assicurare l'uniformità delle clausole e condizioni di un'emissione o di un'offerta. Lo stesso principio dovrebbe valere per i sistemi multilaterali di cui all'art. 4, par. 1, lett. *h*), per i quali si dovrebbe garantire che la legge del paese di residenza abituale del consumatore non interferirà con le norme applicabili ai contratti conclusi nell'ambito di tali sistemi o con l'operatore di tali sistemi.

29. Ai fini del presente regolamento, i riferimenti ai diritti e alle obbligazioni costitutivi dei termini clausole e delle condizioni che disciplinano l'emissione, l'offerta al pubblico o le offerte pubbliche di acquisizione di valori mobiliari e i riferimenti alla sottoscrizione e al rimborso di quote negli organismi di investimento collettivo dovrebbero comprendere i termini che disciplinano, tra l'altro, l'assegnazione dei titoli o delle quote, i diritti in caso di sottoscrizione eccedente, i diritti di recesso e questioni analoghe nel contesto dell'offerta nonché le materie di cui agli artt. 10, 11, 12 e 13, assicurando così che tutti i relativi aspetti contrattuali di un'offerta che vincolano l'emittente o l'offerente al consumatore siano disciplinati da un'unica legge.

30. Ai fini del presente regolamento, gli strumenti finanziari e i valori mobiliari sono gli strumenti di cui all'art. 4 della dir. 2004/39/CE.

31. Il presente regolamento non dovrebbe pregiudicare la realizzazione di un accordo formale designato come sistema a norma dell'art. 2, lett. *a*), della dir. 98/26/CE del Parlamento europeo e del Consiglio, del 19 maggio 1998, concernente il carattere definitivo del regolamento nei sistemi di pagamento e nei sistemi di regolamento titoli.

32. In ragione del carattere particolare dei contratti di trasporto e dei contratti di assicurazione, disposizioni specifiche dovrebbero garantire un adeguato livello di tutela dei passeggeri e dei titolari di polizza. Quindi l'art. 6 non si dovrebbe applicare nel contesto di tali particolari contratti.

33. Allorché un contratto di assicurazione non relativo a grandi rischi ma che copre più di un rischio, di cui almeno uno ubicato in uno Stato membro e almeno uno in un paese terzo, le norme speciali sui contratti di assicurazione di cui al presente regolamento si dovrebbero applicare soltanto al rischio o ai rischi ubicati nello Stato membro o negli Stati membri pertinenti.

34. La norma sul contratto individuale di lavoro non dovrebbe pregiudicare l'applicazione delle norme di applicazione necessaria del paese di distacco, prevista dalla dir. 96/71/CE del Parlamento europeo e del Consiglio, del 16 dicembre 1996, relativa al distacco dei lavoratori nell'ambito di una prestazione di servizi.

35. Il lavoratore non dovrebbe essere privato della protezione accordatagli dalle disposizioni alle quali non è permesso derogare convenzionalmente o alle quali si può derogare soltanto a beneficio del lavoratore medesimo.

36. Per quanto riguarda i contratti di lavoro individuali, il lavoro eseguito in un altro paese dovrebbe essere considerato temporaneo se il lavoratore deve riprendere il suo lavoro nel paese d'origine dopo l'esecuzione del suo compito all'estero. La conclusione di un nuovo contratto di lavoro con il datore di lavoro originario o con un datore di lavoro appartenente allo stesso gruppo di società del datore di lavoro originario non dovrebbe escludere che il lavoratore esegua il suo lavoro in un altro paese in modo temporaneo.

37. Considerazioni di pubblico interesse giustificano, in circostanze eccezionali, che i giudici degli Stati membri possano applicare deroghe basate sull'ordine pubblico e sulle norme di applicazione necessaria. Il concetto di «norme di applicazione necessaria» dovrebbe essere distinto dall'espressione «disposizioni alle quali non è permesso derogare convenzionalmente» e dovrebbe essere inteso in maniera più restrittiva.

38. Nel contesto della cessione di crediti, il termine «rapporti» dovrebbe indicare chiara-

mente che l'art. 14, par. 1, si applica anche agli aspetti di una cessione inerenti alla proprietà tra cedente e cessionario in ordinamenti giuridici in cui tali aspetti sono trattati separatamente dagli aspetti inerenti al diritto in materia di obbligazioni. Tuttavia, il termine «rapporti» non dovrebbe essere inteso come riferito a eventuali rapporti esistenti tra cedente e cessionario. In particolare, non dovrebbe comprendere questioni preliminari per quanto concerne una cessione di crediti o una surrogazione contrattuale. Esso dovrebbe limitarsi strettamente agli aspetti che sono direttamente pertinenti per la cessione di crediti o la surrogazione convenzionale in questione.

39. La certezza del diritto richiederebbe una definizione chiara della residenza abituale, in particolare per quanto riguarda società, associazioni e persone giuridiche. Contrariamente all'art. 60, par. 1, del reg. (CE) n. 44/2001, che propone tre criteri, la regola di conflitto di leggi dovrebbe limitarsi ad un solo criterio, giacché altrimenti le parti resterebbero nell'impossibilità di prevedere quale sarebbe la legge applicabile alla loro situazione.

40. Occorrerebbe evitare la dispersione delle regole di conflitto di leggi in molteplici strumenti e le divergenze tra tali regole. Tuttavia, il presente regolamento non dovrebbe escludere la possibilità di inserire regole di conflitto di leggi riguardanti le obbligazioni contrattuali nelle disposizioni dell'ordinamento comunitario relative a materie particolari. Il presente regolamento non dovrebbe pregiudicare l'applicazione di altri strumenti contenenti disposizioni intese a contribuire al corretto funzionamento del mercato interno nella misura in cui esse non possono essere applicate in collegamento con la legge designata in base al presente regolamento. L'applicazione delle disposizioni sulla legge applicabile designata in base al presente regolamento non dovrebbe restringere la libera circolazione delle merci e dei servizi disciplinata da strumenti comunitari quali la dir. 2000/31/CE del Parlamento europeo e del Consiglio, dell'8 giugno 2000, relativa a taluni aspetti giuridici dei servizi della società dell'informazione, in particolare il commercio elettronico, nel mercato interno («direttiva sul commercio elettronico»).

41. Il rispetto degli impegni internazionali sottoscritti dagli Stati membri comporta che il presente regolamento lasci impregiudicate le convenzioni internazionali di cui uno o più Stati membri sono parti al momento dell'adozione del presente regolamento. Per garantire una maggiore accessibilità di tali norme, la Commissione dovrebbe pubblicare, basandosi sulle informazioni trasmesse dagli Stati membri, l'elenco delle convenzioni in questione nella *Gazzetta ufficiale dell'Unione europea*.

42. La Commissione presenterà al Parlamento europeo e al Consiglio una proposta riguardante le procedure e condizioni secondo le quali gli Stati membri sarebbero autorizzati a negoziare e concludere a proprio nome, in singoli casi eccezionali riguardanti materie settoriali, accordi con paesi terzi contenenti disposizioni sulla legge applicabile alle obbligazioni contrattuali.

43. Poiché l'obiettivo del presente regolamento non può essere realizzato in maniera sufficiente dagli Stati membri e può dunque, a causa delle dimensioni e degli effetti del presente regolamento, essere meglio realizzato a livello comunitario, la Comunità può intervenire, in base al principio di sussidiarietà sancito dall'art. 5 del trattato. Il presente regolamento si limita a quanto è necessario per conseguire tale obiettivo in ottemperanza al principio di proporzionalità enunciato nello stesso articolo.

44. A norma dell'art. 3 del protocollo sulla posizione del Regno Unito e dell'Irlanda allegato al trattato sull'Unione europea ed al trattato che istituisce la Comunità europea, l'Irlanda, ha notificato il suo desiderio di partecipare all'adozione e all'applicazione del presente regolamento.

45. A norma degli artt. 1 e 2 del protocollo sulla posizione del Regno Unito e dell'Irlanda allegato al trattato sull'Unione europea ed al trattato che istituisce la Comunità europea e senza pregiudizio all'art. 4 dello stesso, il Regno Unito non partecipa all'adozione del presente regolamento e non è ad esso vincolato né soggetto alla sua applicazione.

46. A norma degli artt. 1 e 2 del protocollo sulla posizione della Danimarca allegato al trattato sull'Unione europea ed al trattato che istituisce la Comunità europea, la Danimarca non partecipa all'adozione del presente regolamento e non è da esso vincolata né soggetta alla sua applicazione,

HANNO ADOTTATO IL PRESENTE REGOLAMENTO:

CAPO I

CAMPO D'APPLICAZIONE

1. *Campo d'applicazione materiale*. — 1. Il presente regolamento si applica, in circostanze che comportino un conflitto di leggi, alle obbligazioni contrattuali in materia civile e commerciale.

Esso non si applica, in particolare, alle materie fiscali, doganali o amministrative.

2. Sono esclusi dal campo d'applicazione del presente regolamento:

a) le questioni di stato e di capacità delle persone fisiche, fatto salvo l'art. 13;

b) le obbligazioni derivanti dai rapporti di famiglia o dai rapporti che secondo la legge applicabile a tali rapporti hanno effetti comparabili, comprese le obbligazioni alimentari;

c) le obbligazioni derivanti da regimi patrimoniali tra coniugi, da regimi patrimoniali relativi a rapporti che secondo la legge applicabile a questi ultimi hanno effetti comparabili al matrimonio, nonché dalle successioni;

d) le obbligazioni derivanti da cambiali, assegni, vaglia cambiari e da altri strumenti negoziabili, nella misura in cui le obbligazioni derivanti da tali altri strumenti risultano dal loro carattere negoziabile;

e) i compromessi, le clausole compromissorie e le convenzioni sul foro competente;

f) le questioni inerenti al diritto delle società, associazioni e persone giuridiche, su aspetti quali la costituzione, tramite registrazione o altrimenti, la capacità giuridica, l'organizzazione interna e lo scioglimento delle società, associazioni e persone giuridiche e la responsabilità personale dei soci e degli organi per le obbligazioni della società, associazione o persona giuridica;

g) la questione di stabilire se l'atto compiuto da un intermediario valga ad obbligare di fronte ai terzi il mandante, o se l'atto compiuto da un organo di una società, altra associazione o persona giuridica valga ad obbligare di fronte ai terzi la società, altra associazione o persona giuridica;

h) la costituzione di «trust» e i rapporti che ne derivano tra i costituenti, i «trustee» e i beneficiari;

i) le obbligazioni derivanti da trattative precontrattuali;

j) i contratti di assicurazione che derivano da operazioni effettuate da soggetti diversi dalle imprese di cui all'art. 2 della dir. 2002/83/CE del Parlamento europeo e del Consiglio, del 5 novembre 2002, relativa all'assicurazione sulla vita, aventi lo scopo di erogare ai lavoratori, dipendenti o non, riuniti nell'ambito di un'impresa o di un gruppo di imprese o di un settore professionale o interprofessionale, prestazioni in caso di decesso, in caso di vita o in caso di cessazione o riduzione d'attività, o in caso di malattia professionale o di infortunio sul lavoro.

3. Il presente regolamento non si applica alla prova e alla procedura, fatto salvo l'art. 18.

4. Nel presente regolamento, per «Stato membro» si intendono gli Stati membri ai quali si applica il presente regolamento. Tuttavia, all'art. 3, par. 4, e all'art. 7 per «Stato membro» si intendono tutti gli Stati membri.

2. *Carattere universale*. — La legge designata dal presente regolamento si applica anche ove non sia quella di uno Stato membro.

CAPO II

NORME UNIFORMI

3. *Libertà di scelta*. — 1. Il contratto è disciplinato dalla legge scelta dalle parti. La scelta è espressa o risulta chiaramente dalle disposizioni del contratto o dalle circostanze del caso. Le parti possono designare la legge applicabile a tutto il contratto ovvero a una parte soltanto di esso.

2. Le parti possono convenire, in qualsiasi momento, di sottoporre il contratto ad una legge diversa da quella che lo disciplinava in precedenza per effetto di una scelta anteriore effettuata ai sensi del presente articolo o per effetto di altre disposizioni del presente regolamento. Qualsiasi modifica relativa alla determinazione della legge applicabile, intervenuta posteriormente alla conclusione del contratto, non ne inficia la validità formale ai sensi dell'art. 11 e non pregiudica i diritti dei terzi.

3. Qualora tutti gli altri elementi pertinenti alla situazione siano ubicati, nel momento in cui si opera la scelta, in un paese diverso da quello la cui legge è stata scelta, la scelta effettuata dalle parti fa salva l'applicazione delle disposizioni alle quali la legge di tale diverso paese non permette di derogare convenzionalmente.

4. Qualora tutti gli altri elementi pertinenti alla situazione siano ubicati, nel momento in cui si opera la scelta, in uno o più Stati membri, la scelta di una legge applicabile diversa da quella di uno Stato membro ad opera delle parti fa salva l'applicazione delle disposizioni di diritto comunitario, se del caso, come applicate nello Stato membro del foro, alle quali non è permesso derogare convenzionalmente.

5. L'esistenza e la validità del consenso delle parti sulla legge applicabile sono disciplinate dagli artt. 10, 11 e 13.

4. *Legge applicabile in mancanza di scelta*. — 1. In mancanza di scelta esercitata ai sensi dell'art. 3 e fatti salvi gli articoli da 5 a 8, la legge che disciplina il contratto è determinata come segue:

a) il contratto di vendita di beni è disciplinato dalla legge del paese nel quale il venditore ha la residenza abituale;

b) il contratto di prestazione di servizi è disciplinato dalla legge del paese nel quale il prestatore di servizi ha la residenza abituale;

c) il contratto avente per oggetto un diritto reale immobiliare o la locazione di un immobile è disciplinato dalla legge del paese in cui l'immobile è situato;

d) in deroga alla lett. *c*), la locazione di un immobile concluso per uso privato temporaneo per un periodo di non oltre sei mesi consecutivi è disciplinata dalla legge del paese nel quale il proprietario ha la residenza abituale, purché il locatario sia una persona fisica e abbia la sua residenza abituale nello stesso paese;

e) il contratto di affiliazione (franchising) è disciplinato dalla legge del paese nel quale l'affiliato ha la residenza abituale;

f) il contratto di distribuzione è disciplinato dalla legge del paese nel quale il distributore ha la residenza abituale;

g) il contratto di vendita di beni all'asta è disciplinato dalla legge del paese nel quale ha luogo la vendita all'asta, se si può determinare tale luogo;

h) il contratto concluso in un sistema multilaterale che consente o facilita l'incontro di interessi multipli di acquisto e di vendita di terzi relativi a strumenti finanziari, quali definiti all'art. 4, par. 1, punto 17, della dir. 2004/39/CE, conformemente a regole non discrezionali e disciplinato da un'unica legge, è disciplinato da tale legge.

2. Se il contratto non è coperto dal par. 1 o se gli elementi del contratto sono contemplati da più di una delle lettere da *a*) ad *h*), del par. 1, il contratto è disciplinato dalla legge del paese nel quale la parte che deve effettuare la prestazione caratteristica del contratto ha la residenza abituale.

3. Se dal complesso delle circostanze del caso risulta chiaramente che il contratto presenta collegamenti manifestamente più stretti con un paese diverso da quello indicato ai parr. 1 o 2, si applica la legge di tale diverso paese.

4. Se la legge applicabile non può essere determinata a norma dei parr. 1 o 2, il contratto è disciplinato dalla legge del paese con il quale presenta il collegamento più stretto.

5. *Contratti di trasporto*. — 1. Nella misura in cui la legge applicabile al contratto di trasporto di merci non sia stata scelta a norma dell'art. 3, la legge applicabile è quella del paese di residenza abituale del vettore, a condizione che il luogo di ricezione o di consegna o la residenza abituale del mittente siano anch'essi situati in tale paese. Se tali condizioni non sono soddisfatte, si applica la legge del paese in cui si trova il luogo di consegna convenuto dalle parti.

2. Nella misura in cui la legge applicabile a un contratto di trasporto di passeggeri non sia stata scelta dalle parti conformemente al secondo comma, la legge applicabile è quella del paese di residenza abituale del passeggero, purché il luogo di partenza o di destinazione sia situato in tale paese. Se tali condizioni non sono soddisfatte, si applica la legge del paese in cui il vettore ha la residenza abituale.

Le parti possono scegliere come legge applicabile al contratto di trasporto di passeggeri a norma dell'art. 3 solo la legge del paese in cui:

a) il passeggero ha la residenza abituale; o

b) il vettore ha la residenza abituale; o

c) il vettore ha la sua amministrazione centrale; o

d) è situato il luogo di partenza; o

e) è situato il luogo di destinazione.

3. Se dal complesso delle circostanze del caso risulta chiaramente che il contratto, in mancanza di scelta della legge, presenta collegamenti manifestamente più stretti con un paese diverso da quello indicato ai parr. 1 o 2, si applica la legge di tale diverso paese.

6. *Contratti conclusi da consumatori*. — 1. Fatti salvi gli artt. 5 e 7, un contratto concluso da una persona fisica per un uso che possa essere considerato estraneo alla sua attività commerciale o professionale («il consumatore») con un'altra persona che agisce nell'esercizio della sua attività commerciale o professionale («il professionista») è disciplinato dalla legge del paese nel quale il consumatore ha la residenza abituale, a condizione che il professionista:

a) svolga le sue attività commerciali o professionali nel paese in cui il consumatore ha la residenza abituale; o

b) diriga tali attività, con qualsiasi mezzo, verso tale paese o vari paesi tra cui quest'ultimo;

e il contratto rientri nell'ambito di dette attività.

2. In deroga al par. 1, le parti possono scegliere la legge applicabile a un contratto che soddisfa i requisiti del par. 1 in conformità dell'art. 3. Tuttavia, tale scelta non vale a privare il consumatore della protezione assicuratagli dalle disposizioni alle quali non è permesso derogare convenzionalmente ai sensi della legge che, in mancanza di scelta, sarebbe stata applicabile a norma del par. 1.

3. Se i requisiti di cui al par. 1, lett. *a*) o *b*) non sono soddisfatti, la legge applicabile a un contratto tra un consumatore e un professionista è determinata a norma degli artt. 3 e 4.

4. I parr. 1 e 2 non si applicano ai contratti seguenti:

a) ai contratti di fornitura di servizi quando i servizi dovuti al consumatore devono essere forniti esclusivamente in un paese diverso da quello in cui egli risiede abitualmente;

b) ai contratti di trasporto diversi dai contratti riguardanti un viaggio «tutto compreso» ai sensi della dir. 90/314/CEE del Consiglio, del 13 giugno 1990, concernente i viaggi, le vacanze ed i circuiti «tutto compreso»;

c) ai contratti aventi per oggetto un diritto reale immobiliare o la locazione di un immobile diversi dai contratti riguardanti un diritto di godimento a tempo parziale ai sensi della dir. 94/47/CE;

d) ai diritti e obblighi che costituiscono uno strumento finanziario e ai diritti e obblighi costitutivi delle clausole e condizioni che disciplinano l'emissione o l'offerta al pubblico e le offerte pubbliche di acquisizione di valori mobiliari, e alla sottoscrizione e al riacquisto di quote di organismi di investimento collettivo, nella misura in cui tali attività non costituiscono prestazione di un servizio finanziario;

e) ai contratti conclusi nell'ambito del tipo di sistema che rientra nel campo di applicazione dell'art. 4, par. 1, lett. *h*).

7. *Contratti di assicurazione.* — 1. Il presente articolo si applica ai contratti di cui al par. 2, a prescindere dal fatto che il rischio coperto sia situato in uno Stato membro, e a tutti gli altri contratti di assicurazione che coprono rischi situati nel territorio degli Stati membri. Esso non si applica ai contratti di riassicurazione.

2. I contratti di assicurazione relativi ai grandi rischi quali definiti all'art. 5, lett. *d*), della prima dir. 73/239/CEE del Consiglio, del 24 luglio 1973, recante coordinamento delle disposizioni legislative, regolamentari ed amministrative in materia di accesso e di esercizio dell'assicurazione diretta diversa dall'assicurazione sulla vita sono disciplinati dalla legge scelta dalle parti conformemente all'art. 3 del presente regolamento.

Nella misura in cui la legge applicabile non è stata scelta dalle parti, il contratto di assicurazione è disciplinato dalla legge del paese in cui l'assicuratore ha la residenza abituale. Se dal complesso delle circostanze del caso risulta chiaramente che il contratto presenta collegamenti manifestamente più stretti con un paese diverso, si applica la legge di tale diverso paese.

3. Nel caso di un contratto di assicurazione diverso da un contratto rientrante nel campo di applicazione del par. 2, le parti possono scegliere solo le seguenti leggi a norma dell'art. 3:

a) la legge di uno Stato membro nel quale il rischio è situato al momento della conclusione del contratto;

b) la legge del paese nel quale il contraente assicurato ha la residenza abituale;

c) per l'assicurazione sulla vita, la legge dello Stato membro di cui il contraente assicurato ha la cittadinanza;

d) per un contratto di assicurazione limitato ad eventi che si verifichino in un dato Stato membro diverso dallo Stato membro in cui il rischio è situato, la legge di tale Stato membro;

e) la legge di uno degli Stati membri interessati o la legge del paese nel quale il contraente assicurato ha la residenza abituale, se il contraente assicurato di un contratto rientrante nel campo di applicazione del presente paragrafo esercita un'attività commerciale o industriale o una professione liberale e il contratto di assicurazione copre due o più rischi che riguardano tali attività e sono situati in Stati membri diversi.

Quando nei casi di cui alle lett. *a*), *b*) o *e*) gli Stati membri in questione accordano una più ampia libertà di scelta della legge applicabile al contratto di assicurazione, le parti possono avvalersi di tale libertà.

Nella misura in cui la legge applicabile non è stata scelta dalle parti in conformità del presente paragrafo, il contratto è disciplinato dalla legge dello Stato membro nel quale il rischio è situato al momento della conclusione del contratto.

4. Le seguenti regole addizionali si applicano ai contratti di assicurazione che coprono rischi per i quali uno Stato membro impone un obbligo di assicurazione:

a) il contratto di assicurazione soddisfa l'obbligo di contrarre un'assicurazione solo qualora sia conforme alle disposizioni specifiche relative a detta assicurazione previste dallo Stato membro che impone l'obbligo. Quando le disposizioni della legge dello Stato membro in cui è situato il rischio sono in contraddizione con quelle della legge dello Stato membro che impone l'obbligo di contrarre un'assicurazione, prevalgono queste ultime;

b) in deroga ai parr. 2 e 3, uno Stato membro può stabilire che il contratto di assicurazione sia disciplinato dalla legge dello Stato membro che impone l'obbligo di assicurazione.

5. Ai fini del par. 3, terzo comma, e del par. 4, quando il contratto copre rischi situati in più di uno Stato membro, il contratto è considerato come costituito da più contratti, ciascuno dei quali riferito ad un solo Stato membro.

6. Ai fini del presente articolo, il paese in cui il rischio è situato è determinato in conformità dell'art. 2, lett. *d*), della seconda dir. 88/357/

CEE del Consiglio, del 22 giugno 1988, che coordina le disposizioni legislative, regolamentari ed amministrative riguardanti l'assicurazione diretta diversa dall'assicurazione sulla vita e fissa le disposizioni volte ad agevolare l'esercizio effettivo della libera prestazione di servizi e, nel caso dell'assicurazione sulla vita, il paese in cui il rischio è situato è il paese dell'impegno, ai sensi dell'art. 1, par. 1, lett. *g*), della dir. 2002/83/CE.

8. *Contratti individuali di lavoro*. — 1. Un contratto individuale di lavoro è disciplinato dalla legge scelta dalle parti conformemente all'art. 3. Tuttavia, tale scelta non vale a privare il lavoratore della protezione assicuratagli dalle disposizioni alle quali non è permesso derogare convenzionalmente in virtù della legge che, in mancanza di scelta, sarebbe stata applicabile a norma dei parr. 2, 3 e 4 del presente articolo.

2. Nella misura in cui la legge applicabile al contratto individuale di lavoro non sia stata scelta dalle parti, il contratto è disciplinato dalla legge del paese nel quale o, in mancanza, a partire dal quale il lavoratore, in esecuzione del contratto, svolge abitualmente il suo lavoro. Il paese in cui il lavoro è abitualmente svolto non è ritenuto cambiato quando il lavoratore svolge il suo lavoro in un altro paese in modo temporaneo.

3. Qualora la legge applicabile non possa essere determinata a norma del par. 2, il contratto è disciplinato dalla legge del paese nel quale si trova la sede che ha proceduto ad assumere il lavoratore.

4. Se dall'insieme delle circostanze risulta che il contratto di lavoro presenta un collegamento più stretto con un paese diverso da quello indicato ai parr. 2 o 3, si applica la legge di tale diverso paese.

9. *Norme di applicazione necessaria*. — 1. Le norme di applicazione necessaria sono disposizioni il cui rispetto è ritenuto cruciale da un paese per la salvaguardia dei suoi interessi pubblici, quali la sua organizzazione politica, sociale o economica, al punto da esigerne l'applicazione a tutte le situazioni che rientrino nel loro campo d'applicazione, qualunque sia la legge applicabile al contratto secondo il presente regolamento.

2. Le disposizioni del presente regolamento non ostano all'applicazione delle norme di applicazione necessaria della legge del foro.

3. Può essere data efficacia anche alle norme di applicazione necessaria del paese in cui gli obblighi derivanti dal contratto devono essere o sono stati eseguiti, nella misura in cui tali norme di applicazione necessaria rendono illecito l'adempimento del contratto. Per decidere se vada data efficacia a queste norme, si deve tenere conto della loro natura e della loro finalità nonché delle conseguenze derivanti dal fatto che siano applicate, o meno.

10. *Consenso e validità sostanziale*. — 1. L'esistenza e la validità del contratto o di una sua disposizione si stabiliscono in base alla legge che sarebbe applicabile in virtù del presente regolamento se il contratto o la disposizione fossero validi.

2. Tuttavia, un contraente, al fine di dimostrare che non ha dato il suo consenso, può riferirsi alla legge del paese in cui ha la residenza abituale, se dalle circostanze risulta che non sarebbe ragionevole stabilire l'effetto del comportamento di questo contraente secondo la legge prevista nel par. 1.

11. *Validità formale*. — 1. Un contratto concluso tra persone che si trovano, o i cui intermediari si trovano, nello stesso paese al momento della conclusione è valido quanto alla forma se soddisfa i requisiti di forma della legge che ne disciplina la sostanza ai sensi del presente regolamento o della legge del paese in cui è concluso.

2. Un contratto concluso tra persone che si trovano, o i cui intermediari si trovano, in paesi diversi al momento della conclusione è valido quanto alla forma se soddisfa i requisiti di forma della legge che ne disciplina la sostanza ai sensi del presente regolamento o della legge del paese in cui si trova una delle parti, o il loro intermediario, al momento della conclusione oppure della legge del paese in cui una delle parti risiedeva abitualmente in quel momento.

3. Un atto giuridico unilaterale relativo ad un contratto concluso o da concludere è valido quanto alla forma se soddisfa i requisiti di forma della legge che disciplina o disciplinerebbe la sostanza del contratto ai sensi del presente regolamento, o della legge del paese in cui detto atto è stato compiuto, o della legge del paese in cui l'autore dell'atto risiedeva abitualmente nel momento in cui l'ha compiuto.

4. I parr. 1, 2 e 3 del presente articolo non si applicano ai contratti che rientrano nel campo d'applicazione dell'art. 6. La forma di questi contratti è disciplinata dalla legge del paese in cui il consumatore ha la residenza abituale.

5. In deroga ai paragrafi da 1 a 4, qualsiasi contratto avente per oggetto un diritto reale immobiliare o la locazione di un immobile è sottoposta ai requisiti di forma della legge del paese in cui l'immobile è situato, sempre che, secondo tale legge:

a) tali requisiti si applichino indipendentemente dal paese in cui il contratto è concluso e dalla legge che disciplina il contratto; e

b) a tali requisiti non è permesso derogare convenzionalmente.

12. *Ambito della legge applicabile*. — 1. La legge applicabile al contratto ai sensi del presente regolamento disciplina in particolare:

a) la sua interpretazione;

b) l'esecuzione delle obbligazioni che ne discendono;

c) entro i limiti dei poteri attribuiti al giudice dalla sua legge processuale, le conseguenze dell'inadempimento totale o parziale di quelle obbligazioni, compresa la liquidazione del danno in quanto sia disciplinata da norme giuridiche;

d) i diversi modi di estinzione delle obbligazioni nonché le prescrizioni e decadenze;

e) le conseguenze della nullità del contratto.

2. Per quanto concerne le modalità di esecuzione e le misure che il creditore dovrà prendere in caso di esecuzione difettosa, si avrà riguardo alla legge del paese in cui ha luogo l'esecuzione.

13. *Incapacità*. — In un contratto concluso tra due persone che si trovano in uno stesso paese, una persona fisica, capace secondo la legge di tale paese, può invocare la sua incapacità risultante da un'altra legge soltanto se, al momento della conclusione del contratto, l'altra parte contraente era a conoscenza di tale incapacità o l'ha colpevolmente ignorata.

14. *Cessione di credito e surrogazione convenzionale*. — 1. I rapporti tra cedente e cessionario o tra surrogante e surrogato nell'ambito di una cessione o di una surrogazione convenzionale di credito nei confronti di un altro soggetto («il debitore») sono disciplinati dalla legge che, in forza del presente regolamento, si applica al contratto che li vincola.

2. La legge che disciplina il credito ceduto o surrogato determina la cedibilità di questo, i rapporti tra cessionario o surrogato e debitore, le condizioni di opponibilità della cessione o surrogazione al debitore e il carattere liberatorio della prestazione fatta dal debitore.

3. Il concetto di cessione nel presente articolo include i trasferimenti definitivi di crediti, i trasferimenti di crediti a titolo di garanzia nonché gli impegni e altri diritti di garanzia sui crediti.

15. *Surrogazione legale*. — Qualora, in virtù di un'obbligazione contrattuale, un soggetto, il creditore, vanti diritti nei confronti di un altro soggetto, il debitore, e un terzo sia tenuto a soddisfare il creditore, ovvero il terzo abbia soddisfatto il creditore in esecuzione di questo obbligo, la legge applicabile a tale obbligo del terzo determina se e in quale misura questi possa esercitare nei confronti del debitore i diritti vantati dal creditore nei confronti del debitore in base alla legge che disciplina i loro rapporti.

16. *Obbligazioni solidali*. — Qualora un creditore vanti un credito nei confronti di vari debitori che sono responsabili in solido e uno di essi abbia già adempiuto in tutto o in parte, la legge che regola l'obbligazione di tale debitore nei confronti del creditore regola anche il diritto di regresso del debitore nei confronti degli altri debitori. Gli altri debitori possono opporre le eccezioni che potevano opporre al creditore nella misura consentita dalla legge che regola la loro obbligazione nei confronti del creditore.

17. *Compensazione legale*. — Qualora il diritto di compensazione non sia stato convenuto dalle parti, la compensazione è regolata dalla legge applicabile al credito per il quale è fatto valere il diritto di compensazione.

18. *Onere della prova*. — 1. La legge che disciplina un'obbligazione contrattuale ai sensi del presente regolamento si applica nella misura in cui, in materia di obbligazioni contrattuali, stabilisca presunzioni legali o ripartisca l'onere della prova.

2. Il contratto o un atto giuridico possono essere provati con ogni mezzo di prova ammesso tanto dalla legge del foro quanto da una delle leggi di cui all'art. 11 secondo la quale il contratto o l'atto è valido quanto alla forma, sempreché il mezzo di prova di cui si tratta possa essere impiegato davanti al giudice adito.

CAPO III

ALTRE DISPOSIZIONI

19. *Residenza abituale*. — 1. Ai fini del presente regolamento, per residenza abituale di società, associazioni e persone giuridiche si intende il luogo in cui si trova la loro amministrazione centrale.

Per residenza abituale di una persona fisica che agisce nell'esercizio della sua attività professionale si intende la sua sede di attività principale.

2. Quando il contratto è concluso nel quadro dell'esercizio dell'attività di una filiale, di un'agenzia o di qualunque altra sede di attività, o se, secondo il contratto, la prestazione deve essere fornita da una siffatta filiale, agenzia o sede di attività, il luogo in cui è ubicata la filiale, l'agenzia o altra sede di attività è considerato residenza abituale.

3. Al fine di determinare la residenza abituale il momento rilevante è quello della conclusione del contratto.

20. *Esclusione del rinvio*. — Qualora il presente regolamento prescriva l'applicazione della legge di un paese, esso si riferisce all'applicazione delle norme giuridiche in vigore in quel paese, ad esclusione delle norme di diritto internazionale privato, salvo che il presente regolamento disponga altrimenti.

21. *Ordine pubblico del foro*. — 1. L'applicazione di una norma della legge di un paese designata dal presente regolamento può essere esclusa solo qualora tale applicazione risulti manifestamente incompatibile con l'ordine pubblico del foro.

22. *Stati con più sistemi giuridici*. — 1. Ove uno Stato si componga di più unità territoriali, ciascuna con una normativa propria in materia di obbligazioni contrattuali, ogni unità territoriale è considerata come un paese ai fini della determinazione della legge applicabile ai sensi del presente regolamento.

2. Uno Stato membro in cui differenti unità territoriali abbiano le proprie norme giuridiche in materia di obbligazioni contrattuali non è tenuto ad applicare il presente regolamento ai conflitti di leggi che riguardano unicamente tali unità territoriali.

23. *Relazioni con altre disposizioni del diritto comunitario*. — Fatto salvo l'art. 7, il presente regolamento non pregiudica l'applicazione delle disposizioni dell'ordinamento comunitario che, con riferimento a settori specifici, disciplinino i conflitti di legge in materia di obbligazioni contrattuali.

24. *Relazioni con la convenzione di Roma*. — 1. Il presente regolamento sostituisce la convenzione di Roma negli Stati membri, salvo per quanto riguarda i territori degli Stati membri che rientrano nel campo di applicazione territoriale di tale convenzione e ai quali il presente regolamento non è applicabile a norma dell'art. 299 del trattato.

2. Nella misura in cui il presente regolamento sostituisce le disposizioni della convenzione di Roma, ogni riferimento a tale convenzione si intende fatto al presente regolamento.

25. *Relazioni con convenzioni internazionali in vigore*. — 1. Il presente regolamento non osta all'applicazione delle convenzioni internazionali di cui uno o più Stati membri sono parti contraenti al momento dell'adozione del presente regolamento e che disciplinano i conflitti di leggi inerenti ad obbligazioni contrattuali.

2. Tuttavia, il presente regolamento prevale, tra Stati membri, sulle convenzioni concluse esclusivamente tra due o più di essi nella misura in cui esse riguardano materie disciplinate dal presente regolamento.

26. *Elenco delle convenzioni*. — 1. Entro il 17 giugno 2009 gli Stati membri comunicano alla Commissione le convenzioni di cui all'art. 25, par. 1. Dopo tale data, gli Stati membri comunicano alla Commissione ogni eventuale denuncia di tali convenzioni.

2. La Commissione pubblica nella *Gazzetta ufficiale dell'Unione europea*, entro sei mesi dal ricevimento delle notifiche di cui al par. 1:

a) l'elenco delle convenzioni di cui al par. 1;

b) le denunce di cui al par. 1.

27. *Clausola di revisione*. — 1. Entro il 17 giugno 2013, la Commissione presenta al Parlamento europeo, al Consiglio e al Comitato economico e sociale europeo una relazione sull'applicazione del presente regolamento. Tale relazione, se del caso, è corredata di proposte di modifica del presente regolamento. La relazione comprende:

a) uno studio sulla legge applicabile ai contratti di assicurazione e una valutazione dell'impatto delle eventuali disposizioni da introdurre; e

b) una valutazione sull'applicazione dell'art. 6, in particolare per quanto riguarda la coerenza del diritto comunitario nel settore della protezione dei consumatori.

2. Entro il 17 giugno 2010, la Commissione presenta al Parlamento europeo, al Consiglio e al Comitato economico e sociale europeo una relazione sul problema dell'efficacia della cessione di credito o della surrogazione nel credito nei confronti dei terzi e sul privilegio del credito ceduto o surrogato rispetto al diritto di un'altra persona. La relazione è corredata, se del caso, da una proposta di modifica del presente regolamento e da una valutazione dell'impatto delle disposizioni da introdurre.

28. *Applicazione nel tempo*. — 1. Il presente regolamento si applica ai contratti conclusi a decorrere dal 17 dicembre 2009 (1).

CAPO IV

Disposizioni finali

29. *Entrata in vigore e applicazione*. — 1. Il presente regolamento entra in vigore il vente-

(1) Articolo così modificato con *Rettifica*, in G.U.U.E., 24 novembre 2009, n. L 309.

simo giorno successivo alla pubblicazione nella *Gazzetta ufficiale dell'Unione europea*.

2. Il presente regolamento si applica a decorrere dal 17 dicembre 2009 fatta eccezione per l'art. 26, che si applica a decorrere dal 17 giugno 2009.

3. Il presente regolamento è obbligatorio in tutti i suoi elementi e direttamente applicabile negli Stati membri, in conformità del trattato che istituisce la Comunità europea.

Fatto a Strasburgo, addì 17 giugno 2008.

I. 3.

REGOLAMENTO (CE) N. 864/2007 DEL PARLAMENTO EUROPEO E DEL CONSIGLIO, dell'11 luglio 2007, *sulla legge applicabile alle obbligazioni extracontrattuali («Roma II»)* (1).

IL PARLAMENTO EUROPEO E IL CONSIGLIO DELL'UNIONE EUROPEA,

visto il trattato che istituisce la Comunità europea, in particolare l'art. 61, lett. *c*), e l'art. 67,

vista la proposta della Commissione,

visto il parere del Comitato economico e sociale europeo,

deliberando secondo la procedura di cui all'art. 251 del trattato, alla luce del progetto comune approvato dal comitato di conciliazione il 25 giugno 2007,

considerando quanto segue:

1. La Comunità si prefigge di conservare e sviluppare uno spazio di libertà, sicurezza e giustizia. Al fine di una progressiva istituzione di tale spazio, la Comunità dovrebbe adottare misure nel settore della cooperazione giudiziaria in materia civile che presentino implicazioni transfrontaliere nella misura necessaria per il corretto funzionamento del mercato interno.

2. A norma dell'art. 65, lett. *b*) del trattato, queste misure dovrebbero includere la promozione della compatibilità delle regole applicabili negli Stati membri ai conflitti di leggi e di competenza giurisdizionale.

3. Il Consiglio europeo di Tampere del 15 e 16 ottobre 1999 ha avallato il principio del reciproco riconoscimento delle sentenze e altre decisioni delle autorità giudiziarie quale pietra angolare della cooperazione giudiziaria in materia civile, invitando il Consiglio e la Commissione ad adottare un programma di misure per l'attuazione del principio del reciproco riconoscimento.

4. Il 30 novembre 2000, il Consiglio ha adottato un programma congiunto della Commissione e del Consiglio di misure relative all'attuazione del principio del riconoscimento reciproco delle decisioni in materia civile e commerciale. Il programma ravvisa nelle misure relative all'armonizzazione delle regole di conflitto di leggi gli strumenti che facilitano il reciproco riconoscimento delle decisioni.

5. Il programma dell'Aia, adottato dal Consiglio europeo il 5 novembre 2004, ha auspicato la prosecuzione attiva del lavoro sulle regole di conflitto di leggi per quanto riguarda le obbligazioni non contrattuali («Roma II»).

6. Il corretto funzionamento del mercato interno esige che le regole di conflitto di leggi in vigore negli Stati membri designino la medesima legge nazionale quale che sia il paese del giudice adito onde favorire la prevedibilità dell'esito delle controversie giudiziarie, la certezza circa la legge applicabile e la libera circolazione delle sentenze.

7. Il campo d'applicazione materiale e le disposizioni del presente regolamento dovrebbero essere coerenti con il reg. (CE) n. 44/2001 del Consiglio, del 22 dicembre 2000, concernente la competenza giurisdizionale, il riconoscimento e l'esecuzione delle decisioni in materia civile e commerciale («Bruxelles I»), e con gli strumenti relativi alla legge applicabile alle obbligazioni contrattuali.

8. Il presente regolamento dovrebbe essere applicato a prescindere dalla natura dell'organo giurisdizionale adito.

9. Le azioni che derivano da atti od omissioni nell'esercizio di pubblici poteri (*acta iure imperii*) dovrebbero includere quelle esercitate nei confronti dei funzionari che agiscono a nome dello Stato e quelle di responsabilità per atti delle autorità pubbliche, compresa la responsabilità dei funzionari pubblici. Pertanto, tali questioni dovrebbero essere escluse dal campo di applicazione del presente regolamento.

10. I rapporti di famiglia dovrebbero comprendere l'ascendenza e la discendenza, il matrimonio, l'affinità e i parenti collaterali. Il riferimento, nell'art. 1, par. 2, ai rapporti che hanno effetti comparabili al matrimonio e ad altri rapporti di famiglia dovrebbe essere interpretato in conformità della legge dello Stato membro del giudice adito.

11. La nozione di obbligazione extracontrattuale varia da uno Stato membro all'altro. Pertanto, ai fini del presente regolamento, essa dovrebbe essere intesa come nozione autonoma. Le regole di conflitto di leggi stabilite nel

(1) G.U.U.E., 31 luglio 2007, n. L/199.

presente regolamento dovrebbero disciplinare anche le obbligazioni extracontrattuali derivanti da responsabilità oggettiva.

12. La legge applicabile dovrebbe disciplinare altresì la questione della capacità di rispondere per il fatto illecito.

13. Norme uniformi applicabili a prescindere dalla legge da esse designata possono permettere di evitare il rischio di distorsioni di concorrenza fra contendenti comunitari.

14. Il requisito della certezza del diritto e l'esigenza di amministrare la giustizia nei casi concreti sono elementi essenziali dello spazio di giustizia. Il presente regolamento prevede i criteri di collegamento più adatti al raggiungimento di tali obiettivi. Pertanto, il presente regolamento prevede una regola generale ma anche regole specifiche e, in determinate disposizioni, una «clausola di salvaguardia» che consente di discostarsi da tali regole qualora risulti chiaramente da tutte le circostanze del caso che il fatto illecito presenta manifestamente un collegamento più stretto con un altro paese. Tale insieme di regole crea un quadro flessibile di regole di conflitto di leggi. Inoltre, esso consente al giudice adito di trattare i casi singoli in maniera adeguata.

15. Se il principio della *lex loci delicti commissi* rappresenta la soluzione di base in materia di obbligazioni extracontrattuali in quasi tutti gli Stati membri, questo principio viene applicato in pratica in modo differenziato in caso di dispersione degli elementi della fattispecie tra vari paesi. Questo stato di cose genera incertezza circa la legge applicabile.

16. Norme uniformi dovrebbero migliorare la prevedibilità delle decisioni giudiziarie e assicurare un ragionevole equilibrio tra gli interessi del presunto responsabile e quelli della parte lesa. Il collegamento con il paese sul cui territorio il danno diretto si è verificato (*lex loci damni*) determina un giusto equilibrio fra gli interessi del presunto responsabile e quelli della parte lesa, oltre a corrispondere alla moderna concezione del diritto della responsabilità civile e all'evoluzione dei sistemi di responsabilità oggettiva.

17. La legge applicabile dovrebbe essere determinata sulla base del luogo in cui si verifica il danno, a prescindere dal paese o dai paesi in cui potrebbero verificarsi le conseguenze indirette. Pertanto, in caso di lesioni alla sfera personale o danni patrimoniali, il paese in cui il danno si verifica dovrebbe essere il paese in cui è stata rispettivamente subita la lesione alla sfera personale o si è verificato il danno patrimoniale.

18. La regola generale nel presente regolamento dovrebbe essere quella della *lex loci damni* di cui all'art. 4, par. 1. L'art. 4, par. 2, dovrebbe costituire un'eccezione a tale regola generale in quanto crea una connessione speciale qualora le parti siano abitualmente residenti nello stesso paese. L'art. 4, par. 3, dovrebbe essere inteso come «clausola di salvaguardia» rispetto all'art. 4, parr. 1 e 2, qualora risulti chiaramente da tutte le circostanze del caso che il fatto illecito presenta manifestamente un collegamento più stretto con un altro paese.

19. È opportuno prevedere norme specifiche in relazione a tipologie speciali di fatto illecito per le quali la norma generale non permette di raggiungere un equilibrio ragionevole fra i contrapposti interessi.

20. In materia di responsabilità per prodotti difettosi, la regola di conflitto di leggi dovrebbe rispondere agli obiettivi di ripartire equamente i rischi inerenti a una società moderna altamente tecnologica, di tutelare la salute dei consumatori, di incentivare l'innovazione, di garantire una concorrenza non falsata e di agevolare gli scambi commerciali. La creazione di un sistema a cascata di criteri di collegamento, unitamente a una clausola di prevedibilità, costituisce, alla luce di questi obiettivi, una soluzione equilibrata. Il primo elemento da prendere in considerazione e la legge del paese in cui la parte lesa risiedeva abitualmente nel momento in cui il danno si è verificato, a condizione che il prodotto sia stato commercializzato in quel paese. Gli altri elementi del sistema a cascata entrano in gioco se il prodotto non è stato commercializzato in tale paese, fatti salvi l'art. 4, par. 2, e la possibilità di un collegamento manifestamente più stretto con un altro paese.

21. La disposizione specifica dell'art. 6 non costituisce un'eccezione alla regola generale di cui all'art. 4, par. 1, ma piuttosto un chiarimento della stessa. In materia di concorrenza sleale, la regola di conflitto di leggi dovrebbe tutelare i concorrenti, i consumatori e il pubblico in senso lato, nonché garantire il corretto funzionamento dell'economia di mercato. Il collegamento con la legge del paese in cui i rapporti di concorrenza o gli interessi collettivi dei consumatori sono o possono essere pregiudicati permette in genere di realizzare questi obiettivi.

22. Le obbligazioni extracontrattuali che derivano da una restrizione della concorrenza di cui all'art. 6, par. 3, dovrebbero riguardare le violazioni della legislazione sulla concorrenza a livello sia nazionale che comunitario. La legge applicabile a tali obbligazioni extracontrattuali dovrebbe essere quella del paese sul cui mercato la restrizione ha o potrebbe avere effetto. Qualora la restrizione abbia o possa ave-

re effetto sul mercato di più di un paese, la persona che promuove un'azione può, in taluni casi, scegliere di fondare le sue pretese sulla legge del giudice adito.

23. Ai fini del presente regolamento, la nozione di restrizione della concorrenza dovrebbe comprendere divieti di accordi tra imprese, decisioni di associazioni di imprese e le pratiche concordate che abbiano per oggetto o per effetto di impedire. restringere o falsare il gioco della concorrenza in uno Stato membro o nel mercato interno, nonché il divieto di abusare di una posizione dominante nell'ambito di uno Stato membro o del mercato interno, quando tali accordi, decisioni, pratiche concordate e abusi di posizione dominante siano vietati dagli artt. 81 e 82 del trattato o dalla legge di uno Stato membro.

24. Per «danno ambientale» dovrebbe intendersi il mutamento negativo di una risorsa naturale, come l'acqua, il terreno o l'aria, il deterioramento di una funzione svolta da tale risorsa naturale a vantaggio di un'altra risorsa naturale o del pubblico, oppure il deterioramento della variabilità tra gli organismi viventi.

25. In materia di danni all'ambiente, l'art. 174 del trattato, il quale si prefigge un elevato livello di tutela fondata sui principi di precauzione e di azione preventiva, sul principio di correzione, in via prioritaria alla fonte, e sul principio «chi inquina paga», giustifica pienamente il ricorso al principio del trattamento favorevole per la parte lesa. Il momento in cui la persona che chiede il risarcimento può effettuare la scelta in merito alla legge applicabile dovrebbe essere determinato in conformità della legge dello Stato membro in cui il giudice è adito.

26. Quanto alle violazioni dei diritti di proprietà intellettuale, sarebbe opportuno mantenere il principio della *lex loci protectionis*, universalmente riconosciuto. Ai fini del presente regolamento, per «diritti di proprietà intellettuale» si dovrebbero intendere, per esempio, il diritto d'autore, i diritti connessi, il diritto *sui generis* alla protezione delle banche dati, nonché i diritti di proprietà industriale.

27. La nozione esatta di attività sindacale, quale lo sciopero o la serrata, varia da uno Stato membro all'altro ed è definita secondo le norme di diritto interno di ciascuno Stato membro. Pertanto, il presente regolamento si basa sul principio generale dell'applicazione della legge del paese in cui l'attività sindacale ha avuto luogo al fine di tutelare i diritti e gli obblighi dei lavoratori e dei datori di lavoro.

28. La norma speciale riguardante l'attività sindacale di cui all'art. 9 lascia impregiudicate le condizioni per l'esercizio di una siffatta attività in conformità della legge nazionale e fa salvo lo status giuridico delle organizzazioni sindacali dei lavoratori o delle organizzazioni rappresentative dei lavoratori previsto nel diritto interno degli Stati membri.

29. Sarebbe opportuno prevedere norme specifiche in caso di danni causati da un atto diverso da un fatto illecito quali l'arricchimento senza causa, la *negotiorum gestio* e la *culpa in contrahendo*.

30. La *culpa in contrahendo* ai fini del presente regolamento e una nozione autonoma e non dovrebbe necessariamente essere interpretata ai sensi del diritto interno. Essa dovrebbe includere la violazione dell'onere di informare e l'interruzione delle trattative contrattuali. L'art. 12 comprende solo le obbligazioni extracontrattuali che presentano un collegamento diretto con le trattative precontrattuali. Ciò significa che, se durante le trattative precontrattuali una persona subisce lesioni alla sfera personale, si dovrebbero applicare l'art. 4 o altre disposizioni pertinenti del presente regolamento.

31. Nel rispetto del principio dell'autonomia delle parti e nell'intento di rafforzare la certezza del diritto, le parti dovrebbero poter scegliere la legge applicabile ad una obbligazione extracontrattuale. Tale scelta dovrebbe essere espressa o risultare in modo non equivoco dalle circostanze del caso di specie. Qualora accerti la sussistenza dell'accordo, il giudice deve rispettare le intenzioni delle parti. È opportuno proteggere le parti più deboli sottoponendo tale scelta a determinate condizioni.

32. Considerazioni di pubblico interesse giustificano, in circostanze eccezionali, che i giudici degli Stati membri possano applicare deroghe basate sull'ordine pubblico e sulle norme di applicazione necessaria. In particolare, l'applicazione di una disposizione della legge designata dal presente regolamento che abbia l'effetto di determinare il riconoscimento di danni non risarcitori aventi carattere esemplare o punitivo di natura eccessiva può essere considerata contraria all'ordine pubblico del foro, tenuto conto delle circostanze del caso di specie e dell'ordinamento giuridico dello Stato membro del giudice adito.

33. Conformemente alle norme nazionali vigenti in materia di risarcimento concesso alle vittime di incidenti stradali, è opportuno che, nel quantificare i danni per lesione alla persona qualora l'incidente abbia luogo in uno Stato diverso da quello di residenza abituale della vittima, il giudice adito tenga conto di tutte le

circostanze di fatto riguardanti la vittima, compreso l'effettivo lucro cessante e le spese del trattamento medico e riabilitativo.

34. Al fine di raggiungere un equilibrio ragionevole fra le parti, occorre tener conto, ove appropriato, delle norme di sicurezza e di condotta in vigore nel paese in cui il fatto dannoso è stato commesso, anche ove l'obbligazione extracontrattuale sia disciplinata dalla legge di un altro paese. Il concetto di «norme di sicurezza e di condotta» dovrebbe essere interpretato come riferito a tutte le disposizioni che presentano un collegamento con la sicurezza e la condotta, comprese per esempio le norme relative alla sicurezza stradale in caso di incidente.

35. Occorrerebbe evitare la dispersione delle regole di conflitto di leggi in molteplici strumenti e le divergenze tra tali regole. Tuttavia, il presente regolamento non esclude la possibilità di inserire regole di conflitto di leggi riguardanti le obbligazioni extracontrattuali nelle disposizioni dell'ordinamento comunitario relative a materie particolari.

Il presente regolamento non dovrebbe pregiudicare l'applicazione di altri strumenti contenenti disposizioni intese a contribuire al corretto funzionamento del mercato interno nella misura in cui esse non possono essere applicate in collegamento con la legge designata in base al presente regolamento. L'applicazione delle disposizioni sulla legge applicabile designata in base al presente regolamento non dovrebbe restringere la libera circolazione delle merci e dei servizi disciplinata da strumenti comunitari quali la dir. 2000/31/CE del Parlamento europeo e del Consiglio, dell'8 giugno 2000, relativa a taluni aspetti giuridici dei servizi della società dell'informazione, in particolare il commercio elettronico, nel mercato interno («direttiva sul commercio elettronico»).

36. Il rispetto degli impegni internazionali sottoscritti dagli Stati membri comporta che il presente regolamento lasci impregiudicate le convenzioni internazionali di cui uno o più Stati membri sono parte al momento dell'adozione del presente regolamento. Per garantire una maggiore accessibilità di tali norme, la Commissione dovrebbe pubblicare, basandosi sulle informazioni trasmesse dagli Stati membri, l'elenco delle convenzioni in questione nella *Gazzetta ufficiale dell'Unione europea*.

37. La Commissione presenterà al Parlamento europeo e al Consiglio una proposta riguardante le procedure e condizioni secondo le quali gli Stati membri sarebbero autorizzati a negoziare e concludere a proprio nome, in singoli casi eccezionali riguardanti materie settoriali, accordi con paesi terzi contenenti disposizioni sulla legge applicabile alle obbligazioni extracontrattuali.

38. Poiché l'obiettivo del presente regolamento non può essere realizzato in maniera sufficiente dagli Stati membri e può dunque, a causa delle dimensioni e degli effetti del presente regolamento, essere realizzato meglio a livello comunitario, la Comunità può intervenire, in base al principio di sussidiarietà sancito dall'art. 5 del trattato. Il presente regolamento si limita a quanto è necessario per conseguire tale obiettivo in ottemperanza al principio di proporzionalità enunciato nello stesso articolo.

39. A norma dell'art. 3 del protocollo sulla posizione del Regno Unito e dell'Irlanda allegato al trattato sull'Unione europea e al trattato che istituisce la Comunità europea, il Regno Unito e l'Irlanda partecipano all'adozione e all'applicazione del presente regolamento.

40. A norma degli artt. 1 e 2 del protocollo sulla posizione della Danimarca allegato al trattato sull'Unione europea e al trattato che istituisce la Comunità europea, la Danimarca non partecipa all'adozione del presente regolamento e non è pertanto da esso vincolata ne soggetta alla sua applicazione,

HANNO ADOTTATO IL PRESENTE REGOLAMENTO:

CAPO I

CAMPO DI APPLICAZIONE

1. *Campo di applicazione*. — 1. Il presente regolamento si applica, in circostanze che comportino un conflitto di leggi, alle obbligazioni extracontrattuali in materia civile e commerciale. Esso non si applica, in particolare, alle materie fiscali, doganali o amministrative né alla responsabilità dello Stato per atti od omissioni nell'esercizio di pubblici poteri (*acta iure imperii*).

2. Sono escluse dal campo di applicazione del presente regolamento:

a) le obbligazioni extracontrattuali che derivano dai rapporti di famiglia o da rapporti che secondo la legge applicabile a tali rapporti hanno effetti comparabili, comprese le obbligazioni alimentari;

b) le obbligazioni extracontrattuali che derivano da regimi patrimoniali tra coniugi, da regimi patrimoniali relativi a rapporti che secondo la legge applicabile a questi ultimi hanno effetti comparabili al matrimonio, nonché dalle successioni;

c) le obbligazioni extracontrattuali che derivano da cambiali, assegni, vaglia cambiari ed altri strumenti negoziabili, nella misura in cui le obbligazioni derivanti da tali altri strumenti risultano dal loro carattere negoziabile;

d) le obbligazioni extracontrattuali che derivano dal diritto delle società, associazioni e persone giuridiche, su aspetti quali la costituzione, tramite registrazione o altrimenti, la capacità giuridica, l'organizzazione interna e lo scioglimento delle società, associazioni e persone giuridiche, la responsabilità personale dei soci e degli organi per le obbligazioni della società, associazione o persona giuridica nonché la responsabilità personale dei revisori dei conti nei confronti di una società o dei suoi soci nel controllo dei documenti contabili;

e) le obbligazioni extracontrattuali che derivano dai rapporti tra i costituenti, i fiduciari e i beneficiari di un trust costituito per iniziativa volontaria;

f) le obbligazioni extracontrattuali che derivano da un danno nucleare;

g) le obbligazioni extracontrattuali che derivano da violazioni della vita privata e dei diritti della personalità, compresa la diffamazione.

3. Il presente regolamento non si applica alla prova e alla procedura, fatti salvi gli artt. 21 e 22.

4. Ai fini del presente regolamento, per «Stato membro» si intendono tutti gli Stati membri, eccetto la Danimarca.

2. *Obbligazioni extracontrattuali*. — 1. Ai fini del presente regolamento, il danno comprende ogni conseguenza derivante da fatto illecito, arricchimento senza causa, *negotiorum gestio* o *culpa in contrahendo*.

2. Il presente regolamento si applica anche alle obbligazioni extracontrattuali che possono sorgere.

3. Qualsiasi riferimento, contenuto nel presente regolamento, a:

a) un fatto che da origine al danno comprende i fatti che possono verificarsi che danno origine a danni;

b) un danno comprende i danni che possono verificarsi.

3. *Carattere universale*. — La legge designata dal presente regolamento si applica anche ove non sia quella di uno Stato membro.

CAPO II

ILLECITI

4. *Norma generale*. — 1. Salvo se diversamente previsto nel presente regolamento, la legge applicabile alle obbligazioni extracontrattuali che derivano da un fatto illecito è quella del paese in cui il danno si verifica, indipendentemente dal paese nel quale è avvenuto il fatto che ha dato origine al danno e a prescindere dal paese o dai paesi in cui si verificano le conseguenze indirette di tale fatto.

2. Tuttavia, qualora il presunto responsabile e la parte lesa risiedano abitualmente nello stesso paese nel momento in cui il danno si verifica, si applica la legge di tale paese.

3. Se dal complesso delle circostanze del caso risulta chiaramente che il fatto illecito presenta collegamenti manifestamente più stretti con un paese diverso da quello di cui ai parr. 1 o 2, si applica la legge di quest'altro paese. Un collegamento manifestamente più stretto con un altro paese potrebbe fondarsi segnatamente su una relazione preesistente tra le parti, quale un contratto, che presenti uno stretto collegamento con il fatto illecito in questione.

5. *Responsabilità da prodotti*. — 1. Fatto salvo l'art. 4, par. 2, la legge applicabile all'obbligazione extracontrattuale che deriva da danni causati da un prodotto è:

a) la legge del paese in cui la persona che ha subito il danno risiedeva abitualmente quando si è verificato il danno, se il prodotto è stato commercializzato in tale paese; o, in mancanza,

b) la legge del paese in cui è stato acquistato il prodotto, se il prodotto è stato commercializzato in tale paese; o, in mancanza,

c) la legge del paese in cui il danno si è verificato, se il prodotto è stato commercializzato in tale paese.

Si applica tuttavia la legge del paese in cui il presunto responsabile risiede abitualmente qualora tale persona non potesse ragionevolmente prevedere la commercializzazione del prodotto o di un prodotto dello stesso tipo nel paese la cui legge è applicabile ai sensi delle lett. *a*), *b*) o *c*).

2. Se dal complesso delle circostanze del caso risulta chiaramente che il fatto illecito presenta collegamenti manifestamente più stretti con un paese diverso da quello di cui al par. 1, si applica la legge di quest'altro paese. Un collegamento manifestamente più stretto con un altro paese potrebbe fondarsi segnatamente su una relazione preesistente tra le parti, quale un contratto, che presenti uno stretto collegamento con il fatto illecito in questione.

6. *Concorrenza sleale e atti limitativi della libera concorrenza*. — 1. La legge applicabile all'obbligazione extracontrattuale che deriva da un atto di concorrenza sleale e quella del paese sul cui territorio sono pregiudicati, o rischiano di esserlo, i rapporti di concorrenza o gli interessi collettivi dei consumatori.

2. Qualora un atto di concorrenza sleale leda esclusivamente gli interessi di un dato concorrente, si applica l'art. 4.

3. *a*) La legge applicabile all'obbligazione extracontrattuale che deriva da una restrizione della concorrenza e quella del paese sul cui mercato la restrizione ha o potrebbe avere effetto.

b) Qualora la restrizione abbia o possa avere effetto sul mercato di più di un paese, chi promuove un'azione di risarcimento danni dinanzi al giudice del domicilio del convenuto può invece scegliere di fondare le sue pretese sulla legge del giudice adito, purché il mercato in tale Stato membro sia tra quelli direttamente e sostanzialmente interessati dalla restrizione della concorrenza da cui deriva l'obbligazione extracontrattuale su cui si basa la pretesa; se l'attore agisce nei confronti di più di un convenuto dinanzi a detto giudice conformemente alle norme applicabili in materia di competenza giurisdizionale, può scegliere di fondare la sua pretesa esclusivamente sulla legge di tale giudice qualora la restrizione della concorrenza su cui si basa la pretesa contro ciascuno di detti convenuti interessi direttamente e sostanzialmente anche il mercato dello Stato membro di tale giudice.

4. Non si può derogare alla legge applicabile in virtù del presente articolo con un accordo ai sensi dell'art. 14.

7. *Danno ambientale*. — La legge applicabile all'obbligazione extracontrattuale che deriva da danno ambientale o da danni arrecati alle persone o ai beni per effetto di un tale danno e quella risultante dall'art. 4, par. 1, a meno che la persona che chiede il risarcimento dei danni scelga di fondare le sue pretese sulla legge del paese in cui il fatto che ha determinato il danno si è verificato.

8. *Violazione dei diritti di proprietà intellettuale*. — 1. La legge applicabile all'obbligazione extracontrattuale che deriva da una violazione di un diritto di proprietà intellettuale e quella del paese per il quale la protezione è chiesta.

2. In caso di obbligazione extracontrattuale che deriva da una violazione di un diritto di proprietà intellettuale comunitaria a carattere unitario, la legge applicabile e quella del paese in cui è stata commessa la violazione per le questioni non disciplinate dal relativo strumento comunitario.

3. Non si può derogare alla legge applicabile in virtù del presente articolo con un accordo ai sensi dell'art. 14.

9. *Attività sindacale*. — Fatto salvo l'art. 4, par. 2, la legge applicabile all'obbligazione extracontrattuale per quanto concerne la responsabilità di una persona in qualità di lavoratore, datore di lavoro o organizzazione che rappresenta i loro interessi professionali per danni causati da un'attività sindacale, prevista o conclusa, e quella del paese in cui tale attività è destinata a svolgersi o si è svolta.

CAPO III

ARRICCHIMENTO SENZA CAUSA, *NEGOTIORUM GESTIO* E *CULPA IN CONTRAHENDO*

10. *Arricchimento senza causa*. — 1. Ove un'obbligazione extracontrattuale derivante da un arricchimento senza causa, compresa la ripetizione dell'indebito, si ricolleghi a una relazione esistente tra le parti, come quella derivante da un contratto o da un fatto illecito, che presenti uno stretto collegamento con tale arricchimento senza causa, la legge applicabile è quella che disciplina tale relazione.

2. Quando la legge applicabile non può essere determinata in base al par. 1 e le parti hanno la loro residenza abituale nel medesimo paese nel momento in cui si verifica il fatto che determina l'arricchimento senza causa, si applica la legge di tale paese.

3. Quando la legge applicabile non può essere determinata in base ai parr. 1 o 2, si applica la legge del paese in cui l'arricchimento senza causa si è prodotto.

4. Se dal complesso delle circostanze del caso risulta che l'obbligazione extracontrattuale che deriva da un arricchimento senza causa presenta collegamenti manifestamente più stretti con un paese diverso da quello di cui ai parr. 1, 2 e 3, si applica la legge di quest'altro paese.

11. *Negotiorum gestio*. — 1. Qualora un'obbligazione extracontrattuale che deriva da una gestione d'affari altrui si ricolleghi ad una relazione esistente tra le parti, come quella derivante da un contratto o da un fatto illecito, che presenti uno stretto collegamento con tale obbligazione extracontrattuale, la legge applicabile è quella che disciplina tale relazione.

2. Quando la legge applicabile non può essere determinata in base al par. 1 e le parti hanno la loro residenza abituale nel medesimo paese nel momento in cui si verifica il fatto che determina il danno, si applica la legge di tale paese.

3. Quando la legge applicabile non può essere determinata in base ai parr. 1 o 2, si applica la legge del paese in cui si è svolta la gestione d'affari.

4. Se dal complesso delle circostanze del ca-

so risulta che l'obbligazione extracontrattuale che deriva da una gestione d'affari altrui presenta collegamenti manifestamente più stretti con un paese diverso da quello di cui ai parr. 1, 2 e 3, si applica la legge di quest'altro paese.

12. *Culpa in contrahendo*. — 1. La legge applicabile alle obbligazioni extracontrattuali derivanti dalle trattative precontrattuali, a prescindere dal fatto che il contratto sia stato effettivamente concluso o meno, e la legge che si applica al contratto o che sarebbe stata applicabile al contratto se lo stesso fosse stato concluso.

2. Quando la legge applicabile non può essere determinata in base al par. 1, si applica:

a) la legge del paese in cui si verifica il danno, indipendentemente dal paese nel quale si è verificato il fatto che ha determinato il danno e a prescindere dal paese o dai paesi in cui si sono verificate le conseguenze indirette del fatto; oppure

b) se le parti hanno la loro residenza abituale nel medesimo paese nel momento in cui si verifica il fatto che determina il danno, la legge di tale paese; oppure

c) se dal complesso delle circostanze del caso risulta evidente che l'obbligazione extracontrattuale che deriva da trattative precontrattuali presenta collegamenti manifestamente più stretti con un paese diverso da quello di cui alle lett. *a*) e *b*), la legge di quest'altro paese.

13. *Applicabilità dell'art. 8*. — Ai fini del presente capo, l'art. 8 si applica alle obbligazioni extracontrattuali derivanti dalla violazione di un diritto di proprietà intellettuale.

CAPO IV

LIBERTÀ DI SCELTA

14. *Libertà di scelta*. — 1. Le parti possono convenire di sottoporre l'obbligazione extracontrattuale ad una legge di loro scelta:

a) con un accordo posteriore al verificarsi del fatto che ha determinato il danno;

o

b) se tutte le parti esercitano un'attività commerciale, anche mediante un accordo liberamente negoziato prima del verificarsi del fatto che ha determinato il danno.

La scelta è espressa o risulta in modo non equivoco dalle circostanze del caso di specie e non pregiudica i diritti dei terzi.

2. Qualora tutti gli elementi pertinenti alla situazione siano ubicati, nel momento in cui si verifica il fatto che determina il danno, in un paese diverso da quello la cui legge è stata scelta, la scelta effettuata dalle parti non pregiudica l'applicazione delle disposizioni alle quali la legge di tale diverso paese non permette di derogare convenzionalmente.

3. Qualora tutti gli elementi pertinenti alla situazione siano ubicati, nel momento in cui si verifica il fatto che determina il danno, in uno o più Stati membri, la scelta di una legge applicabile diversa da quella di uno Stato membro ad opera delle parti non pregiudica l'applicazione delle disposizioni del diritto comunitario, se del caso, nella forma in cui sono applicate nello Stato membro del foro, alle quali non è permesso derogare convenzionalmente.

CAPO V

NORME COMUNI

15. *Ambito della legge applicabile*. — La legge applicabile alle obbligazioni extracontrattuali, a norma del presente regolamento, disciplina in particolare:

a) la base e la portata della responsabilità, compresa la determinazione dei soggetti che possono essere ritenuti responsabili per i propri atti;

b) i motivi di esonero dalla responsabilità, nonché ogni limitazione e ripartizione della responsabilità;

c) l'esistenza, la natura e la valutazione del danno o l'indennizzo chiesto;

d) entro i limiti dei poteri attribuiti al giudice dalla sua legge processuale, i provvedimenti che possono essere presi da un giudice per prevenire o inibire lesioni o danni ovvero per fissare le modalità di risarcimento;

e) la questione della trasferibilità del diritto alla richiesta di risarcimento o indennizzo, anche per via successoria;

f) i soggetti aventi diritto al risarcimento del danno personalmente subito;

g) la responsabilità per fatto altrui;

h) il modo di estinzione delle obbligazioni nonché le norme di prescrizione e di decadenza, comprese quelle relative alla decorrenza, all'interruzione e alla sospensione dei termini di prescrizione o decadenza.

16. *Norme di applicazione necessaria*. — Le disposizioni del presente regolamento non pregiudicano l'applicazione delle disposizioni della legge del foro che siano di applicazione necessaria alla situazione, quale che sia la legge applicabile all'obbligazione extracontrattuale.

17. *Norme di sicurezza e di condotta*. — Nel valutare il comportamento del presunto responsabile del danno prodotto si tiene conto, quale dato di fatto e ove opportuno, delle norme di sicurezza e di condotta in vigore nel luogo e nel momento in cui si verifica il fatto che determina la responsabilità.

18. *Azione diretta contro l'assicuratore del responsabile*. — La parte lesa può chiedere il risarcimento dei danni subiti direttamente all'assicuratore della persona tenuta al risarcimento se lo stabilisce la legge applicabile all'obbligazione extracontrattuale o quella applicabile al contratto di assicurazione.

19. *Surrogazione*. — Qualora, in virtù di un'obbligazione extracontrattuale, un soggetto, il creditore, vanti diritti nei confronti di un altro soggetto, il debitore, e un terzo sia tenuto a soddisfare il creditore, ovvero il terzo abbia soddisfatto il creditore in esecuzione di questo obbligo, la legge applicabile a tale obbligo del terzo determina se e in quale misura questi possa esercitare nei confronti del debitore i diritti vantati dal creditore nei confronti del debitore in base alla legge che disciplina i loro rapporti.

20. *Obbligazioni solidali*. — Qualora il creditore vanti un credito nei confronti di vari debitori che sono responsabili in solido e uno di essi abbia già adempiuto l'obbligazione in tutto o in parte, il diritto di tale debitore di rivalersi sugli altri debitori è disciplinato dalla legge applicabile all'obbligazione extracontrattuale del suddetto debitore nei confronti del creditore.

21. *Validità formale*. — Un atto giuridico unilaterale relativo ad una obbligazione extracontrattuale è valido sotto il profilo formale ove soddisfi i requisiti di forma della legge che disciplina l'obbligazione extracontrattuale in questione o della legge del paese in cui l'atto è stato posto in essere.

22. *Onere della prova*. — 1. La legge che disciplina l'obbligazione extracontrattuale ai sensi del presente regolamento si applica nella misura in cui, in materia di obbligazioni extracontrattuali, stabilisca presunzioni legali o ripartisca l'onere della prova.

2. Gli atti giuridici possono essere provati con ogni mezzo di prova ammesso tanto dalla legge del foro quanto da una delle leggi di cui all'art. 21 secondo la quale l'atto è valido quanto alla forma, sempreché il mezzo di prova possa essere impiegato davanti al tribunale adito.

CAPO VI

Altre disposizioni

23. *Residenza abituale*. — 1. Ai fini del presente regolamento, per residenza abituale di società, associazioni e persone giuridiche si intende il luogo in cui si trova la loro amministrazione centrale.

Qualora il fatto che ha determinato il danno si verifichi o il danno insorga durante l'esercizio dell'attività di una filiale, un'agenzia o qualunque altra sede di attività, il luogo in cui è ubicata la filiale, l'agenzia o l'altra sede di attività è considerato residenza abituale.

2. Ai fini del presente regolamento, per residenza abituale di una persona fisica che agisce nell'esercizio della sua attività professionale si intende la sua sede di attività principale.

24. *Esclusione del rinvio*. — Qualora il presente regolamento prescriva l'applicazione della legge di un paese, esso si riferisce all'applicazione delle norme giuridiche in vigore in quel paese, ad esclusione delle norme di diritto internazionale privato.

25. *Stati con più sistemi giuridici*. — 1. Ove uno Stato si componga di più unità territoriali, ciascuna con una normativa propria in materia di obbligazioni extracontrattuali, ogni unità territoriale è considerata come un paese ai fini della determinazione della legge applicabile ai sensi del presente regolamento.

2. Uno Stato membro in cui differenti unità territoriali abbiano le proprie norme giuridiche in materia di obbligazioni extracontrattuali non è tenuto ad applicare il presente regolamento ai conflitti di leggi che riguardano unicamente tali unità territoriali.

26. *Ordine pubblico del foro*. — L'applicazione di una norma della legge di un paese designata dal presente regolamento può essere esclusa solo qualora tale applicazione risulti manifestamente incompatibile con l'ordine pubblico del foro.

27. *Relazioni con altre disposizioni del diritto comunitario*. — Il presente regolamento non pregiudica l'applicazione delle disposizioni dell'ordinamento comunitario che, con riferimento a settori specifici, disciplinino i conflitti di leggi in materia di obbligazioni extracontrattuali.

28. *Rapporti con altre convenzioni internazionali in vigore*. — 1. Il presente regolamento non osta all'applicazione delle convenzioni internazionali di cui uno o più Stati membri sono parti contraenti al momento dell'adozione del presente regolamento e che disciplinano i conflitti di leggi inerenti ad obbligazioni extracontrattuali.

2. Tuttavia, il presente regolamento prevale, tra Stati membri, sulle convenzioni concluse esclusivamente tra due o più di essi nella misura in cui esse riguardano materie disciplinate dal presente regolamento.

CAPO VII

DISPOSIZIONI FINALI

29. *Elenco delle convenzioni*. — 1. Entro l'11 luglio 2008, gli Stati membri comunicano alla Commissione le convenzioni di cui all'art. 28, par. 1. Dopo tale data, gli Stati membri comunicano alla Commissione ogni eventuale denuncia di tali convenzioni.

2. La Commissione pubblica nella *Gazzetta ufficiale dell'Unione europea* entro sei mesi dal ricevimento:

i) un elenco delle convenzioni di cui al par. 1;

ii) le denunce di cui al par. 1.

30. *Clausola di revisione*. — 1. Entro il 20 agosto 2011, la Commissione presenta al Parlamento europeo, al Consiglio e al Comitato economico e sociale europeo una relazione sull'applicazione del presente regolamento. Tale relazione è corredata, se del caso, di proposte di modifica del presente regolamento. La relazione comprende:

i) uno studio degli effetti del modo in cui il diritto straniero è trattato nelle varie giurisdizioni e della misura in cui i giudici degli Stati membri applicano il diritto straniero nella prassi a seguito del presente regolamento;

ii) uno studio degli effetti dell'art. 28 del presente regolamento riguardo alla convenzione dell'Aia del 4 maggio 1971 sulla legge applicabile in materia di incidenti della circolazione stradale.

2. Entro il 31 dicembre 2008, la Commissione presenta al Parlamento europeo, al Consiglio e al Comitato economico e sociale europeo uno studio della situazione nel settore della legge applicabile alle obbligazioni extracontrattuali derivanti da violazioni della vita privata e dei diritti della personalità, che tenga conto delle disposizioni relative alla libertà di stampa e di espressione nei mezzi d'informazione e delle questioni di conflitti di leggi connesse alla dir. 95/46/CE del Parlamento europeo e del Consiglio, del 24 ottobre 1995, relativa alla tutela delle persone fisiche con riguardo al trattamento dei dati personali, nonché alla libera circolazione di tali dati.

31. *Applicazione nel tempo*. — Il presente regolamento si applica a fatti verificatisi dopo la sua entrata in vigore che danno origine a danni.

32. *Data di applicazione*. — 1. Il presente regolamento si applica a decorrere dall'11 gennaio 2009, fatta eccezione per l'art. 29, che si applica a decorrere dall'11 luglio 2008.

2. Il presente regolamento è obbligatorio in tutti i suoi elementi e direttamente applicabile negli Stati membri, in conformità del trattato che istituisce la Comunità europea.

Fatto a Strasburgo, addì 11 luglio 2007. **Dichiarazione della Commissione sulla clausola di revisione (Art. 30)**. — La Commissione, in risposta all'invito del Parlamento europeo e del Consiglio nel quadro dell'art. 30 del regolamento «Roma II», presenterà, entro dicembre 2008, uno studio sulla situazione nel campo della legge applicabile alle obbligazioni extracontrattuali derivanti da violazioni della vita privata e dei diritti della personalità. La Commissione esaminerà tutti gli aspetti della situazione e, se necessario, prenderà opportune misure.

Dichiarazione della commissione sugli incidenti stradali. — La Commissione, consapevole del fatto che gli Stati membri seguono pratiche diverse quanto all'entità del risarcimento per le vittime di incidenti stradali, è pronta ad esaminare i problemi specifici che incontrano i residenti dell'Unione europea coinvolti in incidenti stradali in uno Stato membro diverso da quello in cui risiedono abitualmente. A tal fine, presenterà al Parlamento europeo e al Consiglio, entro la fine del 2008, uno studio sulle opzioni per migliorare la posizione delle vittime transnazionali, compresi gli aspetti assicurativi, che aprirà la strada ad un libro verde.

Dichiarazione della commissione sul trattamento della legge straniera. — La Commissione, consapevole del fatto che gli Stati membri seguono pratiche diverse quanto al trattamento della legge straniera, pubblicherà, al più tardi quattro anni dopo l'entrata in vigore del regolamento «Roma II» e in ogni caso non appena disponibile, uno studio orizzontale sull'applicazione della legge straniera in materia civile e commerciale da parte dei giudici degli Stati membri, in considerazione degli obiettivi del programma dell'Aia. È inoltre pronta, se necessario, a prendere opportune misure.

I. 4.

REGOLAMENTO (UE) N. 1259/2010 DEL CONSIGLIO, del 20 dicembre 2010, *relativo all'attuazione di una cooperazione rafforzata nel settore della legge applicabile al divorzio e alla separazione personale («Roma III»)* (1).

IL CONSIGLIO DELL'UNIONE EUROPEA,

(1) G.U.U.E., 29 dicembre 2010, n. L 343.

visto il trattato sul funzionamento dell'Unione europea, in particolare l'art. 81, par. 3,

vista la decisione 2010/405/UE del Consiglio, del 12 luglio 2010, che autorizza una cooperazione rafforzata nel settore del diritto applicabile in materia di divorzio e di separazione legale,

vista la proposta della Commissione europea,

previa trasmissione del progetto di atto legislativo ai parlamenti nazionali,

visto il parere del Parlamento europeo,

visto il parere del Comitato economico e sociale,

deliberando secondo una procedura legislativa speciale,

considerando quanto segue:

1. L'Unione si prefigge di conservare e sviluppare uno spazio di libertà, sicurezza e giustizia in cui sia assicurata la libera circolazione delle persone. Al fine di una progressiva istituzione di tale spazio, l'Unione deve adottare misure nel settore della cooperazione giudiziaria nelle materie civili con implicazioni transnazionali, in particolare se necessario al buon funzionamento del mercato interno.

2. A norma dell'art. 81 del trattato sul funzionamento dell'Unione europea, tali misure includono quelle intese ad assicurare la compatibilità delle regole applicabili negli Stati membri ai conflitti di leggi.

3. Il 14 marzo 2005 la Commissione ha adottato un libro verde sul diritto applicabile e sulla giurisdizione in materia di divorzio. Il libro verde ha dato il via a un'ampia consultazione pubblica sulle soluzioni possibili ai problemi che può porre la situazione attuale.

4. Il 17 luglio 2006 la Commissione ha proposto un regolamento che modifica il reg. (CE) n. 2201/2003 del Consiglio limitatamente alla competenza giurisdizionale e introduce norme sulla legge applicabile in materia matrimoniale.

5. Il 5 e 6 giugno 2008 il Consiglio, riunito a Lussemburgo, prendeva atto della mancanza di unanimità su tale proposta e dell'esistenza di difficoltà insormontabili che rendevano impossibile l'unanimità allora e in un prossimo futuro, e constatava che gli obiettivi della proposta non potevano essere conseguiti, entro un termine ragionevole, applicando le pertinenti disposizioni dei trattati.

6. Il Belgio, la Bulgaria, la Germania, la Grecia, la Spagna, la Francia, l'Italia, la Lettonia, il Lussemburgo, l'Ungheria, Malta, l'Austria, il Portogallo, la Romania e la Slovenia hanno successivamente trasmesso una richiesta alla Commissione manifestando l'intenzione di instaurare tra loro una cooperazione rafforzata nel settore della legge applicabile in materia matrimoniale. Il 3 marzo 2010 la Grecia ha ritirato la propria richiesta.

7. Il 12 luglio 2010 il Consiglio ha adottato la decisione 2010/405/UE, che autorizza una cooperazione rafforzata nel settore del diritto applicabile in materia di divorzio e di separazione legale.

8. Ai sensi dell'art. 328, par. 1, del trattato sul funzionamento dell'Unione europea, al momento della loro instaurazione le cooperazioni rafforzate sono aperte a tutti gli Stati membri, fatto salvo il rispetto delle eventuali condizioni di partecipazione stabilite dalla decisione di autorizzazione. La partecipazione alle cooperazioni rafforzate resta inoltre possibile in qualsiasi altro momento, fatto salvo il rispetto, oltre che delle condizioni summenzionate, degli atti già adottati in tale ambito. La Commissione e gli Stati membri che partecipano a una cooperazione rafforzata si adoperano per promuovere la partecipazione del maggior numero possibile di Stati membri. Il presente regolamento dovrebbe essere obbligatorio in tutti i suoi elementi e direttamente applicabile soltanto negli Stati membri partecipanti conformemente ai trattati.

9. Il presente regolamento dovrebbe istituire un quadro giuridico chiaro e completo in materia di legge applicabile al divorzio e alla separazione personale negli Stati membri partecipanti e garantire ai cittadini soluzioni adeguate per quanto concerne la certezza del diritto, la prevedibilità e la flessibilità, e impedire le situazioni in cui un coniuge domanda il divorzio prima dell'altro per assicurarsi che il procedimento sia regolato da una legge che ritiene più favorevole alla tutela dei suoi interessi.

10. Il presente regolamento, sia nell'ambito di applicazione sostanziale sia nelle disposizioni, dovrebbe essere coerente con il reg. (CE) n. 2201/2003. Non dovrebbe tuttavia applicarsi all'annullamento del matrimonio.

Il presente regolamento dovrebbe applicarsi solo allo scioglimento o all'allentamento del vincolo matrimoniale. La legge determinata dalle norme di conflitto del presente regolamento dovrebbe applicarsi alle cause del divorzio e della separazione personale.

Questioni preliminari quali la capacità giuridica e la validità del matrimonio e materie quali gli effetti del divorzio o della separazione personale sui rapporti patrimoniali, il nome, la responsabilità genitoriale, le obbligazioni alimentari o altri eventuali provvedimenti accessori dovrebbero essere regolate dalle norme di conflitto applicabili nello Stato membro partecipante interessato.

11. Al fine di definire con precisione l'ambito di applicazione territoriale del presente regolamento, è opportuno specificare gli Stati membri che partecipano alla cooperazione rafforzata.

12. Il presente regolamento dovrebbe presentare un carattere universale, vale a dire che le norme uniformi in materia di conflitto di leggi dovrebbero poter designare la legge di uno Stato membro partecipante, la legge di uno Stato membro non partecipante o la legge di uno Stato non membro dell'Unione europea.

13. Il presente regolamento dovrebbe essere applicato a prescindere dalla natura dell'autorità giurisdizionale adita. Se del caso, un'autorità giurisdizionale dovrebbe essere considerata adita ai sensi del reg. (CE) n. 2201/2003.

14. Affinché i coniugi possano scegliere una legge applicabile con cui hanno legami stretti o, in mancanza di scelta, affinché al loro divorzio o separazione personale si applichi una siffatta legge, è opportuno che questa si applichi anche se non è la legge di uno Stato membro partecipante. Qualora sia designata la legge di un altro Stato membro, la rete istituita con decisione 2001/470/CE del Consiglio, del 28 maggio 2001, relativa all'istituzione di una rete giudiziaria europea in materia civile e commerciale, potrebbe intervenire per fornire assistenza alle autorità giurisdizionali sul contenuto della legge straniera.

15. Per aumentare la mobilità dei cittadini è necessario rafforzare la flessibilità e garantire una maggiore certezza del diritto. A tal fine, il presente regolamento dovrebbe potenziare l'autonomia delle parti in materia di divorzio e separazione personale riconoscendo una limitata possibilità di scelta in ordine alla legge applicabile al divorzio o alla separazione personale.

16. I coniugi dovrebbero poter scegliere, quale legge applicabile al divorzio e alla separazione personale, la legge di un paese con cui hanno un legame particolare o la legge del foro. La legge scelta dai coniugi deve essere conforme ai diritti fondamentali riconosciuti dai trattati e dalla Carta dei diritti fondamentali dell'Unione europea.

17. Prima di designare la legge applicabile occorre che i coniugi abbiano accesso ad informazioni aggiornate relative agli aspetti essenziali della legge nazionale e dell'Unione e delle procedure in materia di divorzio e di separazione personale. Per garantire l'accesso ad appropriate informazioni di qualità, la Commissione le aggiorna regolarmente nel sistema di informazione destinato al pubblico che si avvale di Internet, istituito con decisione 2001/470/CE.

18. La scelta informata di entrambi i coniugi è un principio essenziale del presente regolamento. Ciascun coniuge dovrebbe sapere esattamente quali sono le conseguenze giuridiche e sociali della scelta della legge applicabile. La possibilità di scegliere di comune accordo la legge applicabile dovrebbe far salvi i diritti e le pari opportunità per i due coniugi. A tal fine i giudici negli Stati membri partecipanti dovrebbero essere consapevoli dell'importanza di una scelta informata per entrambi i coniugi riguardo alle conseguenze giuridiche dell'accordo raggiunto.

19. Occorre definire norme sulla validità sostanziale e formale, in modo che la scelta informata dei coniugi sia facilitata e che il loro consenso sia rispettato nell'obiettivo di garantire la certezza del diritto ed un migliore accesso alla giustizia. Per quanto riguarda la validità formale, dovrebbero essere introdotte talune garanzie per assicurare che i coniugi siano consapevoli delle conseguenze della loro scelta. Come minimo l'accordo sulla scelta della legge applicabile dovrebbe essere redatto per iscritto, datato e firmato da entrambe le parti. Tuttavia, se la legge dello Stato membro partecipante in cui entrambi i coniugi hanno la residenza abituale nel momento in cui è concluso l'accordo prevede requisiti di forma supplementari, questi ultimi dovrebbero essere rispettati. Tali requisiti possono ad esempio esistere in uno Stato membro partecipante in cui l'accordo è inserito nel contratto di matrimonio. Se, nel momento in cui è concluso l'accordo, la residenza abituale dei coniugi si trova in Stati membri partecipanti diversi che prevedono requisiti di forma differenti, è sufficiente che siano soddisfatti i requisiti di forma di uno dei due Stati. Se, nel momento in cui è concluso l'accordo, uno solo dei due coniugi ha la residenza abituale in uno Stato membro partecipante che prevede requisiti di forma supplementari, questi ultimi dovrebbero essere rispettati.

20. L'accordo che designa la legge applicabile dovrebbe poter essere concluso e modificato al più tardi nel momento in cui è adita l'autorità giurisdizionale e anche nel corso del procedimento se la legge del foro lo prevede. In tal caso, dovrebbe essere sufficiente che l'autorità giurisdizionale metta agli atti tale designazione in conformità della legge del foro.

21. In mancanza di scelta della legge applicabile, il presente regolamento dovrebbe introdurre norme di conflitto armonizzate basate su

una serie di criteri di collegamento successivi fondati sull'esistenza di un legame stretto tra i coniugi e la legge in questione, al fine di garantire la certezza del diritto e la prevedibilità e impedire le situazioni in cui un coniuge domanda il divorzio prima dell'altro per assicurarsi che il procedimento sia regolato da una legge che ritiene più favorevole alla tutela dei suoi interessi. È altresì opportuno che la scelta dei criteri di collegamento sia tale da assicurare che i procedimenti di divorzio o separazione personale siano disciplinati da una legge con cui i coniugi hanno un legame stretto.

22. Laddove, ai fini dell'applicazione della legge di uno Stato, il presente regolamento si riferisce alla cittadinanza quale fattore di collegamento, la problematica dei casi di cittadinanza plurima dovrebbe essere disciplinata dalla legislazione nazionale, nel pieno rispetto dei principi generali dell'Unione europea.

23. Nell'ipotesi di un procedimento volto a convertire una separazione personale in divorzio e in mancanza di scelta della legge applicabile ad opera delle parti, la legge applicata alla separazione personale dovrebbe applicarsi anche al divorzio. Tale continuità favorirebbe la prevedibilità per le parti e rafforzerebbe la certezza del diritto. Se la legge applicata alla separazione personale non prevede la conversione della separazione in divorzio, il divorzio dovrebbe essere disciplinato dalle norme di conflitto che si applicano in mancanza di scelta ad opera delle parti. Ciò non dovrebbe ostare a che i coniugi chiedano il divorzio in forza di altre norme del presente regolamento.

24. In certe situazioni, quali quelle in cui la legge applicabile non prevede il divorzio o non concede a uno dei coniugi, perché appartenente all'uno o all'altro sesso, pari condizioni di accesso al divorzio o alla separazione personale, dovrebbe tuttavia applicarsi la legge dell'autorità giurisdizionale adita. Ciò dovrebbe tuttavia far salva la clausola relativa all'ordine pubblico.

25. Considerazioni di interesse pubblico dovrebbero dare alle autorità giurisdizionali degli Stati membri la possibilità, in circostanze eccezionali, di disapplicare una disposizione della legge straniera qualora in una data fattispecie sia manifestamente contraria all'ordine pubblico del foro. Tuttavia, le autorità giurisdizionali non dovrebbero poter applicare l'eccezione di ordine pubblico allo scopo di non tenere conto di una disposizione della legge di un altro Stato qualora ciò sia contrario alla Carta dei diritti fondamentali dell'Unione europea, in particolare all'art. 21, che vieta qualsiasi forma di discriminazione.

26. Laddove il presente regolamento si riferisce al fatto che la legge dello Stato membro partecipante in cui è adita l'autorità giurisdizionale non prevede il divorzio, ciò dovrebbe essere interpretato nel senso che la legge di tale Stato membro non contempla l'istituto del divorzio. In tal caso, l'autorità giurisdizionale non dovrebbe essere obbligata a emettere una decisione di divorzio in virtù del presente regolamento.

Laddove il presente regolamento si riferisce al fatto che la legge dello Stato membro partecipante in cui è adita l'autorità giurisdizionale non considera valido il matrimonio in questione ai fini del procedimento di divorzio, ciò dovrebbe essere interpretato, *inter alia*, nel senso che tale matrimonio non esiste secondo la legge di tale Stato membro. In tal caso, l'autorità giurisdizionale non dovrebbe essere obbligata a emettere una decisione di divorzio o di separazione personale in virtù del presente regolamento.

27. Poiché in alcuni Stati e Stati membri partecipanti coesistono due o più sistemi giuridici o complessi di norme per materie disciplinate dal presente regolamento, è opportuno prevedere in quale misura il presente regolamento si applica nelle differenti unità territoriali di tali Stati e Stati membri partecipanti o a categorie diverse di persone di tali Stati e Stati membri partecipanti.

28. In mancanza di norme che designino la legge applicabile, le parti che scelgono la legge dello Stato di cui una di esse ha la cittadinanza dovrebbero al tempo stesso indicare di quale unità territoriale hanno convenuto di applicare la legge nel caso in cui lo Stato di cui è scelta la legge comprenda diverse unità territoriali, ciascuna delle quali ha il proprio sistema giuridico o un complesso di norme in materia di divorzio.

29. Poiché gli obiettivi del presente regolamento, ossia aumentare la certezza del diritto, la prevedibilità e la flessibilità nei procedimenti matrimoniali internazionali e quindi agevolare la libera circolazione delle persone nell'Unione europea, non possono essere conseguiti in misura sufficiente dagli Stati membri e possono dunque, a motivo della portata e degli effetti del presente regolamento, essere conseguiti meglio a livello di Unione, quest'ultima può intervenire, se del caso mediante una cooperazione rafforzata, in base al principio di sussidiarietà sancito all'art. 5 del trattato sull'Unione europea. Il presente regolamento si limita a quanto è necessario per conseguire tali obiettivi in ottemperanza al principio di proporzionalità enunciato nello stesso articolo.

30. Il presente regolamento rispetta i diritti fondamentali e osserva i principi riconosciuti

dalla Carta dei diritti fondamentali dell'Unione europea, segnatamente l'art. 21, che vieta qualsiasi forma di discriminazione fondata, in particolare, sul sesso, la razza, il colore della pelle o l'origine etnica o sociale, le caratteristiche genetiche, la lingua, la religione o le convinzioni personali, le opinioni politiche o di qualsiasi altra natura, l'appartenenza ad una minoranza nazionale, il patrimonio, la nascita, la disabilità, l'età o l'orientamento sessuale. Le autorità giurisdizionali degli Stati membri partecipanti dovrebbero applicare il presente regolamento nel rispetto di tali diritti e principi,

HA ADOTTATO IL PRESENTE REGOLAMENTO:

CAPO I

AMBITO DI APPLICAZIONE, RELAZIONE CON IL REG. (CE) N. 2201/2003, DEFINIZIONI E CARATTERE UNIVERSALE

1. *Ambito di applicazione*. — 1. Il presente regolamento si applica, in circostanze che comportino un conflitto di leggi, al divorzio e alla separazione personale.

2. Il presente regolamento non si applica alle seguenti materie, anche se si presentano semplicemente come questioni preliminari nell'ambito di un procedimento di divorzio o separazione personale:

a) la capacità giuridica delle persone fisiche;

b) l'esistenza, la validità e il riconoscimento di un matrimonio;

c) l'annullamento di un matrimonio;

d) il nome dei coniugi;

e) gli effetti patrimoniali del matrimonio;

f) la responsabilità genitoriale;

g) le obbligazioni alimentari;

h) i trust o le successioni.

2. *Relazione con il reg. (CE) n. 2201/2003*. — Il presente regolamento fa salva l'applicazione del reg. (CE) n. 2201/2003.

3. *Definizione*. — 1. Ai fini del presente regolamento valgono le definizioni seguenti:

1) «Stato membro partecipante»: uno Stato membro che partecipa alla cooperazione rafforzata nel settore della legge applicabile al divorzio e alla separazione personale in virtù della decisione 2010/405/UE o in virtù di una decisione adottata ai sensi dell'art. 331, par. 1, secondo o terzo comma, del trattato sul funzionamento dell'Unione europea;

2) «autorità giurisdizionale»: tutte le autorità degli Stati membri partecipanti competenti per le materie rientranti nell'ambito di applicazione del presente regolamento.

4. *Carattere universale*. — La legge designata dal presente regolamento si applica anche ove non sia quella di uno Stato membro partecipante.

CAPO II

NORME UNIFORMI SULLA LEGGE APPLICABILE AL DIVORZIO E ALLA SEPARAZIONE PERSONALE

5. *Scelta della legge applicabile dalle parti*. — 1. I coniugi possono designare di comune accordo la legge applicabile al divorzio e alla separazione personale purché si tratti di una delle seguenti leggi:

a) la legge dello Stato della residenza abituale dei coniugi al momento della conclusione dell'accordo; o

b) la legge dello Stato dell'ultima residenza abituale dei coniugi se uno di essi vi risiede ancora al momento della conclusione dell'accordo; o

c) la legge dello Stato di cui uno dei coniugi ha la cittadinanza al momento della conclusione dell'accordo; o

d) la legge del foro.

2. Fatto salvo il par. 3, l'accordo che designa la legge applicabile può essere concluso e modificato in qualsiasi momento, ma al più tardi nel momento in cui è adita l'autorità giurisdizionale.

3. Ove previsto dalla legge del foro, i coniugi possono del pari designare la legge applicabile nel corso del procedimento dinanzi all'autorità giurisdizionale. In tal caso, quest'ultima mette agli atti tale designazione in conformità della legge del foro.

6. *Consenso e validità sostanziale*. — 1. L'esistenza e la validità di un accordo sulla scelta della legge o di una sua disposizione si stabiliscono in base alla legge che sarebbe applicabile in virtù del presente regolamento se l'accordo o la disposizione fossero validi.

2. Tuttavia, un coniuge, al fine di dimostrare che non ha dato il suo consenso, può riferirsi alla legge del paese in cui ha la residenza abituale nel momento in cui è adita l'autorità giurisdizionale, se dalle circostanze risulta che non sarebbe ragionevole stabilire l'effetto del suo comportamento secondo la legge prevista nel par. 1.

7. *Validità formale*. — 1. L'accordo di cui all'art. 5, parr. 1 e 2, è redatto per iscritto, datato e firmato da entrambi i coniugi. La forma scritta comprende qualsiasi comunicazione elettronica che permetta una registrazione durevole dell'accordo.

2. Tuttavia, se la legge dello Stato membro partecipante in cui entrambi i coniugi hanno la residenza abituale nel momento in cui è concluso l'accordo prevede requisiti di forma supplementari per tali accordi, si applicano tali requisiti.

3. Se, nel momento in cui è concluso l'accordo, la residenza abituale dei coniugi si trova in Stati membri partecipanti diversi e se la legge di tali Stati prevede requisiti di forma differenti, l'accordo è valido, quanto alla forma, se soddisfa i requisiti della legge di uno dei due Stati.

4. Se, nel momento in cui è concluso l'accordo, uno solo dei coniugi ha la residenza abituale in uno Stato membro partecipante e se tale Stato prevede requisiti di forma supplementari per questo tipo di accordo, si applicano tali requisiti.

8. *Legge applicabile in mancanza di scelta ad opera delle parti.* — In mancanza di una scelta ai sensi dell'art. 5, il divorzio e la separazione personale sono disciplinati dalla legge dello Stato:

a) della residenza abituale dei coniugi nel momento in cui è adita l'autorità giurisdizionale, o, in mancanza;

b) dell'ultima residenza abituale dei coniugi sempre che tale periodo non si sia concluso più di un anno prima che fosse adita l'autorità giurisdizionale, se uno di essi vi risiede ancora nel momento in cui è adita l'autorità giurisdizionale; o, in mancanza;

c) di cui i due coniugi sono cittadini nel momento in cui è adita l'autorità giurisdizionale; o, in mancanza;

d) in cui è adita l'autorità giurisdizionale.

9. *Conversione della separazione personale in divorzio.* — 1. In caso di conversione della separazione personale in divorzio, la legge applicata alla separazione personale si applica anche al divorzio, a meno che le parti abbiano convenuto diversamente ai sensi dell'art. 5.

2. Tuttavia, se la legge applicata alla separazione personale non prevede la conversione della separazione in divorzio, si applica l'art. 8, a meno che le parti abbiano convenuto diversamente ai sensi dell'art. 5.

10. *Applicazione della legge del foro.* — Qualora la legge applicabile ai sensi dell'art. 5 o dell'art. 8 non preveda il divorzio o non conceda a uno dei coniugi, perché appartenente all'uno o all'altro sesso, pari condizioni di accesso al divorzio o alla separazione personale, si applica la legge del foro.

11. *Esclusione del rinvio.* — Quando prescrive l'applicazione della legge di uno Stato, il presente regolamento si riferisce alle norme giuridiche in vigore in quello Stato, ad esclusione delle norme di diritto internazionale privato.

12. *Ordine pubblico.* — L'applicazione di una norma della legge designata in virtù del presente regolamento può essere esclusa solo qualora tale applicazione risulti manifestamente incompatibile con l'ordine pubblico del foro.

13. *Divergenze fra le legislazioni nazionali.* — Nessuna disposizione del presente regolamento obbliga le autorità giurisdizionali di uno Stato membro partecipante la cui legge non prevede il divorzio o non considera valido il matrimonio in questione ai fini del procedimento di divorzio ad emettere una decisione di divorzio in virtù dell'applicazione del regolamento stesso.

14. *Stati con due o più sistemi giuridici – conflitti territoriali di leggi.* — Ove uno Stato si componga di più unità territoriali, ciascuna con il proprio sistema giuridico o complesso di norme per materie disciplinate dal presente regolamento:

a) ogni riferimento alla legge di tale Stato è inteso, ai fini della determinazione della legge applicabile ai sensi del presente regolamento, come riferimento alla legge in vigore nell'unità territoriale pertinente;

b) ogni riferimento alla residenza abituale in quello Stato è inteso come riferimento alla residenza abituale in un'unità territoriale;

c) ogni riferimento alla cittadinanza è inteso come riferimento all'appartenenza all'unità territoriale designata dalla legge di detto Stato o, in mancanza di norme pertinenti, all'unità territoriale scelta dalle parti o, in mancanza di scelta, all'unità territoriale con la quale il coniuge o i coniugi hanno il legame più stretto.

15. *Stati con due o più sistemi giuridici – conflitti interpersonali di leggi.* — In relazione ad uno Stato con due o più sistemi giuridici o complessi di norme applicabili a categorie diverse di persone riguardanti materie disciplinate dal presente regolamento, ogni riferimento alla legge di tale Stato è inteso come riferimento al sistema giuridico determinato dalle norme in vigore in tale Stato. In mancanza di tali norme, si applica il sistema giuridico o il complesso di norme con cui il coniuge o i coniugi hanno il legame più stretto.

16. *Non applicazione del presente regolamento ai conflitti interni di leggi.* — Uno Stato membro partecipante in cui diversi sistemi giuridici o complessi di norme si applicano a materie disciplinate dal presente regolamento non è tenuto ad applicare il presente regolamento a conflitti di leggi che riguardano unicamente tali diversi sistemi giuridici o complessi di norme.

CAPO III

Altre disposizioni

17. *Informazioni da parte degli Stati membri partecipanti*. — 1. Entro il 21 settembre 2011 gli Stati membri partecipanti comunicano alla Commissione le eventuali disposizioni nazionali riguardo:

a) ai requisiti di forma per gli accordi sulla scelta della legge applicabile, conformemente all'art. 7, paragrafi da 2 a 4; e

b) alla possibilità di designare la legge applicabile in conformità dell'art. 5, par. 3.

Gli Stati membri partecipanti comunicano alla Commissione qualsiasi successiva modifica di tali disposizioni.

2. La Commissione rende pubblicamente accessibili le informazioni comunicate conformemente al par. 1 con mezzi appropriati, in particolare tramite il sito web della rete giudiziaria europea in materia civile e commerciale.

18. *Disposizioni transitorie*. — 1. Il presente regolamento si applica ai procedimenti avviati e agli accordi di cui all'art. 5 conclusi a decorrere dal 21 giugno 2012.

Producono tuttavia effetti anche gli accordi sulla scelta della legge applicabile conclusi prima del 21 giugno 2012, a condizione che siano conformi agli artt. 6 e 7.

2. Il presente regolamento fa salvi gli accordi sulla scelta della legge applicabile conclusi conformemente alla legge di uno Stato membro partecipante la cui autorità giurisdizionale sia stata adita prima del 21 giugno 2012.

19. *Relazione con altre convenzioni internazionali in vigore*. — 1. Fatti salvi gli obblighi degli Stati membri partecipanti ai sensi dell'art. 351 del trattato sul funzionamento dell'Unione europea, il presente regolamento non osta all'applicazione delle convenzioni internazionali di cui uno o più Stati membri sono parti al momento dell'adozione del presente regolamento o al momento dell'adozione della decisione ai sensi dell'art. 331, par. 1, del trattato sul funzionamento dell'Unione europea e che disciplinano i conflitti di leggi in materia di divorzio o separazione.

2. Tuttavia, il presente regolamento prevale, tra gli Stati membri partecipanti, sulle convenzioni concluse esclusivamente tra due o più di essi nella misura in cui esse riguardino materie disciplinate dal presente regolamento.

20. *Clausola di revisione*. — 1. Entro il 31 dicembre 2015 e successivamente ogni cinque anni, la Commissione presenta al Parlamento europeo, al Consiglio e al Comitato economico e sociale una relazione sull'applicazione del presente regolamento. Tale relazione è corredata, se del caso, di opportune proposte di modifica.

2. A tal fine gli Stati membri partecipanti comunicano alla Commissione le informazioni pertinenti in ordine all'applicazione del presente regolamento da parte delle rispettive autorità giurisdizionali.

CAPO IV

Disposizioni finali

21. *Entrata in vigore e data di applicazione*. — Il presente regolamento entra in vigore il giorno successivo alla pubblicazione nella *Gazzetta Ufficiale dell'Unione europea*.

Si applica a decorrere dal 21 giugno 2012, ad eccezione dell'art. 17, che si applica a decorrere dal 21 giugno 2011.

Per gli Stati membri partecipanti che partecipano a una cooperazione rafforzata in forza di una decisione adottata ai sensi dell'art. 331, par. 1, secondo comma o terzo comma, del trattato sul funzionamento dell'Unione europea, il presente regolamento si applica dalla data indicata nella relativa decisione.

Fatto a Bruxelles, addì 20 dicembre 2010.

I. 5.

Regolamento (UE) n. 650/2012 del Parlamento europeo e del Consiglio del 4 luglio 2012, *relativo alla competenza, alla legge applicabile, al riconoscimento e all'esecuzione delle decisioni e all'accettazione e all'esecuzione degli atti pubblici in materia di successioni e alla creazione di un certificato successorio europeo* (1).

Il Parlamento europeo e il Consiglio dell'Unione europea,

visto il trattato sul funzionamento dell'Unione europea, in particolare l'art. 81, par. 2,

vista la proposta della Commissione europea,

visto il parere del Comitato economico e sociale europeo,

deliberando secondo la procedura legislativa ordinaria,

considerando quanto segue:

(1) G.U.U.E., 27 luglio 2012, n. L 201.

(1) L'Unione si è prefissata l'obiettivo di mantenere e sviluppare uno spazio di libertà, sicurezza e giustizia in cui sia assicurata la libera circolazione delle persone. Per realizzare gradualmente tale spazio, l'Unione deve adottare misure nel settore della cooperazione giudiziaria in materia civile con implicazioni transnazionali, in particolare se necessario al corretto funzionamento del mercato interno.

(2) A norma dell'art. 81, par. 2, lett. *c*) del trattato sul funzionamento dell'Unione europea, tali misure possono includere misure volte ad assicurare la compatibilità delle regole applicabili negli Stati membri ai conflitti di leggi e di giurisdizione.

(3) Il Consiglio europeo di Tampere del 15 e 16 ottobre 1999 ha approvato il principio del reciproco riconoscimento delle sentenze e altre decisioni delle autorità giudiziarie in quanto fondamento della cooperazione giudiziaria in materia civile, invitando il Consiglio e la Commissione ad adottare un programma di misure per l'attuazione di tale principio.

(4) Il 30 novembre 2000 è stato adottato un programma di misure sull'attuazione del principio di riconoscimento reciproco delle decisioni in materia civile e commerciale, comune alla Commissione e al Consiglio. Tale programma ravvisa nelle misure relative all'armonizzazione delle norme sul conflitto di leggi misure che facilitano il reciproco riconoscimento delle decisioni e prevede l'elaborazione di uno strumento in materia di testamenti e successioni.

(5) Il Consiglio europeo, riunito a Bruxelles il 4 e 5 novembre 2004, ha adottato un nuovo programma, dal titolo «Programma dell'Aia: rafforzamento della libertà, della sicurezza e della giustizia nell'Unione europea». Tale programma sottolinea la necessità di adottare uno strumento in materia di successioni che tratti, in particolare, le questioni del conflitto di leggi, della competenza del reciproco riconoscimento e dell'esecuzione delle decisioni nel settore delle successioni e un certificato successorio europeo.

(6) Nella riunione tenutasi a Bruxelles il 10 e l'11 dicembre 2009, il Consiglio europeo ha adottato un nuovo programma pluriennale, denominato «Programma di Stoccolma» Un'Europa aperta e sicura al servizio e a tutela dei cittadini». Nel programma secondo il Consiglio europeo si dovrebbe estendere il riconoscimento reciproco a materie non ancora contemplate che tuttavia rivestono un ruolo centrale nella vita di tutti i giorni, quali successioni e testamenti, tenendo conto nel contempo degli ordinamenti giuridici degli Stati membri, tra cui l'ordine pubblico, e delle tradizioni nazionali in questo settore.

(7) È opportuno contribuire al corretto funzionamento del mercato interno rimuovendo gli ostacoli alla libera circolazione di persone che attualmente incontrano difficoltà nell'esercizio dei loro diritti nell'ambito di una successione con implicazioni transfrontaliere. Nello spazio europeo di giustizia, i cittadini devono poter organizzare in anticipo la propria successione. I diritti di eredi e legatari, di altre persone vicine al defunto nonché dei creditori dell'eredità devono essere garantiti in maniera efficace.

(8) Per conseguire tali obiettivi è opportuno che il presente regolamento raggruppi le disposizioni relative alla competenza, alla legge applicabile, al riconoscimento – o, secondo il caso, all'accettazione, – all'esecutività e all'esecuzione di decisioni, atti pubblici e transazioni giudiziarie e alla creazione di un certificato successorio europeo.

(9) L'ambito d'applicazione del presente regolamento dovrebbe estendersi a tutti gli aspetti di diritto civile della successione a causa di morte, ossia qualsiasi modalità di trasferimento di beni, diritti e obbligazioni a causa di morte, che si tratti di un atto volontario per disposizione a causa di morte ovvero di un trasferimento per effetto di successione legittima.

(10) Il presente regolamento non dovrebbe applicarsi alla materia fiscale, né alla materia amministrativa di diritto pubblico. Pertanto dovrebbe spettare alla legislazione nazionale determinare, per esempio, le modalità di calcolo e versamento delle imposte e degli altri tributi di diritto pubblico, se dette imposte siano a carico del defunto al momento della morte o ogni altro tipo di tassa di successione da riscuotere dal patrimonio ereditario o dai beneficiari. Dovrebbe anche spettare al diritto nazionale determinare se il rilascio di beni della successione ai beneficiari ai sensi del presente regolamento o l'iscrizione di beni della successione in un registro possano essere soggetti al pagamento di imposte.

(11) Il presente regolamento non dovrebbe applicarsi a settori del diritto civile diversi dalla successione. A fini di chiarezza, diverse questioni che si potrebbero ritenere legate alla materia successoria dovrebbero essere esplicitamente escluse dall'ambito d'applicazione del presente regolamento.

(12) Il presente regolamento non si dovrebbe pertanto applicare alle questioni inerenti ai regimi patrimoniali tra coniugi, comprese le convenzioni matrimoniali riconosciute in alcuni sistemi giuridici nella misura in cui non trat-

tino questioni di successione, e i regimi patrimoniali relativi a rapporti che si considera abbiano effetti comparabili al matrimonio. Le autorità che, a norma del presente regolamento, sono competenti per una determinata successione dovrebbero tener conto, in funzione della situazione, dello scioglimento del regime patrimoniale tra coniugi o del regime patrimoniale assimilabile del defunto ai fini della determinazione dell'eredità del defunto e delle rispettive quote dei beneficiari.

(13) Anche le questioni inerenti alla costituzione, al funzionamento e allo scioglimento di trust dovrebbero essere escluse dall'ambito d'applicazione del presente regolamento, senza che ciò sia inteso come un'esclusione generale dei trust. In caso di costituzione di trust testamentari o legali in connessione con una successione legittima si dovrebbe applicare la legge applicabile alla successione in forza del presente regolamento per quanto riguarda la devoluzione dei beni e la determinazione dei beneficiari.

(14) I diritti di proprietà, gli interessi e i beni creati o trasferiti con strumenti diversi dalla successione, per esempio a titolo di donazione, dovrebbero essere altresì esclusi dall'ambito di applicazione del presente regolamento. Tuttavia, dovrebbe spettare alla legge designata dal presente regolamento, quale legge applicabile alla successione, determinare se le donazioni o altre forme di disposizioni *inter vivos* che comportano l'acquisizione precedente alla morte di un diritto reale debbano essere oggetto di collazione e riduzione ai fini del calcolo delle quote dei beneficiari secondo la legge applicabile alla successione.

(15) Il presente regolamento dovrebbe consentire la creazione o il trasferimento per successione di un diritto su un bene immobile o mobile secondo la legge applicabile alle successioni. Non dovrebbe tuttavia incidere sul numero limitato («*numerus clausus*») dei diritti reali conosciuti nel diritto nazionale di taluni Stati membri. Uno Stato membro non dovrebbe essere tenuto a riconoscere un diritto reale su un bene situato in tale Stato membro se il diritto reale in questione non è contemplato dal suo diritto patrimoniale.

(16) Per consentire tuttavia ai beneficiari di godere in un altro Stato membro dei diritti che sono stati creati o trasferiti loro per successione, il presente regolamento dovrebbe prevedere l'adattamento di un diritto reale non riconosciuto al diritto reale equivalente più vicino previsto dalla legge di tale altro Stato membro. Nel procedere all'adattamento occorre tener conto degli obiettivi e degli interessi perseguiti dal diritto reale in questione nonché dei suoi effetti. Ai fini della determinazione del diritto reale nazionale equivalente più vicino, le autorità o le persone competenti dello Stato la cui legge si applica alla successione possono essere contattate per ulteriori informazioni sulla natura e sugli effetti del diritto. A tale scopo, si potrebbero utilizzare le reti esistenti nel settore della cooperazione giudiziaria in materia civile e commerciale nonché qualsiasi altro mezzo disponibile che agevoli la comprensione di una legge straniera.

(17) L'adattamento di diritti reali non riconosciuti come esplicitamente previsto dal presente regolamento non dovrebbe precludere altre forme di adattamento nel contesto dell'applicazione del presente regolamento.

(18) I requisiti relativi all'iscrizione in un registro di un diritto su beni immobili o mobili dovrebbero essere esclusi dall'ambito di applicazione del presente regolamento. Spetterebbe pertanto alla legge dello Stato membro in cui è tenuto il registro determinare (per i beni immobili, la *lex rei sitae*) le condizioni legali e le modalità dell'iscrizione nonché le autorità incaricate, come registri fondiari o notai, di verificare che tutti i requisiti siano rispettati e che la documentazione presentata o prodotta sia sufficiente o contenga le informazioni necessarie. In particolare, le autorità possono verificare che il diritto del defunto ai beni della successione di cui al documento presentato per la registrazione sia un diritto iscritto in quanto tale nel registro o sia altrimenti dimostrato in conformità alla legge dello Stato membro in cui è tenuto il registro. Per evitare la duplicazione dei documenti, le autorità preposte alla registrazione dovrebbero accettare i documenti redatti dalle autorità competenti di un altro Stato membro la cui circolazione è prevista dal presente regolamento. In particolare, il certificato successorio europeo rilasciato in applicazione del presente regolamento dovrebbe costituire un documento idoneo per l'iscrizione dei beni della successione nel registro di uno Stato membro. Ciò non dovrebbe tuttavia precludere alle autorità preposte alla registrazione la facoltà di chiedere alla persona che sollecita la registrazione di fornire ulteriori informazioni o di presentare documenti aggiuntivi richiesti in virtù della legge dello Stato membro in cui è tenuto il registro, per esempio informazioni o documenti relativi ai pagamenti fiscali. L'autorità competente può indicare alla persona che chiede la registrazione le modalità per fornire le informazioni o i documenti mancanti.

(19) Gli effetti dell'iscrizione di un diritto nel registro dovrebbero altresì essere esclusi

dall'ambito di applicazione del presente regolamento. Dovrebbe pertanto essere la legge dello Stato membro in cui è tenuto il registro a determinare se l'iscrizione ha, per esempio, un effetto dichiarativo o costitutivo. Ove, per esempio, l'acquisizione di un diritto su un bene immobile debba essere iscritta in un registro a norma della legge dello Stato membro in cui è tenuto il registro al fine di assicurare efficacia *erga omnes* dei registri o di tutelare le transazioni giuridiche, il momento di detta acquisizione deve essere disciplinato dalla legge di tale Stato membro.

(20) Il presente regolamento dovrebbe rispettare i diversi sistemi che trattano questioni di successione applicati negli Stati membri. Ai fini del presente regolamento al termine «organo giurisdizionale» occorrerebbe pertanto attribuire un significato ampio, che comprenda non solo gli organi giurisdizionali veri e propri che esercitano funzioni giudiziarie, ma anche i notai o gli uffici del registro di alcuni Stati membri che, in taluni casi di successione, esercitano funzioni giudiziarie come gli organi giurisdizionali, nonché i notai e i professionisti legali che, in alcuni Stati membri, esercitano funzioni giudiziarie in una data successione per delega di competenza di un organo giurisdizionale. Tutti gli organi giurisdizionali quali definiti nel presente regolamento dovrebbero essere soggetti alle norme di competenza contenute nel regolamento stesso. Per contro, il termine «organo giurisdizionale» non dovrebbe comprendere le autorità non giudiziarie degli Stati membri abilitate dalla legge nazionale a trattare questioni di successione, come i notai della maggior parte degli Stati membri, qualora, come accade generalmente, non esercitino funzioni giudiziarie.

(21) Il presente regolamento dovrebbe consentire a tutti i notai competenti in materia di successioni negli Stati membri di esercitare tale competenza. I notai di un determinato Stato membro sono vincolati o meno dalle norme di competenza previste dal presente regolamento a seconda che rientrino o meno nella definizione di «organo giurisdizionale» ai fini del regolamento stesso.

(22) Gli atti rilasciati dai notai in materia di successioni negli Stati membri dovrebbero circolare in virtù del presente regolamento. Quando esercitano funzioni giudiziarie, i notai sono vincolati dalle norme di competenza e le decisioni da essi emesse dovrebbero circolare conformemente alle disposizioni relative al riconoscimento, all'esecutività e all'esecuzione delle decisioni. Quando non esercitano funzioni giudiziarie, i notai non sono vincolati dalle norme di competenza e gli atti pubblici da essi rilasciati dovrebbero poter circolare conformemente alle disposizioni relative agli atti pubblici.

(23) In considerazione della crescente mobilità dei cittadini e al fine di assicurare la corretta amministrazione della giustizia all'interno dell'Unione e di garantire un criterio di collegamento oggettivo tra la successione e lo Stato membro nel quale è esercitata la competenza, il presente regolamento prevede come criterio di collegamento generale ai fini della determinazione sia della competenza che della legge applicabile la residenza abituale del defunto al momento della morte. Al fine di determinare la residenza abituale, l'autorità che si occupa della successione dovrebbe procedere a una valutazione globale delle circostanze della vita del defunto negli anni precedenti la morte e al momento della morte, che tenga conto di tutti gli elementi fattuali pertinenti, in particolare la durata e la regolarità del soggiorno del defunto nello Stato interessato nonché le condizioni e le ragioni dello stesso. La residenza abituale così determinata dovrebbe rivelare un collegamento stretto e stabile con lo Stato interessato tenendo conto degli obiettivi specifici del presente regolamento.

(24) In taluni casi può risultare complesso determinare la residenza abituale del defunto. Un caso di questo genere può presentarsi, in particolare, qualora per motivi professionali o economici il defunto fosse andato a vivere all'estero per lavoro, anche per un lungo periodo, ma avesse mantenuto un collegamento stretto e stabile con lo Stato di origine. In un siffatto caso si potrebbe ritenere che il defunto, alla luce delle circostanze della fattispecie, avesse ancora la propria residenza abituale nello Stato di origine in cui è situato il centro degli interessi della sua famiglia e della sua vita sociale. Altri casi complessi possono presentarsi qualora il defunto fosse vissuto alternativamente in più Stati o si fosse trasferito da uno Stato all'altro senza essersi stabilito in modo permanente in alcuno di essi. Se il defunto era cittadino di uno di tali Stati o vi possedeva tutti i suoi beni principali, la sua cittadinanza o il luogo in cui sono situati tali beni potrebbero costituire un elemento speciale per la valutazione generale di tutte le circostanze fattuali.

(25) Per quanto riguarda la determinazione della legge applicabile alla successione, l'autorità che si occupa della successione può, in casi eccezionali in cui, per esempio, il defunto si fosse trasferito nello Stato di residenza abituale in un momento relativamente prossimo alla sua morte e tutte le circostanze del caso indi-

chino che aveva collegamenti manifestamente più stretti con un altro Stato, concludere che la legge applicabile alla successione non debba essere la legge dello Stato di residenza abituale del defunto, bensì la legge dello Stato con il quale il defunto aveva collegamenti manifestamente più stretti. I collegamenti manifestamente più stretti tuttavia non dovrebbero essere invocati come criterio di collegamento sussidiario ogni qual volta la determinazione della residenza abituale del defunto al momento della morte risulti complessa.

(26) Nulla nel presente regolamento dovrebbe impedire a un organo giurisdizionale di applicare meccanismi intesi a contrastare l'elusione della legge, come la frode alla legge nel contesto del diritto internazionale privato.

(27) Le disposizioni del presente regolamento sono concepite in modo da far sì che l'autorità che si occupa della successione applichi, nella maggior parte delle situazioni, la propria legge. Il presente regolamento prevede pertanto una serie di meccanismi che entrano in gioco ove il defunto abbia scelto come legge applicabile quella di uno Stato membro di cui era cittadino.

(28) Uno di detti meccanismi dovrebbe permettere alle parti interessate alla successione di concludere un accordo relativo alla scelta del foro a favore degli organi giurisdizionali dello Stato membro della legge scelta. Dovrebbe essere determinato, caso per caso, in base, in particolare, alla questione oggetto dell'accordo relativo alla scelta del foro, se l'accordo debba essere concluso tra tutte le parti interessate alla successione o se alcune di esse possano convenire di sottoporre una specifica questione all'organo giurisdizionale scelto dove la decisione di quell'organo su tale questione non incida sui diritti delle altre parti interessate alla successione.

(29) L'organo giurisdizionale investito d'ufficio di una successione, come accade in alcuni Stati membri, dovrebbe chiudere il procedimento se le parti convengono di regolare la successione amichevolmente in sede stragiudiziale nello Stato membro della legge scelta. Se l'organo giurisdizionale non è investito d'ufficio, il presente regolamento non dovrebbe impedire alle parti di regolare la successione amichevolmente in sede stragiudiziale, per esempio davanti a un notaio, in uno Stato membro di loro scelta ove ciò sia ammesso dalla legge di tale Stato membro. Questo dovrebbe valere anche qualora la legge applicabile alla successione non sia la legge di tale Stato membro.

(30) Per far sì che gli organi giurisdizionali di tutti gli Stati membri possano, in base agli stessi motivi, esercitare la competenza in ordine alla successione di persone non abitualmente residenti in uno Stato membro al momento della morte, il presente regolamento dovrebbe elencare tassativamente, in ordine gerarchico, i motivi in base ai quali è possibile esercitare la competenza sussidiaria.

(31) Al fine di rimediare in particolare a situazioni di diniego di giustizia, è opportuno prevedere nel presente regolamento un *forum necessitatis* che, in casi eccezionali, consenta all'organo giurisdizionale di uno Stato membro di decidere su una successione che abbia uno stretto collegamento con uno Stato terzo. Un tale caso eccezionale potrebbe presentarsi qualora un procedimento si riveli impossibile nello Stato terzo interessato, per esempio a causa di una guerra civile o qualora non ci si possa ragionevolmente aspettare che il beneficiario intenti o prosegua un procedimento in tale Stato. La competenza fondata sul *forum necessitatis* dovrebbe tuttavia essere esercitata soltanto se la causa presenta un collegamento sufficiente con lo Stato membro dell'organo giurisdizionale adito.

(32) Per semplificare la vita a eredi e legatari abitualmente residenti in uno Stato membro diverso da quello in cui la successione è o sarà trattata nel presente regolamento occorre permettere a tutti gli aventi diritto, in forza della legge applicabile alla successione, di rendere una dichiarazione concernente l'accettazione ovvero la rinuncia dell'eredità, di un legato o di una quota di legittima, oppure una dichiarazione diretta a limitare la responsabilità della persona interessata in relazione ai debiti ereditari, di rendere tali dichiarazioni dinanzi agli organi giurisdizionali dello Stato membro di residenza abituale nella forma prevista dalla legge di tale Stato membro. Ciò non dovrebbe ostare a che le dichiarazioni in questione siano rese davanti ad altre autorità di tale Stato membro, competenti a ricevere dichiarazioni secondo la legislazione nazionale. Dovrebbero essere le stesse persone che scelgono di avvalersi della possibilità di rendere dichiarazioni nello Stato membro di residenza abituale a informare l'organo giurisdizionale o l'autorità che si occupa o si occuperà della successione dell'esistenza di tali dichiarazioni entro i termini stabiliti dalla legge applicabile alla successione.

(33) Non dovrebbe essere possibile per una persona che intenda limitare la propria responsabilità per i debiti ereditari conseguire questo obiettivo attraverso una semplice dichiarazione in tal senso resa davanti agli organi giurisdizionali o ad altre autorità competenti dello Sta-

to membro in cui ha la residenza abituale qualora la legge applicabile alla successione le imponga di avviare una specifica procedura giuridica, ad esempio una procedura inventariale, davanti all'organo giurisdizionale competente. Una dichiarazione resa in tali circostanze da una persona nello Stato membro in cui ha la residenza abituale nella forma prevista dalla legge di tale Stato membro non dovrebbe pertanto essere formalmente valida ai fini del presente regolamento, né gli atti istitutivi della procedura giuridica in quanto tale dovrebbero essere considerati dichiarazioni ai fini del presente regolamento.

(34) Nell'interesse del funzionamento armonioso della giustizia, dovrebbero essere evitate decisioni tra loro incompatibili in Stati membri diversi. A tal fine è opportuno che il presente regolamento contempli norme generali di procedura simili a quelle di altri strumenti dell'Unione nel settore della cooperazione giudiziaria in materia civile.

(35) Una di queste norme di procedura è la norma sulla litispendenza che interviene qualora per la stessa causa di successione siano aditi organi giurisdizionali diversi in Stati membri diversi. Tale norma determinerà quale organo giurisdizionale debba occuparsi della causa di successione.

(36) Poiché in alcuni Stati membri le questioni di successione possono essere esaminate da autorità non giudiziarie, quali i notai, che non sono soggette alle norme di competenza in base al presente regolamento, non può essere escluso che una transazione stragiudiziale amichevole e un procedimento giudiziario relativi alla stessa successione o due transazioni stragiudiziali amichevoli relative alla stessa successione siano avviati parallelamente in Stati membri diversi. In una siffatta situazione, spetterebbe alle parti interessate, una volta a conoscenza dei procedimenti paralleli, convenire fra loro il modo di procedere. Nell'impossibilità di un accordo, dovrebbe spettare agli organi giurisdizionali competenti ai sensi del presente regolamento esaminare la successione e decidere sulla medesima.

(37) Affinché i cittadini possano beneficiare, nel rispetto della certezza del diritto, dei vantaggi offerti dal mercato interno, è necessario che il presente regolamento consenta loro di conoscere in anticipo la legge applicabile alla loro successione. Occorre introdurre norme armonizzate sul conflitto di leggi per evitare risultati contraddittori. La regola principale dovrebbe garantire che la successione sia regolata da una legge prevedibile con la quale presenta collegamenti stretti. Ai fini della certezza del diritto e onde evitare la frammentazione della successione, tale legge dovrebbe regolare l'intera successione, ossia tutti i beni oggetto dell'eredità, indipendentemente dalla loro natura o dal fatto che siano situati in un altro Stato membro o in uno Stato terzo.

(38) Il presente regolamento dovrebbe consentire ai cittadini di organizzare in anticipo la loro successione scegliendo la legge applicabile alla stessa. Tale scelta dovrebbe essere limitata alla legge di uno Stato di cui abbiano la cittadinanza al fine di assicurare un collegamento tra il defunto e la legge scelta e di evitare che una legge sia scelta nell'intento di frustrare le aspettative legittime di persone aventi diritto ad una quota di legittima.

(39) La scelta di legge dovrebbe essere effettuata in modo espresso a mezzo di dichiarazione resa nella forma di disposizione a causa di morte o risultare dai termini di una tale disposizione. Si può ritenere che la scelta di legge risulti da una disposizione a causa di morte qualora, per esempio, nella sua disposizione il defunto abbia fatto riferimento a specifiche disposizioni della legge del suo Stato di cittadinanza o abbia altrimenti menzionato tale legge.

(40) La scelta di legge effettuata in base al presente regolamento dovrebbe essere valida anche ove la legge scelta non preveda di scegliere la legge in materia di successioni. Dovrebbe essere tuttavia la legge scelta a determinare la validità sostanziale dell'atto di scelta, vale a dire se si può ritenere che la persona che ha effettuato la scelta sia consapevole della sua azione al momento della scelta e vi abbia acconsentito. Altrettanto dovrebbe valere per l'atto che modifica o revoca una scelta di legge.

(41) Ai fini dell'applicazione del presente regolamento, la determinazione della cittadinanza o delle cittadinanze plurime di una persona è questione da risolvere in via preliminare. Considerare una persona cittadina di un dato Stato è una questione che esula dall'ambito di applicazione del presente regolamento e che è disciplinata dalla legislazione nazionale, comprese, se del caso, le convenzioni internazionali, nel pieno rispetto dei principi generali dell'Unione europea.

(42) La legge designata come legge applicabile alla successione dovrebbe regolare la successione dall'apertura di quest'ultima fino al trasferimento della proprietà dei beni che fanno parte dell'eredità ai beneficiari determinati da detta legge. Essa dovrebbe estendersi alle questioni riguardanti l'amministrazione dell'eredità e la responsabilità per i debiti ereditari. Il pagamento dei debiti ereditari può, in funzione in particolare della legge applicabile alla

successione, tener conto di uno specifico ordine di priorità tra i creditori.

(43) Le norme di competenza stabilite dal presente regolamento, in talune circostanze, porterebbero ad una situazione in cui l'organo giurisdizionale competente a decidere sulla successione non applica la propria legge. Quando si verifica una siffatta situazione in uno Stato membro la cui legge prevede la nomina obbligatoria di un amministratore dell'eredità, il presente regolamento dovrebbe consentire all'organo giurisdizionale dello Stato membro, ove adito, di nominare uno o più amministratori a norma della propria legge. Ciò dovrebbe avvenire senza pregiudicare la scelta delle parti di regolare la successione amichevolmente in sede stragiudiziale in un altro Stato membro, ove possibile secondo la legge del medesimo. Al fine di garantire un agevole coordinamento tra la legge applicabile alla successione e la legge dello Stato membro che nomina l'organo giurisdizionale, l'organo giurisdizionale dovrebbe nominare la persona o le persone che avrebbero il diritto di amministrare l'eredità in virtù della legge applicabile alla successione, come ad esempio l'esecutore testamentario del defunto o gli eredi stessi oppure, se la legge applicabile alla successione lo richiede, un amministratore terzo. L'organo giurisdizionale, tuttavia, in casi specifici in cui la sua legge lo richieda, ha la facoltà di nominare amministratore un terzo, anche se ciò non è previsto dalla legge applicabile alla successione. Se il defunto aveva nominato un esecutore testamentario, questa persona non può essere privata dei suoi poteri a meno che la legge applicabile alla successione ammetta l'estinzione del suo mandato.

(44) I poteri esercitati dagli amministratori nominati nello Stato membro dell'organo giurisdizionale adito dovrebbero essere i poteri di amministrazione che essi possono esercitare a norma della legge applicabile alla successione. Pertanto, se, ad esempio, l'erede è nominato amministratore, dovrebbe avere i poteri di amministrare l'eredità che un erede avrebbe a norma di tale legge. Qualora i poteri di amministrazione che possono essere esercitati a norma della legge applicabile alla successione non siano sufficienti per preservare i beni dell'eredità o per tutelare i diritti dei creditori o di altri garanti dei debiti del defunto, l'amministratore o gli amministratori nominati nello Stato membro dell'organo giurisdizionale adito possono, in via residuale, esercitare i poteri di amministrazione previsti a tal fine dalla legge di tale Stato membro. Tali poteri residui potrebbero comprendere, ad esempio, stilare un elenco dei beni del patrimonio e dei debiti ereditari, informare i creditori dell'apertura della successione e invitarli a rendere noti i loro crediti, e prendere eventuali provvedimenti provvisori, anche cautelari, intesi a preservare i beni dell'eredità. Gli atti eseguiti da un amministratore, in forza dei poteri residui, dovrebbero rispettare la legge applicabile alla successione per quanto riguarda il trasferimento di proprietà dei beni successori, comprese eventuali transazioni avviate dai beneficiari anteriormente alla nomina dell'amministratore, la responsabilità per i debiti ereditari e i diritti dei beneficiari, compreso, se del caso, il diritto di accettare la successione o di rinunciarvi. Tali atti potrebbero, ad esempio, comportare soltanto l'alienazione dei beni o il pagamento dei debiti ove ciò fosse consentito dalla legge applicabile alla successione. Laddove, a norma della legge applicabile alla successione, la nomina di un amministratore terzo modifica la respon-sabilità degli eredi, tale modifica della responsabilità dovrebbe essere rispettata.

(45) Il presente regolamento non dovrebbe ostare a che i creditori, per esempio attraverso un rappresentante, possano prendere ulteriori provvedimenti eventualmente disponibili in virtù del diritto nazionale, se del caso, in conformità degli strumenti pertinenti dell'Unione, al fine di tutelare i propri diritti.

(46) Il presente regolamento dovrebbe consentire che ai potenziali creditori in altri Stati membri in cui si trovano i beni siano fornite informazioni sull'apertura della successione. Nel contesto dell'applicazione del presente regolamento si dovrebbe prendere in considerazione la possibilità di istituire un meccanismo, se opportuno attraverso il portale «e-Justice», inteso a consentire ai potenziali creditori in altri Stati membri di accedere alle informazioni pertinenti in modo da poter rendere noti i loro crediti.

(47) La legge applicabile alla successione dovrebbe determinare chi siano i beneficiari in una data successione. In base alla maggior parte delle leggi il termine «beneficiari» comprende eredi, legatari e aventi diritto a una quota di legittima sebbene, per esempio, la posizione giuridica dei legatari non sia la stessa secondo tutte le leggi. Secondo alcune leggi, il legatario può ricevere una quota diretta dell'eredità, mentre secondo altre il legatario può acquisire solo un diritto nei confronti degli eredi.

(48) Al fine di garantire la certezza del diritto per le persone che desiderano pianificare in anticipo la loro successione, il presente regolamento dovrebbe prevedere una norma specifi-

ca sul conflitto di leggi relativa all'ammissibilità e alla validità sostanziale delle disposizioni a causa di morte. Al fine di assicurare l'applicazione uniforme di detta norma, il presente regolamento dovrebbe elencare gli elementi che dovrebbero essere considerati pertinenti alla validità sostanziale. L'esame della validità sostanziale di una disposizione a causa di morte può portare alla conclusione che tale disposizione sia priva di esistenza giuridica.

(49) Un patto successorio è un tipo di disposizione a causa di morte la cui ammissibilità e accettazione variano nei diversi Stati membri. Al fine di agevolare l'accettazione negli Stati membri dei diritti successori acquisiti per effetto di un patto successorio, il presente regolamento dovrebbe determinare quale legge disciplina l'ammissibilità di tali patti, la loro validità sostanziale e gli effetti vincolanti tra le parti nonché le condizioni del loro scioglimento.

(50) La legge che, in base al presente regolamento, disciplinerà l'ammissibilità e la validità sostanziale di una disposizione a causa di morte nonché, per quanto riguarda i patti successori, gli effetti vincolanti di tali patti tra le parti, non dovrebbe pregiudicare i diritti di chiunque, in forza della legge applicabile alla successione, abbia diritto a una quota di legittima o abbia un altro diritto di cui non può essere privato dalla persona della cui successione si tratta.

(51) Qualora nel presente regolamento sia fatto riferimento alla legge che sarebbe stata applicabile alla successione della persona che ha fatto la disposizione a causa di morte se fosse deceduta, rispettivamente, il giorno in cui la disposizione è stata fatta, modificata o revocata, tale riferimento dovrebbe essere inteso o alla legge dello Stato in cui la persona risiedeva abitualmente in quel momento o, se avesse scelto una legge ai sensi del presente regolamento, alla legge dello Stato di cui possedeva la cittadinanza in quel momento.

(52) Il presente regolamento dovrebbe disciplinare la validità quanto alla forma di tutte le disposizioni a causa di morte scritte attraverso norme coerenti con quelle della Convenzione dell'Aia del 5 ottobre 1961 sui conflitti di legge relativi alla forma delle disposizioni testamentarie. Nel determinare la validità formale di una determinata disposizione a causa di morte in base al presente regolamento, l'autorità competente dovrebbe ignorare un elemento internazionale creato in modo fraudolento per eludere le norme relative alla validità formale.

(53) Ai fini del presente regolamento, dovrebbero essere considerate attinenti alla forma le disposizioni di legge che limitano le forme ammesse di disposizioni a causa di morte in riferimento a determinate qualità personali della persona che fa la disposizione, ad esempio l'età. Ciò non dovrebbe essere interpretato nel senso che la legge applicabile alla validità formale di una disposizione a causa di morte in base al presente regolamento debba determinare se un minore abbia la capacità di effettuare una disposizione a causa di morte. Detta legge dovrebbe limitarsi a determinare se una qualità personale, come ad esempio la minore età, debba impedire a una persona di effettuare una disposizione a causa di morte in una determinata forma.

(54) Per ragioni legate a considerazioni economiche, familiari o sociali, alcuni immobili, imprese e altre categorie determinate di beni sono soggetti a determinate norme nello Stato membro in cui sono situati che stabiliscono restrizioni che riguardano la successione o influiscono su quest'ultima relativamente a detti beni. Il presente regolamento dovrebbe garantire l'applicazione di queste determinate norme. È tuttavia necessario che questa eccezione all'applicazione della legge applicabile alla successione sia interpretata in modo restrittivo per essere compatibile con l'obiettivo generale del presente regolamento. Pertanto, né le norme sul conflitto di leggi che assoggettano i beni immobili a una legge diversa da quella applicabile ai beni mobili, né le disposizioni che prevedono una quota di legittima maggiore di quella prevista dalla legge applicabile alla successione ai sensi del presente regolamento possono considerarsi norme speciali che stabiliscono restrizioni che riguardano la successione o influiscono su quest'ultima relativamente a determinati beni.

(55) Al fine di assicurare una disciplina uniforme della fattispecie in cui è incerto in quale ordine sono decedute due o più persone le cui successioni sono regolate da leggi diverse, il presente regolamento dovrebbe prevedere una norma che stabilisca che nessuna di tali persone ha diritto di succedere all'altra o alle altre.

(56) In alcuni casi un'eredità può risultare vacante. Le varie leggi regolano questi casi in modo diverso. Secondo alcune leggi, lo Stato può reclamare l'eredità vacante come un erede indipendentemente dal luogo in cui sono situati i beni. Secondo altre leggi, lo Stato può acquisire solo i beni situati sul suo territorio. Il presente regolamento dovrebbe pertanto prevedere una norma che stabilisca che l'applicazione della legge applicabile alla successione non dovrebbe ostare al diritto di uno Stato

membro di acquisire, in base alla propria legge, i beni situati sul suo territorio. Tuttavia, affinché questa norma non rechi pregiudizio ai creditori dell'eredità, dovrebbe essere aggiunta una clausola che consenta ai creditori dell'eredità di chiedere la soddisfazione dei loro crediti con tutti i beni oggetto dell'eredità, indipendentemente dalla loro ubicazione.

(57) Le norme sul conflitto di leggi previste dal presente regolamento possono portare all'applicazione della legge di uno Stato terzo. In tal caso, si dovrebbe tenere conto delle norme di diritto internazionale privato di tale Stato. Se dette norme prevedono un rinvio alla legge di uno Stato membro o alla legge di uno Stato terzo che applicherebbe alla successione la propria legge, tale rinvio dovrebbe essere accettato per assicurare la coerenza internazionale. Il rinvio dovrebbe tuttavia essere escluso nei casi in cui il defunto avesse effettuato una scelta di legge a favore della legge di uno Stato terzo.

(58) In presenza di circostanze eccezionali, per ragioni di interesse pubblico gli organi giurisdizionali e altre autorità competenti in materia di successione degli Stati membri dovrebbero poter disapplicare determinate disposizioni di una legge straniera qualora, in una precisa fattispecie, l'applicazione di tali disposizioni risultasse manifestamente incompatibile con l'ordine pubblico dello Stato membro interessato. Tuttavia, agli organi giurisdizionali o alle altre autorità competenti non dovrebbe essere consentito di avvalersi dell'eccezione di ordine pubblico per disapplicare la legge di un altro Stato membro ovvero per rifiutare di riconoscere – o, se del caso, accettare, – o per eseguire una decisione, un atto pubblico o una transazione giudiziale emessi in un altro Stato membro, qualora ciò avvenisse in violazione della Carta dei diritti fondamentali dell'Unione europea, in particolare del suo art. 21 che vieta qualsiasi forma di discriminazione.

(59) Alla luce dell'obiettivo generale, ossia il riconoscimento reciproco delle decisioni emesse negli Stati membri in materia di successioni, indipendentemente dal fatto che dette decisioni siano emesse in procedimenti contenziosi o non contenziosi, il presente regolamento dovrebbe prevedere norme relative al riconoscimento, all'esecutività e all'esecuzione delle decisioni simili a quelle di altri strumenti dell'Unione nel settore della cooperazione giudiziaria in materia civile.

(60) Per tenere conto dei diversi sistemi che trattano questioni di successione negli Stati membri, è opportuno che il presente regolamento assicuri l'accettazione e l'esecutività in tutti gli Stati membri degli atti pubblici in materia di successioni.

(61) Gli atti pubblici dovrebbero avere in un altro Stato membro la stessa efficacia probatoria che hanno nello Stato membro d'origine, o gli effetti più comparabili. Nel determinare l'efficacia probatoria di un determinato atto pubblico in un altro Stato membro o gli effetti più comparabili è opportuno fare riferimento alla natura e alla portata degli effetti probatori dell'atto pubblico nello Stato membro d'origine. L'efficacia probatoria di un atto pubblico in un altro Stato membro sarà perciò determinata dalla legge dello Stato membro d'origine.

(62) L'«autenticità» dell'atto pubblico dovrebbe essere un concetto autonomo comprendente elementi quali la genuinità dell'atto, i presupposti formali dell'atto, i poteri dell'autorità che redige l'atto e la procedura secondo la quale l'atto è redatto. Dovrebbe comprendere altresì gli elementi fattuali registrati dall'autorità interessata nell'atto pubblico, quali il fatto che le parti indicate sono comparse davanti a tale autorità nella data indicata e che hanno reso le dichiarazioni indicate. La parte che intenda contestare l'autenticità di un atto pubblico dovrebbe farlo davanti all'organo giurisdizionale competente dello Stato membro di origine dell'atto pubblico secondo la legge di tale Stato membro.

(63) I termini «i negozi giuridici o i rapporti giuridici registrati in un atto pubblico» dovrebbero essere intesi come riferiti al contenuto e alla sostanza registrati nell'atto pubblico. I negozi giuridici registrati in un atto pubblico possono consistere, ad esempio, nell'accordo tra le parti riguardo alla divisione o distribuzione dell'eredità ovvero in un testamento, in un patto successorio o in altra dichiarazione di volontà. I rapporti giuridici possono riguardare, ad esempio, la determinazione degli eredi e di altri beneficiari ai sensi della legge applicabile alla successione, le loro quote rispettive e l'esistenza di una quota di legittima, ovvero qualsiasi altro elemento stabilito secondo la legge applicabile alla successione. La parte che intenda contestare i negozi giuridici o i rapporti giuridici registrati in un atto pubblico dovrebbe farlo davanti agli organi giurisdizionali competenti ai sensi del presente regolamento, che dovrebbero decidere conformemente alla legge applicabile alla successione.

(64) Se una questione relativa ai negozi giuridici o ai rapporti giuridici registrati in un atto pubblico è sollevata in via incidentale in un procedimento davanti ad un organo giurisdizionale di uno Stato membro, tale organo giurisdizionale dovrebbe essere competente a decidere tale questione.

(65) Un atto pubblico contestato non dovrebbe avere efficacia probatoria in uno Stato membro diverso dallo Stato membro d'origine fintanto che la contestazione sia pendente. Se la contestazione riguarda solo una questione specifica relativa ai negozi giuridici o ai rapporti giuridici registrati in un atto pubblico, l'atto pubblico contestato non dovrebbe avere efficacia probatoria in uno Stato membro diverso dallo Stato membro d'origine per quanto concerne i punti contestati fino a quando la contestazione è pendente. Un atto pubblico dichiarato invalido in seguito a una contestazione dovrebbe cessare di produrre qualsiasi effetto probatorio.

(66) L'autorità alla quale, nel contesto dell'applicazione del presente regolamento, fossero presentati due atti pubblici incompatibili dovrebbe valutare a quale atto pubblico, eventualmente, debba essere attribuita priorità, tenendo conto delle circostanze del caso specifico. Se da tali circostanze non dovesse emergere con chiarezza a quale atto pubblico, eventualmente, debba essere attribuita priorità, la questione dovrebbe essere definita dagli organi giurisdizionali competenti ai sensi del presente regolamento o, qualora la questione fosse sollevata in via incidentale nel corso di un procedimento, dall'organo giurisdizionale investito del procedimento. In caso di incompatibilità tra un atto pubblico e una decisione, si dovrebbe tener conto dei motivi di rifiuto di riconoscimento delle decisioni previsti dal presente regolamento.

(67) Affinché una successione con implicazioni transfrontaliere all'interno dell'Unione sia regolata in modo rapido, agevole ed efficace, l'erede, il legatario, l'esecutore testamentario o l'amministratore dell'eredità dovrebbero dimostrare con facilità la sua qualità e/o i suoi diritti e poteri in un altro Stato membro, ad esempio in uno Stato membro in cui si trovano beni della successione. A tal fine, è opportuno che il presente regolamento preveda la creazione di un certificato uniforme, il certificato successorio europeo (in appresso denominato «certificato»), da rilasciare per essere utilizzato in un altro Stato membro. In osservanza al principio di sussidiarietà, il certificato non dovrebbe prendere il posto di eventuali documenti interni utilizzati a scopi analoghi negli Stati membri.

(68) L'autorità che rilascia il certificato dovrebbe attenersi alle formalità richieste per la registrazione di beni immobili nello Stato membro in cui è tenuto il registro. A tal fine il presente regolamento dovrebbe prevedere uno scambio di informazioni su dette formalità tra gli Stati membri.

(69) L'uso del certificato non dovrebbe essere obbligatorio. Ciò significa che le persone aventi il diritto di richiedere un certificato non dovrebbero essere obbligate a farlo, ma dovrebbero essere libere di avvalersi degli altri strumenti messi a disposizione dal presente regolamento (decisioni, atti pubblici e transazioni giudiziarie). Tuttavia, nessuna autorità o persona davanti alla quale sia stato presentato un certificato rilasciato in un altro Stato membro dovrebbe poter chiedere la presentazione di una decisione, un atto pubblico o una transazione giudiziaria al posto del certificato.

(70) Il certificato dovrebbe essere rilasciato nello Stato membro i cui organi giurisdizionali sono competenti ai sensi del presente regolamento. Dovrebbe spettare a ciascuno Stato membro determinare nella rispettiva legislazione interna quali autorità debbano essere competenti a rilasciare il certificato, che si tratti degli organi giurisdizionali definiti ai fini del presente regolamento oppure di altre autorità competenti in materia di successioni, ad esempio i notai. Dovrebbe altresì spettare a ciascuno Stato membro determinare nella rispettiva legislazione interna se l'autorità di rilascio possa coinvolgere altri organi competenti nel processo di rilascio, ad esempio organi competenti a ricevere un atto notorio sostitutivo del giuramento. Gli Stati membri dovrebbero fornire alla Commissione le informazioni pertinenti relative alle rispettive autorità di rilascio affinché tali informazioni siano rese disponibili al pubblico.

(71) Il certificato dovrebbe produrre gli stessi effetti in tutti gli Stati membri. Non dovrebbe essere di per sé un titolo esecutivo ma avere forza probatoria e si dovrebbe presumere che dimostri con esattezza gli elementi accertati in forza della legge applicabile alla successione o di altra legge applicabile a elementi specifici, come la validità sostanziale delle disposizioni a causa di morte. La forza probatoria del certificato non dovrebbe estendersi a elementi non disciplinati dal presente regolamento, ad esempio la questione dell'affiliazione o la questione se un determinato bene appartenesse o meno al defunto. A chiunque effettui pagamenti o consegni beni della successione a una persona designata nel certificato come avente diritto ad accettare tali pagamenti o beni in qualità di erede o legatario dovrebbe essere riconosciuta adeguata protezione se ha agito in buona fede confidando nell'esattezza delle informazioni contenute nel certificato. La stessa protezione andrebbe riconosciuta a chiunque, confidando nell'esattezza delle informazioni contenute nel certificato, acquisti o riceva

beni della successione da una persona designata nel certificato come avente diritto a disporre dei beni interessati. La protezione andrebbe fornita qualora siano prodotte copie autenticate che sono ancora valide. Non dovrebbe essere determinato dal presente regolamento se siffatta acquisizione di beni da parte di terzi produca o meno effetti.

(72) L'autorità competente dovrebbe rilasciare il certificato su richiesta. L'originale del certificato dovrebbe essere conservato dall'autorità di rilascio che dovrebbe rilasciare una o più copie autenticate del certificato al richiedente e a chiunque dimostri di avervi interesse. Queste disposizioni non dovrebbero precludere la facoltà di uno Stato membro di consentire, conformemente alle norme nazionali in materia di accesso del pubblico ai documenti, la diffusione di copie del certificato a membri del pubblico. Il presente regolamento dovrebbe prevedere strumenti di ricorso contro le decisioni dell'autorità di emissione, comprese le decisioni di rifiutare il rilascio di un certificato. Ove il certificato sia rettificato, modificato o ritirato, l'autorità di rilascio dovrebbe informare le persone cui sono state rilasciate copie autenticate, al fine di evitare un uso illecito di tali copie.

(73) Il rispetto degli impegni internazionali sottoscritti dagli Stati membri comporta che il presente regolamento lasci impregiudicata l'applicazione delle convenzioni internazionali di cui uno o più Stati membri sono parti al momento dell'adozione del presente regolamento. In particolare, gli Stati membri che sono parti contraenti della Convenzione dell'Aia, del 5 ottobre 1961, dovrebbero poter continuare ad applicare le disposizioni di tale convenzione anziché quelle del presente regolamento per quanto riguarda la validità formale dei testamenti e dei testamenti congiuntivi. La coerenza con gli obiettivi generali del presente regolamento esige tuttavia che, tra gli Stati membri, esso prevalga sulle convenzioni concluse esclusivamente tra due o più di essi nella misura in cui esse riguardano materie disciplinate dal presente regolamento.

(74) Il presente regolamento non preclude agli Stati membri parte della convenzione, del 19 novembre 1934, tra la Danimarca, la Finlandia, l'Islanda, la Norvegia e la Svezia comprendente disposizioni di diritto internazionale privato in materia di successioni, testamenti e amministrazione di eredità di continuare ad applicare talune disposizioni della convenzione stessa, riveduta dall'accordo intergovernativo tra gli Stati che ne sono parte.

(75) Al fine di facilitare l'applicazione del presente regolamento, è opportuno prevedere l'obbligo in capo agli Stati membri di comunicare talune informazioni concernenti la loro legislazione e le loro procedure in materia di successioni nell'ambito della rete giudiziaria europea in materia civile e commerciale, istituita con decisione 2001/470/CE del Consiglio. Per consentire la tempestiva pubblicazione nella *Gazzetta ufficiale dell'Unione europea* di tutte le informazioni rilevanti per l'applicazione pratica del presente regolamento, gli Stati membri dovrebbero comunicare tali informazioni anche alla Commissione prima che il presente regolamento inizi ad applicarsi.

(76) Sempre per facilitare l'applicazione del presente regolamento e permettere l'uso delle tecnologie di comunicazione moderne, occorre prevedere moduli standard per le attestazioni da fornire nel quadro della domanda di dichiarazione di esecutività di una decisione, un atto pubblico o una transazione giudiziaria nonché per la domanda volta a ottenere un certificato successorio europeo e per il certificato stesso.

(77) Per il calcolo dei tempi e dei termini previsti dal presente regolamento, si dovrebbe applicare il reg. (CEE, Euratom) n. 1182/71 del Consiglio, del 3 giugno 1971, che stabilisce le norme applicabili ai periodi di tempo, alle date e ai termini.

(78) Al fine di garantire condizioni uniformi di esecuzione del presente regolamento, dovrebbero essere attribuite alla Commissione competenze di esecuzione per quanto riguarda la costituzione e la successiva modifica delle attestazioni e delle forme riguardanti la dichiarazione di esecutività delle decisioni, delle transazioni giudiziarie e gli atti pubblici e il certificato successorio europeo. Tali competenze devono essere esercitate in conformità al reg. (UE) n. 182/2011 del Parlamento europeo e del Consiglio, del 16 febbraio 2011, che stabilisce le regole e i principi generali relativi alle modalità di controllo da parte degli Stati membri dell'esercizio delle competenze di esecuzione attribuite alla Commissione.

(79) Per l'adozione degli atti di esecuzione che istituiscono e successivamente modificano gli attestati e i moduli di cui al presente regolamento si dovrebbe far ricorso alla procedura consultiva, conformemente alla procedura di cui all'art. 4 del reg. (UE) n. 182/2011,

(80) Poiché gli obiettivi del presente regolamento, vale a dire la libera circolazione delle persone, l'organizzazione anticipata da parte dei cittadini europei della loro successione in un contesto europeo, e la protezione dei diritti degli eredi e dei legatari, e delle persone vicine al defunto nonché dei creditori della successione, non possono essere conseguiti in misura suffi-

ciente dagli Stati membri e possono dunque, a motivo delle dimensioni e degli effetti del regolamento, essere conseguiti meglio a livello di Unione, quest'ultima può intervenire, in base al principio di sussidiarietà sancito dall'art. 5 del trattato sull'Unione europea. Il presente regolamento si limita a quanto è necessario per conseguire tali obiettivi in ottemperanza al principio di proporzionalità enunciato nello stesso articolo.

(81) Il presente regolamento rispetta i diritti fondamentali e osserva i principi sanciti dalla Carta dei diritti fondamentali dell'Unione europea. Gli organi giurisdizionali e le altre autorità competenti degli Stati membri devono applicare il presente regolamento nel rispetto di tali diritti e principi.

(82) A norma degli artt. 1 e 2 del protocollo n. 21 sulla posizione del Regno Unito e dell'Irlanda rispetto allo spazio di libertà, sicurezza e giustizia, allegato al trattato sull'Unione europea e al trattato sul funzionamento dell'Unione europea, tali Stati membri non partecipano all'adozione del presente regolamento e non sono vincolati da esso, né sono soggetti alla sua applicazione. Rimane tuttavia impregiudicata la possibilità per il Regno Unito e l'Irlanda di notificare la loro intenzione di accettare il presente regolamento dopo la sua adozione in conformità all'art. 4 del suddetto protocollo.

(83) A norma degli artt. 1 e 2 del protocollo n. 22 sulla posizione della Danimarca allegato al trattato sull'Unione europea e al trattato sul funzionamento dell'Unione europea, la Danimarca non partecipa all'adozione del presente regolamento e non è vincolata da esso né è soggetta alla sua applicazione,

HANNO ADOTTATO IL PRESENTE REGOLAMENTO:

CAPO I

AMBITO DI APPLICAZIONE E DEFINIZIONI

1. *Ambito di applicazione*. — 1. Il presente regolamento si applica alle successioni a causa di morte. Esso non concerne la materia fiscale, doganale e amministrativa.

2. Sono esclusi dall'ambito di applicazione del presente regolamento:

a) lo status delle persone fisiche, i rapporti di famiglia e i rapporti che secondo la legge applicabile a questi ultimi hanno effetti comparabili;

b) la capacità delle persone fisiche, fatto salvo quanto stabilito all'art. 23, par. 2, lett. *c*), e all'art. 26;

c) le questioni riguardanti la scomparsa, l'assenza o la morte presunta di una persona fisica;

d) le questioni riguardanti i regimi patrimoniali tra coniugi e i regimi patrimoniali relativi a rapporti che secondo la legge applicabile a questi ultimi hanno effetti comparabili al matrimonio;

e) le obbligazioni alimentari diverse da quelle a causa di morte;

f) la validità formale delle disposizioni a causa di morte fatte oralmente;

g) i diritti e i beni creati o trasferiti con strumenti diversi dalla successione, quali le donazioni, la comproprietà con reversibilità a favore del comproprietario superstite, i piani pensione, i contratti di assicurazione e accordi analoghi, fatto salvo l'art. 23, par. 2, lett. *i*);

h) le questioni disciplinate dal diritto applicabile alle società, alle associazioni e alle persone giuridiche, quali le clausole degli atti costitutivi e degli statuti di società, associazioni e persone giuridiche che stabiliscono la destinazione delle quote di partecipazione alla morte dei loro membri;

i) lo scioglimento, l'estinzione e la fusione di società, associazioni e persone giuridiche;

j) la costituzione, il funzionamento e lo scioglimento di trust;

k) la natura dei diritti reali;

l) qualsiasi iscrizione in un registro di diritti su beni mobili o immobili, compresi i requisiti legali relativi a tale iscrizione, e gli effetti dell'iscrizione o della mancata iscrizione di tali diritti in un registro.

2. *Competenza in materia di successione all'interno degli Stati membri*. — Il presente regolamento lascia impregiudicata la competenza delle autorità degli Stati membri a trattare questioni di successione.

3. *Definizioni*. — 1. Ai fini del presente regolamento si intende per:

a) «successione», la successione a causa di morte, comprendente qualsiasi modalità di trasferimento di beni, diritti e obbligazioni a causa di morte, che si tratti di un trasferimento volontario per disposizione a causa di morte ovvero di un trasferimento per effetto di successione legittima;

b) «patto successorio», l'accordo, anche derivante da testamenti reciproci, che conferisce, modifica o revoca, con o senza corrispettivo, diritti nella successione futura di una o più persone parti dell'accordo;

c) «testamento congiuntivo», il testamento redatto in un unico documento da due o più persone;

d) «disposizione a causa di morte», un testamento, un testamento congiuntivo o un patto successorio;

e) «Stato membro d'origine», lo Stato membro in cui, a seconda dei casi, è stata emessa la decisione, è stata approvata o conclusa la transazione giudiziaria, è stato redatto l'atto pubblico o è stato rilasciato il certificato successorio europeo;

f) «Stato membro dell'esecuzione», lo Stato membro in cui sono richieste la dichiarazione di esecutività o l'esecuzione della decisione, della transazione giudiziaria o dell'atto pubblico;

g) «decisione», qualsiasi decisione in materia di successioni emessa da un organo giurisdizionale di uno Stato membro, a prescindere dalla denominazione usata, compresa una decisione sulla determinazione delle spese giudiziali da parte del cancelliere;

h) «transazione giudiziale», la transazione in materia di successioni approvata dall'organo giurisdizionale o conclusa davanti all'organo giurisdizionale nel corso di un procedimento;

i) «atto pubblico», qualsiasi documento in materia di successioni che sia stato formalmente redatto o registrato come atto pubblico in uno Stato membro e la cui autenticità:

i) riguardi la firma e il contenuto dell'atto pubblico; nonché

ii) sia stata attestata da un'autorità pubblica o da altra autorità a tal fine autorizzata dallo Stato membro di origine;

2. Ai fini del presente regolamento il termine «organo giurisdizionale» indica qualsiasi autorità giudiziaria e tutte le altre autorità e i professionisti legali competenti in materia di successioni che esercitano funzioni giudiziarie o agiscono su delega di un'autorità giudiziaria o sotto il controllo di un'autorità giudiziaria, purché tali altre autorità e professionisti legali offrano garanzie circa l'imparzialità e il diritto di audizione delle parti e purché le decisioni che prendono ai sensi della legge dello Stato membro in cui operano:

a) possano formare oggetto di ricorso o riesame davanti a un'autorità giudiziaria; e

b) abbiano forza ed effetto equivalenti a quelli di una decisione dell'autorità giudiziaria nella stessa materia.

Gli Stati membri notificano alla Commissione, conformemente all'art. 79, le altre autorità e i professionisti legali di cui al primo comma.

CAPO II

COMPETENZA

4. *Competenza generale*. — Sono competenti a decidere sull'intera successione gli organi giurisdizionali dello Stato membro in cui il defunto aveva la residenza abituale al momento della morte.

5. *Accordi di scelta del foro*. — 1. Se la legge scelta dal defunto per regolare la sua successione conformemente all'art. 22 è la legge di uno Stato membro, le parti interessate possono convenire che un organo giurisdizionale o gli organi giurisdizionali di tale Stato membro hanno competenza esclusiva a decidere su qualsiasi questione legata alla successione.

2. L'accordo relativo alla scelta del foro è concluso per iscritto, datato e firmato dalle parti interessate. Si considera equivalente alla forma scritta qualsiasi comunicazione elettronica che consenta una registrazione durevole dell'accordo.

6. *Dichiarazione di incompetenza in caso di scelta di legge*. — Quando la legge scelta dal defunto per regolare la sua successione conformemente all'art. 22 è la legge di uno Stato membro, l'organo giurisdizionale adito ai sensi dell'art. 4 o dell'art. 10:

a) può, su richiesta di una delle parti del procedimento, dichiarare la propria incompetenza se ritiene che gli organi giurisdizionali dello Stato membro della legge scelta siano più adatti a decidere sulla successione tenuto conto delle circostanze pratiche di quest'ultima, quali la residenza abituale delle parti e il luogo in cui sono situati i beni; oppure

b) dichiara la propria incompetenza se le parti del procedimento hanno convenuto, ai sensi dell'art. 5, di conferire la competenza a un organo giurisdizionale o agli organi giurisdizionali dello Stato membro della legge scelta.

7. *Competenza in caso di scelta di legge*. — Gli organi giurisdizionali dello Stato membro la cui legge sia stata scelta dal defunto conformemente all'art. 22 sono competenti a decidere sulla successione:

a) se un organo giurisdizionale preventivamente adito ha dichiarato la propria incompetenza nella stessa causa ai sensi dell'art. 6;

b) se le parti del procedimento hanno convenuto, ai sensi dell'art. 5, di conferire la competenza a un organo giurisdizionale o agli organi giurisdizionali di tale Stato membro; oppure

c) se le parti del procedimento hanno espressamente accettato la competenza dell'organo giurisdizionale adito.

8. *Chiusura del procedimento aperto d'ufficio in caso di scelta di legge*. — L'organo giurisdizionale che ha aperto d'ufficio un procedimento in materia di successioni ai sensi dell'art. 4 o dell'art. 10 chiude il procedimento se le parti del procedimento hanno convenuto di regolare la successione amichevolmente in sede stragiudiziale nello Stato membro la cui legge sia stata scelta dal defunto conformemente all'art. 22.

9. *Competenza fondata sulla comparizione*. — 1. Se, nel corso del procedimento davanti a un organo giurisdizionale di uno Stato membro che esercita la competenza ai sensi dell'art. 7, risulta che non tutte le parti del procedimento sono parte dell'accordo relativo alla scelta del foro, l'organo giurisdizionale continua a esercitare la competenza quando le parti che non sono parte dell'accordo compaiono senza contestare la competenza dell'organo giurisdizionale.

2. Se la competenza dell'organo giurisdizionale di cui al par. 1 è contestata dalle parti del procedimento che non sono parte dell'accordo in questione, l'organo giurisdizionale dichiara la propria incompetenza.

In tal caso, la competenza a decidere sulla successione spetta agli organi giurisdizionali competenti ai sensi dell'art. 4 o dell'art. 10.

10. *Competenza sussidiaria*. — 1. Se, al momento della morte, il defunto non risiedeva abitualmente in uno Stato membro, gli organi giurisdizionali di uno Stato membro in cui si trovano beni ereditari sono comunque competenti a decidere sull'intera successione, nella misura in cui:

a) il defunto possedeva la cittadinanza di quello Stato membro al momento della morte; o, in mancanza,

b) la precedente residenza abituale del defunto era stabilita in quello Stato membro, purché nel momento in cui l'organo giurisdizionale è adito non sia trascorso un periodo superiore a cinque anni dal cambiamento di tale residenza abituale.

2. Se nessun organo giurisdizionale di uno Stato membro è competente ai sensi del par. 1, gli organi giurisdizionali dello Stato membro in cui si trovano beni ereditari sono comunque competenti a decidere su tali beni.

11. *Forum necessitatis*. — Qualora nessun organo giurisdizionale di uno Stato membro sia competente in forza di altre disposizioni del presente regolamento, in casi eccezionali, gli organi giurisdizionali di uno Stato membro possono decidere sulla successione se un procedimento non può ragionevolmente essere intentato o svolto o si rivela impossibile in uno Stato terzo con il quale la causa ha uno stretto collegamento.

La causa deve presentare un collegamento sufficiente con lo Stato membro dell'organo giurisdizionale adito.

12. *Limitazione del procedimento*. — 1. Se l'eredità comprende beni situati in uno Stato terzo, l'organo giurisdizionale adito per decidere sulla successione può, su richiesta di una delle parti, astenersi dal decidere su uno o più di tali beni qualora si possa supporre che la sua decisione sui beni in questione non sarà riconosciuta né, se del caso, dichiarata esecutiva in tale Stato terzo.

2. Il par. 1 non pregiudica il diritto delle parti di limitare l'oggetto del procedimento ai sensi della legge dello Stato membro dell'organo giurisdizionale adito.

13. *Accettazione o rinuncia dell'eredità, di un legato o di una quota di legittima*. — Oltre all'organo giurisdizionale competente a decidere sulla successione ai sensi del presente regolamento, gli organi giurisdizionali dello Stato membro di residenza abituale di qualsiasi persona che, in base alla legge applicabile alla successione, può rendere dinanzi a un organo giurisdizionale una dichiarazione di accettazione dell'eredità, di un legato o di una quota, oppure una dichiarazione diretta a limitare la responsabilità della persona interessata in relazione alle passività ereditarie, sono competenti a ricevere tali dichiarazioni quando, in base alla legge di tale Stato membro, dette dichiarazioni possono essere rese dinanzi ad un organo giurisdizionale.

14. *Adizione dell'organo giurisdizionale*. — Ai fini del presente capo, un organo giurisdizionale è considerato adito:

a) alla data in cui la domanda giudiziale o un atto equivalente è depositato presso l'organo giurisdizionale, a condizione che il richiedente non abbia in seguito omesso di prendere le misure che era tenuto a prendere affinché l'atto fosse notificato o comunicato al convenuto;

b) se l'atto deve essere notificato o comunicato prima di essere depositato presso l'organo giurisdizionale, alla data della sua ricezione da parte dell'autorità incaricata della notificazione o comunicazione, a condizione che il richiedente non abbia in seguito omesso di prendere le misure che era tenuto a prendere affinché l'atto fosse depositato presso l'organo giurisdizionale; o

c) se i procedimenti sono aperti d'ufficio, alla data in cui l'autorità giurisdizionale decide di aprire il procedimento o, ove tale decisione non sia richiesta, alla data in cui la causa è registrata dall'autorità giurisdizionale.

15. *Verifica della competenza*. — L'organo giurisdizionale di uno Stato membro investito di una causa in materia di successione per la quale non è competente in base al presente regolamento dichiara d'ufficio la propria incompetenza.

16. *Verifica della ricevibilità*. — 1. Se il convenuto che ha la residenza abituale nel territorio di uno Stato diverso dallo Stato membro in cui l'azione è stata proposta non compare, l'organo giurisdizionale competente sospende il procedimento fino a quando sia accertato che il convenuto è stato messo nelle condizioni di ricevere la domanda giudiziale o un atto equivalente in tempo utile a consentirgli di presentare le proprie difese o, che sono stati effettuati tutti gli adempimenti in tal senso.

2. In luogo del par. 1 del presente articolo, si applica l'art. 19 del reg. (CE) n. 1393/2007 del Parlamento europeo e del Consiglio, del 13 novembre 2007, relativo alla notificazione e alla comunicazione negli Stati membri degli atti giudiziari ed extragiudiziali in materia civile o commerciale («notificazione o comunicazione degli atti»), qualora sia stato necessario trasmettere da uno Stato membro a un altro la domanda giudiziale o un atto equivalente a norma di tale regolamento.

3. Ove non sia applicabile il reg. (CE) n. 1393/2007, si applica l'art. 15 della convenzione dell'Aia del 15 novembre 1965 relativa alla notificazione e alla comunicazione all'estero degli atti giudiziari ed extragiudiziari in materia civile o commerciale, qualora sia stato necessario trasmettere all'estero la domanda giudiziale o un atto equivalente a norma di tale convenzione.

17. *Litispendenza*. — 1. Qualora davanti a organi giurisdizionali di Stati membri differenti e tra le stesse parti siano state proposte domande aventi il medesimo oggetto e il medesimo titolo, l'organo giurisdizionale successivamente adito sospende d'ufficio il procedimento fino a quando sia stata accertata la competenza dell'organo giurisdizionale preventivamente adito.

2. Ove sia accertata la competenza dell'organo giurisdizionale preventivamente adito, l'organo giurisdizionale successivamente adito dichiara la propria incompetenza a favore del primo.

18. *Connessione*. — 1. Ove più cause connesse siano pendenti davanti agli organi giurisdizionali di Stati membri differenti, l'organo giurisdizionale successivamente adito può sospendere il procedimento.

2. Se tali cause sono pendenti in primo grado, l'organo giurisdizionale successivamente adito può parimenti dichiarare la propria incompetenza su richiesta di una delle parti a condizione che l'organo giurisdizionale preventivamente adito sia competente a conoscere delle domande proposte e la sua legge consenta la riunione dei procedimenti.

3. Agli effetti del presente articolo sono connesse le cause aventi tra di loro un collegamento così stretto da rendere opportune una trattazione e una decisione uniche per evitare decisioni tra loro incompatibili ove le cause fossero trattate separatamente.

19. *Provvedimenti provvisori e cautelari*. — I provvedimenti provvisori o cautelari previsti dalla legge di uno Stato membro possono essere richiesti agli organi giurisdizionali di tale Stato anche se, in forza del presente regolamento, la competenza a conoscere nel merito è riconosciuta agli organi giurisdizionali di un altro Stato membro.

CAPO III

Legge applicabile

20. *Applicazione universale*. — La legge designata dal presente regolamento si applica anche ove non sia quella di uno Stato membro.

21. *Criterio generale*. — 1. Salvo quanto diversamente previsto dal presente regolamento, la legge applicabile all'intera successione è quella dello Stato in cui il defunto aveva la propria residenza abituale al momento della morte.

2. Se, in via eccezionale, dal complesso delle circostanze del caso concreto risulta chiaramente che, al momento della morte, il defunto aveva collegamenti manifestamente più stretti con uno Stato diverso da quello la cui legge sarebbe applicabile ai sensi del par. 1, la legge applicabile alla successione è la legge di tale altro Stato.

22. *Scelta di legge*. — 1. Una persona può scegliere come legge che regola la sua intera successione la legge dello Stato di cui ha la cittadinanza al momento della scelta o al momento della morte.

Una persona con più di una cittadinanza può scegliere la legge di uno qualsiasi degli Stati di cui ha la cittadinanza al momento della scelta o al momento della morte.

2. La scelta di legge deve essere effettuata in modo espresso a mezzo di dichiarazione resa nella forma di una disposizione a causa di morte o risultare dalle clausole di tale disposizione.

3. La validità sostanziale dell'atto con cui è stata fatta la scelta di legge è disciplinata dalla legge scelta.

4. La modifica o la revoca della scelta di legge devono soddisfare le condizioni di forma previste per la modifica o la revoca di una disposizione a causa di morte.

23. *Ambito di applicazione della legge applica-*

bile. — 1. La legge designata a norma dell'art. 21 o dell'art. 22 regola l'intera successione.

2. Tale legge regola in particolare:

a) le cause, il momento e il luogo dell'apertura della successione;

b) l'individuazione dei beneficiari, delle loro quote rispettive e degli eventuali oneri imposti loro dal defunto e la determinazione degli altri diritti successori, compresi i diritti del coniuge o del partner superstite;

c) la capacità di succedere;

d) la diseredazione e l'indegnità;

e) il trasferimento agli eredi e, se del caso, ai legatari, dei beni, dei diritti e delle obbligazioni che fanno parte del patrimonio ereditario, comprese le condizioni e gli effetti dell'accettazione dell'eredità o del legato ovvero della rinuncia all'eredità o al legato;

f) i poteri degli eredi, degli esecutori testamentari e degli altri amministratori dell'eredità, in particolare per quanto riguarda la vendita dei beni e il pagamento dei creditori, fatti salvi i poteri di cui all'art. 29, par. 2 e 3;

g) la responsabilità per i debiti ereditari;

h) la quota disponibile, le quote di legittima e altre restrizioni alla libertà di disporre a causa di morte nonché gli eventuali diritti che le persone vicine al defunto possono vantare nei confronti dell'eredità o degli eredi;

i) la collazione e la riduzione delle liberalità ai fini del calcolo delle quote dei diversi beneficiari;

j) la divisione dell'eredità.

24. *Disposizioni a causa di morte diverse dai patti successori*. — 1. Una disposizione a causa di morte diversa da un patto successorio è disciplinata, per quanto riguarda l'ammissibilità e la validità sostanziale, dalla legge che, in forza del presente regolamento, sarebbe stata applicabile alla successione della persona che ha fatto la disposizione se fosse deceduta il giorno in cui è stata fatta la disposizione.

2. In deroga a quanto stabilito al par. 1, una persona può scegliere come legge regolatrice della sua disposizione a causa di morte, per quanto riguarda l'ammissibilità e la validità sostanziale, la legge che avrebbe potuto scegliere conformemente all'art. 22 alle condizioni ivi stabilite.

3. Il par. 1 si applica, in quanto compatibile, alla modifica o alla revoca di una disposizione a causa di morte diversa da un patto successorio. In caso di scelta di legge a norma del par. 2, la modifica o la revoca sono disciplinate dalla legge scelta.

25. *Patti successori*. — 1. Un patto successorio avente a oggetto la successione di una sola persona è disciplinato, per quanto riguarda l'ammissibilità, la validità sostanziale e gli effetti vincolanti tra le parti, comprese le condizioni di scioglimento, dalla legge che, in forza del presente regolamento, sarebbe stata applicabile alla successione di tale persona se questa fosse deceduta il giorno della conclusione del patto.

2. Un patto successorio avente a oggetto la successione di più persone è ammissibile solo se è ammissibile in base a ciascuna delle leggi che, in forza del presente regolamento, avrebbero regolato la successione di ciascuna di tali persone se esse fossero decedute il giorno della conclusione del patto. Un patto successorio ammissibile ai sensi del primo comma del presente paragrafo è disciplinato, per quanto riguarda la validità sostanziale e gli effetti vincolanti tra le parti, comprese le condizioni per il suo scioglimento, dalla legge con la quale presenta il collegamento più stretto tra quelli menzionati al primo comma del presente paragrafo.

3. In deroga ai par. 1 e 2, le parti possono scegliere come legge regolatrice del loro patto successorio, per quanto riguarda l'ammissibilità, la validità sostanziale e gli effetti vincolanti tra le parti, comprese le condizioni per il suo scioglimento, la legge che la persona o una delle persone della cui successione si tratta avrebbe potuto scegliere ai sensi dell'art. 22, alle condizioni ivi indicate.

26. *Validità sostanziale delle disposizioni a causa di morte*. — 1. Ai fini degli artt. 24 e 25 i seguenti elementi sono attinenti alla validità sostanziale:

a) la capacità della persona che fa la disposizione a causa di morte di fare tale disposizione;

b) le cause specifiche che impediscono alla persona che fa la disposizione di disporre a favore di determinate persone o che impediscono a una persona di ricevere beni della successione dalla persona che fa la disposizione;

c) l'ammissibilità della rappresentanza ai fini di una disposizione a causa di morte;

d) l'interpretazione della disposizione;

e) il dolo, la violenza, l'errore e qualsiasi altra questione legata al consenso o alla volontà della persona che fa la disposizione.

2. Se una persona ha la capacità di fare una disposizione a causa di morte secondo la legge applicabile a norma dell'art. 24 o dell'art. 25, una successiva modifica della legge applicabile lascia impregiudicata la sua capacità di modificare o revocare une tale disposizione.

27. *Validità formale delle disposizioni a causa di morte fatte per iscritto*. — 1. Una disposizione a causa di morte fatta per iscritto è valida quanto alla forma se questa è conforme alla legge:

a) dello Stato in cui la disposizione è stata fatta o il patto successorio è stato concluso; o

b) di uno degli Stati di cui il testatore o almeno una delle persone la cui successione è interessata da un patto successorio possedeva la cittadinanza al momento in cui la disposizione è stata fatta o il patto è stato concluso, o al momento della morte; o

c) di uno degli Stati in cui il testatore o almeno una delle persone la cui successione è interessata da un patto successorio aveva il domicilio al momento in cui la disposizione è stata fatta o il patto è stato concluso, o al momento della morte; o

d) dello Stato in cui il testatore o almeno una delle persone la cui successione è interessata da un patto successorio aveva la residenza abituale al momento in cui la disposizione è stata fatta o il patto è stato concluso, o al momento della morte; o

e) per quanto riguarda i beni immobili, dello Stato in cui i beni immobili sono situati.

Per determinare se il testatore o ogni persona la cui successione è interessata dal patto successorio hanno o meno il proprio domicilio in un determinato Stato si applica la legge di tale Stato.

2. Il par. 1 si applica anche alle disposizioni a causa di morte che modificano o revocano una precedente disposizione. La modifica o la revoca è parimenti valida quanto alla forma se è conforme a una delle leggi in virtù delle quali, ai sensi del par. 1, era valida la disposizione a causa di morte modificata o revocata.

3. Ai fini del presente articolo, sono considerate attinenti alla forma le disposizioni di legge che limitano le forme ammesse delle disposizioni a causa di morte con riferimento all'età, alla cittadinanza o ad altre qualità personali del testatore o delle persone la cui successione è interessata da un patto successorio. Lo stesso vale per i requisiti che devono possedere i testimoni richiesti per la validità di una disposizione a causa di morte.

28. *Validità formale della dichiarazione riguardante l'accettazione o la rinuncia*. — La dichiarazione riguardante l'accettazione dell'eredità, di un legato o di una quota di legittima o la rinuncia ad essi, ovvero la dichiarazione volta a limitare la responsabilità della persona che effettua la dichiarazione è valida quanto alla forma se soddisfa i requisiti previsti:

a) dalla legge applicabile alla successione a norma dell'art. 21 o dell'art. 22; o

b) dalla legge dello Stato in cui la persona che fa la dichiarazione ha la propria residenza abituale.

29. *Disposizioni specifiche in materia di nomina e poteri di un amministratore dell'eredità in determinate situazioni*. — 1. Qualora la nomina di un amministratore sia obbligatoria ovvero obbligatoria su richiesta ai sensi della legislazione dello Stato membro i cui organi giurisdizionali sono competenti a decidere sulla successione in conformità al presente regolamento e qualora la legge applicabile alla successione sia una legge straniera, gli organi giurisdizionali di tale Stato membro possono, quando aditi, nominare uno o più amministratori della successione conformemente alla propria legge nazionale, fatte salve le condizioni stabilite nel presente articolo.

L'amministratore o gli amministratori nominati ai sensi del presente paragrafo sono abilitati a eseguire il testamento del defunto e/o amministrare l'eredità a norma della legge applicabile alla successione. Se tale legge non prevede l'amministrazione dell'eredità da parte di una persona che non è un beneficiario, gli organi giurisdizionali dello Stato membro in cui l'amministratore deve essere nominato possono nominare un amministratore terzo ai sensi della propria legge nazionale qualora quest'ultima lo richieda e sussista un grave conflitto di interessi tra i beneficiari o tra i beneficiari e i creditori o altre persone che abbiano garantito i debiti del defunto ovvero un disaccordo tra i beneficiari sull'amministrazione dell'eredità o qualora l'eredità sia di complessa amministrazione a causa della natura dei beni. L'amministratore o gli amministratori nominati ai sensi del presente paragrafo sono gli unici soggetti abilitati a esercitare i poteri di cui ai par. 2 o 3.

2. L'amministratore o gli amministratori nominati ai sensi del par. 1 esercitano i poteri di amministrare l'eredità ai quali sono abilitati a norma della legge applicabile alla successione. L'organo giurisdizionale che provvede alla nomina può determinare nella sua decisione condizioni specifiche per l'esercizio di detti poteri in conformità alla legge applicabile alla successione.

Se la legge applicabile alla successione non prevede poteri sufficienti per conservare i beni dell'eredità o proteggere i diritti dei creditori o di altre persone che abbiano garantito i debiti del defunto, l'organo giurisdizionale che provvede alla nomina può decidere di permettere all'amministratore o agli amministratori di esercitare, in via residuale, i poteri previsti a tal fine dalla propria legge e nella relativa decisione può fissare condizioni specifiche per l'esercizio di tali poteri in conformità alla legge.

Nell'esercizio di tali poteri residuali l'amministratore o gli amministratori devono tuttavia rispettare la legge applicabile alla successione per quanto riguarda il trasferimento della proprietà dei beni ereditari, le responsabilità per i debiti ereditari, i diritti dei beneficiari, tra cui, se del caso, il diritto di accettare l'eredità o di rinunciare ad essa e, se del caso, i poteri dell'esecutore testamentario.

3. In deroga al par. 2, l'organo giurisdizionale che nomina uno o più amministratori ai sensi del par. 1 può, in via eccezionale, qualora la legge applicabile alla successione sia la legge di uno Stato terzo, decidere di conferire agli amministratori tutti i poteri di amministrazione previsti dal diritto dello Stato membro in cui sono nominati.

Nell'esercizio di tali poteri, tuttavia, gli amministratori rispettano, in particolare, l'individuazione dei beneficiari e i loro diritti successori, incluso il diritto alla quota di legittima o le loro rivendicazioni nei confronti dell'eredità o degli eredi ai sensi della legge applicabile alla successione.

30. *Norme speciali che impongono restrizioni alla successione di determinati beni*. — Se la legge dello Stato in cui sono situati determinati beni immobili, imprese o altre categorie particolari di beni contiene norme speciali che, per ragioni di carattere economico, familiare o sociale, impongono restrizioni alla successione di tali beni, tali norme speciali si applicano alla successione purché, in base alla legge di tale Stato, esse si applichino indipendentemente dalla legge applicabile alla successione.

31. *Adattamento dei diritti reali*. — Se una persona invoca un diritto reale che le spetta secondo la legge applicabile alla successione e la legge dello Stato membro in cui il diritto è invocato non conosce il diritto reale in questione, tale diritto è adattato, se necessario e nella misura del possibile, al diritto reale equivalente più vicino previsto dalla legge di tale Stato, tenendo conto degli obiettivi e degli interessi perseguiti dal diritto reale in questione nonché dei suoi effetti.

32. *Commorienza*. — Quando due o più persone le cui successioni sono regolate da leggi diverse decedono in circostanze che non consentono di determinare l'ordine dei decessi e quelle leggi regolano la fattispecie in maniera differente ovvero non la regolano affatto, nessuna di tali persone ha diritto di succedere all'altra o alle altre.

33. *Eredità vacante*. — Nella misura in cui, secondo la legge applicabile alla successione ai sensi del presente regolamento, non vi siano disposizioni a causa di morte che istituiscano eredi o legatari, né persone fisiche che abbiano diritto di succedere per legge, l'applicazione della legge così determinata non osta al diritto di uno Stato membro o di un'istituzione designata dalla legge di quello Stato di acquisire a norma della propria legge i beni ereditari situati sul suo territorio, a condizione che i creditori possano chiedere di soddisfare i propri crediti con tutti i beni caduti in successione.

34. *Rinvio*. — 1. Quando il presente regolamento prescrive l'applicazione della legge di uno Stato terzo, esso si riferisce all'applicazione delle norme giuridiche in vigore in tale Stato, comprese le norme di diritto internazionale privato, nella misura in cui tali norme rinviino:

a) alla legge di uno Stato membro; o

b) alla legge di un altro Stato terzo che applicherebbe la propria legge.

2. Il rinvio non opera con riferimento alle leggi indicate all'art. 21, par. 2, all'art. 22, all'art. 27, all'art. 28, lett. *b*), e all'art. 30.

35. *Ordine pubblico*. — L'applicazione di una disposizione della legge di uno Stato designata dal presente regolamento può essere esclusa solo qualora tale applicazione risulti manifestamente incompatibile con l'ordine pubblico del foro dell'autorità giurisdizionale o di altra autorità competente che si occupa della successione.

36. *Ordinamenti plurilegislativi a base territoriale*. — 1. Se la legge designata dal presente regolamento è quella di uno Stato che si compone di più unità territoriali, ciascuna delle quali ha una propria normativa in materia di successione, le norme interne di tale Stato in materia di conflitti di legge determinano l'unità territoriale pertinente la cui normativa si applica.

2. In mancanza di norme interne in materia di conflitti di legge:

a) ogni riferimento alla legge dello Stato di cui al par. 1 deve intendersi, ai fini della determinazione della legge designata dalle disposizioni che si riferiscono alla residenza abituale del defunto, come riferimento alla legge dell'unità territoriale in cui il defunto aveva la residenza abituale al momento della morte;

b) ogni riferimento alla legge dello Stato di cui al par. 1 deve intendersi, ai fini della determinazione della legge designata dalle disposizioni che si riferiscono alla cittadinanza del defunto, come riferimento alla legge dell'unità territoriale con cui il defunto aveva il collegamento più stretto;

c) ogni riferimento alla legge dello Stato di cui al par. 1 deve intendersi, ai fini della determinazione della legge designata da disposizioni che si riferiscono ad altri elementi quali criteri di collegamento, come riferimento alla legge dell'unità territoriale in cui l'elemento in questione è situato.

3. In deroga al par. 2, ogni riferimento alla legge dello Stato di cui al par. 1 deve intendersi, ai fini della determinazione della legge designata ai sensi dell'art. 27 e in mancanza di norme interne in materia di conflitti di legge in tale Stato, come riferimento alla legge dell'unità territoriale con cui il testatore o le persone la cui successione è interessata da un patto successorio avevano il collegamento più stretto.

37. *Ordinamenti plurilegislativi a base personale.* — Se uno Stato ha due o più sistemi giuridici o complessi di norme applicabili a categorie diverse di persone in materia di successione, ogni riferimento alla legge di tale Stato deve intendersi come riferimento al sistema giuridico o al complesso di norme determinato dalle norme in vigore in tale Stato. In mancanza di tali norme, si applica il sistema giuridico o il complesso di norme con cui il defunto aveva il collegamento più stretto.

38. *Non applicazione del presente regolamento ai conflitti interni di leggi.* — Uno Stato membro che si compone di più unità territoriali, ciascuna con una propria normativa in materia di successione, non è tenuto ad applicare il presente regolamento ai conflitti di legge che riguardano unicamente tali unità.

CAPO IV

RICONOSCIMENTO, ESECUTIVITÀ ED ESECUZIONE DELLE DECISIONI

39. *Riconoscimento.* — 1. Le decisioni emesse in uno Stato membro sono riconosciute negli altri Stati membri senza che sia necessario il ricorso ad alcun procedimento particolare.

2. In caso di contestazione, ogni parte interessata che chieda il riconoscimento in via principale di una decisione può far accertare, secondo il procedimento di cui agli articoli da 45 a 58, che la decisione sia riconosciuta.

3. Se il riconoscimento è richiesto in via incidentale in un procedimento davanti a un'autorità giurisdizionale di uno Stato membro, tale autorità giurisdizionale è competente al riguardo.

40. *Motivi di diniego del riconoscimento.* — Le decisioni non sono riconosciute:

a) se il riconoscimento è manifestamente contrario all'ordine pubblico dello Stato membro in cui è richiesto il riconoscimento;

b) se la domanda giudiziale o un atto equivalente non è stato notificato o comunicato al convenuto contumace in tempo utile e in modo tale da consentirgli di presentare la propria difesa, eccetto qualora, pur avendone avuto la possibilità, egli non abbia impugnato la decisione;

c) se sono incompatibili con una decisione emessa in un procedimento tra le stesse parti nello Stato membro in cui è richiesto il riconoscimento;

d) se sono incompatibili con una decisione emessa precedentemente tra le stesse parti in un altro Stato membro o in un paese terzo, in un procedimento avente il medesimo oggetto e il medesimo titolo, qualora tale decisione soddisfi le condizioni necessarie per essere riconosciuta nello Stato membro in cui è richiesto il riconoscimento.

41. *Divieto di riesame del merito.* — In nessun caso la decisione emessa in uno Stato membro può formare oggetto di un riesame del merito.

42. *Sospensione del procedimento di riconoscimento.* — L'organo giurisdizionale di uno Stato membro davanti al quale è chiesto il riconoscimento di una decisione emessa in un altro Stato membro può sospendere il procedimento se la decisione è stata impugnata con un mezzo ordinario nello Stato membro di origine.

43. *Esecutività.* — Le decisioni emesse in uno Stato membro e ivi esecutive sono eseguite in un altro Stato membro dopo essere state ivi dichiarate esecutive su istanza di una parte interessata secondo la procedura di cui agli articoli da 45 a 58.

44. *Determinazione del domicilio.* — Per determinare se, ai fini della procedura di cui agli articoli da 45 a 58, una parte sia domiciliata nello Stato membro dell'esecuzione, l'organo giurisdizionale adito applica la legge interna di tale Stato membro.

45. *Competenza territoriale.* — 1. La domanda volta a ottenere una dichiarazione di esecutività è proposta all'organo giurisdizionale o all'autorità competente dello Stato membro dell'esecuzione comunicata da tale Stato membro alla Commissione conformemente all'art. 78.

2. La competenza territoriale è determinata dal luogo di domicilio della parte contro cui è chiesta l'esecuzione, o dal luogo dell'esecuzione.

46. *Procedimento.* — 1. Il procedimento è disciplinato dalla legge dello Stato membro dell'esecuzione.

2. L'istante non è tenuto a disporre di un recapito postale, né di un rappresentante autorizzato nello Stato membro dell'esecuzione.

3. La domanda è corredata dei seguenti documenti:

a) una copia della decisione che soddisfi

le condizioni necessarie per stabilirne l'autenticità;

b) l'attestato rilasciato dall'organo giurisdizionale o dall'autorità competente dello Stato membro di origine utilizzando il modulo elaborato secondo la procedura consultiva di cui all'art. 81, par. 2, fatto salvo quanto stabilito all'art. 47.

47. *Mancata produzione dell'attestato.* — 1. Qualora l'attestato di cui all'art. 46, par. 3, lett. *b*), non venga prodotto, il giudice o l'autorità competente può fissare un termine per la sua presentazione o accettare un documento equivalente ovvero, qualora ritenga di essere informato a sufficienza, disporne la dispensa.

2. Qualora l'organo giurisdizionale o l'autorità competente lo richieda, deve essere presentata una traduzione dei documenti. La traduzione è effettuata da una persona abilitata a eseguire traduzioni in uno degli Stati membri.

48. *Dichiarazione di esecutività.* — La decisione è dichiarata esecutiva non appena espletate le formalità di cui all'art. 46 senza alcun esame ai sensi dell'art. 40. La parte contro cui l'esecuzione viene chiesta non può, in tale fase del procedi-mento, presentare osservazioni.

49. *Notificazione della decisione relativa alla domanda volta a ottenere una dichiarazione di esecutività.* — 1. La decisione relativa alla domanda volta a ottenere una dichiarazione di esecutività è immediatamente notificata all'istante secondo le modalità previste dalla legge dello Stato membro di esecuzione.

2. La dichiarazione di esecutività è notificata o comunicata alla parte contro la quale è chiesta l'esecuzione, corredata della decisione qualora quest'ultima non sia già stata notificata o comunicata a tale parte.

50. *Ricorso contro la decisione relativa alla domanda volta a ottenere una dichiarazione di esecutività.* — 1. Ciascuna delle parti può proporre ricorso contro la decisione relativa alla domanda volta a ottenere una dichiarazione di esecutività.

2. Il ricorso è proposto davanti all'organo giurisdizionale comunicato dallo Stato membro interessato alla Commissione in conformità all'art. 78.

3. Il ricorso è esaminato secondo le norme sul procedimento in contraddittorio.

4. Se la parte contro la quale è chiesta l'esecuzione non compare davanti all'organo giurisdizionale investito del ricorso nel procedimento riguardante l'azione proposta dall'istante, si applicano le disposizioni dell'art. 16 anche se la parte contro la quale è chiesta l'esecuzione non è domiciliata nel territorio di uno degli Stati membri.

5. Il ricorso contro la dichiarazione di esecutività è proposto entro trenta giorni dalla data di notificazione o comunicazione della stessa. Se la parte contro la quale è chiesta l'esecuzione è domiciliata in uno Stato membro diverso da quello in cui è stata rilasciata la dichiarazione di esecutività, il termine per proporre ricorso è di sessanta giorni a decorrere dalla data della notificazione o comunicazione, sia mediante consegna della copia nelle mani proprie del destinatario che nella residenza. Tale termine non è prorogabile per ragioni inerenti alla distanza.

51. *Impugnazione della decisione emessa sul ricorso.* — La decisione emessa sul ricorso può essere impugnata solo nei modi comunicati dallo Stato membro interessato alla Commissione conformemente all'art. 78.

52. *Rifiuto o revoca di una dichiarazione di esecutività.* — L'organo giurisdizionale davanti al quale è stato proposto un ricorso ai sensi dell'art. 50 o dell'art. 51 rigetta o revoca la dichiarazione di esecutività solo per uno dei motivi contemplati dall'art. 40. Esso si pronuncia senza indugio.

53. *Sospensione del procedimento.* — L'organo giurisdizionale davanti al quale è proposto un ricorso ai sensi dell'art. 50 o dell'art. 51, su istanza della parte contro la quale è chiesta l'esecuzione, sospende il procedimento se l'esecutività della decisione è sospesa nello Stato membro d'origine per la presentazione di un ricorso.

54. *Provvedimenti provvisori e cautelari.* — 1. Qualora una decisione debba essere riconosciuta in conformità del presente capo, nulla osta a che l'istante chieda provvedimenti provvisori o cautelari in conformità della legge dello Stato membro di esecuzione, senza che sia necessaria una dichiarazione di esecutività ai sensi dell'art. 48.

2. La dichiarazione di esecutività implica di diritto l'autorizzazione a procedere a provvedimenti cautelari.

3. In pendenza del termine di cui all'art. 50, par. 5, per proporre il ricorso contro la dichiarazione di esecutività e fino a quando non sia stata adottata alcuna decisione su di esso, si può procedere solo a provvedimenti cautelari sui beni della parte contro cui è chiesta l'esecuzione.

55. *Esecutività parziale.* — 1. Se la decisione ha statuito su vari capi della domanda e la dichiarazione di esecutività non può essere rilasciata per tutti i capi, l'organo giurisdizionale o l'autorità competente rilasciano la dichiarazione di esecutività solo per uno o più di essi.

2. L'istante può richiedere una dichiarazione di esecutività parziale della decisione.

56. *Patrocinio a spese dello Stato*. — L'istante che nello Stato membro d'origine ha beneficiato in tutto o in parte del patrocinio a spese dello Stato o dell'esenzione dai costi o dalle spese beneficia, nel procedimento per la dichiarazione di esecutività, del patrocinio più favorevole o dell'esenzione più ampia previsti dalla legge dello Stato membro di esecuzione.

57. *Assenza di garanzie, cauzioni o depositi*. — Alla parte che chiede il riconoscimento, l'esecutività o l'esecuzione in uno Stato membro di una decisione emessa in un altro Stato membro non devono essere imposte garanzie, cauzioni o depositi, comunque denominati, a causa della qualità di straniero o per difetto di domicilio o residenza nello Stato membro dell'esecuzione.

58. *Assenza di imposte, diritti o tasse*. — Nei procedimenti relativi al rilascio di una dichiarazione di esecutività non sono riscossi, nello Stato membro di esecuzione, imposte, diritti o tasse proporzionali al valore della controversia.

CAPO V

ATTI PUBBLICI E TRANSAZIONI GIUDIZIARIE

59. *Accettazione degli atti pubblici*. — 1. Un atto pubblico redatto in uno Stato membro ha in un altro Stato membro la stessa efficacia probatoria che ha nello Stato membro d'origine o produce gli effetti più comparabili, a condizione che ciò non sia manifestamente contrario all'ordine pubblico dello Stato membro interessato.

Una persona che intende utilizzare un atto pubblico in un altro Stato membro può chiedere all'autorità che redige l'atto pubblico nello Stato membro d'origine di compilare il modulo elaborato secondo la procedura consultiva di cui all'art. 81, par. 2 precisando quali sono gli effetti probatori che l'atto pubblico ha nello Stato membro d'origine.

2. Qualsiasi contestazione riguardo all'autenticità di un atto pubblico è proposta davanti agli organi giurisdizionali dello Stato membro d'origine ed è decisa secondo la legge di tale Stato. L'atto pubblico contestato non ha nessuna efficacia probatoria negli altri Stati membri fino a quando la contestazione è pendente davanti all'organo giurisdizionale competente.

3. Qualsiasi contestazione riguardo ai negozi giuridici o ai rapporti giuridici registrati in un atto pubblico è proposta davanti agli organi giurisdizionali competenti ai sensi del presente regolamento ed è decisa secondo la legge applicabile a norma del capo III. L'atto pubblico contestato non ha nessuna efficacia probatoria negli Stati membri diversi dallo Stato membro d'origine per quanto concerne i punti contestati fino a quando la contestazione è pendente davanti all'organo giurisdizionale competente.

4. Se una questione relativa ai negozi giuridici o ai rapporti giuridici registrati in un atto pubblico in materia di successioni è sollevata in via incidentale in un procedimento davanti a un organo giurisdizionale di uno Stato membro, tale organo giurisdizionale è competente a decidere tale questione.

60. *Esecutività degli atti pubblici*. — 1. L'atto pubblico esecutivo nello Stato membro d'origine è dichiarato esecutivo in un altro Stato membro, su istanza della parte interessata, secondo la procedura di cui agli articoli da 45 a 58.

2. Ai fini dell'art. 46, par. 3, lett. *b*), l'autorità che ha redatto l'atto pubblico, su istanza della parte interessata, rilascia un attestato utilizzando il modulo elaborato secondo la procedura consultiva di cui all'art. 81, par. 2.

3. L'organo giurisdizionale davanti al quale è proposto un ricorso ai sensi dell'art. 50 o dell'art. 51 rifiuta o revoca la dichiarazione di esecutività solo se l'esecuzione dell'atto pubblico è manifestamente contraria all'ordine pubblico dello Stato membro di esecuzione.

61. *Esecutività delle transazioni giudiziarie*. — 1. Le transazioni giudiziarie esecutive nello Stato membro d'origine sono dichiarate esecutive in un altro Stato membro, su istanza della parte interessata, secondo la procedura di cui agli articoli da 45 a 58.

2. Ai fini dell'art. 46, par. 3, lett. *b*), l'organo giurisdizionale che ha approvato la transazione o dinanzi al quale essa è stata conclusa, rilascia, su istanza della parte interessata, un attestato utilizzando il modulo elaborato secondo la procedura consultiva di cui all'art. 81, par. 2.

3. L'organo giurisdizionale davanti al quale è proposto un ricorso ai sensi dell'art. 50 o dell'art. 51 rifiuta o revoca la dichiarazione di esecutività solo se l'esecuzione della transazione giudiziaria è manifestamente contraria all'ordine pubblico dello Stato membro di esecuzione.

CAPO VI

CERTIFICATO SUCCESSORIO EUROPEO

62. *Istituzione di un certificato successorio europeo*. — 1. Il presente regolamento istituisce un certificato successorio europeo («certificato») che è rilasciato per essere utilizzato in un altro Stato membro e produce gli effetti di cui all'art. 69.

2. L'uso del certificato non è obbligatorio.

3. Il certificato non sostituisce i documenti interni utilizzati per scopi analoghi negli Stati membri. Tuttavia, una volta rilasciato per essere utilizzato in un altro Stato membro, il certificato produce gli effetti di cui all'art. 69 anche nello Stato membro le cui autorità lo hanno rilasciato in forza del presente capo.

63. *Scopo del certificato*. — 1. Il certificato è destinato a essere utilizzato dagli eredi, dai legatari che vantano diritti diretti sulla successione e dagli esecutori testamentari o amministratori dell'eredità che, in un altro Stato membro, hanno necessità di far valere la loro qualità o di esercitare, rispettivamente, i loro diritti di eredi o legatari e/o i loro poteri come esecutori testamentari o amministratori dell'eredità.

2. Il certificato può essere utilizzato, in particolare, per dimostrare uno o più dei seguenti elementi:

a) la qualità e/o i diritti di ciascun erede ovvero di ciascun legatario menzionato nel certificato e le rispettive quote ereditarie;

b) l'attribuzione di uno o più beni determinati che fanno parte dell'eredità agli eredi ovvero ai legatari menzionati nel certificato;

c) i poteri della persona indicata nel certificato di dare esecuzione al testamento o di amministrare l'eredità.

64. *Competenza a rilasciare il certificato*. — Il certificato è rilasciato nello Stato membro i cui organi giurisdizionali sono competenti a norma dell'art. 4, dell'art. 7, dell'art. 10 o dell'art. 11. L'autorità di rilascio è:

a) un organo giurisdizionale quale definito all'art. 3, par. 2; o

b) un'altra autorità che in forza del diritto nazionale è competente in materia di successione.

65. *Domanda di certificato*. — 1. Il certificato è rilasciato su richiesta di una delle persone di cui all'art. 63, par. 1 («richiedente»).

2. Ai fini della presentazione della domanda, il richiedente può utilizzare il modulo elaborato secondo la procedura consultiva di cui all'art. 81, par. 2.

3. La domanda contiene le informazioni elencate di seguito, nella misura in cui il richiedente ne sia a conoscenza e siano necessarie per consentire all'autorità di rilascio di attestare gli elementi di cui il richiedente chiede la certificazione, ed è corredata di tutti i documenti pertinenti in originale o in copia autentica, fatto salvo l'art. 66, par. 2:

a) le generalità del defunto: cognome (se del caso, cognome da nubile), nome/nomi, sesso, data e luogo di nascita, stato civile, cittadinanza, numero d'identificazione (se del caso), indirizzo al momento della morte, data e luogo della morte;

b) le generalità del richiedente: cognome (se del caso, cognome da nubile), nome/nomi, sesso, data e luogo di nascita, stato civile, cittadinanza, numero d'identificazione (se del caso), indirizzo ed eventuale rapporto di parentela o di affinità con il defunto;

c) le generalità dell'eventuale rappresentante del richiedente: cognome (se del caso, cognome da nubile), nome/nomi, indirizzo e potere di rappresentanza;

d) le generalità del coniuge o partner del defunto e, se del caso, degli ex coniugi o ex partner: cognome (se del caso, cognome da nubile), nome/nomi, sesso, data e luogo di nascita, stato civile, cittadinanza, numero d'identificazione (se del caso) e indirizzo;

e) le generalità di altri possibili beneficiari in forza di una disposizione a causa di morte e/o per legge: cognome e nome/nomi o denominazione dell'organizzazione, numero d'identificazione (se del caso) e indirizzo;

f) lo scopo previsto del certificato ai sensi dell'art. 63;

g) gli estremi dell'organo giurisdizionale o altra autorità competente che tratta o ha trattato la successione in quanto tale, se del caso;

h) gli elementi su cui il richiedente si basa per far valere, secondo il caso, il preteso diritto ai beni della successione in qualità di beneficiario e/o il diritto di dare esecuzione al testamento del defunto e/o il diritto di amministrare l'eredità del defunto;

i) l'indicazione delle eventuali disposizioni a causa di morte fatte dal defunto; se non è allegato né l'originale né una copia, un'indicazione del luogo in cui si trova l'originale;

j) l'indicazione delle eventuali disposizioni a causa di morte fatte dal defunto a un rapporto suscettibile di avere effetti comparabili al matrimonio; se non è allegato né l'originale né la copia della convenzione, un'indicazione del luogo in cui si trova l'originale;

k) l'indicazione delle eventuali dichiarazioni di accettazione o di rinuncia dell'eredità da parte dei beneficiari;

l) una dichiarazione secondo cui, per quanto noto al richiedente, non vi sono controversie pendenti in relazione agli elementi da certificare;

m) qualsiasi altra informazione considerata utile dal richiedente ai fini del rilascio del certificato.

66. *Esame della domanda*. — 1. Ricevuta la domanda, l'autorità di rilascio verifica le informazioni e le dichiarazioni, nonché i documenti e gli altri mezzi di prova forniti dal richiedente. Effettua d'ufficio le indagini necessarie per detta verifica, laddove ciò sia previsto o consentito dal proprio diritto nazionale, o invita il richiedente a fornire le ulteriori prove che essa ritiene necessarie.

2. Se il richiedente non è stato in grado di produrre copie autentiche dei documenti pertinenti, l'autorità di rilascio può decidere di accettare altri mezzi di prova.

3. Se il diritto nazionale lo prevede e alle condizioni da esso stabilite, l'autorità di rilascio può chiedere che le dichiarazioni siano rese sotto giuramento o nella forma di dichiarazioni sostitutive di atto di notorietà.

4. L'autorità di rilascio adotta tutte le misure necessarie per informare i beneficiari della richiesta di rilascio di un certificato. Se necessario per l'accertamento degli elementi da certificare, procede all'audizione degli interessati e degli eventuali esecutori o amministratori e procede ad annunci pubblici allo scopo di dare ad altri possibili beneficiari l'opportunità di far valere i propri diritti.

5. Ai fini del presente articolo, l'autorità competente di uno Stato membro fornisce, su richiesta, all'autorità di rilascio di un altro Stato membro le informazioni contenute, in particolare, nei registri immobiliari, nei registri dello stato civile e nei registri in cui sono riportati i documenti e i fatti rilevanti ai fini della successione o dei rapporti patrimoniali tra coniugi o rapporti patrimoniali equivalenti del defunto, ove tale autorità competente sia autorizzata, in forza del diritto nazionale, a fornire tali informazioni a un'altra autorità nazionale.

67. *Rilascio del certificato*. — 1. L'autorità di rilascio emette senza indugio il certificato secondo la procedura di cui al presente capo quando gli elementi da certificare sono stati accertati a norma della legge applicabile alla successione o di un'altra legge applicabile a elementi specifici. A tal fine utilizza il modulo elaborato secondo la procedura consultiva di cui all'art. 81, par. 2. L'autorità di rilascio non emette il certificato, in particolare quando:

a) gli elementi da certificare sono oggetto di contestazione; o

b) il certificato non è conforme a una decisione riguardante gli stessi elementi.

2. L'autorità di rilascio adotta tutte le misure necessarie per informare i beneficiari dell'emissione del certificato.

68. *Contenuto del certificato*. — Il certificato contiene le seguenti informazioni nella misura in cui siano necessarie ai fini per cui esso è rilasciato:

a) il nome e l'indirizzo dell'autorità di rilascio;

b) il numero di riferimento del fascicolo;

c) gli elementi in base ai quali l'autorità di rilascio si ritiene competente a rilasciare il certificato;

d) la data di rilascio;

e) le generalità del richiedente: cognome (se del caso, cognome da nubile), nome/nomi, sesso, data e luogo di nascita, stato civile, cittadinanza, numero d'identificazione (se del caso), indirizzo ed eventuale rapporto di parentela o di affinità con il defunto;

f) le generalità del defunto: cognome (se del caso, cognome da nubile), nome/nomi, sesso, data e luogo di nascita, stato civile, cittadinanza, numero d'identificazione (se del caso), indirizzo al momento della morte, data e luogo della morte;

g) le generalità dei beneficiari: cognome (se del caso, cognome da nubile), nome/nomi e numero d'identificazione (se del caso);

h) i dati relativi a eventuali convenzioni matrimoniali stipulate dal defunto o, se del caso, eventuali convenzioni stipulate dal defunto nel contesto di un rapporto che secondo la legge applicabile a quest'ultimo ha effetti comparabili al matrimonio e i dati relativi al regime patrimoniale tra coniugi o a un regime patrimoniale equivalente;

i) la legge applicabile alla successione e gli elementi sulla cui base essa è stata determinata;

j) l'indicazione se si tratta di una successione regolata da una disposizione a causa di morte o di una successione legittima, comprese le informazioni sugli elementi da cui derivano i diritti e/o i poteri degli eredi, legatari, esecutori testamentari o amministratori dell'eredità;

k) se del caso, per ogni beneficiario le informazioni relative alla natura dell'accettazione dell'eredità o della rinuncia alla stessa;

l) la quota ereditaria di ciascun erede e, se del caso, l'elenco dei diritti e/o beni spettanti a ogni erede;

m) l'elenco dei beni e/o diritti spettanti a ogni legatario;

n) le restrizioni ai diritti del o degli eredi e, se del caso, del o dei legatari in forza della legge applicabile alla successione e/o della disposizione a causa di morte;

o) i poteri dell'esecutore testamentario e/o dell'amministratore dell'eredità e le restrizioni a tali poteri in forza della legge applicabile alla successione e/o della disposizione a causa di morte.

69. *Effetti del certificato*. — 1. Il certificato produce i suoi effetti in tutti gli Stati membri senza che sia necessario il ricorso ad alcun procedimento.

2. Si presume che il certificato dimostri con esattezza gli elementi accertati in base alla legge applicabile alla successione o a ogni altra legge applicabile a elementi specifici. Si presume che la persona indicata nel certificato come erede, legatario, esecutore testamentario o amministratore dell'eredità possiede la qualità indicata nel certificato e/o sia titolare dei diritti o dei poteri enunciati nel certificato, senza nessun'altra condizione e/o restrizione ulteriore rispetto a quelle menzionate nel certificato stesso.

3. Chiunque, agendo sulla base delle informazioni attestate in un certificato, esegua pagamenti o consegni beni a una persona indicata nel certificato come legittimata a ricevere pagamenti o beni, è considerato aver agito con una persona legittimata a ricevere pagamenti o beni, a meno che sappia che il contenuto del certificato non corrisponde al vero o che il fatto di non saperlo derivi da colpa grave.

4. Se una persona menzionata nel certificato come legittimata a disporre di beni ereditari dispone di tali beni a favore di un'altra persona, si considera che quest'ultima, ove agisca sulla base delle informazioni attestate nel certificato, abbia acquistato da una persona avente il potere di disporre dei beni in questione, a meno che sappia che il contenuto del certificato non corrisponde al vero o che il fatto di non saperlo derivi da negligenza grave.

5. Il certificato costituisce titolo idoneo per l'iscrizione di beni ereditari nel pertinente registro di uno Stato membro, fatto salvo l'art. 1, par. 2, lett. *k*) e *l*).

70. *Copie autentiche del certificato*. — 1. L'autorità di rilascio conserva l'originale del certificato e ne rilascia una o più copie autentiche al richiedente e a chiunque dimostri di avervi interesse.

2. Ai fini dell'art. 71, par. 3, e dell'art. 73, par. 2, l'autorità di rilascio tiene un elenco delle persone cui sono state rilasciate copie autentiche ai sensi del par. 1.

3. Le copie autentiche rilasciate sono valide per un periodo limitato di sei mesi che dev'essere indicato nella copia autentica con una data di scadenza. In casi eccezionali, debitamente motivati, l'autorità di rilascio può decidere, a titolo di deroga, che il periodo di validità possa essere più lungo. Allo scadere di tale periodo, chiunque sia in possesso di una copia autentica deve, per poter utilizzare il certificato ai fini indicati dall'art. 63, chiedere una proroga del periodo di validità della copia autentica oppure richiedere una nuova copia autentica all'autorità di rilascio.

71. *Rettifica, modifica o revoca del certificato*. — 1. Su richiesta di chiunque dimostri di avervi interesse o d'ufficio, l'autorità di rilascio rettifica il certificato in caso di errore materiale.

2. Su richiesta di chiunque dimostri di avervi interesse o, se previsto dal diritto nazionale, d'ufficio, l'autorità di rilascio modifica o revoca il certificato ove sia stato accertato che il certificato o singoli elementi di esso non corrispondano al vero.

3. L'autorità di rilascio informa senza indugio tutte le persone cui sono state rilasciate copie autentiche del certificato ai sensi dell'art. 70, par. 1, di eventuali rettifiche, modifiche o revoche del certificato.

72. *Procedure di ricorso*. — 1. Le decisioni adottate dall'autorità di rilascio ai sensi dell'art. 67 possono essere impugnate da chiunque abbia il diritto di richiedere un certificato.

Le decisioni adottate dall'autorità di rilascio a norma dell'art. 71 e dell'art. 73, par. 1, lett. *a*), possono essere impugnate da chiunque dimostri di avervi interesse. Il ricorso è proposto davanti a un'autorità giudiziaria dello Stato membro dell'autorità di rilascio conformemente alla legge di tale Stato.

2. Se, a seguito del ricorso di cui al par. 1, è accertato che il certificato rilasciato non corrisponde al vero, l'autorità giudiziaria competente rettifica, modifica o revoca il certificato ovvero assicura che il certificato sia rettificato, modificato o revocato dall'autorità di rilascio.

Se, a seguito del ricorso di cui al par. 1, è accertato che il diniego di emettere il certificato rilasciato non era motivato, l'autorità giudiziaria competente rilascia il certificato ovvero assicura che l'autorità di rilascio riesamini il caso e adotti una nuova decisione.

73. *Sospensione degli effetti del certificato*. — 1. Gli effetti del certificato possono essere sospesi:

a) dall'autorità di rilascio, su richiesta di chiunque dimostri di avervi interesse, nelle more di una modifica o revoca del certificato ai sensi dell'art. 71; o

b) dall'autorità giudiziaria, su richiesta di chiunque abbia diritto di impugnare una decisione adottata dall'autorità di rilascio in virtù dell'art. 72, in pendenza di tale impugnazione.

2. L'autorità di rilascio o, a seconda dei casi, l'autorità giudiziaria informa senza indugio tutte le persone cui sono state rilasciate copie autentiche ai sensi dell'art. 70, par. 1, dell'eventuale sospensione degli effetti del certificato. Durante la sospensione degli effetti del certificato non possono essere rilasciate ulteriori copie autentiche del certificato stesso.

CAPO VII

Disposizioni generali e finali

74. *Legalizzazione o altra formalità analoga.* — Per gli atti o documenti emessi in uno Stato membro ai sensi del presente regolamento non è richiesta alcuna legalizzazione né altra formalità analoga.

75. *Relazioni con le convenzioni internazionali in vigore.* — 1. Il presente regolamento non pregiudica l'applicazione delle convenzioni internazionali di cui uno o più Stati membri sono parte al momento dell'adozione del presente regolamento e che riguardano materie disciplinate dal presente regolamento.

In particolare, gli Stati membri che sono parti contraenti della convenzione dell'Aia, del 5 ottobre 1961, sui conflitti di legge relativi alla forma delle disposizioni testamentarie, continuano ad applicare le disposizioni di tale convenzione invece dell'art. 27 del presente regolamento per quanto riguarda la validità formale dei testamenti e dei testamenti congiuntivi.

2. In deroga al par. 1, il presente regolamento prevale, tra Stati membri, sulle convenzioni concluse esclusivamente tra due o più di essi nella misura in cui esse riguardano materie disciplinate dal presente regolamento.

3. Il presente regolamento non osta all'applicazione della convenzione, del 19 novembre 1934, tra la Danimarca, la Finlandia, l'Islanda, la Norvegia e la Svezia comprendente disposizioni di diritto internazionale privato in materia di successioni, testamenti e amministrazione di eredità, riveduta dall'accordo intergovernativo tra tali Stati del 1° giugno 2012, da parte degli Stati membri che ne sono parte, nella misura in cui essa preveda:

a) norme sugli aspetti procedurali dell'amministrazione dell'eredità secondo la definizione della convenzione e sulla relativa assistenza da parte delle autorità degli Stati parti contraenti della convenzione; e

b) procedure semplificate e accelerate per il riconoscimento e l'esecuzione delle decisioni in materia di successioni.

76. *Relazioni con il reg. (CE) n. 1346/2000 del Consiglio.* — Il presente regolamento non pregiudica l'applicazione del reg. (CE) n. 1346/2000 del Consiglio, del 29 maggio 2000, relativo alle procedure di insolvenza.

77. *Informazioni messe a disposizione dei cittadini.* — Gli Stati membri, al fine di rendere le informazioni disponibili al pubblico nell'ambito della rete giudiziaria europea in materia civile e commerciale, forniscono alla Commissione una breve sintesi della loro legislazione e delle loro procedure nazionali in materia di successioni, comprese le informazioni relative al tipo di autorità competente in materia di successioni e al tipo di autorità competente a ricevere dichiarazioni di accettazione dell'eredità, di un legato o di una quota di legittima ovvero di rinuncia ad essi.

Gli Stati membri forniscono altresì schede informative che indichino tutti i documenti o le informazioni abitualmente richiesti ai fini della registrazione dei beni immobili situati nel loro territorio.

Gli Stati membri tengono costantemente aggiornate tali informazioni.

78. *Informazioni concernenti gli estremi e le procedure.* — 1. Entro il 16 novembre 2014 (1) gli Stati membri comunicano alla Commissione:

a) i nomi e gli estremi delle autorità giurisdizionali o delle autorità competenti a trattare le domande intese a ottenere la dichiarazione di esecutività ai sensi dell'art. 45, par. 1, e i ricorsi avverso le decisioni su tali domande ai sensi dell'art. 50, par. 2;

b) i mezzi di impugnazione di cui all'art. 51;

c) le informazioni pertinenti relative alle autorità competenti a rilasciare il certificato ai sensi dell'art. 64; e

d) le procedure di ricorso di cui all'art. 72.

Gli Stati membri comunicano alla Commissione qualsiasi successiva modifica di tali informazioni.

2. La Commissione pubblica nella *Gazzetta ufficiale dell'Unione europea* le informazioni comunicate ai sensi del par. 1, a eccezione degli indirizzi e altri estremi degli organi giurisdizionali e delle autorità di cui al par. 1, lett. *a*).

3. La Commissione mette tutte le informazioni comunicate conformemente al par. 1 a disposizione dei cittadini con qualsiasi altro mezzo appropriato, in particolare tramite la rete giudiziaria europea in materia civile e commerciale.

79. *Elaborazione e successiva modifica dell'elenco contenente le informazioni di cui all'art. 3, par. 2.* — 1. La Commissione, sulla base delle notifiche degli Stati membri, elabora l'elenco delle altre autorità e dei professionisti legali di cui all'art. 3, par. 2.

2. Gli Stati membri notificano alla Commissione le eventuali successive modifiche delle

(1) Così rettificato in G.U.U.E., 2 marzo 2013, n. L 60.

informazioni contenute in tale elenco. La Commissione modifica conseguentemente l'elenco.

3. La Commissione pubblica l'elenco e le eventuali successive modifiche nella *Gazzetta ufficiale dell'Unione europea*.

4. La Commissione mette tutte le informazioni comunicate conformemente ai par. 1 e 2 a disposizione dei cittadini con qualsiasi altro mezzo appropriato, in particolare tramite la rete giudiziaria europea in materia civile e commerciale.

80. *Elaborazione e successiva modifica degli attestati e dei moduli di cui agli artt. 46, 59, 60, 61, 65 e 67.* — La Commissione adotta atti di esecuzione relativi all'elaborazione e alla successiva modifica degli attestati e dei moduli di cui agli artt. 46, 59, 60, 61, 65 e 67. Tali atti di esecuzione sono adottati secondo la procedura consultiva di cui all'art. 81, par. 2.

81. *Procedura di comitato.* — 1. La Commissione è assistita da un comitato. Esso è un comitato ai sensi del reg. (UE) n. 182/2011.

2. Nei casi in cui è fatto riferimento al presente paragrafo, si applica l'art. 4 del reg. (UE) n. 182/2011.

82. *Riesame Entro.* — 1. Entro il 18 agosto 2025, la Commissione presenta al Parlamento europeo, al Consiglio e al Comitato economico e sociale europeo una relazione sull'applicazione del presente regolamento comprendente una valutazione degli eventuali problemi pratici incontrati in relazione a transazioni stragiudiziali in materia di successioni intervenute parallelamente in diversi Stati membri o a una transazione stragiudiziale intervenuta in uno Stato membro parallelamente a una transazione dinanzi a un giudice di un altro Stato membro. La relazione è corredata, se del caso, di proposte di modifica.

83. *Disposizioni transitorie.* — 1. Il presente regolamento si applica alle successioni delle persone decedute alla data o dopo il 17 agosto 2015.

2. Se il defunto aveva scelto la legge applicabile alla sua successione anteriormente al 17 agosto 2015, tale scelta è valida se soddisfa le condizioni di cui al capo III o se è valida in applicazione delle norme di diritto internazionale privato vigenti al momento della scelta nello Stato in cui il defunto aveva la residenza abituale o in uno qualsiasi degli Stati di cui possedeva la cittadinanza.

3. Una disposizione a causa di morte fatta anteriormente al 17 agosto 2015 è ammissibile e ha validità sostanziale e formale se soddisfa le condizioni di cui al capo III o se è ammissibile e valida in termini sostanziali e formali in applicazione delle norme di diritto internazionale privato vigenti al momento dell'effettuazione della disposizione nello Stato in cui il defunto aveva la residenza abituale, in uno qualsiasi degli Stati di cui possedeva la cittadinanza o nello Stato membro dell'autorità che si occupa della successione.

4. Se una disposizione a causa di morte è stata fatta anteriormente al 17 agosto 2015 in conformità alla legge che il defunto avrebbe potuto scegliere a norma del presente regolamento, si ritiene che tale legge sia stata scelta come legge applicabile alla successione.

84. *Entrata in vigore.* — Il presente regolamento entra in vigore il ventesimo giorno successivo alla pubblicazione nella *Gazzetta ufficiale dell'Unione europea*.

Esso si applica a decorrere dal 17 agosto 2015, tranne gli artt. 77 e 78, che si applicano a decorrere dal 16 novembre 2014 (1), e gli artt. 79, 80 e 81, che si applicano a decorrere dal 5 luglio 2012.

Il presente regolamento è obbligatorio in tutti i suoi elementi e direttamente applicabile negli Stati membri conformemente ai trattati.

I. 6.

Convention on the Law Applicable to Trusts and on Their Recognition (2).

THE STATES SIGNATORY TO THE PRESENT CONVENTION,

Considering that the trust, as developed in courts of equity in common law jurisdictions and adopted with some modifications in other jurisdictions, is a unique legal institution,

Desiring to establish common provisions on the law applicable to trusts and to deal with the most important issues concerning the recognition of trusts,

Have resolved to conclude a Convention to this effect, and have agreed upon the following provisions:

(1) Così rettificato in G.U.U.E., 14 dicembre 2012, n. L 344.

(2) Per la ratifica ed esecuzione della Convenzione, adottata all'Aja in data 1° luglio 1985, v. l. 16 ottobre 1989, n. 364. La Convenzione è entrata in vigore il 1° gennaio 1992.

Della Convenzione si riporta solo il testo in lingua inglese non essendo stata ancora pubblicata una traduzione italiana ufficiale.

CHAPTER I

SCOPE

1. *1.* This Convention specifies the law applicable to trusts and governs their recognition.

2. *1.* For the purposes of this Convention, the term «trust» refers to the legal relationships created – *inter vivos* or on death – by a person, the settlor, when assets have been placed under the control of a trustee for the benefit of a beneficiary or for a specified purpose.

2. A trust has the following characteristics:

a) the assets constitute a separate fund and are not a part of the trustee's own estate;

b) title to the trust assets stands in the name of the trustee or in the name of another person on behalf of the trustee;

c) the trustee has the power and the duty, in respect of which he is accountable, to manage, employ or dispose of the assets in accordance with the terms of the trust and the special duties imposed upon him by law.

3. The reservation by the settlor of certain rights and powers, and the fact that the trustee may himself have rights as a beneficiary, are not necessarily inconsistent with the existence of a trust.

3. *1.* The Convention applies only to trusts created voluntarily and evidenced in writing.

4. *1.* The Convention does not apply to preliminary issues relating to the validity of wills or of other acts by virtue of which assets are transferred to the trustee.

5. *1.* The Convention does not apply to the extent that the law specified by Chapter II does not provide for trusts or the category of trusts involved.

CHAPTER II

APPLICABLE LAW

6. *1.* A trust shall be governed by the law chosen by the settlor. The choice must be express or be implied in the terms of the instrument creating or the writing evidencing the trust, interpreted, if necessary, in the light of the circumstances of the case.

2. Where the law chosen under the previous paragraph does not provide for trusts or the category of trust involved, the choice shall not be effective and the law specified in Article 7 shall apply.

7. *1.* Where no applicable law has been chosen, a trust shall be governed by the law with which it is most closely connected.

2. In ascertaining the law with which a trust is most closely connected reference shall be made in particular to:

a) the place of administration of the trust designated by the settlor;

b) the situs of the assets of the trust;

c) the place of residence or business of the trustee;

d) the objects of the trust and the places where they are to be fulfilled.

8. *1.* The law specified by Article 6 or 7 shall govern the validity of the trust, its construction, its effects, and the administration of the trust.

2. In particular that law shall govern:

a) the appointment, resignation and removal of trustees, the capacity to act as a trustee, and the devolution of the office of trustee;

b) the rights and duties of trustees among themselves;

c) the right of trustees to delegate in whole or in part the discharge of their duties or the exercise of their powers;

d) the power of trustees to administrer or to dispose of trust assets, to create security interests in the trust assets, or to acquire new assets;

e) the powers of investment of trustees;

f) restrictions upon the duration of the trust, and upon the power to accumulate the income of the trust;

g) the relationships between the trustees and the beneficiaries including the personal liability of the trustees to the beneficiaries;

h) the variation or termination of the trust;

i) the distribution of the trust assets;

j) the duty of trustees to account for their administration.

9. *1.* In applying this Chapter a severable aspect of the trust, particularly matters of administration, may be governed by a different law.

10. *1.* The law applicable to the validity of the trust shall determine whether that law or the law governing a severable aspect of the trust may be replaced by another law.

CHAPTER III

RECOGNITION

11. *1.* A trust created in accordance with the law specified by the preceding Chapter shall be recognized as a trust.

2. Such recognition shall imply, as a minimum, that the trust property constitutes a separate fund, that the trustee may sue and be sued in his capacity as trustee, and that he may appear or act in this capacity before a notary or any person acting in an official capacity.

3. In so far as the law applicable to the trust requires or provides, such recognition shall imply, in particular:

a) that personal creditors of the trustee shall have no recourse against the trust assets;

b) that the trust assets shall not form part of the trustee's estate upon his insolvency or bankruptcy;

c) that the trust assets shall not form part of the matrimonial property of the trustee or his spouse nor part of the trustee's estate upon his death;

d) that the trust assets may be recovered when the trustee, in breach of trust, has mingled trust assets with his own property or has alienated trust assets. However, the rights and obligations of any third party holder of the assets shall remain subject to the law determined by the choice of law rules of the forum.

12. *1.* Where the trustee desires to register assets, movable or immovable, or documents of title to them, he shall be entitled, in so far as this is not prohibited by or inconsistent with the law of the State where registration is sought, to do so in his capacity as trustee or in such other way that the existence of the trust is disclosed.

13. *1.* No State shall be bound to recognize a trust the significant elements of which, except for the choice of the applicable law, the place of administration and the habitual residence of the trustee, are more closely connected with States which do not have the institution of the trust or the category of trust involved.

14. *1.* The Convention shall not prevent the application of rules of law more favourable to the recognition of trusts.

CHAPTER IV

General clauses

15. *1.* The Convention does not prevent the application of provisions of the law designated by the conflicts rules of the forum, in so far as those provisions cannot be derogated from by voluntary act, relating in particular to the following matters:

a) the protection of minors and incapable parties;

b) the personal and proprietary effects of marriage;

c) succession rights, testate and intestate, especially the indefeasible shares of spouses and relatives;

d) the transfer of title to property and security interests in property;

e) the protection of creditors in matters of insolvency;

f) the protection, in other respects, of third parties acting in good faith.

2. If recognition of a trust is prevented by application of the preceding paragraph, the court shall try to give effect to the objects of the trust by other means.

16. *1.* The Convention does not prevent the application of those provisions of the law of the forum which must be applied even to international situations, irrespective of rules of conflict of laws.

2. If another State has a sufficiently close connection with a case then, in exceptional circumstances, effect may also be given to rules of that State which have the same character as mentioned in the preceding paragraph.

3. Any Contracting State may, by way of reservation, declare that it will not apply the second paragraph of this Article.

17. *1.* In the Convention the word «law» means the rules of law in force in a State other than its rules of conflict of laws.

18. *1.* The provisions of the Convention may be disregarded when their application would be manifestly incompatible with public policy (*ordre public*).

19. *1.* Nothing in the Convention shall prejudice the powers of States in fiscal matters.

20. *1.* Any Contracting State may, at any time, declare that the provisions of the Convention will be extended to trusts declared by judicial decisions.

2. This declaration shall be notified to the Ministry of Foreign Affairs of the Kingdom of the Netherlands and will come into effect on the day when this notification is received.

3. Article 31 is applicable to the withdrawal of this declaration in the same way as it applies to a denunciation of the Convention.

21. *1.* Any Contracting State may reserve the right to apply the provisions of Chapter III only to trusts the validity of which is governed by the law of a Contracting State.

22. *1.* The Convention applies to trusts regardless of the date on which they were created.

2. However, a Contracting State may reserve the right not to apply the Convention to trusts created before the date on which, in relation to that State, the Convention enters into force.

23. *1.* For the purpose of identifying the law applicable under the Convention, where a State comprises several territorial units each of which has its own rules of law in respect of trusts, any reference to the law of that State is to be construed as referring to the law in force in the territorial unit in question.

24. *1.* A State within which different territorial units have their own rules of law in respect of trusts is not bound to apply the Convention to conflicts solely between the laws of such units.

25. *1.* The Convention shall not affect any other international instrument containing provisions on matters governed by this Convention to which a Contracting State is, or becomes, a Party.

CHAPTER V

FINAL CLAUSES

26. *1.* Any State may, at the time of signature, ratification, acceptance, approval or accession, or at the time of making a declaration in terms of Article 29, make the reservations provided for in Articles 16, 21 and 22.

2. No other reservation shall be permitted.

3. Any Contracting State may at any time withdraw a reservation which it has made; the reservation shall cease to have effect on the first day of the third calendar month after notification of the withdrawal.

27. *1.* The Convention shall be open for signature by the States which were Members of the Hague Conference on Private International Law at the time of its Fifteenth Session.

2. It shall be ratified, accepted or approved and the instruments of ratification, acceptance or approval shall be deposited with the Ministry of Foreign Affairs of the Kingdom of the Netherlands.

28. *1.* Any other State may accede to the Convention after it has entered into force in accordance with Article 30, paragraph 1.

2. The instrument of accession shall be deposited with the Ministry of Foreign Affairs of the Kingdom of the Netherlands.

3. The accession shall have effect only as regards the relations between the acceding State and those Contracting States which have not raised an objection to its accession in the twelve months after the receipt of the notification referred to in Article 32 (1). Such an objection may also be raised by Member States at the time when they ratify, accept or approve the Convention after an accession. Any such objection shall be notified to the Ministry of Foreign Affairs of the Kingdom of the Netherlands.

29. *1.* If a State has two or more territorial units in which different systems of law are applicable, it may at the time of signature, ratification, acceptance, approval or accession declare that this Convention shall extend to all of its territorial units or only to one or more of them and may modify this declaration by submitting another declaration at any time.

2. Any such declaration shall be notified to the Ministry of Foreign Affairs of the Kingdom of the Netherlands and shall state expressly the territorial units to which the Convention applies.

3. If a State makes no declaration under this Article, the Convention is to extend to all territorial units of that State.

30. *1.* The Convention shall enter into force on the first day of the third calendar month after the deposit of the third instrument of ratification, acceptance or approval referred to in Article 27.

2. Thereafter the Convention shall enter into force:

a) for each State ratifying, accepting or approving it subsequently, on the first day of the third calendar month after the deposit of its instrument of ratification, acceptance or approval;

b) for each acceding State, on the first day of the third calendar month after the expiry of the period referred to in Article 28;

c) for a territorial unit to which the Convention has been extended in conformity with Article 29, on the first day of the third calendar month after the notification referred to in that Article.

31. *1.* Any Contracting State may denounce this Convention by a formal notification in writing addressed to the Ministry of Foreign Affairs of the Kingdom of the Netherlands, depositary of the Convention.

2. The denunciation takes effect on the first day of the month following the expiration of six months after the notification is received by the depositary or on such later date as is specified in the notification.

(1) Così in G.U.

II. PERSONE E FAMIGLIE

II. 1.

DECRETO DEL PRESIDENTE DELLA REPUBBLICA 3 novembre 2000, n. 396. — *Regolamento per la revisione e la semplificazione dell'ordinamento dello stato civile, a norma dell'art. 2, comma 12, della l. 15 maggio 1997, n. 127* (1).

TITOLO I

Degli uffici dello stato civile

1. *Ufficio ed ufficiale dello stato civile*. — 1. Ogni comune ha un ufficio dello stato civile.

2. Il sindaco, quale ufficiale del Governo, o chi lo sostituisce a norma di legge, è ufficiale dello stato civile.

3. Le funzioni di ufficiale dello stato civile possono essere delegate ai dipendenti a tempo indeterminato e, in caso di esigenze straordinarie e temporalmente limitate, a tempo determinato (2) del comune, previo superamento di apposito corso (3), o al presidente della circoscrizione ovvero ad un consigliere comunale che esercita le funzioni nei quartieri o nelle frazioni, o al segretario comunale. Per il ricevimento del giuramento di cui all'art. 10 della l. 5 febbraio 1992, n. 91, [...] (4) per la celebrazione del matrimonio e per la costituzione delle unioni civili di cui alla l. 20 maggio 2016, n. 76 (5) (6), le funzioni di ufficiale dello stato civile possono essere delegate anche a uno o più consiglieri o assessori comunali o a cittadini italiani che hanno i requisiti per la elezione a consigliere comunale.

2. *Delega di funzioni*. — 1. Il conferimento della delega non priva il sindaco della titolarità delle funzioni di ufficiale dello stato civile.

2. La delega ai dipendenti a tempo indeterminato del comune ed al segretario comunale deve essere conferita con provvedimento del sindaco da comunicare al prefetto e resta valida sino a quando non viene revocata.

3. La delega di cui al comma 2 può riguardare l'esercizio totale o parziale delle funzioni e non richiede accettazione. Il delegato può rinunciarvi per gravi e comprovati motivi con atto ricevuto dal sindaco. La rinuncia ha effetto dopo trenta giorni se entro tale termine non viene respinta.

4. La delega conferita a soggetti diversi da quelli indicati al comma 2 deve essere espressamente accettata dagli interessati e può formare oggetto di rinuncia con atto indirizzato al sindaco che produce i suoi effetti dal giorno successivo a quello del suo ricevimento.

5. Il sindaco può revocare la delega. La revoca e la rinuncia sono comunicate al prefetto.

6. Avverso l'atto che respinge la rinuncia l'interessato può presentare, entro 10 giorni dal ricevimento della relativa comunicazione, ricorso al prefetto.

3. *Uffici separati*. — 1. I comuni possono disporre, anche per singole funzioni, l'istituzione di uno o più separati uffici dello stato civile.

2. Gli uffici separati dello stato civile vengono istituiti o soppressi con deliberazione della giunta comunale. Il relativo atto è trasmesso al prefetto.

(1) Suppl. ord. n. 223/L a G.U., 30 dicembre 2000, n. 303. V. circolare Ministero Interno 26 marzo 2001, MIACEL n. 2/2001, in G.U., 4 aprile 2001, n. 79. L'art. 16-*bis*.2, d.l. 29 novembre 2008, n. 185, conv. in l. 28 gennaio 2009, n. 2, così dispone: «La richiesta al cittadino di produrre dichiarazioni o documenti al di fuori di quelli indispensabili per la formazione e le annotazioni degli atti di stato civile e di anagrafe costituisce violazione dei doveri d'ufficio, ai fini della responsabilità disciplinare». Sulle dichiarazioni sostitutive di certificazioni e dell'atto di notorietà v. artt. 46 e 47, d.p.r. 28 dicembre 2000, n. 445.

(2) Le parole «e, in caso di esigenze straordinarie e temporalmente limitate, a tempo determinato» sono state inserite dall'art. 2, d.p.r. 5 maggio 2009, n. 79.

(3) Per la disciplina dei corsi v. ora d.m. Interno 20 agosto 2002, in G.U., 24 gennaio 2003, n. 19.

(4) La parola «e» è stata soppressa dall'art. 1.1, lett. a, d.lg. 19 gennaio 2017, n. 5.

(5) In *Leggi coll. II, 11*.

(6) Le parole «e per la costituzione delle unioni civili di cui alla l. 20 maggio 2016, n. 76» sono state inserite dall'art. 1.1, lett. a, d.lg. 19 gennaio 2017, n. 5.

4. *Corsi di formazione*. — 1. I corsi di cui all'art. 1, comma 3 (1), sono organizzati e disciplinati con decreto del Ministro dell'interno, adottato sentita l'Associazione nazionale dei comuni italiani e l'Associazione nazionale di categoria degli ufficiali dello stato civile.

2. Fino alla conclusione dei corsi di cui al comma 1, il sindaco può delegare le funzioni di ufficiale dello stato civile a coloro che, alla data di entrata in vigore del presente regolamento, hanno svolto per almeno cinque anni le funzioni di ufficiale dello stato civile ovvero le hanno svolte per un periodo inferiore ed hanno frequentato uno dei corsi di aggiornamento professionale organizzati dal Ministero dell'interno.

3. Per gravi motivi, ciascun dipendente a tempo indeterminato del comune può essere delegato ad esercitare le funzioni di ufficiale dello stato civile.

TITOLO II

Delle funzioni degli ufficiali dello stato civile

5. *Compiti degli ufficiali dello stato civile*. — 1. L'ufficiale dello stato civile, nel dare attuazione ai principi generali sul servizio dello stato civile di cui agli articoli da 449 a 453 del codice civile e nel rispetto della l. 31 dicembre 1996, n. 675, espleta i seguenti compiti:

a) forma, archivia, conserva e aggiorna tutti gli atti concernenti lo stato civile e cura, nelle forme previste, la trasmissione dei dati al centro nazionale di raccolta di cui all'art. 10, comma 2, lett. *d*);

b) trasmette alle pubbliche amministrazioni che ne fanno richiesta in base alle norme vigenti gli estratti e i certificati che concernono lo stato civile, in esenzione da ogni spesa;

c) rilascia, nei casi previsti, gli estratti e i certificati che concernono lo stato civile, nonché le copie conformi dei documenti depositati presso l'ufficio dello stato civile;

d) verifica, per le pubbliche amministrazioni che ne fanno richiesta, la veridicità dei dati contenuti nelle autocertificazioni prodotte dai cittadini in tutti i casi consentiti dalla legge.

6. *Incompatibilità*. — 1. L'ufficiale dello stato civile non può ricevere gli atti nei quali egli, il coniuge, la persona a lui unita civilmente (2), i suoi parenti o affini in linea retta in qualunque grado, o in linea collaterale fino al secondo grado, intervengono come dichiaranti.

7. *Rifiuto di atti*. — 1. Nel caso in cui l'ufficiale dello stato civile rifiuti l'adempimento di un atto da chiunque richiesto, deve indicare per iscritto al richiedente i motivi del rifiuto.

8. *Altri casi di esercizio delle funzioni*. — 1. Adempiono le funzioni di ufficiale dello stato civile, nei casi previsti dalla legge, le autorità diplomatiche o consolari, i comandanti di navi, i commissari di bordo, i comandanti di aeromobili, i direttori sanitari e coloro che ne fanno le veci secondo le disposizioni vigenti, nonché le autorità militari responsabili del comando nelle zone di operazioni eseguite come forze di pace o di guerra.

9. *Indirizzo e vigilanza*. — 1. L'ufficiale dello stato civile è tenuto ad uniformarsi alle istruzioni che vengono impartite dal Ministero dell'interno.

2. La vigilanza sugli uffici dello stato civile spetta al prefetto.

TITOLO III

Delle norme generali relative alla formazione e alla archiviazione degli atti e degli archivi dello stato civile

10. *Archivio informatico*. — 1. In ciascun ufficio dello stato civile sono registrati e conservati in un unico archivio informatico tutti gli atti formati nel comune o comunque relativi a soggetti ivi residenti, riguardanti la cittadinanza, la nascita, i matrimoni, le unioni civili (3) e la morte.

2. Le modalità tecniche per la iscrizione, la trascrizione, la annotazione, la trasmissione e la tenuta degli atti dello stato civile conservati negli archivi di cui al comma 1 sono stabilite con decreto del Presidente del Consiglio dei Ministri da emanarsi entro dodici mesi dalla pubblicazione del presente regolamento su proposta del Ministro dell'interno, di concerto con il Ministro degli affari esteri, sentiti l'Autorità per l'informatica nella pubblica amministrazione, il Garante per la protezione dei dati personali e l'Associazione nazionale dei comuni italiani, sulla base dei seguenti principi e criteri direttivi:

a) formazione degli atti su base informatica e conservazione dei dati sia nel luogo in cui

(1) Per la disciplina dei corsi v. ora d.m. Interno 20 agosto 2002, in G.U., 24 gennaio 2003, n. 19.

(2) Le parole «la persona a lui unita civilmente,» sono state inserite dall'art. 1.1, lett. b, d.lg. 19 gennaio 2017, n. 5.

(3) Le parole «, le unioni civili» sono state inserite dall'art. 1.1, lett. c, d.lg. 19 gennaio 2017, n. 5.

sono formati gli atti che nel comune di attuale residenza della persona cui si riferiscono;

b) garanzia della sicurezza e della inalterabilità dei dati, una volta formati e sottoscritti i relativi atti, e possibilità della loro rettificazione ed annotazione;

c) trasmissione telematica dei dati, eventualmente utilizzando la rete unitaria della pubblica amministrazione, nel rispetto della l. 31 dicembre 1996, n. 675, e in modo da assicurare la verifica dell'effettivo trasferimento dei dati medesimi;

d) istituzione, senza oneri aggiuntivi per il bilancio dello Stato, di un centro nazionale di raccolta dei supporti informatici contenente tutti i dati registrati negli archivi informatici comunali per assicurarne la conservazione in caso di eventi dannosi o calamitosi; tale centro è tenuto a svolgere i compiti di cui alle lett. *b*), *c*) e *d*) dell'art. 5, comma 1, in caso di prolungata impossibilità di accesso ai dati conservati negli archivi comunali; i dati sono conservati separatamente per ciascun comune, secondo modalità che ne rendano possibile la consultazione, per le sole finalità indicate nella presente lettera, da parte dei rispettivi ufficiali dello stato civile;

e) previsione della possibilità di redigere provvisoriamente gli atti su base cartacea sotto forma di processo verbale, in caso di inutilizzabilità temporanea dei sistemi informatici, con obbligo di inserirli appena possibile negli archivi di cui al comma 1;

f) adozione, per gli atti formati all'estero dalle autorità diplomatiche o consolari, di strumenti idonei ad assicurare quanto previsto nelle lett. *a*), *b*), *c*), *e*);

g) indicazione delle modalità e fissazione del termine a partire dal quale potranno essere attivati e di quello entro il quale dovranno essere resi pienamente operanti gli archivi di cui al comma 1 prevedendo eventualmente una fase preliminare di sperimentazione;

h) definizione delle modalità e dei tempi per la graduale archiviazione mediante supporti informatici dei registri dello stato civile utilizzati prima della entrata in funzione degli archivi di cui al comma 1 e previsione delle modalità per la successiva immissione nei suddetti archivi dei dati già contenuti nei registri.

11. *Contenuto degli atti.* — 1. Gli atti dello stato civile, oltre a quanto è prescritto da altre particolari disposizioni, devono enunciare: il comune, il luogo, l'anno, il mese, il giorno e l'ora in cui sono formati; il nome, il cognome, il luogo e la data di nascita, la residenza e la cittadinanza delle persone che vi sono indicate in qualità di dichiaranti; le persone cui gli atti medesimi si riferiscono; i testimoni, ove richiesti; i documenti presentati dalle parti.

2. I documenti di cui occorre fare menzione nel redigere gli atti dello stato civile devono essere enunciati con precisione, indicando di ciascuno la specie, la data, l'autorità che lo ha emanato o il pubblico ufficiale che lo ha formato e quelle altre particolarità che secondo i casi valgono a designarlo esattamente.

3. L'ufficiale dello stato civile non può enunciare, negli atti di cui è richiesto, dichiarazioni e indicazioni diverse da quelle che sono stabilite o permesse per ciascun atto.

12. *Modalità di redazione degli atti.* — 1. Gli atti dello stato civile sono redatti secondo le formule e le modalità stabilite con decreto del Ministro dell'interno, da emanarsi entro dodici mesi dalla pubblicazione del presente regolamento, le cui disposizioni entrano in vigore contestualmente a quelle contenute nel decreto del Presidente del Consiglio dei Ministri di cui all'art. 10, comma 2.

2. Gli atti di nascita, matrimonio, unione civile (1) e morte sono formati nel comune in cui tali fatti accadono. Nei casi in cui il presente ordinamento preveda la possibilità della formazione degli atti in comuni diversi da quello dove il fatto è avvenuto, l'indicazione del luogo dell'evento dovrà essere comunque specificata.

3. L'atto, se compiuto alla presenza dei dichiaranti e dei testimoni, ove richiesti, è immediatamente sottoscritto dai medesimi e dall'ufficiale dello stato civile che ne dà previamente lettura.

4. Se i dichiaranti o i testimoni non possono sottoscrivere l'atto, si fa menzione della causa dell'impedimento.

5. Se, iniziata la redazione di un atto, sopravviene una causa che ne impedisce il compimento, l'ufficiale dello stato civile deve, nell'atto medesimo, farne menzione.

6. Gli atti dello stato civile sono chiusi con la firma dell'ufficiale dello stato civile competente. Successivamente alla chiusura gli atti non possono subire variazioni.

7. Le parti interessate possono farsi rappresentare da persona munita di procura speciale risultante da scrittura privata, quando non è espressamente previsto che esso debba risultare da atto pubblico.

8. Gli atti formati in comuni diversi da quello

(1) Le parole «, unione civile» sono state inserite dall'art. 1.1, lett. d, d.lg. 19 gennaio 2017, n. 5.

di residenza devono essere comunicati dall'ufficiale dello stato civile che li forma all'ufficiale dello stato civile del comune di residenza delle persone cui gli atti si riferiscono, per la trascrizione.

9. In caso di cambiamento di residenza, gli atti conservati nel comune di provenienza devono essere comunicati dall'ufficiale dello stato civile del comune di provenienza a quello del comune dove la persona stabilisce la propria residenza, per la trascrizione.

10. La trascrizione degli atti e dei provvedimenti negli archivi di cui all'art. 10, quando è richiesta, si compie mediante verbalizzazione dell'atto o del provvedimento. Nel verbale l'atto è riprodotto per intero quando ciò è espressamente previsto; altrimenti è brevemente riassunto a cura dell'ufficiale dello stato civile.

11. La trascrizione può essere domandata da chiunque vi ha interesse, con istanza verbale o con atto redatto per iscritto e trasmesso anche a mezzo posta, o dalla pubblica autorità.

12. Quando l'atto è scritto in lingua straniera, se ne trascrive la traduzione eseguita nel modo stabilito dall'art. 22.

13. *Casi speciali*. — 1. La dichiarazione resa da persona che non conosce la lingua italiana è ricevuta con l'ausilio di un interprete che deve previamente prestare il giuramento di bene e fedelmente adempiere all'incarico ricevuto. Se la persona è sorda, muta o non vedente o altrimenti impedita a comunicare oralmente e per iscritto, la dichiarazione è ricevuta o con l'ausilio di un interprete, scegliendolo di preferenza fra le persone abituate a trattare con l'interessato, o comunque con forme e mezzi idonei a garantire la conformità della dichiarazione stessa alla volontà del dichiarante. L'ufficiale dello stato civile fa menzione nell'atto dei modi usati per ricevere la dichiarazione.

2. Sono fatte salve le disposizioni di legge in materia di bilinguismo e di tutela delle minoranze linguistiche.

14. *Trasmissione di atti*. — 1. I provvedimenti dell'autorità giudiziaria italiana che devono essere trascritti o annotati negli archivi di cui all'art. 10 sono trasmessi senza indugio dal cancelliere del giudice che li ha pronunciati all'ufficiale dello stato civile competente.

TITOLO IV

Degli atti dello stato civile formati all'estero

15. *Dichiarazioni rese all'estero*. — 1. Le dichiarazioni di nascita e di morte relative a cittadini italiani nati o deceduti all'estero sono rese all'autorità consolare.

2. Le dichiarazioni di cui al comma 1 devono farsi secondo le norme stabilite dalla legge del luogo alle autorità locali competenti, se ciò è imposto dalla legge stessa. In questi casi copia dell'atto è inviata senza indugio, a cura del dichiarante, all'autorità diplomatica o consolare.

16. *Matrimoni celebrati e unioni civili costituite all'estero* (1). — 1. Il matrimonio e l'unione civile all'estero, quando gli sposi o le parti dell'unione civile sono entrambi cittadini italiani o uno di essi è cittadino italiano e l'altro è cittadino straniero, possono essere celebrati o costituiti innanzi all'autorità diplomatica o consolare competente, oppure innanzi all'autorità locale secondo le leggi del luogo (2). In quest'ultimo caso una copia dell'atto è rimessa a cura degli interessati all'autorità diplomatica o consolare.

17. *Trasmissione di atti*. — 1. L'autorità diplomatica o consolare trasmette ai fini della trascrizione copia degli atti e dei provvedimenti relativi al cittadino italiano formati all'estero all'ufficiale dello stato civile del comune in cui l'interessato ha o dichiara che intende stabilire la propria residenza, o a quello del comune di iscrizione all'Anagrafe degli italiani residenti all'estero o, in mancanza, a quello del comune di iscrizione o trascrizione dell'atto di nascita, ovvero, se egli è nato e residente all'estero, a quello del comune di nascita o di residenza della madre o del padre di lui, ovvero dell'avo materno o paterno. Gli atti di matrimonio o dell'unione civile (3), se gli sposi o le parti dell'unione civile (4) risiedono in comuni diversi, saranno inviati ad entrambi i comuni, dando ad essi comunicazione del doppio invio. Nel caso in cui non è possibile provvedere con i criteri sopra indicati, l'interessato, su espresso invito dell'autorità diplomatica o consolare, dovrà indicare un comune a sua scelta.

18. *Casi di intrascrivibilità*. — 1. Gli atti for-

(1) Rubrica così sostituita alla precedente «Matrimonio celebrato all'estero» dall'art. 1.1, lett. e, n. 1, d.lg. 19 gennaio 2017, n. 5.
(2) Periodo così sostituito dall'art. 1.1, lett. e, n. 2, d.lg. 19 gennaio 2017, n. 5.
(3) Le parole «o dell'unione civile» sono state inserite dall'art. 1.1, lett. f, d.lg. 19 gennaio 2017, n. 5.
(4) Le parole «o le parti dell'unione civile» sono state inserite dall'art. 1.1, lett. f, d.lg. 19 gennaio 2017, n. 5.

mati all'estero non possono essere trascritti se sono contrari all'ordine pubblico.

19. *Trascrizioni*. — 1. Su richiesta dei cittadini stranieri residenti in Italia possono essere trascritti, nel comune dove essi risiedono, gli atti dello stato civile che li riguardano formati all'estero. Tali atti devono essere presentati unitamente alla traduzione in lingua italiana e alla legalizzazione, ove prescritta, da parte della competente autorità straniera.

2. Possono altresì essere trascritti gli atti dei matrimoni celebrati fra cittadini stranieri dinanzi all'autorità diplomatica o consolare straniera in Italia, se ciò è consentito dalle convenzioni vigenti in materia con il Paese cui detta autorità appartiene.

3. L'ufficiale dello stato civile può rilasciare copia integrale dell'atto trascritto a richiesta degli interessati.

20. *Certificazione sostitutiva*. — 1. L'autorità diplomatica o consolare che non è in grado di ottenere dalle autorità locali copie degli atti di stato civile formati all'estero, che devono essere trascritti in Italia, può rilasciare, ai sensi dell'art. 49 del d.p.r. 5 gennaio 1967, n. 200, dopo avere effettuato gli accertamenti del caso, una certificazione sostitutiva della documentazione non potuta acquisire che verrà trascritta presso i comuni italiani.

TITOLO V

Dei documenti che si presentano all'ufficiale dello stato civile

21. *Registrazione e legalizzazione di atti*. — 1. Le procure e gli altri documenti che si presentano all'ufficiale dello stato civile, per comprovare stati, fatti o qualità da riportare nei relativi atti, sono da lui registrati negli archivi di cui all'art. 10 indicando di seguito agli atti stessi la provenienza e l'amministrazione pubblica o il pubblico ufficiale che li conserva o, qualora ciò non sia possibile, registrandone tutti gli elementi essenziali.

2. Quando i documenti occorrenti per la formazione dell'atto sono reperibili presso gli uffici di una pubblica amministrazione, l'ufficiale dello stato civile è tenuto ad acquisirli direttamente. Altrimenti essi sono sostituiti, salvo diversa disposizione di legge o del presente regolamento, da autocertificazioni.

3. I documenti e gli atti dello stato civile formati all'estero da autorità straniere devono essere legalizzati dall'autorità diplomatica o consolare competente, se non è disposto diversamente.

22. *Traduzione del contenuto di documenti*. — 1. Fermo restando quanto stabilito da convenzioni internazionali, i documenti scritti in lingua straniera devono essere accompagnati da una traduzione in lingua italiana che deve essere certificata conforme al testo straniero dall'autorità diplomatica o consolare ovvero da un traduttore ufficiale o da un interprete che attesti con giuramento davanti all'ufficiale dello stato civile la conformità al testo straniero.

TITOLO VI

Delle registrazioni relative alla cittadinanza

23. *Iscrizioni*. — 1. Negli archivi di cui all'art. 10 sono iscritte dall'ufficiale dello stato civile le dichiarazioni relative alla cittadinanza previste dalla legge.

2. Nelle dichiarazioni previste dal comma 1 il dichiarante deve indicare gli elementi di fatto e, ove previsto dalle disposizioni vigenti, deve produrre gli atti in base ai quali ritiene di poterle rendere.

24. *Atti trascrivibili*. — 1. Negli archivi di cui all'art. 10 si trascrivono:

a) i decreti di concessione della cittadinanza italiana e quelli che ne dispongono la perdita;

b) le comunicazioni del sindaco, del Ministero dell'interno e dell'autorità diplomatica o consolare sull'esito degli accertamenti e le attestazioni del sindaco e dell'autorità diplomatica o consolare relative all'acquisto, alla perdita o al riacquisto della cittadinanza italiana;

c) i decreti di inibizione al riacquisto della cittadinanza;

d) i provvedimenti di riconoscimento delle opzioni per la cittadinanza italiana di cui all'art. 19 della l. 5 febbraio 1992, n. 91;

e) le sentenze che accertano l'acquisto, la perdita o il riacquisto della cittadinanza italiana.

25. *Giuramento*. — 1. L'ufficiale dello stato civile non può trascrivere il decreto di concessione della cittadinanza se prima non è stato prestato il giuramento prescritto dall'art. 10 della l. 5 febbraio 1992, n. 91.

2. Della prestazione del giuramento e del relativo processo verbale è fatta menzione nell'atto di trascrizione del decreto di concessione.

26. *Attività dell'ufficiale dello stato civile*. — 1. Le dichiarazioni e la prestazione del giuramento, di cui agli artt. 23 e 25, sono raccolte dall'ufficiale dello stato civile del comune dove l'interessato ha o intende stabilire la propria residenza ovvero, in caso di residenza all'estero, dall'autorità diplomatica o consolare della circoscrizione di residenza. Quest'ultima autorità trasmette, per la trascrizione, il decreto di concessione della cittadinanza all'ufficiale dello stato civile del comune di residenza o di ultima residenza dell'interessato o, in mancanza, del comune dove è iscritto o trascritto l'atto di matrimonio o dell'unione civile (1) ovvero del comune scelto dall'interessato medesimo, dando notizia dell'avvenuto giuramento.

2. L'ufficiale dello stato civile che riceve copia della dichiarazione e della comunicazione dell'esito dell'accertamento provvede alla loro annotazione sull'atto di nascita dell'interessato ed ai conseguenti adempimenti anagrafici.

27. *Acquisto della cittadinanza*. — 1. L'acquisto della cittadinanza italiana ha effetto dal giorno successivo a quello in cui è stato prestato il giuramento, ai sensi di quanto disposto dagli artt. 10 e 15 della l. 5 febbraio 1992, n. 91, anche quando la trascrizione del decreto di concessione avviene in data posteriore.

TITOLO VII

Delle registrazioni relative agli atti di nascita e agli atti di riconoscimento dei figli nati fuori del matrimonio (2)

28. *Iscrizioni e trascrizioni*. — 1. Negli archivi di cui all'art. 10 si iscrivono:

a) le dichiarazioni di nascita rese direttamente all'ufficiale dello stato civile;

b) gli atti di riconoscimento del figlio nato fuori del matrimonio (3) ricevuti dall'ufficiale dello stato civile a norma dell'art. 254, primo comma, del codice civile;

c) gli atti di assenso prestati ai sensi dell'art. 250, secondo comma, del codice civile, se successivi al riconoscimento, ricevuti dall'ufficiale dello stato civile;

d) gli atti di consenso prestati ai sensi dell'art. 250, terzo comma, del codice civile, se anteriori al riconoscimento dell'altro genitore, ricevuti dall'ufficiale dello stato civile.

e) i processi verbali di cui all'art. 38.

2. Nei medesimi archivi si trascrivono:

a) le dichiarazioni di nascita rese al direttore sanitario dell'ospedale o della casa di cura in cui è avvenuta la nascita;

b) gli atti di nascita ricevuti all'estero;

c) gli atti e i processi verbali relativi a nascite avvenute durante un viaggio marittimo, aereo o ferroviario;

d) gli atti di nascita ricevuti dagli ufficiali designati per le operazioni eseguite dalle forze di pace o di guerra;

e) le sentenze straniere e i provvedimenti stranieri di volontaria giurisdizione in materia di nascita;

f) i decreti di cambiamento o aggiunta di nome e cognome e i provvedimenti che revocano o annullano i decreti medesimi;

g) i provvedimenti in materia di adozione.

3. Negli archivi suddetti si iscrivono anche gli atti che si sarebbero dovuti iscrivere o trascrivere e che vengono formati per ordine del tribunale perché in precedenza omessi.

29. *Atto di nascita*. — 1. La dichiarazione di nascita è resa nei termini e con le modalità di cui all'art. 30.

2. Nell'atto di nascita sono indicati il luogo, l'anno, il mese, il giorno e l'ora della nascita, le generalità, la cittadinanza, la residenza dei genitori del figlio nato nel matrimonio nonché di quelli che rendono la dichiarazione di riconoscimento del figlio nato fuori del matrimonio (4) e di quelli che hanno espresso con atto pubblico il proprio consenso ad essere nominati, il sesso del bambino e il nome che gli viene dato ai sensi dell'art. 35.

3. Se il parto è plurimo, se ne fa menzione in ciascuno degli atti indicando l'ordine in cui le nascite sono seguite.

4. Se il dichiarante non dà un nome al bambino, vi supplisce l'ufficiale dello stato civile.

5. Quando si tratta di bambini di cui non sono conosciuti i genitori, l'ufficiale dello stato civile impone ad essi il nome ed il cognome.

6. L'ufficiale dello stato civile accerta la verità della nascita attraverso l'attestazione o la dichiarazione sostitutiva di cui all'art. 30, commi 2 e 3.

7. Nell'atto di nascita si fa menzione del modo di accertamento della nascita.

(1) Le parole «o dell'unione civile» sono state inserite dall'art. 1.1, lett. h, d.lg. 19 gennaio 2017, n. 5.

(2) Le parole «nati fuori del matrimonio» sono state così sostituite alla precedente «naturali» dall'art. 1.1, lett. a, d.p.r. 30 gennaio 2015, n. 26.

(3) Le parole «del figlio nato fuori del matrimonio» sono state così sostituite alle precedenti «di filiazione naturale» dall'art. 1.1, lett. b, d.p.r. 30 gennaio 2015, n. 26.

(4) Le parole «del figlio nato nel matrimonio nonché di quelli che rendono la dichiarazione di riconoscimento del figlio nato fuori del matrimonio» sono state così sostituite alle precedenti «legittimi nonché di quelli che rendono la dichiarazione di riconoscimento di filiazione naturale» dall'art. 1.1, lett. c, d.p.r. 30 gennaio 2015, n. 26.

30. *Dichiarazione di nascita*. — 1. La dichiarazione di nascita è resa da uno dei genitori, da un procuratore speciale, ovvero dal medico o dalla ostetrica o da altra persona che ha assistito al parto, rispettando l'eventuale volontà della madre di non essere nominata.

2. Ai fini della formazione dell'atto di nascita, la dichiarazione resa all'ufficiale dello stato civile è corredata da una attestazione di avvenuta nascita contenente le generalità della puerpera, nonché le indicazioni del comune, ospedale, casa di cura o altro luogo ove è avvenuta la nascita, del giorno e dell'ora della nascita e del sesso del bambino.

3. Se la puerpera non è stata assistita da personale sanitario, il dichiarante che non è neppure in grado di esibire l'attestazione di constatazione di avvenuto parto, produce una dichiarazione sostitutiva resa ai sensi dell'art. 2 della l. 4 gennaio 1968, n. 15.

4. La dichiarazione può essere resa, entro dieci giorni dalla nascita, presso il comune nel cui territorio è avvenuto il parto o in alternativa, entro tre giorni, presso la direzione sanitaria dell'ospedale o della casa di cura in cui è avvenuta la nascita. In tale ultimo caso la dichiarazione può contenere anche il riconoscimento contestuale di figlio nato fuori del matrimonio (1) e, unitamente all'attestazione di nascita, è trasmessa, ai fini della trascrizione, dal direttore sanitario all'ufficiale dello stato civile del comune nel cui territorio è situato il centro di nascita o, su richiesta dei genitori, al comune di residenza individuato ai sensi del comma 7, nei dieci giorni successivi, anche attraverso la utilizzazione di sistemi di comunicazione telematici tali da garantire l'autenticità della documentazione inviata secondo la normativa in vigore.

5. La dichiarazione non può essere ricevuta dal direttore sanitario se il bambino è nato morto ovvero se è morto prima che è stata resa la dichiarazione stessa. In tal caso la dichiarazione deve essere resa esclusivamente all'ufficiale dello stato civile del comune dove è avvenuta la nascita.

6. Ai fini dell'applicazione delle disposizioni del presente articolo, gli uffici dello stato civile, nei loro rapporti con le direzioni sanitarie dei centri di nascita presenti sul proprio territorio, si attengono alle modalità di coordinamento e di collegamento previste dal decreto del Presidente del Consiglio dei Ministri di cui all'art. 10, comma 2.

7. I genitori, o uno di essi, se non intendono avvalersi di quanto previsto dal comma 4, hanno facoltà di dichiarare, entro dieci giorni dal parto, la nascita nel proprio comune di residenza. Nel caso in cui i genitori non risiedano nello stesso comune, salvo diverso accordo tra di loro, la dichiarazione di nascita è resa nel comune di residenza della madre. In tali casi, ove il dichiarante non esibisca l'attestazione della avvenuta nascita, il comune nel quale la dichiarazione è resa deve procurarsela presso il centro di nascita dove il parto è avvenuto, salvo quanto previsto al comma 3.

8. L'ufficiale dello stato civile che registra la nascita nel comune di residenza dei genitori o della madre deve comunicare al comune di nascita il nominativo del nato e gli estremi dell'atto ricevuto.

31. *Dichiarazione tardiva*. — 1. Se la dichiarazione è fatta dopo più di dieci giorni dalla nascita, il dichiarante deve indicare le ragioni del ritardo. In tal caso l'ufficiale dello stato civile procede alla formazione tardiva dell'atto di nascita e ne dà segnalazione al procuratore della Repubblica.

2. Nel caso in cui il dichiarante non produca la documentazione di cui all'art. 30, commi 2 e 3, o non indichi le ragioni del ritardo, la dichiarazione di nascita può essere ricevuta solo in forza di decreto dato con il procedimento della rettificazione. A tale fine l'ufficiale dello stato civile informa senza indugio il procuratore della Repubblica per il promovimento del relativo giudizio.

32. *Omessa dichiarazione*. — 1. L'ufficiale dello stato civile, quando viene a conoscenza che la dichiarazione di nascita non è stata fatta neppure tardivamente, ne riferisce al procuratore della Repubblica ai fini del promovimento del giudizio di rettificazione. Dopo che ne ha riferito al procuratore della Repubblica, non può più ricevere la dichiarazione tardiva di nascita, ma forma l'atto di nascita soltanto in base al relativo decreto.

33. *Disposizioni sul cognome*. — 1. . . . . (2).

2. Il figlio maggiorenne che subisce il cambiamento o la modifica del proprio cognome a seguito della variazione di quello del genitore da cui il cognome deriva, nonché il figlio nato fuori del matrimonio, riconosciuto, dopo il raggiungimento della maggiore età, da uno dei genitori o contemporaneamente da entrambi, hanno facoltà di scegliere, entro un anno dal giorno in cui ne vengono a conoscenza, di man-

(1) Le parole «nato fuori del matrimonio» sono state così sostituite alla precedente «naturale» dall'art. 1.1, lett. d, d.p.r. 30 gennaio 2015, n. 26.

(2) Comma abrogato dall'art. 1.1, lett. e, n. 1, d.p.r. 30 gennaio 2015, n. 26.

tenere il cognome portato precedentemente, se diverso, ovvero di aggiungere o di anteporre ad esso, a loro scelta, quello del genitore (1).

3. Le dichiarazioni di cui al comma 2 sono rese all'ufficiale dello stato civile del comune di nascita dal figlio personalmente o con comunicazione scritta. Esse vengono annotate nell'atto di nascita del figlio medesimo (2) (3).

34. *Limiti all'attribuzione del nome*. — 1. È vietato imporre al bambino lo stesso nome del padre vivente, di un fratello o di una sorella viventi, un cognome come nome, nomi ridicoli o vergognosi.

2. I nomi stranieri che sono imposti ai bambini aventi la cittadinanza italiana devono essere espressi in lettere dell'alfabeto italiano, con la estensione alle lettere: J, K, X, Y, W e, dove possibile, anche con i segni diacritici propri dell'alfabeto della lingua di origine del nome.

3. Ai figli di cui non sono conosciuti i genitori non possono essere imposti nomi o cognomi che facciano intendere l'origine naturale, o cognomi di importanza storica o appartenenti a famiglie particolarmente conosciute nel luogo in cui l'atto di nascita è formato.

4. Se il dichiarante intende dare al bambino un nome in violazione del divieto stabilito nel comma 1 o in violazione delle indicazioni del comma 2, l'ufficiale dello stato civile lo avverte del divieto, e, se il dichiarante persiste nella sua determinazione, riceve la dichiarazione, forma l'atto di nascita e, informandone il dichiarante, ne dà immediatamente notizia al procuratore della Repubblica ai fini del promovimento del giudizio di rettificazione (3).

35. *Nome*. — 1. Il nome imposto al bambino deve corrispondere al sesso e può essere costituito da un solo nome o da più nomi, anche separati, non superiori a tre.

2. Nel caso siano imposti due o più nomi separati da virgola, negli estratti e nei certificati rilasciati dall'ufficiale dello stato civile e dall'ufficiale di anagrafe deve essere riportato solo il primo dei nomi (4).

36. *Indicazioni sul nome*. — 1. Chi ha avuto attribuito alla nascita, prima della data di entrata in vigore del presente regolamento, un nome composto da più elementi, anche se separati tra loro, può dichiarare per iscritto all'ufficiale dello stato civile del luogo di nascita l'esatta indicazione con cui, in conformità alla volontà del dichiarante o, all'uso fattone, devono essere riportati gli elementi del proprio nome negli estratti per riassunto e nei certificati rilasciati dagli uffici dello stato civile e di anagrafe.

2. La sottoscrizione della dichiarazione non è soggetta ad autenticazione ove presentata unitamente a copia fotostatica, non autenticata, di un documento di identità del sottoscrittore. L'istanza e la copia fotostatica del documento di identità possono essere inviate per via telematica o a mezzo posta o via fax.

3. La dichiarazione medesima è annotata senza altre formalità nell'atto di nascita ed è comunicata ai sensi dell'art. 6 della l. 24 dicembre 1954, n. 1228.

37. *Casi particolari*. — 1. Quando al momento della dichiarazione di nascita il bambino non è vivo, il dichiarante deve far conoscere se il bambino è nato morto o è morto posteriormente alla nascita. Tali circostanze devono essere comprovate dal dichiarante con certificato medico.

2. L'ufficiale dello stato civile forma il solo atto di nascita se il bambino è nato morto e fa ciò risultare nell'atto stesso; egli forma anche quello di morte, se il bambino è morto posteriormente alla nascita.

38. *Ritrovamento di minori abbandonati*. — 1. Chiunque trova un bambino abbandonato deve affidarlo ad un istituto o ad una casa di cura. Il direttore della struttura che accoglie il bambino ne dà immediata comunicazione all'ufficiale dello stato civile del comune dove è avvenuto il ritrovamento. L'ufficiale dello stato civile iscrive negli archivi di cui all'art. 10 apposito processo verbale nel quale indica l'età apparente ed il sesso del bambino, così come risultanti nella comunicazione a lui pervenuta, ed impone un cognome ed un nome, informandone immediatamente il giudice tutelare e il

(1) Comma così sostituito dall'art. 1.1, lett. e, n. 2, d.p.r. 30 gennaio 2015, n. 26.

(2) Comma così sostituito dall'art. 1.1, lett. e, n. 3, d.p.r. 30 gennaio 2015, n. 26.

(3) La Corte cost., con sentenza 21 dicembre 2016, n. 286, «1) dichiara l'illegittimità costituzionale della norma desumibile dagli artt. 237, 262 e 299 del codice civile; 72, primo comma, del r.d. 9 luglio 1939, n. 1238; e 33 e 34 del d.p.r. 3 novembre 2000, n. 396, nella parte in cui non consente ai coniugi, di comune accordo, di trasmettere ai figli, al momento della nascita, anche il cognome materno; 2) dichiara in via consequenziale, ai sensi dell'art. 27 della l. 11 marzo 1953, n. 87, l'illegittimità costituzionale dell'art. 262, primo comma, cod. civ., nella parte in cui non consente ai genitori, di comune accordo, di trasmettere al figlio, al momento della nascita, anche il cognome materno; 3) dichiara in via consequenziale, ai sensi dell'art. 27 della l. n. 87 del 1953, l'illegittimità costituzionale dell'art. 299, terzo comma, cod. civ., nella parte in cui non consente ai coniugi, in caso di adozione compiuta da entrambi, di attribuire, di comune accordo, anche il cognome materno al momento dell'adozione».

(4) Articolo così sostituito dall'art. 5.2, l. 10 dicembre 2012, n. 219.

tribunale per i minorenni per l'espletamento delle incombenze di rispettiva competenza.

39. *Nascita in viaggio marittimo o aereo*. — 1. Se la nascita avviene durante un viaggio marittimo, il relativo atto deve essere formato entro ventiquattro ore dall'evento.

2. Si osservano le disposizioni degli artt. 203, 205, 207, 208, e 210 del codice della navigazione o, in caso si tratti di navi militari, quelle del relativo regolamento per il servizio di bordo, in quanto compatibili con il presente regolamento.

3. Se la nascita avviene durante un viaggio aereo, si osservano le disposizioni degli artt. 835 e 836 del codice della navigazione, in quanto compatibili con il presente regolamento.

40. *Nascita in viaggio per ferrovia*. — 1. Se la nascita avviene durante un viaggio per ferrovia, la dichiarazione deve essere fatta al responsabile del convoglio che redige un processo verbale con le dichiarazioni prescritte per gli atti di nascita e lo consegna al capo della stazione nella quale si effettua la prima fermata del convoglio. Il capo della stazione lo trasmette all'ufficiale dello stato civile del luogo, per la trascrizione.

41. *Trascrizioni*. — 1. Per la trascrizione degli atti e dei processi verbali relativi a nascite avvenute durante un viaggio marittimo o aereo è competente l'ufficiale dello stato civile del luogo di primo approdo della nave o dell'aeromobile. Se tale luogo si trova all'estero si applica l'art. 15.

2. Di ogni documento trasmesso è fatta menzione negli archivi di cui all'art. 10.

42. *Riconoscimento di figli nati fuori del matrimonio* (1). — 1. Chi intende riconoscere un figlio nato fuori del matrimonio (2) davanti all'ufficiale dello stato civile deve dimostrare che nulla osta al riconoscimento ai sensi di legge. Se il riconoscimento è fatto con atto distinto, posteriore alla nascita, e questa è avvenuta in altro comune, l'ufficiale dello stato civile deve acquisire direttamente la relativa documentazione ai sensi dell'art. 21, comma 2.

2. Per gli atti di riconoscimento che riguardano figli nati da persone tra le quali esiste un vincolo di parentela in linea retta all'infinito o in linea collaterale nel secondo grado, ovvero un vincolo di affinità in linea retta, ai sensi dell'art. 251 del codice civile (3), deve essere prodotta copia del provvedimento di autorizzazione al riconoscimento.

43. *Annotazioni*. — 1. La dichiarazione di riconoscimento di un figlio nato fuori del matrimonio (4), fatta a norma dell'art. 254 del codice civile, è annotata nell'atto di nascita.

2. Se il riconoscimento riguarda un figlio nato fuori del comune in cui l'atto è ricevuto, l'ufficiale dello stato civile trasmette copia dell'atto di riconoscimento, ai fini dell'annotazione nell'atto di nascita, all'ufficiale dello stato civile del comune dove è stata dichiarata la nascita.

44. *Riconoscimento del nascituro*. — 1. Il riconoscimento di un figlio nascituro può essere fatto dal padre o contestualmente a quello della gestante o dopo il riconoscimento di quest'ultima e la prestazione del suo consenso, ai sensi dell'art. 250, terzo comma, del codice civile.

2. L'ufficiale dello stato civile che riceve una dichiarazione di riconoscimento di figlio nascituro, rilascia di ufficio a chi la effettua copia di tale dichiarazione.

45. *Altri casi di riconoscimento*. — 1. Il riconoscimento del figlio nato fuori del matrimonio (5) che non ha compiuto i quattordici (6) anni non può essere ricevuto dall'ufficiale dello stato civile in mancanza del consenso del genitore che lo ha riconosciuto per primo o della sentenza del tribunale per i minorenni che tiene luogo del consenso mancante. Il consenso può essere manifestato, anteriormente al riconoscimento, davanti ad un ufficiale dello stato civile o in un atto pubblico o in un testamento, qualunque sia la forma di questo, oppure può essere manifestato contestualmente al riconoscimento medesimo.

(1) Le parole «nati fuori del matrimonio» sono state così sostituite alla precedente «naturali» dall'art. 1.1, lett. f, n. 1, d.p.r. 30 gennaio 2015, n. 26.

(2) Le parole «nato fuori del matrimonio» sono state così sostituite alla precedente «naturale» dall'art. 1.1, lett. f, n. 2, d.p.r. 30 gennaio 2015, n. 26.

(3) Le parole da «nati da persone» fino a «civile» sono state così sostituite alla precedente «incestuosi» dall'art. 1.1, lett. f, n. 3, d.p.r. 30 gennaio 2015, n. 26.

(4) Le parole «nato fuori del matrimonio» sono state così sostituite alla precedente «naturale» dall'art. 1.1, lett. g, d.p.r. 30 gennaio 2015, n. 26.

(5) Le parole «nato fuori del matrimonio» sono state così sostituite alla precedente «naturale» dall'art. 1.1, lett. h, n. 1, d.p.r. 30 gennaio 2015, n. 26.

(6) La parola «quattordici» è stata così sostituita alla precedente «sedici» dall'art. 1.1, lett. h, n. 1, d.p.r. 30 gennaio 2015, n. 26.

2. Se il figlio ha compiuto i quattordici (1) anni, il riconoscimento è ricevuto dall'ufficiale dello stato civile ma non produce effetto senza l'assenso di cui al secondo comma dell'art. 250 del codice civile e di ciò si fa menzione nell'atto di riconoscimento. Se l'assenso è manifestato successivamente, di esso è fatta annotazione nell'atto di riconoscimento iscritto.

3. In caso di riconoscimento contenuto in un testamento, le disposizioni di cui ai commi 1 e 2 si applicano con riguardo al momento in cui si chiede l'annotazione del riconoscimento nell'atto di nascita.

46. *Adempimenti d'ufficio.* — 1. Il pubblico ufficiale che ha ricevuto una dichiarazione di riconoscimento di figlio nato fuori del matrimonio (2) deve, nei venti giorni successivi, inviarne copia all'ufficiale dello stato civile competente per l'annotazione.

2. Se la dichiarazione è contenuta in un testamento, la copia deve essere trasmessa dal notaio entro venti giorni dalla pubblicazione del testamento olografo o del testamento segreto, o dal passaggio del testamento pubblico dal fascicolo a repertorio speciale degli atti di ultima volontà a quello generale degli atti fra vivi.

3. L'annotazione può essere chiesta all'ufficiale dello stato civile da chiunque vi ha interesse.

4. Il giudice, nel caso previsto dall'art. 268 del codice civile, può ordinare che sia sospesa l'annotazione del riconoscimento impugnato. Può ordinare, altresì, che la domanda di impugnazione sia annotata nell'atto di nascita, quando vi è stato già annotato il riconoscimento.

5. Se la persona riconosciuta è sottoposta a tutela, l'ufficiale dello stato civile deve dare notizia al giudice tutelare, nel termine di dieci giorni, dell'avvenuta iscrizione o annotazione del riconoscimento.

47. *Adempimenti particolari.* — 1. In caso di riconoscimento di un figlio nato fuori del matrimonio (3), già riconosciuto dall'altro genitore, l'ufficiale dello stato civile deve darne notizia al genitore che per primo ha effettuato il riconoscimento e che non ha prestato il proprio consenso.

48. *Impugnazioni dell'atto di riconoscimento.* — 1. La sentenza passata in giudicato che accoglie l'impugnazione dell'atto di riconoscimento è comunicata, a cura del procuratore della Repubblica, o è notificata, a cura degli interessati, all'ufficiale dello stato civile che ne fa annotazione nell'atto di nascita.

2. Nel caso di rigetto dell'impugnazione, qualora questa sia stata annotata nell'atto di nascita, la sentenza è parimenti comunicata o notificata all'ufficiale dello stato civile affinché annoti, di seguito alle precedenti annotazioni, anche il rigetto dell'impugnazione.

3. La dichiarazione giudiziale di paternità o maternità [...] (4), dopo il passaggio in giudicato, è comunicata, a cura del procuratore della Repubblica, o è notificata dagli interessati, all'ufficiale dello stato civile che ne fa annotazione nell'atto di nascita.

49. *Annotazioni.* — 1. Negli atti di nascita si annotano:

a) i provvedimenti di adozione e di revoca;

b) i provvedimenti di revoca o di estinzione dell'affiliazione;

c) le comunicazioni di apertura e di chiusura della tutela, eccettuati i casi di interdizione legale;

d) i decreti di nomina e di revoca del tutore o del curatore provvisorio in pendenza del giudizio di interdizione o di inabilitazione;

e) le sentenze di interdizione o di inabilitazione e quelle di revoca;

f) gli atti di matrimonio e le sentenze dalle quali risulta l'esistenza del matrimonio, gli atti di costituzione dell'unione civile, iscritta anche ai sensi dell'art. 70-*octies*, comma 5, e le sentenze dalle quali risulta l'esistenza dell'unione civile (5);

g) le sentenze che pronunciano la nullità, lo scioglimento o la cessazione degli effetti civili del matrimonio e quelle che pronunciano la nullità o lo scioglimento dell'unione civile (6);

g-bis) gli accordi raggiunti a seguito di convenzione di negoziazione assistita da uno

(1) La parola «quattordici» è stata così sostituita alla precedente «sedici» dall'art. 1.1, lett. h, n. 2, d.p.r. 30 gennaio 2015, n. 26.

(2) Le parole «nato fuori del matrimonio» sono state così sostituite alla precedente «naturale» dall'art. 1.1, lett. i, d.p.r. 30 gennaio 2015, n. 26.

(3) Le parole «nato fuori del matrimonio» sono state così sostituite alla precedente «naturale» dall'art. 1.1, lett. l, d.p.r. 30 gennaio 2015, n. 26.

(4) La parola «naturale» è stata soppressa dall'art. 1.1, lett. m, d.p.r. 30 gennaio 2015, n. 26.

(5) Lettera così sostituita dall'art. 1.1, lett. i, n. 1, d.lg. 19 gennaio 2017, n. 5.

(6) Le parole «e quelle che pronunciano la nullità o lo scioglimento dell'unione civile» sono state aggiunte dall'art. 1.1, lett. i, n. 2, d.lg. 19 gennaio 2017, n. 5.

o più avvocati ovvero autorizzati, conclusi tra coniugi al fine di raggiungere una soluzione consensuale di cessazione degli effetti civili del matrimonio e di scioglimento del matrimonio e quelli conclusi tra le parti dell'unione civile al fine di raggiungere una soluzione consensuale di scioglimento dell'unione civile (1);

g-ter) gli accordi di scioglimento o di cessazione degli effetti civili del matrimonio e quelli di scioglimento dell'unione civile (2) ricevuti dall'ufficiale dello stato civile (3);

h) i provvedimenti della corte di appello previsti nell'art. 17 della l. 27 maggio 1929, n. 847, e le sentenze con le quali si pronuncia l'annullamento della trascrizione di un matrimonio celebrato dinanzi ad un ministro di culto;

i) gli atti e i provvedimenti riguardanti l'acquisto, la perdita, la rinuncia o il riacquisto della cittadinanza italiana;

j) le sentenze dichiarative di assenza o di morte presunta e quelle che, a termini dell'art. 67 del codice civile, dichiarano la esistenza delle persone di cui era stata dichiarata la morte presunta o ne accertano la morte;

k) gli atti di riconoscimento del figlio nato fuori del matrimonio (4), in qualunque forma effettuati;

l) le domande di impugnazione del riconoscimento, quando ne è ordinata l'annotazione, e le relative sentenze di rigetto;

m) le sentenze che pronunciano la nullità o l'annullamento dell'atto di riconoscimento;

n) .... (5);

o) le sentenze che dichiarano o disconoscono che il figlio è nato nel matrimonio (6);

p) i provvedimenti che determinano il cambiamento o la modifica del nome o del cognome relativi alla persona cui l'atto si riferisce; quelli che determinano il cambiamento o la modifica del cognome relativi alla persona da cui l'intestatario dell'atto ha derivato il cognome, salvi i casi in cui il predetto intestatario, se maggiorenne, si sia avvalso della facoltà di poter mantenere il cognome precedentemente posseduto;

q) le sentenze relative al diritto di uso di uno pseudonimo;

r) gli atti di morte;

s) i provvedimenti di rettificazione che riguardano l'atto già iscritto o trascritto nei registri.

2-3. .... (7).

4. Le annotazioni di cui al comma 1 (8) possono essere richieste, anche verbalmente, dagli interessati.

TITOLO VIII

Della celebrazione del matrimonio

CAPO I

Della richiesta di pubblicazione

50. *Richiesta presentata da procuratore speciale*. — 1. Se la richiesta della pubblicazione di matrimonio è fatta da persona che, a termini dell'art. 96 del codice civile ne ha avuto dagli sposi speciale incarico, questo deve risultare nei modi indicati nell'art. 12, comma 7. Quando l'incarico è stato conferito a chi esercita la responsabilità genitoriale (9) o la tutela, basta la semplice dichiarazione orale del richiedente di avere ricevuto l'incarico.

51. *Dichiarazioni*. — 1. Chi richiede la pubblicazione deve dichiarare il nome, il cognome, la data e il luogo di nascita, la cittadinanza degli sposi; il luogo di loro residenza, la loro libertà di stato; se tra gli sposi esiste un qualche impedimento di parentela, di affinità, di adozione o

(1) Lettera inserita dall'art. 6.5, lett. a, d.l. 12 settembre 2014, n. 132, conv. in l. 10 novembre 2014, n. 162. Le parole «e quelli conclusi tra le parti dell'unione civile al fine di raggiungere una soluzione consensuale di scioglimento dell'unione civile» sono state aggiunte successivamente dall'art. 1.1, lett. i, n. 3, d.lg. 19 gennaio 2017, n. 5.

(2) Le parole «e quelli di scioglimento dell'unione civile» sono state inserite dall'art. 1.1, lett. i, n. 4, d.lg. 19 gennaio 2017, n. 5.

(3) Lettera inserita dall'art. 12.5, lett. a, d.l. 12 settembre 2014, n. 132, conv. in l. 10 novembre 2014, n. 162. In base all'art. 12.7, d.l. cit., tali disposizioni «si applicano a decorrere dal trentesimo giorno successivo all'entrata in vigore della legge di conversione del presente decreto».

(4) Le parole «del figlio nato fuori del matrimonio» sono state così sostituite alle precedenti «di filiazione naturale» dall'art. 1.1, lett. n, n. 1, d.p.r. 30 gennaio 2015, n. 26.

(5) Lettera soppressa dall'art. 1.1, lett. n, n. 2, d.p.r. 30 gennaio 2015, n. 26.

(6) Le parole «che il figlio è nato nel matrimonio» sono state così sostituite alle precedenti «la filiazione legittima» dall'art. 1.1, lett. n, n. 3, d.p.r. 30 gennaio 2015, n. 26.

(7) Commi abrogati dall'art. 1.1, lett. n, n. 4, d.p.r. 30 gennaio 2015, n. 26.

(8) Le parole «al comma 1» sono state così sostituite alle precedenti «ai commi 1, 2 e 3» dall'art. 1.1, lett. n, n. 5, d.p.r. 30 gennaio 2015, n. 26.

(9) Le parole «responsabilità genitoriale» sono state così sostituite alla precedente «potestà» dall'art. 1.1, lett. o, d.p.r. 30 gennaio 2015, n. 26.

di affiliazione, a termini dell'art. 87 del codice civile, se gli sposi hanno già contratto precedente matrimonio; se alcuno degli sposi si trova nelle condizioni indicate negli artt. 85 e 88 del codice civile.

2. L'ufficiale dello stato civile deve verificare l'esattezza della dichiarazione di cui al comma 1 e può acquisire d'ufficio eventuali documenti che ritenga necessari per provare l'inesistenza di impedimenti alla celebrazione del matrimonio.

52. *Impedimenti.* — 1. Quando a contrarre matrimonio osta un impedimento per il quale è stata concessa autorizzazione, a termini delle disposizioni del codice civile, uno degli sposi deve presentare copia del relativo provvedimento.

2. Se si tratta di vedova o di donna nei cui confronti è stato dichiarato l'annullamento, lo scioglimento o la cessazione degli effetti civili del precedente matrimonio, l'ufficiale dello stato civile deve accertare se ricorrono le condizioni previste dall'art. 89 del codice civile.

53. *Casi particolari.* — 1. Se gli sposi risiedono in comuni diversi, l'ufficiale dello stato civile cui è stata chiesta la pubblicazione provvede a richiederla anche all'ufficiale dello stato civile del comune in cui risiede l'altro sposo.

2. Quando uno degli sposi ha la residenza all'estero, l'ufficiale dello stato civile cui ne è fatta richiesta in Italia fa eseguire la pubblicazione alla competente autorità diplomatica o consolare nei modi previsti dall'art. 11, comma 3, del d.p.r. 5 gennaio 1967, n. 200. Se invece la richiesta di pubblicazione viene fatta alla competente autorità diplomatica o consolare, quest'ultima la trasmette, in esenzione da ogni onere, all'ufficiale dello stato civile del comune di residenza attuale in Italia di uno degli sposi.

3. Nel caso previsto nel comma 2, il capo dell'ufficio diplomatico o consolare, una volta eseguita la pubblicazione, può richiedere la celebrazione del matrimonio all'ufficiale dello stato civile del comune, in Italia, nel quale gli sposi eventualmente intendano contrarre matrimonio, avvalendosi della facoltà di cui all'art. 109 del codice civile.

4. Gli uffici cui è richiesta la pubblicazione sono tenuti, quando questa è stata eseguita, a trasmettere senza indugio all'autorità richiedente il certificato di eseguita pubblicazione.

CAPO II

DELLA PUBBLICAZIONE

54. *Attività d'ufficio.* — 1. Ricevuta la richiesta della pubblicazione, l'ufficiale dello stato civile redige processo verbale in cui indica l'identità delle persone comparse, la richiesta a lui fatta, le dichiarazioni degli sposi o di chi li rappresenta, la documentazione acquisita, la durata della pubblicazione o se essa è stata abbreviata o dispensata. Provvede quindi, all'affissione con atto separato sul quale annota l'eventuale riduzione dei termini della pubblicazione.

2. Il processo verbale e l'atto affisso sono inseriti negli archivi di cui all'art. 10 con le modalità di cui all'art. 21, comma 1.

55. *Spazi per le pubblicazioni.* — 1. In ogni comune, presso la porta della casa comunale, deve essere destinato uno spazio ad uso esclusivo delle pubblicazioni di matrimonio. Sopra tale spazio deve essere scritta, in carattere ben visibile, l'indicazione «Pubblicazioni di matrimonio».

2. L'autorità comunale provvede affinché sia evitato che gli atti di pubblicazione esposti al pubblico siano dispersi o comunque deteriorati.

3. L'atto di pubblicazione resta affisso presso la porta della casa comunale almeno per otto giorni.

56. *Registrazioni.* — 1. I documenti che giustificano le enunciazioni contenute nel processo verbale di richiesta della pubblicazione sono registrati, celebrato il matrimonio, di seguito all'atto di matrimonio negli archivi di cui all'art. 10.

57. *Celebrazione del matrimonio.* — 1. Trascorsi i tre giorni successivi alla pubblicazione di cui all'art. 99 del codice civile senza che sia stata fatta alcuna opposizione, l'ufficiale dello stato civile può procedere alla celebrazione del matrimonio.

2. Fra i documenti registrati di seguito all'atto di matrimonio, l'ufficiale dello stato civile, che procede alla celebrazione o che richiede per questa altro ufficiale, inserisce negli archivi di cui all'art. 10 anche i certificati attestanti che la pubblicazione è stata eseguita e che non è stata notificata alcuna opposizione.

58. *Omissione della pubblicazione.* — 1. Quando è stata autorizzata l'omissione della pubblicazione, ai sensi dell'art. 100, primo comma, del codice civile, gli sposi, per essere ammessi alla celebrazione del matrimonio, devono presentare all'ufficiale dello stato civile il provvedimento di autorizzazione previsto dall'art. 52, comma 1, e rendere la dichiarazione di cui all'art. 51, comma 1.

CAPO III

DELLE OPPOSIZIONI

59. *Opposizione del pubblico ministero e di*

altri soggetti legittimati. — 1. L'ufficiale dello stato civile, se conosce che osta al matrimonio un impedimento che non è stato dichiarato, deve immediatamente informare il procuratore della Repubblica, affinché questi possa proporre opposizione al matrimonio.

2. L'atto di opposizione deve essere proposto con ricorso al presidente del tribunale del luogo dove è stata eseguita la pubblicazione che fissa con decreto la comparizione delle parti davanti al collegio per una data compresa tra i tre e i dieci giorni da quella di presentazione del ricorso e dispone che ricorso e decreto siano comunicati al procuratore della Repubblica e siano notificati, a cura del ricorrente, entro il giorno precedente a quello fissato per la comparizione, ai nubendi e all'ufficiale dello stato civile del comune nel quale il matrimonio deve essere celebrato o a quello che ha rilasciato l'autorizzazione o il nulla osta per la celebrazione del matrimonio davanti a un ministro di culto.

3. Il tribunale, sentite le parti ed acquisiti senza particolari formalità gli elementi del caso, decide con decreto motivato avente efficacia immediata, indipendentemente dall'eventuale reclamo.

4. Se l'opposizione è stata proposta da chi ne ha facoltà, per causa ammessa dalla legge, il presidente del tribunale può, con proprio decreto, ove ne sussista la opportunità, sospendere la celebrazione del matrimonio sino a che sia stata rimossa la opposizione.

60. *Termine per l'opposizione*. — 1. L'opposizione al matrimonio può essere sempre proposta prima che questo è celebrato, anche se è trascorso il termine durante il quale l'atto di pubblicazione deve rimanere affisso.

61. *Comunicazione dell'opposizione*. — 1. Nel caso di matrimonio da celebrare davanti a ministro di culto diverso da quello cattolico, l'ufficiale dello stato civile che riceve la notizia di una opposizione, dopo aver rilasciato l'autorizzazione o il nulla osta previsti dalla legge, ne dà immediata notizia al ministro medesimo.

2. Se il matrimonio è stato celebrato nonostante l'opposizione, l'ufficiale dello stato civile sospende la trascrizione del relativo atto fino a che non sia definito il procedimento di opposizione.

62. *Annotazione dell'opposizione*. — 1. Nel processo verbale di richiesta della pubblicazione deve essere annotato l'atto di opposizione.

2. Nello stesso verbale si deve altresì annotare il decreto che rigetta od accoglie l'opposizione o il provvedimento di estinzione del giudizio.

CAPO IV

DELLA REGISTRAZIONE RELATIVA AGLI ATTI DI MATRIMONIO E DI UNIONE CIVILE (1)

63. *Iscrizioni e trascrizioni*. — 1. Negli archivi di cui all'art. 10, l'ufficiale dello stato civile iscrive:

a) gli atti dei matrimoni celebrati davanti a lui e le unioni civili costituite davanti a lui e quelle di cui all'art. 70-*octies*, comma 5 (2);

b) gli atti dei matrimoni celebrati fuori dalla casa comunale a norma dell'art. 110 del codice civile e le unioni civili costituite fuori dalla casa comunale a norma dell'art. 70-*novies* (3);

c) gli atti dei matrimoni celebrati in caso di imminente pericolo di vita di uno degli sposi, ai sensi dell'art. 101 del codice civile, e le unioni civili costituite in imminente pericolo di vita di una delle parti a norma dell'art. 70-*decies* (4);

d) gli atti dei matrimoni celebrati per richiesta, ai sensi dell'art. 109 del codice civile e le unioni civili costituite per delega a norma dell'art. 70-*quater* (5);

e) gli atti dei matrimoni celebrati per procura;

f) gli atti dei matrimoni e di costituzione delle unioni civili (6) ai quali, per la particolarità del caso, non si adattano le formule stabilite;

g) le dichiarazioni con le quali i coniugi separati manifestano la loro riconciliazione, ai sensi dell'art. 157 del codice civile;

(1) Rubrica così sostituita alla precedente «Della registrazione relativa agli atti di matrimonio» dall'art. 1.1, lett. l, d.lg. 19 gennaio 2017, n. 5.

(2) Le parole «e le unioni civili costituite davanti a lui e quelle di cui all'art. 70-*octies*, comma 5» sono state aggiunte dall'art. 1.1, lett. m, n. 1.a, d.lg. 19 gennaio 2017, n. 5.

(3) Le parole «e le unioni civili costituite fuori dalla casa comunale a norma dell'art. 70-*novies*» sono state aggiunte dall'art. 1.1, lett. m, n. 1.b, d.lg. 19 gennaio 2017, n. 5.

(4) Le parole «, e le unioni civili costituite in imminente pericolo di vita di una delle parti a norma dell'art. 70-*decies*» sono state aggiunte dall'art. 1.1, lett. m, n. 1.c, d.lg. 19 gennaio 2017, n. 5.

(5) Le parole «e le unioni civili costituite per delega a norma dell'art. 70-*quater*» sono state inserite dall'art. 1.1, lett. m, n. 1.d, d.lg. 19 gennaio 2017, n. 5.

(6) Le parole «e di costituzione delle unioni civili» sono state inserite dall'art. 1.1, lett. m, n. 1.e, d.lg. 19 gennaio 2017, n. 5.

g-ter) gli accordi di separazione personale, di scioglimento o di cessazione degli effetti civili del matrimonio ricevuti dall'ufficiale dello stato civile, nonché di modifica delle condizioni di separazione o di divorzio (1);

g-quater) gli accordi di scioglimento dell'unione civile ricevuti dall'ufficiale dello stato civile, nonché di modifica delle condizioni di scioglimento (2);

g-quinquies) la manifestazione congiunta di volontà di scioglimento dell'unione civile, a norma dell'art. 1, comma 24, della l. 20 maggio 2016, n. 76 (3), ovvero la manifestazione di volontà di scioglimento dell'unione civile di una sola parte a norma della predetta disposizione, previamente comunicata all'altra parte mediante invio di lettera raccomandata con avviso di ricevimento alla residenza anagrafica o, in mancanza, all'ultimo indirizzo noto, ovvero con altra forma di comunicazione parimenti idonea (2);

g-sexies) la dichiarazione con la quale le parti, dopo la costituzione dell'unione civile, dichiarano di voler assumere, per la durata dell'unione civile, un cognome comune scegliendolo tra i loro cognomi o di anteporre o posporre al cognome comune il proprio cognome, se diverso (2).

2. Nei medesimi archivi l'ufficiale dello stato civile trascrive:

a) gli atti dei matrimoni celebrati nello stesso comune davanti ai ministri di culto;

b) gli atti dei matrimoni, celebrati ai sensi dell'art. 109 del codice civile, e delle unioni civili costituite per delega ai sensi dell'art. 70-*quater*, (4) trasmessi all'ufficiale dello stato civile dei comuni di residenza degli sposi;

b-bis) gli atti di costituzione di unione civile avvenuti in un comune scelto dalle parti, trasmessi all'ufficiale dello stato civile dei comuni di residenza delle parti (5);

c) gli atti dei matrimoni celebrati all'estero e le unioni civili costituite all'estero (6);

c-bis) gli atti dei matrimoni tra persone dello stesso sesso celebrati all'estero (7);

d) gli atti dei matrimoni celebrati o le unioni civili costituite (8) dinanzi all'autorità diplomatica o consolare straniera in Italia fra cittadini stranieri quando esistono convenzioni in materia;

e) gli atti e i processi verbali dei matrimoni celebrati in caso di imminente pericolo di vita di uno degli sposi e gli atti e i processi verbali di costituzione delle unioni civili avvenute in caso di imminente pericolo di vita di una delle parti dell'unione civile (9), a norma degli artt. 204, 208 e 834 del codice della navigazione;

f) le sentenze dalle quali risulta la esistenza del matrimonio o dell'unione civile (10);

g) le sentenze e gli altri atti con cui si pronuncia all'estero la nullità, lo scioglimento, la cessazione degli effetti civili di un matrimonio ovvero si rettifica in qualsiasi modo un atto di matrimonio già iscritto o trascritto negli archivi di cui all'art. 10;

g-bis) le sentenze e gli altri atti con cui si pronuncia all'estero la nullità, lo scioglimento di unioni civili ovvero si rettifica in qualsiasi modo un atto dell'unione civile già iscritto o trascritto negli archivi di cui all'art. 10 (11);

h) le sentenze della corte di appello previste dall'art. 17 della l. 27 maggio 1929, n. 847, e dall'art. 8, comma 2, dell'accordo del 18 febbraio 1984 tra la Repubblica italiana e la Santa Sede ratificato dalla l. 25 marzo 1985, n. 121;

h-bis) gli accordi raggiunti a seguito di convenzione di negoziazione assistita da uno o più avvocati conclusi tra coniugi al fine di raggiungere una soluzione consensuale di separazione personale, di cessazione degli effetti

(1) Lettera aggiunta dall'art. 12.5, lett. b, d.l. 12 settembre 2014, n. 132, conv. in l. 10 novembre 2014, n. 162. In base all'art. 12.7, d.l. cit., tali disposizioni «si applicano a decorrere dal trentesimo giorno successivo all'entrata in vigore della legge di conversione del presente decreto».

(2) Lettera aggiunta dall'art. 1.1, lett. m, n. 1.f, d.lg. 19 gennaio 2017, n. 5.

(3) In *Leggi coll. II, 11.*

(4) Le parole «e delle unioni civili costituite per delega ai sensi dell'art. 70-*quater*,» sono state inserite dall'art. 1.1, lett. m, n. 2.a, d.lg. 19 gennaio 2017, n. 5.

(5) Lettera inserita dall'art. 1.1, lett. m, n. 2.b, d.lg. 19 gennaio 2017, n. 5.

(6) Le parole «e le unioni civili costituite all'estero» sono state aggiunte dall'art. 1.1, lett. m, n. 2.c, d.lg. 19 gennaio 2017, n. 5.

(7) Lettera inserita dall'art. 1.1, lett. m, n. 2.d, d.lg. 19 gennaio 2017, n. 5.

(8) Le parole «o le unioni civili costituite» sono state inserite dall'art. 1.1, lett. m, n. 2.e, d.lg. 19 gennaio 2017, n. 5.

(9) Le parole «e gli atti e i processi verbali di costituzione delle unioni civili avvenute in caso di imminente pericolo di vita di una delle parti dell'unione civile» sono state inserite dall'art. 1.1, lett. m, n. 2.f, d.lg. 19 gennaio 2017, n. 5.

(10) Le parole «o dell'unione civile» sono state aggiunte dall'art. 1.1, lett. m, n. 2.g, d.lg. 19 gennaio 2017, n. 5.

(11) Lettera aggiunta dall'art. 1.1, lett. m, n. 2.h, d.lg. 19 gennaio 2017, n. 5.

civili del matrimonio, di scioglimento del matrimonio, nonché di modifica delle condizioni di separazione o di divorzio (1);

h-ter) gli accordi raggiunti a seguito di convenzione di negoziazione assistita da un avvocato, conclusi tra le parti dell'unione civile al fine di raggiungere una soluzione consensuale di scioglimento dell'unione civile, nonché di modifica delle condizioni dello scioglimento (2);

3. Gli atti indicati nelle lett. *a*) e *b*) del comma 2 devono essere trascritti per intero.

64. *Contenuto dell'atto di matrimonio*. — 1. L'atto di matrimonio deve specificamente indicare:

a) il nome e il cognome, il luogo e la data di nascita, la cittadinanza e la residenza degli sposi; il nome, il cognome, il luogo e la data di nascita e la residenza dei testimoni;

b) la data della eseguita pubblicazione o il decreto di autorizzazione alla omissione, salvo il caso di cui all'art. 101 del codice civile;

c) il decreto di autorizzazione quando ricorra alcuno degli impedimenti di legge, salvo il caso di cui all'art. 101 del codice civile;

d) la menzione dell'avvenuta lettura agli sposi degli artt. 143, 144 e 147 del codice civile;

e) la dichiarazione degli sposi di volersi prendere rispettivamente in marito e in moglie;

f) il luogo della celebrazione del matrimonio nei casi previsti dagli artt. 101 e 110 del codice civile, ed il motivo del trasferimento dell'ufficiale dello stato civile in detto luogo;

g) la dichiarazione fatta dall'ufficiale dello stato civile che gli sposi sono uniti in matrimonio.

2. Quando contemporaneamente alla celebrazione del matrimonio gli sposi dichiarano di riconoscere figli nati fuori del matrimonio (3), la dichiarazione è inserita nell'atto stesso di matrimonio. Ugualmente si provvede nel caso di scelta del regime di separazione dei beni o di scelta della legge applicabile ai loro rapporti patrimoniali ai sensi dell'art. 30, comma 1, della l. 31 maggio 1995, n. 218.

65. *Imminente pericolo di vita*. — 1. Se il matrimonio, nell'imminente pericolo di vita di uno degli sposi, è celebrato durante un viaggio marittimo o aereo, o se l'unione civile è costituita nell'imminente pericolo di vita di una delle parti, durante un viaggio marittimo o aereo (4), si osservano, rispettivamente, le disposizioni degli artt. 204, 205, 207, 208, 210 e 834 del codice della navigazione.

2. Per la trascrizione degli atti o dei processi verbali relativi a matrimoni celebrati o alla costituzione di unioni civili (5) nelle ipotesi previste nel comma 1 è competente l'ufficiale dello stato civile del comune di residenza degli sposi o delle parti dell'unione civile (6), al quale la capitaneria di porto o il comandante dell'aeroporto, se l'approdo o l'atterraggio avviene in Italia, o l'autorità diplomatica o consolare, se l'approdo o l'atterraggio avviene all'estero, trasmette copia dei relativi atti consegnati dal comandante della nave o dell'aereo.

66. *Casi particolari*. — 1. Nella ipotesi in cui lo sposo non conosce la lingua italiana nonché in quelle in cui è sordo, muto, o comunque impedito a comunicare, l'ufficiale dello stato civile celebra il matrimonio o con l'ausilio di un interprete o avvalendosi di mezzi idonei per rivolgere allo sposo le domande, riceverne le risposte e dargli comunicazione delle disposizioni contenute negli artt. 143, 144 e 147 del codice civile e della dichiarazione di unione degli sposi in matrimonio.

1-*bis*. Nella ipotesi in cui la parte dell'unione civile non conosce la lingua italiana nonché in quelle in cui è sorda, muta, o comunque impedita a comunicare, l'ufficiale dello stato civile costituisce l'unione civile o con l'ausilio di un interprete o avvalendosi di mezzi idonei per rivolgere alla parte le domande, riceverne le risposte e darle comunicazione delle disposizioni contenute nell'art. 1, commi 11 e 12, della l. 20 maggio 2016, n. 76 (7), e della dichiarazione di costituzione dell'unione civile tra le parti (8).

(1) Lettera aggiunta dall'art. 6.5, lett. b, d.l. 12 settembre 2014, n. 132, conv. in l. 10 novembre 2014, n. 162.

(2) Lettera aggiunta dall'art. 1.1, lett. m, n. 2.i, d.lg. 19 gennaio 2017, n. 5.

(3) Le parole «nati fuori del matrimonio» sono state così sostituite alla precedente «naturali» dall'art. 1.1, lett. p, d.p.r. 30 gennaio 2015, n. 26.

(4) Le parole «o se l'unione civile è costituita nell'imminente pericolo di vita di una delle parti, durante un viaggio marittimo o aereo,» sono state inserite dall'art. 1.1, lett. n, n. 1, d.lg. 19 gennaio 2017, n. 5.

(5) Le parole «o alla costituzione di unioni civili» sono state inserite dall'art. 1.1, lett. n, n. 2, d.lg. 19 gennaio 2017, n. 5.

(6) Le parole «o delle parti dell'unione civile,» sono state inserite dall'art. 1.1, lett. n, n. 2, d.lg. 19 gennaio 2017, n. 5.

(7) In *Leggi coll. II, 11.*

(8) Comma inserito dall'art. 1.1, lett. o, n. 1, d.lg. 19 gennaio 2017, n. 5.

2. Nei casi di cui ai commi 1 e 1-*bis* (1) l'ufficiale dello stato civile fa menzione nell'atto dei mezzi usati per la celebrazione del matrimonio e per la costituzione dell'unione civile (2).

67. *Matrimonio celebrato e unione civile costituita* (3) *da altro ufficiale*. — 1. L'ufficiale dello stato civile che, valendosi della facoltà concessa dall'art. 109 del codice civile o dall'art. 70-*quater* (4), richiede un altro ufficiale per la celebrazione del matrimonio o per la costituzione dell'unione civile (5) deve esprimere nella richiesta il motivo di necessità o di convenienza che lo ha indotto a fare la richiesta stessa.

2. I documenti sono tenuti dall'ufficiale richiedente per essere poi inseriti negli archivi di cui all'art. 10, con le modalità di cui all'art. 21, comma 1.

68. *Comunicazioni*. — 1. L'ufficiale dello stato civile che ha celebrato il matrimonio o costituito l'unione civile (6) deve darne prontamente avviso agli ufficiali dello stato civile dei comuni di nascita degli sposi e delle parti dell'unione civile (7) ai fini dell'annotazione sugli atti di nascita.

2. Se il matrimonio è stato celebrato o l'unione civile costituita (8) per delegazione, l'avviso è dato dall'ufficiale dello stato civile delegante, dopo aver ricevuto la copia dell'atto di matrimonio o di costituzione dell'unione civile (9) da quello delegato.

3. Uguale avviso deve essere dato:

a) dall'ufficiale dello stato civile che ha trascritto l'atto originale del matrimonio celebrato davanti a un ministro di culto;

b) dall'ufficiale dello stato civile che ha trascritto l'atto originale del matrimonio celebrato all'estero o della costituzione dell'unione civile avvenuta all'estero (10) ovvero una sentenza dalla quale risulta la esistenza, la nullità, lo scioglimento di un matrimonio o di una unione civile (11) o la cessazione degli effetti civili di un matrimonio.

4. L'ufficiale dello stato civile del comune che ha ricevuto l'avviso provvede per le relative annotazioni.

69. *Annotazioni*. — 1. Negli atti di matrimonio si fa annotazione:

a) della trasmissione al ministro di culto della comunicazione dell'avvenuta trascrizione dell'atto di matrimonio da lui celebrato;

b) delle convenzioni matrimoniali, delle relative modificazioni, delle sentenze di omologazione di cui all'art. 163 del codice civile, delle sentenze di separazione giudiziale dei beni di cui all'art. 193 del codice civile, e della scelta della legge applicabile ai loro rapporti patrimoniali ai sensi dell'art. 30, comma 1, della l. 31 maggio 1995, n. 218;

c) dei ricorsi per lo scioglimento o la cessazione degli effetti civili del matrimonio, e delle relative pronunce;

d) delle sentenze, anche straniere, di scioglimento o di cessazione degli effetti civili del matrimonio; di quelle che dichiarano efficace nello Stato la pronuncia straniera di nullità o di scioglimento del matrimonio; di quelle che dichiarano efficace nello Stato la pronuncia dell'autorità ecclesiastica di nullità del matrimonio; e di quelle che pronunciano la separazione personale dei coniugi o l'omologazione di quella consensuale;

d-bis) degli accordi raggiunti a seguito di convenzione di negoziazione assistita da uno o più avvocati ovvero autorizzati, conclusi tra coniugi al fine di raggiungere una soluzione consensuale di separazione personale, di cessazione degli effetti civili del matrimonio, di scioglimento del matrimonio (12);

d-ter) degli accordi di separazione perso-

(1) Le parole «di cui ai commi 1 e 1-*bis*» sono state così sostituite alle precedenti «di cui al comma 1» dall'art. 1.1, lett. o, n. 2, d.lg. 19 gennaio 2017, n. 5.

(2) Le parole «e per la costituzione dell'unione civile» sono state aggiunte dall'art. 1.1, lett. o, n. 2, d.lg. 19 gennaio 2017, n. 5.

(3) Le parole «e unione civile costituita» sono state inserite dall'art. 1.1, lett. p, n. 1, d.lg. 19 gennaio 2017, n. 5.

(4) Le parole «o dall'art. 70-*quater*» sono state inserite dall'art. 1.1, lett. p, n. 2, d.lg. 19 gennaio 2017, n. 5.

(5) Le parole «o per la costituzione dell'unione civile» sono state inserite dall'art. 1.1, lett. p, n. 2, d.lg. 19 gennaio 2017, n. 5.

(6) Le parole «o costituito l'unione civile» sono state inserite dall'art. 1.1, lett. q, n. 1, d.lg. 19 gennaio 2017, n. 5.

(7) Le parole «e delle parti dell'unione civile» sono state inserite dall'art. 1.1, lett. q, n. 1, d.lg. 19 gennaio 2017, n. 5.

(8) Le parole «o l'unione civile costituita» sono state inserite dall'art. 1.1, lett. q, n. 2, d.lg. 19 gennaio 2017, n. 5.

(9) Le parole «o di costituzione dell'unione civile» sono state inserite dall'art. 1.1, lett. q, n. 2, d.lg. 19 gennaio 2017, n. 5.

(10) Le parole «o della costituzione dell'unione civile avvenuta all'estero» sono state inserite dall'art. 1.1, lett. q, n. 3, d.lg. 19 gennaio 2017, n. 5.

(11) Le parole «di un matrimonio o di una unione civile» sono state inserite dall'art. 1.1, lett. q, n. 3, d.lg. 19 gennaio 2017, n. 5.

(12) Lettera inserita dall'art. 6.5, lett. c, d.l. 12 settembre 2014, n. 132, conv. in l. 10 novembre 2014, n. 162.

nale, di scioglimento o di cessazione degli effetti civili del matrimonio ricevuti dall'ufficiale dello stato civile (1);

e) delle sentenze con le quali si pronuncia l'annullamento della trascrizione dell'atto di matrimonio;

f) delle dichiarazioni con le quali i coniugi separati manifestano la loro riconciliazione;

g) delle sentenze dichiarative di assenza o di morte presunta di uno degli sposi e di quelle che dichiarano l'esistenza dello sposo di cui era stata dichiarata la morte presunta o ne accertano la morte;

h) dei provvedimenti che determinano il cambiamento o la modificazione del cognome o del nome o di entrambi e dei provvedimenti di revoca relativi ad uno degli sposi;

i) dei provvedimenti di rettificazione;

i-bis) della costituzione dell'unione civile iscritta ai sensi dell'a rt. 70-*octies*, comma 5 (2).

1-*bis*. Negli atti di costituzione dell'unione civile si fa annotazione:

a) delle convenzioni patrimoniali, delle relative modificazioni, delle sentenze di omologazione di cui all'art. 163 del codice civile, delle sentenze di separazione giudiziale dei beni di cui all'art. 193 del codice civile, e della scelta della legge applicabile ai loro rapporti patrimoniali operata in base alle vigenti norme di diritto internazionale privato;

b) della dichiarazione contenente la manifestazione di volontà di scioglimento dell'unione civile resa ai sensi dell'art. 1, comma 24, della l. 20 maggio 2016, n. 76 (3);

c) delle sentenze, anche straniere, di scioglimento dell'unione civile; di quelle che dichiarano efficace nello Stato la pronuncia straniera di nullità o di scioglimento dell'unione civile;

d) degli accordi raggiunti a seguito di convenzione di negoziazione assistita da uno o più avvocati, conclusi tra le parti al fine di raggiungere una soluzione consensuale di scioglimento dell'unione civile;

e) degli accordi di scioglimento dell'unione civile ricevuti dall'ufficiale dello stato civile;

f) delle sentenze con le quali si pronuncia l'annullamento della trascrizione dell'atto di costituzione dell'unione civile;

g) delle sentenze dichiarative di assenza o di morte presunta di una delle parti dell'unione civile e di quelle che dichiarano l'esistenza della parte di cui era stata dichiarata la morte presunta o ne accertano la morte;

h) dei provvedimenti che determinano il cambiamento o la modificazione del cognome o del nome o di entrambi e dei provvedimenti di revoca relativi ad una delle parti dell'unione civile;

i) dei provvedimenti di rettificazione (4).

70. *Fascia tricolore*. — 1. L'ufficiale dello stato civile, nel celebrare il matrimonio e nel costituire l'unione civile (5), deve indossare la fascia tricolore di cui all'art. 50, comma 12, del d.lg. 18 agosto 2000, n. 267, da portarsi a tracolla.

TITOLO VIII-*bis*

Della richiesta e della costituzione dell'unione civile (6)

70-*bis*. *Richiesta di costituzione dell'unione civile*. — 1. La richiesta di costituzione dell'unione civile è presentata all'ufficio dello stato civile del comune scelto dalle parti. Chi richiede la costituzione dell'unione civile deve dichiarare il nome e il cognome, la data e il luogo di nascita, la cittadinanza e il luogo di residenza delle parti dell'unione civile, nonché l'insussistenza delle cause impeditive alla costituzione dell'unione di cui all'art. 1, comma 4, della l. 20 maggio 2016, n. 76 (3).

2. L'ufficiale dello stato civile deve verificare l'esattezza della dichiarazione di cui al comma 1 e può acquisire d'ufficio eventuali documenti che ritenga necessari per provare l'inesistenza di impedimenti alla costituzione dell'unione civile.

3. Ricevuta la richiesta di costituzione dell'unione civile, l'ufficiale dello stato civile redige processo verbale in cui indica l'identità delle persone comparse, la richiesta a lui fatta, le dichiarazioni delle parti o di chi le rappresenta, e lo sottoscrive unitamente ai richiedenti

4. La richiesta di costituzione dell'unione civile può essere fatta anche all'ufficiale dello

(1) Lettera inserita dall'art. 12.5, lett. c, d.l. 12 settembre 2014, n. 132, conv. in l. 10 novembre 2014, n. 162. In base all'art. 12.7, d.l. cit., tali disposizioni «si applicano a decorrere dal trentesimo giorno successivo all'entrata in vigore della legge di conversione del presente decreto».
(2) Lettera aggiunta dall'art. 1.1, lett. r.a, d.lg. 19 gennaio 2017, n. 5.
(3) In *Leggi coll. II, 11*.
(4) Comma inserito dall'art. 1.1, lett. r.b, d.lg. 19 gennaio 2017, n. 5.
(5) Le parole «e nel costituire l'unione civile» sono state inserite dall'art. 1.1, lett. s, d.lg. 19 gennaio 2017, n. 5.
(6) Titolo inserito dall'art. 1.1, lett. t, d.lg. 19 gennaio 2017, n. 5.

stato civile del comune di scelta delle parti da persona che ne ha avuto dalle stesse speciale incarico nei modi indicati dall'art. 12, comma 7.

70-*ter*. *Verifiche*. — 1. Le verifiche di cui all'art. 70-*bis*, comma 2, devono essere effettuate entro trenta giorni dalla redazione del processo verbale. Da tale data, o anche da data antecedente, se le verifiche sono completate prima e l'ufficiale dello stato civile ne ha dato obbligatoria comunicazione ai richiedenti, le parti possono presentarsi all'ufficiale dello stato civile per costituire l'unione civile.

2. Quando è accertata l'insussistenza dei presupposti o la sussistenza di un impedimento, l'ufficiale dello stato civile ne dà comunicazione alle parti e non procede alla costituzione dell'unione civile.

3. I documenti presentati o acquisiti sono registrati, dopo la costituzione dell'unione civile, negli archivi di cui all'art. 10.

4. Quando la costituzione dell'unione civile non avviene nei centottanta giorni successivi al termine o alla comunicazione di cui al comma 1, la richiesta delle parti e le verifiche dell'ufficiale dello stato civile si considerano come non avvenute.

70-*quater*. *Costituzione dell'unione civile per delega*. — 1. Quando vi è necessità o convenienza di costituire l'unione civile in un comune diverso da quello in cui è stata presentata la richiesta, l'ufficiale dello stato civile, completate le verifiche di cui all'art. 70-*bis*, su istanza delle parti, delega per iscritto l'ufficiale dello stato civile del comune dalle stesse indicato.

70-*quinquies*. *Impedimenti*. — 1. Quando a costituire l'unione civile osta un impedimento per il quale è stata concessa autorizzazione a termini delle disposizioni del codice civile, una delle parti dell'unione civile deve presentare copia del relativo provvedimento.

70-*sexies*. *Casi particolari*. — 1. Quando una delle parti che chiede la costituzione dell'unione civile è un cittadino italiano residente all'estero, l'ufficiale dello stato civile al quale è fatta richiesta effettua le verifiche di cui all'art. 70-*bis*, anche presso il competente ufficio consolare. Se invece la richiesta di costituzione dell'unione civile viene fatta all'autorità consolare, quest'ultima effettua le verifiche di cui all'art. 70-*bis* tramite l'ufficiale dello stato civile del comune di iscrizione anagrafica.

70-*septies*. *Registrazioni*. — 1. I documenti che giustificano le enunciazioni contenute nel processo verbale di richiesta di costituzione dell'unione civile sono registrati, costituita l'unione civile, di seguito all'atto di costituzione dell'unione civile negli archivi di cui all'art. 10.

70-*octies*. *Costituzione dell'unione civile*. — 1. Trascorso il termine previsto dall'art. 70-*ter*, comma 1, l'ufficiale dello stato civile può procedere alla costituzione dell'unione civile.

2. Le parti, nel giorno prescelto, si presentano e rendono personalmente e congiuntamente, alla presenza di due testimoni, all'ufficiale dello stato civile del comune dove è stata presentata la richiesta, la dichiarazione di voler costituire unione civile.

3. Le parti possono dichiarare di assumere, per la durata dell'unione civile, un cognome comune scegliendolo tra i loro cognomi. La parte può anteporre o posporre al cognome comune il proprio cognome, se diverso, facendone dichiarazione all'ufficiale dello stato civile. Possono inoltre dichiarare di scegliere il regime della separazione dei beni nei loro rapporti patrimoniali.

4. L'ufficiale dello stato civile, ricevuta la dichiarazione di cui al comma 2, fatta menzione del contenuto dei commi 11 e 12 dell'art. 1 della l. 20 maggio 2016, n. 76 (1), iscrive l'atto di costituzione dell'unione civile nel registro delle unioni civili. Tale atto, dopo essere stato letto agli intervenuti, è sottoscritto dalle parti, dai testimoni e dall'ufficiale dello stato civile.

5. Nell'ipotesi di cui all'art. 31, comma 4-*bis*, del d.lg. 1° settembre 2011, n. 150, l'ufficiale dello stato civile del comune di celebrazione del matrimonio o di trascrizione se avvenuto all'estero, ricevuta la comunicazione della sentenza di rettificazione di attribuzione di sesso, procede all'iscrizione dell'unione civile nel registro delle unioni civili con le eventuali annotazioni relative alla scelta del cognome ed al regime patrimoniale.

70-*novies*. *Costituzione dell'unione civile fuori della casa comunale*. — 1. Se una delle parti dell'unione civile, per infermità o per altro impedimento giustificato all'ufficio dello stato civile, è nell'impossibilità di recarsi alla casa comunale, l'ufficiale si trasferisce col segretario nel luogo in cui si trova la parte impedita e, ivi, alla presenza di due testimoni, procede alla costituzione dell'unione civile.

70-*decies*. *Costituzione dell'unione civile in imminente pericolo di vita*. — 1. Nel caso di imminente pericolo di vita di una delle parti, l'ufficiale di stato civile del luogo può procedere alla costituzione senza le verifiche di cui all'art. 70-*bis*, comma 2, purché le parti prima giurino che non esistono tra loro impedimenti.

(1) In *Leggi coll. II, 11*.

2. L'ufficiale dello stato civile dichiara nell'atto di costituzione dell'unione il modo con cui ha accertato l'imminente pericolo di vita e procede secondo le modalità di cui all'art. 70-*novies*.

70-*undecies*. *Opposizione del pubblico ministero*. — 1. L'ufficiale dello stato civile, se conosce che osta alla costituzione dell'unione civile un impedimento che non è stato dichiarato, deve immediatamente informare il procuratore della Repubblica, affinché questi possa proporre opposizione alla costituzione dell'unione civile.

2. L'atto di opposizione deve essere proposto con ricorso al presidente del tribunale del luogo dove è stata richiesta la costituzione dell'unione civile che fissa con decreto la comparizione delle parti davanti al collegio per una data compresa tra i tre e i dieci giorni da quella di presentazione del ricorso e dispone che ricorso e decreto siano comunicati al procuratore della Repubblica e siano notificati, a cura del ricorrente, entro il giorno precedente a quello fissato per la comparizione, alle parti dell'unione civile e all'ufficiale dello stato civile del comune nel quale deve essere costituita l'unione civile.

3. Il tribunale, sentite le parti ed acquisiti senza particolari formalità gli elementi del caso, decide con decreto motivato avente efficacia immediata, indipendentemente dall'eventuale reclamo.

4. Se l'opposizione è stata proposta da chi ne ha facoltà, per causa ammessa dalla legge, il presidente del tribunale può, con proprio decreto, ove ne sussista la opportunità, sospendere la costituzione dell'unione civile sino a che sia stata rimossa la opposizione.

70-*duodecies*. *Termine per l'opposizione*. — 1. L'opposizione all'unione civile può essere sempre proposta prima della sua costituzione.

70-*terdecies*. *Annotazione dell'opposizione*. — 1. Nel processo verbale di richiesta di costituzione della unione civile deve essere annotato l'atto di opposizione.

2. Nello stesso verbale si deve altresì annotare il decreto che rigetta od accoglie l'opposizione o il provvedimento di estinzione del giudizio.

70-*quaterdecies*. *Contenuto dell'atto di costituzione dell'unione civile*. — 1. L'atto di costituzione dell'unione civile deve specificamente indicare:

a) il nome e il cognome, il luogo e la data di nascita, la cittadinanza e la residenza delle parti dell'unione civile; il nome, il cognome, il luogo e la data di nascita e la residenza dei testimoni;

b) la data della richiesta di costituzione dell'unione civile, salvo il caso di cui all'art. 70-*decies*;

c) il decreto di autorizzazione quando ricorre alcuno degli impedimenti di legge, salvo il caso di cui all'art. 70-*decies*;

d) la menzione dell'avvenuta lettura del contenuto dell'art. 1, commi 11 e 12 della l. 20 maggio 2016, n. 76 (1);

e) la dichiarazione delle parti di voler costituire l'unione civile;

f) il luogo della costituzione dell'unione civile nel caso di imminente pericolo di vita e di costituzione fuori della casa comunale ed il motivo del trasferimento dell'ufficiale dello stato civile in detto luogo.

2. Quando contemporaneamente alla costituzione dell'unione civile le parti dichiarano di scegliere il cognome comune, a norma dell'art. 1, comma 10, della l. 20 maggio 2016, n. 76 (1), la dichiarazione è inserita nell'atto stesso di costituzione dell'unione civile. Ugualmente si provvede nel caso di scelta del regime di separazione dei beni o di scelta della legge applicabile ai loro rapporti patrimoniali operata in base alle vigenti norme di diritto internazionale privato.

70-*quinquiesdecies*. *Certificazione dell'unione civile*. — 1. La certificazione dell'unione civile riporta i dati anagrafici delle parti, l'indicazione del regime patrimoniale e della residenza, oltre ai dati anagrafici ed alla residenza dei testimoni.

2. Nei documenti e atti in cui è prevista l'indicazione dello stato civile, per le parti dell'unione civile sono riportate le seguenti formule: «unito civilmente» o «unita civilmente».

TITOLO IX

Delle registrazioni degli atti di morte

71. *Iscrizioni e trascrizioni*. — 1. Negli archivi di cui all'art. 10, si iscrivono:

a) le dichiarazioni di morte che sono fatte direttamente all'ufficiale dello stato civile;

b) gli atti di morte che l'ufficiale dello stato civile forma in seguito ad avviso, notizia e denuncia avuti da ospedali, da case di cura o di riposo, da collegi, da istituti o da qualsiasi altro stabilimento, da magistrati o da ufficiali di polizia giudiziaria;

c) gli atti di morte ai quali, per la partico-

(1) In *Leggi coll. II, 11*.

larità del caso, non si adattano le formule predisposte;

d) gli atti formati ai sensi degli artt. 75 e 78.

2. Nei medesimi archivi si trascrivono:

a) gli atti di morte ricevuti dall'estero;

b) gli atti e i processi verbali relativi a morti avvenute durante un viaggio marittimo, aereo o ferroviario;

c) gli atti di morte, compilati dagli ufficiali designati nelle zone di operazioni eseguite come forze di pace o di guerra.

72. *Dichiarazione di morte*. — 1. La dichiarazione di morte è fatta non oltre le ventiquattro ore dal decesso all'ufficiale dello stato civile del luogo dove questa è avvenuta o, nel caso in cui tale luogo si ignori, del luogo dove il cadavere è stato deposto.

2. La dichiarazione è fatta da uno dei congiunti o da una persona convivente con il defunto o da un loro delegato o, in mancanza, da persona informata del decesso.

3. In caso di morte in un ospedale, casa di cura o di riposo, collegio, istituto o qualsiasi altro stabilimento, il direttore o chi ne è stato delegato dall'amministrazione deve trasmettere avviso della morte, nel termine fissato dal comma 1, all'ufficiale dello stato civile, con le indicazioni stabilite nell'art. 73.

73. *Atto di morte*. — 1. L'atto di morte deve enunciare il luogo, il giorno e l'ora della morte, il nome e il cognome, il luogo e la data di nascita, la residenza e la cittadinanza del defunto, il nome e il cognome del coniuge o della parte a lui unita civilmente (1), se il defunto era coniugato, vedovo o divorziato unito civilmente o se l'unione civile si era in precedenza sciolta per una delle cause di cui all'art. 1, commi da 22 a 26, della l. 20 maggio 2016, n. 76 (2) (3); il nome e il cognome, il luogo e la data di nascita e la residenza del dichiarante. Se taluna delle anzidette indicazioni non è nota, ma il cadavere è stato tuttavia riconosciuto, l'ufficiale dello stato civile fa di ciò espressa menzione nell'atto.

2. In qualunque caso di morte violenta o avvenuta in un istituto di prevenzione o di pena non si fa menzione nell'atto di tali circostanze.

74. *Inumazione, tumulazione e cremazione*. — 1. Non si può far luogo ad inumazione o tumulazione di un cadavere senza la preventiva autorizzazione dell'ufficiale dello stato civile, da rilasciare in carta semplice e senza spesa.

2. L'ufficiale dello stato civile non può accordare l'autorizzazione se non sono trascorse ventiquattro ore dalla morte, salvi i casi espressi nei regolamenti speciali, e dopo che egli si è accertato della morte medesima per mezzo di un medico necroscopo o di un altro delegato sanitario; questi deve rilasciare un certificato scritto della visita fatta nel quale, se del caso, deve indicare la esistenza di indizi di morte dipendente da reato o di morte violenta. Il certificato è annotato negli archivi di cui all'art. 10.

3. In caso di cremazione si applicano le disposizioni di cui agli artt. 79 e seguenti del d.p.r. 10 settembre 1990, n. 285.

75. *Inumazioni, tumulazioni e cremazioni senza autorizzazione*. — 1. Chi ha notizia che un cadavere è stato inumato o tumulato senza l'autorizzazione dell'ufficiale dello stato civile, o è stato cremato senza l'autorizzazione del sindaco, ne deve riferire immediatamente al procuratore della Repubblica; questi, a sua volta, dà immediata comunicazione del fatto all'ufficiale dello stato civile se non è stato costui a riferirgliene. Se l'atto di morte non è stato già formato, l'ufficiale dello stato civile lo redige esclusivamente in conformità agli elementi contenuti nel decreto del tribunale dato con il procedimento di rettificazione, su istanza di persona interessata o del procuratore della Repubblica. Il decreto deve essere menzionato nell'atto e inserito negli archivi di cui all'art. 10.

76. *Denuncia di ipotesi di reato*. — 1. L'ufficiale dello stato civile che, nell'accertare la morte di una persona ai fini dell'autorizzazione alla inumazione o alla tumulazione, o il sindaco che, ai fini dell'autorizzazione alla cremazione, rilevi qualche indizio di morte dipendente da reato, o ne abbia comunque conoscenza, deve farne immediata denuncia al procuratore della Repubblica dando, intanto, se occorre, le disposizioni necessarie affinché il cadavere non sia rimosso dal luogo in cui si trova.

77. *Accertamenti legali*. — 1. Quando risultano segni o indizi di morte violenta, o vi è ragione di sospettarla per altre circostanze, non si può inumare, tumulare o cremare il cadavere se non dopo che il magistrato o l'ufficiale di polizia giudiziaria, assistito da un medico, ha redatto il processo verbale sullo stato del cadavere, sulle circostanze relative alla morte e sulle notizie che ha potuto raccogliere circa il nome e il cognome, il luogo e la data di nascita e la residenza del defunto.

(1) Le parole «o della parte a lui unita civilmente» sono state inserite dall'art. 1.1, lett. u, d.lg. 19 gennaio 2017, n. 5.

(2) In *Leggi coll. II, 11.*

(3) Le parole «unito civilmente o se l'unione civile si era in precedenza sciolta per una delle cause di cui all'art. 1, commi da 22 a 26, della l. 20 maggio 2016, n. 76» sono state inserite dall'art. 1.1, lett. u, d.lg. 19 gennaio 2017, n. 5.

2. Il magistrato o l'ufficiale di polizia giudiziaria deve prontamente dare all'ufficiale dello stato civile del luogo dove è morta la persona e, quando questo non è noto, del luogo dove il cadavere è stato deposto, le notizie necessarie alla formazione dell'atto di morte.

78. *Irreperibilità o irriconoscibilità di cadavere.* — 1. Nel caso di morte di una o più persone senza che sia possibile rinvenirne o riconoscerne i cadaveri, il procuratore della Repubblica redige processo verbale dell'accaduto.

2. L'atto di morte viene formato con la procedura di rettificazione sulla base del decreto emesso dal tribunale.

3. La relativa azione è promossa dal procuratore della Repubblica.

79. *Morte in viaggio marittimo o aereo.* — 1. Se la morte avviene durante un viaggio marittimo, si osservano le disposizioni degli artt. 203 e 212 del codice della navigazione o, in caso si tratti di navi militari, quelle del relativo regolamento per il servizio di bordo, in quanto compatibili con il presente regolamento.

2. Se la morte avviene durante un viaggio aereo, si osservano le disposizioni degli artt. 835 e 838 del codice della navigazione, in quanto compatibili con il presente regolamento.

3. Per la trascrizione degli atti e dei processi verbali relativi a morti avvenute durante un viaggio marittimo o aereo, è competente l'ufficiale dello stato civile del luogo di primo approdo della nave o dell'aeromobile o, in caso di naufragio della nave o di perdita dell'aeromobile, del luogo in cui vengono formati i processi verbali di scomparsa; se tale luogo si trova in Paese estero, le autorità diplomatiche o consolari devono trasmettere all'ufficiale dello stato civile competente, ai sensi dell'art. 17, copia degli atti formati o acquisiti.

4. L'estratto delle annotazioni fatte nel giornale generale e di contabilità di cui agli artt. 205, secondo comma, e 207 del codice della navigazione, e ogni altro documento trasmesso, sono annotati negli archivi di cui all'art. 10.

80. *Morte in viaggio per ferrovia.* — 1. Se la morte avviene durante un viaggio ferroviario, il capo del convoglio redige un processo verbale con le dichiarazioni stabilite nel presente titolo e lo consegna al capo della stazione nella quale si effettua la prima fermata del convoglio; il capo della stazione lo trasmette all'ufficiale dello stato civile del luogo, competente per la sua trascrizione.

81. *Annotazioni.* — 1. L'ufficiale dello stato civile che registra l'atto di morte, lo annota su quello di nascita del defunto. Se la nascita è avvenuta in altro comune o il defunto risiedeva altrove al momento della morte, egli deve dare prontamente comunicazione della morte agli ufficiali dello stato civile del luogo di nascita e di quello di residenza del defunto, che devono provvedere rispettivamente all'annotazione o alla trascrizione del relativo atto.

2. Negli atti di morte si annotano i decreti di rettificazione ad essi relativi e l'intervenuto riconoscimento o la legittimazione del defunto, ai sensi degli artt. 255 e 282 del codice civile, nonché le sentenze che, ai sensi dell'art. 67 del codice civile, dichiarano la esistenza delle persone di cui era stata dichiarata la morte presunta o ne accertano la morte.

82. *Comunicazione al giudice tutelare.* — 1. L'ufficiale dello stato civile che ha formato o trascritto l'atto di morte, entro dieci giorni dalla formazione dell'atto, deve dare notizia al giudice tutelare della morte di persona che ha lasciato figli in età minore, ai sensi dell'art. 345, primo comma, del codice civile.

83. *Morte dello straniero.* — 1. Nel caso di morte di cittadino straniero nello Stato, l'ufficiale dello stato civile spedisce sollecitamente copia dell'atto di morte al Ministero degli affari esteri per la trasmissione all'autorità diplomatica o consolare dello Stato di cui il defunto era cittadino.

TITOLO X

Dei cambiamenti e delle modificazioni del nome e del cognome

84-88. .... (1).

89. *Modificazioni del nome o del cognome.* — 1. Salvo quanto disposto per le rettificazioni, chiunque vuole cambiare il nome o aggiungere al proprio un altro nome ovvero vuole cambiare il cognome, anche perché ridicolo o vergognoso o perché rivela l'origine naturale o aggiungere al proprio un altro cognome, deve farne domanda al prefetto della provincia del luogo di residenza o di quello nella cui circoscrizione è situato l'ufficio dello stato civile dove si trova l'atto di nascita al quale la richiesta si riferisce. Nella domanda l'istante deve esporre le ragioni a fondamento della richiesta (2).

2. Nella domanda si deve indicare la modificazione che si vuole apportare al nome o al

(1) Articoli abrogati dall'art. 6, d.p.r. 13 marzo 2012, n. 54.
(2) Comma così sostituito dall'art. 2, d.p.r. 13 marzo 2012, n. 54.

cognome oppure il nome o il cognome che si intende assumere.

3. In nessun caso può essere richiesta l'attribuzione di cognomi di importanza storica o comunque tali da indurre in errore circa l'appartenenza del richiedente a famiglie illustri o particolarmente note nel luogo in cui si trova l'atto di nascita del richiedente o nel luogo di sua residenza (1).

90. *Affissione*. — 1. Il prefetto, assunte informazioni sulla domanda, se la ritiene meritevole di essere presa in considerazione, autorizza con suo decreto il richiedente a fare affiggere all'albo pretorio del comune di nascita e di attuale residenza del medesimo richiedente un avviso contenente il sunto della domanda. L'affissione deve avere la durata di giorni trenta consecutivi e deve risultare dalla relazione fatta dal responsabile in calce all'avviso.

1-*bis*. Il decreto di autorizzazione della pubblicazione può stabilire che il richiedente notifichi a determinate persone il sunto della domanda (2) (3).

91. *Opposizione*. — 1. Chiunque ne abbia interesse può fare opposizione alla domanda entro il termine di trenta giorni dalla data dell'ultima affissione ovvero dalla data dell'ultima notificazione alle persone interessate, effettuata ai sensi dell'art. 90. L'opposizione si propone con atto notificato al prefetto (4) (3).

92. *Decreto di concessione del prefetto*. — 1. Trascorso il termine di cui all'art. 91, il richiedente presenta al prefetto un esemplare dell'avviso con la relazione attestante l'eseguita affissione e la sua durata nonché la documentazione comprovante le avvenute notificazioni, ove prescritte.

2. Il prefetto, accertata la regolarità delle affissioni e delle notificazioni e vagliate le eventuali opposizioni, provvede sulla domanda con decreto.

3. Il decreto di concessione di cui al comma 2, nei casi in cui vi è stata opposizione, deve essere notificato, a cura del richiedente, agli opponenti (5) (3).

93. *Esenzione fiscale*. — 1. In tutti i casi di cambiamento di nomi e cognomi perché ridicoli o vergognosi o perché rivelanti origine naturale, le domande e i provvedimenti contemplati in questo capo, le copie relative, gli scritti e i documenti eventualmente prodotti dall'interessato sono esenti da ogni tassa.

94. *Annotazioni ed altre formalità*. — 1. I decreti che autorizzano il cambiamento o la modificazione del nome o del cognome devono essere annotati, su richiesta degli interessati, nell'atto di nascita del richiedente, nell'atto di matrimonio del medesimo e negli atti di nascita di coloro che ne hanno derivato il cognome. L'ufficiale dello stato civile del luogo di residenza, se la nascita o il matrimonio è avvenuto in altro comune, deve dare prontamente avviso del cambiamento o della modifica all'ufficiale dello stato civile del luogo della nascita o del matrimonio, che deve provvedere ad analoga annotazione.

2. Gli effetti dei decreti rimangono sospesi fino all'adempimento delle formalità indicate nel comma 1.

3. Per i membri di una stessa famiglia si può provvedere con unico decreto (6).

TITOLO XI

Delle procedure giudiziali di rettificazione relative agli atti dello stato civile e delle correzioni

95. *Ricorso*. — 1. Chi intende promuovere la rettificazione di un atto dello stato civile o la ricostituzione di un atto distrutto o smarrito o

(1) L'art. 13, commi 2-3, l. 11 gennaio 2018, n. 4, così dispone: «2. (...) la domanda di modificazione del cognome per indegnità del genitore è presentata, a norma dell'art. 89 del regolamento di cui al d.p.r. 3 novembre 2000, n. 396, personalmente dal figlio maggiorenne o, previa autorizzazione del giudice tutelare, dal tutore del figlio minorenne. || 3. Nel caso di persona interdetta in via giudiziale, gli atti finalizzati all'esercizio dei diritti previsti dal presente articolo sono compiuti, nell'interesse della persona, dal tutore, previa autorizzazione del giudice tutelare. Nel caso di persona beneficiaria di amministrazione di sostegno, il giudice tutelare dispone se tali atti possano essere compiuti dall'amministratore di sostegno ovvero dal beneficiario, con l'assistenza dell'amministratore di sostegno, ovvero se il beneficiario conservi per tali atti la capacità di agire».

(2) Comma aggiunto dall'art. 3, d.p.r. 13 marzo 2012, n. 54.

(3) L'art. 13, comma 4, l. 11 gennaio 2018, n. 4, così dispone: «In deroga agli artt. 90, 91 e 92 del regolamento di cui al d.p.r. 3 novembre 2000, n. 396, il prefetto, ricevuta la domanda, autorizza il richiedente a far affiggere all'albo pretorio del comune di nascita o di sua attuale residenza un avviso contenente il sunto della domanda. L'affissione deve avere la durata di dieci giorni consecutivi, trascorsi i quali il prefetto provvede sulla domanda con decreto di autorizzazione alla modificazione del cognome».

(4) Articolo così sostituito dall'art. 4, d.p.r. 13 marzo 2012, n. 54.

(5) Articolo così sostituito dall'art. 5, d.p.r. 13 marzo 2012, n. 54.

(6) L'art. 13, comma 5, l. 11 gennaio 2018, n. 4, così dispone: «Alla modificazione del cognome di cui al presente articolo si applicano le disposizioni di cui all'art. 94 del regolamento di cui al d.p.r. 3 novembre 2000, n. 396».

la formazione di un atto omesso o la cancellazione di un atto indebitamente registrato, o intende opporsi a un rifiuto dell'ufficiale dello stato civile di ricevere in tutto o in parte una dichiarazione o di eseguire una trascrizione, una annotazione o altro adempimento, deve proporre ricorso al tribunale nel cui circondario si trova l'ufficio dello stato civile presso il quale è registrato l'atto di cui si tratta o presso il quale si chiede che sia eseguito l'adempimento.

2. Il procuratore della Repubblica può in ogni tempo promuovere il procedimento di cui al comma 1.

3. L'interessato può comunque richiedere il riconoscimento del diritto al mantenimento del cognome originariamente attribuitogli se questo costituisce ormai autonomo segno distintivo della sua identità personale.

96. *Procedimento*. — 1. Il tribunale può, senza particolari formalità, assumere informazioni, acquisire documenti e disporre l'audizione dell'ufficiale dello stato civile.

2. Il tribunale, prima di provvedere, deve sentire il procuratore della Repubblica e gli interessati e richiedere, se del caso, il parere del giudice tutelare.

3. Sulla domanda il tribunale provvede in camera di consiglio con decreto motivato. Si applicano, in quanto compatibili, gli artt. 737 e seguenti del codice di procedura civile nonché, per quanto riguarda i soggetti cui non può essere opposto il decreto di rettificazione, l'art. 455 del codice civile.

97. *Atti dell'autorità diplomatica e consolare*. — 1. Le disposizioni di cui agli artt. 95 e 96 si applicano, altresì, per gli atti di competenza dell'autorità diplomatica o consolare. È competente in tal caso il tribunale nel cui circondario è registrato o avrebbe dovuto essere registrato l'atto da rettificarsi.

98. *Correzioni*. — 1. L'ufficiale dello stato civile, d'ufficio o su istanza di chiunque ne abbia interesse, corregge gli errori materiali di scrittura in cui egli sia incorso nella redazione degli atti mediante annotazione dandone contestualmente avviso al prefetto, al procuratore della Repubblica del luogo dove è stato registrato l'atto nonché agli interessati (1).

2. L'ufficiale dello stato civile provvede con le stesse modalità di cui al comma 1 nel caso in cui riceva, per la registrazione, un atto di nascita relativo a cittadino italiano nato all'estero nel matrimonio ovvero relativo a cittadino italiano riconosciuto come figlio nato fuori del matrimonio ai sensi dell'art. 262, primo comma, del codice civile, al quale sia stato imposto un cognome diverso da quello ad esso spettante per la legge italiana. Quest'ultimo cognome deve essere indicato nell'annotazione (2).

3. Avverso la correzione, il procuratore della Repubblica o chiunque ne abbia interesse può proporre, entro trenta giorni dal ricevimento dell'avviso, opposizione mediante ricorso al tribunale che decide in camera di consiglio con decreto motivato che ha efficacia immediata.

99. *Correzioni dell'autorità diplomatica o consolare*. — 1. Alla correzione degli errori materiali di scrittura in cui sia incorsa l'autorità diplomatica o consolare, provvede l'autorità medesima secondo le modalità di cui all'art. 98.

2. Il ricorso in opposizione avverso la correzione operata dall'autorità diplomatica o consolare si propone al tribunale nel cui circondario si trova l'ufficio dello stato civile in cui è stato registrato o avrebbe dovuto essere registrato l'atto.

100. *Competenza*. — 1. I tribunali della Repubblica sono competenti a disporre le rettificazioni e le correzioni di cui ai precedenti articoli anche per gli atti dello stato civile ricevuti da autorità straniere, trascritti in Italia ed a provvedere per la cancellazione di quelli indebitamente trascritti, nonché per la formazione di quelli omessi o indisponibili che si sarebbero dovuti registrare in Italia, nei casi in cui non sia utilizzabile la procedura di cui all'art. 20. La competenza spetta al tribunale nel cui circondario si sarebbe dovuto registrare l'atto ovvero al tribunale per i minorenni che ha pronunciato sull'adozione di minore straniero.

101. *Trasmissione di atti*. — 1. Il cancelliere trasmette di ufficio, per l'esecuzione, all'ufficiale dello stato civile copia dei decreti emessi a norma degli artt. 96, comma 3, e 98, comma 3. Altrimenti gli atti suddetti sono acquisiti dall'ufficiale dello stato civile su richiesta anche verbale di chiunque vi ha interesse.

TITOLO XII

Delle annotazioni

102. *Procedure di annotazione*. — 1. Le annotazioni disposte per legge od ordinate dal-

(1) L'art. 8, d.lg. 19 gennaio 2017, n. 5, così dispone: «Entro trenta giorni dalla data di entrata in vigore del presente decreto, l'ufficiale dello stato civile, con la procedura di correzione di cui all'art. 98, comma 1, del d.p.r. 3 novembre 2000, n. 396, annulla l'annotazione relativa alla scelta del cognome effettuata a norma dell'art. 4, comma 2, del d.p.c.m. 23 luglio 2016, n. 144».

(2) Comma così sostituito dall'art. 1.1, lett. q, d.p.r. 30 gennaio 2015, n. 26.

l'autorità giudiziaria si eseguono per l'atto al quale si riferiscono, registrato negli archivi di cui all'art. 10, direttamente e senza altra formalità dall'ufficiale dello stato civile di ufficio o su istanza di parte.

2. Le annotazioni che sono eseguite in base ad atti o provvedimenti dei quali è anche prescritta la registrazione negli archivi di cui all'art. 10 devono essere precedute dalla detta registrazione.

3. In ogni caso nelle annotazioni occorre indicare, per la registrazione negli archivi di cui all'art. 10, l'atto o il provvedimento in base al quale esse sono eseguite.

4. Le annotazioni sono datate e sottoscritte dall'ufficiale dello stato civile.

5. Le annotazioni apposte sugli atti iscritti vanno riportate su quelli trascritti a cura dell'ufficiale dello stato civile che le ha eseguite. In caso di più trascrizioni, l'annotazione si effettua soltanto sull'ultimo atto trascritto.

103. *Forma delle annotazioni*. — 1. Le annotazioni sugli atti contenuti negli archivi di cui all'art. 10, devono risultare di seguito all'atto cui si riferiscono e di cui costituiscono parte integrante.

TITOLO XIII

Delle verificazioni

104. *Verifiche ordinarie e straordinarie*. — 1. Il prefetto, o chi da lui delegato, si deve recare almeno una volta ogni anno negli uffici dello stato civile compresi nella propria provincia per verificare se gli archivi sono tenuti con regolarità e con precisione.

2. Può procedersi in ogni tempo a verificazione straordinaria disposta di ufficio.

105. *Verbale di verificazione*. — 1. Chi ha effettuato la verificazione redige processo verbale nel quale sono indicati il giorno in cui ha avuto luogo la verificazione, il numero degli atti esistenti e verificati e le osservazioni fatte.

TITOLO XIV

Degli estratti degli atti dello stato civile e dei relativi certificati

106. *Estratti per riassunto*. — 1. Gli estratti degli atti dello stato civile sono rilasciati per riassunto, riportando le indicazioni contenute nell'atto stesso e nelle relative annotazioni. Se nell'atto sono state fatte annotazioni o apportate rettificazioni o correzioni che modificano o integrano il testo dell'atto, l'estratto è formato avuto riguardo alle annotazioni e alle rettificazioni o correzioni tralasciando qualsiasi riferimento a quelle parti dell'atto modificate o integrate in base alle annotazioni o rettificazioni o correzioni medesime.

107. *Estratti per copia integrale*. — 1. Gli estratti degli atti dello stato civile possono essere rilasciati dall'ufficiale dello stato civile per copia integrale soltanto quando ne è fatta espressa richiesta da chi vi ha interesse e il rilascio non è vietato dalla legge.

2. L'estratto per copia integrale deve contenere:

a) la trascrizione esatta dell'atto come trovasi negli archivi di cui all'art. 10, compresi il numero e le firme appostevi;

b) le singole annotazioni che si trovano sull'atto originale;

c) l'attestazione, da parte di chi rilascia l'estratto, che la copia è conforme all'originale (1).

108. *Contenuto*. — 1. Ogni estratto degli atti dello stato civile deve contenere:

a) l'indicazione di estratto per riassunto o per copia integrale;

b) la sottoscrizione dell'ufficiale dello stato civile o del funzionario delegato;

c) il bollo dell'ufficio.

2. I certificati di stato civile devono contenere le generalità come per legge delle persone a cui i singoli eventi si riferiscono e gli estremi dei relativi atti. I dati suddetti possono essere desunti anche dagli atti anagrafici.

3. Restano salve le disposizioni di cui alla l. 31 ottobre 1955, n. 1064, e di cui al d.p.r. 2 maggio 1957, n. 432.

TITOLO XV

Disposizioni transitorie e finali

109. *Entrata in vigore*. — 1. Il presente regolamento entra in vigore novanta giorni dopo la sua pubblicazione nella *Gazzetta Ufficiale* della Repubblica italiana, salvo la disposizione di cui al comma 3, che entra in vigore il giorno suc-

(1) «Il rilascio degli estratti degli atti dello stato civile di cui all'art. 107 del d.p.r. 3 novembre 2000, n. 396 è consentito solo ai soggetti cui l'atto si riferisce, oppure su motivata istanza comprovante l'interesse personale e concreto del richiedente a fini di tutela di una situazione giuridicamente rilevante, ovvero decorsi settanta anni dalla formazione dell'atto»: art. 177.3, d.lg. 30 giugno 2003, n. 196.

cessivo alla sua pubblicazione.

2. Tutte le disposizioni del presente regolamento concernenti la registrazione informatica degli atti e la tenuta degli archivi di cui all'art. 10, nonché la disposizione di cui all'art. 12, comma 9, hanno efficacia dalla data che sarà stabilita dal decreto del Presidente del Consiglio dei Ministri di cui all'art. 10, comma 2. Fino a tale data continuano ad applicarsi le disposizioni di cui agli artt. 14, 16, 25, 29, 32, 33, 35, 36, 37, 38, 39, 59, 60, 124, 125, 134, 136, 137 del r.d. 9 luglio 1939, n. 1238, nonché le disposizioni del decreto del Ministro di grazia e giustizia del 18 novembre 1967, pubblicato nella *Gazzetta Ufficiale* del 22 novembre 1967, n. 291. Nei citati artt. 33, 39 e 137, ogni riferimento ad autorità giudiziarie, al Ministero di grazia e giustizia ed al podestà si intende fatto rispettivamente al prefetto o ad un suo delegato, al Ministero dell'interno ed al sindaco.

3. Con decreto del Ministro dell'interno (1), da emanarsi entro sessanta giorni dalla pubblicazione del presente regolamento, sono stabilite le disposizioni che si rendono necessarie per la tenuta dei registri nella fase transitoria antecedente alla entrata in funzione degli archivi informatici di cui all'art. 10.

110. *Abrogazioni e modifiche*. — 1. Salvo quanto disposto dall'art. 109 del presente regolamento, è abrogato il r.d. 9 luglio 1939, n. 1238.

2. Quando in leggi, regolamenti o altri atti normativi sono richiamate disposizioni dell'ordinamento dello stato civile di cui al r.d. 9 luglio 1939, n. 1238, il richiamo si intende effettuato alle corrispondenti norme del presente regolamento.

3. Sono abrogati: il secondo comma dell'art. 93, il secondo e il terzo comma dell'art. 94, l'art. 95, l'art. 97, l'ultimo comma dell'art. 100, il secondo comma dell'art. 103, il primo comma dell'art. 104, il secondo comma dell'art. 115, l'art. 454, del codice civile.

4. All'art. 1 della l. 14 aprile 1982, n. 164, sono soppresse le parole «di cui all'art. 454 del codice civile» e «anche».

5. Sono abrogati: il secondo periodo dell'art. 8, comma 1, del d.p.r. 12 ottobre 1993, n. 572, e l'art. 24 della l. 5 febbraio 1992, n. 91.

6. All'art. 16 del decreto del Presidente della Repubblica 12 ottobre 1993, n. 572, sono apportate le seguenti modificazioni:

a) nel comma 5, le parole «all'ufficiale dello stato civile individuato ai sensi dell'art. 63, secondo comma, del r.d. 9 luglio 1939, n. 1238,» sono sostituite dalle seguenti: «all'ufficiale dello stato civile competente»;

b) il comma 6 è abrogato;

c) al comma 8 è aggiunto il seguente periodo: «Le attestazioni per i minori residenti all'estero, di cui all'art. 14 della l. 5 febbraio 1992, n. 91, vengono emesse dall'autorità diplomatica o consolare sulla base delle risultanze dello stato civile ed anagrafiche anche straniere, e di quanto disposto dall'art. 12 del presente regolamento; l'autorità diplomatica o consolare le trasmette all'ufficiale dello stato civile competente per l'annotazione sull'atto di nascita»;

7. È abrogato il secondo comma dell'art. 17 del d.p.r. 5 gennaio 1967, n. 200. I numeri da 1 a 5 dell'art. 69, primo comma, del medesimo decreto sono abrogati a far data dalla entrata in funzione degli archivi informatici di cui all'art. 10.

8. Nel terzo comma dell'art. 11 del decreto del Presidente della Repubblica 5 gennaio 1967, n. 200, sono soppresse le parole «e professione».

II. 2.

LEGGE 5 febbraio 1992, n. 91. — *Nuove norme sulla cittadinanza* (2).

1. 1. È cittadino per nascita:

a) il figlio di padre o di madre cittadini;

b) chi è nato nel territorio della Repubblica se entrambi i genitori sono ignoti o apolidi, ovvero se il figlio non segue la cittadinanza dei genitori secondo la legge dello Stato al quale questi appartengono.

2. È considerato cittadino per nascita il figlio di ignoti trovato nel territorio della Repubblica, se non venga provato il possesso di altra cittadinanza.

2. 1. Il riconoscimento o la dichiarazione giudiziale della filiazione durante la minore età del figlio ne determina la cittadinanza secondo le norme della presente legge.

2. Se il figlio riconosciuto o dichiarato è maggiorenne conserva il proprio stato di cittadi-

(1) D.m. Interno 27 febbraio 2001, in G.U., 20 marzo 2001, n. 66; d.m. Interno 5 aprile 2002, in suppl. ord. n. 134 a G.U., 27 giugno 2002, n. 149.

(2) G.U., 15 febbraio 1992, n. 38. V. la circolare 11 novembre 1992, n. K.60.1 del Ministero dell'interno in G.U., 26 novembre 1992, n. 279. Per il regolamento di esecuzione v. d.p.r. 12 ottobre 1993, n. 572. Per il regolamento recante disciplina dei procedimenti di acquisto della cittadinanza italiana v. d.p.r. 18 aprile 1994, n. 362.

nanza, ma può dichiarare, entro un anno dal riconoscimento o dalla dichiarazione giudiziale, ovvero dalla dichiarazione di efficacia del provvedimento straniero, di eleggere la cittadinanza determinata dalla filiazione.

3. Le disposizioni del presente articolo si applicano anche ai figli per i quali la paternità o maternità non può essere dichiarata, purché sia stato riconosciuto giudizialmente il loro diritto al mantenimento o agli alimenti.

3. 1. Il minore straniero adottato da cittadino italiano acquista la cittadinanza.

2. La disposizione del comma 1 si applica anche nei confronti degli adottati prima della data di entrata in vigore della presente legge.

3. Qualora l'adozione sia revocata per fatto dell'adottato, questi perde la cittadinanza italiana, sempre che sia in possesso di altra cittadinanza o la riacquisti.

4. Negli altri casi di revoca l'adottato conserva la cittadinanza italiana. Tuttavia, qualora la revoca intervenga durante la maggiore età dell'adottato, lo stesso, se in possesso di altra cittadinanza o se la riacquisti, potrà comunque rinunciare alla cittadinanza italiana entro un anno dalla revoca stessa.

4. 1. Lo straniero o l'apolide, del quale il padre o la madre o uno degli ascendenti in linea retta di secondo grado sono stati cittadini per nascita, diviene cittadino:

a) se presta effettivo servizio militare per lo Stato italiano e dichiara preventivamente di voler acquistare la cittadinanza italiana;

b) se assume pubblico impiego alle dipendenze dello Stato, anche all'estero, e dichiara di voler acquistare la cittadinanza italiana;

c) se, al raggiungimento della maggiore età, risiede legalmente da almeno due anni nel territorio della Repubblica e dichiara, entro un anno dal raggiungimento, di voler acquistare la cittadinanza italiana.

2. Lo straniero nato in Italia, che vi abbia risieduto legalmente senza interruzioni fino al raggiungimento della maggiore età, diviene cittadino se dichiara di voler acquistare la cittadinanza italiana entro un anno dalla suddetta data (1).

5. 1. Il coniuge, straniero o apolide, di cittadino italiano può acquistare la cittadinanza italiana quando, dopo il matrimonio, risieda legalmente da almeno due anni nel territorio della Repubblica, oppure dopo tre anni dalla data del matrimonio se residente all'estero, qualora, al momento dell'adozione del decreto di cui all'art. 7, comma 1, non sia intervenuto lo scioglimento, l'annullamento o la cessazione degli effetti civili del matrimonio e non sussista la separazione personale dei coniugi.

2. I termini di cui al comma 1 sono ridotti della metà in presenza di figli nati o adottati dai coniugi (2).

6. 1. Precludono l'acquisto della cittadinanza ai sensi dell'art. 5:

a) la condanna per uno dei delitti previsti nel libro secondo, titolo I, capi I, II e III, del codice penale;

b) la condanna per un delitto non colposo per il quale la legge preveda una pena edittale non inferiore nel massimo a tre anni di reclusione; ovvero la condanna per un reato non politico ad una pena detentiva superiore ad un anno da parte di una autorità giudiziaria straniera, quando la sentenza sia stata riconosciuta in Italia;

c) la sussistenza, nel caso specifico, di comprovati motivi inerenti alla sicurezza della Repubblica.

2. Il riconoscimento della sentenza straniera è richiesto dal procuratore generale del distretto dove ha sede l'ufficio dello stato civile in cui è iscritto o trascritto il matrimonio, anche ai soli fini ed effetti di cui al comma 1, lett. *b*).

3. La riabilitazione fa cessare gli effetti preclusivi della condanna.

4. L'acquisto della cittadinanza è sospeso fino a comunicazione della sentenza definitiva, se sia stata promossa azione penale per uno dei delitti di cui al comma 1, lett. *a*) e lett. *b*), primo periodo, nonché per il tempo in cui è pendente il procedimento di riconoscimento della sentenza straniera, di cui al medesimo comma 1, lett. *b*), secondo periodo.

7. 1. Ai sensi dell'art. 5, la cittadinanza si acquista con decreto del Ministro dell'interno,

(1) L'art. 33, d.l. 21 giugno 2013, n. 69, conv. in l. 9 agosto 2013, n. 98, così dispone: «1. Ai fini di cui all'art. 4, comma 2, della l. 5 febbraio 1992, n. 91, all'interessato non sono imputabili eventuali inadempimenti riconducibili ai genitori o agli uffici della Pubblica Amministrazione, ed egli può dimostrare il possesso dei requisiti con ogni altra idonea documentazione. || 2. Gli ufficiali di stato civile sono tenuti, nel corso dei sei mesi precedenti il compimento del diciottesimo anno di età, a comunicare all'interessato, nella sede di residenza quale risulta all'ufficio, la possibilità di esercitare il diritto di cui al comma 2 del citato art. 4 della legge n. 91 del 1992 entro il compimento del diciannovesimo anno di età. In mancanza, il diritto può essere esercitato anche oltre tale data. || 2-*bis*. Entro tre mesi dalla data di entrata in vigore della legge di conversione del presente decreto, gli uffici pubblici coinvolti nei procedimenti di rilascio della cittadinanza acquisiscono e trasmettono dati e documenti attraverso gli strumenti informatici».

(2) Articolo così sostituito dall'art. 1.11, l. 15 luglio 2009, n. 94.

a istanza dell'interessato, presentata al prefetto competente per territorio in relazione alla residenza dell'istante, ovvero, qualora ne ricorrano i presupposti, all'autorità consolare (1).

2. Si applicano le disposizioni di cui all'art. 3 della l. 12 gennaio 1991, n. 13.

8. 1. Con decreto motivato, il Ministro dell'interno respinge l'istanza di cui all'art. 7 ove sussistano le cause ostative previste nell'art. 6. Ove si tratti di ragioni inerenti alla sicurezza della Repubblica, il decreto è emanato su conforme parere del Consiglio di Stato. L'istanza respinta può essere riproposta dopo cinque anni dall'emanazione del provvedimento.

2. .... (2).

9. 1. La cittadinanza italiana può essere concessa con decreto del Presidente della Repubblica, sentito il Consiglio di Stato, su proposta del Ministro dell'interno:

a) allo straniero del quale il padre o la madre o uno degli ascendenti in linea retta di secondo grado sono stati cittadini per nascita, o che è nato nel territorio della Repubblica e, in entrambi i casi, vi risiede legalmente da almeno tre anni comunque fatto salvo quanto previsto dall'art. 4, comma 1, lett. *c*);

b) allo straniero maggiorenne adottato da cittadino italiano che risiede legalmente nel territorio della Repubblica da almeno cinque anni successivamente alla adozione;

c) allo straniero che ha prestato servizio, anche all'estero, per almeno cinque anni alle dipendenze dello Stato;

d) al cittadino di uno Stato membro delle Comunità europee se risiede legalmente da almeno quattro anni nel territorio della Repubblica;

e) all'apolide che risiede legalmente da almeno cinque anni nel territorio della Repubblica;

f) allo straniero che risiede legalmente da almeno dieci anni nel territorio della Repubblica.

2. Con decreto del Presidente della Repubblica, sentito il Consiglio di Stato e previa deliberazione del Consiglio dei ministri, su proposta del Ministro dell'interno, di concerto con il Ministro degli affari esteri, la cittadinanza può essere concessa allo straniero quando questi abbia reso eminenti servizi all'Italia, ovvero quando ricorra un eccezionale interesse dello Stato.

9.1. 1. La concessione della cittadinanza italiana ai sensi degli artt. 5 e 9 è subordinata al possesso, da parte dell'interessato, di un'adeguata conoscenza della lingua italiana, non inferiore al livello B1 del Quadro comune europeo di riferimento per la conoscenza delle lingue (QCER). A tal fine, i richiedenti, che non abbiano sottoscritto l'accordo di integrazione di cui all'art. 4-*bis* del t.u. di cui al d.lg. 25 luglio 1998, n. 286, o che non siano titolari di permesso di soggiorno UE per soggiornanti di lungo periodo di cui all'art. 9 del medesimo t.u., sono tenuti, all'atto della presentazione dell'istanza, ad attestare il possesso di un titolo di studio rilasciato da un istituto di istruzione pubblico o paritario riconosciuto dal Ministero dell'istruzione, dell'università e della ricerca e dal Ministero degli affari esteri e della cooperazione internazionale o dal Ministero dell'istruzione, dell'università e della ricerca, ovvero a produrre apposita certificazione rilasciata da un ente certificatore riconosciuto dal Ministero dell'istruzione, dell'università e della ricerca e dal Ministero degli affari esteri e della cooperazione internazionale o dal Ministero dell'istruzione, dell'università e della ricerca (3).

9-*bis*. 1. Ai fini dell'elezione, acquisto, riacquisto, rinuncia o concessione della cittadinanza, all'istanza o dichiarazione dell'interessato deve essere comunque allegata la certificazione comprovante il possesso dei requisiti richiesti per legge.

2. Le istanze o dichiarazioni di elezione, acquisto, riacquisto, rinuncia o concessione della cittadinanza sono soggette al pagamento di un contributo di importo pari a 250 (4) euro.

3. Il gettito derivante dal contributo di cui al comma 2 è versato all'entrata del bilancio dello Stato per essere riassegnato allo stato di previsione del Ministero dell'interno che lo destina, per la metà, al finanziamento di progetti del Dipartimento per le libertà civili e l'immigrazione diretti alla collaborazione internazionale e alla cooperazione e assistenza ai Paesi terzi in materia di immigrazione anche attraverso la partecipazione a programmi finanziati dall'Unione europea e, per l'altra metà, alla copertura degli oneri connessi alle attività istruttorie inerenti ai procedimenti di competenza del medesimo Dipartimento in materia di immigrazione, asilo e cittadinanza (5).

(1) Comma così modificato dall'art. 1.1, d.p.r. 18 aprile 1994, n. 362.
(2) Comma abrogato dall'art. 14.1, lett. a, d.l. 4 ottobre 2018, n. 113, conv. in l. 1° dicembre 2018, n. 132.
(3) Articolo inserito dall'art. 14.1, lett. a-*bis*, d.l. 4 ottobre 2018, n. 113, conv. in l. 1° dicembre 2018, n. 132.
(4) Le parole «di importo pari a 250» sono state così sostituite alle precedenti «di importo pari a 200» dall'art. 14.1, lett. b, d.l. 4 ottobre 2018, n. 113, conv. in l. 1° dicembre 2018, n. 132.
(5) Articolo inserito dall'art. 1.12, l. 15 luglio 2009, n. 94.

9-*ter*. 1. Il termine di definizione dei procedimenti di cui agli artt. 5 e 9 è di quarantotto mesi dalla data di presentazione della domanda (1).

10. 1. Il decreto di concessione della cittadinanza non ha effetto se la persona a cui si riferisce non presta, entro sei mesi dalla notifica del decreto medesimo, giuramento di essere fedele alla Repubblica e di osservare la Costituzione e le leggi dello Stato (2).

10-*bis*. 1. La cittadinanza italiana acquisita ai sensi degli artt. 4, comma 2, 5 e 9, è revocata in caso di condanna definitiva per i reati previsti dall'art. 407, comma 2, lett. *a*), n. 4), del codice di procedura penale, nonché per i reati di cui agli artt. 270-*ter* e 270-*quinquies*.2, del codice penale. La revoca della cittadinanza è adottata, entro tre anni dal passaggio in giudicato della sentenza di condanna per i reati di cui al primo periodo, con decreto del Presidente della Repubblica, su proposta del Ministro dell'interno (3).

11. 1. Il cittadino che possiede, acquista o riacquista una cittadinanza straniera conserva quella italiana, ma può ad essa rinunciare qualora risieda o stabilisca la residenza all'estero.

12. 1. Il cittadino italiano perde la cittadinanza se, avendo accettato un impiego pubblico od una carica pubblica da uno Stato o ente pubblico estero o da un ente internazionale cui non partecipi l'Italia, ovvero prestando servizio militare per uno Stato estero, non ottempera, nel termine fissato, all'intimazione che il Governo italiano può rivolgergli di abbandonare l'impiego, la carica o il servizio militare.

2. Il cittadino italiano che, durante lo stato di guerra con uno Stato estero, abbia accettato o non abbia abbandonato un impiego pubblico od una carica pubblica, od abbia prestato servizio militare per tale Stato senza esservi obbligato, ovvero ne abbia acquistato volontariamente la cittadinanza, perde la cittadinanza italiana al momento della cessazione dello stato di guerra.

13. 1. Chi ha perduto la cittadinanza la riacquista:

a) se presta effettivo servizio militare per lo Stato italiano e dichiara previamente di volerla riacquistare;

b) se, assumendo o avendo assunto un pubblico impiego alle dipendenze dello Stato, anche all'estero, dichiara di volerla riacquistare;

c) se dichiara di volerla riacquistare ed ha stabilito o stabilisce, entro un anno dalla dichiarazione, la residenza nel territorio della Repubblica;

d) dopo un anno dalla data in cui ha stabilito la residenza nel territorio della Repubblica, salvo espressa rinuncia entro lo stesso termine;

e) se, avendola perduta per non aver ottemperato all'intimazione di abbandonare l'impiego o la carica accettati da uno Stato, da un ente pubblico estero o da un ente internazionale, ovvero il servizio militare per uno Stato estero, dichiara di volerla riacquistare, sempre che abbia stabilito la residenza da almeno due anni nel territorio della Repubblica e provi di aver abbandonato l'impiego o la carica o il servizio militare, assunti o prestati nonostante l'intimazione di cui all'art. 12, comma 1.

2. Non è ammesso il riacquisto della cittadinanza a favore di chi l'abbia perduta in applicazione dell'art. 3, comma 3, nonché dell'art. 12, comma 2.

3. Nei casi indicati al comma 1, lett. *c*), *d*) ed *e*), il riacquisto della cittadinanza non ha effetto se viene inibito con decreto del Ministro dell'interno, per gravi e comprovati motivi e su conforme parere del Consiglio di Stato. Tale inibizione può intervenire entro il termine di un anno dal verificarsi delle condizioni stabilite.

14. 1. I figli minori di chi acquista o riacquista la cittadinanza italiana, se convivono con esso, acquistano la cittadinanza italiana, ma, divenuti maggiorenni, possono rinunciarvi, se in possesso di altra cittadinanza.

15. 1. L'acquisto o il riacquisto della cittadinanza ha effetto, salvo quanto stabilito dall'art. 13, comma 3, dal giorno successivo a quello in cui sono adempiute le condizioni e le formalità richieste.

16. 1. L'apolide che risiede legalmente nel territorio della Repubblica è soggetto alla legge italiana per quanto si riferisce all'esercizio dei diritti civili ed agli obblighi del servizio militare.

(1) Articolo inserito dall'art. 14.1, lett. c, d.l. 4 ottobre 2018, n. 113, conv. in l. 1° dicembre 2018, n. 132. In base all'art. 14.2, d.l. cit., tali disposizioni «si applicano ai procedimenti di conferimento della cittadinanza in corso alla data di entrata in vigore del presente decreto».

(2) La Corte cost., con sentenza 7 dicembre 2017, n. 258, ha dichiarato l'illegittimità costituzionale di questo articolo «nella parte in cui non prevede che sia esonerata dal giuramento la persona incapace di soddisfare tale adempimento in ragione di grave e accertata condizione di disabilità».

(3) Articolo inserito dall'art. 14.1, lett. d, d.l. 4 ottobre 2018, n. 113, conv. in l. 1° dicembre 2018, n. 132.

2. Lo straniero riconosciuto rifugiato dallo Stato italiano secondo le condizioni stabilite dalla legge o dalle convenzioni internazionali è equiparato all'apolide ai fini dell'applicazione della presente legge, con esclusione degli obblighi inerenti al servizio militare.

17. 1. Chi ha perduto la cittadinanza in applicazione degli artt. 8 e 12 della l. 13 giugno 1912, n. 555, o per non aver reso l'opzione prevista dall'art. 5 della l. 21 aprile 1983, n. 123, la riacquista se effettua una dichiarazione in tal senso entro due anni dalla data di entrata in vigore della presente legge (1).

2. Resta fermo quanto disposto dall'art. 219 della l. 19 maggio 1975, n. 151.

17-*bis*. 1. Il diritto alla cittadinanza italiana è riconosciuto:

a) ai soggetti che siano stati cittadini italiani, già residenti nei territori facenti parte dello Stato italiano successivamente ceduti alla Repubblica jugoslava in forza del Trattato di pace firmato a Parigi il 10 febbraio 1947, reso esecutivo dal d.lg.c.p.s. 28 novembre 1947, n. 1430, ratificato dalla l. 25 novembre 1952, n. 3054, ovvero in forza del Trattato di Osimo del 10 novembre 1975, reso esecutivo dalla l. 14 marzo 1977, n. 73, alle condizioni previste e in possesso dei requisiti per il diritto di opzione di cui all'art. 19 del Trattato di pace di Parigi e all'art. 3 del Trattato di Osimo;

b) alle persone di lingua e cultura italiane che siano figli o discendenti in linea retta dei soggetti di cui alla lett. *a*) (2).

17-*ter*. 1. Il diritto al riconoscimento della cittadinanza italiana di cui all'art. 17-*bis* è esercitato dagli interessati mediante la presentazione di una istanza all'autorità comunale italiana competente per territorio in relazione alla residenza dell'istante, ovvero, qualora ne ricorrano i presupposti, all'autorità consolare, previa produzione da parte dell'istante di idonea documentazione, ai sensi di quanto disposto con circolare del Ministero dell'interno, emanata di intesa con il Ministero degli affari esteri (3).

2. Al fine di attestare la sussistenza dei requisiti di cui alla lett. *a*) del comma 1 dell'art. 17-*bis*, all'istanza deve essere comunque allegata la certificazione comprovante il possesso, all'epoca, della cittadinanza italiana e della residenza nei territori facenti parte dello Stato italiano e successivamente ceduti alla Repubblica jugoslava in forza dei Trattati di cui al medesimo comma 1 dell'art. 17-*bis*.

3. Al fine di attestare la sussistenza dei requisiti di cui alla lett. *b*) del comma 1 dell'art. 17-*bis*, all'istanza deve essere comunque allegata la seguente documentazione:

a) i certificati di nascita attestanti il rapporto di discendenza diretta tra l'istante e il genitore o l'ascendente;

b) la certificazione storica, prevista per l'esercizio del diritto di opzione di cui alla lett. *a*) del comma 1 dell'art. 17-*bis*, attestante la cittadinanza italiana del genitore dell'istante o del suo ascendente in linea retta e la residenza degli stessi nei territori facenti parte dello Stato italiano e successivamente ceduti alla Repubblica jugoslava in forza dei Trattati di cui al medesimo comma 1 dell'art. 17-*bis*;

c) la documentazione atta a dimostrare il requisito della lingua e della cultura italiane dell'istante (2).

18. .... (4).

19. 1. Restano salve le disposizioni della l. 9 gennaio 1956, n. 27, sulla trascrizione nei registri dello stato civile dei provvedimenti di riconoscimento delle opzioni per la cittadinanza italiana, effettuate ai sensi dell'art. 19 del Trattato di pace tra le potenze alleate ed associate e l'Italia, firmato a Parigi il 10 febbraio 1947.

20. 1. Salvo che sia espressamente previsto, lo stato di cittadinanza acquisito anteriormente alla presente legge non si modifica se non per fatti posteriori alla data di entrata in vigore della stessa.

21. 1. Ai sensi e con le modalità di cui all'art. 9, la cittadinanza italiana può essere concessa allo straniero che sia stato affiliato da un cittadino italiano prima della data di entrata in vigore della l. 4 maggio 1983, n. 184, e che risieda legalmente nel territorio della Repubblica da almeno sette anni dopo l'affiliazione.

22. 1. Per coloro i quali, alla data di entrata in vigore della presente legge, abbiano già perduto la cittadinanza italiana ai sensi dell'art. 8 della l. 13 giugno 1912, n. 555, cessa ogni obbligo militare.

(1) Termine prorogato fino al 31 dicembre 1997 dall'art. 2.195, l. 23 dicembre 1996, n. 662.
(2) Articolo inserito dall'art. 1.1, l. 8 marzo 2006, n. 124.
(3) L'art. 1.2, l. 8 marzo 2006, n. 124, così dispone: «. La circolare di cui all'art. 17-*ter*, comma 1, della l. 5 febbraio 1992, n. 91, introdotto dal comma 1 del presente articolo, è emanata entro sessanta giorni dalla data di entrata in vigore della presente legge».
(4) Articolo abrogato dall'art. 1.3, l. 14 dicembre 2000, n. 379. Sul riconoscimento della cittadinanza italiana alle persone nate e già residenti nei territori appartenuti all'Impero austro-ungarico e ai loro discendenti v. art. 1.1 e art. 1.2, l. 14 dicembre 2000, n. 379.

23. 1. Le dichiarazioni per l'acquisto, la conservazione, il riacquisto e la rinunzia alla cittadinanza e la prestazione del giuramento previste dalla presente legge sono rese all'ufficiale dello stato civile del comune dove il dichiarante risiede o intende stabilire la propria residenza, ovvero, in caso di residenza all'estero, davanti all'autorità diplomatica o consolare del luogo di residenza.

2. Le dichiarazioni di cui al comma 1, nonché gli atti o i provvedimenti attinenti alla perdita, alla conservazione e al riacquisto della cittadinanza italiana vengono trascritti nei registri di cittadinanza e di essi viene effettuata annotazione a margine dell'atto di nascita.

24. .... (1).

25. 1. Le disposizioni necessarie per l'esecuzione della presente legge sono emanate, entro un anno dalla sua entrata in vigore, con decreto del Presidente della Repubblica, udito il parere del Consiglio di Stato e previa deliberazione del Consiglio dei ministri, su proposta dei Ministri degli affari esteri e dell'interno, di concerto con il Ministro della giustizia.

26. 1. Sono abrogati la l. 13 giugno 1912, n. 555, la l. 31 gennaio 1926, n. 108, il r.d.l. 1º dicembre 1934, n. 1997, convertito dalla l. 4 aprile 1935, n. 517, l'art. 143-*ter* del codice civile, la l. 21 aprile 1983, n. 123, l'art. 39 della l. 4 maggio 1983, n. 184, la l. 15 maggio 1986, n. 180, e ogni altra disposizione incompatibile con la presente legge.

2. È soppresso l'obbligo dell'opzione di cui all'art. 5, comma secondo, della l. 21 aprile 1983, n. 123, e all'art. 1, comma 1, della l. 15 maggio 1986, n. 180.

3. Restano salve le diverse disposizioni previste da accordi internazionali.

27. 1. La presente legge entra in vigore sei mesi dopo la sua pubblicazione nella *Gazzetta Ufficiale*.

II. 3.

DECRETO LEGISLATIVO 30 giugno 2003, n. 196. — *Codice in materia di protezione dei dati personali, recante disposizioni per l'adeguamento dell'ordinamento nazionale al reg. (UE) n. 2016/679 del Parlamento europeo e del Consiglio, del 27 aprile 2016, relativo alla protezione delle persone fisiche con riguardo al trattamento dei dati personali, nonché alla libera circolazione di tali dati e che abroga la dir. 95/46/CE* (2) (3) (4).

PARTE I

DISPOSIZIONI GENERALI

TITOLO I

Principi e disposizioni generali (5)

CAPO I

OGGETTO, FINALITÀ E AUTORITÀ DI CONTROLLO (6)

1. *Oggetto*. — 1. Il trattamento dei dati personali avviene secondo le norme del reg. (UE) 2016/679 del Parlamento europeo e del Consiglio, del 27 aprile 2016, di seguito «Regolamento», e del presente codice, nel rispetto della dignità umana, dei diritti e delle libertà fondamentali della persona (7).

2. *Finalità*. — 1. Il presente codice reca disposizioni per l'adeguamento dell'ordinamento nazionale alle disposizioni del regolamento (8).

2-*bis*. *Autorità di controllo*. — 1. L'Autorità di controllo di cui all'art. 51 del regolamento è individuata nel Garante per la protezione dei dati personali, di seguito «Garante», di cui all'art. 153 (9).

(1) Articolo abrogato dall'art. 110.5, d.p.r. 3 novembre 2000, n. 396, in *Leggi coll. II, 1*.
(2) Suppl. ord. G.U., 29 luglio 2003, n. 174.
(3) Le parole da «, recante disposizioni» fino a «95/46/CE» sono state aggiunte dall'art. 1.1, d.lg. 10 agosto 2018, n. 101.
(4) Per la protezione delle persone fisiche con riguardo al trattamento dei dati personali, nonché alla libera circolazione di tali dati v. reg. (UE) n. 2016/679 del Parlamento europeo e del Consiglio del 27 aprile 2016, in applicazione dal 25 maggio 2018; per l'attuazione della dir. (UE) 2016/680 del Parlamento europeo e del Consiglio, del 27 aprile 2016, relativa alla protezione delle persone fisiche con riguardo al trattamento dei dati personali da parte delle autorità competenti a fini di prevenzione, indagine, accertamento e perseguimento di reati o esecuzione di sanzioni penali, nonché alla libera circolazione di tali dati e che abroga la decisione quadro 2008/977/GAI del Consiglio v. d.lg. 18 maggio 2018, n. 51.
(5) Rubrica così sostituita alla precedente «Principi generali» dall'art. 2.1, lett. a, d.lg. 10 agosto 2018, n. 101.
(6) Capo inserito dall'art. 2.1, lett. b, d.lg. 10 agosto 2018, n. 101.
(7) Articolo così sostituito dall'art. 2.1, lett. c, d.lg. 10 agosto 2018, n. 101.
(8) Articolo così sostituito dall'art. 2.1, lett. d, d.lg. 10 agosto 2018, n. 101.
(9) Articolo inserito dall'art. 2.1, lett. e, d.lg. 10 agosto 2018, n. 101.

CAPO II

PRINCIPI (1)

2-*ter*. *Base giuridica per il trattamento di dati personali effettuato per l'esecuzione di un compito di interesse pubblico o connesso all'esercizio di pubblici poteri*. — 1. La base giuridica prevista dall'art. 6, par. 3, lett. *b*), del regolamento è costituita esclusivamente da una norma di legge o, nei casi previsti dalla legge, di regolamento.

2. La comunicazione fra titolari che effettuano trattamenti di dati personali, diversi da quelli ricompresi nelle particolari categorie di cui all'art. 9 del Regolamento e di quelli relativi a condanne penali e reati di cui all'art. 10 del Regolamento, per l'esecuzione di un compito di interesse pubblico o connesso all'esercizio di pubblici poteri è ammessa se prevista ai sensi del comma 1. In mancanza di tale norma, la comunicazione è ammessa quando è comunque necessaria per lo svolgimento di compiti di interesse pubblico e lo svolgimento di funzioni istituzionali e può essere iniziata se è decorso il termine di quarantacinque giorni dalla relativa comunicazione al Garante, senza che lo stesso abbia adottato una diversa determinazione delle misure da adottarsi a garanzia degli interessati.

3. La diffusione e la comunicazione di dati personali, trattati per l'esecuzione di un compito di interesse pubblico o connesso all'esercizio di pubblici poteri, a soggetti che intendono trattarli per altre finalità sono ammesse unicamente se previste ai sensi del comma 1.

4. Si intende per:

a) «comunicazione», il dare conoscenza dei dati personali a uno o più soggetti determinati diversi dall'interessato, dal rappresentante del titolare nel territorio dell'Unione europea, dal responsabile o dal suo rappresentante nel territorio dell'Unione europea, dalle persone autorizzate, ai sensi dell'art. 2-*quaterdecies*, al trattamento dei dati personali sotto l'autorità diretta del titolare o del responsabile, in qualunque forma, anche mediante la loro messa a disposizione, consultazione o mediante interconnessione;

b) «diffusione», il dare conoscenza dei dati personali a soggetti indeterminati, in qualunque forma, anche mediante la loro messa a disposizione o consultazione.

2-*quater*. *Regole deontologiche*. — 1. Il Garante promuove, nell'osservanza del principio di rappresentatività e tenendo conto delle raccomandazioni del Consiglio d'Europa sul trattamento dei dati personali, l'adozione di regole deontologiche per i trattamenti previsti dalle disposizioni di cui agli artt. 6, par. 1, lett. *c*) ed *e*), 9, par. 4, e al capo IX del Regolamento, ne verifica la conformità alle disposizioni vigenti, anche attraverso l'esame di osservazioni di soggetti interessati e contribuisce a garantirne la diffusione e il rispetto.

2. Lo schema di regole deontologiche è sottoposto a consultazione pubblica per almeno sessanta giorni.

3. Conclusa la fase delle consultazioni, le regole deontologiche sono approvate dal Garante ai sensi dell'art. 154-*bis*, comma 1, lett. *b*), pubblicate nella *Gazzetta Ufficiale* della Repubblica italiana e, con decreto del Ministro della giustizia, sono riportate nell'allegato A del presente codice (2).

4. Il rispetto delle disposizioni contenute nelle regole deontologiche di cui al comma 1 costituisce condizione essenziale per la liceità e la correttezza del trattamento dei dati personali.

2-*quinquies*. *Consenso del minore in relazione ai servizi della società dell'informazione*. — 1. In attuazione dell'art. 8, par. 1, del Regolamento, il minore che ha compiuto i quattordici anni può esprimere il consenso al trattamento dei propri dati personali in relazione all'offerta diretta di servizi della società dell'informazione. Con riguardo a tali servizi, il trattamento dei dati personali del minore di età inferiore a quattordici anni, fondato sull'art. 6, par. 1, lett. *a*), del Regolamento, è lecito a condizione che sia prestato da chi esercita la responsabilità genitoriale.

2. In relazione all'offerta diretta ai minori dei servizi di cui al comma 1, il titolare del trattamento redige con linguaggio particolarmente chiaro e semplice, conciso ed esaustivo, facilmente accessibile e comprensibile dal minore, al fine di rendere significativo il consenso prestato da quest'ultimo, le informazioni e le comunicazioni relative al trattamento che lo riguardi.

2-*sexies*. *Trattamento di categorie particolari di dati personali necessario per motivi di interesse pubblico rilevante*. — 1. I trattamenti delle categorie particolari di dati personali di cui all'art. 9, par. 1, del Regolamento, necessari per motivi di interesse pubblico rilevante ai

(1) Capo inserito dall'art. 2.1, lett. f, d.lg. 10 agosto 2018, n. 101.

(2) Per l'inserimento nell'Allegato A delle regole deontologiche relative al trattamento dei dati personali nell'esercizio dell'attività giornalistica v. d.m. Giustizia 31 gennaio 2019, in G.U., 11 febbraio 2019, n. 35.

sensi del par. 2, lett. *g*), del medesimo articolo, sono ammessi qualora siano previsti dal diritto dell'Unione europea ovvero, nell'ordinamento interno, da disposizioni di legge o, nei casi previsti dalla legge, di regolamento che specifichino i tipi di dati che possono essere trattati, le operazioni eseguibili e il motivo di interesse pubblico rilevante, nonché le misure appropriate e specifiche per tutelare i diritti fondamentali e gli interessi dell'interessato.

2. Fermo quanto previsto dal comma 1, si considera rilevante l'interesse pubblico relativo a trattamenti effettuati da soggetti che svolgono compiti di interesse pubblico o connessi all'esercizio di pubblici poteri nelle seguenti materie:

a) accesso a documenti amministrativi e accesso civico;

b) tenuta degli atti e dei registri dello stato civile, delle anagrafi della popolazione residente in Italia e dei cittadini italiani residenti all'estero, e delle liste elettorali, nonché rilascio di documenti di riconoscimento o di viaggio o cambiamento delle generalità;

c) tenuta di registri pubblici relativi a beni immobili o mobili;

d) tenuta dell'anagrafe nazionale degli abilitati alla guida e dell'archivio nazionale dei veicoli;

e) cittadinanza, immigrazione, asilo, condizione dello straniero e del profugo, stato di rifugiato;

f) elettorato attivo e passivo ed esercizio di altri diritti politici, protezione diplomatica e consolare, nonché documentazione delle attività istituzionali di organi pubblici, con particolare riguardo alla redazione di verbali e resoconti dell'attività di assemblee rappresentative, commissioni e di altri organi collegiali o assembleari;

g) esercizio del mandato degli organi rappresentativi, ivi compresa la loro sospensione o il loro scioglimento, nonché l'accertamento delle cause di ineleggibilità, incompatibilità o di decadenza, ovvero di rimozione o sospensione da cariche pubbliche;

h) svolgimento delle funzioni di controllo, indirizzo politico, inchiesta parlamentare o sindacato ispettivo e l'accesso a documenti riconosciuto dalla legge e dai regolamenti degli organi interessati per esclusive finalità direttamente connesse all'espletamento di un mandato elettivo;

i) attività dei soggetti pubblici dirette all'applicazione, anche tramite i loro concessionari, delle disposizioni in materia tributaria e doganale;

l) attività di controllo e ispettive;

m) concessione, liquidazione, modifica e revoca di benefici economici, agevolazioni, elargizioni, altri emolumenti e abilitazioni;

n) conferimento di onorificenze e ricompense, riconoscimento della personalità giuridica di associazioni, fondazioni ed enti, anche di culto, accertamento dei requisiti di onorabilità e di professionalità per le nomine, per i profili di competenza del soggetto pubblico, ad uffici anche di culto e a cariche direttive di persone giuridiche, imprese e di istituzioni scolastiche non statali, nonché rilascio e revoca di autorizzazioni o abilitazioni, concessione di patrocini, patronati e premi di rappresentanza, adesione a comitati d'onore e ammissione a cerimonie ed incontri istituzionali;

o) rapporti tra i soggetti pubblici e gli enti del terzo settore;

p) obiezione di coscienza;

q) attività sanzionatorie e di tutela in sede amministrativa o giudiziaria;

r) rapporti istituzionali con enti di culto, confessioni religiose e comunità religiose;

s) attività socio-assistenziali a tutela dei minori e soggetti bisognosi, non autosufficienti e incapaci;

t) attività amministrative e certificatorie correlate a quelle di diagnosi, assistenza o terapia sanitaria o sociale, ivi incluse quelle correlate ai trapianti d'organo e di tessuti nonché alle trasfusioni di sangue umano;

u) compiti del servizio sanitario nazionale e dei soggetti operanti in ambito sanitario, nonché compiti di igiene e sicurezza sui luoghi di lavoro e sicurezza e salute della popolazione, protezione civile, salvaguardia della vita e incolumità fisica;

v) programmazione, gestione, controllo e valutazione dell'assistenza sanitaria, ivi incluse l'instaurazione, la gestione, la pianificazione e il controllo dei rapporti tra l'amministrazione ed i soggetti accreditati o convenzionati con il servizio sanitario nazionale;

z) vigilanza sulle sperimentazioni, farmacovigilanza, autorizzazione all'immissione in commercio e all'importazione di medicinali e di altri prodotti di rilevanza sanitaria;

aa) tutela sociale della maternità ed interruzione volontaria della gravidanza, dipendenze, assistenza, integrazione sociale e diritti dei disabili;

bb) istruzione e formazione in ambito scolastico, professionale, superiore o universitario;

cc) trattamenti effettuati a fini di archiviazione nel pubblico interesse o di ricerca storica, concernenti la conservazione, l'ordinamento e la comunicazione dei documenti detenuti negli archivi di Stato negli archivi storici degli enti pubblici, o in archivi privati dichiarati di interesse storico particolarmente importante, per fini di ricerca scientifica, nonché per fini statistici da parte di soggetti che fanno parte del sistema statistico nazionale (Sistan);

dd) instaurazione, gestione ed estinzione, di rapporti di lavoro di qualunque tipo, anche non retribuito o onorario, e di altre forme di impiego, materia sindacale, occupazione e collocamento obbligatorio, previdenza e assistenza, tutela delle minoranze e pari opportunità nell'ambito dei rapporti di lavoro, adempimento degli obblighi retributivi, fiscali e contabili, igiene e sicurezza del lavoro o di sicurezza o salute della popolazione, accertamento della responsabilità civile, disciplinare e contabile, attività ispettiva.

3. Per i dati genetici, biometrici e relativi alla salute il trattamento avviene comunque nel rispetto di quanto previsto dall'art. 2-*septies*.

2-*septies*. *Misure di garanzia per il trattamento dei dati genetici, biometrici e relativi alla salute*. — 1. In attuazione di quanto previsto dall'art. 9, par. 4, del Regolamento, i dati genetici, biometrici e relativi alla salute, possono essere oggetto di trattamento in presenza di una delle condizioni di cui al par. 2 del medesimo articolo ed in conformità alle misure di garanzia disposte dal Garante, nel rispetto di quanto previsto dal presente articolo.

2. Il provvedimento che stabilisce le misure di garanzia di cui al comma 1 è adottato con cadenza almeno biennale e tenendo conto:

a) delle linee guida, delle raccomandazioni e delle migliori prassi pubblicate dal Comitato europeo per la protezione dei dati e delle migliori prassi in materia di trattamento dei dati personali;

b) dell'evoluzione scientifica e tecnologica nel settore oggetto delle misure;

c) dell'interesse alla libera circolazione dei dati personali nel territorio dell'Unione europea.

3. Lo schema di provvedimento è sottoposto a consultazione pubblica per un periodo non inferiore a sessanta giorni.

4. Le misure di garanzia sono adottate nel rispetto di quanto previsto dall'art. 9, par. 2, del Regolamento, e riguardano anche le cautele da adottare relativamente a:

a) contrassegni sui veicoli e accessi a zone a traffico limitato;

b) profili organizzativi e gestionali in ambito sanitario;

c) modalità per la comunicazione diretta all'interessato delle diagnosi e dei dati relativi alla propria salute;

d) prescrizioni di medicinali.

5. Le misure di garanzia sono adottate in relazione a ciascuna categoria dei dati personali di cui al comma 1, avendo riguardo alle specifiche finalità del trattamento e possono individuare, in conformità a quanto previsto al comma 2, ulteriori condizioni sulla base delle quali il trattamento di tali dati è consentito. In particolare, le misure di garanzia individuano le misure di sicurezza, ivi comprese quelle tecniche di cifratura e di pseudonomizzazione, le misure di minimizzazione, le specifiche modalità per l'accesso selettivo ai dati e per rendere le informazioni agli interessati, nonché le eventuali altre misure necessarie a garantire i diritti degli interessati.

6. Le misure di garanzia che riguardano i dati genetici e il trattamento dei dati relativi alla salute per finalità di prevenzione, diagnosi e cura nonché quelle di cui al comma 4, lett. *b*), *c*) e *d*), sono adottate sentito il Ministro della salute che, a tal fine, acquisisce il parere del Consiglio superiore di sanità. Limitatamente ai dati genetici, le misure di garanzia possono individuare, in caso di particolare ed elevato livello di rischio, il consenso come ulteriore misura di protezione dei diritti dell'interessato, a norma dell'art. 9, par. 4, del Regolamento, o altre cautele specifiche.

7. Nel rispetto dei principi in materia di protezione dei dati personali, con riferimento agli obblighi di cui all'art. 32 del Regolamento, è ammesso l'utilizzo dei dati biometrici con riguardo alle procedure di accesso fisico e logico ai dati da parte dei soggetti autorizzati, nel rispetto delle misure di garanzia di cui al presente articolo.

8. I dati personali di cui al comma 1 non possono essere diffusi.

2-*octies*. *Principi relativi al trattamento di dati relativi a condanne penali e reati*. — 1. Fatto salvo quanto previsto dal d.lg. 18 maggio 2018, n. 51, il trattamento di dati personali relativi a condanne penali e a reati o a connesse misure di sicurezza sulla base dell'art. 6, par. 1, del Regolamento, che non avviene sotto il controllo dell'autorità pubblica, è consentito, ai sensi dell'art. 10 del medesimo regolamento, solo se autorizzato da una norma di legge o, nei casi previsti dalla legge, di regolamento, che prevedano garanzie appropriate per i diritti e le libertà degli interessati.

2. In mancanza delle predette disposizioni di legge o di regolamento, i trattamenti dei dati di cui al comma 1 nonché le garanzie di cui al medesimo comma sono individuati con decreto del Ministro della giustizia, da adottarsi, ai sensi dell'art. 17, comma 3, della l. 23 agosto 1988, n. 400, sentito il Garante.

3. Fermo quanto previsto dai commi 1 e 2, il trattamento di dati personali relativi a condanne penali e a reati o a connesse misure di sicurezza è consentito se autorizzato da una norma di legge o, nei casi previsti dalla legge, di regolamento, riguardanti, in particolare:

a) l'adempimento di obblighi e l'esercizio di diritti da parte del titolare o dell'interessato in materia di diritto del lavoro o comunque nell'ambito dei rapporti di lavoro, nei limiti stabiliti da leggi, regolamenti e contratti collettivi, secondo quanto previsto dagli artt. 9, par. 2, lett. *b*), e 88 del Regolamento;

b) l'adempimento degli obblighi previsti da disposizioni di legge o di regolamento in materia di mediazione finalizzata alla conciliazione delle controversie civili e commerciali;

c) la verifica o l'accertamento dei requisiti di onorabilità, requisiti soggettivi e presupposti interdittivi nei casi previsti dalle leggi o dai regolamenti;

d) l'accertamento di responsabilità in relazione a sinistri o eventi attinenti alla vita umana, nonché la prevenzione, l'accertamento e il contrasto di frodi o situazioni di concreto rischio per il corretto esercizio dell'attività assicurativa, nei limiti di quanto previsto dalle leggi o dai regolamenti in materia;

e) l'accertamento, l'esercizio o la difesa di un diritto in sede giudiziaria;

f) l'esercizio del diritto di accesso ai dati e ai documenti amministrativi, nei limiti di quanto previsto dalle leggi o dai regolamenti in materia;

g) l'esecuzione di investigazioni o le ricerche o la raccolta di informazioni per conto di terzi ai sensi dell'art. 134 del t.u. delle leggi di pubblica sicurezza;

h) l'adempimento di obblighi previsti da disposizioni di legge in materia di comunicazioni e informazioni antimafia o in materia di prevenzione della delinquenza di tipo mafioso e di altre gravi forme di pericolosità sociale, nei casi previsti da leggi o da regolamenti, o per la produzione della documentazione prescritta dalla legge per partecipare a gare d'appalto;

i) l'accertamento del requisito di idoneità morale di coloro che intendono partecipare a gare d'appalto, in adempimento di quanto previsto dalle vigenti normative in materia di appalti;

l) l'attuazione della disciplina in materia di attribuzione del rating di legalità delle imprese ai sensi dell'art. 5-*ter* del d.l. 24 gennaio 2012, n. 1, convertito, con modificazioni, dalla l. 24 marzo 2012, n. 27;

m) l'adempimento degli obblighi previsti dalle normative vigenti in materia di prevenzione dell'uso del sistema finanziario a scopo di riciclaggio dei proventi di attività criminose e di finanziamento del terrorismo.

4. Nei casi in cui le disposizioni di cui al comma 3 non individuano le garanzie appropriate per i diritti e le libertà degli interessati, tali garanzie sono previste con il decreto di cui al comma 2.

5. Quando il trattamento dei dati di cui al presente articolo avviene sotto il controllo dell'autorità pubblica si applicano le disposizioni previste dall'art. 2-*sexies*.

6. Con il decreto di cui al comma 2 è autorizzato il trattamento dei dati di cui all'art. 10 del Regolamento, effettuato in attuazione di protocolli di intesa per la prevenzione e il contrasto dei fenomeni di criminalità organizzata, stipulati con il Ministero dell'interno o con le prefetture-UTG. In relazione a tali protocolli, il decreto di cui al comma 2 individua, le tipologie dei dati trattati, gli interessati, le operazioni di trattamento eseguibili, anche in relazione all'aggiornamento e alla conservazione e prevede le garanzie appropriate per i diritti e le libertà degli interessati. Il decreto è adottato, limitatamente agli ambiti di cui al presente comma, di concerto con il Ministro dell'interno.

2-*novies*. *Trattamenti disciplinati dalla Presidenza della Repubblica, dalla Camera dei deputati, dal Senato della Repubblica e dalla Corte costituzionale*. — 1. Le disposizioni degli artt. 2-*sexies*, 2-*septies* e 2-*octies* del presente decreto legislativo recano principi applicabili, in conformità ai rispettivi ordinamenti, ai trattamenti delle categorie di dati personali di cui agli artt. 9, par. 1, e 10 del Regolamento, disciplinati dalla Presidenza della Repubblica, dal Senato della Repubblica, dalla Camera dei deputati e dalla Corte costituzionale.

2-*decies*. *Inutilizzabilità dei dati*. — 1. I dati personali trattati in violazione della disciplina rilevante in materia di trattamento dei dati personali non possono essere utilizzati, salvo quanto previsto dall'art. 160-*bis*.

CAPO III

Disposizioni in materia di diritti dell'interessato (1)

2-*undecies*. *Limitazioni ai diritti dell'interessato*. — 1. I diritti di cui agli articoli da 15 a

(1) Capo inserito dall'art. 2.1, lett. f, d.lg. 10 agosto 2018, n. 101.

22 del Regolamento non possono essere esercitati con richiesta al titolare del trattamento ovvero con reclamo ai sensi dell'art. 77 del Regolamento qualora dall'esercizio di tali diritti possa derivare un pregiudizio effettivo e concreto:

a) agli interessi tutelati in base alle disposizioni in materia di riciclaggio;

b) agli interessi tutelati in base alle disposizioni in materia di sostegno alle vittime di richieste estorsive;

c) all'attività di Commissioni parlamentari d'inchiesta istituite ai sensi dell'art. 82 della Costituzione;

d) alle attività svolte da un soggetto pubblico, diverso dagli enti pubblici economici, in base ad espressa disposizione di legge, per esclusive finalità inerenti alla politica monetaria e valutaria, al sistema dei pagamenti, al controllo degli intermediari e dei mercati creditizi e finanziari, nonché alla tutela della loro stabilità;

e) allo svolgimento delle investigazioni difensive o all'esercizio di un diritto in sede giudiziaria;

f) alla riservatezza dell'identità del dipendente che segnala ai sensi della l. 30 novembre 2017, n. 179, l'illecito di cui sia venuto a conoscenza in ragione del proprio ufficio.

2. Nei casi di cui al comma 1, lett. *c*), si applica quanto previsto dai regolamenti parlamentari ovvero dalla legge o dalle norme istitutive della Commissione d'inchiesta.

3. Nei casi di cui al comma 1, lett. *a*), *b*), *d*) *e*) ed *f*) i diritti di cui al medesimo comma sono esercitati conformemente alle disposizioni di legge o di regolamento che regolano il settore, che devono almeno recare misure dirette a disciplinare gli ambiti di cui all'art. 23, par. 2, del Regolamento. L'esercizio dei medesimi diritti può, in ogni caso, essere ritardato, limitato o escluso con comunicazione motivata e resa senza ritardo all'interessato, a meno che la comunicazione possa compromettere la finalità della limitazione, per il tempo e nei limiti in cui ciò costituisca una misura necessaria e proporzionata, tenuto conto dei diritti fondamentali e dei legittimi interessi dell'interessato, al fine di salvaguardare gli interessi di cui al comma 1, lett. *a*), *b*), *d*), *e*) ed *f*). In tali casi, i diritti dell'interessato possono essere esercitati anche tramite il Garante con le modalità di cui all'art. 160. In tale ipotesi, il Garante informa l'interessato di aver eseguito tutte le verifiche necessarie o di aver svolto un riesame, nonché del diritto dell'interessato di proporre ricorso giurisdizionale. Il titolare del trattamento informa l'interessato delle facoltà di cui al presente comma.

2-*duodecies*. *Limitazioni per ragioni di giustizia*. — 1. In applicazione dell'art. 23, par. 1, lett. *f*), del Regolamento, in relazione ai trattamenti di dati personali effettuati per ragioni di giustizia nell'ambito di procedimenti dinanzi agli uffici giudiziari di ogni ordine e grado nonché dinanzi al Consiglio superiore della magistratura e agli altri organi di autogoverno delle magistrature speciali o presso il Ministero della giustizia, i diritti e gli obblighi di cui agli articoli da 12 a 22 e 34 del Regolamento sono disciplinati nei limiti e con le modalità previste dalle disposizioni di legge o di Regolamento che regolano tali procedimenti, nel rispetto di quanto previsto dall'art. 23, par. 2, del Regolamento.

2. Fermo quanto previsto dal comma 1, l'esercizio dei diritti e l'adempimento degli obblighi di cui agli articoli da 12 a 22 e 34 del Regolamento possono, in ogni caso, essere ritardati, limitati o esclusi, con comunicazione motivata e resa senza ritardo all'interessato, a meno che la comunicazione possa compromettere la finalità della limitazione, nella misura e per il tempo in cui ciò costituisca una misura necessaria e proporzionata, tenuto conto dei diritti fondamentali e dei legittimi interessi dell'interessato, per salvaguardare l'indipendenza della magistratura e dei procedimenti giudiziari.

3. Si applica l'art. 2-*undecies*, comma 3, terzo, quarto e quinto periodo.

4. Ai fini del presente articolo si intendono effettuati per ragioni di giustizia i trattamenti di dati personali correlati alla trattazione giudiziaria di affari e di controversie, i trattamenti effettuati in materia di trattamento giuridico ed economico del personale di magistratura, nonché i trattamenti svolti nell'ambito delle attività ispettive su uffici giudiziari. Le ragioni di giustizia non ricorrono per l'ordinaria attività amministrativo-gestionale di personale, mezzi o strutture, quando non è pregiudicata la segretezza di atti direttamente connessi alla trattazione giudiziaria di procedimenti.

2-*terdecies*. *Diritti riguardanti le persone decedute*. — 1. I diritti di cui agli articoli da 15 a 22 del Regolamento riferiti ai dati personali concernenti persone decedute possono essere esercitati da chi ha un interesse proprio, o agisce a tutela dell'interessato, in qualità di suo mandatario, o per ragioni familiari meritevoli di protezione.

2. L'esercizio dei diritti di cui al comma 1 non è ammesso nei casi previsti dalla legge o quando, limitatamente all'offerta diretta di servizi della società dell'informazione, l'interessato lo ha espressamente vietato con dichiarazione scritta presentata al titolare del trattamento

o a quest'ultimo comunicata.

3. La volontà dell'interessato di vietare l'esercizio dei diritti di cui al comma 1 deve risultare in modo non equivoco e deve essere specifica, libera e informata; il divieto può riguardare l'esercizio soltanto di alcuni dei diritti di cui al predetto comma.

4. L'interessato ha in ogni momento il diritto di revocare o modificare il divieto di cui ai commi 2 e 3.

5. In ogni caso, il divieto non può produrre effetti pregiudizievoli per l'esercizio da parte dei terzi dei diritti patrimoniali che derivano dalla morte dell'interessato nonché del diritto di difendere in giudizio i propri interessi.

CAPO IV

DISPOSIZIONI RELATIVE AL TITOLARE DEL TRATTAMENTO E AL RESPONSABILE DEL TRATTAMENTO (1)

2-*quaterdecies*. *Attribuzione di funzioni e compiti a soggetti designati*. — 1. Il titolare o il responsabile del trattamento possono prevedere, sotto la propria responsabilità e nell'ambito del proprio assetto organizzativo, che specifici compiti e funzioni connessi al trattamento di dati personali siano attribuiti a persone fisiche, espressamente designate, che operano sotto la loro autorità.

2. Il titolare o il responsabile del trattamento individuano le modalità più opportune per autorizzare al trattamento dei dati personali le persone che operano sotto la propria autorità diretta.

2-*quinquiesdecies*. *Trattamento che presenta rischi elevati per l'esecuzione di un compito di interesse pubblico*. — 1. Con riguardo ai trattamenti svolti per l'esecuzione di un compito di interesse pubblico che possono presentare rischi elevati ai sensi dell'art. 35 del Regolamento, il Garante può, sulla base di quanto disposto dall'art. 36, par. 5, del medesimo Regolamento e con provvedimenti di carattere generale adottati d'ufficio, prescrivere misure e accorgimenti a garanzia dell'interessato, che il titolare del trattamento è tenuto ad adottare.

2-*sexiesdecies*. *Responsabile della protezione dei dati per i trattamenti effettuati dalle autorità giudiziarie nell'esercizio delle loro funzioni*. — 1. Il responsabile della protezione dati è designato, a norma delle disposizioni di cui alla sezione 4 del capo IV del Regolamento, anche in relazione ai trattamenti di dati personali effettuati dalle autorità giudiziarie nell'esercizio delle loro funzioni.

2-*septiesdecies*. *Organismo nazionale di accreditamento*. — 1. L'organismo nazionale di accreditamento di cui all'art. 43, par. 1, lett. *b*), del Regolamento è l'Ente unico nazionale di accreditamento, istituito ai sensi del reg. (CE) n. 765/2008, del Parlamento europeo e del Consiglio, del 9 luglio 2008, fatto salvo il potere del Garante di assumere direttamente, con deliberazione pubblicata nella *Gazzetta Ufficiale* della Repubblica italiana e in caso di grave inadempimento dei suoi compiti da parte dell'Ente unico nazionale di accreditamento, l'esercizio di tali funzioni, anche con riferimento a una o più categorie di trattamenti.

3-6. .... (2).

TITOLI II-VII (3)

7-45. ....

PARTE II

DISPOSIZIONI SPECIFICHE PER I TRATTAMENTI NECESSARI PER ADEMPIERE AD UN OBBLIGO LEGALE O PER L'ESECUZIONE DI UN COMPITO DI INTERESSE PUBBLICO O CONNESSO ALL'ESERCIZIO DI PUBBLICI POTERI NONCHÉ DISPOSIZIONI PER I TRATTAMENTI DI CUI AL CAPO IX DEL REGOLAMENTO (4)

TITOLI 0I-XIII

.... (*omissis*).

PARTE III

TUTELA DELL'INTERESSATO E SANZIONI

(1) Capo inserito dall'art. 2.1, lett. f, d.lg. 10 agosto 2018, n. 101.
(2) Articoli abrogati dall'art. 27.1, lett. a, n. 1, d.lg. 10 agosto 2018, n. 101.
(3) Titoli abrogati dall'art. 27.1, lett. a, n. 2, d.lg. 10 agosto 2018, n. 101.
(4) Rubrica così sostituita alla precedente «Disposizioni relative a specifici settori» dall'art. 3.1, lett. c, n. 2, d.lg. 10 agosto 2018, n. 101.

TITOLO I

Tutela amministrativa e giurisdizionale

CAPO 0.I

ALTERNATIVITÀ DELLE FORME DI TUTELA (1)

140-*bis*. *Forme alternative di tutela*. — 1. Qualora ritenga che i diritti di cui gode sulla base della normativa in materia di protezione dei dati personali siano stati violati, l'interessato può proporre reclamo al Garante o ricorso dinanzi all'autorità giudiziaria.

2. Il reclamo al Garante non può essere proposto se, per il medesimo oggetto e tra le stesse parti, è stata già adita l'autorità giudiziaria.

3. La presentazione del reclamo al Garante rende improponibile un'ulteriore domanda dinanzi all'autorità giudiziaria tra le stesse parti e per il medesimo oggetto, salvo quanto previsto dall'art. 10, comma 4, del d.lg. 1° settembre 2011, n. 150.

CAPO I

TUTELA DINANZI AL GARANTE

[Sezione I. — *Principi generali*] (2)

141. *Reclamo al Garante*. — *1.* L'interessato può rivolgersi al Garante mediante reclamo ai sensi dell'art. 77 del Regolamento (3).

[Sezione II. — *Tutela amministrativa*] (4)

142. *Proposizione del reclamo*. — 1. Il reclamo contiene un'indicazione per quanto possibile dettagliata dei fatti e delle circostanze su cui si fonda, delle disposizioni che si presumono violate e delle misure richieste, nonché gli estremi identificativi del titolare o del responsabile del trattamento, ove conosciuto.

2. Il reclamo è sottoscritto dall'interessato o, su mandato di questo, da un ente del terzo settore soggetto alla disciplina del d.lg. 3 luglio 2017, n. 117 (5), che sia attivo nel settore della tutela dei diritti e delle libertà degli interessati, con riguardo alla protezione dei dati personali.

3. Il reclamo reca in allegato la documentazione utile ai fini della sua valutazione e l'eventuale mandato, e indica un recapito per l'invio di comunicazioni anche tramite posta elettronica, telefax o telefono.

4. Il Garante predispone un modello per il reclamo, da pubblicare nel proprio sito istituzionale, di cui favorisce la disponibilità con strumenti elettronici.

5. Il Garante disciplina con proprio regolamento il procedimento relativo all'esame dei reclami, nonché modalità semplificate e termini abbreviati per la trattazione di reclami che abbiano ad oggetto la violazione degli articoli da 15 a 22 del Regolamento (6).

143. *Decisione del reclamo*. — 1. Esaurita l'istruttoria preliminare, se il reclamo non è manifestamente infondato e sussistono i presupposti per adottare un provvedimento, il Garante, anche prima della definizione del procedimento può adottare i provvedimenti di cui all'art. 58 del Regolamento nel rispetto delle disposizioni di cui all'art. 56 dello stesso.

2. I provvedimenti di cui al comma 1 sono pubblicati nella *Gazzetta Ufficiale* della Repubblica italiana se i relativi destinatari non sono facilmente identificabili per il numero o per la complessità degli accertamenti.

3. Il Garante decide il reclamo entro nove mesi dalla data di presentazione e, in ogni caso, entro tre mesi dalla predetta data informa l'interessato sullo stato del procedimento. In presenza di motivate esigenze istruttorie, che il Garante comunica all'interessato, il reclamo è deciso entro dodici mesi. In caso di attivazione del procedimento di cooperazione di cui all'art. 60 del Regolamento, il termine rimane sospeso per la durata del predetto procedimento.

4. Avverso la decisione è ammesso ricorso giurisdizionale ai sensi dell'art. 152 (7).

144. *Segnalazioni*. — 1. Chiunque può rivolgere una segnalazione che il Garante può valutare anche ai fini dell'emanazione dei provvedimenti di cui all'art. 58 del Regolamento.

2. I provvedimenti del Garante di cui all'art. 58 del Regolamento possono essere adottati anche d'ufficio (8).

(1) Capo inserito dall'art. 13.1, lett. a, d.lg. 10 agosto 2018, n. 101.
(2) Le parole «Sezione I. Principi generali» sono state soppresse dall'art. 13.1, lett. b, d.lg. 10 agosto 2018, n. 101.
(3) Articolo così sostituito dall'art. 13.1, lett. c, d.lg. 10 agosto 2018, n. 101.
(4) Le parole «Sezione II. Tutela amministrativa» sono state soppresse dall'art. 13.1, lett. d, d.lg. 10 agosto 2018, n. 101.
(5) In *Leggi coll. XVI, 3*.
(6) Articolo così sostituito dall'art. 13.1, lett. e, d.lg. 10 agosto 2018, n. 101.
(7) Articolo così sostituito dall'art. 13.1, lett. f, d.lg. 10 agosto 2018, n. 101.
(8) Articolo così sostituito dall'art. 13.1, lett. g, d.lg. 10 agosto 2018, n. 101.

Sezione III (1).

145-151. ....

CAPO II

TUTELA GIURISDIZIONALE

152. *Autorità giudiziaria ordinaria*. — 1. Tutte le controversie che riguardano le materie oggetto dei ricorsi giurisdizionali di cui agli artt. 78 e 79 del Regolamento e quelli comunque riguardanti l'applicazione della normativa in materia di protezione dei dati personali, nonché il diritto al risarcimento del danno ai sensi dell'art. 82 del medesimo Regolamento, sono attribuite all'autorità giudiziaria ordinaria (2).

1-*bis*. Le controversie di cui al comma 1 sono disciplinate dall'art. 10 del d.lg. 1° settembre 2011, n. 150 (3).

[2. Per tutte le controversie di cui al comma 1 l'azione si propone con ricorso depositato nella cancelleria del tribunale del luogo ove risiede il titolare del trattamento] (4).

[3. Il tribunale decide in ogni caso in composizione monocratica] (4).

[4. Se è presentato avverso un provvedimento del Garante anche ai sensi dell'art. 143, il ricorso è proposto entro il termine di trenta giorni dalla data di comunicazione del provvedimento o dalla data del rigetto tacito. Se il ricorso è proposto oltre tale termine il giudice lo dichiara inammissibile con ordinanza ricorribile per cassazione] (4).

[5. La proposizione del ricorso non sospende l'esecuzione del provvedimento del Garante. Se ricorrono gravi motivi il giudice, sentite le parti, può disporre diversamente in tutto o in parte con ordinanza impugnabile unitamente alla decisione che definisce il grado di giudizio] (4).

[6. Quando sussiste pericolo imminente di un danno grave ed irreparabile il giudice può emanare i provvedimenti necessari con decreto motivato, fissando, con il medesimo provvedimento, l'udienza di comparizione delle parti entro un termine non superiore a quindici giorni. In tale udienza, con ordinanza, il giudice conferma, modifica o revoca i provvedimenti emanati con decreto] (4).

[7. Il giudice fissa l'udienza di comparizione delle parti con decreto con il quale assegna al ricorrente il termine perentorio entro cui notificarlo alle altre parti e al Garante. Tra il giorno della notificazione e l'udienza di comparizione intercorrono non meno di trenta giorni] (4).

[8. Se alla prima udienza il ricorrente non compare senza addurre alcun legittimo impedimento, il giudice dispone la cancellazione della causa dal ruolo e dichiara l'estinzione del processo, ponendo a carico del ricorrente le spese di giudizio] (4).

[9. Nel corso del giudizio il giudice dispone, anche d'ufficio, omettendo ogni formalità non necessaria al contraddittorio, i mezzi di prova che ritiene necessari e può disporre la citazione di testimoni anche senza la formulazione di capitoli] (4).

[10. Terminata l'istruttoria, il giudice invita le parti a precisare le conclusioni ed a procedere, nella stessa udienza, alla discussione orale della causa, pronunciando subito dopo la sentenza mediante lettura del dispositivo. Le motivazioni della sentenza sono depositate in cancelleria entro i successivi trenta giorni. Il giudice può anche redigere e leggere, unitamente al dispositivo, la motivazione della sentenza, che è subito dopo depositata in cancelleria] (4).

[11. Se necessario, il giudice può concedere alle parti un termine non superiore a dieci giorni per il deposito di note difensive e rinviare la causa all'udienza immediatamente successiva alla scadenza del termine per la discussione e la pronuncia della sentenza] (4).

[12. Con la sentenza il giudice, anche in deroga al divieto di cui all'art. 4 della l. 20 marzo 1865, n. 2248, allegato *E*), quando è necessario anche in relazione all'eventuale atto del soggetto pubblico titolare o responsabile, accoglie o rigetta la domanda, in tutto o in parte, prescrive le misure necessarie, dispone sul risarci-

(1) Sezione abrogata dall'art. 27.1, lett. c, n. 1, d.lg. 10 agosto 2018, n. 101.

(2) Comma così sostituito dall'art. 13.2, d.lg. 10 agosto 2018, n. 101.

(3) Comma inserito dall'art. 34.9, lett. b, d.lg. 1° settembre 2011, n. 150. L'art. 36, d.lg. cit., così dispone: «1. Le norme del presente decreto si applicano ai procedimenti instaurati successivamente alla data di entrata in vigore dello stesso. || 2. Le norme abrogate o modificate dal presente decreto continuano ad applicarsi alle controversie pendenti alla data di entrata in vigore dello stesso».

(4) Comma abrogato dall'art. 34.9, lett. c, d.lg. 1° settembre 2011, n. 150. L'art. 36, d.lg. cit., così dispone: «1. Le norme del presente decreto si applicano ai procedimenti instaurati successivamente alla data di entrata in vigore dello stesso. || 2. Le norme abrogate o modificate dal presente decreto continuano ad applicarsi alle controversie pendenti alla data di entrata in vigore dello stesso».

mento del danno, ove richiesto, e pone a carico della parte soccombente le spese del procedimento] (1).

[13. La sentenza non è appellabile, ma è ammesso il ricorso per cassazione] (1).

[14. Le disposizioni di cui al presente articolo si applicano anche nei casi previsti dall'art. 10, comma 5, della l. 1° aprile 1981, n. 121, e successive modificazioni] (1).

TITOLO II

Autorità di controllo indipendente (2)

CAPO I

Il Garante per la protezione dei dati personali

153. *Garante per la protezione dei dati personali.* — 1. Il Garante è composto dal Collegio, che ne costituisce il vertice, e dall'Ufficio. Il Collegio è costituito da quattro componenti, eletti due dalla Camera dei deputati e due dal Senato della Repubblica con voto limitato. I componenti devono essere eletti tra coloro che presentano la propria candidatura nell'ambito di una procedura di selezione il cui avviso deve essere pubblicato nei siti internet della Camera, del Senato e del Garante almeno sessanta giorni prima della nomina. Le candidature devono pervenire almeno trenta giorni prima della nomina e i curricula devono essere pubblicati negli stessi siti internet. Le candidature possono essere avanzate da persone che assicurino indipendenza e che risultino di comprovata esperienza nel settore della protezione dei dati personali, con particolare riferimento alle discipline giuridiche o dell'informatica.

2. I componenti eleggono nel loro ambito un presidente, il cui voto prevale in caso di parità. Eleggono altresì un vice presidente, che assume le funzioni del presidente in caso di sua assenza o impedimento.

3. L'incarico di presidente e quello di componente hanno durata settennale e non sono rinnovabili. Per tutta la durata dell'incarico il presidente e i componenti non possono esercitare, a pena di decadenza, alcuna attività professionale o di consulenza, anche non remunerata, né essere amministratori o dipendenti di enti pubblici o privati, né ricoprire cariche elettive.

4. I membri del Collegio devono mantenere il segreto, sia durante sia successivamente alla cessazione dell'incarico, in merito alle informazioni riservate cui hanno avuto accesso nell'esecuzione dei propri compiti o nell'esercizio dei propri poteri.

5. All'atto dell'accettazione della nomina il presidente e i componenti sono collocati fuori ruolo se dipendenti di pubbliche amministrazioni o magistrati in attività di servizio; se professori universitari di ruolo, sono collocati in aspettativa senza assegni ai sensi dell'art. 13 del d.p.r. 11 luglio 1980, n. 382. Il personale collocato fuori ruolo o in aspettativa non può essere sostituito.

6. Al presidente compete una indennità di funzione pari alla retribuzione in godimento al primo Presidente della Corte di cassazione, nei limiti previsti dalla legge per il trattamento economico annuo omnicomprensivo di chiunque riceva a carico delle finanze pubbliche emolumenti o retribuzioni nell'ambito di rapporti di lavoro dipendente o autonomo con pubbliche amministrazioni statali. Ai componenti compete una indennità pari ai due terzi di quella spettante al Presidente.

7. Alle dipendenze del Garante è posto l'Ufficio di cui all'art. 155.

8. Il presidente, i componenti, il segretario generale e i dipendenti si astengono dal trattare, per i due anni successivi alla cessazione dell'incarico ovvero del servizio presso il Garante, procedimenti dinanzi al Garante, ivi compresa la presentazione per conto di terzi di reclami richieste di parere o interpelli (3).

154. *Compiti.* — 1. Oltre a quanto previsto da specifiche disposizioni e dalla Sezione II del Capo VI del Regolamento, il Garante, ai sensi dell'art. 57, par. 1, lett. *v*), del Regolamento medesimo, anche di propria iniziativa e avvalendosi dell'Ufficio, in conformità alla disciplina vigente e nei confronti di uno o più titolari del trattamento, ha il compito di:

a) controllare se i trattamenti sono effettuati nel rispetto della disciplina applicabile, anche in caso di loro cessazione e con riferimento alla conservazione dei dati di traffico;

b) trattare i reclami presentati ai sensi del

(1) Comma abrogato dall'art. 34.9, lett. c, d.lg. 1° settembre 2011, n. 150. L'art. 36, d.lg. cit., così dispone: «1. Le norme del presente decreto si applicano ai procedimenti instaurati successivamente alla data di entrata in vigore dello stesso. || 2. Le norme abrogate o modificate dal presente decreto continuano ad applicarsi alle controversie pendenti alla data di entrata in vigore dello stesso».

(2) Rubrica così sostituita alla precedente «L'Autorità» dall'art. 14.1, lett. a, d.lg. 10 agosto 2018, n. 101.

(3) Articolo così sostituito dall'art. 14.1, lett. b, d.lg. 10 agosto 2018, n. 101.

regolamento, e delle disposizioni del presente codice, anche individuando con proprio regolamento modalità specifiche per la trattazione, nonché fissando annualmente le priorità delle questioni emergenti dai reclami che potranno essere istruite nel corso dell'anno di riferimento;

c) promuovere l'adozione di regole deontologiche, nei casi di cui all'art. 2-*quater*;

d) denunciare i fatti configurabili come reati perseguibili d'ufficio, dei quali viene a conoscenza nell'esercizio o a causa delle funzioni;

e) trasmettere la relazione, predisposta annualmente ai sensi dell'art. 59 del Regolamento, al Parlamento e al Governo entro il 31 maggio dell'anno successivo a quello cui si riferisce;

f) assicurare la tutela dei diritti e delle libertà fondamentali degli individui dando idonea attuazione al Regolamento e al presente codice;

g) provvedere altresì all'espletamento dei compiti ad esso attribuiti dal diritto dell'Unione europea o dello Stato e svolgere le ulteriori funzioni previste dall'ordinamento.

2. Il Garante svolge altresì, ai sensi del comma 1, la funzione di controllo o assistenza in materia di trattamento dei dati personali prevista da leggi di ratifica di accordi o convenzioni internazionali o da atti comunitari o dell'Unione europea e, in particolare:

a) dal reg. (CE) n. 1987/2006 del Parlamento europeo e del Consiglio, del 20 dicembre 2006, sull'istituzione, l'esercizio e l'uso del sistema d'informazione Schengen di seconda generazione (SIS II) e decisione 2007/533/GAI del Consiglio, del 12 giugno 2007, sull'istituzione, l'esercizio e l'uso del sistema d'informazione Schengen di seconda generazione (SIS II);

b) dal reg. (UE) 2016/794 del Parlamento europeo e del Consiglio, dell'11 maggio 2016, che istituisce l'Agenzia dell'Unione europea per la cooperazione nell'attività di contrasto (Europol) e sostituisce e abroga le decisioni del Consiglio 2009/371/GAI, 2009/934/GAI, 2009/935/GAI, 2009/936/GAI e 2009/968/GAI;

c) al reg. (UE) 2015/1525 del Parlamento europeo e del Consiglio, del 9 settembre 2015, che modifica il reg. (CE) n. 515/97 del Consiglio relativo alla mutua assistenza tra le autorità amministrative degli Stati membri e alla collaborazione tra queste e la Commissione per assicurare la corretta applicazione delle normative doganale e agricola e decisione 2009/917/GAI del Consiglio, del 30 novembre 2009, sull'uso dell'informatica nel settore doganale;

d) dal reg. (CE) n. 603/2013 del Parlamento europeo e del Consiglio, del 26 giugno 2013, che istituisce l'Eurodac per il confronto delle impronte digitali per l'efficace applicazione del reg. (UE) n. 604/2013 che stabilisce i criteri e i meccanismi di determinazione dello Stato membro competente per l'esame di una domanda di protezione internazionale presentata in uno degli Stati membri da un cittadino di un paese terzo o da un apolide e per le richieste di confronto con i dati Eurodac presentate dalle autorità di contrasto degli Stati membri e da Europol a fini di contrasto, e che modifica il reg. (UE) n. 1077/2011 che istituisce un'agenzia europea per la gestione operativa dei sistemi IT su larga scala nello spazio di libertà, sicurezza e giustizia;

e) dal reg. (CE) n. 767/2008 del Parlamento europeo e del Consiglio, del 9 luglio 2008, concernente il sistema di informazione visti (VIS) e lo scambio di dati tra Stati membri sui visti per soggiorni di breve durata (reg. VIS) e decisione n. 2008/633/GAI del Consiglio, del 23 giugno 2008, relativa all'accesso per la consultazione al sistema di informazione visti (VIS) da parte delle autorità designate degli Stati membri e di Europol ai fini della prevenzione, dell'individuazione e dell'investigazione di reati di terrorismo e altri reati gravi;

f) dal reg. (CE) n. 1024/2012 del Parlamento europeo e del Consiglio, del 25 ottobre 2012, relativo alla cooperazione amministrativa attraverso il sistema di informazione del mercato interno e che abroga la decisione 2008/49/CE della Commissione (reg. IMI) Testo rilevante ai fini del SEE;

g) dalle disposizioni di cui al capitolo IV della Convenzione n. 108 sulla protezione delle persone rispetto al trattamento automatizzato di dati di carattere personale, adottata a Strasburgo il 28 gennaio 1981 e resa esecutiva con l. 21 febbraio 1989, n. 98, quale autorità designata ai fini della cooperazione tra Stati ai sensi dell'art. 13 della convenzione medesima.

3. Per quanto non previsto dal Regolamento e dal presente codice, il Garante disciplina con proprio Regolamento, ai sensi dell'art. 156, comma 3, le modalità specifiche dei procedimenti relativi all'esercizio dei compiti e dei poteri ad esso attribuiti dal Regolamento e dal presente codice.

4. Il Garante collabora con altre autorità amministrative indipendenti nazionali nello svolgimento dei rispettivi compiti.

5. Fatti salvi i termini più brevi previsti per legge, il parere del Garante, anche nei casi di cui agli artt. 36, par. 4, del Regolamento, è reso nel termine di quarantacinque giorni dal rice-

vimento della richiesta. Decorso il termine, l'amministrazione può procedere indipendentemente dall'acquisizione del parere. Quando, per esigenze istruttorie, non può essere rispettato il termine di cui al presente comma, tale termine può essere interrotto per una sola volta e il parere deve essere reso definitivamente entro venti giorni dal ricevimento degli elementi istruttori da parte delle amministrazioni interessate.

6. Copia dei provvedimenti emessi dall'autorità giudiziaria in relazione a quanto previsto dal presente codice o in materia di criminalità informatica è trasmessa, a cura della cancelleria, al Garante.

7. Il Garante non è competente per il controllo dei trattamenti effettuati dalle autorità giudiziarie nell'esercizio delle loro funzioni (1).

154-*bis*. *Poteri*. — 1. Oltre a quanto previsto da specifiche disposizioni, dalla Sezione II del Capo VI del Regolamento e dal presente codice, ai sensi dell'art. 58, par. 6, del Regolamento medesimo, il Garante ha il potere di:

a) adottare linee guida di indirizzo riguardanti le misure organizzative e tecniche di attuazione dei principi del Regolamento, anche per singoli settori e in applicazione dei principi di cui all'art. 25 del Regolamento;

b) approvare le regole deontologiche di cui all'art. 2-*quater*.

2. Il Garante può invitare rappresentanti di un'altra autorità amministrativa indipendente nazionale a partecipare alle proprie riunioni, o essere invitato alle riunioni di altra autorità amministrativa indipendente nazionale, prendendo parte alla discussione di argomenti di comune interesse; può richiedere, altresì, la collaborazione di personale specializzato addetto ad altra autorità amministrativa indipendente nazionale.

3. Il Garante pubblica i propri provvedimenti sulla base di quanto previsto con atto di natura generale che disciplina anche la durata di tale pubblicazione, la pubblicità nella *Gazzetta Ufficiale* della Repubblica italiana e sul proprio sito internet istituzionale nonché i casi di oscuramento.

4. In considerazione delle esigenze di semplificazione delle micro, piccole e medie imprese, come definite dalla racc. 2003/361/CE, il Garante per la protezione dei dati personali, nel rispetto delle disposizioni del Regolamento e del presente Codice, promuove, nelle linee guida adottate a norma del comma 1, lett. *a*), modalità semplificate di adempimento degli obblighi del titolare del trattamento (2).

154-*ter*. *Potere di agire e rappresentanza in giudizio*. — 1. Il Garante è legittimato ad agire in giudizio nei confronti del titolare o del responsabile del trattamento in caso di violazione delle disposizioni in materia di protezione dei dati personali.

2. Il Garante è rappresentato in giudizio dall'Avvocatura dello Stato, ai sensi dell'art. 1 del r.d. 30 ottobre 1933, n. 1611.

3. Nei casi di conflitto di interesse, il Garante, sentito l'Avvocato generale dello Stato, può stare in giudizio tramite propri funzionari iscritti nell'elenco speciale degli avvocati dipendenti di enti pubblici ovvero avvocati del libero foro (2).

CAPO II

L'ufficio del Garante

155-156. .... (*omissis*).

CAPO III

Accertamenti e controlli

157. *Richiesta di informazioni e di esibizione di documenti*. — 1. Nell'ambito dei poteri di cui all'art. 58 del Regolamento, e per l'espletamento dei propri compiti, il Garante può richiedere al titolare, al responsabile, al rappresentante del titolare o del responsabile, all'interessato o anche a terzi di fornire informazioni e di esibire documenti anche con riferimento al contenuto di banche di dati (3).

158. *Accertamenti*. — 1. Il Garante può disporre accessi a banche di dati, archivi o altre ispezioni e verifiche nei luoghi ove si svolge il trattamento o nei quali occorre effettuare rilevazioni comunque utili al controllo del rispetto della disciplina in materia di trattamento dei dati personali.

2. I controlli di cui al comma 1, nonché quelli effettuati ai sensi dell'art. 62 del Regolamento, sono eseguiti da personale dell'Ufficio, con la partecipazione, se del caso, di componenti o personale di autorità di controllo di altri Stati

(1) Articolo così sostituito dall'art. 14.1, lett. c, d.lg. 10 agosto 2018, n. 101.
(2) Articolo inserito dall'art. 14.1, lett. d, d.lg. 10 agosto 2018, n. 101.
(3) Articolo così sostituito dall'art. 14.1, lett. g, d.lg. 10 agosto 2018, n. 101.

membri dell'Unione europea.

3. Il Garante si avvale anche, ove necessario, della collaborazione di altri organi dello Stato per lo svolgimento dei suoi compiti istituzionali.

4. Gli accertamenti di cui ai commi 1 e 2, se svolti in un'abitazione o in un altro luogo di privata dimora o nelle relative appartenenze, sono effettuati con l'assenso informato del titolare o del responsabile, oppure previa autorizzazione del presidente del tribunale competente per territorio in relazione al luogo dell'accertamento, il quale provvede con decreto motivato senza ritardo, al più tardi entro tre giorni dal ricevimento della richiesta del Garante quando è documentata l'indifferibilità dell'accertamento.

5. Con le garanzie di cui al comma 4, gli accertamenti svolti nei luoghi di cui al medesimo comma possono altresì riguardare reti di comunicazione accessibili al pubblico, potendosi procedere all'acquisizione di dati e informazioni on-line. A tal fine, viene redatto apposito verbale in contraddittorio con le parti ove l'accertamento venga effettuato presso il titolare del trattamento (1).

159. *Modalità*. — 1. Il personale operante, munito di documento di riconoscimento, può essere assistito ove necessario da consulenti tenuti al segreto su ciò di cui sono venuti a conoscenza, nell'esercizio delle proprie funzioni, in ordine a notizie che devono rimanere segrete (2). Nel procedere a rilievi e ad operazioni tecniche può altresì estrarre copia di ogni atto, dato e documento, anche a campione e su supporto informatico o per via telematica. Degli accertamenti è redatto sommario verbale nel quale sono annotate anche le eventuali dichiarazioni dei presenti.

2. Ai soggetti presso i quali sono eseguiti gli accertamenti è consegnata copia dell'autorizzazione del presidente del tribunale, ove rilasciata. I medesimi soggetti sono tenuti a farli eseguire e a prestare la collaborazione a tal fine necessaria. In caso di rifiuto gli accertamenti sono comunque eseguiti e le spese in tal caso occorrenti sono poste a carico del titolare con il provvedimento che definisce il procedimento, che per questa parte costituisce titolo esecutivo ai sensi degli artt. 474 e 475 del codice di procedura civile.

3. Gli accertamenti, se effettuati presso il titolare o il responsabile o il rappresentante del titolare o del responsabile (3), sono eseguiti dandone informazione a quest'ultimo o, se questo è assente o non è designato, alle persone autorizzate al trattamento dei dati personali sotto l'autorità diretta del titolare o del responsabile ai sensi dell'art. 2-*quaterdecies* (4). Agli accertamenti possono assistere persone indicate dal titolare o dal responsabile.

4. Se non è disposto diversamente nel decreto di autorizzazione del presidente del tribunale, l'accertamento non può essere iniziato prima delle ore sette e dopo le ore venti, e può essere eseguito anche con preavviso quando ciò può facilitarne l'esecuzione.

5. Le informative, le richieste e i provvedimenti di cui al presente articolo e agli artt. 157 e 158 possono essere trasmessi anche mediante posta elettronica [...] (5).

6. Quando emergono indizi di reato si osserva la disposizione di cui all'art. 220 delle norme di attuazione, di coordinamento e transitorie del codice di procedura penale, approvate con d.lg. 28 luglio 1989, n. 271.

160. *Particolari accertamenti*. — 1. Per i trattamenti di dati personali di cui all'art. 58, gli accertamenti sono effettuati per il tramite di un componente designato dal Garante.

2. Se il trattamento non risulta conforme alle norme del Regolamento ovvero alle disposizioni di legge o di Regolamento, il Garante indica al titolare o al responsabile le necessarie modificazioni ed integrazioni e ne verifica l'attuazione. Se l'accertamento è stato richiesto dall'interessato, a quest'ultimo è fornito in ogni caso un riscontro circa il relativo esito, se ciò non pregiudica azioni od operazioni a tutela dell'ordine e della sicurezza pubblica o di prevenzione e repressione di reati o ricorrono motivi di difesa o di sicurezza dello Stato.

3. Gli accertamenti non sono delegabili. Quando risulta necessario in ragione della specificità della verifica, il componente designato

(1) Articolo così sostituito dall'art. 14.1, lett. h, d.lg. 10 agosto 2018, n. 101.

(2) Le parole «su ciò di cui sono venuti a conoscenza, nell'esercizio delle proprie funzioni, in ordine a notizie che devono rimanere segrete» sono state così sostituite alle precedenti «ai sensi dell'art. 156, comma 8» dall'art. 14.1, lett. i, n. 1, d.lg. 10 agosto 2018, n. 101.

(3) Le parole «o il rappresentante del titolare o del responsabile» sono state inserite dall'art. 14.1, lett. i, n. 2, d.lg. 10 agosto 2018, n. 101.

(4) Le parole «alle persone autorizzate al trattamento dei dati personali sotto l'autorità diretta del titolare o del responsabile ai sensi dell'art. 2-*quaterdecies*» sono state così sostituite alle precedenti «agli incaricati» dall'art. 14.1, lett. i, n. 2, d.lg. 10 agosto 2018, n. 101.

(5) Le parole «e telefax» sono state soppresse dall'art. 14.1, lett. i, n. 3, d.lg. 10 agosto 2018, n. 101.

può farsi assistere da personale specializzato tenuto al segreto su ciò di cui sono venuti a conoscenza in ordine a notizie che devono rimanere segrete. Gli atti e i documenti acquisiti sono custoditi secondo modalità tali da assicurarne la segretezza e sono conoscibili dal presidente e dai componenti del Garante e, se necessario per lo svolgimento delle funzioni dell'organo, da un numero delimitato di addetti all'Ufficio individuati dal Garante sulla base di criteri definiti dal Regolamento di cui all'art. 156, comma 3, lett. *a*).

4. Per gli accertamenti di cui al comma 3 relativi agli organismi di informazione e di sicurezza e ai dati coperti da segreto di Stato il componente designato prende visione degli atti e dei documenti rilevanti e riferisce oralmente nelle riunioni del Garante (1).

160-*bis*. *Validità, efficacia e utilizzabilità nel procedimento giudiziario di atti, documenti e provvedimenti basati sul trattamento di dati personali non conforme a disposizioni di legge o di Regolamento*. — 1. La validità, l'efficacia e l'utilizzabilità nel procedimento giudiziario di atti, documenti e provvedimenti basati sul trattamento di dati personali non conforme a disposizioni di legge o di Regolamento restano disciplinate dalle pertinenti disposizioni processuali (2).

TITOLO III

Sanzioni

161-172. . . . . (*omissis*) (3).

TITOLO IV

Disposizioni modificative, abrogative, transitorie e finali

CAPO I

DISPOSIZIONI DI MODIFICA

173-179. . . . . (*omissis*) (4).

CAPO II

DISPOSIZIONI TRANSITORIE (5)

180-182. . . . .

CAPO III

ABROGAZIONI

183. . . . . (*omissis*).

CAPO IV

NORME FINALI

184-185. . . . . (6).

186. *Entrata in vigore*. — 1. Le disposizioni di cui al presente codice entrano in vigore il 1° gennaio 2004, ad eccezione delle disposizioni di cui agli artt. 156, 176, commi 3, 4, 5 e 6, e 182, che entrano in vigore il giorno successivo alla data di pubblicazione del presente codice. Dalla medesima data si osservano altresì i termini in materia di ricorsi di cui agli artt. 149, comma 8, e 150, comma 2.

ALLEGATO A

. . . . (*omissis*).

II. 4.

DECRETO LEGISLATIVO 18 maggio 2018, n. 51. — *Attuazione della dir. (UE) 2016/680 del Parlamento europeo e del Consiglio, del 27 aprile 2016, relativa alla protezione delle persone fisiche con riguardo al trattamento dei dati personali da parte delle autorità competenti a fini di prevenzione, indagine, accertamento e perseguimento di reati o esecuzione di sanzioni penali, nonché alla libera circolazione di tali dati e che abroga la decisione quadro 2008/977/GAI del Consiglio* (7).

(1) Articolo così sostituito dall'art. 14.1, lett. l, d.lg. 10 agosto 2018, n. 101.
(2) Articolo inserito dall'art. 14.1, lett. m, d.lg. 10 agosto 2018, n. 101.
(3) Gli artt. 161-165 e 169 sono stati abrogati dall'art. 27.1, lett. c, n. 2, d.lg. 10 agosto 2018, n. 101.
(4) Articoli abrogati, ad eccezione del comma 3 dell'art. 175, dall'art. 27.1, lett. c, n. 3, d.lg. 10 agosto 2018, n. 101.
(5) Capo abrogato dall'art. 27.1, lett. c, n. 4, d.lg. 10 agosto 2018, n. 101.
(6) Articoli abrogati dall'art. 27.1, lett. c, n. 5, d.lg. 10 agosto 2018, n. 101.
(7) G.U., 24 maggio 2018, n. 119.

CAPO I

Disposizioni generali

1. *Oggetto e ambito di applicazione*. — 1. Il presente decreto attua nell'ordinamento interno le disposizioni della dir. (UE) 2016/680 del Parlamento europeo e del Consiglio, del 27 aprile 2016, relativa alla protezione delle persone fisiche con riguardo al trattamento dei dati personali da parte delle autorità competenti a fini di prevenzione, indagine, accertamento e perseguimento di reati o esecuzione di sanzioni penali, nonché alla libera circolazione di tali dati, e che abroga la decisione quadro 2008/977/GAI del Consiglio.

2. Il presente decreto si applica al trattamento interamente o parzialmente automatizzato di dati personali delle persone fisiche e al trattamento non automatizzato di dati personali delle persone fisiche contenuti in un archivio o ad esso destinati, svolti dalle autorità competenti a fini di prevenzione, indagine, accertamento e perseguimento di reati, o esecuzione di sanzioni penali, incluse la salvaguardia contro e la prevenzione di minacce alla sicurezza pubblica.

3. Il presente decreto non si applica ai trattamenti di dati personali:

a) effettuati nello svolgimento di attività concernenti la sicurezza nazionale o rientranti nell'ambito di applicazione del titolo V, capo 2, del trattato sull'Unione europea e per tutte le attività che non rientrano nell'ambito di applicazione del diritto dell'Unione europea;

b) effettuati da istituzioni, organi, uffici e agenzie dell'Unione europea.

2. *Definizioni*. — 1. Ai fini del presente decreto, si applicano le seguenti definizioni:

a) dati personali: qualsiasi informazione riguardante una persona fisica identificata o identificabile («interessato»);

b) trattamento: qualsiasi operazione o insieme di operazioni, compiute con o senza l'ausilio di processi automatizzati, applicate a dati personali o insiemi di dati personali, come la raccolta, la registrazione, l'organizzazione, la strutturazione, la conservazione, l'adattamento o la modifica, l'estrazione, la consultazione, l'uso, la comunicazione mediante trasmissione, diffusione o qualsiasi altra forma di messa a disposizione, il raffronto o l'interconnessione, la limitazione, la cancellazione o la distruzione;

c) limitazione di trattamento: il contrassegno dei dati personali conservati con l'obiettivo di limitarne il trattamento in futuro;

d) pseudonimizzazione: il trattamento dei dati personali in modo tale che i dati personali non possano più essere attribuiti a un interessato specifico senza l'utilizzo di informazioni aggiuntive, a condizione che tali informazioni aggiuntive siano conservate separatamente e soggette a misure tecniche e organizzative intese a garantire che i dati personali non siano attribuiti a una persona fisica identificata o identificabile;

e) profilazione: qualsiasi forma di trattamento automatizzato di dati personali consistente nell'utilizzo di tali dati per valutare determinati aspetti personali relativi a una persona fisica, in particolare per analizzare o prevedere aspetti riguardanti il rendimento professionale, la situazione economica, la salute, le preferenze personali, gli interessi, l'affidabilità, il comportamento, l'ubicazione o gli spostamenti di detta persona fisica;

f) archivio: qualsiasi insieme strutturato di dati personali accessibili secondo criteri determinati, indipendentemente dal fatto che tale insieme sia centralizzato, decentralizzato o ripartito in modo funzionale o geografico;

g) autorità competente:

1) qualsiasi autorità pubblica dello Stato, di uno Stato membro dell'Unione europea o di uno Stato terzo competente in materia di prevenzione, indagine, accertamento e perseguimento di reati o esecuzione di sanzioni penali, incluse la salvaguardia contro e la prevenzione di minacce alla sicurezza pubblica;

2) qualsiasi altro organismo o entità incaricato dagli ordinamenti interni di esercitare l'autorità pubblica e i poteri pubblici a fini di prevenzione, indagine, accertamento e perseguimento di reati o esecuzione di sanzioni penali, incluse la salvaguardia e la prevenzione di minacce alla sicurezza pubblica;

h) titolare del trattamento: l'autorità competente che, singolarmente o insieme ad altri, determina le finalità e i mezzi del trattamento di dati personali; quando le finalità e i mezzi di tale trattamento sono determinati dal diritto dell'Unione europea o dello Stato, il titolare del trattamento o i criteri specifici applicabili alla sua nomina possono essere previsti dal diritto dell'Unione europea o dello Stato;

i) responsabile del trattamento: la persona fisica o giuridica, l'autorità pubblica, il servizio o altro organismo che tratta dati personali per conto del titolare del trattamento;

l) destinatario: la persona fisica o giuridica, l'autorità pubblica, il servizio o un altro organismo che riceve comunicazione di dati personali, che si tratti o meno di terzi. Tuttavia, le autorità pubbliche che possono ricevere comunicazione di dati personali nell'ambito di una specifica indagine conformemente al diritto dell'Unione europea o dello Stato non sono considerate destinatari; il trattamento di tali dati da parte di tali autorità pubbliche è conforme alle norme in materia di protezione dei dati applicabili secondo le finalità del trattamento;

m) violazione dei dati personali: la violazione della sicurezza che comporta accidentalmente o in modo illecito la distruzione, la perdita, la modifica, la divulgazione non autorizzata o l'accesso ai dati personali trasmessi, conservati o comunque trattati;

n) dati genetici: i dati personali relativi alle caratteristiche genetiche ereditarie o acquisite di una persona fisica, che forniscono informazioni univoche sulla fisiologia o sulla salute di detta persona fisica e che risultano in particolare dall'analisi di un campione biologico della persona fisica in questione;

o) dati biometrici: i dati personali ottenuti da un trattamento tecnico specifico relativi alle caratteristiche fisiche, fisiologiche o comportamentali di una persona fisica che ne consentono o confermano l'identificazione univoca, quali l'immagine facciale o i dati dattiloscopici;

p) dati relativi alla salute: i dati personali attinenti alla salute fisica o mentale di una persona fisica, compresa la prestazione di servizi di assistenza sanitaria, che rivelano informazioni relative al suo stato di salute;

q) file di log: registro degli accessi e delle operazioni;

r) autorità di controllo: l'autorità pubblica indipendente istituita negli Stati membri ai sensi dell'art. 41 della direttiva;

s) il Garante: autorità di controllo nell'ordinamento interno, individuata nel Garante per la protezione dei dati personali, istituito dal d.lg. 30 giugno 2003, n. 196 (1);

t) organizzazione internazionale: un'organizzazione e gli organismi di diritto internazionale pubblico a essa subordinati o qualsiasi altro organismo istituito da o sulla base di un accordo tra due o più Stati;

u) Codice: Codice in materia di protezione dei dati personali, adottato con il d.lg. 30 giugno 2003, n. 196 (1);

v) Stato membro: Stato membro dell'Unione europea;

z) Paese terzo: Stato non membro dell'Unione europea;

aa) direttiva: la dir. (UE) 2016/680 del Parlamento europeo e del Consiglio del 27 aprile 2016;

bb) reg. UE: il reg. (UE) 2016/679 del Parlamento europeo e del Consiglio del 27 aprile 2016;

cc) Forze di polizia: le Forze di polizia di cui all'art. 16 della l. 1° aprile 1981, n. 121.

3. *Principi applicabili al trattamento di dati personali.* — 1. I dati personali di cui all'art. 1, comma 2, sono:

a) trattati in modo lecito e corretto;

b) raccolti per finalità determinate, espresse e legittime e trattati in modo compatibile con tali finalità;

c) adeguati, pertinenti e non eccedenti rispetto alle finalità per le quali sono trattati;

d) esatti e, se necessario, aggiornati; devono essere adottate tutte le misure ragionevoli per cancellare o rettificare tempestivamente i dati inesatti rispetto alle finalità per le quali sono trattati;

e) conservati con modalità che consentano l'identificazione degli interessati per il tempo necessario al conseguimento delle finalità per le quali sono trattati, sottoposti a esame periodico per verificarne la persistente necessità di conservazione, cancellati o anonimizzati una volta decorso tale termine;

f) trattati in modo da garantire un'adeguata sicurezza e protezione da trattamenti non autorizzati o illeciti e dalla perdita, dalla distruzione o dal danno accidentali, mediante l'adozione di misure tecniche e organizzative adeguate.

2. Il trattamento per una delle finalità di cui all'art. 1, comma 2, diversa da quella per cui i dati sono raccolti, è consentito se il titolare del trattamento, anche se diverso da quello che ha raccolto i dati, è autorizzato a trattarli per detta finalità, conformemente al diritto dell'Unione europea o dell'ordinamento interno e se il trattamento è necessario e proporzionato a tale diversa finalità, conformemente al diritto dell'Unione europea o dell'ordinamento interno.

3. Il trattamento per le finalità di cui all'art. 1, comma 2, può comprendere l'archiviazione nel pubblico interesse, l'utilizzo scientifico, storico o statistico, fatte salve le garanzie adeguate per i diritti e le libertà degli interessati.

4. Il titolare del trattamento è responsabile del rispetto dei principi di cui ai commi 1, 2 e 3.

4. *Conservazione e verifica della qualità dei dati, distinzione tra categorie di interessati e di*

(1) In *Leggi coll. II, 3.*

dati. — 1. Il titolare del trattamento, tenuto conto della finalità del trattamento e per quanto possibile, distingue i dati personali in relazione alle diverse categorie di interessati previste dalla legge e i dati fondati su fatti da quelli fondati su valutazioni. La distinzione in relazione alle diverse categorie di interessati si applica, in particolare, alle seguenti categorie di interessati: persone sottoposte a indagine; imputati; persone sottoposte a indagine o imputate in procedimento connesso o collegato; persone condannate con sentenza definitiva; persone offese dal reato; parti civili; persone informate sui fatti; testimoni.

2. Le autorità competenti adottano misure adeguate a garantire che i dati personali inesatti, incompleti o non aggiornati non siano trasmessi o resi disponibili. A tal fine ciascuna autorità competente, per quanto possibile, verifica la qualità dei dati personali prima che questi siano trasmessi o resi disponibili e correda la loro trasmissione delle informazioni che consentono all'autorità ricevente di valutarne il grado di esattezza, completezza, aggiornamento e affidabilità.

3. Quando risulta che i dati personali sono stati trasmessi illecitamente o sono inesatti, il destinatario ne è tempestivamente informato. In tal caso, i dati personali devono essere rettificati o cancellati o il trattamento deve essere limitato a norma dell'art. 12.

5. *Liceità del trattamento*. — 1. Il trattamento è lecito se è necessario per l'esecuzione di un compito di un'autorità competente per le finalità di cui all'art. 1, comma 2, e si basa sul diritto dell'Unione europea o su disposizioni di legge o, nei casi previsti dalla legge, di regolamento che individuano i dati personali e le finalità del trattamento.

2. Con decreto del Presidente della Repubblica, adottato ai sensi dell'art. 17, comma 1, della l. 23 agosto 1988, n. 400, sono individuati, per i trattamenti o le categorie di trattamenti non occasionali di cui al comma 1, i termini, ove non già stabiliti da disposizioni di legge o di regolamento, e le modalità di conservazione dei dati, i soggetti legittimati ad accedervi, le condizioni di accesso, le modalità di consultazione, nonché le modalità e le condizioni per l'esercizio dei diritti di cui agli artt. 9, 10, 11 e 13. I termini di conservazione sono determinati in conformità ai criteri indicati all'art. 3, comma 1, tenendo conto delle diverse categorie di interessati e delle finalità perseguite.

6. *Condizioni di trattamento specifiche*. — 1. I dati personali raccolti per le finalità di cui all'art. 1, comma 2, non possono essere trattati per finalità diverse, salvo che tale trattamento sia consentito dal diritto dell'Unione europea o dalla legge.

2. Ai trattamenti eseguiti per finalità diverse da quelle di cui all'art. 1, comma 2, comprese le attività di archiviazione nel pubblico interesse, di ricerca scientifica o storica o per finalità statistiche, si applica il reg. UE, salve le disposizioni di cui all'art. 58 del Codice.

3. Se il diritto dell'Unione europea o le disposizioni legislative o regolamentari prevedono condizioni specifiche per il trattamento dei dati personali, l'autorità competente che trasmette tali dati informa il destinatario delle condizioni e dell'obbligo di rispettarle.

4. L'autorità competente che trasmette i dati applica le stesse condizioni previste per le trasmissioni di dati all'interno dello Stato ai destinatari di altri Stati membri o ad agenzie, uffici e organi istituiti a norma del titolo V, capi 4 e 5, del Trattato sul funzionamento dell'Unione europea.

7. *Trattamento di categorie particolari di dati personali*. — 1. Il trattamento di dati di cui all'art. 9 del reg. UE è autorizzato solo se strettamente necessario e assistito da garanzie adeguate per i diritti e le libertà dell'interessato e specificamente previsto dal diritto dell'Unione europea o da legge o, nei casi previsti dalla legge, da regolamento, ovvero, ferme le garanzie dei diritti e delle libertà, se necessario per salvaguardare un interesse vitale dell'interessato o di un'altra persona fisica o se ha ad oggetto dati resi manifestamente pubblici dall'interessato.

8. *Processo decisionale automatizzato relativo alle persone fisiche*. — 1. Sono vietate le decisioni basate unicamente su un trattamento automatizzato, compresa la profilazione, che producono effetti negativi nei confronti dell'interessato, salvo che siano autorizzate dal diritto dell'Unione europea o da specifiche disposizioni di legge.

2. Le disposizioni di legge devono prevedere garanzie adeguate per i diritti e le libertà dell'interessato. In ogni caso è garantito il diritto di ottenere l'intervento umano da parte del titolare del trattamento.

3. Le decisioni di cui al comma 1 non possono basarsi sulle categorie particolari di dati personali di cui all'art. 9 del reg. UE, salvo che siano in vigore misure adeguate a salvaguardia dei diritti, delle libertà e dei legittimi interessi dell'interessato.

4. Fermo il divieto di cui all'art. 21 della Carta dei diritti fondamentali dell'Unione europea, è vietata la profilazione finalizzata alla discriminazione di persone fisiche sulla base di categorie particolari di dati personali di cui all'art. 9 del reg. UE.

CAPO II

DIRITTI DELL'INTERESSATO

9. *Comunicazioni e modalità per l'esercizio dei diritti dell'interessato*. — 1. Il titolare del trattamento adotta misure adeguate a fornire all'interessato tutte le informazioni di cui all'art. 10 ed effettua le comunicazioni relative al trattamento di cui agli artt. 8, 11, 12, 13, 14 e 27, in forma concisa, intellegibile e facilmente accessibile, con un linguaggio semplice e chiaro. Le informazioni sono fornite con qualsiasi mezzo adeguato, anche per via elettronica, se possibile con le stesse modalità della richiesta.

2. Il titolare del trattamento facilita l'esercizio dei diritti di cui agli artt. 8, 11, 12, 13 e 14 da parte dell'interessato.

3. Il titolare del trattamento informa l'interessato senza ingiustificato ritardo e per iscritto dell'esito della sua richiesta.

4. È assicurata la gratuità del rilascio di informazioni ai sensi dell'art. 10 e dell'esercizio dei diritti previsti dagli artt. 8, 11, 12, 13, 14 e 27. Si applicano le disposizioni di cui all'art. 12, par. 5, secondo periodo, del reg. UE.

5. Fermo quanto previsto dall'art. 5, comma 1, con decreto adottato dal Ministro competente sono individuati, ove necessario anche per categorie, i trattamenti non occasionali effettuati con strumenti elettronici per le finalità di cui all'art. 1, comma 2, previsti da disposizioni di legge o di regolamento, nonché i relativi titolari.

10. *Informazioni da rendere disponibili o da fornire all'interessato*. — 1. Il titolare del trattamento mette a disposizione dell'interessato, anche sul proprio sito internet, le seguenti informazioni:

a) l'identità e i dati di contatto del titolare del trattamento;

b) i dati di contatto del responsabile della protezione dei dati, se previsto;

c) le finalità del trattamento cui sono destinati i dati personali;

d) la sussistenza del diritto di proporre reclamo al Garante e i relativi dati di contatto;

e) la sussistenza del diritto di chiedere al titolare del trattamento l'accesso ai dati e la rettifica o la cancellazione dei dati personali e la limitazione del trattamento dei dati personali che lo riguardano.

2. In aggiunta alle informazioni di cui al comma 1, il titolare del trattamento, quando previsto da disposizioni di legge o di regolamento, fornisce all'interessato le seguenti ulteriori informazioni, funzionali all'esercizio dei propri diritti:

a) il titolo giuridico del trattamento;

b) il periodo di conservazione dei dati personali o, se non è possibile, i criteri per determinare tale periodo;

c) le categorie di destinatari dei dati personali, anche in Paesi terzi o in seno a organizzazioni internazionali;

d) le ulteriori informazioni ritenute utili all'esercizio dei diritti, in particolare nel caso in cui i dati personali siano stati raccolti all'insaputa dell'interessato.

11. *Diritto di accesso dell'interessato*. — 1. L'interessato ha il diritto di ottenere dal titolare del trattamento conferma dell'esistenza di un trattamento in corso di dati personali che lo riguardano e, in tal caso, l'accesso ai dati e alle seguenti informazioni:

a) le finalità e il titolo giuridico del trattamento;

b) le categorie di dati personali trattati;

c) i destinatari o le categorie di destinatari a cui i dati personali sono stati comunicati;

d) il periodo di conservazione dei dati personali o, se non è possibile, i criteri per determinare tale periodo;

e) il diritto di chiedere al titolare del trattamento la rettifica o la cancellazione dei dati personali o la limitazione del trattamento dei dati personali che lo riguardano;

f) il diritto di proporre reclamo al Garante, con i relativi dati di contatto;

g) la comunicazione dei dati personali oggetto del trattamento e di tutte le informazioni disponibili sulla loro origine.

2. Nei casi di cui all'art. 14, comma 2, il titolare del trattamento informa l'interessato, senza ingiustificato ritardo e per iscritto, di ogni rifiuto o limitazione dell'accesso e dei relativi motivi, nonché del diritto di proporre reclamo dinanzi al Garante o di proporre ricorso giurisdizionale.

3. Il titolare del trattamento documenta i motivi di fatto o di diritto su cui si basa la decisione di cui al comma 2. Tali informazioni sono rese disponibili al Garante.

12. *Diritto di rettifica o cancellazione di dati personali e limitazione di trattamento*. — 1. L'interessato ha il diritto di ottenere dal titolare del trattamento, senza ingiustificato ritardo, la rettifica dei dati personali inesatti che lo riguardano. Tenuto conto delle finalità del trattamento, l'interessato ha il diritto di ottenere l'integrazione dei dati personali incompleti, anche fornendo una dichiarazione integrativa.

2. Fermo quanto previsto dall'art. 14, comma 1 e 2, il titolare del trattamento cancella senza ingiustificato ritardo i dati personali, quando il trattamento si pone in contrasto

con le disposizioni di cui agli artt. 3, 5 o 7 e in ogni altro caso previsto dalla legge.

3. In luogo della cancellazione, il titolare del trattamento limita il trattamento quando l'esattezza dei dati, contestata dall'interessato, non può essere accertata o se i dati devono essere conservati a fini probatori.

4. Quando il trattamento è limitato per l'impossibilità di accertare l'esattezza dei dati, il titolare del trattamento informa l'interessato prima di revocare la limitazione.

5. L'interessato ha diritto di essere informato per iscritto dal titolare del trattamento del rifiuto di rettifica, di cancellazione o di limitazione del trattamento e dei relativi motivi, nonché del diritto di proporre reclamo dinanzi al Garante o di proporre ricorso giurisdizionale.

7 (1). Il titolare del trattamento comunica le rettifiche dei dati personali inesatti all'autorità competente da cui provengono.

8 (1). Qualora i dati personali siano stati rettificati o cancellati o il trattamento sia stato limitato ai sensi dei commi 1, 2 e 3, il titolare del trattamento ne informa i destinatari e questi provvedono, sotto la propria responsabilità, alla rettifica o cancellazione dei dati personali ovvero alla limitazione del trattamento.

13. *Esercizio dei diritti dell'interessato e verifica da parte del Garante*. — 1. Al di fuori dei casi di trattamento effettuato dall'autorità giudiziaria per le finalità di cui all'art. 1, comma 2, i diritti dell'interessato possono essere esercitati anche tramite il Garante con le modalità di cui all'art. 160 del codice.

2. Il titolare del trattamento informa l'interessato della facoltà di cui al comma 1.

3. Nei casi di cui al comma 1, il Garante informa l'interessato di aver eseguito tutte le verifiche necessarie o di aver svolto un riesame, nonché del diritto dell'interessato di proporre ricorso giurisdizionale.

14. *Limitazioni dell'esercizio dei diritti dell'interessato*. — 1. I diritti di cui agli artt. 10, 11 e 12, relativamente ai dati personali contenuti in una decisione giudiziaria, in atti o documenti oggetto di trattamento nel corso di accertamenti o indagini, nel casellario giudiziale o in un fascicolo oggetto di trattamento nel corso di un procedimento penale o in fase di esecuzione penale, sono esercitati conformemente a quanto previsto dalle disposizioni di legge o di regolamento che disciplinano tali atti e procedimenti. Chiunque vi abbia interesse, durante il procedimento penale o dopo la sua definizione, può chiedere, con le modalità di cui all'art. 116 del codice di procedura penale, la rettifica, la cancellazione o la limitazione dei dati personali che lo riguardano. Il giudice provvede con le forme dell'art. 130 del codice di procedura penale.

2. Fermo quanto previsto dal comma 1, l'esercizio dei diritti di cui agli artt. 11, commi 1 e 2, e 12, comma 5, nonché l'adempimento dell'obbligo di cui all'art. 10, comma 2, possono essere ritardati, limitati o esclusi, con disposizione di legge o di regolamento adottato ai sensi dell'art. 5, comma 2, nella misura e per il tempo in cui ciò costituisca una misura necessaria e proporzionata, tenuto conto dei diritti fondamentali e dei legittimi interessi della persona fisica interessata al fine di:

a) non compromettere il buon esito dell'attività di prevenzione, indagine, accertamento e perseguimento di reati o l'esecuzione di sanzioni penali, nonché l'applicazione delle misure di prevenzione personali e patrimoniali e delle misure di sicurezza;

b) tutelare la sicurezza pubblica;

c) tutelare la sicurezza nazionale;

d) tutelare i diritti e le libertà altrui.

CAPO III

TITOLARE DEL TRATTAMENTO E RESPONSABILE DEL TRATTAMENTO

Sezione I. — *Obblighi generali*

15. *Obblighi del titolare del trattamento*. — 1. Il titolare del trattamento, tenuto conto della natura, dell'ambito di applicazione, del contesto e delle finalità del trattamento, nonché dei rischi per i diritti e le libertà delle persone fisiche, mette in atto misure tecniche e organizzative adeguate per garantire che il trattamento sia effettuato in conformità alle norme del presente decreto.

2. Le misure di cui al comma 1 sono riesaminate e aggiornate qualora necessario e, ove proporzionato rispetto all'attività di trattamento, includono l'attuazione di politiche adeguate in materia di protezione dei dati da parte del titolare del trattamento.

16. *Protezione dei dati fin dalla progettazione e protezione per impostazione predefinita*. — 1. Il

(1) Così in G.U.

titolare del trattamento, tenuto conto delle cognizioni tecniche disponibili e dei costi di attuazione, della natura, dell'ambito di applicazione, del contesto e delle finalità del trattamento, nonché dei rischi per i diritti e le libertà delle persone fisiche, mette in atto misure tecniche e organizzative adeguate, quale la pseudonimizzazione, per garantire la protezione dei dati e per tutelare i diritti degli interessati, in conformità alle norme del presente decreto.

2. Il titolare del trattamento mette in atto misure tecniche e organizzative adeguate per garantire che siano trattati, per impostazione predefinita, solo i dati personali necessari per ogni specifica finalità del trattamento. Tale obbligo vale per la quantità dei dati personali raccolti, la portata del trattamento, il periodo di conservazione e l'accessibilità. In particolare, tali misure garantiscono che, per impostazione predefinita, non siano resi accessibili dati personali a un numero indefinito di persone fisiche senza l'intervento della persona fisica.

17. *Contitolari del trattamento.* — 1. Due o più titolari del trattamento che determinano congiuntamente le finalità e i mezzi del trattamento sono contitolari del trattamento.

2. I contitolari del trattamento determinano mediante accordo con modalità trasparenti gli ambiti delle rispettive responsabilità per l'osservanza delle norme di cui al presente decreto, salvo che detti ambiti siano determinati dal diritto dell'Unione europea o da disposizioni legislative o regolamentari.

3. Con l'accordo di cui al comma 2 è designato il punto di contatto per gli interessati. Indipendentemente dalle disposizioni di tale accordo, l'interessato può esercitare i diritti nei confronti di e contro ciascun titolare del trattamento.

18. *Responsabile del trattamento.* — 1. Qualora un trattamento debba essere effettuato per conto del titolare del trattamento, quest'ultimo ricorre a responsabili del trattamento che garantiscono misure tecniche e organizzative adeguate ad assicurare la protezione dei dati personali e la tutela dei diritti dell'interessato.

2. Il responsabile del trattamento non può ricorrere a un altro responsabile senza preventiva autorizzazione scritta del titolare del trattamento.

3. L'esecuzione dei trattamenti da parte di un responsabile del trattamento è disciplinata da un contratto o da altro atto giuridico che prevede l'oggetto, la durata, la natura e la finalità del trattamento, il tipo di dati personali e le categorie di interessati, gli obblighi e i diritti del titolare del trattamento. Tale contratto o diverso atto giuridico prevede anche che il responsabile del trattamento:

a) agisca soltanto su istruzione del titolare del trattamento;

b) garantisca che le persone autorizzate al trattamento dei dati personali si siano impegnate alla riservatezza o abbiano un adeguato obbligo legale di riservatezza;

c) assista il titolare del trattamento con ogni mezzo adeguato per garantire il rispetto delle disposizioni relative ai diritti dell'interessato;

d) su scelta del titolare del trattamento, cancelli o gli restituisca tutti i dati personali dopo che è terminata la prestazione dei servizi di trattamento di dati e cancelli le copie esistenti, salvo che il diritto dell'Unione europea o la legge preveda la conservazione dei dati personali;

e) metta a disposizione del titolare del trattamento tutte le informazioni necessarie per dimostrare il rispetto delle condizioni di cui al presente articolo;

f) rispetti le condizioni di cui ai commi 2 e 3 nel caso di ricorso ad altro responsabile del trattamento.

4. Il contratto o il diverso atto di cui al comma 3 è stipulato per iscritto, anche in formato elettronico.

5. Se un responsabile del trattamento determina, in violazione del presente decreto, le finalità e i mezzi del trattamento, è considerato titolare del trattamento.

19. *Trattamento sotto l'autorità del titolare del trattamento o del responsabile del trattamento.* — 1. Il responsabile del trattamento o chiunque agisca sotto la sua autorità o sotto quella del titolare del trattamento può trattare i dati personali cui ha accesso solo in conformità alle istruzioni del titolare del trattamento, salvo che sia diversamente previsto dal diritto dell'Unione europea o da disposizioni di legge o, nei casi previsti dalla legge, di regolamento.

20. *Registri delle attività di trattamento.* — 1. I titolari del trattamento tengono un registro di tutte le categorie di attività di trattamento sotto la propria responsabilità. Tale registro contiene le seguenti informazioni:

a) il nome e i dati di contatto del titolare del trattamento e, se previsti, di ogni contitolare del trattamento e del responsabile della protezione dei dati;

b) le finalità del trattamento;

c) le categorie di destinatari a cui i dati personali sono stati o saranno comunicati, compresi i destinatari di Paesi terzi o presso organizzazioni internazionali;

d) una descrizione delle categorie di interessati e delle categorie di dati personali;

e) se previsto, il ricorso alla profilazione;

f) se previste, le categorie di trasferimenti di dati personali verso un Paese terzo o verso organizzazioni internazionali;

g) un'indicazione del titolo giuridico del trattamento cui sono destinati i dati personali, anche in caso di trasferimento;

h) ove possibile, i termini ultimi previsti per la cancellazione delle diverse categorie di dati personali;

i) ove possibile, una descrizione generale delle misure di sicurezza tecniche e organizzative di cui all'art. 25, comma 1.

2. I responsabili del trattamento tengono un registro di tutte le categorie di attività di trattamento svolte per conto di un titolare del trattamento, contenente le seguenti informazioni:

a) il nome e i dati di contatto del responsabile o dei responsabili del trattamento, di ogni titolare del trattamento per conto del quale agiscono e, se esistente, del responsabile della protezione dei dati;

b) le categorie dei trattamenti effettuati per conto di ogni titolare del trattamento;

c) i trasferimenti di dati personali effettuati su istruzione del titolare del trattamento verso un Paese terzo o verso un'organizzazione internazionale;

d) ove possibile, una descrizione generale delle misure di sicurezza tecniche e organizzative di cui all'art. 25, comma 1.

3. I registri di cui ai commi 1 e 2 sono tenuti in forma scritta, anche in formato elettronico. Su richiesta, il titolare del trattamento e il responsabile del trattamento mettono tali registri a disposizione del Garante.

21. *Registrazione*. — 1. Le operazioni di raccolta, modifica, consultazione, comunicazione, trasferimento, interconnessione e cancellazione di dati, eseguite in sistemi di trattamento automatizzati, sono registrate in appositi file di log, da conservare per la durata stabilita con il decreto di cui all'art. 5, comma 2.

2. Le registrazioni delle operazioni di cui al comma 1 debbono consentire di conoscere i motivi, la data e l'ora di tali operazioni e, se possibile, di identificare la persona che ha eseguito le operazioni e i destinatari.

3. Le registrazioni sono usate ai soli fini della verifica della liceità del trattamento, per finalità di controllo interno, per garantire l'integrità e la sicurezza dei dati personali e nell'ambito di procedimenti penali.

4. Su richiesta e fatto salvo quanto previsto dall'art. 37, comma 3, il titolare del trattamento e il responsabile del trattamento mettono le registrazioni a disposizione del Garante.

22. *Cooperazione con il Garante*. — 1. Salvo quanto previsto dall'art. 37, comma 3, il titolare del trattamento e il responsabile del trattamento cooperano, su richiesta, con il Garante.

23. *Valutazione d'impatto sulla protezione dei dati*. — 1. Se il trattamento, per l'uso di nuove tecnologie e per la sua natura, per l'ambito di applicazione, per il contesto e per le finalità, presenta un rischio elevato per i diritti e le libertà delle persone fisiche, il titolare del trattamento, prima di procedere al trattamento, effettua una valutazione del suo impatto sulla protezione dei dati personali.

2. La valutazione di cui al comma 1 contiene una descrizione generale dei trattamenti previsti, una valutazione dei rischi per i diritti e le libertà degli interessati, le misure previste per affrontare tali rischi, le garanzie, le misure di sicurezza e i meccanismi per garantire la protezione dei dati personali e il rispetto delle norme del presente decreto.

24. *Consultazione preventiva del Garante*. — 1. Salvo quanto previsto dall'art. 37, comma 6, il titolare del trattamento o il responsabile del trattamento consultano il Garante prima del trattamento di dati personali che figureranno in un nuovo archivio di prossima creazione se:

a) una valutazione d'impatto sulla protezione dei dati di cui all'art. 23 indica che il trattamento presenterebbe un rischio elevato in assenza di misure adottate dal titolare del trattamento per attenuare il rischio; oppure

b) il tipo di trattamento presenta un rischio elevato per i diritti e le libertà degli interessati anche in ragione dell'utilizzo di tecnologie, procedure o meccanismi nuovi ovvero di dati genetici o biometrici.

2. Il Garante è consultato nel corso dell'esame di un progetto di legge o di uno schema di decreto legislativo ovvero di uno schema di regolamento o decreto non avente carattere regolamentare, suscettibile di rilevare ai fini della garanzia del diritto alla protezione dei dati personali.

3. Il Garante può stabilire un elenco di trattamenti soggetti a consultazione preventiva ai sensi del comma 1.

4. Il titolare del trattamento trasmette al Garante la valutazione d'impatto sulla protezione dei dati di cui all'art. 23 e, su richiesta, ogni altra informazione, al fine di consentire a detta autorità di effettuare una valutazione della conformità del trattamento, dei rischi per la protezione dei dati personali dell'interessato e delle relative garanzie.

5. Ove ritenga che il trattamento di cui al comma 1 violi le disposizioni del presente decreto, il Garante fornisce, entro un termine di sei settimane dal ricevimento della richiesta di

consultazione, un parere per iscritto al titolare del trattamento e, se esistente, al responsabile del trattamento. Il Garante si avvale dei poteri di cui all'art. 37, comma 3.

6. Il termine di cui al comma 5 può essere prorogato di un mese nel caso di trattamento complesso. Il Garante informa della proroga e dei motivi del ritardo il titolare del trattamento e, se esistente, il responsabile del trattamento, entro un mese dal ricevimento della richiesta di consultazione.

Sezione II. — *Sicurezza dei dati personali*

25. *Sicurezza del trattamento*. — 1. Il titolare del trattamento e il responsabile del trattamento, tenuto conto delle cognizioni tecniche disponibili, dei costi di attuazione, della natura, dell'oggetto, del contesto e delle finalità del trattamento, nonché del grado di rischio per i diritti e le libertà delle persone fisiche, mettono in atto misure tecniche e organizzative che garantiscano un livello di sicurezza adeguato al rischio di violazione dei dati.

2. Per il trattamento automatizzato il titolare o il responsabile del trattamento, previa valutazione dei rischi, adottano misure volte a:

a) vietare alle persone non autorizzate l'accesso alle attrezzature utilizzate per il trattamento («controllo dell'accesso alle attrezzature»);

b) impedire che supporti di dati possano essere letti, copiati, modificati o asportati da persone non autorizzate («controllo dei supporti di dati»);

c) impedire che i dati personali siano inseriti senza autorizzazione e che i dati personali conservati siano visionati, modificati o cancellati senza autorizzazione («controllo della conservazione»);

d) impedire che persone non autorizzate utilizzino sistemi di trattamento automatizzato mediante attrezzature per la trasmissione di dati («controllo dell'utente»);

e) garantire che le persone autorizzate a usare un sistema di trattamento automatizzato abbiano accesso solo ai dati personali cui si riferisce la loro autorizzazione d'accesso («controllo dell'accesso ai dati»);

f) garantire la possibilità di individuare i soggetti ai quali siano stati o possano essere trasmessi o resi disponibili i dati personali utilizzando attrezzature per la trasmissione di dati («controllo della trasmissione»);

g) garantire la possibilità di verificare e accertare a posteriori quali dati personali sono stati introdotti nei sistemi di trattamento automatizzato, il momento della loro introduzione e la persona che l'ha effettuata («controllo dell'introduzione»);

h) impedire che i dati personali possano essere letti, copiati, modificati o cancellati in modo non autorizzato durante i trasferimenti di dati personali o il trasporto di supporti di dati («controllo del trasporto»);

i) garantire che, in caso di interruzione, i sistemi utilizzati possano essere ripristinati («recupero»);

l) garantire che le funzioni del sistema siano operative, che eventuali errori di funzionamento siano segnalati («affidabilità») e che i dati personali conservati non possano essere falsati da un errore di funzionamento del sistema («integrità»).

26. *Notifica al Garante di una violazione di dati personali*. — 1. Salvo quanto previsto dall'art. 37, comma 6, in caso di violazione di dati personali, il titolare del trattamento notifica la violazione al Garante con le modalità di cui all'art. 33 del reg. UE.

2. Se la violazione dei dati personali riguarda dati personali che sono stati trasmessi dal o al titolare del trattamento di un altro Stato membro, le informazioni previste dal citato art. 33 del reg. UE sono comunicate, senza ingiustificato ritardo, al titolare del trattamento di tale Stato membro.

27. *Comunicazione di una violazione di dati personali all'interessato*. — 1. Quando la violazione di dati personali è suscettibile di presentare un rischio elevato per i diritti e le libertà delle persone fisiche, si osservano le disposizioni in tema di comunicazioni di cui all'art. 34 del reg. UE.

2. La comunicazione all'interessato di cui al comma 1 può essere ritardata, limitata od omessa alle condizioni e per i motivi di cui all'art. 14, comma 2.

Sezione III. — *Responsabile della protezione dei dati*

28. *Designazione del responsabile della protezione dei dati*. — 1. Il titolare del trattamento designa un responsabile della protezione dei dati.

2. Il responsabile della protezione dei dati è designato in funzione delle qualità professionali, in particolare della conoscenza specialistica della normativa e delle prassi in materia di protezione dei dati, e della capacità di assolvere i compiti di cui all'art. 30.

3. Può essere designato un unico responsabile della protezione dei dati per più autorità

competenti, tenuto conto della loro struttura organizzativa e dimensione.

4. Il titolare del trattamento pubblica i dati di contatto del responsabile della protezione dei dati e, salvo quanto previsto dall'art. 37, comma 6, li comunica al Garante.

29. *Posizione del responsabile della protezione dei dati.* — 1. Il titolare del trattamento si assicura che il responsabile della protezione dei dati sia coinvolto adeguatamente e tempestivamente in tutte le questioni riguardanti la protezione dei dati personali.

2. Il titolare del trattamento coadiuva il responsabile della protezione dei dati nell'esecuzione dei compiti di cui all'art. 30 fornendogli le risorse necessarie per assolvere tali compiti, per accedere ai dati personali e ai trattamenti e per mantenere la propria conoscenza specialistica.

30. *Compiti del responsabile della protezione dei dati.* — 1. Il titolare del trattamento conferisce al responsabile della protezione dei dati almeno i seguenti compiti:

a) informare il titolare del trattamento e i dipendenti che effettuano il trattamento degli obblighi derivanti dal presente decreto nonché da altre disposizioni dell'Unione europea o dello Stato relative alla protezione dei dati;

b) vigilare sull'osservanza del presente decreto e di altre disposizioni dell'Unione europea o dello Stato relative alla protezione dei dati nonché delle previsioni di programma del titolare del trattamento in materia di protezione dei dati personali, compresi l'attribuzione delle responsabilità, la sensibilizzazione e la formazione del personale che partecipa ai trattamenti e alle connesse attività di controllo;

c) fornire, se richiesto, un parere in merito alla valutazione d'impatto sulla protezione dei dati e sorvegliarne lo svolgimento ai sensi dell'art. 23;

d) cooperare con il Garante;

e) fungere da punto di contatto per il Garante per questioni connesse al trattamento, tra cui la consultazione preventiva di cui all'art. 24, ed effettuare, ove necessario, consultazioni relativamente a qualunque altra questione.

CAPO IV

TRASFERIMENTO DI DATI PERSONALI VERSO PAESI TERZI O ORGANIZZAZIONI INTERNAZIONALI

31. *Principi generali in materia di trasferimento di dati personali.* — 1. Il trasferimento di dati personali oggetto di un trattamento o destinati a essere oggetto di un trattamento dopo il trasferimento verso un Paese terzo o un'organizzazione internazionale, compresi trasferimenti successivi verso un altro Paese terzo o un'altra organizzazione internazionale è consentito se:

a) il trasferimento è necessario per le finalità di cui all'art. 1, comma 2;

b) i dati personali sono trasferiti al titolare del trattamento in un Paese terzo o a un'organizzazione internazionale che sia un'autorità competente per le finalità di cui all'art. 1, comma 2;

c) qualora i dati personali siano trasmessi o resi disponibili da uno Stato membro, tale Stato ha fornito la propria autorizzazione preliminare al trasferimento conformemente al proprio diritto nazionale;

d) la Commissione europea ha adottato una decisione di adeguatezza, a norma dell'art. 32 o, in mancanza, sono state fornite o esistono garanzie adeguate ai sensi dell'art. 33; in assenza di una decisione di adeguatezza e di garanzie adeguate, si applicano deroghe per situazioni specifiche ai sensi dell'art. 34; e

e) in caso di trasferimento successivo a un altro Paese terzo o a un'altra organizzazione internazionale, l'autorità competente che ha effettuato il trasferimento originario o un'altra autorità competente dello stesso Stato membro autorizza il trasferimento successivo dopo avere valutato tutti i fattori pertinenti, tra cui la gravità del reato, la finalità per la quale i dati personali sono stati trasferiti e il livello di protezione dei dati personali previsto nel Paese terzo o nell'organizzazione internazionale verso i quali i dati personali sono successivamente trasferiti.

2. In assenza dell'autorizzazione preliminare di un altro Stato membro di cui al comma 1, lett. *c*), il trasferimento di dati personali è consentito solo se necessario per prevenire una minaccia grave e immediata alla sicurezza pubblica di uno Stato membro o di un Paese terzo o agli interessi vitali di uno Stato membro e l'autorizzazione preliminare non può essere ottenuta tempestivamente. L'autorità competente a rilasciare l'autorizzazione preliminare è informata senza ritardo.

32. *Trasferimento sulla base di una decisione di adeguatezza.* — 1. Il trasferimento di dati personali verso un Paese terzo o un'organizzazione internazionale è consentito se la Commissione europea ha deciso che il Paese terzo, un territorio o uno o più settori specifici all'interno del Paese terzo, o l'organizzazione internazionale garantiscono un livello di protezione adeguato. In tal caso non sono necessarie autorizzazioni specifiche.

33. *Trasferimenti soggetti a garanzie adeguate.* — 1. In mancanza o in caso di revoca, modifica o sospensione di una decisione di adeguatezza di cui all'art. 32, il trasferimento di dati personali verso un Paese terzo o un'organizzazione internazionale è consentito se:

a) sono fornite garanzie adeguate per la protezione dei dati personali attraverso uno strumento giuridicamente vincolante; o

b) il titolare del trattamento, valutate tutte le circostanze relative allo specifico trasferimento, ritiene che sussistano garanzie adeguate per la protezione dei dati personali.

2. Il titolare del trattamento informa il Garante dei trasferimenti effettuati ai sensi del comma 1, lett. *b*), e ne conserva documentazione che, su richiesta, mette a disposizione del Garante, con l'indicazione della data e dell'ora del trasferimento, dell'autorità competente ricevente, della motivazione del trasferimento e dei dati personali trasferiti.

34. *Deroghe in situazioni specifiche.* — 1. In mancanza o in caso di revoca, modifica o sospensione di una decisione di adeguatezza ai sensi dell'art. 32 o di garanzie adeguate di cui all'art. 33, il trasferimento o una categoria di trasferimenti di dati personali verso un Paese terzo o un'organizzazione internazionale sono consentiti se necessari per una delle seguenti finalità:

a) per tutelare un interesse vitale dell'interessato o di un'altra persona;

b) per salvaguardare i legittimi interessi dell'interessato quando lo preveda il diritto dello Stato membro che trasferisce i dati personali;

c) per prevenire una minaccia grave e immediata alla sicurezza pubblica di uno Stato membro o di un Paese terzo;

d) in singoli casi, per le finalità di cui all'art. 1, comma 2;

e) in singoli casi, per accertare, esercitare o difendere un diritto in sede giudiziaria in relazione alle finalità di cui all'art. 1, comma 2.

2. Nei casi di cui al comma 1, lett. *d*) ed *e*), i dati personali non sono trasferiti se l'autorità competente che effettua il trasferimento valuta i diritti e le libertà fondamentali dell'interessato prevalenti rispetto all'interesse pubblico al trasferimento.

3. Il trasferimento effettuato ai sensi del comma 1 deve essere documentato e, su richiesta, la documentazione deve essere messa a disposizione del Garante con l'indicazione della data e dell'ora del trasferimento, dell'autorità competente ricevente, della motivazione del trasferimento e dei dati personali trasferiti.

35. *Trasferimenti di dati personali a destinatari stabiliti in Paesi terzi.* — 1. In deroga a quanto previsto dall'art. 31, comma 1, lett. *b*), e fatti salvi eventuali accordi internazionali di cui al comma 2, le autorità competenti di cui all'art. 2, comma 1, lett. *g*), numero 1), possono, in singoli e specifici casi previsti da norme di legge o di regolamento o dal diritto dell'Unione europea, trasferire dati personali direttamente a destinatari stabiliti in Paesi terzi se:

a) il trasferimento è strettamente necessario per l'assolvimento di un compito previsto dal diritto dell'Unione europea o dall'ordinamento interno, per le finalità di cui all'art. 1, comma 2;

b) l'autorità competente che effettua il trasferimento valuta che i diritti e le libertà fondamentali dell'interessato non prevalgono sull'interesse pubblico che rende necessario il trasferimento;

c) l'autorità competente che effettua il trasferimento ritiene che il trasferimento a un'autorità per le finalità di cui all'art. 1, comma 2, nel Paese terzo sia inefficace o inidoneo, in particolare in quanto non può essere effettuato tempestivamente;

d) l'autorità competente ai fini di cui all'art. 1, comma 2, nel Paese terzo è informata senza ingiustificato ritardo, salvo che ciò pregiudichi la finalità per cui il trasferimento è effettuato;

e) l'autorità competente che effettua il trasferimento informa il destinatario della finalità specifica o delle finalità specifiche per le quali i dati personali devono essere trattati, a condizione che tale trattamento sia necessario.

2. Per accordo internazionale di cui al comma 1 si intende qualsiasi accordo internazionale bilaterale o multilaterale in vigore tra gli Stati membri e Paesi terzi nel settore della cooperazione giudiziaria in materia penale e della cooperazione di polizia.

3. L'autorità competente informa il Garante dei trasferimenti previsti dal presente articolo.

4. Il trasferimento effettuato ai sensi del comma 1 è documentato.

36. *Cooperazione internazionale per la protezione dei dati personali e accordi internazionali precedentemente conclusi.* — 1. In relazione ai Paesi terzi e alle organizzazioni internazionali, sono adottate misure appropriate per le finalità di cui all'art. 50 del reg. UE.

2. Restano in vigore, fino alla loro modifica, sostituzione o revoca, gli accordi internazionali relativi al trasferimento di dati personali verso Paesi terzi o organizzazioni internazionali conclusi anteriormente al 6 maggio 2016 e che sono conformi al diritto dell'Unione europea applicabile a tale data.

CAPO V

TUTELA E SANZIONI AMMINISTRATIVE

37. *Autorità di controllo*. — 1. Il Garante è l'autorità di controllo incaricata di vigilare sull'applicazione delle norme di cui al presente decreto, al fine di tutelare i diritti e le libertà fondamentali delle persone fisiche con riguardo al trattamento di dati personali e di agevolare la libera circolazione dei dati all'interno dell'Unione europea.

2. Ai fini di cui al comma 1 sono attribuite al Garante le funzioni di cui all'art. 154 del Codice, nonché le seguenti:

a) promozione di una diffusa conoscenza e della consapevolezza circa i rischi, le norme, le garanzie e i diritti in relazione al trattamento;

b) promozione della consapevolezza in capo ai titolari e responsabili del trattamento dell'importanza degli obblighi previsti dal presente decreto;

c) espressione di pareri nei casi previsti dalla legge;

d) rilascio, su richiesta dell'interessato, di informazioni in merito all'esercizio dei diritti previsti dal presente decreto e, se del caso, cooperazione, a tal fine, con le autorità di controllo di altri Stati membri;

e) trattazione dei reclami proposti da un interessato, da un organismo, un'organizzazione o un'associazione ai sensi dell'art. 40 e compimento delle indagini sull'oggetto del reclamo, informando il reclamante dello stato e dell'esito delle indagini entro un termine ragionevole, in particolare ove siano necessarie ulteriori indagini o un coordinamento con un'altra autorità di controllo;

f) supporto agli interessati nella proposizione dei reclami;

g) accertamento della liceità del trattamento ai sensi dell'art. 13 e informazione all'interessato entro un termine ragionevole dell'esito della verifica ai sensi del comma 3 di detto articolo, o dei motivi per cui non è stata effettuata;

h) collaborazione, anche tramite scambi di informazioni, con le altre autorità di controllo e attività di assistenza reciproca, al fine di garantire l'applicazione e l'attuazione del presente decreto;

i) verifica degli sviluppi tecnologici e sociali che presentano un interesse, se ed in quanto incidenti sulla protezione dei dati personali, in particolare l'evoluzione delle tecnologie dell'informazione e della comunicazione;

l) prestazione di consulenza in merito ai trattamenti di cui all'art. 24;

m) contribuzione alle attività del comitato di cui all'art. 68 del reg. UE;

3. Ai fini di cui al comma 1 sono attribuiti al Garante i seguenti poteri:

a) svolgere indagini sull'applicazione del presente decreto, anche sulla base di informazioni ricevute da un'altra autorità di controllo o da un'altra autorità pubblica. Lo svolgimento delle indagini è disciplinato dalle disposizioni del Codice;

b) ottenere, dal titolare del trattamento e dal responsabile del trattamento, l'accesso a tutti i dati personali oggetto del trattamento e a tutte le informazioni necessarie per l'adempimento dei suoi compiti;

c) rivolgere avvertimenti al titolare del trattamento o al responsabile del trattamento in ordine alle possibili violazioni delle norme del presente decreto;

d) ingiungere al titolare del trattamento o al responsabile del trattamento di conformare i trattamenti alle disposizioni del presente decreto, se del caso, con specifiche modalità ed entro un determinato termine, ordinando in particolare la rettifica o la cancellazione di dati personali o la limitazione del trattamento ai sensi dell'art. 12;

e) imporre una limitazione provvisoria o definitiva al trattamento, incluso il divieto e il blocco dello stesso;

f) promuovere la segnalazione riservata di violazioni del presente decreto;

g) denunciare i reati dei quali viene a conoscenza nell'esercizio o a causa delle funzioni;

h) predisporre annualmente una relazione sull'attività svolta, da trasmettere al Parlamento e al Governo, ai sensi dell'art. 154, comma 1, del Codice e da mettere a disposizione del pubblico, della Commissione europea e del comitato di cui all'art. 68 del reg. UE, in cui può figurare un elenco delle tipologie di violazioni notificate e di sanzioni imposte.

4. I poteri di cui al comma 3 sono esercitati nei modi, nelle forme e con le garanzie previste dalla legge.

5. Le funzioni e i poteri di cui ai commi 2 e 3 sono esercitati senza spese per l'interessato o per il responsabile della protezione dati. Il Garante non provvede in ordine alle richieste manifestamente infondate o inammissibili in quanto ripropongono, senza nuovi elementi, richieste già rigettate.

6. Il Garante non è competente in ordine al controllo del rispetto delle norme del presente decreto, limitatamente ai trattamenti effettuati dall'autorità giudiziaria nell'esercizio delle

funzioni giurisdizionali, nonché di quelle giudiziarie del pubblico ministero.

38. *Assistenza reciproca.* — 1. Il Garante coopera con la Commissione europea al fine di contribuire alla coerente applicazione del diritto dell'Unione in materia di protezione dei dati personali, scambia con le autorità di controllo degli altri Stati membri le informazioni utili e presta assistenza reciproca al fine di attuare e applicare il presente decreto in maniera coerente, e di cooperare efficacemente con loro. L'assistenza reciproca comprende le richieste di informazioni e le misure di controllo, quali le richieste di effettuare consultazioni, ispezioni e indagini.

2. Il Garante adotta, con proprio provvedimento, le misure di cui all'art. 61, par. 2, del reg. UE.

3. Le richieste di assistenza sono conformi alle modalità di cui all'art. 61, par. 3, del reg. UE.

4. Il Garante non può rifiutare di dare seguito alla richiesta, salvo che sia incompetente o l'intervento richiesto violi il diritto interno o dell'Unione europea.

5. Il Garante osserva le disposizioni di cui all'art. 61, parr. 5, 6 e 7, del reg. UE.

39. *Reclamo al Garante e ricorso giurisdizionale.* — 1. Fermo quanto previsto dall'art. 37, comma 6, l'interessato, se ritiene che il trattamento dei dati personali che lo riguardano violi le disposizioni del presente decreto, può proporre reclamo al Garante, con le modalità di cui agli artt. 142 e 143 del Codice.

2. Il Garante informa l'interessato dello stato o dell'esito del reclamo, compresa la possibilità del ricorso giurisdizionale.

3. Per l'inosservanza delle disposizioni del presente decreto in violazione dei suoi diritti, l'interessato può proporre ricorso giurisdizionale secondo quanto previsto e regolato dalla disciplina contenuta nella parte III, titolo I, capo II del Codice.

40. *Rappresentanza degli interessati.* — 1. L'interessato può dare mandato a un ente del terzo settore soggetto alla disciplina del d.lg. 3 luglio 2017, n. 117 (1), che sia attivo nel settore della tutela dei diritti e delle libertà degli interessati con riguardo alla protezione dei dati personali, al fine di esercitare per suo conto i diritti di cui all'art. 39, ferme le disposizioni in materia di patrocinio previste dal codice di procedura civile.

41. *Diritto al risarcimento.* — 1. Il titolare o il responsabile del trattamento sono tenuti, a norma dell'art. 82 del reg. UE, al risarcimento del danno patrimoniale o non patrimoniale cagionato da un trattamento o da qualsiasi altro atto compiuti in violazione delle disposizioni del presente decreto.

42. *Sanzioni amministrative.* — 1. Salvo che il fatto costituisca reato e ad esclusione dei trattamenti svolti in ambito giudiziario, la violazione delle disposizioni di cui all'art. 3, comma 1, lett. *a*), *b*), *d*), *e*) ed *f*), all'art. 4, commi 2 e 3, all'art. 6, commi 3 e 4, all'art. 7, all'art. 8, è punita con la sanzione amministrativa del pagamento di una somma da 50.000 euro a 150.000 euro. La medesima sanzione amministrativa si applica al trasferimento dei dati personali verso un Paese terzo o un'organizzazione internazionale in assenza della decisione di adeguatezza della Commissione europea, salvo quanto previsto dagli artt. 33 e 34.

2. Salvo che il fatto costituisca reato e ad esclusione dei trattamenti svolti in ambito giudiziario, è punita con la sanzione amministrativa del pagamento di una somma da 20.000 euro a 80.000 euro la violazione delle disposizioni di cui all'art. 14, comma 2. Con la medesima sanzione è punita la violazione delle disposizioni di cui all'art. 17, comma 2, all'art. 18, commi 1, 2, 3 e 4, all'art. 19, all'art. 20, all'art. 21, all'art. 22, all'art. 23, all'art. 24, commi 1 e 4, all'art. 26, all'art. 27, all'art. 28, commi 1 e 4, all'art. 29, comma 2.

3. Nella determinazione della sanzione amministrativa da applicare secondo quanto previsto dai commi 1 e 2 si tiene conto dei criteri di cui all'art. 83, par. 2, lett. *a*), *b*), *c*), *d*), *e*), *f*), *g*), *h*), *i*), *k*), del reg. UE.

4. Il procedimento per l'applicazione delle sanzioni è regolato dall'art. 166 del Codice. Si applica altresì l'art. 165 del Codice.

CAPO VI

Illeciti penali

43. *Trattamento illecito di dati.* — 1. Salvo che il fatto costituisca più grave reato, chiunque, al fine di trarne per sé o per altri profitto o di recare ad altri un danno, procede al trattamento di dati personali in violazione di quanto disposto dall'art. 5, comma 1, è punito, se dal fatto deriva nocumento, con la reclusione da sei mesi a un anno e sei mesi o, se la condotta

(1) In *Leggi coll. XVI, 3.*

comporta comunicazione o diffusione dei dati, con la reclusione da sei mesi a due anni.

2. Salvo che il fatto costituisca più grave reato, chiunque, al fine di trarne per sé o per altri profitto o di recare ad altri un danno, procede al trattamento di dati personali in violazione di quanto disposto dall'art. 7 o dall'art. 8, comma 4, è punito, se dal fatto deriva nocumento, con la reclusione da uno a tre anni.

44. *Falsità in atti e dichiarazioni al Garante*. — 1. Salvo che il fatto costituisca più grave reato, chiunque, in un procedimento dinanzi al Garante riguardante il trattamento dei dati di cui all'art. 1, comma 2, o nel corso di accertamenti riguardanti i medesimi dati, dichiara o attesta falsamente notizie o circostanze o produce atti o documenti falsi, è punito con la reclusione da sei mesi a tre anni.

45. *Inosservanza di provvedimenti del Garante*. — 1. Chiunque, essendovi tenuto, non osserva il provvedimento adottato dal Garante ai sensi dell'art. 143, comma 1, lett. *c*), del Codice, in un procedimento riguardante il trattamento dei dati di cui all'art. 1, comma 2, è punito con la reclusione da tre mesi a due anni.

46. *Pene accessorie*. — 1. La condanna per uno dei delitti previsti dal presente decreto importa la pubblicazione della sentenza, ai sensi dell'art. 36, secondo e terzo comma, del codice penale.

CAPO VII

Disposizioni integrative sui trattamenti delle Forze di polizia

47. *Modalità di trattamento e flussi di dati da parte delle Forze di polizia*. — 1. Nei casi in cui le autorità di pubblica sicurezza o le Forze di polizia possono acquisire in conformità alle vigenti disposizioni di legge o di regolamento dati, informazioni, atti e documenti da altri soggetti, l'acquisizione può essere effettuata anche per via telematica. A tal fine gli organi o uffici interessati possono avvalersi di convenzioni volte ad agevolare la consultazione da parte dei medesimi organi o uffici, mediante reti di comunicazione elettronica, di pubblici registri, elenchi, schedari e banche di dati, nel rispetto delle pertinenti disposizioni e dei principi di cui agli articoli da 3 a 8. Le convenzioni-tipo sono adottate dal Ministero dell'interno, su conforme parere del Garante, e stabiliscono le modalità dei collegamenti e degli accessi anche al fine di assicurare l'accesso selettivo ai soli dati necessari al perseguimento delle finalità di cui all'art. 1, comma 2.

2. I dati trattati dalle Forze di polizia per le finalità di cui all'art. 1, comma 2, sono conservati separatamente da quelli registrati per finalità amministrative che non richiedono il loro utilizzo.

3. Fermo restando quanto previsto dagli articoli da 2 a 7, il Centro elaborazione dati del Dipartimento della pubblica sicurezza assicura l'aggiornamento periodico, la proporzionalità, la pertinenza e la non eccedenza dei dati personali trattati anche attraverso interrogazioni autorizzate del casellario giudiziale e del casellario dei carichi pendenti del Ministero della giustizia di cui al d.p.r. 14 novembre 2002, n. 313, o di altre banche di dati delle Forze di polizia, necessarie per le finalità di cui all'art. 1, comma 1.

4. Gli organi, uffici e comandi di polizia verificano periodicamente i requisiti di cui agli articoli da 2 a 7 in riferimento ai dati trattati anche senza l'ausilio di strumenti elettronici, e provvedono al loro aggiornamento anche sulla base delle procedure adottate dal Centro elaborazione dati ai sensi del comma 3, o, per i trattamenti effettuati senza l'ausilio di strumenti elettronici, mediante annotazioni o integrazioni dei documenti che li contengono.

48. *Tutela dell'interessato*. — 1. Restano ferme le disposizioni di cui dall'art. 10, commi 3, 4 e 5, della l. 1° aprile 1981, n. 121, e successive modificazioni, concernenti i controlli sul Centro elaborazione dati del Dipartimento della pubblica sicurezza.

2. Le disposizioni di cui all'art. 10, commi 3, 4 e 5, della l. n. 121 del 1981, si applicano, oltre ai dati destinati a confluire nel Centro elaborazione dati di cui al comma 1, ai dati trattati con l'ausilio di strumenti elettronici da organi, uffici o comandi delle Forze di polizia di cui all'art. 16 della predetta l. n. 121 del 1981.

CAPO VIII

Disposizioni di coordinamento e abrogazioni

49. *Abrogazioni e disposizioni di coordinamento*. — 1. Gli artt. 53, 54, 55 e 56 del Codice sono abrogati.

2. L'art. 57 del Codice è abrogato decorso un anno dalla data di entrata in vigore del presente decreto.

3. I decreti adottati in attuazione degli artt. 53 e 57 del Codice continuano ad applicarsi fino all'adozione di diversa disciplina ai sensi degli artt. 5, comma 2, e 9, comma 5.

50. *Clausola di invarianza finanziaria*. — . . . . (*omissis*).

II. 5.

Decreto del Presidente della Repubblica 10 febbraio 2000, n. 361. — *Regolamento recante norme per la semplificazione dei procedimenti di riconoscimento di persone giuridiche private e di approvazione delle modifiche dell'atto costitutivo e dello statuto (n. 17 dell'allegato 1 della l. 15 marzo 1997, n. 59)* (1).

1. *Procedimento per l'acquisto della personalità giuridica.* — 1. Salvo quanto previsto dagli artt. 7 e 9, le associazioni, le fondazioni e le altre istituzioni di carattere privato acquistano la personalità giuridica mediante il riconoscimento determinato dall'iscrizione nel registro delle persone giuridiche, istituito presso le prefetture.

2. La domanda per il riconoscimento di una persona giuridica, sottoscritta dal fondatore ovvero da coloro ai quali è conferita la rappresentanza dell'ente, è presentata alla prefettura nella cui provincia è stabilita la sede dell'ente. Alla domanda i richiedenti allegano copia autentica dell'atto costitutivo e dello statuto. La prefettura rilascia una ricevuta che attesta la data di presentazione della domanda.

3. Ai fini del riconoscimento è necessario che siano state soddisfatte le condizioni previste da norme di legge o di regolamento per la costituzione dell'ente, che lo scopo sia possibile e lecito e che il patrimonio risulti adeguato alla realizzazione dello scopo.

4. La consistenza del patrimonio deve essere dimostrata da idonea documentazione allegata alla domanda.

5. Entro il termine di centoventi giorni dalla data di presentazione della domanda il prefetto provvede all'iscrizione.

6. Qualora la prefettura ravvisi ragioni ostative all'iscrizione ovvero la necessità di integrare la documentazione presentata, entro il termine di cui al comma 5, ne dà motivata comunicazione ai richiedenti, i quali, nei successivi trenta giorni, possono presentare memorie e documenti. Se, nell'ulteriore termine di trenta giorni, il prefetto non comunica ai richiedenti il motivato diniego ovvero non provvede all'iscrizione, questa si intende negata.

7. Il riconoscimento delle fondazioni istituite per testamento può essere concesso dal prefetto, d'ufficio, in caso di ingiustificata inerzia del soggetto abilitato alla presentazione della domanda.

8. Le prefetture istituiscono il registro di cui al comma 1, entro novanta giorni dalla data di entrata in vigore del presente regolamento.

9. Le prefetture e le regioni provvedono, ai sensi dell'art. 6 del d.lg. 28 agosto 1997, n. 281, ad attivare collegamenti telematici per lo scambio dei dati e delle informazioni.

10. Con decreto del Ministro per i beni e le attività culturali, da adottarsi entro novanta giorni dalla data di entrata in vigore del presente regolamento, sentito il Ministro dell'interno, sono determinati i casi in cui il riconoscimento delle persone giuridiche che operano nelle materie di competenza del Ministero per i beni e le attività culturali è subordinato al preventivo parere della stessa amministrazione, da esprimersi nel termine di sessanta giorni dalla richiesta del prefetto. In mancanza del parere il prefetto procede ai sensi dei commi 5 e 6.

2. *Modificazioni dello statuto e dell'atto costitutivo.* — 1. Le modificazioni dello statuto e dell'atto costitutivo sono approvate con le modalità e nei termini previsti per l'acquisto della personalità giuridica dall'art. 1, salvo i casi di riconoscimento della personalità giuridica per atto legislativo.

2. Alla domanda sono allegati i documenti idonei a dimostrare la sussistenza dei requisiti previsti dall'art. 21, secondo comma, del codice civile.

3. Per le fondazioni, alla domanda è allegata la documentazione necessaria a comprovare il rispetto delle disposizioni statutarie inerenti al procedimento di modifica dello statuto.

3. *Registro delle persone giuridiche.* — 1. Il registro di cui all'art. 1, comma 1, consta di due parti, l'una generale e l'altra analitica.

2. Nella prima parte del registro sono iscritte le persone giuridiche con la sola indicazione della loro denominazione.

3. L'iscrizione è contrassegnata da un numero d'ordine ed è accompagnata dall'indicazione della data, del nome del richiedente, delle pagine riservate nella parte analitica alla stessa persona giuridica e del volume in cui sono contenuti lo statuto e l'atto costitutivo e di quello dove sono raccolte le copie delle deliberazioni e dei provvedimenti iscritti nel registro. Alla fine della parte generale il registro è munito di una rubrica alfabetica contenente il nome della persona giuridica, il numero della pagina in cui la stessa è iscritta e il riferimento alla parte analitica del registro.

4. Nella seconda parte del registro, distintamente per ogni persona giuridica, sono iscritti tutti gli elementi e i fatti indicati nell'art. 4.

(1) G.U., 7 dicembre 2000, n. 286.

5. Ad ogni persona giuridica è riservato nella seconda parte del registro un intero foglio costituito da due pagine contrapposte. Le iscrizioni successive si fanno nello stesso foglio. Quando il foglio riservato ad una persona giuridica è esaurito, le iscrizioni sono fatte in un foglio successivo. La continuazione deve risultare chiaramente dalla pagina esaurita.

6. Il registro, prima di essere posto in uso, deve essere numerato e vidimato in ciascun foglio dal prefetto ovvero da un funzionario da questi delegato con decreto da iscriversi nella prima pagina del registro. Nell'ultima pagina il prefetto indica il numero dei fogli di cui è composto il registro.

7. Per ottenere l'iscrizione dei fatti indicati nell'art. 4, comma 2, il richiedente deve presentare copia autentica in carta libera della deliberazione o del provvedimento da iscrivere. Tali copie restano depositate in prefettura e sono ordinate in volumi muniti di rubrica alfabetica.

8. Il registro e i documenti relativi possono essere esaminati da chiunque ne fa richiesta. La prefettura deve rilasciare gli estratti e i certificati che sono richiesti.

9. Agli adempimenti di cui al presente regolamento è data attuazione, ove possibile, mediante l'utilizzo dei mezzi telematici previsti dalle norme vigenti.

4. *Iscrizioni nel registro.* — 1. Nel registro devono essere indicati la data dell'atto costitutivo, la denominazione, lo scopo, il patrimonio, la durata, qualora sia stata determinata, la sede della persona giuridica e il cognome, il nome e il codice fiscale degli amministratori, con menzione di quelli ai quali è attribuita la rappresentanza.

2. Nel registro devono altresì essere iscritte le modificazioni dell'atto costitutivo e dello statuto, il trasferimento della sede e l'istituzione di sedi secondarie, la sostituzione degli amministratori, con indicazione di quelli ai quali è attribuita la rappresentanza, le deliberazioni di scioglimento, i provvedimenti che ordinano lo scioglimento o accertano l'estinzione, il cognome e nome dei liquidatori e tutti gli altri atti e fatti la cui iscrizione è espressamente prevista da norme di legge o di regolamento.

5. *Decentramento amministrativo.* — 1. Le funzioni amministrative già attribuite all'autorità governativa dalle norme del capo II, titolo II, libro I del codice civile, sono esercitate dalle prefetture ovvero dalle regioni o dalle province autonome competenti.

6. *Estinzione della persona giuridica.* — 1. La prefettura, la regione ovvero la provincia autonoma competente accerta, su istanza di qualunque interessato o anche d'ufficio, l'esistenza di una delle cause di estinzione della persona giuridica previste dall'art. 27 del codice civile e dà comunicazione della dichiarazione di estinzione agli amministratori e al presidente del tribunale ai fini di cui all'art. 11 delle disposizioni di attuazione del codice civile.

2. Chiusa la procedura di liquidazione, il presidente del tribunale provvede che ne sia data comunicazione ai competenti uffici per la conseguente cancellazione dell'ente dal registro delle persone giuridiche.

7. *Competenze delle regioni e delle province autonome.* — 1. Il riconoscimento delle persone giuridiche private che operano nelle materie attribuite alla competenza delle regioni dall'art. 14 del decreto del Presidente della Repubblica 24 luglio 1977, n. 616, e le cui finalità statutarie si esauriscono nell'ambito di una sola regione, è determinato dall'iscrizione nel registro delle persone giuridiche istituito presso la stessa regione.

2. Entro novanta giorni dalla data di entrata in vigore del presente regolamento le regioni a statuto ordinario istituiscono il registro delle persone giuridiche di cui al comma 1. Fino a quando non abbiano provveduto, le regioni applicano le norme del presente regolamento.

3. Le regioni a statuto speciale e le province autonome di Trento e di Bolzano provvedono ad adeguare i rispettivi ordinamenti.

8. *Coordinamento con il codice civile e con le norme di attuazione.* — 1. I richiami a norme abrogate dal presente regolamento contenuti nel codice civile e nelle leggi speciali s'intendono riferiti alle corrispondenti disposizioni del regolamento medesimo. Ogni riferimento a competenze dell'autorità giudiziaria in tema di acquisto della personalità giuridica, di tenuta del registro delle persone giuridiche e di iscrizioni nello stesso s'intende fatto alla prefettura ovvero alla regione o provincia autonoma competenti.

2. Le sanzioni di cui all'art. 35 del codice civile si applicano alle ipotesi di mancata richiesta di iscrizione nei termini e secondo le modalità previste nel presente regolamento.

9. *Norme speciali.* — 1. Le norme del presente regolamento sono applicabili ai procedimenti di riconoscimento delle associazioni previste dall'art. 10 della l. 20 maggio 1985, n. 222, fatto salvo quanto disposto dal secondo e terzo comma del medesimo articolo.

2. Nulla è innovato nella disciplina degli enti ecclesiastici civilmente riconosciuti, in base alla l. 20 maggio 1985, n. 222, nonché degli enti civilmente riconosciuti in base alle leggi di approvazione di intese con le confessioni religio-

se ai sensi dell'art. 8, terzo comma, della Costituzione. Nei confronti di tali enti trovano applicazione le disposizioni contenute negli artt. 3 e 4.

3. Sono fatte comunque salve le altre norme speciali derogatorie rispetto alla disciplina delle persone giuridiche di cui al libro I, titolo II, del codice civile, alle relative disposizioni di attuazione e alle norme del presente regolamento.

10. *Norme finali e transitorie*. — 1. I compiti spettanti in base alle disposizioni del presente regolamento al prefetto e alle prefetture si intendono riferiti, per le province autonome di Trento e di Bolzano ai commissari di governo e ai rispettivi uffici, e per la regione Valle d'Aosta al presidente della commissione di coordinamento e al suo ufficio.

2. Le amministrazioni dello Stato provvedono, entro novanta giorni dalla data di entrata in vigore del presente regolamento, a trasmettere alle prefetture competenti per territorio gli atti relativi ai procedimenti pendenti, nonché quelli concernenti le persone giuridiche private che hanno conseguito il riconoscimento nel vigore della precedente disciplina.

3. Entro il medesimo termine, le cancellerie dei tribunali trasmettono alle prefetture, alle regioni ovvero alle province autonome, secondo le rispettive competenze, gli atti relativi alle persone giuridiche iscritte nel registro.

4. I termini di conclusione di tutti i procedimenti pendenti alla data di entrata in vigore del presente regolamento, nonché di quelli relativi a domande presentate nelle more dell'istituzione del registro decorrono dalla data di istituzione del medesimo.

5. Fino al momento dell'effettivo trasferimento dei registri e dei relativi atti alle prefetture, ovvero alle regioni o province autonome, al rilascio dei certificati concernenti le persone giuridiche provvede la cancelleria del tribunale.

11. *Abrogazioni*. — 1. Ai sensi dell'art. 20, comma 4, della l. 15 marzo 1997, n. 59, dalla data di entrata in vigore del presente regolamento, sono abrogate le seguenti disposizioni:

a) art. 12 del codice civile;

b) art. 16, terzo comma, del codice civile;

c) art. 27, terzo comma, del codice civile;

d) artt. 33 e 34, del codice civile;

e) art. 35, limitatamente alle parole: «dagli artt. 33 e 34, nel termine e secondo le modalità stabilite dalle norme di attuazione del codice»;

f) artt. 1, 2, 4, 10, 20, secondo comma, 22, 23, 24, 25, 26, 27, 28, 29 e 30 delle disposizioni di attuazione del codice civile e disposizioni transitorie, approvate con r.d. 30 marzo 1942, n. 318.

12. *Entrata in vigore*. — 1. Il presente regolamento entra in vigore il quindicesimo giorno successivo a quello della sua pubblicazione nella *Gazzetta Ufficiale* della Repubblica italiana.

II. 6.

LEGGE 19 maggio 1975, n. 151. — *Riforma del diritto di famiglia* (1).

1-210. .... (*omissis*).

NORME FINALI E TRANSITORIE

211. *1.* Il coniuge cui i figli sono affidati ha diritto in ogni caso a percepire gli assegni familiari per i figli, sia che ad essi abbia diritto per un suo rapporto di lavoro, sia che di essi sia titolare l'altro coniuge.

212. *1.* Il termine di sette anni previsto dall'art. 3, n. 2, lett. *b*), terzo comma della l. 1° dicembre 1970, n. 898, per domandare lo scioglimento o la cessazione degli effetti civili del matrimonio, si applica nei confronti del coniuge a cui con sentenza passata in giudicato è stata esclusivamente addebitata la separazione personale ai sensi dell'art. 151, secondo comma, del codice civile quando vi sia opposizione dell'altro coniuge.

213-218. .... (*omissis*) (2).

219. *1.* La donna che, per effetto di matrimonio con straniero o di mutamento di cittadinanza da parte del marito, ha perduto la cittadinanza italiana prima dell'entrata in vigore della presente legge, la riacquista con dichiarazione resa all'autorità competente a norma dell'art. 36 delle disposizioni di attuazione del codice civile.

2. È abrogata ogni norma della l. 13 giugno 1912, n. 555, che sia incompatibile con le disposizioni della presente legge (3).

(1) G.U., 23 maggio 1975, n. 135; LEX, 1975, I, 852.
(2) V. artt. 33-36 att. cod. civ.
(3) L'art. 17.2, l. 5 febbraio 1992, n. 91, in *Leggi coll. II, 2,* tiene fermo l'art. 219. L'art. 26 della stessa legge ha invece abrogato la l. 13 giugno 1912, n. 555.

220-223. . . . . (*omissis*) (1).

224. *1.* Le cause di invalidità dei matrimoni celebrati anteriormente all'entrata in vigore della presente legge e le relative azioni sono regolate dalle disposizioni anteriori.

225. *1.* Nel caso previsto dal penultimo comma dell'art. 128 del codice civile il figlio acquista lo stato di figlio nato nel matrimonio (2) anche se il matrimonio è stato dichiarato nullo anteriormente alla data di entrata in vigore della presente legge.

226. *1.* Le disposizioni sulla separazione personale, comprese quelle di natura patrimoniale, si applicano anche ai matrimoni anteriori e ai giudizi in corso al momento dell'entrata in vigore della presente legge.

2. Nel provvedere sulle domande di revisione delle disposizioni patrimoniali a norma della presente legge, il giudice deve tener conto anche degli accordi intervenuti fra le parti in sede di separazione consensuale omologata anteriormente all'entrata in vigore della presente legge.

227. *1.* Le doti e i patrimoni familiari costituiti prima dell'entrata in vigore della presente legge continuano ad essere disciplinati dalle norme anteriori.

228. *1.* Le famiglie già costituite alla data di entrata in vigore della presente legge, decorso il termine di due anni dalla detta data (3), sono assoggettate al regime della comunione legale per i beni acquistati successivamente alla data medesima a meno che entro lo stesso termine uno dei coniugi non manifesti volontà contraria in un atto ricevuto da notaio o dall'ufficiale dello stato civile del luogo in cui fu celebrato il matrimonio.

2. Entro lo stesso termine (3) i coniugi possono convenire che i beni acquistati anteriormente alla data indicata nel primo comma siano assoggettati al regime della comunione, salvi i diritti dei terzi.

3. Gli atti di cui al presente articolo compresi i trasferimenti eventuali e conseguenti di diritti sono esenti da imposte e tasse e gli onorari professionali ad essi relativi sono ridotti alla metà. Essi non possono essere opposti a terzi se non sono annotati a margine dell'atto di matrimonio.

229. *1.* Le disposizioni sul disconoscimento di paternità, comprese quelle relative alla legittimazione attiva della madre e del figlio, si applicano anche ai figli nati prima della data di entrata in vigore della presente legge.

2. L'azione del padre è proponibile se a tale data non sia decorso il termine stabilito dalla legge predetta, il quale è prorogato della metà se, alla medesima data, manca meno di un mese alla sua scadenza.

3. L'azione della madre deve riguardare i figli minori d'età ed essere proposta entro sei mesi dalla data di entrata in vigore della presente legge. Entro lo stesso termine deve essere proposta l'azione del figlio se il termine stabilito dalla legge nei suoi confronti ha una scadenza anteriore (4).

230. *1.* Le disposizioni della presente legge relative al riconoscimento dei figli nati fuori del matrimonio (5) si applicano anche ai figli nati o concepiti prima della sua entrata in vigore.

2. Il riconoscimento di figli nati fuori del matrimonio (5), compiuto prima di tale data fuori dei casi in cui era ammesso secondo le leggi anteriori, non può essere annullato, se al momento in cui fu fatto concorrevano le condizioni per cui sarebbe ammissibile secondo le disposizioni della presente legge.

3. Tale riconoscimento vale anche agli effetti delle successioni aperte prima dell'entrata in vigore della presente legge, purché i diritti successori del figlio non siano stati esclusi con sentenza passata in giudicato o definiti con convenzione tra le parti interessate o non siano trascorsi tre anni dall'apertura della successione senza che il figlio abbia fatto valere alcuna ragione ereditaria sui beni della successione.

231. *1.* Nel caso di riconoscimento di minori che alla data di entrata in vigore della presente legge risultino affiliati od affidati a norma della l. 5 giugno 1967, n. 431, il tribunale per i minorenni decide in ordine all'affidamento, tenendo conto dell'interesse morale e materiale del minore.

232. *1.* Le disposizioni della presente legge

(1) V. artt. 37, 38, 41, 51 att. cod. civ.

(2) Le parole «figlio nato nel matrimonio» sono state così sostituite alle precedenti «figlio legittimo» dall'art. 105.2, d.lg. 28 dicembre 2013, n. 154.

(3) Termine prorogato al 15 gennaio 1978 dall'art. 1, d.l. 9 settembre 1977, n. 688, conv. in l. 31 ottobre 1977, n. 804.

(4) La Corte cost., con sentenza 1° aprile 1982, n. 64, ha dichiarato costituzionalmente illegittimo questo articolo, «nella parte in cui non prevede che l'azione di disconoscimento di paternità sia proponibile dal padre entro sei mesi dalla data di entrata in vigore della legge stessa, nell'ipotesi che nel periodo compreso tra il tredicesimo e il centottantesimo giorno prima della nascita la moglie abbia commesso adulterio».

(5) Le parole «figli nati fuori del matrimonio» sono state così sostituite alle precedenti «figli naturali» dall'art. 105.3, d.lg. 28 dicembre 2013, n. 154.

relative all'azione per la dichiarazione giudiziale di paternità e maternità, nonché alle azioni previste dall'art. 279 del codice civile, si applicano anche ai figli nati o concepiti prima della sua entrata in vigore.

233. *1.* La legittimazione per provvedimento del giudice si applica anche ai figli nati anteriormente all'entrata in vigore della presente legge.

2. Dalla stessa data non possono essere proseguiti procedimenti per la legittimazione per decreto del Capo dello Stato, ma della presentazione della domanda di legittimazione a norma delle disposizioni anteriori si tiene conto agli effetti del secondo comma dell'art. 290 del codice civile.

234. *1.* Le disposizioni dell'art. 310 del codice civile si applicano anche nel caso in cui l'adozione sia avvenuta anteriormente all'entrata in vigore della presente legge indipendentemente dal momento in cui il riconoscimento è avvenuto.

235. *1.* Dall'entrata in vigore della presente legge cessano di avere efficacia le condizioni stabilite dal padre ai sensi dell'abrogato art. 338 del codice civile per l'educazione dei figli e per l'amministrazione dei beni e non possono essere iniziate o proseguite azioni per l'inosservanza delle suddette condizioni.

2. Dalla stessa data il curatore del nascituro cessa di diritto dal suo ufficio.

236. *1.* Dall'entrata in vigore della presente legge cessano di avere efficacia i provvedimenti emanati dal tribunale ai sensi dell'abrogato art. 340 del codice civile e non possono essere iniziate o proseguite azioni per l'inosservanza, avvenuta in precedenza, dei suddetti provvedimenti.

237. *1.* Le disposizioni degli artt. 580 e 594 del codice civile si applicano anche alle successioni apertesi prima dell'entrata in vigore della presente legge se i diritti dei figli nati fuori del matrimonio (1) non riconoscibili non sono stati definiti con sentenza passata in giudicato o mediante convenzione.

238. *1.* La disposizione dell'art. 692 del codice civile si applica anche alle successioni apertesi prima dell'entrata in vigore della presente legge a meno che la nullità della sostituzione non sia stata già pronunziata con sentenza passata in giudicato.

2. Salvo quanto previsto dal comma precedente, le sostituzioni fedecommissarie anteriori all'entrata in vigore della presente legge sono regolate dalle disposizioni anteriori.

239. *1.* Dall'entrata in vigore della presente legge non può essere più pronunziata la nullità prevista dall'abrogato art. 780 del codice civile rispetto agli atti anteriori.

240. *1.* La presente legge entra in vigore centoventi giorni dopo la sua pubblicazione sulla *Gazzetta Ufficiale* (2).

II. 7.

LEGGE 25 marzo 1985, n. 121. — *Ratifica ed esecuzione dell'accordo, con protocollo addizionale, firmato a Roma il 18 febbraio 1984, che apporta modificazioni al Concordato lateranense dell'11 febbraio 1929, tra la Repubblica italiana e la Santa Sede* (3) (4).

1-7. . . . . (*omissis*).

8. 1. Sono riconosciuti gli effetti civili ai matrimoni contratti secondo le norme del diritto canonico, a condizione che l'atto relativo sia trascritto nei registri dello stato civile, previe pubblicazioni nella casa comunale. Subito dopo la celebrazione, il parroco o il suo delegato spiegherà ai contraenti gli effetti civili del matrimonio, dando lettura degli articoli del codice civile riguardanti i diritti e i doveri dei coniugi, e redigerà quindi, in doppio originale, l'atto di matrimonio, nel quale potranno essere inserite le dichiarazioni dei coniugi consentite secondo la legge civile.

La Santa Sede prende atto che la trascrizione non potrà avere luogo:

a) quando gli sposi non rispondano ai requisiti della legge civile circa l'età richiesta per la celebrazione;

b) quando sussiste fra gli sposi un impedimento che la legge civile considera inderogabile.

La trascrizione è tuttavia ammessa quando, secondo la legge civile, l'azione di nullità o di annullamento non potrebbe essere più proposta.

La richiesta di trascrizione è fatta, per iscritto, dal parroco del luogo dove il matrimonio è stato celebrato, non oltre i cinque giorni dalla celebrazione. L'ufficiale dello stato civile, ove

(1) Le parole «figli nati fuori del matrimonio» sono state così sostituite alle precedenti «figli naturali» dall'art. 105.3, d.lg. 28 dicembre 2013, n. 154.
(2) Cioè il 20 settembre 1975, a termini dell'art. unico l. 31 ottobre 1977, n. 804.
(3) G.U., 10 aprile 1985, n. 85, suppl. ord.
(4) L'accordo è entrato in vigore il 3 giugno 1985, data dello scambio degli strumenti di ratifica.

sussistano le condizioni per la trascrizione, la effettua entro ventiquattro ore dal ricevimento dell'atto e ne dà notizia al parroco.

Il matrimonio ha effetti civili dal momento della celebrazione, anche se l'ufficiale dello stato civile, per qualsiasi ragione, abbia effettuato la trascrizione oltre il termine prescritto.

La trascrizione può essere effettuata anche posteriormente su richiesta dei due contraenti, o anche di uno di essi, con la conoscenza e senza l'opposizione dell'altro, sempre che entrambi abbiano conservato ininterrottamente lo stato libero dal momento della celebrazione a quello della richiesta di trascrizione, e senza pregiudizio dei diritti legittimamente acquisiti dai terzi.

2. Le sentenze di nullità di matrimonio pronunciate dai tribunali ecclesiastici, che siano munite del decreto di esecutività del superiore organo ecclesiastico di controllo, sono su domanda delle parti o di una di esse, dichiarate efficaci nella Repubblica italiana con sentenza della corte d'appello competente, quando questa accerti:

a) che il giudice ecclesiastico era il giudice competente a conoscere della causa in quanto matrimonio celebrato in conformità del presente articolo;

b) che nel procedimento davanti ai tribunali ecclesiastici è stato assicurato alle parti il diritto di agire e di resistere in giudizio in modo non difforme dai principi fondamentali dell'ordinamento italiano;

c) che ricorrono le altre condizioni richieste dalla legislazione italiana per la dichiarazione di efficacia delle sentenze straniere. La corte d'appello potrà, nella sentenza intesa a rendere esecutiva una sentenza canonica, statuire provvedimenti economici provvisori a favore di uno dei coniugi il cui matrimonio sia stato dichiarato nullo, rimandando le parti al giudice competente per la decisione sulla materia (1).

3. Nell'accedere al presente regolamento della materia matrimoniale la Santa Sede sente l'esigenza di riaffermare il valore immutato della dottrina cattolica sul matrimonio e la sollecitudine della Chiesa per la dignità ed i valori della famiglia, fondamento della società.

9-14. .... (*omissis*).

PROTOCOLLO ADDIZIONALE (2)

1-3. .... (*omissis*).

4. *1.* In relazione all'art. 8

a) Ai fini dell'applicazione del n. 1), lett. *b*) si intendono come impedimenti inderogabili della legge civile:

1) l'essere uno dei contraenti interdetto per infermità di mente;

2) la sussistenza tra gli sposi di altro matrimonio valido agli effetti civili;

3) gli impedimenti derivanti da delitto o da affinità in linea retta.

b) Con riferimento al n. 2, ai fini dell'applicazione degli art. 796 e 797 del codice italiano di procedura civile, si dovrà tener conto della specificità dell'ordinamento canonico dal quale è regolato il vincolo matrimoniale, che in esso ha avuto origine (3). In particolare,

1) si dovrà tener conto che i richiami fatti dalla legge italiana alla legge del luogo in cui si è svolto il giudizio si intendono fatti al diritto canonico;

2) si considera sentenza passata in giudicato la sentenza che sia divenuta esecutiva secondo il diritto canonico;

3) si intende che in ogni caso non si procederà al riesame del merito.

c) Le disposizioni del n. 2 si applicano anche ai matrimoni celebrati, prima dell'entrata in vigore del presente Accordo, in conformità alle norme dell'art. 34 del Concordato Lateranense e della l. 27 maggio 1929, n. 847, per i quali non sia stato iniziato il procedimento dinanzi all'autorità giudiziaria civile, previsto dalle norme stesse.

5-7. .... (*omissis*).

II. 8.

LEGGE 27 maggio 1929, n. 847. — *Disposizioni per l'applicazione del concordato dell'11 febbraio 1929 tra la Santa Sede e l'Italia nella parte relativa al matrimonio* (4) (5).

1-4. .... (6).

(1) Per i casi di cessazione degli effetti civili del matrimonio celebrato con rito religioso e trascritto v. art. 2, l. 1° dicembre 1970, n. 898, in *Leggi coll. II, 9*.

(2) Il Protocollo addizionale fa parte integrante dell'Accordo di modificazione del Concordato Lateranense.

(3) Gli artt. 796 e 797 sono stati abrogati, a far data dal 31 dicembre 1996, dall'art. 73, l. 31 maggio 1995, n. 218, in *Leggi coll. I, 1*, come sostituito dall'art. 10.1, d.l. 23 ottobre 1996, n. 542, conv. in l. 23 dicembre 1996, n. 649. Sul riconoscimento di sentenza straniera v. art. 64 ss., l. n. 218/1995, in *Leggi coll. I, 1*.

(4) G.U., 8 giugno 1929, n. 133.

(5) Le disposizioni di questa legge sono tuttora in vigore nei limiti in cui sono compatibili con le disposizioni dell'Accordo di revisione stipulato in data 18 febbraio 1984 e del relativo Protocollo addizionale, in *Leggi coll. II, 7*.

(6) Articoli abrogati dall'art. 115, comma 2°, att. cod. civ.

CAPO II

Disposizioni relative ai matrimoni celebrati davanti i ministri del culto cattolico

5. *1.* Il matrimonio celebrato davanti un ministro del culto cattolico, secondo le norme del diritto canonico, produce, dal giorno della celebrazione, gli stessi effetti del matrimonio civile, quando sia trascritto nei registri dello stato civile secondo le disposizioni degli artt. 9 e seguenti (1).

6. *1.* Le pubblicazioni debbono essere fatte a norma degli artt. 70 [*ora* 93] e seguenti del codice civile e degli artt. 65 e seguenti del r.d. 15 novembre 1865, n. 2602, per l'ordinamento dello stato civile (2).

2. La richiesta delle pubblicazioni oltre che dalle persone indicate nell'art. 73 [*ora* 96] del codice civile, deve essere fatta anche dal parroco, davanti al quale il matrimonio sarà celebrato.

7. *1.* Trascorsi tre giorni successivi alla seconda ovvero all'unica pubblicazione, l'ufficiale dello stato civile, ove non gli sia stata notificata alcuna opposizione e nulla gli consti ostare al matrimonio, rilascia un certificato, in cui dichiara che non risulta l'esistenza di cause, le quali si oppongano alla celebrazione di un matrimonio valido agli effetti civili.

2. Qualora gli sia stata notificata opposizione a norma dell'art. 89 [*ora* 103] del codice civile, l'ufficiale dello stato civile non può rilasciare il certificato e deve comunicare al parroco l'opposizione.

3. L'autorità giudiziaria decide sull'opposizione soltanto quando questa sia fondata su alcuna delle cause indicate negli artt. 56 e 61 prima parte [*ora* 86 e 85^1] del codice civile. In ogni altro caso pronuncia sentenza di non luogo a deliberare (3).

8. *1.* Il ministro del culto, davanti al quale è celebrato il matrimonio, deve spiegare agli sposi gli effetti civili del matrimonio, dando lettura degli artt. 130, 131 e 132 del codice civile [*ora* 143, 144, 147].

2. L'atto di matrimonio è compilato immediatamente dopo la celebrazione, in doppio originale.

3. Uno di questi viene subito trasmesso all'ufficiale dello stato civile del comune in cui il matrimonio è stato celebrato, e, in ogni caso, non oltre cinque giorni dalla celebrazione.

9. *1.* L'ufficiale dello stato civile, ricevuto l'atto di matrimonio, ne cura la trascrizione nei registri dello stato civile, in modo che risultino le seguenti indicazioni:

il nome e cognome, l'età e la professione, il luogo di nascita, il domicilio o la residenza degli sposi;

il nome e cognome, il domicilio o la residenza dei loro genitori (4);

la data delle eseguite pubblicazioni o il decreto di dispensa;

il luogo e la data in cui seguì la celebrazione del matrimonio;

il nome e cognome del parroco o di chi altri per lui abbia assistito alla celebrazione del matrimonio.

2. L'ufficiale dello stato civile deve dare avviso al procuratore della Repubblica nei casi e per gli effetti indicati nell'art. 104 del r.d. 15 novembre 1865 per l'ordinamento dello stato civile (2).

10. *1.* Se l'atto di matrimonio non sia stato trasmesso in originale ovvero se questo non contenga le indicazioni prescritte dall'art. 9 e la menzione dell'eseguita lettura degli artt. 130, 131 e 132 [*ora* 143, 144, 147] del codice civile prescritta dall'art. 8, l'ufficiale dello stato civile sospende la trascrizione e rinvia l'atto per la sua regolarizzazione.

2. Quando l'atto sia regolare, la trascrizione deve essere eseguita entro ventiquattro ore dal ricevimento, e nelle successive ventiquattro ore deve esserne trasmessa notizia al parroco, con l'indicazione della data in cui è stata effettuata.

11. *1.* La trascrizione dell'atto riconosciuto regolare deve essere eseguita, quando sia stato rilasciato il certificato di cui all'art. 7, anche se l'ufficiale dello stato civile abbia notizia di qualcuna delle circostanze indicate nell'articolo seguente, ma in tal caso egli deve prontamente informarne il procuratore della Repubblica, il quale, ove occorra, provvede a norma dell'art. 15.

12. *1.* Quando la celebrazione del matrimonio non sia stata preceduta dal rilascio del certificato di cui all'art. 7, si fa egualmente luogo alla trascrizione, tranne nei casi seguenti:

1) se anche una sola delle persone unite in

(1) V. art. 2, l. 1° dicembre 1970, n. 898, in *Leggi coll. II, 9*.

(2) V. d.p.r. 3 novembre 2000, n. 396, in *Leggi coll. II, 1*.

(3) La Corte cost., con sentenza 2 febbraio 1982, n. 16, ha dichiarato costituzionalmente illegittimo questo comma «nella parte in cui non dispone che l'autorità giudiziaria decida sull'opposizione anche quando questa sia fondata sulla causa indicata nell'art. 84 del codice civile».

(4) V. l. 31 ottobre 1955, n. 1064.

matrimonio risulti legata da altro matrimonio valido agli effetti civili, in qualunque forma celebrato;

2) se le persone unite in matrimonio risultino già legate tra loro da matrimonio valido agli effetti civili, in qualunque forma celebrato;

3) se il matrimonio sia stato contratto da un interdetto per infermità di mente (1).

13. *1.* Se la celebrazione del matrimonio non sia stata preceduta dalle pubblicazioni o dalla dispensa, la trascrizione può aver luogo soltanto dopo l'accertamento che non esiste alcuna delle circostanze indicate nel precedente art. 12.

2. A questo scopo l'ufficiale dello stato civile, oltre a richiedere i documenti occorrenti e a fare le indagini che riterrà opportune, affigge alla porta della casa comunale avviso della celebrazione del matrimonio da trascrivere, con l'indicazione delle generalità degli sposi, della data, del luogo di celebrazione e del ministro del culto davanti al quale è avvenuta.

3. L'avviso resterà affisso per dieci giorni consecutivi, durante i quali possono opporsi alla trascrizione del matrimonio per una delle cause indicate nel precedente art. 12, coloro che, a norma del codice civile, avrebbero potuto fare opposizione al matrimonio.

4. L'opposizione sospende la trascrizione ed è regolata dalle disposizioni degli artt. 89 [*ora* 103] e seguenti del codice civile, in quanto applicabili.

14. *1.* La trascrizione dell'atto di matrimonio che per qualsiasi causa sia stata omessa può esser richiesta in ogni tempo da chiunque vi abbia interesse, quando le condizioni stabilite dalla legge sussistevano al momento della celebrazione del matrimonio e non siano venute meno successivamente.

2. La trascrizione può essere richiesta anche nel caso preveduto nel n. 3 dell'art. 12, se la coabitazione continuò per tre mesi (2) dopo revocata l'interdizione.

3. Qualora la trascrizione sia richiesta trascorsi i cinque giorni dalla celebrazione, essa non pregiudica i diritti legittimamente acquisiti dai terzi.

15. *1.* Se l'ufficiale dello stato civile non creda di poter procedere alla trascrizione, si osserva la disposizione dell'art. 75 [*ora* 98] del codice civile.

16. *1.* La trascrizione del matrimonio può essere impugnata per una delle cause menzionate nell'art. 12 della presente legge (3).

2. A tali impugnazioni si applicano le disposizioni degli artt. 104, 112, 113, 114 [*ora* 117, 119, 124, 125] del codice civile.

17. *1.* La sentenza del tribunale ecclesiastico che pronuncia la nullità del matrimonio, o il provvedimento col quale è accordata la dispensa dal matrimonio rato e non consumato, dopo che sia intervenuto il decreto del supremo tribunale della segnatura, preveduto dall'art. 34 del concordato dell'11 febbraio 1929, fra l'Italia e la Santa Sede, sono presentati in forma autentica alla corte di appello della circoscrizione a cui appartiene il comune, presso il quale fu trascritto l'atto di celebrazione del matrimonio.

2. La corte di appello, con ordinanza pronunziata in camera di consiglio, rende esecutiva la sentenza o il provvedimento di dispensa dal matrimonio celebrato davanti un ministro del culto cattolico e trascritto nel registro dello stato civile e ne ordina l'annotazione a margine dell'atto di matrimonio.

18. *1.* La disposizione dell'art. 116 [*ora* 128] del codice civile è applicabile anche nel caso di annullamento della trascrizione del matrimonio, e in quello in cui, a sensi del precedente art. 17, venga resa esecutiva la sentenza che dichiari la nullità del matrimonio celebrato davanti al ministro del culto cattolico.

19. *1.* Le disposizioni del codice civile relative alla separazione dei coniugi restano ferme anche per i matrimoni celebrati davanti un ministro del culto cattolico, quando siano stati trascritti.

2. In pendenza del giudizio di nullità davanti i tribunali ecclesiastici, può essere richiesta al tribunale civile la separazione temporanea dei coniugi a norma dell'art. 115 [*ora* 126] del codice civile. La domanda può essere proposta dal pubblico ministero, se ambedue i coniugi o uno di essi sia minore di età. La sentenza di separazione, quando sia passata in cosa giudicata, è comunicata all'autorità ecclesiastica.

(1) La Corte cost., con sentenza 2 febbraio 1982, n. 16, ha dichiarato costituzionalmente illegittimo questo articolo «nella parte in cui non dispone che non si faccia luogo alla trascrizione anche nel caso di matrimonio canonico contratto da minore infrasedicenne o da minore che abbia compiuto gli anni sedici ma non sia stato ammesso al matrimonio ai sensi dell'art. 84 del codice civile».

(2) Ora un mese: art. 115.1, att. c.

(3) La Corte cost., con sentenza 1° marzo 1971, n. 32, ha dichiarato costituzionalmente illegittimo questo comma, «nella parte in cui stabilisce che la trascrizione del matrimonio può essere impugnata solo per una delle cause menzionate nell'art. 12 e non anche perché uno degli sposi fosse, al momento in cui si è determinato a contrarre matrimonio in forma concordataria, in stato di incapacità naturale».

CAPO III

Disposizioni generali e transitorie

20. *1.* Agli effetti dell'art. 124 (1) del codice civile è parificato alla celebrazione del matrimonio il rilascio del certificato di cui all'art. 7.

2. Incorre nella multa stabilita nell'art. 124 (1) del codice civile l'ufficiale dello stato civile, che ometta di eseguire prontamente la trascrizione dell'atto di matrimonio, quando ricorrano le condizioni previste dalla legge, o che esegua la trascrizione quando questa non sia ammessa.

21. *1.* La trascrizione del matrimonio celebrato davanti un ministro del culto cattolico anteriormente all'entrata in vigore della presente legge può essere disposta dalla corte di appello su ricorso di entrambe le parti, con ordinanza pronunziata in camera di consiglio, dopo di aver accertato che al tempo del matrimonio sussistevano le condizioni richieste dal codice civile per contrarre matrimonio, e che posteriormente non siasi verificata alcuna delle circostanze indicate nel precedente art. 12.

2. Operata la trascrizione, gli effetti civili del matrimonio si producono dal giorno della medesima.

22. *1.* Nel caso in cui sia stata o venga pronunciata la nullità del matrimonio celebrato davanti un ministro del culto cattolico prima dell'attuazione della presente legge, la sentenza produce il suo effetto anche riguardo al matrimonio civile contratto fra le stesse persone, quando, osservate le formalità di cui all'art. 17 della presente legge, la corte di appello, su domanda di una delle parti, abbia accertato che la nullità fu pronunziata per una causa ammessa anche nel codice civile.

2. La dispensa dal matrimonio rato e non consumato, quando siano osservate le formalità di cui al medesimo art. 17, produce, sulla domanda di ambedue le parti, lo scioglimento del matrimonio civile contratto fra le stesse persone prima dell'entrata in vigore della presente legge.

23. *1.* Nulla è innovato alla delegazione contenuta nell'art. 3 della l. 24 dicembre 1925, n. 2260, anche per le norme relative al matrimonio.

2. La presente legge andrà in vigore sessanta giorni dopo la sua pubblicazione nella *Gazzetta Ufficiale*.

II. 9.

Legge 1° dicembre 1970, n. 898. — *Disciplina dei casi di scioglimento del matrimonio* (2).

1. *1.* Il giudice pronuncia lo scioglimento del matrimonio contratto a norma del codice civile, quando, esperito inutilmente il tentativo di conciliazione di cui al successivo art. 4, accerta che la comunione spirituale e materiale tra i coniugi non può essere mantenuta o ricostituita per l'esistenza di una delle cause previste dall'art. 3.

2. *1.* Nei casi in cui il matrimonio sia stato celebrato con rito religioso e regolarmente trascritto, il giudice, quando, esperito inutilmente il tentativo di conciliazione di cui al successivo art. 4, accerta che la comunione spirituale e materiale tra i coniugi non può essere mantenuta o ricostituita per l'esistenza di una delle cause previste dall'art. 3, pronuncia la cessazione degli effetti civili conseguenti alla trascrizione del matrimonio.

3. *1.* Lo scioglimento o la cessazione degli effetti civili del matrimonio può essere domandato da uno dei coniugi:

1) quando, dopo la celebrazione del matrimonio, l'altro coniuge è stato condannato, con sentenza passata in giudicato, anche per fatti commessi in precedenza:

a) all'ergastolo ovvero ad una pena superiore ad anni quindici, anche con più sentenze, per uno o più delitti non colposi, esclusi i reati politici e quelli commessi per motivi di particolare valore morale e sociale;

b) a qualsiasi pena detentiva per il delitto di cui all'art. 564 del codice penale e per uno dei delitti di cui agli artt. 519, 521, 523 e 524 del codice penale, ovvero per induzione, costrizione, sfruttamento o favoreggiamento della prostituzione (3);

c) a qualsiasi pena per omicidio volontario di un figlio ovvero per tentato omicidio a danno del coniuge o di un figlio (4);

(1) V. ora art. 135 ss., cod. civ.

(2) G.U., 3 dicembre 1970, n. 306; LEX, 1970, I, 2365. Sono inserite nel testo le modificazioni apportate dalla 9, in vigore dal 12 marzo 1987. V. la Convenzione sul riconoscimento dei divorzi e delle separazioni personali, firmata all'Aja il 1 giugno 1970 (l. 10 giugno 1985, n. 301, con riserva in G.U., 1° aprile 1986, n. 75, p. 9) in vigore dal 20 aprile 1986. Sulla convenzione di negoziazione assistita e sulla semplificazione dei procedimenti di divorzio v. artt. 6 e 12, d.l. 12 settembre 2014, n. 132, conv. in l. 10 novembre 2014, n. 162, in *Leggi coll. II, 10*.

(3) Lettera così sostituita dall'art. 1, l. 6 marzo 1987, n. 74.

(4) Lettera così sostituita dall'art. 2, l. 6 marzo 1987, n. 74.

d) a qualsiasi pena detentiva, con due o più condanne, per i delitti di cui all'art. 582, quando ricorra la circostanza aggravante di cui al secondo comma dell'art. 583, e agli artt. 570, 572 e 643 (1) del codice penale, in danno del coniuge o di un figlio (2).

Nelle ipotesi previste alla lett. *d*) il giudice competente a pronunciare lo scioglimento o la cessazione degli effetti civili del matrimonio accerta, anche in considerazione del comportamento successivo del convenuto, la di lui inidoneità a mantenere o ricostituire la convivenza familiare.

Per tutte le ipotesi previste nel n. 1 del presente articolo la domanda non è proponibile dal coniuge che sia stato condannato per concorso nel reato ovvero quando la convivenza coniugale è ripresa;

2) nei casi in cui:

a) l'altro coniuge è stato assolto per vizio totale di mente da uno dei delitti previsti nelle lett. *b*) e *c*) del n. 1) del presente articolo, quando il giudice competente a pronunciare lo scioglimento o la cessazione degli effetti civili del matrimonio accerta l'inidoneità del convenuto a mantenere o ricostituire la convivenza familiare;

b) è stata pronunciata con sentenza passata in giudicato la separazione giudiziale fra i coniugi, ovvero è stata omologata la separazione consensuale ovvero è intervenuta separazione di fatto quando la separazione di fatto stessa è iniziata almeno due anni prima del 18 dicembre 1970 (3).

In tutti i predetti casi, per la proposizione della domanda di scioglimento o di cessazione degli effetti civili del matrimonio, le separazioni devono essersi protratte ininterrottamente da almeno dodici mesi dall'avvenuta comparizione dei coniugi innanzi al presidente del tribunale nella procedura di separazione personale e da sei mesi nel caso di separazione consensuale, anche quando il giudizio contenzioso si sia trasformato in consensuale (4), ovvero dalla data certificata nell'accordo di separazione raggiunto a seguito di convenzione di negoziazione assistita da un avvocato ovvero dalla data dell'atto contenente l'accordo di separazione concluso innanzi all'ufficiale dello stato civile (5). L'eventuale interruzione della separazione deve essere eccepita dalla parte convenuta (6).

.... (7).

c) il procedimento penale promosso per i delitti previsti dalle lett. *b*) e *c*) del numero 1) del presente articolo si è concluso con sentenza di non doversi procedere per estinzione del reato, quando il giudice competente a pronunciare lo scioglimento o la cessazione degli effetti civili del matrimonio ritiene che nei fatti commessi sussistano gli elementi costitutivi e le condizioni di punibilità dei delitti stessi;

d) il procedimento penale per incesto si è concluso con sentenza di proscioglimento o di assoluzione che dichiari non punibile il fatto per mancanza di pubblico scandalo;

e) l'altro coniuge, cittadino straniero, ha ottenuto all'estero l'annullamento o lo scioglimento del matrimonio o ha contratto all'estero nuovo matrimonio;

f) il matrimonio non è stato consumato;

g) è passata in giudicato sentenza di rettificazione di attribuzione di sesso a norma della l. 14 aprile 1982, n. 164 (8).

4. 1. La domanda per ottenere lo scioglimento o la cessazione degli effetti civili del matrimonio si propone al tribunale del luogo dell'ul-

(1) Ma v. art. 649 c.p.
(2) Lettera così modificata dall'art. 3, l. 6 marzo 1987, n. 74.
(3) Lettera così modificata dall'art. 4, l. 6 marzo 1987, n. 74.
(4) Le parole «dodici mesi dall'avvenuta comparizione dei coniugi innanzi al presidente del tribunale nella procedura di separazione personale e da sei mesi nel caso di separazione consensuale, anche quando il giudizio contenzioso si sia trasformato in consensuale» sono state così sostituite alle precedenti «tre anni a far tempo dalla avvenuta comparizione dei coniugi innanzi al presidente del tribunale nella procedura di separazione personale anche quando il giudizio contenzioso si sia trasformato in consensuale» dall'art. 1, l. 6 maggio 2015, n. 55. In base all'art. 3, l. cit., tali disposizioni «si applicano ai procedimenti in corso alla data di entrata in vigore della presente legge, anche nei casi in cui il procedimento di separazione che ne costituisce il presupposto risulti ancora pendente alla medesima data».
(5) Le parole «, ovvero dalla data certificata nell'accordo di separazione raggiunto a seguito di convenzione di negoziazione assistita da un avvocato ovvero dalla data dell'atto contenente l'accordo di separazione concluso innanzi all'ufficiale dello stato civile» sono state inserite dall'art. 12.4, d.l. 12 settembre 2014, n. 132, conv. in l. 10 novembre 2014, n. 162. In base all'art. 12.7, d.l. cit., tali disposizioni «si applicano a decorrere dal trentesimo giorno successivo all'entrata in vigore della legge di conversione del presente decreto».
(6) Capoverso così sostituito dall'art. 5, l. 6 marzo 1987, n. 74.
(7) Capoverso soppresso dall'art. 6, l. 6 marzo 1987, n. 74.
(8) Lettera aggiunta dall'art. 7, l. 6 marzo 1987, n. 74.

tima residenza comune dei coniugi ovvero, in mancanza (1), del luogo in cui il coniuge convenuto ha residenza o domicilio. Qualora il coniuge convenuto sia residente all'estero o risulti irreperibile, la domanda si propone al tribunale del luogo di residenza o di domicilio del ricorrente e, se anche questi è residente all'estero, a qualunque tribunale della Repubblica. La domanda congiunta può essere proposta al tribunale del luogo di residenza o di domicilio dell'uno o dell'altro coniuge.

2. La domanda si propone con ricorso, che deve contenere l'esposizione dei fatti e degli elementi di diritto sui quali la domanda di scioglimento del matrimonio o di cessazione degli effetti civili dello stesso è fondata.

3. Del ricorso il cancelliere dà comunicazione all'ufficiale dello stato civile del luogo dove il matrimonio fu trascritto per l'annotazione in calce all'atto.

4. Nel ricorso deve essere indicata l'esistenza di figli di entrambi i coniugi (2).

5. Il presidente del tribunale, nei cinque giorni successivi al deposito in cancelleria, fissa con decreto la data di comparizione dei coniugi davanti a sé, che deve avvenire entro novanta giorni dal deposito del ricorso, il termine per la notificazione del ricorso e del decreto ed il termine entro cui il coniuge convenuto può depositare memoria difensiva e documenti. Il presidente nomina un curatore speciale quando il convenuto è malato di mente o legalmente incapace.

6. Al ricorso e alla prima memoria difensiva sono allegate le ultime dichiarazioni dei redditi rispettivamente presentate.

7. I coniugi devono comparire davanti al presidente del tribunale personalmente, salvo gravi e comprovati motivi, e con l'assistenza di un difensore. Se il ricorrente non si presenta o rinuncia, la domanda non ha effetto. Se non si presenta il coniuge convenuto, il presidente può fissare un nuovo giorno per la comparizione, ordinando che la notificazione del ricorso e del decreto gli sia rinnovata. All'udienza di comparizione, il presidente deve sentire i coniugi prima separatamente poi congiuntamente, tentando di conciliarli. Se i coniugi si conciliano, il presidente fa redigere processo verbale della conciliazione.

8. Se la conciliazione non riesce, il presidente, sentiti i coniugi e i rispettivi difensori nonché, disposto l'ascolto del figlio minore che abbia compiuto gli anni dodici e anche di età inferiore ove capace di discernimento (3), dà, anche d'ufficio, con ordinanza i provvedimenti temporanei e urgenti che reputa opportuni nell'interesse dei coniugi e della prole, nomina il giudice istruttore e fissa l'udienza di comparizione e trattazione dinanzi a questo. Nello stesso modo il presidente provvede, se il coniuge convenuto non compare, sentito il ricorrente e il suo difensore. L'ordinanza del presidente può essere revocata o modificata dal giudice istruttore. Si applica l'art. 189 delle disposizioni di attuazione del codice di procedura civile.

9. Tra la data dell'ordinanza, ovvero tra la data entro cui la stessa deve essere notificata al convenuto non comparso, e quella dell'udienza di comparizione e trattazione devono intercorrere i termini di cui all'art. 163-*bis* del codice di procedura civile ridotti a metà.

10. Con l'ordinanza di cui al comma 8, il presidente assegna altresì termine al ricorrente per il deposito in cancelleria di memoria integrativa, che deve avere il contenuto di cui all'art. 163, terzo comma, nn. 2), 3), 4), 5) e 6), del codice di procedura civile e termine al convenuto per la costituzione in giudizio ai sensi degli artt. 166 e 167, primo e secondo comma, dello stesso codice nonché per la proposizione delle eccezioni processuali e di merito che non siano rilevabili d'ufficio. L'ordinanza deve contenere l'avvertimento al convenuto che la costituzione oltre il suddetto termine implica le decadenze di cui all'art. 167 del codice di procedura civile e che oltre il termine stesso non potranno più essere proposte le eccezioni processuali e di merito non rilevabili d'ufficio.

11. All'udienza davanti al giudice istruttore si applicano le disposizioni di cui agli artt. 180 e 183, commi primo, secondo, quarto, quinto, sesto e settimo, del codice di procedura civile. Si applica altresì l'art. 184 del medesimo codice.

12. Nel caso in cui il processo debba conti-

(1) La Corte cost., con sentenza 23 maggio 2008, n. 169, ha dichiarato l'illegittimità costituzionale di questo comma «nel testo sostituito dall'art. 2, comma 3-*bis*, del d.l. 14 marzo 2005, n. 35, comma inserito dalla relativa legge di conversione 14 maggio 2005, n. 80, limitatamente alle parole "del luogo dell'ultima residenza comune dei coniugi ovvero, in mancanza,"».

(2) Comma così sostituito dall'art. 98.1, lett. a, d.lg. 28 dicembre 2013, n. 154.

(3) Le parole «disposto l'ascolto del figlio minore che abbia compiuto gli anni dodici e anche di età inferiore ove capace di discernimento» sono state così sostituite alle precedenti «qualora lo ritenga strettamente necessario anche in considerazione della loro età, i figli minori» dall'art. 98.1, lett. a, d.lg. 28 dicembre 2013, n. 154.

nuare per la determinazione dell'assegno, il tribunale emette sentenza non definitiva relativa allo scioglimento o alla cessazione degli effetti civili del matrimonio. Avverso tale sentenza è ammesso solo appello immediato. Appena formatosi il giudicato, si applica la previsione di cui all'art. 10.

13. Quando vi sia stata la sentenza non definitiva, il tribunale, emettendo la sentenza che dispone l'obbligo della somministrazione dell'assegno, può disporre che tale obbligo produca effetti fin dal momento della domanda.

14. Per la parte relativa ai provvedimenti di natura economica la sentenza di primo grado è provvisoriamente esecutiva.

15. L'appello è deciso in camera di consiglio.

16. La domanda congiunta dei coniugi di scioglimento o di cessazione degli effetti civili del matrimonio che indichi anche compiutamente le condizioni inerenti alla prole e ai rapporti economici, è proposta con ricorso al tribunale in camera di consiglio. Il tribunale, sentiti i coniugi, verificata l'esistenza dei presupposti di legge e valutata la rispondenza delle condizioni all'interesse dei figli, decide con sentenza. Qualora il tribunale ravvisi che le condizioni relative ai figli sono in contrasto con gli interessi degli stessi, si applica la procedura di cui al comma 8 (1).

5. *1.* Il tribunale adito, in contraddittorio delle parti e con l'intervento obbligatorio del pubblico ministero, accertata la sussistenza di uno dei casi di cui all'art. 3, pronuncia con sentenza lo scioglimento o la cessazione degli effetti civili del matrimonio ed ordina all'ufficiale dello stato civile del luogo ove venne trascritto il matrimonio di procedere alla annotazione della sentenza.

2. La donna perde il cognome che aveva aggiunto al proprio a seguito del matrimonio (2).

3. Il tribunale, con la sentenza con cui pronuncia lo scioglimento o la cessazione degli effetti civili del matrimonio, può autorizzare la donna che ne faccia richiesta a conservare il cognome del marito aggiunto al proprio quando sussista un interesse suo o dei figli meritevole di tutela (2).

4. La decisione di cui al comma precedente può essere modificata con successiva sentenza, per motivi di particolare gravità, su istanza di una delle parti (2).

5. La sentenza è impugnabile da ciascuna delle parti. Il pubblico ministero può, ai sensi dell'art. 72 del codice di procedura civile, proporre impugnazione limitatamente agli interessi patrimoniali dei figli minori o legalmente incapaci.

6. Con la sentenza che pronuncia lo scioglimento o la cessazione degli effetti civili del matrimonio, il tribunale, tenuto conto delle condizioni dei coniugi, delle ragioni della decisione, del contributo personale ed economico dato da ciascuno alla conduzione familiare ed alla formazione del patrimonio di ciascuno o di quello comune, del reddito di entrambi, e valutati tutti i suddetti elementi anche in rapporto alla durata del matrimonio, dispone l'obbligo per un coniuge di somministrare periodicamente a favore dell'altro un assegno quando quest'ultimo non ha mezzi adeguati o comunque non può procurarseli per ragioni oggettive (3).

7. La sentenza deve stabilire anche un criterio di adeguamento automatico dell'assegno, almeno con riferimento agli indici di svalutazione monetaria. Il tribunale può, in caso di palese iniquità, escludere la previsione con motivata decisione (3).

8. Su accordo delle parti la corresponsione può avvenire in unica soluzione ove questa sia ritenuta equa dal tribunale. In tal caso non può essere proposta alcuna successiva domanda di contenuto economico (3).

9. I coniugi devono presentare all'udienza di comparizione avanti al presidente del tribunale la dichiarazione personale dei redditi e ogni documentazione relativa ai loro redditi e al loro patrimonio personale e comune. In caso di contestazioni il tribunale dispone indagini sui redditi, sui patrimoni e sull'effettivo tenore di vita, valendosi, se del caso, anche della polizia tributaria (3).

10. L'obbligo di corresponsione dell'assegno cessa se il coniuge, al quale deve essere corrisposto, passa a nuove nozze.

11. Il coniuge, al quale non spetti l'assistenza sanitaria per nessun altro titolo, conserva il diritto nei confronti dell'ente mutualistico da cui

(1) Articolo così sostituito dall'art. 2.3-*bis*, d.l. 14 marzo 2005, n. 35, conv. in l. 14 maggio 2005, n. 80.
La norma, nel nuovo testo, ai sensi dell'art. 2.3-*quinquies*, d.l. cit., come risultante dalle modifiche apportate prima dall'art. 8.1, d.l. 30 giugno 2005, n. 115, conv. in l. 17 agosto 2005, n. 168 e, successivamente, dall'art. 1.6, l. 28 dicembre 2005, n. 263 e dall'art. 39-*quater*.1, d.l. 30 dicembre 2005, n. 273, conv. in l. 23 febbraio 2006, n. 51, è in vigore dal 1° marzo 2006 e si applica ai procedimenti instaurati successivamente a tale data.

(2) Commi così sostituiti al precedente comma secondo dall'art. 9, l. 6 marzo 1987, n. 74.

(3) Commi così sostituiti al precedente comma quarto dall'art. 10, l. 6 marzo 1987, n. 74.

sia assistito l'altro coniuge. Il diritto si estingue se egli passa a nuove nozze (1).

6. 1. L'obbligo, ai sensi degli artt. 315-*bis* e 316-*bis* (2) del codice civile, di mantenere, educare ed istruire i figli nati o adottati durante il matrimonio di cui sia stato pronunciato lo scioglimento o la cessazione degli effetti civili, permane anche nel caso di passaggio a nuove nozze di uno o di entrambi i genitori.

2. Il Tribunale che pronuncia lo scioglimento o la cessazione degli effetti civili del matrimonio applica, riguardo ai figli, le disposizioni contenute nel capo II, del titolo IX, del libro primo, del codice civile (3).

3-5. .... (4).

6. L'abitazione nella casa familiare spetta di preferenza al genitore cui vengono affidati i figli o con il quale i figli convivono oltre la maggiore età. In ogni caso ai fini dell'assegnazione il giudice dovrà valutare le condizioni economiche dei coniugi e le ragioni della decisione e favorire il coniuge più debole. L'assegnazione, in quanto trascritta, è opponibile al terzo acquirente ai sensi dell'art. 1599 del codice civile (c. 337-*VI*[1]).

7. Il tribunale dà inoltre disposizioni circa l'amministrazione dei beni dei figli e, nell'ipotesi in cui l'esercizio della responsabilità genitoriale (5) sia affidato ad entrambi i genitori, circa il concorso degli stessi al godimento dell'usufrutto legale.

8-12. .... (4) (6).

7. .... (*omissis*) (7).

8. *1.* Il tribunale che pronuncia lo scioglimento o la cessazione degli effetti civili del matrimonio può imporre all'obbligato di prestare idonea garanzia reale o personale se esiste il pericolo che egli possa sottrarsi all'adempimento degli obblighi di cui agli artt. 5 e 6.

2. La sentenza costituisce titolo per l'iscrizione dell'ipoteca giudiziale ai sensi dell'art. 2818 del codice civile.

3. Il coniuge cui spetta la corresponsione periodica dell'assegno, dopo la costituzione in mora a mezzo raccomandata con avviso di ricevimento del coniuge obbligato e inadempiente per un periodo di almeno trenta giorni, può notificare il provvedimento in cui è stabilita la misura dell'assegno ai terzi tenuti a corrispondere periodicamente somme di denaro al coniuge obbligato con l'invito a versargli direttamente le somme dovute, dandone comunicazione al coniuge inadempiente (8).

4. Ove il terzo cui sia stato notificato il provvedimento non adempia, il coniuge creditore ha azione diretta esecutiva nei suoi confronti per il pagamento delle somme dovutegli quale assegno di mantenimento ai sensi degli artt. 5 e 6 (8).

5. Qualora il credito del coniuge obbligato nei confronti dei suddetti terzi sia stato già pignorato al momento della notificazione, all'assegnazione e alla ripartizione delle somme fra il coniuge cui spetta la corresponsione periodica dell'assegno, il creditore precedente e i creditori intervenuti nell'esecuzione, provvede il giudice dell'esecuzione (8).

6. Lo Stato e gli altri enti indicati nell'art. 1 del testo unico delle leggi concernenti il sequestro, il pignoramento e la cessione degli stipendi, salari e pensioni dei dipendenti delle pubbliche amministrazioni, approvato con d.p.r. 5 gennaio 1950, n. 180, nonché gli altri enti datori di lavoro cui sia stato notificato il provvedimento in cui è stabilita la misura dell'assegno e l'invito a pagare direttamente al coniuge cui spetta la corresponsione periodica, non possono versare a quest'ultimo oltre la metà delle somme dovute al coniuge obbligato, comprensive anche degli assegni e degli emolumenti accessori (8).

7. Per assicurare che siano soddisfatte o conservate le ragioni del creditore in ordine all'adempimento degli obblighi di cui agli artt. 5 e 6, su richiesta dell'avente diritto, il giudice può disporre il sequestro dei beni del coniuge obbligato a somministrare l'assegno. Le somme spettanti al coniuge obbligato alla corresponsione dell'assegno di cui al precedente comma sono soggette a sequestro e pignoramento fino alla concorrenza della metà per il soddisfacimento dell'assegno periodico di cui agli artt. 5 e 6 (8).

9. 1. Qualora sopravvengano giustificati mo-

(1) Comma aggiunto dall'art. 1, l. 1° agosto 1978, n. 436.
(2) Le parole «315-*bis* e 316-*bis*» sono state così sostituite alle precedenti «147 e 148» dall'art. 98.1, lett. b, d.lg. 28 dicembre 2013, n. 154.
(3) Comma così sostituito dall'art. 98.1, lett. b, d.lg. 28 dicembre 2013, n. 154.
(4) Commi abrogati dall'art. 98.1, lett. b, d.lg. 28 dicembre 2013, n. 154.
(5) Le parole «responsabilità genitoriale» sono state così sostituite alla precedente «potestà» dall'art. 98.1, lett. b, d.lg. 28 dicembre 2013, n. 154.
(6) Articolo sostituito dall'art. 11, l. 6 marzo 1987, n. 74.
(7) V. art. 252 cod. civ.
(8) Commi così sostituiti al precedente terzo comma dall'art. 12, l. 6 marzo 1987, n. 74.

tivi dopo la sentenza che pronuncia lo scioglimento o la cessazione degli effetti civili del matrimonio, il tribunale, in camera di consiglio [p.c. 737 ss.] e, per i provvedimenti relativi ai figli, con la partecipazione del pubblico ministero, può, su istanza di parte, disporre la revisione delle disposizioni concernenti l'affidamento dei figli e di quelle relative alla misura e alle modalità dei contributi da corrispondersi ai sensi degli artt. 5 e 6.

2. In caso di morte dell'*ex* coniuge e in assenza di un coniuge superstite avente i requisiti per la pensione di reversibilità, il coniuge rispetto al quale è stata pronunciata sentenza di scioglimento o di cessazione degli effetti civili del matrimonio ha diritto, se non passato a nuove nozze e sempre che sia titolare di assegno ai sensi dell'art. 5, alla pensione di reversibilità, sempre che il rapporto da cui trae origine il trattamento pensionistico sia anteriore alla sentenza (1).

3. Qualora esista un coniuge superstite avente i requisiti per la pensione di reversibilità, una quota della pensione e degli altri assegni a questi spettanti è attribuita dal tribunale, tenendo conto della durata del rapporto, al coniuge rispetto al quale è stata pronunciata la sentenza di scioglimento o di cessazione degli effetti civili del matrimonio e che sia titolare dell'assegno di cui all'art. 5. Se in tale condizione si trovano più persone, il tribunale provvede a ripartire fra tutti la pensione e gli altri assegni, nonché a ripartire tra i restanti le quote attribuite a chi sia successivamente morto o passato a nuove nozze (2) (1).

4. Restano fermi, nei limiti stabiliti dalla legislazione vigente, i diritti spettanti a figli, genitori o collaterali in merito al trattamento di reversibilità.

5. Alle domande giudiziali dirette al conseguimento della pensione di reversibilità o di parte di essa deve essere allegato un atto notorio, ai sensi della l. 4 gennaio 1968, n. 15, dal quale risultino tutti gli aventi diritto. In ogni caso, la sentenza che accoglie la domanda non pregiudica la tutela, nei confronti dei beneficiari, degli aventi diritto pretermessi, salva comunque l'applicabilità delle sanzioni penali per le dichiarazioni mendaci (3).

9-*bis*. *1.* A colui al quale è stato riconosciuto il diritto alla corresponsione periodica di somme di denaro a norma dell'art. 5, qualora versi in stato di bisogno, il tribunale, dopo il decesso dell'obbligato, può attribuire un assegno periodico a carico dell'eredità tenendo conto dell'importo di quelle somme, della entità del bisogno, dell'eventuale pensione di reversibilità, delle sostanze ereditarie, del numero e della qualità degli eredi e delle loro condizioni economiche. L'assegno non spetta se gli obblighi patrimoniali previsti dall'art. 5 sono stati soddisfatti in unica soluzione.

2. Su accordo delle parti la corresponsione dell'assegno può avvenire in unica soluzione.

3. Il diritto all'assegno si estingue se il beneficiario passa a nuove nozze o viene meno il suo stato di bisogno. Qualora risorga lo stato di bisogno l'assegno può essere nuovamente attribuito (4).

10. *1.* La sentenza che pronuncia lo scioglimento o la cessazione degli effetti civili del matrimonio, quando sia passata in giudicato, deve essere trasmessa in copia autentica, a cura del cancelliere del tribunale o della Corte che l'ha emessa, all'ufficiale dello stato civile del comune in cui il matrimonio fu trascritto, per le annotazioni e le ulteriori incombenze di cui al r.d. 9 luglio 1939, n. 1238.

2. Lo scioglimento e la cessazione degli effetti civili del matrimonio, pronunciati nei casi rispettivamente previsti dagli artt. 1 e 2 della presente legge, hanno efficacia, a tutti gli effetti civili, dal giorno dell'annotazione della sentenza.

11. .... (5).

12. 1. Le disposizioni del codice civile in te-

(1) L'art. 5, l. 28 dicembre 2005, n. 263, così dispone: «Le disposizioni di cui ai commi 2 e 3 dell'art. 9 della l. 1° dicembre 1970, n. 898 e successive modificazioni, si interpretano nel senso che per titolarità dell'assegno ai sensi dell'art. 5 deve intendersi l'avvenuto riconoscimento dell'assegno medesimo da parte del tribunale ai sensi del predetto art. 5 della citata legge n. 898 del 1970».

(2) La Corte cost., con sentenza 4 novembre 1999, n. 419, ha dichiarato non fondata, nei sensi di cui in motivazione, la questione di legittimità costituzionale di questo comma, interpretato nel senso che il giudice deve «tenere conto» dell'elemento temporale, ma con valutazione che non si riduce ad un mero calcolo aritmetico.

(3) Articolo così sostituito dall'art. 13, l. 6 marzo 1987, n. 74. L'art. 4.1, l. 8 febbraio 2006, n. 54, così dispone: «Nei casi in cui il decreto di omologa dei patti di separazione consensuale, la sentenza di separazione giudiziale, di scioglimento, di annullamento o di cessazione degli effetti civili del matrimonio sia già stata emessa alla data di entrata in vigore della presente legge, ciascuno dei genitori può richiedere, nei modi previsti dall'art. 710 del codice di procedura civile o dall'art. 9 della l. 1° dicembre 1970, n. 898, e successive modificazioni, l'applicazione delle disposizioni della presente legge».

(4) Articolo introdotto dall'art. 3, l. 1° agosto 1978, n. 436.

(5) Articolo abrogato dall'art. 14, l. 6 marzo 1987, n. 74.

ma di riconoscimento del figlio nato fuori del matrimonio (1) si applicano, per quanto di ragione, anche nel caso di scioglimento o di cessazione degli effetti civili del matrimonio (2).

12-*bis*. 1. Il coniuge nei cui confronti sia stata pronunciata sentenza di scioglimento o di cessazione degli effetti civili del matrimonio ha diritto, se non passato a nuove nozze e in quanto sia titolare di assegno ai sensi dell'art. 5, ad una percentuale dell'indennità di fine rapporto percepita dall'altro coniuge all'atto della cessazione del rapporto di lavoro anche se l'indennità viene a maturare dopo la sentenza.

2. Tale percentuale è pari al quaranta per cento dell'indennità totale riferibile agli anni in cui il rapporto di lavoro è coinciso con il matrimonio (3).

12-*ter*. 1. In caso di genitori rispetto ai quali sia stata pronunciata sentenza di scioglimento o di cessazione degli effetti civili del matrimonio, la pensione di reversibilità spettante ad essi per la morte di un figlio deceduto per fatti di servizio è attribuita automaticamente dall'ente erogante in parti uguali a ciascun genitore.

2. Alla morte di uno dei genitori, la quota parte di pensione si consolida automaticamente in favore dell'altro.

3. Analogamente si provvede, in presenza della predetta sentenza, per la pensione di reversibilità spettante al genitore del dante causa secondo le disposizioni di cui agli artt. 83 e 87 del d.p.r. 29 dicembre 1973, n. 1092 (4).

12-*quater*. 1. Per le cause relative ai diritti di obbligazione di cui alla presente legge è competente anche il giudice del luogo in cui deve essere eseguita l'obbligazione dedotta in giudizio (5).

12-*quinquies*. 1. Allo straniero, coniuge di cittadina italiana, la legge nazionale del quale non disciplina lo scioglimento o la cessazione degli effetti civili del matrimonio, si applicano le disposizioni di cui alla presente legge (6).

12-*sexies*. . . . . (7).

II. 10.

DECRETO LEGGE 12 settembre 2014, n. 132. — *Misure urgenti di degiurisdizionalizzazione ed altri interventi per la definizione dell'arretrato in materia di processo civile* (8), *convertito, con modificazioni, in l. 10 novembre 2014, n. 162* (9).

1-5. . . . . (*omissis*).

6. *Convenzione di negoziazione assistita da uno o più avvocati per le soluzioni consensuali di separazione personale, di cessazione degli effetti civili o di scioglimento del matrimonio, di modifica delle condizioni di separazione o di divorzio*. — 1. La convenzione di negoziazione assistita da almeno un avvocato per parte può essere conclusa tra coniugi al fine di raggiungere una soluzione consensuale di separazione personale, di cessazione degli effetti civili del matrimonio, di scioglimento del matrimonio nei casi di cui all'art. 3, primo comma, n. 2), lett. *b*), della l. 1° dicembre 1970, n. 898, e successive modificazioni (10), di modifica delle condizioni di separazione o di divorzio.

(1) Le parole «nato fuori del matrimonio» sono state così sostituite alla precedente «naturale» dall'art. 98.1, lett. c, d.lg. 28 dicembre 2013, n. 154.

(2) Articolo così sostituito dall'art. 15, l. 6 marzo 1987, n. 74.

(3) Articolo aggiunto dall'art. 16, l. 6 marzo 1987, n. 74.

(4) Articolo aggiunto dall'art. 17, l. 6 marzo 1987, n. 74.

(5) Articolo aggiunto dall'art. 18, l. 6 marzo 1987, n. 74, che all'art. 19 così dispone: «1. Tutti gli atti, i documenti ed i provvedimenti relativi al procedimento di scioglimento del matrimonio o di cessazione degli effetti civili del matrimonio nonché ai procedimenti anche esecutivi e cautelari diretti ad ottenere la corresponsione o la revisione degli assegni di cui agli articoli 5 e 6 della l. 1° dicembre 1970, n. 898, sono esenti dall'imposta di bollo, di registro e da ogni altra tassa». La Corte cost., con sentenza 2 aprile 1992, n. 176, ha dichiarato l'illegittimità costituzionale dell'art. 19, in relazione agli artt. 4, d.p.r. 26 ottobre 1972, n. 636, e 1 Tariffa allegata, «nella parte in cui non comprende nell'esenzione dal tributo anche le iscrizioni di ipoteca a garanzia delle obbligazioni assunte dal coniuge nei giudizi di separazione». La Corte cost., con sentenza 10 maggio 1999, n. 154, ha dichiarato l'illegittimità costituzionale dell'art. 19 della l. 6 marzo 1987, n. 74, «nella parte in cui non estende l'esenzione in esso prevista a tutti gli atti, i documenti ed i provvedimenti relativi al procedimento di separazione personale dei coniugi».

(6) Articolo aggiunto dall'art. 20, l. 6 marzo 1987, n. 74.

(7) Articolo aggiunto dall'art. 21, l. 6 marzo 1987, n. 74, e successivamente abrogato dall'art. 7.1, lett. b, d.lg. 1° marzo 2018, n. 21.

(8) G.U., 12 settembre 2014, n. 212.

(9) Suppl. ord. n. 84 a G.U., 10 novembre 2014, n. 261.

(10) In *Leggi coll. II, 9*.

2. In mancanza di figli minori, di figli maggiorenni incapaci o portatori di handicap grave ai sensi dell'art. 3, comma 3, della l. 5 febbraio 1992, n. 104, ovvero economicamente non autosufficienti, l'accordo raggiunto a seguito di convenzione di negoziazione assistita è trasmesso al procuratore della Repubblica presso il tribunale competente il quale, quando non ravvisa irregolarità, comunica agli avvocati il nullaosta per gli adempimenti ai sensi del comma 3. In presenza di figli minori, di figli maggiorenni incapaci o portatori di handicap grave ovvero economicamente non autosufficienti, l'accordo raggiunto a seguito di convenzione di negoziazione assistita deve essere trasmesso entro il termine di dieci giorni al procuratore della Repubblica presso il tribunale competente, il quale, quando ritiene che l'accordo risponde all'interesse dei figli, lo autorizza. Quando ritiene che l'accordo non risponde all'interesse dei figli, il procuratore della Repubblica lo trasmette, entro cinque giorni, al presidente del tribunale, che fissa, entro i successivi trenta giorni, la comparizione delle parti e provvede senza ritardo. All'accordo autorizzato si applica il comma 3.

3. L'accordo raggiunto a seguito della convenzione produce gli effetti e tiene luogo dei provvedimenti giudiziali che definiscono, nei casi di cui al comma 1, i procedimenti di separazione personale, di cessazione degli effetti civili del matrimonio, di scioglimento del matrimonio e di modifica delle condizioni di separazione o di divorzio. Nell'accordo si dà atto che gli avvocati hanno tentato di conciliare le parti e le hanno informate della possibilità di esperire la mediazione familiare e che gli avvocati hanno informato le parti dell'importanza per il minore di trascorrere tempi adeguati con ciascuno dei genitori. L'avvocato della parte è obbligato a trasmettere, entro il termine di dieci giorni, all'ufficiale dello stato civile del Comune in cui il matrimonio fu iscritto o trascritto, copia, autenticata dallo stesso, dell'accordo munito delle certificazioni di cui all'art. 5.

4. All'avvocato che viola l'obbligo di cui al comma 3, terzo periodo, è applicata la sanzione amministrativa pecuniaria da euro 2.000 ad euro 10.000. Alla irrogazione della sanzione di cui al periodo che precede è competente il Comune in cui devono essere eseguite le annotazioni previste dall'art. 69 del d.p.r. 3 novembre 2000, n. 396 (1).

5. . . . . (*omissis*) (2).

7-11. . . . . (*omissis*).

12. *Separazione consensuale, richiesta congiunta di scioglimento o di cessazione degli effetti civili del matrimonio e modifica delle condizioni di separazione o di divorzio innanzi all'ufficiale dello stato civile.* — 1. I coniugi possono concludere, innanzi al sindaco, quale ufficiale dello stato civile a norma dell'art. 1 del d.p.r. 3 novembre 2000, n. 396 (1), del comune di residenza di uno di loro o del comune presso cui è iscritto o trascritto l'atto di matrimonio, con l'assistenza facoltativa di un avvocato, un accordo di separazione personale ovvero, nei casi di cui all'art. 3, primo comma, n. 2), lett. *b*), della l. 1° dicembre 1970, n. 898 (3), di scioglimento o di cessazione degli effetti civili del matrimonio, nonché di modifica delle condizioni di separazione o di divorzio.

2. Le disposizioni di cui al presente articolo non si applicano in presenza di figli minori, di figli maggiorenni incapaci o portatori di handicap grave ai sensi dell'art. 3, comma 3, della l. 5 febbraio 1992, n. 104, ovvero economicamente non autosufficienti.

3. L'ufficiale dello stato civile riceve da ciascuna delle parti personalmente, con l'assistenza facoltativa di un avvocato, la dichiarazione che esse vogliono separarsi ovvero far cessare gli effetti civili del matrimonio o ottenerne lo scioglimento secondo condizioni tra di esse concordate. Allo stesso modo si procede per la modifica delle condizioni di separazione o di divorzio. L'accordo non può contenere patti di trasferimento patrimoniale. L'atto contenente l'accordo è compilato e sottoscritto immediatamente dopo il ricevimento delle dichiarazioni di cui al presente comma. L'accordo tiene luogo dei provvedimenti giudiziali che definiscono, nei casi di cui al comma 1, i procedimenti di separazione personale, di cessazione degli effetti civili del matrimonio, di scioglimento del matrimonio e di modifica delle condizioni di separazione o di divorzio. Nei soli casi di separazione personale, ovvero di cessazione degli effetti civili del matrimonio o di scioglimento del matrimonio secondo condizioni concordate, l'ufficiale dello stato civile, quando riceve le dichiarazioni dei coniugi, li invita a comparire di fronte a sé non prima di trenta giorni dalla ricezione per la conferma dell'accordo anche ai fini degli adempimenti di cui al comma 5. La mancata comparizione

(1) In *Leggi coll. II, 1.*
(2) Modifica gli artt. 49.1, 63.2 e 69.1, d.p.r. 3 novembre 2000, n. 396, in *Leggi coll. II, 1.*
(3) In *Leggi coll. II, 9.*

equivale a mancata conferma dell'accordo.

4. .... (*omissis*) (1).

5. .... (*omissis*) (2).

6. .... (*omissis*) (3).

7. Le disposizioni del presente articolo si applicano a decorrere dal trentesimo giorno successivo all'entrata in vigore della legge di conversione del presente decreto.

13-22. .... (*omissis*).

23. *Entrata in vigore*. — 1. Il presente decreto entra in vigore il giorno successivo a quello della sua pubblicazione nella *Gazzetta Ufficiale* della Repubblica italiana e sarà presentato alle Camere per la conversione in legge.

II. 11.

LEGGE 20 maggio 2016, n. 76. — *Regolamentazione delle unioni civili tra persone dello stesso sesso e disciplina delle convivenze* (4).

1. 1. La presente legge istituisce l'unione civile tra persone dello stesso sesso quale specifica formazione sociale ai sensi degli artt. 2 e 3 della Costituzione e reca la disciplina delle convivenze di fatto.

2. Due persone maggiorenni dello stesso sesso costituiscono un'unione civile mediante dichiarazione di fronte all'ufficiale di stato civile ed alla presenza di due testimoni.

3. L'ufficiale di stato civile provvede alla registrazione degli atti di unione civile tra persone dello stesso sesso nell'archivio dello stato civile.

4. Sono cause impeditive per la costituzione dell'unione civile tra persone dello stesso sesso:

a) la sussistenza, per una delle parti, di un vincolo matrimoniale o di un'unione civile tra persone dello stesso sesso;

b) l'interdizione di una delle parti per infermità di mente; se l'istanza d'interdizione è soltanto promossa, il pubblico ministero può chiedere che si sospenda la costituzione dell'unione civile; in tal caso il procedimento non può aver luogo finché la sentenza che ha pronunziato sull'istanza non sia passata in giudicato;

c) la sussistenza tra le parti dei rapporti di cui all'art. 87, primo comma, del codice civile; non possono altresì contrarre unione civile tra persone dello stesso sesso lo zio e il nipote e la zia e la nipote; si applicano le disposizioni di cui al medesimo art. 87;

d) la condanna definitiva di un contraente per omicidio consumato o tentato nei confronti di chi sia coniugato o unito civilmente con l'altra parte; se è stato disposto soltanto rinvio a giudizio ovvero sentenza di condanna di primo o secondo grado ovvero una misura cautelare la costituzione dell'unione civile tra persone dello stesso sesso è sospesa sino a quando non è pronunziata sentenza di proscioglimento.

5. La sussistenza di una delle cause impeditive di cui al comma 4 comporta la nullità dell'unione civile tra persone dello stesso sesso. All'unione civile tra persone dello stesso sesso si applicano gli artt. 65 e 68, nonché le disposizioni di cui agli artt. 119, 120, 123, 125, 126, 127, 128, 129 e 129-*bis* del codice civile.

6. L'unione civile costituita in violazione di una delle cause impeditive di cui al comma 4, ovvero in violazione dell'art. 68 del codice civile, può essere impugnata da ciascuna delle parti dell'unione civile, dagli ascendenti prossimi, dal pubblico ministero e da tutti coloro che abbiano per impugnarla un interesse legittimo e attuale. L'unione civile costituita da una parte durante l'assenza dell'altra non può essere impugnata finché dura l'assenza.

7. L'unione civile può essere impugnata dalla parte il cui consenso è stato estorto con violenza o determinato da timore di eccezionale gravità determinato da cause esterne alla parte stessa. Può essere altresì impugnata dalla parte il cui consenso è stato dato per effetto di errore sull'identità della persona o di errore essenziale su qualità personali dell'altra parte. L'azione non può essere proposta se vi è stata coabitazione per un anno dopo che è cessata la violenza o le cause che hanno determinato il timore ovvero sia stato scoperto l'errore. L'errore sulle qualità personali è essenziale qualora, tenute presenti le condizioni dell'altra parte, si accerti che la stessa non avrebbe prestato il suo consenso se le avesse esattamente conosciute e purché l'errore riguardi:

a) l'esistenza di una malattia fisica o psichica, tale da impedire lo svolgimento della vita comune;

b) le circostanze di cui all'art. 122, terzo comma, nn. 2), 3) e 4), del codice civile.

8. La parte può in qualunque tempo impu-

(1) Modifica l'art. 3.1, l. 1° dicembre 1970, n. 898, in *Leggi coll. II, 9*.
(2) Modifica gli artt. 49.1, 63.1 e 69.1, d.p.r. 3 novembre 2000, n. 396, in *Leggi coll. II, 1*.
(3) Modifica la Tabella D, l. 8 giugno 1962, n. 604.
(4) G.U., 21 maggio 2016, n. 118.

gnare il matrimonio o l'unione civile dell'altra parte. Se si oppone la nullità della prima unione civile, tale questione deve essere preventivamente giudicata.

9. L'unione civile tra persone dello stesso sesso è certificata dal relativo documento attestante la costituzione dell'unione, che deve contenere i dati anagrafici delle parti, l'indicazione del loro regime patrimoniale e della loro residenza, oltre ai dati anagrafici e alla residenza dei testimoni.

10. Mediante dichiarazione all'ufficiale di stato civile le parti possono stabilire di assumere, per la durata dell'unione civile tra persone dello stesso sesso, un cognome comune scegliendolo tra i loro cognomi. La parte può anteporre o posporre al cognome comune il proprio cognome, se diverso, facendone dichiarazione all'ufficiale di stato civile.

11. Con la costituzione dell'unione civile tra persone dello stesso sesso le parti acquistano gli stessi diritti e assumono i medesimi doveri; dall'unione civile deriva l'obbligo reciproco all'assistenza morale e materiale e alla coabitazione. Entrambe le parti sono tenute, ciascuna in relazione alle proprie sostanze e alla propria capacità di lavoro professionale e casalingo, a contribuire ai bisogni comuni.

12. Le parti concordano tra loro l'indirizzo della vita familiare e fissano la residenza comune; a ciascuna delle parti spetta il potere di attuare l'indirizzo concordato.

13. Il regime patrimoniale dell'unione civile tra persone dello stesso sesso, in mancanza di diversa convenzione patrimoniale, è costituito dalla comunione dei beni. In materia di forma, modifica, simulazione e capacità per la stipula delle convenzioni patrimoniali si applicano gli artt. 162, 163, 164 e 166 del codice civile. Le parti non possono derogare né ai diritti né ai doveri previsti dalla legge per effetto dell'unione civile. Si applicano le disposizioni di cui alle sezioni II, III, IV, V e VI del capo VI del titolo VI del libro primo del codice civile.

14. Quando la condotta della parte dell'unione civile è causa di grave pregiudizio all'integrità fisica o morale ovvero alla libertà dell'altra parte, il giudice, su istanza di parte, può adottare con decreto uno o più dei provvedimenti di cui all'art. 342-*ter* del codice civile.

15. Nella scelta dell'amministratore di sostegno il giudice tutelare preferisce, ove possibile, la parte dell'unione civile tra persone dello stesso sesso. L'interdizione o l'inabilitazione possono essere promosse anche dalla parte dell'unione civile, la quale può presentare istanza di revoca quando ne cessa la causa.

16. La violenza è causa di annullamento del contratto anche quando il male minacciato riguarda la persona o i beni dell'altra parte dell'unione civile costituita dal contraente o da un discendente o ascendente di lui.

17. In caso di morte del prestatore di lavoro, le indennità indicate dagli artt. 2118 e 2120 del codice civile devono corrispondersi anche alla parte dell'unione civile.

18. La prescrizione rimane sospesa tra le parti dell'unione civile.

19. All'unione civile tra persone dello stesso sesso si applicano le disposizioni di cui al titolo XIII del libro primo del codice civile, nonché gli artt. 116, primo comma, 146, 2647, 2653, primo comma, n. 4), e 2659 del codice civile.

20. Al solo fine di assicurare l'effettività della tutela dei diritti e il pieno adempimento degli obblighi derivanti dall'unione civile tra persone dello stesso sesso, le disposizioni che si riferiscono al matrimonio e le disposizioni contenenti le parole «coniuge», «coniugi» o termini equivalenti, ovunque ricorrono nelle leggi, negli atti aventi forza di legge, nei regolamenti nonché negli atti amministrativi e nei contratti collettivi, si applicano anche ad ognuna delle parti dell'unione civile tra persone dello stesso sesso. La disposizione di cui al periodo precedente non si applica alle norme del codice civile non richiamate espressamente nella presente legge, nonché alle disposizioni di cui alla l. 4 maggio 1983, n. 184 (1). Resta fermo quanto previsto e consentito in materia di adozione dalle norme vigenti.

21. Alle parti dell'unione civile tra persone dello stesso sesso si applicano le disposizioni previste dal capo III e dal capo X del titolo I, dal titolo II e dal capo II e dal capo V-*bis* del titolo IV del libro secondo del codice civile.

22. La morte o la dichiarazione di morte presunta di una delle parti dell'unione civile ne determina lo scioglimento.

23. L'unione civile si scioglie altresì nei casi previsti dall'art. 3, n. 1) e n. 2), lett. *a*), *c*), *d*) ed *e*), della l. 1° dicembre 1970, n. 898 (2).

24. L'unione civile si scioglie, inoltre, quando le parti hanno manifestato anche disgiuntamente la volontà di scioglimento dinanzi all'ufficiale dello stato civile. In tale caso la domanda di scioglimento dell'unione civile è proposta decorsi tre mesi dalla data della manifestazio-

(1) In *Leggi coll. II, 14.*
(2) In *Leggi coll. II, 9.*

ne di volontà di scioglimento dell'unione.

25. Si applicano, in quanto compatibili, gli artt. 4, 5, primo comma, e dal quinto all'undicesimo comma, 8, 9, 9-*bis*, 10, 12-*bis*, 12-*ter*, 12-*quater*, 12-*quinquies* e 12-*sexies* della l. 1° dicembre 1970, n. 898 (1), nonché le disposizioni di cui al Titolo II del libro quarto del codice di procedura civile ed agli artt. 6 e 12 del d.l. 12 settembre 2014, n. 132, convertito, con modificazioni, dalla l. 10 novembre 2014, n. 162 (2).

26. La sentenza di rettificazione di attribuzione di sesso determina lo scioglimento dell'unione civile tra persone dello stesso sesso.

27. Alla rettificazione anagrafica di sesso, ove i coniugi abbiano manifestato la volontà di non sciogliere il matrimonio o di non cessarne gli effetti civili, consegue l'automatica instaurazione dell'unione civile tra persone dello stesso sesso.

28. Fatte salve le disposizioni di cui alla presente legge, il Governo è delegato ad adottare, entro sei mesi dalla data di entrata in vigore della presente legge, uno o più decreti legislativi in materia di unione civile tra persone dello stesso sesso nel rispetto dei seguenti principi e criteri direttivi:

a) adeguamento alle previsioni della presente legge delle disposizioni dell'ordinamento dello stato civile in materia di iscrizioni, trascrizioni e annotazioni;

b) modifica e riordino delle norme in materia di diritto internazionale privato, prevedendo l'applicazione della disciplina dell'unione civile tra persone dello stesso sesso regolata dalle leggi italiane alle coppie formate da persone dello stesso sesso che abbiano contratto all'estero matrimonio, unione civile o altro istituto analogo;

c) modificazioni ed integrazioni normative per il necessario coordinamento con la presente legge delle disposizioni contenute nelle leggi, negli atti aventi forza di legge, nei regolamenti e nei decreti.

29. I decreti legislativi di cui al comma 28 sono adottati su proposta del Ministro della giustizia, di concerto con il Ministro dell'interno, il Ministro del lavoro e delle politiche sociali e il Ministro degli affari esteri e della cooperazione internazionale.

30. Ciascuno schema di decreto legislativo di cui al comma 28, a seguito della deliberazione del Consiglio dei ministri, è trasmesso alla Camera dei deputati e al Senato della Repubblica perché su di esso siano espressi, entro sessanta giorni dalla trasmissione, i pareri delle Commissioni parlamentari competenti per materia. Decorso tale termine il decreto può essere comunque adottato, anche in mancanza dei pareri. Qualora il termine per l'espressione dei pareri parlamentari scada nei trenta giorni che precedono la scadenza del termine previsto dal comma 28, quest'ultimo termine è prorogato di tre mesi. Il Governo, qualora non intenda conformarsi ai pareri parlamentari, trasmette nuovamente i testi alle Camere con le sue osservazioni e con eventuali modificazioni, corredate dei necessari elementi integrativi di informazione e motivazione. I pareri definitivi delle Commissioni competenti per materia sono espressi entro il termine di dieci giorni dalla data della nuova trasmissione. Decorso tale termine, i decreti possono essere comunque adottati.

31. Entro due anni dalla data di entrata in vigore di ciascun decreto legislativo adottato ai sensi del comma 28, il Governo può adottare disposizioni integrative e correttive del decreto medesimo, nel rispetto dei principi e criteri direttivi di cui al citato comma 28, con la procedura prevista nei commi 29 e 30.

32. . . . . (*omissis*) (3).

33. . . . . (*omissis*) (4).

34. Con decreto del Presidente del Consiglio dei ministri, su proposta del Ministro dell'interno, da emanare entro trenta giorni dalla data di entrata in vigore della presente legge, sono stabilite le disposizioni transitorie necessarie per la tenuta dei registri nell'archivio dello stato civile nelle more dell'entrata in vigore dei decreti legislativi adottati ai sensi del comma 28, lett. *a*).

35. Le disposizioni di cui ai commi da 1 a 34 acquistano efficacia a decorrere dalla data di entrata in vigore della presente legge.

36. Ai fini delle disposizioni di cui ai commi da 37 a 67 si intendono per «conviventi di fatto» due persone maggiorenni unite stabilmente da legami affettivi di coppia e di reciproca assistenza morale e materiale, non vincolate da rapporti di parentela, affinità o adozione, da matrimonio o da un'unione civile.

37. Ferma restando la sussistenza dei presupposti di cui al comma 36, per l'accertamento della stabile convivenza si fa riferimento alla dichiarazione anagrafica di cui all'art. 4 e alla lett. *b*) del comma 1 dell'art. 13 del regolamen-

(1) In *Leggi coll. II, 9.*
(2) In *Leggi coll. II, 10.*
(3) Modifica l'art. 86 c.
(4) Modifica l'art. 124 c.

to di cui al d.p.r. 30 maggio 1989, n. 223.

38. I conviventi di fatto hanno gli stessi diritti spettanti al coniuge nei casi previsti dall'ordinamento penitenziario.

39. In caso di malattia o di ricovero, i conviventi di fatto hanno diritto reciproco di visita, di assistenza nonché di accesso alle informazioni personali, secondo le regole di organizzazione delle strutture ospedaliere o di assistenza pubbliche, private o convenzionate, previste per i coniugi e i familiari.

40. Ciascun convivente di fatto può designare l'altro quale suo rappresentante con poteri pieni o limitati:

a) in caso di malattia che comporta incapacità di intendere e di volere, per le decisioni in materia di salute;

b) in caso di morte, per quanto riguarda la donazione di organi, le modalità di trattamento del corpo e le celebrazioni funerarie.

41. La designazione di cui al comma 40 è effettuata in forma scritta e autografa oppure, in caso di impossibilità di redigerla, alla presenza di un testimone.

42. Salvo quanto previsto dall'art. 337-*sexies* del codice civile, in caso di morte del proprietario della casa di comune residenza il convivente di fatto superstite ha diritto di continuare ad abitare nella stessa per due anni o per un periodo pari alla convivenza se superiore a due anni e comunque non oltre i cinque anni. Ove nella stessa coabitino figli minori o figli disabili del convivente superstite, il medesimo ha diritto di continuare ad abitare nella casa di comune residenza per un periodo non inferiore a tre anni.

43. Il diritto di cui al comma 42 viene meno nel caso in cui il convivente superstite cessi di abitare stabilmente nella casa di comune residenza o in caso di matrimonio, di unione civile o di nuova convivenza di fatto.

44. Nei casi di morte del conduttore o di suo recesso dal contratto di locazione della casa di comune residenza, il convivente di fatto ha facoltà di succedergli nel contratto.

45. Nel caso in cui l'appartenenza ad un nucleo familiare costituisca titolo o causa di preferenza nelle graduatorie per l'assegnazione di alloggi di edilizia popolare, di tale titolo o causa di preferenza possono godere, a parità di condizioni, i conviventi di fatto.

46. Nella sezione VI del capo VI del titolo VI del libro primo del codice civile, dopo l'art. 230-*bis* è aggiunto il seguente:

. . . . (*omissis*) (1).

47. All'art. 712, secondo comma, del codice di procedura civile, dopo le parole: «del coniuge» sono inserite le seguenti: «o del convivente di fatto».

48. Il convivente di fatto può essere nominato tutore, curatore o amministratore di sostegno, qualora l'altra parte sia dichiarata interdetta o inabilitata ai sensi delle norme vigenti ovvero ricorrano i presupposti di cui all'art. 404 del codice civile.

49. In caso di decesso del convivente di fatto, derivante da fatto illecito di un terzo, nell'individuazione del danno risarcibile alla parte superstite si applicano i medesimi criteri individuati per il risarcimento del danno al coniuge superstite.

50. I conviventi di fatto possono disciplinare i rapporti patrimoniali relativi alla loro vita in comune con la sottoscrizione di un contratto di convivenza.

51. Il contratto di cui al comma 50, le sue modifiche e la sua risoluzione sono redatti in forma scritta, a pena di nullità, con atto pubblico o scrittura privata con sottoscrizione autenticata da un notaio o da un avvocato che ne attestano la conformità alle norme imperative e all'ordine pubblico.

52. Ai fini dell'opponibilità ai terzi, il professionista che ha ricevuto l'atto in forma pubblica o che ne ha autenticato la sottoscrizione ai sensi del comma 51 deve provvedere entro i successivi dieci giorni a trasmetterne copia al comune di residenza dei conviventi per l'iscrizione all'anagrafe ai sensi degli artt. 5 e 7 del regolamento di cui al d.p.r. 30 maggio 1989, n. 223.

53. Il contratto di cui al comma 50 reca l'indicazione dell'indirizzo indicato da ciascuna parte al quale sono effettuate le comunicazioni inerenti al contratto medesimo. Il contratto può contenere:

a) l'indicazione della residenza;

b) le modalità di contribuzione alle necessità della vita in comune, in relazione alle sostanze di ciascuno e alla capacità di lavoro professionale o casalingo;

c) il regime patrimoniale della comunione dei beni, di cui alla sezione III del capo VI del titolo VI del libro primo del codice civile.

54. Il regime patrimoniale scelto nel contratto di convivenza può essere modificato in qualunque momento nel corso della convivenza con le modalità di cui al comma 51.

55. Il trattamento dei dati personali contenuti nelle certificazioni anagrafiche deve avve-

(1) Aggiunge l'art. 230-*ter* c.

nire conformemente alla normativa prevista dal codice in materia di protezione dei dati personali, di cui al d.lg. 30 giugno 2003, n. 196 (1), garantendo il rispetto della dignità degli appartenenti al contratto di convivenza. I dati personali contenuti nelle certificazioni anagrafiche non possono costituire elemento di discriminazione a carico delle parti del contratto di convivenza.

56. Il contratto di convivenza non può essere sottoposto a termine o condizione. Nel caso in cui le parti inseriscano termini o condizioni, questi si hanno per non apposti.

57. Il contratto di convivenza è affetto da nullità insanabile che può essere fatta valere da chiunque vi abbia interesse se concluso:

a) in presenza di un vincolo matrimoniale, di un'unione civile o di un altro contratto di convivenza;

b) in violazione del comma 36;

c) da persona minore di età;

d) da persona interdetta giudizialmente;

e) in caso di condanna per il delitto di cui all'art. 88 del codice civile.

58. Gli effetti del contratto di convivenza restano sospesi in pendenza del procedimento di interdizione giudiziale o nel caso di rinvio a giudizio o di misura cautelare disposti per il delitto di cui all'art. 88 del codice civile, fino a quando non sia pronunciata sentenza di proscioglimento.

59. Il contratto di convivenza si risolve per:

a) accordo delle parti;

b) recesso unilaterale;

c) matrimonio o unione civile tra i conviventi o tra un convivente ed altra persona;

d) morte di uno dei contraenti.

60. La risoluzione del contratto di convivenza per accordo delle parti o per recesso unilaterale deve essere redatta nelle forme di cui al comma 51. Qualora il contratto di convivenza preveda, a norma del comma 53, lett. *c*), il regime patrimoniale della comunione dei beni, la sua risoluzione determina lo scioglimento della comunione medesima e si applicano, in quanto compatibili, le disposizioni di cui alla sezione III del capo VI del titolo VI del libro primo del codice civile. Resta in ogni caso ferma la competenza del notaio per gli atti di trasferimento di diritti reali immobiliari comunque discendenti dal contratto di convivenza.

61. Nel caso di recesso unilaterale da un contratto di convivenza il professionista che riceve o che autentica l'atto è tenuto, oltre che agli adempimenti di cui al comma 52, a notificarne copia all'altro contraente all'indirizzo risultante dal contratto. Nel caso in cui la casa familiare sia nella disponibilità esclusiva del recedente, la dichiarazione di recesso, a pena di nullità, deve contenere il termine, non inferiore a novanta giorni, concesso al convivente per lasciare l'abitazione.

62. Nel caso di cui alla lett. *c*) del comma 59, il contraente che ha contratto matrimonio o unione civile deve notificare all'altro contraente, nonché al professionista che ha ricevuto o autenticato il contratto di convivenza, l'estratto di matrimonio o di unione civile.

63. Nel caso di cui alla lett. *d*) del comma 59, il contraente superstite o gli eredi del contraente deceduto devono notificare al professionista che ha ricevuto o autenticato il contratto di convivenza l'estratto dell'atto di morte affinché provveda ad annotare a margine del contratto di convivenza l'avvenuta risoluzione del contratto e a notificarlo all'anagrafe del comune di residenza.

64. . . . . (*omissis*) (2).

65. In caso di cessazione della convivenza di fatto, il giudice stabilisce il diritto del convivente di ricevere dall'altro convivente e gli alimenti qualora versi in stato di bisogno e non sia in grado di provvedere al proprio mantenimento. In tali casi, gli alimenti sono assegnati per un periodo proporzionale alla durata della convivenza e nella misura determinata ai sensi dell'art. 438, secondo comma, del codice civile. Ai fini della determinazione dell'ordine degli obbligati ai sensi dell'art. 433 del codice civile, l'obbligo alimentare del convivente di cui al presente comma è adempiuto con precedenza sui fratelli e sorelle.

66-69. . . . . (*omissis*).

II. 12.

DECRETO LEGISLATIVO 28 dicembre 2013, n. 154. — *Revisione delle disposizioni vigenti in materia di filiazione, a norma dell'art. 2 della l. 10 dicembre 2012, n. 219* (3).

1-103. . . . . (*omissis*).

104. *Disposizioni transitorie*. — 1. Fermi gli effetti del giudicato formatosi prima dell'entra-

(1) In *Leggi coll. II, 3*.
(2) Inserisce l'art. 30-*bis* nella l. 31 maggio 1995, n. 218, in *Leggi coll. I, 1*.
(3) G.U., 8 gennaio 2014, n. 5.

ta in vigore della l. 10 dicembre 2012, n. 219, sono legittimati a proporre azioni di petizione di eredità, ai sensi dell'art. 533 del codice civile, coloro che, in applicazione dell'art. 74 dello stesso codice, come modificato dalla medesima legge, hanno titolo a chiedere il riconoscimento della qualità di erede.

2. Fermi gli effetti del giudicato formatosi prima dell'entrata in vigore della l. 10 dicembre 2012, n. 219, possono essere fatti valere i diritti successori che discendono dall'art. 74 del codice civile, come modificato dalla medesima legge.

3. Le disposizioni di cui al comma 1 e al comma 2 si applicano anche nei confronti dei discendenti del figlio, riconosciuto o la cui paternità o maternità sia stata giudizialmente accertata, morto prima dell'entrata in vigore della l. 10 dicembre 2012, n. 219.

4. I diritti successori che discendono dall'art. 74 del codice civile, come modificato dalla l. 10 dicembre 2012, n. 219, sulle eredità aperte anteriormente al termine della sua entrata in vigore si prescrivono a far data dal suddetto termine.

5. Nei casi in cui i riconoscimenti o le dichiarazioni giudiziali di genitorialità intervengano dopo il termine di entrata in vigore della presente legge, i diritti successori che non sarebbero spettati a persona deceduta prima di tale termine possono essere fatti valere dai suoi discendenti in rappresentazione e dai suoi eredi. Essi si prescrivono a far data dall'annotazione del riconoscimento nell'atto di nascita o dal passaggio in giudicato della sentenza dichiarativa della paternità o maternità.

6. Fermi gli effetti del giudicato formatosi prima dell'entrata in vigore della l. 10 dicembre 2012, n. 219, nei giudizi promossi ai sensi dell'art. 533 del codice civile, pendenti alla data di entrata in vigore del presente decreto legislativo, si applicano l'art. 74 del codice civile, come modificato dalla l. 10 dicembre 2012, n. 219, e le disposizioni del libro secondo del codice civile, come modificate dal presente decreto legislativo.

7. Fermi gli effetti del giudicato formatosi prima dell'entrata in vigore della l. 10 dicembre 2012, n. 219, le disposizioni del codice civile, come modificate dal presente decreto legislativo, si applicano alle azioni di disconoscimento di paternità, di reclamo e di contestazione dello stato di figlio, relative ai figli nati prima dell'entrata in vigore del medesimo decreto legislativo.

8. Fermi gli effetti del giudicato formatosi prima dell'entrata in vigore della l. 10 dicembre 2012, n. 219, le disposizioni del codice civile relative al riconoscimento dei figli, come modificate dalla medesima legge, si applicano anche ai figli nati o concepiti anteriormente all'entrata in vigore della stessa.

9. Fermi gli effetti del giudicato formatosi prima dell'entrata in vigore della l. 10 dicembre 2012, n. 219, i termini per proporre l'azione di disconoscimento di paternità, previsti dal quarto comma dell'art. 244 del codice civile, decorrono dal giorno dell'entrata in vigore del presente decreto legislativo.

10. Fermi gli effetti del giudicato formatosi prima dell'entrata in vigore della l. 10 dicembre 2012, n. 2199, nel caso di riconoscimento di figlio annotato sull'atto di nascita prima dell'entrata in vigore del presente decreto legislativo, i termini per proporre l'azione di impugnazione, previsti dall'art. 263 e dai commi secondo, terzo e quarto dell'art. 267 del codice civile, decorrono dal giorno dell'entrata in vigore del medesimo decreto legislativo.

11. Restano validi e non possono essere modificati gli atti dello stato civile già formati secondo le disposizioni vigenti alla data di entrata in vigore della l. 10 dicembre 2012, n. 219, salve le modifiche risultanti da provvedimenti giudiziari.

105-107. .... (*omissis*).

108. *Entrata in vigore*. — 1. Il presente decreto legislativo entra in vigore il trentesimo giorno successivo a quello della sua pubblicazione nella *Gazzetta Ufficiale* della Repubblica italiana.

II. 13.

LEGGE 19 febbraio 2004, n. 40. — *Norme in materia di procreazione medicalmente assistita* (1).

CAPO I

PRINCIPI GENERALI

1. *Finalità*. — 1. Al fine di favorire la soluzione dei problemi riproduttivi derivanti dalla sterilità o dalla infertilità umana è consentito il ricorso alla procreazione medicalmente assistita, alle condizioni e secondo le modalità previste dalla presente legge, che assicura i diritti di

(1) G.U., 24 febbraio 2004, n. 45.

tutti i soggetti coinvolti, compreso il concepito (1).

2. Il ricorso alla procreazione medicalmente assistita è consentito qualora non vi siano altri metodi terapeutici efficaci per rimuovere le cause di sterilità o infertilità (1).

2. *Interventi contro la sterilità e la infertilità*. — 1. Il Ministro della salute, sentito il Ministro dell'istruzione, dell'università e della ricerca, può promuovere ricerche sulle cause patologiche, psicologiche, ambientali e sociali dei fenomeni della sterilità e della infertilità e favorire gli interventi necessari per rimuoverle nonché per ridurne l'incidenza, può incentivare gli studi e le ricerche sulle tecniche di crioconservazione dei gameti e può altresì promuovere campagne di informazione e di prevenzione dei fenomeni della sterilità e della infertilità.

2-3. . . . . (*omissis*).

3. *Modifica alla l. 29 luglio 1975, n. 405*. — 1. . . . . (*omissis*) (2).

2. . . . . (*omissis*).

CAPO II

Accesso alle tecniche

4. *Accesso alle tecniche*. — 1. Il ricorso alle tecniche di procreazione medicalmente assistita è consentito solo quando sia accertata l'impossibilità di rimuovere altrimenti le cause impeditive della procreazione ed è comunque circoscritto ai casi di sterilità o di infertilità inspiegate documentate da atto medico nonché ai casi di sterilità o di infertilità da causa accertata e certificata da atto medico (1).

2. Le tecniche di procreazione medicalmente assistita sono applicate in base ai seguenti principi:

a) gradualità, al fine di evitare il ricorso ad interventi aventi un grado di invasività tecnico e psicologico più gravoso per i destinatari, ispirandosi al principio della minore invasività;

b) consenso informato, da realizzare ai sensi dell'art. 6.

[3. È vietato il ricorso a tecniche di procreazione medicalmente assistita di tipo eterologo] (3).

5. *Requisiti soggettivi*. — 1. Fermo restando quanto stabilito dall'art. 4, comma 1, possono accedere alle tecniche di procreazione medicalmente assistita coppie di maggiorenni di sesso diverso, coniugate o conviventi, in età potenzialmente fertile, entrambi viventi.

6. *Consenso informato*. — 1. Per le finalità indicate dal comma 3, prima del ricorso ed in ogni fase di applicazione delle tecniche di procreazione medicalmente assistita il medico informa in maniera dettagliata i soggetti di cui all'art. 5 sui metodi, sui problemi bioetici e sui possibili effetti collaterali sanitari e psicologici conseguenti all'applicazione delle tecniche stesse, sulle probabilità di successo e sui rischi dalle stesse derivanti, nonché sulle relative conseguenze giuridiche per la donna, per l'uomo e per il nascituro. Alla coppia deve essere prospettata la possibilità di ricorrere a procedure di adozione o di affidamento ai sensi della l. 4 maggio 1983, n. 184, e successive modificazioni (4), come alternativa alla procreazione medicalmente assistita. Le informazioni di cui al presente comma e quelle concernenti il grado di invasività delle tecniche nei confronti della donna e dell'uomo devono essere fornite per ciascuna delle tecniche applicate e in modo tale da garantire il formarsi di una volontà consapevole e consapevolmente espressa.

2. Alla coppia devono essere prospettati con chiarezza i costi economici dell'intera procedura qualora si tratti di strutture private autorizzate.

3. La volontà di entrambi i soggetti di accedere alle tecniche di procreazione medicalmente assistita è espressa per iscritto congiuntamente al medico responsabile della struttura, secondo modalità definite con decreto dei Ministri della giustizia e della salute, adottato ai sensi dell'art. 17, comma 3, della l. 23 agosto 1988, n. 400, entro tre mesi dalla data di entrata in vigore della presente legge (5). Tra la manifestazione della volontà e l'applicazione della

(1) La Corte cost., con sentenza 5 giugno 2015, n. 96, ha dichiarato costituzionalmente illegittimo questo comma nella parte in cui non consente «il ricorso alle tecniche di procreazione medicalmente assistita alle coppie fertili portatrici di malattie genetiche trasmissibili, rispondenti ai criteri di gravità di cui all'art. 6, comma 1, lett. *b*), della l. 22 maggio 1978, n. 194 (*Norme per la tutela sociale della maternità e sull'interruzione volontaria della gravidanza*), accertate da apposite strutture pubbliche».

(2) Modifica il comma 1 dell'art. 1, l. 29 luglio 1975, n. 405.

(3) La Corte cost., con sentenza 10 giugno 2014, n. 162, ha dichiarato costituzionalmente illegittimo questo comma «nella parte in cui stabilisce per la coppia di cui all'art. 5, comma 1, della medesima legge, il divieto del ricorso a tecniche di procreazione medicalmente assistita di tipo eterologo, qualora sia stata diagnosticata una patologia che sia causa di sterilità o infertilità assolute ed irreversibili».

(4) In *Leggi coll. II, 14*.

(5) V. d.m. Salute e Giustizia 16 dicembre 2004, n. 336, in G.U., 21 febbraio 2005, n. 42.

tecnica deve intercorrere un termine non inferiore a sette giorni. La volontà può essere revocata da ciascuno dei soggetti indicati dal presente comma fino al momento della fecondazione dell'ovulo (1).

4. Fatti salvi i requisiti previsti dalla presente legge, il medico responsabile della struttura può decidere di non procedere alla procreazione medicalmente assistita, esclusivamente per motivi di ordine medico-sanitario. In tale caso deve fornire alla coppia motivazione scritta di tale decisione.

5. Ai richiedenti, al momento di accedere alle tecniche di procreazione medicalmente assistita, devono essere esplicitate con chiarezza e mediante sottoscrizione le conseguenze giuridiche di cui all'art. 8 e all'art. 9 della presente legge.

7. *Linee guida*. — 1. Il Ministro della salute, avvalendosi dell'Istituto superiore di sanità, e previo parere del Consiglio superiore di sanità, definisce, con proprio decreto, da emanare entro tre mesi dalla data di entrata in vigore della presente legge, linee guida contenenti l'indicazione delle procedure e delle tecniche di procreazione medicalmente assistita (2).

2. Le linee guida di cui al comma 1 sono vincolanti per tutte le strutture autorizzate.

3. Le linee guida sono aggiornate periodicamente, almeno ogni tre anni, in rapporto all'evoluzione tecnico-scientifica, con le medesime procedure di cui al comma 1.

CAPO III

DISPOSIZIONI CONCERNENTI LA TUTELA DEL NASCITURO

8. *Stato giuridico del nato*. — 1. I nati a seguito dell'applicazione delle tecniche di procreazione medicalmente assistita hanno lo stato di figli nati nel matrimonio (3) o di figli riconosciuti della coppia che ha espresso la volontà di ricorrere alle tecniche medesime ai sensi dell'art. 6.

9. *Divieto del disconoscimento della paternità e dell'anonimato della madre*. — 1. Qualora si ricorra a tecniche di procreazione medicalmente assistita di tipo eterologo [in violazione del divieto di cui all'art. 4, comma 3], il coniuge o il convivente il cui consenso è ricavabile da atti concludenti non può esercitare l'azione di disconoscimento della paternità nei casi previsti dall'art. 235, primo comma, nn. 1) e 2), del codice civile, né l'impugnazione di cui all'art. 263 dello stesso codice (4).

2. La madre del nato a seguito dell'applicazione di tecniche di procreazione medicalmente assistita non può dichiarare la volontà di non essere nominata, ai sensi dell'art. 30, comma 1, del regolamento di cui al d.p.r. 3 novembre 2000, n. 396 (5).

3. In caso di applicazione di tecniche di tipo eterologo [in violazione del divieto di cui all'art. 4, comma 3], il donatore di gameti non acquisisce alcuna relazione giuridica parentale con il nato e non può far valere nei suoi confronti alcun diritto né essere titolare di obblighi (4).

CAPO IV

REGOLAMENTAZIONE DELLE STRUTTURE AUTORIZZATE ALL'APPLICAZIONE DELLE TECNICHE DI PROCREAZIONE MEDICALMENTE ASSISTITA

10. *Strutture autorizzate*. — 1. Gli interventi di procreazione medicalmente assistita sono realizzati nelle strutture pubbliche e private autorizzate dalle regioni e iscritte al registro di cui all'art. 11.

2. Le regioni e le province autonome di Trento e di Bolzano definiscono con proprio atto, entro tre mesi dalla data di entrata in vigore della presente legge:

a) i requisiti tecnico-scientifici e organizzativi delle strutture;

b) le caratteristiche del personale delle strutture;

c) i criteri per la determinazione della durata delle autorizzazioni e dei casi di revoca delle stesse;

d) i criteri per lo svolgimento dei controlli sul rispetto delle disposizioni della presente

(1) Per il regolamento recante norme in materia di manifestazione della volontà di accedere alle tecniche di procreazione medicalmente assistita, in attuazione di questo comma, v. d.m. Giustizia 28 dicembre 2016, n. 265, in G.U., 17 febbraio 2017, n. 40.

(2) V. d.m. Salute 11 aprile 2008, in G.U., 30 aprile 2008, n. 101.

(3) Le parole «nati nel matrimonio» sono state così sostituite alla precedente «legittimi» dall'art. 102, d.lg. 28 dicembre 2013, n. 154.

(4) La Corte cost., con sentenza 10 giugno 2014, n. 162, ha dichiarato costituzionalmente illegittimo questo comma limitatamente alle parole «in violazione del divieto di cui all'art. 4, comma 3».

(5) In *Leggi coll. II, 1.*

legge e sul permanere dei requisiti tecnico-scientifici e organizzativi delle strutture.

11. *Registro.* — 1. È istituito, con decreto del Ministro della salute, presso l'Istituto superiore di sanità, il registro nazionale delle strutture autorizzate all'applicazione delle tecniche di procreazione medicalmente assistita, degli embrioni formati e dei nati a seguito dell'applicazione delle tecniche medesime (1).

2. L'iscrizione al registro di cui al comma 1 è obbligatoria.

3. L'Istituto superiore di sanità raccoglie e diffonde, in collaborazione con gli osservatori epidemiologici regionali, le informazioni necessarie al fine di consentire la trasparenza e la pubblicità delle tecniche di procreazione medicalmente assistita adottate e dei risultati conseguiti.

4. L'Istituto superiore di sanità raccoglie le istanze, le informazioni, i suggerimenti, le proposte delle società scientifiche e degli utenti riguardanti la procreazione medicalmente assistita.

5. Le strutture di cui al presente articolo sono tenute a fornire agli osservatori epidemiologici regionali e all'Istituto superiore di sanità i dati necessari per le finalità indicate dall'art. 15 nonché ogni altra informazione necessaria allo svolgimento delle funzioni di controllo e di ispezione da parte delle autorità competenti.

6. .... (*omissis*) (2).

CAPO V

DIVIETI E SANZIONI

12. *Divieti generali e sanzioni.* — [1. Chiunque a qualsiasi titolo utilizza a fini procreativi gameti di soggetti estranei alla coppia richiedente, in violazione di quanto previsto dall'art. 4, comma 3, è punito con la sanzione amministrativa pecuniaria da 300.000 a 600.000 euro] (3).

2. Chiunque a qualsiasi titolo, in violazione dell'art. 5, applica tecniche di procreazione medicalmente assistita a coppie i cui componenti non siano entrambi viventi o uno dei cui componenti sia minorenne ovvero che siano composte da soggetti dello stesso sesso o non coniugati o non conviventi è punito con la sanzione amministrativa pecuniaria da 200.000 a 400.000 euro.

3. Per l'accertamento dei requisiti di cui al comma 2 il medico si avvale di una dichiarazione sottoscritta dai soggetti richiedenti. In caso di dichiarazioni mendaci si applica l'art. 76, commi 1 e 2, del testo unico delle disposizioni legislative e regolamentari in materia di documentazione amministrativa, di cui al d.p.r. 28 dicembre 2000, n. 445.

4. Chiunque applica tecniche di procreazione medicalmente assistita senza avere raccolto il consenso secondo le modalità di cui all'art. 6 è punito con la sanzione amministrativa pecuniaria da 5.000 a 50.000 euro.

5. Chiunque a qualsiasi titolo applica tecniche di procreazione medicalmente assistita in strutture diverse da quelle di cui all'art. 10 è punito con la sanzione amministrativa pecuniaria da 100.000 a 300.000 euro.

6. Chiunque, in qualsiasi forma, realizza, organizza o pubblicizza la commercializzazione di gameti o di embrioni o la surrogazione di maternità è punito con la reclusione da tre mesi a due anni e con la multa da 600.000 a un milione di euro.

7. Chiunque realizza un processo volto ad ottenere un essere umano discendente da un'unica cellula di partenza, eventualmente identico, quanto al patrimonio genetico nucleare, ad un altro essere umano in vita o morto, è punito con la reclusione da dieci a venti anni e con la multa da 600.000 a un milione di euro. Il medico è punito, altresì, con l'interdizione perpetua dall'esercizio della professione.

8. Non sono punibili l'uomo o la donna ai quali sono applicate le tecniche nei casi di cui ai commi 1, 2, 4 e 5.

9. È disposta la sospensione da uno a tre anni dall'esercizio professionale nei confronti dell'esercente una professione sanitaria con-

(1) V. d.m. Salute 7 ottobre 2005, in G.U., 3 dicembre 2005, n. 282.

(2) L'art. 2.1-*quinquies*, d.l. 29 dicembre 2010, n. 225, conv. in l. 26 febbraio 2011, n. 10, così dispone: «(...) Fatte salve le disposizioni di cui all'art. 11 della l. 19 febbraio 2004, n. 40, nonché le disposizioni di cui all'art. 8 del d.lg. 6 novembre 2007, n. 191, tutte le strutture autorizzate all'applicazione delle tecniche di procreazione medicalmente assistita inviano i dati richiesti al Ministero della salute, che cura il successivo inoltro, nell'ambito delle rispettive competenze, all'Istituto superiore di sanità e al Centro nazionale trapianti. Con decreto del Ministero della salute, di natura non regolamentare, sono disciplinate le modalità di comunicazione dei dati di cui al presente comma da parte delle strutture autorizzate all'applicazione delle tecniche di procreazione medicalmente assistita, ai fini del successivo inoltro, sia in forma aggregata che disaggregata, rispettivamente all'Istituto superiore di sanità e al Centro nazionale trapianti. (...)».

(3) La Corte cost., con sentenza 10 giugno 2014, n. 162, ha dichiarato costituzionalmente illegittimo questo comma.

dannato per uno degli illeciti di cui al presente articolo, salvo quanto previsto dal comma 7.

10. L'autorizzazione concessa ai sensi dell'art. 10 alla struttura al cui interno è eseguita una delle pratiche vietate ai sensi del presente articolo è sospesa per un anno. Nell'ipotesi di più violazioni dei divieti di cui al presente articolo o di recidiva l'autorizzazione può essere revocata.

CAPO VI

MISURE DI TUTELA DELL'EMBRIONE

13. *Sperimentazione sugli embrioni umani.* — 1. È vietata qualsiasi sperimentazione su ciascun embrione umano.

2. La ricerca clinica e sperimentale su ciascun embrione umano è consentita a condizione che si perseguano finalità esclusivamente terapeutiche e diagnostiche ad essa collegate volte alla tutela della salute e allo sviluppo dell'embrione stesso, e qualora non siano disponibili metodologie alternative.

3. Sono, comunque, vietati:

a) la produzione di embrioni umani a fini di ricerca o di sperimentazione o comunque a fini diversi da quello previsto dalla presente legge;

b) ogni forma di selezione a scopo eugenetico degli embrioni e dei gameti ovvero interventi che, attraverso tecniche di selezione, di manipolazione o comunque tramite procedimenti artificiali, siano diretti ad alterare il patrimonio genetico dell'embrione o del gamete ovvero a predeterminarne caratteristiche genetiche, ad eccezione degli interventi aventi finalità diagnostiche e terapeutiche, di cui al comma 2 del presente articolo (1);

c) interventi di clonazione mediante trasferimento di nucleo o di scissione precoce dell'embrione o di ectogenesi sia a fini procreativi sia di ricerca;

d) la fecondazione di un gamete umano con un gamete di specie diversa e la produzione di ibridi o di chimere.

4. La violazione dei divieti di cui al comma 1 è punita con la reclusione da due a sei anni e con la multa da 50.000 a 150.000 euro. In caso di violazione di uno dei divieti di cui al comma 3 la pena è aumentata. Le circostanze attenuanti concorrenti con le circostanze aggravanti previste dal comma 3 non possono essere ritenute equivalenti o prevalenti rispetto a queste (1).

5. È disposta la sospensione da uno a tre anni dall'esercizio professionale nei confronti dell'esercente una professione sanitaria condannato per uno degli illeciti di cui al presente articolo.

14. *Limiti all'applicazione delle tecniche sugli embrioni.* — 1. È vietata la crioconservazione e la soppressione di embrioni, fermo restando quanto previsto dalla l. 22 maggio 1978, n. 194.

2. Le tecniche di produzione degli embrioni, tenuto conto dell'evoluzione tecnico-scientifica e di quanto previsto dall'art. 7, comma 3, non devono creare un numero di embrioni superiore a quello strettamente necessario ad un unico e contemporaneo impianto, comunque non superiore a tre (2).

3. Qualora il trasferimento nell'utero degli embrioni non risulti possibile per grave e documentata causa di forza maggiore relativa allo stato di salute della donna non prevedibile al momento della fecondazione è consentita la crioconservazione degli embrioni stessi fino alla data del trasferimento, da realizzare non appena possibile (3).

4. Ai fini della presente legge sulla procreazione medicalmente assistita è vietata la riduzione embrionaria di gravidanze plurime, salvo nei casi previsti dalla l. 22 maggio 1978, n. 194.

5. I soggetti di cui all'art. 5 sono informati sul numero e, su loro richiesta, sullo stato di salute degli embrioni prodotti e da trasferire nell'utero.

6. La violazione di uno dei divieti e degli obblighi di cui ai commi precedenti è punita con la reclusione fino a tre anni e con la multa da 50.000 a 150.000 euro.

7. È disposta la sospensione fino ad un anno dall'esercizio professionale nei confronti dell'e-

(1) La Corte cost., con sentenza 11 novembre 2015, n. 229, ha dichiarato l'illegittimità costituzionale dell'art. 13, commi 3, lett. b, e 4 della presente legge, «nella parte in cui contempla come ipotesi di reato la condotta di selezione degli embrioni anche nei casi in cui questa sia esclusivamente finalizzata ad evitare l'impianto nell'utero della donna di embrioni affetti da malattie genetiche trasmissibili rispondenti ai criteri di gravità di cui all'art. 6, comma 1, lett. *b*), della l. 22 maggio 1978, n. 194 (*Norme per la tutela della maternità e sulla interruzione della gravidanza*) e accertate da apposite strutture pubbliche».

(2) La Corte cost., con sentenza 8 maggio 2009, n. 151, ha dichiarato costituzionalmente illegittimo questo comma limitatamente alle parole «ad un unico e contemporaneo impianto, comunque non superiore a tre».

(3) La Corte cost., con sentenza 8 maggio 2009, n. 151, ha dichiarato costituzionalmente illegittimo questo comma «nella parte in cui non prevede che il trasferimento degli embrioni, da realizzare non appena possibile, come stabilisce tale norma, debba essere effettuato senza pregiudizio della salute della donna».

sercente una professione sanitaria condannato per uno dei reati di cui al presente articolo.

8. È consentita la crioconservazione dei gameti maschile e femminile, previo consenso informato e scritto.

9. La violazione delle disposizioni di cui al comma 8 è punita con la sanzione amministrativa pecuniaria da 5.000 a 50.000 euro.

CAPO VII

DISPOSIZIONI FINALI E TRANSITORIE

15. *Relazione al Parlamento*. — 1. L'Istituto superiore di sanità predispone, entro il 28 febbraio di ciascun anno (1), una relazione annuale per il Ministro della salute in base ai dati raccolti ai sensi dell'art. 11, comma 5, sull'attività delle strutture autorizzate, con particolare riferimento alla valutazione epidemiologica delle tecniche e degli interventi effettuati.

2. Il Ministro della salute, sulla base dei dati indicati al comma 1, presenta entro il 30 giugno di ogni anno una relazione al Parlamento sull'attuazione della presente legge.

16. *Obiezione di coscienza*. — 1. Il personale sanitario ed esercente le attività sanitarie ausiliarie non è tenuto a prendere parte alle procedure per l'applicazione delle tecniche di procreazione medicalmente assistita disciplinate dalla presente legge quando sollevi obiezione di coscienza con preventiva dichiarazione. La dichiarazione dell'obiettore deve essere comunicata entro tre mesi dalla data di entrata in vigore della presente legge al direttore dell'azienda unità sanitaria locale o dell'azienda ospedaliera, nel caso di personale dipendente, al direttore sanitario, nel caso di personale dipendente da strutture private autorizzate o accreditate.

2. L'obiezione può essere sempre revocata o venire proposta anche al di fuori dei termini di cui al comma 1, ma in tale caso la dichiarazione produce effetto dopo un mese dalla sua presentazione agli organismi di cui al comma 1.

3. L'obiezione di coscienza esonera il personale sanitario ed esercente le attività sanitarie ausiliarie dal compimento delle procedure e delle attività specificatamente e necessariamente dirette a determinare l'intervento di procreazione medicalmente assistita e non dall'assistenza antecedente e conseguente l'intervento.

17. *Disposizioni transitorie*. — 1. Le strutture e i centri iscritti nell'elenco predisposto presso l'Istituto superiore di sanità ai sensi dell'ordinanza del Ministro della sanità del 5 marzo 1997, pubblicata nella *Gazzetta Ufficiale* n. 55 del 7 marzo 1997, sono autorizzati ad applicare le tecniche di procreazione medicalmente assistita, nel rispetto delle disposizioni della presente legge, fino al nono mese successivo alla data di entrata in vigore della presente legge.

2. Entro trenta giorni dalla data di entrata in vigore della presente legge, le strutture e i centri di cui al comma 1 trasmettono al Ministero della salute un elenco contenente l'indicazione numerica degli embrioni prodotti a seguito dell'applicazione di tecniche di procreazione medicalmente assistita nel periodo precedente la data di entrata in vigore della presente legge, nonché, nel rispetto delle vigenti disposizioni sulla tutela della riservatezza dei dati personali, l'indicazione nominativa di coloro che hanno fatto ricorso alle tecniche medesime a seguito delle quali sono stati formati gli embrioni. La violazione della disposizione del presente comma è punita con la sanzione amministrativa pecuniaria da 25.000 a 50.000 euro.

3. Entro tre mesi dalla data di entrata in vigore della presente legge il Ministro della salute, avvalendosi dell'Istituto superiore di sanità, definisce, con proprio decreto, le modalità e i termini di conservazione degli embrioni di cui al comma 2 (2).

18. *Fondo per le tecniche di procreazione medicalmente assistita*. — 1. Al fine di favorire l'accesso alle tecniche di procreazione medicalmente assistita da parte dei soggetti di cui all'art. 5, presso il Ministero della salute è istituito il Fondo per le tecniche di procreazione medicalmente assistita. Il Fondo è ripartito tra le regioni e le province autonome di Trento e di Bolzano sulla base di criteri determinati con decreto del Ministro della salute, da emanare entro sessanta giorni dalla data di entrata in vigore della presente legge, sentita la Conferenza permanente per i rapporti tra lo Stato, le regioni e le province autonome di Trento e di Bolzano (3).

2-3. . . . . (*omissis*).

(1) L'art. 2.1-*quinquies*, d.l. 29 dicembre 2010, n. 225, conv. in l. 26 febbraio 2011, n. 10, così dispone: «Il termine di cui all'art. 15, comma 1, della l. 19 febbraio 2004, n. 40, è prorogato al 30 aprile 2011. (...)».

(2) V. d.m. Salute 4 agosto 2004, in G.U., 26 agosto 2004, n. 200.

(3) V. d.m. Salute 9 giugno 2004, in G.U., 29 settembre 2004, n. 229, e d.m. Salute 15 marzo 2007, in G.U., 31 luglio 2007, n. 176.

II. 14.

LEGGE 4 maggio 1983, n. 184. — *Diritto del minore ad una famiglia* (1) (2).

TITOLO I

Principi generali (3)

1. 1. Il minore ha diritto di crescere ed essere educato nell'ambito della propria famiglia.

2. Le condizioni di indigenza dei genitori o del genitore esercente la responsabilità (4) genitoriale non possono essere di ostacolo all'esercizio del diritto del minore alla propria famiglia. A tal fine a favore della famiglia sono disposti interventi di sostegno e di aiuto.

3. Lo Stato, le regioni e gli enti locali, nell'ambito delle proprie competenze, sostengono, con idonei interventi, nel rispetto della loro autonomia e nei limiti delle risorse finanziarie disponibili, i nuclei familiari a rischio, al fine di prevenire l'abbandono e di consentire al minore di essere educato nell'ambito della propria famiglia. Essi promuovono altresì iniziative di formazione dell'opinione pubblica sull'affidamento e l'adozione e di sostegno all'attività delle comunità di tipo familiare, organizzano corsi di preparazione ed aggiornamento professionale degli operatori sociali nonché incontri di formazione e preparazione per le famiglie e le persone che intendono avere in affidamento o in adozione minori. I medesimi enti possono stipulare convenzioni con enti o associazioni senza fini di lucro che operano nel campo della tutela dei minori e delle famiglie per la realizzazione delle attività di cui al presente comma.

4. Quando la famiglia non è in grado di provvedere alla crescita e all'educazione del minore, si applicano gli istituti di cui alla presente legge.

5. Il diritto del minore a vivere, crescere ed essere educato nell'ambito di una famiglia è assicurato senza distinzione di sesso, di etnia, di età, di lingua, di religione e nel rispetto della identità culturale del minore e comunque non in contrasto con i princìpi fondamentali dell'ordinamento (5).

TITOLO I-*bis*

Dell'affidamento del minore (6)

2. 1. Il minore temporaneamente privo di un ambiente familiare idoneo, nonostante gli interventi di sostegno e aiuto disposti ai sensi dell'art. 1, è affidato ad una famiglia, preferibilmente con figli minori, o ad una persona singola, in grado di assicurargli il mantenimento, l'educazione, l'istruzione e le relazioni affettive di cui egli ha bisogno.

1-*bis*. Gli enti locali possono promuovere la sensibilizzazione e la formazione di affidatari per favorire l'affidamento familiare dei minori stranieri non accompagnati, in via prioritaria rispetto al ricovero in una struttura di accoglienza (7).

1-*ter*. Dall'attuazione delle disposizioni di

(1) Suppl. ord. G.U., 17 maggio 1983, n. 133. Il testo è aggiornato con le modifiche introdotte dalla l. 28 marzo 2001, n. 149. Il d.l. 24 aprile 2001, n. 150, conv., con modificazioni, in l. 23 giugno 2001, n. 240, all'art. 1 disponeva: «1. In via transitoria, fino alla emanazione di una specifica disciplina sulla difesa di ufficio nei procedimenti per la dichiarazione dello stato di adottabilità disciplinati dal titolo II, capo II della l. 4 maggio 1983, n. 184, e successive modifiche, e comunque non oltre il 30 giugno 2002, ai predetti procedimenti e ai relativi giudizi di opposizione continuano ad applicarsi le disposizioni processuali vigenti anteriormente alla data di entrata in vigore del presente decreto. || 2. In via transitoria e fino alla emanazione di nuove disposizioni che regolano i procedimenti di cui all'art. 336 del codice civile, e comunque non oltre il 30 giugno 2002, ai medesimi procedimenti continuano ad applicarsi le disposizioni processuali vigenti anteriormente alla data di entrata in vigore del presente decreto». Da ultimo, l'art. 1, d.l. 1° luglio 2002, n. 126, conv., con modificazioni, in l. 2 agosto 2002, n. 175, ha così disposto: «1. In via transitoria, fino alla emanazione di una specifica disciplina sulla difesa d'ufficio e sul patrocinio a spese dello Stato nei procedimenti disciplinati dalla l. 4 maggio 1983, n. 184, e successive modificazioni, e comunque non oltre il 30 giugno 2003, ai predetti procedimenti e ai relativi giudizi di opposizione continuano ad applicarsi le disposizioni processuali vigenti anteriormente alla data di entrata in vigore del d.l. 24 aprile 2001, n. 150, convertito, con modificazioni, dalla l. 23 giugno 2001, n. 240. || 2. In via transitoria e fino alla emanazione di nuove disposizioni che regolano i procedimenti di cui all'art. 336 del codice civile, e comunque non oltre il 30 giugno 2003, ai medesimi procedimenti continuano ad applicarsi le disposizioni processuali vigenti anteriormente alla data di entrata in vigore del d.l. 24 aprile 2001, n. 150, convertito, con modificazioni, dalla l. 23 giugno 2001, n. 240».

(2) Titolo così sostituito dall'art. 1.1, l. 28 marzo 2001, n. 149.

(3) Rubrica così sostituita dall'art. 1.2, l. 28 marzo 2001, n. 149.

(4) La parola «responsabilità» è stata così sostituita alla precedente «potestà» dall'art. 100.1, lett. a, d.lg. 28 dicembre 2013, n. 154.

(5) Articolo così sostituito dall'art. 1.3, l. 28 marzo 2001, n. 149.

(6) Le parole da «Titolo I-*bis*» a «minore» sono premesse dall'art. 2.1, l. 28 marzo 2001, n. 149.

(7) Comma inserito dall'art. 7, l. 7 aprile 2017, n. 47.

cui al comma 1-*bis* non devono derivare nuovi o maggiori oneri per la finanza pubblica; gli enti locali provvedono nei limiti delle risorse disponibili nei propri bilanci (1).

2. Ove non sia possibile l'affidamento nei termini di cui al comma 1, è consentito l'inserimento del minore in una comunità di tipo familiare o, in mancanza, in un istituto di assistenza pubblico o privato, che abbia sede preferibilmente nel luogo più vicino a quello in cui stabilmente risiede il nucleo familiare di provenienza. Per i minori di età inferiore a sei anni l'inserimento può avvenire solo presso una comunità di tipo familiare.

3. In caso di necessità e urgenza l'affidamento può essere disposto anche senza porre in essere gli interventi di cui all'art. 1, commi 2 e 3.

4. Il ricovero in istituto deve essere superato entro il 31 dicembre 2006 mediante affidamento ad una famiglia e, ove ciò non sia possibile, mediante inserimento in comunità di tipo familiare caratterizzate da organizzazione e da rapporti interpersonali analoghi a quelli di una famiglia.

5. Le regioni, nell'ambito delle proprie competenze e sulla base di criteri stabiliti dalla Conferenza permanente per i rapporti tra lo Stato, le regioni e le province autonome di Trento e di Bolzano, definiscono gli standard minimi dei servizi e dell'assistenza che devono essere forniti dalle comunità di tipo familiare e dagli istituti e verificano periodicamente il rispetto dei medesimi (2).

3. 1. I legali rappresentanti delle comunità di tipo familiare e degli istituti di assistenza pubblici o privati esercitano i poteri tutelari sul minore affidato, secondo le norme del capo I del titolo X del libro I del codice civile, fino a quando non si provveda alla nomina di un tutore in tutti i casi nei quali l'esercizio della responsabilità genitoriale (3) o della tutela sia impedito.

2. Nei casi previsti dal comma 1, entro trenta giorni dall'accoglienza del minore, i legali rappresentanti devono proporre istanza per la nomina del tutore. Gli stessi e coloro che prestano anche gratuitamente la propria attività a favore delle comunità di tipo familiare e degli istituti di assistenza pubblici o privati non possono essere chiamati a tale incarico.

3. Nel caso in cui i genitori riprendano l'esercizio della responsabilità genitoriale (4), le comunità di tipo familiare e gli istituti di assistenza pubblici o privati chiedono al giudice tutelare di fissare eventuali limiti o condizioni a tale esercizio (5).

4. 1. L'affidamento familiare è disposto dal servizio sociale locale, previo consenso manifestato dai genitori o dal genitore esercente la responsabilità genitoriale (6), ovvero dal tutore, sentito il minore che ha compiuto gli anni dodici e anche il minore di età inferiore, in considerazione della sua capacità di discernimento. Il giudice tutelare del luogo ove si trova il minore rende esecutivo il provvedimento con decreto.

2. Ove manchi l'assenso dei genitori esercenti la responsabilità genitoriale (6) o del tutore, provvede il tribunale per i minorenni. Si applicano gli artt. 330 e seguenti del codice civile.

3. Nel provvedimento di affidamento familiare devono essere indicate specificatamente le motivazioni di esso, nonché i tempi e i modi dell'esercizio dei poteri riconosciuti all'affidatario, e le modalità attraverso le quali i genitori e gli altri componenti il nucleo familiare possono mantenere i rapporti con il minore. Deve altresì essere indicato il servizio sociale locale cui è attribuita la responsabilità del programma di assistenza, nonché la vigilanza durante l'affidamento con l'obbligo di tenere costantemente informati il giudice tutelare o il tribunale per i minorenni, a seconda che si tratti di provvedimento emesso ai sensi dei commi 1 o 2. Il servizio sociale locale cui è attribuita la responsabilità del programma di assistenza, nonché la vigilanza durante l'affidamento, deve riferire senza indugio al giudice tutelare o al tribunale per i minorenni del luogo in cui il minore si trova, a seconda che si tratti di provvedimento emesso ai sensi dei commi 1 o 2, ogni evento di particolare rilevanza ed è tenuto a presentare una relazione semestrale sull'andamento del programma di assistenza, sulla sua presumibile ulteriore durata e sull'evoluzione delle condizioni di difficoltà del nucleo familiare di provenienza.

4. Nel provvedimento di cui al comma 3,

(1) Comma inserito dall'art. 7, l. 7 aprile 2017, n. 47.
(2) Articolo così sostituito dall'art. 2.2, l. 28 marzo 2001, n. 149.
(3) Le parole «responsabilità genitoriale» sono state così sostituite alle precedenti «potestà dei genitori» dall'art. 100.1, lett. b, d.lg. 28 dicembre 2013, n. 154.
(4) Le parole «responsabilità genitoriale» sono state così sostituite alla precedente «potestà» dall'art. 100.1, lett. b, d.lg. 28 dicembre 2013, n. 154.
(5) Articolo così sostituito dall'art. 3, l. 28 marzo 2001, n. 149.
(6) Le parole «responsabilità genitoriale» sono state così sostituite alla precedente «potestà» dall'art. 100.1, lett. c, d.lg. 28 dicembre 2013, n. 154.

deve inoltre essere indicato il periodo di presumibile durata dell'affidamento che deve essere rapportabile al complesso di interventi volti al recupero della famiglia d'origine. Tale periodo non può superare la durata di ventiquattro mesi ed è prorogabile, dal tribunale per i minorenni, qualora la sospensione dell'affidamento rechi pregiudizio al minore.

5. L'affidamento familiare cessa con provvedimento della stessa autorità che lo ha disposto, valutato l'interesse del minore, quando sia venuta meno la situazione di difficoltà temporanea della famiglia d'origine che lo ha determinato, ovvero nel caso in cui la prosecuzione di esso rechi pregiudizio al minore.

5-*bis*. Qualora, durante un prolungato periodo di affidamento, il minore sia dichiarato adottabile ai sensi delle disposizioni del capo II del titolo II e qualora, sussistendo i requisiti previsti dall'art. 6, la famiglia affidataria chieda di poterlo adottare, il tribunale per i minorenni, nel decidere sull'adozione, tiene conto dei legami affettivi significativi e del rapporto stabile e duraturo consolidatosi tra il minore e la famiglia affidataria (1).

5-*ter*. Qualora, a seguito di un periodo di affidamento, il minore faccia ritorno nella famiglia di origine o sia dato in affidamento ad altra famiglia o sia adottato da altra famiglia, è comunque tutelata, se rispondente all'interesse del minore, la continuità delle positive relazioni socio-affettive consolidatesi durante l'affidamento (1).

5-*quater*. Il giudice, ai fini delle decisioni di cui ai commi 5-*bis* e 5-*ter*, tiene conto anche delle valutazioni documentate dei servizi sociali, ascoltato il minore che ha compiuto gli anni dodici o anche di età inferiore se capace di discernimento (1).

5-*quinquies*. Nel caso di minore rimasto privo di un ambiente familiare idoneo a causa della morte del genitore, cagionata volontariamente dal coniuge, anche legalmente separato o divorziato, dall'altra parte dell'unione civile, anche se l'unione civile è cessata, dal convivente o da persona legata al genitore stesso, anche in passato, da relazione affettiva, il tribunale competente, eseguiti i necessari accertamenti, provvede privilegiando la continuità delle relazioni affettive consolidatesi tra il minore stesso e i parenti fino al terzo grado. Nel caso in cui vi siano fratelli o sorelle, il tribunale provvede assicurando, per quanto possibile, la continuità affettiva tra gli stessi (2).

5-*sexies*. Su segnalazione del tribunale competente, i servizi sociali assicurano ai minori di cui al comma 5-*quinquies* un adeguato sostegno psicologico e l'accesso alle misure di sostegno volte a garantire il diritto allo studio e l'inserimento nell'attività lavorativa (2).

6. Il giudice tutelare, trascorso il periodo di durata previsto, ovvero intervenute le circostanze di cui al comma 5, sentiti il servizio sociale locale interessato ed il minore che ha compiuto gli anni dodici e anche il minore di età inferiore, in considerazione della sua capacità di discernimento, richiede, se necessario, al competente tribunale per i minorenni l'adozione di ulteriori provvedimenti nell'interesse del minore.

7. Le disposizioni del presente articolo si applicano, in quanto compatibili, anche nel caso di minori inseriti presso una comunità di tipo familiare o un istituto di assistenza pubblico o privato (3).

5. 1. L'affidatario deve accogliere presso di sé il minore e provvedere al suo mantenimento e alla sua educazione e istruzione, tenendo conto delle indicazioni dei genitori per i quali non vi sia stata pronuncia ai sensi degli artt. 330 e 333 del codice civile, o del tutore, ed osservando le prescrizioni stabilite dall'autorità affidante. Si applicano, in quanto compatibili, le disposizioni dell'art. 316 del codice civile. In ogni caso l'affidatario esercita i poteri connessi con la responsabilità genitoriale (4) in relazione agli ordinari rapporti con la istituzione scolastica e con le autorità sanitarie. L'affidatario o l'eventuale famiglia collocataria devono essere convocati, a pena di nullità, nei procedimenti civili in materia di responsabilità genitoriale, di affidamento e di adottabilità relativi al minore affidato ed hanno facoltà di presentare memorie scritte nell'interesse del minore (5).

2. Il servizio sociale, nell'ambito delle proprie competenze, su disposizione del giudice ovvero secondo le necessità del caso, svolge opera di sostegno educativo e psicologico, agevola i rapporti con la famiglia di provenienza ed il rientro nella stessa del minore secondo le modalità più idonee, avvalendosi anche delle competenze professionali delle altre strutture

(1) Comma inserito dall'art. 1, l. 19 ottobre 2015, n. 173.
(2) Comma inserito dall'art. 10, l. 11 gennaio 2018, n. 4.
(3) Articolo così sostituito dall'art. 4, l. 28 marzo 2001, n. 149.
(4) Le parole «responsabilità genitoriale» sono state così sostituite alle precedenti «potestà parentale» dall'art. 100.1, lett. d, d.lg. 28 dicembre 2013, n.154.
(5) Periodo così sostituito dall'art. 2, l. 19 ottobre 2015, n. 173.

del territorio e dell'opera delle associazioni familiari eventualmente indicate dagli affidatari.

3. Le norme di cui ai commi 1 e 2 si applicano, in quanto compatibili, nel caso di minori ospitati presso una comunità di tipo familiare o che si trovino presso un istituto di assistenza pubblico o privato.

4. Lo Stato, le regioni e gli enti locali, nell'ambito delle proprie competenze e nei limiti delle disponibilità finanziarie dei rispettivi bilanci, intervengono con misure di sostegno e di aiuto economico in favore della famiglia affidataria (1).

TITOLO II

Dell'adozione

CAPO I

Disposizioni generali

6. 1. L'adozione è consentita a coniugi uniti in matrimonio da almeno tre anni. Tra i coniugi non deve sussistere e non deve avere avuto luogo negli ultimi tre anni separazione personale neppure di fatto.

2. I coniugi devono essere affettivamente idonei e capaci di educare, istruire e mantenere i minori che intendano adottare.

3. L'età degli adottanti deve superare di almeno diciotto e di non più di quarantacinque anni l'età dell'adottando.

4. Il requisito della stabilità del rapporto di cui al comma 1 può ritenersi realizzato anche quando i coniugi abbiano convissuto in modo stabile e continuativo prima del matrimonio per un periodo di tre anni, nel caso in cui il tribunale per i minorenni accerti la continuità e la stabilità della convivenza, avuto riguardo a tutte le circostanze del caso concreto.

5. I limiti di cui al comma 3 possono essere derogati, qualora il tribunale per i minorenni accerti che dalla mancata adozione derivi un danno grave e non altrimenti evitabile per il minore.

6. Non è preclusa l'adozione quando il limite massimo di età degli adottanti sia superato da uno solo di essi in misura non superiore a dieci anni, ovvero quando essi siano genitori di figli anche (2) adottivi dei quali almeno uno sia in età minore, ovvero quando l'adozione riguardi un fratello o una sorella del minore già dagli stessi adottato.

7. Ai medesimi coniugi sono consentite più adozioni anche con atti successivi e costituisce criterio preferenziale ai fini dell'adozione l'avere già adottato un fratello dell'adottando o il fare richiesta di adottare più fratelli, ovvero la disponibilità dichiarata all'adozione di minori che si trovino nelle condizioni indicate dall'art. 3, comma 1, della l. 5 febbraio 1992, n. 104, concernente l'assistenza, l'integrazione sociale e i diritti delle persone handicappate.

8. Nel caso di adozione dei minori di età superiore a dodici anni o con *handicap* accertato ai sensi dell'art. 4 della l. 5 febbraio 1992, n. 104, lo Stato, le regioni e gli enti locali possono intervenire, nell'ambito delle proprie competenze e nei limiti delle disponibilità finanziarie dei rispettivi bilanci, con specifiche misure di carattere economico, eventualmente anche mediante misure di sostegno alla formazione e all'inserimento sociale, fino all'età di diciotto anni degli adottati (3).

7. 1. L'adozione è consentita a favore dei minori dichiarati in stato di adottabilità ai sensi degli articoli seguenti.

2. Il minore, il quale ha compiuto gli anni quattordici, non può essere adottato se non presta personalmente il proprio consenso, che deve essere manifestato anche quando il minore compia l'età predetta nel corso del procedimento. Il consenso dato può comunque essere revocato sino alla pronuncia definitiva dell'adozione.

3. Se l'adottando ha compiuto gli anni dodici deve essere personalmente sentito; se ha un'età inferiore, deve essere sentito, in considerazione della sua capacità di discernimento (4).

CAPO II

Della dichiarazione di adottabilità (5)

8. 1. Sono dichiarati in stato di adottabilità

(1) Articolo così sostituito dall'art. 5, l. 28 marzo 2001, n. 149.

(2) La parola «anche» è stata così sostituita alla precedenti «naturali o» dall'art. 100.1, lett. e, d.lg. 28 dicembre 2013, n. 154.

(3) Articolo così sostituito dall'art. 6, l. 28 marzo 2001, n. 149.

(4) Articolo così sostituito dall'art. 7, l. 28 marzo 2001, n. 149.

(5) L'art. 1, d.l. 1° luglio 2002, n. 126, conv. in l. 2 agosto 2002, n. 175, così dispone: «1. In via transitoria, fino alla emanazione di una specifica disciplina sulla difesa d'ufficio e sul patrocinio a spese dello Stato nei procedimenti disciplinati dalla l. 4 maggio 1983, n. 184, e successive modificazioni, e comunque non oltre il 30 giugno 2003, ai predetti procedimenti e ai relativi giudizi di opposizione continuano ad applicarsi le disposizioni pro-

dal tribunale per i minorenni del distretto nel quale si trovano, i minori di cui sia accertata la situazione di abbandono perché privi di assistenza morale e materiale da parte dei genitori o dei parenti tenuti a provvedervi, purché la mancanza di assistenza non sia dovuta a causa di forza maggiore di carattere transitorio.

2. La situazione di abbandono sussiste, sempre che ricorrano le condizioni di cui al comma 1, anche quando i minori si trovino presso istituti di assistenza pubblici o privati o comunità di tipo familiare ovvero siano in affidamento familiare.

3. Non sussiste causa di forza maggiore quando i soggetti di cui al comma 1 rifiutano le misure di sostegno offerte dai servizi sociali locali, anche all'esito della segnalazione di cui all'art. 79-*bis* (1), e tale rifiuto viene ritenuto ingiustificato dal giudice.

4. Il procedimento di adottabilità deve svolgersi fin dall'inizio con l'assistenza legale del minore e dei genitori o degli altri parenti, di cui al comma 2 dell'art. 10 (2).

9. 1. Chiunque ha facoltà di segnalare all'autorità pubblica situazioni di abbandono di minori di età. I pubblici ufficiali, gli incaricati di un pubblico servizio, gli esercenti un servizio di pubblica necessità debbono riferire al più presto al procuratore della Repubblica presso il tribunale per i minorenni del luogo in cui il minore si trova sulle condizioni di ogni minore in situazione di abbandono di cui vengano a conoscenza in ragione del proprio ufficio.

2. Gli istituti di assistenza pubblici o privati e le comunità di tipo familiare devono trasmettere semestralmente al procuratore della Repubblica presso il tribunale per i minorenni del luogo ove hanno sede l'elenco di tutti i minori collocati presso di loro con l'indicazione specifica, per ciascuno di essi, della località di residenza dei genitori, dei rapporti con la famiglia e delle condizioni psicofisiche del minore stesso. Il procuratore della Repubblica presso il tribunale per i minorenni, assunte le necessarie informazioni, chiede al tribunale, con ricorso, di dichiarare l'adottabilità di quelli tra i minori segnalati o collocati presso le comunità di tipo familiare o gli istituti di assistenza pubblici o privati o presso una famiglia affidataria, che risultano in situazioni di abbandono, specificandone i motivi.

3. Il procuratore della Repubblica presso il tribunale per i minorenni, che trasmette gli atti al medesimo tribunale con relazione informativa, ogni sei mesi, effettua o dispone ispezioni negli istituti di assistenza pubblici o privati ai fini di cui al comma 2. Può procedere a ispezioni straordinarie in ogni tempo.

4. Chiunque, non essendo parente entro il quarto grado, accoglie stabilmente nella propria abitazione un minore, qualora l'accoglienza si protragga per un periodo superiore a sei mesi, deve, trascorso tale periodo, darne segnalazione al procuratore della Repubblica presso il tribunale per i minorenni. L'omissione della segnalazione può comportare l'inidoneità ad ottenere affidamenti familiari o adottivi e l'incapacità all'ufficio tutelare.

5. Nello stesso termine di cui al comma 4, uguale segnalazione deve essere effettuata dal genitore che affidi stabilmente a chi non sia parente entro il quarto grado il figlio minore per un periodo non inferiore a sei mesi. L'omissione della segnalazione può comportare la decadenza dalla responsabilità genitoriale (3) sul figlio a norma dell'art. 330 del codice civile e l'apertura della procedura di adottabilità (4).

10. 1. Il presidente del tribunale per i minorenni o un giudice da lui delegato, ricevuto il ricorso di cui all'art. 9, comma 2, provvede all'immediata apertura di un procedimento relativo allo stato di abbandono del minore. Dispone immediatamente, all'occorrenza, tramite i servizi sociali locali o gli organi di pubblica sicurezza, più approfonditi accertamenti sulle condizioni giuridiche e di fatto del minore, sul-

cessuali vigenti anteriormente alla data di entrata in vigore del d.l. 24 aprile 2001, n. 150, convertito, con modificazioni, dalla l. 23 giugno 2001, n. 240. || 2. In via transitoria e fino alla emanazione di nuove disposizioni che regolano i procedimenti di cui all'art. 336 del codice civile, e comunque non oltre il 30 giugno 2003, ai medesimi procedimenti continuano ad applicarsi le disposizioni processuali vigenti anteriormente alla data di entrata in vigore del d.l. 24 aprile 2001, n. 150, convertito, con modificazioni, dalla l. 23 giugno 2001, n. 240». L'art. 15, d.l. 24 giugno 2003, n. 147, conv. in l. 1° agosto 2003, n. 200, come da ultimo modificato dall'art. 8.2, d.l. 30 giugno 2005, n. 115, conv. in l. 17 agosto 2005, n. 168, così dispone: «Le disposizioni previste dal d.l. 1° luglio 2002, n. 126, convertito, con modificazioni, dalla l. 2 agosto 2002, n. 175, sono prorogate al 30 giugno 2006».

(1) Le parole «, anche all'esito della segnalazione di cui all'art. 79-*bis*,» sono state inserite dall'art. 100.1, lett. f, d.lg. 28 dicembre 2013, n. 154.

(2) Articolo così sostituito dall'art. 8, l. 28 marzo 2001, n. 149. Per il regolamento sulla banca di dati relativa ai minori dichiarati adottabili v. d.m. Giustizia 24 febbraio 2004, n. 91, in G.U., 9 aprile 2004, n. 84.

(3) Le parole «responsabilità genitoriale» sono state così sostituite alla precedente «potestà» dall'art. 100.1, lett. g, d.lg. 28 dicembre 2013, n. 154.

(4) Articolo così sostituito dall'art. 9, l. 28 marzo 2001, n. 149.

l'ambiente in cui ha vissuto e vive ai fini di verificare se sussiste lo stato di abbandono.

2. All'atto dell'apertura del procedimento, sono avvertiti i genitori o, in mancanza, i parenti entro il quarto grado che abbiano rapporti significativi con il minore. Con lo stesso atto il presidente del tribunale per i minorenni li invita a nominare un difensore e li informa della nomina di un difensore di ufficio per il caso che essi non vi provvedano. Tali soggetti, assistiti dal difensore, possono partecipare a tutti gli accertamenti disposti dal tribunale, possono presentare istanze anche istruttorie e prendere visione ed estrarre copia degli atti contenuti nel fascicolo previa autorizzazione del giudice.

3. Il tribunale può disporre in ogni momento e fino all'affidamento preadottivo ogni opportuno provvedimento provvisorio nell'interesse del minore, ivi compresi il collocamento temporaneo presso una famiglia o una comunità di tipo familiare, la sospensione della responsabilità genitoriale (1) sul minore, la sospensione dell'esercizio delle funzioni del tutore e la nomina di un tutore provvisorio.

4. In caso di urgente necessità, i provvedimenti di cui al comma 3 possono essere adottati dal presidente del tribunale per i minorenni o da un giudice da lui delegato.

5. Il tribunale, entro trenta giorni, deve confermare, modificare o revocare i provvedimenti urgenti assunti ai sensi del comma 4. Il tribunale provvede in camera di consiglio con l'intervento del pubblico ministero, sentite tutte le parti interessate ed assunta ogni necessaria informazione. Deve inoltre essere sentito il minore che ha compiuto gli anni dodici e anche il minore di età inferiore, in considerazione della sua capacità di discernimento. I provvedimenti adottati debbono essere comunicati al pubblico ministero ed ai genitori. Si applicano le norme di cui agli artt. 330 e seguenti del codice civile (2).

11. *1.* Quando dalle indagini previste nell'articolo precedente risultano deceduti i genitori del minore e non risultano esistenti parenti entro il quarto grado che abbiano rapporti significativi con il minore (3), il tribunale per i minorenni provvede a dichiarare lo stato di adottabilità, salvo che esistano istanze di adozione ai sensi dell'art. 44. In tal caso il tribunale per i minorenni decide nell'esclusivo interesse del minore.

2. Nel caso in cui non risulti l'esistenza di genitori [...] (4) che abbiano riconosciuto il minore o la cui paternità o maternità sia stata dichiarata giudizialmente, il tribunale per i minorenni, senza eseguire ulteriori accertamenti, provvede immediatamente alla dichiarazione dello stato di adottabilità a meno che non vi sia richiesta di sospensione della procedura da parte di chi, affermando di essere uno dei genitori [...] (4), chiede termine per provvedere al riconoscimento. La sospensione può essere disposta dal tribunale per un periodo massimo di due mesi sempreché nel frattempo il minore sia assistito dal genitore [...] (5) o dai parenti fino al quarto grado o in altro modo conveniente, permanendo comunque un rapporto con il genitore naturale.

3. Nel caso di non riconoscibilità per difetto di età del genitore, la procedura è rinviata anche d'ufficio sino al compimento del sedicesimo anno di età del genitore [...] (5), purché sussistano le condizioni menzionate nel comma precedente. Al compimento del sedicesimo anno, il genitore può chiedere ulteriore sospensione per altri due mesi. Il genitore autorizzato al riconoscimento prima del compimento del sedicesimo anno ai sensi dell'art. 250, quinto comma, del codice civile, può chiedere ulteriore sospensione per altri due mesi dopo l'autorizzazione (6).

4. Ove il tribunale sospenda o rinvii la procedura ai sensi dei commi precedenti, nomina al minore, se necessario, un tutore provvisorio.

5. Se entro detti termini viene effettuato il riconoscimento, deve dichiararsi chiusa la procedura, ove non sussista abbandono morale e materiale. Se trascorrono i termini senza che sia stato effettuato il riconoscimento, si provvede senza altra formalità di procedura alla pronuncia dello stato di adottabilità.

6. Il tribunale, in ogni caso, anche a mezzo dei servizi locali, informa entrambi i presunti genitori, se possibile, o comunque quello reperibile, che si possono avvalere delle facoltà di cui al secondo e terzo comma.

7. Intervenuta la dichiarazione di adottabilità e l'affidamento preadottivo, il riconoscimento è privo di efficacia. Il giudizio per la dichia-

(1) Le parole «responsabilità genitoriale» sono state così sostituite alle precedenti «potestà dei genitori» dall'art. 100.1, lett. h, d.lg. 28 dicembre 2013, n. 154.

(2) Articolo così sostituito dall'art. 10, l. 28 marzo 2001, n. 149.

(3) Le parole da «che abbiano» a «minore» sono inserite dall'art. 11, l. 28 marzo 2001, n. 149.

(4) La parola «naturali» è stata soppressa dall'art. 100.1, lett. i, d.lg. 28 dicembre 2013, n. 154.

(5) La parola «naturale» è stata soppressa dall'art. 100.1, lett. i, d.lg. 28 dicembre 2013, n. 154.

(6) Ultimo periodo aggiunto dall'art. 100.1, lett. i, d.lg. 28 dicembre 2013, n. 154.

razione giudiziale di paternità o maternità è sospeso di diritto e si estingue ove segua la pronuncia di adozione divenuta definitiva.

12. *1.* Quando attraverso le indagini effettuate consta l'esistenza di genitori o di parenti entro il quarto grado indicati nell'articolo precedente, che abbiano mantenuto rapporti significativi con il minore, e ne è nota la residenza, il presidente del tribunale per i minorenni con decreto motivato fissa la loro comparizione, entro un congruo termine, dinanzi a sé o ad un giudice da lui delegato.

2. Nel caso in cui i genitori o i parenti risiedano fuori dalla circoscrizione del tribunale per i minorenni che procede, la loro audizione può essere delegata al tribunale per i minorenni del luogo della loro residenza.

3. In caso di residenza all'estero è delegata l'autorità consolare competente.

4. Udite le dichiarazioni dei genitori o dei parenti, il presidente del tribunale per i minorenni o il giudice delegato, ove ne ravvisi l'opportunità, impartisce con decreto motivato ai genitori o ai parenti prescrizioni idonee a garantire l'assistenza morale, il mantenimento, l'istruzione e l'educazione del minore, stabilendo al tempo stesso periodici accertamenti da eseguirsi direttamente o avvalendosi del giudice tutelare o dei servizi locali, ai quali può essere affidato l'incarico di operare al fine di più validi rapporti tra il minore e la famiglia.

5. Il presidente o il giudice delegato può, altresì, chiedere al pubblico ministero di promuovere l'azione per la corresponsione degli alimenti a carico di chi vi è tenuto per legge e, al tempo stesso, dispone, ove d'uopo, provvedimenti temporanei ai sensi del comma 3 dell'art. 10 (1).

13. *1.* Nel caso in cui i genitori ed i parenti di cui all'articolo precedente risultino irreperibili ovvero non ne sia conosciuta la residenza, la dimora o il domicilio, il tribunale per i minorenni provvede alla loro convocazione ai sensi degli artt. 140 e 143 del codice di procedura civile, previe nuove ricerche tramite gli organi di pubblica sicurezza.

14. 1. Il tribunale per i minorenni può disporre, prima della dichiarazione di adottabilità, la sospensione del procedimento, quando da particolari circostanze emerse dalle indagini effettuate risulta che la sospensione può riuscire utile nell'interesse del minore. In tal caso la sospensione è disposta con ordinanza motivata per un periodo non superiore a un anno.

2. La sospensione è comunicata ai servizi sociali locali competenti perché adottino le iniziative opportune (2).

15. 1. A conclusione delle indagini e degli accertamenti previsti dagli articoli precedenti, ove risulti la situazione di abbandono di cui all'art. 8, lo stato di adottabilità del minore è dichiarato dal tribunale per i minorenni quando:

a) i genitori ed i parenti convocati ai sensi degli artt. 12 e 13 non si sono presentati senza giustificato motivo;

b) l'audizione dei soggetti di cui alla lett. *a*) ha dimostrato il persistere della mancanza di assistenza morale e materiale e la non disponibilità ad ovviarvi;

c) le prescrizioni impartite ai sensi dell'art. 12 sono rimaste inadempiute per responsabilità dei genitori ovvero è provata l'irrecuperabilità delle capacità genitoriali dei genitori in un tempo ragionevole (3).

2. La dichiarazione dello stato di adottabilità del minore è disposta dal tribunale per i minorenni in camera di consiglio con sentenza, sentito il pubblico ministero, nonché il rappresentante dell'istituto di assistenza pubblico o privato o della comunità di tipo familiare presso cui il minore è collocato o la persona cui egli è affidato. Devono essere, parimenti, sentiti il tutore, ove esista, ed il minore che abbia compiuto gli anni dodici e anche il minore di età inferiore, in considerazione della sua capacità di discernimento.

3. La sentenza è notificata per esteso al pubblico ministero, ai genitori, ai parenti indicati nel primo comma dell'art. 12, al tutore, nonché al curatore speciale ove esistano, con contestuale avviso agli stessi del loro diritto di proporre impugnazione nelle forme e nei termini di cui all'art. 17 (4).

16. 1. Il tribunale per i minorenni, esaurita la procedura prevista nei precedenti articoli e qualora ritenga che non sussistano i presupposti per la pronuncia per lo stato di adottabilità dichiara che non vi è luogo a provvedere.

2. La sentenza è notificata per esteso al pubblico ministero, ai genitori, ai parenti indicati nel primo comma dell'art. 12, nonché al tutore e al curatore speciale ove esistano. Il tribunale per i minorenni adotta i provvedimenti oppor-

(1) Le parole da «ai sensi» a «art. 10» sono così sostituite dall'art. 12, l. 28 marzo 2001, n. 149.
(2) Articolo così sostituito dall'art. 13, l. 28 marzo 2001, n. 149.
(3) Lettera così sostituita dall'art. 100.1, lett. l, d.lg. 28 dicembre 2013, n. 154.
(4) Articolo così sostituito dall'art. 14, l. 28 marzo 2001, n. 149.

tuni nell'interesse del minore.

3. Si applicano gli artt. 330 e seguenti del codice civile (1).

17. 1. Avverso la sentenza il pubblico ministero e le altre parti possono proporre impugnazione avanti la Corte d'appello, sezione per i minorenni, entro trenta giorni dalla notificazione. La Corte, sentite le parti e il pubblico ministero ed effettuato ogni altro opportuno accertamento, pronuncia sentenza in camera di consiglio e provvede al deposito della stessa in cancelleria, entro quindici giorni dalla pronuncia. La sentenza è notificata d'ufficio al pubblico ministero e alle altre parti.

2. Avverso la sentenza della Corte d'appello è ammesso ricorso per Cassazione, entro trenta giorni dalla notificazione, per i motivi di cui ai nn. 3, 4 e 5 del primo comma dell'art. 360 del codice di procedura civile. Si applica altresì il secondo comma dello stesso articolo.

3. L'udienza di discussione dell'appello e del ricorso deve essere fissata entro sessanta giorni dal deposito dei rispettivi atti introduttivi (2).

18. 1. La sentenza definitiva che dichiara lo stato di adottabilità è trascritta, a cura del cancelliere del tribunale per i minorenni, su apposito registro conservato presso la cancelleria del tribunale stesso. La trascrizione deve essere effettuata entro il decimo giorno successivo a quello della comunicazione che la sentenza di adottabilità è divenuta definitiva. A questo effetto, il cancelliere del giudice dell'impugnazione deve inviare immediatamente apposita comunicazione al cancelliere del tribunale per i minorenni (3).

19. *1.* Durante lo stato di adottabilità è sospeso l'esercizio della responsabilità genitoriale (4).

2. Il tribunale per i minorenni nomina un tutore, ove già non esista, e adotta gli ulteriori provvedimenti nell'interesse del minore.

20. *1.* Lo stato di adottabilità cessa per adozione o per il raggiungimento della maggiore età da parte dell'adottando.

21. 1. Lo stato di adottabilità cessa altresì per revoca, nell'interesse del minore, in quanto siano venute meno le condizioni di cui all'art. 8, comma 1, successivamente alla sentenza di cui al comma 2 dell'art. 15.

2. La revoca è pronunciata dal tribunale per i minorenni d'ufficio o su istanza del pubblico ministero, dei genitori, del tutore.

3. Il tribunale provvede in camera di consiglio, sentito il pubblico ministero.

4. Nel caso in cui sia in atto l'affidamento preadottivo, lo stato di adottabilità non può essere revocato (5).

CAPO III

Dell'affidamento preadottivo

22. 1. Coloro che intendono adottare devono presentare domanda al tribunale per i minorenni, specificando l'eventuale disponibilità ad adottare più fratelli ovvero minori che si trovino nelle condizioni indicate dall'art. 3, comma 1, della l. 5 febbraio 1992, n. 104, concernente l'assistenza, l'integrazione sociale e i diritti delle persone handicappate. È ammissibile la presentazione di più domande anche successive a più tribunali per i minorenni, purché in ogni caso se ne dia comunicazione a tutti i tribunali precedentemente aditi. I tribunali cui la domanda è presentata possono richiedere copia degli atti di parte ed istruttori, relativi ai medesimi coniugi, agli altri tribunali; gli atti possono altresì essere comunicati d'ufficio. La domanda decade dopo tre anni dalla presentazione e può essere rinnovata.

2. In ogni momento a coloro che intendono adottare devono essere fornite, se richieste, notizie sullo stato del procedimento.

3. Il tribunale per i minorenni, accertati previamente i requisiti di cui all'art. 6, dispone l'esecuzione delle adeguate indagini di cui al comma 4, ricorrendo ai servizi socio-assistenziali degli enti locali singoli o associati, nonché avvalendosi delle competenti professionalità delle aziende sanitarie locali ed ospedaliere, dando precedenza nella istruttoria alle domande dirette all'adozione di minori di età superiore a cinque anni o con handicap accertato ai sensi dell'art. 4 della l. 5 febbraio 1992, n. 104.

4. Le indagini, che devono essere tempestivamente avviate e concludersi entro centoventi giorni, riguardano in particolare la capacità di educare il minore, la situazione personale ed economica, la salute, l'ambiente familiare dei richiedenti, i motivi per i quali questi ultimi desiderano adottare il minore. Con provvedi-

(1) Articolo così sostituito dall'art. 15, l. 28 marzo 2001, n. 149.
(2) Articolo così sostituito dall'art. 16, l. 28 marzo 2001, n. 149.
(3) Articolo così sostituito dall'art. 17, l. 28 marzo 2001, n. 149.
(4) Le parole «responsabilità genitoriale» sono state così sostituite alle precedenti «potestà dei genitori» dall'art. 100.1, lett. m, d.lg. 28 dicembre 2013, n. 154.
(5) Articolo così sostituito dall'art. 18, l. 28 marzo 2001, n. 149.

mento motivato, il termine entro il quale devono concludersi le indagini può essere prorogato una sola volta e per non più di centoventi giorni.

5. Il tribunale per i minorenni, in base alle indagini effettuate, sceglie tra le coppie che hanno presentato domanda quella maggiormente in grado di corrispondere alle esigenze del minore.

6. Il tribunale per i minorenni, in camera di consiglio, sentiti il pubblico ministero, gli ascendenti dei richiedenti ove esistano, il minore che abbia compiuto gli anni dodici e anche il minore di età inferiore, in considerazione della sua capacità di discernimento, omessa ogni altra formalità di procedura, dispone, senza indugio, l'affidamento preadottivo, determinandone le modalità con ordinanza. Il minore che abbia compiuto gli anni quattordici deve manifestare espresso consenso all'affidamento alla coppia prescelta.

7. Il tribunale per i minorenni deve in ogni caso informare i richiedenti sui fatti rilevanti, relativi al minore, emersi dalle indagini. Non può essere disposto l'affidamento di uno solo di più fratelli, tutti in stato di adottabilità, salvo che non sussistano gravi ragioni. L'ordinanza è comunicata al pubblico ministero, ai richiedenti ed al tutore. Il provvedimento di affidamento preadottivo è immediatamente, e comunque non oltre dieci giorni, annotato a cura del cancelliere a margine della trascrizione di cui all'art. 18.

8. Il tribunale per i minorenni vigila sul buon andamento dell'affidamento preadottivo avvalendosi anche del giudice tutelare e dei servizi locali sociali e consultoriali. In caso di accertate difficoltà, convoca, anche separatamente, gli affidatari e il minore, alla presenza, se del caso, di uno psicologo, al fine di valutare le cause all'origine delle difficoltà. Ove necessario, dispone interventi di sostegno psicologico e sociale (1).

23. 1. L'affidamento preadottivo è revocato dal tribunale per i minorenni d'ufficio o su istanza del pubblico ministero o del tutore o di coloro che esercitano la vigilanza di cui all'art. 22, comma 8, quando vengano accertate difficoltà di idonea convivenza ritenute non superabili. Il provvedimento relativo alla revoca è adottato dal tribunale per i minorenni, in camera di consiglio, con decreto motivato. Debbono essere sentiti, oltre al pubblico ministero ed al presentatore dell'istanza di revoca, il minore che abbia compiuto gli anni dodici e anche il minore di età inferiore, in considerazione della sua capacità di discernimento, gli affidatari, il tutore e coloro che abbiano svolto attività di vigilanza o di sostegno.

2. Il decreto è comunicato al pubblico ministero, al presentatore dell'istanza di revoca, agli affidatari ed al tutore. Il decreto che dispone la revoca dell'affidamento preadottivo è annotato a cura del cancelliere entro dieci giorni a margine della trascrizione di cui all'art. 18.

3. In caso di revoca, il tribunale per i minorenni adotta gli opportuni provvedimenti temporanei in favore del minore ai sensi dell'art. 10, comma 3. Si applicano gli artt. 330 e seguenti del codice civile (2).

24. *1.* Il pubblico ministero e il tutore possono impugnare il decreto del tribunale relativo all'affidamento preadottivo o alla sua revoca, entro dieci giorni dalla comunicazione, con reclamo alla sezione per i minorenni della corte d'appello.

2. La corte d'appello, sentiti il ricorrente, il pubblico ministero e, ove occorra, le persone indicate nell'art. 23 ed effettuati ogni altro accertamento ed indagine opportuni, decide in camera di consiglio con decreto motivato.

CAPO IV

Della dichiarazione di adozione

25. 1. Il tribunale per i minorenni che ha dichiarato lo stato di adottabilità, decorso un anno dall'affidamento, sentiti i coniugi adottanti, il minore che abbia compiuto gli anni dodici e il minore di età inferiore, in considerazione della sua capacità di discernimento, il pubblico ministero, il tutore e coloro che abbiano svolto attività di vigilanza o di sostegno, verifica che ricorrano tutte le condizioni previste dal presente capo e, senza altra formalità di procedura, provvede sull'adozione con sentenza in camera di consiglio, decidendo di fare luogo o di non fare luogo all'adozione. Il minore che abbia compiuto gli anni quattordici deve manifestare espresso consenso all'adozione nei confronti della coppia prescelta.

1-*bis.* Le disposizioni di cui al comma 1 si applicano anche nell'ipotesi di prolungato periodo di affidamento ai sensi dell'art. 4, comma 5-*bis* (3).

2. Qualora la domanda di adozione venga

(1) Articolo così sostituito dall'art. 19, l. 28 marzo 2001, n. 149.
(2) Articolo così sostituito dall'art. 20, l. 28 marzo 2001, n. 149.
(3) Comma inserito dall'art. 3, l. 19 ottobre 2015, n. 173.

proposta da coniugi che hanno discendenti [...] (1), questi, se maggiori degli anni dodici (2), debbono essere sentiti.

3. Nell'interesse del minore il termine di cui al comma 1 può essere prorogato di un anno, d'ufficio o su domanda dei coniugi affidatari, con ordinanza motivata.

4. Se uno dei coniugi muore o diviene incapace durante l'affidamento preadottivo, l'adozione, nell'interesse del minore, può essere ugualmente disposta ad istanza dell'altro coniuge nei confronti di entrambi, con effetto, per il coniuge deceduto, dalla data della morte.

5. Se nel corso dell'affidamento preadottivo interviene separazione tra i coniugi affidatari, l'adozione può essere disposta nei confronti di uno solo o di entrambi, nell'esclusivo interesse del minore, qualora il coniuge o i coniugi ne facciano richiesta.

6. La sentenza che decide sull'adozione è comunicata al pubblico ministero, ai coniugi adottanti ed al tutore.

7. Nel caso di provvedimento negativo viene meno l'affidamento preadottivo ed il tribunale per i minorenni assume gli opportuni provvedimenti temporanei in favore del minore ai sensi dell'art. 10, comma 3. Si applicano gli artt. 330 e seguenti del codice civile (3).

26. 1. Avverso la sentenza che dichiara se fare luogo o non fare luogo all'adozione, entro trenta giorni dalla notifica, può essere proposta impugnazione davanti alla sezione per i minorenni della Corte d'appello da parte del pubblico ministero, dagli adottanti e dal tutore del minore. La Corte d'appello, sentite le parti ed esperito ogni accertamento ritenuto opportuno, pronuncia sentenza. La sentenza è notificata d'ufficio alle parti per esteso.

2. Avverso la sentenza della Corte d'appello è ammesso ricorso per Cassazione, che deve essere proposto entro trenta giorni dalla notifica della stessa, solo per i motivi di cui al primo comma, n. 3, dell'art. 360 del codice di procedura civile.

3. L'udienza di discussione dell'appello e del ricorso per Cassazione deve essere fissata entro sessanta giorni dal deposito dei rispettivi atti introduttivi.

4. La sentenza che pronuncia l'adozione, divenuta definitiva, è immediatamente trascritta nel registro di cui all'art. 18 e comunicata all'ufficiale dello stato civile che la annota a margine dell'atto di nascita dell'adottato. A questo effetto, il cancelliere del giudice dell'impugnazione deve immediatamente dare comunicazione della definitività della sentenza al cancelliere del tribunale per i minorenni.

5. Gli effetti dell'adozione si producono dal momento della definitività della sentenza (4).

27. *1.* Per effetto dell'adozione l'adottato acquista lo stato di figlio nato nel matrimonio (5) degli adottanti, dei quali assume e trasmette il cognome.

2. Se l'adozione è disposta nei confronti della moglie separata, ai sensi dell'art. 25, comma 5 (6), l'adottato assume il cognome della famiglia di lei.

3. Con l'adozione cessano i rapporti dell'adottato verso la famiglia d'origine, salvi i divieti matrimoniali.

28. 1. Il minore adottato è informato di tale sua condizione ed i genitori adottivi vi provvedono nei modi e termini che essi ritengono più opportuni.

2. Qualunque attestazione di stato civile riferita all'adottato deve essere rilasciata con la sola indicazione del nuovo cognome e con l'esclusione di qualsiasi riferimento alla paternità e alla maternità del minore e dell'annotazione di cui all'art. 26, comma 4.

3. L'ufficiale di stato civile, l'ufficiale di anagrafe e qualsiasi altro ente pubblico o privato, autorità o pubblico ufficio debbono rifiutarsi di fornire notizie, informazioni, certificazioni, estratti o copie dai quali possa comunque risultare il rapporto di adozione, salvo autorizzazione espressa dell'autorità giudiziaria. Non è necessaria l'autorizzazione qualora la richiesta provenga dall'ufficiale di stato civile, per verificare se sussistano impedimenti matrimoniali.

4. Le informazioni concernenti l'identità dei genitori biologici possono essere fornite ai genitori adottivi, quali esercenti la responsabilità genitoriale (7), su autorizzazione del tribunale per i minorenni, solo se sussistono gravi e comprovati motivi. Il tribunale accerta che l'infor-

(1) Le parole «legittimi o legittimati» sono state soppresse dall'art. 100.1, lett. n, d.lg. 28 dicembre 2013, n. 154.
(2) La parola «dodici» è stata così sostituita alla precedente «quattordici» dall'art. 100.1, lett. n, d.lg. 28 dicembre 2013, n. 154.
(3) Articolo così sostituito dall'art. 21, l. 28 marzo 2001, n. 149.
(4) Articolo così sostituito dall'art. 22, l. 28 marzo 2001, n. 149.
(5) Le parole «nato nel matrimonio» sono state così sostituite alla precedente «legittimo» dall'art. 100.1, lett. o, d.lg. 28 dicembre 2013, n. 154.
(6) Le parole da «ai sensi» a «comma 5» sono così sostituite dall'art. 23, l. 28 marzo 2001, n. 149.
(7) Le parole «responsabilità genitoriale» sono state così sostituite alle precedenti «potestà dei genitori» dall'art. 100.1, lett. p, d.lg. 28 dicembre 2013, n. 154.

mazione sia preceduta e accompagnata da adeguata preparazione e assistenza del minore. Le informazioni possono essere fornite anche al responsabile di una struttura ospedaliera o di un presidio sanitario, ove ricorrano i presupposti della necessità e della urgenza e vi sia grave pericolo per la salute del minore.

5. L'adottato, raggiunta l'età di venticinque anni, può accedere a informazioni che riguardano la sua origine e l'identità dei propri genitori biologici. Può farlo anche raggiunta la maggiore età, se sussistono gravi e comprovati motivi attinenti alla sua salute psico-fisica. L'istanza deve essere presentata al tribunale per i minorenni del luogo di residenza.

6. Il tribunale per i minorenni procede all'audizione delle persone di cui ritenga opportuno l'ascolto; assume tutte le informazioni di carattere sociale e psicologico, al fine di valutare che l'accesso alle notizie di cui al comma 5 non comporti grave turbamento all'equilibrio psico-fisico del richiedente. Definita l'istruttoria, il tribunale per i minorenni autorizza con decreto l'accesso alle notizie richieste.

7. L'accesso alle informazioni non è consentito nei confronti della madre che abbia dichiarato alla nascita di non volere essere nominata ai sensi dell'art. 30, comma 1, del d.p.r. 3 novembre 2000, n. 396 (1).

8. Fatto salvo quanto previsto dai commi precedenti, l'autorizzazione non è richiesta per l'adottato maggiore di età quando i genitori adottivi sono deceduti o divenuti irreperibili (2).

TITOLO III

Dell'adozione internazionale

CAPO I

DELL'ADOZIONE DI MINORI STRANIERI (3)

29. 1. L'adozione di minori stranieri ha luogo conformemente ai princìpi e secondo le direttive della Convenzione per la tutela dei minori e la cooperazione in materia di adozione internazionale, fatta a L'Aja il 29 maggio 1993, di seguito denominata «Convenzione», a norma delle disposizioni contenute nella presente legge.

29-*bis*. 1. Le persone residenti in Italia, che si trovano nelle condizioni prescritte dall'art. 6 e che intendono adottare un minore straniero residente all'estero, presentano dichiarazione di disponibilità al tribunale per i minorenni del distretto in cui hanno la residenza e chiedono che lo stesso dichiari la loro idoneità all'adozione.

2. Nel caso di cittadini italiani residenti in uno Stato straniero, fatto salvo quanto stabilito nell'art. 36, comma 4, è competente il tribunale per i minorenni del distretto in cui si trova il luogo della loro ultima residenza; in mancanza, è competente il tribunale per i minorenni di Roma.

3. Il tribunale per i minorenni, se non ritiene di dover pronunciare immediatamente decreto di inidoneità per manifesta carenza dei requisiti, trasmette, entro quindici giorni dalla presentazione, copia della dichiarazione di disponibilità ai servizi degli enti locali.

4. I servizi socio-assistenziali degli enti locali singoli o associati, anche avvalendosi per quanto di competenza delle aziende sanitarie locali e ospedaliere, svolgono le seguenti attività:

a) informazione sull'adozione internazionale e sulle relative procedure, sugli enti autorizzati e sulle altre forme di solidarietà nei confronti dei minori in difficoltà, anche in collaborazione con gli enti autorizzati di cui all'art. 39-*ter*;

b) preparazione degli aspiranti all'adozione, anche in collaborazione con i predetti enti;

c) acquisizione di elementi sulla situazione personale, familiare e sanitaria degli aspiranti genitori adottivi, sul loro ambiente sociale, sulle motivazioni che li determinano, sulla loro attitudine a farsi carico di un'adozione internazionale, sulla loro capacità di rispondere in modo adeguato alle esigenze di più minori o

(1) Comma così sostituito dall'art. 177.2, d.lg. 30 giugno 2003, n. 196.
La Corte cost., con sentenza 22 novembre 2013, n. 278, ha dichiarato l'illegittimità costituzionale del presente comma «nella parte in cui non prevede – attraverso un procedimento, stabilito dalla legge, che assicuri la massima riservatezza – la possibilità per il giudice di interpellare la madre – che abbia dichiarato di non voler essere nominata ai sensi dell'art. 30, comma 1, del d.p.r. 3 novembre 2000, n. 396 (*Regolamento per la revisione e la semplificazione dell'ordinamento dello stato civile, a norma dell'art. 2, comma 12, della l. 15 maggio 1997, n. 127*) – su richiesta del figlio, ai fini di una eventuale revoca di tale dichiarazione».

(2) Articolo così sostituito dall'art. 24, l. 28 marzo 2001, n. 149.

(3) Capo così sostituito dall'art. 3, l. 31 dicembre 1998, n. 476, di ratifica ed esecuzione della Convenzione dell'Aja del 29 maggio 1993. Sull'istituzione del Fondo per il sostegno delle adozioni internazionali v. art. 1.152, l. 30 dicembre 2004, n. 311, d.p.c.m. 28 giugno 2005, in G.U., 13 luglio 2005, n. 161, d.p.c.m. 27 aprile 2006 e d.p.c.m. 25 luglio 2006, in G.U., 11 agosto 2006, n. 186, e d.p.c.m. 17 luglio 2009, in G.U., 11 settembre 2009, n. 211.

di uno solo, sulle eventuali caratteristiche particolari dei minori che essi sarebbero in grado di accogliere, nonché acquisizione di ogni altro elemento utile per la valutazione da parte del tribunale per i minorenni della loro idoneità all'adozione.

5. I servizi trasmettono al tribunale per i minorenni, in esito all'attività svolta, una relazione completa di tutti gli elementi indicati al comma 4, entro i quattro mesi successivi alla trasmissione della dichiarazione di disponibilità.

30. 1. Il tribunale per i minorenni, ricevuta la relazione di cui all'art. 29-*bis*, comma 5, sente gli aspiranti all'adozione, anche a mezzo di un giudice delegato, dispone se necessario gli opportuni approfondimenti e pronuncia, entro i due mesi successivi, decreto motivato attestante la sussistenza ovvero l'insussistenza dei requisiti per adottare.

2. Il decreto di idoneità ad adottare ha efficacia per tutta la durata della procedura, che deve essere promossa dagli interessati entro un anno dalla comunicazione del provvedimento. Il decreto contiene anche indicazioni per favorire il migliore incontro tra gli aspiranti all'adozione ed il minore da adottare.

3. Il decreto è trasmesso immediatamente, con copia della relazione e della documentazione esistente negli atti, alla Commissione di cui all'art. 38 e, se già indicato dagli aspiranti all'adozione, all'ente autorizzato di cui all'art. 39-*ter*.

4. Qualora il decreto di idoneità, previo ascolto degli interessati, sia revocato per cause sopravvenute che incidano in modo rilevante sul giudizio di idoneità, il tribunale per i minorenni comunica immediatamente il relativo provvedimento alla Commissione ed all'ente autorizzato di cui al comma 3.

5. Il decreto di idoneità ovvero di inidoneità e quello di revoca sono reclamabili davanti alla corte d'appello, a termini degli artt. 739 e 740 del codice di procedura civile, da parte del pubblico ministero e degli interessati.

31. 1. Gli aspiranti all'adozione, che abbiano ottenuto il decreto di idoneità, devono conferire incarico a curare la procedura di adozione ad uno degli enti autorizzati di cui all'art. 39-*ter*.

2. Nelle situazioni considerate dall'art. 44, primo comma, lett. *a*), il tribunale per i minorenni può autorizzare gli aspiranti adottanti, valutate le loro personalità, ad effettuare direttamente le attività previste alle lett. *b*), *d*), *e*), *f*) ed *h*) del comma 3 del presente articolo.

3. L'ente autorizzato che ha ricevuto l'incarico di curare la procedura di adozione:

a) informa gli aspiranti sulle procedure che inizierà e sulle concrete prospettive di adozione;

b) svolge le pratiche di adozione presso le competenti autorità del Paese indicato dagli aspiranti all'adozione tra quelli con cui esso intrattiene rapporti, trasmettendo alle stesse la domanda di adozione, unitamente al decreto di idoneità ed alla relazione ad esso allegata, affinché le autorità straniere formulino le proposte di incontro tra gli aspiranti all'adozione ed il minore da adottare;

c) raccoglie dall'autorità straniera la proposta di incontro tra gli aspiranti all'adozione ed il minore da adottare, curando che sia accompagnata da tutte le informazioni di carattere sanitario riguardanti il minore, dalle notizie riguardanti la sua famiglia di origine e le sue esperienze di vita;

d) trasferisce tutte le informazioni e tutte le notizie riguardanti il minore agli aspiranti genitori adottivi, informandoli della proposta di incontro tra gli aspiranti all'adozione ed il minore da adottare e assistendoli in tutte le attività da svolgere nel Paese straniero;

e) riceve il consenso scritto all'incontro tra gli aspiranti all'adozione ed il minore da adottare, proposto dall'autorità straniera, da parte degli aspiranti all'adozione, ne autentica le firme e trasmette l'atto di consenso all'autorità straniera, svolgendo tutte le altre attività dalla stessa richieste; l'autenticazione delle firme degli aspiranti adottanti può essere effettuata anche dall'impiegato comunale delegato all'autentica o da un notaio o da un segretario di qualsiasi ufficio giudiziario;

f) riceve dall'autorità straniera attestazione della sussistenza delle condizioni di cui all'art. 4 della Convenzione e concorda con la stessa, qualora ne sussistano i requisiti, l'opportunità di procedere all'adozione ovvero, in caso contrario, prende atto del mancato accordo e ne dà immediata informazione alla Commissione di cui all'art. 38 comunicandone le ragioni; ove sia richiesto dallo Stato di origine, approva la decisione di affidare il minore o i minori ai futuri genitori adottivi;

g) informa immediatamente la Commissione, il tribunale per i minorenni e i servizi dell'ente locale della decisione di affidamento dell'autorità straniera e richiede alla Commissione, trasmettendo la documentazione necessaria, l'autorizzazione all'ingresso e alla residenza permanente del minore o dei minori in Italia;

h) certifica la data di inserimento del minore presso i coniugi affidatari o i genitori adottivi;

i) riceve dall'autorità straniera copia degli atti e della documentazione relativi al minore e li trasmette immediatamente al tribunale per i minorenni e alla Commissione;

l) vigila sulle modalità di trasferimento in Italia e si adopera affinché questo avvenga in compagnia degli adottanti o dei futuri adottanti;

m) svolge in collaborazione con i servizi dell'ente locale attività di sostegno del nucleo adottivo fin dall'ingresso del minore in Italia su richiesta degli adottanti;

n) certifica la durata delle necessarie assenze dal lavoro, ai sensi delle lett. *a*) e *b*) del comma 1 dell'art. 39-*quater*, nel caso in cui le stesse non siano determinate da ragioni di salute del bambino, nonché la durata del periodo di permanenza all'estero nel caso di congedo non retribuito ai sensi della lett. *c*) del medesimo comma 1 dell'art. 39-*quater*;

o) certifica, nell'ammontare complessivo agli effetti di quanto previsto dall'art. 10, comma 1, lett. *l-bis*), del testo unico delle imposte sui redditi, approvato con d.p.r. 22 dicembre 1986, n. 917, le spese sostenute dai genitori adottivi per l'espletamento della procedura di adozione.

32. 1. La Commissione di cui all'art. 38, ricevuti gli atti di cui all'art. 31 e valutate le conclusioni dell'ente incaricato, dichiara che l'adozione risponde al superiore interesse del minore e ne autorizza l'ingresso e la residenza permanente in Italia.

2. La dichiarazione di cui al comma 1 non è ammessa:

a) quando dalla documentazione trasmessa dall'autorità del Paese straniero non emerge la situazione di abbandono del minore e la constatazione dell'impossibilità di affidamento o di adozione nello Stato di origine;

b) qualora nel Paese straniero l'adozione non determini per l'adottato l'acquisizione dello stato di figlio nato nel matrimonio (1) e la cessazione dei rapporti giuridici fra il minore e la famiglia di origine, a meno che i genitori biologici (2) abbiano espressamente consentito al prodursi di tali effetti.

3. Anche quando l'adozione pronunciata nello Stato straniero non produce la cessazione dei rapporti giuridici con la famiglia d'origine, la stessa può essere convertita in una adozione che produca tale effetto, se il tribunale per i minorenni la riconosce conforme alla Convenzione. Solo in caso di riconoscimento di tale conformità, è ordinata la trascrizione.

4. Gli uffici consolari italiani all'estero collaborano, per quanto di competenza, con l'ente autorizzato per il buon esito della procedura di adozione. Essi, dopo aver ricevuto formale comunicazione da parte della Commissione ai sensi dell'art. 39, comma 1, lett. *h*), rilasciano il visto di ingresso per adozione a beneficio del minore adottando.

33. 1. Ai minori che non sono muniti di visto di ingresso rilasciato ai sensi dell'art. 32 della presente legge e che non sono accompagnati da almeno un genitore o da parenti entro il quarto grado si applicano le disposizioni dell'art. 19, comma 1-*bis*, del t.u. di cui al d.lg. 25 luglio 1998, n. 286 (3).

2. È fatto divieto alle autorità consolari italiane di concedere a minori stranieri il visto di ingresso nel territorio dello Stato a scopo di adozione, al di fuori delle ipotesi previste dal presente Capo e senza la previa autorizzazione della Commissione di cui all'art. 38.

3. Coloro che hanno accompagnato alla frontiera un minore al quale non viene consentito l'ingresso in Italia provvedono a proprie spese al suo rimpatrio immediato nel Paese d'origine. Gli uffici di frontiera segnalano immediatamente il caso alla Commissione affinché prenda contatto con il Paese di origine del minore per assicurarne la migliore collocazione nel suo superiore interesse.

4. Il divieto di cui al comma 1 non opera nel caso in cui, per eventi bellici, calamità naturali o eventi eccezionali secondo quanto previsto dall'art. 18 della l. 6 marzo 1998, n. 40, o per altro grave impedimento di carattere oggettivo, non sia possibile l'espletamento delle procedure di cui al presente Capo e sempre che sussistano motivi di esclusivo interesse del minore all'ingresso nello Stato. In questi casi gli uffici di frontiera segnalano l'ingresso del minore alla Commissione ed al tribunale per i minorenni competente in relazione al luogo di residenza di coloro che lo accompagnano.

5. Qualora sia comunque avvenuto l'ingresso di un minore nel territorio dello Stato al di fuori delle situazioni consentite, il pubblico ufficiale o l'ente autorizzato che ne ha notizia lo segnala al tribunale per i minorenni competente in relazione al luogo in cui il minore si trova.

(1) Le parole «nato nel matrimonio» sono state così sostituite alla precedente «legittimo» dall'art. 100.1, lett. q, d.lg. 28 dicembre 2013, n. 154.

(2) La parola «biologici» è stata così sostituita alla precedente «naturali» dall'art. 100.1, lett. q, d.lg. 28 dicembre 2013, n. 154.

(3) Comma così sostituito dall'art. 3.2, l. 7 aprile 2017, n. 47.

Il tribunale, adottato ogni opportuno provvedimento temporaneo nell'interesse del minore, provvede ai sensi dell'art. 37-*bis*, qualora ne sussistano i presupposti, ovvero segnala la situazione alla Commissione affinché prenda contatto con il Paese di origine del minore e si proceda ai sensi dell'art. 34.

34. 1. Il minore che ha fatto ingresso nel territorio dello Stato sulla base di un provvedimento straniero di adozione o di affidamento a scopo di adozione gode, dal momento dell'ingresso, di tutti i diritti attribuiti al minore italiano in affidamento familiare.

2. Dal momento dell'ingresso in Italia e per almeno un anno, ai fini di una corretta integrazione familiare e sociale, i servizi socio-assistenziali degli enti locali e gli enti autorizzati, su richiesta degli interessati, assistono gli affidatari, i genitori adottivi e il minore. Essi in ogni caso riferiscono al tribunale per i minorenni sull'andamento dell'inserimento, segnalando le eventuali difficoltà per gli opportuni interventi.

3. Il minore adottato acquista la cittadinanza italiana per effetto della trascrizione del provvedimento di adozione nei registri dello stato civile.

35. 1. L'adozione pronunciata all'estero produce nell'ordinamento italiano gli effetti di cui all'art. 27.

2. Qualora l'adozione sia stata pronunciata nello Stato estero prima dell'arrivo del minore in Italia, il tribunale verifica che nel provvedimento dell'autorità che ha pronunciato l'adozione risulti la sussistenza delle condizioni delle adozioni internazionali previste dall'art. 4 della Convenzione.

3. Il tribunale accerta inoltre che l'adozione non sia contraria ai princìpi fondamentali che regolano nello Stato il diritto di famiglia e dei minori, valutati in relazione al superiore interesse del minore, e se sussistono la certificazione di conformità alla Convenzione di cui alla lett. *i*) e l'autorizzazione prevista dalla lett. *h*) del comma 1 dell'art. 39, ordina la trascrizione del provvedimento di adozione nei registri dello stato civile.

4. Qualora l'adozione debba perfezionarsi dopo l'arrivo del minore in Italia, il tribunale per i minorenni riconosce il provvedimento dell'autorità straniera come affidamento preadottivo, se non contrario ai princìpi fondamentali che regolano nello Stato il diritto di famiglia e dei minori, valutati in relazione al superiore interesse del minore, e stabilisce la durata del predetto affidamento in un anno che decorre dall'inserimento del minore nella nuova famiglia. Decorso tale periodo, se ritiene che la sua permanenza nella famiglia che lo ha accolto è tuttora conforme all'interesse del minore, il tribunale per i minorenni pronuncia l'adozione e ne dispone la trascrizione nei registri dello stato civile. In caso contrario, anche prima che sia decorso il periodo di affidamento preadottivo, lo revoca e adotta i provvedimenti di cui all'art. 21 della Convenzione. In tal caso il minore che abbia compiuto gli anni 14 deve sempre esprimere il consenso circa i provvedimenti da assumere; se ha raggiunto gli anni 12 deve essere personalmente sentito; se di età inferiore deve essere sentito (1) ove sia opportuno e ove ciò non alteri il suo equilibrio psico-emotivo, tenuto conto della valutazione dello psicologo nominato dal tribunale.

5. Competente per la pronuncia dei provvedimenti è il tribunale per i minorenni del distretto in cui gli aspiranti all'adozione hanno la residenza nel momento dell'ingresso del minore in Italia.

6. Fatto salvo quanto previsto nell'art. 36, non può comunque essere ordinata la trascrizione nei casi in cui:

a) il provvedimento di adozione riguarda adottanti non in possesso dei requisiti previsti dalla legge italiana sull'adozione;

b) non sono state rispettate le indicazioni contenute nella dichiarazione di idoneità;

c) non è possibile la conversione in adozione produttiva degli effetti di cui all'art. 27;

d) l'adozione o l'affidamento stranieri non si sono realizzati tramite le Autorità Centrali e un ente autorizzato;

e) l'inserimento del minore nella famiglia adottiva si è manifestato contrario al suo interesse.

36. 1. L'adozione internazionale dei minori provenienti da Stati che hanno ratificato la Convenzione, o che nello spirito della Convenzione abbiano stipulato accordi bilaterali, può avvenire solo con le procedure e gli effetti previsti dalla presente legge.

2. L'adozione o l'affidamento a scopo adottivo, pronunciati in un Paese non aderente alla Convenzione né firmatario di accordi bilaterali, possono essere dichiarati efficaci in Italia a condizione che:

a) sia accertata la condizione di abbandono del minore straniero o il consenso dei geni-

(1) Le parole «deve essere sentito» sono così sostituite dall'art. 32.1, l. 28 marzo 2001, n. 149.

tori biologici (1) ad una adozione che determini per il minore adottato l'acquisizione dello stato di figlio nato nel matrimonio (2) degli adottanti e la cessazione dei rapporti giuridici fra il minore e la famiglia d'origine;

b) gli adottanti abbiano ottenuto il decreto di idoneità previsto dall'art. 30 e le procedure adottive siano state effettuate con l'intervento della Commissione di cui all'art. 38 e di un ente autorizzato;

c) siano state rispettate le indicazioni contenute nel decreto di idoneità;

d) sia stata concessa l'autorizzazione prevista dall'art. 39, comma 1, lett. *h*).

3. Il relativo provvedimento è assunto dal tribunale per i minorenni che ha emesso il decreto di idoneità all'adozione. Di tale provvedimento è data comunicazione alla Commissione, che provvede a quanto disposto dall'art. 39, comma 1, lett. *e*).

4. L'adozione pronunciata dalla competente autorità di un Paese straniero a istanza di cittadini italiani, che dimostrino al momento della pronuncia di aver soggiornato continuativamente nello stesso e di avervi avuto la residenza da almeno due anni, viene riconosciuta ad ogni effetto in Italia con provvedimento del tribunale per i minorenni, purché conforme ai princìpi della Convenzione.

37. 1. Successivamente all'adozione, la Commissione di cui all'art. 38 può comunicare ai genitori adottivi, eventualmente tramite il tribunale per i minorenni, solo le informazioni che hanno rilevanza per lo stato di salute dell'adottato.

2. Il tribunale per i minorenni che ha emesso i provvedimenti indicati dagli artt. 35 e 36 e la Commissione conservano le informazioni acquisite sull'origine del minore, sull'identità dei suoi genitori biologici (3) e sull'anamnesi sanitaria del minore e della sua famiglia di origine.

3. Per quanto concerne l'accesso alle altre informazioni valgono le disposizioni vigenti in tema di adozione di minori italiani.

37-*bis*. 1. Al minore straniero che si trova nello Stato in situazione di abbandono si applica la legge italiana in materia di adozione, di affidamento e di provvedimenti necessari in caso di urgenza.

38. 1. Ai fini indicati dall'art. 6 della Convenzione è costituita presso la Presidenza del Consiglio dei ministri la Commissione per le adozioni internazionali.

2-4. .... (4).

5. La Commissione si avvale di personale dei ruoli della Presidenza del Consiglio dei Ministri e di altre amministrazioni pubbliche.

39. .... (5).

39-*bis*. 1. Le regioni e le province autonome di Trento e di Bolzano nell'ambito delle loro competenze:

a) concorrono a sviluppare una rete di servizi in grado di svolgere i compiti previsti dalla presente legge;

b) vigilano sul funzionamento delle strutture e dei servizi che operano nel territorio per l'adozione internazionale, al fine di garantire livelli adeguati di intervento;

c) promuovono la definizione di protocolli operativi e convenzioni fra enti autorizzati e servizi, nonché forme stabili di collegamento fra gli stessi e gli organi giudiziari minorili.

2. Le regioni e le province autonome di Trento e di Bolzano possono istituire un servizio per l'adozione internazionale che sia in possesso dei requisiti di cui all'art. 39-*ter* e svolga per le coppie che lo richiedano al momento della presentazione della domanda di adozione internazionale le attività di cui all'art. 31, comma 3.

3. I servizi per l'adozione internazionale di cui al comma 2 sono istituiti e disciplinati con legge regionale o provinciale in attuazione dei princìpi di cui alla presente legge. Alle regioni e alle province autonome di Trento e di Bolzano sono delegate le funzioni amministrative relative ai servizi per l'adozione internazionale.

39-*ter*. 1. Al fine di ottenere l'autorizzazione prevista dall'art. 39, comma 1, lett. *c*), e per conservarla, gli enti debbono essere in possesso dei seguenti requisiti:

a) essere diretti e composti da persone con adeguata formazione e competenza nel campo dell'adozione internazionale, e con idonee qualità morali;

b) avvalersi dell'apporto di professionisti

(1) La parola «biologici» è stata così sostituita alla precedente «naturali» dall'art. 100.1, lett. r, d.lg. 28 dicembre 2013, n. 154.

(2) Le parole «nato nel matrimonio» sono state così sostituite alla precedente «legittimo» dall'art. 100.1, lett. r, d.lg. 28 dicembre 2013, n. 154.

(3) La parola «biologici» è stata così sostituita alla precedente «naturali» dall'art. 100.1, lett. s, d.lg. 28 dicembre 2013, n. 154.

(4) Commi abrogati dall'art. 1.19-*quinquies*, d.l. 18 maggio 2006, n. 181, conv. in l. 17 luglio 2006, n. 233, dalla data di entrata in vigore del regolamento di cui al d.p.r. 8 giugno 2007, n. 108, avvenuta il 10 agosto 2007.

(5) Articolo abrogato dall'art. 1.19-*quinquies*, d.l. 18 maggio 2006, n. 181, conv. in l. 17 luglio 2006, n. 233, dalla data di entrata in vigore del regolamento di cui al d.p.r. 8 giugno 2007, n. 108, avvenuta il 10 agosto 2007.

in campo sociale, giuridico e psicologico, iscritti al relativo albo professionale, che abbiano la capacità di sostenere i coniugi prima, durante e dopo l'adozione;

c) disporre di un'adeguata struttura organizzativa in almeno una regione o in una provincia autonoma in Italia e delle necessarie strutture personali per operare nei Paesi stranieri in cui intendono agire;

d) non avere fini di lucro, assicurare una gestione contabile assolutamente trasparente, anche sui costi necessari per l'espletamento della procedura, ed una metodologia operativa corretta e verificabile;

e) non avere e non operare pregiudiziali discriminazioni nei confronti delle persone che aspirano all'adozione, ivi comprese le discriminazioni di tipo ideologico e religioso;

f) impegnarsi a partecipare ad attività di promozione dei diritti dell'infanzia, preferibilmente attraverso azioni di cooperazione allo sviluppo, anche in collaborazione con le organizzazioni non governative, e di attuazione del principio di sussidiarietà dell'adozione internazionale nei Paesi di provenienza dei minori;

g) avere sede legale nel territorio nazionale (1).

39-*quater*. 1. Fermo restando quanto previsto in altre disposizioni di legge, i genitori adottivi e coloro che hanno un minore in affidamento preadottivo hanno diritto a fruire dei seguenti benefici:

a) l'astensione dal lavoro, quale regolata dall'art. 6, primo comma, della l. 9 dicembre 1977, n. 903, anche se il minore adottato ha superato i sei anni di età;

b) l'assenza dal lavoro, quale regolata dall'art. 6, secondo comma, e dall'art. 7 della predetta legge n. 903 del 1977, sino a che il minore adottato non abbia raggiunto i sei anni di età;

c) congedo di durata corrispondente al periodo di permanenza nello Stato straniero richiesto per l'adozione.

CAPO II

DELL'ESPATRIO DI MINORI A SCOPO DI ADOZIONE

40. *1.* I residenti all'estero, stranieri o cittadini italiani, che intendono adottare un cittadino italiano minore di età, devono presentare domanda al console italiano competente per territorio, che la inoltra al tribunale per i minorenni del distretto dove si trova il luogo di dimora del minore, ovvero il luogo del suo ultimo domicilio; in mancanza di dimora o di precedente domicilio nello Stato, è competente il tribunale per i minorenni di Roma.

2. Agli stranieri stabilmente residenti in Paesi che hanno ratificato la Convenzione, in luogo della procedura disciplinata dal primo comma si applicano le procedure stabilite nella Convenzione per quanto riguarda l'intervento ed i compiti delle Autorità Centrali e degli enti autorizzati. Per il resto si applicano le disposizioni della presente legge (2).

41. *1.* Il console del luogo ove risiedono gli adottanti vigila sul buon andamento dell'affidamento preadottivo avvalendosi, ove lo ritenga opportuno, dell'ausilio di idonee organizzazioni assistenziali italiane o straniere.

2. Qualora insorgano difficoltà di ambientazione del minore nella famiglia dei coniugi affidatari o si verifichino, comunque, fatti incompatibili con l'affidamento preadottivo, il console deve immediatamente darne notizia scritta al tribunale per i minorenni che ha pronunciato l'affidamento.

3. Il console del luogo ove risiede il minore vigila per quanto di propria competenza perché i provvedimenti dell'autorità italiana relativi al minore abbiano esecuzione e se del caso provvede al rimpatrio del minore.

4. Nel caso di adozione di minore stabilmente residente in Italia da parte di cittadini stranieri residenti stabilmente in Paesi che hanno ratificato la Convenzione, le funzioni attribuite al console dal presente articolo sono svolte dall'Autorità Centrale straniera e dall'ente autorizzato (2).

42. *1.* Qualora sia in corso nel territorio dello Stato un procedimento di adozione di un minore affidato a stranieri, o a cittadini italiani residenti all'estero, non può essere reso esecutivo un provvedimento di adozione dello stesso minore pronunciato da autorità straniera.

43. *1.* Le disposizioni di cui ai commi 4 e 5 dell'art. 9 (3) si applicano anche ai cittadini italiani residenti all'estero.

2. Per quanto riguarda lo svolgimento delle funzioni consolari, si applicano, in quanto compatibili, gli artt. 34, 35 e 36 del d.p.r. 5 gennaio 1967, n. 200.

3. Competente ad accertare la situazione di abbandono del cittadino minore di età che si

(1) Sui criteri per l'autorizzazione all'attività degli enti e sulle modalità di iscrizione all'albo v. deliberazione Commissione per le adozioni internazionali 28 ottobre 2008, in suppl. ord. n. 271 a G.U., 11 dicembre 2008, n. 289.
(2) Comma aggiunto dall'art. 5.1, l. 31 dicembre 1998, n. 476.
(3) Le parole «di cui ai commi 4 e 5 dell'art. 9» sono così sostituite dall'art. 33, l. 28 marzo 2001, n. 149.

trovi all'estero e a disporre i conseguenti provvedimenti temporanei nel suo interesse ai sensi dell'art. 10, compreso se del caso il rimpatrio, è il tribunale per i minorenni del distretto ove si trova il luogo di ultimo domicilio del minore; in mancanza di precedente domicilio nello Stato è competente il tribunale per i minorenni di Roma.

TITOLO IV

Dell'adozione in casi particolari

CAPO I

DELL'ADOZIONE IN CASI PARTICOLARI E DEI SUOI EFFETTI

44. 1. I minori possono essere adottati anche quando non ricorrono le condizioni di cui al comma 1 dell'art. 7:

a) da persone unite al minore da vincolo di parentela fino al sesto grado o da preesistente rapporto stabile e duraturo, anche maturato nell'ambito di un prolungato periodo di affidamento (1), quando il minore sia orfano di padre e di madre;

b) dal coniuge nel caso in cui il minore sia figlio anche adottivo dell'altro coniuge;

c) quando il minore si trovi nelle condizioni indicate dall'art. 3, comma 1, della l. 5 febbraio 1992, n. 104, e sia orfano di padre e di madre;

d) quando vi sia la constatata impossibilità di affidamento preadottivo.

2. L'adozione, nei casi indicati nel comma 1, è consentita anche in presenza di figli [...] (2).

3. Nei casi di cui alle lett. *a*), *c*), e *d*) del comma 1 l'adozione è consentita, oltre che ai coniugi, anche a chi non è coniugato. Se l'adottante è persona coniugata e non separata, l'adozione può essere tuttavia disposta solo a seguito di richiesta da parte di entrambi i coniugi.

4. Nei casi di cui alle lett. *a*) e *d*) del comma 1 l'età dell'adottante deve superare di almeno diciotto anni quella di coloro che egli intende adottare (3).

45. 1. Nel procedimento di adozione nei casi previsti dall'art. 44 si richiede il consenso dell'adottante e dell'adottando che abbia compiuto il quattordicesimo anno di età.

2. Se l'adottando ha compiuto gli anni dodici deve essere personalmente sentito; se ha una età inferiore, deve essere sentito, in considerazione della sua capacità di discernimento.

3. In ogni caso, se l'adottando non ha compiuto gli anni quattordici, l'adozione deve essere disposta dopo che sia stato sentito il suo legale rappresentante.

4. Quando l'adozione deve essere disposta nel caso previsto dall'art. 44, comma 1, lett. *c*), deve essere sentito il legale rappresentante dell'adottando in luogo di questi, se lo stesso non può esserlo o non può prestare il proprio consenso ai sensi del presente articolo a causa delle sue condizioni di minorazione (4).

46. *1.* Per l'adozione è necessario l'assenso dei genitori e del coniuge dell'adottando.

2. Quando è negato l'assenso previsto dal primo comma, il tribunale, sentiti gli interessati, su istanza dell'adottante, può, ove ritenga il rifiuto ingiustificato o contrario all'interesse dell'adottando, pronunziare ugualmente l'adozione, salvo che l'assenso sia stato rifiutato dai genitori esercenti la responsabilità genitoriale (5) o dal coniuge, se convivente, dell'adottando. Parimenti il tribunale può pronunciare l'adozione quando è impossibile ottenere l'assenso per incapacità o irreperibilità delle persone chiamate ad esprimerlo.

47. 1. L'adozione produce i suoi effetti dalla data della sentenza che la pronuncia. Finché la sentenza non è emanata, tanto l'adottante quanto l'adottando possono revocare il loro consenso.

2. Se uno dei coniugi muore dopo la prestazione del consenso e prima della emanazione della sentenza, si può procedere, su istanza dell'altro coniuge, al compimento degli atti necessari per l'adozione.

3. Se l'adozione è ammessa, essa produce i suoi effetti dal momento della morte dell'adottante (6).

48. *1.* Se il minore è adottato da due coniugi, o dal coniuge di uno dei genitori, la responsa-

(1) Le parole «anche maturato nell'ambito di un prolungato periodo di affidamento,» sono state inserite dall'art. 4, l. 19 ottobre 2015, n. 173.

(2) La parola «legittimi» è stata soppressa dall'art. 100.1, lett. t, d.lg. 28 dicembre 2013, n. 154.

(3) Articolo così sostituito dall'art. 25, l. 28 marzo 2001, n. 149.

(4) Articolo così sostituito dall'art. 26, l. 28 marzo 2001, n. 149.

(5) Le parole «responsabilità genitoriale» sono state così sostituite alla precedente «potestà» dall'art. 100.1, lett. u, d.lg. 28 dicembre 2013, n. 154.

(6) Articolo così sostituito dall'art. 27, l. 28 marzo 2001, n. 149.

bilità genitoriale (1) sull'adottato ed il relativo esercizio spettano ad entrambi.

2. L'adottante ha l'obbligo di mantenere l'adottato, di istruirlo ed educarlo conformemente a quanto prescritto dall'art. 147 del codice civile.

3. Se l'adottato ha beni propri, l'amministrazione di essi, durante la minore età dell'adottato stesso, spetta all'adottante, il quale non ne ha l'usufrutto legale, ma può impiegarne le rendite per le spese di mantenimento, istruzione ed educazione del minore con l'obbligo di investirne l'eccedenza in modo fruttifero. Si applicano le disposizioni dell'art. 382 del codice civile.

49. 1. L'adottante deve fare l'inventario dei beni dell'adottato e trasmetterlo al giudice tutelare entro trenta giorni dalla data della comunicazione della sentenza di adozione. Si osservano, in quanto applicabili, le disposizioni contenute nella sezione III del capo I del titolo X del libro primo del codice civile.

2. L'adottante che omette di fare l'inventario nel termine stabilito o fa un inventario infedele può essere privato dell'amministrazione dei beni dal giudice tutelare, salvo l'obbligo del risarcimento dei danni (2).

50. *1.* Se cessa l'esercizio da parte dell'adottante o degli adottanti della responsabilità genitoriale (3), il tribunale per i minorenni su istanza dell'adottato, dei suoi parenti o affini o del pubblico ministero, o anche d'ufficio, può emettere i provvedimenti opportuni circa la cura della persona dell'adottato, la sua rappresentanza e l'amministrazione dei suoi beni, anche se ritiene conveniente che l'esercizio della responsabilità genitoriale (3) sia ripreso dai genitori. Si applicano le norme di cui agli artt. 330 e seguenti del codice civile.

51. *1.* La revoca dell'adozione può essere pronunciata dal tribunale su domanda dell'adottante, quando l'adottato maggiore di quattordici anni abbia attentato alla vita di lui o del suo coniuge, dei suoi discendenti o ascendenti, ovvero si sia reso colpevole verso di loro di delitto punibile con pena restrittiva della libertà personale non inferiore nel minimo a tre anni.

2. Se l'adottante muore in conseguenza dell'attentato, la revoca dell'adozione può essere chiesta da coloro ai quali si devolverebbe l'eredità in mancanza dell'adottato e dei suoi discendenti.

3. Il tribunale, assunte informazioni ed effettuato ogni opportuno accertamento e indagine, sentiti il pubblico ministero, l'adottante e l'adottato, pronuncia la sentenza.

4. Il tribunale, sentito il pubblico ministero ed il minore, può emettere altresì i provvedimenti opportuni con decreto in camera di consiglio circa la cura della persona del minore, la rappresentanza e l'amministrazione dei beni.

5. Si applicano gli artt. 330 e seguenti del codice civile.

6. Nei casi in cui siano adottati i provvedimenti di cui al quarto comma, il tribunale li segnala al giudice tutelare ai fini della nomina di un tutore.

52. *1.* Quando i fatti previsti nell'articolo precedente sono stati compiuti dall'adottante contro l'adottato, oppure contro il coniuge o i discendenti o gli ascendenti di lui, la revoca può essere pronunciata su domanda dell'adottato o su istanza del pubblico ministero.

2. Il tribunale, assunte informazioni ed effettuato ogni opportuno accertamento e indagine, sentiti il pubblico ministero, l'adottante e l'adottato che abbia compiuto gli anni dodici e anche di età inferiore, in considerazione della sua capacità di discernimento (4).

3. Inoltre, il tribunale, sentiti il pubblico ministero ed il minore che abbia compiuto gli anni dodici e, se opportuno, anche di età inferiore, può dare provvedimenti opportuni con decreto in camera di consiglio circa la cura della persona del minore, la sua rappresentanza e l'amministrazione dei beni, anche se ritiene conveniente che l'esercizio della responsabilità genitoriale (5) sia ripreso dai genitori.

4. Si applicano gli artt. 330 e seguenti del codice civile.

5. Nei casi in cui siano adottati i provvedimenti di cui al terzo comma il tribunale li segnala al giudice tutelare al fine della nomina di un tutore.

53. *1.* La revoca dell'adozione può essere promossa dal pubblico ministero in conseguenza della violazione dei doveri incombenti sugli adottanti.

(1) Le parole «responsabilità genitoriale» sono state così sostituite alla precedente «potestà» dall'art. 100.1, lett. v, d.lg. 28 dicembre 2013, n. 154.

(2) Articolo così sostituito dall'art. 28, l. 28 marzo 2001, n. 149.

(3) Le parole «responsabilità genitoriale» sono state così sostituite alla precedente «potestà» dall'art. 100.1, lett. z, d.lg. 28 dicembre 2013, n. 154.

(4) Le parole da «e anche» a «discernimento» sono così sostituite dall'art. 32.2, l. 28 marzo 2001, n. 149.

(5) Le parole «responsabilità genitoriale» sono state così sostituite alla precedente «potestà» dall'art. 100.1, lett. aa, d.lg. 28 dicembre 2013, n. 154.

2. Si applicano le disposizioni di cui ai precedenti articoli.

54. *1.* Gli effetti dell'adozione cessano quando passa in giudicato la sentenza di revoca.

2. Se tuttavia la revoca è pronunciata dopo la morte dell'adottante per fatto imputabile all'adottato, l'adottato e i suoi discendenti sono esclusi dalla successione dell'adottante.

55. *1.* Si applicano al presente capo le disposizioni degli artt. 293, 294, 295, 299, 300 e 304 del codice civile.

CAPO II

DELLE FORME DELL'ADOZIONE IN CASI PARTICOLARI

56. *1.* Competente a pronunciarsi sull'adozione è il tribunale per i minorenni del distretto dove si trova il minore.

2. Il consenso dell'adottante e dell'adottando che ha compiuto i quattordici anni e del legale rappresentante dell'adottando deve essere manifestato personalmente al presidente del tribunale o ad un giudice da lui delegato (1).

3. L'assenso delle persone indicate nell'art. 46 può essere dato da persona munita di procura speciale rilasciata per atto pubblico o per scrittura privata autenticata.

4. Si applicano gli artt. 313 e 314 del codice civile, ferma restando la competenza del tribunale per i minorenni e della sezione per i minorenni della corte di appello (1).

57. *1.* Il tribunale verifica:

1) se ricorrono le circostanze di cui all'art. 44;

2) se l'adozione realizza il preminente interesse del minore.

2. A tal fine il tribunale per i minorenni, sentiti i genitori dell'adottando, dispone l'esecuzione di adeguate indagini da effettuarsi, tramite i servizi locali e gli organi di pubblica sicurezza, sull'adottante, sul minore e sulla di lui famiglia.

3. L'indagine dovrà riguardare in particolare:

a) l'idoneità affettiva e la capacità di educare e istruire il minore, la situazione personale ed economica, la salute, l'ambiente familiare degli adottanti (2);

b) i motivi per i quali l'adottante desidera adottare il minore;

c) la personalità del minore;

d) la possibilità di idonea convivenza, tenendo conto della personalità dell'adottante e del minore.

TITOLO V

Modifiche al titolo VIII del libro I del codice civile

58-59. . . . . (*omissis*).

60. *1.* Le disposizioni di cui al capo I del titolo VIII del libro primo del codice civile non si applicano alle persone minori di età [55].

61-67. . . . . (*omissis*).

TITOLO VI

Norme finali, penali e transitorie

68. . . . . (*omissis*).

69. *1.* In aggiunta a quanto disposto nell'art. 51 delle disposizioni di attuazione del codice civile, nel registro delle tutele devono essere annotati i provvedimenti emanati dal tribunale per i minorenni ai sensi dell'art. 10 della presente legge.

70. *1.* I pubblici ufficiali o gli incaricati di un pubblico servizio che omettono di riferire alla procura della Repubblica presso il tribunale per i minorenni sulle condizioni di ogni minore in situazione di abbandono di cui vengano a conoscenza in ragione del proprio ufficio, sono puniti ai sensi dell'art. 328 del codice penale. Gli esercenti un servizio di pubblica necessità sono puniti con la pena della reclusione fino ad un anno o con la multa da lire 500.000 [euro 258] a lire 2.500.000 [euro 1.291].

2. I rappresentanti degli istituti di assistenza pubblici o privati che omettono di trasmettere semestralmente alla procura della Repubblica presso il tribunale per i minorenni l'elenco di tutti i minori ricoverati o assistiti, ovvero forniscono informazioni inesatte circa i rapporti familiari concernenti i medesimi, sono puniti con la pena della reclusione fino ad un anno o con la multa da lire 500.000 [euro 258] a lire 5.000.000 [euro 2.582] (3).

71. *1.* Chiunque, in violazione delle norme di legge in materia di adozione, affida a terzi con

(1) La Corte cost., con sentenza 18 febbraio 1988, n. 182, ha dichiarato l'illegittimità costituzionale di questo comma, «nella parte in cui è previsto il consenso anziché l'audizione del legale rappresentante del minore».

(2) Lettera così sostituita dall'art. 29, l. 28 marzo 2001, n. 149.

(3) Articolo così sostituito dall'art. 34, l. 28 marzo 2001, n. 149.

carattere definitivo un minore, ovvero lo avvia all'estero perché sia definitivamente affidato, è punito con la reclusione da uno a tre anni (1).

2. Se il fatto è commesso dal tutore ovvero da altra persona cui il minore è affidato per ragioni di educazione, di istruzione, di vigilanza e di custodia, la pena è aumentata della metà.

3. Se il fatto è commesso dal genitore la condanna comporta la perdita della relativa responsabilità genitoriale (2) e l'apertura della procedura di adottabilità; se è commesso dal tutore consegue la rimozione dall'ufficio; se è commesso dalla persona cui il minore è affidato consegue la inidoneità ad ottenere affidamenti familiari o adottivi e l'incapacità all'ufficio tutelare.

4. Se il fatto è commesso da pubblici ufficiali, da incaricati di un pubblico servizio, da esercenti la professione sanitaria o forense, da appartenenti ad istituti di assistenza pubblici o privati nei casi di cui all'art. 61, nn. 9 e 11, del codice penale, la pena è raddoppiata.

5. La pena stabilita nel primo comma del precedente articolo si applica anche a coloro che, consegnando o promettendo denaro od altra utilità a terzi, accolgono minori in illecito affidamento con carattere di definitività. La condanna comporta la inidoneità ad ottenere affidamenti familiari o adottivi e l'incapacità all'ufficio tutelare.

6. Chiunque svolga opera di mediazione al fine di realizzare l'affidamento di cui al primo comma è punito con la reclusione fino ad un anno o con multa da lire 500.000 [euro 258] a lire 5.000.000 [euro 2.582] (3).

72. *1.* Chiunque, per procurarsi danaro o altra utilità, in violazione delle disposizioni della presente legge, introduce nello Stato uno straniero minore di età perché sia definitivamente affidato a cittadini italiani è punito con la reclusione da uno a tre anni.

2. La pena stabilita nel precedente comma si applica anche a coloro che, consegnando o promettendo danaro o altra utilità a terzi, accolgono stranieri minori di età in illecito affidamento con carattere di definitività. La condanna comporta l'inidoneità a ottenere affidamenti familiari o adottivi e l'incapacità all'ufficio tutelare.

72-*bis*. 1. Chiunque svolga per conto di terzi pratiche inerenti all'adozione di minori stranieri senza avere previamente ottenuto l'autorizzazione prevista dall'art. 39, comma 1, lett. *c*), è punito con la pena della reclusione fino a un anno o con la multa da uno [euro 516] a dieci milioni di lire [euro 5.164].

2. La pena è della reclusione da sei mesi a tre anni e della multa da due [euro 1.032] a sei milioni di lire [euro 3.098] per i legali rappresentanti ed i responsabili di associazioni o di agenzie che trattano le pratiche di cui al comma 1.

3. Fatti salvi i casi previsti dall'art. 36, comma 4, coloro che, per l'adozione di minori stranieri, si avvalgono dell'opera di associazioni, organizzazioni, enti o persone non autorizzati nelle forme di legge sono puniti con le pene di cui al comma 1 diminuite di un terzo (4).

73. *1.* Chiunque essendone a conoscenza in ragione del proprio ufficio fornisce qualsiasi notizia atta a rintracciare un minore nei cui confronti sia stata pronunciata adozione o rivela in qualsiasi modo notizie circa lo stato di figlio adottivo (5) è punito con la reclusione fino a sei mesi o con la multa da lire 200.000 [euro 103] a lire 2.000.000 [euro 1.032] (6).

2. Se il fatto è commesso da un pubblico ufficiale o da un incaricato di pubblico servizio, si applica la pena della reclusione da sei mesi a tre anni.

3. Le disposizioni di cui ai commi precedenti si applicano anche a chi fornisce tali notizie successivamente all'affidamento preadottivo e senza l'autorizzazione del tribunale per i minorenni.

74. *1.* Gli ufficiali di stato civile trasmettono immediatamente al competente tribunale per i minorenni comunicazione, sottoscritta dal dichiarante, dell'avvenuto riconoscimento da parte di persona coniugata di un figlio nato fuori del matrimonio (7) non riconosciuto dall'altro genitore. Il tribunale dispone l'esecuzione di opportune indagini per accertare la veridicità del riconoscimento.

(1) Comma così sostituito dall'art. 35.1, l. 28 marzo 2001, n. 149.
(2) Le parole «responsabilità genitoriale» sono state così sostituite alla precedente «potestà» dall'art. 100.1, lett. bb, d.lg. 28 dicembre 2013, n. 154.
(3) Comma così sostituito dall'art. 35.2, l. 28 marzo 2001, n. 149.
(4) Articolo inserito dall'art. 6.1, l. 31 dicembre 1998, n. 476.
(5) La parola «adottivo» è stata così sostituita alla precedente «legittimo per adozione» dall'art. 100.1, lett. cc, d.lg. 28 dicembre 2013, n. 154.
(6) Comma così sostituito dall'art. 36, l. 28 marzo 2001, n. 149.
(7) Le parole «nato fuori del matrimonio» sono state così sostituite alla precedente «naturale» dall'art. 100.1, lett. dd, d.lg. 28 dicembre 2013, n. 154.

2. Nel caso in cui vi siano fondati motivi per ritenere che ricorrano gli estremi dell'impugnazione del riconoscimento il tribunale per i minorenni assume, anche d'ufficio, i provvedimenti di cui all'art. 264, secondo comma, del codice civile.

75. .... (1).

76. *1.* Alle procedure relative all'adozione di minori stranieri in corso o già definite al momento di entrata in vigore della presente legge continuano ad applicarsi le disposizioni vigenti alla data medesima (2).

77. *1.* Gli articoli da 404 a 413 del codice civile sono abrogati. Per le affiliazioni già pronunciate alla data di entrata in vigore della presente legge si applicano i divieti e le autorizzazioni di cui all'art. 87 del codice civile.

78. .... (*omissis*).

79. *1.* Entro tre anni dalla entrata in vigore della presente legge i coniugi che risultino forniti dei requisiti di cui all'art. 6 possono chiedere al tribunale per i minorenni di dichiarare, sempreché il provvedimento risponda agli interessi dell'adottato e dell'affiliato, con decreto motivato, l'estensione degli effetti della adozione nei confronti degli affiliati o adottati ai sensi dell'art. 291 del codice civile, precedentemente in vigore, se minorenni all'epoca del relativo provvedimento (3).

2. Il tribunale dispone l'esecuzione delle opportune indagini di cui all'art. 57, sugli adottanti e sull'adottato o affiliato.

3. Gli adottati o affiliati che abbiano compiuto gli anni dodici e, in considerazione della loro capacità di discernimento (4), anche i minori di età inferiore devono essere sentiti; se hanno compiuto gli anni quattordici devono prestare il consenso.

4. Il coniuge dell'adottato o affiliato, se convivente e non legalmente separato, deve prestare l'assenso.

5. I discendenti degli adottanti o affilianti che hanno superato gli anni quattordici devono essere sentiti.

6. Se gli adottati o affiliati sono figli nati nel matrimonio (5) o riconosciuti è necessario l'assenso dei genitori. Nel caso di irreperibilità o di rifiuto non motivato, su ricorso degli adottanti o affilianti, sentiti il pubblico ministero, i genitori dell'adottato o affiliato e quest'ultimo, se ha compiuto gli anni dodici, decide il tribunale con sentenza che, in caso di accoglimento della domanda, tiene luogo dell'assenso mancante.

7. Al decreto relativo all'estensione degli effetti dell'adozione si applicano le disposizioni di cui agli artt. 25, 27 e 28, in quanto compatibili.

8. Il decreto del tribunale per i minorenni che nega l'estensione degli effetti dell'adozione può essere impugnato anche dall'adottato o affiliato se maggiorenne.

79-*bis*. *1.* Il giudice segnala ai comuni le situazioni di indigenza di nuclei familiari che richiedono interventi di sostegno per consentire al minore di essere educato nell'ambito della propria famiglia (6).

80. 1. Il giudice, se del caso ed anche in relazione alla durata dell'affidamento, può disporre che gli assegni familiari e le prestazioni previdenziali relative al minore siano erogati temporaneamente in favore dell'affidatario.

2. Le disposizioni di cui all'art. 12 del testo unico delle imposte sui redditi, approvato con decreto del Presidente della Repubblica 22 dicembre 1986, n. 917, e successive modificazioni, all'art. 6 della l. 9 dicembre 1977, n. 903, e alla l. 8 marzo 2000, n. 53, si applicano anche agli affidatari di cui al comma 1.

3. Alle persone affidatarie si estendono tutti i benefici in tema di astensione obbligatoria e facoltativa dal lavoro, di permessi per malattia, di riposi giornalieri, previsti per i genitori biologici.

4. Le regioni determinano le condizioni e

(1) Articolo abrogato dall'art. 299 (L), d.p.r. 30 maggio 2002, n. 115.

(2) La Corte cost., con sentenza 18 luglio 1986, n. 199, ha dichiarato costituzionalmente illegittimo questo articolo «nella parte in cui preclude l'applicazione dell'art. 37 alle procedure già iniziate nei confronti di minore straniero in stato di abbandono in Italia».

(3) La Corte cost., con sentenza 18 luglio 1986, n. 198, ha dichiarato costituzionalmente illegittimo questo comma «nella parte in cui, nell'ipotesi di coniugi non più uniti in matrimonio alla data della presentazione della domanda di estensione degli effetti dell'adozione, non consente di pronunziare l'estensione stessa nei confronti degli adottati ai sensi dell'art. 291 del codice civile, precedentemente in vigore».

La Corte cost., con sentenza 18 febbraio 1988, n. 183, ha dichiarato costituzionalmente illegittimo questo comma, «nella parte in cui non consente l'estensione degli effetti dell'adozione legittimante nei confronti dei minori adottati con adozione ordinaria quando la differenza di età tra adottanti ed adottato superi i 40 anni».

(4) Le parole da «in considerazione» a «discernimento» sono così sostituite dall'art. 33.3, l. 28 marzo 2001, n. 149.

(5) Le parole «figli nati nel matrimonio» sono state così sostituite alle precedenti «figli legittimi» dall'art. 105.2, d.lg. 28 dicembre 2013, n. 154.

(6) Articolo inserito dall'art. 100.1, lett. ee, d.lg. 28 dicembre 2013, n. 154.

modalità di sostegno alle famiglie, persone e comunità di tipo familiare che hanno minori in affidamento, affinché tale affidamento si possa fondare sulla disponibilità e l'idoneità all'accoglienza indipendentemente dalle condizioni economiche (1).

81. .... (*omissis*).

82. *1.* Gli atti, i documenti ed i provvedimenti relativi alle procedure previste dalla presente legge nei riguardi di persone minori di età, sono esenti dalle imposte di bollo e di registro e da ogni spesa, tassa e diritto dovuto ai pubblici uffici.

2. Sono ugualmente esenti gli atti ed i documenti relativi all'esecuzione dei provvedimenti pronunciati dal giudice nei procedimenti su indicati.

3-4. .... (*omissis*).

II. 15.

LEGGE 31 dicembre 1998, n. 476. — *Ratifica ed esecuzione della Convenzione per la tutela dei minori e la cooperazione in materia di adozione internazionale, fatta a L'Aja il 29 maggio 1993. Modifiche alla l. 4 maggio 1983, n. 184, in tema di adozione di minori stranieri* (2).

1-6. .... (*omissis*).

7. 1. Con regolamento, da emanare ai sensi dell'art. 17, comma 1, della l. 23 agosto 1988, n. 400, entro quattro mesi dalla data di entrata in vigore della presente legge, su proposta del Presidente del Consiglio dei ministri, di concerto con i Ministri degli affari esteri, dell'interno, della giustizia e della sanità, è data attuazione alle norme della presente legge riguardanti la costituzione e l'organizzazione della Commissione per le adozioni internazionali, anche per quanto concerne il contingente di personale e le relative qualifiche. Con il medesimo regolamento sono disciplinate le procedure per ottenere l'autorizzazione, i suoi contenuti, la modifica o la revoca della medesima, la tenuta dell'albo ed ogni altra modalità operativa relativa agli enti autorizzati di cui all'art. 39-*ter* della l. 4 maggio 1983, n. 184, introdotto dall'art. 3 della presente legge (3).

2. Il regolamento di cui al comma 1 disciplina altresì l'invio da parte della Commissione per le adozioni internazionali di proprio personale in missione presso le rappresentanze diplomatiche e consolari all'estero (3).

3. La Commissione è costituita nei tre mesi successivi all'emanazione del regolamento di cui al comma 1.

8. 1. Le dichiarazioni di idoneità all'adozione ed i provvedimenti di adozione e di affidamento preadottivo, pronunziati in data anteriore a quella di entrata in vigore della Convenzione, conservano piena efficacia.

2. Le domande già presentate alla data di entrata in vigore della presente legge e quelle inoltrate successivamente continuano ad essere esaminate e trattate secondo le disposizioni di natura procedimentale anteriori, sino alla avvenuta costituzione della Commissione per le adozioni internazionali e alla pubblicazione dell'albo degli enti autorizzati.

3. Le disposizioni di attuazione della Convenzione per la tutela dei minori e la cooperazione in materia di adozione internazionale, fatta a L'Aja il 29 maggio 1993, contenute nell'art. 3 della presente legge, hanno efficacia a partire dalla data di entrata in vigore della Convenzione stessa.

9. .... (*omissis*).

(1) Articolo così sostituito dall'art. 38, l. 28 marzo 2001, n. 149.
(2) G.U., 12 gennaio 1999, n. 8.
(3) D.p.r. 1° dicembre 1999, n. 492, in G.U., 27 dicembre 1999, n. 302.

III. PROPRIETÀ

III. 1.

LEGGE 28 gennaio 1977, n. 10. — *Norme per la edificabilità dei suoli* (1).

1. .... (2).

2. *Piani di zona e demani comunali di aree*. — *1.* Per le aree comprese nei piani di zona di cui alla l. 18 aprile 1962, n. 167, e per quelle acquisite ai sensi degli artt. 27 e 51 della l. 22 ottobre 1971, n. 865, resta fermo il regime previsto dalle norme della stessa l. n. 865.

2. Anche per tali aree è necessario il provvedimento del sindaco di cui all'art. 1 della presente legge.

3. Il primo comma dell'art. 3 della l. 18 aprile 1962, n. 167, già sostituito dall'art. 29 della l. 22 ottobre 1971, n. 865, è sostituito dal seguente: .... (*omissis*).

4. L'art. 26 della l. 22 ottobre 1971, n. 865, è abrogato. Le aree già vincolate ai sensi di detto articolo sono assoggettate al regime previsto dall'art. 35 della l. 22 ottobre 1971, n. 865, salvo quanto previsto nell'undicesimo, nel sedicesimo e nel diciottesimo comma dello stesso art. 35 per ciò che concerne i requisiti soggettivi.

5. Nei Comuni con popolazione superiore a ventimila abitanti, secondo i dati risultanti dall'ultimo censimento, l'art. 51 della l. 22 ottobre 1971, n. 865, e successive modificazioni, si applica fino alla data del 31 dicembre 1980 (3).

3-12. .... (4).

13. *Programmi pluriennali di attuazione*. — *1.* L'attuazione degli strumenti urbanistici generali avviene sulla base di programmi pluriennali di attuazione che delimitano le aree e le zone – incluse o meno in piani particolareggiati o in piani convenzionati di lottizzazione – nelle quali debbono realizzarsi, anche a mezzo di comparti, le previsioni di detti strumenti e le relative urbanizzazioni, con riferimento ad un periodo di tempo non inferiore a tre e non superiore a cinque anni.

2. Nella formulazione dei programmi deve essere osservata la proporzione tra aree destinate all'edilizia economica e popolare e aree riservate all'attività edilizia privata, stabilita ai sensi dell'art. 3 della l. 18 aprile 1962, n. 167, e successive modificazioni, come modificato ai sensi dell'art. 2 della presente legge.

3. La regione stabilisce con propria legge, entro centottanta giorni dalla data di entrata in vigore della presente legge, il contenuto ed il procedimento di formazione dei programmi pluriennali di attuazione, individua i comuni esonerati, anche in relazione alla dimensione, all'andamento demografico ed alle caratteristiche geografiche, storiche ed ambientali – fatta comunque eccezione per quelli di particolare espansione industriale e turistica – dall'obbligo di dotarsi di tali programmi e prevede le forme e le modalità di esercizio dei poteri sostitutivi nei confronti dei comuni inadempienti.

4. Nei comuni obbligati ai sensi del terzo comma la concessione di cui all'art. 1 della presente legge è data solo per le aree incluse nei programmi di attuazione e, al di fuori di esse, per le opere e gli interventi previsti dal precedente art. 9, sempreché non siano in contrasto con le prescrizioni degli strumenti urbanistici generali.

5. Fino all'approvazione dei programmi di attuazione, al di fuori dei casi previsti nel precedente comma, la concessione è data dai comuni obbligati soltanto su aree dotate di opere di urbanizzazione o per le quali esista l'impegno dei concessionari a realizzarle.

6. Qualora nei tempi indicati dai programmi di attuazione gli aventi titolo non presentino istanza di concessione singolarmente o riuniti in consorzio, il comune espropria le aree sulla base delle disposizioni della l. 22 ottobre 1971, n. 865, come modificata dalla presente legge.

(1) G.U., 29 gennaio 1977, n. 27; LEX 1977, I, 171.

(2) Articolo abrogato dall'art. 136.1, lett. c, d.p.r. 6 giugno 2001, n. 380, con effetto dal 30 giugno 2002. L'abrogazione viene ribadita dall'art. 136.2, lett. c del medesimo d.p.r. 380/2001.

(3) L'art. 22.1, l. 17 febbraio 1992, n. 179, estende l'applicazione dell'art. 51 a tutti i comuni, e proroga il termine fino al 31 dicembre 1995.

(4) Articoli abrogati dall'art. 136.2, lett. c, d.p.r. 6 giugno 2001, n. 380, con effetto dal 30 giugno 2002.

7. Le disposizioni del comma precedente non si applicano ai beni immobili di proprietà dello Stato.

8. La legge regionale prevede le modalità di utilizzazione delle aree espropriate.

9. Nei comuni esonerati trova applicazione la norma di cui al primo comma del precedente art. 4 (1).

14. .... (2).

15. .... (3).

16. .... (4).

17. *Sanzioni penali.* — *1.* Salvo che il fatto costituisca più grave reato e ferme le sanzioni amministrative si applica:

a) l'ammenda fino a lire 20 milioni [euro 10.329] per l'inosservanza delle disposizioni previste dalla presente legge, dalla legge 17 agosto 1942, n. 1150, e successive modificazioni ed integrazioni, nonché dai regolamenti edilizi e dagli strumenti urbanistici, ovvero dalle prescrizioni e modalità esecutive previste dalla concessione;

b) l'arresto fino a due anni e l'ammenda da lire 10 milioni [euro 5.164] a lire 100 milioni [euro 51.645] nei casi di esecuzione dei lavori in totale difformità o assenza della concessione o di prosecuzione degli stessi nonostante l'ordine di sospensione;

c) l'arresto fino a due anni e l'ammenda da lire 30 milioni [euro 15.493] a lire 100 milioni [euro 51.645] nel caso di lottizzazione abusiva di terreni a scopo edilizio, come previsto dal primo comma dell'art. 18. La stessa pena si applica anche nel caso di interventi edilizi nelle zone sottoposte a vincolo storico, artistico, archeologico, paesistico, ambientale, in variazione essenziale, in totale difformità o in assenza della concessione (5).

18. *Norme transitorie.* — *1.* Rimangono salve le licenze edilizie già rilasciate, anche in attuazione

(1) V. art. 6, d.l. 23 gennaio 1982, n. 9, conv. in l. 25 marzo 1982, n. 94.

(2) La Corte cost., con sentenza 30 gennaio 1980, n. 5, ha dichiarato costituzionalmente illegittimo l'art. 14, nella parte relativa alla determinazione dell'indennità di espropriazione. Il regime transitorio introdotto con l. 29 luglio 1980, n. 385, e successivamente prorogato, è stato dichiarato costituzionalmente illegittimo dalla Corte cost., con sentenza 19 luglio 1983, n. 223. Per la determinazione dell'indennità di espropriazione per le aree edificabili v. art. 5-*bis*, d.l. 11 luglio 1992, n. 333, conv. in l. 8 agosto 1992, n. 359. La Corte cost., con sentenza 24 ottobre 2007, n. 348, ha dichiarato l'illegittimità costituzionale dell'art. 5-*bis*, commi 1 e 2, d.l. 333/1992; la Corte cost., con sentenza 24 ottobre 2007, n. 349, ha dichiarato l'illegittimità costituzionale dell'art. 5-*bis*, comma 7-*bis*, d.l. 333/1992.

La Corte cost., con sentenza 22 febbraio 1990, n. 67, ha dichiarato l'illegittimità costituzionale dell'art. 19, l. 22 ottobre 1971, n. 865, come modificato dall'art. 14 legge n. 10/1977, «nella parte in cui, pur dopo l'avvenuta espropriazione, non consente agli aventi diritto di agire in giudizio per la determinazione dell'indennità, finché manchi la relazione di stima prevista dagli artt. 15 e 16 della legge».

La Corte cost., con sentenza 22 ottobre 1990, n. 470, ha dichiarato l'illegittimità costituzionale dell'art. 20, l. 22 ottobre 1971, n. 865, come modificato dall'art. 14 legge n. 10/1977, «nella parte in cui, in mancanza della determinazione, ad opera della commissione prevista dall'art. 16, dell'indennità di occupazione o della sua comunicazione agli interessati, non consente ai medesimi di agire in giudizio per ottenerne la liquidazione, a decorrere dall'occupazione del bene che ne è oggetto».

La Corte cost., con sentenza 22 aprile 1991, n. 173, ha dichiarato l'illegittimità costituzionale del quinto comma dell'art. 12, l. 22 ottobre 1971, n. 865, «nella parte in cui non prevede che l'espropriante, in alternativa al pagamento dell'indennità accettata dall'espropriato, possa esperire entro sessanta giorni opposizione ai sensi dell'art. 19».

La Corte cost., con sentenza 27 luglio 1992, n. 365, ha dichiarato l'illegittimità costituzionale del quarto comma dell'art. 20, l. 22 ottobre 1971, n. 865, «nella parte in cui non prevede che anche l'espropriante possa proporre opposizione davanti alla corte d'appello contro la determinazione dell'indennità di occupazione dei beni da espropriare».

L'art. 2.7, l. 24 dicembre 1993, n. 537 prevede l'emanazione di un regolamento per la semplificazione e l'accelerazione del procedimento di espropriazione per pubblica utilità.

V. d.p.r. 8 giugno 2001, n. 327, recante testo unico delle disposizioni legislative e regolamentari in materia di espropriazione per pubblica utilità, modificato dal d.lg. 27 dicembre 2002, n. 302, testo unico in vigore dal 30 giugno 2003 (art. 3, d.l. 20 giugno 2002, n. 121, conv. in l. 1° agosto 2002, n. 185). L'art. 37 (L).1-2, d.p.r. 8 giugno 2001, n. 327, come sostituito dall'art. 2.89, lett. a, l. 24 dicembre 2007, n. 244, così dispone: «1. L'indennità di espropriazione di un'area edificabile è determinata nella misura pari al valore venale del bene. Quando l'espropriazione è finalizzata ad attuare interventi di riforma economico-sociale, l'indennità è ridotta del venticinque per cento. || 2. Nei casi in cui è stato concluso l'accordo di cessione, o quando esso non è stato concluso per fatto non imputabile all'espropriato ovvero perché a questi è stata offerta un'indennità provvisoria che, attualizzata, risulta inferiore agli otto decimi di quella determinata in via definitiva, l'indennità è aumentata del dieci per cento». La Corte cost., con sentenza 24 ottobre 2007, n. 348, ha dichiarato costituzionalemnte illegittimo l'art. 37, commi 1 e 2, d.p.r. 8 giugno 2001, n. 327.

(3) Norma sostituita dalle disposizioni di cui al Capo I, l. 28 febbraio 1985, n. 47.

(4) Articolo abrogato dall'art. 136.2, lett. c, d.p.r. 6 giugno 2001, n. 380, con effetto dal 30 giugno 2002.

(5) Articolo così sostituito dall'art. 20, l. 28 febbraio 1985, n. 47.

di piani di lottizzazione, prima della data di entrata in vigore della presente legge, purché i lavori siano completati entro quattro anni (1) dalla stessa data, così da rendere gli edifici abitabili o agibili. Per la parte non completata entro tale termine dovrà essere richiesta la concessione.

2. Fermi restando gli oneri di urbanizzazione, la quota di cui all'art. 6 riguardante il costo di costruzione:

non è dovuta per le istanze presentate fino a sei mesi dalla data predetta;

è ridotta al 30 per cento della misura stabilita dalle norme della presente legge per le istanze di concessione presentate entro dodici mesi dalla stessa data;

è ridotta al 60 per cento della misura medesima per le istanze di concessione presentate entro ventiquattro mesi da tale data.

3. Le disposizioni del precedente comma non si applicano qualora le istanze non siano corredate dagli atti, documenti ed elaborati previsti dalle vigenti norme urbanistico-edilizie ovvero i progetti presentati vengano assoggettati a varianti essenziali su richiesta del concessionario prodotta oltre i termini suindicati.

4. In ordine alle istanze di cui al secondo comma, la concessione, con i benefici ivi previsti, non può essere data dopo due anni dalla presentazione delle istanze stesse, salvo che sia successivamente intervenuta decisione di annullamento del silenzio-rifiuto o di un provvedimento negativo emesso dal comune (2).

5. I lavori oggetto delle concessioni di cui sopra debbono essere completati entro cinque (3) anni dalla data di rilascio, così da rendere gli edifici abitabili o agibili. In caso di mancato completamento delle opere entro il termine suindicato, il concessionario è tenuto al pagamento di una sanzione pari al doppio del contributo di concessione dovuto per la parte dell'opera non ultimata (4).

6. Per i piani di lottizzazione convenzionata di cui all'art. 8 della l. 6 agosto 1967, n. 765, già approvati, restano fermi gli oneri di urbanizzazione convenzionata. Il rilascio delle singole concessioni è subordinato soltanto al pagamento della quota del costo di costruzione, secondo le norme della presente legge.

19. . . . . (*omissis*).

20. *Norme tributarie.* — *1.* Ai provvedimenti, alle convenzioni e agli atti d'obbligo previsti dalla presente legge si applica il trattamento tributario di cui all'art. 32, secondo comma, del d.p.r. 29 settembre 1973, n. 601.

2. Il trattamento tributario di cui al primo comma si applica anche a tutti gli atti preordinati alla trasformazione del territorio posti in essere mediante accordi o convenzioni tra privati ed enti pubblici, nonché a tutti gli atti attuativi posti in essere in esecuzione dei primi (5).

3. La disposizione di cui al secondo comma si applica a tutte le convenzioni e atti di cui all'art. 40-*bis* della legge provinciale di Bolzano 11 agosto 1997, n. 13, per i quali non siano ancora scaduti i termini di accertamento e di riscossione ai sensi della normativa vigente o rispetto ai quali non sia stata emessa sentenza passata in giudicato (5).

4. La trascrizione prevista dall'art. 15 della presente legge si effettua a tassa fissa.

21. *Disposizioni finali.* — *1.* Restano in vigore le norme della l. 18 dicembre 1973, n. 880, e della l. 2 agosto 1975, n. 393.

2. Restano altresì in vigore le norme della legge urbanistica 17 agosto 1942, n. 1150, e successive modificazioni ed integrazioni, semprechè non siano incompatibili con quelle della presente legge ed intendendosi la espressione «licenza edilizia» sostituita dalla espressione «concessione».

22. *1.* La presente legge entra in vigore il giorno successivo a quello della sua pubblicazione nella *Gazzetta Ufficiale*.

III. 2.

LEGGE 28 febbraio 1985, n. 47. — *Norme in materia di controllo dell'attività urbanistico-edilizia. Sanzioni, recupero e sanatoria delle opere edilizie* (6).

1-30. . . . . (*omissis*).

(1) Termine prorogato al 31 dicembre 1985 dall'art. 1.5-*quater*, d.l. 22 dicembre 1984, n. 901, conv. in l. 1° marzo 1985, n. 42.

(2) Comma così sostituito dall'art. 49, l. 5 agosto 1978, n. 457.

(3) Termine così elevato dall'art. 1, d.l. 8 gennaio 1981, n. 4, conv. in l. 12 marzo 1981, n. 58 e successivamente prorogato al 31 dicembre 1985 dall'art. 1.5-*quinquies*, d.l. 22 dicembre 1984, n. 901, conv. in l. 1° marzo 1985, n. 42.

(4) L'art. 1.5-*quinquies*, d.l. 22 dicembre 1984, n. 901, conv. in l. 1° marzo 1985, n. 42, dispone che la sanzione «non si applica per le concessioni in scadenza dal 30 gennaio 1982 alla data di entrata in vigore» della legge di conversione.

(5) Comma inserito dall'art. 1.88, l. 27 dicembre 2017, n. 205.

(6) V. anche d.l. 23 aprile 1985, n. 146, conv. in l. 21 giugno 1985, n. 298; d.l. 20 novembre 1985, n. 656, conv. in l. 24 dicembre 1985, n. 780; d.l. 12 gennaio 1988, n. 2, conv. in l. 13 marzo 1988, n. 68.

CAPO IV (1)

Opere sanabili. Soggetti legittimati. Conservazione dei rapporti sorti sulla base di Decreti Legge non convertiti

31-39. . . . . (*omissis*).

40. *Mancata presentazione dell'istanza*. — *1.* Se nel termine prescritto non viene presentata la domanda di cui all'art. 31 per opere abusive realizzate in totale difformità o in assenza della licenza o concessione, ovvero se la domanda presentata, per la rilevanza delle omissioni o delle inesattezze riscontrate, deve ritenersi dolosamente infedele, si applicano le sanzioni di cui al capo I. Le stesse sanzioni si applicano se, presentata la domanda, non viene effettuata la oblazione dovuta (2).

2. Gli atti tra vivi aventi per oggetto diritti reali, esclusi quelli di costituzione, modificazione ed estinzione di diritti di garanzia o di servitù, relativi ad edifici o loro parti, sono nulli e non possono essere rogati se da essi non risultano, per dichiarazione dell'alienante, gli estremi della licenza o della concessione ad edificare o della concessione rilasciata in sanatoria ai sensi dell'art. 31 ovvero se agli atti stessi non viene allegata la copia per il richiedente della relativa domanda, munita degli estremi dell'avvenuta presentazione, ovvero copia autentica di uno degli esemplari della domanda medesima, munita degli estremi dell'avvenuta presentazione e non siano indicati gli estremi dell'avvenuto versamento delle prime due rate dell'oblazione di cui al sesto comma dell'art. 35. Per le opere iniziate anteriormente al 1° settembre 1967, in luogo degli estremi della licenza edilizia può essere prodotta una dichiarazione sostitutiva di atto notorio, rilasciata dal proprietario o altro avente titolo, ai sensi e per gli effetti dell'art. 4 della l. 4 gennaio 1968, n. 15, attestante che l'opera risulti iniziata in data anteriore al 1° settembre 1967. Tale dichiarazione può essere ricevuta e inserita nello stesso atto, ovvero in documento separato da allegarsi all'atto medesimo. Per gli edifici di proprietà comunale, in luogo degli estremi della licenza edilizia o della concessione di edificare, possono essere prodotti quelli della deliberazione con la quale il progetto è stato approvato o l'opera autorizzata (3).

3. Se la mancanza delle dichiarazioni o dei documenti, rispettivamente da indicarsi o da allegarsi, non sia dipesa dall'insussistenza della licenza o della concessione o dalla inesistenza della domanda di concessione in sanatoria al tempo in cui gli atti medesimi sono stati stipulati, ovvero dal fatto che la costruzione sia stata iniziata successivamente al 1° settembre 1967, essi possono essere confermati anche da una sola delle parti mediante atto successivo, redatto nella stessa forma del precedente, che contenga la menzione omessa o al quale siano allegate la dichiarazione sostitutiva di atto notorio o la copia della domanda indicate al comma precedente (4).

4. Si applica in ogni caso il disposto del terzo comma dell'art. 17 e del primo comma dell'art. 21 (5).

5. Le nullità di cui al secondo comma del presente articolo non si applicano ai trasferimenti derivanti da procedure esecutive immobiliari individuali o concorsuali nonché a quelli derivanti da procedure di amministrazione straordinaria e di liquidazione coatta amministrativa (6).

6. Nella ipotesi in cui l'immobile rientri nelle previsioni di sanabilità di cui al capo IV della presente legge e sia oggetto di trasferimento derivante da procedure esecutive, la domanda di sanatoria può essere presentata entro centoventi giorni dall'atto di trasferimento dell'immobile purché le ragioni di credito per cui si interviene o procede siano di data anteriore all'entrata in vigore della presente legge (6).

41. *Esecuzione delle sanzioni ai fini della commerciabilità dei beni*. — *1.* Ai fini della commerciabilità dei beni, possono essere stipulati gli atti aventi per oggetto diritti reali relativi ad immobili la cui costruzione sia stata iniziata

(1) Sulla definizione agevolata delle violazioni edilizie v. art. 39, l. 23 dicembre 1994, n. 724, come modificato dall'art. 44, l. 23 dicembre 2000, n. 388.

(2) Comma così modificato dall'art. 8-*bis*, d.l. n. 146/1985, conv. in l. n. 298/1985; dall'art. 1.2, d.l. n. 656/1985, conv. in l. n. 780/1985; dall'art. 7, d.l. n. 2/1988, conv. in l. n. 68/1988. La Corte cost., con sentenza 18 giugno 1997, n. 181, ha dichiarato costituzionalmente illegittimo l'art. 1.2, l. n. 68/1988, «nella parte in cui dispone che restano validi gli atti e i provvedimenti adottati sulla base dell'art. 12.1, del d.l. 8 maggio 1987, n. 178».

(3) Comma così modificato dall'art. 8.5-*quater*, d.l. n. 146/1985, conv. in l. n. 298/1985; dall'art. 7.1, d.l. n. 2/1988, conv. in l. n. 68/1988; dall'art. 8-*bis*. 2, d.l. n. 146/1985, conv. in l. n. 298/1985; dall'art. 7.1, d.l. n. 2/1988, conv. in l. n. 68/1988.

(4) Comma così sostituito dall'art. 8-*bis*. 3, d.l. n. 146/1985, conv. in l. n. 298/1985.

(5) Comma così modificato dall'art. 8.5-*quinquies*, d.l. n. 146/1985, conv. in l. n. 298/1985.

(6) Commi aggiunti dall'art. 8-*bis*, d.l. n. 146/1985, conv. in l. n. 298/1985. L'ultimo comma è stato così sostituito dall'art. 7, d.l. n. 2/1988, conv. in l. n. 68/1988.

successivamente al 1° settembre 1967 per i quali sia esibita idonea certificazione rilasciata dall'autorità competente che attesti l'avvenuto integrale adempimento delle prescrizioni dei provvedimenti sanzionatori adottati ai sensi dell'art. 41 della l. 17 agosto 1942, n. 1150, modificato dall'art. 13 della l. 6 agosto 1967, n. 765, per il caso di opere eseguite senza la licenza di costruzione o in base a licenza annullata, e ai sensi del nono comma dell'art. 15 della l. 28 gennaio 1977, n. 10. Degli estremi dei documenti esibiti dovrà farsi menzione in atto; si applica in ogni caso il disposto dell'ultimo comma dell'art. 17 e del primo comma dell'art. 21 della presente legge (1).

2. Il pagamento delle sanzioni pecuniarie produce gli effetti di cui al penultimo comma dell'art. 35.

3. La certificazione di cui al primo comma è rilasciata dalla competente autorità entro trenta giorni dalla presentazione della domanda; trascorso inutilmente tale termine, essa può essere sostituita da una dichiarazione dell'alienante attestante l'avvenuto integrale adempimento delle prescrizioni dei provvedimenti di cui al primo comma, accompagnata dalla copia conforme della domanda di rilascio della certificazione.

4. Le disposizioni di cui sopra non si applicano comunque agli atti costitutivi, modificativi od estintivi di diritti reali di garanzia o di servitù (2).

42-52. . . . . (*omissis*).

III. 3.

LEGGE 23 dicembre 1994, n. 724. — *Misure di razionalizzazione della finanza pubblica* (3).

1-38. . . . . (*omissis*).

39. *Definizione agevolata delle violazioni edilizie*. — 1. Le disposizioni di cui ai capi IV e V della l. 28 febbraio 1985, n. 47 e successive modificazioni e integrazioni, come ulteriormente modificate dal presente articolo, si applicano alle opere abusive che risultino ultimate entro il 31 dicembre 1993, e che non abbiano comportato ampliamento del manufatto superiore al 30 per cento della volumetria della costruzione originaria ovvero, indipendentemente dalla volumetria iniziale o assentita (4), un ampliamento superiore a 750 metri cubi. Le suddette disposizioni trovano altresì applicazione alle opere abusive realizzate nel termine di cui sopra relative a nuove costruzioni non superiori ai 750 metri cubi per singola richiesta di concessione edilizia in sanatoria. I termini contenuti nelle disposizioni richiamate al presente comma e decorrenti dalla data di entrata in vigore della l. 28 febbraio 1985, n. 47, o delle leggi di successiva modificazione o integrazione, sono da intendersi come riferiti alla data di entrata in vigore del presente articolo. I predetti limiti di cubatura non trovano applicazione nel caso di annullamento della concessione edilizia. Il procedimento di sanatoria degli abusi edilizi posti in essere dalla persona imputata di uno dei delitti di cui agli artt. 416-*bis*, 648-*bis* e 648-*ter* del codice penale, o da terzi per suo conto, è sospeso fino alla sentenza definitiva di non luogo a procedere o di proscioglimento o di assoluzione. Non può essere conseguita la concessione in sanatoria degli abusi edilizi se interviene sentenza definitiva di condanna per i delitti sopra indicati. Fatti salvi gli accertamenti di ufficio in ordine alle condanne riportate nel certificato generale del casellario giudiziale ad opera del comune, il richiedente deve attestare, con dichiarazione sottoscritta nelle forme di cui all'art. 2 della l. 4 gennaio 1968, n. 15, di non avere carichi pendenti in relazione ai delitti di cui agli artt. 416-*bis*, 648-*bis* e 648-*ter* del codice penale (5).

1-*bis.* Qualora l'amministratore di beni immobili oggetto di sequestro o di confisca ai sensi della l. 31 maggio 1965, n. 575, sia autorizzato dal giudice competente ad alienare taluno di detti beni, il medesimo giudice, sentito il pubblico ministero, può altresì autorizzarlo a riattivare il procedimento di sanatoria sospeso ai sensi del quinto periodo del comma 1. In tal caso non opera nei confronti dell'amministratore o del terzo acquirente il divieto di concessione in sanatoria di cui al sesto periodo del medesimo comma (6).

2. Il rilascio della concessione o autorizza-

(1) Comma così modificato dall'art. 8, d.l. n. 146/1985, conv. in l. n. 298/1985.
(2) Comma aggiunto dall'art. 8, d.l. n. 146/1985, conv. in l. n. 298/1985.
(3) Suppl. ord. n. 174 a G.U., 30 dicembre 1994, n. 304. V. anche art. 2.38 ss., l. 23 dicembre 1996, n. 882, art. 10.5-*bis* ss., d.l. 31 dicembre 1996, n. 669, conv. in l. 28 febbraio 1997, n. 30. Sulle modalità di rimborso di quanto versato a titolo di oblazione e non dovuto v. d.m. Tesoro, 7 marzo 1997, in G.U., 22 aprile 1997, n. 93.
(4) Parole aggiunte dall'art. 2.37, lett. a, l. 23 dicembre 1996, n. 662.
(5) Periodi che sostituiscono l'ultimo comma: art. 2.37, lett. b, l. n. 662/1996.
(6) Comma inserito dall'art. 44, l. 23 dicembre 2000, n. 388.

zione in sanatoria non comporta limitazione ai diritti dei terzi (1).

3. Per gli abusi edilizi commessi fino al 15 marzo 1985 e dal 16 marzo 1985 al 31 dicembre 1993, la misura dell'oblazione, prevista nella tabella allegata alla legge di cui al comma 1, in relazione al periodo dal 30 gennaio 1977 al 1° ottobre 1983, è moltiplicata rispettivamente per 2 e per 3. La misura dell'oblazione, come determinata ai sensi del presente comma, è elevata di un importo pari alla metà, nei comuni con popolazione superiore ai centomila abitanti.

4. La domanda di concessione o di autorizzazione in sanatoria, con la prova del pagamento dell'oblazione, deve essere presentata al comune competente, a pena di decadenza, entro il 31 marzo 1995 (2). La documentazione di cui all'art. 35, terzo comma, della l. 28 febbraio 1985, n. 47, è sostituita da apposita dichiarazione del richiedente resa ai sensi dell'art. 4 della l. 4 gennaio 1968, n. 15. Resta fermo l'obbligo di allegazione della documentazione fotografica e, ove prescritto, quello di presentazione della perizia giurata, della certificazione di cui alla lett. *b*) del predetto terzo comma, nonché del progetto di adeguamento statico di cui al quinto comma dello stesso art. 35. Il pagamento dell'oblazione dovuta ai sensi della l. 28 febbraio 1985, n. 47, dell'eventuale integrazione di cui al comma 6, degli oneri di concessione di cui al comma 9, nonché la documentazione di cui al presente comma e la denuncia in catasto nel termine di cui all'art. 52, secondo comma, della l. 28 febbraio 1985, n. 47, come da ultimo prorogato dall'art. 9, comma 8, del d.l. 30 dicembre 1993, n. 557, convertito, con modificazioni, dalla l. 26 febbraio 1994, n. 133, ed il decorso del termine di un anno e di due anni per i comuni con più di 500.000 abitanti dalla data di entrata in vigore della presente legge senza l'adozione di un provvedimento negativo del comune, equivale a concessione o ad autorizzazione edilizia in sanatoria salvo il disposto del periodo successivo; ai fini del rispetto del suddetto termine la ricevuta attestante il pagamento degli oneri concessori e la documentazione di denuncia al catasto può essere depositata entro la data di compimento dell'anno. Se nei termini previsti l'oblazione dovuta non è stata interamente corrisposta o è stata determinata in modo non veritiero e palesemente doloso, le costruzioni realizzate senza licenza o concessione edilizia sono assoggettate alle sanzioni richiamate agli artt. 40 e 45 della l. 28 febbraio 1985, n. 47. Le citate sanzioni non si applicano nel caso in cui il versamento sia stato effettuato nei termini per errore ad ufficio incompetente alla riscossione dello stesso. La mancata presentazione dei documenti previsti per legge entro il termine di tre mesi dalla espressa richiesta di integrazione notificata dal comune comporta l'improcedibilità della domanda e il conseguente diniego della concessione o autorizzazione in sanatoria per carenza di documentazione (3). Si fanno salvi i provvedimenti emanati per la determinazione delle modalità di versamento, riscossione e rimborso dell'oblazione.

5. L'oblazione prevista dal presente articolo deve essere corrisposta a mezzo di versamento, entro il 31 marzo 1995 (4), dell'importo fisso indicato nella tabella *B* allegata alla presente legge e della restante parte in quattro rate di pari importo da effettuarsi rispettivamente il 15 aprile 1995, il 15 luglio 1995 (5), il 15 settembre 1995 ed il 15 dicembre 1995. È consentito il versamento della restante parte dell'oblazione, in una unica soluzione, entro sessanta giorni dalla data di entrata in vigore della presente legge, ovvero entro il termine di scadenza di una delle suindicate rate. Ove l'intera oblazione da corrispondere sia di importo minore o pari rispetto a quello indicato nella tabella di cui sopra ovvero l'oblazione stessa, pari a lire 2.000.000 [euro 1.032,91], sia riferita alle opere di cui al n. 7 della tabella allegata alla l. 28 febbraio 1985, n. 47, il versamento dell'intera somma, dovuta a titolo di oblazione per ciascuna unità immobiliare, deve essere effettuato in unica soluzione, entro il 15 dicembre 1995, purché la domanda sia stata presentata nei termini (6). Per le opere di cui ai nn. 4, 5, e 6 della tabella allegata alla stessa legge, l'oblazione, pari a lire 5.000.000 [euro 2.582,28], deve essere pagata con la medesima modalità di cui sopra. Le somme già versate, in adempimento di norme contenute nei d.l. 26 luglio 1994, n. 468, 27 settembre 1994, n. 551, e 25 novembre 1994, n. 649, che siano di importo superiore a quello indicato nel presente comma sono portate in riduzione dell'importo complessivo della obla-

(1) Comma così sostituito dall'art. 2.37, lett. c, l. n. 662/1996.
(2) Parole così sostituite dall'art. 14, d.l. 23 febbraio 1995, n. 41, conv. in l. 22 marzo 1995, n. 85.
(3) Periodi inseriti dall'art. 2.37, lett. d, l. n. 662/1996.
(4) Parole così sostituite dall'art. 14 lett. b, d.l. 23 febbraio 1995, n. 41, conv. in l. 22 marzo 1995, n. 85.
(5) Parole così sostituite dall'art. 14 lett. c, d.l. 23 febbraio 1995, n. 41, conv. in l. 22 marzo 1995, n. 85.
(6) Parole così sostituite dall'art. 2.37, lett. e, l. n. 662/1996.

zione da versare entro il 15 dicembre 1995.

6. I soggetti che hanno presentato domanda di concessione o di autorizzazione edilizia in sanatoria ai sensi del capo IV della l. 28 febbraio 1985, n. 47, o i loro aventi causa, se non è stata interamente corrisposta l'oblazione dovuta ai sensi della stessa legge devono, a pena di improcedibilità della domanda, versare in luogo della somma residua, il triplo della differenza tra la somma dovuta e quella versata, in unica soluzione entro il 31 marzo 1996 (1). La disposizione di cui sopra non trova applicazione nel caso in cui a seguito dell'intero pagamento dell'oblazione sia dovuto unicamente il conguaglio purché sia stato richiesto nei termini di cui all'art. 35 della l. 28 febbraio 1985, n. 47.

7. All'art. 32 della l. 28 febbraio 1985, n. 47, dopo il primo comma è inserito il seguente:

«*2.* Per le opere eseguite su immobili soggetti alla l. 29 giugno 1939, n. 1497, e al d.l. 27 giugno 1985, n. 312, convertito, con modificazioni, dalla l. 8 agosto 1985, n. 431, relative ad ampliamenti o tipologie d'abuso che non comportano aumento di superficie o di volume, il parere deve essere rilasciato entro centoventi giorni: trascorso tale termine il parere stesso si intende reso in senso favorevole».

8. Nel caso di interventi edilizi nelle zone e fabbricati sottoposti a vincolo ai sensi delle l. 1° giugno 1939, n. 1089, 29 giugno 1939, n. 1497, e del d.l. 27 giugno 1985, n. 312, convertito, con modificazioni, dalla l. 8 agosto 1985, n. 431, il rilascio della concessione edilizia o della autorizzazione in sanatoria, subordinato al conseguimento delle autorizzazioni delle Amministrazioni preposte alla tutela del vincolo, estingue il reato per la violazione del vincolo stesso.

9. Alle domande di concessione in sanatoria deve essere altresì allegata una ricevuta comprovante il pagamento al comune, nel cui territorio è ubicata la costruzione, di una somma a titolo di anticipazione degli oneri concessori, se dovuti, calcolata nella misura indicata nella tabella *C* allegata alla presente legge, rispettivamente per le nuove costruzioni e gli ampliamenti e per gli interventi di ristrutturazione edilizia di cui all'art. 31, primo comma, lett. *d*), della l. 5 agosto 1978, n. 457, nonché per le modifiche di destinazione d'uso, ove soggette a sanatoria. Per il pagamento dell'anticipo degli oneri concessori si applica la stessa rateizzazione prevista per l'oblazione. Coloro che in proprio o in forme consortili abbiano eseguito o intendano eseguire parte delle opere di urbanizzazione primaria, secondo le disposizioni tecniche dettate dagli uffici comunali, possono invocare lo scorporo delle aliquote, da loro sostenute, che riguardino le parti di interesse pubblico. Le modalità di pagamento del conguaglio sono definite entro sessanta giorni dalla data di entrata in vigore della presente legge, dal comune in cui l'abuso è stato realizzato. Qualora l'importo finale degli oneri concessori applicati nel comune di ubicazione dell'immobile risulti inferiore alla somma indicata nella predetta tabella *C*, la somma da versare, in unica soluzione, deve essere pari a detto minore importo.

10. Le domande di concessione in sanatoria presentate entro il 30 giugno 1987 e non definite per il mancato pagamento dell'oblazione, secondo quanto previsto dall'art. 40, primo comma, ultimo periodo, della l. 28 febbraio 1985, n. 47, devono essere integrate dalla presentazione di una ricevuta attestante il pagamento al comune, entro sessanta giorni dalla data di entrata in vigore della presente legge, di una quota pari al 70 per cento delle somme di cui al comma 9, se dovute. Qualora gli oneri concessori siano stati determinati ai sensi della l. 28 gennaio 1977, n. 10, dalla legislazione regionale e dai conseguenti provvedimenti attuativi di questa, gli importi dovuti devono essere pari, in deroga a quanto previsto dal presente comma, all'intera somma calcolata, in applicazione dei parametri in vigore alla data del 30 giugno 1989. Il mancato pagamento degli oneri concessori, di cui al comma 9 ed al presente comma, entro il termine di cui al primo periodo del presente comma comporta l'applicazione dell'interesse del 10 per cento annuo sulle somme dovute.

10-bis. Per le domande di concessione o autorizzazione in sanatoria presentate entro il 30 giugno 1987 sulle quali il sindaco abbia espresso procedimento di diniego successivamente al 31 marzo 1995, sanabili a norma del presente articolo, gli interessati possono chiederne la rideterminazione sulla base delle disposizioni della presente legge (2).

11. I soggetti che hanno presentato entro il 31 dicembre 1993 istanza di concessione ai sensi dell'art. 13 della l. 28 febbraio 1985, n. 47, possono chiedere, nel rispetto dei termini e degli obblighi previsti dal presente articolo, che l'istanza sia considerata domanda di concessione in sanatoria. Entro il 31 dicembre 1997 (3), i comuni determinano in via definitiva

(1) Parole così sostituite dall'art. 2.37, lett. f, l. n. 662/1996.
(2) Comma aggiunto dall'art. 2.37, lett. g, l. n. 662/1996.
(3) Parole così sostituite dall'art. 2.37, lett. h, l. n. 662/1996.

i contributi di concessione e l'importo, da richiedere a titolo di conguaglio dei versamenti di cui ai commi 9 e 10. L'interessato provvede agli adempimenti conseguenti entro 60 giorni dalla notifica della richiesta. Per il pagamento degli oneri dovuti, il proprietario può accedere al credito fondiario, compresa l'anticipazione bancaria, o ad altre forme di finanziamento offrendo in garanzia gli immobili oggetto della domanda di sanatoria.

12. Per le opere oggetto degli abusi edilizi posti in essere dai soggetti di cui al comma 1, ultimo periodo, la sentenza del giudice penale che irroga le sanzioni di cui all'art. 20 della l. 28 febbraio 1985, n. 47, dispone la confisca. Per effetto di tale confisca, le opere sono acquisite di diritto e gratuitamente al patrimonio indisponibile del comune sul cui territorio insistono. La sentenza di cui al presente comma è titolo per l'immediata trascrizione nei registri immobiliari.

13. Per le opere realizzate al fine di ovviare a situazioni di estremo disagio abitativo, la misura dell'oblazione è ridotta percentualmente in relazione ai limiti, alla tipologia del reddito ed all'ubicazione delle stesse opere secondo quanto previsto dalla tabella *D* allegata alla presente legge. Per il pagamento dell'oblazione si applicano le modalità di cui al comma 5 del presente articolo. Le regioni possono modificare, ai sensi di quanto disposto dall'art. 37 della l. 28 febbraio 1985, n. 47, e successive modificazioni, le norme di attuazione degli artt. 5, 6 e 10 della l. 28 gennaio 1977, n. 10. La misura del contributo di concessione, in relazione alla tipologia delle costruzioni, alla loro destinazione d'uso ed alla loro localizzazione in riferimento all'ampiezza ed all'andamento demografico dei comuni nonché alle loro caratteristiche geografiche, non può risultare inferiore al 70 per cento di quello determinato secondo le norme vigenti alla data di entrata in vigore della presente disposizione. Il potere di legiferare in tal senso è esercitabile entro novanta giorni dalla predetta data; decorso inutilmente tale termine, si applicano le disposizioni vigenti alla medesima data (1).

14. Per l'applicazione della riduzione dell'oblazione è in ogni caso richiesto che l'opera abusiva risulti adibita ad abitazione principale, ovvero destinata ad abitazione principale del proprietario residente all'estero (2), del possessore dell'immobile o di altro componente del nucleo familiare in relazione di parentela entro il terzo grado o di affinità entro il secondo grado, e che vi sia convivenza da almeno due anni; è necessario inoltre che le opere abusive risultino di consistenza non superiore a quella indicata al comma 1 del presente articolo. La riduzione dell'oblazione si applica anche nei casi di ampliamento dell'abitazione e di effettuazione degli interventi di cui alle lett. *c*) e *d*) dell'art. 31, primo comma, della l. 5 agosto 1978, n. 457 (2). La riduzione dell'oblazione non si applica nel caso di presentazione di più di una richiesta di sanatoria da parte dello stesso soggetto.

15. Il reddito di riferimento di cui al comma 13 è quello dichiarato ai fini IRPEF per l'anno 1993 dal nucleo familiare del possessore ovvero, nel caso di più aventi titolo, è quello derivante dalla somma della quota proporzionale dei redditi dichiarati per l'anno precedente dai nuclei familiari dei possessori dell'immobile. A tali fini si considera la natura del reddito prevalente qualora ricorrano diversi tipi di reddito. Ove l'immobile sanato, ai sensi del comma 14, venga trasferito con atto *inter vivos* a titolo oneroso a terzi, entro dieci anni a decorrere dalla data di entrata in vigore della presente legge, è dovuta la differenza tra l'oblazione corrisposta in misura ridotta e l'oblazione come determinata ai sensi del comma 3, maggiorata degli interessi nella misura legale. La ricevuta del versamento della somma eccedente deve essere allegata a pena di nullità all'atto di trasferimento dell'immobile.

16. All'oblazione calcolata ai sensi del presente articolo continuano ad applicarsi le riduzioni di cui all'art. 34, terzo, quarto e settimo comma della l. 28 febbraio 1985, n. 47, ovvero, anche in deroga ai limiti di cubatura di cui al comma 1 del presente articolo, le riduzioni di cui al settimo comma dello stesso art. 34. Ai fini dell'applicazione del presente comma la domanda di cui al comma 4 è integrata dal certificato di cui all'art. 35, terzo comma, lett. *d*), della suddetta legge, in quanto richiesto. La riduzione di un terzo dell'oblazione di cui alla lett. *c*) del settimo comma dell'art. 34 della predetta legge n. 47 del 1985 è aumentata al 50 per cento. Se l'opera è da completare, il certificato di cui all'art. 35, terzo comma, lett. *d*), della l. 28 febbraio 1985, n. 47, può essere sostituito da dichiarazione del richiedente resa ai sensi della l. 4 gennaio 1968, n. 15 (3).

17. Ai fini della determinazione delle norme tecniche per l'adeguamento antisismico dei

(1) Periodi aggiunti dall'art. 2.37, lett. i, l. n. 662/1996.
(2) Periodo aggiunto dall'art. 2.37, lett. l, l. n. 662/1996.
(3) Periodo aggiunto dall'art. 2.37, lett. m, l. n. 662/1996.

fabbricati oggetto di sanatoria edilizia si applicano le norme di cui alla l. 2 febbraio 1974, n. 64, dei successivi decreti di attuazione, delle ordinanze, nonché dei decreti del Ministro dei lavori pubblici. In deroga ad ogni altra disposizione il progetto di adeguamento per le costruzioni nelle zone sottoposte a vincolo sismico di cui all'ottavo comma dell'art. 35 della l. 28 febbraio 1985, n. 47, può essere predisposto secondo le prescrizioni relative al miglioramento ed adeguamento degli edifici esistenti di cui al punto *C.9* delle norme tecniche per le costruzioni in zone sismiche, allegate al decreto del Ministro dei lavori pubblici 24 gennaio 1986, pubblicato nella *Gazzetta Ufficiale* n. 108 del 12 maggio 1986. A tal fine la certificazione di cui alla lett. *b*) del terzo comma dell'art. 35 della l. 28 febbraio 1985, n. 47, deve essere integrata da idonei accertamenti e verifiche.

18. Il presente articolo sostituisce le norme in materia incompatibili, salvo le disposizioni riferite ai termini di versamento dell'oblazione, degli oneri di concessione e di presentazione delle domande, che si intendono come modificative di quelle (1) sopra indicati (2).

19. Per le opere abusive divenute sanabili in forza della presente legge, il proprietario che ha adempiuto agli oneri previsti per la sanatoria ha il diritto di ottenere l'annullamento delle acquisizioni al patrimonio comunale dell'area di sedime e delle opere sopra questa realizzate disposte in attuazione dell'art. 7, terzo comma, della l. 28 febbraio 1985, n. 47, e la cancellazione delle relative trascrizioni nel pubblico registro immobiliare dietro esibizione di certificazione comunale attestante l'avvenuta presentazione della domanda di sanatoria. Sono in ogni caso fatti salvi i diritti dei terzi e del comune nel caso in cui le opere stesse siano state destinate ad attività di pubblica utilità entro la data del 1° dicembre 1994.

20. Ai fini dell'applicazione delle disposizioni di cui al comma 1, i vincoli di inedificabilità richiamati dall'art. 33 della l. 28 febbraio 1985, n. 47, non comprendono il divieto transitorio di edificare previsto dall'art. 1-*quinquies* del d.l. 27 giugno 1985, n. 312, convertito, con modificazioni, dalla l. 8 agosto 1985, n. 431, fermo restando il rispetto dell'art. 12 del d.l. 12 gennaio 1988, n. 2, convertito, con modificazioni, dalla l. 13 marzo 1988, n. 68.

21. Le disposizioni del presente articolo non si applicano alle regioni a statuto speciale ed alle province autonome di Trento e di Bolzano, se incompatibili con le attribuzioni previste dagli statuti delle stesse e dalle relative norme di attuazione ad esclusione di quelle relative alla misura dell'oblazione ed ai termini per il versamento di questa.

40-47. . . . . (*omissis*).

III. 4.

LEGGE 23 dicembre 1996, n. 662. — *Misure di razionalizzazione della finanza pubblica* (3).

1. . . . . (*omissis*).

2. 1-56. . . . . (*omissis*).

57. A seguito del rilascio della concessione in sanatoria ai sensi dell'art. 39 della l. 23 dicembre 1994, n. 724, come integrato dai commi da 37 a 59, gli atti tra vivi la cui nullità, ai sensi dell'art. 17 e del secondo comma dell'art. 40 della l. 28 febbraio 1985, n. 47, e successive modificazioni, non sia stata ancora dichiarata, acquistano validità di diritto. Ove la nullità sia stata dichiarata con sentenza passata in giudicato e trascritta, può essere richiesta la sanatoria retroattiva su accordo delle parti, con atto successivo contenente gli allegati di cui al secondo comma dell'art. 40 della l. 28 febbraio 1985, n. 47, sempreché non siano nel frattempo intervenute altre trascrizioni a favore di terzi. Dall'imposta di registro calcolata sull'atto volto a determinare l'effetto di cui ai commi da 37 a 59 è decurtato l'importo eventualmente già versato per la registrazione dell'atto dichiarato nullo.

58. Gli atti di cui al secondo comma dell'art. 40 della l. 28 febbraio 1985, n. 47, aventi per oggetto fabbricati o porzioni di fabbricati costruiti senza concessione edilizia sono nulli e non possono essere rogati se da essi non risultino gli estremi della domanda di condono con gli estremi del versamento, in una o più rate, dell'intera somma dovuta a titolo di oblazione e di contributo concessorio nonché, per i fabbricati assoggettati ai vincoli di cui all'art. 32, terzo comma, della l. 28 febbraio 1985, n. 47, introdotto dal comma 44 del presente articolo, l'attestazione dell'avvenuta richiesta alle autorità competenti dell'espressione del parere di cui alla citata disposizione. Verificatosi il silenzio assenso disciplinato dall'art. 39, comma 4, della l. 23 dicembre 1994, n. 724, nei predetti atti devono essere indicati, a pena di nullità, i

(1) Parole così sostituite dall'art. 2.37, lett. n, l. n. 662/1996.
(2) *Recte*: «indicate».
(3) Suppl. ord. n. 233 a G.U., 28 dicembre 1996, n. 303.

seguenti elementi costitutivi dello stesso: data della domanda, estremi del versamento di tutte le somme dovute, dichiarazione dell'autorità preposta alla tutela dei vincoli nei casi di cui al periodo precedente, dichiarazione di parte che il comune non ha provveduto ad emettere provvedimento di sanatoria nei termini stabiliti nell'art. 39, comma 4, della citata l. n. 724 del 1994. Nei successivi atti negoziali è consentito fare riferimento agli estremi di un precedente atto pubblico che riporti i dati sopracitati. Le norme del presente comma concernenti il contributo concessorio non trovano applicazione per le domande di sanatoria presentate entro il 30 giugno 1987.

59. Le disposizioni di cui ai commi quinto e sesto dell'art. 40 della l. 28 febbraio 1985, n. 47, si applicano anche ai trasferimenti previsti dalla l. 24 dicembre 1993, n. 560, nonché ai trasferimenti di immobili di proprietà di enti di assistenza e previdenza e delle amministrazioni comunali.

60-224. . . . . (*omissis*).

3. . . . . (*omissis*).

III. 5.

DECRETO DEL PRESIDENTE DELLA REPUBBLICA 6 giugno 2001, n. 380. — *Testo unico delle disposizioni legislative e regolamentari in materia edilizia (Testo A)* (1) (2).

PARTE I

ATTIVITÀ EDILIZIA

TITOLO I

Disposizioni generali

CAPO I

ATTIVITÀ EDILIZIA

1 (L). *Ambito di applicazione*. — 1. Il presente testo unico contiene i principi fondamentali e generali e le disposizioni per la disciplina dell'attività edilizia.

2. Restano ferme le disposizioni in materia di tutela dei beni culturali e ambientali contenute nel d.lg. 29 ottobre 1999, n. 490, la normativa di tutela dell'assetto idrogeologico (3) e le altre normative di settore aventi incidenza sulla disciplina dell'attività edilizia.

3. Sono fatte salve altresì le disposizioni di cui agli artt. 24 e 25 del d.lg. 31 marzo 1998, n. 112, ed alle relative norme di attuazione, in materia di realizzazione, ampliamento, ristrutturazione e riconversione di impianti produttivi.

2 (L). *Competenze delle regioni e degli enti locali*. — 1. Le regioni esercitano la potestà legislativa concorrente in materia edilizia nel rispetto dei principi fondamentali della legislazione statale desumibili dalle disposizioni contenute nel testo unico.

2. Le regioni a statuto speciale e le province autonome di Trento e di Bolzano esercitano la propria potestà legislativa esclusiva, nel rispetto e nei limiti degli statuti di autonomia e delle relative norme di attuazione.

3. Le disposizioni, anche di dettaglio, del presente testo unico, attuative dei principi di riordino in esso contenuti, operano direttamente nei riguardi delle regioni a statuto ordinario, fino a quando esse non si adeguano ai principi medesimi.

4. I comuni, nell'ambito della propria autonomia statutaria e normativa di cui all'art. 3 del d.lg. 18 agosto 2000, n. 267, disciplinano l'attività edilizia.

5. In nessun caso le norme del presente testo unico possono essere interpretate nel senso della attribuzione allo Stato di funzioni e compiti trasferiti, delegati o comunque conferiti alle regioni e agli enti locali dalle disposizioni vigenti alla data della sua entrata in vigore.

2-*bis* (L). *Deroghe in materia di limiti di distanza tra fabbricati*. — → 1. Ferma restando la competenza statale in materia di ordinamento civile con riferimento al diritto di proprietà e alle connesse norme del codice civile e alle disposizioni integrative, le regioni e le province autonome di Trento e di Bolzano possono pre-

(1) Suppl. ord. n. 239 a G.U., 20 ottobre 2001, n. 245. Per una serie di *Errata corrige* e *Avvisi di rettifica* v. il *Comunicato* di cui alla G.U., 10 novembre 2001, n. 262, nonché il *Comunicato* di cui alla G.U., 13 novembre 2001, n. 264. Il presente provvedimento raccoglie i testi unici delle disposizioni legislative di cui al d.lg. 378/2001 (L) e di quelle regolamentari di cui al d.p.r. 379/2001 (R). Quanto alla entrata in vigore del presente d.p.r., vedine l'art. 138; v. altresì l'art. 4, d.l. 24 giugno 2003, n. 147, conv. in l. 1° agosto 2003, n. 200, che differisce gli effetti del Capo V, parte seconda, del testo annotato al 1° gennaio 2004.

(2) Il d.p.r. n. 380/2001 fa parte dell'«Elenco delle leggi contenenti reati puniti con la sola pena pecuniaria esclusi dalla depenalizzazione a norma dell'art. 2 della legge n. 67/2014», allegato al d.lg. 15 gennaio 2016, n. 8.

(3) Le parole «la normativa di tutela dell'assetto idrogeologico» sono state inserite dall'art. 54.1, lett. a, l. 28 dicembre 2015, n. 221.

vedere, con proprie leggi e regolamenti, disposizioni derogatorie al decreto del Ministro dei lavori pubblici 2 aprile 1968, n. 1444, e possono dettare disposizioni sugli spazi da destinare agli insediamenti residenziali, a quelli produttivi, a quelli riservati alle attività collettive, al verde e ai parcheggi, nell'ambito della definizione o revisione di strumenti urbanistici comunque funzionali a un assetto complessivo e unitario o di specifiche aree territoriali (1). →

3 (L). *Definizioni degli interventi edilizi*. — (l. 5 agosto 1978, n. 457, art. 31). — 1. Ai fini del presente testo unico si intendono per:

a) «interventi di manutenzione ordinaria», gli interventi edilizi che riguardano le opere di riparazione, rinnovamento e sostituzione delle finiture degli edifici e quelle necessarie ad integrare o mantenere in efficienza gli impianti tecnologici esistenti;

b) «interventi di manutenzione straordinaria», le opere e le modifiche necessarie per rinnovare e sostituire parti anche strutturali degli edifici, nonché per realizzare ed integrare i servizi igienico-sanitari e tecnologici, sempre che non alterino la volumetria complessiva degli edifici (2) e non comportino modifiche delle destinazioni di uso. Nell'ambito degli interventi di manutenzione straordinaria sono ricompresi anche quelli consistenti nel frazionamento o accorpamento delle unità immobiliari con esecuzione di opere anche se comportanti la variazione delle superfici delle singole unità immobiliari nonché del carico urbanistico purché non sia modificata la volumetria complessiva degli edifici e si mantenga l'originaria destinazione d'uso (3);

c) «interventi di restauro e di risanamento conservativo», gli interventi edilizi rivolti a conservare l'organismo edilizio e ad assicurarne la funzionalità mediante un insieme sistematico di opere che, nel rispetto degli elementi tipologici, formali e strutturali dell'organismo stesso, ne consentano anche il mutamento delle destinazioni d'uso purché con tali elementi compatibili, nonché conformi a quelle previste dallo strumento urbanistico generale e dai relativi piani attuativi (4). Tali interventi comprendono il consolidamento, il ripristino e il rinnovo degli elementi costitutivi dell'edificio, l'inserimento degli elementi accessori e degli impianti richiesti dalle esigenze dell'uso, l'eliminazione degli elementi estranei all'organismo edilizio;

d) «interventi di ristrutturazione edilizia», gli interventi rivolti a trasformare gli organismi edilizi mediante un insieme sistematico di opere che possono portare ad un organismo edilizio in tutto o in parte diverso dal precedente. Tali interventi comprendono il ripristino o la sostituzione di alcuni elementi costitutivi dell'edificio, l'eliminazione, la modifica e l'inserimento di nuovi elementi ed impianti. Nell'ambito degli interventi di ristrutturazione edilizia sono ricompresi anche quelli consistenti nella demolizione e ricostruzione con la stessa volumetria [...] di quello preesistente (5), fatte salve le sole innovazioni necessarie per l'adeguamento alla normativa antisismica nonché quelli volti al ripristino di edifici, o parti di essi, eventualmente crollati o demoliti, attraverso la loro ricostruzione, purché sia possibile accertarne la preesistente consistenza. Rimane fermo che, con riferimento agli immobili sottoposti a vincoli ai sensi del d.lg. 22 gennaio 2004, n. 42 e successive modificazioni, gli interventi di demolizione e ricostruzione e gli interventi di ripristino di edifici crollati o demoliti costituiscono interventi di ristrutturazione edilizia soltanto ove sia rispettata la medesima sagoma dell'edificio preesistente (6);

(1) Articolo inserito dall'art. 30.1, lett. 0a, d.l. 21 giugno 2013, n. 69, conv. in l. 9 agosto 2013, n. 98. In base all'art. 30.6, d.l. cit.: «Le disposizioni del presente articolo si applicano dalla data di entrata in vigore della legge di conversione del presente decreto».

(2) Le parole «la volumetria complessiva degli edifici» sono state così sostituite alle precedenti «i volumi e le superfici delle singole unità immobiliari» dall'art. 17.1, lett. a, n. 1, d.l. 12 settembre 2014, n. 133, conv. in l. 11 novembre 2014, n. 164.

(3) Ultimo periodo aggiunto dall'art. 17.1, lett. a, n. 2, d.l. 12 settembre 2014, n. 133, conv. in l. 11 novembre 2014, n. 164.

(4) Le parole da «ne consentano» fino ad «attuativi» sono state così sostituite alle precedenti «ne consentano destinazioni d'uso con essi compatibili» dall'art. 65-*bis*, d.l. 24 aprile 2017, n. 50, conv. in l. 21 giugno 2017, n. 96.

(5) Le parole «ricostruzione con la stessa volumetria e sagoma di quello preesistente» sono state così sostituite alle precedenti «successiva fedele ricostruzione di un fabbricato identico, quanto a sagoma, volumi, area di sedime e caratteristiche dei materiali, a quello preesistente» dall'art. 1.1, lett. a, d.lg. 27 dicembre 2002, n. 301. Successivamente le parole «e sagoma» sono state soppresse dall'art. 30.1, lett. a, d.l. 21 giugno 2013, n. 69, conv. in l. 9 agosto 2013, n. 98. In base all'art. 30.6, d.l. cit.: «Le disposizioni del presente articolo si applicano dalla data di entrata in vigore della legge di conversione del presente decreto».

(6) Le parole da «nonché quelli volti» fino alla fine della lettera sono state aggiunte dall'art. 30.1, lett. a, d.l. 21 giugno 2013, n. 69, conv. in l. 9 agosto 2013, n. 98. In base all'art. 30.6, d.l. cit.: «Le disposizioni del presente articolo si applicano dalla data di entrata in vigore della legge di conversione del presente decreto».

e) «interventi di nuova costruzione», quelli di trasformazione edilizia e urbanistica del territorio non rientranti nelle categorie definite alle lettere precedenti. Sono comunque da considerarsi tali:

e.1) la costruzione di manufatti edilizi fuori terra o interrati, ovvero l'ampliamento di quelli esistenti all'esterno della sagoma esistente, fermo restando, per gli interventi pertinenziali, quanto previsto alla lett. *e.6*);

e.2) gli interventi di urbanizzazione primaria e secondaria realizzati da soggetti diversi dal comune;

e.3) la realizzazione di infrastrutture e di impianti, anche per pubblici servizi, che comporti la trasformazione in via permanente di suolo inedificato;

e.4) l'installazione di torri e tralicci per impianti radio-ricetrasmittenti e di ripetitori per i servizi di telecomunicazione;

e.5) l'installazione di manufatti leggeri, anche prefabbricati, e di strutture di qualsiasi genere, quali roulottes, campers, case mobili, imbarcazioni, che siano utilizzati come abitazioni, ambienti di lavoro, oppure come depositi, magazzini e simili, ad eccezione di quelli che siano diretti a soddisfare esigenze meramente temporanee o siano ricompresi in strutture ricettive all'aperto per la sosta e il soggiorno dei turisti, previamente autorizzate sotto il profilo urbanistico, edilizio e, ove previsto, paesaggistico, in conformità alle normative regionali di settore (1);

e.6) gli interventi pertinenziali che le norme tecniche degli strumenti urbanistici, in relazione alla zonizzazione e al pregio ambientale e paesaggistico delle aree, qualifichino come interventi di nuova costruzione, ovvero che comportino la realizzazione di un volume superiore al 20% del volume dell'edificio principale;

e.7) la realizzazione di depositi di merci o di materiali, la realizzazione di impianti per attività produttive all'aperto ove comportino l'esecuzione di lavori cui consegua la trasformazione permanente del suolo inedificato;

f) gli «interventi di ristrutturazione urbanistica», quelli rivolti a sostituire l'esistente tessuto urbanistico-edilizio con altro diverso, mediante un insieme sistematico di interventi edilizi, anche con la modificazione del disegno dei lotti, degli isolati e della rete stradale.

2. Le definizioni di cui al comma 1 prevalgono sulle disposizioni degli strumenti urbanistici generali e dei regolamenti edilizi. Resta ferma la definizione di restauro prevista dall'art. 34 del d.lg. 29 ottobre 1999, n. 490.

3-*bis*. *Interventi di conservazione*. — 1. Lo strumento urbanistico individua gli edifici esistenti non più compatibili con gli indirizzi della pianificazione. In tal caso l'amministrazione comunale può favorire, in alternativa all'espropriazione, la riqualificazione delle aree attraverso forme di compensazione incidenti sull'area interessata e senza aumento della superficie coperta, rispondenti al pubblico interesse e comunque rispettose dell'imparzialità e del buon andamento dell'azione amministrativa. Nelle more dell'attuazione del piano, resta salva la facoltà del proprietario di eseguire tutti gli interventi conservativi, ad eccezione della demolizione e successiva ricostruzione non giustificata da obiettive ed improrogabili ragioni di ordine statico od igienico sanitario (2).

4 (L). *Regolamenti edilizi comunali*. — (l. 17 agosto 1942, n. 1150, art. 33). — 1. Il regolamento che i comuni adottano ai sensi dell'art. 2, comma 4, deve contenere la disciplina delle modalità costruttive, con particolare riguardo al rispetto delle normative tecnico-estetiche, igienico-sanitarie, di sicurezza e vivibilità degli immobili e delle pertinenze degli stessi.

1-*bis*. .... (3).

1-*ter*. Entro il 1° giugno 2014, i comuni adeguano il regolamento di cui al comma 1 prevedendo, con decorrenza dalla medesima data, che ai fini del conseguimento del titolo abilitativo edilizio sia obbligatoriamente prevista, per gli edifici di nuova costruzione ad uso diverso da quello residenziale con superficie utile superiore a 500 metri quadrati e per i relativi interventi di ristrutturazione edilizia, l'installazione di infrastrutture elettriche per la ricarica dei veicoli idonee a permettere la connessione

(1) Le parole «ancorché siano installati, con temporaneo ancoraggio al suolo, all'interno di strutture ricettive all'aperto, in conformità alla normativa regionale di settore, per la sosta ed il soggiorno di turisti» sono state aggiunte dall'art. 41.4, d.l. 21 giugno 2013, n. 69, conv. in l. 9 agosto 2013, n. 98. Successivamente le parole «e salvo che» sono state così sostituite alle precedenti «ancorché» dall'art. 10-*ter*, d.l. 28 marzo 2014, n. 47, conv. in l. 23 maggio 2014, n. 80. Da ultimo, le parole da «ad eccezione di quelli» fino a «settore» sono state così sostituite alle precedenti «e che non siano diretti a soddisfare esigenze meramente temporanee e salvo che siano installati, con temporaneo ancoraggio al suolo, all'interno di strutture ricettive all'aperto, in conformità alla normativa regionale di settore, per la sosta ed il soggiorno di turisti» dall'art. 52.2, l. 28 dicembre 2015, n. 221.

(2) Articolo inserito dall'art. 17.1, lett. b, d.l. 12 settembre 2014, n. 133, conv. in l. 11 novembre 2014, n. 164.

(3) Comma inserito dall'art. 1.350, l. 27 dicembre 2006, n. 296, poi sostituito dall'art. 1.289, l. 24 dicembre 2007, n. 244, e successivamente abrogato dall'art. 11.5, lett. a, d.lg. 3 marzo 2011, n. 28.

di una vettura da ciascuno spazio a parcheggio coperto o scoperto e da ciascun box per auto, siano essi pertinenziali o no, in conformità alle disposizioni edilizie di dettaglio fissate nel regolamento stesso (1).

1-*quater*. Decorso inutilmente il termine di cui al comma 1-*ter* del presente articolo, le regioni applicano, in relazione ai titoli abilitativi edilizi difformi da quanto ivi previsto, i poteri inibitori e di annullamento stabiliti nelle rispettive leggi regionali o, in difetto di queste ultime, provvedono ai sensi dell'art. 39 (1).

1-*quinquies*. Le disposizioni di cui ai commi 1-*ter* e 1-*quater* non si applicano agli immobili di proprietà delle amministrazioni pubbliche (1).

1-*sexies*. Il Governo, le regioni e le autonomie locali, in attuazione del principio di leale collaborazione, concludono in sede di Conferenza unificata accordi ai sensi dell'art. 9 del d.lg. 28 agosto 1997, n. 281, o intese ai sensi dell'art. 8 della l. 5 giugno 2003, n. 131, per l'adozione di uno schema di regolamento edilizio-tipo, al fine di semplificare e uniformare le norme e gli adempimenti (2). Ai sensi dell'art. 117, secondo comma, lett. *e*) e *m*), della Costituzione, tali accordi costituiscono livello essenziale delle prestazioni, concernenti la tutela della concorrenza e i diritti civili e sociali che devono essere garantiti su tutto il territorio nazionale. Il regolamento edilizio-tipo, che indica i requisiti prestazionali degli edifici, con particolare riguardo alla sicurezza e al risparmio energetico, è adottato dai comuni nei termini fissati dai suddetti accordi, comunque entro i termini previsti dall'art. 2 della l. 7 agosto 1990, n. 241, e successive modificazioni (3).

2. Nel caso in cui il comune intenda istituire la commissione edilizia, il regolamento indica gli interventi sottoposti al preventivo parere di tale organo consultivo.

5 (R). *Sportello unico per l'edilizia*. — (d.l. 5 ottobre 1993, n. 398, art. 4, commi 1, 2, 3, 4, 5 e 6, conv. in l. 4 dicembre 1993, n. 493; art. 220, r.d. 27 luglio 1934, n. 1265). — 1. Le amministrazioni comunali, nell'ambito della propria autonomia organizzativa, provvedono, anche mediante esercizio in forma associata delle strutture ai sensi del Capo V, Titolo II del d.lg. 18 agosto 2000, n. 267, ovvero accorpamento, disarticolazione, soppressione di uffici o organi già esistenti, a costituire un ufficio denominato sportello unico per l'edilizia, che cura tutti i rapporti fra il privato, l'amministrazione e, ove occorra, le altre amministrazioni tenute a pronunciarsi in ordine all'intervento edilizio oggetto della richiesta di permesso o di segnalazione certificata di inizio attività (4).

1-*bis* (L). Lo sportello unico per l'edilizia costituisce l'unico punto di accesso per il privato interessato in relazione a tutte le vicende amministrative riguardanti il titolo abilitativo e l'intervento edilizio oggetto dello stesso, che fornisce una risposta tempestiva in luogo di tutte le pubbliche amministrazioni, comunque coinvolte. Acquisisce altresì presso le amministrazioni competenti, anche mediante conferenza di servizi ai sensi degli artt. 14, 14-*bis*, 14-*ter*, 14-*quater* e 14-*quinquies* della l. 7 agosto 1990, n. 241, e successive modificazioni, gli atti di assenso, comunque denominati, delle amministrazioni preposte alla tutela ambientale, paesaggistico-territoriale, del patrimonio storico-artistico, dell'assetto idrogeologico o alla tutela della salute e della pubblica incolumità. Resta comunque ferma la competenza dello sportello unico per le attività produttive definita dal regolamento di cui al d.p.r. 7 settembre 2010, n. 160 (5).

1-*ter*. Le comunicazioni al richiedente sono trasmesse esclusivamente dallo sportello unico per l'edilizia; gli altri uffici comunali e le amministrazioni pubbliche diverse dal comune, che sono interessati al procedimento, non possono trasmettere al richiedente atti autorizzatori, nulla osta, pareri o atti di consenso, anche a contenuto negativo, comunque denominati e sono tenuti a trasmettere immediatamente allo

(1) Comma premesso dall'art. 17-*quinquies*.1, d.l. 22 giugno 2012, n. 83, conv. in l. 7 agosto 2012, n. 134. L'art. 17-*quinquies*.2-3, d.l. cit., così dispone: «2. Fatto salvo il regime di cui all'art. 1102 del codice civile, le opere edilizie per l'installazione delle infrastrutture di ricarica elettrica dei veicoli in edifici in condominio sono approvate dall'assemblea di condominio, in prima o in seconda convocazione, con le maggioranze previste dall'art. 1136, secondo comma, del codice civile. || 3. Nel caso in cui il condominio rifiuti di assumere, o non assuma entro tre mesi dalla richiesta fatta per iscritto, le deliberazioni di cui al comma 2, il condomino interessato può installare, a proprie spese, i dispositivi di cui al citato comma 2, secondo le modalità ivi previste. Resta fermo quanto disposto dagli artt. 1120, secondo comma, e 1121, terzo comma, del codice civile».

(2) V. l'intesa in data 20 ottobre 2016, in G.U., 16 novembre 2016, n. 268.

(3) Comma inserito dall'art. 17-*bis*, d.l. 12 settembre 2014, n. 133, conv. in l. 11 novembre 2014, n. 164.

(4) L'espressione «segnalazione certificata di inizio attività» è stata così sostituita alla precedente «denuncia di inizio attività» dall'art. 17.2, d.l. 12 settembre 2014, n. 133, conv. in l. 11 novembre 2014, n. 164.

(5) Comma inserito dall'art. 13.2, lett. a, n. 1, d.l. 22 giugno 2012, n. 83, conv. in l. 7 agosto 2012, n. 134, e successivamente così sostituito dall'art. 54.1, lett. b, n. 1, l. 28 dicembre 2015, n. 221.

sportello unico per l'edilizia le denunce, le domande, le segnalazioni, gli atti e la documentazione ad esse eventualmente presentati, dandone comunicazione al richiedente (1).

2 (L). Tale ufficio provvede in particolare:

a) alla ricezione delle denunce di inizio attività e delle domande per il rilascio di permessi di costruire e di ogni altro atto di assenso comunque denominato in materia di attività edilizia, ivi compreso il certificato di agibilità, nonché dei progetti approvati dalla Soprintendenza ai sensi e per gli effetti degli artt. 36, 38 e 46 del d.lg. 29 ottobre 1999, n. 490;

b) a fornire informazioni sulle materie di cui alla lett. *a*), anche mediante predisposizione di un archivio informatico contenente i necessari elementi normativi, che consenta a chi vi abbia interesse l'accesso gratuito, anche in via telematica, alle informazioni sugli adempimenti necessari per lo svolgimento delle procedure previste dal presente testo unico, all'elenco delle domande presentate, allo stato del loro iter procedurale, nonché a tutte le possibili informazioni utili disponibili;

c) all'adozione, nelle medesime materie, dei provvedimenti in tema di accesso ai documenti amministrativi in favore di chiunque vi abbia interesse ai sensi degli artt. 22 e seguenti della l. 7 agosto 1990, n. 241, nonché delle norme comunali di attuazione;

d) al rilascio dei permessi di costruire [...] (2), nonché delle certificazioni attestanti le prescrizioni normative e le determinazioni provvedimentali a carattere urbanistico, paesaggistico-ambientale, edilizio, idrogeologico e di qualsiasi altro tipo comunque rilevanti ai fini degli interventi di trasformazione edilizia del territorio;

e) alla cura dei rapporti tra l'amministrazione comunale, il privato e le altre amministrazioni chiamate a pronunciarsi in ordine all'intervento edilizio oggetto dell'istanza o denuncia, con particolare riferimento agli adempimenti connessi all'applicazione della parte II del presente testo unico (3).

3. [...] (4) Lo sportello unico per l'edilizia acquisisce [...] (5) ai sensi degli artt. 14, 14-*bis*, 14-*ter*, 14-*quater* e 14-*quinquies* della l. 7 agosto 1990, n. 241, e successive modificazioni, gli atti di assenso, comunque denominati, necessari ai fini della realizzazione dell'intervento edilizio. Nel novero di tali assensi rientrano, in particolare:

a) .... (6);

b) il parere dei vigili del fuoco, ove necessario, in ordine al rispetto della normativa antincendio;

c) le autorizzazioni e le certificazioni del competente ufficio tecnico della regione, per le costruzioni in zone sismiche di cui agli artt. 61, 62 e 94;

d) l'assenso dell'amministrazione militare per le costruzioni nelle zone di salvaguardia contigue ad opere di difesa dello Stato o a stabilimenti militari, di cui all'art. 333 del codice dell'ordinamento militare, di cui al d.lg. 15 marzo 2010, n. 66;

e) l'autorizzazione del direttore della circoscrizione doganale in caso di costruzione, spostamento e modifica di edifici nelle zone di salvaguardia in prossimità della linea doganale e nel mare territoriale, ai sensi e per gli effetti dell'art. 19 del d.lg. 8 novembre 1990, n. 374;

f) l'autorizzazione dell'autorità competente per le costruzioni su terreni confinanti con il demanio marittimo, ai sensi e per gli effetti dell'art. 55 del codice della navigazione;

g) gli atti di assenso, comunque denominati, previsti per gli interventi edilizi su immobili vincolati ai sensi del codice dei beni culturali e del paesaggio, di cui al d.lg. 22 gennaio 2004, n. 42 [...] (7);

h) il parere vincolante della Commissione per la salvaguardia di Venezia, ai sensi e per gli effetti dell'art. 6 della l. 16 aprile 1973, n. 171, e

(1) Comma inserito dall'art. 13.2, lett. a, n. 1, d.l. 22 giugno 2012, n. 83, conv. in l. 7 agosto 2012, n. 134. L'art. 13.2-*bis*, d.l. cit., così dispone: «Le amministrazioni comunali sono tenute ad applicare le disposizioni di cui al comma 2 entro sei mesi dalla data di entrata in vigore della legge di conversione del presente decreto».

(2) Le parole «, dei certificati di agibilità» sono state soppresse dall'art. 3.1, lett. a, n. 1, d.lg. 25 novembre 2016, n. 222.

(3) Comma così sostituito dall'art. 54.1, lett. b, n. 2, l. 28 dicembre 2015, n. 221.

(4) Le parole «Ai fini del rilascio del permesso di costruire,» sono state soppresse dall'art. 3.1, lett. a, n. 2, d.lg. 25 novembre 2016, n. 222.

(5) Le parole «direttamente o tramite conferenza di servizi» sono state soppresse dall'art. 2.1, lett. a, n. 1, d.lg. 30 giugno 2016, n. 127.

(6) Lettera soppressa dall'art. 3.1, lett. a, n. 3, d.lg. 25 novembre 2016, n. 222.

(7) Le parole «, fermo restando che, in caso di dissenso manifestato dall'amministrazione preposta alla tutela dei beni culturali, si procede ai sensi del medesimo codice» sono state soppresse dall'art. 2.1, lett. a, n. 2, d.lg. 30 giugno 2016, n. 127.

successive modificazioni, salvi i casi in cui vi sia stato l'adeguamento al piano comprensoriale previsto dall'art. 5 della stessa legge, per l'attività edilizia nella laguna veneta nonché nel territorio dei centri storici di Chioggia e di Sottomarina e nelle isole di Pellestrina, Lido e Sant'Erasmo;

i) il parere dell'autorità competente in materia di assetti e vincoli idrogeologici;

l) gli assensi in materia di servitù viarie, ferroviarie, portuali e aeroportuali;

m) il nulla osta dell'autorità competente ai sensi dell'art. 13 della l. 6 dicembre 1991, n. 394, in materia di aree naturali protette (1).

3-*bis.* Restano ferme le disposizioni in materia di sicurezza nei luoghi di lavoro di cui all'art. 67 del d.lg. 9 aprile 2008, n. 81 (2).

4. .... (3).

4-*bis.* Lo sportello unico per l'edilizia accetta le domande, le dichiarazioni, le segnalazioni, le comunicazioni e i relativi elaborati tecnici o allegati presentati dal richiedente con modalità telematica e provvede all'inoltro telematico della documentazione alle altre amministrazioni che intervengono nel procedimento, le quali adottano modalità telematiche di ricevimento e di trasmissione in conformità alle modalità tecniche individuate ai sensi dell'art. 34-*quinquies* del d.l. 10 gennaio 2006, n. 4, convertito, con modificazioni, dalla l. 9 marzo 2006, n. 80. Tali modalità assicurano l'interoperabilità con le regole tecniche definite dal regolamento ai sensi dell'art. 38, comma 3, del d.l. 25 giugno 2008, n. 112, convertito, con modificazioni, dalla l. 6 agosto 2008, n. 133, e successive modificazioni. Ai predetti adempimenti si provvede nell'ambito delle risorse umane, strumentali e finanziarie disponibili a legislazione vigente, senza nuovi o maggiori oneri a carico della finanza pubblica (4).

TITOLO II

Titoli abilitativi

CAPO I

Disposizioni generali

6 (L). *Attività edilizia libera*. — (l. 28 gennaio 1977, n. 10, art. 9, lett. *c*); l. 9 gennaio 1989, n. 13, art. 7, commi 1 e 2; d.l. 23 gennaio 1982, n. 9, art. 7, comma 4, conv. in l. 25 marzo 1982, n. 94). — 1. Fatte salve le prescrizioni degli strumenti urbanistici comunali, e comunque nel rispetto delle altre normative di settore aventi incidenza sulla disciplina dell'attività edilizia e, in particolare, delle norme antisismiche, di sicurezza, antincendio, igienicosanitarie, di quelle relative all'efficienza energetica, di tutela dal rischio idrogeologico (5), nonché delle disposizioni contenute nel codice dei beni culturali e del paesaggio, di cui al d.lg. 22 gennaio 2004, n. 42, i seguenti interventi sono eseguiti senza alcun titolo abilitativo:

a) gli interventi di manutenzione ordinaria di cui all'art. 3, comma 1, lett. *a*) [...] (6);

a-bis) gli interventi di installazione delle pompe di calore aria-aria di potenza termica utile nominale inferiore a 12 kW (7);

b) gli interventi volti all'eliminazione di barriere architettoniche che non comportino la realizzazione [...] (8) di ascensori esterni, ovvero di manufatti che alterino la sagoma dell'edificio;

c) le opere temporanee per attività di ricerca nel sottosuolo che abbiano carattere geognostico, ad esclusione di attività di ricerca di idrocarburi, e che siano eseguite in aree esterne al centro edificato;

d) i movimenti di terra strettamente per-

(1) Comma così sostituito dall'art. 13.2, lett. a, n. 2, d.l. 22 giugno 2012, n. 83, conv. in l. 7 agosto 2012, n. 134. L'art. 13.2-*bis*, d.l. cit., così dispone: «Le amministrazioni comunali sono tenute ad applicare le disposizioni di cui al comma 2 entro sei mesi dalla data di entrata in vigore della legge di conversione del presente decreto».

(2) Comma inserito dall'art. 3.1, lett. a, n. 4, d.lg. 25 novembre 2016, n. 222.

(3) Comma abrogato dall'art. 13.2, lett. a, n. 3, d.l. 22 giugno 2012, n. 83, conv. in l. 7 agosto 2012, n. 134. L'art. 13.2-*bis*, d.l. cit., così dispone: «Le amministrazioni comunali sono tenute ad applicare le disposizioni di cui al comma 2 entro sei mesi dalla data di entrata in vigore della legge di conversione del presente decreto».

(4) Comma aggiunto dall'art. 5.2, lett. a, n. 1-*bis*, d.l. 13 maggio 2011, n. 70, conv. in l. 12 luglio 2011, n. 106.

(5) Le parole «, di tutela dal rischio idrogeologico,» sono state inserite dall'art. 54.1, lett. c, l. 28 dicembre 2015, n. 221.

(6) Le parole «di cui all'art. 3, comma 1, lett. *a*), ivi compresi gli interventi di installazione delle pompe di calore aria-aria di potenza termica utile nominale inferiore a 12 kW» erano state aggiunte dall'art. 17.1, lett. c, n. 01, d.l. 12 settembre 2014, n. 133, conv. in l. 11 novembre 2014, n. 164. Successivamente le parole «, ivi compresi gli interventi di installazione delle pompe di calore aria-aria di potenza termica utile nominale inferiore a 12 kW» sono state soppresse dall'art. 3.1, lett. b, n. 1, d.lg. 25 novembre 2016, n. 222.

(7) Lettera aggiunta dall'art. 3.1, lett. b, n. 2, d.lg. 25 novembre 2016, n. 222.

(8) Le parole «di rampe o» sono state soppresse dall'art. 3.1, lett. b, n. 3, d.lg. 25 novembre 2016, n. 222.

tinenti all'esercizio dell'attività agricola e le pratiche agro-silvo-pastorali, compresi gli interventi su impianti idraulici agrari;

e) le serre mobili stagionali, sprovviste di strutture in muratura, funzionali allo svolgimento dell'attività agricola;

e-bis) le opere dirette a soddisfare obiettive esigenze contingenti e temporanee e ad essere immediatamente rimosse al cessare della necessità e, comunque, entro un termine non superiore a novanta giorni, previa comunicazione di avvio lavori all'amministrazione comunale (1);

e-ter) le opere di pavimentazione e di finitura di spazi esterni, anche per aree di sosta, che siano contenute entro l'indice di permeabilità, ove stabilito dallo strumento urbanistico comunale, ivi compresa la realizzazione di intercapedini interamente interrate e non accessibili, vasche di raccolta delle acque, locali tombati (1);

e-quater) i pannelli solari, fotovoltaici, a servizio degli edifici, da realizzare al di fuori della zona A) di cui al decreto del Ministro per i lavori pubblici 2 aprile 1968, n. 1444 (1);

e-quinquies) le aree ludiche senza fini di lucro e gli elementi di arredo delle aree pertinenziali degli edifici (1).

2. .... (2).

3. .... (3).

4. .... (2).

5. Riguardo agli interventi di cui al presente articolo, l'interessato provvede, nei casi previsti dalle vigenti disposizioni, alla presentazione degli atti di aggiornamento catastale ai sensi dell'art. 34-*quinquies*, comma 2, lett. *b*), del d.l. 10 gennaio 2006, n. 4, convertito, con modificazioni, dalla l. 9 marzo 2006, n. 80 (4).

6. Le regioni a statuto ordinario:

a) possono estendere la disciplina di cui al presente articolo a interventi edilizi ulteriori rispetto a quelli previsti dal comma 1, esclusi gli interventi di cui all'art. 10, comma 1, soggetti a permesso di costruire e gli interventi di cui all'art. 23, soggetti a segnalazione certificata di inzio attività in alternativa al permesso di costruire (5);

b) disciplinano con legge le modalità per l'effettuazione dei controlli (6).

7. .... (2).

8. Al fine di semplificare il rilascio del certificato di prevenzione incendi per le attività di cui ai commi 1 e 2, il certificato stesso, ove previsto, è rilasciato in via ordinaria con l'esame a vista. Per le medesime attività, il termine previsto dal primo periodo del comma 2 dell'art. 2 del regolamento di cui al d.p.r. 12 gennaio 1998, n. 37, è ridotto a trenta giorni (7).

6-*bis*. *Interventi subordinati a comunicazione di inizio lavori asseverata*. — 1. . Gli interventi non riconducibili all'elenco di cui agli artt. 6, 10 e 22, sono realizzabili previa comunicazione, anche per via telematica, dell'inizio dei lavori da parte dell'interessato all'amministrazione competente, fatte salve le prescrizioni degli strumenti urbanistici, dei regolamenti edilizi e della disciplina urbanistico-edilizia vigente, e comunque nel rispetto delle altre normative di settore aventi incidenza sulla disciplina dell'attività edilizia e, in particolare, delle norme antisismiche, di sicurezza, antincendio, igienico-sanitarie, di quelle relative all'efficienza energetica, di tutela dal rischio idrogeologico, nonché delle disposizioni contenute nel codice dei beni culturali e del paesaggio, di cui al d.lg. 22 gennaio 2004, n. 42.

2. L'interessato trasmette all'amministrazione comunale l'elaborato progettuale e la comunicazione di inizio dei lavori asseverata da un tecnico abilitato, il quale attesta, sotto la propria responsabilità, che i lavori sono conformi agli strumenti urbanistici approvati e ai regolamenti edilizi vigenti, nonché che sono compatibili con la normativa in materia sismica e con quella sul rendimento energetico nell'edilizia e che non vi è interessamento delle parti struttu-

(1) Lettera aggiunta dall'art. 3.1, lett. b, n. 3, d.lg. 25 novembre 2016, n. 222.

(2) Comma abrogato dall'art. 3.1, lett. b, n. 4, d.lg. 25 novembre 2016, n. 222.

(3) Comma abrogato dall'art. 13-*bis*.1, lett. b, d.l. 22 giugno 2012, n. 83, conv. in l. 7 agosto 2012, n. 134.

(4) Comma così sostituito dall'art. 1.172, l. 4 agosto 2017, n. 124. L'art. 1.173, l. cit., così dispone: «Il possessore degli immobili per i quali alla data di entrata in vigore della presente legge sono già attivati gli interventi richiamati all'art. 6, comma 5, del citato t.u. di cui al d.p.r. 6 giugno 2001, n. 380, nel testo vigente prima della data di entrata in vigore della presente legge, provvede, ove necessario, agli atti di aggiornamento catastale secondo le modalità previste dal regolamento di cui al decreto del Ministro delle finanze 19 aprile 1994, n. 701. Tali adempimenti devono essere eseguiti entro sei mesi dalla data di entrata in vigore della presente legge e in caso di omissioni trova applicazione l'art. 1, comma 336, della l. 30 dicembre 2004, n. 311».

(5) Le parole da «dal comma 1,» fino a «costruire» sono state così sostituite alle precedenti «dai commi 1 e 2» dall'art. 3.1, lett. b, n. 1, d.lg. 25 novembre 2016, n. 222.

(6) L'attuale lett. *b*) è stata così sostituita alle originarie lett. *b*) e *c*) dall'art. 17.1, lett. c, n. 4, d.l. 12 settembre 2014, n. 133, conv. in l. 11 novembre 2014, n. 164. L'art. 17.2-*bis*, d.l. cit., dispone che le regioni assicurino l'attuazione «entro sessanta giorni dalla data di entrata in vigore della legge di conversione del presente decreto».

(7) Articolo così sostituito dall'art. 5, d.l. 25 marzo 2010, n. 40, conv. in l. 22 maggio 2010, n. 73.

rali dell'edificio; la comunicazione contiene, altresì, i dati identificativi dell'impresa alla quale si intende affidare la realizzazione dei lavori.

3. Per gli interventi soggetti a CILA, ove la comunicazione di fine lavori sia accompagnata dalla prescritta documentazione per la variazione catastale, quest'ultima è tempestivamente inoltrata da parte dell'amministrazione comunale ai competenti uffici dell'Agenzia delle entrate.

4. Le regioni a statuto ordinario:

a) possono estendere la disciplina di cui al presente articolo a interventi edilizi ulteriori rispetto a quelli previsti dal comma 1;

b) disciplinano le modalità di effettuazione dei controlli, anche a campione e prevedendo sopralluoghi in loco.

5. La mancata comunicazione asseverata dell'inizio dei lavori comporta la sanzione pecuniaria pari a 1.000 euro. Tale sanzione è ridotta di due terzi se la comunicazione è effettuata spontaneamente quando l'intervento è in corso di esecuzione (1).

7 (L). *Attività edilizia delle pubbliche amministrazioni*. — (l. 17 agosto 1942, n. 1150, art. 31, comma 3; d.lg. 18 agosto 2000, n. 267, art. 34; d.p.r. 24 luglio 1977, n. 616, art. 81; d.p.r. 18 aprile 1994, n. 383; d.l. 5 ottobre 1993, n. 398, art. 4, comma 16, conv. in l. 4 dicembre 1993, n. 493). — 1. Non si applicano le disposizioni del presente titolo per:

a) opere e interventi pubblici che richiedano per la loro realizzazione l'azione integrata e coordinata di una pluralità di amministrazioni pubbliche allorché l'accordo delle predette amministrazioni, raggiunto con l'assenso del comune interessato, sia pubblicato ai sensi dell'art. 34, comma 4, del d.lg. 18 agosto 2000, n. 267;

b) opere pubbliche, da eseguirsi da amministrazioni statali o comunque insistenti su aree del demanio statale e opere pubbliche di interesse statale, da realizzarsi dagli enti istituzionalmente competenti, ovvero da concessionari di servizi pubblici, previo accertamento di conformità con le prescrizioni urbanistiche ed edilizie ai sensi del d.p.r. 18 aprile 1994, n. 383, e successive modificazioni;

c) opere pubbliche dei comuni deliberate dal consiglio comunale, ovvero dalla giunta comunale, assistite dalla validazione del progetto, ai sensi dell'art. 47 del d.p.r. 21 dicembre 1999, n. 554.

8 (L). *Attività edilizia dei privati su aree demaniali*. — (l. 17 agosto 1942, n. 1150, art. 31, comma 3). — 1. La realizzazione da parte di privati di interventi edilizi su aree demaniali è disciplinata dalle norme del presente testo unico.

9 (L). *Attività edilizia in assenza di pianificazione urbanistica*. — (legge n. 10 del 1977, art. 4, ultimo comma; legge n. 457 del 1978, art. 27, ultimo comma). — 1. Salvi i più restrittivi limiti fissati dalle leggi regionali e nel rispetto delle norme previste dal d.lg. 29 ottobre 1999, n. 490, nei comuni sprovvisti di strumenti urbanistici sono consentiti:

a) gli interventi previsti dalle lett. *a*), *b*) e *c*) del primo comma dell'art. 3 che riguardino singole unità immobiliari o parti di esse;

b) fuori dal perimetro dei centri abitati, gli interventi di nuova edificazione nel limite della densità massima fondiaria di 0,03 metri cubi per metro quadro; in caso di interventi a destinazione produttiva, la superficie coperta non può comunque superare un decimo dell'area di proprietà.

2. Nelle aree nelle quali non siano stati approvati gli strumenti urbanistici attuativi previsti dagli strumenti urbanistici generali come presupposto per l'edificazione, oltre agli interventi indicati al comma 1, lett. *a*), sono consentiti gli interventi di cui alla lett. *d*) del primo comma dell'art. 3 del presente testo unico che riguardino singole unità immobiliari o parti di esse. Tali ultimi interventi sono consentiti anche se riguardino globalmente uno o più edifici e modifichino fino al 25 per cento delle destinazioni preesistenti, purché il titolare del permesso si impegni, con atto trascritto a favore del comune e a cura e spese dell'interessato, a praticare, limitatamente alla percentuale mantenuta ad uso residenziale, prezzi di vendita e canoni di locazione concordati con il comune ed a concorrere negli oneri di urbanizzazione di cui alla sezione II del capo II del presente titolo.

9-*bis*. *Documentazione amministrativa*. — 1. Ai fini della presentazione, del rilascio o della formazione dei titoli abilitativi previsti dal presente testo unico, le amministrazioni sono tenute ad acquisire d'ufficio i documenti, le informazioni e i dati, compresi quelli catastali, che siano in possesso delle pubbliche amministrazioni e non possono richiedere attestazioni, comunque denominate, o perizie sulla veridicità e sull'autenticità di tali documenti, informazioni e dati (2).

(1) Articolo inserito dall'art. 3.1, lett. c, d.lg. 25 novembre 2016, n. 222.

(2) Articolo aggiunto dall'art. 13.2, lett. b, d.l. 22 giugno 2012, n. 83, conv. in l. 7 agosto 2012, n. 134. L'art. 13.2-*bis*, d.l. cit., così dispone: «Le amministrazioni comunali sono tenute ad applicare le disposizioni di cui al comma 2 entro sei mesi dalla data di entrata in vigore della legge di conversione del presente decreto».

CAPO II

Permesso di costruire

Sezione I. — *Nozione e caratteristiche*

10 (L). *Interventi subordinati a permesso di costruire.* — (legge n. 10 del 1977, art. 1; l. 28 febbraio 1985, n. 47, art. 25, comma 4). — 1. Costituiscono interventi di trasformazione urbanistica ed edilizia del territorio e sono subordinati a permesso di costruire:

a) gli interventi di nuova costruzione;

b) gli interventi di ristrutturazione urbanistica;

c) gli interventi di ristrutturazione edilizia che portino ad un organismo edilizio in tutto o in parte diverso dal precedente e (1) che comportino modifiche della volumetria complessiva degli edifici o dei prospetti (2), ovvero che, limitatamente agli immobili compresi nelle zone omogenee A, comportino mutamenti della destinazione d'uso, nonché gli interventi che comportino modificazioni della sagoma di immobili sottoposti a vincoli ai sensi del d.lg. 22 gennaio 2004, n. 42 e successive modificazioni (3).

2. Le regioni stabiliscono con legge quali mutamenti, connessi o non connessi a trasformazioni fisiche, dell'uso di immobili o di loro parti, sono subordinati a permesso di costruire o a segnalazione certificata di inizio attività (4).

3. Le regioni possono altresì individuare con legge ulteriori interventi che, in relazione all'incidenza sul territorio e sul carico urbanistico, sono sottoposti al preventivo rilascio del permesso di costruire. La violazione delle disposizioni regionali emanate ai sensi del presente comma non comporta l'applicazione delle sanzioni di cui all'art. 44.

11 (L). *Caratteristiche del permesso di costruire.* — (l. 28 gennaio 1977, n. 10, art. 4, commi 1, 2 e 6; l. 23 dicembre 1994, n. 724, art. 39, comma 2, come sostituito dall'art. 2, comma 37, della l. 23 dicembre 1996, n. 662). — 1. Il permesso di costruire è rilasciato al proprietario dell'immobile o a chi abbia titolo per richiederlo.

2. Il permesso di costruire è trasferibile, insieme all'immobile, ai successori o aventi causa. Esso non incide sulla titolarità della proprietà o di altri diritti reali relativi agli immobili realizzati per effetto del suo rilascio. È irrevocabile ed è oneroso ai sensi dell'art. 16.

3. Il rilascio del permesso di costruire non comporta limitazione dei diritti dei terzi.

12 (L). *Presupposti per il rilascio del permesso di costruire.* — (art. 4, comma 1, legge n. 10 del 1977; art. 31, comma 4, legge n. 1150 del 1942; art. unico l. 3 novembre 1952, n. 1902). — 1. Il permesso di costruire è rilasciato in conformità alle previsioni degli strumenti urbanistici, dei regolamenti edilizi e della disciplina urbanistico-edilizia vigente.

2. Il permesso di costruire è comunque subordinato alla esistenza delle opere di urbanizzazione primaria o alla previsione da parte del comune dell'attuazione delle stesse nel successivo triennio, ovvero all'impegno degli interessati di procedere all'attuazione delle medesime contemporaneamente alla realizzazione dell'intervento oggetto del permesso.

3. In caso di contrasto dell'intervento oggetto della domanda di permesso di costruire con le previsioni di strumenti urbanistici adottati, è sospesa ogni determinazione in ordine alla domanda. La misura di salvaguardia non ha efficacia decorsi tre anni dalla data di adozione dello strumento urbanistico, ovvero cinque anni nell'ipotesi in cui lo strumento urbanistico sia stato sottoposto all'amministrazione competente all'approvazione entro un anno dalla conclusione della fase di pubblicazione.

4. A richiesta del sindaco, e per lo stesso periodo, il presidente della giunta regionale, con provvedimento motivato da notificare all'interessato, può ordinare la sospensione di interventi di trasformazione urbanistica ed edilizia del territorio che siano tali da compromettere o rendere più onerosa l'attuazione degli strumenti urbanistici.

13 (L). *Competenza al rilascio del permesso di*

(1) Le parole «che portino ad un organismo edilizio in tutto o in parte diverso dal precedente e» sono state inserite dall'art. 1.1, lett. b, d.lg. 27 dicembre 2002, n. 301.

(2) Le parole «modifiche della volumetria complessiva degli edifici o dei prospetti,» sono state così sostituite alle precedenti «aumento di unità immobiliari, modifiche del volume, dei prospetti o delle superfici,» dall'art. 17.1, lett. d, d.l. 12 settembre 2014, n. 133, conv. in l. 11 novembre 2014, n. 164.

(3) Le parole «, nonché gli interventi che comportino modificazioni della sagoma di immobili sottoposti a vincoli ai sensi del d.lg. 22 gennaio 2004, n. 42 e successive modificazioni» sono state aggiunte dall'art. 30.1, lett. c, d.l. 21 giugno 2013, n. 69, conv. in l. 9 agosto 2013, n. 98. In base all'art. 30.6, d.l. cit.: «Le disposizioni del presente articolo si applicano dalla data di entrata in vigore della legge di conversione del presente decreto».

(4) L'espressione «segnalazione certificata di inizio attività» è stata così sostituita alla precedente «denuncia di inizio attività» dall'art. 17.2, d.l. 12 settembre 2014, n. 133, conv. in l. 11 novembre 2014, n. 164.

costruire. — (l. 28 gennaio 1977, n. 10, art. 4, comma 1; d.lg. 18 agosto 2000, n. 267, artt. 107 e 109; l. 17 agosto 1942, n. 1150, art. 41-*quater*). — 1. Il permesso di costruire è rilasciato dal dirigente o responsabile dello sportello unico (1) nel rispetto delle leggi, dei regolamenti e degli strumenti urbanistici.

2. La regione disciplina l'esercizio dei poteri sostitutivi di cui all'art. 21, comma 2, per il caso di mancato rilascio del permesso di costruire entro i termini stabiliti.

14 (L). *Permesso di costruire in deroga agli strumenti urbanistici*. — (l. 17 agosto 1942, n. 1150, art. 41-*quater*, introdotto dall'art. 16 della l. 6 agosto 1967, n. 765; d.lg. n. 267 del 2000, art. 42, comma 2, lett. *b*); l. 21 dicembre 1955, n. 1357, art. 3). — 1. Il permesso di costruire in deroga agli strumenti urbanistici generali è rilasciato esclusivamente per edifici ed impianti pubblici o di interesse pubblico, previa deliberazione del consiglio comunale, nel rispetto comunque delle disposizioni contenute nel d.lg. 29 ottobre 1999, n. 490, e delle altre normative di settore aventi incidenza sulla disciplina dell'attività edilizia.

1-*bis*. Per gli interventi di ristrutturazione edilizia e di ristrutturazione urbanistica, attuati anche in aree industriali dismesse, è ammessa la richiesta di permesso di costruire anche in deroga alle destinazioni d'uso, previa deliberazione del Consiglio comunale che ne attesta l'interesse pubblico, a condizione che il mutamento di destinazione d'uso non comporti un aumento della superficie coperta prima dell'intervento di ristrutturazione, fermo restando, nel caso di insediamenti commerciali, quanto disposto dall'art. 31, comma 2, del d.l. 6 dicembre 2011, n. 201, convertito, con modificazioni, dalla l. 22 dicembre 2011, n. 214, e successive modificazioni (2).

2. Dell'avvio del procedimento viene data comunicazione agli interessati ai sensi dell'art. 7 della l. 7 agosto 1990, n. 241.

3. La deroga, nel rispetto delle norme igieniche, sanitarie e di sicurezza, può riguardare esclusivamente i limiti di densità edilizia, di altezza e di distanza tra i fabbricati di cui alle norme di attuazione degli strumenti urbanistici generali ed esecutivi, nonché, nei casi di cui al comma 1-*bis*, le destinazioni d'uso (3), fermo restando in ogni caso il rispetto delle disposizioni di cui agli artt. 7, 8 e 9 del d.m. 2 aprile 1968, n. 1444.

15 (R). *Efficacia temporale e decadenza del permesso di costruire*. — (l. 28 gennaio 1977, n. 10, art. 4, commi 3, 4 e 5; l. 17 agosto 1942, n. 1150, art. 31, comma 11). — 1. Nel permesso di costruire sono indicati i termini di inizio e di ultimazione dei lavori.

2. Il termine per l'inizio dei lavori non può essere superiore ad un anno dal rilascio del titolo; quello di ultimazione, entro il quale l'opera deve essere completata, non può superare tre anni dall'inizio dei lavori. Decorsi tali termini il permesso decade di diritto per la parte non eseguita, tranne che, anteriormente alla scadenza, venga richiesta una proroga. La proroga può essere accordata, con provvedimento motivato, per fatti sopravvenuti, estranei alla volontà del titolare del permesso, oppure in considerazione della mole dell'opera da realizzare, delle sue particolari caratteristiche tecnico-costruttive, o di difficoltà tecnico-esecutive emerse successivamente all'inizio dei lavori, ovvero quando si tratti di opere pubbliche il cui finanziamento sia previsto in più esercizi finanziari (4).

2-*bis*. La proroga dei termini per l'inizio e l'ultimazione dei lavori è comunque accordata qualora i lavori non possano essere iniziati o conclusi per iniziative dell'amministrazione o dell'autorità giudiziaria rivelatesi poi infondate (5).

3. La realizzazione della parte dell'intervento non ultimata nel termine stabilito è subordinata al rilascio di nuovo permesso per le opere ancora da eseguire, salvo che le stesse non rientrino tra quelle realizzabili mediante segnalazione certificata di inizio attività (6) ai sensi dell'art. 22. Si procede altresì, ove necessario, al ricalcolo del contributo di costruzione.

4. Il permesso decade con l'entrata in vigore

(1) Le parole «dello sportello unico» sono state così sostituite alle precedenti «del competente ufficio comunale» dall'art. 13.2, lett. c, d.l. 22 giugno 2012, n. 83, conv. in l. 7 agosto 2012, n. 134. L'art. 13.2-*bis*, d.l. cit., così dispone: «Le amministrazioni comunali sono tenute ad applicare le disposizioni di cui al comma 2 entro sei mesi dalla data di entrata in vigore della legge di conversione del presente decreto».

(2) Comma inserito dall'art. 17.1, lett. e, n. 1, d.l. 12 settembre 2014, n. 133, conv. in l. 11 novembre 2014, n. 164.

(3) Le parole «nonché, nei casi di cui al comma 1-*bis*, le destinazioni d'uso,» sono state inserite dall'art. 17.1, lett. e, n. 2, d.l. 12 settembre 2014, n. 133, conv. in l. 11 novembre 2014, n. 164.

(4) Comma così sostituito dall'art. 17.1, lett. f, n. 1, d.l. 12 settembre 2014, n. 133, conv. in l. 11 novembre 2014, n. 164.

(5) Comma inserito dall'art. 17.1, lett. f, n. 2, d.l. 12 settembre 2014, n. 133, conv. in l. 11 novembre 2014, n. 164.

(6) L'espressione «segnalazione certificata di inizio attività» è stata così sostituita alla precedente «denuncia di inizio attività» dall'art. 17.2, d.l. 12 settembre 2014, n. 133, conv. in l. 11 novembre 2014, n. 164.

di contrastanti previsioni urbanistiche, salvo che i lavori siano già iniziati e vengano completati entro il termine di tre anni dalla data di inizio (1).

Sezione II. — *Contributo di costruzione*

16 (L). *Contributo per il rilascio del permesso di costruire*. — (l. 28 gennaio 1977, n. 10, artt. 3; 5, comma 1; 6, commi 1, 4 e 5; 11; l. 5 agosto 1978, n. 457, art. 47; l. 24 dicembre 1993, n. 537, art. 7; l. 29 settembre 1964, n. 847, artt. 1, comma 1, lett. *b*) e *c*), e 4; l. 22 ottobre 1971, n. 865, art. 44; l. 11 marzo 1988, n. 67, art. 17; d.lg. 5 febbraio 1997, n. 22, art. 58, comma 1; l. 23 dicembre 1998, n. 448, art. 61, comma 2). — 1. Salvo quanto disposto dall'art. 17, comma 3, il rilascio del permesso di costruire comporta la corresponsione di un contributo commisurato all'incidenza degli oneri di urbanizzazione nonché al costo di costruzione, secondo le modalità indicate nel presente articolo.

2. La quota di contributo relativa agli oneri di urbanizzazione è corrisposta al comune all'atto del rilascio del permesso di costruire e, su richiesta dell'interessato, può essere rateizzata. A scomputo totale o parziale della quota dovuta, il titolare del permesso può obbligarsi a realizzare direttamente le opere di urbanizzazione, nel rispetto dell'art. 2, comma 5, della l. 11 febbraio 1994, n. 109, e successive modificazioni (2) con le modalità e le garanzie stabilite dal comune, con conseguente acquisizione delle opere realizzate al patrimonio indisponibile del comune.

2-*bis.* Nell'ambito degli strumenti attuativi e degli atti equivalenti comunque denominati nonché degli interventi in diretta attuazione dello strumento urbanistico generale, l'esecuzione diretta delle opere di urbanizzazione primaria di cui al comma 7, di importo inferiore alla soglia di cui all'art. 28, comma 1, lett. *c*), del d.lg. 12 aprile 2006, n. 163, funzionali all'intervento di trasformazione urbanistica del territorio, è a carico del titolare del permesso di costruire e non trova applicazione il d.lg. 12 aprile 2006, n. 163 (3).

3. La quota di contributo relativa al costo di costruzione, determinata all'atto del rilascio, è corrisposta in corso d'opera, con le modalità e le garanzie stabilite dal comune, non oltre sessanta giorni dalla ultimazione della costruzione.

4. L'incidenza degli oneri di urbanizzazione primaria e secondaria è stabilita con deliberazione del consiglio comunale in base alle tabelle parametriche che la regione definisce per classi di comuni in relazione:

a) all'ampiezza ed all'andamento demografico dei comuni;

b) alle caratteristiche geografiche dei comuni;

c) alle destinazioni di zona previste negli strumenti urbanistici vigenti;

d) ai limiti e rapporti minimi inderogabili fissati in applicazione dall'art. 41-*quinquies*, penultimo e ultimo comma, della l. 17 agosto 1942, n. 1150, e successive modifiche e integrazioni, nonché delle leggi regionali;

d-bis) alla differenziazione tra gli interventi al fine di incentivare, in modo particolare nelle aree a maggiore densità del costruito, quelli di ristrutturazione edilizia di cui all'art. 3, comma 1, lett. *d*), anziché quelli di nuova costruzione (4).

d-ter) alla valutazione del maggior valore generato da interventi su aree o immobili in variante urbanistica, in deroga o con cambio di destinazione d'uso. Tale maggior valore, calcolato dall'amministrazione comunale, è suddiviso in misura non inferiore al 50 per cento tra il comune e la parte privata ed è erogato da quest'ultima al comune stesso sotto forma di

(1) L'art. 30.3-4, d.l. 21 giugno 2013, n. 69, conv. in l. 9 agosto 2013, n. 98, così dispone: «3. Salva diversa disciplina regionale, previa comunicazione del soggetto interessato, sono prorogati di due anni i termini di inizio e di ultimazione dei lavori di cui all'art. 15 del d.p.r. del 6 giugno 2001, n. 380, come indicati nei titoli abilitativi rilasciati o comunque formatisi antecedentemente all'entrata in vigore del presente decreto, purché i suddetti termini non siano già decorsi al momento della comunicazione dell'interessato e sempre che i titoli abilitativi non risultino in contrasto, al momento della comunicazione dell'interessato, con nuovi strumenti urbanistici approvati o adottati. || 3-*bis*. Il termine di validità nonché i termini di inizio e fine lavori nell'ambito delle convenzioni di lottizzazione di cui all'art. 28 della l. 17 agosto 1942, n. 1150, ovvero degli accordi similari comunque nominati dalla legislazione regionale, stipulati sino al 31 dicembre 2012, sono prorogati di tre anni. || 4. La disposizione di cui al comma 3 si applica anche alle denunce di inizio attività e alle segnalazioni certificate di inizio attività presentate entro lo stesso termine». In base all'art. 30.6, d.l. cit.: «Le disposizioni del presente articolo si applicano dalla data di entrata in vigore della legge di conversione del presente decreto».

(2) Le parole «, nel rispetto dell'art. 2, comma 5, della l. 11 febbraio 1994, n. 109, e successive modificazioni,» sono state inserite dall'art. 1.1, lett. c, d.lg. 27 dicembre 2002, n. 301.

(3) Comma inserito dall'art. 45.1, d.l. 6 dicembre 2011, n. 201, conv. in l. 22 dicembre 2011, n. 214.

(4) Lettera aggiunta dall'art. 17.1, lett. g, n. 3, d.l. 12 settembre 2014, n. 133, conv. in l. 11 novembre 2014, n. 164.

contributo straordinario, che attesta l'interesse pubblico, in versamento finanziario, vincolato a specifico centro di costo per la realizzazione di opere pubbliche e servizi da realizzare nel contesto in cui ricade l'intervento, cessione di aree o immobili da destinare a servizi di pubblica utilità, edilizia residenziale sociale od opere pubbliche (1).

4-*bis*. Con riferimento a quanto previsto dal secondo periodo della lett. *d-ter*) del comma 4, sono fatte salve le diverse disposizioni delle legislazioni regionali e degli strumenti urbanistici generali comunali (2).

5. Nel caso di mancata definizione delle tabelle parametriche da parte della regione e fino alla definizione delle tabelle stesse, i comuni provvedono, in via provvisoria, con deliberazione del consiglio comunale, secondo i parametri di cui al comma 4, fermo restando quanto previsto dal comma 4-*bis* (3).

6. Ogni cinque anni i comuni provvedono ad aggiornare gli oneri di urbanizzazione primaria e secondaria, in conformità alle relative disposizioni regionali, in relazione ai riscontri e prevedibili costi delle opere di urbanizzazione primaria, secondaria e generale.

7. Gli oneri di urbanizzazione primaria sono relativi ai seguenti interventi: strade residenziali, spazi di sosta o di parcheggio, fognature, rete idrica, rete di distribuzione dell'energia elettrica e del gas, pubblica illuminazione, spazi di verde attrezzato (4).

7-*bis*. Tra gli interventi di urbanizzazione primaria di cui al comma 7 rientrano i cavedi multiservizi e i cavidotti per il passaggio di reti di telecomunicazioni, salvo nelle aree individuate dai comuni sulla base dei criteri definiti dalle regioni (5).

8. Gli oneri di urbanizzazione secondaria sono relativi ai seguenti interventi: asili nido e scuole materne, scuole dell'obbligo nonché strutture e complessi per l'istruzione superiore all'obbligo, mercati di quartiere, delegazioni comunali, chiese e altri edifici religiosi, impianti sportivi di quartiere, aree verdi di quartiere, centri sociali e attrezzature culturali e sanitarie. Nelle attrezzature sanitarie sono ricomprese le opere, le costruzioni e gli impianti destinati allo smaltimento, al riciclaggio o alla distruzione dei rifiuti urbani, speciali, pericolosi, solidi e liquidi, alla bonifica di aree inquinate.

9. Il costo di costruzione per i nuovi edifici è determinato periodicamente dalle regioni con riferimento ai costi massimi ammissibili per l'edilizia agevolata, definiti dalle stesse regioni a norma della lett. *g*) del primo comma dell'art. 4 della legge 5 agosto 1978, n. 457. Con lo stesso provvedimento le regioni identificano classi di edifici con caratteristiche superiori a quelle considerate nelle vigenti disposizioni di legge per l'edilizia agevolata, per le quali sono determinate maggiorazioni del detto costo di costruzione in misura non superiore al 50 per cento. Nei periodi intercorrenti tra le determinazioni regionali, ovvero in eventuale assenza di tali determinazioni, il costo di costruzione è adeguato annualmente, ed autonomamente, in ragione dell'intervenuta variazione dei costi di costruzione accertata dall'Istituto nazionale di statistica (ISTAT). Il contributo afferente al permesso di costruire comprende una quota di detto costo, variabile dal 5 per cento al 20 per cento, che viene determinata dalle regioni in funzione delle caratteristiche e delle tipologie delle costruzioni e della loro destinazione ed ubicazione.

10. Nel caso di interventi su edifici esistenti il costo di costruzione è determinato in relazione al costo degli interventi stessi, così come individuati dal comune in base ai progetti presentati per ottenere il permesso di costruire. Al fine di incentivare il recupero del patrimonio edilizio esistente, per gli interventi di ristrutturazione edilizia di cui all'art. 3, comma 1, lett. *d*), i comuni hanno comunque la facoltà di deliberare che i costi di costruzione ad essi relativi siano inferiori ai valori determinati per le nuove costruzioni (6).

17 (L). *Riduzione o esonero dal contributo di costruzione.* — (l. 28 gennaio 1977, n. 10, artt. 7,

(1) Lettera aggiunta dall'art. 17.1, lett. g, n. 3, d.l. 12 settembre 2014, n. 133, conv. in l. 11 novembre 2014, n. 164.

(2) Comma inserito dall'art. 17.1, lett. g, n. 3-*bis*, d.l. 12 settembre 2014, n. 133, conv. in l. 11 novembre 2014, n. 164.

(3) Le parole «, secondo i parametri di cui al comma 4, fermo restando quanto previsto dal comma 4-*bis*» sono state aggiunte dall'art. 17.1, lett. g, n. 4, d.l. 12 settembre 2014, n. 133, conv. in l. 11 novembre 2014, n. 164.

(4) L'art. 2.5, d.l. 25 giugno 2008, n. 112, conv. in l. 6 agosto 2008, n. 133, così dispone: «Le infrastrutture destinate all'installazione di reti e impianti di comunicazione elettronica in fibra ottica sono assimilate ad ogni effetto alle opere di urbanizzazione primaria di cui all'art. 16, comma 7, del t.u. di cui al d.p.r. 6 giugno 2001, n. 380».

(5) Comma inserito dall'art. 40.9, l. 1° agosto 2002, n. 166.

(6) Periodo così sostituito al precedente «Al fine di incentivare il recupero del patrimonio edilizio esistente, per gli interventi di ristrutturazione edilizia di cui all'art. 3, comma 1, lett. *d*), i comuni hanno comunque la facoltà di deliberare che i costi di costruzione ad essi relativi non superino i valori determinati per le nuove costruzioni ai sensi del comma 6» dall'art. 17.1, lett. g, n. 5, d.l. 12 settembre 2014, n. 133, conv. in l. 11 novembre 2014, n. 164.

comma 1; 9; d.l. 23 gennaio 1982, n. 9, artt. 7 e 9, conv. in l. 25 marzo 1982, n. 94; l. 24 marzo 1989, n. 122, art. 11; l. 9 gennaio 1991, n. 10, art. 26, comma 1; legge n. 662 del 1996, art. 2, comma 60). — 1. Nei casi di edilizia abitativa convenzionata, relativa anche ad edifici esistenti, il contributo afferente al permesso di costruire è ridotto alla sola quota degli oneri di urbanizzazione qualora il titolare del permesso si impegni, a mezzo di una convenzione con il comune, ad applicare prezzi di vendita e canoni di locazione determinati ai sensi della convenzione-tipo prevista dall'art. 18.

2. Il contributo per la realizzazione della prima abitazione è pari a quanto stabilito per la corrispondente edilizia residenziale pubblica, purché sussistano i requisiti indicati dalla normativa di settore.

3. Il contributo di costruzione non è dovuto:

a) per gli interventi da realizzare nelle zone agricole, ivi comprese le residenze, in funzione della conduzione del fondo e delle esigenze dell'imprenditore agricolo a titolo principale, ai sensi dell'art. 12 della l. 9 maggio 1975, n. 153;

b) per gli interventi di ristrutturazione e di ampliamento, in misura non superiore al 20%, di edifici unifamiliari;

c) per gli impianti, le attrezzature, le opere pubbliche o di interesse generale realizzate dagli enti istituzionalmente competenti nonché per le opere di urbanizzazione, eseguite anche da privati, in attuazione di strumenti urbanistici;

d) per gli interventi da realizzare in attuazione di norme o di provvedimenti emanati a seguito di pubbliche calamità;

e) per i nuovi impianti, lavori, opere, modifiche, installazioni, relativi alle fonti rinnovabili di energia, alla conservazione, al risparmio e all'uso razionale dell'energia, nel rispetto delle norme urbanistiche, di tutela dell'assetto idrogeologico (1), artistico-storica e ambientale.

4. Per gli interventi da realizzare su immobili di proprietà dello Stato, nonché per gli interventi di manutenzione straordinaria di cui all'art. 6, comma 2, lett. *a*), qualora comportanti aumento del carico urbanistico (2), il contributo di costruzione è commisurato alla incidenza delle sole opere di urbanizzazione.

4-*bis*. Al fine di agevolare gli interventi di densificazione edilizia, per la ristrutturazione, il recupero e il riuso degli immobili dismessi o in via di dismissione, il contributo di costruzione è ridotto in misura non inferiore al venti per cento rispetto a quello previsto per le nuove costruzioni nei casi non interessati da varianti urbanistiche, deroghe o cambi di destinazione d'uso comportanti maggior valore rispetto alla destinazione originaria. I comuni definiscono, entro novanta giorni dall'entrata in vigore della presente disposizione, i criteri e le modalità applicative per l'applicazione della relativa riduzione (3).

18 (L). *Convenzione-tipo*. — (l. 28 gennaio 1977, n. 10, art. 8; legge 17 febbraio 1992, n. 179, art. 23, comma 6). — 1. Ai fini del rilascio del permesso di costruire relativo agli interventi di edilizia abitativa di cui all'art. 17, comma 1, la regione approva una convenzione-tipo, con la quale sono stabiliti i criteri nonché i parametri, definiti con meccanismi tabellari per classi di comuni, ai quali debbono uniformarsi le convenzioni comunali nonché gli atti di obbligo in ordine essenzialmente a:

a) l'indicazione delle caratteristiche tipologiche e costruttive degli alloggi;

b) la determinazione dei prezzi di cessione degli alloggi, sulla base del costo delle aree, così come definito dal comma successivo, della costruzione e delle opere di urbanizzazione, nonché delle spese generali, comprese quelle per la progettazione e degli oneri di preammortamento e di finanziamento;

c) la determinazione dei canoni di locazione in percentuale del valore desunto dai prezzi fissati per la cessione degli alloggi;

d) la durata di validità della convenzione non superiore a 30 e non inferiore a 20 anni.

2. La regione stabilisce criteri e parametri per la determinazione del costo delle aree, in misura tale che la sua incidenza non superi il 20 per cento del costo di costruzione come definito ai sensi dell'art. 16.

3. Il titolare del permesso può chiedere che il costo delle aree, ai fini della convenzione, sia determinato in misura pari al valore definito in occasione di trasferimenti di proprietà avvenuti nel quinquennio anteriore alla data della convenzione.

4. I prezzi di cessione ed i canoni di locazione determinati nelle convenzioni ai sensi del primo comma sono suscettibili di periodiche

(1) Le parole «dell'assetto idrogeologico,» sono state inserite dall'art. 54.1, lett. d, l. 28 dicembre 2015, n. 221.

(2) Le parole «, nonché per gli interventi di manutenzione straordinaria di cui all'art. 6, comma 2, lett. *a*), qualora comportanti aumento del carico urbanistico,» sono state inserite dall'art. 17.1, lett. h, n. 1, d.l. 12 settembre 2014, n. 133, conv. in l. 11 novembre 2014, n. 164.

(3) Comma aggiunto dall'art. 17.1, lett. h, n. 2, d.l. 12 settembre 2014, n. 133, conv. in l. 11 novembre 2014, n. 164.

variazioni, con frequenza non inferiore al biennio, in relazione agli indici ufficiali ISTAT dei costi di costruzione intervenuti dopo la stipula delle convenzioni medesime.

5. Ogni pattuizione stipulata in violazione dei prezzi di cessione e dei canoni di locazione è nulla per la parte eccedente.

19 (L). *Contributo di costruzione per opere o impianti non destinati alla residenza.* — (l. 28 gennaio 1977, n. 10, art. 10). — 1. Il permesso di costruire relativo a costruzioni o impianti destinati ad attività industriali o artigianali dirette alla trasformazione di beni ed alla prestazione di servizi comporta la corresponsione di un contributo pari alla incidenza delle opere di urbanizzazione, di quelle necessarie al trattamento e allo smaltimento dei rifiuti solidi, liquidi e gassosi e di quelle necessarie alla sistemazione dei luoghi ove ne siano alterate le caratteristiche. La incidenza di tali opere è stabilita con deliberazione del consiglio comunale in base a parametri che la regione definisce con i criteri di cui al comma 4, lett. *a*) e *b*) dell'art. 16, nonché in relazione ai tipi di attività produttiva.

2. Il permesso di costruire relativo a costruzioni o impianti destinati ad attività turistiche, commerciali e direzionali o allo svolgimento di servizi comporta la corresponsione di un contributo pari all'incidenza delle opere di urbanizzazione, determinata ai sensi dell'art. 16, nonché una quota non superiore al 10 per cento del costo documentato di costruzione da stabilirsi, in relazione ai diversi tipi di attività, con deliberazione del consiglio comunale.

3. Qualora la destinazione d'uso delle opere indicate nei commi precedenti, nonché di quelle nelle zone agricole previste dall'art. 17, venga comunque modificata nei dieci anni successivi all'ultimazione dei lavori, il contributo di costruzione è dovuto nella misura massima corrispondente alla nuova destinazione, determinata con riferimento al momento dell'intervenuta variazione.

Sezione III. — *Procedimento*

20. *Procedimento per il rilascio del permesso di costruire.* — 1. La domanda per il rilascio del permesso di costruire, sottoscritta da uno dei soggetti legittimati ai sensi dell'art. 11, va presentata allo sportello unico corredata da un'attestazione concernente il titolo di legittimazione, dagli elaborati progettuali richiesti [...] (1), e quando ne ricorrano i presupposti, dagli altri documenti previsti dalla parte II. La domanda è accompagnata da una dichiarazione del progettista abilitato che asseveri la conformità del progetto agli strumenti urbanistici approvati ed adottati, ai regolamenti edilizi vigenti, e alle altre normative di settore aventi incidenza sulla disciplina dell'attività edilizia e, in particolare, alle norme antisismiche, di sicurezza, antincendio, igienico-sanitarie[...] (2), alle norme relative all'efficienza energetica.

1-*bis.* Con decreto del Ministro della salute, da adottarsi, previa intesa in Conferenza unificata, entro 90 giorni dall'entrata in vigore della presente disposizione, sono definiti i requisiti igienico-sanitari di carattere prestazionale degli edifici (3).

2. Lo sportello unico comunica entro dieci giorni al richiedente il nominativo del responsabile del procedimento ai sensi degli artt. 4 e 5 della l. 7 agosto 1990, n. 241, e successive modificazioni. L'esame delle domande si svolge secondo l'ordine cronologico di presentazione.

3. Entro sessanta giorni dalla presentazione della domanda, il responsabile del procedimento cura l'istruttoria e (4) formula una proposta di provvedimento, corredata da una dettagliata relazione, con la qualificazione tecnico-giuridica dell'intervento richiesto. Qualora sia necessario acquisire ulteriori atti di assenso, comunque denominati, resi da amministrazioni diverse, si procede ai sensi degli artt. 14 e seguenti della l. 7 agosto 1990, n. 241 (5).

4. Il responsabile del procedimento, qualora ritenga che ai fini del rilascio del permesso di

(1) Le parole «dal regolamento edilizio» sono state soppresse dall'art. 13.2, lett. d, n. 1, d.l. 22 giugno 2012, n. 83, conv. in l. 7 agosto 2012, n. 134. L'art. 13.2-*bis*, d.l. cit., così dispone: «Le amministrazioni comunali sono tenute ad applicare le disposizioni di cui al comma 2 entro sei mesi dalla data di entrata in vigore della legge di conversione del presente decreto».

(2) Le parole «nel caso in cui la verifica in ordine a tale conformità non comporti valutazioni tecnico-discrezionali» sono state soppresse dall'art. 3.1, lett. d, n. 1, d.lg. 25 novembre 2016, n. 222.

(3) Comma inserito dall'art. 3.1, lett. d, n. 2, d.lg. 25 novembre 2016, n. 222.

(4) La parola «e» è stata così sostituita alle precedenti «, acquisisce, avvalendosi dello sportello unico, secondo quanto previsto all'art. 5, comma 3, i prescritti pareri e gli atti di assenso eventualmente necessari, sempre che gli stessi non siano già stati allegati alla domanda dal richiedente e, valutata la conformità del progetto alla normativa vigente» dall'art. 2.1, lett. b, n. 1.a, d.lg. 30 giugno 2016, n. 127.

(5) Ultimo periodo aggiunto dall'art. 2.1, lett. b, n. 1.b, d.lg. 30 giugno 2016, n. 127.

costruire sia necessario apportare modifiche di modesta entità rispetto al progetto originario, può, nello stesso termine di cui al comma 3, richiedere tali modifiche, illustrandone le ragioni. L'interessato si pronuncia sulla richiesta di modifica entro il termine fissato e, in caso di adesione, è tenuto ad integrare la documentazione nei successivi quindici giorni. La richiesta di cui al presente comma sospende, fino al relativo esito, il decorso del termine di cui al comma 3.

5. Il termine di cui al comma 3 può essere interrotto una sola volta dal responsabile del procedimento, entro trenta giorni dalla presentazione della domanda, esclusivamente per la motivata richiesta di documenti che integrino o completino la documentazione presentata e che non siano già nella disponibilità dell'amministrazione o che questa non possa acquisire autonomamente. In tal caso, il termine ricomincia a decorrere dalla data di ricezione della documentazione integrativa.

5-*bis*. .... (1).

6. Il provvedimento finale, che lo sportello unico provvede a notificare all'interessato, è adottato dal dirigente o dal responsabile dell'ufficio, entro il termine di trenta giorni dalla proposta di cui al comma 3. Qualora sia indetta la conferenza di servizi di cui al medesimo comma (2), la determinazione motivata di conclusione del procedimento, assunta nei termini di cui agli artt. 14 e seguenti (3) della l. 7 agosto 1990, n. 241, e successive modificazioni, è, ad ogni effetto, titolo per la realizzazione dell'intervento. Il termine di cui al primo periodo è fissato in quaranta giorni con la medesima decorrenza qualora il dirigente o il responsabile del procedimento abbia comunicato all'istante i motivi che ostano all'accoglimento della domanda, ai sensi dell'art. 10-*bis* della citata legge n. 241 del 1990, e successive modificazioni. Dell'avvenuto rilascio del permesso di costruire è data notizia al pubblico mediante affissione all'albo pretorio. Gli estremi del permesso di costruire sono indicati nel cartello esposto presso il cantiere, secondo le modalità stabilite dal regolamento edilizio (4).

7. I termini di cui ai commi 3 e 5 sono raddoppiati nei soli casi di progetti particolarmente complessi secondo la motivata risoluzione del responsabile del procedimento (5).

8 (L). Decorso inutilmente il termine per l'adozione del provvedimento conclusivo, ove il dirigente o il responsabile dell'ufficio non abbia opposto motivato diniego, sulla domanda di permesso di costruire si intende formato il silenzio-assenso, fatti salvi i casi in cui sussistano vincoli relativi all'assetto idrogeologico, ambientali, paesaggistici o culturali, per i quali si applicano le disposizioni di cui agli artt. 14 e seguenti della l. 7 agosto 1990, n. 241 (6).

9. .... (7).

10. .... (8).

11. Il termine per il rilascio del permesso di costruire per gli interventi di cui all'art. 22, comma 7, è di settantacinque giorni dalla data di presentazione della domanda.

12. Fermo restando quanto previsto dalla vigente normativa in relazione agli adempimenti di competenza delle amministrazioni statali coinvolte, sono fatte salve le disposizioni contenute nelle leggi regionali che prevedano misure di ulteriore semplificazione e ulteriori riduzioni di termini procedimentali.

13. Ove il fatto non costituisca più grave reato, chiunque, nelle dichiarazioni o attestazioni o asseverazioni di cui al comma 1, dichiara o attesta falsamente l'esistenza dei requisiti o dei

(1) Comma inserito dall'art. 13.2, lett. d, n. 3, d.l. 22 giugno 2012, n. 83, conv. in l. 7 agosto 2012, n. 134, e successivamente abrogato dall'art. 2.1, lett. b, n. 2, d.lg. 30 giugno 2016, n. 127.

(2) Le parole «medesimo comma» sono state così sostituite alle precedenti «comma 5-*bis*» dall'art. 2.1, lett. b, n. 3, d.lg. 30 giugno 2016, n. 127.

(3) Le parole «14 e seguenti» sono state così sostituite alle precedenti «da 14 a 14-*ter*» dall'art. 2.1, lett. b, n. 3, d.lg. 30 giugno 2016, n. 127.

(4) Comma così sostituito dall'art. 13.2, lett. d, n. 4, d.l. 22 giugno 2012, n. 83, conv. in l. 7 agosto 2012, n. 134. L'art. 13.2-*bis*, d.l. cit., così dispone: «Le amministrazioni comunali sono tenute ad applicare le disposizioni di cui al comma 2 entro sei mesi dalla data di entrata in vigore della legge di conversione del presente decreto».

(5) Comma così sostituito dall'art. 17.1, lett. i, d.l. 12 settembre 2014, n. 133, conv. in l. 11 novembre 2014, n. 164. In base all'art. 17.2-*ter*, d.l. cit., tale disposizione «non si applica ai comuni obbligati all'esercizio in forma associata della funzione fondamentale della pianificazione urbanistica ed edilizia, prima che sia decorso un anno dalla data di entrata in vigore della legge di conversione del presente decreto».

(6) Comma sostituito, da ultimo, dall'art. 54.1, lett. e, l. 28 dicembre 2015, n. 221. Le parole «agli artt. 14 e seguenti della l. 7 agosto 1990, n. 241» sono state così sostituite successivamente alle precedenti «al comma 9» dall'art. 2.1, lett. b, n. 4, d.lg. 30 giugno 2016, n. 127.

(7) Comma abrogato dall'art. 2.1, lett. b, n. 5, d.lg. 30 giugno 2016, n. 127.

(8) Comma abrogato dall'art. 30.1, lett. d, n. 3, d.l. 21 giugno 2013, n. 69, conv. in l. 9 agosto 2013, n. 98. In base all'art. 30.6, d.l. cit.: «Le disposizioni del presente articolo si applicano dalla data di entrata in vigore della legge di conversione del presente decreto».

presupposti di cui al medesimo comma è punito con la reclusione da uno a tre anni. In tali casi, il responsabile del procedimento informa il competente ordine professionale per l'irrogazione delle sanzioni disciplinari (1) (2).

21. *Intervento sostitutivo regionale*. — 1. Le regioni, con proprie leggi, determinano forme e modalità per l'eventuale esercizio del potere sostitutivo nei confronti dell'ufficio dell'amministrazione comunale competente per il rilascio del permesso di costruire (3).

CAPO III

SEGNALAZIONE CERTIFICATA DI INIZIO DI ATTIVITÀ (4)

22 (L). *Interventi subordinati a segnalazione certificata di inizio di attività* (5). — 1. Sono realizzabili mediante la segnalazione certificata di inizio di attività di cui all'art. 19 della l. 7 agosto 1990, n. 241, nonché in conformità alle previsioni degli strumenti urbanistici, dei regolamenti edilizi e della disciplina urbanistico-edilizia vigente:

a) gli interventi di manutenzione straordinaria di cui all'art. 3, comma 1, lett. *b*), qualora riguardino le parti strutturali dell'edificio;

b) gli interventi di restauro e di risanamento conservativo di cui all'art. 3, comma 1, lett. *c*), qualora riguardino le parti strutturali dell'edificio;

c) gli interventi di ristrutturazione edilizia di cui all'art. 3, comma 1, lett. *d*), diversi da quelli indicati nell'art. 10, comma 1, lett. *c*) (6).

2. Sono, altresì, realizzabili mediante segnalazione certificata di inizio attività (7) le varianti a permessi di costruire che non incidono sui parametri urbanistici e sulle volumetrie, che non modificano la destinazione d'uso e la categoria edilizia, non alterano la sagoma dell'edificio qualora sottoposto a vincolo ai sensi del d.lg. 22 gennaio 2004, n. 42 e successive modificazioni (8), e non violano le eventuali prescrizioni contenute nel permesso di costruire. Ai fini dell'attività di vigilanza urbanistica ed edilizia, nonché ai fini dell'agibilità (9), tali segnalazioni certificate di inizio attività (10) costituiscono parte integrante del procedimento relativo al permesso di costruzione dell'intervento principale e possono essere presentate prima della dichiarazione di ultimazione dei lavori.

2-*bis*. Sono realizzabili mediante segnalazione certificata d'inizio attività e comunicate a fine lavori con attestazione del professionista, le varianti a permessi di costruire che non configurano una variazione essenziale, a condizione che siano conformi alle prescrizioni urbanistico-edilizie e siano attuate dopo l'acquisizione degli eventuali atti di assenso prescritti dalla normativa sui vincoli paesaggistici, idrogeologici, ambientali, di tutela del patrimonio storico, artistico ed archeologico e dalle altre normative di settore (11).

3. .... (12).

(1) Articolo così sostituito dall'art. 5.2, lett. a, n. 2, d.l. 13 maggio 2011, n. 70, conv. in l. 12 luglio 2011, n. 106.

(2) Sulla certificazione energetica dell'edificio v. art. 1.288, l. 24 dicembre 2007, n. 244; per la dichiarazione di conformità degli impianti v. art. 11, d.m. 22 gennaio 2008, n. 37, in G.U., 12 marzo 2008, n. 61; per linee guida nazionali per la certificazione energetica degli edifici v. d.m. Sviluppo economico 26 giugno 2009, in G.U., 10 luglio 2009, n. 159, con adeguamento tramite d.m. Sviluppo economico 26 giugno 2015, in suppl. ord. n. 39 a G.U., 15 luglio 2015, n. 162; per l'applicazione delle metodologie di calcolo delle prestazioni energetiche e definizione delle prescrizioni e dei requisiti minimi degli edifici v. d.m. Sviluppo economico 26 giugno 2015, in suppl. ord. n. 39 a G.U., 15 luglio 2015, n. 162; sugli schemi e le modalità di riferimento per la compilazione della relazione tecnica di progetto ai fini dell'applicazione delle prescrizioni e dei requisiti minimi di prestazione energetica negli edifici, v. d.m. Sviluppo economico 26 giugno 2015, in suppl. ord. n. 39 a G.U., 15 luglio 2015, n. 162.

(3) Articolo così sostituito dall'art. 5.2, lett. a, n. 3, d.l. 13 maggio 2011, n. 70, conv. in l. 12 luglio 2011, n. 106.

(4) Rubrica così sostituita alla precedente «Segnalazione certificata di inizio attività e denuncia di inizio attività» dall'art. 3.1, lett. e, d.lg. 25 novembre 2016, n. 222.

(5) Rubrica così sostituita alla precedente «Interventi subordinati a denuncia di inizio attività» dall'art. 3.1, lett. f, n. 1, d.lg. 25 novembre 2016, n. 222.

(6) Comma così sostituito dall'art. 3.1, lett. f, n. 2, d.lg. 25 novembre 2016, n. 222.

(7) Le parole «segnalazione certificata di inizio attività» sono state così sostituite alle precedenti «denuncia di inizio attività» dall'art. 17.1, lett. m, n. 1, d.l. 12 settembre 2014, n. 133, conv. in l. 11 novembre 2014, n. 164.

(8) Le parole «qualora sottoposto a vincolo ai sensi del d.lg. 22 gennaio 2004, n. 42 e successive modificazioni,» sono state aggiunte dall'art. 30.1, lett. e, d.l. 21 giugno 2013, n. 69, conv. in l. 9 agosto 2013, n. 98. In base all'art. 30.6, d.l. cit.: «Le disposizioni del presente articolo si applicano dalla data di entrata in vigore della legge di conversione del presente decreto».

(9) Le parole «dell'agibilità» sono state così sostituite alle precedenti «del rilascio del certificato di agibilità» dall'art. 3.1, lett. f, n. 3, d.lg. 25 novembre 2016, n. 222.

(10) Le parole «segnalazioni certificate di inizio attività» sono state così sostituite alle precedenti «denunce di inizio attività» dall'art. 17.1, lett. m, n. 1, d.l. 12 settembre 2014, n. 133, conv. in l. 11 novembre 2014, n. 164.

(11) Comma inserito dall'art. 17.1, lett. m, n. 2, d.l. 12 settembre 2014, n. 133, conv. in l. 11 novembre 2014, n. 164.

(12) Comma abrogato dall'art. 3.1, lett. f, n. 4, d.lg. 25 novembre 2016, n. 222.

4. Le regioni a statuto ordinario con legge possono ampliare o ridurre l'ambito applicativo delle disposizioni di cui ai commi precedenti. Restano, comunque, ferme le sanzioni penali previste all'art. 44.

5. .... (1).

6. La realizzazione degli interventi di cui al presente Capo (2) che riguardino immobili sottoposti a tutela storico-artistica, paesaggistico-ambientale o dell'assetto idrogeologico (3), è subordinata al preventivo rilascio del parere o dell'autorizzazione richiesti dalle relative previsioni normative. Nell'ambito delle norme di tutela rientrano, in particolare, le disposizioni di cui al d.lg. 29 ottobre 1999, n. 490.

7. È comunque salva la facoltà dell'interessato di chiedere il rilascio di permesso di costruire per la realizzazione degli interventi di cui al presente Capo (4), senza obbligo del pagamento del contributo di costruzione di cui all'art. 16, salvo quanto previsto dall'ultimo periodo del comma 1 dell'art. 23 (5). In questo caso la violazione della disciplina urbanistico-edilizia non comporta l'applicazione delle sanzioni di cui all'art. 44 ed è soggetta all'applicazione delle sanzioni di cui all'art. 37 (6) (7) (8).

23 (L, commi 3 e 4 – R, commi 1, 2, 5, 6 e 7). *Interventi subordinati a segnalazione certificata di inizio di attività in alternativa al permesso di costruire* (9). — 01. In alternativa al permesso di costruire, possono essere realizzati mediante segnalazione certificata di inizio di attività:

a) gli interventi di ristrutturazione di cui all'art. 10, comma 1, lett. *c*);

b) gli interventi di nuova costruzione o di ristrutturazione urbanistica qualora siano disciplinati da piani attuativi comunque denominati, ivi compresi gli accordi negoziali aventi valore di piano attuativo, che contengano precise disposizioni plano-volumetriche, tipologiche, formali e costruttive, la cui sussistenza sia stata esplicitamente dichiarata dal competente organo comunale in sede di approvazione degli stessi piani o di ricognizione di quelli vigenti; qualora i piani attuativi risultino approvati anteriormente all'entrata in vigore della l. 21 dicembre 2001, n. 443, il relativo atto di ricognizione deve avvenire entro trenta giorni dalla richiesta degli interessati; in mancanza si prescinde dall'atto di ricognizione, purché il progetto di costruzione venga accompagnato da apposita relazione tecnica nella quale venga asseverata l'esistenza di piani attuativi con le caratteristiche sopra menzionate;

c) gli interventi di nuova costruzione qualora siano in diretta esecuzione di strumenti urbanistici generali recanti precise disposizioni plano-volumetriche.

Gli interventi di cui alle lettere precedenti sono soggetti al contributo di costruzione ai sensi dell'art. 16. Le regioni possono individuare con legge gli altri interventi soggetti a segnalazione certificata di inizio attività, diversi da quelli di cui alle lettere precedenti, assoggettati al contributo di costruzione definendo criteri e parametri per la relativa determinazione (10).

1. Il proprietario dell'immobile o chi abbia titolo per presentare la segnalazione certificata di inizio attività (11), almeno trenta giorni prima dell'effettivo inizio dei lavori, presenta allo

(1) Comma abrogato dall'art. 3.1, lett. f, n. 4, d.lg. 25 novembre 2016, n. 222.

(2) Le parole «di cui al presente Capo» sono state così sostituite alle precedenti «di cui ai commi 1, 2 e 3» dall'art. 3.1, lett. f, n. 5, d.lg. 25 novembre 2016, n. 222.

(3) Le parole «tutela storico-artistica, paesaggistico-ambientale o dell'assetto idrogeologico» sono state così sostituite alle precedenti «tutela storico-artistica o paesaggistica-ambientale» dall'art. 54.1, lett. f, l. 28 dicembre 2015, n. 221.

(4) Le parole «di cui al presente Capo» sono state così sostituite alle precedenti «di cui ai commi 1 e 2» dall'art. 3.1, lett. f, n. 6, d.lg. 25 novembre 2016, n. 222.

(5) Le parole «dall'ultimo periodo del comma 1 dell'art. 23» sono state così sostituite alle precedenti «dal secondo periodo del comma 5» dall'art. 3.1, lett. f, n. 6, d.lg. 25 novembre 2016, n. 222.

(6) Articolo così sostituito dall'art. 1.1, lett. e, d.lg. 27 dicembre 2002, n. 301.

(7) Sulla dichiarazione di conformità degli impianti v. art. 11, d.m. 22 gennaio 2008, n. 37, in G.U., 12 marzo 2008, n. 61.

(8) L'art. 1-*quater*, d.l. 8 luglio 2010, n. 105, conv., con modificazioni, in l. 13 agosto 2010, n. 129, così dispone: «Sono fatti salvi gli effetti relativi alle procedure di denuncia di inizio attività di cui agli artt. 22 e 23 del t.u. di cui al d.p.r. 6 giugno 2001, n. 380, per la realizzazione di impianti di produzione di energia elettrica da fonti rinnovabili che risultino avviate in conformità a disposizioni regionali, recanti soglie superiori a quelle di cui alla tabella A del d.lg. 29 dicembre 2003, n. 387, a condizione che gli impianti siano entrati in esercizio entro centocinquanta giorni dalla data di entrata in vigore della legge di conversione del presente decreto».

(9) Rubrica così sostituita alla precedente «Disciplina della denuncia di inizio attività» dall'art. 3.1, lett. g, n. 1, d.lg. 25 novembre 2016, n. 222.

(10) Comma premesso dall'art. 3.1, lett. g, n. 2, d.lg. 25 novembre 2016, n. 222.

(11) Le parole «segnalazione certificata di inizio attività» sono state così sostituite alle precedenti «denuncia di inizio attività» dall'art. 3.1, lett. g, n. 3, d.lg. 25 novembre 2016, n. 222.

sportello unico la segnalazione (1), accompagnata da una dettagliata relazione a firma di un progettista abilitato e dagli opportuni elaborati progettuali, che asseveri la conformità delle opere da realizzare agli strumenti urbanistici approvati e non in contrasto con quelli adottati ed ai regolamenti edilizi vigenti, nonché il rispetto delle norme di sicurezza e di quelle igienico-sanitarie.

1-*bis*. Nei casi in cui la normativa vigente prevede l'acquisizione di atti o pareri di organi o enti appositi, ovvero l'esecuzione di verifiche preventive, con la sola esclusione dei casi in cui sussistano vincoli relativi all'assetto idrogeologico (2), ambientali, paesaggistici o culturali e degli atti rilasciati dalle amministrazioni preposte alla difesa nazionale, alla pubblica sicurezza, all'immigrazione, all'asilo, alla cittadinanza, all'amministrazione della giustizia, all'amministrazione delle finanze, ivi compresi gli atti concernenti le reti di acquisizione del gettito, anche derivante dal gioco, nonché di quelli previsti dalla normativa per le costruzioni in zone sismiche e di quelli imposti dalla normativa comunitaria, essi sono comunque sostituiti dalle autocertificazioni, attestazioni e asseverazioni o certificazioni di tecnici abilitati relative alla sussistenza dei requisiti e presupposti previsti dalla legge, dagli strumenti urbanistici approvati o adottati e dai regolamenti edilizi, da produrre a corredo della documentazione di cui al comma 1, salve le verifiche successive degli organi e delle amministrazioni competenti (3).

1-*ter*. La denuncia, corredata dalle dichiarazioni, attestazioni e asseverazioni nonché dai relativi elaborati tecnici, può essere presentata mediante posta raccomandata con avviso di ricevimento, ad eccezione dei procedimenti per cui è previsto l'utilizzo esclusivo della modalità telematica; in tal caso la denuncia si considera presentata al momento della ricezione da parte dell'amministrazione. [...] (4) (3).

2. La segnalazione certificata di inizio attività (5) è corredata dall'indicazione dell'impresa cui si intende affidare i lavori ed è sottoposta al termine massimo di efficacia pari a tre anni. La realizzazione della parte non ultimata dell'intervento è subordinata a nuova segnalazione (1). L'interessato è comunque tenuto a comunicare allo sportello unico la data di ultimazione dei lavori.

3. Nel caso dei vincoli e delle materie oggetto dell'esclusione di cui al comma 1-*bis* (6), qualora l'immobile oggetto dell'intervento sia sottoposto ad un vincolo la cui tutela compete, anche in via di delega, alla stessa amministrazione comunale, il termine di trenta giorni di cui al comma 1 decorre dal rilascio del relativo atto di assenso. Ove tale atto non sia favorevole, la denuncia è priva di effetti.

4. Nel caso dei vincoli e delle materie oggetto dell'esclusione di cui al comma 1-*bis* (7), qualora l'immobile oggetto dell'intervento sia sottoposto ad un vincolo la cui tutela non compete all'amministrazione comunale, ove il parere favorevole del soggetto preposto alla tutela non sia allegato alla segnalazione (1), il competente ufficio comunale convoca una conferenza di servizi ai sensi degli artt. 14, 14-*bis*, 14-*ter*, 14-*quater*, della l. 7 agosto 1990, n. 241. Il termine di trenta giorni di cui al comma 1 decorre dall'esito della conferenza. In caso di esito non favorevole, la segnalazione (1) è priva di effetti.

5. La sussistenza del titolo è provata con la copia della segnalazione certificata di inizio attività (5) da cui risulti la data di ricevimento della segnalazione (1), l'elenco di quanto presentato a corredo del progetto, l'attestazione del professionista abilitato, nonché gli atti di assenso eventualmente necessari.

(1) La parola «segnalazione» è stata così sostituita alla precedente «denuncia» dall'art. 3.1, lett. g, n. 3, d.lg. 25 novembre 2016, n. 222.

(2) Le parole «relativi all'assetto idrogeologico,» sono state inserite dall'art. 54.1, lett. g, l. 28 dicembre 2015, n. 221.

(3) Comma inserito dall'art. 13.2, lett. a, d.l. 22 giugno 2012, n. 83, conv. in l. 7 agosto 2012, n. 134. L'art. 13.2-*bis*, d.l. cit., così dispone: «Le amministrazioni comunali sono tenute ad applicare le disposizioni di cui al comma 2 entro sei mesi dalla data di entrata in vigore della legge di conversione del presente decreto».

(4) Ultimo periodo abrogato dall'Allegato (n. 3) al d.lg. 22 gennaio 2016, n. 10.

(5) Le parole «segnalazione certificata di inizio attività» sono state così sostituite alle precedenti «denuncia di inizio attività» dall'art. 3.1, lett. g, n. 3, d.lg. 25 novembre 2016, n. 222.

(6) Le parole «Nel caso dei vincoli e delle materie oggetto dell'esclusione di cui al comma 1-*bis*,» sono state inserite dall'art. 13.2, lett. b, d.l. 22 giugno 2012, n. 83, conv. in l. 7 agosto 2012, n. 134. L'art. 13.2-*bis*, d.l. cit., così dispone: «Le amministrazioni comunali sono tenute ad applicare le disposizioni di cui al comma 2 entro sei mesi dalla data di entrata in vigore della legge di conversione del presente decreto».

(7) Le parole «Nel caso dei vincoli e delle materie oggetto dell'esclusione di cui al comma 1-*bis*,» sono state inserite dall'art. 13.2, lett. c, d.l. 22 giugno 2012, n. 83, conv. in l. 7 agosto 2012, n. 134. L'art. 13.2-*bis*, d.l. cit., così dispone: «Le amministrazioni comunali sono tenute ad applicare le disposizioni di cui al comma 2 entro sei mesi dalla data di entrata in vigore della legge di conversione del presente decreto».

6. Il dirigente o il responsabile del competente ufficio comunale, ove entro il termine indicato al comma 1 sia riscontrata l'assenza di una o più delle condizioni stabilite, notifica all'interessato l'ordine motivato di non effettuare il previsto intervento e, in caso di falsa attestazione del professionista abilitato, informa l'autorità giudiziaria e il consiglio dell'ordine di appartenenza. È comunque salva la facoltà di ripresentare la denuncia di inizio attività, con le modifiche o le integrazioni necessarie per renderla conforme alla normativa urbanistica ed edilizia.

7. Ultimato l'intervento, il progettista o un tecnico abilitato rilascia un certificato di collaudo finale, che va presentato allo sportello unico, con il quale si attesta la conformità dell'opera al progetto presentato con la segnalazione certificata di inizio attività (1). Contestualmente presenta ricevuta dell'avvenuta presentazione della variazione catastale conseguente alle opere realizzate ovvero dichiarazione che le stesse non hanno comportato modificazioni del classamento. In assenza di tale documentazione si applica la sanzione di cui all'art. 37, comma 5 (2) (3).

23-*bis*. *Autorizzazioni preliminari alla segnalazione certificata di inizio attività e alla comunicazione dell'inizio dei lavori*. — 1. Nei casi in cui si applica la disciplina della segnalazione certificata di inizio attività di cui all'art. 19 della l. 7 agosto 1990, n. 241, prima della presentazione della segnalazione, l'interessato può richiedere allo sportello unico di provvedere all'acquisizione di tutti gli atti di assenso, comunque denominati, necessari per l'intervento edilizio, o presentare istanza di acquisizione dei medesimi atti di assenso contestualmente alla segnalazione. Lo sportello unico comunica tempestivamente all'interessato l'avvenuta acquisizione degli atti di assenso. Se tali atti non vengono acquisiti entro il termine di cui all'art. 20, comma 3, si applica quanto previsto dal comma 5-*bis* del medesimo articolo.

2. In caso di presentazione contestuale della segnalazione certificata di inizio attività e dell'istanza di acquisizione di tutti gli atti di assenso, comunque denominati, necessari per l'intervento edilizio, l'interessato può dare inizio ai lavori solo dopo la comunicazione da parte dello sportello unico dell'avvenuta acquisizione dei medesimi atti di assenso o dell'esito positivo della conferenza di servizi.

3. Le disposizioni di cui ai commi 1 e 2, si applicano anche alla comunicazione dell'inizio dei lavori di cui all'art. 6-*bis* (4), qualora siano necessari atti di assenso, comunque denominati, per la realizzazione dell'intervento edilizio.

4. All'interno delle zone omogenee A) di cui al decreto del Ministro dei lavori pubblici 2 aprile 1968, n. 1444, e in quelle equipollenti secondo l'eventuale diversa denominazione adottata dalle leggi regionali, i comuni devono individuare con propria deliberazione, da adottare entro il 30 giugno 2014, le aree nelle quali non è applicabile la segnalazione certificata di inizio attività per interventi di demolizione e ricostruzione, o per varianti a permessi di costruire, comportanti modifiche della sagoma. Senza nuovi o maggiori oneri a carico della finanza pubblica, decorso tale termine e in mancanza di intervento sostitutivo della regione ai sensi della normativa vigente, la deliberazione di cui al primo periodo è adottata da un Commissario nominato dal Ministro delle infrastrutture e dei trasporti. Nelle restanti aree interne alle zone omogenee A) e a quelle equipollenti di cui al primo periodo, gli interventi cui è applicabile la segnalazione certificata di inizio attività non possono in ogni caso avere inizio prima che siano decorsi trenta giorni dalla data di presentazione della segnalazione. Nelle more dell'adozione della deliberazione di cui al primo periodo e comunque in sua assenza, non trova applicazione per le predette zone omogenee A) la segnalazione certificata di inizio attività con modifica della sagoma (5).

23-*ter*. *Mutamento d'uso urbanisticamente ri-*

(1) Le parole «segnalazione certificata di inizio attività» sono state così sostituite alle precedenti «denuncia di inizio attività» dall'art. 3.1, lett. g, n. 3, d.lg. 25 novembre 2016, n. 222.

(2) Articolo così sostituito dall'art. 1.1, lett. f, d.lg. 27 dicembre 2002, n. 301. Successivamente l'art. 1.558, l. 30 dicembre 2004, n. 311 ha così modificato il comma 7, aggiungendo gli ultimi due periodi.

(3) L'art. 1-*quater*, d.l. 8 luglio 2010, n. 105, conv., con modificazioni, in l. 13 agosto 2010, n. 129, così dispone: «Sono fatti salvi gli effetti relativi alle procedure di denuncia di inizio attività di cui agli artt. 22 e 23 del t.u. di cui al d.p.r. 6 giugno 2001, n. 380, per la realizzazione di impianti di produzione di energia elettrica da fonti rinnovabili che risultino avviate in conformità a disposizioni regionali, recanti soglie superiori a quelle di cui alla tabella A del d.lg. 29 dicembre 2003, n. 387, a condizione che gli impianti siano entrati in esercizio entro centocinquanta giorni dalla data di entrata in vigore della legge di conversione del presente decreto».

(4) Le parole «art. 6-*bis*» sono state così sostituite alle precedenti «art. 6, comma 2» dall'art. 3.1, lett. h, d.lg. 25 novembre 2016, n. 222.

(5) Articolo aggiunto dall'art. 30.1, lett. f, d.l. 21 giugno 2013, n. 69, conv. in l. 9 agosto 2013, n. 98. In base all'art. 30.6, d.l. cit.: «Le disposizioni del presente articolo si applicano dalla data di entrata in vigore della legge di conversione del presente decreto».

levante. — 1. Salva diversa previsione da parte delle leggi regionali, costituisce mutamento rilevante della destinazione d'uso ogni forma di utilizzo dell'immobile o della singola unità immobiliare diversa da quella originaria, ancorché non accompagnata dall'esecuzione di opere edilizie, purché tale da comportare l'assegnazione dell'immobile o dell'unità immobiliare considerati ad una diversa categoria funzionale tra quelle sotto elencate:

a) residenziale;

a-bis) turistico-ricettiva;

b) produttiva e direzionale;

c) commerciale;

d) rurale.

2. La destinazione d'uso di un fabbricato o di una unità immobiliare è quella prevalente in termini di superficie utile.

3. Le regioni adeguano la propria legislazione ai principi di cui al presente articolo entro novanta giorni dalla data della sua entrata in vigore. Decorso tale termine, trovano applicazione diretta le disposizioni del presente articolo. Salva diversa previsione da parte delle leggi regionali e degli strumenti urbanistici comunali, il mutamento della destinazione d'uso all'interno della stessa categoria funzionale è sempre consentito (1).

TITOLO III

Agibilità degli edifici

CAPO I

Certificato di agibilità

24 (L). *Agibilità*. — 1. La sussistenza delle condizioni di sicurezza, igiene, salubrità, risparmio energetico degli edifici e degli impianti negli stessi installati, valutate secondo quanto dispone la normativa vigente, nonché la conformità dell'opera al progetto presentato e la sua agibilità sono attestati mediante segnalazione certificata.

2. Ai fini dell'agibilità, entro quindici giorni dall'ultimazione dei lavori di finitura dell'intervento, il soggetto titolare del permesso di costruire, o il soggetto che ha presentato la segnalazione certificata di inizio di attività, o i loro successori o aventi causa, presenta allo sportello unico per l'edilizia la segnalazione certificata, per i seguenti interventi:

a) nuove costruzioni;

b) ricostruzioni o sopraelevazioni, totali o parziali;

c) interventi sugli edifici esistenti che possano influire sulle condizioni di cui al comma 1.

3. La mancata presentazione della segnalazione, nei casi indicati al comma 2, comporta l'applicazione della sanzione amministrativa pecuniaria da euro 77 a euro 464.

4. Ai fini dell'agibilità, la segnalazione certificata può riguardare anche:

a) singoli edifici o singole porzioni della costruzione, purché funzionalmente autonomi, qualora siano state realizzate e collaudate le opere di urbanizzazione primaria relative all'intero intervento edilizio e siano state completate e collaudate le parti strutturali connesse, nonché collaudati e certificati gli impianti relativi alle parti comuni;

b) singole unità immobiliari, purché siano completate e collaudate le opere strutturali connesse, siano certificati gli impianti e siano completate le parti comuni e le opere di urbanizzazione primaria dichiarate funzionali rispetto all'edificio oggetto di agibilità parziale.

5. La segnalazione certificata di cui ai commi da 1 a 4 è corredata dalla seguente documentazione:

a) attestazione del direttore dei lavori o, qualora non nominato, di un professionista abilitato che assevera la sussistenza delle condizioni di cui al comma 1;

b) certificato di collaudo statico di cui all'art. 67 ovvero, per gli interventi di cui al comma 8-*bis* del medesimo articolo, dichiarazione di regolare esecuzione resa dal direttore dei lavori;

c) dichiarazione di conformità delle opere realizzate alla normativa vigente in materia di accessibilità e superamento delle barriere architettoniche di cui all'art. 77, nonché all'art. 82;

d) gli estremi dell'avvenuta dichiarazione di aggiornamento catastale;

e) dichiarazione dell'impresa installatrice, che attesta la conformità degli impianti installati negli edifici alle condizioni di sicurezza, igiene, salubrità, risparmio energetico prescritte dalla disciplina vigente ovvero, ove previsto, certificato di collaudo degli stessi.

6. L'utilizzo delle costruzioni di cui ai commi 2 e 4 può essere iniziato dalla data di presentazione allo sportello unico della segnalazione corredata della documentazione di cui al comma 5. Si applica l'art. 19, commi 3 e 6-*bis*, della l. 7 agosto 1990, n. 241.

(1) Articolo aggiunto dall'art. 17.1, lett. n, d.l. 12 settembre 2014, n. 133, conv. in l. 11 novembre 2014, n. 164.

7. Le Regioni, le Province autonome, i Comuni e le Città metropolitane, nell'ambito delle proprie competenze, disciplinano le modalità di effettuazione dei controlli, anche a campione e comprensivi dell'ispezione delle opere realizzate (1).

25. .... (2).

26 (L). *Dichiarazione di inagibilità*. — (r.d. 27 luglio 1934, n. 1265, art. 222). — 1. La presentazione della segnalazione certificata (3) di agibilità non impedisce l'esercizio del potere di dichiarazione di inagibilità di un edificio o di parte di esso ai sensi dell'art. 222 del r.d. 27 luglio 1934, n. 1265.

TITOLO IV

Vigilanza sull'attività urbanistico-edilizia, responsabilità e sanzioni

CAPO I

Vigilanza sull'attività urbanistico-edilizia e responsabilità

27 (L). *Vigilanza sull'attività urbanistico-edilizia*. — (l. 28 febbraio 1985, n. 47, art. 4; d.lg. 18 agosto 2000, n. 267, artt. 107 e 109). — 1. Il dirigente o il responsabile del competente ufficio comunale esercita, anche secondo le modalità stabilite dallo statuto o dai regolamenti dell'ente, la vigilanza sull'attività urbanistico-edilizia nel territorio comunale per assicurarne la rispondenza alle norme di legge e di regolamento, alle prescrizioni degli strumenti urbanistici ed alle modalità esecutive fissate nei titoli abilitativi.

2. Il dirigente o il responsabile, quando accerti l'inizio o l'esecuzione (4) di opere eseguite senza titolo su aree assoggettate, da leggi statali, regionali o da altre norme urbanistiche vigenti o adottate, a vincolo di inedificabilità, o destinate ad opere e spazi pubblici ovvero ad interventi di edilizia residenziale pubblica di cui alla l. 18 aprile 1962, n. 167, e successive modificazioni ed integrazioni, nonché in tutti i casi di difformità dalle norme urbanistiche e alle prescrizioni degli strumenti urbanistici (5), provvede alla demolizione e al ripristino dello stato dei luoghi. Qualora si tratti di aree assoggettate alla tutela di cui al r.d. 30 dicembre 1923, n. 3267, o appartenenti ai beni disciplinati dalla l. 16 giugno 1927, n. 1766, nonché delle aree di cui al d.lg. 29 ottobre 1999, n. 490, il dirigente provvede alla demolizione ed al ripristino dello stato dei luoghi, previa comunicazione alle amministrazioni competenti le quali possono eventualmente intervenire, ai fini della demolizione, anche di propria iniziativa. Per le opere abusivamente realizzate su immobili dichiarati monumento nazionale con provvedimenti aventi forza di legge o dichiarati di interesse particolarmente importante ai sensi degli artt. 6 e 7 del d.lg. 29 ottobre 1999, n. 490, o su beni di interesse archeologico, nonché per le opere abusivamente realizzate su immobili soggetti a vincolo o di inedificabilità assoluta in applicazione delle disposizioni del titolo II del d.lg. 29 ottobre 1999, n. 490, il Soprintendente, su richiesta della regione, del comune o delle altre autorità preposte alla tutela, ovvero decorso il termine di 180 giorni dall'accertamento dell'illecito, procede alla demolizione, anche avvalendosi delle modalità operative di cui ai commi 55 e 56 dell'art. 2 della l. 23 dicembre 1996, n. 662 (6).

3. Ferma rimanendo l'ipotesi prevista dal precedente comma 2, qualora sia constatata, dai competenti uffici comunali d'ufficio o su denuncia dei cittadini, l'inosservanza delle norme, prescrizioni e modalità di cui al comma 1, il dirigente o il responsabile dell'ufficio, ordina l'immediata sospensione dei lavori, che ha effetto fino all'adozione dei provvedimenti definitivi di cui ai successivi articoli, da adottare e notificare entro quarantacinque giorni dall'ordine di sospensione dei lavori. Entro i successivi quindici giorni dalla notifica il dirigente o il responsabile dell'ufficio, su ordinanza del sindaco, può procedere al sequestro del cantiere (7).

4. Gli ufficiali ed agenti di polizia giudiziaria, ove nei luoghi in cui vengono realizzate le opere non sia esibito il permesso di costruire, ovvero non sia apposto il prescritto cartello, ov-

(1) Articolo così sostituito dall'art. 3.1, lett. i, d.lg. 25 novembre 2016, n. 222.
(2) Articolo abrogato dall'art. 3.1, lett. j, d.lg. 25 novembre 2016, n. 222.
(3) Le parole «La presentazione della segnalazione certificata» sono state così sostituite alle precedenti «Il rilascio del certificato» dall'art. 3.1, lett. k, d.lg. 25 novembre 2016, n. 222.
(4) Le parole «o l'esecuzione» sono state inserite dall'art. 32.44, d.l. 30 settembre 2003, n. 269, conv. in l. 24 novembre 2003, n. 326.
(5) Le parole «, nonché in tutti i casi di difformità dalle norme urbanistiche e alle prescrizioni degli strumenti urbanistici» sono state inserite dall'art. 32.45, d.l. 30 settembre 2003, n. 269, conv. in l. 24 novembre 2003, n. 326.
(6) Ultimo periodo aggiunto dall'art. 32.46, d.l. 30 settembre 2003, n. 269, conv. in l. 24 novembre 2003, n. 326.
(7) Ultimo periodo aggiunto dall'art. 2.341, l. 24 dicembre 2007, n. 244.

vero in tutti gli altri casi di presunta violazione urbanistico-edilizia, ne danno immediata comunicazione all'autorità giudiziaria, al competente organo regionale e al dirigente del competente ufficio comunale, il quale verifica entro trenta giorni la regolarità delle opere e dispone gli atti conseguenti.

28 (L). *Vigilanza su opere di amministrazioni statali.* — (l. 28 febbraio 1985, n. 47, art. 5; d.lg. 18 agosto 2000, n. 267, artt. 107 e 109). — 1. Per le opere eseguite da amministrazioni statali, qualora ricorrano le ipotesi di cui all'art. 27, il dirigente o il responsabile del competente ufficio comunale informa immediatamente la regione e il Ministero delle infrastrutture e dei trasporti, al quale compete, d'intesa con il presidente della giunta regionale, la adozione dei provvedimenti previsti dal richiamato art. 27.

28-*bis*. *Permesso di costruire convenzionato.* — 1. Qualora le esigenze di urbanizzazione possano essere soddisfatte, sotto il controllo del Comune, con una modalità semplificata, è possibile il rilascio di un permesso di costruire convenzionato.

2. La convenzione, approvata con delibera del consiglio comunale, salva diversa previsione regionale, specifica gli obblighi, funzionali al soddisfacimento di un interesse pubblico, che il soggetto attuatore si assume ai fini di poter conseguire il rilascio del titolo edilizio, il quale resta la fonte di regolamento degli interessi.

3. Sono, in particolare, soggetti alla stipula di convenzione:

a) la cessione di aree anche al fine dell'utilizzo di diritti edificatori;

b) la realizzazione di opere di urbanizzazione fermo restando quanto previsto dall'art. 32, comma 1, lett. *g*), del d.lg. 12 aprile 2006, n. 163;

c) le caratteristiche morfologiche degli interventi;

d) la realizzazione di interventi di edilizia residenziale sociale.

4. La convenzione può prevedere modalità di attuazione per stralci funzionali, cui si collegano gli oneri e le opere di urbanizzazione da eseguire e le relative garanzie.

5. Il termine di validità del permesso di costruire convenzionato può essere modulato in relazione agli stralci funzionali previsti dalla convenzione.

6. Il procedimento di formazione del permesso di costruire convenzionato è quello previsto dal Capo II del Titolo II della presente parte. Alla convenzione si applica altresì la disciplina dell'art. 11 della l. 7 agosto 1990, n. 241 (1).

29 (L). *Responsabilità del titolare del permesso di costruire, del committente, del costruttore e del direttore dei lavori, nonché anche del progettista per le opere subordinate a segnalazione certificata di inizio attività* (2). — (l. 28 febbraio 1985, n. 47, art. 6; d.l. 23 aprile 1985, n. 146, art. 5-*bis*, convertito con modificazioni, in l. 21 giugno 1985, n. 298; d.l. 5 ottobre 1993, n. 398, art. 4, comma 12, convertito con modificazioni dalla l. 4 dicembre 1993, n. 493; d.lg. 18 agosto 2000, n. 267, artt. 107 e 109). — 1. Il titolare del permesso di costruire, il committente e il costruttore sono responsabili, ai fini e per gli effetti delle norme contenute nel presente capo, della conformità delle opere alla normativa urbanistica, alle previsioni di piano nonché, unitamente al direttore dei lavori, a quelle del permesso e alle modalità esecutive stabilite dal medesimo. Essi sono, altresì, tenuti al pagamento delle sanzioni pecuniarie e solidalmente alle spese per l'esecuzione in danno, in caso di demolizione delle opere abusivamente realizzate, salvo che dimostrino di non essere responsabili dell'abuso.

2. Il direttore dei lavori non è responsabile qualora abbia contestato agli altri soggetti la violazione delle prescrizioni del permesso di costruire, con esclusione delle varianti in corso d'opera, fornendo al dirigente o responsabile del competente ufficio comunale contemporanea e motivata comunicazione della violazione stessa. Nei casi di totale difformità o di variazione essenziale rispetto al permesso di costruire, il direttore dei lavori deve inoltre rinunziare all'incarico contestualmente alla comunicazione resa al dirigente. In caso contrario il dirigente segnala al consiglio dell'ordine professionale di appartenenza la violazione in cui è incorso il direttore dei lavori, che è passibile di sospensione dall'albo professionale da tre mesi a due anni.

3. Per le opere realizzate dietro presentazione di segnalazione certificata di inizio attività (2), il progettista assume la qualità di persona esercente un servizio di pubblica necessità ai sensi degli artt. 359 e 481 del codice penale. In caso di dichiarazioni non veritiere nella relazione di cui all'art. 23, comma 1, l'amministrazione ne dà comunicazione al competente ordine professionale per l'irrogazione delle sanzioni disciplinari.

(1) Articolo inserito dall'art. 17.1, lett. q, d.l. 12 settembre 2014, n. 133, conv. in l. 11 novembre 2014, n. 164.
(2) L'espressione «segnalazione certificata di inizio attività» è stata così sostituita alla precedente «denuncia di inizio attività» dall'art. 17.2, d.l. 12 settembre 2014, n. 133, conv. in l. 11 novembre 2014, n. 164.

CAPO II

Sanzioni

30 (L). *Lottizzazione abusiva*. — (l. 28 febbraio 1985, n. 47, art. 18; d.l. 23 aprile 1985, n. 146, artt. 1, comma 3-*bis*, e 7-*bis*; d.lg. 18 agosto 2000, n. 267, artt. 107 e 109). — 1. Si ha lottizzazione abusiva di terreni a scopo edificatorio quando vengono iniziate opere che comportino trasformazione urbanistica od edilizia dei terreni stessi in violazione delle prescrizioni degli strumenti urbanistici, vigenti o adottati, o comunque stabilite dalle leggi statali o regionali o senza la prescritta autorizzazione; nonché quando tale trasformazione venga predisposta attraverso il frazionamento e la vendita, o atti equivalenti, del terreno in lotti che, per le loro caratteristiche quali la dimensione in relazione alla natura del terreno e alla sua destinazione secondo gli strumenti urbanistici, il numero, l'ubicazione o la eventuale previsione di opere di urbanizzazione ed in rapporto ad elementi riferiti agli acquirenti, denuncino in modo non equivoco la destinazione a scopo edificatorio.

2. Gli atti tra vivi, sia in forma pubblica sia in forma privata, aventi ad oggetto trasferimento o costituzione o scioglimento della comunione di diritti reali relativi a terreni sono nulli e non possono essere stipulati né trascritti nei pubblici registri immobiliari ove agli atti stessi non sia allegato il certificato di destinazione urbanistica contenente le prescrizioni urbanistiche riguardanti l'area interessata. Le disposizioni di cui al presente comma non si applicano quando i terreni costituiscano pertinenze di edifici censiti nel nuovo catasto edilizio urbano, purché la superficie complessiva dell'area di pertinenza medesima sia inferiore a 5.000 metri quadrati.

3. Il certificato di destinazione urbanistica deve essere rilasciato dal dirigente o responsabile del competente ufficio comunale entro il termine perentorio di trenta giorni dalla presentazione della relativa domanda. Esso conserva validità per un anno dalla data di rilascio se, per dichiarazione dell'alienante o di uno dei condividenti, non siano intervenute modificazioni degli strumenti urbanistici.

4. In caso di mancato rilascio del suddetto certificato nel termine previsto, esso può essere sostituito da una dichiarazione dell'alienante o di uno dei condividenti attestante l'avvenuta presentazione della domanda, nonché la destinazione urbanistica dei terreni secondo gli strumenti urbanistici vigenti o adottati, ovvero l'inesistenza di questi ovvero la prescrizione, da parte dello strumento urbanistico generale approvato, di strumenti attuativi.

4-*bis*. Gli atti di cui al comma 2, ai quali non siano stati allegati certificati di destinazione urbanistica, o che non contengano la dichiarazione di cui al comma 3, possono essere confermati o integrati anche da una sola delle parti o dai suoi aventi causa, mediante atto pubblico o autenticato, al quale sia allegato un certificato contenente le prescrizioni urbanistiche riguardanti le aree interessate al giorno in cui è stato stipulato l'atto da confermare o contenente la dichiarazione omessa (1).

5. I frazionamenti catastali dei terreni non possono essere approvati dall'agenzia del territorio se non è allegata copia del tipo dal quale risulti, per attestazione degli uffici comunali, che il tipo medesimo è stato depositato presso il comune.

6. .... (2).

7. Nel caso in cui il dirigente o il responsabile del competente ufficio comunale accerti l'effettuazione di lottizzazione di terreni a scopo edificatorio senza la prescritta autorizzazione, con ordinanza da notificare ai proprietari delle aree ed agli altri soggetti indicati nel comma 1 dell'art. 29, ne dispone la sospensione. Il provvedimento comporta l'immediata interruzione delle opere in corso ed il divieto di disporre dei suoli e delle opere stesse con atti tra vivi, e deve essere trascritto a tal fine nei registri immobiliari.

8. Trascorsi novanta giorni, ove non intervenga la revoca del provvedimento di cui al comma 7, le aree lottizzate sono acquisite di diritto al patrimonio disponibile del comune il cui dirigente o responsabile del competente ufficio deve provvedere alla demolizione delle opere. In caso di inerzia si applicano le disposizioni concernenti i poteri sostitutivi di cui all'art. 31, comma 8.

9. Gli atti aventi per oggetto lotti di terreno, per i quali sia stato emesso il provvedimento previsto dal comma 7, sono nulli e non possono essere stipulati, né in forma pubblica né in forma privata, dopo la trascrizione di cui allo stes-

(1) Comma inserito dall'art. 12.4, l. 28 novembre 2005, n. 246. Il comma 12.5 così dispone: «Possono essere confermati, ai sensi delle disposizioni introdotte dal comma 4, anche gli atti redatti prima della data di entrata in vigore della presente legge, purché la nullità non sia stata accertata con sentenza divenuta definitiva prima di tale data».

(2) Comma abrogato dall'art. 1.1, d.p.r. 9 novembre 2005, n. 304.

so comma e prima della sua eventuale cancellazione o della sopravvenuta inefficacia del provvedimento del dirigente o del responsabile del competente ufficio comunale.

10. Le disposizioni di cui sopra si applicano agli atti stipulati ed ai frazionamenti presentati ai competenti uffici del catasto dopo il 17 marzo 1985, e non si applicano comunque alle divisioni ereditarie, alle donazioni fra coniugi e fra parenti in linea retta ed ai testamenti, nonché agli atti costitutivi, modificativi od estintivi di diritti reali di garanzia e di servitù (1).

31 (L). *Interventi eseguiti in assenza di permesso di costruire, in totale difformità o con variazioni essenziali.* — (l. 28 febbraio 1985, n. 47, art. 7; d.l. 23 aprile 1985, n. 146, art. 2, convertito, con modificazioni, in l. 21 giugno 1985, n. 298; d.lg. 18 agosto 2000, n. 267, artt. 107 e 109). — 1. Sono interventi eseguiti in totale difformità dal permesso di costruire quelli che comportano la realizzazione di un organismo edilizio integralmente diverso per caratteristiche tipologiche, planovolumetriche o di utilizzazione da quello oggetto del permesso stesso, ovvero l'esecuzione di volumi edilizi oltre i limiti indicati nel progetto e tali da costituire un organismo edilizio o parte di esso con specifica rilevanza ed autonomamente utilizzabile.

2. Il dirigente o il responsabile del competente ufficio comunale, accertata l'esecuzione di interventi in assenza di permesso, in totale difformità dal medesimo, ovvero con variazioni essenziali, determinate ai sensi dell'art. 32, ingiunge al proprietario e al responsabile dell'abuso la rimozione o la demolizione, indicando nel provvedimento l'area che viene acquisita di diritto, ai sensi del comma 3.

3. Se il responsabile dell'abuso non provvede alla demolizione e al ripristino dello stato dei luoghi nel termine di novanta giorni dall'ingiunzione, il bene e l'area di sedime, nonché quella necessaria, secondo le vigenti prescrizioni urbanistiche, alla realizzazione di opere analoghe a quelle abusive sono acquisiti di diritto gratuitamente al patrimonio del comune. L'area acquisita non può comunque essere superiore a dieci volte la complessiva superficie utile abusivamente costruita.

4. L'accertamento dell'inottemperanza alla ingiunzione a demolire, nel termine di cui al comma 3, previa notifica all'interessato, costituisce titolo per l'immissione nel possesso e per la trascrizione nei registri immobiliari, che deve essere eseguita gratuitamente.

4-*bis*. L'autorità competente, constatata l'inottemperanza, irroga una sanzione amministrativa pecuniaria di importo compreso tra 2.000 euro e 20.000 euro, salva l'applicazione di altre misure e sanzioni previste da norme vigenti. La sanzione, in caso di abusi realizzati sulle aree e sugli edifici di cui al comma 2 dell'art. 27, ivi comprese le aree soggette a rischio idrogeologico elevato o molto elevato, è sempre irrogata nella misura massima. La mancata o tardiva emanazione del provvedimento sanzionatorio, fatte salve le responsabilità penali, costituisce elemento di valutazione della performance individuale nonché di responsabilità disciplinare e amministrativo-contabile del dirigente e del funzionario inadempiente (2).

4-*ter*. I proventi delle sanzioni di cui al comma 4-*bis* spettano al comune e sono destinati esclusivamente alla demolizione e rimessione in pristino delle opere abusive e all'acquisizione e attrezzatura di aree destinate a verde pubblico (2).

4-*quater*. Ferme restando le competenze delle regioni a statuto speciale e delle province autonome di Trento e di Bolzano, le regioni a statuto ordinario possono aumentare l'importo delle sanzioni amministrative pecuniarie previste dal comma 4-*bis* e stabilire che siano periodicamente reiterabili qualora permanga l'inottemperanza all'ordine di demolizione (2).

5. L'opera acquisita è demolita con ordinanza del dirigente o del responsabile del competente ufficio comunale a spese dei responsabili dell'abuso, salvo che con deliberazione consiliare non si dichiari l'esistenza di prevalenti interessi pubblici e sempre che l'opera non contrasti con rilevanti interessi urbanistici, ambientali o di rispetto dell'assetto idrogeologico (3).

6. Per gli interventi abusivamente eseguiti su terreni sottoposti, in base a leggi statali o regionali, a vincolo di inedificabilità, l'acquisizione gratuita, nel caso di inottemperanza all'ingiunzione di demolizione, si verifica di diritto a favore delle amministrazioni cui compete la vigilanza sull'osservanza del vincolo. Tali amministrazioni provvedono alla demolizione

(1) L'art. 12.6, l. 28 novembre 2005, n. 246 così dispone: «Per gli atti formati all'estero, le disposizioni di cui agli artt. 30 e 46 del testo unico di cui al d.p.r. 6 giugno 2001, n. 380, e successive modificazioni, si applicano all'atto del deposito presso il notaio e le conseguenti menzioni possono essere inserite nel relativo verbale».

(2) Comma inserito dall'art. 17.1, lett. q-*bis*, d.l. 12 settembre 2014, n. 133, conv. in l. 11 novembre 2014, n. 164.

(3) Le parole «urbanistici, ambientali o di rispetto dell'assetto idrogeologico» sono state così sostituite alle precedenti «urbanistici o ambientali» dall'art. 54.1, lett. h, l. 28 dicembre 2015, n. 221.

delle opere abusive ed al ripristino dello stato dei luoghi a spese dei responsabili dell'abuso. Nella ipotesi di concorso dei vincoli, l'acquisizione si verifica a favore del patrimonio del comune.

7. Il segretario comunale redige e pubblica mensilmente, mediante affissione nell'albo comunale, i dati relativi agli immobili e alle opere realizzati abusivamente, oggetto dei rapporti degli ufficiali ed agenti di polizia giudiziaria e delle relative ordinanze di sospensione e trasmette i dati anzidetti all'autorità giudiziaria competente, al presidente della giunta regionale e, tramite l'ufficio territoriale del Governo, al Ministro delle infrastrutture e dei trasporti.

8. In caso d'inerzia, protrattasi per quindici giorni dalla data di constatazione della inosservanza delle disposizioni di cui al comma 1 dell'art. 27, ovvero protrattasi oltre il termine stabilito dal comma 3 del medesimo art. 27, il competente organo regionale, nei successivi trenta giorni, adotta i provvedimenti eventualmente necessari dandone contestuale comunicazione alla competente autorità giudiziaria ai fini dell'esercizio dell'azione penale.

9. Per le opere abusive di cui al presente articolo, il giudice, con la sentenza di condanna per il reato di cui all'art. 44, ordina la demolizione delle opere stesse se ancora non sia stata altrimenti eseguita.

9-*bis*. Le disposizioni del presente articolo si applicano anche agli interventi edilizi di cui all'art. 23, comma 01 (1).

32 (L). *Determinazione delle variazioni essenziali*. — (l. 28 febbraio 1985, n. 47, art. 8). — 1. Fermo restando quanto disposto dal comma 1 dell'art. 31, le regioni stabiliscono quali siano le variazioni essenziali al progetto approvato, tenuto conto che l'essenzialità ricorre esclusivamente quando si verifica una o più delle seguenti condizioni:

a) mutamento della destinazione d'uso che implichi variazione degli standards previsti dal d.m. 2 aprile 1968, pubblicato nella *Gazzetta Ufficiale* n. 97 del 16 aprile 1968;

b) aumento consistente della cubatura o della superficie di solaio da valutare in relazione al progetto approvato;

c) modifiche sostanziali di parametri urbanistico-edilizi del progetto approvato ovvero della localizzazione dell'edificio sull'area di pertinenza;

d) mutamento delle caratteristiche dell'intervento edilizio assentito;

e) violazione delle norme vigenti in materia di edilizia antisismica, quando non attenga a fatti procedurali.

2. Non possono ritenersi comunque variazioni essenziali quelle che incidono sulla entità delle cubature accessorie, sui volumi tecnici e sulla distribuzione interna delle singole unità abitative.

3. Gli interventi di cui al comma 1, effettuati su immobili sottoposti a vincolo storico, artistico, architettonico, archeologico, paesistico, ambientale e idrogeologico (2), nonché su immobili ricadenti sui parchi o in aree protette nazionali e regionali, sono considerati in totale difformità dal permesso, ai sensi e per gli effetti degli artt. 31 e 44. Tutti gli altri interventi sui medesimi immobili sono considerati variazioni essenziali.

33 (L). *Interventi di ristrutturazione edilizia in assenza di permesso di costruire o in totale difformità*. — (l. 28 febbraio 1985, n. 47, art. 9; d.lg. 18 agosto 2000, n. 267, artt. 107 e 109). — 1. Gli interventi e le opere di ristrutturazione edilizia di cui all'art. 10, comma 1, eseguiti in assenza di permesso o in totale difformità da esso, sono rimossi ovvero demoliti e gli edifici sono resi conformi alle prescrizioni degli strumenti urbanistico-edilizi entro il congruo termine stabilito dal dirigente o del responsabile del competente ufficio comunale con propria ordinanza, decorso il quale l'ordinanza stessa è eseguita a cura del comune e a spese dei responsabili dell'abuso.

2. Qualora, sulla base di motivato accertamento dell'ufficio tecnico comunale, il ripristino dello stato dei luoghi non sia possibile, il dirigente o il responsabile dell'ufficio irroga una sanzione pecunaria pari al doppio dell'aumento di valore dell'immobile, conseguente alla realizzazione delle opere, determinato, con riferimento alla data di ultimazione dei lavori, in base ai criteri previsti dalla l. 27 luglio 1978, n. 392, e con riferimento all'ultimo costo di produzione determinato con decreto ministeriale, aggiornato alla data di esecuzione dell'abuso, sulla base dell'indice ISTAT del costo di costruzione, con la esclusione, per i comuni non tenuti all'applicazione della legge medesima, del parametro relativo all'ubicazione e con l'equiparazione alla categoria A/1 delle catego-

(1) Comma aggiunto dall'art. 1.1, lett. g, d.lg. 27 dicembre 2002, n. 301. Le parole «all'art. 23, comma 01» sono state successivamente così sostituite alle precedenti «all'art. 22, comma 3» dall'art. 3.1, lett. l, d.lg. 25 novembre 2016, n. 222.

(2) Le parole «, ambientale e idrogeologico» sono state così sostituite alle precedenti «ed ambientale» dall'art. 54.1, lett. i, l. 28 dicembre 2015, n. 221.

rie non comprese nell'art. 16 della medesima legge. Per gli edifici adibiti ad uso diverso da quello di abitazione la sanzione è pari al doppio dell'aumento del valore venale dell'immobile, determinato a cura dell'agenzia del territorio.

3. Qualora le opere siano state eseguite su immobili vincolati ai sensi del d.lg. 29 ottobre 1999, n. 490, l'amministrazione competente a vigilare sull'osservanza del vincolo, salva l'applicazione di altre misure e sanzioni previste da norme vigenti, ordina la restituzione in pristino a cura e spese del responsabile dell'abuso, indicando criteri e modalità diretti a ricostituire l'originario organismo edilizio, ed irroga una sanzione pecuniaria da 516 a 5.164 euro.

4. Qualora le opere siano state eseguite su immobili, anche se non vincolati, compresi nelle zone omogenee A, di cui al d.m. 2 aprile 1968, n. 1444, il dirigente o il responsabile dell'ufficio richiede all'amministrazione competente alla tutela dei beni culturali ed ambientali apposito parere vincolante circa la restituzione in pristino o la irrogazione della sanzione pecuniaria di cui al precedente comma. Qualora il parere non venga reso entro novanta giorni dalla richiesta il dirigente o il responsabile provvede autonomamente.

5. In caso di inerzia, si applica la disposizione di cui all'art. 31, comma 8.

6. È comunque dovuto il contributo di costruzione di cui agli artt. 16 e 19.

6-*bis.* Le disposizioni del presente articolo si applicano anche agli interventi di ristrutturazione edilizia di cui all'art. 23, comma 01 (1), eseguiti in assenza di segnalazione certificata di inizio attività (2) o in totale difformità dalla stessa (3).

34 (L). *Interventi eseguiti in parziale difformità dal permesso di costruire.* — (l. 28 febbraio 1985, n. 47, art. 12; d.lg. 18 agosto 2000, n. 267, artt. 107 e 109). — 1. Gli interventi e le opere realizzati in parziale difformità dal permesso di costruire sono rimossi o demoliti a cura e spese dei responsabili dell'abuso entro il termine congruo fissato dalla relativa ordinanza del dirigente o del responsabile dell'ufficio. Decorso tale termine sono rimossi o demoliti a cura del comune e a spese dei medesimi responsabili dell'abuso.

2. Quando la demolizione non può avvenire senza pregiudizio della parte eseguita in conformità, il dirigente o il responsabile dell'ufficio applica una sanzione pari al doppio del costo di produzione, stabilito in base alla l. 27 luglio 1978, n. 392, della parte dell'opera realizzata in difformità dal permesso di costruire, se ad uso residenziale, e pari al doppio del valore venale, determinato a cura della agenzia del territorio, per le opere adibite ad usi diversi da quello residenziale.

2-*bis.* Le disposizioni del presente articolo si applicano anche agli interventi edilizi di cui all'art. 23, comma 01 (4), eseguiti in parziale difformità dalla segnalazione certificata di inizio attività (2) (5).

2-*ter.* Ai fini dell'applicazione del presente articolo, non si ha parziale difformità del titolo abilitativo in presenza di violazioni di altezza, distacchi, cubatura o superficie coperta che non eccedano per singola unità immobiliare il 2 per cento delle misure progettuali (6).

35 (L). *Interventi abusivi realizzati su suoli di proprietà dello Stato o di enti pubblici.* — (l. 28 febbraio 1985, n. 47, art. 14; d.l. 13 maggio 1991, n. 152, art. 17-*bis*, convertito in l. 12 luglio 1991, n. 203; d.lg. 18 agosto 2000, n. 267, artt. 107 e 109). — 1. Qualora sia accertata la realizzazione, da parte di soggetti diversi da quelli di cui all'art. 28, di interventi in assenza di permesso di costruire, ovvero in totale o parziale difformità dal medesimo, su suoli del demanio o del patrimonio dello Stato o di enti pubblici, il dirigente o il responsabile dell'ufficio, previa diffida non rinnovabile, ordina al responsabile dell'abuso la demolizione ed il ripristino dello stato dei luoghi, dandone comunicazione all'ente proprietario del suolo.

2. La demolizione è eseguita a cura del comune ed a spese del responsabile dell'abuso.

3. Resta fermo il potere di autotutela dello Stato e degli enti pubblici territoriali, nonché quello di altri enti pubblici, previsto dalla normativa vigente.

3-*bis.* Le disposizioni del presente articolo si applicano anche agli interventi edilizi di cui

(1) Le parole «all'art. 23, comma 01» sono state così sostituite alle precedenti «all'art. 22, comma 3» dall'art. 3.1, lett. m, d.lg. 25 novembre 2016, n. 222.

(2) L'espressione «segnalazione certificata di inizio attività» è stata così sostituita alla precedente «denuncia di inizio attività» dall'art. 17.2, d.l. 12 settembre 2014, n. 133, conv. in l. 11 novembre 2014, n. 164.

(3) Comma aggiunto dall'art. 1.1, lett. h, d.lg. 27 dicembre 2002, n. 301.

(4) Le parole «all'art. 23, comma 01» sono state così sostituite alle precedenti «all'art. 22, comma 3» dall'art. 3.1, lett. n, d.lg. 25 novembre 2016, n. 222.

(5) Comma aggiunto dall'art. 1.1, lett. i, d.lg. 27 dicembre 2002, n. 301.

(6) Comma aggiunto dall'art. 5.2, lett. a, n. 4, d.l. 13 maggio 2011, n. 70, conv. in l. 12 luglio 2011, n. 106.

all'art. 23, comma 01 (1), eseguiti in assenza di segnalazione certificata di inizio attività (2), ovvero in totale o parziale difformità dalla stessa (3).

36 (L). *Accertamento di conformità*. — (l. 28 febbraio 1985, n. 47, art. 13). — 1. In caso di interventi realizzati in assenza di permesso di costruire, o in difformità da esso, ovvero in assenza di segnalazione certificata di inizio attività (2) nelle ipotesi di cui all'art. 23, comma 01 (4), o in difformità da essa (5) fino alla scadenza dei termini di cui agli artt. 31, comma 3, 33, comma 1, 34, comma 1, e comunque fino all'irrogazione delle sanzioni amministrative, il responsabile dell'abuso, o l'attuale proprietario dell'immobile, possono ottenere il permesso in sanatoria se l'intervento risulti conforme alla disciplina urbanistica ed edilizia vigente sia al momento della realizzazione dello stesso, sia al momento della presentazione della domanda.

2. Il rilascio del permesso in sanatoria è subordinato al pagamento, a titolo di oblazione, del contributo di costruzione in misura doppia, ovvero, in caso di gratuità a norma di legge, in misura pari a quella prevista dall'art. 16. Nell'ipotesi di intervento realizzato in parziale difformità, l'oblazione è calcolata con riferimento alla parte di opera difforme dal permesso.

3. Sulla richiesta di permesso in sanatoria il dirigente o il responsabile del competente ufficio comunale si pronuncia con adeguata motivazione, entro sessanta giorni decorsi i quali la richiesta si intende rifiutata.

37 (L). *Interventi eseguiti in assenza o in difformità dalla segnalazione certificata di inizio attività* (2) *e accertamento di conformità*. — (art. 4, comma 13 del d.l. n. 398 del 1993; art. 10 della legge n. 47 del 1985). — 1. La realizzazione di interventi edilizi di cui all'art. 22, commi 1 e 2 (6), in assenza della o in difformità dalla segnalazione certificata di inizio attività (2) comporta la sanzione pecuniaria pari al doppio dell'aumento del valore venale dell'immobile conseguente alla realizzazione degli interventi stessi e comunque in misura non inferiore a 516 euro.

2. Quando le opere realizzate in assenza di segnalazione certificata di inizio attività (2) consistono in interventi di restauro e di risanamento conservativo, di cui alla lett. *c*) dell'art. 3, eseguiti su immobili comunque vincolati in base a leggi statali e regionali, nonché dalle altre norme urbanistiche vigenti, l'autorità competente a vigilare sull'osservanza del vincolo, salva l'applicazione di altre misure e sanzioni previste da norme vigenti, può ordinare la restituzione in pristino a cura e spese del responsabile ed irroga una sanzione pecuniaria da 516 a 10.329 euro.

3. Qualora gli interventi di cui al comma 2 sono eseguiti su immobili, anche non vincolati, compresi nelle zone indicate nella lett. *A*) dell'art. 2 del d.m. 2 aprile 1968, il dirigente o il responsabile dell'ufficio richiede al Ministero per i beni e le attività culturali apposito parere vincolante circa la restituzione in pristino o la irrogazione della sanzione pecuniaria di cui al comma 1. Se il parere non viene reso entro sessanta giorni dalla richiesta, il dirigente o il responsabile dell'ufficio provvede autonomamente. In tali casi non trova applicazione la sanzione pecuniaria da 516 a 10.329 euro di cui al comma 2.

4. Ove l'intervento realizzato risulti conforme alla disciplina urbanistica ed edilizia vigente sia al momento della realizzazione dell'intervento, sia al momento della presentazione della domanda, il responsabile dell'abuso o il proprietario dell'immobile possono ottenere la sanatoria dell'intervento versando la somma, non superiore a 5.164 e non inferiore a 516 euro, stabilita dal responsabile del procedimento in relazione all'aumento di valore dell'immobile valutato dall'agenzia del territorio.

5. Fermo restando quanto previsto dall'art. 23, comma 6, la denuncia di inizio di attività spontaneamente effettuata quando l'intervento è in corso di esecuzione, comporta il pagamento, a titolo di sanzione, della somma di 516 euro.

6. La mancata denuncia di inizio dell'attività non comporta l'applicazione delle sanzioni previste dall'art. 44. Resta comunque salva, ove ne ricorrano i presupposti in relazione all'intervento realizzato, l'applicazione delle san-

(1) Le parole «all'art. 23, comma 01» sono state così sostituite alle precedenti «all'art. 22, comma 3» dall'art. 3.1, lett. o, d.lg. 25 novembre 2016, n. 222.

(2) L'espressione «segnalazione certificata di inizio attività» è stata così sostituita alla precedente «denuncia di inizio attività» dall'art. 17.2, d.l. 12 settembre 2014, n. 133, conv. in l. 11 novembre 2014, n. 164.

(3) Comma aggiunto dall'art. 1.1, lett. l, d.lg. 27 dicembre 2002, n. 301.

(4) Le parole «all'art. 23, comma 01» sono state così sostituite alle precedenti «all'art. 22, comma 3» dall'art. 3.1, lett. p, d.lg. 25 novembre 2016, n. 222.

(5) Parole aggiunte dall'art. 1.1, lett. m, d.lg. 27 dicembre 2002, n. 301.

(6) Parole aggiunte dall'art. 1.1, lett. n, d.lg. 27 dicembre 2002, n. 301.

zioni di cui agli artt. 31, 33, 34, 35 e 44 e dell'accertamento di conformità di cui all'art. 36.

38 (L). *Interventi eseguiti in base a permesso annullato.* — (l. 28 febbraio 1985, n. 47, art. 11; d.lg. 18 agosto 2000, n. 267, artt. 107 e 109). — 1. In caso di annullamento del permesso di costruire, qualora non sia possibile, in base a motivata valutazione, la rimozione dei vizi delle procedure amministrative o la restituzione in pristino, il dirigente o il responsabile del competente ufficio comunale applica una sanzione pecuniaria pari al valore venale delle opere o loro parti abusivamente eseguite, valutato dall'agenzia del territorio, anche sulla base di accordi stipulati tra quest'ultima e l'amministrazione comunale. La valutazione dell'agenzia è notificata all'interessato dal dirigente o dal responsabile dell'ufficio e diviene definitiva decorsi i termini di impugnativa.

2. L'integrale corresponsione della sanzione pecuniaria irrogata produce i medesimi effetti del permesso di costruire in sanatoria di cui all'art. 36.

2-*bis.* Le disposizioni del presente articolo si applicano anche agli interventi edilizi di cui all'art. 23, comma 01 (1), in caso di accertamento dell'inesistenza dei presupposti per la formazione del titolo (2).

39 (L). *Annullamento del permesso di costruire da parte della regione.* — (l. 17 agosto 1942, n. 1150, art. 27, come sostituito dall'art. 7, legge 6 agosto 1967, n. 765; d.p.r. 15 gennaio 1972, n. 8, art. 1). — 1. Entro dieci anni dalla loro adozione le deliberazioni ed i provvedimenti comunali che autorizzano interventi non conformi a prescrizioni degli strumenti urbanistici o dei regolamenti edilizi o comunque in contrasto con la normativa urbanistico-edilizia vigente al momento della loro adozione, possono essere annullati dalla regione.

2. Il provvedimento di annullamento è emesso entro diciotto mesi dall'accertamento delle violazioni di cui al comma 1, ed è preceduto dalla contestazione delle violazioni stesse al titolare del permesso, al proprietario della costruzione, al progettista, e al comune, con l'invito a presentare controdeduzioni entro un termine all'uopo prefissato.

3. In pendenza delle procedure di annullamento la regione può ordinare la sospensione dei lavori, con provvedimento da notificare a mezzo di ufficiale giudiziario, nelle forme e con le modalità previste dal codice di procedura civile, ai soggetti di cui al comma 2 e da comunicare al comune. L'ordine di sospensione cessa di avere efficacia se, entro sei mesi dalla sua notificazione, non sia stato emesso il decreto di annullamento di cui al comma 1.

4. Entro sei mesi dalla data di adozione del provvedimento di annullamento, deve essere ordinata la demolizione delle opere eseguite in base al titolo annullato.

5. I provvedimenti di sospensione dei lavori e di annullamento vengono resi noti al pubblico mediante l'affissione nell'albo pretorio del comune dei dati relativi agli immobili e alle opere realizzate.

5-*bis.* Le disposizioni del presente articolo si applicano anche agli interventi edilizi di cui all'art. 23, comma 01 (3), non conformi a prescrizioni degli strumenti urbanistici o dei regolamenti edilizi o comunque in contrasto con la normativa urbanistico-edilizia vigente al momento della scadenza del termine di 30 giorni dalla presentazione della segnalazione certificata di inizio attività (4) (5).

40 (L). *Sospensione o demolizione di interventi abusivi da parte della regione.* — (l. 17 agosto 1942, n. 1150, art. 26, come sostituito dall'art. 6, l. 6 agosto 1967, n. 765; d.p.r. 15 gennaio 1972, n. 8, art. 1). — 1. In caso di interventi eseguiti in assenza di permesso di costruire o in contrasto con questo o con le prescrizioni degli strumenti urbanistici o della normativa urbanistico-edilizia, qualora il comune non abbia provveduto entro i termini stabiliti, la regione può disporre la sospensione o la demolizione delle opere eseguite. Il provvedimento di demolizione è adottato entro cinque anni dalla dichiarazione di agibilità dell'intervento.

2. Il provvedimento di sospensione o di demolizione è notificato al titolare del permesso o, in mancanza di questo, al committente, al costruttore e al direttore dei lavori. Lo stesso provvedimento è comunicato inoltre al comune.

3. La sospensione non può avere una durata superiore a tre mesi dalla data della notifica

(1) Le parole «all'art. 23, comma 01» sono state così sostituite alle precedenti «all'art. 22, comma 3» dall'art. 3.1, lett. q, d.lg. 25 novembre 2016, n. 222.

(2) Comma aggiunto dall'art. 1.1, lett. o, d.lg. 27 dicembre 2002, n. 301.

(3) Le parole «all'art. 23, comma 01» sono state così sostituite alle precedenti «all'art. 22, comma 3» dall'art. 3.1, lett. r, d.lg. 25 novembre 2016, n. 222.

(4) L'espressione «segnalazione certificata di inizio attività» è stata così sostituita alla precedente «denuncia di inizio attività» dall'art. 17.2, d.l. 12 settembre 2014, n. 133, conv. in l. 11 novembre 2014, n. 164.

(5) Comma aggiunto dall'art. 1.1, lett. p, d.lg. 27 dicembre 2002, n. 301.

entro i quali sono adottate le misure necessarie per eliminare le ragioni della difformità, ovvero, ove non sia possibile, per la rimessa in pristino.

4. Con il provvedimento che dispone la modifica dell'intervento, la rimessa in pristino o la demolizione delle opere è assegnato un termine entro il quale il responsabile dell'abuso è tenuto a procedere, a proprie spese e senza pregiudizio delle sanzioni penali, alla esecuzione del provvedimento stesso. Scaduto inutilmente tale termine, la regione dispone l'esecuzione in danno dei lavori.

4-*bis*. Le disposizioni del presente articolo si applicano anche agli interventi edilizi di cui all'art. 23, comma 01 (1), realizzati in assenza di segnalazione certificata di inizio attività (2) o in contrasto con questa o con le prescrizioni degli strumenti urbanistici o della normativa urbanistico-edilizia vigente al momento della scadenza del termine di 30 giorni dalla presentazione della segnalazione certificata di inizio attività (2) (3).

[**41.** *Demolizione di opere abusive*. — 1. Entro il mese di dicembre di ogni anno il dirigente o il responsabile del servizio trasmette al prefetto l'elenco delle opere non sanabili per le quali il responsabile dell'abuso non ha provveduto nel termine previsto alla demolizione e al ripristino dei luoghi e indica lo stato dei procedimenti relativi alla tutela del vincolo di cui al comma 6 dell'art. 31. Nel medesimo termine le amministrazioni statali e regionali preposte alla tutela trasmettono al prefetto l'elenco delle demolizioni da eseguire. Gli elenchi contengono, tra l'altro, il nominativo dei proprietari e dell'eventuale occupante abusivo, gli estremi di identificazione catastale, il verbale di consistenza delle opere abusive e l'eventuale titolo di occupazione dell'immobile.

2. Il prefetto entro trenta giorni dalla ricezione degli elenchi di cui al comma 1, provvede agli adempimenti conseguenti all'intervenuto trasferimento della titolarità dei beni e delle aree interessate, notificando l'avvenuta acquisizione al proprietario e al responsabile dell'abuso.

3. L'esecuzione della demolizione delle opere abusive, compresa la rimozione delle macerie e gli interventi a tutela della pubblica incolumità, è disposta dal prefetto. I relativi lavori sono affidati, anche a trattativa privata ove ne sussistano i presupposti, ad imprese tecnicamente e finanziariamente idonee. Il prefetto può anche avvalersi, per il tramite dei provveditorati alle opere pubbliche, delle strutture tecnico-operative del Ministero della difesa, sulla base di apposita convenzione stipulata d'intesa tra il Ministro delle infrastrutture e dei trasporti ed il Ministro della difesa] (4).

42 (L). *Ritardato od omesso versamento del contributo di costruzione*. — (l. 28 febbraio 1985, n. 47, art. 3). — 1. Le regioni determinano le sanzioni per il ritardato o mancato versamento del contributo di costruzione in misura non inferiore a quanto previsto nel presente articolo e non superiore al doppio.

2. Il mancato versamento, nei termini stabiliti, del contributo di costruzione di cui all'art. 16 comporta:

a) l'aumento del contributo in misura pari al 10 per cento qualora il versamento del contributo sia effettuato nei successivi centoventi giorni (5);

b) l'aumento del contributo in misura pari al 20 per cento quando, superato il termine di cui alla lett. *a*), il ritardo si protrae non oltre i successivi sessanta giorni (5);

c) l'aumento del contributo in misura pari al 40 per cento quando, superato il termine di cui alla lett. *b*), il ritardo si protrae non oltre i successivi sessanta giorni (5).

3. Le misure di cui alle lettere precedenti non si cumulano.

4. Nel caso di pagamento rateizzato le norme di cui al secondo comma si applicano ai ritardi nei pagamenti delle singole rate.

5. Decorso inutilmente il termine di cui alla lett. *c*) del comma 2, il comune provvede alla riscossione coattiva del complessivo credito nei modi previsti dall'art. 43.

6. In mancanza di leggi regionali che determinino la misura delle sanzioni di cui al presente articolo, queste saranno applicate nelle misure indicate nel comma 2.

43 (L). *Riscossione*. — (l. 28 febbraio 1985, n.

(1) Le parole «all'art. 23, comma 01» sono state così sostituite alle precedenti «all'art. 22, comma 3» dall'art. 3.1, lett. s, d.lg. 25 novembre 2016, n. 222.

(2) L'espressione «segnalazione certificata di inizio attività» è stata così sostituita alla precedente «denuncia di inizio attività» dall'art. 17.2, d.l. 12 settembre 2014, n. 133, conv. in l. 11 novembre 2014, n. 164.

(3) Comma aggiunto dall'art. 1.1, lett. q, d.lg. 27 dicembre 2002, n. 301.

(4) Articolo così sostituito dall'art. 32.49-*ter*, d.l. 30 settembre 2003, n. 269, conv. in l. 24 novembre 2003, n. 326. La Corte cost., con sentenza 28 giugno 2004, n. 196, ha dichiarato costituzionalmente illegittimo il comma 49-*ter* dell'art. 32, d.l. n. 269/2003 cit.

(5) Lettera sostituita dall'art. 27, comma 17, l. 28 dicembre 2001, n. 448.

47, art. 16). — 1. I contributi, le sanzioni e le spese di cui ai titoli II e IV della parte I del presente testo unico sono riscossi secondo le norme vigenti in materia di riscossione coattiva delle entrate dell'ente procedente.

44 (L). *Sanzioni penali* (1). — (19 e l. 28 febbraio 1985, n. 47, artt. 20; d.l. 23 aprile 1985, n. 146, art. 3, convertito, con modificazioni, in l. 21 giugno 1985, n. 298). — 1. Salvo che il fatto costituisca più grave reato e ferme le sanzioni amministrative, si applica:

a) l'ammenda fino a 10.329 euro per l'inosservanza delle norme, prescrizioni e modalità esecutive previste dal presente titolo, in quanto applicabili, nonché dai regolamenti edilizi, dagli strumenti urbanistici e dal permesso di costruire;

b) l'arresto fino a due anni e l'ammenda da 5.164 a 51.645 euro nei casi di esecuzione dei lavori in totale difformità o assenza del permesso o di prosecuzione degli stessi nonostante l'ordine di sospensione;

c) l'arresto fino a due anni e l'ammenda da 15.493 a 51.645 euro nel caso di lottizzazione abusiva di terreni a scopo edilizio, come previsto dal primo comma dell'art. 30. La stessa pena si applica anche nel caso di interventi edilizi nelle zone sottoposte a vincolo storico, artistico, archeologico, paesistico, ambientale, in variazione essenziale, in totale difformità o in assenza del permesso.

2. La sentenza definitiva del giudice penale che accerta che vi è stata lottizzazione abusiva, dispone la confisca dei terreni, abusivamente lottizzati e delle opere abusivamente costruite. Per effetto della confisca i terreni sono acquisiti di diritto e gratuitamente al patrimonio del comune nel cui territorio è avvenuta la lottizzazione. La sentenza definitiva è titolo per la immediata trascrizione nei registri immobiliari.

2-*bis.* Le disposizioni del presente articolo si applicano anche agli interventi edilizi suscettibili di realizzazione mediante segnalazione certificata di inizio attività (2) ai sensi dell'art. 23, comma 01 (3), eseguiti in assenza o in totale difformità dalla stessa (4).

45 (L). *Norme relative all'azione penale*. — (l. 28 febbraio 1985, n. 47, art. 22). — 1. L'azione penale relativa alle violazioni edilizie rimane sospesa finché non siano stati esauriti i procedimenti amministrativi di sanatoria di cui all'art. 36.

2. .... (5).

3. Il rilascio in sanatoria del permesso di costruire estingue i reati contravvenzionali previsti dalle norme urbanistiche vigenti.

46 (L). *Nullità degli atti giuridici relativi ad edifici la cui costruzione abusiva sia iniziata dopo il 17 marzo 1985*. — (l. 28 febbraio 1985, n. 47, art. 17; d.l. 23 aprile 1985, n. 146, art. 8). — 1. Gli atti tra vivi, sia in forma pubblica, sia in forma privata, aventi per oggetto trasferimento o costituzione o scioglimento della comunione di diritti reali, relativi ad edifici, o loro parti, la cui costruzione è iniziata dopo il 17 marzo 1985, sono nulli e non possono essere stipulati ove da essi non risultino, per dichiarazione dell'alienante, gli estremi del permesso di costruire o del permesso in sanatoria. Tali disposizioni non si applicano agli atti costitutivi, modificativi o estintivi di diritti reali di garanzia o di servitù.

2. Nel caso in cui sia prevista, ai sensi dell'art. 38, l'irrogazione di una sanzione soltanto pecuniaria, ma non il rilascio del permesso in sanatoria, agli atti di cui al comma 1 deve essere allegata la prova dell'integrale pagamento della sanzione medesima.

3. La sentenza che accerta la nullità degli atti di cui al comma 1 non pregiudica i diritti di garanzia o di servitù acquisiti in base ad un atto iscritto o trascritto anteriormente alla trascrizione della domanda diretta a far accertare la nullità degli atti.

4. Se la mancata indicazione in atto degli estremi non sia dipesa dalla insussistenza del permesso di costruire al tempo in cui gli atti medesimi sono stati stipulati, essi possono essere confermati anche da una sola delle parti mediante atto successivo, redatto nella stessa forma del precedente, che contenga la menzione omessa.

5. Le nullità di cui al presente articolo non si applicano agli atti derivanti da procedure esecutive immobiliari, individuali o concorsuali. L'aggiudicatario, qualora l'immobile si trovi nelle condizioni previste per il rilascio del per-

(1) Le sanzioni pecuniarie di cui al presente articolo sono state «incrementate del cento per cento» per effetto dell'art. 32.47, d.l. 30 settembre 2003, n. 269, conv. in l. 24 novembre 2003, n. 326.

(2) L'espressione «segnalazione certificata di inizio attività» è stata così sostituita alla precedente «denuncia di inizio attività» dall'art. 17.2, d.l. 12 settembre 2014, n. 133, conv. in l. 11 novembre 2014, n. 164.

(3) Le parole «dell'art. 23, comma 01» sono state così sostituite alle precedenti «dell'art. 22, comma 3» dall'art. 3.1, lett. t, d.lg. 25 novembre 2016, n. 222.

(4) Comma aggiunto dall'art. 1.1, lett. r, d.lg. 27 dicembre 2002, n. 301.

(5) Comma abrogato dall'art. 4[1, n. 26)], dell'Allegato 4, d.lg. 2 luglio 2010, n. 104.

messo di costruire in sanatoria, dovrà presentare domanda di permesso in sanatoria entro centoventi giorni dalla notifica del decreto emesso dalla autorità giudiziaria.

5-*bis*. Le disposizioni del presente articolo si applicano anche agli interventi edilizi realizzati mediante segnalazione certificata di inizio attività (1) ai sensi dell'art. 23, comma 01 (2), qualora nell'atto non siano indicati gli estremi della stessa (3) (4).

47 (L). *Sanzioni a carico dei notai.* — (l. 28 febbraio 1985, n. 47, art. 21). — 1. Il ricevimento e l'autenticazione da parte dei notai di atti nulli previsti dagli artt. 46 e 30 e non convalidabili costituisce violazione dell'art. 28 della l. 16 febbraio 1913, n. 89, e successive modificazioni (5), e comporta l'applicazione delle sanzioni previste dalla legge medesima.

2. Tutti i pubblici ufficiali, ottemperando a quanto disposto dall'art. 30, sono esonerati da responsabilità inerente al trasferimento o alla divisione dei terreni[; l'osservanza della formalità prevista dal comma 6 dello stesso art. 30 tiene anche luogo della denuncia di cui all'art. 331 del codice di procedura penale] (6).

48 (L). *Aziende erogatrici di servizi pubblici.* — (l. 28 febbraio 1985, n. 47, art. 45). — 1. È vietato a tutte le aziende erogatrici di servizi pubblici somministrare le loro forniture per l'esecuzione di opere prive di permesso di costruire, nonché ad opere in assenza di titolo iniziate dopo il 30 gennaio 1977 e per le quali non siano stati stipulati contratti di somministrazione anteriormente al 17 marzo 1985.

2. Il richiedente il servizio è tenuto ad allegare alla domanda una dichiarazione sostitutiva di atto notorio, ai sensi e per gli effetti dell'art. 47 del d.p.r. 28 dicembre 2000, n. 445, recante il Testo unico delle disposizioni legislative e regolamentari in materia di documentazione amministrativa, indicante gli estremi del permesso di costruire, o, per le opere abusive, gli estremi del permesso in sanatoria, ovvero copia della domanda di permesso in sanatoria corredata della prova del pagamento delle somme dovute a titolo di oblazione per intero nell'ipotesi dell'art. 36 e limitatamente alle prime due rate nell'ipotesi dell'art. 35 della l. 28 febbraio 1985, n. 47. Il contratto stipulato in difetto di tali dichiarazioni è nullo e il funzionario della azienda erogatrice, cui sia imputabile la stipulazione del contratto stesso, è soggetto ad una sanzione pecuniaria da 2.582 a 7.746 euro. Per le opere che già usufruiscono di un servizio pubblico, in luogo della documentazione di cui al precedente comma, può essere prodotta copia di una fattura, emessa dall'azienda erogante il servizio, dalla quale risulti che l'opera già usufruisce di un pubblico servizio.

3. Per le opere iniziate anteriormente al 30 gennaio 1977, in luogo degli estremi della licenza edilizia può essere prodotta una dichiarazione sostitutiva di atto notorio rilasciata dal proprietario o altro avente titolo, ai sensi e per gli effetti dell'art. 47 del d.p.r. 28 dicembre 2000, n. 445, recante il Testo unico delle disposizioni legislative e regolamentari in materia di documentazione amministrativa, attestante che l'opera è stata iniziata in data anteriore al 30 gennaio 1977. Tale dichiarazione può essere ricevuta e inserita nello stesso contratto, ovvero in documento separato da allegarsi al contratto medesimo.

3-*bis*. Le disposizioni del presente articolo si applicano anche agli interventi edilizi suscettibili di realizzazione mediante segnalazione certificata di inizio attività (1) ai sensi dell'art. 23, comma 01 (7), eseguiti in assenza della stessa (8).

3-*ter*. Al fine di consentire una più penetrante vigilanza sull'attività edilizia, è fatto obbligo alle aziende erogatrici di servizi pubblici ed ai funzionari cui sia imputabile la stipulazione dei relativi contratti di somministrazione di comunicare al sindaco del comune ove e ubicato l'immobile le richieste di allaccio ai pubblici servizi effettuate per gli immobili, con indica-

(1) L'espressione «segnalazione certificata di inizio attività» è stata così sostituita alla precedente «denuncia di inizio attività» dall'art. 17.2, d.l. 12 settembre 2014, n. 133, conv. in l. 11 novembre 2014, n. 164.

(2) Le parole «dell'art. 23, comma 01» sono state così sostituite alle precedenti «dell'art. 22, comma 3» dall'art. 3.1, lett. u, d.lg. 25 novembre 2016, n. 222.

(3) Comma aggiunto dall'art. 1.1, lett. s, d.lg. 27 dicembre 2002, n. 301.

(4) L'art. 12.6, l. 28 novembre 2005, n. 246 così dispone: «Per gli atti formati all'estero, le disposizioni di cui agli artt. 30 e 46 del testo unico di cui al d.p.r. 6 giugno 2001, n. 380, e successive modificazioni, si applicano all'atto del deposito presso il notaio e le conseguenti menzioni possono essere inserite nel relativo verbale».

(5) In *Leggi coll. XXIII, 1.*

(6) Il periodo da «; l'osservanza» fino alla fine del comma è stato soppresso dall'art. 1.2, d.p.r. 9 novembre 2005, n. 304.

(7) Le parole «dell'art. 23, comma 01» sono state così sostituite alle precedenti «dell'art. 22, comma 3» dall'art. 3.1, lett. v, d.lg. 25 novembre 2016, n. 222.

(8) Comma aggiunto dall'art. 1.1, lett. t, d.lg. 27 dicembre 2002, n. 301.

zione della concessione edilizia ovvero della autorizzazione ovvero degli altri titoli abilitativi, ovvero della istanza di concessione in sanatoria presentata, corredata dalla prova del pagamento per intero delle somme dovute a titolo di oblazione. L'inosservanza di tale obbligo comporta, per ciascuna violazione, la sanzione pecuniaria da euro 10.000 ad euro 50.000 nei confronti delle aziende erogatrici di servizi pubblici, nonché la sanzione pecuniaria da euro 2.582 ad euro 7.746 nei confronti del funzionario della azienda erogatrice cui sia imputabile la stipulazione dei contratti (1).

CAPO III

Disposizioni fiscali

49-50. .... (*omissis*).

51 (L). *Finanziamenti pubblici e sanatoria*. — (l. 23 dicembre 1996, n. 662, art. 2, comma 50). — 1. La concessione di indennizzi, ai sensi della legislazione sulle calamità naturali, è esclusa nei casi in cui gli immobili danneggiati siano stati eseguiti abusivamente in zone alluvionali; la citata concessione di indennizzi è altresì esclusa per gli immobili edificati in zone sismiche senza i prescritti criteri di sicurezza e senza che sia intervenuta sanatoria.

PARTE II

NORMATIVA TECNICA PER L'EDILIZIA

CAPO I

Disposizioni di carattere generale

52 (L). *Tipo di strutture e norme tecniche*. — (l. 3 febbraio 1974, n. 64, artt. 1 e 32, comma 1). — 1. In tutti i comuni della Repubblica le costruzioni sia pubbliche sia private debbono essere realizzate in osservanza delle norme tecniche riguardanti i vari elementi costruttivi fissate con decreti del Ministro per le infrastrutture e i trasporti, sentito il Consiglio superiore dei lavori pubblici che si avvale anche della collaborazione del Consiglio nazionale delle ricerche. Qualora le norme tecniche riguardino costruzioni in zone sismiche esse sono adottate di concerto con il Ministro per l'interno. Dette norme definiscono:

a) i criteri generali tecnico-costruttivi per la progettazione, esecuzione e collaudo degli edifici in muratura e per il loro consolidamento;

b) i carichi e sovraccarichi e loro combinazioni, anche in funzione del tipo e delle modalità costruttive e della destinazione dell'opera, nonché i criteri generali per la verifica di sicurezza delle costruzioni;

c) le indagini sui terreni e sulle rocce, la stabilità dei pendii naturali e delle scarpate, i criteri generali e le precisazioni tecniche per la progettazione, esecuzione e collaudo delle opere di sostegno delle terre e delle opere di fondazione; i criteri generali e le precisazioni tecniche per la progettazione, esecuzione e collaudo di opere speciali, quali ponti, dighe, serbatoi, tubazioni, torri, costruzioni prefabbricate in genere, acquedotti, fognature;

d) la protezione delle costruzioni dagli incendi.

2. Qualora vengano usati materiali o sistemi costruttivi diversi da quelli disciplinati dalle norme tecniche in vigore, la loro idoneità deve essere comprovata da una dichiarazione rilasciata dal Presidente del Consiglio superiore dei lavori pubblici su conforme parere dello stesso Consiglio (2).

3. Le norme tecniche di cui al presente articolo e i relativi aggiornamenti entrano in vigore trenta giorni dopo la pubblicazione dei rispettivi decreti nella *Gazzetta Ufficiale* della Repubblica italiana.

53 (L). *Definizioni*. — (l. 5 novembre 1971, n. 1086, art. 1, primo, secondo e terzo comma). — 1. Ai fini del presente testo unico si considerano:

a) opere in conglomerato cementizio armato normale, quelle composte da un complesso di strutture in conglomerato cementizio ed armature che assolvono ad una funzione statica;

b) opere in conglomerato cementizio armato precompresso, quelle composte di strutture in conglomerato cementizio ed armature nelle quali si imprime artificialmente uno stato di sollecitazione addizionale di natura ed entità tali da assicurare permanentemente l'effetto statico voluto;

c) opere a struttura metallica quelle nelle quali la statica è assicurata in tutto o in parte da

(1) Comma aggiunto dall'art. 32, comma 49-*quater*, d.l. 30 settembre 2003, n. 269, conv. in l. 24 novembre 2003, n. 326.

(2) Comma così sostituito dall'art. 45.2, lett. a, d.l. 6 dicembre 2011, n. 201, conv. in l. 22 dicembre 2011, n. 214.

elementi strutturali in acciaio o in altri metalli.

54 (L). *Sistemi costruttivi.* — (l. 2 febbraio 1974, n. 64, art. 5, art. 6, primo comma, art. 7, primo comma, art. 8, primo comma). — 1. Gli edifici possono essere costruiti con:

a) struttura intelaiata in cemento armato normale o precompresso, acciaio o sistemi combinati dei predetti materiali;

b) struttura a pannelli portanti;

c) struttura in muratura;

d) struttura in legname.

2. Ai fini di questo testo unico si considerano:

a) costruzioni in muratura, quelle nelle quali la muratura ha funzione portante;

b) strutture a pannelli portanti, quelle formate con l'associazione di pannelli verticali prefabbricati (muri), di altezza pari ad un piano e di larghezza superiore ad un metro, resi solidali a strutture orizzontali (solai) prefabbricate o costruite in opera;

c) strutture intelaiate, quelle costituite da aste rettilinee o curvilinee, comunque vincolate fra loro ed esternamente.

55 (L). *Edifici in muratura.* — (l. 3 febbraio 1974, n. 64, art. 6, secondo comma). — 1. Le costruzioni in muratura devono presentare adeguate caratteristiche di solidarietà fra gli elementi strutturali che le compongono, e di rigidezza complessiva secondo le indicazioni delle norme tecniche di cui all'art. 83.

56 (L). *Edifici con struttura a pannelli portanti.* — (l. 3 febbraio 1974, n. 64, art. 7, secondo, terzo, quarto e quinto comma). — 1. Le strutture a pannelli portanti devono essere realizzate in calcestruzzo pieno od alleggerito, semplice, armato normale o precompresso, presentare giunzioni eseguite in opera con calcestruzzo o malta cementizia, ed essere irrigidite da controventamenti opportuni, costituiti dagli stessi pannelli verticali sovrapposti o da lastre in calcestruzzo realizzate in opera; i controventamenti devono essere orientati almeno secondo due direzioni distinte.

2. Il complesso scatolare costituito dai pannelli deve realizzare un organismo statico capace di assorbire le azioni sismiche di cui all'art. 85.

3. La trasmissione delle azioni mutue tra i diversi elementi deve essere assicurata da armature metalliche.

4. L'idoneità di tali sistemi costruttivi, anche in funzione del grado di sismicità, deve essere comprovata da una dichiarazione rilasciata dal presidente del Consiglio superiore dei lavori pubblici, su conforme parere dello stesso Consiglio.

57 (L). *Edifici con strutture intelaiate.* — (l. 3 febbraio 1974, n. 64, art. 8, secondo periodo del primo comma, secondo, terzo e quarto comma). — 1. Nelle strutture intelaiate possono essere compresi elementi irrigidenti costituiti da:

a) strutture reticolate in acciaio, calcestruzzo armato normale o precompresso;

b) elementi-parete in acciaio, calcestruzzo armato normale o precompresso.

2. Gli elementi irrigidenti devono essere opportunamente collegati alle intelaiature della costruzione in modo che sia assicurata la trasmissione delle azioni sismiche agli irrigidimenti stessi.

3. Il complesso resistente deve essere proporzionato in modo da assorbire le azioni sismiche definite dalle norme tecniche di cui all'art. 83.

4. Le murature di tamponamento delle strutture intelaiate devono essere efficacemente collegate alle aste della struttura stessa secondo le modalità specificate dalle norme tecniche di cui all'art. 83.

58 (L). *Produzione in serie in stabilimenti di manufatti in conglomerato normale e precompresso e di manufatti complessi in metallo.* — (l. 5 novembre 1971, n. 1086, art. 9). — 1. Le ditte che procedono alla costruzione di manufatti in conglomerato armato normale o precompresso ed in metallo, fabbricati in serie e che assolvono alle funzioni indicate negli artt. 53, comma 1 e 64, comma 1, hanno l'obbligo di darne preventiva comunicazione al Servizio tecnico centrale del Ministero delle infrastrutture e dei trasporti, con apposita relazione nella quale debbono:

a) descrivere ciascun tipo di struttura indicando le possibili applicazioni e fornire i calcoli relativi, con particolare riguardo a quelli riferentisi a tutto il comportamento sotto carico fino a fessurazione e rottura;

b) precisare le caratteristiche dei materiali impiegati sulla scorta di prove eseguite presso uno dei laboratori di cui all'art. 59;

c) indicare, in modo particolareggiato, i metodi costruttivi e i procedimenti seguiti per la esecuzione delle strutture;

d) indicare i risultati delle prove eseguite presso uno dei laboratori di cui all'art. 59.

2. Tutti gli elementi precompressi debbono essere chiaramente e durevolmente contrassegnati onde si possa individuare la serie di origine.

3. Per le ditte che costruiscono manufatti complessi in metallo fabbricati in serie, i quali assolvono alle funzioni indicate negli artt. 53, comma 1 e 64, comma 1, la relazione di cui al comma 1 del presente articolo deve descrivere

ciascun tipo di struttura, indicando le possibili applicazioni e fornire i calcoli relativi.

4. Le ditte produttrici di tutti i manufatti di cui ai commi precedenti sono tenute a fornire tutte le prescrizioni relative alle operazioni di trasporto e di montaggio dei loro manufatti.

5. La responsabilità della rispondenza dei prodotti rimane a carico della ditta produttrice, che è obbligata a corredare la fornitura con i disegni del manufatto e l'indicazione delle sue caratteristiche di impiego.

6. Il progettista delle strutture è responsabile dell'organico inserimento e della previsione di utilizzazione dei manufatti di cui sopra nel progetto delle strutture dell'opera.

59 (L). *Laboratori*. — (l. 5 novembre 1971, n. 1086, art. 20). — 1. Agli effetti del presente testo unico sono considerati laboratori ufficiali:

a) i laboratori degli istituti universitari dei politecnici e delle facoltà di ingegneria e delle facoltà o istituti universitari di architettura;

b) il laboratorio di scienza delle costruzioni del centro studi ed esperienze dei servizi antincendi e di protezione civile (Roma);

b-bis) il laboratorio dell'Istituto sperimentale di rete ferroviaria italiana spa (1);

b-ter) il Centro sperimentale dell'Ente nazionale per le strade (ANAS) di Cesano (Roma), autorizzando lo stesso ad effettuare prove di *crash test* per le barriere metalliche (1).

2. Il Ministero delle infrastrutture e dei trasporti può autorizzare, con proprio decreto, ai sensi del presente capo, altri laboratori ad effettuare:

a) prove sui materiali da costruzione;

b) (*soppressa dalla legge di conversione*);

c) prove di laboratorio su terre e rocce (2).

3. L'attività dei laboratori, ai fini del presente capo, è servizio di pubblica utilità.

60 (L). *Emanazione di norme tecniche*. — (l. 5 novembre 1971, n. 1086, art. 21). — 1. Il Ministro per le infrastrutture e i trasporti, sentito il Consiglio superiore dei lavori pubblici che si avvale anche della collaborazione del Consiglio nazionale delle ricerche, predispone, modifica ed aggiorna le norme tecniche alle quali si uniformano le costruzioni di cui al capo secondo.

61 (L). *Abitati da consolidare*. — (l. 3 febbraio 1974, n. 64, art. 2). — 1. In tutti i territori comunali o loro parti, nei quali siano intervenuti od intervengano lo Stato o la regione per opere di consolidamento di abitato ai sensi della l. 9 luglio 1908, n. 445 e successive modificazioni ed integrazioni, nessuna opera e nessun lavoro, salvo quelli di manutenzione ordinaria o di rifinitura, possono essere eseguiti senza la preventiva autorizzazione del competente ufficio tecnico della regione.

2. Le opere di consolidamento, nei casi di urgenza riconosciuta con ordinanza del competente ufficio tecnico regionale o comunale, possono eccezionalmente essere intraprese anche prima della predetta autorizzazione, la quale comunque dovrà essere richiesta nel termine di cinque giorni dall'inizio dei lavori.

62 (L). *Utilizzazione di edifici*. — (l. 3 febbraio 1974, n. 64, art. 28). — 1. Il rilascio della licenza d'uso per gli edifici costruiti in cemento armato da parte dei comuni e l'attestazione di cui all'art. 24, comma 1, sono condizionati (3) all'esibizione di un certificato da rilasciarsi dall'ufficio tecnico della regione, che attesti la perfetta rispondenza dell'opera eseguita alle norme del capo quarto.

63 (L). *Opere pubbliche*. — 1. Quando si tratti di opere eseguite dai soggetti di cui all'art. 2 della l. 11 febbraio 1994, n. 109, le norme della presente parte si applicano solo nel caso in cui non sia diversamente disposto dalla citata l. n. 109 del 1994, dal d.p.r. 21 dicembre 1999, n. 544, dal d.p.r. 25 gennaio 2000, n. 34 e dal d.m. 19 aprile 2000 n. 145.

CAPO II

Disciplina delle opere di conglomerato cementizio armato, normale e precompresso ed a struttura metallica

Sezione I. — *Adempimenti*

64 (L). *Progettazione, direzione, esecuzione, responsabilità*. — (l. n. 1086 del 1971, art. 1, quarto comma; art. 2, primo e secondo comma; art. 3, primo e secondo comma). — 1. La realizzazione delle opere di conglomerato cementizio armato, normale e precompresso ed a struttura metallica, deve avvenire in modo tale da assicurare la perfetta stabilità e sicurezza delle strutture e da evitare qualsiasi pericolo per la pubblica incolumità.

2. La costruzione delle opere di cui all'art.

(1) Lettera aggiunta dall'art. 5.5., l. 1° agosto 2002, n. 166.

(2) Comma così sostituito dall'art. 7.3, d.l. 22 giugno 2012, n. 83, conv. in l. 7 agosto 2012, n. 134.

(3) Le parole «da parte dei comuni e l'attestazione di cui all'art. 24, comma 1, sono condizionati» sono state così sostituite alle precedenti «e dei certificati di agibilità da parte dei comuni è condizionato» dall'art. 3.1, lett. w, d.lg. 25 novembre 2016, n. 222.

53, comma 1, deve avvenire in base ad un progetto esecutivo redatto da un tecnico abilitato, iscritto nel relativo albo, nei limiti delle proprie competenze stabilite dalle leggi sugli ordini e collegi professionali.

3. L'esecuzione delle opere deve aver luogo sotto la direzione di un tecnico abilitato, iscritto nel relativo albo, nei limiti delle proprie competenze stabilite dalle leggi sugli ordini e collegi professionali.

4. Il progettista ha la responsabilità diretta della progettazione di tutte le strutture dell'opera comunque realizzate.

5. Il direttore dei lavori e il costruttore, ciascuno per la parte di sua competenza, hanno la responsabilità della rispondenza dell'opera al progetto, dell'osservanza delle prescrizioni di esecuzione del progetto, della qualità dei materiali impiegati, nonché, per quanto riguarda gli elementi prefabbricati, della posa in opera.

65 (R). *Denuncia dei lavori di realizzazione e relazione a struttura ultimata di opere di conglomerato cementizio armato, normale e precompresso ed a struttura metallica.* — (l. n. 1086 del 1971, artt. 4 e 6). — → 1. Le opere di conglomerato cementizio armato, normale e precompresso ed a struttura metallica, prima del loro inizio, devono essere denunciate dal costruttore (1) allo sportello unico, che provvede a trasmettere tale denuncia al competente ufficio tecnico regionale.

2. Nella denuncia devono essere indicati i nomi ed i recapiti del committente, del progettista delle strutture, del direttore dei lavori e del costruttore.

→ 3. Alla denuncia devono essere allegati:

a) il progetto dell'opera in triplice copia, firmato dal progettista, dal quale risultino in modo chiaro ed esauriente le calcolazioni eseguite, l'ubicazione, il tipo, le dimensioni delle strutture, e quanto altro occorre per definire l'opera sia nei riguardi dell'esecuzione sia nei riguardi della conoscenza delle condizioni di sollecitazione;

b) una relazione illustrativa in triplice copia firmata dal progettista e dal direttore dei lavori, dalla quale risultino le caratteristiche, le qualità e le dosature dei materiali che verranno impiegati nella costruzione.

→ 4. Lo sportello unico restituisce al costruttore (1), all'atto stesso della presentazione, una copia del progetto e della relazione con l'attestazione dell'avvenuto deposito.

5. Anche le varianti che nel corso dei lavori si intendano introdurre alle opere di cui al comma 1, previste nel progetto originario, devono essere denunciate, prima di dare inizio alla loro esecuzione, allo sportello unico nella forma e con gli allegati previsti nel presente articolo.

6. → A strutture ultimate, entro il termine di sessanta giorni, il direttore dei lavori deposita presso lo sportello unico una relazione, redatta in triplice copia, sull'adempimento degli obblighi di cui ai commi 1, 2 e 3, esponendo:

a) i certificati delle prove sui materiali impiegati emessi da laboratori di cui all'art. 59;

b) per le opere in conglomerato armato precompresso, ogni indicazione inerente alla tesatura dei cavi ed ai sistemi di messa in coazione;

c) l'esito delle eventuali prove di carico, allegando le copie dei relativi verbali firmate per copia conforme.

→ 7. Lo sportello unico restituisce al direttore dei lavori, all'atto stesso della presentazione, una copia della relazione di cui al comma 6 con l'attestazione dell'avvenuto deposito, e provvede a trasmettere una copia di tale relazione al competente ufficio tecnico regionale.

8. Il direttore dei lavori consegna al collaudatore la relazione, unitamente alla restante documentazione di cui al comma 6. →

66 (L). *Documenti in cantiere.* — (l. n. 1086 del 1971, art. 5). — 1. Nei cantieri, dal giorno di inizio delle opere, di cui all'art. 53, comma 1, a quello di ultimazione dei lavori, devono essere conservati gli atti indicati all'art. 65, commi 3 e 4, datati e firmati anche dal costruttore e dal direttore dei lavori, nonché un apposito giornale dei lavori.

2. Della conservazione e regolare tenuta di tali documenti è responsabile il direttore dei lavori. Il direttore dei lavori è anche tenuto a vistare periodicamente, ed in particolare nelle fasi più importanti dell'esecuzione, il giornale dei lavori.

67 (L, comma 1, 2, 4 e 8; R, i commi 3, 5, 6 e 7). *Collaudo statico.* — (l. 5 novembre 1971, n. 1086, artt. 7 e 8). — 1. Tutte le costruzioni di cui all'art. 53, comma 1, la cui sicurezza possa comunque interessare la pubblica incolumità devono essere sottoposte a collaudo statico, fatto salvo quanto previsto dal comma 8-*bis* (2).

2. Il collaudo deve essere eseguito da un ingegnere o da un architetto, iscritto all'albo da almeno dieci anni, che non sia intervenuto in

(1) V. *Comunicato* in G.U., 25 febbraio 2002, n. 47.

(2) Le parole «, fatto salvo quanto previsto dal comma 8-*bis*» sono state aggiunte dall'art. 3.1, lett. y, n. 1, d.lg. 25 novembre 2016, n. 222.

alcun modo nella progettazione, direzione, esecuzione dell'opera.

3. Contestualmente alla denuncia prevista dall'art. 65, il direttore dei lavori è tenuto a presentare presso lo sportello unico l'atto di nomina del collaudatore scelto dal committente e la contestuale dichiarazione di accettazione dell'incarico, corredati da certificazione attestante le condizioni di cui al comma 2.

4. Quando non esiste il committente ed il costruttore esegue in proprio, è fatto obbligo al costruttore di chiedere, anteriormente alla presentazione della denuncia di inizio dei lavori, all'ordine provinciale degli ingegneri o a quello degli architetti, la designazione di una terna di nominativi fra i quali sceglie il collaudatore.

5. Completata la struttura con la copertura dell'edificio, il direttore dei lavori ne dà comunicazione allo sportello unico e al collaudatore che ha 60 giorni di tempo per effettuare il collaudo.

6. In corso d'opera possono essere eseguiti collaudi parziali motivati da difficoltà tecniche e da complessità esecutive dell'opera, fatto salvo quanto previsto da specifiche disposizioni.

7. Il collaudatore redige, sotto la propria responsabilità, il certificato di collaudo in tre copie che invia al competente ufficio tecnico regionale e al committente, dandone contestuale comunicazione allo sportello unico. Il deposito del certificato di collaudo statico equivale al certificato di rispondenza dell'opera alle norme tecniche per le costruzioni previsto dall'art. 62 (1).

8. La segnalazione certificata è corredata da (2) una copia del certificato di collaudo.

→ 8-*bis*. Per gli interventi di riparazione e per gli interventi locali sulle costruzioni esistenti, come definiti dalla normativa tecnica, il certificato di collaudo è sostituito dalla dichiarazione di regolare esecuzione resa dal direttore dei lavori (3).

Sezione II. — *Vigilanza*

68 (L). *Controlli*. — (l. 5 novembre 1971, n. 1086, art. 10). — 1. Il dirigente o il responsabile del competente ufficio comunale, nel cui territorio vengono realizzate le opere indicate nell'art. 53, comma 1, ha il compito di vigilare sull'osservanza degli adempimenti preposti dal presente testo unico: a tal fine si avvale dei funzionari ed agenti comunali.

2. Le disposizioni del precedente comma non si applicano alle opere costruite per conto dello Stato e per conto delle regioni, delle province e dei comuni, aventi un ufficio tecnico con a capo un ingegnere.

69 (L). *Accertamenti delle violazioni*. — (l. 5 novembre 1971, n. 1086, art. 11). — 1. I funzionari e agenti comunali che accertino l'inosservanza degli adempimenti previsti nei precedenti articoli, redigono processo verbale che, a cura del dirigente o responsabile del competente ufficio comunale, verrà inoltrato all'Autorità giudiziaria competente ed all'ufficio tecnico della regione per i provvedimenti di cui all'art. 70.

70 (L). *Sospensione dei lavori*. — (l. 5 novembre 1971, n. 1086, art. 12). — 1. Il dirigente dell'ufficio tecnico regionale, ricevuto il processo verbale redatto a norma dell'art. 69 ed eseguiti gli opportuni accertamenti, ordina, con decreto notificato a mezzo di messo comunale, al committente, al direttore dei lavori e al costruttore la sospensione dei lavori.

2. I lavori non possono essere ripresi finché il dirigente dell'ufficio tecnico regionale non abbia accertato che sia stato provveduto agli adempimenti previsti dal presente capo.

3. Della disposta sospensione è data comunicazione al dirigente del competente ufficio comunale perché ne curi l'osservanza.

Sezione III. — *Norme penali*

71 (L). *Lavori abusivi*. — (l. 5 novembre 1971, n. 1086, art. 13). — 1. Chiunque commette, dirige e, in qualità di costruttore, esegue le opere previste dal presente capo, o parti di esse, in violazione dell'art. 64, commi 2, 3 e 4, è punito con l'arresto fino a tre mesi o con l'ammenda da 103 a 1.032 euro.

2. È soggetto alla pena dell'arresto fino ad un anno, o dell'ammenda da 1.032 a 10.329 euro, chi produce in serie manufatti in conglomerato armato normale o precompresso o manufatti complessi in metalli senza osservare le disposizioni dell'art. 58.

72 (L). *Omessa denuncia dei lavori*. — (l. 5 novembre 1971, n. 1086, art. 14). — 1. Il co-

(1) Ultimo periodo aggiunto dall'art. 3.1, lett. y, n. 2, d.lg. 25 novembre 2016, n. 222.

(2) Le parole «La segnalazione certificata è corredata da» sono state così sostituite alle precedenti «Per il rilascio di licenza d'uso o di agibilità, se prescritte, occorre presentare all'amministrazione comunale» dall'art. 3.1, lett. y, n. 3, d.lg. 25 novembre 2016, n. 222.

(3) Comma aggiunto dall'art. 3.1, lett. y, n. 4, d.lg. 25 novembre 2016, n. 222.

struttore che omette o ritarda la denuncia prevista dall'art. 65 è punito con l'arresto fino a tre mesi o con l'ammenda da 103 a 1.032 euro.

73 (L). *Responsabilità del direttore dei lavori.* — (l. 5 novembre 1971, n. 1086, art. 15). — 1. Il direttore dei lavori che non ottempera alle prescrizioni indicate nell'art. 66 è punito con l'ammenda da 41 a 206 euro.

2. Alla stessa pena soggiace il direttore dei lavori che omette o ritarda la presentazione al competente ufficio tecnico regionale della relazione indicata nell'art. 65, comma 6.

74 (L). *Responsabilità del collaudatore.* — (l. 5 novembre 1971, n. 1086, art. 16). — 1. Il collaudatore che non osserva gli obblighi di cui all'art. 67, comma 5, è punito con l'ammenda da 51 a 516 euro.

75 (L). *Mancanza del certificato di collaudo.* — (l. 5 novembre 1971, n. 1086, art. 17). — 1. Chiunque consente l'utilizzazione delle costruzioni prima del rilascio del certificato di collaudo è punito con l'arresto fino ad un mese o con l'ammenda da 103 a 1.032 euro.

76 (L). *Comunicazione della sentenza.* — (l. 5 novembre 1971, n. 1086, art. 18). — 1. La sentenza irrevocabile, emessa in base alle precedenti disposizioni, deve essere comunicata, a cura del cancelliere, entro quindici giorni da quello in cui è divenuta irrevocabile, al comune e alla regione interessata ed al consiglio provinciale dell'ordine professionale, cui eventualmente sia iscritto l'imputato.

CAPO III

DISPOSIZIONI PER FAVORIRE IL SUPERAMENTO E L'ELIMINAZIONE DELLE BARRIERE ARCHITETTONICHE NEGLI EDIFICI PRIVATI, PUBBLICI E PRIVATI APERTI AL PUBBLICO

Sezione I. — *Eliminazione delle barriere architettoniche negli edifici privati*

77 (L). *Progettazione di nuovi edifici e ristrutturazione di interi edifici.* — (l. 9 gennaio 1989, n. 13, art. 1). — 1. I progetti relativi alla costruzione di nuovi edifici privati, ovvero alla ristrutturazione di interi edifici, ivi compresi quelli di edilizia residenziale pubblica, sovvenzionata ed agevolata, sono redatti in osservanza delle prescrizioni tecniche previste dal comma 2.

2. Il Ministro delle infrastrutture e dei trasporti fissa con decreto, adottato ai sensi dell'art. 52, le prescrizioni tecniche necessarie a garantire l'accessibilità, l'adattabilità e la visitabilità degli edifici privati e di edilizia residenziale pubblica, sovvenzionata ed agevolata.

3. La progettazione deve comunque prevedere:

a) accorgimenti tecnici idonei alla installazione di meccanismi per l'accesso ai piani superiori, ivi compresi i servoscala;

b) idonei accessi alle parti comuni degli edifici e alle singole unità immobiliari;

c) almeno un accesso in piano, rampe prive di gradini o idonei mezzi di sollevamento;

d) l'installazione, nel caso di immobili con più di tre livelli fuori terra, di un ascensore per ogni scala principale raggiungibile mediante rampe prive di gradini.

4. È fatto obbligo di allegare al progetto la dichiarazione del professionista abilitato di conformità degli elaborati alle disposizioni adottate ai sensi del presente capo.

5. I progetti di cui al comma 1 che riguardano immobili vincolati ai sensi del d.lg. 29 ottobre 1999, n. 490, devono essere approvati dalla competente autorità di tutela, a norma degli artt. 23 e 151 del medesimo decreto legislativo.

78 (L). *Deliberazioni sull'eliminazione delle barriere architettoniche.* — (l. 9 gennaio 1989, n. 13, art. 2). — 1. Le deliberazioni che hanno per oggetto le innovazioni da attuare negli edifici privati dirette ad eliminare le barriere architettoniche di cui all'art. 27, primo comma, della l. 30 marzo 1971, n. 118, ed all'art. 1 del d.p.r. 24 luglio 1996, n. 503, nonché la realizzazione di percorsi attrezzati e la installazione di dispositivi di segnalazione atti a favorire la mobilità dei ciechi all'interno degli edifici privati, sono approvate dall'assemblea del condominio, in prima o in seconda convocazione, con le maggioranze previste dall'art. 1136, secondo e terzo comma, del codice civile.

2. Nel caso in cui il condominio rifiuti di assumere, o non assuma entro tre mesi dalla richiesta fatta per iscritto, le deliberazioni di cui al comma 1, i portatori di handicap, ovvero chi ne esercita la tutela o la responsabilità genitoriale (1) di cui al titolo IX del libro primo del codice civile, possono installare, a proprie spese, servoscala nonché strutture mobili e facilmente rimovibili e possono anche modificare l'ampiezza delle porte d'accesso, al fine di rendere più agevole l'accesso agli edifici, agli ascensori e alle rampe delle autorimesse.

3. Resta fermo quanto disposto dagli artt. 1120, secondo comma, e 1121, terzo comma, del codice civile.

(1) Le parole «responsabilità genitoriale» sono state così sostituite alla precedente «potestà» dall'art. 105.1, d.lg. 28 dicembre 2013, n. 154.

79 (L). *Opere finalizzate all'eliminazione delle barriere architettoniche realizzate in deroga ai regolamenti edilizi.* — (l. 9 gennaio 1989, n. 13, art. 3). — 1. Le opere di cui all'art. 78 possono essere realizzate in deroga alle norme sulle distanze previste dai regolamenti edilizi, anche per i cortili e le chiostrine interni ai fabbricati o comuni o di uso comune a più fabbricati.

2. È fatto salvo l'obbligo di rispetto delle distanze di cui agli artt. 873 e 907 del codice civile nell'ipotesi in cui tra le opere da realizzare e i fabbricati alieni non sia interposto alcuno spazio o alcuna area di proprietà o di uso comune.

80 (L). *Rispetto delle norme antisismiche, antincendio e di prevenzione degli infortuni.* — (l. 9 gennaio 1989, n. 13, art. 6). — 1. Fermo restando l'obbligo del preavviso e dell'invio del progetto alle competenti autorità a norma dell'art. 94, l'esecuzione delle opere edilizie di cui all'art. 78, da realizzare in ogni caso nel rispetto delle norme antisismiche, di prevenzione degli incendi e degli infortuni, non è soggetta alla autorizzazione di cui all'art. 94. L'esecuzione non conforme alla normativa richiamata al comma 1 preclude il collaudo delle opere realizzate.

81 (L). *Certificazioni.* — (l. 9 gennaio 1989, n. 13, art. 8; d.lg. 18 agosto 2000, n. 267, artt. 107 e 109). — 1. Alle domande ovvero alle comunicazioni al dirigente o responsabile del competente ufficio comunale relative alla realizzazione di interventi di cui al presente capo è allegato certificato medico in carta libera attestante l'handicap e dichiarazione sostitutiva dell'atto di notorietà, ai sensi dell'art. 47 del d.p.r. 28 dicembre 2000, n. 445, recante il testo unico delle disposizioni legislative e regolamentari in materia di documentazione amministrativa, dalla quale risultino l'ubicazione della propria abitazione, nonché le difficoltà di accesso.

Sezione II. — *Eliminazione o superamento delle barriere architettoniche negli edifici pubblici e privati aperti al pubblico*

82 (L). *Eliminazione o superamento delle barriere architettoniche negli edifici pubblici e privati aperti al pubblico.* — (l. 5 febbraio 1992, n. 104, art. 24; d.lg. 31 marzo 1998, n. 112, art. 62, comma 2; d.lg. n. 267 del 2000, artt. 107 e 109). — 1. Tutte le opere edilizie riguardanti edifici pubblici e privati aperti al pubblico che sono suscettibili di limitare l'accessibilità e la visitabilità di cui alla sezione prima del presente capo, sono eseguite in conformità alle disposizioni di cui alla l. 30 marzo 1971, n. 118, e successive modificazioni, alla sezione prima del presente capo, al regolamento approvato con d.p.r. 24 luglio 1996, n. 503, recante norme per l'eliminazione delle barriere architettoniche, e al decreto del Ministro dei lavori pubblici 14 giugno 1989, n. 236.

2. Per gli edifici pubblici e privati aperti al pubblico soggetti ai vincoli di cui al d.lg. 29 ottobre 1999, n. 490, nonché ai vincoli previsti da leggi speciali aventi le medesime finalità, nel caso di (1) mancato rilascio del nulla osta da parte delle autorità competenti alla tutela del vincolo, la conformità alle norme vigenti in materia di accessibilità e di superamento delle barriere architettoniche può essere realizzata con opere provvisionali, come definite dall'art. 7 del d.p.r. 7 gennaio 1956, n. 164, sulle quali sia stata acquisita l'approvazione delle predette autorità.

3. Alle comunicazioni allo sportello unico dei progetti di esecuzione dei lavori riguardanti edifici pubblici e aperti al pubblico, di cui al comma 1, rese ai sensi dell'art. 22, sono allegate una documentazione grafica e una dichiarazione di conformità alla normativa vigente in materia di accessibilità e di superamento delle barriere architettoniche, anche ai sensi del comma 2 del presente articolo.

4. Il rilascio del permesso di costruire per le opere di cui al comma 1 è subordinato alla verifica della conformità del progetto compiuta dall'ufficio tecnico o dal tecnico incaricato dal comune. Il comune, nell'ambito dei controlli della segnalazione certificata di cui all'art. 24 (2), per le opere di cui al comma 1, deve accertare che le opere siano state realizzate nel rispetto delle disposizioni vigenti in materia di eliminazione delle barriere architettoniche. [...] (3).

5. La richiesta di modifica di destinazione d'uso di edifici in luoghi pubblici o aperti al pubblico è accompagnata dalla dichiarazione di cui al

(1) Le parole «nel caso di» sono state così sostituite alle precedenti «qualora le autorizzazioni previste dall'art. 20, commi 6 e 7, non possano venire concesse, per il» dall'art. 5.2, lett. a, n. 6, d.l. 13 maggio 2011, n. 70, conv. in l. 12 luglio 2011, n. 106.

(2) Le parole «Il comune, nell'ambito dei controlli della segnalazione certificata di cui all'art. 24,» sono state così sostituite alle precedenti «Il dirigente o il responsabile del competente ufficio comunale, nel rilasciare il certificato di agibilità» dall'art. 3.1, lett. z, n. 1, d.lg. 25 novembre 2016, n. 222.

(3) Ultimo periodo soppresso dall'art. 3.1, lett. z, n. 2, d.lg. 25 novembre 2016, n. 222.

comma 3. I controlli della segnalazione certificata di cui all'art. 24 prevedono la verifica (1) della dichiarazione allo stato dell'immobile.

6. Tutte le opere realizzate negli edifici pubblici e privati aperti al pubblico in difformità dalle disposizioni vigenti in materia di accessibilità e di eliminazione delle barriere architettoniche, nelle quali le difformità siano tali da rendere impossibile l'utilizzazione dell'opera da parte delle persone handicappate, sono dichiarate inagibili.

7. Il progettista, il direttore dei lavori, il responsabile tecnico degli accertamenti per l'agibilità ed il collaudatore, ciascuno per la propria competenza, sono direttamente responsabili, relativamente ad opere eseguite dopo l'entrata in vigore della l. 5 febbraio 1992, n. 104, delle difformità che siano tali da rendere impossibile l'utilizzazione dell'opera da parte delle persone handicappate. Essi sono puniti con l'ammenda da 5.164 a 25.822 euro e con la sospensione dai rispettivi albi professionali per un periodo compreso da uno a sei mesi.

8. I piani di cui all'art. 32, comma 21, della l. n. 41 del 1986, sono modificati con integrazioni relative all'accessibilità degli spazi urbani, con particolare riferimento all'individuazione e alla realizzazione di percorsi accessibili, all'installazione di semafori acustici per non vedenti, alla rimozione della segnaletica installata in modo da ostacolare la circolazione delle persone handicappate.

9. I comuni adeguano i propri regolamenti edilizi alle disposizioni di cui all'art. 27 della citata l. n. 118 del 1971, all'art. 2 del citato regolamento approvato con d.p.r. n. 384 del 1978, alle disposizioni di cui alla sezione prima del presente capo, e al citato decreto del Ministro dei lavori pubblici 14 giugno 1989, n. 236. Le norme dei regolamenti edilizi comunali contrastanti con le disposizioni del presente articolo perdono efficacia.

CAPO IV

PROVVEDIMENTI PER LE COSTRUZIONI CON PARTICOLARI PRESCRIZIONI PER LE ZONE SISMICHE

Sezione I. — *Norme per le costruzioni in zone sismiche*

83 (L). *Opere disciplinate e gradi di sismicità*. — (l. 3 febbraio 1974, n. 64, art. 3; artt. 54, comma 1, lett. *c*), 93, comma 1, lett. *g*), e comma 4 del d.lg. n. 112 del 1998). — 1. Tutte le costruzioni la cui sicurezza possa comunque interessare la pubblica incolumità, da realizzarsi in zone dichiarate sismiche ai sensi dei commi 2 e 3 del presente articolo, sono disciplinate, oltre che dalle disposizioni di cui all'art. 52, da specifiche norme tecniche emanate, anche per i loro aggiornamenti, con decreti del Ministro per le infrastrutture ed i trasporti, di concerto con il Ministro per l'interno, sentiti il Consiglio superiore dei lavori pubblici, il Consiglio nazionale delle ricerche e la Conferenza unificata.

2. Con decreto del Ministro per le infrastrutture ed i trasporti, di concerto con il Ministro per l'interno, sentiti il Consiglio superiore dei lavori pubblici, il Consiglio nazionale delle ricerche e la Conferenza unificata, sono definiti i criteri generali per l'individuazione delle zone sismiche e dei relativi valori differenziati del grado di sismicità da prendere a base per la determinazione delle azioni sismiche e di quant'altro specificato dalle norme tecniche.

3. Le regioni, sentite le province e i comuni interessati, provvedono alla individuazione delle zone dichiarate sismiche agli effetti del presente capo, alla formazione e all'aggiornamento degli elenchi delle medesime zone e dei valori attribuiti ai gradi di sismicità, nel rispetto dei criteri generali di cui al comma 2.

84 (L). *Contenuto delle norme tecniche*. — (l. 3 febbraio 1974, n. 64, art. 4). — 1. Le norme tecniche per le costruzioni in zone sismiche di cui all'art. 83, da adottare sulla base dei criteri generali indicati dagli articoli successivi e in funzione dei diversi gradi di sismicità, definiscono:

a) l'altezza massima degli edifici in relazione al sistema costruttivo, al grado di sismicità della zona ed alle larghezze stradali;

b) le distanze minime consentite tra gli edifici e giunzioni tra edifici contigui;

c) le azioni sismiche orizzontali e verticali da tenere in conto del dimensionamento degli elementi delle costruzioni e delle loro giunzioni;

d) il dimensionamento e la verifica delle diverse parti delle costruzioni;

e) le tipologie costruttive per le fondazioni e le parti in elevazione.

2. Le caratteristiche generali e le proprietà fisico-meccaniche dei terreni di fondazione, e

(1) Le parole «I controlli della segnalazione certificata di cui all'art. 24 prevedono la verifica» sono state così sostituite alle precedenti «Il rilascio del certificato di agibilità è condizionato alla verifica tecnica della conformità» dall'art. 3.1, lett. z, n. 3, d.lg. 25 novembre 2016, n. 222.

cioè dei terreni costituenti il sottosuolo fino alla profondità alla quale le tensioni indotte dal manufatto assumano valori significativi ai fini delle deformazioni e della stabilità dei terreni medesimi, devono essere esaurientemente accertate.

3. Per le costruzioni su pendii gli accertamenti devono essere convenientemente estesi al di fuori dell'area edificatoria per rilevare tutti i fattori occorrenti per valutare le condizioni di stabilità dei pendii medesimi.

4. Le norme tecniche di cui al comma 1 potranno stabilire l'entità degli accertamenti in funzione della morfologia e della natura dei terreni e del grado di sismicità.

85 (L). *Azioni sismiche*. — (l. 3 febbraio 1974, n. 64, art. 9). — 1. L'edificio deve essere progettato e costruito in modo che sia in grado di resistere alle azioni verticali e orizzontali, ai momenti torcenti e ribaltanti indicati rispettivamente alle successive lett. *a*), *b*), *c*) e *d*) e definiti dalle norme tecniche di cui all'art. 83.

a) azioni verticali: non si tiene conto in genere delle azioni sismiche verticali; per le strutture di grande luce o di particolare importanza, agli effetti di dette azioni, deve svolgersi una opportuna analisi dinamica teorica o sperimentale;

b) azioni orizzontali: le azioni sismiche orizzontali si schematizzano attraverso l'introduzione di due sistemi di forze orizzontali agenti non contemporaneamente secondo due direzioni ortogonali;

c) momenti torcenti: ad ogni piano deve essere considerato il momento torcente dovuto alle forze orizzontali agenti ai piani sovrastanti e in ogni caso non minore dei valori da determinarsi secondo le indicazioni riportate dalle norme tecniche di cui all'art. 83;

d) momenti ribaltanti: per le verifiche dei pilastri e delle fondazioni gli sforzi normali provocati dall'effetto ribaltante delle azioni sismiche orizzontali devono essere valutati secondo le indicazioni delle norme tecniche di cui all'art. 83.

86 (L). *Verifica delle strutture*. — (l. 3 febbraio 1974, n. 64, art. 10). — 1. L'analisi delle sollecitazioni dovute alle azioni sismiche di cui all'art. 85 è effettuata tenendo conto della ripartizione di queste fra gli elementi resistenti dell'intera struttura.

2. Si devono verificare detti elementi resistenti per le possibili combinazioni degli effetti sismici con tutte le altre azioni esterne, senza alcuna riduzione dei sovraccarichi, ma con l'esclusione dell'azione del vento.

87 (L). *Verifica delle fondazioni*. — (l. 3 febbraio 1974, n. 64, art. 11). — 1. I calcoli di stabilità del complesso terreno-opera di fondazione si eseguono con i metodi ed i procedimenti della geotecnica, tenendo conto, tra le forze agenti, delle azioni sismiche orizzontali applicate alla costruzione e valutate come specificato dalle norme tecniche di cui all'art. 83.

88 (L). *Deroghe*. — (l. 3 febbraio 1974, n. 64, art. 12). — 1. Possono essere concesse deroghe all'osservanza delle norme tecniche, di cui al precedente art. 83, dal Ministro per le infrastrutture e i trasporti, previa apposita istruttoria da parte dell'ufficio periferico competente e parere favorevole del Consiglio superiore dei lavori pubblici, quando sussistano ragioni particolari, che ne impediscano in tutto o in parte l'osservanza, dovute all'esigenza di salvaguardare le caratteristiche ambientali dei centri storici.

2. La possibilità di deroga deve essere prevista nello strumento urbanistico generale e le singole deroghe devono essere confermate nei piani particolareggiati.

89 (L). *Parere sugli strumenti urbanistici*. — (l. 3 febbraio 1974, n. 64, art. 13). — 1. Tutti i comuni nei quali sono applicabili le norme di cui alla presente sezione e quelli di cui all'art. 61, devono richiedere il parere del competente ufficio tecnico regionale sugli strumenti urbanistici generali e particolareggiati prima della delibera di adozione nonché sulle lottizzazioni convenzionate prima della delibera di approvazione, e loro varianti ai fini della verifica della compatibilità delle rispettive previsioni con le condizioni geomorfologiche del territorio.

2. Il competente ufficio tecnico regionale deve pronunciarsi entro sessanta giorni dal ricevimento della richiesta dell'amministrazione comunale.

3. In caso di mancato riscontro entro il termine di cui al comma 2 il parere deve intendersi reso in senso negativo.

90 (L). *Sopraelevazioni*. — (l. 3 febbraio 1974, n. 64, art. 14). — 1. È consentita, nel rispetto degli strumenti urbanistici vigenti:

a) la sopraelevazione di un piano negli edifici in muratura, purché nel complesso la costruzione risponda alle prescrizioni di cui al presente capo;

b) la sopraelevazione di edifici in cemento armato normale e precompresso, in acciaio o a pannelli portanti, purché il complesso della struttura sia conforme alle norme del presente testo unico.

2. L'autorizzazione è consentita previa certificazione del competente ufficio tecnico regionale che specifichi il numero massimo di piani che è possibile realizzare in sopraelevazione e l'idoneità della struttura esistente a sopportare il nuovo carico.

91 (L). *Riparazioni*. — (l. 3 febbraio 1974, n. 64, art. 15). — 1. Le riparazioni degli edifici debbono tendere a conseguire un maggiore grado di sicurezza alle azioni sismiche di cui ai precedenti articoli.

2. I criteri sono fissati nelle norme tecniche di cui all'art. 83.

92 (L). *Edifici di speciale importanza artistica*. — (l. 3 febbraio 1974, n. 64, art. 16). — 1. Per l'esecuzione di qualsiasi lavoro di natura antisismica in edifici o manufatti di carattere monumentale o aventi, comunque, interesse archeologico, storico o artistico, siano essi pubblici o di privata proprietà, restano ferme le disposizioni di cui al d.lg. 29 ottobre 1999, n. 490.

Sezione II. — *Vigilanza sulle costruzioni in zone sismiche*

93 (R). *Denuncia dei lavori e presentazione dei progetti di costruzioni in zone sismiche*. — (l. n. 64 del 1974, artt. 17 e 19). — 1. Nelle zone sismiche di cui all'art. 83, chiunque intenda procedere a costruzioni, riparazioni e sopraelevazioni, è tenuto a darne preavviso scritto allo sportello unico, che provvede a trasmetterne copia al competente ufficio tecnico della regione, indicando il proprio domicilio, il nome e la residenza del progettista, del direttore dei lavori e dell'appaltatore.

2. Alla domanda deve essere allegato il progetto, in doppio esemplare e debitamente firmato da un ingegnere, architetto, geometra o perito edile iscritto nell'albo, nei limiti delle rispettive competenze, nonché dal direttore dei lavori.

→ 3. Il contenuto minimo del progetto è determinato dal competente ufficio tecnico della regione. In ogni caso il progetto deve essere esauriente per planimetria, piante, prospetti e sezioni ed accompagnato da una relazione tecnica, dal fascicolo dei calcoli delle strutture portanti, sia in fondazione sia in elevazione, e dai disegni dei particolari esecutivi delle strutture.

→ 4. Al progetto deve inoltre essere allegata una relazione sulla fondazione, nella quale devono essere illustrati i criteri seguiti nella scelta del tipo di fondazione, le ipotesi assunte, i calcoli svolti nei riguardi del complesso terreno-opera di fondazione.

→ 5. La relazione sulla fondazione deve essere corredata da grafici o da documentazioni, in quanto necessari.

6. In ogni comune deve essere tenuto un registro delle denunzie dei lavori di cui al presente articolo.

7. Il registro deve essere esibito, costantemente aggiornato, a semplice richiesta, ai funzionari, ufficiali ed agenti indicati nell'art. 103.

94 (L). *Autorizzazione per l'inizio dei lavori*. — (l. 3 febbraio 1974, n. 64, art. 18). — 1. Fermo restando l'obbligo del titolo abilitativo all'intervento edilizio, nelle località sismiche, ad eccezione di quelle a bassa sismicità all'uopo indicate nei decreti di cui all'art. 83, non si possono iniziare lavori senza preventiva autorizzazione scritta del competente ufficio tecnico della regione.

2. L'autorizzazione è rilasciata entro sessanta giorni dalla richiesta, ed entro quaranta giorni dalla stessa in riferimento ad interventi finalizzati all'installazione di reti di comunicazione elettronica a banda ultralarga(1), e viene comunicata al comune, subito dopo il rilascio, per i provvedimenti di sua competenza.

3. Avverso il provvedimento relativo alla domanda di autorizzazione, o nei confronti del mancato rilascio entro il termine di cui al comma 2, è ammesso ricorso al presidente della giunta regionale che decide con provvedimento definitivo.

4. I lavori devono essere diretti da un ingegnere, architetto, geometra o perito edile iscritto nell'albo, nei limiti delle rispettive competenze. →

Sezione III. — *Repressione delle violazioni*

95 (L). *Sanzioni penali*. — (l. 3 febbraio 1974, n. 64, art. 20). — 1. Chiunque violi le prescrizioni contenute nel presente capo e nei decreti interministeriali di cui agli artt. 52 e 83 è punito con l'ammenda da 206 a 10.329 euro.

96 (L). *Accertamento delle violazioni*. — (l. 3 febbraio 1974, n. 64, art. 21). — 1. I funzionari, gli ufficiali ed agenti indicati all'art. 103, appena accertato un fatto costituente violazione delle presenti norme, compilano processo verbale trasmettendolo immediatamente al competente ufficio tecnico della regione.

2. Il dirigente dell'ufficio tecnico regionale, previ, occorrendo, ulteriori accertamenti di carattere tecnico, trasmette il processo verbale

(1) Le parole «, ed entro quaranta giorni dalla stessa in riferimento ad interventi finalizzati all'installazione di reti di comunicazione elettronica a banda ultralarga,» sono state inserite dall'art. 8-*bis*.5, d.l. 14 dicembre 2018, n. 135, conv. in l. 11 febbraio 2019, n. 12.

all'autorità giudiziaria competente con le sue deduzioni.

97 (L). *Sospensione dei lavori.* — (l. 3 febbraio 1974, n. 64, art. 22). — 1. Il dirigente del competente ufficio tecnico della regione, contemporaneamente agli adempimenti di cui all'art. 96, ordina, con decreto motivato, notificato a mezzo di messo comunale, al proprietario, nonché al direttore o appaltatore od esecutore delle opere, la sospensione dei lavori.

2. Copia del decreto è comunicata al dirigente o responsabile del competente ufficio comunale ai fini dell'osservanza dell'ordine di sospensione.

3. L'ufficio territoriale del Governo, su richiesta del dirigente dell'ufficio di cui al comma 1, assicura l'intervento della forza pubblica, ove ciò sia necessario per l'esecuzione dell'ordine di sospensione.

4. L'ordine di sospensione produce i suoi effetti sino alla data in cui la pronuncia dell'autorità giudiziaria diviene irrevocabile.

98 (L). *Procedimento penale.* — (l. 3 febbraio 1974, n. 64, art. 23). — 1. Se nel corso del procedimento penale il pubblico ministero ravvisa la necessità di ulteriori accertamenti tecnici, nomina uno o più consulenti, scegliendoli fra i componenti del Consiglio superiore dei lavori pubblici o tra tecnici laureati appartenenti ai ruoli del Ministero delle infrastrutture e dei trasporti o di altre amministrazioni statali.

2. Deve essere in ogni caso citato per il dibattimento il dirigente del competente ufficio tecnico della regione, il quale può delegare un funzionario dipendente che sia al corrente dei fatti.

3. Con il decreto o con la sentenza di condanna il giudice ordina la demolizione delle opere o delle parti di esse costruite in difformità alle norme del presente capo o dei decreti interministeriali di cui agli artt. 52 e 83, ovvero impartisce le prescrizioni necessarie per rendere le opere conformi alle norme stesse, fissando il relativo termine.

99 (L). *Esecuzione d'ufficio.* — (l. 3 febbraio 1974, n. 64, art. 24). — 1. Qualora il condannato non ottemperi all'ordine o alle prescrizioni di cui all'art. 98, dati con sentenza irrevocabile o con decreto esecutivo, il competente ufficio tecnico della regione provvede, se del caso con l'assistenza della forza pubblica, a spese del condannato.

100 (L). *Competenza della Regione.* — (l. 3 febbraio 1974, n. 64, art. 25). — 1. Qualora il reato sia estinto per qualsiasi causa, la Regione ordina, con provvedimento definitivo, sentito l'organo tecnico consultivo della regione, la demolizione delle opere o delle parti di esse eseguite in violazione delle norme del presente capo e delle norme tecniche di cui agli artt. 52 e 83, ovvero l'esecuzione di modifiche idonee a renderle conformi alle norme stesse.

2. In caso di inadempienza si applica il disposto dell'art. 99.

101 (L). *Comunicazione del provvedimento al competente ufficio tecnico della regione.* — (l. 3 febbraio 1974, n. 64, art. 26). — 1. Copia della sentenza irrevocabile o del decreto esecutivo emessi in base alle precedenti disposizioni deve essere comunicata, a cura del cancelliere, al competente ufficio tecnico della regione entro quindici giorni da quello in cui la sentenza è divenuta irrevocabile o il decreto è diventato esecutivo.

102 (L). *Modalità per l'esecuzione d'ufficio.* — (l. 3 febbraio 1974, n. 64, art. 27). — 1. Per gli adempimenti di cui all'art. 99 le regioni iscrivono annualmente in bilancio una somma non inferiore a 25.822 euro.

2. Al recupero delle somme erogate su tale fondo per l'esecuzione di lavori di demolizione di opere in contravvenzione alle norme tecniche di cui al presente capo, si provvede a mezzo del competente ufficio comunale, in base alla liquidazione dei lavori stessi fatta dal competente ufficio tecnico della regione.

3. La riscossione delle somme dai contravventori, per il titolo suindicato e con l'aumento dell'aggio spettante al concessionario, è fatta mediante ruoli esecutivi.

4. Il versamento delle somme stesse è fatto con imputazione ad apposito capitolo del bilancio dell'entrata.

103 (L). *Vigilanza per l'osservanza delle norme tecniche.* — (l. 3 febbraio 1974, n. 64, art. 29). — 1. Nelle località di cui all'art. 61 e in quelle sismiche di cui all'art. 83 gli ufficiali di polizia giudiziaria, gli ingegneri e geometri degli uffici tecnici delle amministrazioni statali e degli uffici tecnici regionali, provinciali e comunali, le guardie doganali e forestali, gli ufficiali e sottufficiali del Corpo nazionale dei vigili del fuoco e in generale tutti gli agenti giurati a servizio dello Stato, delle province e dei comuni sono tenuti ad accertare che chiunque inizi costruzioni, riparazioni e sopraelevazioni sia in possesso dell'autorizzazione rilasciata dal competente ufficio tecnico della regione a norma degli artt. 61 e 94.

2. I funzionari di detto ufficio debbono altresì accertare se le costruzioni, le riparazioni e ricostruzioni procedano in conformità delle presenti norme.

3. Eguale obbligo spetta agli ingegneri e geometri degli uffici tecnici succitati quando accedano per altri incarichi qualsiasi nei comuni

danneggiati, compatibilmente coi detti incarichi.

Sezione IV. — *Disposizioni finali*

104 (L). *Costruzioni in corso in zone sismiche di nuova classificazione*. — (l. 3 febbraio 1974, n. 64, art. 30; artt. 107 e 109 del d.lg. n. 267 del 2000). — 1. Tutti coloro che in una zona sismica di nuova classificazione abbiano iniziato una costruzione prima dell'entrata in vigore del provvedimento di classificazione sono tenuti a farne denuncia, entro quindici giorni dall'entrata in vigore del provvedimento di classificazione, al competente ufficio tecnico della regione.

2. L'ufficio tecnico della regione, entro 30 giorni dalla ricezione della denunzia, accerta la conformità del progetto alle norme tecniche di cui all'art. 83 e l'idoneità della parte già legittimamente realizzata a resistere all'azione delle possibili azioni sismiche.

3. Nel caso in cui l'accertamento di cui al comma 2 dia esito positivo, l'ufficio tecnico autorizza la prosecuzione della costruzione che deve, in ogni caso, essere ultimata entro due anni dalla data del provvedimento di classificazione; nel caso in cui la costruzione possa essere resa conforme alla normativa tecnica vigente mediante le opportune modifiche del progetto, l'autorizzazione può anche essere rilasciata condizionatamente all'impegno del costruttore di apportare le modifiche necessarie. In tal caso l'ufficio tecnico regionale rilascia apposito certificato al denunciante, inviandone copia al dirigente o responsabile del competente ufficio comunale per i necessari provvedimenti.

4. La Regione può, per edifici pubblici e di uso pubblico, stabilire, ove occorra, termini di ultimazione superiori ai due anni di cui al comma 3.

5. Qualora l'accertamento di cui al comma 2 dia esito negativo e non sia possibile intervenire con modifiche idonee a rendere conforme il progetto o la parte già realizzata alla normativa tecnica vigente, il dirigente dell'ufficio tecnico annulla la concessione ed ordina la demolizione di quanto già costruito.

6. In caso di violazione degli obblighi stabiliti nel presente articolo si applicano le disposizioni della parte II, capo IV, sezione III del presente testo unico.

105 (L). *Costruzioni eseguite col sussidio dello Stato*. — (l. 3 febbraio 1974, n. 64, art. 33). — 1. L'inosservanza delle norme del presente capo, nel caso di edifici per i quali sia stato già concesso il sussidio dello Stato, importa, oltre alle sanzioni penali, anche la decadenza dal beneficio statale, qualora l'interessato non si sia attenuto alle prescrizioni di cui al presente capo.

106 (L). *Esenzione per le opere eseguite dal genio militare*. — (l. 3 febbraio 1974, n. 64, art. 33). — 1. Per le opere che si eseguono a cura del genio militare l'osservanza delle disposizioni di cui alle sezioni II e III del presente capo è assicurata dall'organo all'uopo individuato dal Ministero della difesa.

[CAPO V

NORME PER LA SICUREZZA DEGLI IMPIANTI (1)

107 (L). *Ambito di applicazione*. — (l. 18 maggio 1990, n. 46, art. 1, primo comma). — 1. Sono soggetti all'applicazione del presente capo i seguenti impianti relativi agli edifici quale che ne sia la destinazione d'uso:

a) gli impianti di produzione, di trasporto, di distribuzione e di utilizzazione dell'energia elettrica all'interno degli edifici a partire dal punto di consegna dell'energia fornita dall'ente distributore;

b) gli impianti radiotelevisivi ed elettroni-

(1) Per espressa previsione dell'art. 5-*bis*.2, d.l. 27 maggio 2005, n. 86, conv. in l. 26 luglio 2005, n. 148: «Le disposizioni del capo quinto della parte seconda del testo unico delle disposizioni legislative e regolamentari in materia edilizia, di cui al d.p.r. 6 giugno 2001, n. 380, hanno effetto a decorrere dal 1° luglio 2006».

Successivamente, in base all'art. 1-*quater*.1, d.l. 12 maggio 2006, n. 173, conv. in l. 12 luglio 2006, n. 228: «Il termine previsto dall'art. 5-*bis*, comma 2, del d.l. 27 maggio 2005, n. 86, convertito, con modificazioni, dalla l. 26 luglio 2005, n. 148, è prorogato fino all'attuazione dell'art. 11-*quaterdecies*, comma 13, del d.l. 30 settembre 2005, n. 203, convertito, con modificazioni, dalla l. 2 dicembre 2005, n. 248, e comunque non oltre il 1° gennaio 2007».

Infine, l'art. 3.1, d.l. 28 dicembre 2006, n. 300, conv. in l. 26 febbraio 2007, n. 17, ha così disposto: «Il termine previsto dall'art. 1-*quater*.1, d.l. 12 maggio 2006, n. 173, convertito, con modificazioni, dalla l. 12 luglio 2006, n. 228, è prorogato fino alla data di entrata in vigore del regolamento recante norme sulla sicurezza degli impianti, di cui all'art. 11-*quaterdecies*, comma 13, lett. *a*), del d.l. 30 settembre 2005, n. 203, convertito, con modificazioni, dalla l. 2 dicembre 2005, n. 248, e, comunque, non oltre il 31 dicembre 2007. A decorrere dalla data di entrata in vigore del regolamento di cui al primo periodo del presente comma, sono abrogati (...) gli articoli da 107 a 121 del testo unico di cui al d.p.r. 6 giugno 2001, n. 380 (...)». Con d.m. 22 gennaio 2008, n. 37, in G.U., 12 marzo 2008, n. 61, come modificato dall'art. 35.2, d.l. 25 giugno 2008, n. 112, conv. in l. 6 agosto 2008, n. 133, è stato approvato il suddetto regolamento.

ci in genere, le antenne e gli impianti di protezione da scariche atmosferiche;

c) gli impianti di riscaldamento e di climatizzazione azionati da fluido liquido, aeriforme, gassoso e di qualsiasi natura o specie;

d) gli impianti idrosanitari nonché quelli di trasporto, di trattamento, di uso, di accumulo e di consumo di acqua all'interno degli edifici a partire dal punto di consegna dell'acqua fornita dall'ente distributore;

e) gli impianti per il trasporto e l'utilizzazione di gas allo stato liquido o aeriforme all'interno degli edifici a partire dal punto di consegna del combustibile gassoso fornito dall'ente distributore;

f) gli impianti di sollevamento di persone o di cose per mezzo di ascensori, di montacarichi, di scale mobili e simili;

g) gli impianti di protezione antincendio.

108 (L). *Soggetti abilitati.* — (l. 18 maggio 1990, n. 46, art. 2; al comma 3, è l'art. 22 della l. 30 aprile 1999, n. 136). — 1. Sono abilitate all'installazione, alla trasformazione, all'ampliamento e alla manutenzione degli impianti di cui all'art. 107 tutte le imprese, singole o associate, regolarmente iscritte nel registro delle ditte di cui al r.d. 20 settembre 1934, n. 2011, e successive modificazioni ed integrazioni, o nell'albo provinciale delle imprese artigiane di cui alla l. 8 agosto 1985, n. 443.

2. L'esercizio delle attività di cui al comma 1 è subordinato al possesso dei requisiti tecnico-professionali, di cui all'art. 109, da parte dell'imprenditore, il quale, qualora non ne sia in possesso, prepone all'esercizio delle attività di cui al medesimo comma 1 un responsabile tecnico che abbia tali requisiti.

3. Sono, in ogni caso abilitate all'esercizio delle attività di cui al comma 1, le imprese in possesso di attestazione per le relative categorie rilasciata da una Società organismo di attestazione (SOA), debitamente autorizzata ai sensi del d.p.r. 25 gennaio 2000, n. 34.

4. Possono effettuare il collaudo ed accertare la conformità alla normativa vigente degli impianti di cui all'art. 107, comma 1, lett. *f*), i professionisti iscritti negli albi professionali, inseriti negli appositi elenchi della camera di commercio, industria, artigianato e agricoltura, formati annualmente secondo quanto previsto dall'art. 9, comma 1, del d.p.r. 6 dicembre 1991, n. 447.

109 (L). *Requisiti tecnico-professionali.* — (l. 18 maggio 1990, n. 46, art. 3). — 1. I requisiti tecnico-professionali di cui all'art. 108, comma 2, sono i seguenti:

a) laurea in materia tecnica specifica conseguita presso una università statale o legalmente riconosciuta;

b) oppure diploma di scuola secondaria superiore conseguito, con specializzazione relativa al settore delle attività di cui all'art. 110, comma 1, presso un istituto statale o legalmente riconosciuto, previo un periodo di inserimento, di almeno un anno continuativo, alle dirette dipendenze di una impresa del settore;

c) oppure titolo o attestato conseguito ai sensi della legislazione vigente in materia di formazione professionale, previo un periodo di inserimento, di almeno due anni consecutivi, alle dirette dipendenze di una impresa del settore;

d) oppure prestazione lavorativa svolta, alle dirette dipendenze di una impresa del settore, nel medesimo ramo di attività dell'impresa stessa, per un periodo non inferiore a tre anni, escluso quello computato ai fini dell'apprendistato, in qualità di operaio installatore con qualifica di specializzato nelle attività di installazione, di trasformazione, di ampliamento e di manutenzione degli impianti di cui all'art. 107.

2. È istituito presso le camere di commercio, industria, artigianato e agricoltura un albo dei soggetti in possesso dei requisiti professionali di cui al comma 1. Le modalità per l'accertamento del possesso dei titoli professionali, sono stabiliti con decreto del Ministero delle attività produttive (1).

110 (L, commi 1 e 2 – R, comma 3). *Progettazione degli impianti.* — (l. 18 maggio 1990, n. 46, art. 6). — 1. Per l'installazione, la trasformazione e l'ampliamento degli impianti di cui ai commi 1, lett. *a*), *b*), *c*), *e*) e *g*), e 2 dell'art. 107 è obbligatoria la redazione del progetto da parte di professionisti, iscritti negli albi professionali, nell'ambito delle rispettive competenze.

2. La redazione del progetto per l'installazione, la trasformazione e l'ampliamento degli impianti di cui al comma 1 è obbligatoria al di sopra dei limiti dimensionali indicati nel regolamento di attuazione di cui all'art. 119.

3. Il progetto, di cui al comma 1, deve essere depositato presso lo sportello unico contestualmente al progetto edilizio.

111 (R). *Misure di semplificazione per il collaudo degli impianti installati.* — 1. Nel caso in

(1) V. d.m. 24 novembre 2004, in G.U., 9 dicembre 2004, n. 288.

cui la normativa vigente richieda il certificato di collaudo degli impianti installati il committente è esonerato dall'obbligo di presentazione dei progetti degli impianti di cui ai commi 1, lett. *a*), *b*), *c*), *e*) e *g*), e 2 dell'art. 107 se, prima dell'inizio dei lavori, dichiari di volere effettuare il collaudo degli impianti con le modalità previste dal comma 2.

2. Il collaudo degli impianti può essere effettuato a cura di professionisti abilitati, non intervenuti in alcun modo nella progettazione, direzione ed esecuzione dell'opera, i quali attestano che i lavori realizzati sono conformi ai progetti approvati e alla normativa vigente in materia. In questo caso la certificazione redatta viene trasmessa allo sportello unico a cura del direttore dei lavori.

3. Resta salvo il potere dell'amministrazione di procedere all'effettuazione dei controlli successivi e di applicare, in caso di falsità delle attestazioni, le sanzioni previste dalla normativa vigente.

112 (L). *Installazione degli impianti*. — (l. 18 maggio 1990, n. 46, art. 7). — 1. Le imprese installatrici sono tenute ad eseguire gli impianti a regola d'arte utilizzando allo scopo materiali parimenti costruiti a regola d'arte. I materiali ed i componenti realizzati secondo le norme tecniche di sicurezza dell'Ente italiano di unificazione (UNI) e del Comitato elettrotecnico italiano (CEI), nonché nel rispetto di quanto prescritto dalla legislazione tecnica vigente in materia, si considerano costruiti a regola d'arte.

2. In particolare gli impianti elettrici devono essere dotati di impianti di messa a terra e di interruttori differenziali ad alta sensibilità o di altri sistemi di protezione equivalenti.

3. Tutti gli impianti realizzati alla data del 13 marzo 1990 devono essere adeguati a quanto previsto dal presente articolo.

4. Con decreto del Ministro delle attività produttive, saranno fissati i termini e le modalità per l'adeguamento degli impianti di cui al comma 3.

113 (L). *Dichiarazione di conformità*. — (l. 18 maggio 1990, n. 46, art. 9). — 1. Al termine dei lavori l'impresa installatrice è tenuta a rilasciare al committente la dichiarazione di conformità degli impianti realizzati nel rispetto delle norme di cui all'art. 112.

Di tale dichiarazione, sottoscritta dal titolare dell'impresa installatrice e recante i numeri di partita IVA e di iscrizione alla camera di commercio, industria, artigianato e agricoltura, faranno parte integrante la relazione contenente la tipologia dei materiali impiegati nonché, ove previsto, il progetto di cui all'art. 110.

114 (L). *Responsabilità del committente o del proprietario*. — (l. 18 maggio 1990, n. 46, art. 10). — 1. Il committente o il proprietario è tenuto ad affidare i lavori di installazione, di trasformazione, di ampliamento e di manutenzione degli impianti di cui all'art. 107 ad imprese abilitate ai sensi dell'art. 108.

115 (L). *Certificato di agibilità*. — (l. 18 maggio 1990, n. 46, art. 11, d.lg. n. 267 del 2000, artt. 107 e 109). — 1. Il dirigente o responsabile del competente ufficio comunale rilascia il certificato di agibilità, dopo aver acquisito anche la dichiarazione di conformità o il certificato di collaudo degli impianti installati, ove previsto, salvo quanto disposto dalle leggi vigenti.

116 (L). *Ordinaria manutenzione degli impianti e cantieri*. — (l. 18 maggio 1990, n. 46, art. 12). — 1. Sono esclusi dagli obblighi della redazione del progetto e del rilascio del certificato di collaudo, nonché dall'obbligo di cui all'art. 114, i lavori concernenti l'ordinaria manutenzione degli impianti di cui all'art. 107.

2. Sono altresì esclusi dagli obblighi della redazione del progetto e del rilascio del certificato di collaudo le installazioni per apparecchi per usi domestici e la fornitura provvisoria di energia elettrica per gli impianti di cantiere e similari, fermo restando l'obbligo del rilascio della dichiarazione di conformità di cui all'art. 113.

117 (R). *Deposito presso lo sportello unico della dichiarazione di conformità o del certificato di collaudo*. — (l. 18 maggio 1990, n. 46, art. 13). — 1. Qualora nuovi impianti tra quelli di cui ai commi 1, lett. *a*), *b*), *c*), *e*), e *g*), e 2 dell'art. 107 vengano installati in edifici per i quali è già stato rilasciato il certificato di agibilità, l'impresa installatrice deposita presso lo sportello unico, entro trenta giorni dalla conclusione dei lavori, il progetto di rifacimento dell'impianto e la dichiarazione di conformità o il certificato di collaudo degli impianti installati, ove previsto da altre norme o dal regolamento di attuazione di cui all'art. 119.

2. In caso di rifacimento parziale di impianti, il progetto e la dichiarazione di conformità o il certificato di collaudo, ove previsto, si riferiscono alla sola parte degli impianti oggetto dell'opera di rifacimento. Nella relazione di cui all'art. 113 deve essere espressamente indicata la compatibilità con gli impianti preesistenti.

3. In alternativa al deposito del progetto, di cui al comma 1, è possibile ricorrere alla certificazione di conformità dei lavori ai progetti approvati di cui all'art. 111.

118 (L). *Verifiche*. — (l. 18 maggio 1990, n. 46, art. 14). — 1. Per eseguire i collaudi, ove previsti, e per accertare la conformità degli impianti alle disposizioni del presente capo e della normativa vigente, i comuni, le unità sanitarie locali, i comandi provinciali dei vigili del fuoco e l'Istituto superiore per la prevenzione e la sicurezza del lavoro (ISPESL) hanno facoltà di avvalersi della collaborazione dei liberi professionisti, nell'ambito delle rispettive competenze, di cui all'art. 110, comma 1, secondo le modalità stabilite dal regolamento di attuazione di cui all'art. 119.

2. Il certificato di collaudo deve essere rilasciato entro tre mesi dalla presentazione della relativa richiesta.

119 (L). *Regolamento di attuazione*. — (l. 18 maggio 1990, n. 46, art. 15). — 1. Con regolamento di attuazione, emanato ai sensi dell'art. 17 della l. 23 agosto 1988, n. 400, sono precisati i limiti per i quali risulti obbligatoria la redazione del progetto di cui all'art. 110 e sono definiti i criteri e le modalità di redazione del progetto stesso in relazione al grado di complessità tecnica dell'installazione degli impianti, tenuto conto dell'evoluzione tecnologica, per fini di prevenzione e di sicurezza.

120 (L). *Sanzioni*. — (l. 18 maggio 1990, n. 46, art. 16). — 1. Alla violazione di quanto previsto dall'art. 113 consegue, a carico del committente o del proprietario, secondo le modalità previste dal regolamento di attuazione di cui all'art. 119, una sanzione amministrativa da 51 a 258 euro.

Alla violazione delle altre norme del presente capo consegue, secondo le modalità previste dal medesimo regolamento di attuazione, una sanzione amministrativa da 516 a 5.164 euro.

2. Il regolamento di attuazione di cui all'art. 119 determina le modalità della sospensione delle imprese dal registro o dall'albo di cui all'art. 108, comma 1, e dei provvedimenti disciplinari a carico dei professionisti iscritti nei rispettivi albi, dopo la terza violazione delle norme relative alla sicurezza degli impianti, nonché gli aggiornamenti dell'entità delle sanzioni amministrative di cui al comma 1.

121 (L). *Abrogazione e adeguamento dei regolamenti comunali e regionali*. — (l. 18 maggio 1990, n. 46, art. 17). — 1. I comuni e le regioni sono tenuti ad adeguare i propri regolamenti, qualora siano in contrasto con le disposizioni del presente capo.]

CAPO VI

NORME PER IL CONTENIMENTO DEL CONSUMO DI ENERGIA NEGLI EDIFICI (1)

122 (L). *Ambito di applicazione*. — (l. 9 gennaio 1991, n. 10, art. 25). — 1. Sono regolati dalle norme del presente capo i consumi di energia negli edifici pubblici e privati, qualunque ne sia la destinazione d'uso, nonché, mediante il disposto dell'art. 129, l'esercizio e la manutenzione degli impianti esistenti.

2. Nei casi di recupero del patrimonio edilizio esistente, l'applicazione del presente capo è graduata in relazione al tipo di intervento, secondo la tipologia individuata dall'art. 3, comma 1, del presente testo unico.

123 (L). *Progettazione, messa in opera ed esercizio di edifici e di impianti*. — (l. 9 gennaio 1991, n. 10, art. 26). — 1. Ai nuovi impianti, lavori, opere, modifiche, installazioni, relativi alle fonti rinnovabili di energia, alla conservazione, al risparmio e all'uso razionale dell'energia, si applicano le disposizioni di cui all'art. 17, commi 3 e 4, nel rispetto delle norme urbanistiche, di tutela artistico-storica, ambientale e dell'assetto idrogeologico (2). Gli interventi di utilizzo delle fonti di energia di cui all'art. 1 della l. 9 gennaio 1991, n. 10, in edifici ed impianti industriali non sono soggetti ad autorizzazione specifica e sono assimilati a tutti gli effetti alla manutenzione straordinaria di cui all'art. 3, comma 1, lett. *a*). L'installazione di impianti solari e di pompe di calore da parte di installatori qualificati, destinati unicamente alla produzione di acqua calda e di aria negli edifici esistenti e negli spazi liberi privati annessi, è considerata estensione dell'impianto idrico-sanitario già in opera.

2. Per gli interventi in parti comuni di edifici, volti al contenimento del consumo energetico degli edifici stessi ed all'utilizzazione delle fonti di energia di cui all'art. 1 della l. 9 gennaio 1991, n. 10, ivi compresi quelli di cui all'art. 8 della legge medesima, sono valide le relative decisioni prese a maggioranza delle quote millesimali.

3. Gli edifici pubblici e privati, qualunque ne sia la destinazione d'uso, e gli impianti non di processo ad essi associati devono essere pro-

(1) Sulla prestazione energetica nell'edilizia v. d.lg. 19 agosto 2005, n. 192, come modificato dal d.l. 4 giugno 2013, n. 63, conv. in l. 3 agosto 2013, n. 90.

(2) Le parole «, ambientale e dell'assetto idrogeologico» sono state così sostituite alle precedenti «e ambientale» dall'art. 54.1, lett. l, l. 28 dicembre 2015, n. 221.

gettati e messi in opera in modo tale da contenere al massimo, in relazione al progresso della tecnica, i consumi di energia termica ed elettrica.

4. Ai fini di cui al comma 3 e secondo quanto previsto dal comma 1 dell'art. 4 della l. 9 gennaio 1991, n. 10, sono regolate, con riguardo ai momenti della progettazione, della messa in opera e dell'esercizio, le caratteristiche energetiche degli edifici e degli impianti non di processo ad essi associati, nonché dei componenti degli edifici e degli impianti.

5. Per le innovazioni relative all'adozione di sistemi di termoregolazione e di contabilizzazione del calore e per il conseguente riparto degli oneri di riscaldamento in base al consumo effettivamente registrato, l'assemblea di condominio decide a maggioranza, in deroga agli artt. 1120 e 1136 del codice civile.

6. Gli impianti di riscaldamento al servizio di edifici di nuova costruzione, il cui permesso di costruire, sia rilasciato dopo il 25 luglio 1991, devono essere progettati e realizzati in modo tale da consentire l'adozione di sistemi di termoregolazione e di contabilizzazione del calore per ogni singola unità immobiliare.

7. Negli edifici di proprietà pubblica o adibiti ad uso pubblico è fatto obbligo di soddisfare il fabbisogno energetico degli stessi favorendo il ricorso a fonti rinnovabili di energia o assimilate salvo impedimenti di natura tecnica od economica.

8. La progettazione di nuovi edifici pubblici deve prevedere la realizzazione di ogni impianto, opera ed installazione utili alla conservazione, al risparmio e all'uso razionale dell'energia.

124 (L). *Limiti ai consumi di energia.* — (l. 9 gennaio 1991, n. 10, art. 27). — 1. I consumi di energia termica ed elettrica ammessi per gli edifici sono limitati secondo quanto previsto dai decreti di cui all'art. 4 della l. 9 gennaio 1991, n. 10, in particolare in relazione alla destinazione d'uso degli edifici stessi, agli impianti di cui sono dotati e alla zona climatica di appartenenza.

125 (L – R, commi 1 e 3). *Denuncia dei lavori, relazione tecnica e progettazione degli impianti e delle opere relativi alle fonti rinnovabili di energia, al risparmio e all'uso razionale dell'energia.* — (l. 9 gennaio 1991, n. 10, art. 28). — 1. Il proprietario dell'edificio, o chi ne ha titolo, deve depositare presso lo sportello unico, in duplice copia la denuncia dell'inizio dei lavori relativi alle opere di cui agli artt. 122 e 123, il progetto delle opere stesse corredato da una relazione tecnica, sottoscritta dal progettista o dai progettisti, che ne attesti la rispondenza alle prescrizioni del presente Capo.

2. Nel caso in cui la denuncia e la documentazione di cui al comma 1 non siano state presentate prima dell'inizio dei lavori, il Comune, fatta salva la sanzione amministrativa di cui all'art. 133, ordina la sospensione dei lavori sino al compimento del suddetto adempimento.

3. La documentazione deve essere compilata secondo le modalità stabilite con proprio decreto dal Ministro delle attività produttive. Una copia della documentazione è conservata dallo sportello unico ai fini dei controlli e delle verifiche di cui all'art. 132. Altra copia della documentazione, restituita dallo sportello unico con l'attestazione dell'avvenuto deposito, deve essere consegnata a cura del proprietario dell'edificio, o di chi ne ha titolo, al direttore dei lavori ovvero, nel caso l'esistenza di questi non sia prevista dalla legislazione vigente, all'esecutore dei lavori. Il direttore ovvero l'esecutore dei lavori sono responsabili della conservazione di tale documentazione in cantiere.

126 (R). *Certificazione di impianti.* — 1. Il committente è esonerato dall'obbligo di presentazione del progetto di cui all'art. 125 se, prima dell'inizio dei lavori, dichiari di volersi avvalere della facoltà di cui all'art. 111, comma 2.

127 (R). *Certificazione delle opere e collaudo.* — (l. 9 gennaio 1999, n. 10, art. 29). — 1. Per la certificazione e il collaudo delle opere previste dal presente capo si applicano le corrispondenti disposizioni di cui al capo quinto della parte seconda.

128 (L). *Certificazione energetica degli edifici.* — (l. 9 gennaio 1991, n. 10, art. 30). — 1. Con decreto del Presidente della Repubblica, adottato previa deliberazione del Consiglio dei Ministri, su proposta del Ministro delle attività produttive, sentito il Ministro delle infrastrutture e dei trasporti, il Consiglio superiore dei lavori pubblici e l'ENEA, sono emanate norme per la certificazione energetica degli edifici. Tale decreto individua tra l'altro i soggetti abilitati alla certificazione.

2. Nei casi di compravendita o di locazione il certificato di collaudo e la certificazione energetica devono essere portati a conoscenza dell'acquirente o del locatario dell'intero immobile o della singola unità immobiliare.

3. Il proprietario o il locatario possono richiedere al comune ove è ubicato l'edificio la certificazione energetica dell'intero immobile o della singola unità immobiliare. Le spese relative di certificazione sono a carico del soggetto che ne fa richiesta.

4. L'attestato relativo alla certificazione energetica ha una validità temporale di cinque

anni a partire dal momento del suo rilascio.

129 (L). *Esercizio e manutenzione degli impianti.* — (l. 9 gennaio 1991, n. 10, art. 31). — 1. Durante l'esercizio degli impianti il proprietario, o per esso un terzo, che se ne assume la responsabilità, deve adottare misure necessarie per contenere i consumi di energia, entro i limiti di rendimento previsti dalla normativa vigente in materia.

2. Il proprietario, o per esso un terzo, che se ne assume la responsabilità, è tenuto a condurre gli impianti e a disporre tutte le operazioni di manutenzione ordinaria e straordinaria secondo le prescrizioni della vigente normativa UNI e CEI.

3. I comuni con più di quarantamila abitanti e le province per la restante parte del territorio effettuano i controlli necessari e verificano con cadenza almeno biennale l'osservanza delle norme relative al rendimento di combustione, anche avvalendosi di organismi esterni aventi specifica competenza tecnica, con onere a carico degli utenti.

4. I contratti relativi alla fornitura di energia e alla conduzione degli impianti di cui al presente capo, contenenti clausole in contrasto con essa, sono nulli. Ai contratti che contengono clausole difformi si applica l'art. 1339 del codice civile.

130 (L). *Certificazioni e informazioni ai consumatori.* — (l. 9 gennaio 1991, n. 10, art. 32). — 1. Ai fini della commercializzazione, le caratteristiche e le prestazioni energetiche dei componenti degli edifici e degli impianti devono essere certificate secondo le modalità stabilite con proprio decreto dal Ministro delle attività produttive, di concerto con il Ministro delle infrastrutture e dei trasporti.

2. Le imprese che producono o commercializzano i componenti di cui al comma 1 sono obbligate a riportare su di essi gli estremi dell'avvenuta certificazione.

131 (L). *Controlli e verifiche.* — (l. 9 gennaio 1991, n. 10, art. 33; d.lg. n. 267 del 2000, artt. 107 e 109). — 1. Il comune procede al controllo dell'osservanza delle norme del presente capo in relazione al progetto delle opere in corso d'opera ovvero entro cinque anni dalla data di fine lavori dichiarata dal committente.

2. La verifica può essere effettuata in qualunque momento anche su richiesta e a spese del committente, dell'acquirente dell'immobile, del conduttore, ovvero dell'esercente gli impianti.

3. In caso di accertamento di difformità in corso d'opera, il dirigente o il responsabile del competente ufficio comunale ordina la sospensione dei lavori.

4. In caso di accertamento di difformità su opere terminate il dirigente o il responsabile del competente ufficio comunale ordina, a carico del proprietario, le modifiche necessarie per adeguare l'edificio alle caratteristiche previste dal presente capo.

5. Nei casi previsti dai commi 3 e 4 il dirigente o il responsabile del competente ufficio comunale irroga le sanzioni di cui all'art. 132.

132 (L). *Sanzioni.* — (l. 9 gennaio 1991, n. 10, art. 34). — 1. L'inosservanza dell'obbligo di cui al comma 1 dell'art. 125 è punita con la sanzione amministrativa non inferiore a 516 euro e non superiore a 2.582 euro.

2. Il proprietario dell'edificio nel quale sono eseguite opere difformi dalla documentazione depositata ai sensi dell'art. 125 e che non osserva le disposizioni degli artt. 123 e 124 è punito con la sanzione amministrativa in misura non inferiore al 5 per cento e non superiore al 25 per cento del valore delle opere.

3. Il costruttore e il direttore dei lavori che omettono la certificazione di cui all'art. 127, ovvero che rilasciano una certificazione non veritiera nonché il progettista che rilascia la relazione di cui al comma 1 dell'art. 126 non veritiera, sono puniti in solido con la sanzione amministrativa non inferiore all'1 per cento e non superiore al 5 per cento del valore delle opere, fatti salvi i casi di responsabilità penale.

4. Il collaudatore che non ottempera a quanto stabilito dall'art. 127 è punito con la sanzione amministrativa pari al 50 per cento della parcella calcolata secondo la vigente tariffa professionale.

5. Il proprietario o l'amministratore del condominio, o l'eventuale terzo che se ne è assunta la responsabilità, che non ottempera a quanto stabilito dall'art. 129, commi 1 e 2, è punito con la sanzione amministrativa non inferiore a 516 euro e non superiore a 2.582 euro. Nel caso in cui venga sottoscritto un contratto nullo ai sensi del comma 4 dell'art. 129, le parti sono punite ognuna con la sanzione amministrativa pari a un terzo dell'importo del contratto sottoscritto, fatta salva la nullità dello stesso.

6. L'inosservanza delle prescrizioni di cui all'art. 130 è punita con la sanzione amministrativa non inferiore a 2.582 euro e non superiore a 25.822 euro, fatti salvi i casi di responsabilità penale.

7. Qualora soggetto della sanzione amministrativa sia un professionista, l'autorità che applica la sanzione deve darne comunicazione all'ordine professionale di appartenenza per i provvedimenti disciplinari conseguenti.

8. L'inosservanza, della disposizione che impone la nomina, ai sensi dell'art. 19 della l. 9

gennaio 1991, n. 10, del tecnico responsabile per la conservazione e l'uso razionale dell'energia, è punita con la sanzione amministrativa non inferiore a 5.164 euro e non superiore a 51.645 euro.

133 (L). *Provvedimenti di sospensione dei lavori.* — (l. 9 gennaio 1991, n. 10, art. 35; d.lg. n. 267 del 2000, artt. 107 e 109). — 1. Il dirigente o il responsabile del competente ufficio comunale, con il provvedimento mediante il quale ordina la sospensione dei lavori, ovvero le modifiche necessarie per l'adeguamento dell'edificio, deve fissare il termine per la regolarizzazione. L'inosservanza del termine comporta l'ulteriore irrogazione della sanzione amministrativa e l'esecuzione forzata delle opere con spese a carico del proprietario.

134 (L). *Irregolarità rilevate dall'acquirente o dal conduttore.* — (l. 9 gennaio 1991, n. 10, art. 136). — 1. Qualora l'acquirente o il conduttore dell'immobile riscontra difformità dalle norme del presente testo unico, anche non emerse da eventuali precedenti verifiche, deve farne denuncia al comune entro un anno dalla constatazione, a pena di decadenza dal diritto di risarcimento del danno da parte del committente o del proprietario.

135 (L). *Applicazione.* — (l. 9 gennaio 1991, n. 10, art. 37). — 1. I decreti ministeriali di cui al presente capo entrano in vigore centottanta giorni dopo la data della loro pubblicazione nella *Gazzetta Ufficiale* della Repubblica italiana e si applicano alle denunce di inizio lavori presentate ai comuni dopo tale termine di entrata in vigore.

2. Il d.p.r. 28 giugno 1977, n. 1052, si applica, in quanto compatibile con il presente capo e il comma 1 degli artt. 128 e 130, nonché con il titolo I della l. 9 gennaio 1991, n. 10, fino all'adozione dei decreti di cui ai commi 1, 2 e 4 dell'art. 4 della legge medesima.

135-*bis*. *Norme per l'infrastrutturazione digitale degli edifici.* — 1. Tutti gli edifici di nuova costruzione per i quali le domande di autorizzazione edilizia sono presentate dopo il 1° luglio 2015 devono essere equipaggiati con un'infrastruttura fisica multiservizio passiva interna all'edificio, costituita da adeguati spazi installativi e da impianti di comunicazione ad alta velocità in fibra ottica fino ai punti terminali di rete. Lo stesso obbligo si applica, a decorrere dal 1° luglio 2015, in caso di opere che richiedano il rilascio di un permesso di costruire ai sensi dell'art. 10, comma 1, lett. *c*). Per infrastruttura fisica multiservizio interna all'edificio si intende il complesso delle installazioni presenti all'interno degli edifici contenenti reti di accesso cablate in fibra ottica con terminazione fissa o senza fili che permettono di fornire l'accesso ai servizi a banda ultralarga e di connettere il punto di accesso dell'edificio con il punto terminale di rete.

2. Tutti gli edifici di nuova costruzione per i quali le domande di autorizzazione edilizia sono presentate dopo il 1° luglio 2015 devono essere equipaggiati di un punto di accesso. Lo stesso obbligo si applica, a decorrere dal 1° luglio 2015, in caso di opere di ristrutturazione profonda che richiedano il rilascio di un permesso di costruire ai sensi dell'art. 10. Per punto di accesso si intende il punto fisico, situato all'interno o all'esterno dell'edificio e accessibile alle imprese autorizzate a fornire reti pubbliche di comunicazione, che consente la connessione con l'infrastruttura interna all'edificio predisposta per i servizi di accesso in fibra ottica a banda ultralarga.

3. Gli edifici equipaggiati in conformità al presente articolo possono beneficiare, ai fini della cessione, dell'affitto o della vendita dell'immobile, dell'etichetta volontaria e non vincolante di «edificio predisposto alla banda larga». Tale etichetta è rilasciata da un tecnico abilitato per gli impianti di cui all'art. 1, comma 2, lett. *b*), del regolamento di cui al decreto del Ministro dello sviluppo economico 22 gennaio 2008, n. 37, e secondo quanto previsto dalle Guide CEI 306-2 e 64-100/1, 2 e 3 (1).

PARTE III

DISPOSIZIONI FINALI

CAPO I

DISPOSIZIONI FINALI

136 (L, commi 1 e 2, lett. *a*), *b*), *c*), *d*), *e*), *f*), *g*), *h*), *i*), *l*) – R, comma 2, lett. *m*). *Abrogazioni.* — 1. Ai sensi dell'art. 20, comma 4, della l. 15 marzo 1997, n. 59, dalla data di entrata in vigore del presente testo unico sono abrogate le seguenti disposizioni:

a) l. 17 agosto 1942, n. 1150, limitatamente all'art. 31;

b) l. 21 dicembre 1955, n. 1357, limitatamente all'art. 3;

c) l. 28 gennaio 1977, n. 10, limitatamente agli artt. 1; 4, commi 3, 4 e 5; 9, lett. *c*);

(1) Articolo aggiunto dall'art. 6-*ter*.2, d.l. 12 settembre 2014, n. 133, conv. in l. 11 novembre 2014, n. 164.

d) l. 5 agosto 1978, n. 457, limitatamente all'art. 48;

e) d.l. 23 gennaio 1982, n. 9, limitatamente agli artt. 7 e 8, convertito, con modificazioni, in l. 25 marzo 1982, n. 94;

f) l. 28 febbraio 1985, n. 47, art. 15; 25, comma 4, come modificato dal d.l. 5 ottobre 1993, n. 398, art. 4, comma 7, lett. *g*), convertito con modificazioni dalla l. 4 dicembre 1993, n. 493, nel testo sostituito dall'art. 2, comma 60, della l. 23 dicembre 1996, n. 662;

g) d.l. 5 ottobre 1993, n. 398, limitatamente all'art. 4, convertito, con modificazioni, dalla l. 4 dicembre 1993, n. 493, nel testo sostituito dall'art. 2, comma 60, della l. 23 dicembre 1996, n. 662, come modificato dal d.l.25 marzo 1997, n. 67, art. 11, convertito, con modificazioni, dalla l. 23 maggio 1997, n. 135;

2. Ai sensi dell'art. 7 della l. 8 marzo 1999, n. 50, dalla data di entrata in vigore del presente testo unico sono altresì abrogate le seguenti disposizioni:

a) r.d. 27 luglio 1934, n. 1265, limitatamente agli artt. 220 e 221, comma 2;

b) l. 17 agosto 1942, n. 1150, limitatamente agli artt. 26, 27, 33, 41-*ter*, 41-*quater*, 41-*quinquies*, ad esclusione dei commi 6, 8 e 9;

c) l. 28 gennaio 1977, n. 10, limitatamente agli artt. 1, 3, 4, 5, 6, 7, 8, 9, 10, 11, 12, 16;

d) l. 3 gennaio 1978, n. 1, limitatamente all'art. 1, commi 4 e 5, come sostituiti dall'art. 4, l. 18 novembre 1998, n. 415;

e) d.l. 23 gennaio 1982, n. 9, convertito, con modificazioni, dalla l. 25 marzo 1982, n. 94, limitatamente all'art. 7;

f) l. 28 febbraio 1985, n. 47, limitatamente agli artt. 3, 4, 5, 6, 7, 8, 9, 10, 11, 12, 13, 14, 15, 16, 17, 18, 19, 20, 21, 22, 25, comma 4, 26, 27, 45, 46, 47, 48, 52, comma 1;

g) l. 17 febbraio 1992, n. 179, limitatamente all'art. 23, comma 6;

h) d.l. 5 ottobre 1993, n. 398, art. 4, convertito, con modificazioni, dalla l. 4 dicembre 1993, n. 493, come modificato dall'art. 2, comma 60, della l. 23 dicembre 1996, n. 662, nel testo risultante dalle modifiche introdotte dall'art. 10 del d.l. 31 dicembre 1996, n. 669; d.l. 25 marzo 1997, n. 67, art. 11, convertito, con modifiche, dalla l. 23 maggio 1997, n. 135;

i) l. 23 dicembre 1996, n. 662, limitatamente all'art. 2, commi 50 e 56;

l) l. 23 dicembre 1998, n. 448, limitatamente al comma 2 dell'art. 61;

m) d.p.r. 22 aprile 1994, n. 425

137 (L). *Norme che rimangono in vigore*. — 1. Restano in vigore le seguenti disposizioni:

a) l. 17 agosto 1942, n. 1150 e successive modificazioni ad eccezione degli artt. di cui all'art.136, comma 2, lett. *b*);

b) l. 5 agosto 1978, n. 457 e successive modificazioni;

c) l. 28 febbraio 1985, n. 47 ad eccezione degli artt. di cui all'art. 136, comma 2, lett. *f*);

d) l. 24 marzo 1989, n. 122;

e) art. 17-*bis* del d.l. 13 maggio 1991, n. 152, convertito in l. 12 luglio 1991, n. 203;

f) art. 2, comma 58, della l. 23 dicembre 1996, n. 662.

2. Restano in vigore, per tutti i campi di applicazione originariamente previsti dai relativi testi normativi e non applicabili alla parte I di questo testo unico, le seguenti leggi:

a) l. 5 novembre 1971, n. 1086;

b) l. 2 febbraio 1974, n. 64;

c) l. 9 gennaio 1989, n. 13;

d) l. 5 marzo 1990, n. 46;

e) l. 9 gennaio 1991, n. 10;

f) l. 5 febbraio 1992, n. 104.

3. . . . . (*omissis*) (1).

138 (L). *Entrata in vigore del testo unico*. — 1. Le disposizioni del presente testo unico entrano in vigore a decorrere dal 1° gennaio 2002 (2).

III. 6.

DECRETO LEGGE 30 settembre 2003, n. 269. — *Disposizioni urgenti per favorire lo sviluppo e per la correzione dell'andamento dei conti pubblici* (3)*, convertito, con modificazioni, in l. 24 novembre 2003, n. 326* (4).

1-31. . . . . (*omissis*).

32 (5). *Misure per la riqualificazione urbanistica, ambientale e paesaggistica, per l'incentivazione dell'attività di repressione dell'abusivismo*

(1) Sostituisce il comma 2 dell'art. 9, l. 24 marzo 1989, n. 122.

(2) Il termine di entrata in vigore, già prorogato al 30 giugno 2002 per effetto dell'art. 5-*bis*, comma 1, d.l. 23 novembre 2001, n. 411, conv. in l. 31 dicembre 2001, n. 463 è prorogato al 30 giugno 2003 dall'art. 2, d.l. 20 giugno 2002, n. 122, conv. in l. 1° agosto 2002, n. 185. Per una successiva proroga limitata al Capo V, parte seconda, del presente testo unico a una data non oltre il 31 dicembre 2007, v. la nota 1 al Capo cit. (artt. 107 e ss.).

(3) Suppl. ord. G.U., 2 ottobre 2003, n. 229.

(4) Suppl. ord. G.U., 25 novembre 2003, n. 274.

(5) Per la circolare esplicativa relativa a questo articolo v. circ. Infrastrutture e Trasporti 7 dicembre 2005, n. 2699/C, in G.U., 3 marzo 2006, n. 52.

edilizio, nonché per la definizione degli illeciti edilizi e delle occupazioni di aree demaniali. — 1-24. . . . . (*omissis*).

25. Le disposizioni di cui ai capi IV e V della l. 28 febbraio 1985, n. 47, e successive modificazioni e integrazioni, come ulteriormente modificate dall'art. 39 della l. 23 dicembre 1994, n. 724, e successive modificazioni e integrazioni, nonché dal presente articolo, si applicano alle opere abusive che risultino ultimate entro il 31 marzo 2003 e che non abbiano comportato ampliamento del manufatto superiore al 30 per cento della volumetria della costruzione originaria o, in alternativa, un ampliamento superiore a 750 mc. Le suddette disposizioni trovano altresì applicazione alle opere abusive realizzate nel termine di cui sopra relative a nuove costruzioni residenziali non superiori a 750 metri cubi per singola richiesta di titolo abilitativo edilizio in sanatoria, a condizione che la nuova costruzione non superi complessivamente i 3.000 metri cubi (1).

26. Sono suscettibili di sanatoria edilizia le tipologie di illecito di cui all'allegato 1:

a) numeri da 1) a 3), nell'ambito dell'intero territorio nazionale, fermo restando quanto previsto alla lett. *e*) del comma 27 del presente articolo, nonché 4), 5) e 6) nell'ambito degli immobili soggetti a vincolo di cui all'art. 32 della l. 28 febbraio 1985, n. 47;

b) nn. 4), 5) e 6), nelle aree non soggette ai vincoli di cui all'art. 32 della l. 28 febbraio 1985, n. 47, in attuazione di legge regionale, da emanarsi entro sessanta giorni dalla data di entrata in vigore del presente decreto, con la quale è determinata la possibilità, le condizioni e le modalità per l'ammissibilità a sanatoria di tali tipologie di abuso edilizio (2).

27. Fermo restando quanto previsto dagli artt. 32 e 33 della l. 28 febbraio 1985, n. 47, le opere abusive non sono comunque suscettibili di sanatoria, qualora:

a) siano state eseguite dal proprietario o avente causa condannato con sentenza definitiva, per i delitti di cui all'art. 416-*bis*, 648-*bis* e 648-*ter* del codice penale o da terzi per suo conto;

b) non sia possibile effettuare interventi per l'adeguamento antisismico, rispetto alle categorie previste per i comuni secondo quanto indicato dalla ordinanza del Presidente del Consiglio dei Ministri 20 marzo 2003, n. 3274, pubblicata nel supplemento ordinario alla *Gazzetta Ufficiale* n. 105 dell'8 maggio 2003;

c) non sia data la disponibilità di concessione onerosa dell'area di proprietà dello Stato o degli enti pubblici territoriali, con le modalità e condizioni di cui all'art. 32 della l. 28 febbraio 1985, n. 47, ed al presente decreto;

d) siano state realizzate su immobili soggetti a vincoli imposti sulla base di leggi statali e regionali a tutela degli interessi idrogeologici e delle falde acquifere, dei beni ambientali e paesistici, nonché dei parchi e delle aree protette nazionali, regionali e provinciali qualora istituiti prima della esecuzione di dette opere, in assenza o in difformità del titolo abilitativo edilizio e non conformi alle norme urbanistiche e alle prescrizioni degli strumenti urbanistici;

e) siano state realizzate su immobili dichiarati monumento nazionale con provvedimenti aventi forza di legge o dichiarati di interesse particolarmente rilevante ai sensi degli artt. 6 e 7 del d.lg. 29 ottobre 1999, n. 490;

f) fermo restando quanto previsto dalla l. 21 novembre 2000, n. 353, e indipendentemente dall'approvazione del piano regionale di cui al comma 1 dell'art. 3 della citata legge n. 353 del 2000, il comune subordina il rilascio del titolo abilitativo edilizio in sanatoria alla verifica che le opere non insistano su aree boscate o su pascolo i cui soprassuoli siano stati percorsi dal fuoco. Agli effetti dell'esclusione dalla sanatoria è sufficiente l'acquisizione di elementi di prova, desumibili anche dagli atti e dai registri del Ministero dell'interno, che le aree interessate dall'abuso edilizio siano state, nell'ultimo decennio, percorse da uno o più incendi boschivi;

g) siano state realizzate nei porti e nelle aree, appartenenti al demanio marittimo, di preminente interesse nazionale in relazione agli interessi della sicurezza dello Stato ed alle esigenze della navigazione marittima, quali identificate ai sensi del secondo comma dell'art. 59 del d.p.r. 24 luglio 1977, n. 616.

28. I termini previsti dalle disposizioni sopra richiamate e decorrenti dalla data di entrata in vigore dell'art. 39 della l. 23 dicembre 1994, n. 724, e successive modificazioni e integrazioni,

(1) La Corte cost., con sentenza 28 giugno 2004, n. 196, ha dichiarato costituzionalmente illegittimo questo comma «nella parte in cui non prevede che la legge regionale di cui al comma 26 possa determinare limiti volumetrici inferiori a quelli ivi indicati».

(2) La Corte cost., con sentenza 28 giugno 2004, n. 196, ha dichiarato costituzionalmente illegittimo questo comma «nella parte in cui non prevede che la legge regionale possa determinare la possibilità, le condizioni e le modalità per l'ammissibilità a sanatoria di tutte le tipologie di abuso edilizio di cui all'allegato 1». In base all'art. 5.1, d.l. 12 luglio 2004, n. 168, conv. in l. 30 luglio 2004, n. 191, in esecuzione di tale sentenza la legge regionale «può essere emanata entro quattro mesi dalla data di entrata in vigore del presente decreto».

ove non disposto diversamente, sono da intendersi come riferiti alla data di entrata in vigore del presente decreto. Per quanto non previsto dal presente decreto si applicano, ove compatibili, le disposizioni di cui alla l. 28 febbraio 1985, n. 47, e al predetto art. 39.

29. Il procedimento di sanatoria degli abusi edilizi posti in essere dalla persona imputata di uno dei delitti di cui agli artt. 416-*bis*, 648-*bis* e 648-*ter* del codice penale, o da terzi per suo conto, è sospeso fino alla sentenza definitiva di non luogo a procedere o di proscioglimento o di assoluzione. Non può essere conseguito il titolo abilitativo edilizio in sanatoria degli abusi edilizi se interviene la sentenza definitiva di condanna per i delitti sopra indicati. Fatti salvi gli accertamenti di ufficio in ordine alle condanne riportate nel certificato generale del casellario giudiziale ad opera del comune, il richiedente deve attestare, con dichiarazione sottoscritta nelle forme di cui all'art. 46 del testo unico di cui d.p.r. 28 dicembre 2000, n. 445, di non avere carichi pendenti in relazione ai delitti di cui agli artt. 416-*bis*, 648-*bis* e 648-*ter* del codice penale.

30. Qualora l'amministratore di beni immobili oggetto di sequestro o di confisca ai sensi della l. 31 maggio 1965, n. 575, autorizzato dal giudice competente ad alienare taluno di detti beni, può essere autorizzato, altresì, dal medesimo giudice, sentito il pubblico ministero, a riattivare il procedimento di sanatoria sospeso. In tal caso non opera nei confronti dell'amministratore o del terzo acquirente il divieto di rilascio del titolo abilitativo edilizio in sanatoria di cui al comma 29.

31. Il rilascio del titolo abilitativo edilizio in sanatoria non comporta limitazione ai diritti dei terzi.

32. La domanda relativa alla definizione dell'illecito edilizio, con l'attestazione del pagamento dell'oblazione e dell'anticipazione degli oneri concessori, è presentata al comune competente, a pena di decadenza, tra l'11 novembre 2004 e il 10 dicembre 2004 (1), unitamente alla dichiarazione di cui al modello allegato e alla documentazione di cui al comma 35.

33. Le regioni, entro sessanta giorni dalla data di entrata in vigore del presente decreto, emanano norme per la definizione del procedimento amministrativo relativo al rilascio del titolo abilitativo edilizio in sanatoria e possono prevedere, tra l'altro, un incremento dell'oblazione fino al massimo del 10 per cento della misura determinata nella tabella C allegata al presente decreto, ai fini dell'attivazione di politiche di repressione degli abusi edilizi e per la promozione di interventi di riqualificazione dei nuclei interessati da fenomeni di abusivismo edilizio, nonché per l'attuazione di quanto previsto dall'art. 23 della l. 28 febbraio 1985, n. 47 (2).

34. Ai fini dell'applicazione del presente articolo non si applica quanto previsto dall'art. 37, comma 2, della l. 28 febbraio 1985, n. 47. Con legge regionale gli oneri di concessione relativi alle opere abusive oggetto di sanatoria possono essere incrementati fino al massimo del 100 per cento. Le amministrazioni comunali perimetrano gli insediamenti abusivi entro i quali gli oneri concessori sono determinati nella misura dei costi per la realizzazione delle opere di urbanizzazione primaria e secondaria necessarie, nonché per gli interventi di riqualificazione igienico-sanitaria e ambientale attuati dagli enti locali. Coloro che in proprio o in forme consortili, nell'ambito delle zone perimetrate, intendano eseguire in tutto o in parte le opere di urbanizzazione primaria, nel rispetto dell'art. 2, comma 5, della l. 11 febbraio 1994, n. 109, e successive modificazioni e integrazioni, secondo le disposizioni tecniche dettate dagli uffici comunali, possono detrarre dall'importo complessivo quanto già versato, a titolo di anticipazione degli oneri concessori, di cui alla tabella D allegata al presente decreto. Con legge regionale, ai sensi dell'art. 29 della l. 28 febbraio 1985, n. 47, come modificato dal presente articolo, sono disciplinate le relative modalità di attuazione.

35. La domanda di cui al comma 32 deve essere corredata dalla seguente documentazione:

a) dichiarazione del richiedente resa ai sensi dell'art. 47, comma 1, del testo unico di cui d.p.r. 28 dicembre 2000, n. 445, con allegata documentazione fotografica, dalla quale risulti la descrizione delle opere per le quali si chiede il titolo abilitativo edilizio in sanatoria e lo stato dei lavori relativo;

b) qualora l'opera abusiva supera i 450 metri cubi, da una perizia giurata sulle dimensioni e sullo stato delle opere e una certificazione redatta da un tecnico abilitato all'eserci-

(1) Parole così sostituite dall'art. 5.1, lett. c, d.l. 12 luglio 2004, n. 168, conv. in l. 30 luglio 2004, n. 191.

(2) La Corte cost., con sentenza 28 giugno 2004, n. 196, ha dichiarato costituzionalmente illegittimo questo comma «nella parte in cui prevede le parole "entro sessanta giorni dalla data di entrata in vigore del presente decreto" anziché le parole "tramite la legge di cui al comma 26"». In base all'art. 5.1, d.l. 12 luglio 2004, n. 168, conv. in l. 30 luglio 2004, n. 191, in esecuzione di tale sentenza la legge regionale «può essere emanata entro quattro mesi dalla data di entrata in vigore del presente decreto».

zio della professione attestante l'idoneità statica delle opere eseguite;

c) ulteriore documentazione eventualmente prescritta con norma regionale.

36. La presentazione nei termini della domanda di definizione dell'illecito edilizio, l'oblazione interamente corrisposta nonché il decorso di trentasei mesi dalla data da cui risulta il suddetto pagamento, producono gli effetti di cui all'art. 38, comma 2, della l. 28 febbraio 1985, n. 47. Trascorso il suddetto periodo di trentasei mesi si prescrive il diritto al conguaglio o al rimborso spettante (1).

37. Il pagamento degli oneri di concessione, la presentazione della documentazione di cui al comma 35, della denuncia in catasto, della denuncia ai fini dell'imposta comunale degli immobili di cui al d.lg. 30 dicembre 1992, n. 504, nonché, ove dovute, delle denunce ai fini della tassa per lo smaltimento dei rifiuti solidi urbani e per l'occupazione del suolo pubblico, entro il 31 ottobre 2005 (2), nonché il decorso del termine di ventiquattro mesi da tale data senza l'adozione di un provvedimento negativo del comune, equivalgono a titolo abilitativo edilizio in sanatoria. Se nei termini previsti l'oblazione dovuta non è stata interamente corrisposta o è stata determinata in forma dolosamente inesatta, le costruzioni realizzate senza titolo abilitativo edilizio sono assoggettate alle sanzioni richiamate all'art. 40 della l. 28 febbraio 1985, n. 47, e all'art. 48 del d.p.r. 6 giugno 2001, n. 380 (3).

38. La misura dell'oblazione e dell'anticipazione degli oneri concessori, nonché le relative modalità di versamento, sono disciplinate nell'allegato 1 al presente decreto (4).

39. Ai fini della determinazione dell'oblazione non si applica quanto previsto dai commi 13, 14, 15 e 16 dell'art. 39 della l. 23 dicembre 1994, n. 724.

40. Alla istruttoria della domanda di sanatoria si applicano i medesimi diritti e oneri previsti per il rilascio dei titoli abilitativi edilizi, come disciplinati dalle Amministrazioni comunali per le medesime fattispecie di opere edilizie. Ai fini della istruttoria delle domande di sanatoria edilizia può essere determinato dall'Amministrazione comunale un incremento dei predetti diritti e oneri fino ad un massimo del 10 per cento da utilizzare con le modalità di cui all'art. 2, comma 46, della l. 23 dicembre 1996, n. 662. Per l'attività istruttoria connessa al rilascio delle concessioni in sanatoria i comuni possono utilizzare i diritti e oneri di cui al precedente periodo, per progetti finalizzati da svolgere oltre l'orario di lavoro ordinario.

41. Al fine di incentivare la definizione delle domande di sanatoria presentate ai sensi del presente articolo, nonché ai sensi del capo IV della l. 28 febbraio 1985, n. 47, e successive modificazioni, e dell'art. 39 della l. 23 dicembre 1994, n. 724, e successive modificazioni, il 50 per cento delle somme riscosse a titolo di conguaglio dell'oblazione, ai sensi dell'art. 35, comma 14, della citata legge n. 47 del 1985, e successive modificazioni, è devoluto al comune interessato. Con decreto interdipartimentale del Ministero delle infrastrutture e dei trasporti e del Ministero dell'economia e delle finanze sono stabilite le modalità di applicazione del presente comma.

42-50. . . . . (*omissis*) (5).

32-*bis*-53. . . . . (*omissis*).

ALLEGATO I (6)

Tipologia di opere abusive suscettibili di sanatoria alle condizioni di cui all'art. 32.

Tipologia 1. Opere realizzate in assenza o in difformità del titolo abilitativo edilizio e non

(1) La Corte cost., con sentenza 28 marzo 2008, n. 70, ha dichiarato l'illegittimità costituzionale di questo comma «nella parte in cui non prevede che gli effetti di cui all'art. 38, comma 2, della l. 28 febbraio 1985, n. 47, si producono anche allorché, anteriormente al decorso dei 36 mesi dal pagamento dell'oblazione, sia intervenuta l'attestazione di congruità da parte dell'autorità comunale dell'oblazione corrisposta».

(2) Parole così sostituite dall'art. 10.1, lett. c, d.l. 29 novembre 2004, n. 282, conv. in l. 27 dicembre 2004, n. 307.

(3) La Corte cost., con sentenza 28 giugno 2004, n. 196, ha dichiarato costituzionalmente illegittimo questo comma «nella parte in cui non prevede che la legge regionale di cui al comma 26 possa disciplinare diversamente gli effetti del prolungato silenzio del comune».

(4) La Corte cost., con sentenza 28 giugno 2004, n. 196, ha dichiarato costituzionalmente illegittimo questo comma «nella parte in cui prevede che sia l'allegato 1 dello stesso d.l. n. 269 del 2003, anziché la legge regionale di cui al comma 26, a determinare la misura dell'anticipazione degli oneri concessori, nonché le relative modalità di versamento».

(5) La Corte cost., con sentenza 28 giugno 2004, n. 196, ha dichiarato costituzionalmente illegittimo questo articolo «nella parte in cui non prevede che la legge regionale di cui al comma 26 debba essere emanata entro un congruo termine da stabilirsi dalla legge statale».

(6) La Corte cost., con sentenza 28 giugno 2004, n. 196, ha dichiarato costituzionalmente illegittimo questo allegato «nella parte in cui determina la misura dell'anticipazione degli oneri concessori e le relative modalità di versamento».

conformi alle norme urbanistiche e alle prescrizioni degli strumenti urbanistici.

Tipologia 2. Opere realizzate in assenza o in difformità del titolo abilitativo edilizio, ma conformi alle norme urbanistiche e alle prescrizioni degli strumenti urbanistici alla data di entrata in vigore del presente provvedimento.

Tipologia 3. Opere di ristrutturazione edilizia come definite dall'art. 3, comma 1, lett. *d*) del d.p.r. 6 giugno 2001, n. 380, realizzate in assenza o in difformità dal titolo abilitativo edilizio.

Tipologia 4. Opere di restauro e risanamento conservativo come definite dall'art. 3, comma 1, lett. *c*) del d.p.r. 6 giugno 2001, n. 380, realizzate in assenza o in difformità dal titolo abilitativo edilizio, nelle zone omogenee A di cui all'art. 2 del d.m. 2 aprile 1968, n. 1444.

Tipologia 5. Opere di restauro e risanamento conservativo come definite dall'art. 3, comma 1, lett. *c*) del d.p.r. 6 giugno 2001, n. 380, realizzate in assenza o in difformità dal titolo abilitativo edilizio.

Tipologia 6. Opere di manutenzione straordinaria, come definite all'art. 3, comma 1, lett. *b*) del d.p.r. 6 giugno 2001, n. 380, realizzate in assenza o in difformità dal titolo abilitativo edilizio; opere o modalità di esecuzione non valutabili in termini di superficie o di volume.

Procedura per la sanatoria edilizia.

La domanda di definizione degli illeciti edilizi da presentare al comune entro il 31 marzo 2004 deve essere compilata utilizzando il modello di domanda allegato.

Alla domanda deve essere allegato:

a) l'attestazione del versamento del 30 per cento dell'oblazione, calcolata utilizzando la tabella 1 del modello allegato e in base a quanto indicato nella tabella C. Nel caso di oblazione di importo fisso o comunque inferiore a tali importi, l'oblazione va versata per intero. Il versamento deve comunque essere effettuato nella misura minima di 1.700,00 euro, qualora l'importo complessivo sia superiore a tale cifra, ovvero per intero qualora l'importo dell'oblazione sia inferiore a tale cifra;

b) l'attestazione del versamento del 30 per cento dell'anticipazione degli oneri concessori, calcolata utilizzando le tabelle 3 e 4 del modello allegato e in base a quanto indicato nella tabella D. Il versamento deve comunque essere effettuato nella misura minima di 500,00 euro, qualora l'importo complessivo sia superiore a tale cifra, ovvero per intero qualora l'importo dell'anticipazione degli oneri concessori sia inferiore a tale cifra.

L'importo restante dell'oblazione deve essere versato per importi uguali, entro:

— seconda rata: 31 maggio 2005 (1);

— terza rata: 30 settembre 2005 (1).

L'importo restante dell'anticipazione degli oneri di concessione deve essere versato per importi uguali, entro:

— seconda rata: 31 maggio 2005 (1);

— terza rata: 30 settembre 2005 (1).

L'importo definitivo degli oneri concessori dovuti deve essere versato entro il 31 dicembre 2006, secondo le indicazioni fornite dall'amministrazione comunale con apposita deliberazione.

La domanda di definizione degli illeciti edilizi deve essere accompagnata dalla seguente documentazione:

a) dichiarazione del richiedente resa ai sensi dell'art. 4 della l. 4 gennaio 1968, n. 15, corredata dalla documentazione fotografica, nella quale risulti la descrizione delle opere per le quali si chiede il titolo abilitativo edilizio in sanatoria e lo stato dei lavori relativo;

b) quando l'opera abusiva supera i 450 metri cubi una perizia giurata sulle dimensioni e sullo stato delle opere e una certificazione redatta da un tecnico abilitato all'esercizio della professione attestante l'idoneità statica delle opere eseguite. Qualora l'opera per la quale viene presentata istanza di sanatoria sia stata in precedenza collaudata, tale certificazione non è necessaria se non è oggetto di richiesta motivata da parte del sindaco;

c) ulteriore documentazione eventualmente prescritta con norma regionale.

La domanda di definizione degli illeciti edilizi deve essere integrata entro il 30 aprile 2006 (2) dalla:

a) denuncia in catasto dell'immobile oggetto di illecito edilizio e della documentazione relativa all'attribuzione della rendita catastale e del relativo frazionamento;

b) denuncia ai fini dell'imposta comunale degli immobili di cui al d.lg. 30 dicembre 1992, n. 504;

c) ove dovuto, delle denunce ai fini della

(1) Parole così sostituite dall'art. 10.1, lett. a, d.l. 29 novembre 2004, n. 282, conv. in l. 27 dicembre 2004, n. 307. L'art. 10.2 così dispone: «La proroga al 31 maggio 2005 ed al 30 settembre 2005 dei termini stabiliti per il versamento, rispettivamente, della seconda e della terza rata dell'anticipazione degli oneri concessori opera a condizione che le regioni, prima della data di entrata in vigore del presente decreto, non abbiano dettato una diversa disciplina».

(2) Termine così prorogato dall'art. 11, d.l. 30 dicembre 2005, n. 273, conv. in l. 23 febbraio 2006, n. 51.

tassa per lo smaltimento dei rifiuti solidi urbani e per l'occupazione del suolo pubblico.

ALLEGATI

. . . . (*omissis*).

III. 7.

LEGGE 28 dicembre 2015, n. 208. — *Disposizioni per la formazione del bilancio annuale e pluriennale dello Stato (legge di stabilità 2016)* (1).

1. 1-75. . . . . (*omissis*).

76. Con il contratto di locazione finanziaria di immobile da adibire ad abitazione principale, la banca o l'intermediario finanziario iscritto nell'albo di cui all'art. 106 del t.u. delle leggi in materia bancaria e creditizia, di cui al d.lg. 1° settembre 1993, n. 385 (2), si obbliga ad acquistare o a far costruire l'immobile su scelta e secondo le indicazioni dell'utilizzatore, che se ne assume tutti i rischi, anche di perimento, e lo mette a disposizione per un dato tempo verso un determinato corrispettivo che tenga conto del prezzo di acquisto o di costruzione e della durata del contratto. Alla scadenza del contratto l'utilizzatore ha la facoltà di acquistare la proprietà del bene a un prezzo prestabilito.

77. All'acquisto dell'immobile oggetto del contratto di locazione finanziaria si applica l'art. 67, terzo comma, lett. *a*), del r.d. 16 marzo 1942, n. 267 (3).

78. In caso di risoluzione del contratto di locazione finanziaria per inadempimento dell'utilizzatore, il concedente ha diritto alla restituzione del bene ed è tenuto a corrispondere all'utilizzatore quanto ricavato dalla vendita o da altra collocazione del bene avvenute a valori di mercato, dedotta la somma dei canoni scaduti e non pagati fino alla data della risoluzione, dei canoni a scadere attualizzati e del prezzo pattuito per l'esercizio dell'opzione finale di acquisto. L'eventuale differenza negativa è corrisposta dall'utilizzatore al concedente. Nelle attività di vendita e ricollocazione del bene, di cui al periodo precedente, la banca o l'intermediario finanziario deve attenersi a criteri di trasparenza e pubblicità nei confronti dell'utilizzatore.

79. Per il contratto di cui al comma 76 l'utilizzatore può chiedere, previa presentazione di apposita richiesta al concedente, la sospensione del pagamento dei corrispettivi periodici per non più di una volta e per un periodo massimo complessivo non superiore a dodici mesi nel corso dell'esecuzione del contratto medesimo. In tal caso, la durata del contratto è prorogata di un periodo eguale alla durata della sospensione. L'ammissione al beneficio della sospensione è subordinata esclusivamente all'accadimento di almeno uno dei seguenti eventi, intervenuti successivamente alla stipula del contratto di cui al comma 76:

a) cessazione del rapporto di lavoro subordinato, ad eccezione delle ipotesi di risoluzione consensuale, di risoluzione per limiti di età con diritto a pensione di vecchiaia o di anzianità, di licenziamento per giusta causa o giustificato motivo soggettivo, di dimissioni del lavoratore non per giusta causa;

b) cessazione dei rapporti di lavoro di cui all'art. 409, n. 3), del codice di procedura civile, ad eccezione delle ipotesi di risoluzione consensuale, di recesso datoriale per giusta causa, di recesso del lavoratore non per giusta causa.

80. Al termine della sospensione, il pagamento dei corrispettivi periodici riprende secondo gli importi e con la periodicità originariamente previsti dal contratto, salvo diverso patto eventualmente intervenuto fra le parti per la rinegoziazione delle condizioni del contratto medesimo. Decorso il periodo di sospensione, in caso di mancata ripresa dei pagamenti si applicano le disposizioni del comma 78. La sospensione non comporta l'applicazione di alcuna commissione o spesa di istruttoria e avviene senza richiesta di garanzie aggiuntive.

81. Per il rilascio dell'immobile il concedente può agire con il procedimento per convalida di sfratto di cui al libro IV, titolo I, capo II, del codice di procedura civile.

82-999. (*omissis*).

(1) Suppl. ord. n. 70 a G.U., 30 dicembre 2015, n. 302. Ripubblicata in suppl. ord. n. 1 a G.U., 20 gennaio 2016, n. 15, corredata delle relative note.

(2) In *Leggi coll. XVII, 1.*

(3) In *Leggi coll. XXII, 1.*

IV. OBBLIGAZIONI

IV. 1.

LEGGE 21 febbraio 1991, n. 52. — *Disciplina della cessione dei crediti d'impresa* (1).

1. *Ambito di applicazione*. — 1. La cessione di crediti pecuniari verso corrispettivo è disciplinata dalla presente legge, quando concorrono le seguenti condizioni:

a) il cedente è un imprenditore;

b) i crediti ceduti sorgono da contratti stipulati dal cedente nell'esercizio dell'impresa;

c) il cessionario è una banca o un intermediario finanziario disciplinato dal testo unico delle leggi in materia bancaria e creditizia emanato ai sensi dell'art. 25, comma 2, della l. 19 febbraio 1992, n. 142, il cui oggetto sociale preveda l'esercizio dell'attività di acquisto di crediti d'impresa o un soggetto, costituito in forma di società di capitali, che svolge l'attività di acquisto di crediti, vantati nei confronti di terzi, da soggetti del gruppo di appartenenza che non siano intermediari finanziari oppure di crediti vantati da terzi nei confronti di soggetti del gruppo di appartenenza, ferme restando le riserve di attività previste ai sensi del citato testo unico delle leggi in materia bancaria e creditizia (2).

2. Resta salva l'applicazione delle norme del codice civile per le cessioni di credito prive dei requisiti di cui al comma 1.

2. *Albo delle imprese che esercitano l'attività di cessione dei crediti*. — 1. È istituito presso la Banca d'Italia un albo delle imprese che esercitano l'attività di cessione dei crediti di impresa ai sensi della presente legge. La Banca d'Italia esercita la vigilanza sul corretto svolgimento della suddetta attività, anche al fine di impedire l'impiego di denaro, beni o utilità di provenienza illecita.

2. Nel termine di sei mesi dalla data di entrata in vigore della presente legge il Ministro del tesoro provvede con proprio decreto a disciplinare l'iscrizione all'albo di cui al comma 1, e la cancellazione dal medesimo, i contenuti e le modalità della vigilanza, nonché le relative sanzioni amministrative (3).

3. Il cessionario dei crediti d'impresa di cui alla presente legge è tenuto all'osservanza dell'obbligo di certificazione del proprio bilancio annuale (4).

3. *Cessione di crediti futuri e di crediti in massa*. — 1. I crediti possono essere ceduti anche prima che siano stipulati i contratti dai quali sorgeranno.

2. I crediti esistenti o futuri possono essere ceduti anche in massa.

3. La cessione in massa dei crediti futuri può avere ad oggetto solo crediti che sorgeranno da contratti da stipulare in un periodo di tempo non superiore a ventiquattro mesi.

(1) G.U., 25 febbraio 1991, n. 47. L'art. 26.5, l. 11 febbraio 1994, n. 109, così dispone: «Le disposizioni di cui alla l. 21 febbraio 1991, n. 52, sono estese ai crediti verso le pubbliche amministrazioni derivanti da contratti di appalto di lavori pubblici, di concessione di lavori pubblici e da contratti di progettazione nell'ambito della realizzazione di lavori pubblici». Sull'applicazione degli artt. 3, 5 e 6 di questa legge alla cessione dei crediti INPS v. art. 13.3, l. 23 dicembre 1998, n. 448.

(2) Lettera sostituita dall'art. 156.2, d.lg. 1° settembre 1993, n. 385, in *Leggi coll. XVII, 1*. Le parole «o un soggetto, costituito in forma societaria, che svolge l'attività di acquisto di crediti da soggetti del proprio gruppo che non siano intermediari finanziari» sono state aggiunte dall'art. 15-*ter*, d.l. 12 settembre 2014, n. 133, conv. in l. 11 novembre 2014, n. 164. Successivamente le parole da «o un soggetto» fino a «creditizia» sono state così sostituite alle precedenti «o un soggetto, costituito in forma societaria, che svolge l'attività di acquisto di crediti da soggetti del proprio gruppo che non siano intermediari finanziari» dall'art. 12-*bis*, d.l. 3 maggio 2016, n. 59, conv. in l. 30 giugno 2016, n. 119.

(3) V. d.m. 12 maggio 1992, n. 334, in G.U., 13 luglio 1992, n. 163 (abrogato dall'art. 161.2, d.lg. 1° settembre 1993, n. 385, in *Leggi coll. XVII, 1*, continua ad essere applicato fino alla data di entrata in vigore dei provvedimenti emanati dalle autorità creditizie ai sensi del citato decreto); v. anche il provvedimento della Banca d'Italia 16 giugno 1992, in G.U., 27 giugno 1992, n. 150.

(4) Articolo abrogato dall'art. 161.2, d.lg. 1° settembre 1993, n. 385, in *Leggi coll. XVII, 1*, e che continua ad essere applicato fino alla data di entrata in vigore dei provvedimenti emanati dalle autorità creditizie ai sensi del citato decreto.

4. La cessione dei crediti in massa si considera con oggetto determinato, anche con riferimento a crediti futuri, se è indicato il debitore ceduto, salvo quanto prescritto nel comma 3.

4. *Garanzia di solvenza*. — 1. Il cedente garantisce, nei limiti del corrispettivo pattuito, la solvenza del debitore, salvo che il cessionario rinunci, in tutto o in parte, alla garanzia.

5. *Efficacia della cessione nei confronti dei terzi*. — 1. Qualora il cessionario abbia pagato in tutto o in parte il corrispettivo della cessione ed il pagamento abbia data certa, la cessione è opponibile:

a) agli altri aventi causa del cedente, il cui titolo di acquisto non sia stato reso efficace verso i terzi anteriormente alla data del pagamento;

b) al creditore del cedente, che abbia pignorato il credito dopo la data del pagamento;

c) al fallimento del cedente dichiarato dopo la data del pagamento, salvo quanto disposto dall'art. 7, comma 1.

1-*bis*. Ai fini dell'ottenimento della data certa del pagamento è sufficiente l'annotazione del contante sul conto di pertinenza del cedente, in conformità al disposto dell'art. 2, comma 1, lett. *b*), del d.lg. 21 maggio 2004, n. 170 (1) (2).

2. È fatta salva per il cessionario la facoltà di rendere la cessione opponibile ai terzi nei modi previsti dal codice civile.

3. È fatta salva l'efficacia liberatoria secondo le norme del codice civile dei pagamenti eseguiti dal debitore a terzi.

6. *Revocatoria fallimentare dei pagamenti del debitore ceduto*. — 1. Il pagamento compiuto dal debitore ceduto al cessionario non è soggetto alla revocatoria prevista dall'art. 67 del testo delle disposizioni sulla disciplina del fallimento, del concordato preventivo, dell'amministrazione controllata e della liquidazione coatta amministrativa, approvato con r.d. 16 marzo 1942, n. 267 (3). Tuttavia tale azione può essere proposta nei confronti del cedente qualora il curatore provi che egli conosceva lo stato di insolvenza del debitore ceduto alla data del pagamento al cessionario.

2. È fatta salva la rivalsa del cedente verso il cessionario che abbia rinunciato alla garanzia prevista dall'art. 4.

7. *Fallimento del cedente*. — 1. La efficacia della cessione verso i terzi prevista dall'art. 5, comma 1, non è opponibile al fallimento del cedente, se il curatore prova che il cessionario conosceva lo stato di insolvenza del cedente quando ha eseguito il pagamento e sempre che il pagamento del cessionario al cedente sia stato eseguito nell'anno anteriore alla sentenza dichiarativa di fallimento e prima della scadenza del credito ceduto.

2. Il curatore del fallimento del cedente può recedere dalle cessioni stipulate dal cedente, limitatamente ai crediti non ancora sorti alla data della sentenza dichiarativa.

3. In caso di recesso il curatore deve restituire al cessionario il corrispettivo pagato dal cessionario al cedente per le cessioni previste nel comma 2.

IV. 2.

LEGGE 30 aprile 1999, n. 130. — *Disposizioni sulla cartolarizzazione dei crediti* (4).

1. *Ambito di applicazione e definizioni*. — 1. La presente legge si applica alle operazioni di cartolarizzazione realizzate mediante cessione a titolo oneroso di crediti pecuniari, sia esistenti sia futuri, individuabili in blocco se si tratta di una pluralità di crediti, quando ricorrono i seguenti requisiti:

a) il cessionario sia una società prevista dall'art. 3;

b) le somme corrisposte dal debitore o dai debitori ceduti siano destinate in via esclusiva, dalla società cessionaria, al soddisfacimento dei diritti incorporati nei titoli emessi, dalla stessa o da altra società, per finanziare l'acquisto di tali crediti, nonché al pagamento dei costi dell'operazione.

1-*bis*. La presente legge si applica altresì alle operazioni di cartolarizzazione realizzate me-

(1) In *Leggi coll. XVIII, 2*.
(2) Comma inserito dall'art. 12.3, d.l. 23 dicembre 2013, n. 145, conv. in l. 21 febbraio 2014, n. 9.
(3) In *Leggi coll. XXII, 1*.
(4) G.U., 14 maggio 1999, n. 111. Sulla cartolarizzazione dei crediti INPS v. art. 13, l. 23 dicembre 1998, n. 448, come modificato dall'art. 1, d.l. 6 settembre 1999, n. 308, conv. in l. 5 novembre 1999, n. 402, d.m. Tesoro 8 settembre 2000, in G.U., 22 settembre 2000, n. 222 e d.m. Tesoro 17 maggio 2001, in G.U., 31 maggio 2001, n. 125; sulla cartolarizzazione dei crediti contributivi dell'INAIL v. art. 36, l. 23 dicembre 1999, n. 488 e d.m. Tesoro 15 novembre 2000, in G.U., 19 dicembre 2000, n. 295. V. anche art. 22, d.l. 25 settembre 2001, n. 350, conv. in l. 23 novembre 2001, n. 409.
Sulla cartolarizzazione dei proventi derivanti dalla dismissione del patrimonio immobiliare dello Stato e degli enti pubblici v. art. 2, d.l. 25 settembre 2001, n. 351, conv. in l. 23 novembre 2001, n. 410.

diante la sottoscrizione o l'acquisto di obbligazioni e titoli similari ovvero cambiali finanziarie, esclusi comunque titoli rappresentativi del capitale sociale, titoli ibridi e convertibili, da parte della società emittente i titoli. Nel caso di operazioni realizzate mediante sottoscrizione o acquisto di titoli, i richiami ai debitori ceduti si intendono riferiti alla società di cartolarizzazione (1). Nel caso in cui i titoli emessi dalla società di cartolarizzazione siano destinati a investitori qualificati ai sensi dell'art. 100 del t.u. di cui al d.lg. 24 febbraio 1998, n. 58 (2), i titoli di debito destinati ad essere sottoscritti da una società di cartolarizzazione possono essere emessi anche in deroga all'art. 2483, secondo comma, del codice civile e il requisito della quotazione previsto dall'art. 2412 del medesimo codice si considera soddisfatto rispetto alle obbligazioni anche in caso di quotazione dei soli titoli emessi dalla società di cartolarizzazione (3).

1-*ter.* Le società di cartolarizzazione di cui all'art. 3 possono, anche contestualmente e in aggiunta alle operazioni realizzate con le modalità di cui ai commi 1 e 1-*bis* del presente articolo (4), concedere finanziamenti nei confronti di soggetti diversi dalle persone fisiche e dalle imprese che presentino un totale di bilancio inferiore a 2 milioni di euro (5), nel rispetto delle seguenti condizioni:

a) i prenditori dei finanziamenti siano individuati da una banca o da un intermediario finanziario iscritto nell'albo di cui all'art. 106 del d.lg. 1° settembre 1993, n. 385, e successive modificazioni (6), i quali possono svolgere altresì i compiti indicati all'art. 2, comma 3, lett. *c*);

b) i titoli emessi dalle stesse per finanziare l'erogazione dei finanziamenti siano destinati ad investitori qualificati come definiti ai sensi dell'art. 100 del d.lg. 24 febbraio 1998, n. 58 (2);

c) la banca o l'intermediario finanziario di cui alla lett. *a*) trattenga un significativo interesse economico nell'operazione, nel rispetto delle modalità stabilite dalle disposizioni di attuazione della Banca d'Italia (7).

2. Nella presente legge si intende per «testo unico bancario» il d.lg. 1° settembre 1993, n. 385, e successive modificazioni, recante il testo unico delle leggi in materia bancaria e creditizia (6).

2. *Programma dell'operazione*. — 1. I titoli di cui all'art. 1 sono strumenti finanziari e agli stessi si applicano le disposizioni del d.lg. 24 febbraio 1998, n. 58, recante il testo unico delle disposizioni in materia di intermediazione finanziaria (2).

2. La società cessionaria o la società emittente i titoli, se diversa dalla società cessionaria, redige il prospetto informativo.

3. Nel caso in cui i titoli oggetto delle operazioni di cartolarizzazione siano offerti ad investitori professionali, il prospetto informativo contiene le seguenti indicazioni:

a) il soggetto cedente, la società cessionaria, le caratteristiche dell'operazione, con riguardo sia ai crediti sia ai titoli emessi per finanziarla;

b) i soggetti incaricati di curare l'emissione ed il collocamento dei titoli;

c) i soggetti incaricati della riscossione dei crediti ceduti e dei servizi di cassa e di pagamento;

d) le condizioni in presenza delle quali, a vantaggio dei portatori dei titoli, è consentita alla società cessionaria la cessione dei crediti acquistati;

e) le condizioni in presenza delle quali la società cessionaria può reinvestire in altre attività finanziarie i fondi derivanti dalla gestione dei crediti ceduti non immediatamente impiegati per il soddisfacimento dei diritti derivanti dai titoli;

f) le eventuali operazioni finanziarie accessorie stipulate per il buon fine dell'operazione di cartolarizzazione;

g) il contenuto minimo essenziale dei titoli emessi e l'indicazione delle forme di pubblicità

(1) Comma inserito dall'art. 12.1, lett. a, d.l. 23 dicembre 2013, n. 145, conv. in l. 21 febbraio 2014, n. 9. Successivamente le parole «di cartolarizzazione» sono state così sostituite alle precedenti «emittente i titoli» dall'art. 1.1090, lett. a, n. 1, l. 30 dicembre 2018, n. 145.

(2) In *Leggi coll. XVIII, 1.*

(3) Ultimo periodo aggiunto dall'art. 1.1090, lett. a, n. 2, l. 30 dicembre 2018, n. 145.

(4) Le parole «, anche contestualmente e in aggiunta alle operazioni realizzate con le modalità di cui ai commi 1 e 1-*bis* del presente articolo,» sono state inserite dall'art. 1.1090, lett. b, l. 30 dicembre 2018, n. 145.

(5) Le parole «dalle persone fisiche e dalle imprese che presentino un totale di bilancio inferiore a 2 milioni di euro» sono state così sostituite alle precedenti «dalle persone fisiche e dalle microimprese, come definite dall'art. 2, par. 1, dell'allegato alla racc. 2003/361/CE della Commissione europea, del 6 maggio 2003» dall'art. 1.1090, lett. b, l. 30 dicembre 2018, n. 145.

(6) In *Leggi coll. XVII, 1.*

(7) Comma inserito dall'art. 22.6, lett. a, d.l. 24 giugno 2014, n. 91, conv. in l. 11 agosto 2014, n. 116.

del prospetto informativo idonee a garantirne l'agevole conoscibilità da parte dei portatori dei titoli;

h) i costi dell'operazione e le condizioni alle quali la società cessionaria può detrarli dalle somme corrisposte dal debitore o dai debitori ceduti, nonché l'indicazione degli utili previsti dall'operazione e il percettore;

i) gli eventuali rapporti di partecipazione tra il soggetto cedente e la società cessionaria;

i-bis) il soggetto di cui all'art. 7.1, comma 8 (1).

4. Nel caso in cui i titoli oggetto delle operazioni di cartolarizzazione siano offerti ad investitori non professionali, l'operazione deve essere sottoposta alla valutazione del merito di credito da parte di operatori terzi.

4-*bis*. Nel caso in cui i titoli oggetto delle operazioni di cartolarizzazione siano destinati ad investitori qualificati ai sensi dell'art. 100 del d.lg. 24 febbraio 1998, n. 58 (2), i titoli possono essere sottoscritti anche da un unico investitore (3).

5. La Commissione nazionale per le società e la borsa (Consob), con proprio regolamento da pubblicare nella *Gazzetta Ufficiale* (4), stabilisce i requisiti di professionalità e i criteri per assicurare l'indipendenza degli operatori che svolgono la valutazione del merito di credito e l'informazione sugli eventuali rapporti esistenti tra questi e i soggetti che a vario titolo partecipano all'operazione, anche qualora la valutazione non sia obbligatoria.

6. I servizi indicati nel comma 3, lett. *c*), possono essere svolti da banche o da intermediari finanziari iscritti nell'albo previsto dall'art. 106 del d.lg. 1° settembre 1993, n. 385 (5). Gli altri soggetti che intendono prestare i servizi indicati nel comma 3, lett. *c*), chiedono l'iscrizione nell'albo previsto dall'art. 106 del d.lg. 1° settembre 1993, n. 385 (5), anche qualora non esercitino le attività elencate nel comma 1 del medesimo articolo purché possiedano i relativi requisiti (6).

6-*bis*. I soggetti di cui al comma 6 verificano che le operazioni siano conformi alla legge ed al prospetto informativo (7).

7. Il prospetto informativo deve essere, a semplice richiesta, consegnato ai portatori dei titoli.

3. *Società per la cartolarizzazione dei crediti*. — 1. La società cessionaria, o la società emittente titoli se diversa dalla società cessionaria, hanno per oggetto esclusivo la realizzazione di una o più operazioni di cartolarizzazione dei crediti.

2. I crediti relativi a ciascuna operazione per tali intendendosi sia i crediti vantati nei confronti del debitore o dei debitori ceduti, sia ogni altro credito maturato dalla società di cui al comma 1 nel contesto dell'operazione, i relativi incassi e le attività finanziarie acquistate con i medesimi (8) costituiscono patrimonio separato a tutti gli effetti da quello della società e da quello relativo alle altre operazioni (9). Su ciascun patrimonio non sono ammesse azioni da parte di creditori diversi dai portatori dei titoli emessi per finanziare l'acquisto dei crediti stessi.

2-*bis*. Non sono ammesse azioni da parte di soggetti diversi da quelli di cui al comma 2 sui conti delle società di cui al comma 1 aperti presso la banca depositaria ovvero presso i soggetti di cui all'art. 2, comma 3, lett. *c*), dove vengono accreditate le somme corrisposte dai debitori ceduti nonché ogni altra somma pagata o comunque di spettanza della società ai sensi delle operazioni accessorie condotte nell'ambito di ciascuna operazione di cartolarizzazione o comunque ai sensi dei contratti dell'operazione. Tali somme possono essere utilizzate dalle società di cui al comma 1 esclusivamente per il soddisfacimento di crediti vantati dai soggetti di cui al comma 2 e dalle controparti dei contratti derivati con finalità di copertura dei rischi insiti nei crediti e nei titoli ceduti, nonché per il pagamento degli altri costi dell'operazione. In caso di avvio nei confronti del depositario di procedimenti di cui al titolo IV del t.u. bancario, nonché di procedure concorsuali, le somme accreditate su tali conti e quelle affluite in corso di procedura non sono soggette a sospensione dei pagamenti e vengono immediatamente e integralmente restituite alla società senza la necessità di deposito di domanda di ammissione al passivo o di rivendica e al

(1) Lettera aggiunta dall'art. 60-*sexies*.1, lett. a, d.l. 24 aprile 2017, n. 50, conv. in l. 21 giugno 2017, n. 96.
(2) In *Leggi coll. XVIII, 1*.
(3) Comma inserito dall'art. 12.1, lett. b, d.l. 23 dicembre 2013, n. 145, conv. in l. 21 febbraio 2014, n. 9.
(4) Deliberazione Consob 2 novembre 1999, n. 12175, in G.U., 17 novembre 1999, n. 270.
(5) In *Leggi coll. XVII, 1*.
(6) Comma così sostituito dall'art. 9.1, d.lg. 13 agosto 2010, n. 141.
(7) Comma inserito dall'art. 9.2, d.lg. 13 agosto 2010, n. 141.
(8) Le parole da «per tali intendendosi» fino a «medesimi» sono state inserite dall'art. 22.6, lett. b, d.l. 24 giugno 2014, n. 91, conv. in l. 11 agosto 2014, n. 116.
(9) V. provv. Banca d'Italia 29 marzo 2000, in G.U., 3 aprile 2000, n. 78, con schemi di bilancio.

di fuori dei piani di riparto o di restituzione di somme (1).

2-*ter.* Sui conti correnti dove vengono accreditate le somme incassate per conto delle società di cui al comma 1 corrisposte dai debitori ceduti – aperti dai soggetti che svolgono nell'ambito di operazioni di cartolarizzazione dei crediti, anche su delega dei soggetti di cui all'art. 2, comma 6, i servizi indicati nell'art. 2, comma 3, lett. *c*), non sono ammesse azioni da parte dei creditori di tali soggetti se non per l'eccedenza delle somme incassate e dovute alle società di cui al comma 1. In caso di avvio nei confronti di tali soggetti di procedimenti concorsuali, le somme accreditate su tali conti e quelle affluite in corso di procedura, per un importo pari alle somme incassate e dovute alle società di cui al comma 1, vengono immediatamente e integralmente restituite alle società di cui al comma 1 senza la necessità di deposito di domanda di ammissione al passivo o di rivendica e al di fuori dei piani riparto o di restituzione di somme (2).

3. Le società di cui al comma 1 si costituiscono in forma di società di capitali. Fermi restando gli obblighi di segnalazione previsti per finalità statistiche, la Banca d'Italia, in base alle deliberazioni del CICR, può imporre alle società di cui al comma 1 obblighi di segnalazione ulteriori relativi ai crediti cartolarizzati al fine di censire la posizione debitoria dei soggetti cui i crediti si riferiscono (3).

4. *Modalità ed efficacia della cessione*. — 1. Alle cessioni dei crediti poste in essere ai sensi della presente legge si applicano le disposizioni contenute nell'art. 58, commi 2, 3 e 4, del testo unico bancario (4). Alle cessioni, anche non in blocco, aventi ad oggetto crediti di cui all'art. 1 della l. 21 febbraio 1991, n. 52 (5), per gli effetti di cui al comma 2 del presente articolo è sufficiente che la pubblicazione nella *Gazzetta Ufficiale* dell'avvenuta cessione contenga l'indicazione del cedente, del cessionario e della data di cessione. Alle medesime cessioni può altresì applicarsi, su espressa volontà delle parti, il disposto dell'art. 5, commi 1, 1-*bis* e 2, della l. 21 febbraio 1991, n. 52 (5) (6).

2. Dalla data della pubblicazione della notizia dell'avvenuta cessione nella *Gazzetta Ufficiale* o dalla data certa dell'avvenuto pagamento, anche in parte, del corrispettivo della cessione, sui crediti acquistati e sulle somme corrisposte dai debitori ceduti sono ammesse azioni soltanto a tutela dei diritti di cui all'art. 1, comma 1, lett. *b*), e, in deroga ad ogni altra disposizione, non è esercitabile dai relativi debitori ceduti la compensazione tra i crediti acquistati dalla società di cartolarizzazione e i crediti di tali debitori nei confronti del cedente sorti posteriormente a tale data. Dalla stessa data la cessione dei crediti è opponibile:

a) agli altri aventi causa del cedente, il cui titolo di acquisto non sia stato reso efficace verso i terzi in data anteriore;

b) ai creditori del cedente che non abbiano pignorato il credito prima della pubblicazione della cessione (6).

2-*bis.* In caso di cessione di crediti derivanti da aperture di credito, anche regolate in conto corrente, l'espletamento delle formalità di opponibilità previste dal presente articolo produce gli effetti ivi indicati anche con riferimento a tutti i crediti futuri nascenti da tali contratti, a condizione che i contratti siano stipulati prima della data di espletamento di tali formalità (6).

3. Ai pagamenti effettuati dai debitori ceduti alla società cessionaria non si applicano l'art. 65 e (7) l'art. 67 del r.d. 16 marzo 1942, n. 267, e successive modificazioni (8).

4. Per le operazioni di cartolarizzazione disciplinate dalla presente legge i termini di due anni e di un anno previsti dall'art. 67 del r.d. 16 marzo 1942, n. 267, e successive modificazioni (8), sono ridotti, rispettivamente, a sei ed a tre mesi.

4-*bis.* Alle cessioni effettuate nell'ambito di

(1) Comma inserito dall'art. 12.1, lett. c, d.l. 23 dicembre 2013, n. 145, conv. in l. 21 febbraio 2014, n. 9, e successivamente così sostituito dall'art. 22.6, lett. c, d.l. 24 giugno 2014, n. 91, conv. in l. 11 agosto 2014, n. 116.

(2) Comma inserito dall'art. 12.1, lett. c, d.l. 23 dicembre 2013, n. 145, conv. in l. 21 febbraio 2014, n. 9, e successivamente così sostituito dall'art. 22.6, lett. d, d.l. 24 giugno 2014, n. 91, conv. in l. 11 agosto 2014, n. 116.

(3) Comma così sostituito dall'art. 9.3, d.lg. 13 agosto 2010, n. 141, come da ultimo sostituito dall'art. 6.1, d.lg. 14 dicembre 2010, n. 218. V. provv. Banca d'Italia 1° ottobre 2014, in G.U., 14 ottobre 2014, n. 239, con disposizioni in materia di obblighi informativi e statistici delle società veicolo coinvolte in operazioni di cartolarizzazione.

(4) In *Leggi coll. XVII, 1.*

(5) In *Leggi coll. IV, 1.*

(6) Gli attuali commi 1, 2 e 2-*bis* sono stati così sostituiti agli originari commi 1 e 2 dall'art. 12.1, lett. d, n. 1, d.l. 23 dicembre 2013, n. 145, conv. in l. 21 febbraio 2014, n. 9.

(7) Le parole «non si applicano l'art. 65 e» sono state così sostituite alle precedenti «non si applica» dall'art. 12.1, lett. d, n. 2, d.l. 23 dicembre 2013, n. 145, conv. in l. 21 febbraio 2014, n. 9.

(8) In *Leggi coll. XXII, 1.*

operazioni di cartolarizzazione non si applicano gli artt. 69 e 70 del r.d. 18 novembre 1923, n. 2440, nonché le altre disposizioni che richiedano formalità diverse o ulteriori rispetto a quelle di cui alla presente legge. Dell'affidamento o trasferimento delle funzioni di cui all'art. 2, comma 3, lett. *c*), a soggetti diversi dal cedente è dato avviso mediante pubblicazione nella *Gazzetta Ufficiale* nonché comunicazione mediante lettera raccomandata con avviso di ricevimento alle pubbliche amministrazioni debitrici (1).

→ 4-*ter*. In caso di cessione di crediti derivanti da aperture di credito, anche regolate in conto corrente, il diritto di rendere esigibile il credito ceduto è esercitato dalla società cessionaria in conformità alle previsioni del relativo contratto o, in mancanza, con un preavviso non inferiore a quindici giorni (1).

5. *Titoli emessi a fronte dei crediti acquistati.* — 1. Ai titoli emessi dalla società cessionaria o dalla società emittente titoli, per finanziare l'acquisto dei crediti, si applicano gli artt. 129 e 143 del testo unico bancario (2).

2. Alle emissioni dei titoli non si applicano il divieto di raccolta di risparmio tra il pubblico previsto dall'art. 11, comma 2, del testo unico bancario, né i limiti quantitativi alla raccolta prescritti dalla normativa vigente; non trovano altresì applicazione gli articoli da 2410 a 2420 del codice civile.

2-*bis*. I titoli emessi nell'ambito di operazioni di cartolarizzazione di cui all'art. 1 [...] (3), anche non destinati ad essere negoziati in un mercato regolamentato o in sistemi multilaterali di negoziazione e anche privi di valutazione del merito di credito da parte di operatori terzi, costituiscono attivi ammessi a copertura delle riserve tecniche delle imprese di assicurazione ai sensi dell'art. 38 del d.lg. 7 settembre 2005, n. 209, e successive modificazioni. Entro 30 giorni dall'entrata in vigore della presente disposizione, l'IVASS adotta un regolamento che disciplini le misure di dettaglio per la copertura delle riserve tecniche tramite gli attivi sopra menzionati. L'investimento nei titoli di cui al presente comma è altresì compatibile con le vigenti disposizioni in materia di limiti di investimento di fondi pensione (4).

6. *Disposizioni fiscali e di bilancio.* — 1. Ai fini delle imposte sui redditi, ai titoli indicati nell'art. 5 si applica lo stesso trattamento stabilito per obbligazioni emesse dalle società per azioni con azioni negoziate in mercati regolamentati italiani e per titoli similari, ivi compreso il trattamento previsto dal d.lg. 1° aprile 1996, n. 239.

2. Se la cessione ha per oggetto crediti derivanti dalle operazioni indicate negli artt. 15, 16 e 19 del d.p.r. 29 settembre 1973, n. 601, continuano ad applicarsi le agevolazioni previste nel citato art. 15.

3. Le diminuzioni di valore registrate sugli attivi ceduti, sulle garanzie rilasciate al cessionario e sulle attività, diverse da quelle oggetto di cessione, poste a copertura delle operazioni di cartolarizzazione, nonché gli accantonamenti effettuati a fronte delle garanzie rilasciate al cessionario, possono essere imputati direttamente alle riserve patrimoniali, se relativi a contratti di cartolarizzazione stipulati entro due anni dalla data di entrata in vigore della presente legge; essi vanno imputati sul conto economico in quote costanti nell'esercizio in cui si sono registrati la diminuzione di valore o gli accantonamenti e nei quattro successivi. Delle operazioni di cartolarizzazione, delle eventuali diminuzioni di valore e degli accantonamenti non ancora inclusi nel conto economico occorre fornire indicazione nella nota integrativa di bilancio.

4. Nelle ipotesi di cui al comma 3, le diminuzioni di valore ivi previste concorrono alla determinazione del reddito di impresa negli esercizi in cui sono iscritte al conto economico.

5. Alle minori entrate derivanti dal presente articolo, pari a lire 300 milioni [euro 154.937,07] annue per ciascuno degli anni dal 1999 al 2005, si provvede, per gli anni 1999, 2000 e 2001, mediante corrispondente riduzione dello stanziamento iscritto, ai fini del bilancio triennale 1999-2001, nell'ambito dell'unità previsionale di base di parte corrente «Fondo speciale» dello stato di previsione del Ministero del tesoro, del bilancio e della programmazione economica per l'anno finanziario 1999, allo scopo parzialmente utilizzando l'accantonamento relativo al Ministero medesimo.

6. Il Ministro del tesoro, del bilancio e della programmazione economica è autorizzato ad apportare, con propri decreti, le occorrenti variazioni di bilancio.

7. *Altre operazioni.* — 1. Le disposizioni della presente legge si applicano, in quanto compatibili:

(1) Comma aggiunto dall'art. 12.1, lett. d, n. 3, d.l. 23 dicembre 2013, n. 145, conv. in l. 21 febbraio 2014, n. 9.
(2) In *Leggi coll. XVII, 1.*
(3) Le parole «comma 1-*bis*,» sono state soppresse dall'art. 22.6, lett. e, d.l. 24 giugno 2014, n. 91, conv. in l. 11 agosto 2014, n. 116.
(4) Comma aggiunto dall'art. 12.1, lett. e, d.l. 23 dicembre 2013, n. 145, conv. in l. 21 febbraio 2014, n. 9.

a) alle operazioni di cartolarizzazione dei crediti realizzate mediante l'erogazione di un finanziamento al soggetto cedente da parte della società per la cartolarizzazione dei crediti emittente i titoli, avente per effetto il trasferimento del rischio inerente ai crediti nella misura e alle condizioni concordate (1);

b) alle cessioni a fondi comuni di investimento, aventi per oggetto crediti, costituiti ai sensi del d.lg. 24 febbraio 1998, n. 58 (2);

→ *b-bis*) alle operazioni di cartolarizzazione dei proventi derivanti dalla titolarità di beni immobili, beni mobili registrati e diritti reali o personali aventi ad oggetto i medesimi beni (3).

2. Nel caso di operazioni realizzate mediante erogazione di un finanziamento, i richiami al cedente e al cessionario devono intendersi riferiti, rispettivamente, al soggetto finanziato e al soggetto finanziatore.

2-*bis*. Nel caso di operazioni realizzate mediante cessione a un fondo comune di investimento, i servizi indicati nell'art. 2, comma 3, lett. *c*), possono essere svolti, in alternativa ai soggetti di cui all'art. 2, comma 6, dalla società di gestione del risparmio che gestisce il fondo. Alle cessioni dei crediti effettuate in favore del fondo si applicano gli artt. 4 e 6, comma 2, della presente legge, nonché le restanti disposizioni della presente legge, in quanto compatibili (4).

2-*ter*. Le disposizioni di cui all'art. 5, comma 2-*bis*, si applicano, in quanto compatibili, alle imprese ed ai soggetti ivi menzionati ai fini dell'investimento nelle quote dei fondi di cui all'art. 7, comma 2-*bis* (4).

2-*quater*. La presente legge si applica altresì alle operazioni di cartolarizzazione di crediti sorti dalla concessione di uno o più finanziamenti da parte della società emittente i titoli. Nel caso di operazioni realizzate mediante concessione di finanziamenti, i richiami al cedente e al cessionario devono intendersi riferiti, rispettivamente, al soggetto finanziato e al soggetto finanziatore e i richiami ai debitori ceduti si intendono riferiti ai soggetti finanziati. A tali operazioni si applicano, in quanto compatibili, le disposizioni dell'art. 1, 2, 3, 5, 6 e 7 (5) (6).

2-*quinquies*. Dalla data certa dell'avvenuta erogazione, anche in parte, del finanziamento relativo alle operazioni di cartolarizzazione di cui al comma 2-*quater*, sui crediti sorti e sulle somme corrisposte dai debitori sono ammesse azioni soltanto a tutela dei diritti di cui all'art. 1, comma 1, lett. *b*) (6).

2-*sexies*. Nelle operazioni di cui al comma 2-*quater* i titoli emessi dalle società per finanziare l'erogazione dei finanziamenti o l'acquisto dei crediti sono destinati ad investitori qualificati ai sensi dell'art. 100 del d.lg. 24 febbraio 1998, n. 58 (2) (6).

2-*septies*. I soggetti di cui all'art. 2, comma 6, in aggiunta agli altri obblighi previsti dalla presente legge, verificano la correttezza delle operazioni poste in essere ai sensi del comma 2-*quater* e la conformità delle stesse alla normativa applicabile (6).

2-*octies*. Il soggetto finanziato titolare dei crediti oggetto di operazioni di cartolarizzazione di cui al comma 1, lett. *a*), può destinare i crediti stessi, nonché i diritti e i beni che in qualunque modo costituiscano la garanzia del rimborso di tali crediti, al soddisfacimento dei diritti della società di cartolarizzazione o ad altre finalità, anche effettuando la segregazione dei medesimi crediti, diritti e beni, con facoltà di costituire un pegno sui beni e sui diritti predetti a garanzia dei crediti derivanti dal finanziamento concesso dalla società di cartolarizzazione (7).

2-*novies*. Il contratto relativo all'operazione suddetta può prevedere l'obbligo del soggetto finanziato di corrispondere alla società di cartolarizzazione tutte le somme derivanti dai crediti cartolarizzati, analogamente ad una cessione (7).

7.1. *Cartolarizzazione di crediti deteriorati da parte di banche e intermediari finanziari*. — 1. Alle cessioni di crediti, qualificati come deteriorati in base alle disposizioni dell'autorità competente, ceduti da banche e intermediari finanziari iscritti nell'albo di cui all'art. 106 del t.u. bancario (8) aventi sede legale in Italia, si applicano altresì le disposizioni del presente articolo.

2. Le società di cartolarizzazione di cui al-

(1) Le parole «, avente per effetto il trasferimento del rischio inerente ai crediti nella misura e alle condizioni concordate» sono state aggiunte dall'art. 1.1088, lett. a, n. 1, l. 30 dicembre 2018, n. 145.
(2) In *Leggi coll. XVIII, 1*.
(3) Lettera aggiunta dall'art. 1.1088, lett. a, n. 2, l. 30 dicembre 2018, n. 145.
(4) Comma aggiunto dall'art. 12.1, lett. f, d.l. 23 dicembre 2013, n. 145, conv. in l. 21 febbraio 2014, n. 9.
(5) Così in G.U.
(6) Comma inserito dall'art. 22.6, lett. f, d.l. 24 giugno 2014, n. 91, conv. in l. 11 agosto 2014, n. 116.
(7) Comma aggiunto dall'art. 1.1088, lett. b, l. 30 dicembre 2018, n. 145.
(8) In *Leggi coll. XVII, 1*.

l'art. 3 che si sono rese cessionarie dei crediti di cui al comma 1 possono concedere finanziamenti finalizzati a migliorare le prospettive di recupero di tali crediti e a favorire il ritorno in bonis del debitore ceduto, nel rispetto delle condizioni previste all 'art. 1, comma 1-*ter*.

→ 3. Nell'ambito di piani di riequilibrio economico e finanziario concordati con il soggetto cedente o di accordi stipulati ai sensi degli artt. 124, 160, 182-*bis* e 186-*bis* del r.d. 16 marzo 1942, n. 267 (1), ovvero di analoghi accordi o procedure volti al risanamento o alla ristrutturazione previsti da altre disposizioni di legge, le società di cartolarizzazione di cui all'art. 3 possono acquisire o sottoscrivere azioni, quote e altri titoli e strumenti partecipativi derivanti dalla conversione di parte dei crediti del cedente e concedere finanziamenti al fine di migliorare le prospettive di recupero dei crediti oggetto di cessione e di favorire il ritorno in bonis del debitore ceduto. Non si applicano in questo caso le disposizioni degliartt. 2467 e 2497-*quinquies* del codice civile. Le somme in qualsiasi modo rivenienti da tali azioni, quote e altri titoli e strumenti partecipativi sono assimilate, agli effetti della presente legge, ai pagamenti effettuati dai debitori ceduti e sono destinate in via esclusiva al soddisfacimento dei diritti incorporati nei titoli emessi e al pagamento dei costi dell'operazione.

→ 4. Può essere costituita una società veicolo, nella forma di società di capitali, avente come oggetto sociale esclusivo il compito di acquisire, gestire e valorizzare, nell'interesse esclusivo dell'operazione di cartolarizzazione, i beni immobili e mobili registrati nonché gli altri beni e diritti concessi o costituiti, in qualunque forma, a garanzia dei crediti oggetto di cartolarizzazione, ivi compresi i beni oggetto di contratti di locazione finanziaria, anche se risolti, eventualmente insieme con i rapporti derivanti da tali contratti. Le somme in qualsiasi modo rivenienti dalla detenzione, gestione o dismissione di tali beni e diritti, dovute dalla società veicolo alla società di cartolarizzazione di cui all'art. 3, sono assimilate, agli effetti della presente legge, ai pagamenti effettuati dai debitori ceduti e sono destinate in via esclusiva al soddisfacimento dei diritti incorporati nei titoli emessi e al pagamento dei costi dell'operazione. →

→ 5. Qualora la cessione abbia ad oggetto, unitamente ai beni oggetto di locazione finanziaria, i relativi contratti di locazione finanziaria ovvero i rapporti giuridici derivanti dalla risoluzione di tali contratti, la società veicolo di cui al comma 4 deve essere consolidata nel bilancio di una banca, anche se non facente parte di un gruppo bancario, e deve essere costituita per specifiche operazioni di cartolarizzazione e destinata a essere liquidata una volta conclusa l'operazione; le limitazioni dell'oggetto sociale, delle possibilità operative e della capacità di indebitamento devono risultare dalla disciplina contrattuale e statutaria. Gli adempimenti derivanti dai contratti e rapporti di locazione finanziaria ceduti ai sensi del presente articolo sono eseguiti dal soggetto che presta i servizi indicati nell'art. 2, comma 3, lett. *c*), ovvero da un soggetto abilitato all'esercizio dell'attività di locazione finanziaria individuato ai sensi del comma 8 del presente articolo. Le disposizioni in materia fiscale applicabili alle società che esercitano attività di locazione finanziaria si applicano integralmente alla società veicolo cessionaria dei contratti e rapporti di locazione finanziaria e dei beni derivanti da tale attività. Alle cessioni di immobili effettuate dalla medesima società si applicano integralmente le agevolazioni originariamente previste dall'art. 35, comma 10-*ter*.1, del d.l. 4 luglio 2006, n. 223, convertito, con modificazioni, dalla l. 4 agosto 2006, n. 248.

6. Per gli effetti di cui all'art. 4, comma 2, le cessioni effettuate da parte di banche e intermediari finanziari ai sensi del presente articolo, aventi ad oggetto crediti non individuati in blocco, sono pubblicate mediante iscrizione nel registro delle imprese e pubblicazione nella *Gazzetta Ufficiale* dell'avviso di avvenuta cessione, recante indicazione del cedente, del cessionario, della data di cessione, delle informazioni orientative sulla tipologia di rapporti da cui i crediti ceduti derivano e sul periodo in cui tali rapporti sono sorti o sorgeranno, nonché del sito internet in cui il cedente e il cessionario renderanno disponibili, fino alla loro estinzione, i dati indicativi dei crediti ceduti e la conferma della avvenuta cessione ai debitori ceduti che ne faranno richiesta. Dalla data di pubblicazione della notizia dell'avvenuta cessione nella *Gazzetta Ufficiale*, nei confronti dei debitori ceduti si producono gli effetti indicati all'art. 1264 del codice civile e i privilegi e le garanzie di qualsiasi tipo, da chiunque prestati o comunque esistenti a favore del cedente, nonché le trascrizioni nei pubblici registri degli atti di acquisto dei beni oggetto di locazione finanziaria compresi nella cessione conservano la loro validità e il loro grado a favore del ces-

(1) In *Leggi coll. XXII, 1.*

sionario, senza necessità di alcuna formalità o annotazione. Restano altresì applicabili le discipline speciali, anche di carattere processuale, previste per i crediti ceduti.

7. Nel caso previsto dal comma 2, la gestione dei crediti ceduti e dei finanziamenti concessi dalla società di cartolarizzazione di cui all'art. 3 è affidata a una banca o a un intermediario finanziario iscritto nell'albo di cui all'art. 106 del t.u. bancario (1).

8. Nel caso previsto dal comma 3, la società di cartolarizzazione individua un soggetto di adeguata competenza e dotato delle necessarie abilitazioni o autorizzazioni in conformità alle disposizioni di legge applicabili, cui sono conferiti, nell'interesse dei portatori dei titoli, compiti di gestione o amministrazione e potere di rappresentanza. Qualora tale soggetto sia una banca, un intermediario finanziario iscritto nell'albo di cui all'art. 106 del t.u. bancario (1), una società di intermediazione mobiliare o una società di gestione del risparmio, lo stesso soggetto verifica altresì la conformità dell'attività e delle operazioni della società di cartolarizzazione di cui all'art. 3 alla legge e al prospetto informativo (2). →

7-*bis*. *Obbligazioni bancarie garantite*. — 1. Le disposizioni di cui all'art. 3, commi 2, 2-*bis*, 2-*ter* (3) e 3, all'art. 4 e all'art. 6, comma 2, si applicano, salvo quanto specificato ai commi 2 e 3 del presente articolo, alle operazioni aventi ad oggetto le cessioni di crediti fondiari e ipotecari, di crediti nei confronti delle pubbliche amministrazioni o garantiti dalle medesime, anche individuabili in blocco, nonché di titoli emessi nell'ambito di operazioni di cartolarizzazione aventi ad oggetto crediti della medesima natura, effettuate da banche in favore di società il cui oggetto esclusivo sia l'acquisto ditali crediti e titoli, mediante l'assunzione di finanziamenti concessi o garantiti anche dalle banche cedenti, e la prestazione di garanzia per le obbligazioni emesse dalle stesse banche ovvero da altre.

2. I crediti ed i titoli acquistati dalla società di cui al comma 1 e le somme corrisposte dai relativi debitori sono destinati al soddisfacimento dei diritti, anche ai sensi dell'art. 1180 del codice civile, dei portatori delle obbligazioni di cui al comma 1 e delle controparti dei contratti derivati con finalità di copertura dei rischi insiti nei crediti e nei titoli ceduti e degli altri contratti accessori, nonché al pagamento degli altri costi dell'operazione, in via prioritaria rispetto al rimborso dei finanziamenti di cui al comma 1.

3. Le disposizioni di cui agli artt. 3, comma 2, e 4, comma 2, si applicano a beneficio dei soggetti di cui al comma 2 del presente articolo. A tali fini, per portatori di titoli devono intendersi i portatori delle obbligazioni di cui al comma 1.

4. Alle cessioni di cui al comma 1 non si applicano gli artt. 69 e 70 del r.d. 18 novembre 1923, n. 2440. Dell'affidamento o trasferimento delle funzioni di cui all'art. 2, comma 3, lett. *c*), a soggetti diversi dalla banca cedente, è dato avviso mediante pubblicazione nella *Gazzetta Ufficiale* nonché comunicazione mediante lettera raccomandata con avviso di ricevimento alle pubbliche amministrazioni debitrici. Aifinanziamenti concessi alle società di cui al comma 1 e alla garanzia prestata dalle medesime società si applica l'art. 67, quarto comma, del r.d. 16 marzo 1942, n. 267 (4), e successive modificazioni.

5. Il Ministro dell'economia e delle finanze, con regolamento emanato ai sensi della l. 23 agosto 1988, n. 400, sentita la Banca d'Italia, adotta disposizioni di attuazione del presente articolo aventi ad oggetto, in particolare, il rapporto massimo tra le obbligazioni oggetto di garanzia e le attività cedute, la tipologia di tali attività e di quelle, dagli equivalenti profili di rischio, utilizzabili per la loro successiva integrazione, nonché le caratteristiche della garanzia di cui al comma 1.

6. Ai sensi dell'art. 53 del testo unico delle leggi in materia bancaria e creditizia, di cui al d.lg. 1º settembre 1993, n. 385, e successive modificazioni (1), sono emanate disposizioni di attuazione del presente articolo (5). Tali disposizioni disciplinano anche i requisiti delle banche emittenti, i criteri che le banche cedenti adottano per la valutazione dei crediti e dei titoli ceduti e le relative modalità di integrazione, nonché i controlli che le banche effettuano per il rispetto degli obblighi previsti dal presente articolo, anche per il tramite di società di revisione allo scopo incaricate.

7. Ogni imposta e tassa è dovuta consideran-

(1) In *Leggi coll. XVII, 1.*

(2) Articolo inserito dall'art. 60-*sexies*.1, lett. b, d.l. 24 aprile 2017, n. 50, conv. in l. 21 giugno 2017, n. 96.

(3) Le parole «, 2-*bis*, 2-*ter*» sono state inserite dall'art. 12.1, lett. g, d.l. 23 dicembre 2013, n. 145, conv. in l. 21 febbraio 2014, n. 9.

(4) Le parole «67, quarto comma» sono state così sostituite a quelle «67, terzo comma» dall'art. 1, comma 389, l. 23 dicembre 2005, n. 266.

(5) V. decreto CIPER 12 aprile 2007, in G.U., 14 maggio 2007, n. 110.

do le operazioni di cui al comma 1 come non effettuate e i crediti e i titoli che hanno formato oggetto di cessione come iscritti nel bilancio della banca cedente, se per le cessioni è pagato un corrispettivo pari all'ultimo valore di iscrizione in bilancio dei crediti e dei titoli, e il finanziamento di cui al comma 1 è concesso o garantito dalla medesima banca cedente (1) (2).

7-*ter*. *Norme applicabili*. — 1. Alla costituzione di patrimoni destinati aventi ad oggetto i crediti ed i titoli di cui all'art. 7-*bis*, comma 1, e alla destinazione dei relativi proventi, effettuate ai sensi dell'art. 2447-*bis* del codice civile, per garantire i diritti dei portatori delle obbligazioni emesse da banche di cui all'art. 7-*bis*, comma 1, si applicano le disposizioni di cui all'art. 7-*bis*, commi 5 e 6 (1).

1-*bis*. Ai soggetti cessionari di cui all'art. 7-*bis* si applicano, nei limiti stabiliti dal Ministro dell'economia e delle finanze con regolamento emanato, sentita la Banca d'Italia, ai sensi dell'art. 17, comma 3, della l. 23 agosto 1988, n. 400, le disposizioni previste per gli intermediari finanziari dal Titolo V del d.lg. 1° settembre 1993, n. 385 (3) (4).

7-*quater*. *Cessione di ulteriori crediti e titoli*. — 1. Gli artt. 7-*bis*, commi 1, 2, 3, 4, 5, 6 e 7, e 7-*ter*, comma 1 (5), e le disposizioni ivi richiamate si applicano anche alle operazioni, ivi disciplinate, aventi ad oggetto obbligazioni e titoli similari ovvero cambiali finanziarie, crediti garantiti da ipoteca navale, crediti nei confronti di piccole e medie imprese, crediti derivanti da contratti di leasing o di factoring, nonché di titoli emessi nell'ambito di operazioni di cartolarizzazione aventi ad oggetto crediti della medesima natura. Tali crediti e titoli possono essere ceduti anche da società facenti parte di un gruppo bancario.

2. Il regolamento di cui al comma 5 dell'art. 7-*bis* adotta anche disposizioni di attuazione del presente articolo con riferimento ai medesimi profili ivi menzionati. Il medesimo regolamento individua le categorie di crediti o titoli di cui al comma 1, cui si applicano le disposizioni di cui al presente articolo, e regola l'emisssione di titoli di cui al presente articolo differenziandoli dai titoli emessi ai sensi dell'art. 7-*bis* (6).

IV. 3.

DECRETO LEGGE 14 febbraio 2016, n. 18. — *Misure urgenti concernenti la riforma delle banche di credito cooperativo, la garanzia sulla cartolarizzazione delle sofferenze, il regime fiscale relativo alle procedure di crisi e la gestione collettiva del risparmio* (7), *convertito, con modificazioni, in l. 8 aprile 2016, n. 49* (8).

CAPO I

RIFORMA DEL SETTORE BANCARIO COOPERATIVO

1. *Modifiche al d.lg. 1° settembre 1993, n. 385* (9). — . . . . (*omissis*).

2. *Disposizioni attuative*. — . . . . . (*omissis*).

2-*bis*. *Fondo temporaneo delle banche di credito cooperativo*. — . . . . (*omissis*).

CAPO II

GARANZIA CARTOLARIZZAZIONE SOFFERENZE (GACS)

3. *Ambito di applicazione*. — 1. Il Ministro dell'economia e delle finanze, per diciotto mesi dalla data di entrata in vigore del presente decreto, è autorizzato a concedere la garanzia dello Stato sulle passività emesse nell'ambito di operazioni di cartolarizzazione di cui all'art. 1 della l. 30 aprile 1999, n. 130 (10), a fronte della cessione da parte di banche e di intermediari finanziari iscritti all'albo di cui all'art. 106

(1) Articolo aggiunto dall'art. 2.4-*ter*, d.l. 14 marzo 2005, n. 35, conv. in l. 14 maggio 2005, n. 80.
(2) Per il regolamento di attuazione v. d.m. Economia e Finanze 14 dicembre 2006, n. 310, in G.U., 31 gennaio 2007, n. 25.
(3) In *Leggi coll. XVII, 1.*
(4) Comma aggiunto dall'art. 9.3, d.lg. 13 agosto 2010, n. 141, come da ultimo sostituito dall'art. 6.1, d.lg. 14 dicembre 2010, n. 218. V. d.m. Economia e Finanze 2 aprile 2015, n. 53, in G.U., 8 maggio 2015, n. 105.
(5) Le parole «commi 1, 2, 3, 4, 5, 6 e 7, e 7-*ter*, comma 1» sono state così sostituite alle precedenti «commi 1, 2, 3, 4, 5 e 7, e 7-*ter*, comma 1» dall'art. 13-*bis*, d.l. 14 febbraio 2016, n. 18, conv. in l. 8 aprile 2016, n. 49.
(6) Articolo inserito dall'art. 12.1, lett. h, d.l. 23 dicembre 2013, n. 145, conv. in l. 21 febbraio 2014, n. 9.
(7) G.U., 15 febbraio 2016, n. 37.
(8) G.U., 14 aprile 2016, n. 87.
(9) Modifica gli artt. 33, 34, 35, 36, 150-*bis* e 150-*ter*, e aggiunge gli artt. 37-*bis* e 37-*ter*, al d.lg. 1° settembre 1993, n. 385, in *Leggi coll. XVII, 1.*
(10) In *Leggi coll. IV, 2.*

del d.lg. 1° settembre 1993, n. 385 (1), di seguito denominati «società cedenti, aventi sede legale in Italia di crediti pecuniari, compresi i crediti derivanti da contratti di leasing, classificati come sofferenze, nel rispetto dei criteri e condizioni indicati nel presente Capo (2).

2. Il Ministro dell'economia e delle finanze può con proprio decreto estendere il periodo di cui al comma 1, fino a un massimo di ulteriori diciotto mesi, previa approvazione da parte della Commissione europea.

3. Il Ministero dell'economia e delle finanze, entro tre mesi dalla data della positiva decisione della Commissione europea sul regime di concessione della garanzia dello Stato di cui al comma 1, nomina, previa approvazione di quest'ultima, un soggetto qualificato indipendente per il monitoraggio della conformità del rilascio della garanzia a quanto previsto nel presente capo e nella decisione della Commissione europea. Ai relativi oneri si provvede, nel limite massimo di euro 1 milione per ciascuno degli anni dal 2016 al 2019, a valere sulle risorse della contabilità speciale di cui all'art. 12.

4. *Strutturazione dell'operazione di cartolarizzazione*. — 1. Fermo restando quanto previsto dall'art. 2 della l. 30 aprile 1999, n. 130 (3), le operazioni di cartolarizzazione di cui al presente Capo presentano le seguenti caratteristiche:

➞ *a*) i crediti oggetto di cessione sono trasferiti alla società cessionaria per un importo non superiore al loro valore contabile netto alla data della cessione (valore lordo al netto delle rettifiche);

b) l'operazione di cartolarizzazione prevede l'emissione di titoli (i "Titoli") di almeno due classi diverse, in ragione del grado di subordinazione nell'assorbimento delle perdite;

c) la classe di Titoli maggiormente subordinata, denominata "junior", non ha diritto a ricevere il rimborso del capitale, il pagamento degli interessi o altra forma di remunerazione fino al completo rimborso del capitale dei Titoli delle altre classi;

d) possono essere emesse una o più classi di Titoli, denominate "mezzanine", che, con riguardo alla corresponsione degli interessi, sono postergate alla corresponsione degli interessi dovuti alla classe di Titoli denominata "senior" e possono essere antergate al rimborso del capitale dei Titoli senior;

e) può essere prevista la stipula di contratti di copertura finanziaria con controparti di mercato al fine di ridurre il rischio derivante da asimmetrie fra i tassi d'interesse applicati su attività e passività;

f) può essere prevista, al fine di gestire il rischio di eventuali disallineamenti fra i fondi rivenienti dagli incassi e dai recuperi effettuati in relazione al portafoglio dei crediti ceduti e i fondi necessari per pagare gli interessi sui Titoli senior, l'attivazione di una linea di credito per un ammontare sufficiente a mantenere il livello minimo di flessibilità finanziaria coerente con il merito di credito dei Titoli senior. ➞

5. *Rating*. — ➞ 1. Ai fini del rilascio della garanzia dello Stato, i Titoli senior devono avere previamente ottenuto un livello di *rating*, assegnato da una agenzia esterna di valutazione del merito di credito (ECAI) accettata dalla Banca Centrale Europea al 1° gennaio 2016, non inferiore all'ultimo gradino della scala di valutazione del merito di credito investment grade. Qualora ai sensi della normativa applicabile sia richiesto il rilascio di due valutazioni del merito di credito, la seconda valutazione sul medesimo Titolo senior può essere rilasciata da una ECAI registrata ai sensi del reg. (CE) 1060/2009 del Parlamento europeo e del Consiglio, del 16 settembre 2009, e anch'essa non può essere inferiore all'ultimo gradino della scala di valutazione del merito di credito *investment grade*.

➞ 2. La valutazione del merito di credito, comunque non inferiore all'ultimo gradino della scala di valutazione del merito di credito *investment grade*, può, in alternativa, essere privata e destinata esclusivamente al Ministero dell'economia e delle finanze, da intendersi come committente ed unico destinatario ai fini dell'art. 2 del reg. (CE) n. 1060/2009. In questo caso, l'agenzia di *rating*, scelta tra quelle accettate dalla Banca Centrale Europea al 1° gennaio 2016, e proposta dalla società cedente, è approvata dal Ministero dell'economia e delle finanze. Il corrispettivo dovuto all'agenzia di *rating* è a carico della società cedente o della società cessionaria.

3. La società cessionaria si impegna a non richiedere la revoca del *rating* da parte delle ECAI coinvolte fino al completo rimborso del capitale dei Titoli senior.

4. Il soggetto incaricato della riscossione dei crediti ceduti è diverso dalla società cedente e non appartiene al suo stesso gruppo. L'eventuale decisione della società cessionaria o dei

(1) In *Leggi coll. XVII, 1.*

(2) Con d.m. Economia e Finanze 10 ottobre 2018, in G.U., 6 novembre 2018, n. 258, il termine è esteso «sino al 6 marzo 2019».

(3) In *Leggi coll. IV, 2.*

portatori dei Titoli di revocare l'incarico di tale soggetto non deve determinare un peggioramento del *rating* del Titolo senior da parte dell'ECAI.

6. *Caratteristiche dei Titoli senior e dei Titoli mezzanine*. — 1. I Titoli senior e, ove emessi, i Titoli mezzanine presentano le seguenti caratteristiche:

a) la remunerazione è a tasso variabile;

b) il rimborso del capitale prima della data di scadenza è parametrato ai flussi di cassa derivanti dai recuperi e dagli incassi realizzati in relazione al portafoglio dei crediti ceduti, al netto di tutti i costi relativi all'attività di recupero e incasso dei crediti ceduti;

c) il pagamento degli interessi è effettuato in via posticipata a scadenza trimestrale, semestrale o annuale e in funzione del valore nominale residuo del titolo all'inizio del periodo di interessi di riferimento.

→ 2. Può essere previsto che la remunerazione dei Titoli mezzanine, al ricorrere di determinate condizioni, possa essere differita ovvero postergata al completo rimborso del capitale dei Titoli senior ovvero sia condizionata a obiettivi di performance nella riscossione o recupero in relazione al portafoglio di crediti ceduti.

7. *Ordine di priorità dei pagamenti*. — 1. Le somme rivenienti dai recuperi e dagli incassi realizzati in relazione al portafoglio dei crediti ceduti, dai contratti di copertura finanziaria stipulati e dagli utilizzi della linea di credito, al netto delle somme trattenute dal soggetto incaricato della riscossione dei crediti ceduti per la propria attività di gestione secondo i termini convenuti con la società cessionaria, sono impiegate, nel pagamento delle seguenti voci, secondo il seguente ordine di priorità:

1) eventuali oneri fiscali;

2) somme dovute ai prestatori di servizi

3) pagamento delle somme dovute a titolo di interessi e commissioni in relazione all'attivazione della linea di credito di cui all'art. 4, comma 1, lett. *f*);

4) pagamento delle somme dovute a fronte della concessione della garanzia dello Stato sui Titoli senior;

5) pagamento delle somme dovute alle controparti di contratti di copertura finanziaria;

6) pagamento delle somme dovute a titolo di interessi sui Titoli senior;

7) ripristino della disponibilità della linea di credito, qualora utilizzata;

8) pagamento delle somme dovute a titolo di interessi sui Titoli mezzanine (se emessi);

9) rimborso del capitale dei Titoli senior fino al completo rimborso degli stessi;

10) rimborso del capitale dei Titoli mezzanine fino al completo rimborso degli stessi;

11) pagamento delle somme dovute per capitale e interessi o altra forma di remunerazione sui Titoli junior.

→ 1-*bis*. Può essere previsto che i pagamenti di cui al comma 1, nn. 2) e 5), possano essere condizionati a obiettivi di performance nella riscossione o recupero in relazione al portafoglio di crediti ceduti ovvero possano essere, al ricorrere di determinate condizioni, postergati al completo rimborso del capitale dei Titoli senior.

8. *Garanzia dello Stato*. — 1. La garanzia dello Stato è onerosa, può essere concessa solo sui Titoli senior e essa diviene efficace solo quando la società cedente abbia trasferito a titolo oneroso almeno il 50% più 1 dei Titoli junior e, in ogni caso, un ammontare dei Titoli junior e, ove emessi, dei Titoli mezzanine, che consenta l'eliminazione contabile dei crediti oggetto dell'operazione di cartolarizzazione dalla contabilità della società cedente e, a livello consolidato, del gruppo bancario cedente, in base ai principi contabili di riferimento in vigore nell'esercizio di effettuazione dell'operazione.

2. La garanzia dello Stato di cui al comma 1 è incondizionata, irrevocabile e a prima richiesta a beneficio del detentore del Titolo senior. La garanzia copre i pagamenti contrattualmente previsti, per interessi e capitale, a favore dei detentori dei Titoli senior per la loro intera durata.

3. Lo Stato, le amministrazioni pubbliche e le società direttamente o indirettamente controllate da amministrazioni pubbliche non possono acquistare Titoli junior o mezzanine emessi nell'ambito di operazioni di cartolarizzazione per le quali è stata chiesta la garanzia dello Stato di cui all'art. 3, comma 1.

9. *Corrispettivo della garanzia dello Stato*. — → 1. Ai fini della determinazione del corrispettivo della garanzia dello Stato si fa riferimento a tre Panieri CDS definiti come il paniere di contratti swap sul default di singole società (credit default swap – CDS) riferiti a singoli emittenti italiani la cui valutazione del merito di credito, rilasciata da S*i*) BBB/Baa2, BBB-/Baa3 o BB+/Ba1 per il primo Paniere, utilizzato se il *rating* dei Titoli senior è BBB-/Baa3/BBB-/BBB L;

ii) BBB+/Baa1, BBB/Baa2, o BBB-/Baa3 per il secondo Paniere, utilizzato se il *rating* dei Titoli senior è BBB/Baa2/BBB/BBB;

iii) BBB/Baa2, BBB+/Baa1 o A-/A3 per il terzo Paniere1, utilizzato se il *rating* dei Titoli senior è BBB+/Baa1/BBB+/BBB H.

➞ 2. Nel caso in cui sui Titoli senior siano stati rilasciati più *rating*, per l'individuazione del Paniere si considera il *rating* più basso. La composizione dei Panieri CDS è indicata nell'allegato 1 al presente decreto. Qualora la valutazione del merito di credito di uno degli emittenti ivi considerato sia modificata in modo tale da non ricadere più nei *rating* sopra indicati al comma 1, l'emittente sarà escluso dal Paniere CDS.

3. La garanzia è concessa a fronte di un corrispettivo annuo determinato a condizioni di mercato sulla base della seguente metodologia, come dettagliata nella formula di cui all'allegato 2 al presente decreto:

➞ *a*) si determina il valore del prezzo di ciascun CDS incluso nel Paniere CDS di riferimento, definito come la media dei prezzi giornalieri a metà mercato (cosiddetto *mid price*), o, in assenza, come la media dei prezzi giornalieri denaro e lettera, dei sei mesi precedenti la data di richiesta di concessione della garanzia, calcolata utilizzando i dati estrapolati dalla piattaforma Bloomberg, utilizzando la fonte CMAL (CMA Londra);

b) si determina la media semplice dei prezzi dei singoli CDS inclusi nel Paniere CDS di riferimento, calcolati come specificato nella precedente lett. *a*);

c) il corrispettivo annuo della garanzia è calcolato sul valore residuo dei Titoli senior all'inizio del periodo di pagamento degli interessi ed, è pagato con la stessa modalità degli interessi dei Titoli senior, di cui all'art. 6, comma 1, lett. *c*), ed è pari:

i) per i primi tre anni, alla media semplice dei prezzi dei singoli CDS a tre anni calcolati come specificato nelle precedenti lett. *a*) e *b*);

ii) per i successivi due anni, alla media semplice dei prezzi dei singoli CDS a cinque anni calcolati come specificato nelle precedenti lett. *a*) e *b*);

iii) per gli anni successivi, alla media semplice dei prezzi dei singoli CDS a sette anni calcolati come specificato nelle precedenti lett. *a*) e *b*);

d) il corrispettivo annuo della garanzia deve essere maggiorato di una componente aggiuntiva pari a:

➞ *i*) 2,70 volte la differenza tra la media di cui alla lett. *c*), punto *ii*) e quella di cui alla lett. *c*), punto *i*), per il quarto e quinto anno, nell'ipotesi in cui i Titoli senior non siano stati completamente rimborsati entro la fine del terzo anno;

➞ *ii*) 8,98 volte la differenza tra la media di cui alla lett. *c*), punto *iii*) e quella di cui alla lett. *c*), punto *ii*), per il sesto e settimo anno, nell'ipotesi in cui i Titoli senior non siano stati completamente rimborsati entro la fine del quinto anno.

4. Il Ministro dell'economia e delle finanze, con decreto, può variare i criteri di calcolo, la misura delle commissioni del presente articolo e la fonte di dati di cui al comma 3, lett. *a*), in conformità delle decisioni della Commissione europea. Le variazioni non hanno effetto sulle operazioni già in essere.

10. *Ammissione alla garanzia*. — 1. La garanzia è concessa con decreto del Ministro dell'economia e delle finanze su istanza documentata della società cedente presentata al Ministero dell'economia e delle finanze.

11. *Escussione della garanzia*. — 1. La garanzia dello Stato può essere escussa dal detentore entro i nove mesi successivi alla scadenza del Titolo senior, nel caso di mancato pagamento, anche parziale, delle somme dovute per capitale o interessi nel rispetto dei termini perentori previsti dal presente articolo. Nell'ipotesi di mancato pagamento che perduri per sessanta giorni dalla scadenza del termine per l'adempimento i detentori dei Titoli senior, di concerto e tramite il rappresentante degli obbligazionisti (RON), inviano alla società cessionaria la richiesta per il pagamento dell'ammontare dell'importo scaduto e non pagato; decorsi trenta giorni ed entro sei mesi dalla data di ricevimento della lettera di richiesta alla società cessionaria senza che questa abbia provveduto al pagamento, i detentori dei Titoli senior, di concerto e tramite il rappresentante degli obbligazionisti (RON), possono richiedere l'intervento della garanzia dello Stato.

2. Entro trenta giorni dalla data di ricevimento della documentata richiesta di escussione della garanzia dello Stato, il Ministero dell'economia e delle finanze provvede alla corresponsione dell'importo spettante ai detentori del Titolo senior alle scadenze e per l'ammontare originariamente previsti dalla documentazione dell'operazione di cartolarizzazione, senza aggravio di interessi o spese.

3. Con il pagamento, il Ministero dell'economia e delle finanze è surrogato nei diritti dei detentori dei Titoli senior e provvede, ferme restando le limitazioni contrattualmente stabilite per l'esercizio di tali diritti e subordinatamente al pagamento di quanto dovuto a titolo di interessi ai portatori dei Titoli senior, al recupero della somma pagata, degli interessi al saggio legale maturati a decorrere dal giorno del pagamento fino alla data del rimborso e delle spese sostenute per il recupero, anche mediante il ricorso alla procedura di iscrizione

a ruolo, ai sensi del d.p.r. 29 settembre 1973, n. 602 e del d.lg. 26 febbraio 1999, n. 46e successive modificazioni. Tali somme sono versate sulla contabilità speciale di cui all'art. 12.

12. *Risorse finanziarie*. — . . . . (*omissis*).

13. *Norme*. — 1. Il Ministero dell'economia e delle finanze può avvalersi, ai sensi dell'art. 19, comma 5, del d.l. 1° luglio 2009, n. 78, convertito, con modificazioni, dalla l. 3 agosto 2009, n. 102, di una società a capitale interamente pubblico per la gestione dell'intervento.

2. Con decreto del Ministro dell'economia e delle finanze, di natura non regolamentare, da adottarsi entro sessanta giorni dalla data di entrata in vigore della legge di conversione del presente decreto, possono essere dettate le disposizioni di attuazione del presente Capo.

13-*bis*. *Vigilanza su obbligazioni bancarie collateralizzate* (1). — . . . . (*omissis*).

CAPO III

DISPOSIZIONI FISCALI RELATIVE ALLE PROCEDURE DI CRISI

14-16. . . . . (*omissis*).

CAPO IV

DISPOSIZIONI IN MATERIA DI GESTIONE COLLETTIVA DEL RISPARMIO

17. *Disposizioni in materia di gestione collettiva del risparmio per favorire il credito alle imprese*. — 1. . . . . (*omissis*) (2).

2. . . . . (*omissis*).

17-*bis*. *Modifiche all'art. 120 del d.lg. 1° settembre 1993, n. 385, relativo alla decorrenza delle valute e al calcolo degli interessi*. — . . (*omissis*) (3).

18. *Entrata in vigore*. — 1. Il presente decreto entra in vigore il giorno successivo a quello della sua pubblicazione nella *Gazzetta Ufficiale* della Repubblica italiana e sarà presentato alle Camere per la conversione in legge.

ALLEGATI 1-2

. . . . (*omissis*).

IV. 4.

DECRETO LEGISLATIVO 7 marzo 2005, n. 82. — *Codice dell'amministrazione digitale* (4).

CAPO I

PRINCIPI GENERALI

Sezione I. — *Definizioni, finalità e ambito di applicazione*

1. *Definizioni*. — 1. Ai fini del presente codice si intende per:

0a) AgID: l'Agenzia per l'Italia digitale di cui all'art. 19 del d.l. 22 giugno 2012, n. 83, convertito, con modificazioni, dalla l. 7 agosto 2012, n. 134 (5);

a)- *b*) . . . . (6);

c) carta d'identità elettronica: il documento d'identità munito di elementi per l'identificazione fisica (7) del titolare rilasciato su supporto informatico dalle amministrazioni comunali con la prevalente finalità di dimostrare l'identità anagrafica del suo titolare (8);

d) carta nazionale dei servizi: il documen-

(1) Modifica l'art. 7-*quater*.1, l. 30 aprile 1999, n. 130, in *Leggi coll. IV, 2*.

(2) Modifica l'art. 1.1, lett. *k*), e inserisce il Capo II-*quinquies* nella Parte II, Titolo III del d.lg. 24 febbraio 1998, n. 58, in *Leggi coll. XVIII, 1*.

(3) Modifica l'art. 120.2, d.lg. 1° settembre 1993, n. 385, in *Leggi coll. XVII, 1*.

(4) Suppl. ord. n. 93 a G.U., 16 maggio 2005, n. 112. V. il d.m. Giustizia 21 febbraio 2011, n. 44, di approvazione del «Regolamento concernente le regole tecniche per l'adozione del processo civile e nel processo penale delle tecnologie dell'informazione e della comunicazione, in attuazione dei principi previsti dal d.lg. 7 marzo 2005, n. 82 e successive modificazioni, ai sensi dell'art. 4, commi 1 e 2, del d.l. 29 dicembre 2009, n. 193, conv. nella l. 22 febbraio 2010, n. 24», modificato dal d.m. Giustizia 15 ottobre 2012, n. 209, in G.U., 5 dicembre 2012, n. 284, e dal d.m. Giustizia 3 aprile 2013, n. 48, in G.U., 9 maggio 2013, n. 107. V., inoltre, il provv. Giustizia 18 luglio 2011, in G.U., 29 luglio 2011, n. 175, recante le specifiche tecniche previste dall'art. 31.1, d.m. n. 44/2011, cit. Sul sistema pubblico per la gestione dell'identità digitale di cittadini e imprese (SPID) v. d.p.c.m. 24 ottobre 2014, in G.U., 9 dicembre 2014, n. 285. Sulla disciplina della firma digitale dei documenti classificati v. d.p.c.m. 6 novembre 2015, n. 4, in suppl. ord. n. 65 a G.U., 5 dicembre 2015, n. 284.

(5) Lettera inserita dall'art. 1.1, lett. a, d.lg. 26 agosto 2016, n. 179.

(6) Lettere soppresse dall'art. 1.1, lett. h, d.lg. 26 agosto 2016, n. 179.

(7) Le parole «di elementi per l'identificazione fisica» sono state così sostituite alle precedenti «di fotografia» dall'art. 1.1, lett. b, d.lg. 30 dicembre 2010, n. 235.

(8) Per modalità tecniche di emissione della carta d'identità elettronica v. d.m. Interno 23 dicembre 2015, in G.U., 30 dicembre 2015, n. 302, come modificato con d.m. Interno 31 gennaio 2019, in G.U., 3 aprile 2019, n. 79.

to rilasciato su supporto informatico per consentire l'accesso per via telematica ai servizi erogati dalle pubbliche amministrazioni;

e)- *i*) .... (1);

i-bis) copia informatica di documento analogico: il documento informatico avente contenuto identico a quello del documento analogico da cui è tratto (2);

i-ter) copia per immagine su supporto informatico di documento analogico: il documento informatico avente contenuto e forma identici a quelli del documento analogico da cui è tratto (2);

i-quater) copia informatica di documento informatico: il documento informatico avente contenuto identico a quello del documento da cui è tratto su supporto informatico con diversa sequenza di valori binari (2);

i-quinquies) duplicato informatico: il documento informatico ottenuto mediante la memorizzazione, sullo stesso dispositivo o su dispositivi diversi, della medesima sequenza di valori binari del documento originario (2);

i-sexies) dati territoriali: i dati che attengono, direttamente o indirettamente, a una località o a un'area geografica specifica (3);

l) .... (4);

l-bis) formato aperto: un formato di dati reso pubblico, documentato esaustivamente e neutro rispetto agli strumenti tecnologici necessari per la fruizione dei dati stessi (5);

l-ter) dati di tipo aperto: i dati che presentano le seguenti caratteristiche:

1) sono disponibili secondo i termini di una licenza o di una previsione normativa che ne permetta l'utilizzo da parte di chiunque, anche per finalità commerciali, in formato disaggregato;

2) sono accessibili attraverso le tecnologie dell'informazione e della comunicazione, ivi comprese le reti telematiche pubbliche e private, in formati aperti ai sensi della lett. *l-bis*), sono adatti all'utilizzo automatico da parte di programmi per elaboratori e sono provvisti dei relativi metadati;

3) sono resi disponibili gratuitamente attraverso le tecnologie dell'informazione e della comunicazione, ivi comprese le reti telematiche pubbliche e private, oppure sono resi disponibili ai costi marginali sostenuti per la loro riproduzione e divulgazione salvo quanto previsto dall'art. 7 del d.lg. 24 gennaio 2006, n. 36 (5);

n) .... (4);

n-bis) riutilizzo: uso del dato di cui all'art. 2, comma 1, lett. *e*), del d.lg. 24 gennaio 2006, n. 36 (6);

n-ter) domicilio digitale: un indirizzo elettronico eletto presso un servizio di posta elettronica certificata o un servizio elettronico di recapito certificato qualificato, come definito dal reg. (UE) 23 luglio 2014 n. 910 del Parlamento europeo e del Consiglio in materia di identificazione elettronica e servizi fiduciari per le transazioni elettroniche nel mercato interno e che abroga la dir. 1999/93/CE, di seguito «Regolamento eIDAS», valido ai fini delle comunicazioni elettroniche aventi valore legale (7);

n-quater) servizio in rete o on-line: qualsiasi servizio di una amministrazione pubblica fruibile a distanza per via elettronica (8);

o) .... (9);

p) documento informatico: il documento elettronico che contiene la rappresentazione informatica di atti, fatti o dati giuridicamente rilevanti (10);

p-bis) documento analogico: la rappresentazione non informatica di atti, fatti o dati giuridicamente rilevanti (11);

q)- *r*) .... (1);

s) firma digitale: un particolare tipo di firma qualificata (12) basata [...] (13) su un sistema di chiavi crittografiche, una pubblica e una privata, correlate tra loro, che consente al titolare di firma elettronica (14) tramite la chiave

(1) Lettere soppresse dall'art. 1.1, lett. h, d.lg. 26 agosto 2016, n. 179.
(2) Lettera inserita dall'art. 1.1, lett. c, d.lg. 30 dicembre 2010, n. 235.
(3) Lettera inserita dall'art. 1.1, lett. b, d.lg. 26 agosto 2016, n. 179.
(4) Lettera soppressa dall'art. 1.1, lett. h, d.lg. 26 agosto 2016, n. 179.
(5) Lettera inserita dall'art. 1.1, lett. a, n. 1, d.lg. 13 dicembre 2017, n. 217.
(6) Lettera inserita dall'art. 9.2, d.l. 18 ottobre 2012, n. 179, conv. in l. 17 dicembre 2012, n. 221.
(7) Lettera inserita dall'art. 1.1, lett. c, d.lg. 26 agosto 2016, n. 179, e successivamente così sostituita dall'art. 1.1, lett. a, n. 2, d.lg. 13 dicembre 2017, n. 217.
(8) Lettera aggiunta dall'art. 1.1, lett. a, n. 3, d.lg. 13 dicembre 2017, n. 217.
(9) Lettera soppressa dall'art. 1.1, lett. h, d.lg. 26 agosto 2016, n. 179.
(10) Lettera così sostituita dall'art. 1.1, lett. d, d.lg. 26 agosto 2016, n. 179.
(11) Lettera inserita dall'art. 1.1, lett. d, d.lg. 30 dicembre 2010, n. 235.
(12) La parola «qualificata» è stata così sostituita alle precedenti «elettronica avanzata» dall'art. 1.1, lett. e, d.lg. 26 agosto 2016, n. 179.
(13) Le parole «su un certificato qualificato e» sono state soppresse dall'art. 1.1, lett. e, d.lg. 26 agosto 2016, n. 179.
(14) Le parole «di firma elettronica» sono state inserite dall'art. 1.1, lett. a, n. 4, d.lg. 13 dicembre 2017, n. 217.

privata e a un soggetto terzo (1) tramite la chiave pubblica, rispettivamente, di rendere manifesta e di verificare la provenienza e l'integrità di un documento informatico o di un insieme di documenti informatici (2);

t)- *u*) .... (3);

u-bis) gestore di posta elettronica certificata: il soggetto che presta servizi di trasmissione dei documenti informatici mediante la posta elettronica certificata (4);

u-ter) .... (5);

u-quater) identità digitale: la rappresentazione informatica della corrispondenza tra un utente e i suoi attributi identificativi, verificata attraverso l'insieme dei dati raccolti e registrati in forma digitale secondo le modalità fissate nel decreto attuativo dell'art. 64 (6);

v) originali non unici: i documenti per i quali sia possibile risalire al loro contenuto attraverso altre scritture o documenti di cui sia obbligatoria la conservazione, anche se in possesso di terzi;

v-bis) posta elettronica certificata: sistema di comunicazione in grado di attestare l'invio e l'avvenuta consegna di un messaggio di posta elettronica e di fornire ricevute opponibili ai terzi (7);

z) .... (5);

aa) titolare di firma elettronica (8): la persona fisica cui è attribuita la firma elettronica e che ha accesso ai dispositivi per la sua (9) creazione nonché alle applicazioni per la sua apposizione (10) della firma elettronica;

bb) .... (5);

cc) titolare del dato: uno dei soggetti di cui all'art. 2, comma 2, che ha originariamente formato per uso proprio o commissionato ad altro soggetto il documento che rappresenta il dato, o che ne ha la disponibilità (11);

dd) interoperabilità: caratteristica di un sistema informativo, le cui interfacce sono pubbliche e aperte, di interagire in maniera automatica con altri sistemi informativi per lo scambio di informazioni e l'erogazione di servizi (11);

ee) cooperazione applicativa: la parte del Sistema Pubblico di Connettività finalizzata all'interazione tra i sistemi informatici dei soggetti partecipanti, per garantire l'integrazione dei metadati, delle informazioni, dei processi e procedimenti amministrativi (11);

ff) Linee guida: le regole tecniche e di indirizzo adottate secondo il procedimento di cui all'art. 71 (12).

1-*bis*. Ai fini del presente Codice, valgono le definizioni di cui all'art. 3 del Regolamento eIDAS (13).

1-*ter*. Ove la legge consente l'utilizzo della posta elettronica certificata è ammesso anche l'utilizzo di altro servizio elettronico di recapito certificato qualificato ai sensi degli artt. 3, n. 37), e 44 del reg. eIDAS (14).

2. *Finalità e ambito di applicazione*. — 1. Lo Stato, le Regioni e le autonomie locali assicurano la disponibilità, la gestione, l'accesso, la trasmissione, la conservazione e la fruibilità dell'informazione in modalità digitale e si organizzano ed agiscono a tale fine utilizzando con le modalità più appropriate e nel modo più adeguato al soddisfacimento degli interessi degli utenti (15) le tecnologie dell'informazione e della comunicazione.

2. Le disposizioni del presente Codice si applicano:

a) alle pubbliche amministrazioni di cui all'art. 1, comma 2, del d.lg. 30 marzo 2001, n. 165, nel rispetto del riparto di competenza di cui all'art. 117 della Costituzione, ivi comprese le autorità di sistema portuale, nonché alle autorità amministrative indipendenti di garanzia, vigilanza e regolazione;

(1) Le parole «e a un soggetto terzo» sono state così sostituite alle precedenti «e al destinatario» dall'art. 1.1, lett. a, n. 4, d.lg. 13 dicembre 2017, n. 217.
(2) Lettera così sostituita dall'art. 1.1, lett. g, d.lg. 30 dicembre 2010, n. 235.
(3) Lettere soppresse dall'art. 1.1, lett. h, d.lg. 26 agosto 2016, n. 179.
(4) Lettera inserita dall'art. 1.1, lett. h, d.lg. 30 dicembre 2010, n. 235.
(5) Lettera soppressa dall'art. 1.1, lett. h, d.lg. 26 agosto 2016, n. 179.
(6) Lettera inserita dall'art. 1.1, lett. f, d.lg. 26 agosto 2016, n. 179.
(7) Lettera inserita dall'art. 1.1, lett. i, d.lg. 30 dicembre 2010, n. 235.
(8) Le parole «di firma elettronica» sono state inserite dall'art. 1.1, lett. a, n. 5, d.lg. 13 dicembre 2017, n. 217.
(9) La parola «sua» è stata inserita dall'art. 1.1, lett. a, n. 5, d.lg. 13 dicembre 2017, n. 217.
(10) Le parole «nonché alle applicazioni per la sua apposizione» sono state inserite dall'art. 1.1, lett. a, n. 5, d.lg. 13 dicembre 2017, n. 217.
(11) Lettera inserita dall'art. 1.1, lett. g, d.lg. 26 agosto 2016, n. 179.
(12) Lettera inserita dall'art. 1.1, lett. a, n. 6, d.lg. 13 dicembre 2017, n. 217.
(13) Comma aggiunto dall'art. 1.2, d.lg. 26 agosto 2016, n. 179.
(14) Comma aggiunto dall'art. 1.2, d.lg. 26 agosto 2016, n. 179. Le parole «qualificato ai sensi degli artt. 3, n. 37), e 44 del reg. eIDAS» sono state aggiunte successivamente dall'art. 1.1, lett. b, d.lg. 13 dicembre 2017, n. 217.
(15) Le parole «e nel modo più adeguato al soddisfacimento degli interessi degli utenti» sono state inserite dall'art. 2.1, lett. a, d.lg. 26 agosto 2016, n. 179.

b) ai gestori di servizi pubblici, ivi comprese le società quotate, in relazione ai servizi di pubblico interesse;

c) alle società a controllo pubblico, come definite nel d.lg. 19 agosto 2016, n. 175 (1), escluse le società quotate di cui all'art. 2, comma 1, lett. *p*), del medesimo decreto che non rientrino nella categoria di cui alla lett. *b*) (2).

2-*bis*. . . . . (3).

3. Le disposizioni del presente Codice e le relative Linee guida concernenti il documento informatico, le firme elettroniche e i servizi fiduciari di cui al Capo II, la riproduzione e conservazione dei documenti di cui agli artt. 43 e 44, il domicilio digitale e le comunicazioni elettroniche di cui all'art. 3-*bis* e al Capo IV, l'identità digitale di cui agli artt. 3-*bis* e 64 si applicano anche ai privati, ove non diversamente previsto (4).

4. Le disposizioni di cui al capo V, concernenti l'accesso ai documenti informatici e la fruibilità delle informazioni digitali (5), si applicano anche [...] (6) agli organismi di diritto pubblico.

5. Le disposizioni del presente Codice si applicano nel rispetto della disciplina in materia di trattamento dei dati personali e, in particolare, delle disposizioni del Codice in materia di protezione dei dati personali approvato con d.lg. 30 giugno 2003, n. 196 (7) (8).

6. Le disposizioni del presente Codice non si applicano limitatamente all'esercizio delle attività e funzioni [...] (9) di ordine e sicurezza pubblica, difesa e sicurezza nazionale, polizia giudiziaria e polizia economico-finanziaria e consultazioni elettorali, nonché alle comunicazioni di emergenza e di allerta in ambito di protezione civile (10). Le disposizioni del presente Codice si applicano [...] (11) al processo civile, penale, amministrativo, contabile e tributario, in quanto compatibili e salvo che non sia diversamente disposto dalle disposizioni in materia di processo telematico (8).

6-*bis*. Ferma restando l'applicabilità delle disposizioni del presente decreto agli atti di liquidazione, rettifica, accertamento e di irrogazione delle sanzioni di natura tributaria, con decreto del Presidente del Consiglio dei ministri o del Ministro delegato, adottato su proposta del Ministro dell'economia e delle finanze, sono stabiliti le modalità e i termini di applicazione delle disposizioni del presente Codice alle attività e funzioni ispettive e di controllo fiscale (12).

3-19. . . . . (*omissis*).

CAPO II

Documento informatico e firme elettroniche; trasferimenti di fondi, libri e scritture (13)

Sezione I. — *Documento informatico*

20. *Validità ed efficacia probatoria dei documenti informatici* (14). — 1. . . . . (15).

1-*bis*. Il documento informatico soddisfa il requisito della forma scritta e ha l'efficacia prevista dall'art. 2702 del Codice civile quando vi è apposta una firma digitale, altro tipo di firma elettronica qualificata o una firma elettronica avanzata o, comunque, è formato, previa identificazione informatica del suo autore, attraverso un processo avente i requisiti fissati dall'AgID ai sensi dell'art. 71 con modalità tali da

(1) In *Leggi coll. XIV, 15*.

(2) Comma così sostituito, da ultimo, dall'art. 2.1, lett. a, d.lg. 13 dicembre 2017, n. 217.

(3) Comma inserito dall'art. 36.5, l. 18 giugno 2009, n. 69, e successivamente abrogato dall'art. 2.1, lett. b, d.lg. 30 dicembre 2010, n. 235.

(4) Comma così sostituito dall'art. 2.1, lett. b, d.lg. 13 dicembre 2017, n. 217.

(5) Le parole «e la fruibilità delle informazioni digitali,» sono state così sostituite alle precedenti «, e la fruibilità delle informazioni digitali» dall'art. 2.1, lett. c, d.lg. 13 dicembre 2017, n. 217.

(6) Le parole «ai gestori di servizi pubblici ed» sono state soppresse dall'art. 2.1, lett. c, d.lg. 13 dicembre 2017, n. 217.

(7) In *Leggi coll. II, 3*.

(8) Comma così sostituito dall'art. 2.1, lett. c, d.lg. 26 agosto 2016, n. 179.

(9) Le parole «ispettive e di controllo fiscale,» sono state soppresse dall'art. 2.1, lett. d, d.lg. 13 dicembre 2017, n. 217.

(10) Le parole «, nonché alle comunicazioni di emergenza e di allerta in ambito di protezione civile» sono state inserite dall'art. 2.1, lett. d, d.lg. 13 dicembre 2017, n. 217.

(11) La parola «altresì» è stata soppressa dall'art. 2.1, lett. d, d.lg. 13 dicembre 2017, n. 217.

(12) Comma aggiunto dall'art. 2.1, lett. e, d.lg. 13 dicembre 2017, n. 217.

(13) Rubrica così sostituita dall'art. 26.1, d.lg. 30 dicembre 2010, n. 235.

(14) Rubrica così sostituita alla precedente «Documento informatico» dall'art. 17.1, lett. a, d.lg. 26 agosto 2016, n. 179.

(15) Comma abrogato dall'art. 17.1, lett. b, d.lg. 26 agosto 2016, n. 179.

garantire la sicurezza, integrità e immodificabilità del documento e, in maniera manifesta e inequivoca, la sua riconducibilità all'autore. In tutti gli altri casi, l'idoneità del documento informatico a soddisfare il requisito della forma scritta e il suo valore probatorio sono liberamente valutabili in giudizio, in relazione alle caratteristiche di sicurezza, integrità e immodificabilità. La data e l'ora di formazione del documento informatico sono opponibili ai terzi se apposte in conformità alle Linee guida (1).

1-*ter*. L'utilizzo del dispositivo di firma elettronica qualificata o digitale si presume riconducibile al titolare di firma elettronica, salvo che questi dia prova contraria (2).

1-*quater*. Restano ferme le disposizioni concernenti il deposito degli atti e dei documenti in via telematica secondo la normativa, anche regolamentare, in materia di processo telematico (2).

2. .... (3).

3. Le regole tecniche per la formazione, per la trasmissione, la conservazione, la copia, la duplicazione, la riproduzione e la validazione [...] (4) dei documenti informatici, nonché quelle in materia di generazione, apposizione e verifica di qualsiasi tipo di firma elettronica [...] (5), sono stabilite con le Linee guida (6). [...] (7) (8) (9).

4. Con le medesime regole tecniche sono definite le misure tecniche, organizzative e gestionali volte a garantire l'integrità, la disponibilità e la riservatezza delle informazioni contenute nel documento informatico.

5. Restano ferme le disposizioni di legge in materia di protezione dei dati personali.

5-*bis*. Gli obblighi di conservazione e di esibizione di documenti previsti dalla legislazione vigente si intendono soddisfatti a tutti gli effetti di legge a mezzo di documenti informatici, se le procedure utilizzate sono conformi alle Linee guida (10) (11) (9).

21. *Ulteriori disposizioni relative ai documenti informatici, sottoscritti con firma elettronica avanzata, qualificata o digitale* (12). — 1-2. (13).

2-*bis* (14). Salvo il caso di sottoscrizione autenticata (15), le scritture private di cui all'art. 1350, primo comma, numeri da 1 a 12, del codice civile, se fatte con documento informatico, sono sottoscritte, a pena di nullità, con firma elettronica qualificata o con firma digitale. Gli atti di cui all'art. 1350, n. 13), del codice civile redatti su documento informatico o formati attraverso procedimenti informatici sono sottoscritti, a pena di nullità, con firma elettronica avanzata, qualificata o digitale (16) ovvero sono formati con le ulteriori modalità di cui all'art. 20, comma 1-*bis*, primo periodo (17).

(1) Comma inserito dall'art. 8.2, d.lg. 4 aprile 2006, n. 159, e successivamente così sostituito, da ultimo, dall'art. 20.1, lett. a, d.lg. 13 dicembre 2017, n. 217.

(2) Comma inserito dall'art. 20.1, lett. b, d.lg. 13 dicembre 2017, n. 217.

(3) Comma abrogato dall'art. 13.1, lett. c, d.lg. 30 dicembre 2010, n. 235.

(4) La parola «temporale» è stata soppressa dall'art. 17.1, lett. d, d.lg. 26 agosto 2016, n. 179.

(5) La parola «avanzata» è stata soppressa dall'art. 17.1, lett. d, d.lg. 26 agosto 2016, n. 179.

(6) Le parole «con le Linee guida» sono state così sostituite alle precedenti «ai sensi dell'art. 71» dall'art. 20.1, lett. c, d.lg. 13 dicembre 2017, n. 217.

(7) Ultimo periodo soppresso dall'art. 20.1, lett. c, d.lg. 13 dicembre 2017, n. 217.

(8) Comma sostituito dall'art. 13.1, lett. d, d.lg. 30 dicembre 2010, n. 235.

(9) Sulle regole tecniche in materia di sistema di conservazione v. d.p.c.m. 3 dicembre 2013, in suppl. ord. n. 20 a G.U., 12 marzo 2014, n. 59.

(10) L'art. 66.1, d.lg. 13 dicembre 2017, n. 217, così dispone: «Nel d.lg. n. 82 del 2005, ad eccezione degli artt. 14, comma 1, 20, comma 3, e 76 le parole "regole tecniche di cui all'art. 71", "regole tecniche adottate ai sensi dell'art. 71", "regole tecniche stabilite ai sensi dell'art. 71", "regole tecniche stabilite dall'art. 71" e "regole tecniche dettate ai sensi dell'art. 71" ovunque ricorrano, sono sostituite dalle seguenti: "Linee guida"».

(11) Comma aggiunto dall'art. 13.1, lett. e, d.lg. 30 dicembre 2010, n. 235.

(12) Rubrica così sostituita alla precedente «Documento informatico sottoscritto con firma elettronica» dall'art. 21.1, lett. a, d.lg. 13 dicembre 2017, n. 217.

(13) Commi abrogati dall'art. 21.1, lett. b, d.lg. 13 dicembre 2017, n. 217.

(14) I commi 2 e 2-*bis* sono stati così sostituiti all'originario comma 2 dall'art. 14.1, lett. b, d.lg. 30 dicembre 2010, n. 235.

(15) Le parole «Salvo il caso di sottoscrizione autenticata» sono state così sostituite alle precedenti «Salvo quanto previsto dall'art. 25» dall'art. 18.1, lett. c, d.lg. 26 agosto 2016, n. 179.

(16) L'ultimo periodo era stato aggiunto dall'art. 9.1, lett. 0b, d.l. 18 ottobre 2012, n. 179, conv. in l. 17 dicembre 2012, n. 221. Successivamente le parole «redatti su documento informatico o formati attraverso procedimenti informatici sono sottoscritti, a pena di nullità, con firma elettronica avanzata, qualificata o digitale» sono state così sostituite alle precedenti «soddisfano comunque il requisito della forma scritta se sottoscritti con firma elettronica avanzata, qualificata o digitale» dall'art. 18.1, lett. c, d.lg. 26 agosto 2016, n. 179.

(17) Le parole «ovvero sono formati con le ulteriori modalità di cui all'art. 20, comma 1-*bis*, primo periodo» sono state aggiunte dall'art. 21.1, lett. c, d.lg. 13 dicembre 2017, n. 217.

2-*ter.* Fatto salvo quanto previsto dal d.lg. 2 luglio 2010, n. 110, ogni altro atto pubblico redatto su documento informatico è sottoscritto dal pubblico ufficiale a pena di nullità con firma qualificata o digitale. Le parti, i fidefacenti, l'interprete e i testimoni sottoscrivono personalmente l'atto, in presenza del pubblico ufficiale, con firma avanzata, qualificata o digitale ovvero con firma autografa acquisita digitalmente e allegata agli atti (1).

3-4. .... (2).

5. Gli obblighi fiscali relativi ai documenti informatici ed alla loro riproduzione su diversi tipi di supporto sono assolti secondo le modalità definite con uno o più decreti del Ministro dell'economia e delle finanze, sentito il Ministro delegato per l'innovazione e le tecnologie (3).

22. *Copie informatiche di documenti analogici.* — 1. I documenti informatici contenenti copia di atti pubblici, scritture private e documenti in genere, compresi gli atti e documenti amministrativi di ogni tipo formati in origine su supporto analogico, spediti o rilasciati dai depositari pubblici autorizzati e dai pubblici ufficiali, hanno piena efficacia, ai sensi degli artt. 2714 e 2715 del codice civile, se sono formati ai sensi dell'art. 20, comma 1-*bis*, primo periodo (4). La loro esibizione e produzione sostituisce quella dell'originale.

1-*bis.* La copia per immagine su supporto informatico di un documento analogico è prodotta mediante processi e strumenti che assicurano che il documento informatico abbia contenuto e forma identici a quelli del documento analogico da cui è tratto, previo raffronto dei documenti o attraverso certificazione di processo nei casi in cui siano adottate tecniche in grado di garantire la corrispondenza della forma e del contenuto dell'originale e della copia (5).

2. Le copie per immagine su supporto informatico di documenti originali formati in origine su supporto analogico hanno la stessa efficacia probatoria degli originali da cui sono estratte, se la loro conformità è attestata da un notaio o da altro pubblico ufficiale a ciò autorizzato, [...] (6) secondo le Linee guida (7).

3. Le copie per immagine su supporto informatico di documenti originali formati in origine su supporto analogico nel rispetto delle Linee guida (7) hanno la stessa efficacia probatoria degli originali da cui sono tratte se la loro conformità all'originale non è espressamente disconosciuta.

4. Le copie formate ai sensi dei commi 1, 1-*bis* (8), 2 e 3 sostituiscono ad ogni effetto di legge gli originali formati in origine su supporto analogico, e sono idonee ad assolvere gli obblighi di conservazione previsti dalla legge, salvo quanto stabilito dal comma 5.

5. Con decreto del Presidente del Consiglio dei Ministri possono essere individuate particolari tipologie di documenti analogici originali unici per le quali, in ragione di esigenze di natura pubblicistica, permane l'obbligo della conservazione dell'originale analogico oppure, in caso di conservazione sostitutiva, la loro conformità all'originale deve essere autenticata da un notaio o da altro pubblico ufficiale a ciò autorizzato con dichiarazione da questi firmata digitalmente ed allegata al documento informatico (9).

6. .... (10) (11).

23. *Copie analogiche di documenti informatici.* — 1. Le copie su supporto analogico di documento informatico, anche sottoscritto con firma elettronica avanzata, qualificata o digitale, hanno la stessa efficacia probatoria dell'originale da cui sono tratte se la loro conformità all'originale in tutte le sue componenti è attestata da un pubblico ufficiale a ciò autorizzato.

(1) Comma inserito dall'art. 18.1, lett. d, d.lg. 26 agosto 2016, n. 179.

(2) Commi abrogati dall'art. 18.1, lett. e, d.lg. 26 agosto 2016, n. 179.

(3) V. d.m. Economia e Finanze 17 giugno 2014, in G.U., 26 giugno 2014, n. 146.

(4) Le parole «se sono formati ai sensi dell'art. 20, comma 1-*bis*, primo periodo» sono state così sostituite alle precedenti «se ad essi è apposta o associata, da parte di colui che li spedisce o rilascia, una firma digitale o altra firma elettronica qualificata» dall'art. 22.1, lett. a, d.lg. 13 dicembre 2017, n. 217.

(5) Comma inserito dall'art. 22.1, lett. b, d.lg. 13 dicembre 2017, n. 217.

(6) Le parole «con dichiarazione allegata al documento informatico e asseverata» sono state soppresse dall'art. 22.1, lett. c, d.lg. 13 dicembre 2017, n. 217.

(7) L'art. 66.1, d.lg. 13 dicembre 2017, n. 217, così dispone: «Nel d.lg. n. 82 del 2005, ad eccezione degli artt. 14, comma 1, 20, comma 3, e 76 le parole "regole tecniche di cui all'art. 71", "regole tecniche adottate ai sensi dell'art. 71", "regole tecniche stabilite ai sensi dell'art. 71", "regole tecniche stabilite dall'art. 71" e "regole tecniche dettate ai sensi dell'art. 71" ovunque ricorrano, sono sostituite dalle seguenti: "Linee guida"».

(8) Le parole «1-*bis*,» sono state inserite dall'art. 22.1, lett. d, d.lg. 13 dicembre 2017, n. 217.

(9) V. d.p.c.m. 21 marzo 2013, in G.U., 6 giugno 2013, n. 131.

(10) Comma abrogato dall'art. 19, d.lg. 26 agosto 2016, n. 179.

(11) Articolo così sostituito dall'art. 15, d.lg. 30 dicembre 2010, n. 235.

2. Le copie e gli estratti su supporto analogico del documento informatico, conformi alle vigenti regole tecniche, hanno la stessa efficacia probatoria dell'originale se la loro conformità non è espressamente disconosciuta. Resta fermo, ove previsto, l'obbligo di conservazione dell'originale informatico (1).

2-*bis*. Sulle copie analogiche di documenti informatici può essere apposto a stampa un contrassegno, sulla base dei criteri definiti con le Linee guida (2), tramite il quale è possibile accedere al documento informatico, ovvero verificare la corrispondenza allo stesso della copia analogica. Il contrassegno apposto ai sensi del primo periodo sostituisce a tutti gli effetti di legge la sottoscrizione autografa del pubblico ufficiale e non può essere richiesta la produzione di altra copia analogica con sottoscrizione autografa del medesimo documento informatico. I soggetti che procedono all'apposizione del contrassegno rendono disponibili gratuitamente sul proprio sito Internet istituzionale idonee soluzioni per la verifica del contrassegno medesimo (3).

23-*bis*. *Duplicati e copie informatiche di documenti informatici*. — 1. I duplicati informatici hanno il medesimo valore giuridico, ad ogni effetto di legge, del documento informatico da cui sono tratti, se prodotti in conformità alle Linee guida (2).

2. Le copie e gli estratti informatici del documento informatico, se prodotti in conformità alle vigenti Linee guida (2), hanno la stessa efficacia probatoria dell'originale da cui sono tratte se la loro conformità all'originale, in tutti le sue componenti, è attestata da un pubblico ufficiale a ciò autorizzato o se la conformità non è espressamente disconosciuta. Resta fermo, ove previsto, l'obbligo di conservazione dell'originale informatico (4).

23-*ter*. *Documenti amministrativi informatici*. — 1. Gli atti formati dalle pubbliche amministrazioni con strumenti informatici, nonché i dati e i documenti informatici detenuti dalle stesse, costituiscono informazione primaria ed originale da cui è possibile effettuare, su diversi o identici tipi di supporto, duplicazioni e copie per gli usi consentiti dalla legge.

1-*bis*. La copia su supporto informatico di documenti formati dalle pubbliche amministrazioni in origine su supporto analogico è prodotta mediante processi e strumenti che assicurano che il documento informatico abbia contenuto identico a quello del documento analogico da cui è tratto, previo raffronto dei documenti o attraverso certificazione di processo nei casi in cui siano adottate tecniche in grado di garantire la corrispondenza del contenuto dell'originale e della copia (5).

2. .... (6).

3. Le copie su supporto informatico di documenti formati dalla pubblica amministrazione in origine su supporto analogico ovvero da essa detenuti, hanno il medesimo valore giuridico, ad ogni effetto di legge, degli originali da cui sono tratte, se la loro conformità all'originale è assicurata dal funzionario a ciò delegato nell'ambito dell'ordinamento proprio dell'amministrazione di appartenenza, mediante l'utilizzo della firma digitale o di altra firma elettronica qualificata e nel rispetto delle Linee guida (2); in tale caso l'obbligo di conservazione dell'originale del documento è soddisfatto con la conservazione della copia su supporto informatico.

4. In materia di formazione e conservazione di documenti informatici delle pubbliche amministrazioni, le Linee guida sono definite anche sentito il Ministero per i beni e le attività culturali (7) (8) (9).

5. .... (6).

5-*bis*. I documenti di cui al presente articolo devono essere fruibili indipendentemente dalla condizione di disabilità personale, applican-

(1) Articolo così sostituito dall'art. 16.1, d.lg. 30 dicembre 2010, n. 235.

(2) L'art. 66.1, d.lg. 13 dicembre 2017, n. 217, così dispone: «Nel d.lg. n. 82 del 2005, ad eccezione degli artt. 14, comma 1, 20, comma 3, e 76 le parole "regole tecniche di cui all'art. 71", "regole tecniche adottate ai sensi dell'art. 71", "regole tecniche stabilite ai sensi dell'art. 71", "regole tecniche stabilite dall'art. 71" e "regole tecniche dettate ai sensi dell'art. 71" ovunque ricorrano, sono sostituite dalle seguenti: "Linee guida"».

(3) Comma aggiunto dall'art. 20, d.lg. 26 agosto 2016, n. 179. L'ultimo periodo è stato successivamente così sostituito dall'art. 23, d.lg. 13 dicembre 2017, n. 217.

(4) Articolo inserito dall'art. 16.2, d.lg. 30 dicembre 2010, n. 235.

(5) Comma inserito dall'art. 24.1, lett. a, d.lg. 13 dicembre 2017, n. 217.

(6) Comma abrogato dall'art. 21.1, lett. b, d.lg. 26 agosto 2016, n. 179.

(7) La denominazione «Ministero per i beni e le attività culturali» è stata così sostituita alla precedente «Ministero dei beni e delle attività culturali e del turismo» dall'art. 1.5, d.l. 12 luglio 2018, n. 86, conv. in l. 9 agosto 2018, n. 97.

(8) Comma così sostituito, da ultimo, dall'art. 24.1, lett. b, d.lg. 13 dicembre 2017, n. 217.

(9) Sulle regole tecniche in materia di sistema di conservazione v. d.p.c.m. 3 dicembre 2013, in suppl. ord. n. 20 a G.U., 12 marzo 2014, n. 59.

do i criteri di accessibilità definiti dai requisiti tecnici di cui all'art. 11 della l. 9 gennaio 2004, n. 4 (1).

6. Per quanto non previsto dal presente articolo si applicano gli artt. 21, 22, 23 e 23-*bis* (2).

23-*quater*. *Riproduzioni informatiche*. — 1. . . . . (*omissis*) (3).

Sezione II. — *Firme elettroniche, certificati e prestatori di servizi fiduciari* (4)

24. *Firma digitale*. — 1. La firma digitale deve riferirsi in maniera univoca ad un solo soggetto ed al documento o all'insieme di documenti cui è apposta o associata.

2. L'apposizione di firma digitale integra e sostituisce l'apposizione di sigilli, punzoni, timbri, contrassegni e marchi di qualsiasi genere ad ogni fine previsto dalla normativa vigente.

3. Per la generazione della firma digitale deve adoperarsi un certificato qualificato che, al momento della sottoscrizione, non risulti scaduto di validità ovvero non risulti revocato o sospeso.

4. Attraverso il certificato qualificato si devono rilevare, secondo le Linee guida (5), la validità del certificato stesso, nonché gli elementi identificativi del titolare di firma digitale (6) e del certificatore e gli eventuali limiti d'uso. Le linee guida definiscono altresì le modalità, anche temporali, di apposizione della firma (7).

4-*bis*. L'apposizione a un documento informatico di una firma digitale o di un altro tipo di firma elettronica qualificata basata su un certificato elettronico revocato, scaduto o sospeso equivale a mancata sottoscrizione, salvo che lo stato di sospensione sia stato annullato. La revoca o la sospensione, comunque motivate, hanno effetto dal momento della pubblicazione, salvo che il revocante, o chi richiede la sospensione, non dimostri che essa era già a conoscenza di tutte le parti interessate (8).

4-*ter*. Le disposizioni del presente articolo si applicano anche se la firma elettronica è basata su un certificato qualificato rilasciato da un certificatore stabilito in uno Stato non facente parte dell'Unione europea, quando ricorre una delle seguenti condizioni:

a) il certificatore possiede i requisiti previsti dal Regolamento eIDAS ed è qualificato in uno Stato membro;

b) il certificato qualificato è garantito da un certificatore stabilito nella Unione europea, in possesso dei requisiti di cui al medesimo regolamento;

c) il certificato qualificato, o il certificatore, è riconosciuto in forza di un accordo bilaterale o multilaterale tra l'Unione europea e Paesi terzi o organizzazioni internazionali (8).

25. *Firma autenticata*. — 1. Si ha per riconosciuta, ai sensi dell'art. 2703 del codice civile, la firma elettronica o qualsiasi altro tipo di firma elettronica (9) avanzata autenticata dal notaio o da altro pubblico ufficiale a ciò autorizzato.

2. L'autenticazione della firma elettronica, anche mediante l'acquisizione digitale della sottoscrizione autografa, o di qualsiasi altro tipo di firma elettronica avanzata consiste nell'attestazione, da parte del pubblico ufficiale, che la firma è stata apposta in sua presenza dal titolare, previo accertamento della sua identità personale, della validità dell'eventuale certificato elettronico utilizzato e del fatto che il documento sottoscritto non è in contrasto con l'ordinamento giuridico.

3. L'apposizione della firma digitale da parte del pubblico ufficiale ha l'efficacia di cui all'art. 24, comma 2.

4. Se al documento informatico autenticato deve essere allegato altro documento formato in originale su altro tipo di supporto, il pubblico ufficiale può allegare copia informatica autenticata dell'originale, secondo le disposizioni dell'art. 23 [...] (10) (11).

26-27. . . . . (12).

(1) Comma inserito dall'art. 9.6, lett. c, d.l. 18 ottobre 2012, n. 179, conv. in l. 17 dicembre 2012, n. 221.
(2) Articolo inserito dall'art. 16.2, d.lg. 30 dicembre 2010, n. 235.
(3) Articolo inserito dall'art. 16.2, d.lg. 30 dicembre 2010, n. 235; modifica l'art. 2712 c.
(4) Rubrica così sostituita alla precedente «Firme elettroniche e certificatori» dall'art. 25, d.lg. 13 dicembre 2017, n. 217.
(5) L'art. 66.1, d.lg. 13 dicembre 2017, n. 217, così dispone: «Nel d.lg. n. 82 del 2005, ad eccezione degli artt. 14, comma 1, 20, comma 3, e 76 le parole "regole tecniche di cui all'art. 71", "regole tecniche adottate ai sensi dell'art. 71", "regole tecniche stabilite ai sensi dell'art. 71", "regole tecniche stabilite dall'art. 71" e "regole tecniche dettate ai sensi dell'art. 71" ovunque ricorrano, sono sostituite dalle seguenti: "Linee guida"».
(6) Le parole «di firma digitale» sono state inserite dall'art. 26, d.lg. 13 dicembre 2017, n. 217.
(7) Ultimo periodo aggiunto dall'art. 26, d.lg. 13 dicembre 2017, n. 217.
(8) Comma aggiunto dall'art. 22.1, lett. b, d.lg. 26 agosto 2016, n. 179.
(9) La parola «elettronica» è stata inserita dall'art. 23.1, lett. a, d.lg. 26 agosto 2016, n. 179.
(10) Le parole «, comma 5» sono state soppresse dall'art. 23.1, lett. b, d.lg. 26 agosto 2016, n. 179.
(11) Articolo così sostituito dall'art. 17.2, d.lg. 30 dicembre 2010, n. 235.
(12) Articoli abrogati dall'art. 64.1, d.lg. 26 agosto 2016, n. 179.

28. *Certificati di firma elettronica qualificata* (1). — 1. . . . . (2).

2. In aggiunta alle informazioni previste nel Regolamento eIDAS [...] (3) nel certificato di firma elettronica qualificata può essere inserito il codice fiscale. Per i titolari residenti all'estero cui non risulti attribuito il codice fiscale, si può indicare il codice fiscale rilasciato dall'autorità fiscale del Paese di residenza o, in mancanza, un analogo codice identificativo univoco [...] (4) (5).

3. Il certificato di firma elettronica qualificata (6) può contenere (7), ove richiesto dal titolare di firma elettronica (8) o dal terzo interessato, le seguenti informazioni, se pertinenti e non eccedenti rispetto (9) allo scopo per il quale il certificato è richiesto:

a) le qualifiche specifiche del titolare di firma elettronica (10), quali l'appartenenza ad ordini o collegi professionali, la qualifica di pubblico ufficiale (11), l'iscrizione ad albi o il possesso di altre abilitazioni professionali, nonché poteri di rappresentanza;

b) i limiti d'uso del certificato, inclusi quelli derivanti dalla titolarità delle qualifiche e dai poteri di rappresentanza di cui alla lett. *a*) ai sensi dell'art. 30, comma 3 (12);

c) limiti del valore degli atti unilaterali e dei contratti per i quali il certificato può essere usato, ove applicabili;

c-bis) uno pseudonimo, qualificato come tale (13).

3-*bis*. Le informazioni di cui al comma 3 sono riconoscibili da parte dei terzi e chiaramente evidenziati nel certificato (14). Le informazioni di cui al comma 3 possono anche (15) essere contenute in un separato certificato elettronico e possono essere rese disponibili anche in rete. Con le Linee guida (16) sono definite le modalità di attuazione del presente comma, anche in riferimento alle pubbliche amministrazioni e agli ordini professionali (17).

4. Il titolare di firma elettronica (18), ovvero il terzo interessato se richiedente ai sensi del comma 3, comunicano tempestivamente al certificatore il modificarsi o venir meno delle circostanze oggetto delle informazioni di cui al presente articolo.

4-*bis*. Il certificatore ha l'obbligo di conservare le informazioni di cui ai commi 3 e 4 per almeno venti anni decorrenti dalla scadenza del certificato di firma (19).

29. *Qualificazione e accreditamento* (20). — 1. I soggetti che intendono fornire servizi fiduciari qualificati o svolgere l'attività di gestore di posta elettronica certificata o di gestore dell'identità digitale di cui all'art. 64 presentano all'AgID domanda di qualificazione, secondo le modalità fissate dalle Linee guida. I soggetti che intendono svolgere l'attività di conservatore di documenti informatici presentano all'AgID domanda di accreditamento, secondo le modalità fissate dalle Linee guida (21).

2. Il richiedente deve trovarsi nelle condizioni previste dall'art. 24 del reg. eIDAS, deve avere natura giuridica di società di capitali e

(1) Rubrica così sostituita alla precedente «Certificati qualificati» dall'art. 24.1, lett. a, d.lg. 26 agosto 2016, n. 179.

(2) Comma abrogato dall'art. 24.1, lett. b, d.lg. 26 agosto 2016, n. 179.

(3) Le parole «, fatta salva la possibilità di utilizzare uno pseudonimo,» sono state soppresse dall'art. 27.1, lett. a, d.lg. 13 dicembre 2017, n. 217.

(4) Le parole «, quale ad esempio un codice di sicurezza sociale o un codice identificativo generale» sono state soppresse dall'art. 27.1, lett. a, d.lg. 13 dicembre 2017, n. 217.

(5) Comma così sostituito dall'art. 24.1, lett. c, d.lg. 26 agosto 2016, n. 179.

(6) Le parole «certificato di firma elettronica qualificata» sono state così sostituite alle precedenti «certificato qualificato» dall'art. 24.1, lett. d, d.lg. 26 agosto 2016, n. 179.

(7) Le parole «Il certificato qualificato può contenere» sono state così sostituite alle precedenti «Il certificato qualificato contiene» dall'art. 12.2, d.lg. 4 aprile 2006, n. 159.

(8) Le parole «di firma elettronica» sono state inserite dall'art. 27.1, lett. b, n. 1, d.lg. 13 dicembre 2017, n. 217.

(9) Le parole «e non eccedenti rispetto» sono state inserite dall'art. 24.1, lett. d, d.lg. 26 agosto 2016, n. 179.

(10) Le parole «di firma elettronica» sono state inserite dall'art. 27.1, lett. b, n. 2, d.lg. 13 dicembre 2017, n. 217.

(11) Le parole «la qualifica di pubblico ufficiale,» sono state inserite dall'art. 12.3, d.lg. 4 aprile 2006, n. 159.

(12) Lettera così sostituita dall'art. 12.4, d.lg. 4 aprile 2006, n. 159.

(13) Lettera aggiunta dall'art. 27.1, lett. b, n. 3, d.lg. 13 dicembre 2017, n. 217.

(14) Periodo inserito dall'art. 27.1, lett. c, n. 1, d.lg. 13 dicembre 2017, n. 217.

(15) La parola «anche» è stata inserita dall'art. 27.1, lett. c, n. 2, d.lg. 13 dicembre 2017, n. 217.

(16) Le parole «Con le Linee guida» sono state così sostituite alle precedenti «Con decreto del Presidente del Consiglio dei Ministri» dall'art. 27.1, lett. c, n. 3, d.lg. 13 dicembre 2017, n. 217.

(17) Comma inserito dall'art. 19, d.lg. 30 dicembre 2010, n. 235.

(18) Le parole «di firma elettronica» sono state inserite dall'art. 27.1, lett. d, d.lg. 13 dicembre 2017, n. 217.

(19) Comma aggiunto dall'art. 27.1, lett. e, d.lg. 13 dicembre 2017, n. 217.

(20) Rubrica così sostituita alla precedente «Accreditamento» dall'art. 25.1, lett. a, d.lg. 26 agosto 2016, n. 179.

(21) Comma così sostituito, da ultimo, dall'art. 28.1, lett. a, d.lg. 13 dicembre 2017, n. 217.

deve disporre dei requisiti di onorabilità, tecnologici e organizzativi, nonché delle garanzie assicurative e di eventuali certificazioni, adeguate rispetto al volume dell'attività svolta e alla responsabilità assunta nei confronti dei propri utenti e dei terzi. I predetti requisiti sono individuati, nel rispetto della disciplina europea, con decreto del Presidente del Consiglio dei ministri, sentita l'AgID. Il predetto decreto determina altresì i criteri per la fissazione delle tariffe dovute all'AgID per lo svolgimento delle predette attività, nonché i requisiti e le condizioni per lo svolgimento delle attività di cui al comma 1 da parte di amministrazioni pubbliche (1).

3. .... (2).

4. La domanda di qualificazione o di accreditamento (3) si considera accolta qualora non venga comunicato all'interessato il provvedimento di diniego entro novanta giorni dalla data di presentazione della stessa.

5. Il termine di cui al comma 4, può essere sospeso una sola volta entro trenta giorni dalla data di presentazione della domanda, esclusivamente per la motivata richiesta di documenti che integrino o completino la documentazione presentata e che non siano già nella disponibilità dell'AgID (4) o che questo non possa acquisire autonomamente. In tale caso, il termine riprende a decorrere dalla data di ricezione della documentazione integrativa.

6. A seguito dell'accoglimento della domanda, l'AgID (4) dispone l'iscrizione del richiedente in un apposito elenco di fiducia (5) pubblico, tenuto dall'AgID (4) stesso e consultabile anche in via telematica, ai fini dell'applicazione della disciplina in questione.

7-8. .... (6).

9. Alle attività previste dal presente articolo si fa fronte nell'ambito delle risorse dell'AgID (4), senza nuovi o maggiori oneri per la finanza pubblica.

30. *Responsabilità dei prestatori di servizi fiduciari qualificati, dei gestori di posta elettronica certificata, dei gestori dell'identità digitale e dei conservatori* (7). — 1. I prestatori di servizi fiduciari qualificati, i gestori di posta elettronica certificata, i gestori dell'identità digitale e i conservatori di documenti informatici, iscritti nell'elenco di cui all'art. 29, comma 6 (8), che cagionano danno ad altri nello svolgimento della loro attività, sono tenuti al risarcimento, se non provano di avere adottato tutte le misure idonee a evitare il danno (9).

2. .... (10).

3. [...] (11). Il prestatore di servizi di firma digitale o di altra firma elettronica qualificata (12) non è responsabile dei danni derivanti dall'uso di un certificato qualificato che ecceda i limiti eventualmente (13) posti dallo stesso ai sensi dell'art. 28, comma 3, a condizione che limiti d'uso e di valore siano chiaramente riconoscibili secondo quanto previsto dall'art. 28, comma 3-*bis* (14).

(1) Comma sostituito dall'art. 25.1, lett. c, d.lg. 26 agosto 2016, n. 179. Le parole da «reg. eIDAS» fino a «pubbliche» sono state così sostituite alle precedenti «reg. eIDAS» dall'art. 28.1, lett. b, d.lg. 13 dicembre 2017, n. 217. L'art. 65.8, d.lg. n. 217/2017 cit., così dispone: «Il decreto del Presidente del Consiglio dei ministri di cui all'art. 29, comma 2, del d.lg. n. 82 del 2005, come modificato dal presente decreto, è adottato entro centottanta giorni dalla data di entrata in vigore del presente decreto. Fino all'adozione del predetto decreto, restano efficaci le disposizioni dell'art. 29, comma 3, dello stesso decreto nella formulazione previgente all'entrata in vigore del d.lg. 26 agosto 2016, n. 179 e dell'art. 44-*bis*, commi 2 e 3, del d.lg. n. 82 del 2005 nella formulazione previgente all'entrata in vigore del presente decreto».

(2) Comma abrogato dall'art. 28.1, lett. c, d.lg. 13 dicembre 2017, n. 217.

(3) Le parole «qualificazione o di accreditamento» sono state così sostituite alla precedente «accreditamento» dall'art. 25.1, lett. e, d.lg. 26 agosto 2016, n. 179.

(4) La parola «AgID» è stata così sostituita alla precedente «DigitPA» dall'art. 61.2, lett. b, d.lg. 26 agosto 2016, n. 179.

(5) Le parole «di fiducia» sono state inserite dall'art. 25.1, lett. f, d.lg. 26 agosto 2016, n. 179.

(6) Commi abrogati dall'art. 25.1, lett. g, d.lg. 26 agosto 2016, n. 179.

(7) Rubrica così sostituita alla precedente «Responsabilità del certificatore» dall'art. 26.1, lett. a, d.lg. 26 agosto 2016, n. 179. Le parole «e dei» sono state così sostituite successivamente alle precedenti «e di» dall'art. 29.1, lett. a, d.lg. 13 dicembre 2017, n. 217.

(8) Le parole «e i conservatori di documenti informatici, iscritti nell'elenco di cui all'art. 29, comma 6,» sono state così sostituite alle precedenti «i cui all'art. 64 e i soggetti di cui all'art. 44-*bis*» dall'art. 29.1, lett. b, d.lg. 13 dicembre 2017, n. 217.

(9) Comma così sostituito dall'art. 26.1, lett. b, d.lg. 26 agosto 2016, n. 179.

(10) Comma abrogato dall'art. 26.1, lett. c, d.lg. 26 agosto 2016, n. 179.

(11) Periodo soppresso dall'art. 29.1, lett. c, n. 1, d.lg. 13 dicembre 2017, n. 217.

(12) Le parole «Il prestatore di servizi di firma digitale o di altra firma elettronica qualificata» sono state così sostituite alle precedenti «Il certificatore» dall'art. 29.1, lett. c, n. 2, d.lg. 13 dicembre 2017, n. 217.

(13) La parola «eventualmente» è stata inserita dall'art. 29.1, lett. c, n. 2, d.lg. 13 dicembre 2017, n. 217.

(14) Le parole da «ai sensi dell'art. 28» fino a «comma 3-*bis*» sono state così sostituite alle precedenti «o derivanti dal superamento del valore limite» dall'art. 29.1, lett. c, n. 2, d.lg. 13 dicembre 2017, n. 217.

31. ....(1).

32. *Obblighi del titolare di firma elettronica qualificata* (2) *e del prestatore di servizi di firma elettronica qualificata* (3). — 1. Il titolare del certificato di firma è tenuto ad assicurare la custodia del dispositivo di firma e (4) ad adottare tutte le misure organizzative e tecniche idonee ad evitare danno ad altri; è altresì tenuto ad utilizzare personalmente il dispositivo di firma (5) [...] (6) o degli strumenti di autenticazione informatica per l'utilizzo del dispositivo di firma da remoto (7).

2. Il prestatore di servizi di firma elettronica qualificata (8)è tenuto ad adottare tutte le misure organizzative e tecniche idonee ad evitare danno a terzi (9).

3. Il prestatore di servizi di firma elettronica qualificata (8) che rilascia [...] (10) certificati qualificati deve comunque (11):

a) provvedere con certezza alla identificazione della persona che fa richiesta della certificazione;

b) rilasciare e rendere pubblico il certificato elettronico nei modi o nei casi stabiliti dalle Linee guida (12), nel rispetto del d.lg. 30 giugno 2003, n. 196, e successive modificazioni (13);

c) specificare, nel certificato qualificato su richiesta dell'istante, e con il consenso del terzo interessato, i poteri di rappresentanza o altri titoli relativi all'attività professionale o a cariche rivestite, previa verifica della documentazione presentata dal richiedente che attesta la sussistenza degli stessi;

d) attenersi alle Linee guida (12);

e) informare i richiedenti in modo compiuto e chiaro, sulla procedura di certificazione e sui necessari requisiti tecnici per accedervi e sulle caratteristiche e sulle limitazioni d'uso delle firme emesse sulla base del servizio di certificazione;

f) ....(14);

g) procedere alla tempestiva pubblicazione della revoca e della sospensione del certificato elettronico in caso di richiesta da parte del titolare di firma elettronica qualificata (15) o del terzo dal quale derivino i poteri del titolare di firma elettronica qualificata (15) medesimo, di perdita del possesso o della compromissione del dispositivo di firma o degli strumenti di autenticazione informatica per l'utilizzo del dispositivo di firma (16), di provvedimento dell'autorità, di acquisizione della conoscenza di cause limitative della capacità del titolare di firma elettronica qualificata (15), di sospetti abusi o falsificazioni, secondo quanto previsto dalle Linee guida (12);

h) garantire un servizio di revoca e sospensione dei certificati elettronici sicuro e tempestivo nonché garantire il funzionamento

(1) Articolo abrogato dall'art. 64.1, d.lg. 26 agosto 2016, n. 179.

(2) Le parole «di firma elettronica qualificata» sono state inserite dall'art. 30.1, lett. a, d.lg. 13 dicembre 2017, n. 217.

(3) Rubrica così sostituita alla precedente «Obblighi del titolare e del certificatore» dall'art. 27.1, lett. a, d.lg. 26 agosto 2016, n. 179.

(4) Le parole «ad assicurare la custodia del dispositivo di firma e» sono state inserite dall'art. 14.1, d.lg. 4 aprile 2006, n. 159.

(5) Le parole «; è altresì tenuto ad utilizzare personalmente il dispositivo di firma» sono state inserite dall'art. 14.1, d.lg. 4 aprile 2006, n. 159.

(6) Le parole «ed a custodire e utilizzare il dispositivo di firma con la diligenza del buon padre di famiglia» sono state soppresse dall'art. 14.1, d.lg. 4 aprile 2006, n. 159.

(7) Le parole «o degli strumenti di autenticazione informatica per l'utilizzo del dispositivo di firma da remoto,» sono state aggiunte dall'art. 27.1, lett. b, d.lg. 26 agosto 2016, n. 179.

(8) Le parole «prestatore di servizi di firma elettronica qualificata» sono state così sostituite alla precedente «certificatore» dall'art. 27.1, lett. c, d.lg. 26 agosto 2016, n. 179.

(9) Le parole «a terzi» sono state così sostituite alle precedenti «ad altri, ivi incluso il titolare del certificato» dall'art. 14.2, d.lg. 4 aprile 2006, n. 159.

(10) Le parole «, ai sensi dell'art. 19,» sono state soppresse dall'art. 30.1, lett. b, n. 1, d.lg. 13 dicembre 2017, n. 217.

(11) La parola «comunque» è stata così sostituita alla precedente «inoltre» dall'art. 27.1, lett. d, d.lg. 26 agosto 2016, n. 179.

(12) L'art. 66.1, d.lg. 13 dicembre 2017, n. 217, così dispone: «Nel d.lg. n. 82 del 2005, ad eccezione degli artt. 14, comma 1, 20, comma 3, e 76 le parole "regole tecniche di cui all'art. 71", "regole tecniche adottate ai sensi dell'art. 71", "regole tecniche stabilite ai sensi dell'art. 71", "regole tecniche stabilite dall'art. 71" e "regole tecniche dettate ai sensi dell'art. 71" ovunque ricorrano, sono sostituite dalle seguenti: "Linee guida"».

(13) In *Leggi coll. II, 3.*

(14) Lettera soppressa dall'art. 22.1, lett. a, d.lg. 30 dicembre 2010, n. 235.

(15) Le parole «di firma elettronica qualificata» sono state inserite dall'art. 30.1, lett. b, n. 2, d.lg. 13 dicembre 2017, n. 217.

(16) Le parole «o degli strumenti di autenticazione informatica per l'utilizzo del dispositivo di firma,» sono state inserite dall'art. 27.1, lett. e, d.lg. 26 agosto 2016, n. 179.

efficiente, puntuale e sicuro degli elenchi dei certificati di firma emessi, sospesi e revocati;

i) assicurare la precisa determinazione della data e dell'ora di rilascio, di revoca e di sospensione dei certificati elettronici;

j) tenere registrazione, anche elettronica, di tutte le informazioni relative al certificato qualificato dal momento della sua emissione almeno per venti anni (1) anche al fine di fornire prova della certificazione in eventuali procedimenti giudiziari;

k) non copiare, né conservare, le chiavi private di firma del soggetto cui il certificatore ha fornito il servizio di certificazione;

l) predisporre su mezzi di comunicazione durevoli tutte le informazioni utili ai soggetti che richiedono il servizio di certificazione, tra cui in particolare gli esatti termini e condizioni relative all'uso del certificato, compresa ogni limitazione dell'uso, l'esistenza di un sistema di accreditamento facoltativo e le procedure di reclamo e di risoluzione delle controversie; dette informazioni, che possono essere trasmesse elettronicamente, devono essere scritte in linguaggio chiaro ed essere fornite prima dell'accordo tra il richiedente il servizio ed il certificatore;

m) utilizzare sistemi affidabili per la gestione del registro dei certificati con modalità tali da garantire che soltanto le persone autorizzate possano effettuare inserimenti e modifiche, che l'autenticità delle informazioni sia verificabile, che i certificati siano accessibili alla consultazione del pubblico soltanto nei casi consentiti dal titolare del certificato e che l'operatore possa rendersi conto di qualsiasi evento che comprometta i requisiti di sicurezza. Su richiesta, elementi pertinenti delle informazioni possono essere resi accessibili a terzi che facciano affidamento sul certificato;

m-bis) garantire il corretto funzionamento e la continuità del sistema e comunicare immediatamente a AgID (2) e agli utenti eventuali malfunzionamenti che determinano disservizio, sospensione o interruzione del servizio stesso (3).

4. Il prestatore di servizi di firma elettronica qualificata (4) è responsabile dell'identificazione del soggetto che richiede il certificato qualificato di firma anche se tale attività è delegata a terzi.

5. Il prestatore di servizi di firma elettronica qualificata (4) raccoglie i dati personali direttamente dalla persona cui si riferiscono o, previo suo esplicito consenso, tramite il terzo (5), e soltanto nella misura necessaria al rilascio e al mantenimento del certificato, fornendo l'informativa prevista dall'art. 13 del d.lg. 30 giugno 2003, n. 196 (6). I dati non possono essere raccolti o elaborati per fini diversi senza l'espresso consenso della persona cui si riferiscono.

32-*bis*. *Sanzioni per i prestatori di servizi fiduciari qualificati, per i gestori di posta elettronica certificata, per i gestori dell'identità digitale e per i conservatori* (7). — 1. L'AgID può irrogare ai prestatori di servizi fiduciari qualificati, ai gestori di posta elettronica certificata, ai gestori dell'identità digitale e ai conservatori accreditati (8), che abbiano violato gli obblighi del reg. eIDAS o (9) del presente Codice relative alla prestazione dei predetti servizi (10), sanzioni amministrative in relazione alla gravità della violazione accertata e all'entità del danno provocato all'utenza, per importi da un minimo di euro 40.000,00 (11) a un massimo di euro

(1) Le parole «venti anni» sono state così sostituite a quelle «dieci anni» dall'art. 14.3, d.lg. 4 aprile 2006, n. 159.

(2) La parola «AgID» è stata così sostituita alla precedente «DigitPA» dall'art. 61.2, lett. b, d.lg. 26 agosto 2016, n. 179.

(3) Lettera inserita dall'art. 22.1, lett. b, d.lg. 30 dicembre 2010, n. 235.

(4) Le parole «prestatore di servizi di firma elettronica qualificata» sono state così sostituite alla precedente «certificatore» dall'art. 27.1, lett. c, d.lg. 26 agosto 2016, n. 179.

(5) Le parole «raccoglie i dati personali direttamente dalla persona cui si riferiscono o, previo suo esplicito consenso, tramite il terzo,» sono state così sostituite alle precedenti «raccoglie i dati personali solo direttamente dalla persona cui si riferiscono o previo suo esplicito consenso,» dall'art. 27.1, lett. f, d.lg. 26 agosto 2016, n. 179.

(6) In *Leggi coll. II, 3*.

(7) Rubrica così sostituita alla precedente «Sanzioni per i certificatori qualificati e per i gestori di posta elettronica certificata» dall'art. 28.1, lett. a, d.lg. 26 agosto 2016, n. 179.

(8) Le parole «ai conservatori accreditati» sono state così sostituite alle precedenti «limitatamente alle attività di conservazione di firme, sigilli o certificati elettronici, ai soggetti di cui all'art. 44-*bis*» dall'art. 31.1, lett. a, d.lg. 13 dicembre 2017, n. 217.

(9) Le parole «reg. eIDAS o» sono state così sostituite alle precedenti «reg. eIDAS e o» dall'art. 31.1, lett. a, d.lg. 13 dicembre 2017, n. 217.

(10) Le parole «relative alla prestazione dei predetti servizi» sono state inserite dall'art. 31.1, lett. a, d.lg. 13 dicembre 2017, n. 217.

(11) Le parole «euro 40.000,00» sono state così sostituite alle precedenti «euro 4.000,00» dall'art. 31.1, lett. a, d.lg. 13 dicembre 2017, n. 217.

400.000,00 (1), fermo restando il diritto al risarcimento del maggior danno. Le violazioni del presente Codice idonee a esporre a rischio i diritti e gli interessi di una pluralità di utenti o relative a significative carenze infrastrutturali o di processo del fornitore di servizio si considerano gravi. AgID, laddove accerti tali gravi violazioni, dispone altresì la cancellazione del fornitore del servizio dall'elenco dei soggetti qualificati e il divieto di accreditamento o qualificazione per un periodo fino ad un massimo di due anni (2). Le sanzioni vengono irrogate dal direttore generale dell'AgID, sentito il Comitato di indirizzo. Si applica, in quanto compatibile, la disciplina della l. 24 novembre 1981, n. 689 (3).

1-*bis*. L'AgID, irroga (4) la sanzione amministrativa di cui al comma 1 e diffida (5) i soggetti a conformare la propria condotta agli obblighi previsti dalla disciplina vigente (6) (7).

2. Fatti salvi i casi di forza maggiore o di caso fortuito, qualora si verifichi un malfunzionamento nei servizi forniti dai soggetti di cui al comma 1 che determini l'interruzione del servizio, ovvero in caso di mancata o intempestiva comunicazione dello stesso disservizio a AgID o agli utenti, ai sensi dell'art. 32, comma 3, lett. *m-bis*), AgID, ferma restando l'irrogazione delle sanzioni amministrative, diffida altresì i soggetti di cui al comma 1 a ripristinare la regolarità del servizio o ad effettuare le comunicazioni previste. Se l'interruzione del servizio ovvero la mancata o intempestiva comunicazione sono reiterati nel corso di un biennio, successivamente alla prima diffida si applica la sanzione della cancellazione dall'elenco pubblico (8).

3. Nei casi di cui ai commi 1, 1-*bis* (9) e 2 può essere applicata la sanzione amministrativa accessoria della pubblicazione dei provvedimenti di diffida o di cancellazione secondo la legislazione vigente in materia di pubblicità legale.

4. .... (10) (11) (12).

33. .... (13).

34. *Norme particolari per le pubbliche amministrazioni* (14). — 1. Ai fini della sottoscrizione, ove prevista, di documenti informatici di rilevanza esterna, le pubbliche amministrazioni:

a) possono svolgere direttamente l'attività di rilascio dei certificati qualificati avendo a tale fine l'obbligo di qualificarsi (15) ai sensi dell'art. 29; tale attività può essere svolta esclusivamente nei confronti dei propri organi ed uffici, nonché di categorie di terzi, pubblici o privati. [...] (16);

b) possono rivolgersi a prestatori di servizi di firma digitale o di altra firma elettronica qualificata (17), secondo la vigente normativa in materia di contratti pubblici.

1-*bis*. Le pubbliche amministrazioni possono procedere alla conservazione dei documenti informatici:

a) all'interno della propria struttura organizzativa;

b) affidandola, in modo totale o parziale, nel rispetto della disciplina vigente, ad altri

(1) Le parole «euro 400.000,00» sono state così sostituite alle precedenti «euro 40.000,00» dall'art. 31.1, lett. a, d.lg. 13 dicembre 2017, n. 217.

(2) I periodi da «Le violazioni» fino a «anni» sono stati così sostituiti all'originario secondo periodo dall'art. 31.1, lett. b, d.lg. 13 dicembre 2017, n. 217.

(3) Comma così sostituito dall'art. 28.1, lett. b, d.lg. 26 agosto 2016, n. 179.

(4) La parola «irroga» è stata così sostituita alle precedenti «prima di irrogare» dall'art. 31.1, lett. c, d.lg. 13 dicembre 2017, n. 217.

(5) Le parole «e diffida» sono state così sostituite alla precedente «, diffida» dall'art. 31.1, lett. c, d.lg. 13 dicembre 2017, n. 217.

(6) Le parole «dalla disciplina vigente» sono state così sostituite alle precedenti «dal reg. eIDAS o dal presente Codice, fissando un termine e disciplinando le relative modalità per adempiere» dall'art. 31.1, lett. c, d.lg. 13 dicembre 2017, n. 217.

(7) Comma inserito dall'art. 28.1, lett. c, d.lg. 26 agosto 2016, n. 179.

(8) Comma così sostituito dall'art. 31.1, lett. d, d.lg. 13 dicembre 2017, n. 217.

(9) Le parole «, 1-*bis*» sono state inserite dall'art. 28.1, lett. e, d.lg. 26 agosto 2016, n. 179.

(10) Comma abrogato dall'art. 28.1, lett. f, d.lg. 26 agosto 2016, n. 179.

(11) Articolo inserito dall'art. 22.2, d.lg. 30 dicembre 2010, n. 235.

(12) Per il regolamento recante le modalità per la vigilanza e per l'esercizio del potere sanzionatorio, ai sensi di questo articolo v. Comunicato Agenzia per l'Italia digitale, in G.U., 20 giugno 2018, n. 141.

(13) Articolo abrogato dall'art. 64.1, lett. a, d.lg. 13 dicembre 2017, n. 217.

(14) Rubrica così sostituita alla precedente «Norme particolari per le pubbliche amministrazioni» dall'art. 29.1, lett. a, d.lg. 26 agosto 2016, n. 179.

(15) La parola «qualificarsi» è stata così sostituita alla precedente «accreditarsi» dall'art. 29.1, lett. b, d.lg. 26 agosto 2016, n. 179.

(16) Ultimo periodo soppresso dall'art. 29.1, lett. b, d.lg. 26 agosto 2016, n. 179.

(17) Le parole «prestatori di servizi di firma digitale o di altra firma elettronica qualificata» sono state così sostituite alle precedenti «certificatori accreditati» dall'art. 32.1, lett. a, d.lg. 13 dicembre 2017, n. 217.

soggetti, pubblici o privati accreditati come conservatori presso l'AgID (1).

2. .... (2).

3-5. .... (3).

35. *Dispositivi sicuri e procedure per la generazione della firma qualificata* (4). — 1. I dispositivi sicuri e le procedure utilizzate per la generazione delle firme devono presentare requisiti di sicurezza tali da garantire che la chiave privata:

a) sia riservata;

b) non possa essere derivata e che la relativa firma sia protetta da contraffazioni;

c) possa essere sufficientemente protetta dal titolare dall'uso da parte di terzi.

1-*bis*. Fermo restando quanto previsto dal comma 1, i dispositivi per la creazione di una firma elettronica qualificata o di un sigillo elettronico soddisfano i requisiti di cui all'Allegato II del Regolamento eIDAS (5).

2. I dispositivi sicuri e le procedure di cui al comma 1 devono garantire l'integrità dei documenti informatici a cui la firma si riferisce. I documenti informatici devono essere presentati al titolare di firma elettronica (6), prima dell'apposizione della firma, chiaramente e senza ambiguità, e si deve richiedere conferma della volontà di generare la firma secondo quanto previsto dalle Linee guida (7).

3. Il secondo periodo del comma 2 non si applica alle firme apposte con procedura automatica. La firma con procedura automatica è valida se apposta previo consenso del titolare all'adozione della procedura medesima (8).

4. I dispositivi sicuri di firma devono essere dotati di certificazione di sicurezza ai sensi dello schema nazionale di cui al comma 5 (8).

5. La conformità dei requisiti di sicurezza dei dispositivi per la creazione di una firma elettronica (9) qualificata o di un sigillo elettronico (10) prescritti dall'Allegato II del Regolamento eIDAS (11) è accertata, in Italia, dall'Organismo di certificazione della sicurezza informatica (12) in base allo schema nazionale per la valutazione e certificazione di sicurezza nel settore della tecnologia dell'informazione, fissato con decreto del Presidente del Consiglio dei Ministri, o, per sua delega, del Ministro per l'innovazione e le tecnologie, di concerto con i Ministri delle comunicazioni, delle attività produttive e dell'economia e delle finanze. L'attuazione dello schema nazionale non deve determinare nuovi o maggiori oneri per il bilancio dello Stato (13). Lo schema nazionale può prevedere altresì la valutazione e la certificazione relativamente ad ulteriori criteri europei ed internazionali, anche riguardanti altri sistemi e prodotti afferenti al settore suddetto.

6. La conformità di cui al comma 5 è inoltre riconosciuta se accertata da un organismo all'uopo designato da un altro Stato membro e notificato ai sensi dell'art. 30, comma 2, del Regolamento eIDAS. Ove previsto dall'organismo di cui al periodo precedente, la valutazione della conformità del sistema e degli strumenti di autenticazione utilizzati dal titolare delle chiavi di firma è effettuata dall'AgID in conformità alle linee guida di cui al comma 5 (14).

36. *Revoca e sospensione dei certificati qualificati*. — 1. Il certificato qualificato deve essere a cura del certificatore:

a) revocato in caso di cessazione dell'attività del certificatore salvo quanto previsto dal comma 2 dell'art. 37 (15);

b) revocato o sospeso in esecuzione di un

(1) Comma inserito dall'art. 32.1, lett. b, d.lg. 13 dicembre 2017, n. 217.

(2) Comma abrogato dall'art. 32.1, lett. d, d.lg. 13 dicembre 2017, n. 217.

(3) Commi abrogati dall'art. 29.1, lett. c, d.lg. 26 agosto 2016, n. 179.

(4) Rubrica così sostituita alla precedente «Dispositivi sicuri e procedure per la generazione della firma» dall'art. 30.1, lett. a, d.lg. 26 agosto 2016, n. 179.

(5) Comma inserito dall'art. 30.1, lett. b, d.lg. 26 agosto 2016, n. 179.

(6) Le parole «di firma elettronica» sono state inserite dall'art. 33, d.lg. 13 dicembre 2017, n. 217.

(7) L'art. 66.1, d.lg. 13 dicembre 2017, n. 217, così dispone: «Nel d.lg. n. 82 del 2005, ad eccezione degli artt. 14, comma 1, 20, comma 3, e 76 le parole "regole tecniche di cui all'art. 71", "regole tecniche adottate ai sensi dell'art. 71", "regole tecniche stabilite ai sensi dell'art. 71", "regole tecniche stabilite dall'art. 71" e "regole tecniche dettate ai sensi dell'art. 71" ovunque ricorrano, sono sostituite dalle seguenti: "Linee guida"».

(8) Comma così sostituito dall'art. 24.1, lett. a, d.lg. 30 dicembre 2010, n. 235.

(9) La parola «elettronica» è stata inserita dall'art. 30.1, lett. c, d.lg. 26 agosto 2016, n. 179.

(10) Le parole «o di un sigillo elettronico» sono state inserite dall'art. 30.1, lett. c, d.lg. 26 agosto 2016, n. 179.

(11) Le parole «dall'Allegato II del Regolamento eIDAS» sono state così sostituite alle precedenti «dall'Allegato III della dir. 1999/93/CE» dall'art. 30.1, lett. c, d.lg. 26 agosto 2016, n. 179.

(12) Le parole «dall'Organismo di certificazione della sicurezza informatica» sono state inserite dall'art. 24.1, lett. b, n. 1, d.lg. 30 dicembre 2010, n. 235.

(13) Periodo così sostituito dall'art. 24.1, lett. b, n. 2, d.lg. 30 dicembre 2010, n. 235.

(14) Comma così sostituito, da ultimo, dall'art. 30.1, lett. d, d.lg. 26 agosto 2016, n. 179.

(15) Le parole «dell'art. 37» sono state aggiunte dall'art. 16, d.lg. 4 aprile 2006, n. 159.

provvedimento dell'autorità;

c) revocato o sospeso a seguito di richiesta del titolare o del terzo dal quale derivano i poteri del titolare, secondo le modalità previste nel presente codice;

d) revocato o sospeso in presenza di cause limitative della capacità del titolare o di abusi o falsificazioni.

2. Il certificato qualificato può, inoltre, essere revocato o sospeso nei casi previsti dalle Linee guida (1), per violazione delle regole tecniche ivi contenute (2).

3. La revoca o la sospensione del certificato qualificato, qualunque ne sia la causa, ha effetto dal momento della pubblicazione della lista che lo contiene. Il momento della pubblicazione deve essere attestato mediante adeguato riferimento temporale.

4. Le modalità di revoca o sospensione sono previste nelle Linee guida (1).

37. *Cessazione dell'attività*. — 1. Il prestatore di servizi fiduciari qualificato (3) che intende cessare l'attività deve, almeno sessanta giorni prima della data di cessazione, darne avviso all'AgID (4) e informare senza indugio i titolari dei certificati da lui emessi specificando che tutti i certificati non scaduti al momento della cessazione saranno revocati.

2. Il prestatore (5) di cui al comma 1 comunica contestualmente la rilevazione della documentazione da parte di altro certificatore o l'annullamento della stessa. L'indicazione di un prestatore di servizi fiduciari qualificato (6) sostitutivo evita la revoca di tutti i certificati non scaduti al momento della cessazione.

3. Il prestatore (7) di cui al comma 1 indica altro depositario del registro dei certificati e della relativa documentazione.

4. L'AgID (4) rende nota la data di cessazione dell'attività del prestatore di cui al comma 1 (8) tramite l'elenco di cui all'art. 29, comma 6.

4-*bis*. Qualora il prestatore di cui al comma 1 (9) cessi la propria attività senza indicare, ai sensi del comma 2, un prestatore di servizi fiduciari qualificato (10) sostitutivo e non si impegni a garantire la conservazione e la disponibilità della documentazione prevista dagli artt. 33 e 32, comma 3, lett. *j*) e delle ultime liste di revoca emesse, deve provvedere al deposito presso AgID (4) che ne garantisce la conservazione e la disponibilità (11).

4-*ter*. Nel caso in cui il prestatore di cui al comma 1 non ottemperi agli obblighi previsti dal presente articolo, AgID intima al prestatore di ottemperarvi entro un termine non superiore a trenta giorni. In caso di mancata ottemperanza entro il suddetto termine, si applicano le sanzioni di cui all'art. 32-*bis*; le sanzioni pecuniarie previste dal predetto articolo sono aumentate fino al doppio (12).

Sezione III. — *Trasferimenti di fondi, libri e scritture* (13)

38. *Trasferimenti di fondi* (14). — 1. Il trasferimento in via telematica di fondi tra pubbliche amministrazioni e tra queste e soggetti privati è

(1) L'art. 66.1, d.lg. 13 dicembre 2017, n. 217, così dispone: «Nel d.lg. n. 82 del 2005, ad eccezione degli artt. 14, comma 1, 20, comma 3, e 76 le parole "regole tecniche di cui all'art. 71", "regole tecniche adottate ai sensi dell'art. 71", "regole tecniche stabilite ai sensi dell'art. 71", "regole tecniche stabilite dall'art. 71" e "regole tecniche dettate ai sensi dell'art. 71" ovunque ricorrano, sono sostituite dalle seguenti: "Linee guida"».

(2) Le parole «, per violazione delle regole tecniche ivi contenute» sono state aggiunte dall'art. 34, d.lg. 13 dicembre 2017, n. 217.

(3) Le parole «Il prestatore di servizi fiduciari qualificato» sono state così sostituite alle precedenti «Il certificatore qualificato o accreditato» dall'art. 31.1, lett. a, d.lg. 26 agosto 2016, n. 179.

(4) La parola «AgID» è stata così sostituita alla precedente «DigitPA» dall'art. 61.2, lett. b, d.lg. 26 agosto 2016, n. 179.

(5) La parola «prestatore» è stata così sostituita alla precedente «certificatore» dall'art. 31.1, lett. b, d.lg. 26 agosto 2016, n. 179.

(6) Le parole «prestatore di servizi fiduciari qualificato» sono state così sostituite alla precedente «certificatore» dall'art. 31.1, lett. b, d.lg. 26 agosto 2016, n. 179.

(7) La parola «prestatore» è stata così sostituita alla precedente «certificatore» dall'art. 31.1, lett. c, d.lg. 26 agosto 2016, n. 179.

(8) Le parole «prestatore di cui al comma 1» sono state così sostituite alle precedenti «certificatore accreditato» dall'art. 31.1, lett. d, d.lg. 26 agosto 2016, n. 179.

(9) Le parole «prestatore di cui al comma 1» sono state così sostituite alle precedenti «certificatore qualificato» dall'art. 31.1, lett. e, d.lg. 26 agosto 2016, n. 179.

(10) Le parole «un prestatore di servizi fiduciari qualificato» sono state così sostituite alle precedenti «un certificatore» dall'art. 31.1, lett. e, d.lg. 26 agosto 2016, n. 179.

(11) Comma aggiunto dall'art. 25, d.lg. 30 dicembre 2010, n. 235.

(12) Comma aggiunto dall'art. 31.1, lett. f, d.lg. 26 agosto 2016, n. 179.

(13) Rubrica così sostituita dall'art. 26.1, d.lg. 30 dicembre 2010, n. 235.

(14) Rubrica così sostituita dall'art. 26.2, d.lg. 30 dicembre 2010, n. 235.

effettuato secondo le Linee guida (1), sentiti il Dipartimento della funzione pubblica, i Ministeri della giustizia e dell'economia e delle finanze, nonché (2) il Garante per la protezione dei dati personali e la Banca d'Italia.

39. *Libri e scritture*. — 1. I libri, i repertori e le scritture, ivi compresi quelli previsti dalla legge sull'ordinamento del notariato e degli archivi notarili, di cui sia obbligatoria la tenuta possono essere formati e conservati su supporti informatici in conformità alle disposizioni del presente codice e secondo le Linee guida (1).

CAPO III

GESTIONE, CONSERVAZIONE E ACCESSIBILITÀ DEI DOCUMENTI E FASCICOLI INFORMATICI (3)

Sezione I. — *Documenti della pubblica amministrazione* (4)

40. *Formazione di documenti informatici*. — 1. Le pubbliche amministrazioni [...] (5) formano gli originali dei propri documenti, inclusi quelli inerenti ad albi, elenchi e pubblici registri (6), con mezzi informatici secondo le disposizioni di cui al presente codice e le Linee guida (1).

2. .... (7).

3-4. .... (8).

40-*bis*. *Protocollo informatico*. — 1. Formano comunque oggetto di registrazione di protocollo ai sensi dell'art. 53 del d.p.r. 28 dicembre 2000, n. 445, le comunicazioni che provengono da o sono inviate a domicili digitali eletti ai sensi di quanto previsto all'art. 3-*bis* (9), nonché le istanze e le dichiarazioni di cui all'art. 65 in conformità alle Linee guida (1) (10) (11).

40-*ter*. *Sistema pubblico di ricerca documentale*. — 1. La Presidenza del Consiglio dei ministri promuove lo sviluppo e la sperimentazione di un sistema volto a facilitare la ricerca dei documenti soggetti a obblighi di pubblicità legale, trasparenza o a registrazione di protocollo ai sensi dell'art. 53 del d.p.r. 28 dicembre 2000, n. 445, e di cui all'art. 40-*bis* e dei fascicoli dei procedimenti di cui all'art. 41, nonché a consentirne l'accesso on-line ai soggetti che ne abbiano diritto ai sensi della disciplina vigente (12).

Sezione II. — *Gestione e conservazione dei documenti* (13)

41. *Procedimento e fascicolo informatico*. — 1. Le pubbliche amministrazioni gestiscono i procedimenti amministrativi utilizzando le tecnologie dell'informazione e della comunicazione. Per ciascun procedimento amministrativo di loro competenza, esse forniscono gli oppor-

(1) L'art. 66.1, d.lg. 13 dicembre 2017, n. 217, così dispone: «Nel d.lg. n. 82 del 2005, ad eccezione degli artt. 14, comma 1, 20, comma 3, e 76 le parole "regole tecniche di cui all'art. 71", "regole tecniche adottate ai sensi dell'art. 71", "regole tecniche stabilite ai sensi dell'art. 71", "regole tecniche stabilite dall'art. 71" e "regole tecniche dettate ai sensi dell'art. 71" ovunque ricorrano, sono sostituite dalle seguenti: "Linee guida"».

(2) Le parole «, sentiti il Dipartimento della funzione pubblica, i Ministeri della giustizia e dell'economia e delle finanze, nonché» sono state così sostituite alle precedenti «di concerto con i Ministri per la funzione pubblica, della giustizia e dell'economia e delle finanze, sentiti» dall'art. 35, d.lg. 13 dicembre 2017, n. 217.

(3) Rubrica così sostituita alla precedente «Formazione, gestione e conservazione dei documenti informatici» dall'art. 36.1, d.lg. 13 dicembre 2017, n. 217.

(4) Sezione inserita dall'art. 36.2, d.lg. 13 dicembre 2017, n. 217.

(5) Le parole «che dispongono di idonee risorse tecnologiche» sono state soppresse dall'art. 27.1, lett. a, d.lg. 30 dicembre 2010, n. 235.

(6) Le parole «, inclusi quelli inerenti ad albi, elenchi e pubblici registri,» sono state inserite dall'art. 32.1, lett. a, d.lg. 26 agosto 2016, n. 179.

(7) Comma abrogato dall'art. 27.1, lett. b, d.lg. 30 dicembre 2010, n. 235.

(8) Commi abrogati dall'art. 32.1, lett. b, d.lg. 26 agosto 2016, n. 179.

(9) Le parole «6-*ter*, comma 1, 47, commi 1 e 3,» erano state sostituite alle precedenti «47, commi 1 e 3, 54, comma 2-*ter* e 57-*bis*, comma 1» dall'art. 33, d.lg. 26 agosto 2016, n. 179. Le parole «provengono da o sono inviate a domicili digitali eletti ai sensi di quanto previsto all'art. 3-*bis*,» sono state così sostituite alle precedenti «pervengono o sono inviate dalle caselle di posta elettronica di cui agli artt. 6-*ter*, comma 1, 47, commi 1 e 3,» dall'art. 37.1, d.lg. 13 dicembre 2017, n. 217.

(10) Articolo inserito dall'art. 27.2, d.lg. 30 dicembre 2010, n. 235.

(11) Sulle regole tecniche per il protocollo informatico v. d.p.c.m. 3 dicembre 2013, in suppl. ord. n. 20 a G.U., 12 marzo 2014, n. 59.

(12) Articolo inserito dall'art. 37.2, d.lg. 13 dicembre 2017, n. 217.

(13) Sezione inserita dall'art. 37.3, d.lg. 13 dicembre 2017, n. 217.

tuni servizi di interoperabilità o integrazione (1), ai sensi di quanto previsto dagli artt. 12 e 64-*bis* (2) (3).

1-*bis*. . . . . (4).

2. La pubblica amministrazione titolare del procedimento raccoglie (5) in un fascicolo informatico gli atti, i documenti e i dati del procedimento medesimo da chiunque (6) formati; all'atto della comunicazione dell'avvio del procedimento ai sensi dell'art. 8 della l. 7 agosto 1990, n. 241, comunica agli interessati le modalità per esercitare in via telematica i diritti di cui all'art. 10 della citata l. 7 agosto 1990, n. 241.

2-*bis*. Il fascicolo informatico è realizzato garantendo la possibilità di essere direttamente consultato ed alimentato da tutte le amministrazioni coinvolte nel procedimento e dagli interessati, nei limiti ed alle condizioni previste dalla disciplina vigente, attraverso i servizi di cui agli artt. 40-*ter* e 64-*bis* (7). Le Linee guida (8) per la costituzione, l'identificazione (9), l'accessibilità attraverso i suddetti servizi (10) e l'utilizzo del fascicolo sono dettate dall'AgID ai sensi dell'art. 71 e (11) sono conformi ai principi di una corretta gestione documentale ed alla disciplina della formazione, gestione, conservazione e trasmissione del documento informatico, ivi comprese le regole concernenti il protocollo informatico ed il sistema pubblico di connettività, e comunque rispettano i criteri dell'interoperabilità e dell'integrazione (12) [...] (13) (14).

2-*ter*. Il fascicolo informatico reca l'indicazione:

a) dell'amministrazione titolare del procedimento, che cura la costituzione e la gestione del fascicolo medesimo;

b) delle altre amministrazioni partecipanti;

c) del responsabile del procedimento;

d) dell'oggetto del procedimento;

e) dell'elenco dei documenti contenuti, salvo quanto disposto dal comma 2-*quater*;

e-bis) dell'identificativo del fascicolo medesimo apposto con modalità idonee a consentirne l'indicizzazione e la ricerca attraverso il sistema di cui all'art. 40-*ter* nel rispetto delle Linee guida (15) (16).

2-*quater*. Il fascicolo informatico può contenere aree a cui hanno accesso solo l'amministrazione titolare e gli altri soggetti da essa individuati; esso è formato in modo da garantire la corretta collocazione, la facile reperibilità e la collegabilità, in relazione al contenuto ed alle finalità, dei singoli documenti. Il fascicolo informatico (17) è inoltre costituito in modo da

(1) Le parole «o integrazione» sono state così sostituite alle precedenti «e cooperazione applicativa» dall'art. 38.1, lett. a, d.lg. 13 dicembre 2017, n. 217.

(2) Le parole «dagli artt. 12 e 64-*bis*» sono state così sostituite alle precedenti «dall'art. 12, comma 2» dall'art. 38.1, lett. a, d.lg. 13 dicembre 2017, n. 217.

(3) Comma così sostituito dall'art. 34.1, lett. a, d.lg. 26 agosto 2016, n. 179.

(4) Comma inserito dall'art. 28.1, lett. a, d.lg. 30 dicembre 2010, n. 235, e successivamente abrogato dall'art. 34.1, lett. c, d.lg. 26 agosto 2016, n. 179.

(5) La parola «raccoglie» è stata così sostituita alle precedenti «può raccogliere» dall'art. 28.1, lett. b, d.lg. 30 dicembre 2010, n. 235.

(6) L'art. 61.2, lett. d, d.lg. 26 agosto 2016, n. 179, così dispone: «la parola "cittadino", ovunque ricorra, si intende come "persona fisica" e le espressioni "chiunque" e "cittadini e imprese", ovunque ricorrano, si intendono come "soggetti giuridici"».

(7) Le parole «e dagli interessati, nei limiti ed alle condizioni previste dalla disciplina vigente, attraverso i servizi di cui agli artt. 40-*ter* e 64-*bis*» sono state aggiunte dall'art. 38.1, lett. b, d.lg. 13 dicembre 2017, n. 217.

(8) Le parole «Le Linee guida» sono state così sostituite alle precedenti «Le regole» dall'art. 38.1, lett. c, d.lg. 13 dicembre 2017, n. 217.

(9) Le parole «, l'identificazione» sono state così sostituite alle precedenti «per la costituzione» dall'art. 28.1, lett. c, d.lg. 30 dicembre 2010, n. 235.

(10) Le parole «, l'accessibilità attraverso i suddetti servizi» sono state inserite dall'art. 38.1, lett. c, d.lg. 13 dicembre 2017, n. 217.

(11) Le parole «sono dettate dall'AgID ai sensi dell'art. 71 e» sono state inserite dall'art. 38.1, lett. c, d.lg. 13 dicembre 2017, n. 217.

(12) Le parole «dell'integrazione» sono state così sostituite alle precedenti «della cooperazione applicativa; regole tecniche specifiche possono essere dettate ai sensi dell'art. 71» dall'art. 38.1, lett. c, d.lg. 13 dicembre 2017, n. 217.

(13) Le parole «, di concerto con il Ministro della funzione pubblica» sono state soppresse dall'art. 34.1, lett. b, d.lg. 26 agosto 2016, n. 179.

(14) Comma inserito dall'art. 18, d.lg. 4 aprile 2006, n. 159.

(15) Lettera aggiunta dall'art. 28.1, lett. d, d.lg. 30 dicembre 2010, n. 235. Le parole da «apposto» fino a «guida» sono state aggiunte successivamente dall'art. 38.1, lett. d, d.lg. 13 dicembre 2017, n. 217.

(16) Comma inserito dall'art. 18, d.lg. 4 aprile 2006, n. 159.

(17) Le parole «dei singoli documenti. Il fascicolo informatico» sono state così sostituite alle precedenti «dei singoli documenti;» dall'art. 38.1, lett. e, d.lg. 13 dicembre 2017, n. 217.

garantire l'esercizio in via telematica dei diritti previsti dalla citata legge n. 241 del 1990 e dall'art. 5, comma 2, del d.lg. 14 marzo 2013, n. 33, nonché l'immediata conoscibilità anche attraverso i servizi di cui agli artt. 40-*ter* e 64-*bis*, sempre per via telematica, dello stato di avanzamento del procedimento, del nominativo e del recapito elettronico del responsabile del procedimento. AgID detta, ai sensi dell'art. 71, Linee guida idonee a garantire l'interoperabilità tra i sistemi di gestione dei fascicoli dei procedimenti e i servizi di cui agli artt. 40-*ter* e 64-*bis* (1) (2).

3. .... (3) (4).

42. *Dematerializzazione dei documenti delle pubbliche amministrazioni*. — 1. Le pubbliche amministrazioni valutano in termini di rapporto tra costi e benefici il recupero su supporto informatico dei documenti e degli atti cartacei dei quali sia obbligatoria o opportuna la conservazione e provvedono alla predisposizione dei conseguenti piani di sostituzione degli archivi cartacei con archivi informatici, nel rispetto delle Linee guida (5).

43. *Conservazione ed esibizione dei documenti* (6). — 1. Gli obblighi di conservazione e di esibizione di documenti si intendono soddisfatti a tutti gli effetti di legge a mezzo di documenti informatici, se le relative procedure sono effettuate in modo tale da garantire la conformità ai documenti originali e sono conformi alle Linee guida (7) (8).

1-*bis*. Se il documento informatico è conservato per legge da uno dei soggetti di cui all'art. 2, comma 2, cessa l'obbligo di conservazione a carico dei cittadini e delle imprese che possono in ogni momento richiedere accesso al documento stesso ai medesimi soggetti di cui all'art. 2, comma 2. Le amministrazioni rendono disponibili a cittadini ed imprese i predetti documenti attraverso servizi on-line accessibili previa identificazione con l'identità digitale di cui all'art. 64 ed integrati con i servizi di cui agli artt. 40-*ter* e 64-*bis* (9).

2. Restano validi i documenti degli archivi, le scritture contabili, la corrispondenza ed ogni atto, dato o documento già conservati mediante riproduzione su supporto fotografico, su supporto ottico o con altro processo idoneo a garantire la conformità dei documenti agli originali ai sensi della disciplina vigente al momento dell'invio dei singoli documenti nel sistema di conservazione (10).

3. I documenti informatici, di cui è prescritta la conservazione per legge o regolamento, possono essere archiviati per le esigenze correnti anche con modalità cartacee e sono conservati in modo permanente con modalità digitali, nel rispetto delle Linee guida (5) (11) (8).

4. Sono fatti salvi i poteri di controllo del Ministero per i beni e le attività culturali sugli archivi delle pubbliche amministrazioni e sugli archivi privati dichiarati di notevole interesse storico ai sensi delle disposizioni del d.lg. 22 gennaio 2004, n. 42.

44. *Requisiti per la gestione e conservazione dei documenti informatici* (12). — 1. Il sistema di gestione informatica dei documenti delle pubbliche amministrazioni, di cui all'art. 52 del d.p.r. 28 dicembre 2000, n. 445, è organizzato e gestito, anche in modo da assicurare l'indicizzazione e la ricerca dei documenti e

(1) Le parole da «e dall'art. 5, comma 2» fino a «64-*bis*» sono state aggiunte dall'art. 38.1, lett. e, d.lg. 13 dicembre 2017, n. 217.

(2) Comma inserito dall'art. 18, d.lg. 4 aprile 2006, n. 159.

(3) Comma abrogato dall'art. 34.1, lett. c, d.lg. 26 agosto 2016, n. 179.

(4) Sulle regole tecniche per il protocollo informatico v. d.p.c.m. 3 dicembre 2013, in suppl. ord. n. 20 a G.U., 12 marzo 2014, n. 59.

(5) L'art. 66.1, d.lg. 13 dicembre 2017, n. 217, così dispone: «Nel d.lg. n. 82 del 2005, ad eccezione degli artt. 14, comma 1, 20, comma 3, e 76 le parole "regole tecniche di cui all'art. 71", "regole tecniche adottate ai sensi dell'art. 71", "regole tecniche stabilite ai sensi dell'art. 71", "regole tecniche stabilite dall'art. 71" e "regole tecniche dettate ai sensi dell'art. 71" ovunque ricorrano, sono sostituite dalle seguenti: "Linee guida"».

(6) Rubrica così sostituita alla precedente «Riproduzione e conservazione dei documenti» dall'art. 39.1, lett. a, d.lg. 13 dicembre 2017, n. 217.

(7) Comma così sostituito dall'art. 39.1, lett. b, d.lg. 13 dicembre 2017, n. 217.

(8) Sulle regole tecniche in materia di sistema di conservazione v. d.p.c.m. 3 dicembre 2013, in suppl. ord. n. 20 a G.U., 12 marzo 2014, n. 59.

(9) Comma inserito dall'art. 35, d.lg. 26 agosto 2016, n. 179. Le parole da «ai medesimi soggetti» fino a «64-*bis*» sono state aggiunte successivamente dall'art. 39.1, lett. c, d.lg. 13 dicembre 2017, n. 217.

(10) Le parole «ai sensi della disciplina vigente al momento dell'invio dei singoli documenti nel sistema di conservazione» sono state aggiunte dall'art. 39.1, lett. d, d.lg. 13 dicembre 2017, n. 217.

(11) Le parole «, nel rispetto delle regole tecniche stabilite ai sensi dell'art. 71» sono state aggiunte dall'art. 29.1, lett. b, d.lg. 30 dicembre 2010, n. 235.

(12) Rubrica così sostituita alla precedente «Requisiti per la conservazione dei documenti informatici» dall'art. 36.1, lett. a, d.lg. 26 agosto 2016, n. 179.

fascicoli informatici attraverso il sistema di cui all'art. 40-*ter* nel rispetto delle Linee guida (1).

1-*bis*. Il sistema di gestione [...] (2) dei documenti informatici delle pubbliche amministrazioni (3) è gestito da un responsabile che opera d'intesa con il dirigente dell'ufficio di cui all'art. 17 del presente Codice, il responsabile del trattamento dei dati personali di cui all'art. 29 del d.lg. 30 giugno 2003, n. 196 (4), ove nominato, e con il responsabile del sistema della conservazione dei documenti informatici, nella definizione e gestione delle attività di rispettiva competenza. Almeno una volta all'anno il responsabile della gestione dei documenti informatici provvede a trasmettere al sistema di conservazione i fascicoli e le serie documentarie anche relative a procedimenti non conclusi (5) (6).

1-*ter*. Il sistema di conservazione dei documenti informatici assicura, per quanto in esso conservato, caratteristiche di autenticità, integrità, affidabilità, leggibilità, reperibilità, secondo le modalità indicate nelle Linee guida (7) (8).

1-*quater*. Il responsabile della conservazione, che opera d'intesa con il responsabile del trattamento dei dati personali, con il responsabile della sicurezza e con il responsabile dei sistemi informativi, può affidare, ai sensi dell'art. 34, comma 1-*bis*, lett. *b*), la conservazione dei documenti informatici ad altri soggetti, pubblici o privati, che offrono idonee garanzie organizzative, e tecnologiche e di protezione dei dati personali. Il responsabile della conservazione della pubblica amministrazione, che opera d'intesa, oltre che con i responsabili di cui al comma 1-*bis*, anche con il responsabile della gestione documentale, effettua la conservazione dei documenti informatici secondo quanto previsto all'art. 34, comma 1-*bis* (9).

44-*bis*. .... (10).

CAPO IV

TRASMISSIONE INFORMATICA DEI DOCUMENTI

45. *Valore giuridico della trasmissione*. — 1. I documenti trasmessi da chiunque (11) ad una pubblica amministrazione con qualsiasi mezzo telematico o informatico [...] (12), idoneo ad accertarne la [...] (13) provenienza, soddisfano il requisito della forma scritta e la loro trasmissione non deve essere seguita da quella del documento originale.

2. Il documento informatico trasmesso per via telematica si intende spedito dal mittente se inviato al proprio gestore, e si intende consegnato al destinatario se reso disponibile all'indirizzo elettronico da questi dichiarato, nella casella di posta elettronica del destinatario messa a disposizione dal gestore.

46. *Dati particolari contenuti nei documenti trasmessi*. — 1. Al fine di garantire la riservatezza dei dati sensibili o giudiziari di cui all'art. 4, comma 1, lett. *d*) ed *e*), del d.lg. 30 giugno 2003, n. 196 (4), i documenti informatici trasmessi ad altre pubbliche amministrazioni per via digitale (14) possono contenere soltanto i

(1) Comma così sostituito, da ultimo, dall'art. 40.1, lett. a, d.lg. 13 dicembre 2017, n. 217.
(2) Le parole «e conservazione» sono state soppresse dall'art. 40.1, lett. b, d.lg. 13 dicembre 2017, n. 217.
(3) Le parole «delle pubbliche amministrazioni» sono state inserite dall'art. 40.1, lett. b, d.lg. 13 dicembre 2017, n. 217.
(4) In *Leggi coll. II, 3*.
(5) Le parole «procedimenti non conclusi» sono state così sostituite alle precedenti «procedimenti conclusi» dall'art. 40.1, lett. b, d.lg. 13 dicembre 2017, n. 217.
(6) Comma aggiunto dall'art. 30.1, lett. b, d.lg. 30 dicembre 2010, n. 235, e successivamente così sostituito dall'art. 36.1, lett. c, d.lg. 26 agosto 2016, n. 179.
(7) Comma aggiunto dall'art. 30.1, d.lg. 30 dicembre 2010, n. 235, e successivamente così sostituito dall'art. 40.1, lett. c, d.lg. 13 dicembre 2017, n. 217.
(8) Sulle regole tecniche in materia di sistema di conservazione v. d.p.c.m. 3 dicembre 2013, in suppl. ord. n. 20 a G.U., 12 marzo 2014, n. 59.
(9) Comma aggiunto dall'art. 40.1, lett. d, d.lg. 13 dicembre 2017, n. 217.
(10) Articolo inserito dall'art. 30.2, d.lg. 30 dicembre 2010, n. 235, e successivamente abrogato dall'art. 64.1, lett. b, d.lg. 13 dicembre 2017, n. 217.
(11) L'art. 61.2, lett. d, d.lg. 26 agosto 2016, n. 179, così dispone: «la parola "cittadino", ovunque ricorra, si intende come "persona fisica" e le espressioni "chiunque" e "cittadini e imprese", ovunque ricorrano, si intendono come "soggetti giuridici"».
(12) Le parole «, ivi compreso il fax» sono state soppresse dall'art. 31, d.lg. 30 dicembre 2010, n. 235.
(13) Le parole «fonte di» sono state soppresse dall'art. 41, d.lg. 13 dicembre 2017, n. 217.
(14) La parola «digitale» è stata così sostituita alla precedente «telematica» dall'art. 42, d.lg. 13 dicembre 2017, n. 217.

dati sensibili e giudiziari consentiti (1) da legge o da regolamento e indispensabili per il perseguimento delle finalità per le quali sono acquisite.

47. *Trasmissione dei documenti tra le pubbliche amministrazioni* (2). — 1. Le comunicazioni di documenti tra le pubbliche amministrazioni avvengono [...] (3) mediante l'utilizzo della posta elettronica o in cooperazione applicativa (4); esse sono valide ai fini del procedimento amministrativo una volta che ne sia verificata la provenienza. Il documento può essere, altresì, reso disponibile previa comunicazione delle modalità di accesso telematico allo stesso (5).

1-*bis.* L'inosservanza della disposizione di cui al comma 1, ferma restando l'eventuale responsabilità per danno erariale, comporta responsabilità dirigenziale e responsabilità disciplinare (6).

2. Ai fini della verifica della provenienza le comunicazioni sono valide se:

a) sono sottoscritte con firma digitale o altro tipo di firma elettronica qualificata;

b) ovvero sono dotate di segnatura di protocollo di cui all'art. 55 del d.p.r. 28 dicembre 2000, n. 445 (7);

c) ovvero è comunque possibile accertarne altrimenti la provenienza, secondo quanto previsto dalla normativa vigente o dalle Linee guida (8). È in ogni caso esclusa la trasmissione di documenti a mezzo fax (9);

d) ovvero trasmesse attraverso sistemi di posta elettronica certificata di cui al d.p.r. 11 febbraio 2005, n. 68.

3. I soggetti di cui all'art. 2, comma 2, lett. *a*) e *b*), (10) provvedono ad istituire e pubblicare nell'Indice dei domicili digitali delle pubbliche amministrazioni e dei gestori di pubblici servizi (11) almeno una casella di posta elettronica certificata per ciascun registro di protocollo (12). Le pubbliche amministrazioni (13) utilizzano per le comunicazioni tra l'amministrazione ed i propri dipendenti la posta elettronica o altri strumenti informatici di comunicazione nel rispetto delle norme in materia di protezione dei dati personali e previa informativa agli interessati in merito al grado di riservatez-

(1) Le parole «i dati sensibili e giudiziari consentiti» sono state così sostituite alle precedenti «le informazioni relative a stati, fatti e qualità personali previste» dall'art. 42, d.lg. 13 dicembre 2017, n. 217.

(2) Rubrica così sostituita alla precedente «Trasmissione dei documenti attraverso la posta elettronica tra le pubbliche amministrazioni» dall'art. 38.1, lett. a, d.lg. 26 agosto 2016, n. 179.

(3) Le parole «di norma» sono state soppresse dall'art. 32.1, lett. a, d.lg. 30 dicembre 2010, n. 235.

(4) Le parole «o in cooperazione applicativa» sono state inserite dall'art. 32.1, lett. a, d.lg. 30 dicembre 2010, n. 235.

(5) Ultimo periodo aggiunto dall'art. 38.1, lett. b, d.lg. 26 agosto 2016, n. 179.

(6) Comma inserito dall'art. 6.1, lett. a, d.l. 18 ottobre 2012, n. 179, conv. in l. 17 dicembre 2012, n. 221.

(7) Le parole «segnatura di protocollo di cui all'art. 55 del d.p.r. 28 dicembre 2000, n. 445» sono state così sostituite alle precedenti «protocollo informatizzato» dall'art. 32.1, lett. b, d.lg. 30 dicembre 2010, n. 235.

(8) L'art. 66.1, d.lg. 13 dicembre 2017, n. 217, così dispone: «Nel d.lg. n. 82 del 2005, ad eccezione degli artt. 14, comma 1, 20, comma 3, e 76 le parole "regole tecniche di cui all'art. 71", "regole tecniche adottate ai sensi dell'art. 71", "regole tecniche stabilite ai sensi dell'art. 71", "regole tecniche stabilite dall'art. 71" e "regole tecniche dettate ai sensi dell'art. 71" ovunque ricorrano, sono sostituite dalle seguenti: "Linee guida"».

(9) Le parole «. È in ogni caso esclusa la trasmissione di documenti a mezzo fax» sono state aggiunte dall'art. 14.1-*bis*, d.l. 21 giugno 2013, n. 69, conv. in l. 9 agosto 2013, n. 98.

(10) Le parole «I soggetti di cui all'art. 2, comma 2, lett. *a*) e *b*),» sono state così sostituite alle precedenti «Le pubbliche amministrazioni e gli altri soggetti di cui all'art. 2, comma 2,» dall'art. 43.1, lett. a, d.lg. 13 dicembre 2017, n. 217.

(11) Le parole «nell'Indice dei domicili digitali delle pubbliche amministrazioni e dei gestori di pubblici servizi» sono state così sostituite alle precedenti «nell'Indice PA» dall'art. 43.1, lett. a, d.lg. 13 dicembre 2017, n. 217.

(12) L'art. 16.8-9, d.l. 29 novembre 2008, n. 185, conv. in l. 28 gennaio 2009, n. 2, così dispone: «8. Le amministrazioni pubbliche di cui all'art. 1, comma 2, del d.lg. 30 marzo 2001, n. 165, e successive modificazioni, qualora non abbiano provveduto ai sensi dell'art. 47, comma 3, lett. *a*), del Codice dell'Amministrazione digitale, di cui al d.lg. 7 marzo 2005, n. 82, istituiscono una casella di posta certificata o analogo indirizzo di posta elettronica di cui al comma 6 per ciascun registro di protocollo e ne danno comunicazione al DigitPA, che provvede alla pubblicazione di tali caselle in un elenco consultabile per via telematica. Dall'attuazione del presente articolo non devono derivare nuovi o maggiori oneri a carico della finanza pubblica e si deve provvedere nell'ambito delle risorse disponibili. || 9. Salvo quanto stabilito dall'art. 47, commi 1 e 2, del codice dell'amministrazione digitale di cui al d.lg. 7 marzo 2005, n. 82, le comunicazioni tra i soggetti di cui ai commi 6, 7 e 8 del presente articolo, che abbiano provveduto agli adempimenti ivi previsti, possono essere inviate attraverso la posta elettronica certificata o analogo indirizzo di posta elettronica di cui al comma 6, senza che il destinatario debba dichiarare la propria disponibilità ad accettarne l'utilizzo».

(13) Le parole «Le pubbliche amministrazioni» sono state così sostituite alle precedenti «La pubbliche amministrazioni» dall'art. 43.1, lett. b, d.lg. 13 dicembre 2017, n. 217.

za degli strumenti utilizzati (1) (2).

48. *Posta elettronica certificata*. — 1. La trasmissione telematica di comunicazioni che necessitano di una ricevuta di invio e di una ricevuta di consegna avviene mediante la posta elettronica certificata ai sensi del d.p.r. 11 febbraio 2005, n. 68, o mediante altre soluzioni tecnologiche individuate.

2. La trasmissione del documento informatico per via telematica, effettuata ai sensi del comma 1, equivale, salvo che la legge disponga diversamente, alla notificazione per mezzo della posta.

3. La data e l'ora di trasmissione e di ricezione di un documento informatico trasmesso ai sensi del comma 1 sono opponibili ai terzi se conformi alle disposizioni di cui al d.p.r. 11 febbraio 2005, n. 68, ed alle relative regole tecniche, ovvero conformi alle Linee guida (3) (4) (5).

49. *Segretezza della corrispondenza trasmessa per via telematica*. — 1. Gli addetti alle operazioni di trasmissione per via telematica di atti, dati e documenti formati con strumenti informatici non possono prendere cognizione della corrispondenza telematica, duplicare con qualsiasi mezzo o cedere a terzi a qualsiasi titolo informazioni anche in forma sintetica o per estratto sull'esistenza o sul contenuto di corrispondenza, comunicazioni o messaggi trasmessi per via telematica, salvo che si tratti di informazioni per loro natura o per espressa indicazione del mittente destinate ad essere rese pubbliche.

2. Agli effetti del presente codice, gli atti, i dati e i documenti trasmessi per via telematica si considerano, nei confronti del gestore del sistema di trasporto delle informazioni, di proprietà del mittente sino a che non sia avvenuta la consegna al destinatario.

50-70. . . . . (*omissis*).

CAPO VII

REGOLE TECNICHE

71. *Regole tecniche*. — 1. L'AgID, previa consultazione pubblica da svolgersi entro il termine di trenta giorni, sentiti le amministrazioni competenti e il Garante per la protezione dei dati personali nelle materie di competenza, nonché acquisito il parere della Conferenza unificata, adotta Linee guida contenenti le regole tecniche e di indirizzo per l'attuazione del presente Codice. Le Linee guida divengono

(1) Comma così sostituito dall'art. 32.1, lett. c, d.lg. 30 dicembre 2010, n. 235.

(2) Sulle regole tecniche per il protocollo informatico v. d.p.c.m. 3 dicembre 2013, in suppl. ord. n. 20 a G.U., 12 marzo 2014, n. 59.

(3) L'art. 66.1, d.lg. 13 dicembre 2017, n. 217, così dispone: «Nel d.lg. n. 82 del 2005, ad eccezione degli artt. 14, comma 1, 20, comma 3, e 76 le parole "regole tecniche di cui all'art. 71", "regole tecniche adottate ai sensi dell'art. 71", "regole tecniche stabilite ai sensi dell'art. 71", "regole tecniche stabilite dall'art. 71" e "regole tecniche dettate ai sensi dell'art. 71" ovunque ricorrano, sono sostituite dalle seguenti: "Linee guida"».

(4) Articolo così sostituito dall'art. 33.1, d.lg. 30 dicembre 2010, n. 235. L'art. 65.7, d.lg. 13 dicembre 2017, n. 217, così dispone: «L'art. 48 del d.lg. n. 82 del 2005 è abrogato a decorrere dal 1° gennaio 2019».

(5) L'art. 16-*bis*.5-7, d.l. 29 novembre 2008, n. 185, conv. in l. 28 gennaio 2009, n. 2, come modificato dall'art. 35.2, l. 18 giugno 2009, n. 69, così dispone: «5. Per favorire la realizzazione degli obiettivi di massima diffusione delle tecnologie telematiche nelle comunicazioni, previsti dal codice dell'amministrazione digitale, di cui al d.lg. 7 marzo 2005, n. 82, ai cittadini che ne fanno richiesta è attribuita una casella di posta elettronica certificata o analogo indirizzo di posta elettronica basato su tecnologie che certifichino data e ora dell'invio e della ricezione delle comunicazioni e l'integrità del contenuto delle stesse, garantendo l'interoperabilità con analoghi sistemi internazionali. L'utilizzo della posta elettronica certificata avviene ai sensi degli artt. 6 e 48 del citato codice di cui al d.lg. n. 82 del 2005, con effetto equivalente, ove necessario, alla notificazione per mezzo della posta. Le comunicazioni che transitano per la predetta casella di posta elettronica certificata sono senza oneri. || 6. Per i medesimi fini di cui al comma 5, ogni amministrazione pubblica utilizza la posta elettronica certificata, ai sensi dei citati artt. 6 e 48 del codice di cui al d.lg. n. 82 del 2005, o analogo indirizzo di posta elettronica basato su tecnologie che certifichino data e ora dell'invio e della ricezione delle comunicazioni e l'integrità del contenuto delle stesse, garantendo l'interoperabilità con analoghi sistemi internazionali, con effetto equivalente, ove necessario, alla notificazione per mezzo della posta, per le comunicazioni e le notificazioni aventi come destinatari dipendenti della stessa o di altra amministrazione pubblica. || 7. Con decreto del Presidente del Consiglio dei ministri, su proposta del Ministro per la pubblica amministrazione e l'innovazione, da emanare entro novanta giorni dalla data di entrata in vigore della legge di conversione del presente decreto, previa intesa in sede di Conferenza unificata di cui all'art. 8 del d.lg. 28 agosto 1997, n. 281, e successive modificazioni, sono definite le modalità di rilascio e di uso della casella di posta elettronica certificata assegnata ai cittadini ai sensi del comma 5 del presente articolo, con particolare riguardo alle categorie a rischio di esclusione ai sensi dell'art. 8 del citato codice di cui al d.lg. n. 82 del 2005, nonché le modalità di attivazione del servizio mediante procedure di evidenza pubblica, anche utilizzando strumenti di finanza di progetto. Con il medesimo decreto sono stabilite le modalità di attuazione di quanto previsto nel comma 6, cui le amministrazioni pubbliche provvedono nell'ambito degli ordinari stanziamenti di bilancio».

efficaci dopo la loro pubblicazione nell'apposita area del sito Internet istituzionale dell'AgID e di essa ne è data notizia nella *Gazzetta Ufficiale* della Repubblica italiana. Le Linee guida sono aggiornate o modificate con la procedura di cui al primo periodo (1) (2).

1-*bis*. .... (3).

1-*ter*. Le regole tecniche di cui al presente codice sono dettate in conformità ai requisiti tecnici di accessibilità di cui all'art. 11 della l. 9 gennaio 2004, n. 4 (4), alle discipline risultanti dal processo di standardizzazione tecnologica a livello internazionale ed alle normative dell'Unione europea (5).

2. .... (6) (7) (8).

CAPO VIII

SISTEMA PUBBLICO DI CONNETTIVITÀ (9)

72. .... (10).

73. *Sistema pubblico di connettività (SPC)*. — 1. Nel rispetto dell'art. 117, secondo comma, lett. *r*), della Costituzione, e nel rispetto dell'autonomia dell'organizzazione interna delle funzioni informative delle regioni e delle autonomie locali il presente Capo definisce e disciplina il Sistema pubblico di connettività e cooperazione (SPC), quale insieme di infrastrutture tecnologiche e di regole tecniche che assicura l'interoperabilità tra i sistemi informativi delle pubbliche amministrazioni, permette il coordinamento informativo e informatico dei dati tra le amministrazioni centrali, regionali e locali e tra queste e i sistemi dell'Unione europea ed è aperto all'adesione da parte dei gestori di servizi pubblici e dei soggetti privati (11).

2. Il SPC garantisce la sicurezza e la riservatezza delle informazioni, nonché la salvaguardia e l'autonomia del patrimonio informativo di ciascun soggetto aderente (12).

3. La realizzazione del SPC avviene nel rispetto dei seguenti principi:

a) sviluppo architetturale e organizzativo atto a garantire la federabilità dei sistemi (13);

b) economicità nell'utilizzo dei servizi di rete, di interoperabilità e di supporto alla cooperazione applicativa;

b-bis) aggiornamento continuo del sistema e aderenza alle migliori pratiche internazionali (14);

c) sviluppo del mercato e della concorrenza nel settore delle tecnologie dell'informazione e della comunicazione.

3-*bis*. .... (15).

3-*ter*. Il SPC è costituito da un insieme di elementi che comprendono:

a) infrastrutture, architetture e interfacce tecnologiche;

(1) Comma così sostituito, da ultimo, dall'art. 63, d.lg. 13 dicembre 2017, n. 217.

(2) Sulle regole tecniche in materia di sistema di conservazione v. d.p.c.m. 3 dicembre 2013, in suppl. ord. n. 20 a G.U., 12 marzo 2014, n. 59. Sulle regole tecniche in materia di documenti informatici v. d.p.c.m. 13 novembre 2014, in G.U., 12 gennaio 2015, n. 8.

(3) Comma inserito dall'art. 29.2, d.lg. 4 aprile 2006, n. 159, e successivamente abrogato dall'art. 51.1, lett. b, d.lg. 30 dicembre 2010, n. 235.

(4) Le parole «ai requisiti tecnici di accessibilità di cui all'art. 11 della l. 9 gennaio 2004, n. 4,» sono state inserite dall'art. 9.6, lett. f, d.l. 18 ottobre 2012, n. 179, conv. in l. 17 dicembre 2012, n. 221.

(5) Comma inserito dall'art. 29.2, d.lg. 4 aprile 2006, n. 159.

(6) Comma abrogato dall'art. 56.1, lett. b, d.lg. 26 agosto 2016, n. 179.

(7) Per le specifiche tecniche del formato elettronico elaborabile (XBRL) per la presentazione dei bilanci di esercizio e consolidati e di altri atti del registro delle imprese v. d.p.c.m. 10 dicembre 2008, in G.U., 31 dicembre 2008, n. 304. Sulle regole tecniche in materia di generazione, apposizione e verifica delle firme elettroniche avanzate, qualificate e digitali, v. d.p.c.m. 22 febbraio 2013, in G.U., 21 maggio 2013, n. 117, in *Leggi coll. IV, 7*.

(8) Sulle regole tecniche per il protocollo informatico v. d.p.c.m. 3 dicembre 2013, in suppl. ord. n. 20 a G.U., 12 marzo 2014, n. 59.

(9) Capo introdotto dall'art. 30, d.lg. 4 aprile 2006, n. 159. La rubrica è stata successivamente così sostituita alla precedente «Sistema pubblico di connettività e rete internazionale della pubblica amministrazione» dall'art. 61.2, lett. c, d.lg. 26 agosto 2016, n. 179, che ha inoltre abrogato la ripartizione in sezioni dello stesso Capo.

(10) Articolo abrogato dall'art. 64.1, d.lg. 26 agosto 2016, n. 179.

(11) Le parole da «e cooperazione (SPC)» fino a «privati» sono state così sostituite alle precedenti «(SPC), al fine di assicurare il coordinamento informativo e informatico dei dati tra le amministrazioni centrali, regionali e locali e promuovere l'omogeneità nella elaborazione e trasmissione dei dati stessi, finalizzata allo scambio e diffusione delle informazioni tra le pubbliche amministrazioni e alla realizzazione di servizi integrati» dall'art. 57.1, lett. a, d.lg. 26 agosto 2016, n. 179.

(12) Comma così sostituito dall'art. 57.1, lett. b, d.lg. 26 agosto 2016, n. 179.

(13) Lettera così sostituita dall'art. 57.1, lett. c, d.lg. 26 agosto 2016, n. 179.

(14) Lettera inserita dall'art. 57.1, lett. d, d.lg. 26 agosto 2016, n. 179.

(15) Comma aggiunto dall'art. 53, d.lg. 30 dicembre 2010, n. 235, e successivamente abrogato dall'art. 57.1, lett. e, d.lg. 26 agosto 2016, n. 179.

b) linee guida e regole per la cooperazione e l'interoperabilità;

c) catalogo di servizi e applicazioni (1).

3-*quater*. Ai sensi dell'art. 71 sono dettate le regole tecniche del Sistema pubblico di connettività e cooperazione, al fine di assicurarne: l'aggiornamento rispetto alla evoluzione della tecnologia; l'aderenza alle linee guida europee in materia di interoperabilità; l'adeguatezza rispetto alle esigenze delle pubbliche amministrazioni e dei suoi utenti; la più efficace e semplice adozione da parte di tutti i soggetti, pubblici e privati, il rispetto di necessari livelli di sicurezza (1).

74. .... (2).

75. *Partecipazione al Sistema pubblico di connettività*. — 1. I soggetti di cui all'art. 2, comma 2, partecipano al SPC, salve le esclusioni collegate all'esercizio delle funzioni di ordine e sicurezza pubblica, difesa nazionale, consultazioni elettorali (3).

2. Chiunque (4) può partecipare al SPC nel rispetto delle regole tecniche di cui all'art. 73, comma 3-*quater* (3).

3. AgID rende gratuitamente disponibili specifiche delle interfacce tecnologiche, le linee guida, le regole di cooperazione e ogni altra informazione necessaria a garantire l'interoperabilità del SPC con ogni soluzione informatica sviluppata autonomamente da privati o da altre amministrazioni che rispettano le regole definite ai sensi dell'art. 73, comma 3-*quater* (3).

3-*bis*. .... (5).

76. *Scambio di documenti informatici nell'ambito del Sistema pubblico di connettività*. — 1. Gli scambi di documenti informatici [...] (6) nell'ambito del SPC, realizzati attraverso la cooperazione applicativa e nel rispetto delle relative procedure e regole tecniche di sicurezza, costituiscono invio documentale valido ad ogni effetto di legge.

76-*bis*. *Costi del SPC*. — 1. I costi relativi alle infrastrutture nazionali per l'interoperabilità sono a carico dei fornitori, per i servizi da essi direttamente utilizzati e proporzionalmente agli importi dei relativi contratti di fornitura e una quota di tali costi è a carico delle pubbliche amministrazioni relativamente ai servizi da esse utilizzati. L'eventuale parte del contributo di cui all'art. 18, comma 3, del d.lg. 1° dicembre 2009, n. 177, che eccede la copertura dei costi diretti e indiretti, comprensivi di rimborsi per eventuali attività specificamente richieste dalla Consip ad AgID in relazione alle singole procedure, sostenuti dalla stessa Consip per le attività di centrale di committenza di cui all'art. 4, comma 3-*quater*, del d.l. 6 luglio 2012, n. 95, convertito, con modificazioni, dalla l. 7 agosto 2012, n. 135, è destinata a parziale copertura della quota dei costi relativi alle infrastrutture nazionali gestite da AgID (7).

77-87. .... (8).

CAPO IX (9)

DISPOSIZIONI TRANSITORIE FINALI E ABROGAZIONI

88-89. .... (8).

90 (10). *Oneri finanziari*. — 1. All'attuazione del presente Codice (11) si provvede nell'ambito delle risorse previste a legislazione vigente.

91 (10). *Abrogazioni*. — 1. Dalla data di entrata in vigore del presente testo unico sono abrogati:

a) il d.lg. 23 gennaio 2002, n. 10;

b) gli artt. 1, comma 1, lett. *t*), *u*), *v*), *z*), *aa*), *bb*), *cc*), *dd*), *ee*), *ff*), *gg*), *hh*), *ii*), *ll*), *mm*), *nn*), *oo*); 2, comma 1, ultimo periodo, 6; 8; 9; 10; 11; 12; 13; 14; 17; 20; 22; 23; 24; 25; 26; 27; 27-*bis*; 28; 28-*bis*; 29; 29-*bis*; 29-*ter*; 29-*quater*; 29-*quinquies*; 29-*sexies*; 29-*septies*; 29-*octies*; 36, commi 1, 2, 3, 4, 5 e 6; 51; del d.p.r. 28 dicembre 2000, n. 445 (Testo A);

(1) Comma aggiunto dall'art. 57.1, lett. f, d.lg. 26 agosto 2016, n. 179.

(2) Articolo abrogato dall'art. 64.1, d.lg. 26 agosto 2016, n. 179.

(3) Comma così sostituito dall'art. 58.1, lett. a, d.lg. 26 agosto 2016, n. 179.

(4) L'art. 61.2, lett. d, d.lg. 26 agosto 2016, n. 179, così dispone: «la parola "cittadino", ovunque ricorra, si intende come "persona fisica" e le espressioni "chiunque" e "cittadini e imprese", ovunque ricorrano, si intendono come "soggetti giuridici"».

(5) Comma aggiunto dall'art. 54, d.lg. 30 dicembre 2010, n. 235, e successivamente abrogato dall'art. 58.1, lett. b, d.lg. 26 agosto 2016, n. 179.

(6) Le parole «tra le pubbliche amministrazioni» sono state soppresse dall'art. 59.1, d.lg. 26 agosto 2016, n. 179.

(7) Articolo inserito dall'art. 59.2, d.lg. 26 agosto 2016, n. 179.

(8) Articoli abrogati dall'art. 64.1, d.lg. 26 agosto 2016, n. 179.

(9) L'espressione «Capo IX» è stata così sostituita a quella «Capo VIII» dall'art. 31, d.lg. 4 aprile 2006, n. 159.

(10) Numerazione così sostituita dall'art. 31, d.lg. 4 aprile 2006, n. 159.

(11) Le parole «presente Codice» sono state così sostituite alle precedenti «presente decreto» dall'art. 61.2, lett. a, d.lg. 26 agosto 2016, n. 179.

c) l'art. 26, comma 2, lett. *a*), *e*), *h*), della l. 27 dicembre 2002, n. 289;

d) l'art. 27, comma 8, lett. *b*), della l. 16 gennaio 2003, n. 3;

e) gli artt. 16, 17, 18 e 19 della l. 29 luglio 2003, n. 229.

2. Le abrogazioni degli artt. 2, comma 1, ultimo periodo, 6, commi 1 e 2; 10; 36, commi 1, 2, 3, 4, 5 e 6; del d.p.r. 28 dicembre 2000, n. 445 (Testo A), si intendono riferite anche al d.lg. 28 dicembre 2000, n. 443 (Testo B).

3. Le abrogazioni degli artt. 1, comma 1, lett. *t*), *u*), *v*), *z*), *aa*), *bb*), *cc*), *dd*), *ee*), *ff*), *gg*), *hh*), *ii*), *ll*), *mm*), *nn*), *oo*); 6, commi 3 e 4; 8; 9; 11; 12; 13; 14; 17; 20; 22; 23; 24; 25; 26; 27; 27-*bis*; 28; 28-*bis*; 29; 29-*bis*; 29-*ter*; 29-*quater*; 29-*quinquies*; 29-*sexies*; 29-*septies*; 29-*octies*; 51; del d.p.r. 28 dicembre 2000, n. 445 (Testo A), si intendono riferite anche al d.p.r. 28 dicembre 2000, n. 444 (Testo C).

3-*bis*. L'art. 15, comma 1, della l. 15 marzo 1997, n. 59, è abrogato (1).

3-*ter*. Il d.lg. 28 febbraio 2005, n. 42, è abrogato (1).

92. .... (2).

IV. 5.

DECRETO DEL PRESIDENTE DELLA REPUBBLICA 11 febbraio 2005, n. 68. — *Regolamento recante disposizioni per l'utilizzo della posta elettronica certificata, a norma dell'art. 27 della l. 16 gennaio 2003, n. 3* (3).

1. *Oggetto e definizioni*. — 1. Il presente regolamento stabilisce le caratteristiche e le modalità per l'erogazione e la fruizione di servizi di trasmissione di documenti informatici mediante posta elettronica certificata.

2. Ai fini del presente regolamento si intende per:

a) busta di trasporto, il documento informatico che contiene il messaggio di posta elettronica certificata;

b) Centro nazionale per l'informatica nella pubblica amministrazione, di seguito denominato: «CNIPA», l'organismo di cui all'art. 4, comma 1, del d.lg. 12 febbraio 1993, n. 39, come modificato dall'art. 176, comma 3, del d.lg. 30 giugno 2003, n. 196;

c) dati di certificazione, i dati inseriti nelle ricevute indicate dal presente regolamento, relativi alla trasmissione del messaggio di posta elettronica certificata;

d) dominio di posta elettronica certificata, l'insieme di tutte e sole le caselle di posta elettronica certificata il cui indirizzo fa riferimento, nell'estensione, ad uno stesso dominio della rete Internet, definito secondo gli standard propri di tale rete;

e) log dei messaggi, il registro informatico delle operazioni relative alle trasmissioni effettuate mediante posta elettronica certificata tenuto dal gestore;

f) messaggio di posta elettronica certificata, un documento informatico composto dal testo del messaggio, dai dati di certificazione e dagli eventuali documenti informatici allegati;

g) posta elettronica certificata, ogni sistema di posta elettronica nel quale è fornita al mittente documentazione elettronica attestante l'invio e la consegna di documenti informatici;

h) posta elettronica, un sistema elettronico di trasmissione di documenti informatici;

i) riferimento temporale, l'informazione contenente la data e l'ora che viene associata ad un messaggio di posta elettronica certificata;

l) utente di posta elettronica certificata, la persona fisica, la persona giuridica, la pubblica amministrazione e qualsiasi ente, associazione o organismo, nonché eventuali unità organizzative interne ove presenti, che sia mittente o destinatario di posta elettronica certificata;

m) virus informatico, un programma informatico avente per scopo o per effetto il danneggiamento di un sistema informatico o telematico, dei dati o dei programmi in esso contenuti o ad esso pertinenti, ovvero l'interruzione, totale o parziale, o l'alterazione del suo funzionamento.

2. *Soggetti del servizio di posta elettronica certificata*. — 1. Sono soggetti del servizio di posta elettronica certificata:

a) il mittente, cioè l'utente che si avvale del servizio di posta elettronica certificata per la trasmissione di documenti prodotti mediante strumenti informatici;

b) il destinatario, cioè l'utente che si avvale del servizio di posta elettronica certificata per la ricezione di documenti prodotti mediante strumenti informatici;

c) il gestore del servizio, cioè il soggetto,

(1) Comma aggiunto dall'art. 32, d.lg. 4 aprile 2006, n. 159.
(2) Articolo abrogato dall'art. 64.1, d.lg. 26 agosto 2016, n. 179.
(3) G.U., 28 aprile 2005, n. 97.

pubblico o privato, che eroga il servizio di posta elettronica certificata e che gestisce domini di posta elettronica certificata.

3. *Trasmissione del documento informatico.* — 1. .... (*omissis*) (1).

4. *Utilizzo della posta elettronica certificata.* — 1. La posta elettronica certificata consente l'invio di messaggi la cui trasmissione è valida agli effetti di legge.

2-3. .... (2).

4. .... (3).

5. Le modalità attraverso le quali il privato comunica la disponibilità all'utilizzo della posta elettronica certificata, il proprio indirizzo di posta elettronica certificata, il mutamento del medesimo o l'eventuale cessazione della disponibilità, nonché le modalità di conservazione, da parte dei gestori del servizio, della documentazione relativa sono definite nelle regole tecniche di cui all'art. 17.

6. La validità della trasmissione e ricezione del messaggio di posta elettronica certificata è attestata rispettivamente dalla ricevuta di accettazione e dalla ricevuta di avvenuta consegna, di cui all'art. 6.

7. Il mittente o il destinatario che intendono fruire del servizio di posta elettronica certificata si avvalgono di uno dei gestori di cui agli artt. 14 e 15.

5. *Modalità della trasmissione e interoperabilità.* — 1. Il messaggio di posta elettronica certificata inviato dal mittente al proprio gestore di posta elettronica certificata viene da quest'ultimo trasmesso al destinatario direttamente o trasferito al gestore di posta elettronica certificata di cui si avvale il destinatario stesso; quest'ultimo gestore provvede alla consegna nella casella di posta elettronica certificata del destinatario.

2. Nel caso in cui la trasmissione del messaggio di posta elettronica certificata avviene tra diversi gestori, essi assicurano l'interoperabilità dei servizi offerti, secondo quanto previsto dalle regole tecniche di cui all'art. 17.

6. *Ricevuta di accettazione e di avvenuta consegna.* — 1. Il gestore di posta elettronica certificata utilizzato dal mittente fornisce al mittente stesso la ricevuta di accettazione nella quale sono contenuti i dati di certificazione che costituiscono prova dell'avvenuta spedizione di un messaggio di posta elettronica certificata.

2. Il gestore di posta elettronica certificata utilizzato dal destinatario fornisce al mittente, all'indirizzo elettronico del mittente, la ricevuta di avvenuta consegna.

3. La ricevuta di avvenuta consegna fornisce al mittente prova che il suo messaggio di posta elettronica certificata è effettivamente pervenuto all'indirizzo elettronico dichiarato dal destinatario e certifica il momento della consegna tramite un testo, leggibile dal mittente, contenente i dati di certificazione.

4. La ricevuta di avvenuta consegna può contenere anche la copia completa del messaggio di posta elettronica certificata consegnato secondo quanto specificato dalle regole tecniche di cui all'art. 17.

5. La ricevuta di avvenuta consegna è rilasciata contestualmente alla consegna del messaggio di posta elettronica certificata nella casella di posta elettronica messa a disposizione del destinatario dal gestore, indipendentemente dall'avvenuta lettura da parte del soggetto destinatario.

6. La ricevuta di avvenuta consegna è emessa esclusivamente a fronte della ricezione di una busta di trasporto valida secondo le modalità previste dalle regole tecniche di cui all'art. 17.

7. Nel caso in cui il mittente non abbia più la disponibilità delle ricevute dei messaggi di posta elettronica certificata inviati, le informazioni di cui all'art. 11, detenute dai gestori, sono opponibili ai terzi ai sensi dell'art. 14, comma 2, del d.p.r. 28 dicembre 2000, n. 445.

7. *Ricevuta di presa in carico.* — 1. Quando la trasmissione del messaggio di posta elettronica certificata avviene tramite più gestori il gestore del destinatario rilascia al gestore del mittente la ricevuta che attesta l'avvenuta presa in carico del messaggio.

8. *Avviso di mancata consegna.* — 1. Quando il messaggio di posta elettronica certificata non risulta consegnabile il gestore comunica al mittente, entro le ventiquattro ore successive all'invio, la mancata consegna tramite un avviso secondo le modalità previste dalle regole tecniche di cui all'art. 17.

9. *Firma elettronica delle ricevute e della busta di trasporto.* — 1. Le ricevute rilasciate dai gestori di posta elettronica certificata sono sottoscritte dai medesimi mediante una firma elettronica avanzata ai sensi dell'art. 1, comma 1, lett. *dd*), del d.p.r. 28 dicembre 2000, n. 445, generata automaticamente dal sistema di posta elettronica e basata su chiavi asimmetriche a

(1) Modifica il comma 1 dell'art. 14 del d.p.r. 28 dicembre 2000, n. 445.
(2) Commi abrogati dall'art. 56.1, lett. a, d.lg. 30 dicembre 2010, n. 235.
(3) Comma abrogato dall'art. 16.11, d.l. 29 novembre 2008, n. 185, conv. in l. 28 gennaio 2009, n. 2.

coppia, una pubblica e una privata, che consente di rendere manifesta la provenienza, assicurare l'integrità e l'autenticità delle ricevute stesse secondo le modalità previste dalle regole tecniche di cui all'art. 17.

2. La busta di trasporto è sottoscritta con una firma elettronica di cui al comma 1 che garantisce la provenienza, l'integrità e l'autenticità del messaggio di posta elettronica certificata secondo le modalità previste dalle regole tecniche di cui all'art. 17.

10. *Riferimento temporale*. — 1. Il riferimento temporale e la marca temporale sono formati in conformità a quanto previsto dalle regole tecniche di cui all'art. 17.

2. I gestori di posta elettronica certificata appongono un riferimento temporale su ciascun messaggio e quotidianamente una marca temporale sui log dei messaggi.

11. *Sicurezza della trasmissione*. — 1. I gestori di posta elettronica certificata trasmettono il messaggio di posta elettronica certificata dal mittente al destinatario integro in tutte le sue parti, includendolo nella busta di trasporto.

2. Durante le fasi di trasmissione del messaggio di posta elettronica certificata, i gestori mantengono traccia delle operazioni svolte su un apposito log dei messaggi. I dati contenuti nel suddetto registro sono conservati dal gestore di posta elettronica certificata per trenta mesi.

3. Per la tenuta del registro i gestori adottano le opportune soluzioni tecniche e organizzative che garantiscano la riservatezza, la sicurezza, l'integrità e l'inalterabilità nel tempo delle informazioni in esso contenute.

4. I gestori di posta elettronica certificata prevedono, comunque, l'esistenza di servizi di emergenza che in ogni caso assicurano il completamento della trasmissione ed il rilascio delle ricevute.

12. *Virus informatici*. — 1. Qualora il gestore del mittente riceva messaggi con virus informatici è tenuto a non accettarli, informando tempestivamente il mittente dell'impossibilità di dar corso alla trasmissione; in tale caso il gestore conserva i messaggi ricevuti per trenta mesi secondo le modalità definite dalle regole tecniche di cui all'art. 17.

2. Qualora il gestore del destinatario riceva messaggi con virus informatici è tenuto a non inoltrarli al destinatario, informando tempestivamente il gestore del mittente, affinché comunichi al mittente medesimo l'impossibilità di dar corso alla trasmissione; in tale caso il gestore del destinatario conserva i messaggi ricevuti per trenta mesi secondo le modalità definite dalle regole tecniche di cui all'art. 17.

13. *Livelli minimi di servizio*. — 1. I gestori di posta elettronica certificata sono tenuti ad assicurare il livello minimo di servizio previsto dalle regole tecniche di cui all'art. 17.

14-16. .... (*omissis*).

17. *Regole tecniche*. — 1. Il Ministro per l'innovazione e le tecnologie definisce, ai sensi dell'art. 8, comma 2, del d.p.r. 28 dicembre 2000, n. 445, sentito il Ministro per la funzione pubblica, le regole tecniche per la formazione, la trasmissione e la validazione, anche temporale, della posta elettronica certificata (1). Qualora le predette regole riguardino la certificazione di sicurezza dei prodotti e dei sistemi è acquisito il concerto del Ministro delle comunicazioni.

18. .... (*omissis*).

IV. 6.

DECRETO LEGISLATIVO 9 aprile 2003, n. 70.— *Attuazione della direttiva 2000/31/CE relativa a taluni aspetti giuridici dei servizi della società dell'informazione nel mercato interno, con particolare riferimento al commercio elettronico* (2).

1. *Finalità*. — 1. Il presente decreto è diretto a promuovere la libera circolazione dei servizi della società dell'informazione, fra i quali il commercio elettronico.

2. Non rientrano nel campo di applicazione del presente decreto:

a) i rapporti fra contribuente e amministrazione finanziaria connessi con l'applicazione, anche tramite concessionari, delle disposizioni in materia di tributi nonché la regolamentazione degli aspetti tributari dei servizi della società dell'informazione ed in particolare del commercio elettronico;

b) le questioni relative al diritto alla riservatezza, con riguardo al trattamento dei dati personali nel settore delle telecomunicazioni di cui alla l. 31 dicembre 1996, n. 675, e al d.lg. 13 maggio 1998, n. 171, e successive modificazioni;

c) le intese restrittive della concorrenza;

d) le prestazioni di servizi della società

(1) V. d.m. Innovazione e Tecnologie 2 novembre 2005, in G.U., 15 novembre 2005, n. 266.
(2) Suppl. ord. n. 61/L a G.U., 14 aprile 2003, n. 87.

dell'informazione effettuate da soggetti stabiliti in Paesi non appartenenti allo spazio economico europeo;

e) le attività, dei notai o di altre professioni, nella misura in cui implicano un nesso diretto e specifico con l'esercizio dei pubblici poteri;

f) la rappresentanza e la difesa processuali;

g) i giochi d'azzardo, ove ammessi, che implicano una posta pecuniaria, i giochi di fortuna, compresi il lotto, le lotterie, le scommesse i concorsi pronostici e gli altri giochi come definiti dalla normativa vigente, nonché quelli nei quali l'elemento aleatorio è prevalente.

3. Sono fatte salve le disposizioni comunitarie e nazionali sulla tutela della salute pubblica e dei consumatori, sul regime autorizzatorio in ordine alle prestazioni di servizi investigativi o di vigilanza privata, nonché in materia di ordine pubblico e di sicurezza, di prevenzione del riciclaggio del denaro, del traffico illecito di stupefacenti, di commercio, importazione ed esportazione di armi, munizioni ed esplosivi e dei materiali d'armamento di cui alla l. 9 luglio 1990, n. 185.

2. *Definizioni*. — 1. Ai fini del presente decreto si intende per:

a) «servizi della società dell'informazione»: le attività economiche svolte in linea – *on line* -, nonché i servizi definiti dall'art. 1, comma 1, lett. *b*), della l. 21 giugno 1986, n. 317, e successive modificazioni;

b) «prestatore»: la persona fisica o giuridica che presta un servizio della società dell'informazione;

c) «prestatore stabilito»: il prestatore che esercita effettivamente un'attività economica mediante una stabile organizzazione per un tempo indeterminato. La presenza e l'uso dei mezzi tecnici e delle tecnologie necessarie per prestare un servizio non costituiscono di per sé uno stabilimento del prestatore;

d) «destinatario del servizio»: il soggetto che, a scopi professionali e non, utilizza un servizio della società dell'informazione, in particolare per ricercare o rendere accessibili informazioni;

e) «consumatore»: qualsiasi persona fisica che agisca con finalità non riferibili all'attività commerciale, imprenditoriale o professionale eventualmente svolta.

f) «comunicazioni commerciali»: tutte le forme di comunicazione destinate, in modo diretto o indiretto, a promuovere beni, servizi o l'immagine di un'impresa, di un'organizzazione o di un soggetto che esercita un'attività agricola, commerciale, industriale, artigianale o una libera professione. Non sono di per sé comunicazioni commerciali:

1) le informazioni che consentono un accesso diretto all'attività dell'impresa, del soggetto o dell'organizzazione, come un nome di dominio, o un indirizzo di posta elettronica;

2) e comunicazioni relative a beni, servizi o all'immagine di tale impresa, soggetto o organizzazione, elaborate in modo indipendente, in particolare senza alcun corrispettivo;

g) «professione regolamentata»: professione riconosciuta ai sensi dell'art. 2 del d.lg. 27 gennaio 1992, n. 115, ovvero ai sensi dell'art. 2 del d.lg. 2 maggio 1994, n. 319 (1);

h) «ambito regolamentato»: le disposizioni applicabili ai prestatori di servizi o ai servizi della società dell'informazione, indipendentemente dal fatto che siano di carattere generale o loro specificamente destinate. L'ambito regolamentato riguarda le disposizioni che il prestatore deve soddisfare per quanto concerne:

1) l'accesso all'attività di servizi della società dell'informazione, quali le disposizioni riguardanti le qualifiche e i regimi di autorizzazione o di notifica;

2) l'esercizio dell'attività di un servizio della società dell'informazione, quali, ad esempio, le disposizioni riguardanti il comportamento del prestatore, la qualità o i contenuti del servizio, comprese le disposizioni applicabili alla pubblicità e ai contratti, ovvero alla responsabilità del prestatore.

2. L'ambito regolamentato comprende unicamente i requisiti riguardanti le attività in linea e non comprende i requisiti legali relativi a:

a) le merci in quanto tali, nonché le merci, i beni e i prodotti per le quali le disposizioni comunitarie o nazionali nelle materie di cui all'art. 1, comma 3, prevedono il possesso e l'esibizione di documenti, certificazioni, nulla osta o altri titoli autorizzatori di qualunque specie;

b) la consegna o il trasporto delle merci;

c) i servizi non prestati per via elettronica.

3. Sono fatte salve, ove non espressamente derogate, le disposizioni in materia bancaria, finanziaria, assicurativa e dei sistemi di pagamento e le competenze degli organi ammini-

(1) Provvedimenti abrogati dall'art. 60.2, d.lg. 9 novembre 2007, n. 206. L'art. 60.4, d.lg. cit., così dispone: «Ogni riferimento contenuto in vigenti disposizioni di legge ai decreti legislativi 27 gennaio 1992, n. 115, e 2 maggio 1994, n. 319, si intende fatto alle corrispondenti disposizioni del presente decreto».

strativi e degli organi di polizia aventi funzioni di vigilanza e di controllo, compreso il controllo sulle reti informatiche di cui alla l. 31 luglio 1997, n. 249, e delle autorità indipendenti di settore.

3. *Mercato interno*. — 1. I servizi della società dell'informazione forniti da un prestatore stabilito sul territorio italiano si conformano alle disposizioni nazionali applicabili nell'ambito regolamentato e alle norme del presente decreto.

2. Le disposizioni relative all'ambito regolamentato di cui all'art. 2, comma 1, lett. *h*), non possono limitare la libera circolazione dei servizi della società dell'informazione provenienti da un prestatore stabilito in un altro Stato membro.

3. Alle controversie che riguardano il prestatore stabilito si applicano le disposizioni del reg. CE n. 44/2001 del Consiglio, del 22 dicembre 2000, concernente la competenza giurisdizionale, il riconoscimento e l'esecuzione delle decisioni in materia civile e commerciale.

4. *Deroghe all'art. 3*. — 1. Le disposizioni dei commi 1 e 2 dell'art. 3, non si applicano nei seguenti casi:

a) diritti d'autore, diritti assimilati, diritti di cui alla l. 21 febbraio 1989, n. 70 (1), e al d.lg. 6 maggio 1999, n. 169, nonché diritti di proprietà industriale;

b) emissione di moneta elettronica da parte di istituti per i quali gli Stati membri hanno applicato una delle deroghe di cui all'art. 8, par. 1, della direttiva 2000/46/CE del Parlamento europeo e del Consiglio riguardante l'avvio, l'esercizio e la vigilanza prudenziale dell'attività degli istituti di moneta elettronica;

c) l'art. 44, par. 2, della direttiva 85/611/CEE, in materia di pubblicità degli organismi di investimento collettivo in valori mobiliari;

d) all'attività assicurativa di cui all'art. 30 e al titolo IV della direttiva 92/49/CEE, terza direttiva sulle assicurazioni sui danni, agli artt. 7 e 8 della direttiva 88/357/CEE, seconda direttiva sulle assicurazioni sui danni; al titolo IV della direttiva 92/96/CEE, terza direttiva sulle assicurazioni sulla vita, e all'art. 4 della direttiva 90/619/CEE, la seconda direttiva sulle assicurazioni sulla vita, come modificate dalla direttiva 2002/83/CE;

e) facoltà delle parti di scegliere la legge applicabile al loro contratto;

f) obbligazioni contrattuali riguardanti i contratti conclusi dai consumatori;

g) validità dei contratti che istituiscono o trasferiscono diritti relativi a beni immobili nei casi in cui tali contratti devono soddisfare requisiti formali;

h) ammissibilità delle comunicazioni commerciali non sollecitate per posta elettronica.

5. *Deroghe*. — 1. La libera circolazione di un determinato servizio della società dell'informazione proveniente da un altro Stato membro può essere limitata, con provvedimento dell'autorità giudiziaria o degli organi amministrativi di vigilanza o delle autorità indipendenti di settore, per motivi di:

a) ordine pubblico, per l'opera di prevenzione, investigazione, individuazione e perseguimento di reati, in particolare la tutela dei minori e la lotta contro l'incitamento all'odio razziale, sessuale, religioso o etnico, nonché contro la violazione della dignità umana;

b) tutela della salute pubblica;

c) pubblica sicurezza, compresa la salvaguardia della sicurezza e della difesa nazionale;

d) tutela dei consumatori, ivi compresi gli investitori.

2. I provvedimenti di cui al comma 1 possono essere adottati se, nel caso concreto, sono:

a) necessari riguardo ad un determinato servizio della società dell'informazione lesivo degli obiettivi posti a tutela degli interessi pubblici di cui al comma 1, ovvero che costituisca un rischio serio e grave di pregiudizio agli stessi obiettivi;

b) proporzionati a tali obiettivi.

3. Fatti salvi i procedimenti giudiziari e gli atti compiuti nell'ambito di un'indagine penale, l'autorità competente, per il tramite del Ministero delle attività produttive ovvero l'autorità indipendente di settore, deve, prima di adottare il provvedimento:

a) chiedere allo Stato membro di cui al comma 1 di prendere provvedimenti e verificare che essi non sono stati presi o che erano inadeguati;

b) notificare alla Commissione europea e allo Stato membro di cui al comma 1, la sua intenzione di adottare tali provvedimenti. Dei provvedimenti adottati dalle autorità indipendenti, è data periodicamente comunicazione al Ministero competente.

4. In caso di urgenza, i soggetti di cui al comma 3 possono derogare alle condizioni poste nello stesso comma. I provvedimenti, in tal caso, sono notificati nel più breve tempo possibile alla Commissione e allo Stato membro, insieme ai motivi dell'urgenza.

(1) Ora abrogata dall'art. 246.1, lett. t, d.lg. 10 febbraio 2005, n. 30.

6. *Assenza di autorizzazione preventiva.* — 1. L'accesso all'attività di un prestatore di un servizio della società dell'informazione e il suo esercizio non sono soggetti, in quanto tali, ad autorizzazione preventiva o ad altra misura di effetto equivalente.

2. Sono fatte salve le disposizioni sui regimi di autorizzazione che non riguardano specificatamente ed esclusivamente i servizi della società dell'informazione o i regimi di autorizzazione nel settore dei servizi delle telecomunicazioni di cui al d.p.r. 19 settembre 1997, n. 318, dalla cui applicazione sono esclusi i servizi della società dell'informazione.

7. *Informazioni generali obbligatorie.* — 1. Il prestatore, in aggiunta agli obblighi informativi previsti per specifici beni e servizi, deve rendere facilmente accessibili, in modo diretto e permanente, ai destinatari del servizio e alle Autorità competenti le seguenti informazioni:

a) il nome, la denominazione o la ragione sociale;

b) il domicilio o la sede legale;

c) gli estremi che permettono di contattare rapidamente il prestatore e di comunicare direttamente ed efficacemente con lo stesso, compreso l'indirizzo di posta elettronica;

d) il numero di iscrizione al repertorio delle attività economiche, REA, o al registro delle imprese;

e) gli elementi di individuazione, nonché gli estremi della competente autorità di vigilanza qualora un'attività sia soggetta a concessione, licenza od autorizzazione;

f) per quanto riguarda le professioni regolamentate:

1) l'ordine professionale o istituzione analoga, presso cui il prestatore sia iscritto e il numero di iscrizione;

2) il titolo professionale, e lo Stato membro in cui è stato rilasciato;

3) il riferimento alle norme professionali e agli eventuali codici di condotta vigenti nello Stato membro di stabilimento e le modalità di consultazione dei medesimi;

g) il numero della partita IVA o altro numero di identificazione considerato equivalente nello Stato membro, qualora il prestatore eserciti un'attività soggetta ad imposta;

h) l'indicazione in modo chiaro ed inequivocabile dei prezzi e delle tariffe dei diversi servizi della società dell'informazione forniti, evidenziando se comprendono le imposte, i costi di consegna ed altri elementi aggiuntivi da specificare;

i) l'indicazione delle attività consentite al consumatore e al destinatario del servizio e gli estremi del contratto qualora un'attività sia soggetta ad autorizzazione o l'oggetto della prestazione sia fornito sulla base di un contratto di licenza d'uso.

2. Il prestatore deve aggiornare le informazioni di cui al comma 1.

3. La registrazione della testata editoriale telematica è obbligatoria esclusivamente per le attività per le quali i prestatori del servizio intendano avvalersi delle provvidenze previste dalla l. 7 marzo 2001, n. 62.

8. *Obblighi di informazione per la comunicazione commerciale.* — 1. In aggiunta agli obblighi informativi previsti per specifici beni e servizi, le comunicazioni commerciali che costituiscono un servizio della società dell'informazione o ne sono parte integrante, devono contenere, sin dal primo invio, in modo chiaro ed inequivocabile, una specifica informativa, diretta ad evidenziare:

a) che si tratta di comunicazione commerciale;

b) la persona fisica o giuridica per conto della quale è effettuata la comunicazione commerciale;

c) che si tratta di un'offerta promozionale come sconti, premi, o omaggi e le relative condizioni di accesso;

d) che si tratta di concorsi o giochi promozionali, se consentiti, e le relative condizioni di partecipazione.

9. *Comunicazione commerciale non sollecitata.* — 1. Fatti salvi gli obblighi previsti dal d.lg. 22 maggio 1999, n. 185, e dal d.lg. 13 maggio 1998, n. 171, le comunicazioni commerciali non sollecitate trasmesse da un prestatore per posta elettronica devono, in modo chiaro e inequivocabile, essere identificate come tali fin dal momento in cui il destinatario le riceve e contenere l'indicazione che il destinatario del messaggio può opporsi al ricevimento in futuro di tali comunicazioni.

2. La prova del carattere sollecitato delle comunicazioni commerciali è onere del prestatore.

10. *Uso delle comunicazioni commerciali nelle professioni regolamentate.* — 1. L'impiego di comunicazioni commerciali che costituiscono un servizio della società dell'informazione o ne sono parte, fornite da chi esercita una professione regolamentata, deve essere conforme alle regole di deontologia professionale e in particolare, all'indipendenza, alla dignità, all'onore della professione, al segreto professionale e alla lealtà verso clienti e colleghi.

11. *Esclusioni.* — 1. Il presente decreto non si applica a:

a) contratti che istituiscono o trasferiscono diritti relativi a beni immobili, diversi da quelli in materia di locazione;

b) contratti che richiedono per legge l'intervento di organi giurisdizionali, pubblici poteri o professioni che implicano l'esercizio di pubblici poteri;

c) contratti di fideiussione o di garanzie prestate da persone che agiscono a fini che esulano dalle loro attività commerciali, imprenditoriali o professionali;

d) contratti disciplinati dal diritto di famiglia o di successione.

12. *Informazioni dirette alla conclusione del contratto*. — 1. Oltre agli obblighi informativi previsti per specifici beni e servizi, nonché a quelli stabiliti dall'art. 3 del d.lg. 22 maggio 1999, n. 185, il prestatore, salvo diverso accordo tra parti che non siano consumatori, deve fornire in modo chiaro, comprensibile ed inequivocabile, prima dell'inoltro dell'ordine da parte del destinatario del servizio, le seguenti informazioni:

a) le varie fasi tecniche da seguire per la conclusione del contratto;

b) il modo in cui il contratto concluso sarà archiviato e le relative modalità di accesso;

c) i mezzi tecnici messi a disposizione del destinatario per individuare e correggere gli errori di inserimento dei dati prima di inoltrare l'ordine al prestatore;

d) gli eventuali codici di condotta cui aderisce e come accedervi per via telematica;

e) le lingue a disposizione per concludere il contratto oltre all'italiano;

f) l'indicazione degli strumenti di composizione delle controversie.

2. Il comma 1 non è applicabile ai contratti conclusi esclusivamente mediante scambio di messaggi di posta elettronica o comunicazioni individuali equivalenti.

3. Le clausole e le condizioni generali del contratto proposte al destinatario devono essere messe a sua disposizione in modo che gli sia consentita la memorizzazione e la riproduzione.

13. *Inoltro dell'ordine*. — 1. Le norme sulla conclusione dei contratti si applicano anche nei casi in cui il destinatario di un bene o di un servizio della società dell'informazione inoltri il proprio ordine per via telematica.

2. Salvo differente accordo tra parti diverse dai consumatori, il prestatore deve, senza ingiustificato ritardo e per via telematica, accusare ricevuta dell'ordine del destinatario contenente un riepilogo delle condizioni generali e particolari applicabili al contratto, le informazioni relative alle caratteristiche essenziali del bene o del servizio e l'indicazione dettagliata del prezzo, dei mezzi di pagamento, del recesso, dei costi di consegna e dei tributi applicabili.

3. L'ordine e la ricevuta si considerano pervenuti quando le parti alle quali sono indirizzati hanno la possibilità di accedervi.

4. Le disposizioni di cui ai commi 2 e 3 non si applicano ai contratti conclusi esclusivamente mediante scambio di messaggi di posta elettronica o comunicazioni individuali equivalenti.

14. *Responsabilità nell'attività di semplice trasporto – Mere conduit*. — 1. Nella prestazione di un servizio della società, dell'informazione consistente nel trasmettere, su una rete di comunicazione, informazioni fornite da un destinatario del servizio, o nel fornire un accesso alla rete di comunicazione, il prestatore non è responsabile delle informazioni trasmesse a condizione che:

a) non dia origine alla trasmissione;

b) non selezioni il destinatario della trasmissione;

c) non selezioni né modifichi le informazioni trasmesse.

2. Le attività di trasmissione e di fornitura di accesso di cui al comma 1 includono la memorizzazione automatica, intermedia e transitoria delle informazioni trasmesse, a condizione che questa serva solo alla trasmissione sulla rete di comunicazione e che la sua durata non ecceda il tempo ragionevolmente necessario a tale scopo.

3. L'autorità giudiziaria o quella amministrativa, avente funzioni di vigilanza, può esigere, anche in via d'urgenza, che il prestatore, nell'esercizio delle attività di cui al comma 2, impedisca o ponga fine alle violazioni commesse.

15. *Responsabilità nell'attività di memorizzazione temporanea – caching*. — 1. Nella prestazione di un servizio della società dell'informazione, consistente nel trasmettere, su una rete di comunicazione, informazioni fornite da un destinatario del servizio, il prestatore non è responsabile della memorizzazione automatica, intermedia e temporanea di tali informazioni effettuata al solo scopo di rendere più efficace il successivo inoltro ad altri destinatari a loro richiesta, a condizione che:

a) non modifichi le informazioni;

b) si conformi alle condizioni di accesso alle informazioni;

c) si conformi alle norme di aggiornamento delle informazioni, indicate in un modo ampiamente riconosciuto e utilizzato dalle imprese del settore;

d) non interferisca con l'uso lecito di tecnologia ampiamente riconosciuta e utilizzata nel settore per ottenere dati sull'impiego delle informazioni;

e) agisca prontamente per rimuovere le informazioni che ha memorizzato, o per disabilitare l'accesso, non appena venga effettivamente a conoscenza del fatto che le informazioni sono state rimosse dal luogo dove si trovavano inizialmente sulla rete o che l'accesso alle informazioni è stato disabilitato oppure che un organo giurisdizionale o un'autorità amministrativa ne ha disposto la rimozione o la disabilitazione.

2. L'autorità giudiziaria o quella amministrativa aventi funzioni di vigilanza può esigere, anche in via d'urgenza, che il prestatore, nell'esercizio delle attività di cui al comma 1, impedisca o ponga fine alle violazioni commesse.

16. *Responsabilità nell'attività di memorizzazione di informazioni – hosting*. — 1. Nella prestazione di un servizio della società dell'informazione, consistente nella memorizzazione di informazioni fornite da un destinatario del servizio, il prestatore non è responsabile delle informazioni memorizzate a richiesta di un destinatario del servizio, a condizione che detto prestatore:

a) non sia effettivamente a conoscenza del fatto che l'attività o l'informazione è illecita e, per quanto attiene ad azioni risarcitorie, non sia al corrente di fatti o di circostanze che rendono manifesta l'illiceità dell'attività o dell'informazione;

b) non appena a conoscenza di tali fatti, su comunicazione delle autorità competenti, agisca immediatamente per rimuovere le informazioni o per disabilitarne l'accesso.

2. Le disposizioni di cui al comma 1 non si applicano se il destinatario del servizio agisce sotto l'autorità o il controllo del prestatore.

3. L'autorità giudiziaria o quella amministrativa competente può esigere, anche in via d'urgenza, che il prestatore, nell'esercizio delle attività di cui al comma 1, impedisca o ponga fine alle violazioni commesse.

17. *Assenza dell'obbligo generale di sorveglianza*. — 1. Nella prestazione dei servizi di cui agli artt. 14, 15 e 16, il prestatore non è assoggettato ad un obbligo generale di sorveglianza sulle informazioni che trasmette o memorizza, né ad un obbligo generale di ricercare attivamente fatti o circostanze che indichino la presenza di attività illecite.

2. Fatte salve le disposizioni di cui agli artt. 14, 15 e 16, il prestatore è comunque tenuto:

a) ad informare senza indugio l'autorità giudiziaria o quella amministrativa avente funzioni di vigilanza, qualora sia a conoscenza di presunte attività o informazioni illecite riguardanti un suo destinatario del servizio della società dell'informazione;

b) a fornire senza indugio, a richiesta delle autorità competenti, le informazioni in suo possesso che consentano l'identificazione del destinatario dei suoi servizi con cui ha accordi di memorizzazione dei dati, al fine di individuare e prevenire attività illecite.

3. Il prestatore è civilmente responsabile del contenuto di tali servizi nel caso in cui, richiesto dall'autorità giudiziaria o amministrativa avente funzioni di vigilanza, non ha agito prontamente per impedire l'accesso a detto contenuto, ovvero, se, avendo avuto conoscenza del carattere illecito o pregiudizievole per un terzo del contenuto di un servizio al quale assicura l'accesso, non ha provveduto ad informarne l'autorità competente.

18. *Codici di condotta*. — 1. Le associazioni o le organizzazioni imprenditoriali, professionali o di consumatori promuovono l'adozione di codici di condotta che trasmettono al Ministero delle attività produttive ed alla Commissione Europea, con ogni utile informazione sulla loro applicazione e sul loro impatto nelle pratiche e consuetudini relative al commercio elettronico.

2. Il codice di condotta, se adottato, è reso accessibile per via telematica e deve essere redatto, oltre che in lingua italiana e inglese, almeno in un'altra lingua comunitaria.

3. Nella redazione di codici di condotta deve essere garantita la protezione dei minori e salvaguardata la dignità umana.

19. *Composizione delle controversie*. — 1. In caso di controversie, prestatore e destinatario del servizio della società dell'informazione possono adire, anche organi di composizione extragiudiziale che operano anche per via telematica. Tali organi, se operano in conformità ai principi previsti dall'ordinamento comunitario e da quello nazionale, sono notificati, su loro richiesta, alla Commissione dell'Unione Europea per l'inserimento nella Rete europea di composizione extragiudiziale delle controversie.

2. Gli organi di composizione extragiudiziale delle controversie comunicano alla Commissione Europea, nonché al Ministero delle attività produttive, che provvede a darne comunicazione alle Amministrazioni competenti per materia, le decisioni significative che adottano sui servizi della società dell'informazione, nonché ogni altra informazione su pratiche, consuetudini od usi relativi al commercio elettronico.

20. *Cooperazione*. — 1. Presso il Ministero delle attività produttive è istituito, senza maggiori oneri a carico del bilancio dello Stato, il punto di contatto nazionale che fornisce assistenza e collaborazione agli Stati membri e alla Commissione. Il punto di contatto è accessibile anche per via telematica.

2. Il Ministero delle attività produttive, provvede affinché sul proprio sito siano rese tempestivamente disponibili, per le Amministrazioni pubbliche, per i destinatari e per i fornitori di servizi:

a) le informazioni generali sui diritti ed obblighi contrattuali e sui meccanismi di reclamo e ricorso disponibili in caso di controversie, nonché sui codici di condotta elaborati con le associazioni di consumatori iscritte nell'elenco di cui all'art. 5 della l. 30 luglio 1998, n. 281;

b) gli estremi delle autorità, organizzazioni o associazioni presso le quali possono ottenere ulteriori informazioni o assistenza;

c) gli estremi e la sintesi delle decisioni significative riguardo a controversie sui servizi della società dell'informazione, comprese quelle adottate dagli organi di composizione extragiudiziale, nonché informazioni su pratiche, consuetudini od usi relativi al commercio elettronico.

21. *Sanzioni*. — 1. Salvo che il fatto costituisca reato, le violazioni di cui agli artt. 7, 8, 9, 10 e 12 sono punite con il pagamento di una sanzione amministrativa pecuniaria da 103 euro a 10.000 euro.

2. Nei casi di particolare gravità o di recidiva i limiti minimo e massimo della sanzione indicata al comma 1 sono raddoppiati.

3. Le sanzioni sono applicate ai sensi della l. 24 novembre 1981, n. 689. Fermo restando quanto previsto in ordine ai poteri di accertamento degli ufficiali e degli agenti di polizia giudiziaria dall'art. 13 della citata l. 24 novembre 1981, n. 689, all'accertamento delle violazioni provvedono, d'ufficio o su denunzia, gli organi di polizia amministrativa. Il rapporto di accertamento delle violazioni di cui al comma 1 è presentato al Ministero delle attività produttive, fatta salva l'ipotesi di cui all'art. 24 della l. 24 novembre 1981, n. 689.

22. *Entrata in vigore*. — 1. Il presente decreto entra in vigore il trentesimo giorno dalla data della sua pubblicazione nella *Gazzetta Ufficiale* della Repubblica italiana.

IV. 7.

DECRETO DEL PRESIDENTE DEL CONSIGLIO DEI MINISTRI 22 febbraio 2013. — *Regole tecniche in materia di generazione, apposizione e verifica delle firme elettroniche avanzate, qualificate e digitali, ai sensi degli artt. 20, comma 3, 24, comma 4, 28, comma 3, 32, comma 3, lett. b), 35, comma 2, 36, comma 2, e 71* (1).

TITOLO I

Disposizioni generali

1. *Definizioni*. — 1. Ai fini delle presenti regole tecniche si applicano le definizioni contenute nell'art. 1 del d.lg. 7 marzo 2005, n. 82, e successive modificazioni (2). Si intende, inoltre, per:

a) Codice: il Codice dell'amministrazione digitale, di cui al d.lg. 7 marzo 2005, n. 82 e successive modificazioni (2);

b) chiavi: la coppia di chiavi asimmetriche come definite all'art. 1, comma 1, lett. *h*) e *i*), del Codice (2);

c) Agenzia: l'Agenzia per l'Italia Digitale, di cui gli articoli da 19 a 22 del d.l. 22 giugno 2012, n. 83;

d) compromissione della chiave privata: la sopravvenuta assenza di affidabilità nelle caratteristiche di sicurezza della chiave crittografica privata;

e) dati per la creazione della firma elettronica qualificata o digitale: l'insieme dei codici personali e delle altre quantità di sicurezza, quali le chiavi crittografiche private, utilizzate dal firmatario per creare una firma elettronica qualificata o una firma digitale;

f) evidenza informatica: una sequenza di simboli binari (bit) che può essere elaborata da una procedura informatica;

g) funzione di *hash*: una funzione matematica che genera, a partire da una evidenza informatica, una impronta in modo tale che risulti di fatto impossibile, a partire da questa, ricostruire l'evidenza informatica originaria e generare impronte uguali a partire da evidenze informatiche differenti;

h) impronta di una sequenza di simboli binari (bit): la sequenza di simboli binari (bit) di lunghezza predefinita generata mediante l'applicazione alla prima di una opportuna funzione di *hash*;

i) marca temporale: il riferimento temporale che consente la validazione temporale e che dimostra l'esistenza di un'evidenza informatica in un tempo certo;

l) registro dei certificati: la combinazione di uno o più archivi informatici, tenuto dal cer-

(1) G.U., 21 maggio 2013, n. 117.
(2) In *Leggi coll. IV, 4.*

tificatore, contenente tutti i certificati emessi;

m) riferimento temporale: evidenza informatica, contenente la data e l'ora, che viene associata ad uno o più documenti informatici;

n) dispositivi sicuri per la generazione della firma elettronica qualificata: mezzi sui quali il firmatario può conservare un controllo esclusivo la cui conformità è accertata ai sensi dell'art. 12;

o) dispositivi sicuri per la generazione della firma digitale: mezzi sui quali il firmatario può conservare un controllo esclusivo la cui conformità è accertata ai sensi dell'art. 13;

p) HSM: insieme di hardware e software che realizza dispositivi sicuri per la generazione delle firme in grado di gestire in modo sicuro una o più coppie di chiavi crittografiche;

q) firma remota: particolare procedura di firma elettronica qualificata o di firma digitale, generata su HSM, che consente di garantire il controllo esclusivo delle chiavi private da parte dei titolari delle stesse;

r) firma automatica: particolare procedura informatica di firma elettronica qualificata o di firma digitale eseguita previa autorizzazione del sottoscrittore che mantiene il controllo esclusivo delle proprie chiavi di firma, in assenza di presidio puntuale e continuo da parte di questo;

s) certificato di attributo: certificato elettronico contenente le qualifiche di cui all'art. 28, comma 3, lett. *a*) del Codice (1), possedute da un soggetto;

t) soluzioni di firma elettronica avanzata: soluzioni strumentali alla generazione e alla verifica della firma elettronica avanzata di cui all'art. 1, comma 1, lett. *q-bis*) del Codice (1).

2. *Ambito di applicazione*. — 1. Il presente decreto stabilisce, ai sensi degli artt. 20, 24 comma 4, 27, 28, 29, 32, 33, 35, comma 2, e 36, le regole tecniche per la generazione, apposizione e verifica della firma elettronica avanzata, qualificata e digitale, per la validazione temporale, nonché per lo svolgimento delle attività dei certificatori qualificati.

2. Le disposizioni di cui al Titolo II si applicano ai certificatori che rilasciano al pubblico certificati qualificati in conformità al Codice.

3. Ai certificatori accreditati o che intendono accreditarsi ai sensi del Codice, si applicano, oltre a quanto previsto dal comma 2, anche le disposizioni di cui al Titolo III.

4. I certificatori accreditati rendono disponibile ai propri titolari un sistema di validazione temporale conforme alle disposizioni di cui al Titolo IV.

5. Ai prodotti sviluppati o commercializzati in uno degli Stati membri dell'Unione europea e dello spazio economico europeo in conformità alle norme nazionali di recepimento della dir. 1999/93/CE del Parlamento Europeo e del Consiglio, pubblicata nella *Gazzetta Ufficiale dell'Unione europea*, Serie L, n. 13 del 19 gennaio 2000, è consentito di circolare liberamente nel mercato interno.

3. *Disposizioni generali*. — 1. La firma elettronica qualificata è generata esclusivamente con i dispositivi di cui all'art. 1, comma 1, lett. *n*) e *p*).

2. La firma digitale è generata con i dispositivi di cui all'art. 1, comma 1, lett. *o*) e *p*).

3. Le presenti regole tecniche definiscono le caratteristiche oggettive di qualità, sicurezza, integrità e immodificabilità del documento informatico sottoscritto con firma elettronica avanzata, qualificata o digitale ai fini e per gli effetti di cui all'art. 20, comma 1-*bis*, e 21, comma 2, del Codice (1).

4. La firma remota di cui all'art. 1, comma 1, lett. *q*), è generata su un HSM custodito e gestito, sotto la responsabilità, dal certificatore accreditato ovvero dall'organizzazione di appartenenza dei titolari dei certificati che ha richiesto i certificati medesimi ovvero dall'organizzazione che richiede al certificatore di fornire certificati qualificati ad altri soggetti al fine di dematerializzare lo scambio documentale con gli stessi. Il certificatore deve essere in grado, dato un certificato qualificato, di individuare agevolmente il dispositivo afferente la corrispondente chiave privata.

5. Nel caso in cui il dispositivo di cui al comma 4 non sia custodito dal certificatore, egli deve:

a) indicare al soggetto che custodisce il dispositivo le procedure operative, gestionali e le misure di sicurezza fisica e logica che tale soggetto è obbligato ad applicare;

b) effettuare verifiche periodiche sulla corretta applicazione delle indicazioni di cui alla lett. *a*), che il soggetto che custodisce il dispositivo ha l'obbligo di consentire ed agevolare;

c) redigere i verbali dell'attività di verifica di cui alla lett. *b*) che potranno essere richiesti in copia dall'Agenzia ai fini dell'attività di cui all'art. 31 del Codice (1);

d) comunicare all'Agenzia il luogo in cui i medesimi dispositivi sono custoditi;

e) effettuare ulteriori verifiche su richiesta dell'Agenzia consentendo di partecipare anche ad incaricati dello stesso ente;

(1) In *Leggi coll. IV, 4*.

f) assicurare che il soggetto che custodisce il dispositivo si impegni a consentire le verifiche di cui alle lett. *b*) ed *e*).

6. Nel caso in cui il certificatore venga a conoscenza dell'inosservanza di quanto previsto al comma 5, procede alla revoca dei certificati afferenti le chiavi private custodite sui dispositivi oggetto dell'inadempienza.

7. La firma remota di cui all'art. 1, comma 1, lett. *q*), è realizzata con misure tecniche ed organizzative, esplicitamente approvate, per le rispettive competenze, dall'Agenzia, nell'ambito delle attività di cui agli artt. 29 e 31 del Codice (1), e da OCSI, per quanto concerne la sicurezza del dispositivo ai sensi dell'art. 35 del Codice (1), tali da garantire al titolare il controllo esclusivo della chiave privata.

TITOLO II

Firme elettroniche qualificate e digitali

4. *Norme tecniche di riferimento.* — 1. Le regole tecniche relative ai dispositivi sicuri per la generazione delle firme di cui all'art. 35 del Codice (1) sono conformi alle norme generalmente riconosciute a livello internazionale.

2. Gli algoritmi di generazione e verifica della firma elettronica qualificata e della firma digitale, le caratteristiche delle chiavi utilizzate, le funzioni di *hash*, i formati e le caratteristiche dei certificati qualificati e dei certificati di attributo, i formati e le caratteristiche della firma elettronica qualificata e della firma digitale, delle marche temporali, le caratteristiche delle applicazioni di verifica di cui all'art. 14, il formato dell'elenco di cui all'art. 43 del presente decreto, le modalità con cui rendere disponibili le informazioni sullo stato dei certificati, sono definiti, anche ai fini del riconoscimento e della verifica del documento informatico, con provvedimenti dell'Agenzia e pubblicati sul sito internet dello stesso ente. Nelle more dell'emanazione di tali provvedimenti continua ad applicarsi la deliberazione del Centro nazionale per l'informatica nella pubblica amministrazione n. 45 del 21 maggio 2009 e successive modificazioni.

3. Il documento informatico, sottoscritto con firma elettronica qualificata o firma digitale, non soddisfa il requisito di immodificabilità del documento previsto dall'art. 21, comma 2, del Codice (1), se contiene macroistruzioni, codici eseguibili o altri elementi, tali da attivare funzionalità che possano modificare gli atti, i fatti o i dati nello stesso rappresentati.

5. *Caratteristiche generali delle chiavi.* — 1. Una coppia di chiavi per la creazione e la verifica della firma elettronica qualificata o della firma digitale può essere attribuita ad un solo titolare.

2. Se il soggetto appone la sua firma elettronica qualificata o firma digitale per mezzo di una procedura automatica ai sensi dell'art. 35, comma 3 del Codice (1), deve utilizzare una coppia di chiavi destinata a tale scopo, diversa da tutte le altre in suo possesso. L'utilizzo di tale procedura deve essere indicato esplicitamente nel certificato qualificato.

3. Se la procedura automatica di cui al comma 2 fa uso di un insieme di dispositivi sicuri per la generazione della firma elettronica qualificata o firma digitale del medesimo soggetto, deve essere utilizzata una coppia di chiavi diversa per ciascun dispositivo utilizzato dalla procedura automatica.

4. Ai fini del presente decreto, le chiavi afferenti i certificati qualificati ed i correlati servizi, si distinguono secondo le seguenti tipologie:

a) chiavi di sottoscrizione, destinate alla generazione e verifica della firma elettronica qualificata o della firma digitale apposta o associata ai documenti;

b) chiavi di certificazione, utilizzabili per la generazione e verifica delle firme apposte o associate ai certificati qualificati, per la sottoscrizione delle informazioni sullo stato di validità dei certificati, per la sottoscrizione dei certificati relativi a chiavi di marcatura temporale;

c) chiavi di marcatura temporale, destinate alla generazione e verifica delle marche temporali;

d) chiavi dedicate alla sottoscrizione delle informazioni sullo stato di validità dei certificati;

e) chiavi destinate alla sottoscrizione del separato certificato di attributo.

5. Non è consentito l'uso di una coppia di chiavi per funzioni diverse da quelle previste per ciascuna tipologia dal comma 4, salvo che, con riferimento esclusivo alle chiavi di cui al medesimo comma 4, lett. *b*), l'Agenzia non ne autorizzi l'utilizzo per altri scopi.

6. Le caratteristiche quantitative e qualitative delle chiavi sono tali da garantire un adeguato livello di sicurezza in rapporto allo stato delle conoscenze scientifiche e tecnologiche, in conformità con quanto indicato nei provvedimenti di cui all'art. 4, comma 2.

7. L'uso delle chiavi di cui al comma 4, lett.

(1) In *Leggi coll. IV, 4.*

d), e il profilo del certificato alle stesse associato sono definiti con il provvedimento di cui all'art. 4, comma 2. A tali chiavi dovrà essere associato un certificato sottoscritto con le stesse chiavi di certificazione con cui sono sottoscritti i certificati di cui si forniscono informazioni sullo stato di validità.

6. *Generazione delle chiavi*. — 1. La generazione della coppia di chiavi è effettuata mediante dispositivi e procedure che assicurano, in rapporto allo stato delle conoscenze scientifiche e tecnologiche, l'unicità e un adeguato livello di sicurezza della coppia generata, nonché la segretezza della chiave privata.

2. Il sistema di generazione della coppia di chiavi comunque assicura:

a) la rispondenza della coppia ai requisiti imposti dagli algoritmi di generazione e di verifica utilizzati;

b) l'utilizzo di algoritmi che consentano l'equiprobabilità di generazione di tutte le coppie possibili;

c) l'autenticazione informatica del soggetto che attiva la procedura di generazione.

7. *Modalità di generazione delle chiavi*. — 1. Le chiavi di cui all'art. 5, comma 4, lett. *b*) e *d*) possono essere generate esclusivamente in presenza del responsabile del servizio.

2. Le chiavi di sottoscrizione possono essere generate dal titolare o dal certificatore.

3. La generazione delle chiavi di sottoscrizione effettuata autonomamente dal titolare, avviene all'interno del dispositivo sicuro per la generazione delle firme, che è rilasciato o indicato dal certificatore, con modalità atte ad impedire che la medesima chiave possa essere associata a più certificati.

4. Il certificatore è tenuto ad assicurarsi che il dispositivo sicuro per la generazione della firma elettronica qualificata, da lui fornito o indicato, presenti le caratteristiche e i requisiti di sicurezza di cui all'art. 35 del Codice (1) e agli artt. 11 e 12 del presente decreto e a fornire all'Agenzia gli elementi necessari ai fini delle verifiche e dei controlli di cui all'art. 31 del Codice.

5. Il certificatore è tenuto ad assicurarsi che il dispositivo sicuro per la generazione della firma digitale, da lui fornito o indicato, presenti le caratteristiche e i requisiti di sicurezza di cui all'art. 35 del Codice (1) e agli artt. 11 e 13 del presente decreto e a fornire all'Agenzia gli elementi necessari ai fini delle verifiche e dei controlli di cui all'art. 31 del Codice (1).

6. Il titolare è tenuto ad utilizzare esclusivamente il dispositivo sicuro per la generazione delle firme fornito dal certificatore, ovvero un dispositivo scelto tra quelli indicati dal certificatore stesso.

8. *Conservazione delle chiavi e dei dati per la creazione della firma elettronica qualificata o digitale*. — 1. Fatto salvo quanto disposto ai commi 2, 3 e 4, è vietata la duplicazione della chiave privata e dei dispositivi che la contengono.

2. Per fini particolari di sicurezza, è consentito che le chiavi di certificazione vengano esportate, purché ciò avvenga con modalità tali da non ridurre il livello di sicurezza e di riservatezza delle chiavi stesse.

3. Per la firma remota, è consentita l'esportazione sicura delle chiavi private di cui all'art. 5, comma 4, lett. *a*) presenti su HSM al di fuori del dispositivo stesso, esclusivamente per motivi di ripristino in caso di guasto o di aggiornamento del dispositivo in uso, purché protette con algoritmi crittografici ritenuti adeguati ai fini della certificazione e purché le operazioni di esportazione e importazione delle chiavi siano effettuate mediante funzionalità di sicurezza certificate implementate dai dispositivi sicuri di firma. La conservazione delle chiavi esportate deve avvenire nell'ambiente operativo del dispositivo sicuro di firma, sottoposta a opportune misure di sicurezza di tipo fisico e procedurale che debbono essere descritte, in forma di obiettivi o ipotesi per l'ambiente, nel relativo traguardo di sicurezza.

4. Per la firma remota, è consentita la replicazione in sicurezza delle chiavi private di cui all'art. 5, comma 4, lett. *a*) presenti su HSM, al fine di realizzare una configurazione ad alta affidabilità del dispositivo sicuro di firma, a condizione che tale configurazione rientri tra quelle sottoposte a certificazione ai sensi degli artt. 12 o 13. L'operazione di replicazione deve prevedere la protezione delle chiavi con algoritmi crittografici ritenuti adeguati ai fini della certificazione ed essere effettuata mediante funzionalità di sicurezza certificate implementate dal dispositivo sicuro di firma. Le chiavi replicate debbono essere conservate all'interno di dispositivi certificati con le stesse caratteristiche di sicurezza e controllati dal dispositivo certificato di origine, collocati nello stesso ambiente operativo o in altro ambiente con equivalente livello di sicurezza. Solo uno dei dispositivi fisici in questa configurazione deve essere abilitato ad effettuare le operazioni di firma.

5. Il titolare della coppia di chiavi:

a) assicura la custodia del dispositivo si-

(1) In *Leggi coll. IV, 4*.

curo per la generazione della firma in suo possesso e adotta le misure di sicurezza fornite dal certificatore al fine di adempiere agli obblighi di cui all'art. 32, comma 1, del Codice (1);

b) conserva le informazioni di abilitazione all'uso della chiave privata separatamente dal dispositivo contenente la chiave e segue le indicazioni fornite dal certificatore;

c) richiede immediatamente la revoca dei certificati qualificati relativi alle chiavi contenute in dispositivi sicuri per la generazione della firma elettronica qualificata o della firma digitale inutilizzabili o di cui abbia perduto il possesso o il controllo esclusivo;

d) salvo quanto previsto dai commi 3 e 4, mantiene in modo esclusivo la conoscenza o la disponibilità di almeno uno dei dati per la creazione della firma elettronica qualificata o digitale;

e) richiede immediatamente la revoca dei certificati qualificati relativi alle chiavi contenute in dispositivi sicuri per la generazione della firma elettronica qualificata o della firma digitale qualora abbia il ragionevole dubbio che essi possano essere usati da altri.

9. *Generazione delle chiavi di sottoscrizione al di fuori del dispositivo di firma.* — 1. Il certificatore, se la certificazione del dispositivo di firma lo consente, può utilizzare un sistema diverso da quello destinato all'uso della chiave privata per la generazione delle chiavi di sottoscrizione.

2. Il certificatore descrive dettagliatamente il sistema di cui al comma 1 nel piano della sicurezza, di cui all'art. 35.

10. *Sicurezza del sistema di generazione delle chiavi diverso dal dispositivo di firma.* — 1. Se la generazione delle chiavi di sottoscrizione avviene su un sistema di cui all'art. 9, il sistema di generazione assicura:

a) l'impossibilità di intercettazione o recupero di qualsiasi informazione, anche temporanea, prodotta durante l'esecuzione della procedura;

b) il trasferimento della chiave privata, in condizioni di massima sicurezza, nel dispositivo di firma in cui verrà utilizzata.

2. Il sistema di generazione è isolato, dedicato esclusivamente a questa attività ed adeguatamente protetto.

3. L'accesso al sistema è controllato e ciascun utente è preventivamente identificato per l'accesso fisico e autenticato per l'accesso logico. Ogni sessione di lavoro è registrata nel giornale di controllo.

4. Il sistema è dotato di strumenti di controllo della propria configurazione che consentono di verificare l'autenticità e l'integrità del software installato e l'assenza di programmi non previsti dalla procedura e di dati residuali provenienti dalla generazione di coppie di chiavi precedenti che possano inficiare l'equiprobabilità della generazione di quelle successive.

11. *Dispositivi sicuri e procedure per la generazione delle firme elettroniche qualificate e delle firme digitali.* — 1. La generazione delle firme elettroniche qualificate e delle firme digitali avviene all'interno di un dispositivo sicuro per la generazione delle firme, in maniera tale che non sia possibile l'intercettazione della chiave privata utilizzata.

2. Il dispositivo sicuro per la generazione della firma elettronica qualificata o della firma digitale deve poter essere attivato esclusivamente dal titolare mediante sistemi di autenticazione ritenuti adeguati, secondo le rispettive competenze, dall'OCSI e dall'Agenzia, prima di procedere alla generazione della firma.

3. L'Agenzia, nell'ambito dell'attività di cui agli artt. 29 e 31 del Codice (1), valuta l'adeguatezza tecnologica dei sistemi di autenticazione per quanto concerne l'interazione fra il titolare e il dispositivo sicuro per la generazione della firma, tenuto conto del traguardo di sicurezza di cui al d.p.c.m. 30 ottobre 2003 e del contesto di utilizzo.

4. La personalizzazione del dispositivo sicuro per la generazione della firma elettronica qualificata o della firma digitale garantisce almeno:

a) l'acquisizione da parte del certificatore dei dati identificativi del dispositivo sicuro per la generazione della firma elettronica qualificata o della firma digitale utilizzato e la loro associazione al titolare;

b) la registrazione nel dispositivo sicuro per la generazione della firma elettronica qualificata o della firma digitale del certificato qualificato, relativo alle chiavi di sottoscrizione del titolare.

5. La personalizzazione del dispositivo sicuro per la generazione delle firme elettroniche qualificate o digitali può prevedere, per l'utilizzo nelle procedure di firma, la registrazione, nel dispositivo medesimo, del certificato elettronico relativo alla chiave pubblica del certificatore la cui corrispondente privata è stata utilizzata per sottoscrivere il certificato qualificato relativo alle chiavi di sottoscrizione del titolare.

(1) In *Leggi coll. IV, 4.*

6. La personalizzazione del dispositivo sicuro per la generazione delle firme elettroniche qualificate o digitali è registrata nel giornale di controllo di cui all'art. 36.

7. Il certificatore adotta, nel processo di personalizzazione del dispositivo sicuro per la generazione delle firme elettroniche qualificate e digitali, procedure atte ad identificare il titolare del dispositivo medesimo e dei certificati in esso contenuti.

8. I certificatori che rilasciano certificati qualificati forniscono almeno un sistema che consenta la generazione delle firme elettroniche qualificate e digitali.

12. *Ulteriori requisiti per i dispositivi sicuri per la generazione della firma elettronica qualificata.* — 1. La certificazione di sicurezza dei dispositivi sicuri per la creazione di una firma elettronica qualificata, anche remota o automatica, prevista dall'art. 35 del Codice (1) è effettuata secondo criteri non inferiori a quelli previsti:

a) dal livello EAL 4+ della norma ISO/IEC 15408, in conformità ai profili di protezione indicati nella decisione della Commissione europea 14 luglio 2003 e successive modificazioni;

b) dal livello EAL 4+ della norma ISO/IEC 15408, in conformità ai profili di protezione o traguardi di sicurezza giudicati adeguati ai sensi dell'art. 35, commi 5 e 6 del Codice (1) e successive modificazioni.

13. *Ulteriori requisiti per i dispositivi sicuri per la generazione della firma digitale.* — 1. Salvo quanto disposto al comma 2, la certificazione di sicurezza dei dispositivi sicuri per la creazione di una firma digitale è effettuata ai sensi dell'art. 12.

2. L'organismo di certificazione della sicurezza informatica può individuare ulteriori modalità di verifica della conformità ai requisiti di sicurezza dei dispositivi sicuri per la creazione di una firma digitale remota ai sensi dell'art. 35, commi 1 e 2 del Codice (1).

3. I certificati qualificati afferenti chiavi private custodite nei dispositivi di cui al comma 2, non devono contenere l'estensione qcStatements id-etsi-qcs-QcSSCD.

14. *Verifica delle firme elettroniche qualificate e digitali.* — 1. I certificatori che rilasciano certificati qualificati forniscono ovvero indicano almeno un sistema che consenta di effettuare la verifica delle firme elettroniche qualificate e delle firme digitali, conforme a quanto stabilito con i provvedimenti di cui all'art. 4, comma 2.

2. Il sistema di verifica delle firme elettroniche qualificate e digitali deve quantomeno:

a) presentare, almeno sinteticamente, lo stato di aggiornamento delle informazioni di validità dei certificati di certificazione presenti nell'elenco pubblico;

b) visualizzare le informazioni presenti nel certificato qualificato, in attuazione di quanto stabilito nell'art. 28, comma 3, del Codice (1), nonché le estensioni obbligatorie nel certificato qualificato (qcStatements), indicate nei provvedimenti di cui all'art. 4, comma 2;

c) consentire l'aggiornamento, per via telematica, delle informazioni pubblicate nell'elenco pubblico dei certificatori;

d) in caso di firme multiple, visualizzare l'eventuale dipendenza tra queste;

e) visualizzare chiaramente l'esito della verifica dello stato dei certificati qualificati e di eventuali certificati di attributo secondo le modalità indicate nei provvedimenti di cui all'art. 4, comma 2;

f) evidenziare l'eventuale modifica del documento informatico dopo la sottoscrizione dello stesso;

g) consentire di salvare il risultato dell'operazione di verifica su un documento informatico.

h) rendere evidente la circostanza di cui all'art. 19, comma 7.

3. L'Agenzia, ai sensi dell'art. 31 del Codice (1), accerta la conformità dei sistemi di verifica di cui al comma 1 alle norme del Codice e alle presenti regole tecniche.

4. L'Agenzia, al fine di fornire garanzie di attendibilità nelle operazioni di verifica e di rendere effettivamente interoperabili le firme elettroniche qualificate e le firme digitali, anche in base all'evoluzione delle normative europee ed all'evoluzione degli standard tecnici, può elaborare Linee Guida utili per la verifica della firma elettronica qualificata e della firma digitale apposte a documenti informatici cui i certificatori accreditati hanno l'obbligo di attenersi.

15. *Informazioni riguardanti i certificatori.* — 1. I certificatori che rilasciano al pubblico certificati qualificati ai sensi del Codice forniscono all'Agenzia le seguenti informazioni e documenti a loro relativi:

a) dati anagrafici ovvero denominazione o ragione sociale;

b) residenza ovvero sede legale;

c) sedi operative;

d) rappresentante legale;

e) certificati delle chiavi di certificazione;

(1) In *Leggi coll. IV, 4.*

f) piano per la sicurezza di cui all'art. 35;

g) manuale operativo di cui all'art. 40;

h) relazione sulla struttura organizzativa;

i) copia di una polizza assicurativa a copertura dei rischi dell'attività e dei danni causati a terzi.

2. L'Agenzia rende accessibili, in via telematica, le informazioni di cui al comma 1, lett. *a*), *b*), *e*), *g*) al fine di rendere pubbliche le informazioni che individuano il certificatore qualificato. Tali informazioni sono utilizzate, da chi le consulta, solo per le finalità consentite dalla legge.

16. *Comunicazione tra certificatore e l'Agenzia*. — 1. I certificatori che rilasciano al pubblico certificati qualificati comunicano all'Agenzia la casella di posta elettronica certificata da utilizzare per realizzare un sistema di comunicazione attraverso il quale scambiare le informazioni previste dal presente decreto.

2. L'Agenzia rende disponibile sul proprio sito internet l'indirizzo della propria casella di posta elettronica certificata.

17. *Generazione e uso delle chiavi del certificatore*. — 1. La generazione delle chiavi di certificazione avviene in modo conforme a quanto previsto dalle presenti regole tecniche.

2. Per ciascuna chiave di certificazione il certificatore genera un certificato sottoscritto con la chiave privata della coppia cui il certificato si riferisce.

3. I valori contenuti nei singoli campi del certificato delle chiavi di certificazione sono codificati in modo da non generare equivoci relativi al nome, ragione o denominazione sociale del certificatore.

4. La certificazione di sicurezza dei dispositivi sicuri per la creazione di una firma utilizzati per le chiavi di cui all'art. 5, comma 4, lett. *b*), *c*) e *d*), è effettuata secondo criteri non inferiori a quelli previsti:

a) dal livello EAL 4+ della norma ISO/IEC 15408 in conformità ai profili di protezione indicati nella decisione della Commissione europea 14 luglio 2003 e successive modificazioni;

b) dal livello di certificazione e in conformità ai profili di protezione o traguardi di sicurezza giudicati adeguati dagli organismi di cui all'art. 11, comma 1, lett. *b*) della Direttiva europea 1999/93/EU.

5. La certificazione di sicurezza di cui al comma 4 può inoltre essere effettuata secondo i criteri previsti dal livello di valutazione E3 e robustezza HIGH dell'ITSEC, o superiori, con un traguardo di sicurezza giudicato adeguato dall'Agenzia nell'ambito dell'attività di cui agli artt. 29 e 31 del Codice (1).

18. *Generazione dei certificati qualificati*. — 1. Fermo restando quanto previsto dall'art. 32 del Codice (1), all'atto dell'emissione del certificato qualificato, il certificatore:

a) accerta l'autenticità della richiesta;

b) nel caso di chiavi generate dallo stesso certificatore, assicura la consegna al legittimo titolare ovvero, nel caso di chiavi non generate dallo stesso certificatore, verifica il possesso della chiave privata da parte del titolare e il corretto funzionamento della coppia di chiavi.

2. Il certificato qualificato è generato con un sistema conforme a quanto previsto dall'art. 33.

3. Il termine del periodo di validità del certificato qualificato precede di almeno due anni il termine del periodo di validità del certificato delle chiavi di certificazione utilizzato per verificarne l'autenticità.

4. L'emissione dei certificati qualificati è registrata nel giornale di controllo specificando il riferimento temporale relativo alla registrazione.

19. *Informazioni contenute nei certificati*. — 1. Fatto salvo quanto previsto dall'art. 28 del Codice (1), i certificati qualificati contengono almeno le seguenti ulteriori informazioni:

a) codice identificativo del titolare presso il certificatore;

b) tipologia della coppia di chiavi in base all'uso cui sono destinate.

2. Le informazioni personali contenute nel certificato qualificato ai sensi di quanto previsto nell'art. 28 del Codice (1) sono utilizzabili unicamente per identificare il titolare della firma elettronica qualificata o della firma digitale, per verificare la firma del documento informatico, nonché per indicare eventuali qualifiche specifiche del titolare.

3. I valori contenuti nei singoli campi del certificato qualificato sono codificati in modo da non generare equivoci relativi al nome, ragione o denominazione sociale del certificatore.

4. Le informazioni e le qualifiche di cui all'art. 28, comma 3, lett. *a*) del Codice (1), codificate secondo le modalità indicate dai provvedimenti di cui all'art. 4, comma 2, del presente decreto, sono inserite dal certificatore su richiesta del titolare:

a) nel certificato qualificato senza l'indicazione dell'organizzazione di appartenenza.

(1) In *Leggi coll. IV, 4.*

A tal fine, il titolare del certificato fornisce al certificatore una dichiarazione sostitutiva ai sensi del d.p.r. 28 dicembre 2000, n. 445;

b) ovvero, nel certificato di attributo o nel certificato qualificato con l'indicazione dell'organizzazione di appartenenza. A tal fine, il titolare del certificato richiede all'organizzazione di appartenenza una autorizzazione all'emissione del certificato, qualificato o di attributo che consegna al certificatore. L'organizzazione, che ha l'obbligo di fornire tale autorizzazione, assume l'impegno di richiedere al certificatore la revoca del certificato qualificato qualora venga a conoscenza della variazione delle informazioni o delle qualifiche contenute nello stesso. Il titolare, nel richiedere l'autorizzazione, ha l'obbligo di comunicare all'organizzazione di appartenenza il certificatore cui intende rivolgersi.

5. Il certificatore, salvo quanto disposto al comma 6, determina il periodo di validità dei certificati qualificati anche in funzione della robustezza crittografica delle chiavi impiegate.

6. L'Agenzia, ai sensi dell'art. 4, comma 2, determina il periodo massimo di validità del certificato qualificato in funzione degli algoritmi e delle caratteristiche delle chiavi.

7. Il certificato qualificato può contenere l'indicazione che l'utilizzo della chiave privata per la generazione della firma è subordinato alla verifica da parte del certificatore della validità del certificato qualificato e dell'eventuale certificato di attributo. All'attuazione del presente comma si provvede con le modalità stabilite dai provvedimenti di cui all'art. 4, comma 2.

20. *Revoca e sospensione del certificato qualificato*. — 1. Fatto salvo quanto previsto dall'art. 36 del Codice (1), il certificato qualificato è revocato o sospeso dal certificatore, ove quest'ultimo abbia notizia della compromissione della chiave privata o del dispositivo sicuro per la generazione delle firme elettroniche qualificate o digitali.

2. Il certificatore conserva le richieste di revoca e sospensione per lo stesso periodo previsto all'art. 32, comma 3, lett. *j*) del Codice (1).

21. *Codice di emergenza*. — 1. Per ciascun certificato qualificato emesso il certificatore fornisce al titolare almeno un Codice riservato, da utilizzare per richiedere la sospensione del certificato nei casi di emergenza indicati nel manuale operativo di cui all'art. 40 e comunicati al titolare.

2. La richiesta di cui al comma 1 è successivamente confermata utilizzando una delle modalità previste dal certificatore.

3. Il certificatore adotta specifiche misure di sicurezza per assicurare la segretezza del Codice di emergenza.

22. *Revoca dei certificati qualificati relativi a chiavi di sottoscrizione*. — 1. La revoca del certificato qualificato relativo a chiavi di sottoscrizione viene effettuata dal certificatore mediante l'inserimento del suo Codice identificativo in una delle liste di certificati revocati e sospesi (CRL).

2. Se la revoca avviene a causa della possibile compromissione della chiave privata, il certificatore deve procedere tempestivamente alla pubblicazione dell'aggiornamento della lista di revoca.

3. La revoca dei certificati è annotata nel giornale di controllo con la specificazione della data e dell'ora della pubblicazione della CRL.

4. Il certificatore comunica tempestivamente l'avvenuta revoca al titolare e all'eventuale terzo interessato specificando la data e l'ora a partire dalla quale il certificato qualificato risulta revocato.

23. *Revoca di un certificato qualificato su iniziativa del certificatore*. — 1. Salvo i casi di motivata urgenza, il certificatore che intende revocare un certificato qualificato ne dà preventiva comunicazione al titolare, specificando i motivi della revoca nonché la data e l'ora a partire dalla quale la revoca è efficace.

24. *Revoca del certificato qualificato su richiesta del titolare*. — 1. La richiesta di revoca è inoltrata al certificatore munita della sottoscrizione del titolare e con la specificazione della sua decorrenza.

2. Le modalità di inoltro della richiesta sono indicate dal certificatore nel manuale operativo di cui all'art. 40.

3. Il certificatore verifica l'autenticità della richiesta e procede alla revoca entro il termine richiesto. Sono considerate autentiche le richieste inoltrate con le modalità previste dal comma 2.

4. Se il certificatore non ha la possibilità di accertare in tempo utile l'autenticità della richiesta, procede alla sospensione del certificato.

25. *Revoca su richiesta del terzo interessato*. — 1. La richiesta di revoca da parte del terzo interessato da cui derivano i poteri di firma del titolare è inoltrata al certificatore munita di sottoscrizione e con la specificazione della sua decorrenza.

(1) In *Leggi coll. IV, 4*.

2. In caso di cessazione o modifica delle qualifiche o del titolo inserite nel certificato su richiesta del terzo interessato, la richiesta di revoca di cui al comma 1 è inoltrata non appena il terzo venga a conoscenza della variazione di stato.

3. Se il certificatore non ha la possibilità di accertare in tempo utile l'autenticità della richiesta, procede alla sospensione del certificato.

26. *Sospensione dei certificati qualificati.* — 1. La sospensione del certificato qualificato è effettuata dal certificatore mediante l'inserimento del suo Codice identificativo in una delle liste dei certificati revocati e sospesi (CRL).

2. Il certificatore comunica tempestivamente l'avvenuta sospensione al titolare e all'eventuale terzo interessato specificando la data e l'ora a partire dalla quale il certificato qualificato risulta sospeso.

3. Il certificatore indica nel manuale operativo, ai sensi dell'art. 40, comma 3, lett. *l*), la durata massima del periodo di sospensione e le azioni intraprese al termine dello stesso in assenza di diverse indicazioni da parte del soggetto che ha richiesto la sospensione.

4. In caso di revoca di un certificato qualificato sospeso, la data della stessa decorre dalla data di inizio del periodo di sospensione.

5. La sospensione e la cessazione della stessa sono annotate nel giornale di controllo con l'indicazione della data e dell'ora di esecuzione dell'operazione.

6. La cessazione dello stato di sospensione del certificato, che sarà considerato come mai sospeso, è tempestivamente comunicata al titolare e all'eventuale terzo interessato specificando la data e l'ora a partire dalla quale il certificato ha cambiato stato.

27. *Sospensione del certificato qualificato su iniziativa del certificatore.* — 1. Salvo casi d'urgenza che il certificatore è tenuto a motivare contestualmente alla comunicazione conseguente alla sospensione di cui al comma 2, il certificatore che intende sospendere un certificato qualificato ne dà preventiva comunicazione al titolare e all'eventuale terzo interessato specificando i motivi della sospensione e la sua durata.

2. Se la sospensione è causata da una richiesta di revoca motivata dalla possibile compromissione della chiave privata, il certificatore procede tempestivamente alla pubblicazione della sospensione.

28. *Sospensione del certificato qualificato su richiesta del titolare.* — 1. La richiesta di sospensione del certificato qualificato, con la specificazione della sua durata, è inoltrata al certificatore, secondo le modalità indicate nel manuale operativo approvato dall'Agenzia.

2. Il certificatore verifica l'autenticità della richiesta e procede alla sospensione entro il termine richiesto. Sono considerate autentiche le richieste inoltrate con le modalità previste dal precedente comma 1.

29. *Sospensione su richiesta del terzo interessato.* — 1. La richiesta di sospensione del certificato qualificato da parte del terzo interessato, da cui derivano i poteri di firma del titolare, è inoltrata al certificatore munita di sottoscrizione e con la specificazione della sua durata.

30. *Sostituzione delle chiavi di certificazione.* — 1. La procedura di sostituzione delle chiavi, generate dal certificatore in conformità all'art. 17, assicura il rispetto del termine di cui all'art. 18, comma 3.

2. I certificati generati a seguito della sostituzione delle chiavi di certificazione sono inviati all'Agenzia.

31. *Revoca dei certificati relativi a chiavi di certificazione.* — 1. La revoca del certificato relativo ad una coppia di chiavi di certificazione è consentita solo nei seguenti casi:

a) compromissione della chiave privata;

b) malfunzionamento irrecuperabile del dispositivo sicuro per la generazione delle firme;

c) cessazione dell'attività.

2. La revoca è comunicata entro ventiquattro ore all'Agenzia e resa nota a tutti i titolari di certificati qualificati sottoscritti con la chiave privata la cui corrispondente chiave pubblica è contenuta nel certificato revocato.

3. La revoca di certificati di cui al comma 1, pubblicati dall'Agenzia nell'elenco pubblico dei certificatori di cui all'art. 43, è resa nota attraverso il medesimo elenco.

32. *Requisiti di sicurezza dei sistemi operativi.* — 1. I sistemi operativi dei sistemi di elaborazione utilizzati nelle attività di certificazione per la generazione delle chiavi, la generazione dei certificati qualificati e la gestione del registro dei certificati qualificati, devono essere stati oggetto di opportune personalizzazioni atte a innalzarne il livello di sicurezza (*hardening*) a cura del certificatore.

2. Ai sensi dell'art. 31 del Codice (1), l'Agenzia verifica l'idoneità delle personalizzazioni di cui al comma 1 e indica al certificatore eventuali azioni correttive.

(1) In *Leggi coll. IV, 4.*

3. Il comma 1 non si applica al sistema operativo dei dispositivi di firma.

33. *Sistema di generazione dei certificati qualificati*. — 1. La generazione dei certificati qualificati avviene su un sistema utilizzato esclusivamente per la generazione di certificati, situato in locali adeguatamente protetti.

2. L'entrata e l'uscita dai locali protetti è registrata sul giornale di controllo.

3. L'accesso ai sistemi di elaborazione è consentito, limitatamente alle funzioni assegnate, esclusivamente al personale autorizzato, identificato attraverso un'opportuna procedura di riconoscimento da parte del sistema al momento di apertura di ciascuna sessione.

4. L'inizio e la fine di ciascuna sessione sono registrati sul giornale di controllo.

34. *Accesso del pubblico ai certificati*. — 1. Le liste dei certificati revocati e sospesi sono rese pubbliche.

2. I certificati qualificati, su richiesta del titolare, possono essere accessibili alla consultazione del pubblico nonché comunicati a terzi, al fine di verificare le firme digitali, esclusivamente nei casi consentiti dal titolare del certificato e nel rispetto del d.lg. 30 giugno 2003, n. 196 (1).

3. Le liste pubblicate dei certificati revocati e sospesi, nonché i certificati qualificati eventualmente resi accessibili alla consultazione del pubblico, sono utilizzabili da chi li consulta per le sole finalità di applicazione delle norme che disciplinano la verifica e la validità delle firme elettroniche qualificate e digitali.

4. Chiunque ha diritto di conoscere se a proprio nome sia stato rilasciato un certificato qualificato. Le modalità per ottenere l'informazione di cui al primo periodo sono definite con il provvedimento di cui all'art. 42, comma 10, del presente decreto.

35. *Piano per la sicurezza*. — 1. Il certificatore definisce un piano per la sicurezza nel quale sono contenuti almeno i seguenti elementi:

a) struttura generale, modalità operativa e struttura logistica;

b) descrizione dell'infrastruttura di sicurezza fisica rilevante ai fini dell'attività di certificatore;

c) allocazione dei servizi e degli uffici negli immobili rilevanti ai fini dell'attività di certificatore;

d) descrizione delle funzioni del personale e sua allocazione ai fini dell'attività di certificatore;

e) attribuzione delle responsabilità;

f) algoritmi crittografici o altri sistemi utilizzati;

g) descrizione delle procedure utilizzate nell'attività di certificatore;

h) descrizione dei dispositivi installati;

i) descrizione dei flussi di dati;

l) procedura di gestione delle copie di sicurezza dei dati;

m) procedura di continuità operativa del servizio di pubblicazione delle liste di revoca e sospensione;

n) analisi dei rischi;

o) descrizione delle contromisure;

p) descrizione delle verifiche e delle ispezioni;

q) descrizione delle misure adottate ai sensi degli artt. 32, comma 1, e 47, comma 2;

r) procedura di gestione dei disastri;

s) descrizione della procedura di cui all'art. 8, comma 3, ponendo in rilievo le modalità di conservazione e protezione dei supporti contenenti le chiavi esportate;

t) misure di sicurezza per la protezione dei dispositivi di firma remota, ivi comprese le modalità di custodia;

u) limitatamente a quanto previsto all'art. 11, comma 3, modalità con cui è assicurato il controllo esclusivo delle chiavi private custodite sui dispositivi di firma remota;

v) le misure procedurali e tecniche applicate per la distruzione dei dispositivi HSM e delle chiavi che contengono incaso di guasto del dispositivo HSM che non consente l'applicazione delle funzionalità di sicurezza certificate implementate dai dispositivi medesimi.

2. Quanto previsto dalle lett. *t*) e *u*) del comma 1 può essere oggetto di dichiarazioni separate da parte del certificatore, ad integrazione del piano per la sicurezza.

3. L'Agenzia, a seguito dell'analisi di quanto dichiarato alle lett. *t*) e *u*) del comma 1, può imporre al certificatore di inserire nei certificati qualificati afferenti la firma remota limitazioni d'uso e di valore.

4. Il piano per la sicurezza, sottoscritto dal legale rappresentante del certificatore, ovvero dal responsabile della sicurezza da questo delegato, è consegnato all'Agenzia in busta sigillata o cifrato, al fine di garantirne la riservatezza, in base alle indicazioni fornite dall'Agenzia.

5. Il piano per la sicurezza si attiene alle misure di sicurezza previste dal Titolo V della Parte I del d.lg. 30 giugno 2003, n. 196 (1).

36. *Giornale di controllo*. — 1. Il giornale di controllo è costituito dall'insieme delle regi-

(1) In *Leggi coll. II, 3*.

strazioni effettuate anche automaticamente dai dispositivi installati presso il certificatore, allorché si verificano le condizioni previste dal presente decreto.

2. Le registrazioni possono essere effettuate indipendentemente anche su supporti distinti e di tipo diverso.

3. A ciascuna registrazione è apposto un riferimento temporale.

4. Il giornale di controllo è tenuto in modo da garantire l'autenticità delle annotazioni e consentire la ricostruzione, con la necessaria accuratezza, di tutti gli eventi rilevanti ai fini della sicurezza.

5. L'integrità del giornale di controllo è verificata con frequenza almeno mensile.

6. Le registrazioni contenute nel giornale di controllo sono conservate per un periodo pari a venti anni, salvo quanto previsto dall'art. 11 del d.lg. n. 196 del 2003 (1).

37. *Sistema di qualità del certificatore*. — 1. Entro un anno dall'avvio dell'attività di certificazione, il certificatore dichiara la conformità del proprio sistema di qualità alle norme ISO 9000, successive modifiche o a norme equivalenti.

2. Il manuale della qualità è depositato presso l'Agenzia e reso disponibile presso il certificatore.

38. *Organizzazione del personale addetto al servizio di certificazione*. — 1. Fatto salvo quanto previsto al comma 3, l'organizzazione del certificatore prevede almeno le seguenti figure professionali:

a) responsabile della sicurezza;

b) responsabile del servizio di certificazione e validazione temporale;

c) responsabile della conduzione tecnica dei sistemi;

d) responsabile dei servizi tecnici e logistici;

e) responsabile delle verifiche e delle ispezioni (*auditing*).

2. Non è possibile attribuire al medesimo soggetto più funzioni tra quelle previste dal comma 1.

3. Ferma restando la responsabilità del certificatore, l'organizzazione dello stesso può prevedere che alcune delle suddette responsabilità siano affidate ad altre organizzazioni. In questo caso il responsabile della sicurezza o altro dipendente appositamente designato gestisce i rapporti con tali figure professionali.

4. In nessun caso quanto previsto al comma 3 si applica per le figure professionali di cui al comma 1, lett. *a*) ed *e*).

39. *Requisiti di competenza ed esperienza del personale*. — 1. Il personale cui sono attribuite le funzioni previste dall'art. 38 deve aver maturato una esperienza professionale nelle tecnologie informatiche e delle telecomunicazioni almeno quinquennale.

2. Per ogni aggiornamento apportato al sistema di certificazione è previsto un apposito addestramento.

40. *Manuale operativo*. — 1. Il manuale operativo definisce le procedure applicate dal certificatore che rilascia certificati qualificati nello svolgimento della sua attività.

2. Il manuale operativo è depositato presso l'Agenzia e pubblicato a cura del certificatore in modo da essere consultabile per via telematica.

3. Il manuale contiene almeno le seguenti informazioni:

a) dati identificativi del certificatore;

b) dati identificativi della versione del manuale operativo;

c) responsabile del manuale operativo;

d) definizione degli obblighi del certificatore, del titolare e dei richiedenti le informazioni per la verifica delle firme;

e) definizione delle responsabilità e delle eventuali limitazioni agli indennizzi;

f) indirizzo del sito web del certificatore ove sono pubblicate le tariffe;

g) modalità di identificazione e registrazione degli utenti;

h) modalità di generazione delle chiavi per la creazione e la verifica della firma;

i) modalità di emissione dei certificati;

l) modalità di inoltro delle richieste e della gestione di sospensione e revoca dei certificati;

m) modalità di sostituzione delle chiavi;

n) modalità di gestione del registro dei certificati;

o) modalità di accesso al registro dei certificati;

p) modalità per l'apposizione e la definizione del riferimento temporale;

q) modalità di protezione dei dati personali;

r) modalità operative per l'utilizzo del sistema di verifica delle firme di cui all'art. 14, comma 1;

s) modalità operative per la generazione della firma elettronica qualificata e della firma digitale.

41. *Riferimenti temporali opponibili ai terzi*. — 1. I riferimenti temporali realizzati dai certificatori accreditati in conformità con quanto

(1) In *Leggi coll. II, 3.*

disposto dal titolo IV sono opponibili ai terzi ai sensi dell'art. 20, comma 3, del Codice (1).

2. I riferimenti temporali apposti sul giornale di controllo da un certificatore accreditato, secondo quanto indicato nel proprio manuale operativo, sono opponibili ai terzi ai sensi dell'art. 20, comma 3, del Codice (1).

3. L'ora assegnata ai riferimenti temporali di cui al comma 2 del presente articolo, deve corrispondere alla scala di tempo UTC(IEN), di cui al decreto del Ministro dell'industria, del commercio e dell'artigianato 30 novembre 1993, n. 591, con una differenza non superiore ad un minuto primo.

4. Costituiscono inoltre validazione temporale:

a) il riferimento temporale contenuto nella segnatura di protocollo di cui all'art. 9 del d.p.c.m. 31 ottobre 2000, pubblicato nella *Gazzetta Ufficiale* 21 novembre 2000, n. 272;

b) il riferimento temporale ottenuto attraverso la procedura di conservazione dei documenti in conformità alle norme vigenti, ad opera di un pubblico ufficiale o di una pubblica amministrazione;

c) il riferimento temporale ottenuto attraverso l'utilizzo di posta elettronica certificata ai sensi dell'art. 48 del Codice (1);

d) il riferimento temporale ottenuto attraverso l'utilizzo della marcatura postale elettronica ai sensi dell'art. 14, comma 1, punto 1.4 della Convenzione postale universale, come modificata dalle decisioni adottate dal XXIII Congresso dell'Unione postale universale, recepite dal Regolamento di esecuzione emanato con il d.p.r. 12 gennaio 2007, n. 18.

TITOLO III

Certificatori accreditati

42. *Obblighi per i certificatori accreditati*. — 1. Il certificatore accreditato genera un certificato per ciascuna delle chiavi di firma utilizzate dall'Agenzia per la sottoscrizione dell'elenco pubblico dei certificatori, lo pubblica nel proprio registro dei certificati e lo rende accessibile per via telematica al fine di verificare la validità delle chiavi utilizzate dall'Agenzia. Tali informazioni sono utilizzate, da chi le consulta, solo per le finalità consentite dalla legge.

2. Il certificatore accreditato garantisce l'interoperabilità del prodotto di verifica di cui all'art. 14 del presente decreto con i documenti informatici sottoscritti mediante firme elettroniche qualificate e digitali ad opera dell'Agenzia, nell'ambito delle attività di cui all'art. 31 del Codice (1).

3. Il certificatore accreditato mantiene copia della lista, sottoscritta dall'Agenzia, dei certificati relativi alle chiavi di certificazione di cui all'art. 43, comma 1, lett. *e*) del presente decreto, che rende accessibile per via telematica per la specifica finalità della verifica delle firme elettroniche qualificate e digitali.

4. I certificatori accreditati, al fine di ottenere e mantenere il riconoscimento di cui all'art. 29, comma 1 del Codice (1), svolgono la propria attività in conformità con quanto previsto dai provvedimenti emanati dall'Agenzia ai sensi dell'art. 4, comma 2. Fino all'emanazione di tali provvedimenti continua ad applicarsi la deliberazione CNIPA 21 maggio 2009, n. 45, recante regole per il riconoscimento e la verifica del documento informatico e successive modificazioni.

5. I certificatori accreditati, al fine di ottenere e mantenere il riconoscimento di cui all'art. 29, comma 1, del Codice (1) assicurano la valorizzazione dell'estensione qcStatements idetsi-qcs-QcSSCD esclusivamente nei certificati qualificati la cui corrispondente chiave privata sia custodita nei dispositivi di cui all'art. 12.

6. I sistemi di generazione e verifica delle firme elettroniche qualificate e delle firme digitali, forniti o indicati dal certificatore accreditato ai sensi degli artt. 11, comma 8 e 14, comma 1, non devono consentire a quest'ultimo di conoscere gli atti o fatti rappresentati nel documento informatico oggetto del processo di sottoscrizione o verifica.

7. Al fine dell'attività di cui all'art. 31 del Codice (1), il certificatore deve consegnare all'Agenzia un esemplare dei dispositivi di firma elettronica qualificata e di firma digitale forniti ai titolari. Il primo periodo non si applica in relazione ai dispositivi di firma HSM.

8. Al fine dell'attività di cui all'art. 31 del Codice (1), il certificatore deve consegnare all'Agenzia copia delle applicazioni di generazione e verifica delle firme elettroniche qualificate o delle firme digitali fornite ai titolari per uso personale.

9. Al fine del mantenimento dell'accreditamento di cui all'art. 29 del Codice (1), il certificatore è obbligato a partecipare alle sessioni di test di interoperabilità indicate dall'Agenzia.

10. I certificatori rendono disponibile all'Agenzia un servizio che consenta, ai fini dell'art. 34, comma 4, di conoscere se, per un determinato codice fiscale, sia stato emesso un certifi-

(1) In *Leggi coll. IV, 4.*

cato qualificato e, in caso affermativo, la sua scadenza. L'Agenzia, sentite le associazioni di categoria e il Garante per la protezione dei dati personali, indica in un proprio provvedimento le caratteristiche del servizio, le modalità e i vincoli per la sua fruizione.

43. *Elenco pubblico dei certificatori accreditati*. — 1. L'elenco pubblico dei certificatori accreditati tenuto dall'Agenzia ai sensi dell'art. 29, comma 6, del Codice (1), e del d.lg. 1° dicembre 2009, n. 177, contiene per ogni certificatore accreditato almeno le seguenti informazioni:

a) denominazione;

b) sede legale;

c) indirizzo della sede legale;

d) indirizzi internet ove il certificatore pubblica in lingua italiana e lingua inglese informazioni inerenti all'attività svolta;

e) lista dei certificati delle chiavi di certificazione;

f) indirizzo di posta elettronica;

g) data di accreditamento volontario;

h) eventuale data di cessazione;

i) eventuale certificatore sostitutivo.

2. L'elenco pubblico è sottoscritto e reso disponibile per via telematica dall'Agenzia al fine di verificare le firme elettroniche qualificate e digitali e diffondere i dati dei certificatori accreditati. Tali informazioni sono utilizzate, da chi le consulta, solo per le finalità consentite dalla legge. L'Agenzia stabilisce il formato dell'elenco pubblico attraverso propria deliberazione.

3. L'elenco pubblico è sottoscritto elettronicamente dal Presidente dell'Agenzia o dai soggetti da lui designati.

4. L'Agenzia pubblica sul proprio sito istituzionale i manuali operativi di cui all'art. 40, sottoscritti ai sensi del comma 3.

5. Nella *Gazzetta Ufficiale* della Repubblica italiana è dato avviso:

a) dell'indicazione dei soggetti preposti alla sottoscrizione dell'elenco pubblico di cui al comma 3;

b) del valore dei codici identificativi del certificato relativo alle chiavi utilizzate per la sottoscrizione dell'elenco pubblico, generati attraverso gli algoritmi di cui all'art. 4;

c) con almeno sessanta giorni di preavviso rispetto alla scadenza del certificato, della sostituzione delle chiavi utilizzate per la sottoscrizione dell'elenco pubblico;

d) della revoca dei certificati utilizzati per la sottoscrizione dell'elenco pubblico sopravvenuta per ragioni di sicurezza (2).

44. *Rappresentazione del documento informatico*. — 1. Il certificatore indica nel manuale operativo i formati del documento informatico e le modalità operative a cui il titolare deve attenersi per evitare le conseguenze previste dall'art. 4, comma 3.

45. *Limitazioni d'uso*. — 1. Il certificatore, su richiesta del titolare, del terzo interessato o dell'Agenzia, è tenuto a inserire nel certificato qualificato eventuali limitazioni d'uso.

2. La modalità di rappresentazione dei limiti d'uso e di valore di cui all'art. 28, comma 3, del Codice (1) è definita dall'Agenzia con uno dei provvedimenti di cui all'art. 4, comma 2.

3. Il certificatore è tenuto ad indicare, in lingua italiana e lingua inglese, la limitazione d'uso dei certificati utilizzati per la verifica delle firme di cui all'art. 35, comma 3, del Codice (1).

46. *Verifica delle marche temporali*. — 1. I certificatori accreditati forniscono ovvero indicano almeno un sistema, conforme al successivo comma 2, che consenta di effettuare la verifica delle marche temporali.

2. L'Agenzia con i provvedimenti di cui all'art. 4, comma 2, stabilisce le regole di interoperabilità per la verifica della marca temporale, anche associata al documento informatico cui si riferisce.

TITOLO IV

Regole per la validazione temporale mediante marca temporale

47. *Validazione temporale con marca temporale*. — 1. Una evidenza informatica è sottoposta a validazione temporale mediante generazione e applicazione di una marca temporale alla relativa impronta.

2. Le marche temporali sono generate da un apposito sistema di validazione temporale, sottoposto ad opportune personalizzazioni atte a innalzarne il livello di sicurezza, in grado di:

a) garantire l'esattezza del riferimento temporale conformemente a quanto richiesto dal presente decreto;

b) generare la struttura dei dati temporali secondo quanto specificato negli artt. 48 e 51;

c) sottoscrivere elettronicamente la struttura di dati di cui alla lett. *b*).

(1) In *Leggi coll. IV, 4.*

(2) Agenzia per l'Italia digitale – Comunicato sull'attuazione dell'art. 43.5, in G.U., 6 giugno 2016, n. 130.

3. L'evidenza informatica da sottoporre a validazione temporale può essere costituita da un insieme di impronte.

48. *Informazioni contenute nella marca temporale*. — 1. Una marca temporale contiene almeno le seguenti informazioni:

a) identificativo dell'emittente;

b) numero di serie della marca temporale;

c) algoritmo di sottoscrizione della marca temporale;

d) certificato relativo alla chiave utilizzata per la verifica della marca temporale;

e) riferimento temporale della generazione della marca temporale;

f) identificativo della funzione di hash utilizzata per generare l'impronta dell'evidenza informatica sottoposta a validazione temporale;

g) valore dell'impronta dell'evidenza informatica.

2. La marca temporale può inoltre contenere un Codice identificativo dell'oggetto a cui appartiene l'impronta di cui al comma 1, lett. *g*).

49. *Chiavi di marcatura temporale*. — 1. Dal certificato relativo alla coppia di chiavi utilizzate per la validazione temporale deve essere possibile individuare il sistema di validazione temporale.

2. Al fine di limitare il numero di marche temporali generate con la medesima coppia, le chiavi di marcatura temporale sono sostituite ed un nuovo certificato è emesso, in relazione alla robustezza delle chiavi crittografiche utilizzate, dopo non più di tre mesi di utilizzazione, indipendentemente dalla durata del loro periodo di validità e senza revocare il certificato corrispondente alla chiave precedentemente in uso. Detto periodo è indicato nel manuale operativo e, previa valutazione, ritenuto congruente dall'Agenzia.

3. Per la sottoscrizione dei certificati relativi a chiavi di marcatura temporale sono utilizzate chiavi di certificazione appositamente generate.

4. Le chiavi di certificazione e di marcatura temporale possono essere generate esclusivamente in presenza dei responsabili dei rispettivi servizi.

50. *Gestione dei certificati e delle chiavi*. — 1. Alle chiavi di certificazione utilizzate, ai sensi dell'art. 49, comma 3, per sottoscrivere i certificati relativi a chiavi di marcatura temporale, si applica quanto previsto per le chiavi di certificazione utilizzate per sottoscrivere certificati relativi a chiavi di sottoscrizione.

2. I certificati relativi ad una coppia di chiavi di marcatura temporale, oltre ad essere conformi a quanto stabilito ai sensi dell'art. 4, comma 2, contengono l'identificativo del sistema di marcatura temporale che utilizza le chiavi.

51. *Precisione dei sistemi di validazione temporale*. — 1. Il riferimento temporale assegnato ad una marca temporale coincide con il momento della sua generazione, con una differenza non superiore ad un minuto secondo rispetto alla scala di tempo UTC(IEN), di cui al decreto del Ministro dell'industria, del commercio e dell'artigianato 30 novembre 1993, n. 591.

2. Il riferimento temporale contenuto nella marca temporale è specificato con riferimento al Tempo Universale Coordinato (UTC).

52. *Sicurezza dei sistemi di validazione temporale*. — 1. Qualsiasi anomalia o tentativo di manomissione che possa modificare il funzionamento del sistema di validazione temporale in modo da renderlo incompatibile con i requisiti previsti dal presente decreto, ed in particolare con quello di cui all'art. 51, comma 1, è annotato sul giornale di controllo e causa il blocco del sistema medesimo.

2. Il blocco del sistema di validazione temporale può essere rimosso esclusivamente con l'intervento di personale espressamente autorizzato.

3. I sistemi operativi dei sistemi di elaborazione utilizzati nelle attività di validazione temporale devono essere stati oggetto di opportune personalizzazioni atte a innalzarne il livello di sicurezza (*hardening*).

4. Ai sensi dell'art. 31 del Codice (1), l'Agenzia verifica l'idoneità delle personalizzazioni, di cui al comma 3, e indica al certificatore eventuali azioni correttive.

53. *Registrazione delle marche generate*. — 1. Tutte le marche temporali emesse da un sistema di validazione sono conservate in un apposito archivio digitale non modificabile per un periodo non inferiore a venti anni ovvero, su richiesta dell'interessato, per un periodo maggiore, alle condizioni previste dal certificatore.

2. La marca temporale è valida per il periodo di conservazione, stabilito o concordato con il certificatore, di cui al comma 1.

54. *Richiesta di marca temporale*. — 1. Il certificatore stabilisce, pubblicandole nel manuale operativo, le procedure per l'invio della richiesta di marca temporale.

2. La richiesta contiene l'evidenza informatica alla quale applicare la marca temporale.

3. L'evidenza informatica può essere sostituita da una o più impronte, calcolate con fun-

(1) In *Leggi coll. IV, 4*.

zioni di hash scelte dal certificatore tra quelle stabilite ai sensi dell'art. 4, comma 2.

4. La generazione delle marche temporali garantisce un tempo di risposta, misurato come differenza tra il momento della ricezione della richiesta e l'ora riportata nella marca temporale, non superiore al minuto primo.

TITOLO V

Firma elettronica avanzata

55. *Disposizioni generali*. — 1. La realizzazione di soluzioni di firma elettronica avanzata è libera e non è soggetta ad alcuna autorizzazione preventiva.

2. I soggetti che erogano o realizzano soluzioni di firma elettronica avanzata si distinguono in:

a) coloro che erogano soluzioni di firma elettronica avanzata al fine di utilizzarle nei rapporti intrattenuti con soggetti terzi per motivi istituzionali, societari o commerciali, realizzandole in proprio o anche avvalendosi di soluzioni realizzate dai soggetti di cui alla lett. *b*);

b) coloro che, quale oggetto dell'attività di impresa, realizzano soluzioni di firma elettronica avanzata a favore dei soggetti di cui alla lett. *a*).

56. *Caratteristiche delle soluzioni di firma elettronica avanzata*. — 1. Le soluzioni di firma elettronica avanzata garantiscono:

a) l'identificazione del firmatario del documento;

b) la connessione univoca della firma al firmatario;

c) il controllo esclusivo del firmatario del sistema di generazione della firma, ivi inclusi i dati biometrici eventualmente utilizzati per la generazione della firma medesima;

d) la possibilità di verificare che il documento informatico sottoscritto non abbia subito modifiche dopo l'apposizione della firma;

e) la possibilità per il firmatario di ottenere evidenza di quanto sottoscritto;

f) l'individuazione del soggetto di cui all'art. 55, comma 2, lett. *a*);

g) l'assenza di qualunque elemento nell'oggetto della sottoscrizione atto a modificarne gli atti, fatti o dati nello stesso rappresentati;

h) la connessione univoca della firma al documento sottoscritto.

2. La firma elettronica avanzata generata in violazione di quanto disposto da una o più disposizioni di cui alle lett. *a*), *b*), *c*), *d*), *e*), *g*), *h*) del comma 1, non soddisfa i requisiti previsti dagli artt. 20, comma 1-*bis*, e 21, comma 2, del Codice (1).

57. *Obblighi a carico dei soggetti che erogano soluzioni di firma elettronica avanzata*. — 1. I soggetti di cui all'art. 55, comma 2, lett. *a*) devono:

a) identificare in modo certo l'utente tramite un valido documento di riconoscimento, informarlo in merito agli esatti termini e condizioni relative all'uso del servizio, compresa ogni eventuale limitazione dell'uso, subordinare l'attivazione del servizio alla sottoscrizione di una dichiarazione di accettazione delle condizioni del servizio da parte dell'utente;

b) conservare per almeno venti anni copia del documento di riconoscimento e la dichiarazione di cui alla lett. *a*) ed ogni altra informazione atta a dimostrare l'ottemperanza a quanto previsto all'art. 56, comma 1, garantendone la disponibilità, integrità, leggibilità e autenticità;

c) fornire liberamente e gratuitamente copia della dichiarazione e le informazioni di cui alla lett. *b*) al firmatario, su richiesta di questo;

d) rendere note le modalità con cui effettuare la richiesta di cui al punto *c*), pubblicandole anche sul proprio sito internet;

e) rendere note le caratteristiche del sistema realizzato atte a garantire quanto prescritto dall'art. 56, comma 1;

f) specificare le caratteristiche delle tecnologie utilizzate e come queste consentono di ottemperare a quanto prescritto;

g) pubblicare le caratteristiche di cui alle lett. *e*) ed *f*) sul proprio sito internet;

h) assicurare, ove possibile, la disponibilità di un servizio di revoca del consenso all'utilizzo della soluzione di firma elettronica avanzata e un servizio di assistenza.

2. Al fine di proteggere i titolari della firma elettronica avanzata e i terzi da eventuali danni cagionati da inadeguate soluzioni tecniche, i soggetti di cui all'art. 55, comma 2, lett. *a*), si dotano di una copertura assicurativa per la responsabilità civile rilasciata da una società di assicurazione abilitata ad esercitare nel campo dei rischi industriali per un ammontare non inferiore ad euro cinquecentomila.

3. Le modalità scelte per ottemperare a quanto disposto al comma 2 devono essere rese note ai soggetti interessati, pubblicandole anche sul proprio sito internet.

(1) In *Leggi coll. IV, 4*.

4. Il comma 2 del presente articolo non si applica alle persone giuridiche pubbliche che erogano soluzioni di firma elettronica avanzata per conto di pubbliche amministrazioni.

5. Nell'ambito delle pubbliche amministrazioni e in quello sanitario limitatamente alla categoria di utenti rappresentata dai cittadini fruitori di prestazioni sanitarie, la dichiarazione di accettazione delle condizioni del servizio prevista al comma 1, lett. *a*) può essere fornita oralmente dall'utente al funzionario pubblico o all'esercente la professione sanitaria, il quale la raccoglie in un documento informatico che sottoscrive con firma elettronica qualificata o firma digitale.

6. I commi 1 e 2 non si applicano alle soluzioni di cui all'art. 61, commi 1 e 2, alle quali si applicano le norme vigenti in materia.

58. *Soggetti che realizzano soluzioni di firma elettronica avanzata a favore di terzi*. — 1. I soggetti di cui all'art. 55, comma 2, lett. *b*) che offrono una soluzione di firma elettronica avanzata alle pubbliche amministrazioni, devono essere in possesso della certificazione di conformità del proprio sistema di gestione per la sicurezza delle informazioni ad essi relative, alla norma ISO/IEC 27001, rilasciata da un terzo indipendente a tal fine autorizzato secondo le norme vigenti in materia.

2. I soggetti di cui all'art. 55, comma 2, lett. *b*) che offrono soluzioni di firma elettronica avanzata alle pubbliche amministrazioni, ovvero le società che li controllano, devono essere in possesso della certificazione di conformità del proprio sistema di qualità alla norma ISO 9001 e successive modifiche o a norme equivalenti.

3. I commi 1 e 2 non si applicano alle persone giuridiche private partecipate, in tutto o in parte, dalla pubblica amministrazione qualora realizzino per la stessa soluzioni di firma elettronica avanzata.

4. I commi 1 e 2 del presente articolo non si applicano alle persone giuridiche pubbliche che rendono disponibili soluzioni di firma elettronica avanzata a pubbliche amministrazioni.

5. I soggetti di cui all'art. 55, comma 2, lett. *b*), al fine di dare evidenza del grado di conformità della soluzione di firma elettronica avanzata a quanto previsto dalle presenti regole tecniche, possono far certificare la propria soluzione secondo la norma ISO/IEC 15408, livello EAL 1 o superiore, da un terzo indipendente a tal fine autorizzato secondo le norme vigenti in materia.

59. *Affidabilità delle soluzioni di firma elettronica avanzata*. — 1. I soggetti di cui all'art. 55, comma 2, lett. *a*), al fine di dare evidenza del grado di conformità alla norma ISO/IEC 27001 del proprio sistema di gestione per la sicurezza delle informazioni a supporto della soluzione di firma elettronica avanzata proposta, possono richiederne la certificazione ad una terza parte indipendente autorizzata allo scopo secondo le norme vigenti in materia.

2. I soggetti di cui all'art. 55, comma 2, lett. *a*), al fine di dare evidenza del grado di conformità della soluzione di firma elettronica avanzata a quanto previsto dalle presenti regole tecniche, su base volontaria, possono far certificare la propria soluzione secondo la norma ISO/IEC 15408, livello EAL 1 o superiore da un terzo indipendente a tal fine autorizzato secondo le norme vigenti in materia.

60. *Limiti d'uso della firma elettronica avanzata*. — 1. La firma elettronica avanzata realizzata in conformità con le disposizioni delle presenti regole tecniche, è utilizzabile limitatamente ai rapporti giuridici intercorrenti tra il sottoscrittore e il soggetto di cui all'art. 55, comma 2, lett. *a*).

61. *Soluzioni di firma elettronica avanzata*. — 1. L'invio tramite posta elettronica certificata di cui all'art. 65, comma 1, lett. *c-bis*) del Codice, effettuato richiedendo la ricevuta completa di cui all'art. 1, comma 1, lett. *i*) del decreto 2 novembre 2005 recante «Regole tecniche per la formazione, la trasmissione e la validazione, anche temporale, della posta elettronica certificata» sostituisce, nei confronti della pubblica amministrazione, la firma elettronica avanzata ai sensi delle presenti regole tecniche.

2. L'utilizzo della Carta d'Identità Elettronica, della Carta Nazionale dei Servizi, del documento d'identità dei pubblici dipendenti (Mod. ATe), del passaporto elettronico e degli altri strumenti ad essi conformi sostituisce, nei confronti della pubblica amministrazione, la firma elettronica avanzata ai sensi delle presenti regole tecniche per i servizi e le attività di cui agli artt. 64 e 65 del Codice.

3. I formati della firma di cui al comma 2 sono gli stessi previsti ai sensi dell'art. 4, comma 2.

4. Le applicazioni di verifica della firma generata ai sensi del comma 2 devono accertare che il certificato digitale utilizzato nel processo di verifica corrisponda ad uno degli strumenti di cui al medesimo comma.

5. I certificatori accreditati che emettono certificati per gli strumenti di cui al comma 2 rendono disponibili strumenti di verifica della firma.

6. Fermo restando quanto disposto dall'art. 55, comma 1, al fine di favorire la realizzazione

di soluzioni di firma elettronica avanzata, l'Agenzia elabora Linee guida sulla base delle quali realizzare soluzioni di firma elettronica avanzata conformi alle presenti regole tecniche.

TITOLO VI

Disposizioni finali

62. *Valore delle firme elettroniche qualificate e digitali nel tempo*. — 1. Le firme elettroniche qualificate e digitali, ancorché sia scaduto, revocato o sospeso il relativo certificato qualificato del sottoscrittore, sono valide se alle stesse è associabile un riferimento temporale opponibile ai terzi che collochi la generazione di dette firme rispettivamente in un momento precedente alla scadenza, revoca o sospensione del suddetto certificato.

63. *Disposizioni finali e transitorie*. — 1. Il presente decreto sostituisce il d.p.c.m. 30 marzo 2009, recante «Regole tecniche in materia di generazione, apposizione e verifica delle firme digitali e validazione temporale dei documenti informatici», pubblicato nella *Gazzetta Ufficiale* 6 giugno 2009, n. 129.

2. I certificatori accreditati ai sensi dell'art. 29 del Codice (1) aggiornano la documentazione prevista per lo svolgimento di tale attività entro centoventi giorni dall'entrata in vigore del presente decreto.

3. Eventuali difformità nella generazione delle firme digitali, delle firme elettroniche qualificate, dei certificati qualificati e delle marche temporali, alle regole tecnologiche di cui al Titolo II, che non ne mettano a rischio la sicurezza, non ne inficiano la validità. L'Agenzia valuta tali difformità e rende note le proprie decisioni sul proprio sito internet.

Il presente decreto sarà inviato ai competenti organi di controllo e pubblicato nella *Gazzetta Ufficiale* della Repubblica italiana.

IV. 8.

DECRETO LEGISLATIVO 24 giugno 1998, n. 213. — *Disposizioni per l'introduzione dell'euro nell'ordinamento nazionale, a norma dell'art. 1, comma 1, della l. 17 dicembre 1997, n. 433* (2).

1-27. . . . . (*omissis*).

TITOLO V

Dematerializzazione

Sezione I. — *Disposizioni generali*

28-37. . . . . (3).

38. *Disciplina transitoria*. — 1. I diritti relativi ai titoli ed ai certificati assoggettati alla disciplina del d.lg. 24 febbraio 1998, n. 58, titolo II, capo II, sezione I (4) (5) sono esercitati previa consegna ad un intermediario di cui all'art. 79-*quater* del d.lg. 24 febbraio 1998, n. 58 (4) (6), che provvede all'apertura del conto, all'annullamento dei titoli o certificati, trasmettendo i relativi documenti all'emittente per l'immissione nel sistema di gestione accentrata, mediante segnalazione alla società di gestione accentrata.

2. Le operazioni di dematerializzazione sono effettuate dagli intermediari di cui all'art. 79-*quater* del d.lg. 24 febbraio 1998, n. 58 (4) (7) senza applicare oneri aggiuntivi oltre alle commissioni previste per le analoghe operazioni su strumenti finanziari (8) già dematerializzati.

Sezione II. — *Disposizioni speciali per i titoli di Stato*

39. *Dematerializzazione dei titoli di Stato*. — 1. . . . . (9).

(1) In *Leggi coll. IV, 4*.

(2) Suppl. ord. n. 166 a G.U., 8 luglio 1998, n. 157. Sulla proroga di diritto al 2 gennaio 2002 di tutti i termini scadenti il 31 dicembre 2001 v. art. 155, l. 23 dicembre 2000, n. 388.

(3) Articoli abrogati dall'art. 5.1, d.lg. 27 gennaio 2010, n. 27.

(4) In *Leggi coll. XVIII, 1*.

(5) Le parole «d.lg. 24 febbraio 1998, n. 58, titolo II, capo II, sezione I» sono state così sostituite alle precedenti «presente titolo V» dall'art. 5.2, lett. a, d.lg. 27 gennaio 2010, n. 27.

(6) Le parole «di cui all'art. 79-*quater* del d.lg. 24 febbraio 1998, n. 58» sono state così sostituite alla precedente «autorizzato» dall'art. 5.2, lett. a, d.lg. 27 gennaio 2010, n. 27.

(7) Le parole «all'art. 79-*quater* del d.lg. 24 febbraio 1998, n. 58» sono state così sostituite alle precedenti «all'art. 30» dall'art. 5.2, lett. b, d.lg. 27 gennaio 2010, n. 27.

(8) Le parole «strumenti finanziari» sono state così sostituite alla precedente «titoli» dall'art. 5.2, lett. b, d.lg. 27 gennaio 2010, n. 27.

(9) Comma abrogato dall'art. 5.3, lett. a, d.lg. 27 gennaio 2010, n. 27.

2. Ai titoli di Stato appartenenti a prestiti vigenti non si applicano le norme speciali del testo unico approvato con decreto del Presidente della Repubblica 14 febbraio 1963, n. 1343, e successive modificazioni, se incompatibili con le disposizioni del presente decreto.

3. Il Ministro del tesoro, del bilancio e della programmazione economica ha la facoltà di applicare le disposizioni del presente decreto e del d.lg. 24 febbraio 1998, n. 58, titolo II, capo III (1) (2) ai prestiti di debito pubblico emessi sui mercati internazionali ai sensi dell'art. 9, comma 1, del d.l. 20 maggio 1993, n. 149, convertito con modificazioni nella l. 19 luglio 1993, n. 237, nel caso in cui i medesimi siano disciplinati dalla legge italiana ovvero allorquando la legge straniera applicabile ai medesimi non preveda la cartolarità dei relativi titoli.

4. Le iscrizioni contabili presso la società di gestione accentrata (3) continuano a godere dello stesso trattamento fiscale, comprese le agevolazioni e le esenzioni, che la vigente normativa riconosce ai titoli di Stato.

40. *Ritiro delle materialità e immissione in gestione accentrata*. — 1. Entro trenta giorni dalla data di entrata in vigore del presente decreto, con decreto del Ministro del tesoro, del bilancio e della programmazione economica sono stabilite le ulteriori modalità di applicazione delle disposizioni di cui alla presente Sezione (4).

2. A partire dalla data di entrata in vigore del decreto ministeriale di cui al comma 1, il Tesoro non rilascia più titoli o certificati provvisori o definitivi con o senza cedole rappresentativi di prestiti.

3. Per l'esercizio di qualsiasi diritto patrimoniale i detentori dei titoli al portatore e nominativi, appartenenti a prestiti vigenti, rilasciati anteriormente alla data del presente decreto, debbono presentare, non oltre il 31 dicembre 1998, i titoli medesimi ad un intermediario di cui all'art. 79-*quater* del d.lg. 24 febbraio 1998, n. 58 (1) (5), il quale provvede all'apertura del conto ed alla consegna tempestiva dei titoli alla filiale della Banca d'Italia competente per territorio, che provvederà all'immissione nel sistema di gestione accentrata e all'annullamento dei titoli o certificati, trasmettendo i relativi documenti al Tesoro. Con decreto del Ministro del tesoro, del bilancio e della programmazione economica sono fissate le modalità per il trattamento dei titoli non consegnati entro il 31 dicembre 1998.

4. A partire dal giorno successivo all'entrata in vigore del decreto ministeriale di cui al comma 1, i titoli in gestione accentrata non possono più essere ritirati.

5. I titoli in essere presso il sistema di gestione accentrata della Banca d'Italia sono annullati e inviati al Tesoro a decorrere dal 5 ottobre 1998.

6. Il 5 ottobre 1998 il sistema di gestione centralizzata della Banca d'Italia comunica a ciascun depositario l'ammontare dei titoli detenuti in gestione accentrata con riferimento ai saldi dell'ultimo giorno lavorativo precedente; alla medesima data ciascun intermediario di cui all'art. 79-*quater* del d.lg. 24 febbraio 1998, n. 58 (1) (6), annota altresì, sui conti accesi a norma del comma 3, i diritti corrispondenti per ciascun cliente e aggiorna le evidenze sui conti di cui all'art. 34.

7. Le disposizioni di cui al comma 2 del presente articolo sono applicate ai titoli emessi dagli enti pubblici indicati dal decreto ministeriale di cui al comma 1, anche limitatamente a singoli prestiti.

41. *Rimborso dei titoli con taglio inferiore a cinque milioni di lire [euro 2.582,28]*. — 1. È disposto il rimborso anticipato, al prezzo di mercato, di titoli al portatore e nominativi, appartenenti a prestiti vigenti emessi dal Tesoro, di importo inferiore a cinque milioni [euro 2.582,28] di capitale nominale. Il rimborso avviene mediante l'utilizzo delle disponibilità del Fondo per l'ammortamento dei titoli di Stato di cui alla l. 27 ottobre 1993, n. 432 e successive modifiche e integrazioni. Con decreto del Ministro del tesoro, del bilancio e della programmazione economica sono stabilite le date e le modalità del rimborso, nonché le date di rife-

(1) In *Leggi coll. XVIII, 1*.

(2) Le parole «e del d.lg. 24 febbraio 1998, n. 58, titolo II, capo III» sono state inserite dall'art. 5.3, lett. b, d.lg. 27 gennaio 2010, n. 27.

(3) Le parole «presso la società di gestione accentrata» sono state così sostituite alle precedenti «nel sistema centralizzato della Banca d'Italia» dall'art. 5.3, lett. c, d.lg. 27 gennaio 2010, n. 27.

(4) D.m. Tesoro 31 luglio 1998, in G.U., 7 agosto 1998, n. 183; d.m. Tesoro 23 agosto 1998, in G.U., 16 settembre 1998, n. 216.

(5) Le parole «all'art. 79-*quater* del d.lg. 24 febbraio 1998, n. 58» sono state così sostituite alle precedenti «all'art. 30» dall'art. 5.4, lett. a, d.lg. 27 gennaio 2010, n. 27.

(6) Le parole «di cui all'art. 79-*quater* del d.lg. 24 febbraio 1998, n. 58,» sono state inserite dall'art. 5.4, lett. b, d.lg. 27 gennaio 2010, n. 27.

rimento per la determinazione dei prezzi di mercato.

2. I titoli nominativi di cui al comma 1, purché non sottoposti a vincolo cauzionale, sono rimborsati previo accertamento dell'identità dell'esibitore, senza ulteriore documentazione o formalità. I titoli medesimi, qualora sottoposti a vincolo cauzionale, sono rimborsati secondo le ordinarie procedure di rimborso del debito pubblico.

3. I titoli non ancora emessi, ma per i quali le norme vigenti prevedono l'emissione a fronte del rimborso dei crediti d'imposta, sono assoggettati alla disciplina del presente decreto. Contestualmente i relativi tagli di importo inferiore a cinque milioni [euro 2.582,28] di capitale nominale emessi nel corso del 1998 sono rimborsati alla pari e la relativa iscrizione è annullata.

4. Per i titoli nominativi comunque intestati o vincolati, gli intermediari di cui all'art. 79-*quater* del d.lg. 24 febbraio 1998, n. 58 (1) (2) provvedono ad iscrivere il relativo ammontare nominale pari a lire cinque milioni [euro 2.582,28] o multipli di tale cifra, sul deposito accentrato presso la Banca d'Italia – Gestione Centralizzata e a registrare sulle proprie scritture gli eventuali vincoli.

5. Con le modalità di cui al comma 1 si provvede altresì al rimborso anticipato delle frazioni di capitale inferiori a cinque milioni [euro 2.582,28].

42. *Adempimenti amministrativo-contabili del Tesoro*. — 1. Il decreto di cui all'art. 40, comma 1, prevede, ai fini dell'incameramento nel bilancio dello Stato, che le Sezioni di tesoreria provvedano a restituire al Tesoro le contromatrici dei Buoni ordinari del tesoro (BOT) che risultino scaduti, non pagati e non prescritti.

2. Al rimborso dei BOT, entro i termini di prescrizione, si provvede a carico di apposita unità previsionale di spesa del bilancio dello Stato.

43. *Disposizioni riguardanti la Cassa Depositi e Prestiti*. — 1. Il Ministro del tesoro, del bilancio e della programmazione economica, con proprio decreto da emanare entro due mesi dalla data di entrata in vigore del presente decreto, individua i valori che possono essere ricevuti in deposito dalla Cassa Depositi e Prestiti, stabilendo il corrispettivo da riconoscere alla Cassa medesima per la gestione di depositi in titoli pubblici (3).

44. *Commissioni di gestione dei titoli dematerializzati*. — 1. Alle operazioni di dematerializzazione dei titoli di Stato si applica la disposizione dell'art. 38, comma 2.

45. .... (4).

46. *Rendicontazione sui pagamenti dei titoli di Stato*. — 1. Il Ministro del tesoro, del bilancio e della programmazione economica è autorizzato ad emanare, con propri decreti, le disposizioni necessarie ad adeguare la regolamentazione in materia di modalità dei pagamenti sui titoli di Stato e di rendicontazione dei pagamenti stessi a quanto previsto dal presente decreto.

47-53. .... (*omissis*).

IV. 9.

DECRETO LEGISLATIVO 9 ottobre 2002, n. 231. — *Attuazione della direttiva 2000/35/CE relativa alla lotta contro i ritardi di pagamento nelle transazioni commerciali* (5).

1. *Ambito di applicazione*. — 1. Le disposizioni contenute nel presente decreto si applicano ad ogni pagamento effettuato a titolo di corrispettivo in una transazione commerciale.

2. Le disposizioni del presente decreto non trovano applicazione per:

a) debiti oggetto di procedure concorsuali aperte a carico del debitore, comprese le procedure finalizzate alla ristrutturazione del debito;

b) pagamenti effettuati a titolo di risarci-

(1) In *Leggi coll. XVIII, 1*.

(2) Le parole «all'art. 79-*quater* del d.lg. 24 febbraio 1998, n. 58» sono state così sostituite alle precedenti «all'art. 31» dall'art. 5.5, d.lg. 27 gennaio 2010, n. 27.

(3) D.m. Tesoro 31 luglio 1998, in G.U., 7 agosto 1998, n. 183.

(4) Articolo abrogato dall'art. 5.6, d.lg. 27 gennaio 2010, n. 27.

(5) G.U., 23 ottobre 2002, n. 249. V. circ. Ministero Economia e Finanze 14 gennaio 2003, n. 1, in G.U., 24 gennaio 2003, n. 19. Sulla disciplina dei pagamenti nei contratti pubblici di forniture e servizi v. determinazione dell'Autorità per la vigilanza sui contratti pubblici di lavori, servizi e forniture 7 luglio 2010, n. 4, in G.U., 28 luglio 2010, n. 174. L'art. 2, l. 22 maggio 2017, n. 81, così dispone: «Le disposizioni del d.lg. 9 ottobre 2002, n. 231, si applicano, in quanto compatibili, anche alle transazioni commerciali tra lavoratori autonomi e imprese, tra lavoratori autonomi e amministrazioni pubbliche di cui all'art. 1, comma 2, del d.lg. 30 marzo 2001, n. 165, e successive modificazioni, o tra lavoratori autonomi, fatta salva l'applicazione di disposizioni più favorevoli».

mento del danno, compresi i pagamenti effettuati a tale titolo da un assicuratore (1).

2. *Definizioni*. — 1. Ai fini del presente decreto si intende per:

a) «transazioni commerciali»: i contratti, comunque denominati, tra imprese ovvero tra imprese e pubbliche amministrazioni, che comportano, in via esclusiva o prevalente, la consegna di merci o la prestazione di servizi contro il pagamento di un prezzo;

b) «pubblica amministrazione»: le amministrazioni di cui all'art. 3, comma 25, del d.lg. 12 aprile 2006, n. 163, e ogni altro soggetto, allorquando svolga attività per la quale è tenuto al rispetto della disciplina di cui al d.lg. 12 aprile 2006, n. 163 (2);

c) «imprenditore»: ogni soggetto esercente un'attività economica organizzata o una libera professione;

d) «interessi moratori»: interessi legali di mora ovvero interessi ad un tasso concordato tra imprese;

e) «interessi legali di mora»: interessi semplici di mora su base giornaliera ad un tasso che è pari al tasso di riferimento maggiorato di otto punti percentuali;

f) «tasso di riferimento»: il tasso di interesse applicato dalla Banca centrale europea alle sue più recenti operazioni di rifinanziamento principali;

g) «importo dovuto»: la somma che avrebbe dovuto essere pagata entro il termine contrattuale o legale di pagamento, comprese le imposte, i dazi, le tasse o gli oneri applicabili indicati nella fattura o nella richiesta equivalente di pagamento (3).

3. *Responsabilità del debitore*. — 1. Il creditore ha diritto alla corresponsione degli interessi moratori sull'importo dovuto (4), ai sensi degli artt. 4 e 5, salvo che il debitore dimostri che il ritardo nel pagamento del prezzo è stato determinato dall'impossibilità della prestazione derivante da causa a lui non imputabile.

4. *Termini di pagamento* (5). — 1. Gli interessi moratori decorrono, senza che sia necessaria la costituzione in mora, dal giorno successivo alla scadenza del termine per il pagamento.

2. Salvo quanto previsto dai commi 3, 4 e 5, il periodo di pagamento non può superare i seguenti termini (6):

a) trenta giorni dalla data di ricevimento da parte del debitore della fattura o di una richiesta di pagamento di contenuto equivalente. Non hanno effetto sulla decorrenza del termine le richieste di integrazione o modifica formali della fattura o di altra richiesta equivalente di pagamento;

b) trenta giorni dalla data di ricevimento delle merci o dalla data di prestazione dei servizi, quando non è certa la data di ricevimento della fattura o della richiesta equivalente di pagamento;

c) trenta giorni dalla data di ricevimento delle merci o dalla prestazione dei servizi, quando la data in cui il debitore riceve la fattura o la richiesta equivalente di pagamento è anteriore a quella del ricevimento delle merci o della prestazione dei servizi;

d) trenta giorni dalla data dell'accettazione o della verifica eventualmente previste dalla legge o dal contratto ai fini dell'accertamento della conformità della merce o dei servizi alle previsioni contrattuali, qualora il debitore riceva la fattura o la richiesta equivalente di pagamento in epoca non successiva a tale data (7).

3. Nelle transazioni commerciali tra imprese le parti possono pattuire un termine per il pa-

(1) Articolo così sostituito dall'art. 1.1, lett. a, d.lg. 9 novembre 2012, n. 192. L'art. 3, d.lg. cit., così dispone: «Le disposizioni di cui al presente decreto legislativo si applicano alle transazioni commerciali concluse a decorrere dal 1° gennaio 2013».

(2) Il d.lg. 12 aprile 2006, n. 163 è stato abrogato dall'art. 217.1, lett. e, d.lg. 18 aprile 2016, n. 50.

(3) Articolo così sostituito dall'art. 1.1, lett. b, d.lg. 9 novembre 2012, n. 192. L'art. 3, d.lg. cit., così dispone: «Le disposizioni di cui al presente decreto legislativo si applicano alle transazioni commerciali concluse a decorrere dal 1° gennaio 2013».

(4) Le parole «sull'importo dovuto» sono state inserite dall'art. 1.1, lett. c, d.lg. 9 novembre 2012, n. 192. L'art. 3, d.lg. cit., così dispone: «Le disposizioni di cui al presente decreto legislativo si applicano alle transazioni commerciali concluse a decorrere dal 1° gennaio 2013».

(5) Rubrica così sostituita alla precedente «Decorrenza degli interessi moratori» dall'art. 24.3, lett. a, n. 3, l. 30 ottobre 2014, n. 161.

(6) Alinea così sostituito dall'art. 24.3, lett. a, n. 1, l. 30 ottobre 2014, n. 161.

(7) L'art. 24.2, l. 30 ottobre 2014, n. 161, così dispone: «Le disposizioni relative ai termini di pagamento e al tasso degli interessi dovuto in caso di ritardato pagamento, contenute nel codice di cui al [d.lg. 12 aprile 2006, n. 163, e nel relativo regolamento di attuazione, di cui al d.p.r. 5 ottobre 2010, n. 207], nonché in altre leggi speciali, che prevedono termini e tassi difformi, rispettivamente, da quelli previsti dall'art. 4, comma 2, del d.lg. 9 ottobre 2002, n. 231, e successive modificazioni, fermo restando quanto previsto al comma 4 del predetto articolo, e da quelli previsti dall'art. 5 del medesimo decreto legislativo, si applicano ai casi previsti dall'art. 1, comma 1, del citato d.lg. n. 231 del 2002 solo se più favorevoli per i creditori».

gamento superiore rispetto a quello previsto dal comma 2. Termini superiori a sessanta giorni, purché non siano gravemente iniqui per il creditore ai sensi dell'art. 7, devono essere pattuiti espressamente. La clausola relativa al termine deve essere provata per iscritto.

4. Nelle transazioni commerciali in cui il debitore è una pubblica amministrazione le parti possono pattuire, purché in modo espresso, un termine per il pagamento superiore a quello previsto dal comma 2, quando ciò sia oggettivamente giustificato dalla natura particolare del contratto o da talune sue caratteristiche (1). In ogni caso i termini di cui al comma 2 non possono essere superiori a sessanta giorni. La clausola relativa al termine deve essere provata per iscritto.

5. I termini di cui al comma 2 sono raddoppiati:

a) per le imprese pubbliche che sono tenute al rispetto dei requisiti di trasparenza di cui al d.lg. 11 novembre 2003, n. 333;

b) per gli enti pubblici che forniscono assistenza sanitaria e che siano stati debitamente riconosciuti a tale fine.

6. Quando è prevista una procedura diretta ad accertare la conformità della merce o dei servizi al contratto essa non può avere una durata superiore a trenta giorni dalla data della consegna della merce o della prestazione del servizio, salvo che sia diversamente ed espressamente concordato dalle parti e previsto nella documentazione di gara e purché ciò non sia gravemente iniquo per il creditore ai sensi dell'art. 7. L'accordo deve essere provato per iscritto.

7. Resta ferma la facoltà delle parti di concordare termini di pagamento a rate. In tali casi, qualora una delle rate non sia pagata alla data concordata, gli interessi e il risarcimento previsti dal presente decreto sono calcolati esclusivamente sulla base degli importi scaduti (2).

5. *Saggio degli interessi*. — 1. Gli interessi moratori sono determinati nella misura degli interessi legali di mora. Nelle transazioni commerciali tra imprese è consentito alle parti di concordare un tasso di interesse diverso, nei limiti previsti dall'art. 7.

2. Il tasso di riferimento è così determinato:

a) per il primo semestre dell'anno cui si riferisce il ritardo, è quello in vigore il 1° gennaio di quell'anno;

b) per il secondo semestre dell'anno cui si riferisce il ritardo, è quello in vigore il 1° luglio di quell'anno.

3. Il Ministero dell'economia e delle finanze dà notizia del saggio di riferimento, curandone la pubblicazione nella *Gazzetta Ufficiale* della Repubblica italiana nel quinto giorno lavorativo di ciascun semestre solare (3) (4).

6. *Risarcimento delle spese di recupero*. — 1. Nei casi previsti dall'art. 3, il creditore ha diritto anche al rimborso dei costi sostenuti per il recupero delle somme non tempestivamente corrisposte.

2. Al creditore spetta, senza che sia necessaria la costituzione in mora, un importo forfettario di 40 euro a titolo di risarcimento del danno. È fatta salva la prova del maggior danno, che può comprendere i costi di assistenza per il recupero del credito (5).

7. *Nullità*. — 1. Le clausole relative al termine di pagamento, al saggio degli interessi moratori o al risarcimento per i costi di recupero, a qualunque titolo previste o introdotte nel contratto, sono nulle quando risultano gravemente inique in danno del creditore. Si applicano gli artt. 1339 e 1419, secondo comma, del codice civile.

2. Il giudice dichiara, anche d'ufficio, la nullità della clausola avuto riguardo a tutte le circostanze del caso, tra cui il grave scostamento dalla prassi commerciale in contrasto con il principio di buona fede e correttezza, la natura della merce o del servizio oggetto del contratto,

(1) Le parole «quando ciò sia oggettivamente giustificato dalla natura particolare del contratto o da talune sue caratteristiche» sono state così sostituite alle precedenti «quando ciò sia giustificato dalla natura o dall'oggetto del contratto o dalle circostanze esistenti al momento della sua conclusione» dall'art. 24.3, lett. a, n. 2, l. 30 ottobre 2014, n. 161.

(2) Articolo così sostituito dall'art. 1.1, lett. d, d.lg. 9 novembre 2012, n. 192. L'art. 3, d.lg. cit., così dispone: «Le disposizioni di cui al presente decreto legislativo si applicano alle transazioni commerciali concluse a decorrere dal 1° gennaio 2013».

(3) Comunicato Ministero Economia e Finanze, in G.U., 22 gennaio 2019, n. 18, che fissa il saggio degli interessi allo 0%, al netto della maggiorazione dell'8%, per il semestre 1° gennaio-30 giugno 2019.

(4) Articolo così sostituito dall'art. 1.1, lett. e, d.lg. 9 novembre 2012, n. 192. L'art. 3, d.lg. cit., così dispone: «Le disposizioni di cui al presente decreto legislativo si applicano alle transazioni commerciali concluse a decorrere dal 1° gennaio 2013».

(5) Articolo così sostituito dall'art. 1.1, lett. f, d.lg. 9 novembre 2012, n. 192. L'art. 3, d.lg. cit., così dispone: «Le disposizioni di cui al presente decreto legislativo si applicano alle transazioni commerciali concluse a decorrere dal 1° gennaio 2013».

l'esistenza di motivi oggettivi per derogare al saggio degli interessi legali di mora, ai termini di pagamento o all'importo forfettario dovuto a titolo di risarcimento per i costi di recupero.

3. Si considera gravemente iniqua la clausola che esclude l'applicazione di interessi di mora. Non è ammessa prova contraria.

4. Si presume che sia gravemente iniqua la clausola che esclude il risarcimento per i costi di recupero di cui all'art. 6.

4-*bis*. Nelle transazioni commerciali in cui il creditore sia una PMI, come definita ai sensi del decreto del Ministro delle attività produttive 18 aprile 2005, pubblicato nella *Gazzetta Ufficiale* n. 238 del 12 ottobre 2005, si presume che sia gravemente iniqua la clausola che prevede termini di pagamento superiori a sessanta giorni. Il presente comma non si applica quando tutte le parti del contratto sono PMI (1).

5. Nelle transazioni commerciali in cui il debitore è una pubblica amministrazione è nulla la clausola avente ad oggetto la predeterminazione o la modifica della data di ricevimento della fattura. La nullità è dichiarata d'ufficio dal giudice (2).

7-*bis*. *Prassi inique*. — 1. Le prassi relative al termine di pagamento, al saggio degli interessi moratori o al risarcimento per i costi di recupero, quando risultano gravemente inique per il creditore, danno diritto al risarcimento del danno.

2. Il giudice accerta che una prassi è gravemente iniqua tenuto conto di quanto previsto dall'art. 7, comma 2.

3. Si considera gravemente iniqua la prassi che esclude l'applicazione di interessi di mora. Non è ammessa prova contraria.

4. Si presume che sia gravemente iniqua la prassi che esclude il risarcimento per i costi di recupero di cui all'art. 6 (3). →

8. *Tutela degli interessi collettivi*. — 1. Le associazioni di categoria degli imprenditori presenti nel Consiglio nazionale dell'economia e del lavoro (CNEL), prevalentemente in rappresentanza delle piccole e medie imprese di tutti i settori produttivi e degli artigiani, sono legittimate ad agire, a tutela degli interessi collettivi, richiedendo al giudice competente:

a) di accertare la grave iniquità, ai sensi dell'art. 7, delle condizioni generali concernenti il termine di pagamento, il saggio degli interessi moratori o il risarcimento per i costi di recupero e di inibirne l'uso (4);

b) di adottare le misure idonee a correggere o eliminare gli effetti dannosi delle violazioni accertate;

c) di ordinare la pubblicazione del provvedimento su uno o più quotidiani a diffusione nazionale oppure locale nei casi in cui la pubblicità del provvedimento possa contribuire a correggere o eliminare gli effetti delle violazioni accertate.

2. L'inibitoria è concessa, quando ricorrono giusti motivi di urgenza, ai sensi degli artt. 669-*bis* e seguenti del codice di procedura civile.

3. In caso di inadempimento degli obblighi stabiliti dal provvedimento reso nel giudizio di cui ai commi 1 e 2, il giudice, anche su domanda dell'associazione che ha agito, dispone il pagamento di una somma di denaro, da euro 500 a euro 1.100, per ogni giorno di ritardo, tenuto conto della gravità del fatto.

9. *Modifiche al codice di procedura civile*. — 1. L'ultimo comma dell'art. 633 del codice di procedura civile è abrogato.

2. All'art. 641 del codice di procedura civile sono apportate le seguenti modifiche:

a) nel primo periodo, dopo le parole «decreto motivato», sono aggiunte le seguenti: «da emettere entro trenta giorni dal deposito del ricorso»;

b) il secondo periodo del secondo comma è così sostituito: «Se l'intimato risiede in uno degli altri Stati dell'Unione europea, il termine è di cinquanta giorni e può essere ridotto fino a venti giorni. Se l'intimato risiede in altri Stati, il termine è di sessanta giorni e, comunque, non può essere inferiore a trenta né superiore a centoventi».

3. All'art. 648, primo comma, del codice di procedura civile, è aggiunto, in fine, il seguente periodo: «Il giudice concede l'esecuzione provvisoria parziale del decreto ingiuntivo opposto limitatamente alle somme non contestate, salvo che l'opposizione sia proposta per vizi procedurali».

10. *Modifiche alla l. 18 giugno 1998, n. 192*. — 1. All'art. 3, della l. 18 giugno 1998, n. 192, il

(1) Comma inserito dall'art. 3.1-*terdecies*, d.l. 14 dicembre 2018, n. 135, conv. in l. 11 febbraio 2019, n. 12.

(2) Articolo così sostituito dall'art. 1.1, lett. g, d.lg. 9 novembre 2012, n. 192. L'art. 3, d.lg. cit., così dispone: «Le disposizioni di cui al presente decreto legislativo si applicano alle transazioni commerciali concluse a decorrere dal 1° gennaio 2013».

(3) Articolo inserito dall'art. 24.3, lett. b, l. 30 ottobre 2014, n. 161.

(4) Lettera così sostituita dall'art. 1.1, lett. h, d.lg. 9 novembre 2012, n. 192. L'art. 3, d.lg. cit., così dispone: «Le disposizioni di cui al presente decreto legislativo si applicano alle transazioni commerciali concluse a decorrere dal 1° gennaio 2013».

comma 3 è così sostituito: ..... (*omissis*) (1).

11. *Norme transitorie finali*. — 1. Le disposizioni del presente decreto non si applicano ai contratti conclusi prima dell'8 agosto 2002.

2. Sono fatte salve le vigenti disposizioni del codice civile e delle leggi speciali che contengono una disciplina più favorevole per il creditore.

3. La riserva della proprietà di cui all'art. 1523 del codice civile, preventivamente concordata per iscritto tra l'acquirente ed il venditore, è opponibile ai creditori del compratore se è confermata nelle singole fatture delle successive forniture aventi data certa anteriore al pignoramento e regolarmente registrate nelle scritture contabili.

(1) La disposizione omessa è inserita direttamente nel testo della l. 18 giugno 1998, n. 192, in *Leggi coll. XI, 4*.

V. VENDITA

V. 1.

United Nations Convention on contracts for the international sale of goods (1).

The States Parties to this Convention,

Bearing in mind the broad objectives in the resolutions adopted by the sixth special session of the General Assembly of the United Nations on the establishment of a New International Economic Order,

Considering that the development of international trade on the basis of equality and mutual benefit is an important element in promoting friendly relations among States,

Being of the opinion that the adoption of uniform rules which govern contracts for the international sale of goods and take into account the different social, economic and legal systems would contribute to the removal of legal barriers in international trade and promote the development of international trade,

Have agreed as follows:

PART I

SPHERE OF APPLICATION AND GENERAL PROVISIONS

CHAPTER I

SPHERE OF APPLICATION

1. 1. This Convention applies to contracts of sale of goods between parties whose places of business are in different States:

a) when the States are Contracting States; or

b) when the rules of private international law lead to the application of the law of a Contracting State.

2. The fact that the parties have their places of business in different States is to be disregarded whenever this fact does not appear either from the contract or from any dealings between, or from information disclosed by, the parties at any time before or at the conclusion of the contract.

3. Neither the nationality of the parties nor the civil or commercial character of the parties or of the contract is to be taken into consideration in determining the application of this Convention.

2. *1.* This Convention does not apply to sales:

a) of goods bought for personal, family or household use, unless the seller, at any time before or at the conclusion of the contract, neither knew nor ought to have known that the goods were bought for any such use;

b) by auction;

c) on execution or otherwise by authority of law;

d) of stocks, shares, investment securities, negotiable instruments or money;

e) of ships, vessels, hovercraft or aircraft;

f) of electricity.

3. 1. Contracts for the supply of goods to be manufactured or produced are to be considered sales unless the party who orders the goods undertakes to supply a substantial part of the materials necessary for such manufacture or production.

2. This Convention does not apply to contracts in which the preponderant part of the obligations of the party who furnishes the goods consists in the supply of labour or other services.

4. *1.* This Convention governs only the formation of the contract of sale and the rights and obligations of the seller and the buyer arising from such a contract. In particular, except as otherwise expressly provided in this Convention, it is not concerned with:

a) the validity of the contract or of any of its provisions or of any usage;

b) the effect which the contract may have on the property in the goods sold.

(1) Per la ratifica ed esecuzione della Convenzione, adottata a Vienna in data 11 aprile 1980, v. l. 11 dicembre 1985, n. 765. La Convenzione è entrata in vigore il 1° gennaio 1988.

5. *1.* This Convention does not apply to the liability of the seller for death or personal injury caused by the goods to any person.

6. *1.* The parties may exclude the application of this Convention or, subject to art. 12, derogate from or vary the effect of any of its provisions.

CHAPTER II

General provisions

7. 1. In the interpretation of this Convention, regard is to be had to its international character and to the need to promote uniformity in its application and the observance of good faith in international trade.

2. Questions concerning matters governed by this Convention which are not expressly settled in it are to be settled in conformity with the general principles on which it is based or, in the absence of such principles, in conformity with the law applicable by virtue of the rules of private international law.

8. 1. For the purposes of this Convention statements made by other conduct of a party are to be interpreted according to his intent where the other party knew or could not have been unaware what that intent was.

2. If the preceding paragraph is not applicable, statements made by and other conduct of a party are to be interpreted according to the understanding that a reasonable person of the same kind as the other party would have had in the same circumstances.

3. In determining the intent of a party or the understanding a reasonable person would have had, due consideration is to be given to all relevant circumstances of the case including the negotiations, any practices which the parties have established between themselves, usages and any subsequent conduct of the parties.

9. 1. The parties are bound by any usages to which they have agreed and by any practices which they have established between themselves.

2. The parties are considered, unless otherwise agreed, to have impliedly made applicable to their contract or its formation a usage of which the parties knew or ought to have known and which in international trade is widely known to, and regularly observed by, parties to contracts of the type involved in the particular trade concerned.

10. *1.* For the purposes of this Convention:

a) if a party has more than one place of business, the place of business is that which has the closest relationship to the contract and its performance, having regard to the circumstances known to or contemplated by the parties at any time before or at the conclusion of the contract;

b) if a party does not have a place of business, reference is to be made to his habitual residence.

11. *1.* A contract of sale need not be concluded in or evidenced by writing and is not subject to any other requirements as to form. It may be proved by any means, including witnesses.

12. *1.* Any provision of art. 11, art. 29 or Part II of this Convention that allows a contract of sale or its modification or termination by agreement or any offer, acceptance or other indication of intention to be made in any form other than in writing does not apply where any party has his place of business in a Contracting State which has made a declaration under art. 96 of this Convention. The parties may not derogate from or vary the effect of this article.

13. *1.* For the purposes of this Convention «writing» includes telegram and telex.

PART II

FORMATION OF THE CONTRACT

14. 1. A proposal for concluding a contract addressed to one or more specific persons constitutes an offer if it is sufficiently definite and indicates the intention of the offeror to be bound in a case of acceptance. A proposal is sufficiently definite if it indicates the goods and expressly or implicitly fixes or makes provision for determining the quantity and the price.

2. A proposal other than one addressed to one or more specific persons is to be considered merely as an invitation to make offers, unless the contrary is clearly indicated by the person making the proposal.

15. 1. An offer becomes effective when it reaches the offeree.

2. An offer, even if it is irrevocable, may be withdrawn if the withdrawal reaches the offeree before or at the same time as the offer.

16. 1. Until a contract is concluded an offer may be revoked if the revocation reaches the offeree before he has dispatched an acceptance.

2. However, an offer cannot be revoked:

a) if it indicates, whether by stating a fixed time for acceptance or otherwise, that it is irrevocable; or

b) if it was reasonable for the offeree to

rely on the offer as being irrevocable and the offeree has acted in reliance on the offer.

17. *1.* An offer, even if it is irrevocable, is terminated when a rejection reaches the offeror.

18. 1. A statement made by or other conduct of the offeree indicating assent to an offer is an acceptance. Silence or inactivity does not in itself amount to acceptance.

2. An acceptance of an offer becomes effective at the moment the indication of assent reaches the offeror. An acceptance is not effective if the indication of assent does not reach the offeror within the time he has fixed or, if no time is fixed, within a reasonable time, due account being taken of the circumstances of the transaction, including the rapidity of the means of communication employed by the offeror. An oral offer must be accepted immediately unless the circumstances indicate otherwise.

3. However, if, by virtue of the offer or as a result of practices which the parties have established between themselves or of usage, the offeree may indicate assent by performing an act, such as one relating to the dispatch of the goods or payment of the price, without notice to the offeror, the acceptance is effective at the moment the act is performed, provided that the act is performed within the period of time laid down in the preceding paragraph.

19. 1. A reply to an offer which purports to be an acceptance but contains additions, limitations or other modifications is a rejection of the offer and constitutes a counteroffer.

2. However, a reply to an offer which purports to be an acceptance but contains additional or different terms which do not materially alter the terms of the offer constitutes an acceptance, unless the offeror, without undue delay, objects orally to the discrepancy or dispatches a notice to that effect. If he does not so object, the terms of the contract are the terms of the offer with the modifications contained in the acceptance.

3. Additional or different terms relating, among other things, to the price, payment, quality and quantity of the goods, place and time of delivery, extent of one party's liability to the other or the settlement of disputes are considered to alter the terms of the offer materially.

20. 1. A period of time for acceptance fixed by the offeror in a telegram or a letter begins to run from the moment the telegram is handed in for dispatch or from the date shown on the letter or, if no such date is shown, from the date shown on the envelope. A period of time for acceptance fixed by the offeror by telephone, telex or other means of instantaneous communication, begins to run from the moment that the offer reaches the offeree.

2. Official holidays or non-business days occuring during the period for acceptance are included in calculating the period. However, if a notice of acceptance cannot be delivered at the address of the offeror on the last day of the period because that day falls on an official holiday or a non-business day at the place of business of the offeror, the period is extended until the first business day which follows.

21. 1. A late acceptance is nevertheless effective as an acceptance if without delay the offeror orally so informs the offeree or dispatches a notice to that effect.

2. If a letter or other writing containing a late acceptance shows that it has been sent in such circumstances that if its transmission had been normal it would have reached the offeror in due time, the late acceptance is effective as an acceptance unless, without delay, the offeror orally informs the offeree that he considers his offer as having lapsed or dispatches a notice to that effect.

22. *1.* An acceptance may be withdrawn if the withdrawal reaches the offeror before or at the same time as the acceptance would have become effective.

23. *1.* A contract is concluded at the moment when an acceptance of an offer becomes effective in accordance with the provisions of this Convention.

24. *1.* For the purposes of this Part of the Convention, an offer, declaration of acceptance or any other indication of intention «reaches» the addressee when it is made orally to him or delivered by any other means to him personally, to his place of business or mailing address or, if he does not have a place of business or mailing address, to his habitual residence.

PART III

SALE OF GOODS

CHAPTER I

General provisions

25. *1.* A breach of contract committed by one of the parties is fundamental if it results in such detriment to the other party as substantially to deprive him of what he is entitled to expect under the contract, unless the party in breach did not foresee and a reasonable person of the same kind in the same circumstances would not have foreseen such a result.

26. *1.* A declaration of avoidance of the contract is effective only if made by notice to the other party.

27. *1.* Unless otherwise expressly provided in this Part of the Convention, if any notice, request or other communication is given or made by a party in accordance with this Part and by means appropriate in the circumstances, a delay or error in the transmission of the communication or its failure to arrive does not deprive that party of the right to rely on the communication.

28. *1.* If, in accordance with the provisions of this Convention, one party is entitled to require performance of any obligation by the other party, a court is not bound to enter a judgement for specific performance unless the court would do so under its own law in respect of similar contracts of sale not governed by this Convention.

29. 1. A contract may be modified or terminated by the mere agreement of the parties.

2. A contract in writing which contains a provision requiring any modification or termination by agreement to be in writing may not be otherwise modified or terminated by agreement. However, a party may be precluded by his conduct from asserting such a provision to the extent that the other party has relied on that conduct.

CHAPTER II

Obligations of the seller

30. *1.* The seller must deliver the goods, hand over any documents relating to them and transfer the property in the goods, as required by the contract and this Convention.

Section I. — *Delivery of the goods and handing over of documents*

31. *1.* If the seller is not bound to deliver the goods at any other particular place, his obligation to deliver consists:

a) if the contract of sale involves carriage of the goods – in handing the goods over to the first carrier for transmission to the buyer;

b) if, in cases not within the preceding subparagraph, the contract relates to specific goods, or unidentified goods to be drawn from a specific stock or to be manufactured or produced, and at the time of the conclusion of the contract the parties knew that the goods were at, or were to be manufactured or produced at, a particular place – in placing the goods at the buyer's disposal at that place;

c) in other cases – in placing the goods at the buyer's disposal at the place where the seller had his place of business at the time of the conclusion of the contract.

32. 1. If the seller, in accordance with the contract or this Convention, hands the goods over to a carrier and if the goods are not clearly identified to the contract by markings on the goods, by shipping documents or otherwise, the seller must give the buyer notice of the consignment specifying the goods.

2. If the seller is bound to arrange for carriage of the goods, he must make such contracts as are necessary for carriage to the place fixed by means of transportation appropriate in the circumstances and according to the usual terms for such transportation.

3. If the seller is not bound to effect insurance in respect of the carriage of the goods, he must, at the buyer's request, provide him with all available information necessary to enable him to effect such insurance.

33. *1.* The seller must deliver the goods:

a) if a date is fixed by or determinable from the contract, on that date;

b) if a period of time is fixed by or determinable from the contract, at any time within that period unless circumstances indicate that the buyer is to choose a date; or

c) in any other case, within a reasonable time after the conclusion of the contract.

34. *1.* If the seller is bound to hand over documents relating to the goods, he must hand them over at the time and place and in the form required by the contract. If the seller has handed over documents before that time, he may, up to that time, cure any lack of conformity in the documents, if the exercise of this right does not cause the buyer unreasonable inconvenience or unreasonable expense. However, the buyer retains any right to claim damages as provided for in this Convention.

Section II. — *Conformity of the goods and third party claims*

35. 1. The seller must deliver goods which are of the quantity, quality and description required by the contract and which are contained or packaged in the manner required by the contract.

2. Except where the parties have agreed otherwise, the goods do not conform with the contract unless they:

a) are fit for the purposes for which goods of the same description would ordinarily be used;

b) are fit for any particular purpose expressly or impliedly made known to the seller at the time of the conclusion of the contract, except where the circumstances show that the buyer did not rely, or that it was unreasonable for him to rely, on the seller's skill and judgement;

c) possess the qualities of goods which the seller has held out to the buyer as a sample or model;

d) are contained or packaged in the manner usual for such goods or, where there is no such manner, in a manner adequate to preserve and protect the goods.

3. The seller is not liable under subparagraphs *a*) to *d*) of the preceding paragraph for any lack of conformity of the goods if at the time of the conclusion of the contract the buyer knew or could not have been unaware of such lack of conformity.

36. 1. The seller is liable in accordance with the contract and this Convention for any lack of conformity which exists at the time when the risk passes to the buyer, even though the lack of conformity becomes apparent only after that time.

2. The seller is also liable for any lack of conformity which occurs after the time indicated in the preceding paragraph and which is due to a breach of any of his obligations, including a breach of any guarantee that for a period of time the goods will remain fit for their ordinary purpose or for some particular purpose or will retain specified qualities or characteristics.

37. *1.* If the seller has delivered goods before the date for delivery, he may, up to that date, deliver any missing part or make up any deficiency in the quantity of the goods delivered, or deliver goods in replacement of any nonconforming goods delivered or remedy any lack of conformity in the goods delivered, provided that the exercise of this right does not cause the buyer unreasonable inconvenience or unreasonable expense. However, the buyer retains any right to claim damages as provided for in this Convention.

38. 1. The buyer must examine the goods, or cause them to be examined, within as short a period as is practicable in the circumstances.

2. If the contract involves carriage of the goods, examination may be deferred until after the goods have arrived at their destination.

3. If the goods are redirected in transit or redispatched by the buyer without a reasonable opportunity for examination by him and at the time of the conclusion of the contract the seller knew or ought to have known of the possibility of such redirection or redispatch, examination may be deferred until after the goods have arrived at the new destination.

39. 1. The buyer loses the right to rely on a lack of conformity of the goods if he does not give notice to the seller specifying the nature of the lack of conformity within a reasonable time after he has discovered it or ought to have discovered it.

2. In any event, the buyer loses the right to rely on a lack of conformity of the goods if he does not give the seller notice thereof at the latest within a period of two years from the date on which the goods were actually handed over to the buyer, unless this timelimit is inconsistent with a contractual period of guarantee.

40. *1.* The seller is not entitled to rely on the provisions of artt. 38 and 39 if the lack of conformity relates to facts of which he knew or could not have been unaware and which he did not disclose to the buyer.

41. *1.* The seller must deliver goods which are free from any right or claim of a third party, unless the buyer agreed to take the goods subject to that right or claim. However, if such right or claim is based on industrial property or other intellectual property, the seller's obligation is governed by art. 42.

42. 1. The seller must deliver goods which are free from any right or claim of a third party based on industrial property or other intellectual property, of which at the time of the conclusion of the contract the seller knew or could not have been unaware, provided that the right or claim is based on industrial property or other intellectual property:

a) under the law of the State where the goods will be resold or otherwise used, if it was contemplated by the parties at the time of the conclusion of the contract that the goods would be resold or otherwise used in that State; or

b) in any other case, under the law of the State where the buyer has his place of business.

2. The obligation of the seller under the preceding paragraph does not extend to cases where:

a) at the time of the conclusion of the contract the buyer knew or could not have been unaware of the right or claim; or

b) the right or claim results from the seller's compliance with technical drawings, designs, formulae or other such specifications furnished by the buyer.

43. 1. The buyer loses the right to rely on the provisions of art. 41 or art. 42 if he does not give notice to the seller specifying the nature of the right or claim of the third party within a reasonable time after he has become aware or ought to have become aware of the right or claim.

2. The seller is not entitled to rely on the provisions of the preceding paragraph if he knew of the right or claim of the third party and the nature of it.

44. *1.* Notwithstanding the provisions of par. (1) of art. 39 and par. (1) of art. 43, the buyer may reduce the price in accordance with art. 50 or claim damages, except for loss of profit, if he has a reason able excuse for his failure to give the required notice.

Section III. — *Remedies for breach of contract by the seller*

45. 1. If the seller fails to perform any of his obligations under the contract or this Convention, the buyer may:

a) exercise the rights provided in artt. 46 to 52;

b) claim damages as provided in artt. 74 to 77.

2. The buyer is not deprived of any right he may have to claim damages by exercising his right to other remedies.

3. No period of grace may be granted to the seller by a court or arbitral tribunal when the buyer resorts to a remedy for breach of contract.

46. 1. The buyer may require performance by the seller of this obligations unless the buyer has resorted to a remedy which is inconsistent with this requirement.

2. If the goods do not conform with the contract, the buyer may require delivery of substitute goods only if the lack of conformity constitutes a fundamental breach of contract and a request for substitute goods is made either in conjunction with notice given under art. 39 or within a reasonable time thereafter.

3. If the goods do not conform with the contract, the buyer may require the seller to remedy the lack of conformity by repair, unless this is unreasonable having regard to all the circumstances. A request for repair must be made either in conjunction with notice given under art. 39 or within a reasonable time thereafter.

47. 1. The buyer may fix an additional period of time of reasonable length for performance by the seller of his obligations.

2. Unless the buyer has received notice from the seller that he will not perform within the period so fixed, the buyer may not, during that period, resort to any remedy for breach of contract. However, the buyer is not deprived thereby of any right he may have to claim damages for delay in performance.

48. 1. Subject to art. 49, the seller may, even after the date for delivery, remedy at his own expense any failure to perform his obligations, if he can do so without unreasonable delay and without causing the buyer unreasonable inconvenience or uncertainty of reimbursement by the seller of expenses advanced by the buyer. However, the buyer retains any right to claim damages as provided for in this Convention.

2. If the seller requests the buyer to make known whether he will accept performance and the buyer does not comply with the request within a reasonable time, the seller may perform within the time indicated in his request. The buyer may not, during that period of time, resort to any remedy which is inconsistent with performance by the seller.

3. A notice by the seller that he will perform within a specified period of time is assumed to include a request, under the preceding paragraph, that the buyer make known his decision.

4. A request or notice by the seller under par. (2) or (3) of this article is not effective unless received by the buyer.

49. 1. The buyer may declare the contract avoided:

a) if the failure by the seller to perform any of his obligations under the contract or this Convention amounts to a fundamental breach of contract; or

b) in case of non-delivery, if the seller does not deliver the goods within the additional period of time fixed by the buyer in accordance with par. (1) of art. 47 or declares that he will not deliver within the period so fixed.

2. However, in cases where the seller has delivered the goods, the buyer loses the right to declare the contract avoided unless he does so:

a) in respect of late delivery, within a reasonable time after he has become aware that delivery has been made;

b) in respect of any breach other than late delivery, within a reasonable time:

i) after he knew or ought to have known of the breach;

ii) after the expiration of any additional period of time fixed by the buyer in accordance with par. (1) of art. 47, or after the seller has declared that he will not perform his obligations within such an additional period; or

iii) after the expiration of any additional period of time indicated by the seller in accordance with par. (2) of art. 48, or after the buyer has declared that he will not accept performance.

50. *1.* If the goods do not conform with the contract and whether or not the price has already been paid, the buyer may reduce the price in the same proportion as the value that the goods actually delivered had at the time of the delivery bears to the value that conforming goods would have had at that time. However, if the seller remedies any failure to perform his obligations in accordance with art. 37 or art. 48 or if the buyer refuses to accept performance by the seller in accordance with those articles, the buyer may not reduce the price.

51. 1. If the seller delivers only a part of the goods or if only a part of the goods delivered is in conformity with the contract, artt. 46 to 50 apply in respect of the part which is missing or which does not conform.

2. The buyer may declare the contract avoided in its entirety only if the failure to make delivery completely or in conformity with the contract amounts to a fundamental breach of the contract.

52. 1. If the seller delivers the goods before the date fixed, the buyer may take delivery or refuse to take delivery.

2. If the seller delivers a quantity of goods greater than that provided for in the contract, the buyer may take delivery or refuse to take delivery of the excess quantity. If the buyer takes delivery of all or part of the excess quantity, he must pay for it at the contract rate.

CHAPTER III

OBLIGATIONS OF THE BUYER

53. *1.* The buyer must pay the price for the goods and take delivery of them as required by the contract and this Convention.

Section I. — *Payment of the price*

54. *1.* The buyer's obligation to pay the price includes taking such steps and complying with such formalities as may be required under the contract or any laws and regulations to enable payment to be made.

55. *1.* Where a contract has been validly concluded but does not expressly or implicitly fix or make provision for determining the price, the parties are considered, in the absence of any indication to the contrary, to have impliedly made reference to the price generally charged at the time of the conclusion of the contract for such goods sold under comparable circumstances in the trade concerned.

56. *1.* If the price is fixed according to the weight of the goods, in case of doubt it is to be determined by the net weight.

57. 1. If the buyer is not bound to pay the price at any other particular place, he must pay it to the seller:

a) at the seller's place of business; or

b) if the payment is to be made against the handing over of the goods or of documents, at the place where the handing over takes place.

2. The seller must bear any increase in the expenses incidental to payment which is caused by a change in his place of business subsequent to the conclusion of the contract.

58. 1. If the buyer is not bound to pay the price at any other specific time, he must pay it when the seller places either the goods or documents controlling their disposition at the buyer's disposal in accordance with the contract and this Convention. The seller may make such payment a condition for handing over the goods or documents.

2. If the contract involves carriage of the goods, the seller may dispatch the goods on terms whereby the goods, or documents controlling their disposition, will not be handed over to the buyer except against payment of the price.

3. The buyer is not bound to pay the price until he has had an opportunity to examine the goods, unless the procedures for delivery or payment agreed upon by the parties are inconsistent with his having such an opportunity.

59. *1.* The buyer must pay the price on the date fixed by or determinable from the contract and this Convention without the need for any request or compliance with any formality on the part of the seller.

Section II. — *Taking delivery*

60. *1.* The buyer's obligation to take delivery consists:

a) in doing all the acts which could reasonably be expected of him in order to enable the seller to make delivery; and

b) in taking over the goods.

Section III. — *Remedies for breach of contract by the buyer*

61. 1. If the buyer fails to perform any of his obligations under the contract or this Convention, the seller may:

a) exercise the rights provided in artt. 62 to 65;

b) claim damages as provided in artt. 74 to 77.

2. The seller is not deprived of any right he may have to claim damages by exercising his right to other remedies.

3. No period of grace may be granted to the buyer by a court or arbitral tribunal when the seller resorts to a remedy for breach of contract.

62. *1.* The seller may require the buyer to pay the price, take delivery or perform his other obligations, unless the seller has resorted to a remedy which is inconsistent with this requirement.

63. 1. The seller may fix an additional period of time of reasonable length for performance by the buyer of his obligations.

2. Unless the seller has received notice from the buyer that he will not perform within the period so fixed, the seller may not, during that period, resort to any remedy for breach of contract. However, the seller is not deprived thereby of any right he may have to claim damages for delay in performance.

64. 1. The seller may declare the contract avoided:

a) if the failure by the buyer to perform any of his obligations under the contract or this Convention amounts to a fundamental breach of contract; or

b) if the buyer does not, within the additional period of time fixed by the seller in accordance with par. (1) of art. 63, perform his obligation to pay the price or take delivery of the goods, or if he declares that he will not do so within the period so fixed.

2. However, in cases where the buyer has paid the price, the seller loses the right to declare the contract avoided unless he does so:

a) in respect of late performance by the buyer, before the seller has become aware that performance has been rendered; or

b) in respect of any breach other than late performance by the buyer, within a reasonable time:

i) after the seller knew or ought to have known of the breach; or

ii) after the expiration of any additional period of time fixed by the seller in accordance with par. (1) of art. 63, or after the buyer has declared that he will not perform his obligations within such an additional period.

65. 1. If under the contract the buyer is to specify the form, measurement or other features of the goods and he fails to make such specification either on the date agreed upon or within a reasonable time after receipt of a request from the seller, the seller may, without prejudice to any other rights he may have, make the specification himself in accordance with the requirements of the buyer that may be known to him.

2. If the seller makes the specification himself, he must inform the buyer of the details thereof and must fix a reasonable time within which the buyer may make a different specification. If, after receipt of such a communication, the buyer fails to do so within the time so fixed, the specification made by the seller is binding.

CHAPTER IV

Passing of risk

66. *1.* Loss of or damage to the goods after the risk has passed to the buyer does not discharge him from his obligation to pay the price, unless the loss or damage is due to an act or omission of the seller.

67. 1. If the contract of sale involves carriage of the goods and the seller is not bound to hand them over at a particular place, the risk passes to the buyer when the goods are handed over to the first carrier for transmission to the buyer in accordance with the contract of sale. If the seller is bound to hand the goods over to a carrier at a particular place, the risk does not pass to the buyer until the goods are handed over to the carrier at that place. The fact that the seller is authorized to retain documents controlling the disposition of the goods does not affect the passage of the risk.

2. Nevertheless, the risk does not pass to the buyer until the goods are clearly identified to the contract, whether by markings on the goods, by shipping documents, by notice given to the buyer or otherwise.

68. *1.* The risk in respect of goods sold in transit passes to the buyer from the time of the conclusion of the contract. However, if the circumstances so indicate, the risk is assumed by the buyer from the time the goods were handed over to the carrier who issued the documents embodying the contract of carriage. Nevertheless, if at the time of the conclusion of the contract of sale the seller knew or ought to have known that the goods had been lost or damaged and did not disclose this to the buyer, the loss or damage is at the risk of the seller.

69. 1. In case not within artt. 67 and 68, the risk passes to the buyer when he takes over the goods or, if he does not do so in due time, from the time when the goods are placed at his disposal and he commits a breach of contract by failing to take delivery.

2. However, if the buyer is bound to take over the goods at a place other than a place of business of the seller, the risk passes when delivery is due and the buyer is aware of the fact that the goods are placed at his disposal at that place.

3. If the contract relates to goods not then identified, the goods are considered not to be placed at the disposal of the buyer until they are clearly identified to the contract.

70. *1.* If the seller has committed a fundamental breach of contract, artt. 67, 68 and 69 do not impair the remedies available to the buyer on account of the breach.

CHAPTER V

Provisions common to the obligations of the seller and of the buyer

Section I. — *Anticipatory breach and instalment contracts*

71. 1. A party may suspend the performance of his obligations if, after the conclusion of the contract, it becomes apparent that the other party will not perform a substantial part of his obligations as a result of:

a) a serious deficiency in his ability to perform or in his creditworthiness; or

b) his conduct in preparing to perform or in performing the contract.

2. If the seller has already dispatched the goods before the grounds described in the preceding paragraph become evident, he may prevent the handing over of the goods to the buyer even though the buyer holds a document which entitles him to obtain them. The present paragraph relates only to the rights in the goods as between the buyer and the seller.

3. A party suspending performance, whether before or after dispatch of the goods, must immediately give notice of the suspension to the other party and must continue with performance if the other party provides adequate assurance of his performance.

72. 1. If prior to the date for performance of the contract it is clear that one of the parties will commit a fundamental breach of contract, the other party may declare the contract avoided.

2. If time allows, the party intending to declare the contract avoided must give reasonable notice to the other party in order to permit him to provide adequate assurance of his performance.

3. The requirements of the preceding paragraph do not apply if the other party has declared that he will not perform his obligations.

73. 1. In the case of a contract for delivery of goods by instalments, if the failure of one party to perform any of his obligations in respect of any instalment constitutes a fundamental breach of contract with respect to that instalment, the other party may declare the contract avoided with respect to that instalment.

2. If one party's failure to perform any of his obligations in respect of any instalment gives the other party good grounds to conclude that a fundamental breach of contract will occur with respect to future instalments, he may declare the contract avoided for the future, provided that he does so within a reasonable time.

3. A buyer who declares the contract avoided in respect of any delivery may, at the same time, declare it avoided in respect of deliveries already made or of future deliveries if, by reason of their interdependence, those deliveries could not be used for the purpose contemplated by the parties at the time of the conclusion of the contract.

Section II. — *Damages*

74. *1.* Damages for breach of contract by one party consist of a sum equal to the loss, including loss of profit, suffered by the other party as a consequence of the breach. Such damages may not exceed the loss which the party in breach foresaw or ought to have foreseen at the time of the conclusion of the contract, in the light of the facts and matters of which he then knew or ought to have known, as a possible consequence of the breach of contract.

75. *1.* If the contract is avoided and if, in a reasonable manner and within a reasonable time after avoidance, the buyer has bought goods in replacement or the seller has resold the goods, the party claiming damages may recover the difference between the contract price and the price in the substitute transaction as well as any further damages recoverable under art. 74.

76. 1. If the contract is avoided and there is a current price for the goods, the party claiming damages may, if he has not made a purchase or resale under art. 75, recover the difference between the price fixed by the contract and the current price at the time of avoidance as well as any further damages recoverable under art. 74. If, however, the party claiming damages has avoided the contract after taking over the goods, the current price at the time of such taking over shall be applied instead of the current price at the time of avoidance.

2. For the purposes of the preceding paragraph, the current price is the price prevailing at the place where delivery of the goods should have been made or, if there is no current price at that place, the price at such other place as serves as a reasonable substitute, making due allowance for differences in the cost of transporting the goods.

77. *1.* A party who relies on a breach of contract must take such measures as are reasonable in the circumstances to mitigate the loss, including loss of profit, resulting from the breach. If he fails to take such measures, the party in breach may claim a reduction in the damages in the amount by which the loss should have been mitigated.

Section III. — *Interest*

78. *1.* If a party fails to pay the price or any other sum that is in arrears, the other party is entitled to interest on it, without prejudice to any claim for damages recoverable under art. 74.

Section IV. — *Exemptions*

79. 1. A party is not liable for a failure to perform any of his obligations if he proved that the failure was due to an impediment beyond his control and that he could not reasonably be expected to have taken the impediment into account at the time of the conclusion of the contract or to have avoided or overcome it or its consequences.

2. If the party's failure is due to the failure by a third person whom he has engaged to perform the whole or a part of the contract, that party is exempt from liability only if:

a) he is exempt under the preceding paragraph; and

b) the person whom he has so engaged would be so exempt if the provisions of that paragraph were applied to him.

3. The exemption provided by this article has effect for the period during which the impediment exists.

4. The party who fails to perform must give notice to the other party of the impediment and its effect on his ability to perform. If the notice is not received by the other party within a reasonable time after the party who fails to perform knew or ought to have known of the impediment, he is liable for damages resulting from such non-receipt.

5. Nothing in this article prevents either party from exercising any right other than to claim damages under this Convention.

80. *1.* A party may not rely on a failure of the other party to perform, to the extent that such failure was caused by the first party's act or omission.

Section V. — *Effects of avoidance*

81. 1. Avoidance of the contract releases both parties from their obligations under it, subject to any damages which may be due. Avoidance does not affect any provision of the contract for the settlement of disputes or any other provision of the contract governing the rights and obligations of the parties consequent upon the avoidance of the contract.

2. A party who has performed the contract either wholly or in part may claim restitution from the other party of whatever the first party has supplied or paid under the contract. If both parties are bound to make restitution, they must do so concurrently.

82. 1. The buyer loses the right to declare the contract avoided or to require the seller to deliver substitute goods if it is impossible for him to make restitution of the goods substantially in the condition in which he received them.

2. The preceding paragraph does not apply:

a) if the impossibility of making restitution of the goods or of making restitution of the goods substantially in the condition in which the buyer received them is not due to his act or omission;

b) if the goods or part of the goods have perished or deteriorated as a result of the examination provided for in art. 38; or

c) if the goods or part of the goods have been sold in the normal course of business or have been consumed or transformed by the buyer in the course of normal use before he discovered or ought to have discovered the lack of conformity.

83. *1.* A buyer who has lost the right to declare the contract avoided or to require the seller to deliver substitute goods in accordance with art. 82 retains all other remedies under the contract and this Convention.

84. 1. If the seller is bound to refund the price, he must also pay interest on it, from the date on which the price was paid.

2. The buyer must account to the seller for all benefits which he has derived from the goods or part of them:

a) if he must make restitution of the goods or part of them; or *b*) if it is impossible for him to make restitution of all or part of the goods or to make restitution of all or part of the goods substantially in the condition in which he received them, but he has nevertheless declared the contract avoided or required the seller to deliver substitute goods.

Section VI. — *Preservation of the goods*

85. *1.* If the buyer is in delay in taking delivery of the goods or, where payment of the price and delivery of the goods are to be made concurrently, if he fails to pay the price, and the seller is either in possession of the goods or otherwise able to control their disposition, the seller must take such steps as are reasonable in the circumstances to preserve them. He is entitled to retain them until he has been reimbursed his reasonable expenses by the buyer.

86. 1. If the buyer has received the goods and intends to exercise any right under the contract or this Convention to reject them, he must take such steps to preserve them as are reasonable in the circumstances. He is entitled to retain them until he has been reimbursed his reasonable expenses by the seller.

2. If goods dispatched to the buyer have been placed at his disposal at their destination and he exercises the right to reject them, he must take possession of them on behalf of the seller, provided that this can be done without payment of the price and without unreasonable inconvenience or unreasonable expense. This provision does not apply if the seller or a person authorized to take charge of the goods on his behalf is present at the destination. If the buyer takes possession of the goods under this paragraph, his rights and obligations are governed by the preceding paragraph.

87. *1.* A party who is bound to take steps to preserve the goods may deposit them in a warehouse of a third person at the expense of the other party provided that the expense incurred is not unreasonable.

88. 1. A party who is bound to preserve the goods in accordance with art. 85 or 86 may sell them by any appropriate means if there has been an unreasonable delay by the other party in taking possession of the goods or in taking them back or in paying the price or the cost of preservation, provided that reasonable notice of the intention to sell has been given to the other party.

2. If the goods are subject to rapid deterioration or their preservation would involve unreasonable expense, a party who is bound to preserve the goods in accordance with art. 85 or 86 must take reasonable measures to sell them. To the extent possible he must give notice to the other party of his intention to sell.

3. A party selling the goods has the right to retain out of the proceeds of sale an amount equal to the reasonable expenses of preserving the goods and of selling them. He must account to the other party for the balance.

PART IV

FINAL PROVISIONS

89. *1.* The Secretary-General of the United Nations is hereby designated as the depositary for this Convention.

90. *1.* This Convention does not prevail over any international agreement which has already been or may be entered into and which contains provisions concerning the matters governed by this Convention, provided that the parties have their places of business in States parties to such agreement.

91. 1. This Convention is open for signature at the concluding meeting of the United Nations Conference on Contracts for the International Sale of Goods and will remain open for signature by all States at the Headquarters of the United Nations, New York until 30 September 1981.

2. This Convention is subject to ratification, acceptance or approval by the signatory States.

3. This Convention is open for accession by all States which are not signatory States as from the date it is open for signature.

4. Instruments of ratification, acceptance, approval and accession are to be deposited with the Secretary-General of the United Nations.

92. 1. A Contracting State may declare at the time of signature, ratification, acceptance, approval or accession that it will not be bound by Part II of this Convention or that it will not be bound by Part III of this Convention.

2. A Contracting State which makes a declaration in accordance with the preceding paragraph in respect of Part II or Part III of this Convention is not to be considered a Contracting State within par. (1) of art. 1 of this Convention in respect of matters governed by the Part to which the declaration applies.

93. 1. If a Contracting State has two or more territorial units in which, according to its constitution, different systems of law are applicable in relation to the matters dealt with in this

Convention, it may, at the time of signature, ratification, acceptance, approval or accession, declare that this Convention is to extend to all its territorial units or only to one or more of them, and may amend its declaration by submitting another declaration at any time.

2. These declarations are to be notified to the depositary and are to state expressly the territorial units to which the Convention extends.

3. If, by virtue of a declaration under this article, this Convention extends to one or more but not all of the territorial units of a Contracting State, and if the place of business of a party is located in that State, this place of business, for the purposes of this Convention, is considered not to be in a Contracting State, unless it is in a territorial unit to which the Convention extends.

4. If a Contracting State makes no declaration under par. (1) of this article, the Convention is to extend to all territorial units of that State.

94. 1. Two or more contracting States which have the same or closely related legal rules on matters governed by this Convention may at any time declare that the Convention is not to apply to contracts of sale or to their formation where the parties have their places of business in those States. Such declarations may be made jointly or by reciprocal unilateral declarations.

2. A Contracting State which has the same or closely related legal rules on matters governed by this Convention as one or more non-Contracting States may at any time declare that the Convention is not to apply to contracts of sale or to their formation where the parties have their places of business in those States.

3. If a State which is the object of a declaration under the preceding paragraph subsequently becomes a Contracting State, the declaration made will, as from the date on which the Convention enters into force in respect of the new Contracting State, have the effect of a declaration made under par. (1), provided that the new Contracting State joins in such declaration or makes a reciprocal unilateral declaration.

95. *1.* Any State may declare at the time of the deposit of its instrument of ratification, acceptance, approval or accession that it will not be bound by subparagraph (1) (*b*) of art. 1 of this Convention.

96. *1.* A Contracting State whose legislation requires contracts of sale to be concluded in or evidenced by writing may at any time make a declaration in accordance with art. 12 that any provision of art. 11, art. 29, or Part II of this Convention, that allows a contract of sale or its modification or termination by agreement or any offer, acceptance, or other indication of intention to be made in any form other than in writing, does not apply where any party has his place of business in that State.

97. 1. Declarations made under this Convention at the time of signature are subject to confirmation upon ratification, acceptance or approval.

2. Declarations and confirmations of declarations are to be in writing and be formally notified to the depositary.

3. A declaration takes effect simultaneously with the entry into force of this Convention in respect of the State concerned. However, a declaration of which the depositary receives formal notification after such entry into force takes effect on the first day of the month following the expiration of six months after the date of its receipt by the depositary. Reciprocal unilateral declarations under art. 94 take effect on the first day of the month following the expiration of six months after the receipt of the latest declaration by the depositary.

4. Any State which makes a declaration under this Convention may withdraw it at any time by a formal notification in writing addressed to the depositary. Such withdrawal is to take effect on the first day of the month following the expiration of six months after the date of the receipt of the notification by the depositary.

5. A withdrawal of a declaration made under art. 94 renders inoperative, as from the date on which the withdrawal takes effect, any reciprocal declaration made by another State under that article.

98. *1.* No reservations are permitted except those expressly authorized in this Convention.

99. 1. This Convention enters into force, subject to the provisions of par. (6) of this article, on the first day of the month following the expiration of twelve months after the date of deposit of the tenth instrument of ratification, acceptance, approval or accession, including an instrument which contains a declaration made under art. 92.

2. When a State ratifies, accepts, approves or accedes to this Convention after the deposit of the tenth instrument of ratification, acceptance, approval or accession, this Convention, with the exception of the Part excluded, enters into force in respect of that State, subject to the provisions of par. (6) of this article, on the first day of the month following the expiration of twelve months after the date of the deposit of

its instrument of ratification, acceptance, approval or accession.

3. A State which ratifies, accepts, approves or accedes to this Convention and is a party to either or both the Convention relating to a Uniform Law on the Formation of Contracts for the International Sale of Goods done at The Hague on 1 July 1964 (1964 Hague Formation Convention) and the Convention relating to a Uniform Law on the International Sale of Goods done at The Hague on 1 July 1964 (1964 Hague Sales Convention) shall at the same time denounce, as the case may be, either or both the 1964 Hague Sales Convention and the 1964 Hague Formation Convention by notifying the Government of the Netherlands to that effect.

4. A State party to the 1964 Hague Sales Convention which ratifies, accepts, approves or accedes to the present Convention and declares or has declared under art. 92 that it will not be bound by Part II of this Convention shall at the time of ratification, acceptance, approval or accession denounce the 1964 Hague Sales Convention by notifying the Government of the Netherlands to that effect.

5. A State party to the 1964 Hague Formation Convention which ratifies, accepts, approves or accedes to the present Convention and declares or has declared under art. 92 that it will not be bound by Part III of this Convention shall at the time of ratification, acceptance, approval or accession denounce the 1964 Hague Formation Convention by notifying the Government of the Netherlands to that effect.

6. For the purpose of this article, ratifications, acceptances, approvals and accessions in respect of this Convention by States parties to the 1964 Hague Formation Convention or the 1964 Hague Sales Convention shall not be effective until such denunciations as may be required on the part of those States in respect of the latter two Conventions have themselves become effective. The depositary of this Convention shall consult with the Government of the Netherlands, as the depositary of the 1964 Conventions, so as to ensure necessary coordination in this respect.

100. 1. This Convention applies to the formation of a contract only when the proposal for concluding the contract is made on or after the date when the Convention enters into force in respect of the Contracting States referred to in subparagraph (1) (*a*) or the Contracting State referred to in subparagraph (1) (*b*) of art. 1.

2. This Convention applies only to contracts concluded on or after the date when the Convention enters into force in respect of the Contracting States referred to in subparagraph (1) (*a*) or the Contracting State referred to in subparagraph (1) (*b*) of art. 1.

101. 1. A Contracting State may denounce this Convention, or Part II or Part III of the Convention, by a formal notification in writing addressed to the depositary.

2. The denunciation takes effect on the first day of the month following the expiration of twelve months after the notification is received by the depositary. Where a longer period for the denunciation to take effect is specified in the notification, the denunciation takes effect upon the expiration of such longer period after the notification is received by the depositary.

DONE at Vienna, this day of eleventh day of April, one thousand nine hundred and eighty, in a single original, of which the Arabic, Chinese, English, French, Russian and Spanish texts are equally authentic.

IN WITNESS WHEREOF the undersigned plenipotentiaries, being duly authorized by their respective Governments, have signed this Convention.

V. 2.

DECRETO LEGISLATIVO 20 giugno 2005, n. 122. — *Disposizioni per la tutela dei diritti patrimoniali degli acquirenti di immobili da costruire, a norma della l. 2 agosto 2004, n. 210* (1).

1. *Definizioni*. — 1. Ai fini del presente decreto devono intendersi:

a) per «acquirente»: la persona fisica che sia promissaria acquirente o che acquisti un immobile da costruire, ovvero che abbia stipulato ogni altro contratto, compreso quello di leasing, che abbia o possa avere per effetto l'acquisto o comunque il trasferimento non immediato, a sè o ad un proprio parente in primo grado, della proprietà o della titolarità di un diritto reale di godimento su di un immobile da costruire, ovvero colui il quale, ancorché non socio di una cooperativa edilizia, abbia assunto obbligazioni con la cooperativa medesima per ottenere l'assegnazione in proprietà o l'acquisto della titolarità di un diritto reale di godimento su di un immobile da costruire per iniziativa della stessa;

b) per «costruttore»: l'imprenditore o la

(1) G.U., 6 luglio 2005, n. 155.

cooperativa edilizia che promettano in vendita o che vendano un immobile da costruire, ovvero che abbiano stipulato ogni altro contratto, compreso quello di leasing, che abbia o possa avere per effetto la cessione o il trasferimento non immediato in favore di un acquirente della proprietà o della titolarità di un diritto reale di godimento su di un immobile da costruire, sia nel caso in cui lo stesso venga edificato direttamente dai medesimi, sia nel caso in cui la realizzazione della costruzione sia data in appalto o comunque eseguita da terzi;

c) per «situazione di crisi»: la situazione che ricorre nei casi in cui il costruttore sia sottoposto o sia stato sottoposto ad esecuzione immobiliare, in relazione all'immobile oggetto del contratto, ovvero a fallimento, amministrazione straordinaria, concordato preventivo, liquidazione coatta amministrativa;

d) per «immobili da costruire»: gli immobili per i quali sia stato richiesto il permesso di costruire e che siano ancora da edificare o la cui costruzione non risulti essere stata ultimata versando in stadio tale da non consentire ancora il rilascio del certificato di agibilità.

2. *Garanzia fideiussoria.* — 1. All'atto della stipula di un contratto che abbia come finalità il trasferimento non immediato della proprietà o di altro diritto reale di godimento su un immobile da costruire o di un atto avente le medesime finalità, ovvero in un momento precedente, il costruttore è obbligato, a pena di nullità del contratto che può essere fatta valere unicamente dall'acquirente, a procurare il rilascio ed a consegnare all'acquirente una fideiussione, anche secondo quanto previsto dall'art. 1938 del codice civile, di importo corrispondente alle somme e al valore di ogni altro eventuale corrispettivo che il costruttore ha riscosso e, secondo i termini e le modalità stabilite nel contratto, deve ancora riscuotere dall'acquirente prima del trasferimento della proprietà o di altro diritto reale di godimento. Restano comunque esclusi le somme per le quali è pattuito che debbano essere erogate da un soggetto mutuante, nonché i contributi pubblici già assistiti da autonoma garanzia.

2. Per le società cooperative, l'atto equipollente a quello indicato al comma 1 consiste in quello con il quale siano state versate somme o assunte obbligazioni con la cooperativa medesima per ottenere l'assegnazione in proprietà o l'acquisto della titolarità di un diritto reale di godimento su di un immobile da costruire per iniziativa della stessa.

3. *Rilascio, contenuto e modalità di escussione della fideiussione.* — 1. La fideiussione è rilasciata da una banca o da un'impresa esercente le assicurazioni; essa deve garantire, nel caso in cui il costruttore incorra in una situazione di crisi di cui al comma 2 o, nel caso di inadempimento all'obbligo assicurativo di cui all'art. 4, la restituzione delle somme e del valore di ogni altro eventuale corrispettivo effettivamente riscossi e dei relativi interessi legali maturati fino al momento in cui la predetta situazione si è verificata (1).

2. La situazione di crisi si intende verificata in una delle seguenti date:

a) di trascrizione del pignoramento relativo all'immobile oggetto del contratto;

b) di pubblicazione della sentenza dichiarativa del fallimento o del provvedimento di liquidazione coatta amministrativa;

c) di presentazione della domanda di ammissione alla procedura di concordato preventivo;

d) di pubblicazione della sentenza che dichiara lo stato di insolvenza o, se anteriore, del decreto che dispone la liquidazione coatta amministrativa o l'amministrazione straordinaria.

3. La fideiussione può essere escussa:

a) a decorrere dalla data in cui si è verificata la situazione di crisi di cui al comma 2 a condizione che, per l'ipotesi di cui alla lett. *a* del medesimo comma, l'acquirente abbia comunicato al costruttore la propria volontà di recedere dal contratto e, per le ipotesi di cui

(1) Comma così sostituito dall'art. 385.1, lett. a, d.lg. 12 gennaio 2019, n. 14. In base all'art. 389.2, d.lg. cit., tali disposizioni «entrano in vigore il trentesimo giorno successivo alla pubblicazione nella *Gazzetta Ufficiale* del presente decreto». L'art. 389.3, d.lg. cit., così dispone: «Le disposizioni di cui agli artt. 3 e 4 del d.lg. 20 giugno 2005, n. 122, come modificati dagli artt. 385 e 386 del presente codice, si applicano anche nelle more dell'adozione dei decreti di cui agli artt. 3, comma 7-*bis*, e 4, comma 1-*bis*, del predetto decreto legislativo e il contenuto della fideiussione e della polizza assicurativa è determinato dalle parti nel rispetto di quanto previsto dalle richiamate disposizioni».

Si riporta, di seguito, il testo dell'art. 3.1, come precedentemente formulato:

«1. La fideiussione è rilasciata da una banca, da un'impresa esercente le assicurazioni o da intermediari finanziari iscritti nell'elenco speciale di cui all'art. 107 del testo unico delle leggi in materia bancaria e creditizia, di cui al d.lg. 1° settembre 1993, n. 385, e successive modificazioni; essa deve garantire, nel caso in cui il costruttore incorra in una situazione di crisi di cui al comma 2, la restituzione delle somme e del valore di ogni altro eventuale corrispettivo effettivamente riscossi e dei relativi interessi legali maturati fino al momento in cui la predetta situazione si è verificata».

alle lett. *b*, *c* e *d* del comma 2, il competente organo della procedura concorsuale non abbia comunicato la volontà di subentrare nel contratto preliminare;

b) a decorrere dalla data dell'attestazione del notaio di non aver ricevuto per la data dell'atto di trasferimento della proprietà la polizza assicurativa conforme al decreto ministeriale di cui all'art. 4, quando l'acquirente ha comunicato al costruttore la propria volontà di recedere dal contratto di cui all'art. 6 (1).

4. La fideiussione deve prevedere la rinuncia al beneficio della preventiva escussione del debitore principale di cui all'art. 1944, secondo comma, del codice civile e deve essere escutibile, verificatesi le condizioni di cui al comma 3, a richiesta scritta dell'acquirente, corredata da idonea documentazione comprovante l'ammontare delle somme e il valore di ogni altro eventuale corrispettivo che complessivamente il costruttore ha riscosso, da inviarsi al domicilio indicato dal fideiussore a mezzo di lettera raccomandata con avviso di ricevimento.

5. Il mancato pagamento del premio o della commissione non è opponibile all'acquirente.

6. Il fideiussore è tenuto a pagare l'importo dovuto entro il termine di trenta giorni dalla data di ricevimento della richiesta di cui al comma 4. Qualora la restituzione degli importi oggetto di fideiussione non sia eseguita entro il suddetto termine, il fideiussore è tenuto a rimborsare all'acquirente le spese da quest'ultimo effettivamente sostenute e strettamente necessarie per conseguire la detta restituzione, oltre i relativi interessi.

7. L'efficacia della fideiussione cessa nel momento in cui il fideiussore riceve dal costruttore o da un altro dei contraenti copia dell'atto di trasferimento della proprietà o di altro diritto reale di godimento sull'immobile o dell'atto definitivo di assegnazione il quale contenga la menzione di cui all'art. 4, comma 1-*quater* (2).

7-*bis*. Con decreto del Ministro della giustizia, di concerto con il Ministro dell'economia e delle finanze, da adottarsi entro novanta giorni dalla data di entrata in vigore della presente disposizione, è determinato il modello standard della fideiussione (3).

4. *Assicurazione dell'immobile*. — 1. Il costruttore è obbligato a contrarre ed a consegnare all'acquirente all'atto del trasferimento della proprietà a pena di nullità del contratto che può essere fatta valere solo dall'acquirente (4), una polizza assicurativa indennitaria decenna-

(1) Comma così sostituito dall'art. 385.1, lett. b, d.lg. 12 gennaio 2019, n. 14. In base all'art. 389.2, d.lg. cit., tali disposizioni «entrano in vigore il trentesimo giorno successivo alla pubblicazione nella *Gazzetta Ufficiale* del presente decreto». L'art. 389.3, d.lg. cit., così dispone: «Le disposizioni di cui agli artt. 3 e 4 del d.lg. 20 giugno 2005, n. 122, come modificati dagli artt. 385 e 386 del presente codice, si applicano anche nelle more dell'adozione dei decreti di cui agli artt. 3, comma 7-*bis*, e 4, comma 1-*bis*, del predetto decreto legislativo e il contenuto della fideiussione e della polizza assicurativa è determinato dalle parti nel rispetto di quanto previsto dalle richiamate disposizioni».

Si riporta, di seguito, il testo dell'art. 3.3, come precedentemente formulato:

«3. La fideiussione può essere escussa a decorrere dalla data in cui si è verificata la situazione di crisi di cui al comma 2 a condizione che, per l'ipotesi di cui alla lett. *a*) del medesimo comma, l'acquirente abbia comunicato al costruttore la propria volontà di recedere dal contratto e, per le ipotesi di cui alle lett. *b*), *c*) e *d*) del comma 2, il competente organo della procedura concorsuale non abbia comunicato la volontà di subentrare nel contratto preliminare».

(2) Comma così sostituito dall'art. 385.1, lett. c, d.lg. 12 gennaio 2019, n. 14. In base all'art. 389.2, d.lg. cit., tali disposizioni «entrano in vigore il trentesimo giorno successivo alla pubblicazione nella *Gazzetta Ufficiale* del presente decreto». L'art. 389.3, d.lg. cit., così dispone: «Le disposizioni di cui agli artt. 3 e 4 del d.lg. 20 giugno 2005, n. 122, come modificati dagli artt. 385 e 386 del presente codice, si applicano anche nelle more dell'adozione dei decreti di cui agli artt. 3, comma 7-*bis*, e 4, comma 1-*bis*, del predetto decreto legislativo e il contenuto della fideiussione e della polizza assicurativa è determinato dalle parti nel rispetto di quanto previsto dalle richiamate disposizioni».

Si riporta, di seguito, il testo dell'art. 3.7, come precedentemente formulato:

«L'efficacia della fideiussione cessa al momento del trasferimento della proprietà o di altro diritto reale di godimento sull'immobile o dell'atto definitivo di assegnazione».

(3) Comma aggiunto dall'art. 385.1, lett. d, d.lg. 12 gennaio 2019, n. 14. In base all'art. 389.2, d.lg. cit., tali disposizioni «entrano in vigore il trentesimo giorno successivo alla pubblicazione nella *Gazzetta Ufficiale* del presente decreto». L'art. 389.3, d.lg. cit., così dispone: «Le disposizioni di cui agli artt. 3 e 4 del d.lg. 20 giugno 2005, n. 122, come modificati dagli artt. 385 e 386 del presente codice, si applicano anche nelle more dell'adozione dei decreti di cui agli artt. 3, comma 7-*bis*, e 4, comma 1-*bis*, del predetto decreto legislativo e il contenuto della fideiussione e della polizza assicurativa è determinato dalle parti nel rispetto di quanto previsto dalle richiamate disposizioni».

(4) Le parole «a pena di nullità del contratto che può essere fatta valere solo dall'acquirente,» sono state inserite dall'art. 386.1, lett. a, d.lg. 12 gennaio 2019, n. 14. In base all'art. 389.2, d.lg. cit., tali disposizioni «entrano in vigore il trentesimo giorno successivo alla pubblicazione nella *Gazzetta Ufficiale* del presente decreto». L'art. 389.3, d.lg. cit., così dispone: «Le disposizioni di cui agli artt. 3 e 4 del d.lg. 20 giugno 2005, n. 122, come modificati

le a beneficio dell'acquirente e con effetto dalla data di ultimazione dei lavori a copertura dei danni materiali e diretti all'immobile, compresi i danni ai terzi, cui sia tenuto ai sensi dell'art. 1669 del codice civile, derivanti da rovina totale o parziale oppure da gravi difetti costruttivi delle opere, per vizio del suolo o per difetto della costruzione, e comunque manifestatisi successivamente alla stipula del contratto definitivo di compravendita o di assegnazione.

1-*bis*. Con decreto del Ministro dello sviluppo economico, di concerto con il Ministro della giustizia e con il Ministro dell'economia e delle finanze, da adottarsi entro novanta giorni dalla data di entrata in vigore della presente disposizione, sono determinati il contenuto e le caratteristiche della polizza di assicurazione e il relativo modello standard (1).

1-*ter*. In caso di inadempimento all'obbligo previsto dal comma 1, l'acquirente che abbia comunicato al costruttore la propria volontà di recedere dal contratto di cui all'art. 6 ha diritto di escutere la fideiussione ai sensi dell'art. 3, comma 3, lett. *b* (1).

1-*quater*. L'atto di trasferimento deve contenere la menzione degli estremi identificativi della polizza assicurativa e della sua conformità al decreto previsto dal comma 1-*bis* (1).

5. *Applicabilità della disciplina*. — 1. La disciplina prevista dagli artt. 2, 3 e 4 si applica ai contratti aventi ad oggetto il trasferimento non immediato della proprietà o di altro diritto reale di godimento di immobili per i quali il permesso di costruire o altra denuncia o provvedimento abilitativo sia stato richiesto successivamente alla data di entrata in vigore del presente decreto.

1-*bis*. L'acquirente non può rinunciare alle tutele previste dal presente decreto; ogni clausola contraria è nulla e deve intendersi come non apposta (2).

1-*bis*. Le modifiche apportate dal decreto legislativo di attuazione dell'art. 12 della l. 19 ottobre 2017, n. 155 si applicano ai contratti aventi ad oggetto immobili da costruire per i quali il titolo abilitativo edilizio sia stato richiesto o presentato successivamente alla data di entrata in vigore del decreto stesso (3).

6. *Contenuto del contratto preliminare*. — 1. Il contratto preliminare ed ogni altro contratto che ai sensi dell'art. 2 sia comunque diretto al successivo acquisto in capo ad una persona fisica della proprietà o di altro diritto reale su un immobile oggetto del presente decreto devono essere stipulati per atto pubblico o per scrittura privata autenticata (4) devono contenere:

a) le indicazioni previste agli artt. 2659, primo comma, n. 1), e 2826 del codice civile;

b) la descrizione dell'immobile e di tutte le sue pertinenze di uso esclusivo oggetto del contratto;

c) gli estremi di eventuali atti d'obbligo e convenzioni urbanistiche stipulati per l'ottenimento dei titoli abilitativi alla costruzione e l'elencazione dei vincoli previsti;

d) le caratteristiche tecniche della costruzione, con particolare riferimento alla struttura portante, alle fondazioni, alle tamponature, ai solai, alla copertura, agli infissi ed agli impianti;

e) i termini massimi di esecuzione della costruzione, anche eventualmente correlati alle varie fasi di lavorazione;

f) l'indicazione del prezzo complessivo da corrispondersi in danaro o il valore di ogni altro eventuale corrispettivo, i termini e le modalità per il suo pagamento, la specificazione dell'importo di eventuali somme a titolo di caparra; le modalità di corresponsione del prezzo devono essere rappresentate da bonifici bancari o versamenti diretti su conti correnti bancari o postali indicati dalla parte venditrice ed alla

dagli artt. 385 e 386 del presente codice, si applicano anche nelle more dell'adozione dei decreti di cui agli artt. 3, comma 7-*bis*, e 4, comma 1-*bis*, del predetto decreto legislativo e il contenuto della fideiussione e della polizza assicurativa è determinato dalle parti nel rispetto di quanto previsto dalle richiamate disposizioni».

(1) Comma aggiunto dall'art. 386.1, lett. b, d.lg. 12 gennaio 2019, n. 14. In base all'art. 389.2, d.lg. cit., tali disposizioni «entrano in vigore il trentesimo giorno successivo alla pubblicazione nella *Gazzetta Ufficiale* del presente decreto». L'art. 389.3, d.lg. cit., così dispone: «Le disposizioni di cui agli artt. 3 e 4 del d.lg. 20 giugno 2005, n. 122, come modificati dagli artt. 385 e 386 del presente codice, si applicano anche nelle more dell'adozione dei decreti di cui agli artt. 3, comma 7-*bis*, e 4, comma 1-*bis*, del predetto decreto legislativo e il contenuto della fideiussione e della polizza assicurativa è determinato dalle parti nel rispetto di quanto previsto dalle richiamate disposizioni».

(2) Comma aggiunto dall'art. 10-*quater*.1, lett. a, d.l. 28 marzo 2014, n. 47, conv. in l. 23 maggio 2014, n. 80.

(3) Comma aggiunto dall'art. 387, d.lg. 12 gennaio 2019, n. 14. In base all'art. 389.2, d.lg. cit., tali disposizioni «entrano in vigore il trentesimo giorno successivo alla pubblicazione nella *Gazzetta Ufficiale* del presente decreto».

(4) Le parole «devono essere stipulati per atto pubblico o per scrittura privata autenticata» sono state inserite dall'art. 388.1, lett. a, d.lg. 12 gennaio 2019, n. 14. In base all'art. 389.2, d.lg. cit., tali disposizioni «entrano in vigore il trentesimo giorno successivo alla pubblicazione nella *Gazzetta Ufficiale* del presente decreto».

stessa intestati o da altre forme che siano comunque in grado di assicurare la prova certa dell'avvenuto pagamento;

g) gli estremi della fideiussione di cui all'art. 2 e l'attestazione della sua conformità al modello contenuto nel decreto di cui all'art. 3, comma 7-*bis*(1);

h) l'eventuale esistenza di ipoteche o trascrizioni pregiudizievoli di qualsiasi tipo sull'immobile con la specificazione del relativo ammontare, del soggetto a cui favore risultano e del titolo dal quale derivano, nonché la pattuizione espressa degli obblighi del costruttore ad esse connessi e, in particolare, se tali obblighi debbano essere adempiuti prima o dopo la stipula del contratto definitivo di vendita;

i) gli estremi del permesso di costruire o della sua richiesta se non ancora rilasciato, nonché di ogni altro titolo, denuncia o provvedimento abilitativo alla costruzione;

l) l'eventuale indicazione dell'esistenza di imprese appaltatrici, con la specificazione dei relativi dati identificativi.

2. Agli stessi contratti devono essere allegati:

a) il capitolato contenente le caratteristiche dei materiali da utilizzarsi, individuati anche solo per tipologie, caratteristiche e valori omogenei, nonché l'elenco delle rifiniture e degli accessori convenuti fra le parti;

b) gli elaborati del progetto in base al quale è stato richiesto o rilasciato il permesso di costruire o l'ultima variazione al progetto originario, limitatamente alla rappresentazione grafica degli immobili oggetto del contratto, delle relative pertinenze esclusive e delle parti condominiali.

3. Sono fatte salve le disposizioni di cui al r.d. 28 marzo 1929, n. 499.

7. *Modificazioni all'art. 39 del d.lg. 1° settembre 1993, n. 385* (2). — 1. All'art. 39 del d.lg. 1° settembre 1993, n. 385 (2), sono apportate le seguenti modificazioni:

a) il comma 6 è sostituito dal seguente: . (*omissis*).

b) dopo il comma 6 sono inseriti i seguenti: . . . . (*omissis*).

8. *Obbligo di cancellazione o frazionamento dell'ipoteca antecedente alla compravendita*. — 1. Il notaio non può procedere alla stipula dell'atto di compravendita se, anteriormente o contestualmente alla stipula, non si sia proceduto alla suddivisione del finanziamento in quote o al perfezionamento di un titolo per la cancellazione o frazionamento dell'ipoteca a garanzia o del pignoramento gravante sull'immobile.

9. *Diritto di prelazione*. — 1. Qualora l'immobile sia stato consegnato all'acquirente e da questi adibito ad abitazione principale per sé o per il proprio coniuge (3) o per un proprio parente in primo grado, all'acquirente medesimo, anche nel caso in cui abbia escusso la fideiussione, è riconosciuto il diritto di prelazione nell'acquisto dell'immobile al prezzo definitivo raggiunto nell'incanto anche in esito alle eventuali offerte ai sensi dell'art. 584 del codice di procedura civile.

2. Ai fini dell'esercizio del diritto di prelazione, l'autorità che procede alla vendita dell'immobile provvede a dare immediata comunicazione all'acquirente, con atto notificato a mezzo ufficiale giudiziario, della definitiva determinazione del prezzo entro dieci giorni dall'adozione del relativo provvedimento, con indicazione di tutte le condizioni alle quali la vendita dovrà essere conclusa e l'invito ad esercitare la prelazione.

3. Il diritto di prelazione è esercitato dall'acquirente, a pena di decadenza, entro il termine di dieci giorni dalla data di ricezione della comunicazione di cui al comma 2 offrendo, con atto notificato a mezzo ufficiale giudiziario all'autorità che procede alla vendita dell'immobile, condizioni uguali a quelle comunicategli.

4. Qualora l'acquirente abbia acquistato l'immobile, per effetto dell'esercizio del diritto di prelazione, ad un prezzo inferiore alle somme riscosse in sede di escussione della fideiussione, la differenza deve essere restituita al fideiussore, qualora l'immobile acquistato abbia consistenza e caratteristiche tipologiche e di finitura corrispondenti a quelle previste nel contratto stipulato con il costruttore. Ove non ricorra tale condizione, l'eventuale eccedenza da restituire al fideiussore deve risultare da apposita stima.

5. È escluso, in ogni caso, il diritto di riscatto nei confronti dell'aggiudicatario.

(1) Lettera così sostituita dall'art. 388.1, lett. b, d.lg. 12 gennaio 2019, n. 14. In base all'art. 389.2, d.lg. cit., tali disposizioni «entrano in vigore il trentesimo giorno successivo alla pubblicazione nella *Gazzetta Ufficiale* del presente decreto».

Si riporta, di seguito, il testo della lett. *g*) dell'art. 6.1, come precedentemente formulata:

«*g*) gli estremi della fideiussione di cui all'art. 2».

(2) In *Leggi coll. XVII, 1.*

(3) Le parole «o per il proprio coniuge» sono state inserite dall'art. 10-*quater*.1, lett. b, d.l. 28 marzo 2014, n. 47, conv. in l. 23 maggio 2014, n. 80.

10. *Esenzioni e limiti alla esperibilità dell'azione revocatoria fallimentare*. — 1. Gli atti a titolo oneroso che hanno come effetto il trasferimento della proprietà o di altro diritto reale di godimento di immobili da costruire, nei quali l'acquirente si impegni a stabilire, entro dodici mesi dalla data di acquisto o di ultimazione degli stessi, la residenza propria o del proprio coniuge (1) o di suoi parenti o affini entro il terzo grado, se posti in essere al giusto prezzo da valutarsi alla data della stipula del preliminare, non sono soggetti all'azione revocatoria prevista dall'art. 67 del r.d. 16 marzo 1942, n. 267 (2), e successive modificazioni.

2. Non sono, altresì, soggetti alla medesima azione revocatoria i pagamenti dei premi e commissioni relativi ai contratti di fideiussione e di assicurazione di cui agli artt. 3 e 4, qualora effettuati nell'esercizio dell'attività d'impresa nei termini d'uso.

11. *Introduzione dell'art. 72-bis* del r.d. 16 marzo 1942 n. 267 (2). — 1. Dopo l'art. 72 del r.d. 16 marzo 1942, n. 267 (2), è inserito il seguente: .... (*omissis*).

12. *Istituzione e finalità del Fondo di solidarietà per gli acquirenti di beni immobili da costruire*. — 1. È istituito presso il Ministero dell'economia e delle finanze il Fondo di solidarietà per gli acquirenti di beni immobili da costruire, di seguito denominato: «Fondo», al fine di assicurare un indennizzo, nell'ambito delle risorse del medesimo Fondo, agli acquirenti che, a seguito dell'assoggettamento del costruttore a procedure implicanti una situazione di crisi, hanno subito la perdita di somme di denaro o di altri beni e non hanno conseguito il diritto di proprietà o altro diritto reale di godimento su immobili oggetto di accordo negoziale con il costruttore ovvero l'assegnazione in proprietà o l'acquisto della titolarità di un diritto reale di godimento su immobili da costruire per iniziativa di una cooperativa.

2. Ai fini dell'accesso alle prestazioni del Fondo, devono risultare nei confronti del costruttore procedure implicanti una situazione di crisi non concluse in epoca antecedente al 31 dicembre 1993 né aperte in data successiva all'applicabilità della disciplina in tema di garanzia fideiussoria, prevista dall'art. 5 del presente decreto (3).

3. L'accesso alle prestazioni del Fondo è consentito nei casi in cui per il bene immobile risulti richiesto il permesso di costruire (4).

13. *Requisiti per l'accesso alle prestazioni del Fondo*. — 1. Per l'accesso alle prestazioni del Fondo devono ricorrere congiuntamente i seguenti requisiti oggettivi:

a) aver subito, a seguito dell'insorgenza di una situazione di crisi per effetto dell'insolvenza del costruttore, perdite di somme di denaro versate o di altri beni trasferiti dall'acquirente al costruttore medesimo come corrispettivo per l'acquisto o l'assegnazione dell'immobile da costruire;

b) non aver acquistato la proprietà o altro diritto reale di godimento sull'immobile da costruire ovvero non averne conseguito l'assegnazione.

2. Il requisito di cui al comma 1, lett. *b*), non viene meno per effetto dell'acquisto della proprietà o del conseguimento dell'assegnazione in virtù di accordi negoziali con gli organi della procedura concorsuale ovvero di aggiudicazione di asta nell'ambito della medesima procedura ovvero, infine, da terzi aggiudicatari.

3. Nei casi di cui al comma 2 l'indennizzo spetta solo qualora l'importo complessivo delle somme versate e del valore dei beni corrisposti al costruttore e delle somme versate per l'effettivo acquisto del bene sia superiore al prezzo originariamente convenuto con il costruttore ed è determinato in misura pari alla differenza tra il predetto importo complessivo ed il prezzo originario, fino comunque a concorrenza delle somme versate e dei beni corrisposti al costruttore.

3-*bis*. L'accesso alle prestazioni del Fondo è inoltre consentito nei casi in cui l'acquirente, a seguito dell'insorgenza di una situazione di crisi per effetto dell'insolvenza del costruttore, abbia dovuto versare, in aggiunta al prezzo originariamente convenuto, somme ulteriori per ottenere, dopo la stipula dell'atto di compravendita o di assegnazione, la rinuncia da parte degli organi della procedura concorsuale a promuovere o coltivare l'azione revocatoria fallimentare promossa ai sensi dell'art. 67, secondo comma, del r.d. 16 marzo 1942, n. 267, e successive modificazioni (2), o la liberazione dell'immobile dall'ipoteca iscritta a garanzia del finanziamento concesso al costruttore di cui l'acquirente non si sia reso accollante, ovvero

(1) Le parole «o del proprio coniuge» sono state inserite dall'art. 10-*quater*.1, lett. c, d.l. 28 marzo 2014, n. 47, conv. in l. 23 maggio 2014, n. 80.

(2) In *Leggi coll. XXII, 1*.

(3) Comma così sostituito dall'art. 18-*bis*.1, lett. a, d.l. 31 dicembre 2007, n. 248, conv. in l. 28 febbraio 2008, n. 31.

(4) Per la determinazione della misura del contributo obbligatorio a carico dei costruttori v. d.m. Giustizia 31 ottobre 2006, in G.U., 23 gennaio 2007, n. 18.

da altro vincolo pregiudizievole iscritto e trascritto in danno del costruttore. In tali casi l'indennizzo è determinato nella misura pari alle predette somme ulteriori, fino a concorrenza delle somme versate e del valore dei beni corrisposti al costruttore (1).

4. Danno luogo alle prestazioni del Fondo le situazioni di perdita della proprietà del bene per effetto del successivo positivo esperimento dell'azione revocatoria, soltanto nel caso in cui essa sia stata promossa ai sensi dell'art. 67, secondo comma, del r.d. 16 marzo 1942, n. 267 (2).

13-*bis*. *Disposizione interpretativa dell'art. 13, comma 2*. — 1. Il comma 2 dell'art. 13 si interpreta nel senso che il requisito di cui al comma 1, lett. *b*), del medesimo art. 13, e conseguentemente la tutela prevista nel citato comma 2, non viene meno anche nei casi di acquisto della proprietà o di conseguimento dell'assegnazione in virtù di accordi negoziali o di aggiudicazione di asta, avvenuti in qualunque procedura esecutiva (3).

14. *Struttura e funzionamento del Fondo*. — 1. Il Fondo si articola in sezioni autonome corrispondenti ad aree territoriali interregionali individuate con il decreto di cui all'art. 16, sulla base della quantità e della provenienza territoriale delle richieste di indennizzo presentate entro il termine di decadenza stabilito nell'art. 18, comma 1, in modo da assicurare una gestione equilibrata delle sezioni. L'articolazione in sezioni non comporta un decentramento territoriale del Fondo.

2. Per ciascuna sezione autonoma è tenuta dal Fondo una distinta contabilità, anche ai fini della rendicontazione periodica.

3. Gli oneri di gestione del Fondo sono contabilmente ripartiti fra le sezioni autonome, in proporzione dell'ammontare delle risorse di cui ciascuna di esse dispone in virtù dei contributi che le sono imputati ai sensi dell'art. 17, comma 5.

4. Le risorse di ciascuna sezione, al netto degli oneri di gestione, sono destinate alla soddisfazione delle richieste di indennizzo dei soggetti aventi diritto in relazione agli immobili ubicati nel territorio di competenza della sezione medesima. A tale fine il gestore del Fondo, entro sei mesi dalla data di scadenza del termine di presentazione delle richieste di indennizzo da parte degli aventi diritto, salve le risultanze della successiva attività istruttoria, determina per ciascuna sezione l'ammontare massimo complessivo delle somme da erogare a titolo di indennizzo e, quindi, sulla base delle risorse globalmente imputate a ciascuna sezione per effetto del versamento della prima annualità del contributo obbligatorio di cui all'art. 17, la prima quota annuale di indennizzo da erogare.

5. Le ulteriori quote annuali di indennizzo sono determinate in funzione delle variazioni della misura annua del contributo, stabilita con il decreto di cui all'art. 17, comma 4, e del suo gettito effettivo, oltre che del decrescente ammontare residuo degli indennizzi da corrispondere.

6. In caso di integrale soddisfazione delle richieste degli aventi diritto, anche prima della scadenza del termine massimo di operatività del Fondo, le eventuali somme residue di una sezione sono attribuite alle altre sezioni, che non abbiano risorse sufficienti, proporzionalmente all'ammontare residuo degli indennizzi da corrispondersi da parte di ciascuna di queste.

7. Il Fondo ha azione di regresso nei confronti del costruttore per il recupero dell'indennizzo corrisposto all'acquirente. A tale fine il Fondo si surroga nei diritti dell'acquirente nell'ambito della procedura implicante la situazione di crisi aperta nei confronti del costruttore, progressivamente in ragione e nei limiti delle somme corrisposte a titolo di indennizzo, nonché dei relativi interessi e spese. L'indennizzato ha facoltà di agire nell'ambito della procedura per l'eventuale residua parte del credito non soddisfatta dall'indennizzo ricevuto dal Fondo.

8. Le somme recuperate dal Fondo ai sensi del comma 7 sono imputate alla sezione autonoma del Fondo che ha erogato l'indennizzo.

15. *Gestione del Fondo*. — 1. La gestione del Fondo è attribuita alla CONSAP – Concessionaria di servizi assicurativi pubblici s.p.a., che vi provvede per conto del Ministero dell'economia e delle finanze sulla base di apposita concessione, approvata con decreto del medesimo Ministero.

2. La concessione si conforma al principio di affidare alla CONSAP, quale concessionaria, la gestione di cassa e patrimoniale del Fondo, la conservazione della sua integrità, la liquidazione delle relative spese, nonché al principio di garantire la verifica periodica, da parte dell'amministrazione concedente, della corrisponden-

(1) Comma inserito dall'art. 18-*bis*.1, lett. b, d.l. 31 dicembre 2007, n. 248, conv. in l. 28 febbraio 2008, n. 31.
(2) In *Leggi coll. XXII, 1*.
(3) Articolo inserito dall'art. 20.4-*bis*, d.l. 12 settembre 2014, n. 133, conv. in l. 11 novembre 2014, n. 164.

za della gestione del Fondo alle finalità indicate dal presente decreto. Ai relativi oneri e alle spese di gestione si provvede nell'ambito delle risorse finanziarie del Fondo, senza nuovi o maggiori oneri per la finanza pubblica.

3. Ai fini di cui al comma 2, la concessione definisce, tra l'altro, le modalità di esercizio concernenti:

a) iniziative informative da assumersi ad opera del Fondo, con oneri a suo carico, al fine di garantire l'effettiva fruizione dei benefici previsti dal presente decreto da parte dei destinatari;

b) la rilevazione dei dati necessari per la definizione delle aree territoriali e delle corrispondenti sezioni autonome del Fondo, ai sensi dell'art. 14, comma 1, nonché per la determinazione annua della misura del contributo obbligatorio, di cui all'art. 17, comma 4;

c) l'istruttoria delle richieste di indennizzo;

d) la liquidazione degli indennizzi e la loro erogazione, anche tramite apposite convenzioni con le banche;

e) la ripetizione delle somme già erogate, nei casi di revoca o riforma dell'attribuzione, nonché l'esercizio del diritto di surroga previsto dall'art. 14, comma 7;

f) la previsione dell'ammontare complessivo delle somme da destinare all'erogazione degli indennizzi, nonché al sostenimento degli oneri di gestione;

g) la destinazione ad investimenti a redditività certa ed adeguata delle somme disponibili, compatibilmente con le esigenze di liquidità del Fondo;

h) la presentazione al Ministero dell'economia e delle finanze, per il successivo inoltro alla Corte dei conti, del rendiconto annuale, approvato dal Consiglio di amministrazione della concessionaria, accompagnato dalla situazione patrimoniale del Fondo e da una relazione sull'attività svolta.

4. La concessione stabilisce, altresì, le modalità di accreditamento alla CONSAP delle somme che affluiscono al Fondo.

16. *Ulteriore disciplina per la gestione del Fondo*. — 1. Con decreto di natura non regolamentare del Ministro della giustizia, di concerto con il Ministro dell'economia e delle finanze, sono definite le aree territoriali e le corrispondenti sezioni autonome del Fondo, tenuto conto dei dati raccolti ed elaborati dal gestore del Fondo medesimo.

2. Possono altresì essere stabiliti ulteriori criteri e modalità per la concreta gestione del Fondo, con particolare riferimento all'attuazione di quanto previsto dall'art. 14.

17. *Contributo obbligatorio*. — 1. Per reperire le risorse destinate al Fondo, è istituito un contributo obbligatorio a carico dei costruttori tenuti all'obbligo di procurare il rilascio e di provvedere alla consegna della fideiussione di cui all'art. 2; il contributo è versato direttamente dal soggetto che rilascia la fideiussione.

2. Il contributo obbligatorio è dovuto per un periodo massimo di venticinque anni (1) a decorrere dalla data di entrata in vigore del presente decreto ovvero, se antecedente, sino alla data nella quale risultino acquisite al Fondo risorse sufficienti ad assicurare il soddisfacimento delle richieste di indennizzo presentate dagli aventi diritto. L'eventuale ricorrenza della predetta condizione per l'anticipata cessazione della debenza del contributo è accertata con decreto del Ministero dell'economia e delle finanze.

3. Per la prima annualità la misura del contributo è fissata nel quattro per mille dell'importo complessivo di ciascuna fideiussione ed il versamento è effettuato, entro il mese successivo a quello di rilascio della fideiussione, con le modalità stabilite e rese pubbliche dal soggetto gestore del Fondo.

4. Per le annualità successive, la misura del contributo è stabilita con decreto del Ministro della giustizia, di concerto con il Ministro dell'economia e delle finanze, entro il limite massimo del cinque per mille dell'importo complessivo di ciascuna fideiussione; con il medesimo decreto possono essere stabilite, altresì, modalità per il versamento diverse o ulteriori rispetto a quelle fissate nel comma 3.

5. Le somme versate a titolo di contributo obbligatorio sono imputate alla sezione autonoma del Fondo nel cui ambito territoriale è ubicato l'immobile oggetto di fideiussione.

6. Qualora il versamento del contributo obbligatorio non avvenga entro il termine di cui al comma 3, sono dovuti interessi di mora calcolati, a decorrere dal giorno della scadenza del termine fino a comprendere quello dell'effettivo versamento, al saggio di interesse legale.

7. I soggetti che rilasciano fideiussioni ai sensi dell'art. 2 sono tenuti a trasmettere entro il 31 dicembre di ogni anno al soggetto gestore del Fondo una dichiarazione sostitutiva di atto di notorietà, ai sensi dell'art. 47 del testo unico

(1) Le parole «venticinque anni» sono state così sostituite alle precedenti «quindici anni» dall'art. 13.6-*sexiesdecies*, d.l. 30 dicembre 2016, n. 244, conv. in l. 27 febbraio 2017, n. 19.

delle disposizioni legislative e regolamentari in materia di documentazione amministrativa, di cui al d.p.r. 28 dicembre 2000, n. 445, recante attestazione delle fideiussioni rilasciate, con indicazione dei dati dei soggetti interessati, degli importi e degli estremi identificativi degli atti fideiussori.

18. *Accesso alle prestazioni del Fondo ed istruttoria sulle domande*. — 1. La domanda di accesso alle prestazioni del Fondo deve essere presentata dagli aventi diritto, a pena di decadenza, entro il termine di sei mesi (1) dalla data di pubblicazione del decreto di cui al comma 6.

2. Ciascun soggetto può ottenere dal Fondo l'indennizzo una sola volta, anche nel caso in cui abbia subito più perdite in relazione a diverse e distinte situazioni di crisi. Gli importi delle perdite indennizzabili sono rivalutati, in base alle variazioni dell'indice ISTAT dei prezzi al consumo per le famiglie di operai e impiegati, alla data di entrata in vigore del presente decreto.

3. Il richiedente deve fornire la prova della sussistenza e dell'entità della perdita. A tale fine costituisce prova anche il provvedimento che ha definitivamente accertato il credito in sede concorsuale.

4. Nello svolgimento dell'attività istruttoria il gestore del Fondo, al fine di determinare criteri di valutazione uniformi in merito a situazioni e documentazioni ricorrenti, può acquisire il parere di un apposito comitato, costituito con il decreto di cui al comma 6 e composto da rappresentanti del Ministero della giustizia, del Ministero dell'economia e delle finanze, del Ministero delle attività produttive e delle categorie interessate.

5. Il gestore del Fondo, all'esito dell'istruttoria, nei termini stabiliti in sede di concessione, delibera il riconoscimento dell'indennità e la relativa liquidazione ovvero la reiezione della richiesta.

6. Con decreto del Ministero della giustizia, di concerto con il Ministro dell'economia e delle finanze, sono dettate disposizioni relative alle modalità, anche telematiche, di presentazione della domanda ed al contenuto della documentazione da allegare a questa, nonché in merito allo svolgimento dell'attività istruttoria di cui al presente articolo (2).

V. 3.

DECRETO LEGGE 12 settembre 2014, n. 133. — *Misure urgenti per l'apertura dei cantieri, la realizzazione delle opere pubbliche, la digitalizzazione del Paese, la semplificazione burocratica, l'emergenza del dissesto idrogeologico e per la ripresa delle attività produttive* (3), *convertito, con modificazioni, in l. 11 novembre 2014, n. 164* (4).

1-22. . . . . (*omissis*).

23. *Disciplina dei contratti di godimento in funzione della successiva alienazione di immobili*. — 1. I contratti, diversi dalla locazione finanziaria, che prevedono l'immediata concessione del godimento di un immobile, con diritto per il conduttore di acquistarlo entro un termine determinato imputando al corrispettivo del trasferimento la parte di canone indicata nel contratto, sono trascritti ai sensi dell'art. 2645-*bis* codice civile. La trascrizione produce anche i medesimi effetti di quella di cui all'art. 2643, comma primo, n. 8) del codice civile.

1-*bis*. Le parti definiscono in sede contrattuale la quota dei canoni imputata al corrispettivo che il concedente deve restituire in caso di mancato esercizio del diritto di acquistare la proprietà dell'immobile entro il termine stabilito.

2. Il contratto si risolve in caso di mancato pagamento, anche non consecutivo, di un numero minimo di canoni, determinato dalle parti, non inferiore ad un ventesimo del loro numero complessivo. Per il rilascio dell'immobile il concedente può avvalersi del procedimento per convalida di sfratto, di cui al libro quarto, titolo I, capo II, del codice di procedura civile (5).

3. Ai contratti di cui al comma 1 si applicano gli artt. 2668, quarto comma, 2775-*bis* e 2825-*bis* del codice civile. Il termine triennale previsto dal comma terzo dell'art. 2645-*bis* del codice civile è elevato a tutta la durata del contratto e comunque ad un periodo non superiore a dieci anni. Si applicano altresì le disposizioni degli articoli da 1002 a 1007 nonché degli artt. 1012 e 1013 del codice civile, in quanto compatibili. In caso di inadempimento si applica l'art. 2932 del codice civile.

(1) Il termine è stato differito al 30 giugno 2008 dall'art. 18-*bis*.2, d.l. 31 dicembre 2007, n. 248, conv. in l. 28 febbraio 2008, n. 31.
(2) V. d.m. Giustizia 2 febbraio 2006, in G.U., 10 febbraio 2006, n. 34.
(3) G.U., 12 settembre 2014, n. 212.
(4) Suppl. ord. n. 85 a G.U., 11 novembre 2014, n. 262.
(5) Ultimo periodo aggiunto dall'art. 4[2-bis], d.l. 3 maggio 2016, n. 59, conv. in l. 30 giugno 2016, n. 119.

4. Se il contratto di cui al comma 1 ha per oggetto un'abitazione, il divieto di cui all'art. 8 del d.lg. 20 giugno 2005, n. 122 (1), opera fin dalla concessione del godimento.

5. In caso di risoluzione per inadempimento del concedente, lo stesso deve restituire la parte dei canoni imputata al corrispettivo, maggiorata degli interessi legali. In caso di risoluzione per inadempimento del conduttore, il concedente ha diritto alla restituzione dell'immobile ed acquisisce interamente i canoni a titolo di indennità, se non è stato diversamente convenuto nel contratto.

6. In caso di fallimento del concedente il contratto prosegue, fatta salva l'applicazione dell'art. 67, terzo comma, lett. *c*), del r.d. 16 marzo 1942, n. 267, e successive modificazioni (2). In caso di fallimento del conduttore, si applica l'art. 72 del r.d. 16 marzo 1942, n. 267, e successive modificazioni (2); se il curatore si scioglie dal contratto, si applicano le disposizioni di cui al comma 5.

7. .... (*omissis*) (3).

8. L'efficacia della disposizione di cui al comma 7 è subordinata al positivo perfezionamento del procedimento di autorizzazione della Commissione Europea di cui all'art. 107 del Trattato sul Funzionamento dell'Unione Europea (TFUE), di cui è data comunicazione nella *Gazzetta Ufficiale*.

24-44. .... (*omissis*).

45. *Entrata in vigore*. — 1. Il presente decreto entra in vigore il giorno successivo a quello della sua pubblicazione nella *Gazzetta Ufficiale* della Repubblica italiana e sarà presentato alle Camere per la conversione in legge.

(1) In *Leggi coll. V, 2.*
(2) In *Leggi coll. XXII, 1.*
(3) Modifica l'art. 8, d.l. 28 marzo 2014, n. 47, conv. in l. 23 maggio 2014, n. 80.

VI. LOCAZIONE

VI. 1.

LEGGE 27 luglio 1978, n. 392. — *Disciplina delle locazioni di immobili urbani* (1).

TITOLO I

Del contratto di locazione

CAPO I

LOCAZIONE DI IMMOBILI URBANI ADIBITI AD USO DI ABITAZIONE (2)

1. .... (3).

2. *Disciplina della sublocazione.* — *1.* Il conduttore non può [c. 1453, 1455] sublocare totalmente l'immobile, né può cedere ad altri il contratto [c. 1406 ss.] senza il consenso del locatore.

2. Salvo patto contrario il conduttore ha la facoltà di sublocare parzialmente l'immobile, previa comunicazione al locatore con lettera raccomandata che indichi la persona del subconduttore, la durata del contratto ed i vani sublocati [77].

3. .... (3).

4. *Recesso del conduttore.* — *1.* È in facoltà delle parti consentire contrattualmente che il conduttore possa recedere [c. 1373] in qualsiasi momento dal contratto dandone avviso al locatore, con lettera raccomandata, almeno sei mesi prima della data in cui il recesso deve avere esecuzione.

2. Indipendentemente dalle previsioni contrattuali il conduttore, qualora ricorrano gravi motivi, può recedere in qualsiasi momento dal contratto con preavviso di almeno sei mesi [79] da comunicarsi con lettera raccomandata.

5. *Inadempimento del conduttore.* — *1.* Salvo quanto previsto dall'art. 55, il mancato pagamento del canone decorsi venti giorni dalla scadenza prevista, ovvero il mancato pagamento, nel termine previsto, degli oneri accessori [9] quando l'importo non pagato superi quello di due mensilità del canone, costituisce motivo di risoluzione, ai sensi dell'art. 1455 del codice civile (4).

6. *Successione nel contratto.* — *1.* In caso di morte del conduttore, gli succedono nel contratto il coniuge, gli eredi ed i parenti ed affini con lui abitualmente conviventi (5).

2. In caso di separazione giudiziale [c. 151], di scioglimento del matrimonio o di cessazione degli effetti civili dello stesso [c. 149], nel contratto di locazione succede al conduttore l'altro coniuge, se il diritto di abitare nella casa familiare sia stato attribuito dal giudice a quest'ultimo.

3. In caso di separazione consensuale [c. 158] o di nullità matrimoniale [c. 117 ss.] al conduttore succede l'altro coniuge se tra i due si sia così convenuto [c. 1406] (5).

7. *Clausola di scioglimento in caso di alienazione.* — *1.* È nulla [c. 1419[1]] la clausola che prevede la risoluzione del contratto in caso di alienazione della cosa locata [41, 42[2]].

(1) G.U., 29 luglio 1978, n. 211, LEX, 1978, I, 1365. L'art. 23, l. 8 maggio 1998, n. 146, così dispone: «A decorrere dal 1° gennaio 1994, il rapporto di locazione avente ad oggetto gli immobili del demanio e del patrimonio dello Stato destinati ad uso abitativo dei dipendenti pubblici è disciplinato dalla legge 27 luglio 1978, n. 392 e successive modificazioni».

(2) Per la determinazione dell'ambito di applicazione delle disposizioni di questo capo, v. artt. 1, 26, 27, 41, 58 ss.

(3) Articolo abrogato dall'art. 14.4, l. 9 dicembre 1998, n. 431.

(4) La Corte cost., con sentenza 31 marzo 1988, n. 377, ha dichiarato non fondata, nei sensi di cui in motivazione, la questione di legittimità costituzionale di questo articolo, interpretato nel senso di ammettere il ricorso alla procedura di sfratto per morosità anche nel caso di mancato pagamento degli oneri accessori della locazione.

(5) La Corte cost., con sentenza 7 aprile 1988, n. 404, ha dichiarato l'illegittimità costituzionale del primo comma di questo articolo, «nella parte in cui non prevede tra i successibili nella titolarità del contratto di locazione, in caso di morte del conduttore, il convivente *more uxorio*»; del terzo comma, «nella parte in cui non prevede che il coniuge separato di fatto succeda al conduttore, se tra i due si sia così convenuto»; dell'articolo medesimo, «nella parte in cui non prevede la successione nel contratto di locazione al conduttore che abbia cessato la convivenza, a favore del già convivente quando vi sia prole naturale».

8. *Spese di registrazione*. — *1.* Le spese di registrazione del contratto di locazione sono a carico del conduttore e del locatore in parti uguali [41, 42[2], 79] (1).

9. *Oneri accessori*. — *1.* Sono interamente a carico del conduttore, salvo patto contrario, le spese relative al servizio di pulizia, al funzionamento e all'ordinaria manutenzione dell'ascensore, alla fornitura dell'acqua, dell'energia elettrica, del riscaldamento e del condizionamento dell'aria, allo spurgo dei pozzi neri e delle latrine, nonché alla fornitura di altri servizi comuni [79].

2. Le spese per il servizio di portineria sono a carico del conduttore nella misura del 90%, salvo che le parti abbiano convenuto una misura inferiore.

3. Il pagamento deve avvenire entro due mesi dalla richiesta [5]. Prima di effettuare il pagamento il conduttore ha diritto di ottenere l'indicazione specifica delle spese di cui ai commi precedenti con la menzione dei criteri di ripartizione. Il conduttore ha inoltre diritto di prendere visione dei documenti giustificativi delle spese effettuate [41, 42[2]].

4. Gli oneri di cui al primo comma addebitati dal locatore al conduttore devono intendersi corrispettivi di prestazioni accessorie a quella di locazione ai sensi e per gli effetti dell'art. 12 del d.p.r. 26 ottobre 1972, n. 633 (2).

5. La disposizione di cui al quarto comma non si applica ai servizi accessori al contratto di locazione forniti siano per loro particolare natura e caratteristiche riferibili a specifica attività imprenditoriale del locatore e configurino oggetto di un autonomo contratto di prestazione dei servizi stessi (2).

10. *Partecipazione del conduttore all'assemblea dei condomini*. — *1.* Il conduttore ha diritto di voto, in luogo del proprietario dell'appartamento locatogli, nelle delibere dell'assemblea condominiale [c. 1135] relative alle spese e alle modalità di gestione dei servizi di riscaldamento e di condizionamento d'aria.

2. Egli ha inoltre diritto di intervenire, senza diritto di voto, sulle delibere relative alla modificazione degli altri servizi comuni.

3. La disciplina di cui al primo comma si applica anche qualora si tratti di edificio non in condominio.

4. In tale ipotesi i conduttori si riuniscono in apposita assemblea convocati dal proprietario dell'edificio o da almeno tre conduttori.

5. Si osservano, in quanto applicabili, le disposizioni del codice civile [c. 1136 ss.] sull'assemblea dei condomini [41, 42[2]].

11. *Deposito cauzionale*. — *1.* Il deposito cauzionale non può essere superiore a tre mensilità del canone [79]. Esso è produttivo di interessi legali [c. 1284] che debbono essere corrisposti al conduttore alla fine di ogni anno [41, 42[2]].

12-26. .... (3).

CAPO II

Locazione di immobili urbani adibiti ad uso diverso da quello di abitazione

27. *Durata della locazione*. — *1.* La durata delle locazioni e sublocazioni di immobili urbani non può essere inferiore a sei anni se gli immobili sono adibiti ad una delle attività appresso indicate industriali, commerciali e artigianali di interesse turistico, quali agenzie di viaggio e turismo, impianti sportivi e ricreativi, aziende di soggiorno ed altri organismi di promozione turistica e simili (4).

2. La disposizione di cui al comma precedente si applica anche ai contratti relativi ad immobili adibiti all'esercizio abituale e professionale di qualsiasi attività di lavoro autonomo [42].

3. La durata della locazione non può essere inferiore a nove anni se l'immobile urbano, anche se ammobiliato, è adibito ad attività alberghiere, all'esercizio di imprese assimilate ai sensi dell'art. 1786 del codice civile o all'esercizio di attività teatrali (5).

4. Se è convenuta una durata inferiore o non è convenuta alcuna durata, la locazione si intende pattuita per la durata rispettivamente prevista nei commi precedenti [c. 1419[2]].

5. Il contratto di locazione può essere stipulato per un periodo più breve qualora l'attività esercitata o da esercitare nell'immobile abbia, per sua natura, carattere transitorio.

6. Se la locazione ha carattere stagionale, il locatore è obbligato a locare l'immobile [c. 2932], per la medesima stagione dell'anno successivo, allo stesso conduttore che gliene abbia fatta richiesta [c. 1334] con lettera raccomandata prima della scadenza del contratto. L'ob-

(1) V. d.l. 10 novembre 1978, n. 693, convertito in l. 23 dicembre 1978, n. 841.
(2) Comma aggiunto dall'art. 67.11, d.l. 30 agosto 1993, n. 331, conv. in l. 29 ottobre 1993, n. 427.
(3) Articoli abrogati dall'art. 14.4, l. 9 dicembre 1998, n. 431.
(4) Comma così sostituito dall'art. 52.1 dell'Allegato I, d.lg. 23 maggio 2011, n. 79, in *Leggi coll. XI, 9*.
(5) Comma così sostituito dall'art. 52.2 dell'Allegato I, d.lg. 23 maggio 2011, n. 79, in *Leggi coll. XI, 9*.

bligo del locatore ha la durata massima di sei anni consecutivi o di nove se si tratta di utilizzazione alberghiera.

7. È in facoltà delle parti consentire contrattualmente che il conduttore possa recedere [c. 1373] in qualsiasi momento dal contratto dandone avviso al locatore, mediante lettera raccomandata, almeno sei mesi prima della data in cui il recesso deve avere esecuzione.

8. Indipendentemente dalle previsioni contrattuali il conduttore, qualora ricorrano gravi motivi, può recedere in qualsiasi momento dal contratto con preavviso di almeno sei mesi [79] da comunicarsi con lettera raccomandata.

28. *Rinnovazione del contratto*. — *1.* Per le locazioni di immobili nei quali siano esercitate le attività indicate nei commi primo e secondo dell'art. 27, il contratto si rinnova tacitamente di sei anni in sei anni e, per quelle di immobili adibiti ad attività alberghiere o all'esercizio di attività teatrali (1), di nove anni in nove anni [c. 1350 n. 8, 1572[1], 2643 n. 8]; tale rinnovazione non ha luogo se sopravviene disdetta da comunicarsi all'altra parte, a mezzo di lettera raccomandata, rispettivamente almeno 12 o 18 mesi prima della scadenza [42[2]].

2. Alla prima scadenza contrattuale, rispettivamente di sei o di nove anni, il locatore può esercitare la facoltà di diniego della rinnovazione soltanto per i motivi di cui all'art. 29 con le modalità e i termini ivi previsti [31, 40].

29. *Diniego di rinnovazione del contratto alla prima scadenza*. — *1.* Il diniego della rinnovazione del contratto alla prima scadenza di cui all'articolo precedente è consentito al locatore ove egli intenda:

a) adibire l'immobile ad abitazione propria o del coniuge o dei parenti entro il secondo grado in linea retta;

b) adibire l'immobile all'esercizio, in proprio o da parte del coniuge o dei parenti entro il secondo grado in linea retta, di una delle attività indicate nell'art. 27 o, se si tratta di pubbliche amministrazioni, enti pubblici o di diritto pubblico, all'esercizio di attività tendenti al conseguimento delle loro finalità istituzionali;

c) demolire l'immobile per ricostruirlo ovvero procedere alla sua integrale ristrutturazione o completo restauro ovvero eseguire su di esso un intervento sulla base di un programma comunale pluriennale di attuazione ai sensi delle leggi vigenti. Nei casi suddetti il possesso della prescritta licenza o concessione è condizione per l'azione di rilascio; gli effetti del provvedimento di rilascio si risolvono se, prima della sua esecuzione, siano scaduti i termini della licenza o della concessione e quest'ultima non sia stata nuovamente disposta;

d) ristrutturare l'immobile al fine di rendere la superficie dei locali adibiti alla vendita conforme a quanto previsto nell'art. 12 della l. 11 giugno 1971, n. 426, e ai relativi piani comunali, sempre che le opere da effettuarsi rendano incompatibile la permanenza del conduttore nell'immobile. Anche in tal caso il possesso della prescritta licenza o concessione è condizione per l'azione di rilascio; gli effetti del provvedimento di rilascio si risolvono alle condizioni previste nella precedente lett. *c*) (2).

2. Per le locazioni di immobili adibiti all'esercizio di albergo, pensione o locanda, anche se ammobiliati, il locatore può negare la rinnovazione del contratto nelle ipotesi previste dall'art. 7 della l. 2 marzo 1963, n. 191, modificato dall'art. 4-*bis* del d.l. 27 giugno 1967, n. 460, convertito, con modificazioni, nella l. 28 luglio 1967, n. 628, qualora l'immobile sia oggetto di intervento sulla base di un programma comunale pluriennale di attuazione ai sensi delle leggi vigenti. Nei casi suddetti il possesso della prescritta licenza o concessione è condizione per l'azione di rilascio. Gli effetti del provvedimento di rilascio si risolvono alle condizioni previste nella precedente lett. *c*). Il locatore può altresì negare la rinnovazione se intende esercitare personalmente nell'immobile o farvi esercitare dal coniuge o da parenti entro il secondo grado in linea retta la medesima attività del conduttore, osservate le disposizioni di cui all'art. 5 della l. 2 marzo 1963, n. 191, modificato dall'art. 4-*bis* del d.l. 27 giugno 1967, n. 460, convertito, con modificazioni, nella l. 28 luglio 1967, n. 628.

3. Ai fini di cui ai commi precedenti il locatore, a pena di decadenza, deve dichiarare la propria volontà di conseguire, alla scadenza del contratto, la disponibilità dell'immobile locato; tale dichiarazione deve essere effettuata, con lettera raccomandata, almeno 12 o 18 mesi prima della scadenza, rispettivamente per le attività indicate nei commi primo e secondo dell'art. 27 e per le attività alberghiere.

4. Nella comunicazione deve essere specificato, a pena di nullità, il motivo, tra quelli tassativamente indicati nei commi precedenti, sul quale la disdetta è fondata.

(1) Le parole «o all'esercizio di attività teatrali» sono state aggiunte dall'art. 7.1, lett. b, l. 8 febbraio 2007, n. 9.

(2) La Corte cost., con sentenza 9 ottobre 1998, n. 348, ha dichiarato l'illegittimità costituzionale di questa lett. *d*), «nella parte in cui prevede che la scadenza, nel corso del processo, del termine per l'inizio dei lavori, indicato nella licenza o concessione, impedisce l'emanazione del provvedimento di rilascio».

5. Se il locatore non adempie alle prescrizioni di cui ai precedenti commi il contratto s'intende rinnovato a norma dell'articolo precedente.

30. *Procedura per il rilascio*. — *1.* Avvenuta la comunicazione di cui al terzo comma dell'art. 29 e prima della data per la quale è richiesta la disponibilità ovvero quando tale data sia trascorsa senza che il conduttore abbia rilasciato l'immobile, il locatore può convenire in giudizio il conduttore, osservando le norme previste dall'art. 46 (1).

2. .... (2).

3. .... (3).

4. Alla prima udienza, se il convenuto compare e non si oppone, il giudice ad istanza del locatore, pronunzia ordinanza di rilascio per la scadenza di cui alla comunicazione prevista dall'art. 29.

5. L'ordinanza costituisce titolo esecutivo e definisce il giudizio.

6. Nel caso di opposizione del convenuto il giudice esperisce il tentativo di conciliazione.

7. Se il tentativo riesce viene redatto verbale che costituisce titolo esecutivo. In caso contrario o nella contumacia del convenuto si procede a norma dell'art. 420 e seguenti del codice di procedura civile.

8. Il giudice, su istanza del ricorrente, alla prima udienza e comunque in ogni stato del giudizio, valutate le ragioni addotte dalle parti e le prove raccolte, può disporre il rilascio dell'immobile con ordinanza costituente titolo esecutivo.

31. *Sanzioni*. — *1.* Il locatore che abbia ottenuto la disponibilità dell'immobile per uno dei motivi previsti dall'art. 29 e che, nel termine di sei mesi dall'avvenuta consegna, non abbia adibito l'immobile ad abitazione propria, del coniuge o dei parenti entro il secondo grado in linea retta, o non abbia adibito l'immobile ad esercizio in proprio di una delle attività indicate all'art. 27, ovvero non abbia rispettato i termini della concessione o quelli del piano comunale di intervento per quanto attiene l'inizio dei lavori di demolizione, ricostruzione, ristrutturazione o restauro dell'immobile ovvero, in caso di immobili adibiti ad esercizio di albergo, pensione o locanda, non abbia completato i lavori di ricostruzione nel termine stabilito dal Ministero del turismo e dello spettacolo, è tenuto, se il conduttore lo richiede, al ripristino del contratto, salvi i diritti acquistati da terzi in buona fede [c. 1147[3]] e al rimborso delle spese di trasloco e degli altri oneri sopportati, ovvero al risarcimento del danno nei confronti del conduttore in misura non superiore a quarantotto mensilità del canone di locazione percepito prima della risoluzione del contratto, oltre alle indennità previste ai sensi dell'art. 34.

2. Il giudice, oltre a determinare il ripristino o il risarcimento del danno, ordina al locatore il pagamento di una somma da L. 500.000 [euro 258] a L. 2.000.000 [euro 1.032] da devolvere al comune nel cui territorio è sito l'immobile, ad integrazione del fondo sociale previsto dal Titolo III della presente legge.

32. *Aggiornamento del canone*. — *1.* Le parti possono convenire che il canone di locazione sia aggiornato annualmente su richiesta del locatore per eventuali variazioni del potere di acquisto della lira.

2. Le variazioni in aumento del canone, per i contratti stipulati per durata non superiore a quella di cui all'art. 27 (4), non possono essere superiori al 75 per cento di quelle, accertate dall'ISTAT, dell'indice dei prezzi al consumo per le famiglie di operai ed impiegati [42[2]].

3. Le disposizioni del presente articolo si applicano anche ai contratti di locazione stagionale ed a quelli in corso al momento dell'entrata in vigore del limite di aggiornamento di cui al secondo comma del presente articolo (5) (6).

33. *Canone delle locazioni stagionali*. — *1.* Il canone delle locazioni stagionali può essere aggiornato con le modalità di cui all'art. 32.

34. *Indennità per la perdita dell'avviamento* (7). — *1.* In caso di cessazione del rapporto di locazione relativo agli immobili di cui all'art.

(1) L'art. 89.4, l. 26 novembre 1990, n. 353, in vigore dal 30 aprile 1995 (art. 3, d.l. 7 ottobre 1994, n. 571, conv. in l. 6 dicembre 1994, n. 251), ha sostituito il rinvio all'art. 46 con il rinvio all'art. 447-*bis* c.p.c.

(2) Comma abrogato dall'art. 6.6, l. 30 luglio 1984, n. 399.

(3) Comma abrogato dall'art. 89.3, l. 26 novembre 1990, n. 353, in vigore dal 30 aprile 1995 (art. 3, d.l. 7 ottobre 1994, n. 571, conv. in l. 6 dicembre 1994, n. 251).

(4) Le parole «, per i contratti stipulati per durata non superiore a quella di cui all'articolo 27,» sono state inserite dall'art. 41.16-*duodecies*, lett. a, d.l. 30 dicembre 2008, n. 207, conv., con modificazioni, in l. 27 febbraio 2009, n. 14.

(5) Le parole «ed a quelli in corso al momento dell'entrata in vigore del limite di aggiornamento di cui al secondo comma del presente articolo» sono state aggiunte dall'art. 41.16-*duodecies*, lett. b, d.l. 30 dicembre 2008, n. 207, conv., con modificazioni, in l. 27 febbraio 2009, n. 14.

(6) Articolo così sostituito dall'art. 1.9-*sexies*, d.l. 7 febbraio 1985, n. 12, conv. in l. 5 aprile 1985, n. 118

(7) V. anche, tuttora in vigore, gli artt. 6, 10, 11, l. 27 gennaio 1963, n. 19.

27, che non sia dovuta a risoluzione per inadempimento o disdetta o recesso del conduttore o a una delle procedure previste dal regio decreto 16 marzo 1942, n. 267, il conduttore [36[2]] ha diritto, per le attività indicate ai nn. 1 e 2 dell'art. 27, ad una indennità pari a 18 mensilità dell'ultimo canone corrisposto; per le attività alberghiere l'indennità è pari a 21 mensilità [79] (1).

2. Il conduttore ha diritto ad una ulteriore indennità pari all'importo di quelle rispettivamente sopra previste qualora l'immobile venga, da chiunque, adibito all'esercizio della stessa attività o di attività incluse nella medesima tabella merceologica che siano affini a quella già esercitata dal conduttore uscente ed ove il nuovo esercizio venga iniziato entro un anno dalla cessazione del precedente.

3. L'esecuzione del provvedimento di rilascio dell'immobile è condizionata dall'avvenuta corresponsione dell'indennità di cui al primo comma. L'indennità di cui al secondo comma deve essere corrisposta all'inizio del nuovo esercizio [c. 2948, n. 4].

4. Nel giudizio relativo alla spettanza ed alla determinazione dell'indennità per la perdita dell'avviamento, le parti hanno l'onere di quantificare specificatamente la entità della somma reclamata o offerta e la corresponsione dell'importo indicato dal conduttore o, in difetto, offerto dal locatore o comunque risultante dalla sentenza di primo grado consente, salvo conguaglio all'esito del giudizio, l'esecuzione del provvedimento di rilascio dell'immobile (2).

35. *Limiti.* — *1.* Le disposizioni di cui all'articolo precedente non si applicano in caso di cessazione di rapporti di locazione relativi ad immobili utilizzati per lo svolgimento di attività che non comportino contatti diretti con il pubblico degli utenti e dei consumatori nonché destinati all'esercizio di attività professionali, ad attività di carattere transitorio, ed agli immobili complementari o interni a stazioni ferroviarie, porti, aeroporti, aree di servizio stradali o autostradali, alberghi e villaggi turistici [41[2]].

36. *Sublocazione e cessione del contratto di locazione.* — *1.* Il conduttore può sublocare l'immobile o cedere il contratto di locazione anche senza il consenso del locatore [c. 1406 ss.], purché venga insieme ceduta o locata l'azienda [c. 2556], dandone comunicazione al locatore mediante lettera raccomandata con avviso di ricevimento. Il locatore può opporsi, per gravi motivi, entro trenta giorni [c. 2964] dal ricevimento della comunicazione. Nel caso di cessione, il locatore, se non ha liberato il cedente, può agire contro il medesimo qualora il cessionario non adempia le obbligazioni assunte.

2. Le indennità previste dall'art. 34 sono liquidate a favore di colui che risulta conduttore al momento della cessazione effettiva della locazione.

37. *Successione nel contratto.* — *1.* In caso di morte del conduttore, gli succedono nel contratto coloro che, per successione o per precedente rapporto risultante da atto di data certa [c. 2704] anteriore all'apertura della successione, hanno diritto a continuarne l'attività.

2. In caso di separazione legale [c. 151] o consensuale [c. 158], di scioglimento o di cessazione degli effetti civili del matrimonio [c. 117 ss., 149], il contratto di locazione si trasferisce al coniuge, anche se non conduttore, che continui nell'immobile la stessa attività già ivi esercitata assieme all'altro coniuge prima della separazione legale o consensuale ovvero prima dello scioglimento o della cessazione degli effetti civili del matrimonio.

3. Se l'immobile è adibito all'uso di più professionisti, artigiani o commercianti e uno solo di essi è titolare del contratto, in caso di morte gli succedono nel contratto, in concorso con gli aventi diritto di cui ai commi precedenti, gli altri professionisti, artigiani o commercianti.

4. Nelle ipotesi di recesso del titolare del contratto [27], succedono nello stesso gli altri professionisti, artigiani o commercianti. In tal caso il locatore può opporsi alla successione nel contratto, per gravi motivi, con le modalità di cui all'articolo precedente.

38. *Diritto di prelazione.* — *1.* Nel caso in cui il locatore intenda trasferire a titolo oneroso [c. 1197, 1470, 1552, 1965, 1977] l'immobile locato, deve darne comunicazione al conduttore con atto notificato a mezzo di ufficiale giudiziario [79].

2. Nella comunicazione devono essere indicati il corrispettivo, da quantificare in ogni caso

(1) La Corte cost., con sentenza 23 dicembre 1987, n. 576, ha dichiarata non fondata, nei sensi di cui in motivazione, la questione di legittimità costituzionale di questo comma, interpretato nel senso che in caso di perimento della cosa locata viene meno l'obbligazione accessoria concernente l'indennità di avviamento.

(2) Comma così aggiunto dall'art. 9, d.l. 30 dicembre 1988, n. 551, conv. in l. 21 febbraio 1989, n. 61. La Corte cost., con sentenza 14 dicembre 1989, n. 542, ha dichiarato l'illegittimità costituzionale di questo articolo, «nella parte in cui non prevede i provvedimenti della Pubblica Amministrazione tra le cause di cessazione del rapporto di locazione che escludono il diritto del conduttore alla indennità per la perdita dell'avviamento».

in denaro, le altre condizioni alle quali la compravendita dovrebbe essere conclusa e l'invito ad esercitare o meno il diritto di prelazione.

3. Il conduttore deve esercitare il diritto di prelazione entro il termine di sessanta giorni dalla ricezione della comunicazione, con atto notificato al proprietario a mezzo di ufficiale giudiziario, offrendo condizioni uguali a quelle comunicategli.

4. Ove il diritto di prelazione sia esercitato, il versamento del prezzo di acquisto, salvo diversa condizione indicata nella comunicazione del locatore, deve essere effettuato entro il termine di trenta giorni decorrenti dal sessantesimo giorno successivo a quello dell'avvenuta notificazione della comunicazione da parte del proprietario, contestualmente alla stipulazione del contratto di compravendita o del contratto preliminare.

5. Nel caso in cui l'immobile risulti locato a più persone, la comunicazione di cui al primo comma deve essere effettuata a ciascuna di esse.

6. Il diritto di prelazione può essere esercitato congiuntamente da tutti i conduttori, ovvero, qualora taluno vi rinunci, dai rimanenti o dal rimanente conduttore.

7. L'avente titolo che, entro trenta giorni dalla notificazione di cui al primo comma, non abbia comunicato agli altri aventi diritto la sua intenzione di avvalersi della prelazione, si considera avere rinunciato alla prelazione medesima.

8. Le norme del presente articolo non si applicano nelle ipotesi previste dall'art. 732 del codice civile, per le quali la prelazione opera a favore dei coeredi, e nella ipotesi di trasferimento effettuato a favore del coniuge o dei parenti entro il secondo grado [41^2] (1).

39. *Diritto di riscatto*. — *1.* Qualora il proprietario non provveda alla notificazione di cui all'articolo precedente, o il corrispettivo indicato sia superiore a quello risultante dall'atto di trasferimento a titolo oneroso dell'immobile, l'avente diritto alla prelazione può, entro sei mesi dalla trascrizione del contratto, riscattare l'immobile dall'acquirente e da ogni altro successivo avente causa.

2. Ove sia stato esercitato il diritto di riscatto, il versamento del prezzo deve essere effettuato entro il termine di tre mesi che decorrono, quando non vi sia opposizione al riscatto, dalla prima udienza del relativo giudizio, o dalla ricezione dell'atto notificato con cui l'acquirente o successivo avente causa comunichi prima di tale udienza di non opporsi al riscatto.

3. Se per qualsiasi motivo, l'acquirente o successivo avente causa faccia opposizione al riscatto, il termine di tre mesi decorre dal giorno del passaggio in giudicato della sentenza che definisce il giudizio [41^2].

40. *Diritto di prelazione in caso di nuova locazione*. — *1.* Il locatore che intende locare a terzi l'immobile, alla scadenza del contratto rinnovato ai sensi dell'art. 28, deve comunicare le offerte al conduttore, mediante raccomandata con avviso di ricevimento, almeno sessanta giorni prima della scadenza.

2. Tale obbligo non ricorre quando il conduttore abbia comunicato che non intende rinnovare la locazione e nei casi di cessazione del rapporto di locazione dovuti a risoluzione per inadempimento o recesso del conduttore o ad una delle procedure previste dal r.d. 16 marzo 1942, n. 267, e successive modificazioni, relative al conduttore medesimo.

3. Il conduttore ha diritto di prelazione se, nelle forme predette ed entro trenta giorni dalla ricezione della comunicazione di cui al primo comma, offra condizioni uguali a quelle comunicategli dal locatore.

4. Egli conserva tale diritto anche nel caso in cui il contratto tra il locatore e il nuovo conduttore sia sciolto entro un anno, ovvero quando il locatore abbia ottenuto il rilascio dell'immobile non intendendo locarlo a terzi, e, viceversa, lo abbia concesso in locazione entro i sei mesi successivi [41^2].

41. *Norme applicabili*. — *1.* Ai contratti previsti nell'art. 27 si applicano le disposizioni degli articoli da 7 a 11.

2. Le disposizioni di cui agli artt. 38, 39 e 40 non si applicano ai rapporti di locazione di cui all'art. 35.

42. *Destinazione degli immobili a particolari attività*. — *1.* I contratti di locazione e sublocazione di immobili urbani adibiti ad attività ricreative, assistenziali, culturali e scolastiche, nonché a sede di partiti o di sindacati, e quelli stipulati dallo Stato o da altri enti pubblici territoriali in qualità di conduttori, hanno la durata di cui al 1° comma dell'art. 27 (2).

2. A tali contratti si applicano le disposizioni degli artt. 32 e 41, nonché le disposizioni processuali di cui al Titolo I, capo III, ed il preavviso per il rilascio di cui all'art. 28.

(1) Per il diritto di prelazione del conduttore in caso di alienazione di unità immobiliari ad uso non abitativo ricomprese in edifici destinati ad edilizia residenziale pubblica v. art. 1.16, l. 24 dicembre 1993, n. 560.

(2) Per la proroga v. art. 15-*bis*, d.l. 23 gennaio 1982, n. 9, conv. in l. 25 marzo 1982, n. 94.

CAPO III

Disposizioni processuali

43-44. .... (1).
45. *Ricorso al giudice*. — *1.* .... (2).
2. .... (3).
3-5. .... (4).
6. Fino al termine del giudizio il conduttore è obbligato a corrispondere, salvo conguaglio, l'importo non contestato.
46-47. .... (1).
48-53. .... (5).
54. .... (6).

55. *Termine per il pagamento dei canoni scaduti*. — *1.* La morosità del conduttore nel pagamento dei canoni o degli oneri di cui all'art. 5 può essere sanata in sede giudiziale per non più di tre volte nel corso di un quadriennio se il conduttore alla prima udienza versa l'importo dovuto per tutti i canoni scaduti e per gli oneri accessori maturati sino a tale data, maggiorato degli interessi legali e delle spese processuali liquidate in tale sede dal giudice.

2. Ove il pagamento non avvenga in udienza, il giudice, dinanzi a comprovate condizioni di difficoltà del conduttore, può assegnare un termine non superiore a giorni novanta.

3. In tal caso rinvia l'udienza a non oltre dieci giorni dalla scadenza del termine assegnato.

4. La morosità può essere sanata, per non più di quattro volte complessivamente nel corso di un quadriennio, ed il termine di cui al secondo comma è di centoventi giorni, se l'inadempienza, protrattasi per non oltre due mesi, è conseguente alle precarie condizioni economiche del conduttore, insorte dopo la stipulazione del contratto e dipendenti da disoccupazione, malattie o gravi, comprovate condizioni di difficoltà.

5. Il pagamento, nei termini di cui ai commi precedenti, esclude la risoluzione del contratto.

56. *Modalità per il rilascio*. — 1. Con il provvedimento che dispone il rilascio, il giudice, previa motivazione che tenga conto anche delle condizioni del conduttore comparate a quelle del locatore nonché delle ragioni per le quali viene disposto il rilascio stesso e, nei casi di finita locazione, del tempo trascorso dalla disdetta, fissa la data dell'esecuzione entro il termine massimo di sei mesi ovvero, in casi eccezionali, di dodici mesi dalla data del provvedimento.

2. Nelle ipotesi di cui all'art. 55, per il caso in cui il conduttore non provveda al pagamento nel termine assegnato, la data dell'esecuzione non può essere fissata oltre sessanta giorni dalla scadenza del termine concesso per il pagamento.

3. Qualunque forma abbia il provvedimento di rilascio, il locatore e il conduttore possono, in qualsiasi momento e limitatamente alla data fissata per l'esecuzione, proporre al tribunale in composizione collegiale l'opposizione di cui all'art. 6, comma 4, della l. 9 dicembre 1998, n. 431.

4. Trascorsa inutilmente la data fissata, il locatore promuove l'esecuzione ai sensi degli artt. 605 e seguenti del codice di procedura civile (7) (8).

57. *Esenzioni fiscali ed onorari professionali*. — *1.* Gli atti, i documenti ed i provvedimenti relativi alle controversie in materia di locazione il cui valore non eccede le lire 600.000 [euro 309,87], nonché i provvedimenti di cui all'art. 44, sono esenti dall'imposta di bollo e di registro; negli stessi casi gli onorari di avvocato e procuratore sono ridotti alla metà.

2. È abrogata ogni altra disposizione incompatibile con la presente legge (9).

TITOLO II

Disciplina transitoria

CAPO I

Contratti di locazione di immobili adibiti ad uso di abitazione

58. *Durata dei contratti in corso soggetti a proroga*. — *1.* I contratti di locazione e sublo-

(1) Articoli abrogati dall'art. 89.3, l. 26 novembre 1990, n. 353, in vigore dal 1° gennaio 1992.
(2) Comma abrogato dall'art. 89.3, l. 26 novembre 1990, n. 353, in vigore dal 1° gennaio 1992.
(3) Comma abrogato dall'art. 6.6, l. 30 luglio 1984, n. 399.
(4) Commi abrogati dall'art. 89.3, l. 26 novembre 1990, n. 353, in vigore dal 1° gennaio 1992.
(5) Articoli abrogati dall'art. 89.3, l. 26 novembre 1990, n. 353, in vigore dal 30 aprile 1995 (art. 3, d.l. 7 ottobre 1994, n. 571, conv. in l. 6 dicembre 1994, n. 251).
(6) Articolo abrogato dall'art. 14.4, l. 9 dicembre 1998, n. 431.
(7) Articolo così sostituito dall'art. 7-*bis*, d.l. 13 settembre 2004, n. 240, conv. in l. 12 novembre 2004, n. 269.
(8) «Chi continua ad occupare un immobile dopo l'emissione del provvedimento di rilascio è tenuto a corrispondere l'intero canone determinato ai sensi degli artt. 12 e 24 della l. 27 luglio 1978, n. 392, nonché gli oneri accessori ai sensi dell'art. 9 della stessa legge»: art. 4, d.l. 30 gennaio 1979, n. 21, conv. in l. 31 marzo 1979, n. 93.
(9) Articolo così sostituito dall'art. 6.10, l. n. 399/1984.

cazione di immobili urbani adibiti ad uso di abitazione e soggetti a proroga secondo la legislazione vigente si considerano prorogati ed hanno la durata prevista nell'art. 1 con le seguenti decorrenze:

a) dal 1° gennaio 1979, per i contratti stipulati anteriormente al 31 dicembre 1952;

b) dal 1° luglio 1979, per i contratti stipulati fra il 1° gennaio 1953 ed il 7 novembre 1963;

c) dal 1° gennaio 1980, per i contratti stipulati dopo il 7 novembre 1963 (1).

59. *Recesso del locatore*. — *1.* Nei casi di cui all'articolo precedente il locatore può recedere in ogni momento dal contratto dandone comunicazione al conduttore mediante lettera raccomandata e con un preavviso di almeno sei mesi:

1) quando abbia la necessità, verificatasi dopo la costituzione del rapporto locatizio, di destinare l'immobile ad uso abitativo, commerciale, artigianale o professionale proprio, del coniuge o dei parenti in linea retta entro il secondo grado (1);

2) quando, volendo disporre dell'immobile per abitazione propria, del coniuge o dei propri parenti in linea retta fino al secondo grado oppure quando, trattandosi di ente pubblico o comunque con finalità pubbliche, sociali, mutualistiche, cooperativistiche, assistenziali o di culto che voglia disporre dell'immobile per l'esercizio delle proprie funzioni, offra al conduttore altro immobile idoneo per cui sia dovuto un canone di locazione proporzionato alle condizioni del conduttore medesimo e comunque non superiore del 20 per cento al canone del precedente immobile e assuma a suo carico le spese di trasloco. Quando l'opposizione del conduttore all'azione del locatore risulti infondata, questi potrà essere esonerato dalle spese di trasloco (1);

3) quando l'immobile locato sia compreso in un edificio gravemente danneggiato che debba essere ricostruito o del quale debba essere assicurata la stabilità e la permanenza del conduttore impedisca di compiere gli indispensabili lavori (1);

4) quando il proprietario intenda demolire o trasformare notevolmente l'immobile locato per eseguire nuove costruzioni o, trattandosi di appartamento sito all'ultimo piano, quando intenda eseguire sopraelevazioni a norma di legge, e per eseguirle sia indispensabile per ragioni tecniche lo sgombero dell'appartamento stesso (1);

5) quando l'immobile locato sia di interesse artistico o storico, ai sensi della legge 1° giugno 1939, n. 1089, nel caso in cui la competente sovraintendenza riconosca necessario ed urgente che si proceda a riparazioni o restauri, la cui esecuzione sia resa impossibile dallo stato di occupazione dell'immobile (1);

6) quando il conduttore può disporre di altra abitazione idonea alle proprie esigenze familiari nello stesso comune ovvero in un comune confinante (1);

7) quando il conduttore, avendo sublocato parzialmente l'immobile, non lo occupa nemmeno in parte, con continuità. Si presume l'esistenza della sublocazione quando l'immobile risulta occupato da persone che non sono alle dipendenze del conduttore o che non sono a questo legate da vincoli di parentela o di affinità entro il quarto grado, salvo che si tratti di ospiti transitori. La presunzione non si applica nei confronti delle persone che si sono trasferite nell'immobile assieme al conduttore (1);

8) quando il conduttore non occupa continuativamente l'immobile senza giustificato motivo (1).

2. Nelle ipotesi di cui ai nn. 4 e 5 del precedente comma, il possesso della licenza o concessione è condizione per l'azione di rilascio. Gli effetti del provvedimento di rilascio si risolvono alle condizioni previste nella lett. *c*) dell'art. 29.

3. Alla procedura per il rilascio dell'immobile si applicano le norme di cui ai precedenti artt. 30 e 56.

60-66. .... (2).

(1) La Corte cost., con sentenza 27 febbraio 1980, n. 22, ha dichiarato costituzionalmente illegittimo il combinato disposto degli artt. 58, 59, n. 1, 65, «nella parte in cui esclude il diritto di recesso per necessità del locatore dai contratti in corso alla data del 30 luglio 1978 e non soggetti a proroga».

La Corte cost., con sentenza 28 luglio 1983, n. 250, ha dichiarato costituzionalmente illegittimo il combinato disposto degli artt. 58, 59 nn. 2, 3, 6 e 8 nonché 65, «nella parte in cui esclude il diritto di recesso del locatore, per i motivi indicati nel citato art. 59 nn. 2, 3, 6 e 8, dai contratti in corso alla data del 30 luglio 1978 e non soggetti a proroga», nonché il combinato disposto degli artt. 58, 59 nn. 4, 5 e 7 nonché 65, «nella parte in cui esclude il diritto di recesso del locatore, per i motivi indicati nel citato art. 59 nn. 4, 5 e 7, dai contratti in corso alla data del 30 luglio 1978 e non soggetti a proroga».

La Corte cost., con sentenza 23 dicembre 1987, n. 578, ha dichiarata non fondata nei sensi di cui in motivazione la questione di legittimità costituzionale di questo comma, interpretato nel senso che è ricompreso anche l'uso agricolo dell'immobile tra le destinazioni che legittimano il recesso del locatore.

(2) Articoli abrogati dall'art. 14.4, l. 9 dicembre 1998, n. 431.

CAPO II

CONTRATTI DI LOCAZIONE DI IMMOBILI ADIBITI AD USO DIVERSO DA QUELLO DI ABITAZIONE

67. *Contratti in corso soggetti a proroga*. — *1.* I contratti di locazione di cui all'art. 27 in corso al momento dell'entrata in vigore della presente legge e soggetti a proroga secondo la legislazione vigente si considerano prorogati ed hanno la seguente durata:

a) anni 4, i contratti stipulati prima del 31 dicembre 1964 (1);

b) anni 5, i contratti stipulati tra il 1° gennaio 1965 ed il 31 dicembre 1973;

c) anni 6, i contratti stipulati dopo il 31 dicembre 1973 (2).

2. La durata di cui sopra decorre dal giorno e dal mese, successivi all'entrata in vigore della presente legge, corrispondenti a quelli di scadenza previsti nel contratto di locazione; ove tale determinazione non sia possibile, dallo stesso giorno di entrata in vigore della presente legge.

3. È in facoltà delle parti di stipulare anche prima della scadenza sopra prevista un nuovo contratto di locazione secondo le disposizioni del capo II, titolo I, della presente legge.

68. *Aumenti del canone*. — *1.* Nei contratti di locazione o sublocazione di cui al precedente articolo il canone corrisposto dal conduttore, calcolato al netto degli oneri accessori, può essere, a richiesta del locatore, aumentato a decorrere dal primo giorno del mese successivo a quello di entrata in vigore della presente legge per il restante periodo di durata del contratto, nelle misure seguenti:

1) non superiore al 15% all'anno, per i contratti stipulati anteriormente al 31 dicembre 1964;

2) non superiore al 10% all'anno per i contratti stipulati fra il 1° gennaio 1965 ed il 31 dicembre 1973;

3) non superiore al 5% all'anno per i contratti stipulati dopo il 31 dicembre 1973 (2).

69. *Diritto di prelazione in caso di nuova locazione e indennità per l'avviamento commerciale*. — *1.* Nei contratti di locazione di immobili adibiti ad uso diverso da quello di abitazione, di cui agli artt. 67 e 71 della presente legge, il locatore comunica, mediante raccomandata con avviso di ricevimento da inviarsi entro il 28 febbraio 1987, se ed a quali condizioni intende proseguire la locazione ovvero le condizioni offerte da terzi per la locazione dell'immobile.

2. L'obbligo ricorre anche quando il locatore non intende proseguire nella locazione per i motivi indicati all'art. 29.

3. Tale obbligo non ricorre quando il conduttore abbia comunicato al locatore che non intende rinnovare la locazione e nei casi di cessazione del rapporto per inadempimento o recesso del conduttore o qualora sia in corso una delle procedure previste dal r.d. 16 marzo 1942, n. 267, e successive modificazioni, a carico del conduttore medesimo.

4. Il conduttore deve rendere noto al locatore, entro trenta giorni dalla comunicazione di cui al primo comma, se intende proseguire la locazione alle nuove condizioni.

5. Il conduttore ha diritto di prelazione se, entro trenta giorni dalla ricezione della comunicazione di cui al primo comma, offre condizioni uguali a quelle comunicategli dal locatore. Egli conserva tale diritto anche nell'ipotesi di cui al quarto comma dell'art. 40.

6. Il conduttore, se non accetta le condizioni offerte dal locatore ovvero non esercita la prelazione, ha diritto ad un compenso pari a 24 mensilità, ovvero a trenta per le locazioni con destinazione alberghiera, del canone richiesto dal locatore od offerto dal terzo.

7. Se il locatore non intende proseguire nella locazione il conduttore può, entro trenta giorni dalla comunicazione del locatore o in mancanza di questa, se dovuta, dalla scadenza del termine di cui al primo comma, offrire un nuovo canone, impegnandosi a costituire, all'atto del rinnovo e per la durata del contratto, una polizza assicurativa oppure una fidejussione bancaria per una somma pari a 12 mensilità del canone offerto.

8. Se il locatore non intende proseguire nella locazione sulla base delle condizioni offerte, al conduttore è dovuta l'indennità per l'avviamento commerciale nella misura di 24 mensilità, ovvero di 30 per le locazioni con destinazione alberghiera, del canone offerto ai sensi del comma precedente.

9. In mancanza dell'offerta del nuovo canone da parte del conduttore nonché nei casi di rilascio dell'immobile per i motivi di cui all'art. 29 salvo quelli di cui al primo comma, lett. *a*), è dovuta l'indennità per avviamento commerciale nella misura di 21 mensilità, ovvero di 25 per

(1) Scadenza prorogata al 31 dicembre 1984, dall'art. 2. l. 25 luglio 1984, n. 377, e al 30 giugno 1985 dall'art. 1.8, d.l. 7 febbraio 1985, n. 12, conv. in l. 5 aprile 1985, n. 118. Codeste due norme di proroga sono state dichiarate costituzionalmente illegittime dalla Corte cost. con sentenza 23 aprile 1986, n. 108.

(2) V. art. 15-*bis*, d.l. 23 gennaio 1982, n. 9, conv. in l. 25 marzo 1982, n. 94, nonché l'art. 69 della presente legge, nel nuovo testo.

le locazioni con destinazione alberghiera, del canone corrente di mercato per i locali aventi le stesse caratteristiche. In caso di rilascio dell'immobile per i motivi di cui all'art. 29, primo comma, lett. *a*), la predetta indennità è calcolata con riferimento al canone corrisposto. L'indennità dovuta è complessivamente di 24 mensilità, ovvero di 32 per le locazioni con destinazione alberghiera, nei casi di cui al secondo comma dell'art. 34.

10. L'esecuzione del provvedimento di rilascio dell'immobile è condizionata all'avvenuta corresponsione dell'indennità di cui ai precedenti commi sesto, ottavo e nono.

11. Per i contratti di cui agli artt. 67 e 71 le disposizioni del presente articolo sono sostitutive di quelle degli artt. 34 e 40 (1).

70. *Immobili destinati a particolari attività soggetti a proroga*. — *1.* Ai contratti di locazione di cui all'art. 42 si applicano le disposizioni degli artt. 67 e 68.

71. *Contratti in corso non soggetti a proroga*. — *1.* Le disposizioni degli artt. 27 e 42, primo comma, si applicano anche ai contratti in corso al momento dell'entrata in vigore della presente legge e non soggetti a proroga legale, detraendosi, per la determinazione della durata prevista in detta disposizione, il periodo di locazione già trascorso dall'inizio della locazione o, in caso di intervenuto rinnovo contrattuale, dalla data di esso.

2. La durata non può comunque essere inferiore a due anni dalla data di entrata in vigore della presente legge.

3. Le disposizioni di cui ai commi precedenti si applicano anche ai contratti di cui sopra per i quali, alla data di entrata in vigore della presente legge, è in corso procedimento per convalida di licenza o di sfratto.

4. Il canone potrà essere aggiornato annualmente su richiesta del locatore dal giorno della scadenza contrattualmente prevista, in base al 75% della variazione accertata dall'Istat, dell'indice dei prezzi al consumo per le famiglie di operai ed impiegati verificatasi nell'anno precedente.

72. *Mutamento della destinazione*. — *1.* I nuovi contratti di locazione di immobili il cui uso venga mutato da quello preesistente di abitazione non possono prevedere, per un periodo di quattro anni dalla data di entrata in vigore della presente legge, un canone superiore a quello di cui agli artt. 12 e 24, tranne che siano intervenute radicali trasformazioni dell'immobile stesso autorizzate ai sensi delle vigenti leggi.

73. *Norme applicabili*. — *1.* Per i contratti previsti negli artt. 67, 70 e, ferme restando le scadenze convenzionali, nell'art. 71 il locatore può recedere in base ai motivi di cui all'art. 29 e con il preavviso di cui all'art. 59. Nei casi previsti dalle lett. *a*), *b*) e dall'ultimo periodo del secondo comma dell'art. 29 tale facoltà è riconosciuta soltanto ove ricorra la necessità del locatore o del coniuge o dei parenti entro il secondo grado in linea retta, verificatasi dopo la costituzione del rapporto locatizio. Si applicano le disposizioni degli artt. 30 e 31 e degli articoli da 35 a 39, nonché quelle dell'art. 69, settimo, ottavo e nono comma (2) (3).

CAPO III

Disposizioni processuali

74. *Rinvio*. — *1.* Le disposizioni degli articoli da 43 a 57 sono applicabili alle locazioni previste nei capi I e II del presente titolo.

(1) Articolo così sostituito dall'art. 1, d.l. 9 dicembre 1986, n. 832, conv. in l. 6 febbraio 1987, n. 15. L'art. 1 della legge di conversione ha aggiunto il seguente capoverso: «Le disposizioni del presente articolo si applicano anche ai contratti relativi ad immobili utilizzati per lo svolgimento di attività di cui all'art. 27, primo comma, che non comportano contatti diretti con il pubblico degli utenti e dei consumatori, di attività professionali e di attività di cui all'art. 42. In tali casi, il compenso spettante al conduttore ai sensi dei precedenti commi sesto, ottavo e nono, è limitato a dodici mensilità. Il compenso non è dovuto qualora il locatore intenda ottenere la disponibilità dell'immobile per i motivi di cui all'art. 29». Tale capoverso è stato dichiarato costituzionalmente illegittimo dalla Corte cost., con sentenza 26 luglio 1988, n. 882.

La Corte cost., con sentenza 3 giugno 1992, n. 242, ha dichiarato l'illegittimità costituzionale dell'art. 69 «nella parte in cui non prevede che l'obbligo del locatore di corrispondere al conduttore la indennità per l'avviamento commerciale non ricorre quando causa di cessazione del rapporto è un provvedimento della Pubblica Amministrazione che esclude indefinitamente la utilizzazione economica dell'immobile».

(2) La Corte cost., con sentenza 6 ottobre 1983, n. 300, ha dichiarato costituzionalmente illegittimo il combinato disposto dell'art. 69, settimo comma, e dell'art. 73, «nella parte in cui – relativamente alle ipotesi di recesso del locatore dai contratti disciplinati dall'art. 67 stessa legge 27 luglio 1978, n. 392, motivate con la sopravvenuta necessità di adibire l'immobile ad abitazione propria o del coniuge o dei parenti in linea retta entro il secondo grado – prevede che l'indennità per l'avviamento commerciale dovuta al conduttore sia determinata sulla base del canone corrente di mercato per i locali aventi le stesse caratteristiche, anziché con riferimento all'ultimo canone corrisposto».

(3) Articolo così modificato dal d.l. 30 gennaio 1979, n. 21, convertito con modificazioni in l. 31 marzo 1979, n. 93.

TITOLO III

Fondo sociale

75-78. . . . . (1).

TITOLO IV

Disposizioni finali

79. *Patti contrari alla legge*. — *1.* È nulla ogni pattuizione diretta a limitare la durata legale del contratto o ad attribuire al locatore un canone maggiore rispetto a quello previsto dagli articoli precedenti [c. 1419²] ovvero ad attribuirgli altro vantaggio in contrasto con le disposizioni della presente legge [c. 1419¹].

2. Il conduttore con azione proponibile fino a sei mesi [c. 2964] dopo la riconsegna dell'immobile locato, può ripetere [c. 2033] le somme sotto qualsiasi forma corrisposte in violazione dei divieti e dei limiti previsti dalla presente legge (2).

3. In deroga alle disposizioni del primo comma, nei contratti di locazione di immobili adibiti ad uso diverso da quello di abitazione, anche se adibiti ad attività alberghiera, per i quali sia pattuito un canone annuo superiore ad euro 250.000, e che non siano riferiti a locali qualificati di interesse storico a seguito di provvedimento regionale o comunale, è facoltà delle parti concordare contrattualmente termini e condizioni in deroga alle disposizioni della presente legge. I contratti di cui al periodo precedente devono essere approvati per iscritto (3).

80. *Uso diverso da quello pattuito*. — *1.* Se il conduttore adibisce l'immobile ad un uso diverso da quello pattuito [c. 1587], il locatore può chiedere la risoluzione [c. 1453 ss.] del contratto entro tre mesi [c. 2964] dal momento in cui ne ha avuto conoscenza e comunque entro un anno dal mutamento di destinazione (4).

2. Decorso tale termine senza che la risoluzione sia stata chiesta, al contratto si applica il regime giuridico corrispondente all'uso effettivo dell'immobile. Qualora la destinazione ad uso diverso da quello pattuito sia parziale, al contratto si applica il regime giuridico corrispondente all'uso prevalente.

81. *Pubblicazione dei dati Istat nella Gazzetta Ufficiale*. — *1.* Le variazioni dell'indice dei prezzi al consumo per le famiglie di operai e impiegati accertate dall'Istat [24, 32, 63², 64², 65⁶] sono pubblicate nella *Gazzetta Ufficiale* della Repubblica italiana.

82. *Giudizi in corso*. — *1.* Ai giudizi in corso al momento dell'entrata in vigore della presente legge continuano ad applicarsi ad ogni effetto le leggi precedenti.

83. . . . . (5).

84. *Abrogazione*. — *1.* Sono abrogate tutte le disposizioni incompatibili con la presente legge.

85. *1.* La presente legge entra in vigore il giorno successivo alla sua pubblicazione nella *Gazzetta Ufficiale*.

VI. 2.

LEGGE 9 dicembre 1998, n. 431. — *Disciplina delle locazioni e del rilascio degli immobili adibiti ad uso abitativo* (6).

CAPO I

LOCAZIONE DI IMMOBILI ADIBITI AD USO ABITATIVO

1. *Ambito di applicazione*. — 1. I contratti di locazione di immobili adibiti ad uso abitativo, di seguito denominati «contratti di locazione», sono stipulati o rinnovati, successivamente alla data di entrata in vigore della presente legge, ai sensi dei commi 1 e 3 dell'art. 2.

2. Le disposizioni di cui agli artt. 2, 3, 4, 4-*bis* (7), 7, 8 e 13 della presente legge non si applicano:

a) ai contratti di locazione relativi agli immobili vincolati ai sensi della legge 1° giugno 1939, n. 1089, o inclusi nelle categorie catastali A/1, A/8 e A/9, che sono sottoposti esclusiva-

(1) Articoli abrogati dall'art. 14.4, l. 9 dicembre 1998, n. 431.
(2) Articolo abrogato dall'art. 14.4, l. 9 dicembre 1998, n. 431, limitatamente alle locazioni abitative.
(3) Comma aggiunto dall'art. 18.1, d.l. 12 settembre 2014, n. 133, conv. in l. 11 novembre 2014, n. 164. In base all'art. 18.2, d.l. cit., tali disposizioni «non si applicano ai contratti in corso alla data di entrata in vigore della legge di conversione del presente decreto. Ai giudizi in corso alla data di entrata in vigore della legge di conversione del presente decreto continuano ad applicarsi ad ogni effetto le disposizioni previgenti»
(4) La Corte cost., con sentenza 18 febbraio 1988, n. 185, ha dichiarato la illegittimità costituzionale di questo comma, «nella parte in cui dispone "e comunque entro un anno dal mutamento di destinazione"».
(5) Articolo abrogato dall'art. 14.4, l. 9 dicembre 1998, n. 431.
(6) Suppl. ord. G.U., 15 dicembre 1998, n. 292.
(7) Parola inserita dall'art. 2, l. 8 gennaio 2002, n. 2.

mente alla disciplina di cui agli artt. 1571 e seguenti del codice civile qualora non siano stipulati secondo le modalità di cui al comma 3 dell'art. 2 della presente legge;

b) agli alloggi di edilizia residenziale pubblica, ai quali si applica la relativa normativa vigente, statale e regionale;

c) agli alloggi locati esclusivamente per finalità turistiche.

3. Le disposizioni di cui agli artt. 2, 3, 4, 4-*bis* (1), 7 e 13 della presente legge non si applicano ai contratti di locazione stipulati dagli enti locali in qualità di conduttori per soddisfare esigenze abitative di carattere transitorio, ai quali si applicano le disposizioni di cui agli artt. 1571 e seguenti del codice civile. A tali contratti non si applica l'art. 56 della l. 27 luglio 1978, n. 392.

4. A decorrere dalla data di entrata in vigore della presente legge, per la stipula di validi contratti di locazione è richiesta la forma scritta.

2. *Modalità di stipula e di rinnovo dei contratti di locazione*. — 1. Le parti possono stipulare contratti di locazione di durata non inferiore a quattro anni, decorsi i quali i contratti sono rinnovati per un periodo di quattro anni, fatti salvi i casi in cui il locatore intenda adibire l'immobile agli usi o effettuare sullo stesso le opere di cui all'art. 3, ovvero vendere l'immobile alle condizioni e con le modalità di cui al medesimo art. 3. Alla seconda scadenza del contratto, ciascuna delle parti ha diritto di attivare la procedura per il rinnovo a nuove condizioni o per la rinuncia al rinnovo del contratto, comunicando la propria intenzione con lettera raccomandata da inviare all'altra parte almeno sei mesi prima della scadenza. La parte interpellata deve rispondere a mezzo lettera raccomandata entro sessanta giorni dalla data di ricezione della raccomandata di cui al secondo periodo. In mancanza di risposta o di accordo il contratto si intenderà scaduto alla data di cessazione della locazione. In mancanza della comunicazione di cui al secondo periodo il contratto è rinnovato tacitamente alle medesime condizioni.

2. Per i contratti stipulati o rinnovati ai sensi del comma 1, i contraenti possono avvalersi dell'assistenza delle organizzazioni della proprietà edilizia e dei conduttori.

3. In alternativa a quanto previsto dal comma 1, le parti possono stipulare contratti di locazione, definendo il valore del canone, la durata del contratto, anche in relazione a quanto previsto dall'art. 5, comma 1, nel rispetto comunque di quanto previsto dal comma 5 del presente articolo, ed altre condizioni contrattuali sulla base di quanto stabilito in appositi accordi definiti in sede locale fra le organizzazioni della proprietà edilizia e le organizzazioni dei conduttori maggiormente rappresentative (2). Al fine di promuovere i predetti accordi, i comuni, anche in forma associata, provvedono a convocare le predette organizzazioni entro sessanta giorni dalla emanazione del decreto di cui al comma 2 dell'art. 4. I medesimi accordi sono depositati, a cura delle organizzazioni firmatarie, presso ogni comune dell'area territoriale interessata (3) (4).

4. Per favorire la realizzazione degli accordi di cui al comma 3, i comuni possono deliberare, nel rispetto dell'equilibrio di bilancio, aliquote dell'imposta comunale sugli immobili (ICI) più favorevoli per i proprietari che concedono in locazione a titolo di abitazione principale immobili alle condizioni definite dagli accordi stessi. I comuni che adottano tali delibere possono derogare al limite minimo stabilito, ai fini della determinazione delle aliquote, dalla normativa vigente al momento in cui le delibere stesse sono assunte. I comuni di cui all'art. 1 del d.l. 30 dicembre 1988, n. 551, convertito, con modificazioni, dalla l. 21 febbraio 1989, n. 61, e successive modificazioni, per la stessa finalità di cui al primo periodo possono derogare al limite massimo stabilito dalla normativa vigente in misura non superiore al 2 per mille, limitatamente agli immobili non locati per i quali non risultino essere stati registrati contratti di locazione da almeno due anni.

5. I contratti di locazione stipulati ai sensi del comma 3 non possono avere durata inferiore ai tre anni, ad eccezione di quelli di cui all'art. 5. Alla prima scadenza del contratto, ove le parti non concordino sul rinnovo del medesimo, il contratto è prorogato di diritto per due anni fatta salva la facoltà di disdetta da parte del locatore che intenda adibire l'immobile agli usi o effettuare sullo stesso le opere di cui all'art. 3, ovvero vendere l'immobile alle condi-

(1) Parola inserita dall'art. 2, l. 8 gennaio 2002, n. 2.

(2) Le parole «, che provvedono alla definizione di contratti-tipo» sono state soppresse dall'art. 2, l. 8 gennaio 2002, n. 2.

(3) Sui criteri generali di realizzazione degli accordi v. d.m. Infrastrutture e Trasporti 30 dicembre 2002, in suppl. ord. a G.U., 11 aprile 2003, n. 59.

(4) Sulle condizioni per la stipula dei contratti di locazione agevolati v. d.m. Infrastrutture e Trasporti 14 luglio 2004, in G.U., 12 novembre 2004, n. 266.

zioni e con le modalità di cui al medesimo art. 3. Alla scadenza del periodo di proroga biennale ciascuna delle parti ha diritto di attivare la procedura per il rinnovo a nuove condizioni o per la rinuncia al rinnovo del contratto comunicando la propria intenzione con lettera raccomandata da inviare all'altra parte almeno sei mesi prima della scadenza. In mancanza della comunicazione il contratto è rinnovato tacitamente alle medesime condizioni.

6. I contratti di locazione stipulati prima della data di entrata in vigore della presente legge che si rinnovino tacitamente sono disciplinati dal comma 1 del presente articolo.

3. *Disdetta del contratto da parte del locatore*. — 1. Alla prima scadenza dei contratti stipulati ai sensi del comma 1 dell'art. 2 e alla prima scadenza dei contratti stipulati ai sensi del comma 3 del medesimo articolo, il locatore può avvalersi della facoltà di diniego del rinnovo del contratto, dandone comunicazione al conduttore con preavviso di almeno sei mesi, per i seguenti motivi:

a) quando il locatore intenda destinare l'immobile ad uso abitativo, commerciale, artigianale o professionale proprio, del coniuge, dei genitori, dei figli o dei parenti entro il secondo grado;

b) quando il locatore, persona giuridica, società o ente pubblico o comunque con finalità pubbliche, sociali, mutualistiche, cooperative, assistenziali, culturali o di culto intenda destinare l'immobile all'esercizio delle attività dirette a perseguire le predette finalità ed offra al conduttore altro immobile idoneo e di cui il locatore abbia la piena disponibilità;

c) quando il conduttore abbia la piena disponibilità di un alloggio libero ed idoneo nello stesso comune;

d) quando l'immobile sia compreso in un edificio gravemente danneggiato che debba essere ricostruito o del quale debba essere assicurata la stabilità e la permanenza del conduttore sia di ostacolo al compimento di indispensabili lavori;

e) quando l'immobile si trovi in uno stabile del quale è prevista l'integrale ristrutturazione, ovvero si intenda operare la demolizione o la radicale trasformazione per realizzare nuove costruzioni, ovvero, trattandosi di immobile sito all'ultimo piano, il proprietario intenda eseguire sopraelevazioni a norma di legge e per eseguirle sia indispensabile per ragioni tecniche lo sgombero dell'immobile stesso;

f) quando, senza che si sia verificata alcuna legittima successione nel contratto, il conduttore non occupi continuativamente l'immobile senza giustificato motivo;

g) quando il locatore intenda vendere l'immobile a terzi e non abbia la proprietà di altri immobili ad uso abitativo oltre a quello eventualmente adibito a propria abitazione. In tal caso al conduttore è riconosciuto il diritto di prelazione, da esercitare con le modalità di cui agli artt. 38 e 39 della l. 27 luglio 1978, n. 392.

2. Nei casi di disdetta del contratto da parte del locatore per i motivi di cui al comma 1, lett. *d*) ed *e*), il possesso, per l'esecuzione dei lavori ivi indicati, della concessione o dell'autorizzazione edilizia è condizione di procedibilità dell'azione di rilascio. I termini di validità della concessione o dell'autorizzazione decorrono dall'effettiva disponibilità a seguito del rilascio dell'immobile. Il conduttore ha diritto di prelazione, da esercitare con le modalità di cui all'art. 40 della l. 27 luglio 1978, n. 392, se il proprietario, terminati i lavori, concede nuovamente in locazione l'immobile. Nella comunicazione del locatore deve essere specificato, a pena di nullità, il motivo, fra quelli tassativamente indicati al comma 1, sul quale la disdetta è fondata.

3. Qualora il locatore abbia riacquistato la disponibilità dell'alloggio a seguito di illegittimo esercizio della facoltà di disdetta ai sensi del presente articolo, il locatore stesso è tenuto a corrispondere un risarcimento al conduttore da determinare in misura non inferiore a trentasei mensilità dell'ultimo canone di locazione percepito.

4. Per la procedura di diniego di rinnovo si applica l'art. 30 della l. 27 luglio 1978, n. 392, e successive modificazioni.

5. Nel caso in cui il locatore abbia riacquistato, anche con procedura giudiziaria, la disponibilità dell'alloggio e non lo adibisca, nel termine di dodici mesi dalla data in cui ha riacquistato la disponibilità, agli usi per i quali ha esercitato facoltà di disdetta ai sensi del presente articolo, il conduttore ha diritto al ripristino del rapporto di locazione alle medesime condizioni di cui al contratto disdettato o, in alternativa, al risarcimento di cui al comma 3.

6. Il conduttore, qualora ricorrano gravi motivi, può recedere in qualsiasi momento dal contratto, dando comunicazione al locatore con preavviso di sei mesi.

CAPO II

CONTRATTI DI LOCAZIONE STIPULATI IN BASE AD ACCORDI DEFINITI IN SEDE LOCALE

4. *Convenzione nazionale*. — 1. Al fine di favorire la realizzazione degli accordi di cui al comma 3 dell'art. 2, il Ministro dei lavori pubblici convoca le organizzazioni della proprietà edilizia e dei conduttori maggiormente rappresentative a livello nazionale entro sessanta giorni dalla data di entrata in vigore della presente legge e, successivamente, ogni tre anni a decorrere dalla medesima data, al fine di promuovere una convenzione, di seguito denominata «convenzione nazionale», che individui i criteri generali per la definizione dei canoni, anche in relazione alla durata dei contratti, alla rendita catastale dell'immobile e ad altri parametri oggettivi, nonché delle modalità per garantire particolari esigenze delle parti. In caso di mancanza di accordo delle parti, i predetti criteri generali sono stabiliti dal Ministro dei lavori pubblici, di concerto con il Ministro delle finanze, con il decreto di cui al comma 2 del presente articolo, sulla base degli orientamenti prevalenti espressi dalle predette organizzazioni. I criteri generali definiti ai sensi del presente comma costituiscono la base per la realizzazione degli accordi locali di cui al comma 3 dell'art. 2 e il loro rispetto, unitamente all'utilizzazione dei tipi di contratto di cui all'art. 4-*bis* (1), costituisce condizione per l'applicazione dei benefici di cui all'art. 8.

2. I criteri generali di cui al comma 1 sono indicati in apposito decreto del Ministro dei lavori pubblici, di concerto con il Ministro delle finanze, da emanare entro trenta giorni dalla conclusione della convenzione nazionale (2) ovvero dalla constatazione, da parte del Ministro dei lavori pubblici, della mancanza di accordo delle parti, trascorsi novanta giorni dalla loro convocazione. Con il medesimo decreto sono stabilite le modalità di applicazione dei benefici di cui all'art. 8 per i contratti di locazione stipulati ai sensi del comma 3 dell'art. 2 in conformità ai criteri generali di cui al comma 1 del presente articolo.

3. Entro quattro mesi dalla data di emanazione del decreto di cui al comma 2, il Ministro dei lavori pubblici, di concerto con il Ministro delle finanze, fissa con apposito decreto le condizioni alle quali possono essere stipulati i contratti di cui al comma 3 dell'art. 2 nonché dell'art. 5 (3), nel caso in cui non vengano convocate da parte dei comuni le organizzazioni della proprietà edilizia e dei conduttori ovvero non siano definiti gli accordi di cui al medesimo comma 3 dell'art. 2.

4. Fermo restando quanto stabilito dall'art. 60, comma 1, lett. *e*), del d.lg. 31 marzo 1998, n. 112, con apposito atto di indirizzo e coordinamento, da adottare con decreto del Presidente della Repubblica, previa deliberazione del Consiglio dei ministri, ai sensi dell'art. 8 della l. 15 marzo 1997, n. 59, sono definiti, in sostituzione di quelli facenti riferimento alla l. 27 luglio 1978, n. 392, e successive modificazioni, criteri in materia di determinazione da parte delle regioni dei canoni di locazione per gli alloggi di edilizia residenziale pubblica. Gli attuali criteri di determinazione dei canoni restano validi fino all'adeguamento da parte delle regioni ai criteri stabiliti ai sensi del presente comma.

4-*bis*. *Tipi di contratto*. — 1. La convenzione nazionale di cui all'art. 4, comma 1, approva i tipi di contratto per la stipula dei contratti agevolati di cui all'art. 2, comma 3, nonché dei contratti di locazione di natura transitoria di cui all'art. 5, comma 1, e dei contratti di locazione per studenti universitari di cui all'art. 5, commi 2 e 3.

2. I tipi di contratto possono indicare scelte alternative, da definire negli accordi locali, in relazione a specifici aspetti contrattuali, con particolare riferimento ai criteri per la misurazione delle superfici degli immobili.

3. In caso di mancanza di accordo delle parti, i tipi di contratto sono definiti con il decreto di cui all'art. 4, comma 2 (4).

5. *Contratti di locazione di natura transitoria*. — 1. Il decreto di cui al comma 2 dell'art. 4 definisce le condizioni e le modalità per la stipula di contratti di locazione di natura transitoria anche di durata inferiore ai limiti previsti dalla presente legge per soddisfare particolari esigenze delle parti.

2. In alternativa a quanto previsto dal comma 1, possono essere stipulati contratti di locazione per soddisfare le esigenze abitative di studenti universitari sulla base dei tipi di contratto di cui all'art. 4-*bis* (5).

3. È facoltà dei comuni sede di università o di corsi universitari distaccati, eventualmente d'intesa con comuni limitrofi, promuovere specifici accordi locali per la definizione, sulla base dei criteri stabiliti ai sensi del comma 2 dell'art. 4, dei canoni di (5) locazione di immobili ad uso abitativo per studenti universitari. Agli accordi partecipano, oltre alle organizzazioni di

(1) Parole inserite dall'art. 2, l. 8 gennaio 2002, n. 2.
(2) D.m. Lavori pubblici, 5 marzo 1999, in G.U., 22 marzo 1999, n. 67.
(3) Parole inserite dall'art. 7.1, d.l. 13 settembre 2004, n. 240, conv. in l. 12 novembre 2004, n. 269.
(4) Articolo così inserito dall'art. 1, l. 8 gennaio 2002, n. 2.
(5) Parole così sostituite dall'art. 2, l. 8 gennaio 2002, n. 2.

cui al comma 3 dell'art. 2, le aziende per il diritto allo studio e le associazioni degli studenti, nonché cooperative ed enti non lucrativi operanti nel settore (1).

CAPO III

Esecuzione dei provvedimenti di rilascio degli immobili adibiti ad uso abitativo

6. *Rilascio degli immobili.* — 1. Nei comuni indicati all'art. 1 del d.l. 30 dicembre 1988, n. 551, convertito, con modificazioni, dalla l. 21 febbraio 1989, n. 61, e successive modificazioni, le esecuzioni dei provvedimenti di rilascio di immobili adibiti ad uso abitativo per finita locazione sono sospese per un periodo di centottanta giorni a decorrere dalla data di entrata in vigore della presente legge.

2. Il locatore ed il conduttore di immobili adibiti ad uso abitativo, per i quali penda provvedimento esecutivo di rilascio per finita locazione, avviano entro il termine di sospensione di cui al comma 1, a mezzo di lettera raccomandata con avviso di ricevimento, anche tramite le rispettive organizzazioni sindacali, trattative per la stipula di un nuovo contratto di locazione in base alle procedure definite all'art. 2 della presente legge.

3. Trascorso il termine di cui al comma 1 ed in mancanza di accordo fra le parti per il rinnovo della locazione, i conduttori interessati possono chiedere, entro e non oltre i trenta giorni dalla scadenza del termine fissato dal comma 1, con istanza rivolta al pretore (2) competente ai sensi dell'art. 26, primo comma, del codice di procedura civile, che sia nuovamente fissato il giorno dell'esecuzione. Si applicano i commi dal secondo al settimo dell'art. 11 del d.l. 23 gennaio 1982, n. 9, convertito, con modificazioni, dalla l. 25 marzo 1982, n. 94. Avverso il decreto del pretore (2) è ammessa opposizione al tribunale che giudica con le modalità di cui all'art. 618 del codice di procedura civile. Il decreto con cui il pretore (2) fissa nuovamente la data dell'esecuzione vale anche come autorizzazione all'ufficiale giudiziario a servirsi dell'assistenza della forza pubblica.

4. Per i provvedimenti esecutivi di rilascio per finita locazione emessi dopo la data di entrata in vigore della presente legge, il conduttore può chiedere una sola volta, con istanza rivolta al pretore (2) competente ai sensi dell'art. 26, primo comma, del codice di procedura civile, che sia nuovamente fissato il giorno dell'esecuzione entro un termine di sei mesi salvi i casi di cui al comma 5. Si applicano i commi dal secondo al settimo dell'art. 11 del citato d.l. n. 9 del 1982, convertito, con modificazioni, dalla legge n. 94 del 1982. Avverso il decreto del pretore (2) il locatore ed il conduttore possono proporre opposizione per qualsiasi motivo al tribunale che giudica con le modalità di cui all'art. 618 del codice di procedura civile.

5. Il differimento del termine delle esecuzioni di cui ai commi 3 e 4 può essere fissato fino a diciotto mesi nei casi in cui il conduttore abbia compiuto i 65 anni di età, abbia cinque o più figli a carico, sia iscritto nelle liste di mobilità, percepisca un trattamento di disoccupazione o di integrazione salariale, sia formalmente assegnatario di alloggio di edilizia residenziale pubblica ovvero di ente previdenziale o assicurativo, sia prenotatario di alloggio cooperativo in corso di costruzione, sia acquirente di un alloggio in costruzione, sia proprietario di alloggio per il quale abbia iniziato azione di rilascio. Il medesimo differimento del termine delle esecuzioni può essere fissato nei casi in cui il conduttore o uno dei componenti il nucleo familiare, convivente con il conduttore da almeno sei mesi, sia portatore di *handicap* o malato terminale (3).

6. Durante i periodi di sospensione delle esecuzioni di cui al comma 1 del presente articolo e al comma quarto dell'art. 11 del citato d.l. n. 9 del 1982, convertito, con modificazioni, dalla legge n. 94 del 1982, nonché per i periodi di cui all'art. 3 del citato d.l. n. 551 del 1988, convertito, con modificazioni, dalla legge n. 61 del 1989, come successivamente prorogati, e comunque fino all'effettivo rilascio, i conduttori sono tenuti a corrispondere, ai sensi dell'art. 1591 del codice civile, una somma mensile pari all'ammontare del canone dovuto alla cessazione del contratto, al quale si applicano automaticamente ogni anno aggiornamenti in misura

(1) Sui criteri generali di realizzazione degli accordi v. d.m. Infrastrutture e Trasporti 30 dicembre 2002, in suppl. ord. a G.U., 11 aprile 2003, n. 59.

(2) L'art. 1, d.lg. 19 febbraio 1998, n. 51, ha soppresso l'ufficio del pretore, trasferendo le competenze al tribunale ordinario.

(3) V. art. 80, commi 20, 21 e 22, l. 23 dicembre 2000, n. 388 e circolare Ministero Lavori pubblici 23 febbraio 2001, in suppl. ord. n. 64 a G.U., 30 marzo 2001, n. 75. Per il differimento fino al 31 dicembre 2001 v. art. 1, d.l. 2 luglio 2001, n. 247, conv. in l. 4 agosto 2001, n. 332. Per l'ulteriore differimento fino al 30 giugno 2002 v. art. 1, d.l. 27 dicembre 2001, n. 450, conv. in l. 27 febbraio 2002, n. 14.

pari al settantacinque per cento della variazione, accertata dall'Istituto nazionale di statistica (ISTAT), dell'indice dei prezzi al consumo per le famiglie di operai e impiegati verificatasi nell'anno precedente; l'importo così determinato è maggiorato del venti per cento. La corresponsione di tale maggiorazione esime il conduttore dall'obbligo di risarcire il maggior danno ai sensi dell'art. 1591 del codice civile. Durante i predetti periodi di sospensione sono dovuti gli oneri accessori di cui all'art. 9 della l. 27 luglio 1978, n. 392, e successive modificazioni. In caso di inadempimento, il conduttore decade dal beneficio, comunque concesso, della sospensione dell'esecuzione del provvedimento di rilascio, fatto salvo quanto previsto dall'art. 55 della citata legge n. 392 del 1978 (1).

7. Fatto salvo quanto previsto dai commi 2-*bis* e 2-*ter* dell'art. 1 del citato d.l. n. 551 del 1988, convertito, con modificazioni, dalla legge n. 61 del 1989, nonché quanto previsto dai commi primo, secondo e terzo dell'art. 17 del citato d.l. n. 9 del 1982, convertito, con modificazioni, dalla legge n. 94 del 1982, è data priorità ai destinatari di provvedimenti di rilascio con data di esecuzione fissata entro il termine di tre mesi.

7. *Condizione per la messa in esecuzione del provvedimento di rilascio dell'immobile.* — 1. Condizione per la messa in esecuzione del provvedimento di rilascio dell'immobile locato è la dimostrazione che il contratto di locazione è stato registrato, che l'immobile è stato denunciato ai fini dell'applicazione dell'ICI e che il reddito derivante dall'immobile medesimo è stato dichiarato ai fini dell'applicazione delle imposte sui redditi. Ai fini della predetta dimostrazione, nel precetto di cui all'art. 480 del codice di procedura civile devono essere indicati gli estremi di registrazione del contratto di locazione, gli estremi dell'ultima denuncia dell'unità immobiliare alla quale il contratto si riferisce ai fini dell'applicazione dell'ICI, gli estremi dell'ultima dichiarazione dei redditi nella quale il reddito derivante dal contratto è stato dichiarato nonché gli estremi delle ricevute di versamento dell'ICI relative all'anno precedente a quello di competenza (2).

CAPO IV

MISURE DI SOSTEGNO AL MERCATO DELLE LOCAZIONI

8. *Agevolazioni fiscali.* — 1. Nei comuni di cui all'art. 1 del d.l. 30 dicembre 1988, n. 551, convertito, con modificazioni, dalla l. 21 febbraio 1989, n. 61, e successive modificazioni, il reddito imponibile derivante al proprietario dai contratti stipulati o rinnovati ai sensi del comma 3 dell'art. 2 a seguito di accordo definito in sede locale e nel rispetto dei criteri indicati dal decreto di cui al comma 2 dell'art. 4, ovvero nel rispetto delle condizioni fissate dal decreto di cui al comma 3 del medesimo art. 4, determinato ai sensi dell'art. 34 del testo unico delle imposte sui redditi, approvato con d.p.r. 22 dicembre 1986, n. 917, e successive modificazioni, è ulteriormente ridotto del 30 per cento. Per i suddetti contratti il corrispettivo annuo ai fini della determinazione della base imponibile per l'applicazione dell'imposta proporzionale di registro è assunto nella misura minima del 70 per cento.

2. . . . . (3).

3. Le agevolazioni di cui al presente articolo non si applicano ai contratti di locazione volti a soddisfare esigenze abitative di natura transitoria, fatta eccezione per i contratti di cui al comma 2 dell'art. 5 e per i contratti di cui al comma 3 dell'art. 1.

4. Il Comitato interministeriale per la programmazione economica (CIPE), su proposta del Ministro dei lavori pubblici, di intesa con i Ministri dell'interno e della giustizia, provvede, ogni ventiquattro mesi, all'aggiornamento dell'elenco dei comuni di cui al comma 1, anche articolando ed ampliando i criteri previsti dall'art. 1 del d.l. 29 ottobre 1986, n. 708, convertito, con modificazioni, dalla l. 23 dicembre 1986, n. 899. La proposta del Ministro dei lavori pubblici è formulata avuto riguardo alle risultanze dell'attività dell'Osservatorio della condizione abitativa di cui all'art. 12. Qualora le determinazioni del CIPE comportino un aumento del numero dei beneficiari dell'agevolazione fiscale prevista dal comma 1, è corrispon-

(1) La Corte cost., con sentenza 9 novembre 2000, n. 482, ha dichiarato costituzionalmente illegittimo questo comma, «nella parte in cui esime il conduttore dall'obbligo di risarcire il maggior danno, ai sensi dell'art. 1591 del codice civile, anche nel periodo successivo alla scadenza del termine di sospensione della esecuzione stabilito *ope legis* o di quello giudizialmente fissato per il rilascio dell'immobile».

(2) La Corte cost., con sentenza 5 ottobre 2001, n. 333, ha dichiarato costituzionalmente illegittimo questo articolo.

(3) Comma abrogato dall'art. 13.4-*octies*, d.l. 30 dicembre 2016, n. 244, conv. in l. 27 febbraio 2017, n. 19.

dentemente aumentata, con decreto del Ministro delle finanze, di concerto con il Ministro del tesoro, del bilancio e della programmazione economica, la percentuale di determinazione della base imponibile prevista dal medesimo comma. Tale aumento non si applica ai contratti stipulati prima della data di entrata in vigore del predetto decreto del Ministro delle finanze.

5. Al comma 1 dell'art. 23 del testo unico delle imposte sui redditi, approvato con d.p.r. 22 dicembre 1986, n. 917, sono aggiunti, in fine, i seguenti periodi: «I redditi derivanti da contratti di locazione di immobili ad uso abitativo, se non percepiti, non concorrono a formare il reddito dal momento della conclusione del procedimento giurisdizionale di convalida di sfratto per morosità del conduttore. Per le imposte versate sui canoni venuti a scadenza e non percepiti come da accertamento avvenuto nell'ambito del procedimento giurisdizionale di convalida di sfratto per morosità è riconosciuto un credito di imposta di pari ammontare».

6. Per l'attuazione dei commi da 1 a 4 è autorizzata la spesa di lire 4 miliardi [euro 2.065.827,60] per l'anno 1999, di lire 157,5 miliardi [euro 81.341.961,61] per l'anno 2000, di lire 247,5 miliardi [euro 127.823.082,52] per l'anno 2001, di lire 337,5 miliardi [euro 174.304.203,44] per l'anno 2002, di lire 427,5 miliardi [euro 220.785.324,36] per l'anno 2003 e di lire 360 miliardi [euro 185.924.483,67] a decorrere dall'anno 2004.

7. Per l'attuazione del comma 5 è autorizzata la spesa di lire 94 miliardi [euro 48.546.948,51] per l'anno 2000 e di lire 60 miliardi a decorrere dall'anno 2001.

9. .... (1).

10. *Ulteriori agevolazioni fiscali.* — 1. Con provvedimento collegato alla manovra finanziaria per il triennio 2000-2002 è istituito, a decorrere dall'anno 2001, un fondo per la copertura delle minori entrate derivanti dalla concessione, secondo modalità determinate dal medesimo provvedimento collegato, di una detrazione ai fini dell'imposta sul reddito delle persone fisiche in favore dei conduttori, appartenenti a determinate categorie di reddito, di alloggi locati a titolo di abitazione principale, da stabilire anche nell'ambito di una generale revisione dell'imposizione sugli immobili. Per gli esercizi successivi al triennio 2000-2002, alla dotazione del fondo si provvede con stanziamento determinato dalla legge finanziaria, ai sensi dell'art. 11, comma 3, lett. *d*), della l. 5 agosto 1978, n. 468, e successive modificazioni.

2. Le detrazioni di cui al comma 1 non sono cumulabili con i contributi previsti dal comma 3 dell'art. 11.

11. *Fondo nazionale.* — 1. Presso il Ministero dei lavori pubblici è istituito il Fondo nazionale per il sostegno all'accesso alle abitazioni in locazione, la cui dotazione annua è determinata dalla legge finanziaria, ai sensi dell'art. 11, comma 3, lett. *d*), della l. 5 agosto 1978, n. 468, e successive modificazioni (2).

2. Per ottenere i contributi di cui al comma 3 i conduttori devono dichiarare sotto la propria responsabilità che il contratto di locazione è stato registrato.

3. Le somme assegnate al Fondo di cui al comma 1 sono utilizzate per la concessione, ai conduttori aventi i requisiti minimi individuati con le modalità di cui al comma 4, di contributi integrativi per il pagamento dei canoni di locazione dovuti ai proprietari degli immobili, di proprietà sia pubblica sia privata, e, tenendo conto anche della disponibilità del Fondo, per sostenere le iniziative intraprese dai Comuni e dalle regioni anche attraverso la costituzione di agenzie o istituti per la locazione o fondi di garanzia o attraverso attività di promozione in convenzione con imprese di costruzione ed altri soggetti imprenditoriali, cooperative edilizie per la locazione, tese a favorire la mobilità nel settore della locazione, attraverso il reperimento di alloggi da concedere in locazione a canoni concordati, ovvero attraverso la rinegoziazione delle locazioni esistenti per consentire alle parti, con il supporto delle organizzazioni di rappresentanza dei proprietari e degli inquilini, la stipula di un nuovo contratto a canone inferiore. Le procedure previste per gli sfratti per morosità si applicano alle locazioni di cui al presente comma, anche se per finita locazione (3). I comuni possono, con delibera della

(1) Articolo abrogato dall'art. 7.3, d.lg. 18 febbraio 2000, n. 47.
(2) V. d.m. Infrastrutture e Trasporti 14 settembre 2005, in G.U., 2 dicembre 2005, n. 281.
(3) Le parole da «e, tenendo conto anche della disponibilità del Fondo,» fino a «locazione» sono state così sostituite alle precedenti «nonché, qualora le disponibilità del Fondo lo consentano, per sostenere le iniziative intraprese dai comuni anche attraverso la costituzione di agenzie o istituti per la locazione o attraverso attività di promozione in convenzione con cooperative edilizie per la locazione, tese a favorire la mobilità nel settore della locazione attraverso il reperimento di alloggi da concedere in locazione per periodi determinati» dall'art. 2.1, lett. a, d.l. 28 marzo 2014, n. 47, conv. in l. 23 maggio 2014, n. 80.

propria giunta, prevedere che i contributi integrativi destinati ai conduttori vengano, in caso di morosità, erogati al locatore interessato a sanatoria della morosità medesima, anche tramite l'associazione della proprietà edilizia dallo stesso locatore per iscritto designata, che attesta l'avvenuta sanatoria con dichiarazione sottoscritta anche dal locatore (1) (2).

4. Il Ministro dei lavori pubblici, entro novanta giorni dalla data di entrata in vigore della presente legge, previa intesa in sede di Conferenza permanente per i rapporti fra lo Stato, le regioni e le province autonome di Trento e di Bolzano, definisce, con proprio decreto (3), i requisiti minimi necessari per beneficiare dei contributi integrativi di cui al comma 3 e i criteri per la determinazione dell'entità dei contributi stessi in relazione al reddito familiare e all'incidenza sul reddito medesimo del canone di locazione.

5. Le risorse assegnate al Fondo di cui al comma 1 sono ripartite, entro il 31 marzo di ogni anno, tra le regioni e le province autonome di Trento e di Bolzano. A decorrere dall'anno 2005 la ripartizione è effettuata dal Ministro delle infrastrutture e dei trasporti, previa intesa con la Conferenza permanente per i rapporti tra lo Stato, le regioni e le province autonome di Trento e di Bolzano, sulla base dei criteri fissati con apposito decreto del Ministro delle infrastrutture e dei trasporti, previa medesima intesa ed in rapporto alla quota di risorse messe a disposizione dalle singole regioni e province autonome, ai sensi del comma 6 (4).

6. Le regioni e le province autonome di Trento e di Bolzano possono concorrere al finanziamento degli interventi di cui al comma 3 con proprie risorse iscritte nei rispettivi bilanci e definire, sentiti i comuni, la finalità di utilizzo del Fondo ottimizzandone l'efficienza, anche in forma coordinata con il Fondo per gli inquilini morosi incolpevoli istituito dall'art. 6, comma 5, del d.l. 31 agosto 2013, n. 102, convertito con modificazioni dalla l. 28 ottobre 2013, n. 124 (5).

7. Le regioni e le province autonome di Trento e di Bolzano provvedono alla ripartizione fra i comuni delle risorse di cui al comma 6 nonché di quelle destinate al Fondo ad esse attribuite ai sensi del comma 5; le risorse destinate dalle regioni alla costituzione di agenzie o istituti per la locazione o fondi di garanzia o alle attività di promozione in convenzione con imprese di costruzione ed altri soggetti imprenditoriali, cooperative edilizie per la locazione sono assegnate dalle stesse ai comuni sulla base di parametri che premino sia il numero di abbinamenti tra alloggi a canone concordato e nuclei familiari provenienti da alloggi di edilizia residenziale pubblica sovvenzionata o sottoposti a procedure di sfratto esecutivo, sia il numero di contratti di locazione a canone concordato complessivamente intermediati nel biennio precedente (6).

8. I comuni definiscono l'entità e le modalità di erogazione dei contributi di cui al comma 3, individuando con appositi bandi pubblici i requisiti dei conduttori che possono beneficiarne, nel rispetto dei criteri e dei requisiti minimi di cui al comma 4. I bandi per la concessione dei contributi integrativi devono essere emessi entro il 30 settembre di ogni anno con riferimento alle risorse assegnate, per l'anno di emissione del bando, dalla legge finanziaria (7).

9. Per gli anni 1999, 2000 e 2001, ai fini della concessione dei contributi integrativi di cui al comma 3, è assegnata al Fondo una quota, pari a lire 600 miliardi [euro 309.874.139,45] per ciascuno degli anni 1999, 2000 e 2001, delle risorse di cui alla l. 14 febbraio 1963, n. 60, relative alle annualità 1996, 1997 e 1998. Tali disponibilità sono versate all'entrata del bilancio dello Stato per essere riassegnate, con decreti del Ministro del tesoro, del bilancio e della programmazione economica, ad apposita unità previsionale di base dello stato di previsione del Ministero dei lavori pubblici. Le predette risorse, accantonate dalla deliberazione del CIPE del 6 maggio 1998, non sono trasferite ai sensi dell'art. 61 del d.lg. 31 marzo 1998, n. 112, e restano nella disponibilità della Sezio-

(1) Periodo aggiunto dall'art. 7.2-*bis*, d.l. 13 settembre 2004, n. 240, conv. in l. 12 novembre 2004, n. 269.

(2) L'art. 2.1-*bis*, d.l. 28 marzo 2014, n. 47, conv. in l. 23 maggio 2014, n. 80, così dispone: «L'applicazione da parte dei comuni, al fine di contrastare l'emergenza abitativa, delle disposizioni di cui all'art. 11, comma 3, della l. 9 dicembre 1998, n. 431, come modificato dal comma 1 del presente articolo, costituisce titolo di preferenza nell'assegnazione di contributi pubblici per qualsiasi tipo di edilizia economica e popolare».

(3) D.m. Lavori pubblici 7 giugno 1999, in G.U., 19 luglio 1999, n. 167.

(4) Comma così sostituito dall'art. 7.2, d.l. 13 settembre 2004, n. 240, conv. in l. 12 novembre 2004, n. 269.

(5) Le parole da «e definire» fino alla fine del comma sono state aggiunte dall'art. 2.1, lett. b, d.l. 28 marzo 2014, n. 47, conv. in l. 23 maggio 2014, n. 80.

(6) Comma così sostituito dall'art. 2.1, lett. c, d.l. 28 marzo 2014, n. 47, conv. in l. 23 maggio 2014, n. 80.

(7) Ultimo periodo aggiunto dall'art. 1.1-*bis*, d.l. 20 ottobre 2008, n. 158, conv. in l. 18 dicembre 2008, n. 199.

ne autonoma della Cassa depositi e prestiti (1) per il predetto versamento.

10. Il Ministero dei lavori pubblici provvederà, a valere sulle risorse del Fondo di cui al comma 1, ad effettuare il versamento all'entrata del bilancio dello Stato nell'anno 2003 delle somme occorrenti per la copertura delle ulteriori minori entrate derivanti, in tale esercizio, dall'applicazione dell'art. 8, commi da 1 a 4, pari a lire 67,5 miliardi [euro 34.860.840,69], intendendosi ridotta per un importo corrispondente l'autorizzazione di spesa per l'anno medesimo determinata ai sensi del comma 1 del presente articolo.

11. Le disponibilità del Fondo sociale, istituito ai sensi dell'art. 75 della l. 27 luglio 1978, n. 392, sono versate all'entrata del bilancio dello Stato per essere riassegnate con decreto del Ministro del tesoro, del bilancio e della programmazione economica al Fondo di cui al comma 1.

CAPO V

Disposizioni finali

12. *Osservatorio della condizione abitativa*. — 1. L'Osservatorio della condizione abitativa, istituito dall'art. 59 del d.lg. 31 marzo 1998, n. 112, è costituito presso il Ministero dei lavori pubblici ed effettua la raccolta dei dati nonché il monitoraggio permanente della situazione abitativa. Il Ministro dei lavori pubblici, con proprio decreto da emanare entro sessanta giorni dalla data di entrata in vigore della presente legge, definisce l'organizzazione e le funzioni dell'Osservatorio, anche ai fini del collegamento con gli osservatori istituiti dalle regioni con propri provvedimenti.

13. *Patti contrari alla legge*. — 1. È nulla ogni pattuizione volta a determinare un importo del canone di locazione superiore a quello risultante dal contratto scritto e registrato. È fatto carico al locatore di provvedere alla registrazione nel termine perentorio di trenta giorni, dandone documentata comunicazione, nei successivi sessanta giorni, al conduttore ed all'amministratore del condominio, anche ai fini dell'ottemperanza agli obblighi di tenuta dell'anagrafe condominiale di cui all'art. 1130, n. 6), del codice civile.

2. Nei casi di nullità di cui al comma 1 il conduttore, con azione proponibile nel termine di sei mesi dalla riconsegna dell'immobile locato, può chiedere la restituzione delle somme corrisposte in misura superiore al canone risultante dal contratto scritto e registrato.

3. È nulla ogni pattuizione volta a derogare ai limiti di durata del contratto stabiliti dalla presente legge.

4. Per i contratti di cui al comma 3 dell'art. 2 è nulla ogni pattuizione volta ad attribuire al locatore un canone superiore a quello massimo definito dagli accordi conclusi in sede locale per immobili aventi le medesime caratteristiche e appartenenti alle medesime tipologie. Per i contratti stipulati in base al comma 1 dell'art. 2, è nulla, ove in contrasto con le disposizioni della presente legge, qualsiasi pattuizione diretta ad attribuire al locatore un canone superiore a quello contrattualmente stabilito.

5. Per i conduttori che, per gli effetti della disciplina di cui all'art. 3, commi 8 e 9, del d.lg. 14 marzo 2011, n. 23, prorogati dall'art. 5, comma 1-*ter*, del d.l. 28 marzo 2014, n. 47, convertito, con modificazioni, dalla l. 23 maggio 2014, n. 80, hanno versato, nel periodo intercorso dalla data di entrata in vigore del d.lg. n. 23 del 2011 al giorno 16 luglio 2015, il canone annuo di locazione nella misura stabilita dalla disposizione di cui al citato art. 3, comma 8, del d.lg. n. 23 del 2011, l'importo del canone di locazione dovuto ovvero dell'indennità di occupazione maturata, su base annua, è pari al triplo della rendita catastale dell'immobile, nel periodo considerato.

6. Nei casi di nullità di cui al comma 4 il conduttore, con azione proponibile nel termine di sei mesi dalla riconsegna dell'immobile locato, può richiedere la restituzione delle somme indebitamente versate. Nei medesimi casi il conduttore può altresì richiedere, con azione proponibile dinanzi all'autorità giudiziaria, che la locazione venga ricondotta a condizioni conformi a quanto previsto dal comma 1 dell'art. 2 ovvero dal comma 3 dell'art. 2. Tale azione è, altresì, consentita nei casi in cui il locatore non abbia provveduto alla prescritta registrazione del contratto nel termine di cui al comma 1 del presente articolo. Nel giudizio che accerta l'esistenza del contratto di locazione il giudice determina il canone dovuto, che non può eccedere quello del valore minimo definito ai sensi dell'art. 2 ovvero quello definito ai sensi dell'art. 5, commi 2 e 3, nel caso di conduttore che abiti stabilmente l'alloggio per i motivi ivi regolati. L'autorità giudiziaria stabi-

(1) Sulle disponibilità finanziarie della sezione autonoma per l'edilizia residenziale v. art. 7.1, d.lg. 30 luglio 1999, n. 284.

lisce la restituzione delle somme eventualmente eccedenti.

7. Le disposizioni di cui al comma 6 devono ritenersi applicabili a tutte le ipotesi ivi previste insorte sin dall'entrata in vigore della presente legge.

8. I riferimenti alla registrazione del contratto di cui alla presente legge non producono effetti se non vi è obbligo di registrazione del contratto stesso (1).

14. *Disposizioni transitorie e abrogazione di norme*. — 1. In sede di prima applicazione dell'art. 4 della presente legge, non trova applicazione il termine di novanta giorni di cui al comma 2 del medesimo art. 4.

2. Con l'attuazione del d.lg. 19 febbraio 1998, n. 51, nell'art. 6 e nell'art. 13, comma 5, della presente legge al pretore si intende sostituito il tribunale in composizione monocratica e al tribunale il tribunale in composizione collegiale.

3. Sono abrogati l'art. 11 del d.l. 11 luglio 1992, n. 333, convertito, con modificazioni, dalla l. 8 agosto 1992, n. 359, nonché gli artt. 1-*bis*, 2, 3, 4, 5 e 8 del d.l. 30 dicembre 1988, n. 551, convertito, con modificazioni, dalla l. 21 febbraio 1989, n. 61.

4. Sono altresì abrogati gli artt. 1, 3, 12, 13, 14, 15, 16, 17, 18, 19, 20, 21, 22, 23, 24, 25, 26, 54, 60, 61, 62, 63, 64, 65, 66, 75, 76, 77, 78, 79, limitatamente alle locazioni abitative, e 83 della l. 27 luglio 1978, n. 392, e successive modificazioni.

5. Ai contratti per la loro intera durata ed ai giudizi in corso alla data di entrata in vigore della presente legge continuano ad applicarsi ad ogni effetto le disposizioni normative in materia di locazioni vigenti prima di tale data.

15. *Copertura finanziaria*. — 1. All'onere derivante dall'attuazione dei commi da 1 a 5 dell'art. 8, valutato in lire 4 miliardi [euro 2.065.827,60] per l'anno 1999 e in lire 420 miliardi [euro 216.911.897,62] a decorrere dall'anno 2000, si provvede mediante utilizzo delle proiezioni per i medesimi anni degli stanziamenti iscritti, ai fini del bilancio triennale 1998-2000, nell'ambito dell'unità previsionale di base di parte corrente «Fondo speciale» dello stato di previsione del Ministero del tesoro, del bilancio e della programmazione economica per l'anno finanziario 1998, allo scopo parzialmente utilizzando, quanto a lire 4 miliardi [euro 2.065.827,60] per l'anno 1999 e quanto a lire 299 miliardi [euro 154.420.612,83] per l'anno 2000, l'accantonamento relativo al Ministero dei lavori pubblici, nonché, quanto a lire 107 miliardi [euro 55.260.888,20] per l'anno 2000, l'accantonamento relativo alla Presidenza del Consiglio dei ministri e, quanto a lire 14 miliardi [euro 7.230.396,59] per l'anno 2000, l'accantonamento relativo al Ministero della giustizia.

2. Il Ministro del tesoro, del bilancio e della programmazione economica è autorizzato ad apportare, con propri decreti, le occorrenti variazioni di bilancio.

(1) Articolo così sostituito dall'art. 1.59, l. 28 dicembre 2015, n. 208.

VII. CONTRATTI AGRARI

VII. 1.

LEGGE 12 giugno 1962, n. 567. — *Norme in materia di affitto di fondi rustici* (1).

1. *1.* Nell'affitto di fondo rustico il canone è determinato e corrisposto in denaro.

2. La commissione tecnica centrale impartisce le necessarie direttive affinché le commissioni tecniche provinciali determinino, nei tre mesi successivi, in ciascuna provincia, zone agrarie omogenee ai fini dell'applicazione delle disposizioni che regolano l'affitto dei fondi rustici.

3. L'Istituto centrale di statistica deve rilevare annualmente nelle zone agrarie, come sopra stabilite, avvalendosi delle camere di commercio, industria, artigianato e agricoltura, degli ispettorati agrari, degli uffici tecnici erariali e di ogni altro organo tecnico locale, i seguenti dati:

a) prezzi alla produzione dei prodotti agricoli;

b) costi dei mezzi di produzione;

c) remunerazione del lavoro.

4. Sulla base dei dati medesimi, la commissione tecnica centrale impartisce direttive per la determinazione, da parte delle commissioni tecniche provinciali, ogni due anni, nelle singole zone agrarie, di coefficienti di adeguamento dei canoni in aumento o in diminuzione.

5. Il coefficiente di adeguamento si applica sui valori monetari dei canoni stabiliti sulla base della tabella formata dalle commissioni tecniche provinciali, a far tempo dall'annata agraria successiva alla determinazione del coefficiente medesimo.

6. Le direttive della commissione tecnica centrale saranno emanate entro 60 giorni dall'entrata in vigore della presente legge (2).

2. *1.* La commissione tecnica provinciale, di cui all'art. 2 della l. 18 agosto 1948, n. 1140, è composta:

dal capo dell'ispettorato agrario provinciale o da un suo rappresentante;

da tre rappresentanti dei proprietari che affittano fondi rustici ad affittuari coltivatori diretti;

da un rappresentante di proprietari che affittano fondi rustici ad affittuari conduttori;

da quattro rappresentanti di affittuari coltivatori diretti;

da un rappresentante di affittuari conduttori;

da due esperti in materia di agraria, iscritti negli albi degli agronomi o dei periti agrari, designati uno dalle organizzazioni dei proprietari dei fondi rustici e uno dalle organizzazioni degli affittuari.

2. I componenti la commissione sono nominati dal presidente della giunta regionale, su designazione, per i rappresentanti delle categorie dei proprietari e degli affittuari da parte delle rispettive organizzazioni sindacali a base nazionale, maggiormente rappresentative, tramite le loro organizzazioni provinciali.

3. Alle riunioni della commissione partecipa di diritto, con voto consultivo, l'ingegnere capo dell'ufficio tecnico erariale o un suo rappresentante.

4. La commissione è presieduta dal capo dell'ispettorato agrario provinciale o in sua assenza da un suo delegato.

5. Le designazioni da parte delle organizzazioni debbono pervenire al presidente della giunta regionale entro 30 giorni dalla richiesta.

6. Il presidente della giunta regionale deve costituire le commissioni tecniche provinciali entro tre mesi dalla data di entrata in vigore della presente legge ed entro i tre mesi successivi alla scadenza di ogni quadriennio.

7. In caso di mancata designazione da parte di talune organizzazioni di categoria, la commissione è nominata sulla base delle designazioni pervenute.

8. In caso di ritardo o di mancata costituzione di una o più commissioni provvede il Ministro delle politiche agricole e forestali con proprio motivato provvedimento.

(1) G.U., 30 giugno 1962, n. 163; LEX, 1962, I, 1205.
(2) Articolo così sostituito dall'art. 1, l. 10 dicembre 1973, n. 814, in *Leggi coll. VII, 5*.

9. Le deliberazioni sono valide quando siano adottate con l'intervento della metà più uno dei componenti ed a maggioranza assoluta dei presenti (1).

3. *1.* La commissione tecnica provinciale determina ogni tre anni, almeno sei mesi prima dell'inizio dell'annata agraria, le tabelle per i canoni di equo affitto per zone agrarie omogenee (2).

2. Nella determinazione delle tabelle di cui al comma precedente la commissione, prendendo a base i redditi dominicali determinati a norma del r.d.l. 4 aprile 1939, n. 589, convertito nella l. 29 giugno 1939, n. 976, stabilisce per ogni qualità di coltura ed eventuali gruppi di classi, individuati in catasto, coefficienti di moltiplicazione compresi tra un minimo di 50 volte ed un massimo di 150 volte, in conformità delle direttive della commissione tecnica centrale (3).

3. Le commissioni tecniche provinciali, in presenza di condizioni strutturali che accrescano l'efficacia e la produttività delle aziende, e non siano state valutate in catasto, applicano coefficienti aggiuntivi a quelli sopra indicati, nelle situazioni e nei limiti appresso specificati:

a) per i fondi rustici dotati di fabbricati colonici ad uso di abitazione, che garantiscano adeguate condizioni alloggiative o di fabbricati aziendali, fino a trenta punti in più da graduarsi in rapporto alla rispondenza dei fabbricati a quanto stabilito dall'art. 16, penultimo comma, nonché alle esigenze familiari dell'affittuario e dei lavoratori dipendenti; allo stato di manutenzione, all'esistenza dei servizi ed alla loro importanza rispetto all'organizzazione aziendale e agli specifici ordinamenti colturali (3);

b) per i fondi rustici dotati di efficienti investimenti fissi che rechino un diretto apporto alle condizioni di produttività del fondo, coefficienti fino a trenta punti in più, graduati in relazione al tasso di redditività degli investimenti medesimi e tenuto conto rispettivamente degli apporti dell'affittuario e degli oneri gravanti sull'impresa nonché di quelli a carico della proprietà (3);

4. .... (4).

5. Nel caso in cui le tabelle siano annullate, le nuove tabelle vengono determinate dalla commissione tecnica provinciale entro tre mesi dalla data di annullamento; in mancanza, provvede la commissione tecnica centrale entro sei mesi.

6. Ove le tabelle non vengano determinate entro i termini sopra stabiliti o siano annullate o sospese, l'equo canone è corrisposto, in via provvisoria, nell'ammontare corrispondente a 70 volte il reddito dominicale, indicato nel secondo comma, dei fondi oggetto dei contratti (3).

7. Il pagamento delle differenze conseguenti al conguaglio del canone deve essere effettuato nel termine di sei mesi dalla determinazione definitiva delle tabelle.

8-9. .... (5).

10. Qualora la commissione tecnica provinciale non provveda nel termine indicato nel primo comma, le tabelle vengono determinate dalla commissione tecnica centrale prevista dall'art. 9 della l. 12 giugno 1962, n. 567, come modificato dall'art. 6 della l. 11 febbraio 1971, n. 11, almeno due mesi prima dell'inizio dell'annata agraria (6).

11-13. .... (5).

4. *1.* Quando in determinate zone agrarie si siano verificate avversità atmosferiche o calamità naturali che abbiano gravemente danneggiato le coltivazioni provocando perimento e mancata percezione dei frutti in misura non inferiore al 30 per cento della normale produzione, la commissione tecnica provinciale determina, non oltre 60 giorni dalla fine dell'annata agraria, le percentuali di riduzione da apportarsi ai canoni in atto corrisposti dagli affittuari.

2. Qualora le avversità atmosferiche o le calamità naturali abbiano causato il perimento e la mancata percezione dei frutti in misura di almeno la metà della normale produzione nelle zone delimitate ai sensi dell'art. 9 della l. 21 luglio 1960, n. 739, e successive modificazioni ed integrazioni, la commissione tecnica provinciale, entro 30 giorni dalla pubblicazione sulla *Gazzetta Ufficiale* del decreto ministeriale di delimitazione delle zone, dovrà determinare le percentuali di riduzione dei canoni, nella misura del 35 per cento se il danno subito ammonta alla metà della normale produzione, e in misura proporzionale in caso di danni superiori.

3. Nel caso che non si provveda entro 60 giorni dall'evento alla delimitazione di cui al

(1) Articolo così sostituito dall'art. 2, l. n. 814/1973, in *Leggi coll. VII, 5.*
(2) Comma così sostituito dall'art. 9, l. n. 203/82, in *Leggi coll. VII, 6.*
(3) Così modificato dall'art. 9, l. n. 203/82, in *Leggi coll. VII, 6.*
(4) Comma soppresso dall'art. 9, l. n. 203/82, in *Leggi coll. VII, 6.*
(5) Commi soppressi dall'art. 9, l. n. 203/82, in *Leggi coll. VII, 6.*
(6) Articolo così sostituito dall'art. 3, l. n. 814/1973, in *Leggi coll. VII, 5.*

precedente comma, la commissione tecnica provinciale determina la percentuale di riduzione da apportarsi ai canoni corrisposti dagli affittuari che abbiano subito i danni (1).

5. *1.* È istituita in Roma presso il Ministero delle politiche agricole e forestali una commissione tecnica centrale per l'equo canone nell'affitto dei fondi rustici presieduta dal Ministro delle politiche agricole e forestali o da un Sottosegretario da lui delegato ed è composta da un presidente di sezione della suprema Corte di cassazione, da due docenti universitari in materia di economia agraria ed estimo agrario, da un docente universitario di materie giuridiche, da un direttore generale del Ministero delle politiche agricole e forestali, dal direttore generale del catasto e dei servizi tecnici erariali, dal direttore generale delle imposte dirette. I componenti sono nominati dal Ministro delle politiche agricole e forestali.

2. La commissione tecnica centrale è competente:

a) a stabilire tempestivamente, per ciascun quadriennio, criteri per la determinazione dei coefficienti di moltiplicazione delle tabelle di equo fitto, tenuto conto delle condizioni economiche della produzione agricola, delle condizioni ambientali e delle attrezzature aziendali, sentite le organizzazioni sindacali maggiormente rappresentative delle categorie interessate;

b) a sostituirsi alle commissioni tecniche provinciali qualora queste non assolvano nei termini previsti i compiti loro affidati, sentite le organizzazioni sindacali maggiormente rappresentative delle categorie interessate;

c) a esaminare e deliberare, a seguito di eventuali segnalazioni delle commissioni tecniche provinciali, udito il parere della commissione censuaria centrale, sulle situazioni nelle quali, per mancanza di tariffe di redditi dominicali corrispondenti a particolari qualità di coltura, la presente legge risultasse inapplicabile;

d) a vigilare sui lavori delle commissioni tecniche provinciali e riferire, al termine di ogni primo biennio, con relazione che dovrà essere allegata allo stato di previsione della spesa del Ministero delle politiche agricole e forestalidell'anno successivo.

3. La commissione tecnica centrale sarà dotata di una segreteria.

4. Le spese per il funzionamento delle commissioni tecniche centrale e provinciali graveranno sul bilancio del Ministero delle politiche agricole e forestali.

5. Ai membri compete un compenso forfettario stabilito, con decreto del Ministro delle politiche agricole e forestali, nella misura massima di cui agli artt. 1 e 2 della l. 5 giugno 1967, n. 417.

6. Nel termine di tre mesi dall'entrata in vigore della presente legge il Ministro delle politiche agricole e forestaliemanerà il regolamento per il funzionamento della commissione centrale (2).

6. *1.* Con effetto dall'annata agraria successiva all'entrata in vigore della presente legge, le norme relative alla riduzione del 30 per cento dei canoni convenuti in tutto o in parte in cereali o in canapa o con riferimento ai prezzi degli stessi prodotti, sono abrogate.

2. Per effetto di tale abrogazione i canoni attualmente corrisposti dagli affittuari non dovranno tuttavia venire aumentati, e la Commissione tecnica provinciale dovrà contenere le sue determinazioni in modo che per effetto di tale abrogazione non risulti aumentato il canone a carico dell'affittuario rispetto a quello esistente alla data dell'entrata in vigore della presente legge.

3. Agli effetti del presente articolo, sono fatte salve in ogni caso le condizioni dei contratti individuali più favorevoli per l'affittuario.

7. *1.* Qualora il canone convenuto non sia contenuto, sia all'inizio che nel corso del contratto, entro i limiti determinati dalla commissione tecnica provinciale o dalla commissione centrale, ai sensi dei precedenti articoli, ciascuna delle parti può adire, durante il quadriennio di applicazione delle tabelle, la sezione specializzata agraria presso il tribunale la quale determinerà il nuovo canone entro i limiti suddetti con riferimento alle caratteristiche concrete del fondo ed in relazione alla zona agraria in cui esso è ubicato (3).

8. *1.* L'affittuario può in qualunque momento, e in ogni caso non oltre un anno dalla cessazione del contratto, ripetere le somme eventualmente corrisposte in eccedenza alla misura del canone dovuto a norma della presente legge, e di quella risultante dalle riduzioni per i canoni in cereali e in canapa previste dalle leggi per le annate antecedenti a quella indicata nel comma primo dell'art. 6 della presente legge.

9. *1.* Sono vietate le regalie, le prestazioni

(1) Articolo così sostituito dall'art. 5, l. 11 febbraio 1971, n. 11, in *Leggi coll. VII, 4.*
(2) Articolo così sostituito dall'art. 6, l. n. 11/1971, in *Leggi coll. VII, 4.* Per il regolamento della Commissione, v. d.m. 25 giugno 1971, G.U., 21 settembre 1971, n. 238, LEX, 1971, I, 2969.
(3) Articolo così sostituito dall'art. 8, l. n. 11/1971, in *Leggi coll. VII, 4.*

gratuite, le onoranze e qualsiasi compenso dovuto dall'affittuario a qualsiasi titolo oltre il canone di affitto; sono nulle di diritto le eventuali relative pattuizioni.

10. *1.* Si presumono pagamenti senza titolo e si considerano imputabili al canone di affitto e comunque ripetibili i pagamenti effettuati dall'affittuario oltre il canone contrattuale in occasione della stipulazione e del rinnovo del contratto di affitto.

11. *1.* Nei contratti conclusi con affittuari coltivatori diretti che siano tali a norma dell'art. 1, terzo comma, della l. 25 giugno 1949, n. 353, è nullo qualunque patto che accolli all'affittuario il rischio dei casi fortuiti straordinari o di quelli ordinari, che determinino perimento di frutti non separati o mancata produzione in misura superiore ad un terzo della normale produzione.

12. *1.* La riduzione del canone di cui agli artt. 1635, comma primo, secondo e terzo, e 1636 del codice civile, è ammessa in relazione a ciascuna annata agraria a favore dell'affittuario, qualora per caso fortuito si verifichi perimento di frutti non ancora separati o mancata produzione di essi, in misura non inferiore al terzo della normale produzione.

13. *1.* Le norme della presente legge si applicano anche ai contratti di affitto dei terreni pascolativi, pure se di durata anteriore ad una annata agraria, a quelli di malgheria per l'alpeggio e lo sverno del bestiame ed altre forme di concessione per l'utilizzazione delle erbe.

14. *1.* L'affitto si estende a tutte le coltivazioni del fondo.

2. L'esclusione dal contratto di talune colture è consentita se risponda a particolari esigenze della produzione accertate dall'Ispettorato provinciale dell'agricoltura, e non dia luogo per l'affittuario a riduzione superiore ad un quarto della produzione lorda vendibile del fondo.

3. La disposizione del comma precedente si applica ai contratti stipulati dopo l'entrata in vigore della presente legge, e non si applica agli affitti per pascoli di terreni alberati o di boschi.

15. *1.* Il giudizio sulle controversie relative all'applicazione della presente legge è di competenza del Tribunale, sezione specializzata per l'equo canone d'affitto dei fondi rustici (1).

2. Contro le sentenze del Tribunale è ammesso appello, nel termine di trenta giorni dalla notifica, o in mancanza di quello di un anno di deposito, alle sezioni specializzate della Corte d'appello per le controversie agrarie relative all'affitto dei fondi rustici.

3. Contro le sentenze della Corte d'appello è ammesso ricorso per Cassazione, ai sensi del codice di procedura civile.

4. Avverso le sentenze del Tribunale, che non siano passate in giudicato all'entrata in vigore della presente legge, può essere proposto appello nel termine di trenta giorni dall'entrata in vigore stessa; nel caso che già sia stato proposto ricorso per Cassazione, la cancelleria della Corte d'appello richiederà d'ufficio la rimessione del fascicolo.

5. Tutti gli atti e i documenti relativi alle controversie di cui ai precedenti commi sono esenti dall'imposta di bollo e registro.

16. *1.* Le norme della presente legge, ad eccezione di quella contenuta nell'art. 14, si applicano anche ai contratti in corso al momento della sua entrata in vigore.

17. . . . . (*omissis*).

18. *1.* Sono abrogati il secondo comma dell'art. 5 del d.lg.c.p.s. 1° aprile 1947, n. 277, e ogni altra norma incompatibile con la presente legge.

VII. 2.

LEGGE 26 maggio 1965, n. 590. — *Disposizioni per lo sviluppo della proprietà coltivatrice* (2).

1-7. . . . . (*omissis*).

8. *1.* In caso di trasferimento a titolo oneroso o di concessione in enfiteusi di fondi concessi in affitto a coltivatori diretti [c. 1647], a mezzadria [c. 2141], a colonìa parziaria [c. 2164], o a compartecipazione, esclusa quella stagionale, l'affittuario, il mezzadro, il colono o il compartecipante, a parità di condizioni, ha diritto di prelazione purché coltivi il fondo stesso da almeno due (3) anni, non abbia venduto, nel biennio precedente, altri fondi rustici di imponibile fondiario superiore a lire mille [euro 0,52], salvo il caso di cessione a scopo di ricomposizione

(1) V. ora l. 2 marzo 1963, n. 320.

(2) G.U., 9 giugno 1965, n. 142; LEX, 1965, I, 1071.

(3) Termine così ridotto dall'art. 7, l. 14 agosto 1971, n. 817, che contestualmente estende il diritto di prelazione: «1) al mezzadro o al colono il cui contratto sia stato stipulato dopo l'entrata in vigore della l. 15 settembre 1964, n. 756; 2) al coltivatore diretto proprietario di terreni confinanti con fondi offerti in vendita, purché sugli stessi non siano insediati mezzadri, coloni, affittuari, compartecipanti od enfiteuti coltivatori diretti». L'art. 16.5 estende il diritto di prelazione alle cooperative agricole.

fondiaria, ed il fondo per il quale intende esercitare la prelazione in aggiunta ad altri eventualmente posseduti in proprietà ed enfiteusi non superi il triplo della superficie corrispondente alla capacità lavorativa della sua famiglia.

2. La prelazione non è consentita nei casi di permuta, vendita forzata, liquidazione coatta, fallimento, espropriazione per pubblica utilità e quando i terreni in base a piani regolatori, anche se non ancora approvati, siano destinati ad utilizzazione edilizia, industriale o turistica.

3. Qualora il trasferimento a titolo oneroso sia proposto, per quota di fondo, da un componente la famiglia coltivatrice, sia in costanza di comunione ereditaria che in ogni altro caso di comunione familiare, gli altri componenti hanno diritto alla prelazione sempreché siano coltivatori manuali o continuino l'esercizio dell'impresa familiare in comune.

4. Il proprietario deve notificare con lettera raccomandata al coltivatore la proposta di alienazione trasmettendo il preliminare di compravendita in cui devono essere indicati il nome dell'acquirente, il prezzo di vendita e le altre norme pattuite compresa la clausola per l'eventualità della prelazione. Il coltivatore deve esercitare il suo diritto entro il termine di trenta giorni (1).

5. Qualora il proprietario non provveda a tale notificazione o il prezzo indicato sia superiore a quello risultante dal contratto di compravendita, l'avente titolo al diritto di prelazione può, entro un anno dalla trascrizione del contratto di compravendita, riscattare il fondo dall'acquirente e da ogni altro successivo avente causa (2).

6. Ove il diritto di prelazione sia stato esercitato, il versamento del prezzo di acquisto deve essere effettuato entro il termine di tre mesi, decorrenti dal trentesimo giorno dall'avvenuta notifica da parte del proprietario, salvo che non sia diversamente pattuito tra le parti.

7. Se il coltivatore che esercita il diritto di prelazione dimostra, con certificato dell'Ispettorato provinciale dell'agricoltura competente, di aver presentato domanda ammessa all'istruttoria per la concessione del mutuo ai sensi dell'art. 1, il termine di cui al precedente comma è sospeso fino a che non sia stata disposta la concessione del mutuo ovvero fino a che l'Ispettorato non abbia espresso diniego a conclusione della istruttoria compiuta e, comunque, per non più di un anno (3). In tal caso l'Ispettorato provinciale dell'agricoltura deve provvedere entro quattro mesi dalla domanda agli adempimenti di cui all'art. 3, secondo le norme che saranno stabilite dal regolamento di esecuzione della presente legge.

8. In tutti i casi nei quali il pagamento del prezzo è differito il trasferimento della proprietà è sottoposto alla condizione sospensiva del pagamento stesso entro il termine stabilito.

9. Nel caso di vendita di un fondo coltivato da una pluralità di affittuari, mezzadri o coloni, la prelazione non può essere esercitata che da tutti congiuntamente. Qualora alcuno abbia rinunciato, la prelazione può essere esercitata congiuntamente dagli altri affittuari, mezzadri o coloni purché la superficie del fondo non ecceda il triplo della complessiva capacità lavorativa delle loro famiglie. Si considera rinunciatario l'avente titolo che entro quindici giorni dalla notificazione di cui al quarto comma non abbia comunicato agli altri aventi diritto la sua intenzione di avvalersi della prelazione (4).

10. Se il componente di famiglia coltivatrice, il quale abbia cessato di far parte della conduzione colonica in comune, non vende la quota del fondo di sua spettanza entro cinque anni dal giorno in cui ha lasciato l'azienda, gli altri componenti hanno diritto a riscattare la predetta quota al prezzo ritenuto congruo dall'Ispettorato provinciale dell'agricoltura, con le agevolazioni previste dalla presente legge, sempreché l'acquisto sia fatto allo scopo di assicurare il consolidamento di impresa coltivatrice familiare di dimensioni economicamente efficienti. Il diritto di riscatto viene esercitato, se il proprietario della quota non consente alla vendita, mediante la procedura giudiziaria prevista dalle vigenti leggi per l'affrancazione dei canoni enfiteutici.

11. L'accertamento delle condizioni o requi-

(1) Comma sostituito dall'art. 8, l. 14 agosto 1971, n. 817.

(2) Per l'interpretazione autentica v. l'art. unico, l. 8 gennaio 1979, n. 2, che così dispone: «La disciplina relativa al versamento del prezzo di acquisto, prevista dal sesto e dal settimo comma (...) si intende riferita anche ai casi di cui al quinto comma (...). || I termini decorrono dalla comunicazione scritta dell'adesione del terzo acquirente, o di successivo avente causa, alla dichiarazione di riscatto, oppure, ove sorga contestazione, dal passaggio in giudicato della sentenza che riconosce il diritto».

(3) Per ipotesi eccezionali di proroga, v. art. 9, l. n. 817/1971.

(4) L'art. 7.3, l. n. 817/1971, così dispone: «Nel caso di vendita di più fondi ogni affittuario, mezzadro o colono può esercitare singolarmente o congiuntamente il diritto di prelazione rispettivamente del fondo coltivato o dell'intero complesso di fondi».

siti indicati dal precedente comma è demandato all'Ispettorato agrario provinciale competente per territorio.

12. Ai soggetti di cui al primo comma sono preferiti, se coltivatori diretti, i coeredi del venditore (1).

9-39. .... (*omissis*).

VII. 3.

Legge 22 luglio 1966, n. 606. — *Disposizioni in materia di affitto a conduttori non coltivatori diretti* (2).

1. *1.* Il contratto di affitto a conduttore non coltivatore diretto deve avere una durata non inferiore a quella del ciclo di rotazione colturale praticato nel fondo e comunque non inferiore a *quindici* (3) anni.

2. Se non è stata data disdetta da una delle parti almeno dodici mesi prima della scadenza, il contratto si rinnova per lo stesso periodo.

3. .... (4).

4. In caso di vendita o di concessione in enfiteusi del fondo a coltivatori diretti singoli o associati, o di vendita agli Enti di sviluppo, ai sensi dell'art. 12 della l. 26 maggio 1965, n. 590, od alla Cassa per la formazione della piccola proprietà contadina, istituita con l'art. 9 del d.lg. 5 marzo 1948, n. 121, il contratto di affitto si risolve al termine dell'annata agraria successiva a quella in cui è stipulata la vendita o la concessione di enfiteusi, purché sia stata data disdetta almeno un anno prima di questo termine. Nessun indennizzo è dovuto per effetto di tale risoluzione, fermo il diritto dell'affittuario di essere indennizzato delle migliorie a norma di legge o di contratto.

5. La disdetta, di cui ai commi secondo e quarto, e la richiesta di cui al terzo comma del presente articolo non hanno effetto se non sono comunicate mediante raccomandata con avviso di ricevimento o mediante atto notificato.

2. *1.* L'affitto a conduttore non coltivatore diretto è fatto a misura. Può essere fatto a corpo quando ciò risulti necessario o conveniente per rilevanti difficoltà di misurazione o importanti esigenze pratiche, espressamente indicate nel contratto.

2. La l. 12 giugno 1962, n. 567 e successive modificazioni e integrazioni, si applica comunque anche agli affitti a corpo.

3. *1.* Il contratto di affitto di fondi rustici a conduttore non coltivatore diretto deve essere provato per iscritto.

2. L'immobile concesso in affitto deve essere descritto nel contratto con l'indicazione dei suoi confini, della sua superficie, dei dati catastali e delle altre particolarità utili alla sua identificazione.

4. *1.* Le norme dell'art. 1 non si applicano ai contratti di affitto che, secondo gli usi locali, hanno durata inferiore all'annata agraria.

5. *1.* .... (5).

(1) L'articolo unico, l. 10 maggio 1976, n. 265, ha così integrato e modificato questo articolo: «In caso di alienazione a titolo oneroso di fondi rustici da parte di enti pubblici o di fondazioni o di enti similari, il diritto di prelazione di cui all'art. 8, l. 26 maggio 1965, n. 590, e successive modificazioni, spetta all'affittuario che, anche se non dedito abitualmente alla coltivazione della terra, coltivi il fondo da almeno due anni con il lavoro proprio o di persone della sua famiglia, sempreché tale forza lavorativa costituisca almeno un terzo di quella occorrente per le normali necessità di coltivazione del fondo. || In caso di compravendita intervenuta prima dell'entrata in vigore della presente legge, l'affittuario di cui al primo comma del presente articolo ha diritto di riscattare il fondo dall'acquirente e da ogni successivo avente causa a condizione che la trascrizione del contratto di compravendita sia avvenuta dopo il 1° gennaio 1974 e che il diritto di riscatto venga esercitato entro sei mesi dall'entrata in vigore della presente legge. || In tal caso all'acquirente sono dovuti il rimborso del prezzo aumentato di un importo corrispondente all'eventuale svalutazione monetaria nel frattempo intervenuta, le spese sostenute per la compravendita del fondo e gli interessi legali nel frattempo maturati sulle somme pagate per il prezzo e per le spese (*omissis*)».

Sul diritto di prelazione sul maso chiuso v. l. prov. Bolzano, 28 novembre 2001, n. 17.

L'art. 7-*ter*, d.l. 24 giugno 2014, n. 91, conv. in l. 11 agosto 2014, n. 116, così dispone: «L'esercizio del diritto di prelazione o di riscatto di cui all'art. 8 della l. 26 maggio 1965, n. 590, e successive modificazioni, e all'art. 7 della l. 14 agosto 1971, n. 817, spetta anche alle società cooperative di cui all'art. 1, comma 2, del d.lg. 18 maggio 2001, n. 228, qualora almeno la metà degli amministratori e dei soci sia in possesso della qualifica di coltivatore diretto come risultante dall'iscrizione nella sezione speciale del registro delle imprese di cui agli artt. 2188 e seguenti del codice civile».

(2) G.U., 6 agosto 1966, n. 195; LEX, 1966, I, 1343.

(3) Termine così elevato dall'art. 17, l. 11 febbraio 1971, n. 11, in *Leggi coll. VII, 4*. V. ora l'art. 22, l. n. 203/82, in *Leggi coll. VII, 6*.

(4) Comma abrogato dall'art. 22, l. n. 203/82, in *Leggi coll. VII, 6*.

(5) Comma abrogato dall'art. 17, l. n. 11/1971, in *Leggi coll. VII, 4*, secondo cui la disciplina della legge n. 606/1966, in *Leggi coll. VII, 3*, «si applica ai contratti in corso alla data di entrata in vigore della presente legge anche se stipulati prima dell'entrata in vigore della l. 22 luglio 1966, n. 606».

2. Fino alla cessazione del rapporto, ciascuna delle parti può domandare che il contratto, posto in essere prima dell'entrata in vigore della presente legge, venga adeguato alle disposizioni dell'art. 2, con effetto dall'inizio dell'annata agraria successiva all'entrata in vigore della presente legge.

6-7. . . . . (*omissis*).

VII. 4.

LEGGE 11 febbraio 1971, n. 11. — *Nuova disciplina dell'affitto di fondi rustici* (1).

TITOLO I

Norme sulla determinazione e sul pagamento del canone

1-3. . . . . (2).

4. *1.* Il canone per il fondo od i fondi oggetto del contratto è determinato moltiplicando il reddito dominicale, di cui al secondo comma dell'art. 3, dei fondi stessi per i coefficienti stabiliti dalla commissione.

2. Qualora la qualità e la classe catastale dei terreni componenti il fondo risultassero mutate, si potranno chiedere la revisione e il nuovo classamento e, una volta accolta dagli uffici competenti la domanda relativa, si potrà determinare il canone dovuto sulla base dei redditi dominicali relativi alle nuove qualità e classi catastali e dei coefficienti per le categorie corrispondenti, a decorrere dalla data della domanda di revisione catastale.

3. Nei casi di miglioramenti eseguiti dal proprietario del fondo, che non giustifichino una modifica della qualità e della classe catastale, le commissioni tecniche provinciali stabiliscono criteri e misure di aumento del canone proporzionati all'incremento di produttività del fondo conseguente all'investimento eseguito (3).

4. Quando le migliorie danno luogo alla revisione catastale, nel periodo intercorrente tra la richiesta di revisione e l'aggiornamento del catasto le commissioni tecniche provinciali adottano la procedura di cui al comma precedente (3).

5. Le migliorie apportate dall'affittuario non danno luogo alla revisione del canone fin quando non è stata corrisposta l'indennità prevista dal secondo comma dell'art. 15 e fino a tale data l'eventuale revisione catastale non ha effetto sulla misura dei tributi dovuti.

5. . . . . (*omissis*) (4).

6. . . . . (*omissis*) (4).

7. *1.* Il pagamento dell'ammontare massimo stabilito per ciascuna zona agraria omogenea dalle tabelle per i canoni di equo affitto dei fondi rustici costituisce, ad ogni effetto, adempimento dell'obbligo del canone, anche se non viene proposta azione di perequazione a mente dell'art. 7 della l. 12 giugno 1962, n. 567.

2. In caso di rifiuto del concedente a ricevere in pagamento il canone corrisposto dall'affittuario, quest'ultimo sarà ritenuto adempiente se avrà depositato tale somma in un libretto di risparmio intestato al concedente presso l'ufficio postale o presso una banca del comune ove si trova l'azienda, ed avrà dato al locatore comunicazione a mezzo raccomandata con ricevuta di ritorno entro quindici giorni dall'avvenuto deposito.

3. La prova del pagamento del canone, di cui al precedente comma, sostituisce, a tutti gli effetti, l'offerta reale di cui all'art. 1209, primo comma, del codice civile.

8. . . . . (*omissis*) (4).

9. *1.* Resta in vigore l'art. 11 della l. 18 agosto 1948, n. 1140.

TITOLO II

Norme sui poteri dell'affittuario e sulla esecuzione dei miglioramenti

10. *1.* L'affittuario può prendere tutte le iniziative di organizzazione e di gestione richieste dalla razionale coltivazione del fondo, dagli allevamenti di animali o dall'esercizio delle attività connesse di cui all'art. 2135 del codice ci-

(1) G.U., 22 febbraio 1971, n. 46; LEX, 1971, I, 583. La Corte cost., con sentenza 1° marzo 1972, n. 35, ha dichiarato costituzionalmente illegittima questa legge, «nella parte in cui essa disciplina anche i contratti di affitto relativi ai masi chiusi, di cui al t.u. 7 febbraio 1962, n. 8, approvato con decreto del Presidente della Giunta Provinciale di Bolzano».

(2) Articoli sostituiti dagli artt. 1-3, l. 10 dicembre 1973, n. 814, in *Leggi coll. VII, 5*: v. artt. 1-3, l. 12 giugno 1962, n. 567, in *Leggi coll. VII, 1*.

(3) Gli attuali terzo e quarto comma sono stati così sostituiti al precedente terzo comma dall'art. 18, l. 3 maggio 1982, n. 203, in *Leggi coll. VII, 6*.

(4) Gli artt. 5, 6 e 8 sostituiscono rispettivamente gli artt. 4, 5 e 7, l. 12 giugno 1962, n. 567, in *Leggi coll. VII, 1*.

vile, anche in relazione alle direttive di programmazione economica stabilite dalle competenti autorità.

2. L'affittuario può altresì partecipare ad organismi associativi sia per la conduzione, la coltivazione, la trasformazione e il miglioramento dei terreni che per la trasformazione e la commercializzazione dei prodotti agricoli.

3. Sono nulle le clausole contenute in contratti individuali o collettivi, o capitolati, che comunque limitino i poteri riconosciuti all'affittuario nei precedenti commi nonché i suoi poteri relativi alla disponibilità dei prodotti.

4. Sono fatte salve le norme contenute in contratti individuali, relative alla razionale utilizzazione di impianti fruttiferi specializzati o alla conservazione delle opere di sistemazione fondiaria e dei fabbricati rurali, limitatamente alla ordinaria manutenzione.

11. *1.* Ciascuna delle parti può eseguire miglioramenti del fondo e dei fabbricati rurali purché corrispondenti ai programmi regionali di sviluppo o, in difetto, alle tendenze di sviluppo delle zone in cui essi ricadono. Sono considerati miglioramenti anche le addizioni eseguite o che si intendono eseguire per l'utilizzazione agricola del fondo.

2. La parte che intende eseguire i miglioramenti è tenuta a darne preventiva comunicazione, con lettera raccomandata con ricevuta di ritorno, all'Ispettorato agrario provinciale, nonché all'altra parte, inviando nello stesso tempo il progetto tecnico di massima. L'Ispettorato agrario, udite le parti per un tentativo di accordo, deve, nel caso che questo non sia raggiunto, emettere parere, sia esso favorevole o contrario, sul progetto, entro 60 giorni dal ricevimento dello stesso, indicando la durata di ammortamento della spesa e suggerendo eventuali modifiche tecniche.

3. Qualora venga emesso parere favorevole l'affittuario proponente è tenuto a notificare al locatore l'invito a far conoscere, entro 60 giorni, se egli stesso intenda eseguire i miglioramenti; in caso di risposta negativa o di silenzio, l'affittuario può procedere senz'altro all'esecuzione dei miglioramenti.

4. Qualora il locatore, malgrado abbia dato risposta affermativa all'invito dell'affittuario, non esegua i lavori nel termine ritenuto congruo dall'Ispettorato agrario, all'uopo fissato su richiesta dell'una o dell'altra parte, l'affittuario può provvedervi direttamente dandone contestuale comunicazione al locatore a mezzo raccomandata con ricevuta di ritorno [14[2]].

12. *1.* Qualora l'affittuario abbia eseguito a sue spese i miglioramenti con le procedure di cui agli artt. 11 e 14, non opera, nel caso di vendita del fondo, l'effetto risolutivo previsto dall'art. 3 della l. 28 marzo 1957, n. 244, ed il contratto di affitto, alla sua scadenza, è prorogato per un periodo non inferiore ad anni dodici, anche se sia assoggettato alla proroga legale (1).

2. In questi casi, per i contratti d'affitto a coltivatore diretto assoggettati alla proroga legale, non si applicano le norme previste dal d.lg.c.p.s. 1° aprile 1947, n. 273, art. 1, lett. *a*) e art. 3, lett. *c*).

3. Nei casi previsti dai commi precedenti, il contratto può essere ceduto dall'affittuario ad uno o più componenti della propria famiglia, anche senza il consenso del locatore, sempreché sia continuata dal cessionario la diretta conduzione o coltivazione del fondo.

4. Ai fini della presente legge sono considerati componenti della propria famiglia gli ascendenti, i discendenti ed i parenti ed affini entro il secondo grado, anche se non conviventi [25].

13. *1.* Per l'esecuzione dei miglioramenti previsti dalle disposizioni della presente legge possono essere concessi direttamente agli affittuari, singoli o associati, i contributi e le altre agevolazioni, statali o regionali, di cui alle leggi in vigore, purché risulti in qualsiasi modo l'esistenza del rapporto di affittanza. I mutui contratti dall'affittuario coltivatore diretto sono coperti dalla garanzia sussidiaria del fondo interbancario ai sensi dell'art. 56 della l. 27 ottobre 1966, n. 910, ed è ammesso l'accollo di essi da parte del locatore o di altro affittuario che subentri nella conduzione del fondo migliorato.

2. Le garanzie fideiussorie di cui all'art. 3, lett. *a*) della l. 14 luglio 1965, n. 901, possono essere concesse anche nelle ipotesi previste dal comma precedente (2).

14. *1.* L'affittuario coltivatore diretto che sia tale ai sensi degli artt. 24 e 25 della presente

(1) La Corte cost., con sentenza 19 dicembre 1977, n. 153, ha dichiarato costituzionalmente illegittimo questo comma, «nella parte in cui non limita gli effetti giuridici ivi previsti a favore dell'affittuario che abbia eseguito a sue spese miglioramenti, in relazione alle sole opere di miglioramento che determinino un sostanziale e permanente aumento di valore del fondo ed un apprezzabile incremento della sua produttività».

(2) La Corte cost., con sentenza 1° marzo 1972, n. 35, ha dichiarato costituzionalmente illegittimo questo articolo, «nella parte in cui dispone sull'assegnazione diretta agli affittuari anche dei contributi disposti da leggi regionali del Trentino-Alto Adige».

legge, può compiere i miglioramenti del fondo e dei fabbricati rurali di cui ai precedenti articoli dandone comunicazione, con lettera raccomandata con ricevuta di ritorno, al locatore, il quale, entro quindici giorni dalla ricezione della stessa, può ricorrere all'Ispettorato agrario provinciale. Copia di detto ricorso deve essere recapitata con le stesse modalità al locatario. L'Ispettorato agrario provinciale si pronuncia con provvedimento definitivo, entro novanta giorni dalla ricezione del ricorso: decorso tale termine il ricorso si intende respinto definitivamente. L'esecuzione dei miglioramenti può avere inizio solo dopo la scadenza dei termini sopra indicati.

2. .... (1).

15. *1.* Il locatore che ha eseguito i miglioramenti può chiedere all'affittuario l'aumento del fitto corrispondente alla nuova classificazione del fondo in base all'art. 4 (2).

2. L'affittuario che ha eseguito i miglioramenti ha diritto ad una indennità corrispondente all'aumento di valore conseguito dal fondo e sussistente alla fine dell'affitto. La predetta indennità spetta anche in caso di anticipata risoluzione del rapporto.

3. Se non interviene accordo tra le parti, nei casi previsti dai precedenti commi è ammesso ricorso alla sezione specializzata agraria presso il tribunale competente per territorio, non oltre un anno dalla cessazione del contratto di affitto.

4. Il giudice, con riguardo alle condizioni economiche del locatore, può disporre il pagamento rateale, entro cinque anni, dell'indennità da corrispondersi dal locatore medesimo all'affittuario, ordinando comunque la prestazione di idonee garanzie e il pagamento degli interessi legali.

5. Se in giudizio è stata fornita prova della sussistenza in generale dei miglioramenti, all'affittuario compete la ritenzione del fondo fino a quando non è stato soddisfatto il suo credito o non siano state prestate idonee garanzie.

6. Le disposizioni del presente articolo si applicano anche per i miglioramenti previsti nel contratto e concordati dalle parti o comunque eseguiti in data anteriore all'entrata in vigore della presente legge.

16. *1.* Qualora la casa rurale adibita all'abitazione dell'affittuario e della sua famiglia non presenti le condizioni di abitabilità prescritte dalle norme relative alla tutela dell'igiene e della sanità, ovvero abbisogni degli essenziali servizi igienici ovvero di urgenti riparazioni indispensabili per il godimento della casa stessa, l'affittuario può eseguire direttamente le opere necessarie conformemente alle prescrizioni ed ai limiti delle leggi sulla edilizia popolare ed economica, previo parere favorevole degli uffici tecnico o sanitario comunali, purché ne dia contemporaneamente avviso al locatore e salvo che il proprietario non dia inizio entro quindici giorni alle opere e non le completi entro i termini tecnici.

2. L'affittuario può trattenere l'importo delle spese relative all'atto del pagamento del fitto.

3. È fatta salva per l'affittuario la facoltà di chiedere alle competenti autorità l'applicazione dell'art. 223 del T.U. delle leggi sanitarie, approvato con r.d. 27 luglio 1934, n. 1265.

4. Gli allacciamenti di energia elettrica, gli impianti di acqua potabile e gli eventuali ampliamenti delle case rurali sono considerati miglioramenti che ricadono sotto la disciplina del precedente art. 11.

17. *1.* Per i contratti di affitto a conduttore non coltivatore, regolati dalla l. 22 luglio 1966, n. 606, il periodo minimo di durata di cui al primo comma dell'art. 1 della legge stessa è elevato a 15 anni e la disciplina ivi contenuta si applica ai contratti in corso alla data di entrata in vigore della presente legge anche se stipulati prima dell'entrata in vigore della l. 22 luglio 1966, n. 606.

2. È abrogato il primo comma dell'art. 5 della l. 22 luglio 1966, n. 606.

TITOLO III

Norme finali

18. *1.* Ai contratti di affitto misto a colonia parziaria o mezzadria si applicano le disposizioni che regolano l'affitto a coltivatore diretto.

2. I contratti di affitto misto in corso sono regolati, per tutte le colture del fondo, esclusi-

(1) La Corte cost., con sentenza 19 dicembre 1977, n. 153, ha dichiarato costituzionalmente illegittimo questo comma, il cui testo era: «Qualora si tratti di miglioramenti che possono essere eseguiti dall'affittuario coltivatore diretto con il lavoro proprio e della propria famiglia, l'affittuario può eseguirli senza dover seguire le procedure previste dal precedente comma e dall'art. 11».

(2) La Corte cost., con sentenza 19 dicembre 1977, n. 153, ha dichiarato costituzionalmente illegittimo questo comma, nella parte in cui non prevede «un'adeguata revisione del canone per il caso di migliorie eseguite dal proprietario».

vamente dalle norme che disciplinano l'affitto a coltivatore diretto.

19. *1.* Le clausole contrattuali che prevedono la concessione separata delle colture del suolo da quelle del soprassuolo o che prevedono sullo stesso fondo forme contrattuali diverse e per diverse coltivazioni, sono nulle di pieno diritto.

2. Con decorrenza dall'annata agraria in corso al momento dell'entrata in vigore della presente legge, l'affitto è esteso a tutte le colture del fondo, tanto per i contratti in corso che per quelli prorogati (1).

20. *1.* L'affittuario di terreni ricadenti in comprensorio consortile il quale, per obbligo derivante da contratto, sia tenuto a pagare contributi consortili di esercizio per opere pubbliche di bonifica e di irrigazione, nonché per opere comuni di miglioramento fondiario, è iscritto, a sua richiesta, solidalmente con il proprietario, nei catasti consortili e nei ruoli di contribuenza ed acquista diritto all'elettorato attivo e passivo nelle elezioni degli organi dei consorzi di bonifica, di bonifica montana e di miglioramento fondiario.

2. La solidarietà di cui al comma precedente è limitata alla somma dovuta per contratto dall'affittuario per le predette somme di esercizio.

21. *1.* Salvo quanto previsto dall'ultimo comma del precedente art. 12, sono vietati il subaffitto, la cessione del contratto di affitto ed in generale ogni forma di subconcessione dei fondi rustici.

2. È ammessa la subconcessione dei terreni ai soci da parte delle cooperative che si propongano, nell'oggetto sociale, la conduzione e coltivazione dei terreni affittati.

22. *1.* Le norme della l. 12 giugno 1962, n. 567, e della presente legge si applicano anche ai terreni che comunque vengano concessi per l'utilizzazione agricola o silvopastorale dallo Stato, dalle province, dai comuni e da altri enti. Qualora vi sia richiesta da parte dei lavoratori manuali della terra o coltivatori diretti, singoli od associati, lo Stato, le province, i comuni o gli altri enti, per la concessione o l'affitto dei terreni di loro proprietà devono adottare la licitazione privata o la trattativa privata.

2. La disposizione del comma precedente si applica anche nel caso che sia stata indetta un'asta pubblica.

3. Qualora vi sia una pluralità di richieste si procede alla concessione mediante sorteggio dovendosi però riconoscere preliminarmente la preferenza ai coltivatori, singoli o associati, insediati su fondi contigui al bene oggetto della concessione. Nei contratti agrari relativi a fondi rustici costituenti aziende agrarie annesse alle università, istituti universitari, istituti tecnici agrari ed istituti professionali per l'agricoltura sono valide le clausole particolari previste per consentire lo svolgimento delle attività di ricerca, didattiche e scientifiche degli enti ed istituti suddetti sui terreni a ciò destinati (2).

23. *1.* Le rinunce e le transazioni, che hanno per oggetto diritti dell'affittuario derivanti dalla presente legge e da ogni altra legge, nazionale o regionale, non sono valide.

2. L'impugnazione deve essere proposta a pena di decadenza nei termini stabiliti dall'art. 2113 del codice civile.

3. Sono validi tra le parti, anche in deroga alle norme vigenti in materia di contratti agrari, gli accordi, anche non aventi natura transattiva, stipulati tra le parti stesse in materia di contratti agrari con l'assistenza delle rispettive organizzazioni professionali agricole maggiormente rappresentative a livello nazionale, tramite le loro organizzazioni provinciali, e le transazioni stipulate davanti al giudice competente. Nelle province di Trento e di Bolzano l'assistenza può essere prestata anche dalle organizzazioni professionali agricole provinciali (3).

24. *1.* In parziale deroga all'art. 13 della l. 15 settembre 1964, n. 756, sono trasformati in contratti d'affitto, a richiesta del coltivatore, i contratti in corso nei quali vi sono elementi di contratto di affitto ancorché non prevalenti, i contratti di soccida con conferimento di pascolo e i contratti di pascolo, anche di durata inferiore ad un anno, con corrispettivo rapportato al numero dei capi di bestiame introdotti nel fondo.

2. Sono fatti salvi i casi previsti dalla l. 25 febbraio 1963, n. 327, e successive modificazioni.

3. Sono esclusi dal presente articolo i contratti d'affitto o le vendite di erbe, di durata inferiore ad un anno, riguardanti l'utilizzazione stagionale a pascolo dei terreni coltivati con rotazione tra colture e periodi di riposo e comunque destinati precariamente al pascolo.

4. Nella determinazione dei canoni per i contratti di cui al comma precedente si applicano i criteri stabiliti all'art. 3 della presente legge con riferimento ai terreni a pascolo, proporzionando l'ammontare del canone al periodo pascolativo previsto dal contratto.

(1) La Corte cost., con sentenza 16 novembre 1981, n. 181, ha dichiarato costituzionalmente illegittimo questo comma.

(2) Comma così sostituito dall'art. 51, l. 3 maggio 1982, n. 203, in *Leggi coll. VII, 6.*

(3) Comma così sostituito dall'art. 45, l. 3 maggio 1982, n. 203, in *Leggi coll. VII, 6.*

5. Per i terreni appartenenti al demanio pubblico e per quelli delle regioni, province, comuni soggetti al regime dei beni demaniali, dati in concessione per lo sfalcio delle erbe o per il pascolo, i canoni da corrispondere saranno determinati dalle commissioni tecniche provinciali in base ai canoni medi provinciali, stabiliti in applicazione dei criteri della presente legge, ridotti del 70 per cento (1).

25. *1.* Agli effetti della l. 11 luglio 1952, n. 765, e successive modificazioni, integrazioni e proroghe, della l. 12 giugno 1962, n. 567, e della presente legge, è coltivatore diretto l'affittuario che sia tale a norma dell'art. 1, terzo comma, della l. 25 giugno 1949, n. 353, tenuto conto, agli effetti del computo del fabbisogno di giornate lavorative del fondo, anche dell'impiego delle macchine agricole. Il lavoro della donna è considerato equivalente a quello dell'uomo.

[**26.** *1.* Tutte le controversie relative all'attuazione della presente legge e delle altre leggi o norme sull'affitto sono di esclusiva competenza delle sezioni specializzate agrarie di cui alla l. 2 marzo 1963, n. 320.

2. Sono altresì devoluti alla competenza delle sezioni specializzate agrarie i provvedimenti cautelari, di cui al capo III, titolo I del libro IV del codice di procedura civile, relativi a controversie di competenza delle stesse sezioni.

3. Sulle istanze di sequestro le sezioni specializzate provvedono con ordinanza in camera di consiglio dopo aver sentito le parti] (2).

27. *1.* Le norme della presente legge che riguardano l'affitto a coltivatore diretto si applicano anche alle affittanze collettive ed alle concessioni di terre ai sensi del d.lg.lgt. 19 ottobre 1944, n. 279, e successive modificazioni ed integrazioni.

28. *1.* Resta fermo il diritto dell'affittuario di ripetere le somme eventualmente corrisposte in eccedenza ai livelli massimi di equità stabiliti nelle tabelle provinciali di equo canone e nella presente legge e si applicano agli affittuari coltivatori diretti i termini di prescrizione previsti per i rapporti di lavoro subordinato con decorrenza dalla data di cessazione del rapporto.

29. *1.* Le disposizioni della presente legge sono inderogabili, salvo quanto disposto dal terzo comma dell'art. 23.

2. Sono abrogati gli artt. 1632, 1633, 1650, 1651 e 1653 del codice civile, nonché tutte le norme in contrasto con le disposizioni della presente legge.

3. Sono tuttavia fatte salve le clausole contrattuali più favorevoli all'affittuario coltivatore diretto.

30. *1.* I criteri relativi alla determinazione del canone nell'affitto di fondi rustici, ai sensi della presente legge, entreranno in applicazione a decorrere dall'inizio dell'annata agraria 1970-71. I termini relativi al primo quadriennio saranno stabiliti, occorrendo, anche in deroga all'art. 3, con decreto del Ministro delle politiche agricole e forestali entro sessanta giorni dall'entrata in vigore della presente legge. In mancanza ed in ogni caso, alla fine dell'annata agraria 1970-71 si applicano le norme di cui al sesto e settimo comma dell'art. 3.

31. *1.* Per le province e per le annate in cui le tabelle di cui alla l. 12 giugno 1962, n. 567, non siano state approntate o siano state comunque annullate, il canone non può superare i limiti previsti dall'art. 3.

32. . . . . (*omissis*) (3).

VII. 5.

LEGGE 10 dicembre 1973, n. 814. — *Modifiche alla l. 11 febbraio 1971, n. 11, concernente la disciplina dell'affitto di fondi rustici* (4).

1-3. . . . . (*omissis*) (5).

4. *1.* I criteri relativi all'applicazione del canone nell'affitto dei fondi rustici, ai sensi dei precedenti artt. 1 e 3, entrano in applicazione a decorrere dall'inizio dell'annata agraria 1971-72.

2. Per le annate agrarie 1971-72 e 1972-73, i canoni corrisposti in via provvisoria ai sensi

(1) Comma aggiunto dall'art. 5, l. 10 dicembre 1973, n. 814, in *Leggi coll. VII, 5*.

(2) Articolo abrogato dall'art. 34.11, d.lg. 1° settembre 2011, n. 150. L'art. 36, d.lg. cit., così dispone: «1. Le norme del presente decreto si applicano ai procedimenti instaurati successivamente alla data di entrata in vigore dello stesso. || 2. Le norme abrogate o modificate dal presente decreto continuano ad applicarsi alle controversie pendenti alla data di entrata in vigore dello stesso».

(3) La Corte cost., con sentenza 23 aprile 1974, n. 107, ha dichiarato costituzionalmente illegittimo l'art. 32, il cui testo era: «È abrogato l'art. unico della l. 13 giugno 1961, n. 527»; al contempo ha dichiarato costituzionalmente illegittimo l'art. unico, l. n. 527/1961, nella parte in cui sacrifica senza indennizzo il diritto del concessionario alla proroga in caso di radicali e immediate trasformazioni agrarie nel fondo ad opera del concedente.

(4) G.U., 27 dicembre 1973, n. 331; LEX, 1973, I, 3638.

(5) V. artt. 1-3, l. 12 giugno 1962, n. 567, in *Leggi coll. VII, 1*.

dell'art. 3 della l. 11 febbraio 1971, n. 11, devono essere conguagliati rispetto ai canoni previsti dalla presente legge, entro sei mesi dalla determinazione definitiva delle tabelle (1).

3. Per l'annata agraria precedente, qualora non sia già intervenuta definizione dei rapporti, il conguaglio dei canoni è dovuto, entro sei mesi dall'entrata in vigore della presente legge, in base al coefficiente massimo di 40 volte il reddito dominicale per gli affittuari coltivatori diretti e di 45 volte per gli affittuari non coltivatori (1).

4. L'affittuario che abbia corrisposto i canoni determinati a norma dei precedenti commi non può essere dichiarato inadempiente per morosità.

5. Qualora l'affittuario venga convenuto in giudizio per morosità, il giudice, alla prima udienza, prima di assumere ogni altro provvedimento, dovrà concedere all'affittuario un termine non inferiore a 30 giorni per il pagamento dei canoni scaduti; in caso di contumacia dell'affittuario il provvedimento dovrà essergli notificato nei termini fissati dal giudice e i 30 giorni decorreranno dalla data di notificazione. Il pagamento entro il termine fissato sana a tutti gli effetti la morosità.

5. .... (*omissis*) (2).

6. *1.* Per i contratti di affitto posti in essere prima della data di entrata in vigore della presente legge, il termine per la presentazione della domanda di esenzione, di cui all'art. *5-bis* aggiunto al d.l. 5 luglio 1971, n. 432, dall'art. unico della legge di conversione 4 agosto 1971, n. 592, è prorogato fino a sei mesi dalla data di entrata in vigore della presente legge. Per i contratti d'affitto posti in essere successivamente a tale data, la domanda di esenzione deve essere presentata entro il 31 dicembre dell'anno successivo a quello di stipulazione del contratto di affitto.

2. Le domande di esenzione presentate oltre i termini stabiliti nel precedente comma hanno effetto dal 1° gennaio dell'anno in cui vengono presentate.

VII. 6.

LEGGE 3 maggio 1982, n. 203. — *Norme sui contratti agrari* (3).

TITOLO I

Disposizioni integrative e modificative dell'affitto dei fondi rustici

CAPO I

DURATA DEI CONTRATTI DI AFFITTO A COLTIVATORE DIRETTO

1. *Affitto a coltivatore diretto*. — *1.* La durata dei contratti di affitto a coltivatore diretto, compresi quelli in corso e quelli in regime di proroga, è regolata dalle norme della presente legge.

2. I contratti di affitto a coltivatori diretti, singoli o associati, hanno la durata minima di quindici anni, salvo quanto previsto dalla presente legge.

2. *Durata dei contratti in corso*. — *1.* Per i contratti in corso alla data di entrata in vigore della presente legge e per quelli in regime di proroga, la durata è fissata in sei anni per i rapporti di cui all'art. 3 e in:

a) dieci anni se il rapporto ha avuto inizio prima dell'annata agraria 1939-1940, o nel corso della medesima;

b) undici anni se il rapporto ha avuto inizio nelle annate agrarie comprese fra quelle 1940-1941 e 1944-1945;

c) tredici anni se il rapporto ha avuto inizio nelle annate agrarie comprese fra quelle 1945-1946 e 1949-1950;

d) quattordici anni se il rapporto ha avuto inizio nelle annate agrarie comprese fra quelle 1950-1951 e 1959-1960;

e) quindici anni se il rapporto ha avuto inizio successivamente all'annata agraria 1959-1960.

2. La durata prevista dal comma precedente decorre dalla entrata in vigore della presente legge.

3. *Affitto particellare*. — *1.* Al fine di soddisfare le particolari esigenze delle imprese agricole dei territori dichiarati montani ai sensi della l. 3 dicembre 1971, n. 1102, le regioni sono delegate a determinare, sentito il parere delle comunità montane, in base alla natura del terreno, alla sua estensione, al livello altimetrico ed alle destinazioni o vocazioni colturali, le zone ricomprese in tali territori, quali delimitati ai sensi della predetta l. 3 dicembre 1971, n.

(1) La Corte cost., con sentenza 19 dicembre 1977, n. 153, ha dichiarato costituzionalmente illegittimo questo comma.
(2) Aggiunge l'ultimo comma all'art. 24, l. 11 febbraio 1971, n. 11, in *Leggi coll. VII, 4*.
(3) G.U., 5 maggio 1982, n. 121.

1102, nelle quali la durata minima dei nuovi contratti di affitto, stipulati dopo l'entrata in vigore della presente legge, è ridotta a sei anni, quando oggetto del contratto siano uno o più appezzamenti di terreno non costituenti, neppure unitamente ad altri fondi condotti dall'affittuario, una unità produttiva idonea ai sensi dell'art. 31 della presente legge.

4. *Rinnovazione tacita.* — *1.* In mancanza di disdetta di una delle parti, il contratto di affitto si intende tacitamente rinnovato per il periodo minimo, rispettivamente, di quindici anni per l'affitto ordinario e di sei anni per l'affitto particellare, e così di seguito.

2. La disdetta deve essere comunicata almeno un anno prima della scadenza del contratto, mediante lettera raccomandata con avviso di ricevimento.

4-*bis*. *Diritto di prelazione in caso di nuovo affitto*. — 1. Il locatore che, alla scadenza prevista dall'art. 1, ovvero a quella prevista dal primo comma dell'art. 22 o alla diversa scadenza pattuita tra le parti, intende concedere in affitto il fondo a terzi, deve comunicare al conduttore le offerte ricevute, mediante lettera raccomandata con avviso di ricevimento, almeno novanta giorni prima della scadenza. Le offerte possono avere ad oggetto anche proposte di affitto definite dal locatore e dai terzi ai sensi del terzo comma dell'art. 23 della l. 11 febbraio 1971, n. 11, come sostituito dal primo comma dell'art. 45 della presente legge.

2. L'obbligo di cui al comma 1 non ricorre quando il conduttore abbia comunicato che non intende rinnovare l'affitto e nei casi di cessazione del rapporto di affitto per grave inadempienza o recesso del conduttore ai sensi dell'art. 5.

3. Il conduttore ha diritto di prelazione se, entro quarantacinque giorni dal ricevimento della comunicazione di cui al comma 1 e nelle forme ivi previste, offre condizioni uguali a quelle comunicategli dal locatore.

4. Nel caso in cui il locatore entro i sei mesi successivi alla scadenza del contratto abbia concesso il fondo in affitto a terzi senza preventivamente comunicare le offerte ricevute secondo le modalità e i termini di cui al comma 1 ovvero a condizioni più favorevoli di quelle comunicate al conduttore, quest'ultimo conserva il diritto di prelazione da esercitare nelle forme di cui al comma 3 entro il termine di un anno dalla scadenza del contratto non rinnovato. Per effetto dell'esercizio del diritto di prelazione si instaura un nuovo rapporto di affitto alle medesime condizioni del contratto concluso dal locatore con il terzo (1).

5. *Recesso dal contratto di affitto e casi di risoluzione.* — *1.* L'affittuario coltivatore diretto può sempre recedere dal contratto col semplice preavviso da comunicarsi al locatore, mediante lettera raccomandata con avviso di ricevimento, almeno un anno prima della scadenza dell'annata agraria.

2. La risoluzione del contratto di affitto a coltivatore diretto può essere pronunciata nel caso in cui l'affittuario si sia reso colpevole di grave inadempimento contrattuale, particolarmente in relazione agli obblighi inerenti al pagamento del canone, alla normale e razionale coltivazione del fondo, alla conservazione e manutenzione del fondo medesimo e delle attrezzature relative, alla instaurazione di rapporti di subaffitto o di subconcessione.

3. Prima di ricorrere all'autorità giudiziaria, il locatore è tenuto a contestare all'altra parte, mediante lettera raccomandata con avviso di ricevimento, l'inadempimento e ad illustrare le proprie motivate richieste. Ove il conduttore sani l'inadempienza entro tre mesi dal ricevimento di tale comunicazione, non si dà luogo alla risoluzione del contratto.

4. La morosità del conduttore costituisce grave inadempimento ai fini della pronunzia di risoluzione del contratto ai sensi del secondo comma del presente articolo quando si concreti nel mancato pagamento del canone per almeno una annualità. È in ogni caso applicabile il terzo comma dell'art. 2 della l. 9 agosto 1973, n. 508 (2).

6. *Definizione di coltivatore diretto*. — *1.* Ai fini della presente legge sono affittuari coltivatori diretti coloro che coltivano il fondo con il lavoro proprio e della propria famiglia, sempreché tale forza lavorativa costituisca almeno un terzo di quella occorrente per le normali necessità di coltivazione del fondo, tenuto conto, agli effetti del computo delle giornate necessarie per la coltivazione del fondo stesso, anche dell'impiego delle macchine agricole.

2. Il lavoro della donna è considerato equivalente a quello dell'uomo.

7. *Equiparazione ai coltivatori diretti*. — *1.* Sono equiparati ai coltivatori diretti, ai fini del-

(1) Articolo inserito dall'art. 5.1, d.lg. 18 maggio 2001, n. 228, in *Leggi coll. VII, 9*.

(2) Norma che dispone: «Non può essere dichiarata risoluzione del contratto per morosità, qualora l'affittuario, convenuto in giudizio, dimostri un credito per somme pari o superiori all'importo del canone non pagato, comunque versate e a qualunque titolo, durante il corso del rapporto, o per le spese fatte ai sensi del primo comma dell'art. 16 della l. 11 febbraio 1971, n. 11» (in *Leggi coll. VII, 4*).

la presente legge, anche le cooperative costituite dai lavoratori agricoli e i gruppi di coltivatori diretti, riuniti in forme associate, che si propongono e attuano la coltivazione diretta dei fondi, anche quando la costituzione in forma associativa e cooperativa è avvenuta per conferimento da parte dei soci di fondi precedentemente affittati singolarmente.

2. Sono inoltre equiparati ai coltivatori diretti, ai fini della presente legge, i laureati o diplomati di qualsiasi scuola di indirizzo agrario o forestale e i laureati in veterinaria per le aziende a prevalente indirizzo zootecnico, in età non superiore ai cinquantacinque anni, che si impegnino ad esercitare in proprio la coltivazione dei fondi, per almeno nove anni.

3. Sono altresì equiparati ai coltivatori diretti, ai fini della presente legge, anche gli imprenditori agricoli professionali iscritti nella previdenza agricola (1).

CAPO II

MODIFICHE DELLA DISCIPLINA SULLA DETERMINAZIONE DELL'EQUO CANONE

8. *Revisione provvisoria dei redditi catastali.* — *1.* Fino a quando l'amministrazione del catasto e dei servizi tecnici erariali non abbia proceduto alla generale revisione degli estimi, la commissione tecnica centrale provvede ad accertare, previa motivata relazione della commissione tecnica provinciale, entro sei mesi dall'entrata in vigore della presente legge, le situazioni per le quali risulti una effettiva sottovalutazione o sopravalutazione dei redditi dominicali descritti in catasto.

2. Il Ministro delle politiche agricole e forestali è autorizzato a stabilire provvisoriamente con decreto, sulla base delle indicazioni della commissione tecnica centrale, sentite le regioni e le organizzazioni professionali maggiormente rappresentative, e comunque non oltre il termine di un anno dall'entrata in vigore della presente legge, i coefficienti di moltiplicazione da applicare alle sole province o zone, qualità e classi di terreni per le quali siano stati riconosciuti valori catastali effettivamente sottovalutati o sopravalutati.

3. Nelle zone e nei casi in cui il canone risulti gravemente sperequato in base ai criteri della presente legge, gli uffici tecnici erariali provvedono, con precedenza assoluta, su richiesta della commissione tecnica centrale, di concerto con le commissioni tecniche provinciali, alla revisione d'ufficio dei valori catastali.

4. Fino a quando non sia stato provveduto alla revisione d'ufficio dei dati catastali di cui al comma precedente, la commissione tecnica centrale autorizza le commissioni tecniche provinciali, previa loro richiesta, ad applicare coefficienti di moltiplicazione diversi da quelli previsti dall'art. 9, oppure criteri diversi da quelli previsti dalla presente legge, tenendo particolarmente conto della produzione media della zona. Effettuata la revisione dei dati catastali, alle parti spetta il relativo conguaglio.

9. *Tabella per l'equo canone.* — *1.* Il primo capoverso dell'art. 3 della l. 10 dicembre 1973, n. 814, è sostituito dal seguente:

«La commissione tecnica provinciale determina ogni tre anni, almeno sei mesi prima dell'inizio dell'annata agraria, le tabelle per i canoni di equo affitto per zone agrarie omogenee».

2. I coefficienti di moltiplicazione del reddito dominicale, previsti dal secondo capoverso del citato art. 3 della l. 10 dicembre 1973, n. 814, sono compresi tra un minimo di cinquanta ed un massimo di centocinquanta volte.

3. I coefficienti aggiuntivi, previsti dalle lett. *a*) e *b*) del terzo capoverso del medesimo art. 3 della l. 10 dicembre 1973, n. 814, comportano, ciascuno, fino a un massimo di trenta punti.

4. Il canone provvisorio, previsto dal sesto capoverso dello stesso art. 3 della l. 10 dicembre 1973, n. 814, si determina moltiplicando per settanta il reddito dominicale.

5. Nella determinazione dei coefficienti di cui ai commi precedenti, le commissioni tecniche provinciali devono aver presente la necessità di assicurare in primo luogo una equa remunerazione del lavoro dell'affittuario e della sua famiglia. Le commissioni tengono anche conto degli apporti di capitali dell'affittuario, dei costi di produzione, della esigenza di riconoscere un compenso ai capitali investiti e degli altri apporti del locatore.

6. Sono soppressi il quarto, ottavo, nono, undicesimo, dodicesimo e tredicesimo capoverso del citato art. 3 della l. 10 dicembre 1973, n. 814 (2).

10. *Procedure per la determinazione dell'equo canone.* — *1.* La commissione tecnica provinciale determina, entro il 31 maggio di ogni an-

(1) Comma aggiunto dall'art. 1.515, l. 27 dicembre 2017, n. 205

(2) La Corte cost., con sentenza 5 luglio 2002, n. 318, ha dichiarato l'illegittimità costituzionale di questo articolo.

no, coefficienti di adeguamento dei canoni, in aumento o in diminuzione, tenuto conto dei criteri previsti dall'articolo precedente nonché del mutamento di valore della lira secondo gli indici ISTAT per i prezzi alla produzione dei prodotti agricoli.

2. Almeno tre mesi prima del termine indicato dal primo capoverso dell'art. 3 della l. 10 dicembre 1973, n. 814, come modificato dall'art. 9 della presente legge, i presidenti delle commissioni tecniche provinciali di ogni singola regione si riuniscono, sotto la presidenza del presidente della giunta regionale o di un suo delegato, al fine di studiare criteri tendenti ad evitare nella regione sperequazioni tra zone omogenee.

11. *Composizione delle commissioni tecniche provinciali.* — .... (*omissis*).

12. *Funzionamento delle commissioni tecniche provinciali.* — .... (*omissis*).

13. *Coefficienti aggiuntivi a disposizione delle regioni.* — *1.* Le regioni, con provvedimento della giunta, allo scopo di rendere le tabelle aderenti alle esigenze di cui al secondo capoverso dell'art. 3 della l. 10 dicembre 1973, n. 814, come modificato dall'art. 9 della presente legge, sono delegate a determinare coefficienti aggiuntivi fino ad un massimo di trenta punti, su richiesta motivata di almeno una commissione tecnica provinciale.

2. Nella determinazione di tali coefficienti, che possono essere assegnati anche ad una sola commissione tecnica provinciale e per determinate zone agrarie, le regioni tengono conto, oltre che dei criteri di cui al citato art. 3 della l. 10 dicembre 1973, n. 814, di ogni altro elemento utile per determinare un equo ammontare del canone.

14. *Regolamento di casi particolari.* — *1.* La commissione tecnica provinciale è competente a determinare il canone sulla base dei criteri generali della presente legge, sentito il parere della commissione tecnica centrale nonché quello della commissione censuaria provinciale, qualora manchino tariffe e redditi dominicali corrispondenti a particolari qualità di colture. Se la commissione tecnica centrale o la commissione censuaria provinciale non esprimono il parere entro centoventi giorni dalla richiesta, la commissione tecnica provinciale provvede ugualmente alla determinazione del canone.

2. La commissione tecnica provinciale è altresì competente a stabilire particolari criteri per la determinazione del canone per i contratti di affitto aventi per oggetto colture effettuate in serra fissa, tenuto conto della diversità delle colture praticate e degli apporti del locatore e dell'affittuario anche per i terrazzamenti predisposti per le colture floricole. [Nei territori del catasto derivante dall'ex catasto austro-ungarico, fino alla revisione e all'aggiornamento delle tariffe catastali, si applicano le tabelle determinate in base alle disposizioni di cui alla l. 12 giugno 1962, n. 567, vigenti nell'annata agraria anteriore all'entrata in vigore della l. 11 febbraio 1971, n. 11, rivalutate in base al tasso di svalutazione della lira nel frattempo intervenuta. Sui valori così ottenuti si opera una riduzione pari al venti per cento] (1).

15. *Conguaglio per alcune annate agrarie.* — *1.* Salvo quanto disposto dal terzo comma dell'art. 1 della l. 10 maggio 1978, n. 176, e successive modificazioni, il conguaglio dei canoni per le annate agrarie da 1970-1971 a 1976-1977 è dovuto in base ai coefficienti di seguito stabiliti:

a) per l'annata agraria 1970-1971, cinquantacinque volte per gli affittuari coltivatori diretti e sessantacinque volte per gli affittuari non coltivatori diretti;

b) per il triennio 1971-1972, 1972-1973 e 1973-1974, sessantacinque volte per gli affittuari coltivatori diretti e settantacinque volte per gli affittuari non coltivatori diretti;

c) per il triennio 1974-1975, 1975-1976 e 1976-1977, settantacinque volte per gli affittuari coltivatori diretti e ottantacinque volte per gli affittuari non coltivatori diretti.

2. Per le annate agrarie da quella 1977-1978 sino a quella in corso alla data di entrata in vigore della presente legge, si applicano i coefficienti stabiliti dagli artt. 9, 10, 13 e 14, diminuiti del trenta per cento (2).

3. L'eventuale pagamento di somme in aumento deve essere effettuato entro diciotto mesi dall'entrata in vigore della presente legge.

4. Le somme dovute a titolo di conguaglio non sono produttive di interessi fino alla scadenza del termine di diciotto mesi previsto dal comma precedente.

5. Gli affittuari tenuti al pagamento delle somme dovute a titolo di conguaglio possono beneficiare di mutui, assistiti dal concorso pubblico nel pagamento degli interessi, di durata ventennale, parificati alle operazioni di credito agrario di miglioramento, concessi dagli istituti

(1) La Corte cost., con sentenza 28 ottobre 2004, n. 315, ha dichiarato costituzionalmente illegittimi il secondo e il terzo periodo di questo articolo.

(2) La Corte cost., con sentenza 7 maggio 1984, n. 139 ha dichiarato costituzionalmente illegittimo questo comma, limitatamente alle parole: «diminuiti del trenta per cento».

abilitati all'esercizio del credito agrario di miglioramento ai sensi del r.d.l. 29 luglio 1927, n. 1509, convertito in legge, con modificazioni, dalla l. 5 luglio 1928, n. 1760, e successive modificazioni e integrazioni, su autorizzazione delle regioni.

CAPO III

ALTRE DISPOSIZIONI PER L'AFFITTO A COLTIVATORE DIRETTO

16. *Miglioramenti, addizioni e trasformazioni.* — *1.* Ciascuna delle parti può eseguire opere di miglioramento fondiario, addizioni e trasformazioni degli ordinamenti produttivi e dei fabbricati rurali, purché le medesime non modifichino la destinazione agricola del fondo e siano eseguite nel rispetto dei programmi regionali di sviluppo oppure, ove tali programmi non esistano, delle vocazioni colturali delle zone in cui è ubicato il fondo.

2. La parte che intende proporre la esecuzione delle opere di cui al primo comma, in mancanza di un preventivo accordo, deve comunicare all'altra parte e all'ispettorato provinciale dell'agricoltura, mediante lettera raccomandata con avviso di ricevimento, corredata di progetto di massima, la natura, le caratteristiche e le finalità delle opere di cui si chiede l'esecuzione all'altra parte.

3. L'ispettorato provinciale dell'agricoltura, non appena ricevuta la comunicazione di cui al comma precedente, convoca le parti, che possono farsi assistere dalle rispettive organizzazioni professionali, ai fini di tentare un accordo in ordine alla proposta e ai connessi regolamenti di rapporti tra le parti. Nel caso in cui non si raggiunga tale accordo, l'ispettorato, entro sessanta giorni dal ricevimento della comunicazione, si pronuncia, motivando, in senso favorevole o contrario in ordine alle opere richieste di cui al primo comma, riscontrata anche la congruità delle medesime; indica altresì eventuali modificazioni tecniche al progetto presentato ed assegna, in caso di giudizio favorevole, un termine per l'inizio e la ultimazione delle opere.

4. La decisione deve essere comunicata, a cura dell'ispettorato, ad entrambe le parti.

5. Qualora venga adottata una decisione favorevole, il proprietario del fondo deve fare conoscere, entro sessanta giorni dalla comunicazione di cui al comma precedente, mediante lettera raccomandata con avviso di ricevimento, se egli stesso intenda eseguire le opere.

6. In caso di dichiarazione negativa o di silenzio, l'affittuario può procedere senz'altro, anche se la proposta delle opere di cui al primo comma è stata fatta dal locatore, alla esecuzione delle medesime. Qualora il proprietario comunichi di voler eseguire direttamente le opere di cui al primo comma con le eventuali modifiche stabilite dall'ispettorato, deve iniziare ed ultimare le relative opere entro i termini assegnati dall'ispettorato stesso.

7. Se il proprietario non dà inizio alle opere di cui al primo comma o non le ultima entro i termini di cui al comma precedente, l'affittuario può eseguirle a sue spese. L'affittuario è tenuto a comunicare, mediante lettera raccomandata con avviso di ricevimento, al proprietario e all'ispettorato la sua decisione di surrogarsi al locatore nella esecuzione o nel completamento delle opere.

17. *Regime dei miglioramenti, delle addizioni e trasformazioni.* — *1.* Il locatore che ha eseguito le opere di cui al primo comma dell'art. 16 può chiedere all'affittuario l'aumento del canone corrispondente alla nuova classificazione del fondo ai sensi dell'art. 4 della l. 11 febbraio 1971, n. 11, come modificato dall'art. 18 della presente legge.

2. L'affittuario che ha eseguito le opere di cui al primo comma dell'art. 16 ha diritto ad una indennità corrispondente all'aumento del valore di mercato conseguito dal fondo a seguito dei miglioramenti da lui effettuati e quale risultante al momento della cessazione del rapporto, con riferimento al valore attuale di mercato del fondo non trasformato. Le parti possono convenire la corresponsione di tale indennità anche prima della cessazione del rapporto.

3. Se non interviene accordo in ordine alla misura dell'indennità prevista dal comma precedente, essa è determinata, a richiesta di una delle parti, dall'ispettorato provinciale dell'agricoltura, la cui deliberazione, agli effetti dell'art. 634 del codice di procedura civile, costituisce prova scritta del credito per l'indennità stessa.

4. All'affittuario compete la ritenzione del fondo fino a quando non gli sia stata versata dal locatore l'indennità fissata dall'ispettorato oppure determinata con sentenza definitiva dall'autorità giudiziaria.

5. Nel caso di vendita del fondo prima del pagamento all'affittuario della indennità di cui al comma precedente, il proprietario è tenuto a dichiarare, nell'atto di vendita, l'esistenza dell'obbligazione nei confronti dell'affittuario per effetto delle opere di cui al primo comma dell'art. 16, restando in tale caso liberato dall'obbligazione stessa.

6. Ove per l'espletamento delle opere di cui

al primo comma dell'art. 16 si rendano necessari permessi, concessioni, autorizzazioni da parte della pubblica amministrazione e nel caso in cui sia possibile ottenere finanziamenti pubblici, ai sensi delle norme vigenti in materia, per l'esecuzione delle opere stesse, l'affittuario può provvedere direttamente a proporre le relative istanze ed a percepire i finanziamenti, dandone comunicazione al locatore mediante lettera raccomandata con avviso di ricevimento.

7. Le disposizioni del presente articolo si applicano anche per le opere di cui al primo comma dell'art. 16 previste nel contratto e concordate dalle parti, o comunque eseguite in data anteriore all'entrata in vigore della presente legge (1).

8. Al locatore che esegue le opere di cui al primo comma dell'art. 16 sono estese le agevolazioni fiscali e creditizie previste dalle vigenti leggi in favore dell'affittuario.

9. Nella determinazione dell'indennità di cui al secondo comma, i finanziamenti pubblici fatti propri dall'affittuario, che non abbia la qualifica di imprenditore agricolo a titolo principale, ai sensi dell'art. 12 della l. 9 maggio 1975, n. 153, non sono computati.

18. *Miglioramenti eseguiti dal proprietario.* — *1.* . . . . (*omissis*) (2).

19. *Facoltà dell'affittuario di eseguire piccoli miglioramenti.* — *1.* L'affittuario può eseguire piccoli miglioramenti in deroga alle procedure previste dall'art. 16, previa comunicazione da inviarsi al concedente, venti giorni prima della esecuzione delle opere, mediante lettera raccomandata con avviso di ricevimento.

2. Per piccolo miglioramento si intende quello che venga eseguito dall'affittuario con il lavoro proprio e della propria famiglia e che non comporti trasformazioni dell'ordinamento produttivo, ma sia diretto a rendere più agevoli e produttivi i sistemi di coltivazione in atto.

20. *Diritto di ritenzione.* — *1.* Il giudice, con riguardo alle condizioni economiche del locatore, può disporre il pagamento rateale, entro cinque anni, della indennità di cui al secondo comma dell'art. 17 da corrispondersi dal locatore medesimo all'affittuario, ordinando comunque la prestazione di idonee garanzie e il pagamento degli interessi legali oltre al risarcimento del danno derivante dalla eventuale svalutazione monetaria intervenuta tra la data dell'accertamento del diritto e quella del pagamento della somma dovuta.

2. Se nel giudizio di cognizione o nel processo di esecuzione è fornita prova della sussistenza in generale delle opere di cui al primo comma dell'art. 16, all'affittuario compete la ritenzione del fondo fino a quando non sia stato soddisfatto il suo credito, salvo che il locatore non presti idonea garanzia da stabilirsi dall'autorità giudiziaria su istanza del locatore medesimo.

3. Le disposizioni di cui al primo comma si applicano anche nel caso di riconoscimento giudiziale o stragiudiziale di rimborsi di qualsiasi somma e di indennizzi per risoluzione del rapporto.

21. *Nullità del subaffitto o della subconcessione. Diritto di surroga.* — *1.* Sono vietati i contratti di subaffitto, di sublocazione e comunque di subconcessione dei fondi rustici.

2. La violazione del divieto, ai fini della dichiarazione di nullità del subaffitto o della subconcessione, della risoluzione del contratto di affitto e della restituzione del fondo, può essere fatta valere soltanto dal locatore, entro quattro mesi dalla data in cui ne è venuto a conoscenza. Se il locatore non si avvale di tale facoltà, il subaffittuario o il subconcessionario subentra nella posizione giuridica dell'affittuario o del concessionario.

3. Se il locatore fa valere i propri diritti, il subaffittuario o il subconcessionario ha facoltà di subentrare nella posizione giuridica dell'affittuario o del concessionario per tre annate agrarie a partire dalla scadenza di quella in corso e comunque per una durata non eccedente quella del contratto originario.

CAPO IV

NORME SULL'AFFITTO A CONDUTTORE NON COLTIVATORE DIRETTO

22. *Computo della durata del contratto.* — *1.* La durata minima dei contratti di affitto a conduttore non coltivatore diretto, prevista dall'art. 17 della l. 11 febbraio 1971, n. 11, è di quindici anni e decorre dalla data di inizio del-

(1) La Corte cost., con sentenza 23 giugno 1988, n. 692, ha dichiarato l'illegittimità costituzionale di questo comma, «nella parte in cui estende il regime dei miglioramenti, delle addizioni e trasformazioni, statuito nel medesimo art. 17, agli affittuari che, in data anteriore all'entrata in vigore della legge, abbiano eseguito, senza l'osservanza delle procedure prescritte dalla legislazione precedente, opere migliorative, incrementative o trasformative non previste nel contratto o consentite dal concedente».

(2) Modifica l'art. 4.3, l. 11 febbraio 1971, n. 11, in *Leggi coll. VII, 4*.

l'ultimo contratto in corso tra le parti, sia nel caso di nuova convenzione sottoscritta sia nel caso di tacita rinnovazione e proroga del precedente contratto.

2. Qualora l'affittuario non coltivatore diretto sia imprenditore agricolo a titolo principale ai sensi dell'art. 12 della l. 9 maggio 1975, n. 153, non è operante il disposto di cui al quarto comma dell'art. 1 della l. 22 luglio 1966, n. 606. In tale ipotesi, per i contratti in corso la durata non può comunque essere inferiore a quella minima stabilita per i contratti d'affitto in corso a coltivatore diretto.

3. Il terzo comma dell'art. 1 della l. 22 luglio 1966, n. 606, è abrogato.

23. *Rinvio*. — *1.* Al contratto di affitto a conduttore non coltivatore diretto si applicano le norme previste negli artt. 3, 5, 15, 16, 17, 18, 20, 21, 42, 43 e 45.

24. *Misura del canone*. — *1.* I coefficienti fissati dalle tabelle previste dalla presente legge per la determinazione del canone sono maggiorati di dieci punti nel caso in cui si tratti di affitto a conduttore non coltivatore diretto.

TITOLO II

Conversione in affitto dei contratti di mezzadria, di colonìa parziaria, di compartecipazione agraria e di soccida

25. *Conversione dei contratti associativi*. — *1.* Entro quattro anni dall'entrata in vigore della presente legge, i contratti di mezzadria e quelli di colonìa parziaria anche con clausola migliorataria sono convertiti in affitto a richiesta di una delle parti, salvo quanto stabilito dagli artt. 28, 29, 36 e 42.

2. La conversione in affitto è estesa ai contratti di compartecipazione agraria, esclusi quelli stagionali, ai contratti di soccida con conferimento di pascolo e ai contratti di soccida parziaria, ove vi sia conferimento di pascolo, quando l'apporto del bestiame da parte del soccidante è inferiore al venti per cento del valore dell'intero bestiame conferito dalle parti.

3. La parte che intende ottenere la conversione comunica la propria decisione all'altra mediante lettera raccomandata con avviso di ricevimento, almeno sei mesi prima della fine dell'annata agraria (1).

26. *Effetti della conversione*. — *1.* La conversione del contratto associativo in contratto di affitto a coltivatore diretto produce effetto dall'inizio dell'annata agraria successiva alla comunicazione del richiedente (2).

27. *Riconduzione all'affitto*. — *1.* Le norme regolatrici dell'affitto dei fondi rustici si applicano anche a tutti i contratti agrari, stipulati dopo l'entrata in vigore della presente legge, aventi per oggetto la concessione di fondi rustici o tra le cui prestazioni vi sia il conferimento di fondi rustici.

28. *Conversione a richiesta del concedente*. — *1.* Se la conversione è chiesta dal concedente, entro l'annata agraria successiva il mezzadro, colono, compartecipante o soccidario deve comunicare al concedente, mediante lettera raccomandata con avviso di ricevimento, se aderisca o meno alla richiesta di conversione.

2. In caso di decisione negativa o di mancata risposta, il contratto si risolve alla fine della terza annata agraria successiva alla comunicazione del concedente. In tale ipotesi spetta al concessionario l'indennizzo di cui all'art. 43.

29. *Casi di esclusione della conversione*. — *1.* La conversione del contratto di mezzadria, colonìa, compartecipazione o soccida in affitto, prevista dall'art. 25, non ha luogo, salvo diverso accordo fra le parti:

a) quando, all'atto della presentazione della domanda di conversione, nella famiglia del mezzadro, colono, compartecipante o soccidario non vi sia almeno una unità attiva che si dedichi alla coltivazione dei campi o all'allevamento del bestiame, di età inferiore ai sessanta anni;

b) quando, sempre al momento in cui viene richiesta la conversione, il mezzadro, colono, compartecipante o soccidario dedichi all'attività agricola, nel podere o fondo oggetto del contratto, o in altri da lui condotti, meno di due terzi del proprio tempo di lavoro complessivo (3).

(1) La Corte cost., con sentenza 7 maggio 1984, n. 138, ha dichiarato costituzionalmente illegittimo questo articolo «nella parte in cui prevede che, nel caso di concedente il quale sia imprenditore a titolo principale ai sensi dell'art. 12 della l. 9 maggio 1975, n. 153, o comunque abbia dato un adeguato apporto alla condirezione dell'impresa di cui ai contratti associativi previsti nel primo comma dello stesso art. 25, la conversione richiesta dal mezzadro o dal colono abbia luogo senza il consenso del concedente stesso». V. ora artt. 2-4, l. 14 febbraio 1990, n. 29, in *Leggi coll. VII, 7*.

(2) Per l'interpretazione autentica, nel senso che la conversione si verifica di diritto, v. art. 1, l. 14 febbraio 1990, n. 29, in *Leggi coll. VII, 7*.

(3) Per un ulteriore caso di esclusione v. art. 2, l. 14 febbraio 1990, n. 29, in *Leggi coll. VII, 7*.

30. *Disposizioni particolari*. — *1.* Il concedente a mezzadria, colonìa, compartecipazione, imprenditore a titolo principale ai sensi dell'art. 12 della l. 9 maggio 1975, n. 153, ha facoltà di proporre al concessionario forme associative secondo le norme e con i benefici di cui al secondo comma dell'art. 36 della presente legge, anche in presenza di due soli soci. Tali forme associative non possono avere durata inferiore ai nove anni.

2. Se il concessionario non accetta la proposta può chiedere la conversione in affitto, che ha luogo alle seguenti condizioni:

a) aumento di venti punti dei coefficienti per la determinazione del canone;

b) durata di nove anni del contratto convertito.

3. Ove il concessionario non accetti la proposta di forme associative e non chieda la conversione, il contratto in atto di mezzadria, colonìa o compartecipazione ha un'ulteriore durata di nove anni.

4. Le durate vengono computate a far tempo dalle annate agrarie successive all'entrata in vigore della presente legge.

5. Nei casi contemplati dal presente articolo al mezzadro, colono, compartecipante, che non chiede la conversione, è riconosciuto un aumento della quota dei prodotti e degli utili a lui spettanti per legge, contratto collettivo, consuetudine, pari al dieci per cento della produzione lorda vendibile (1).

31. *Unità produttive insufficienti*. — *1.* Qualora il fondo o il podere oggetto del contratto associativo non costituisca, nelle sue attuali condizioni o a seguito della realizzazione di un piano di sviluppo aziendale, una unità produttiva idonea a consentire, per condizioni obiettive di redditività o produttività, la formazione di una impresa agricola valida sotto il profilo tecnico ed economico, la conversione del contratto di mezzadria, colonìa, compartecipazione o soccida in affitto, prevista dall'art. 25, non ha luogo.

2. Per unità produttiva idonea deve intendersi quella capace di assicurare, alla data della conversione, una produzione annuale media, dedotte le spese di coltivazione, escluse quelle di manodopera, pari almeno alla retribuzione annuale di un salariato fisso comune occupato in agricoltura, quale risulta dai patti sindacali vigenti nella zona.

3. Concorrono al raggiungimento dell'unità produttiva idonea, oltre il fondo oggetto della conversione, anche gli altri fondi condotti a qualsiasi titolo dal concessionario; nel caso di cui all'art. 33, concorrono anche tutti gli appezzamenti che compongono l'azienda pluripoderale per i quali venga richiesta la conversione. L'accertamento dell'idoneità è effettuato dall'ispettorato provinciale dell'agricoltura nel cui ambito territoriale è sito il fondo oggetto di conversione.

4. È altresì idonea l'unità produttiva che sia dichiarata tale dall'ispettorato sulla base di un piano di sviluppo aziendale, presentato dalla parte interessata, in grado di assicurare la produzione prevista dal secondo comma. Le determinazioni dell'ispettorato sono adottate entro novanta giorni dalla richiesta.

5. Nel caso previsto dal comma precedente, la conversione del contratto associativo in affitto ha luogo al termine dell'annata agraria in corso alla data della decisione dell'ispettorato ed il proponente è tenuto a realizzare il piano entro il termine fissato dall'ispettorato medesimo.

6. La mancata attuazione del piano comporta la risoluzione del rapporto.

32. *Aziende pluripoderali*. — *1.* Nel caso in cui il podere o il fondo faccia parte di un complesso costituito da più poderi o fondi, la conversione ha luogo in favore dei richiedenti, singoli o associati. La richiesta può essere avanzata anche da uno solo dei coltivatori per il fondo da lui condotto.

2. Per l'utilizzazione economica e l'eventuale gestione degli impianti e delle attrezzature esistenti al servizio dell'intero complesso aziendale possono essere stipulate dalle parti, con l'assistenza delle rispettive organizzazioni professionali a rappresentanza nazionale, apposite convenzioni. In caso di mancato accordo, ciascuna delle parti può proporre un piano di utilizzazione delle attrezzature all'ispettorato provinciale dell'agricoltura che, nel termine di novanta giorni, sentiti gli interessati e le loro organizzazioni, decide con provvedimento motivato.

3. Qualora il podere o fondo oggetto della domanda di conversione si estenda su una superficie del complesso aziendale e sia in esso intercluso, è data facoltà al concedente di dare in affitto al concessionario, in alternativa, terreni, siti fuori o ai margini dell'azienda, di corrispondente valore e con analoghe caratteristiche colturali.

33. *Conversione in affitto richiesta da più concessionari*. — *1.* Nella ipotesi di aziende pluripoderali di cui all'art. 32 e nel caso in cui un'u-

(1) Articolo dichiarato costituzionalmente illegittimo dalla Corte cost., con sentenza 7 maggio 1984, n. 138.

nica azienda agricola od un'unica proprietà fondiaria siano suddivise in più appezzamenti di terreno ciascuno dei quali sia oggetto di un autonomo contratto associativo, qualora la conversione in affitto di tali contratti sia richiesta da più concessionari associati tra loro, l'unità produttiva da prendere in considerazione ai fini della valutazione di idoneità, secondo il criterio di cui all'art. 31, è costituita dalla complessiva superficie agricola oggetto delle domande di conversione.

2. Nei casi previsti dal comma precedente, in deroga a quanto stabilito dalla lett. *b*) dell'art. 29, è sufficiente, per far luogo alla conversione in affitto, che ciascun concessionario richiedente la trasformazione sia lavoratore agricolo abituale.

33-*bis*. *Opposizione del concedente*. — 1. L'opposizione del concedente alla conversione del contratto associativo in contratto di affitto deve essere proposta, a pena di decadenza, entro novanta giorni dalla richiesta del concessionario, mediante la comunicazione di cui al primo comma dell'art. 46.

2. La decadenza opera anche nel caso in cui non venga proposta domanda giudiziale nei centoventi giorni successivi al termine indicato nel quinto comma dell'art. 46 (1).

34. *Durata dei contratti associativi non convertiti*. — *1.* I contratti associativi previsti dall'art. 25 che non vengono trasformati in affitto hanno la seguente durata:

a) sei anni sia nel caso in cui la conversione, pur sussistendone i requisiti ai sensi della presente legge, non abbia luogo per mancata richiesta delle parti sia nella ipotesi in cui la conversione stessa non possa aver luogo in presenza della causa di esclusione prevista dalla lett. *a*) dell'art. 29;

b) dieci anni nel caso in cui la conversione, ancorché richiesta dal concessionario, non possa aver luogo in presenza della causa impeditiva prevista dall'art. 31 ovvero in presenza della causa di esclusione prevista dalla lett. *b*) dell'art. 29 (2).

2. In tutti i casi previsti dal comma precedente, la durata è computata a far tempo dal termine dell'annata agraria successiva all'entrata in vigore della presente legge.

3. Restano tuttavia valide le clausole contrattuali verbali o scritte che prevedano una più lunga durata del rapporto associativo. Sono altresì valide le clausole perfezionate con gli accordi di cui all'art. 45 (3).

4. Ai contratti di cui al primo comma si applicano le norme sul recesso dal contratto e sui casi di risoluzione di cui all'art. 5.

35. *Prelazione per l'acquisto delle scorte*. — *1.* Nel caso di vendita di scorte vive o morte o, nella soccida, di capi di bestiame, il concessionario o il concedente ha il diritto di prelazione nell'acquisto, anche parziale. Il concessionario può pagare il prezzo anche in quattro rate trimestrali con gli interessi legali. Il diritto di prelazione deve essere esercitato entro il termine perentorio di quindici giorni dalla comunicazione scritta, mediante lettera raccomandata con ricevuta di ritorno.

2. Qualora le parti si accordino sulla locazione anche delle scorte, vive o morte, si applicano le disposizioni contenute negli artt. 1640 e seguenti del codice civile.

35-*bis*. *Scorte*. — 1. Avvenuta la conversione del contratto in affitto, qualora il concedente non abbia liberato il fondo dalla propria parte di scorte vive e morte e, nella soccida, dal bestiame di sua proprietà, il concessionario può continuare a goderne, pagando una maggiorazione del canone legale dovuto, pari al sei per cento del valore di tali beni.

2. In mancanza di accordo delle parti e su richiesta di almeno una di esse, tale maggiorazione è determinata alla data di conversione, ed in seguito ogni tre anni dall'ispettorato provinciale dell'agricoltura o dall'organo regionale corrispondente (4).

36. *Forme associative di concedenti e concessionari*. — *1.* Qualora almeno tre concedenti, ottenuto il consenso dei rispettivi concessionari, si associno tra loro per la conduzione in comune dei fondi concessi prima dell'entrata in vigore della presente legge a mezzadria, colonìa, compartecipazione o soccida, a tali forme associative si estendono i benefici previsti dalle vigenti norme a favore delle cooperative agricole costituite per la conduzione associata dei terreni.

2. La disposizione di cui al comma preceden-

(1) Articolo aggiunto dall'art. 5, l. 14 febbraio 1990, n. 29, in *Leggi coll. VII, 7.*

(2) La Corte cost., con sentenza 7 maggio 1984, n. 138, ha dichiarato costituzionalmente illegittima questa lettera «nella parte in cui non comprende anche il caso di non avvenuta conversione per mancata adesione del concedente che sia imprenditore a titolo principale o che comunque abbia dato un adeguato apporto alla condirezione dell'impresa di cui ai contratti associativi previsti nell'art. 25, primo comma, della medesima legge». V. anche art. 8, l. 14 febbraio 1990, n. 29, in *Leggi coll. VII, 7.*

(3) L'ultima frase è stata aggiunta dall'art. 6, l. 14 febbraio 1990, n. 29, in *Leggi coll. VII, 7.*

(4) Articolo aggiunto dall'art. 7, l. 14 febbraio 1990, n. 29, in *Leggi coll. VII, 7.*

te si applica anche alle ipotesi di forme associative, costituite da non meno di tre membri, fra concedenti e concessionari che, avendo ottenuto il consenso dei rispettivi concessionari o concedenti, si accordino tra loro per tale conduzione comune, oppure fra soli concessionari che abbiano ottenuto al riguardo il consenso dei loro concedenti.

3. Nei casi previsti dai commi precedenti deve essere in primo luogo garantita al concessionario una adeguata remunerazione per il lavoro prestato pari quanto meno al trattamento minimo contrattuale per i salariati fissi specializzati. L'amministrazione della forma associativa compete congiuntamente a tutti i componenti la stessa, ove non sia diversamente disposto dall'atto costitutivo. Il concessionario ha comunque diritto di usufruire dell'abitazione in godimento all'atto della costituzione della forma associativa.

37. *Modificazioni della quota di riparto.* — *1.* Al mezzadro, colono, compartecipante o soccidario che non può ottenere, o che comunque non richiede, la conversione del contratto in affitto è riconosciuto un aumento della quota dei prodotti e degli utili alla quale ha diritto per legge, patto individuale, contratto collettivo o consuetudine, pari al sei per cento della produzione lorda vendibile.

2. Nei casi previsti dal comma precedente, il colono, compartecipante o soccidario ha diritto ad una quota non inferiore al sessanta per cento della produzione lorda vendibile, sempreché partecipi o intenda partecipare a non meno del cinquanta per cento delle spese di conduzione, escluse quelle per la mano d'opera estranea.

38. *Rinvio.* — *1.* Ai contratti associativi anche con clausola migliorataria che non siano convertiti si applicano le disposizioni di cui al secondo, quarto, quinto e settimo comma dell'art. 17 e all'art. 20.

TITOLO III

Norme generali e finali

39. *Annata agraria.* — *1.* Ai fini della presente legge l'annata agraria ha inizio l'11 novembre.

40. *Cessazione del regime di proroga.* — *1.* Sono abrogate le disposizioni di legge che prevedono la proroga di contratti agrari o che disciplinano le eccezioni alla proroga stessa.

2. Il secondo ed il terzo comma dell'art. 8 del d.lg. 24 febbraio 1948, n. 114, ratificato, con modificazioni, dalla l. 22 marzo 1950, n. 144, e modificato dall'art. 3 della l. 28 marzo 1957, n. 244, sono abrogati.

41. *Contratti ultranovennali.* — *1.* I contratti agrari ultranovennali, compresi quelli in corso, anche se verbali o non trascritti, sono validi ed hanno effetto anche riguardo ai terzi.

42. *Diritto di ripresa.* — *1.* Per tutti i contratti agrari previsti dalla presente legge in corso, o in regime di proroga, alla data di entrata in vigore della medesima, il concedente che sia divenuto proprietario dei fondi da almeno un anno, anche successivamente alla data suddetta, può ottenere per sé, o per un componente la propria famiglia che ne abbia i requisiti, la risoluzione anticipata del contratto, previa disdetta, da intimare, mediante lettera raccomandata con avviso di ricevimento, almeno tre anni prima della fine dell'annata agraria in cui avverrà il rilascio del fondo da parte del concessionario, purché concorrano congiuntamente, nel soggetto per il quale è esercitata la ripresa, le seguenti condizioni:

a) che sia coltivatore diretto o soggetto ad esso equiparato ai sensi dell'art. 7;

b) che abbia nella propria famiglia, al momento della intimazione della disdetta, almeno una unità attiva coltivatrice diretta di età inferiore ai cinquantacinque anni;

c) che nella disdetta si obblighi a coltivare direttamente il fondo per un periodo non inferiore a nove anni ed a farlo coltivare direttamente, per lo stesso periodo, dai familiari eventualmente presi in considerazione per la sussistenza della condizione di cui alla lett. *b*);

d) che non sia nel godimento, a qualsiasi titolo, di altri fondi che, con le colture in atto, possono assorbire più della metà della forza lavorativa sua e della famiglia.

2. Il presente articolo si applica anche a favore del concedente coltivatore diretto che sia emigrato per ragioni di lavoro in Italia o all'estero da meno di cinque anni purché sussistano le condizioni indicate nel comma precedente. In tale ipotesi la disdetta deve essere inviata almeno due anni prima della fine dell'annata agraria in cui avverrà il rilascio del fondo da parte del concessionario.

3. Nell'ipotesi in cui il soggetto per il quale è stata esercitata la ripresa non adempia all'obbligo di cui alla lett. *c*) del primo comma, il concessionario ha diritto, a sua scelta, al risarcimento dei danni o al ripristino del contratto anche nei confronti dei terzi, fatto sempre salvo il risarcimento del danno.

43. *Indennizzo in favore dei concessionari.* — *1.* In tutti i casi di risoluzione incolpevole di contratti di affitto, di mezzadria, di colonìa, di compartecipazione e di soccida con conferimento di pascolo di cui all'art. 25, agli affittuari coltivatori diretti, agli affittuari non coltivatori diretti, ai mezzadri, ai coloni, ai compartecipanti e ai soccidari spetta, a fronte dell'interruzione della durata del contratto, un equo indennizzo il cui ammontare, in mancanza di accordo fra le parti, è stabilito dal giudice.

2. Nella determinazione della misura dell'indennizzo il giudice tiene conto della produttività del fondo, degli anni per i quali ai sensi della presente legge il rapporto sarebbe dovuto proseguire e di tutti gli altri elementi ricorrenti nella specie.

3. La misura dell'indennizzo, nel caso di contratto di affitto, non può essere superiore a dodici annualità del canone né inferiore al canone relativo alle annualità residue di durata del contratto, purché non superiori a dodici; nel caso di contratto di mezzadria, colonìa, compartecipazione e soccida non può superare l'ammontare delle ultime cinque quote annuali di riparto percepite dal mezzadro, dal colono, dal compartecipante o dal soccidario né può essere inferiore all'ammontare delle quote di riparto relative alle annualità contrattualmente residue, purché non superiori a cinque.

4. L'indennizzo non compete in caso di recesso unilaterale da parte dell'affittuario, del mezzadro, del colono, del compartecipante o del soccidario e di cessazione del rapporto alla naturale scadenza contrattuale.

5. Al conduttore, sino all'effettiva corresponsione dell'indennizzo, compete il diritto di ritenzione del fondo (1).

44. *Disposizioni in favore di piccoli concedenti.* — *1.* A partire dall'anno 1982, a favore dei piccoli concedenti di terreni già affittati ovvero di terreni per i quali ha luogo la conversione in affitto ai sensi della presente legge, opera una detrazione dell'imposta sui redditi delle persone fisiche pari al dieci per cento della parte del reddito afferente ai fondi in questione (2).

2. Sono considerati piccoli concedenti i proprietari di terreni che abbiano un reddito catastale non superiore a lire tremila [euro 1,55] ed un reddito complessivo netto, ai fini dell'imposta sulle persone fisiche, di entità non superiore a lire cinque milioni [euro 2.582,28].

45. *Efficacia degli accordi.* — *1.* (*omissis*) (3).

2. È fatto comunque divieto di stipulare contratti di mezzadria, colonìa parziaria, di compartecipazione agraria, esclusi quelli stagionali e quelli di soccida. È fatto altresì divieto di corrispondere somme per buona entrata.

3. In ogni caso le organizzazioni professionali agricole possono stipulare accordi collettivi in materia di contratti agrari.

[**46.** *Tentativo di conciliazione. Disposizioni processuali.* — *1.* Chi intende proporre in giudizio una domanda relativa a una controversia in materia di contratti agrari è tenuto a darne preventivamente comunicazione, mediante lettera raccomandata con avviso di ricevimento, all'altra parte e all'Ispettorato provinciale dell'agricoltura competente per territorio.

2. Il capo dell'ispettorato, entro venti giorni dalla comunicazione di cui al comma precedente, convoca le parti ed i rappresentanti delle associazioni professionali di categoria da esse indicati per esperire il tentativo di conciliazione della vertenza.

3. Se la conciliazione riesce, viene redatto processo verbale sottoscritto da entrambe le parti, dai rappresentanti delle associazioni di categoria e dal funzionario dell'ispettorato.

4. Se la conciliazione non riesce, si forma egualmente processo verbale, nel quale vengono precisate le posizioni delle parti.

5. Nel caso in cui il tentativo di conciliazione non si definisca entro sessanta giorni dalla comunicazione di cui al primo comma, ciascuna delle parti è libera di adire l'autorità giudiziaria competente.

6. Quando l'affittuario viene convenuto in giudizio per morosità, il giudice, alla prima udienza, prima di ogni altro provvedimento, concede al convenuto stesso un termine, non inferiore a trenta e non superiore a novanta giorni, per il pagamento dei canoni scaduti, i quali, con l'instaurazione del giudizio, vengono rivalutati, fin dall'origine, in base alle variazioni della lira secondo gli indici ISTAT e maggiorati degli interessi di legge. Il pagamento entro il termine fissato dal giudice sana a tutti gli effetti la morosità.

7. Costituisce grave ed irreparabile danno, ai sensi dell'art. 373 del codice di procedura civile, anche l'esecuzione di sentenza che privi il concessionario di un fondo rustico del principale mezzo di sostentamento suo o della sua famiglia, o possa risultare fonte di serio pericolo per l'integrità economica dell'azienda o per

(1) La Corte cost., con sentenza 14 aprile 1988, n. 437, ha dichiarato l'illegittimità costituzionale dell'art. 11, 1° comma, l. 23 maggio 1950, n. 253, limitatamente «alla parte in cui non prevede la corresponsione al conduttore d'un equo indennizzo da parte del locatore che ottenga il rilascio dell'intero fondo locato per costituirvi case d'abitazione».

(2) Detrazione soppressa dall'art. 5.4, d.l. 5 marzo 1986, n. 57, conv. in l. 18 aprile 1986, n. 121.

(3) Sostituisce l'ultimo comma dell'art. 23, l. 11 febbraio 1971, n. 11, in *Leggi coll. VII, 4.*

l'allevamento di animali] (1).

[**47.** *Controversie agrarie e rilascio*. — *1.* Ferme restando le disposizioni dell'art. 26 della l. 11 febbraio 1971, n. 11, in tutte le controversie agrarie si osservano le disposizioni dettate dal capo I del titolo IV del libro II del codice di procedura civile.

2. Il rilascio del fondo a seguito di giudizio può avvenire solo al termine dell'annata agraria durante la quale è stata emessa sentenza esecutiva] (1).

48. *Impresa familiare coltivatrice*. — *1.* Il rapporto di mezzadria e, in presenza di impresa familiare coltivatrice, il rapporto di colonìa parziaria e quello di affitto ed ogni altro rapporto agrario intercorrono tra concedente e famiglia coltivatrice, la quale è rappresentata nei confronti del concedente, se questi lo richiede, da uno dei suoi familiari.

2. Il rapporto continua anche con un solo familiare, purché la sua forza lavorativa costituisca almeno un terzo di quella occorrente per le normali necessità di coltivazione del fondo.

3. Per le obbligazioni assunte nello svolgimento del rapporto agrario, i familiari rispondono con i beni comuni. Delle obbligazioni stesse rispondono anche, personalmente e solidalmente, i familiari che hanno agito in nome e per conto della famiglia e, salvo patto contrario, anche gli altri.

4. Qualora non sussista impresa familiare, il contratto può essere ceduto dal concessionario, anche senza il consenso del locatore, ad uno o più componenti la propria famiglia che continuino la diretta conduzione o coltivazione del fondo, purché già svolgano da almeno tre anni attività agricola a titolo principale.

49. *Diritti degli eredi*. — *1.* Nel caso di morte del proprietario di fondi rustici condotti o coltivati direttamente da lui o dai suoi familiari, quelli tra gli eredi che, al momento dell'apertura della successione, risultino avere esercitato e continuino ad esercitare su tali fondi attività agricola, in qualità di imprenditori a titolo principale ai sensi dell'art. 12 della l. 9 maggio 1975, n. 153, o di coltivatori diretti, hanno diritto a continuare nella conduzione o coltivazione dei fondi stessi anche per le porzioni ricomprese nelle quote degli altri coeredi e sono considerati affittuari di esse. Il rapporto di affitto che così si instaura tra i coeredi è disciplinato dalle norme della presente legge, con inizio dalla data di apertura della successione.

2. L'alienazione della propria quota dei fondi o di parte di essa effettuata da parte degli eredi di cui al comma precedente è causa di decadenza dal diritto previsto dal comma stesso (2).

3. I contratti agrari non si sciolgono per la morte del concedente.

4. In caso di morte dell'affittuario, mezzadro, colono, compartecipante o soccidario, il contratto si scioglie alla fine dell'annata agraria in corso, salvo che tra gli eredi vi sia persona che abbia esercitato e continui ad esercitare attività agricola in qualità di coltivatore diretto o di imprenditore a titolo principale, come previsto dal primo comma.

50. *Terreni oggetto di concessione edilizia*. — *1.* Per i terreni che, in conformità a strumenti urbanistici vigenti, siano soggetti ad utilizzazione diversa da quella agricola, il proprietario o l'avente titolo che abbia ottenuto la concessione ai sensi della l. 28 gennaio 1977, n. 10, può ottenere il rilascio dell'area necessaria alla realizzazione dell'opera concessa, dei relativi servizi e delle opere di urbanizzazione primaria e secondaria.

2. Il rilascio deve essere richiesto mediante lettera raccomandata, con avviso di ricevimento, contenente gli estremi della concessione.

3. Copia della raccomandata deve essere contestualmente inviata all'ispettorato provinciale dell'agricoltura, il quale convoca le parti, compie i necessari accertamenti ed effettua la stima delle colture in atto e delle opere di cui al primo comma dell'art. 16. La stima deve essere comunicata alle parti entro trenta giorni dal ricevimento della copia della raccomandata da parte dell'ispettorato ed è definitiva.

4. Al conduttore, concessionario o mezzadro spetta, oltre alla somma risultante dalla stima dell'ispettorato, l'indennizzo previsto dall'art. 43. Egli ha diritto di ritenere il fondo sino al pagamento, quando non viene prestata idonea garanzia, nell'importo e nei modi ritenuti adeguati dall'ispettorato.

5. È in facoltà dell'affittuario coltivatore diretto, mezzadro, colono o compartecipante o del rappresentante delle relative imprese familiari coltivatrici, se presenti, di chiedere, in alternativa alle somme di cui al comma prece-

(1) Articolo abrogato dall'art. 34.12, d.lg. 1° settembre 2011, n. 150. L'art. 36, d.lg. cit., così dispone: «1. Le norme del presente decreto si applicano ai procedimenti instaurati successivamente alla data di entrata in vigore dello stesso. || 2. Le norme abrogate o modificate dal presente decreto continuano ad applicarsi alle controversie pendenti alla data di entrata in vigore dello stesso».

(2) Per i comuni montani, sul diritto di prelazione per l'acquisto dell'azienda agricola v. art. 4, l. 31 gennaio 1994, n. 97, in *Leggi coll. VII, 8*.

dente, le indennità previste dal secondo comma dell'art. 17 della l. 22 ottobre 1971, n. 865, e successive modificazioni, ivi compresa la maggiorazione del cinquanta per cento di cui all'art. 12 della legge medesima.

6. Il rilascio deve avvenire decorsi trenta giorni dall'eseguito pagamento di quanto previsto nel quinto comma o dalla notificazione dell'effettuato deposito bancario della somma in caso di mancato ritiro. Ove il rilascio non sia stato effettuato entro il termine suddetto, il richiedente può ottenerlo con provvedimento di urgenza ai sensi dell'art. 700 del codice di procedura civile, presentando la relativa istanza entro trenta giorni dalla scadenza del termine stesso.

7. La decorrenza dei termini fissati nella concessione edilizia rimane sospesa fino alla data dell'effettivo rilascio.

8. Qualora il richiedente non esegua l'opera entro i termini di decadenza della concessione edilizia, si ripristina il contratto originario e le somme dovute ai sensi del quarto comma vengono trattenute dal conduttore, concessionario o mezzadro a titolo di risarcimento del danno.

9. Restano ferme, anche per quanto attiene agli indennizzi, le norme sulla espropriazione per pubblica utilità.

51. *Utilizzazione agricola di terreni demaniali e patrimoniali.* — *1.* . . . . (*omissis*) (1).

52. *Terreni montani destinati ad alpeggio.* — *1.* Per i terreni montani destinati ad alpeggio, quando sussistano edifici ed attrezzature per l'alloggio del personale e per il ricovero del bestiame, possono essere stipulati contratti di affitto di durata inferiore a quella stabilita dall'art. 1, purché non inferiore a sei anni.

53. *Rapporti regolati dalla presente legge.* — *1.* La presente legge si applica a tutti i rapporti, comunque in corso, anche se oggetto di controversie che non siano state definite con sentenza passata in giudicato, salvo che la sentenza sia già esecutiva, oppure con transazione stipulata in conformità al disposto dell'art. 23 della l. 11 febbraio 1971, n. 11, ad eccezione di quanto previsto nel primo comma dell'art. 42 della presente legge.

2. Ai fini del decorso del termine quadriennale di cui al primo comma dell'art. 25, non si computa il periodo durante il quale sono pendenti giudizi di nullità, di annullamento, di risoluzione, di opposizione alla proroga dei contratti agrari associativi nonché giudizi dinanzi ai tribunali amministrativi regionali.

3. L'art. 14 della l. 15 settembre 1964, n. 756, e il primo comma dell'art. 2 della l. 9 agosto 1973, n. 508, devono interpretarsi nel senso che la proroga legale si estende a tutte le concessioni ed a tutti i contratti agrari ivi considerati, verbali o scritti, stipulati in date anteriori o successive all'entrata in vigore delle leggi medesime.

4. Debbono considerarsi soggetti alla proroga legale anche i contratti di cui all'art. 5-*ter* del d.l. 5 luglio 1971, n. 432, convertito in legge, con modificazioni, dalla l. 4 agosto 1971, n. 592, posti in essere in data anteriore o successiva all'entrata in vigore della stessa legge.

5. Sono in ogni caso applicabili ai contratti considerati nel terzo e nel quarto comma anche le norme della presente legge, compresi gli artt. 1, 2, 25, 34, 40 e 45.

54. *Estensione della presente legge ai rapporti di miglioria e analoghi.* — *1.* Ai rapporti di miglioria di cui all'art. 1 della l. 25 febbraio 1963, n. 327, e ai rapporti analoghi esistenti nell'intero territorio nazionale, sino a quando non abbiano raggiunto la durata indicata in tale articolo, si applicano le norme della presente legge sempreché più favorevoli alle condizioni pattizie e consuetudinarie esistenti.

55. *Adeguamento dei rapporti esistenti.* — *1.* Per i rapporti di mezzadria e colonìa parziaria con clausola migliorataria trasformati in affitto il reddito dominicale da prendere a base per la determinazione del canone e per i coefficienti di moltiplicazione è quello relativo alla qualità e classe di coltura esistenti all'inizio del rapporto.

56. *Contratti per i quali è esclusa l'applicazione della presente legge.* — *1.* Le disposizioni della presente legge non si applicano ai contratti agrari di compartecipazione limitata a singole coltivazioni stagionali né alle concessioni per coltivazioni intercalari né alle vendite di erbe di durata inferiore ad un anno quando si tratta di terreni non destinati a pascolo permanente, ma soggetti a rotazione agraria.

57. *Province autonome di Trento e di Bolzano.* — *1.* Ai fini dell'applicazione della presente legge le province autonome di Trento e di Bolzano sono equiparate alle regioni.

2. Sono fatte salve le speciali competenze delle regioni a statuto speciale e delle province autonome di Trento e di Bolzano.

3. Nelle province autonome di Trento e di Bolzano, la presente legge si applica in difetto di legislazione provinciale nelle materie di loro competenza.

58. *Inderogabilità delle norme della presente*

(1) Sostituisce l'ultimo comma dell'art. 22, l. 11 febbraio 1971, n. 11, in *Leggi coll. VII, 4.*

legge e abrogazione di tutte le disposizioni incompatibili. — *1.* Tutte le norme previste nella presente legge sono inderogabili. Le convenzioni in contrasto con esse sono nulle di pieno diritto e la loro nullità può essere rilevata anche d'ufficio, salvo il disposto degli artt. 45 e 51.

2. Le disposizioni incompatibili con quelle contenute nella presente legge sono abrogate.

59. *Posizioni assicurative e previdenziali in atto*. — *1.* I mezzadri, i coloni e i compartecipanti che hanno trasformato il loro contratto in contratto di affitto ai sensi degli artt. 25 e seguenti della presente legge, su loro domanda, possono conservare per un periodo di cinque anni le loro posizioni assicurative e previdenziali in atto. In tal caso i contributi dovuti all'INAM, all'INPS e all'INAIL sono posti interamente a loro carico.

60. *Delega al Governo*. — *1.* Il Governo della Repubblica è autorizzato ad emanare, entro due anni dall'entrata in vigore della presente legge, sentito il parere delle Commissioni permanenti delle due Camere, competenti per materia, un testo unico di tutte le disposizioni legislative in vigore in materia di contratti agrari. Nella formazione del testo unico il Governo provvede al coordinamento delle norme suddette, apportandovi, ove necessario ai fini del coordinamento stesso, le occorrenti modificazioni.

61. *Organismi regionali con funzioni corrispondenti a quelle dell'ispettorato provinciale dell'agricoltura*. — *1.* I compiti attribuiti dalla presente legge all'ispettorato provinciale dell'agricoltura, ove questo sia stato soppresso, sono svolti dal corrispondente organo regionale di livello provinciale.

2. Le attribuzioni spettanti al capo dell'ispettorato provinciale dell'agricoltura ai sensi della presente legge sono esercitate dal responsabile dell'organo regionale di cui al comma precedente.

62. *Revisione degli estimi. Imposte sui terreni*. — *1.* Ancorché intervenga la revisione degli estimi catastali, per la determinazione del canone continua a prendersi a base il reddito dominicale stabilito a norma del r.d.l. 4 aprile 1939, n. 589, convertito in legge, con modificazioni, dalla l. 29 giugno 1939, n. 976, sino all'entrata in vigore di una nuova legge che disciplini la materia.

2. Le imposte sui terreni, il cui canone viene concretamente determinato e corrisposto sulla base del reddito dominicale indicato nel primo comma e dei coefficienti previsti dagli artt. 9 e 13, sono dovute secondo le tariffe catastali precedenti la revisione (1).

63. *Entrata in vigore*. — *1.* La presente legge entra in vigore il giorno successivo a quello della sua pubblicazione nella *Gazzetta Ufficiale*.

VII. 7.

LEGGE 14 febbraio 1990, n. 29. — *Modifiche ed integrazioni alla l. 3 maggio 1982, n. 203, relativa alla conversione in affitto dei contratti agrari associativi* (2).

1. *Effetti della dichiarazione di conversione*. — *1.* L'art. 26 della l. 3 maggio 1982, n. 203, deve interpretarsi nel senso che la conversione del contratto associativo in contratto di affitto a coltivatore diretto si verifica di diritto a seguito della comunicazione del richiedente, con effetto dall'inizio dell'annata agraria successiva.

2. *Ulteriore caso di esclusione della conversione*. — *1.* La conversione del contratto di mezzadria, colonia, compartecipazione o soccida in affitto, prevista dall'art. 25 della l. 3 maggio 1982, n. 203, non ha luogo, salvo diverso accordo tra le parti, oltre che nei casi di cui alle lett. *a*) e *b*) dell'art. 29 della legge medesima, anche quando, da almeno due anni prima della data di entrata in vigore della predetta l. 3 maggio 1982, n. 203, il concedente dia un adeguato apporto alla condirezione dell'impresa secondo quanto stabilito dal successivo art. 4 della presente legge.

3. *Imprenditore agricolo a titolo principale*. — 1. Per l'imprenditore agricolo a titolo principale, ai sensi dell'art. 12 della l. 9 maggio 1975, n. 153, la sussistenza della causa di esclusione prevista al precedente art. 2 si presume, fino a prova contraria, semprechè sia in possesso della relativa qualifica da almeno due anni prima della data di entrata in vigore della l. 3 maggio 1982, n. 203, con riferimento anche al fondo o ai fondi oggetto della richiesta di conversione.

2. Su richiesta di una o di entrambe le parti, la regione esprime motivato parere in ordine alla sussistenza, in capo al concedente, dell'adeguato apporto dello stesso alla condirezione

(1) La Corte cost., con sentenza 5 luglio 2002, n. 318, ha dichiarato l'illegittimità costituzionale di questo articolo.

(2) G.U., 22 febbraio 1990, n. 44.

dell'impresa agricola oggetto della richiesta di conversione, in conformità a quanto stabilito dall'art. 4 della presente legge.

3. La regione si esprime entro novanta giorni dalla data di ricezione della richiesta.

4. *Adeguato apporto alla condirezione dell'impresa.* — *1.* Si reputa adeguato l'apporto del concedente alla condirezione dell'impresa, quando ricorrano congiuntamente le seguenti condizioni:

a) effettiva partecipazione del concedente al razionale impiego dei capitali, all'organizzazione dei fattori della produzione e degli investimenti fissi, in modo da assicurare produzioni lorde vendibili e retribuzione del lavoro almeno pari a quelle medie delle imprese agricole della zona;

b) adeguata e dignitosa abitabilità della casa colonica e rispondenza degli altri fabbricati aziendali, ove siano oggetto della concessione, alle esigenze della buona tecnica agraria, realizzate per l'intervento del concedente;

c) conferimento, nei contratti di mezzadria e di colonia parziaria, da parte del concedente, di scorte vive e morte almeno nella stessa quantità di quelle conferite dal concessionario;

d) regolare tenuta della contabilità da parte del concedente stesso nei contratti di mezzadria e, quando risulti dall'accordo delle parti, negli altri contratti associativi.

5. *Opposizione del concedente – Onere della prova.* — 1. Dopo l'art. 33 della l. 3 maggio 1982, n. 203, è aggiunto il seguente:

. . . . (*omissis*) (1).

2. L'onere della prova dei fatti su cui si basa l'opposizione è a carico del concedente.

6. *Validità di clausole.* — . . . . (*omissis*) (2).

7. *Scorte.* — *1.* Dopo l'art. 35 della l. 3 maggio 1982, n. 203 è aggiunto il seguente:

. . . . (*omissis*) (1).

8. *Durata dei contratti associativi non convertiti.* — *1.* Fermo restando quanto stabilito dall'art. 34 della l. 3 maggio 1982, n. 203, la durata di dieci anni ivi disposta per i contratti associativi previsti dall'art. 25 della medesima legge che non vengono trasformati in affitto, si applica, oltre che nei casi di cui alla lett. *b*) del primo comma dello stesso art. 34, anche nel caso in cui la conversione, ancorché richiesta dal concessionario, non possa aver luogo in presenza della causa di esclusione di cui all'art. 2 della presente legge.

[**9.** *Competenze.* — 1. Tutte le controversie in materia di contratti agrari o conseguenti alla conversione dei contratti associativi in affitto sono di competenza delle sezioni specializzate agrarie di cui alla l. 2 marzo 1963, n. 320, ed assoggettate al rito di cui agli artt. 409 e seguenti del codice di procedura civile.

2. Restano comunque salve le competenze di cui alla l. 22 luglio 1966, n. 607, e successive modificazioni ed integrazioni] (3).

10. *Effetti.* — *1.* Le disposizioni della presente legge si applicano a tutti i contratti agrari associativi in corso, ad esclusione di quelli oggetto di accordi di cui all'art. 45 della l. 3 maggio 1982, n. 203, o di controversie giudiziarie definite con sentenza passata in giudicato.

VII. 8.

LEGGE 31 gennaio 1994, n. 97. — *Nuove disposizioni per le zone montane* (4).

1-3. . . . . (*omissis*).

4. *Conservazione dell'integrità dell'azienda agricola.* — 1. Nei comuni montani, gli eredi considerati affittuari ai sensi dell'art. 49 della l. 3 maggio 1982, n. 203 (1), delle porzioni di fondi rustici ricomprese nelle quote degli altri coeredi hanno diritto, alla scadenza del rapporto di affitto instauratosi per legge, all'acquisto della proprietà delle porzioni medesime, unitamente alle scorte, alle pertinenze ed agli annessi rustici.

2. Il diritto di cui al comma 1è acquisito a condizione che i predetti soggetti dimostrino:

a) di non aver alienato, nel triennio precedente, altri fondi rustici di imponibile fondiario superiore a lire 500.000 [euro 258,23], salvo il caso di permuta o cessione a fini di ricomposizione fondiaria;

b) che il fondo per il quale intendono esercitare il diritto, in aggiunta ad altri eventualmente posseduti in proprietà o enfiteusi,

(1) In *Leggi coll. VII, 6.*

(2) V. art. 34, l. 3 maggio 1982, n. 203, in *Leggi coll. VII, 6.*

(3) Articolo abrogato dall'art. 34.13, d.lg. 1° settembre 2011, n. 150. L'art. 36, d.lg. cit., così dispone: «1. Le norme del presente decreto si applicano ai procedimenti instaurati successivamente alla data di entrata in vigore dello stesso. || 2. Le norme abrogate o modificate dal presente decreto continuano ad applicarsi alle controversie pendenti alla data di entrata in vigore dello stesso».

(4) Suppl. ord. n. 24 a G.U., 9 febbraio 1994, n. 32.

non superi il triplo della superficie corrispondente alla capacità lavorativa loro o della loro famiglia;

c) di essersi obbligati, con la dichiarazione di cui all'art. 5, comma 1, a condurre o coltivare direttamente il fondo per almeno sei anni;

d) di essere iscritti al Servizio contributi agricoli unificati (SCAU) ai sensi della l. 2 agosto 1990, n. 233, in qualità di coltivatore diretto o imprenditore agricolo a titolo principale.

3. La disciplina prevista dal presente articolo non si applica nella provincia autonoma di Bolzano.

5. *Procedura per l'acquisto della proprietà*. — 1. Gli eredi che intendono esercitare il diritto di cui all'art. 4 devono, entro sei mesi dalla scadenza del rapporto di affitto, notificare ai coeredi, mediante lettera raccomandata con avviso di ricevimento, la dichiarazione di acquisto e versare il prezzo entro il termine di tre mesi dall'avvenuta notificazione della dichiarazione.

2. Il prezzo di acquisto è costituito, al momento dell'esercizio del diritto, dal valore agricolo medio determinato ai sensi dell'art. 4 della l. 26 maggio 1965, n. 590.

3. Qualora i terreni oggetto dell'acquisto siano utilizzati, prima della scadenza del periodo di cui all'art. 4, comma 2, lett. *c*), a scopi diversi da quelli agricoli, in conformità agli strumenti urbanistici vigenti, gli altri coeredi hanno diritto alla rivalutazione del prezzo, in misura pari alla differenza tra il corrispettivo già percepito, adeguato secondo l'indice dei prezzi al consumo per l'intera collettività nazionale rilevato dall'Istituto nazionale di statistica (ISTAT), ed il valore di mercato conseguente alla modificazione della destinazione dell'area.

4. Il prezzo di acquisto delle scorte, delle pertinenze e degli annessi rustici è determinato, al momento dell'esercizio del diritto, dall'Ispettorato provinciale dell'agricoltura o dall'organo regionale corrispondente.

5. In caso di rifiuto a ricevere il pagamento del prezzo da parte del proprietario, gli eredi devono depositare la somma presso un istituto di credito nella provincia dove è ubicato il fondo, dando comunicazione al proprietario medesimo, mediante lettera raccomandata con avviso di ricevimento, dell'avvenuto deposito. Dalla data della notificazione si acquisisce la proprietà.

6. Agli atti di acquisto effettuati ai sensi della presente legge da coltivatori diretti o imprenditori agricoli a titolo principale, si applicano le agevolazioni fiscali e creditizie previste per la formazione e l'arrotondamento della proprietà coltivatrice.

5-*bis*. *Disposizioni per favorire le aziende agricole montane*. — 1. Nei territori delle comunità montane, il trasferimento a qualsiasi titolo di terreni agricoli a coltivatori diretti e ad imprenditori agricoli a titolo principale che si impegnano a costituire un compendio unico e a coltivarlo o a condurlo per un periodo di almeno dieci anni dal trasferimento è esente da imposta di registro, ipotecaria, catastale, di bollo e di ogni altro genere. I terreni e le relative pertinenze, compresi i fabbricati, costituiti in compendio unico ed entro i limiti della superficie minima indivisibile di cui al comma 6, sono considerati unità indivisibili per quindici anni dal momento dell'acquisto e per questi anni non possono essere frazionati per effetto di trasferimenti a causa di morte o per atti tra vivi. In caso di successione i compendi devono essere compresi per intero nella porzione di uno dei coeredi o nelle porzioni di più coeredi che ne richiedano congiuntamente l'attribuzione. Tale disciplina si estende anche ai piani di ricomposizione fondiaria e di riordino fondiario promossi da regioni, province, comuni e comunità montane.

2. In caso di violazioni degli obblighi di cui al comma 1 sono dovute, oltre alle imposte non pagate e agli interessi, maggiori imposte pari al 50 per cento delle imposte dovute.

3. Al coltivatore diretto e all'imprenditore agricolo a titolo principale che acquisti a qualsiasi titolo i terreni agricoli di cui al comma 1 possono essere concessi, nei limiti del Fondo di cui al comma 4, mutui decennali a tasso agevolato con copertura degli interessi pari al 50 per cento a carico del bilancio dello Stato. Tale mutuo concerne l'ammortamento del capitale aziendale e l'indennizzo da corrispondere ad eventuali coeredi, nel rispetto della presente legge.

4. Per gli scopi di cui ai commi 1 e 3, è costituito presso l'Istituto di servizi per il mercato agricolo alimentare (ISMEA) un Fondo dell'importo di 2.320.000 euro annui.

5. Gli onorari notarili per gli atti di cui ai commi 1 e 3 sono ridotti ad un sesto.

6. Le regioni e le province autonome di Trento e di Bolzano regolano con proprie leggi l'istituzione e la conservazione delle aziende montane, determinando, in particolare, l'estensione della superficie minima indivisibile (1).

6-25. . . . . (*omissis*).

(1) Articolo inserito dall'art. 52.21, l. 28 dicembre 2001, n. 448.

VII. 9.

DECRETO LEGISLATIVO 18 maggio 2001, n. 228. — *Orientamento e modernizzazione del settore agricolo, a norma dell'art. 7 della l. 5 marzo 2001, n. 57* (1).

CAPO I

SOGGETTI E ATTIVITÀ

1. *Imprenditore agricolo*. — 1. L'art. 2135 del codice civile è sostituito dal seguente: .... (*omissis*).

2. Si considerano imprenditori agricoli le cooperative di imprenditori agricoli ed i loro consorzi quando utilizzano per lo svolgimento delle attività di cui all'art. 2135, terzo comma (2), del codice civile, come sostituito dal comma 1 del presente articolo, prevalentemente prodotti dei soci, ovvero forniscono prevalentemente ai soci beni e servizi diretti alla cura ed allo sviluppo del ciclo biologico (3).

2. *Iscrizione al registro delle imprese*. — 1. L'iscrizione degli imprenditori agricoli, dei coltivatori diretti e delle società semplici esercenti attività agricola nella sezione speciale del registro delle imprese di cui all'art. 2188 e seguenti del codice civile, oltre alle funzioni di certificazione anagrafica ed a quelle previste dalle leggi speciali, ha l'efficacia di cui all'art. 2193 del codice civile.

3. *Attività agrituristiche*. — 1. Rientrano fra le attività agrituristiche di cui alla l. 5 dicembre 1985, n. 730, ancorché svolte all'esterno dei beni fondiari nella disponibilità dell'impresa, l'organizzazione di attività ricreative, culturali e didattiche, di pratica sportiva, escursionistiche e di ippoturismo finalizzate ad una migliore fruizione e conoscenza del territorio, nonché la degustazione dei prodotti aziendali, ivi inclusa la mescita del vino, ai sensi della l. 27 luglio 1999, n. 268. La stagionalità dell'ospitalità agrituristica si intende riferita alla durata del soggiorno dei singoli ospiti.

2. Possono essere addetti ad attività agrituristiche, e sono considerati lavoratori agricoli ai fini della vigente disciplina previdenziale, assicurativa e fiscale, i familiari di cui all'art. 230-*bis* del codice civile, i lavoratori dipendenti a tempo indeterminato, determinato e parziale.

3. Alle opere ed ai fabbricati destinati ad attività agrituristiche si applicano le disposizioni di cui all'art. 9, lett. *a*) ed all'art. 10 della l. 28 gennaio 1977, n. 10, nonché di cui all'art. 24, comma 2, della l. 5 febbraio 1992, n. 104, relativamente all'utilizzo di opere provvisionali per l'accessibilità ed il superamento delle barriere architettoniche.

4. *Esercizio dell'attività di vendita*. — 1. Gli imprenditori agricoli, singoli o associati, iscritti nel registro delle imprese di cui all'art. 8 della l. 29 dicembre 1993, n. 580, possono vendere direttamente al dettaglio, in tutto il territorio della Repubblica, i prodotti provenienti in misura prevalente dalle rispettive aziende, osservate le disposizioni vigenti in materia di igiene e sanità.

1-*bis*. Fermo restando quanto previsto al comma 1, anche per l'osservanza delle disposizioni vigenti in materia di igiene e sanità, i medesimi soggetti di cui al comma 1 possono altresì vendere direttamente al dettaglio in tutto il territorio della Repubblica i prodotti agricoli e alimentari, appartenenti ad uno o più comparti agronomici diversi da quelli dei prodotti della propria azienda, purché direttamente acquistati da altri imprenditori agricoli. Il fatturato derivante dalla vendita dei prodotti provenienti dalle rispettive aziende deve essere prevalente rispetto al fatturato proveniente dal totale dei prodotti acquistati da altri imprenditori agricoli (4).

2. La vendita diretta dei prodotti agricoli in forma itinerante è soggetta a comunicazione al comune del luogo ove ha sede l'azienda di produzione e può essere effettuata a decorrere dalla data di invio della medesima comunicazione (5). Per la vendita al dettaglio esercitata su superfici all'aperto nell'ambito dell'azienda agricola, nonché per la vendita esercitata in occasione di sagre, fiere, manifestazioni a ca-

(1) G.U., 15 giugno 2001, n. 137, suppl. ord.

(2) Le parole «, terzo comma,» sono state inserite dall'art. 1.8-*ter*, d.l. 20 giugno 2017, n. 91, conv. in l. 3 agosto 2017, n. 123.

(3) L'art. 7-*ter*, d.l. 24 giugno 2014, n. 91, conv. in l. 11 agosto 2014, n. 116, così dispone: «L'esercizio del diritto di prelazione o di riscatto di cui all'art. 8 della l. 26 maggio 1965, n. 590, e successive modificazioni, e all'art. 7 della l. 14 agosto 1971, n. 817, spetta anche alle società cooperative di cui all'art. 1, comma 2, del d.lg. 18 maggio 2001, n. 228, qualora almeno la metà degli amministratori e dei soci sia in possesso della qualifica di coltivatore diretto come risultante dall'iscrizione nella sezione speciale del registro delle imprese di cui agli artt. 2188 e seguenti del codice civile».

(4) Comma inserito dall'art. 1.700, l. 30 dicembre 2018, n. 145.

(5) Periodo così sostituito dall'art. 27, d.l. 9 febbraio 2012, n. 5, conv. in l. 4 aprile 2012, n. 35.

rattere religioso, benefico o politico o di promozione dei prodotti tipici o locali, non è richiesta la comunicazione di inizio attività (1).

3. La comunicazione di cui al comma 2, oltre alle indicazioni delle generalità del richiedente, dell'iscrizione nel registro delle imprese e degli estremi di ubicazione dell'azienda, deve contenere la specificazione dei prodotti di cui s'intende praticare la vendita e delle modalità con cui si intende effettuarla, ivi compreso il commercio elettronico.

4. Qualora si intenda esercitare la vendita al dettaglio non in forma itinerante su aree pubbliche o in locali aperti al pubblico, la comunicazione è indirizzata al sindaco del comune in cui si intende esercitare la vendita. Per la vendita al dettaglio su aree pubbliche mediante l'utilizzo di un posteggio la comunicazione deve contenere la richiesta di assegnazione del posteggio medesimo, ai sensi dell'art. 28 del d.lg. 31 marzo 1998, n. 114.

4-*bis*. La vendita diretta mediante il commercio elettronico può essere iniziata contestualmente all'invio della comunicazione al comune del luogo ove ha sede l'azienda di produzione (2).

5. La presente disciplina si applica anche nel caso di vendita di prodotti derivati, ottenuti a seguito di attività di manipolazione o trasformazione dei prodotti agricoli e zootecnici, finalizzate al completo sfruttamento del ciclo produttivo dell'impresa.

6. Non possono esercitare l'attività di vendita diretta gli imprenditori agricoli, singoli o soci di società di persone e le persone giuridiche i cui amministratori abbiano riportato, nell'espletamento delle funzioni connesse alla carica ricoperta nella società, condanne con sentenza passata in giudicato, per delitti in materia di igiene e sanità o di frode nella preparazione degli alimenti nel quinquennio precedente all'inizio dell'esercizio dell'attività. Il divieto ha efficacia per un periodo di cinque anni dal passaggio in giudicato della sentenza di condanna.

7. Alla vendita diretta disciplinata dal presente decreto legislativo continuano a non applicarsi le disposizioni di cui al d.lg. 31 marzo 1998, n. 114, in conformità a quanto stabilito dall'art. 4, comma 2, lett. *d*), del medesimo d.lg. n. 114 del 1998.

8. Qualora l'ammontare dei ricavi derivanti dalla vendita dei prodotti non provenienti dalle rispettive aziende nell'anno solare precedente sia superiore a 160.000 euro (3) per gli imprenditori individuali ovvero a 4 milioni di euro (4) per le società, si applicano le disposizioni del citato d.lg. n. 114 del 1998 (5).

8-*bis*. In conformità a quanto previsto dall'art. 34 del d.l. 6 dicembre 2011, n. 201, convertito, con modificazioni, dalla l. 22 dicembre 2011, n. 214, nell'ambito dell'esercizio della vendita diretta è consentito il consumo immediato dei prodotti oggetto di vendita, utilizzando i locali e gli arredi nella disponibilità dell'imprenditore agricolo, con l'esclusione del servizio assistito di somministrazione e con l'osservanza delle prescrizioni generali di carattere igienico-sanitario (6).

8-*ter*. L'attività di vendita diretta dei prodotti agricoli ai sensi del presente articolo non comporta cambio di destinazione d'uso dei locali ove si svolge la vendita e può esercitarsi su tutto il territorio comunale a prescindere dalla destinazione urbanistica della zona in cui sono ubicati i locali a ciò destinati (6).

4-*bis*. *Imprenditoria agricola giovanile*. — 1. Ai fini dell'applicazione della normativa statale, è considerato giovane imprenditore agricolo l'imprenditore agricolo avente una età non superiore a 40 anni (7).

CAPO II

CONTRATTI AGRARI, INTEGRITÀ AZIENDALE E DISTRETTI

5. *Modifiche alla l. 3 maggio 1982, n. 203*. — 1. Dopo l'art. 4 della l. 3 maggio 1982, n. 203, è inserito il seguente: . . . . (*omissis*) (8).

5-*bis*. *Conservazione dell'integrità aziendale*. — 1. Ove non diversamente disposto dalle leggi

(1) Ultimo periodo aggiunto dall'art. 2-*quinquies*, d.l. 10 gennaio 2006, n. 2, conv. in l. 11 marzo 2006, n. 81, e successivamente così sostituito dall'art. 30-*bis*.1, lett. a, d.l. 21 giugno 2013, n. 69, conv. in l. 9 agosto 2013, n. 98.

(2) Comma inserito dall'art. 30-*bis*.1, lett. b, d.l. 21 giugno 2013, n. 69, conv. in l. 9 agosto 2013, n. 98.

(3) Le parole «160.000 euro» sono state così sostituite a quelle «lire 80 milioni [euro 41.316,55]» dall'art. 1.1064, lett. a, l. 27 dicembre 2006, n. 296.

(4) Le parole «4 milioni di euro» sono state così sostituite a quelle «lire 2 miliardi [euro 1.032.913,80]» dall'art. 1.1064, lett. b, l. 27 dicembre 2006, n. 296.

(5) Sull'applicazione di questo articolo alla vendita dei prodotti da parte dell'impresa agrituristica v. art. 10.1, l. 20 febbraio 2006, n. 96.

(6) Comma aggiunto dall'art. 30-*bis*.1, lett. c, d.l. 21 giugno 2013, n. 69, conv. in l. 9 agosto 2013, n. 98.

(7) Articolo inserito dall'art. 3.1, d.lg. 29 marzo 2004, n. 99.

(8) In *Leggi coll. VII, 6*.

regionali, per compendio unico si intende l'estensione di terreno necessaria al raggiungimento del livello minimo di redditività determinato dai piani regionali di sviluppo rurale per l'erogazione del sostegno agli investimenti previsti dai regolamenti (CE) nn. 1257 e 1260/1999, e successive modificazioni.

2. Al trasferimento a qualsiasi titolo di terreni agricoli a coloro che si impegnino a costituire un compendio unico e a coltivarlo o a condurlo in qualità di coltivatore diretto o di imprenditore agricolo professionale per un periodo di almeno dieci anni dal trasferimento si applicano le disposizioni di cui all'art. 5-*bis*, commi 1 e 2, della l. 31 gennaio 1994, n. 97. Gli onorari notarili per gli atti suddetti sono ridotti ad un sesto.

3. Le agevolazioni fiscali e la riduzione degli onorari notarili ad un sesto in favore della costituzione del compendio unico di cui al comma 2 spettano comunque ai trasferimenti di immobili agricoli e relative pertinenze, compresi i fabbricati, costituiti in maso chiuso di cui alla legge della provincia autonoma di Bolzano 28 novembre 2001, n. 17, effettuati tra vivi o *mortis causa* ad acquirenti che nell'atto o con dichiarazione separata si impegnino a condurre direttamente il maso per dieci anni.

4. I terreni e le relative pertinenze, compresi i fabbricati, costituenti il compendio unico, sono considerati unità indivisibili per dieci anni dal momento della costituzione e durante tale periodo non possono essere frazionati per effetto di trasferimenti a causa di morte o per atti tra vivi. Il predetto vincolo di indivisibilità deve essere espressamente menzionato, a cura dei notai roganti, negli atti di costituzione del compendio e trascritto nei pubblici registri immobiliari dai direttori degli uffici competenti. Sono nulli gli atti tra vivi e le disposizioni testamentarie che hanno per effetto il frazionamento del compendio unico.

5. Possono essere costituiti in compendio unico terreni agricoli anche non confinanti fra loro purché funzionali all'esercizio dell'impresa agricola.

6. Qualora nel periodo di cui al comma 4, i beni disponibili nell'asse ereditario non consentano la soddisfazione di tutti gli eredi secondo quanto disposto dalla legge in materia di successioni o dal dante causa, si provvede all'assegnazione del compendio di cui al presente articolo all'erede che la richieda, con addebito dell'eccedenza. A favore degli eredi, per la parte non soddisfatta, sorge un credito di valuta garantito da ipoteca, iscritta a tassa fissa sui terreni caduti in successione, da pagarsi entro due anni dall'apertura della stessa con un tasso d'interesse inferiore di un punto a quello legale.

7. In caso di controversie sul valore da assegnare al compendio unico o relativamente ai diritti agli aiuti comunitari e nazionali presenti sul compendio stesso, le parti possono richiedere un arbitrato alla camera arbitrale ed allo sportello di conciliazione di cui al decreto del Ministro delle politiche agricole e forestali 1° luglio 2002, n. 743.

8. Se nessuno degli eredi richiede l'attribuzione preferenziale, sono revocati i diritti agli aiuti comunitari e nazionali, ivi comprese l'attribuzione di quote produttive, assegnati all'imprenditore defunto per i terreni oggetto della successione. Con decreto del Ministro delle politiche agricole e forestali, d'intesa con la Conferenza permanente per i rapporti tra lo Stato, le regioni, e le province autonome di Trento e di Bolzano, sono determinate le modalità per la revoca e la riattribuzione dei diritti e delle quote.

9. La disciplina di cui al presente articolo si applica anche ai piani di ricomposizione fondiaria e di riordino fondiario promossi dalle regioni, province, comuni e comunità montane.

10. Gli artt. 846, 847 e 848 del codice civile sono abrogati.

11. All'applicazione del presente articolo si provvede nell'ambito degli stanziamenti finalizzati all'attuazione dell'art. 1, comma 2 (1).

6. *Utilizzazione agricola dei terreni demaniali e patrimoniali indisponibili.* — 1. Le disposizioni recate dalla l. 12 giugno 1962, n. 567, e successive modificazioni, dalla l. 11 febbraio 1971, n. 11, e successive modificazioni, dalla l. 3 maggio 1982, n. 203, e successive modificazioni, si applicano anche ai terreni demaniali o soggetti al regime dei beni demaniali di qualsiasi natura o del patrimonio indisponibile appartenenti ad enti pubblici, territoriali o non territoriali, ivi compresi i terreni golenali, che siano oggetto di affitto o di concessione amministrativa.

2. L'ente proprietario può recedere in tutto o in parte dalla concessione o dal contratto di affitto mediante preavviso non inferiore a sei mesi e pagamento di una indennità per le coltivazioni in corso che vadano perdute nell'ipotesi che il terreno demaniale o equiparato o facente parte del patrimonio indisponibile debba essere improcrastinabilmente destinato al

(1) Articolo inserito dall'art. 7.1, d.lg. 29 marzo 2004, n. 99.

fine per il quale la demanialità o l'indisponibilità è posta.

3. Sui terreni di cui al comma 1 del presente articolo sono ammessi soltanto i miglioramenti, le addizioni e le trasformazioni concordati tra le parti o quelli eseguiti a seguito del procedimento di cui all'art. 16 della l. 3 maggio 1982, n. 203. In quest'ultimo caso l'autorità competente non può emettere parere favorevole se i miglioramenti, le addizioni e le trasformazioni mantengono la loro utilità anche dopo la restituzione del terreno alla sua destinazione istituzionale.

4. Gli enti di cui al comma 1 del presente articolo, alla scadenza della concessione amministrativa o del contratto di affitto, per la concessione e la locazione dei terreni di loro proprietà devono adottare procedure di licitazione privata o trattativa privata. A tal fine possono avvalersi della disposizione di cui all'art. 23, terzo comma, della l. 11 febbraio 1971, n. 11, come sostituito dal primo comma dell'art. 45 della l. 3 maggio 1982, n. 203.

4-*bis*. Qualora alla scadenza di cui al comma 4 abbiano manifestato interesse all'affitto o alla concessione amministrativa giovani imprenditori agricoli, di età compresa tra i 18 e i 40 anni, l'assegnazione dei terreni avviene al canone base indicato nell'avviso pubblico o nel bando di gara. In caso di pluralità di richieste da parte dei predetti soggetti, fermo restando il canone base, si procede mediante sorteggio tra gli stessi (1).

7. *Prelazione di più confinanti*. — 1. Ai fini dell'esercizio del diritto di prelazione o di riscatto di cui rispettivamente all'art. 8 della l. 26 maggio 1965, n. 590, e successive modificazioni, ed all'art. 7 della l. 14 agosto 1971, n. 817, nel caso di più soggetti confinanti, si intendono, quali criteri preferenziali, nell'ordine, la presenza come partecipi nelle rispettive imprese di coltivatori diretti e imprenditori agricoli a titolo principale di età compresa tra i 18 e i 40 anni o in cooperative di conduzione associata dei terreni, il numero di essi nonché il possesso da parte degli stessi di conoscenze e competenze adeguate ai sensi dell'art. 8 del regolamento (CE) n. 1257/99 del Consiglio, del 17 maggio 1999.

8. *Conservazione dell'integrità dell'azienda agricola*. — 1. Le disposizioni di cui agli artt. 4 e 5 della l. 31 gennaio 1994, n. 97, si applicano, a decorrere dal 1° gennaio 2002, anche alle aziende agricole ubicate in comuni non montani.

9. *Soci di società di persone*. — 1. Ai soci delle società di persone esercenti attività agricole, in possesso della qualifica di coltivatore diretto o di imprenditore agricolo a titolo principale, continuano ad essere riconosciuti e si applicano i diritti e le agevolazioni tributarie e creditizie stabiliti dalla normativa vigente a favore delle persone fisiche in possesso delle predette qualifiche. I predetti soggetti mantengono la qualifica previdenziale e, ai fini del raggiungimento, da parte del socio, del fabbisogno lavorativo prescritto, si computa anche l'apporto delle unità attive iscritte nel rispettivo nucleo familiare.

10. *Attribuzione della qualifica di imprenditore agricolo a titolo principale*. — 1. All'art. 12 della l. 9 maggio 1975, n. 153, è aggiunto, in fine, il seguente comma: . . . . (*omissis*).

2. Restano ferme le disposizioni di cui al testo unico delle imposte dirette approvato con d.p.r. 22 dicembre 1986, n. 917.

11. *Attenuazione dei vincoli in materia di proprietà coltivatrice*. — 1. Il periodo di decadenza dai benefici previsti dalla vigente legislazione in materia di formazione e di arrotondamento di proprietà coltivatrice è ridotto da dieci a cinque anni.

2. La estinzione anticipata del mutuo o la vendita del fondo acquistato con i suddetti benefici non possono aver luogo prima che siano decorsi cinque anni dall'acquisto.

3. Non incorre nella decadenza dei benefici l'acquirente che, durante il periodo vincolativo di cui ai commi 1 e 2, ferma restando la destinazione agricola, alieni il fondo o conceda il godimento dello stesso a favore del coniuge, di parenti entro il terzo grado o di affini entro il secondo grado, che esercitano l'attività di imprenditore agricolo di cui all'art. 2135 del codice civile, come sostituito dall'art. 1 del presente decreto. Le disposizioni del presente comma si applicano anche in tutti i casi di alienazione conseguente all'attuazione di politiche comunitarie, nazionali e regionali volte a favorire l'insediamento di giovani in agricoltura o tendenti a promuovere il prepensionamento nel settore.

4. All'art. 11 della l. 14 agosto 1971, n. 817, sono apportate le seguenti modificazioni: . . . . (*omissis*).

4-*bis*. Il vincolo di indivisibilità di cui all'art. 11 della l. 14 agosto 1971, n. 817, come modificato dall'art. 11, comma 4, del d.lg. del 18 maggio 2001, n. 228, gravante sui terreni assegnati attraverso il regime di aiuto fondiario n.

(1) Comma aggiunto dall'art. 1.35, l. 27 dicembre 2013, n. 147.

110/2001/Italia può essere, altresì, revocato dall'Istituto di servizi per il mercato agricolo alimentare, limitatamente alla porzione di terreno interessata dalla procedura espropriativa finalizzata alla realizzazione di opere pubbliche o di pubblica utilità da parte di un soggetto pubblico o privato (1).

4-*ter.* All'assegnatario del fondo acquistato dall'Istituto di servizi per il mercato agricolo alimentare – ISMEA, sia esso in forma singola che associata, spetta in ogni caso l'indennità aggiuntiva prevista dall'art. 42, comma 1, del d.p.r. 8 giugno 2001, n. 327, e successive modificazioni. L'indennità aggiuntiva di cui al comma 1 è determinata ai sensi dell'art. 40, comma 4, del citato d.p.r. n. 327 del 2001, e successive modificazioni (1).

5. Le disposizioni di cui al presente articolo si applicano anche agli atti di acquisto posti in essere in data antecedente di almeno cinque anni la data di entrata in vigore del presente decreto.

12. *Operazioni fondiarie dell'ISMEA.* — 1. Entro trenta giorni dalla data di entrata in vigore del presente decreto, le risorse finanziarie derivanti dalla gestione finanziaria di cui al titolo II della l. 26 maggio 1965, n. 590, recante interventi degli enti di sviluppo nella formazione della proprietà coltivatrice, sono trasferiti all'ISMEA e destinati alle operazioni fondiarie previste dall'art. 4, comma 1, della l. 15 dicembre 1998, n. 441. All'ISMEA non si applicano le disposizioni della l. 29 ottobre 1984, n. 720, e successive modificazioni e integrazioni.

13. *Distretti del cibo.* — 1. Al fine di promuovere lo sviluppo territoriale, la coesione e l'inclusione sociale, favorire l'integrazione di attività caratterizzate da prossimità territoriale, garantire la sicurezza alimentare, diminuire l'impatto ambientale delle produzioni, ridurre lo spreco alimentare e salvaguardare il territorio e il paesaggio rurale attraverso le attività agricole e agroalimentari, sono istituiti i distretti del cibo.

2. Si definiscono distretti del cibo:

a) i distretti rurali quali sistemi produttivi locali di cui all'articolo 36, comma 1, della legge 5 ottobre 1991, n. 317, caratterizzati da un'identità storica e territoriale omogenea derivante dall'integrazione fra attività agricole e altre attività locali, nonché dalla produzione di beni o servizi di particolare specificità, coerenti con le tradizioni e le vocazioni naturali e territoriali, già riconosciuti alla data di entrata in vigore della presente disposizione;

b) i distretti agroalimentari di qualità quali sistemi produttivi locali, anche a carattere interregionale, caratterizzati da significativa presenza economica e da interrelazione e interdipendenza produttiva delle imprese agricole e agroalimentari, nonché da una o più produzioni certificate e tutelate ai sensi della vigente normativa europea o nazionale, oppure da produzioni tradizionali o tipiche, già riconosciute alla data di entrata in vigore della presente disposizione;

c) i sistemi produttivi locali caratterizzati da una elevata concentrazione di piccole e medie imprese agricole e agroalimentari, di cui all'art. 36, comma 1, della l. 5 ottobre 1991, n. 317;

d) i sistemi produttivi locali anche a carattere interregionale, caratterizzati da interrelazione e interdipendenza produttiva delle imprese agricole e agroalimentari, nonché da una o più produzioni certificate e tutelate ai sensi della vigente normativa europea, nazionale e regionale;

e) i sistemi produttivi locali localizzati in aree urbane o periurbane caratterizzati dalla significativa presenza di attività agricole volte alla riqualificazione ambientale e sociale delle aree;

f) i sistemi produttivi locali caratterizzati dall'interrelazione e dall'integrazione fra attività agricole, in particolare quella di vendita diretta dei prodotti agricoli, e le attività di prossimità di commercializzazione e ristorazione esercitate sul medesimo territorio, delle reti di economia solidale e dei gruppi di acquisto solidale;

g) i sistemi produttivi locali caratterizzati dalla presenza di attività di coltivazione, allevamento, trasformazione, preparazione alimentare e agroindustriale svolte con il metodo biologico o nel rispetto dei criteri della sostenibilità ambientale, conformemente alla normativa europea, nazionale e regionale vigente;

h) i biodistretti e i distretti biologici, intesi come territori per i quali agricoltori biologici, trasformatori, associazioni di consumatori o enti locali abbiano stipulato e sottoscritto protocolli per la diffusione del metodo biologico di coltivazione, per la sua divulgazione nonché per il sostegno e la valorizzazione della gestione sostenibile anche di attività diverse dall'agricoltura. Nelle regioni che abbiano adottato una normativa specifica in materia di biodistretti o distretti biologici si applicano le definizioni stabilite dalla medesima normativa.

(1) Comma aggiunto dall'art. 4.3, d.lg. 27 maggio 2005, n. 101.

3. Le regioni e le province autonome provvedono all'individuazione dei distretti del cibo e alla successiva comunicazione al Ministero delle politiche agricole alimentari, forestali e del turismo (1), presso il quale è costituito il Registro nazionale dei distretti del cibo.

4. Al fine di sostenere gli interventi per la creazione e il consolidamento dei distretti del cibo si applicano le disposizioni relative ai contratti di distretto, di cui all'art. 66, comma 1, della l. 27 dicembre 2002, n. 289.

5. I criteri, le modalità e le procedure per l'attuazione degli interventi di cui al comma 4 sono definiti con decreto del Ministro delle politiche agricole alimentari, forestali e del turismo (1), di concerto con il Ministro dello sviluppo economico, sentita la Conferenza permanente per i rapporti tra lo Stato, le regioni e le province autonome di Trento e di Bolzano, entro sessanta giorni dalla data di entrata in vigore della presente disposizione.

6. Per le finalità di cui al comma 4 è autorizzata la spesa di 5 milioni di euro per l'anno 2018 e di 10 milioni di euro a decorrere dall'anno 2019 (2).

CAPO III

RAPPORTI CON LE PUBBLICHE AMMINISTRAZIONI

14. *Contratti di collaborazione con le pubbliche amministrazioni*. — 1. Le pubbliche amministrazioni possono concludere contratti di collaborazione, anche ai sensi dell'art. 119 del d.lg. 18 agosto 2000, n. 267, con gli imprenditori agricoli anche su richiesta delle organizzazioni professionali agricole maggiormente rappresentative a livello nazionale, per la promozione delle vocazioni produttive del territorio e la tutela delle produzioni di qualità e delle tradizioni alimentari locali.

2. I contratti di collaborazione sono destinati ad assicurare il sostegno e lo sviluppo dell'imprenditoria agricola locale, anche attraverso la valorizzazione delle peculiarità dei prodotti tipici, biologici e di qualità, anche tenendo conto dei distretti agroalimentari, rurali e ittici.

3. Al fine di assicurare un'adeguata informazione ai consumatori e di consentire la conoscenza della provenienza della materia prima e della peculiarità delle produzioni di cui al commi 1 e 2, le pubbliche amministrazioni, nel rispetto degli Orientamenti comunitari in materia di aiuti di Stato all'agricoltura, possono concludere contratti di promozione con gli imprenditori agricoli che si impegnino nell'esercizio dell'attività di impresa ad assicurare la tutela delle risorse naturali, della biodiversità, del patrimonio culturale e del paesaggio agrario e forestale.

15. *Convenzioni con le pubbliche amministrazioni*. — 1. Al fine di favorire lo svolgimento di attività funzionali alla sistemazione ed alla manutenzione del territorio, alla salvaguardia del paesaggio agrario e forestale, alla cura ed al mantenimento dell'assetto idrogeologico e di promuovere prestazioni a favore della tutela delle vocazioni produttive del territorio, le pubbliche amministrazioni, ivi compresi i consorzi di bonifica (3), possono stipulare convenzioni con gli imprenditori agricoli.

2. Le convenzioni di cui al comma 1 definiscono le prestazioni delle pubbliche amministrazioni che possono consistere, nel rispetto degli Orientamenti comunitari in materia di aiuti di Stato all'agricoltura anche in finanziamenti, concessioni amministrative, riduzioni tariffarie o realizzazione di opere pubbliche. Per le predette finalità le pubbliche amministrazioni, in deroga alle norme vigenti, possono stipulare contratti d'appalto con gli imprenditori agricoli di importo annuale non superiore a 50.000 euro (4) nel caso di imprenditori singoli, e a 300.000 euro (5) nel caso di imprenditori in forma associata.

CAPO IV

RAFFORZAMENTO DELLA FILIERA AGROALIMENTARE

16. *Interventi per il rafforzamento e lo sviluppo delle imprese gestite direttamente dai produttori agricoli*. — 1. Il regime di aiuti istituito dall'art.

(1) La denominazione «Ministero/Ministro delle politiche agricole alimentari, forestali e del turismo» è stata così sostituita alla precedente «Ministero/Ministro delle politiche agricole alimentari e forestali» dall'art. 1.4, d.l. 12 luglio 2018, n. 86, conv. in l. 9 agosto 2018, n. 97.

(2) Articolo così sostituito dall'art. 1, comma 499, l. 27 dicembre 2017, n. 205.

(3) Le parole «, ivi compresi i consorzi di bonifica,» sono state inserite dall'art. 4-*novies*.2, d.l. 3 novembre 2008, n. 171, conv. in l. 30 dicembre 2008, n. 205.

(4) Le parole «50.000 euro» sono state così sostituite a quelle «50 milioni di lire [euro 25.822,84]» dall'art. 1.1067, lett. a, l. 27 dicembre 2006, n. 296.

(5) Le parole «a 300.000 euro» sono state così sostituite a quelle «300 milioni di lire [euro 154.937,07]» dall'art. 1.1067, lett. b, l. 27 dicembre 2006, n. 296.

13, comma 1, del d.lg. 30 aprile 1998, n. 173, è finalizzato anche a favorire il riorientamento delle filiere produttive nell'ottica della sicurezza alimentare e della tracciabilità degli alimenti e si applica prioritariamente a favore delle imprese gestite direttamente dai produttori agricoli, ivi comprese:

a) le società cooperative agricole e loro consorzi che utilizzano prevalentemente prodotti conferiti dai soci;

b) le organizzazioni di produttori e loro forme associate riconosciute ai sensi dell'art. 26 del presente decreto;

c) le società di capitali in cui oltre il 50 per cento del capitale sociale sia sottoscritto da imprenditori agricoli o dalle società di cui alle lett. *a*) e *b*).

17. *Trasferimento di adeguato vantaggio economico ai produttori agricoli.* — 1. Il rispetto del criterio fissato dall'art. 26, paragrafo 2 del regolamento (CE) n. 1257/99 del Consiglio, del 17 maggio 1999, relativamente alla garanzia del trasferimento di un adeguato vantaggio economico ai produttori agricoli nella concessione degli aiuti da parte dell'Unione europea e dello Stato membro, ove non diversamente stabilito dai piani di sviluppo rurale di cui al regolamento (CE) n. 1257/99 e dai programmi operativi regionali di cui al regolamento (CE) n. 1260/99, è assicurato con la dimostrazione, da parte delle imprese agroalimentari, dell'adempimento degli obblighi derivanti dai contratti stipulati, anche nel rispetto di accordi interprofessionali, con i produttori interessati alla produzione oggetto degli investimenti beneficiari del sostegno pubblico. Nel caso di imprese cooperative e loro consorzi il rispetto del suddetto criterio è assicurato almeno mediante l'utilizzazione prevalente, nelle attività di trasformazione e di commercializzazione, dei prodotti conferiti da parte dei produttori associati.

2. Le amministrazioni competenti in relazione all'attuazione dell'intervento individuano i termini e le modalità che consentono di soddisfare il criterio di cui al comma 1. Il rispetto di tale criterio costituisce vincolo per la erogazione del sostegno agli investimenti, anche in relazione alla restituzione del contributo erogato.

3. Al fine di consentire l'effettivo trasferimento del vantaggio economico ai produttori da parte delle imprese beneficiarie delle provvidenze di cui alla l. 8 agosto 1991, n. 252, anche ai soggetti che subiscono gli effetti negativi derivanti dall'epidemia di encefalopatia spongiforme bovina, l'impegno a non cedere o alienare assunto relativamente agli investimenti di cui alla lett. *c*) dell'allegato C alla circolare del Ministro dell'agricoltura e delle foreste 1° ottobre 1991, n. 265, si intende a tutti gli effetti assolto purché esso sia stato rispettato per almeno un terzo del periodo inizialmente previsto.

18. *Promozione dei processi di tracciabilità.* — 1. Con atto di indirizzo e coordinamento deliberato dal Consiglio dei Ministri, su proposta del Ministro delle politiche agricole e forestali, di concerto con il Ministro dell'industria, del commercio e dell'artigianato ed il Ministro della sanità, d'intesa con la Conferenza permanente per i rapporti tra lo Stato, le regioni e le province autonome, da adottare entro sessanta giorni dalla data di entrata in vigore del presente decreto legislativo, sono definite le modalità per la promozione, in tutte le fasi della produzione e della distribuzione, di un sistema volontario di tracciabilità degli alimenti, dei mangimi e degli animali destinati alla produzione alimentare e delle sostanze destinate o atte a far parte di un alimento o di un mangime in base ai seguenti criteri:

a) favorire la massima adesione al sistema volontario di tracciabilità anche attraverso accordi di filiera;

b) definire un sistema di certificazione atto a garantire la tracciabilità, promuovendone la diffusione;

c) definire un piano di controllo allo scopo di assicurare il corretto funzionamento del sistema di tracciabilità.

2. Le amministrazioni competenti, al fini dell'accesso degli esercenti attività agricola, alimentare o mangimistica ai contributi previsti dall'ordinamento nazionale, assicurano priorità alle imprese che assicurano la tracciabilità, certificata ai sensi dell'atto di indirizzo e coordinamento.

19. *Commissione interministeriale per la sicurezza alimentare.* — 1. È istituita con decreto del Presidente del Consiglio dei Ministri, senza oneri aggiuntivi a carico del bilancio dello Stato, la Commissione interministeriale per la sicurezza alimentare. La Commissione attua il coordinamento delle attività delle amministrazioni competenti in materia di sicurezza alimentare, ferme restando le competenze delle amministrazioni medesime, e studia i problemi connessi all'istituzione dell'Autorità europea per gli alimenti ed all'individuazione del punto di contatto nazionale con detta Autorità.

2. La Commissione di cui al comma 1 è composta di otto membri, designati, uno ciascuno, dai Ministri delegati per la funzione pubblica e per le politiche comunitarie e, due per ciascuno, dai Ministri della sanità, dell'industria, del commercio e dell'artigianato, delle politiche agricole e forestali.

3. A conclusione dei propri lavori la Commissione di cui al comma 1 redige una relazione, anche con riguardo ad eventuali proposte operative in materia di coordinamento delle competenze in materia di sicurezza alimentare e di individuazione del punto di contatto nazionale dell'Autorità europea per gli alimenti.

20. *Istituti della concertazione*. — 1. Nella definizione delle politiche agroalimentari il Governo si avvale del Tavolo agroalimentare istituito presso la Presidenza del Consiglio dei Ministri, che è convocato con cadenza almeno trimestrale. Al Tavolo agroalimentare partecipa una delegazione del Consiglio nazionale dei consumatori e degli utenti di cui all'art. 4 della l. 30 luglio 1998, n. 281, composta di tre rappresentanti designati dal Consiglio medesimo.

2. Le modalità delle ulteriori attività di concertazione presso il Ministero delle politiche agricole e forestali sono definite con decreto del Ministro.

21. *Norme per la tutela dei territori con produzioni agricole di particolare qualità e tipicità*. — 1. Fermo quanto stabilito dal d.lg. 5 febbraio 1997, n. 22, come modificato dal d.lg. 8 novembre 1997, n. 389, e senza nuovi o maggiori oneri a carico dei rispettivi bilanci, lo Stato, le regioni e gli enti locali tutelano, nell'ambito delle rispettive competenze:

a) la tipicità, la qualità, le caratteristiche alimentari e nutrizionali, nonché le tradizioni rurali di elaborazione dei prodotti agricoli e alimentari a denominazione di origine controllata (DOC), a denominazione di origine controllata e garantita (DOCG), a denominazione di origine protetta (DOP), a indicazione geografica protetta (IGP) e a indicazione geografica tutelata (IGT);

b) le aree agricole in cui si ottengono prodotti con tecniche dell'agricoltura biologica ai sensi del regolamento (CEE) n. 2092/91 del Consiglio, del 24 giugno 1991;

c) le zone aventi specifico interesse agrituristico.

2. La tutela di cui al comma 1 è realizzata, in particolare, con:

a) la definizione dei criteri per l'individuazione delle aree non idonee alla localizzazione degli impianti di smaltimento e recupero dei rifiuti, di cui all'art. 22, comma 3, lett. *e*), del d.lg. 5 febbraio 1997, n. 22, come modificato dall'art. 3 del d.lg. 8 novembre 1997, n. 389, e l'adozione di tutte le misure utili per perseguire gli obiettivi di cui al comma 2 dell'art. 2 del medesimo d.lg. n. 22 del 1997;

b) l'adozione dei piani territoriali di coordinamento di cui all'art. 15, comma 2, della l. 8 giugno 1990, n. 142, e l'individuazione delle zone non idonee alla localizzazione di impianti di smaltimento e recupero dei rifiuti ai sensi dell'art. 20, comma 1, lett. *e*), del citato d.lg. n. 22 del 1997, come modificato dall'art. 3 del d.lg. n. 389 del 1997.

22. *Sorveglianza rinforzata*. — 1. I vegetali, le sementi, i prodotti antiparassitari di uso agricolo e i prodotti assimilati, i fertilizzanti (1), i composti e i materiali di sostegno, che sono composti in tutto o in parte di organismi geneticamente modificati, sono soggetti ad uno specifico monitoraggio territoriale.

2. I Servizi fitosanitari regionali, nell'ambito delle attività ispettive previste dalle vigenti normative fitosanitarie sui vegetali e prodotti vegetali, collaborano con le strutture incaricate dell'effettuazione dei controlli sugli organismi geneticamente modificati.

3. Le modalità per l'espletamento del monitoraggio, anche al fine di assicurare omogeneità di interventi e raccordo operativo con il Servizio fitosanitario centrale del Ministero delle politiche agricole e forestali, sono stabilite con decreto del Ministro delle politiche agricole e forestali, di concerto con i Ministri della sanità e dell'ambiente e d'intesa con la Conferenza permanente per i rapporti tra lo Stato, le regioni e le province autonome, senza oneri aggiuntivi a carico dei bilanci dello Stato, delle regioni e delle province.

23. *Prodotti di montagna*. — 1. Le denominazioni «montagna», «prodotto di montagna» e simili possono essere utilizzati per i prodotti agricoli e alimentari, soltanto ove questi siano prodotti ed elaborati nelle aree di montagna come definite dalla normativa comunitaria in applicazione dell'art. 3 della direttiva n. 75/268 del Consiglio del 28 aprile 1975 e dai programmi di cui al regolamento CE n. 1257/99.

24. *Indicatori di tempo e temperatura*. — 1. Con decreto del Ministro dell'industria, del commercio e dell'artigianato, di concerto con i Ministri delle politiche agricole e forestali e della sanità, sentita la Conferenza permanente per i rapporti tra Stato e regioni, sono definiti, entro centottanta giorni dalla data di entrata in vigore del presente decreto, i criteri per pro-

(1) Per il riordino e la revisione della disciplina in materia di fertilizzanti v. d.lg. 29 aprile 2010, n. 75. Per l'aggiornamento dell'allegato 11 al d.lg. cit. v. d.m. Politiche agricole e forestali 4 marzo 2011, in G.U., 31 maggio 2011, n. 125.

muovere l'indicazione in etichetta delle modalità di conservazione dei prodotti agroalimentari in relazione al tempo ed alla temperatura da riportare all'interno ed all'esterno degli imballaggi preconfezionati di prodotti agroalimentari freschi, refrigerati e surgelati di breve durabilità.

25. *Organizzazioni interprofessionali*. — 1. All'art. 12 del d.lg. 30 aprile 1998, n. 173, sono apportate le seguenti modificazioni:

a) al comma 1, all'alinea, le parole: «qualsiasi organismo che» sono sostituite dalle seguenti: «un'associazione costituita ai sensi degli artt. 14 e seguenti del codice civile e riconosciuta ai sensi del d.p.r. 10 febbraio 2000, n. 361»;

b) al comma 1, la lett. *a*) è sostituita dalla seguente: .... (*omissis*);

c) il comma 2 è sostituito dai seguenti: .. .. (*omissis*).

26-29. .... (1).

30. *Adeguamento delle borse merci*. — 1. Le contrattazioni delle merci e delle derrate di cui alla l. 20 marzo 1913, n. 272, e successive modificazioni, sono svolte anche attraverso strumenti informatici o per via telematica.

2. Al fine di rendere uniformi le modalità di gestione, di vigilanza e di accesso alle negoziazioni telematiche, le camere di commercio, industria, artigianato e agricoltura adottano, durante un periodo sperimentale di dodici mesi, apposite norme tecniche, in conformità a quanto stabilito dal decreto del Ministro dell'industria, del commercio e dell'artigianato 20 dicembre 2000, idonee a consentire l'accesso alle contrattazioni, anche da postazioni remote, ad una unica piattaforma telematica.

3. Con riferimento al prodotti elencati nell'Allegato I del Trattato istitutivo della Comunità europea, negli Allegati I e II del regolamento (CEE) n. 2081/1992 del Consiglio, del 14 luglio 1992, come modificato dal regolamento (CE) n. 692/2003 del Consiglio, dell'8 aprile 2003, ed agli altri prodotti qualificati agricoli dal diritto comunitario, anche ai fini dell'uniforme classificazione merceologica, con regolamento del Ministro delle politiche agricole e forestali sono disciplinate le modalità di attuazione di quanto previsto dal comma 1 (2).

4. Fino all'entrata in vigore del regolamento di cui al comma 3, i risultati in termini di prezzi di riferimento e di quantità delle merci e delle derrate negoziate in via telematica sono oggetto di comunicazione, da parte delle società di gestione, alle Deputazioni delle Borse merci, nonché di pubblicazione nel bollettino ufficiale dei prezzi, edito dalle camere di commercio, industria, artigianato e agricoltura.

5. Dalla data di entrata in vigore del regolamento di cui al comma 3 le norme della l. 20 marzo 1913, n. 272, cessano di avere applicazione nei confronti delle contrattazioni dei prodotti fungibili agricoli, agroindustriali, ittici e tipici.

31. *Programmazione negoziata*. — 1. Nel documento di programmazione agroalimentare e forestale e nel documento di programmazione economica e finanziaria sono definiti, per il periodo di riferimento, gli obiettivi strategici da conseguire attraverso gli strumenti della programmazione negoziata in agricoltura.

2. Nell'ambito dei fondi stanziati annualmente dalla legge finanziaria ai sensi della l. 30 giugno 1998, n. 208, e successive modificazioni, il Comitato interministeriale per la programmazione economica (CIPE) provvede ad individuare una quota da destinare agli obiettivi di cui al comma 1.

CAPO V

DISPOSIZIONI DIVERSE

32. *Procedure di finanziamento della ricerca*. — 1. Per gli enti del settore di ricerca in agricoltura di cui al d.lg. 29 ottobre 1999, n. 454, nell'attesa dell'adozione del relativo decreto ed allo scopo di assicurare l'ordinaria prosecuzione dell'attività, il Ministero delle politiche agricole e forestali è autorizzato ad erogare acconti sulla base delle previsioni contenute nel decreto di riparto, nonché dei contributi assegnati come competenza nel precedente anno.

33. *Disposizioni per gli organismi pagatori*. — 1. I procedimenti per erogazioni da parte degli Organismi pagatori riconosciuti di cui all'art. 3 del d.lg. 27 maggio 1999, n. 165, come modificato dall'art. 3 del d.lg. 15 giugno 2000, n. 188, sono sospesi riguardo ai beneficiari nei cui confronti siano pervenute da parte di organismi di accertamento e di controllo, notizie circostanziate di indebite percezioni di erogazioni a carico del bilancio comunitario o nazionale, finché i fatti non siano definitivamente accertati.

2. I procedimenti sospesi ai sensi del comma

(1) Articoli abrogati dall'art. 16.2, lett. a, d.lg. 27 maggio 2005, n. 102.
(2) Comma così sostituito dall'art. 14.11, d.lg. 29 marzo 2004, n. 99.

1 sono riavviati a seguito di presentazione di idonea garanzia da parte dei beneficiari.

3. Il Comitato preposto all'esercizio delle funzioni di organismo pagatore dell'Agenzia per le erogazioni in agricoltura (AGEA), di cui al comma 4 dell'art. 10 del citato d.lg. n. 165 del 1999, come sostituito dall'art. 9, comma 2, del citato d.lg. n. 188 del 2000, è l'organo di gestione per l'esercizio delle funzioni medesime ed opera in regime di autonomia gestionale, negoziale, amministrativa e contabile e con proprie dotazioni finanziarie e di personale, sulla base di direttive del Ministro delle politiche agricole e forestali. Le determinazioni del Comitato aventi rilevanza esterna sono attuate dal presidente dell'AGEA.

4. Il consiglio di amministrazione dell'AGEA, entro quindici giorni dalla data di entrata in vigore del presente decreto, sentito il Comitato di cui al comma 3, sottopone ai Ministri competenti le modifiche alle disposizioni dello statuto, del regolamento di amministrazione e contabilità e del regolamento del personale che si rendono necessarie per l'attuazione del citato comma 3, prevedendo in particolare le idonee forme di rappresentanza del Comitato per lo svolgimento delle funzioni ad esso attribuite.

5. La dotazione finanziaria dell'organismo pagatore dell'AGEA è determinata annualmente in sede di approvazione del bilancio preventivo sulla base di direttive del Ministro delle politiche agricole e forestali.

34. *Garanzie*. — 1. Fermo restando quanto stabilito dall'art. 8 del decreto del Ministro dell'industria, del commercio e dell'artigianato 31 maggio 1999, n. 248, l'ambito di applicazione della garanzia diretta e della cogaranzia di cui, rispettivamente, agli artt. 2 e 4 del medesimo decreto, è esteso ai settori agricolo, agroalimentare e della pesca. La garanzia diretta e la cogaranzia sono concesse nel rispetto delle disposizioni comunitarie in materia di aiuti di Stato sotto forma di garanzia di cui alla comunicazione della Commissione CE 2000/C 71/07.

35. *Ambito di applicazione*. — 1. Le disposizioni del presente decreto si applicano alle regioni a statuto speciale ed alle province autonome di Trento e di Bolzano nel rispetto e nei limiti degli statuti di autonomia e delle relative norme di attuazione.

36. *Disposizioni finanziarie*. — 1. Agli oneri derivanti dal presente decreto, quantificati complessivamente in lire 83,895 miliardi [euro 43.328.151,55] per l'anno 2001 e in lire 95,895 [euro 49.525.634,34] miliardi a decorrere dal 2002, di cui lire 68,963 miliardi [euro 35.616.417,13] per l'art. 1, comma 2, lire 7,052 miliardi [euro 3.642.054,05] per l'art. 3, lire 12 miliardi [euro 6.197.482,79] a decorrere dal 2002 per l'art. 8, lire 56 milioni [euro 28.921,59] per l'art. 9, lire 7,824 miliardi [euro 4.040.758,78] per l'art. 10, si provvede:

a) per gli anni 2001 e 2002 mediante riduzione dell'autorizzazione di spesa recata dall'art. 25 della l. 17 maggio 1999, n. 144, come rifinanziata dalla l. 23 dicembre 2000, n. 388;

b) per l'anno 2003 mediante riduzione dell'autorizzazione di spesa recata – ai sensi dell'art. 7 del d.lg. 27 maggio 1999, n. 165 – dalla tabella C della l. 23 dicembre 2000, n. 388.

2. Il Ministro del tesoro, del bilancio e della programmazione economica è autorizzato ad apportare, con propri decreti, le occorrenti variazioni di bilancio.

VII. 10.

DECRETO LEGISLATIVO 29 marzo 2004, n. 99. — *Disposizioni in materia di soggetti e attività, integrità aziendale e semplificazione amministrativa in agricoltura, a norma dell'art. 1, comma 2, lett. d), f), g), l), ee), della l. 7 marzo 2003, n. 38* (1).

CAPO I

SOGGETTI E ATTIVITÀ

1. *Imprenditore agricolo professionale*. — 1. Ai fini dell'applicazione della normativa statale, è imprenditore agricolo professionale (IAP) colui il quale, in possesso di conoscenze e competenze professionali ai sensi dell'art. 5 del reg. (CE) n. 1257/1999 del Consiglio, del 17 maggio 1999, dedichi alle attività agricole di cui all'art. 2135 del codice civile, direttamente o in qualità di socio di società, almeno il cinquanta per cento del proprio tempo di lavoro complessivo e che ricavi dalle attività medesime almeno il cinquanta per cento del proprio reddito globale da lavoro. Le pensioni di ogni genere, gli assegni ad esse equiparati, le indennità e le somme percepite per l'espletamento di cariche pubbliche, ovvero in (2) associazioni ed altri enti operanti nel settore agricolo, sono escluse dal computo del reddito globale da lavoro. Nel caso

(1) G.U., 22 aprile 2004, n. 94.
(2) La parola «società,» è stata soppressa dall'art. 1.1, lett. a, d.lg. 27 maggio 2005, n. 101.

delle società di persone e cooperative, ivi incluse le cooperative di lavoro, l'attività svolta dai soci nella società, in presenza dei requisiti di conoscenze e competenze professionali, tempo lavoro e reddito di cui al primo periodo, è idonea a far acquisire ai medesimi la qualifica di imprenditore agricolo professionale e al riconoscimento dei requisiti per i soci lavoratori. Nel caso di società di capitali, l'attività svolta dagli amministratori nella società, in presenza dei predetti requisiti di conoscenze e competenze professionali, tempo lavoro e reddito, è idonea a far acquisire ai medesimi amministratori la qualifica di imprenditore agricolo professionale (1). Per l'imprenditore che operi nelle zone svantaggiate di cui all'art. 17 del citato reg. (CE) n. 1257/1999, i requisiti di cui al presente comma sono ridotti al venticinque per cento.

2. Le regioni accertano ad ogni effetto il possesso dei requisiti di cui al comma 1. È fatta salva la facoltà dell'Istituto nazionale di previdenza sociale (INPS) di svolgere, ai fini previdenziali, le verifiche ritenute necessarie ai sensi del d.p.r. 7 dicembre 2001, n. 476.

3. Le società di persone, cooperative e di capitali, anche a scopo consortile, sono considerate imprenditori agricoli professionali qualora lo statuto preveda quale oggetto sociale l'esercizio esclusivo delle attività agricole di cui all'art. 2135 del codice civile e siano in possesso dei seguenti requisiti:

a) nel caso di società di persone qualora almeno un socio sia in possesso della qualifica di imprenditore agricolo professionale. Per le società in accomandita la qualifica si riferisce ai soci accomandatari;

b) .... (2);

c) nel caso di società di capitali o cooperative (3), quando almeno un amministratore che sia anche socio per le società cooperative (4), sia in possesso della qualifica di imprenditore agricolo professionale.

3-*bis*. La qualifica di imprenditore agricolo professionale può essere apportata da parte dell'amministratore ad una sola società (5).

4. All'imprenditore agricolo professionale persona fisica, se iscritto nella gestione previdenziale ed assistenziale, sono altresì riconosciute le agevolazioni tributarie in materia di imposizione indiretta e creditizie stabilite dalla normativa vigente a favore delle persone fisiche in possesso della qualifica di coltivatore diretto. La perdita dei requisiti di cui al comma 1, nei cinque anni dalla data di applicazione delle agevolazioni ricevute in qualità di imprenditore agricolo professionale determina la decadenza dalle agevolazioni medesime (6).

5. Le indennità e le somme percepite per l'attività svolta in società agricole di persone, cooperative, di capitali, anche a scopo consortile, sono considerate come redditi da lavoro derivanti da attività agricole ai fini del presente articolo, e consentono l'iscrizione del soggetto interessato nella gestione previdenziale ed assistenziale per l'agricoltura (7).

5-*bis*. L'imprenditore agricolo professionale persona fisica, anche ove socio di società di persone o cooperative, ovvero amministratore di società di capitali, deve iscriversi nella gestione previdenziale ed assistenziale per l'agricoltura. Ai soci lavoratori di cooperative si applica l'art. 1, comma 3, della legge 3 aprile 2001, n. 142 (7).

5-*ter*. Le disposizioni relative all'imprenditore agricolo professionale si applicano anche ai soggetti persone fisiche o società che, pur non in possesso dei requisiti di cui ai commi 1 e 3, abbiano presentato istanza di riconoscimento della qualifica alla Regione competente che rilascia apposita certificazione, nonché si siano iscritti all'apposita gestione dell'INPS. Entro ventiquattro mesi dalla data di presentazione dell'istanza di riconoscimento, salvo diverso termine stabilito dalle regioni, il soggetto interessato deve risultare in possesso dei requisiti di cui ai predetti commi 1 e 3, pena la decadenza degli eventuali benefici conseguiti. Le regioni e l'Agenzia delle entrate definiscono modalità di comunicazione delle informazioni relative al possesso dei requisiti relativi alla qualifica di IAP (7).

5-*quater*. Qualunque riferimento nella legislazione vigente all'imprenditore agricolo a ti-

(1) I periodi da «Nel caso delle società di persone e cooperative» fino a «professionale» sono stati aggiunti dall'art. 1.1, lett. b, d.lg. 27 maggio 2005, n. 101.

(2) Lettera soppressa dall'art. 1.2, lett. a, d.lg. 27 maggio 2005, n. 101.

(3) Le parole «o cooperative» sono state inserite dall'art. 1.2, lett. b, d.lg. 27 maggio 2005, n. 101.

(4) Le parole «che sia anche socio per le società cooperative,» sono state inserite dall'art. 1.2, lett. b, d.lg. 27 maggio 2005, n. 101.

(5) Comma inserito dall'art. 1.2, lett. c, d.lg. 27 maggio 2005, n. 101.

(6) Comma così sostituito dall'art. 1.3, lett. a, d.lg. 27 maggio 2005, n. 101.

(7) Gli attuali commi 5, 5-*bis*, 5-*ter*, 5-*quater* e 5-*quinquies* sono stati così sostituiti all'originario comma 5 dall'art. 1.4, d.lg. 27 maggio 2005, n. 101.

tolo principale si intende riferito all'imprenditore agricolo professionale, come definito nel presente articolo (1).

5-*quinquies*. L'art. 12 della l. 9 maggio 1975, n. 153, e successive modificazioni, è abrogato (1).

2. *Società agricole*. — 1. La ragione sociale o la denominazione sociale delle società che hanno quale oggetto sociale l'esercizio esclusivo delle attività di cui all'art. 2135 del codice civile deve contenere l'indicazione di società agricola. Non costituiscono distrazione dall'esercizio esclusivo delle attività agricole la locazione, il comodato e l'affitto di fabbricati ad uso abitativo, nonché di terreni e di fabbricati ad uso strumentale alle attività agricole di cui all'art. 2135 del c.c., sempreché i ricavi derivanti dalla locazione o dall'affitto siano marginali rispetto a quelli derivanti dall'esercizio dell'attività agricola esercitata. Il requisito della marginalità si considera soddisfatto qualora l'ammontare dei ricavi relativi alle locazioni e affitto dei beni non superi il 10 per cento dell'ammontare dei ricavi complessivi. Resta fermo l'assoggettamento di tali ricavi a tassazione in base alle regole del testo unico delle imposte sui redditi di cui al d.p.r. 22 dicembre 1986, n. 917 (2).

2. Le società costituite alla data di entrata in vigore del presente decreto, che abbiano i requisiti di cui al presente articolo, devono inserire nella ragione sociale o nella denominazione sociale la indicazione di «società agricola» ed adeguare lo statuto, ove redatto. Le predette società sono esentate dal pagamento di tributi e diritti dovuti per l'aggiornamento della (3) ragione sociale o denominazione sociale negli atti catastali e nei pubblici registri immobiliari e per ogni altro adempimento a tal fine necessario (4).

3. L'esercizio del diritto di prelazione o di riscatto di cui all'art. 8 della l. 26 maggio 1965, n. 590, e successive modificazioni, ed all'art. 7 della l. 14 agosto 1971, n. 817, spetta anche alla società agricola di persone qualora almeno la metà dei soci sia in possesso della qualifica di coltivatore diretto come risultante dall'iscrizione nella sezione speciale del registro delle imprese di cui all'art. 2188 e seguenti del codice civile. Alla medesima società sono in ogni caso riconosciute, altresì, le agevolazioni previdenziali ed assistenziali stabilite dalla normativa vigente a favore delle persone fisiche in possesso della qualifica di coltivatore diretto.

4. Alle società agricole di cui all'art. 1, comma 3, qualificate imprenditori agricoli professionali, sono riconosciute le agevolazioni tributarie in materia di imposizione indiretta e creditizie stabilite dalla normativa vigente a favore delle persone fisiche in possesso della qualifica di coltivatore diretto. La perdita dei requisiti di cui all'art. 1, comma 3, nei cinque anni dalla data di applicazione delle agevolazioni ricevute in qualità di imprenditore agricolo professionale determina la decadenza dalle agevolazioni medesime (5).

4-*bis*. Le agevolazioni di cui al comma 4 sono riconosciute anche alle società agricole di persone con almeno un socio coltivatore diretto, alle società agricole di capitali con almeno un amministratore coltivatore diretto, nonché alle società cooperative con almeno un amministratore socio coltivatore diretto, iscritti nella relativa gestione previdenziale e assistenziale (6). La perdita dei requisiti di cui al presente comma nei cinque anni dalla data di applicazione delle agevolazioni determina la decadenza dalle agevolazioni medesime (7) (8).

3. *Imprenditoria agricola giovanile*. — 1. Dopo l'art. 4 del d.lg. 18 maggio 2001, n. 228, è inserito il seguente: .... (*omissis*) (9).

2. .... (*omissis*) (10).

(1) Gli attuali commi 5, 5-*bis*, 5-*ter*, 5-*quater* e 5-*quinquies* sono stati così sostituiti all'originario comma 5 dall'art. 1.4, d.lg. 27 maggio 2005, n. 101.

(2) I periodi da «Non costituiscono distrazione» fino alla fine del comma sono stati aggiunti dall'art. 36.8, d.l. 18 ottobre 2012, n. 179, conv. in l. 17 dicembre 2012, n. 221.

(3) La parola «nuova» è stata soppressa dall'art. 2.1, lett. a, d.lg. 27 maggio 2005, n. 101.

(4) Le parole «e per ogni altro adempimento a tal fine necessario» sono state aggiunte dall'art. 2.1, lett. b, d.lg. 27 maggio 2005, n. 101.

(5) Comma così sostituito dall'art. 2.2, lett. b, d.lg. 27 maggio 2005, n. 101.

(6) Periodo soppresso dall'art. 1.1096, l. 27 dicembre 2006, n. 296.

(7) Comma aggiunto dall'art. 2.3, lett. b, d.lg. 27 maggio 2005, n. 101.

(8) L'art. 1.1093, l. 27 dicembre 2006, n. 296, così dispone: «Le società di persone, le società a responsabilità limitata e le società cooperative, che rivestono la qualifica di società agricola ai sensi dell'art. 2 del d.lg. 29 marzo 2004, n. 99, come da ultimo modificato dal comma 628 del presente articolo, possono optare per l'imposizione dei redditi ai sensi dell'art. 32 del testo unico delle imposte sui redditi, di cui al d.p.r. 22 dicembre 1986, n. 917, e successive modificazioni».

(9) In *Leggi coll. VII, 9*.

(10) Modifica l'art. 9.2, d.lg. 21 aprile 2000, n. 185.

3. Ai giovani imprenditori agricoli, anche organizzati in forma societaria, che accedono al premio di primo insediamento di cui all'art. 8, par. 2, del reg. (CE) n. 1257/1999 del Consiglio, del 17 maggio 1999, e successive modificazioni, è attribuito, nel limite della somma di 9.921.250 euro per l'anno 2004 e (1) nei limiti della somma di dieci milioni di euro annui per ciascuno degli anni dal 2005 al 2009 (2) un ulteriore aiuto, sotto forma di credito d'imposta, fino a cinquemila euro annui per cinque anni. Il credito d'imposta non concorre alla formazione del valore della produzione netta di cui al d.lg. 15 dicembre 1997, n. 446, né dell'imponibile agli effetti delle imposte sui redditi. Non rileva altresì ai fini del rapporto di cui all'art. 96 del testo unico delle imposte sui redditi, approvato con d.p.r. 22 dicembre 1986, n. 917, ed è utilizzabile in compensazione ai sensi del d.lg. 9 luglio 1997, n. 241. Con decreto del Ministro delle politiche agricole e forestali, di concerto con il Ministro dell'economia e delle finanze, di natura non regolamentare, sentita la Conferenza permanente per i rapporti tra lo Stato, le regioni e le province autonome di Trento e di Bolzano, da emanarsi entro il 31 dicembre 2004 (3), sono determinate le modalità di applicazione del presente comma, tenuto conto delle disposizioni di cui all'art. 5 del d.l. 8 luglio 2002, n. 138, convertito, con modificazioni, dalla l. 8 agosto 2002, n. 178.

4. All'art. 15 della l. 15 dicembre 1998, n. 441, il comma 1 è sostituito dal seguente: . . . . (*omissis*).

5. All'applicazione del presente articolo si provvede nell'ambito degli stanziamenti finalizzati all'attuazione dell'art. 1, comma 2 del d.lg. 18 maggio 2001, n. 228 (4) (5).. (*omissis*).

4. *Norme sulla vendita di prodotti agricoli.* — 1. La disciplina amministrativa di cui all'art. 4 del d.lg. 18 maggio 2001, n. 228, si applica anche agli enti ed alle associazioni che intendano vendere direttamente prodotti agricoli.

2. All'art. 10, comma 8, della l. 21 dicembre 1999, n. 526, è aggiunto, in fine, il seguente periodo: . . . . (*omissis*).

5. *Attività agromeccanica.* — 1. È definita attività agromeccanica quella fornita a favore di terzi con mezzi meccanici per effettuare le operazioni colturali dirette alla cura ed allo sviluppo di un ciclo biologico o di una fase necessaria del ciclo stesso, la sistemazione e la manutenzione dei fondi agro-forestali, la manutenzione del verde, nonché tutte le operazioni successive alla raccolta dei prodotti per garantirne la messa in sicurezza. Sono altresì ricomprese nell'attività agromeccanica le operazioni relative al conferimento dei prodotti agricoli ai centri di stoccaggio e all'industria di trasformazione quando eseguite dallo stesso soggetto che ne ha effettuato la raccolta.

6. *Organizzazioni di produttori.* — 1-6. . . . . (*omissis*) (6).

7. Le organizzazioni di produttori riconosciute hanno priorità nell'attribuzione degli aiuti di Stato, in conformità con la regolamentazione comunitaria, per l'organizzazione della produzione e del mercato.

8. Le disposizioni di cui al comma 7 si applicano anche alle organizzazioni dei produttori riconosciute nei Paesi membri dell'Unione europea, che presentano caratteristiche comparabili e iscritte in una specifica sezione dell'Albo di cui al comma 5.

9. . . . . (*omissis*) (7).

10. Le Regioni hanno facoltà di derogare all'obbligo prescritto dall'art. 26, comma 3, lett. *a*), n. 3, del d.lg. 18 maggio 2001, n. 228, fino alla scadenza del termine di cui all'art. 26, comma 7, del d.lg. 18 maggio 2001, n. 228.

11. . . . . (*omissis*) (8).

12. All'allegato 1 di cui all'art. 27, comma 1, del d.lg. 18 maggio 2001, n. 228 (4), il numero dei produttori è ridotto del cinquanta per cento.

13. . . . . (*omissis*) (9).

(1) Le parole «nel limite della somma di 9.921.250 euro per l'anno 2004 e» sono state inserite dall'art. 5.1, lett. a, d.l. 9 novembre 2004, n. 266, conv. in l. 27 dicembre 2004, n. 306.

(2) Le parole «per ciascuno degli anni dal 2005 al 2009» sono state così sostituite a quelle «per ciascuno degli anni dal 2004 al 2008» dall'art. 5.1, lett. a, d.l. 9 novembre 2004, n. 266, conv. in l. 27 dicembre 2004, n. 306.

(3) Le parole «da emanarsi entro il 31 dicembre 2004» sono state così sostituite a quelle «da emanarsi entro sessanta giorni dalla data di entrata in vigore del presente decreto» dall'art. 5.1, lett. a, d.l. 9 novembre 2004, n. 266, conv. in l. 27 dicembre 2004, n. 306.

(4) In *Leggi coll. VII, 9.*

(5) Le parole «del d.lg. 18 maggio 2001, n. 228» sono state aggiunte dall'art. 5.1, lett. b, d.l. 9 novembre 2004, n. 266, conv. in l. 27 dicembre 2004, n. 306.

(6) Modificano l'art. 26, d.lg. 18 maggio 2001, n. 228, in *Leggi coll. VII, 9.*

(7) Sostituisce parole nell'art. 26.7, d.lg. 18 maggio 2001, n. 228, in *Leggi coll. VII, 9.*

(8) Aggiunge la lett. *c-bis* all'art. 27.1, d.lg. 18 maggio 2001, n. 228, in *Leggi coll. VII, 9.*

(9) Sostituisce il comma 1 dell'art. 27, d.lg. 18 maggio 2001, n. 228, in *Leggi coll. VII, 9.*

CAPO II

Integrità aziendale

7. *Conservazione dell'integrità fondiaria*. — 1. .... (*omissis*) (1).

2-11-*quater*. .... (*omissis*).

8. *Estensione del diritto di prelazione o di riscatto agrari*. — 1. Gli assegnatari dei fondi acquistati dall'Istituto di servizi per il mercato agricolo alimentare (ISMEA) sono equiparati ai proprietari coltivatori diretti, ai sensi del citato art. 7 della l. 14 agosto 1971, n. 817, in ordine al diritto di prelazione o di riscatto agrari nella compravendita dei fondi confinanti.

2. Alle operazioni di acquisto di terreni proposte nell'esercizio del diritto di prelazione o di riscatto agrario per le quali è stata presentata domanda all'ISMEA si applicano le disposizioni di cui all'art. 8, comma 7, della l. 26 maggio 1965, n. 590.

9. *Ricomposizione fondiaria*. — 1. Sono ridotte della metà le imposte dovute per gli atti tra vivi diretti a realizzare l'accorpamento di fondi rustici, attraverso la permuta di particelle o la rettificazione dei confini.

2. Alle vendite dei beni appartenenti al patrimonio immobiliare pubblico, eseguite ai sensi del d.l. 25 settembre 2001, n. 351, convertito, con modificazioni, dalla l. 23 novembre 2001, n. 410, qualora abbiano ad oggetto beni suscettibili di utilizzazione agricola e siano concluse con imprenditori agricoli o coltivatori diretti iscritti nella sezione speciale del registro delle imprese di cui all'art. 2188 e seguenti del codice civile si applica la riduzione del cinquanta per cento delle imposte di registro, ipotecaria, catastale e di bollo.

10. *Ricomposizione aziendale a mezzo di contratto di affitto*. — 1. Al fine di incentivare l'accorpamento aziendale attraverso la stipulazione di contratti di affitto delle particelle finitime della durata di almeno cinque anni, l'imposta di registro è dovuta in misura fissa.

11. *Ricomposizione aziendale a mezzo di contratto di società cooperativa*. — 1. Sono ridotte di due terzi le imposte dovute per la stipula dei contratti di società cooperativa tra imprenditori agricoli che conferiscono in godimento alla società i terreni di cui sono proprietari o affittuari, per la costituzione di un'unica azienda agricola a gestione comune. Sono dovute in misura fissa le predette imposte qualora un quinto dei soci della cooperativa siano imprenditori agricoli giovani che si impegnano ad esercitare la gestione comune per almeno nove anni.

12. *Valorizzazione del patrimonio abitativo rurale*. — 1. I redditi dei fabbricati situati nelle zone rurali e non utilizzabili ad abitazione alla data di entrata in vigore del presente decreto legislativo, che vengono ristrutturati nel rispetto della vigente disciplina edilizia dall'imprenditore agricolo che ne sia proprietario ed acquisiscono i requisiti di abitabilità previsti dalle vigenti norme, se concessi in locazione dall'imprenditore agricolo per almeno cinque anni, ai fini delle imposte sui redditi per il periodo relativo al primo contratto di locazione e, comunque, per non più di nove anni, sono considerati compresi nel reddito dominicale ed agrario dei terreni su cui insistono.

CAPO III

Semplificazione amministrativa

13. *Fascicolo aziendale e Carta dell'agricoltore e del pescatore*. — 1. Il fascicolo aziendale elettronico di cui all'art. 9 del d.p.r. 1° dicembre 1999, n. 503, unico per azienda, è integrato con i dati di cui all'art. 18, par. 1, lett. *c*), e all'art. 21 del regolamento (CE) n. 1782/2003 del Consiglio, del 29 settembre 2003. L'aggiornamento del fascicolo aziendale elettronico, attraverso procedure certificate del Sistema informativo agricolo nazionale (SIAN), può essere effettuato dai soggetti di cui all'art. 6, comma 1, lett. *a*), del d.p.r. n. 503 del 1999, nonché dai soggetti di cui all'art. 3-*bis* del d.lg. 27 maggio 1999, n. 165, sulla base di apposite convenzioni stipulate con l'Agenzia per le erogazioni in agricoltura (AGEA). Per qualsiasi accesso nel fascicolo aziendale elettronico, finalizzato all'aggiornamento delle informazioni ivi contenute, è assicurata l'identificazione del soggetto che vi abbia proceduto. La pubblica amministrazione, ivi compresi gli enti pubblici economici, registra inoltre nel fascicolo aziendale gli aiuti concessi al soggetto che esercita attività agricola in attuazione della normativa comunitaria, nazionale e regionale.

2. La Carta dell'agricoltore e del pescatore, di cui all'art. 7 del d.p.r. n. 503 del 1999, è realizzata in coerenza con l'art. 36 del testo unico delle disposizioni legislative e regolamentari in materia di documentazione amministrativa, approvato con d.p.r. 28 dicembre 2000, n. 445, e con il d.lg. 23 febbraio 2002, n.

(1) Inserisce l'art. 5-*bis* nel d.lg. 18 maggio 2001, n. 228, in *Leggi coll. VII, 9*.

10, nonché secondo quanto previsto dal decreto del Ministro dell'interno 19 luglio 2000, e successive modificazioni, pubblicato nel Supplemento Ordinario alla *Gazzetta Ufficiale* n. 169 del 21 luglio 2000.

3. Il codice unico di identificazione aziende agricole, di cui all'art. 1, comma 2, del d.p.r. n. 503 del 1999, costituisce sistema unico di identificazione di ciascun soggetto che esercita attività agricola anche ai sensi all'art. 18, par. 1, lett. *f*), del regolamento (CE) n. 1782/2003.

4. L'AGEA, quale autorità competente ai sensi del Titolo II, capitolo 4 regolamento (CE) n. 1782/2003, assicura, attraverso i servizi del SIAN, la realizzazione dell'Anagrafe delle aziende agricole, di cui al d.p.r. n. 503 del 1999, nonché di quanto previsto dai commi 1 e 2.

5. Nel caso di banche dati decentrate detenute dai soggetti di cui all'art. 6, comma 1, lett. *a*), del d.p.r. n. 503 del 1999, l'AGEA assicura le condizioni previste dall'art. 19, comma 2, del regolamento (CE) n. 1782/2003.

6. Le modalità operative per la gestione e l'aggiornamento del fascicolo aziendale elettronico e della Carta dell'agricoltore e del pescatore, e per il loro aggiornamento, sono stabilite con decreto del Ministro delle politiche agricole e forestali, sentita la Conferenza permanente per i rapporti tra lo Stato, le regioni e le province autonome di Trento e di Bolzano.

14. *Semplificazione degli adempimenti amministrativi.* — 1. Per i pagamenti diretti si applica quanto previsto dall'art. 22 del regolamento (CE) n. 1782/2003. L'AGEA, sentiti gli organismi pagatori, adotta le procedure per l'attuazione dell'art. 22, commi 2 e 3, del predetto regolamento.

2. Entro trenta giorni dalla data di entrata in vigore del presente decreto, attraverso il SIAN sono comunicati, senza oneri per il destinatario, e nel rispetto delle disposizioni di cui al d.lg. 30 giugno 2003, n. 196, le modalità attraverso le quali ciascun soggetto che esercita attività agricola accede direttamente, anche per via telematica, alle informazioni contenute nel proprio fascicolo aziendale.

3. Il SIAN assicura le modalità di riconoscimento dell'utente e di firma sicure attraverso la firma digitale, emessa per i procedimenti di propria competenza, e la Carta dell'agricoltore e del pescatore di cui all'art. 13, comma 2.

4. Ai fini dell'aggiornamento del repertorio delle notizie economiche e amministrative (REA), le Camere di commercio, industria, artigianato e agricoltura (CCIAA) competenti per territorio acquisiscono, attraverso le modalità prevista dall'art. 15, comma 4, del d.lg. 30 aprile 1998, n. 173, le dichiarazioni del soggetto che esercita attività agricola modificative del fascicolo aziendale. Per le predette finalità il SIAN può altresì stipulare apposite convenzioni con i soggetti di cui all'art. 3-*bis* del d.lg. 27 maggio 1999, n. 165, e successive modificazioni.

5. Ai fini dell'attuazione dell'art. 18, comma 2, del regolamento (CE) n. 1782/2003, nonché dell'aggiornamento del fascicolo aziendale di cui all'art. 13,comma 1, nel SIAN confluiscono i dati e le informazioni relativi all'identificazione e registrazione degli animali di cui alla dir. 92/102/CEE del Consiglio, del 27 novembre 1992, e al regolamento (CE) n. 1760/2000 del Parlamento europeo e del Consiglio, del 17 luglio 2000.

6. Ove non siano espressamente previsti specifici diversi termini dalla regolamentazione comunitaria vigente, per le istanze relative all'esercizio dell'attività agricola presentate alla pubblica amministrazione per il tramite dei Centri autorizzati di assistenza agricola (CAA) di cui al d.lg. 27 maggio 1999, n. 165, e successive modificazioni, la pubblica amministrazione, nonché gli enti pubblici economici procedenti adottano il provvedimento finale entro centottanta giorni dal ricevimento dell'istanza già istruita dal Centro di assistenza agricola (CAA); decorso tale termine la domanda si intende accolta. A tale fine i CAA rilasciano ai soggetti che esercitano l'attività agricola certificazione della data di inoltro dell'istanza alla pubblica amministrazione competente. Sono fatti salvi i termini più brevi previsti per i singoli procedimenti, nonché quanto disposto dal decreto del Ministro delle politiche agricole e forestali in data 18 dicembre 2002.

7. I soggetti che esercitano attività agricola che abbiano ottenuto la concessione di aiuti, contributi e agevolazioni ai sensi della normativa comunitaria, nazionale e regionale, relativa all'esercizio della propria attività da parte della pubblica amministrazione, qualora inoltrino nuove istanze possono rendere una dichiarazione sostitutiva di atto notorio attestante che le informazioni contenute nel fascicolo aziendale non hanno subito variazioni.

8. I soggetti di cui all'art. 6, comma 1, lett. *a*), del d.p.r. 1° dicembre 1999, n. 503, nei rapporti con i soggetti che esercitano l'attività agricola hanno l'obbligo di avvalersi delle informazioni contenute nel fascicolo aziendale. La pubblica amministrazione interessata, ivi compresi gli enti pubblici economici, li acquisisce d'ufficio, prioritariamente in via telematica, utilizzando i servizi di certificazione ed i servizi di interscambio e cooperazione del SIAN.

9. Al fine di semplificare gli adempimenti

amministrativi e contabili a carico delle imprese agricole, fatti salvi i compiti di indirizzo e monitoraggio del Ministero delle politiche agricole alimentari, forestali e del turismo (1) ai sensi dell'art. 3, comma 4, del d.p.r. 28 marzo 2000, n. 450, sono trasferiti all'AGEA i compiti di coordinamento e di gestione per l'esercizio delle funzioni di cui all'art. 15 della l. 4 giugno 1984, n. 194.

10. L'AGEA subentra, dalla data di entrata in vigore del presente decreto legislativo, in tutti i rapporti attivi e passivi relativi al SIAN di cui al comma 9. A tale fine sono trasferite all'AGEA le relative risorse finanziarie, umane e strumentali.

10-*bis*. L'AGEA, nell'ambito delle ordinarie dotazioni di bilancio, costituisce una società a capitale misto pubblico-privato, con partecipazione pubblica maggioritaria nel limite massimo pari a 1,2 milioni di euro nell'ambito delle predette dotazioni di bilancio, alla quale affidare la gestione e lo sviluppo del SIAN. La scelta del socio privato avviene mediante l'espletamento di una procedura ad evidenza pubblica ai sensi del d.lg. 17 marzo 1995, n. 157, e successive modificazioni. Dall'attuazione del presente comma non devono derivare nuovi o maggiori oneri a carico del bilancio dello Stato (2).

11. .... (*omissis*) (3).

12. L'attività di autoriparazione di macchine agricole e rimorchi effettuata sui mezzi propri dalle imprese agricole e da quelle che svolgono l'attività agromeccanica, di cui all'art. 5 (4) provviste di officina non è soggetta alle disposizioni di cui alla l. 5 febbraio 1992, n. 122.

13. La l. 8 agosto 1991, n. 264, non si applica all'attività di consulenza per la circolazione dei mezzi di trasporto relativa alle macchine agricole di cui all'art. 57 del d.lg. 30 aprile 1992, n. 285, e successive modificazioni, effettuata dalle organizzazioni professionali agricole e da quelle delle imprese che esercitano l'attività agromeccanica, di cui all'art. 5, maggiormente rappresentative a livello nazionale (5).

13-*bis*. I depositi di prodotti petroliferi impiegati nell'esercizio delle attività di cui all'art. 2135 del codice civile e ubicati all'interno delle aziende agricole, ancorché attrezzati come impianti per il rifornimento delle macchine agricole, e quelli impiegati nell'esercizio delle attività, di cui all'art. 5, ubicati all'interno delle imprese agromeccaniche, non sono soggetti alle disposizioni di cui al d.lg. 11 febbraio 1998, n. 32 (6).

13-*ter*. Ai depositi di cui al comma 13-*bis*, qualora abbiano capacità geometrica non superiore a 25 metri cubi, continuano ad applicarsi le disposizioni di cui ai decreti del Ministro dell'interno in data 27 marzo 1985, pubblicato nella *Gazzetta Ufficiale* n. 98 del 26 aprile 1985, e in data 19 marzo 1990, pubblicato nella *Gazzetta Ufficiale* n. 76 del 31 marzo 1990 (6).

13-*quater*. L'attività esercitata dagli imprenditori agricoli di cui all'art. 2135 del codice civile, di cura e sviluppo del ciclo biologico di organismi vegetali destinati esclusivamente alla produzione di biomasse, con cicli colturali non superiori al quinquennio e reversibili al termine di tali cicli, su terreni non boscati, costituiscono coltivazione del fondo ai sensi del citato art. 2135 del codice civile e non è soggetta alle disposizioni in materia di boschi e foreste. Tali organismi vegetali non sono considerati colture permanenti ai sensi della normativa comunitaria (6).

13-*quinquies*. I rapporti di lavoro instaurati dai soggetti che svolgono le attività, di cui al precedente art. 5, sono esclusi dal campo di applicazione del d.lg. 6 settembre 2001, n. 368 (6).

15. *Scritture contabili per le altre attività agricole e coordinamento normativo in materia fiscale.* — 1. Al d.p.r. 29 settembre 1973, n. 600, dopo l'art. 18-*bis*, è inserito il seguente: .... (*omissis*).

2. All'art. 2, comma 6, della l. 24 dicembre 2003, n. 350, sono apportate le seguenti modificazioni: .... (*omissis*) (7).

16. *Crediti in discussione presso la Camera arbitrale.* — 1. In caso di crediti vantati dagli imprenditori agricoli nei confronti della pubblica amministrazione, la camera nazionale arbitrale in agricoltura di cui al decreto del Mini-

(1) La denominazione «Ministero/Ministro delle politiche agricole alimentari, forestali e del turismo» è stata così sostituita alla precedente «Ministero/Ministro delle politiche agricole alimentari e forestali» dall'art. 1.4, d.l. 12 luglio 2018, n. 86, conv. in l. 9 agosto 2018, n. 97.

(2) Comma inserito dall'art. 4, d.l. 9 settembre 2005, n. 182, conv. in l. 11 novembre 2005, n. 231.

(3) Sostituisce il comma 3 dell'art. 30, d.lg. 18 maggio 2001, n. 228, in *Leggi coll. VII, 9*.

(4) Le parole «e da quelle che svolgono l'attività agromeccanica, di cui all'art. 5» sono state inserite dall'art. 4.5, d.lg. 27 maggio 2005, n. 101.

(5) Comma così sostituito dall'art. 4.6, d.lg. 27 maggio 2005, n. 101.

(6) Comma aggiunto dall'art. 4.1, d.lg. 27 maggio 2005, n. 101.

(7) In *Leggi coll. XX, 2*.

stro delle politiche agricole e forestali 1° luglio 2002, n. 743, che sia stata adita, certifica che entro centottanta giorni sarà definita la posizione del soggetto istante.

2. Durante il predetto periodo, gli istituti di credito potranno tenere conto di tale certificazione ai fini della valutazione complessiva delle garanzie dell'imprenditore agricolo.

3. Gli adeguamenti alla regolamentazione della camera nazionale arbitrale in agricoltura sono approvati, su proposta degli organi della camera medesima, con decreto ministeriale.

CAPO IV

TUTELA DEL PATRIMONIO AGROALIMENTARE

17. *Promozione del sistema agroalimentare italiano*. — 1. In raccordo con il Comitato per la valorizzazione del patrimonio alimentare italiano di cui all'art. 59, comma 4-*bis*, della l. 23 dicembre 1999, n. 488, la società per azioni «BUONITALIA», partecipata dal Ministero delle politiche agricole alimentari, forestali e del turismo (1) e strumento operativo del Ministero stesso per l'attuazione delle politiche promozionali di competenza nazionale, ha per scopo l'erogazione di servizi alle imprese del settore agroalimentare finalizzati a favorire la internazionalizzazione dei prodotti italiani (2).

2. Al fine di favorire il rafforzamento della tutela economica delle produzioni agroalimentari di qualità, il Ministero delle politiche agricole alimentari, forestali e del turismo (1) è autorizzato ad acquistare dall'Istituto di servizi per il mercato agricolo alimentare (ISMEA) le partecipazioni da questo possedute nella società per azioni «BUONITALIA», nonché ad esercitare i conseguenti diritti dell'azionista. All'acquisto delle partecipazioni predette il Ministero delle politiche agricole alimentari, forestali e del turismo (1) provvede nell'ambito degli stanziamenti di cui all'art. 4 della l. 23 dicembre 1999, n. 499 destinati alle iniziative di tutela e valorizzazione della qualità dei prodotti agricoli. Le amministrazioni statali, regionali e locali, con apposite convenzioni possono affidare alla società BUONITALIA l'esercizio di attività strumentali al perseguimento di finalità istituzionali attinenti con gli scopi della medesima società, anche con l'apporto di propri fondi.

3. Al fine di favorire la partecipazione delle categorie economiche interessate alla realizzazione delle finalità di cui al presente articolo, il Tavolo agroalimentare, di cui all'art. 20 del d.lg. 18 maggio 2001, n. 228, esercita funzioni consultive e propositive per la promozione, lo sviluppo, il sostegno e l'ammodernamento della filiera agroalimentare, nonché per la valorizzazione sul mercato internazionale dei prodotti agroalimentari.

18. *Armonizzazione e razionalizzazione in materia di controlli e di frodi alimentari*. — 1. L'AGEA quale autorità competente ai sensi del Titolo II, capitolo 4, del reg. (CE) n. 1782/2003, esercita nei confronti dell'Agecontrol S.p.a. il controllo ai sensi dell'art. 6, comma 1, del reg. (CEE) n. 27/1985 della Commissione, del 4 gennaio 1985. A tale scopo sono trasferite all'AGEA le relative partecipazioni azionarie del Ministero delle politiche agricole alimentari, forestali e del turismo (1) e dell'Istituto nazionale di economia agraria (INEA).

1-*bis*. L'AGEA è l'autorità nazionale responsabile delle misure necessarie per assicurare l'osservanza delle normative comunitarie, relative ai controlli di conformità alle norme di commercializzazione nel settore degli ortofrutticoli, avvalendosi dell'Agecontrol S.p.a. L'AGEA opera con le risorse umane e finanziarie assegnate a legislazione vigente (3).

1-*ter*. Il Ministro delle politiche agricole alimentari, forestali e del turismo (1) può, con apposito decreto, sentita la Conferenza permanente per i rapporti tra lo Stato, le regioni e le province autonome di Trento e di Bolzano, individuare ulteriori organismi di controllo (3).

1-*quater*. L'AGEA assume l'incarico di coordinamento delle attività dei controlli di conformità degli organismi di cui al comma 1-*ter* (3).

1-*quinquies*. Il Ministero delle politiche agricole alimentari, forestali e del turismo (1) può, con apposito decreto, sentita la Conferenza permanente per i rapporti tra lo Stato, le regioni e le province autonome di Trento e di Bol-

(1) La denominazione «Ministero/Ministro delle politiche agricole alimentari, forestali e del turismo» è stata così sostituita alla precedente «Ministero/Ministro delle politiche agricole alimentari e forestali» dall'art. 1.4, d.l. 12 luglio 2018, n. 86, conv. in l. 9 agosto 2018, n. 97.

(2) La parte finale del comma è stata soppressa dall'art. 1.9-*ter*, d.l. 18 maggio 2006, n. 181, conv. in l. 17 luglio 2006, n. 233.

(3) Il comma 1-*bis* era stato inserito dall'art. 1.4, d.l. 28 febbraio 2005, n. 22, conv. in l. 29 aprile 2005, n. 71. Successivamente gli attuali commi 1-*bis*, 1-*ter*, 1-*quater* e 1-*quinquies* sono stati così sostituiti al comma 1-*bis* dall'art. 7, l. 25 febbraio 2008, n. 34.

zano, aggiungere altri settori merceologici a quello di cui al comma 1-*bis*, una volta verificata la compatibilità con le risorse umane, strumentali e finanziarie disponibili di AGEA e Agecontrol S.p.a (1).

2. Il comma 7 dell'art. 1 del d.lg. 14 maggio 2001, n. 223, è sostituito dal seguente: .... (*omissis*).

3. Per lo svolgimento delle attività di controllo di propria competenza, l'AGEA può avvalersi dell'Ispettorato centrale repressioni frodi di cui al d.l. 18 giugno 1986, n. 282, convertito, con modificazioni, dalla l. 7 agosto 1986, n. 486, sulla base di apposita convenzione approvata dal Ministero delle politiche agricole alimentari, forestali e del turismo (2).

4. .... (*omissis*) (3).

5. .... (*omissis*) (4).

6. Con decreto del Ministro delle politiche agricole e forestali, di concerto con il Ministro dell'economia e delle finanze, sono trasferiti all'Agecontrol S.p.a. gli stanziamenti dello stato di previsione della spesa del Ministero delle politiche agricole alimentari, forestali e del turismo (2) relativi alle funzioni dell'Agecontrol S.p.a., trasferite in attuazione del presente articolo. Con decreto del Presidente del Consiglio dei Ministri, su proposta del Ministero delle politiche agricole alimentari, forestali e del turismo (2), di concerto con il Ministro dell'economia e delle finanze e con il Ministro delle attività produttive, sono altresì trasferite all'Agecontrol S.p.a. le risorse umane e finanziarie relative allo svolgimento dei controlli di cui al comma 1-*bis*, precedentemente svolti dall'Istituto nazionale per il commercio estero ai sensi dell'art. 2, comma 2, lett. *h*), della l. 25 marzo 1997, n. 68 (5).

(1) Il comma 1-*bis* era stato inserito dall'art. 1.4, d.l. 28 febbraio 2005, n. 22, conv. in l. 29 aprile 2005, n. 71. Successivamente gli attuali commi 1-*bis*, 1-*ter*, 1-*quater* e 1-*quinquies* sono stati così sostituiti al comma 1-*bis* dall'art. 7, l. 25 febbraio 2008, n. 34.

(2) La denominazione «Ministero/Ministro delle politiche agricole alimentari, forestali e del turismo» è stata così sostituita alla precedente «Ministero/Ministro delle politiche agricole alimentari e forestali» dall'art. 1.4, d.l. 12 luglio 2018, n. 86, conv. in l. 9 agosto 2018, n. 97.

(3) Aggiunge un comma all'art. 18, d.lg. 27 gennaio 1992, n. 109.

(4) Aggiunge parole all'art. 3.1, d.lg. 10 dicembre 2002, n. 305.

(5) Comma così sostituito dall'art. 1.5, d.l. 28 febbraio 2005, n. 22, conv. in l. 29 aprile 2005, n. 71.

VIII. ASSICURAZIONI PRIVATE

VIII. 1.

DECRETO DEL PRESIDENTE DELLA REPUBBLICA 24 novembre 1970, n. 973. — *Regolamento d'esecuzione della l. 24 dicembre 1969, n. 990, sull'assicurazione obbligatoria della responsabilità civile derivante dalla circolazione dei veicoli a motore e dei natanti* (1).

CAPO I

DELL'OBBLIGO DELL'ASSICURAZIONE

1*. *Ambito d'applicabilità del regolamento*. — *1.* Le norme del presente regolamento si applicano all'assicurazione obbligatoria della responsabilità civile derivante dalla circolazione dei veicoli a motore e dei natanti, di cui alla l. 24 dicembre 1969, n. 990, e successive modificazioni, in seguito denominata «legge».

2. *Veicoli a motore in circolazione*. — *1.* Sono considerati in circolazione anche i veicoli in sosta su strade di uso pubblico o su aree a queste equiparate.

2. Ai fini dell'applicazione della legge sono equiparate alle strade di uso pubblico tutte le aree, di proprietà pubblica o privata, aperte alla circolazione del pubblico.

3*. *Motoscafi e imbarcazioni a motore*. — *1.* Debbono essere coperte dall'assicurazione della responsabilità civile, a norma dell'art. 2 della legge e dell'art. 48 della l. 11 febbraio 1971, n. 50, tutte le imbarcazioni destinate alla navigazione da diporto, quali definite dall'art. 1 della stessa l. 11 febbraio 1971, n. 50, munite di motore di potenza superiore ai 3 HP fiscali.

2. Debbono altresì essere coperti dall'assicurazione:

a) i motoscafi e le imbarcazioni di stazza lorda non superiore a 25 tonnellate che siano muniti di motore inamovibile di potenza superiore ai 3 HP fiscali e che siano adibiti ad uso privato, diverso dal diporto, o al servizio pubblico di trasporto di persone. I predetti natanti si intendono adibiti ad uso privato quando siano posti in navigazione per uso personale diverso dal diporto, senza fine di lucro, del proprietario o del noleggiatore;

b) i motori amovibili di potenza superiore ai 3 HP fiscali. L'assicurazione stipulata con riferimento al motore copre il natante al quale il motore stesso sia di volta in volta applicato.

4. *Stazza lorda dei natanti e potenza dei motori*. — *1.* La potenza del motore e la stazza lorda da prendere in considerazione ai fini dell'obbligo di assicurazione sono quelle risultanti dai documenti d'identificazione del motore e del natante prescritti dalle vigenti disposizioni.

2. Per i motoscafi e le imbarcazioni a motore iscritti all'estero si ha riguardo ai dati risultanti dai corrispondenti documenti rilasciati dalle competenti autorità del paese d'iscrizione.

3. Per i natanti in navigazione sui laghi Maggiore e di Lugano e per quelli la cui stazza lorda non risulti indicata nei documenti predetti, si ha riguardo al dislocamento considerando, ai fini dell'applicazione della legge, sostituito, al limite di 25 tonnellate di stazza lorda, quello di 25 tonnellate di dislocamento.

5. *Gare e competizioni sportive*. — *1.* L'assicurazione stipulata a norma degli artt. 1 e 2 della legge non comprende la responsabilità per i danni causati in occasione della partecipazione a gare o competizioni sportive, anche in circuito chiuso, ed alle relative prove. Tale responsabilità deve essere tuttavia coperta con la speciale assicurazione prevista dall'art. 3 della legge.

2. Gli organizzatori delle gare o competizioni sportive e delle relative prove di cui al comma precedente debbono allegare alla domanda di autorizzazione la dichiarazione di un'impresa autorizzata all'esercizio dell'assicurazione della responsabilità civile per i danni causati dalla circolazione dei veicoli, attestante la stipulazione dell'assicurazione prescritta dall'art. 3 della legge. Nella dichiarazione debbono es-

(1) G.U., 14 dicembre 1969, n. 315; LEX, 1969, I, 2428. L'asterisco indica gli articoli modificati, sostituiti, aggiunti, abrogati dall'art. 1, d.p.r. 16 gennaio 1981, n. 45.

sere indicati la formula e la durata della gara o competizione ed ogni altro elemento utile al controllo dell'effettivo adempimento dell'obbligo assicurativo.

3. L'assicurazione deve coprire la responsabilità nella quale possono incorrere l'organizzatore o qualunque altro soggetto per i danni causati dalla circolazione dei veicoli partecipanti alle gare o competizioni ed alle relative prove.

6. *Veicoli a motore e natanti di proprietà di Stati esteri o di organizzazioni internazionali.* — *1.* Agli effetti dell'applicazione della legge sono equiparati ai veicoli a motore e ai natanti di proprietà dello Stato i veicoli a motore e i natanti di proprietà di Stati esteri o di organizzazioni internazionali, per i quali, in base a convenzioni internazionali od a leggi speciali, lo Stato italiano sia tenuto al risarcimento dei danni causati dalla circolazione nel territorio e nelle acque territoriali della Repubblica.

7. *Veicoli a motore immatricolati o registrati all'estero.* — *1.* Per i veicoli a motore immatricolati o registrati in Stati esteri ed in mancanza del certificato internazionale di assicurazione, può essere stipulata una speciale assicurazione «frontiera» di durata non inferiore a quindici e non superiore a quarantacinque giorni, con imprese di cui all'art. 10 della legge, che si avvalgano a tal fine dell'ente costituito in Italia e riconosciuto secondo le prescrizioni del secondo comma dell'art. 6 della legge stessa.

8. *Motoscafi e imbarcazioni a motore iscritti all'estero.* — *1.* Per i motoscafi e le imbarcazioni a motore iscritti in Stati esteri l'obbligo dell'assicurazione si considera assolto anche quando la responsabilità per i danni causati dalla circolazione del natante nelle acque territoriali soggette alla sovranità dello Stato italiano sia assicurata con un'impresa italiana operante all'estero o con un'impresa straniera la quale abbia stipulato con un'impresa autorizzata ad esercitare in Italia un'apposita convenzione che obblighi quest'ultima a provvedere, nei limiti e nelle forme stabiliti dalla legge, alla liquidazione dei predetti danni e la legittimi a stare in giudizio per le domande dei danneggiati. La convenzione deve essere approvata dal Ministero dell'industria, del commercio e dell'artigianato.

CAPO II

DEL CERTIFICATO DI ASSICURAZIONE E DEL CONTRASSEGNO

9-19. . . . . (*omissis*).

CAPO III

DELLE TARIFFE E DELLE CONDIZIONI GENERALI DI POLIZZA

20*. *Formazione delle tariffe.* — *1.* Ogni impresa autorizzata all'esercizio dell'assicurazione della responsabilità civile per i danni causati dalla circolazione dei veicoli deve trasmettere al Ministero dell'industria, del commercio e dell'artigianato per la preventiva approvazione le tariffe dei premi relative all'assicurazione predetta che essa intende adottare, comprendendovi in ogni caso tutti i rischi dei quali è obbligatoria l'assicurazione in base alla legge.

2. Le tariffe debbono essere formate per classi o gruppi di rischi aventi caratteri obiettivi comuni, quali il tipo o le caratteristiche tecniche del veicolo, la destinazione e l'uso di esso, la zona territoriale d'immatricolazione e simili. Le classi o gruppi di rischi debbono essere sufficientemente ampi e omogenei in modo da consentire significative rilevazioni statistiche per il calcolo di tassi e valori medi specie per quanto riguarda la frequenza e il costo dei sinistri.

3. Almeno tre mesi prima della data di scadenza del periodo di tempo per il quale le tariffe sono state approvate o stabilite, l'Istituto nazionale delle assicurazioni quale gestore del conto consortile mette a disposizione di ciascuna impresa i dati utili alla formazione delle tariffe desunti dalla gestione del predetto conto relativa sia all'impresa stessa sia alla generalità delle imprese.

4. Le tariffe dei premi devono essere formate calcolando distintamente i premi puri ed i caricamenti. Gli uni e gli altri devono essere indicati separatamente nella tariffa.

21*. *Determinazione dei premi puri.* — *1.* Il premio puro deve essere calcolato in modo da garantire, per ogni classe o gruppo di rischi, l'equilibrio fra la massa dei premi e il prevedibile onere dei relativi sinistri.

2. La determinazione dei premi puri deve essere effettuata in base a rilevazioni statistiche, estese a un conveniente numero d'esercizi, per ogni classe o gruppo di rischi, relative:

a) al numero dei sinistri avvenuti in ciascuno degli esercizi presi in esame ed a quello degli stessi sinistri che siano stati eliminati, nell'esercizio di avvenimento e in quelli successivi, senza pagamento di indennizzi;

b) al numero nonché all'ammontare dei sinistri avvenuti in ciascuno degli esercizi presi in esame, pagati nel corso dell'esercizio di avvenimento o nei successivi o ancora in riserva al momento della rilevazione, al netto dei recuperi per rivalsa. Nel determinare l'ammontare dei predetti sinistri si deve tener conto soltanto dell'importo dovuto al terzo danneggiato a titolo di risarcimento, ivi comprese le somme dovute per interessi e per eventuale svalutazione monetaria, nonché dell'importo delle spese sostenute dall'assicuratore, nei limiti del quarto della somma assicurata, per resistere all'azione del danneggiato contro l'assicurato o l'assicuratore stesso;

c) al numero dei veicoli esposti al rischio in ogni esercizio considerato, ragguagliato ad anno (veicoli-anno);

d) ai fattori che l'impresa abbia preso in considerazione per determinare i gruppi o le classi di rischio cui si riferiscono le tariffe ovvero per determinare le differenziazioni o le variazioni di premio nel caso di tariffe che prevedano diverse misure o variazioni di premio in relazione al verificarsi o non verificarsi di sinistri entro un certo periodo di tempo, o a franchigia, o a limitata esposizione al rischio e simili.

3. Le imprese che iniziano la loro attività o che, pur essendo già in esercizio, non dispongano di rilevazioni statistiche aziendali sufficientemente ampie ed estese a più esercizi così da consentire la formazione delle tariffe dei premi secondo i criteri indicati nel presente articolo e in quello precedente, possono fare ricorso anche a rilevazioni statistiche interaziendali.

4. Ai fini delle rilevazioni statistiche di cui ai commi precedenti, i rischi assunti in coassicurazione debbono essere considerati come assunti per intero dall'impresa delegataria e non considerati dalle coassicuratrici.

5. I risultati delle rilevazioni statistiche debbono essere opportunamente ponderati con l'applicazione dei necessari coefficienti di correzione per tenere conto delle variazioni avvenute rispetto alla situazione dei singoli esercizi considerati e di quelle che si prevede possano avvenire.

6. Nella determinazione del premio puro si deve tener conto dei redditi netti derivanti all'impresa dall'investimento delle riserve tecniche, nonché del contributo che l'impresa deve versare all'Istituto nazionale delle assicurazioni, gestione autonoma del «Fondo di garanzia per le vittime della strada» a norma dell'art. 31 della legge.

22*. *Determinazione dei caricamenti.* — *1.* I caricamenti, da aggiungere ai premi puri, debbono essere contenuti nei limiti stabiliti dal Ministro dell'industria, del commercio e dell'artigianato ai sensi dell'art. 11, quarto comma, della legge. Entro tali limiti essi debbono essere calcolati tenendo conto per ogni singola classe o singolo gruppo di rischi, delle spese generali, di quelle di gestione, sia agenziali che di direzione, delle spese inerenti al servizio di liquidazione dei sinistri, escluse quelle indicate alla lettera *b*) del precedente art. 21, nonché delle spese, al netto dei relativi recuperi, sostenute per la liquidazione dei sinistri di cui all'art. 19 della legge e di un margine industriale compensativo dell'alea di impresa.

2. Nel determinare l'incidenza delle spese e degli oneri di cui al precedente comma si deve tener conto del prevedibile andamento degli stessi nel periodo di tempo per il quale la tariffa sarà applicata.

23*. *Condizioni generali di polizza.* — *1.* Le imprese autorizzate all'esercizio dell'assicurazione della responsabilità civile per i danni causati dalla circolazione dei veicoli debbono trasmettere al Ministero dell'industria, del commercio e dell'artigianato per la preventiva approvazione le condizioni generali di polizza che intendono adottare per la predetta assicurazione, nonché tutte le modificazioni successivamente apportate alle condizioni approvate.

23-*bis.** *Approvazione delle tariffe e delle condizioni generali di polizza.* — *1.* Il Ministro dell'industria, del commercio e dell'artigianato, sentita la commissione ministeriale di cui all'art. 11, sesto comma, della legge, propone al Comitato interministeriale dei prezzi (CIP) di approvare le tariffe presentate dall'impresa o, nel caso in cui ritenga che tali tariffe non possano essere approvate per difetto dei prescritti requisiti tecnici, di stabilire altre tariffe ai sensi dell'art. 11, settimo comma, della legge.

2. Il Comitato interministeriale dei prezzi (CIP), esaminata la proposta del Ministro dell'industria, del commercio e dell'artigianato, provvede, anche in difformità dalla proposta stessa, con proprio provvedimento da pubblicarsi nella *Gazzetta Ufficiale*, ad approvare le tariffe presentate dall'impresa ovvero a stabilire le tariffe che l'impresa è tenuta ad adottare per un periodo non inferiore ad un anno.

3. Le disposizioni di cui ai commi precedenti si applicano anche per l'approvazione delle condizioni generali di polizza presentate dall'impresa o per stabilire ai sensi dell'art. 11, settimo comma, della legge, altre condizioni generali nel caso in cui quelle presentate non possano essere approvate perché in contrasto con norme imperative o non rispondenti alle tariffe dei premi dell'impresa o, in genere, non idonee a garantire il regolare funzionamento dell'assicurazione in conformità alle disposizioni della legge.

4. Nelle polizze debbono essere indicati gli estremi del provvedimento del Comitato interministeriale dei prezzi (CIP) con cui sono state approvate o stabilite le condizioni generali.

24. *Condizioni generali e premio nelle polizze globali.* — *1.* Nei contratti che comprendano la copertura di altri rischi oltre quello della responsabilità civile per i danni causati dalla circolazione dei veicoli, le condizioni generali e il premio relativo all'assicurazione del rischio di responsabilità civile debbono essere indicati distintamente da quelli relativi all'assicurazione degli altri rischi.

25. *Diminuzione o aggravamento del rischio in corso di contratto.* — *1.* In caso di diminuzione o di aggravamento del rischio in corso di contratto, l'assicurato al quale è comunicato il recesso, in applicazione degli artt. 1897 e 1898 del codice civile, può evitarlo offrendo di modificare il contratto con il diverso premio che, in relazione al rischio diminuito o aggravato, risulti applicabile in base alla tariffa approvata.

26*. *Rischi non contemplati in tariffa e rischi con caratteri di particolarità od eccezionalità.* — *1.* Per i rischi che, per le loro caratteristiche, non possono essere ricondotti ad alcuna delle voci delle tariffe approvate, le imprese possono, facendone espressa menzione in polizza, determinare il premio in base agli elementi tecnici a loro disposizione, dando immediata comunicazione del contratto al Ministero dell'industria, del commercio e dell'artigianato. Il Ministero, qualora ritenga che il premio applicato non sia adeguato al rischio assicurato, fissa il nuovo premio e lo comunica all'impresa. Le parti sono obbligate a modificare il contratto con effetto dalla data della sua stipulazione. Degli estremi del contratto modificato deve essere data comunicazione al Ministero.

2. Qualora l'impresa cui sia proposta la stipulazione di un contratto di assicurazione ritenga che il rischio da assicurare presenti, per qualsiasi causa soggettiva od oggettiva, carattere di particolarità o di eccezionalità rispetto a quello contemplato in tariffa, può stipulare il contratto sottoponendolo alla condizione che il premio di tariffa potrà essere modificato nella misura che sarà indicata nel contratto stesso, se il Ministero autorizzerà la modificazione proposta. A tal fine l'impresa deve trasmettere al Ministero copia del contratto, comunicando altresì tutti gli elementi tecnici a sua disposizione. Il Ministero, nel concedere l'autorizzazione, può anche stabilire il premio in misura diversa da quella proposta dall'impresa.

3. I provvedimenti di cui ai commi precedenti sono adottati previo parere della commissione ministeriale prevista dall'art. 11, sesto comma, della legge.

27*. *Valutazione delle tariffe.* — *1.* Le imprese, per consentire il controllo dell'osservanza in sede di formazione delle tariffe dei premi delle disposizioni di cui ai precedenti artt. 20, 21 e 22 debbono presentare, insieme alle tariffe, una relazione dalla quale risultino i criteri tecnici e statistici seguiti per la formazione dei premi puri, nonché le rilevazioni statistiche e le documentazioni contabili relative alla determinazione dei caricamenti.

2. La valutazione dei premi puri e dei caricamenti è effettuata sulla base delle risultanze delle rilevazioni statistiche annuali dei rischi assunti dalle imprese e dei sinistri verificatisi, dei dati desunti dalle verifiche dei bilanci delle imprese, delle risultanze degli accertamenti ispettivi svolti dall'organo di vigilanza e di ogni altro elemento utile alla conoscenza dell'andamento dell'assicurazione della responsabilità civile per i danni causati dalla circolazione dei veicoli. Le rilevazioni statistiche annuali sono desunte dalla gestione del conto consortile per l'impresa interessata o per imprese similari.

28*. *Riferimento a statistiche interaziendali o nazionali.* — *1.* Qualora gli elementi statistici e tecnici necessari per la valutazione e approvazione delle tariffe dei premi puri presentate dalle imprese al Ministero dell'industria, del commercio e dell'artigianato non siano desumibili dalla gestione del conto consortile, il Comitato interministeriale dei prezzi (CIP) si avvarrà, oltre che degli elementi forniti dalle imprese, di rilevazioni statistiche interaziendali effettuate in conformità del disposto dei precedenti artt. 20 e 21, nonché di ogni altro elemento tecnico da esso acquisito e utile alla conoscenza dell'andamento dell'assicurazione della responsabilità civile per danni causati dalla circolazione dei veicoli.

29*. . . . . (*omissis*).

30*. *Modificazione delle tariffe e delle condizioni generali approvate.* — *1.* La richiesta del Ministero dell'industria, del commercio e dell'artigianato di modificare le tariffe e le condizioni generali di polizza approvate, prevista dall'art. 11, ottavo comma, della legge, può essere effettuata quando si siano verificate variazioni dei rischi che importino una sperequazione, in eccesso o in difetto, tale da alterare sensibilmente l'equilibrio fra la massa dei premi e il presumibile ammontare dei relativi sinistri e delle spese ed oneri di cui al precedente art. 22.

30-*bis*-72*. . . . . (*omissis*).

VIII. 2.

DECRETO DEL PRESIDENTE DELLA REPUBBLICA 16 gennaio 1981, n. 45. — *Modificazioni al regolamento sull'assicurazione obbligatoria della responsabilità civile derivante dalla circolazione dei veicoli a motore e dei natanti, approvato con d.p.r. 24 novembre 1970, n. 973* (1).

1. .... (*omissis*) (2).

2. *Indicazione del d.l. 23 dicembre 1976, n. 857, convertito con modificazioni nella l. 26 febbraio 1977, n. 39.* — *1.* Negli artt. 3 e seguenti del presente decreto il d.l. 23 dicembre 1976, n. 857, convertito con modificazioni nella l. 26 febbraio 1977, n. 39, è denominato «legge».

3. *Rilascio dell'attestazione relativa allo stato del rischio.* — *1.* L'attestazione di cui all'art. 2 della legge deve essere rilasciata dall'assicuratore in occasione di ciascuna scadenza annuale dei contratti di assicurazione obbligatoria della responsabilità civile verso i terzi derivante dalla circolazione di veicoli a motore, qualunque sia la forma di tariffa secondo la quale il contratto è stato stipulato.

2. L'attestazione deve essere rilasciata anche nel caso di proroga tacita del contratto.

3. Nel caso di sospensione della garanzia nel corso del contratto l'attestazione deve essere rilasciata alla scadenza del periodo di tempo per il quale il contratto è stato prorogato all'atto della riattivazione.

4. Nel caso di veicoli a motore assicurati con polizze amministrate con «libro matricola» l'assicuratore non è tenuto a rilasciare l'attestazione per i veicoli rimasti in garanzia per una durata inferiore ad un anno. Per tali veicoli l'attestazione deve essere rilasciata al termine della successiva annualità assicurativa, con riferimento al periodo di osservazione che inizia dal giorno dell'inserimento del veicolo nel contratto e termina tre mesi prima della scadenza dell'annualità assicurativa successiva.

5. Qualora l'obbligo di assicurazione sia adempiuto mediante la stipulazione di un contratto con ripartizione del rischio tra più assicuratori, l'attestazione deve essere rilasciata dall'impresa delegataria.

6. L'attestazione non deve essere rilasciata per contratti che abbiano avuto una durata inferiore ad un anno e per quelli che coprono la responsabilità civile per i danni causati in occasione della partecipazione dei veicoli a motore a gare o competizioni sportive, anche in circuito chiuso, ed alle relative prove.

4. *Modalità di rilascio dell'attestazione.* — *1.* L'assicuratore rilascia l'attestazione mettendo la stessa, almeno tre giorni non festivi prima di quello di scadenza del contratto, a disposizione del contraente presso l'agenzia o l'ufficio presso il quale il contratto stesso è stato stipulato o, se diverso, presso l'agenzia o l'ufficio al quale il contratto medesimo è stato assegnato con il consenso del contraente.

2. Il contraente, il quale non abbia ritirato l'attestazione entro la fine del secondo mese successivo a quello di scadenza del contratto, può ugualmente ottenerne a proprie spese il rilascio facendone richiesta all'assicuratore.

5. *Rilascio di duplicati dell'attestazione.* — *1.* Nel caso in cui l'attestazione si sia accidentalmente deteriorata o comunque sia venuta a mancare l'assicuratore è tenuto a rilasciare un duplicato su richiesta scritta ed a spese del contraente ed entro trenta giorni dalla richiesta.

6. *Contenuto dell'attestazione.* — *1.* L'attestazione deve contenere:

a) la denominazione dell'impresa di assicurazione;

b) il nome – o denominazione o ragione sociale o ditta – del contraente;

c) il numero del contratto di assicurazione;

d) la forma di tariffa in base alla quale è stato stipulato il contratto;

e) la data di scadenza del contratto per il quale l'attestazione viene rilasciata;

f) la classe di merito di provenienza e quella di assegnazione del contratto per l'annualità successiva nel caso che il contratto stesso sia stato stipulato sulla base di clausole che prevedano, ad ogni scadenza annuale, la variazione in aumento od in diminuzione del premio applicato all'atto della stipulazione in relazione al verificarsi o meno di sinistri nel corso di un certo periodo di tempo;

g) i dati della targa di riconoscimento o, quando questa non sia prescritta, i dati di identificazione del telaio e del motore del veicolo per la cui circolazione il contratto è stato stipulato;

h) la firma dell'assicuratore.

2. I dati di cui sopra possono essere indicati anche in apposita distinta sezione del certificato di assicurazione previsto dall'art. 7 della l. 24 dicembre 1969, n. 990.

7. *Consegna dell'attestazione all'assicuratore.* — *1.* Il contraente deve consegnare all'assicuratore l'attestazione sullo stato del rischio all'atto della stipulazione di altro contratto per il

(1) G.U., 5 marzo 1981, n. 64.
(2) L'art. 1 modifica e integra il d.p.r. 24 novembre 1970, n. 973, in *Leggi coll. VIII, 1.*

medesimo veicolo al quale si riferisce l'attestazione stessa anche se il nuovo contratto è stipulato con lo stesso assicuratore che l'ha rilasciata.

2. Il contraente il quale non consegni all'assicuratore l'attestazione, è tenuto, nel caso che il nuovo contratto venga stipulato con clausola che preveda la variazione del premio ad ogni scadenza annuale in relazione al verificarsi o meno di sinistri nel corso di un certo periodo di tempo, al pagamento del premio previsto dalla tariffa per la classe di merito più elevata ed il contratto è assegnato a quest'ultima classe.

3. La disposizione di cui al comma precedente si applica anche nel caso in cui il contraente consegni una attestazione rilasciata per un contratto scaduto da più di tre mesi rispetto alla data di stipulazione del nuovo contratto, salvo che il contraente stesso dichiari, ai sensi e per gli effetti degli artt. 1892 e 1893 del codice civile, di non aver circolato nel periodo di tempo successivo alla data di scadenza del precedente contratto ed esibisca all'assicuratore la carta di circolazione del veicolo ed il relativo foglio complementare. In presenza di detta dichiarazione, il nuovo contratto è assegnato alla classe di merito indicata nell'attestazione ovvero a quella di ingresso a seconda che la stipulazione dello stesso avvenga, rispettivamente, entro un anno dalla scadenza del contratto per il quale l'attestazione è stata rilasciata o successivamente.

4. La disposizione di cui al secondo comma non si applica qualora il contraente provi di aver stipulato il contratto precedente presso un'impresa alla quale sia stata vietata l'assunzione di nuovi affari o che sia stata posta in liquidazione coatta amministrativa e di aver fatto richiesta dell'attestazione all'impresa o al commissario liquidatore. In tal caso il contraente è tenuto a dichiarare all'assicuratore, ai sensi e per gli effetti degli artt. 1892 e 1893 del codice civile, gli elementi che avrebbero dovuto essere indicati nell'attestazione, se il contratto ha avuto durata non inferiore ad un anno, o la classe di merito alla quale il precedente contratto era stato assegnato dall'impresa alla quale sia stata vietata l'assunzione di nuovi affari o che sia stata posta in liquidazione coatta amministrativa, se il contratto ha avuto durata inferiore ad un anno. Il contratto è assegnato alla classe di merito di pertinenza sulla base di tale dichiarazione.

5. Il contraente che, alla scadenza di un contratto di durata inferiore all'anno, chieda la stipulazione di un contratto che preveda la variazione del premio ad ogni scadenza annuale in relazione al verificarsi o meno di sinistri nel corso di un certo periodo di tempo, deve esibire all'assicuratore il precedente contratto di durata inferiore all'anno. Il contraente è tenuto al pagamento del premio previsto dalla tariffa per la classe di merito cui era stato assegnato il precedente contratto temporaneo ed il contratto è assegnato a questa ultima classe. Nel caso in cui il precedente contratto di durata temporanea sia stato stipulato con clausola di «franchigia fissa ed assoluta» il contraente è tenuto al pagamento del premio previsto per la classe di ingresso.

6. Si applica la disposizione di cui al terzo comma del presente articolo qualora il contraente esibisca un contratto di durata temporanea non stipulato con clausola di «franchigia fissa ed assoluta» scaduto da più di tre mesi rispetto alla data di stipulazione del nuovo contratto.

7. Il contraente che consegni l'attestazione in un momento successivo a quello della stipulazione del contratto, ma non oltre il termine di sei mesi dalla data della stipulazione stessa, ha diritto di ottenere l'assegnazione alla classe di merito prevista dall'attestazione ed al rimborso dell'eventuale differenza di premio risultante a suo credito. Detta differenza di premio sarà rimborsata dall'impresa entro la data di scadenza del contratto o, nel caso di rinnovo di quest'ultimo, sarà conteggiata sull'ammontare del premio per la nuova annualità.

8. *Denuncia di sinistro da allegare alla richiesta di risarcimento del danno.* — *1.* Nel caso di sinistri che abbiano causato solamente danni alle cose e di sinistri che, insieme ai danni alle cose o anche senza provocare danni alle cose, abbiano causato lesioni personali, non aventi carattere permanente, guarite entro quaranta giorni da quello del sinistro, il danneggiato che chiede all'assicuratore del responsabile il risarcimento del danno ai sensi dell'art. 3 della legge, deve inoltrare la richiesta a mezzo di lettera raccomandata con avviso di ricevimento.

2. Alla richiesta deve essere allegata copia del modulo di denuncia previsto dall'art. 5 della legge o, in mancanza di detto modulo, dettagliata descrizione, redatta secondo il modulo stesso, delle circostanze nelle quali il sinistro si è verificato, nonché delle relative conseguenze.

9. *Requisiti della richiesta di risarcimento.* — *1.* La richiesta di risarcimento per danni a cose conseguenti ai sinistri di cui all'art. 8 deve indicare il luogo, i giorni e le ore in cui le cose danneggiate sono disponibili per l'ispezione diretta ad accertare l'entità del danno. I giorni in numero non inferiore a otto, devono essere non festivi e successivi a quello del ricevimento da parte dell'assicuratore della richiesta di risarcimento; le ore debbono essere quelle dedicate ordinariamente allo svolgimento dell'attività lavorativa.

2. Per i sinistri di cui al secondo comma dell'art. 3 della legge il danneggiato che intenda chiedere il risarcimento deve dare sollecita comunicazione dell'esistenza delle lesioni e, all'atto della richiesta, indicare la durata della inabilità temporanea, l'età, l'attività di lavoro svolta ed il relativo reddito netto; deve inoltre indicare se abbia diritto a percepire l'indennità di malattia da un ente di assicurazione sociale. Alla richiesta di risarcimento deve essere acclusa la documentazione idonea a provare la durata della inabilità, intervenuta guarigione e la entità del reddito.

10. *Uffici dell'assicuratore presso i quali deve essere indirizzata la richiesta di risarcimento. — 1.* La richiesta di risarcimento deve essere indirizzata all'assicuratore presso l'ufficio incaricato della liquidazione dei sinistri nel luogo di domicilio del danneggiato ovvero presso l'agenzia presso la quale è stato concluso il contratto o alla quale quest'ultimo è stato assegnato ovvero presso la sede sociale.

11. *Comunicazione al danneggiato dei motivi della mancata offerta di risarcimento. — 1.* L'assicuratore che ritiene di non poter fare offerta di risarcimento è tenuto a comunicarne al danneggiato in modo analitico e circostanziato i motivi. Tale obbligo sussiste anche nel caso in cui alla richiesta di risarcimento non sia stata allegata la denuncia di sinistro di cui all'art. 8, purché la richiesta stessa contenga le indicazioni previste dallo stesso art. 8 e dall'art. 9.

12. *Pagamento della somma offerta nel caso di accettazione da parte del danneggiato. — 1.* L'assicuratore, entro quindici giorni da quello in cui ha ricevuto la comunicazione dell'accettazione della somma offerta per il risarcimento del danno, provvede al pagamento della somma stessa inviando al danneggiato, all'indirizzo da questi indicato nella denuncia del sinistro allegata alla richiesta di risarcimento, vaglia postale od assegno di pari importo.

2. L'assicuratore può, dandone comunicazione al danneggiato, provvedere al pagamento anche mediante accredito della somma dovuta sul conto corrente postale o bancario del danneggiato stesso.

3. Il danneggiato può, con la comunicazione di accettazione, chiedere di riscuotere la somma direttamente presso gli uffici dell'assicuratore.

13. *Pagamento della somma offerta nel caso di non accettazione della stessa da parte del danneggiato e nel caso di silenzio del danneggiato stesso. — 1.* L'assicuratore, entro quindici giorni da quello in cui ha ricevuto la comunicazione che la somma offerta non è stata accettata, corrisponde la somma stessa con le modalità previste dal precedente articolo ovvero mettendo la medesima a disposizione del danneggiato presso una dipendenza di una azienda di credito ubicata nel comune indicato dal danneggiato stesso nella denuncia del sinistro allegata alla richiesta di risarcimento, o, in mancanza, nel capoluogo di provincia, e ne dà comunicazione al danneggiato.

2. L'assicuratore, decorsi trenta giorni dalla comunicazione dell'offerta senza che il danneggiato abbia fatto pervenire alcuna risposta, deve, entro i quindici giorni successivi, corrispondere la somma offerta secondo le modalità indicate al comma precedente.

3. Se il danneggiato non riscuote nel termine di un anno la somma messa a sua disposizione presso l'azienda di credito, la stessa potrà essere ritirata dall'assicuratore.

4. Le disposizioni del presente articolo e di quello precedente si applicano anche nel caso in cui l'assicuratore abbia fatto offerta in presenza di una richiesta di risarcimento non conforme al disposto dei precedenti artt. 8 e 9.

5. L'inosservanza da parte dell'assicuratore delle disposizioni del presente articolo e di quello precedente può essere denunciata dal danneggiato al Ministero dell'industria, del commercio e dell'artigianato, ai sensi e per gli effetti dell'art. 3 della legge.

14. *Consegna da parte dell'assicuratore del modulo di denuncia di sinistro. — 1.* L'assicuratore deve consegnare al contraente, in occasione della stipulazione o del rinnovo del contratto e di ogni denuncia di sinistro, unitamente al certificato di assicurazione ed al contrassegno, un esemplare del modulo di denuncia di cui all'art. 5 della legge.

15. *Efficacia dei contratti di assicurazione obbligatoria in corso con impresa posta in liquidazione coatta amministrativa. — 1.* In caso di liquidazione coatta amministrativa di una impresa autorizzata all'esercizio dell'assicurazione della responsabilità civile per i danni causati dalla circolazione dei veicoli e dei natanti, i contratti di assicurazione obbligatoria in corso alla data di pubblicazione del decreto di liquidazione continuano, nei limiti delle somme minime per cui è obbligatoria l'assicurazione, a coprire i rischi fino alla scadenza del periodo di tempo per il quale sono stati rilasciati il certificato ed il contrassegno.

16. *Autorizzazione a procedere alla liquidazione dei danni. — 1.* L'autorizzazione prevista dall'art. 9 della legge non può essere data al commissario liquidatore che con il decreto con cui è promossa la liquidazione coatta amministrativa.

17. *Liquidazione dei danni da parte del commissario liquidatore autorizzato ai sensi dell'art. 9 della legge.* — *1.* Il commissario liquidatore nell'assolvimento dei compiti di cui all'art. 9 della legge accerta l'esistenza e la risarcibilità del danno e ne determina l'ammontare.

2. Il commissario liquidatore trasmette all'Istituto nazionale delle assicurazioni, gestione autonoma del «Fondo di garanzia per le vittime della strada», l'atto di liquidazione sottoscritto anche dal creditore.

3. Nel caso in cui non sia stato possibile concordare la liquidazione del danno con il creditore, il commissario liquidatore ne dà comunicazione all'Istituto nazionale delle assicurazioni, gestione autonoma del «Fondo di garanzia per le vittime della strada», indicando i motivi del disaccordo e l'ammontare del danno da lui accertato.

18. *Pagamento del danno da parte dell'Istituto nazionale delle assicurazioni, gestione autonoma del «Fondo di garanzia per le vittime della strada», in caso di accordo del creditore.* — *1.* L'Istituto nazionale delle assicurazioni, gestione autonoma del «Fondo di garanzia per le vittime della strada», provvede, nei limiti previsti dagli art. 19, secondo comma, e 21, ultimo comma, della legge 24 dicembre 1969, n. 990, al pagamento della somma a suo carico indicata nell'atto di liquidazione trasmessogli dal commissario liquidatore ai sensi dell'art. 17, secondo comma, inviando al creditore vaglia postale od assegno di pari importo ovvero accreditando la somma dovuta sul conto corrente postale o bancario del creditore stesso.

19. *Spese di liquidazione dei danni di cui all'art. 9 della legge.* — *1.* Le spese sostenute dal commissario liquidatore per la liquidazione dei danni di cui all'art. 9 della legge che sono direttamente imputabili alla liquidazione di ciascun danno, sono, in caso di insufficienza dell'attivo, integralmente a carico dell'Istituto nazionale delle assicurazioni, gestione autonoma del «Fondo di garanzia per le vittime della strada». Le spese per la liquidazione di danni diversi da quelli di cui all'art. 9 della legge che sono direttamente imputabili alla liquidazione di ciascun danno restano integralmente a carico della liquidazione.

2. Le spese inerenti alla liquidazione dei danni, diverse da quelle indicate al precedente comma, ivi comprese quelle per il personale riassunto a norma dell'art. 10 della stessa legge, sono a carico dell'Istituto nazionale delle assicurazioni, gestione autonoma del «Fondo di garanzia per le vittime della strada» nella misura determinata dal rapporto in cui si trovano nell'ultimo bilancio approvato della società posta in liquidazione coatta amministrativa i premi del ramo «assicurazione responsabilità civile autoveicoli» rispetto all'ammontare complessivo dei premi risultanti dal bilancio stesso.

20. *Anticipazione o rimborso delle spese di liquidazione dei danni.* — *1.* Le modalità per l'anticipazione al commissario liquidatore delle somme occorrenti per far fronte alle spese di liquidazione a carico dell'Istituto nazionale delle assicurazioni, gestione autonoma del «Fondo di garanzia per le vittime della strada» a norma del precedente art. 19 ovvero per il rimborso delle spese stesse, sono stabilite con apposita convenzione da stipularsi tra commissario liquidatore e l'Istituto predetto e da approvarsi dal Ministero dell'industria, del commercio e dell'artigianato.

21. *Modalità dell'assistenza tecnica dell'impresa designata al commissario liquidatore e rimborso delle spese dalla stessa sostenute.* — *1.* Le modalità di prestazione dell'assistenza tecnica da parte dell'impresa incaricata di tale compito ai sensi dell'art. 9 della legge e i criteri per il rimborso delle spese sostenute dall'impresa stessa nell'assolvimento di tale compito sono fissati con convenzione, soggetta alla approvazione del Ministero dell'industria, del commercio e dell'artigianato, da stipularsi tra l'impresa, l'Istituto nazionale delle assicurazioni, gestione autonoma del «Fondo di garanzia per le vittime della strada» e il commissario liquidatore.

22. *Pagamento da parte dell'Istituto nazionale delle assicurazioni, gestione autonoma del «Fondo di garanzia per le vittime della strada», del danno in caso di accordo del creditore con l'impresa cessionaria del portafoglio a norma del d.l. 26 settembre 1978, n. 576, convertito con modificazioni nella l. 24 novembre 1978, n. 738.* — *1.* L'impresa cessionaria del portafoglio che provvede alla liquidazione dei danni a norma dell'art. 4 del d.l. 26 settembre 1978, n. 576, convertito con modificazioni nella l. 24 novembre 1978, n. 738, trasmette all'Istituto nazionale delle assicurazioni, gestione autonoma del «Fondo di garanzia per le vittime della strada», l'atto di liquidazione sottoscritto anche dal creditore.

2. L'Istituto nazionale delle assicurazioni, gestione autonoma del «Fondo di garanzia per le vittime della strada», provvede, nei limiti previsti dagli artt. 19, secondo comma, e 21, terzo comma, della l. 24 dicembre 1969, n. 990, al pagamento della somma a suo carico indicata nell'atto di liquidazione di cui al comma precedente, inviando al creditore vaglia postale od assegno di pari importo ovvero accreditando la somma dovuta sul conto corrente postale o bancario del creditore stesso.

23. *Riassunzione da parte del commissario liquidatore del personale dell'impresa posta in liquidazione coatta amministrativa.* — *1.* Il commissario liquidatore autorizzato a norma dell'art. 9 della legge provvede, entro il mese successivo a quello di pubblicazione del decreto di cui all'art. 16, a riassumere direttamente il personale già dipendente dall'impresa al momento in cui la stessa è stata posta in liquidazione coatta, con esclusione del personale dirigente.

2. Il personale riassunto è inquadrato sulla base delle norme del contratto collettivo nazionale di lavoro per il personale dipendente da imprese di assicurazione vigente al momento della riassunzione, tenuto conto della qualifica attribuitagli, e retribuito con i minimi previsti dal contratto stesso.

24. *Composizione e attribuzioni del comitato previsto per i dirigenti dell'impresa posta in liquidazione coatta amministrativa.* — *1.* Il comitato previsto dall'art. 10, primo comma, della legge è composto:

dal dirigente generale preposto alla Direzione generale delle assicurazioni private e di interesse collettivo del Ministero dell'industria, del commercio e dell'artigianato, o da chi ne fa le veci, che lo presiede e lo convoca;

da un funzionario della Direzione generale delle assicurazioni private e di interesse collettivo del Ministero dell'industria, del commercio e dell'artigianato;

da un funzionario del Ministero del lavoro e della previdenza sociale con qualifica non inferiore a dirigente, designato dal Ministro del lavoro e della previdenza sociale;

da un rappresentante dei dirigenti delle imprese di assicurazione designato dall'associazione sindacale di categoria maggiormente rappresentativa sul piano nazionale;

da un rappresentante dell'impresa cessionaria del portafoglio nell'ipotesi prevista dall'art. 5, primo comma, del d.l. 26 settembre 1978, n. 576, convertito con modificazioni nella l. 24 novembre 1978, n. 738.

2. Spetta al comitato di accertare, per ciascun dirigente che abbia fatto domanda di riassunzione, le funzioni svolte dallo stesso presso l'impresa posta in liquidazione, di valutare i risultati dell'attività svolta, le qualità personali e professionali, nonché ogni altro elemento utile alla valutazione della posizione del dirigente.

3. Il commissario liquidatore o l'impresa cessionaria, tenuto conto delle esigenze della liquidazione o di quelle dell'impresa, nonché della valutazione del comitato, provvede all'eventuale assunzione del predetto personale, determinandone l'inquadramento ai minimi contrattuali.

4. I compiti di segreteria del comitato sono svolti da un funzionario della Direzione generale delle assicurazioni private e di interesse collettivo del Ministero dell'industria, del commercio e dell'artigianato.

25. *Trasferimento da parte del comitato del «Fondo di garanzia per le vittime della strada» del portafoglio di imprese poste in liquidazione coatta amministrativa.* — *1.* Il commissario liquidatore, qualora constati l'impossibilità di procedere al trasferimento del portafoglio dell'impresa posta in liquidazione ai sensi del primo e secondo comma dell'art. 11 della legge, è tenuto a darne comunicazione al comitato del «Fondo di garanzia per le vittime della strada», fornendo l'elenco dei contratti di assicurazione che gli risultano ancora in corso.

2. Il comitato entro i trenta giorni successivi a quello di comunicazione dell'elenco di cui sopra delibera la ripartizione dei contratti fra le altre imprese che si trovano nelle condizioni previste dall'art. 88 del testo unico approvato con d.p.r. 13 febbraio 1959, n. 449, in proporzione ai premi acquisiti da ciascuna di esse nel ramo responsabilità civile autoveicoli e risultanti dall'ultimo bilancio approvato. Dell'avvenuta ripartizione deve essere data comunicazione a ciascuna impresa ed a ciascun contraente.

3. I rischi inerenti ai contratti come sopra ripartiti sono a carico del nuovo assicuratore a decorrere dalla scadenza del periodo di tempo indicato all'art. 15 sempre che sia stato pagato il premio per il nuovo periodo di assicurazione.

26. *Trasferimento da parte del comitato del «Fondo di garanzia per le vittime della strada» del personale di imprese poste in liquidazione coatta amministrativa.* — *1.* Il comitato del «Fondo di garanzia per le vittime della strada», sulla base dei criteri di cui al precedente articolo, delibera la ripartizione fra le imprese alle quali sono stati assegnati i contratti, in proporzione all'ammontare dei premi dei contratti a ciascuna di esse assegnati, del personale riassunto dal commissario liquidatore dell'impresa posta in liquidazione, fatta eccezione per quello indicato dall'art. 11, ultimo comma, della legge.

2. Le imprese provvedono all'assunzione del personale gradualmente secondo un programma concordato con il commissario liquidatore in relazione alle esigenze della liquidazione.

27. *Anticipazioni al commissario liquidatore per le spese del procedimento di liquidazione*. — *1.* Il commissario liquidatore che per mancanza o insufficienza di liquidità richiede all'Istituto nazionale delle assicurazioni, gestione autonoma del «Fondo di garanzia per le vittime della strada», anticipazioni ai sensi dell'art. 12 della legge, deve, nell'indicarne l'ammontare, motivare la richiesta con riferimento alla presumibile entità delle spese del procedimento di liquidazione dell'impresa, ivi comprese quelle relative al personale utilizzato per le esigenze della liquidazione stessa.

2. Il commissario liquidatore che, esaurite le somme anticipategli, rinnova la richiesta di cui al primo comma è tenuto a trasmettere all'Istituto nazionale delle assicurazioni, gestione autonoma del «Fondo di garanzia per le vittime della strada» un rendiconto delle spese effettuate con utilizzazione delle anticipazioni ricevute. Eguale rendiconto deve essere presentato per le spese effettuate in ciascun anno entro il 28 febbraio dell'anno successivo.

28. *Comunicazione da parte del commissario liquidatore e dell'impresa cessionaria del portafoglio del presumibile importo dei danni ancora da liquidare per conto dell'Istituto nazionale delle assicurazioni, gestione autonoma del «Fondo di garanzia per le vittime della strada»*. — *1.* Entro il 31 maggio di ciascun anno il commissario liquidatore autorizzato a norma dell'art. 9 della legge trasmette all'Istituto nazionale delle assicurazioni, gestione autonoma del «Fondo di garanzia per le vittime della strada», un prospetto dal quale deve risultare l'ammontare presumibile dei danni non ancora liquidati per conto del predetto Fondo alla fine dell'anno precedente.

2. La disposizione di cui al primo comma si applica anche all'impresa cessionaria del portafoglio a norma del d.l. 26 settembre 1978, n. 576, convertito con modificazioni nella l. 24 novembre 1978, n. 738, per i danni di cui all'art. 4 dello stesso decreto-legge.

VIII. 3.

DECRETO LEGISLATIVO 7 settembre 2005, n. 209. — *Codice delle assicurazioni private* (1).

TITOLO I

Disposizioni generali

CAPO I

DEFINIZIONI E CLASSIFICAZIONI GENERALI

1. *Definizioni*. — 1. Agli effetti del codice delle assicurazioni private si intendono per:

a) assicurazione contro i danni: le assicurazioni indicate all'art. 2, comma 3;

b) assicurazione sulla vita: le assicurazioni e le operazioni indicate all'art. 2, comma 1;

c) attività assicurativa: l'assunzione e la gestione dei rischi effettuata da un'impresa di assicurazione;

d) attività riassicurativa:

1) l'assunzione e la gestione dei rischi ceduti da un'impresa di assicurazione, anche di uno Stato terzo o retrocessi da un'impresa di riassicurazione;

2) la copertura fornita da un'impresa di riassicurazione ad un fondo pensione istituito in uno Stato membro dell'Unione europea, autorizzato dall'Autorità competente dello Stato membro di origine e che rientri nell'ambito di applicazione della dir. (UE) 2016/2341 (2);

e) attività in regime di libertà di prestazione di servizi o rischio assunto in regime di libertà di prestazione di servizi: l'attività che un'impresa esercita da uno stabilimento situato nel territorio di uno Stato membro assumendo obbligazioni con contraenti aventi il domicilio, ovvero, se persone giuridiche, la sede in un altro Stato membro o il rischio che un'impresa assume da uno stabilimento situato nel territorio di uno Stato membro diverso da quello in cui è ubicato il rischio;

f) attività in regime di stabilimento o rischio assunto in regime di stabilimento: l'attività che un'impresa esercita da uno stabilimento situato nel territorio di uno Stato membro assumendo obbligazioni con contraenti aventi il domicilio, ovvero, se persone giuridiche, la sede nello stesso Stato o il rischio che un'impresa assume da uno stabilimento situato nel territorio dello Stato membro in cui è ubicato il rischio;

g) autorità di vigilanza: l'autorità nazionale incaricata della vigilanza sulle imprese e sugli intermediari e gli altri operatori del settore assicurativo;

(1) Suppl. ord. n. 163 a G.U., 13 ottobre 2005, n. 239.
(2) Lettera così sostituita, da ultimo, dall'art. 2, d.lg. 13 dicembre 2018, n. 147.

g-bis) «SEVIF»: il Sistema europeo di vigilanza finanziaria composto dalle seguenti parti:

1) «AEAP o EIOPA» (1): Autorità europea delle assicurazioni e delle pensioni aziendali e professionali, istituita con reg. (UE) n. 1094/2010;

2) «ABE o EBA» (2): Autorità bancaria europea, istituita con reg. (UE) n. 1093/2010;

3) «AESFEM o ESMA» (3): Autorità europea degli strumenti finanziari e dei mercati, istituita con reg. (UE) n. 1095/2010;

4) «Comitato congiunto»: il Comitato congiunto delle Autorità europee di vigilanza, previsto dall'art. 54 del reg. (UE) n. 1093/2010, del reg. (UE) n. 1094/2010, del reg. (UE) n. 1095/2010;

5) «CERS»: Comitato europeo per il rischio sistemico, istituito dal reg. (UE) n. 1092/2010;

6) «Autorità di vigilanza degli Stati membri»: le autorità competenti o di vigilanza degli Stati membri specificate negli atti dell'Unione di cui all'art. 1, par. 2, del reg. (UE) n. 1093/2010, del reg. (UE) n. 1094/2010 e del reg. (UE) n. 1095/2010 (4);

g-ter) autorità di vigilanza sul gruppo: l'autorità di vigilanza di gruppo determinata ai sensi dell'art. 207-*sexies* (5);

h) carta verde: certificato internazionale di assicurazione emesso da un ufficio nazionale secondo la raccomandazione n. 5 adottata il 25 gennaio 1949 dal sottocomitato dei trasporti stradali del comitato dei trasporti interni della Commissione economica per l'Europa dell'Organizzazione delle Nazioni Unite;

i) codice della strada: il d.lg. 30 aprile 1992, n. 285, e successive modificazioni;

l) codice in materia di protezione dei dati personali: il d.lg. 30 giugno 2003, n. 196 (6);

l-bis) collegio delle autorità di vigilanza: una struttura permanente ma flessibile per la cooperazione, il coordinamento e l'agevolazione del processo decisionale nell'ambito della vigilanza del gruppo (7);

l-bis.1) compenso: qualsiasi commissione, onorario, spesa, o altro pagamento, inclusi altri benefici economici di qualsiasi tipo o qualunque altro vantaggio o incentivo finanziario o non finanziario, offerti o forniti in relazione ad attività di distribuzione assicurativa (8);

l-ter) concentrazione dei rischi: tutte le esposizioni al rischio che comportano perdite potenziali sufficientemente ampie da mettere a repentaglio la solvibilità o la posizione finanziaria dell'impresa di assicurazione o di riassicurazione (7);

m) CONSAP: la Concessionaria servizi assicurativi pubblici S.p.A.;

m-bis) controparte centrale autorizzata: una controparte centrale che ha ottenuto un'autorizzazione conformemente all'art. 14 del reg. (UE) n. 648/2012 o che è stata riconosciuta in base all'art. 25 dello stesso regolamento (9);

m-ter) consulenza: l'attività consistente nel fornire raccomandazioni personalizzate ad un cliente, su richiesta dello stesso o su iniziativa del distributore, in relazione ad uno o più contratti di assicurazione (10);

n) credito di assicurazione: ogni importo dovuto da un'impresa di assicurazione ad assicurati, contraenti, beneficiari o altre parti lese aventi diritto ad agire direttamente contro l'impresa di assicurazione e derivante da un contratto di assicurazione o da operazioni di cui all'art. 2, commi 1 e 3, nell'ambito di attività di assicurazione diretta, compresi gli importi detenuti in riserva per la copertura a favore dei medesimi aventi diritto allorquando alcuni elementi del debito non sono ancora conosciuti. Sono parimenti considerati crediti di assicurazione i premi detenuti da un'impresa di assicurazione, prima dell'avvio delle procedure di liquidazione dell'impresa stessa, in seguito alla mancata stipulazione o alla risoluzione dei medesimi contratti ed operazioni, in virtù della

(1) Le parole «o EIOPA» sono state inserite dall'art. 1.1, lett. b, d.lg. 12 maggio 2015, n. 74.
(2) Le parole «o EBA» sono state inserite dall'art. 1.1, lett. c, d.lg. 12 maggio 2015, n. 74.
(3) Le parole «o ESMA» sono state inserite dall'art. 1.1, lett. d, d.lg. 12 maggio 2015, n. 74.
(4) Lettera inserita dall'art. 5.1, d.lg. 30 luglio 2012, n. 130.
(5) Lettera inserita dall'art. 1.1, lett. e, d.lg. 12 maggio 2015, n. 74.
(6) In *Leggi coll. II, 3*. Per il regolamento v. provv. ISVAP 1° giugno 2009, n. 31, in G.U., 19 giugno 2009, n. 140, come modificato con provv. ISVAP 10 agosto 2012, n. 2998, in G.U., 19 settembre 2012, n. 219, e con provv. IVASS 4 febbraio 2014, n. 15, in G.U., 12 febbraio 2014, n. 35.
(7) Lettera inserita dall'art. 1.1, lett. f, d.lg. 12 maggio 2015, n. 74.
(8) Lettera inserita dall'art. 1.1, lett. d, d.lg. 21 maggio 2018, n. 68. In base all'art. 4.7, d.lg. cit., tali disposizioni «trovano applicazione dal 1° ottobre 2018».
(9) Lettera inserita dall'art. 1.1, lett. g, d.lg. 12 maggio 2015, n. 74.
(10) Lettera inserita dall'art. 1.1, lett. a, d.lg. 21 maggio 2018, n. 68. In base all'art. 4.7, d.lg. cit., tali disposizioni «trovano applicazione dal 1° ottobre 2018».

legge applicabile a tali contratti e operazioni;

n. 1) distributore di prodotti assicurativi: qualsiasi intermediario assicurativo, intermediario assicurativo a titolo accessorio o impresa di assicurazione (1);

n-bis) distribuzione di probabilità prevista: funzione matematica che assegna ad un elenco esaustivo di eventi futuri mutualmente esclusivi una probabilità di realizzazione (2);

n-ter) «ECAI» o «agenzia esterna di valutazione del merito di credito»: un'agenzia di rating creditizio registrata o certificata in conformità del reg. (CE) n. 1060/2009 del Parlamento europeo o del Consiglio o una banca centrale che emette rating creditizi esenti dall'applicazione di tale regolamento (2);

n-quater) effetti di diversificazione: la riduzione dell'esposizione al rischio dell'impresa di assicurazione o di riassicurazione o del gruppo dovuta alla diversificazione della loro attività, derivante dal fatto che il risultato sfavorevole di un rischio può essere compensato dal risultato più favorevole di un altro, quando tali rischi non siano pienamente correlati (2);

n-quinquies) esternalizzazione: l'accordo concluso tra un'impresa di assicurazione o di riassicurazione e un fornitore di servizi, anche se non autorizzato all'esercizio dell'attività assicurativa o riassicurativa, in base al quale il fornitore di servizi esegue una procedura, un servizio o un'attività, direttamente o tramite sub esternalizzazione, che sarebbero altrimenti realizzati dall'impresa di assicurazione o di riassicurazione stessa (2);

o) fondo di garanzia: un organismo creato da uno Stato membro che ha almeno il compito di rimborsare, entro i limiti dell'obbligo di assicurazione, i danni alle cose o alle persone causati da un veicolo non identificato o per il quale non vi è stato adempimento dell'obbligo di assicurazione;

p) Fondo di garanzia delle vittime della caccia: il fondo costituito presso la CONSAP e previsto dall'art. 303;

q) Fondo di garanzia delle vittime della strada: il fondo costituito presso la CONSAP e previsto dall'art. 285;

q-bis) funzione: in un sistema di governo societario, la capacità interna all'impresa di assicurazione o di riassicurazione di svolgere compiti concreti; un sistema di governo societario comprende la funzione di gestione del rischio, la funzione di verifica della conformità, la revisione interna e la funzione attuariale (3);

r) grandi rischi: si intendono per grandi rischi quelli rientranti nei rami di cui all'art. 2, comma 3, qui di seguito indicati:

1) 4 (corpi di veicoli ferroviari), 5 (corpi di veicoli aerei), 6 (corpi di veicoli marittimi, lacustri e fluviali), 7 (merci trasportate), 11 (r.c. aeromobili) e 12 (r.c. veicoli marittimi, lacustri e fluviali) salvo quanto previsto al n. 3);

2) 14 (credito) e 15 (cauzione), qualora l'assicurato eserciti professionalmente un'attività industriale, commerciale o intellettuale e il rischio riguardi questa attività;

3) 3 (corpi di veicoli terrestri, esclusi quelli ferroviari), 8 (incendio ed elementi naturali), 9 (altri danni ai beni), 10 (r.c. autoveicoli terrestri), 12 (r.c. veicoli marittimi, lacustri e fluviali) per quanto riguarda i natanti soggetti all'assicurazione obbligatoria ai sensi dell'art. 123, 13 (r.c. generale) e 16 (perdite pecuniarie), purché l'assicurato superi i limiti di almeno due dei tre criteri seguenti:

1) il totale dell'attivo dello stato patrimoniale risulti superiore ai seimilionieduecentomila euro;

2) l'importo del volume d'affari risulti superiore ai dodicimilionieottocentomila euro;

3) il numero dei dipendenti occupati in media durante l'esercizio risulti superiore alle duecentocinquanta unità. Qualora l'assicurato sia un'impresa facente parte di un gruppo tenuto a redigere un bilancio consolidato, le condizioni di cui sopra si riferiscono al bilancio consolidato del gruppo;

r-bis) gruppo: un gruppo

1) composto da una società partecipante o controllante, dalle sue società controllate o da altre entità in cui la società partecipante o controllante o le sue società controllate detengono una partecipazione, nonché da società legate da direzione unitaria ai sensi dell'art. 96; ovvero

2) basato sull'instaurazione, contrattuale o di altro tipo, di rapporti finanziari solidi e sostenibili tra tali imprese che può includere anche mutue assicuratrici o altre società di tipo mutualistico, a condizione che:

2.1) una delle imprese eserciti effettivamente, tramite un coordinamento centralizzato, un'influenza dominante sulle decisioni, incluse le decisioni finanziarie, di tutte le imprese che fanno parte del gruppo; e

(1) Lettera inserita dall'art. 1.1, lett. c, d.lg. 21 maggio 2018, n. 68. In base all'art. 4.7, d.lg. cit., tali disposizioni «trovano applicazione dal 1° ottobre 2018».
(2) Lettera inserita dall'art. 1.1, lett. h, d.lg. 12 maggio 2015, n. 74.
(3) Lettera inserita dall'art. 1.1, lett. l, d.lg. 12 maggio 2015, n. 74.

2.2) la costituzione e lo scioglimento di tali relazioni ai fini del titolo XV siano soggetti all'approvazione preventiva dell'autorità di vigilanza del gruppo; laddove l'impresa che esegue il coordinamento centralizzato è considerata l'impresa controllante o partecipante e le altre imprese sono considerate le imprese controllate o partecipate (1);

s) impresa: la società di assicurazione o di riassicurazione autorizzata;

t) impresa di assicurazione: la società autorizzata secondo quanto previsto nelle direttive comunitarie sull'assicurazione diretta;

u) impresa di assicurazione autorizzata in Italia ovvero impresa di assicurazione italiana: la società avente sede legale in Italia e la sede secondaria in Italia di impresa di assicurazione avente sede legale in uno Stato terzo, autorizzata all'esercizio delle assicurazioni o delle operazioni di cui all'art. 2;

u-bis) impresa di assicurazione captive: un'impresa di assicurazione controllata da un'impresa finanziaria, diversa da un'impresa di assicurazione o di riassicurazione o da un gruppo di imprese di assicurazione o di riassicurazione a cui si applica la dir. 2009/138/CE oppure controllata da un'impresa non finanziaria, il cui scopo è fornire copertura assicurativa esclusivamente per i rischi dell'impresa o delle imprese che la controllano o di una o più imprese del gruppo di cui fa parte l'impresa di assicurazione captive (2);

v) impresa di assicurazione comunitaria: la società avente sede legale e amministrazione centrale in uno Stato membro dell'Unione europea diverso dall'Italia o in uno Stato aderente allo Spazio economico europeo, autorizzata secondo quanto previsto nelle direttive comunitarie sull'assicurazione diretta;

z) impresa di assicurazione extracomunitaria: la società di assicurazione avente sede legale e amministrazione centrale in uno Stato non appartenente all'Unione europea o non aderente allo Spazio economico europeo, autorizzata per l'esercizio delle assicurazioni o delle operazioni di cui all'art. 2;

aa) impresa di partecipazione assicurativa: una società controllante il cui unico o principale oggetto consiste nell'assunzione di partecipazioni di controllo, nonché nella gestione e valorizzazione di tali partecipazioni, se le imprese controllate sono esclusivamente o principalmente imprese di assicurazione, imprese di riassicurazione, imprese di assicurazione o di riassicurazione extracomunitarie, sempre che almeno una di esse sia un'impresa di assicurazione o un'impresa di riassicurazione avente sede legale nel territorio della Repubblica e che non sia una impresa di partecipazione finanziaria mista [...] ai sensi dell'art. 1, comma 1, lett. *bb-bis*) (3);

bb) impresa di partecipazione assicurativa mista: una società controllante diversa da un'impresa di assicurazione, da un'impresa di assicurazione extracomunitaria, da un'impresa di riassicurazione, da un'impresa di riassicurazione extracomunitaria, da un'impresa di partecipazione assicurativa o da una impresa di partecipazione finanziaria mista ai sensi dell'art. 1, comma 1, lett. *bb-bis*) (4)[...] (5), sempreché almeno una delle sue imprese controllate sia un'impresa di assicurazione o un'impresa di riassicurazione avente sede legale nel territorio della Repubblica (6);

bb-bis) impresa di partecipazione finanziaria mista: un'impresa di cui all'art. 1, comma 1, lett. *v*), del d.lg. 30 maggio 2005, n. 142 (7);

cc) impresa di riassicurazione: la società autorizzata all'esercizio della sola riassicurazione, diversa da una impresa di assicurazione o da una impresa di assicurazione extracomunitaria, la cui attività principale consiste nell'accettare rischi ceduti da una impresa di assicurazione, da una impresa di assicurazione avente sede legale in uno Stato terzo, o da altre imprese di riassicurazione;

cc-bis) impresa di riassicurazione captive: un'impresa di riassicurazione controllata da un'impresa finanziaria diversa da un'impresa di assicurazione o di riassicurazione o da un

(1) Lettera inserita dall'art. 1.1, lett. m, d.lg. 12 maggio 2015, n. 74.

(2) Lettera inserita dall'art. 1.1, lett. n, d.lg. 12 maggio 2015, n. 74.

(3) Lettera sostituita dall'art. 1.1, lett. b, d.lg. 29 febbraio 2008, n. 56. Successivamente le parole «secondo le rilevanti disposizioni dell'ordinamento comunitario sulla vigilanza supplementare delle imprese appartenenti ad un conglomerato finanziario» sono state soppresse dall'art. 3.2, lett. a, d.lg. 4 marzo 2014, n. 53, e le parole «ai sensi dell'art. 1, comma 1, lett. *bb-bis*)» sono state inserite dall'art. 3.2, lett. b, d.lg. 4 marzo 2014, n. 53.

(4) Le parole «ai sensi dell'art. 1, comma 1, lett. *bb-bis*)» sono state inserite dall'art. 3.2, lett. c, d.lg. 4 marzo 2014, n. 53.

(5) Le parole «secondo le rilevanti disposizioni dell'ordinamento comunitario della vigilanza supplementare delle imprese appartenenti ad un conglomerato finanziario» sono state soppresse dall'art. 3.2, lett. d, d.lg. 4 marzo 2014, n. 53.

(6) Lettera così sostituita dall'art. 1.1, lett. c, d.lg. 29 febbraio 2008, n. 56.

(7) Lettera inserita dall'art. 3.2, lett. e, d.lg. 4 marzo 2014, n. 53.

gruppo di imprese di assicurazione o riassicurazione a cui si applica la dir. 2009/138/CE oppure controllata da un'impresa non finanziaria il cui scopo è di fornire copertura riassicurativa esclusivamente per i rischi dell'impresa o delle imprese che la controllano o di una o più imprese del gruppo di cui fa parte l'impresa di riassicurazione captive (1);

cc-ter) impresa di riassicurazione extracomunitaria: la società avente sede legale e amministrazione centrale in uno Stato non appartenente all'Unione europea o non aderente allo Spazio economico europeo, autorizzata per l'esercizio dell'attività riassicurativa (2);

cc-quater) impresa finanziaria: un'impresa costituita da uno dei seguenti soggetti:

1) un ente creditizio, un ente finanziario o una società strumentale di cui all'art. 4, n. 18), del reg. (UE) 575/2013 (3);

2) un'impresa di assicurazione, un'impresa di riassicurazione o un'impresa di partecipazione assicurativa ai sensi dell'art. 1, comma 1, lett. *t*), *aa*) e *cc*);

3) un'impresa di investimento [...] (4) ai sensi dell'art. 4, n. 2), del reg. del Parlamento europeo e del Consiglio n. 575 del 26 giugno 2013 (5);

4) un'impresa di partecipazione finanziaria mista ai sensi dell'art. 1, comma 1, lett. *bb-bis*) (6) (2);

cc-quinquies) intermediario assicurativo: qualsiasi persona fisica o giuridica, diversa da un'impresa di assicurazione o riassicurazione o da un dipendente della stessa e diversa da un intermediario assicurativo a titolo accessorio, che avvii o svolga a titolo oneroso l'attività di distribuzione assicurativa (7);

cc-sexies) intermediario riassicurativo: qualsiasi persona fisica o giuridica, diversa da un'impresa di assicurazione o di riassicurazione o da un dipendente di essa, che avvii o svolga a titolo oneroso l'attività di distribuzione riassicurativa (7);

cc-septies) intermediario assicurativo a titolo accessorio: qualsiasi persona fisica o giuridica, diversa da uno dei soggetti di cui alla lett. *d*), comma 2, dell'art. 109, che avvii o svolga a titolo oneroso l'attività di distribuzione assicurativa a titolo accessorio, nel rispetto delle seguenti condizioni:

1) l'attività professionale principale di tale persona fisica o giuridica è diversa dalla distribuzione assicurativa;

2) la persona fisica o giuridica distribuisce soltanto determinati prodotti assicurativi, complementari rispetto ad un bene o servizio;

3) i prodotti assicurativi in questione non coprono il ramo vita o la responsabilità civile, a meno che tale copertura non integri il bene o il servizio che l'intermediario fornisce nell'ambito della sua attività professionale principale (7);

dd) ISVAP o IVASS: l'Istituto per la vigilanza sulle assicurazioni private e di interesse collettivo a cui è succeduto l'IVASS, Istituto per la vigilanza sulle assicurazioni, ai sensi dell'art. 13 del d.l. 6 luglio 2012, n. 95, convertito, con modificazioni, dalla l. 7 agosto 2012, n. 135 (8);

ee) legge fallimentare: il r.d. 16 marzo 1942, n. 267, e successive modificazioni (9);

ff) localizzazione: la presenza di attività mobiliari ed immobiliari all'interno del territorio di un determinato Stato. I crediti sono considerati come localizzati nello Stato nel quale gli stessi sono esigibili;

gg) .... (10);

hh).......................... (11);

ii) mercato regolamentato: un mercato finanziario autorizzato o riconosciuto ai sensi

(1) Lettera inserita dall'art. 1.1, lett. d, d.lg. 29 febbraio 2008, n. 56, e successivamente così sostituita dall'art. 1.1, lett. o, d.lg. 12 maggio 2015, n. 74.

(2) Lettera inserita dall'art. 1.1, lett. d, d.lg. 29 febbraio 2008, n. 56.

(3) Numero così sostituito dall'art. 1.1, lett. p, d.lg. 12 maggio 2015, n. 74.

(4) Le parole «o un ente finanziario» sono state soppresse dall'art. 3.2, lett. f, d.lg. 4 marzo 2014, n. 53.

(5) Le parole «4, n. 2), del regolamento del Parlamento europeo e del Consiglio n. 575 del 26 giugno 2013» sono state così sostituite alle precedenti «4, par. 1, punto 1), della dir. 2004/39/CE» dall'art. 3.2, lett. g, d.lg. 4 marzo 2014, n. 53.

(6) Le parole «ai sensi dell'art. 1, comma 1, lett. *bb-bis*)» sono state così sostituite alle precedenti «ai sensi dell'art. 2, punto 15), della dir. 2002/87/CE» dall'art. 3.2, lett. h, d.lg. 4 marzo 2014, n. 53.

(7) Lettera inserita dall'art. 1.1, lett. b, d.lg. 21 maggio 2018, n. 68. In base all'art. 4.7, d.lg. cit., tali disposizioni «trovano applicazione dal 1° ottobre 2018».

(8) Lettera così sostituita dall'art. 3.2, lett. i, d.lg. 4 marzo 2014, n. 53. Per il regolamento in materia di pubblicità e trasparenza dei dati e delle informazioni concernenti l'organizzazione e l'attività dell'IVASS v. deliberazione IVASS 4 febbraio 2014, in G.U., 18 febbraio 2014, n. 40, come modificata con provv. IVASS 26 aprile 2018, n. 73, in G.U., 11 maggio 2018, n. 108.

(9) In *Leggi coll. XXII, 1*.

(10) Lettera abrogata dall'art. 1.1, lett. q, d.lg. 12 maggio 2015, n. 74.

(11) Lettera abrogata dall'art. 1.1, lett. r, d.lg. 12 maggio 2015, n. 74.

della parte III, titolo I, del t.u. dell'intermediazione finanziaria (1), nonché i mercati di Stati appartenenti all'OCSE che sono istituiti, organizzati e disciplinati da disposizioni adottate o approvate dalle competenti autorità nazionali e che soddisfano requisiti analoghi a quelli dei mercati regolamentati di cui al t.u. dell'intermediazione finanziaria;

ii-bis) misura del rischio: la funzione matematica che assegna un importo monetario ad una data distribuzione di probabilità prevista e cresce monotonicamente con il livello di esposizione al rischio sottostante a tale distribuzione (2);

ll) natante: qualsiasi unità che è destinata alla navigazione marittima, fluviale o lacustre e che è azionata da propulsione meccanica;

ll-bis) operazione infragruppo: un'operazione in cui un'impresa di assicurazione o di riassicurazione si affida, direttamente o indirettamente, ad un'altra impresa nell'ambito dello stesso gruppo o ad una persona fisica o giuridica strettamente legata alle imprese nell'ambito di tale gruppo per ottemperare ad un obbligo, contrattuale o meno, e a fini o meno di pagamento (3);

mm) Organismo di indennizzo italiano: l'organismo istituito presso la CONSAP e previsto dall'art. 296;

mm-bis) partecipazione: la detenzione, diretta o tramite un rapporto di controllo, del 20 per cento o più dei diritti di voto o del capitale di una società, anche per il tramite di società controllate, fiduciarie o per interposta persona o comunque di una percentuale che consente l'esercizio di una influenza notevole sulla gestione di tale società (4);

mm-ter) partecipazione qualificata: la detenzione, diretta o indiretta, di almeno il 10 per cento dei diritti di voto o del capitale di un'impresa di assicurazione o di riassicurazione o comunque la partecipazione che consente l'esercizio di un'influenza notevole sulla gestione di tale impresa (4);

nn) partecipazioni: le azioni, le quote e gli altri strumenti finanziari che attribuiscono diritti amministrativi o comunque i diritti previsti dall'art. 2351, ultimo comma, del codice civile;

oo) .... (5);

pp) portafoglio del lavoro diretto italiano: tutti i contratti stipulati da imprese di assicurazione italiane, ad eccezione di quelli stipulati da loro sedi secondarie situate in Stati terzi;

qq) portafoglio del lavoro indiretto italiano: i contratti, ovunque stipulati, da imprese italiane o da stabilimenti in Italia di imprese aventi la sede legale in altro Stato, se l'impresa cedente è essa stessa impresa italiana o stabilimento in Italia di imprese aventi la sede legale in altro Stato. Si considerano facenti parte del portafoglio estero i contratti, ovunque stipulati, nel caso in cui l'impresa cedente sia un'impresa avente la sede legale in altro Stato. [...] (6);

rr) principi contabili internazionali: i principi contabili internazionali e le relative interpretazioni adottati secondo la procedura di cui all'art. 6 del reg. (CE) n. 1606/2002, del Parlamento europeo e del Consiglio, del 19 luglio 2002;

ss) prodotti assicurativi: tutti i contratti emessi da imprese di assicurazione nell'esercizio delle attività rientranti nei rami vita o nei rami danni come definiti all'art. 2;

ss-bis) prodotto di investimento assicurativo: un prodotto ai sensi dell'art. 4, par. 1, n. 2), del reg. (UE) n. 1286/2014. Tale definizione non include:

1) i prodotti assicurativi non vita elencati all'allegato I della dir. 2009/138/CE (*Rami dell'assicurazione non vita*);

2) i contratti assicurativi vita, qualora le prestazioni previste dal contratto siano dovute soltanto in caso di decesso o per incapacità dovuta a lesione, malattia o disabilità;

3) i prodotti pensionistici che, ai sensi del diritto nazionale, sono riconosciuti come aventi lo scopo precipuo di offrire all'investitore un reddito durante la pensione e che consentono all'investitore di godere di determinati vantaggi;

4) i regimi pensionistici aziendali o professionali ufficialmente riconosciuti che rientrano nell'ambito di applicazione della dir. 2003/41/CE o della dir. 2009/138/CE;

5) i singoli prodotti pensionistici per i quali il diritto nazionale richiede un contributo finanziario del datore di lavoro e nei quali il lavoratore o il datore di lavoro non può scegliere il fornitore o il prodotto pensionistico (7);

(1) In *Leggi coll. XVIII, 1.*
(2) Lettera inserita dall'art. 1.1, lett. s, d.lg. 12 maggio 2015, n. 74.
(3) Lettera inserita dall'art. 1.1, lett. t, d.lg. 12 maggio 2015, n. 74.
(4) Lettera inserita dall'art. 1.1, lett. u, d.lg. 12 maggio 2015, n. 74.
(5) Lettera abrogata art. 4.1, lett. a, d.lg. 27 gennaio 2010, n. 21.
(6) Periodo soppresso dall'art. 1.1, lett. e, d.lg. 29 febbraio 2008, n. 56.
(7) Lettera inserita dall'art. 1.1, lett. h, d.lg. 21 maggio 2018, n. 68. In base all'art. 4.7, d.lg. cit., tali disposizioni «trovano applicazione dal 1° ottobre 2018».

tt) ramo di assicurazione: la classificazione secondo un insieme omogeneo di rischi od operazioni che descrive l'attività che l'impresa può esercitare al rilascio dell'autorizzazione;

uu) retrocessione: cessione dei rischi assunti in riassicurazione;

vv) sede secondaria o succursale: una sede che costituisce parte, sprovvista di personalità giuridica, di un'impresa di assicurazione o di riassicurazione e che effettua direttamente, in tutto o in parte, l'attività assicurativa o riassicurativa; con riferimento all'intermediazione, per succursale si intende una agenzia o una succursale situata in uno Stato membro diverso dallo Stato membro di origine, inclusa l'organizzazione di un semplice ufficio gestito da personale dipendente dell'intermediario ovvero da una persona indipendente, ma incaricata ad agire in modo permanente per conto dell'intermediario stesso (1);

vv-bis) riassicurazione finite: una riassicurazione in base alla quale la potenziale perdita massima esplicita, espressa in termini di rischio economico massimo trasferito, risultante da un significativo trasferimento sia del rischio di sottoscrizione che del rischio di timing, eccede, per un importo limitato ma significativo, il premio per l'intera durata del contratto, unitamente ad almeno una delle seguenti caratteristiche:

1) considerazione esplicita e materiale del valore del denaro in rapporto al tempo;

2) disposizioni contrattuali intese a limitare il risultato economico del contratto tra le parti nel tempo, al fine di raggiungere il trasferimento del rischio previsto (2);

vv-bis.1) rischio di credito: il rischio di perdita o di variazione sfavorevole della situazione finanziaria derivante da oscillazioni del merito di credito di emittenti di titoli, controparti e debitori nei confronti dei quali l'impresa di assicurazione o di riassicurazione è esposta in forma di rischio di inadempimento della controparte, di rischio di spread o di concentrazione del rischio di mercato (3);

vv-bis.2) rischio di liquidità: il rischio che l'impresa di assicurazione o di riassicurazione non sia in grado di liquidare investimenti ed altre attività per regolare i propri impegni finanziari al momento della relativa scadenza (3);

vv-bis.3) rischio di mercato: il rischio di perdita o di variazione sfavorevole della situazione finanziaria derivante, direttamente o indirettamente, da oscillazioni del livello e della volatilità dei prezzi di mercato delle attività, delle passività e degli strumenti finanziari (3);

vv-bis.4) rischio di sottoscrizione: il rischio di perdita o di variazione sfavorevole del valore delle passività assicurative dovuto ad ipotesi inadeguate in materia di fissazione di prezzi e di costituzione delle riserve tecniche (3);

vv-bis.5) rischio operativo: il rischio di perdite derivanti dall'inadeguatezza o dalla disfunzione di procedure interne, risorse umane o sistemi oppure da eventi esogeni (3);

vv-bis.6) sistemi di garanzia: sistemi per lo svolgimento, in Italia o all'estero, delle funzioni di salvaguardia della stabilità finanziaria delle imprese, in particolare per la gestione e la risoluzione di situazioni di crisi (3);

vv-bis.7) società controllante: una società che esercita il controllo ai sensi dell'art. 72, anche per il tramite di società controllate, fiduciarie o per interposta persona (3);

vv-bis.8) società controllata: una società sulla quale è esercitato il controllo ai sensi dell'art. 72, anche per il tramite di società controllate, fiduciarie o per interposta persona (3);

vv-bis.9) società partecipante: la società che detiene una partecipazione (3);

vv-bis.10) società partecipata: la società in cui è detenuta una partecipazione (3);

vv-ter) società veicolo: qualsiasi impresa, con o senza personalità giuridica, diversa da un'impresa di assicurazione o di riassicurazione, che assume i rischi ceduti da imprese di assicurazione o riassicurazione e che finanzia integralmente la sua esposizione a tali rischi mediante l'emissione di titoli o altri strumenti finanziari per i quali i diritti di rimborso dei detentori sono subordinati agli obblighi di riassicurazione della società veicolo (2);

vv-quater) supporto durevole: qualsiasi strumento che:

1) permetta al contraente di memorizzare informazioni a lui personalmente dirette, in modo che siano accessibili per la futura consultazione durante un periodo di tempo adeguato ai fini cui sono destinate le informazioni stesse; e

(1) Le parole da «con riferimento» fino a «stesso;» sono state aggiunte dall'art. 1.1, lett. i, d.lg. 21 maggio 2018, n. 68. In base all'art. 4.7, d.lg. cit., tali disposizioni «trovano applicazione dal 1° ottobre 2018».
(2) Lettera inserita dall'art. 1.1, lett. f, d.lg. 29 febbraio 2008, n. 56.
(3) Lettera inserita dall'art. 1.1, lett. v, d.lg. 12 maggio 2015, n. 74.

2) consenta la riproduzione inalterata delle informazioni memorizzate (1);

zz) stabilimento: la sede legale od una sede secondaria di un'impresa di assicurazione o di riassicurazione;

aaa) Stato aderente allo Spazio economico europeo; uno Stato aderente all'accordo di estensione della normativa dell'Unione europea in materia, fra l'altro, di circolazione delle merci, dei servizi e dei capitali agli Stati appartenenti all'Associazione europea di libero scambio firmato ad Oporto il 2 maggio 1992 e ratificato con l. 28 luglio 1993, n. 300;

bbb) Stato membro: uno Stato membro dell'Unione europea o uno Stato aderente allo Spazio economico europeo, come tale equiparato allo Stato membro dell'Unione europea;

ccc) Stato membro dell'obbligazione: lo Stato di cui alla lett. *bbb*) nel quale il contraente ha il domicilio, ovvero, se il contraente è una persona giuridica, lo Stato di cui alla lett. *bbb*) sede della stessa cui si riferisce il contratto;

ddd) Stato membro di prestazione di servizi: lo Stato di cui alla lett. *bbb*) dell'obbligazione o in cui è ubicato il rischio, quando l'obbligazione o il rischio è assunto da uno stabilimento situato in un altro Stato di cui alla lett. *bbb*);

eee) Stato membro di stabilimento: lo Stato di cui alla lett. *bbb*) in cui è situato lo stabilimento dal quale l'impresa opera;

fff) Stato membro di ubicazione del rischio:

1) lo Stato di cui alla lett. *bbb*) in cui si trovano i beni, quando l'assicurazione riguardi beni immobili, ovvero beni immobili e beni mobili in essi contenuti, sempre che entrambi siano coperti dallo stesso contratto di assicurazione;

2) lo Stato di cui alla lett. *bbb*) di immatricolazione, quando l'assicurazione riguardi veicoli di ogni tipo soggetti ad immatricolazione sia che si tratti di un veicolo con targa definitiva o targa temporanea (2);

3) lo Stato di cui alla lett. *bbb*) in cui l'assicurato ha sottoscritto il contratto, quando abbia durata inferiore o pari a quattro mesi e sia relativo a rischi inerenti ad un viaggio o ad una vacanza;

4) lo Stato di cui alla lett. *bbb*) in cui l'assicurato ha il domicilio, ovvero, se l'assicurato è una persona giuridica, lo Stato della sede della stessa alla quale si riferisce il contratto, in tutti i casi non esplicitamente previsti dai numeri da 1) a 3);

4-*bis*) lo Stato di cui alla lett. *bbb*) di destinazione nel caso in cui un veicolo viene spedito da uno Stato membro in un altro, a decorrere dall'accettazione della consegna da parte dell'acquirente e per un periodo di trenta giorni, anche se il veicolo non è stato formalmente immatricolato nello Stato membro di destinazione (3);

4-*ter*) lo Stato di cui alla lett. *bbb*) in cui si è verificato il sinistro qualora il veicolo sia privo di targa o rechi una targa che non corrisponde più allo stesso veicolo (3);

ggg) Stato membro d'origine: lo Stato membro dell'Unione europea o lo Stato aderente allo Spazio economico europeo in cui è situata la sede legale dell'impresa di assicurazione che assume l'obbligazione o il rischio o dell'impresa di riassicurazione (4); con riferimento all'intermediazione, se l'intermediario è una persona fisica, per Stato membro di origine, si intende lo Stato di residenza dell'intermediario; se è una persona giuridica, si intende lo Stato membro in cui è situata la sede legale, o se assente, la sede principale, da intendersi come il luogo a partire dal quale è gestita l'attività principale (5);

ggg-bis) Stato membro ospitante: lo Stato membro diverso dallo Stato membro di origine in cui un'impresa di assicurazione o di riassicurazione ha una sede secondaria o presta servizi (6); con riferimento all'intermediazione si intende lo Stato membro, diverso dallo Stato membro d'origine, in cui l'intermediario ha una presenza permanente o una stabile organizzazione o in cui presta servizi (7);

(1) Lettera inserita dall'art. 1.1, lett. l, d.lg. 21 maggio 2018, n. 68. In base all'art. 4.7, d.lg. cit., tali disposizioni «trovano applicazione dal 1° ottobre 2018».

(2) Le parole «sia che si tratti di un veicolo con targa definitiva o targa temporanea» sono state aggiunte dall'art. 1.1, lett. a, d.lg. 6 novembre 2007, n. 198.

(3) Numero aggiunto dall'art. 1.1, lett. b, d.lg. 6 novembre 2007, n. 198.

(4) Le parole «dell'impresa di assicurazione che assume l'obbligazione o il rischio o dell'impresa di riassicurazione» sono state così sostituite alle precedenti «dell'impresa che assume l'obbligazione o il rischio» dall'art. 1.1, lett. g, d.lg. 29 febbraio 2008, n. 56.

(5) Le parole da «con riferimento» fino a «principale;» sono state aggiunte dall'art. 1.1, lett. e, d.lg. 21 maggio 2018, n. 68. In base all'art. 4.7, d.lg. cit., tali disposizioni «trovano applicazione dal 1° ottobre 2018».

(6) Lettera inserita dall'art. 1.1, lett. z, d.lg. 12 maggio 2015, n. 74.

(7) Le parole da «con riferimento» fino a «servizi;» sono state aggiunte dall'art. 1.1, lett. f, d.lg. 21 maggio 2018, n. 68. In base all'art. 4.7, d.lg. cit., tali disposizioni «trovano applicazione dal 1° ottobre 2018».

hhh) Stato terzo: uno Stato che non è membro dell'Unione europea o non è aderente allo Spazio economico europeo;

iii) stretti legami: il rapporto fra due o più persone fisiche o giuridiche nei casi in cui sussiste:

1) un legame di controllo ai sensi dell'art. 72;

2) una partecipazione, detenuta direttamente o per il tramite di società controllate, società fiduciarie o per interposta persona, almeno pari al dieci per cento del capitale o dei diritti di voto, ovvero una partecipazione che, pur restando al di sotto del limite sopra indicato, dà comunque la possibilità di esercitare un'influenza notevole ancorché non dominante;

3) un legame in base al quale le stesse persone sono sottoposte al controllo del medesimo soggetto, o comunque sono sottoposte a direzione unitaria in virtù di un contratto o di una clausola statutaria, oppure quando gli organi di amministrazione sono composti in maggioranza dalle medesime persone, oppure quando esistono legami importanti e durevoli di riassicurazione;

4) un rapporto di carattere tecnico, organizzativo, finanziario, giuridico e familiare che possa influire in misura rilevante sulla gestione dell'impresa. L'IVASS (1), con regolamento, può ulteriormente qualificare la definizione di stretti legami, al fine di evitare situazioni di ostacolo all'effettivo esercizio delle funzioni di vigilanza;

iii.1) vendita a distanza: qualunque modalità di vendita che, senza la presenza fisica e simultanea del distributore e del contraente, possa essere impiegata per il collocamento a distanza di contratti assicurativi e riassicurativi (2);

iii-bis) tecniche di mitigazione del rischio: le tecniche che consentono all'impresa di assicurazione o di riassicurazione di trasferire una parte o la totalità dei rischi ad un terzo (3);

lll) t.u. bancario: il d.lg. 1° settembre 1993, n. 385, e successive modificazioni (4);

mmm) t.u. dell'intermediazione finanziaria: il d.lg. 24 febbraio 1998, n. 58, e successive modificazioni (5);

nnn) t.u. in materia di assicurazioni sugli infortuni sul lavoro e le malattie professionali: il d.lg. 23 febbraio 2000, n. 38, e successive modificazioni;

ooo) Ufficio centrale italiano: l'ente costituito dalle imprese di assicurazione autorizzate ad esercitare il ramo responsabilità civile autoveicoli che è stato abilitato all'esercizio delle funzioni di Ufficio nazionale di assicurazione nel territorio della Repubblica ed allo svolgimento degli altri compiti previsti dall'ordinamento comunitario e italiano;

ppp) Ufficio nazionale di assicurazione: l'organizzazione professionale che è costituita, conformemente alla raccomandazione n. 5 adottata il 25 gennaio 1949 dal sottocomitato dei trasporti stradali del comitato dei trasporti interni della Commissione economica per l'Europa dell'Organizzazione delle Nazioni Unite, e che raggruppa imprese di assicurazione che hanno ottenuto in uno Stato l'autorizzazione ad esercitare il ramo responsabilità civile autoveicoli;

qqq) unità da diporto: il natante definito all'art. 1, comma 3, del d.lg. 18 luglio 2005, n. 171, recante il codice della nautica da diporto (6);

rrr) veicolo: qualsiasi autoveicolo destinato a circolare sul suolo e che può essere azionato da una forza meccanica, senza essere vincolato ad una strada ferrata, nonché i rimorchi, anche se non agganciati ad una motrice.

2. *Classificazione per ramo.* — 1. Nei rami vita la classificazione per ramo è la seguente:

I. le assicurazioni sulla durata della vita umana;

II. le assicurazioni di nuzialità e di natalità;

III. le assicurazioni, di cui ai rami I e II, le cui prestazioni principali sono direttamente collegate al valore di quote di organismi di investimento collettivo del risparmio o di fondi interni ovvero a indici o ad altri valori di riferimento;

IV. l'assicurazione malattia e l'assicurazione contro il rischio di non autosufficienza che siano garantite mediante contratti di lunga durata, non rescindibili, per il rischio di invalidità grave dovuta a malattia o a infortunio o a longevità;

V. le operazioni di capitalizzazione;

(1) La parola «IVASS» è stata così sostituita alla precedente «ISVAP» dall'art. 1.213, d.lg. 12 maggio 2015, n. 74.
(2) Lettera inserita dall'art. 1.1, lett. g, d.lg. 21 maggio 2018, n. 68. In base all'art. 4.7, d.lg. cit., tali disposizioni «trovano applicazione dal 1° ottobre 2018».
(3) Lettera inserita dall'art. 1.1, lett. aa, d.lg. 12 maggio 2015, n. 74.
(4) In *Leggi coll. XVII, 1.*
(5) In *Leggi coll. XVIII, 1.*
(6) V. l. 7 ottobre 2015, n. 167, recante «Delega al Governo per la riforma del codice della nautica da diporto».

VI. le operazioni di gestione di fondi collettivi costituiti per l'erogazione di prestazioni in caso di morte, in caso di vita o in caso di cessazione o riduzione dell'attività lavorativa.

2. L'impresa che ha ottenuto l'autorizzazione all'esercizio delle assicurazioni di cui ai rami I, II o III del comma 1, ovvero quella di cui al ramo V del comma 1 se è stata autorizzata ad esercitare anche un altro ramo vita con assunzione di un rischio demografico, con i relativi contratti può garantire in via complementare i rischi di danni alla persona, comprese l'incapacità al lavoro professionale, la morte in seguito ad infortunio, l'invalidità a seguito di infortunio o di malattia. L'impresa che ha ottenuto l'autorizzazione all'esercizio delle operazioni di cui al ramo VI del comma 1, in via complementare ai relativi contratti, può garantire prestazioni di invalidità e di premorienza secondo quanto previsto nella normativa sulle forme pensionistiche complementari.

3. Nei rami danni la classificazione dei rischi è la seguente:

1. Infortuni (compresi gli infortuni sul lavoro e le malattie professionali); prestazioni forfettarie; indennità temporanee; forme miste; persone trasportate;

2. Malattia: prestazioni forfettarie; indennità temporanee; forme miste;

3. Corpi di veicoli terrestri (esclusi quelli ferroviari): ogni danno subito da: veicoli terrestri automotori; veicoli terrestri non automotori;

4. Corpi di veicoli ferroviari: ogni danno subito da veicoli ferroviari;

5. Corpi di veicoli aerei: ogni danno subito da veicoli aerei;

6. Corpi di veicoli marittimi, lacustri e fluviali: ogni danno subito da: veicoli fluviali; veicoli lacustri; veicoli marittimi;

7. Merci trasportate (compresi merci, bagagli e ogni altro bene): ogni danno subito dalle merci trasportate o dai bagagli, indipendentemente dalla natura del mezzo di trasporto;

8. Incendio ed elementi naturali: ogni danno subito dai beni (diversi dai beni compresi nei rami 3, 4, 5, 6 e 7) causato da: incendio; esplosione; tempesta; elementi naturali diversi dalla tempesta; energia nucleare; cedimento del terreno;

9. Altri danni ai beni: ogni danno subito dai beni (diversi dai beni compresi nei rami 3, 4, 5, 6 e 7) causato dalla grandine o dal gelo, nonché da qualsiasi altro evento, quale il furto, diverso da quelli compresi al n. 8;

10. Responsabilità civile autoveicoli terrestri: ogni responsabilità risultante dall'uso di autoveicoli terrestri (compresa la responsabilità del vettore) (1);

11. Responsabilità civile aeromobili: ogni responsabilità risultante dall'uso di veicoli aerei (compresa la responsabilità del vettore);

12. Responsabilità civile veicoli marittimi, lacustri e fluviali: ogni responsabilità risultante dall'uso di veicoli fluviali, lacustri e marittimi (compresa la responsabilità del vettore);

13. Responsabilità civile generale: ogni responsabilità diversa da quelle menzionate ai nn. 10, 11 e 12;

14. Credito: perdite patrimoniali derivanti da insolvenze; credito all'esportazione; vendita a rate; credito ipotecario; credito agricolo;

15. Cauzione: cauzione diretta; cauzione indiretta;

16. Perdite pecuniarie di vario genere: rischi relativi all'occupazione; insufficienza di entrate (generale); intemperie; perdite di utili; persistenza di spese generali; spese commer-

(1) L'art. 30, d.l. 24 gennaio 2012, n. 1, conv. in l. 24 marzo 2012, n. 27, così dispone: «30. *Repressione delle frodi*. — 1. Ciascuna impresa di assicurazione autorizzata ad esercitare il ramo responsabilità civile autoveicoli terrestri di cui all'art. 2, comma 3, n. 10), del codice delle assicurazioni private, di cui al d.lg. 7 settembre 2005, n. 209, è tenuta a trasmettere all'ISVAP, pena l'applicazione di una sanzione amministrativa definita dall'ISVAP, con cadenza annuale, una relazione, predisposta secondo un modello stabilito dall'ISVAP stesso con provvedimento da emanare entro tre mesi dalla data di entrata in vigore della legge di conversione del presente decreto. La relazione contiene informazioni dettagliate circa il numero dei sinistri per i quali si è ritenuto di svolgere approfondimenti in relazione al rischio di frodi, il numero delle querele o denunce presentate all'autorità giudiziaria, l'esito dei conseguenti procedimenti penali, nonché in ordine alle misure organizzative interne adottate o promosse per contrastare le frodi. Anche sulla base dei predetti elementi informativi, l'ISVAP esercita i poteri di vigilanza di cui al titolo XIV, capo I, del codice delle assicurazioni private, di cui al citato d.lg. n. 209 del 2005, e successive modificazioni, al fine di assicurare l'adeguatezza dell'organizzazione aziendale e dei sistemi di liquidazione dei sinistri rispetto all'obiettivo di contrastare le frodi nel settore. || 1-*bis*. Il mancato invio della relazione di cui al comma 1 comporta l'irrogazione da parte dell'ISVAP di una sanzione da un minimo di 10.000 ad un massimo di 50.000 euro. || 2. Le imprese di assicurazione autorizzate ad esercitare il ramo responsabilità civile autoveicoli terrestri di cui all'art. 2, comma 3, n. 10), del codice delle assicurazioni private, di cui al citato d.lg. n. 209 del 2005, sono tenute a indicare nella relazione o nella nota integrativa allegata al bilancio annuale e a pubblicare sui propri siti internet o con altra idonea forma di diffusione, una stima circa la riduzione degli oneri per i sinistri derivante dall'accertamento delle frodi, conseguente all'attività di controllo e repressione delle frodi autonomamente svolta».

ciali impreviste; perdita di valore venale; perdita di fitti o di redditi; perdite commerciali indirette diverse da quelle menzionate precedentemente; perdite pecuniarie non commerciali; altre perdite pecuniarie;

17. Tutela legale: tutela legale;

18. Assistenza: assistenza alle persone in situazione di difficoltà.

4. Nei rami danni l'autorizzazione rilasciata cumulativamente per più rami è così denominata:

a) per i rami di cui ai nn. 1 e 2, «Infortuni e malattia»;

b) per i rami di cui ai nn. 1, persone trasportate, 3, 7 e 10, «Assicurazioni auto»;

c) per i rami di cui ai nn. 1, persone trasportate, 4, 6, 7 e 12, «Assicurazioni marittime e trasporti»;

d) per i rami di cui al n. 1, rischio persone trasportate, 5, 7 e 11, «Assicurazioni aeronautiche»;

e) per i rami di cui ai nn. 8 e 9, «Incendio ed altri danni ai beni»;

f) per i rami di cui ai nn. 10, 11, 12 e 13, «Responsabilità civile»;

g) per i rami di cui ai nn. 14 e 15, «Credito e cauzione»;

h) per tutti i rami, «Tutti i rami danni».

5. Nei rami danni l'impresa che ha ottenuto l'autorizzazione per un rischio principale, appartenente ad un ramo o ad un gruppo di rami, può garantire i rischi compresi in un altro ramo, senza necessità di un'ulteriore autorizzazione quando i medesimi rischi:

a) sono connessi con il rischio principale;

b) riguardano l'oggetto coperto contro il rischio principale;

c) sono garantiti dallo stesso contratto che copre il rischio principale. I rischi compresi nei rami 14, 15 e 17 di cui al comma 3 non possono essere considerati accessori di altri rami; tuttavia, fermo il rispetto delle condizioni di cui alle lett. *a*), *b*) e *c*), i rischi compresi nel ramo 17 possono essere considerati come rischi accessori del ramo 18 quando il rischio principale riguardi solo l'assistenza da fornire alle persone in difficoltà durante trasferimenti o assenze dal domicilio o dal luogo di residenza o quando riguardino controversie relative all'utilizzazione di navi o comunque connesse a tale utilizzazione.

6. L'IVASS (1) adotta, con regolamento (2), le istruzioni applicative sulla classificazione dei rischi all'interno dei rami nel rispetto del principio di equivalenza dell'autorizzazione nel territorio comunitario.

CAPO II

Vigilanza sull'attività assicurativa e riassicurativa

3. *Finalità della vigilanza*. — 1. Scopo principale della vigilanza è l'adeguata protezione degli assicurati e degli aventi diritto alle prestazioni assicurative. A tal fine l'IVASS persegue la sana e prudente gestione delle imprese di assicurazione e riassicurazione, nonché, unitamente alla Consob, ciascuna secondo le rispettive competenze, la loro trasparenza e correttezza nei confronti della clientela. Altro obiettivo della vigilanza, ma subordinato al precedente, è la stabilità del sistema e dei mercati finanziari (3).

3-*bis*. *Principi generali della vigilanza*. — 1. La vigilanza è basata su un metodo prospettico fondato sul rischio ed include la verifica continua del corretto esercizio dell'attività di assicurazione o di riassicurazione e dell'osservanza delle disposizioni di vigilanza da parte delle imprese di assicurazione o di riassicurazione.

2. La vigilanza sulle imprese di assicurazione e di riassicurazione comprende un'opportuna combinazione di attività cartolari e ispezioni in loco.

3. I requisiti stabiliti nel presente codice sono applicati in modo proporzionato alla natura, alla portata e alla complessità dei rischi inerenti all'attività di un'impresa di assicurazione o di riassicurazione.

4. L'IVASS, nell'esercizio delle sue funzioni, tiene conto della convergenza degli strumenti di vigilanza e delle pratiche di vigilanza dell'Unione europea.

5. Ai fini del comma 4 l'IVASS partecipa alle attività dell'AEAP e si conforma ai suoi orientamenti e raccomandazioni, fornendo adeguata motivazione ove ritenga di non conformarsi (4).

4. *Ministro dello sviluppo economico* (5). — 1. Il Ministro dello sviluppo economico (5) adotta i provvedimenti previsti nel presente codice

(1) La parola «IVASS» è stata così sostituita alla precedente «ISVAP» dall'art. 1.213, d.lg. 12 maggio 2015, n. 74.

(2) V. reg. ISVAP 16 marzo 2009, n. 29, in G.U., 24 marzo 2009, n. 69.

(3) Articolo così sostituito dall'art. 1.2, d.lg. 12 maggio 2015, n. 74.

(4) Articolo inserito dall'art. 1.3, d.lg. 12 maggio 2015, n. 74.

(5) Le parole «Ministro dello sviluppo economico» sono state così sostituite alle precedenti «Ministro delle attività produttive» dall'art. 1.213, d.lg. 12 maggio 2015, n. 74.

nell'ambito delle linee di politica assicurativa determinate dal Governo.

5. *Autorità di vigilanza*. — 1. L'IVASS (1) svolge le funzioni di vigilanza sul settore assicurativo mediante l'esercizio dei poteri di natura autorizzativa, prescrittiva, accertativa, cautelare e repressiva previsti dalle disposizioni del presente codice.

1-*bis.* L'IVASS (1), nell'esercizio delle funzioni di vigilanza, è parte del SEVIF e partecipa alle attività che esso svolge, tenendo conto della convergenza degli strumenti e delle prassi di vigilanza in ambito europeo (2).

1-*ter.* Fatto salvo quanto previsto dall'art. 3, comma 1, l'IVASS, nell'espletamento delle sue funzioni, prende in considerazione il potenziale impatto delle sue decisioni sulla stabilità dei sistemi finanziari dell'Unione europea, soprattutto in situazioni di emergenza, tenendo conto delle informazioni disponibili al momento, anche avvalendosi degli opportuni scambi di informazioni con l'AEAP, il Comitato congiunto, il CERS e le autorità di vigilanza degli altri Stati membri. In periodi di turbolenze eccezionali sui mercati finanziari, l'IVASS tiene conto dei potenziali effetti prociclici derivanti dai suoi interventi (3).

2. L'IVASS (1) adotta ogni regolamento necessario per la sana e prudente gestione delle imprese o per la trasparenza e la correttezza dei comportamenti dei soggetti vigilati ed allo stesso fine rende nota ogni utile raccomandazione o interpretazione (4) (5) (6).

3. L'IVASS (1) effettua le attività necessarie per promuovere un appropriato grado di protezione del consumatore e per sviluppare la conoscenza del mercato assicurativo, comprese le indagini statistiche ed economiche e la raccolta di elementi per l'elaborazione delle linee di politica assicurativa.

4. .... (7).

5. L'ordinamento dell'IVASS è disciplinato dalla l. 12 agosto 1982, n. 576, e successive modificazioni, e dall'art. 13 del d.l. 6 luglio 2012, n. 95, convertito, con modificazioni, dalla l. 7 agosto 2012, n. 135, nel rispetto dei principi di autonomia organizzativa, finanziaria e contabile necessari ai fini dell'esercizio imparziale ed efficace delle funzioni di vigilanza sul settore assicurativo (8).

5-*bis.* L'IVASS, nell'ambito della propria autonomia, garantisce comunque il rispetto dei principi di contenimento dei costi di cui al Capo I del Titolo I del d.l. 31 maggio 2010, n. 78, convertito, con modificazioni, dalla l. 30 luglio 2010, n. 122 (9).

6. *Destinatari della vigilanza*. — 1. L'IVASS (1) esercita le funzioni di vigilanza nei confronti:

a) delle imprese, comunque denominate e costituite, che esercitano nel territorio della Repubblica attività di assicurazione o di riassicurazione in qualsiasi ramo e in qualsiasi forma, ovvero operazioni di capitalizzazione e di gestione di fondi collettivi costituiti per l'erogazione di prestazioni in caso di morte, in caso di vita o in caso di cessazione o riduzione dell'attività lavorativa;

b) dei gruppi assicurativi e dei conglomerati finanziari nei quali sono incluse imprese di assicurazione e di riassicurazione in conformità alla specifica normativa ad essi applicabile;

c) dei soggetti, enti e organizzazioni che in qualunque forma svolgono funzioni parzialmente comprese nel ciclo operativo delle imprese di assicurazione o di riassicurazione limitatamente ai profili assicurativi e riassicurativi, fermi restando i poteri nei confronti delle imprese di assicurazione o di riassicurazione per le attività esternalizzate (10);

(1) La parola «IVASS» è stata così sostituita alla precedente «ISVAP» dall'art. 1.213, d.lg. 12 maggio 2015, n. 74.
(2) Comma inserito dall'art. 5.2, lett. a, d.lg. 30 luglio 2012, n. 130.
(3) Comma inserito dall'art. 5.2, lett. a, d.lg. 30 luglio 2012, n. 130, e successivamente così sostituito dall'art. 1.4, lett. a, d.lg. 12 maggio 2015, n. 74.
(4) V. provv. ISVAP 16 ottobre 2006, n. 5, in suppl. ord. n. 200 a G.U., 23 ottobre 2006, n. 247, e relativi allegati, come modificato con provv. ISVAP 17 dicembre 2008, n. 2664, in G.U., 30 dicembre 2008, n. 303, provv. ISVAP 2 luglio 2009, n. 2720, in suppl. ord. n. 130 a G.U., 27 luglio 2009, n. 172, provv. ISVAP 22 ottobre 2013, n. 9, in G.U., 7 novembre 2013, n. 261, provv. ISVAP 3 dicembre 2013, n. 12, in G.U., 10 dicembre 2013, n. 289, e provv. ISVAP 14 marzo 2017, n. 58, in G.U., 31 marzo 2017, n. 76; reg. ISVAP 26 maggio 2010, n. 35, in suppl. ord. n. 123 a G.U., 9 giugno 2010, n. 132, come modificato con provv. ISVAP 25 febbraio 2011, n. 2880, in G.U., 11 marzo 2011, n. 58.
(5) V. provv. ISVAP 27 maggio 2008, n. 25, in G.U., 4 giugno 2008, n. 129.
(6) Per le politiche di remunerazione nelle imprese di assicurazione v. reg. ISVAP 9 giugno 2011, n. 39, in G.U., 22 giugno 2011, n. 143.
(7) Comma abrogato dall'art. 5.2, lett. b, d.lg. 30 luglio 2012, n. 130.
(8) Comma così sostituito dall'art. 1.4, lett. b, d.lg. 12 maggio 2015, n. 74.
(9) Comma aggiunto dall'art. 1.4, lett. c, d.lg. 12 maggio 2015, n. 74.
(10) Le parole «, fermi restando i poteri nei confronti delle imprese di assicurazione o di riassicurazione per le attività esternalizzate» sono state aggiunte dall'art. 1.5, lett. a, d.lg. 12 maggio 2015, n. 74.

d) degli intermediari di assicurazione e di riassicurazione [...] (1) e di ogni altro operatore del mercato assicurativo.

7. *Reclami*. — 1. Le persone fisiche e giuridiche, nonché le associazioni riconosciute per la rappresentanza degli interessi dei consumatori hanno facoltà di proporre reclamo all'IVASS, per l'accertamento dell'osservanza delle disposizioni previste nel presente codice, nei confronti delle imprese di assicurazione e di riassicurazione e degli intermediari secondo la procedura prevista con regolamento (2) (3).

8. *Rapporti con il diritto dell'Unione europea e integrazione nel SEVIF* (4). — 1. Il Ministero dello sviluppo economico (5) e l'IVASS (6) esercitano i poteri attribuiti in armonia con le disposizioni dell'Unione europea (7), si conformano ai regolamenti e alle decisioni dell'Unione europea e provvedono in merito alle raccomandazioni concernenti le materie disciplinate dal presente codice.

9. *Regolamenti e altri provvedimenti*. — 1. I regolamenti ministeriali sono adottati ai sensi dell'art. 17, comma 3, della l. 23 agosto 1988, n. 400.

2. I regolamenti adottati dall'IVASS (6) ai sensi del presente codice sono emanati [...] (8) nel rispetto della procedura prevista dall'art. 191, commi 4 e 5.

3. L'IVASS (6) stabilisce, con regolamento, i termini e le procedure per l'adozione degli atti e dei provvedimenti di competenza. L'IVASS (6) disciplina, in particolare, i procedimenti relativi all'accertamento delle violazioni ed all'irrogazione delle sanzioni nel rispetto dei principi della facoltà di denuncia di parte, della piena conoscenza degli atti istruttori, del contraddittorio, della verbalizzazione nonché della distinzione tra le funzioni istruttorie e quelle decisorie. Si applicano, in quanto compatibili, i principi sull'individuazione e sulle funzioni del responsabile del procedimento, sulla partecipazione al procedimento e sull'accesso agli atti amministrativi previsti dalla l. 7 agosto 1990, n. 241. L'IVASS (6) determina i casi di necessità ed urgenza o i motivi di riservatezza per cui è consentito derogare ai principi sanciti nel presente comma (9).

4. Le disposizioni del presente codice che prevedono un'autorizzazione dell'IVASS (6) possono essere applicate dall'Istituto anche mediante il rilascio di autorizzazioni relative a determinate categorie di atti o di soggetti. Le autorizzazioni rilasciate dall'IVASS (6) in via generale sono rese pubbliche secondo le modalità previste per i regolamenti.

5. I regolamenti ministeriali, i regolamenti, le raccomandazioni di carattere generale adottati dall'IVASS (6) sono pubblicati nella *Gazzetta Ufficiale*. I medesimi atti, nonché ogni altro provvedimento rilevante relativo ai soggetti sottoposti a vigilanza, sono pubblicati dall'IVASS (6) nel suo *Bollettino* entro il mese successivo a quello della loro adozione e sono altresì resi prontamente disponibili sul suo sito Internet.

6. Entro il 31 gennaio di ogni anno, tutti i regolamenti e i provvedimenti di carattere generale emanati ai sensi del presente codice sono pubblicati, a cura del Ministero dello sviluppo economico (10), in un'unica raccolta, anche in forma elettronica, se nel corso dell'anno precedente ne siano stati emanati di nuovi o siano intervenute modifiche di quelli già emanati.

9-*bis*. *Trasparenza e responsabilità dell'attività di vigilanza*. — 1. L'IVASS svolge la propria attività in modo trasparente e responsabile. Nel perseguimento di tali principi, fatto salvo il rispetto della riservatezza, pubblica sul sito internet ed aggiorna periodicamente le seguenti informazioni:

a) il testo delle disposizioni legislative, re-

(1) Le parole «, dei periti di assicurazione» sono state soppresse dall'art. 1.5, lett. b, d.lg. 12 maggio 2015, n. 74.

(2) V. reg. ISVAP 19 maggio 2008, n. 24, in G.U., 30 maggio 2008, n. 126, come modificato con provv. ISVAP 24 marzo 2015, n. 30, in G.U., 2 aprile 2015, n. 77, con provv. ISVAP 4 luglio 2017, n. 61, in G.U., 20 luglio 2017, n. 168, e con provv. IVASS 2 agosto 2018, n. 76, in G.U., 19 settembre 2018, n. 218.

(3) Articolo così sostituito dall'art. 1.6, d.lg. 12 maggio 2015, n. 74.

(4) Rubrica così sostituita alla precedente «Disposizioni comunitarie» dall'art. 5.3, lett. a, d.lg. 30 luglio 2012, n. 130.

(5) Le parole «Ministero dello sviluppo economico» sono state così sostituite alle precedenti «Ministero delle attività produttive» dall'art. 5.3, lett. b, d.lg. 30 luglio 2012, n. 130.

(6) La parola «IVASS» è stata così sostituita alla precedente «ISVAP» dall'art. 1.213, d.lg. 12 maggio 2015, n. 74.

(7) Le parole «le disposizioni dell'Unione europea» sono state così sostituite alle precedenti «le disposizioni comunitarie» dall'art. 5.3, lett. b, d.lg. 30 luglio 2012, n. 130.

(8) Le parole «dal presidente dell'Istituto» sono state soppresse dall'art. 1.7, d.lg. 12 maggio 2015, n. 74.

(9) V. provv. ISVAP 15 marzo 2006, n. 1, in G.U., 20 marzo 2006, n. 66, come modificato dal provv. ISVAP 23 ottobre 2006, n. 2466, in G.U., 31 ottobre 2006, n. 25. V. reg. IVASS 8 ottobre 2013, n. 1, in G.U., 18 ottobre 2013, n. 245.

(10) Le parole «Ministero dello sviluppo economico» sono state così sostituite alle precedenti «Ministero delle attività produttive» dall'art. 1.213, d.lg. 12 maggio 2015, n. 74.

golamentari e amministrative, delle raccomandazioni e degli orientamenti generali in materia assicurativa e riassicurativa, ed ogni altro provvedimento rilevante di carattere generale relativo ai soggetti sottoposti a vigilanza;

b) i criteri generali e i metodi di vigilanza, inclusi gli strumenti utilizzati nell'ambito del processo di controllo prudenziale di cui all'art. 47-*quinquies*;

c) i dati statistici aggregati sugli aspetti principali relativi all'applicazione della regolamentazione prudenziale;

d) le modalità di esercizio delle opzioni previste dalla dir. n. 2009/138/CE;

e) gli obiettivi della vigilanza e le principali funzioni e attività svolte dall'IVASS.

2. Le informazioni di cui al comma 1 sono pubblicate in modo tale da consentire un raffronto dei metodi di vigilanza adottati dalle autorità di vigilanza degli Stati membri, anche mediante l'utilizzo di un formato comune definito a livello comunitario (1).

CAPO III

SEGRETO D'UFFICIO E COLLABORAZIONE CON ALTRE AUTORITÀ E ALTRI SOGGETTI (2)

10. *Segreto d'ufficio* (3). — 1. Tutte le notizie, le informazioni e i dati in possesso dell'IVASS (4) in ragione della sua attività di vigilanza sono coperti dal segreto d'ufficio anche nei confronti delle pubbliche amministrazioni. Sono fatti salvi i casi previsti dalla legge per le indagini su violazioni sanzionate penalmente.

2. I dipendenti dell'IVASS (4), nell'esercizio delle funzioni di vigilanza, sono pubblici ufficiali e hanno l'obbligo di riferire esclusivamente al presidente dell'IVASS (4) tutte le irregolarità constatate, anche se costituenti reato perseguibile d'ufficio.

3. I dipendenti dell'IVASS, i consulenti, i revisori e gli esperti dei quali l'Istituto si avvale sono vincolati dal segreto d'ufficio, anche dopo la cessazione del rapporto di lavoro o la conclusione dell'incarico. Tutte le notizie, informazioni, dati ricevuti da questi soggetti nell'esercizio delle loro funzioni non possono essere divulgati ad alcuna persona o autorità se non in forma sommaria o aggregata in modo che non si possano individuare le singole imprese di assicurazione o di riassicurazione (5).

4. La disposizione di cui al comma 3 non osta a che l'IVASS collabori, anche mediante scambio di informazioni, con la Banca d'Italia, la Commissione nazionale per le società e la borsa (CONSOB), l'Autorità garante della concorrenza e del mercato, la Commissione di vigilanza sui fondi pensione (COVIP), e ciascuna delle suddette istituzioni collabora con l'IVASS al fine di agevolare l'esercizio delle rispettive funzioni. Non può essere reciprocamente opposto il segreto di ufficio (6).

5. Il segreto di ufficio non può essere altresì opposto nei confronti del Ministro dello sviluppo economico (7) e nei confronti dei due rami del Parlamento che acquisiscono i dati, le notizie e le informazioni secondo le competenze e le modalità stabilite nei rispettivi regolamenti.

6. Le pubbliche amministrazioni e gli enti pubblici forniscono dati, notizie e documenti e ogni ulteriore collaborazione richiesta dall'IVASS (4), in conformità alle leggi disciplinanti i rispettivi ordinamenti.

7. L'IVASS (4), secondo le modalità e alle condizioni previste dalle disposizioni dell'Unione europea, collabora, anche mediante scambio di informazioni, con l'AEAP e le altre autorità di vigilanza europee, con il Comitato congiunto, con il CERS, con le istituzioni dell'Unione europea e le autorità di vigilanza dei singoli Stati membri, al fine di agevolare l'esercizio delle rispettive funzioni. L'IVASS (4) adempie nei confronti di tali soggetti agli obblighi di comunicazione stabiliti dalle disposizioni dell'Unione europea. Le informazioni ricevute dall'IVASS provenienti da Autorità di vigilanza di altri Stati membri possono essere trasmesse ad altre autorità italiane o a terzi solo con il consenso dell'autorità che le ha fornite e unicamente per i fini per cui il consenso è stato accordato (8).

7-*bis*. Nei casi e nei modi previsti dalle dispo-

(1) Articolo inserito dall'art. 1.8, d.lg. 12 maggio 2015, n. 74.
(2) Rubrica inserita dall'art. 1.201, d.lg. 12 maggio 2015, n. 74.
(3) Rubrica così sostituita alla precedente «Segreto d'ufficio e collaborazione tra autorità» dall'art. 1.9, lett. a, d.lg. 12 maggio 2015, n. 74.
(4) La parola «IVASS» è stata così sostituita alla precedente «ISVAP» dall'art. 1.213, d.lg. 12 maggio 2015, n. 74.
(5) Comma così sostituito dall'art. 1.9, lett. b, d.lg. 12 maggio 2015, n. 74.
(6) Comma così sostituito dall'art. 1.9, lett. c, d.lg. 12 maggio 2015, n. 74.
(7) Le parole «Ministro dello sviluppo economico» sono state così sostituite alle precedenti «Ministro delle attività produttive» dall'art. 1.213, d.lg. 12 maggio 2015, n. 74.
(8) Comma già sostituito dall'art. 5.4, lett. a, d.lg. 30 luglio 2012, n. 130. L'ultimo periodo è stato così sostituito dall'art. 1.9, lett. d, d.lg. 12 maggio 2015, n. 74.

sizioni dell'Unione europea, l'IVASS (1) può concludere con l'AEAP e con le autorità di vigilanza degli altri Stati membri accordi che possono prevedere anche la delega di compiti; può, inoltre, ricorrere all'AEAP per la risoluzione delle controversie con le autorità di vigilanza degli altri Stati membri in situazioni transfrontaliere (2).

8. Nell'ambito di accordi di cooperazione e a condizione di reciprocità e di equivalenti obblighi di riservatezza, l'IVASS (1) può scambiare informazioni con le autorità competenti degli Stati terzi rispetto all'Unione europea.

9. L'IVASS (1) può scambiare informazioni con le autorità amministrative o giudiziarie o gli altri organi che intervengono (3) nell'ambito di procedimenti di liquidazione o concorsuali, in Italia o all'estero, relativi ai soggetti vigilati. Nei rapporti con le autorità di Stati terzi lo scambio di informazioni avviene con le modalità di cui al comma 7.

10-*bis*. *Utilizzo delle informazioni riservate*. — 1. L'IVASS può utilizzare le informazioni coperte dal segreto d'ufficio, ai sensi dell'art. 10, esclusivamente nell'esercizio delle funzioni di vigilanza e per le seguenti finalità:

a) verifica della sussistenza delle condizioni di accesso e di esercizio all'attività assicurativa e riassicurativa, con particolare riguardo all'osservanza delle disposizioni relative alle riserve tecniche, al Requisito Patrimoniale di Solvibilità, al Requisito Patrimoniale Minimo e al sistema di governo societario;

b) irrogazione delle sanzioni;

c) difesa nell'ambito dei procedimenti giurisdizionali e dei ricorsi amministrativi avverso provvedimenti dell'IVASS (4).

10-*ter*. *Scambio di informazioni con altre Autorità dell'Unione europea*. — 1. L'IVASS, secondo le modalità e alle condizioni previste dalle disposizioni dell'Unione europea collabora anche mediante scambio di informazioni con:

a) le banche centrali del Sistema europeo di banche centrali (SEBC), compresa la Banca centrale europea (BCE) e altri organismi con responsabilità analoghe in quanto autorità monetarie, quando queste informazioni siano attinenti all'esercizio dei rispettivi compiti statutari, ivi incluse la gestione della politica monetaria e la relativa concessione di liquidità, la sorveglianza dei sistemi di pagamento, di compensazione e di regolamento titoli e la tutela della stabilità del sistema finanziario;

b) all'occorrenza, altre autorità pubbliche nazionali incaricate della vigilanza sui sistemi di pagamento.

2. Nelle situazioni di emergenza, ivi incluse quelle di cui all'art. 18 del reg. (UE) n. 1094/2010, l'IVASS comunica immediatamente informazioni alle banche centrali del SEBC, inclusa la BCE, quando le informazioni siano attinenti all'esercizio dei rispettivi compiti statutari, ivi incluse la gestione della politica monetaria e la relativa concessione di liquidità, la sorveglianza dei sistemi di pagamento, di compensazione e di regolamento titoli e la tutela della stabilità del sistema finanziario, e al CERS, quando le informazioni siano attinenti all'esercizio dei suoi compiti.

3. Le informazioni ricevute dall'IVASS ai sensi dei commi 1 e 2 sono soggette alle disposizioni relative al segreto d'ufficio stabilite dal presente Capo (4).

CAPO III-*ter*

Sistemi interni di segnalazione delle violazioni e procedura di segnalazione (5)

10-*quater*. *Sistemi interni di segnalazione delle violazioni*. — 1. Le imprese di assicurazione o di riassicurazione, gli intermediari assicurativi e riassicurativi, inclusi gli intermediari assicurativi a titolo accessorio, adottano procedure specifiche per la segnalazione al proprio interno, da parte del personale, di atti o fatti che possano costituire violazioni delle norme disciplinanti l'attività svolta, di cui al presente codice.

2. Le procedure previste al comma 1 sono idonee a garantire:

a) la riservatezza dei dati personali del segnalante e del presunto responsabile della violazione, ferme restando le regole che disciplinano le indagini o i procedimenti avviati dall'autorità amministrativa o giudiziaria in relazione ai fatti oggetto della segnalazione;

b) la protezione adeguata dei dipendenti

(1) La parola «IVASS» è stata così sostituita alla precedente «ISVAP» dall'art. 1.213, d.lg. 12 maggio 2015, n. 74.
(2) Comma inserito dall'art. 5.4, lett. b, d.lg. 30 luglio 2012, n. 130.
(3) Le parole «o gli altri organi che intervengono» sono state inserite dall'art. 1.9, lett. e, d.lg. 12 maggio 2015, n. 74.
(4) Articolo aggiunto dall'art. 1.10, d.lg. 12 maggio 2015, n. 74.
(5) Capo inserito dall'art. 1.2, d.lg. 21 maggio 2018, n. 68. In base all'art. 4.7, d.lg. cit., tali disposizioni «trovano applicazione dal 1° ottobre 2018».

dei soggetti di cui al comma 1 e, ove possibile, di altre persone che riferiscono di violazioni commesse all'interno degli stessi almeno contro ritorsioni, discriminazioni e altri tipi di trattamento iniquo;

c) un canale specifico, indipendente ed autonomo per la segnalazione.

3. Fuori dei casi di responsabilità a titolo di calunnia o diffamazione, ovvero per lo stesso titolo ai sensi dell'art. 2043 del codice civile, la presentazione di una segnalazione nell'ambito della procedura di cui al comma 1 non costituisce violazione degli obblighi derivanti dal rapporto di lavoro.

4. La disposizione di cui all'art. 7, comma 2, del d.lg. 30 giugno 2003, n. 196 (1), non trova applicazione avuto riguardo all'età del segnalante, che può essere rivelata solo con il suo consenso quando la conoscenza sia indispensabile per la difesa del segnalato. Le imprese di assicurazione o di riassicurazione, gli intermediari assicurativi e riassicurativi, inclusi gli intermediari assicurativi a titolo accessorio osservano le disposizioni di attuazione del presente articolo emanate dall'IVASS.

10-*quinquies*. *Procedura di segnalazione di violazioni*. — 1. L'IVASS:

a) riceve segnalazioni da parte dei dipendenti dei soggetti di cui all'art. 10-*quater*, comma 1, riguardanti violazioni delle norme del presente codice, nonché di disposizioni dell'Unione europea direttamente applicabili;

b) stabilisce condizioni, limiti e procedure per la ricezione delle segnalazioni;

c) si avvale delle informazioni contenute nelle segnalazioni, ove rilevanti, esclusivamente nell'esercizio delle funzioni di vigilanza.

2. Gli atti relativi alle segnalazioni di cui al comma 1 sono sottratti all'accesso previsto dagli artt. 22 e seguenti della l. 7 agosto 1990, n. 241, e successive modificazioni.

TITOLI II-IX

11-121. . . . . (*omissis*).

TITOLO X

Assicurazione obbligatoria per i veicoli a motore e i natanti

CAPO I

Obbligo di assicurazione

122. *Veicoli a motore*. — 1. I veicoli a motore senza guida di rotaie, compresi i filoveicoli e i rimorchi, non possono essere posti in circolazione su strade di uso pubblico o su aree a queste equiparate se non siano coperti dall'assicurazione per la responsabilità civile verso i terzi prevista dall'art. 2054 del codice civile e dall'art. 91, comma 2, del codice della strada. Il regolamento, adottato dal Ministro dello sviluppo economico (2), su proposta dell'IVASS (3), individua la tipologia di veicoli esclusi dall'obbligo di assicurazione e le aree equiparate a quelle di uso pubblico (4).

2. L'assicurazione comprende la responsabilità per i danni alla persona causati ai trasportati, qualunque sia il titolo in base al quale è effettuato il trasporto.

3. L'assicurazione non ha effetto nel caso di circolazione avvenuta contro la volontà del proprietario, dell'usufruttuario, dell'acquirente con patto di riservato dominio o del locatario in caso di locazione finanziaria, fermo quanto disposto dall'art. 283, comma 1, lett. *d*), a partire dal giorno successivo alla denuncia presentata all'autorità di pubblica sicurezza. In deroga all'art. 1896, primo comma, secondo periodo, del codice civile l'assicurato ha diritto al rimborso del rateo di premio, relativo al residuo periodo di assicurazione, al netto dell'imposta pagata e del contributo previsto dall'art. 334.

4. L'assicurazione copre anche la responsabilità per i danni causati nel territorio degli altri Stati membri, secondo le condizioni ed entro i limiti stabiliti dalle legislazioni nazionali di ciascuno di tali Stati, concernenti l'assicurazione obbligatoria della responsabilità civile derivante dalla circolazione dei veicoli a motore, ferme le maggiori garanzie eventualmente previste dal contratto o dalla legislazione dello Stato in cui stazionano abitualmente.

123. *Natanti*. — 1. Le unità da diporto, con esclusione delle unità non dotate di motore, non possono essere poste in navigazione in acque ad uso pubblico o su aree a queste equiparate se non siano coperte dall'assicurazione della responsabilità civile verso terzi prevista dall'art. 2054 del codice civile, compresa quella

(1) In *Leggi coll. II, 3*.
(2) Le parole «Ministro dello sviluppo economico» sono state così sostituite alle precedenti «Ministro delle attività produttive» dall'art. 1.213, d.lg. 12 maggio 2015, n. 74.
(3) La parola «IVASS» è stata così sostituita alla precedente «ISVAP» dall'art. 1.213, d.lg. 12 maggio 2015, n. 74.
(4) V. d.m. Sviluppo economico 1° aprile 2008, n. 86, in G.U., 19 maggio 2008, n. 116.

dell'acquirente con patto di riservato dominio e quella del locatario in caso di locazione finanziaria, per danni alla persona. Il regolamento, adottato dal Ministro dello sviluppo economico (1) su proposta dell'IVASS (2), individua la tipologia dei natanti esclusi dall'obbligo di assicurazione e le acque equiparate a quelle di uso pubblico (3).

2. Sono altresì soggetti all'obbligo assicurativo i natanti di stazza lorda non superiore a venticinque tonnellate che siano muniti di motore inamovibile di potenza superiore a tre cavalli fiscali e adibiti ad uso privato, diverso dal diporto, o al servizio pubblico di trasporto di persone.

3. L'obbligo assicurativo è esteso ai motori amovibili, di qualsiasi potenza, indipendentemente dall'unità alla quale vengono applicati, risultando in tal caso assicurato il natante sul quale è di volta in volta collocato il motore.

4. Alle unità da diporto, ai natanti e ai motori amovibili si applicano, in quanto compatibili, le norme previste per l'assicurazione obbligatoria della responsabilità civile derivante dalla circolazione dei veicoli a motore.

124. *Gare e competizioni sportive*. — 1. Le gare e le competizioni sportive di qualsiasi genere di veicoli a motore e le relative prove non possono essere autorizzate, anche se in circuiti chiusi, se l'organizzatore non abbia provveduto a contrarre assicurazione per la responsabilità civile.

2. L'assicurazione copre la responsabilità dell'organizzatore e degli altri obbligati per i danni arrecati alle persone, agli animali e alle cose, esclusi i danni prodotti ai partecipanti stessi e ai veicoli da essi adoperati.

125. *Veicoli e natanti immatricolati o registrati in Stati esteri*. — 1. Per i veicoli e i natanti soggetti all'obbligo di assicurazione ed immatricolati o registrati in Stati esteri nonché per i motori amovibili di cui all'art. 123, comma 3, muniti di certificato di uso straniero o di altro documento equivalente emesso all'estero, che circolino temporaneamente nel territorio o nelle acque territoriali della Repubblica, deve essere assolto, per la durata della permanenza in Italia, l'obbligo di assicurazione.

2. Per i natanti l'obbligo di assicurazione si considera assolto:

a) con la stipula di un contratto di assicurazione secondo quanto previsto con regolamento adottato dal Ministro dello sviluppo economico (1), su proposta dell'IVASS (2) (3), ovvero

b) quando il conducente sia in possesso di certificato internazionale di assicurazione emesso dall'Ufficio nazionale di assicurazione estero ed accettato dall'Ufficio centrale italiano.

3. Per i veicoli a motore muniti di targa di immatricolazione rilasciata da uno Stato terzo l'obbligo di assicurazione:

a) È assolto mediante contratto di assicurazione «frontiera», come disciplinato dal regolamento previsto all'art. 126, comma 2, lett. *a*), concernente la responsabilità civile derivante dalla circolazione del veicolo nel territorio della Repubblica e degli altri Stati membri, alle condizioni e fino ai limiti di somma stabiliti dalla legislazione in vigore in ciascuno di essi (3);

b) si considera assolto quando l'Ufficio centrale italiano si sia reso garante per il risarcimento dei danni cagionati in Italia dalla circolazione dei medesimi veicoli e quando con atto dell'Unione europea sia stato rimosso l'obbligo negli Stati membri di controllare l'assicurazione di responsabilità civile per i veicoli muniti di targa di immatricolazione rilasciata dallo Stato terzo;

c) si considera assolto, quando il conducente sia in possesso di una carta verde emessa dall'Ufficio nazionale di assicurazione estero ed accettata dall'Ufficio centrale italiano.

4. Per i veicoli a motore muniti di targa di immatricolazione rilasciata da uno Stato membro diverso dalla Repubblica italiana, l'obbligo di assicurazione si considera assolto quando l'Ufficio centrale italiano si sia reso garante per il risarcimento dei danni cagionati dalla circolazione in Italia di detti veicoli, sulla base di accordi stipulati con i corrispondenti uffici nazionali di assicurazione e l'Unione europea abbia riconosciuto tali accordi.

5. Nell'ipotesi di cui al comma 3, lett. *c*), l'Ufficio centrale italiano provvede alla liquidazione dei danni, garantendone il pagamento agli aventi diritto, nei limiti dei massimali minimi di legge o, se maggiori, di quelli eventualmente previsti dalla polizza di assicurazione alla quale si riferisce la carta verde. Nelle ipotesi di cui al comma 3, lett. *b*), ed in quelle di cui al comma 4, l'Ufficio centrale italiano provvede alla liquidazione dei danni cagionati in Italia, garantendone il pagamento agli aventi di-

(1) Le parole «Ministro dello sviluppo economico» sono state così sostituite alle precedenti «Ministro delle attività produttive» dall'art. 1.213, d.lg. 12 maggio 2015, n. 74.

(2) La parola «IVASS» è stata così sostituita alla precedente «ISVAP» dall'art. 1.213, d.lg. 12 maggio 2015, n. 74.

(3) V. d.m. Sviluppo economico 1° aprile 2008, n. 86, in G.U., 19 maggio 2008, n. 116.

ritto nei limiti dei massimali minimi di legge o, se maggiori, di quelli eventualmente previsti dalla polizza di assicurazione.

5-*bis*. L'Ufficio centrale italiano, entro tre mesi dalla ricezione della richiesta di risarcimento comunica agli aventi diritto un'offerta di risarcimento motivata ovvero indica i motivi per i quali non ritiene di fare offerta (1).

6. Le disposizioni di cui ai commi 3 e 4 si applicano anche ai veicoli a motore di proprietà di agenti diplomatici e consolari o di funzionari internazionali, o di proprietà di Stati esteri o di organizzazioni internazionali.

7. Le disposizioni di cui al comma 3, lett. *b*), ed al comma 4 non si applicano per l'assicurazione della responsabilità civile per danni cagionati dalla circolazione dei veicoli aventi targa di immatricolazione rilasciata da uno Stato estero e individuati nel regolamento adottato, su proposta dell'IVASS (2), dal Ministro dello sviluppo economico (3) (4).

126. *Ufficio centrale italiano*. — 1. L'Ufficio centrale italiano è abilitato all'esercizio delle funzioni di Ufficio nazionale di assicurazione e allo svolgimento degli altri compiti stabiliti dall'ordinamento comunitario e dal presente codice a seguito di riconoscimento del Ministro dello sviluppo economico (5).

2. L'Ufficio centrale italiano, oltre ai compiti di cui all'art. 125, svolge le seguenti attività:

a) stipula e gestisce, in nome e per conto delle imprese aderenti, l'assicurazione frontiera disciplinata nel regolamento adottato, su proposta dell'IVASS (2), dal Ministro dello sviluppo economico (3) e provvede alla liquidazione e al pagamento degli indennizzi dovuti (4);

b) assume, nelle ipotesi di cui al comma 2, lett. *b*), comma 3, lett. *b*) e *c*), ed al comma 4 dell'art. 125, ai fini del risarcimento dei danni cagionati dalla circolazione in Italia dei veicoli a motore e natanti, la qualità di domiciliatario dell'assicurato, del responsabile civile e della loro impresa di assicurazione;

c) È legittimato a stare in giudizio, nelle ipotesi di cui al comma 2, lett. *b*), al comma 3 ed al comma 4 dell'art. 125, in nome e per conto delle imprese aderenti, nelle azioni di risarcimento che i danneggiati dalla circolazione in Italia di veicoli a motore e natanti immatricolati o registrati all'estero possono esercitare direttamente nei suoi confronti secondo quanto previsto agli artt. 145, comma 1, 146 e 147. Si applicano anche nei confronti dell'Ufficio centrale italiano le disposizioni che regolano l'azione diretta contro l'impresa di assicurazione del responsabile civile secondo quanto previsto dall'art. 144.

3. Ai fini della proposizione dell'azione diretta di risarcimento nei confronti dell'Ufficio centrale italiano i termini di cui all'art. 163-*bis*, primo comma, e 318, secondo comma, del codice di procedura civile sono aumentati del doppio, risultando perciò stabiliti in centottanta giorni per il giudizio di fronte al tribunale e in novanta giorni per il giudizio di fronte al giudice di pace. I termini di cui all'art. 163-*bis*, secondo comma, del codice di procedura civile non possono essere comunque inferiori a sessanta giorni.

4. L'Ufficio centrale italiano è abilitato ad emettere le carte verdi richieste per la circolazione all'estero di veicoli a motore immatricolati in Italia, garantendo nei confronti dei corrispondenti uffici nazionali di assicurazione le obbligazioni che il rilascio di tali certificati comporta.

5. Per i rimborsi effettuati agli uffici nazionali di assicurazione esteri, che in base agli accordi con esso stipulati abbiano dovuto intervenire per risarcire danni causati nel territorio del loro Stato da veicoli a motore immatricolati in Italia non coperti da assicurazione, l'Ufficio centrale italiano ha diritto di rivalsa nei confronti del proprietario o del conducente del veicolo per le somme pagate e le relative spese.

6. In caso di incidente cagionato nel territorio della Repubblica dalla circolazione di veicoli a motore o natanti immatricolati o registrati all'estero, l'Ufficio centrale italiano può richiedere ai competenti organi di polizia le informazioni acquisite relativamente alle modalità dell'incidente, alla residenza e al domicilio delle parti e alla targa di immatricolazione o altro analogo segno distintivo.

127. *Certificato di assicurazione e contrassegno*. — 1. L'adempimento dell'obbligo di assicurazione dei veicoli a motore è comprovato da apposito certificato rilasciato dall'impresa di assicurazione o dalla delegataria in caso di coassicurazione, da cui risulti il periodo di assicurazione per il quale sono stati pagati il premio o la rata di premio.

(1) Comma inserito dall'art. 1.3, d.lg. 6 novembre 2007, n. 198.
(2) La parola «IVASS» è stata così sostituita alla precedente «ISVAP» dall'art. 1.213, d.lg. 12 maggio 2015, n. 74.
(3) Le parole «Ministro dello sviluppo economico» sono state così sostituite alle precedenti «Ministro delle attività produttive» dall'art. 1.213, d.lg. 12 maggio 2015, n. 74.
(4) V. d.m. Sviluppo economico 1° aprile 2008, n. 86, in G.U., 19 maggio 2008, n. 116.
(5) Comma così sostituito dall'art. 1.212, d.lg. 12 maggio 2015, n. 74.

2. L'impresa di assicurazione è obbligata nei confronti dei terzi danneggiati per il periodo di tempo indicato nel certificato, salvo quanto disposto dall'art. 1901, secondo comma, del codice civile e dall'art. 122, comma 3, primo periodo.

3. All'atto del rilascio del certificato di assicurazione l'impresa di assicurazione consegna un contrassegno recante il numero della targa di riconoscimento del veicolo e l'indicazione dell'anno, mese e giorno di scadenza del periodo di assicurazione per cui è valido il certificato. Il contrassegno è esposto sul veicolo al quale si riferisce l'assicurazione entro cinque giorni dal pagamento del premio o della rata di premio.

4. L'IVASS (1), con regolamento, stabilisce le modalità per il rilascio, nonché le caratteristiche del certificato di assicurazione, del contrassegno e di eventuali documenti provvisoriamente equipollenti e le modalità per l'emissione di duplicati in caso di sottrazione, smarrimento o distruzione.

128. *Massimali di garanzia*. — 1. Per l'adempimento dell'obbligo di assicurazione per la responsabilità civile derivante dalla circolazione dei veicoli a motore e dei natanti, il contratto è stipulato per somme non inferiori ai seguenti importi:

a) nel caso di danni alle persone un importo minimo di copertura pari ad euro 5.000.000 per sinistro, indipendentemente dal numero delle vittime;

b) nel caso di danni alle cose un importo minimo di copertura pari ad euro 1.000.000 per sinistro, indipendentemente dal numero delle vittime;

b-bis) per i veicoli a motore adibiti al trasporto di persone classificati nelle categorie M2 e M3 ai sensi dell'art. 47 del codice della strada, di cui al d.lg. 30 aprile 1992, n. 285, e successive modificazioni, un importo minimo di copertura pari a euro 15.000.000 per sinistro per i danni alle persone, indipendentemente dal numero delle vittime, e a euro 1.000.000 per sinistro per i danni alle cose, indipendentemente dal numero dei danneggiati (2).

2. I contratti dell'assicurazione obbligatoria della responsabilità civile derivante dalla circolazione dei veicoli a motore e dei natanti devono essere adeguati agli importi minimi di copertura obbligatoria per i danni alle cose e per i danni alle persone di cui al comma 1 entro l'11 giugno 2012.

3. Ogni cinque anni dalla data dell'11 giugno 2012 di cui al comma 2 gli importi di cui al comma 1 sono indicizzati automaticamente secondo la variazione percentuale indicata dall'indice europeo dei prezzi al consumo (IPCE), previsto dal reg. (CE) n. 2494/95 del Consiglio, del 23 ottobre 1995, relativo agli indici dei prezzi al consumo armonizzati. L'aumento effettuato è arrotondato ad un multiplo di euro 10.000.

4. Con provvedimento del Ministro dello sviluppo economico, da pubblicare nella *Gazzetta Ufficiale* della Repubblica italiana, è stabilito l'adeguamento di cui al comma 3.

5. Alla data dell'11 dicembre 2009 gli importi minimi di copertura devono essere pari ad almeno la metà degli ammontari di cui al comma 1 (3).

129. *Soggetti esclusi dall'assicurazione*. — 1. Non è considerato terzo e non ha diritto ai benefici derivanti dal contratto di assicurazione obbligatoria il solo conducente del veicolo responsabile del sinistro.

2. Ferme restando la disposizione di cui all'art. 122, comma 2, e quella di cui al comma 1 del presente articolo, non sono inoltre considerati terzi e non hanno diritto ai benefici derivanti dai contratti di assicurazione obbligatoria, limitatamente ai danni alle cose:

a) i soggetti di cui all'art. 2054, terzo comma, del codice civile ed all'art. 91, comma 2, del codice della strada;

b) il coniuge non legalmente separato, il convivente more uxorio, gli ascendenti e i discendenti legittimi, naturali o adottivi del soggetto di cui al comma 1 e di quelli di cui alla lett. *a*), nonché gli affiliati e gli altri parenti e affini fino al terzo grado di tutti i predetti soggetti, quando convivano con questi o siano a loro carico in quanto l'assicurato provvede abitualmente al loro mantenimento;

c) ove l'assicurato sia una società, i soci a responsabilità illimitata e le persone che si trovano con questi in uno dei rapporti indicati alla lett. *b*).

(1) La parola «IVASS» è stata così sostituita alla precedente «ISVAP» dall'art. 1.213, d.lg. 12 maggio 2015, n. 74.

(2) Lettera aggiunta dall'art. 1.28, lett. a, l. 4 agosto 2017, n. 124. L'art. 1.29, l. cit., così dispone: «I massimali di cui all'art. 128, comma 1, lett. *b-bis*), del codice di cui al d.lg. 7 settembre 2005, n. 209, introdotta dalla lett. *a*) del comma 28 del presente articolo, si applicano a decorrere dalla data di entrata in vigore della presente legge e sono raddoppiati a decorrere dal 1° gennaio dell'anno successivo a quello di entrata in vigore della presente legge».

(3) Articolo così sostituito dall'art. 1.4, d.lg. 6 novembre 2007, n. 198.

CAPO II

ESERCIZIO DELL'ASSICURAZIONE

130. *Imprese autorizzate*. — 1. L'assicurazione può essere stipulata con qualsiasi impresa autorizzata ad esercitare nel territorio della Repubblica, anche in regime di stabilimento e di libertà di prestazione di servizi, l'assicurazione della responsabilità civile per i danni causati dalla circolazione dei veicoli e dei natanti.

2. Le imprese di assicurazione aventi la sede legale nel territorio della Repubblica e le imprese di assicurazione aventi la sede legale in uno Stato terzo autorizzate ad esercitare l'assicurazione obbligatoria della responsabilità civile derivante dalla circolazione dei veicoli a motore e dei natanti, esclusa la responsabilità del vettore, designano in ogni Stato membro un mandatario incaricato della gestione e della liquidazione dei sinistri nei casi di cui all'art. 151.

3. Nel caso in cui l'impresa di assicurazione, che opera in regime di libertà di prestazione di servizi, non abbia nominato il rappresentante per la gestione dei sinistri di cui all'art. 25, il mandatario nominato ai sensi del comma 2 ne assume la funzione.

131. *Trasparenza dei premi e delle condizioni di contratto*. — 1. Al fine di garantire la trasparenza e la concorrenzialità delle offerte dei servizi assicurativi, nonché un'adeguata informazione ai soggetti che devono adempiere all'obbligo di assicurazione dei veicoli e dei natanti, le imprese mettono a disposizione del pubblico, presso ogni punto di vendita e nei siti internet, la nota informativa e le condizioni di contratto praticate nel territorio della Repubblica.

2. La pubblicità dei premi è attuata mediante preventivi personalizzati rilasciati presso ogni punto di vendita dell'impresa di assicurazione, nonché mediante siti internet che permettono di ricevere il medesimo preventivo per i veicoli e per i natanti individuati nel regolamento di attuazione.

2-*bis.* Per l'offerta di contratti relativi all'assicurazione r.c. auto, l'intermediario rilascia preventiva informazione al consumatore sulle provvigioni riconosciutegli dall'impresa o, distintamente, dalle imprese per conto di cui opera. L'informazione è affissa nei locali in cui l'intermediario opera e risulta nella documentazione rilasciata al contraente (1).

2-*ter.* I preventivi e le polizze indicano, in modo evidenziato, il premio di tariffa, la provvigione dell'intermediario, nonché lo sconto complessivamente riconosciuto al sottoscrittore del contratto (1).

3. L'IVASS (2) determina, con regolamento, gli obblighi a carico delle imprese e degli intermediari (3).

132. *Obbligo a contrarre*. — 1. Le imprese di assicurazione stabiliscono preventivamente le condizioni di polizza e le tariffe relative all'assicurazione obbligatoria, comprensive di ogni rischio derivante dalla circolazione dei veicoli a motore e dei natanti (4).

1-*bis.* Le imprese di assicurazione sono tenute ad accettare le proposte che sono loro presentate secondo le condizioni e le tariffe di cui al comma 1, fatta salva la necessaria verifica della correttezza dei dati risultanti dall'attestato di rischio, nonché dell'identità del contraente e dell'intestatario del veicolo, se persona diversa (4).

1-*ter.* Qualora dalla verifica, effettuata anche mediante consultazione delle banche di dati di settore e dell'archivio informatico integrato istituito presso l'IVASS di cui all'art. 21 del d.l. 18 ottobre 2012, n. 179, convertito, con modificazioni, dalla l. 17 dicembre 2012, n. 221, e successive modificazioni, risulti che le informazioni fornite dal contraente non siano corrette o veritiere, le imprese di assicurazione non sono tenute ad accettare le proposte loro presentate. Le imprese di assicurazione, in caso di mancata accettazione della proposta, ricalcolano il premio e inviano un nuovo preventivo al potenziale contraente (4).

2. Le imprese di assicurazione possono richiedere che l'autorizzazione sia limitata, ai fini dell'assolvimento agli obblighi derivanti dal comma 1, ai rischi derivanti dalla circolazione di flotte di veicoli a motore o di natanti.

3. Al fine di facilitare le verifiche propedeutiche all'osservanza dell'obbligo a contrarre di cui al comma 1, le imprese di assicurazione hanno diritto di accedere in via telematica al

(1) Comma inserito dall'art. 8.3-*bis*, d.l. 4 luglio 2006, n. 223, conv. in l. 4 agosto 2006, n. 248.

(2) La parola «IVASS» è stata così sostituita alla precedente «ISVAP» dall'art. 1.213, d.lg. 12 maggio 2015, n. 74.

(3) V. reg. ISVAP 9 maggio 2008, in G.U., 20 maggio 2008, n. 117, come modificato e integrato con provv. IVASS 2 agosto 2018, n. 76, in G.U., 19 settembre 2018, n. 218.. Sull'obbligo di confronto delle tariffe r.c. auto v. art. 34, d.l. 24 gennaio 2012, n. 1, conv. in l. 24 marzo 2012, n. 27, come modificato dall'art. 1.30, lett. c, l. 4 agosto 2017, n. 124, che ha abrogato i commi 1 e 2.

(4) Gli attuali commi 1, 1-*bis* e 1-*ter* sono stati così sostituiti all'originario comma 1 dall'art. 1.2, l. 4 agosto 2017, n. 124.

pubblico registro automobilistico ed all'archivio nazionale dei veicoli previsto dal codice della strada secondo condizioni economiche e tecniche strettamente correlate ai costi del servizio erogato in ragione dell'esigenza di consultazioni anche sistematiche nell'ambito delle attività di prevenzione e contrasto delle frodi nell'assicurazione obbligatoria. Con decreto del Ministro dello sviluppo economico (1), di concerto con il Ministro delle infrastrutture e dei trasporti, sono adottate le disposizioni di attuazione.

3-*bis*. In caso di segnalazione di violazione o elusione dell'obbligo a contrarre, incluso il rinnovo, i termini regolamentari di gestione dei reclami da parte dell'IVASS sono dimezzati. Decorso inutilmente il termine, l'IVASS provvede a irrogare le sanzioni di cui all'art. 314 (2).

132-*bis*. *Obblighi informativi degli intermediari*. — 1. Gli intermediari, prima della sottoscrizione di un contratto di assicurazione obbligatoria per i veicoli a motore, sono tenuti a informare il consumatore in modo corretto, trasparente ed esaustivo sui premi offerti da tutte le imprese di assicurazione di cui sono mandatari relativamente al contratto base previsto dall'art. 22 del d.l. 18 ottobre 2012, n. 179, convertito, con modificazioni, dalla l. 17 dicembre 2012, n. 221, e successive modificazioni.

2. Al fine di cui al comma 1, gli intermediari forniscono l'indicazione dei premi offerti dalle imprese di assicurazione mediante collegamento telematico al preventivatore consultabile nei siti internet dell'IVASS e del Ministero dello sviluppo economico e senza obbligo di rilascio di supporti cartacei.

3. L'IVASS adotta disposizioni attuative in modo da garantire l'accesso e la risposta per via telematica, sia ai consumatori che agli intermediari, esclusivamente per i premi applicati dalle imprese di assicurazione per il contratto base relativo ad autovetture e motoveicoli. Con le stesse disposizioni sono definite le modalità attraverso le quali, ottenuti i preventivi sulla base delle informazioni inserite nel servizio informativo di cui all'art. 136, comma 3-*bis*, è consentita la conclusione del contratto, a condizioni non peggiorative rispetto a quanto indicato nel preventivo stesso, o presso un'agenzia della compagnia ovvero, per le imprese che lo prevedano, attraverso un collegamento diretto al sito internet di ciascuna compagnia di assicurazione.

4. Il contratto stipulato senza la dichiarazione del cliente di aver ricevuto, ove prescritte, le informazioni di cui al comma 1 è affetto da nullità rilevabile solo a favore del cliente (3).

132-*ter*. *Sconti obbligatori*. — 1. In presenza di almeno una delle seguenti condizioni, da verificare in precedenza o contestualmente alla stipulazione del contratto o dei suoi rinnovi, le imprese di assicurazione praticano uno sconto determinato dall'impresa nei limiti stabiliti dal comma 2:

a) nel caso in cui, su proposta dell'impresa di assicurazione, i soggetti che presentano proposte per l'assicurazione obbligatoria accettano di sottoporre il veicolo a ispezione da eseguire a spese dell'impresa di assicurazione;

b) nel caso in cui vengono installati, su proposta dell'impresa di assicurazione, o sono già presenti e portabili meccanismi elettronici che registrano l'attività del veicolo, denominati «scatola nera» o equivalenti, ovvero ulteriori dispositivi, individuati, per i soli requisiti funzionali minimi necessari a garantire l'utilizzo dei dati raccolti, in particolare, ai fini tariffari e della determinazione della responsabilità in occasione dei sinistri, con decreto del Ministro delle infrastrutture e dei trasporti, di concerto con il Ministro dello sviluppo economico, da adottare entro novanta giorni dalla data di entrata in vigore della presente disposizione;

c) nel caso in cui vengono installati, su proposta dell'impresa di assicurazione, o sono già presenti, meccanismi elettronici che impediscono l'avvio del motore qualora sia riscontrato nel guidatore un tasso alcolemico superiore ai limiti stabiliti dalla legge per la conduzione di veicoli a motore (4).

2. L'IVASS, con proprio regolamento (5), definisce criteri e modalità nell'ambito dei pro-

(1) Le parole «Ministro dello sviluppo economico» sono state così sostituite alle precedenti «Ministro delle attività produttive» dall'art. 1.213, d.lg. 12 maggio 2015, n. 74.

(2) Comma aggiunto dall'art. 1.3, l. 4 agosto 2017, n. 124.

(3) Articolo inserito dall'art. 1.6, l. 4 agosto 2017, n. 124.

(4) L'art. 1.16, l. 4 agosto 2017, n. 124, così dispone: «L'IVASS provvede alla verifica trimestrale dei dati relativi ai sinistri che le imprese di assicurazione sono tenute a inserire nella banca dati dei sinistri, di cui all'art. 135 del codice delle assicurazioni private, di cui al d.lg. 7 settembre 2005, n. 209, e successive modificazioni, al fine di assicurare l'omogenea e oggettiva definizione dei criteri di trattamento dei dati medesimi. All'esito delle verifiche periodiche, l'IVASS redige apposita relazione le cui risultanze sono considerate anche al fine della definizione della significatività degli sconti di cui all'art. 132-*ter*, comma 1, del citato codice di cui al d.lg. n. 209 del 2005, introdotto dal comma 6 del presente articolo».

(5) V. provv. IVASS 27 marzo 2018, n. 37, in G.U., 10 aprile 2018, n. 83.

cessi di costruzione della tariffa e di ricalcolo del premio, per la determinazione da parte delle imprese di assicurazione dello sconto di cui al comma 1. Le imprese di assicurazione, in attuazione dei criteri stabiliti dall'IVASS, definiscono uno sconto significativo da applicare alla clientela a fronte della riduzione del rischio connesso al ricorrere di una o più delle condizioni di cui al comma 1 ed evidenziano in sede di preventivo e nel contratto, in caso di accettazione da parte del contraente, lo sconto praticato per ciascuna delle condizioni di cui al comma 1, in valore assoluto e in percentuale, rispetto al prezzo della polizza altrimenti applicato.

3. L'IVASS identifica, sulla scorta di dati in proprio possesso e di indagini statistiche, la lista delle province a maggiore tasso di sinistrosità e con premio medio più elevato. Tale lista è aggiornata con cadenza almeno biennale.

4. .... (1).

5. In particolare, il regolamento di cui al comma 2:

a) definisce i parametri oggettivi, tra cui la frequenza dei sinistri e il relativo costo medio, per il calcolo dello sconto aggiuntivo di cui al comma 4;

b) prevede, nell'ambito delle modalità di cui al comma 4, che non possano sussistere differenziali di premio che non siano giustificati da specifiche evidenze sui differenziali di rischio.

6. Le attività di cui ai commi precedenti sono svolte nell'ambito delle risorse umane e strumentali disponibili a legislazione vigente e comunque senza nuovi o maggiori oneri per la finanza pubblica.

7. Le imprese di assicurazione, in attuazione dei criteri stabiliti dall'IVASS, a decorrere dalla data di entrata in vigore della presente disposizione, applicano lo sconto nei confronti dei soggetti che si trovino nelle condizioni previste dal comma 4, di importo significativo e aggiuntivo rispetto a quello praticato ai sensi del comma 2, ed evidenziano in sede di preventivo e nel contratto, in caso di accettazione da parte del contraente, lo sconto praticato, in valore assoluto e in percentuale, rispetto al prezzo della polizza altrimenti applicato. Lo sconto di cui al presente comma si applica ai nuovi contratti o in occasione del rinnovo di quelli in essere.

8. Resta fermo, nei casi di cui ai commi 2 e 4, l'obbligo di rispettare i parametri stabiliti dal contratto di assicurazione. Al fine del conseguimento della massima trasparenza, l'impresa di assicurazione pubblica nel proprio sito internet l'entità degli sconti effettuati in attuazione delle disposizioni di cui ai commi 1, 2, 4 e 7, secondo forme di pubblicità che ne rendano efficace e chiara l'applicazione.

9. L'IVASS, attraverso periodiche verifiche a campione, anche in via ispettiva ovvero a seguito di circostanziata segnalazione da parte di terzi, accerta che le imprese assicurative tengano effettivamente conto, ai fini dell'applicazione delle disposizioni di cui ai commi 1, 2, 4 e 7, nel processo di costruzione della tariffa e di ricalcolo del premio, dei criteri definiti dal regolamento di cui al comma 2 e del rispetto dei criteri e delle modalità finalizzati alla determinazione dello sconto di cui al comma 4.

10. L'IVASS verifica, inoltre, che lo sconto aggiuntivo di cui al comma 4 garantisca la progressiva riduzione delle differenze dei premi applicati sul territorio nazionale nei confronti di assicurati con le medesime caratteristiche soggettive e collocati nella medesima classe di merito.

11. Il mancato rispetto da parte dell'impresa di assicurazione dei criteri e delle modalità per la determinazione dello sconto di cui ai commi 2 e 4 e dell'obbligo di riduzione del premio nei casi previsti dalle disposizioni di cui ai commi 1 e 7 comporta l'applicazione alla medesima impresa, da parte dell'IVASS, di una sanzione amministrativa pecuniaria da euro 10.000 a euro 80.000 e la riduzione automatica del premio di assicurazione relativo al contratto in essere.

12. Nei casi di cui al comma 1, lett. *b*) e *c*), i costi di installazione, disinstallazione, funzionamento, sostituzione e portabilità sono a carico dell'impresa. La titolarità delle dotazioni di cui alle citate lett. *b*) e *c*) spetta all'assicurato. La riduzione di premio praticata dall'impresa di assicurazione di cui al comma 1 si applica, altresì, in caso di contratto stipulato con un nuovo assicurato e in caso di scadenza di un contratto o di stipulazione di un nuovo contratto di assicurazione fra le stesse parti. Resta fermo l'obbligo di rispettare i parametri stabiliti dal contratto di assicurazione (2).

133. *Formule tariffarie*. — 1. Per i ciclomotori, i motocicli, le autovetture e per altre categorie di veicoli a motore che possono essere individuate dall'IVASS (3), con regolamento,

(1) Comma abrogato dall'art. 1.25, d.lg. 21 maggio 2018, n. 68. In base all'art. 4.7, d.lg. cit., tali disposizioni «trovano applicazione dal 1° ottobre 2018».
(2) Articolo inserito dall'art. 1.6, l. 4 agosto 2017, n. 124.
(3) La parola «IVASS» è stata così sostituita alla precedente «ISVAP» dall'art. 1.213, d.lg. 12 maggio 2015, n. 74.

i contratti di assicurazione debbono essere stipulati in base a condizioni di polizza che prevedano ad ogni scadenza annuale la variazione in aumento od in diminuzione del premio applicato all'atto della stipulazione o del rinnovo, in relazione al verificarsi o meno di sinistri nel corso di un certo periodo di tempo, oppure in base a clausole di franchigia che prevedano un contributo dell'assicurato al risarcimento del danno o in base a formule miste fra le due tipologie. L'individuazione delle categorie di veicoli è effettuata tenendo conto delle esigenze di prevenzione. La predetta variazione del premio, in aumento o in diminuzione, da indicare, in valore assoluto e in percentuale rispetto alla tariffa in vigore applicata dall'impresa, all'atto dell'offerta di preventivo della stipulazione o di rinnovo (1), si applica automaticamente, fatte salve le migliori condizioni, nella misura preventivamente quantificata in rapporto alla classe di appartenenza attribuita alla polizza ed esplicitamente indicata nel contratto. [...] (2).

1-*bis*. È fatto divieto alle imprese di assicurazione di differenziare la progressione e l'attribuzione delle classi di merito interne in funzione della durata del rapporto contrattuale tra l'assicurato e la medesima impresa, ovvero in base a parametri che ostacolino la mobilità tra diverse imprese di assicurazione. In particolare, le imprese di assicurazione devono garantire al soggetto che stipula il nuovo contratto, nell'ambito della classe di merito, le condizioni di premio assegnate agli assicurati aventi identiche caratteristiche di rischio (3).

2. Le imprese di assicurazione hanno diritto di accesso telematico all'anagrafe nazionale delle persone abilitate alla guida prevista dal codice della strada presso il Ministero delle infrastrutture e dei trasporti a scopo di verifica e aggiornamento delle informazioni relative all'abilitazione alla guida secondo condizioni economiche e tecniche strettamente correlate ai costi del servizio erogato. Con decreto del Ministro dello sviluppo economico (4), di concerto con il Ministro delle infrastrutture e dei trasporti, sentito il Garante per la protezione dei dati personali, sono adottate le disposizioni di attuazione.

134. *Attestazione sullo stato del rischio*. — 1. L'IVASS (5), con regolamento (6), determina le indicazioni relative all'attestazione sullo stato del rischio che, in occasione di ciascuna scadenza annuale dei contratti di assicurazione obbligatoria relativi ai veicoli a motore, l'impresa deve consegnare al contraente o, se persona diversa, al proprietario ovvero all'usufruttuario, all'acquirente con patto di riservato dominio o al locatario in caso di locazione finanziaria. Le indicazioni contenute nell'attestazione sullo stato del rischio devono comprendere la specificazione della tipologia del danno liquidato (7).

1-*bis*. I soggetti di cui al comma 1 hanno diritto di esigere in qualunque momento, entro quindici giorni dalla richiesta, l'attestazione sullo stato del rischio relativo agli ultimi cinque anni del contratto di assicurazione obbligatoria relativo ai veicoli a motore secondo (8).

1-*ter*. La consegna dell'attestazione sullo stato del rischio, ai sensi dei commi 1 e 1-*bis*, nonché ai sensi del regolamento dell'IVASS (5) di cui al comma 1, è effettuata anche per via telematica, attraverso l'utilizzo delle banche dati elettroniche di cui al comma 2 del presente articolo o di cui all'art. 135 (9).

2. Il regolamento prevede (10) l'obbligo, a carico delle imprese di assicurazione, di inserimento delle informazioni riportate sull'attestato di rischio in una banca dati elettronica dete-

(1) Le parole da «La predetta variazione del premio,» fino a «rinnovo,» sono state così sostituite alle precedenti «La predetta variazione in diminuzione del premio» dall'art. 1.12, l. 4 agosto 2017, n. 124.

(2) I periodi da «La predetta variazione» fino a «50.000 euro» sono stati aggiunti dall'art. 34-*bis*, d.l. 24 gennaio 2012, n. 1, conv. in l. 24 marzo 2012, n. 27. Le parole «Il mancato rispetto della disposizione ai cui al presente comma comporta l'applicazione, da parte dell'IVASS, di una sanzione amministrativa da 1.000 euro a 50.000 euro» sono state soppresse successivamente dall'art. 1.26, d.lg. 21 maggio 2018, n. 68. In base all'art. 4.7, d.lg. cit., tali disposizioni «trovano applicazione dal 1° ottobre 2018».

(3) Comma inserito dall'art. 1.13, l. 4 agosto 2017, n. 124.

(4) Le parole «Ministro dello sviluppo economico» sono state così sostituite alle precedenti «Ministro delle attività produttive» dall'art. 1.213, d.lg. 12 maggio 2015, n. 74.

(5) La parola «IVASS» è stata così sostituita alla precedente «ISVAP» dall'art. 1.213, d.lg. 12 maggio 2015, n. 74.

(6) V. provv. IVASS 19 maggio 2015, n. 9, in G.U., 3 giugno 2015, n. 126, e provv. IVASS 19 giugno 2015, n. 35, in G.U., 30 giugno 2015, n. 149, coma modificati con provv. IVASS 16 aprile 2018, n. 71, in G.U., 2 maggio 2018, n. 100. V., inoltre, provv. IVASS 16 aprile 2018, n. 72, in G.U., 2 maggio 2018, n. 100.

(7) Ultimo periodo aggiunto dall'art. 32.2, lett. a, d.l. 24 gennaio 2012, n. 1, conv. in l. 24 marzo 2012, n. 27.

(8) Comma inserito dall'art. 1.5, d.lg. 6 novembre 2007, n. 198.

(9) Comma inserito dall'art. 32.2, lett. b, d.l. 24 gennaio 2012, n. 1, conv. in l. 24 marzo 2012, n. 27.

(10) La parola «prevede» è stata così sostituita alle precedenti «può prevedere» dall'art. 32.2, lett. c, d.l. 24 gennaio 2012, n. 1, conv. in l. 24 marzo 2012, n. 27.

nuta da enti pubblici ovvero, qualora già esistente, da enti privati, al fine di consentire adeguati controlli nell'assunzione dei contratti di assicurazione di cui all'art. 122, comma 1. In ogni caso l'IVASS (1) ha accesso gratuito alla banca dati contenente le informazioni sull'attestazione.

3. La classe di merito indicata sull'attestato di rischio si riferisce al proprietario del veicolo. Il regolamento stabilisce la validità, comunque non inferiore a dodici mesi, ed individua i termini relativi alla decorrenza ed alla durata del periodo di osservazione. In caso di cessazione del rischio assicurato o in caso di sospensione o di mancato rinnovo del contratto di assicurazione per mancato utilizzo del veicolo, l'ultimo attestato di rischio conseguito conserva validità per un periodo di cinque anni (2).

4. L'attestazione sullo stato del rischio, all'atto della stipulazione di un contratto per il medesimo veicolo al quale si riferisce l'attestato, è acquisita direttamente dall'impresa assicuratrice in via telematica attraverso le banche dati di cui al comma 2 del presente articolo e di cui all'art. 135 (3).

4-*bis*. L'impresa di assicurazione, in tutti i casi di stipulazione di un nuovo contratto, relativo a un ulteriore veicolo della medesima tipologia, acquistato dalla persona fisica già titolare di polizza assicurativa o da un componente stabilmente convivente del suo nucleo familiare, non può assegnare al contratto una classe di merito più sfavorevole rispetto a quella risultante dall'ultimo attestato di rischio conseguito sul veicolo già assicurato e non può discriminare in funzione della durata del rapporto garantendo, nell'ambito della classe di merito, le condizioni di premio assegnate agli assicurati aventi le stesse caratteristiche di rischio del soggetto che stipula il nuovo contratto (4).

4-*ter*. Conseguentemente al verificarsi di un sinistro, le imprese di assicurazione non possono applicare alcuna variazione di classe di merito prima di aver accertato l'effettiva responsabilità del contraente, che è individuata nel responsabile principale del sinistro, secondo la liquidazione effettuata in relazione al danno e fatto salvo un diverso accertamento in sede giudiziale. Ove non sia possibile accertare la responsabilità principale, ovvero, in via provvisoria, salvo conguaglio, in caso di liquidazione parziale, la responsabilità si computa pro quota in relazione al numero dei conducenti coinvolti, ai fini della eventuale variazione di classe a seguito di più sinistri In ogni caso, le variazioni peggiorative apportate alla classe di merito e i conseguenti incrementi del premio per gli assicurati che hanno esercitato la facoltà di cui all'art. 132-*ter*, comma 1, lett. *b*), devono essere inferiori a quelli altrimenti applicati (5).

4-*ter*.1. Conseguentemente al verificarsi di un sinistro, qualora l'assicurato accetti l'installazione di uno dei dispositivi di cui all'art. 132-*ter*, le variazioni peggiorative apportate alla classe di merito e i conseguenti incrementi del premio devono essere inferiori a quelli altrimenti applicati (6).

4-*quater*. È fatto comunque obbligo alle imprese di assicurazione di comunicare tempestivamente al contraente le variazioni peggiorative apportate alla classe di merito (7).

135. *Banca dati sinistri e banche dati anagrafe testimoni e anagrafe danneggiati* (8). — 1. Allo scopo di rendere più efficace la prevenzione e il contrasto di comportamenti fraudolenti nel settore delle assicurazioni obbligatorie per i veicoli a motore immatricolati in Italia, sono istituite (9) presso l'IVASS (1) una banca dati dei sinistri ad essi relativi e due banche dati denominate «anagrafe testimoni» e «anagrafe danneggiati» (10).

(1) La parola «IVASS» è stata così sostituita alla precedente «ISVAP» dall'art. 1.213, d.lg. 12 maggio 2015, n. 74.
(2) Ultimo periodo aggiunto dall'art. 5.1-*bis*, d.l. 31 gennaio 2007, n. 7, conv. in l. 2 aprile 2007, n. 40, in *Leggi coll. XXI, 4*.
(3) Comma così sostituito dall'art. 32.2, lett. d, d.l. 24 gennaio 2012, n. 1, conv. in l. 24 marzo 2012, n. 27.
(4) Comma aggiunto dall'art. 5.2, d.l. 31 gennaio 2007, n. 7, conv. in l. 2 aprile 2007, n. 40, in *Leggi coll. XXI, 4*. Le parole da «e non può discriminare» fino a «contratto» sono state aggiunte successivamente dall'art. 1.14, lett. a, l. 4 agosto 2017, n. 124.
(5) Comma aggiunto dall'art. 5.2, d.l. 31 gennaio 2007, n. 7, conv. in l. 2 aprile 2007, n. 40, in *Leggi coll. XXI, 4*. L'ultimo periodo è stato aggiunto successivamente dall'art. 1.14, lett. b, l. 4 agosto 2017, n. 124.
(6) Comma inserito dall'art. 1.14, lett. c, l. 4 agosto 2017, n. 124.
(7) Comma aggiunto dall'art. 5.2, d.l. 31 gennaio 2007, n. 7, conv. in l. 2 aprile 2007, n. 40, in *Leggi coll. XXI, 4*.
(8) Le parole «e banche dati anagrafe testimoni e anagrafe danneggiati» sono state aggiunte dall'art. 32.3-*bis*, lett. a, d.l. 24 gennaio 2012, n. 1, conv. in l. 24 marzo 2012, n. 27.
(9) Le parole «sono istituite» sono state così sostituite alle precedenti «è istituita» dall'art. 32.3-*bis*, lett. b, d.l. 24 gennaio 2012, n. 1, conv. in l. 24 marzo 2012, n. 27.
(10) Le parole «e due banche dati denominate "anagrafe testimoni" e "anagrafe danneggiati"» sono state aggiunte dall'art. 32.3-*bis*, lett. b, d.l. 24 gennaio 2012, n. 1, conv. in l. 24 marzo 2012, n. 27.

2. Le imprese di assicurazione autorizzate in Italia all'esercizio dell'assicurazione obbligatoria della responsabilità civile derivante dalla circolazione dei veicoli a motore sono tenute a comunicare i dati riguardanti i sinistri gestiti, compresi i sinistri gestiti in qualità di impresa designata ai sensi dell'art. 286, nonché i sinistri gestiti dall'Ufficio centrale italiano ai sensi dell'art. 125, comma 5, e dell'art. 296, secondo le modalità stabilite con regolamento adottato dall'IVASS. Al medesimo adempimento sono tenute le imprese aventi sede legale in uno Stato membro dell'Unione europea ammesse a operare in Italia in regime di libera prestazione dei servizi o in regime di stabilimento e abilitate all'esercizio dell'assicurazione obbligatoria della responsabilità civile derivante dalla circolazione dei veicoli a motore nel territorio della Repubblica (1).

3. Le procedure di organizzazione e di funzionamento, le modalità e le condizioni di accesso alle banche dati di cui al comma 1, da parte delle pubbliche amministrazioni, dell'autorità giudiziaria, delle forze di polizia, delle imprese di assicurazione e di soggetti terzi, nonché gli obblighi di consultazione delle banche dati da parte delle imprese di assicurazione in fase di liquidazione dei sinistri, sono stabiliti dall'IVASS (2), con regolamento, sentiti il Ministero dello sviluppo economico e il Ministero dell'interno, e, per i profili di tutela della riservatezza, il Garante per la protezione dei dati personali (3) (4).

3-*bis*. In caso di sinistri con soli danni a cose, l'identificazione di eventuali testimoni sul luogo di accadimento dell'incidente deve risultare dalla denuncia di sinistro o comunque dal primo atto formale del danneggiato nei confronti dell'impresa di assicurazione o, in mancanza, deve essere richiesta dall'impresa di assicurazione con espresso avviso all'assicurato delle conseguenze processuali della mancata risposta. In quest'ultimo caso, l'impresa di assicurazione deve effettuare la richiesta di indicazione dei testimoni con raccomandata con avviso di ricevimento entro il termine di sessanta giorni dalla denuncia del sinistro e la parte che riceve tale richiesta effettua la comunicazione dei testimoni, a mezzo di raccomandata con avviso di ricevimento, entro il termine di sessanta giorni dalla ricezione della richiesta. L'impresa di assicurazione deve procedere a sua volta all'individuazione e alla comunicazione di eventuali ulteriori testimoni entro il termine di sessanta giorni. Fatte salve le risultanze contenute in verbali delle autorità di polizia intervenute sul luogo dell'incidente, l'identificazione dei testimoni avvenuta in un momento successivo comporta l'inammissibilità della prova testimoniale addotta (5).

3-*ter*. In caso di giudizio, il giudice, sulla base della documentazione prodotta, non ammette le testimonianze che non risultino acquisite secondo le modalità previste dal comma 3-*bis*. Il giudice dispone l'audizione dei testimoni che non sono stati indicati nel rispetto del citato comma 3-*bis* nei soli casi in cui risulti comprovata l'oggettiva impossibilità della loro tempestiva identificazione (5).

3-*quater*. Nelle controversie civili promosse per l'accertamento della responsabilità e per la quantificazione dei danni, il giudice, anche su documentata segnalazione delle parti che, a tale fine, possono richiedere i dati all'IVASS, trasmette un'informativa alla procura della Repubblica, per quanto di competenza, in relazione alla ricorrenza dei medesimi nominativi di testimoni presenti in più di tre sinistri negli ultimi cinque anni registrati nella banca dati dei sinistri di cui al comma 1. Il presente comma non si applica agli ufficiali e agli agenti delle autorità di polizia che sono chiamati a testimoniare (5) (6).

136. *Funzioni del Ministero dello sviluppo*

(1) Comma così sostituito dall'art. 1.28, lett. b, l. 4 agosto 2017, n. 124.

(2) La parola «IVASS» è stata così sostituita alla precedente «ISVAP» dall'art. 1.213, d.lg. 12 maggio 2015, n. 74.

(3) Comma così sostituito dall'art. 32.3-*bis*, lett. c, d.l. 24 gennaio 2012, n. 1, conv. in l. 24 marzo 2012, n. 27.

(4) Per la disciplina della banca dei sinistri v. reg. ISVAP 1° giugno 2009, n. 31, in G.U., 19 giugno 2009, n. 140, come modificato con provv. ISVAP 10 agosto 2012, n. 2998, in G.U., 19 settembre 2012, n. 219, e con provv. IVASS 4 febbraio 2014, n. 15, in G.U., 12 febbraio 2014, n. 35. Per il regolamento recante la disciplina della banca dati sinistri, della banca dati anagrafe testimoni e della banca dati anagrafe danneggiati v. provv. IVASS 1° giugno 2016, n. 23, in G.U., 10 giugno 2016, n. 134.

(5) Comma aggiunto dall'art. 1.15, l. 4 agosto 2017, n. 124.

(6) L'art. 1.16, l. 4 agosto 2017, n. 124, così dispone: «L'IVASS provvede alla verifica trimestrale dei dati relativi ai sinistri che le imprese di assicurazione sono tenute a inserire nella banca dati dei sinistri, di cui all'art. 135 del codice delle assicurazioni private, di cui al d.lg. 7 settembre 2005, n. 209, e successive modificazioni, al fine di assicurare l'omogenea e oggettiva definizione dei criteri di trattamento dei dati medesimi. All'esito delle verifiche periodiche, l'IVASS redige apposita relazione le cui risultanze sono considerate anche al fine della definizione della significatività degli sconti di cui all'art. 132-*ter*, comma 1, del citato codice di cui al d.lg. n. 209 del 2005, introdotto dal comma 6 del presente articolo».

economico (1). — 1. Al fine di consentire lo svolgimento delle funzioni del Ministero dello sviluppo economico (1), l'IVASS (2) è tenuto a comunicare al Ministero dati, informazioni e notizie relativi alle tariffe dell'assicurazione obbligatoria della responsabilità civile derivante dalla circolazione dei veicoli a motore e dei natanti.

2. Per le finalità di cui al comma 1, è istituito presso il Ministero dello sviluppo economico (1) un comitato di esperti in materia di assicurazione obbligatoria della responsabilità civile derivante dalla circolazione dei veicoli a motore e dei natanti, con il compito di osservare l'andamento degli incrementi tariffari praticati dalle imprese di assicurazione operanti nel territorio della Repubblica, valutando in particolare le differenze tariffarie applicate sul territorio della Repubblica italiana e anche in quale misura si sia tenuto conto del comportamento degli assicurati che nel corso dell'anno non abbiano denunciato incidenti. Con decreto del Ministro dello sviluppo economico (3), è disciplinata la costituzione e il funzionamento del comitato di esperti, fermo restando che ai predetti esperti non può essere attribuita alcuna indennità o emolumento comunque denominato.

3. Al fine della diffusione di un'adeguata informazione agli utenti e della realizzazione di un sistema di monitoraggio permanente sui premi relativi all'assicurazione obbligatoria della responsabilità civile derivante dalla circolazione dei veicoli a motore, il Consiglio nazionale dei consumatori e degli utenti è autorizzato a stipulare apposita convenzione con l'Istituto nazionale di statistica e a co-finanziare, secondo modalità e criteri stabiliti con decreto del Ministro dello sviluppo economico (3), programmi di informazione e orientamento rivolti agli utenti dei servizi assicurativi promossi dalle associazioni dei consumatori e degli utenti, a valere sulle disponibilità finanziarie assegnate al Consiglio stesso dalla legge istitutiva.

3-*bis*. Il Ministero dello sviluppo economico utilizza il sistema tariffario completo in tutte le sue estensioni organizzato dall'IVASS (2), sulla base dei dati forniti dalle imprese di assicurazione, per realizzare un servizio informativo, anche tramite il proprio sito internet, che consente al consumatore di comparare le tariffe applicate dalle diverse imprese di assicurazione relativamente al proprio profilo individuale (4).

CAPO III

Risarcimento del danno

137. *Danno patrimoniale*. — 1. Nel caso di danno alla persona, quando agli effetti del risarcimento si debba considerare l'incidenza dell'inabilità temporanea o dell'invalidità permanente su un reddito di lavoro comunque qualificabile, tale reddito si determina, per il lavoro dipendente, sulla base del reddito di lavoro, maggiorato dei redditi esenti e al lordo delle detrazioni e delle ritenute di legge, che risulta il più elevato tra quelli degli ultimi tre anni e, per il lavoro autonomo, sulla base del reddito netto che risulta il più elevato tra quelli dichiarati dal danneggiato ai fini dell'imposta sul reddito delle persone fisiche negli ultimi tre anni ovvero, nei casi previsti dalla legge, dall'apposita certificazione rilasciata dal datore di lavoro ai sensi delle norme di legge.

2. È in ogni caso ammessa la prova contraria, ma, quando dalla stessa risulti che il reddito sia superiore di oltre un quinto rispetto a quello risultante dagli atti indicati nel comma 1, il giudice ne fa segnalazione al competente ufficio dell'Agenzia delle entrate.

3. In tutti gli altri casi il reddito che occorre considerare ai fini del risarcimento non può essere inferiore a tre volte l'ammontare annuo della pensione sociale.

138. *Danno non patrimoniale per lesioni di non lieve entità*. — 1. Al fine di garantire il diritto delle vittime dei sinistri a un pieno risarcimento del danno non patrimoniale effettivamente subito e di razionalizzare i costi gravanti sul sistema assicurativo e sui consumatori, con decreto del Presidente della Repubblica, da adottare entro centoventi giorni dalla data di entrata in vigore della presente disposizione, previa deliberazione del Consiglio dei ministri, su proposta del Ministro dello sviluppo economico, di concerto con il Ministro della salute, con il Ministro del lavoro e delle politiche sociali e con il Ministro della giustizia, si provvede alla predisposizione di una specifica tabella

(1) Le parole «Ministero dello sviluppo economico» sono state così sostituite alle precedenti «Ministero delle attività produttive» dall'art. 1.213, d.lg. 12 maggio 2015, n. 74.

(2) La parola «IVASS» è stata così sostituita alla precedente «ISVAP» dall'art. 1.213, d.lg. 12 maggio 2015, n. 74.

(3) Le parole «Ministro dello sviluppo economico» sono state così sostituite alle precedenti «Ministro delle attività produttive» dall'art. 1.213, d.lg. 12 maggio 2015, n. 74.

(4) Comma aggiunto dall'art. 5.3, d.l. 31 gennaio 2007, n. 7, conv. in l. 2 aprile 2007, n. 40, in *Leggi coll. XXI, 4.*

unica su tutto il territorio della Repubblica:

a) delle menomazioni all'integrità psico-fisica comprese tra dieci e cento punti;

b) del valore pecuniario da attribuire a ogni singolo punto di invalidità comprensivo dei coefficienti di variazione corrispondenti all'età del soggetto leso (1).

2. La tabella unica nazionale è redatta, tenuto conto dei criteri di valutazione del danno non patrimoniale ritenuti congrui dalla consolidata giurisprudenza di legittimità, secondo i seguenti principi e criteri:

a) agli effetti della tabella, per danno biologico si intende la lesione temporanea o permanente all'integrità psico-fisica della persona, suscettibile di accertamento medico-legale, che esplica un'incidenza negativa sulle attività quotidiane e sugli aspetti dinamico-relazionali della vita del danneggiato, indipendentemente da eventuali ripercussioni sulla sua capacità di produrre reddito;

b) la tabella dei valori economici si fonda sul sistema a punto variabile in funzione dell'età e del grado di invalidità;

c) il valore economico del punto è funzione crescente della percentuale di invalidità e l'incidenza della menomazione sugli aspetti dinamico-relazionali della vita del danneggiato cresce in modo più che proporzionale rispetto all'aumento percentuale assegnato ai postumi;

d) il valore economico del punto è funzione decrescente dell'età del soggetto, sulla base delle tavole di mortalità elaborate dall'ISTAT, al tasso di rivalutazione pari all'interesse legale;

e) al fine di considerare la componente del danno morale da lesione all'integrità fisica, la quota corrispondente al danno biologico stabilita in applicazione dei criteri di cui alle lettere da *a*) a *d*) è incrementata in via percentuale e progressiva per punto, individuando la percentuale di aumento di tali valori per la personalizzazione complessiva della liquidazione;

f) il danno biologico temporaneo inferiore al 100 per cento è determinato in misura corrispondente alla percentuale di inabilità riconosciuta per ciascun giorno.

3. Qualora la menomazione accertata incida in maniera rilevante su specifici aspetti dinamico-relazionali personali documentati e obiettivamente accertati, l'ammontare del risarcimento del danno, calcolato secondo quanto previsto dalla tabella unica nazionale di cui al comma 2, può essere aumentato dal giudice, con equo e motivato apprezzamento delle condizioni soggettive del danneggiato, fino al 30 per cento.

4. L'ammontare complessivo del risarcimento riconosciuto ai sensi del presente articolo è esaustivo del risarcimento del danno conseguente alle lesioni fisiche.

5. Gli importi stabiliti nella tabella unica nazionale sono aggiornati annualmente, con decreto del Ministro dello sviluppo economico, in misura corrispondente alla variazione dell'indice nazionale dei prezzi al consumo per le famiglie di operai e impiegati accertata dall'ISTAT (2).

139. *Danno non patrimoniale per lesioni di lieve entità*. — 1. Il risarcimento del danno biologico per lesioni di lieve entità, derivanti da sinistri conseguenti alla circolazione di veicoli a motore e di natanti, è effettuato secondo i criteri e le misure seguenti:

a) a titolo di danno biologico permanente, è liquidato per i postumi da lesioni pari o inferiori al 9 per cento un importo crescente in misura più che proporzionale in relazione a ogni punto percentuale di invalidità; tale importo è calcolato in base all'applicazione a ciascun punto percentuale di invalidità del relativo coefficiente secondo la correlazione stabilita dal comma 6. L'importo così determinato si riduce con il crescere dell'età del soggetto in ragione dello 0,5 per cento per ogni anno di età a partire dall'undicesimo anno di età. Il valore del primo punto è pari a ottocentosette euro e zerouno centesimi (3);

b) a titolo di danno biologico temporaneo, è liquidato un importo di quarantasette euro e zerosette centesimi (3) per ogni giorno di inabilità assoluta; in caso di inabilità temporanea inferiore al 100 per cento, la liquidazione avviene in misura corrispondente alla percentuale di inabilità riconosciuta per ciascun giorno.

2. Ai fini di cui al comma 1, per danno biologico si intende la lesione temporanea o permanente all'integrità psico-fisica della persona, suscettibile di accertamento medico-legale, che esplica un'incidenza negativa sulle attività

(1) L'art. 1.18, l. 4 agosto 2017, n. 124, così dispone: «La tabella unica nazionale predisposta con il d.p.r. di cui all'art. 138, comma 1, del codice delle assicurazioni private, di cui al d.lg. 7 settembre 2005, n. 209, come sostituito dal comma 17 del presente articolo, si applica ai sinistri e agli eventi verificatisi successivamente alla data di entrata in vigore del medesimo decreto del Presidente della Repubblica».

(2) Articolo così sostituito dall'art. 1.17, l. 4 agosto 2017, n. 124.

(3) Importo così aggiornato, a decorrere dal mese di aprile 2018, con d.m. Sviluppo economico 9 gennaio 2019, in G.U., 4 febbraio 2019, n. 29.

quotidiane e sugli aspetti dinamico-relazionali della vita del danneggiato, indipendentemente da eventuali ripercussioni sulla sua capacità di produrre reddito. In ogni caso, le lesioni di lieve entità, che non siano suscettibili di accertamento clinico strumentale obiettivo, ovvero visivo, con riferimento alle lesioni, quali le cicatrici, oggettivamente riscontrabili senza l'ausilio di strumentazioni, non possono dar luogo a risarcimento per danno biologico permanente.

3. Qualora la menomazione accertata incida in maniera rilevante su specifici aspetti dinamico-relazionali personali documentati e obiettivamente accertati ovvero causi o abbia causato una sofferenza psico-fisica di particolare intensità, l'ammontare del risarcimento del danno, calcolato secondo quanto previsto dalla tabella di cui al comma 4, può essere aumentato dal giudice, con equo e motivato apprezzamento delle condizioni soggettive del danneggiato, fino al 20 per cento. L'ammontare complessivo del risarcimento riconosciuto ai sensi del presente articolo è esaustivo del risarcimento del danno non patrimoniale conseguente a lesioni fisiche.

4. Con decreto del Presidente della Repubblica, previa deliberazione del Consiglio dei ministri, su proposta del Ministro della salute, di concerto con il Ministro del lavoro e delle politiche sociali, con il Ministro della giustizia e con il Ministro dello sviluppo economico, si provvede alla predisposizione di una specifica tabella delle menomazioni dell'integrità psicofisica comprese tra 1 e 9 punti di invalidità.

5. Gli importi indicati nel comma 1 sono aggiornati annualmente con decreto del Ministro dello sviluppo economico, in misura corrispondente alla variazione dell'indice nazionale dei prezzi al consumo per le famiglie di operai e impiegati accertata dall'ISTAT.

6. Ai fini del calcolo dell'importo di cui al comma 1, lett. *a*), per un punto percentuale di invalidità pari a 1 si applica un coefficiente moltiplicatore pari a 1, per un punto percentuale di invalidità pari a 2 si applica un coefficiente moltiplicatore pari a 1,1, per un punto percentuale di invalidità pari a 3 si applica un coefficiente moltiplicatore pari a 1,2, per un punto percentuale di invalidità pari a 4 si applica un coefficiente moltiplicatore pari a 1,3, per un punto percentuale di invalidità pari a 5 si applica un coefficiente moltiplicatore pari a 1,5, per un punto percentuale di invalidità pari a 6 si applica un coefficiente moltiplicatore pari a 1,7, per un punto percentuale di invalidità pari a 7 si applica un coefficiente moltiplicatore pari a 1,9, per un punto percentuale di invalidità pari a 8 si applica un coefficiente moltiplicatore pari a 2,1 e per un punto percentuale di invalidità pari a 9 si applica un coefficiente moltiplicatore pari a 2,3 (1).

140. *Pluralità di danneggiati e supero del massimale*. — 1. Qualora vi siano più persone danneggiate nello stesso sinistro e il risarcimento dovuto dal responsabile superi le somme assicurate, i diritti delle persone danneggiate nei confronti dell'impresa di assicurazione sono proporzionalmente ridotti fino alla concorrenza delle somme assicurate.

2. L'impresa di assicurazione che, decorsi trenta giorni dall'incidente e ignorando l'esistenza di altre persone danneggiate, pur avendone ricercata l'identificazione con la normale diligenza, ha pagato ad alcuna di esse una somma superiore alla quota spettante, risponde verso le altre persone danneggiate nei limiti dell'eccedenza della somma assicurata rispetto alla somma versata.

3. Nel caso di cui al comma 2, le altre persone danneggiate, il cui credito rimanesse insoddisfatto, hanno diritto di ripetere, da chi abbia ricevuto il risarcimento dall'impresa di assicurazione, quanto sarebbe loro spettato in applicazione del comma 1.

4. Nei giudizi promossi fra l'impresa di assicurazione e le persone danneggiate sussiste litisconsorzio necessario, applicandosi l'art. 102 del codice di procedura civile. L'impresa di assicurazione può effettuare il deposito di una somma, nei limiti del massimale, con effetto liberatorio nei confronti di tutte le persone aventi diritto al risarcimento, se il deposito è irrevocabile e vincolato a favore di tutti i danneggiati.

141. *Risarcimento del terzo trasportato*. — 1. Salva l'ipotesi di sinistro cagionato da caso fortuito, il danno subito dal terzo trasportato è risarcito dall'impresa di assicurazione del veicolo sul quale era a bordo al momento del sinistro entro il massimale minimo di legge, fermo restando quanto previsto all'art. 140, a prescindere dall'accertamento della responsabilità dei conducenti dei veicoli coinvolti nel sinistro, fermo il diritto al risarcimento dell'eventuale maggior danno nei confronti dell'impresa di assicurazione del responsabile civile, se il veicolo di quest'ultimo è coperto per un massimale superiore a quello minimo.

2. Per ottenere il risarcimento il terzo trasportato promuove nei confronti dell'impresa

(1) Articolo così sostituito dall'art. 1.19, l. 4 agosto 2017, n. 124.

di assicurazione del veicolo sul quale era a bordo al momento del sinistro la procedura di risarcimento prevista dall'art. 148.

3. L'azione diretta avente ad oggetto il risarcimento è esercitata nei confronti dell'impresa di assicurazione del veicolo sul quale il danneggiato era a bordo al momento del sinistro nei termini di cui all'art. 145. L'impresa di assicurazione del responsabile civile può intervenire nel giudizio e può estromettere l'impresa di assicurazione del veicolo, riconoscendo la responsabilità del proprio assicurato. Si applicano, in quanto compatibili, le disposizioni del capo IV.

4. L'impresa di assicurazione che ha effettuato il pagamento ha diritto di rivalsa nei confronti dell'impresa di assicurazione del responsabile civile nei limiti ed alle condizioni previste dall'art. 150.

142. *Diritto di surroga dell'assicuratore sociale.* — 1. Qualora il danneggiato sia assistito da assicurazione sociale, l'ente gestore dell'assicurazione sociale ha diritto di ottenere direttamente dall'impresa di assicurazione il rimborso delle spese sostenute per le prestazioni erogate al danneggiato ai sensi delle leggi e dei regolamenti che disciplinano detta assicurazione, sempreché non sia già stato pagato il risarcimento al danneggiato, con l'osservanza degli adempimenti prescritti nei commi 2 e 3.

2. Prima di provvedere alla liquidazione del danno, l'impresa di assicurazione è tenuta a richiedere al danneggiato una dichiarazione attestante che lo stesso non ha diritto ad alcuna prestazione da parte di istituti che gestiscono assicurazioni sociali obbligatorie. Ove il danneggiato dichiari di avere diritto a tali prestazioni, l'impresa di assicurazione è tenuta a darne comunicazione al competente ente di assicurazione sociale e potrà procedere alla liquidazione del danno solo previo accantonamento di una somma a valere sul complessivo risarcimento dovuto (1) idonea a coprire il credito dell'ente per le prestazioni erogate o da erogare a qualsiasi titolo (2).

3. Trascorsi quarantacinque giorni dalla comunicazione di cui al comma 2 senza che l'ente di assicurazione sociale abbia dichiarato di volersi surrogare nei diritti del danneggiato, l'impresa di assicurazione potrà disporre la liquidazione definitiva in favore del danneggiato. L'ente di assicurazione sociale ha diritto di ripetere dal danneggiato le somme corrispondenti agli oneri sostenuti se il comportamento del danneggiato abbia pregiudicato l'azione di surrogazione.

4. In ogni caso l'ente gestore dell'assicurazione sociale non può esercitare l'azione surrogatoria con pregiudizio del diritto dell'assistito al risarcimento dei danni alla persona non altrimenti risarciti.

142-*bis*. *Informazioni sulla copertura assicurativa.* — 1. Il danneggiato ha diritto di ottenere dal Centro di informazione di cui all'art. 154 le informazioni riguardanti la copertura assicurativa dei veicolo che ha causato il sinistro, il numero di polizza e la data di scadenza della stessa (3).

142-*ter*. *Utenti della strada non motorizzati.* — 1. L'assicurazione obbligatoria per i veicoli a motore e i natanti copre i danni alle persone e i danni alle cose subiti da pedoni, ciclisti e altri utenti non motorizzati della strada i quali, in conseguenza di un incidente nel quale sia stato coinvolto un veicolo, hanno diritto alla riparazione del danno, nei limiti in cui sussista la responsabilità civile dei conducenti (3).

CAPO IV

Procedure liquidative

143. *Denuncia di sinistro.* — 1. Nel caso di sinistro avvenuto tra veicoli a motore per i quali vi sia obbligo di assicurazione, i conducenti dei veicoli coinvolti o, se persone diverse, i rispettivi proprietari sono tenuti a denunciare il sinistro alla propria impresa di assicurazione, avvalendosi del modulo fornito dalla medesima, il cui modello è approvato dall'IVASS (4). In caso di mancata presentazione della denuncia di sinistro si applica l'art. 1915 del codice civile per l'omesso avviso di sinistro.

2. Quando il modulo sia firmato congiuntamente da entrambi i conducenti coinvolti nel sinistro si presume, salvo prova contraria da parte dell'impresa di assicurazione, che il sinistro si sia verificato nelle circostanze, con le modalità e con le conseguenze risultanti dal modulo stesso.

144. *Azione diretta del danneggiato.* — 1. Il danneggiato per sinistro causato dalla circolazione di un veicolo o di un natante, per i quali vi

(1) Le parole «a valere sul complessivo risarcimento dovuto» sono state inserite dall'art. 1.1126, lett. f, l. 30 dicembre 2018, n. 145.

(2) Le parole «a qualsiasi titolo» sono state inserite dall'art. 1.1126, lett. f, l. 30 dicembre 2018, n. 145.

(3) Articolo inserito dall'art. 1.6, d.lg. 6 novembre 2007, n. 198.

(4) La parola «IVASS» è stata così sostituita alla precedente «ISVAP» dall'art. 1.213, d.lg. 12 maggio 2015, n. 74.

è obbligo di assicurazione, ha azione diretta per il risarcimento del danno nei confronti dell'impresa di assicurazione del responsabile civile, entro i limiti delle somme per le quali è stata stipulata l'assicurazione.

2. Per l'intero massimale di polizza l'impresa di assicurazione non può opporre al danneggiato eccezioni derivanti dal contratto, né clausole che prevedano l'eventuale contributo dell'assicurato al risarcimento del danno. L'impresa di assicurazione ha tuttavia diritto di rivalsa verso l'assicurato nella misura in cui avrebbe avuto contrattualmente diritto di rifiutare o ridurre la propria prestazione.

3. Nel giudizio promosso contro l'impresa di assicurazione è chiamato anche il responsabile del danno.

4. L'azione diretta che spetta al danneggiato nei confronti dell'impresa di assicurazione è soggetta al termine di prescrizione cui sarebbe soggetta l'azione verso il responsabile.

145. *Proponibilità dell'azione di risarcimento.* — 1. Nel caso si applichi la procedura di cui all'art. 148, l'azione per il risarcimento dei danni causati dalla circolazione dei veicoli e dei natanti, per i quali vi è obbligo di assicurazione, può essere proposta solo dopo che siano decorsi sessanta giorni, ovvero novanta in caso di danno alla persona, decorrenti da quello in cui il danneggiato abbia chiesto all'impresa di assicurazione il risarcimento del danno, a mezzo lettera raccomandata con avviso di ricevimento, anche se inviata per conoscenza, avendo osservato le modalità ed i contenuti previsti all'art. 148.

2. Nel caso in cui si applichi la procedura di cui all'art. 149 l'azione per il risarcimento dei danni causati dalla circolazione dei veicoli e dei natanti, per i quali vi è obbligo di assicurazione, può essere proposta solo dopo che siano decorsi sessanta giorni, ovvero novanta in caso di danno alla persona, decorrenti da quello in cui il danneggiato abbia chiesto alla propria impresa di assicurazione il risarcimento del danno, a mezzo lettera raccomandata con avviso di ricevimento, inviata per conoscenza all'impresa di assicurazione dell'altro veicolo coinvolto, avendo osservato le modalità ed i contenuti previsti dagli artt. 149 e 150.

145-*bis*. *Valore probatorio delle cosiddette «scatole nere» e di altri dispositivi elettronici.* — 1. Quando uno dei veicoli coinvolti in un incidente risulta dotato di un dispositivo elettronico che presenta le caratteristiche tecniche e funzionali stabilite ai sensi dell'art. 132-*ter*, comma 1, lett. *b*) e *c*), e fatti salvi, in quanto equiparabili, i dispositivi elettronici già in uso alla data di entrata in vigore delle citate disposizioni, le risultanze del dispositivo formano piena prova, nei procedimenti civili, dei fatti a cui esse si riferiscono, salvo che la parte contro la quale sono state prodotte dimostri il mancato funzionamento o la manomissione del predetto dispositivo. Le medesime risultanze sono rese fruibili alle parti.

2. L'interoperabilità e la portabilità dei meccanismi elettronici che registrano l'attività del veicolo di cui all'art. 132-*ter*, comma 1, lett. *b*), anche nei casi di sottoscrizione da parte dell'assicurato di un contratto di assicurazione con un'impresa assicuratrice diversa da quella che ha provveduto a installare i meccanismi elettronici, sono garantite da operatori, di seguito denominati «provider di telematica assicurativa», i cui dati identificativi sono comunicati all'IVASS da parte delle imprese di assicurazione che ne utilizzano i servizi. I dati sull'attività del veicolo sono gestiti in sicurezza dagli operatori del settore sulla base dello standard tecnologico comune indicato nell'art. 32, comma 1-*ter*, del d.l. 24 gennaio 2012, n. 1, convertito, con modificazioni, dalla l. 24 marzo 2012, n. 27, e successive modificazioni, e sono successivamente inviati alle rispettive imprese di assicurazione.

3. Le modalità per assicurare l'interoperabilità dei meccanismi elettronici nonché delle apparecchiature di telecomunicazione a essi connesse e dei relativi sistemi di gestione dei dati, in caso di sottoscrizione da parte dell'assicurato di un contratto di assicurazione con un'impresa diversa da quella che ha provveduto a installare tale meccanismo, o di portabilità tra diversi provider di telematica assicurativa, sono determinate dal regolamento previsto dall'art. 32, comma 1-*bis*, del d.l. 24 gennaio 2012, n. 1, convertito, con modificazioni, dalla l. 24 marzo 2012, n. 27, e successive modificazioni. Gli operatori rispondono del funzionamento ai fini dell'interoperabilità.

4. .... (1).

5. I dati sono trattati dall'impresa di assicurazione nel rispetto delle disposizioni del codice in materia di protezione dei dati personali, di cui al d.lg. 30 giugno 2003, n. 196. L'impresa di assicurazione è titolare del trattamento dei dati ai sensi dell'art. 28 del citato codice di cui al d.lg. n. 196 del 2003. Salvo consenso espresso

(1) Comma abrogato dall'art. 1.27, d.lg. 21 maggio 2018, n. 68. In base all'art. 4.7, d.lg. cit., tali disposizioni «trovano applicazione dal 1° ottobre 2018».

dell'assicurato in relazione alla disponibilità di ulteriori servizi connessi con la mobilità del veicolo, è fatto divieto all'impresa di assicurazione, nonché ai soggetti a essa collegati, di utilizzare i dispositivi di cui al presente articolo al fine di raccogliere dati ulteriori rispetto a quelli destinati alla finalità di determinazione delle responsabilità in occasione dei sinistri e ai fini tariffari, o di rilevare la posizione e le condizioni del veicolo in maniera continuativa o comunque sproporzionata rispetto alla medesima finalità.

6. È fatto divieto all'assicurato di disinstallare, manomettere o comunque rendere non funzionante il dispositivo installato. In caso di violazione del divieto di cui al periodo precedente da parte dell'assicurato, la riduzione del premio di cui all'art. 132-*ter* non è applicata per la durata residua del contratto. L'assicurato che abbia goduto della riduzione di premio è tenuto alla restituzione dell'importo corrispondente alla riduzione accordata, fatte salve le eventuali sanzioni penali (1).

146. *Diritto di accesso agli atti.* — 1. Fermo restando quanto previsto per l'accesso ai singoli dati personali dal codice in materia di protezione dei dati personali, le imprese di assicurazione esercenti l'assicurazione obbligatoria della responsabilità civile derivante dalla circolazione dei veicoli a motore e dei natanti sono tenute a consentire ai contraenti ed ai danneggiati il diritto di accesso agli atti a conclusione dei procedimenti di valutazione, constatazione e liquidazione dei danni che li riguardano.

2. L'esercizio del diritto di accesso non è consentito quando abbia ad oggetto atti relativi ad accertamenti che evidenziano indizi o prove di comportamenti fraudolenti. è invece sospeso in pendenza di controversia giudiziaria tra l'impresa e il richiedente, fermi restando i poteri attribuiti dalla legge all'autorità giudiziaria.

3. Se, entro sessanta giorni dalla richiesta scritta, l'assicurato o il danneggiato non è messo in condizione di prendere visione degli atti richiesti ed estrarne copia a sue spese, può inoltrare reclamo all'IVASS (2) anche al fine di veder garantito il proprio diritto.

4. Il Ministro dello sviluppo economico (3), di concerto con il Ministro della giustizia, con regolamento adottato su proposta dell'IVASS (2), individua la tipologia degli atti soggetti e di quelli esclusi dall'accesso e determina gli obblighi delle imprese, gli oneri a carico dei richiedenti, nonché i termini e le altre condizioni per l'esercizio del diritto di cui al comma 1 (4).

147. *Stato di bisogno del danneggiato.* — 1. Nel corso del giudizio di primo grado, gli aventi diritto al risarcimento che, a causa del sinistro, vengano a trovarsi in stato di bisogno, possono chiedere che sia loro assegnata una somma da imputarsi nella liquidazione definitiva del danno.

2. Il giudice civile o penale, sentite le parti, qualora da un sommario accertamento risultino gravi elementi di responsabilità a carico del conducente, con ordinanza immediatamente esecutiva provvede all'assegnazione della somma ai sensi del comma 1, nei limiti dei quattro quinti della presumibile entità del risarcimento che sarà liquidato con la sentenza. Se la causa civile è sospesa ai sensi dell'art. 75, comma 3, del codice di procedura penale, l'istanza è proposta al presidente del tribunale dinanzi al quale è pendente la causa.

3. L'istanza può essere riproposta nel corso del giudizio.

4. L'ordinanza è irrevocabile fino alla decisione del merito.

148. *Procedura di risarcimento.* — 1. Per i sinistri con soli danni a cose, la richiesta di risarcimento deve recare l'indicazione del codice fiscale degli aventi diritto al risarcimento e del luogo, dei giorni e delle ore in cui le cose danneggiate sono disponibili, per non meno di cinque (5) giorni non festivi, per l'ispezione diretta ad accertare l'entità del danno. Entro sessanta giorni dalla ricezione di tale documentazione, l'impresa di assicurazione formula al danneggiato congrua e motivata offerta per il risarcimento, ovvero comunica specificatamente i motivi per i quali non ritiene di fare offerta. Il termine di sessanta giorni è ridotto a trenta quando il modulo di denuncia sia stato sottoscritto dai conducenti coinvolti nel sinistro. Il danneggiato può procedere alla riparazione delle cose danneggiate solo dopo lo spirare del termine indicato al periodo precedente, entro il quale devono essere comunque

(1) Articolo inserito dall'art. 1.20, l. 4 agosto 2017, n. 124.

(2) La parola «IVASS» è stata così sostituita alla precedente «ISVAP» dall'art. 1.213, d.lg. 12 maggio 2015, n. 74.

(3) Le parole «Ministro dello sviluppo economico» sono state così sostituite alle precedenti «Ministro delle attività produttive» dall'art. 1.213, d.lg. 12 maggio 2015, n. 74.

(4) V. d.m. Sviluppo economico 29 ottobre 2008, n. 191, in G.U., 9 dicembre 2008, n. 287.

(5) La parola «cinque» è stata così sostituita alla precedente «due» dall'art. 21.7-*bis*, d.l. 18 ottobre 2012, n. 179, conv. in l. 17 dicembre 2012, n. 221.

completate le operazioni di accertamento del danno da parte dell'assicuratore, ovvero dopo il completamento delle medesime operazioni, nel caso in cui esse si siano concluse prima della scadenza del predetto termine. Qualora le cose danneggiate non siano state messe a disposizione per l'ispezione nei termini previsti dal presente articolo, ovvero siano state riparate prima dell'ispezione stessa, l'impresa, ai fini dell'offerta risarcitoria, effettuerà le proprie valutazioni sull'entità del danno solo previa presentazione di fattura che attesti gli interventi riparativi effettuati. Resta comunque fermo il diritto dell'assicurato al risarcimento anche qualora ritenga di non procedere alla riparazione (1).

2. L'obbligo di proporre al danneggiato congrua e motivata (2) offerta per il risarcimento del danno, ovvero di comunicare i motivi per cui non si ritiene di fare offerta, sussiste anche per i sinistri che abbiano causato lesioni personali o il decesso. La richiesta di risarcimento deve essere presentata dal danneggiato o dagli aventi diritto con le modalità indicate al comma 1. La richiesta deve contenere l'indicazione del codice fiscale degli aventi diritto al risarcimento e la descrizione delle circostanze nelle quali si è verificato il sinistro ed essere accompagnata, ai fini dell'accertamento e della valutazione del danno da parte dell'impresa, dai dati relativi all'età, all'attività del danneggiato, al suo reddito, all'entità delle lesioni subite, da attestazione medica comprovante l'avvenuta guarigione con o senza postumi permanenti, nonché dalla dichiarazione ai sensi dell'art. 142, comma 2, o, in caso di decesso, dallo stato di famiglia della vittima. L'impresa di assicurazione è tenuta a provvedere all'adempimento del predetto obbligo entro novanta giorni dalla ricezione di tale documentazione.

2-*bis*. Ai fini di prevenzione e contrasto dei fenomeni fraudolenti, l'impresa di assicurazione provvede alla consultazione dell'archivio informatico integrato di cui all'art. 21 del d.l. 18 ottobre 2012, n. 179, convertito, con modificazioni, dalla l. 17 dicembre 2012, n. 221, e successive modificazioni, e, qualora dal risultato della consultazione, avuto riguardo al codice fiscale dei soggetti coinvolti ovvero ai veicoli danneggiati, emergano gli indici di anomalia definiti dall'IVASS con apposito provvedimento, o qualora altri indicatori di frode siano segnalati dai dispositivi elettronici di cui all'art. 132-*ter*, comma 1, del presente codice o siano emersi in sede di perizia da cui risulti documentata l'incongruenza del danno dichiarato dal richiedente, l'impresa può decidere, entro i termini di cui ai commi 1 e 2 del presente articolo, di non fare offerta di risarcimento, motivando tale decisione con la necessità di condurre ulteriori approfondimenti in relazione al sinistro (3). La relativa comunicazione è trasmessa dall'impresa al danneggiato e all'IVASS (4), al quale è anche trasmessa la documentazione relativa alle analisi condotte sul sinistro. Entro trenta giorni dalla comunicazione della predetta decisione, l'impresa deve comunicare al danneggiato le sue determinazioni conclusive in merito alla richiesta di risarcimento. All'esito degli approfondimenti condotti ai sensi del primo periodo, l'impresa può non formulare offerta di risarcimento, qualora, entro il termine di cui al terzo periodo, presenti querela, nelle ipotesi in cui è prevista, informandone contestualmente l'assicurato nella comunicazione concernente le determinazioni conclusive in merito alla richiesta di risarcimento di cui al medesimo terzo periodo; in tal caso i termini di cui ai commi 1 e 2 sono sospesi e il termine per la presentazione della querela, di cui all'art. 124, primo comma, del codice penale, decorre dallo spirare del termine di trenta giorni entro il quale l'impresa comunica al danneggiato le sue determinazioni conclusive. Nei predetti casi, l'azione in giudizio prevista dall'art. 145 è proponibile solo dopo la ricezione delle determinazioni conclusive dell'impresa o, in sua mancanza, allo spirare del termine di sessanta giorni di sospensione della procedura. Rimane salvo il diritto del danneggiato di ottenere l'accesso agli atti nei termini previsti dall'art. 146, salvo il caso di presentazione di querela o denuncia (5) (6).

3. Il danneggiato, in pendenza dei termini di cui ai commi 1 e 2 e fatto salvo quanto stabilito dal comma 5, non può rifiutare gli accertamenti strettamente necessari alla valutazione del danno alle cose, nei termini di cui al comma 1, o del danno alla persona, da parte dell'impresa. Qualora ciò accada, i termini per l'offer-

(1) Comma così sostituito dall'art. 32.3, lett. a, d.l. 24 gennaio 2012, n. 1, conv. in l. 24 marzo 2012, n. 27.

(2) Le parole «e motivata» sono state inserite dall'art. 1.7, d.lg. 6 novembre 2007, n. 198.

(3) Periodo così sostituito dall'art. 1.21, l. 4 agosto 2017, n. 124.

(4) La parola «IVASS» è stata così sostituita alla precedente «ISVAP» dall'art. 1.213, d.lg. 12 maggio 2015, n. 74.

(5) I periodi da «Nei predetti casi» fino a «denuncia» sono stati così sostituiti all'ultimo periodo dall'art. 1.22, l. 4 agosto 2017, n. 124.

(6) Comma inserito dall'art. 32.3, lett. b, d.l. 24 gennaio 2012, n. 1, conv. in l. 24 marzo 2012, n. 27.

ta risarcitoria o per la comunicazione dei motivi per i quali l'impresa non ritiene di fare offerta sono sospesi (1).

4. L'impresa di assicurazione può richiedere ai competenti organi di polizia le informazioni acquisite relativamente alle modalità dell'incidente, alla residenza e al domicilio delle parti e alla targa di immatricolazione o altro analogo segno distintivo, ma è tenuta al rispetto dei termini stabiliti dai commi 1 e 2 anche in caso di sinistro che abbia determinato sia danni a cose che lesioni personali o il decesso.

5. In caso di richiesta incompleta l'impresa di assicurazione richiede al danneggiato entro trenta giorni dalla ricezione della stessa le necessarie integrazioni; in tal caso i termini di cui ai commi 1 e 2 decorrono nuovamente dalla data di ricezione dei dati o dei documenti integrativi.

6. Se il danneggiato dichiara di accettare la somma offertagli, l'impresa provvede al pagamento entro quindici giorni dalla ricezione della comunicazione.

7. Entro ugual termine l'impresa corrisponde la somma offerta al danneggiato che abbia comunicato di non accettare l'offerta. La somma in tal modo corrisposta è imputata nella liquidazione definitiva del danno.

8. Decorsi trenta giorni dalla comunicazione senza che l'interessato abbia fatto pervenire alcuna risposta, l'impresa corrisponde al danneggiato la somma offerta con le stesse modalità, tempi ed effetti di cui al comma 7.

9. Agli effetti dell'applicazione delle disposizioni di cui al presente articolo, l'impresa di assicurazione non può opporre al danneggiato l'eventuale inadempimento da parte dell'assicurato dell'obbligo di avviso del sinistro di cui all'art. 1913 del codice civile.

10. In caso di sentenza a favore del danneggiato, quando la somma offerta ai sensi dei commi 1 o 2 sia inferiore alla metà di quella liquidata, al netto di eventuale rivalutazione ed interessi, il giudice trasmette, contestualmente al deposito in cancelleria, copia della sentenza all'IVASS (2) per gli accertamenti relativi all'osservanza delle disposizioni del presente capo.

11. L'impresa, quando corrisponde compensi professionali per l'eventuale assistenza prestata da professionisti, è tenuta a richiedere la documentazione probatoria relativa alla prestazione stessa e ad indicarne il corrispettivo separatamente rispetto alle voci di danno nella quietanza di liquidazione. L'impresa, che abbia provveduto direttamente al pagamento dei compensi dovuti al professionista, ne dà comunicazione al danneggiato, indicando l'importo corrisposto.

11-*bis*. Resta ferma per l'assicurato la facoltà di ottenere l'integrale risarcimento per la riparazione a regola d'arte del veicolo danneggiato avvalendosi di imprese di autoriparazione di propria fiducia abilitate ai sensi della l. 5 febbraio 1992, n. 122. A tal fine, l'impresa di autoriparazione fornisce la documentazione fiscale e un'idonea garanzia sulle riparazioni effettuate, con una validità non inferiore a due anni per tutte le parti non soggette a usura ordinaria (3).

149. *Procedura di risarcimento diretto*. — 1. In caso di sinistro tra due veicoli a motore identificati ed assicurati per la responsabilità civile obbligatoria, dal quale siano derivati danni ai veicoli coinvolti o ai loro conducenti, i danneggiati devono rivolgere la richiesta di risarcimento all'impresa di assicurazione che ha stipulato il contratto relativo al veicolo utilizzato.

2. La procedura di risarcimento diretto riguarda i danni al veicolo nonché i danni alle cose trasportate di proprietà dell'assicurato o del conducente. Essa si applica anche al danno alla persona subito dal conducente non responsabile se risulta contenuto nel limite previsto dall'art. 139. La procedura non si applica ai sinistri che coinvolgono veicoli immatricolati all'estero ed al risarcimento del danno subito dal terzo trasportato come disciplinato dall'art. 141.

3. L'impresa, a seguito della presentazione della richiesta di risarcimento diretto, è obbligata a provvedere alla liquidazione dei danni per conto dell'impresa di assicurazione del veicolo responsabile, ferma la successiva regolazione dei rapporti fra le imprese medesime.

4. Se il danneggiato dichiara di accettare la somma offerta, l'impresa di assicurazione provvede al pagamento entro quindici giorni dalla ricezione della comunicazione e il danneggiato è tenuto a rilasciare quietanza liberatoria valida anche nei confronti del responsabile del sinistro e della sua impresa di assicurazione.

5. L'impresa di assicurazione, entro quindici giorni, corrisponde la somma offerta al danneggiato che abbia comunicato di non accettare l'offerta o che non abbia fatto pervenire al-

(1) Comma così sostituito dall'art. 32.3, lett. c, d.l. 24 gennaio 2012, n. 1, conv. in l. 24 marzo 2012, n. 27.
(2) La parola «IVASS» è stata così sostituita alla precedente «ISVAP» dall'art. 1.213, d.lg. 12 maggio 2015, n. 74.
(3) Comma aggiunto dall'art. 1.9, l. 4 agosto 2017, n. 124.

cuna risposta. La somma in tale modo corrisposta è imputata all'eventuale liquidazione definitiva del danno.

6. In caso di comunicazione dei motivi che impediscono il risarcimento diretto ovvero nel caso di mancata comunicazione di offerta o di diniego di offerta entro i termini previsti dall'art. 148 o di mancato accordo, il danneggiato può proporre l'azione diretta di cui all'art. 145, comma 2, nei soli confronti della propria impresa di assicurazione. L'impresa di assicurazione del veicolo del responsabile può chiedere di intervenire nel giudizio e può estromettere l'altra impresa, riconoscendo la responsabilità del proprio assicurato ferma restando, in ogni caso, la successiva regolazione dei rapporti tra le imprese medesime secondo quanto previsto nell'ambito del sistema di risarcimento diretto.

149-*bis*. *Trasparenza delle procedure di risarcimento*. — 1. In caso di cessione del credito derivante dal diritto al risarcimento dei danni causati dalla circolazione dei veicoli a motore e dei natanti, la somma da corrispondere a titolo di rimborso delle spese di riparazione dei veicoli danneggiati è versata previa presentazione della fattura emessa dall'impresa di autoriparazione abilitata ai sensi della l. 5 febbraio 1992, n. 122, che ha eseguito le riparazioni (1).

150. *Disciplina del sistema di risarcimento diretto*. — 1. Con decreto del Presidente della Repubblica, su proposta del Ministro dello sviluppo economico (2), da emanarsi entro novanta giorni dalla data di entrata in vigore del presente codice sono stabiliti:

a) i criteri di determinazione del grado di responsabilità delle parti anche per la definizione dei rapporti interni tra le imprese di assicurazione;

b) il contenuto e le modalità di presentazione della denuncia di sinistro e gli adempimenti necessari per il risarcimento del danno;

c) le modalità, le condizioni e gli adempimenti dell'impresa di assicurazione per il risarcimento del danno;

d) i limiti e le condizioni di risarcibilità dei danni accessori;

e) i principi per la cooperazione tra le imprese di assicurazione, ivi compresi i benefici derivanti agli assicurati dal sistema di risarcimento diretto.

2. Le disposizioni relative alla procedura prevista dall'art. 149 non si applicano alle imprese di assicurazione con sede legale in altri Stati membri che operano nel territorio della Repubblica ai sensi degli artt. 23 e 24, salvo che le medesime abbiano aderito al sistema di risarcimento diretto.

3. L'IVASS (3) vigila sul sistema di risarcimento diretto e sui principi adottati dalle imprese per assicurare la tutela dei danneggiati, il corretto svolgimento delle operazioni di liquidazione e la stabilità delle imprese (4).

150-*bis*. *Certificato di chiusa inchiesta*. — 1. È fatto obbligo alla compagnia di assicurazione di risarcire il danno derivante da furto o incendio di autoveicolo, indipendentemente dalla richiesta del rilascio del certificato di chiusa inchiesta, fatto salvo quanto disposto dal comma 2.

2. Nei procedimenti giudiziari nei quali si procede per il reato di cui all'art. 642 del codice penale, limitatamente all'ipotesi che il bene assicurato sia un autoveicolo, il risarcimento del danno derivante da furto o incendio dell'autoveicolo stesso è effettuato previo rilascio del certificato di chiusa inchiesta (5).

(1) Articolo inserito dall'art. 1.24, l. 4 agosto 2017, n. 124.

(2) Le parole «Ministro dello sviluppo economico» sono state così sostituite alle precedenti «Ministro delle attività produttive» dall'art. 1.213, d.lg. 12 maggio 2015, n. 74.

(3) La parola «IVASS» è stata così sostituita alla precedente «ISVAP» dall'art. 1.213, d.lg. 12 maggio 2015, n. 74.

(4) Per il regolamento recante disciplina del risarcimento diretto dei danni derivanti dalla circolazione stradale v. d.p.r. 18 luglio 2006, n. 254.

L'art. 29, d.l. 24 gennaio 2012, n. 1, conv. in l. 24 marzo 2012, n. 27, come modificato dall'art. 1.30, lett. a, l. 4 agosto 2017, n. 124, così dispone: «1. Nell'ambito del sistema di risarcimento diretto disciplinato dall'art. 150 del d.lg. 7 settembre 2005, n. 209, i valori dei costi e delle eventuali franchigie sulla base dei quali vengono definite le compensazioni tra compagnie sono calcolati annualmente secondo un criterio che incentivi l'efficienza produttiva delle compagnie ed in particolare il controllo dei costi dei rimborsi e l'individuazione delle frodi. || 1-*bis*. L'Istituto per la vigilanza sulle assicurazioni (IVASS) definisce il criterio di cui al comma 1 e stabilisce annualmente il limite alle compensazioni dovute. L'IVASS procede alla revisione del criterio di cui al periodo precedente entro diciotto mesi dalla data di entrata in vigore della presente disposizione, qualora lo stesso non abbia garantito un effettivo recupero di efficienza produttiva delle compagnie, attraverso la progressiva riduzione dei costi dei rimborsi e l'individuazione delle frodi».

Per il criterio per il calcolo dei costi e delle eventuali franchigie per la definizione delle compensazioni tra imprese di assicurazione nell'ambito del risarcimento diretto v. provv. IVASS 14 novembre 2018, n. 79, in G.U., 27 novembre 2018, n. 276.

(5) Articolo aggiunto dall'art. 34-*ter*, d.l. 24 gennaio 2012, n. 1, conv. in l. 24 marzo 2012, n. 27.

CAPO V

RISARCIMENTO DEL DANNO DERIVANTE DA SINISTRI AVVENUTI ALL'ESTERO

151. *Procedura*. — 1. Il presente capo stabilisce disposizioni specifiche relative agli aventi diritto al risarcimento per danni a cose o a persone derivanti da sinistri avvenuti in uno Stato membro diverso da quello di residenza degli stessi, provocati dall'uso di veicoli che sono assicurati e stazionano abitualmente in uno Stato membro.

2. Fatte salve la legislazione di Stati terzi in materia di responsabilità civile e le norme di diritto internazionale privato, le disposizioni del presente capo si applicano anche ai residenti in uno Stato membro aventi diritto al risarcimento per danni a cose o a persone derivanti da sinistri avvenuti in Stati terzi i cui uffici nazionali di assicurazione hanno aderito al sistema della carta verde, ogniqualvolta tali sinistri siano provocati dall'uso di veicoli che sono assicurati e stazionano abitualmente in uno Stato membro.

3. Gli artt. 152, 296, 297, 298 e 299 si applicano soltanto nel caso di incidenti causati dalla circolazione di un veicolo assicurato tramite uno stabilimento situato in uno Stato membro diverso da quello di residenza della persona avente diritto al risarcimento e stazionante abitualmente in uno Stato membro diverso da quello di residenza della persona avente diritto al risarcimento.

4. Gli artt. 300 e 301 si applicano anche agli incidenti provocati dai veicoli di Stati terzi ammessi alla circolazione nel territorio comunitario ed assicurati nel rispetto delle disposizioni di cui all'art. 125.

5. Nelle ipotesi di cui al presente articolo gli aventi diritto al risarcimento possono agire direttamente contro l'impresa di assicurazione che copre la responsabilità civile del responsabile.

152. *Mandatario per la liquidazione dei sinistri*. — 1. L'impresa di assicurazione comunica tempestivamente ai centri di informazione di tutti gli Stati membri il nome e l'indirizzo del proprio mandatario per la liquidazione dei sinistri designato in ciascuno Stato membro.

2. Il mandatario risiede o è stabilito nel territorio dello Stato membro per il quale è designato e si rivolge agli aventi diritto al risarcimento nella o nelle lingue ufficiali dello Stato membro di residenza degli stessi.

3. Il mandatario, che può operare per conto di una o più imprese di assicurazione, acquisisce tutte le informazioni necessarie ai fini della liquidazione dei sinistri e adotta tutte le misure necessarie per gestire la liquidazione stessa.

4. La nomina del mandatario non esclude la facoltà per il danneggiato di rivolgere la richiesta di risarcimento direttamente al responsabile del sinistro ovvero anche all'impresa di assicurazione con la quale è assicurato il veicolo il cui uso ha provocato il sinistro.

5. L'impresa di assicurazione del responsabile del sinistro o il suo mandatario, entro tre mesi dalla ricezione della richiesta di risarcimento, comunica agli aventi diritto un'offerta di risarcimento motivata ovvero indica i motivi per i quali non ritiene di fare offerta.

153. *Danneggiati residenti nel territorio della Repubblica*. — 1. I soggetti residenti nel territorio della Repubblica, che sono danneggiati da sinistri della circolazione stradale provocati da veicoli stazionanti abitualmente e assicurati in un altro Stato membro e accaduti in uno degli Stati aderenti al sistema della carta verde, hanno diritto di richiedere il risarcimento del danno oltre che al responsabile del sinistro anche all'impresa di assicurazione con la quale è assicurato il veicolo che ha causato il sinistro ovvero anche al suo mandatario designato nel territorio della Repubblica.

2. In caso di mancata designazione del mandatario da parte dell'impresa di assicurazione con la quale è assicurato il veicolo che ha causato il sinistro e nei casi di inadempimento a quanto disposto dall'art. 152, comma 5, il danneggiato può rivolgersi all'Organismo di indennizzo italiano secondo quanto previsto all'art. 298.

154. *Centro di informazione italiano*. — 1. È istituito presso l'IVASS (1) il Centro di informazione italiano per consentire agli aventi diritto di chiedere il risarcimento a seguito di un sinistro derivante dalla circolazione dei veicoli a motore nei casi previsti dall'art. 151. A tale fine la CONSAP (2) può stipulare apposite convenzioni a titolo gratuito con enti pubblici o privati che già detengano e gestiscano le informazioni di cui al comma 2, per l'organizzazione e il funzionamento del Centro di informazione italiano.

2. Il Centro di informazione italiano è inca-

(1) La parola «IVASS» è stata così sostituita alla precedente «ISVAP» dall'art. 1.213, d.lg. 12 maggio 2015, n. 74.
(2) La parola «Consap» è stata così sostituita alla precedente «ISVAP» dall'art. 1.111, d.lg. 12 maggio 2015, n. 74.

ricato di tenere un registro da cui risulta:

a) la targa di immatricolazione di ogni veicolo che staziona abitualmente nel territorio della Repubblica;

b) i numeri e la data di scadenza delle polizze di assicurazione che coprono la responsabilità civile derivante dalla circolazione di detti veicoli per i rischi di cui al ramo 10 di cui all'art. 2, comma 3, diversi dalla responsabilità del vettore;

c) le imprese di assicurazione che coprono la responsabilità civile derivante dalla circolazione di tali veicoli per i rischi di cui al ramo 10 di cui all'art. 2, comma 3, diversi dalla responsabilità del vettore, e i mandatari per la liquidazione dei sinistri designati da tali imprese di assicurazione conformemente all'art. 152.

3. Il Centro di informazione italiano assiste gli aventi diritto al risarcimento nell'accesso alle informazioni di cui al comma 2, lett. *a*), *b*) e *c*).

4. Le imprese di assicurazione che coprono la responsabilità civile derivante dalla circolazione dei veicoli, che stazionano abitualmente nel territorio della Repubblica, sono tenute a comunicare in via sistematica i dati relativi ai numeri di targa dei veicoli assicurati, ai numeri di polizza, alla data di cessazione della copertura assicurativa, ai nominativi dei mandatari per la liquidazione dei sinistri nominati in ciascuno Stato membro e, a richiesta, tempestivamente i dati relativi al nome ed indirizzo del proprietario o dell'usufruttuario o dell'acquirente con patto di riservato dominio o del locatario in caso di locazione finanziaria.

5. Le procedure, i tempi e le modalità di invio dei dati da parte delle imprese di assicurazione, le modalità del relativo trattamento dei dati e di gestione del Centro di informazione italiano, anche nei confronti degli interessati e degli aventi diritto alle informazioni, nonché le modalità di accesso alle informazioni per le imprese di assicurazione ed i mandatari per la liquidazione dei sinistri, sono definite con regolamento adottato dalla CONSAP (1), sentito il Garante per la protezione dei dati personali. Con lo stesso regolamento sono individuati i dati contenuti nella banca dati sinistri, di cui all'art. 135, che sono oggetto di trattamento anche da parte del Centro di informazione italiano, con esclusione dei dati sensibili.

6. Per le esigenze di funzionamento del Centro di informazione italiano, la CONSAP è autorizzata, ai sensi del codice in materia di protezione dei dati personali, ad avvalersi dei dati trattati dall'IVASS per le finalità della banca dati sinistri. L'IVASS, con regolamento, organizza la banca dati sinistri al fine di coordinare il trattamento dei dati con le esigenze del Centro di informazione italiano (2).

7. Il trattamento e la comunicazione dei dati personali sono consentiti, con esclusione dei dati personali sensibili ai sensi del codice in materia di protezione dei dati personali, nei limiti stabiliti dal presente capo. Le informazioni di cui al comma 2 sono conservate per un periodo di sette anni dalla data di cessazione dell'immatricolazione del veicolo o di scadenza del contratto di assicurazione.

8. Il Centro di informazione coopera con i centri di informazione istituiti dagli altri Stati membri per l'attuazione delle disposizioni previste dall'ordinamento comunitario.

155. *Accesso al Centro di informazione italiano*. — 1. I danneggiati, a seguito dei sinistri previsti all'art. 151, hanno diritto di richiedere al Centro di informazione italiano entro sette anni dalla data del sinistro:

a) nome ed indirizzo dell'impresa di assicurazione;

b) numero della polizza di assicurazione e data di scadenza della stessa;

c) nome ed indirizzo del mandatario per la liquidazione dei sinistri dell'impresa di assicurazione nello Stato membro di residenza degli aventi diritto al risarcimento, nei casi in cui:

1) gli stessi risiedono nel territorio della Repubblica;

2) il veicolo che ha causato il sinistro stazioni abitualmente nel territorio della Repubblica;

3) il sinistro sia avvenuto nel territorio della Repubblica.

2. Nel caso in cui gli aventi diritto al risarcimento richiedano al Centro di informazione italiano il nome e l'indirizzo del proprietario o dell'usufruttuario o dell'acquirente con patto di riservato dominio o del locatario in caso di locazione finanziaria del veicolo che ha causato il sinistro, il Centro stesso, se gli aventi diritto hanno un interesse giuridicamente tutelato ad ottenere tali informazioni, si rivolge in particolare:

a) all'impresa di assicurazione;

b) all'ente di immatricolazione del veicolo.

(1) La parola «Consap» è stata così sostituita alla precedente «ISVAP» dall'art. 1.111, d.lg. 12 maggio 2015, n. 74.

(2) Comma così sostituito dall'art. 1.214, d.lg. 12 maggio 2015, n. 74.

3. Fermi restando i poteri dell'autorità giudiziaria, le forze di polizia nonché gli organi di polizia stradale di cui all'art. 12 del codice della strada e le pubbliche amministrazioni competenti in materia di prevenzione e contrasto di comportamenti fraudolenti nel settore delle assicurazioni obbligatorie hanno accesso gratuito ai dati del Centro di informazione italiano. Le imprese di assicurazione, l'Ufficio centrale italiano e l'Organismo di indennizzo italiano possono richiedere al Centro di informazione italiano i dati per i quali hanno interesse motivato.

4. L'IVASS e la CONSAP hanno accesso gratuito (1) ai dati relativi ai veicoli ed ai nomi dei proprietari dei veicoli contenuti nei pubblici registri e ai dati dell'archivio nazionale dei veicoli di cui agli artt. 225, comma 1, lett. *b*), e 226, commi 5 e seguenti, del codice della strada.

5. Il Centro di informazione italiano coopera con i centri di informazione istituiti dagli altri Stati membri per l'attuazione delle disposizioni previste dall'ordinamento comunitario.

5-*bis*. A richiesta delle parti interessate, i dati forniti dal Centro di informazione italiano devono essere disponibili in formato elettronico (2).

CAPO VI

DISCIPLINA DELL'ATTIVITÀ PERITALE

156. *Attività peritale*. — 1. L'attività professionale di perito assicurativo per l'accertamento e la stima dei danni alle cose derivanti dalla circolazione, dal furto e dall'incendio dei veicoli a motore e dei natanti soggetti alla disciplina del presente titolo non può essere esercitata da chi non sia iscritto nel ruolo di cui all'art. 157.

2. Le imprese di assicurazione possono effettuare direttamente l'accertamento e la stima dei danni alle cose derivanti dalla circolazione, dal furto e dall'incendio dei veicoli a motore e dei natanti.

3. Nell'esecuzione dell'incarico i periti devono comportarsi con diligenza, correttezza e trasparenza.

157. *Ruolo dei periti assicurativi*. — 1. La CONSAP (3) cura l'istituzione e il funzionamento del ruolo e determina, con regolamento, da pubblicarsi nella *Gazzetta Ufficiale* e sul suo sito internet (4), gli obblighi di comunicazione, la procedura di iscrizione e di cancellazione e le forme di pubblicità più idonee ad assicurare l'accesso pubblico al ruolo (5).

2. Nel ruolo sono iscritti i periti assicurativi che esercitano l'attività in proprio e che sono in possesso dei requisiti di cui all'art. 158.

158. *Requisiti per l'iscrizione*. — 1. Per ottenere l'iscrizione nel ruolo la persona fisica deve essere in possesso dei seguenti requisiti:

a) godere dei diritti civili;

b) non aver riportato condanna irrevocabile, o sentenza irrevocabile di applicazione della pena di cui all'art. 444, comma 2, del codice di procedura penale, per un delitto contro la pubblica amministrazione, contro l'amministrazione della giustizia, contro la fede pubblica, contro l'economia pubblica, l'industria e il commercio, contro il patrimonio per il quale la legge commini la pena della reclusione non inferiore nel minimo ad un anno o nel massimo a tre anni, o per altro delitto non colposo per il quale sia comminata la pena della reclusione non inferiore nel minimo a due anni o nel massimo a cinque anni, o per il reato di omesso versamento dei contributi previdenziali e assistenziali obbligatori, ovvero condanna irrevocabile comportante l'applicazione della pena accessoria dell'interdizione dai pubblici uffici perpetua o di durata superiore a tre anni, salvo che non sia intervenuta la riabilitazione;

c) non essere stata dichiarata fallita, salvo che sia intervenuta la riabilitazione, né essere stato presidente, amministratore con delega di poteri, direttore generale, sindaco di società od enti che siano stati assoggettati a procedure di fallimento, concordato preventivo o liquidazione coatta amministrativa, almeno per i tre esercizi precedenti all'adozione dei relativi provvedimenti, fermo restando che l'impedimento ha durata fino ai cinque anni successivi all'adozione dei provvedimenti stessi;

(1) Le parole «L'IVASS e la CONSAP hanno accesso gratuito» sono state così sostituite alle precedenti «L'ISVAP ha accesso gratuito» dall'art. 1.218, d.lg. 12 maggio 2015, n. 74.

(2) Comma aggiunto dall'art. 1.8, d.lg. 6 novembre 2007, n. 198.

(3) La parola «Consap» è stata così sostituita alla precedente «ISVAP» dall'art. 1.111, d.lg. 12 maggio 2015, n. 74.

(4) Le parole «da pubblicarsi nella *Gazzetta Ufficiale* e sul suo sito internet,» sono state inserite dall'art. 1.215, d.lg. 12 maggio 2015, n. 74.

(5) V. provv. ISVAP 3 gennaio 2008, n. 11, in suppl. ord. n. 34 a G.U., 13 febbraio 2008, n. 37, come modificato e integrato con provv. ISVAP 19 luglio 2010, n. 2820, in G.U., 3 agosto 2010, n. 179.

d) non versare nelle situazioni di decadenza, divieto o sospensione previste dall'art. 10 della l. 31 maggio 1965, n. 575, e successive modificazioni;

e) aver conseguito un diploma di scuola media secondaria superiore o di laurea triennale;

f) aver svolto tirocinio di durata biennale presso un perito abilitato;

g) aver superato una prova di idoneità secondo quanto previsto dal comma 3.

2. Fermo il disposto dell'art. 156, non possono esercitare l'attività di perito assicurativo né essere iscritti nel ruolo gli intermediari di assicurazione e di riassicurazione, i riparatori di veicoli e di natanti e i pubblici dipendenti con rapporto lavorativo a tempo pieno ovvero a tempo parziale, quando superi la metà dell'orario lavorativo a tempo pieno.

3. Ai fini dell'iscrizione, il perito deve possedere adeguate cognizioni e capacità professionali, che sono accertate dalla CONSAP (1) tramite una prova di idoneità, consistente in un esame su materie tecniche, giuridiche ed economiche rilevanti nell'esercizio dell'attività. La CONSAP (1) determina, con regolamento (2), i titoli di ammissione e le modalità di svolgimento della prova valutativa, provvedendo alla relativa organizzazione e gestione.

159. *Cancellazione dal ruolo*. — 1. La cancellazione dal ruolo è disposta dalla CONSAP (1), con provvedimento motivato, in caso di:

a) rinuncia all'iscrizione;

b) perdita di uno dei requisiti di cui all'art. 158, comma 1, lett. *a*), *b*), *c*) e *d*);

c) sopravvenuta incompatibilità ai sensi dell'art. 158, comma 2;

d) radiazione;

e) mancato versamento del contributo di gestione (3) di cui all'art. 337, nonostante apposita diffida disposta dalla CONSAP (1).

2. Non si procede alla cancellazione dal ruolo, anche se richiesta dal perito, fino a quando sia in corso un procedimento disciplinare ovvero siano in corso accertamenti istruttori propedeutici all'avvio del medesimo.

160. *Reiscrizione*. — 1. Il perito, che sia stato cancellato dal ruolo a seguito del provvedimento di radiazione, può richiedere di esservi iscritto nuovamente, purché siano decorsi almeno cinque anni dalla cancellazione e sussistano i requisiti di cui all'art. 158, commi 1 e 2.

2. In caso di cancellazione derivante da condanna irrevocabile o da fallimento, il perito può essere nuovamente iscritto al ruolo soltanto se ne sia intervenuta la riabilitazione.

3. Il perito, la cui iscrizione sia stata cancellata per mancato versamento del contributo di gestione (3), può essere iscritto nuovamente purché abbia provveduto al pagamento di quanto non corrisposto sino alla cancellazione.

4. Se il perito, intervenuta la cancellazione dal ruolo, chiede una nuova iscrizione, essa viene disposta previa verifica della sussistenza dei requisiti di cui all'art. 158, commi 1 e 2, rimanendo valida l'idoneità già conseguita.

TITOLO XI

Disposizioni relative a particolari operazioni assicurative

CAPO I

Coassicurazione comunitaria

161. *Coassicurazione comunitaria*. — 1. Le assicurazioni contro i danni stipulate per la copertura di rischi situati nel territorio della Repubblica possono essere ripartite in coassicurazione comunitaria, per quote determinate, tra imprese che hanno la sede legale in altri Stati membri o in Stati aderenti allo Spazio economico europeo, a condizione che almeno una delle imprese sia stabilita in uno Stato membro diverso da quello del coassicuratore delegatario e i rischi da coprire siano quelli rientranti tra i grandi rischi di cui all'art. 1, comma 1, lett. *r*).

162. *Determinazione dell'oggetto della delega*. — 1. Le assicurazioni sono stipulate con contratto unico, sottoscritto da tutti i coassicuratori, per una stessa durata e con premio globale.

2. La delega è attribuita ad uno dei coassicuratori affinché curi la gestione del contratto per conto e nell'interesse di tutti.

3. Il coassicuratore delegatario esercita tutte le attribuzioni previste con la delega e quelle spettanti secondo gli usi.

4. Il coassicuratore delegatario determina le condizioni di assicurazione ed il tasso del pre-

(1) La parola «Consap» è stata così sostituita alla precedente «ISVAP» dall'art. 1.111, d.lg. 12 maggio 2015, n. 74.

(2) V. provv. ISVAP 3 gennaio 2008, n. 11, in suppl. ord. n. 34 a G.U., 13 febbraio 2008, n. 37, come modificato e integrato con provv. ISVAP 19 luglio 2010, n. 2820, in G.U., 3 agosto 2010, n. 179.

(3) Le parole «di gestione» sono state così sostituite alle precedenti «di vigilanza» dall'art. 1.216, d.lg. 12 maggio 2015, n. 74.

mio da applicare al contratto.

162-*bis*. *Riserve tecniche*. — 1. L'impresa avente sede nel territorio della Repubblica, che partecipa a un contratto di coassicurazione comunitaria, determina le riserve tecniche in conformità alle disposizioni del Titolo III.

2. In ogni caso, l'ammontare delle riserve tecniche di cui al comma 1 è almeno uguale a quello identificato e comunicato dal coassicuratore delegatario secondo le norme del suo Stato membro di origine.

3. Se l'impresa di cui al comma 1 riveste la qualifica di delegataria, la stessa deve tener conto dei rischi per l'intero contratto (1).

162-*ter*. *Dati statistici*. — 1. L'impresa con sede legale nel territorio della Repubblica che opera in coassicurazione comunitaria mantiene dati statistici che mettano in evidenza l'entità delle operazioni di coassicurazione comunitaria alle quali partecipa e gli Stati membri interessati (1).

CAPO II

Assicurazione di tutela legale

163. *Requisiti particolari*. — 1. L'impresa che esercita l'assicurazione di tutela legale osserva nei rapporti con gli assicurati le disposizioni previste agli artt. 173 e 174 e rispetta i requisiti per la gestione dei sinistri di cui all'art. 164.

2. La disciplina di cui al presente capo non si applica alle assicurazioni di tutela legale che concernono controversie derivanti dall'utilizzazione di navi marittime o connesse comunque a tale utilizzazione ed all'attività esercitata dall'impresa di assicurazione della responsabilità civile per resistere all'azione dei danneggiati ai sensi dell'art. 1917 del codice civile.

164. *Modalità per la gestione dei sinistri*. — 1. L'impresa che esercita l'attività assicurativa nel ramo tutela legale adotta, per la gestione dei sinistri e per la relativa attività di consulenza, una delle modalità, di cui deve essere data preventiva comunicazione all'IVASS (2), previste dal comma 2.

2. L'impresa può:

a) svolgere direttamente l'attività di gestione dei sinistri e quella di consulenza;

b) affidarla ad un'impresa distinta;

c) prevedere nel contratto il diritto per l'assicurato di affidare la tutela dei suoi interessi in caso di sinistro, non appena abbia il diritto di esigere l'intervento dell'impresa di assicurazione, a un avvocato o ad altro professionista abilitato dalla legge da lui scelto.

3. Qualora l'impresa si avvalga della facoltà di cui al comma 2, lett. *a*), devono ricorrere congiuntamente le seguenti condizioni:

a) se l'impresa è multiramo, il personale di cui si avvale non deve svolgere, per conto della stessa, attività di gestione dei sinistri o di consulenza in un altro ramo esercitato dall'impresa;

b) indipendentemente dal fatto che l'impresa sia multiramo o specializzata, il personale non deve svolgere, per conto di altra impresa autorizzata all'esercizio delle assicurazioni contro i danni che abbia con la prima legami finanziari, commerciali o amministrativi, attività di gestione dei sinistri o di consulenza in altri rami esercitati dall'impresa con la quale intercorrono i predetti legami.

4. L'impresa deve dichiarare nel contratto se intende avvalersi della facoltà di cui al comma 2, lett. *b*), indicando la denominazione sociale dell'impresa alla quale affida la gestione dei sinistri. Quando l'impresa ha legami con un'altra impresa che esercita le assicurazioni contro i danni, il personale incaricato della gestione dei sinistri o della relativa consulenza non può esercitare la stessa o analoga attività in altri rami esercitati da quest'ultima impresa. L'impresa cui sia affidata la gestione dei sinistri è soggetta alla vigilanza dell'IVASS (2).

5. L'impresa può adottare una diversa modalità operativa previa comunicazione all'IVASS (2) e con effetto solo per i contratti stipulati successivamente alla comunicazione medesima.

TITOLO XII

Norme relative ai contratti di assicurazione

CAPO I

Disposizioni generali

165. *Raccordo con le disposizioni del codice civile*. — 1. Fermo restando quanto diversamente disposto dal presente codice, i contratti di assicurazione, coassicurazione e riassicurazione rimangono disciplinati dalle norme del codice civile.

166. *Criteri di redazione*. — 1. Il contratto e

(1) Articolo inserito dall'art. 1.112, d.lg. 12 maggio 2015, n. 74.
(2) La parola «IVASS» è stata così sostituita alla precedente «ISVAP» dall'art. 1.213, d.lg. 12 maggio 2015, n. 74.

ogni altro documento consegnato dall'impresa al contraente va redatto in modo chiaro ed esauriente.

2. Le clausole che indicano decadenze, nullità o limitazione delle garanzie ovvero oneri a carico del contraente o dell'assicurato sono riportate mediante caratteri di particolare evidenza.

167. *Nullità dei contratti conclusi con imprese non autorizzate.* — 1. È nullo il contratto di assicurazione stipulato con un'impresa non autorizzata o con un'impresa alla quale sia fatto divieto di assumere nuovi affari.

2. La nullità può essere fatta valere solo dal contraente o dall'assicurato. La pronuncia di nullità obbliga alla restituzione dei premi pagati. In ogni caso non sono ripetibili gli indennizzi e le somme eventualmente corrisposte o dovute dall'impresa agli assicurati ed agli altri aventi diritto a prestazioni assicurative.

168. *Effetti del trasferimento di portafoglio, della fusione e della scissione.* — 1. Ad integrazione di quanto previsto dall'art. 1902, primo comma, del codice civile, il trasferimento di portafoglio, che sia autorizzato in conformità a quanto previsto dagli artt. 198 e 200, non è causa di risoluzione dei contratti, ma i contraenti che hanno il domicilio o, se persone giuridiche, la sede legale nel territorio della Repubblica possono recedere entro il termine di sessanta giorni dalla pubblicazione del provvedimento di autorizzazione, se il trasferimento avviene a favore di un'impresa di assicurazione che ha la sede legale all'estero oppure a favore di una sede secondaria all'estero di un'impresa che ha la sede legale nel territorio della Repubblica.

2. Nei casi previsti dal comma 1, se il trasferimento riguarda contratti per l'assicurazione obbligatoria della responsabilità civile derivante dalla circolazione dei veicoli a motore e dei natanti, i soggetti che hanno diritto ad un risarcimento possono agire direttamente, entro i limiti delle somme per le quali è stata stipulata l'assicurazione, nei confronti dell'impresa italiana cedente sino alla pubblicazione del provvedimento di autorizzazione rilasciato dall'IVASS (1).

3. Ad integrazione di quanto previsto dall'art. 1902, primo comma, del codice civile, il trasferimento del portafoglio di imprese di assicurazione di altri Stati membri, che sia stato autorizzato dall'autorità di vigilanza dello Stato membro di origine dell'impresa cedente ed effettuato con l'assenso dell'IVASS (1), non è causa di risoluzione dei contratti trasferiti, ma i contraenti che hanno il domicilio o, se persone giuridiche, la sede legale nel territorio della Repubblica possono recedere dai rispettivi contratti entro il termine di sessanta giorni dalla pubblicazione dell'avviso di cui all'art. 199, comma 6.

4. Ad integrazione di quanto previsto dall'art. 1902, primo comma, del codice civile, le disposizioni di cui al presente articolo si applicano anche ai trasferimenti di portafoglio conseguenti ad una fusione o ad una scissione.

169. *Effetti della liquidazione coatta di imprese di assicurazione.* — 1. Ad integrazione di quanto previsto dall'art. 1902, secondo comma, del codice civile, i contratti di assicurazione in corso di esecuzione alla data di pubblicazione nella *Gazzetta Ufficiale* del provvedimento di liquidazione continuano a coprire i rischi fino al sessantesimo giorno successivo.

2. Gli assicurati hanno facoltà di recesso, dopo la pubblicazione del provvedimento di liquidazione, mediante raccomandata con avviso di ricevimento. Il recesso ha effetto dal giorno successivo a quello di ricevimento della comunicazione da parte della liquidazione.

3. In deroga al comma 1, i contratti di assicurazione obbligatoria della responsabilità civile per i danni causati dalla circolazione dei veicoli a motore e dei natanti, in corso di esecuzione alla data di pubblicazione del provvedimento di liquidazione, continuano, nei limiti delle somme minime per cui è obbligatoria l'assicurazione, a coprire i rischi fino alla scadenza del contratto o del periodo di tempo per il quale è stato pagato il premio.

CAPO II

Assicurazione obbligatoria della responsabilità civile derivante dalla circolazione dei veicoli a motore e dei natanti

170. *Divieto di abbinamento.* — 1. Ai fini dell'adempimento dell'obbligo di assicurazione dei veicoli a motore, le imprese non possono subordinare la conclusione di un contratto per l'assicurazione obbligatoria della responsabilità civile alla conclusione di ulteriori contratti assicurativi, bancari o finanziari.

2. In deroga al comma 1, al fine di garantire il recupero della franchigia eventualmente prevista a carico del contraente, le imprese possono pattuire idonee forme di garanzia, se le stesse

(1) La parola «IVASS» è stata così sostituita alla precedente «ISVAP» dall'art. 1.213, d.lg. 12 maggio 2015, n. 74.

non determinano spese aggiuntive e se il premio risulta inferiore a quello che sarebbe stato altrimenti applicato in assenza di franchigia con recupero garantito.

3. In deroga al comma 1, le imprese possono proporre polizze per l'assicurazione obbligatoria della responsabilità civile derivante dalla circolazione dei veicoli in abbinamento ad altri contratti assicurativi, bancari o finanziari a condizione che tali proposte non costituiscano l'unica offerta dell'impresa e siano osservate le disposizioni previste dal t.u. bancario e dal t.u. dell'intermediazione finanziaria per l'offerta dei contratti dai medesimi disciplinati.

4. I contratti conclusi ai sensi dei commi 2 e 3, compresi quelli bancari e finanziari, possono essere contestualmente risolti dal contraente nel caso previsto dall'art. 172.

170-*bis*. *Durata del contratto*. — 1. Il contratto di assicurazione obbligatoria della responsabilità civile derivante dalla circolazione dei veicoli a motore e dei natanti ha durata annuale o, su richiesta dell'assicurato, di anno più frazione, si risolve automaticamente alla sua scadenza naturale e non può essere tacitamente rinnovato, in deroga all'art. 1899, primo e secondo comma, del codice civile. L'impresa di assicurazione è tenuta ad avvisare il contraente della scadenza del contratto con preavviso di almeno trenta giorni e a mantenere operante, non oltre il quindicesimo giorno successivo alla scadenza del contratto, la garanzia prestata con il precedente contratto assicurativo fino all'effetto della nuova polizza (1).

1-*bis*. La risoluzione di cui al comma 1 si applica anche alle assicurazioni dei rischi accessori al rischio principale della responsabilità civile derivante dalla circolazione dei veicoli, qualora lo stesso contratto, ovvero un altro contratto stipulato contestualmente, garantisca simultaneamente sia il rischio principale sia i rischi accessori (2).

171. *Trasferimento di proprietà del veicolo o del natante*. — 1. Il trasferimento di proprietà del veicolo o del natante determina, a scelta irrevocabile dell'alienante, uno dei seguenti effetti:

a) la risoluzione del contratto a far data dal perfezionamento del trasferimento di proprietà, con diritto al rimborso del rateo di premio relativo al residuo periodo di assicurazione al netto dell'imposta pagata e del contributo obbligatorio di cui all'art. 334;

b) la cessione del contratto di assicurazione all'acquirente;

c) la sostituzione del contratto per l'assicurazione di altro veicolo o, rispettivamente, di un altro natante di sua proprietà, previo l'eventuale conguaglio del premio.

2. Eseguito il trasferimento di proprietà, l'alienante informa contestualmente l'impresa di assicurazione e l'acquirente se, insieme al veicolo, viene ceduto il contratto di assicurazione.

3. La garanzia è valida per il nuovo veicolo o natante dalla data del rilascio del nuovo certificato e, ove occorra, del nuovo contrassegno relativo al veicolo o al natante secondo le modalità previste dal regolamento adottato, su proposta dell'IVASS (3), dal Ministro dello sviluppo economico (4) (5).

172. *Diritto di recesso*. — 1. In caso di variazioni tariffarie, escluse quelle connesse all'applicazione di regole evolutive nelle varie formule tariffarie, superiori al tasso programmato di inflazione, il contraente può recedere dall'assicurazione mediante comunicazione da effettuarsi con raccomandata con avviso di ricevimento o consegnata a mano, ovvero a mezzo telefax, inviati alla sede dell'impresa o all'intermediario presso il quale è stata stipulata la polizza entro il giorno di scadenza del contratto. In tal caso non si applica a favore del contraente il termine di tolleranza previsto dall'art. 1901, secondo comma, del codice civile.

2. Fatto salvo quanto previsto dal comma 1, la disdetta del contratto è inviata a mezzo telefax o raccomandata almeno quindici giorni prima della data di scadenza indicata nella polizza.

3. Le disposizioni del presente articolo sono

(1) Articolo inserito dall'art. 22.1, d.l. 18 ottobre 2012, n. 179, conv. in l. 17 dicembre 2012, n. 221. L'art. 22.2-3, d.l. cit., così dispone: «2. Per le clausole di tacito rinnovo eventualmente previste nei contratti stipulati precedentemente alla data di entrata in vigore del presente decreto, le previsioni di cui al comma 3 dell'art. 170-*bis* del d.lg. 7 settembre 2005, n. 209 (*Codice delle assicurazioni private*), si applicano a fare data dal 1° gennaio 2013. || 3. Nelle ipotesi di contratti in corso di validità alla data di entrata in vigore del presente decreto con clausola di tacito rinnovo, è fatto obbligo alle imprese di assicurazione di comunicare per iscritto ai contraenti la perdita di efficacia delle clausole di tacito rinnovo con congruo anticipo rispetto alla scadenza del termine originariamente pattuito nelle medesime clausole per l'esercizio della facoltà di disdetta del contratto».

(2) Comma aggiunto dall'art. 1.25, l. 4 agosto 2017, n. 124.

(3) La parola «IVASS» è stata così sostituita alla precedente «ISVAP» dall'art. 1.213, d.lg. 12 maggio 2015, n. 74.

(4) Le parole «Ministro dello sviluppo economico» sono state così sostituite alle precedenti «Ministro delle attività produttive» dall'art. 1.213, d.lg. 12 maggio 2015, n. 74.

(5) V. d.m. Sviluppo economico 1° aprile 2008, n. 86, in G.U., 19 maggio 2008, n. 116.

derogabili esclusivamente in senso più favorevole al contraente.

CAPO III

Assicurazione di tutela legale e assicurazione di assistenza

173. *Assicurazione di tutela legale.* — 1. L'assicurazione di tutela legale è il contratto con il quale l'impresa di assicurazione, verso pagamento di un premio, si obbliga a prendere a carico le spese legali peritali o a fornire prestazioni di altra natura, occorrenti all'assicurato per la difesa dei suoi interessi in sede giudiziale, in ogni tipo di procedimento, o in sede extragiudiziale, soprattutto allo scopo di conseguire il risarcimento di danni subiti o per difendersi contro una domanda di risarcimento avanzata nei suoi confronti, purché non proposta dall'impresa che presta la copertura assicurativa di tutela legale.

2. Qualora l'assicurazione di tutela legale sia prestata cumulativamente con altre assicurazioni, con un unico contratto, il suo contenuto, le condizioni contrattuali ad essa applicabili ed il relativo premio debbono essere indicati in un'apposita distinta sezione del contratto.

174. *Diritti dell'assicurato nell'assicurazione di tutela legale.* — 1. Il contratto di assicurazione di tutela legale deve espressamente prevedere in funzione di tutela dell'assicurato che il medesimo, qualora necessiti dell'assistenza di un professionista per la difesa o la rappresentanza dei propri interessi in un procedimento giudiziario o amministrativo oppure nel caso di conflitto di interessi con l'impresa stessa, abbia la facoltà di scelta del professionista, purché quest'ultimo sia abilitato secondo la normativa applicabile.

2. In caso di disaccordo tra l'assicurato e l'impresa sulla gestione del sinistro, le parti possono adire l'autorità giudiziaria o demandare la decisione sul comportamento da tenere ad un arbitro che provvede secondo equità. Tale seconda facoltà deve essere esplicitamente prevista nel contratto.

3. Fermo restando il diritto dell'assicurato di avvalersi della facoltà di cui al comma 1, non è necessario che le condizioni di contratto prevedano espressamente la medesima facoltà quando sono cumulativamente soddisfatte le seguenti condizioni:

a) l'assicurazione di tutela legale è limitata a controversie derivanti dall'utilizzazione di veicoli stradali nel territorio della Repubblica;

b) la medesima è collegata ad un contratto di assicurazione di assistenza da prestare in caso di incidente o guasto relativamente allo stesso veicolo;

c) né l'impresa di assicurazione della tutela legale né l'impresa di assicurazione dell'assistenza esercitano il ramo della responsabilità civile.

4. Nell'ipotesi di cui al comma 3, qualora l'impresa assicuri per la tutela legale entrambe le parti della controversia, queste devono essere assistite e rappresentate da avvocati, o altri soggetti abilitati dalla legislazione vigente, indipendenti dall'impresa di assicurazione.

5. Ogni qualvolta sorga un conflitto di interessi tra l'assicurato e l'impresa di assicurazione o esista disaccordo in merito alla gestione dei sinistri, l'impresa richiama per iscritto l'attenzione dell'assicurato sulla possibilità di avvalersi dei diritti di cui al presente articolo ovvero sulla possibilità di avvalersi dell'arbitrato di cui al comma 2.

175. *Assicurazione di assistenza.* — 1. L'assicurazione di assistenza è il contratto con il quale l'impresa di assicurazione, verso il pagamento di un premio, si impegna a fornire all'assicurato una prestazione di immediato aiuto entro i limiti convenuti nel contratto, nel caso in cui l'assicurato stesso si trovi in una situazione di difficoltà al seguito del verificarsi di un evento fortuito.

2. L'aiuto può essere in denaro o in natura. Le prestazioni in natura possono essere fornite anche utilizzando personale e attrezzature di terzi.

CAPO IV

Assicurazione sulla vita

176. *Revocabilità della proposta.* — 1. La proposta relativa ad un contratto individuale di assicurazione sulla vita di cui ai rami I, II, III e V dell'art. 2, comma 1, è revocabile.

2. Le somme eventualmente pagate dal contraente devono essere restituite dall'impresa di assicurazione entro trenta giorni dal momento in cui ha ricevuto comunicazione della revoca.

3. Le disposizioni del presente articolo non si applicano ai contratti di durata pari od inferiore a sei mesi.

177. *Diritto di recesso.* — 1. Il contraente può recedere da un contratto individuale di assicurazione sulla vita entro trenta giorni dal momento in cui ha ricevuto comunicazione che il contratto è concluso.

2. L'impresa di assicurazione deve informare il contraente del diritto di recesso di cui al comma

1. I termini e le modalità per l'esercizio dello stesso devono essere espressamente evidenziati nella proposta e nel contratto di assicurazione.

3. L'impresa di assicurazione, entro trenta giorni dal ricevimento della comunicazione relativa al recesso, rimborsa al contraente il premio eventualmente corrisposto, al netto della parte relativa al periodo per il quale il contratto ha avuto effetto. L'impresa di assicurazione ha diritto al rimborso delle spese effettivamente sostenute per l'emissione del contratto, a condizione che siano individuate e quantificate nella proposta e nel contratto.

4. Le disposizioni di cui al presente articolo non si applicano ai contratti di durata pari od inferiore a sei mesi.

178. *Inversione dell'onere della prova nei giudizi risarcitori*. — 1. Nei giudizi di risarcimento dei danni cagionati al contraente di un contratto di assicurazione sulla vita di cui ai rami III e V dell'art. 2, comma 1, spetta all'impresa l'onere della prova di aver agito con la specifica diligenza richiesta.

CAPO V

Capitalizzazione

179. *Nozione*. — 1. La capitalizzazione è il contratto mediante il quale l'impresa di assicurazione si impegna, senza convenzione relativa alla durata della vita umana, a pagare somme determinate al decorso di un termine prestabilito in corrispettivo di premi, unici o periodici, che sono effettuati in denaro o mediante altre attività.

2. Quando i contratti prevedono il periodico sorteggio ai fini dell'anticipato pagamento del capitale convenuto, nei successivi sorteggi deve essere estratto un numero uguale o crescente di contratti, non superiore, nell'anno, a cinque per ogni cento contratti emessi. I sorteggi devono essere effettuati ad intervalli non inferiori al semestre.

3. I contratti di capitalizzazione non possono avere durata inferiore a cinque anni. Nel caso di contratti con premi periodici, i versamenti possono essere stabiliti sia in misura costante sia in misura variabile, purché quest'ultima modalità sia prevista contrattualmente.

4. Il contraente può recedere dal contratto nei termini e con le modalità di cui all'art. 177. Il riscatto è consentito a partire dal secondo anno ed a condizione che il contraente abbia corrisposto il premio per un'intera annualità.

CAPO VI

Legge applicabile

180. *Contratti di assicurazione contro i danni*. — 1. I contratti di assicurazione contro i danni sono regolati dalla legge italiana, ferme le norme di diritto internazionale privato, quando lo Stato membro di ubicazione del rischio è la Repubblica italiana.

2. Le parti possono convenire di assoggettare il contratto alla legislazione di un altro Stato, salvo i limiti derivanti dall'applicazione di norme imperative.

3. Le disposizioni specifiche relative ad una assicurazione obbligatoria, previste dallo Stato che impone l'obbligo, prevalgono su quelle della legge applicabile al contratto; quando quest'ultimo preveda una garanzia destinata ad operare in più Stati, prevalgono le disposizioni specifiche dello Stato interessato.

4. I contratti di assicurazione contro i danni relativi a rischi ubicati in un altro Stato membro sono regolati dalla legislazione del medesimo Stato.

5. Qualora il rischio sia ubicato in uno Stato terzo, si applicano le disposizioni della Convenzione di Roma del 19 giugno 1980, sulla legge applicabile alle obbligazioni contrattuali, resa esecutiva con l. 18 dicembre 1984, n. 975.

181. *Contratti di assicurazioni sulla vita*. — 1. I contratti di assicurazione sulla vita sono regolati dalla legge italiana, ferme le norme di diritto internazionale privato, quando lo Stato membro dell'obbligazione è la Repubblica italiana.

2. Le parti possono tuttavia convenire di assoggettare il contratto alla legislazione di un altro Stato, salvo i limiti derivanti dall'applicazione di norme imperative.

3. I contratti di assicurazione sulla vita nei quali lo Stato membro dell'obbligazione è diverso dalla Repubblica italiana sono regolati dalla legislazione dello Stato membro dell'obbligazione.

4. Qualora il rischio sia ubicato in uno Stato terzo, si applicano le disposizioni della Convenzione di Roma del 19 giugno 1980, sulla legge applicabile alle obbligazioni contrattuali, resa esecutiva con l. 18 dicembre 1984, n. 975.

TITOLO XIII

Trasparenza delle operazioni e protezione dell'assicurato (1)

(1) Per disposizioni in materia di informativa, pubblicità e realizzazione dei prodotti assicurativi v. provv. IVASS 2 agosto 2018, n. 41, in G.U., 19 settembre 2018, n. 218.

CAPO I

DISPOSIZIONI GENERALI

182. *Pubblicità dei prodotti assicurativi*. — 1. La pubblicità utilizzata per i prodotti delle imprese di assicurazione è effettuata avendo riguardo alla correttezza dell'informazione ed alla conformità rispetto al contenuto della documentazione (1) informativa e delle condizioni di contratto cui i prodotti stessi si riferiscono.

2. I medesimi principi sono rispettati anche quando la pubblicità sia autonomamente effettuata dagli intermediari.

3. L'IVASS (2) può richiedere, in via non sistematica, la trasmissione del materiale pubblicitario, nelle sue diverse forme, che è utilizzato dalle imprese e dagli intermediari.

4. L'IVASS (2) sospende in via cautelare, per un periodo non superiore a novanta giorni, la diffusione della pubblicità in caso di fondato sospetto di violazione delle disposizioni in materia di trasparenza e correttezza.

5. L'IVASS (2) vieta la diffusione della pubblicità in caso di accertata violazione delle disposizioni in materia di trasparenza e correttezza.

6. L'IVASS (2) vieta la commercializzazione dei prodotti in caso di mancata ottemperanza ai provvedimenti di cui ai commi 4 e 5 secondo quanto previsto all'art. 184, comma 2.

7. L'IVASS (2), con regolamento, stabilisce i criteri di riconoscibilità della pubblicità e di chiarezza e correttezza dell'informazione.

183. *Regole di comportamento*. — 1. Nell'esecuzione (3) dei contratti le imprese [...] (4) devono:

a) comportarsi con diligenza, correttezza e trasparenza nei confronti dei contraenti e degli assicurati;

b) .... (5);

c) organizzarsi in modo tale da identificare ed evitare conflitti di interesse ove ciò sia ragionevolmente possibile e, in situazioni di conflitto, agire in modo da consentire agli assicurati la necessaria trasparenza sui possibili effetti sfavorevoli e comunque gestire i conflitti di interesse in modo da escludere che rechino loro pregiudizio;

d) realizzare una gestione finanziaria indipendente, sana e prudente e adottare misure idonee a salvaguardare i diritti dei contraenti e degli assicurati.

2. L'IVASS (2) adotta, con regolamento, specifiche disposizioni relative alla determinazione delle regole di comportamento da osservare nei rapporti con i contraenti, in modo che l'attività si svolga con correttezza e con adeguatezza rispetto alle specifiche esigenze dei singoli (6) (7).

3. L'IVASS (2) tiene conto, nel regolamento, delle differenti esigenze di protezione dei contraenti e degli assicurati, nonché della natura dei rischi e delle obbligazioni assunte dall'impresa, individua le categorie di soggetti che non necessitano in tutto o in parte della protezione riservata alla clientela non qualificata e determina modalità, limiti e condizioni di applicazione delle medesime disposizioni nell'offerta e nell'esecuzione dei contratti di assicurazione dei rami danni, tenendo in considerazione le particolari caratteristiche delle varie tipologie di rischio (8).

184. *Misure cautelari ed interdittive*. — 1. Avuto riguardo all'obiettivo di protezione degli assicurati, l'IVASS sospende in via cautelare,

(1) La parola «documentazione» è stata così sostituita alla precedente «nota» dall'art. 1.28, lett. a, d.lg. 21 maggio 2018, n. 68. In base all'art. 4.7, d.lg. cit., tali disposizioni «trovano applicazione dal 1° ottobre 2018».

(2) La parola «IVASS» è stata così sostituita alla precedente «ISVAP» dall'art. 1.213, d.lg. 12 maggio 2015, n. 74.

(3) Le parole «Nell'esecuzione» sono state così sostituite alle precedenti «Nell'offerta e nell'esecuzione» dall'art. 1.29, lett. a, d.lg. 21 maggio 2018, n. 68.

(4) Le parole «e gli intermediari» sono state soppresse dall'art. 1.29, lett. a, d.lg. 21 maggio 2018, n. 68.

(5) Lettera abrogata dall'art. 1.29, lett. b, d.lg. 21 maggio 2018, n. 68. In base all'art. 4.7, d.lg. cit., tali disposizioni «trovano applicazione dal 1° ottobre 2018».

(6) V. provv. ISVAP 16 ottobre 2006, n. 5, in suppl. ord. n. 200 a G.U., 23 ottobre 2006, n. 247, e relativi allegati, come modificato con provv. ISVAP 17 dicembre 2008, n. 2664, in G.U., 30 dicembre 2008, n. 303, provv. ISVAP 2 luglio 2009, n. 2720, in suppl. ord. n. 130 a G.U., 27 luglio 2009, n. 172, provv. ISVAP 22 ottobre 2013, n. 9, in G.U., 7 novembre 2013, n. 261, provv. ISVAP 3 dicembre 2013, n. 12, in G.U., 10 dicembre 2013, n. 289, e provv. ISVAP 14 marzo 2017, n. 58, in G.U., 31 marzo 2017, n. 76; reg. ISVAP 26 maggio 2010, n. 35, in suppl. ord. n. 123 a G.U., 9 giugno 2010, n. 132, come modificato con provv. ISVAP 25 febbraio 2011, n. 2880, in G.U., 11 marzo 2011, n. 58.

(7) Sulla promozione e il collocamento a distanza v. provv. IVASS 22 dicembre 2015, n. 41, in G.U., 5 gennaio 2015, n. 3.

(8) Per le disposizioni in materia di promozione e collocamento a distanza di contratti di assicurazione v. reg. ISVAP 19 marzo 2010, n. 34, in G.U., 2 aprile 2010, n. 77, come modificato e integrato con provv. ISVAP 9 giugno 2010, n. 2805, in G.U., 21 giugno 2010, n. 142, e con provv. IVASS 22 dicembre 2015, n. 41, in G.U., 5 gennaio 2016, n. 3.

per un periodo non superiore a novanta giorni, la commercializzazione del prodotto in caso di fondato sospetto di violazione delle disposizioni del presente titolo o delle relative norme di attuazione, nonché delle disposizioni in materia di requisiti di Governo e controllo del prodotto di cui agli artt. 30-*decies*, 121-*bis* e 121-*ter* (1).

2. L'IVASS (2) vieta la commercializzazione in caso di accertata violazione delle disposizioni indicate al comma 1 e dispone, a cura e spese dell'impresa o del distributore(3) interessato, la diffusione al pubblico, mediante le forme più utili alla generale conoscibilità, dei provvedimenti adottati.

CAPO II

Obblighi di informazione

185. *Documentazione informativa*. — 1. Le imprese di assicurazione e gli intermediari che realizzano prodotti assicurativi da vendere ai clienti redigono i seguenti documenti:

a) il documento informativo precontrattuale per i prodotti assicurativi danni di cui all'art. 185-*bis*, redatto in conformità a quanto stabilito dal regolamento di esecuzione (UE) 2017/1469 dell'11 agosto 2017 (DIP);

b) il documento informativo precontrattuale per i prodotti assicurativi vita di cui all'articolo 185-ter, diversi da quelli indicati alla lett. c) (DIP - Vita);

c) il documento informativo per i prodotti di investimento redatto in conformità a quanto stabilito dal reg. (UE) n. 1286/2014 del 26 novembre 2014 e relative norme di attuazione (KID).

2. Le imprese di assicurazione e gli intermediari che realizzano prodotti assicurativi redigono altresì il documento informativo precontrattuale aggiuntivo.

3. Fatto salvo quanto previsto dal t.u. dell'intermediazione finanziaria e dalle relative disposizioni di attuazione in materia di informativa precontrattuale, il documento informativo precontrattuale aggiuntivo di cui al comma 2 contiene le informazioni, diverse da quelle pubblicitarie o promozionali, integrative e complementari rispetto a quelle contenute nei documenti di cui al comma 1 che, tenendo conto della complessità e delle caratteristiche del prodotto, del tipo del cliente e delle caratteristiche dell'impresa di assicurazione, sono necessarie affinché il cliente possa pervenire ad una decisione informata su diritti e obblighi contrattuali e, ove opportuno, sulla situazione patrimoniale dell'impresa. Il documento informativo precontrattuale aggiuntivo contiene il riferimento alla relazione sulla solvibilità e sulla condizione finanziaria dell'impresa di cui all'art. 47-*septies*. Il documento informativo precontrattuale aggiuntivo indica la procedura da seguire in caso di reclamo, l'organismo o l'autorità eventualmente competente e la legge applicabile.

4. L'IVASS, con regolamento, disciplina il contenuto, lo schema e le istruzioni di compilazione del documento informativo precontrattuale aggiuntivo.

5. L'IVASS determina con regolamento le informazioni che devono essere comunicate al contraente di un'assicurazione sulla vita per tutto il periodo di durata del contratto (4).

185-*bis*. *Documento informativo precontrattuale per i prodotti assicurativi danni*. — 1. Il documento informativo standardizzato per i prodotti assicurativi danni di cui all'articolo 185, comma 1, lettera a), ha le seguenti caratteristiche:

a) è un documento sintetico e autonomo;

b) è presentato e strutturato in modo tale da essere chiaro e di facile lettura e ha caratteri di dimensione leggibile;

c) non è meno comprensibile nel caso in cui, prodotto originariamente a colori, sia stampato o fotocopiato in bianco e nero;

d) è redatto in lingua italiana o in altra lingua concordata dalle parti;

e) è preciso e non fuorviante;

f) contiene il titolo «documento informativo relativo al prodotto assicurativo» nella parte in alto della prima pagina;

g) contiene la dichiarazione in base alla quale le informazioni precontrattuali e contrat-

(1) Comma così sostituito dall'art. 1.30, lett. a, d.lg. 21 maggio 2018, n. 68. In base all'art. 4.7, d.lg. cit., tali disposizioni «trovano applicazione dal 1° ottobre 2018».

(2) La parola «IVASS» è stata così sostituita alla precedente «ISVAP» dall'art. 1.213, d.lg. 12 maggio 2015, n. 74.

(3) Le parole «del distributore» sono state così sostituite alle precedenti «dell'intermediario» dall'art. 1.30, lett. b, d.lg. 21 maggio 2018, n. 68. In base all'art. 4.7, d.lg. cit., tali disposizioni «trovano applicazione dal 1° ottobre 2018».

(4) Gli attuali artt. 185, 185-*bis* e 185-*ter* sono stati così sostituiti all'originario art. 185 dall'art. 1.31, d.lg. 21 maggio 2018, n. 68. In base all'art. 4.7, d.lg. cit., tali disposizioni «trovano applicazione dal 1° ottobre 2018».

tuali complete sono fornite in altri documenti.

2. Il documento informativo standardizzato di cui al comma 1 contiene:

a) le informazioni sul tipo di assicurazione;

b) una sintesi della copertura assicurativa, compresi i principali rischi assicurati, la somma assicurata e, ove del caso, l'ambito geografico e una sintesi dei rischi esclusi;

c) le modalità e la durata di pagamento dei premi;

d) le principali esclusioni per le quali non è possibile presentare una richiesta di risarcimento;

e) gli obblighi all'inizio del contratto;

f) gli obblighi nel corso della durata del contratto;

g) gli obblighi in caso di presentazione di una richiesta di risarcimento;

h) le condizioni del contratto, inclusa la data di inizio e di fine del periodo di copertura;

i) le modalità di risoluzione del contratto (1).

185-*ter*. *Documento informativo precontrattuale per i prodotti assicurativi vita*. — 1. Il documento informativo precontrattuale per i prodotti assicurativi vita di cui all'art. 185, comma 1, lett. *b*), ha le seguenti caratteristiche:

a) è un documento sintetico e autonomo;

b) è presentato e strutturato in modo da contenere informazioni accurate, corrette, chiare, non fuorvianti e coerenti con la documentazione del prodotto assicurativo cui si riferisce;

c) non è meno comprensibile nel caso in cui, prodotto originariamente a colori, sia stampato o fotocopiato in bianco e nero;

d) è redatto in lingua italiana o in altra lingua concordata dalle parti;

e) contiene il titolo «documento informativo relativo al prodotto assicurativo» nella parte in alto della prima pagina;

f) contiene la dichiarazione in base alla quale le informazioni precontrattuali e contrattuali complete sono fornite in altri documenti.

2. Il documento informativo standardizzato di cui al comma 1 contiene:

a) le informazioni sul tipo di assicurazione;

b) una sintesi della copertura assicurativa, compresi i rischi assicurati, la somma assicurata e gli eventuali rischi esclusi;

c) le modalità e la durata di pagamento dei premi;

d) i casi di esclusione della garanzia, ove presenti, per i quali non è possibile presentare una richiesta di risarcimento;

e) gli obblighi all'inizio del contratto;

f) gli obblighi nel corso della durata del contratto;

g) la documentazione da presentare nel caso di sinistro;

h) le condizioni del contratto, inclusa la data di inizio e di fine del periodo di copertura;

i) le modalità di risoluzione del contratto.

3. Il documento informativo di cui al comma 1 è redatto secondo il formato standardizzato come definito dall'IVASS con regolamento.

4. L'IVASS, con regolamento può stabilire le modalità specifiche di redazione del documento di cui al comma 1 nel caso di contratti di assicurazione con garanzie multirischio che, nel rispetto delle disposizioni dell'Unione europea direttamente applicabili, garantiscano che il cliente possa pervenire ad una decisione informata (1).

186. *Interpello sul documento informativo precontrattuale aggiuntivo*. — 1. Fatto salvo quanto previsto dal t.u. dell'intermediazione finanziaria (2) e dalle relative disposizioni di attuazione in materia di informativa precontrattuale, l'impresa può trasmettere preventivamente all'IVASS il documento informativo precontrattuale aggiuntivo, unitamente alle condizioni di contratto, allo scopo di richiedere un accertamento sulla corretta applicazione degli obblighi di informazione previsti dalle disposizioni del presente capo, fermo restando che la valutazione dell'IVASS non può essere utilizzata, a fini promozionali, nei rapporti con gli assicurati.

2. L'IVASS provvede a rendere nota all'impresa la sua valutazione entro sessanta giorni dal ricevimento della documentazione, esauriente e completa, relativa al contratto. Decorso tale termine senza che l'IVASS si sia pronunciato con un giudizio negativo o con un giudizio con rilievi ai sensi del comma 3, il documento informativo precontrattuale aggiuntivo si intende conforme agli obblighi di informazione. L'IVASS può disporre la revoca, previa notifica all'impresa interessata, qualora vengano meno i presupposti dell'accertamento ovvero se l'impresa abusa del provvedimento richiesto. L'IVASS indica all'impresa le eventuali integrazioni al documento informativo precontrattuale aggiuntivo.

3. Nel periodo occorrente all'istruttoria e sino

(1) Gli attuali artt. 185, 185-*bis* e 185-*ter* sono stati così sostituiti all'originario art. 185 dall'art. 1.31, d.lg. 21 maggio 2018, n. 68. In base all'art. 4.7, d.lg. cit., tali disposizioni «trovano applicazione dal 1° ottobre 2018».

(2) In *Leggi coll. XVIII, 1.*

al provvedimento dell'IVASS l'impresa non procede alla commercializzazione del prodotto.

4. L'IVASS stabilisce, con regolamento, le disposizioni per la comunicazione del documento informativo precontrattuale aggiuntivo, le modalità da osservare, prima della pubblicazione del documento stesso, per diffondere notizie o per svolgere indagini di mercato o per raccogliere intenzioni di sottoscrizione del contratto e per lo svolgimento della commercializzazione (1).

187. *Integrazione del documento informativo precontrattuale aggiuntivo.* — 1. Fatto salvo quanto previsto dal t.u. della Finanza (2) e dalle relative disposizioni di attuazione in materia di informativa precontrattuale, l'IVASS, ferme restando le disposizioni del presente capo, può chiedere all'impresa di apportare modifiche al documento informativo precontrattuale aggiuntivo utilizzato, quando occorre fornire informazioni ulteriori e necessarie per la protezione degli assicurati (3).

187-*bis*. *Modalità di esercizio dei poteri di vigilanza.* — 1. I poteri di vigilanza sono esercitati in modo tempestivo e proporzionato (4).

CAPO II-*bis*

CONTROVERSIE (5)

187-*ter*. *Sistemi di risoluzione stragiudiziale delle controversie.* — 1. Fermo restando quanto previsto dall'art. 32-*ter* del d.lg. 24 febbraio 1998, n. 58 (2), i soggetti di cui all'art. 6, commi 1, lett. *a*) e *d*) nonché gli intermediari assicurativi a titolo accessorio, aderiscono ai sistemi di risoluzione stragiudiziale delle controversie con la clientela relative alle prestazioni e ai servizi assicurativi derivanti da tutti i contratti di assicurazione, senza alcuna esclusione.

2. Con decreto del Ministro dello sviluppo economico, di concerto con il Ministro della giustizia, su proposta dell'IVASS, sono determinati, nel rispetto dei principi, delle procedure e dei requisiti di cui alla parte V, titolo II-*bis* del d.lg. 6 settembre 2005, n. 206 (6), i criteri di svolgimento delle procedure di risoluzione delle controversie di cui al comma 1, i criteri di composizione dell'organo decidente, in modo che risulti assicurata l'imparzialità dello stesso e la rappresentatività dei soggetti interessati, nonché la natura delle controversie, relative alle prestazioni e ai servizi assicurativi derivanti da un contratto di assicurazione, trattate dai sistemi di cui al presente articolo. Le procedure devono in ogni caso assicurare la rapidità, l'economicità e l'effettività della tutela.

3. Fermo restando quanto previsto dall'art. 5, comma 1-*bis*, del d.lg. 4 marzo 2010, n. 28, le disposizioni di cui ai commi da 1 a 3 non pregiudicano il ricorso ad ogni altro strumento di tutela previsto dall'ordinamento.

4. Alla copertura delle relative spese di funzionamento, si provvede, senza nuovi o maggiori oneri per la finanza pubblica, con le risorse di cui agli artt. 335 e 336 del presente Codice.

TITOLO XIV

Vigilanza sulle imprese e sugli intermediari

.... (*omissis*).

TITOLO XV

Vigilanza sul gruppo (7)

CAPO I

VIGILANZA SUL GRUPPO (8) (9)

210. *Vigilanza sul gruppo.* — 1. La vigilanza a

(1) Articolo così sostituito dall'art. 1.32, d.lg. 21 maggio 2018, n. 68. In base all'art. 4.7, d.lg. cit., tali disposizioni «trovano applicazione dal 1° ottobre 2018».
(2) In *Leggi coll. XVIII, 1.*
(3) Articolo così sostituito dall'art. 1.33, d.lg. 21 maggio 2018, n. 68. In base all'art. 4.7, d.lg. cit., tali disposizioni «trovano applicazione dal 1° ottobre 2018».
(4) Articolo inserito dall'art. 1.114, d.lg. 12 maggio 2015, n. 74.
(5) Capo inserito dall'art. 1.34, d.lg. 21 maggio 2018, n. 68. In base all'art. 4.7, d.lg. cit., tali disposizioni «trovano applicazione dal 1° ottobre 2018».
(6) In *Leggi coll. XI, 6.*
(7) Rubrica così sostituita alla precedente «Vigilanza supplementare sulle imprese di assicurazione» dall'art. 1.145, d.lg. 12 maggio 2015, n. 74. Per il regolamento concernente la vigilanza sul gruppo nonché il recepimento delle linee guida emanate da EIOPA sulla metodologia della valutazione dell'equivalenza da parte delle autorità nazionali di vigilanza ai sensi della direttiva Solvency II, v. provv. IVASS 1° giugno 2016, n. 22, in suppl. ord. n. 23 a G.U., 27 giugno 2016, n. 148. Per disposizioni in materia di sistema di governo societario v. provv. IVASS 3 luglio 2018, n. 38, in G.U., 21 luglio 2018, n. 168.
(8) Rubrica così sostituita alla precedente «Disposizioni generali» dall'art. 1.146, d.lg. 12 maggio 2015, n. 74.
(9) Sul regolamento concernente il calcolo della solvibilità di gruppo di cui al titolo XV (*Vigilanza sul gruppo*),

livello di gruppo si applica, in base a quanto previsto dal presente Titolo e secondo le disposizioni stabilite da IVASS con regolamento:

a) alle imprese di assicurazione o di riassicurazione con sede legale nel territorio della Repubblica che siano controllanti o partecipanti in almeno un'impresa di assicurazione o di riassicurazione, o in un'impresa di assicurazione o di riassicurazione avente sede legale in uno Stato terzo;

b) alle imprese di assicurazione o di riassicurazione con sede legale nel territorio della Repubblica che siano controllate da una società di partecipazione assicurativa o da una società di partecipazione finanziaria mista con sede nel territorio della Repubblica o in un altro Stato membro;

c) alle imprese di assicurazione o di riassicurazione con sede legale nel territorio della Repubblica che siano controllate da una società di partecipazione assicurativa, una società di partecipazione finanziaria mista o da un'impresa di assicurazione o di riassicurazione aventi sede legale in uno Stato terzo;

d) alle imprese di assicurazione o di riassicurazione con sede legale nel territorio della Repubblica che siano controllate da una società di partecipazione assicurativa mista;

e) alle imprese di assicurazione o di riassicurazione con sede legale nel territorio della Repubblica che controllano una società strumentale;

f) alle imprese di assicurazione o di riassicurazione con sede legale nel territorio della Repubblica soggette a direzione unitaria ai sensi dell'art. 96.

2. Fatto salvo quanto previsto dai Capi IV-*bis* e IV-*ter*, l'IVASS esercita la vigilanza sul gruppo a livello dell'ultima società controllante italiana, ovvero l'impresa di assicurazione o di riassicurazione, la società di partecipazione assicurativa o di partecipazione finanziaria mista con sede nel territorio della Repubblica che, nell'ambito del gruppo, non è a sua volta controllata da una impresa di assicurazione o di riassicurazione, da una società di partecipazione assicurativa o da una società di partecipazione finanziaria mista con sede nel territorio della Repubblica.

3. Fatto salvo quanto previsto dall'art. 220-*octies*, comma 4, nel caso in cui non sussiste un'ultima società controllante italiana ai sensi del comma 2, l'IVASS determina le modalità applicative della vigilanza sul gruppo, inclusa l'individuazione della società responsabile degli adempimenti di cui al presente codice in luogo della ultima società controllante italiana.

4. Fatto salvo quanto previsto dal presente Titolo, le disposizioni in materia di vigilanza sulle imprese di assicurazione o di riassicurazione del presente codice continuano ad applicarsi alle stesse.

5. Ai fini del presente Titolo, le sedi secondarie nel territorio della Repubblica di imprese di assicurazione o riassicurazione con sede in uno Stato terzo sono considerate alla stregua di imprese di assicurazione o riassicurazione italiane (1).

210-*bis*. *Altre disposizioni applicabili*. — 1. L'IVASS può individuare, con provvedimenti di carattere generale o specifici, i casi in cui una o più disposizioni adottate ai sensi del presente Titolo, in particolare relative alla concentrazione dei rischi e alle operazioni infragruppo, non si applicano qualora l'ultima società controllante di cui all'art. 210, comma 2, sia una impresa di assicurazione o riassicurazione, una società di partecipazione assicurativa o una società di partecipazione finanziaria mista soggetta alla vigilanza a livello di conglomerato finanziario ai sensi del d.lg. 30 maggio 2005, n. 142.

2. L'IVASS può individuare, con provvedimenti di carattere generale o specifici, i casi in cui una o più disposizioni adottate ai sensi del presente Titolo non si applicano alla società di partecipazione finanziaria mista in quanto soggetta a disposizioni di vigilanza equivalenti, in particolare in termini di vigilanza basata sul rischio.

3. L'IVASS, in qualità di autorità di vigilanza sul gruppo, informa l'ABE e l'AEAP, delle decisioni adottate a norma dei commi 1 e 2.

4. Fatto salvo quanto previsto dal comma 1, le disposizioni di cui agli artt. 210-*ter*, comma 7, 212-*bis*, comma 1, lett. *c*), si applicano alla società di partecipazione finanziaria mista, qualora il settore di maggiori dimensioni all'interno del conglomerato finanziario sia quello assicurativo, determinato ai sensi del d.lg. 30 maggio 2005, n. 142. I provvedimenti di cui agli artt. 79, comma 3-*bis*, e 81, commi 2 e 3, l'approvazione di cui all'art. 196, l'autorizzazione di cui all'art. 68 e la decadenza di cui all'art. 76

capo I (*Vigilanza sul gruppo*) e capo III (*Strumenti di vigilanza sul gruppo*) del d.lg. 7 settembre 2005, n. 209 – *Decreto delle assicurazioni private* – conseguente all'implementazione nazionale degli articoli da 220 a 233 della dir. 2009/138/CE (cd. Solvency II) e delle Linee Guida EIOPA sui requisiti finanziari del regime Solvency II (requisiti di 1° pilastro), v. provv. IVASS 19 gennaio 2016, n. 17, in G.U., 30 gennaio 2016, n. 24.

(1) Articolo così sostituito, da ultimo, dall'art. 1.147, d.lg. 12 maggio 2015, n. 74.

sono adottati dall'IVASS d'intesa con Banca d'Italia.

5. I provvedimenti previsti dal titolo XVI, Capo I, II, IV e VII, nonché le misure di cui all'art. 220-*novies*, nei confronti della società di partecipazione finanziaria mista sono adottati o proposti dall'IVASS d'intesa con Banca d'Italia (1).

210-*ter*. *Albo delle società capogruppo*. — 1. L'ultima società controllante italiana, di cui all'art. 210, comma 2, è iscritta in un apposito albo delle società capogruppo italiane tenuto dall'IVASS.

2. La società capogruppo comunica all'IVASS l'elenco delle imprese di assicurazione o riassicurazione e le società strumentali, le società di partecipazione assicurativa e le società di partecipazione finanziaria mista controllate intermedie.

3. La società capogruppo comunica all'IVASS l'elenco delle imprese di assicurazione o riassicurazione e delle società strumentali partecipate, degli enti creditizi, delle imprese d'investimento e degli enti finanziari partecipati o controllati e delle altre società controllate e partecipate.

4. Le società di cui al comma 2 sono iscritte dall'IVASS nell'albo delle società capogruppo.

5. L'IVASS può procedere d'ufficio all'accertamento dell'esistenza del rapporto di controllo di cui al comma 2 e procedere all'iscrizione all'albo della società capogruppo.

6. La struttura del gruppo deve essere tale da assicurare la sana e prudente gestione del gruppo e non ostacolare l'esercizio dei poteri di vigilanza. Fatto salvo quanto previsto dall'art. 79, nel caso in cui per effetto di una acquisizione la struttura del gruppo non soddisfa i requisiti di cui al presente comma, l'IVASS può esercitare i poteri di cui agli artt. 79, comma 3-*bis*, e 81.

7. L'IVASS accerta che lo statuto della società capogruppo non contrasti con la sana e prudente gestione del gruppo.

8. All'ultima società controllante italiana di cui all'art. 210, comma 2, si applicano le disposizioni di cui al Titolo VII, Capo I e III.

9. Le società di cui ai commi 1 e 2 indicano negli atti e nella corrispondenza l'iscrizione nell'albo.

10. L'IVASS determina, con regolamento, gli adempimenti connessi alla tenuta e all'aggiornamento dell'albo (2).

210-*quater*. *Esclusione dall'area di vigilanza sul gruppo*. — 1. Fatto salvo quanto previsto dall'art. 216-*sexies*, comma 1, lett. *f*), l'IVASS può escludere dall'area della vigilanza di gruppo di cui all'art. 210 la società con sede legale in uno Stato terzo in cui sussistano ostacoli giuridici al trasferimento delle informazioni necessarie.

2. L'IVASS può escludere una società del gruppo dall'area della vigilanza di gruppo quando presenta un interesse trascurabile rispetto alle finalità della vigilanza sul gruppo oppure quando è inopportuno o fuorviante considerare tale società rispetto a detti obiettivi.

3. Le società dello stesso gruppo, che considerate individualmente potrebbero essere escluse ai sensi del comma 2, in quanto presentano un interesse trascurabile rispetto agli obiettivi della vigilanza di gruppo, devono essere comunque incluse se, collettivamente considerate, presentano un interesse non trascurabile.

4. Ai fini dell'esclusione di un'impresa di assicurazione o di riassicurazione ai sensi del comma 2, l'IVASS consulta le altre autorità di vigilanza interessate prima di adottare una decisione.

5. Nel caso in cui un'impresa di assicurazione o riassicurazione sia stata esclusa dalla vigilanza sul gruppo ai sensi del comma 2, l'autorità di vigilanza dello Stato membro in cui tale impresa è situata può chiedere all'ultima società controllante di cui all'art. 210, comma 2, di fornire informazioni che possano facilitare la vigilanza dell'impresa interessata (2).

211. .... (3).

CAPO II

POTERI DELL'IVASS (4)

212. .... (3).

212-*bis*. *Poteri dell'IVASS*. — 1. Con riferimento alla vigilanza sul gruppo, l'IVASS esercita le seguenti funzioni:

a) effettua, secondo le modalità di cui all'art. 47-*quinquies* il processo di revisione e va-

(1) Articolo inserito dall'art. 3.12, d.lg. 4 marzo 2014, n. 53, e successivamente così sostituito, da ultimo, dall'art. 1.148, d.lg. 12 maggio 2015, n. 74.
(2) Articolo inserito dall'art. 1.149, d.lg. 12 maggio 2015, n. 74.
(3) Articolo abrogato dall'art. 1.150, d.lg. 12 maggio 2015, n. 74.
(4) Capo così sostituito dall'art. 1.151, d.lg. 12 maggio 2015, n. 74.

lutazione prudenziale di cui all'art. 216-*decies* e valuta la situazione finanziaria del gruppo;

b) valuta l'osservanza da parte del gruppo delle disposizioni in materia di solvibilità, di concentrazione dei rischi e di operazioni infragruppo;

c) valuta il sistema di governo societario del gruppo ed il possesso dei requisiti di cui all'art. 76 da parte dei soggetti che svolgono funzioni di amministrazione, di direzione e di controllo nelle società controllanti di cui all'art. 210, comma 2, e dei soggetti in esse responsabili delle funzioni fondamentali.

213. *Vigilanza informativa*. — 1. Le persone fisiche e giuridiche che rientrano nell'ambito della vigilanza sul gruppo, le loro società partecipate o controllate e le loro società partecipanti o controllanti scambiano informazioni pertinenti ai fini della vigilanza sul gruppo.

2. L'ultima società controllante italiana di cui all'art. 210, comma 2, trasmette all'IVASS con le modalità e i termini stabiliti con regolamento, i dati e le informazioni utili all'esercizio della vigilanza sul gruppo (1).

3. L'IVASS ha accesso alle informazioni pertinenti ai fini della vigilanza sul gruppo, indipendentemente dalla natura della società interessata. Si applicano le disposizioni di cui agli artt. 189, comma 1, 190, comma 1.

4. L'IVASS può rivolgersi direttamente alle società del gruppo, anche avvalendosi della collaborazione dell'Autorità di vigilanza dello Stato in cui ha sede la società interessata, per ottenere le informazioni necessarie soltanto se dette informazioni sono state richieste all'ultima società controllante di cui all'art. 210, comma 2, e la società non le ha trasmesse entro un termine ragionevole.

214. *Vigilanza ispettiva*. — 1. Ai fini della verifica dei dati e delle informazioni relative alla vigilanza sul gruppo di cui al presente Titolo l'IVASS può effettuare ispezioni direttamente o tramite soggetti incaricati, presso le società del gruppo.

2. Gli accertamenti ispettivi nei confronti di società diverse da quelle di assicurazione e riassicurazione sono limitati alla verifica dell'esattezza dei dati e delle informazioni utili per l'esercizio della vigilanza sul gruppo.

3. Se, in casi specifici, l'IVASS intende verificare le informazioni relative ad una società appartenente ad un gruppo e avente sede in un altro Stato membro, chiede alle autorità di vigilanza dell'altro Stato membro di effettuare detta verifica. Le autorità che ricevono la richiesta vi danno seguito nell'ambito delle loro competenze, procedendo direttamente alla verifica o consentendo all'IVASS di effettuarla. L'IVASS, nel caso in cui non proceda direttamente alla verifica delle informazioni, può chiedere all'Autorità di vigilanza dell'altro Stato membro di prendere parte all'attività ispettiva. L'IVASS è informata delle misure adottate.

4. Qualora nei casi di cui al comma 3 l'IVASS abbia richiesto ad un'altra autorità di vigilanza di effettuare una verifica e a tale richiesta non sia stato dato seguito entro due settimane o se non possa di fatto esercitare il diritto di partecipare all'attività ispettiva, l'IVASS può rinviare la questione all'AEAP e richiederne l'assistenza conformemente all'art. 19 del reg. (UE) n. 1094/2010.

5. Nei confronti delle società controllate di cui all'art. 210-*ter*, comma 2, e dei titolari di partecipazioni nelle medesime società, sono attribuiti all'IVASS i poteri previsti dall'art. 71.

214-*bis*. *Potere di indirizzo*. — 1. L'IVASS, al fine di assicurare una sana e prudente gestione del gruppo ed evitare ostacoli all'esercizio dei poteri di vigilanza, può impartire all'ultima società controllante di cui all'art. 210, comma 2, con regolamento o con provvedimenti di carattere particolare, disposizioni concernenti le società di cui all'art. 210-*ter*, comma 2, individualmente o complessivamente considerate, aventi ad oggetto il rispetto delle disposizioni relative al sistema di governo societario, all'adeguatezza patrimoniale, al contenimento del rischio nelle sue configurazioni, alle partecipazioni detenibili, all'informativa da rendere al pubblico sulle materie di cui al presente comma.

2. La società controllante adotta i provvedimenti di attuazione delle disposizioni impartite dall'IVASS e ne fa osservare l'applicazione nei confronti delle società di cui al comma 1, informandone periodicamente l'IVASS.

3. Gli amministratori delle società di cui al comma 1 sono tenuti a fornire alla società controllante la necessaria collaborazione per il rispetto delle norme sulla vigilanza assicurativa.

214-*ter*. *Valutazione regime di equivalenza di Stati terzi*. — 1. Le valutazioni di equivalenza di cui agli art. 216-*sexies*, comma 1, lett. *e*), e 220-*septies*, comma 1, sono effettuate dall'IVASS in conformità e nei limiti previsti dalle disposizioni dell'Unione europea.

(1) Per il regolamento concernente disposizioni in materia di vigilanza sulle operazioni infragruppo e sulle concentrazioni di rischi v. provv. IVASS 26 ottobre 2016, n. 30, in G.U., 11 novembre 2016, n. 264.

CAPO III

STRUMENTI DI VIGILANZA SUL GRUPPO (1) (2)

215. .... (3).

215-*bis*. *Sistema di governo societario di gruppo*. — 1. Il gruppo si dota di un sistema di governo societario coerente con le disposizioni di cui al Titolo III, Capo I, Sezione II, e con le relative disposizioni di attuazione dettate dall'IVASS con regolamento.

2. L'ultima società controllante italiana di cui all'art. 210, comma 2, è responsabile dell'attuazione delle disposizioni in materia di sistema di governo societario di gruppo. Resta impregiudicata la responsabilità del consiglio di amministrazione di ciascuna impresa di assicurazione o riassicurazione del gruppo relativamente al rispetto delle disposizioni di cui al Titolo III, Capo I, Sezione II.

3. I meccanismi di controllo interno del gruppo includono almeno:

a) meccanismi adeguati in materia di solvibilità di gruppo che consentano di individuare e misurare tutti i rischi sostanziali incorsi e determinare un livello di fondi propri ammissibili adeguato ai rischi;

b) valide procedure di segnalazione e contabili che consentano di sorvegliare e di gestire le operazioni infragruppo e la concentrazione di rischi;

c) la costituzione di una funzione per la produzione dei dati e delle informazioni utili ai fini dell'esercizio della vigilanza sul gruppo.

4. Le disposizioni di cui al comma 3 si applicano alle società del gruppo in modo coerente (4).

215-*ter*. *Valutazione interna del rischio e della solvibilità del gruppo*. — 1. L'ultima società controllante italiana di cui all'art. 210, comma 2, procede alla valutazione richiesta dall'art. 30-*ter* a livello di gruppo.

2. Qualora il calcolo della solvibilità a livello di gruppo sia effettuato conformemente al metodo del bilancio consolidato di cui agli artt. 216-*ter*, comma 2, e 216-*quinquies*, l'ultima società controllante italiana fornisce all'IVASS un'analisi adeguata della differenza tra la somma dei requisiti patrimoniali di solvibilità di tutte le imprese di assicurazione o di riassicurazione partecipate o controllate del gruppo e il requisito patrimoniale consolidato di solvibilità di gruppo.

3. L'ultima società controllante italiana può, con il parere favorevole dell'IVASS, procedere a tutte le valutazioni di cui all'art. 30-*ter* a livello del gruppo e a livello di ogni impresa di assicurazione o di riassicurazione controllata del gruppo allo stesso tempo, e può redigere un documento unico avente ad oggetto tutte le valutazioni.

4. Ai fini dell'esercizio della facoltà di cui al comma 3, l'IVASS consulta i membri del collegio delle autorità di vigilanza e tiene in debito conto i pareri e le riserve da loro espressi.

5. In caso di valutazione effettuata ai sensi del comma 3, l'ultima società controllante italiana presenta contestualmente il documento a tutte le autorità di vigilanza interessate.

215-*quater*. *Vigilanza sulla concentrazione di rischi*. — 1. Le concentrazioni dei rischi a livello di gruppo sono oggetto di vigilanza da parte dell'IVASS al fine di accertare che tali concentrazioni non producano effetti negativi sulla solvibilità del gruppo o possano arrecare pregiudizio agli interessi degli assicurati e degli altri aventi diritto a prestazioni assicurative o agli interessi delle imprese coinvolte.

2. L'IVASS individua con regolamento, avuto riguardo alla significatività delle concentrazioni in relazione ai requisiti del capitale di solvibilità, alle riserve tecniche o entrambi, le concentrazioni di rischi da assoggettare a comunicazione a intervalli regolari e almeno una

(1) Capo così sostituito dall'art. 1.153, d.lg. 12 maggio 2015, n. 74.

(2) Sul regolamento concernente il calcolo della solvibilità di gruppo di cui al titolo XV (*Vigilanza sul gruppo*), capo I (*Vigilanza sul gruppo*) e capo III (*Strumenti di vigilanza sul gruppo*) del d.lg. 7 settembre 2005, n. 209 – *Decreto delle assicurazioni private* – conseguente all'implementazione nazionale degli articoli da 220 a 233 della dir. 2009/138/CE (cd. Solvency II) e delle Linee Guida EIOPA sui requisiti finanziari del regime Solvency II (requisiti di 1° pilastro), v. provv. IVASS 19 gennaio 2016, n. 17, in G.U., 30 gennaio 2016, n. 24. Per disposizioni in materia di sistema di governo societario v. provv. IVASS 3 luglio 2018, n. 38, in G.U., 21 luglio 2018, n. 168. Per disposizioni in materia di informativa, pubblicità e realizzazione dei prodotti assicurativi v. provv. IVASS 2 agosto 2018, n. 41, in G.U., 19 settembre 2018, n. 218.

(3) Articolo abrogato dall'art. 1.152, d.lg. 12 maggio 2015, n. 74.

(4) Per disposizioni in materia di sistema di governo societario v. provv. IVASS 3 luglio 2018, n. 38, in G.U., 21 luglio 2018, n. 168. Per il regolamento recante disposizioni attuative volte a prevenire l'utilizzo delle imprese di assicurazione e degli intermediari assicurativi a fini di riciclaggio e di finanziamento del terrorismo in materia di organizzazione, procedure e controlli interni e di adeguata verifica della clientela v. provv. IVASS 12 febbraio 2019, n. 44, in G.U., 26 febbraio 2019, n. 48.

volta all'anno, fissando, altresì, le modalità e i termini per le comunicazioni stesse. L'IVASS esamina le concentrazioni dei rischi con particolare riferimento al possibile rischio di contagio nel gruppo, al rischio di conflitto di interessi e al livello o al volume dei rischi (1).

3. L'IVASS, previa consultazione delle altre autorità di vigilanza interessate e del gruppo, identifica inoltre, il tipo di concentrazione di rischi che l'ultima società controllante italiana di cui all'art. 210, comma 2, di un determinato gruppo deve segnalare in ogni circostanza. Nel definire il tipo di concentrazione di rischi e la soglia di significatività rilevante, l'IVASS e le altre autorità di vigilanza interessate tengono conto delle società appartenenti a tale gruppo e della sua struttura di gestione dei rischi.

4. L'ultima società controllante italiana di cui all'art. 210, comma 2, instaura, nell'ambito del sistema di governo societario di gruppo, adeguati meccanismi di segnalazione e contabili, ai sensi dell'art. 215-*bis*, comma 3, lett. *b*), per consentire l'accertamento, la quantificazione, il monitoraggio e il controllo sulle concentrazioni dei rischi, nonché la tempestiva comunicazione delle informazioni rilevanti alla società di cui al presente comma. L'IVASS verifica l'idoneità delle procedure e dispone prescrizioni generali in merito.

5. L'ultima società controllante italiana di cui all'art. 210, comma 2, segnala all'IVASS, ogni significativa concentrazione di rischi a livello del gruppo. Nel caso in cui l'ultima società controllante non è un'impresa di assicurazione o di riassicurazione, l'IVASS designa, previa consultazione delle altre autorità di vigilanza interessate e del gruppo, la società di partecipazione assicurativa, la società di partecipazione finanziaria mista o l'impresa di assicurazione o di riassicurazione del gruppo incaricata di trasmettere le informazioni di cui al presente comma.

215-*quinquies*. *Operazioni infragruppo*. — 1. Le imprese di assicurazione e di riassicurazione italiane sono soggette alla vigilanza dell'IVASS sulle operazioni infragruppo, anche realizzate con l'impresa di partecipazione assicurativa mista.

2. Le imprese di assicurazione e di riassicurazione si dotano, nell'ambito del sistema di governo societario, di adeguati meccanismi di segnalazione e contabili, per consentire l'accertamento, la quantificazione, il monitoraggio e il controllo delle operazioni di cui al comma 1, secondo le indicazioni eventualmente fornite dall'ultima società controllante italiana di cui all'art. 210, comma 2. L'IVASS verifica l'idoneità delle procedure e dispone prescrizioni generali in merito (1).

3. L'IVASS esercita la vigilanza sulle operazioni di cui al comma 1 al fine di accertare che tali operazioni non producano effetti negativi sulla solvibilità del gruppo e per la solvibilità delle imprese di assicurazione o riassicurazione del gruppo, o possano arrecare pregiudizio agli interessi degli assicurati e degli altri aventi diritto a prestazioni assicurative o agli interessi delle imprese di assicurazione o riassicurazione coinvolte.

216. *Comunicazione delle operazioni infragruppo*. — 1. L'impresa di assicurazione o riassicurazione segnala all'IVASS, ad intervalli regolari e almeno una volta l'anno, ogni operazione infragruppo significativa effettuata ai sensi dell'art. 215-*quinquies*, comma 1.

2. L'impresa di assicurazione o di riassicurazione segnala all'IVASS con la massima tempestività le operazioni infragruppo molto significative.

3. L'IVASS individua con regolamento, avuto riguardo alla tipologia e alla significatività delle operazioni, le operazioni da assoggettare a comunicazione fissando, altresì, le modalità e i termini per le comunicazioni stesse (1).

4. Le comunicazioni di cui ai commi 1, 2 e 3 possono essere effettuate in modo centralizzato dall'ultima impresa di assicurazione o di riassicurazione controllante di cui all'art. 210, comma 2. Nel caso in cui la società controllante non è un'impresa di assicurazione o di riassicurazione, l'IVASS designa, previa consultazione delle altre autorità di vigilanza interessate e del gruppo, la società di partecipazione assicurativa, la società di partecipazione finanziaria mista o l'impresa di assicurazione o di riassicurazione del gruppo che può trasmettere le informazioni in modo centralizzato.

5. L'IVASS, previa consultazione delle altre autorità di vigilanza interessate e del gruppo, identifica inoltre il tipo di operazioni infragruppo che le imprese di assicurazione e di riassicurazione appartenenti ad un determinato gruppo devono segnalare in ogni circostanza. Nel definire il tipo di operazioni rilevanti, l'IVASS e le altre autorità di vigilanza interessate tengono conto delle società appartenenti a tale gruppo e della sua struttura di gestione dei rischi.

(1) Per il regolamento concernente disposizioni in materia di vigilanza sulle operazioni infragruppo e sulle concentrazioni di rischi v. provv. IVASS 26 ottobre 2016, n. 30, in G.U., 11 novembre 2016, n. 264.

216-*bis*. *Poteri dell'IVASS sulle operazioni infragruppo*. — 1. Se risulta che un'operazione infragruppo determina o rischia di determinare gli effetti negativi di cui all'art. 215-*quinquies*, comma 3 o arreca o rischia di arrecare pregiudizio per gli interessi degli assicurati e degli altri aventi diritto a prestazioni assicurative o per gli interessi delle imprese di assicurazione e riassicurazione cedenti, l'IVASS può, secondo le disposizioni stabilite con regolamento:

a) vietare all'impresa il compimento dell'operazione o imporre condizioni per il suo compimento;

b) ordinare all'impresa di porre in atto le misure idonee a rimuovere tali conseguenze negative o pregiudizievoli, assegnando a tal fine un termine congruo (1).

216-*ter*. *Vigilanza sulla solvibilità di gruppo*. — 1. Il calcolo della solvibilità di gruppo è effettuato secondo le disposizioni stabilite dall'IVASS con regolamento.

2. Il calcolo della solvibilità di gruppo è effettuato dall'ultima società controllante italiana di cui all'art. 210, comma 2, a partire dal bilancio consolidato. La solvibilità di gruppo dell'impresa di assicurazione o di riassicurazione controllante è data dalla differenza tra:

a) i fondi propri ammissibili a copertura del Requisito Patrimoniale di Solvibilità, calcolato sulla base dei dati consolidati;

b) il Requisito Patrimoniale di Solvibilità a livello di gruppo calcolato sulla base dei dati consolidati.

3. Il calcolo del Requisito Patrimoniale di Solvibilità a livello di gruppo e dei fondi propri ammissibili per la sua copertura calcolato sulla base dei conti consolidati di cui alle lett. *a*) e *b*), comma 2, è effettuato secondo le disposizioni di cui al Titolo III, Capo IV, Sezione I e II, e di cui al Titolo III, Capo IV-*bis*, Sezione I, II e III, e le disposizioni attuative dettate dall'IVASS con regolamento, ai sensi del comma 1.

4. Se l'ultima società controllante italiana di cui all'art. 210, comma 2, è una società di partecipazione assicurativa o una società di partecipazione finanziaria mista, la solvibilità di gruppo è calcolata a livello di detta società. Ai fini del calcolo, la società controllante è considerata alla stregua di un'impresa di assicurazione o riassicurazione per quanto riguarda il Requisito Patrimoniale di Solvibilità e i fondi propri ammissibili a copertura del Requisito Patrimoniale di Solvibilità.

5. L'IVASS, previa consultazione delle Autorità di vigilanza interessate e del gruppo, può autorizzare l'applicazione ad un determinato gruppo del metodo della deduzione ed aggregazione di cui all'art. 216-*sexies*, comma 1, lett. *b*), o della combinazione dello stesso con il metodo dei conti consolidati, qualora l'applicazione esclusiva del metodo dei conti consolidati risulti inappropriata.

216-*quater*. *Frequenza del calcolo*. — 1. L'ultima società controllante italiana di cui all'art. 210, comma 2, calcola e comunica all'IVASS la situazione di solvibilità di gruppo almeno una volta all'anno. Nel caso in cui la società controllante non è un'impresa di assicurazione o di riassicurazione, l'IVASS designa, previa consultazione delle altre autorità di vigilanza interessate e del gruppo, la società di partecipazione assicurativa, la società di partecipazione finanziaria mista o l'impresa di assicurazione o di riassicurazione del gruppo incaricata di trasmettere le informazioni relative alla solvibilità di gruppo.

2. L'ultima società controllante italiana monitora su base continuativa il Requisito Patrimoniale di Solvibilità di gruppo. Se il profilo di rischio del gruppo si discosta significativamente dalle ipotesi sottese all'ultimo Requisito Patrimoniale di Solvibilità di gruppo comunicato, il Requisito Patrimoniale di Solvibilità di gruppo è ricalcolato immediatamente e comunicato all'IVASS. Quando vi siano elementi che suggeriscano che il profilo di rischio del gruppo è cambiato significativamente dalla data in cui è stato comunicato l'ultimo Requisito Patrimoniale di Solvibilità di gruppo, l'IVASS può chiedere che il Requisito Patrimoniale di Solvibilità di gruppo sia ricalcolato.

216-*quinquies*. *Requisito Patrimoniale di Solvibilità di gruppo consolidato*. — 1. L'ultima società controllante italiana di cui all'art. 210, comma 2, assicura la costante disponibilità in seno al gruppo di fondi propri ammissibili che siano sempre almeno uguali al Requisito Patrimoniale di Solvibilità.

2. Il Requisito Patrimoniale di Solvibilità di gruppo consolidato è come minimo pari alla somma dei seguenti elementi:

a) il Requisito Patrimoniale Minimo, di cui all'art. 47-*ter*, dell'impresa di assicurazione o di riassicurazione controllante;

b) la quota proporzionale del Requisito Patrimoniale Minimo delle imprese di assicurazione e di riassicurazione controllate o partecipate.

3. L'importo minimo di cui al comma 2 è

(1) Per il regolamento concernente disposizioni in materia di vigilanza sulle operazioni infragruppo e sulle concentrazioni di rischi v. provv. IVASS 26 ottobre 2016, n. 30, in G.U., 11 novembre 2016, n. 264.

coperto da fondi propri di base ammissibili ai sensi dell'art. 44-*decies*, comma 4. Al fine di determinare se tali fondi propri di base ammissibili consentono di coprire il Requisito Patrimoniale di Solvibilità di gruppo consolidato minimo, si applicano i principi di cui all'art. 216-*sexies*, comma 1, lett. *a*), *c*), *d*) *e*) ed *f*). Si applica l'art. 222-*bis*, commi 1 e 2. In tal caso le comunicazioni sono effettuate dall'ultima società controllante di cui al comma 2.

216-*sexies*. *Calcolo della situazione di solvibilità di gruppo*. — 1. L'IVASS stabilisce con regolamento i criteri e le modalità del calcolo della solvibilità di gruppo ed in particolare:

a) le disposizioni relative ai metodi di calcolo della solvibilità di gruppo, in particolare al metodo basato sul bilancio consolidato, alla frequenza del calcolo, all'inclusione della quota proporzionale, all'eliminazione del doppio computo di fondi propri ammissibili, all'eliminazione della creazione infragruppo di capitale, ai criteri di valutazione delle attività e delle passività, ai termini e le modalità delle comunicazioni da effettuare periodicamente;

b) i presupposti e la procedura di autorizzazione per l'utilizzo del metodo della deduzione e dell'aggregazione;

c) il trattamento delle imprese di assicurazione e di riassicurazione controllate o partecipate con sede in un altro Stato membro, in particolare prevedendo che l'IVASS possa tener conto, in relazione all'impresa controllata o partecipata, del Requisito Patrimoniale di Solvibilità e dei fondi propri ammissibili a copertura di tale requisito previsti da detto Stato membro;

d) il trattamento degli enti creditizi, delle imprese di investimento e enti finanziari partecipati o controllati;

e) il trattamento delle società di partecipazione assicurativa e di partecipazione finanziaria mista intermedie e delle imprese di assicurazione o di riassicurazione controllate o partecipate aventi sede legale in uno Stato terzo, ai fini dell'inclusione nel calcolo della solvibilità di gruppo; in particolare l'IVASS può prevedere che, nel caso in cui l'impresa di assicurazione o di riassicurazione controllata o partecipata avente sede legale in uno Stato terzo sia soggetta ad un regime di autorizzazione e a requisiti di solvibilità almeno equivalenti, il calcolo, effettuato secondo il metodo della deduzione e della aggregazione, tenga conto, per quanto riguarda l'impresa in questione, del Requisito Patrimoniale di Solvibilità e dei fondi propri ammissibili a copertura di tale requisito previsti dallo Stato terzo;

f) le modalità di vigilanza della solvibilità di gruppo nel caso di indisponibilità delle informazioni relativamente ad una società partecipata o controllata avente sede in uno Stato membro o in uno Stato terzo.

216-*septies*. *Maggiorazione del Requisito Patrimoniale di Solvibilità di gruppo consolidato*. — 1. L'IVASS, al fine di determinare se il Requisito Patrimoniale di Solvibilità di gruppo consolidato riflette adeguatamente il profilo di rischio del gruppo, tiene in particolare considerazione i casi in cui le circostanze di cui all'art. 47-*sexies*, comma 1, lett. *a*), *b*) e *c*), potrebbero verificarsi a livello di gruppo, segnatamente qualora:

a) un rischio specifico esistente a livello di gruppo non sia sufficientemente coperto dalla formula standard o dal modello interno utilizzati, in quanto difficile da quantificare;

b) una maggiorazione del Requisito Patrimoniale di Solvibilità delle imprese di assicurazione o di riassicurazione partecipate o controllate sia imposta dall'IVASS o dalle autorità di vigilanza interessate, conformemente agli artt. 47-*sexies* e 207-*octies*, comma 7 (1).

2. Se il profilo di rischio del gruppo non è adeguatamente riflesso dal Requisito Patrimoniale di Solvibilità di gruppo consolidato, l'IVASS, anche a seguito del processo di controllo prudenziale degli strumenti di vigilanza sul gruppo, può imporre una maggiorazione del Requisito Patrimoniale di Solvibilità di gruppo consolidato. Si applica l'art. 47-*sexies*.

216-*octies*. *Informativa all'IVASS ai fini della verifica degli adempimenti sulla vigilanza sul gruppo*. — 1. Al fine di consentire all'IVASS di effettuare il processo di controllo prudenziale a livello di gruppo, l'ultima società controllante italiana di cui all'art. 210, comma 2, trasmette periodicamente all'IVASS le informazioni necessarie, tenuto conto degli obiettivi di vigilanza di cui al presente Titolo, stabilite con regolamento. Si applica l'art. 190, commi 1-*bis* e 1-*ter*.

2. L'IVASS può limitare le informazioni di vigilanza da presentare periodicamente con una frequenza inferiore a un anno a livello del gruppo se tutte le imprese di assicurazione e di riassicurazione all'interno del gruppo beneficiano della limitazione conformemente all'art. 47-*quater*, comma 3, tenuto conto della natura, della portata e della complessità dei rischi inerenti all'attività del gruppo. L'IVASS

(1) V. *Comunicato*, in G.U., 17 luglio 2015, n. 164.

può esonerare dalla presentazione di informazioni su base analitica a livello di gruppo se tutte le imprese di assicurazione e di riassicurazione all'interno del gruppo beneficiano dell'esenzione conformemente all'art. 47-*quater*, comma 7, tenuto conto della natura, della portata e della complessità dei rischi inerenti all'attività del gruppo e dell'obiettivo della stabilità finanziaria.

216-*novies*. *Informativa sulla solvibilità di gruppo, la condizione finanziaria e la struttura del gruppo*. — 1. L'ultima società controllante italiana di cui all'art. 210, comma 2, pubblica una relazione annuale sulla solvibilità e sulla condizione finanziaria a livello di gruppo, secondo i principi di cui agli artt. 47-*septies*, 47-*octies*, 47-*novies* e 47-*decies*.

2. La società controllante può, con il parere favorevole dell'IVASS, presentare un'unica relazione sulla solvibilità e sulla condizione finanziaria contenente i seguenti elementi:

a) le informazioni a livello del gruppo che devono essere pubblicate conformemente al comma 1;

b) le informazioni relative a ciascuna delle imprese controllate del gruppo, informazioni che devono essere identificabili singolarmente e pubblicate conformemente agli artt. 47-*septies*, 47-*octies*, 47-*novies* e 47-*decies*.

3. Ai fini dell'esercizio della facoltà di cui al comma 2, l'IVASS consulta i membri del collegio delle autorità di vigilanza, e tiene in debito conto i pareri e le riserve da loro espressi.

4. Se la relazione di cui al comma 2 non contiene le informazioni che l'autorità di vigilanza che ha autorizzato una società controllata del gruppo impone a società analoghe di fornire, e se questa omissione è sostanziale, l'IVASS può richiedere alla società controllata interessata di pubblicare le informazioni complementari necessarie.

5. L'ultima società controllante italiana di cui all'art. 210, comma 2, pubblica annualmente a livello di gruppo, le informazioni sulla struttura giuridica e sulla struttura organizzativa e gestionale, comprendenti una descrizione di tutte le società controllate, le società partecipate e le sedi secondarie di rilievo appartenenti al gruppo.

216-*decies*. *Processo di controllo prudenziale degli strumenti di vigilanza sul gruppo*. — 1. L'adempimento degli obblighi in materia di sistema di governo societario, di valutazione interna del rischio e della solvibilità del gruppo, di concentrazione dei rischi e di operazioni infragruppo, di calcolo della solvibilità di gruppo di cui al presente Capo, sono soggetti al processo di controllo prudenziale da parte dell'IVASS.

CAPO IV

GESTIONE CENTRALIZZATA DEL RISCHIO (1)

217. .... (2).

217-*bis*. *Gestione centralizzata del rischio: condizioni per la vigilanza sulla solvibilità sul gruppo*. — 1. Le previsioni di cui agli artt. 217-*quater* e 217-*quinquies* si applicano all'impresa di assicurazione o di riassicurazione controllata da un'impresa di assicurazione o di riassicurazione se sono soddisfatte congiuntamente le seguenti condizioni:

a) l'impresa di assicurazione o riassicurazione controllata è inclusa nell'area di vigilanza sul gruppo esercitata dall'autorità di vigilanza dello Stato membro in cui ha sede l'ultima impresa di assicurazione o riassicurazione controllante;

b) le procedure di gestione dei rischi e i meccanismi di controllo interno dell'ultima impresa di assicurazione o riassicurazione controllante coprono l'impresa di assicurazione o riassicurazione controllata, e le autorità di vigilanza interessate sono soddisfatte in merito alla gestione prudente dell'impresa controllata da parte dell'impresa controllante;

c) l'ultima impresa di assicurazione o riassicurazione controllante, secondo quanto previsto dall'art. 215-*ter*, commi 3 e 4, ha ricevuto parere favorevole in merito alla valutazione interna del rischio e della solvibilità del gruppo in modo centralizzato;

d) l'ultima impresa di assicurazione o riassicurazione controllante, secondo quanto previsto dall'art. 216-*novies*, commi 2 e 3, ha ricevuto parere favorevole in merito alla solvibilità e alla condizione finanziaria di gruppo in modo centralizzato;

e) l'ultima impresa di assicurazione o riassicurazione controllante è autorizzata dall'autorità di vigilanza, conformemente alla procedura di cui all'art. 217-*ter*, ad avvalersi della vigilanza sulla solvibilità di gruppo con gestione centralizzata dei rischi.

217-*ter*. *Gestione centralizzata del rischio: procedura di autorizzazione*. — 1. La richiesta di autorizzazione all'applicazione della vigilan-

(1) Capo così sostituito dall'art. 1.155, d.lg. 12 maggio 2015, n. 74.
(2) Articolo abrogato dall'art. 1.154, d.lg. 12 maggio 2015, n. 74.

za sulla solvibilità di gruppo con gestione centralizzata dei rischi è presentata all'autorità di vigilanza che ha autorizzato l'impresa di assicurazione o riassicurazione controllata. Tale autorità informa gli altri membri del collegio delle autorità di vigilanza e presenta loro immediatamente la domanda completa.

2. Le autorità di vigilanza interessate collaborano nell'ambito del collegio sulla base di una piena cooperazione al fine di decidere se concedere o meno l'autorizzazione, stabilendo altresì a quali altri termini eventualmente subordinarla. Esse si adoperano al massimo per pervenire a una decisione congiunta sulla domanda entro tre mesi dalla data di ricezione della domanda completa da parte di tutte le autorità di vigilanza nell'ambito del collegio delle autorità di vigilanza.

3. Se, nel termine di tre mesi di cui al comma 2, una qualunque delle autorità di vigilanza interessate rinvia la questione all'AEAP, conformemente all'art. 19 del reg. (UE) n. 1094/2010, l'autorità di vigilanza sul gruppo posticipa la propria decisione in attesa della decisione eventualmente adottata dall'AEAP a norma dell'art. 19, par. 3, del reg. (UE) n. 1094/2010 e adegua la propria decisione a quella dell'AEAP.

4. La decisione di cui al comma 3, adottata dall'AEAP entro un mese, è riconosciuta come determinante ed è applicata dalle autorità di vigilanza interessate. La questione non può essere rinviata all'AEAP dopo la scadenza del periodo di tre mesi o dopo che è stata raggiunta una decisione congiunta. L'autorità di vigilanza sul gruppo decide in via definitiva se, conformemente all'art. 41, paragrafi 2 e 3, e all'art. 44, paragrafi 1 e 3, del reg. (UE) n. 1094/2010, la decisione proposta dal gruppo di esperti è respinta. Tale decisione è riconosciuta come determinante e applicata dalle autorità di vigilanza interessate. Il periodo di tre mesi è considerato la fase di conciliazione ai sensi dell'art. 19, par. 2, del predetto regolamento.

5. Se le autorità di vigilanza interessate sono pervenute alla decisione congiunta di cui al comma 2, l'autorità di vigilanza che ha autorizzato l'impresa controllata trasmette all'impresa richiedente la decisione. La decisione congiunta è riconosciuta come determinante e applicata dalle autorità di vigilanza interessate.

6. In mancanza di una decisione congiunta delle autorità di vigilanza interessate entro il termine di tre mesi di cui al comma 2, l'autorità di vigilanza sul gruppo decide autonomamente in merito alla domanda, tenendo in debita considerazione:

a) eventuali pareri e riserve delle autorità di vigilanza interessate;

b) eventuali riserve delle altre autorità di vigilanza nell'ambito del collegio.

7. La decisione di cui al comma 6 contiene la motivazione di ogni eventuale scostamento significativo dalle riserve espresse dalle altre autorità di vigilanza interessate. La decisione è trasmessa all'impresa richiedente e alle altre autorità di vigilanza interessate che la riconoscono come determinante e la applicano.

217-*quater*. *Gestione centralizzata del rischio: determinazione del Requisito Patrimoniale di Solvibilità*. — 1. Fatto salvo quanto previsto dall'art. 207-*octies* il Requisito Patrimoniale di Solvibilità dell'impresa di assicurazione o riassicurazione controllata di cui all'articolo art. 217-*bis* è calcolato secondo quanto previsto dai commi 2, 4, 5 e 6 del presente articolo.

2. Nell'ipotesi in cui il Requisito Patrimoniale di Solvibilità dell'impresa di assicurazione o riassicurazione controllata è calcolato sulla base di un modello interno approvato a livello di gruppo conformemente all'art. 207-*octies* e l'autorità di vigilanza che ha autorizzato l'impresa di assicurazione o riassicurazione controllata ritiene che il suo profilo di rischio si discosti significativamente dal predetto modello interno e fino a quando l'impresa non risolve adeguatamente le riserve dell'autorità di vigilanza, quest'ultima può, nei casi di cui all'art. 47-*sexies*, proporre di:

a) fissare una maggiorazione del Requisito Patrimoniale di Solvibilità di tale impresa controllata risultante dall'applicazione del predetto modello, o,

b) in circostanze eccezionali in cui la maggiorazione di cui alla lett. *a*) non sarebbe appropriata, imporre all'impresa di calcolare il suo Requisito Patrimoniale di Solvibilità sulla base della formula standard.

3. L'autorità di vigilanza discute le proposte di cui al comma 2 nell'ambito del collegio delle autorità di vigilanza e ne comunica le ragioni sia all'impresa di assicurazione o riassicurazione controllata sia al collegio delle autorità di vigilanza.

4. Nell'ipotesi in cui il Requisito Patrimoniale di Solvibilità dell'impresa di assicurazione o riassicurazione controllata è calcolato sulla base della formula standard e l'autorità di vigilanza che ha autorizzato l'impresa controllata ritiene che il suo profilo di rischio si discosti significativamente dalle ipotesi sottese alla formula, e fino a quando l'impresa non risolve adeguatamente le riserve dell'autorità di vigilanza, quest'ultima può proporre all'impresa:

a) in circostanze eccezionali, di sostituire

un sottoinsieme di parametri utilizzati nel calcolo della formula standard con parametri specifici a tale impresa nel calcolare i moduli del rischio di sottoscrizione per l'assicurazione vita, per l'assicurazione danni e per l'assicurazione malattia, a norma dell'art. 45-*terdecies*, o,

b) nei casi di cui all'art. 47-*sexies*, di fissare una maggiorazione del Requisito Patrimoniale di Solvibilità dell'impresa controllata.

5. L'autorità di vigilanza discute la proposta di cui al comma 4 nell'ambito del collegio delle autorità di vigilanza e ne comunica le ragioni sia all'impresa controllata sia al collegio delle autorità di vigilanza.

6. Il collegio delle autorità di vigilanza si adopera al massimo per pervenire ad un accordo sulla proposta dell'autorità di vigilanza che ha autorizzato l'impresa di assicurazione o riassicurazione controllata o su eventuali altre misure. Tale accordo è riconosciuto come determinante e applicato dalle autorità di vigilanza interessate.

7. In caso di disaccordo, entro il termine di un mese dalla proposta dell'autorità di vigilanza, una delle autorità interessate può rinviare la questione all'AEAP conformemente all'art. 19 del reg. (UE) n. 1094/2010, affinché decida entro un mese da tale rinvio. La questione non può essere rinviata all'AEAP oltre tale termine di un mese o in seguito al raggiungimento di un accordo nell'ambito del collegio ai sensi del comma 3.

8. L'autorità di vigilanza che ha autorizzato l'impresa di assicurazione o riassicurazione controllata posticipa la sua decisione in attesa di una decisione eventualmente adottata dall'AEAP conformemente all'art. 19 del suddetto regolamento e adegua la propria decisione a quella dell'AEAP. Tale decisione è riconosciuta come determinante e applicata dalle autorità di vigilanza interessate. La decisione è pienamente motivata ed è trasmessa all'impresa controllata e al collegio delle autorità di vigilanza.

217-*quinquies*. *Gestione centralizzata del rischio: inosservanza del Requisito Patrimoniale di Solvibilità e del Requisito Patrimoniale Minimo*. — 1. In caso di inosservanza del Requisito Patrimoniale di Solvibilità e fatto salvo l'art. 222, l'autorità di vigilanza che ha autorizzato l'impresa di assicurazione o riassicurazione controllata trasmette senza indugio al collegio delle autorità di vigilanza il piano di risanamento presentato dall'impresa controllata per ristabilire, entro sei mesi dal rilevamento dell'inosservanza del Requisito Patrimoniale di Solvibilità, il livello di fondi propri ammissibili o ridurre il proprio profilo di rischio al fine di garantire il rispetto del Requisito Patrimoniale di Solvibilità.

2. Il collegio delle autorità di vigilanza si adopera al massimo per pervenire ad un accordo sulla proposta dell'autorità di vigilanza in merito all'approvazione del piano di risanamento entro quattro mesi dalla data in cui è stata rilevata l'inosservanza del Requisito Patrimoniale di Solvibilità. In mancanza di tale accordo, l'autorità di vigilanza che ha autorizzato l'impresa controllata decide se approvare il piano di risanamento, tenendo in debita considerazione i pareri e le riserve delle altre autorità di vigilanza nell'ambito del collegio delle autorità di vigilanza.

3. Se l'autorità di vigilanza che ha autorizzato l'impresa controllata individua, a norma dell'art. 220-*bis*, un deterioramento delle condizioni finanziarie, informa tempestivamente il collegio delle autorità di vigilanza in merito alle misure da adottare. Se non ricorre una situazione di emergenza, tali misure sono discusse dal collegio delle autorità di vigilanza. Il collegio delle autorità di vigilanza si adopera al massimo per pervenire ad un accordo sulle misure proposte da adottare entro un mese dalla notifica. In mancanza di tale accordo, l'autorità di vigilanza che ha autorizzato l'impresa controllata decide se approvare le misure proposte, tenendo in debito conto i pareri e le riserve delle altre autorità di vigilanza nell'ambito del collegio delle autorità di vigilanza.

4. In caso d'inosservanza del Requisito Patrimoniale Minimo e fatto salvo l'art. 222-*bis*, l'autorità di vigilanza che ha autorizzato l'impresa di assicurazione o riassicurazione controllata trasmette senza indugio al collegio delle autorità di vigilanza il piano di finanziamento a breve termine presentato dall'impresa controllata per ristabilire, entro tre mesi dalla data in cui è stata rilevata l'inosservanza del Requisito Patrimoniale Minimo, il livello di fondi propri ammissibili a copertura del Requisito Patrimoniale Minimo o per ridurre il suo profilo di rischio al fine di garantire il rispetto del Requisito Patrimoniale Minimo. Il collegio delle autorità di vigilanza è altresì informato circa le eventuali misure adottate per garantire il rispetto del Requisito Patrimoniale Minimo a livello di impresa controllata.

5. L'Autorità di vigilanza sull'impresa controllata e l'autorità di vigilanza sul gruppo possono rinviare la questione all'AEAP e richiederne l'assistenza conformemente all'art. 19 del reg. (UE) n. 1094/2010 in caso di disaccordo:

a) sull'approvazione del piano di risanamento, anche in relazione ad un'eventuale estensione del periodo ammesso per il risanamento, entro il periodo di quattro mesi di cui al comma 2; o

b) sull'approvazione delle misure proposte entro il periodo di un mese di cui al comma 3.

6. Nelle ipotesi di cui al comma 5 l'AEAP assume la decisione entro un mese da tale rinvio.

7. La questione non è rinviata all'AEAP:

a) dopo la scadenza del periodo di quattro mesi o di un mese di cui ai commi 2 e 3;

b) dopo il raggiungimento di un accordo nell'ambito del collegio ai sensi dei commi 2 e 3;

c) nelle situazioni di emergenza di cui al comma 3.

8. Il periodo di quattro mesi e di un mese di cui ai commi 2 e 3 sono considerati periodi di conciliazione ai sensi dell'art. 19, par. 2, del reg. (UE) n. 1094/2010. L'autorità di vigilanza che ha autorizzato l'impresa di assicurazione e riassicurazione controllata posticipa la sua decisione in attesa di una decisione eventualmente adottata dall'AEAP conformemente all'art. 19, par. 3, di tale regolamento e adegua la propria decisione a quella dell'AEAP. Tale decisione è riconosciuta come determinante e applicata dalle autorità di vigilanza interessate. La decisione è pienamente motivata ed è trasmessa all'impresa controllata e al collegio delle autorità di vigilanza.

217-*sexies*. *Gestione centralizzata del rischio: fine delle deroghe per l'impresa controllata*. — 1. Le disposizioni, di cui agli artt. 217-*quater* e 217-*quinquies* cessano di essere applicabili quando:

a) la condizione di cui all'art. 217-*bis*, comma 1, lett. *a*), non è più soddisfatta;

b) la condizione di cui all'art. 217-*bis*, comma 1, lett. *b*), non è più soddisfatta e l'ultima impresa di assicurazione o riassicurazione controllante non ne ripristina l'osservanza entro un termine adeguato;

c) le condizioni di cui all'art. 217-*bis*, comma 1, lett. *c*) e *d*), non sono più soddisfatte.

2. Nel caso di cui al comma 1, lett. *a*), se l'autorità di vigilanza del gruppo decide, previa consultazione del collegio delle autorità di vigilanza, di non includere più l'impresa di assicurazione o riassicurazione controllata nella vigilanza sul gruppo, ne informa immediatamente l'autorità di vigilanza interessata e l'ultima impresa controllante.

3. Ai fini dell'art. 217-*bis*, comma 1, lett. *b*), *c*) e *d*), l'ultima impresa di assicurazione o riassicurazione controllante ha la responsabilità di assicurare che le condizioni siano soddisfatte su base continuativa. In caso di inosservanza, l'impresa controllante informa immediatamente l'autorità di vigilanza sul gruppo e l'autorità di vigilanza dell'impresa di assicurazione o riassicurazione controllata interessata. L'impresa controllante presenta un piano mirante a ripristinare l'osservanza entro un termine adeguato.

4. Fatto salvo il comma 3, l'autorità di vigilanza sul gruppo verifica con cadenza almeno annuale che le condizioni di cui all'art. 217-*bis*, comma 1, lett. *b*), *c*) e *d*), continuino ad essere soddisfatte. L'autorità di vigilanza sul gruppo procede a tale verifica, anche su richiesta dell'autorità di vigilanza interessata, quando quest'ultima abbia serie riserve in merito al rispetto continuativo di tali condizioni. Se la verifica evidenzia carenze nell'osservanza di tali condizioni, l'autorità di vigilanza sul gruppo impone all'impresa controllante di presentare un piano mirante a ripristinare l'osservanza entro un termine adeguato.

5. Se l'autorità di vigilanza sul gruppo ritiene, previa consultazione del collegio delle autorità di vigilanza, che il piano di cui ai commi 3 e 4 è inadeguato o non è stato attuato entro i termini concordati, conclude che le condizioni di cui all'art. 217-*bis*, comma 1, lett. *b*), *c*) e *d*), non sono più soddisfatte e ne informa immediatamente l'autorità di vigilanza interessata.

6. Il regime di vigilanza sulla solvibilità di gruppo con gestione centralizzata del rischio, di cui agli artt. 217-*quater* e 217-*quinquies*, si applica nuovamente se l'impresa controllante presenta una nuova domanda e ottiene l'autorizzazione secondo la procedura di cui all'art. 217-*ter*.

217-*septies*. *Gestione centralizzata del rischio: imprese di assicurazione o riassicurazione controllate da una società di partecipazione assicurativa o da una società di partecipazione finanziaria mista*. — 1. Gli artt. 217-*bis*, 217-*ter*, 217-*quater*, 217-*quinquies*, 217-*sexies* si applicano alle imprese di assicurazione e di riassicurazione controllate da una società di partecipazione assicurativa o una società di partecipazione finanziaria mista.

218-220. . . . . (1).

(1) Articoli abrogati dall'art. 1.156, d.lg. 12 maggio 2015, n. 74.

CAPO IV-*bis*

SOTTOGRUPPO NAZIONALE CON SOCIETÀ CONTROLLANTE DI STATO MEMBRO (1)

220-*bis*. *Vigilanza sul sottogruppo nazionale con società controllante di Stato membro.* — 1. Se l'ultima società controllante italiana di cui all'art. 210, comma 2, è controllata da un'altra impresa di assicurazione o di riassicurazione o da un'altra società di partecipazione assicurativa o di partecipazione finanziaria mista con sede in un altro Stato membro, l'IVASS applica al sottogruppo nazionale con a capo livello l'ultima società controllante italiana le disposizioni sulla vigilanza di gruppo di cui al presente codice, secondo quanto previsto dal presente Capo e fatti salvi gli accordi eventualmente conclusi ai sensi del comma 4.

2. La vigilanza sul sottogruppo di cui al comma 1 è in ogni caso esercitata dall'IVASS, previa consultazione dell'ultima società controllante dello Stato membro e dell'autorità di vigilanza a livello di gruppo. A tali soggetti l'IVASS riferisce le ragioni della decisione di esercitare la vigilanza sul sottogruppo e informa il Collegio delle Autorità di vigilanza ai sensi degli artt. 207-*bis* e 207-*septies*, comma 1, lett. *b*).

3. L'IVASS può stabilire se e quali disposizioni sulla vigilanza di gruppo di cui al presente codice non applicare al sottogruppo nazionale, anche in base agli accordi di coordinamento conclusi con le autorità degli altri Stati membri.

4. Nel caso in cui sussista un sottogruppo nazionale in un altro Stato membro, l'IVASS può concludere accordi di coordinamento con l'autorità di vigilanza dello Stato membro in cui ha sede il sottogruppo al fine di stabilire le modalità di esercizio della vigilanza. L'IVASS può esercitare la vigilanza sul sottogruppo nazionale italiano di cui al comma 1 secondo quanto previsto dall'accordo di coordinamento concluso con l'autorità di vigilanza dello Stato membro includendo nell'area di vigilanza anche il sottogruppo dell'altro Stato. In tal caso, l'IVASS spiega le ragioni dell'accordo concluso all'ultima società controllante del gruppo con sede in un altro Stato membro di cui al comma 1 e all'autorità di vigilanza sul gruppo. L'IVASS informa il collegio delle autorità di vigilanza ai sensi degli artt. 207-*bis* e 207-*septies*, comma 1, lett. *b*).

220-*ter*. *Disciplina applicabile al sottogruppo nazionale con società controllante di Stato membro.* — 1. La scelta del metodo di calcolo della solvibilità di gruppo di cui all'art. 216-*sexies*, comma 1, lett. *a*) e *b*), effettuata dall'autorità di vigilanza sul gruppo a capo del quale vi è un'ultima società controllante con sede in un altro Stato membro, è riconosciuta come determinante e applicata dall'IVASS.

2. L'autorizzazione a calcolare il Requisito Patrimoniale di Solvibilità di gruppo e il Requisito Patrimoniale di Solvibilità delle imprese di assicurazione e di riassicurazione del gruppo sulla base di un modello interno, rilasciata dall'autorità di vigilanza sul gruppo a capo del quale vi è una ultima società controllante con sede in un altro Stato membro, è riconosciuta come determinante e applicata dall'IVASS.

3. Nel caso di cui al comma 2, se l'IVASS ritiene che il profilo di rischio della società controllante italiana di cui all'art. 210, comma 3, si discosti significativamente dal modello interno approvato a livello comunitario, l'IVASS, può decidere, fino a quando tale società non risolve adeguatamente le riserve dell'Autorità, di imporre una maggiorazione del Requisito Patrimoniale di Solvibilità di gruppo risultante dall'applicazione del predetto modello, o, in circostanze eccezionali in cui la maggiorazione del Requisito Patrimoniale non sarebbe opportuna, di imporre alla società medesima di calcolare il suo Requisito Patrimoniale di solvibilità di gruppo sulla base della formula standard.

4. L'IVASS indica le ragioni della decisione adottata, ai sensi del comma 3, sia alla società controllante italiana di cui all'articolo 210, comma 2, che all'autorità di vigilanza sul gruppo. L'IVASS informa il Collegio delle autorità di vigilanza ai sensi degli artt. 207-*bis* e 207-*septies*, comma 1, lett. *b*).

5. L'ultima società controllante italiana a capo del sottogruppo nazionale può presentare la richiesta di autorizzazione all'applicazione delle disposizioni sulla vigilanza di gruppo con gestione centralizzata dei rischi ai sensi dell'art. 217-*ter*, in relazione alle proprie imprese di assicurazione o riassicurazione controllate, solo se l'IVASS ha deciso di non applicare al sottogruppo nazionale tutte o parte delle disposizioni sulla vigilanza sulla solvibilità di gruppo di cui al presente codice ai sensi dell'art. 220-*bis*, comma 3.

6. L'IVASS non applica o cessa di applicare gli strumenti di cui al Capo III del presente Titolo nel caso in cui l'ultima società control-

(1) Capo inserito dall'art. 1.157, d.lg. 12 maggio 2015, n. 74.

lante con sede in un altro Stato membro abbia ottenuto l'autorizzazione ad applicare le disposizioni sulla vigilanza di gruppo con gestione centralizzata del rischio per l'ultima impresa controllante a capo del sottogruppo nazionale.

CAPO IV-*ter*

SOTTOGRUPPO NAZIONALE CON SOCIETÀ CONTROLLANTE DI STATO TERZO (1)

220-*quater*. *Vigilanza sul sottogruppo nazionale con società controllante di Stato terzo*. — 1. Se l'ultima società controllante di cui all'art. 210, comma 2, è controllata da un'altra impresa di assicurazione o di riassicurazione o da un'altra società di partecipazione assicurativa o di partecipazione finanziaria mista con sede in uno Stato terzo, l'IVASS applica al sottogruppo nazionale con a capo l'ultima società controllante italiana le disposizioni sulla vigilanza di gruppo di cui al presente codice, secondo quanto previsto dal presente Capo.

2. L'IVASS può stabilire se e quali disposizioni sulla vigilanza di gruppo di cui al presente codice non applicare al sottogruppo nazionale, valutando anche se le società appartenenti al sottogruppo nazionale siano soggette da parte dell'autorità di vigilanza dello Stato terzo a disposizioni di vigilanza sul gruppo equivalenti a quelle esercitate sulle imprese di assicurazione e di riassicurazione italiane.

220-*quinquies*. *Verifica dell'equivalenza del regime di vigilanza sul gruppo*. — 1. Nel caso di cui all'art. 210, comma 1, lett. *c*), l'IVASS verifica che le imprese di assicurazione e di riassicurazione controllate italiane siano soggette da parte dell'autorità di vigilanza dello Stato terzo a disposizioni di vigilanza sul gruppo equivalenti a quelle esercitate sulle imprese di assicurazione e di riassicurazione italiane ai sensi del presente codice.

2. L'IVASS, procede alla verifica dell'equivalenza del regime ai sensi del comma 1, anche su richiesta della società controllante o dell'impresa di assicurazione o riassicurazione italiana controllata di cui all'art. 210, comma 1, lett. *c*).

3. L'IVASS è assistita dall'AEAP conformemente all'art. 33, par. 2, del reg. (UE) n. 1094/2010 e consulta le altre autorità di vigilanza interessate prima di adottare una decisione sull'equivalenza.

4. L'IVASS può adottare, in relazione a un determinato Stato terzo, una decisione in contraddizione con altre precedentemente adottate nei confronti del medesimo Stato, laddove tale decisione sia necessaria per tenere conto di eventuali modifiche di rilievo al regime di vigilanza sulle imprese di assicurazione o riassicurazione previsto dal presente codice o dalla legislazione dello Stato terzo.

5. Qualora le autorità di vigilanza siano in disaccordo con le decisioni adottate ai sensi dei commi 3 e 4, possono rinviare la questione all'AEAP conformemente all'art. 19 del reg. (UE) n. 1094/2010 entro tre mesi dalla comunicazione della decisione da parte dell'autorità di vigilanza incaricata del gruppo. In tal caso l'AEAP può agire conformemente ai poteri che le conferisce tale articolo.

6. Ai fini della applicazione degli artt. 220-*septies* e 220-*octies*, rilevano anche le valutazioni sull'equivalenza, ancorché temporanea, assunte dalla Commissione europea.

220-*sexies*. *Verifica dell'equivalenza: livelli*. — 1. Se la società controllante di cui all'art. 210, comma 1, lett. *c*), è una società controllata da un'altra società di partecipazione assicurativa o di partecipazione finanziaria mista con sede in uno Stato terzo o da un'altra impresa di assicurazione o di riassicurazione con sede in uno Stato terzo, l'IVASS effettua la verifica dell'equivalenza in merito alla sussistenza di un regime di vigilanza sul gruppo, di cui all'art. 220-*septies*, a livello dell'ultima società controllante di Stato terzo.

2. L'IVASS, nel caso in cui in base alla verifica di cui al comma 1 sia risultata insussistente l'equivalenza del regime di vigilanza sul gruppo, può effettuare una nuova verifica al livello inferiore della società di partecipazione assicurativa o di partecipazione finanziaria mista con sede in uno Stato terzo o dell'impresa di assicurazione o di riassicurazione con sede in uno Stato terzo, controllante ai sensi dell'art. 210, comma 1, lett. *c*), che sia controllata ai sensi del comma 1. In tal caso l'IVASS indica le ragioni della propria decisione al gruppo.

3. Si applica, in quanto compatibile, l'art. 220-*octies*.

220-*septies*. *Sussistenza di un regime equivalente di vigilanza sul gruppo*. — 1. Nel caso in cui sia stata accertata la sussistenza di un regime di vigilanza sul gruppo equivalente, l'IVASS, tenendo conto degli orientamenti e delle decisioni assunte a livello comunitario, può non applicare le disposizioni sulla vigilanza di gruppo di cui al presente codice e basarsi sulla vigilanza

(1) Capo inserito dall'art. 1.157, d.lg. 12 maggio 2015, n. 74.

esercitata dall'Autorità di vigilanza dello Stato terzo conformemente al presente Titolo, salvo che, nei casi di sussistenza di un regime di equivalenza temporanea, un'impresa di assicurazione o di riassicurazione con sede in Italia abbia un totale di bilancio superiore a quello della società controllante con sede in uno Stato terzo. In tal caso la funzione di autorità di vigilanza sul gruppo è esercitata dall'IVASS, ai sensi dell'art. 212-*bis*.

220-*octies*. *Insussistenza di un regime equivalente di vigilanza sul gruppo*. — 1. Nel caso in cui sia stata accertata l'insussistenza di un regime equivalente di vigilanza sul gruppo ovvero non ricorrono le altre condizioni di cui all'art. 220-*septies*, si applicano in quanto compatibili alle imprese di assicurazione e di riassicurazione controllate italiane di cui all'art. 210, comma 1, lett. *c*), gli strumenti di vigilanza sul gruppo di cui al presente codice, escluso il regime di solvibilità delle imprese di assicurazione o riassicurazione con gestione centralizzata del rischio.

2. I principi generali e i metodi stabiliti agli articoli di cui al presente Capo, si applicano a livello della società controllante di cui all'art. 210, comma 1, lett. *c*).

3. Ai soli fini del calcolo della solvibilità del gruppo, la società controllante di cui all'art. 210, comma 1, lett. *c*), è considerata alla stregua di un'impresa di assicurazione o di riassicurazione soggetta alle condizioni fissate dagli artt. 44-*ter*, 44-*quater*, 44-*quinquies* con riguardo ai fondi propri ammissibili per il Requisito Patrimoniale di Solvibilità e all'art. 216-*quinquies* con riguardo al possesso del Requisito Patrimoniale di Solvibilità di gruppo consolidato.

4. L'IVASS può disporre l'applicazione, previa consultazione delle altre autorità di vigilanza interessate, di metodi ulteriori che assicurino una vigilanza adeguata sulle imprese di assicurazione e di riassicurazione italiane appartenenti al gruppo. Tali metodi sono approvati dall'autorità di vigilanza del gruppo, previa consultazione delle altre autorità di vigilanza interessate. In particolare, nell'ipotesi in cui non vi sia l'ultima società controllante italiana di cui all'art. 210, comma 2, l'IVASS può esigere, la costituzione di una società di partecipazione assicurativa o di una società di partecipazione finanziaria mista con sede in Italia o in altro Stato membro al fine di applicare la disciplina della vigilanza sul gruppo di cui al presente titolo alle imprese del gruppo controllate da tale società di partecipazione assicurativa o di partecipazione finanziaria mista.

5. L'IVASS comunica gli approcci di cui al comma 4, che consentono di conseguire gli obiettivi di vigilanza sul gruppo definiti nel presente titolo, alle altre autorità di vigilanza interessate e alla Commissione europea.

CAPO IV-*quater*

MISURE CORRETTIVE (1)

220-*novies*. *Misure correttive sul gruppo*. — 1. Fatto salvo quanto previsto dall'art. 227, se le imprese di assicurazione o di riassicurazione del gruppo non rispettano i requisiti di cui al presente Titolo o se i requisiti sono rispettati ma la solvibilità è comunque a rischio o se le operazioni infragruppo o le concentrazioni dei rischi minacciano la situazione finanziaria delle imprese di assicurazione o di riassicurazione, le misure necessarie, incluse quelle previste dall'art. 188, per rimediare il più rapidamente possibile alla situazione sono adottate tempestivamente:

a) dall'IVASS, in qualità di autorità di vigilanza sul gruppo, nei confronti delle società di partecipazione assicurativa e delle società di partecipazione finanziaria mista controllante ai sensi dell'art. 210, comma 2;

b) dall'IVASS nei confronti delle imprese di assicurazione e riassicurazione del gruppo con sede legale nel territorio della Repubblica.

2. Nelle ipotesi in cui le misure di cui al comma 1 devono essere adottate nei confronti di società di partecipazione assicurativa e delle società di partecipazione finanziaria mista con sede legale in un altro Stato membro, l'IVASS informa le autorità di vigilanza di tale Stato delle conclusioni a cui è pervenuta, al fine di consentire alle stesse l'adozione delle misure necessarie e collabora con esse al fine di garantire un'azione efficace di vigilanza.

3. Nel caso in cui l'impresa di assicurazione o di riassicurazione nei cui confronti devono essere prese le misure correttive abbia sede in un altro Stato membro, IVASS, in qualità di autorità di vigilanza sul gruppo ai sensi dell'art. 207-*sexies*, informa l'autorità di vigilanza in cui ha sede l'impresa al fine di consentire alla stessa l'adozione delle misure necessarie e collabora con essa al fine di garantire un'azione efficace di vigilanza.

(1) Capo inserito dall'art. 1.157, d.lg. 12 maggio 2015, n. 74.

TITOLO XVI

Misure di salvaguardia, risanamento e liquidazione

.... (*omissis*).

TITOLO XVII

Sistemi di indennizzo

CAPO I

DISPOSIZIONI GENERALI SUL SISTEMA DI INDENNIZZO DEI DANNI DERIVANTI DALLA CIRCOLAZIONE DEI VEICOLI A MOTORE E DEI NATANTI

283. *Sinistri verificatisi nel territorio della Repubblica*. — 1. Il Fondo di garanzia per le vittime della strada, costituito presso la Consap, risarcisce i danni causati dalla circolazione dei veicoli e dei natanti, per i quali vi è obbligo di assicurazione, nei casi in cui:

a) il sinistro sia stato cagionato da veicolo o natante non identificato;

b) il veicolo o natante non risulti coperto da assicurazione;

c) il veicolo o natante risulti assicurato presso una impresa operante nel territorio della Repubblica, in regime di stabilimento o di libertà di prestazione di servizi, e che al momento del sinistro si trovi in stato di liquidazione coatta o vi venga posta successivamente;

d) il veicolo sia posto in circolazione contro la volontà del proprietario, dell'usufruttuario, dell'acquirente con patto di riservato dominio o del locatario in caso di locazione finanziaria;

d-bis) il veicolo sia stato spedito nel territorio della Repubblica italiana da uno Stato di cui all'art. 1, comma 1, lett. *bbb*), e nel periodo indicato all'art. 1, comma 1, lett. *fff*), n. 4-*bis*), lo stesso risulti coinvolto in un sinistro e sia privo di assicurazione (1);

d-ter) il sinistro sia cagionato da un veicolo estero con targa non corrispondente o non più corrispondente allo stesso veicolo (1).

2. Nel caso di cui al comma 1, lett. *a*), il risarcimento è dovuto solo per i danni alla persona. In caso di danni gravi alla persona, il risarcimento è dovuto anche per i danni alle cose, il cui ammontare sia superiore all'importo di euro 500, per la parte eccedente tale ammontare. Nei casi di cui al comma 1, lett. *b*), *d-bis*) e *d-ter*) il risarcimento è dovuto per i danni alla persona, nonché per i danni alle cose (2). Nel caso di cui al comma 1, lett. *c*), il risarcimento è dovuto per i danni alla persona, nonché per i danni alle cose. Nel caso di cui al comma 1, lett. *d*), il risarcimento è dovuto, limitatamente ai terzi non trasportati e a coloro che sono trasportati contro la propria volontà ovvero che sono inconsapevoli della circolazione illegale, sia per i danni alla persona sia per i danni a cose.

3. Nel caso previsto dal comma 1, lett. *a*), il danno è risarcito nei limiti dei minimi di garanzia previsti, per ogni persona danneggiata e per ogni sinistro, nel regolamento di cui all'art. 128 relativamente alle autovetture ad uso privato. La percentuale di inabilità permanente, la qualifica di convivente a carico e la percentuale di reddito del danneggiato da calcolare a favore di ciascuno dei conviventi a carico sono determinate in base alle norme del t.u. delle disposizioni per l'assicurazione obbligatoria contro gli infortuni sul lavoro e le malattie professionali.

4. Nei casi previsti dal comma 1, lett. *b*), *c*), *d*), *d-bis*) e *d-ter* (3), il danno è risarcito nei limiti dei massimali indicati nel regolamento di cui all'art. 128 per i veicoli o i natanti della categoria cui appartiene il mezzo che ha causato il danno.

5. Il Fondo di garanzia per le vittime della strada è surrogato, per l'importo pagato, nei diritti dell'assicurato, del danneggiato verso l'impresa posta in liquidazione coatta, beneficiando dello stesso trattamento previsto per i crediti di assicurazione indicati all'art. 258, comma 4, lett. *a*). L'impresa di assicurazione che ha provveduto alla liquidazione del danno, ai sensi dell'art. 150, ha diritto di regresso nei confronti del Fondo di garanzia per le vittime della strada in caso di liquidazione coatta dell'impresa di assicurazione del veicolo responsabile.

284. *Sinistri verificatisi in altro Stato membro*. — 1. Il Fondo di garanzia per le vittime della strada è tenuto altresì a risarcire i sinistri causati sul territorio di un altro Stato membro da veicoli ivi immatricolati che siano assicurati presso un'impresa con sede legale in Italia ope-

(1) Lettera aggiunta dall'art. 1.9, lett. a, d.lg. 6 novembre 2007, n. 198.

(2) Gli attuali primi tre periodi sono stati così sostituiti agli originari primi due periodi dall'art. 1.9, lett. b, d.lg. 6 novembre 2007, n. 198.

(3) Le parole «, *d*), *d-bis*) e *d-ter*)» sono state così sostituite alle precedenti «e *d*)» dall'art. 1.9, lett. c, d.lg. 6 novembre 2007, n. 198.

rante in tale altro Stato in regime di stabilimento o di libertà di prestazione di servizi, che al momento del sinistro si trovi in stato di liquidazione coatta o vi venga posta successivamente. Si applica l'art. 283, comma 5.

2. Il Ministro dello sviluppo economico (1) autorizza, con decreto da pubblicare nella *Gazzetta Ufficiale*, la Consap a sottoscrivere le convenzioni con i fondi di garanzia degli altri Stati membri concernenti il risarcimento dei sinistri di cui al comma 1.

285. *Fondo di garanzia per le vittime della strada*. — 1. Il Fondo di garanzia per le vittime della strada è amministrato, sotto la vigilanza del Ministero dello sviluppo economico (2), dalla Consap con l'assistenza di un apposito comitato.

2. Il Ministro dello sviluppo economico (1) disciplina, con regolamento, le condizioni e le modalità di amministrazione, di intervento e di rendiconto del Fondo di garanzia per le vittime della strada, nonché la composizione del comitato di cui al comma 1 (3).

3. Le imprese autorizzate all'esercizio delle assicurazioni per la responsabilità civile per i danni causati dalla circolazione dei veicoli a motore e dei natanti sono tenute a versare annualmente alla Consap, gestione autonoma del Fondo di garanzia per le vittime della strada, un contributo commisurato al premio incassato per ciascun contratto stipulato in adempimento dell'obbligo di assicurazione.

4. Il regolamento di cui al comma 2 determina le modalità di fissazione annuale della misura del contributo (4), nel limite massimo del quattro per cento del premio imponibile, tenuto conto dei risultati della liquidazione dei danni che sono determinati nel rendiconto annualmente predisposto dal comitato di gestione del fondo.

CAPO II

LIQUIDAZIONE DEI DANNI A CURA DELL'IMPRESA DESIGNATA

286. *Liquidazione dei danni a cura dell'impresa designata*. — 1. La liquidazione dei danni per i sinistri di cui all'art. 283, comma 1, lett. *a*), *b*), *c*), *d*), *d-bis*) e *d-ter* (5), è effettuata a cura di un'impresa designata dall'IVASS (6) secondo quanto previsto nel regolamento adottato dal Ministero dello sviluppo economico (7). L'impresa provvede alla liquidazione dei danni anche per i sinistri verificatisi oltre la scadenza del periodo assegnato e fino alla data indicata nel provvedimento che designi altra impresa.

2. Le somme anticipate dalle imprese designate, comprese le spese ed al netto delle somme recuperate ai sensi dell'art. 292, sono rimborsate dalla Consap – Fondo di garanzia per le vittime della strada, secondo le convenzioni, stipulate fra le imprese e il Fondo di garanzia per le vittime della strada, soggette all'approvazione del Ministro dello sviluppo economico (1) su proposta dell'IVASS (6).

3. Le imprese designate sono sottoposte, per l'attività oggetto delle convenzioni, alle direttive per il regolare svolgimento delle operazioni di liquidazione dei danni emanate in via generale o particolare dalla Consap.

287. *Esercizio dell'azione di risarcimento*. — 1. Nelle ipotesi previste dall'art. 283, comma 1, lett. *a*), *b*), *d*), *d-bis*) e *d-ter* (8), l'azione per il risarcimento dei danni causati dalla circolazione dei veicoli e dei natanti, per i quali vi è obbligo di assicurazione, può essere proposta solo dopo che siano decorsi sessanta giorni da quello in cui il danneggiato abbia chiesto il risarcimento del danno, a mezzo raccomandata, all'impresa designata, inviandone copia contestuale alla Consap (9)-Fondo di garanzia per

(1) Le parole «Ministro dello sviluppo economico» sono state così sostituite alle precedenti «Ministro delle attività produttive» dall'art. 1.213, d.lg. 12 maggio 2015, n. 74.

(2) Le parole «Ministero dello sviluppo economico» sono state così sostituite alle precedenti «Ministero delle attività produttive» dall'art. 1.213, d.lg. 12 maggio 2015, n. 74.

(3) V. d.m. Sviluppo economico 25 luglio 2014, n. 136, in G.U., 16 settembre 2014, n. 215.

(4) Le parole «le modalità di fissazione annuale della misura del contributo» sono state così sostituite alle precedenti «la misura del contributo» dall'art. 1.209, d.lg. 12 maggio 2015, n. 74.

(5) Le parole «, *d*), *d-bis*) e *d-ter*)» sono state così sostituite alle precedenti «e *d*)» dall'art. 1.10, d.lg. 6 novembre 2007, n. 198.

(6) La parola «IVASS» è stata così sostituita alla precedente «ISVAP» dall'art. 1.213, d.lg. 12 maggio 2015, n. 74.

(7) Le parole «Ministero dello sviluppo economico» sono state così sostituite alle precedenti «Ministro delle attività produttive» dall'art. 1.211, d.lg. 12 maggio 2015, n. 74.

(8) Le parole «, *d*), *d-bis*) e *d-ter*)» sono state così sostituite alle precedenti «e *d*)» dall'art. 1.11, lett. a, d.lg. 6 novembre 2007, n. 198.

(9) Le parole «all'impresa designata, inviandone copia contestuale alla CONSAP» sono state così sostituite alle precedenti «all'impresa designata ed alla CONSAP» dall'art. 1.210, d.lg. 12 maggio 2015, n. 74.

le vittime della strada. Nell'ipotesi prevista dall'art. 283, comma 1, lett. *c*), l'azione per il risarcimento dei danni può essere proposta solo dopo che siano decorsi sei mesi dal giorno in cui il danneggiato ha richiesto il risarcimento del danno.

2. Il danneggiato che, nell'ipotesi prevista dall'art. 283, comma 1, lett. *a*), abbia fatto richiesta all'impresa designata, inviandone copia contestuale alla Consap (1)-Fondo di garanzia per le vittime della strada, non è tenuto a rinnovare la domanda qualora successivamente venga identificata l'impresa di assicurazione del responsabile.

3. L'azione per il risarcimento del danno deve essere esercitata esclusivamente nei confronti dell'impresa designata. La Consap – Fondo di garanzia per le vittime della strada può tuttavia intervenire nel processo, anche in grado di appello.

4. Nei casi previsti dall'art. 283, comma 1, lett. *b*), *d-bis*) e *d-ter*), deve essere convenuto in giudizio anche il responsabile del danno (2).

5. Nel giudizio promosso ai sensi dell'art. 283, comma 1, lett. *c*), deve essere convenuto in giudizio anche il commissario liquidatore dell'impresa di assicurazione.

288. *Diritti degli assicurati nei confronti del Fondo di garanzia per le vittime della strada*. — 1. Gli assicurati con imprese che esercitano i rami di responsabilità civile dei veicoli a motore e dei natanti e che siano poste in liquidazione coatta possono far valere, nei limiti delle somme indicate dall'art. 283, comma 4, i diritti derivanti dal contratto nei confronti della Consap – Fondo di garanzia per le vittime della strada, agendo nei confronti dell'impresa designata per il territorio in cui è avvenuto il sinistro.

289. *Effetti della liquidazione coatta sulle sentenze passate in giudicato e sui giudizi pendenti*. — 1. Le sentenze ottenute dal danneggiato nei confronti dell'impresa di assicurazione sono opponibili, se passate in giudicato prima che sia stato pubblicato il decreto di liquidazione coatta, all'impresa designata per il risarcimento dei danni entro i limiti fissati dall'art. 283, comma 4.

2. Se il decreto di liquidazione coatta interviene prima della formazione del giudicato, il processo prosegue, nei confronti del commissario liquidatore e dell'impresa designata, decorsi sei mesi dalla pubblicazione del decreto di liquidazione coatta. In ogni caso le pronunce sono opponibili, entro i limiti di risarcibilità fissati dall'art. 283, comma 4, nei confronti dell'impresa designata.

3. La disposizione di cui al comma 1 si applica anche per le ordinanze ottenute dal danneggiato che versi in stato di bisogno.

290. *Prescrizione dell'azione*. — 1. L'azione diretta che spetta al danneggiato nei confronti dell'impresa designata, nei casi previsti dall'art. 283, comma 1, lett. *a*), *b*), *d*), *d-bis*) e *d-ter* (3), è soggetta al termine di prescrizione cui sarebbe soggetta l'azione verso il responsabile.

2. L'azione che spetta al danneggiato nei confronti dell'impresa designata, nel caso previsto dall'art. 283, comma 1, lett. *c*), è proponibile fino a che non sia prescritta l'azione nei confronti dell'impresa posta in liquidazione coatta.

291. *Pluralità di danneggiati e supero del massimale*. — 1. Qualora vi siano più persone danneggiate nello stesso sinistro ed il risarcimento dovuto dal responsabile superi le somme assicurate, i diritti delle persone danneggiate nei confronti dell'impresa designata sono proporzionalmente ridotti fino alla concorrenza del limite di risarcibilità rispettivamente indicato dai commi 3 o 4 dell'art. 283.

2. L'impresa designata che, decorsi trenta giorni dall'incidente e ignorando l'esistenza di altre persone danneggiate, pur avendone ricercata l'identificazione con la normale diligenza, ha pagato ad alcuna di esse una somma superiore alla quota spettante, risponde verso le altre persone danneggiate nei limiti dell'eccedenza della somma assicurata rispetto alla somma versata.

3. Nel caso di cui al comma 2, le altre persone danneggiate, il cui credito rimanesse insoddisfatto, hanno diritto di ripetere, da chi abbia ricevuto il risarcimento dall'impresa di assicurazione, quanto sarebbe loro spettato in applicazione del comma 1.

4. Nei giudizi promossi fra l'impresa di assicurazione designata e le persone danneggiate sussiste litisconsorzio necessario, applicandosi l'art. 102 del codice di procedura civile. L'impresa di assicurazione designata può effettuare il deposito di una somma, nei limiti del massimale, con effetto liberatorio nei confronti di tutte le persone aventi diritto al risarcimento,

(1) Le parole «all'impresa designata, inviandone copia contestuale alla CONSAP» sono state così sostituite alle precedenti «all'impresa designata ed alla CONSAP» dall'art. 1.210, d.lg. 12 maggio 2015, n. 74.

(2) Comma così sostituito dall'art. 1.11, lett. b, d.lg. 6 novembre 2007, n. 198.

(3) Le parole «, *d*), *d-bis*) e *d-ter*)» sono state così sostituite a quelle «e *d*)» dall'art. 1.12, d.lg. 6 novembre 2007, n. 198.

se il deposito è irrevocabile e vincolato a favore di tutti i danneggiati.

292. *Diritto di regresso e di surroga dell'impresa designata*. — 1. L'impresa designata che, anche in via di transazione, ha risarcito il danno nei casi previsti dall'art. 283, comma 1, lett. *a*) *b*), *d*), *d-bis*) e *d-ter* (1), ha azione di regresso nei confronti dei responsabili del sinistro per il recupero dell'indennizzo pagato nonché degli interessi e delle spese.

2. Nel caso previsto dall'art. 283, comma 1, lett. *c*), l'impresa designata che, anche in via di transazione, ha risarcito il danno è surrogata, per l'importo pagato, nei diritti dell'assicurato e del danneggiato verso l'impresa posta in liquidazione coatta con gli stessi privilegi stabiliti dalla legge a favore dei medesimi.

CAPO III

Liquidazione dei danni a cura del commissario dell'impresa in liquidazione coatta

293. *Liquidazione dei danni a cura del commissario dell'impresa in liquidazione coatta*. — 1. Il commissario dell'impresa in liquidazione può essere autorizzato, nel decreto che dispone la liquidazione coatta, a procedere, anche per conto del Fondo di garanzia per le vittime della strada ed in deroga all'art. 286, comma 1, alla liquidazione dei danni causati dalla circolazione dei veicoli e dei natanti verificatisi anteriormente alla pubblicazione del decreto di liquidazione, nonché di quelli verificatisi successivamente e fino alla scadenza dei contratti di assicurazione in corso o del periodo di tempo per il quale è stato pagato il premio.

2. La Consap – Fondo di garanzia per le vittime della strada anticipa al commissario le somme occorrenti per le spese del procedimento di liquidazione dei danni nei limiti di quanto previsto nel regolamento di cui all'art. 285, comma 2. In caso di insufficienza dell'attivo le somme erogate restano definitivamente a carico della Consap – Fondo di garanzia per le vittime della strada.

3. Per l'assolvimento del compito di cui al comma 1 il commissario provvede a riassumere il personale già dipendente dall'impresa posta in liquidazione coatta. Il personale è retribuito con i minimi previsti nei contratti collettivi di categoria in relazione alle mansioni espletate.

294. *Esercizio dell'azione di risarcimento*. — 1. Gli aventi diritto al risarcimento dei danni presentano al commissario la domanda di risarcimento, a mezzo raccomandata, anche se sia stata precedentemente inviata all'impresa posta in liquidazione coatta.

2. Nessuna azione per il risarcimento può essere proposta nei confronti della procedura prima che siano decorsi sei mesi dalla richiesta. Le sentenze e gli altri provvedimenti che decidono sul risarcimento sono opponibili al Fondo di garanzia delle vittime della strada. La Consap – Fondo di garanzia delle vittime della strada può intervenire nel processo, anche in grado di appello.

3. Se il decreto di liquidazione coatta è pubblicato prima della formazione del giudicato, si applica l'art. 289, comma 1.

295. *Diritti degli assicurati nei confronti del Fondo di garanzia per le vittime della strada*. — 1. Gli assicurati con imprese che esercitano l'assicurazione della responsabilità civile per i danni causati dalla circolazione dei veicoli a motore e dei natanti che siano poste in liquidazione coatta possono far valere, nei limiti delle somme indicate nell'art. 283, comma 4, i diritti derivanti dal contratto nei confronti della Consap - Fondo di garanzia per le vittime della strada, agendo nei confronti del commissario.

CAPO IV

Liquidazione dei danni a cura dell'organismo di indennizzo italiano

296. *Organismo di indennizzo italiano*. — 1. Alla Consap, quale gestore del Fondo di garanzia per le vittime della strada, è riconosciuta la funzione di Organismo di indennizzo italiano.

2. L'Organismo di indennizzo italiano nello svolgimento delle sue funzioni può avvalersi dell'Ufficio centrale italiano secondo le modalità stabilite con apposita convenzione.

297. *Ambito di intervento dell'Organismo di indennizzo italiano*. — 1. L'Organismo di indennizzo italiano è incaricato di risarcire gli aventi diritto che abbiano residenza nel territorio della Repubblica, per danni a cose o a persone derivanti da sinistri avvenuti in un altro Stato membro e provocati dall'uso di:

a) un veicolo assicurato tramite uno stabilimento situato in altro Stato membro e sta-

(1) Le parole «, *d*), *d-bis*) e *d-ter*)» sono state così sostituite a quelle «e *d*)» dall'art. 1.13, d.lg. 6 novembre 2007, n. 198.

zionante in un altro Stato membro;

b) un veicolo di cui risulti impossibile l'identificazione;

c) un veicolo di cui risulti impossibile, entro due mesi dal sinistro, identificare l'impresa di assicurazione.

2. Nel caso di cui al comma 1, lett. *a*), l'Organismo di indennizzo italiano interviene anche qualora il sinistro sia avvenuto in uno Stato terzo il cui Ufficio nazionale per l'assicurazione abbia aderito al sistema della carta verde.

298. *Sinistri causati da veicoli regolarmente assicurati*. — 1. Nei casi previsti dall'art. 297, commi 1, lett. *a*), e 2, gli aventi diritto possono presentare all'Organismo di indennizzo italiano richiesta di risarcimento:

a) qualora l'impresa di assicurazione o il suo mandatario per la liquidazione dei sinistri nel territorio della Repubblica non abbiano fornito una risposta motivata sugli elementi dedotti nella richiesta di risarcimento entro tre mesi dalla data in cui gli aventi diritto hanno presentato la propria richiesta di risarcimento all'impresa di assicurazione del veicolo, il cui uso ha provocato il sinistro o al mandatario per la liquidazione dei sinistri;

b) nel caso in cui l'impresa di assicurazione non abbia designato un mandatario per la liquidazione dei sinistri nel territorio della Repubblica; in tale caso gli aventi diritto non possono presentare all'Organismo di indennizzo italiano una richiesta di risarcimento, se hanno presentato una analoga richiesta direttamente all'impresa di assicurazione del veicolo il cui uso ha provocato il sinistro e hanno ricevuto una risposta motivata entro tre mesi dalla presentazione della richiesta.

2. L'Organismo di indennizzo italiano si astiene o cessa di intervenire a favore degli aventi diritto al risarcimento che hanno intrapreso o intraprendano un'azione legale direttamente contro l'impresa di assicurazione ovvero contro il responsabile del sinistro.

3. L'intervento dell'Organismo di indennizzo italiano è sussidiario rispetto alla richiesta nei confronti della persona o delle persone che hanno causato il sinistro ovvero nei confronti dell'impresa di assicurazione o del suo mandatario. L'Organismo di indennizzo italiano non può subordinare il risarcimento alla dimostrazione che il responsabile del danno sia insolvente o rifiuti di pagare.

4. Gli aventi diritto presentano all'Organismo di indennizzo italiano la propria richiesta di risarcimento nelle forme previste dal regolamento, adottato dal Ministro dello sviluppo economico (1), che dà attuazione al presente titolo.

5. L'Organismo di indennizzo italiano interviene entro due mesi dalla data in cui gli aventi diritto presentano ad esso la richiesta di risarcimento, ma pone fine al suo intervento in caso di successiva risposta motivata dell'impresa di assicurazione o del suo mandatario per la liquidazione dei sinistri alla richiesta degli aventi diritto al risarcimento, a condizione che tale risposta sia inviata entro il termine di due mesi dalla presentazione della richiesta all'organismo di indennizzo.

6. L'Organismo di indennizzo italiano informa immediatamente di aver ricevuto una richiesta di risarcimento dagli aventi diritto e che interverrà entro due mesi a decorrere dalla presentazione di detta richiesta, i seguenti soggetti:

a) l'impresa di assicurazione con la quale è assicurato il veicolo che ha causato il sinistro o il mandatario per la liquidazione dei sinistri;

b) l'organismo di indennizzo dello Stato membro dello stabilimento dell'impresa di assicurazione che ha stipulato il contratto;

c) la persona che ha causato il sinistro, se nota;

d) l'ufficio nazionale per l'assicurazione dello Stato ove è avvenuto il sinistro, se il sinistro è stato causato da un veicolo stazionante in un altro Stato rispetto a quello in cui è accaduto il sinistro.

7. L'organismo di indennizzo italiano cui è stata presentata la richiesta di risarcimento è tenuto a rispettare, per la determinazione della responsabilità e la quantificazione del danno, le norme di diritto positivo applicabili nello Stato ove è avvenuto il sinistro.

299. *Rimborsi tra organismi di indennizzo*. — 1. L'Organismo di indennizzo italiano, qualora abbia risarcito gli aventi diritto secondo quanto stabilito dall'art. 298, acquisisce un credito, nei confronti dell'Organismo di indennizzo dello Stato membro ove ha sede lo stabilimento dell'impresa di assicurazione che ha stipulato il contratto di assicurazione del veicolo che ha causato il sinistro, per quanto anticipato a titolo di risarcimento e per quanto sostenuto a titolo di spese dirette e indirette relative alla liquidazione del danno, nella misura e con le modalità stabilite dall'accordo fra gli organismi di indennizzo e fra gli organismi di indennizzo e i fondi di garanzia.

2. Nel caso di sinistri avvenuti in uno Stato

(1) Le parole «Ministro dello sviluppo economico» sono state così sostituite alle precedenti «Ministro delle attività produttive» dall'art. 1.213, d.lg. 12 maggio 2015, n. 74.

membro diverso dallo Stato di residenza degli aventi diritto al risarcimento o nel caso di sinistri avvenuti in uno Stato terzo aderente al sistema della carta verde e causati dalla circolazione dei veicoli assicurati con imprese stabilite nel territorio della Repubblica, l'Organismo di indennizzo italiano è tenuto al rimborso della somma eventualmente pagata dall'organismo di indennizzo dello Stato di residenza degli aventi diritto al risarcimento per danni subiti da questi ultimi.

3. L'Organismo di indennizzo italiano è surrogato nei diritti degli aventi diritto al risarcimento nei confronti dell'impresa di assicurazione o del responsabile del sinistro nella misura in cui l'organismo di indennizzo dello Stato membro di residenza degli aventi diritto ha risarcito questi ultimi per il danno subito. L'impresa è tenuta a rimborsare entro trenta giorni l'Organismo di indennizzo italiano di quanto da quest'ultimo corrisposto a titolo di risarcimento e di quanto dal medesimo corrisposto a titolo di spese dirette ed indirette di cui al comma 1, a semplice richiesta corredata della prova dell'avvenuto pagamento. L'importo da rimborsare può costituire oggetto di contestazione da parte dell'impresa esclusivamente nel caso in cui l'organismo di indennizzo estero abbia omesso di informare l'impresa di assicurazione italiana di aver ricevuto una richiesta di risarcimento da parte degli aventi diritto.

300. *Sinistri causati da veicoli non identificati o non assicurati*. — 1. Nei casi previsti dall'art. 297, comma 1, lett. *b*) e *c*), l'Organismo di indennizzo italiano, ricevuta la richiesta di risarcimento, ne informa immediatamente:

a) il fondo di garanzia dello Stato membro in cui il veicolo che ha causato il sinistro staziona abitualmente, nel caso si tratti di un veicolo non assicurato, nonché il Fondo di garanzia dello Stato membro in cui è accaduto il sinistro se diverso da quello ove staziona abitualmente il veicolo;

b) il fondo di garanzia dello Stato membro in cui si è verificato il sinistro, nel caso in cui lo stesso sia stato causato da un veicolo non identificato ovvero da un veicolo non assicurato di uno Stato terzo.

2. L'Organismo di indennizzo italiano, ricevuta la richiesta di risarcimento, è tenuto a rispettare, per la determinazione della responsabilità e la quantificazione del danno, le norme del diritto positivo vigenti nello Stato ove è avvenuto il sinistro.

3. L'Organismo di indennizzo italiano, qualora abbia risarcito gli aventi diritto, secondo quanto previsto nel comma 1, ha diritto di richiedere il rimborso di quanto corrisposto a titolo di risarcimento e di quanto sostenuto a titolo di spese dirette e indirette nella misura e secondo le modalità stabilite dall'accordo fra gli organismi di indennizzo e fra gli organismi di indennizzo e i fondi di garanzia:

a) al Fondo di garanzia dello Stato membro in cui il veicolo staziona abitualmente, nel caso in cui non possa essere identificata l'impresa di assicurazione;

b) al Fondo di garanzia dello Stato membro ove si è verificato il sinistro, nel caso di veicolo non identificato;

c) al Fondo di garanzia dello Stato membro ove si è verificato il sinistro, nel caso di veicoli non assicurati di uno Stato terzo.

301. *Rimborsi a carico del Fondo di garanzia per le vittime della strada*. — 1. Il Fondo di garanzia per le vittime della strada rimborsa l'organismo di indennizzo dello Stato membro nel quale gli aventi diritto al risarcimento risiedono della somma con la quale il predetto organismo ha risarcito tali aventi diritto, nonché delle spese dirette e indirette di cui all'art. 300, comma 3, nei seguenti casi:

a) sinistri avvenuti in uno Stato membro diverso da quello di residenza degli aventi diritto al risarcimento e causati da un veicolo stazionante abitualmente nel territorio della Repubblica per il quale non è possibile identificare l'impresa di assicurazione;

b) sinistri avvenuti nel territorio della Repubblica e causati da un veicolo non identificato o da un veicolo non assicurato di uno Stato terzo.

2. Il Fondo di garanzia per le vittime della strada, dopo aver rimborsato l'organismo di indennizzo, ha diritto di esercitare l'azione di regresso prevista dall'art. 292.

CAPO V

Sistema di indennizzo dei danni derivanti dall'esercizio dell'attività venatoria

302. *Ambito di intervento*. — 1. Il Fondo di garanzia per le vittime della caccia, costituito presso la Consap, risarcisce i danni causati nell'esercizio dell'attività venatoria per i quali vi è obbligo di assicurazione nei casi in cui:

a) l'esercente l'attività venatoria non sia identificato;

b) l'esercente l'attività venatoria responsabile dei danni non risulti coperto dall'assicurazione obbligatoria per la responsabilità civile;

c) l'esercente l'attività venatoria sia assicurato presso un'impresa operante nel territorio della Repubblica in regime di stabilimento o di prestazione di servizi e che, al momento del sinistro, si trovi in stato di liquidazione coatta o vi sia posta successivamente.

2. Nel caso di cui alla lett. *a*), il risarcimento è dovuto solo per i danni alla persona che abbiano comportato la morte od un'invalidità permanente superiore al venti per cento. Nel caso di cui alla lett. *b*), il risarcimento è dovuto per i danni alla persona nonché per i danni alle cose il cui ammontare sia superiore all'importo stabilito nel regolamento di attuazione del presente capo. Nel caso di cui alla lett. *c*), il risarcimento è dovuto per i danni alla persona nonché per i danni alle cose il cui ammontare sia superiore all'importo di euro cinquecento. La percentuale di inabilità permanente, la qualifica di convivente a carico e la percentuale di reddito del danneggiato da calcolare a favore di ciascuno dei conviventi a carico sono determinate in base alle norme del t.u. delle disposizioni per l'assicurazione obbligatoria contro gli infortuni sul lavoro e le malattie professionali.

3. In tutti i casi previsti dal comma 1, il danno è risarcito nei limiti dei minimi di garanzia previsti nella legge che disciplina l'esercizio dell'attività venatoria.

303. *Fondo di garanzia per le vittime della caccia*. — 1. Il Fondo di garanzia per le vittime della caccia è amministrato, sotto la vigilanza del Ministero dello sviluppo economico (1), dalla Consap con l'assistenza di un apposito comitato.

2. Il Ministro dello sviluppo economico (2) disciplina, con regolamento, le condizioni e le modalità di amministrazione, di intervento e di rendiconto del Fondo di garanzia per le vittime della caccia, nonché la composizione del comitato di cui al comma 1 (3).

3. Le imprese autorizzate all'esercizio delle assicurazioni per la responsabilità venatoria sono tenute a versare annualmente alla Consap, gestione autonoma del Fondo di garanzia per le vittime della caccia, un contributo commisurato al premio incassato per ciascun contratto stipulato in adempimento dell'obbligo di assicurazione.

4. Il regolamento di cui al comma 2 determina le modalità di fissazione annuale della misura del contributo, nel limite massimo del quindici per cento del premio imponibile (4), tenuto conto dei risultati della liquidazione dei danni che sono determinati nel rendiconto annualmente predisposto dal comitato di gestione del fondo.

304. *Diritto di regresso e di surroga*. — 1. Il Fondo di garanzia per le vittime della caccia che, anche in via di transazione, ha risarcito il danno nei casi previsti all'art. 302, comma 1, lett. *a*) e *b*), ha azione di regresso nei confronti del responsabile del danno per il recupero dell'indennizzo pagato, nonché degli interessi e delle spese.

2. Nel caso previsto all'art. 302, comma 1, lett. *c*), il Fondo di garanzia per le vittime della caccia che ha risarcito il danno è surrogato, per l'importo pagato, nei diritti dell'assicurato e del danneggiato verso l'impresa posta in liquidazione coatta, beneficiando dello stesso trattamento previsto per i crediti di assicurazione indicati all'art. 258, comma 4, lett. *a*).

TITOLO XVIII

Sanzioni e procedimenti sanzionatori (5)

CAPO I

ABUSIVISMO E IMPEDIMENTO ALL'ESERCIZIO DELLE FUNZIONI DI VIGILANZA (6)

305. *Attività abusivamente esercitata*. — 1.

(1) Le parole «Ministero dello sviluppo economico» sono state così sostituite alle precedenti «Ministero delle attività produttive» dall'art. 1.213, d.lg. 12 maggio 2015, n. 74.

(2) Le parole «Ministro dello sviluppo economico» sono state così sostituite alle precedenti «Ministro delle attività produttive» dall'art. 1.213, d.lg. 12 maggio 2015, n. 74.

(3) V. d.m. Sviluppo economico 25 luglio 2014, n. 136, in G.U., 16 settembre 2014, n. 215.

(4) Le parole «le modalità di fissazione annuale della misura del contributo, nel limite massimo del quindici per cento del premio imponibile» sono state così sostituite alle precedenti «la misura del contributo, nel limite massimo del cinque per cento del premio imponibile» dall'art. 1.28, lett. c, l. 4 agosto 2017, n. 124.

(5) L'art. 4.3, d.lg. 21 maggio 2018, n. 68, così dispone: «Le modifiche apportate al Titolo XVIII del d.lg. 7 settembre 2005, n. 209, si applicano alle violazioni commesse dopo l'entrata in vigore delle disposizioni adottate dall'IVASS ai sensi dell'art. 331-*bis* del medesimo decreto legislativo. Alle violazioni commesse prima della data di entrata in vigore delle disposizioni adottate dall'IVASS continuano ad applicarsi le norme del Titolo XVIII del d.lg. 7 settembre 2005, n. 209, vigenti prima della data di entrata in vigore del presente decreto».

Per la procedura di irrogazione delle sanzioni amministrative e disposizioni attuative di cui a questo Titolo v. provv. IVASS 2 agosto 2018, n. 39, in G.U., 19 settembre 2018, n. 218.

(6) Rubrica così sostituita alla precedente «Abusivismo» dall'art. 1.39, d.lg. 21 maggio 2018, n. 68. In base all'art. 4.7, d.lg. cit., tali disposizioni «trovano applicazione dal 1° ottobre 2018».

Chiunque svolge attività assicurativa o riassicurativa in difetto di autorizzazione è punito con la reclusione da due a quattro anni e con la multa da euro ventimila ad euro duecentomila.

2. Chiunque esercita l'attività di intermediazione assicurativa o riassicurativa in difetto di iscrizione al registro di cui all'art. 109 è punito con la reclusione da sei mesi a due anni e con la multa da euro diecimila a euro centomila.

3. Se vi è fondato sospetto che una società svolga attività assicurativa o riassicurativa in violazione del comma 1 o di intermediazione assicurativa o riassicurativa in violazione del comma 2, l'IVASS (1) richiede al tribunale l'adozione dei provvedimenti previsti dall'art. 2409 del codice civile ovvero allo stesso fine denunzia i fatti al pubblico ministero.

4. .... (2).

5. L'esercizio dell'attività di perito di assicurazione in difetto di iscrizione al ruolo previsto dall'art. 156 è punito a norma dell'art. 348 del codice penale.

306. *Impedimenti all'esercizio delle funzioni di vigilanza*. — 1. Fuori dai casi previsti dall'art. 2638 del codice civile, chiunque ostacola le funzioni di vigilanza con il rifiuto dell'accesso ai locali o con il diniego all'ordine di esibizione della documentazione concernente l'attività assicurativa o riassicurativa o di intermediazione assicurativa o riassicurativa, che viene opposto ai funzionari dell'IVASS (1) incaricati di accertare i fatti che possono configurare una violazione dell'art. 305, è punito con la reclusione fino a due anni e la multa da euro diecimila ad euro centomila.

2. .... (3).

307. *Collaborazione con la Guardia di finanza*. — 1. Nell'esercizio delle funzioni di vigilanza, l'IVASS (1) può avvalersi della Guardia di finanza, che esegue le verifiche e gli accertamenti richiesti agendo con i poteri di indagine ad essa attribuiti ai fini dell'accertamento dell'imposta sul valore aggiunto e delle imposte sui redditi.

2. Tutte le notizie, le informazioni e i dati acquisiti dalla Guardia di finanza nell'assolvimento dei compiti previsti dal comma 1 sono comunicati all'IVASS (1).

308. *Abuso di denominazione assicurativa*. — 1. L'uso, nella denominazione sociale o in qualsiasi comunicazione al pubblico, delle parole assicurazione, riassicurazione, impresa o (4) compagnia di assicurazione, impresa o (4) compagnia di riassicurazione, mutua assicuratrice ovvero di altre parole o locuzioni, anche in lingua estera, idonee a trarre in inganno sulla legittimazione allo svolgimento dell'attività assicurativa o riassicurativa è vietato ai soggetti diversi, rispettivamente, da quelli autorizzati all'esercizio dell'attività di assicurazione o di riassicurazione.

2. L'uso nella ragione o nella denominazione sociale o in qualsiasi comunicazione al pubblico, delle parole intermediario di assicurazione, intermediario di riassicurazione, produttore di assicurazione, intermediario di assicurazione a titolo accessorio (5), agente di assicurazione, broker, mediatore di assicurazione, mediatore di riassicurazione, produttore diretto di assicurazione, perito di assicurazione ovvero di altre parole o locuzioni, anche in lingua estera, idonee a trarre in inganno sulla legittimazione allo svolgimento di attività di intermediazione assicurativa, riassicurativa o di attività peritale è vietato a soggetti diversi da quelli iscritti nel registro degli intermediari di assicurazione e di riassicurazione di cui all'art. 109 o nel ruolo dei periti di assicurazione di cui all'art. 156.

3. L'IVASS (1) determina, con regolamento, le ipotesi in cui, per l'esistenza di controlli amministrativi o in base ad elementi di fatto, le parole o le locuzioni indicate nei commi 1 e 2 possono essere utilizzate da soggetti diversi dalle imprese o dagli intermediari (6).

4. Chiunque contravviene al disposto del comma 1 è punito, se persona fisica, con la sanzione amministrativa pecuniaria da euro cinquemila a euro cinque milioni e, se persona giuridica, con la sanzione amministrativa pecuniaria da euro trentamila al dieci per cento del fatturato. La misura della sanzione può essere

(1) La parola «IVASS» è stata così sostituita alla precedente «ISVAP» dall'art. 1.213, d.lg. 12 maggio 2015, n. 74.

(2) Comma abrogato dall'art. 1.40, d.lg. 21 maggio 2018, n. 68. In base all'art. 4.7, d.lg. cit., tali disposizioni «trovano applicazione dal 1° ottobre 2018».

(3) Comma abrogato dall'art. 1.41, d.lg. 21 maggio 2018, n. 68. In base all'art. 4.7, d.lg. cit., tali disposizioni «trovano applicazione dal 1° ottobre 2018».

(4) Le parole «impresa o» sono state inserite dall'art. 1.42, lett. a, d.lg. 21 maggio 2018, n. 68. In base all'art. 4.7, d.lg. cit., tali disposizioni «trovano applicazione dal 1° ottobre 2018».

(5) Le parole «intermediario di assicurazione a titolo accessorio,» sono state inserite dall'art. 1.42, lett. b, d.lg. 21 maggio 2018, n. 68. In base all'art. 4.7, d.lg. cit., tali disposizioni «trovano applicazione dal 1° ottobre 2018».

(6) Per la disciplina dell'uso di denominazione assicurativa ai sensi di questo comma v. reg. ISVAP 14 novembre 2007, n. 9, in suppl. ord. n. 245 a G.U., 26 novembre 2007, n. 275, come modificato e integrato con provv, IVASS 2 agosto 2018, n. 76, in G.U., 19 settembre 2018, n. 218.

aumentata secondo quanto previsto all'art. 310, comma 2 (1).

4-*bis*. Chiunque contravviene al disposto del comma 2 è punito, se persona fisica, con la sanzione amministrativa pecuniaria da euro mille ad euro settecentomila e, se persona giuridica, con la sanzione amministrativa pecuniaria da euro cinquemila ad euro cinque milioni oppure, se superiore, al cinque per cento del fatturato. La misura della sanzione può essere aumentata secondo quanto previsto all'art. 310, comma 2 (1).

308-*bis*. *Inottemperanza alle richieste dell'IVASS o ritardo dell'esercizio delle funzioni di vigilanza*. — 1. Fuori dai casi previsti dall'art. 306 e dall'art. 2638 del codice civile, chiunque non ottempera nei termini alle richieste dell'IVASS ovvero ritarda l'esercizio delle sue funzioni è punito, se persona fisica, con la sanzione amministrativa pecuniaria da euro cinquemila ad euro cinque milioni e, se persona giuridica, con la sanzione amministrativa pecuniaria da euro trentamila al dieci per cento del fatturato. La misura della sanzione può essere aumentata secondo quanto previsto all'art. 310, comma 2 (2).

CAPO II

Sanzioni amministrative pecuniarie ed altre misure per violazioni non riguardanti la distribuzione assicurativa (3)

309. .... (4).

310. *Sanzioni amministrative pecuniarie*. — 1. Si applica la sanzione amministrativa pecuniaria da euro trentamila al dieci percento del fatturato per le seguenti violazioni:

a) inosservanza degli artt. 11, 12, 13, 15, 16, 18, 21, 22, 28, 29, 30, 30-*bis*, 30-*ter*, 30-*quater*, 30-*quinquies*, 30-*sexies*, 30-*septies*, 30-*octies*, 30-*novies*, 32, 33, 35-*bis*, 35-*ter*, 35-*quater*, 36-*bis*, 36-*ter*, 36-*quater*, 36-*quinquies*, 36-*sexies*, 36-*septies*, 36-*octies*, 36-*novies*, 36-*decies*, 36-*undecies*, 36-*duodecies*, 36-*terdecies*, 37-*bis*, 37-*ter*, 38, 41, 42, 42-*bis*, 43, 44-*ter*, 44-*quater*, 44-*quinquies*, 44-*sexies*, 44-*septies*, 44-*octies*, 44-*novies*, 44-*decies*, 47-*quater*, comma 1, 47-*septies*, 47-*octies*, 47-*novies*, 47-*decies*, 48, 48-*bis*, 49, 51-*quater*, 53, 55, 56, 57, 57-*bis*, 58, 59-*bis*, 59-*ter*, 59-*quater*, 59-*quinquies*, 60-*bis*, 62, 63, 64, 65, 65-*bis*, 66-*sexies*.1, 66-*septies*, 67, 73, 75, comma 1, 76, comma 2, 77, commi 1, 3 e 4, 88, 89, 90, 92, 93, 94, 95, 96, 98, 99, 100, 101, 188, 189, comma 1, 190, commi 1, 1-*bis*, 1-*ter* e 5-*bis*, 190-*bis*, comma 1, 191, 196, comma 2, 197, 210, 210-*ter*, comma 8, 213, 214-*bis*, 215-*bis*, 216, commi 1 e 2, 216-*ter*, 216-*sexies*, 216-*octies*, 216-*novies*, 220-*novies*, comma 1, 348 e 349, comma 1, o delle relative norme di attuazione;

b) inosservanza degli artt. 10-*quater*, 132-*ter*, 133, 182, commi 1 e 3, o delle relative norme di attuazione;

c) inosservanza degli artt. 125, comma 5-*bis*, 127, comma 3, limitatamente all'obbligo di rilascio del certificato di assicurazione, 134 ad eccezione del comma 2, 146, 148, 149, 150, 152, comma 5, e 183, o delle relative norme di attuazione.

2. Se il vantaggio ottenuto dall'autore delle violazioni di cui al comma 1, lett. *a*) e *b*), come conseguenza delle violazioni stesse è superiore al massimo edittale indicato nel presente articolo, la sanzione amministrativa pecuniaria è elevata fino al doppio dell'ammontare del vantaggio ottenuto, purché tale ammontare sia determinabile (5).

310-*bis*. *Rifiuto ed elusione dell'obbligo a contrarre*. — 1. L'inosservanza dell'art. 132, commi 1, 1-*bis* e 1-*ter*, è punita con la sanzione amministrativa pecuniaria da euro duemilacinquecento ad euro quindicimila.

2. La violazione di cui al comma 1 è punita con la sanzione amministrativa pecuniaria da euro un milione ad euro cinque milioni qualora attuata con riferimento a determinate zone territoriali o a singole categorie di assicurati (6).

310-*ter*. *Scatole nere e altri dispositivi elettronici*. — 1. Il mancato adeguamento, da parte dell'impresa di assicurazione o del provider di

(1) Gli attuali commi 4 e 4-*bis* sono stati così sostituiti all'originario comma 4 dall'art. 1.42, lett. b, d.lg. 21 maggio 2018, n. 68. In base all'art. 4.7, d.lg. cit., tali disposizioni «trovano applicazione dal 1° ottobre 2018».

(2) Articolo inserito dall'art. 1.43, d.lg. 21 maggio 2018, n. 68. In base all'art. 4.7, d.lg. cit., tali disposizioni «trovano applicazione dal 1° ottobre 2018».

(3) Rubrica così sostituita alla precedente «Imprese di assicurazione e di riassicurazione» dall'art. 1.44, d.lg. 21 maggio 2018, n. 68. In base all'art. 4.7, d.lg. cit., tali disposizioni «trovano applicazione dal 1° ottobre 2018».

(4) Articolo abrogato dall'art. 1.45, d.lg. 21 maggio 2018, n. 68. In base all'art. 4.7, d.lg. cit., tali disposizioni «trovano applicazione dal 1° ottobre 2018».

(5) Articolo così sostituito, da ultimo, dall'art. 1.46, d.lg. 21 maggio 2018, n. 68. In base all'art. 4.7, d.lg. cit., tali disposizioni «trovano applicazione dal 1° ottobre 2018».

(6) Articolo inserito dall'art. 1.47, d.lg. 21 maggio 2018, n. 68. In base all'art. 4.7, d.lg. cit., tali disposizioni «trovano applicazione dal 1° ottobre 2018».

telematica assicurativa, alle condizioni stabilite dal regolamento previsto all'art. 32, comma 1-*bis*, del d.l. 24 gennaio 2012, n. 1, convertito, con modificazioni, dalla l. 24 marzo 2012, n. 27, e successive modificazioni, è punito con la sanzione amministrativa pecuniaria di tremila euro per ogni giorno di ritardo (1).

310-*quater*. *Obblighi di comunicazione alle banche dati*. — 1. L'omissione, l'incompletezza, l'erroneità o la tardività delle comunicazioni di cui all'art. 134, comma 2, o all'art. 135, comma 2, o all'art. 154, commi 4 e 5, o alle relative norme di attuazione, accertata semestralmente e contestata con unico atto da notificare entro il termine di cui all'art. 311-*septies*, comma 1, decorrente dal sessantesimo giorno successivo alla scadenza del semestre di riferimento, è punita con un'unica sanzione amministrativa pecuniaria da diecimila euro a centomila euro (1).

310-*quinquies*. *Inosservanza dei provvedimenti cautelari e interdittivi*. — 1. La violazione dei provvedimenti interdittivi e cautelari adottati ai sensi degli artt. 182 e 184 è punita con la sanzione amministrativa pecuniaria da trentamila euro al dieci per cento del fatturato. La misura della sanzione può essere aumentata secondo quanto previsto all'art. 310, comma 2 (1).

311. *Assetti proprietari*. — 1. L'omissione l'incompletezza o l'erroneità delle comunicazioni prescritte dagli artt. 69, 70, comma 1, 71, 74, comma 1 e 79, compresa anche l'intenzione di assumere la partecipazione di controllo, o dalle relative norme di attuazione è punita, se commessa da una persona fisica, con la sanzione amministrativa pecuniaria da cinquemila euro a cinque milioni di euro e, se commessa da una persona giuridica, con la sanzione amministrativa pecuniaria da trentamila euro al dieci per cento del fatturato. La misura della sanzione può essere aumentata secondo quanto previsto all'art. 310, comma 2 (2).

311-*bis*. *Principio della rilevanza della violazione*. — 1. Le sanzioni previste dall'art. 310, comma 1, 310-*bis*, comma 1, e dall'art. 310-*quater* si applicano quando le infrazioni rivestono carattere rilevante, secondo i criteri definiti dall'IVASS con regolamento tenendo conto dell'incidenza delle condotte sulla tutela degli assicurati e degli aventi diritto alle prestazioni assicurative, sulla complessiva organizzazione e sui profili di rischio aziendale nonché sull'esercizio delle funzioni di vigilanza (3).

311-*ter*. *Ordine di porre termine alle violazioni*. — 1. Per le violazioni previste dall'art. 310, comma 1, lett. *a*), quando esse siano connotate da scarsa offensività o pericolosità, l'IVASS può, in alternativa all'applicazione delle sanzioni amministrative pecuniarie, applicare nei confronti dell'impresa una sanzione consistente nell'ordine di eliminare le infrazioni, anche indicando le misure da adottare e il termine per l'adempimento.

2. Per l'inosservanza dell'ordine entro il termine stabilito, l'IVASS applica le sanzioni amministrative pecuniarie previste dall'art. 310, comma 1, secondo i criteri di cui all'art. 311-*quinquies*; l'importo delle sanzioni così determinato è aumentato sino a un terzo rispetto a quello previsto per la violazione originaria, fermi restando i massimali stabiliti dall'art. 310 (3).

311-*quater*. *Accertamento unitario per violazioni della stessa indole*. — 1. Per l'inosservanza degli artt. 125, comma 5-*bis*, 127, comma 3, limitatamente al certificato di assicurazione, 134, ad eccezione del comma 2, 146, 148, 149, 150, 152, comma 5, e 183, o delle relative norme di attuazione, l'IVASS provvede all'accertamento unitario delle violazioni della stessa indole, come definite all'art. 8-*bis*, della l. n. 689 del 1981, effettuato con riferimento ad un determinato arco temporale, e alla contestazione degli addebiti con un unico atto da notificare entro il termine di cui all'art. 311-*septies*. Nel caso di verifiche a distanza l'arco temporale di riferimento e il termine entro il quale si considera concluso l'accertamento delle violazioni rilevate non possono eccedere i dodici mesi. Con regolamento dell'IVASS è stabilito il termine entro il quale si considera concluso l'accertamento delle violazioni rilevate in sede di verifiche ispettive.

2. L'IVASS, qualora l'impresa in sede difensiva fornisca adeguata dimostrazione del fatto che le violazioni contestate ai sensi del comma 1 sono dipese dalla medesima disfunzione della propria organizzazione, comunica alla stessa il termine perentorio, non superiore a centottanta giorni, entro il quale effettuare gli interventi necessari per eliminare la disfunzione.

(1) Articolo inserito dall'art. 1.47, d.lg. 21 maggio 2018, n. 68. In base all'art. 4.7, d.lg. cit., tali disposizioni «trovano applicazione dal 1° ottobre 2018».

(2) Articolo così sostituito dall'art. 1.48, d.lg. 21 maggio 2018, n. 68. In base all'art. 4.7, d.lg. cit., tali disposizioni «trovano applicazione dal 1° ottobre 2018».

(3) Articolo inserito dall'art. 1.49, d.lg. 21 maggio 2018, n. 68. In base all'art. 4.7, d.lg. cit., tali disposizioni «trovano applicazione dal 1° ottobre 2018».

L'IVASS, ricevuta la comunicazione relativa all'adozione delle misure correttive, verifica che siano state adottate le misure stesse e ne comunica gli esiti all'impresa.

3. Nel caso in cui le misure correttive adottate ai sensi del comma 2 siano risultate idonee ad eliminare la disfunzione, la misura della sanzione amministrativa pecuniaria prevista dall'art. 310, comma 1, determinata secondo i criteri di cui all'art. 311-*quinquies*, è ridotta da un terzo a due terzi, fatto salvo il minimo edittale. Eventuali rilievi formulati dall'IVASS sulle misure correttive adottate non precludono l'applicazione della riduzione, ma sono valutati in sede di determinazione della sanzione.

4. L'impresa può presentare osservazioni in ordine agli eventuali rilievi dell'IVASS sulle misure correttive adottate nel termine di sessanta giorni dal ricevimento della relativa comunicazione.

5. La riduzione di cui al comma 3 non è applicata:

a) nel caso in cui l'impresa non abbia adottato gli interventi correttivi;

b) nel caso in cui gli interventi adottati siano risultati inidonei ad eliminare la disfunzione;

c) nel caso in cui l'impresa ne abbia già usufruito per violazioni della stessa indole sulla base di provvedimento esecutivo emesso nei tre anni precedenti (1).

311-*quinquies*. *Criteri per la determinazione delle sanzioni*. — 1. Nella determinazione dell'ammontare delle sanzioni amministrative pecuniarie o della durata delle sanzioni accessorie previste per le violazioni non riguardanti la distribuzione assicurativa l'IVASS considera ogni circostanza rilevante e, in particolare, tenuto conto del fatto che il destinatario della sanzione sia persona fisica o giuridica, le seguenti, ove pertinenti:

a) la gravità e la durata della violazione;

b) il grado di responsabilità;

c) la capacità finanziaria del responsabile della violazione;

d) l'entità del vantaggio ottenuto o delle perdite evitate attraverso la violazione, nella misura in cui essa sia determinabile;

e) i pregiudizi cagionati a terzi attraverso la violazione, nella misura in cui il loro ammontare sia determinabile;

f) il livello di cooperazione del responsabile della violazione con l'IVASS;

g) le precedenti violazioni in materia assicurativa commesse dal medesimo soggetto;

h) le misure adottate successivamente alla violazione al fine di evitare in futuro il suo ripetersi;

i) nell'ipotesi di accertamento unitario di una pluralità di violazioni della stessa indole ai sensi dell'art. 311-*quater*, anche il numero e la tipologia delle infrazioni e l'importo della prestazione assicurativa liquidata (1).

311-*sexies*. *Sanzioni amministrative agli esponenti aziendali o al personale*. — 1. Fermo restando quanto previsto all'art. 325, comma 1 circa la responsabilità delle imprese nei confronti delle quali sono accertate le violazioni, per l'inosservanza delle norme richiamate nell'art. 310, comma 1, lett. *a*) si applica, salvo che il fatto costituisca reato, la sanzione amministrativa pecuniaria da cinquemila euro a cinque milioni di euro nei confronti dei soggetti che svolgono le funzioni di amministrazione, di direzione, di controllo, nonché dei dipendenti o di coloro che operano sulla base di rapporti che ne determinano l'inserimento nell'organizzazione dell'impresa anche in forma diversa dal rapporto di lavoro subordinato quando l'inosservanza è conseguenza della violazione di doveri propri o dell'organo di appartenenza e ricorrono una o più delle seguenti condizioni:

a) la condotta ha inciso in modo rilevante sulla complessiva organizzazione o sui profili di rischio aziendali;

b) la condotta ha contribuito a determinare la mancata ottemperanza dell'impresa a provvedimenti specifici adottati ai sensi degli artt. 188, comma 3-*bis*, lett. *a*), *b*) e *c*) e 214-*bis*, comma 1;

c) le violazioni riguardano obblighi imposti ai sensi dell'art. 76 o dell'art. 79, comma 3, o dell'art. 191, comma 1, lett. *g*).

2. Nel caso in cui la condotta dei soggetti di cui al comma 1 abbia contribuito a determinare l'inosservanza dell'ordine previsto nell'art. 311-*ter* da parte dell'impresa, si applica nei confronti dei soggetti stessi la sanzione amministrativa pecuniaria da cinquemila euro a cinque milioni di euro.

3. Con il provvedimento di applicazione della sanzione, tenuto conto dei criteri stabiliti dall'art. 311-*quinquies*, l'IVASS può applicare la sanzione amministrativa accessoria dell'interdizione dallo svolgimento di funzioni di amministrazione, direzione e controllo presso imprese di assicurazione e di riassicurazione, per un periodo non inferiore a sei mesi e non superiore a tre anni.

4. La misura della sanzione amministrativa

(1) Articolo inserito dall'art. 1.49, d.lg. 21 maggio 2018, n. 68. In base all'art. 4.7, d.lg. cit., tali disposizioni «trovano applicazione dal 1° ottobre 2018».

pecuniaria può essere aumentata secondo quanto previsto all'art. 310, comma 2 (1).

311-*septies*. *Procedura di applicazione delle sanzioni amministrative alle imprese e agli esponenti aziendali o al personale*. — 1. L'IVASS, fermo restando quanto previsto dagli artt. 310-*quater*, 311-*bis* e 311-*quater*, nel termine di centoventi giorni dall'accertamento dell'infrazione, ovvero nel termine di centottanta giorni per i soggetti residenti all'estero, provvede alla contestazione degli addebiti nei confronti dei possibili responsabili della violazione.

2. Entro il termine di sessanta giorni dalla notifica della contestazione di cui al comma 1, il destinatario può presentare all'IVASS deduzioni difensive e istanza di audizione, cui può partecipare anche con l'assistenza di un avvocato.

3. L'IVASS, tenuto conto degli elementi istruttori acquisiti agli atti, applica le sanzioni o dispone l'archiviazione del procedimento con provvedimento motivato.

4. Il procedimento sanzionatorio è retto dai principi del contraddittorio, della conoscenza degli atti istruttori, della verbalizzazione nonché della distinzione tra funzioni istruttorie e funzioni decisorie.

5. La tutela giurisdizionale davanti al giudice amministrativo è disciplinata dal codice del processo amministrativo. I ricorsi sono notificati all'IVASS che provvede alla difesa in giudizio con propri legali. L'opposizione non sospende l'esecuzione del provvedimento (1).

312. .... (2).

CAPI III-IV (3)

....

CAPO V

DOVERI NEI CONFRONTI DELL'AUTORITÀ DI VIGILANZA

321. *Doveri degli organi di controllo*. — 1. Alle persone che compongono gli (4) organi di controllo di un'impresa di assicurazione o di riassicurazione le quali (5) omettono le comunicazioni previste dall'art. 190, commi 1 e 3, si applica la sanzione amministrativa pecuniaria da euro cinquemila ad cinque milioni di euro (6).

2. La medesima sanzione si applica alle persone che compongono i (7) corrispondenti organi delle società, ivi incluse le società di partecipazione assicurativa e di partecipazione finanziaria mista, (8) che controllano un'impresa di assicurazione o di riassicurazione o che sono da queste controllate le quali omettono (9) le comunicazioni previste dall'art. 190, commi 1 e 3.

3. .... (10).

4. .... (11).

322. *Doveri del revisore legale e della società di*

(1) Articolo inserito dall'art. 1.49, d.lg. 21 maggio 2018, n. 68. In base all'art. 4.7, d.lg. cit., tali disposizioni «trovano applicazione dal 1° ottobre 2018».

(2) Articolo abrogato dall'art. 1.50, d.lg. 21 maggio 2018, n. 68. In base all'art. 4.7, d.lg. cit., tali disposizioni «trovano applicazione dal 1° ottobre 2018».

(3) Capi abrogati dall'art. 1.50, d.lg. 21 maggio 2018, n. 68. In base all'art. 4.7, d.lg. cit., tali disposizioni «trovano applicazione dal 1° ottobre 2018».

(4) Le parole «Alle persone che compongono gli» sono state così sostituite alle precedenti «Ai componenti degli» dall'art. 1.51, lett. a, d.lg. 21 maggio 2018, n. 68. In base all'art. 4.7, d.lg. cit., tali disposizioni «trovano applicazione dal 1° ottobre 2018».

(5) Le parole «o di riassicurazione le quali» sono state così sostituite alle precedenti «o di riassicurazione che» dall'art. 1.51, lett. a, d.lg. 21 maggio 2018, n. 68. In base all'art. 4.7, d.lg. cit., tali disposizioni «trovano applicazione dal 1° ottobre 2018».

(6) Le parole «cinque milioni di euro» sono state così sostituite alle precedenti «euro cinquantamila» dall'art. 1.51, lett. a, d.lg. 21 maggio 2018, n. 68. In base all'art. 4.7, d.lg. cit., tali disposizioni «trovano applicazione dal 1° ottobre 2018».

(7) Le parole «alle persone che compongono i» sono state così sostituite alle precedenti «ai componenti dei» dall'art. 1.51, lett. b, d.lg. 21 maggio 2018, n. 68. In base all'art. 4.7, d.lg. cit., tali disposizioni «trovano applicazione dal 1° ottobre 2018».

(8) Le parole «, ivi incluse le società di partecipazione assicurativa e di partecipazione finanziaria mista,» sono state inserite dall'art. 1.51, lett. b, d.lg. 21 maggio 2018, n. 68. In base all'art. 4.7, d.lg. cit., tali disposizioni «trovano applicazione dal 1° ottobre 2018».

(9) Le parole «le quali omettono» sono state così sostituite alle precedenti «i quali omettono» dall'art. 1.51, lett. b, d.lg. 21 maggio 2018, n. 68. In base all'art. 4.7, d.lg. cit., tali disposizioni «trovano applicazione dal 1° ottobre 2018».

(10) Comma abrogato dall'art. 1.51, lett. c, d.lg. 21 maggio 2018, n. 68. In base all'art. 4.7, d.lg. cit., tali disposizioni «trovano applicazione dal 1° ottobre 2018».

(11) Comma abrogato dall'art. 41.8, lett. b, d.lg. 27 gennaio 2010, n. 39.

revisione legale (1). — 1. Il revisore legale e i legali rappresentanti della società di revisione legale (2) di un'impresa di assicurazione o di riassicurazione che omettono le comunicazioni previste dall'art. 190, commi 1, 2 e 4, sono segnalati dall'IVASS (3) alla Consob ai fini dell'adozione dei provvedimenti di competenza (4).

2. La medesima segnalazione è disposta nei confronti del revisore legale e dei legali rappresentanti della società di revisione legale (5) che sono incaricate dalle società che controllano un'impresa di assicurazione o di riassicurazione o che sono da queste controllate i quali omettono le comunicazioni previste dall'art. 190, commi 1, 2, 4 e 5.

3. La Consob informa l'IVASS (3) dei provvedimenti adottati.

323. .... (6).

CAPO VI

SANZIONI AMMINISTRATIVE PECUNIARIE ED ALTRE MISURE PER VIOLAZIONI RIGUARDANTI LA DISTRIBUZIONE ASSICURATIVA (7)

324. *Sanzioni relative alla violazione degli obblighi di distribuzione dei prodotti assicurativi inclusi i prodotti di investimento assicurativo distribuiti da intermediari*. — 1. Gli intermediari assicurativi e riassicurativi, ivi inclusi quelli a titolo accessorio che nell'ambito della distribuzione di prodotti assicurativi e di investimento assicurativi violano gli artt. 10-*quater*, 30-*decies*, 107, comma 5, 109, commi 2, ultimo periodo, 3, 4, 4-*bis*, 4-*sexies*, 4-*septies* e 6, 109-*bis*, 110, commi 2 e 3, 111, commi 4 e 5, 112, commi 2, 3 e 5, 113, comma 2, 117, 118, 119, comma 2, ultimo periodo, 119-*bis*, 119-*ter*, 120, 120-*bis*, commi 1, 2, 3 e 6, 120-*ter*, 120-*quater*, 120-*quinquies*, 121, 121-*bis*, 121-*ter*, 131, 170, 185, 185-*bis*, 185-*ter*, 191 o le relative norme di attuazione, sono puniti secondo i criteri di cui all'art. 324-*sexies* con una delle seguenti sanzioni:

a) richiamo;

b) censura;

c) sanzione amministrativa pecuniaria:

1) per le società, da cinquemila euro a cinque milioni di euro oppure, se superiore, pari al cinque per cento del fatturato complessivo annuo risultante dall'ultimo bilancio disponibile approvato dall'organo di amministrazione;

2) per le persone fisiche, da mille euro a settecentomila euro;

d) radiazione o, in caso di società di intermediazione, cancellazione.

2. Il richiamo, consistente in una dichiarazione scritta di biasimo motivato, è disposto per fatti di lieve manchevolezza. La censura è disposta per fatti di particolare gravità. La radiazione o la cancellazione della società di intermediazione è disposta per fatti di eccezionale gravità. La radiazione determina l'immediata risoluzione dei rapporti di intermediazione e, nel caso di esercizio dell'attività in forma societaria, comporta altresì la cancellazione della società nei casi di particolare gravità o di sistematica reiterazione dell'illecito.

3. La violazione dei provvedimenti interdittivi e cautelari adottati ai sensi dell'art. 184 è punita con una delle sanzioni di cui al comma 1.

4. Gli intermediari che, in proprio oppure attraverso collaboratori o altri ausiliari, operano per conto o a beneficio di imprese di assicurazione e riassicurazione che hanno sede legale nel territorio della Repubblica o in Stati terzi, di imprese locali di cui al Titolo IV, Capo I e di particolari mutue assicuratrici di cui all'art. 52, le quali esercitano l'attività assicurativa o riassicurativa oltre i limiti dell'autorizzazione, sono puniti con una delle sanzioni di cui al comma 1.

5. Quando le violazioni degli artt. 119-*bis*,

(1) Rubrica così sostituita alla precedente «Doveri della società di revisione» dall'art. 41.9, d.lg. 27 gennaio 2010, n. 39.

(2) Le parole «Il revisore legale e i legali rappresentanti della società di revisione legale» sono state così sostituite alle precedenti «I legali rappresentanti della società di revisione» dall'art. 41.10, d.lg. 27 gennaio 2010, n. 39.

(3) La parola «IVASS» è stata così sostituita alla precedente «ISVAP» dall'art. 1.213, d.lg. 12 maggio 2015, n. 74.

(4) Le parole «di competenza» sono state così sostituite alle precedenti «di cui all'art. 163 del t.u. dell'intermediazione finanziaria» dall'art. 1.52, d.lg. 21 maggio 2018, n. 68. In base all'art. 4.7, d.lg. cit., tali disposizioni «trovano applicazione dal 1° ottobre 2018».

(5) Le parole «del revisore legale e dei legali rappresentanti della società di revisione legale» sono state così sostituite alle precedenti «dei legali rappresentanti delle società di revisione» dall'art. 41.11, d.lg. 27 gennaio 2010, n. 39.

(6) Articolo abrogato dall'art. 1.188, d.lg. 12 maggio 2015, n. 74.

(7) Rubrica così sostituita alla precedente «Intermediari di assicurazione» dall'art. 1.53, d.lg. 21 maggio 2018, n. 68. In base all'art. 4.7, d.lg. cit., tali disposizioni «trovano applicazione dal 1° ottobre 2018».

119-*ter*, 120, 120-*bis*, 120-*ter*, 120-*quater*, 120-*quinquies*, 121, riguardano un prodotto di investimento assicurativo, l'IVASS applica le sanzioni di cui al comma 1 nei soli confronti degli intermediari di cui all'art. 109, comma 2, lett. *a*) e *b*), e relativi collaboratori di cui alla lett. *e*), e degli intermediari di cui alla lett. *c*). In tal caso, la misura massima della sanzione pecuniaria può essere determinata, in alternativa rispetto a quanto previsto al comma 1, lett. *c*), fino al doppio dell'ammontare dei profitti ricavati o delle perdite evitate grazie alla violazione, se possono essere determinati. L'IVASS, oltre alle sanzioni di cui al comma 1, può adottare una dichiarazione pubblica indicante la persona fisica o giuridica responsabile e la natura della violazione. Le medesime sanzioni di cui al presente comma si applicano nel caso di violazione degli artt. 121-*quinquies*, 121-*sexies* e 121-*septies*.

6. Quando la violazione degli artt. 30-*decies* e 121-*bis* riguarda un prodotto di investimento assicurativo, l'IVASS applica le sanzioni di cui al comma 1 nei confronti di tutti gli intermediari di cui al medesimo comma. La misura massima della sanzione pecuniaria può essere determinata, in alternativa rispetto a quanto previsto al comma 1, lettera c), fino al doppio dell'ammontare dei profitti ricavati o delle perdite evitate grazie alla violazione, se possono essere determinati. L'IVASS, oltre alle sanzioni di cui al comma 1, può adottare una dichiarazione pubblica indicante la persona fisica o giuridica responsabile e la natura della violazione.

7. Alle violazioni delle disposizioni richiamate all'art. 24, par. 1, del reg. (UE) n. 1286/2014 diverse da quelle del presente articolo commesse dai soggetti di cui al comma 5 si applica l'art. 193-*quinquies* del testo unico dell'intermediazione finanziaria. La nozione di fatturato è definita ai sensi dell'art. 325-*bis* del presente codice (1).

324-*bis*. *Sanzioni relative alla violazione degli obblighi di distribuzione dei prodotti assicurativi e di investimento assicurativo distribuiti da imprese*. — 1. Le imprese di assicurazione o di riassicurazione che nell'ambito della distribuzione di prodotti assicurativi o di investimento assicurativi, violano gli artt. 10-*quater*, 30-*decies*, 107, comma 5, 109, commi 4, ultimo periodo, e 4-*ter*, 111, commi 1 e 2, 114-*bis*, 119, comma 2, ultimo periodo, 119-*bis*, 119-*ter*, 120, commi 2 e 3, 120-*bis*, commi 4 e 5, 120-*quater*, 120-*quinquies*, 121, 121-*bis*, 121-*ter*, 131, 170, 185, 185-*bis*, 185-*ter*, 186, 187, 191 o le relative norme di attuazione, sono puniti secondo i criteri di cui all'art. 324-*sexies* con la sanzione amministrativa pecuniaria da cinquemila euro a cinque milioni di euro oppure, se superiore, pari al cinque per cento del fatturato complessivo annuo risultante dall'ultimo bilancio disponibile approvato dall'organo di amministrazione.

2. La violazione dei provvedimenti interdittivi e cautelari adottati ai sensi dell'art. 184 è punita con la sanzione di cui al comma 1.

3. Le imprese di assicurazione o di riassicurazione che si avvalgono di intermediari non iscritti alle Sezioni del registro di cui all'art. 109, comma 2, sono punite con la sanzione amministrativa pecuniaria da cinquemila euro a cinque milioni di euro oppure, se superiore, pari al cinque per cento del fatturato complessivo annuo risultante dall'ultimo bilancio disponibile approvato dall'organo di amministrazione.

4. Quando le violazioni degli artt. 30-*decies*, 119-*bis*, 119-*ter*, 120, 120-*bis*, 120-*quater*, 120-*quinquies*, 121, 121-*bis*, riguardano un prodotto di investimento assicurativo, la misura massima della sanzione pecuniaria può essere determinata, in alternativa rispetto a quanto previsto al comma 1, fino al doppio dell'ammontare dei profitti ricavati o delle perdite evitate grazie alla violazione, se possono essere determinati. L'IVASS, oltre alle sanzioni di cui al comma 1, può adottare una dichiarazione pubblica indicante la persona giuridica o la persona fisica all'interno dell'organizzazione responsabile e la natura della violazione. Le medesime sanzioni di cui al presente comma si applicano nel caso di violazione degli artt. 121-*quinquies*, 121-*sexies* e 121-*septies*.

5. Alle violazioni delle disposizioni richiamate all'art. 24, par. 1, del reg. (UE) n. 1286/2014 diverse da quelle del presente articolo si applica l'art. 193-*quinquies* del t.u. dell'intermediazione finanziaria (2). La nozione di fatturato è definita ai sensi dell'art. 325-*bis* del presente codice (3).

324-*ter*. *Principio della rilevanza della violazione*. — 1. Le sanzioni previste dagli artt. 324 e 324-*bis* si applicano quando le infrazioni rive-

(1) Articolo così sostituito dall'art. 1.54, d.lg. 21 maggio 2018, n. 68. In base all'art. 4.7, d.lg. cit., tali disposizioni «trovano applicazione dal 1° ottobre 2018».

(2) In *Leggi coll. XVIII, 1*.

(3) Articolo inserito dall'art. 1.55, d.lg. 21 maggio 2018, n. 68. In base all'art. 4.7, d.lg. cit., tali disposizioni «trovano applicazione dal 1° ottobre 2018».

stono carattere rilevante, secondo i criteri definiti dall'IVASS con regolamento tenendo conto dell'incidenza delle condotte sulla tutela degli assicurati e degli aventi diritto alle prestazioni assicurative e sull'esercizio delle funzioni di vigilanza.

2. La disposizione di cui al comma 1 non si applica alle violazioni degli artt. 324, comma 3, e 324-*bis*, comma 2 (1).

324-*quater*. *Ordine di porre termine alle violazioni*. — 1. Fermo restando quanto previsto all'art. 324-*ter*, per le violazioni previste dagli artt. 324 e 324-*bis*, l'IVASS in relazione alla tipologia e modalità della violazione può, in alternativa all'applicazione delle sanzioni amministrative ivi previste, applicare nei confronti dell'impresa o dell'intermediario una sanzione consistente nell'ordine di eliminare le infrazioni, anche indicando le misure da adottare e il termine per l'adempimento.

2. Per l'inosservanza dell'ordine entro il termine stabilito, l'IVASS applica alle imprese le sanzioni amministrative pecuniarie previste dall'art. 324-*bis*, comma 1 secondo i criteri di cui all'art. 324-*sexies* e l'importo delle sanzioni così determinato è aumentato sino a un terzo rispetto a quello previsto per la violazione originaria, fermi restando i massimali stabiliti dall'art. 324-*bis*, comma 1. Nei confronti degli intermediari l'IVASS applica le sanzioni amministrative previste dall'art. 324, comma 1, secondo i criteri di cui all'art. 324-*sexies* e, nel caso di sanzione pecuniaria, l'aumento sino a un terzo rispetto a quello previsto per la violazione originaria (1).

324-*quinquies*. *Accertamento unitario delle violazioni della stessa indole*. — 1. Per l'inosservanza degli artt. 119-*bis*, comma 1, 119-*ter*, 120, 120-*bis*, 120-*quater*, 121, 131, 170, 185, 185-*bis* e 185-*ter*, o delle relative norme di attuazione, da parte delle imprese di assicurazione e riassicurazione, l'IVASS provvede all'accertamento unitario delle violazioni della stessa indole, effettuato con riferimento ad un determinato arco temporale, e alla contestazione degli addebiti con un unico atto da notificare entro il termine di cui all'art. 311-*septies*. Nel caso di verifiche a distanza l'arco temporale di riferimento e il termine entro il quale si considera concluso l'accertamento delle violazioni rilevate non possono eccedere i dodici mesi. Con regolamento dell'IVASS è stabilito il termine entro il quale si considera concluso l'accertamento delle violazioni rilevate in sede di verifiche ispettive.

2. L'IVASS, qualora l'impresa in sede difensiva fornisca adeguata dimostrazione del fatto che le violazioni contestate ai sensi del comma 1 sono dipese dalla medesima disfunzione della propria organizzazione, comunica alla stessa il termine perentorio, non superiore a centottanta giorni, entro il quale effettuare gli interventi necessari per eliminare la disfunzione. L'IVASS, ricevuta la comunicazione relativa all'adozione delle misure correttive, verifica che siano state adottate le misure stesse e ne comunica gli esiti all'impresa.

3. Nel caso in cui le misure correttive adottate ai sensi del comma 2 siano risultate idonee ad eliminare la disfunzione, la misura della sanzione amministrativa pecuniaria prevista dall'art. 324-*bis*, comma 1 applicabile secondo i criteri di cui all'art. 324-*sexies*, è ridotta da un terzo a due terzi, fatto salvo il minimo edittale. Eventuali rilievi formulati dall'IVASS sulle misure correttive adottate non precludono l'applicazione della riduzione, ma sono valutati in sede di determinazione della sanzione.

4. L'impresa può presentare osservazioni in ordine agli eventuali rilievi dell'IVASS sulle misure correttive adottate nel termine di sessanta giorni dal ricevimento della relativa comunicazione.

5. La riduzione di cui al comma 3 non è applicata:

a) nel caso in cui l'impresa non abbia adottato gli interventi correttivi;

b) nel caso in cui gli interventi adottati siano risultati inidonei ad eliminare la disfunzione;

c) nel caso in cui l'impresa ne abbia già usufruito per violazioni della stessa indole sulla base di provvedimento esecutivo emesso nei tre anni precedenti.

6. Le disposizioni di cui ai commi 1, 2, 3, 4 e 5, si applicano anche nei confronti degli intermediari in caso di violazione degli artt. 109, 117, 119-*bis*, comma 1, 119-*ter*, 120, 120-*bis*, 120-*ter*, 120-*quater*, 121, 131, 170, 185, 185-*bis* e 185-*ter*, per l'ipotesi in cui l'IVASS, tenuto conto dei criteri indicati all'art. 324-*sexies*, intenda applicare la sanzione pecuniaria di cui all'art. 324, comma 1, lett. *c*) (1).

324-*sexies*. *Criteri per la determinazione delle sanzioni*. — 1. Nella determinazione del tipo e dell'ammontare delle sanzioni amministrative o della durata delle sanzioni accessorie previste per le violazioni in materia di distribuzione assicurativa, l'IVASS considera ogni circostanza rilevante e, in particolare, tenuto conto del fat-

(1) Articolo inserito dall'art. 1.55, d.lg. 21 maggio 2018, n. 68. In base all'art. 4.7, d.lg. cit., tali disposizioni «trovano applicazione dal 1° ottobre 2018».

to che il destinatario della sanzione sia persona fisica o giuridica, le seguenti, ove pertinenti:

a) la gravità e la durata della violazione;

b) il grado di responsabilità;

c) la capacità finanziaria del responsabile della violazione;

d) l'entità del vantaggio ottenuto o delle perdite evitate attraverso la violazione, nella misura in cui essa sia determinabile;

e) i pregiudizi cagionati a terzi attraverso la violazione, nella misura in cui il loro ammontare sia determinabile;

f) il livello di cooperazione del responsabile della violazione con l'IVASS;

g) le precedenti violazioni in materia assicurativa commesse dal medesimo soggetto;

h) le misure adottate successivamente alla violazione al fine di evitare in futuro il suo ripetersi;

i) nell'ipotesi di accertamento unitario di una pluralità di violazioni della stessa indole ai sensi dell'art. 324-*quinquies*, anche il numero e la tipologia delle infrazioni e l'importo della prestazione assicurativa eventualmente liquidata (1).

324-*septies*. *Sanzioni amministrative agli esponenti aziendali o al personale delle imprese e delle società di intermediazione assicurativa o riassicurativa*. — 1. Fermo restando quanto previsto all'art. 325, comma 1 circa la responsabilità delle imprese nei confronti delle quali sono accertate le violazioni, per l'inosservanza delle norme richiamate nell'art. 324-*bis*, comma 1, si applica, salvo che il fatto costituisca reato, la sanzione amministrativa pecuniaria da euro mille a euro settecentomila nei confronti dei soggetti che svolgono le funzioni di amministrazione, di direzione, di controllo, nonché dei dipendenti o di coloro che operano sulla base di rapporti che ne determinano l'inserimento nell'organizzazione dell'impresa anche in forma diversa dal rapporto di lavoro subordinato, quando l'inosservanza è conseguenza della violazione di doveri propri o dell'organo di appartenenza e la condotta ha inciso in modo rilevante sul bene giuridico tutelato.

2. Nel caso in cui la condotta dei soggetti di cui al comma 1 abbia contribuito a determinare l'inosservanza dell'ordine previsto nell'art. 324-*quater* da parte dell'impresa, si applica nei confronti dei soggetti stessi la sanzione amministrativa pecuniaria da mille euro a settecentomila euro.

3. Con il provvedimento di applicazione della sanzione, tenuto conto dei criteri stabiliti dall'art. 324-*sexies*, l'IVASS può applicare la sanzione amministrativa accessoria dell'interdizione dallo svolgimento di funzioni di amministrazione, direzione e controllo presso imprese di assicurazione e di riassicurazione, per un periodo non inferiore a sei mesi e non superiore a tre anni.

4. La misura della sanzione amministrativa pecuniaria può essere aumentata secondo quanto previsto all'art. 310, comma 2.

5. Quando le ipotesi di cui ai commi 1 e 2 riguardano l'inosservanza delle norme richiamate all'art. 324, comma 1, da parte di società di intermediazione assicurativa o riassicurativa, si applica la sanzione amministrativa dell'interdizione temporanea dall'esercizio di funzioni di gestione dei componenti dell'organo di amministrazione considerati responsabili, per il periodo di cui al comma 3 (1).

324-*octies*. *Procedura di applicazione delle sanzioni amministrative nei confronti degli intermediari e degli esponenti aziendali o del personale della società di intermediazione assicurativa o riassicurativa*. — 1. L'IVASS, fermo restando quanto previsto dagli artt. 324-*ter* e 324-*quinquies*, ai fini dell'irrogazione delle sanzioni amministrative di cui all'articolo 324, nel termine di centoventi giorni dall'accertamento dell'infrazione, ovvero nel termine di centottanta giorni per i soggetti residenti all'estero, provvede alla contestazione degli addebiti nei confronti dei soggetti iscritti nel registro degli intermediari, i collaboratori e gli altri soggetti ausiliari dell'intermediario di assicurazione o di riassicurazione, possibili responsabili della violazione e trasmette i relativi atti al Collegio di garanzia.

2. I destinatari di cui al comma 1 possono presentare, nel termine di sessanta giorni dalla notifica della contestazione, deduzioni difensive e chiedere l'audizione dinnanzi al Collegio di garanzia, cui possono partecipare con l'assistenza di un avvocato.

3. Il Collegio di garanzia è istituito presso l'IVASS ed è composto da un magistrato con qualifica non inferiore a consigliere della Corte di cassazione o equiparato, anche a riposo, con funzioni di presidente ovvero da un docente universitario di ruolo, e da due componenti esperti in materia assicurativa, di cui uno designato sentite le associazioni maggiormente rappresentative. Il mandato ha durata quadriennale ed è rinnovabile una sola volta. Il

(1) Articolo inserito dall'art. 1.55, d.lg. 21 maggio 2018, n. 68. In base all'art. 4.7, d.lg. cit., tali disposizioni «trovano applicazione dal 1° ottobre 2018».

Collegio di garanzia può essere costituito in più sezioni, con corrispondente incremento del numero dei suoi componenti, qualora l'IVASS lo ritenga necessario per garantire condizioni di efficienza e tempestività nella definizione dei procedimenti sanzionatori. L'IVASS nomina il Collegio di garanzia, stabilisce le norme sulla procedura dinnanzi al Collegio nel rispetto dei principi del giusto procedimento e determina il regime delle incompatibilità ed il compenso dei componenti, che è posto a carico dell'Istituto.

4. A seguito dell'esercizio delle facoltà difensive di cui al comma 2 ovvero decorso inutilmente il relativo termine, il Collegio di garanzia acquisisce le risultanze istruttorie, esamina gli scritti difensivi e dispone l'audizione, alla quale le parti possono partecipare anche con l'assistenza di avvocati ed esperti di fiducia. Se non ritiene provata la violazione, il Collegio di garanzia può proporre l'archiviazione della contestazione o chiedere all'IVASS di disporre l'integrazione delle risultanze istruttorie. Se, invece, ritiene provata la violazione, trasmette per competenza all'IVASS la proposta motivata di determinazione della sanzione.

5. L'IVASS, ricevuta la proposta formulata dal Collegio di garanzia, decide la sanzione con provvedimento motivato, che viene successivamente comunicato alle parti del procedimento.

6. Il procedimento sanzionatorio è retto dai principi del contraddittorio, della conoscenza degli atti istruttori, della verbalizzazione nonché della distinzione tra funzioni istruttorie e funzioni decisorie.

7. Le controversie relative ai ricorsi avverso i provvedimenti che applicano la sanzione sono devolute alla giurisdizione esclusiva del giudice amministrativo. L'IVASS provvede alla difesa in giudizio con propri legali. L'opposizione non sospende l'esecuzione del provvedimento.

8. La procedura di cui al presente articolo si applica anche nel caso di violazioni commesse da esponenti aziendali o dal personale delle società di intermediazione assicurativa o riassicurativa (1).

324-*novies*. *Procedura di applicazione delle sanzioni amministrative nei confronti delle imprese e degli esponenti aziendali e del personale*. — 1. Fermo restando quanto previsto dagli artt. 324-*ter* e 324-*quinquies*, ai fini dell'irrogazione alle imprese delle sanzioni amministrative di cui all'art. 324-*bis* e all'art. 324-*septies*, commi 1, 2, 3 e 4, si applica la disciplina di cui all'art. 311-*septies* (1).

CAPO VII

DISPOSIZIONI GENERALI IN MATERIA DI SANZIONI AMMINISTRATIVE (2) (3)

325. *Destinatari delle sanzioni amministrative pecuniarie*. — 1. Ad eccezione delle sanzioni di cui al Capo V e fatto salvo quanto previsto dall'art. 311, le sanzioni amministrative sono applicate nei confronti delle imprese di assicurazione o di riassicurazione, delle imprese locali e delle particolari mutue assicuratrici di cui al Titolo IV, dell'ultima società controllante italiana come determinata dall'art. 210, comma 2, per la violazione degli obblighi di cui al Titolo XV, delle società di partecipazione assicurativa e di partecipazione finanziaria mista, degli intermediari e degli altri soggetti destinatari degli obblighi di cui al presente codice o delle relative norme di attuazione, responsabili della violazione (4).

2. .... (5).

3. Le sanzioni per le violazioni commesse dai soggetti ai quali siano state affidate funzioni parzialmente comprese nel ciclo operativo delle imprese di assicurazione e di riassicurazione sono applicate nei confronti delle imprese stesse (6).

325-*bis*. *Nozione di fatturato*. — 1. Ai fini dell'applicazione delle sanzioni amministrative pecuniarie previste dal presente Codice, per

(1) Articolo inserito dall'art. 1.55, d.lg. 21 maggio 2018, n. 68. In base all'art. 4.7, d.lg. cit., tali disposizioni «trovano applicazione dal 1° ottobre 2018».

(2) Rubrica così sostituita alla precedente «Destinatari delle sanzioni amministrative pecuniarie e procedimento» dall'art. 1.56, d.lg. 21 maggio 2018, n. 68. In base all'art. 4.7, d.lg. cit., tali disposizioni «trovano applicazione dal 1° ottobre 2018».

(3) V. provv. ISVAP 15 marzo 2006, n. 1, in G.U., 20 marzo 2006, n. 66, come modificato dal provv. ISVAP 23 ottobre 2006, n. 2466, in G.U., 31 ottobre 2006, n. 25. V. reg. IVASS 8 ottobre 2013, n. 1, in G.U., 18 ottobre 2013, n. 245.

(4) Comma così sostituito dall'art. 1.57, lett. a, d.lg. 21 maggio 2018, n. 68. In base all'art. 4.7, d.lg. cit., tali disposizioni «trovano applicazione dal 1° ottobre 2018».

(5) Comma abrogato dall'art. 1.57, lett. b, d.lg. 21 maggio 2018, n. 68. In base all'art. 4.7, d.lg. cit., tali disposizioni «trovano applicazione dal 1° ottobre 2018».

(6) Comma così sostituito dall'art. 1.57, lett. b, d.lg. 21 maggio 2018, n. 68. In base all'art. 4.7, d.lg. cit., tali disposizioni «trovano applicazione dal 1° ottobre 2018».

fatturato si intende il fatturato totale annuo risultante dall'ultimo bilancio disponibile, approvato dall'organo competente, così come definito dalle disposizioni attuative dettate dall'IVASS (1).

325-*ter*. *Pubblicazione delle sanzioni*. — 1. I provvedimenti di applicazione delle sanzioni, le sentenze dei giudici amministrativi che decidono i ricorsi e i decreti che decidono i ricorsi straordinari al Presidente della Repubblica sono pubblicati per estratto nel Bollettino e sul sito internet dell'IVASS. L'IVASS, tenuto conto della violazione e degli interessi coinvolti, può stabilire modalità ulteriori per dare pubblicità al provvedimento, ponendo le relative spese a carico dell'autore della violazione.

2. L'IVASS può disporre la pubblicazione in forma anonima del provvedimento sanzionatorio quando quella ordinaria:

a) abbia ad oggetto dati personali ai sensi del d.lg. 30 giugno 2003, n. 196, la cui pubblicazione appaia sproporzionata rispetto alla violazione sanzionata;

b) possa comportare rischi per la stabilità dei mercati finanziari o pregiudicare lo svolgimento di una indagine penale in corso;

c) possa causare un danno sproporzionato ai soggetti coinvolti, purché tale danno sia determinabile.

3. Se le situazioni descritte al comma 2 hanno carattere temporaneo, la pubblicazione può essere rimandata ed effettuata quando dette esigenze sono venute meno.

4. L'IVASS, fatto salvo quanto previsto al comma 1, può escludere la pubblicazione del provvedimento sanzionatorio nel caso in cui le opzioni stabilite dai commi 2 e 3 siano ritenute insufficienti ad assicurare:

a) che la stabilità dei mercati finanziari sia messa a rischio;

b) la proporzionalità della pubblicazione delle decisioni rispetto all'irrogazione delle sanzioni previste (1).

325-*quater*. *Comunicazione all'AEAP delle sanzioni applicate per le violazioni relative alla distribuzione assicurativa*. — 1. L'IVASS comunica all'AEAP le sanzioni applicate per le violazioni relative alla distribuzione assicurativa, ivi comprese quelle pubblicate in forma anonima, incluse le informazioni sulle impugnazioni dei provvedimenti e sull'esito delle stesse.

2. L'IVASS trasmette all'AEAP con cadenza annuale informazioni aggregate relative a tutte le sanzioni amministrative e alle altre misure applicate in conformità del presente Capo (1).

326-327. . . . . (2).

328. *Norme sul pagamento delle sanzioni amministrative pecuniarie*. — 1. . . . . (3).

2. Nei casi in cui è consentita la facoltà di estinguere il procedimento con il pagamento in misura ridotta e la parte rinunci espressamente al reclamo prima della fissazione della seduta di trattazione dinnanzi alla Commissione consultiva, il procedimento si estingue con il contestuale pagamento di una sanzione pari all'importo dell'oblazione, maggiorato del dieci per cento. . . . . (4).

3. L'IVASS, con regolamento, determina le modalità e i termini di pagamento delle sanzioni amministrative pecuniarie. Alla riscossione coattiva delle sanzioni amministrative pecuniarie si provvede mediante ruolo secondo i termini e le modalità previsti dal d.p.r. 29 settembre 1973, n. 602 (5).

4. Sono versati alla CONSAP S.p.a. – Gestione autonoma del Fondo di garanzia per le vittime della strada i proventi derivanti dalle sanzioni amministrative pecuniarie irrogate in applicazione dei seguenti articoli:

a) 310, comma 1, lett. *b*), ad eccezione di quelli derivanti dalle sanzioni irrogate per violazioni degli artt. 10-*quater* e 182;

b) 310, comma 1, lett. *c*), ad eccezione di quelli derivanti dalle sanzioni irrogate per violazione dell'art. 183;

c) 310-*bis*;

d) 310-*ter*;

e) 310-*quater* (6).

4-*bis*. Alle sanzioni amministrative pecuniarie previste dal presente Titolo non si applicano le disposizioni contenute negli artt. 6, 10, 11,

(1) Articolo inserito dall'art. 1.58, d.lg. 21 maggio 2018, n. 68. In base all'art. 4.7, d.lg. cit., tali disposizioni «trovano applicazione dal 1° ottobre 2018».

(2) Articoli abrogati dall'art. 1.59, d.lg. 21 maggio 2018, n. 68. In base all'art. 4.7, d.lg. cit., tali disposizioni «trovano applicazione dal 1° ottobre 2018».

(3) Comma abrogato dall'art. 1.60, lett. a, d.lg. 21 maggio 2018, n. 68. In base all'art. 4.7, d.lg. cit., tali disposizioni «trovano applicazione dal 1° ottobre 2018».

(4) Comma abrogato dall'art. 1.60, lett. b, d.lg. 21 maggio 2018, n. 68. In base all'art. 4.7, d.lg. cit., tali disposizioni «trovano applicazione dal 1° ottobre 2018».

(5) Comma così sostituito dall'art. 1.60, lett. c, d.lg. 21 maggio 2018, n. 68. In base all'art. 4.7, d.lg. cit., tali disposizioni «trovano applicazione dal 1° ottobre 2018».

(6) Gli attuali commi 4 e 4-*bis* sono stati così sostituiti all'originario comma 4 dall'art. 1.60, lett. d, d.lg. 21 maggio 2018, n. 68. In base all'art. 4.7, d.lg. cit., tali disposizioni «trovano applicazione dal 1° ottobre 2018».

14, commi 1, 2 e 5 per la parte relativa alla facoltà di pagamento della sanzione in misura ridotta, 16 e 22 della l. 24 novembre 1981, n. 689 (1).

CAPO VIII

Disposizioni in materia disciplinare per i periti assicurativi (2) (3)

329. *Sanzioni disciplinari applicabili ai periti assicurativi* (4) (3). — 1. I periti assicurativi che nell'esercizio della loro attività violino le norme del presente codice o le relative norme di attuazione, sono puniti, in base alla gravità dell'infrazione e tenuto conto dell'eventuale recidiva, con una delle seguenti sanzioni:

a) richiamo;

b) censura;

c) radiazione (5).

2. Il richiamo, consistente in una dichiarazione scritta di biasimo motivato, è disposto per fatti di lieve manchevolezza. La censura è disposta per fatti di particolare gravità. La radiazione è disposta per fatti di eccezionale gravità e determina l'immediata risoluzione dei rapporti di intermediazione e, nel caso di esercizio dell'attività in forma societaria, comporta altresì la cancellazione della società nei casi di particolare gravità o di sistematica reiterazione dell'illecito (6).

3. I provvedimenti disciplinari sono notificati all'interessato mediante lettera raccomandata e sono comunicati alle imprese con le quali il medesimo ha incarichi in corso di esecuzione.

330. *Competenza ad adottare i provvedimenti disciplinari nei confronti dei periti assicurativi.* — 1. Le sanzioni disciplinari di cui all'art. 329 sono applicate dalla CONSAP ai sensi dell'art. 331, nei confronti delle persone fisiche iscritte nel ruolo dei periti di assicurazione responsabili della violazione (7).

331. *Procedura di applicazione delle sanzioni disciplinari nei confronti dei periti.* — 1. Ai fini dell'irrogazione delle sanzioni disciplinari di cui all'art. 329, la CONSAP, nel termine di centoventi giorni dall'accertamento dell'infrazione, ovvero nel termine di centottanta per i soggetti residenti all'estero, provvede alla contestazione degli addebiti nei confronti dei periti di assicurazione, eventuali responsabili della violazione.

2. I destinatari di cui al comma 1 possono presentare, nel termine di sessanta giorni, scritti difensivi avverso la contestazione degli addebiti e chiedere l'audizione dinnanzi al Collegio di garanzia di cui all'art. 324-*octies*, cui può partecipare con l'assistenza di un avvocato.

3. A seguito dell'esercizio delle facoltà difensive di cui al comma 2 ovvero decorso inutilmente il relativo termine, il Collegio di garanzia acquisisce le risultanze istruttorie, esamina gli scritti difensivi e dispone l'audizione, alla quale le parti possono partecipare anche con l'assistenza di avvocati ed esperti di fiducia. Se non ritiene provata la violazione, il Collegio di garanzia può proporre l'archiviazione della contestazione o chiedere alla CONSAP di disporre l'integrazione delle risultanze istruttorie. Se, invece, ritiene provata la violazione, trasmette per competenza alla CONSAP la proposta motivata di determinazione della sanzione.

4. La CONSAP, ricevuta la proposta formulata dal Collegio di garanzia, decide la sanzione con provvedimento motivato, che viene successivamente comunicato alle parti del procedimento.

5. Le controversie relative ai ricorsi avverso i provvedimenti che applicano la sanzione sono devolute alla giurisdizione esclusiva del giudice amministrativo. La CONSAP provvede alla difesa in giudizio con propri legali. L'opposizione non sospende l'esecuzione del provvedimento.

(1) Gli attuali commi 4 e 4-*bis* sono stati così sostituiti all'originario comma 4 dall'art. 1.60, lett. d, d.lg. 21 maggio 2018, n. 68. In base all'art. 4.7, d.lg. cit., tali disposizioni «trovano applicazione dal 1° ottobre 2018».

(2) Rubrica così sostituita alla precedente «Destinatari delle sanzioni disciplinari e procedimento» dall'art. 1.61, d.lg. 21 maggio 2018, n. 68. In base all'art. 4.7, d.lg. cit., tali disposizioni «trovano applicazione dal 1° ottobre 2018».

(3) V. provv. ISVAP 20 ottobre 2006, n. 6, in G.U., 31 ottobre 2006, n. 254, come modificato e integrato con provv. ISVAP 31 ottobre 2011, n. 2938, in G.U., 12 novembre 2011, n. 264. V. reg. IVASS 8 ottobre 2013, n. 2, in G.U., 18 ottobre 2013, n. 245.

(4) Rubrica così sostituita alla precedente «Intermediari e periti assicurativi» dall'art. 1.62, lett. a, d.lg. 21 maggio 2018, n. 68. In base all'art. 4.7, d.lg. cit., tali disposizioni «trovano applicazione dal 1° ottobre 2018».

(5) Comma così sostituito dall'art. 1.62, lett. b, d.lg. 21 maggio 2018, n. 68. In base all'art. 4.7, d.lg. cit., tali disposizioni «trovano applicazione dal 1° ottobre 2018».

(6) Comma così sostituito dall'art. 1.62, lett. c, d.lg. 21 maggio 2018, n. 68. In base all'art. 4.7, d.lg. cit., tali disposizioni «trovano applicazione dal 1° ottobre 2018».

(7) Articolo così sostituito dall'art. 1.63, d.lg. 21 maggio 2018, n. 68. In base all'art. 4.7, d.lg. cit., tali disposizioni «trovano applicazione dal 1° ottobre 2018».

6. I provvedimenti che infliggono la sanzione disciplinare della radiazione, le sentenze dei giudici amministrativi che decidono i ricorsi e i decreti che decidono i ricorsi straordinari al Presidente della Repubblica sono pubblicati da CONSAP nel suo sito internet (1).

331-*bis*. *Disposizioni di attuazione*. — 1. L'IVASS emana disposizioni di attuazione del presente Titolo (2).

TITOLO XIX

Disposizioni tributarie transitorie e finali

CAPI I-III

. . . . (*omissis*).

CAPO IV

DISPOSIZIONI FINALI

345. *Istituzioni e enti esclusi*. — 1. Sono esclusi dall'ambito di applicazione delle disposizioni di cui al presente codice:

a) le Amministrazioni pubbliche, gli enti di previdenza amministrati per legge dal Ministero dell'economia e delle finanze, gli istituti, gli enti, le casse ed i fondi comunque denominati che gestiscono, in favore dei lavoratori o di singole categorie professionali, forme di previdenza e di assistenza comprese in un regime legale obbligatorio;

b) . . . . (3);

c) la SACE Servizi assicurativi per il commercio estero S.p.a., di cui alla l. 24 maggio 1977, n. 227, e successive modificazioni, limitatamente alle attività che beneficiano della garanzia dello Stato e fatto salvo quanto previsto al comma 2;

d) il Fondo di solidarietà nazionale per la riassicurazione dei rischi agricoli istituito presso l'ISMEA dall'art. 127 delle l. 23 dicembre 2000, n. 388, e disciplinato dagli artt. 2 e 4 del d.l. 13 settembre 2002 n. 200, convertito, con modificazioni, dalla l. 13 novembre 2002, n. 256;

e) gli enti che garantiscono unicamente prestazioni in caso di decesso qualora le prestazioni siano erogate in natura o qualora l'importo della prestazione non superi il valore medio delle spese funerarie determinato nella misura di cui all'art. 15, comma 1, lett. *d*), del t.u. delle imposte sui redditi, di cui al d.p.r. 22 dicembre 1986, n. 917, e successive modificazioni;

f) le società di mutuo soccorso costituite ai sensi della l. 15 aprile 1886, n. 3818, che provvedano direttamente al pagamento a favore degli iscritti di capitali o rendite di qualsiasi importo fatto salvo quanto previsto al comma 3;

g) le associazioni agrarie di mutua assicurazione, costituite ai sensi della l. 7 luglio 1907, n. 526, e del r.d.l. 2 settembre 1919, n. 1759, modificato dal r.d.l. 21 ottobre 1923, n. 2479, entrambi convertiti dalla l. 17 aprile 1925, n. 473, a sua volta modificata dall'art. 9 del r.d.l. 12 luglio 1934, n. 1290, convertito dalla l. 12 febbraio 1935, n. 303.

2. In deroga a quanto previsto al comma 1, la SACE S.p.a. è sottoposta alle disposizioni dei capi I, II e III del titolo VIII del presente codice per le attività che beneficiano della garanzia dello Stato. Restano integralmente soggette alle disposizioni del presente codice le attività della SACE S.p.a. che non beneficiano della garanzia dello Stato.

3. Le società di mutuo soccorso di cui al comma 1, lett. *f*), se contraggono impegni al pagamento a favore degli iscritti di capitali o rendite complessivamente superiori a euro centomila per ciascun esercizio sono sottoposte alle disposizioni del titolo IV in quanto compatibili. Qualora le medesime società stipulino contratti di assicurazione per conto degli iscritti, ai soci sono comunque fornite le informazioni di cui al titolo IX, capo III, e XII in quanto compatibili.

4. Le casse di assistenza sanitaria autogestite sono sottoposte alle disposizioni del titolo IV in quanto compatibili.

346. *Attività di assistenza prestata da enti e società non assicurative*. — 1. Non costituisce esercizio di attività assicurativa nel ramo assistenza:

a) la prestazione di servizi di manutenzione o riparazione, di assistenza a clienti e la sola indicazione o messa a disposizione, in qualità di semplice intermediario, di un aiuto;

b) l'attività di assistenza effettuata da un soggetto residente o avente sede nel territorio

(1) Articolo così sostituito, da ultimo, dall'art. 1.64, d.lg. 21 maggio 2018, n. 68. In base all'art. 4.7, d.lg. cit., tali disposizioni «trovano applicazione dal 1° ottobre 2018».

(2) Articolo inserito dall'art. 1.65, d.lg. 21 maggio 2018, n. 68. In base all'art. 4.7, d.lg. cit., tali disposizioni «trovano applicazione dal 1° ottobre 2018».

(3) Lettera soppressa dall'art. 1.195, d.lg. 12 maggio 2015, n. 74.

della Repubblica in caso di incidente o di guasto meccanico di un veicolo avvenuti nel medesimo territorio, a condizione che l'attività stessa risulti limitata alle seguenti prestazioni:

1) soccorso sul posto, effettuato utilizzando in prevalenza personale e mezzi propri;

2) trasporto del veicolo fino all'officina più vicina o più idonea ad effettuare la riparazione ed eventuale accompagnamento, di regola con lo stesso mezzo di soccorso, del conducente e dei passeggeri fino al luogo più vicino, dal quale sia possibile proseguire il viaggio con altri mezzi.

2. La disposizione di cui al comma 1, lett. *b*), si applica anche nel caso in cui l'incidente od il guasto siano avvenuti all'estero ed il soggetto che effettua il soccorso od il trasporto del veicolo sia un organismo, analogo ad altro esistente in Italia, del quale chi riceve l'assistenza è membro, che fornisce la prestazione in base ad un accordo di reciprocità con l'organismo nazionale, su semplice presentazione della tessera di membro e senza pagamento di alcun compenso aggiuntivo.

3. L'attività di assistenza descritta al comma 1, lett. *b*), se effettuata da un'impresa di assicurazione, costituisce prestazione assicurativa nel ramo assistenza e, fatto salvo quanto previsto all'art. 2, comma 5, può essere fornita solo da imprese autorizzate al ramo 18.

4. L'IVASS (1) disciplina, con regolamento, le condizioni di accesso e di esercizio, anche in deroga alle disposizioni dei titoli II, III e VIII, relative all'impresa di assicurazione che esercita unicamente l'attività di assistenza, allorché l'attività comporti soltanto prestazioni in natura, sia limitata ad un ambito territoriale puramente locale e l'importo complessivo annuale dei ricavi non superi duecentomila euro.

347. *Potestà legislativa delle Regioni.* — 1. Lo Stato esercita la legislazione nella materia assicurativa ai sensi dell'art. 117, secondo comma, lett. *e*) ed *l*), della Costituzione.

2. Le Regioni a statuto speciale, alle quali sono riconosciuti, in base alle norme di attuazione dei rispettivi statuti, poteri nelle materie regolate dal presente codice, provvedono a emanare norme di attuazione nel rispetto delle disposizioni di principio non derogabili contenute nel codice medesimo.

3. Sono riservati alla competenza del Ministro dello sviluppo economico (2) e all'IVASS (1), secondo le norme dettate dal presente codice, i provvedimenti nei confronti delle imprese di assicurazione e di riassicurazione ammesse al mutuo riconoscimento, delle imprese comunitarie che operano nel territorio della Repubblica in regime di stabilimento o di prestazione di servizi, delle sedi secondarie di imprese di assicurazione e di riassicurazione extracomunitarie, degli intermediari di assicurazione e di riassicurazione [...] (3).

4. Nei casi in cui la normativa regionale preveda l'adozione di provvedimenti nei confronti delle mutue di assicurazione di cui al titolo IV, con particolare riferimento al rilascio ed alla revoca dell'autorizzazione all'esercizio dell'attività, all'approvazione delle modificazioni statutarie e all'approvazione delle operazioni di trasferimento del portafoglio, di trasformazione e di fusione o scissione, l'IVASS (1) esprime, ai fini di vigilanza, un parere vincolante. Le valutazioni di vigilanza sono riservate all'IVASS (1).

5. Sono inderogabili e prevalgono sulle contrarie disposizioni già emanate le norme dettate dai commi 3 e 4.

348. *Esercizio congiunto dei rami vita e danni.* — 1. In deroga all'obbligo di limitazione dell'oggetto sociale all'esercizio dei rami vita o dei rami danni, della relativa riassicurazione e delle operazioni connesse a tali attività, di cui all'art. 11, comma 2, è consentito l'esercizio congiunto dei rami vita e danni alle imprese a ciò autorizzate alla data del 15 marzo 1979.

2. L'impresa che, ai sensi del comma 1, esercita congiuntamente i rami vita e danni ha l'obbligo di tenere, per ciascuna delle due attività, una gestione distinta. L'IVASS stabilisce, con regolamento, i criteri e le modalità di rappresentazione della gestione separata, prevedendo l'obbligo di:

a) indicare nello statuto quale parte del capitale, o del fondo di garanzia se mutua di assicurazione, e delle riserve patrimoniali è attribuita a ciascuna gestione;

b) tenere le scritture contabili in modo che, per ciascuna gestione, siano evidenziati i relativi risultati. A tal fine tutte le entrate, in particolare i premi, le somme corrisposte dai riassicuratori, i redditi finanziari, e tutte le spese, in particolare le prestazioni di assicurazione, gli incrementi delle riserve tecniche, i premi di riassicurazione e le spese di gestione delle operazioni di assicurazione, sono ripartite in base alla loro origine;

(1) La parola «IVASS» è stata così sostituita alla precedente «ISVAP» dall'art. 1.213, d.lg. 12 maggio 2015, n. 74.

(2) Le parole «Ministro dello sviluppo economico» sono state così sostituite alle precedenti «Ministro delle attività produttive» dall'art. 1.213, d.lg. 12 maggio 2015, n. 74.

(3) Le parole «e dei periti di assicurazione» sono state soppresse dall'art. 1.196, d.lg. 12 maggio 2015, n. 74.

c) imputare ai conti gli elementi comuni alle due gestioni secondo un criterio di ripartizione approvato dall'IVASS.

2-*bis.* Fatte salve le disposizioni in materia di requisiti patrimoniali di cui agli artt. 45-*bis* e 47-*bis*, l'impresa che esercita congiuntamente i rami vita e danni, calcola:

a) un Requisito Patrimoniale Minimo nozionale vita rispetto all'attività di assicurazione o di riassicurazione vita, calcolato come se l'impresa esercitasse soltanto tale attività, sulla base delle scritture contabili separate di cui al comma 2, lett. *b*); e

b) un Requisito Patrimoniale Minimo nozionale danni rispetto all'attività di assicurazione o riassicurazione danni, calcolato come se l'impresa esercitasse soltanto tale attività, sulla base delle scritture contabili separate di cui al comma 2, lett. *b*).

2-*ter.* L'impresa che esercita congiuntamente i rami vita e danni, copre i requisiti seguenti con un importo equivalente di elementi di fondi propri di base ammissibili:

a) il Requisito Patrimoniale Minimo nozionale vita rispetto all'attività della gestione vita;

b) il Requisito Patrimoniale Minimo nozionale danni rispetto all'attività della gestione danni.

2-*quater.* I requisiti minimi di cui al comma 2-*ter* che sono a carico della gestione vita e della gestione danni non sono sostenuti dall'altra gestione.

2-*quinquies.* L'impresa in possesso dei requisiti minimi di cui ai commi 2-*ter* e 2-*quater* può, previa comunicazione all'IVASS, utilizzare gli elementi espliciti dei fondi propri ammissibili ancora disponibili per l'una o l'altra gestione per coprire il requisito patrimoniale di solvibilità di cui all'art. 45-*bis*.

2-*sexies.* L'IVASS, mediante l'analisi dei risultati delle attività di assicurazione delle gestioni vita e danni, verifica che siano rispettati i requisiti di cui ai commi 2, 2-*bis*, 2-*ter*, 2-*quater* e 2-*quinquies*.

2-*septies.* L'impresa che esercita congiuntamente i rami vita e danni elabora, in base alle scritture contabili, un documento da cui risultano in modo distinto gli elementi dei fondi propri di base ammissibili portati a copertura di ciascun requisito patrimoniale minimo nozionale di cui al comma 2-*bis* in conformità all'art. 44-*decies*, comma 4.

2-*octies.* Se l'importo degli elementi dei fondi propri di base ammissibili corrispondenti ad una delle due gestioni è insufficiente a coprire i requisiti minimi di cui al comma 2-*ter*, l'IVASS applica alla gestione in cui si riscontra tale insufficienza le misure previste dal presente codice, a prescindere dai risultati ottenuti nell'altra gestione.

2-*novies.* In tali casi, in deroga al comma 2-*quater*, l'IVASS può autorizzare il trasferimento di elementi espliciti dei fondi propri di base ammissibili da una gestione all'altra.

3. Le imprese di assicurazione con sede legale in altri Stati membri, che alla data di entrata in vigore del presente codice operano in regime di stabilimento o di prestazione di servizi e che sono autorizzate nei rispettivi Stati ad esercitare, congiuntamente uno o più rami vita e danni, possono continuare ad esercitare i medesimi rami nel territorio della Repubblica sia in regime di stabilimento che in regime di libertà di prestazione di servizi.

4. Le disposizioni del presente articolo si applicano anche alle imprese che successivamente alla data di cui al comma 1 vengono autorizzate ad esercitare congiuntamente i rami vita e i rami infortuni e malattia, con obbligo di osservare le disposizioni di cui ai commi 2, lett. *b*), 2-*bis*, 2-*ter*, 2-*quater* e 2-*quinquies*, 2-*sexies*, 2-*septies*, 2-*octies* e 2-*novies* con il bilancio in corso alla data del rilascio dell'autorizzazione (1).

349. *Imprese di assicurazione aventi la sede legale nella Confederazione elvetica*. — 1. Le imprese di assicurazione che hanno sede legale nella Confederazione elvetica e che intendono esercitare nel territorio della Repubblica i rami danni non sono soggette alle disposizioni di cui al capo IV del titolo II e a quelle di cui al capo V del titolo III che sono individuate dall'IVASS (2) con regolamento (3).

2. Le imprese di cui al comma 1 devono unire alla richiesta di autorizzazione una dichiarazione rilasciata dall'autorità competente che attesti che l'impresa dispone del Requisito Patrimoniale di Solvibilità (4) calcolato secondo quanto previsto al capo IV del titolo III.

3. Ai fini di cui al Titolo XV, le imprese di cui al comma 1 possono attribuire alla sede secondaria stabilita nel territorio della Repubblica le funzioni di direzione e coordinamento delle

(1) Articolo così sostituito dall'art. 1.197, d.lg. 12 maggio 2015, n. 74.
(2) La parola «IVASS» è stata così sostituita alla precedente «ISVAP» dall'art. 1.213, d.lg. 12 maggio 2015, n. 74.
(3) V. provv. ISVAP 2 gennaio 2008, n. 10, in suppl. ord. n. 34 a G.U., 13 febbraio 2008, n. 37.
(4) Le parole «Requisito Patrimoniale di Solvibilità» sono state così sostituite alle precedenti «margine di solvibilità» dall'art. 1.198, lett. a, d.lg. 12 maggio 2015, n. 74.

società del gruppo con sede legale in Italia. In tale caso la sede secondaria è considerata ultima società controllante italiana ai sensi dell'art. 210, comma 2, ed è iscritta all'albo come impresa capogruppo ai sensi dell'art. 210-*ter*, comma 1 (1).

350. *Ricorsi giurisdizionali inerenti il registro degli intermediari ed il ruolo dei periti assicurativi.* — 1. I provvedimenti adottati dall'IVASS (2) a norma del capo II del titolo IX in materia di diniego di iscrizione e di cancellazione dal registro degli intermediari di assicurazione e di riassicurazione sono impugnabili, entro sessanta giorni dalla relativa comunicazione, dinnanzi al giudice amministrativo.

2. I provvedimenti adottati dalla Consap (3) a norma del capo VI del titolo X in materia di diniego di iscrizione e di cancellazione dal ruolo dei periti assicurativi sono impugnabili, entro sessanta giorni dalla relativa comunicazione, dinnanzi al giudice amministrativo.

351-353. . . . . (*omissis*).

CAPO V

ABROGAZIONI

354. *Norme espressamente abrogate.* — 1. . . . . (*omissis*).

2. I regolamenti emanati dall'IVASS (2) ai sensi del presente codice si adeguano inoltre ai principi ed alle opzioni recati dalle previgenti disposizioni di attuazione della normativa comunitaria.

3. È abrogata ogni altra disposizione incompatibile con il presente codice. Il rinvio alle disposizioni abrogate fatto da leggi, da regolamenti o da altre norme si intende riferito alle corrispondenti disposizioni del presente codice e dei provvedimenti ivi previsti.

4. Le disposizioni di cui al comma 1 e quelle emanate in attuazione delle norme abrogate o sostituite continuano a essere applicate, in quanto compatibili, fino alla data di entrata in vigore dei provvedimenti adottati ai sensi del presente codice nelle corrispondenti materie e comunque non oltre trenta mesi dopo il termine previsto dal comma 2 dell'art. 355 (4). In caso di violazione si applicano, con la procedura sanzionatoria prevista dall'art. 326, gli articoli di cui ai capi II, III, IV e V del titolo XVIII in relazione alle materie rispettivamente disciplinate.

5. Rimangono in vigore, in deroga al comma 4, e tengono luogo dei corrispondenti provvedimenti previsti nel presente codice i seguenti atti:

a) i decreti del Ministro dell'industria, del commercio e dell'artigianato in data 26 maggio 1971, pubblicato nella *Gazzetta Ufficiale* n. 141 del 4 giugno 1971, e in data 12 ottobre 1972, pubblicato nella *Gazzetta Ufficiale* n. 280 del 26 ottobre 1972, adottati ai sensi dell'art. 6 della l. 24 dicembre 1969, n. 990;

b) il decreto del Ministro della salute, di concerto con il Ministro del lavoro e delle politiche sociali e con il Ministro dello sviluppo economico (5), in data 3 luglio 2003, pubblicato nella *Gazzetta Ufficiale* n. 211 dell'11 settembre 2003, adottato ai sensi dell'art. 5 della l. 5 marzo 2001, n. 57, come modificato dall'art. 23, comma 3, della l. 12 dicembre 2002, n. 273.

5-*bis.* A decorrere dall'adozione del regolamento previsto dall'art. 76, comma 1, sono o restano abrogati i seguenti atti:

a) il decreto del Ministro dello sviluppo economico 11 novembre 2011, n. 220, pubblicato nella *Gazzetta Ufficiale* 9 gennaio 2012, n. 6;

b) il decreto del Ministro dello sviluppo economico 28 aprile 2008, n. 99, pubblicato nella *Gazzetta Ufficiale* 5 giugno 2008, n. 130 (6).

6. L'IVASS (2), allo scopo di attuare l'obiettivo di semplificazione di cui alla l. 23 luglio 2003, n. 229, adotta, nell'ambito delle proprie competenze, le disposizioni previste dal presente codice con unico regolamento per ciascun titolo, abrogando integralmente ogni proprio previgente provvedimento a carattere generale.

7. I contratti già conclusi alla data di entrata in vigore del presente codice restano regolati dalle norme anteriori.

(1) Comma così sostituito dall'art. 1.198, lett. b, d.lg. 12 maggio 2015, n. 74.

(2) La parola «IVASS» è stata così sostituita alla precedente «ISVAP» dall'art. 1.213, d.lg. 12 maggio 2015, n. 74.

(3) Le parole «dalla CONSAP» sono state così sostituite alle precedenti «dall'ISVAP» dall'art. 1.199, d.lg. 12 maggio 2015, n. 74.

(4) Le parole «e comunque non oltre trenta mesi dopo il termine previsto dal comma 2 dell'art. 355» sono state così sostituite alle precedenti «e comunque non oltre ventiquattro mesi dopo il termine previsto dal comma 2 dell'art. 355» dall'art. 9.3, d.l. 30 dicembre 2009, n. 194, conv. in l. 26 febbraio 2010, n. 25.

(5) Le parole «Ministro dello sviluppo economico» sono state così sostituite alle precedenti «Ministro delle attività produttive» dall'art. 1.213, d.lg. 12 maggio 2015, n. 74.

(6) Comma inserito dall'art. 1.219, d.lg. 12 maggio 2015, n. 74.

355. *Entrata in vigore*. — 1. Il presente codice entra in vigore il 1° gennaio 2006.

2. In sede di prima applicazione le disposizioni di attuazione sono emanate entro ventiquattro mesi dal termine di cui al comma 1.

VIII. 4.

DECRETO DEL PRESIDENTE DELLA REPUBBLICA 18 luglio 2006, n. 254. — *Regolamento recante disciplina del risarcimento diretto dei danni derivanti dalla circolazione stradale, a norma dell'art. 150 del d.lg. 7 settembre 2005, n. 209 – Codice delle assicurazioni private* (1) (2).

1. *Definizioni*. — 1. Ai fini del presente regolamento si intende per:

a) «codice»: il codice delle assicurazioni private di cui al d.lg. 7 settembre 2005, n. 209 (1);

b) «Isvap»: l'Istituto per la vigilanza sulle assicurazioni private e di interesse collettivo;

c) «impresa»: la società autorizzata ad esercitare nel territorio della Repubblica l'assicurazione obbligatoria per la responsabilità civile autoveicoli;

d) «sinistro»: la collisione avvenuta nel territorio della Repubblica tra due veicoli a motore identificati e assicurati per la responsabilità civile obbligatoria dalla quale siano derivati danni ai veicoli o lesioni di lieve entità ai loro conducenti, senza coinvolgimento di altri veicoli responsabili;

e) «danneggiato»: il proprietario o il conducente del veicolo che abbia subito danni a seguito del sinistro;

f) «lesioni»: le lesioni di lieve entità definite all'art. 139 del codice (1).

2. Restano ferme, inoltre, le definizioni contenute nell'art. 1 del codice (1).

2. *Oggetto del regolamento*. — 1. Il presente regolamento disciplina le modalità attuative del sistema del risarcimento diretto, nell'ambito dell'assicurazione obbligatoria della responsabilità civile per i danni derivanti dalla circolazione stradale, in attuazione dell'art. 150 del codice (1).

3. *Ambito di applicazione*. — 1. La disciplina del risarcimento diretto si applica in tutte le ipotesi di danni al veicolo e di lesioni di lieve entità al conducente, anche quando nel sinistro siano coinvolti terzi trasportati.

2. Qualora i terzi trasportati subiscano lesioni, la relativa richiesta del risarcimento del danno resta soggetta alla specifica procedura prevista dall'art. 141 del codice (1).

4. *Veicoli immatricolati all'estero*. — 1. La disciplina del risarcimento diretto si applica ai sinistri che coinvolgono:

a) veicoli immatricolati in Italia;

b) veicoli immatricolati nella Repubblica di San Marino e nello Stato Città del Vaticano, se assicurati con imprese con sede legale nello Stato italiano o con imprese che esercitino l'assicurazione obbligatoria responsabilità civile auto ai sensi degli artt. 23 e 24 del codice (1) e che abbiano aderito al sistema del risarcimento diretto.

5. *Modalità della richiesta di risarcimento*. — 1. Il danneggiato che si ritiene non responsabile, in tutto o in parte, del sinistro rivolge la richiesta di risarcimento all'impresa che ha stipulato il contratto relativo al veicolo utilizzato.

2. La richiesta è presentata mediante lettera raccomandata con avviso di ricevimento o con consegna a mano o a mezzo telegramma o telefax o in via telematica, salvo che nel contratto sia esplicitamente esclusa tale ultima forma di presentazione della richiesta di risarcimento.

3. L'impresa che ha ricevuto la richiesta ne dà immediata comunicazione all'impresa dell'assicurato ritenuto in tutto o in parte responsabile del sinistro, fornendo le sole informazioni necessarie per la verifica della copertura assicurativa e per l'accertamento delle modalità di accadimento del sinistro.

6. *Contenuto della richiesta*. — 1. Nell'ipotesi di danni al veicolo e alle cose, la richiesta di risarcimento contiene i seguenti elementi:

a) i nomi degli assicurati;

b) le targhe dei due veicoli coinvolti;

c) la denominazione delle rispettive imprese;

d) la descrizione delle circostanze e delle modalità del sinistro;

e) le generalità di eventuali testimoni;

f) l'indicazione dell'eventuale intervento degli Organi di polizia;

g) il luogo, i giorni e le ore in cui le cose danneggiate sono disponibili per la perizia diretta ad accertare l'entità del danno.

2. Nell'ipotesi di lesioni subite dai conducenti, la richiesta indica, inoltre:

a) l'età, l'attività e il reddito del danneggiato;

(1) In *Leggi coll. VIII, 3*.
(2) G.U., 28 agosto 2006, n. 199.

b) l'entità delle lesioni subite;

c) la dichiarazione di cui all'art. 142 del codice (1) circa la spettanza o meno di prestazioni da parte di istituti che gestiscono assicurazioni sociali obbligatorie;

d) l'attestazione medica comprovante l'avvenuta guarigione, con o senza postumi permanenti;

e) l'eventuale consulenza medico-legale di parte, corredata dall'indicazione del compenso spettante al professionista.

7. *Integrazione e regolarizzazione della richiesta*. — 1. In caso di richiesta incompleta, l'impresa, entro trenta giorni dalla ricezione, offrendo l'assistenza tecnica e informativa prevista dall'art. 9, invita il danneggiato a fornire le integrazioni e i chiarimenti necessari per la regolarizzazione della richiesta.

2. Nell'ipotesi di cui al comma 1, i termini per la formulazione dell'offerta o per la comunicazione della mancata offerta sono sospesi fino alla data di ricezione delle integrazioni e dei chiarimenti richiesti.

8. *Determinazioni dell'impresa*. — 1. Con apposita comunicazione inviata al danneggiato, l'impresa indica, alternativamente:

a) una congrua offerta di risarcimento del danno, eventualmente in forma specifica, se previsto dal contratto;

b) gli specifici motivi che impediscono di formulare l'offerta di risarcimento del danno.

2. La comunicazione di cui al comma 1 è inviata entro i seguenti termini:

a) novanta giorni, nel caso di lesioni;

b) sessanta giorni, nel caso di danni riguardanti solo i veicoli o le cose;

c) trenta giorni, nel caso di danni ai veicoli o alle cose, qualora il modulo di denuncia del sinistro sia sottoscritto da entrambi i conducenti coinvolti nel sinistro.

9. *Assistenza tecnica e informativa ai danneggiati*. — 1. L'impresa, nell'adempimento degli obblighi contrattuali di correttezza e buona fede, fornisce al danneggiato ogni assistenza informativa e tecnica utile per consentire la migliore prestazione del servizio e la piena realizzazione del diritto al risarcimento del danno. Tali obblighi comprendono, in particolare, oltre a quanto stabilito espressamente dal contratto, il supporto tecnico nella compilazione della richiesta di risarcimento, anche ai fini della quantificazione dei danni alle cose e ai veicoli, il suo controllo e l'eventuale integrazione, l'illustrazione e la precisazione dei criteri di responsabilità di cui all'allegato A.

2. Nel caso in cui la somma offerta dall'impresa di assicurazione sia accettata dal danneggiato, sugli importi corrisposti non sono dovuti compensi per la consulenza o assistenza professionale di cui si sia avvalso il danneggiato diversa da quella medico-legale per i danni alla persona.

10. *Accesso telematico*. — 1. Ai fini della liquidazione dei danni derivanti dal sinistro, l'impresa ha diritto di accedere in via telematica agli archivi previsti dall'art. 132, comma 3, del codice (1), per la verifica dei dati tecnici e del proprietario dell'altro veicolo.

11. *Sinistri esclusi dal sistema di risarcimento diretto*. — 1. Nel caso in cui il sinistro non rientra nell'ambito di applicazione previsto dall'art. 3, l'impresa ne informa il danneggiato a mezzo raccomandata con avviso di ricevimento, entro trenta giorni decorrenti dalla ricezione della richiesta di risarcimento.

2. Entro il termine di cui al comma 1, l'impresa è tenuta a trasmettere la richiesta, corredata della documentazione acquisita per ogni ulteriore valutazione, all'impresa del responsabile qualora quest'ultima sia nota in base agli elementi in suo possesso.

3. I termini previsti dagli artt. 145 e 148 del codice (1) iniziano a decorrere dal momento in cui l'impresa del responsabile del sinistro riceve la comunicazione di cui al comma 2.

12. *Criteri di determinazione del grado di responsabilità delle parti*. — 1. L'impresa adotta le proprie determinazioni in ordine alla richiesta del danneggiato, applicando i criteri di accertamento della responsabilità dei sinistri stabiliti nella tabella di cui all'allegato A, in conformità alla disciplina legislativa e regolamentare in materia di circolazione stradale.

2. Qualora il sinistro non rientri in alcuna delle ipotesi previste dalla tabella di cui al comma 1, l'accertamento della responsabilità è compiuto con riferimento alla fattispecie concreta, nel rispetto dei principi generali in tema di responsabilità derivante dalla circolazione dei veicoli.

13. *Organizzazione e gestione del sistema di risarcimento diretto*. — 1. Le imprese di assicurazione stipulano fra loro una convenzione ai fini della regolazione dei rapporti organizzativi ed economici per la gestione del risarcimento diretto.

2. Per la regolazione contabile dei rapporti economici, la convenzione deve prevedere una stanza di compensazione dei risarcimenti effettuati. Le compensazioni avvengono sulla base

(1) In *Leggi coll. VIII, 3.*

di costi medi che possono essere differenziati per grandi tipologie di veicoli assicurati e per danni a cose e danni alle persone, nonché, limitatamente ai danni a cose, per macroaree territorialmente omogenee in numero non superiore a tre. I predetti criteri di differenziazione, applicati alternativamente o congiuntamente, non devono determinare una eccessiva frammentazione dei costi medi da prendere a base per le compensazioni. Le compensazioni possono avvenire anche sulla base di meccanismi che prevedano l'applicazione di franchigie a carico dell'impresa che ha risarcito il danno, secondo le regole definite dalla convenzione (1).

2-*bis*. Le differenziazioni delle compensazioni da applicare ai sensi del comma 2 sono stabilite e possono essere modificate con decreto del Ministro dello sviluppo economico, sentiti l'ISVAP e il Comitato tecnico di cui al comma 4, sulla base dell'andamento effettivo dei costi e dell'esperienza maturata sul sistema, senza tuttavia determinare mutamenti frequenti e in nessun caso per periodi di applicazione inferiori ad una annualità (1).

3. L'attività della stanza di compensazione deve svolgersi in regime di completa autonomia rispetto alle imprese di assicurazione ed ai loro organismi associativi.

4. I valori dei costi medi e delle eventuali franchigie di cui al comma 2 vengono calcolati annualmente sulla base dei risarcimenti effettivamente corrisposti nell'esercizio precedente per i sinistri rientranti nell'ambito di applicazione del sistema di risarcimento diretto. Per il calcolo annuale dei valori da assumere ai fini delle compensazioni, sulla base dei dati forniti dalla stanza di compensazione di cui al comma 2, è istituito presso il Ministero dello sviluppo economico un Comitato tecnico composto dai seguenti componenti: *a*) un rappresentante del Ministero dello sviluppo economico, con funzioni di Presidente; *b*) un rappresentante dell'ISVAP; *c*) un rappresentante dell'Associazione nazionale fra le imprese assicuratrici; *d*) un esperto in scienze statistiche ed attuariali; *e*) due rappresentanti del Consiglio nazionale dei consumatori e degli utenti. L'esperto di cui alla lett. *d*) non deve avere svolto, nei due anni precedenti la nomina, incarichi presso imprese di assicurazione.

5. Per il primo anno di applicazione del sistema di risarcimento diretto, il Comitato tecnico calcola i valori di cui al comma 4 sulla base di statistiche di mercato.

6. I componenti il Comitato sono nominati con decreto del Ministro dello sviluppo economico per la durata di un triennio e possono essere riconfermati una sola volta. Il Comitato delibera a maggioranza e, in caso di parità, prevale il voto del Presidente.

7. Il costo relativo al funzionamento della convenzione è posto a carico delle imprese che aderiscono al sistema di risarcimento diretto.

8. Le imprese con sede legale in altri Stati membri dell'Unione europea che operano nel territorio della Repubblica, ai sensi degli artt. 23 e 24 del codice (2), hanno facoltà di aderire al sistema di risarcimento diretto mediante sottoscrizione della convenzione di cui al comma 1.

9. Non costituiscono prestazioni di servizi ai fini dell'imposta sul valore aggiunto le regolazioni dei rapporti tra imprese nell'ambito della procedura di risarcimento diretto.

10. Le informazioni, acquisite nell'ambito dei rapporti organizzativi ed economici per la gestione del risarcimento diretto, possono essere utilizzati, esclusivamente, per le finalità della stessa stanza di compensazione.

14. *Benefici derivanti agli assicurati*. — 1. Il sistema del risarcimento diretto dovrà consentire effettivi benefici per gli assicurati, attraverso l'ottimizzazione della gestione, il controllo dei costi e l'innovazione dei contratti che potranno contemplare l'impiego di clausole che prevedano il risarcimento del danno in forma specifica con contestuale riduzione del premio per l'assicurato.

2. In presenza di clausole che prevedono il risarcimento del danno in forma specifica, nel contratto deve essere espressamente indicata la percentuale di sconto applicata.

15. *Entrata in vigore*. — 1. Il presente regolamento entra in vigore il 1° gennaio 2007 e si applica ai sinistri verificatisi a partire dal 1° febbraio 2007.

2. Per i sinistri che coinvolgono ciclomotori, il presente regolamento si applica a condizione che i ciclomotori stessi siano muniti di targa ai sensi del d.p.r. 6 marzo 2006, n. 153.

ALLEGATO A

.... (*omissis*).

(1) Gli attuali commi 2 e 2-*bis* sono stati così sostituiti all'originario comma 2 dall'art. 1, d.p.r. 18 febbraio 2009, n. 28.
(2) In *Leggi coll. VIII, 3.*

IX. TITOLI DI CREDITO

IX. 1.

REGIO DECRETO 14 dicembre 1933, n. 1669. — *Modificazioni alle norme sulla cambiale e sul vaglia cambiario* (1).

TITOLO I

Della cambiale (2)

CAPO I

DELLA EMISSIONE E DELLA FORMA DELLA CAMBIALE

1. *1.* La cambiale contiene:

1) la denominazione di cambiale inserita nel contesto del titolo ed espressa nella lingua in cui esso è redatto;

2) l'ordine incondizionato di pagare una somma determinata [6];

3) il nome, il luogo e la data di nascita ovvero il codice fiscale di chi è designato a pagare (trattario) [3[2], 4[2]] (3);

4) l'indicazione della scadenza [2[2], 38 ss., 96];

5) l'indicazione del luogo di pagamento [2, 4, 99];

6) il nome di colui al quale o all'ordine del quale deve farsi il pagamento [3];

7) l'indicazione della data [24[2]] e del luogo dove la cambiale è emessa [2[4]];

8) la sottoscrizione di colui che emette la cambiale (traente) [8].

2. *1.* Il titolo nel quale manchi alcuno dei requisiti indicati nell'articolo precedente non vale come cambiale, salvo i casi previsti nei seguenti commi [14].

2. La cambiale senza indicazione di scadenza si considera pagabile a vista [5, 38, 39].

3. In mancanza d'indicazione speciale, il luogo indicato accanto al nome del trattario si reputa luogo del pagamento [109], e insieme, domicilio [99] del trattario [44].

4. La cambiale in cui non è indicato il luogo di emissione si considera sottoscritta nel luogo indicato accanto al nome del traente.

5. Se sono indicati più luoghi di pagamento, s'intende che il portatore possa presentare in qualunque di essi la cambiale per l'accettazione [26 ss.] ed il pagamento [43 ss.].

3. *1.* La cambiale può essere all'ordine dello stesso traente.

2. Può essere tratta sullo stesso traente.

3. Può essere tratta per conto di un terzo.

4. *1.* La cambiale può essere pagabile al domicilio [99] di un terzo, sia nel luogo del domicilio del trattario, sia in altro luogo [32].

2. Se non è detto che il pagamento sarà fatto presso il terzo dal trattario, s'intende che sarà fatto dal terzo.

5. *1.* Nella cambiale pagabile a vista [2[2], 38, 39] o a certo tempo vista [28, 38, 40] il traente può disporre che la somma sia produttiva d'interessi. In qualunque altra specie di cambiale la promessa d'interessi si ha per non scritta.

2. Il tasso d'interesse [c. 1284] deve essere indicato nella cambiale; mancando tale indicazione, la clausola si ha per non scritta.

3. Gl'interessi decorrono dalla data della cambiale quando non sia indicata una decorrenza diversa.

6. *1.* La cambiale con la somma da pagarsi scritta in lettere ed in cifre, vale, in caso di differenza, per la somma indicata in lettere.

2. Se la somma da pagarsi è scritta più di una volta in lettere o in cifre, la cambiale, in caso di differenza, vale per la somma minore.

7. *1.* Se la cambiale contiene firme di persone incapaci di obbligarsi cambiariamente [9, 10], firme false o di persone immaginarie, ovvero firme che per qualsiasi altra ragione non

(1) G.U., 19 dicembre 1933, n. 292; LEX, 1933, 1937.

(2) Sulla cambiale tratta garantita mediante cessione di credito derivante da fornitura, v. r.d.l. 21 settembre 1933, conv. in l. 15 gennaio 1934, n. 48.

Sulla cambiale agraria e la cambiale pesca v. art. 43.4, d.lg. 1° settembre 1993, n. 385, in *Leggi coll. XVII, 1.*

Sulle cambiali finanziarie v. l. 13 gennaio 1994, n. 43, in *Leggi coll. IX, 2.*

(3) Numero così sostituito dall'art. 45.1, l. 12. dicembre 2002, n. 273.

obbligano le persone che hanno firmata la cambiale o col nome delle quali essa è stata firmata [12], le obbligazioni degli altri firmatari restano tuttavia valide [37].

8. *1.* Ogni sottoscrizione cambiaria deve contenere il nome e cognome o la ditta di colui che si obbliga. È valida tuttavia la sottoscrizione nella quale il nome sia abbreviato o indicato con la sola iniziale.

9. *1.* Il minore emancipato non autorizzato all'esercizio del commercio [c. 397] e l'inabilitato [c. 425, 427] non assumono obbligazioni cambiarie se la loro firma non sia accompagnata da quella del curatore con la clausola «per assistenza» o altra equivalente. Se sia omessa detta clausola o altra equivalente il curatore è obbligato personalmente [11].

10. *1.* Il genitore o il tutore non autorizzato all'esercizio del commercio per conto del minore o dell'interdetto [c. 320^{5}, 371, 424^{2}] si può obbligare cambiariamente in nome di costoro, il primo con l'autorizzazione del tribunale, l'altro con l'autorizzazione del consiglio di famiglia o di tutela omologata dal tribunale [c. 371, 424^{1}; p.c. 732 ss.] (1), l'una e l'altra anche di carattere generale [12].

11. *1.* Chi appone la firma sulla cambiale quale rappresentante di una persona per la quale non ha il potere di agire, è obbligato cambiariamente come se avesse firmato in proprio [9; c. 1398], e, se ha pagato, ha gli stessi diritti che avrebbe avuto il preteso rappresentato. La stessa disposizione si applica al rappresentante che abbia ecceduto i suoi poteri [c. 1398].

12. *1.* La facoltà generale di obbligarsi in nome e per conto altrui non fa presumere, salvo prova contraria, la facoltà di obbligarsi cambiariamente [c. 1708^{2}].

2. La facoltà generale di obbligarsi in nome e per conto di un commerciante comprende anche quella di obbligarsi cambiariamente, salvo che l'atto di rappresentanza, pubblicato a norma dell'art. 9 del codice di commercio (2), non disponga diversamente [c. 2384^{2}].

13. *1.* Il traente risponde della accettazione [26 ss.] e del pagamento [43 ss.].

2. Egli può esonerarsi dalla responsabilità per l'accettazione; ogni clausola con la quale si esoneri dalla responsabilità per il pagamento si ha per non scritta.

14. *1.* Se una cambiale, incompleta quando fu emessa [2], venga completata contrariamente agli accordi intervenuti, la inosservanza di tali accordi non può essere opposta al portatore, a meno che questi abbia acquistato la cambiale in mala fede, ovvero abbia commesso colpa grave acquistandola.

2. Il portatore decade [c. 2964] dal diritto di riempire la cambiale in bianco dopo tre anni dal giorno dell'emissione del titolo.

3. Tale decadenza non è opponibile al portatore di buona fede, al quale il titolo sia pervenuto già completo.

CAPO II

DELLA GIRATA

15. *1.* La cambiale ancorché non espressamente tratta all'ordine [3^{1}] è trasferibile mediante girata [82, 86, 87].

2. Se il traente abbia inserito nella cambiale le parole «non all'ordine» o un'espressione equivalente, il titolo è trasferibile solo nella forma e con gli effetti di una cessione ordinaria [24, 25].

3. La girata può essere fatta anche a favore del trattario [l. ass. 18^{5}], abbia o non abbia accettato [26 ss.], del traente o di qualunque altro obbligato. Essi possono girare di nuovo la cambiale.

16. *1.* La girata deve essere incondizionata. Qualsiasi condizione alla quale sia subordinata si ha per non scritta [c. 2010].

2. La girata parziale è nulla.

3. La girata al portatore vale come girata in bianco [17^{2}, 18^{2}; c. 2009^{2}].

17. *1.* La girata deve essere scritta sulla cambiale o su un foglio ad essa attaccato (allungamento). Deve essere sottoscritta [8] dal girante [c. 2009].

2. La girata è valida ancorché il beneficiario non sia indicato o il girante abbia apposto soltanto la firma (girata in bianco) [16^{3}, 18^{2}]. In questo caso la girata per essere valida deve essere scritta a tergo della cambiale o sull'allungamento.

18. *1.* La girata trasferisce tutti i diritti inerenti alla cambiale [c. 1995, 2011].

2. Se la girata è in bianco [16^{3}, 17^{2}], il portatore può:

1) riempirla col proprio nome o con quello di altra persona;

2) girare la cambiale di nuovo in bianco o a persona determinata;

3) trasmettere la cambiale a un terzo, senza riempire la girata in bianco e senza girarla.

19. *1.* Il girante, se non vi sia clausola con-

(1) Ora occorre l'autorizzazione del tribunale su parere del giudice tutelare (artt. 320 e 374 cod. civ.).
(2) Ora art. 2206 cod. civ.

traria, risponde della accettazione e del pagamento [26 ss., 43 ss.; c. 2012].

2. Egli può vietare una nuova girata; in questo caso non è responsabile verso coloro ai quali la cambiale sia stata ulteriormente girata.

20. *1.* Il detentore della cambiale è considerato portatore legittimo se giustifica il suo diritto con una serie continua di girate [c. 2008], anche se l'ultima è in bianco. Le girate cancellate si hanno, a questo effetto, per non scritte. Se una girata in bianco è seguita da un'altra girata, si reputa che il sottoscrittore di quest'ultima abbia acquistato la cambiale per effetto della girata in bianco.

2. Se una persona ha perduto per qualsiasi ragione il possesso di una cambiale, il nuovo portatore che giustifichi il suo diritto nella maniera indicata nel precedente comma, non è tenuto a consegnarla se non quando l'abbia acquistata in mala fede ovvero abbia commesso colpa grave acquistandola [c. 1994].

21. *1.* La persona contro la quale sia promossa azione cambiaria non può opporre al portatore le eccezioni fondate sui rapporti suoi personali col traente o con i portatori precedenti a meno che il portatore, acquistando la cambiale, abbia agito scientemente a danno del debitore [22^2, 25, 65; c. 1993].

22. *1.* Se alla girata è apposta la clausola «valuta per incasso», «per incasso», «per procura», od ogni altra che implichi un semplice mandato [9], il portatore può esercitare tutti i diritti inerenti alla cambiale, ma non può girarla che per procura [c. 2013].

2. Gli obbligati non possono in questo caso opporre al portatore se non le eccezioni che avrebbero potuto opporre al girante [21, 25, 65; c. 1993].

3. Il mandato contenuto in una girata per procura non si estingue per la morte del mandante o per la sopravvenuta sua incapacità [c. 1722 n. 4, 1723^2].

23. *1.* Se alla girata è apposta la clausola «valuta in garanzia», «valuta in pegno», od ogni altra che implichi un pegno, il portatore può esercitare tutti i diritti inerenti alla cambiale ma la girata da lui fatta vale solo come girata per procura [22; c. 2014].

2. Gli obbligati non possono opporre al portatore le eccezioni fondate sui loro rapporti personali col girante, a meno che il portatore, ricevendo la cambiale, abbia agito scientemente a danno del debitore [21, 22^2, 25, 65; c. 1993].

24. *1.* La girata posteriore alla scadenza produce gli stessi effetti di una girata anteriore. Nondimeno la girata fatta posteriormente al protesto per mancato pagamento [51, 68 ss.] o dopo spirato il termine per levare protesto [51, 61] produce solo gli effetti di una cessione ordinaria [25; c. 1260, 2015].

2. La girata senza data si presume, fino a prova contraria, fatta prima dello spirare del termine stabilito per levare protesto.

25. *1.* Con la cessione della cambiale, sia derivante da una girata fatta posteriormente al protesto per mancato pagamento [51, 68 ss.] o dopo spirato il termine per levare protesto [51], sia derivante da atto separato ancorché anteriore alla scadenza, si trasmettono al cessionario tutti i diritti cambiari del cedente, ma egli resta soggetto alle eccezioni opponibili a questo [21, 22^2, 23^2, 25, 65; c. 1263].

2. Il cessionario ha diritto alla consegna della cambiale [c. 1262].

CAPO III

DELL'ACCETTAZIONE

26. *1.* La cambiale può, dal portatore o da un semplice detentore, essere presentata per l'accettazione al trattario nel suo domicilio [99] fino alla scadenza [38 ss., 96].

27. *1.* In qualsiasi cambiale il traente può prescrivere che essa sia presentata per l'accettazione, fissando o non fissando un termine.

2. Egli può vietare nella cambiale che essa sia presentata all'accettazione, a meno che non sia pagabile presso un terzo, o in luogo diverso da quello del domicilio del trattario, o sia tratta a certo tempo vista [5^1, 38, 40].

3. Egli può anche prescrivere che la presentazione per l'accettazione non abbia luogo prima di un certo termine.

4. Ogni girante può prescrivere che la cambiale sia presentata per l'accettazione, fissando o non fissando un termine, salvo che il traente l'abbia dichiarata non accettabile.

28. *1.* La cambiale a certo tempo vista [5, 38, 40] deve essere presentata all'accettazione entro un anno dalla sua data.

2. Il traente può abbreviare questo termine o prolungarlo.

3. Detti termini possono essere abbreviati dai giranti.

29. *1.* Il trattario può chiedere che gli sia fatta una seconda presentazione il giorno seguente alla prima. Gli interessati non possono prevalersi dell'inosservanza di tale richiesta se non sia stata menzionata nel protesto [51, 68 ss.].

2. Il portatore non è obbligato a consegnare al trattario la cambiale presentata per l'accettazione.

30. *1.* L'accettazione è scritta sulla cambiale.

È espressa colla parola «accettato», «visto» o con altre equivalenti; è sottoscritta [8] dal trattario; il trattario indica il luogo e la data di nascita ovvero il codice fiscale (1). La semplice sottoscrizione [8] del trattario sulla faccia anteriore della cambiale vale accettazione. Ciò vale anche per la cambiale a certo tempo vista [5, 28, 38, 40].

2. Se la cambiale è pagabile a certo tempo vista o, in virtù di clausola speciale, deve essere presentata per l'accettazione entro un termine stabilito [27^{1}], l'accettazione deve portare la data del giorno in cui è fatta, a meno che il portatore non esiga che vi sia apposta la data della presentazione. Se manca la data, il portatore, per conservare il regresso [49 ss.] contro i giranti e contro il traente, deve far constatare la mancanza con protesto levato in tempo utile [51, 61].

31. *1.* L'accettazione deve essere incondizionata; il trattario può limitarla ad una parte della somma [16; c. 1326^{5}].

2. Qualsiasi altra modificazione apportata nell'accettazione al tenore della cambiale equivale a rifiuto di accettazione; nondimeno l'accettante resta obbligato nei termini della sua accettazione.

32. *1.* Se il traente ha indicato nella cambiale un luogo di pagamento diverso da quello del domicilio del trattario, ma non una terza persona presso la quale il pagamento deve essere effettuato [4], il trattario può indicarla al momento dell'accettazione. In mancanza di tale indicazione si reputa che l'accettante sia tenuto a pagare egli stesso nel luogo di pagamento.

2. Se la cambiale è pagabile al domicilio del trattario, questi può indicare nell'accettazione un indirizzo nello stesso luogo in cui il pagamento deve essere effettuato.

33. *1.* Con l'accettazione il trattario si obbliga di pagare la cambiale alla scadenza [2^{2}, 39 ss.].

2. In mancanza di pagamento il portatore, ancorché sia il traente, ha contro l'accettante un'azione cambiaria diretta per tutto quanto può essere chiesto ai sensi degli artt. 55 e 56.

3. Il trattario che accetta resta obbligato anche se ignora il fallimento del traente.

34. *1.* Se l'accettazione apposta sulla cambiale dal trattario è da lui cancellata prima di restituire il titolo, l'accettazione si ha per rifiutata. La cancellazione si reputa fatta, fino a prova contraria, prima della restituzione del titolo.

2. Nondimeno, se il trattario ha dato notizia dell'accettazione per iscritto al portatore o a un firmatario qualsiasi, è tenuto verso di essi nei termini dell'accettazione.

CAPO IV

Dell'avallo

35. *1.* Il pagamento [43 ss.] di una cambiale può essere garantito [c. 1936 ss.] con avallo per tutta o parte della somma.

2. Questa garanzia può essere prestata da un terzo o anche da un firmatario della cambiale.

36. *1.* L'avallo è apposto sulla cambiale o sull'allungamento [17].

2. È espresso con le parole «per avallo» o con ogni altra formula equivalente; è sottoscritto [8] dall'avallante.

3. Si considera dato con la sola firma dell'avallante apposta sulla faccia anteriore della cambiale, purché non si tratti della firma del trattario o del traente.

4. L'avallo deve indicare per chi è dato. In mancanza di questa indicazione si intende dato per il traente.

37. *1.* L'avallante è obbligato nello stesso modo di colui per il quale l'avallo è stato dato [c. 1945].

2. La sua obbligazione è valida ancorché l'obbligazione garantita sia nulla per qualsiasi altra causa che un vizio di forma [7; c. 1939].

3. L'avallante che paga la cambiale acquista i diritti ad essa inerenti contro l'avallato e contro coloro che sono obbligati cambiariamente verso quest'ultimo [c. 1949 ss.].

CAPO V

Della scadenza

38. *1.* La cambiale può essere tratta:
a vista [39];
a certo tempo vista [40];
a certo tempo data [41];
a giorno fisso [42].

2. Le cambiali ad altre scadenze o a scadenze successive sono nulle.

39. *1.* La cambiale a vista [60, 61] è pagabile alla presentazione. Essa deve essere presentata per il pagamento nel termine di un anno dalla sua data. Il traente può abbreviare questo termine o prolungarlo. Tali termini possono essere abbreviati dai giranti.

2. Il traente può stabilire che una cambiale

(1) Parole inserite dall'art. 45.1, l. 12. dicembre 2002, n. 273.

pagabile a vista non sia presentata per il pagamento prima di una certa data. In questo caso il termine di presentazione decorre da tale data.

40. *1.* La scadenza della cambiale a certo tempo vista [60, 61] è determinata dalla data dell'accettazione [26 ss.] o da quella del protesto [51, 61, 68].

2. In mancanza di protesto l'accettazione non datata si reputa data, rispetto all'accettante, l'ultimo giorno del termine previsto per la presentazione all'accettazione [28].

41. *1.* La cambiale tratta a uno o più mesi data o vista scade nel giorno corrispondente del mese in cui il pagamento deve essere effettuato. In mancanza del giorno corrispondente la cambiale scade l'ultimo del mese [c. 1187, 2963].

2. Se la cambiale è tratta a uno o più mesi e mezzo data o vista, si computano prima i mesi interi.

3. Se la scadenza è fissata al principio, alla metà (metà gennaio, metà febbraio, ecc.) o alla fine del mese, la cambiale scade il primo, il quindici o l'ultimo giorno del mese.

4. Con le espressioni «otto giorni» o «quindici giorni» s'intende non già una o due settimane ma otto o quindici giorni effettivi.

5. Con l'espressione «mezzo mese» s'intende il termine di quindici giorni.

42. *1.* Se la cambiale è pagabile a giorno fisso in un luogo in cui il calendario è differente da quello del luogo d'emissione, la data della scadenza si intende fissata secondo il calendario del luogo di pagamento [2^3, 99].

2. Se una cambiale tratta fra due piazze che hanno calendari diversi è pagabile a certo tempo data, la scadenza è stabilita contando dal giorno che, secondo il calendario del luogo di pagamento, corrisponde al giorno dell'emissione.

3. I termini di presentazione delle cambiali sono calcolati in conformità alle disposizioni del comma precedente.

4. Queste disposizioni non si applicano se da clausola della cambiale o anche dalle sole enunciazioni del titolo risulti l'intenzione di adottare norme diverse.

CAPO VI

DEL PAGAMENTO

43. *1.* Il portatore di una cambiale pagabile a giorno fisso [42] o a certo tempo data [41] o vista [39] deve presentarla al pagamento nel giorno in cui essa è pagabile o in uno dei due giorni feriali successivi [43, 96].

2. La presentazione della cambiale ad una stanza di compensazione equivale a presentazione per il pagamento.

44. *1.* La cambiale deve essere presentata per il pagamento nel luogo e all'indirizzo indicato sul titolo.

2. Quando manchi tale indirizzo deve essere presentata per il pagamento:

1) al domicilio [99] del trattario [2^3] o della persona designata sul titolo a pagare per esso [74 ss.];

2) al domicilio dell'accettante per intervento [75] o della persona designata sul titolo a pagare per esso [74 ss.];

3) al domicilio dell'indicato al bisogno [74 ss.].

45. *1.* Il trattario che paga la cambiale può esigere che gli sia consegnata quietanzata dal portatore [c. 1199].

2. Il portatore non può rifiutare un pagamento parziale [c. 1181].

3. In caso di pagamento parziale il trattario può esigere che ne sia fatta menzione sulla cambiale e gliene sia data quietanza.

46. *1.* Il portatore della cambiale non è tenuto a riceverne il pagamento prima della scadenza [38 ss.].

2. Il trattario che paga prima della scadenza lo fa a suo rischio e pericolo.

3. Chi paga alla scadenza è validamente liberato, a meno che da parte sua non vi sia dolo o colpa grave. Egli è tenuto ad accertare la regolare continuità delle girate [20 ss.] ma non a verificare l'autenticità delle firme dei giranti.

47. *1.* Se la cambiale è pagabile in moneta che non ha corso nel luogo di pagamento [2, 44, 99], la somma può essere pagata nella moneta del paese secondo il suo valore nel giorno della scadenza [38 ss.; c. 1278]. Se il debitore è in ritardo, il portatore può a sua scelta domandare che la somma sia pagata nella moneta del paese secondo il valore nel giorno di scadenza o in quello del pagamento.

2. Il valore della moneta estera è determinato dagli usi del luogo di pagamento. Il traente può tuttavia stabilire che la somma da pagare sia calcolata secondo il corso indicato nella cambiale.

3. Le disposizioni precedenti non si applicano nel caso in cui il traente abbia stabilito che il pagamento sia fatto in una moneta espressamente indicata (clausola di pagamento effettivo in moneta estera) [c. 1279].

4. Se la somma è indicata in una moneta avente la stessa denominazione ma un valore diverso nel paese di emissione e in quello del pagamento, si presume che l'indicazione si riferisca alla moneta del luogo di pagamento.

48. *1.* Se la cambiale non è presentata per il pagamento nel termine fissato dall'art. 43, qualsiasi debitore ha facoltà di depositare la somma presso l'autorità competente, a spese, rischio e pericolo del portatore del titolo.

2. Per le cambiali pagabili nello Stato l'autorità competente a ricevere il deposito è l'Istituto di emissione [c. 1210 ss.].

CAPO VII

DEL REGRESSO PER MANCATA ACCETTAZIONE O PER MANCATO PAGAMENTO

49. *1.* L'azione cambiaria è diretta o di regresso [94]: diretta contro l'accettante [26 ss.] ed i suoi avallanti [35]; di regresso contro ogni altro obbligato.

50. *1.* Il portatore può esercitare il regresso [55] contro i giranti [15 ss.], il traente e gli altri obbligati:

alla scadenza [38 ss.], se il pagamento non ha avuto luogo;

anche prima della scadenza [75]:

1) se l'accettazione [26 ss.] sia stata rifiutata in tutto o in parte;

2) in caso di fallimento del trattario, abbia o non abbia accettato; di cessazione dei pagamenti, ancorché non constatata con sentenza; di esecuzione infruttuosa sui suoi beni;

3) in caso di fallimento del traente di una cambiale non accettabile [27].

51. *1.* Il rifiuto dell'accettazione [26 ss.] o del pagamento [68 ss.] deve essere constatato con atto autentico (protesto per mancata accettazione o per mancato pagamento).

2. Il protesto per mancata accettazione deve essere levato nei termini fissati per la presentazione all'accettazione [27, 28, 106]. Se la prima presentazione, nel caso previsto dall'art. 29, comma 1, è stata fatta nell'ultimo giorno del termine, il protesto può essere levato anche il giorno successivo.

3. Il protesto per mancato pagamento di una cambiale pagabile a giorno fisso [42] o a certo tempo data [41] o vista [40] deve essere levato in uno dei due giorni feriali seguenti al giorno in cui la cambiale è pagabile [39] (1). Se la cambiale è a vista, il protesto deve essere levato secondo le norme del precedente comma relativo al protesto per mancata accettazione.

4. Il protesto per mancata accettazione dispensa dalla presentazione al pagamento [43] e dal protesto per mancato pagamento.

5. In caso di cessazione di pagamenti del trattario, abbia o non abbia accettato, o in caso di esecuzione infruttuosa sui suoi beni, il portatore non può esercitare il regresso [49 ss.] che dopo aver presentato la cambiale al trattario per il pagamento e dopo aver levato protesto.

6. In caso di fallimento del trattario, abbia o non abbia accettato, e nel caso di fallimento del traente di una cambiale non accettabile [27], la produzione della sentenza dichiarativa del fallimento basta al portatore per esercitare il regresso [50].

52. *1.* Il portatore deve dare avviso al proprio girante e al traente della mancata accettazione [26 ss.] o del mancato pagamento [43 ss.] entro i quattro giorni feriali successivi al giorno del protesto [51, 68 ss.] o della presentazione se vi sia la clausola «senza spese» [53]. Ogni girante nei due giorni feriali successivi al giorno in cui ha ricevuto l'avviso deve informare il precedente girante dell'avviso ricevuto, indicando i nomi e gli indirizzi di coloro che hanno dato gli avvisi precedenti, e così di seguito, risalendo fino al traente. I termini predetti decorrono dal ricevimento dell'avviso precedente.

2. Se in conformità del precedente comma l'avviso è dato ad un firmatario della cambiale, analogo avviso deve essere dato entro lo stesso termine anche al suo avallante [35 ss.].

3. Se un girante non ha indicato il suo indirizzo o l'ha indicato in maniera illeggibile, basta che l'avviso sia stato dato al girante che lo precede.

4. Chi è tenuto a dare l'avviso può darlo in una forma qualsiasi, anche col semplice rinvio della cambiale [c. 1237].

5. Egli deve provare di aver dato l'avviso nel termine stabilito. Il termine si considera rispettato se una lettera contenente l'avviso sia stata spedita per posta nel termine predetto.

6. Chi non dà l'avviso nel termine sopra indicato non decade dal regresso [55]; tuttavia è responsabile della sua negligenza se abbia causato danno, senza però che l'ammontare del risarcimento possa superare quello della cambiale.

53. *1.* Il traente, il girante o l'avallante può, con la clausola «senza spese», «senza protesto» od ogni altra equivalente, apposta sulla cambiale e firmata [8], dispensare il portatore dal protesto per mancata accettazione o per mancato pagamento [51, 68 ss.], per esercitare il regresso.

2. Tale clausola non dispensa il portatore dalla presentazione della cambiale nei termini

(1) V. nota 1 all'art. 96.

prescritti [43] né dagli avvisi [52]. La prova dell'inosservanza dei termini incombe a colui che la oppone al portatore.

3. Se la clausola è apposta dal traente produce i suoi effetti nei confronti di tutti i firmatari; se è apposta da un girante o da un avallante, produce i suoi effetti soltanto rispetto a costui. Se la clausola è apposta dal traente e il portatore fa levare il protesto, le spese restano a suo carico. Se la clausola è apposta da un girante o da un avallante le spese per il protesto, qualora sia levato, sono ripetibili contro tutti i firmatari.

54. *1.* Il traente, l'accettante, il girante e l'avallante della cambiale rispondono in solido verso il portatore [20; c. 1292 ss.].

2. Il portatore ha diritto di agire contro queste persone individualmente o congiuntamente e non è tenuto ad osservare l'ordine nel quale si sono obbligate.

3. Lo stesso diritto spetta a ogni firmatario che abbia pagato la cambiale.

4. L'azione promossa contro uno degli obbligati non impedisce di agire contro gli altri, anche se posteriori a colui contro il quale si sia prima proceduto.

55. *1.* Il portatore può chiedere in via di regresso:

1) l'ammontare della cambiale non accettata o non pagata con gli interessi, se siano stati indicati [5];

2) gli interessi dalla scadenza in misura uguale a quella indicata nel titolo a norma dell'art. 5, o, in mancanza, al tasso legale;

3) le spese per il protesto [51, 68 ss.], per gli avvisi dati [52] e le altre spese.

2. Se il regresso è esercitato prima della scadenza, sarà dedotto uno sconto dall'ammontare della cambiale. Tale sconto è calcolato in base al tasso ufficiale vigente (tasso della Banca di emissione) alla data del regresso nel luogo del domicilio del portatore.

56. *1.* Chi ha pagato la cambiale può ripetere dai suoi garanti [35 ss.]:

1) la somma integrale sborsata;

2) gli interessi sulla somma in misura uguale a quella indicata nel titolo a norma dell'art. 5, o, in mancanza, al tasso legale, dal giorno del disborso;

3) le spese sostenute.

57. *1.* Qualsiasi obbligato contro il quale sia stato o possa essere promosso il regresso può esigere, contro il pagamento, la consegna della cambiale col protesto [51] e il conto di ritorno quietanzato.

2. Qualsiasi girante che ha pagato la cambiale può cancellare la propria girata e quelle dei giranti susseguenti.

58. *1.* In caso di regresso dopo un'accettazione parziale [31], chi paga la somma per la quale la cambiale non è stata accettata, può esigere che del pagamento sia fatta menzione sulla cambiale e che gliene sia data quietanza. Il portatore deve inoltre rilasciargli copia certificata conforme della cambiale ed il protesto per rendere possibile l'esercizio degli ulteriori regressi.

59. *1.* Chi ha diritto di esercitare il regresso può, salvo clausola contraria, rimborsarsi con una nuova cambiale (rivalsa) tratta a vista su uno dei propri garanti [35 ss.] e pagabile al domicilio [99] di costui.

2. La rivalsa comprende, oltre le somme indicate negli artt. 55 e 56, un diritto di provvigione e la tassa di bollo sulla rivalsa.

3. Se la rivalsa è tratta dal portatore, l'ammontare ne è fissato secondo il corso di una cambiale a vista [39] tratta dal luogo dove la cambiale originaria era pagabile [2^3, 99] sul luogo del domicilio del garante. Se la rivalsa è tratta da un girante, l'ammontare ne è fissato secondo il corso di una cambiale a vista tratta dal luogo dove il traente della rivalsa ha il suo domicilio sul luogo del domicilio del garante.

60. *1.* Spirati i termini stabiliti:

per la presentazione di una cambiale a vista o a certo tempo vista [39];

per levare il protesto per mancata accettazione o mancato pagamento [51];

per la presentazione al pagamento se vi sia la clausola «senza spese» [53];

il portatore decade dai suoi diritti contro i giranti, contro il traente e contro gli altri obbligati, ad eccezione dell'accettante.

2. Se la cambiale non è presentata per l'accettazione nel termine stabilito dal traente, il portatore decade dal diritto di esercitare il regresso sia per mancato pagamento sia per mancata accettazione, salvo che non risulti dal tenore del titolo che il traente abbia inteso di esonerarsi soltanto dalla garanzia per l'accettazione.

3. Se un termine per la presentazione è fissato in una girata, solo il girante può prevalersene.

61. *1.* Se un ostacolo insormontabile (disposizione di legge di uno Stato o altro caso di forza maggiore) impedisce di presentare la cambiale o di levare il protesto nei termini stabiliti [51], questi sono prolungati [106].

2. Il portatore è tenuto a dare avviso senza indugio del caso di forza maggiore al girante precedente e a fare, sulla cambiale o sull'allungamento [175], menzione datata e sottoscritta [8] di questo avviso; per il resto si applicano le disposizioni dell'art. 52.

3. Cessata la forza maggiore, il portatore deve presentare senza indugio la cambiale per l'accettazione [26 ss.] o per il pagamento, e, se necessario, levare protesto [51].

4. Se la forza maggiore dura oltre trenta giorni dalla scadenza, il regresso può essere esercitato senza bisogno di presentazione e di protesto.

5. Nelle cambiali a vista [39] o a certo tempo vista [5, 28, 40], il termine di trenta giorni decorre dalla data in cui il portatore, anche prima che sia scaduto il termine di presentazione, ha dato avviso della forza maggiore al girante precedente; nelle cambiali a certo tempo vista al termine di trenta giorni si aggiunge il termine dalla vista indicato nella cambiale.

6. Non sono considerati casi di forza maggiore i fatti puramente personali al portatore o alla persona da lui incaricata di presentare la cambiale o di levare il protesto.

62. *1.* Fra più obbligati che abbiano assunto una posizione di pari grado nella cambiale non ha luogo l'azione cambiaria e il rapporto è regolato con le norme relative alle obbligazioni solidali [c. 1292 ss.].

63. *1.* La cambiale ha gli effetti di titolo esecutivo per il capitale e per gli accessori a norma degli artt. 55, 56 e 59 [p.c. 474].

2. La cambiale emessa all'estero ha gli stessi effetti in quanto questi siano ammessi dalla legge del luogo in cui la cambiale è stata emessa.

3. Il precetto [p.c. 479 ss.] deve contenere la trascrizione della cambiale o del protesto [51, 68 ss.] e degli altri documenti necessari a dimostrare la somma dovuta.

4. Nelle obbligazioni cambiarie sottoscritte per procura [22] il precetto deve indicare anche l'atto dal quale risulta il mandato.

64. *1.* L'opposizione al precetto [p.c. 615 ss.] non sospende l'esecuzione; ma il presidente del tribunale o il pretore (1) competente per valore, su ricorso dell'opponente che disconosca la propria firma o la rappresentanza oppure adduca gravi e fondati motivi, può, con decreto motivato non soggetto a gravame, esaminati i documenti prodotti, sospendere in tutto o in parte gli atti esecutivi, imponendo idonea cauzione [p.c. 623 ss.].

65. *1.* Nei giudizi cambiari, tanto di cognizione quanto di opposizione al precetto, il debitore può opporre soltanto le eccezioni di nullità della cambiale a termini dell'art. 2 e quelle non vietate dall'art. 21.

2. Se le eccezioni siano di lunga indagine, il giudice, su istanza del creditore, deve emettere sentenza provvisoria di condanna, con cauzione o senza.

3. Può anche concedere su richiesta del debitore, quando concorrano gravi ragioni, la sospensione dell'esecuzione, imponendo, se lo ritenga opportuno, idonea cauzione [p.c. 623 ss.].

4. Se la sospensione fosse stata già concessa col decreto indicato nell'articolo precedente, il giudice in prosieguo di giudizio deciderà la conferma o la revocazione del provvedimento.

66. *1.* Se dal rapporto che diede causa alla emissione o alla trasmissione della cambiale derivi un'azione, questa permane nonostante l'emissione o la trasmissione della cambiale, salvo che si provi che vi fu novazione [c. 1230 ss.].

2. Tale azione non può esercitarsi se non dopo accertata col protesto [51, 68] la mancanza di accettazione o di pagamento.

3. Il portatore non può esercitare l'azione causale se non offrendo al debitore la restituzione della cambiale e depositandola presso la cancelleria del giudice competente, purché abbia adempiuto le formalità necessarie per conservare al debitore stesso le azioni di regresso [49 ss.] che possano competergli.

67. *1.* Qualora il portatore abbia perduto l'azione cambiaria contro tutti gli obbligati e non abbia contro i medesimi azione causale, può agire contro il traente o l'accettante o il girante per la somma di cui si siano arricchiti ingiustamente a suo danno [67; c. 2041].

68. *1.* Il protesto deve essere fatto con un solo atto da un notaro o da un ufficiale giudiziario [51, 106] (2).

2. Nei comuni nei quali non esista notaro o ufficiale giudiziario il protesto può esser levato dal segretario comunale.

3. Non è richiesta l'assistenza di testimoni per levare protesto.

69. *1.* Il protesto può essere fatto con atto separato, oppure essere scritto sulla cambiale o sul duplicato [83 ss.] o sulla copia [86 ss.] ovvero sul foglio di allungamento [17, 61, 72]. Questo foglio può essere aggiunto anche dal notaro o dall'ufficiale giudiziario o dal segretario comunale, i quali in ogni caso dovranno apporre il proprio sigillo sulla linea di congiunzione.

2. Se il protesto è fatto con atto separato chi vi procede deve farne menzione sulla cambiale

(1) L'art. 1, d.lg. 19 febbraio 1998, n. 51, ha soppresso l'ufficio del pretore, trasferendo le competenze al tribunale ordinario.

(2) Per l'estensione della competenza agli aiutanti ufficiali giudiziari, v. art. 1, l. 12 giugno 1973, n. 349, in *Leggi coll. IX, 4.*

o sul duplicato o sulla copia o sul foglio di allungamento, a meno che si sia dovuto procedere al protesto pur non avendo il possesso del titolo.

70. *1.* Il protesto si deve fare nei luoghi indicati dall'art. 44 contro le persone ivi rispettivamente indicate, anche se non presenti.

2. Se il domicilio di dette persone non si può rintracciare, il protesto può esser fatto in qualsiasi località nel luogo di pagamento [2, 99] a scelta di chi vi procede.

3. L'incapacità delle persone alle quali la cambiale deve essere presentata non dispensa dall'obbligo di levare il protesto contro di esse, salvo quanto è disposto nell'ultimo comma dell'art. 51.

4. Se la persona alla quale la cambiale deve essere presentata è morta, il protesto si leva egualmente al suo nome secondo le regole precedenti.

71. *1.* Il protesto deve contenere:

1) la data;

2) il nome del richiedente;

3) l'indicazione dei luoghi in cui è fatto e la menzione delle ricerche eseguite a termine dell'art. 44;

4) l'oggetto delle richieste, il nome delle persone richieste, le risposte avute o i motivi pei quali non se ne ebbe alcuna;

5) la sottoscrizione del notaro o dell'ufficiale giudiziario o del segretario comunale.

2. Il protesto per atto separato deve contenere la trascrizione della cambiale.

3. Per più cambiali da pagarsi dalla stessa persona nello stesso luogo, il creditore può levare protesto con unico atto separato.

72. *1.* A meno che il traente non abbia prescritto sullo stesso titolo l'obbligo del protesto, questo può essere sostituito, se il portatore lo consente, da una dichiarazione di rifiuto dell'accettazione [26] o del pagamento, scritta e datata sulla cambiale o sul foglio di allungamento [17, 61, 69] o su atto separato e firmata [8] dal trattario.

2. Questa dichiarazione per avere gli effetti del protesto deve essere sottoposta a registrazione nei termini del protesto medesimo [51].

3. Nei casi previsti nel primo comma la girata senza data si presume fatta anteriormente alla dichiarazione.

73. *1.* I notari, gli ufficiali giudiziari e i segretari comunali debbono tener nota, nel repertorio, dei protesti, indicando i requisiti di cui agli articoli precedenti, giorno per giorno e per ordine di data.

2. L'originale del protesto fatto per atto separato deve essere consegnato al portatore della cambiale.

CAPO VIII

DELL'INTERVENTO

Sezione I. — *Disposizioni generali*

74. *1.* Il traente, il girante o l'avallante può indicare una persona per accettare o pagare al bisogno [75[2]].

2. La cambiale può, nelle condizioni sottoindicate [75 ss., 78 ss.], essere accettata o pagata da una persona che interviene per qualsiasi obbligato in via di regresso.

3. L'interveniente può essere un terzo, lo stesso trattario o una persona già obbligata cambiariamente tranne l'accettante [26 ss.].

4. L'interveniente deve, nei due giorni feriali successivi all'intervento, darne avviso a colui per il quale è intervenuto. In caso d'inosservanza di tale termine egli è responsabile della sua negligenza se abbia causato danno, senza però che l'ammontare del risarcimento possa superare quello della cambiale.

Sezione II. — *Dell'accettazione per intervento*

75. *1.* L'accettazione per intervento [76] può esser fatta ogni qualvolta il portatore di una cambiale accettabile possa esercitare il regresso prima della scadenza [50[2]].

2. Se sulla cambiale è stata indicata una persona per accettarla o pagarla al bisogno [74] nel luogo del pagamento [2[3], 99], il portatore non può esercitare prima della scadenza il regresso contro colui che ha apposto l'indicazione e contro i firmatari susseguenti a meno che egli abbia presentato la cambiale alla persona indicata, e avendone questa rifiutata l'accettazione, il rifiuto sia stato constatato con protesto [51].

3. Negli altri casi d'intervento il portatore può rifiutare l'accettazione per intervento. Tuttavia, se l'ammette, perde il diritto di agire prima della scadenza in via di regresso contro colui per il quale l'accettazione è stata data e contro i firmatari susseguenti.

76. *1.* L'accettazione per intervento è apposta sulla cambiale ed è firmata dall'interveniente. Essa indica per chi è stata data; in mancanza di questa indicazione l'accettazione si reputa data per il traente.

77. *1.* L'accettante per intervento risponde verso il portatore e verso i giranti susseguenti a colui per il quale è intervenuto, nello stesso modo di questo.

2. Nonostante l'accettazione per intervento, colui per il quale è stata data e i suoi garanti [35 ss.] possono chiedere al portatore, contro rimborso della somma indicata nell'art. 55, la consegna della cambiale, del protesto [51] e del conto di ritorno quietanzato, se del caso.

3. Se la cambiale non sia presentata all'accettante per intervento non più tardi del giorno seguente all'ultimo giorno consentito per levare il protesto per mancato pagamento, l'obbligazione dell'accettante per intervento si estingue.

Sezione III. — *Del pagamento per intervento*

78. *1.* Il pagamento per intervento può essere fatto ogni qualvolta il portatore possa esercitare il regresso alla scadenza o prima di essa [50].

2. Il pagamento deve comprendere tutta la somma che avrebbe dovuto essere pagata da colui per il quale l'intervento ha luogo.

3. Esso deve essere fatto al più tardi nel giorno successivo all'ultimo giorno consentito per levare il protesto per mancato pagamento [51].

4. Il pagamento per intervento deve risultare dal protesto e, se questo era stato già levato, deve essere annotato in prosecuzione del protesto dal pubblico ufficiale che vi ha proceduto. Le spese del protesto sono ripetibili ancorché il traente abbia apposto sulla cambiale la clausola «senza spese» [53, 60].

79. *1.* Se la cambiale è stata accettata da intervenienti che hanno il loro domicilio [99] nel luogo del pagamento [2, 99] o se sono state indicate per pagare al bisogno [74, 75] persone che hanno il loro domicilio nel detto luogo, il portatore deve presentare la cambiale a tutte queste persone e, se del caso, levare protesto per mancato pagamento non più tardi del giorno seguente all'ultimo consentito per levare il protesto [51, 68].

2. Se il protesto non è levato entro questo termine, colui che ha apposto l'indicazione al bisogno o per il quale la cambiale è stata accettata e i giranti susseguenti sono liberati.

80. *1.* Il portatore che rifiuta il pagamento per intervento perde il regresso contro coloro che sarebbero stati liberati.

81. *1.* Del pagamento per intervento deve essere data quietanza sulla cambiale coll'indicazione per chi è fatto. In mancanza di tale indicazione il pagamento s'intende fatto per il traente.

2. La cambiale e il protesto, se sia stato levato, devono essere consegnati a chi paga per intervento.

82. *1.* Chi paga per intervento acquista i diritti inerenti alla cambiale contro colui per il quale ha pagato e contro coloro che sono obbligati cambiariamente verso quest'ultimo, ma non può girare nuovamente la cambiale.

2. I giranti susseguenti all'obbligato per il quale il pagamento è stato fatto sono liberati.

3. Se più persone offrono il pagamento per intervento, è preferita quella il cui pagamento libera il maggior numero di obbligati. Chi scientemente interviene in contrasto con questa disposizione perde il regresso contro coloro che sarebbero stati liberati.

CAPO IX

Dei duplicati delle copie

Sezione I. — *Dei duplicati*

83. *1.* La cambiale può essere tratta in più esemplari identici (duplicati).

2. I duplicati devono essere numerati nel contesto di ciascun titolo; in difetto, si considerano come altrettante cambiali distinte.

3. Il portatore può chiedere il rilascio di duplicati a sue spese, salvo che dalla cambiale risulti che essa è tratta come sola di cambio. A tale effetto egli deve rivolgersi al suo girante immediato il quale è tenuto a prestare l'opera sua verso il proprio girante e così di seguito fino al traente. I giranti sono tenuti a riprodurre le girate sui duplicati.

84. *1.* Il pagamento di un duplicato è liberatorio, ancorché non sia dichiarato che tale pagamento annulli gli effetti degli altri duplicati. Il trattario resta però obbligato per ogni duplicato accettato del quale non abbia ottenuta la restituzione.

2. Il girante che ha trasferito i duplicati a persone diverse e i giranti susseguenti sono obbligati per tutti i duplicati che portino la loro firma e non siano stati restituiti.

85. *1.* Chi ha inviato un duplicato per l'accettazione [26 ss.] deve indicare sugli altri il nome della persona presso cui esso si trova. Questa è tenuta a consegnarlo al portatore legittimo di un altro duplicato.

2. Se essa si rifiuta, il portatore non può esercitare il regresso [49] che dopo aver fatto constare con protesto [51, 68 ss.]:

1) che il duplicato inviato per l'accettazione non gli è stato consegnato malgrado sua richiesta;

2) che l'accettazione o il pagamento non ha potuto essere ottenuto su altro duplicato.

Sezione II. — *Delle copie*

86. *1.* Qualsiasi portatore di una cambiale ha diritto di farne una o più copie.

2. La copia deve riprodurre esattamente l'originale con le girate e tutte le altre indicazioni che vi figurano; essa deve indicare fin dove arriva.

3. Può essere girata ed avallata nello stesso modo e con gli stessi effetti dell'originale.

87. *1.* La copia deve indicare chi detiene il titolo originale. Questi è tenuto a consegnarlo al portatore legittimo [20] della copia.

2. In caso di rifiuto il portatore non può esercitare il regresso [49] contro le persone che hanno girato o avallato la copia se non dopo aver fatto constare con protesto [51, 68 ss.] che l'originale non gli è stato consegnato malgrado sua richiesta.

3. Se l'originale dopo l'ultima girata apposta prima che la copia sia stata fatta, porti la clausola «da qui la girata non vale che sulla copia» od ogni altra formula equivalente, la girata fatta ulteriormente sull'originale è nulla.

CAPO X

Delle alterazioni

88. *1.* In caso di alterazione del testo della cambiale chi ha firmato dopo l'alterazione risponde nei termini del testo alterato; chi ha firmato prima risponde nei termini del testo originario.

2. Qualora non risulti dal titolo o non si dimostri che la firma sia stata apposta prima o dopo, si presume che sia stata apposta prima.

CAPO XI

Dell'ammortamento

89. *1.* In caso di smarrimento, sottrazione o distruzione, il portatore della cambiale può farne denunzia al trattario e chiedere [106] l'ammortamento del titolo con ricorso al presidente del tribunale del luogo in cui la cambiale è pagabile [2, 4, 99], o al pretore (1) del luogo in cui egli ha domicilio [99; c. 2016].

2. Il ricorso deve indicare i requisiti essenziali della cambiale e, se si tratta di cambiale in bianco [14], quelli sufficienti a identificarla.

3. Il presidente del tribunale o il pretore (1), premessi gli opportuni accertamenti sulla verità dei fatti e sul diritto del portatore, emette nel più breve tempo possibile un decreto con il quale, menzionando i dati della cambiale, ne pronuncia l'ammortamento e ne autorizza il pagamento dopo trenta giorni dalla data di pubblicazione del decreto nella *Gazzetta Ufficiale* della Repubblica, se la cambiale sia già scaduta o sia a vista [39], oppure dalla data della scadenza, se questa sia successiva alla detta pubblicazione, purché non venga fatta nel frattempo opposizione dal detentore [90].

4. Il decreto deve essere, a cura del ricorrente, notificato al trattario e pubblicato nella *Gazzetta Ufficiale* della Repubblica.

5. Malgrado la denunzia, il pagamento della cambiale al detentore prima della notificazione del decreto libera il debitore.

90. *1.* L'opposizione del detentore deve essere in ogni caso proposta con citazione da notificarsi al ricorrente e al trattario della cambiale per comparire davanti al tribunale del luogo di pagamento [c. 2017].

91. *1.* Durante il termine stabilito nell'art. 89, il ricorrente può esercitare tutti gli atti che tendono a conservare i suoi diritti, e, trattandosi di cambiale a vista [39] o già scaduta o che sia venuta intanto a scadere, è in facoltà di esigerne il pagamento mediante cauzione o di chiedere il deposito giudiziario della somma [c. 2018].

92. *1.* Trascorso il termine indicato nell'art. 89 senza opposizione, o rigettata l'opposizione con sentenza definitiva, la cambiale smarrita non ha più alcuna efficacia. Colui che ottenne l'ammortamento può, su presentazione del decreto e di un certificato del cancelliere del tribunale comprovante la non interposta opposizione, o su presentazione della sentenza definitiva che respinge l'opposizione, esigere il pagamento e, qualora la cambiale sia in bianco [14] o non sia ancora scaduta, un duplicato [c. 2019].

2. Sulle cambiali sia scadute sia a vista [39] dichiarate inefficaci sono dovuti interessi nella misura indicata negli artt. 55 e 56 salvo che la somma sia stata depositata a norma dell'art. 48 per conto della persona a favore della quale ha luogo l'ammortamento o è pronunziata la sentenza.

93. *1.* L'ammortamento estingue ogni diritto derivante dalla cambiale ammortizzata, ma non pregiudica le eventuali ragioni del portatore verso chi ottenne l'ammortamento [c. 2019[1]].

(1) L'art. 1, d.lg. 19 febbraio 1998, n. 51, ha soppresso l'ufficio del pretore, trasferendo le competenze al tribunale ordinario.

CAPO XII

DELLA PRESCRIZIONE

94. *1.* Le azioni cambiarie contro l'accettante [26] si prescrivono [c. 2034 ss.] in tre anni a decorrere dalla data della scadenza [38].

2. Le azioni del portatore contro i giranti e contro il traente si prescrivono in un anno a decorrere dalla data del protesto levato in tempo utile [51, 68] o da quella della scadenza, se vi sia la clausola «senza spese» [53].

3. Le azioni dei giranti gli uni contro gli altri e quelle contro il traente si prescrivono in sei mesi a decorrere dal giorno in cui il girante ha pagato la cambiale o dal giorno in cui l'azione di regresso [49] è stata promossa contro di lui.

4. L'azione d'arricchimento [67] si prescrive nel termine di un anno dal giorno della perdita dell'azione cambiaria.

95. *1.* L'interruzione della prescrizione non vale che contro colui rispetto al quale è stato compiuto l'atto interruttivo [106; c. 1310, 2943 ss.].

CAPO XIII

DISPOSIZIONI GENERALI

96. *1.* Il pagamento della cambiale che scade in giorno festivo legale non si può chiedere che il primo giorno feriale successivo [43; c. 1187, 2963[3]]. Ugualmente tutti gli altri atti relativi alla cambiale, e in particolare la presentazione per l'accettazione [26] e il protesto [51] non possono esser fatti che in giorno feriale.

2. Se uno di questi atti deve esser fatto entro un termine il cui ultimo giorno è festivo legale, il termine è prorogato fino al primo giorno feriale successivo. I giorni festivi intermedi sono compresi nel computo del termine (1).

97. *1.* Nei termini legali o convenzionali non si computa il giorno da cui cominciano a decorrere [c. 1187, 2963[2]].

98. *1.* Non sono ammessi giorni di rispetto né legali né giudiziari.

99. *1.* Agli effetti della presente legge col termine domicilio si intende il luogo di residenza e col termine luogo di pagamento l'intero territorio del comune.

TITOLO II

Del vaglia cambiario

100. *1.* Il vaglia cambiario contiene:

1) la denominazione del titolo inserita nel contesto ed espressa nella lingua in cui esso è redatto;

2) la promessa incondizionata di pagare una somma determinata;

3) l'indicazione della scadenza;

4) l'indicazione del luogo di pagamento;

5) il nome di colui al quale o all'ordine del quale deve farsi il pagamento;

6) l'indicazione della data e del luogo in cui il vaglia è emesso;

7) la sottoscrizione di colui che emette il titolo (emittente);

7-bis) l'indicazione del luogo e della data di nascita ovvero del codice fiscale dell'emittente (2).

2. Il vaglia cambiario può anche denominarsi «pagherò cambiario» o «cambiale».

101. *1.* Il titolo nel quale manchi alcuno dei requisiti indicati nell'articolo precedente non vale come vaglia cambiario, salvo nei casi previsti nei seguenti commi.

2. Il vaglia cambiario senza indicazione di scadenza si considera pagabile a vista.

3. In mancanza d'indicazione speciale, il luogo di emissione del titolo si reputa luogo del pagamento ed insieme domicilio dell'emittente [100 n. 7].

4. Il vaglia cambiario in cui non è indicato il luogo di emissione si considera sottoscritto nel luogo indicato accanto al nome dell'emittente.

102. *1.* In quanto non siano incompatibili con la natura del vaglia cambiario, sono applicabili ad esso le disposizioni relative alla cambiale e concernenti:

la girata (artt. 15 a 25);
la scadenza (artt. 38 a 42);
il pagamento (artt. 43 a 48);
l'azione cambiaria (art. 49), il regresso per mancato pagamento ed il protesto (artt. 50 a 57, 59 a 73);

il pagamento per intervento (artt. 74, 78 a 82);

le copie (artt. 86 e 87);
le alterazioni (art. 88);
la prescrizione (artt. 94 e 95);

(1) Sui termini di scadenza e di levata del protesto, v. l. 24 febbraio 1965, n. 92; e art. 5, l. 12 giugno 1973, n. 349, in *Leggi coll. IX, 4*.

Per l'indicazione dei giorni festivi, v. l. 5 marzo 1977, n. 54.

(2) Numero aggiunto dall'art. 45.1, l. 12. dicembre 2002, n. 273.

i giorni festivi, il computo dei termini e l'inammissibilità dei giorni di rispetto (artt. 96, 97 e 98).

2. Sono egualmente applicabili al vaglia cambiario le disposizioni concernenti la cambiale pagabile presso un terzo o in luogo diverso da quello del domicilio del trattario (artt. 4 e 32), la promessa d'interessi (art. 5), le differenze nell'indicazione della somma (art. 6), gli effetti delle firme apposte nelle circostanze previste dall'art. 7, quelli della firma di persona che agisce senza poteri o eccedendo i suoi poteri (art. 11) e la cambiale in bianco (art. 14).

3. Sono egualmente applicabili al vaglia cambiario le disposizioni relative all'avallo (articoli da 35 a 37); se l'avallo nel caso previsto dall'art. 36 ultimo comma non indica per chi è dato, si reputa dato per l'emittente [100 n. 7].

4. Sono egualmente applicabili al vaglia cambiario le disposizioni relative all'ammortamento (artt. 89 a 93) e quelle dell'art. 99.

103. *1.* L'emittente è obbligato nello stesso modo dell'accettante di una cambiale [26 ss.].

2. Il vaglia cambiario pagabile a certo tempo vista [40] deve essere presentato al visto dell'emittente nel termine fissato dall'art. 28. Il termine della vista decorre dalla data del visto apposto dall'emittente sul vaglia. Il rifiuto dell'emittente di apporre il visto datato è constatato con protesto (art. 30) [51, 68], la cui data serve a fissare l'inizio del termine della vista.

TITOLO III

Disposizioni tributarie

104. *1.* La validità della cambiale [1] e del vaglia cambiario [100], compresi quelli a vista [39, 101²] o a certo tempo vista [40], non è subordinata all'osservanza delle disposizioni della legge sul bollo [106] (1). Essi tuttavia, se non siano stati regolarmente bollati originariamente, o nel tempo prescritto dalla legge, non hanno la qualità di titolo esecutivo [63; p.c. 474].

2. Il portatore non può esercitare i diritti cambiari inerenti al titolo se non abbia corrisposto la tassa di bollo dovuta e pagato la relativa penalità.

3. La inefficacia come titolo esecutivo dev'essere rilevata e pronunciata dai giudici anche d'ufficio.

105. *1.* Qualora la cambiale pagabile a vista [39] o a certo tempo vista [40] od il vaglia cambiario pagabile a vista [101] o a certo tempo vista portino l'indicazione di interessi [5], la tassa graduale (2) di bollo è dovuta oltre che sul capitale anche sull'importo degli interessi, i quali debbono essere calcolati in base al saggio indicato sul titolo e in ragione del periodo di validità del titolo stesso nei riguardi del bollo. In nessun caso gl'interessi possono essere calcolati per un periodo superiore a dieci mesi.

106-107. . . . . (*omissis*).

IX. 2.

LEGGE 13 gennaio 1994, n. 43. — *Disciplina delle cambiali finanziarie* (3).

1. 1. Le cambiali finanziarie sono titoli di credito all'ordine emessi in serie ed aventi una scadenza non inferiore a un mese e non superiore a trentasei mesi dalla data di emissione (4).

2. Le cambiali finanziarie sono equiparate per ogni effetto di legge alle cambiali ordinarie, sono girabili esclusivamente con la clausola «senza garanzia» o equivalenti e contengono, oltre alla denominazione di «cambiale finanziaria» inserita nel contesto del titolo, gli altri elementi specificati all'art. 100 delle disposizioni approvate con r.d. 14 dicembre 1933, n. 1669 (5), nonché l'indicazione dei proventi in qualunque forma pattuiti.

2-*bis*. Le cambiali finanziarie possono essere emesse da società di capitali nonché da società cooperative e mutue assicuratrici diverse dalle banche e dalle micro-imprese, come definite dalla raccomandazione 2003/361/CE della Commissione, del 6 maggio 2003. Le società e gli enti non aventi titoli rappresentativi del capitale negoziati in mercati regolamentati o non regolamentati possono emettere cambiali finanziarie subordinatamente alla presenza dei seguenti requisiti:

(1) V. artt. 9, 10, 11 della tariffa allegato A, d.p.r. 26 ottobre 1972, n. 642, e successive modificazioni e integrazioni.

(2) Ora: proporzionale.

(3) G.U., 20 gennaio 1994, n. 43. V. Istruzioni Banca d'Italia, in G.U., 12 maggio 1998, n. 108.

(4) Le parole «ed aventi una scadenza non inferiore a un mese e non superiore a diciotto mesi dalla data di emissione» sono state così sostituite alle precedenti «ed aventi una scadenza non inferiore a un mese e non superiore a trentasei mesi dalla data di emissione» dall'art. 32.5, d.l. 22 giugno 2012, n. 83, conv. in l. 7 agosto 2012, n. 134.

(5) In *Leggi coll. IX, 1.*

a) l'emissione deve essere assistita, in qualità di sponsor, da una banca o da un'impresa di investimento, da una società di gestione del risparmio (SGR), da una società di gestione armonizzata, da una società di investimento a capitale variabile (SICAV), purché con succursale costituita nel territorio della Repubblica, che assiste l'emittente nella procedura di emissione dei titoli e lo supporta nella fase di collocamento dei titoli stessi;

b) lo sponsor mantiene nel proprio portafoglio, fino alla naturale scadenza, una quota dei titoli emessi non inferiore:

1) al 5 per cento del valore di emissione dei titoli, per le emissioni fino a 5 milioni di euro;

2) al 3 per cento del valore di emissione dei titoli eccedente 5 milioni di euro, fino a 10 milioni di euro, in aggiunta alla quota risultante dall'applicazione della percentuale di cui al n. 1);

3) al 2 per cento del valore di emissione dei titoli eccedente 10 milioni di euro, in aggiunta alla quota risultante dall'applicazione delle percentuali di cui ai nn. 1) e 2);

c) l'ultimo bilancio deve essere certificato da un revisore contabile o da una società di revisione iscritta nel registro dei revisori contabili;

d) le cambiali finanziarie devono essere emesse e girate esclusivamente in favore di investitori professionali che non siano, direttamente o indirettamente, soci della società emittente; il collocamento presso investitori professionali in rapporto di controllo con il soggetto che assume il ruolo di sponsor è disciplinato dalle norme vigenti in materia di conflitti di interesse (1).

2-*ter*. Lo sponsor deve segnalare, per ciascun emittente, se l'ammontare di cambiali finanziarie in circolazione è superiore al totale dell'attivo corrente, come rilevabile dall'ultimo bilancio approvato. Per attivo corrente si intende l'importo delle attività in bilancio con scadenza entro l'anno dalla data di riferimento del bilancio stesso. Nel caso in cui l'emittente sia tenuto alla redazione del bilancio consolidato o sia controllato da una società o da un ente a ciò tenuto, può essere considerato l'ammontare rilevabile dall'ultimo bilancio consolidato approvato. Lo sponsor classifica l'emittente al momento dell'emissione, distinguendo almeno cinque categorie di qualità creditizia dell'emittente, ottima, buona, soddisfacente, scarsa e negativa, da mettere in relazione, per le operazioni garantite, con i livelli di garanzia elevata, normale o bassa. Lo sponsor rende pubbliche le descrizioni della classificazione adottata (1).

2-*quater*. In deroga a quanto previsto dal comma 2-*bis*, lett. *a*) e *b*), del presente articolo, le società diverse dalle medie e dalle piccole imprese, come definite dalla racc. 2003/361/CE della Commissione, del 6 maggio 2003, possono rinunciare alla nomina dello sponsor (1).

2-*quinquies*. Si può derogare al requisito di cui al comma 2-*bis*, lett. *b*), qualora l'emissione sia assistita, in misura non inferiore al 25 per cento del valore di emissione, da garanzie prestate da una banca o da un'impresa di investimento, ovvero da un consorzio di garanzia collettiva dei fidi per le cambiali emesse da società aderenti al consorzio (1).

2-*sexies*. Per un periodo di diciotto mesi dalla data di entrata in vigore della disposizione di cui al comma 2-*bis*, lett. *c*), si può derogare all'obbligo, ivi previsto, di certificazione del bilancio, qualora l'emissione sia assistita, in misura non inferiore al 50 per cento del valore di emissione delle cambiali, da garanzie prestate da una banca o da un'impresa di investimento, ovvero da un consorzio di garanzia collettiva dei fidi per le cambiali emesse da società aderenti al consorzio. In tal caso la cambiale non può avere durata superiore al predetto periodo di diciotto mesi (1).

3. L'emissione di cambiali finanziarie costituisce raccolta del risparmio ai sensi dell'art. 11 del d.lg. 1° settembre 1993, n. 385 (2), ed è disciplinata dalle disposizioni del medesimo articolo (3).

1-*bis*. 1. Fermo restando quanto previsto dall'art. 83-*bis*, comma 1, del t.u. delle disposizioni in materia di intermediazione finanziaria, di cui al d.lg. 24 febbraio 1998, n. 58, e successive modificazioni (4), le cambiali finanziarie possono essere emesse anche in forma dematerializzata; a tal fine l'emittente si avvale esclusivamente di una società autorizzata alla prestazione del servizio di gestione accentrata di strumenti finanziari.

2. Per l'emissione di cambiali finanziarie in forma dematerializzata, l'emittente invia una richiesta alla società di gestione accentrata di

(1) Comma inserito dall'art. 32.5-*bis*, d.l. 22 giugno 2012, n. 83, conv. in l. 7 agosto 2012, n. 134.
(2) In *Leggi coll. XVII, 1.*
(3) Il taglio minimo unitario è di 100 milioni di lire [euro 51.645,69]: art. 1, d.m. Tesoro 7 ottobre 1994, in G.U., 15 ottobre 1994, n. 242.
(4) In *Leggi coll. XVIII, 1.*

strumenti finanziari, contenente la promessa incondizionata di pagare alla scadenza le somme dovute ai titolari delle cambiali finanziarie che risultano dalle scritture contabili degli intermediari depositari.

3. Nella richiesta di cui al comma 2 sono altresì specificati:

a) l'ammontare totale dell'emissione;

b) l'importo di ciascuna cambiale;

c) il numero delle cambiali;

d) l'importo dei proventi, totale e suddiviso per singola cambiale;

e) la data di emissione;

f) gli elementi specificati nell'art. 100, primo comma, numeri da 3) a 7), del r.d. 14 dicembre 1933, n. 1669 (1);

f) le eventuali garanzie a supporto dell'emissione, con l'indicazione dell'identità del garante e l'ammontare della garanzia;

h) l'ammontare del capitale sociale versato ed esistente alla data dell'emissione;

i) la denominazione, l'oggetto e la sede dell'emittente;

j) l'ufficio del registro al quale l'emittente è iscritto.

4. Si applicano, ove compatibili, le disposizioni contenute nel capo II del titolo II della parte III, del t.u. di cui al d.lg. 24 febbraio 1998, n. 58, e successive modificazioni (2).

5. Le cambiali emesse ai sensi del presente articolo sono esenti dall'imposta di bollo di cui al d.p.r. 26 ottobre 1972, n. 642, ferma restando comunque l'esecutività del titolo (3).

2. 1. Nella parte I della tariffa di cui all'allegato 4 al d.p.r. 26 ottobre 1972, n. 642, come sostituita dal decreto del Ministro delle finanze 20 agosto 1992, pubblicato nel supplemento ordinario alla *Gazzetta Ufficiale* n. 196 del 21 agosto 1992, all'art. 6, n. 4 degli atti soggetti ad imposta, dopo le parole: «non superiore a 12 mesi», sono inserite le seguenti: «, nonché cambiali finanziarie».

2. Ai fini dell'imposta sul valore aggiunto le operazioni relative alle cambiali finanziarie di cui all'art. 1 sono assoggettate al regime previsto per i prestiti obbligazionari.

3. . . . . (*omissis*) (4).

4. 1. Le cambiali finanziarie sono considerate valori mobiliari per qualsiasi finalità prevista dall'ordinamento.

5. 1. L'Istituto per la vigilanza sulle assicurazioni private e di interesse collettivo (ISVAP) emana disposizioni che fissano i limiti e le condizioni per il rilascio, da parte di imprese di assicurazione, di eventuali garanzie a fronte dell'emissione di cambiali finanziarie.

IX. 3.

REGIO DECRETO 21 dicembre 1933, n. 1736. — *Disposizioni sull'assegno bancario, sull'assegno circolare e su alcuni titoli speciali dell'Istituto di emissione, del Banco di Napoli e del Banco di Sicilia* (5).

TITOLO I

Dell'assegno bancario

CAPO I

DELLA EMISSIONE E DELLA FORMA DELL'ASSEGNO BANCARIO

1. *1.* L'assegno bancario (chèque) contiene:

1) la denominazione di assegno bancario (chèque) inserita nel contesto del titolo ed espressa nella lingua in cui esso è redatto;

2) l'ordine incondizionato [18[1]] di pagare una somma determinata [9];

3) il nome di chi è designato a pagare (trattario) [3];

4) l'indicazione del luogo di pagamento [2[4], 8[1], 81[1]];

5) l'indicazione della data e del luogo dove l'assegno bancario è emesso [2[4]];

6) la sottoscrizione di colui che emette l'assegno bancario (traente) [11].

2. *1.* Il titolo nel quale manchi alcuno dei requisiti indicati nell'articolo precedente non vale come assegno bancario, salvo i casi previsti nei seguenti commi.

2. In mancanza di indicazione speciale, il luogo indicato accanto al nome del trattario si reputa luogo del pagamento [81]. Se più luoghi sono indicati accanto al nome del trattario, l'assegno bancario è pagabile nel luogo indicato per primo.

(1) In *Leggi coll. IX, 1.*

(2) In *Leggi coll. XVIII, 1.*

(3) Articolo inserito dall'art. 32.7, d.l. 22 giugno 2012, n. 83, conv. in l. 7 agosto 2012, n. 134.

(4) Articolo così abrogato dall'art. 16.1, d.lg. 21 novembre 1997, n. 461.

(5) G.U., 29 dicembre 1933, n. 300; LEX, 1933, I, 2038. Per il regolamento sul funzionamento dell'archivio informatizzato degli assegni bancari e postali e delle carte di pagamento v. d.m. Giustizia 7 novembre 2001, n. 458, in G.U., 4 gennaio 2002, n. 3, e provvedimento Banca d'Italia 29 gennaio 2002, in G.U., 1° febbraio 2002, n. 27.

3. In mancanza di queste o di ogni altra indicazione, l'assegno bancario è pagabile nel luogo in cui è stato emesso, e, se in esso non vi è uno stabilimento del trattario, nel luogo dove questi ha lo stabilimento principale.

4. L'assegno bancario in cui non è indicato il luogo di emissione si considera sottoscritto nel luogo indicato accanto al nome del traente.

3. *1.* L'assegno bancario è tratto su un banchiere [77]. Tuttavia il titolo emesso o (1) pagabile fuori del territorio dello Stato è valido come assegno bancario anche se tratto su persona che non sia banchiere.

2. L'assegno bancario non può essere emesso se il traente non abbia fondi disponibili presso il trattario, dei quali abbia diritto di disporre per assegno bancario, e in conformità di una convenzione espressa o tacita. Il titolo tuttavia vale come assegno bancario anche se non sia osservata tale prescrizione.

4. *1.* L'assegno bancario non può essere accettato. Ogni menzione d'accettazione apposta sull'assegno bancario si ha per non scritta.

2. Ogni menzione di certificazione, conferma, visto e ogni altra equivalente, scritta sul titolo e firmata dal trattario, ha soltanto l'effetto di accertare l'esistenza dei fondi ed impedirne il ritiro da parte del traente prima della scadenza del termine di presentazione.

5. *1.* L'assegno bancario può essere pagabile:

a una persona determinata con o senza l'espressa clausola «all'ordine» [17¹];

a una persona determinata con la clausola «non all'ordine» o altra equivalente [17²];

al portatore [6³; c. 2003 ss.].

2. L'assegno bancario a favore di una persona determinata, con la clausola «o al portatore» ovvero con altra equivalente, vale come assegno bancario al portatore.

3. L'assegno bancario senza indicazione del prenditore vale come assegno bancario al portatore.

6. *1.* L'assegno bancario può essere all'ordine dello stesso traente.

2. L'assegno bancario può essere tratto per conto di un terzo.

3. L'assegno bancario non può essere tratto sullo stesso traente, salvo che il titolo sia tratto fra diversi stabilimenti di uno stesso traente [18⁵]. In questo caso l'assegno non può essere al portatore [5].

7. *1.* Qualsiasi promessa d'interessi inserita nell'assegno bancario si ha per non scritta.

8. *1.* L'assegno bancario può essere pagabile al domicilio [81] di un terzo, sia nel luogo del domicilio del trattario, sia in altro luogo, ancorché il terzo non sia banchiere [77].

9. *1.* L'assegno bancario con la somma da pagarsi scritta in lettere ed in cifre vale, in caso di differenza, per la somma indicata in lettere.

2. Se la somma da pagarsi è scritta più di una volta in lettere o in cifre, l'assegno bancario, in caso di differenza, vale per la somma minore.

10. *1.* Se l'assegno bancario contiene firme di persone incapaci di obbligarsi per assegno, firme false o di persone immaginarie, ovvero firme che per qualsiasi altra ragione non obbligano le persone che hanno firmato l'assegno bancario o col nome delle quali esso è stato firmato, le obbligazioni degli altri firmatari restano tuttavia valide.

11. *1.* Ogni sottoscrizione deve contenere il nome e cognome o la ditta di colui che si obbliga. È valida tuttavia la sottoscrizione nella quale il nome sia abbreviato o indicato con la sola iniziale.

12. *1.* Il minore emancipato non autorizzato all'esercizio del commercio [c. 397] e l'inabilitato [c. 425, 427] non assumono obbligazione se la loro firma non sia accompagnata da quella del curatore con la clausola «per assistenza» o altra equivalente. Se sia omessa detta clausola o altra equivalente il curatore è obbligato personalmente [14].

13. *1.* Il genitore o il tutore non autorizzato all'esercizio del commercio per conto del minore o dell'interdetto [c. 320⁵, 371, 424¹] si può obbligare in nome di costoro, il primo con l'autorizzazione del tribunale [p.c. 732 ss.], l'altro con l'autorizzazione del consiglio di famiglia o di tutela omologata dal tribunale [c. 371, 424¹; p.c. 732 ss.], l'una e l'altra anche di carattere generale (2).

14. *1.* Chi appone la firma sull'assegno bancario quale rappresentante di una persona per la quale non ha il potere di agire, è obbligato per effetto dell'assegno bancario come se l'avesse firmato in proprio [12; c. 1398] e, se ha pagato, ha gli stessi diritti che avrebbe avuto il preteso rappresentato. La stessa disposizione si applica al rappresentante che abbia ecceduto i suoi poteri [c. 1398].

15. *1.* La facoltà generale di obbligarsi in nome e per conto altrui comprende anche quella di emettere e girare assegni, salvo che l'atto di rappresentanza disponga diversamente [c. 1708²].

(1) Il r.d.l. 27 giugno 1935, n. 1217 ha sostituito la «e» originaria con la «o».
(2) Ora occorre l'autorizzazione del tribunale su parere del giudice tutelare (artt. 320 e 374 cod. civ.).

16. *1.* Il traente risponde del pagamento. Ogni clausola con la quale si esoneri da tale responsabilità si ha per non scritta.

CAPO II

Del trasferimento

17. *1.* L'assegno bancario pagabile ad una persona determinata con o senza la clausola espressa «all'ordine» è trasferibile mediante girata [43].

2. L'assegno bancario pagabile ad una persona determinata con la clausola «non all'ordine» [5] o altra equivalente, non può essere trasferito che nella forma e con gli effetti della cessione ordinaria [43; c. 1260].

3. La girata può essere fatta anche a favore del traente o di qualunque altro obbligato. Essi possono girare di nuovo l'assegno bancario.

18. *1.* La girata deve essere incondizionata. Qualsiasi condizione alla quale sia subordinata si ha per non scritta [c. 2010].

2. La girata parziale è nulla.

3. È ugualmente nulla la girata del trattario.

4. La girata al portatore vale come girata in bianco [19, 20; c. 2009³].

5. La girata al trattario vale come quietanza, salvo il caso che il trattario abbia diversi stabilimenti e la girata sia fatta ad uno stabilimento diverso da quello sul quale l'assegno bancario è stato tratto [6³].

19. *1.* La girata deve essere scritta sull'assegno bancario o su un foglio ad esso attaccato (allungamento) [61]. Deve essere sottoscritta dal girante [c. 2009].

2. La girata è valida ancorché il beneficiario non sia indicato o il girante abbia apposto soltanto la firma (girata in bianco) [18⁴, 20]. In questo caso la girata per essere valida deve essere scritta a tergo dell'assegno bancario o sull'allungamento.

20. *1.* La girata trasferisce tutti i diritti inerenti all'assegno bancario [c. 1995, 2011].

2. Se la girata è in bianco [18⁴, 19], il portatore può:

1) riempirla col proprio nome o con quello di altra persona;

2) girare l'assegno bancario di nuovo in bianco o a persona determinata;

3) trasmettere l'assegno bancario a un terzo, senza riempire la girata in bianco e senza girarlo.

21. *1.* Il girante, se non vi sia clausola contraria, risponde del pagamento [31 ss.; c. 2012].

2. Egli può vietare una nuova girata; in questo caso non è responsabile verso coloro ai quali l'assegno bancario sia stato ulteriormente girato.

22. *1.* Il detentore dell'assegno bancario trasferibile per girata è considerato portatore legittimo se giustifica il suo diritto con una serie continua di girate [c. 2008], anche se l'ultima è in bianco [18⁴, 19, 20]. Le girate cancellate si hanno, a questo effetto, per non scritte. Se una girata in bianco è seguita da un'altra girata, si reputa che il sottoscrittore di quest'ultima abbia acquistato l'assegno bancario per effetto della girata in bianco.

23. *1.* Una girata apposta ad un assegno bancario al portatore rende il girante responsabile secondo le norme sul regresso; ma non trasforma il titolo in un assegno bancario all'ordine.

24. *1.* Se una persona ha perduto per qualsiasi ragione il possesso di un assegno bancario, il nuovo portatore, cui è pervenuto l'assegno bancario – sia che si tratti di assegno bancario al portatore, sia che si tratti di assegno bancario trasferibile per girata e rispetto al quale il portatore giustifichi il suo diritto nella maniera indicata nell'art. 22 – non è tenuto a consegnarlo se non quando l'abbia acquistato in mala fede ovvero abbia commesso colpa grave acquistandolo [c. 1994].

25. *1.* La persona contro la quale sia promossa azione in virtù dell'assegno bancario, non può opporre al portatore le eccezioni fondate sui suoi rapporti personali col traente e con i portatori precedenti, a meno che il portatore, acquistando l'assegno bancario, abbia agito scientemente a danno del debitore [57; c. 1993].

26. *1.* Se alla girata è apposta la clausola «valuta per incasso», «per incasso», «per procura» od ogni altra che implichi un semplice mandato, il portatore può esercitare tutti i diritti inerenti all'assegno bancario, ma non può girarlo che per procura [c. 2013].

2. Gli obbligati non possono in questo caso opporre al portatore se non le eccezioni che avrebbero potuto opporre al girante.

3. Il mandato contenuto in una girata per procura non si estingue per la morte del mandante o per la sopravvenuta sua incapacità [c. 1722 n. 4, 1723²].

27. *1.* La girata fatta dopo il protesto [45 ss., 60] o dopo una constatazione equivalente [45] oppure dopo spirato il termine per la presentazione produce solo gli effetti di una cessione ordinaria [c. 1260, 2015].

2. La girata senza data si presume, fino a prova contraria, fatta prima del protesto o della constatazione equivalente oppure prima dello spirare del termine indicato nel comma precedente.

CAPO III

Dell'avallo

28. *1.* Il pagamento di un assegno bancario può essere garantito [c. 1936 ss.] con avallo per tutta o parte della somma.

2. Questa garanzia può essere prestata da un terzo, escluso il trattario, o anche da un firmatario dell'assegno bancario.

29. *1.* L'avallo è apposto sull'assegno bancario o sull'allungamento [19].

2. È espresso con le parole «per avallo» o con ogni altra formula equivalente; è sottoscritto [11] dall'avallante.

3. Si considera dato con la sola firma dell'avallante apposta sulla faccia anteriore dell'assegno bancario, purché non si tratti della firma del traente.

4. L'avallo deve indicare per chi è dato. In mancanza di questa indicazione si intende dato per il traente.

30. *1.* L'avallante è obbligato nello stesso modo di colui per il quale l'avallo è stato dato [c. 1945].

2. La sua obbligazione è valida ancorché l'obbligazione garantita sia nulla per qualsiasi altra causa che un vizio di forma [10; c. 1939].

3. L'avallante che paga l'assegno bancario acquista i diritti ad esso inerenti contro l'avallato e contro coloro che sono obbligati verso di lui per effetto dell'assegno bancario [c. 1949 ss.].

CAPO IV

Della presentazione e del pagamento

31. *1.* L'assegno bancario è pagabile a vista. Ogni contraria disposizione si ha per non scritta.

2. L'assegno bancario presentato al pagamento prima del giorno indicato come data d'emissione è pagabile nel giorno di presentazione [78].

3. L'assegno bancario può essere presentato al pagamento, anche nel caso previsto dall'art. 34, in forma sia cartacea sia elettronica (1).

32. *1.* L'assegno bancario deve essere presentato al pagamento nel termine di otto giorni se è pagabile nello stesso comune in cui fu emesso; di quindici giorni se è pagabile in altro comune dello Stato.

2. L'assegno bancario emesso in un paese diverso da quello nel quale è pagabile deve essere presentato entro il termine di venti giorni o di sessanta giorni, a seconda che il luogo di emissione e quello di pagamento [81] siano nello stesso o in diversi continenti.

3. A questo effetto gli assegni bancari emessi in un paese d'Europa e pagabili in un paese litoraneo del Mediterraneo o viceversa sono considerati come assegni bancari emessi e pagabili nello stesso continente.

4. I termini suddetti decorrono dal giorno indicato nell'assegno bancario come data di emissione [79].

33. *1.* Se un assegno bancario è tratto fra due piazze che hanno calendari diversi, il giorno dell'emissione è sostituito con quello corrispondente del calendario del luogo di pagamento [2, 81].

34. *1.* La presentazione ad una stanza di compensazione equivale a presentazione per il pagamento.

35. *1.* L'ordine di non pagare la somma dell'assegno bancario non ha effetto che dopo spirato il termine di presentazione.

2. In mancanza di tale ordine, il trattario può pagare anche dopo spirato detto termine.

36. *1.* La morte del traente e la sua incapacità sopravvenuta dopo l'emissione lasciano inalterati gli effetti dell'assegno bancario [c. 1270].

37. *1.* Il trattario che paga l'assegno bancario può esigere che esso gli sia consegnato quietanzato dal portatore [c. 1199].

2. Il portatore non può rifiutare un pagamento parziale [c. 1181].

3. In caso di pagamento parziale, il trattario può esigere che ne sia fatta menzione sull'assegno bancario e gliene sia data quietanza.

38. *1.* Il trattario che paga un assegno bancario trasferibile per girata [17] è tenuto ad accertare la regolare continuità delle girate, ma non a verificare l'autenticità delle firme dei giranti.

39. *1.* Se l'assegno bancario è pagabile in moneta che non ha corso nel luogo di pagamento [2, 81] la somma può essere pagata en-

(1) Comma aggiunto dall'art. 8.7, lett. b, n. 1, d.l. 13 maggio 2011, n. 70, conv. in l. 12 luglio 2011, n. 106. L'art. 8.7, lett. d-f, d.l. cit., così dispone: «le modifiche apportate al r.d. 21 dicembre 1933, n. 1736 dalla lett. *b*) del presente comma entrano in vigore il quindicesimo giorno successivo alla pubblicazione nella *Gazzetta Ufficiale* della Repubblica del regolamento della Banca d'Italia di cui alla lett. *e*)». Per il regolamento v. reg. Banca d'Italia 22 marzo 2016, in GU 30 aprile 2016, n. 100. Per il regolamento recante presentazione al pagamento in forma elettronica degli assegni bancari e circolari v. d.m. Economia e Finanze 3 ottobre 2014, n. 205, in G.U., 6 marzo 2015, n. 54.

tro il termine di presentazione nella moneta del paese secondo il suo valore nel giorno del pagamento [c. 1278]. Se il pagamento non è stato fatto alla presentazione, il portatore può a sua scelta domandare che la somma sia pagata nella moneta del paese secondo il valore nel giorno della presentazione o in quello del pagamento.

2. Il valore della moneta estera è determinato dagli usi del luogo di pagamento. Il traente può tuttavia stabilire che la somma da pagare sia calcolata secondo il corso indicato nell'assegno bancario.

3. Le disposizioni precedenti non si applicano nel caso in cui il traente abbia stabilito che il pagamento sia fatto in una moneta espressamente indicata (clausola di pagamento effettivo in moneta estera) [c. 1279].

4. Se la somma è indicata in una moneta avente la stessa denominazione, ma un valore diverso nel paese di emissione e in quello del pagamento, si presume che l'indicazione si riferisca alla moneta del luogo di pagamento.

CAPO V

DELL'ASSEGNO BANCARIO SBARRATO, DELL'ASSEGNO BANCARIO DA ACCREDITARE, DELL'ASSEGNO BANCARIO «NON TRASFERIBILE» E DELL'ASSEGNO TURISTICO

40. *1.* Il traente o il portatore dell'assegno bancario può sbarrarlo con gli effetti indicati nell'articolo seguente.

2. Lo sbarramento è fatto con due sbarre parallele apposte sulla faccia anteriore. Esso può essere generale o speciale.

3. Lo sbarramento è generale se tra le due sbarre non vi è alcuna indicazione o vi è la semplice parola «banchiere» o altra equivalente; è speciale se tra le due sbarre è scritto il nome di un banchiere [77].

4. Lo sbarramento generale può essere trasformato in sbarramento speciale; ma questo non può essere trasformato in sbarramento generale.

5. La cancellazione dello sbarramento o del nome del banchiere si ha per non fatta.

41. *1.* L'assegno bancario con sbarramento generale non può essere pagato dal trattario che a un banchiere o a un cliente del trattario.

2. Un assegno bancario con sbarramento speciale non può essere pagato dal trattario che al banchiere designato [77] o, se questi è il trattario, a un suo cliente. Tuttavia il banchiere designato può servirsi per l'incasso di altro banchiere.

3. Un banchiere non può acquistare un assegno sbarrato che da un suo cliente o da altro banchiere. Non può incassarlo per conto di altre persone tranne le anzidette.

4. Un assegno bancario con diversi sbarramenti speciali non può essere pagato dal trattario, salvo il caso che si tratti di due sbarramenti, di cui uno per l'incasso a mezzo di una stanza di compensazione.

5. Il trattario o il banchiere che non osservi le precedenti disposizioni risponde del danno nei limiti dell'importo dell'assegno bancario.

42. *1.* Il traente o il portatore di un assegno bancario può vietare che esso sia pagato in contanti, apponendo sulla faccia anteriore in senso trasversale le parole «da accreditare» o altra espressione equivalente.

2. In questo caso l'assegno bancario non può essere regolato dal trattario che a mezzo di una scritturazione contabile (accreditamento in conto, giro in conto, compensazione) [c. 1823 ss., 1852 ss.]. Il regolamento per scritturazione contabile equivale a pagamento.

3. La cancellazione delle parole «da accreditare» si ha per non fatta.

4. Il trattario che non osservi le norme sopra indicate risponde del danno nei limiti dell'importo dell'assegno bancario.

5. Il trattario non è tenuto ad accreditare l'assegno che ad un proprio correntista.

43. *1.* L'assegno bancario emesso con la clausola «non trasferibile» non può essere pagato se non al prenditore o, a richiesta di costui, accreditato nel suo conto corrente [c. 1823 ss. 1852 ss.]. Questi non può girare l'assegno se non ad un banchiere [77] per l'incasso, il quale non può ulteriormente girarlo. Le girate apposte nonostante il divieto si hanno per non scritte. La cancellazione della clausola si ha per non avvenuta.

2. Colui che paga un assegno non trasferibile a persona diversa dal prenditore o dal banchiere giratario per l'incasso risponde del pagamento.

3. La clausola «non trasferibile» deve essere apposta anche dal banchiere su richiesta del cliente.

4. La stessa clausola può essere apposta da un girante con i medesimi effetti (1).

5. Le disposizioni del presente articolo si ap-

(1) L'art. 49.5, d.lg. 21 novembre 2007, n. 231, in *Leggi coll. XVII, 12*, così dispone: «Gli assegni bancari e postali emessi per importi pari o superiori a 1.000 euro devono recare l'indicazione del nome o della ragione sociale del beneficiario e la clausola di non trasferibilità».

plicano soltanto agli assegni pagabili nel territorio dello Stato.

44. *1.* Il traente dell'assegno bancario può subordinare il pagamento all'esistenza sul titolo nel momento della presentazione di una doppia firma conforme del prenditore (assegno turistico).

CAPO VI

DEL REGRESSO PER MANCATO PAGAMENTO

45. *1.* Il portatore può esercitare il regresso contro i giranti, il traente e gli altri obbligati [75], se l'assegno bancario, presentato in tempo utile [32], non è pagato, purché il rifiuto del pagamento sia constatato:

1) con atto autentico (protesto) [60], oppure

2) con dichiarazione del trattario scritta sull'assegno bancario con l'indicazione del luogo e del giorno della presentazione [64], oppure

3) con dichiarazione della Banca d'Italia richiesta da un banchiere che si avvale dei sistemi di pagamento da essa gestiti (1).

2. Il portatore mantiene i suoi diritti contro il traente, sebbene l'assegno bancario non sia stato presentato tempestivamente o non sia stato fatto il protesto o la constatazione equivalente. Se, dopo decorso il termine di presentazione, la disponibilità della somma sia venuta a mancare per fatto del trattario, il portatore perde tali diritti in tutto o limitatamente alla parte della somma che sia venuta a mancare.

46. *1.* Il protesto o la constatazione equivalente deve farsi prima che sia spirato il termine di presentazione [32].

2. Se la presentazione è fatta l'ultimo giorno del termine, il protesto o la constatazione equivalente può farsi il primo giorno feriale successivo.

47. *1.* Il portatore deve dare avviso al proprio girante ed al traente del mancato pagamento entro i quattro giorni feriali successivi al giorno del protesto o della dichiarazione equivalente [45] e, se vi sia la clausola «senza spese» [48], lo stesso giorno della presentazione (2). Ogni girante nei due giorni feriali successivi al giorno in cui ha ricevuto l'avviso deve informare il precedente girante dell'avviso ricevuto, indicando i nomi e gli indirizzi di coloro che hanno dato gli avvisi precedenti, e così di seguito, risalendo fino al traente. I termini predetti decorrono dal ricevimento dell'avviso precedente.

2. Se in conformità del precedente comma l'avviso è dato a un firmatario dell'assegno bancario, analogo avviso deve essere dato entro lo stesso termine al suo avallante.

3. Se un girante non ha indicato il suo indirizzo, o lo ha indicato in maniera illeggibile, basta che l'avviso sia dato al girante che lo precede.

4. Chi è tenuto a dare l'avviso può darlo in una forma qualsiasi anche col semplice rinvio dell'assegno bancario [c. 1237].

5. Egli deve provare di aver dato l'avviso nel termine stabilito. Il termine si considera rispettato se una lettera contenente l'avviso sia stata spedita per posta nel termine predetto.

6. Chi non dà l'avviso nel termine sopra indicato non decade dal regresso; tuttavia è responsabile della sua negligenza se abbia causato danno, senza però che l'ammontare del risarcimento possa superare quello dell'assegno bancario.

48. *1.* Il traente, il girante o l'avallante può, con la clausola «senza spese», «senza protesto» od ogni altra equivalente, apposta sul titolo e firmata, dispensare il portatore dall'obbligo del protesto o della dichiarazione equivalente per esercitare il regresso.

2. Tale clausola, salvo il disposto dell'art. 45, ultimo comma, non dispensa il portatore dalla presentazione dell'assegno bancario nei termini prescritti, né dagli avvisi. La prova dell'inosservanza dei termini incombe a colui che la oppone al portatore.

3. Se la clausola è apposta dal traente, essa produce i suoi effetti nei confronti di tutti i firmatari; se è apposta da un girante o da un avallante, produce i suoi effetti soltanto rispetto a costui. Se la clausola è apposta dal traente e il portatore fa levare il protesto o la constatazione equivalente, le spese restano a suo carico. Se la clausola è apposta da un girante o da un avallante, le spese del protesto o della constatazione equivalente, qualora uno di tali atti sia stato fatto, sono ripetibili contro tutti i firmatari.

49. *1.* Tutte le persone obbligate in virtù dell'assegno bancario rispondono in solido verso il portatore [c. 1292 ss.].

2. Il portatore ha diritto di agire contro tutti i firmatari individualmente o congiuntamente e non è tenuto ad osservare l'ordine nel quale si sono obbligati.

3. Lo stesso diritto spetta a ogni firmatario

(1) Numero così sostituito, da ultimo, dall'art. 17-*quater*, d.l. 14 febbraio 2016, n. 18, conv. in l. 8 aprile 2016, n. 49.
(2) V. nota 1 all'art. 78.

che abbia pagato l'assegno bancario.

4. L'azione promossa contro uno degli obbligati non impedisce di agire contro gli altri, anche se posteriori a colui contro il quale si sia prima proceduto.

50. *1.* Il portatore può chiedere in via di regresso:

1) l'ammontare dell'assegno bancario non pagato;

2) gli interessi al tasso legale [c. 1284] dal giorno della presentazione;

3) le spese per il protesto o la constatazione equivalente [45], quelle per gli avvisi dati e le altre spese.

51. *1.* Chi ha pagato l'assegno bancario può ripetere dai suoi garanti:

1) la somma integrale sborsata;

2) gli interessi sulla somma calcolati al tasso legale dal giorno del disborso;

3) le spese sostenute.

52. *1.* Qualsiasi obbligato contro il quale sia stato o possa essere promosso il regresso può esigere, contro pagamento, la consegna dell'assegno bancario col protesto o la constatazione equivalente [45] e il conto di ritorno quietanzato.

2. Qualsiasi girante che ha pagato l'assegno bancario può cancellare la propria girata e quelle dei giranti susseguenti.

53. *1.* Se un ostacolo insormontabile (disposizione di legge di uno Stato o altro caso di forza maggiore) impedisce di presentare l'assegno bancario, di levare il protesto o di ottenere la constatazione equivalente nei termini stabiliti [32], questi sono prolungati.

2. Il portatore è tenuto a dare avviso senza indugio nel caso di forza maggiore al girante precedente e a fare, sull'assegno bancario o sull'allungamento [19], menzione datata e sottoscritta [11] di questo avviso; per il resto si applicano le disposizioni dell'art. 47.

3. Cessata la forza maggiore, il portatore deve presentare senza indugio l'assegno bancario per il pagamento e, se necessario, levare protesto od ottenere la constatazione equivalente [45].

4. Se la forza maggiore dura oltre quindici giorni dal giorno in cui il portatore ha dato avviso della forza maggiore al precedente girante, ancorché detto avviso sia stato dato prima dello spirare del termine di presentazione [32], il regresso può essere esercitato senza bisogno di presentazione, di protesto o della constatazione equivalente.

5. Non sono considerati casi di forza maggiore i fatti puramente personali al portatore o alla persona da lui incaricata di presentare l'assegno bancario, di levare il protesto o di ottenere la constatazione equivalente.

54. *1.* Fra più obbligati che abbiano assunto una posizione di pari grado nell'assegno bancario non ha luogo l'azione cambiaria e il rapporto è regolato con le norme relative alle obbligazioni solidali [c. 1292 ss.].

55. *1.* L'assegno bancario ha gli effetti di titolo esecutivo per il capitale e per gli accessori a norma degli artt. 50 e 51 [p.c. 474].

2. L'assegno emesso all'estero ha gli stessi effetti in quanto questi siano ammessi dalla legge del luogo in cui l'assegno è stato emesso.

3. Il precetto [p.c. 479 ss.] deve contenere la trascrizione dell'assegno bancario o del protesto [45] e degli altri documenti necessari a dimostrare la somma dovuta.

56. *1.* L'opposizione al precetto [p.c. 615 ss.] non sospende l'esecuzione, ma il presidente del tribunale, o il pretore (1) competente per valore, su ricorso dell'opponente che disconosca la propria firma o la rappresentanza oppure adduca gravi e fondati motivi, può, con decreto motivato non soggetto a gravame, esaminati i documenti prodotti, sospendere in tutto o in parte gli atti esecutivi imponendo idonea cauzione [p.c. 623 ss.].

57. *1.* Nei giudizi, tanto di cognizione quanto d'opposizione al precetto, il debitore può opporre soltanto le eccezioni di nullità dell'assegno bancario a termini dell'art. 2 e quelle non vietate dall'art. 25.

2. Se le eccezioni siano di lunga indagine, il giudice, su istanza del creditore, deve emettere sentenza provvisoria di condanna, con cauzione o senza.

3. Può anche concedere su richiesta del debitore, quando concorrano gravi ragioni, la sospensione dell'esecuzione, imponendo, se lo ritenga opportuno, idonea cauzione [p.c. 623 ss.].

4. Se la sospensione fosse stata già concessa col decreto indicato nell'articolo precedente, il giudice in prosieguo di giudizio deciderà la conferma o la revocazione del provvedimento.

58. *1.* Se dal rapporto che diede causa alla emissione o alla trasmissione dell'assegno bancario derivi un'azione, questa permane nonostante l'emissione o la trasmissione del titolo, salvo che si provi che vi fu novazione [c. 1230 ss.].

(1) L'art. 1, d.lg. 19 febbraio 1998, n. 51, ha soppresso l'ufficio del pretore, trasferendo le competenze al tribunale ordinario.

2. Il possessore non può esercitare l'azione causale se non offrendo al debitore la restituzione dell'assegno bancario e depositandolo presso la cancelleria del giudice competente, purché abbia adempiuto le formalità necessarie per conservare al debitore stesso le azioni di regresso che possano competergli.

59. *1.* Qualora il portatore abbia perduto l'azione cambiaria contro tutti gli obbligati e non abbia contro i medesimi azione causale, può agire contro il traente che non abbia fatto provvista o si sia comunque arricchito ingiustamente a suo danno [75; c. 2041].

2. Eguale azione può esercitarsi nelle condizioni suddette anche contro i giranti.

60. *1.* Il protesto dev'essere fatto con un solo atto da un notaro o da un ufficiale giudiziario (1).

2. Nei comuni nei quali non esista notaro o ufficiale giudiziario il protesto può essere levato dal segretario comunale.

3. Non è richiesta l'assistenza di testimoni per levare protesto.

61. *1.* Il protesto può essere fatto con atto separato, oppure essere scritto sull'assegno bancario o sul duplicato [66] ovvero sul foglio di allungamento [19]. Questo foglio può essere aggiunto anche dal notaro o dall'ufficiale giudiziario o dal segretario comunale, i quali in ogni caso dovranno apporre il proprio sigillo sulla linea di congiunzione.

2. Se il protesto è fatto con atto separato chi vi procede deve farne menzione sull'assegno bancario o sul duplicato o sul foglio di allungamento, a meno che si sia dovuto procedere al protesto pur non avendo il possesso del titolo.

3. Il protesto o la constatazione equivalente possono essere effettuati in forma elettronica sull'assegno presentato al pagamento in forma elettronica (2).

62. *1.* Il protesto si deve fare nel luogo di pagamento [2, 81] e contro il trattario o il terzo indicati per il pagamento anche se non presenti.

2. Se il domicilio di dette persone non si può rintracciare, il protesto può essere fatto in qualsiasi località nel luogo di pagamento a scelta di chi vi procede.

3. L'incapacità del trattario o del terzo indicato nell'art. 8 non dispensa dall'obbligo di levare il protesto contro di esso, salvo che il trattario sia fallito, nel qual caso la produzione della sentenza dichiarativa di fallimento basta per agire in regresso.

4. Se il trattario o il terzo è morto, il protesto si leva ugualmente al suo nome secondo le regole precedenti.

63. *1.* Il protesto deve contenere:

1) la data;

2) il nome del richiedente;

3) l'indicazione del luogo in cui è fatto e la menzione delle ricerche eseguite;

4) l'oggetto delle richieste, il nome della persona richiesta, le risposte avute o i motivi per i quali non se ne ebbe alcuna;

5) la sottoscrizione del notaro o dell'ufficiale giudiziario o del segretario comunale.

2. Il protesto per atto separato deve contenere la trascrizione dell'assegno bancario.

3. Per più assegni da pagarsi dalla stessa persona nello stesso luogo, il creditore può levare protesto con unico atto separato.

64. *1.* Il protesto, ai sensi dell'art. 45, può essere sostituito, se il portatore lo consente, da una dichiarazione di rifiuto del pagamento, scritta e datata sul titolo o sul foglio di allungamento [19] e firmata [11] dal trattario.

2. Questa dichiarazione per avere gli effetti del protesto deve essere sottoposta a registrazione nei termini del protesto.

3. Nei casi previsti nel primo comma la girata senza data si presume fatta anteriormente alla dichiarazione.

65. *1.* I notari, gli ufficiali giudiziari e i segretari comunali debbono tener nota, nel repertorio, dei protesti, indicando i requisiti di cui agli articoli precedenti giorno per giorno e per ordine di data.

2. L'originale del protesto fatto per atto separato deve essere consegnato al portatore dell'assegno bancario.

CAPO VII

DEI DUPLICATI

66. *1.* Ad eccezione degli assegni bancari al portatore [5], qualsiasi assegno bancario, emesso in un paese e pagabile in un altro paese oppure in una parte d'oltre mare dello stesso paese o viceversa, oppure emesso e pagabile

(1) Per l'estensione della competenza agli aiutanti ufficiali giudiziari, v. art. 1, l. 12 giugno 1973, n. 349, in *Leggi coll. IX, 4.*

(2) Comma aggiunto dall'art. 8.7, lett. b, n. 3, d.l. 13 maggio 2011, n. 70, conv. in l. 12 luglio 2011, n. 106. L'art. 8.7, lett. f, d.l. cit., così dispone: «le modifiche apportate al r.d. 21 dicembre, 1933, n. 1736 dalla lett. *b*) del presente comma entrano in vigore il quindicesimo giorno successivo alla pubblicazione nella *Gazzetta Ufficiale* della Repubblica del regolamento della Banca d'Italia di cui alla lett. *e*)».

nella stessa o in diverse parti d'oltre mare dello stesso paese può essere emesso in diversi esemplari (duplicati). Se un assegno bancario è emesso in diversi duplicati, questi devono essere numerati nel contesto di ciascun titolo; in difetto, si considerano come altrettanti assegni bancari distinti.

2. Le copie informatiche di assegni cartacei sostituiscono ad ogni effetto di legge gli originali da cui sono tratte se la loro conformità all'originale è assicurata dalla banca negoziatrice mediante l'utilizzo della propria firma digitale e nel rispetto delle disposizioni attuative e delle regole tecniche dettate ai sensi dell'art. 8, comma 7, lett. *d*) ed *e*), del d.l. 13 maggio 2011, n. 70 (1).

67. *1.* Il pagamento di un duplicato è liberatorio, ancorché non sia dichiarato che tale pagamento annulli gli effetti degli altri duplicati.

2. Il girante che ha trasferito i duplicati a persone diverse ed i giranti susseguenti sono obbligati per tutti i duplicati che portino la loro firma e non siano stati restituiti.

CAPO VIII

Delle alterazioni

68. *1.* In caso di alterazione del testo di un assegno bancario chi ha firmato dopo l'alterazione risponde nei termini del testo alterato; chi ha firmato prima risponde nei termini del testo originario.

2. Qualora non risulti dal titolo, o non si dimostri che la firma sia stata apposta prima o dopo, si presume che sia stata apposta prima.

CAPO IX

Dell'ammortamento

69. *1.* In caso di smarrimento, sottrazione o distruzione dell'assegno bancario, se ne può fare denunzia al trattario e chiedere l'ammortamento con ricorso al presidente del tribunale del luogo in cui l'assegno bancario è pagabile [2, 81], o al pretore (2) del luogo in cui il richiedente ha domicilio [81; c. 2016].

2. Il ricorso deve indicare i requisiti essenziali dell'assegno bancario.

3. Il presidente del tribunale o il pretore (2), premessi gli opportuni accertamenti sulla verità dei fatti e sul diritto del portatore, emette nel più breve termine possibile un decreto con il quale, menzionando i dati dell'assegno bancario, ne pronunzia l'ammortamento e ne autorizza il pagamento dopo quindici giorni dalla data di pubblicazione del decreto nella *Gazzetta Ufficiale* della Repubblica, purché non venga fatta nel frattempo opposizione dal detentore [70].

4. Il decreto deve essere, a cura del ricorrente, notificato al traente e al trattario e pubblicato nella *Gazzetta Ufficiale* della Repubblica.

5. Malgrado la denunzia, il pagamento dell'assegno bancario al detentore prima della notificazione del decreto libera il trattario.

70. *1.* L'opposizione del detentore deve essere in ogni caso proposta con citazione, da notificarsi al ricorrente, al trattario e al traente per comparire davanti al tribunale del luogo di pagamento [2, 81; c. 2017].

71. *1.* Durante il termine stabilito nell'art. 69 il ricorrente può esercitare tutti gli atti che tendono a conservare i suoi diritti ed è in facoltà di esigere il pagamento dell'assegno mediante cauzione o di chiedere il deposito giudiziario della somma [c. 2018].

72. *1.* Trascorso il termine indicato nell'art. 69 senza opposizione, o rigettata l'opposizione con sentenza definitiva, l'assegno bancario smarrito non ha più alcuna efficacia. Colui che ottenne l'ammortamento può, su presentazione del decreto e di un certificato del cancelliere del tribunale, comprovante la non interposta opposizione, o su presentazione della sentenza definitiva che respinge l'opposizione, esigere il pagamento [c. 2019].

73. *1.* Nel caso di assegno bancario emesso colla clausola «non trasferibile» [43] non si fa luogo ad ammortamento, ma il prenditore ha diritto di ottenere a proprie spese un duplicato denunciando lo smarrimento, la distruzione o la sottrazione al trattario e al traente.

74. *1.* L'ammortamento estingue ogni diritto derivante dall'assegno dichiarato inefficace, ma non pregiudica le eventuali ragioni del portatore verso chi ottenne l'ammortamento [c. 2019[1]].

(1) Comma aggiunto dall'art. 8.7, lett. c, d.l. 13 maggio 2011, n. 70, conv. in l. 12 luglio 2011, n. 106. Sul regolamento ex art. 8.7, lett. e, d.l. cit., v. reg. Banca d'Italia 22 marzo 2016, in G.U., 30 aprile 2016, n. 100.

(2) L'art. 1, d.lg. 19 febbraio 1998, n. 51, ha soppresso l'ufficio del pretore, trasferendo le competenze al tribunale ordinario.

CAPO X

Della prescrizione

75. *1.* Il regresso del portatore contro i giranti, il traente e gli altri obbligati si prescrive [c. 2934 ss.] in sei mesi dallo spirare del termine di presentazione.

2. Le azioni di regresso tra i diversi obbligati al pagamento dell'assegno bancario gli uni contro gli altri si prescrivono in sei mesi a decorrere dal giorno in cui l'obbligato ha pagato l'assegno bancario o dal giorno in cui l'azione di regresso è stata promossa contro di lui.

3. L'azione di arricchimento [c. 2041 s.] si prescrive nel termine di un anno dal giorno della perdita dell'azione nascente dal titolo [59].

76. *1.* L'interruzione della prescrizione non vale che contro colui rispetto al quale è stato compiuto l'atto interruttivo [c. 1310, 2943 ss.].

CAPO XI

Disposizioni generali

77. *1.* Nella presente legge sotto il nome di banchiere si comprendono anche le persone o le istituzioni assimilate per legge ai banchieri [3, 8, 40 ss.].

78. *1.* La presentazione e il protesto [45 ss., 60] dell'assegno bancario non possono farsi che in giorno feriale.

2. Se l'ultimo giorno del termine stabilito dalla legge per compiere atti relativi all'assegno bancario e in particolare per la presentazione, per levare il protesto o per ottenere un atto equivalente è un giorno festivo legale, il termine è prorogato fino al primo giorno feriale successivo [c. 1187, 2963[3]].

3. I giorni festivi intermedi sono compresi nel computo del termine (1).

79. *1.* Nei termini previsti dalla presente legge non si computa il giorno da cui cominciano a decorrere [c. 1187, 2963[2]].

80. *1.* Non sono ammessi giorni di rispetto né legali né giudiziari.

81. *1.* Agli effetti della presente legge col termine domicilio s'intende il luogo di residenza e col termine luogo di pagamento l'intero territorio del comune [2].

TITOLO II

Dell'assegno circolare

82. *1.* L'assegno circolare è un titolo di credito all'ordine emesso da un istituto di credito, a ciò autorizzato dall'autorità competente, per somme che siano presso di esso disponibili al momento dell'emissione, e pagabile a vista presso tutti i recapiti comunque indicati dall'emittente.

2. L'istituto autorizzato ad emettere assegni circolari è tenuto a costituire, in conformità delle leggi speciali, a garanzia dei medesimi, una cauzione sulla quale i portatori dei titoli hanno privilegio speciale.

83. *1.* L'assegno circolare contiene:

1) la denominazione di «assegno circolare» inserita nel contesto del titolo;

2) la promessa incondizionata di pagare a vista una somma determinata;

3) l'indicazione del prenditore;

4) l'indicazione della data e del luogo nel quale l'assegno circolare è emesso;

5) la sottoscrizione dell'istituto emittente.

2. Il titolo mancante di alcuno dei suddetti requisiti non vale come assegno circolare.

84. *1.* Il possessore decade [c. 2964 ss.] dall'azione di regresso, se non presenta il titolo per il pagamento entro trenta giorni dall'emissione [45].

2. L'azione contro l'emittente si prescrive [c. 2934 ss.] nel termine di tre anni dall'emissione.

3. La girata a favore dell'emittente estingue l'assegno.

85. *1.* L'istituto può affidare l'emissione di assegni circolari muniti del suo visto ad un banchiere [77] suo corrispondente, il quale deve firmare l'assegno come rappresentante dell'istituto.

86. *1.* In quanto non siano incompatibili con la natura dell'assegno circolare o non siano derogate dalle norme della presente legge, sono applicabili all'assegno circolare le disposizioni della cambiale relative alla girata [l. camb. 15 ss.], al pagamento [l. camb. 43 ss.], al protesto [l. camb. 51], al regresso [l. camb. 49 ss.], alla prescrizione [l. camb. 94], nonché quelle relative ai titoli con firme false o di persone incapaci [l. camb. 7], e alle sottoscrizioni [l. camb. 8]; ed anche quelle dell'assegno bancario sbarrato, da accreditare, non trasferibile e turistico

(1) Sui termini di scadenza e di levata del protesto, v. l. 24 febbraio 1965, n. 92; e art. 5, l. 12 giugno 1973, n. 349, in *Leggi coll. IX, 4*.

Per l'indicazione dei giorni festivi, v. l. 5 marzo 1977, n. 54.

[l. camb. 40 ss.]. All'assegno circolare si applica altresì la disposizione dell'assegno bancario di cui all'art. 31, terzo comma (1).

2. Nella procedura di ammortamento dell'assegno circolare si applicano le disposizioni degli articoli da 69 a 74, con le seguenti modificazioni.

3. Il ricorso deve essere fatto al presidente del tribunale del luogo in cui sia uno stabilimento dell'istituto emittente o al pretore (2) del luogo in cui il ricorrente ha domicilio [81].

4. La notificazione del decreto deve essere fatta ad uno dei più vicini stabilimenti dell'istituto, il quale, a spese del ricorrente, ne darà subito comunicazione a tutti i recapiti presso i quali l'assegno è pagabile. L'eventuale opposizione deve essere proposta, con citazione da notificarsi al ricorrente ed al rappresentante dell'istituto, dinanzi al tribunale che ha emesso il decreto o, nel caso di decreto emesso dal pretore (2), dinanzi al tribunale nella cui giurisdizione è compresa la pretura (2) [c. 2017].

5. La denunzia di smarrimento non rende responsabile l'istituto che paga l'assegno circolare al detentore prima della notificazione del decreto. Parimenti la notificazione del decreto non rende responsabile l'istituto qualora il pagamento del titolo venga effettuato presso uno stabilimento o un recapito al quale, per fatto non imputabile all'istituto, non sia ancora pervenuta la notizia del decreto [93].

6. Nel caso di smarrimento, distruzione o sottrazione di un assegno circolare emesso con la clausola «non trasferibile» non si fa luogo alla procedura di ammortamento, ma il prenditore ha diritto di ottenere, dopo venti giorni dalla denunzia, il pagamento dell'assegno presso la filiale alla quale fu fatta la denunzia.

TITOLO III

Dei titoli speciali dell'istituto di emissione

CAPO I

Del vaglia cambiario

87. *1.* Il vaglia cambiario emesso dalla Banca d'Italia è un titolo di credito all'ordine, pagabile a vista presso qualsiasi filiale della Banca stessa.

88. *1.* Il vaglia cambiario della Banca d'Italia contiene:

1) la denominazione di «vaglia cambiario» inserita nel contesto del titolo;

2) la promessa incondizionata di pagare una somma determinata, indicata in lettere e in cifre;

3) la indicazione del prenditore;

4) la indicazione della data e del luogo in cui il vaglia è emesso;

5) la sottoscrizione dell'istituto.

2. Il vaglia cambiario, steso su carta filigranata, ha un numero progressivo di emissione e deve essere munito di una tabella numerica laterale destinata a controllare l'esattezza della cifra di emissione.

89. *1.* Il vaglia cambiario non può essere rilasciato se non contro versamento nelle casse dell'istituto del corrispondente valore in biglietti di banca o in valuta legale.

90. *1.* Sono applicabili al vaglia cambiario della Banca d'Italia le norme relative al vaglia cambiario ordinario [l. camb. 100 ss.], tranne quelle concernenti l'avallo [35 ss.], il pagamento per intervento [l. camb. 74, 78], le copie [l. camb. 86 ss.], la cambiale pagabile presso un terzo o in luogo diverso da quello del domicilio del trattario [l. camb. 4, 32], la promessa di interessi [l. camb. 5], la cambiale in bianco [l. camb. 14] e le disposizioni non derogate dal presente capo.

91. *1.* A garanzia dei vaglia cambiari, la Banca d'Italia è tenuta, a norma di legge, a costituire apposita riserva in oro o in divisa di paesi esteri nei quali abbia vigore la convertibilità dei biglietti di banca in oro.

92. *1.* Il vaglia cambiario, se l'istituto ne sia richiesto, deve essere emesso con la clausola «non trasferibile» con gli effetti di cui all'art. 43.

2. Può essere anche girato con la stessa clausola.

93. *1.* In caso di smarrimento, sottrazione o distruzione di un vaglia cambiario della Banca d'Italia, il possessore può farne denunzia e chiedere, con ricorso al presidente del tribunale del luogo ove sia una filiale dell'istituto, che si proceda all'ammortamento del titolo. Il ri-

(1) Ultimo periodo aggiunto dall'art. 8.7, lett. b, n. 4, d.l. 13 maggio 2011, n. 70, conv. in l. 12 luglio 2011, n. 106. L'art. 8.7, lett. f, d.l. cit., così dispone: «le modifiche apportate al r.d. 21 dicembre, 1933, n. 1736 dalla lett. *b*) del presente comma entrano in vigore il quindicesimo giorno successivo alla pubblicazione nella *Gazzetta Ufficiale* della Repubblica del regolamento della Banca d'Italia di cui alla lett. *e*)».

(2) L'art. 1, d.lg. 19 febbraio 1998, n. 51, ha soppresso l'ufficio del pretore, trasferendo le competenze al tribunale ordinario.

corso deve contenere la trascrizione o una esatta descrizione del vaglia [c. 2016].

2. Il presidente del tribunale, premessi gli opportuni accertamenti sulla verità dei fatti e sul diritto del possessore, emette un decreto con il quale, menzionando i dati del vaglia, ne pronunzia l'ammortamento e autorizza l'istituto a pagarlo decorsi quindici giorni dalla data di pubblicazione del decreto nella *Gazzetta Ufficiale* della Repubblica, purché non venga, nel frattempo, fatta opposizione dal detentore [94].

3. Il decreto deve essere notificato alla filiale dell'istituto esistente nel luogo in cui trovasi il tribunale che ha emesso il decreto, affinché, a spese del procedente, ne venga data subito comunicazione a tutte le filiali.

4. La denunzia di smarrimento non rende responsabile la Banca d'Italia che paga il vaglia al detentore prima della notificazione del decreto. Parimenti la notificazione del decreto non rende responsabile la Banca qualora il pagamento del titolo venga effettuato da una filiale alla quale, per fatto non imputabile all'istituto, non sia ancora pervenuta notizia del decreto [86].

94. *1.* L'opposizione del detentore deve essere proposta con citazione del ricorrente e della Banca d'Italia in persona del locale direttore, per comparire dinanzi al tribunale che ha pronunziato l'ammortamento [c. 2017].

95. *1.* Durante il termine stabilito dall'art. 93 il ricorrente può esercitare tutti gli atti che tendono a conservare i suoi diritti ed ha facoltà di esigere il pagamento mediante cauzione o di chiedere il deposito giudiziario della somma [c. 2018].

96. *1.* Trascorso il termine indicato nell'art. 93 senza opposizione, o rigettata l'opposizione con sentenza definitiva, il vaglia smarrito non ha più alcuna efficacia. Colui che ottenne l'ammortamento può, su presentazione del decreto e di un certificato del cancelliere del tribunale comprovante la non interposta opposizione, o su presentazione della sentenza definitiva che respinge quest'ultima, esigere il pagamento.

2. Sui vaglia dichiarati inefficaci non sono dovuti interessi dall'istituto.

3. Si applica inoltre la disposizione dell'art. 74 [c. 2019].

97. *1.* Nel caso di smarrimento, distruzione o sottrazione di un vaglia cambiario emesso con la clausola «non trasferibile» [92], non si fa luogo alla procedura di ammortamento, ma il prenditore ha diritto di ottenere, dopo quindici giorni dalla denuncia fattane, il pagamento del titolo presso la filiale alla quale fu fatta la denuncia [87[3]].

CAPO II

DELL'ASSEGNO BANCARIO LIBERO

98. *1.* L'assegno bancario libero della Banca d'Italia è un titolo di credito all'ordine emesso, per conto dell'istituto, e contro versamento del corrispondente valore in biglietti di banca o in valuta legale, a mezzo di corrispondenti all'uopo autorizzati a seguito di idonea cauzione.

2. Esso è pagabile a vista presso qualsiasi filiale dell'istituto.

99. *1.* L'assegno bancario libero contiene:

1) la denominazione di «assegno bancario libero» inserita nel contesto del titolo;

2) l'ordine incondizionato di pagare una somma determinata, indicata in lettere e in cifre;

3) l'indicazione della Banca d'Italia quale trattaria;

4) l'indicazione del prenditore;

5) l'indicazione della data e del luogo di emissione;

6) la sottoscrizione del traente.

2. L'assegno bancario libero, redatto su carta filigranata, ha un numero progressivo di emissione tanto dell'istituto trattario quanto del corrispondente traente. Esso deve essere munito di una tabella numerica laterale destinata a controllare l'esattezza della cifra di emissione. Deve contenere inoltre la indicazione, a timbro, del corrispondente che lo ha emesso.

100. *1.* Le disposizioni sull'assegno bancario relative al trasferimento [17], alla presentazione [31 ss.], al pagamento [37], alla clausola di non trasferibilità [43], al protesto [45, 60 ss.], al regresso [46 ss.], alla prescrizione [75], nonché quelle relative ai titoli con firme false o di persone incapaci [10] e alle sottoscrizioni [11], sono applicabili all'assegno bancario libero in quanto non siano derogate dalle disposizioni del presente capo.

2. La disposizione sul vaglia cambiario della Banca d'Italia, relativa alla speciale garanzia, è applicabile all'assegno bancario libero. Ad esso sono pure applicabili le disposizioni relative all'ammortamento [93 ss.], con le sole varianti che il decreto e l'eventuale citazione per l'opposizione debbono essere notificate tanto al traente quanto alla Banca d'Italia [c. 2016 ss.].

CAPO III

DELL'ASSEGNO BANCARIO PIAZZATO

101. *1.* La Banca d'Italia può consentire ai propri corrispondenti di emettere assegni bancari piazzati, cioè pagabili presso una sola filiale dell'Istituto, nei limiti della cauzione che i corrispondenti stessi hanno presso di esso.

102. *1.* L'assegno bancario piazzato è un titolo di credito all'ordine a doppia matrice, una delle quali deve essere inviata, dal corrispondente che emette l'assegno, alla filiale dell'istituto cui esso è aggregato, perché questa, dopo di aver munita la matrice del visto, la faccia pervenire, ove non sia essa medesima la filiale trattaria, alla filiale sulla quale l'assegno è tratto.

2. L'assegno è pagabile a vista presso la filiale sulla quale è tratto, non appena a quest'ultima sia pervenuta la relativa matrice debitamente vistata.

103. *1.* L'assegno bancario piazzato contiene:

1) la denominazione di «assegno bancario piazzato» inserita nel contesto del titolo;

2) l'ordine di pagare una somma determinata, indicata in lettere e in cifre;

3) l'indicazione della Banca d'Italia quale trattaria;

4) l'indicazione del prenditore;

5) l'indicazione della data e del luogo di emissione, nonché di quello di pagamento;

6) la clausola che l'assegno sarà pagato soltanto dopo che la filiale sulla quale è tratto abbia ricevuto la relativa matrice;

7) la sottoscrizione del traente.

104. *1.* Le disposizioni sull'assegno bancario relative al trasferimento [17], al pagamento [37], alla clausola di non trasferibilità [43], al protesto [45, 60 ss.], al regresso [46 ss.], alla prescrizione [75], nonché quelle relative ai titoli con firme false o di persone incapaci [10] e alle sottoscrizioni [11], sono applicabili all'assegno bancario piazzato, in quanto non siano derogate dalle disposizioni del presente capo.

105. *1.* Sono applicabili all'assegno bancario piazzato le disposizioni relative all'ammortamento dell'assegno bancario libero della Banca d'Italia [100^2], salvo che la competenza per tale dichiarazione spetti al tribunale del luogo ove l'assegno è pagabile [c. 2016 ss.].

TITOLO IV

Dei titoli speciali del Banco di Napoli e del Banco di Sicilia

CAPO I

DEL VAGLIA CAMBIARIO

106. *1.* Al vaglia cambiario del Banco di Napoli e del Banco di Sicilia si applicano le disposizioni per l'analogo titolo dell'istituto di emissione [87 ss.], ad eccezione di quelle degli articoli 89 e 91.

2. Per quanto concerne la procedura di ammortamento sono applicabili le disposizioni dell'art. 86 [c. 2016 ss.].

CAPO II

DELL'ASSEGNO DI CORRISPONDENTI

107. *1.* All'assegno di corrispondenti del Banco di Napoli e del Banco di Sicilia si applicano le disposizioni per l'assegno bancario libero dell'istituto di emissione [87 ss.], eccetto quella dell'art. 91.

2. Per quanto concerne la procedura di ammortamento sono applicabili le disposizioni dell'art. 86 [c. 2016 ss.].

CAPO III

DELLA FEDE DI CREDITO

108. *1.* La fede di credito o polizzino del Banco di Napoli e del Banco di Sicilia è un titolo di credito all'ordine, pagabile a vista presso qualunque filiale del Banco, emesso a madre e figlia.

109. *1.* La fede di credito contiene:

1) la denominazione di «fede di credito» inserita nel contesto del titolo;

2) la promessa di pagare una somma determinata;

3) l'indicazione del prenditore;

4) l'indicazione della data e del luogo di emissione;

5) la sottoscrizione del Banco come emittente.

2. Gli altri requisiti di forma della fede di credito sono determinati dal regolamento del Banco da approvarsi con decreto presidenziale.

110. *1.* La girata può contenere l'indicazione della causale del pagamento che viene disposto dal prenditore o girante e le condizioni alle quali il pagamento è subordinato. In tal caso l'intera girata deve essere scritta a mano e sottoscritta dal girante.

2. La condizione sospende il pagamento da parte del Banco, finché non sia dimostrato il suo adempimento.

111. *1.* La firma del girante, quando sia stata apposta una condizione nella girata, deve essere autenticata da notaro.

2. Deve essere egualmente autenticata da notaro la firma di quietanza del portatore per pagamenti fatti in dipendenza di contratti o per pagamenti accettati a saldo finale.

112. *1.* Il girante può annullare la girata con una formula di annullamento «cassa per me», «annullo la girata», o altra equivalente, da lui scritta e firmata; ma non può apportare sulla girata cancellazioni o abrasioni.

113. *1.* Nel caso di smarrimento o di distruzione di una fede di credito, il Banco, su domanda dell'interessato, dopo quindici giorni dalla presentazione della domanda, può rimborsare la somma al denunciante previa stipulazione di una obbligazione garantita da fideiussore [c. 1943] di gradimento del Banco e solidalmente responsabile col denunciante [c. 1947] o con la costituzione di una garanzia reale a scelta del Banco stesso.

2. Se il titolo sia intestato a persona diversa dal denunciante, il Banco può esigere il consenso dell'intestatario, con firma autenticata.

3. La presentazione della domanda e il pagamento della somma non impediscono che il titolo sia pagato a chi se ne dimostri proprietario in base a una serie continua di girate.

114. *1.* Le azioni risultanti dalla fede di credito si prescrivono [c. 2934 ss.] in tre anni a decorrere dalla data dell'emissione. Nondimeno se la fede di credito sia stata girata con clausole o condizioni speciali, si applicano i termini di prescrizione previsti [dal codice di commercio o] dal codice civile, [secondo la natura del negozio giuridico] (1).

CAPO IV

DELLA POLIZZA NOTATA DEL BANCO DI NAPOLI

115. *1.* Resta salva la facoltà per il Banco di Napoli di emettere, in conformità del proprio statuto, polizze notate.

TITOLO V

Disposizioni penali

116-116-*bis*. . . . . (2).

117. *1.* L'istituto non autorizzato o al quale sia stata revocata l'autorizzazione [82], che emetta assegni circolari, è colpito da una pena pecuniaria da lire quattrocentomila [euro 206] a lire quattro milioni [euro 2.065] (3), salvo le altre sanzioni previste da altre disposizioni di legge.

2. La mancanza di autorizzazione non pregiudica i diritti del portatore di buona fede di ottenere dall'istituto emittente il pagamento della somma e di esercitare le eventuali azioni di regresso.

TITOLO VI

Disposizioni tributarie

118. *1.* La validità dell'assegno bancario non è subordinata all'osservanza delle disposizioni della legge sul bollo (4). Esso tuttavia se non è stato regolarmente bollato originariamente, o nel tempo prescritto dalla legge, non ha la qualità di titolo esecutivo [55; p.c. 474].

2. Il possessore non può esercitare i diritti cambiari inerenti al titolo se non abbia corrisposto la tassa di bollo dovuta e pagata la relativa penalità.

3. La inefficacia come titolo esecutivo dev'essere rilevata e pronunciata dai giudici anche d'ufficio.

119. . . . . (5).

120. *1.* Per ogni menzione scritta sull'assegno ai sensi del capoverso dell'art. 4, efficace unicamente ad accertare l'esistenza dei fondi, è dovuta, indipendentemente dalla tassa di bollo sull'assegno, altra tassa di bollo di lire una per ogni diecimila lire [euro 5,16] o frazione di diecimila lire dell'importo dell'assegno, con massimo di lire quaranta di tassa. Questa ultima tassa sarà riscossa mediante applicazione di marche a tassa fissa, da annullarsi con la firma e la data del trattario.

121. *1.* Qualora nell'assegno venga indicata una data di emissione posteriore a quella dell'effettiva emissione dell'assegno non giustificata dal periodo di tempo necessario per far pervenire il titolo al destinatario o da altra materiale impossibilità di presentazione e sempreché la data non differisca di oltre quattro giorni da quella dell'emissione, si rende applicabile la tassa graduale (6) delle cambiali, salvo

(1) Le espressioni tra parentesi devono considerarsi abrogate.
(2) Articolo abrogato dall'art. 12, l. 15 dicembre 1990, n. 386, in *Leggi coll. IX, 7*.
(3) La pena originariamente prevista è stata così elevata dall'art. 113, l. 24 novembre 1981, n. 689.
(4) V. art. 15 della tariffa allegato A, d.p.r. 26 ottobre 1972, n. 642, e successive modificazioni e integrazioni.
(5) Abrogato per effetto della l. 28 aprile 1967, n. 263.
(6) Ora: proporzionale.

le sanzioni di cui all'art. 66, n. 5 della legge del bollo 30 dicembre 1923, n. 3268 (1).

122. *1.* Sono soggette a bollo e registro le girate e le dichiarazioni apposte sulle fedi di credito (titoli apodissari) dei Banchi di Napoli e di Sicilia [108] a seconda del rapporto giuridico che contengono.

123. . . . . (*omissis*).

124. *1.* All'atto del rilascio di moduli di assegno bancario o postale, il richiedente deve dichiarare al trattario di non essere in alcun modo interdetto dall'emissione di assegni.

2. Il richiedente che dichiari il falso è punito, qualora vengano rilasciati uno o più moduli di assegno, con la reclusione da sei mesi a due anni (2).

125. *1.* Prima del rilascio di moduli di assegno bancario o postale il dipendente responsabile accerta, sulla base dei dati risultanti dall'archivio previsto dall'art. 10-*bis* della l. 15 dicembre 1990, n. 386, che il richiedente non risulti in alcun modo interdetto dall'emissione di assegni bancari o postali, ovvero soggetto a revoca delle autorizzazioni ad emettere assegni a norma dell'art. 9 della medesima legge.

2. Il dipendente responsabile che consegna moduli di assegno bancario o postale a persona interdetta, in base ai dati dell'archivio, dall'emissione di assegni o soggetta a revoca delle autorizzazioni, è punito, salvo che il fatto costituisca più grave reato, con la reclusione fino ad un anno (3).

IX. 4.

LEGGE 12 giugno 1973, n. 349. — *Modificazioni alle norme sui protesti delle cambiali e degli assegni bancari* (4).

1. *Pubblici ufficiali abilitati alla levata del protesto.* — *1.* Il protesto di cambiali e assegni bancari è levato dal notaio, dall'ufficiale giudiziario e dall'aiutante ufficiale giudiziario, nonché dal segretario comunale nei limiti indicati dall'art. 68 del r.d. 14 dicembre 1933, n. 1669 (5), e dall'art. 60 del r.d. 21 dicembre 1933, n. 1736 (6). La competenza relativa al protesto di cambiali e assegni bancari è pertanto estesa agli aiutanti ufficiali giudiziari, a modifica dell'art. 68 delle norme sulla cambiale e sul vaglia cambiario, approvate con il r.d. 14 dicembre 1933, n. 1669, dell'art. 60 delle disposizioni sull'assegno bancario, approvate con il r.d. 21 dicembre 1933, n. 1736, e dell'art. 33 dell'ordinamento degli ufficiali giudiziari e degli aiutanti ufficiali giudiziari, approvato con il d.p.r. 15 dicembre 1959, n. 1229, modificato dalla l. 11 giugno 1962, n. 546, dal d.p.r. 5 giugno 1965, n. 757, dal d.p.r. 28 dicembre 1970, n. 1079, e dalla l. 29 novembre 1971, n. 1048, ferme restando le altre norme dell'ordinamento suddetto.

2. *Presentatori.* — *1.* Il notaio e l'ufficiale giudiziario sotto la propria responsabilità possono provvedere alla presentazione del titolo, ai sensi dell'art. 44 delle norme approvate con il r.d. 14 dicembre 1933, n. 1669, e dell'art. 32 delle disposizioni approvate con il r.d. 21 dicembre 1933, n. 1736, a mezzo di presentatori.

2. I presentatori sono nominati ed autorizzati a svolgere la loro funzione con provvedimento del presidente della corte d'appello, o del presidente del tribunale competente appositamente delegato, a richiesta del notaio o dell'ufficiale giudiziario.

3. Il segretario comunale, quando particolari esigenze di servizio lo richiedono, può essere autorizzato dal pretore (7) competente per territorio a servirsi, per la presentazione del titolo, di un messo comunale.

4. Il presentatore del notaio, il presentatore dell'ufficiale giudiziario e il messo comunale, nel compimento degli atti previsti dalla presente legge, sono equiparati al pubblico ufficiale ai sensi e per gli effetti delle disposizioni del titolo II del libro II del codice penale.

3. *Nomina e requisiti dei presentatori.* — *1.* I presentatori del notaio o dell'ufficiale giudiziario, per ottenere la nomina, debbono:

1) essere in possesso dei requisiti richiesti per i fidefacienti dalla legge sull'ordinamento del notariato;

(1) V. ora art. 25.3, d.p.r. 26 ottobre 1972, n. 642.
(2) Articolo così sostituito dall'art. 37.1, d.lg. 30 dicembre 1999, n. 507.
(3) Articolo aggiunto dall'art. 141, l. 24 novembre 1981, n. 689, e successivamente così sostituito dall'art. 37.2, d.lg. 30 dicembre 1999, n. 507. L'art. 105.1, d.lg. cit., così dispone: «Le disposizioni degli artt. 34, 35 e 37, comma 2, entrano in vigore decorsi centocinquanta giorni dalla pubblicazione nella *Gazzetta Ufficiale* della Repubblica del regolamento previsto dall'art. 36, comma 2».
(4) G.U., 30 giugno 1973, n. 165; LEX, 1973, I, 2085.
(5) In *Leggi coll. IX, 1.*
(6) In *Leggi coll. IX, 3.*
(7) L'art. 1, d.lg. 19 febbraio 1998, n. 51, ha soppresso l'ufficio del pretore, trasferendo le competenze al tribunale ordinario.

2) aver conseguito il diploma di licenza della scuola secondaria di primo grado;

3) non aver riportato condanna alla pena della reclusione per delitto non colposo.

2. Ciascun notaio e ciascun ufficiale giudiziario può avvalersi dell'opera di due presentatori. Soltanto al fine di assicurare il soddisfacimento di particolari esigenze di servizio il numero dei presentatori può essere elevato a sei.

3. L'elenco dei presentatori autorizzati per ciascun notaio o ufficiale giudiziario è depositato presso la cancelleria del tribunale.

4. Il presidente della corte d'appello, o del tribunale, revoca l'autorizzazione a richiesta del notaio o dell'ufficiale giudiziario, ovvero quando vengono meno i requisiti e le condizioni di cui ai commi precedenti.

5. Il decreto di autorizzazione o di revoca è pubblicato nel Foglio degli annunzi legali della provincia e diventa esecutivo non appena è portato a conoscenza del presentatore.

4. *Attribuzioni dei presentatori. — 1.* Il presentatore del notaio, il presentatore dell'ufficiale giudiziario e il messo comunale compiono a nome, rispettivamente, del notaio, dell'ufficiale giudiziario e del segretario comunale l'attività loro rimessa e sono legittimati all'incasso totale o parziale del titolo e degli emolumenti di cui agli artt. 7 e 8, nonché al rilascio della quietanza.

2. L'atto di protesto, redatto anche nell'ipotesi di cui agli articoli precedenti, conformemente a quanto stabilito nell'art. 71 delle norme approvate con il r.d. 14 dicembre 1933, n. 1669, e nell'art. 63 delle disposizioni approvate con il r.d. 21 dicembre 1933, n. 1736, deve contenere l'indicazione del presentatore ed essere anche da questi sottoscritto; esso fa piena prova, ai sensi dell'art. 2700 del codice civile, anche delle dichiarazioni del debitore e degli altri fatti che il presentatore riferisce avvenuti in sua presenza o da lui compiuti.

5. *Modalità di presentazione del titolo. — 1.* La data di scadenza della cambiale, che cada in giorno festivo, legale o equiparato, o, per i pubblici esercizi, per i negozi e per gli esercizi di vendita, in giorno di riposo settimanale, è prorogata a tutti gli effetti al primo giorno feriale successivo. Tutti gli altri atti relativi alla cambiale, ed in particolare la presentazione per l'accettazione ed il protesto, non possono essere fatti che in giorno feriale.

2. La presentazione del titolo deve essere effettuata nelle ore indicate dall'art. 147 del codice di procedura civile. Per i pubblici esercizi, per i negozi e per gli esercizi di vendita la presentazione del titolo deve essere effettuata nelle ore di apertura fissate dalle competenti autorità, anche in deroga alla norma dell'art. 147 del codice di procedura civile.

3. Quando, ai sensi del primo comma del presente articolo, il protesto è stato levato oltre il termine previsto dall'art. 51 delle norme approvate con il r.d. 14 dicembre 1933, n. 1669, a causa della chiusura per riposo settimanale dell'esercizio presso il quale il titolo è pagabile, di tale circostanza deve essere fatta menzione dal pubblico ufficiale nell'atto di protesto.

6. *Titolo domiciliato presso un istituto di credito. — 1.* Il debitore ha facoltà d'indicare nel titolo, accanto al domicilio di pagamento, quando questo è presso un istituto di credito o presso un notaio o ufficiale giudiziario, la propria residenza.

7. *Diritto di protesto. — 1.* Ai notai, agli ufficiali giudiziari, agli aiutanti ufficiali giudiziari ed ai segretari comunali spetta, per ciascun titolo protestato, in sostituzione di ogni altro compenso previsto dalle vigenti disposizioni, salvo quanto stabilito nell'articolo seguente, un diritto di protesto nella misura del 4 per mille [-arrotondandosi nel calcolo a cinquanta lire le eventuali frazioni -] e comunque non inferiore a euro 2,16+0,04=2,20 né superiore a euro 46,62+0,84=47,46 (1).

2. Quando il protesto ha per oggetto una cambiale domiciliata presso un istituto di credito, o presso un notaio o ufficiale giudiziario, il diritto è ridotto alla metà.

3. Quando, all'atto della presentazione della cambiale e della richiesta di pagamento al domicilio del debitore o nel luogo da lui indicato, questi effettua il pagamento richiesto, spetta ai pubblici ufficiali indicati nel primo comma il cinquanta per cento del diritto di protesto.

4. Nulla è dovuto per la riscossione dell'importo del titolo già protestato, eccettuato il caso della presentazione all'occorrendo.

5. Per ciascun titolo protestato, il notaio è tenuto a versare alla Cassa nazionale del notariato il contributo del venti per cento sull'importo del diritto percepito a norma del presente articolo.

6. I versamenti e le imputazioni previste per gli ufficiali giudiziari e per gli aiutanti ufficiali giudiziari dagli artt. 146, 148, 154, 155, 169 e 171 dell'ordinamento approvato con d.p.r. 15 dicembre 1959, n. 1229, modificato dalla l. 11 giugno 1962, n. 546, dal d.p.r. 5 giugno 1965, n. 757, dal d.p.r. 28 dicembre 1970, n. 1079, e dalla l. 29 novembre 1971, n. 1048, si operano, al lordo del compenso corrisposto al presenta-

(1) Importi così modificati con d.m. Giustizia 8 marzo 2018, in G.U., 16 aprile 2018, n. 88.

tore, anche in relazione al diritto di protesto previsto nel presente articolo ed alla indennità di accesso di cui all'articolo seguente.

8. *Indennità di accesso*. — *1.* Ai pubblici ufficiali indicati nel primo comma dell'articolo precedente, per ogni atto richiesto, compiuto fuori dell'edificio sede di lavoro, spetta anche un'indennità di accesso, comprensiva del rimborso spese, per i percorsi di andata e ritorno, nella misura seguente (1):

a) fino a 3 chilometri ... 1,93+0,03=1,96;
b) fino a 5 chilometri ... 2,28+0,04=2,32;
c) fino a 10 chilometri .. 4,21+0,08=4,29;
d) fino a 15 chilometri .. 5,94+0,11=6,05;
e) fino a 20 chilometri .. 7,36+0,13=7,49;

oltre i venti chilometri, per ogni sei chilometri o frazione superiore a tre chilometri di percorso successivo, l'indennità prevista alla precedente lett. *e*) è aumentata di euro 1,93+0,03=1,96 (1).

2. La determinazione delle distanze, ai fini dell'applicazione del precedente comma, è effettuata in base alle disposizioni dell'art. 134 dell'ordinamento degli ufficiali giudiziari e degli aiutanti ufficiali giudiziari, approvato con d.p.r. 15 dicembre 1959, n. 1229.

3. Per le commissioni cambiarie compiute mediante unico accesso nella medesima località e nei confronti della stessa persona, o mediante unico accesso presso la stessa sede di un istituto di credito domiciliatario e nei confronti anche di più persone, è dovuta una sola indennità di accesso, la quale grava in parti uguali su tutti gli atti eseguiti.

4. Il Ministro della giustiziapuò, con suo decreto, stabilire alla fine di ogni biennio variazioni dell'importo dei diritti e delle indennità di cui all'art. 7 e al presente articolo, secondo gli indici del costo della vita.

9. *Termine e modalità di consegna dei titoli ai pubblici ufficiali*. — *1.* È fatto divieto alle aziende di credito di consegnare ed ai pubblici ufficiali abilitati alla levata del protesto di accettare i titoli provenienti dalle aziende stesse fuori del tempo utile e in ogni caso oltre le ore 18 del primo giorno non festivo successivo alla data di scadenza.

2. La disposizione del primo comma dell'art. 104 dell'ordinamento degli ufficiali giudiziari e degli aiutanti ufficiali giudiziari, approvato con il d.p.r. 15 dicembre 1959, n. 1229, modificato dalla l. 11 giugno 1962, n. 546, non si applica per la consegna dei titoli da protestare. Nessun diritto o indennità spetta all'ufficiale giudiziario per tale attività oltre gli emolumenti previsti dagli artt. 7 e 8 della presente legge.

3. La consegna è effettuata mediante distinta compilata dall'azienda di credito in almeno due esemplari, uno dei quali destinato a rimanere presso il pubblico ufficiale. Dalla distinta devono risultare la data e l'ora dell'avvenuta consegna.

4. I pubblici ufficiali versano l'importo dei titoli pagati il giorno non festivo successivo a quello del pagamento e restituiscono i titoli protestati entro i due giorni non festivi successivi all'ultimo giorno consentito per la levata del protesto.

5. Per il tempo in cui i titoli e le somme riscosse restano presso i pubblici ufficiali è vietato alle aziende di credito ricevere da chiunque sotto qualsiasi forma anche indiretta compensi o altre utilità.

10. *Ripartizione dei titoli tra i pubblici ufficiali*. — *1.* I pubblici ufficiali abilitati ai protesti possono, d'intesa con le aziende di credito, per i titoli da esse consegnati, concordarne la ripartizione.

2. In mancanza di tale accordo il presidente della corte d'appello, o il presidente del tribunale competente da lui delegato, sentiti le aziende di credito, i consigli notarili, i dirigenti degli uffici unici nonché i rappresentanti degli ufficiali giudiziari e degli aiutanti ufficiali giudiziari presso gli stessi uffici unici, e tenute presenti le situazioni locali ed ogni altro utile elemento, determina la ripartizione dei titoli tra le categorie dei notai, degli ufficiali giudiziari e degli aiutanti ufficiali giudiziari.

3. La ripartizione, nell'ambito della categoria dei notai, avviene previa intesa fra le aziende di credito e i consigli notarili.

11. *Sanzioni disciplinari e pecuniarie*. — *1.* Salva l'applicazione delle sanzioni penali nei casi costituenti reato e per le infrazioni alle disposizioni contenute nella presente legge, i pubblici ufficiali abilitati ai protesti incorrono nelle sanzioni disciplinari previste dalle norme vigenti per le categorie alle quali essi appartengono ed in relazione all'entità delle infrazioni stesse.

2. Per l'inosservanza delle norme contenute nell'art. 9, primo comma, è applicabile la sanzione amministrativa pecuniaria prevista dall'art. 144, comma 1, del testo unico delle leggi in materia bancaria e creditizia emanato ai sensi dell'art. 25, comma 2, della l. 19 febbraio 1992, n. 142. Si applica l'art. 145 del medesimo testo unico (2).

(1) Importi così modificati con d.m. Giustizia 8 marzo 2018, in G.U., 16 aprile 2018, n. 88.
(2) Comma così sostituito dall'art. 156.3, d.lg. 1° settembre 1993, n. 385, in *Leggi coll. XVII, 1*.

12. *Cancellazione dall'elenco dei protesti*. — *1.* All'art. 3 della l. 12 febbraio 1955, n. 77, modificata dalla l. 29 dicembre 1956, n. 1559, sono aggiunti i seguenti commi: .... (*omissis*) (1).

13. *Annotazione dei protesti in repertorio speciale*. — *1.* L'annotazione dei protesti cambiari sarà fatta da notai in un repertorio speciale, debitamente numerato e firmato in ciascun foglio dal capo dell'archivio notarile distrettuale, prima di essere posto in uso, e non nel repertorio degli atti tra vivi, come previsto nell'art. 62 della l. 16 febbraio 1913, n. 89.

2. Il repertorio speciale di cui al comma precedente sarà tenuto, e le relative annotazioni effettuate, secondo le modalità e forme previste dagli articoli 62 e seguenti della l. 16 febbraio 1913, n. 89, in quanto applicabili.

14. *Norme di attuazione*. — *1.* Le norme regolamentari per l'attuazione della presente legge saranno emanate entro quattro mesi dalla sua pubblicazione (2).

15-16. .... (*omissis*).

IX. 5.

DECRETO LEGGE 18 settembre 1995, n. 381. — *Disposizioni urgenti in materia di finanziamento delle camere di commercio* (3), *convertito, con modificazioni, in l. 15 novembre 1995, n. 480* (4).

1-3. .... (*omissis*).

3-*bis*. 1. Al fine di accrescere il livello di certezza e trasparenza dei rapporti commerciali, alla pubblicazione ufficiale dell'elenco dei protesti cambiari, di cui all'art. 1 della l. 12 febbraio 1955, n. 77, si provvede mediante il registro informatico dei protesti, tenuto dalle camere di commercio, industria, artigianato e agricoltura, in modo da assicurare completezza, organicità e tempestività dell'informazione su tutto il territorio nazionale. La notizia di ciascun protesto levato è conservata nel registro informatico fino alla sua cancellazione, effettuata ai sensi dell'art. 4 della l. 12 febbraio 1955, n. 77, e successive modificazioni, o dell'art. 17 della l. 7 marzo 1996, n. 108, ovvero, in mancanza di tale cancellazione, per cinque anni dalla data della registrazione (5).

2. Con regolamento (6) emanato ai sensi dell'art. 17, comma 3, della l. 23 agosto 1988, n. 400, entro 180 giorni dalla data di entrata in vigore della legge di conversione del presente decreto, il Ministro dell'industria, del commercio e dell'artigianato, di concerto con il Ministro della giustiziastabilisce le norme di attuazione del presente articolo e in particolare:

a) le procedure per la comunicazione alle camere di commercio, industria, artigianato e agricoltura, anche mediante strumenti informatici e telematici, delle notizie sui protesti cambiari, da parte dei soggetti abilitati a levarli, nonché le modalità per rendere univocamente identificabile il soggetto protestato;

b) le caratteristiche e le modalità di tenuta del registro;

c) i contenuti delle registrazioni;

d) il termine massimo entro il quale le registrazioni vanno effettuate e messe a disposizione del pubblico mediante accesso al registro informatico.

3. Il secondo comma dell'art. 1 e l'art. 2 della l. 12 febbraio 1955, n. 77, sono abrogati (7).

4. .... (*omissis*) (8).

3-*ter*-4. .... (*omissis*).

IX. 6.

LEGGE 7 marzo 1996, n. 108. — *Disposizioni in materia di usura* (9).

1-16. .... (*omissis*).

17. 1. Il debitore protestato che abbia adempiuto all'obbligazione per la quale il protesto è

(1) L'art. 3 della l. 12 febbraio 1955, n. 77 è stato successivamente sostituito dall'art. 1, l. 18 agosto 2000, n. 235.
(2) V. d.p.r. 3 giugno 1975, n. 290.
(3) G.U., 18 settembre 1995, n. 218.
(4) G.U., 17 novembre 1995, n. 269.
(5) Periodo così sostituito dall'art. 4.1, l. 18 agosto 2000, n. 235.
(6) D.m. Industria 9 agosto 2000, n. 316, in G.U., 2 novembre 2000, n. 256 e d.m. Industria 15 maggio 2001, in G.U., 28 maggio 2001, n. 122. V. anche circolare Ministero Industria 21 dicembre 2000, n. 3504/C, in G.U., 11 gennaio 2001, n. 8 e circolare Ministero Industria 30 aprile 2001, n. 3512/C, in G.U., 14 maggio 2001, n. 110. Per l'approvazione delle specifiche tecniche per la trasmissione da parte degli ufficiali levatori degli elenchi dei protesti e dei rifiuti di pagamento con modalità esclusivamente telematica v. d.m. Sviluppo economico 14 novembre 2018, in G.U., 24 novembre 2018, n. 274.
(7) Comma così sostituito dall'art. 4.2, l. 18 agosto 2000, n. 235.
(8) Modifica l'art. 3.3, l. 12 febbraio 1955, n. 77.
(9) Suppl. ord. n. 44 alla G.U., 9 marzo 1996, n. 58.

stato levato e non abbia subito ulteriore protesto ha diritto ad ottenere, trascorso un anno dal levato protesto, la riabilitazione.

2. La riabilitazione è accordata con decreto del giudice di pace (1) su istanza dell'interessato corredata dai documenti giustificativi.

3. Avverso il diniego di riabilitazione il debitore può proporre opposizione. L'opposizione è disciplinata dall'art. 13 del d.lg. 1° settembre 2011, n. 150 (2).

4. Il decreto di riabilitazione è pubblicato nel Bollettino dei protesti cambiari ed è opponibile (3) ai sensi del comma 3 da chiunque vi abbia interesse [entro dieci giorni dalla pubblicazione] (4).

[5. Nelle stesse forme di cui al comma 4 è pubblicato il provvedimento della Corte di appello che accoglie il reclamo] (5).

6. Per effetto della riabilitazione il protesto si considera, a tutti gli effetti, come mai avvenuto.

6-*bis.* Il debitore protestato e riabilitato ha diritto di ottenere la cancellazione definitiva dei dati relativi al protesto anche dal registro informatico di cui all'art. 3-*bis* del d.l. 18 settembre 1995, n. 381, convertito, con modificazioni, dalla l. 15 novembre 1995, n. 480. La cancellazione dei dati del protesto è disposta dal responsabile dirigente dell'ufficio protesti (6) competente per territorio non oltre il termine di venti giorni dalla data di presentazione della relativa istanza, corredata del provvedimento di riabilitazione (7).

6-*ter.* Ove sussistano tutte le condizioni indicate nel comma 1, è consentita la presentazione di un'unica istanza di riabilitazione anche in riferimento a più protesti, purché compresi nello spazio temporale di un triennio (8).

18. 1. Su istanza del debitore che sia parte offesa del delitto di usura il presidente del tribunale può, con decreto non impugnabile, disporre la sospensione della pubblicazione, ovvero la cancellazione del protesto elevato a seguito di presentazione per il pagamento di un titolo di credito da parte dell'imputato del predetto delitto, direttamente o per interposta persona, quando l'imputato sia stato rinviato a giudizio. Il decreto di sospensione o cancellazione perde effetto nel caso di assoluzione dell'imputato del delitto di usura con sentenza definitiva.

IX. 7.

LEGGE 15 dicembre 1990, n. 386. — *Nuova disciplina sanzionatoria degli assegni bancari* (9).

1. *Emissione di assegno senza autorizzazione.* — 1. Chiunque emette un assegno bancario o postale senza l'autorizzazione del trattario è punito con la sanzione amministrativa del pagamento di una somma da lire due milioni [euro 1.032] a lire dodici milioni [euro 6.197].

2. Se l'importo dell'assegno è superiore a lire venti milioni [euro 10.329,14] o nel caso di reiterazione delle violazioni, si applica la sanzione amministrativa pecuniaria da lire quattro mi-

(1) Le parole «giudice di pace» sono state così sostituite alle precedenti «presidente del tribunale» dall'art. 27.4, d.lg. 13 luglio 2017, n. 116. In base all'art. 32.3, d.lg. cit., tali disposizioni «entrano in vigore il 31 ottobre 2021».

(2) Comma così sostituito dall'art. 34.15, lett. a, d.lg. 1° settembre 2011, n. 150. L'art. 36, d.lg. cit., così dispone: «1. Le norme del presente decreto si applicano ai procedimenti instaurati successivamente alla data di entrata in vigore dello stesso. || 2. Le norme abrogate o modificate dal presente decreto continuano ad applicarsi alle controversie pendenti alla data di entrata in vigore dello stesso».

(3) La parola «opponibile» è stata così sostituita alla precedente «reclamabile» dall'art. 34.15, lett. b, d.lg. 1° settembre 2011, n. 150. L'art. 36, d.lg. cit., così dispone: «1. Le norme del presente decreto si applicano ai procedimenti instaurati successivamente alla data di entrata in vigore dello stesso. || 2. Le norme abrogate o modificate dal presente decreto continuano ad applicarsi alle controversie pendenti alla data di entrata in vigore dello stesso».

(4) Le parole «entro dieci giorni dalla pubblicazione» sono state abrogate dall'art. 34.15, lett. c, d.lg. 1° settembre 2011, n. 150. L'art. 36, d.lg. cit., così dispone: «1. Le norme del presente decreto si applicano ai procedimenti instaurati successivamente alla data di entrata in vigore dello stesso. || 2. Le norme abrogate o modificate dal presente decreto continuano ad applicarsi alle controversie pendenti alla data di entrata in vigore dello stesso».

(5) Comma abrogato dall'art. 34.15, lett. d, d.lg. 1° settembre 2011, n. 150. L'art. 36, d.lg. cit., così dispone: «1. Le norme del presente decreto si applicano ai procedimenti instaurati successivamente alla data di entrata in vigore dello stesso. || 2. Le norme abrogate o modificate dal presente decreto continuano ad applicarsi alle controversie pendenti alla data di entrata in vigore dello stesso».

(6) Parole così sostituite dall'art. 45.3, l. 12 dicembre 2002, n. 273.

(7) Comma aggiunto dall'art. 3.1, l. 18 agosto 2000, n. 235.

(8) Comma aggiunto dall'art. 1.4, l. 27 gennaio 2012, n. 3.

(9) G.U., 20 dicembre 1990, n. 296.

lioni [euro 2.065] a lire ventiquattro milioni [euro 12.394].

3. Nei casi previsti dai commi 1 e 2 non è ammesso il pagamento in misura ridotta ai sensi dell'art. 16 della l. 24 novembre 1981, n. 689 (1).

2. *Emissione di assegno senza provvista*. — 1. Fuori dei casi previsti dall'art. 1, chiunque emette un assegno bancario o postale che, presentato in tempo utile, non viene pagato in tutto o in parte per difetto di provvista è punito con la sanzione amministrativa pecuniaria da lire un milione [euro 516] a lire sei milioni [euro 3.098].

2. Se l'importo dell'assegno è superiore a lire venti milioni [euro 10.329,14] o nel caso di reiterazione delle violazioni, si applica la sanzione amministrativa pecuniaria da lire due milioni [euro 1.032] a lire dodici milioni [euro 6.197].

3. Nei casi previsti dai commi 1 e 2 non è ammesso il pagamento in misura ridotta ai sensi dell'art. 16 della l. 24 novembre 1981, n. 689 (2).

3. *Clausola penale*. — 1. Nei casi previsti dall'art. 2 il mancato pagamento, anche solo parziale, dell'assegno bancario presentato in tempo utile obbliga l'emittente a corrispondere al prenditore o al giratario che agisce nei suoi confronti per il pagamento del titolo una penale pari al dieci per cento della somma dovuta e non pagata.

2. L'assegno bancario ha gli effetti di titolo esecutivo anche per la somma rappresentante la penale.

4. *Autorità competente*. — 1. Per l'applicazione delle sanzioni previste dagli artt. 1 e 2 e delle conseguenti sanzioni amministrative accessorie è competente il prefetto del luogo di pagamento dell'assegno (3).

5. *Sanzioni amministrative accessorie*. — 1. La violazione dell'art. 1 comporta il divieto di emettere assegni bancari e postali. La stessa sanzione amministrativa accessoria si applica in caso di violazione dell'art. 2, quando l'importo dell'assegno ovvero di più assegni emessi in tempi ravvicinati e sulla base di una programmazione unitaria, è superiore a lire cinque milioni [euro 2.582,28].

2. Se l'importo dell'assegno o di più assegni emessi in tempi ravvicinati e sulla base di una programmazione unitaria è superiore a lire cento milioni [euro 51.645,69], ovvero risulta che il traente, nei cinque anni precedenti, ha commesso due o più violazioni delle disposizioni previste dagli artt. 1 e 2 per un importo superiore complessivamente a lire venti milioni [euro 10.329,14], accertate con provvedimento esecutivo, l'emissione di assegno senza autorizzazione o senza provvista comporta anche l'applicazione di una o più delle seguenti sanzioni amministrative accessorie:

a) interdizione dall'esercizio di un'attività professionale o imprenditoriale;

b) interdizione dall'esercizio degli uffici direttivi delle persone giuridiche e delle imprese;

c) incapacità di contrattare con la pubblica amministrazione (4).

5-*bis*. *Effetti e durata delle sanzioni amministrative accessorie*. — 1. L'interdizione dall'esercizio di un'attività professionale o imprenditoriale priva, temporaneamente, il soggetto della capacità di esercitare una professione, industria o un commercio, per i quali è richiesto uno speciale permesso o una speciale abilitazione, autorizzazione o licenza dell'autorità.

2. L'interdizione dall'esercizio degli uffici direttivi delle persone giuridiche e delle imprese importa l'incapacità del soggetto di esercitare l'ufficio di amministratore, sindaco, liquidatore e direttore generale, nonché ogni altro ufficio con potere di rappresentanza della persona giuridica o dell'imprenditore.

3. L'incapacità di contrattare con la pubblica amministrazione importa il divieto di concludere contratti con la pubblica amministrazione, salvo che per ottenere le prestazioni di un pubblico servizio.

4. Le sanzioni amministrative accessorie previste dai commi 1, 2 e 3 non possono avere una durata inferiore a due mesi, né superiore a due anni. Il divieto di emettere assegni bancari e postali non può avere una durata inferiore a due anni, né superiore a cinque anni.

5. Il prefetto, nel determinare il numero e la durata delle sanzioni amministrative accessorie da applicare, tiene conto della gravità dell'illecito e dell'importo dell'assegno o degli assegni emessi (5).

6. *Rilascio di assegni e responsabilità del dipendente dell'istituto trattario*. — 1. Il primo comma dell'art. 124 delle disposizioni approvate con r.d. 21 dicembre 1933, n. 1736, introdotto dall'art. 141 della l. 24 novembre 1981, n. 689, è

(1) Articolo così sostituito dall'art. 28, d.lg. 30 dicembre 1999, n. 507.
(2) Articolo così sostituito dall'art. 29, d.lg. 30 dicembre 1999, n. 507.
(3) Articolo così sostituito dall'art. 30, d.lg. 30 dicembre 1999, n. 507.
(4) Articolo così sostituito dall'art. 31, d.lg. 30 dicembre 1999, n. 507.
(5) Articolo così inserito dall'art. 31, d.lg. 30 dicembre 1999, n. 507.

sostituito dal seguente: .... (*omissis*) (1).

2. Il secondo comma dell'art. 125 delle disposizioni approvate con r.d. 21 dicembre 1933, n. 1736, introdotto dall'art. 141 della l. 24 novembre 1981, n. 689, è sostituito dal seguente: .... (*omissis*) (1).

7. *Inosservanza delle sanzioni amministrative accessorie*. — 1. Ferma restando l'applicabilità delle sanzioni amministrative di cui agli artt. 1 e 2, chiunque trasgredisce ai divieti conseguenti alle sanzioni amministrative accessorie di cui all'art. 5 ed al comma 2 del presente articolo è punito con la reclusione da sei mesi a tre anni.

2. La condanna per il reato di cui al comma 1 importa la pubblicazione della sentenza e il divieto di emettere assegni bancari e postali per un periodo non inferiore a due anni, né superiore a cinque anni (2).

8. *Pagamento dell'assegno emesso senza provvista dopo la scadenza del termine di presentazione*. — 1. Nei casi previsti dall'art. 2, le sanzioni amministrative non si applicano se il traente, entro sessanta giorni dalla data di scadenza del termine di presentazione del titolo, effettua il pagamento dell'assegno, degli interessi, della penale e delle eventuali spese per il protesto o per la constatazione equivalente.

2. Il pagamento può essere effettuato nelle mani del portatore del titolo o presso lo stabilimento trattario mediante deposito vincolato al portatore del titolo, ovvero presso il pubblico ufficiale che ha levato il protesto o ha effettuato la constatazione equivalente.

3. La prova dell'avvenuto pagamento deve essere fornita dal traente allo stabilimento trattario o, in caso di levata del protesto o di rilascio della constatazione equivalente, al pubblico ufficiale tenuto alla presentazione del rapporto mediante quietanza del portatore con firma autenticata ovvero, in caso di pagamento a mezzo di deposito vincolato, mediante attestazione della banca comprovante il versamento dell'importo dovuto.

3-*bis*. L'autenticazione di cui al comma 3 del presente articolo è effettuata ai sensi dell'art. 21, comma 2, del testo unico di cui al d.p.r. 28 dicembre 2000, n. 445. L'autenticazione deve essere rilasciata gratuitamente, tranne i previsti diritti, nella stessa data della richiesta, salvo motivato diniego (3).

4. Il procedimento per l'applicazione delle sanzioni amministrative non può essere iniziato prima che sia decorso il termine per il pagamento indicato nel comma 1 (4).

8-*bis*. *Procedimento per l'applicazione delle sanzioni amministrative*. — 1. Nei casi previsti dall'art. 1, se viene levato il protesto o effettuata la constatazione equivalente, il pubblico ufficiale trasmette il rapporto di accertamento della violazione al prefetto territorialmente competente. Nei casi in cui non si leva il protesto o non si effettua la constatazione equivalente, il prefetto viene direttamente informato dal trattario.

2. Nei casi previsti dall'art. 2, il trattario dà comunicazione del mancato pagamento al pubblico ufficiale che deve levare il protesto o effettuare la constatazione equivalente; il pubblico ufficiale, se non è stato effettuato il pagamento dell'assegno nel termine previsto dall'art. 8, trasmette il rapporto di accertamento della violazione al prefetto territorialmente competente. Nei casi in cui non si leva il protesto o non si effettua la constatazione equivalente, il trattario, decorso inutilmente il termine previsto dall'art. 8, informa direttamente il prefetto territorialmente competente.

3. Entro novanta giorni dalla ricezione del rapporto o dell'informativa il prefetto notifica all'interessato gli estremi della violazione a norma dell'art. 14 della l. 24 novembre 1981, n. 689. Se l'interessato risiede all'estero il termine per la notifica è di trecentosessanta giorni.

4. L'interessato, entro trenta giorni dalla notifica, può presentare scritti difensivi e documenti.

5. Il prefetto, dopo aver valutato le deduzioni presentate, determina, con ordinanza motivata, la somma dovuta per la violazione e ne ingiunge il pagamento, insieme con le spese, ovvero emette ordinanza motivata di archiviazione degli atti.

6. Si applicano, per quanto non previsto dal presente articolo, le disposizioni delle sezioni I e II del capo I della l. 24 novembre 1981, n. 689 e successive modificazioni, in quanto compatibili (5).

9. *Revoca delle autorizzazioni*. — 1. In caso di mancato pagamento, in tutto o in parte, di un assegno per mancanza di autorizzazione o di provvista, il trattario iscrive il nominativo del traente nell'archivio previsto dall'art. 10-*bis*.

2. L'iscrizione è effettuata:

(1) In *Leggi coll. IX, 3*.
(2) Articolo così sostituito dall'art. 32, d.lg. 30 dicembre 1999, n. 507.
(3) Comma inserito dall'art. 8.7, lett. f-*bis*, d.l. 13 maggio 2011, n. 70, conv. in l. 12 luglio 2011, n. 106.
(4) Articolo così sostituito dall'art. 33, d.lg. 30 dicembre 1999, n. 507.
(5) Articolo inserito dall'art. 33, d.lg. 30 dicembre 1999, n. 507.

a) nel caso di mancanza di autorizzazione, entro il ventesimo giorno dalla presentazione al pagamento del titolo;

b) nel caso di difetto di provvista, quando è decorso il termine stabilito dall'art. 8 senza che il traente abbia fornito la prova dell'avvenuto pagamento, salvo quanto previsto dall'art. 9-*bis*, comma 3.

3. L'iscrizione nell'archivio determina la revoca di ogni autorizzazione ad emettere assegni. Una nuova autorizzazione non può essere data prima che sia trascorso il termine di sei mesi dall'iscrizione del nominativo nell'archivio.

4. La revoca comporta il divieto, della durata di sei mesi, per qualunque banca e ufficio postale di stipulare nuove convenzioni di assegno con il traente e di pagare gli assegni tratti dal medesimo dopo l'iscrizione nell'archivio, anche se emessi nei limiti della provvista (1).

9-*bis*. *Preavviso di revoca*. — 1. Nel caso di mancato pagamento, in tutto o in parte, di un assegno per difetto di provvista, il trattario comunica al traente che, scaduto il termine indicato nell'art. 8 senza che abbia fornito la prova dell'avvenuto pagamento, il suo nominativo sarà iscritto nell'archivio di cui all'art. 10-*bis* e che dalla stessa data gli sarà revocata ogni autorizzazione ad emettere assegni. Con la comunicazione il traente è invitato a restituire, alla scadenza del medesimo termine e sempre che non sia effettuato il pagamento, tutti i moduli di assegno in suo possesso alle banche e agli uffici postali che li hanno rilasciati.

2. La comunicazione è effettuata presso il domicilio eletto dal traente a norma dell'art. 9-*ter* entro il decimo giorno dalla presentazione al pagamento del titolo, mediante telegramma o lettera raccomandata con avviso di ricevimento, ovvero con altro mezzo concordato tra le parti di cui sia certa la data di spedizione e quella di ricevimento.

3. Anche in deroga a quanto stabilito dall'art. 9, comma 2, lett. *b*), l'iscrizione del nominativo del traente nell'archivio non può aver luogo se non sono decorsi almeno dieci giorni dalla data di ricevimento della comunicazione.

4. La comunicazione si ha per effettuata ove consti l'impossibilità di eseguirla presso il domicilio eletto.

5. Se la comunicazione non è effettuata entro il termine indicato nel comma 2, il trattario è obbligato a pagare gli assegni emessi dal traente dopo tale data e fino al giorno successivo alla comunicazione, anche se manca o è insufficiente la provvista, nel limite di lire venti milioni [euro 10.329,14] per ogni assegno (1).

9-*ter*. *Elezione di domicilio ai fini delle comunicazioni*. — 1. All'atto della conclusione di convenzioni di assegno, il cliente elegge domicilio ai fini delle comunicazioni previste dall'art. 9-*bis*.

2. Eventuali variazioni del domicilio eletto debbono essere comunicate con dichiarazione presentata direttamente alla banca o all'ufficio postale, ovvero mediante telegramma o lettera raccomandata con avviso di ricevimento, o con altro mezzo concordato dalle parti, di cui sia certa la data di ricevimento (1).

10. *Responsabilità solidale del trattario*. — 1. Il trattario che omette o ritarda l'iscrizione nell'archivio di cui all'art. 10-*bis*, ovvero che autorizza il rilascio di moduli di assegni in favore di persona il cui nominativo risulta iscritto nell'archivio, è obbligato in solido con il traente a pagare gli assegni emessi dallo stesso traente nel periodo in cui avrebbe dovuto operare la revoca, anche se manca o è insufficiente la provvista, nel limite di lire venti milioni [euro 10.329,14] per ogni assegno (2).

10-*bis*. *Archivio degli assegni bancari e postali e delle carte di pagamento irregolari*. — 1. Al fine del regolare funzionamento dei sistemi di pagamento, è istituito presso la Banca d'Italia un archivio informatizzato degli assegni bancari e postali e delle carte di pagamento, nel quale sono inseriti i seguenti dati:

a) generalità dei traenti degli assegni bancari o postali emessi senza autorizzazione o senza provvista;

b) assegni bancari e postali emessi senza autorizzazione o senza provvista, nonché assegni non restituiti alle banche e agli uffici postali dopo la revoca dell'autorizzazione;

c) sanzioni amministrative pecuniarie e accessorie applicate per l'emissione di assegni bancari e postali senza autorizzazione o senza provvista, nonché sanzioni penali e connessi divieti applicati per l'inosservanza degli obblighi imposti a titolo di sanzione amministrativa accessoria;

d) generalità del soggetto al quale è stata

(1) L'originario art. 9 è stato così sostituito dagli attuali artt. 9, 9-*bis* e 9-*ter* dall'art. 34, d.lg. 30 dicembre 1999, n. 507. V. d.m. 7 novembre 2001, n. 458, in G.U., 4 gennaio 2002, n. 3, «Regolamento sul funzionamento dell'archivio informatizzato degli assegni bancari e postali e delle carte di pagamento».

(2) Articolo così sostituito dall'art. 35, d.lg. 30 dicembre 1999, n. 507. V. d.m. 7 novembre 2001, n. 458, in G.U., 4 gennaio 2002, n. 3, «Regolamento sul funzionamento dell'archivio informatizzato degli assegni bancari e postali e delle carte di pagamento».

revocata l'autorizzazione all'utilizzo di carte di pagamento;

e) carte di pagamento per le quali sia stata revocata l'autorizzazione all'utilizzo;

f) assegni bancari e postali e carte di pagamento di cui sia stato denunciato il furto o lo smarrimento (1).

2. La Banca d'Italia, quale titolare del trattamento dei dati (2), può avvalersi di un ente esterno per la gestione dell'archivio, secondo quanto previsto dall'art. 8 della l. 31 dicembre 1996, n. 675 (1).

3. Il soggetto interessato ha diritto ad accedere alle informazioni che lo riguardano contenute nell'archivio e di esercitare gli altri diritti previsti dall'art. 13 della l. 31 dicembre 1996, n. 675.

4. I prefetti, le banche, gli intermediari finanziari vigilati e gli uffici postali possono accedere alle informazioni contenute nell'archivio per le finalità previste dalla presente legge e per quelle connesse alla verifica della corretta utilizzazione degli assegni e delle carte di pagamento. L'autorità giudiziaria ha accesso diretto alle informazioni contenute nell'archivio, per lo svolgimento delle proprie funzioni (3).

10-*ter*. *Preavviso di revoca dell'autorizzazione all'utilizzo di carte di pagamento e annotazione dell'avvenuto pagamento delle ragioni di debito*. — 1. Prima della revoca dell'autorizzazione all'utilizzo di carte di pagamento, gli emittenti carte di pagamento comunicano al titolare della carta che:

a) a partire dalla data indicata nella comunicazione sarà revocata l'autorizzazione all'utilizzo della carta, con conseguente iscrizione del suo nominativo nell'archivio di cui al precedente art. 10-*bis*;

b) l'iscrizione di cui alla lett. *a*) può essere evitata provvedendo, entro la predetta data, al pagamento di tutte le ragioni di debito nei confronti dell'emittente;

c) qualora il pagamento di tutte le ragioni di debito nei confronti dell'emittente venga effettuato successivamente all'iscrizione nel menzionato archivio, tale circostanza sarà annotata dall'emittente nell'archivio stesso.

2. L'obbligo di annotazione di cui al comma 1, lett. *c*), a carico degli emittenti carte di pagamento decorre dal momento in cui è operativo l'adeguamento della struttura tecnica dell'archivio, così come comunicato dalla Banca d'Italia.

3. La comunicazione di cui al comma 1 è effettuata all'indirizzo indicato dal titolare della carta, secondo quanto concordato tra le parti, con mezzi di cui sia certa la data di spedizione e quella di ricevimento, e può essere resa in via autonoma o unitamente all'invio di altre comunicazioni (4).

11. *Disposizioni transitorie*. — 1. Non si procede per i reati previsti dall'art. 2, commessi prima della data di entrata in vigore della presente legge, se l'imputato effettua, entro novanta giorni dalla data suddetta, il pagamento dell'assegno, degli interessi, della penale e delle spese per il protesto o per la constatazione equivalente, nei modi indicati nel secondo periodo del comma 1 dell'art. 8. La prova dell'avvenuto pagamento deve essere fornita in sede penale mediante quietanza del portatore con firma autenticata o attestazione del pubblico ufficiale che ha ricevuto il pagamento ovvero attestazione dell'azienda di credito comprovante l'effettuazione del deposito vincolato (5).

2. I procedimenti penali relativi ai reati indicati nel comma 1 sono sospesi per il periodo di novanta giorni decorrente dalla data di entrata in vigore della presente legge.

12. *Disposizioni abrogate*. — 1. Sono abrogati gli artt. 116 e 116-*bis* delle disposizioni approvate con r.d. 21 dicembre 1933, n. 1736, e successive modificazioni e integrazioni. È altresì abrogato il secondo comma dell'art. 139 del testo unico approvato con d.p.r. 29 marzo 1973, n. 156.

(1) Sulla concessione, in esclusiva, della gestione dell'archivio informatizzato degli assegni bancari e postali e delle carte di pagamento irregolari, v. provvedimento Banca d'Italia 23 febbraio 2011, in G.U., 4 marzo 2011, n. 52.

(2) In materia di protezione dei dati personali v. d.lg. 30 giugno 2003, n. 196, in *Leggi coll. II, 3*.

(3) Articolo inserito dall'art. 36, d.lg. 30 dicembre 1999, n. 507. Per il regolamento v. d.m. Giustizia 7 novembre 2001, n. 458, in G.U., 4 gennaio 2002, n. 3. Per la concessione del servizio di gestione dell'archivio informatizzato alla Società Interbancaria per l'Automazione – Ced Borsa S.p.a. v. provvedimento Banca d'Italia 15 marzo 2002, in G.U., 21 marzo 2002, n. 68.

(4) Articolo aggiunto dall'art. 6.3, d.lg. 15 dicembre 2017, n. 218.

(5) La Corte cost., con sentenza 23 novembre 1993, n. 407, ha dichiarato costituzionalmente illegittimo questo comma, nella parte in cui prevede che «la prova dell'avvenuto pagamento deve essere fornita in sede penale mediante quietanza del portatore con firma autenticata o attestazione del pubblico ufficiale che ha ricevuto il pagamento ovvero attestazione dell'azienda di credito comprovante l'effettuazione del deposito vincolato».

X. RESPONSABILITÀ CIVILE

X. 1.

DECRETO LEGISLATIVO 3 aprile 2006, n. 152. — *Norme in materia ambientale* (1) (2).

PARTI I-V

1-298. . . . . (*omissis*).

PARTE VI

NORME IN MATERIA DI TUTELA RISARCITORIA CONTRO I DANNI DELL'AMBIENTE

TITOLI I-II

299-310. . . . . (*omissis*).

TITOLO III

Risarcimento del danno ambientale

311. *Azione risarcitoria in forma specifica* [...] (3). — 1. Il Ministro dell'ambiente e della tutela del territorio e del mare (4) agisce, anche esercitando l'azione civile in sede penale, per il risarcimento del danno ambientale in forma specifica e, se necessario, per equivalente patrimoniale, oppure procede ai sensi delle disposizioni di cui alla parte sesta del presente decreto.

2. Quando si verifica un danno ambientale cagionato dagli operatori le cui attività sono elencate nell'allegato 5 alla presente parte sesta, gli stessi sono obbligati all'adozione delle misure di riparazione di cui all'allegato 3 alla medesima parte sesta secondo i criteri ivi previsti, da effettuare entro il termine congruo di cui all'art. 314, comma 2, del presente decreto. Ai medesimi obblighi è tenuto chiunque altro cagioni un danno ambientale con dolo o colpa. Solo quando l'adozione delle misure di riparazione anzidette risulti in tutto o in parte omessa, o comunque realizzata in modo incompleto o difforme dai termini e modalità prescritti, il Ministro dell'ambiente e della tutela del territorio e del mare determina i costi delle attività necessarie a conseguirne la completa e corretta attuazione e agisce nei confronti del soggetto obbligato per ottenere il pagamento delle somme corrispondenti (5).

3. Il Ministro dell'ambiente e della tutela del territorio e del mare provvede in applicazione dei criteri enunciati negli allegati 3 e 4 della presente parte sesta alla determinazione delle misure di riparazione da adottare e provvede con le procedure di cui al presente titolo III all'accertamento delle responsabilità risarcitorie. Con decreto del Ministro dell'ambiente e della tutela del territorio e del mare, sentito il Ministro dello sviluppo economico, da adotta-

(1) Suppl. ord. n. 96 a G.U., 14 aprile 2006, n. 88.

(2) «Le associazioni individuate in base all'art. 13 della presente legge possono intervenire nei giudizi per danno ambientale e ricorrere in sede di giurisdizione amministrativa per l'annullamento di atti illegittimi»: v. art. 18.5, l. 8 luglio 1986, n. 349.

Il d.lg. n. 152/2006 fa parte dell'«Elenco delle leggi contenenti reati puniti con la sola pena pecuniaria esclusi dalla depenalizzazione a norma dell'art. 2 della legge n. 67/2014», allegato al d.lg. 15 gennaio 2016, n. 8.

(3) Le parole «e per equivalente patrimoniale» sono state soppresse dall'art. 25.1, lett. f, l. 6 agosto 2013, n. 97.

(4) L'art. 4.2, d.lg. 29 giugno 2010, n. 128, così dispone: «Nel d.lg. 3 aprile 2006, n. 152, ovunque ricorrano, le parole "Ministero dell'ambiente e della tutela del territorio", sono sostituite dalle seguenti: "Ministero dell'ambiente e della tutela del territorio e del mare", le parole: "Ministro dell'ambiente e della tutela del territorio" sono sostituite dalle seguenti: "Ministro dell'ambiente e della tutela del territorio e del mare", le parole "Agenzia per la protezione dell'ambiente e per i servizi tecnici" sono sostituite dalle seguenti: "Istituto superiore per la protezione e la ricerca ambientale", e la parola "APAT" è sostituita dalla seguente: "ISPRA"».

(5) Comma così sostituito dall'art. 25.1, lett. g, l. 6 agosto 2013, n. 97. In base all'art. 25.2, l. cit., tali disposizioni: «non si applicano agli accordi transattivi già stipulati alla data di entrata in vigore della presente legge, nonché agli accordi transattivi attuativi di accordi di programma già conclusi alla medesima data».

re entro sessanta giorni dalla data di entrata in vigore della presente disposizione, ai sensi dell'art. 17, comma 3, della l. 23 agosto 1988, n. 400, sono definiti, in conformità a quanto previsto dal punto 1.2.3 dell'allegato 3 alla presente parte sesta i criteri ed i metodi, anche di valutazione monetaria, per determinare la portata delle misure di riparazione complementare e compensativa. Tali criteri e metodi trovano applicazione anche ai giudizi pendenti non ancora definiti con sentenza passata in giudicato alla data di entrata in vigore del decreto di cui al periodo precedente. Nei casi di concorso nello stesso evento di danno, ciascuno risponde nei limiti della propria responsabilità personale. Il relativo debito si trasmette, secondo le leggi vigenti, agli eredi, nei limiti del loro effettivo arricchimento (1).

312. *Istruttoria per l'emanazione dell'ordinanza ministeriale*. — 1. L'istruttoria per l'emanazione dell'ordinanza ministeriale di cui all'art. 313 si svolge ai sensi della l. 7 agosto 1990, n. 241.

2. Il Ministro dell'ambiente e della tutela del territorio e del mare (2), per l'accertamento dei fatti, per l'individuazione dei trasgressori, per l'attuazione delle misure a tutela dell'ambiente e per il risarcimento dei danni, può delegare il Prefetto competente per territorio ed avvalersi, anche mediante apposite convenzioni, della collaborazione delle Avvocature distrettuali dello Stato, del Corpo forestale dello Stato, dell'Arma dei carabinieri, della Polizia di Stato, della Guardia di finanza e di qualsiasi altro soggetto pubblico dotato di competenza adeguata.

3. Il Ministro dell'ambiente e della tutela del territorio e del mare (2), per l'accertamento delle cause del danno e per la sua quantificazione, da effettuare in applicazione delle disposizioni contenute negli Allegati 3 e 4 alla parte sesta del presente decreto, può disporre, nel rispetto del principio del contraddittorio con l'operatore interessato, apposita consulenza tecnica svolta dagli uffici ministeriali, da quelli di cui al comma 2 oppure, tenuto conto delle risorse finanziarie previste a legislazione vigente, da liberi professionisti.

4. Il Ministro dell'ambiente e della tutela del territorio e del mare (2), al fine di procedere ad ispezioni documentali, verificazioni e ricerche anche in apparecchiature informatiche e ad ogni altra rilevazione ritenuta utile per l'accertamento del fatto dannoso e per l'individuazione dei trasgressori, può disporre l'accesso di propri incaricati nel sito interessato dal fatto dannoso. Gli incaricati che eseguono l'accesso devono essere muniti di apposita autorizzazione che ne indica lo scopo, rilasciata dal capo dell'ufficio da cui dipendono. Per l'accesso a locali che siano adibiti ad abitazione o all'esercizio di attività professionali è necessario che l'Amministrazione si munisca dell'autorizzazione dell'autorità giudiziara competente. In ogni caso, dell'accesso nei luoghi di cui al presente comma dovrà essere informato il titolare dell'attività o un suo delegato, che ha il diritto di essere presente, anche con l'assistenza di un difensore di fiducia, e di chiedere che le sue dichiarazioni siano verbalizzate.

5. In caso di gravi indizi che facciano ritenere che libri, registri, documenti, scritture ed altre prove del fatto dannoso si trovino in locali diversi da quelli indicati nel comma 4, il Ministro dell'ambiente e della tutela del territorio e del mare (2) può chiedere l'autorizzazione per la perquisizione di tali locali all'autorità giudiziaria competente.

6. È in ogni caso necessaria l'autorizzazione dell'autorità giudiziaria competente per procedere, durante l'accesso, a perquisizioni personali e all'apertura coattiva di pieghi sigillati, borse, casseforti, mobili, ripostigli e simili e per l'esame dei documenti e la richiesta di notizie relativamente ai quali sia stato eccepito il segreto professionale.

7. Di ogni accesso deve essere redatto processo verbale da cui risultino le ispezioni e le rilevazioni eseguite, le richieste fatte all'interessato o a chi lo rappresenta e le risposte ricevute, nonché le sue dichiarazioni. Il verbale deve essere sottoscritto dall'interessato o da chi lo rappresenta oppure deve indicare il motivo della mancata sottoscrizione. L'interessato ha diritto di averne copia.

8. I documenti e le scritture possono essere sequestrati soltanto se non sia possibile riprodurne o farne constare agevolmente il contenuto rilevante nel verbale, nonché in caso di mancata sottoscrizione o di contestazione del

(1) Comma così sostituito dall'art. 25.1, lett. h, l. 6 agosto 2013, n. 97.

(2) L'art. 4.2, d.lg. 29 giugno 2010, n. 128, così dispone: «Nel d.lg. 3 aprile 2006, n. 152, ovunque ricorrano, le parole "Ministero dell'ambiente e della tutela del territorio", sono sostituite dalle seguenti: "Ministero dell'ambiente e della tutela del territorio e del mare", le parole: "Ministro dell'ambiente e della tutela del territorio" sono sostituite dalle seguenti: "Ministro dell'ambiente e della tutela del territorio e del mare", le parole "Agenzia per la protezione dell'ambiente e per i servizi tecnici" sono sostituite dalle seguenti: "Istituto superiore per la protezione e la ricerca ambientale", e la parola "APAT" è sostituita dalla seguente: "ISPRA"».

contenuto del verbale; tuttavia gli agenti possono sempre acquisire dati con strumenti propri da sistemi meccanografici, telematici, elettronici e simili.

313. *Ordinanza*. — 1. Qualora all'esito dell'istruttoria di cui all'art. 312 sia stato accertato un fatto che abbia causato danno ambientale ed il responsabile non abbia attivato le procedure di ripristino ai sensi del titolo V della parte quarta del presente decreto oppure ai sensi degli artt. 304 e seguenti, il Ministro dell'ambiente e della tutela del territorio e del mare (1), con ordinanza immediatamente esecutiva, ingiunge a coloro che, in base al suddetto accertamento, siano risultati responsabili del fatto il ripristino ambientale a titolo di risarcimento in forma specifica entro un termine fissato.

2. Qualora il responsabile del fatto che ha provocato danno ambientale non provveda in tutto o in parte al ripristino nel termine ingiunto o all'adozione delle misure di riparazione nei termini e modalità prescritti, il Ministro dell'ambiente e della tutela del territorio e del mare determina i costi delle attività necessarie a conseguire la completa attuazione delle misure anzidette secondo i criteri definiti con il decreto di cui al comma 3 dell'art. 311 e, al fine di procedere alla realizzazione delle stesse, con ordinanza ingiunge il pagamento, entro il termine di sessanta giorni dalla notifica, delle somme corrispondenti (2).

3. Con riguardo al risarcimento del danno in forma specifica, l'ordinanza è emessa nei confronti del responsabile del fatto dannoso nonché, in solido, del soggetto nel cui effettivo interesse il comportamento fonte del danno è stato tenuto o che ne abbia obiettivamente tratto vantaggio sottraendosi, secondo l'accertamento istruttorio intervenuto, all'onere economico necessario per apprestare, in via preventiva, le opere, le attrezzature, le cautele e tenere i comportamenti previsti come obbligatori dalle norme applicabili.

4. L'ordinanza è adottata nel termine perentorio di centottanta giorni decorrenti dalla comunicazione ai soggetti di cui al comma 3 dell'avvio dell'istruttoria, e comunque entro il termine di decadenza di due anni dalla notizia del fatto, salvo quando sia in corso il ripristino ambientale a cura e spese del trasgressore. In tal caso i medesimi termini decorrono dalla sospensione ingiustificata dei lavori di ripristino oppure dalla loro conclusione in caso di incompleta riparazione del danno. Alle attestazioni concernenti la sospensione dei lavori e la loro incompletezza provvede il Ministro dell'ambiente e della tutela del territorio e del mare (1) con apposito atto di accertamento.

5. Nei termini previsti dai commi 1 e 3 dell'art. 2947 del codice civile, il Ministro dell'ambiente e della tutela del territorio e del mare (1) può adottare ulteriori provvedimenti nei confronti di trasgressori successivamente individuati.

6. Nel caso di danno provocato da soggetti sottoposti alla giurisdizione della Corte dei conti, il Ministro dell'ambiente e della tutela del territorio e del mare (1) o, anziché ingiungere il pagamento del risarcimento per equivalente patrimoniale, invia rapporto all'Ufficio di Procura regionale presso la Sezione giurisdizionale della Corte dei conti competente per territorio.

7. Nel caso di intervenuto risarcimento del danno, sono esclusi, a seguito di azione concorrente da parte di autorità diversa dal Ministro dell'ambiente e della tutela del territorio e del mare (1), nuovi interventi comportanti aggravio di costi per l'operatore interessato. Resta in ogni caso fermo il diritto dei soggetti danneggiati dal fatto produttivo di danno ambientale, nella loro salute o nei beni di loro proprietà, di agire in giudizio nei confronti del responsabile a tutela dei diritti e degli interessi lesi.

314. *Contenuto dell'ordinanza*. — 1. L'ordinanza contiene l'indicazione specifica del fatto, commissivo o omissivo, contestato, nonché degli elementi di fatto ritenuti rilevanti per l'individuazione e la quantificazione del danno e delle fonti di prova per l'identificazione dei trasgressori.

(1) L'art. 4.2, d.lg. 29 giugno 2010, n. 128, così dispone: «Nel d.lg. 3 aprile 2006, n. 152, ovunque ricorrano, le parole "Ministero dell'ambiente e della tutela del territorio", sono sostituite dalle seguenti: "Ministero dell'ambiente e della tutela del territorio e del mare", le parole: "Ministro dell'ambiente e della tutela del territorio" sono sostituite dalle seguenti: "Ministro dell'ambiente e della tutela del territorio e del mare", le parole "Agenzia per la protezione dell'ambiente e per i servizi tecnici" sono sostituite dalle seguenti: "Istituto superiore per la protezione e la ricerca ambientale", e la parola "APAT" è sostituita dalla seguente: "ISPRA"».

(2) Le parole da «o all'adozione delle misure di riparazione» fino alla fine del comma sono state così sostituite alle precedenti «, o il ripristino risulti in tutto o in parte impossibile, oppure eccessivamente oneroso ai sensi dell'art. 2058 del codice civile, il Ministro dell'ambiente e della tutela del territorio e del mare, con successiva ordinanza, ingiunge il pagamento, entro il termine di sessanta giorni dalla notifica, di una somma pari al valore economico del danno accertato o residuato, a titolo di risarcimento per equivalente pecuniario» dall'art. 25.1, lett. i, l. 6 agosto 2013, n. 97.

2. L'ordinanza fissa un termine, anche concordato con il trasgressore in applicazione dell'art. 11 della l. 7 agosto 1990, n. 241, per il ripristino dello stato dei luoghi a sue spese, comunque non inferiore a due mesi e non superiore a due anni, salvo ulteriore proroga da definire in considerazione dell'entità dei lavori necessari.

3. La quantificazione del danno deve comprendere il pregiudizio arrecato alla situazione ambientale con particolare riferimento al costo necessario per il suo ripristino. [...] (1).

4. In caso di sentenza di condanna in sede penale o di emanazione del provvedimento di cui all'art. 444 del codice di procedura penale, la cancelleria del giudice che ha emanato la sentenza o il provvedimento trasmette copia degli stessi al Ministero dell'ambiente e della tutela del territorio e del mare (2) entro cinque giorni dalla loro pubblicazione.

5. Le regioni, le province autonome e gli altri enti territoriali, al fine del risarcimento del danno ambientale, comunicano al Ministero dell'ambiente e della tutela del territorio e del mare (2) le sanzioni amministrative, entro dieci giorni dall'avvenuta irrogazione.

6. Le ordinanze ministeriali di cui agli artt. 304, comma 3, e 313 indicano i mezzi di ricorso ed i relativi termini.

315. *Effetti dell'ordinanza sull'azione giudiziaria.* — 1. Il Ministro dell'ambiente e della tutela del territorio e del mare (2) che abbia adottato l'ordinanza di cui all'art. 313 non può né proporre né procedere ulteriormente nel giudizio per il risarcimento del danno ambientale, salva la possibilità dell'intervento in qualità di persona offesa dal reato nel giudizio penale.

316. *Ricorso avverso l'ordinanza.* — 1. Il trasgressore, entro il termine perentorio di sessanta giorni dalla comunicazione dell'ordinanza di cui all'art. 313, può ricorrere al Tribunale amministrativo regionale [...] (3) competente in relazione al luogo nel quale si è prodotto il danno ambientale.

2. Il trasgressore può far precedere l'azione giurisdizionale dal ricorso in opposizione di cui all'art. 310, commi 2 e 3.

3. Il trasgressore può proporre altresì ricorso al Presidente della Repubblica nel termine di centoventi giorni dalla ricevuta notificazione o comunicazione dell'ordinanza o dalla sua piena conoscenza.

317. *Riscossione dei crediti e fondo di rotazione.* — 1. Per la riscossione delle somme costituenti credito dello Stato ai sensi delle disposizioni di cui alla parte sesta del presente decreto, nell'ammontare determinato dal Ministro dell'ambiente e della tutela del territorio e del mare (2) o dal giudice, si applicano le norme di cui al d.lg. 13 aprile 1999, n. 112.

2. Nell'ordinanza o nella sentenza può essere disposto, su richiesta dell'interessato che si trovi in condizioni economiche disagiate, che gli importi dovuti vengano pagati in rate mensili non superiori al numero di venti; ciascuna rata non può essere inferiore comunque ad euro cinquemila.

3. In ogni momento il debito può essere estinto mediante un unico pagamento.

4. Il mancato adempimento anche di una sola rata alla sua scadenza comporta l'obbligo di pagamento del residuo ammontare in unica soluzione.

5. Le somme derivanti dalla riscossione dei crediti in favore dello Stato per il risarcimento del danno ambientale disciplinato dalla presente parte sesta, ivi comprese quelle derivanti dall'escussione di fidejussioni a favore dello Stato, assunte a garanzia del risarcimento medesimo, sono versate all'entrata del bilancio dello Stato per essere integralmente riassegnate con decreto del Ministro dell'economia e delle finanze ad un pertinente capitolo dello stato di previsione del Ministero dell'ambiente e della tutela del territorio e del mare, per essere destinate alla realizzazione delle misure di prevenzione e riparazione in conformità alle previsioni della dir. 2004/35/CE ed agli obblighi da essa derivanti (4).

6. . . . . (5).

318. . . . . (*omissis*).

(1) Il secondo e il terzo periodo sono stati soppressi dall'art. 25.1, lett. l, l. 6 agosto 2013, n. 97.

(2) L'art. 4.2, d.lg. 29 giugno 2010, n. 128, così dispone: «Nel d.lg. 3 aprile 2006, n. 152, ovunque ricorrano, le parole "Ministero dell'ambiente e della tutela del territorio", sono sostituite dalle seguenti: "Ministero dell'ambiente e della tutela del territorio e del mare", le parole: "Ministro dell'ambiente e della tutela del territorio" sono sostituite dalle seguenti: "Ministro dell'ambiente e della tutela del territorio e del mare", le parole "Agenzia per la protezione dell'ambiente e per i servizi tecnici" sono sostituite dalle seguenti: "Istituto superiore per la protezione e la ricerca ambientale", e la parola "APAT" è sostituita dalla seguente: "ISPRA"».

(3) Le parole «, in sede di giurisdizione esclusiva,» sono state soppresse dall'art. 4.1, n. 36), dell'Allegato 4, d.lg. 2 luglio 2010, n. 104.

(4) Comma così sostituito dall'art. 25.1, lett. m, l. 6 agosto 2013, n. 97.

(5) Comma abrogato dall'art. 5-*bis*.1, lett. e, d.l. 25 settembre 2009, n. 135, conv. in l. 20 novembre 2009, n. 166.

ALLEGATI

.... (*omissis*).

X. 2.

LEGGE 8 marzo 2017, n. 24. — *Disposizioni in materia di sicurezza delle cure e della persona assistita, nonché in materia di responsabilità professionale degli esercenti le professioni sanitarie* (1).

1-6. .... (*omissis*).

7. *Responsabilità civile della struttura e dell'esercente la professione sanitaria.* — 1. La struttura sanitaria o sociosanitaria pubblica o privata che, nell'adempimento della propria obbligazione, si avvalga dell'opera di esercenti la professione sanitaria, anche se scelti dal paziente e ancorché non dipendenti della struttura stessa, risponde, ai sensi degli artt. 1218 e 1228 del codice civile, delle loro condotte dolose o colpose.

2. La disposizione di cui al comma 1 si applica anche alle prestazioni sanitarie svolte in regime di libera professione intramuraria ovvero nell'ambito di attività di sperimentazione e di ricerca clinica ovvero in regime di convenzione con il Servizio sanitario nazionale nonché attraverso la telemedicina.

3. L'esercente la professione sanitaria di cui ai commi 1 e 2 risponde del proprio operato ai sensi dell'art. 2043 del codice civile, salvo che abbia agito nell'adempimento di obbligazione contrattuale assunta con il paziente. Il giudice, nella determinazione del risarcimento del danno, tiene conto della condotta dell'esercente la professione sanitaria ai sensi dell'art. 5 della presente legge e dell'art. 590-*sexies* del codice penale, introdotto dall'art. 6 della presente legge.

4. Il danno conseguente all'attività della struttura sanitaria o sociosanitaria, pubblica o privata, e dell'esercente la professione sanitaria è risarcito sulla base delle tabelle di cui agli artt. 138 e 139 del codice delle assicurazioni private, di cui al d.lg. 7 settembre 2005, n. 209 (2), integrate, ove necessario, con la procedura di cui al comma 1 del predetto art. 138 e sulla base dei criteri di cui ai citati articoli, per tener conto delle fattispecie da esse non previste, afferenti alle attività di cui al presente articolo.

5. Le disposizioni del presente articolo costituiscono norme imperative ai sensi del codice civile.

8. *Tentativo obbligatorio di conciliazione.* — 1. Chi intende esercitare un'azione innanzi al giudice civile relativa a una controversia di risarcimento del danno derivante da responsabilità sanitaria è tenuto preliminarmente a proporre ricorso ai sensi dell'art. 696-*bis* del codice di procedura civile dinanzi al giudice competente.

2. La presentazione del ricorso di cui al comma 1 costituisce condizione di procedibilità della domanda di risarcimento. È fatta salva la possibilità di esperire in alternativa il procedimento di mediazione ai sensi dell'art. 5, comma 1-*bis*, del d.lg. 4 marzo 2010, n. 28. In tali casi non trova invece applicazione l'art. 3 del d.l. 12 settembre 2014, n. 132, convertito, con modificazioni, dalla l. 10 novembre 2014, n. 162. L'improcedibilità deve essere eccepita dal convenuto, a pena di decadenza, o rilevata d'ufficio dal giudice, non oltre la prima udienza. Il giudice, ove rilevi che il procedimento di cui all'art. 696-*bis* del codice di procedura civile non è stato espletato ovvero che è iniziato ma non si è concluso, assegna alle parti il termine di quindici giorni per la presentazione dinanzi a sé dell'istanza di consulenza tecnica in via preventiva ovvero di completamento del procedimento.

3. Ove la conciliazione non riesca o il procedimento non si concluda entro il termine perentorio di sei mesi dal deposito del ricorso, la domanda diviene procedibile e gli effetti della domanda sono salvi se, entro novanta giorni dal deposito della relazione o dalla scadenza del termine perentorio, è depositato, presso il giudice che ha trattato il procedimento di cui al comma 1, il ricorso di cui all'art. 702-*bis* del codice di procedura civile. In tal caso il giudice fissa l'udienza di comparizione delle parti; si applicano gli art. 702-*bis* del codice di procedura civile.

4. La partecipazione al procedimento di consulenza tecnica preventiva di cui al presente articolo, effettuato secondo il disposto dell'art. 15 della presente legge, è obbligatoria per tutte le parti, comprese le imprese di assicurazione di cui all'art. 10, che hanno l'obbligo di formulare l'offerta di risarcimento del danno ovvero comunicare i motivi per cui ritengono di non formularla. In caso di sentenza a favore del danneggiato, quando l'impresa di assicurazione non ha formulato l'offerta di risarcimento

(1) G.U., 17 marzo 2017, n. 64.
(2) In *Leggi coll. VIII, 3.*

nell'ambito del procedimento di consulenza tecnica preventiva di cui ai commi precedenti, il giudice trasmette copia della sentenza all'Istituto per la vigilanza sulle assicurazioni (IVASS) per gli adempimenti di propria competenza. In caso di mancata partecipazione, il giudice, con il provvedimento che definisce il giudizio, condanna le parti che non hanno partecipato al pagamento delle spese di consulenza e di lite, indipendentemente dall'esito del giudizio, oltre che ad una pena pecuniaria, determinata equitativamente, in favore della parte che è comparsa alla conciliazione.

9. *Azione di rivalsa o di responsabilità amministrativa*. — 1. L'azione di rivalsa nei confronti dell'esercente la professione sanitaria può essere esercitata solo in caso di dolo o colpa grave.

2. Se l'esercente la professione sanitaria non è stato parte del giudizio o della procedura stragiudiziale di risarcimento del danno, l'azione di rivalsa nei suoi confronti può essere esercitata soltanto successivamente al risarcimento avvenuto sulla base di titolo giudiziale o stragiudiziale ed è esercitata, a pena di decadenza, entro un anno dall'avvenuto pagamento.

3. La decisione pronunciata nel giudizio promosso contro la struttura sanitaria o sociosanitaria o contro l'impresa di assicurazione non fa stato nel giudizio di rivalsa se l'esercente la professione sanitaria non è stato parte del giudizio.

4. In nessun caso la transazione è opponibile all'esercente la professione sanitaria nel giudizio di rivalsa.

5. In caso di accoglimento della domanda di risarcimento proposta dal danneggiato nei confronti della struttura sanitaria o sociosanitaria pubblica, ai sensi dei commi 1 e 2 dell'art. 7, o dell'esercente la professione sanitaria, ai sensi del comma 3 del medesimo art. 7, l'azione di responsabilità amministrativa, per dolo o colpa grave, nei confronti dell'esercente la professione sanitaria è esercitata dal pubblico ministero presso la Corte dei conti. Ai fini della quantificazione del danno, fermo restando quanto previsto dall'art. 1, comma 1-*bis*, della l. 14 gennaio 1994, n. 20, e dall'art. 52, secondo comma, del t.u. di cui al r.d. 12 luglio 1934, n. 1214, si tiene conto delle situazioni di fatto di particolare difficoltà, anche di natura organizzativa, della struttura sanitaria o sociosanitaria pubblica, in cui l'esercente la professione sanitaria ha operato. L'importo della condanna per la responsabilità amministrativa e della surrogazione di cui all'art. 1916, primo comma, del codice civile, per singolo evento, in caso di colpa grave, non può superare una somma pari al valore maggiore della retribuzione lorda o del corrispettivo convenzionale conseguiti nell'anno di inizio della condotta causa dell'evento o nell'anno immediatamente precedente o successivo, moltiplicato per il triplo. Per i tre anni successivi al passaggio in giudicato della decisione di accoglimento della domanda di risarcimento proposta dal danneggiato, l'esercente la professione sanitaria, nell'ambito delle strutture sanitarie o sociosanitarie pubbliche, non può essere preposto ad incarichi professionali superiori rispetto a quelli ricoperti e il giudicato costituisce oggetto di specifica valutazione da parte dei commissari nei pubblici concorsi per incarichi superiori.

6. In caso di accoglimento della domanda proposta dal danneggiato nei confronti della struttura sanitaria o sociosanitaria privata o nei confronti dell'impresa di assicurazione titolare di polizza con la medesima struttura, la misura della rivalsa e quella della surrogazione richiesta dall'impresa di assicurazione, ai sensi dell'art. 1916, primo comma, del codice civile, per singolo evento, in caso di colpa grave, non possono superare una somma pari al valore maggiore del reddito professionale, ivi compresa la retribuzione lorda, conseguito nell'anno di inizio della condotta causa dell'evento o nell'anno immediatamente precedente o successivo, moltiplicato per il triplo. Il limite alla misura della rivalsa, di cui al periodo precedente, non si applica nei confronti degli esercenti la professione sanitaria di cui all'art. 10, comma 2.

7. Nel giudizio di rivalsa e in quello di responsabilità amministrativa il giudice può desumere argomenti di prova dalle prove assunte nel giudizio instaurato dal danneggiato nei confronti della struttura sanitaria o sociosanitaria o dell'impresa di assicurazione se l'esercente la professione sanitaria ne è stato parte.

10. *Obbligo di assicurazione*. — 1. Le strutture sanitarie e sociosanitarie pubbliche e private devono essere provviste di copertura assicurativa o di altre analoghe misure per la responsabilità civile verso terzi e per la responsabilità civile verso prestatori d'opera, ai sensi dell'art. 27, comma 1-*bis*, del d.l. 24 giugno 2014, n. 90, convertito, con modificazioni, dalla l. 11 agosto 2014, n. 114, anche per danni cagionati dal personale a qualunque titolo operante presso le strutture sanitarie o sociosanitarie pubbliche e private, compresi coloro che svolgono attività di formazione, aggiornamento nonché di sperimentazione e di ricerca clinica. La disposizione del primo periodo si applica anche alle prestazioni sanitarie svolte in regime di libera professione intramuraria ovvero in regime di convenzione con il Servizio sanitario nazionale nonché attraverso la telemedicina. Le strutture di cui al primo periodo stipulano, altresì, polizze assicurative o adottano altre analoghe misure per la copertura della responsabilità civile verso terzi degli esercenti le professioni sanitarie anche ai sensi e per gli effetti delle disposizioni di cui al comma 3 dell'art. 7, fermo restando quanto previsto dall'art. 9. Le disposizioni di cui al periodo precedente non si applicano in relazione agli esercenti la professione sanitaria di cui al comma 2.

2. Per l'esercente la professione sanitaria che svolga la propria attività al di fuori di una delle strutture di cui al comma 1 del presente articolo o che presti la sua opera all'interno della stessa in regime libero-professionale ovvero che si avvalga della stessa nell'adempimento della propria obbligazione contrattuale assunta con il paziente ai sensi dell'art. 7, comma 3, resta fermo l'obbligo di cui all'art. 3, comma 5, lett. *e*), del d.l. 13 agosto 2011, n. 138, convertito, con modificazioni, dalla l. 14 settembre 2011, n. 148, all'art. 5 del regolamento di cui al d.p.r. 7 agosto 2012, n. 137, e all'art. 3, comma 2, del d.l. 13 settembre 2012, n. 158, convertito, con modificazioni, dalla l. 8 novembre 2012, n. 189.

3. Al fine di garantire efficacia alle azioni di cui all'art. 9 e all'art. 12, comma 3, ciascun esercente la professione sanitaria operante a qualunque titolo in strutture sanitarie o sociosanitarie pubbliche o private provvede alla stipula, con oneri a proprio carico, di un'adeguata polizza di assicurazione per colpa grave.

4. Le strutture di cui al comma 1 rendono nota, mediante pubblicazione nel proprio sito internet, la denominazione dell'impresa che presta la copertura assicurativa della responsabilità civile verso i terzi e verso i prestatori d'opera di cui al comma 1, indicando per esteso i contratti, le clausole assicurative ovvero le altre analoghe misure che determinano la copertura assicurativa.

5. Con decreto da emanare entro novanta giorni dalla data di entrata in vigore della presente legge, il Ministro dello sviluppo economico, di concerto con il Ministro della salute, definisce i criteri e le modalità per lo svolgimento delle funzioni di vigilanza e controllo esercitate dall'IVASS sulle imprese di assicurazione che intendano stipulare polizze con le strutture di cui al comma 1 e con gli esercenti la professione sanitaria.

6. Con decreto del Ministro dello sviluppo economico, da emanare entro centoventi giorni dalla data di entrata in vigore della presente legge, di concerto con il Ministro della salute e con il Ministro dell'economia e delle finanze, previa intesa in sede di Conferenza permanente per i rapporti tra lo Stato, le regioni e le province autonome di Trento e di Bolzano, sentiti l'IVASS, l'Associazione nazionale fra le imprese assicuratrici (ANIA), le Associazioni nazionali rappresentative delle strutture private che erogano prestazioni sanitarie e sociosanitarie, la Federazione nazionale degli ordini dei medici chirurghi e degli odontoiatri, le Federazioni nazionali degli ordini e dei collegi delle professioni sanitarie e le organizzazioni sindacali maggiormente rappresentative delle categorie professionali interessate, nonché le associazioni di tutela dei cittadini e dei pazienti, sono determinati i requisiti minimi delle polizze assicurative per le strutture sanitarie e sociosanitarie pubbliche e private e per gli esercenti le professioni sanitarie, prevedendo l'individuazione di classi di rischio a cui far corrispondere massimali differenziati. Il medesimo decreto stabilisce i requisiti minimi di garanzia e le condizioni generali di operatività delle altre analoghe misure, anche di assunzione diretta del rischio, richiamate dal comma 1; disciplina altresì le regole per il trasferimento del rischio nel caso di subentro contrattuale di un'impresa di assicurazione nonché la previsione nel bilancio delle strutture di un fondo rischi e di un fondo costituito dalla messa a riserva per competenza dei risarcimenti relativi ai sinistri denunciati. A tali fondi si applicano le disposizioni di cui all'art. 1, commi 5 e 5-*bis*, del d.l. 18 gennaio 1993, n. 9, convertito, con modificazioni, dalla l. 18 marzo 1993, n. 67.

7. Con decreto del Ministro dello sviluppo economico da emanare, di concerto con il Ministro della salute e sentito l'IVASS, entro centoventi giorni dalla data di entrata in vigore della presente legge, sono individuati i dati relativi alle polizze di assicurazione stipulate ai sensi dei commi 1 e 2, e alle altre analoghe misure adottate ai sensi dei commi 1 e 6 e sono stabiliti, altresì, le modalità e i termini per la comunicazione di tali dati da parte delle strutture sanitarie e sociosanitarie pubbliche e private e degli esercenti le professioni sanitarie all'Osservatorio. Il medesimo decreto stabilisce le modalità e i termini per l'accesso a tali dati.

11. *Estensione della garanzia assicurativa*. — 1. La garanzia assicurativa deve prevedere una operatività temporale anche per gli eventi accaduti nei dieci anni antecedenti la conclusione del contratto assicurativo, purché denunciati all'impresa di assicurazione durante la vigenza temporale della polizza. In caso di cessazione definitiva dell'attività professionale per qualsiasi causa deve essere previsto un periodo di ultrattività della copertura per le richieste di risarcimento presentate per la prima volta entro i dieci anni successivi e riferite a fatti generatori della responsabilità verificatisi nel periodo di efficacia della polizza, incluso il periodo di retroattività della copertura. L'ultrattività è estesa agli eredi e non è assoggettabile alla clausola di disdetta.

12. *Azione diretta del soggetto danneggiato*. — 1. Fatte salve le disposizioni dell'art. 8, il soggetto danneggiato ha diritto di agire direttamente, entro i limiti delle somme per le quali è stato stipulato il contratto di assicurazione, nei confronti dell'impresa di assicurazione che presta la copertura assicurativa alle strutture sanitarie o sociosanitarie pubbliche o private di cui al comma 1 dell'art. 10 e all'esercente la professione sanitaria di cui al comma 2 del medesimo art. 10.

2. Non sono opponibili al danneggiato, per l'intero massimale di polizza, eccezioni derivanti dal contratto diverse da quelle stabilite dal decreto di cui all'art. 10, comma 6, che definisce i requisiti minimi delle polizze assicurative per le strutture sanitarie e sociosanitarie pubbliche e private e per gli esercenti le professioni sanitarie di cui all'art. 10, comma 2.

3. L'impresa di assicurazione ha diritto di rivalsa verso l'assicurato nel rispetto dei requisiti minimi, non derogabili contrattualmente, stabiliti dal decreto di cui all'art. 10, comma 6.

4. Nel giudizio promosso contro l'impresa di assicurazione della struttura sanitaria o sociosanitaria pubblica o privata a norma del comma 1 è litisconsorte necessario la struttura medesima; nel giudizio promosso contro l'impresa di assicurazione dell'esercente la professione sanitaria a norma del comma 1 è litisconsorte necessario l'esercente la professione sanitaria. L'impresa di assicurazione, l'esercente la professione sanitaria e il danneggiato hanno diritto di accesso alla documentazione della struttura relativa ai fatti dedotti in ogni fase della trattazione del sinistro.

5. L'azione diretta del danneggiato nei confronti dell'impresa di assicurazione è soggetta al termine di prescrizione pari a quello dell'azione verso la struttura sanitaria o sociosanitaria pubblica o privata o l'esercente la professione sanitaria.

6. Le disposizioni del presente articolo si applicano a decorrere dalla data di entrata in vigore del decreto di cui al comma 6 dell'art. 10 con il quale sono determinati i requisiti minimi delle polizze assicurative per le strutture sanitarie e sociosanitarie e per gli esercenti le professioni sanitarie.

13. *Obbligo di comunicazione all'esercente la professione sanitaria del giudizio basato sulla sua responsabilità*. — 1. Le strutture sanitarie e sociosanitarie di cui all'art. 7, comma 1, e le imprese di assicurazione che prestano la copertura assicurativa nei confronti dei soggetti di cui all'art. 10, commi 1 e 2, comunicano all'esercente la professione sanitaria l'instaurazione del giudizio promosso nei loro confronti dal danneggiato, entro dieci giorni dalla ricezione della notifica dell'atto introduttivo, mediante posta elettronica certificata o lettera raccomandata con avviso di ricevimento contenente copia dell'atto introduttivo del giudizio. Le strutture sanitarie e sociosanitarie e le imprese di assicurazione entro dieci giorni comunicano all'esercente la professione sanitaria, mediante posta elettronica certificata o lettera raccomandata con avviso di ricevimento, l'avvio di trattative stragiudiziali con il danneggiato, con invito a prendervi parte. L'omissione, la tardività o l'incompletezza delle comunicazioni di cui al presente comma preclude l'ammissibilità delle azioni di rivalsa o di responsabilità amministrativa di cui all'art. 9.

14. *Fondo di garanzia per i danni derivanti da responsabilità sanitaria*. — 1. È istituito, nello stato di previsione del Ministero della salute, il Fondo di garanzia per i danni derivanti da responsabilità sanitaria. Il Fondo di garanzia è alimentato dal versamento di un contributo annuale dovuto dalle imprese autorizzate all'esercizio delle assicurazioni per la responsabilità civile per i danni causati da responsabilità sanitaria. A tal fine il predetto contributo è versato all'entrata del bilancio dello Stato per essere riassegnato al Fondo di garanzia. Il Ministero della salute con apposita convenzione affida alla Concessionaria servizi assicurativi pubblici (CONSAP) Spa la gestione delle risorse del Fondo di garanzia.

2. Con regolamento adottato con decreto del Ministro della salute, da emanare entro centoventi giorni dalla data di entrata in vigore della presente legge, di concerto con il Ministro dello sviluppo economico e con il Ministro e dell'economia e delle finanze, sentite la Conferenza permanente per i rapporti tra lo Stato, le regioni e le province autonome di Trento e di Bolzano e le rappresentanze delle imprese di assicurazione, sono definiti:

a) la misura del contributo dovuto dalle imprese autorizzate all'esercizio delle assicurazioni per la responsabilità civile per i danni causati da responsabilità sanitaria;

b) le modalità di versamento del contributo di cui alla lett. *a*);

c) i principi cui dovrà uniformarsi la convenzione tra il Ministero della salute e la CONSAP Spa;

d) le modalità di intervento, il funzionamento e il regresso del Fondo di garanzia nei confronti del responsabile del sinistro.

3. Il Fondo di garanzia di cui al comma 1 concorre al risarcimento del danno nei limiti delle effettive disponibilità finanziarie.

4. La misura del contributo di cui al comma 2, lett. *a*), è aggiornata annualmente con apposito decreto del Ministro della salute, da adottare di concerto con il Ministro dello sviluppo economico e con il Ministro dell'economia e delle finanze, in relazione alle effettive esigenze della gestione del Fondo di garanzia.

5. Ai fini della rideterminazione del contributo di cui al comma 2, lett. *a*), la CONSAP Spa trasmette ogni anno al Ministero della salute e al Ministero dello sviluppo economico un rendiconto della gestione del Fondo di garanzia di cui al comma 1, riferito all'anno precedente, secondo le disposizioni stabilite dal regolamento di cui al comma 2.

6. Gli oneri per l'istruttoria e la gestione delle richieste di risarcimento sono posti a carico del Fondo di garanzia di cui al comma 1.

7. Il Fondo di garanzia di cui al comma 1 risarcisce i danni cagionati da responsabilità sanitaria nei seguenti casi:

a) qualora il danno sia di importo eccedente rispetto ai massimali previsti dai contratti di assicurazione stipulati dalla struttura sanitaria o sociosanitaria pubblica o privata ovvero dall'esercente la professione sanitaria ai sensi del decreto di cui all'art. 10, comma 6;

b) qualora la struttura sanitaria o sociosanitaria pubblica o privata ovvero l'esercente la professione sanitaria risultino assicurati presso un'impresa che al momento del sinistro si trovi in stato di insolvenza o di liquidazione coatta amministrativa o vi venga posta successivamente;

c) qualora la struttura sanitaria o sociosanitaria pubblica o privata ovvero l'esercente la professione sanitaria siano sprovvisti di copertura assicurativa per recesso unilaterale dell'impresa assicuratrice ovvero per la sopravvenuta inesistenza o cancellazione dall'albo dell'impresa assicuratrice stessa.

8. Il decreto di cui all'art. 10, comma 6, prevede che il massimale minimo sia rideterminato in relazione all'andamento del Fondo per le ipotesi di cui alla lettera *a*) del comma 7 del presente articolo.

9. Le disposizioni di cui al presente articolo si applicano ai sinistri denunciati per la prima volta dopo la data di entrata in vigore della presente legge.

10. Il Ministro dell'economia e delle finanze è autorizzato ad apportare, con propri decreti, le occorrenti variazioni di bilancio.

15. *Nomina dei consulenti tecnici d'ufficio e dei periti nei giudizi di responsabilità sanitaria.* — 1. Nei procedimenti civili e nei procedimenti penali aventi ad oggetto la responsabilità sanitaria, l'autorità giudiziaria affida l'espletamento della consulenza tecnica e della perizia a un medico specializzato in medicina legale e a uno o più specialisti nella disciplina che abbiano specifica e pratica conoscenza di quanto oggetto del procedimento, avendo cura che i soggetti da nominare, scelti tra gli iscritti negli albi di cui ai commi 2 e 3, non siano in posizione di conflitto di interessi nello specifico procedimento o in altri connessi e che i consulenti tecnici d'ufficio da nominare nell'ambito del procedimento di cui all'art. 8, comma 1, siano in possesso di adeguate e comprovate competenze nell'ambito della conciliazione acquisite anche mediante specifici percorsi formativi.

2. Negli albi dei consulenti di cui all'art. 13 delle disposizioni per l'attuazione del codice di procedura civile e disposizioni transitorie, di cui al r.d. 18 dicembre 1941, n. 1368, e dei periti di cui all'art. 67 delle norme di attuazione, di coordinamento e transitorie del codice di procedura penale, di cui al d.lg. 28 luglio 1989, n. 271, devono essere indicate e documentate le specializzazioni degli iscritti esperti in medicina. In sede di revisione degli albi è indicata, relativamente a ciascuno degli esperti di cui al periodo precedente, l'esperienza professionale maturata, con particolare riferimento al numero e alla tipologia degli incarichi conferiti e di quelli revocati.

3. Gli albi dei consulenti di cui all'art. 13 delle disposizioni per l'attuazione del codice di procedura civile e disposizioni transitorie, di cui al r.d. 18 dicembre 1941, n. 1368, e gli albi dei periti di cui all'art. 67 delle norme di attuazione, di coordinamento e transitorie del codice di procedura penale, di cui al d.lg. 28 luglio 1989, n. 271, devono essere aggiornati con cadenza almeno quinquennale, al fine di garantire, oltre a quella medico-legale, un'idonea e adeguata rappresentanza di esperti delle discipline specialistiche riferite a tutte le professioni sanitarie, tra i quali scegliere per la nomina tenendo conto della disciplina interessata nel procedimento.

4. Nei casi di cui al comma 1, l'incarico è conferito al collegio e, nella determinazione del compenso globale, non si applica l'aumento del 40 per cento per ciascuno degli altri componenti del collegio previsto dall'art. 53 del t.u. delle disposizioni legislative e regolamentari in materia di spese di giustizia, di cui al d.p.r. 30 maggio 2002, n. 115.

16-20. .... (*omissis*).

XI. IMPRESA E CONSUMATORI

XI. 1.

DECRETO DEL PRESIDENTE DELLA REPUBBLICA 23 luglio 2004, n. 247. — *Regolamento di semplificazione del procedimento relativo alla cancellazione di imprese e società non più operative dal registro delle imprese* (1).

1. *Definizioni*. — 1. Ai fini del presente regolamento si intende per:

a) «camera di commercio»: la camera di commercio, industria, artigianato e agricoltura;

b) «registro delle imprese»: il registro delle imprese di cui all'art. 8 della l. 29 dicembre 1993, n. 580;

c) «ufficio del registro delle imprese»: l'ufficio della camera di commercio per la tenuta del registro delle imprese e del repertorio delle notizie economiche e amministrative (REA);

d) «giudice del registro»: il giudice delegato a vigilare sulla tenuta del registro delle imprese ai sensi dell'art. 2188 del codice civile e dell'art. 8, comma 2, della l. 29 dicembre 1993, n. 580;

e) «conservatore»: il conservatore di cui all'art. 8, comma 3, della l. 29 dicembre 1993, n. 580;

f) «commissione provinciale per l'artigianato»: la commissione di cui all'art. 10 della l. 8 agosto 1985, n. 443 (2);

g) «cancellazione»: l'annotazione nel registro delle imprese della cessazione dell'impresa o del fatto estintivo della società.

2. *Cancellazione dell'impresa individuale*. — 1. Si procede alla cancellazione dell'impresa individuale quando l'ufficio del registro delle imprese accerta una delle seguenti circostanze:

a) decesso dell'imprenditore;

b) irreperibilità dell'imprenditore;

c) mancato compimento di atti di gestione per tre anni consecutivi;

d) perdita dei titoli autorizzativi o abilitativi all'esercizio dell'attività dichiarata.

2. L'ufficio del registro delle imprese che rileva una delle circostanze indicate al comma 1, anche a seguito di segnalazione da parte di altro pubblico ufficio, avvia il procedimento di cancellazione dell'impresa ai sensi del comma 3.

3. L'ufficio del registro delle imprese, rilevata una delle circostanze indicate al comma 1, lett. *a*), *b*), *c*) e *d*), mediante lettera raccomandata con avviso di ricevimento inviata all'indirizzo della sede che risulta iscritta nel registro e alla residenza anagrafica dell'imprenditore, richiede l'annotazione della cessazione o l'indicazione di elementi che dimostrino la permanenza dell'attività ovvero del titolo che consente l'esercizio dell'impresa. L'ufficio, contemporaneamente, procede alla verifica delle circostanze di cui al comma 1. Dell'avvio del procedimento di cancellazione è data notizia mediante affissione all'albo camerale.

4. Decorsi trenta giorni dalla data di ricevimento dell'ultima delle lettere raccomandate inviate, ovvero, in caso di irreperibilità presso ciascuno degli indirizzi di cui al comma 3, decorsi quarantacinque giorni dalla affissione della notizia nell'albo camerale, senza che l'imprenditore abbia fornito riscontro ai sensi del comma 3, il conservatore trasmette gli atti al giudice del registro che può ordinare con decreto la cancellazione dell'impresa.

5. La trasmissione degli atti al giudice del registro è annotata nel registro delle imprese a cura del conservatore, con l'indicazione delle circostanze che motivano la richiesta di cancellazione.

6. Dopo la cancellazione, l'ufficio del registro delle imprese valuta, in relazione all'importo e alla effettiva possibilità di riscossione, se procedere alla riscossione del diritto annuale, dei diritti di segreteria e delle eventuali sanzioni dovuti ai sensi dell'art. 18 della l. 29 dicembre 1993, n. 580, maturati a decorrere dalla data di avvio del procedimento di cancellazio-

(1) G.U., 4 ottobre 2004, n. 233.
(2) In *Leggi coll. XI, 3.*

ne. La determinazione di non procedere alla riscossione è motivata con comunicazione al competente collegio dei revisori dei conti, di cui all'art. 17 della l. 29 dicembre 1993, n. 580.

3. *Cancellazione della società semplice, della società in nome collettivo e della società in accomandita semplice.* — 1. Il procedimento per la cancellazione della società semplice, della società in nome collettivo e della società in accomandita semplice è avviato quando l'ufficio del registro delle imprese rileva una delle seguenti circostanze:

a) irreperibilità presso la sede legale;

b) mancato compimento di atti di gestione per tre anni consecutivi;

c) mancanza del codice fiscale;

d) mancata ricostituzione della pluralità dei soci nel termine di sei mesi;

e) decorrenza del termine di durata, in assenza di proroga tacita.

2. L'ufficio del registro delle imprese che rileva una delle circostanze indicate al comma 1, anche a seguito di segnalazione da parte di altro pubblico ufficio, avvia il procedimento invitando gli amministratori, mediante lettera raccomandata con avviso di ricevimento inviata all'indirizzo della sede che risulta iscritta nel registro e alla residenza anagrafica di ciascuno degli amministratori risultante nel registro, a comunicare l'avvenuto scioglimento della società stessa ovvero a fornire elementi idonei a dimostrare la persistenza dell'attività sociale della società. L'ufficio, contemporaneamente, procede alla verifica delle circostanze di cui al comma 1. Dell'avvio del procedimento è data notizia mediante affissione all'albo camerale. Nelle lettere raccomandate e nell'avviso affisso all'albo camerale sono indicati gli effetti ricollegati, ai sensi del comma 3, al mancato riscontro.

3. Decorsi trenta giorni dal ricevimento dell'ultima delle lettere raccomandate, ovvero, in caso di irreperibilità presso ciascuno degli indirizzi di cui al comma 2, decorsi quarantacinque giorni dalla affissione della notizia nell'albo camerale senza che gli amministratori abbiano fornito riscontro ai sensi del comma 2, il conservatore trasmette gli atti al Presidente del Tribunale il quale può nominare il liquidatore o, qualora non lo ritenga necessario, può trasmettere direttamente gli atti al giudice del registro per l'adozione delle iniziative necessarie a disporre la cancellazione della società.

4. La trasmissione degli atti al giudice del registro è annotata nel registro delle imprese a cura del conservatore, con l'indicazione delle circostanze accertate.

5. Dopo la cancellazione, l'ufficio del registro delle imprese valuta, in relazione all'importo e alla effettiva possibilità di riscossione, se procedere alla riscossione del diritto annuale, dei diritti di segreteria e delle eventuali sanzioni dovuti ai sensi dell'art. 18 della l. 29 dicembre 1993, n. 580, maturati a decorrere dalla data di avvio del procedimento di cancellazione. La determinazione di non procedere alla riscossione è motivata con comunicazione al competente collegio dei revisori dei conti, di cui all'art. 17 della l. 29 dicembre 1993, n. 580.

4. *Imprese artigiane.* — 1. L'ufficio del registro delle imprese che rileva nei confronti di imprese artigiane iscritte negli albi di cui alla l. 8 agosto 1985, n. 443 (1), e annotate nella sezione speciale del registro delle imprese, una o più delle circostanze previste dall'art. 2, comma 1, per le imprese individuali e dall'art. 3, comma 1, per le società semplici, in nome collettivo e in accomandita semplice, ne dà notizia, entro quindici giorni dall'avvenuta rilevazione, alla commissione provinciale dell'artigianato per gli adempimenti di competenza.

2. La comunicazione di cui al comma 1 è annotata nel registro delle imprese a cura del conservatore, con l'indicazione delle circostanze rilevate dall'ufficio.

3. L'ufficio del registro delle imprese procede alla riscossione del diritto annuale, dei diritti di segreteria e delle eventuali sanzioni dovuti ai sensi dell'art. 18 della l. 29 dicembre 1993, n. 580, con le modalità previste dall'art. 2, commi 5 e 6, per le imprese individuali e dall'art. 3, comma 5, per le società semplici, in nome collettivo e in accomandita semplice. La determinazione di non procedere alla riscossione è motivata con comunicazione al competente collegio dei revisori dei conti, di cui all'art. 17 della l. 29 dicembre 1993, n. 580.

XI. 2.

LEGGE 7 agosto 1997, n. 266. — *Interventi urgenti per l'economia* (2).

1-28. . . . . (*omissis*).

29. *Semplificazione delle procedure per la pubblicazione degli atti delle società per azioni e a responsabilità limitata e delle società cooperative.* — 1. A decorrere dal 1° ottobre 1997,

(1) In *Leggi coll. XI, 3.*
(2) G.U., 11 agosto 1997, n. 186.

l'obbligo di pubblicazione degli atti e dei fatti per i quali la legge prevede la pubblicazione nel Bollettino ufficiale delle società per azioni e a responsabilità limitata o nel Bollettino ufficiale delle società cooperative, è assolto con l'iscrizione o il deposito nel registro delle imprese. Gli effetti della pubblicazione di cui all'art. 2457-*ter* del codice civile decorrono dalla data di iscrizione o di deposito nel registro delle imprese.

2. La pubblicazione nei Bollettini di cui al comma 1 cessa di avere effetto con la pubblicazione degli atti e dei fatti per i quali sia stata richiesta la pubblicazione anteriormente al 1° ottobre 1997 (1).

30-32. . . . . (*omissis*).

XI. 3.

LEGGE 8 agosto 1985, n. 443. — *Legge-quadro per l'artigianato* (2).

1. *Potestà delle regioni*. — *1.* In conformità all'art. 117, primo comma, della Costituzione, le regioni emanano norme legislative in materia di artigianato nell'ambito dei principi di cui alla presente legge, fatte salve le specifiche competenze delle regioni a statuto speciale e delle province autonome.

2. Ai sensi ed agli effetti del precedente comma, in armonia con gli indirizzi della programmazione nazionale, spetta alle regioni l'adozione di provvedimenti diretti alla tutela ed allo sviluppo dell'artigianato ed alla valorizzazione delle produzioni artigiane nelle loro diverse espressioni territoriali, artistiche e tradizionali, con particolare riferimento alle agevolazioni di accesso al credito, all'assistenza tecnica, alla ricerca applicata, alla formazione professionale, all'associazionismo economico, alla realizzazione di insediamenti artigiani, alle agevolazioni per l'esportazione.

3. Le regioni esercitano le funzioni amministrative di loro competenza delegandole, normalmente, agli enti locali.

2. *Imprenditore artigiano*. — *1.* È imprenditore artigiano colui che esercita personalmente, professionalmente e in qualità di titolare, l'impresa artigiana, assumendone la piena responsabilità con tutti gli oneri ed i rischi inerenti alla sua direzione e gestione e svolgendo in misura prevalente il proprio lavoro, anche manuale, nel processo produttivo.

2. Sono escluse limitazioni alla libertà di accesso del singolo imprenditore all'attività artigiana e di esercizio della sua professione.

3. Sono fatte salve le norme previste dalle specifiche leggi statali.

4. L'imprenditore artigiano, nell'esercizio di particolari attività che richiedono una peculiare preparazione ed implicano responsabilità a tutela e garanzia degli utenti, deve essere in possesso dei requisiti tecnico-professionali previsti dalle leggi statali.

3. *Definizione di impresa artigiana*. — *1.* È artigiana l'impresa che, esercitata dall'imprenditore artigiano nei limiti dimensionali di cui alla presente legge, abbia per scopo prevalente lo svolgimento di un'attività di produzione di beni, anche semilavorati, o di prestazioni di servizi, escluse le attività agricole e le attività di prestazione di servizi commerciali, di intermediazione nella circolazione dei beni o ausiliarie di queste ultime, di somministrazione al pubblico di alimenti e bevande, salvo il caso che siano solamente strumentali e accessorie all'esercizio dell'impresa.

2. È (3) artigiana l'impresa che, nei limiti dimensionali di cui alla presente legge e con gli scopi di cui al precedente comma, è costituita ed esercitata in forma di società, anche cooperativa, escluse le società (4) per azioni ed in accomandita (5) per azioni, a condizione che la maggioranza dei soci, ovvero uno nel caso di due soci, svolga in prevalenza lavoro personale, anche manuale, nel processo produttivo e che nell'impresa il lavoro abbia funzione preminente sul capitale.

3. È altresì artigiana l'impresa che, nei limiti dimensionali di cui alla presente legge e con gli scopi di cui al primo comma:

a) è costituita ed esercitata in forma di società a responsabilità limitata con unico socio sempreché il socio unico sia in possesso dei requisiti indicati dall'art. 2 e non sia unico socio di altra società a responsabilità limitata o socio di una società in accomandita semplice;

b) è costituita ed esercitata in forma di società in accomandita semplice, sempreché ciascun socio accomandatario sia in possesso dei requisiti indicati dall'art. 2 e non sia unico socio di una società a responsabilità limitata o

(1) V. d.m. 7 agosto 1998, in suppl. ord. n. 143 a G.U., 25 agosto 1998, n. 197.
(2) G.U., 24 agosto 1985, n. 199. Sulle imprese che svolgono l'attività di estetista v. art. 4, l. 4 gennaio 1990, n. 1.
(3) La parola «altresì» è stata soppressa dall'art. 1.1, l. 20 maggio 1997, n. 133.
(4) Le parole «a responsabilità limitata e» sono state soppresse dall'art. 13.1, l. 5 marzo 2001, n. 57.
(5) Le parole «semplice e» sono state soppresse dall'art. 1.1, l. 20 maggio 1997, n. 133.

socio di altra società in accomandita semplice.

4. In caso di trasferimento per atto tra vivi della titolarità delle società di cui al terzo comma, l'impresa mantiene la qualifica di artigiana purché i soggetti subentrati siano in possesso dei requisiti di cui al medesimo terzo comma (1).

5. L'impresa artigiana può svolgersi in luogo fisso, presso l'abitazione dell'imprenditore o di uno dei soci o in appositi locali o in altra sede designata dal commitente oppure in forma ambulante o di posteggio. In ogni caso, l'imprenditore artigiano può essere titolare di una sola impresa artigiana.

4. *Limiti dimensionali.* — *1.* L'impresa artigiana può essere svolta anche con la prestazione d'opera di personale dipendente diretto personalmente dall'imprenditore artigiano o dai soci, sempre che non superi i seguenti limiti:

a) per l'impresa che non lavora in serie: un massimo di 18 dipendenti, compresi gli apprendisti in numero non superiore a 9; il numero massimo dei dipendenti può essere elevato fino a 22 a condizione che le unità aggiuntive siano apprendisti;

b) per l'impresa che lavora in serie, purché con lavorazione non del tutto automatizzata: un massimo di 9 dipendenti, compresi gli apprendisti in numero non superiore a 5; il numero massimo dei dipendenti può essere elevato fino a 12 a condizione che le unità aggiuntive siano apprendisti;

c) per l'impresa che svolge la propria attività nei settori delle lavorazioni artistiche, tradizionali e dell'abbigliamento su misura: un massimo di 32 dipendenti, compresi gli apprendisti in numero non superiore a 16; il numero massimo dei dipendenti può essere elevato fino a 40 a condizione che le unità aggiuntive siano apprendisti. I settori delle lavorazioni artistiche e tradizionali e dell'abbigliamento su misura saranno individuati con decreto del Presidente della Repubblica, sentite le regioni ed il Consiglio nazionale dell'artigianato;

d) per l'impresa di trasporto: un massimo di 8 dipendenti;

e) per le imprese di costruzioni edili: un massimo di 10 dipendenti, compresi gli apprendisti in numero non superiore a 5; il numero massimo dei dipendenti può essere elevato fino a 14 a condizione che le unità aggiunte siano apprendisti.

2. Ai fini del calcolo dei limiti di cui al precedente comma:

1) non sono computati per un periodo di due anni gli apprendisti passati in qualifica ai sensi della l. 19 gennaio 1955, n. 25, e mantenuti in servizio dalla stessa impresa artigiana;

2) non sono computati i lavoratori a domicilio di cui alla l. 18 dicembre 1973, n. 877, sempre che non superino un terzo dei dipendenti non apprendisti occupati presso l'impresa artigiana;

3) sono computati i familiari dell'imprenditore, ancorché partecipanti all'impresa familiare di cui all'art. 230-*bis* del codice civile, che svolgano la loro attività di lavoro prevalentemente e professionalmente nell'ambito dell'impresa artigiana;

4) sono computati, tranne uno, i soci che svolgono il prevalente lavoro personale nell'impresa artigiana;

5) non sono computati i portatori di *handicaps*, fisici, psichici o sensoriali;

6) sono computati i dipendenti qualunque sia la mansione svolta.

5. *Albo delle imprese artigiane.* — *1.* È istituito l'albo provinciale delle imprese artigiane, al quale sono tenute ad iscriversi tutte le imprese aventi i requisiti di cui agli artt. 2, 3 e 4 secondo le formalità previste per il registro delle ditte dagli artt. 47 e seguenti del r.d. 20 settembre 1934, n. 2011 (2).

2. La domanda di iscrizione al predetto albo e le successive denunce di modifica e di cessazione esimono dagli obblighi di cui ai citati articoli del r.d. 20 settembre 1934, n. 2011, e sono annotate nel registro delle ditte entro quindici giorni dalla presentazione.

3. L'impresa costituita ed esercitata in forma di società a responsabilità limitata che, operando nei limiti dimensionali di cui alla presente legge e con gli scopi di cui al primo comma dell'art. 3, presenti domanda alla commissione di cui all'art. 9, ha diritto al riconoscimento della qualifica artigiana ed alla conseguente iscrizione nell'albo provinciale, sempreché la maggioranza dei soci, ovvero uno nel caso di due soci, svolga in prevalenza lavoro personale, anche manuale, nel processo produttivo e detenga la maggioranza del capitale sociale e degli organi deliberanti della società (3).

4. In caso di invalidità, di morte o d'intervenuta sentenza che dichiari l'interdizione o l'inabilitazione dell'imprenditore artigiano, la re-

(1) Commi inseriti dall'art. 1.2, l. 20 maggio 1997, n. 133.

(2) Sull'iscrizione all'albo delle imprese artigiane delle imprese che esercitano attività di facchinaggio v. art. 17, l. 5 marzo 2001, n. 57.

(3) Comma inserito dall'art. 13.2, l. 5 marzo 2001, n. 57.

lativa impresa può conservare, su richiesta, l'iscrizione all'albo di cui al primo comma, anche in mancanza di uno dei requisiti previsti all'art. 2, per un periodo massimo di cinque anni o fino al compimento della maggiore età dei figli minorenni, sempre che l'esercizio dell'impresa venga assunto dal coniuge, dai figli maggiorenni o minori emancipati o dal tutore dei figli minorenni dell'imprenditore invalido, deceduto, interdetto o inabilitato.

5. L'iscrizione all'albo è costitutiva e condizione per la concessione delle agevolazioni a favore delle imprese artigiane.

6. Le imprese artigiane, che abbiano superato, fino ad un massimo del 20% e per un periodo non superiore a tre mesi all'anno, i limiti di cui al primo comma dell'art. 4, mantengono l'iscrizione all'albo di cui al primo comma del presente articolo.

7. Per la vendita nei locali di produzione, o ad essi contigui, dei beni di produzione propria, ovvero per la fornitura al committente di quanto strettamente occorrente all'esecuzione dell'opera o alla prestazione del servizio commessi, non si applicano alle imprese artigiane iscritte all'albo di cui al primo comma le disposizioni relative all'iscrizione al registro degli esercenti il commercio o all'autorizzazione amministrativa di cui alla l. 11 giugno 1971, n. 426, fatte salve quelle previste dalle specifiche normative statali.

8. Nessuna impresa può adottare, quale ditta o insegna o marchio, una denominazione in cui ricorrano riferimenti all'artigianato, se essa non è iscritta all'albo di cui al primo comma; lo stesso divieto vale per i consorzi e le società consortili fra imprese che non siano iscritti nella separata sezione di detto albo.

9. Ai trasgressori delle disposizioni di cui al presente articolo è inflitta dall'autorità regionale competente la sanzione amministrativa consistente nel pagamento di una somma di denaro fino a lire cinque milioni [euro 2.582,28], con il rispetto delle procedure di cui alla l. 24 novembre 1981, n. 689.

6. *Consorzi, società consortili e associazioni tra imprese artigiane*. — *1.* I consorzi e le società consortili, anche in forma di cooperativa, costituiti tra imprese artigiane sono iscritti in separata sezione dell'albo di cui al precedente art. 5.

2. Ai consorzi ed alle società consortili, anche in forma di cooperativa, iscritti nella separata sezione dell'albo sono estese le agevolazioni previste per le imprese artigiane, purché le stesse siano esclusivamente riservate alla gestione degli organismi sopra citati e purché, cumulandosi eventualmente con analoghi interventi previsti da leggi statali finalizzati al sostegno dell'attività consortile, non si superino globalmente i limiti previsti dalle stesse leggi statali.

3. In conformità agli indirizzi della programmazione regionale, le regioni possono disporre agevolazioni in favore di consorzi e società consortili, anche in forma di cooperativa, cui partecipino, oltre che imprese artigiane, anche imprese industriali di minori dimensioni così come definite dal CIPI purché in numero non superiore ad un terzo, nonché enti pubblici ed enti privati di ricerca e di assistenza finanziaria e tecnica, e sempre che le imprese artigiane detengano la maggioranza negli organi deliberanti.

4. Le imprese artigiane, anche di diverso settore di attività, possono stipulare contratti associativi a termine per il compimento in comune di opere o per la prestazione di servizi, usufruendo, limitatamente allo svolgimento di tali attività, delle agevolazioni previste dalle leggi in vigore. Alla stipulazione dei contratti associativi possono partecipare imprese industriali di minori dimensioni in numero non superiore a quello indicato nel terzo comma del presente articolo.

5. Ai fini assicurativi e previdenziali i titolari d'impresa artigiana associati nelle forme di cui ai commi precedenti, hanno titolo all'iscrizione negli elenchi di cui alla l. 4 luglio 1959, n. 463, e successive modificazioni e integrazioni.

7-12. . . . . (*omissis*).

13. *Disposizioni transitorie e finali*. — *1.* La l. 25 luglio 1956, n. 860, ed il d.p.r. 23 ottobre 1956, n. 1202, sono abrogati. Tuttavia, le relative disposizioni, in quanto compatibili con quelle di cui alla presente legge, continuano ad applicarsi fino all'emanazione, da parte delle singole regioni, di proprie disposizioni legislative.

2. Fino a diversa individuazione dei settori artigianali di cui alla lett. *c*) dell'art. 4, rimangono in vigore gli elenchi dei mestieri artistici tradizionali redatti in base al d.p.r. 23 ottobre 1956, n. 1202.

3. Le imprese che risultano iscritte nell'albo di cui all'art. 9 della l. 25 luglio 1956, n. 860, al momento dell'istituzione dell'albo di cui all'art. 5 della presente legge, sono di diritto iscritte in quest'ultimo albo.

4. Gli albi provinciali delle imprese artigiane e le commissioni provinciali per l'artigianato hanno sede normalmente presso le camere di commercio, industria, agricoltura e artigianato. Apposita convenzione regolamenta i conseguenti rapporti fra le regioni e le camere.

5. Il periodo di durata in carica delle attuali

commissioni regionali e provinciali per l'artigianato è prorogato sino all'insediamento dei nuovi organi previsti dagli artt. 10 e 11 della presente legge, che in ogni caso deve avvenire entro un anno dall'entrata in vigore della legge stessa.

6. Le norme della presente legge non si applicano nel territorio delle regioni a statuto speciale e delle province autonome che abbiano competenza primaria in materia di artigianato e formazione professionale. Nelle medesime l'efficacia costitutiva dell'iscrizione negli albi disciplinati dai rispettivi ordinamenti fa stato a tutti gli effetti di legge.

XI. 4.

LEGGE 18 giugno 1998, n. 192. — *Disciplina della subfornitura nelle attività produttive* (1).

1. *Definizione*. — 1. Con il contratto di subfornitura un imprenditore si impegna a effettuare per conto di una impresa committente lavorazioni su prodotti semilavorati o su materie prime forniti dalla committente medesima, o si impegna a fornire all'impresa prodotti o servizi destinati ad essere incorporati o comunque ad essere utilizzati nell'ambito dell'attività economica del committente o nella produzione di un bene complesso, in conformità a progetti esecutivi, conoscenze tecniche e tecnologiche, modelli o prototipi forniti dall'impresa committente.

2. Sono esclusi dalla definizione di cui al comma 1 i contratti aventi ad oggetto la fornitura di materie prime, di servizi di pubblica utilità e di beni strumentali non riconducibili ad attrezzature.

2. *Contratto di subfornitura: forma e contenuto*. — 1. Il rapporto di subfornitura si instaura con il contratto, che deve essere stipulato in forma scritta a pena di nullità. Costituiscono forma scritta le comunicazioni degli atti di consenso alla conclusione o alla modificazione dei contratti effettuate per telefax o altra via telematica. In caso di nullità ai sensi del presente comma, il subfornitore ha comunque diritto al pagamento delle prestazioni già effettuate e al risarcimento delle spese sostenute in buona fede ai fini dell'esecuzione del contratto.

2. Nel caso di proposta inviata dal committente secondo le modalità indicate nel comma 1, non seguita da accettazione scritta del subfornitore che tuttavia inizia le lavorazioni o le forniture, senza che abbia richiesto la modificazione di alcuno dei suoi elementi, il contratto si considera concluso per iscritto agli effetti della presente legge e ad esso si applicano le condizioni indicate nella proposta, ferma restando l'applicazione dell'art. 1341 del codice civile.

3. Nel caso di contratti a esecuzione continuata o periodica, anche gli ordinativi relativi alle singole forniture devono essere comunicati dal committente al fornitore in una delle forme previste al comma 1 e anche ad essi si applica quanto disposto dallo stesso comma 1.

4. Il prezzo dei beni o servizi oggetto del contratto deve essere determinato o determinabile in modo chiaro e preciso, tale da non ingenerare incertezze nell'interpretazione dell'entità delle reciproche prestazioni e nell'esecuzione del contratto.

5. Nel contratto di subfornitura devono essere specificati:

a) i requisiti specifici del bene o del servizio richiesti dal committente, mediante precise indicazioni che consentano l'individuazione delle caratteristiche costruttive e funzionali, o anche attraverso il richiamo a norme tecniche che, quando non siano di uso comune per il subfornitore o non siano oggetto di norme di legge o regolamentari, debbono essere allegate in copia;

b) il prezzo pattuito;

c) i termini e le modalità di consegna, di collaudo e di pagamento.

3. *Termini di pagamento*. — 1. Il contratto deve fissare i termini di pagamento della subfornitura, decorrenti dal momento della consegna del bene o dal momento della comunicazione dell'avvenuta esecuzione della prestazione, e deve precisare, altresì, gli eventuali sconti in caso di pagamento anticipato rispetto alla consegna.

2. Il prezzo pattuito deve essere corrisposto in un termine che non può eccedere i sessanta giorni dal momento della consegna del bene o della comunicazione dell'avvenuta esecuzione della prestazione. Tuttavia, può essere fissato un diverso termine, non eccedente i novanta giorni, in accordi nazionali per settori e comparti specifici, sottoscritti presso il Ministero dell'industria, del commercio e dell'artigianato da tutti i soggetti competenti per settore presenti nel Consiglio nazionale dell'economia e del lavoro in rappresentanza dei subfornitori e dei committenti. Può altresì essere fissato un diverso termine, in ogni caso non eccedente i novanta giorni, in accordi riferiti al territorio di

(1) G.U., 22 giugno 1998, n. 143.

competenza della camera di commercio, industria, artigianato e agricoltura presso la quale detti accordi sono sottoscritti dalle rappresentanze locali dei medesimi soggetti di cui al secondo periodo. Gli accordi di cui al presente comma devono contenere anche apposite clausole per garantire e migliorare i processi di innovazione tecnologica, di formazione professionale e di integrazione produttiva.

3. In caso di mancato rispetto del termine di pagamento il committente deve al subfornitore, senza bisogno di costituzione in mora (c. 1219), un interesse determinato in misura pari al saggio d'interesse del principale strumento di rifinanziamento della Banca centrale europea applicato alla sua più recente operazione di rifinanziamento principale effettuata il primo giorno di calendario del semestre in questione, maggiorato di otto punti percentuali (1), salva la pattuizione tra le parti di interessi moratori in misura superiore e salva la prova del danno ulteriore. Il saggio di riferimento in vigore il primo giorno lavorativo della Banca centrale europea del semestre in questione si applica per i successivi sei mesi. Ove il ritardo nel pagamento ecceda di trenta giorni il termine convenuto, il committente incorre, inoltre, in una penale pari al 5 per cento dell'importo in relazione al quale non ha rispettato i termini (2).

4. In ogni caso la mancata corresponsione del prezzo entro i termini pattuiti costituirà titolo per l'ottenimento di ingiunzione di pagamento provvisoriamente esecutiva ai sensi degli artt. 633 e seguenti del codice di procedura civile.

5. Ove vengano apportate, nel corso dell'esecuzione del rapporto, su richiesta del committente, significative modifiche e varianti che comportino comunque incrementi dei costi, il subfornitore avrà diritto ad un adeguamento del prezzo anche se non esplicitamente previsto dal contratto.

4. *Divieto di interposizione*. — 1. La fornitura di beni e servizi oggetto del contratto di subfornitura non può, a sua volta, essere ulteriormente affidata in subfornitura senza l'autorizzazione del committente per una quota superiore al 50 per cento del valore della fornitura, salvo che le parti nel contratto non abbiano indicato una misura maggiore.

2. Gli accordi con cui il subfornitore affidi ad altra impresa l'esecuzione delle proprie prestazioni in violazione di quanto stabilito al comma 1 sono nulli.

3. In caso di ulteriore affidamento in subfornitura di una parte di beni e servizi oggetto del contratto di subfornitura, gli accordi con cui il subfornitore affida ad altra impresa l'esecuzione parziale delle proprie prestazioni sono oggetto di contratto di subfornitura, così come definito dalla presente legge. I termini di pagamento di detto nuovo contratto di subfornitura non possono essere peggiorativi di quelli contenuti nel contratto di subfornitura principale.

5. *Responsabilità del subfornitore*. — 1. Il subfornitore ha la responsabilità del funzionamento e della qualità della parte o dell'assemblaggio da lui prodotti o del servizio fornito secondo le prescrizioni contrattuali e a regola d'arte.

2. Il subfornitore non può essere ritenuto responsabile per difetti di materiali o attrezzi fornitigli dal committente per l'esecuzione del contratto, purché li abbia tempestivamente segnalati al committente.

3. Ogni pattuizione contraria ai commi 1 e 2 è da ritenersi nulla.

4. Eventuali contestazioni in merito all'esecuzione della subfornitura debbono essere sollevate dal committente entro i termini stabiliti nel contratto che non potranno tuttavia derogare ai più generali termini di legge.

6. *Nullità di clausole*. — 1. È nullo il patto tra subfornitore e committente che riservi ad uno di essi la facoltà di modificare unilateralmente una o più clausole del contratto di subfornitura. Sono tuttavia validi gli accordi contrattuali che consentano al committente di precisare, con preavviso ed entro termini e limiti contrattualmente prefissati, le quantità da produrre ed i tempi di esecuzione della fornitura.

2. È nullo il patto che attribuisca ad una delle parti di un contratto di subfornitura ad esecuzione continuata o periodica la facoltà di recesso senza congruo preavviso.

3. È nullo il patto con cui il subfornitore disponga, a favore del committente e senza congruo corrispettivo, di diritti di privativa industriale o intellettuale.

7. *Proprietà del progetto*. — 1. Il committente conserva la proprietà industriale in ordine ai progetti e alle prescrizioni di carattere tecnico da lui comunicati al fornitore e sopporta i rischi ad essi relativi. Il fornitore è tenuto alla riservatezza e risponde della corretta esecuzione di quanto richiesto, sopportando i relativi rischi.

(1) Le parole «di otto punti percentuali» sono state così sostituite alle precedenti «di sette punti percentuali» dall'art. 2, d.lg. 9 novembre 2012, n. 192. L'art. 3, d.lg. cit., così dispone: «Le disposizioni di cui al presente decreto legislativo si applicano alle transazioni commerciali concluse a decorrere dal 1° gennaio 2013».

(2) Comma così sostituito dall'art. 10, d.lg. 9 ottobre 2002, n. 231, in *Leggi coll. IV, 9*.

8. *Regime IVA*. — 1. All'art. 74 del d.p.r. 26 ottobre 1972, n. 633, dopo il quarto comma, è inserito il seguente: . . . . (*omissis*).

2. All'onere derivante dal comma 1, valutato in lire 17 miliardi [euro 8.779.767,28] per l'anno 1998 e in lire 34 miliardi [euro 17.559.534,57] a decorrere dal 1999, si provvede mediante corrispondente riduzione dello stanziamento iscritto, ai fini del bilancio triennale 1998-2000, nell'ambito dell'unità previsionale di base di parte corrente «Fondo speciale» dello stato di previsione del Ministero del tesoro, del bilancio e della programmazione economica per l'anno 1998, allo scopo parzialmente utilizzando l'accantonamento relativo alla Presidenza del Consiglio dei ministri.

9. *Abuso di dipendenza economica*. — 1. È vietato l'abuso da parte di una o più imprese dello stato di dipendenza economica nel quale si trova, nei suoi o nei loro riguardi, una impresa cliente o fornitrice. Si considera dipendenza economica la situazione in cui un'impresa sia in grado di determinare, nei rapporti commerciali con un'altra impresa, un eccessivo squilibrio di diritti e di obblighi. La dipendenza economica è valutata tenendo conto anche della reale possibilità per la parte che abbia subito l'abuso di reperire sul mercato alternative soddisfacenti.

2. L'abuso può anche consistere nel rifiuto di vendere o nel rifiuto di comprare, nella imposizione di condizioni contrattuali ingiustificatamente gravose o discriminatorie, nella interruzione arbitraria delle relazioni commerciali in atto.

3. Il patto attraverso il quale si realizzi l'abuso di dipendenza economica è nullo. Il giudice ordinario competente conosce delle azioni in materia di abuso di dipendenza economica, comprese quelle inibitorie e per il risarcimento dei danni (1).

3-*bis*. Ferma restando l'eventuale applicazione dell'art. 3 della l. 10 ottobre 1990, n. 287, l'Autorità garante della concorrenza e del mercato può, qualora ravvisi che un abuso di dipendenza economica abbia rilevanza per la tutela della concorrenza e del mercato, anche su segnalazione di terzi ed a seguito dell'attivazione dei propri poteri di indagine ed esperimento dell'istruttoria, procedere alle diffide e sanzioni previste dall'art. 15 della l. 10 ottobre 1990, n. 287, nei confronti dell'impresa o delle imprese che abbiano commesso detto abuso. In caso di violazione diffusa e reiterata della disciplina di cui al d.lg. 9 ottobre 2002, n. 231 (2), posta in essere ai danni delle imprese, con particolare riferimento a quelle piccole e medie, l'abuso si configura a prescindere dall'accertamento della dipendenza economica (3).

10. . . . . (4).

11. *Entrata in vigore*. — 1. La presente legge entra in vigore il centoventesimo giorno successivo a quello della sua pubblicazione nella *Gazzetta Ufficiale*.

XI. 5.

LEGGE 6 maggio 2004, n. 129. — *Norme per la disciplina dell'affiliazione commerciale* (5).

1. *Definizioni*. — 1. L'affiliazione commerciale (*franchising*) è il contratto, comunque denominato, fra due soggetti giuridici, economicamente e giuridicamente indipendenti, in base al quale una parte concede la disponibilità all'altra, verso corrispettivo, di un insieme di diritti di proprietà industriale o intellettuale relativi a marchi, denominazioni commerciali, insegne, modelli di utilità, disegni, diritti di autore, *know-how*, brevetti, assistenza o consulenza tecnica e commerciale, inserendo l'affiliato in un sistema costituito da una pluralità di affiliati distribuiti sul territorio, allo scopo di commercializzare determinati beni o servizi.

2. Il contratto di affiliazione commerciale può essere utilizzato in ogni settore di attività economica.

3. Nel contratto di affiliazione commerciale si intende:

a) per *know-how*, un patrimonio di conoscenze pratiche non brevettate derivanti da esperienze e da prove eseguite dall'affiliante, patrimonio che è segreto, sostanziale ed individuato; per segreto, che il *know-how*, considerato come complesso di nozioni o nella precisa

(1) Comma così sostituito dall'art. 11.1, l. 5 marzo 2001, n. 57.
(2) In *Leggi coll. IV, 9*.
(3) Comma aggiunto dall'art. 11.2, l. 5 marzo 2001, n. 57. Successivamente l'ultimo periodo è stato aggiunto dall'art. 10.2, l. 11 novembre 2011, n. 180. L'art. 10.3, l. n. 180/2011 cit., così dispone: «La legittimazione a proporre azioni in giudizio, di cui all'art. 4, comma 1, della presente legge, si applica anche ai casi di abuso di dipendenza economica di cui all'art. 9 della l. 18 giugno 1998, n. 192, come modificato, da ultimo, dal comma 2 del presente articolo».
(4) Articolo abrogato dall'art. 5.2, d.lg. 25 novembre 2016, n. 219.
(5) G.U., 24 maggio 2004, n. 120.

configurazione e composizione dei suoi elementi, non è generalmente noto né facilmente accessibile; per sostanziale, che il *know-how* comprende conoscenze indispensabili all'affiliato per l'uso, per la vendita, la rivendita, la gestione o l'organizzazione dei beni o servizi contrattuali; per individuato, che il *know-how* deve essere descritto in modo sufficientemente esauriente, tale da consentire di verificare se risponde ai criteri di segretezza e di sostanzialità;

b) per diritto di ingresso, una cifra fissa, rapportata anche al valore economico e alla capacità di sviluppo della rete, che l'affiliato versa al momento della stipula del contratto di affiliazione commerciale;

c) per *royalties*, una percentuale che l'affiliante richiede all'affiliato commisurata al giro d'affari del medesimo o in quota fissa, da versarsi anche in quote fisse periodiche;

d) per beni dell'affiliante, i beni prodotti dall'affiliante o secondo le sue istruzioni e contrassegnati dal nome dell'affiliante.

2. *Ambito di applicazione della legge*. — 1. Le disposizioni relative al contratto di affiliazione commerciale, come definito all'art. 1, si applicano anche al contratto di affiliazione commerciale principale con il quale un'impresa concede all'altra, giuridicamente ed economicamente indipendente dalla prima, dietro corrispettivo, diretto o indiretto, il diritto di sfruttare un'affiliazione commerciale allo scopo di stipulare accordi di affiliazione commerciale con terzi, nonché al contratto con il quale l'affiliato, in un'area di sua disponibilità, allestisce uno spazio dedicato esclusivamente allo svolgimento dell'attività commerciale di cui al comma 1 dell'art. 1.

3. *Forma e contenuto del contratto*. — 1. Il contratto di affiliazione commerciale deve essere redatto per iscritto a pena di nullità.

2. Per la costituzione di una rete di affiliazione commerciale l'affiliante deve aver sperimentato sul mercato la propria formula commerciale.

3. Qualora il contratto sia a tempo determinato, l'affiliante dovrà comunque garantire all'affiliato una durata minima sufficiente all'ammortamento dell'investimento e comunque non inferiore a tre anni. È fatta salva l'ipotesi di risoluzione anticipata per inadempienza di una delle parti.

4. Il contratto deve inoltre espressamente indicare:

a) l'ammontare degli investimenti e delle eventuali spese di ingresso che l'affiliato deve sostenere prima dell'inizio dell'attività;

b) le modalità di calcolo e di pagamento delle *royalties*, e l'eventuale indicazione di un incasso minimo da realizzare da parte dell'affiliato;

c) l'ambito di eventuale esclusiva territoriale sia in relazione ad altri affiliati, sia in relazione a canali ed unità di vendita direttamente gestiti dall'affiliante;

d) la specifica del *know-how* fornito dall'affiliante all'affiliato;

e) le eventuali modalità di riconoscimento dell'apporto di *know-how* da parte dell'affiliato;

f) le caratteristiche dei servizi offerti dall'affiliante in termini di assistenza tecnica e commerciale, progettazione ed allestimento, formazione;

g) le condizioni di rinnovo, risoluzione o eventuale cessione del contratto stesso.

4. *Obblighi dell'affiliante*. — 1. Almeno trenta giorni prima della sottoscrizione di un contratto di affiliazione commerciale l'affiliante deve consegnare all'aspirante affiliato copia completa del contratto da sottoscrivere, corredato dei seguenti allegati, ad eccezione di quelli per i quali sussistano obiettive e specifiche esigenze di riservatezza, che comunque dovranno essere citati nel contratto:

a) principali dati relativi all'affiliante, tra cui ragione e capitale sociale e, previa richiesta dell'aspirante affiliato, copia del suo bilancio degli ultimi tre anni o dalla data di inizio della sua attività, qualora esso sia avvenuto da meno di tre anni;

b) l'indicazione dei marchi utilizzati nel sistema, con gli estremi della relativa registrazione o del deposito, o della licenza concessa all'affiliante dal terzo, che abbia eventualmente la proprietà degli stessi, o la documentazione comprovante l'uso concreto del marchio;

c) una sintetica illustrazione degli elementi caratterizzanti l'attività oggetto dell'affiliazione commerciale;

d) una lista degli affiliati al momento operanti nel sistema e dei punti vendita diretti dell'affiliante;

e) l'indicazione della variazione, anno per anno, del numero degli affiliati con relativa ubicazione negli ultimi tre anni o dalla data di inizio dell'attività dell'affiliante, qualora esso sia avvenuto da meno di tre anni;

f) la descrizione sintetica degli eventuali procedimenti giudiziari o arbitrali, promossi nei confronti dell'affiliante e che si siano conclusi negli ultimi tre anni, relativamente al sistema di affiliazione commerciale in esame, sia da affiliati sia da terzi privati o da pubbliche autorità, nel rispetto delle vigenti norme sulla *privacy*;

2. Negli allegati di cui alle lett. *d*), *e*) ed *f*) del comma 1 l'affiliante può limitarsi a fornire le informazioni relative alle attività svolte in Italia. Con decreto del Ministro delle attività produttive, da emanare entro novanta giorni dalla data di entrata in vigore della presente legge, sono definite le informazioni che, in relazione a quanto previsto dalle predette lett. *d*), *e*) ed *f*), dovranno essere fornite dagli affilianti che in precedenza abbiano operato esclusivamente all'estero (1).

5. *Obblighi dell'affiliato*. — 1. L'affiliato non può trasferire la sede, qualora sia indicata nel contratto, senza il preventivo consenso dell'affiliante, se non per causa di forza maggiore.

2. L'affiliato si impegna ad osservare e a far osservare ai propri collaboratori e dipendenti, anche dopo lo scioglimento del contratto, la massima riservatezza in ordine al contenuto dell'attività oggetto dell'affiliazione commerciale.

6. *Obblighi precontrattuali di comportamento*. — 1. L'affiliante deve tenere, in qualsiasi momento, nei confronti dell'aspirante affiliato, un comportamento ispirato a lealtà, correttezza e buona fede e deve tempestivamente fornire, all'aspirante affiliato, ogni dato e informazione che lo stesso ritenga necessari o utili ai fini della stipulazione del contratto di affiliazione commerciale, a meno che non si tratti di informazioni oggettivamente riservate o la cui divulgazione costituirebbe violazione di diritti di terzi.

2. L'affiliante deve motivare all'aspirante affiliato l'eventuale mancata comunicazione delle informazioni e dei dati dallo stesso richiesti.

3. L'aspirante affiliato deve tenere in qualsiasi momento, nei confronti dell'affiliante, un comportamento improntato a lealtà, correttezza e buona fede e deve fornire, tempestivamente ed in modo esatto e completo, all'affiliante ogni informazione e dato la cui conoscenza risulti necessaria o opportuna ai fini della stipulazione del contratto di affiliazione commerciale, anche se non espressamente richiesti dall'affiliante.

7. *Conciliazione*. — 1. Per le controversie relative ai contratti di affiliazione commerciale le parti possono convenire che, prima di adire l'autorità giudiziaria o ricorrere all'arbitrato, dovrà essere fatto un tentativo di conciliazione presso la camera di commercio, industria, artigianato e agricoltura nel cui territorio ha sede l'affiliato. Al procedimento di conciliazione si applicano, in quanto compatibili, le disposizioni di cui agli artt. 38, 39 e 40 del d.lg. 17 gennaio 2003, n. 5, e successive modificazioni.

8. *Annullamento del contratto*. — 1. Se una parte ha fornito false informazioni, l'altra parte può chiedere l'annullamento del contratto ai sensi dell'art. 1439 del codice civile nonché il risarcimento del danno, se dovuto.

9. *Norme transitorie e finali*. — 1. Le disposizioni della presente legge si applicano a tutti i contratti di affiliazione commerciale in corso nel territorio dello Stato alla data di entrata in vigore della legge stessa.

2. Gli accordi di affiliazione commerciale anteriori alla data di entrata in vigore della presente legge se non stipulati a norma dell'art. 3, comma 1, devono essere formalizzati per iscritto secondo le disposizioni della presente legge entro un anno dalla predetta data. Entro lo stesso termine devono essere adeguati alle disposizioni della presente legge i contratti anteriori stipulati per iscritto.

3. La presente legge entra in vigore il giorno successivo a quello della sua pubblicazione nella *Gazzetta Ufficiale*.

XI. 6.

DECRETO LEGISLATIVO 6 settembre 2005, n. 206. — *Codice del consumo, a norma dell'art. 7 della l. 29 luglio 2003, n. 229* (2).

PARTE I

DISPOSIZIONI GENERALI

TITOLO I

Disposizioni generali e finalità

1. *Finalità ed oggetto*. — 1. Nel rispetto della Costituzione ed in conformità ai principi contenuti nei trattati istitutivi delle Comunità europee, nel trattato dell'Unione europea, nella normativa comunitaria con particolare riguar-

(1) V. d.m. Attività produttive 2 settembre 2005, n. 204, in G.U., 4 ottobre 2005, n. 231.

(2) Suppl. ord. n. 162 a G.U., 8 ottobre 2005, n. 235. Il testo tiene conto delle correzioni di cui al Comunicato in G.U., 3 gennaio 2006, n. 2. L'art. 20, d.lg. 23 ottobre 2007, n. 221, così dispone: «Ai sensi dell'art. 1, comma 2, d.l. 18 maggio 2006, n. 181, convertito, con modificazioni, dalla l. 17 luglio 2006, n. 233, ogni riferimento nel Codice del consumo al Ministero o Ministro delle attività produttive deve intendersi riferito al Ministero o al Ministro dello sviluppo economico». Per la disciplina della vendita diretta a domicilio e tutela del consumatore dalle forme di vendita piramidali v. l. 17 agosto 2005, n. 173, in *Leggi coll. XIII, 2*.

do all'art. 153 del Trattato istitutivo della Comunità economica europea, nonché nei trattati internazionali, il presente codice armonizza e riordina le normative concernenti i processi dì acquisto e consumo, al fine di assicurare un elevato livello di tutela dei consumatori e degli utenti.

2. *Diritti dei consumatori*. — 1. Sono riconosciuti e garantiti i diritti e gli interessi individuali e collettivi dei consumatori e degli utenti, ne è promossa la tutela in sede nazionale e locale, anche in forma collettiva e associativa, sono favorite le iniziative rivolte a perseguire tali finalità, anche attraverso la disciplina dei rapporti tra le associazioni dei consumatori e degli utenti e le pubbliche amministrazioni.

2. Ai consumatori ed agli utenti sono riconosciuti come fondamentali i diritti:

a) alla tutela della salute;

b) alla sicurezza e alla qualità dei prodotti e dei servizi;

c) ad una adeguata informazione e ad una corretta pubblicità;

c-bis) all'esercizio delle pratiche commerciali secondo principi di buona fede, correttezza e lealtà (1);

d) all'educazione al consumo;

e) alla correttezza, alla trasparenza ed all'equità nei rapporti contrattuali;

f) alla promozione e allo sviluppo dell'associazionismo libero, volontario e democratico tra i consumatori e gli utenti;

g) all'erogazione di servizi pubblici secondo standard di qualità e di efficienza.

3. *Definizioni*. — 1. Ai fini del presente codice ove non diversamente previsto (2), si intende per:

a) consumatore o utente: la persona fisica che agisce per scopi estranei all'attività imprenditoriale, commerciale, artigianale (3) o professionale eventualmente svolta;

b) associazioni dei consumatori e degli utenti: le formazioni sociali che abbiano per scopo statutario esclusivo la tutela dei diritti e degli interessi dei consumatori o degli utenti;

c) professionista: la persona fisica o giuridica che agisce nell'esercizio della propria attività imprenditoriale, commerciale, artigianale (4) o professionale, ovvero un suo intermediario;

d) produttore: fatto salvo quanto stabilito nell'art. 103, comma 1, lett. *d*), e nell'art. 115, comma 2-*bis* (5), il fabbricante del bene o il fornitore del servizio, o un suo intermediario, nonché l'importatore del bene o del servizio nel territorio dell'Unione europea o qualsiasi altra persona fisica o giuridica che si presenta come produttore identificando il bene o il servizio con il proprio nome, marchio o altro segno distintivo;

e) prodotto: fatto salvo quanto stabilito nell'art. 18, comma 1, lett. *c*), e (6) nell'art. 115, comma 1, qualsiasi prodotto destinato al consumatore, anche nel quadro di una prestazione di servizi, o suscettibile, in condizioni ragionevolmente prevedibili, di essere utilizzato dal consumatore, anche se non a lui destinato, fornito o reso disponibile a titolo oneroso o gratuito nell'ambito di un'attività commerciale, indipendentemente dal fatto che sia nuovo, usato o rimesso a nuovo; tale definizione non si applica ai prodotti usati, forniti come pezzi d'antiquariato, o come prodotti da riparare o da rimettere a nuovo prima dell'utilizzazione, purché il fornitore ne informi per iscritto la persona cui fornisce il prodotto;

f) codice: il presente decreto legislativo di riassetto delle disposizioni vigenti in materia di tutela dei consumatori.

PARTE II

EDUCAZIONE, INFORMAZIONE, PRATICHE COMMERCIALI, PUBBLICITÀ (7)

TITOLO I

Educazione del consumatore

4. *Educazione del consumatore*. — 1. L'educazione dei consumatori e degli utenti è orientata a favorire la consapevolezza dei loro diritti e interessi, lo sviluppo dei rapporti associativi, la partecipazione ai procedimenti amministrativi, nonché la rappresentanza negli organismi esponenziali.

2. Le attività destinate all'educazione dei

(1) Lettera inserita dall'art. 2, d.lg. 23 ottobre 2007, n. 221.

(2) Le parole «ove non diversamente previsto,» sono state inserite dall'art. 3.1, d.lg. 23 ottobre 2007, n. 221.

(3) Le parole «, commerciale, artigianale» sono state inserite dall'art. 3.2, d.lg. 23 ottobre 2007, n. 221.

(4) Le parole «, commerciale, artigianale» sono state inserite dall'art. 3.3, d.lg. 23 ottobre 2007, n. 221.

(5) Le parole «art. 115, comma 2-*bis*» sono state così sostituite alle precedenti «art. 115, comma 1» dall'art. 3.4, d.lg. 23 ottobre 2007, n. 221.

(6) Le parole «nell'art. 18, comma 1, lett. *c*), e» sono state inserite dall'art. 3.5, d.lg. 23 ottobre 2007, n. 221.

(7) Rubrica così sostituita dall'art. 1.3, d.lg. 2 agosto 2007, n. 146.

consumatori, svolte da soggetti pubblici o privati, non hanno finalità promozionale, sono dirette ad esplicitare le caratteristiche di beni e servizi e a rendere chiaramente percepibili benefici e costi conseguenti alla loro scelta; prendono, inoltre, in particolare considerazione le categorie di consumatori maggiormente vulnerabili.

TITOLO II

Informazioni ai consumatori

CAPO I

Disposizioni generali

5. *Obblighi generali*. — 1. Fatto salvo quanto disposto dall'art. 3, comma 1, lett. *a*), ai fini del presente titolo, si intende per consumatore o utente anche la persona fisica alla quale sono dirette le informazioni commerciali.

2. Sicurezza, composizione e qualità dei prodotti e dei servizi costituiscono contenuto essenziale degli obblighi informativi.

3. Le informazioni al consumatore, da chiunque provengano, devono essere adeguate alla tecnica di comunicazione impiegata ed espresse in modo chiaro e comprensibile, tenuto anche conto delle modalità di conclusione del contratto o delle caratteristiche del settore, tali da assicurare la consapevolezza del consumatore.

CAPO II

Indicazione dei prodotti

6. *Contenuto minimo delle informazioni*. — 1. I prodotti o le confezioni dei prodotti destinati al consumatore, commercializzati sul territorio nazionale, riportano, chiaramente visibili e leggibili, almeno le indicazioni relative:

a) alla denominazione legale o merceologica del prodotto;

b) al nome o ragione sociale o marchio e alla sede legale del produttore o di un importatore stabilito nell'Unione europea;

c) al Paese di origine se situato fuori dell'Unione europea (1);

d) all'eventuale presenza di materiali o sostanze che possono arrecare danno all'uomo, alle cose o all'ambiente;

e) ai materiali impiegati ed ai metodi di lavorazione ove questi siano determinanti per la qualità o le caratteristiche merceologiche del prodotto;

f) alle istruzioni, alle eventuali precauzioni e alla destinazione d'uso, ove utili ai fini di fruizione e sicurezza del prodotto (2).

7. *Modalità di indicazione*. — 1. Le indicazioni di cui all'art. 6 devono figurare sulle confezioni o sulle etichette dei prodotti nel momento in cui sono posti in vendita al consumatore. Le indicazioni di cui al comma 1, lett. *f*), dell'art. 6 possono essere riportate, anziché sulle confezioni o sulle etichette dei prodotti, su altra documentazione illustrativa che viene fornita in accompagnamento dei prodotti stessi.

8. *Ambito di applicazione*. — 1. Sono esclusi dall'applicazione del presente capo i prodotti oggetto di specifiche disposizioni contenute in direttive o in altre disposizioni comunitarie e nelle relative norme nazionali di recepimento.

2. Per i prodotti oggetto di disposizioni nazionali in materia di informazione del consumatore, le norme del presente capo si applicano per gli aspetti non disciplinati.

9. *Indicazioni in lingua italiana*. — 1. Tutte le informazioni destinate ai consumatori e agli utenti devono essere rese almeno in lingua italiana.

2. Qualora le indicazioni di cui al presente titolo siano apposte in più lingue, le medesime sono apposte anche in lingua italiana e con caratteri di visibilità e leggibilità non inferiori a quelli usati per le altre lingue.

3. Sono consentite indicazioni che utilizzino espressioni non in lingua italiana divenute di uso comune.

(1) L'art. 31-*bis*, d.l. 30 dicembre 2005, n. 273, conv. in l. 23 febbraio 2006, n. 51, così dispone: «L'efficacia delle disposizioni di cui all'art. 6, comma 1, lett. *c*) del codice del consumo di cui al d.lg. 6 settembre 2005, n. 206, decorre dal 1° gennaio 2007 e, comunque, a partire dalla data di entrata in vigore del decreto di cui all'art. 10 del predetto codice».

(2) V. circolare Attività produttive 24 gennaio 2006, n. 1, in G.U., 31 gennaio 2006, n. 25. Sul sistema di etichettatura dei prodotti tessili, della pelletteria e calzaturieri che evidenzi l'origine v. art. 1, l. 8 aprile 2010, n. 55. Sulla disciplina sanzionatoria per la violazione delle disposizioni di cui alla dir. 94/11/CE, concernente l'etichettatura dei materiali usati nei principali componenti delle calzature destinate alla vendita al consumatore ed al reg. (UE) n. 1007/2011 del Parlamento europeo e del consiglio, del 27 settembre 2011, relativo alle denominazioni delle fibre tessili e all'etichettatura e al contrassegno della composizione fibrosa dei prodotti tessili v. d.lg. 15 novembre 2017, n. 190. Per disposizioni in materia di etichettatura e di qualità dei prodotti alimentari v. art. 4, l. 3 febbraio 2011, n. 4.

10. *Attuazione.* — 1. Con decreto del Ministro dello sviluppo economico (1), di concerto con il Ministro per le politiche comunitarie e con il Ministro della giustizia, sentito il parere della Conferenza unificata di cui all'art. 8 del d.lg. 28 agosto 1997, n. 281, sono adottate le norme di attuazione dell'art. 6, al fine di assicurare, per i prodotti provenienti da Paesi dell'Unione europea, una applicazione compatibile con i principi del diritto comunitario, precisando le categorie di prodotti o le modalità di presentazione per le quali non è obbligatorio riportare le indicazioni di cui al comma 1, lett. *a*) e *b*), dell'art. 6. Tali disposizioni di attuazione disciplinano inoltre i casi in cui sarà consentito riportare in lingua originaria alcuni dati contenuti nelle indicazioni di cui all'art. 6.

2. Fino alla data di entrata in vigore del decreto di cui al comma 1, restano in vigore le disposizioni di cui al decreto del Ministro dell'industria, del commercio e dell'artigianato 8 febbraio 1997, n. 101.

11. *Divieti di commercializzazione.* — 1. È vietato il commercio sul territorio nazionale di qualsiasi prodotto o confezione di prodotto che non riporti, in forme chiaramente visibili e leggibili, le indicazioni di cui agli artt. 6, 7 e 9 del presente capo.

12. *Sanzioni.* — 1. Fatto salvo quanto previsto nella parte IV, titolo II, e salvo che il fatto costituisca reato, per quanto attiene alle responsabilità del produttore, ai contravventori al divieto di cui all'art. 11 si applica una sanzione amministrativa da 516 euro a 25.823 euro. La misura della sanzione è determinata, in ogni singolo caso, facendo riferimento al prezzo di listino di ciascun prodotto ed al numero delle unità poste in vendita.

2. Le sanzioni sono applicate ai sensi della l. 24 novembre 1981, n. 689. Fermo restando quanto previsto in ordine ai poteri di accertamento degli ufficiali e degli agenti di polizia giudiziaria dall'art. 13 della predetta l. 24 novembre 1981, n. 689, all'accertamento delle violazioni provvedono d'ufficio o su denunzia, gli organi di polizia amministrativa. Il rapporto previsto dall'art. 17 della l. 24 novembre 1981, n. 689, è presentato all'ufficio della camera di commercio, industria, artigianato e agricoltura della provincia in cui vi è la residenza o la sede legale del professionista.

CAPO III

Particolari modalità di informazione

Sezione I. — *Indicazione dei prezzi per unità di misura*

13. *Definizioni.* — 1. Ai fini del presente capo si intende per:

a) prezzo di vendita: il prezzo finale, valido per una unità di prodotto o per una determinata quantità del prodotto, comprensivo dell'IVA e di ogni altra imposta;

b) prezzo per unità di misura: il prezzo finale, comprensivo dell'IVA e di ogni altra imposta, valido per una quantità di un chilogrammo, di un litro, di un metro, di un metro quadrato o di un metro cubo del prodotto o per una singola unità di quantità diversa, se essa è impiegata generalmente e abitualmente per la commercializzazione di prodotti specifici;

c) prodotto commercializzato sfuso: un prodotto che non costituisce oggetto di alcuna confezione preliminare ed è misurato alla presenza del consumatore;

d) prodotto venduto al pezzo: un prodotto che non può essere frazionato senza subire una modifica della sua natura o delle sue proprietà;

e) prodotto venduto a collo: insieme di pezzi omogenei contenuti in un imballaggio;

f) prodotto preconfezionato: l'unità di vendita destinata ad essere presentata come tale al consumatore ed alle collettività, costituita da un prodotto e dall'imballaggio in cui è stato immesso prima di essere posto in vendita, avvolta interamente o in parte in tale imballaggio ma comunque in modo che il contenuto non possa essere modificato senza che la confezione sia aperta o alterata.

14. *Campo di applicazione.* — 1. Al fine di migliorare l'informazione del consumatore e di agevolare il raffronto dei prezzi, i prodotti offerti dai commercianti ai consumatori recano, oltre alla indicazione del prezzo di vendita, secondo le disposizioni vigenti, l'indicazione del prezzo per unità di misura, fatto salvo quanto previsto all'art. 16.

2. Il prezzo per unità di misura non deve essere indicato quando è identico al prezzo di vendita.

3. Per i prodotti commercializzati sfusi è in-

(1) Le parole «dello sviluppo economico» sono state così sostituite alle precedenti «delle attività produttive» dall'art. 1.5, d.lg. 6 agosto 2015, n. 130. In base all'art. 2.1, d.lg. cit., tali disposizioni «si applicano a decorrere dal 9 gennaio 2016».

dicato soltanto il prezzo per unità di misura.

4. La pubblicità in tutte le sue forme ed i cataloghi recano l'indicazione del prezzo per unità di misura quando è indicato il prezzo di vendita, fatti salvi i casi di esenzione di cui all'art. 16.

5. La presente sezionenon si applica:

a) ai prodotti forniti in occasione di una prestazione di servizi, ivi compresa la somministrazione di alimenti e bevande;

b) ai prodotti offerti nelle vendite all'asta;

c) agli oggetti d'arte e d'antiquariato.

15. *Modalità di indicazione del prezzo per unità di misura*. — 1. Il prezzo per unità di misura si riferisce ad una quantità dichiarata conformemente alle disposizioni in vigore.

2. Per le modalità di indicazione del prezzo per unità di misura si applica quanto stabilito dall'art. 14 del d.lg. 31 marzo 1998, n. 114 (1), recante riforma della disciplina relativa al settore del commercio.

3. Per i prodotti alimentari preconfezionati immersi in un liquido di governo, anche congelati o surgelati, il prezzo per unità di misura si riferisce al peso netto del prodotto sgocciolato.

4. È ammessa l'indicazione del prezzo per unità di misura di multipli o sottomultipli, decimali delle unità di misura, nei casi in cui taluni prodotti sono generalmente ed abitualmente commercializzati in dette quantità.

5. I prezzi dei prodotti petroliferi per uso di autotrazione, esposti e pubblicizzati presso gli impianti automatici di distribuzione dei carburanti, devono essere esclusivamente quelli effettivamente praticati ai consumatori. È fatto obbligo di esporre in modo visibile dalla carreggiata stradale i prezzi praticati al consumo.

16. *Esenzioni*. — 1. Sono esenti dall'obbligo dell'indicazione del prezzo per unità di misura i prodotti per i quali tale indicazione non risulti utile a motivo della loro natura o della loro destinazione, o sia di natura tale da dare luogo a confusione. Sono da considerarsi tali i seguenti prodotti:

a) prodotti commercializzati sfusi che, in conformità alle disposizioni di esecuzione della l. 5 agosto 1981, n. 441, e successive modificazioni, recante disposizioni sulla vendita a peso netto delle merci, possono essere venduti a pezzo o a collo;

b) prodotti di diversa natura posti in una stessa confezione;

c) prodotti commercializzati nei distributori automatici;

d) prodotti destinati ad essere mescolati per una preparazione e contenuti in un unico imballaggio;

e) prodotti preconfezionati che siano esentati dall'obbligo di indicazione della quantità netta secondo quanto previsto dall'art. 9 del d.lg. 27 gennaio 1992, n. 109, e successive modificazioni, concernenti l'attuazione delle direttive comunitarie in materia di etichettatura dei prodotti alimentari;

f) alimenti precucinati o preparati o da preparare, costituiti da due o più elementi separati, contenuti in un unico imballaggio, che necessitano di lavorazione da parte del consumatore per ottenere l'alimento finito;

g) prodotti di fantasia;

h) gelati monodose;

i) prodotti non alimentari che possono essere venduti unicamente al pezzo o a collo.

2. Il Ministro dello sviluppo economico (2), con proprio decreto, può aggiornare l'elenco delle esenzioni di cui al comma 1, nonché indicare espressamente prodotti o categorie di prodotti non alimentari ai quali non si applicano le predette esenzioni.

17. *Sanzioni*. — 1. Chiunque omette di indicare il prezzo per unità di misura o non lo indica secondo quanto previsto dalla presente sezione (3) è soggetto alla sanzione di cui all'art. 22, comma 3, del d.lg. 31 marzo 1998, n. 114 (1), da irrogare con le modalità ivi previste.

TITOLO III

Pratiche commerciali (4), pubblicità e altre comunicazioni commerciali

CAPO I

Disposizioni generali (5)

18. *Definizioni*. — 1. Ai fini del presente titolo, si intende per:

a) «consumatore»: qualsiasi persona fisica che, nelle pratiche commerciali oggetto del

(1) In *Leggi coll. XIII, 1*.

(2) Le parole «dello sviluppo economico» sono state così sostituite alle precedenti «delle attività produttive» dall'art. 1.5, d.lg. 6 agosto 2015, n. 130. In base all'art. 2.1, d.lg. cit., tali disposizioni «si applicano a decorrere dal 9 gennaio 2016».

(3) Così corretto con *Avviso di rettifica*, in G.U., 3 gennaio 2006, n. 2.

(4) Le parole «Pratiche commerciali,» sono state anteposte dall'art. 4, d.lg. 23 ottobre 2007, n. 221.

(5) Capo così sostituito dall'art. 1.1, d.lg. 2 agosto 2007, n. 146, che ha integralmente sostituito gli articoli da 18 a 27.

presente titolo, agisce per fini che non rientrano nel quadro della sua attività commerciale, industriale, artigianale o professionale;

b) «professionista»: qualsiasi persona fisica o giuridica che, nelle pratiche commerciali oggetto del presente titolo, agisce nel quadro della sua attività commerciale, industriale, artigianale o professionale e chiunque agisce in nome o per conto di un professionista;

c) «prodotto»: qualsiasi bene o servizio, compresi i beni immobili, i diritti e le obbligazioni;

d) «pratiche commerciali tra professionisti e consumatori» (di seguito denominate: «pratiche commerciali»): qualsiasi azione, omissione, condotta o dichiarazione, comunicazione commerciale ivi compresa la pubblicità e la commercializzazione del prodotto, posta in essere da un professionista, in relazione alla promozione, vendita o fornitura di un prodotto ai consumatori;

d-bis) «microimprese»: entità, società o associazioni, che, a prescindere dalla forma giuridica, esercitano un'attività economica, anche a titolo individuale o familiare, occupando meno di dieci persone e realizzando un fatturato annuo oppure un totale di bilancio annuo non superiori a due milioni di euro, ai sensi dell'art. 2, par. 3, dell'allegato alla racc. n. 2003/361/CE della Commissione, del 6 maggio 2003 (1);

e) «falsare in misura rilevante il comportamento economico dei consumatori»: l'impiego di una pratica commerciale idonea ad alterare sensibilmente la capacità del consumatore di prendere una decisione consapevole, inducendolo pertanto ad assumere una decisione di natura commerciale che non avrebbe altrimenti preso;

f) «codice di condotta»: un accordo o una normativa che non è imposta dalle disposizioni legislative, regolamentari o amministrative di uno Stato membro e che definisce il comportamento dei professionisti che si impegnano a rispettare tale codice in relazione a una o più pratiche commerciali o ad uno o più settori imprenditoriali specifici;

g) «responsabile del codice»: qualsiasi soggetto, compresi un professionista o un gruppo di professionisti, responsabile della formulazione e revisione di un codice di condotta ovvero del controllo del rispetto del codice da parte di coloro che si sono impegnati a rispettarlo;

h) «diligenza professionale»: il normale grado della specifica competenza ed attenzione che ragionevolmente i consumatori attendono da un professionista nei loro confronti rispetto ai principi generali di correttezza e di buona fede nel settore di attività del professionista;

i) «invito all'acquisto»: una comunicazione commerciale indicante le caratteristiche e il prezzo del prodotto in forme appropriate rispetto al mezzo impiegato per la comunicazione commerciale e pertanto tale da consentire al consumatore di effettuare un acquisto;

l) «indebito condizionamento»: lo sfruttamento di una posizione di potere rispetto al consumatore per esercitare una pressione, anche senza il ricorso alla forza fisica o la minaccia di tale ricorso, in modo da limitare notevolmente la capacità del consumatore di prendere una decisione consapevole;

m) «decisione di natura commerciale»: la decisione presa da un consumatore relativa a se acquistare o meno un prodotto, in che modo farlo e a quali condizioni, se pagare integralmente o parzialmente, se tenere un prodotto o disfarsene o se esercitare un diritto contrattuale in relazione al prodotto; tale decisione può portare il consumatore a compiere un'azione o all'astenersi dal compierla;

n) «professione regolamentata»: attività professionale, o insieme di attività professionali, l'accesso alle quali e il cui esercizio, o una delle cui modalità di esercizio, è subordinata direttamente o indirettamente, in base a disposizioni legislative, regolamentari o amministrative, al possesso di determinate qualifiche professionali.

19. *Ambito di applicazione*. — 1. Il presente titolo si applica alle pratiche commerciali scorrette tra professionisti e consumatori poste in essere prima, durante e dopo un'operazione commerciale relativa a un prodotto, nonché alle pratiche commerciali scorrette tra professionisti e microimprese. Per le microimprese la tutela in materia di pubblicità ingannevole e di pubblicità comparativa illecita è assicurata in via esclusiva dal d.lg. 2 agosto 2007, n. 145 (2) (3).

2. Il presente titolo non pregiudica:

a) l'applicazione delle disposizioni normative in materia contrattuale, in particolare delle norme sulla formazione, validità od efficacia del contratto;

(1) Lettera inserita dall'art. 7.1, d.l. 24 gennaio 2012, n. 1, conv. in l. 24 marzo 2012, n. 27.

(2) In *Leggi coll. XI, 7*.

(3) Le parole da «, nonché alle pratiche commerciali scorrette» fino alla fine del comma sono state inserite dall'art. 7.2, d.l. 24 gennaio 2012, n. 1, conv. in l. 24 marzo 2012, n. 27.

b) l'applicazione delle disposizioni normative, comunitarie o nazionali, in materia di salute e sicurezza dei prodotti;

c) l'applicazione delle disposizioni normative che determinano la competenza giurisdizionale;

d) l'applicazione delle disposizioni normative relative allo stabilimento, o ai regimi di autorizzazione, o i codici deontologici o altre norme specifiche che disciplinano le professioni regolamentate, per garantire livelli elevati di correttezza professionale.

3. In caso di contrasto, le disposizioni contenute in direttive o in altre disposizioni comunitarie e nelle relative norme nazionali di recepimento che disciplinano aspetti specifici delle pratiche commerciali scorrette prevalgono sulle disposizioni del presente titolo e si applicano a tali aspetti specifici.

4. Il presente titolo non è applicabile in materia di certificazione e di indicazioni concernenti il titolo degli articoli in metalli preziosi.

CAPO II

PRATICHE COMMERCIALI SCORRETTE (1)

20. *Divieto delle pratiche commerciali scorrette*. — 1. Le pratiche commerciali scorrette sono vietate.

2. Una pratica commerciale è scorretta se è contraria alla diligenza professionale, ed è falsa o idonea a falsare in misura apprezzabile il comportamento economico, in relazione al prodotto, del consumatore medio che essa raggiunge o al quale è diretta o del membro medio di un gruppo qualora la pratica commerciale sia diretta a un determinato gruppo di consumatori.

3. Le pratiche commerciali che, pur raggiungendo gruppi più ampi di consumatori, sono idonee a falsare in misura apprezzabile il comportamento economico solo di un gruppo di consumatori chiaramente individuabile, particolarmente vulnerabili alla pratica o al prodotto cui essa si riferisce a motivo della loro infermità mentale o fisica, della loro età o ingenuità, in un modo che il professionista poteva ragionevolmente prevedere, sono valutate nell'ottica del membro medio di tale gruppo. È fatta salva la pratica pubblicitaria comune e legittima consistente in dichiarazioni esagerate o in dichiarazioni che non sono destinate ad essere prese alla lettera.

4. In particolare, sono scorrette le pratiche commerciali:

a) ingannevoli di cui agli artt. 21, 22 e 23 o

b) aggressive di cui agli artt. 24, 25 e 26.

5. Gli artt. 23 e 26 riportano l'elenco delle pratiche commerciali, rispettivamente ingannevoli e aggressive, considerate in ogni caso scorrette (2).

Sezione I. — *Pratiche commerciali ingannevoli* (3)

21. *Azioni ingannevoli*. — 1. È considerata ingannevole una pratica commerciale che contiene informazioni non rispondenti al vero o, seppure di fatto corretta, in qualsiasi modo, anche nella sua presentazione complessiva, induce o è idonea ad indurre in errore il consumatore medio riguardo ad uno o più dei seguenti elementi e, in ogni caso, lo induce o è idonea a indurlo ad assumere una decisione di natura commerciale che non avrebbe altrimenti preso:

a) l'esistenza o la natura del prodotto;

b) le caratteristiche principali del prodotto, quali la sua disponibilità, i vantaggi, i rischi, l'esecuzione, la composizione, gli accessori, l'assistenza post-vendita al consumatore e il trattamento dei reclami, il metodo e la data di fabbricazione o della prestazione, la conse-

(1) Capo così sostituito dall'art. 1.1, d.lg. 2 agosto 2007, n. 146, che ha integralmente sostituito gli articoli da 18 a 27.

(2) L'art. 71.1-*bis*, d.lg. 1° agosto 2003, n. 259, come introdotto dall'art. 19-*quinquiesdecies*.3, d.l. 16 ottobre 2017, n. 148, conv. in l. 4 dicembre 2017, n. 172, così dispone: «Le imprese che forniscono reti pubbliche di comunicazione elettronica o servizi di comunicazione elettronica accessibili al pubblico forniscono informazioni chiare e trasparenti in merito alle caratteristiche dell'infrastruttura fisica utilizzata per l'erogazione dei servizi. A tal fine, entro sessanta giorni dalla data di entrata in vigore della presente disposizione, l'Autorità per le garanzie nelle comunicazioni definisce le caratteristiche tecniche e le corrispondenti denominazioni delle diverse tipologie di infrastruttura fisica, individuando come infrastruttura in fibra ottica completa l'infrastruttura che assicura il collegamento in fibra fino all'unità immobiliare del cliente. Costituisce pratica commerciale scorretta, ai sensi del codice del consumo, di cui al d.lg. 6 settembre 2005, n. 206, ogni comunicazione al pubblico dell'offerta di servizi di comunicazione elettronica che non rispetti le caratteristiche tecniche definite dall'Autorità per le garanzie nelle comunicazioni».

(3) Sul divieto di pratiche commerciali ingannevoli in relazione agli oli di oliva vergini v. art. 4, l. 14 gennaio 2013, n. 9.

gna, l'idoneità allo scopo, gli usi, la quantità, la descrizione, l'origine geografica o commerciale o i risultati che si possono attendere dal suo uso, o i risultati e le caratteristiche fondamentali di prove e controlli effettuati sul prodotto;

c) la portata degli impegni del professionista, i motivi della pratica commerciale e la natura del processo di vendita, qualsiasi dichiarazione o simbolo relativi alla sponsorizzazione o all'approvazione dirette o indirette del professionista o del prodotto;

d) il prezzo o il modo in cui questo è calcolato o l'esistenza di uno specifico vantaggio quanto al prezzo;

e) la necessità di una manutenzione, ricambio, sostituzione o riparazione;

f) la natura, le qualifiche e i diritti del professionista o del suo agente, quali l'identità, il patrimonio, le capacità, lo status, il riconoscimento, l'affiliazione o i collegamenti e i diritti di proprietà industriale, commerciale o intellettuale o i premi e i riconoscimenti;

g) i diritti del consumatore, incluso il diritto di sostituzione o di rimborso ai sensi dell'art. 130 del presente Codice.

2. È altresì considerata ingannevole una pratica commerciale che, nella fattispecie concreta, tenuto conto di tutte le caratteristiche e circostanze del caso, induce o è idonea ad indurre il consumatore medio ad assumere una decisione di natura commerciale che non avrebbe altrimenti preso e comporti:

a) una qualsivoglia attività di commercializzazione del prodotto che ingenera confusione con i prodotti, i marchi, la denominazione sociale e altri segni distintivi di un concorrente, ivi compresa la pubblicità comparativa illecita;

b) il mancato rispetto da parte del professionista degli impegni contenuti nei codici di condotta che il medesimo si è impegnato a rispettare, ove si tratti di un impegno fermo e verificabile, e il professionista indichi in una pratica commerciale che è vincolato dal codice.

3. È considerata scorretta la pratica commerciale che, riguardando prodotti suscettibili di porre in pericolo la salute e la sicurezza dei consumatori, omette di darne notizia in modo da indurre i consumatori a trascurare le normali regole di prudenza e vigilanza.

3-*bis*. È considerata scorretta la pratica commerciale di una banca, di un istituto di credito o di un intermediario finanziario che, ai fini della stipula di un contratto di mutuo, obbliga il cliente alla sottoscrizione di una polizza assicurativa erogata dalla medesima banca, istituto o intermediario ovvero all'apertura di un conto corrente presso la medesima banca, istituto o intermediario (1).

4. È considerata, altresì, scorretta la pratica commerciale che, in quanto suscettibile di raggiungere bambini ed adolescenti, può, anche indirettamente, minacciare la loro sicurezza.

22. *Omissioni ingannevoli*. — 1. È considerata ingannevole una pratica commerciale che nella fattispecie concreta, tenuto conto di tutte le caratteristiche e circostanze del caso, nonché dei limiti del mezzo di comunicazione impiegato, omette informazioni rilevanti di cui il consumatore medio ha bisogno in tale contesto per prendere una decisione consapevole di natura commerciale e induce o è idonea ad indurre in tal modo il consumatore medio ad assumere una decisione di natura commerciale che non avrebbe altrimenti preso (2).

2. Una pratica commerciale è altresì considerata un'omissione ingannevole quando un professionista occulta o presenta in modo oscuro, incomprensibile, ambiguo o intempestivo le informazioni rilevanti di cui al comma 1, tenendo conto degli aspetti di cui al detto comma, o non indica l'intento commerciale della pratica stessa qualora questi non risultino già evidente dal contesto nonché quando, nell'uno o nell'altro caso, ciò induce o è idoneo a indurre il consumatore medio ad assumere una decisione di natura commerciale che non avrebbe altrimenti preso.

3. Qualora il mezzo di comunicazione impiegato per la pratica commerciale imponga restrizioni in termini di spazio o di tempo, nel decidere se vi sia stata un'omissione di informazioni, si tiene conto di dette restrizioni e di qualunque misura adottata dal professionista per rendere disponibili le informazioni ai consumatori con altri mezzi.

4. Nel caso di un invito all'acquisto sono considerate rilevanti, ai sensi del comma 1, le informazioni seguenti, qualora non risultino già evidenti dal contesto:

a) le caratteristiche principali del prodotto in misura adeguata al mezzo di comunicazione e al prodotto stesso;

(1) Comma inserito dall'art. 36-*bis*, d.l. 6 dicembre 2011, n. 201, conv. in l. 22 dicembre 2011, n. 214. Successivamente le parole «ovvero all'apertura di un conto corrente presso la medesima banca, istituto o intermediario» sono state inserite dall'art. 28.3, d.l. 24 gennaio 2012, n. 1, conv. in l. 24 marzo 2012, n. 27.

(2) L'art. 5, l. 3 febbraio 2011, n. 4, dispone che costituisce pratica commerciale ingannevole omettere le informazioni relative al luogo di origine o di provenienza delle materia prime utilizzate per ottenere i prodotti alimentari di cui all'art. 4 della medesima legge.

b) l'indirizzo geografico e l'identità del professionista, come la sua denominazione sociale e, ove questa informazione sia pertinente, l'indirizzo geografico e l'identità del professionista per conto del quale egli agisce;

c) il prezzo comprensivo delle imposte o, se la natura del prodotto comporta l'impossibilità di calcolare ragionevolmente il prezzo in anticipo, le modalità di calcolo del prezzo e, se del caso, tutte le spese aggiuntive di spedizione, consegna o postali oppure, qualora tali spese non possano ragionevolmente essere calcolate in anticipo, l'indicazione che tali spese potranno essere addebitate al consumatore;

d) le modalità di pagamento, consegna, esecuzione e trattamento dei reclami qualora esse siano difformi dagli obblighi imposti dalla diligenza professionale;

e) l'esistenza di un diritto di recesso o scioglimento del contratto per i prodotti e le operazioni commerciali che comportino tale diritto.

5. Sono considerati rilevanti, ai sensi del comma 11, gli obblighi di informazione, previsti dal diritto comunitario, connessi alle comunicazioni commerciali, compresa la pubblicità o la commercializzazione del prodotto.

22-*bis*. *Pubblicità ingannevole delle tariffe marittime*. — 1. È considerata ingannevole la pubblicità che, riguardando le tariffe praticate da compagnie marittime che operano sul territorio italiano direttamente o in *code-sharing*, reclamizzi il prezzo del biglietto dovuto alla compagnia marittima separatamente dagli oneri accessori, dalle tasse portuali e da tutti gli oneri comunque destinati a gravare sul consumatore, dovendo la compagnia marittima pubblicizzare un unico prezzo che includa tutte queste voci (1).

23. *Pratiche commerciali considerate in ogni caso ingannevoli*. — 1. Sono considerate in ogni caso ingannevoli le seguenti pratiche commerciali:

a) affermazione non rispondente al vero, da parte di un professionista, di essere firmatario di un codice di condotta;

b) esibire un marchio di fiducia, un marchio di qualità o un marchio equivalente senza aver ottenuto la necessaria autorizzazione;

c) asserire, contrariamente al vero, che un codice di condotta ha l'approvazione di un organismo pubblico o di altra natura;

d) asserire, contrariamente al vero, che un professionista, le sue pratiche commerciali o un suo prodotto sono stati autorizzati, accettati o approvati, da un organismo pubblico o privato o che sono state rispettate le condizioni dell'autorizzazione, dell'accettazione o dell'approvazione ricevuta;

e) invitare all'acquisto di prodotti ad un determinato prezzo senza rivelare l'esistenza di ragionevoli motivi che il professionista può avere per ritenere che non sarà in grado di fornire o di far fornire da un altro professionista quei prodotti o prodotti equivalenti a quel prezzo entro un periodo e in quantità ragionevoli in rapporto al prodotto, all'entità della pubblicità fatta del prodotto e al prezzo offerti;

f) invitare all'acquisto di prodotti ad un determinato prezzo e successivamente:

1) rifiutare di mostrare l'articolo pubblicizzato ai consumatori, oppure

2) rifiutare di accettare ordini per l'articolo o di consegnarlo entro un periodo di tempo ragionevole, oppure

3) fare la dimostrazione dell'articolo con un campione difettoso, con l'intenzione di promuovere un altro prodotto.

g) dichiarare, contrariamente al vero, che il prodotto sarà disponibile solo per un periodo molto limitato o che sarà disponibile solo a condizioni particolari per un periodo di tempo molto limitato, in modo da ottenere una decisione immediata e privare i consumatori della possibilità o del tempo sufficiente per prendere una decisione consapevole;

h) impegnarsi a fornire l'assistenza postvendita a consumatori con i quali il professionista ha comunicato prima dell'operazione commerciale in una lingua diversa dalla lingua ufficiale dello Stato membro in cui il professionista è stabilito e poi offrire concretamente tale servizio soltanto in un'altra lingua, senza che questo sia chiaramente comunicato al consumatore prima del suo impegno a concludere l'operazione;

i) affermare, contrariamente al vero, o generare comunque l'impressione che la vendita del prodotto è lecita;

l) presentare i diritti conferiti ai consumatori dalla legge come una caratteristica propria dell'offerta fatta dal professionista;

m) salvo quanto previsto dal d.lg. 31 luglio 2005, n. 177, e successive modificazioni, impiegare contenuti redazionali nei mezzi di comunicazione per promuovere un prodotto, qualora i costi di tale promozione siano stati sostenuti dal professionista senza che ciò emerga dai contenuti o da immagini o suoni chiaramente individuabili per il consumatore;

(1) Articolo inserito dall'art. 22, l. 23 luglio 2009, n. 99.

n) formulare affermazioni di fatto inesatte per quanto riguarda la natura e la portata dei rischi per la sicurezza personale del consumatore o della sua famiglia se egli non acquistasse il prodotto;

o) promuovere un prodotto simile a quello fabbricato da un altro produttore in modo tale da fuorviare deliberatamente il consumatore inducendolo a ritenere, contrariamente al vero, che il prodotto è fabbricato dallo stesso produttore;

p) avviare, gestire o promuovere un sistema di promozione a carattere piramidale nel quale il consumatore fornisce un contributo in cambio della possibilità di ricevere un corrispettivo derivante principalmente dall'entrata di altri consumatori nel sistema piuttosto che dalla vendita o dal consumo di prodotti;

q) affermare, contrariamente al vero, che il professionista è in procinto di cessare l'attività o traslocare;

r) affermare che alcuni prodotti possono facilitare la vincita in giochi basati sulla sorte;

s) affermare, contrariamente al vero, che un prodotto ha la capacità di curare malattie, disfunzioni o malformazioni;

t) comunicare informazioni inesatte sulle condizioni di mercato o sulla possibilità di ottenere il prodotto allo scopo d'indurre il consumatore all'acquisto a condizioni meno favorevoli di quelle normali di mercato;

u) affermare in una pratica commerciale che si organizzano concorsi o promozioni a premi senza attribuire i premi descritti o un equivalente ragionevole;

v) descrivere un prodotto come gratuito o senza alcun onere, se il consumatore deve pagare un supplemento di prezzo rispetto al normale costo necessario per rispondere alla pratica commerciale e ritirare o farsi recapitare il prodotto;

z) includere nel materiale promozionale una fattura o analoga richiesta di pagamento che lasci intendere, contrariamente al vero, al consumatore di aver già ordinato il prodotto;

aa) dichiarare o lasciare intendere, contrariamente al vero, che il professionista non agisce nel quadro della sua attività commerciale, industriale, artigianale o professionale, o presentarsi, contrariamente al vero, come consumatore;

bb) lasciare intendere, contrariamente al vero, che i servizi post-vendita relativi a un prodotto siano disponibili in uno Stato membro diverso da quello in cui è venduto il prodotto.

Sezione II. — *Pratiche commerciali aggressive*

24. *Pratiche commerciali aggressive*. — 1. È considerata aggressiva una pratica commerciale che, nella fattispecie concreta, tenuto conto di tutte le caratteristiche e circostanze del caso, mediante molestie, coercizione, compreso il ricorso alla forza fisica o indebito condizionamento, limita o è idonea a limitare considerevolmente la libertà di scelta o di comportamento del consumatore medio in relazione al prodotto e, pertanto, lo induce o è idonea ad indurlo ad assumere una decisione di natura commerciale che non avrebbe altrimenti preso (1).

25. *Ricorso a molestie coercizione o indebito condizionamento*. — 1. Nel determinare se una pratica commerciale comporta, ai fini del presente capo, molestie, coercizione, compreso il ricorso alla forza fisica, o indebito condizionamento, sono presi in considerazione i seguenti elementi:

a) i tempi, il luogo, la natura o la persistenza;

b) il ricorso alla minaccia fisica o verbale;

c) lo sfruttamento da parte del professionista di qualsivoglia evento tragico o circostanza specifica di gravità tale da alterare la capacità di valutazione del consumatore, al fine di influenzarne la decisione relativa al prodotto;

d) qualsiasi ostacolo non contrattuale, oneroso o sproporzionato, imposto dal professionista qualora un consumatore intenda esercitare diritti contrattuali, compresi il diritto di risolvere un contratto o quello di cambiare prodotto o rivolgersi ad un altro professionista;

e) qualsiasi minaccia di promuovere un'azione legale ove tale azione sia manifestamente temeraria o infondata.

26. *Pratiche commerciali considerate in ogni caso aggressive*. — 1. Sono considerate in ogni caso aggressive le seguenti pratiche commerciali:

a) creare l'impressione che il consumatore non possa lasciare i locali commerciali fino alla conclusione del contratto;

b) effettuare visite presso l'abitazione del consumatore, ignorando gli inviti del consumatore a lasciare la sua residenza o a non ritor-

(1) Sul divieto di ogni forma di comunicazione pubblicitaria televisiva «avente come oggetto bevande contenenti alcool all'interno dei programmi direttamente rivolti ai minori e nelle interruzioni pubblicitarie immediatamente precedenti e successive» v. art. 10.2, l. 3 maggio 2004, n. 112, come modificato dall'art. 1, l. 6 febbraio 2006, n. 37.

narvi, fuorché nelle circostanze e nella misura in cui siano giustificate dalla legge nazionale ai fini dell'esecuzione di un'obbligazione contrattuale;

c) effettuare ripetute e non richieste sollecitazioni commerciali per telefono, via fax, per posta elettronica o mediante altro mezzo di comunicazione a distanza, fuorché nelle circostanze e nella misura in cui siano giustificate dalla legge nazionale ai fini dell'esecuzione di un'obbligazione contrattuale, fatti salvi l'art. 58 e l'art. 130 del d.lg. 30 giugno 2003, n. 196 (1);

d) imporre al consumatore che intenda presentare una richiesta di risarcimento del danno in virtù di una polizza di assicurazione di esibire documenti che non possono ragionevolmente essere considerati pertinenti per stabilire la fondatezza della richiesta, o omettere sistematicamente di rispondere alla relativa corrispondenza, al fine di dissuadere un consumatore dall'esercizio dei suoi diritti contrattuali;

e) salvo quanto previsto dal d.lg. 31 luglio 2005, n. 177, e successive modificazioni, includere in un messaggio pubblicitario un'esortazione diretta ai bambini affinché acquistino o convincano i genitori o altri adulti ad acquistare loro i prodotti reclamizzati;

f) esigere il pagamento immediato o differito o la restituzione o la custodia di prodotti che il professionista ha fornito, ma che il consumatore non ha richiesto, salvo quanto previsto dall'art. 66-*sexies*, comma 2 (2);

g) informare esplicitamente il consumatore che, se non acquista il prodotto o il servizio saranno in pericolo il lavoro o la sussistenza del professionista;

h) lasciare intendere, contrariamente al vero, che il consumatore abbia già vinto, vincerà o potrà vincere compiendo una determinata azione un premio o una vincita equivalente, mentre in effetti non esiste alcun premio né vincita equivalente oppure che qualsiasi azione volta a reclamare il premio o altra vincita equivalente è subordinata al versamento di denaro o al sostenimento di costi da parte del consumatore.

CAPO III

Applicazione (3)

27. *Tutela amministrativa e giurisdizionale*. — 1. L'Autorità garante della concorrenza e del mercato, di seguito denominata «Autorità», esercita le attribuzioni disciplinate dal presente articolo anche quale autorità competente per l'applicazione del reg. 2006/2004/CE del Parlamento europeo e del Consiglio, del 27 ottobre 2004, sulla cooperazione tra le autorità nazionali responsabili dell'esecuzione della normativa che tutela i consumatori, nei limiti delle disposizioni di legge.

1-*bis*. Anche nei settori regolati, ai sensi dell'art. 19, comma 3, la competenza ad intervenire nei confronti delle condotte dei professionisti che integrano una pratica commerciale scorretta, fermo restando il rispetto della regolazione vigente, spetta, in via esclusiva, all'Autorità garante della concorrenza e del mercato, che la esercita in base ai poteri di cui al presente articolo, acquisito il parere dell'Autorità di regolazione competente. Resta ferma la competenza delle Autorità di regolazione ad esercitare i propri poteri nelle ipotesi di violazione della regolazione che non integrino gli estremi di una pratica commerciale scorretta. Le Autorità possono disciplinare con protocolli di intesa gli aspetti applicativi e procedimentali della reciproca collaborazione, nel quadro delle rispettive competenze (4).

2. L'Autorità, d'ufficio o su istanza di ogni soggetto o organizzazione che ne abbia interesse, inibisce la continuazione delle pratiche commerciali scorrette e ne elimina gli effetti. A tale fine, l'Autorità si avvale dei poteri investigativi ed esecutivi di cui al citato reg. 2006/2004/CE anche in relazione alle infrazioni non transfrontaliere. Per lo svolgimento dei compiti di cui al comma 1 l'Autorità può avvalersi della Guardia di finanza che agisce con i poteri ad essa attribuiti per l'accertamento dell'imposta sul valore aggiunto e dell'imposta sui redditi. L'intervento dell'Autorità è indipendente dalla circostanza che i consumatori interessati

(1) In *Leggi coll. II, 3*.

(2) Le parole «salvo quanto previsto dall'art. 66-*sexies*, comma 2» sono state così sostituite alle precedenti «salvo quanto previsto dall'art. 54, comma 2, secondo periodo» dall'art. 1.3, d.lg. 21 febbraio 2014, n. 21. In base all'art. 2.1, d.lg. cit., tali modifiche «entrano in vigore dal 13 giugno 2014 e si applicano ai contratti conclusi dopo tale data».

(3) Capo così sostituito dall'art. 1.1, d.lg. 2 agosto 2007, n. 146, che ha integralmente sostituito gli articoli da 18 a 27.

(4) Comma inserito dall'art. 1.6, lett. *a*), d.lg. 21 febbraio 2014, n. 21.

si trovino nel territorio dello Stato membro in cui è stabilito il professionista o in un altro Stato membro.

3. L'Autorità può disporre, con provvedimento motivato, la sospensione provvisoria delle pratiche commerciali scorrette, laddove sussiste particolare urgenza. In ogni caso, comunica l'apertura dell'istruttoria al professionista e, se il committente non è conosciuto, può richiedere al proprietario del mezzo che ha diffuso la pratica commerciale ogni informazione idonea ad identificarlo. L'Autorità può, altresì, richiedere a imprese, enti o persone che ne siano in possesso le informazioni ed i documenti rilevanti al fine dell'accertamento dell'infrazione. Si applicano le disposizioni previste dall'art. 14, commi 2, 3 e 4, della l. 10 ottobre 1990, n. 287.

4. In caso di inottemperanza, senza giustificato motivo, a quanto disposto dall'Autorità ai sensi dell'art. 14, comma 2, della l. 10 ottobre 1990, n. 287 (1), l'Autorità applica una sanzione amministrativa pecuniaria da 2.000,00 euro a 20.000,00 euro. Qualora le informazioni o la documentazione fornite non siano veritiere, l'Autorità applica una sanzione amministrativa pecuniaria da 4.000,00 euro a 40.000,00 euro.

5. L'Autorità può disporre che il professionista fornisca prove sull'esattezza dei dati di fatto connessi alla pratica commerciale se, tenuto conto dei diritti o degli interessi legittimi del professionista e di qualsiasi altra parte nel procedimento, tale esigenza risulti giustificata, date le circostanze del caso specifico. Se tale prova è omessa o viene ritenuta insufficiente, i dati di fatto sono considerati inesatti. Incombe, in ogni caso, al professionista l'onere di provare, con allegazioni fattuali, che egli non poteva ragionevolmente prevedere l'impatto della pratica commerciale sui consumatori, ai sensi dell'art. 20, comma 3.

6. Quando la pratica commerciale è stata o deve essere diffusa attraverso la stampa periodica o quotidiana ovvero per via radiofonica o televisiva o altro mezzo di telecomunicazione, l'Autorità, prima di provvedere, richiede il parere dell'Autorità per le garanzie nelle comunicazioni.

7. Ad eccezione dei casi di manifesta scorrettezza e gravità della pratica commerciale, l'Autorità può ottenere dal professionista responsabile l'assunzione dell'impegno di porre fine all'infrazione, cessando la diffusione della stessa o modificandola in modo da eliminare i profili di illegittimità. L'Autorità può disporre la pubblicazione della dichiarazione dell'impegno in questione a cura e spese del professionista. In tali ipotesi, l'Autorità, valutata l'idoneità di tali impegni, può renderli obbligatori per il professionista e definire il procedimento senza procedere all'accertamento dell'infrazione.

8. L'Autorità, se ritiene la pratica commerciale scorretta, vieta la diffusione, qualora non ancora portata a conoscenza del pubblico, o la continuazione, qualora la pratica sia già iniziata. Con il medesimo provvedimento può essere disposta, a cura e spese del professionista, la pubblicazione della delibera, anche per estratto, ovvero di un'apposita dichiarazione rettificativa, in modo da impedire che le pratiche commerciali scorrette continuino a produrre effetti.

9. Con il provvedimento che vieta la pratica commerciale scorretta, l'Autorità dispone inoltre l'applicazione di una sanzione amministrativa pecuniaria da 5.000,00 euro a 5.000.000 euro (2), tenuto conto della gravità e della durata della violazione. Nel caso di pratiche commerciali scorrette ai sensi dell'art. 21, commi 3 e 4, la sanzione non può essere inferiore a 50.000,00 euro.

10. Nei casi riguardanti comunicazioni commerciali inserite sulle confezioni di prodotti, l'Autorità, nell'adottare i provvedimenti indicati nei commi 3 e 8, assegna per la loro esecuzione un termine che tenga conto dei tempi tecnici necessari per l'adeguamento.

11. L'Autorità garante della concorrenza e del mercato, con proprio regolamento, disciplina la procedura istruttoria, in modo da garantire il contraddittorio, la piena cognizione degli atti e la verbalizzazione (3).

12. In caso di inottemperanza ai provvedimenti d'urgenza e a quelli inibitori o di rimozione degli effetti di cui ai commi 3, 8 e 10 ed in caso di mancato rispetto degli impegni assunti ai sensi del comma 7, l'Autorità applica una sanzione amministrativa pecuniaria da 10.000 a 5.000.000 euro (4). Nei casi di reiterata inottemperanza l'Autorità può disporre la sospen-

(1) In *Leggi coll. XXI, 1.*

(2) Le parole «5.000.000 euro» sono state così sostituite alle precedenti «500.000,00 euro» dall'art. 1.6, lett. *b*), d.lg. 21 febbraio 2014, n. 21.

(3) V. deliberazione AGCOM 15 novembre 2007, n. 17589, in G.U., 5 dicembre 2007, n. 283, e deliberazione AGCOM 10 marzo 2010, n. 20872, in G.U., 1° aprile 2010, n. 76.

(4) Le parole «5.000.000 euro» sono state così sostituite alle precedenti «150.000 euro» dall'art. 1.6, lett. *c*), d.lg. 21 febbraio 2014, n. 21.

sione dell'attività d'impresa per un periodo non superiore a trenta giorni.

13. [...] (1). Per le sanzioni amministrative pecuniarie conseguenti alle violazioni del presente decreto si osservano, in quanto applicabili, le disposizioni contenute nel capo I, sezione I, e negli artt. 26, 27, 28 e 29 della l. 24 novembre 1981, n. 689, e successive modificazioni. Il pagamento delle sanzioni amministrative di cui al presente articolo deve essere effettuato entro trenta giorni dalla notifica del provvedimento dell'Autorità.

14. Ove la pratica commerciale sia stata assentita con provvedimento amministrativo, preordinato anche alla verifica del carattere non scorretto della stessa, la tutela dei soggetti e delle organizzazioni che vi abbiano interesse, è esperibile in via giurisdizionale con ricorso al giudice amministrativo avverso il predetto provvedimento.

15. È comunque fatta salva la giurisdizione del giudice ordinario in materia di atti di concorrenza sleale, a norma dell'art. 2598 del codice civile, nonché, per quanto concerne la pubblicità comparativa, in materia di atti compiuti in violazione della disciplina sul diritto d'autore protetto dalla l. 22 aprile 1941, n. 633, e successive modificazioni (2), e dei marchi d'impresa protetto a norma del d.lg. 10 febbraio 2005, n. 30, e successive modificazioni (3), nonché delle denominazioni di origine riconosciute e protette in Italia e di altri segni distintivi di imprese, beni e servizi concorrenti.

27-*bis*. *Codici di condotta*. — 1. Le associazioni o le organizzazioni imprenditoriali e professionali possono adottare, in relazione a una o più pratiche commerciali o ad uno o più settori imprenditoriali specifici, appositi codici di condotta che definiscono il comportamento dei professionisti che si impegnano a rispettare tali codici con l'indicazione del soggetto responsabile o dell'organismo incaricato del controllo della loro applicazione.

2. Il codice di condotta è redatto in lingua italiana e inglese ed è reso accessibile dal soggetto o organismo responsabile al consumatore, anche per via telematica.

3. Nella redazione di codici di condotta deve essere garantita almeno la protezione dei minori e salvaguardata la dignità umana.

4. I codici di condotta di cui al comma 1 sono comunicati, per la relativa adesione, agli operatori dei rispettivi settori e conservati ed aggiornati a cura del responsabile del codice, con l'indicazione degli aderenti.

5. Dell'esistenza del codice di condotta, dei suoi contenuti e dell'adesione il professionista deve preventivamente informare i consumatori (4).

27-*ter*. *Autodisciplina*. — 1. I consumatori, i concorrenti, anche tramite le loro associazioni o organizzazioni, prima di avviare la procedura di cui all'art. 27, possono convenire con il professionista di adire preventivamente, il soggetto responsabile o l'organismo incaricato del controllo del codice di condotta relativo ad uno specifico settore la risoluzione concordata della controversia volta a vietare o a far cessare la continuazione della pratica commerciale scorretta.

2. In ogni caso il ricorso ai sensi del presente articolo, qualunque sia l'esito della procedura, non pregiudica il diritto del consumatore di adire l'Autorità, ai sensi dell'art. 27, o il giudice competente.

3. Iniziata la procedura davanti ad un organismo di autodisciplina, le parti possono convenire di astenersi dall'adire l'Autorità fino alla pronuncia definitiva, ovvero possono chiedere la sospensione del procedimento innanzi all'Autorità, ove lo stesso sia stato attivato anche da altro soggetto legittimato, in attesa della pronuncia dell'organismo di autodisciplina. L'Autorità, valutate tutte le circostanze, può disporre la sospensione del procedimento per un periodo non superiore a trenta giorni (4).

27-*quater*. *Oneri di informazione*. — 1. L'Autorità garante della concorrenza e del mercato e le associazioni o le organizzazioni imprenditoriali e professionali di cui all'art. 27-*bis*, comunicano periodicamente al Ministero dello sviluppo economico le decisioni adottate ai sensi del presente titolo.

2. Il Ministero dello sviluppo economico provvederà affinché sul proprio sito siano disponibili:

a) le informazioni generali sulle procedure relative ai meccanismi di reclamo e ricorso disponibili in caso di controversie, nonché sui codici di condotta adottati ai sensi dell'art. 27-*bis*;

b) gli estremi delle autorità, organizzazio-

(1) Il primo periodo, che disponeva «I ricorsi avverso le decisioni adottate dall'Autorità sono soggetti alla giurisdizione esclusiva del giudice amministrativo», è stato soppresso dall'art. 4[1, n. 33]), dell'Allegato 4, d.lg. 2 luglio 2010, n. 104.
(2) In *Leggi coll. XIX, 1*.
(3) In *Leggi coll. XX, 1*.
(4) Articolo inserito dall'art. 1.2, d.lg. 2 agosto 2007, n. 146.

ni o associazioni presso le quali si possono ottenere ulteriori informazioni o assistenza;

c) gli estremi e la sintesi delle decisioni significative riguardo a controversie, comprese quelle adottate dagli organi di composizione extragiudiziale (1).

TITOLO IV (2)

Particolari modalità della comunicazione pubblicitaria

CAPO I (2)

Rafforzamento della tutela del consumatore in materia di televendite

28. *Ambito di applicazione*. — 1. Le disposizioni del presente capo (3) si applicano alle televendite, come definite nel regolamento in materia di pubblicità radiotelevisiva e televendite, adottato dall'Autorità per le garanzie nelle comunicazioni con delibera n. 538/01/CSP del 26 luglio 2001 (4), comprese quelle di astrologia, di cartomanzia ed assimilabili e di servizi relativi a concorsi o giochi comportanti ovvero strutturati in guisa di pronostici. Le medesime disposizioni si applicano altresì agli spot di televendita.

29. *Prescrizioni*. — 1. Le televendite devono evitare ogni forma di sfruttamento della superstizione, della credulità o della paura, non devono contenere scene di violenza fisica o morale o tali da offendere il gusto e la sensibilità dei consumatori per indecenza, volgarità o ripugnanza.

30. *Divieti*. — 1. È vietata la televendita che offenda la dignità umana, comporti discriminazioni di razza, sesso o nazionalità, offenda convinzioni religiose e politiche, induca a comportamenti pregiudizievoli per la salute o la sicurezza o la protezione dell'ambiente. È vietata la televendita di sigarette o di altri prodotti a base di tabacco.

2. Le televendite non devono contenere dichiarazioni o rappresentazioni che possono indurre in errore gli utenti o i consumatori, anche per mezzo di omissioni, ambiguità o esagerazioni, in particolare per ciò che riguarda le caratteristiche e gli effetti del servizio, il prezzo, le condizioni di vendita o di pagamento, le modalità della fornitura, gli eventuali premi, l'identità delle persone rappresentate (5).

31. *Tutela dei minori*. — 1. La televendita non deve esortare i minorenni a stipulare contratti di compravendita o di locazione di prodotti e di servizi. La televendita non deve arrecare pregiudizio morale o fisico ai minorenni e deve rispettare i seguenti criteri a loro tutela:

a) non esortare i minorenni ad acquistare un prodotto o un servizio, sfruttandone l'inesperienza o la credulità;

b) non esortare i minorenni a persuadere genitori o altri ad acquistare tali prodotti o servizi;

c) non sfruttare la particolare fiducia che i minorenni ripongono nei genitori, negli insegnanti o in altri;

d) non mostrare minorenni in situazioni pericolose.

32. *Sanzioni*. — 1. Salvo che il fatto costituisca reato, e fatte salve le disposizioni ed il regime sanzionatorio stabiliti per i contratti a distanza, così come disciplinati alla parte III, titolo III, capo I, sezione II (6), dall'art. 50 all'art. 61, del codice, nonché le ulteriori disposizioni stabilite in materia di pubblicità, alle televendite sono applicabili altresì le sanzioni di cui all'art. 2, comma 20, lett. *c*), della l. 14 novembre 1995, n. 481 (7), e di cui all'art. 1, comma 31, della l. 31 luglio 1997, n. 249.

PARTE III

IL RAPPORTO DI CONSUMO

TITOLO I

Dei contratti del consumatore in generale

33. *Clausole vessatorie nel contratto tra professionista e consumatore*. — 1. Nel contratto concluso tra il consumatore ed il professionista si considerano vessatorie le clausole che, mal-

(1) Articolo inserito dall'art. 1.2, d.lg. 2 agosto 2007, n. 146.
(2) Denominazione così sostituita dall'art. 1.4, d.lg. 2 agosto 2007, n. 146.
(3) La parola «capo» è stata così sostituita a quella «sezione» dall'art. 1.5, d.lg. 2 agosto 2007, n. 146.
(4) Modificata con delibera Autorità per le garanzie nelle comunicazioni 8 novembre 2007, n. 162/07/CSP, in G.U., 11 dicembre 2007, n. 287.
(5) Per disposizioni sulle televendite v. anche art. 40, d.lg. 31 luglio 2005, n. 177, come modificato dall'art. 14, d.lg. 15 marzo 2010, n. 44.
(6) Così corretto con *Avviso di rettifica*, in G.U., 3 gennaio 2006, n. 2.
(7) In *Leggi coll. XXI, 3*.

grado la buona fede, determinano a carico del consumatore un significativo squilibrio dei diritti e degli obblighi derivanti dal contratto (1).

2. Si presumono vessatorie fino a prova contraria le clausole che hanno per oggetto, o per effetto, di:

a) escludere o limitare la responsabilità del professionista in caso di morte o danno (2) alla persona del consumatore, risultante da un fatto o da un'omissione del professionista;

b) escludere o limitare le azioni o i diritti del consumatore nei confronti del professionista o di un'altra parte in caso di inadempimento totale o parziale o di adempimento inesatto da parte del professionista;

c) escludere o limitare l'opponibilità (3) da parte del consumatore della compensazione di un debito nei confronti del professionista con un credito vantato nei confronti di quest'ultimo;

d) prevedere un impegno definitivo del consumatore mentre l'esecuzione della prestazione del professionista è subordinata ad una condizione il cui adempimento dipende unicamente dalla sua volontà;

e) consentire al professionista di trattenere una somma di denaro versata dal consumatore se quest'ultimo non conclude il contratto o recede da esso, senza prevedere il diritto del consumatore di esigere dal professionista il doppio della somma corrisposta se è quest'ultimo a non concludere il contratto oppure a recedere;

f) imporre al consumatore, in caso di inadempimento o di ritardo nell'adempimento, il pagamento di una somma di denaro a titolo di risarcimento, clausola penale o altro titolo equivalente d'importo manifestamente eccessivo;

g) riconoscere al solo professionista e non anche al consumatore la facoltà di recedere dal contratto, nonché consentire al professionista di trattenere anche solo in parte la somma versata dal consumatore a titolo di corrispettivo per prestazioni non ancora adempiute, quando sia il professionista a recedere dal contratto;

h) consentire al professionista di recedere da contratti a tempo indeterminato senza un ragionevole preavviso, tranne nel caso di giusta causa;

i) stabilire un termine eccessivamente anticipato rispetto alla scadenza del contratto per comunicare la disdetta al fine di evitare la tacita proroga o rinnovazione;

l) prevedere l'estensione dell'adesione del consumatore a clausole che non ha avuto la possibilità di conoscere prima della conclusione del contratto;

m) consentire al professionista di modificare unilateralmente le clausole del contratto, ovvero le caratteristiche del prodotto o del servizio da fornire, senza un giustificato motivo indicato nel contratto stesso;

n) stabilire che il prezzo dei beni o dei servizi sia determinato al momento della consegna o della prestazione;

o) consentire al professionista di aumentare il prezzo del bene o del servizio senza che il consumatore possa recedere se il prezzo finale è eccessivamente elevato rispetto a quello originariamente convenuto;

p) riservare al professionista il potere di accertare la conformità del bene venduto o del servizio prestato a quello previsto nel contratto o conferirgli il diritto esclusivo d'interpretare una clausola qualsiasi del contratto;

q) limitare la responsabilità del professionista rispetto alle obbligazioni derivanti dai contratti stipulati in suo nome dai mandatari o subordinare l'adempimento delle suddette obbligazioni al rispetto di particolari formalità;

r) limitare o escludere l'opponibilità dell'eccezione d'inadempimento da parte del consumatore;

s) consentire al professionista di sostituire a sé un terzo nei rapporti derivanti dal contratto, anche nel caso di preventivo consenso del consumatore, qualora risulti diminuita la tutela dei diritti di quest'ultimo;

t) sancire a carico del consumatore decadenze, limitazioni della facoltà di opporre eccezioni, deroghe alla competenza dell'autorità giudiziaria, limitazioni all'adduzione di prove, inversioni o modificazioni dell'onere della prova, restrizioni alla libertà contrattuale nei rapporti con i terzi;

(1) V. Rettifica della dir. 93/13/CEE del 5 aprile 1993, concernente la clausole abusive nei contratti stipulati con i consumatori, in G.U.U.E. L 95 del 21 aprile 1993: «A pag. 31, art. 3, par. 1: anziché: "1. Una clausola contrattuale, che non è stata oggetto di negoziato individuale, si considera abusiva se, malgrado il requisito della buona fede, determina, a danno del consumatore, un significativo squilibrio dei diritti e degli obblighi delle parti derivanti dal contratto." leggi: "1. Una clausola contrattuale che non è stata oggetto di negoziato individuale si considera abusiva se, in contrasto con il requisito della buona fede, determina, a danno del consumatore, un significativo squilibrio dei diritti e degli obblighi delle parti derivanti dal contratto"».

(2) La parola «danno» è stata così sostituita alla precedente «dando» dall'art. 5, d.lg. 23 ottobre 2007, n. 221.

(3) La G.U. riportava «opportunità».

u) stabilire come sede del foro competente sulle controversie località diversa da quella di residenza o domicilio elettivo del consumatore;

v) prevedere l'alienazione di un diritto o l'assunzione di un obbligo come subordinati ad una condizione sospensiva dipendente dalla mera volontà del professionista a fronte di un'obbligazione immediatamente efficace del consumatore. è fatto salvo il disposto dell'art. 1355 del codice civile;

v-bis) imporre al consumatore che voglia accedere ad una procedura di risoluzione extragiudiziale delle controversie prevista dal titolo II-*bis* della parte V, di rivolgersi esclusivamente ad un'unica tipologia di organismi ADR o ad un unico organismo ADR (1);

v-ter) rendere eccessivamente difficile per il consumatore l'esperimento della procedura di risoluzione extragiudiziale delle controversie prevista dal titolo II-*bis* della parte V (1).

3. Se il contratto ha ad oggetto la prestazione di servizi finanziari a tempo indeterminato il professionista può, in deroga alle lett. *h*) e *m*) del comma 2:

a) recedere, qualora vi sia un giustificato motivo, senza preavviso, dandone immediata comunicazione al consumatore;

b) modificare, qualora sussista un giustificato motivo, le condizioni del contratto, preavvisando entro un congruo termine il consumatore, che ha diritto di recedere dal contratto.

4. Se il contratto ha ad oggetto la prestazione di servizi finanziari il professionista può modificare, senza preavviso, sempreché vi sia un giustificato motivo in deroga alle lett. *n*) e *o*) del comma 2, il tasso di interesse o l'importo di qualunque altro onere relativo alla prestazione finanziaria originariamente convenuti, dandone immediata comunicazione al consumatore che ha diritto di recedere dal contratto.

5. Le lett. *h*), *m*), *n*) e *o*) del comma 2 non si applicano ai contratti aventi ad oggetto valori mobiliari, strumenti finanziari ed altri prodotti o servizi il cui prezzo è collegato alle fluttuazioni di un corso e di un indice di borsa o di un tasso di mercato finanziario non controllato dal professionista, nonché la compravendita di valuta estera, di assegni di viaggio o di vaglia postali internazionali emessi in valuta estera.

6. Le lett. *n*) e *o*) del comma 2 non si applicano alle clausole di indicizzazione dei prezzi, ove consentite dalla legge, a condizione che le modalità di variazione siano espressamente descritte.

34. *Accertamento della vessatorietà delle clausole*. — 1. La vessatorietà di una clausola è valutata tenendo conto della natura del bene o del servizio oggetto del contratto e facendo riferimento alle circostanze esistenti al momento della sua conclusione ed alle altre clausole del contratto medesimo o di un altro collegato o da cui dipende.

2. La valutazione del carattere vessatorio della clausola non attiene alla determinazione dell'oggetto del contratto, né all'adeguatezza del corrispettivo dei beni e dei servizi, purché tali elementi siano individuati in modo chiaro e comprensibile.

3. Non sono vessatorie le clausole che riproducono disposizioni di legge ovvero che siano riproduttive di disposizioni o attuative di principi contenuti in convenzioni internazionali delle quali siano parti contraenti tutti gli Stati membri dell'Unione europea o l'Unione europea.

4. Non sono vessatorie le clausole o gli elementi di clausola che siano stati oggetto di trattativa individuale.

5. Nel contratto concluso mediante sottoscrizione di moduli o formulari predisposti per disciplinare in maniera uniforme determinati rapporti contrattuali, incombe sul professionista l'onere di provare che le clausole, o gli elementi di clausola, malgrado siano dal medesimo unilateralmente predisposti, siano stati oggetto di specifica trattativa con il consumatore.

35. *Forma e interpretazione*. — 1. Nel caso di contratti di cui tutte le clausole o talune clausole siano proposte al consumatore per iscritto, tali clausole devono sempre essere redatte in modo chiaro e comprensibile.

2. In caso di dubbio sul senso di una clausola, prevale l'interpretazione più favorevole al consumatore.

3. La disposizione di cui al comma 2 non si applica nei casi di cui all'art. 37.

36. *Nullità di protezione*. — 1. Le clausole considerate vessatorie ai sensi degli artt. 33 e 34 sono nulle mentre il contratto rimane valido per il resto.

2. Sono nulle le clausole che, quantunque oggetto di trattativa, abbiano per oggetto o per effetto di:

a) escludere o limitare la responsabilità del professionista in caso di morte o danno alla persona del consumatore, risultante da un fatto o da un'omissione del professionista;

b) escludere o limitare le azioni del con-

(1) Lettera aggiunta dall'art. 1.8, d.lg. 6 agosto 2015, n. 130. In base all'art. 2.1, d.lg. cit., tali disposizioni «si applicano a decorrere dal 9 gennaio 2016».

sumatore nei confronti del professionista o di un'altra parte in caso di inadempimento totale o parziale o di adempimento inesatto da parte del professionista;

c) prevedere l'adesione del consumatore come estesa a clausole che non ha avuto, di fatto, la possibilità di conoscere prima della conclusione del contratto.

3. La nullità opera soltanto a vantaggio del consumatore e può essere rilevata d'ufficio dal giudice.

4. Il venditore ha diritto di regresso nei confronti del fornitore per i danni che ha subito in conseguenza della declaratoria di nullità delle clausole dichiarate abusive.

5. È nulla ogni clausola contrattuale che, prevedendo l'applicabilità al contratto di una legislazione di un Paese extracomunitario, abbia l'effetto di privare il consumatore della protezione assicurata dal presente titolo (1), laddove il contratto presenti un collegamento più stretto con il territorio di uno Stato membro dell'Unione europea.

37. *Azione inibitoria*. — 1. Le associazioni rappresentative dei consumatori, di cui all'art. 137, le associazioni rappresentative dei professionisti [...] (2), possono convenire in giudizio il professionista o l'associazione di professionisti che utilizzano, o che raccomandano l'utilizzo di condizioni generali di contratto e richiedere al giudice competente che inibisca l'uso delle condizioni di cui sia accertata l'abusività ai sensi del presente titolo (1).

2. L'inibitoria può essere concessa, quando ricorrono giusti motivi di urgenza, ai sensi degli artt. 669-*bis* e seguenti del codice di procedura civile.

3. Il giudice può ordinare che il provvedimento sia pubblicato in uno o più giornali, di cui uno almeno a diffusione nazionale.

4. Per quanto non previsto dal presente articolo, alle azioni inibitorie esercitate dalle associazioni dei consumatori di cui al comma 1, si applicano le disposizioni dell'art. 140.

37-*bis*. *Tutela amministrativa contro le clausole vessatorie*. — 1. L'Autorità garante della concorrenza e del mercato, sentite le associazioni di categoria rappresentative a livello nazionale [...] (3), d'ufficio o su denuncia, ai soli fini di cui ai commi successivi, dichiara la vessatorietà delle clausole inserite nei contratti tra professionisti e consumatori che si concludono mediante adesione a condizioni generali di contratto o con la sottoscrizione di moduli, modelli o formulari. Si applicano le disposizioni previste dall'art. 14, commi 2, 3 e 4, della l. 10 ottobre 1990, n. 287 (4), secondo le modalità previste dal regolamento di cui al comma 5. In caso di inottemperanza, a quanto disposto dall'Autorità ai sensi dell'art. 14, comma 2, della l. 10 ottobre 1990, n. 287 (4), l'Autorità applica una sanzione amministrativa pecuniaria da 2.000 euro a 20.000 euro. Qualora le informazioni o la documentazione fornite non siano veritiere, l'Autorità applica una sanzione amministrativa pecuniaria da 4.000 euro a 40.000 euro.

2. Il provvedimento che accerta la vessatorietà della clausola è diffuso anche per estratto mediante pubblicazione su apposita sezione del sito internet istituzionale dell'Autorità, sul sito dell'operatore che adotta la clausola ritenuta vessatoria e mediante ogni altro mezzo ritenuto opportuno in relazione all'esigenza di informare compiutamente i consumatori a cura e spese dell'operatore. In caso di inottemperanza alle disposizioni di cui al presente comma, l'Autorità applica una sanzione amministrativa pecuniaria da 5.000 euro a 50.000 euro.

3. Le imprese interessate hanno facoltà di interpellare preventivamente l'Autorità in merito alla vessatorietà delle clausole che intendono utilizzare nei rapporti commerciali con i consumatori secondo le modalità previste dal regolamento di cui al comma 5. L'Autorità si pronuncia sull'interpello entro il termine di centoventi giorni dalla richiesta, salvo che le informazioni fornite risultino gravemente inesatte, incomplete o non veritiere. Le clausole non ritenute vessatorie a seguito di interpello non possono essere successivamente valutate dall'Autorità per gli effetti di cui al comma 2. Resta in ogni caso ferma la responsabilità dei professionisti nei confronti dei consumatori.

4. In materia di tutela giurisdizionale, contro gli atti dell'Autorità, adottati in applicazione del presente articolo, è competente il giudice amministrativo. È fatta salva la giurisdizione del giudice ordinario sulla validità delle clausole vessatorie e sul risarcimento del danno.

5. L'Autorità, con proprio regolamento, di-

(1) Così corretto con *Avviso di rettifica*, in G.U., 3 gennaio 2006, n. 2.

(2) Le parole «e le camere di commercio, industria, artigianato e agricoltura» sono state soppresse dall'art. 5.4, lett. a, d.lg. 25 novembre 2016, n. 219.

(3) Le parole «e le camere di commercio interessate o loro unioni» sono state soppresse dall'art. 5.4, lett. b, d.lg. 25 novembre 2016, n. 219.

(4) In *Leggi coll. XXI, 1*.

sciplina la procedura istruttoria in modo da garantire il contraddittorio e l'accesso agli atti, nel rispetto dei legittimi motivi di riservatezza. Con lo stesso regolamento l'Autorità disciplina le modalità di consultazione con le associazioni di categoria rappresentative a livello nazionale [...] (1) attraverso l'apposita sezione del sito internet di cui al comma 2 nonché la procedura di interpello. Nell'esercizio delle competenze di cui al presente articolo, l'Autorità può sentire le autorità di regolazione o vigilanza dei settori in cui i professionisti interessati operano [...] (2).

6. Le attività di cui al presente articolo sono svolte con le risorse umane, strumentali e finanziarie già disponibili a legislazione vigente (3).

38. *Rinvio*. — 1. Per quanto non previsto dal presente (4) codice, ai contratti conclusi tra il consumatore ed il professionista si applicano le disposizioni del codice civile.

TITOLO II

Esercizio dell'attività commerciale

CAPO I

Disposizioni generali

39. *Regole nelle attività commerciali*. — 1. Le attività commerciali sono improntate al rispetto dei principi di buona fede, di correttezza e di lealtà, valutati anche alla stregua delle esigenze di protezione delle categorie di consumatori.

CAPO II

Promozione delle vendite

Sezione I. — *Credito al consumo*

40-42. .... (5).

43. *Rinvio al t.u. bancario*. — 1. Per la [...] (6) disciplina del credito al consumo si fa rinvio ai capi II e III del titolo VI del citato d.lg. n. 385 del 1993 (7), e successive modificazioni, nonché agli artt. 144 e 145 del medesimo t.u. (7) per l'applicazione delle relative sanzioni.

TITOLO III

Modalità contrattuali

44. *Contratti negoziati nei locali commerciali. Rinvio*. — 1. Ove non diversamente disciplinato dal presente codice, per la disciplina del settore del commercio si fa rinvio al d.lg. 31 marzo 1998, n. 114 (8), recante riforma della disciplina relativa al settore del commercio, a norma dell'art. 4, comma 4, della l. 15 marzo 1997, n. 59.

CAPO I

Dei diritti dei consumatori nei contratti (9)

45. *Definizioni*. — 1. Ai fini delle Sezioni da I a IV del presente capo, si intende per:

a) «consumatore»: la persona fisica, di cui all'art. 3, comma 1, lett. *a*);

b) «professionista»: il soggetto, di cui all'art. 3, comma 1, lett. *c*);

c) «bene»: qualsiasi bene mobile materiale ad esclusione dei beni oggetto di vendita forzata o comunque venduti secondo altre modalità dalle autorità giudiziarie; rientrano fra i beni oggetto della presente direttiva l'acqua, il gas e l'elettricità, quando sono messi in vendita in un volume delimitato o in quantità determinata;

d) «beni prodotti secondo le indicazioni del consumatore»: qualsiasi bene non prefabbricato prodotto in base a una scelta o decisione individuale del consumatore;

e) «contratto di vendita»: qualsiasi contratto in base al quale il professionista trasferi-

(1) Le parole «e con le camere di commercio interessate o loro unioni» sono state soppresse dall'art. 5.4, lett. c, d.lg. 25 novembre 2016, n. 219.
(2) Le parole «, nonché le camere di commercio interessate o le loro unioni» sono state soppresse dall'art. 5.4, lett. d, d.lg. 25 novembre 2016, n. 219.
(3) Articolo inserito dall'art. 5, d.l. 24 gennaio 2012, n. 1, conv. in l. 24 marzo 2012, n. 27.
(4) La parola «presente» è stata inserita dall'art. 6, d.lg. 23 ottobre 2007, n. 221.
(5) Articoli abrogati dall'art. 3.1, lett. a, d.lg. 13 agosto 2010, n. 141.
(6) La parola «restante» è stata soppressa dall'art. 3.1, lett. a, d.lg. 13 agosto 2010, n. 141.
(7) In *Leggi coll. XVII, 1*.
(8) In *Leggi coll. XIII, 1*.
(9) Capo così sostituito dall'art. 1.1, d.lg. 21 febbraio 2014, n. 21. In base all'art. 2.1, d.lg. cit., tali modifiche «entrano in vigore dal 13 giugno 2014 e si applicano ai contratti conclusi dopo tale data».

sce o si impegna a trasferire la proprietà di beni al consumatore e il consumatore ne paga o si impegna a pagarne il prezzo, inclusi i contratti che hanno come oggetto sia beni che servizi;

f) «contratto di servizi»: qualsiasi contratto diverso da un contratto di vendita in base al quale il professionista fornisce o si impegna a fornire un servizio al consumatore e il consumatore paga o si impegna a pagarne il prezzo;

g) «contratto a distanza»: qualsiasi contratto concluso tra il professionista e il consumatore nel quadro di un regime organizzato di vendita o di prestazione di servizi a distanza senza la presenza fisica e simultanea del professionista e del consumatore, mediante l'uso esclusivo di uno o più mezzi di comunicazione a distanza fino alla conclusione del contratto, compresa la conclusione del contratto stesso;

h) «contratto negoziato fuori dei locali commerciali»: qualsiasi contratto tra il professionista e il consumatore:

1) concluso alla presenza fisica e simultanea del professionista e del consumatore, in un luogo diverso dai locali del professionista;

2) per cui è stata fatta un'offerta da parte del consumatore, nelle stesse circostanze di cui al n. 1;

3) concluso nei locali del professionista o mediante qualsiasi mezzo di comunicazione a distanza immediatamente dopo che il consumatore è stato avvicinato personalmente e singolarmente in un luogo diverso dai locali del professionista, alla presenza fisica e simultanea del professionista e del consumatore; oppure;

4) concluso durante un viaggio promozionale organizzato dal professionista e avente lo scopo o l'effetto di promuovere e vendere beni o servizi al consumatore;

i) «locali commerciali»:

1) qualsiasi locale immobile adibito alla vendita al dettaglio in cui il professionista esercita la sua attività su base permanente; oppure;

2) qualsiasi locale mobile adibito alla vendita al dettaglio in cui il professionista esercita la propria attività a carattere abituale;

l) «supporto durevole»: ogni strumento che permetta al consumatore o al professionista di conservare le informazioni che gli sono personalmente indirizzate in modo da potervi accedere in futuro per un periodo di tempo adeguato alle finalità cui esse sono destinate e che permetta la riproduzione identica delle informazioni memorizzate;

m) «contenuto digitale»: i dati prodotti e forniti in formato digitale;

n) «servizio finanziario»: qualsiasi servizio di natura bancaria, creditizia, assicurativa, servizi pensionistici individuali, di investimento o di pagamento;

o) «asta pubblica»: metodo di vendita in cui beni o servizi sono offerti dal professionista ai consumatori che partecipano o cui è data la possibilità di partecipare all'asta di persona, mediante una trasparente procedura competitiva di offerte gestita da una casa d'aste e in cui l'aggiudicatario è vincolato all'acquisto dei beni o servizi;

p) «garanzia»: qualsiasi impegno di un professionista o di un produttore (il «garante»), assunto nei confronti del consumatore, in aggiunta agli obblighi di legge in merito alla garanzia di conformità, di rimborsare il prezzo pagato, sostituire, riparare, o intervenire altrimenti sul bene, qualora esso non corrisponda alle caratteristiche, o a qualsiasi altro requisito non relativo alla conformità, enunciati nella dichiarazione di garanzia o nella relativa pubblicità disponibile al momento o prima della conclusione del contratto;

q) «contratto accessorio»: un contratto mediante il quale il consumatore acquista beni o servizi connessi a un contratto a distanza o negoziato fuori dei locali commerciali e in cui tali beni o servizi sono forniti dal professionista o da un terzo in base ad un accordo tra il terzo e il professionista.

46. *Ambito di applicazione*. — 1. Le disposizioni delle Sezioni da I a IV del presente Capo si applicano, a qualsiasi contratto concluso tra un professionista e un consumatore, inclusi i contratti per la fornitura di acqua, gas, elettricità o teleriscaldamento, anche da parte di prestatori pubblici, nella misura in cui detti prodotti di base sono forniti su base contrattuale.

2. In caso di conflitto tra le disposizioni delle Sezioni da I a IV del presente Capo e una disposizione di un atto dell'Unione europea che disciplina settori specifici, quest'ultima e le relative norme nazionali di recepimento prevalgono e si applicano a tali settori specifici.

3. Le disposizioni delle Sezioni da I a IV del presente Capo non impediscono ai professionisti di offrire ai consumatori condizioni contrattuali più favorevoli rispetto alla tutela prevista da tali disposizioni.

47. *Esclusioni*. — 1. Le disposizioni delle Sezioni da I a IV del presente Capo non si applicano ai contratti:

a) per i servizi sociali, compresi gli alloggi popolari, l'assistenza all'infanzia e il sostegno alle famiglie e alle persone temporaneamente o permanentemente in stato di bisogno, ivi compresa l'assistenza a lungo termine;

b) di assistenza sanitaria, per i servizi prestati da professionisti sanitari a pazienti, al fine di valutare, mantenere o ristabilire il loro stato di salute, ivi compresa la prescrizione, la somministrazione e la fornitura di medicinali e dispositivi medici, sia essa fornita o meno attraverso le strutture di assistenza sanitaria;

c) di attività di azzardo che implicano una posta di valore pecuniario in giochi di fortuna, comprese le lotterie, i giochi d'azzardo nei casinò e le scommesse;

d) di servizi finanziari;

e) aventi ad oggetto la creazione di beni immobili o la costituzione o il trasferimento di diritti su beni immobili;

f) per la costruzione di nuovi edifici, la trasformazione sostanziale di edifici esistenti e per la locazione di alloggi a scopo residenziale;

g) che rientrano nell'ambito di applicazione della disciplina concernente i contratti del turismo organizzato, di cui al Capo I del Titolo VI dell'Allegato 1 del d.lg. 23 maggio 2011, n. 79 (1) (2);

h) che rientrano nell'ambito di applicazione della disciplina concernente la tutela dei consumatori per quanto riguarda taluni aspetti dei contratti di multiproprietà, dei contratti relativi ai prodotti per le vacanze di lungo termine e dei contratti di rivendita e di scambio, di cui agli articoli da 69 a 81-*bis* del presente Codice;

i) stipulati con l'intervento di un pubblico ufficiale, tenuto per legge all'indipendenza e all'imparzialità, il quale deve garantire, fornendo un'informazione giuridica completa, che il consumatore concluda il contratto soltanto sulla base di una decisione giuridica ponderata e con conoscenza della sua rilevanza giuridica;

l) di fornitura di alimenti, bevande o altri beni destinati al consumo corrente nella famiglia e fisicamente forniti da un professionista in giri frequenti e regolari al domicilio, alla residenza o al posto di lavoro del consumatore;

m) di servizi di trasporto passeggeri, fatti salvi l'art. 51, comma 2, e gli artt. 62 e 65;

n) conclusi tramite distributori automatici o locali commerciali automatizzati;

o) conclusi con operatori delle telecomunicazioni impiegando telefoni pubblici a pagamento per il loro utilizzo o conclusi per l'utilizzo di un solo collegamento tramite telefono, Internet o fax, stabilito dal consumatore.

2. Le disposizioni delle Sezioni da I a IV del presente Capo non si applicano ai contratti negoziati fuori dei locali commerciali in base ai quali il corrispettivo che il consumatore deve pagare non è superiore a 50 euro. Tuttavia, si applicano le disposizioni del presente Capo nel caso di più contratti stipulati contestualmente tra le medesime parti, qualora l'entità del corrispettivo globale che il consumatore deve pagare, indipendentemente dall'importo dei singoli contratti, superi l'importo di 50 euro.

Sezione I. — *Informazioni precontrattuali per i consumatori nei contratti diversi dai contratti a distanza o negoziati fuori dei locali commerciali*

48. *Obblighi d'informazione nei contratti diversi dai contratti a distanza o negoziati fuori dei locali commerciali.* — 1. Prima che il consumatore sia vincolato da un contratto diverso da un contratto a distanza o negoziato fuori dei locali commerciali o da una corrispondente offerta, il professionista fornisce al consumatore le seguenti informazioni in modo chiaro e comprensibile, qualora esse non siano già apparenti dal contesto:

a) le caratteristiche principali dei beni o servizi, nella misura adeguata al supporto e ai beni o servizi;

b) l'identità del professionista, l'indirizzo geografico in cui è stabilito e il numero di telefono e, ove questa informazione sia pertinente, l'indirizzo geografico e l'identità del professionista per conto del quale egli agisce;

c) il prezzo totale dei beni o servizi comprensivo delle imposte o, se la natura dei beni o dei servizi comporta l'impossibilità di calcolare ragionevolmente il prezzo in anticipo, le modalità di calcolo del prezzo e, se applicabili, tutte le spese aggiuntive di spedizione, consegna o postali oppure, qualora tali spese non possano ragionevolmente essere calcolate in anticipo, l'indicazione che tali spese potranno essere addebitate al consumatore;

d) se applicabili, le modalità di pagamento, consegna ed esecuzione, la data entro la quale il professionista si impegna a consegnare i beni o a prestare il servizio e il trattamento dei reclami da parte del professionista;

e) oltre a un richiamo dell'esistenza della garanzia legale di conformità per i beni, l'esistenza e le condizioni del servizio postvendita e delle garanzie commerciali, se applicabili;

f) la durata del contratto, se applicabile,

(1) In *Leggi coll. XI, 9*.
(2) Lettera così sostituita dall'art. 2.1, d.lg. 21 maggio 2018, n. 62. In base all'art. 3.1, d.lg. cit., tali disposizioni «entrano in vigore il 1° luglio 2018 e si applicano ai contratti conclusi a decorrere da tale data».

o, se il contratto è a tempo indeterminato o è un contratto a rinnovo automatico, le condizioni di risoluzione del contratto;

g) se applicabile, la funzionalità del contenuto digitale, comprese le misure applicabili di protezione tecnica;

h) qualsiasi interoperabilità pertinente del contenuto digitale con l'hardware e il software, di cui il professionista sia a conoscenza o di cui ci si può ragionevolmente attendere che sia venuto a conoscenza, se applicabili.

2. Gli obblighi di informazione precontrattuali, di cui al comma 1, si applicano anche ai contratti per la fornitura di acqua, gas o elettricità, quando non sono messi in vendita in un volume limitato o in quantità determinata, di teleriscaldamento o di contenuto digitale non fornito su un supporto materiale.

3. Gli obblighi di informazione precontrattuali, di cui al comma 1, non si applicano ai contratti che implicano transazioni quotidiane e che sono eseguiti immediatamente al momento della loro conclusione.

4. È fatta salva la possibilità di prevedere o mantenere obblighi aggiuntivi di informazione precontrattuale per i contratti ai quali si applica il presente articolo.

5. Sono fatte salve le disposizioni di cui agli articoli da 6 a 12 del presente Codice.

Sezione II. — *Informazioni precontrattuali per il consumatore e diritto di recesso nei contratti a distanza e nei contratti negoziati fuori dei locali commerciali*

49. *Obblighi di informazione nei contratti a distanza e nei contratti negoziati fuori dei locali commerciali.* — 1. Prima che il consumatore sia vincolato da un contratto a distanza o negoziato fuori dei locali commerciali o da una corrispondente offerta, il professionista fornisce al consumatore le informazioni seguenti, in maniera chiara e comprensibile:

a) le caratteristiche principali dei beni o servizi, nella misura adeguata al supporto e ai beni o servizi;

b) l'identità del professionista;

c) l'indirizzo geografico dove il professionista è stabilito e il suo numero di telefono, di fax e l'indirizzo elettronico, ove disponibili, per consentire al consumatore di contattare rapidamente il professionista e comunicare efficacemente con lui e, se applicabili, l'indirizzo geografico e l'identità del professionista per conto del quale agisce;

d) se diverso dall'indirizzo fornito in conformità della lett. *c*), l'indirizzo geografico della sede del professionista a cui il consumatore può indirizzare eventuali reclami e, se applicabile, quello del professionista per conto del quale agisce;

e) il prezzo totale dei beni o dei servizi comprensivo delle imposte o, se la natura dei beni o servizi comporta l'impossibilità di calcolare ragionevolmente il prezzo in anticipo, le modalità di calcolo del prezzo e, se del caso, tutte le spese aggiuntive di spedizione, consegna o postali e ogni altro costo oppure, qualora tali spese non possano ragionevolmente essere calcolate in anticipo, l'indicazione che tali spese potranno essere addebitate al consumatore; nel caso di un contratto a tempo indeterminato o di un contratto comprendente un abbonamento, il prezzo totale include i costi totali per periodo di fatturazione; quando tali contratti prevedono l'addebitamento di una tariffa fissa, il prezzo totale equivale anche ai costi mensili totali; se i costi totali non possono essere ragionevolmente calcolati in anticipo, devono essere fornite le modalità di calcolo del prezzo;

f) il costo dell'utilizzo del mezzo di comunicazione a distanza per la conclusione del contratto quando tale costo è calcolato su una base diversa dalla tariffa di base;

g) le modalità di pagamento, consegna ed esecuzione, la data entro la quale il professionista si impegna a consegnare i beni o a prestare i servizi e, se del caso, il trattamento dei reclami da parte del professionista;

h) in caso di sussistenza di un diritto di recesso, le condizioni, i termini e le procedure per esercitare tale diritto conformemente all'art. 54, comma 1, nonché il modulo tipo di recesso di cui all'allegato I, parte B;

i) se applicabile, l'informazione che il consumatore dovrà sostenere il costo della restituzione dei beni in caso di recesso e in caso di contratti a distanza qualora i beni per loro natura non possano essere normalmente restituiti a mezzo posta;

l) che, se il consumatore esercita il diritto di recesso dopo aver presentato una richiesta ai sensi dell'art. 50, comma 3, o dell'art. 51, comma 8, egli è responsabile del pagamento al professionista di costi ragionevoli, ai sensi dell'art. 57, comma 3;

m) se non è previsto un diritto di recesso ai sensi dell'art. 59, l'informazione che il consumatore non beneficerà di un diritto di recesso o, se del caso, le circostanze in cui il consumatore perde il diritto di recesso;

n) un promemoria dell'esistenza della garanzia legale di conformità per i beni;

o) se applicabili, l'esistenza e le condizioni dell'assistenza postvendita al consumatore, dei servizi postvendita e delle garanzie commerciali;

p) l'esistenza di codici di condotta pertinenti, come definiti all'art. 18, comma 1, lett. *f*), del presente Codice, e come possa esserne ottenuta copia, se del caso;

q) la durata del contratto, se applicabile, o, se il contratto è a tempo indeterminato o è un contratto a rinnovo automatico, le condizioni per recedere dal contratto;

r) se applicabile, la durata minima degli obblighi del consumatore a norma del contratto;

s) se applicabili, l'esistenza e le condizioni di depositi o altre garanzie finanziarie che il consumatore è tenuto a pagare o fornire su richiesta del professionista;

t) se applicabile, la funzionalità del contenuto digitale, comprese le misure applicabili di protezione tecnica;

u) qualsiasi interoperabilità pertinente del contenuto digitale con l'hardware e il software, di cui il professionista sia a conoscenza o di cui ci si può ragionevolmente attendere che sia venuto a conoscenza, se applicabile;

v) se applicabile, la possibilità di servirsi di un meccanismo extra-giudiziale di reclamo e ricorso cui il professionista è soggetto e le condizioni per avervi accesso.

2. Gli obblighi di informazione precontrattuali, di cui al comma 1, si applicano anche ai contratti per la fornitura di acqua, gas o elettricità, quando non sono messi in vendita in un volume limitato o in quantità determinata, di teleriscaldamento o di contenuto digitale non fornito su un supporto materiale.

3. Nel caso di un'asta pubblica, le informazioni di cui al comma 1, lett. *b*), *c*) e *d*), possono essere sostituite dai corrispondenti dati della casa d'aste.

4. Le informazioni di cui al comma 1, lett. *h*), *i*) e *l*), possono essere fornite mediante le istruzioni tipo sul recesso di cui all'allegato I, parte A. Il professionista ha adempiuto agli obblighi di informazione di cui al comma 1, lett. *h*), *i*) e *l*), se ha presentato dette istruzioni al consumatore, debitamente compilate.

5. Le informazioni di cui al comma 1 formano parte integrante del contratto a distanza o del contratto negoziato fuori dei locali commerciali e non possono essere modificate se non con accordo espresso delle parti.

6. Se il professionista non adempie agli obblighi di informazione sulle spese aggiuntive o gli altri costi di cui al comma 1, lett. *e*), o sui costi della restituzione dei beni di cui al comma 1, lett. *i*), il consumatore non deve sostenere tali spese o costi aggiuntivi.

7. Nel caso di utilizzazione di tecniche che consentono una comunicazione individuale, le informazioni di cui al comma 1 sono fornite, ove il consumatore lo richieda, in lingua italiana.

8. Gli obblighi di informazione stabiliti nella presente sezione si aggiungono agli obblighi di informazione contenuti nel d.lg. 26 marzo 2010, n. 59, e successive modificazioni, e nel d.lg. 9 aprile 2003, n. 70, e successive modificazioni, e non ostano ad obblighi di informazione aggiuntivi previsti in conformità a tali disposizioni.

9. Fatto salvo quanto previsto dal comma 8, in caso di conflitto tra una disposizione del d.lg. 26 marzo 2010, n. 59, e successive modificazioni, e del d.lg. 9 aprile 2003, n. 70, e successive modificazioni, sul contenuto e le modalità di rilascio delle informazioni e una disposizione della presente sezione, prevale quest'ultima.

10. L'onere della prova relativo all'adempimento degli obblighi di informazione di cui alla presente sezione incombe sul professionista.

50. *Requisiti formali per i contratti negoziati fuori dei locali commerciali.* — 1. Per quanto riguarda i contratti negoziati fuori dei locali commerciali il professionista fornisce al consumatore le informazioni di cui all'art. 49, comma 1, su supporto cartaceo o, se il consumatore è d'accordo, su un altro mezzo durevole. Dette informazioni devono essere leggibili e presentate in un linguaggio semplice e comprensibile.

2. Il professionista fornisce al consumatore una copia del contratto firmato o la conferma del contratto su supporto cartaceo o, se il consumatore è d'accordo, su un altro mezzo durevole, compresa, se del caso, la conferma del previo consenso espresso e dell'accettazione del consumatore in conformità all'art. 59, comma 1, lett. *o*).

3. Se un consumatore vuole che la prestazione dei servizi ovvero la fornitura di acqua, gas o elettricità, quando non sono messi in vendita in un volume limitato o in quantità determinata, o di teleriscaldamento inizi durante il periodo di recesso previsto all'art. 52, comma 2, il professionista esige che il consumatore ne faccia esplicita richiesta su un supporto durevole.

4. Per i contratti negoziati fuori dei locali commerciali in cui il consumatore ha chiesto espressamente i servizi del professionista ai fini dell'effettuazione di lavori di riparazione o manutenzione e in virtù dei quali il professionista e il consumatore adempiono immediatamente ai propri obblighi contrattuali e l'importo a carico del consumatore non supera i 200 euro:

a) il professionista fornisce al consumatore, prima che questi sia vincolato dal contratto, le informazioni di cui all'art. 49, comma 1, lett. *b*) e *c*), e le informazioni concernenti il prezzo o le modalità di calcolo del prezzo, accompagnate da una stima del prezzo totale, su supporto cartaceo o, se il consumatore è d'accordo, su un altro mezzo durevole. Il professionista fornisce le informazioni di cui all'art. 49, comma 1, lett. *a*), *h*) ed *m*), ma può scegliere di non fornirle su formato cartaceo o su un altro mezzo durevole se il consumatore ha espressamente acconsentito;

b) la conferma del contratto fornita conformemente al comma 2 del presente articolo contiene tutte le informazioni di cui all'art. 49, comma 1.

51. *Requisiti formali per i contratti a distanza.* — 1. Per quanto riguarda i contratti a distanza il professionista fornisce o mette a disposizione del consumatore le informazioni di cui all'art. 49, comma 1, in modo appropriato al mezzo di comunicazione a distanza impiegato in un linguaggio semplice e comprensibile. Nella misura in cui dette informazioni sono presentate su un supporto durevole, esse devono essere leggibili.

2. Se un contratto a distanza che deve essere concluso con mezzi elettronici impone al consumatore l'obbligo di pagare, il professionista gli comunica in modo chiaro ed evidente le informazioni di cui all'art. 49, comma 1, lett. *a*), *e*), *q*) ed *r*), direttamente prima che il consumatore inoltri l'ordine. Il professionista garantisce che, al momento di inoltrare l'ordine, il consumatore riconosca espressamente che l'ordine implica l'obbligo di pagare. Se l'inoltro dell'ordine implica di azionare un pulsante o una funzione analoga, il pulsante o la funzione analoga riportano in modo facilmente leggibile soltanto le parole «ordine con obbligo di pagare» o una formulazione corrispondente inequivocabile indicante che l'inoltro dell'ordine implica l'obbligo di pagare il professionista. Se il professionista non osserva il presente comma, il consumatore non è vincolato dal contratto o dall'ordine.

3. I siti di commercio elettronico indicano in modo chiaro e leggibile, al più tardi all'inizio del processo di ordinazione, se si applicano restrizioni relative alla consegna e quali mezzi di pagamento sono accettati.

4. Se il contratto è concluso mediante un mezzo di comunicazione a distanza che consente uno spazio o un tempo limitato per visualizzare le informazioni, il professionista fornisce, su quel mezzo in particolare e prima della conclusione del contratto, almeno le informazioni precontrattuali riguardanti le caratteristiche principali dei beni o servizi, l'identità del professionista, il prezzo totale, il diritto di recesso, la durata del contratto e, nel caso di contratti a tempo indeterminato, le condizioni di risoluzione del contratto, conformemente all'art. 49, comma 1, lett. *a*), *b*), *e*), *h*) e *q*). Le altre informazioni di cui all'art. 49, comma 1, sono fornite dal professionista in un modo appropriato conformemente al comma 1 del presente articolo.

5. Fatto salvo il comma 4, se il professionista telefona al consumatore al fine di concludere un contratto a distanza, all'inizio della conversazione con il consumatore egli deve rivelare la sua identità e, ove applicabile, l'identità della persona per conto della quale effettua la telefonata, nonché lo scopo commerciale della chiamata e l'informativa di cui all'art. 10 del d.p.r. 7 settembre 2010, n. 178.

6. Quando un contratto a distanza deve essere concluso per telefono, il professionista deve confermare l'offerta al consumatore, il quale è vincolato solo dopo aver firmato l'offerta o dopo averla accettata per iscritto; in tali casi il documento informatico può essere sottoscritto con firma elettronica ai sensi dell'art. 21 del d.lg. 7 marzo 2005, n. 82, e successive modificazioni (1). Dette conferme possono essere effettuate, se il consumatore acconsente, anche su un supporto durevole.

7. Il professionista fornisce al consumatore la conferma del contratto concluso su un mezzo durevole, entro un termine ragionevole dopo la conclusione del contratto a distanza e al più tardi al momento della consegna dei beni oppure prima che l'esecuzione del servizio abbia inizio. Tale conferma comprende:

a) tutte le informazioni di cui all'art. 49, comma 1, a meno che il professionista non abbia già fornito l'informazione al consumatore su un mezzo durevole prima della conclusione del contratto a distanza; e

b) se del caso, la conferma del previo consenso espresso e dell'accettazione del consumatore conformemente all'art. 59, lett. *o*).

8. Se un consumatore vuole che la prestazione di servizi ovvero la fornitura di acqua, gas o elettricità, quando non sono messi in vendita in un volume limitato o in quantità determinata, o di teleriscaldamento inizi durante il periodo di recesso previsto all'art. 52, comma 2, il professionista esige che il consumatore ne faccia richiesta esplicita.

(1) In *Leggi coll. IV, 4.*

9. Il presente articolo lascia impregiudicate le disposizioni relative alla conclusione di contratti elettronici e all'inoltro di ordini per via elettronica conformemente agli artt. 12, commi 2 e 3, e 13 del d.lg. 9 aprile 2003, n. 70, e successive modificazioni.

52. *Diritto di recesso.* — 1. Fatte salve le eccezioni di cui all'art. 59, il consumatore dispone di un periodo di quattordici giorni per recedere da un contratto a distanza o negoziato fuori dei locali commerciali senza dover fornire alcuna motivazione e senza dover sostenere costi diversi da quelli previsti all'art. 56, comma 2, e all'art. 57.

2. Fatto salvo l'art. 53, il periodo di recesso di cui al comma 1 termina dopo quattordici giorni a partire:

a) nel caso dei contratti di servizi, dal giorno della conclusione del contratto;

b) nel caso di contratti di vendita, dal giorno in cui il consumatore o un terzo, diverso dal vettore e designato dal consumatore, acquisisce il possesso fisico dei beni o:

1) nel caso di beni multipli ordinati dal consumatore mediante un solo ordine e consegnati separatamente, dal giorno in cui il consumatore o un terzo, diverso dal vettore e designato dal consumatore, acquisisce il possesso fisico dell'ultimo bene;

2) nel caso di consegna di un bene costituito da lotti o pezzi multipli, dal giorno in cui il consumatore o un terzo, diverso dal vettore e designato dal consumatore, acquisisce il possesso fisico dell'ultimo lotto o pezzo;

3) nel caso di contratti per la consegna periodica di beni durante un determinato periodo di tempo, dal giorno in cui il consumatore o un terzo, diverso dal vettore e designato dal consumatore, acquisisce il possesso fisico del primo bene;

c) nel caso di contratti per la fornitura di acqua, gas o elettricità, quando non sono messi in vendita in un volume limitato o in quantità determinata, di teleriscaldamento o di contenuto digitale non fornito su un supporto materiale, dal giorno della conclusione del contratto.

3. Le parti del contratto possono adempiere ai loro obblighi contrattuali durante il periodo di recesso. Tuttavia, nel caso di contratti negoziati fuori dei locali commerciali, il professionista non può accettare, a titolo di corrispettivo, effetti cambiari che abbiano una scadenza inferiore a quindici giorni dalla conclusione del contratto per i contratti di servizi o dall'acquisizione del possesso fisico dei beni per i contratti di vendita e non può presentarli allo sconto prima di tale termine.

53. *Non adempimento dell'obbligo d'informazione sul diritto di recesso.* — 1. Se in violazione dell'art. 49, comma 1, lett. *h*), il professionista non fornisce al consumatore le informazioni sul diritto di recesso, il periodo di recesso termina dodici mesi dopo la fine del periodo di recesso iniziale, come determinato a norma dell'art. 52, comma 2.

2. Se il professionista fornisce al consumatore le informazioni di cui al comma 1 entro dodici mesi dalla data di cui all'art. 52, comma 2, il periodo di recesso termina quattordici giorni dopo il giorno in cui il consumatore riceve le informazioni.

54. *Esercizio del diritto di recesso.* — 1. Prima della scadenza del periodo di recesso, il consumatore informa il professionista della sua decisione di esercitare il diritto di recesso dal contratto. A tal fine il consumatore può:

a) utilizzare il modulo tipo di recesso di cui all'allegato I, parte B; oppure

b) presentare una qualsiasi altra dichiarazione esplicita della sua decisione di recedere dal contratto.

2. Il consumatore ha esercitato il proprio diritto di recesso entro il periodo di recesso di cui all'art. 52, comma 2, e all'art. 53 se la comunicazione relativa all'esercizio del diritto di recesso è inviata dal consumatore prima della scadenza del periodo di recesso.

3. Il professionista, oltre alle possibilità di cui al comma 1, può offrire al consumatore l'opzione di compilare e inviare elettronicamente il modulo di recesso tipo riportato all'allegato I, parte B, o una qualsiasi altra dichiarazione esplicita sul sito web del professionista. In tali casi il professionista comunica senza indugio al consumatore una conferma di ricevimento, su un supporto durevole, del recesso esercitato.

4. L'onere della prova relativa all'esercizio del diritto di recesso conformemente al presente articolo incombe sul consumatore.

55. *Effetti del recesso.* — 1. L'esercizio del diritto di recesso pone termine agli obblighi delle parti:

a) di eseguire il contratto a distanza o negoziato fuori dei locali commerciali; oppure

b) di concludere un contratto a distanza o negoziato fuori dei locali commerciali nei casi in cui un'offerta sia stata fatta dal consumatore.

56. *Obblighi del professionista nel caso di recesso.* — 1. Il professionista rimborsa tutti i pagamenti ricevuti dal consumatore, eventualmente comprensivi delle spese di consegna, senza indebito ritardo e comunque entro quattordici giorni dal giorno in cui è informato della decisione del consumatore di recedere dal contratto ai sensi dell'art. 54. Il professionista esegue il rimborso di cui al primo periodo utilizzando lo stesso mezzo di pagamento usato dal consumatore per la transazione iniziale, salvo che il consumatore abbia espressamente convenuto altrimenti e a condizione che questi non debba sostenere alcun costo quale conseguenza del rimborso. Nell'ipotesi in cui il pagamento sia stato effettuato per mezzo di effetti cambiari, qualora questi non siano stati ancora presentati all'incasso, deve procedersi alla loro restituzione. È nulla qualsiasi clausola che preveda limitazioni al rimborso nei confronti del consumatore delle somme versate in conseguenza dell'esercizio del diritto di recesso.

2. Fatto salvo il comma 1, il professionista non è tenuto a rimborsare i costi supplementari, qualora il consumatore abbia scelto espressamente un tipo di consegna diversa dal tipo meno costoso di consegna offerto dal professionista.

3. Salvo che il professionista abbia offerto di ritirare egli stesso i beni, con riguardo ai contratti di vendita, il professionista può trattenere il rimborso finché non abbia ricevuto i beni oppure finché il consumatore non abbia dimostrato di aver rispedito i beni, a seconda di quale situazione si verifichi per prima.

57. *Obblighi del consumatore nel caso di recesso.* — 1. A meno che il professionista abbia offerto di ritirare egli stesso i beni, il consumatore restituisce i beni o li consegna al professionista o a un terzo autorizzato dal professionista a ricevere i beni, senza indebito ritardo e in ogni caso entro quattordici giorni dalla data in cui ha comunicato al professionista la sua decisione di recedere dal contratto ai sensi dell'art. 54. Il termine è rispettato se il consumatore rispedisce i beni prima della scadenza del periodo di quattordici giorni. Il consumatore sostiene solo il costo diretto della restituzione dei beni, purché il professionista non abbia concordato di sostenerlo o abbia omesso di informare il consumatore che tale costo è a carico del consumatore. Nel caso di contratti negoziati fuori dei locali commerciali in cui i beni sono stati consegnati al domicilio del consumatore al momento della conclusione del contratto, il professionista ritira i beni a sue spese qualora i beni, per loro natura, non possano essere normalmente restituiti a mezzo posta.

2. Il consumatore è responsabile unicamente della diminuzione del valore dei beni risultante da una manipolazione dei beni diversa da quella necessaria per stabilire la natura, le caratteristiche e il funzionamento dei beni. Il consumatore non è in alcun caso responsabile per la diminuzione del valore dei beni se il professionista ha omesso di informare il consumatore del suo diritto di recesso a norma dell'art. 49, comma 1, lett. *h*).

3. Qualora un consumatore eserciti il diritto di recesso dopo aver presentato una richiesta in conformità dell'art. 50, comma 3, o dell'art. 51, comma 8, il consumatore versa al professionista un importo proporzionale a quanto è stato fornito fino al momento in cui il consumatore ha informato il professionista dell'esercizio del diritto di recesso, rispetto a tutte le prestazioni previste dal contratto. L'importo proporzionale che il consumatore deve pagare al professionista è calcolato sulla base del prezzo totale concordato nel contratto. Se detto prezzo totale è eccessivo, l'importo proporzionale è calcolato sulla base del valore di mercato di quanto è stato fornito.

4. Il consumatore non sostiene alcun costo per:

a) la prestazione di servizi o la fornitura di acqua, gas o elettricità, quando non sono messi in vendita in un volume limitato o in quantità determinata, o di teleriscaldamento, in tutto o in parte, durante il periodo di recesso quando:

1) il professionista ha omesso di fornire informazioni in conformità all'art. 49, comma 1, lett. *h*) ed *l*); oppure

2) il consumatore non ha espressamente chiesto che la prestazione iniziasse durante il periodo di recesso in conformità all'art. 50, comma 3, e dell'art. 51, comma 8; oppure

b) la fornitura, in tutto o in parte, del contenuto digitale che non è fornito su un supporto materiale quando:

1) il consumatore non ha dato il suo previo consenso espresso circa l'inizio della prestazione prima della fine del periodo di quattordici giorni di cui all'art. 52;

2) il consumatore non ha riconosciuto di perdere il diritto di recesso quando ha espresso il suo consenso; oppure

3) il professionista ha omesso di fornire la conferma conformemente all'art. 50, comma 2, o all'art. 51, comma 7.

5. Fatto salvo quanto previsto nell'art. 56, comma 2, e nel presente articolo, l'esercizio del diritto di recesso non comporta alcuna responsabilità per il consumatore.

58. *Effetti dell'esercizio del diritto di recesso sui contratti accessori.* — 1. Fatto salvo quanto previsto dal d.lg. 13 agosto 2010, n. 141, e successive modificazioni (1), in materia di contrat-

(1) In *Leggi coll. XVII, 2.*

ti di credito ai consumatori, se il consumatore esercita il suo diritto di recesso da un contratto a distanza o concluso fuori dei locali commerciali a norma degli articoli da 52 a 57, eventuali contratti accessori sono risolti di diritto, senza costi per il consumatore, ad eccezione di quelli previsti dall'art. 56, comma 2, e dall'art. 57.

59. *Eccezioni al diritto di recesso*. — 1. Il diritto di recesso di cui agli articoli da 52 a 58 per i contratti a distanza e i contratti negoziati fuori dei locali commerciali è escluso relativamente a:

a) i contratti di servizi dopo la completa prestazione del servizio se l'esecuzione è iniziata con l'accordo espresso del consumatore e con l'accettazione della perdita del diritto di recesso a seguito della piena esecuzione del contratto da parte del professionista;

b) la fornitura di beni o servizi il cui prezzo è legato a fluttuazioni nel mercato finanziario che il professionista non è in grado di controllare e che possono verificarsi durante il periodo di recesso;

c) la fornitura di beni confezionati su misura o chiaramente personalizzati;

d) la fornitura di beni che rischiano di deteriorarsi o scadere rapidamente;

e) la fornitura di beni sigillati che non si prestano ad essere restituiti per motivi igienici o connessi alla protezione della salute e sono stati aperti dopo la consegna;

f) la fornitura di beni che, dopo la consegna, risultano, per loro natura, inscindibilmente mescolati con altri beni;

g) la fornitura di bevande alcoliche, il cui prezzo sia stato concordato al momento della conclusione del contratto di vendita, la cui consegna possa avvenire solo dopo trenta giorni e il cui valore effettivo dipenda da fluttuazioni sul mercato che non possono essere controllate dal professionista;

h) i contratti in cui il consumatore ha specificamente richiesto una visita da parte del professionista ai fini dell'effettuazione di lavori urgenti di riparazione o manutenzione. Se, in occasione di tale visita, il professionista fornisce servizi oltre a quelli specificamente richiesti dal consumatore o beni diversi dai pezzi di ricambio necessari per effettuare la manutenzione o le riparazioni, il diritto di recesso si applica a tali servizi o beni supplementari;

i) la fornitura di registrazioni audio o video sigillate o di software informatici sigillati che sono stati aperti dopo la consegna;

l) la fornitura di giornali, periodici e riviste ad eccezione dei contratti di abbonamento per la fornitura di tali pubblicazioni;

m) i contratti conclusi in occasione di un'asta pubblica;

n) la fornitura di alloggi per fini non residenziali, il trasporto di beni, i servizi di noleggio di autovetture, i servizi di catering o i servizi riguardanti le attività del tempo libero qualora il contratto preveda una data o un periodo di esecuzione specifici;

o) la fornitura di contenuto digitale mediante un supporto non materiale se l'esecuzione è iniziata con l'accordo espresso del consumatore e con la sua accettazione del fatto che in tal caso avrebbe perso il diritto di recesso.

Sezione III. — *Altri diritti del consumatore*

60. *Ambito di applicazione*. — 1. Gli artt. 61 e 63 si applicano ai contratti di vendita. Detti articoli non si applicano ai contratti per la fornitura di acqua, gas o elettricità, quando non sono messi in vendita in un volume limitato o in quantità determinata, di teleriscaldamento o di contenuto digitale non fornito su un supporto materiale.

2. Gli artt. 62, 64 e 65 si applicano ai contratti di vendita, ai contratti di servizio e ai contratti di fornitura di acqua, gas, elettricità, teleriscaldamento o contenuto digitale.

61. *Consegna*. — 1. Salva diversa pattuizione delle parti del contratto di vendita, il professionista è obbligato a consegnare i beni al consumatore senza ritardo ingiustificato e al più tardi entro trenta giorni dalla data di conclusione del contratto.

2. L'obbligazione di consegna è adempiuta mediante il trasferimento della disponibilità materiale o comunque del controllo dei beni al consumatore.

3. Se il professionista non adempie all'obbligo di consegna dei beni entro il termine pattuito ovvero entro il termine di cui al comma 1, il consumatore lo invita ad effettuare la consegna entro un termine supplementare appropriato alle circostanze. Se il termine supplementare così concesso scade senza che i beni gli siano stati consegnati, il consumatore è legittimato a risolvere il contratto, salvo il diritto al risarcimento dei danni.

4. Il consumatore non è gravato dall'onere di concedere al professionista il termine supplementare di cui al comma 3 se:

a) il professionista si è espressamente rifiutato di consegnare i beni, ovvero;

b) se il rispetto del termine pattuito dalle parti per la consegna del bene deve considerarsi essenziale, tenuto conto di tutte le circostanze che hanno accompagnato la conclusione del contratto, ovvero;

c) se il consumatore ha informato il professionista, prima della conclusione del contratto, che la consegna entro o ad una data determinata è essenziale.

5. Nei casi previsti dal comma 4, se non riceve in consegna il bene entro il termine pattuito con il professionista ovvero entro il termine di cui al comma 1, il consumatore è legittimato a risolvere immediatamente il contratto, salvo il diritto al risarcimento dei danni.

6. Nel caso di risoluzione posta in essere dal consumatore a norma dei commi 3 e 5, il professionista è tenuto a rimborsargli senza indebito ritardo tutte le somme versate in esecuzione del contratto.

7. È fatta salva la possibilità per il consumatore di far valere i diritti di cui al Capo XIV del Titolo II del Libro IV del codice civile.

62. *Tariffe per l'utilizzo di mezzi di pagamento*. — 1. Ai sensi dell'art. 3, comma 4, del d.lg. 27 gennaio 2010, n. 11 (1), i professionisti non possono imporre ai consumatori, in relazione all'uso di determinati strumenti di pagamento, spese per l'uso di detti strumenti, ovvero nei casi espressamente stabiliti, tariffe che superino quelle sostenute dal professionista.

2. L'istituto di emissione della carta di pagamento riaccredita al consumatore i pagamenti in caso di addebitamento eccedente rispetto al prezzo pattuito ovvero in caso di uso fraudolento della propria carta di pagamento da parte del professionista o di un terzo. L'istituto di emissione della carta di pagamento ha diritto di addebitare al professionista le somme riaccreditate al consumatore.

63. *Passaggio del rischio*. — 1. Nei contratti che pongono a carico del professionista l'obbligo di provvedere alla spedizione dei beni il rischio della perdita o del danneggiamento dei beni, per causa non imputabile al venditore, si trasferisce al consumatore soltanto nel momento in cui quest'ultimo, o un terzo da lui designato e diverso dal vettore, entra materialmente in possesso dei beni.

2. Tuttavia, il rischio si trasferisce al consumatore già nel momento della consegna del bene al vettore qualora quest'ultimo sia stato scelto dal consumatore e tale scelta non sia stata proposta dal professionista, fatti salvi i diritti del consumatore nei confronti del vettore.

64. *Comunicazione telefonica*. — 1. Qualora il professionista utilizzi una linea telefonica allo scopo di essere contattato dal consumatore per telefono in merito al contratto concluso, il consumatore non è tenuto a pagare più della tariffa di base quando contatta il professionista, fermo restando il diritto dei fornitori dei servizi di comunicazione elettronica di applicare una tariffa per dette telefonate.

65. *Pagamenti supplementari*. — 1. Prima che il consumatore sia vincolato dal contratto o dall'offerta, il professionista chiede il consenso espresso del consumatore per qualsiasi pagamento supplementare oltre alla remunerazione concordata per l'obbligo contrattuale principale del professionista. Se il professionista non ottiene il consenso espresso del consumatore ma l'ha dedotto utilizzando opzioni prestabilite che il consumatore deve rifiutare per evitare il pagamento supplementare, il consumatore ha diritto al rimborso di tale pagamento.

Sezione IV. — *Disposizioni generali*

66. *Tutela amministrativa e giurisdizionale*. — 1. Al fine di garantire il rispetto delle disposizioni contenute nelle Sezioni da I a IV del presente Capo da parte degli operatori, trovano applicazione le disposizioni di cui agli artt. 27, 139, 140, 140-*bis*, 141 e 144 del presente Codice.

2. L'Autorità Garante della Concorrenza e del Mercato, d'ufficio o su istanza di ogni soggetto o organizzazione che ne abbia interesse, accerta le violazioni delle norme di cui alle Sezioni da I a IV del presente Capo nonché dell'art. 141-*sexies*, commi 1, 2 e 3 (2), ne inibisce la continuazione e ne elimina gli effetti.

3. In materia di accertamento e sanzione delle violazioni, si applica l'art. 27, commi da 2 a 15, del presente Codice.

4. L'Autorità Garante della Concorrenza e del Mercato svolge le funzioni di autorità competente ai sensi dell'art. 3, lett. *c*), del reg. (CE) n. 2006/2004 del Parlamento europeo e del Consiglio, del 27 ottobre 2004, nelle materie di cui alle Sezioni da I a IV del presente Capo.

5. È comunque fatta salva la giurisdizione del giudice ordinario. È altresì fatta salva la possibilità di promuovere la risoluzione extragiudiziale delle controversie inerenti al rapporto di consumo, nelle materie di cui alle sezioni da I a IV del presente capo, mediante il ricorso alle procedure di cui alla parte V, titolo II-bis, del presente codice (3).

(1) In *Leggi coll. XVII, 5.*

(2) Le parole «nonché dell'art. 141-*sexies*, commi 1, 2 e 3» sono state inserite dall'art. 1.6, d.lg. 6 agosto 2015, n. 130. In base all'art. 2.1, d.lg. cit., tali disposizioni «si applicano a decorrere dal 9 gennaio 2016».

(3) Comma così sostituito dall'art. 1.7, d.lg. 6 agosto 2015, n. 130. In base all'art. 2.1, d.lg. cit., tali disposizioni «si applicano a decorrere dal 9 gennaio 2016».

66-*bis*. *Foro competente*. — 1. Per le controversie civili inerenti all'applicazione delle Sezioni da I a IV del presente capo la competenza territoriale inderogabile è del giudice del luogo di residenza o di domicilio del consumatore, se ubicati nel territorio dello Stato.

66-*ter*. *Carattere imperativo*. — 1. Se il diritto applicabile al contratto è quello di uno Stato membro dell'Unione europea, i consumatori residenti in Italia non possono rinunciare ai diritti conferiti loro dalle disposizioni delle Sezioni da I a IV del presente Capo.

2. Eventuali clausole contrattuali che escludano o limitino, direttamente o indirettamente, i diritti derivanti dalle disposizioni delle Sezioni da I a IV del presente Capo, non vincolano il consumatore.

66-*quater*. *Informazione e ricorso extragiudiziale*. — 1. Le comunicazioni e i documenti relativi ai contratti negoziati fuori dai locali commerciali e ai contratti a distanza, ivi compresi i moduli, i formulari, le note d'ordine, la pubblicità o le comunicazioni sui siti Internet, devono contenere un riferimento al presente Capo.

2. L'operatore può adottare appositi codici di condotta, secondo le modalità di cui all'art. 27-*bis*.

3. Per la risoluzione delle controversie sorte dall'esatta applicazione dei contratti disciplinati dalle disposizioni delle sezioni da I a IV del presente capo è possibile ricorrere alle procedure di risoluzione extragiudiziale delle controversie, di cui alla parte V, titolo II-*bis*, del presente codice (1).

66-*quinquies*. *Fornitura non richiesta*. — 1. Il consumatore è esonerato dall'obbligo di fornire qualsiasi prestazione corrispettiva in caso di fornitura non richiesta di beni, acqua, gas, elettricità, teleriscaldamento o contenuto digitale o di prestazione non richiesta di servizi, vietate dall'art. 20, comma 5, e dall'art. 26, comma 1, lett. *f*), del presente Codice. In tali casi, l'assenza di una risposta da parte del consumatore in seguito a tale fornitura non richiesta non costituisce consenso.

2. Salvo consenso del consumatore, da esprimersi prima o al momento della conclusione del contratto, il professionista non può adempiere eseguendo una fornitura diversa da quella pattuita, anche se di valore e qualità equivalenti o superiori.

67. *Tutela in base ad altre disposizioni*. — 1. Le disposizioni delle Sezioni da I a IV del presente Capo non escludono né limitano i diritti che sono attribuiti al consumatore da altre norme dell'ordinamento giuridico di fonte comunitaria o adottate in conformità a norme comunitarie.

2. Per quanto non previsto dalle Sezioni da I a IV del presente Capo, si applicano le disposizioni del codice civile in tema di validità, formazione o efficacia dei contratti.

3. Ai contratti di cui alla sezione III del presente Capo si applicano altresì le disposizioni di cui agli artt. 18, 19 e 20 del d.lg. 31 marzo 1998, n. 114, e successive modificazioni (2), recante riforma della disciplina relativa al settore del commercio, a norma dell'art. 4, comma 4, della l. 15 marzo 1997, n 59.

Sezione IV-*bis*. — *Commercializzazione a distanza di servizi finanziari ai consumatori* (3)

67-*bis*. *Oggetto e campo di applicazione*. — 1. Le disposizioni della presente sezione si applicano alla commercializzazione a distanza di servizi finanziari ai consumatori, anche quando una delle fasi della commercializzazione comporta la partecipazione, indipendentemente dalla sua natura giuridica, di un soggetto diverso dal fornitore.

2. Per i contratti riguardanti servizi finanziari costituiti da un accordo iniziale di servizio seguito da operazioni successive o da una serie di operazioni distinte della stessa natura scaglionate nel tempo, le disposizioni della presente sezione si applicano esclusivamente all'accordo iniziale. Se non vi è accordo iniziale di servizio, ma le operazioni successive o distinte della stessa natura scaglionate nel tempo sono eseguite tra le stesse parti contrattuali, gli artt. 67-*quater*, 67-*quinquies*, 67-*sexies*, 67-*septies*, 67-*octies*, 67-*novies* e 67-*decies* si applicano solo quando è eseguita la prima operazione. Tuttavia, se nessuna operazione della stessa natura è eseguita entro un periodo di un anno, l'operazione successiva è considerata come la prima di una nuova serie di operazioni e, di conseguenza, si applicano le disposizioni degli artt. 67-*quater*, 67-*quinquies*, 67-*sexies*, 67-*septies*, 67-*octies*, 67-*novies* e 67-*decies*.

(1) Comma così sostituito dall'art. 1.8, d.lg. 6 agosto 2015, n. 130. In base all'art. 2.1, d.lg. cit., tali disposizioni «si applicano a decorrere dal 9 gennaio 2016».

(2) In *Leggi coll. XIII, 1*.

(3) Sezione inserita dall'art. 9, d.lg. 23 ottobre 2007, n. 221. V. regolamento ISVAP 19 marzo 2010, in G.U., 2 aprile 2010, n. 77, con disposizioni in materia di promozione e collocamento a distanza di contratti di assicurazione.

3. Ferme restando le disposizioni che stabiliscono regimi di autorizzazione per la commercializzazione dei servizi finanziari in Italia, sono fatte salve, ove non espressamente derogate, le disposizioni in materia bancaria, finanziaria, assicurativa, dei sistemi di pagamento e di previdenza individuale, nonché le competenze delle autorità indipendenti di settore.

67-*ter*. *Definizioni*. — 1. Ai fini della presente sezione si intende per:

a) contratto a distanza: qualunque contratto avente per oggetto servizi finanziari, concluso tra un fornitore e un consumatore ai sensi dell'art. 50, comma 1, lett. *a*);

b) servizio finanziario: qualsiasi servizio di natura bancaria, creditizia, di pagamento, di investimento, di assicurazione o di previdenza individuale;

c) fornitore: qualunque persona fisica o giuridica, soggetto pubblico o privato, che, nell'ambito delle proprie attività commerciali o professionali, è il fornitore contrattuale dei servizi finanziari oggetto di contratti a distanza;

d) consumatore: qualunque soggetto di cui all'art. 3, comma 1, lett. *a*) del presente codice;

e) tecnica di comunicazione a distanza: qualunque mezzo che, ai sensi dell'art. 50, comma 1, lett. *b*), del presente codice, possa impiegarsi per la commercializzazione a distanza di un servizio finanziario tra le parti;

f) supporto durevole: qualsiasi strumento che permetta al consumatore di memorizzare informazioni a lui personalmente dirette in modo che possano essere agevolmente recuperate durante un periodo di tempo adeguato ai fini cui sono destinate le informazioni stesse, e che consenta la riproduzione immutata delle informazioni memorizzate;

g) operatore o fornitore di tecnica di comunicazione a distanza: qualunque persona fisica o giuridica, pubblica o privata, la cui attività commerciale o professionale consista nel mettere a disposizione dei fornitori una o più tecniche di comunicazione a distanza;

h) reclamo del consumatore: una dichiarazione, sostenuta da validi elementi di prova, secondo cui un fornitore ha commesso o potrebbe commettere un'infrazione alla normativa sulla protezione degli interessi dei consumatori;

i) interessi collettivi dei consumatori: gli interessi di un numero di consumatori che sono stati o potrebbero essere danneggiati da un'infrazione.

67-*quater*. *Informazione del consumatore prima della conclusione del contratto a distanza*. — 1. Nella fase delle trattative e comunque prima che il consumatore sia vincolato da un contratto a distanza o da un'offerta, gli sono fornite le informazioni riguardanti:

a) il fornitore;

b) il servizio finanziario;

c) il contratto a distanza;

d) il ricorso.

2. Le informazioni di cui al comma 1, il cui fine commerciale deve risultare in maniera inequivocabile, sono fornite in modo chiaro e comprensibile con qualunque mezzo adeguato alla tecnica di comunicazione a distanza utilizzata, tenendo debitamente conto in particolare dei doveri di correttezza e buona fede nella fase precontrattuale e dei principi che disciplinano la protezione degli incapaci di agire e dei minori.

3. Le informazioni relative agli obblighi contrattuali, da comunicare al consumatore nella fase precontrattuale, devono essere conformi agli obblighi contrattuali imposti dalla legge applicabile al contratto a distanza anche qualora la tecnica di comunicazione impiegata sia quella elettronica.

4. Se il fornitore ha sede in uno Stato non appartenente all'Unione europea, le informazioni di cui al comma 3 devono essere conformi agli obblighi contrattuali imposti dalla legge italiana qualora il contratto sia concluso.

67-*quinquies*. *Informazioni relative al fornitore*. — 1. Le informazioni relative al fornitore riguardano:

a) l'identità del fornitore e la sua attività principale, l'indirizzo geografico al quale il fornitore è stabilito e qualsiasi altro indirizzo geografico rilevante nei rapporti tra consumatore e fornitore;

b) l'identità del rappresentante del fornitore stabilito nello Stato membro di residenza del consumatore e l'indirizzo geografico rilevante nei rapporti tra consumatore e rappresentante, quando tale rappresentante esista (1);

c) se il consumatore ha relazioni commerciali con un professionista diverso dal fornitore, l'identità del professionista, la veste in cui agisce nei confronti del consumatore, nonché l'indirizzo geografico rilevante nei rapporti tra consumatore e professionista;

d) se il fornitore è iscritto in un registro commerciale o in un pubblico registro analogo, il registro di commercio in cui il fornitore è

(1) Lettera così sostituita dall'art. 5.1, lett. a, l. 15 dicembre 2011, n. 217.

iscritto e il numero di registrazione o un elemento equivalente per identificarlo nel registro;

e) qualora l'attività del fornitore sia soggetta ad autorizzazione, gli estremi della competente autorità di controllo.

67-*sexies*. *Informazioni relative al servizio finanziario*. — 1. Le informazioni relative al servizio finanziario riguardano:

a) una descrizione delle principali caratteristiche del servizio finanziario;

b) il prezzo totale che il consumatore dovrà corrispondere al fornitore per il servizio finanziario, compresi tutti i relativi oneri, commissioni e spese e tutte le imposte versate tramite il fornitore o, se non è possibile indicare il prezzo esatto, la base di calcolo del prezzo, che consenta al consumatore di verificare quest'ultimo;

c) se del caso, un avviso indicante che il servizio finanziario è in rapporto con strumenti che implicano particolari rischi dovuti a loro specifiche caratteristiche o alle operazioni da effettuare, o il cui prezzo dipenda dalle fluttuazioni dei mercati finanziari su cui il fornitore non esercita alcuna influenza, e che i risultati ottenuti in passato non costituiscono elementi indicativi riguardo ai risultati futuri;

d) l'indicazione dell'eventuale esistenza di altre imposte e costi non versati tramite il fornitore o non fatturati da quest'ultimo;

e) qualsiasi limite del periodo durante il quale sono valide le informazioni fornite;

f) le modalità di pagamento e di esecuzione, nonché le caratteristiche essenziali delle condizioni di sicurezza delle operazioni di pagamento da effettuarsi nell'ambito dei contratti a distanza;

g) qualsiasi costo specifico aggiuntivo per il consumatore relativo all'utilizzazione della tecnica di comunicazione a distanza, se addebitato;

h) l'indicazione dell'esistenza di collegamenti o connessioni con altri servizi finanziari, con la illustrazione degli eventuali effetti complessivi derivanti dalla combinazione.

67-*septies*. *Informazioni relative al contratto a distanza*. — 1. Le informazioni relative al contratto a distanza riguardano:

a) l'esistenza o la mancanza del diritto di recesso conformemente all'art. 67-*duodecies* e, se tale diritto esiste, la durata e le modalità d'esercizio, comprese le informazioni relative all'importo che il consumatore può essere tenuto a versare ai sensi dell'art. 67-*terdecies*, comma 1, nonché alle conseguenze derivanti dal mancato esercizio di detto diritto;

b) la durata minima del contratto a distanza, in caso di prestazione permanente o periodica di servizi finanziari;

c) le informazioni relative agli eventuali diritti delle parti, secondo i termini del contratto a distanza, di mettere fine allo stesso prima della scadenza o unilateralmente, comprese le penali eventualmente stabilite dal contratto in tali casi;

d) le istruzioni pratiche per l'esercizio del diritto di recesso, comprendenti tra l'altro il mezzo, inclusa in ogni caso la lettera raccomandata con avviso di ricevimento, e l'indirizzo a cui deve essere inviata la comunicazione di recesso;

e) lo Stato membro o gli Stati membri sulla cui legislazione il fornitore si basa per instaurare rapporti con il consumatore prima della conclusione del contratto a distanza;

f) qualsiasi clausola contrattuale sulla legislazione applicabile al contratto a distanza e sul foro competente;

g) la lingua o le lingue in cui sono comunicate le condizioni contrattuali e le informazioni preliminari di cui al presente articolo, nonché la lingua o le lingue in cui il fornitore, con l'accordo del consumatore, si impegna a comunicare per la durata del contratto a distanza.

67-*octies*. *Informazioni relative al ricorso*. — 1. Le informazioni relative al ricorso riguardano:

a) l'esistenza o la mancanza di procedure extragiudiziali di reclamo e di ricorso accessibili al consumatore che è parte del contratto a distanza e, ove tali procedure esistono, le modalità che consentono al Consumatore di avvalersene;

b) l'esistenza di fondi di garanzia o di altri dispositivi di indennizzo.

67-*novies*. *Comunicazioni mediante telefonia vocale*. — 1. In caso di comunicazioni mediante telefonia vocale:

a) l'identità del fornitore e il fine commerciale della chiamata avviata dal fornitore sono dichiarati in maniera inequivoca all'inizio di qualsiasi conversazione con il consumatore;

b) devono essere fornite, previo consenso del consumatore, solo le informazioni seguenti:

1) l'identità della persona in contatto con il consumatore e il suo rapporto con il fornitore;

2) una descrizione delle principali caratteristiche del servizio finanziario;

3) il prezzo totale che il consumatore dovrà corrispondere al fornitore per il servizio finanziario, comprese tutte le imposte versate tramite il fornitore o, se non è possibile indica-

re il prezzo esatto, la base di calcolo del prezzo, che consenta al consumatore di verificare quest'ultimo;

4) l'indicazione dell'eventuale esistenza di altre imposte e/o costi non versati tramite il fornitore o non fatturati da quest'ultimo;

5) l'esistenza o la mancanza del diritto di recesso conformemente all'art. 67-*duodecies* e, se tale diritto esiste, la durata e le modalità d'esercizio, comprese le informazioni relative all'importo che il consumatore può essere tenuto a versare ai sensi dell'art. 67-*terdecies*, comma 1.

2. Il fornitore comunica al consumatore che altre informazioni sono disponibili su richiesta e ne precisa la natura. Il fornitore comunica in ogni caso le informazioni complete quando adempie ai propri obblighi ai sensi dell'art. 67-*undecies*.

67-*decies*. *Requisiti aggiuntivi in materia di informazioni*. — 1. Oltre alle informazioni di cui agli artt. 67-*quater*, 67-*quinquies*, 67-*sexies*, 67-*septies* e 67-*octies* sono applicabili le disposizioni più rigorose previste dalla normativa di settore che disciplina l'offerta del servizio o del prodotto interessato.

2. Il Ministero dello sviluppo economico comunica alla Commissione europea le disposizioni nazionali sui requisiti di informazione preliminare che sono aggiuntive rispetto a quelle di cui all'art. 3, par. 1, della dir. 2002/65/CE.

3. Le autorità di vigilanza del settore bancario, assicurativo, finanziario e della previdenza complementare comunicano al Ministero dello sviluppo economico le disposizioni di cui al comma 2, per le materie di rispettiva competenza.

4. Le informazioni di cui al comma 2 sono messe a disposizione dei consumatori e dei fornitori, anche mediante l'utilizzo di sistemi telematici, a cura del Ministero dello sviluppo economico.

67-*undecies*. *Comunicazione delle condizioni contrattuali e delle informazioni preliminari*. — 1. Il fornitore comunica al consumatore tutte le condizioni contrattuali, nonché le informazioni di cui agli artt. 67-*quater*, 67-*quinquies*, 67-*sexies*, 67-*septies*, 67-*octies*, 67-*novies* e 67-*decies*, su supporto cartaceo o su un altro supporto durevole, disponibile e accessibile per il consumatore in tempo utile, prima che lo stesso sia vincolato da un contratto a distanza o da un'offerta.

2. Il fornitore ottempera all'obbligo di cui al comma 1 subito dopo la conclusione del contratto a distanza, se quest'ultimo è stato concluso su richiesta del consumatore utilizzando una tecnica di comunicazione a distanza che non consente di trasmettere le condizioni contrattuali né le informazioni ai sensi del comma 1.

3. In qualsiasi momento del rapporto contrattuale il consumatore, se lo richiede, ha il diritto di ricevere le condizioni contrattuali su supporto cartaceo. Inoltre lo stesso ha il diritto di cambiare la tecnica di comunicazione a distanza utilizzata, a meno che ciò non sia incompatibile con il contratto concluso o con la natura del servizio finanziario prestato.

67-*duodecies*. *Diritto di recesso*. — 1. Il consumatore dispone di un termine di quattordici giorni per recedere dal contratto senza penali e senza dover indicare il motivo.

2. Il predetto termine è esteso a trenta giorni per i contratti a distanza aventi per oggetto le assicurazioni sulla vita di cui al d.lg. 7 settembre 2005, n. 209, recante Codice delle assicurazioni private (1), e le operazioni aventi ad oggetto gli schemi pensionistici individuali.

3. Il termine durante il quale può essere esercitato il diritto di recesso decorre alternativamente:

a) dalla data della conclusione del contratto, tranne nel caso delle assicurazioni sulla vita, per le quali il termine comincia a decorrere dal momento in cui al consumatore è comunicato che il contratto è stato concluso;

b) dalla data in cui il consumatore riceve le condizioni contrattuali e le informazioni di cui all'art. 67-*undecies*, se tale data è successiva a quella di cui alla lett. *a*).

4. L'efficacia dei contratti relativi ai servizi di investimento è sospesa durante la decorrenza del termine previsto per l'esercizio del diritto di recesso.

5. Il diritto di recesso non si applica:

a) ai servizi finanziari, diversi dal servizio di gestione su base individuale di portafogli di investimento se gli investimenti non sono stati già avviati, il cui prezzo dipende da fluttuazioni del mercato finanziario che il fornitore non è in grado di controllare e che possono aver luogo durante il periodo di recesso, quali ad esempio i servizi riguardanti:

1) operazioni di cambio;

2) strumenti del mercato monetario;

3) valori mobiliari;

4) quote di un organismo di investimento collettivo;

(1) In *Leggi coll. VIII, 3.*

5) contratti a termine fermo (*futures*) su strumenti finanziari, compresi gli strumenti equivalenti che si regolano in contanti;

6) contratti a termine su tassi di interesse (FRA);

7) contratti *swaps* su tassi d'interesse, su valute o contratti di scambio connessi ad azioni o a indici azionari (*equity swaps*);

8) opzioni per acquistare o vendere qualsiasi strumento previsto dalla presente lettera, compresi gli strumenti equivalenti che si regolano in contanti. Sono comprese in particolare in questa categoria le opzioni su valute e su tassi d'interesse;

b) alle polizze di assicurazione viaggio e bagagli o alle analoghe polizze assicurative a breve termine di durata inferiore a un mese;

c) ai contratti interamente eseguiti da entrambe le parti su esplicita richiesta scritta del consumatore prima che quest'ultimo eserciti il suo diritto di recesso [...] (1);

d) alle dichiarazioni dei consumatori rilasciate dinanzi ad un pubblico ufficiale a condizione che il pubblico ufficiale confermi che al consumatore sono garantiti i diritti di cui all'art. 67-*undecies*, comma 1.

6. Se esercita il diritto di recesso, il consumatore invia, prima dello scadere del termine e secondo le istruzioni che gli sono state date ai sensi dell'art. 67-*septies*, comma 1, lett. *d*), una comunicazione scritta al fornitore, mediante lettera raccomandata con avviso di ricevimento o altro mezzo indicato ai sensi dell'art. 67-*septies*, comma 1, lett. *d*).

7. Il presente articolo non si applica alla risoluzione dei contratti di credito disciplinata dagli artt. 67, comma 6, e 77.

8. Se ad un contratto a distanza relativo ad un determinato servizio finanziario è aggiunto un altro contratto a distanza riguardante servizi finanziari prestati da un fornitore o da un terzo sulla base di un accordo tra il terzo e il fornitore, questo contratto aggiuntivo è risolto, senza alcuna penale, qualora il consumatore eserciti il suo diritto di recesso secondo le modalità fissate dal presente articolo.

67-*terdecies*. *Pagamento del servizio fornito prima del recesso*. — 1. Il consumatore che esercita il diritto di recesso previsto dall'art. 67-*duodecies*, comma 1, è tenuto a pagare solo l'importo del servizio finanziario effettivamente prestato dal fornitore conformemente al contratto a distanza. L'esecuzione del contratto può iniziare solo previa richiesta del consumatore. Nei contratti di assicurazione l'impresa trattiene la frazione di premio relativa al periodo in cui il contratto ha avuto effetto.

2. L'importo di cui al comma 1 non può:

a) eccedere un importo proporzionale all'importanza del servizio già fornito in rapporto a tutte le prestazioni previste dal contratto a distanza;

b) essere di entità tale da poter costituire una penale.

3. Il fornitore non può esigere dal consumatore il pagamento di un importo in base al comma 1 se non è in grado di provare che il consumatore è stato debitamente informato dell'importo dovuto, in conformità all'art. 67-*septies*, comma 1, lett. *a*). Egli non può tuttavia in alcun caso esigere tale pagamento se ha dato inizio all'esecuzione del contratto prima della scadenza del periodo di esercizio del diritto di recesso di cui all'art. 67-*duodecies*, comma 1, senza che vi fosse una preventiva richiesta del consumatore.

4. Il fornitore è tenuto a rimborsare al consumatore, entro e non oltre trenta giorni (2), tutti gli importi da questo versatigli in conformità del contratto a distanza, ad eccezione dell'importo di cui al comma 1. Il periodo decorre dal giorno in cui il fornitore riceve la comunicazione di recesso. L'impresa di assicurazione deve adempiere alle obbligazioni derivanti dal contratto, concernenti il periodo in cui il contratto medesimo ha avuto effetto.

5. Il consumatore paga al fornitore il corrispettivo di cui al comma 1 e gli restituisce qualsiasi bene o importo che abbia ricevuto da quest'ultimo entro e non oltre trenta giorni (3) dall'invio della comunicazione di recesso. Non sono ripetibili gli indennizzi e le somme eventualmente corrisposte dall'impresa agli assicurati e agli altri aventi diritto a prestazioni assicurative.

6. Per i finanziamenti diretti principalmente a permettere di acquistare o mantenere diritti di proprietà su terreni o edifici esistenti o progettati, o di rinnovare o ristrutturare edifici, l'efficacia del recesso è subordinata alla resti-

(1) Le parole «, nonché ai contratti di assicurazione obbligatoria della responsabilità civile per i danni derivanti dalla circolazione dei veicoli a motore e dei natanti, per i quali si sia verificato l'evento assicurato» sono state soppresse dall'art. 5.1, lett. b, l. 15 dicembre 2011, n. 217.

(2) Le parole «entro e non oltre trenta giorni» sono state così sostituite alle precedenti «entro quindici giorni» dall'art. 5.1, lett. c, l. 15 dicembre 2011, n. 217.

(3) Le parole «entro e non oltre trenta giorni» sono state così sostituite alle precedenti «entro quindici giorni» dall'art. 5.1, lett. d, l. 15 dicembre 2011, n. 217.

tuzione di cui al comma 5.

67-*quaterdecies*. *Pagamento dei servizi finanziari offerti a distanza*. — 1. Il consumatore può effettuare il pagamento con carte di credito, debito o con altri strumenti di Pagamento, ove ciò sia previsto tra le modalità di pagamento, che gli sono comunicate ai sensi dell'art. 67-*sexies*, comma 1, lett. *f*).

2. Fatta salva l'applicazione dell'art. 12 del d.l. 3 maggio 1991, n. 143, convertito, con modificazioni, dalla l. 5 luglio 1991, n. 197, l'ente che emette o fornisce lo strumento di pagamento riaccredita al consumatore i pagamenti non autorizzati o dei quali questi dimostri l'eccedenza rispetto al prezzo pattuito ovvero l'effettuazione mediante l'uso fraudolento della propria carta di pagamento da parte del fornitore o di un terzo. L'ente che emette o fornisce lo strumento di pagamento ha diritto di addebitare al fornitore le somme riaccreditate al consumatore.

3. Fermo restando quanto previsto dal d.lg. 7 marzo 2005, n. 82, e successive modifiche ed integrazioni, sul valore probatorio della firma elettronica e dei documenti elettronici, è in capo all'ente che emette o fornisce lo strumento di pagamento, l'onere di provare che la transazione di pagamento è stata autorizzata, accuratamente registrata e contabilizzata e che la medesima non è stata alterata da guasto tecnico o da altra carenza. L'uso dello strumento di pagamento non comporta necessariamente che il pagamento sia stato autorizzato.

4. Relativamente alle operazioni di pagamento da effettuarsi nell'ambito di contratti a distanza, il fornitore adotta condizioni di sicurezza conformi a quanto disposto ai sensi dell'art. 146 del t.u. delle leggi in materia bancaria e creditizia, di cui al d.lg. 1° settembre 1993, n. 385 (1), avendo riguardo, in particolare, alle esigenze di integrità, di autenticità e di tracciabilità delle operazioni medesime.

67-*quinquiesdecies*. *Servizi non richiesti*. — 1. Il consumatore non è tenuto ad alcuna prestazione corrispettiva in caso di fornitura non richiesta. In ogni caso, l'assenza di risposta non implica consenso del consumatore.

2. Salve le sanzioni previste dall'art. 67-*septies decies*, ogni servizio non richiesto di cui al presente articolo costituisce pratica commerciale scorretta ai sensi degli artt. 21, 22, 23, 24, 25 e 26.

67-*sexiesdecies*. *Comunicazioni non richieste*. — 1. L'utilizzazione da parte di un fornitore delle seguenti tecniche di comunicazione a distanza richiede il previo consenso del consumatore:

a) sistemi di chiamata senza intervento di un operatore mediante dispositivo automatico;

b) telefax.

2. Le tecniche di comunicazione a distanza diverse da quelle indicate al comma 1, quando consentono una comunicazione individuale, non sono autorizzate se non è stato ottenuto il consenso del consumatore interessato.

3. Le misure di cui ai commi 1 e 2 non comportano costi per i consumatori.

3-*bis*. È fatta salva la disciplina prevista dall'art. 130, comma 3-*bis*, del codice in materia di protezione dei dati personali, di cui al d.lg. 30 giugno 2003, n. 196, e successive modificazioni (2), per i trattamenti dei dati inclusi negli elenchi di abbonati a disposizione del pubblico (3).

67-*septiesdecies*. *Sanzioni*. — 1. Salvo che il fatto costituisca reato, il fornitore che contravviene alle norme di cui alla presente sezione, ovvero che ostacola l'esercizio del diritto di recesso da parte del consumatore ovvero non rimborsa al consumatore le somme da questi eventualmente pagate, è punito con la sanzione amministrativa pecuniaria, per ciascuna violazione, da euro cinquemila a euro cinquantamila.

2. Nei casi di particolare gravità o di recidiva, nonché nell'ipotesi della violazione dell'art. 67-*novies decies*, comma 3, i limiti minimo e massimo della sanzione indicata al comma 1 sono raddoppiati.

3. Le autorità di vigilanza dei settori bancario, assicurativo, finanziario e della previdenza complementare e, ciascuna nel proprio ambito di competenza, accertano le violazioni alle disposizioni di cui alla presente sezione e le relative sanzioni sono irrogate secondo le procedure rispettivamente applicabili in ciascun settore.

4. Il contratto è nullo, nel caso in cui il fornitore ostacola l'esercizio del diritto di recesso da parte del contraente ovvero non rimborsa le somme da questi eventualmente pagate, ovvero viola gli obblighi di informativa precontrattuale in modo da alterare in modo significativo la rappresentazione delle sue caratteristiche.

5. La nullità può essere fatta valere solo dal consumatore e obbliga le parti alla restituzione

(1) In *Leggi coll. XVII, 1.*
(2) In *Leggi coll. II, 3.*
(3) Comma aggiunto dall'art. 6.2, lett. a-*bis*, d.l. 13 maggio 2011, n. 70, conv. in l. 12 luglio 2011, n. 106.

di quanto ricevuto. Nei contratti di assicurazione l'impresa è tenuta alla restituzione dei premi pagati e deve adempiere alle obbligazioni concernenti il periodo in cui il contratto ha avuto esecuzione. Non sono ripetibili gli indennizzi e le somme eventualmente corrisposte dall'impresa agli assicurati e agli altri aventi diritto a prestazioni assicurative. È fatto salvo il diritto del Consumatore ad agire per il risarcimento dei danni.

6. Sono fatte salve le sanzioni previste nel d.lg. 30 giugno 2003, n. 196 (1).

67-*octiesdecies*. *Irrinunciabilità dei diritti*. — 1. I diritti attribuiti al consumatore dalla presente sezione sono irrinunciabili. È nulla ogni pattuizione che abbia l'effetto di privare il consumatore della protezione assicurata dalle disposizioni della presente sezione. La nullità può essere fatta valere solo dal consumatore e può essere rilevata d'ufficio dal giudice.

2. Ove le parti abbiano scelto di applicare al contratto una legislazione diversa da quella italiana, al consumatore devono comunque essere riconosciute le condizioni di tutela previste dalla presente sezione.

67-*noviesdecies*. *Ricorso giurisdizionale o amministrativo*. — 1. Le associazioni dei consumatori iscritte all'elenco di cui all'art. 137, sono legittimate a proporre alle competenti autorità di vigilanza, nell'ambito delle rispettive attribuzioni, al fine di tutelare gli interessi collettivi dei consumatori, reclamo per l'accertamento di violazioni delle disposizioni della presente sezione.

2. Le associazioni dei consumatori iscritte all'elenco di cui all'art. 137, sono legittimate a proporre all'autorità giudiziaria l'azione inibitoria per far cessare le violazioni delle disposizioni della presente sezione nei confronti delle imprese o degli intermediari ai sensi dell'art. 140.

3. Le autorità di vigilanza nei settori bancario, assicurativo, finanziario e della previdenza complementare, nell'esercizio dei rispettivi poteri, anche al di fuori dell'ipotesi di cui al comma 1, ordinano ai soggetti vigilati la cessazione o vietano l'inizio di pratiche non conformi alle disposizioni della presente sezione.

4. Sono fatte salve, ove non espressamente derogate, le disposizioni in materia bancaria, finanziaria, assicurativa e dei sistemi di pagamento, ivi comprese le attribuzioni delle rispettive autorità di vigilanza di settore.

67-*vicies*. *Composizione extragiudiziale delle controversie*. — 1. Il Ministero dell'economia e delle finanze, il Ministero dello sviluppo economico ed il Ministero della giustizia, sentite le autorità di vigilanza di settore, possono promuovere, nell'ambito degli ordinari stanziamenti di bilancio, l'istituzione di adeguate ed efficaci procedure extragiudiziali di reclamo e di ricorso per la composizione di controversie riguardanti i consumatori, conformi ai principi previsti dall'ordinamento comunitario e da quello nazionale e che operano nell'ambito della rete europea relativa ai servizi finanziari (FIN NET).

2. Gli organi di composizione extragiudiziale delle controversie comunicano ai Ministeri di cui al comma 1 le decisioni significative che adottano sulla commercializzazione a distanza dei servizi finanziari.

67-*vicies-semel*. *Onere della prova*. — 1. Sul fornitore grava l'onere della prova riguardante:

a) l'adempimento agli obblighi di informazione del consumatore;

b) la prestazione del consenso del consumatore alla conclusione del contratto;

c) l'esecuzione del contratto;

d) la responsabilità per l'inadempimento delle obbligazioni derivanti dal contratto.

2. Le clausole che hanno per effetto l'inversione o la modifica dell'onere della prova di cui al comma 1 si presumono vessatorie ai sensi dell'art. 33, comma 2, lett. *t*).

67-*vicies-bis*. *Misure transitorie*. — 1. Le disposizioni della presente sezione si applicano anche nei confronti dei fornitori stabiliti in un altro Stato membro che non ha ancora recepito la dir. 2002/65/CE e in cui non vigono obblighi corrispondenti a quelli in essa previsti.

CAPO II

COMMERCIO ELETTRONICO

68. *Rinvio*. — 1. Alle offerte di servizi della società dell'informazione, effettuate ai consumatori per via elettronica, si applicano, per gli aspetti non disciplinati dal presente codice, le disposizioni di cui al d.lg. 9 aprile 2003, n. 70 (2), recante attuazione della dir. 2000/31/CE del Parlamento europeo e del Consiglio, dell'8 giugno 2000, relativa a taluni aspetti giuridici dei servizi della società dell'informazione, in particolare il commercio elettronico, nel mercato interno.

(1) In *Leggi coll. II, 3.*
(2) In *Leggi coll. IV, 6.*

TITOLO IV

Disposizioni relative ai singoli contratti

CAPO I

CONTRATTI DI MULTIPROPRIETÀ, CONTRATTI RELATIVI AI PRODOTTI PER LE VACANZE DI LUNGO TERMINE, CONTRATTI DI RIVENDITA E DI SCAMBIO (1)

69. *Definizioni*. — 1. Ai fini del presente capo si intende per:

a) «contratto di multiproprietà»: un contratto di durata superiore a un anno tramite il quale un consumatore acquisisce a titolo oneroso il diritto di godimento su uno o più alloggi per il pernottamento per più di un periodo di occupazione;

b) «contratto relativo a un prodotto per le vacanze di lungo termine»: un contratto di durata superiore a un anno ai sensi del quale un consumatore acquisisce a titolo oneroso essenzialmente il diritto di ottenere sconti o altri vantaggi relativamente ad un alloggio, separatamente o unitamente al viaggio o ad altri servizi;

c) «contratto di rivendita»: un contratto ai sensi del quale un operatore assiste a titolo oneroso un consumatore nella vendita o nell'acquisto di una multiproprietà o di un prodotto per le vacanze di lungo termine;

d) «contratto di scambio»: un contratto ai sensi del quale un consumatore partecipa a titolo oneroso a un sistema di scambio che gli consente l'accesso all'alloggio per il pernottamento o ad altri servizi in cambio della concessione ad altri dell'accesso temporaneo ai vantaggi che risultano dai diritti derivanti dal suo contratto di multiproprietà;

e) «operatore»: il «professionista», di cui all'art. 3, comma 1, lett. *c*);

f) «consumatore»: la persona fisica, di cui all'art. 3, comma 1, lett. *a*);

g) «contratto accessorio»: un contratto ai sensi del quale il consumatore acquista servizi connessi a un contratto di multiproprietà o a un contratto relativo a un prodotto per le vacanze di lungo termine e forniti dall'operatore o da un terzo sulla base di un accordo tra il terzo e l'operatore;

h) «supporto durevole»: qualsiasi strumento che permetta al consumatore o all'operatore di memorizzare informazioni a lui personalmente dirette in modo che possano essere utilizzate per riferimento futuro per un periodo di tempo adeguato ai fini cui sono destinate le informazioni e che consenta la riproduzione immutata delle informazioni memorizzate;

i) «codice di condotta»: un accordo o un insieme di regole che definisce il comportamento degli operatori che si impegnano a rispettare tale codice in relazione a una o più pratiche commerciali o ad uno o più settori d'attività specifici;

l) «responsabile del codice»: qualsiasi soggetto, compresi un operatore o un gruppo di operatori, responsabile dell'elaborazione e della revisione di un codice di condotta o del controllo dell'osservanza del codice da parte di coloro che si sono impegnati a rispettarlo.

2. Nel calcolo della durata di un contratto di multiproprietà o di un contratto relativo a un prodotto per le vacanze di lungo termine, quale definito al comma 1, rispettivamente alle lett. *a*) e *b*), si tiene conto di qualunque disposizione del contratto che ne consenta il rinnovo tacito o la proroga.

70. *Pubblicità*. — 1. Se un contratto di multiproprietà, un contratto relativo a un prodotto per le vacanze di lungo termine o un contratto di rivendita o di scambio viene offerto al consumatore in persona nell'ambito di una promozione o di un'iniziativa di vendita, l'operatore indica chiaramente nell'invito lo scopo commerciale e la natura dell'evento. Le informazioni di cui all'art. 71, comma 1, sono a disposizione del consumatore in qualsiasi momento durante l'evento.

2. È fatto obbligo all'operatore di specificare in ogni pubblicità la possibilità di ottenere le informazioni di cui all'art. 71, comma 1, e di indicare le modalità sul come ottenerle.

3. Una multiproprietà o un prodotto per le vacanze di lungo termine non sono commercializzati o venduti come investimenti.

71. *Informazioni precontrattuali*. — 1. In tempo utile prima che il consumatore sia vincolato da un contratto o da un'offerta, l'operatore fornisce al consumatore, in maniera chiara e comprensibile, informazioni accurate e sufficienti, secondo le seguenti modalità:

a) nel caso di un contratto di multiproprietà, tramite il formulario informativo di cui all'allegato II-*bis* e le informazioni elencate nella parte 3 di detto formulario;

b) nel caso di un contratto relativo a un prodotto per le vacanze di lungo termine, tramite il formulario informativo di cui all'allegato II-*ter* e le informazioni elencate nella parte 3 di detto formulario;

c) nel caso di un contratto di rivendita,

(1) Capo così sostituito dall'art. 2.1, d.lg. 23 maggio 2011, n. 79.

tramite il formulario informativo di cui all'allegato II-*quater* e le informazioni elencate nella parte 3 di detto formulario;

d) nel caso di un contratto di scambio, tramite il formulario informativo di cui all'allegato II-*quinquies* e le informazioni elencate nella parte 3 di detto formulario.

2. Le informazioni di cui al comma 1 sono fornite a titolo gratuito dall'operatore su carta o altro supporto durevole facilmente accessibile al consumatore.

3. Le informazioni di cui al comma 1, sono redatte nella lingua italiana e in una delle lingue dello Stato dell'Unione europea in cui il consumatore risiede oppure di cui è cittadino, a scelta di quest'ultimo, purché si tratti di una lingua ufficiale della Unione europea.

72. *Requisiti del contratto*. — 1. Il contratto deve essere redatto per iscritto, a pena di nullità, su carta o altro supporto durevole, nella lingua italiana e in una delle lingue dello Stato dell'Unione europea in cui il consumatore risiede oppure di cui è cittadino, a sua scelta, purché si tratti di una lingua ufficiale della Unione europea.

2. Nel caso di un contratto di multiproprietà relativo a un bene immobile specifico, è fatto obbligo all'operatore di fornire al consumatore anche una traduzione conforme del contratto nella lingua dello Stato dell'Unione europea in cui è situato l'immobile.

3. In ogni caso, per qualsiasi tipo di contratto disciplinato dal presente Capo, all'operatore che svolge la propria attività di vendita nel territorio nazionale è fatto obbligo di fornire al consumatore il relativo contratto anche nella lingua italiana.

4. Le informazioni di cui all'art. 71, comma 1, costituiscono parte integrante e sostanziale del contratto e non possono essere modificate salvo qualora vi sia l'accordo esplicito delle parti oppure qualora le modifiche siano causate da circostanze eccezionali e imprevedibili, indipendenti dalla volontà dell'operatore, le cui conseguenze non avrebbero potuto essere evitate neanche con la dovuta diligenza. Tali modifiche, indicate espressamente nel contratto, sono comunicate al consumatore su carta o altro supporto durevole a lui facilmente accessibile, prima della conclusione del contratto.

5. Il contratto contiene, oltre alle informazioni di cui all'art. 71, comma 1, i seguenti ulteriori elementi:

a) l'identità, il luogo di residenza e la firma di ciascuna delle parti;

b) la data e il luogo di conclusione del contratto.

6. Prima della conclusione del contratto l'operatore informa il consumatore sulle clausole contrattuali concernenti l'esistenza del diritto di recesso, la durata del periodo di recesso di cui all'art. 73 e il divieto di versare acconti durante il periodo di recesso di cui all'art. 76, le quali devono essere sottoscritte separatamente dal consumatore. Il contratto include un formulario separato di recesso, come riportato nell'allegato II-*sexies*, inteso ad agevolare l'esercizio del diritto di recesso in conformità all'art. 73.

7. Il consumatore riceve una copia o più copie del contratto all'atto della sua conclusione.

72-*bis*. *Obbligo di fideiussione per i contratti di multiproprietà*. — 1. L'operatore non avente la forma giuridica di società di capitali ovvero con un capitale sociale versato inferiore a 5.500.000 euro e non avente sede legale e sedi secondarie nel territorio dello Stato è obbligato a prestare idonea fideiussione bancaria o assicurativa a garanzia della corretta esecuzione del contratto.

2. L'operatore è in ogni caso obbligato a prestare fideiussione bancaria o assicurativa allorquando l'alloggio oggetto del contratto di multiproprietà sia in corso di costruzione, a garanzia dell'ultimazione dei lavori.

3. Delle fideiussioni deve farsi espressa menzione nel contratto di multiproprietà a pena di nullità.

4. Le garanzie di cui ai commi 1 e 2 non possono imporre al consumatore la preventiva esclusione dell'operatore.

73. *Diritto di recesso*. — 1. Al consumatore è concesso un periodo di quattordici giorni, naturali e consecutivi, per recedere, senza specificare il motivo, dal contratto di multiproprietà, dal contratto relativo a prodotti per le vacanze di lungo termine, dal contratto di rivendita e di scambio.

2. Il periodo di recesso si calcola:

a) dal giorno della conclusione del contratto definitivo o del contratto preliminare;

b) dal giorno in cui il consumatore riceve il contratto definitivo o il contratto preliminare, se posteriore alla data di cui alla lett. *a*).

3. Il periodo di recesso scade:

a) dopo un anno e quattordici giorni a decorrere dalla data di cui al comma 2 del presente articolo se il formulario di recesso separato previsto all'art. 72, comma 4, non è stato compilato dall'operatore e consegnato al consumatore per iscritto, su carta o altro supporto durevole;

b) dopo tre mesi e quattordici giorni a partire dalla data di cui al comma 2 del presente articolo se le informazioni di cui all'art. 71, comma 1, incluso il formulario informativo applicabile di cui agli allegati da III a VI, non sono state fornite al consumatore per iscritto, su carta o altro supporto durevole.

4. Se il formulario separato di recesso previsto all'art. 72, comma 4, è stato compilato dall'operatore e consegnato al consumatore per iscritto, su carta o altro supporto durevole, entro un anno dalla data di cui al comma 2 del presente articolo, il periodo di recesso inizia a decorrere dal giorno in cui il consumatore riceve tale formulario. Analogamente, se le informazioni di cui all'art. 71, comma 1, incluso il formulario informativo applicabile di cui agli allegati da III a VI, sono state fornite al consumatore per iscritto, su carta o altro supporto durevole, entro tre mesi dal giorno di cui al comma 2 del presente articolo, il periodo di recesso inizia a decorrere dal giorno in cui il consumatore riceve tali informazioni.

5. Nel caso in cui il contratto di scambio sia offerto al consumatore contestualmente al contratto di multiproprietà, ai due contratti si applica un unico periodo di recesso conformemente al comma 1. Il periodo di recesso per i due contratti è calcolato secondo le disposizioni del comma 2.

74. *Modalità di esercizio ed effetti del diritto di recesso*. — 1. Il diritto di recesso da parte del consumatore si esercita dandone comunicazione scritta, su carta o altro supporto durevole che assicuri la prova della spedizione anteriore alla scadenza del periodo di recesso, alla persona indicata nel contratto o, in mancanza, all'operatore.

2. All'uopo, il consumatore può utilizzare il formulario di recesso di cui all'allegato VII fornito dall'operatore a norma dell'art. 72, comma 4.

3. L'esercizio del diritto di recesso da parte del consumatore, nei modi indicati al comma 1, pone fine all'obbligo delle parti di eseguire il contratto.

4. Il consumatore che esercita il diritto di recesso, non sostiene alcuna spesa, non è tenuto a pagare alcuna penalità, né è debitore del valore corrispondente all'eventuale servizio reso prima del recesso.

75. *Acconti*. — 1. Per i contratti di multiproprietà, relativi a prodotti per le vacanze di lungo termine e di scambio è vietato qualunque versamento di danaro a titolo di acconto, prestazione di garanzie, l'accantonamento di denaro sotto forma di deposito bancario, il riconoscimento esplicito di debito od ogni altro onere da parte di un consumatore a favore dell'operatore o di un terzo prima della fine del periodo di recesso in conformità dell'art. 73.

2. Per i contratti di rivendita è vietata qualunque forma di versamento di denaro a titolo di acconto, prestazione di garanzie, l'accantonamento di denaro sotto forma di deposito bancario, il riconoscimento esplicito del debito od ogni altro onere da parte di un consumatore a favore dell'operatore o di un terzo prima che la vendita abbia effettivamente luogo o che sia posta fine in altro modo al contratto di rivendita.

76. *Disposizioni specifiche concernenti i contratti relativi a prodotti per le vacanze di lungo termine*. — 1. Per i contratti relativi a prodotti per le vacanze di lungo termine, il pagamento è effettuato secondo scadenze periodiche. È vietato qualsiasi pagamento del prezzo specificato nel contratto che non sia conforme al piano di pagamento periodico concordato. I pagamenti, comprese le quote di affiliazione, sono ripartiti in rate annuali, ciascuna di pari valore, fermo restando gli adeguamenti riferiti ai sistemi di indicizzazione previsti dalla legge. L'operatore invia una richiesta scritta di pagamento, su carta o altro supporto durevole, almeno quattordici giorni, naturali e consecutivi, prima di ciascuna data di esigibilità.

2. Fatto salvo quanto previsto dall'art. 73, a partire dal secondo pagamento rateale, il consumatore può porre fine al contratto senza incorrere in penali dando preavviso all'operatore entro quattordici giorni, naturali e consecutivi, dalla ricezione della richiesta di pagamento per ciascuna rata.

77. *Risoluzione dei contratti accessori*. — 1. L'esercizio da parte del consumatore del diritto di recesso dal contratto di multiproprietà o dal contratto relativo a un prodotto per le vacanze di lungo termine comporta automaticamente e senza alcuna spesa per il consumatore la risoluzione di tutti i contratti di scambio ad esso accessori e di qualsiasi altro contratto accessorio.

2. Fatto salvo quanto previsto dagli artt. 125-*ter* e 125-*quinquies* del d.lg. 1° settembre 1993, n. 385 (1), in materia di contratti di credito ai consumatori, se il prezzo è interamente o parzialmente coperto da un credito concesso al consumatore dall'operatore o da un terzo in base a un accordo fra il terzo e l'operatore, il contratto di credito è risolto senza costi per il consumatore qualora il consumatore eserciti il diritto di recesso dal contratto di multiproprietà, dal contratto relativo a prodotti per le va-

(1) In *Leggi coll. XVII, 1.*

canze di lungo termine, o dal contratto di rivendita o di scambio.

78. *Carattere imperativo delle disposizioni e applicazione in casi internazionali.* — 1. Sono nulle le clausole contrattuali o i patti aggiunti di rinuncia del consumatore ai diritti previsti dal presente capo o di limitazione delle responsabilità previste a carico dell'operatore.

2. Per le controversie derivanti dall'applicazione del presente capo, la competenza territoriale inderogabile è del giudice del luogo di residenza o di domicilio del consumatore, se ubicati nel territorio dello Stato.

3. Ove le parti abbiano scelto di applicare ai contratti di cui al presente capo, una legislazione diversa da quella italiana, al consumatore devono comunque essere riconosciute le condizioni di tutela previste dal presente capo.

4. Ove la legge applicabile sia quella di un paese extracomunitario, i consumatori non possono essere privati della tutela garantita dal presente codice, nel caso di:

a) uno qualsiasi dei beni immobili interessati è situato sul territorio nazionale o di uno Stato dell'Unione europea;

b) nel caso di un contratto non direttamente collegato a beni immobili, l'operatore svolga attività commerciali o professionali in Italia o in uno Stato dell'Unione europea o diriga tali attività, con qualsiasi mezzo, verso l'Italia o uno Stato dell'Unione europea e il contratto rientri nell'ambito di dette attività.

79. *Tutela amministrativa e giurisdizionale.* — 1. Al fine di garantire il rispetto delle disposizioni contenute nel presente capo da parte degli operatori, i consumatori possono utilizzare gli strumenti specifici di cui agli artt. 27, 139, 140 e 140-*bis* del presente Codice.

2. È comunque fatta salva la giurisdizione del giudice ordinario.

80. *Informazioni per i consumatori e ricorso extragiudiziale.* — 1. L'operatore può adottare appositi codici di condotta, secondo le modalità di cui all'art. 27-*bis*.

2. Per la risoluzione delle controversie sorte dall'esatta applicazione dei contratti disciplinati dal presente capo è possibile ricorrere alle procedure di mediazione, di cui al d.lg. 4 marzo 2010, n. 28. È fatta salva la possibilità di utilizzare le procedure di negoziazione volontaria e paritetica previste dall'art. 2, comma 2, dello stesso d.lg. 4 marzo 2010, n. 28.

81. *Sanzioni.* — 1. Salvo che il fatto costituisca reato, l'operatore che contravviene alle norme di cui agli artt. 70, commi 1 e 2, 71, 72, 72-*bis*, 75, 76 e 77, è punito, per ogni singola violazione, con la sanzione amministrativa pecuniaria da 1.000 euro a 5.000 euro.

2. Si applica la sanzione amministrativa accessoria della sospensione dall'esercizio dell'attività da 30 giorni a sei mesi all'operatore che abbia commesso una ripetuta violazione delle disposizioni di cui al comma 1.

3. Ai fini dell'accertamento dell'infrazione e dell'applicazione della sanzione, si applica l'art. 66 (1).

81-*bis*. *Tutela in base ad altre disposizioni.* — 1. Le disposizioni del presente capo non escludono, né limitano i diritti che sono attribuiti al consumatore da altre norme dell'ordinamento giuridico.

2. Per quanto non previsto dal presente capo, si applicano le disposizioni del codice civile in tema di contratti.

CAPO II

SERVIZI TURISTICI

82-100. .... (2).

TITOLO V

Erogazione di servizi pubblici

CAPO I

SERVIZI PUBBLICI

101. *Norma di rinvio.* — 1. Lo Stato e le regioni, nell'ambito delle rispettive competenze, garantiscono i diritti degli utenti dei servizi pubblici attraverso la concreta e corretta attuazione dei principi e dei criteri previsti della normativa vigente in materia.

2. Il rapporto di utenza deve svolgersi nel rispetto di standard di qualità predeterminati e adeguatamente resi pubblici.

3. Agli utenti è garantita, attraverso forme rappresentative, la partecipazione alle procedure di definizione e di valutazione degli standard di qualità previsti dalle leggi.

4. La legge stabilisce per determinati enti erogatori di servizi pubblici l'obbligo di adotta-

(1) Le parole «l'art. 66» sono state così sostituite alle precedenti «l'art. 62, comma 3» dall'art. 1.4, d.lg. 21 febbraio 2014, n. 21. In base all'art. 2.1, d.lg. cit., tali modifiche «entrano in vigore dal 13 giugno 2014 e si applicano ai contratti conclusi dopo tale data».

(2) Articoli abrogati dall'art. 3.1, lett. m, d.lg. 23 maggio 2011, n. 79.

re, attraverso specifici meccanismi di attuazione diversificati in relazione ai settori, apposite carte dei servizi.

PARTE IV
SICUREZZA E QUALITÀ

TITOLO I
Sicurezza dei prodotti

102. *Finalità e campo di applicazione*. — 1. Il presente titolo intende garantire che i prodotti immessi sul mercato ovvero in libera pratica siano sicuri.

2. Le disposizioni del presente titolo si applicano a tutti i prodotti definiti all'art. 103, comma 1, lett. *a*). Ciascuna delle sue disposizioni si applica laddove non esistono, nell'ambito della normativa vigente, disposizioni specifiche aventi come obiettivo la sicurezza dei prodotti.

3. Se taluni prodotti sono soggetti a requisiti di sicurezza prescritti da normativa comunitaria, le disposizioni del presente titolo si applicano unicamente per gli aspetti ed i rischi o le categorie di rischio non soggetti a tali requisiti.

4. Ai prodotti di cui al comma 3 non si applicano l'art. 103, comma 1, lett. *b*) e *c*), e gli artt. 104 e 105.

5. Ai prodotti di cui al comma 3 si applicano gli articoli da 104 a 108 se sugli aspetti disciplinati da tali articoli non esistono disposizioni specifiche riguardanti lo stesso obiettivo.

6. Le disposizioni del presente titolo non si applicano ai prodotti alimentari di cui al reg. (CE) n. 178/2002, del Parlamento europeo e del Consiglio, del 28 gennaio 2002.

103. *Definizioni*. — 1. Ai fini del presente titolo si intende per:

a) prodotto sicuro: qualsiasi prodotto, come definito all'art. 3, comma 1, lett. *e*), che, in condizioni di uso normali o ragionevolmente prevedibili, compresa la durata e, se del caso, la messa in servizio, l'installazione e la manutenzione, non presenti alcun rischio oppure presenti unicamente rischi minimi, compatibili con l'impiego del prodotto e considerati accettabili nell'osservanza di un livello elevato di tutela della salute e della sicurezza delle persone in funzione, in particolare, dei seguenti elementi:

1) delle caratteristiche del prodotto, in particolare la sua composizione, il suo imballaggio, le modalità del suo assemblaggio e, se del caso, della sua installazione e manutenzione;

2) dell'effetto del prodotto su altri prodotti, qualora sia ragionevolmente prevedibile l'utilizzazione del primo con i secondi;

3) della presentazione del prodotto, della sua etichettatura, delle eventuali avvertenze e istruzioni per il suo uso e la sua eliminazione, nonché di qualsiasi altra indicazione o informazione relativa al prodotto;

4) delle categorie di consumatori che si trovano in condizione di rischio nell'utilizzazione del prodotto, in particolare dei minori e degli anziani;

b) prodotto pericoloso: qualsiasi prodotto che non risponda alla definizione di prodotto sicuro di cui alla lett. *a*);

c) rischio grave: qualsiasi rischio grave compreso quello i cui effetti non sono immediati, che richiede un intervento rapido delle autorità pubbliche;

d) produttore: il fabbricante del prodotto stabilito nella Comunità e qualsiasi altra persona che si presenti come fabbricante apponendo sul prodotto il proprio nome, il proprio marchio o un altro segno distintivo, o colui che rimette a nuovo il prodotto; il rappresentante del fabbricante se quest'ultimo non è stabilito nella Comunità o, qualora non vi sia un rappresentante stabilito nella Comunità, l'importatore del prodotto; gli altri operatori professionali della catena di commercializzazione nella misura in cui la loro attività possa incidere sulle caratteristiche di sicurezza dei prodotti;

e) distributore: qualsiasi operatore professionale della catena di commercializzazione, la cui attività non incide sulle caratteristiche di sicurezza dei prodotti;

f) richiamo: le misure volte ad ottenere la restituzione di un prodotto pericoloso che il fabbricante o il distributore ha già fornito o reso disponibile ai consumatori;

g) ritiro: qualsiasi misura volta a impedire la distribuzione e l'esposizione di un prodotto pericoloso, nonché la sua offerta al consumatore.

2. La possibilità di raggiungere un livello di sicurezza superiore o di procurarsi altri prodotti che presentano un rischio minore non costituisce un motivo sufficiente per considerare un prodotto come non sicuro o pericoloso.

104. *Obblighi del produttore e del distributore*. — 1. Il produttore immette sul mercato solo prodotti sicuri.

2. Il produttore fornisce al consumatore tutte le informazioni utili alla valutazione e alla prevenzione dei rischi derivanti dall'uso normale o ragionevolmente prevedibile del prodotto, se non sono immediatamente percettibili senza adeguate avvertenze, e alla prevenzio-

ne contro detti rischi. La presenza di tali avvertenze non esenta, comunque, dal rispetto degli altri obblighi previsti nel presente titolo.

3. Il produttore adotta misure proporzionate in funzione delle caratteristiche del prodotto fornito per consentire al consumatore di essere informato sui rischi connessi al suo uso e per intraprendere le iniziative opportune per evitare tali rischi, compresi il ritiro del prodotto dal mercato, il richiamo e l'informazione appropriata ed efficace dei consumatori.

4. Le misure di cui al comma 3 comprendono:

a) l'indicazione in base al prodotto o al suo imballaggio, dell'identità e degli estremi del produttore; il riferimento al tipo di prodotto o, eventualmente, alla partita di prodotti di cui fa parte, salva l'omissione di tale indicazione nei casi in cui sia giustificata;

b) i controlli a campione sui prodotti commercializzati, l'esame dei reclami e, se del caso, la tenuta di un registro degli stessi, nonché l'informazione ai distributori in merito a tale sorveglianza.

5. Le misure di ritiro, di richiamo e di informazione al consumatore, previste al comma 3, hanno luogo su base volontaria o su richiesta delle competenti autorità a norma dell'art. 107. Il richiamo interviene quando altre azioni non siano sufficienti a prevenire i rischi del caso, ovvero quando i produttori lo ritengano necessario o vi siano tenuti in seguito a provvedimenti dell'autorità competente.

6. Il distributore deve agire con diligenza nell'esercizio della sua attività per contribuire a garantire l'immissione sul mercato di prodotti sicuri; in particolare è tenuto:

a) a non fornire prodotti di cui conosce o avrebbe dovuto conoscere la pericolosità in base alle informazioni in suo possesso e nella sua qualità di operatore professionale;

b) a partecipare al controllo di sicurezza del prodotto immesso sul mercato, trasmettendo le informazioni concernenti i rischi del prodotto al produttore e alle autorità competenti per le azioni di rispettiva competenza;

c) a collaborare alle azioni intraprese di cui alla lett. *b*), conservando e fornendo la documentazione idonea a rintracciare l'origine dei prodotti per un periodo di dieci anni dalla data di cessione al consumatore finale.

7. Qualora i produttori e i distributori sappiano o debbano sapere, sulla base delle informazioni in loro possesso e in quanto operatori professionali, che un prodotto da loro immesso sul mercato o altrimenti fornito al consumatore presenta per il consumatore stesso rischi incompatibili con l'obbligo generale di sicurezza, informano immediatamente le amministrazioni competenti, di cui all'art. 106, comma 1, precisando le azioni intraprese per prevenire i rischi per i consumatori.

8. In caso di rischio grave, le informazioni da fornire comprendono almeno:

a) elementi specifici che consentano una precisa identificazione del prodotto o del lotto di prodotti in questione;

b) una descrizione completa del rischio presentato dai prodotti interessati;

c) tutte le informazioni disponibili che consentono di rintracciare il prodotto;

d) una descrizione dei provvedimenti adottati per prevenire i rischi per i consumatori.

9. Nei limiti delle rispettive attività, produttori e distributori collaborano con le Autorità competenti, ove richiesto dalle medesime, in ordine alle azioni intraprese per evitare i rischi presentati dai prodotti che essi forniscono o hanno fornito.

105. *Presunzione e valutazione di sicurezza.* — 1. In mancanza di specifiche disposizioni comunitarie che disciplinano gli aspetti di sicurezza, un prodotto si presume sicuro quando è conforme alla legislazione vigente nello Stato membro in cui il prodotto stesso è commercializzato e con riferimento ai requisiti cui deve rispondere sul piano sanitario e della sicurezza.

2. Si presume che un prodotto sia sicuro, per quanto concerne i rischi e le categorie di rischi disciplinati dalla normativa nazionale, quando è conforme alle norme nazionali non cogenti che recepiscono le norme europee i cui riferimenti sono stati pubblicati dalla Commissione europea nella *Gazzetta Ufficiale* delle Comunità europee a norma dell'art. 4 della dir. 2001/95/CE, del Parlamento europeo e del Consiglio, del 3 dicembre 2001.

3. In assenza delle norme di cui ai commi 1 e 2, la sicurezza del prodotto è valutata in base alle norme nazionali non cogenti che recepiscono norme europee, alle norme in vigore nello Stato membro in cui il prodotto è commercializzato, alle raccomandazioni della Commissione europea relative ad orientamenti sulla valutazione della sicurezza dei prodotti, ai codici di buona condotta in materia di sicurezza vigenti nel settore interessato, agli ultimi ritrovati della tecnica, al livello di sicurezza che i consumatori possono ragionevolmente attendersi.

4. Fatte salve le disposizioni di cui ai commi 1, 2 e 3, le Autorità competenti adottano le misure necessarie per limitare o impedire l'immissione sul mercato o chiedere il ritiro o il richiamo dal mercato del prodotto, se questo

si rivela, nonostante la conformità, pericoloso per la salute e la sicurezza del consumatore.

106. *Procedure di consultazione e coordinamento.* — 1. I Ministeri dello sviluppo economico (1), della salute, del lavoro e delle politiche sociali, dell'interno, dell'economia e delle finanze, delle infrastrutture e trasporti, nonché le altre amministrazioni pubbliche di volta in volta competenti per materia alla effettuazione dei controlli di cui all'art. 107, provvedono, nell'ambito delle ordinarie disponibilità di bilancio e secondo le rispettive competenze, alla realizzazione di un sistema di scambio rapido di informazioni mediante un adeguato supporto informativo operante in via telematica, anche attraverso il Sistema pubblico di connettività, in conformità alle prescrizioni stabilite in sede comunitaria che consenta anche l'archiviazione e la diffusione delle informazioni.

2. I criteri per il coordinamento dei controlli previsti dall'art. 107 sono stabiliti in una apposita conferenza di servizi fra i competenti uffici dei Ministeri e delle amministrazioni di cui al comma 1, convocata almeno due volte l'anno dal Ministro dello sviluppo economico (1); alla conferenza partecipano anche il Ministro della giustizia e le altre amministrazioni di cui al comma 1 di volta in volta competenti per materia.

3. La conferenza di cui al comma 2, tiene conto anche dei dati raccolti ed elaborati nell'ambito del sistema comunitario di informazione sugli incidenti domestici e del tempo libero.

4. Alla conferenza di cui al comma 2, possono presentare osservazioni gli organismi di categoria della produzione e della distribuzione, nonché le associazioni di tutela degli interessi dei consumatori e degli utenti iscritte all'elenco di cui all'art. 137, secondo modalità definite dalla conferenza medesima.

107. *Controlli.* — 1. Le amministrazioni di cui all'art. 106, comma 1, controllano che i prodotti immessi sul mercato siano sicuri. Il Ministero dello sviluppo economico (1) comunica alla Commissione europea l'elenco delle amministrazioni di cui al periodo che precede, nonché degli uffici e degli organi di cui esse si avvalgono, aggiornato annualmente su indicazione delle amministrazioni stesse.

2. Le amministrazioni di cui all'art. 106 possono adottare tra l'altro le misure seguenti:

a) per qualsiasi prodotto:

1) disporre, anche dopo che un prodotto è stato immesso sul mercato come prodotto sicuro, adeguate verifiche delle sue caratteristiche di sicurezza fino allo stadio dell'utilizzo o del consumo, anche procedendo ad ispezioni presso gli stabilimenti di produzione e di confezionamento, presso i magazzini di stoccaggio e presso i magazzini di vendita;

2) esigere tutte le informazioni necessarie dalle parti interessate;

3) prelevare campioni di prodotti per sottoporli a prove ed analisi volte ad accertare la sicurezza, redigendone processo verbale di cui deve essere rilasciata copia agli interessati;

b) per qualsiasi prodotto che possa presentare rischi in determinate condizioni:

1) richiedere l'apposizione sul prodotto, in lingua italiana, di adeguate avvertenze sui rischi che esso può presentare, redatte in modo chiaro e facilmente comprensibile;

2) sottoporne l'immissione sul mercato a condizioni preventive, in modo da renderlo sicuro;

c) per qualsiasi prodotto che possa presentare rischi per determinati soggetti:

1) disporre che tali soggetti siano avvertiti tempestivamente ed in una forma adeguata di tale rischio, anche mediante la pubblicazione di avvisi specifici;

d) per qualsiasi prodotto che può essere pericoloso:

1) vietare, per il tempo necessario allo svolgimento dei controlli, delle verifiche o degli accertamenti sulla sicurezza del prodotto, di fornirlo, di proporne la fornitura o di esporlo;

2) disporre, entro un termine perentorio, l'adeguamento del prodotto o di un lotto di prodotti già commercializzati agli obblighi di sicurezza previsti dal presente titolo, qualora non vi sia un rischio imminente per la salute e l'incolumità pubblica;

e) per qualsiasi prodotto pericoloso:

1) vietarne l'immissione sul mercato e adottare le misure necessarie a garantire l'osservanza del divieto;

f) per qualsiasi prodotto pericoloso già immesso sul mercato rispetto al quale l'azione già intrapresa dai produttori e dai distributori sia insoddisfacente o insufficiente:

1) ordinare o organizzare il suo ritiro effettivo e immediato e l'informazione dei con-

(1) Le parole «dello sviluppo economico» sono state così sostituite alle precedenti «delle attività produttive» dall'art. 1.5, d.lg. 6 agosto 2015, n. 130. In base all'art. 2.1, d.lg. cit., tali disposizioni «si applicano a decorrere dal 9 gennaio 2016».

sumatori circa i rischi da esso presentati. I costi relativi sono posti a carico del produttore e, ove ciò non sia in tutto o in parte possibile, a carico del distributore;

2) ordinare o coordinare o, se del caso, organizzare con i produttori e i distributori, il suo richiamo anche dai consumatori e la sua distruzione in condizioni opportune. I costi relativi sono posti a carico dei produttori e dei distributori.

3. Nel caso di prodotti che presentano un rischio grave le amministrazioni di cui all'art. 106 intraprendono le azioni necessarie per applicare, con la dovuta celerità, opportune misure analoghe a quelle previste al comma 2, lettere da *b*) a *f*), tenendo conto delle lineeguida che riguardano la gestione del RAPEX di cui all'allegato II.

4. Le amministrazioni competenti quando adottano misure analoghe a quelle di cui al comma 2 ed in particolare a quelle di cui alle lett. *d*), *e*) e *f*), tenendo conto del principio di precauzione, agiscono nel rispetto del Trattato istitutivo della Comunità europea, in particolare degli artt. 28 e 30, per attuarle in modo proporzionato alla gravità del rischio.

5. Le amministrazioni competenti, nell'ambito delle misure adottate sulla base del principio di precauzione e, senza maggiori oneri per la finanza pubblica, incoraggiano e favoriscono l'azione volontaria dei produttori e dei distributori di adeguamento agli obblighi imposti dal presente titolo, anche mediante l'eventuale elaborazione di codici di buona condotta ed accordi con le categorie di settore.

6. Per le finalità di cui al presente titolo e senza oneri aggiuntivi per la finanza pubblica, le amministrazioni di cui all'art. 106, comma 1, si avvalgono della collaborazione dell'Agenzia delle dogane e della Guardia di finanza, le quali hanno accesso al sistema di scambio rapido delle informazioni gestite dal sistema RAPEX, di cui all'allegato II, ed agiscono secondo le norme e le facoltà ad esse attribuite dall'ordinamento.

7. Le misure di cui al presente articolo possono riguardare, rispettivamente:

a) il produttore;

b) il distributore, e, in particolare, il responsabile della prima immissione in commercio;

c) qualsiasi altro detentore del prodotto, qualora ciò sia necessario al fine di collaborare alle azioni intraprese per evitare i rischi derivanti dal prodotto stesso.

8. Per armonizzare l'attività di controllo derivante dal presente titolo con quella attuata per i prodotti per i quali gli obblighi di sicurezza sono disciplinati dalla normativa antincendio, il Ministero dell'interno si avvale, per gli aspetti di coordinamento, del proprio Dipartimento dei vigili del fuoco, del soccorso pubblico e della difesa civile-direzione centrale per la prevenzione e la sicurezza tecnica del Corpo nazionale dei vigili del fuoco, nonché degli organi periferici del Corpo nazionale dei vigili del fuoco per gli interventi sul territorio, nell'ambito delle dotazioni organiche esistenti e, comunque, senza oneri aggiuntivi a carico del bilancio dello Stato.

9. Il Ministero della salute, ai fini degli adempimenti comunitari derivanti dalle norme sulla sicurezza dei prodotti e dal presente titolo, si avvale anche dei propri uffici di sanità marittima, aerea e di frontiera nell'ambito delle dotazioni organiche esistenti e, comunque, senza oneri aggiuntivi a carico del bilancio dello Stato.

10. Fatti salvi gli obblighi previsti dalla normativa vigente, i soggetti di cui al comma 1 sono tenuti a non divulgare le informazioni acquisite che, per loro natura, sono coperte dal segreto professionale, a meno che la loro divulgazione sia necessaria alla tutela della salute o della pubblica o privata incolumità.

108. *Disposizioni procedurali.* — 1. Il provvedimento adottato ai sensi dell'art. 107 che limita l'immissione sul mercato di un prodotto o ne dispone il ritiro o il richiamo, deve essere adeguatamente motivato, con l'indicazione dei termini e delle Autorità competenti cui è possibile ricorrere e deve essere notificato entro sette giorni dall'adozione.

2. Fatti salvi i casi di grave o immediato pericolo per la salute o per la pubblica o privata incolumità, prima dell'adozione delle misure di cui all'art. 107, commi 2 e 3, agli interessati deve essere consentito di partecipare alla fase del procedimento amministrativo e di presenziare agli accertamenti riguardanti i propri prodotti, in base agli artt. 7 e seguenti della l. 7 agosto 1990, n. 241; in particolare, gli interessati possono presentare all'Autorità competente osservazioni scritte e documenti.

3. Gli interessati possono presentare osservazioni scritte anche in seguito all'emanazione del provvedimento, anche quando, a causa dell'urgenza della misura da adottare, non hanno potuto partecipare al procedimento.

3-*bis*. La procedura istruttoria per l'adozione dei provvedimenti emanati ai sensi dell'art. 107, è stabilita con regolamento emanato ai sensi dell'art. 17, comma 1, della l. 23 agosto 1988, n. 400, su proposta dell'Amministrazione competente, in modo da garantire il contraddittorio, la piena cognizione degli atti e la verbalizzazione (1).

109. *Sorveglianza del mercato.* — 1. Per esercitare un'efficace sorveglianza del mercato, volta a garantire un elevato livello di protezione della salute e della sicurezza dei consumatori, le amministrazioni di cui all'art. 106, anche indipendentemente dalla conferenza di servizi, assicurano:

a) l'istituzione, l'aggiornamento periodico e l'esecuzione di programmi settoriali di sorveglianza per categorie di prodotti o di rischi, nonché il monitoraggio delle attività di sorveglianza, delle osservazioni e dei risultati;

b) l'aggiornamento delle conoscenze scientifiche e tecniche relative alla sicurezza dei prodotti;

c) esami e valutazioni periodiche del funzionamento delle attività di controllo e della loro efficacia, come pure, se del caso, la revisione dei metodi dell'organizzazione della sorveglianza messa in opera.

2. Le Amministrazioni di cui all'art. 106 assicurano, altresì, la gestione dei reclami presentati dai consumatori e dagli altri interessati con riguardo alla sicurezza dei prodotti e alle attività di controllo e sorveglianza. Le modalità operative di cui al presente comma vengono concordate in sede di conferenza di servizi.

3. Le strutture amministrative competenti a svolgere l'attività di cui al comma 2 vanno rese note in sede di conferenza di servizi convocata dopo la data di entrata in vigore del codice. In quella sede sono definite le modalità per informare i consumatori e le altre parti interessate delle procedure di reclamo.

4. Dall'attuazione del presente articolo non devono derivare nuovi o maggiori oneri per la finanza pubblica.

110. *Notificazione e scambio di informazioni.* — 1. Il Ministero dello sviluppo economico (2) notifica alla Commissione europea, precisando le ragioni che li hanno motivati, i provvedimenti di cui all'art. 107, commi 2, lett. *b*), *c*), *d*), *e*) e *f*), e 3, nonché eventuali modifiche e revoche, fatta salva l'eventuale normativa comunitaria specifica vigente sulla procedura di notifica.

2. I provvedimenti, anche concordati con produttori e distributori, adottati per limitare o sottoporre a particolari condizioni la commercializzazione o l'uso di prodotti che presentano un rischio grave per i consumatori, vanno notificati alla Commissione europea secondo le prescrizioni del sistema RAPEX, tenendo conto dell'allegato II della dir. 2001/95/CE, di cui all'allegato II.

3. Se il provvedimento adottato riguarda un rischio che si ritiene limitato al territorio nazionale, il Ministero dello sviluppo economico (2) procede, anche su richiesta delle altre amministrazioni competenti, alla notifica alla Commissione europea qualora il provvedimento contenga informazioni suscettibili di presentare un interesse, quanto alla sicurezza dei prodotti, per gli altri Stati membri, in particolare se tale provvedimento risponde ad un rischio nuovo, non ancora segnalato in altre notifiche.

4. Ai fini degli adempimenti di cui al comma 1, i provvedimenti adottati dalle amministrazioni competenti di cui all'art. 106 devono essere comunicati tempestivamente al Ministero dello sviluppo economico (2); analoga comunicazione deve essere data a cura delle cancellerie ovvero delle segreterie degli organi giurisdizionali, relativamente ai provvedimenti, sia a carattere provvisorio, sia a carattere definitivo, emanati dagli stessi nell'ambito degli interventi di competenza.

5. Il Ministero dello sviluppo economico (2) comunica all'amministrazione competente le decisioni eventualmente adottate dalla Commissione europea relativamente a prodotti che presentano un rischio grave per la salute e la sicurezza dei consumatori in diversi Stati membri e che quindi necessitano, entro un termine di venti giorni, dell'adozione di provvedimenti idonei. è fatto salvo il rispetto del termine eventualmente inferiore previsto nella decisione della Commissione europea.

6. Le Autorità competenti assicurano alle parti interessate la possibilità di esprimere entro un mese dall'adozione della decisione di cui al comma 5, pareri ed osservazioni per il successivo inoltro alla Commissione.

7. Sono vietate le esportazioni al di fuori dell'Unione europea di prodotti pericolosi oggetto di una decisione di cui al comma 5, a meno che la decisione non disponga diversamente.

111. *Responsabilità del produttore.* — 1. Sono fatte salve le disposizioni di cui al titolo secondo in materia di responsabilità per danno da prodotti difettosi.

112. *Sanzioni.* — 1. Salvo che il fatto costituisca più grave reato, il produttore o il distributore che immette sul mercato prodotti peri-

(1) Comma aggiunto dall'art. 13, d.lg. 23 ottobre 2007, n. 221.

(2) Le parole «dello sviluppo economico» sono state così sostituite alle precedenti «delle attività produttive» dall'art. 1.5, d.lg. 6 agosto 2015, n. 130. In base all'art. 2.1, d.lg. cit., tali disposizioni «si applicano a decorrere dal 9 gennaio 2016».

colosi in violazione del divieto di cui all'art. 107, comma 2, lett. *e*), è punito con l'arresto da sei mesi ad un anno e con l'ammenda da 10.000 euro a 50.000 euro.

2. Salvo che il fatto costituisca più grave reato, il produttore che immette sul mercato prodotti pericolosi, è punito con l'arresto fino ad un anno e con l'ammenda da 10.000 euro a 50.000 euro.

3. Salvo che il fatto costituisca più grave reato, il produttore o il distributore che non ottempera ai provvedimenti emanati a norma dell'art. 107, comma 2, lett. *b*), nn. 1) e 2), *c*) e *d*), nn. 1) e 2), è punito con l'ammenda da 10.000 euro a 25.000 euro.

4. Il produttore o il distributore che non assicura la dovuta collaborazione ai fini dello svolgimento delle attività di cui all'art. 107, comma 2, lett. *a*), è soggetto alla sanzione amministrativa da 2.500 euro a 40.000 euro.

5. Salvo che il fatto costituisca reato, il produttore che violi le disposizioni di cui all'art. 104, commi 2, 3, 5, 7, 8 e 9, ed il distributore che violi le disposizioni di cui al medesimo art. 104, commi 6, 7, 8 e 9, sono soggetti ad una sanzione amministrativa compresa fra 1.500 euro e 30.000 euro.

113. *Rinvio*. — 1. Sono fatte salve le specifiche norme di settore che, con riferimento a particolari categorie merceologiche, obbligano a specifici standard di sicurezza.

2. Sono fatte salve le disposizioni regionali che disciplinano i controlli di competenza.

TITOLO II

Responsabilità per danno da prodotti difettosi

114. *Responsabilità del produttore*. — 1. Il produttore è responsabile del danno cagionato da difetti del suo prodotto.

115. *Prodotto e produttore* (1). — 1. Prodotto, ai fini del presente titolo, è ogni bene mobile, anche se incorporato in altro bene mobile o immobile.

2. Si considera prodotto anche l'elettricità.

2-*bis*. Produttore, ai fini del presente titolo, è il fabbricante del prodotto finito o di una sua componente, il produttore della materia prima, nonché, per i prodotti agricoli del suolo e per quelli dell'allevamento, della pesca e della caccia, rispettivamente l'agricoltore, l'allevatore, il pescatore ed il cacciatore (2).

116. *Responsabilità del fornitore*. — 1. Quando il produttore non sia individuato, è sottoposto alla stessa responsabilità il fornitore che abbia distribuito il prodotto nell'esercizio di un'attività commerciale, se ha omesso di comunicare al danneggiato, entro il termine di tre mesi dalla richiesta, l'identità e il domicilio del produttore o della persona che gli ha fornito il prodotto.

2. La richiesta deve essere fatta per iscritto e deve indicare il prodotto che ha cagionato il danno, il luogo e, con ragionevole approssimazione, la data dell'acquisto; deve inoltre contenere l'offerta in visione del prodotto, se ancora esistente.

3. Se la notificazione dell'atto introduttivo del giudizio non è stata preceduta dalla richiesta prevista dal comma 2, il convenuto può effettuare la comunicazione entro i tre mesi successivi.

4. In ogni caso, su istanza del fornitore presentata alla prima udienza del giudizio di primo grado, il giudice, se le circostanze lo giustificano, può fissare un ulteriore termine non superiore a tre mesi per la comunicazione prevista dal comma 1.

5. Il terzo indicato come produttore o precedente fornitore può essere chiamato nel processo a norma dell'art. 106 del codice di procedura civile e il fornitore convenuto può essere estromesso, se la persona indicata comparisce e non contesta l'indicazione. Nell'ipotesi prevista dal comma 3, il convenuto può chiedere la condanna dell'attore al rimborso delle spese cagionategli dalla chiamata in giudizio.

6. Le disposizioni del presente articolo si applicano al prodotto importato nella Unione europea, quando non sia individuato l'importatore, anche se sia noto il produttore.

117. *Prodotto difettoso*. — 1. Un prodotto è difettoso quando non offre la sicurezza che ci si può legittimamente attendere tenuto conto di tutte le circostanze, tra cui:

a) il modo in cui il prodotto è stato messo in circolazione, la sua presentazione, le sue caratteristiche palesi, le istruzioni e le avvertenze fornite;

b) l'uso al quale il prodotto può essere ragionevolmente destinato e i comportamenti che, in relazione ad esso, si possono ragionevolmente prevedere;

c) il tempo in cui il prodotto è stato messo in circolazione.

2. Un prodotto non può essere considerato

(1) Rubrica così sostituita dall'art. 14.1, d.lg. 23 ottobre 2007, n. 221.
(2) Comma aggiunto dall'art. 14.2, d.lg. 23 ottobre 2007, n. 221.

difettoso per il solo fatto che un prodotto più perfezionato sia stato in qualunque tempo messo in commercio.

3. Un prodotto è difettoso se non offre la sicurezza offerta normalmente dagli altri esemplari della medesima serie.

118. *Esclusione della responsabilità*. — 1. La responsabilità è esclusa:

a) se il produttore non ha messo il prodotto in circolazione;

b) se il difetto che ha cagionato il danno non esisteva quando il produttore ha messo il prodotto in circolazione;

c) se il produttore non ha fabbricato il prodotto per la vendita o per qualsiasi altra forma di distribuzione a titolo oneroso, né lo ha fabbricato o distribuito nell'esercizio della sua attività professionale;

d) se il difetto è dovuto alla conformità del prodotto a una norma giuridica imperativa o a un provvedimento vincolante;

e) se lo stato delle conoscenze scientifiche e tecniche, al momento in cui il produttore ha messo in circolazione il prodotto, non permetteva ancora di considerare il prodotto come difettoso;

f) nel caso del produttore o fornitore di una parte componente o di una materia prima, se il difetto è interamente dovuto alla concezione del prodotto in cui è stata incorporata la parte o materia prima o alla conformità di questa alle istruzioni date dal produttore che la ha utilizzata.

119. *Messa in circolazione del prodotto*. — 1. Il prodotto è messo in circolazione quando sia consegnato all'acquirente, all'utilizzatore, o a un ausiliario di questi, anche in visione o in prova.

2. La messa in circolazione avviene anche mediante la consegna al vettore o allo spedizioniere per l'invio all'acquirente o all'utilizzatore.

3. La responsabilità non è esclusa se la messa in circolazione dipende da vendita forzata, salvo che il debitore abbia segnalato specificamente il difetto con dichiarazione resa all'ufficiale giudiziario all'atto del pignoramento o con atto notificato al creditore procedente e depositato presso la cancelleria del giudice dell'esecuzione entro quindici giorni dal pignoramento stesso.

120. *Prova*. — 1. Il danneggiato deve provare il difetto, il danno, e la connessione causale tra difetto e danno.

2. Il produttore deve provare i fatti che possono escludere la responsabilità secondo le disposizioni dell'art. 118. Ai fini dell'esclusione da responsabilità prevista nell'art. 118, comma 1, lett. *b*), è sufficiente dimostrare che, tenuto conto delle circostanze, è probabile che il difetto non esistesse ancora nel momento in cui il prodotto è stato messo in circolazione.

3. Se è verosimile che il danno sia stato causato da un difetto del prodotto, il giudice può ordinare che le spese della consulenza tecnica siano anticipate dal produttore.

121. *Pluralità di responsabili*. — 1. Se più persone sono responsabili del medesimo danno, tutte sono obbligate in solido al risarcimento.

2. Colui che ha risarcito il danno ha regresso contro gli altri nella misura determinata dalle dimensioni del rischio riferibile a ciascuno, dalla gravità delle eventuali colpe e dalla entità delle conseguenze che ne sono derivate. Nel dubbio la ripartizione avviene in parti uguali.

122. *Colpa del danneggiato*. — 1. Nelle ipotesi di concorso del fatto colposo del danneggiato il risarcimento si valuta secondo le disposizioni dell'art. 1227 del codice civile.

2. Il risarcimento non è dovuto quando il danneggiato sia stato consapevole del difetto del prodotto e del pericolo che ne derivava e nondimeno vi si sia volontariamente esposto.

3. Nell'ipotesi di danno a cosa, la colpa del detentore di questa è parificata alla colpa del danneggiato.

123. *Danno risarcibile*. — 1. È risarcibile in base alle disposizioni del presente titolo:

a) il danno cagionato dalla morte o da lesioni personali;

b) la distruzione o il deterioramento di una cosa diversa dal prodotto difettoso, purché di tipo normalmente destinato all'uso o consumo privato e così principalmente utilizzata dal danneggiato.

2. Il danno a cose è risarcibile solo nella misura che ecceda la somma di euro trecentottantasette.

124. *Clausole di esonero da responsabilità*. — 1. È nullo qualsiasi patto che escluda o limiti preventivamente, nei confronti del danneggiato, la responsabilità prevista dal presente titolo.

125. *Prescrizione*. — 1. Il diritto al risarcimento si prescrive in tre anni dal giorno in cui il danneggiato ha avuto o avrebbe dovuto avere conoscenza del danno, del difetto e dell'identità del responsabile.

2. Nel caso di aggravamento del danno, la prescrizione non comincia a decorrere prima del giorno in cui il danneggiato ha avuto o avrebbe dovuto avere conoscenza di un danno di gravità sufficiente a giustificare l'esercizio di un'azione giudiziaria.

126. *Decadenza*. — 1. Il diritto al risarcimento si estingue alla scadenza di dieci anni dal giorno in cui il produttore o l'importatore nella Unione europea ha messo in circolazione il prodotto che ha cagionato il danno.

2. La decadenza è impedita solo dalla domanda giudiziale, salvo che il processo si estingua, dalla domanda di ammissione del credito in una procedura concorsuale o dal riconoscimento del diritto da parte del responsabile.

3. L'atto che impedisce la decadenza nei confronti di uno dei responsabili non ha effetto riguardo agli altri.

127. *Responsabilità secondo altre disposizioni di legge*. — 1. Le disposizioni del presente titolo non escludono né limitano i diritti attribuiti al danneggiato da altre leggi.

2. Le disposizioni del presente titolo non si applicano ai danni cagionati dagli incidenti nucleari previsti dalla l. 31 dicembre 1962, n. 1860, e successive modificazioni.

3. Le disposizioni del presente titolo non si applicano ai prodotti messi in circolazione prima del 30 luglio 1988.

TITOLO III

Garanzia legale di conformità e garanzie commerciali per i beni di consumo

CAPO I

DELLA VENDITA DEI BENI DI CONSUMO

128. *Ambito di applicazione e definizioni*. — 1. Il presente capo disciplina taluni aspetti dei contratti di vendita e delle garanzie concernenti i beni di consumo. A tali fini ai contratti di vendita sono equiparati i contratti di permuta e di somministrazione nonché quelli di appalto, di opera e tutti gli altri contratti comunque finalizzati alla fornitura di beni di consumo da fabbricare o produrre.

2. Ai fini del presente capo si intende per:

a) beni di consumo: qualsiasi bene mobile, anche da assemblare, tranne:

1) i beni oggetto di vendita forzata o comunque venduti secondo altre modalità dalle autorità giudiziarie, anche mediante delega ai notai;

2) l'acqua e il gas, quando non confezionati per la vendita in un volume delimitato o in quantità determinata;

3) l'energia elettrica;

b) venditore: qualsiasi persona fisica o giuridica pubblica o privata che, nell'esercizio della propria attività imprenditoriale o professionale, utilizza i contratti di cui al comma 1;

c) garanzia convenzionale ulteriore: qualsiasi impegno di un venditore o di un produttore, assunto nei confronti del consumatore senza costi supplementari, di rimborsare il prezzo pagato, sostituire, riparare, o intervenire altrimenti sul bene di consumo, qualora esso non corrisponda alle condizioni enunciate nella dichiarazione di garanzia o nella relativa pubblicità;

d) riparazione: nel caso di difetto di conformità, il ripristino del bene di consumo per renderlo conforme al contratto di vendita.

3. Le disposizioni del presente capo si applicano alla vendita di beni di consumo usati, tenuto conto del tempo del pregresso utilizzo, limitatamente ai difetti non derivanti dall'uso normale della cosa.

129. *Conformità al contratto*. — 1. Il venditore ha l'obbligo di consegnare al consumatore beni conformi al contratto di vendita.

2. Si presume che i beni di consumo siano conformi al contratto se, ove pertinenti, coesistono le seguenti circostanze:

a) sono idonei all'uso al quale servono abitualmente beni dello stesso tipo;

b) sono conformi alla descrizione fatta dal venditore e possiedono le qualità del bene che il venditore ha presentato al consumatore come campione o modello;

c) presentano la qualità e le prestazioni abituali di un bene dello stesso tipo, che il consumatore può ragionevolmente aspettarsi, tenuto conto della natura del bene e, se del caso, delle dichiarazioni pubbliche sulle caratteristiche specifiche dei beni fatte al riguardo dal venditore, dal produttore o dal suo agente o rappresentante, in particolare nella pubblicità o sull'etichettatura;

d) sono altresì idonei all'uso particolare voluto dal consumatore e che sia stato da questi portato a conoscenza del venditore al momento della conclusione del contratto e che il venditore abbia accettato anche per fatti concludenti.

3. Non vi è difetto di conformità se, al momento della conclusione del contratto, il consumatore era a conoscenza del difetto non poteva ignorarlo con l'ordinaria diligenza o se il difetto di conformità deriva da istruzioni o materiali forniti dal consumatore.

4. Il venditore non è vincolato dalle dichiarazioni pubbliche di cui al comma 2, lett. *c*), quando, in via anche alternativa, dimostra che:

a) non era a conoscenza della dichiarazione e non poteva conoscerla con l'ordinaria diligenza;

b) la dichiarazione è stata adeguatamente corretta entro il momento della conclusione del contratto in modo da essere conoscibile al consumatore;

c) la decisione di acquistare il bene di consumo non è stata influenzata dalla dichiarazione.

5. Il difetto di conformità che deriva dall'imperfetta installazione del bene di consumo è equiparato al difetto di conformità del bene quando l'installazione è compresa nel contratto di vendita ed è stata effettuata dal venditore o sotto la sua responsabilità. Tale equiparazione si applica anche nel caso in cui il prodotto, concepito per essere installato dal consumatore, sia da questo installato in modo non corretto a causa di una carenza delle istruzioni di installazione.

130. *Diritti del consumatore*. — 1. Il venditore è responsabile nei confronti del consumatore per qualsiasi difetto di conformità esistente al momento della consegna del bene.

2. In caso di difetto di conformità, il consumatore ha diritto al ripristino, senza spese, della conformità del bene mediante riparazione o sostituzione, a norma dei commi 3, 4, 5 e 6, ovvero ad una riduzione adeguata del prezzo o alla risoluzione del contratto, conformemente ai commi 7, 8 e 9.

3. Il consumatore può chiedere, a sua scelta, al venditore di riparare il bene o di sostituirlo, senza spese in entrambi i casi, salvo che il rimedio richiesto sia oggettivamente impossibile o eccessivamente oneroso rispetto all'altro.

4. Ai fini di cui al comma 3 è da considerare eccessivamente oneroso uno dei due rimedi se impone al venditore spese irragionevoli in confronto all'altro, tenendo conto:

a) del valore che il bene avrebbe se non vi fosse difetto di conformità;

b) dell'entità del difetto di conformità;

c) dell'eventualità che il rimedio alternativo possa essere esperito senza notevoli inconvenienti per il consumatore.

5. Le riparazioni o le sostituzioni devono essere effettuate entro un congruo termine dalla richiesta e non devono arrecare notevoli inconvenienti al consumatore, tenendo conto della natura del bene e dello scopo per il quale il consumatore ha acquistato il bene.

6. Le spese di cui ai commi 2 e 3 si riferiscono ai costi indispensabili per rendere conformi i beni, in particolare modo con riferimento alle spese effettuate per la spedizione, per la mano d'opera e per i materiali.

7. Il consumatore può richiedere, a sua scelta, una congrua riduzione del prezzo o la risoluzione del contratto ove ricorra una delle seguenti situazioni:

a) la riparazione e la sostituzione sono impossibili o eccessivamente onerose;

b) il venditore non ha provveduto alla riparazione o alla sostituzione del bene entro il termine congruo di cui al comma 5 (1);

c) la sostituzione o la riparazione precedentemente effettuata ha arrecato notevoli inconvenienti al consumatore.

8. Nel determinare l'importo della riduzione o la somma da restituire si tiene conto dell'uso del bene.

9. Dopo la denuncia del difetto di conformità, il venditore può offrire al consumatore qualsiasi altro rimedio disponibile, con i seguenti effetti:

a) qualora il consumatore abbia già richiesto uno specifico rimedio, il venditore resta obbligato ad attuarlo, con le necessarie conseguenze in ordine alla decorrenza del termine congruo di cui al comma 5 (2), salvo accettazione da parte del consumatore del rimedio alternativo proposto;

b) qualora il consumatore non abbia già richiesto uno specifico rimedio, il consumatore deve accettare la proposta o respingerla scegliendo un altro rimedio ai sensi del presente articolo.

10. Un difetto di conformità di lieve entità per il quale non è stato possibile o è eccessivamente oneroso esperire i rimedi della riparazione o della sostituzione, non dà diritto alla risoluzione del contratto.

131. *Diritto di regresso*. — 1. Il venditore finale, quando è responsabile nei confronti del consumatore a causa di un difetto di conformità imputabile ad un'azione o ad un'omissione del produttore, di un precedente venditore della medesima catena contrattuale distributiva o di qualsiasi altro intermediario, ha diritto di regresso, salvo patto contrario o rinuncia, nei confronti del soggetto o dei soggetti responsabili facenti parte della suddetta catena distributiva.

2. Il venditore finale che abbia ottemperato ai rimedi esperiti dal consumatore, può agire, entro un anno dall'esecuzione della prestazione, in regresso nei confronti del soggetto o dei soggetti responsabili per ottenere la reintegrazione di quanto prestato.

(1) Le parole «comma 5» sono state così sostituite alle precedenti «comma 6» dall'art. 15.1, d.lg. 23 ottobre 2007, n. 221.

(2) Le parole «comma 5» sono state così sostituite alle precedenti «comma 6» dall'art. 15.2, d.lg. 23 ottobre 2007, n. 221.

132. *Termini.* — 1. Il venditore è responsabile, a norma dell'art. 130, quando il difetto di conformità si manifesta entro il termine di due anni dalla consegna del bene.

2. Il consumatore decade dai diritti previsti dall'art. 130, comma 2, se non denuncia al venditore il difetto di conformità entro il termine di due mesi dalla data in cui ha scoperto il difetto. La denuncia non è necessaria se il venditore ha riconosciuto l'esistenza del difetto o lo ha occultato.

3. Salvo prova contraria, si presume che i difetti di conformità che si manifestano entro sei mesi dalla consegna del bene esistessero già a tale data, a meno che tale ipotesi sia incompatibile con la natura del bene o con la natura del difetto di conformità.

4. L'azione diretta a far valere i difetti non dolosamente occultati dal venditore si prescrive, in ogni caso, nel termine di ventisei mesi dalla consegna del bene; il consumatore, che sia convenuto per l'esecuzione del contratto, può tuttavia far valere sempre i diritti di cui all'art. 130, comma 2, purché il difetto di conformità sia stato denunciato entro due mesi dalla scoperta e prima della scadenza del termine di cui al periodo precedente.

133. *Garanzia convenzionale.* — 1. La garanzia convenzionale vincola chi la offre secondo le modalità indicate nella dichiarazione di garanzia medesima o nella relativa pubblicità.

2. La garanzia deve, a cura di chi la offre, almeno indicare:

a) la specificazione che il consumatore è titolare dei diritti previsti dal presente paragrafo e che la garanzia medesima lascia impregiudicati tali diritti;

b) in modo chiaro e comprensibile l'oggetto della garanzia e gli elementi essenziali necessari per farla valere, compresi la durata e l'estensione territoriale della garanzia, nonché il nome o la ditta e il domicilio o la sede di chi la offre.

3. A richiesta del consumatore, la garanzia deve essere disponibile per iscritto o su altro supporto duraturo a lui accessibile.

4. La garanzia deve essere redatta in lingua italiana con caratteri non meno evidenti di quelli di eventuali altre lingue.

5. Una garanzia non rispondente ai requisiti di cui ai commi 2, 3 e 4, rimane comunque valida e il consumatore può continuare ad avvalersene ed esigerne l'applicazione.

134. *Carattere imperativo delle disposizioni.* — 1. È nullo ogni patto, anteriore alla comunicazione al venditore del difetto di conformità, volto ad escludere o limitare, anche in modo indiretto, i diritti riconosciuti dal presente paragrafo (1). La nullità può essere fatta valere solo dal consumatore e può essere rilevata d'ufficio dal giudice.

2. Nel caso di beni usati, le parti possono limitare la durata della responsabilità di cui all'art. 132, comma primo, del codice civile (2) ad un periodo di tempo in ogni caso non inferiore ad un anno.

3. È nulla ogni clausola contrattuale che, prevedendo l'applicabilità al contratto di una legislazione di un Paese extracomunitario, abbia l'effetto di privare il consumatore della protezione assicurata dal presente paragrafo, laddove il contratto presenti uno stretto collegamento con il territorio di uno Stato membro dell'Unione europea.

135. *Tutela in base ad altre disposizioni.* — 1. Le disposizioni del presente capo non escludono né limitano i diritti che sono attribuiti al consumatore da altre norme dell'ordinamento giuridico.

2. Per quanto non previsto dal presente titolo, si applicano le disposizioni del codice civile in tema di contratto di vendita.

PARTE V

ASSOCIAZIONI DEI CONSUMATORI E ACCESSO ALLA GIUSTIZIA

TITOLO I

Le associazioni rappresentative a livello nazionale

136. *Consiglio nazionale dei consumatori e degli utenti.* — 1. È istituito presso il Ministero dello sviluppo economico (3) il Consiglio nazionale dei consumatori e degli utenti, di seguito denominato: «Consiglio».

2. Il Consiglio, che si avvale, per le proprie iniziative, della struttura e del personale del Ministero dello sviluppo economico (3), è com-

(1) La parola «paragrafo» va sostituita con «capo» [n.d.r.].

(2) Così corretto con *Avviso di rettifica*, in G.U., 3 gennaio 2006, n. 2. Trattasi, in realtà, dell'art. 132.2 di questo provvedimento (n.d.r.).

(3) Le parole «dello sviluppo economico» sono state così sostituite alle precedenti «delle attività produttive» dall'art. 1.5, d.lg. 6 agosto 2015, n. 130. In base all'art. 2.1, d.lg. cit., tali disposizioni «si applicano a decorrere dal 9 gennaio 2016».

posto dai rappresentanti delle associazioni dei consumatori e degli utenti inserite nell'elenco di cui all'art. 137 e da un rappresentante designato dalla Conferenza di cui all'art. 8 del d.lg. 28 agosto 1997, n. 281 ed è presieduto dal Ministro dello sviluppo economico (1) o da un suo delegato. Il Consiglio è nominato con decreto del Presidente del Consiglio dei Ministri, su proposta del Ministro dello sviluppo economico (1), e dura in carica tre anni.

3. Il Consiglio invita alle proprie riunioni rappresentanti delle associazioni di tutela ambientale riconosciute e delle associazioni nazionali delle cooperative dei consumatori. Possono altresì essere invitati i rappresentanti di enti ed organismi che svolgono funzioni di regolamentazione o di normazione del mercato, delle categorie economiche e sociali interessate, delle pubbliche amministrazioni competenti, nonché esperti delle materie trattate.

4. È compito del Consiglio:

a) esprimere pareri, ove richiesto, sugli schemi di atti normativi che riguardino i diritti e gli interessi dei consumatori e degli utenti;

b) formulare proposte in materia di tutela dei consumatori e degli utenti, anche in riferimento ai programmi e alle politiche comunitarie;

c) promuovere studi, ricerche e conferenze sui problemi del consumo e sui diritti dei consumatori e degli utenti, ed il controllo della qualità e della sicurezza dei prodotti e dei servizi;

d) elaborare programmi per la diffusione delle informazioni presso i consumatori e gli utenti;

e) favorire iniziative volte a promuovere il potenziamento dell'accesso dei consumatori e degli utenti ai mezzi di giustizia previsti per la soluzione delle controversie;

f) favorire ogni forma di raccordo e coordinamento tra le politiche nazionali e regionali in materia di tutela dei consumatori e degli utenti, assumendo anche iniziative dirette a promuovere la più ampia rappresentanza degli interessi dei consumatori e degli utenti nell'ambito delle autonomie locali. A tale fine il presidente convoca una volta all'anno una sessione a carattere programmatico cui partecipano di diritto i presidenti degli organismi rappresentativi dei consumatori e degli utenti previsti dagli ordinamenti regionali e delle province autonome di Trento e di Bolzano;

g) stabilire rapporti con analoghi organismi pubblici o privati di altri Paesi e dell'Unione europea;

h) segnalare alla Presidenza del Consiglio dei Ministri – Dipartimento della funzione pubblica, eventuali difficoltà, impedimenti od ostacoli, relativi all'attuazione delle disposizioni in materia di semplificazione procedimentale e documentale nelle pubbliche amministrazioni. Le segnalazioni sono verificate dal predetto Dipartimento anche mediante l'Ispettorato della funzione pubblica e l'Ufficio per l'attività normativa e amministrativa di semplificazione delle norme e delle procedure.

137. *Elenco delle associazioni dei consumatori e degli utenti rappresentative a livello nazionale.* — 1. Presso il Ministero dello sviluppo economico (1) è istituito l'elenco delle associazioni dei consumatori e degli utenti rappresentative a livello nazionale.

2. L'iscrizione nell'elenco è subordinata al possesso, da comprovare con la presentazione di documentazione conforme alle prescrizioni e alle procedure stabilite con decreto del Ministro dello sviluppo economico (1), dei seguenti requisiti:

a) avvenuta costituzione, per atto pubblico o per scrittura privata autenticata, da almeno tre anni e possesso di uno statuto che sancisca un ordinamento a base democratica e preveda come scopo esclusivo la tutela dei consumatori e degli utenti, senza fine di lucro;

b) tenuta di un elenco degli iscritti, aggiornato annualmente con l'indicazione delle quote versate direttamente all'associazione per gli scopi statutari;

c) numero di iscritti non inferiore allo 0,5 per mille della popolazione nazionale e presenza sul territorio di almeno cinque regioni o province autonome, con un numero di iscritti non inferiore allo 0,2 per mille degli abitanti di ciascuna di esse, da certificare con dichiarazione sostitutiva dell'atto di notorietà resa dal legale rappresentante dell'associazione con le modalità di cui agli artt. 46 e seguenti del t.u. delle disposizioni legislative e regolamentari in materia di documentazione amministrativa, di cui al d.p.r. 28 dicembre 2000, n. 445;

d) elaborazione di un bilancio annuale delle entrate e delle uscite con indicazione delle quote versate dagli associati e tenuta dei libri contabili, conformemente alle norme vigenti in materia di contabilità delle associazioni non riconosciute;

(1) Le parole «dello sviluppo economico» sono state così sostituite alle precedenti «delle attività produttive» dall'art. 1.5, d.lg. 6 agosto 2015, n. 130. In base all'art. 2.1, d.lg. cit., tali disposizioni «si applicano a decorrere dal 9 gennaio 2016».

e) svolgimento di un'attività continuativa nei tre anni precedenti;

f) non avere i suoi rappresentanti legali subito alcuna condanna, passata in giudicato, in relazione all'attività dell'associazione medesima, e non rivestire i medesimi rappresentanti la qualifica di imprenditori o di amministratori di imprese di produzione e servizi in qualsiasi forma costituite, per gli stessi settori in cui opera l'associazione (1).

3. Alle associazioni dei consumatori e degli utenti è preclusa ogni attività di promozione o pubblicità commerciale avente per oggetto beni o servizi prodotti da terzi ed ogni connessione di interessi con imprese di produzione o di distribuzione.

4. Il Ministero dello sviluppo economico (2) provvede annualmente all'aggiornamento dell'elenco (3).

5. All'elenco di cui al presente articolo possono iscriversi anche le associazioni dei consumatori e degli utenti operanti esclusivamente nei territori ove risiedono minoranze linguistiche costituzionalmente riconosciute, in possesso dei requisiti di cui al comma 2, lett. *a*), *b*), *d*), *e*) e *f*), nonché con un numero di iscritti non inferiore allo 0,5 per mille degli abitanti della regione o provincia autonoma di riferimento, da certificare con dichiarazione sostitutiva dell'atto di notorietà resa dal legale rappresentante dell'associazione con le modalità di cui agli artt. 46 e seguenti del citato t.u., di cui al d.p.r. n. 445 del 2000.

6. Il Ministero dello sviluppo economico (2) comunica alla Commissione europea l'elenco di cui al comma 1, comprensivo anche degli enti di cui all'art. 139, comma 2, nonché i relativi aggiornamenti al fine dell'iscrizione nell'elenco degli enti legittimati a proporre azioni inibitorie a tutela degli interessi collettivi dei consumatori istituito presso la stessa Commissione europea (3).

138. *Agevolazioni e contributi*. — 1. Le agevolazioni e i contributi previsti dalla l. 5 agosto 1981, n. 416, e successive modificazioni, in materia di disciplina delle imprese editrici e provvidenze per l'editoria, sono estesi, con le modalità ed i criteri di graduazione definiti con apposito decreto del Presidente del Consiglio dei Ministri, alle attività editoriali delle associazioni iscritte nell'elenco di cui all'art. 137 (3).

TITOLO II

Accesso alla giustizia (4)

→ **139.** *Legittimazione ad agire*. — 1. Le associazioni dei consumatori e degli utenti inserite nell'elenco di cui all'art. 137 sono legittimate ad agire, ai sensi dell'art. 140 (5), a tutela degli interessi collettivi dei consumatori e degli utenti. Oltre a quanto disposto dall'art. 2, le dette associazioni sono legittimate ad agire nelle ipotesi di violazione degli interessi collettivi dei consumatori contemplati nelle materie disciplinate dal presente codice, nonché dalle seguenti disposizioni legislative:

a) l. 6 agosto 1990, n. 223, e successive modificazioni, ivi comprese quelle di cui al t.u. della radiotelevisione, di cui al d.lg. 31 luglio 2005, n. 177 (6), e l. 30 aprile 1998, n. 122, concernenti l'esercizio delle attività televisive;

b) d.lg. 30 dicembre 1992, n. 541, come modificato dal d.lg. 18 febbraio 1997, n. 44, e l. 14 ottobre 1999, n. 362, concernente la pubblicità dei medicinali per uso umano; (7)

b-bis) d.lg. 26 marzo 2010, n. 59, recante attuazione della dir. 2006/123/CE relativa ai servizi nel mercato interno (8); (7)

b-ter) reg. (UE) n. 524/2013 del Parlamento europeo e del Consiglio, del 21 maggio 2013, sulla risoluzione delle controversie online per i consumatori (regolamento sull'ODR per i consumatori) (9).

(1) V. d.m. Sviluppo economico 21 dicembre 2012, n. 260, in G.U., 19 febbraio 2013, n. 42.

(2) Le parole «dello sviluppo economico» sono state così sostituite alle precedenti «delle attività produttive» dall'art. 1.5, d.lg. 6 agosto 2015, n. 130. In base all'art. 2.1, d.lg. cit., tali disposizioni «si applicano a decorrere dal 9 gennaio 2016».

(3) Per l'anno 2010 v. d.m. Sviluppo economico 17 dicembre 2010, in G.U., 14 gennaio 2011, n. 10.

(4) Rubrica così sostituita dall'art. 2.449, l. 24 dicembre 2007, n. 244. In base all'art. 2.447, l. cit., come da ultimo modificato dall'art. 23.16, d.l. 1° luglio 2009, n. 78, conv. in l. 3 agosto 2009, n. 102, tale disposizione diventa efficace «decorsi ventiquattro mesi dalla data di entrata in vigore della presente legge» (avvenuta il 1° gennaio 2008).

(5) Le parole «, ai sensi dell'art. 140,» sono state inserite dall'art. 16.1, d.lg. 23 ottobre 2007, n. 221.

(6) Le parole «e successive modificazioni, ivi comprese quelle di cui al t.u. della radiotelevisione, di cui al d.lg. 31 luglio 2005, n. 177,» sono state inserite dall'art. 16.2, d.lg. 23 ottobre 2007, n. 221.

(7) Il «;» è stato così sostituito al precedente «.» dall'art. 1.4, d.lg. 6 agosto 2015, n. 130. In base all'art. 2.1, d.lg. cit., tali disposizioni «si applicano a decorrere dal 9 gennaio 2016».

(8) Lettera aggiunta dall'art. 20.1, lett. e, d.lg. 6 agosto 2012, n. 147.

(9) Lettera aggiunta dall'art. 1.4 d.lg. 6 agosto 2015, n. 130. In base all'art. 2.1, d.lg. cit., tali disposizioni «si applicano a decorrere dal 9 gennaio 2016».

2. Gli organismi pubblici indipendenti nazionali e le organizzazioni riconosciuti in altro Stato dell'Unione europea ed inseriti nell'elenco degli enti legittimati a proporre azioni inibitorie a tutela degli interessi collettivi dei consumatori, pubblicato nella *Gazzetta Ufficiale* delle Comunità europee, possono agire, ai sensi del presente articolo e secondo le modalità di cui all'art. 140, nei confronti di atti o comportamenti lesivi per i consumatori del proprio Paese, posti in essere in tutto o in parte sul territorio dello Stato.

→ **140.** *Procedura*. — 1. I soggetti di cui all'art. 139 sono legittimati nei casi ivi previsti (1) ad agire a tutela degli interessi collettivi dei consumatori e degli utenti richiedendo al tribunale:

a) di inibire gli atti e i comportamenti lesivi degli interessi dei consumatori e degli utenti;

b) di adottare le misure idonee a correggere o eliminare gli effetti dannosi delle violazioni accertate;

c) di ordinare la pubblicazione del provvedimento su uno o più quotidiani a diffusione nazionale oppure locale nei casi in cui la pubblicità del provvedimento può contribuire a correggere o eliminare gli effetti delle violazioni accertate.

2. Le associazioni di cui al comma 1, nonché i soggetti di cui all'art. 139, comma 2, possono attivare, prima del ricorso al giudice, la procedura di conciliazione dinanzi alla camera di commercio, industria, artigianato e agricoltura competente per territorio, a norma dell'art. 2, comma 4, lett. *a*), della l. 29 dicembre 1993, n. 580, nonché agli altri organismi di composizione extragiudiziale per la composizione delle controversie in materia di consumo a norma dell'art. 141. La procedura è, in ogni caso, definita entro sessanta giorni.

3. Il processo verbale di conciliazione, sottoscritto dalle parti e dal rappresentante dell'organismo di composizione extragiudiziale adito, è depositato per l'omologazione nella cancelleria del tribunale del luogo nel quale si è svolto il procedimento di conciliazione.

4. Il tribunale, in composizione monocratica, accertata la regolarità formale del processo verbale, lo dichiara esecutivo con decreto. Il verbale di conciliazione omologato costituisce titolo esecutivo.

5. In ogni caso l'azione di cui al comma 1 può essere proposta solo dopo che siano decorsi quindici giorni dalla data in cui le associazioni abbiano richiesto al soggetto da esse ritenuto responsabile, a mezzo lettera raccomandata con avviso di ricevimento, la cessazione del comportamento lesivo degli interessi dei consumatori e degli utenti.

6. Il soggetto al quale viene chiesta la cessazione del comportamento lesivo ai sensi del comma 5, o che sia stato chiamato in giudizio ai sensi del comma 1, può attivare la procedura di conciliazione di cui al comma 2 senza alcun pregiudizio per l'azione giudiziale da avviarsi o già avviata. La favorevole conclusione, anche nella fase esecutiva, del procedimento di conciliazione viene valutata ai fini della cessazione della materia del contendere.

7. Con il provvedimento che definisce il giudizio di cui al comma 1 il giudice fissa un termine per l'adempimento degli obblighi stabiliti e, anche su domanda della parte che ha agito in giudizio, dispone, in caso di inadempimento, il pagamento di una somma di denaro da 516 euro a 1.032 euro, per ogni inadempimento ovvero giorno di ritardo rapportati alla gravità del fatto. In caso di inadempimento degli obblighi risultanti dal verbale di conciliazione di cui al comma 3 le parti possono adire il tribunale con procedimento in camera di consiglio affinché, accertato l'inadempimento, disponga il pagamento delle dette somme di denaro. Tali somme di denaro sono versate all'entrata del bilancio dello Stato per essere riassegnate con decreto del Ministro dell'economia e delle finanze al fondo da istituire nell'ambito di apposita unità previsionale di base dello stato di previsione del Ministero dello sviluppo economico (2), per finanziare iniziative a vantaggio dei consumatori.

8. Nei casi in cui ricorrano giusti motivi di urgenza, l'azione inibitoria si svolge a norma degli articoli da 669-*bis* a 669-*quaterdecies* del codice di procedura civile.

9. Fatte salve le norme sulla litispendenza, sulla continenza, sulla connessione e sulla riunione dei procedimenti, le disposizioni di cui al presente articolo non precludono il diritto ad azioni individuali dei consumatori che siano danneggiati dalle medesime violazioni.

10. Per le associazioni di cui all'art. 139 l'azione inibitoria prevista dall'art. 37 in materia di clausole vessatorie nei contratti stipulati con i consumatori, si esercita ai sensi del presente articolo.

(1) Le parole «nei casi ivi previsti» sono state inserite dall'art. 17, d.lg. 23 ottobre 2007, n. 221.

(2) Le parole «dello sviluppo economico» sono state così sostituite alle precedenti «delle attività produttive» dall'art. 1.5, d.lg. 6 agosto 2015, n. 130. In base all'art. 2.1, d.lg. cit., tali disposizioni «si applicano a decorrere dal 9 gennaio 2016».

11. Resta ferma la giurisdizione esclusiva del giudice amministrativo in materia di servizi pubblici ai sensi dell'art. 133, comma 1, lett. *c*) del codice del processo amministrativo (1).

12. Restano salve le procedure conciliative di competenza dell'Autorità per le garanzie nelle comunicazioni di cui all'art. 1, comma 11, della l. 31 luglio 1997, n. 249.

→ **140-*bis*.** *Azione di classe*. — 1. I diritti individuali omogenei dei consumatori e degli utenti di cui al comma 2 nonché gli interessi collettivi (2) sono tutelabili anche attraverso l'azione di classe, secondo le previsioni del presente articolo. A tal fine ciascun componente della classe, anche mediante associazioni cui dà mandato o comitati cui partecipa, può agire per l'accertamento della responsabilità e per la condanna al risarcimento del danno e alle restituzioni.

2. L'azione di classe ha per oggetto l'accertamento della responsabilità e la condanna al risarcimento del danno e alle restituzioni in favore degli utenti consumatori (3). L'azione tutela:

a) diritti contrattuali di una pluralità di consumatori e utenti che versano nei confronti di una stessa impresa in situazione omogenea (4), inclusi i diritti relativi a contratti stipulati ai sensi degli artt. 1341 e 1342 del codice civile;

b) i diritti omogenei (5) spettanti ai consumatori finali di un determinato prodotto o servizio (6) nei confronti del relativo produttore, anche a prescindere da un diretto rapporto contrattuale;

c) diritti omogenei (7) al ristoro del pregiudizio derivante agli stessi consumatori e utenti da pratiche commerciali scorrette o da comportamenti anticoncorrenziali.

3. I consumatori e utenti che intendono avvalersi della tutela di cui al presente articolo aderiscono all'azione di classe, senza ministero di difensore anche tramite posta elettronica certificata e fax (8). L'adesione comporta rinuncia a ogni azione restitutoria o risarcitoria individuale fondata sul medesimo titolo, salvo quanto previsto dal comma 15. L'atto di adesione, contenente, oltre all'elezione di domicilio, l'indicazione degli elementi costitutivi del diritto fatto valere con la relativa documentazione probatoria, è depositato in cancelleria, anche tramite l'attore, nel termine di cui al comma 9, lett. *b*). Gli effetti sulla prescrizione ai sensi degli artt. 2943 e 2945 del codice civile decorrono dalla notificazione della domanda e, per coloro che hanno aderito successivamente, dal deposito dell'atto di adesione.

4. La domanda è proposta al tribunale ordinario avente sede nel capoluogo della regione in cui ha sede l'impresa, ma per la Valle d'Aosta è competente il tribunale di Torino, per il Trentino-Alto Adige e il Friuli-Venezia Giulia è competente il tribunale di Venezia, per le Marche, l'Umbria, l'Abruzzo e il Molise è competente il tribunale di Roma e per la Basilicata e la Calabria è competente il tribunale di Napoli. Il tribunale tratta la causa in composizione collegiale.

5. La domanda si propone con atto di citazione notificato anche all'ufficio del pubblico ministero presso il tribunale adìto, il quale può intervenire limitatamente al giudizio di ammissibilità.

6. All'esito della prima udienza il tribunale decide con ordinanza sull'ammissibilità della domanda, ma può sospendere il giudizio quando sui fatti rilevanti ai fini del decidere è in corso un'istruttoria davanti a un'autorità indipendente ovvero un giudizio davanti al giudice amministrativo. La domanda è dichiarata inammissibile quando è manifestamente infondata, quando sussiste un conflitto di interessi ovvero quando il giudice non ravvisa l'omogeneità dei diritti individuali (9) tutelabili ai sensi

(1) Comma così sostituito dall'art. 3.17-*bis*, dell'Allegato 4, d.lg. 2 luglio 2010, n. 104, come inserito dall'art. 1.3, lett. a, n. 3, d.lg. 15 novembre 2011, n. 195.

(2) Le parole «nonché gli interessi collettivi» sono state inserite dall'art. 6.1, lett. a, d.l. 24 gennaio 2012, n. 1, conv. in l. 24 marzo 2012, n. 27.

(3) Periodo premesso dall'art. 6.1, lett. b, d.l. 24 gennaio 2012, n. 1, conv. in l. 24 marzo 2012, n. 27.

(4) La parola «omogenea» è stata così sostituita alla precedente «identica» dall'art. 6.1, lett. c, d.l. 24 gennaio 2012, n. 1, conv. in l. 24 marzo 2012, n. 27.

(5) La parola «omogenei» è stata così sostituita alla precedente «identici» dall'art. 6.1, lett. d, d.l. 24 gennaio 2012, n. 1, conv. in l. 24 marzo 2012, n. 27.

(6) Le parole «o servizio» sono state inserite dall'art. 6.1, lett. d, d.l. 24 gennaio 2012, n. 1, conv. in l. 24 marzo 2012, n. 27.

(7) La parola «omogenei» è stata così sostituita alla precedente «identici» dall'art. 6.1, lett. e, d.l. 24 gennaio 2012, n. 1, conv. in l. 24 marzo 2012, n. 27.

(8) Le parole «anche tramite posta elettronica certificata e fax» sono state inserite dall'art. 6.1, lett. f, d.l. 24 gennaio 2012, n. 1, conv. in l. 24 marzo 2012, n. 27.

(9) Le parole «l'omogeneità dei diritti individuali» sono state così sostituite alle precedenti «l'identità dei diritti individuali» dall'art. 6.1, lett. g, d.l. 24 gennaio 2012, n. 1, conv. in l. 24 marzo 2012, n. 27.

del comma 2, nonché quando il proponente non appare in grado di curare adeguatamente l'interesse della classe.

7. L'ordinanza che decide sulla ammissibilità è reclamabile davanti alla corte d'appello nel termine perentorio di trenta giorni dalla sua comunicazione o notificazione se anteriore. Sul reclamo la corte d'appello decide con ordinanza in camera di consiglio non oltre quaranta giorni dal deposito del ricorso. Il reclamo dell'ordinanza ammissiva non sospende il procedimento davanti al tribunale.

8. Con l'ordinanza di inammissibilità, il giudice regola le spese, anche ai sensi dell'art. 96 del codice di procedura civile, e ordina la più opportuna pubblicità a cura e spese del soccombente.

9. Con l'ordinanza con cui ammette l'azione il tribunale fissa termini e modalità della più opportuna pubblicità, ai fini della tempestiva adesione degli appartenenti alla classe. L'esecuzione della pubblicità è condizione di procedibilità della domanda. Con la stessa ordinanza il tribunale:

a) definisce i caratteri dei diritti individuali oggetto del giudizio, specificando i criteri in base ai quali i soggetti che chiedono di aderire sono inclusi nella classe o devono ritenersi esclusi dall'azione;

b) fissa un termine perentorio, non superiore a centoventi giorni dalla scadenza di quello per l'esecuzione della pubblicità, entro il quale gli atti di adesione, anche a mezzo dell'attore, sono depositati in cancelleria. Copia dell'ordinanza è trasmessa, a cura della cancelleria, al Ministero dello sviluppo economico che ne cura ulteriori forme di pubblicità, anche mediante la pubblicazione sul relativo sito *internet*.

10. È escluso l'intervento di terzi ai sensi dell'art. 105 del codice di procedura civile.

11. Con l'ordinanza con cui ammette l'azione il tribunale determina altresì il corso della procedura assicurando, nel rispetto del contraddittorio, l'equa, efficace e sollecita gestione del processo. Con la stessa o con successiva ordinanza, modificabile o revocabile in ogni tempo, il tribunale prescrive le misure atte a evitare indebite ripetizioni o complicazioni nella presentazione di prove o argomenti; onera le parti della pubblicità ritenuta necessaria a tutela degli aderenti; regola nel modo che ritiene più opportuno l'istruzione probatoria e disciplina ogni altra questione di rito, omessa ogni formalità non essenziale al contraddittorio.

12. Se accoglie la domanda, il tribunale pronuncia sentenza di condanna con cui liquida, ai sensi dell'art. 1226 del codice civile, le somme definitive dovute a coloro che hanno aderito all'azione o stabilisce il criterio omogeneo di calcolo per la liquidazione di dette somme. In questo ultimo caso il giudice assegna alle parti un termine, non superiore a novanta giorni, per addivenire ad un accordo sulla liquidazione del danno. Il processo verbale dell'accordo, sottoscritto dalle parti e dal giudice, costituisce titolo esecutivo. Scaduto il termine senza che l'accordo sia stato raggiunto, il giudice, su istanza di almeno una delle parti, liquida le somme dovute ai singoli aderenti (1). In caso di accoglimento di un'azione di classe proposta nei confronti di gestori di servizi pubblici o di pubblica utilità, il tribunale tiene conto di quanto riconosciuto in favore degli utenti e dei consumatori danneggiati nelle relative carte dei servizi eventualmente emanate. La sentenza diviene esecutiva decorsi centottanta giorni dalla pubblicazione. I pagamenti delle somme dovute effettuati durante tale periodo sono esenti da ogni diritto e incremento, anche per gli accessori di legge maturati dopo la pubblicazione della sentenza.

13. La corte d'appello, richiesta dei provvedimenti di cui all'art. 283 del codice di procedura civile, tiene altresì conto dell'entità complessiva della somma gravante sul debitore, del numero dei creditori, nonché delle connesse difficoltà di ripetizione in caso di accoglimento del gravame. La corte può comunque disporre che, fino al passaggio in giudicato della sentenza, la somma complessivamente dovuta dal debitore sia depositata e resti vincolata nelle forme ritenute più opportune.

14. La sentenza che definisce il giudizio fa stato anche nei confronti degli aderenti. È fatta salva l'azione individuale dei soggetti che non aderiscono all'azione collettiva. Non sono proponibili ulteriori azioni di classe per i medesimi fatti e nei confronti della stessa impresa dopo la scadenza del termine per l'adesione assegnato dal giudice ai sensi del comma 9. Quelle proposte entro detto termine sono riunite d'ufficio se pendenti davanti allo stesso tribunale; altrimenti il giudice successivamente adìto ordina la cancellazione della causa dal ruolo, assegnando un termine perentorio non superiore a sessanta giorni per la riassunzione davanti al primo giudice.

(1) I periodi da «In questo ultimo caso» fino a «aderenti» sono stati inseriti dall'art. 6.1, lett. h, d.l. 24 gennaio 2012, n. 1, conv. in l. 24 marzo 2012, n. 27.

15. Le rinunce e le transazioni intervenute tra le parti non pregiudicano i diritti degli aderenti che non vi hanno espressamente consentito. Gli stessi diritti sono fatti salvi anche nei casi di estinzione del giudizio o di chiusura anticipata del processo (1).

TITOLO II-*bis*

Risoluzione extragiudiziale delle controversie (2)

141. *Disposizioni generali: definizioni ed ambito di applicazione.* — 1. Ai fini del presente titolo, si intende per:

a) «consumatore»: la persona fisica, di cui all'art. 3, comma 1, lett. *a*);

b) «professionista»: il soggetto, di cui all'art. 3, comma 1, lett. *c*)

c) «contratto di vendita»: il contratto di cui all'art. 45, comma 1, lett. *e*);

d) «contratto di servizi»: il contratto di cui all'art. 45, comma 1, lett. *f*);

e) «controversia nazionale»: una controversia relativa ad obbligazioni contrattuali derivanti da un contratto di vendita o di servizi, nell'ambito della quale il consumatore, quando ordina i beni o i servizi, risiede nello stesso Stato membro dell'Unione europea in cui è stabilito il professionista;

f) «controversia transfrontaliera»: una controversia relativa ad obbligazioni contrattuali derivanti da un contratto di vendita o di servizi, nell'ambito della quale il consumatore, quando ordina i beni o i servizi, risiede in uno Stato membro dell'Unione europea diverso da quello in cui è stabilito il professionista;

g) «procedura ADR»: una procedura di risoluzione extragiudiziale delle controversie conforme ai requisiti di cui al presente titolo ed eseguita da un organismo ADR-Alternative Dispute Resolution;

h) «organismo ADR»: qualsiasi organismo, a prescindere dalla sua denominazione, istituito su base permanente, che offre la risoluzione di una controversia attraverso una procedura ADR ed è iscritto nell'elenco di cui all'art. 141-*decies*;

i) «autorità competente»: le autorità indicate dall'art. 141-*octies*;

l) «domanda»: la domanda presentata all'organismo per avviare la procedura ADR;

m) «servizi non economici di interesse generale»: i servizi di interesse generale che non sono prestati a fini economici, a prescindere dalla forma giuridica sotto la quale tali servizi sono prestati, e, in particolare i servizi prestati, senza corrispettivo economico, da pubbliche amministrazioni o per conto delle stesse.

2. Ai fini del presente titolo il professionista si considera stabilito:

a) se si tratta di una persona fisica, presso la sua sede di attività;

b) se si tratta di una società o di un'altra persona giuridica o di un'associazione di persone fisiche o giuridiche, presso la sua sede legale, la sua amministrazione centrale o la sua sede di attività, comprese le filiali, le agenzie o qualsiasi altra sede.

3. Ai fini del presente titolo, l'organismo ADR si considera stabilito:

a) se è gestito da una persona fisica, nel luogo in cui svolge le attività ADR;

b) se è gestito da una persona giuridica o da un'associazione di persone fisiche o di persone giuridiche, nel luogo in cui tale persona giuridica o associazione di persone fisiche o giuridiche svolge le attività ADR o ha la sua sede legale;

c) se è gestito da un'autorità o da un altro ente pubblico, nel luogo in cui tale autorità o altro ente pubblico ha la propria sede.

4. Le disposizioni di cui al presente titolo, si applicano alle procedure volontarie di composizione extragiudiziale per la risoluzione, anche in via telematica, delle controversie nazionali e transfrontaliere, tra consumatori e professionisti residenti e stabiliti nell'Unione europea, nell'ambito delle quali l'organismo ADR propone una soluzione o riunisce le parti al fine di agevolare una soluzione amichevole e, in particolare, agli organismi di mediazione per la trattazione degli affari in materia di consumo iscritti nella sezione speciale di cui all'art. 16, commi 2 e 4, del d.lg. 4 marzo 2010, n. 28, e agli altri organismi ADR istituiti o iscritti presso gli elenchi tenuti e vigilati dalle autorità di cui al

(1) Articolo inserito dall'art. 2.446, l. 24 dicembre 2007, n. 244. In base all'art. 2.447, l. cit., come da ultimo modificato dall'art. 23.16, d.l. 1° luglio 2009, n. 78, conv. in l. 3 agosto 2009, n. 102, tale disposizione diventa efficace «decorsi ventiquattro mesi dalla data di entrata in vigore della presente legge» (avvenuta il 1° gennaio 2008).

Successivamente l'articolo è stato così sostituito dall'art. 49.1, l. 23 luglio 2009, n. 99. L'art. 49.2, l. 99/2009 cit., così dispone: «Le disposizioni dell'art. 140-*bis* del codice del consumo, di cui al d.lg. 6 settembre 2005, n. 206, come sostituito dal comma 1 del presente articolo, si applicano agli illeciti compiuti successivamente alla data di entrata in vigore della presente legge».

(2) Titolo inserito dall'art. 1.1, d.lg. 6 agosto 2015, n. 130. In base all'art. 2.1, d.lg. cit., tali disposizioni «si applicano a decorrere dal 9 gennaio 2016».

comma 1, lett. *i*), previa la verifica della sussistenza dei requisiti e della conformità della propria organizzazione e delle proprie procedure alle prescrizioni del presente titolo. Le disposizioni di cui al presente titolo si applicano, altresì, alle eventuali procedure, previste ai sensi del comma 7, in cui l'organismo ADR adotta una decisione.

5. Le disposizioni di cui al presente titolo si applicano altresì alle procedure di conciliazione paritetica di cui all'art. 141-*ter*.

6. Sono fatte salve le seguenti disposizioni che prevedono l'obbligatorietà delle procedure di risoluzione extragiudiziale delle controversie:

a) art. 5, comma 1-*bis*, del d.lg. 4 marzo 2010, n. 28, che disciplina i casi di condizione di procedibilità con riferimento alla mediazione finalizzata alla conciliazione delle controversie civili e commerciali;

b) art. 1, comma 11, della l. 31 luglio 1997, n. 249, che prevede il tentativo obbligatorio di conciliazione nel settore delle comunicazioni elettroniche;

c) art. 2, comma 24, lett. *b*), della l. 14 novembre 1995, n. 481 (1), che prevede il tentativo obbligatorio di conciliazione nelle materie di competenza dell'Autorità per l'energia elettrica, il gas e il sistema idrico, e le cui modalità di svolgimento sono regolamentate dall'Autorità per l'energia elettrica, il gas e il sistema idrico con propri provvedimenti.

7. Le procedure svolte nei settori di competenza dell'Autorità per l'energia elettrica, il gas ed il sistema idrico, della Banca d'Italia, dell'Istituto per la vigilanza sulle assicurazioni (2), della Commissione nazionale per la società e la borsa e dell'Autorità per le garanzie nelle comunicazioni, ivi comprese quelle che prevedono la partecipazione obbligatoria del professionista, sono considerate procedure ADR ai sensi del presente Codice, se rispettano i principi, le procedure e i requisiti delle disposizioni di cui al presente titolo.

8. Le disposizioni di cui al presente titolo non si applicano:

a) alle procedure presso sistemi di trattamento dei reclami dei consumatori gestiti dal professionista;

b) ai servizi non economici d'interesse generale;

c) alle controversie fra professionisti;

d) alla negoziazione diretta tra consumatore e professionista;

e) ai tentativi di conciliazione giudiziale per la composizione della controversia nel corso di un procedimento giudiziario riguardante la controversia stessa;

f) alle procedure avviate da un professionista nei confronti di un consumatore;

g) ai servizi di assistenza sanitaria, prestati da professionisti sanitari a pazienti, al fine di valutare, mantenere o ristabilire il loro stato di salute, compresa la prescrizione, la somministrazione e la fornitura di medicinali e dispositivi medici;

h) agli organismi pubblici di istruzione superiore o di formazione continua.

9. Le disposizioni di cui al presente titolo non precludono il funzionamento di eventuali organismi ADR istituiti nell'ambito delle norme e provvedimenti, di cui ai commi 7 e 8, ed in cui i funzionari pubblici sono incaricati delle controversie e considerati rappresentanti sia degli interessi dei consumatori e sia degli interessi dei professionisti.

10. Il consumatore non può essere privato in nessun caso del diritto di adire il giudice competente qualunque sia l'esito della procedura di composizione extragiudiziale (3).

141-*bis*. *Obblighi, facoltà e requisiti degli organismi ADR*. — 1. È fatto obbligo agli organismi ADR di:

a) mantenere un sito web aggiornato che fornisca alle parti un facile accesso alle informazioni concernenti il funzionamento della procedura ADR e che consenta ai consumatori di presentare la domanda e la documentazione di supporto necessaria in via telematica;

b) mettere a disposizione delle parti, su richiesta delle stesse, le informazioni di cui alla lett. *a*), su un supporto durevole, così come definito dall'art. 45, comma 1, lett. *l*);

c) consentire al consumatore la possibilità, ove applicabile, di presentare la domanda anche in modalità diverse da quella telematica;

d) consentire lo scambio di informazioni tra le parti per via elettronica o, se applicabile, attraverso i servizi postali;

e) accettare sia le controversie nazionali sia quelle transfrontaliere, comprese le controversie oggetto del reg. (UE) n. 524/2013, anche attraverso il ricorso a reti di organismi ADR;

f) adottare i provvedimenti necessari a

(1) In *Leggi coll. XXI, 3*.
(2) Le parole «dell'Istituto per la vigilanza sulle assicurazioni,» sono state aggiunte dall'art. 4.6, lett. a, d.lg. 21 maggio 2018, n. 68.
(3) Articolo così sostituito dall'art. 1.2, d.lg. 6 agosto 2015, n. 130. In base all'art. 2.1, d.lg. cit., tali disposizioni «si applicano a decorrere dal 9 gennaio 2016».

garantire che il trattamento dei dati personali avvenga nel rispetto delle regole di cui al d.lg. 30 giugno 2003, n. 196, e successive modificazioni.

2. Gli organismi ADR possono, salve le diverse prescrizioni contenute in altre norme applicabili ovvero nelle deliberazioni delle autorità di regolazione di settore, mantenere e introdurre norme procedurali che consentano loro di rifiutare il trattamento di una determinata controversia per i seguenti motivi:

a) il consumatore non ha tentato di contattare il professionista interessato per discutere il proprio reclamo né cercato, come primo passo, di risolvere la questione direttamente con il professionista;

b) la controversia è futile o temeraria;

c) la controversia è in corso di esame o è già stata esaminata da un altro organismo ADR o da un organo giurisdizionale;

d) il valore della controversia è inferiore o superiore a una soglia monetaria prestabilita a un livello tale da non nuocere in modo significativo all'accesso del consumatore al trattamento dei reclami;

e) il consumatore non ha presentato la domanda all'organismo ADR entro un limite di tempo prestabilito, che non deve essere inferiore a un anno dalla data in cui il consumatore ha presentato il reclamo al professionista;

f) il trattamento di questo tipo di controversia rischierebbe di nuocere significativamente all'efficace funzionamento dell'organismo ADR.

3. Qualora, conformemente alle proprie norme procedurali, un organismo ADR non è in grado di prendere in considerazione una controversia che gli è stata presentata, tale organismo ADR fornisce a entrambe le parti una spiegazione motivata delle ragioni della sua decisione di non prendere in considerazione la controversia entro ventuno giorni dal ricevimento del fascicolo della domanda. Tali norme procedurali non devono nuocere in modo significativo all'accesso da parte dei consumatori alle procedure ADR, compreso in caso di controversie transfrontaliere.

4. È fatto obbligo agli organismi ADR di prevedere e garantire che le persone fisiche da essi incaricate della risoluzione delle controversie siano:

a) in possesso delle conoscenze e delle competenze in materia di risoluzione alternativa o giudiziale delle controversie dei consumatori, inclusa una comprensione generale del diritto provvedendo, se del caso, alla loro formazione;

b) nominate per un incarico di durata sufficiente a garantire l'indipendenza dell'attività da svolgere, non potendo essere sostituito o revocato nell'incarico senza una giusta causa;

c) non soggette ad istruzioni dell'una o dell'altra delle parti o dei loro rappresentanti;

d) retribuite indipendentemente dall'esito della procedura.

5. È fatto altresì obbligo alle persone fisiche incaricate della risoluzione delle controversie, di comunicare tempestivamente all'organismo ADR tutte le circostanze, emerse durante l'intera procedura ADR, idonee ad incidere sulla loro indipendenza e imparzialità o capaci di generare conflitti di interessi con l'una o l'altra delle parti della controversia che sono chiamate a risolvere. In tale ipotesi, se le parti non sono soddisfatte delle prestazioni o del funzionamento della procedura medesima, l'organismo ADR deve:

a) sostituire la persona fisica interessata, affidando la conduzione della procedura ADR ad altra persona fisica; o in mancanza

b) garantire che la persona fisica interessata si astenga dal condurre la procedura ADR e, se possibile, proporre alle parti di presentare la controversia ad un altro organismo ADR competente a trattare la controversia; o in mancanza

c) consentire alla persona fisica interessata di continuare a condurre la procedura solo se le parti, dopo essere state informate delle circostanze e del loro diritto di opporsi, non hanno sollevato obiezioni.

6. Resta fermo il diritto delle parti di ritirarsi in qualsiasi momento dalla procedura ADR, salvo quanto previsto dall'art. 141-*quater*, comma 5, lett. *a*).

7. Nell'ipotesi prevista dal comma 5, qualora l'organismo ADR sia costituito da una sola persona fisica, si applicano unicamente le lett. *b*) e *c*) del medesimo comma.

8. Qualora le persone fisiche incaricate della procedura ADR siano assunte o retribuite esclusivamente da un'organizzazione professionale o da un'associazione di imprese di cui il professionista è membro, è assicurato che, oltre ai requisiti del presente titolo e quelli generali di cui ai commi 4 e 9, esse abbiano a loro disposizione risorse di bilancio distinte e apposite che siano sufficienti ad assolvere i loro compiti. Il presente comma non si applica qualora le persone fisiche interessate facciano parte di un organismo collegiale composto da un numero uguale di rappresentanti dell'organizzazione professionale e dell'associazione di imprese da cui sono assunte o retribuite e di una o più associazioni dei consumatori e degli utenti di cui all'art. 137.

9. È fatto obbligo agli organismi ADR in cui le persone fisiche incaricate della risoluzione delle controversie fanno parte di un organismo collegiale, disporre che il collegio sia composto da un numero uguale di rappresentanti degli interessi dei consumatori e di rappresentanti degli interessi dei professionisti.

10. Se gli organismi ADR, ai fini del comma 4, lett. *a*), del presente articolo, provvedono alla formazione delle persone fisiche incaricate della risoluzione extragiudiziale delle controversie, le autorità competenti provvedono a monitorare i programmi di formazione istituiti dagli organismi ADR in base alle informazioni comunicate loro ai sensi dell'art. 141-*nonies*, comma 4, lett. *g*). I programmi di formazione possono essere promossi ed eseguiti dalle stesse autorità competenti, di cui all'art. 141-*octies*. Restano ferme le disposizioni in materia di formazione dei mediatori di cui ai commi 4-*bis*, 5 e 6 dell'art. 16 del d.lg. 4 marzo 2010, n. 28 (1).

141-*ter*. *Negoziazioni paritetiche*. — 1. Le procedure svolte dinanzi agli organismi ADR in cui parte delle persone fisiche incaricate della risoluzione delle controversie sono assunte o retribuite esclusivamente dal professionista o da un'organizzazione professionale o da un'associazione di imprese di cui il professionista è membro, sono considerate procedure ADR, ai sensi del presente Codice, se, oltre all'osservanza delle disposizioni di cui al presente titolo, rispettano i seguenti ulteriori requisiti specifici di indipendenza e trasparenza:

a) le persone fisiche incaricate della risoluzione delle controversie devono far parte di una commissione paritetica composta da un numero uguale di rappresentanti delle associazioni dei consumatori e degli utenti, di cui all'art. 137, e di rappresentanti del professionista, e sono nominate a seguito di una procedura trasparente;

b) le persone fisiche incaricate della risoluzione delle controversie devono ricevere un incarico di almeno tre anni per garantire l'indipendenza della loro azione;

c) è fatto obbligo al rappresentante delle associazioni dei consumatori e degli utenti, di cui all'art. 137, di non avere alcun rapporto lavorativo con il professionista, con un'organizzazione professionale o un'associazione di imprese di cui il professionista sia membro, per l'intera durata dell'incarico e per un periodo di tre anni decorrenti dalla cessazione del proprio incarico nell'organismo ADR, né di avere contributi finanziari diretti da parte degli stessi; gli eventuali contributi erogati dal professionista o dall'organizzazione professionale o dall'associazione di imprese di cui il professionista fa parte, quale parziale rimborso all'associazione dei consumatori per gli oneri sostenuti per prestare assistenza gratuita al consumatore nella procedura ADR, devono essere erogati in modo trasparente, informandone l'autorità competente o secondo le procedure dalla stessa stabilite;

d) è fatto, altresì, obbligo al rappresentante del professionista, se tale rapporto lavorativo non era già in corso al momento di conferimento dell'incarico, di non avere alcun rapporto lavorativo con il professionista, con un'organizzazione professionale o un'associazione di imprese di cui il professionista sia membro, per un periodo di tre anni decorrenti dalla cessazione del proprio incarico nell'organismo ADR;

e) l'organismo di risoluzione delle controversie, ove non abbia distinta soggettività giuridica rispetto al professionista o all'organizzazione professionale o all'associazione di imprese di cui il professionista fa parte, deve essere dotato di sufficiente autonomia e di un organo paritetico di garanzia privo di collegamenti gerarchici o funzionali con il professionista, deve essere chiaramente separato dagli organismi operativi del professionista ed avere a sua disposizione risorse finanziarie sufficienti, distinte dal bilancio generale del professionista, per lo svolgimento dei suoi compiti.

2. Rientrano nelle procedure di cui al comma 1 esclusivamente le negoziazioni paritetiche disciplinate da protocolli di intesa stipulati tra i professionisti o loro associazioni e un numero non inferiore a un terzo delle associazioni dei consumatori e degli utenti, di cui all'art. 37, nonché quelle disciplinate da protocolli di intesa stipulati nel settore dei servizi pubblici locali secondo i criteri a tal fine indicati nell'accordo sancito in sede di Conferenza unificata Stato-regioni e Stato-città ed autonomie locali del 26 settembre 2013, pubblicato nella *Gazzetta Ufficiale* n. 254 del 29 ottobre 2013 (1).

141-*quater*. *Trasparenza, efficacia, equità e libertà*. — 1. È fatto obbligo agli organismi ADR, di rendere disponibili al pubblico sui loro siti web, su supporto durevole su richiesta e in qualsiasi altra modalità funzionale al perseguimento delle finalità di trasparenza, efficacia, equità e libertà, informazioni chiare e facil-

(1) Articolo inserito dall'art. 1.3 d.lg. 6 agosto 2015, n. 130. In base all'art. 2.1, d.lg. cit., tali disposizioni «si applicano a decorrere dal 9 gennaio 2016».

mente comprensibili riguardanti:

a) le modalità di contatto, l'indirizzo postale e quello di posta elettronica;

b) il proprio inserimento nell'elenco di cui all'art. 41-*decies*, secondo comma;

c) le persone fisiche incaricate della procedura ADR, i criteri seguiti per il conferimento dell'incarico nonché per la loro successiva designazione e la durata del loro incarico;

d) la competenza, l'imparzialità e l'indipendenza delle persone fisiche incaricate della procedura ADR qualora siano assunte o retribuite esclusivamente dal professionista;

e) l'eventuale appartenenza a reti di organismi ADR che agevolano la risoluzione delle controversie transfrontaliere;

f) il settore di competenza specifica, incluso, eventualmente, il limite di valore di competenza;

g) le norme che disciplinano la procedura di risoluzione stragiudiziale della controversia per la quale l'organismo di ADR è stato iscritto e i motivi per cui l'organismo ADR può rifiutare di trattare una determinata controversia ai sensi dell'art. 141-*bis*, comma 2;

h) le lingue nelle quali possono essere presentati i reclami all'organismo ADR e secondo le quali si svolge la procedura ADR;

i) se l'organismo ADR risolve le controversie in base a disposizioni giuridiche, considerazioni di equità, codici di condotta o altri tipi di regole;

l) eventuali attività che le parti sono tenute a rispettare prima di avviare la procedura ADR, incluso il tentativo di risoluzione della controversia mediante negoziazione diretta con il professionista;

m) la possibilità o meno per le parti di ritirarsi dalla procedura;

n) gli eventuali costi che le parti dovranno sostenere, comprese le norme sulla ripartizione delle spese al termine della procedura;

o) la durata media della procedura ADR;

p) l'effetto giuridico dell'esito della procedura ADR;

q) l'esecutività della decisione ADR, nei casi eventualmente previsti dalle norme vigenti.

2. È fatto obbligo agli organismi ADR di rendere disponibili al pubblico sui loro siti web, su un supporto durevole su richiesta e in altra modalità funzionale al perseguimento delle finalità di trasparenza, le relazioni annuali d'attività. Tali relazioni, con riferimento alle controversie sia nazionali che transfrontaliere, devono comprendere le seguenti informazioni:

a) numero di reclami ricevuti e tipologie di controversie cui si riferiscono;

b) eventuali cause sistematiche o significative generatrici delle controversie tra consumatori e professionisti; tali informazioni possono essere accompagnate, se del caso, da raccomandazioni idonee ad evitare o risolvere problematiche analoghe in futuro, a migliorare le norme dei professionisti e ad agevolare lo scambio di informazioni e di migliori prassi;

c) la percentuale di controversie che l'organismo ADR ha rifiutato di trattare e la quota in percentuale dei tipi di motivo per i rifiuti di cui all'art. 141-*bis*, comma 2;

d) nel caso di procedure di cui dell'art. 141-*ter*, le quote percentuali di soluzioni proposte a favore del consumatore e a favore del professionista, e di controversie risolte con una composizione amichevole

e) la quota percentuale delle procedure ADR interrotte e, se noti, i motivi della loro interruzione;

f) il tempo medio necessario per la risoluzione delle controversie;

g) la percentuale di rispetto, se nota, degli esiti delle procedure ADR;

h) l'eventuale cooperazione con organismi ADR all'interno di reti di organismi ADR che agevolano la risoluzione delle controversie transfrontaliere.

3. Le procedure ADR devono rispettare le seguenti prescrizioni:

a) essere disponibili e facilmente accessibili online e offline per entrambe le parti, a prescindere dalla loro ubicazione;

b) consentire la partecipazione alle parti senza obbligo di assistenza legale; è fatto sempre salvo il diritto delle parti di ricorrere al parere di un soggetto indipendente o di essere rappresentate o assistite da terzi in qualsiasi fase della procedura;

c) essere gratuite o disponibili a costi minimi per i consumatori;

d) l'organismo ADR che ha ricevuto una domanda dà alle parti comunicazione dell'avvio della procedura relativa alla controversia non appena riceve il fascicolo completo della domanda;

e) concludersi entro il termine di novanta giorni dalla data di ricevimento del fascicolo completo della domanda da parte dell'organismo ADR; in caso di controversie particolarmente complesse, l'organismo ADR può, a sua discrezione, prorogare il termine fino a un massimo di novanta giorni; le parti devono essere informate di tale proroga e del nuovo termine di conclusione della procedura.

4. Nell'ambito delle procedure ADR deve essere garantito altresì che:

a) le parti abbiano la possibilità, entro un

periodo di tempo ragionevole di esprimere la loro opinione, di ottenere dall'organismo ADR le argomentazioni, le prove, i documenti e i fatti presentati dall'altra parte, salvo che la parte non abbia espressamente richiesto che gli stessi debbano restare riservati, le eventuali dichiarazioni rilasciate e opinioni espresse da esperti e di poter esprimere osservazioni in merito;

b) le parti siano informate del fatto che non sono obbligate a ricorrere a un avvocato o consulente legale, ma possono chiedere un parere indipendente o essere rappresentate o assistite da terzi in qualsiasi fase della procedura;

c) alle parti sia notificato l'esito della procedura ADR per iscritto o su un supporto durevole, e sia data comunicazione dei motivi sui quali è fondato.

5. Nell'ipotesi di procedure ADR volte a risolvere la controversia proponendo una soluzione, gli organismi ADR garantiscono che:

a) le parti abbiano la possibilità di ritirarsi dalla procedura in qualsiasi momento. Le parti sono informate di tale diritto prima dell'avvio della procedura. Nel caso in cui è previsto l'obbligo del professionista di aderire alle procedure ADR, la facoltà di ritirarsi dalla procedura spetta esclusivamente al consumatore;

b) le parti, prima di accettare o meno o di dare seguito a una soluzione proposta, siano informate del fatto che:

1) hanno la scelta se accettare o seguire la soluzione proposta o meno;

2) la partecipazione alla procedura non preclude la possibilità di chiedere un risarcimento attraverso un normale procedimento giudiziario;

3) la soluzione proposta potrebbe essere diversa dal risultato che potrebbe essere ottenuto con la decisione di un organo giurisdizionale che applichi norme giuridiche;

c) le parti, prima di accettare o meno o di dare seguito a una soluzione proposta, siano informate dell'effetto giuridico che da ciò consegue;

d) le parti, prima di accogliere una soluzione proposta o acconsentire a una soluzione amichevole, dispongano di un periodo di riflessione ragionevole (1).

141-*quinquies*. *Effetti della procedura ADR sui termini di prescrizione e decadenza*. — 1. Dalla data di ricevimento da parte dell'organismo ADR, la relativa domanda produce sulla prescrizione gli effetti della domanda giudiziale. Dalla stessa data, la domanda impedisce altresì la decadenza per una sola volta.

2. Se la procedura ADR fallisce, i relativi termini di prescrizione e decadenza iniziano a decorrere nuovamente dalla data della comunicazione alle parti della mancata definizione della controversia con modalità che abbiano valore di conoscenza legale.

3. Sono fatte salve le disposizioni relative alla prescrizione e alla decadenza contenute negli accordi internazionali di cui l'Italia è parte (1).

141-*sexies*. *Informazioni e assistenza ai consumatori*. — 1. professionisti stabiliti in Italia che si sono impegnati a ricorrere ad uno o più organismi ADR per risolvere le controversie sorte con i consumatori, sono obbligati ad informare questi ultimi in merito all'organismo o agli organismi competenti per risolvere le controversie sorte con i consumatori. Tali informazioni includono l'indirizzo del sito web dell'organismo ADR pertinente o degli organismi ADR pertinenti.

2. Le informazioni di cui al comma 1 devono essere fornite in modo chiaro, comprensibile e facilmente accessibile sul sito web del professionista, ove esista, e nelle condizioni generali applicabili al contratto di vendita o di servizi stipulato tra il professionista ed il consumatore.

3. Nel caso in cui non sia possibile risolvere una controversia tra un consumatore e un professionista stabilito nel rispettivo territorio in seguito a un reclamo presentato direttamente dal consumatore al professionista, quest'ultimo fornisce al consumatore le informazioni di cui al comma 1, precisando se intenda avvalersi dei pertinenti organismi ADR per risolvere la controversia stessa. Tali informazioni sono fornite su supporto cartaceo o su altro supporto durevole.

4. È fatta salva l'applicazione delle disposizioni relative all'informazione dei consumatori sulle procedure di ricorso extragiudiziale contenute in altri provvedimenti normativi.

5. Con riferimento all'accesso dei consumatori alle controversie transfrontaliere, salvo quanto previsto dalla normativa di settore, gli stessi possono rivolgersi al Centro nazionale della rete europea per i consumatori (ECC-NET) per essere assistiti nell'accesso all'organismo ADR che opera in un altro Stato membro ed è competente a trattare la loro contro-

(1) Articolo inserito dall'art. 1.3 d.lg. 6 agosto 2015, n. 130. In base all'art. 2.1, d.lg. cit., tali disposizioni «si applicano a decorrere dal 9 gennaio 2016».

versia transfrontaliera. Il medesimo Centro nazionale è designato anche come punto di contatto ODR ai sensi dell'art. 7, par. 1, del reg. (UE) n. 524/2013 del Parlamento europeo e del Consiglio del 21 maggio 2013, relativo alla risoluzione delle controversie online dei consumatori.

6. È fatto obbligo agli organismi ADR e al Centro nazionale della rete europea per i consumatori (ECC-NET) di rendere disponibile al pubblico sui propri siti web, fornendo un link al sito della Commissione europea, e laddove possibile su supporto durevole nei propri locali, l'elenco degli organismi ADR elaborato e pubblicato dalla Commissione ai sensi dell'art. 20, par. 4, della dir. 2013/11/UE del Parlamento europeo e del Consiglio del 21 maggio 2013, sulla risoluzione alternativa delle controversie dei consumatori.

7. L'elenco degli organismi ADR di cui al comma 6 è posto a disposizione delle associazioni di consumatori e delle associazioni di categoria di professionisti che possono renderlo disponibile al pubblico sui loro siti web o in qualsiasi altro modo esse ritengano appropriato.

8. Sul sito istituzionale di ciascuna autorità competente è assicurata la pubblicazione delle informazioni sulle modalità di accesso dei consumatori alle procedure ADR per risolvere le controversie contemplate dal presente titolo.

9. Le autorità competenti incoraggiano le associazioni dei consumatori e degli utenti, di cui all'art. 137, e le organizzazioni professionali, a diffondere la conoscenza degli organismi e delle procedure ADR e a promuovere l'adozione dell'ADR da parte di professionisti e consumatori. Detti organismi sono altresì incoraggiati a fornire ai consumatori le informazioni relative agli organismi ADR competenti quando ricevono i reclami dai consumatori (1).

141-*septies*. *Cooperazione*. — 1. Le autorità competenti assicurano la cooperazione tra gli organismi ADR nella risoluzione delle controversie transfrontaliere e i regolari scambi con gli altri Stati membri dell'Unione europea delle migliori prassi per quanto concerne la risoluzione delle controversie transfrontaliere e nazionali.

2. Se esiste una rete europea di organismi ADR che agevola la risoluzione delle controversie transfrontaliere in un determinato settore, le autorità competenti incoraggiano ad associarsi a detta rete gli organismi ADR che trattano le controversie di tale settore.

3. Le autorità competenti incoraggiano la cooperazione tra organismi ADR e autorità nazionali preposte all'attuazione degli atti giuridici dell'Unione sulla tutela dei consumatori. Tale cooperazione comprende, in particolare, lo scambio di informazioni sulle prassi vigenti in settori commerciali specifici nei confronti delle quali i consumatori hanno ripetutamente presentato reclami. È incluso anche lo scambio di valutazioni tecniche e informazioni, se già disponibili, da parte delle autorità nazionali agli organismi ADR che ne necessitano per il trattamento di singole controversie.

4. La cooperazione e lo scambio di informazioni di cui ai commi 1, 2 e 3 devono avvenire nel rispetto delle norme sulla protezione dei dati personali di cui al d.lg. 30 giugno 2003, n. 196.

5. Sono fatte salve le disposizioni in materia di segreto professionale e commerciale applicabili alle autorità nazionali di cui al comma 3. Gli organismi ADR sono sottoposti al segreto d'ufficio e agli altri vincoli equivalenti di riservatezza previsti dalla normativa vigente (1).

141-*octies*. (*Autorità competenti e punto di contatto unico*. — 1. Per lo svolgimento delle funzioni di cui agli artt. 141 -*nonies* e 141-*decies*, sono designate le seguenti autorità competenti:

a) Ministero della giustizia unitamente al Ministero dello sviluppo economico, con riferimento al registro degli organismi di mediazione relativo alla materia del consumo, di cui all'art. 16, commi 2 e 4, del d.lg. 4 marzo 2010, n. 28;

b) Commissione nazionale per le società e la borsa (CONSOB), di cui all'art. 1 della l. 7 giugno 1974, n. 216, con riferimento ai sistemi di risoluzione stragiudiziale delle controversie disciplinati ai sensi dell'art. 2 del d.lg. 8 ottobre 2007, n. 179, e dei regolamenti attuativi, e con oneri a carico delle risorse di cui all'art. 40, comma 3, della l. 23 dicembre 1994, n. 724, e successive modificazioni, nonché dei soggetti che si avvalgono delle procedure medesime;

b-bis) l'Istituto per la vigilanza sulle assicurazioni (IVASS) di cui all'art. 13 del d.l. 6 luglio 2012, n. 95, convertito, con modificazioni, dalla l. 7 agosto 2012, n. 135, con riferimento ai sistemi di risoluzione stragiudiziale delle controversie disciplinati ai sensi dell'art. 187-*ter* del d.lg. 7 settembre 2005, n. 209, e dei regolamenti attuativi, e con oneri a carico delle

(1) Articolo inserito dall'art. 1.3 d.lg. 6 agosto 2015, n. 130. In base all'art. 2.1, d.lg. cit., tali disposizioni «si applicano a decorrere dal 9 gennaio 2016».

risorse di cui agli artt. 335 e 336 dello stesso d.lg. 7 settembre 2005 n. 209 (1);

c) Autorità per l'energia elettrica, il gas e il sistema idrico (AEEGSI), di cui all'art. 2 della l. 14 novembre 1995, n. 481, per il settore di competenza;

d) Autorità per le garanzie nelle comunicazioni (AGCOM), di cui all'art. 1 della l. 31 luglio 1997, n. 249, per il settore di competenza;

e) Banca d'Italia, con riferimento ai sistemi di risoluzione stragiudiziale delle controversie disciplinati ai sensi dell'art. 128-*bis* del d.lg. 1° settembre 1993, n. 385;

f) altre autorità amministrative indipendenti, di regolazione di specifici settori, ove disciplinino specifiche procedure ADR secondo le proprie competenze;

g) Ministero dello sviluppo economico, con riferimento alle negoziazioni paritetiche di cui all'art. 141-*ter* relative ai settori non regolamentati o per i quali le relative autorità indipendenti di regolazione non applicano o non adottano specifiche disposizioni, nonché con riferimento agli organismi di conciliazione istituiti ai sensi dell'art. 2, comma 2, lett. *g*) e comma 4, della l. 9 dicembre 1993, n. 580, limitatamente alle controversie tra consumatori e professionisti, non rientranti nell'elenco di cui alla lett. *a*).

2. Il Ministero dello sviluppo economico è designato punto di contatto unico con la Commissione europea.

3. Al fine di definire uniformità di indirizzo nel compimento delle funzioni delle autorità competenti di cui al comma 1 è istituito presso il Ministero dello sviluppo economico un tavolo di coordinamento e di indirizzo. Lo stesso è composto da un rappresentante per ciascuna autorità competente. Al Ministero dello sviluppo economico è attribuito il compito di convocazione e di raccordo. Al tavolo sono assegnati compiti di definizione degli indirizzi relativi all'attività di iscrizione e di vigilanza delle autorità competenti, nonché ai criteri generali di trasparenza e imparzialità, e alla misura dell'indennità dovuta per il servizio prestato dagli organismi ADR. Ai componenti del predetto tavolo di coordinamento ed indirizzo non spetta alcun compenso, gettone di presenza o altro emolumento comunque denominato e a qualsiasi titolo dovuto (2).

141-*nonies*. *Informazioni da trasmettere alle autorità competenti da parte degli organismi di risoluzione delle controversie*. — 1. Gli organismi di risoluzione delle controversie che intendono essere considerati organismi ADR ai sensi del presente titolo e inseriti in elenco conformemente all'art. 141-*decies*, comma 2, devono presentare domanda di iscrizione alla rispettiva autorità competente, indicando:

a) il loro nome o denominazione, le informazioni di contatto e l'indirizzo del sito web;

b) informazioni sulla loro struttura e sul loro finanziamento, comprese le informazioni sulle persone fisiche incaricate della risoluzione delle controversie, sulla loro retribuzione, sul loro mandato e sul loro datore di lavoro;

c) le proprie norme procedurali;

d) le loro tariffe, se del caso;

e) la durata media delle procedure di risoluzione delle controversie;

f) la lingua o le lingue in cui possono essere presentati i reclami e in cui viene svolta la procedura di risoluzione delle controversie;

g) una dichiarazione sui tipi di controversie trattati mediante la procedura di risoluzione delle controversie;

h) i motivi per cui un organismo di risoluzione delle controversie può rifiutare il trattamento di una determinata controversia a norma dell'art. 141-*bis*, comma 2;

i) una dichiarazione motivata dell'organismo di possedere o meno i requisiti di un organismo ADR che rientra nell'ambito d'applicazione della presente direttiva, e di rispettare o meno i requisiti di qualità di cui al presente titolo.

2. Qualora le informazioni di cui alle lettere da *a*) ad *h*) del comma 1 vengano modificate, gli organismi ADR informano senza indugio l'autorità competente in merito a tali modifiche.

3. Gli organismi di risoluzione delle controversie dinanzi ai quali si svolgono le procedure di cui all'art. 141-*ter*, oltre a comunicare ai requisiti di cui al comma 1, devono altresì trasmettere le informazioni necessarie a valutare la loro conformità ai requisiti specifici aggiuntivi di indipendenza e di trasparenza di cui al comma 1 dell'art. 141-*ter*.

4. A far data dal secondo anno di iscrizione al relativo elenco, con cadenza biennale, ogni organismo ADR trasmette alla rispettiva autorità competente informazioni concernenti:

a) il numero di reclami ricevuti ed i tipi di

(1) Lettera aggiunta dall'art. 4.6, lett. b, d.lg. 21 maggio 2018, n. 68.

(2) Articolo inserito dall'art. 1.3 d.lg. 6 agosto 2015, n. 130. In base all'art. 2.1, d.lg. cit., tali disposizioni «si applicano a decorrere dal 9 gennaio 2016».

controversie alle quali si riferiscono;

b) la quota percentuale delle procedure ADR interrotte prima di raggiungere il risultato;

c) il tempo medio necessario per la risoluzione delle controversie ricevute;

d) la percentuale di rispetto, se nota, degli esiti delle procedure ADR;

e) eventuali problematiche sistematiche o significative che si verificano di frequente e causano controversie tra consumatori e professionisti. Le informazioni comunicate al riguardo possono essere accompagnate da raccomandazioni sul modo di evitare o risolvere problematiche analoghe in futuro;

f) se del caso, una valutazione dell'efficacia della loro cooperazione all'interno di reti di organismi ADR che agevolano la risoluzione delle controversie transfrontaliere;

g) se prevista, la formazione fornita alle persone fisiche incaricate delle risoluzioni delle controversie di cui all'art. 141-*bis*, comma 4, lett. *a*);

h) la valutazione dell'efficacia della procedura ADR offerta dall'organismo e di eventuali modi per migliorarla (1).

141-*decies*. *Ruolo delle autorità competenti*. — 1. Presso ciascuna autorità competente è istituito, rispettivamente con decreto ministeriale o con provvedimenti interni, l'elenco degli organismi ADR deputati a gestire le controversie nazionali e transfrontaliere che rientrano nell'ambito di applicazione del presente titolo e che rispettano i requisiti previsti. Ciascuna autorità competente definisce il procedimento per l'iscrizione e verifica il rispetto dei requisiti di stabilità, efficienza, imparzialità, nonché il rispetto del principio di tendenziale non onerosità, per il consumatore, del servizio.

2. Ogni autorità competente provvede all'iscrizione, alla sospensione e alla cancellazione degli iscritti e vigila sull'elenco nonché sui singoli organismi ADR.

3. Ciascuna autorità competente sulla base di propri provvedimenti, tiene l'elenco e disciplina le modalità di iscrizione degli organismi ADR. Tale elenco comprende:

a) il nome, le informazioni di contatto e i siti internet degli organismi ADR di cui al comma 1;

b) le loro tariffe, se del caso;

c) la lingua o le lingue in cui possono essere presentati i reclami e in cui è svolta la procedura ADR;

d) i tipi di controversie contemplati dalla procedura ADR;

e) i settori e le categorie di controversie trattati da ciascun organismo ADR;

f) se del caso, l'esigenza della presenza fisica delle parti o dei loro rappresentanti, compresa una dichiarazione dell'organismo ADR relativa alla possibilità di svolgere la procedura ADR in forma orale o scritta;

g) i motivi per cui un organismo ADR può rifiutare il trattamento di una determinata controversia a norma dell'art. 141-*bis*, comma 2.

4. Se un organismo ADR non soddisfa più i requisiti di cui al comma 1, l'autorità competente interessata lo contatta per segnalargli tale non conformità, invitandolo a ovviarvi immediatamente. Se allo scadere di un termine di tre mesi l'organismo ADR continua a non soddisfare i requisiti di cui al comma 1, l'autorità competente cancella l'organismo dall'elenco di cui al comma 2. Detto elenco è aggiornato senza indugio e le informazioni pertinenti sono trasmesse al Ministero dello sviluppo economico quale punto di contatto unico con la Commissione europea.

5. Ogni autorità competente notifica senza indugio l'elenco di cui ai commi 1 e 3, e ogni suo successivo aggiornamento, al Ministero dello sviluppo economico quale punto di contatto unico con la Commissione europea.

6. L'elenco e gli aggiornamenti di cui ai commi 2, 3 e 4 relativi agli organismi ADR stabiliti nel territorio della Repubblica italiana sono trasmessi alla Commissione europea dal Ministero dello sviluppo economico quale punto di contatto unico.

7. Ogni autorità competente mette a disposizione del pubblico l'elenco consolidato degli organismi ADR, elaborato dalla Commissione europea e notificato al Ministero dello sviluppo economico quale punto di contatto unico, fornendo sul proprio sito internet un link al pertinente sito internet della Commissione europea. Inoltre, ogni autorità competente mette a disposizione del pubblico tale elenco consolidato su un supporto durevole.

8. Entro il 9 luglio 2018 e successivamente ogni quattro anni, il Ministero dello sviluppo economico, quale punto di contatto unico, con il contributo delle altre autorità competenti, pubblica e trasmette alla Commissione europea una relazione sullo sviluppo e sul funzionamento di tutti gli organismi ADR stabiliti sul territorio della Repubblica Italiana. In particolare, tale relazione:

(1) Articolo inserito dall'art. 1.3 d.lg. 6 agosto 2015, n. 130. In base all'art. 2.1, d.lg. cit., tali disposizioni «si applicano a decorrere dal 9 gennaio 2016».

a) identifica le migliori prassi degli organismi ADR;

b) sottolinea le insufficienze, comprovate da statistiche, che ostacolano il funzionamento degli organismi ADR per le controversie sia nazionali che transfrontaliere, se del caso;

c) elabora raccomandazioni su come migliorare l'efficacia e l'efficienza del funzionamento degli organismi ADR, se del caso (1).

PARTE VI

DISPOSIZIONI FINALI

142. *Modifiche al codice civile*. — 1. Gli artt. 1469-*bis*, 1469-*ter*, 1469-*quater*, 1469-*quinquies* e 1469-*sexies* del codice civile sono sostituiti dal seguente: . . . . (*omissis*).

143. *Irrinunciabilità dei diritti*. — 1. I diritti attribuiti al consumatore dal codice sono irrinunciabili. È nulla ogni pattuizione in contrasto con le disposizioni del codice.

2. Ove le parti abbiano scelto di applicare al contratto una legislazione diversa da quella italiana, al consumatore devono comunque essere riconosciute le condizioni minime di tutela previste dal codice.

144. *Aggiornamenti*. — 1. Ogni intervento normativo incidente sul codice, o sulle materie dallo stesso disciplinate, va attuato mediante esplicita modifica, integrazione, deroga o sospensione delle specifiche disposizioni in esso contenute.

144-*bis*. *Cooperazione tra le autorità nazionali per la tutela dei consumatori*. — 1. Il Ministero dello sviluppo economico, salve le disposizioni in materia bancaria, finanziaria, assicurativa e di sistemi di pagamento e le competenze delle autorità indipendenti di settore, che continuano a svolgere le funzioni di autorità competente ai sensi dell'art. 3, lett. *c*), del reg. (CE) n. 2006/2004 del Parlamento europeo e del Consiglio, del 27 ottobre 2004, nonché le disposizioni vigenti nelle ulteriori materie per le quali è prevista la competenza di altre autorità nazionali, svolge le funzioni di autorità competente, ai sensi del medesimo art. 3, lett. *c*), del citato reg. (CE) n. 2006/2004, in materia di:

a)-*b*) . . . . (2);

c) garanzia nella vendita dei beni di consumo, di cui alla parte IV, titolo III, capo I;

d) credito al consumo, di cui alla parte III, titolo II, capo II, sezione I;

e) commercio elettronico, di cui alla parte III, titolo III, capo II;

f)-*g*) . . . . (2);

h) contratti di multiproprietà, contratti relativi ai prodotti per le vacanze di lungo termine, contratti di rivendita e di scambio, di cui alla parte III, titolo IV, capo I (3).

2. Il Ministero dello sviluppo economico esercita tutti i poteri di cui al citato reg. (CE) n. 2006/2004, nelle materie di cui al comma 1, anche con riferimento alle infrazioni lesive degli interessi collettivi dei consumatori in ambito nazionale.

3. Per lo svolgimento dei compiti di cui ai commi 1 e 2, il Ministero dello sviluppo economico può avvalersi delle camere di commercio, industria, artigianato e agricoltura, nonché del Corpo della Guardia di finanza che agisce con i poteri ad esso attribuiti per l'accertamento dell'imposta sul valore aggiunto e delle imposte sui redditi. Può inoltre definire forme di collaborazione con altre pubbliche amministrazioni. Limitatamente ai poteri di cui all'art. 139, può avvalersi delle associazioni dei consumatori e degli utenti di cui all'art. 137.

4. Ferme restando la disciplina sanzionatoria in materia di indicazione dei prezzi di cui all'art. 17 del presente codice e le disposizioni di cui all'art. 22, comma 3, del d.lg. 31 marzo 1998, n. 114 (4), ai fini dell'applicazione del reg. (CE) n. 2006/2004 il Ministero dello sviluppo economico, per lo svolgimento delle funzioni di cui al comma 1, può avvalersi, in particolare, dei comuni.

5. Le procedure istruttorie relative ai poteri di cui al comma 2, nonché relativamente all'applicazione delle sanzioni di cui ai commi 6 e 7, sono stabilite con regolamento emanato ai sensi dell'art. 17, comma 1, lett. *d*), della l. 23 agosto 1988, n. 400, in modo da garantire il con-

(1) Articolo inserito dall'art. 1.3 d.lg. 6 agosto 2015, n. 130. In base all'art. 2.1, d.lg. cit., tali disposizioni «si applicano a decorrere dal 9 gennaio 2016».

(2) Lettere soppresse dall'art. 1.5, d.lg. 21 febbraio 2014, n. 21. In base all'art. 2.1, d.lg. cit., tali modifiche «entrano in vigore dal 13 giugno 2014 e si applicano ai contratti conclusi dopo tale data».

(3) Le parole «contratti di multiproprietà, contratti relativi ai prodotti per le vacanze di lungo termine, contratti di rivendita e di scambio, di cui alla parte III, titolo IV, capo I» sono state così sostituite alle precedenti «contratti relativi all'acquisizione di un diritto di godimento ripartito di beni immobili, di cui alla parte III, titolo IV, capo I» dall'art. 1.5, d.lg. 21 febbraio 2014, n. 21. In base all'art. 2.1, d.lg. cit., tali modifiche «entrano in vigore dal 13 giugno 2014 e si applicano ai contratti conclusi dopo tale data».

(4) In *Leggi coll. XIII, 1*.

tradditorio, la piena cognizione degli atti e la verbalizzazione.

6. Nei casi di rifiuto, omissione o ritardo, senza giustificato motivo, di esibire i documenti o di fornire le informazioni richieste, nell'ambito delle proprie competenze, dal Ministero dello sviluppo economico, riguardanti fattispecie di infrazioni nazionali o intracomunitarie, nonché nel caso in cui siano esibiti documenti o fornite informazioni non veritiere, si applicano le sanzioni di cui all'art. 27, comma 4.

7. Nei casi di inottemperanza ad impegni assunti nei confronti del Ministero dello sviluppo economico dai soggetti interessati, per porre fine a infrazioni nazionali o intracomunitarie, si applicano le sanzioni di cui all'art. 27, comma 12.

8. Ai sensi degli artt. 3, lett. *c*), e 4, del citato reg. (CE) n. 2006/2004, in materia di pratiche commerciali scorrette di cui alla parte II, titolo III, si applicano le disposizioni di cui all'art. 27, commi 1 e 2, in relazione alle funzioni di autorità competente attribuite all'Autorità garante della concorrenza e del mercato. Per i profili sanzionatori, nell'ambito delle proprie competenze, l'Autorità garante della concorrenza e del mercato provvede ai sensi dell'art. 27.

9. Il Ministero dello sviluppo economico designa l'ufficio unico di collegamento responsabile dell'applicazione del citato reg. (CE) n. 2006/2004 (1).

145. *Competenze delle regioni e delle province autonome.* — 1. Sono fatte salve le disposizioni adottate dalle regioni e dalle province autonome di Trento e di Bolzano nell'esercizio delle proprie competenze legislative in materia di educazione e informazione del consumatore.

146. *Abrogazioni.* — 1. Dalla data di entrata in vigore del presente codice sono abrogati:

a) il d.p.r. 24 maggio 1988, n. 224, così come modificato dal d.lg. 2 febbraio 2001, n. 25, recante attuazione della dir. 85/374/CEE, relativa al ravvicinamento delle disposizioni legislative, regolamentari e amministrative degli Stati membri in materia di responsabilità per danno da prodotti difettosi, ai sensi dell'art. 15 della l. 16 aprile 1987, n. 183;

b) la l. 10 aprile 1991, n. 126, così come modificata dalla l. 22 febbraio 1994, n. 146, recante norme per l'informazione del consumatore;

c) il d.lg. 15 gennaio 1992, n. 50, recante attuazione della dir. 85/577/CEE, in materia di contratti negoziati fuori dei locali commerciali;

d) il d.lg. 25 gennaio 1992, n. 74, così come modificato dal d.lg. 25 febbraio 2000, n. 67, recante attuazione della dir. 84/450/CEE, in materia di pubblicità ingannevole e comparativa;

e) il d.lg. 17 marzo 1995, n. 111, così come modificato dalla l. 5 marzo 2001, n. 57, recante attuazione della dir. 90/314/CEE, concernente i viaggi, le vacanze ed i circuiti «tutto compreso»;

f) la l. 30 luglio 1998, n. 281, recante disciplina dei diritti dei consumatori e degli utenti, così come modificata dalla l. 24 novembre 2000, n. 340, dal d.lg. 23 aprile 2001, n. 224, e dall'art. 11 della l. 1° marzo 2002, n. 39, recante disposizioni per l'adempimento di obblighi derivanti dall'appartenenza dell'Italia alle Comunità europee – legge comunitaria 2001, sono fatte salve le disposizioni di cui all'art. 7, con riferimento alle attività promozionali del Consiglio nazionale dei consumatori e degli utenti di cui all'art. 136 e alle agevolazioni di cui all'art. 138;

g) il d.lg. 9 novembre 1998, n 427, recante attuazione della dir. 94/47/CE, concernente la tutela dell'acquirente per taluni aspetti dei contratti relativi all'acquisizione di un diritto di godimento a tempo parziale di beni immobili;

h) il d.lg. 22 maggio 1999, n 185, recante attuazione della dir. 97/7/CE, relativa alla protezione dei consumatori in materia di contratti a distanza;

i) il d.lg. 25 febbraio 2000, n 63, recante attuazione della dir. 98/7/CE, che modifica la dir. 87/102/CEE, in materia di credito al consumo;

l) il d.lg. 25 febbraio 2000, n. 67, recante attuazione della dir. 97/55/CE, che modifica la dir. 84/450/CEE, in materia di pubblicità ingannevole e comparativa;

m) il d.lg. 25 febbraio 2000, n. 84, recante attuazione della dir. 98/6/CE, relativa alla protezione dei consumatori in materia di indicazione dei prezzi offerti ai medesimi;

n) il d.lg. 23 aprile 2001, n. 224, recante attuazione della dir. 98/27/CE, relativa a provvedimenti inibitori a tutela degli interessi dei consumatori;

o) il d.lg. 21 maggio 2004, n. 172, recante attuazione della dir. 2001/95/CE, relativa alla sicurezza generale dei prodotti;

p) il comma 7 dell'art. 18 del d.lg. 31 marzo 1998, n. 114 (2), recante riforma della disci-

(1) Articolo inserito dall'art. 19, l. 6 febbraio 2007, n. 13, e successivamente così sostituito dall'art. 22.1, lett. b, l. 7 luglio 2009, n. 88.
(2) In *Leggi coll. XIII, 1.*

plina relativa al settore del commercio, a norma dell'art. 4, comma 4, della l. 15 marzo 1997, n. 59;

q) il comma 9 dell'art. 19 del d.lg. 31 marzo 1998, n. 114 (1), recante riforma della disciplina relativa al settore del commercio, a norma dell'art. 4, comma 4, della l. 15 marzo 1997, n. 59;

r) i commi 4 e 5 dell'art. 125 del t.u. delle leggi in materia bancaria e creditizia, di cui al d.lg. 1° settembre 1993, n. 385, e successive modificazioni (2);

s) gli artt. 1519-*bis*, 1519-*ter*, 1519-*quater*, 1519-*quinquies*, 1519-*sexies*, 1519-*septies*, 1519-*octies* e 1519-*nonies* del codice civile;

t) la l. 6 aprile 2005, n. 49, recante modifiche all'art. 7 del d.lg. 25 gennaio 1992, n. 74, in materia di messaggi pubblicitari ingannevoli diffusi attraverso mezzi di comunicazione.

2. Dalla data di entrata in vigore del presente codice restano abrogati:

a) il d.p.r. 23 agosto 1982, n. 903, recante attuazione della dir. 79/581/CEE, relativa alla indicazione dei prezzi dei prodotti alimentari ai fini della protezione dei consumatori;

b) il d.lg. 25 gennaio 1992, n. 76, recante attuazione della dir. 88/315/CEE, concernente l'indicazione dei prezzi dei prodotti alimentari ai fini della protezione dei consumatori;

c) il d.lg. 27 gennaio 1992, n. 78, recante attuazione della dir. 88/314/CEE, concernente l'indicazione dei prezzi dei prodotti non alimentari ai fini della protezione dei consumatori;

d) il d.lg. 17 marzo 1995, n. 115, recante attuazione della dir. 92/59/CEE, relativa alla sicurezza generale dei prodotti.

ALLEGATO I

INFORMAZIONI RELATIVE ALL'ESERCIZIO DEL DIRITTO DI RECESSO (3)

A. ISTRUZIONI TIPO SUL RECESSO – ai sensi dell'art. 49, comma 4 –

Diritto di recesso

Lei ha il diritto di recedere dal contratto, senza indicarne le ragioni, entro 14 giorni.

Il periodo di recesso scade dopo 14 giorni dal giorno [1].

Per esercitare il diritto di recesso, Lei è tenuto a informarci [2] della sua decisione di recedere dal presente contratto tramite una dichiarazione esplicita (ad esempio lettera inviata per posta, fax o posta elettronica). A tal fine può utilizzare il modulo tipo di recesso allegato, ma non è obbligatorio [3].

Per rispettare il termine di recesso, è sufficiente che Lei invii la comunicazione relativa all'esercizio del diritto di recesso prima della scadenza del periodo di recesso.

Effetti del recesso

Se Lei recede dal presente contratto, Le saranno rimborsati tutti i pagamenti che ha effettuato a nostro favore, compresi i costi di consegna (ad eccezione dei costi supplementari derivanti dalla Sua eventuale scelta di un tipo di consegna diverso dal tipo meno costoso di consegna standard da noi offerto), senza indebito ritardo e in ogni caso non oltre 14 giorni dal giorno in cui siamo informati della Sua decisione di recedere dal presente contratto. Detti rimborsi saranno effettuati utilizzando lo stesso mezzo di pagamento da Lei usato per la transazione iniziale, salvo che Lei non abbia espressamente convenuto altrimenti; in ogni caso, non dovrà sostenere alcun costo quale conseguenza di tale rimborso [4].

[5]

[6]

Istruzioni per la compilazione:

[1] Inserire uno dei seguenti testi tra virgolette:

a) in caso di un contratto di servizi o di un contratto per la fornitura di acqua, gas o elettricità, quando non sono messi in vendita in un volume limitato o in quantità determinata, di teleriscaldamento o di contenuto digitale che non è fornito su un supporto materiale: «della conclusione del contratto.»;

b) nel caso di un contratto di vendita: «in cui Lei o un terzo, diverso dal vettore e da Lei designato, acquisisce il possesso fisico dei beni.»;

c) nel caso di un contratto relativo a beni multipli ordinati dal consumatore in un solo ordine e consegnati separatamente: «in cui Lei o un terzo, diverso dal vettore e da Lei designato, acquisisce il possesso fisico dell'ultimo bene.»;

d) nel caso di un contratto relativo alla consegna di un bene consistente di lotti o pezzi multipli: «in cui Lei o un terzo, diverso dal vettore e da Lei designato, acquisisce il possesso fisico dell'ultimo lotto o pezzo.»;

(1) In *Leggi coll. XIII, 1.*
(2) In *Leggi coll. XVII, 1.*
(3) Allegato aggiunto dall'art. 1.2, d.lg. 21 febbraio 2014, n. 21. In base all'art. 2.1, d.lg. cit., tali modifiche «entrano in vigore dal 13 giugno 2014 e si applicano ai contratti conclusi dopo tale data».

e) nel caso di un contratto per la consegna periodica di beni durante un determinato periodo di tempo: «in cui Lei o un terzo, diverso dal vettore e da Lei designato, acquisisce il possesso fisico del primo bene.»

[2] Inserire il nome, l'indirizzo geografico e, qualora disponibili, il numero di telefono e di fax e l'indirizzo di posta elettronica.

[3] Se Lei dà al consumatore la possibilità di compilare e inviare elettronicamente le informazioni relative al recesso dal contratto sul Suo sito web, inserire quanto segue: «Può anche compilare e inviare elettronicamente il modulo tipo di recesso o qualsiasi altra esplicita dichiarazione sul nostro sito web [inserire l'indirizzo]. Nel caso scegliesse detta opzione, Le trasmetteremo senza indugio una conferma di ricevimento del recesso su un supporto durevole (ad es. per posta elettronica).»

[4] Per i contratti di vendita nei quali Lei non ha offerto di ritirare i beni in caso di recesso, inserire quanto segue: «Il rimborso può essere sospeso fino al ricevimento dei beni oppure fino all'avvenuta dimostrazione da parte del consumatore di aver rispedito i beni, se precedente.»

[5] Se il consumatore ha ricevuto i beni oggetto del contratto:

a) Inserire:

— «Ritireremo i beni.»; oppure

— «È pregato di rispedire i beni o di consegnarli a noi o a. [inserire il nome e l'indirizzo geografico, se del caso, della persona da Lei autorizzata a ricevere i beni], senza indebiti ritardi e in ogni caso entro 14 giorni dal giorno in cui ci ha comunicato il suo recesso dal presente contratto. Il termine è rispettato se Lei rispedisce i beni prima della scadenza del periodo di 14 giorni.»

b) Inserire:

— «I costi della restituzione dei beni saranno a nostro carico.»,

— «I costi diretti della restituzione dei beni saranno a Suo carico.»,

— Se, in un contratto a distanza, Lei non offre di sostenere il costo della restituzione dei beni e questi ultimi, per loro natura, non possono essere normalmente restituiti a mezzo posta: «Il costo diretto di. EUR [inserire l'importo] per la restituzione dei beni sarà a Suo carico.»; oppure se il costo della restituzione dei beni non può essere ragionevolmente calcolato in anticipo: «Il costo diretto della restituzione dei beni sarà a Suo carico. Il costo è stimato essere pari a un massimo di circa. EUR [inserire l'importo].», oppure

— Se, in caso di un contratto negoziato fuori dei locali commerciali, i beni, per loro natura, non possono essere normalmente restituiti a mezzo posta e sono stati consegnati al domicilio del consumatore alla data di conclusione del contratto: «Ritireremo i beni a nostre spese.»

c) Inserire: «Lei è responsabile solo della diminuzione del valore dei beni risultante da una manipolazione del bene diversa da quella necessaria per stabilire la natura, le caratteristiche e il funzionamento dei beni.».

[6] In caso di un contratto per la fornitura di acqua, gas ed elettricità, quando non sono messi in vendita in un volume limitato o in quantità determinata, o di teleriscaldamento, inserire quanto segue: «Se Lei ha chiesto di iniziare la prestazione di servizi o la fornitura di acqua/gas elettricità/teleriscaldamento [cancellare la dicitura inutile] durante il periodo di recesso, è tenuto a pagarci un importo proporzionale a quanto fornito fino al momento in cui Lei ha ci comunicato il Suo recesso dal presente contratto, rispetto a tutte le prestazioni previste dal contratto.»

B. MODULO DI RECESSO TIPO

– ai sensi dell'art. 49, comma 4, lett. *h*) –

(compilare e restituire il presente modulo solo se si desidera recedere dal contratto)

— Destinatario [il nome, l'indirizzo geografico e, qualora disponibili, il numero di telefono, di fax e gli indirizzi di posta elettronica devono essere inseriti dal professionista]:

— Con la presente io/noi (1) notifichiamo il recesso dal mio/nostro (1) contratto di vendita dei seguenti beni/servizi (1).

— Ordinato il (1)/ricevuto il (1).

Nome del/dei consumatore(i)

Indirizzo del/dei consumatore(i)

Firma del/dei consumatore(i) (solo se il presente modulo è notificato in versione cartacea)

Data

ALLEGATO II

(previsto dall'art. 107, comma 3)

(riproduce l'Allegato II della dir. 2001/95/CE)

PROCEDURE PER L'APPLICAZIONE DEL RAPEX DELLE LINEE GUIDA PER LE NOTIFICHE

1. Il sistema riguarda i prodotti, secondo la definizione dell'art. 3, comma 1, lett. *e*), che presentano un rischio grave per la salute e la sicurezza dei consumatori. I prodotti farmaceutici previsti nelle direttive 2001/83/CE del

(1) Cancellare la dicitura inutile.

Parlamento europeo e del Consiglio, dell'11 novembre 2001, e 2001/82/CE del Parlamento europeo e del Consiglio, del 6 novembre 2001, sono esclusi dall'applicazione del RAPEX.

2. Il RAPEX mira essenzialmente a permettere un rapido scambio di informazioni in presenza di un rischio grave. Le linee guida di cui al punto 8 definiscono criteri specifici per l'individuazione di rischi gravi.

3. Gli Stati membri che hanno effettuato la notifica a norma dell'art. 12 forniscono tutte le precisazioni disponibili. In particolare, la notifica contiene le informazioni stabilite dalle linee guida di cui al punto 8 e almeno:

a) le informazioni che permettono di identificare il prodotto;

b) una descrizione del rischio incontrato, ivi compresa una sintesi dei risultati di qualsiasi prova o di qualsiasi analisi e delle loro conclusioni che permettano di valutare l'importanza del rischio;

c) la natura e la durata delle misure o azioni prese o decise, se del caso;

d) informazioni sui canali di commercializzazione e sulla distribuzione del prodotto, in particolare sui Paesi destinatari.

Tali informazioni devono essere trasmesse valendosi dello speciale formulario tipo di notifica e degli strumenti stabiliti dalle linee guida di cui al punto 8.

Quando la misura notificata a norma degli artt. 11 o 12 è intesa a limitare la commercializzazione o l'uso di una sostanza chimica o di un preparato chimico, gli Stati membri forniscono quanto prima possibile una sintesi o i riferimenti dei pertinenti dati della sostanza o del preparato in questione e dei sostituti conosciuti, qualora tale informazione sia disponibile. Essi comunicano inoltre gli effetti previsti del provvedimento sulla salute e la sicurezza dei consumatori, nonché la valutazione del rischio effettuata in conformità dei principi generali di valutazione dei rischi delle sostanze chimiche di cui all'art. 10, par. 4, del reg. (CEE) n. 793/93 del Consiglio, del 23 marzo 1993, nel caso di sostanze esistenti o all'art. 3, par. 2, della dir. n. 67/548/CEE del Consiglio, del 27 giugno 1967, nel caso di nuove sostanze. Le linee guida di cui al punto 8 definiscono i particolari e le procedure relativi alle informazioni richieste a tale riguardo.

4. Quando uno Stato membro ha informato la Commissione, in virtù dell'art. 12, par. 1, terzo comma, in merito ad un rischio grave, prima di decidere in merito a eventuali provvedimenti informa la Commissione, entro un termine di quarantacinque giorni, se intende confermare o modificare tale informazione.

5. La Commissione verifica, nel più breve tempo possibile, la conformità con le disposizioni della direttiva delle informazioni ricevute in base al RAPEX e, qualora lo ritenga necessario ed al fine di valutare la sicurezza del prodotto, può svolgere un'indagine di propria iniziativa. Qualora abbia luogo tale indagine, gli Stati membri devono fornire alla Commissione nella misura del possibile, le informazioni richieste.

6. Ricevuta una notifica a norma dell'art. 12, gli Stati membri sono invitati ad informare la Commissione, entro e non oltre il termine stabilito dalle linee guida di cui al punto 8, sui punti seguenti:

a) se il prodotto è stato immesso sul mercato nel loro territorio;

b) quali provvedimenti nei confronti del prodotto in questione adotteranno eventualmente in funzione della situazione nel loro Paese, motivandone le ragioni, in specie la diversa valutazione del rischio o qualsiasi altra circostanza particolare che giustifica la decisione, in particolare che giustifica l'assenza di provvedimento o di seguito;

c) le informazioni supplementari pertinenti ottenute in merito al rischio implicato, compresi i risultati di prove o analisi. Le linee guida di cui al punto 8 propongono criteri precisi di notifica delle misure la cui portata è limitata al territorio nazionale e come trattare le notifiche sui rischi che lo Stato membro ritiene limitati al proprio territorio.

7. Gli Stati membri informano immediatamente la Commissione di eventuali modifiche o della revoca delle misure o azioni in questione.

8. Le linee guida che riguardano la gestione del RAPEX da parte della Commissione e degli Stati membri vengono elaborate e regolarmente aggiornate dalla Commissione secondo la procedura di cui all'art. 15, par. 3.

9. La Commissione può informare i punti di contatto nazionali riguardo ai prodotti che presentano rischi gravi, importati nella Comunità e nello Spazio economico europeo o esportati a partire da tali territori.

10. La responsabilità delle informazioni fornite incombe allo Stato membro che ha effettuato la notifica.

11. La Commissione assicura l'opportuno funzionamento del sistema, provvedendo in particolare a classificare e a catalogare le notifiche in base al grado di urgenza. Le modalità saranno stabilite dalle linee guida di cui al punto 8.

ALLEGATO II-*bis* (1)
(di cui all'art. 71, comma 1, e all'art. 73, commi 3, lett. *b*, e 4)

FORMULARIO INFORMATIVO PER I CONTRATTI DI MULTIPROPRIETÀ

Parte 1

Identità, luogo di residenza e stato giuridico dell'operatore o degli operatori che saranno parti del contratto.

Breve descrizione del prodotto (ad es. descrizione del bene immobile).

Natura e contenuto esatti del diritto o dei diritti.

Indicazione precisa del periodo entro il quale può essere esercitato il diritto oggetto del contratto ed eventualmente la sua durata.

Data a partire dalla quale il consumatore potrà esercitare il diritto oggetto del contratto.

Se il contratto riguarda un bene immobile specifico in costruzione, data in cui l'alloggio e i servizi/le strutture saranno completati/disponibili.

Prezzo che il consumatore deve corrispondere per l'acquisizione del diritto o dei diritti.

Breve descrizione dei costi supplementari obbligatori imposti dal contratto; tipo di costi e indicazione degli importi (ad es. quote annuali, altre quote ricorrenti, prelievi speciali, imposte locali).

Sintesi dei servizi fondamentali a disposizione del consumatore (ad es. elettricità, acqua, manutenzione, raccolta di rifiuti) e indicazione dell'importo che il consumatore deve pagare per tali servizi.

Sintesi delle strutture a disposizione del consumatore (ad es. piscina o sauna).

Tali strutture sono incluse nei costi indicati in precedenza? In caso negativo, specificare quelli inclusi e quelli a pagamento.

È possibile aderire ad un sistema di scambio? In caso affermativo, specificare il nome del sistema di scambio.

Indicazione dei costi di affiliazione/scambio.

L'operatore ha sottoscritto uno o più codici di condotta? In caso affermativo, dove possono essere reperiti?

Parte 2

Informazioni generali

Il consumatore ha il diritto di recedere dal contratto, senza indicarne le ragioni, entro quattordici giorni di calendario a decorrere dalla conclusione del contratto o di qualsiasi contratto preliminare vincolante ovvero dalla data di ricezione di tali contratti se posteriore.

Durante il periodo di recesso è vietato qualsiasi versamento di denaro a titolo di acconto da parte del consumatore. Il divieto riguarda qualsiasi onere, incluso il pagamento, la prestazione di garanzie, l'accantonamento di denaro sotto forma di deposito bancario, il riconoscimento esplicito di debito, ecc., e comprende non solo il pagamento a favore dell'operatore, bensì anche di terzi.

Il consumatore non dovrà sostenere costi od obblighi diversi da quelli stabiliti nel contratto.

In conformità del diritto internazionale privato, il contratto può essere disciplinato da una legge diversa da quella dello Stato membro di residenza o domicilio abituale del consumatore e le eventuali controversie possono essere deferite ad organi giurisdizionali diversi da quelli dello Stato membro di residenza o domicilio abituale del consumatore.

Firma del consumatore.

Parte 3

Informazioni supplementari cui ha diritto il consumatore e indicazioni specifiche per poterle ottenere (ad es. indicazione del capitolo di un opuscolo generale) se non fornite in appresso

1) INFORMAZIONI IN MERITO AI DIRITTI ACQUISITI

Condizioni poste a disciplina dell'esercizio del diritto oggetto del contratto sul territorio dello Stato membro o degli Stati membri in cui il bene o i beni interessati sono situati, indicazione se tali condizioni siano state rispettate o meno e, in caso negativo, quali condizioni debbano ancora essere rispettate, qualora il contratto conferisca il diritto ad occupare un alloggio da selezionare tra una serie di alloggi, informazioni sulle restrizioni alle possibilità del consumatore di occupare in qualsiasi momento uno di questi alloggi.

2) INFORMAZIONI SUI BENI

Se il contratto riguarda un bene immobile specifico, la descrizione accurata e dettagliata di tale bene e della sua ubicazione; se il contratto riguarda una serie di beni (multilocalità), la descrizione appropriata dei beni e della loro ubicazione; se il contratto riguarda una sistemazione diversa da quella in un bene immobile, la descrizione appropriata della sistemazione e delle strutture, servizi (ad es. elettricità, acqua, manutenzione, raccolta di rifiuti) cui il

(1) Allegato aggiunto dall'art. 2.2, d.lg. 23 maggio 2011, n. 79, in *Leggi coll. XI, 9*.

consumatore ha o avrà accesso e relative condizioni, eventuali strutture comuni, quali piscina, sauna, ecc., cui il consumatore ha o potrà avere accesso e relative condizioni.

3) NORME AGGIUNTIVE RIGUARDANTI GLI ALLOGGI IN COSTRUZIONE (ove applicabile)

Stato di completamento dell'alloggio e dei servizi che lo rendono pienamente fruibile (gas, elettricità, acqua e collegamenti telefonici) e qualsiasi struttura cui il consumatore avrà accesso, termine di completamento dell'alloggio e dei servizi che lo rendono pienamente fruibile (gas, elettricità, acqua e collegamenti telefonici) e una stima ragionevole del termine di completamento di qualsiasi struttura cui il consumatore avrà accesso, numero della licenza edilizia e nome e indirizzo completi dell'autorità o delle autorità competenti, garanzia quanto al completamento dell'alloggio o al rimborso di ogni pagamento effettuato qualora l'alloggio non sia completato ed eventuali condizioni che disciplinano il funzionamento di tali garanzie

4) INFORMAZIONI SUI COSTI

Descrizione accurata e appropriata di tutti i costi connessi al contratto di multiproprietà; di come tali costi saranno ripartiti fra i consumatori e di come e quando tali costi possano aumentare; il metodo di calcolo dell'ammontare delle spese relative all'occupazione del bene, le spese obbligatorie (ad es. imposte e tasse) e le spese amministrative generali (ad es. per gestione, manutenzione e riparazioni), eventuali informazioni relative a spese, ipoteche, privilegi o altri gravami registrati sul bene.

5) INFORMAZIONI SULLA RISOLUZIONE DEL CONTRATTO

Eventuali informazioni sulle disposizioni per la risoluzione di contratti accessori e sulle conseguenze di tale risoluzione, condizioni di risoluzione del contratto, relative conseguenze e informazioni su qualsiasi responsabilità del consumatore per eventuali costi derivanti dalla risoluzione stessa.

6) INFORMAZIONI SUPPLEMENTARI

Informazioni sulle modalità con cui sono organizzate la manutenzione e le riparazioni del bene e l'amministrazione e gestione dello stesso, specificando se e come i consumatori possono influire e partecipare alle decisioni in materia, informazioni sulla possibilità o meno di aderire a un sistema per la rivendita dei diritti contrattuali, informazioni sul sistema pertinente e indicazione dei costi connessi con la rivendita mediante tale sistema, indicazione della lingua o delle lingue che si possono usare per le comunicazioni con l'operatore per quanto riguarda il contratto, ad esempio in relazione alle decisioni gestionali, all'aumento dei costi e al trattamento di richieste e reclami, eventuale possibilità di risoluzione extragiudiziale delle controversie.

Conferma della ricezione delle informazioni.

Firma del consumatore.

ALLEGATO II-*ter* (1)
(di cui all'art. 71, comma 1, lett. *b*, e all'art. 73, commi 3, lett. *b*, e 4)

FORMULARIO INFORMATIVO PER I CONTRATTI RELATIVI A PRODOTTI PER LE VACANZE DI LUNGO TERMINE

Parte 1

Identità, luogo di residenza e stato giuridico dell'operatore o degli operatori che saranno parti del contratto.

Breve descrizione del prodotto.

Natura e contenuto esatti del diritto o dei diritti.

Indicazione precisa del periodo entro il quale può essere esercitato il diritto oggetto del contratto ed eventualmente la durata del regime instaurato.

Data a partire dalla quale il consumatore potrà esercitare il diritto oggetto del contratto.

Prezzo che il consumatore deve corrispondere per l'acquisizione del diritto o dei diritti, inclusi i costi ricorrenti che il consumatore dovrà presumibilmente sostenere in conseguenza del suo diritto di ottenere accesso all'alloggio, del viaggio e di qualsiasi altro prodotto o servizio connesso come specificato.

Piano di pagamento scaglionato che stabilisce le rate di pari importo per ciascun anno di durata del contratto per il prezzo in questione e date in cui devono essere versate.

Dopo il primo anno, gli importi successivi possono essere adeguati per assicurare che sia mantenuto il valore reale di tali rate, ad esempio per tenere conto dell'inflazione.

Breve descrizione dei costi supplementari obbligatori imposti dal contratto; tipo di costi e indicazione degli importi (ad esempio quote annuali di affiliazione).

Sintesi dei servizi fondamentali a disposizione del consumatore (ad esempio soggiorni in albergo e voli scontati).

Sono inclusi nei costi indicati in preceden-

(1) Allegato aggiunto dall'art. 2.2, d.lg. 23 maggio 2011, n. 79, in *Leggi coll. XI, 9*.

za? In caso negativo, specificare quelli inclusi e quelli a pagamento (ad es. soggiorno di tre notti incluso nella quota annuale di affiliazione; qualsiasi altra sistemazione deve essere pagata a parte).

L'operatore ha sottoscritto uno o più codici di condotta? In caso affermativo, dove possono essere reperiti?

Parte 2

Informazioni generali

Il consumatore ha il diritto di recedere dal contratto, senza indicarne le ragioni, entro quattordici giorni di calendario a decorrere dalla conclusione del contratto o di qualsiasi contratto preliminare vincolante ovvero dalla data di ricezione di tali contratti se posteriore.

Durante il periodo di recesso è vietato qualsiasi versamento di denaro a titolo di acconto da parte del consumatore. Il divieto riguarda qualsiasi onere, incluso il pagamento, la prestazione di garanzie, l'accantonamento di denaro sotto forma di deposito bancario, il riconoscimento esplicito di debito, ecc., e comprende non solo il pagamento a favore dell'operatore, bensì anche di terzi.

Il consumatore ha il diritto di porre fine al contratto senza incorrere in penali dando preavviso all'operatore entro quattordici giorni di calendario dalla ricezione della richiesta di pagamento per ciascuna rata annuale.

Il consumatore non dovrà sostenere spese od obblighi diversi da quelli specificati nel contratto.

In conformità del diritto internazionale privato, il contratto può essere disciplinato da una legge diversa da quella dello Stato membro di residenza o domicilio abituale del consumatore e le eventuali controversie possono essere deferite ad organi giurisdizionali diversi da quelli dello Stato membro di residenza o domicilio abituale del consumatore.

Firma del consumatore.

Parte 3

Informazioni supplementari cui ha diritto il consumatore e indicazioni specifiche per poterle ottenere (ad es. indicazione del capitolo di un opuscolo generale) se non fornite in appresso

1) INFORMAZIONI SUI DIRITTI ACQUISITI

Descrizione appropriata e corretta degli sconti disponibili per future prenotazioni, illustrata con una serie di esempi di offerte recenti, informazioni sulle restrizioni alla possibilità del consumatore di godere dei diritti, quali la disponibilità limitata o le offerte proposte in base all'ordine di arrivo o i termini previsti per promozioni particolari e sconti speciali.

2) INFORMAZIONI SULLA RISOLUZIONE DEL CONTRATTO

Eventuali informazioni sulle modalità per la risoluzione di contratti accessori e sulle conseguenze di tale risoluzione, condizioni di risoluzione del contratto, relative conseguenze e informazioni su qualsiasi responsabilità del consumatore per eventuali costi derivanti dalla risoluzione stessa.

3) INFORMAZIONI SUPPLEMENTARI

Indicazione della lingua o delle lingue che possono essere utilizzate per le comunicazioni con l'operatore per quanto riguarda il contratto, ad esempio in relazione al trattamento di richieste e reclami, eventuale possibilità di risoluzione extragiudiziale delle controversie.

Conferma della ricezione delle informazioni.

Firma del consumatore.

ALLEGATO II-*quater* (1)
(di cui all'art. 71, comma 1, lett. *c*, e all'art. 73, commi 3, lett. *b*, e 4)

FORMULARIO INFORMATIVO PER I CONTRATTI DI RIVENDITA

Parte 1

Identità, luogo di residenza e stato giuridico dell'operatore o degli operatori che saranno parti del contratto.

Breve descrizione dei servizi (ad es. commercializzazione).

Durata del contratto.

Prezzo che il consumatore deve corrispondere per l'acquisto dei servizi.

Breve descrizione dei costi supplementari obbligatori imposti dal contratto; tipo di costi e indicazione degli importi (ad es. imposte locali, parcelle notarili, costi inerenti alla pubblicità).

L'operatore ha sottoscritto uno o più codici di condotta? In caso affermativo, dove possono essere reperiti?

Parte 2

Informazioni generali

il consumatore ha il diritto di recedere dal contratto, senza indicarne le ragioni, entro quattordici giorni di calendario a decorrere dalla conclusione del contratto o di qualsiasi contratto preliminare vincolante ovvero dalla data di ricezione di tali contratti se posteriore.

(1) Allegato aggiunto dall'art. 2.2, d.lg. 23 maggio 2011, n. 79, in *Leggi coll. XI, 9.*

È vietato qualsiasi versamento di denaro a titolo di acconto da parte del consumatore fino al momento in cui la vendita abbia effettivamente avuto luogo o sia stata altrimenti posta fine al contratto di rivendita. Il divieto riguarda qualsiasi onere, incluso il pagamento, la prestazione di garanzie, l'accantonamento di denaro sotto forma di deposito bancario, il riconoscimento esplicito di debito, ecc., e comprende non solo il pagamento a favore dell'operatore, bensì anche di terzi.

Il consumatore non dovrà sostenere costi od obblighi diversi da quelli specificati nel contratto.

In conformità del diritto internazionale privato, il contratto può essere disciplinato da una legge diversa da quella dello Stato membro di residenza o domicilio abituale del consumatore e le eventuali controversie possono essere deferite ad organi giurisdizionali diversi da quelli dello Stato membro di residenza o domicilio abituale del consumatore.

Firma del consumatore.

Parte 3

Informazioni supplementari cui ha diritto il consumatore e indicazioni specifiche per poterle ottenere (ad esempio indicazione del capitolo di un opuscolo generale) se non fornite in appresso

Condizioni di risoluzione del contratto, relative conseguenze e informazioni su qualsiasi responsabilità del consumatore per eventuali costi derivanti dalla risoluzione stessa, indicazione della lingua o delle lingue che possono essere utilizzate per le comunicazioni con l'operatore per quanto riguarda il contratto, ad esempio in relazione al trattamento di richieste e reclami, eventuale possibilità di risoluzione extragiudiziale delle controversie.

Conferma della ricezione delle informazioni.

Firma del consumatore.

ALLEGATO II-*quinquies* (1)
(di cui all'art. 71, comma 1, lett. *d*, e all'art. 73, commi 3, lett. *b*, e 4)

FORMULARIO INFORMATIVO PER I CONTRATTI DI SCAMBIO

Parte 1

Identità, luogo di residenza e stato giuridico dell'operatore o degli operatori che saranno parti del contratto.

Breve descrizione del prodotto.

Natura e contenuto esatti del diritto o dei diritti.

Indicazione precisa del periodo entro il quale può essere esercitato il diritto oggetto del contratto ed eventualmente la durata del regime instaurato.

Data a partire dalla quale il consumatore potrà esercitare il diritto oggetto del contratto.

Prezzo che il consumatore deve corrispondere per lo scambio delle quote di affiliazione.

Breve descrizione dei costi supplementari obbligatori imposti dal contratto; tipo dei costi e indicazione degli importi (ad esempio quote di rinnovo, altre quote ricorrenti, prelievi speciali, imposte locali).

Sintesi dei servizi fondamentali a disposizione del consumatore.

Sono inclusi nei costi indicati in precedenza? In caso contrario, specificare quelli inclusi e quelli a pagamento (tipologia dei costi e indicazione degli importi; ad esempio una stima del prezzo dovuto per singole operazioni di scambio, comprese eventuali spese aggiuntive).

L'operatore ha sottoscritto uno o più codici di condotta? In caso affermativo, dove possono essere reperiti?

Parte 2

Informazioni generali

Il consumatore ha il diritto di recedere dal contratto, senza indicarne le ragioni, entro quattordici giorni di calendario a decorrere dalla conclusione del contratto o di qualsiasi contratto preliminare vincolante ovvero dalla data di ricezione di tali contratti se posteriore. Nel caso in cui il contratto di scambio sia offerto congiuntamente e contestualmente al contratto di multiproprietà, ai due contratti si applica un unico periodo di recesso.

Durante il periodo di recesso è vietato qualsiasi versamento di denaro a titolo di acconto da parte del consumatore.

Il divieto riguarda qualsiasi onere, incluso il pagamento, la prestazione di garanzie, l'accantonamento di denaro sotto forma di deposito bancario, il riconoscimento esplicito di debito, ecc., e comprende non solo il pagamento a favore dell'operatore, bensì anche di terzi.

Il consumatore non dovrà sostenere costi od obblighi diversi da quelli specificati nel contratto.

In conformità del diritto internazionale privato, il contratto può essere disciplinato da una legge diversa da quella dello Stato membro

(1) Allegato aggiunto dall'art. 2.2, d.lg. 23 maggio 2011, n. 79, in *Leggi coll. XI, 9*.

di residenza o domicilio abituale del consumatore e le eventuali controversie possono essere deferite ad organi giurisdizionali diversi da quelli dello Stato membro di residenza o domicilio abituale del consumatore.

Firma del consumatore.

Parte 3

Informazioni supplementari cui ha diritto il consumatore e indicazioni specifiche per poterle ottenere (ad es. indicazione del capitolo di un opuscolo generale) se non fornite in appresso

1) INFORMAZIONI SUI DIRITTI ACQUISITI

Spiegazione del funzionamento del sistema di scambio; possibilità e modalità di scambio; indicazione del valore attribuito alla multiproprietà del consumatore nel sistema di scambio; serie di esempi di possibilità concrete di scambio, indicazione del numero di località disponibili e numero degli aderenti al sistema di scambio, comprese eventuali limitazioni quanto alla disponibilità di alloggi particolari scelti dal consumatore, ad esempio a motivo di periodi di picco della domanda, eventuale necessità di prenotare con molto anticipo, nonché indicazioni di eventuali restrizioni dei diritti di multiproprietà del consumatore previsti dal sistema di scambio.

2) INFORMAZIONI SUI BENI

Descrizione breve e appropriata dei beni e della loro ubicazione; se il contratto riguarda un alloggio diverso dai beni immobili, descrizione appropriata dell'alloggio e delle strutture; indicazione di dove il consumatore può ottenere informazioni supplementari.

3) INFORMAZIONI SUI COSTI

Informazioni sull'obbligo dell'operatore di fornire per ogni scambio proposto, prima di organizzare lo scambio stesso, dettagli in merito a qualsiasi costo aggiuntivo a carico del consumatore in relazione allo scambio.

4) INFORMAZIONI SULLA RISOLUZIONE DEL CONTRATTO

Eventuali informazioni sulle disposizioni per la risoluzione di contratti accessori e sulle conseguenze di tale risoluzione, condizioni di risoluzione del contratto, relative conseguenze e informazioni su qualsiasi responsabilità del consumatore per eventuali costi derivanti dalla risoluzione stessa.

5) INFORMAZIONI SUPPLEMENTARI

Indicazione della lingua o delle lingue che possono essere utilizzate per le comunicazioni con l'operatore per quanto riguarda il contratto, ad esempio in relazione al trattamento di richieste e reclami, eventuale possibilità di risoluzione extragiudiziale delle controversie.

Conferma della ricezione delle informazioni.

Firma del consumatore.

ALLEGATO II-*sexies* (1)
(di cui all'art. 72, comma 6,
e all'art. 74, comma 2)

FORMULARIO SEPARATO PER FACILITARE IL DIRITTO DI RECESSO

Diritto di recesso

Il consumatore ha il diritto di recedere dal contratto, senza indicarne le ragioni, entro quattordici giorni di calendario.

Il diritto di recesso ha inizio a decorrere dal... (da compilare a cura dell'operatore prima di trasmettere il formulario al consumatore).

Qualora il consumatore non abbia ricevuto il presente formulario, il periodo di recesso ha inizio una volta che il consumatore l'abbia ricevuto, ma scade in ogni caso dopo un anno e quattordici giorni di calendario.

Qualora il consumatore non abbia ricevuto tutte le informazioni richieste, il periodo di recesso ha inizio una volta che il consumatore le abbia ricevute, ma scade in ogni caso dopo tre mesi e quattordici giorni di calendario.

Al fine di esercitare il diritto di recesso, il consumatore comunica la propria decisione all'operatore usando il nome e l'indirizzo sotto indicati su supporto durevole (ad esempio lettera scritta inviata per posta o messaggio di posta elettronica).

Il consumatore può utilizzare il formulario in appresso, ma non è obbligato a farlo.

Qualora il consumatore eserciti il diritto di recesso, non gli viene imputato alcun costo.

Oltre al diritto di recesso, norme del diritto dei contratti nazionale possono prevedere il diritto del consumatore, ad esempio, di porre fine al contratto in caso di omissione di informazioni.

Divieto di acconti.

Durante il periodo di recesso, è vietato qualsiasi versamento di denaro a titolo di acconto da parte del consumatore. Tale divieto riguarda qualsiasi onere, inclusi i pagamenti, la prestazione di garanzie, l'accantonamento di denaro sotto forma di deposito bancario, il riconoscimento esplicito di debito, ecc.

Tale divieto include non soltanto i paga-

(1) Allegato aggiunto dall'art. 2.2, d.lg. 23 maggio 2011, n. 79, in *Leggi coll. XI, 9.*

menti a favore dell'operatore, ma anche di terzi.

Notifica di recesso.

A (nome e indirizzo dell'operatore) (1).

Il/I (2) sottoscritto/i comunica/no con la presente di recedere dal contratto.

Data di conclusione del contratto (1).

Nome del consumatore/dei consumatori (3).

Indirizzo del consumatore/dei consumatori (3).

Firma del consumatore/dei consumatori (solo se il presente formulario è inviato su carta) (3).

Data (3).

Conferma della ricezione delle informazioni.

Firma del consumatore.

XI. 7.

DECRETO LEGISLATIVO 2 agosto 2007, n. 145. — *Attuazione dell'art. 14 della direttiva 2005/29/CE che modifica la direttiva 84/450/CEE sulla pubblicità ingannevole* (4).

1. *Finalità*. — 1. Le disposizioni del presente decreto legislativo hanno lo scopo di tutelare i professionisti dalla pubblicità ingannevole e dalle sue conseguenze sleali, nonché di stabilire le condizioni di liceità della pubblicità comparativa.

2. La pubblicità deve essere palese, veritiera e corretta.

2. *Definizioni*. — 1. Ai fini del presente decreto legislativo si intende per:

a) pubblicità: qualsiasi forma di messaggio che è diffuso, in qualsiasi modo, nell'esercizio di un'attività commerciale, industriale, artigianale o professionale allo scopo di promuovere il trasferimento di beni mobili o immobili, la prestazione di opere o di servizi oppure la costituzione o il trasferimento di diritti ed obblighi su di essi;

b) pubblicità ingannevole: qualsiasi pubblicità che in qualunque modo, compresa la sua presentazione è idonea ad indurre in errore le persone fisiche o giuridiche alle quali è rivolta o che essa raggiunge e che, a causa del suo carattere ingannevole, possa pregiudicare il loro comportamento economico ovvero che, per questo motivo, sia idonea a ledere un concorrente;

c) professionista: qualsiasi persona fisica o giuridica che agisce nel quadro della sua attività commerciale, industriale, artigianale o professionale; e chiunque agisce in nome o per conto di un professionista;

d) pubblicità comparativa: qualsiasi pubblicità che identifica in modo esplicito o implicito un concorrente o beni o servizi offerti da un concorrente;

e) operatore pubblicitario: il committente del messaggio pubblicitario ed il suo autore, nonché, nel caso in cui non consenta all'identificazione di costoro, il proprietario del mezzo con cui il messaggio pubblicitario è diffuso ovvero il responsabile della programmazione radiofonica o televisiva.

3. *Elementi di valutazione*. — 1. Per determinare se la pubblicità è ingannevole se ne devono considerare tutti gli elementi, con riguardo in particolare ai suoi riferimenti:

a) alle caratteristiche dei beni o dei servizi, quali la loro disponibilità, la natura, l'esecuzione, la composizione, il metodo e la data di fabbricazione o della prestazione, l'idoneità allo scopo, gli usi, la quantità, la descrizione, l'origine geografica o commerciale, o i risultati che si possono ottenere con il loro uso, o i risultati e le caratteristiche fondamentali di prove o controlli effettuati sui beni o sui servizi;

b) al prezzo o al modo in cui questo è calcolato ed alle condizioni alle quali i beni o i servizi sono forniti;

c) alla categoria, alle qualifiche e ai diritti dell'operatore pubblicitario, quali l'identità, il patrimonio, le capacità, i diritti di proprietà intellettuale e industriale, ogni altro diritto su beni immateriali relativi all'impresa ed i premi o riconoscimenti.

4. *Condizioni di liceità della pubblicità comparativa*. — 1. Per quanto riguarda il confronto, la pubblicità comparativa è lecita se sono soddisfatte le seguenti condizioni:

a) non è ingannevole ai sensi del presente decreto legislativo o degli artt. 21, 22 e 23 del d.lg. 6 settembre 2005, n. 206, recante «Codice del consumo» (5);

b) confronta beni o servizi che soddisfano

(1) Da compilare a cura dell'operatore prima di trasmettere il formulario al consumatore.
(2) Cancellare la dicitura inutile.
(3) Da compilare a cura del consumatore/dei consumatori nel caso in cui sia utilizzato il presente formulario per recedere dal contratto.
(4) G.U., 6 settembre 2007, n. 207.
(5) In *Leggi coll. XI, 6.*

gli stessi bisogni o si propongono gli stessi obiettivi;

c) confronta oggettivamente una o più caratteristiche essenziali, pertinenti, verificabili e rappresentative, compreso eventualmente il prezzo, di tali beni e servizi;

d) non ingenera confusione sul mercato tra i professionisti o tra l'operatore pubblicitario ed un concorrente o tra i marchi, le denominazioni commerciali, altri segni distintivi, i beni o i servizi dell'operatore pubblicitario e quelli di un concorrente;

e) non causa discredito o denigrazione di marchi, denominazioni commerciali, altri segni distintivi, beni, servizi, attività o posizione di un concorrente;

f) per i prodotti recanti denominazione di origine, si riferisce in ogni caso a prodotti aventi la stessa denominazione;

g) non trae indebitamente vantaggio dalla notorietà connessa al marchio, alla denominazione commerciale ovvero ad altro segno distintivo di un concorrente o alle denominazioni di origine di prodotti concorrenti;

h) non presenta un bene o un servizio come imitazione o contraffazione di beni o servizi protetti da un marchio o da una denominazione commerciale depositati.

2. Il requisito della verificabilità di cui al comma 1, lett. *c*), si intende soddisfatto quando i dati addotti ad illustrazione della caratteristica del bene o servizio pubblicizzato sono suscettibili di dimostrazione.

3. Qualunque raffronto che fa riferimento a un'offerta speciale deve indicare in modo chiaro e non equivoco il termine finale dell'offerta oppure, nel caso in cui l'offerta speciale non sia ancora avviata, la data di inizio del periodo nel corso del quale si applicano il prezzo speciale o altre condizioni particolari o, se del caso, che l'offerta speciale dipende dalla disponibilità dei beni e servizi.

5. *Trasparenza della pubblicità*. — 1. La pubblicità deve essere chiaramente riconoscibile come tale. La pubblicità a mezzo di stampa deve essere distinguibile dalle altre forme di comunicazione al pubblico, con modalità grafiche di evidente percezione.

2. I termini «garanzia», «garantito» e simili possono essere usati solo se accompagnati dalla precisazione del contenuto e delle modalità della garanzia offerta. Quando la brevità del messaggio pubblicitario non consente di riportare integralmente tali precisazioni, il riferimento sintetico al contenuto ed alle modalità della garanzia offerta deve essere integrato dall'esplicito rinvio ad un testo facilmente conoscibile dal consumatore in cui siano riportate integralmente le precisazioni medesime.

3. È vietata ogni forma di pubblicità subliminale.

6. *Pubblicità di prodotti pericolosi per la salute e la sicurezza*. — 1. È considerata ingannevole la pubblicità che, riguardando prodotti suscettibili di porre in pericolo la salute e la sicurezza dei soggetti che essa raggiunge, omette di darne notizia in modo da indurre tali soggetti a trascurare le normali regole di prudenza e vigilanza.

7. *Bambini e adolescenti*. — 1. È considerata ingannevole la pubblicità che, in quanto suscettibile di raggiungere bambini ed adolescenti, abusa della loro naturale credulità o mancanza di esperienza o che, impiegando bambini ed adolescenti in messaggi pubblicitari, fermo quanto disposto dall'art. 10 della l. 3 maggio 2004, n. 112, abusa dei naturali sentimenti degli adulti per i più giovani.

2. È considerata ingannevole la pubblicità, che, in quanto suscettibile di raggiungere bambini ed adolescenti, può, anche indirettamente, minacciare la loro sicurezza.

8. *Tutela amministrativa e giurisdizionale*. — 1. L'Autorità garante della concorrenza e del mercato, di seguito chiamata Autorità, esercita le attribuzioni disciplinate dal presente articolo.

2. L'Autorità, d'ufficio o su istanza di ogni soggetto o organizzazione che ne abbia interesse, inibisce la continuazione ed elimina gli effetti della pubblicità ingannevole e comparativa illecita. Per lo svolgimento dei compiti di cui al comma 1, l'Autorità può avvalersi della Guardia di Finanza che agisce con i poteri ad essa attribuiti per l'accertamento dell'imposta sul valore aggiunto e dell'imposta sui redditi.

3. L'Autorità può disporre con provvedimento motivato la sospensione provvisoria della pubblicità ingannevole e comparativa illecita in caso di particolare urgenza. In ogni caso, comunica l'apertura dell'istruttoria al professionista e, se il committente non è conosciuto, può richiedere al proprietario del mezzo che ha diffuso il messaggio pubblicitario ogni informazione idonea ad identificarlo. L'Autorità può, altresì, richiedere ad ogni soggetto le informazioni ed i documenti rilevanti al fine dell'accertamento dell'infrazione. Si applicano le disposizioni previste dall'art. 14, commi 2, 3 e 4, della l. 10 ottobre 1990, n. 287 (1).

4. In caso di inottemperanza, senza giustificato motivo, a quanto disposto dall'Autorità ai

(1) In *Leggi coll. XXI, 1.*

sensi dell'art. 14, comma 2, della l. 10 ottobre 1990, n. 287 (1), l'Autorità applica una sanzione amministrativa pecuniaria da 2.000,00 euro a 20.000,00 euro. Qualora le informazioni o la documentazione fornite non siano veritiere, l'Autorità applica una sanzione amministrativa pecuniaria da 4.000,00 euro a 40.000,00 euro.

5. L'Autorità può disporre che il professionista fornisca prove sull'esattezza materiale dei dati di fatto contenuti nella pubblicità se, tenuto conto dei diritti o degli interessi legittimi del professionista e di qualsiasi altra parte nel procedimento, tale esigenza risulti giustificata, date le circostanze del caso specifico. Se tale prova è omessa o viene ritenuta insufficiente, i dati di fatto sono considerati inesatti.

6. Quando la pubblicità è stata o deve essere diffusa attraverso la stampa periodica o quotidiana ovvero per via radiofonica o televisiva o altro mezzo di telecomunicazione, l'Autorità, prima di provvedere, richiede il parere dell'Autorità per le garanzie nelle comunicazioni.

7. Ad eccezione dei casi di manifesta scorrettezza e gravità l'Autorità può ottenere dal professionista responsabile della pubblicità ingannevole e comparativa illecita l'assunzione dell'impegno a porre fine all'infrazione, cessando la diffusione della stessa o modificandola in modo da eliminare i profili di illegittimità. L'Autorità può disporre la pubblicazione della dichiarazione di assunzione dell'impegno in questione, a cura e spese del professionista. In tali ipotesi, l'Autorità, valutata l'idoneità di tali impegni, può renderli obbligatori per il professionista e definire il procedimento senza procedere all'accertamento dell'infrazione.

8. L'Autorità, se ritiene la pubblicità ingannevole o il messaggio di pubblicità comparativa illecito, vieta la diffusione, qualora non ancora portata a conoscenza del pubblico, o la continuazione, qualora sia già iniziata. Con il medesimo provvedimento può essere disposta, a cura e spese del professionista, la pubblicazione della delibera, anche per estratto, nonché, eventualmente, di un'apposita dichiarazione rettificativa in modo da impedire che la pubblicità ingannevole o il messaggio di pubblicità comparativa illecito continuino a produrre effetti.

9. Con il provvedimento che vieta la diffusione della pubblicità, l'Autorità dispone inoltre l'applicazione di una sanzione amministrativa pecuniaria da 5.000,00 euro a 500.000,00 euro, tenuto conto della gravità e della durata della violazione. Nel caso di pubblicità che possono comportare un pericolo per la salute o la sicurezza, nonché suscettibili di raggiungere, direttamente o indirettamente, minori o adolescenti, la sanzione non può essere inferiore a 50.000,00 euro.

10. Nei casi riguardanti pubblicità inserite sulle confezioni di prodotti, l'Autorità, nell'adottare i provvedimenti indicati nei commi 3 e 8, assegna per la loro esecuzione un termine che tenga conto dei tempi tecnici necessari per l'adeguamento.

11. L'Autorità garante della concorrenza e del mercato, con proprio regolamento, da emanarsi entro novanta giorni dalla data di pubblicazione del presente decreto legislativo, disciplina la procedura istruttoria, in modo da garantire il contraddittorio, la piena cognizione degli atti e la verbalizzazione (2).

12. In caso di inottemperanza ai provvedimenti d'urgenza e a quelli inibitori o di rimozione degli effetti di cui ai commi 3, 8 e 10 ed in caso di mancato rispetto degli impegni assunti ai sensi del comma 7, l'Autorità applica una sanzione amministrativa pecuniaria da 10.000,00 a 150.000,00 euro. Nei casi di reiterata inottemperanza l'Autorità può disporre la sospensione dell'attività d'impresa per un periodo non superiore a trenta giorni.

13. [...] (3). Per le sanzioni amministrative pecuniarie conseguenti alle violazioni del presente decreto si osservano, in quanto applicabili, le disposizioni contenute nel capo I, sezione I, e negli artt. 26, 27, 28 e 29 della l. 24 novembre 1981, n. 689, e successive modificazioni. Il pagamento delle sanzioni amministrative di cui al presente articolo deve essere effettuato entro trenta giorni dalla notifica del provvedimento dell'Autorità.

14. Ove la pubblicità sia stata assentita con provvedimento amministrativo, preordinato anche alla verifica del carattere non ingannevole della stessa o di liceità del messaggio di pubblicità comparativa, la tutela dei soggetti e delle organizzazioni che vi abbiano interesse, è esperibile in via giurisdizionale con ricorso al giudice amministrativo avverso il predetto provvedimento.

(1) In *Leggi coll. XXI, 1.*

(2) V. deliberazione AGCOM 15 novembre 2007, n. 17590, in G.U., 5 dicembre 2007, n. 283, e deliberazione AGCOM 10 marzo 2010, n. 20873, in G.U., 1° aprile 2010, n. 76.

(3) Il primo periodo, che disponeva «I ricorsi avverso le decisioni adottate dall'Autorità sono soggetti alla giurisdizione esclusiva del giudice amministrativo», è stato soppresso dall'art. 4.1, n. 38), dell'Allegato 4, d.lg. 2 luglio 2010, n. 104.

15. È comunque fatta salva la giurisdizione del giudice ordinario in materia di atti di concorrenza sleale, a norma dell'art. 2598 del codice civile, nonché, per quanto concerne la pubblicità comparativa, in materia di atti compiuti in violazione della disciplina sul diritto d'autore protetto dalla l. 22 aprile 1941, n. 633 (1), e successive modificazioni, e del marchio d'impresa protetto a norma del d.lg. 10 febbraio 2005, n. 30 (2), e successive modificazioni, nonché delle denominazioni di origine riconosciute e protette in Italia e di altri segni distintivi di imprese, beni e servizi concorrenti.

16. Al fine di consentire l'esercizio delle competenze disciplinate dal presente decreto, il numero dei posti previsti per la pianta organica del personale di ruolo dell'Autorità garante della concorrenza e del mercato dall'art. 11, comma 1, della l. 10 ottobre 1990, n. 287 (3), è incrementato di venti unità, di cui due di livello dirigenziale. Ai medesimi fini, è altresì incrementato di dieci unità il numero dei contratti di cui all'art. 11, comma 4, della l. 10 ottobre 1990, n. 287 (3), e l'Autorità potrà avvalersi dell'istituto del comando per un contingente di dieci unità di personale. Agli oneri finanziari derivanti dalla presente disposizione si farà fronte con le risorse raccolte ai sensi dell'art. 10, comma 7-*bis*, della l. 10 ottobre 1990, n. 287 (3).

9. *Autodisciplina*. — 1. Le parti interessate possono richiedere che sia inibita la continuazione degli atti di pubblicità ingannevole o di pubblicità comparativa ritenuta illecita, ricorrendo ad organismi volontari e autonomi di autodisciplina.

2. Iniziata la procedura davanti ad un organismo di autodisciplina, le parti possono convenire di astenersi dall'adire l'Autorità fino alla pronuncia definitiva, ovvero possono chiedere la sospensione del procedimento innanzi all'Autorità, ove lo stesso sia stato attivato, anche da altro soggetto legittimato, in attesa della pronuncia dell'organismo di autodisciplina. L'Autorità, valutate tutte le circostanze, può disporre la sospensione del procedimento per un periodo non superiore a trenta giorni.

10. *Neutralità finanziaria*. — 1. Dall'attuazione del presente decreto non devono derivare nuovi o maggiori oneri per la finanza pubblica.

XI. 8.

DECRETO LEGGE 10 febbraio 2009, n. 5. — *Misure urgenti a sostegno dei settori industriali in crisi, nonché disposizioni in materia di produzione lattiera e rateizzazione del debito nel settore lattiero-caseario* (4), *convertito, con modificazioni, in l. 9 aprile 2009 n. 33* (5).

1-2. .... (*omissis*).

3. *Distretti produttivi e reti di imprese*. — 1-4-*bis*. .... (*omissis*).

4-*ter*. Con il contratto di rete più imprenditori perseguono lo scopo di accrescere, individualmente e collettivamente, la propria capacità innovativa e la propria competitività sul mercato e a tal fine si obbligano, sulla base di un programma comune di rete, a collaborare in forme e in ambiti predeterminati attinenti all'esercizio delle proprie imprese ovvero a scambiarsi informazioni o prestazioni di natura industriale, commerciale, tecnica o tecnologica ovvero ancora ad esercitare in comune una o più attività rientranti nell'oggetto della propria impresa. Il contratto può anche prevedere l'istituzione di un fondo patrimoniale comune e la nomina di un organo comune incaricato di gestire, in nome e per conto dei partecipanti, l'esecuzione del contratto o di singole parti o fasi dello stesso. Il contratto di rete che prevede l'organo comune e il fondo patrimoniale non è dotato di soggettività giuridica, salva la facoltà di acquisto della stessa ai sensi del comma 4-*quater* ultima parte (6). Se il contratto prevede l'istituzione di un fondo patrimoniale comune e di un organo comune destinato a svolgere un'attività, anche commerciale, con i terzi: 1) [...] (7); 2) al fondo patrimoniale comune si applicano, in quanto compatibili, le disposizioni di cui agli artt. 2614 e 2615, secondo comma, del codice civile; in ogni caso, per le obbligazioni contratte dall'organo comune in relazione al programma di rete, i terzi possono far valere i loro diritti esclusivamente sul fondo comune; 3) entro due mesi dalla chiusura dell'esercizio annuale l'organo comune redige una situazione patrimoniale, osservando, in quanto compatibili, le disposizioni relative al bilancio di esercizio della società per azioni, e la depo-

(1) In *Leggi coll. XIX, 1.*
(2) In *Leggi coll. XX, 1.*
(3) In *Leggi coll. XXI, 1.*
(4) G.U., 11 febbraio 2009, n. 34.
(5) Suppl. ord. n. 49 a G.U., 11 aprile 2009, n. 85.
(6) Periodo inserito dall'art. 36.4, lett. *a*), d.l. 18 ottobre 2012, n. 179, conv. in l. 17 dicembre 2012, n. 221.
(7) Numero soppresso dall'art. 36.4, lett. *b*), d.l. 18 ottobre 2012, n. 179, conv. in l. 17 dicembre 2012, n. 221.

sita presso l'ufficio del registro delle imprese del luogo ove ha sede; si applica, in quanto compatibile, l'art. 2615-*bis*, terzo comma, del codice civile. Ai fini degli adempimenti pubblicitari di cui al comma 4-*quater*, il contratto deve essere redatto per atto pubblico o per scrittura privata autenticata, ovvero per atto firmato digitalmente a norma degli artt. 24 o 25 del codice di cui al d.lg. 7 marzo 2005, n. 82, e successive modificazioni, da ciascun imprenditore o legale rappresentante delle imprese aderenti, trasmesso ai competenti uffici del registro delle imprese attraverso il modello standard tipizzato con decreto del Ministro della giustizia, di concerto con il Ministro dell'economia e delle finanze e con il Ministro dello sviluppo economico, e deve indicare:

a) il nome, la ditta, la ragione o la denominazione sociale di ogni partecipante per originaria sottoscrizione del contratto o per adesione successiva, nonché la denominazione e la sede della rete, qualora sia prevista l'istituzione di un fondo patrimoniale comune ai sensi della lett. *c*);

b) l'indicazione degli obiettivi strategici di innovazione e di innalzamento della capacità competitiva dei partecipanti e le modalità concordate con gli stessi per misurare l'avanzamento verso tali obiettivi;

c) la definizione di un programma di rete, che contenga l'enunciazione dei diritti e degli obblighi assunti da ciascun partecipante; le modalità di realizzazione dello scopo comune e, qualora sia prevista l'istituzione di un fondo patrimoniale comune, la misura e i criteri di valutazione dei conferimenti iniziali e degli eventuali contributi successivi che ciascun partecipante si obbliga a versare al fondo, nonché le regole di gestione del fondo medesimo; se consentito dal programma, l'esecuzione del conferimento può avvenire anche mediante apporto di un patrimonio destinato, costituito ai sensi dell'art. 2447-*bis*, primo comma, lett. *a*), del codice civile;

d) la durata del contratto, le modalità di adesione di altri imprenditori e, se pattuite, le cause facoltative di recesso anticipato e le condizioni per l'esercizio del relativo diritto, ferma restando in ogni caso l'applicazione delle regole generali di legge in materia di scioglimento totale o parziale dei contratti plurilaterali con comunione di scopo;

e) se il contratto ne prevede l'istituzione, il nome, la ditta, la ragione o la denominazione sociale del soggetto prescelto per svolgere l'ufficio di organo comune per l'esecuzione del contratto o di una o più parti o fasi di esso, i poteri di gestione e di rappresentanza conferiti a tale soggetto, nonché le regole relative alla sua eventuale sostituzione durante la vigenza del contratto. L'organo comune agisce in rappresentanza della rete, quando essa acquista soggettività giuridica e, in assenza della soggettività, degli imprenditori, anche individuali, partecipanti al contratto salvo che sia diversamente disposto nello stesso, nelle procedure di programmazione negoziata con le pubbliche amministrazioni, nelle procedure inerenti ad interventi di garanzia per l'accesso al credito e in quelle inerenti allo sviluppo del sistema imprenditoriale nei processi di internazionalizzazione e di innovazione previsti dall'ordinamento, nonché all'utilizzazione di strumenti di promozione e tutela dei prodotti e marchi di qualità o di cui sia adeguatamente garantita la genuinità della provenienza (1);

f) le regole per l'assunzione delle decisioni dei partecipanti su ogni materia o aspetto di interesse comune che non rientri, quando è stato istituito un organo comune, nei poteri di gestione conferiti a tale organo, nonché, se il contratto prevede la modificabilità a maggioranza del programma di rete, le regole relative alle modalità di assunzione delle decisioni di modifica del programma medesimo (2).

4-*ter*.1. Le disposizioni di attuazione della lett. *e*) del comma 4-*ter* per le procedure attinenti alle pubbliche amministrazioni sono adottate con decreto del Ministro dell'economia e delle finanze di concerto con il Ministro dello sviluppo economico (3).

4-*ter*.2. Nelle forme previste dal comma 4-*ter*.1 si procede alla ricognizione di interventi agevolativi previsti dalle vigenti disposizioni applicabili alle imprese aderenti al contratto di rete, interessate dalle procedure di cui al

(1) Periodo così sostituito dall'art. 36.4, lett. *c*), d.l. 18 ottobre 2012, n. 179, conv. in l. 17 dicembre 2012, n. 221.

(2) Comma già sostituito dall'art. 42.2-*bis*, d.l. 31 maggio 2010 n. 78, conv. in l. 30 luglio 2010, n. 122, e successivamente modificato dall'art. 45.1, d.l. 22 giugno 2012, n. 83, conv. in l. 7 agosto 2012, n. 134. L'art. 45.3, d.l. n. 83/2012 cit., così dispone: «Al contratto di rete di cui all'art. 3, comma 4-*ter*, del d.l. 10 febbraio 2009, n. 5, convertito dalla l. 9 aprile 2009, n. 33, così come sostituito dall'art. 42, comma 2-*bis*, del d.l. 31 maggio 2010, n. 78, convertito, con modificazioni, dalla l. 30 luglio 2010, n. 122, non si applicano le disposizioni di cui alla l. 3 maggio 1982, n. 203».

(3) Comma inserito dall'art. 1.1, lett. b, l. 23 luglio 2009, n. 99.

comma 4-*ter*, lett. *e*), secondo periodo. Restano ferme le competenze regionali per le procedure di rispettivo interesse (1).

4-*quater*. Il contratto di rete è soggetto a iscrizione nella sezione del registro delle imprese presso cui è iscritto ciascun partecipante e l'efficacia del contratto inizia a decorrere da quando è stata eseguita l'ultima delle iscrizioni prescritte a carico di tutti coloro che ne sono stati sottoscrittori originari. Le modifiche al contratto di rete, sono redatte e depositate per l'iscrizione, a cura dell'impresa indicata nell'atto modificativo, presso la sezione del registro delle imprese presso cui è iscritta la stessa impresa. L'ufficio del registro delle imprese provvede alla comunicazione della avvenuta iscrizione delle modifiche al contratto di rete, a tutti gli altri uffici del registro delle imprese presso cui sono iscritte le altre partecipanti, che provvederanno alle relative annotazioni d'ufficio della modifica; se è prevista la costituzione del fondo comune, la rete può iscriversi nella sezione ordinaria del registro delle imprese nella cui circoscrizione è stabilita la sua sede; con l'iscrizione nella sezione ordinaria del registro delle imprese nella cui circoscrizione è stabilita la sua sede la rete acquista soggettività giuridica. Per acquistare la soggettività giuridica il contratto deve essere stipulato per atto pubblico o per scrittura privata autenticata, ovvero per atto firmato digitalmente a norma dell'art. 25 del d.lg. 7 marzo 2005, n. 82 (2) (3) (4).

4-*quinquies*. . . . . (*omissis*).

3-*bis*-**8**-*nonies*. . . . . (*omissis*).

9. *Entrata in vigore*. — 1. Il presente decreto entra in vigore il giorno stesso della sua pubblicazione nella *Gazzetta Ufficiale* della Repubblica italiana e sarà presentato alle Camere per la conversione in legge.

XI. 9.

DECRETO LEGISLATIVO 23 maggio 2011, n. 79. — *Codice della normativa statale in tema di ordinamento e mercato del turismo, a norma dell'art. 14 della l. 28 novembre 2005, n. 246, nonché attuazione della direttiva 2008/122/CE, relativa ai contratti di multiproprietà, contratti relativi ai prodotti per le vacanze di lungo termine, contratti di rivendita e di scambio* (5).

1. *Approvazione del codice della normativa statale in tema di ordinamento e mercato del turismo*. — 1. È approvato il codice della normativa statale in tema di ordinamento e mercato del turismo, di cui all'allegato 1.

2. *Modificazioni al d.lg. 6 settembre 2005, n. 206* (6), *in attuazione della dir. 2008/122/CE, relativa ai contratti di multiproprietà, contratti relativi ai prodotti per le vacanze di lungo termine, contratti di rivendita e di scambio*. — 1. . . . . (*omissis*) (7).

2. . . . . (*omissis*) (8).

3. *Abrogazioni*. — 1. Dalla data di entrata in vigore del presente decreto sono abrogati:

a) il d.p.r. 4 agosto 1957, n. 918;

b) la l. 4 marzo 1958, n. 174, ad esclusione del titolo III;

c) la l. 21 marzo 1958, n. 326;

d) la l. 12 marzo 1968, n. 326;

f) (9) la l. 25 agosto 1991, n. 284;

g) l'art. 16 della l. 7 agosto 1997, n. 266;

h) il d.l. 4 novembre 1988, n. 465, convertito, con modificazioni, dalla l. 30 dicembre, 1988, n. 556;

i) il d.lg. 23 novembre 1991, n. 392;

l) la l. 29 marzo 2001, n.135;

m) gli artt. 82, 83, 84, 85, 86, 87, 88, 89, 90, 91, 92, 93, 94, 95, 96, 97, 98, 99 e 100 del d.lg. 6

(1) Comma inserito dall'art. 1.1, lett. b, l. 23 luglio 2009, n. 99.
(2) In *Leggi coll. IV, 4.*
(3) Comma già sostituito dall'art. 42.2-*ter*, d.l. 31 maggio 2010 n. 78, conv. in l. 30 luglio 2010, n. 122. I periodi da «Le modifiche al contratto di rete» fino alla fine del comma sono stati aggiunti dall'art. 45.2, d.l. 22 giugno 2012, n. 83, conv. in l. 7 agosto 2012, n. 134. Successivamente le parole da «con l'iscrizione nella sezione ordinaria» fino alla fine del comma sono state così sostituite alle precedenti «con l'iscrizione nel registro delle imprese la rete acquista soggettività giuridica» dall'art. 36.4-*bis*, d.l. 18 ottobre 2012, n. 179, conv. in l. 17 dicembre 2012, n. 221.
(4) L'art. 36.5, d.l. 18 ottobre 2012, n. 179, conv. in l. 17 dicembre 2012, n. 221, così dispone: «Ai fini degli adempimenti pubblicitari di cui al comma 4-*quater* dell'art. 3 del d.l. 10 febbraio 2009, n. 5, convertito, con modificazioni, dalla l. 9 aprile 2009, n. 33, e successive modificazioni, il contratto di rete nel settore agricolo può essere sottoscritto dalle parti con l'assistenza di una o più organizzazioni professionali agricole maggiormente rappresentative a livello nazionale, che hanno partecipato alla redazione finale dell'accordo».
(5) G.U., 6 giugno 2011, n. 129, suppl. ord. n. 139/L.
(6) In *Leggi coll. XI, 6.*
(7) Modifica il Titolo IV (artt. 69-81-*bis*) del d.lg. 6 settembre 2005, n. 206, in *Leggi coll. XI, 6.*
(8) Aggiunge gli Allegati II-*bis*-II-*sexies* al d.lg. 6 settembre 2005, n. 206, in *Leggi coll. XI, 6.*
(9) Così in G.U.

settembre 2005, n. 206 (1);

n) il comma 4 dell'art. 10 del d.l. 31 gennaio del 2007, n. 7, convertito, con modificazioni, dalla l. 2 aprile 2007, n. 40 (2);

o) l'art. 83 del d.lg. 26 marzo 2010, n. 59.

2. La l. 27 dicembre 1977, n. 1084, che ha reso esecutiva la Convenzione internazionale sul contratto di viaggio (CCV) del 23 aprile 1970, è abrogata a decorrere dal momento in cui diviene efficace la denuncia dello Stato italiano della Convenzione internazionale sul contratto di viaggio del 23 aprile 1970, in conformità a quanto disposto dall'art. 37 della medesima.

3. Resta in ogni caso fermo quanto stabilito dalla l. 6 dicembre 1991, n. 394.

4. .... (*omissis*).

ALLEGATO 1
(previsto dall'art. 1)

CODICE DELLA NORMATIVA STATALE IN TEMA DI ORDINAMENTO E MERCATO DEL TURISMO

TITOLO I

Disposizioni generali

CAPO II

IMPRESE TURISTICHE

4. *Imprese turistiche*. — 1. Ai fini del presente decreto legislativo sono imprese turistiche quelle che esercitano attività economiche, organizzate per la produzione, la commercializzazione, l'intermediazione e la gestione di prodotti, di servizi, tra cui gli stabilimenti balneari, di infrastrutture e di esercizi, compresi quelli di somministrazione facenti parte dei sistemi turistici locali, concorrenti alla formazione dell'offerta turistica.

2. L'iscrizione al registro delle imprese, di cui alla l. 29 dicembre 1993, n. 580, e successive modificazioni, e con le modalità di cui al d.p.r. 7 dicembre 1995, n. 581, e successive modificazioni, ovvero al repertorio delle notizie economiche e amministrative laddove previsto, costituiscono condizione per usufruire delle agevolazioni, dei contributi, delle sovvenzioni, degli incentivi e dei benefici di qualsiasi genere ed a qualsiasi titolo riservate all'impresa turistica.

3. Fermi restando i limiti previsti dall'Unione europea in materia di aiuti di Stato alle imprese, alle imprese turistiche sono estesi i contributi, le agevolazioni, le sovvenzioni, gli incentivi e i benefici di qualsiasi generi previsti dalle norme vigenti per l'industria, così come definita dall'art. 17 del d.lg. 31 marzo 1998, n. 112, nei limiti delle risorse finanziarie a tal fine disponibili ed in conformità ai criteri definiti dalla normativa vigente.

4. Le imprese turistiche non costituite conformemente alla legislazione di uno Stato membro dell'Unione europea o di uno Stato AELS (EFTA) possono essere autorizzate a stabilirsi e ad esercitare le loro attività in Italia, secondo il principio di reciprocità, previa iscrizione nel registro di cui al comma 2, ed a condizione che posseggano i requisiti richiesti dalle leggi statali e regionali, nonché dalle linee guida di cui all'art. 44 del d.lg. 31 marzo 1998, n. 112.

5. *Imprese turistiche senza scopo di lucro*. — 1. Le associazioni che operano nel settore del turismo giovanile e per finalità ricreative, culturali, religiose, assistenziali o sociali, sono autorizzate ad esercitare le attività di cui all'art. 4, nel rispetto delle medesime regole e condizioni, esclusivamente per gli associati, anche se appartenenti ad associazioni straniere aventi finalità analoghe e legate fra di loro da accordi di collaborazione.

2. Le associazioni di cui al comma 1 assicurano il rispetto dei diritti del turista tutelati dall'ordinamento internazionale e dell'Unione europea.

TITOLO VI

Contratti

CAPO I

CONTRATTI DEL TURISMO ORGANIZZATO (3)

Sezione I. — *Pacchetti turistici e servizi turistici collegati*

32. *Ambito di applicazione*. — 1. Le disposizioni del presente Capo si applicano ai pacchetti offerti in vendita o venduti da professio-

(1) In *Leggi coll. XI, 6*.
(2) In *Leggi coll. XXI, 4*.
(3) Capo così sostituito dall'art. 1.1, d.lg. 21 maggio 2018, n. 62. In base all'art. 3.1, d.lg. cit., tali disposizioni «entrano in vigore il 1° luglio 2018 e si applicano ai contratti conclusi a decorrere da tale data».

nisti a viaggiatori e ai servizi turistici collegati la cui offerta o vendita a viaggiatori è agevolata da professionisti.

2. Le disposizioni del presente Capo non si applicano a:

a) pacchetti e servizi turistici collegati la cui durata sia inferiore alle 24 ore, salvo che sia incluso un pernottamento;

b) pacchetti e servizi turistici collegati la cui offerta o vendita a viaggiatori è agevolata dalle associazioni di cui all'art. 5, laddove agiscano occasionalmente, comunque non più di due volte l'anno, senza fini di lucro e soltanto a un gruppo limitato di viaggiatori, senza offerta al pubblico; le predette associazioni sono comunque tenute a fornire a professionisti e viaggiatori informazioni adeguate sul fatto che tali pacchetti o servizi turistici collegati non sono soggetti alla presente disciplina;

c) pacchetti e servizi turistici collegati acquistati nell'ambito di un accordo generale per l'organizzazione di viaggi di natura professionale concluso tra un professionista e un'altra persona fisica o giuridica che agisce nell'ambito della propria attività commerciale, imprenditoriale, artigianale o professionale.

3. Per quanto non previsto dal presente Capo, si applicano le disposizioni del codice del consumo di cui al d.lg. 6 settembre 2005, n. 206 (1).

33. *Definizioni*. — 1. Ai fini del presente Capo s'intende per:

a) «servizio turistico»:

1) il trasporto di passeggeri;

2) l'alloggio che non costituisce parte integrante del trasporto di passeggeri e non è destinato a fini residenziali, o per corsi di lingua di lungo periodo;

3) il noleggio di auto, di altri veicoli a motore ai sensi del decreto del Ministro delle infrastrutture e dei trasporti 28 aprile 2008, pubblicato nella *Gazzetta Ufficiale* della Repubblica italiana n. 162 del 12 luglio 2008, o di motocicli che richiedono una patente di guida di categoria A, a norma del d.lg. 16 gennaio 2013, n. 2;

4) qualunque altro servizio turistico che non costituisce parte integrante di uno dei servizi turistici di cui ai nn. 1), 2) o 3), e non sia un servizio finanziario o assicurativo;

b) «servizio turistico integrativo»: servizi accessori quali, tra gli altri, il trasporto del bagaglio fornito nell'ambito del trasporto dei passeggeri; l'uso di parcheggi a pagamento nell'ambito delle stazioni o degli aeroporti; il trasporto passeggeri su brevi distanze in occasione di visite guidate o i trasferimenti tra una struttura ricettiva e una stazione di viaggio con altri mezzi; l'organizzazione di attività di intrattenimento o sportive; la fornitura di pasti, di bevande e la pulizia forniti nell'ambito dell'alloggio; la fruizione di biciclette, sci e altre dotazioni della struttura ricettiva ovvero l'accesso a strutture in loco, quali piscine, spiagge, palestre, saune, centri benessere o termali, incluso per i clienti dell'albergo; qualunque altro servizio integrativo tipico anche secondo la prassi locale;

c) «pacchetto»: la combinazione di almeno due tipi diversi di servizi turistici ai fini dello stesso viaggio o della stessa vacanza, se si verifica almeno una delle seguenti condizioni:

1) tali servizi sono combinati da un unico professionista, anche su richiesta del viaggiatore o conformemente a una sua selezione, prima che sia concluso un contratto unico per tutti i servizi;

2) tali servizi, anche se conclusi con contratti distinti con singoli fornitori di servizi turistici, sono:

2.1) acquistati presso un unico punto vendita e selezionati prima che il viaggiatore acconsenta al pagamento;

2.2) offerti, venduti o fatturati a un prezzo forfettario o globale;

2.3) pubblicizzati o venduti sotto la denominazione «pacchetto» o denominazione analoga;

2.4) combinati dopo la conclusione di un contratto con cui il professionista consente al viaggiatore di scegliere tra una selezione di tipi diversi di servizi turistici, oppure acquistati presso professionisti distinti attraverso processi collegati di prenotazione per via telematica ove il nome del viaggiatore, gli estremi del pagamento e l'indirizzo di posta elettronica siano trasmessi dal professionista con cui è concluso il primo contratto a uno o più professionisti e il contratto con quest'ultimo o questi ultimi professionisti sia concluso al più tardi 24 ore dopo la conferma della prenotazione del primo servizio turistico (2);

d) «contratto di pacchetto turistico»: il contratto relativo all'intero pacchetto oppure,

(1) In *Leggi coll. XI, 6.*

(2) L'art. 2.1, d.lg. 21 maggio 2018, n. 62, così dispone: «Ai pacchetti di cui all'art. 33, comma 1, lett. *c*), e ai viaggiatori di cui all'art. 33, comma 1, lett. *g*), dell'Allegato 1 al d.lg. 23 maggio 2011, n. 79, si applicano gli artt. 49, comma 7, 51, commi 2 e 6, 62, 64 e 65 del d.lg. 6 settembre 2005, n. 206 (in *Leggi coll. XI, 6*), fatto salvo quanto previsto dall'art. 47, comma 1, lett. *g*), del medesimo decreto, come modificato ai sensi del comma 1».

se il pacchetto è fornito in base a contratti distinti, l'insieme dei contratti riguardanti i servizi turistici inclusi nel pacchetto;

e) «inizio del pacchetto»: l'inizio dell'esecuzione dei servizi turistici inclusi nel pacchetto;

f) «servizio turistico collegato»: almeno due tipi diversi di servizi turistici acquistati ai fini dello stesso viaggio o della stessa vacanza, che non costituiscono un pacchetto, e che comportano la conclusione di contratti distinti con i singoli fornitori di servizi turistici, se un professionista agevola, alternativamente:

1) al momento di un'unica visita o un unico contatto con il proprio punto vendita, la selezione distinta e il pagamento distinto di ogni servizio turistico da parte dei viaggiatori;

2) l'acquisto mirato di almeno un servizio turistico aggiuntivo presso un altro professionista quando tale acquisto è concluso entro le 24 ore dalla conferma della prenotazione del primo servizio turistico;

g) «viaggiatore»: chiunque intende concludere un contratto, stipula un contratto o è autorizzato a viaggiare in base a un contratto concluso, nell'ambito di applicazione del presente Capo (1);

h) «professionista»: qualsiasi persona fisica o giuridica pubblica o privata che, nell'ambito della sua attività commerciale, industriale, artigianale o professionale agisce, nei contratti oggetto del presente Capo, anche tramite altra persona che opera in suo nome o per suo conto, in veste di organizzatore, venditore, professionista che agevola servizi turistici collegati o di fornitore di servizi turistici, ai sensi della normativa vigente;

i) «organizzatore»: un professionista che combina pacchetti e li vende o li offre in vendita direttamente o tramite o unitamente a un altro professionista, oppure il professionista che trasmette i dati relativi al viaggiatore a un altro professionista conformemente alla lett. *c*), n. 2.4);

l) «venditore»: il professionista diverso dall'organizzatore che vende o offre in vendita pacchetti combinati da un organizzatore;

m) «stabilimento»: lo stabilimento definito dall'art. 8, comma 1, lett. *e*), del d.lg. 26 marzo 2010, n. 59;

n) «supporto durevole»: ogni strumento che permette al viaggiatore o al professionista di conservare le informazioni che gli sono personalmente indirizzate in modo da potervi accedere in futuro per un periodo di tempo adeguato alle finalità cui esse sono destinate e che consente la riproduzione identica delle informazioni memorizzate;

o) «circostanze inevitabili e straordinarie»: una situazione fuori dal controllo della parte che invoca una tale situazione e le cui conseguenze non sarebbero state evitate nemmeno adottando tutte le ragionevoli misure;

p) «difetto di conformità»: un inadempimento dei servizi turistici inclusi in un pacchetto;

q) «minore»: persona di età inferiore ai 18 anni;

r) «punto vendita»: qualsiasi locale, mobile o immobile, adibito alla vendita al dettaglio o sito web di vendita al dettaglio o analogo strumento di vendita online, anche nel caso in cui siti web di vendita al dettaglio o strumenti di vendita online sono presentati ai viaggiatori come un unico strumento, compreso il servizio telefonico;

s) «rientro»: il ritorno del viaggiatore al luogo di partenza o ad altro luogo concordato dalle parti contraenti.

2. Non è un pacchetto turistico una combinazione di servizi turistici in cui sono presenti uno dei tipi di servizi turistici di cui al comma 1, lett. *a*), nn. 1), 2) o 3), combinati con uno o più dei servizi turistici di cui al comma 1, lett. *a*), n. 4), se tali ultimi servizi non rappresentano una parte pari o superiore al 25 per cento del valore della combinazione e non sono pubblicizzati, né rappresentano altrimenti un elemento essenziale della combinazione, oppure sono selezionati e acquistati solo dopo l'inizio dell'esecuzione di un servizio turistico di cui al comma 1, lett. *a*), nn. 1), 2) o 3).

3. La fatturazione separata degli elementi di uno stesso pacchetto di cui al comma 1, lett. *b*), non sottrae l'organizzatore o il venditore agli obblighi del presente Capo.

4. Non costituisce un servizio turistico collegato l'acquisto di uno dei tipi di servizi turistici di cui al comma 1, lett. *a*), nn. 1), 2) o 3), con uno o più dei servizi turistici di cui al comma 1, lett. *a*), n. 4), se questi ultimi servizi non rappresentano una porzione significativa pari o superiore al 25 per cento del valore combinato dei servizi e non sono pubblicizzati come un elemento essenziale del viaggio o della vacanza e non ne costituiscono, comunque, un elemento essenziale.

(1) L'art. 2.1, d.lg. 21 maggio 2018, n. 62, così dispone: «Ai pacchetti di cui all'art. 33, comma 1, lett. *c*), e ai viaggiatori di cui all'art. 33, comma 1, lett. *g*), dell'Allegato 1 al d.lg. 23 maggio 2011, n. 79, si applicano gli artt. 49, comma 7, 51, commi 2 e 6, 62, 64 e 65 del d.lg. 6 settembre 2005, n. 206 (in *Leggi coll. XI, 6*), fatto salvo quanto previsto dall'art. 47, comma 1, lett. *g*), del medesimo decreto, come modificato ai sensi del comma 1».

Sezione II. — *Obblighi di informazione e contenuto del contratto di pacchetto turistico*

34. *Informazioni precontrattuali.* — 1. Prima della conclusione del contratto di pacchetto turistico o di un'offerta corrispondente, l'organizzatore e, nel caso in cui il pacchetto sia venduto tramite un venditore, anche quest'ultimo, forniscono al viaggiatore il pertinente modulo informativo standard di cui all'allegato A, parte I o parte II, al presente codice, nonché le seguenti informazioni:

a) le caratteristiche principali dei servizi turistici, quali:

1) la destinazione o le destinazioni del viaggio, l'itinerario e i periodi di soggiorno con relative date e, se è incluso l'alloggio, il numero di notti comprese;

2) i mezzi, le caratteristiche e le categorie di trasporto, i luoghi, le date e gli orari di partenza e ritorno, la durata e la località di sosta intermedia e le coincidenze; nel caso in cui l'orario esatto non sia ancora stabilito, l'organizzatore e, se del caso, il venditore, informano il viaggiatore dell'orario approssimativo di partenza e ritorno;

3) l'ubicazione, le caratteristiche principali e, ove prevista, la categoria turistica dell'alloggio ai sensi della regolamentazione del paese di destinazione;

4) i pasti forniti;

5) le visite, le escursioni o altri servizi inclusi nel prezzo totale pattuito del pacchetto;

6) i servizi turistici prestati al viaggiatore in quanto membro di un gruppo e, in tal caso, le dimensioni approssimative del gruppo;

7) la lingua in cui sono prestati i servizi;

8) se il viaggio o la vacanza sono idonei a persone a mobilità ridotta e, su richiesta del viaggiatore, informazioni precise sull'idoneità del viaggio o della vacanza che tenga conto delle esigenze del viaggiatore;

b) la denominazione commerciale e l'indirizzo geografico dell'organizzatore e, ove presente, del venditore, i loro recapiti telefonici e indirizzi di posta elettronica;

c) il prezzo totale del pacchetto comprensivo di tasse e tutti i diritti, imposte e altri costi aggiuntivi, ivi comprese le eventuali spese amministrative e di gestione delle pratiche, oppure, ove questi non siano ragionevolmente calcolabili prima della conclusione del contratto, un'indicazione del tipo di costi aggiuntivi che il viaggiatore potrebbe dover ancora sostenere;

d) le modalità di pagamento, compresi l'eventuale importo o percentuale del prezzo da versare a titolo di acconto e il calendario per il versamento del saldo, o le garanzie finanziarie che il viaggiatore è tenuto a pagare o fornire;

e) il numero minimo di persone richiesto per il pacchetto e il termine di cui all'art. 41, comma 5, lett. *a*), prima dell'inizio del pacchetto per l'eventuale risoluzione del contratto in caso di mancato raggiungimento del numero;

f) le informazioni di carattere generale concernenti le condizioni in materia di passaporto e visti, compresi i tempi approssimativi per l'ottenimento dei visti e le formalità sanitarie del paese di destinazione;

g) le informazioni sulla facoltà per il viaggiatore di recedere dal contratto in qualunque momento prima dell'inizio del pacchetto dietro pagamento di adeguate spese di recesso, o, se previste, delle spese di recesso standard richieste dall'organizzatore ai sensi dell'art. 41, comma 1;

h) le informazioni sulla sottoscrizione facoltativa o obbligatoria di un'assicurazione che copra le spese di recesso unilaterale dal contratto da parte del viaggiatore o le spese di assistenza, compreso il rientro, in caso di infortunio, malattia o decesso;

i) gli estremi della copertura di cui all'art. 47, commi 1, 2 e 3.

2. Per i contratti di pacchetto turistico di cui all'art. 33, comma 1, lett. *d*), stipulati per telefono, l'organizzatore o il professionista fornisce al viaggiatore le informazioni standard di cui all'allegato A, parte II, al presente decreto, e le informazioni di cui al comma 1.

3. Con riferimento ai pacchetti acquistati presso professionisti distinti di cui all'art. 33, comma 1, lett. *c*), n. 2.4), l'organizzatore e il professionista a cui sono trasmessi i dati garantiscono che ciascuno di essi fornisca, prima che il viaggiatore sia vincolato da un contratto o da un'offerta corrispondente, le informazioni elencate al comma 1, nella misura in cui esse sono pertinenti ai rispettivi servizi turistici offerti. Contemporaneamente, l'organizzatore fornisce inoltre le informazioni standard del modulo di cui all'allegato A, parte III, al presente codice.

4. Le informazioni di cui ai commi 1, 2 e 3 sono fornite in modo chiaro e preciso e, ove sono fornite per iscritto, devono essere leggibili.

35. *Carattere vincolante delle informazioni precontrattuali e conclusione del contratto di pacchetto turistico.* — 1. Le informazioni fornite al viaggiatore ai sensi dell'art. 34, comma 1, lett. *a*), *c*), *d*), *e*) e *g*), formano parte integrante del contratto di pacchetto turistico e non possono essere modificate salvo accordo esplicito delle parti contraenti.

2. L'organizzatore e il venditore comunicano al viaggiatore tutte le modifiche delle informazioni precontrattuali in modo chiaro ed evidente prima della conclusione del contratto di pacchetto turistico.

3. Se l'organizzatore e il venditore non hanno ottemperato agli obblighi in materia di informazione sulle imposte, sui diritti o su altri costi aggiuntivi di cui all'art. 34, comma 1, lett. *c*), prima della conclusione del contratto di pacchetto turistico, il viaggiatore non è tenuto al pagamento di tali costi.

36. *Contenuto del contratto di pacchetto turistico e documenti da fornire prima dell'inizio del pacchetto*. — 1. I contratti di pacchetto turistico sono formulati in un linguaggio semplice e chiaro e, ove in forma scritta, leggibile.

2. Al momento della conclusione del contratto di pacchetto turistico o, comunque, appena possibile, l'organizzatore o il venditore, fornisce al viaggiatore una copia o una conferma del contratto su un supporto durevole.

3. Il viaggiatore ha diritto a una copia cartacea qualora il contratto di pacchetto turistico sia stato stipulato alla contemporanea presenza fisica delle parti.

4. Per quanto riguarda i contratti negoziati fuori dei locali commerciali, definiti all'art. 45, comma 1, lett. *h*), del d.lg. 6 settembre 2005, n. 206 (1), una copia o la conferma del contratto di pacchetto turistico è fornita al viaggiatore su carta o, se il viaggiatore acconsente, su un altro supporto durevole.

5. Il contratto di pacchetto turistico o la sua conferma riportano l'intero contenuto dell'accordo che contiene tutte le informazioni di cui all'art. 34, comma 1, nonché le seguenti:

a) le richieste specifiche del viaggiatore accettate dall'organizzatore;

b) una dichiarazione attestante che l'organizzatore è responsabile dell'esatta esecuzione di tutti i servizi turistici inclusi nel contratto ai sensi dell'art. 42 ed è tenuto a prestare assistenza qualora il viaggiatore si trovi in difficoltà ai sensi dell'art. 45;

c) il nome e i recapiti, compreso l'indirizzo geografico, del soggetto incaricato della protezione in caso d'insolvenza;

d) il nome, l'indirizzo, il numero di telefono, l'indirizzo di posta elettronica e, se presente, il numero di fax del rappresentante locale dell'organizzatore, di un punto di contatto o di un altro servizio che consenta al viaggiatore di comunicare rapidamente ed efficacemente con l'organizzatore per chiedere assistenza o per rivolgere eventuali reclami relativi a difetti di conformità riscontrati durante l'esecuzione del pacchetto;

e) il fatto che il viaggiatore sia tenuto a comunicare, senza ritardo, eventuali difetti di conformità rilevati durante l'esecuzione del pacchetto ai sensi dell'art. 42, comma 2;

f) nel caso di minori, non accompagnati da un genitore o altra persona autorizzata, che viaggiano in base a un contratto di pacchetto turistico che include l'alloggio, le informazioni che consentono di stabilire un contatto diretto con il minore o il responsabile del minore nel suo luogo di soggiorno;

g) informazioni riguardo alle esistenti procedure di trattamento dei reclami e ai meccanismi di risoluzione alternativa delle controversie (ADR – Alternative Dispute Resolution), ai sensi del d.lg. 6 settembre 2005, n. 206 (1) e, se presente, all'organismo ADR da cui il professionista è disciplinato e alla piattaforma di risoluzione delle controversie online ai sensi del reg. (UE) n. 524/2013;

h) informazioni sul diritto del viaggiatore di cedere il contratto a un altro viaggiatore ai sensi dell'art. 38.

6. Con riferimento ai pacchetti acquistati presso professionisti distinti di cui all'art. 33, comma 1, lett. *b*), n. 2.4), il professionista a cui i dati sono trasmessi informa l'organizzatore della conclusione del contratto che porterà alla creazione di un pacchetto e fornisce all'organizzatore le informazioni necessarie ad adempiere ai suoi obblighi. L'organizzatore fornisce tempestivamente al viaggiatore le informazioni di cui al comma 5 su un supporto durevole.

7. Le informazioni di cui ai commi 5 e 6 sono presentate in modo chiaro e preciso.

8. In tempo utile prima dell'inizio del pacchetto, l'organizzatore fornisce al viaggiatore le ricevute, i buoni e i biglietti necessari, le informazioni sull'orario della partenza previsto e il termine ultimo per l'accettazione, nonché gli orari delle soste intermedie, delle coincidenze e dell'arrivo.

37. *Onere della prova e divieto di fornire informazioni ingannevoli*. — 1. L'onere della prova relativo all'adempimento degli obblighi di informazione di cui alla presente sezione è a carico del professionista.

2. È fatto comunque divieto di fornire informazioni ingannevoli sulle modalità del servizio offerto, sul prezzo e sugli altri elementi del contratto qualunque sia il mezzo mediante il

(1) In *Leggi coll. XI, 6*.

quale dette informazioni vengono comunicate al viaggiatore.

Sezione III. — *Modifiche al contratto di pacchetto turistico prima dell'inizio del pacchetto*

38. *Cessione del contratto di pacchetto turistico a un altro viaggiatore*. — 1. Il viaggiatore, previo preavviso dato all'organizzatore su un supporto durevole entro e non oltre sette giorni prima dell'inizio del pacchetto, può cedere il contratto di pacchetto turistico a una persona che soddisfa tutte le condizioni per la fruizione del servizio.

2. Il cedente e il cessionario del contratto di pacchetto turistico sono solidalmente responsabili per il pagamento del saldo del prezzo e degli eventuali diritti, imposte e altri costi aggiuntivi, ivi comprese le eventuali spese amministrative e di gestione delle pratiche, risultanti da tale cessione.

3. L'organizzatore informa il cedente dei costi effettivi della cessione, che non possono essere irragionevoli e non eccedono le spese realmente sostenute dall'organizzatore in conseguenza della cessione del contratto di pacchetto turistico, e fornisce al cedente la prova relativa ai diritti, alle imposte o agli altri costi aggiuntivi risultanti dalla cessione del contratto.

39. *Revisione del prezzo*. — 1. Dopo la conclusione del contratto di pacchetto turistico, i prezzi possono essere aumentati soltanto se il contratto lo prevede espressamente e precisa che il viaggiatore ha diritto a una riduzione del prezzo, nonché le modalità di calcolo della revisione del prezzo. In tal caso, il viaggiatore ha diritto ad una riduzione del prezzo corrispondente alla diminuzione dei costi di cui al comma 2, lett. *a*), *b*) e *c*), che si verifichi dopo la conclusione del contratto e prima dell'inizio del pacchetto.

2. Gli aumenti di prezzo sono possibili esclusivamente in conseguenza di modifiche riguardanti:

a) il prezzo del trasporto di passeggeri in funzione del costo del carburante o di altre fonti di energia;

b) il livello di tasse o diritti sui servizi turistici inclusi nel contratto imposti da terzi non direttamente coinvolti nell'esecuzione del pacchetto, comprese le tasse di atterraggio, di sbarco e d'imbarco nei porti e negli aeroporti;

c) i tassi di cambio pertinenti al pacchetto.

3. Se l'aumento di prezzo di cui al presente articolo eccede l'8 per cento del prezzo complessivo del pacchetto, si applica l'art. 40, commi 2, 3, 4 e 5.

4. Un aumento di prezzo, indipendentemente dalla sua entità, è possibile solo previa comunicazione chiara e precisa su supporto durevole da parte dell'organizzatore al viaggiatore, unitamente alla giustificazione di tale aumento e alle modalità di calcolo, almeno venti giorni prima dell'inizio del pacchetto.

5. In caso di diminuzione del prezzo, l'organizzatore ha diritto a detrarre le spese amministrative e di gestione delle pratiche effettive dal rimborso dovuto al viaggiatore, delle quali è tenuto a fornire la prova su richiesta del viaggiatore.

40. *Modifica di altre condizioni del contratto di pacchetto turistico*. — 1. Prima dell'inizio del pacchetto, l'organizzatore non può unilateralmente modificare le condizioni del contratto diverse dal prezzo ai sensi dell'art. 39, salvo che si sia riservato tale diritto nel contratto e la modifica sia di scarsa importanza. L'organizzatore comunica la modifica al viaggiatore in modo chiaro e preciso su un supporto durevole.

2. Se, prima dell'inizio del pacchetto, l'organizzatore è costretto a modificare in modo significativo una o più caratteristiche principali dei servizi turistici di cui all'art. 34, comma 1, lett. *a*), o non può soddisfare le richieste specifiche di cui all'art. 36, comma 5, lett. *a*), oppure propone di aumentare il prezzo del pacchetto di oltre l'8 per cento ai sensi dell'art. 39, comma 3, il viaggiatore, entro un periodo ragionevole specificato dall'organizzatore, può accettare la modifica proposta oppure recedere dal contratto senza corrispondere spese di recesso. In caso di recesso, l'organizzatore può offrire al viaggiatore un pacchetto sostitutivo di qualità equivalente o superiore.

3. L'organizzatore informa, senza ingiustificato ritardo, il viaggiatore in modo chiaro e preciso su un supporto durevole:

a) delle modifiche proposte di cui al comma 2 e della loro incidenza sul prezzo del pacchetto ai sensi del comma 4;

b) di un periodo ragionevole entro il quale il viaggiatore è tenuto a informare l'organizzatore della sua decisione ai sensi del comma 2;

c) delle conseguenze della mancata risposta del viaggiatore entro il periodo di cui alla lett. *b*) e dell'eventuale pacchetto sostitutivo offerto e del relativo prezzo.

4. Se le modifiche del contratto di pacchetto turistico o del pacchetto sostitutivo di cui al comma 2 comportano un pacchetto di qualità o costo inferiore, il viaggiatore ha diritto a un'adeguata riduzione del prezzo.

5. In caso di recesso dal contratto di pacchetto turistico ai sensi del comma 2, se il viaggia-

tore non accetta un pacchetto sostitutivo, l'organizzatore rimborsa senza ingiustificato ritardo e in ogni caso entro quattordici giorni dal recesso dal contratto tutti i pagamenti effettuati da o per conto del viaggiatore e si applicano le disposizioni di cui all'art. 43, commi 2, 3, 4, 5, 6, 7, 8.

41. *Diritto di recesso prima dell'inizio del pacchetto*. — 1. Il viaggiatore può recedere dal contratto di pacchetto turistico in ogni momento prima dell'inizio del pacchetto, dietro rimborso all'organizzatore delle spese sostenute, adeguate e giustificabili, del cui ammontare quest'ultimo fornisce motivazione al viaggiatore che ne faccia richiesta.

2. Il contratto di pacchetto turistico può prevedere spese standard per il recesso ragionevoli, calcolate in base al momento di recesso dal contratto e ai risparmi di costo attesi e agli introiti previsti che derivano dalla riallocazione dei servizi turistici.

3. In assenza di specificazione delle spese standard di recesso, l'importo delle spese di recesso corrisponde al prezzo del pacchetto diminuito dei risparmi di costo e degli introiti che derivano dalla riallocazione dei servizi turistici.

4. In caso di circostanze inevitabili e straordinarie verificatesi nel luogo di destinazione o nelle sue immediate vicinanze e che hanno un'incidenza sostanziale sull'esecuzione del pacchetto o sul trasporto di passeggeri verso la destinazione, il viaggiatore ha diritto di recedere dal contratto, prima dell'inizio del pacchetto, senza corrispondere spese di recesso, ed al rimborso integrale dei pagamenti effettuati per il pacchetto, ma non ha diritto a un indennizzo supplementare.

5. L'organizzatore può recedere dal contratto di pacchetto turistico e offrire al viaggiatore il rimborso integrale dei pagamenti effettuati per il pacchetto, ma non è tenuto a versare un indennizzo supplementare se:

a) il numero di persone iscritte al pacchetto è inferiore al minimo previsto dal contratto e l'organizzatore comunica il recesso dal contratto al viaggiatore entro il termine fissato nel contratto e in ogni caso non più tardi di venti giorni prima dell'inizio del pacchetto in caso di viaggi che durano più di sei giorni, di sette giorni prima dell'inizio del pacchetto in caso di viaggi che durano tra due e sei giorni, di quarantotto ore prima dell'inizio del pacchetto nel caso di viaggi che durano meno di due giorni;

b) l'organizzatore non è in grado di eseguire il contratto a causa di circostanze inevitabili e straordinarie e comunica il recesso dal medesimo al viaggiatore senza ingiustificato ritardo prima dell'inizio del pacchetto.

6. L'organizzatore procede a tutti i rimborsi prescritti a norma dei commi 4 e 5 oppure, con riguardo a quanto previsto ai commi 1, 2 e 3, rimborsa qualunque pagamento effettuato da o per conto del viaggiatore per il pacchetto dopo aver detratto le adeguate spese, senza ingiustificato ritardo e in ogni caso entro quattordici giorni dal recesso. Nei casi di cui ai c ommi 4 e 5, si determina la risoluzione dei contratti funzionalmente collegati stipulati con terzi.

7. In caso di contratti negoziati fuori dei locali commerciali, il viaggiatore ha diritto di recedere dal contratto di pacchetto turistico entro un periodo di cinque giorni dalla data della conclusione del contratto o dalla data in cui riceve le condizioni contrattuali e le informazioni preliminari se successiva, senza penali e senza fornire alcuna motivazione. Nei casi di offerte con tariffe sensibilmente diminuite rispetto alle offerte correnti, il diritto di recesso è escluso. In tale ultimo caso, l'organizzatore documenta la variazione di prezzo evidenziando adeguatamente l'esclusione del diritto di recesso.

Sezione IV. — *Esecuzione del pacchetto*

42. *Responsabilità dell'organizzatore per l'inesatta esecuzione del pacchetto e per la sopravvenuta impossibilità in corso d'esecuzione del pacchetto*. — 1. L'organizzatore è responsabile dell'esecuzione dei servizi turistici previsti dal contratto di pacchetto turistico, indipendentemente dal fatto che tali servizi turistici devono essere prestati dall'organizzatore stesso, dai suoi ausiliari o preposti quando agiscono nell'esercizio delle loro funzioni, dai terzi della cui opera si avvale o da altri fornitori di servizi turistici, ai sensi dell'art. 1228 del codice civile.

2. Il viaggiatore, ai sensi degli artt. 1175e 1375 del codice civile, informa l'organizzatore, direttamente o tramite il venditore, tempestivamente, tenuto conto delle circostanze del caso, di eventuali difetti di conformità rilevati durante l'esecuzione di un servizio turistico previsto dal contratto di pacchetto turistico.

3. Se uno dei servizi turistici non è eseguito secondo quanto pattuito nel contratto di pacchetto turistico, l'organizzatore pone rimedio al difetto di conformità, a meno che ciò risulti impossibile oppure risulti eccessivamente oneroso, tenendo conto dell'entità del difetto di conformità e del valore dei servizi turistici interessati dal difetto. Se l'organizzatore non pone rimedio al difetto, si applica l'art. 43.

4. Fatte salve le eccezioni di cui al comma 3,

se l'organizzatore non pone rimedio al difetto di conformità entro un periodo ragionevole fissato dal viaggiatore in relazione alla durata e alle caratteristiche del pacchetto, con la contestazione effettuata ai sensi del comma 2, il viaggiatore può ovviare personalmente al difetto e chiedere il rimborso delle spese necessarie, ragionevoli e documentate; se l'organizzatore rifiuta di porre rimedio al difetto di conformità o se è necessario ovviarvi immediatamente non occorre che il viaggiatore specifichi un termine.

5. Se un difetto di conformità, ai sensi dell'art. 1455 del codice civile, costituisce un inadempimento di non scarsa importanza dei servizi turistici inclusi in un pacchetto e l'organizzatore non vi ha posto rimedio entro un periodo ragionevole stabilito dal viaggiatore in relazione alla durata e alle caratteristiche del pacchetto, con la contestazione effettuata ai sensi del comma 2, il viaggiatore può, senza spese, risolvere di diritto e con effetto immediato il contratto di pacchetto turistico o, se del caso, chiedere, ai sensi dell'art. 43, una riduzione del prezzo, salvo comunque l'eventuale risarcimento dei danni. In caso di risoluzione del contratto, se il pacchetto comprendeva il trasporto dei passeggeri, l'organizzatore provvede anche al rientro del viaggiatore con un trasporto equivalente senza ingiustificato ritardo e senza costi aggiuntivi per il viaggiatore.

6. Laddove è impossibile assicurare il rientro del viaggiatore, l'organizzatore sostiene i costi dell'alloggio necessario, ove possibile di categoria equivalente a quanto era previsto dal contratto, per un periodo non superiore a tre notti per viaggiatore o per il periodo più lungo eventualmente previsto dalla normativa dell'Unione europea relativa ai diritti dei passeggeri, applicabile ai pertinenti mezzi di trasporto.

7. La limitazione dei costi di cui al comma 6 non si applica alle persone a mobilità ridotta, definite dall'art. 2, par. 1, lett. *a*), del reg. (CE) n. 1107/2006, e ai loro accompagnatori, alle donne in stato di gravidanza, ai minori non accompagnati e alle persone bisognose di assistenza medica specifica, purché l'organizzatore abbia ricevuto comunicazione delle loro particolari esigenze almeno quarantotto ore prima dell'inizio del pacchetto. L'organizzatore non può invocare circostanze inevitabili e straordinarie per limitare la responsabilità di cui al presente comma qualora il fornitore del servizio di trasporto non possa far valere le stesse circostanze ai sensi della normativa dell'Unione europea applicabile.

8. Se per circostanze sopravvenute non imputabili all'organizzatore è impossibile fornire, in corso d'esecuzione, una parte sostanziale, per valore o qualità, della combinazione dei servizi turistici pattuiti nel contratto di pacchetto turistico, l'organizzatore offre, senza supplemento di prezzo a carico del viaggiatore, soluzioni alternative adeguate di qualità, ove possibile equivalente o superiore, rispetto a quelle specificate nel contratto, affinché l'esecuzione del pacchetto possa continuare, inclusa l'eventualità che il ritorno del viaggiatore al luogo di partenza non sia fornito come concordato. Se le soluzioni alternative proposte comportano un pacchetto di qualità inferiore rispetto a quella specificata nel contratto di pacchetto turistico, l'organizzatore concede al viaggiatore un'adeguata riduzione del prezzo.

9. Il viaggiatore può respingere le soluzioni alternative proposte solo se non sono comparabili a quanto convenuto nel contratto di pacchetto turistico o se la riduzione del prezzo concessa è inadeguata.

10. Se è impossibile predisporre soluzioni alternative o il viaggiatore respinge le soluzioni alternative proposte, conformi a quanto indicato dal comma 8, al viaggiatore è riconosciuta una riduzione del prezzo. In caso di inadempimento dell'obbligo di offerta di cui al comma 8 si applica il comma 5.

11. Laddove, a causa di circostanze sopravvenute non imputabili all'organizzatore, è impossibile assicurare il rientro del viaggiatore come pattuito nel contratto di pacchetto turistico, si applicano i commi 6 e 7.

43. *Riduzione del prezzo e risarcimento dei danni.* — 1. Il viaggiatore ha diritto a un'adeguata riduzione del prezzo per il periodo durante il quale vi sia stato difetto di conformità, a meno che l'organizzatore dimostri che tale difetto è imputabile al viaggiatore.

2. Il viaggiatore ha diritto di ricevere dall'organizzatore, senza ingiustificato ritardo, il risarcimento adeguato per qualunque danno che può aver subito in conseguenza di un difetto di conformità.

3. Al viaggiatore non è riconosciuto il risarcimento dei danni se l'organizzatore dimostra che il difetto di conformità è imputabile al viaggiatore o a un terzo estraneo alla fornitura dei servizi turistici inclusi nel contratto di pacchetto turistico ed è imprevedibile o inevitabile oppure è dovuto a circostanze inevitabili e straordinarie.

4. All'organizzatore si applicano le limitazioni previste dalle convenzioni internazionali in vigore che vincolano l'Italia o l'Unione europea, relative alla misura del risarcimento o alle condizioni a cui è dovuto da parte di un fornitore che presta un servizio turistico incluso in un pacchetto.

5. Il contratto di pacchetto turistico può prevedere la limitazione del risarcimento dovuto dall'organizzatore, salvo che per i danni alla persona o quelli causati intenzionalmente o per colpa, purché tale limitazione non sia inferiore al triplo del prezzo totale del pacchetto.

6. Qualunque diritto al risarcimento o alla riduzione del prezzo ai sensi del presente Capo non pregiudica i diritti dei viaggiatori previsti dal reg. (CE) n. 261/2004, dal reg. (CE) n. 1371/2007, dal reg. (CE) n. 392/2009, dal reg. (UE) n. 1177/2010 e dal reg. (UE) n. 181/2011 del Parlamento europeo e del Consiglio, nonché dalle convenzioni internazionali, fermo restando che il risarcimento o la riduzione del prezzo concessi ai sensi del presente Capo e il risarcimento o la riduzione del prezzo concessi ai sensi di detti regolamenti e convenzioni internazionali sono detratti gli uni dagli altri.

7. Il diritto alla riduzione del prezzo o al risarcimento dei danni previsti dal presente articolo si prescrive in due anni, a decorrere dalla data del rientro del viaggiatore nel luogo di partenza, fatto salvo quanto previsto al comma 8.

8. Il diritto al risarcimento dei danni alla persona si prescrive in tre anni a decorrere dalla data del rientro del viaggiatore nel luogo di partenza o nel più lungo periodo previsto per il risarcimento del danno alla persona dalle disposizioni che regolano i servizi compresi nel pacchetto.

44. *Possibilità di contattare l'organizzatore tramite il venditore.* — 1. Il viaggiatore può indirizzare messaggi, richieste o reclami relativi all'esecuzione del pacchetto direttamente al venditore tramite il quale l'ha acquistato, il quale, a propria volta, inoltra tempestivamente tali messaggi, richieste o reclami all'organizzatore.

2. Ai fini del rispetto dei termini o dei periodi di prescrizione, la data in cui il venditore riceve messaggi, richieste o reclami di cui al comma 1 è considerata la data di ricezione anche per l'organizzatore.

45. *Obbligo di prestare assistenza.* — 1. L'organizzatore presta adeguata assistenza senza ritardo al viaggiatore che si trova in difficoltà anche nelle circostanze di cui all'art. 42, comma 7, in particolare fornendo le opportune informazioni riguardo ai servizi sanitari, alle autorità locali e all'assistenza consolare e assistendo il viaggiatore nell'effettuare comunicazioni a distanza e aiutandolo a trovare servizi turistici alternativi.

2. L'organizzatore può pretendere il pagamento di un costo ragionevole per tale assistenza qualora il problema sia causato intenzionalmente dal viaggiatore o per sua colpa, nei limiti delle spese effettivamente sostenute.

46. *Risarcimento del danno da vacanza rovinata.* — 1. Nel caso in cui l'inadempimento delle prestazioni che formano oggetto del pacchetto non è di scarsa importanza ai sensi dell'art. 1455 del codice civile, il viaggiatore può chiedere all'organizzatore o al venditore, secondo la responsabilità derivante dalla violazione dei rispettivi obblighi assunti con i rispettivi contratti, oltre ed indipendentemente dalla risoluzione del contratto, un risarcimento del danno correlato al tempo di vacanza inutilmente trascorso ed all'irripetibilità dell'occasione perduta.

2. Il diritto al risarcimento si prescrive in tre anni, ovvero nel più lungo periodo per il risarcimento del danno alla persona previsto dalle disposizioni che regolano i servizi compresi nel pacchetto, a decorrere dalla data del rientro del viaggiatore nel luogo di partenza.

Sezione V. — *Protezione in caso d'insolvenza o fallimento*

47. *Efficacia e portata della protezione in caso d'insolvenza o fallimento.* — 1. L'organizzatore e il venditore stabiliti sul territorio nazionale sono coperti da contratto di assicurazione per la responsabilità civile a favore del viaggiatore per il risarcimento dei danni derivanti dalla violazione dei rispettivi obblighi assunti con i rispettivi contratti.

2. I contratti di organizzazione di pacchetto turistico sono assistiti da polizze assicurative o garanzie bancarie che, per i viaggi all'estero e i viaggi che si svolgono all'interno di un singolo Paese, ivi compresi i viaggi in Italia, nei casi di insolvenza o fallimento dell'organizzatore o del venditore garantiscono, senza ritardo su richiesta del viaggiatore, il rimborso del prezzo versato per l'acquisto del pacchetto e il rientro immediato del viaggiatore nel caso in cui il pacchetto include il trasporto del viaggiatore, nonché, se necessario, il pagamento del vitto e dell'alloggio prima del rientro.

3. Gli organizzatori e gli intermediari possono costituirsi in consorzi o altre forme associative idonee a provvedere collettivamente, anche mediante la costituzione di un apposito fondo, per la copertura dei rischi di cui al comma 2. Le finalità del presente comma possono essere perseguite anche mediante il coinvolgimento diretto nei consorzi e nelle altre forme associative di imprese e associazioni di categoria del settore assicurativo, anche prevedendo forme di riassicurazione.

4. La garanzia di cui al comma 2 è effettiva, adeguata al volume di affari e copre i costi ragionevolmente prevedibili, gli importi dei pagamenti effettuati da o per conto dei viaggiatori in relazione a pacchetti, tenendo conto della durata del periodo compreso tra gli acconti e il saldo finale e del completamento dei pacchetti, nonché del costo stimato per i rimpatri in caso di insolvenza o fallimento dell'organizzatore o del venditore.

5. I viaggiatori beneficiano della protezione in caso d'insolvenza o fallimento dell'organizzatore o del venditore indipendentemente dal loro luogo di residenza, dal luogo di partenza o dal luogo di vendita del pacchetto e indipendentemente dallo Stato membro in cui è stabilito il soggetto incaricato di fornire protezione in caso di insolvenza o fallimento.

6. Nei casi previsti dal comma 2, in alternativa al rimborso del prezzo o al rientro immediato, può essere offerta al viaggiatore la continuazione del pacchetto con le modalità di cui agli artt. 40 e 42.

7. L'obbligo di cui al comma 1, non sussiste per l'organizzatore e il venditore di uno Stato membro dell'Unione europea che si stabilisce sul territorio nazionale se sussistono le condizioni di cui all'art. 33 del d.lg. 26 marzo 2010, n. 59.

8. Gli organizzatori e i venditori non stabiliti in uno Stato membro che vendono o offrono in vendita pacchetti in Italia o in un altro Stato membro o che, con qualsiasi mezzo, dirigono tali attività verso l'Italia o un altro Stato membro sono obbligati a fornire una garanzia equivalente a quella prevista dal comma 2.

9. In ogni caso, il Ministero degli affari esteri e della cooperazione internazionale può chiedere agli interessati il rimborso, totale o parziale, delle spese sostenute per il soccorso e il rimpatrio delle persone che, all'estero, si siano esposte deliberatamente, salvi giustificati motivi correlati all'esercizio di attività professionali, a rischi che avrebbero potuto conoscere con l'uso della normale diligenza.

10. È fatta salva la facoltà di stipulare anche altre polizze assicurative di assistenza al viaggiatore.

48. *Riconoscimento reciproco della protezione in caso d'insolvenza e cooperazione amministrativa*. — 1. È riconosciuta conforme alla disciplina di cui all'art. 47 qualunque protezione in caso d'insolvenza o fallimento che un organizzatore e un venditore forniscono conformemente alle corrispondenti misure previste dallo Stato membro in cui è stabilito.

2. Quale punto di contatto centrale per agevolare la cooperazione amministrativa e il controllo degli organizzatori e dei venditori operanti in Stati membri diversi è designato il Ministero per i beni e le attività culturali (1)-Direzione generale Turismo, il cui recapito è comunicato a tutti gli altri Stati membri e alla Commissione.

3. Il punto di contatto centrale mette a disposizione dei propri omologhi tutte le informazioni necessarie riguardo ai rispettivi obblighi nazionali in materia di protezione in caso d'insolvenza o fallimento e ai soggetti incaricati di fornire tale protezione per gli specifici organizzatori o venditori stabiliti sul proprio territorio, autorizzando a condizioni di reciprocità l'accesso a qualunque registro disponibile, reso accessibile al pubblico anche online, in cui sono elencati gli organizzatori e i venditori che si conformano all'obbligo di protezione in caso d'insolvenza o fallimento.

4. Se uno Stato membro dubita delle misure di protezione in caso di insolvenza di un organizzatore, chiede chiarimenti al punto di contatto di cui al comma 2. Il punto di contatto risponde alle richieste degli altri Stati membri il più rapidamente possibile, tenendo in considerazione l'urgenza e la complessità della questione, ed in ogni caso fornendo una prima risposta entro quindici giorni lavorativi dal ricevimento della richiesta.

Sezione VI. — *Servizi turistici collegati*

49. *Obblighi di protezione in caso d'insolvenza o fallimento e d'informazione in relazione ai servizi turistici collegati*. — 1. Ai professionisti che agevolano servizi turistici collegati si applicano, per il rimborso di tutti i pagamenti che ricevono dai viaggiatori, le disposizioni degli artt. 47 e 48 nella misura in cui un servizio turistico che fa parte di un servizio turistico collegato non sia effettuato a causa dello stato di insolvenza o fallimento dei professionisti.

2. Prima che il viaggiatore sia vincolato da un contratto che porti alla creazione di un servizio

(1) La denominazione «Ministero per i beni e le attività culturali» è stata così sostituita alla precedente «Ministero dei beni e delle attività culturali e del turismo» dall'art. 1.5, d.l. 12 luglio 2018, n. 86, conv. in l. 9 agosto 2018, n. 97.

turistico collegato o di una corrispondente offerta, il professionista che agevola servizi turistici collegati, anche nei casi in cui egli non è stabilito in uno Stato membro ma, con qualsiasi mezzo, dirige tali attività verso uno Stato membro, dichiara in modo chiaro, e preciso che il viaggiatore:

a) non potrà invocare nessuno dei diritti che si applicano esclusivamente ai pacchetti ai sensi del presente Capo e che ciascun fornitore di servizi sarà il solo responsabile dell'esatta esecuzione contrattuale del suo servizio;

b) potrà invocare la protezione in caso d'insolvenza o fallimento ai sensi del comma 1.

3. Il professionista fornisce al viaggiatore tali informazioni mediante il modulo informativo standard pertinente di cui all'allegato B al presente codice oppure, qualora lo specifico tipo di servizi turistici collegati non sia contemplato da nessuno dei moduli previsti in tale allegato, fornendo le informazioni ivi contenute.

4. Qualora il professionista che agevola servizi turistici collegati non abbia rispettato gli obblighi di cui ai commi 1 e 2, si applicano i diritti e gli obblighi previsti dagli artt. 38 e 41 e dalla sezione IV in relazione ai servizi turistici inclusi nel servizio turistico collegato.

5. Se un servizio turistico collegato è il risultato della stipula di un contratto tra un viaggiatore e un professionista che non agevola il servizio turistico collegato, tale professionista informa il professionista che agevola il servizio turistico collegato della stipula del pertinente contratto.

Sezione VII. — *Responsabilità del venditore*

50. *Responsabilità del venditore*. — 1. Il venditore è responsabile dell'esecuzione del mandato conferitogli dal viaggiatore con il contratto di intermediazione di viaggio, indipendentemente dal fatto che la prestazione sia resa dal venditore stesso, dai suoi ausiliari o preposti quando agiscono nell'esercizio delle loro funzioni o dai terzi della cui opera si avvalga, dovendo l'adempimento delle obbligazioni assunte essere valutato con riguardo alla diligenza richiesta per l'esercizio della corrispondente attività professionale.

51. *Responsabilità in caso di errore di prenotazione*. — 1. Il professionista è responsabile degli errori dovuti a difetti tecnici nel sistema di prenotazione che gli siano imputabili e, qualora abbia accettato di organizzare la prenotazione di un pacchetto o di servizi turistici che rientrano in servizi turistici collegati, degli errori commessi durante il processo di prenotazione.

2. Il professionista non è responsabile degli errori di prenotazione imputabili al viaggiatore o dovuti a circostanze inevitabili e straordinarie.

51-*bis*. *Obbligo del venditore di indicare la propria qualità*. — 1. Il venditore è considerato come organizzatore se, in relazione ad un contratto di pacchetto turistico, omette di fornire al viaggiatore, a norma dell'art. 34, il pertinente modulo informativo standard di cui all'allegato A, parte II o parte III al presente codice, e le informazioni relative alla denominazione commerciale, l'indirizzo geografico, il recapito telefonico e l'indirizzo di posta elettronica dell'organizzatore, ovvero omette di informare il viaggiatore che egli agisce in qualità di venditore.

51-*ter*. *Obblighi specifici del venditore quando l'organizzatore è stabilito fuori dallo Spazio economico europeo*. — 1. Se l'organizzatore è stabilito al di fuori dello Spazio economico europeo, il venditore stabilito in uno Stato membro è soggetto agli obblighi previsti per gli organizzatori alle Sezioni IV e V, salvo che fornisca la prova che l'organizzatore si conforma alle norme contenute in tali Sezioni.

51-*quater*. *Prescrizione del diritto al risarcimento del danno*. — 1. Fatto salvo quanto stabilito dall'articolo 46 e gli effetti degli artt. 51-*bis* e 51-*ter*, il diritto del viaggiatore al risarcimento dei danni previsti dalla presente Sezione si prescrive in due anni a decorrere dalla data del rientro del viaggiatore nel luogo di partenza.

Sezione VIII — *Disposizioni generali*

51-*quinquies*. *Diritto ad azioni di regresso e diritto di surrogazione*. — 1. L'organizzatore o il venditore che ha concesso un indennizzo o una riduzione di prezzo, ovvero corrisposto un risarcimento del danno o è stato costretto ad ottemperare ad altri obblighi secondo le disposizioni del presente Capo, ha il diritto di regresso nei confronti dei soggetti che abbiano contribuito al verificarsi delle circostanze o dell'evento da cui sono derivati l'indennizzo, la riduzione del prezzo, il risarcimento del danno o gli altri obblighi in questione, nonché dei soggetti tenuti a fornire servizi di assistenza ed alloggio in forza di altre disposizioni, nel caso in cui il viaggiatore non possa rientrare nel luogo di partenza.

2. L'organizzatore o il venditore che hanno risarcito il viaggiatore sono surrogati, nei limiti del risarcimento corrisposto, in tutti i diritti e le

azioni di quest'ultimo verso i terzi responsabili; il viaggiatore fornisce all'organizzatore o al venditore tutti i documenti, le informazioni e gli elementi in suo possesso utili per l'esercizio del diritto di surroga.

51-*sexies*. *Inderogabilità della disciplina relativa ai diritti del viaggiatore*. — 1. La dichiarazione che un organizzatore di un pacchetto o un professionista che agevola un servizio turistico collegato agisce esclusivamente in qualità di fornitore di un servizio turistico, d'intermediario o a qualunque altro titolo, o che un pacchetto o un servizio turistico collegato non costituisce un pacchetto o un servizio turistico collegato, non esonera gli organizzatori o i professionisti dagli obblighi imposti loro dal presente Capo.

2. I viaggiatori non possono rinunciare ai diritti conferiti loro dalle disposizioni di cui al presente Capo.

3. Fatto salvo quanto diversamente stabilito da specifiche disposizioni di legge, eventuali clausole contrattuali o dichiarazioni del viaggiatore che escludano o limitino, direttamente o indirettamente, i diritti derivanti dal presente Capo o il cui scopo sia eludere l'applicazione delle disposizioni di cui al presente Capo, non vincolano il viaggiatore.

Sezione IX — *Tutela amministrativa e giurisdizionale*

51-*septies*-**51**-*novies*. . . . . (*omissis*).

CAPO II

Delle locazioni turistiche

52. *Locazioni di interesse turistico e alberghiere*. — 1. (*omissis*) (1).

2. . . . . (*omissis*) (2).

53. *Locazioni ad uso abitativo per finalità turistiche*. — 1. Gli alloggi locali esclusivamente per finalità turistiche, in qualsiasi luogo ubicati, sono regolati dalle disposizioni del codice civile in tema di locazione.

Allegati . . . . (*omissis*).

(1) Sostituisce l'art. 27.1, l. 27 luglio 1978, n. 392, in *Leggi coll. VI, 1*.
(2) Sostituisce l'art. 27.3, l. 27 luglio 1978, n. 392, in *Leggi coll. VI, 1*.

XII. LAVORO SUBORDINATO

XII. 1.

LEGGE 15 luglio 1966, n. 604. — *Norme sui licenziamenti individuali* (1).

1. *1.* Nel rapporto di lavoro a tempo indeterminato, intercedente con datori di lavoro privati o con enti pubblici, ove la stabilità non sia assicurata da norme di legge, di regolamento e di contratto collettivo o individuale, il licenziamento del prestatore di lavoro non può avvenire che per giusta causa ai sensi dell'art. 2119 del codice civile o per giustificato motivo.

2. 1. Il datore di lavoro, imprenditore o non imprenditore, deve comunicare per iscritto il licenziamento al prestatore di lavoro.

2. La comunicazione del licenziamento deve contenere la specificazione dei motivi che lo hanno determinato (2).

3. Il licenziamento intimato senza l'osservanza delle disposizioni di cui ai commi 1 e 2 è inefficace.

4. Le disposizioni di cui al comma 1 e di cui all'art. 9 si applicano anche ai dirigenti (3).

3. *1.* Il licenziamento per giustificato motivo con preavviso è determinato da un notevole inadempimento degli obblighi contrattuali del prestatore di lavoro ovvero da ragioni inerenti all'attività produttiva, all'organizzazione del lavoro e al regolare funzionamento di essa.

4. *1.* Il licenziamento determinato da ragioni di credo politico o fede religiosa, dall'appartenenza ad un sindacato e dalla partecipazione ad attività sindacali è nullo, indipendentemente dalla motivazione adottata (4).

5. *1.* L'onere della prova della sussistenza della giusta causa o del giustificato motivo di licenziamento spetta al datore di lavoro.

6. *1.* Il licenziamento deve essere impugnato a pena di decadenza entro sessanta giorni dalla ricezione della sua comunicazione in forma scritta, ovvero dalla comunicazione, anch'essa in forma scritta, dei motivi, ove non contestuale, con qualsiasi atto scritto, anche extragiudiziale, idoneo a rendere nota la volontà del lavoratore anche attraverso l'intervento dell'organizzazione sindacale diretto ad impugnare il licenziamento stesso (5).

2. L'impugnazione è inefficace se non è seguita, entro il successivo termine di centottan-

(1) G.U., 6 agosto 1966, n. 195; LEX, 1966, I, 1335.

(2) Comma così sostituito dall'art. 1.37, l. 28 giugno 2012, n. 92.

(3) Articolo così sostituito dall'art. 2.2, l. 11 maggio 1990, n. 108, in *Leggi coll. XII, 4.*

(4) V. art. 15, l. 20 maggio 1970, n. 300, in *Leggi coll. XII, 2.*

(5) Comma così sostituito dall'art. 32.1, l. 4 novembre 2010, n. 183. L'art. 32.2-4, l. cit., così dispone: «2. Le disposizioni di cui all'art. 6 della l. 15 luglio 1966, n. 604, come modificato dal comma 1 del presente articolo, si applicano anche a tutti i casi di invalidità del licenziamento. || 3. Le disposizioni di cui all'art. 6 della l. 15 luglio 1966, n. 604, come modificato dal comma 1 del presente articolo, si applicano inoltre: *a*) ai licenziamenti che presuppongono la risoluzione di questioni relative alla qualificazione del rapporto di lavoro ovvero alla legittimità del termine apposto al contratto; *b*) al recesso del committente nei rapporti di collaborazione coordinata e continuativa, anche nella modalità a progetto, di cui all'art. 409, n. 3), del codice di procedura civile; *c*) al trasferimento ai sensi dell'art. 2103 del codice civile, con termine decorrente dalla data di ricezione della comunicazione di trasferimento; *d*) all'azione di nullità del termine apposto al contratto di lavoro, ai sensi degli artt. 1, 2 e 4 del d.lg. 6 settembre 2001, n. 368, e successive modificazioni, con termine decorrente dalla scadenza del medesimo. || 4. Le disposizioni di cui all'art. 6 della l. 15 luglio 1966, n. 604, come modificato dal comma 1 del presente articolo, si applicano anche: *a*) ai contratti di lavoro a termine stipulati ai sensi degli artt. 1, 2 e 4 del d.lg. 6 settembre 2001, n. 368, in corso di esecuzione alla data di entrata in vigore della presente legge, con decorrenza dalla scadenza del termine; *b*) ai contratti di lavoro a termine, stipulati anche in applicazione di disposizioni di legge previgenti al d.lg. 6 settembre 2001, n. 368, e già conclusi alla data di entrata in vigore della presente legge, con decorrenza dalla medesima data di entrata in vigore della presente legge; *c*) alla cessione di contratto di lavoro avvenuta ai sensi dell'art. 2112 del codice civile con termine decorrente dalla data del trasferimento; *d*) in ogni altro caso in cui, compresa l'ipotesi prevista dall'art. 27 del d.lg. 10 settembre 2003, n. 276, si chieda la costituzione o l'accertamento di un rapporto di lavoro in capo a un soggetto diverso dal titolare del contratto».

ta (1) giorni, dal deposito del ricorso nella cancelleria del tribunale in funzione di giudice del lavoro o dalla comunicazione alla controparte della richiesta di tentativo di conciliazione o arbitrato, ferma restando la possibilità di produrre nuovi documenti formatisi dopo il deposito del ricorso. Qualora la conciliazione o l'arbitrato richiesti siano rifiutati o non sia raggiunto l'accordo necessario al relativo espletamento, il ricorso al giudice deve essere depositato a pena di decadenza entro sessanta giorni dal rifiuto o dal mancato accordo (2).

3. A conoscere delle controversie derivanti dall'applicazione della presente legge è competente il pretore (3).

7. 1. Ferma l'applicabilità, per il licenziamento per giusta causa e per giustificato motivo soggettivo, dell'art. 7 della l. 20 maggio 1970, n. 300 (4), il licenziamento per giustificato motivo oggettivo di cui all'art. 3, seconda parte, della presente legge, qualora disposto da un datore di lavoro avente i requisiti dimensionali di cui all'art. 18, ottavo comma, della l. 20 maggio 1970, n. 300, e successive modificazioni (4), deve essere preceduto da una comunicazione effettuata dal datore di lavoro alla Direzione territoriale del lavoro del luogo dove il lavoratore presta la sua opera, e trasmessa per conoscenza al lavoratore.

2. Nella comunicazione di cui al comma 1, il datore di lavoro deve dichiarare l'intenzione di procedere al licenziamento per motivo oggettivo e indicare i motivi del licenziamento medesimo nonché le eventuali misure di assistenza alla ricollocazione del lavoratore interessato.

3. La Direzione territoriale del lavoro trasmette la convocazione al datore di lavoro e al lavoratore nel termine perentorio di sette giorni dalla ricezione della richiesta: l'incontro si svolge dinanzi alla commissione provinciale di conciliazione di cui all'art. 410 del codice di procedura civile.

4. La comunicazione contenente l'invito si considera validamente effettuata quando è recapitata al domicilio del lavoratore indicato nel contratto di lavoro o ad altro domicilio formalmente comunicato dal lavoratore al datore di lavoro, ovvero è consegnata al lavoratore che ne sottoscrive copia per ricevuta.

5. Le parti possono essere assistite dalle organizzazioni di rappresentanza cui sono iscritte o conferiscono mandato oppure da un componente della rappresentanza sindacale dei lavoratori, ovvero da un avvocato o un consulente del lavoro.

6. La procedura di cui al presente articolo non trova applicazione in caso di licenziamento per superamento del periodo di comporto di cui all'art. 2110 del codice civile, nonché per i licenziamenti e le interruzioni del rapporto di lavoro a tempo indeterminato di cui all'art. 2, comma 34, della l. 28 giugno 2012, n. 92. La stessa procedura, durante la quale le parti, con la partecipazione attiva della commissione di cui al comma 3, procedono ad esaminare anche soluzioni alternative al recesso, si conclude entro venti giorni dal momento in cui la Direzione territoriale del lavoro ha trasmesso

(1) Le parole «centottanta» sono state così sostituite alle precedenti «duecentosettanta» dall'art. 1.38, l. 28 giugno 2012, n. 92. L'art. 1.39, l. cit., così dispone: «Il termine di cui all'art. 6, secondo comma, primo periodo, della l. 15 luglio 1966, n. 604, come modificato dal comma 38 del presente articolo, si applica in relazione ai licenziamenti intimati dopo la data di entrata in vigore della presente legge».

(2) Comma così sostituito dall'art. 32.1, l. 4 novembre 2010, n. 183. L'art. 32.2-4, l. cit., così dispone: «2. Le disposizioni di cui all'art. 6 della l. 15 luglio 1966, n. 604, come modificato dal comma 1 del presente articolo, si applicano anche a tutti i casi di invalidità del licenziamento. || 3. Le disposizioni di cui all'art. 6 della l. 15 luglio 1966, n. 604, come modificato dal comma 1 del presente articolo, si applicano inoltre: *a*) ai licenziamenti che presuppongono la risoluzione di questioni relative alla qualificazione del rapporto di lavoro ovvero alla legittimità del termine apposto al contratto; *b*) al recesso del committente nei rapporti di collaborazione coordinata e continuativa, anche nella modalità a progetto, di cui all'art. 409, n. 3), del codice di procedura civile; *c*) al trasferimento ai sensi dell'art. 2103 del codice civile, con termine decorrente dalla data di ricezione della comunicazione di trasferimento; *d*) all'azione di nullità del termine apposto al contratto di lavoro, ai sensi degli artt. 1, 2 e 4 del d.lg. 6 settembre 2001, n. 368, e successive modificazioni, con termine decorrente dalla scadenza del medesimo. || 4. Le disposizioni di cui all'art. 6 della l. 15 luglio 1966, n. 604, come modificato dal comma 1 del presente articolo, si applicano anche: *a*) ai contratti di lavoro a termine stipulati ai sensi degli artt. 1, 2 e 4 del d.lg. 6 settembre 2001, n. 368, in corso di esecuzione alla data di entrata in vigore della presente legge, con decorrenza dalla scadenza del termine; *b*) ai contratti di lavoro a termine, stipulati anche in applicazione di disposizioni di legge previgenti al d.lg. 6 settembre 2001, n. 368, e già conclusi alla data di entrata in vigore della presente legge, con decorrenza dalla medesima data di entrata in vigore della presente legge; *c*) alla cessione di contratto di lavoro avvenuta ai sensi dell'art. 2112 del codice civile con termine decorrente dalla data del trasferimento; *d*) in ogni altro caso in cui, compresa l'ipotesi prevista dall'art. 27 del d.lg. 10 settembre 2003, n. 276, si chieda la costituzione o l'accertamento di un rapporto di lavoro in capo a un soggetto diverso dal titolare del contratto».

(3) L'art. 1, d.lg. 19 febbraio 1998, n. 51, ha soppresso l'ufficio del pretore, trasferendo le competenze al tribunale ordinario.

(4) In *Leggi coll. XII, 2.*

la convocazione per l'incontro, fatta salva l'ipotesi in cui le parti, di comune avviso, non ritengano di proseguire la discussione finalizzata al raggiungimento di un accordo. Se fallisce il tentativo di conciliazione e, comunque, decorso il termine di cui al comma 3, il datore di lavoro può comunicare il licenziamento al lavoratore. La mancata presentazione di una o entrambe le parti al tentativo di conciliazione è valutata dal giudice ai sensi dell'art. 116 del codice di procedura civile (1).

7. Se la conciliazione ha esito positivo e prevede la risoluzione consensuale del rapporto di lavoro, si applicano le disposizioni in materia di Assicurazione sociale per l'impiego (ASpI) e può essere previsto, al fine di favorirne la ricollocazione professionale, l'affidamento del lavoratore ad un'agenzia di cui all'art. 4, comma 1, lett. *a*), *c*) ed *e*) (2), del d.lg. 10 settembre 2003, n. 276.

8. Il comportamento complessivo delle parti, desumibile anche dal verbale redatto in sede di commissione provinciale di conciliazione e dalla proposta conciliativa avanzata dalla stessa, è valutato dal giudice per la determinazione dell'indennità risarcitoria di cui all'art. 18, settimo comma, della l. 20 maggio 1970, n. 300, e successive modificazioni (3), e per l'applicazione degli artt. 91 e 92 del codice di procedura civile.

9. In caso di legittimo e documentato impedimento del lavoratore a presenziare all'incontro di cui al comma 3, la procedura può essere sospesa per un massimo di quindici giorni (4).

8. 1. Quando risulti accertato che non ricorrono gli estremi del licenziamento per giusta causa o giustificato motivo, il datore di lavoro è tenuto a riassumere il prestatore di lavoro entro il termine di tre giorni o, in mancanza, a risarcire il danno versandogli un'indennità di importo compreso tra un minimo di 2,5 ed un massimo di 6 mensilità dell'ultima retribuzione globale di fatto, avuto riguardo al numero dei dipendenti occupati, alle dimensioni dell'impresa, all'anzianità di servizio del prestatore di lavoro, al comportamento e alle condizioni delle parti (5). La misura massima della predetta indennità può essere maggiorata fino a 10 mensilità per il prestatore di lavoro con anzianità superiore ai dieci anni e fino a 14 mensilità per il prestatore di lavoro con anzianità superiore ai venti anni, se dipendenti da datore di lavoro che occupa più di quindici prestatori di lavoro (6) (7).

9. *1.* L'indennità di anzianità è dovuta al pre-

(1) Comma così sostituito dall'art. 7.4, d.l. 28 giugno 2013, n. 76, conv. in l. 9 agosto 2013, n. 99.

(2) Così corretto con *Comunicato*, in G.U., 14 luglio 2012, n. 163.

(3) In *Leggi coll. XII, 2*.

(4) Articolo così sostituito dall'art. 1.40, l. 28 giugno 2012, n. 92. L'art. 1.41, l. cit., così dispone: «Il licenziamento intimato all'esito del procedimento disciplinare di cui all'art. 7 della l. 20 maggio 1970, n. 300, oppure all'esito del procedimento di cui all'art. 7 della l. 15 luglio 1966, n. 604, come sostituito dal comma 40 del presente articolo, produce effetto dal giorno della comunicazione con cui il procedimento medesimo è stato avviato, salvo l'eventuale diritto del lavoratore al preavviso o alla relativa indennità sostitutiva; è fatto salvo, in ogni caso, l'effetto sospensivo disposto dalle norme del testo unico delle disposizioni legislative in materia di tutela della maternità e della paternità, di cui al d.lg. 26 marzo 2001, n. 151. Gli effetti rimangono altresì sospesi in caso di impedimento derivante da infortunio occorso sul lavoro. Il periodo di eventuale lavoro svolto in costanza della procedura si considera come preavviso lavorato».

(5) V. art. 18, l. n. 300/1970, in *Leggi coll. XII, 2*.

(6) Articolo così sostituito dall'art. 2.3, l. 11 maggio 1990, n. 108, in *Leggi coll. XII, 4*. La Corte cost., con sentenza 23 febbraio 1996, n. 44, ha dichiarato non fondata, nei sensi di cui in motivazione, la questione di legittimità costituzionale di questo articolo, interpretato nel senso che qualora, per qualsiasi motivo, non si ripristini il rapporto il pagamento della indennità è sempre dovuto.

(7) L'art. 30.3, l. 4 novembre 2010, n. 183, così dispone: «(...) Nel definire le conseguenze da riconnettere al licenziamento ai sensi dell'art. 8 della l. 15 luglio 1966, n. 604, e successive modificazioni, il giudice tiene egualmente conto di elementi e di parametri fissati dai predetti contratti e comunque considera le dimensioni e le condizioni dell'attività esercitata dal datore di lavoro, la situazione del mercato del lavoro locale, l'anzianità e le condizioni del lavoratore, nonché il comportamento delle parti anche prima del licenziamento».

L'art. 32.5-7, l. cit., così dispone: «5. Nei casi di conversione del contratto a tempo determinato, il giudice condanna il datore di lavoro al risarcimento del lavoratore stabilendo un'indennità onnicomprensiva nella misura compresa tra un minimo di 2,5 ed un massimo di 12 mensilità dell'ultima retribuzione globale di fatto, avuto riguardo ai criteri indicati nell'art. 8 della l. 15 luglio 1966, n. 604. || 6. In presenza di contratti ovvero accordi collettivi nazionali, territoriali o aziendali, stipulati con le organizzazioni sindacali comparativamente più rappresentative sul piano nazionale, che prevedano l'assunzione, anche a tempo indeterminato, di lavoratori già occupati con contratto a termine nell'ambito di specifiche graduatorie, il limite massimo dell'indennità fissata dal comma 5 è ridotto alla metà. || 7. Le disposizioni di cui ai commi 5 e 6 trovano applicazione per tutti i giudizi, ivi compresi quelli pendenti alla data di entrata in vigore della presente legge. Con riferimento a tali ultimi giudizi, ove necessario, ai soli fini della determinazione della indennità di cui ai commi 5 e 6, il giudice fissa alle parti un termine per l'eventuale integrazione della domanda e delle relative eccezioni ed esercita i poteri istruttori ai sensi dell'art. 421 del codice di procedura civile».

statore di lavoro in ogni caso di risoluzione del rapporto di lavoro [c. 2120].

10. *1.* Le norme della presente legge si applicano nei confronti dei prestatori di lavoro che rivestano la qualifica d'impiegato e di operaio, ai sensi dell'art. 2095 del codice civile e, per quelli assunti in prova, si applicano dal momento in cui l'assunzione diviene definitiva e, in ogni caso, quando sono decorsi sei mesi dall'inizio del rapporto di lavoro (1).

11. *1.* .... (2).

2. La materia dei licenziamenti collettivi per riduzione di personale è esclusa dalle disposizioni della presente legge.

12. *1.* Sono fatte salve le disposizioni di contratti collettivi e accordi sindacali che contengano, per la materia disciplinata dalla presente legge, condizioni più favorevoli ai prestatori di lavoro.

13. *1.* Tutti gli atti e i documenti relativi ai giudizi o alle procedure di conciliazione previsti dalla presente legge sono esenti da bollo, imposta di registro e da ogni altra tassa o spesa (3).

14. *1.* La presente legge entra in vigore il giorno successivo a quello della sua pubblicazione nella *Gazzetta Ufficiale*.

XII. 2.

LEGGE 20 maggio 1970, n. 300. — *Norme sulla tutela della libertà e dignità dei lavoratori, della libertà sindacale e dell'attività sindacale nei luoghi di lavoro e norme sul collocamento* (4).

TITOLO I

Della libertà e dignità del lavoratore

1. *Libertà di opinione*. — *1.* I lavoratori, senza distinzione di opinioni politiche, sindacali e di fede religiosa, hanno diritto, nei luoghi dove prestano la loro opera, di manifestare liberamente il proprio pensiero, nel rispetto dei princìpi della Costituzione e delle norme della presente legge.

2. *Guardie giurate*. — *1.* Il datore di lavoro può impiegare le guardie particolari giurate, di cui agli artt. 133 e seguenti del testo unico approvato con r.d. 18 giugno 1931, n. 773, soltanto per scopi di tutela del patrimonio aziendale.

2. Le guardie giurate non possono contestare ai lavoratori azioni o fatti diversi da quelli che attengono alla tutela del patrimonio aziendale.

3. È fatto divieto al datore di lavoro di adibire alla vigilanza sull'attività lavorativa le guardie di cui al primo comma, le quali non possono accedere nei locali dove si svolge tale attività, durante lo svolgimento della stessa, se non eccezionalmente per specifiche e motivate esigenze attinenti ai compiti di cui al primo comma.

4. In caso d'inosservanza da parte di una guardia particolare giurata delle disposizioni di cui al presente articolo, l'Ispettorato del lavoro ne promuove presso il questore la sospensione dal servizio, salvo il provvedimento di revoca della licenza da parte del prefetto nei casi più gravi.

3. *Personale di vigilanza*. — *1.* I nominativi e le mansioni specifiche del personale addetto

(1) La Corte cost., con sentenza 4 febbraio 1970, n. 14, ha dichiarato l'illegittimità costituzionale di questo articolo, «nella parte in cui non comprende gli apprendisti tra i beneficiari dell'indennità dovuta ai sensi dell'art. 9». La Corte, con sentenza 28 novembre 1973, n. 169, ha poi dichiarato costituzionalmente illegittimo questo articolo, anche «nella parte in cui esclude gli apprendisti dall'applicabilità nei loro confronti degli artt. 1, 2, 3, 4, 5, 6, 7, 8, e 11, 12, 13 della medesima legge, nel corso del rapporto di apprendistato». La Corte cost., con sentenza 22 dicembre 1980, n. 189, ha dichiarato l'illegittimità costituzionale di questo articolo, «nella parte in cui esclude il diritto del prestatore di lavoro, che riveste la qualifica di impiegato o di operaio ai sensi dell'art. 2095 codice civile, a percepire l'indennità di anzianità di cui all'art. 9 della medesima legge n. 604 del 1966, quando assunto in prova e licenziato durante il periodo di prova medesimo». La Corte cost., con sentenza 3 aprile 1987, n. 96, ha dichiarato l'illegittimità costituzionale di questo articolo, «nella parte in cui non prevede l'applicabilità della legge stessa al personale marittimo navigante delle imprese di navigazione». La Corte cost., con sentenza 31 gennaio 1991, n. 41, ha dichiarato l'illegittimità costituzionale di questo articolo, «nella parte in cui non prevede l'applicabilità della legge stessa al personale navigante delle imprese di navigazione (aerea)».

(2) Comma abrogato dall'art. 6.2, l. 11 maggio 1990, n. 108, in *Leggi coll. XII, 4*.

(3) Agevolazione non esclusa dall'art. 42, d.p.r. 29 settembre 1973, n. 601: v. infatti la legge interpretativa 14 agosto 1974, n. 379.

(4) G.U., 27 maggio 1970, n. 131; LEX, 1970, l. 1122. Per l'applicazione alle pubbliche amministrazioni v. artt. 42, 51, d.lg. 30 marzo 2001, n. 165. Per il quadro generale relativo all'informazione e alla consultazione dei lavoratori v. d.lg. 6 febbraio 2007, n. 25.

alla vigilanza dell'attività lavorativa debbono essere comunicati ai lavoratori interessati.

4. *Impianti audiovisivi e altri strumenti di controllo*. — 1. Gli impianti audiovisivi e gli altri strumenti dai quali derivi anche la possibilità di controllo a distanza dell'attività dei lavoratori possono essere impiegati esclusivamente per esigenze organizzative e produttive, per la sicurezza del lavoro e per la tutela del patrimonio aziendale e possono essere installati previo accordo collettivo stipulato dalla rappresentanza sindacale unitaria o dalle rappresentanze sindacali aziendali. In alternativa, nel caso di imprese con unità produttive ubicate in diverse province della stessa regione ovvero in più regioni, tale accordo può essere stipulato dalle associazioni sindacali comparativamente più rappresentative sul piano nazionale. In mancanza di accordo gli impianti e gli strumenti di cui al periodo precedente possono essere installati previa autorizzazione della Direzione territoriale del lavoro o, in alternativa, nel caso di imprese con unità produttive dislocate negli ambiti di competenza di più Direzioni territoriali del lavoro, del Ministero del lavoro e delle politiche sociali.

2. La disposizione di cui al comma 1 non si applica agli strumenti utilizzati dal lavoratore per rendere la prestazione lavorativa e agli strumenti di registrazione degli accessi e delle presenze.

3. Le informazioni raccolte ai sensi dei commi 1 e 2 sono utilizzabili a tutti i fini connessi al rapporto di lavoro a condizione che sia data al lavoratore adeguata informazione delle modalità d'uso degli strumenti e di effettuazione dei controlli e nel rispetto di quanto disposto dal d.lg. 30 giugno 2003, n. 196 (1) (2).

5. *Accertamenti sanitari*. — *1.* Sono vietati accertamenti da parte del datore di lavoro sulla idoneità e sulla infermità per malattia o infortunio del lavoratore dipendente.

2. Il controllo delle assenze per infermità può essere effettuato soltanto attraverso i servizi ispettivi degli istituti previdenziali competenti, i quali sono tenuti a compierlo quando il datore di lavoro lo richieda (3).

3. Il datore di lavoro ha facoltà di far controllare l'idoneità fisica del lavoratore da parte di enti pubblici ed istituti specializzati di diritto pubblico.

6. *Visite personali di controllo*. — *1.* Le visite personali di controllo sul lavoratore sono vietate fuorché nei casi in cui siano indispensabili ai fini della tutela del patrimonio aziendale, in relazione alla qualità degli strumenti di lavoro o delle materie prime o dei prodotti.

2. In tali casi le visite personali potranno essere effettuate soltanto a condizione che siano eseguite all'uscita dei luoghi di lavoro, che siano salvaguardate la dignità e la riservatezza del lavoratore e che avvengano con l'applicazione di sistemi di selezione automatica riferiti alla collettività o a gruppi di lavoratori.

3. Le ipotesi nelle quali possono essere disposte le visite personali, nonché, ferme restando le condizioni di cui al secondo comma del presente articolo, le relative modalità debbono essere concordate dal datore di lavoro con le rappresentanze sindacali aziendali oppure, in mancanza di queste, con la commissione interna. In difetto di accordo, su istanza del datore di lavoro, provvede l'Ispettorato del lavoro.

4. Contro i provvedimenti dell'Ispettorato del lavoro di cui al precedente comma, il datore di lavoro, le rappresentanze sindacali aziendali o, in mancanza di queste, la commissione interna, oppure i sindacati dei lavoratori di cui al successivo art. 19 possono ricorrere, entro 30 giorni dalla comunicazione del provvedimento, al Ministro per il lavoro e la previdenza sociale.

7. *Sanzioni disciplinari*. — *1.* Le norme disciplinari relative alle sanzioni [c. 2106], alle infrazioni in relazione alle quali ciascuna di esse può essere applicata ed alle procedure di contestazione delle stesse, devono essere portate a conoscenza dei lavoratori mediante affissione in luogo accessibile a tutti. Esse devono applicare quanto in materia è stabilito da accordi e contratti di lavoro ove esistano (4) (5).

2. Il datore di lavoro non può adottare alcun provvedimento disciplinare nei confronti del lavoratore senza avergli preventivamente contestato l'addebito e senza averlo sentito a sua difesa (4) (5).

(1) In *Leggi coll. II, 3*.

(2) Articolo così sostituito dall'art. 23.1, d.lg. 14 settembre 2015, n. 151.

(3) V. art. 5, d.l. 12 settembre 1983, n. 463, conv. in l. 11 novembre 1983, n. 638.

(4) La Corte cost., con sentenza 30 novembre 1982, n. 204, ha dichiarato l'illegittimità costituzionale di questi commi, «interpretati nel senso che siano inapplicabili ai licenziamenti disciplinari, per i quali detti commi non siano espressamente richiamati dalla normativa legislativa, collettiva o validamente posta dal datore di lavoro».

(5) La Corte cost., con sentenza 25 luglio 1989, n. 427, ha dichiarato l'illegittimità costituzionale di questi commi, «nella parte in cui è esclusa la loro applicabilità al licenziamento per motivi disciplinari irrogato da imprenditore che abbia meno di sedici dipendenti».

3. Il lavoratore potrà farsi assistere da un rappresentante dell'associazione sindacale cui aderisce o conferisce mandato (1).

4. Fermo restando quanto disposto dalla l. 15 luglio 1966, numero 604 (2), non possono essere disposte sanzioni disciplinari che comportino mutamenti definitivi del rapporto di lavoro; inoltre la multa non può essere disposta per un importo superiore a quattro ore della retribuzione base e la sospensione dal servizio e dalla retribuzione per più di dieci giorni.

5. In ogni caso, i provvedimenti disciplinari più gravi del rimprovero verbale non possono essere applicati prima che siano trascorsi cinque giorni dalla contestazione per iscritto del fatto che vi ha dato causa.

6. Salvo analoghe procedure previste dai contratti collettivi di lavoro e ferma restando la facoltà di adire l'autorità giudiziaria, il lavoratore al quale sia stata applicata una sanzione disciplinare può promuovere, nei venti giorni successivi, anche per mezzo dell'associazione alla quale sia iscritto ovvero conferisca mandato, la costituzione, tramite l'ufficio provinciale del lavoro e della massima occupazione, di un collegio di conciliazione ed arbitrato, composto da un rappresentante di ciascuna delle parti e da un terzo membro scelto di comune accordo o, in difetto di accordo, nominato dal direttore dell'ufficio del lavoro. La sanzione disciplinare resta sospesa fino alla pronuncia da parte del collegio.

7. Qualora il datore di lavoro non provveda, entro dieci giorni dall'invito rivoltogli dall'ufficio del lavoro, a nominare il proprio rappresentante in seno al collegio di cui al comma precedente, la sanzione disciplinare non ha effetto. Se il datore di lavoro adisce l'autorità giudiziaria, la sanzione disciplinare resta sospesa fino alla definizione del giudizio.

8. Non può tenersi conto ad alcun effetto delle sanzioni disciplinari decorsi due anni dalla loro applicazione.

8. *Divieto di indagini sulle opinioni*. — *1.* È fatto divieto al datore di lavoro, ai fini dell'assunzione, come nel corso dello svolgimento del rapporto di lavoro, di effettuare indagini, anche a mezzo di terzi, sulle opinioni politiche, religiose e sindacali del lavoratore, nonché su fatti non rilevanti ai fini della valutazione dell'attitudine professionale del lavoratore.

9. *Tutela della salute e dell'integrità fisica*. — *1.* I lavoratori, mediante loro rappresentanze, hanno diritto di controllare l'applicazione delle norme per la prevenzione degli infortuni e delle malattie professionali e di promuovere la ricerca, l'elaborazione e l'attuazione di tutte le misure idonee a tutelare la loro salute e la loro integrità fisica [c. 2087].

10. *Lavoratori studenti*. — *1.* I lavoratori studenti, iscritti e frequentanti corsi regolari di studio in scuole di istruzione primaria, secondaria e di qualificazione professionale (3), statali, pareggiate o legalmente riconosciute o comunque abilitate al rilascio di titoli di studio legali, hanno diritto a turni di lavoro che agevolino la frequenza ai corsi e la preparazione agli esami e non sono obbligati a prestazioni di lavoro straordinario o durante i riposi settimanali [cost. 34].

2. I lavoratori studenti, compresi quelli universitari, che devono sostenere prove di esame, hanno diritto a fruire di permessi giornalieri retribuiti.

3. Il datore di lavoro potrà richiedere la produzione delle certificazioni necessarie all'esercizio dei diritti di cui al primo e secondo comma.

11. *Attività culturali, ricreative e assistenziali e controlli sul servizio mensa* (4). — *1.* Le attività culturali, ricreative e assistenziali promosse nell'azienda sono gestite da organismi formati a maggioranza dai rappresentanti dei lavoratori.

2. Le rappresentanze sindacali aziendali, costituite a norma dell'art. 19, hanno diritto di controllare la qualità del servizio di mensa secondo modalità stabilite dalla contrattazione collettiva (5).

12. *Istituti di patronato*. — *1.* Gli istituti di patronato e di assistenza sociale, riconosciuti dal Ministero del lavoro e della previdenza sociale, per l'adempimento dei compiti di cui al d.lg.c.p.s. 29 luglio 1947, n. 804, hanno diritto di svolgere, su un piano di parità, la loro attività all'interno dell'azienda, secondo le modalità da stabilirsi con accordi aziendali.

13. . . . . (*omissis*) (6).

(1) La Corte cost., con sentenza 30 novembre 1982, n. 204, ha dichiarato l'illegittimità costituzionale di questi commi, «interpretati nel senso che siano inapplicabili ai licenziamenti disciplinari, per i quali detti commi non siano espressamente richiamati dalla normativa legislativa, collettiva o validamente posta dal datore di lavoro».

(2) In *Leggi coll. XII, 1*.

(3) V. art. 13, l. 21 dicembre 1978, n. 845, che estende le agevolazioni a coloro che frequentano i corsi di formazione professionale.

(4) Rubrica così modificata dall'art. 6.6, d.l. 11 luglio 1992, n. 333, conv. in l. 8 agosto 1992, n. 359.

(5) Comma aggiunto dall'art. 6.7, d.l. 11 luglio 1992, n. 333, conv. in l. 8 agosto 1992, n. 359.

(6) Sostituisce l'art. 2103 cod. civ.

TITOLO II

Della libertà sindacale

14. *Diritto di associazione e di attività sindacale*. — *1.* Il diritto di costituire associazioni sindacali, di aderirvi e di svolgere attività sindacale, è garantito a tutti i lavoratori all'interno dei luoghi di lavoro [cost. 39].

15. *Atti discriminatori*. — *1.* È nullo qualsiasi patto od atto diretto a:

a) subordinare l'occupazione di un lavoratore alla condizione che aderisca o non aderisca ad un'associazione sindacale ovvero cessi di farne parte;

b) licenziare un lavoratore, discriminarlo nell'assegnazione di qualifiche o mansioni, nei trasferimenti, nei provvedimenti disciplinari, o recargli altrimenti pregiudizio a causa della sua affiliazione o attività sindacale ovvero della sua partecipazione ad uno sciopero.

2. Le disposizioni di cui al comma precedente si applicano altresì ai patti o atti diretti a fini di discriminazione politica, religiosa, razziale, di lingua o di sesso, di handicap, di età o basata sull'orientamento sessuale o sulle convinzioni personali (1) (2).

16. *Trattamenti economici collettivi discriminatori*. — *1.* È vietata la concessione di trattamenti economici di maggior favore aventi carattere discriminatorio a mente dell'art. 15.

2. Il pretore (3), su domanda dei lavoratori nei cui confronti è stata attuata la discriminazione di cui al comma precedente o delle associazioni sindacali alle quali questi hanno dato mandato, accertati i fatti, condanna il datore di lavoro al pagamento, a favore del fondo adeguamento pensioni, di una somma pari all'importo dei trattamenti economici di maggior favore illegittimamente corrisposti nel periodo massimo di un anno.

17. *Sindacati di comodo*. — *1.* È fatto divieto ai datori di lavoro e alle associazioni di datori di lavoro di costituire o sostenere, con mezzi finanziari o altrimenti, associazioni sindacali di lavoratori.

18. *Tutela del lavoratore in caso di licenziamento illegittimo* (4). — *1.* Il giudice, con la sentenza con la quale dichiara la nullità del licenziamento perché discriminatorio ai sensi dell'art. 3 della l. 11 maggio 1990, n. 108 (5), ovvero intimato in concomitanza col matrimonio ai sensi dell'art. 35 del codice delle pari opportunità tra uomo e donna, di cui al d.lg. 11 aprile 2006, n. 198, o in violazione dei divieti di licenziamento di cui all'art. 54, commi 1, 6, 7 e 9, del t.u. delle disposizioni legislative in materia di tutela e sostegno della maternità e della paternità, di cui al d.lg. 26 marzo 2001, n. 151, e successive modificazioni, ovvero perché riconducibile ad altri casi di nullità previsti dalla legge o determinato da un motivo illecito determinante ai sensi dell'art. 1345 del codice civile, ordina al datore di lavoro, imprenditore o non imprenditore, la reintegrazione del lavoratore nel posto di lavoro, indipendentemente dal motivo formalmente addotto e quale che sia il numero dei dipendenti occupati dal datore di lavoro. La presente disposizione si applica anche ai dirigenti. A seguito dell'ordine di reintegrazione, il rapporto di lavoro si intende risolto quando il lavoratore non abbia ripreso servizio entro trenta giorni dall'invito del datore di lavoro, salvo il caso in cui abbia richiesto l'indennità di cui al terzo comma del presente articolo. Il regime di cui al presente articolo si applica anche al licenziamento dichiarato inefficace perché intimato in forma orale (6).

2. Il giudice, con la sentenza di cui al primo comma, condanna altresì il datore di lavoro al risarcimento del danno subito dal lavoratore per il licenziamento di cui sia stata accertata la nullità, stabilendo a tal fine un'indennità commisurata all'ultima retribuzione globale di fatto maturata dal giorno del licenziamento sino a quello dell'effettiva reintegrazione, dedotto quanto percepito, nel periodo di estromissione, per lo svolgimento di altre attività lavorative. In ogni caso la misura del risarcimento non potrà essere inferiore a cinque mensilità della retribuzione globale di fatto. Il datore di lavoro è condannato inoltre, per il medesimo periodo, al versamento dei contributi previdenziali e assistenziali (6).

3. Fermo restando il diritto al risarcimento del danno come previsto al secondo comma, al

(1) Parole aggiunte dall'art. 4.1, d.lg. 9 luglio 2003, n. 216.
(2) Comma così modificato dall'art. 13, l. 9 dicembre 1977, n. 903.
(3) L'art. 1, d.lg. 19 febbraio 1998, n. 51, ha soppresso l'ufficio del pretore, trasferendo le competenze al tribunale ordinario.
(4) Rubrica così sostituita alla precedente «Reintegrazione nel posto di lavoro» dall'art. 1.42, lett. a, l. 28 giugno 2012, n. 92.
(5) In *Leggi coll. XII, 4.*
(6) Gli attuali commi dal primo al decimo sono stati così sostituiti agli originali primi sei commi dall'art. 1.42, lett. b, l. 28 giugno 2012, n. 92.

lavoratore è data la facoltà di chiedere al datore di lavoro, in sostituzione della reintegrazione nel posto di lavoro, un'indennità pari a quindici mensilità dell'ultima retribuzione globale di fatto, la cui richiesta determina la risoluzione del rapporto di lavoro, e che non è assoggettata a contribuzione previdenziale. La richiesta dell'indennità deve essere effettuata entro trenta giorni dalla comunicazione del deposito della sentenza, o dall'invito del datore di lavoro a riprendere servizio, se anteriore alla predetta comunicazione (1).

4. Il giudice, nelle ipotesi in cui accerta che non ricorrono gli estremi del giustificato motivo soggettivo o della giusta causa addotti dal datore di lavoro, per insussistenza del fatto contestato ovvero perché il fatto rientra tra le condotte punibili con una sanzione conservativa sulla base delle previsioni dei contratti collettivi ovvero dei codici disciplinari applicabili, annulla il licenziamento e condanna il datore di lavoro alla reintegrazione nel posto di lavoro di cui al primo comma e al pagamento di un'indennità risarcitoria commisurata all'ultima retribuzione globale di fatto dal giorno del licenziamento sino a quello dell'effettiva reintegrazione, dedotto quanto il lavoratore ha percepito, nel periodo di estromissione, per lo svolgimento di altre attività lavorative, nonché quanto avrebbe potuto percepire dedicandosi con diligenza alla ricerca di una nuova occupazione. In ogni caso la misura dell'indennità risarcitoria non può essere superiore a dodici mensilità della retribuzione globale di fatto. Il datore di lavoro è condannato, altresì, al versamento dei contributi previdenziali e assistenziali dal giorno del licenziamento fino a quello della effettiva reintegrazione, maggiorati degli interessi nella misura legale senza applicazione di sanzioni per omessa o ritardata contribuzione, per un importo pari al differenziale contributivo esistente tra la contribuzione che sarebbe stata maturata nel rapporto di lavoro risolto dall'illegittimo licenziamento e quella accreditata al lavoratore in conseguenza dello svolgimento di altre attività lavorative. In quest'ultimo caso, qualora i contributi afferiscano ad altra gestione previdenziale, essi sono imputati d'ufficio alla gestione corrispondente all'attività lavorativa svolta dal dipendente licenziato, con addebito dei relativi costi al datore di lavoro. A seguito dell'ordine di reintegrazione, il rapporto di lavoro si intende risolto quando il lavoratore non abbia ripreso servizio entro trenta giorni dall'invito del datore di lavoro, salvo il caso in cui abbia richiesto l'indennità sostitutiva della reintegrazione nel posto di lavoro ai sensi del terzo comma (1).

5. Il giudice, nelle altre ipotesi in cui accerta che non ricorrono gli estremi del giustificato motivo soggettivo o della giusta causa addotti dal datore di lavoro, dichiara risolto il rapporto di lavoro con effetto dalla data del licenziamento e condanna il datore di lavoro al pagamento di un'indennità risarcitoria onnicomprensiva determinata tra un minimo di dodici e un massimo di ventiquattro mensilità dell'ultima retribuzione globale di fatto, in relazione all'anzianità del lavoratore e tenuto conto del numero dei dipendenti occupati, delle dimensioni dell'attività economica, del comportamento e delle condizioni delle parti, con onere di specifica motivazione a tale riguardo (1).

6. Nell'ipotesi in cui il licenziamento sia dichiarato inefficace per violazione del requisito di motivazione di cui all'art. 2, comma 2, della l. 15 luglio 1966, n. 604, e successive modificazioni (2), della procedura di cui all'art. 7 della presente legge, o della procedura di cui all'art. 7 della l. 15 luglio 1966, n. 604, e successive modificazioni (2), si applica il regime di cui al quinto comma, ma con attribuzione al lavoratore di un'indennità risarcitoria onnicomprensiva determinata, in relazione alla gravità della violazione formale o procedurale commessa dal datore di lavoro, tra un minimo di sei e un massimo di dodici mensilità dell'ultima retribuzione globale di fatto, con onere di specifica motivazione a tale riguardo, a meno che il giudice, sulla base della domanda del lavoratore, accerti che vi è anche un difetto di giustificazione del licenziamento, nel qual caso applica, in luogo di quelle previste dal presente comma, le tutele di cui ai commi quarto, quinto o settimo (1).

7. Il giudice applica la medesima disciplina di cui al quarto comma del presente articolo nell'ipotesi in cui accerti il difetto di giustificazione del licenziamento intimato, anche ai sensi degli artt. 4, comma 4, e 10, comma 3, della l. 12 marzo 1999, n. 68, per motivo oggettivo consistente nell'inidoneità fisica o psichica del lavoratore, ovvero che il licenziamento è stato intimato in violazione dell'art. 2110, secondo comma, del codice civile. Può altresì applicare la predetta disciplina nell'ipotesi in cui accerti

(1) Gli attuali commi dal primo al decimo sono stati così sostituiti agli originali primi sei commi dall'art. 1.42, lett. b, l. 28 giugno 2012, n. 92.
(2) In *Leggi coll. XII, 1.*

la manifesta insussistenza del fatto posto a base del licenziamento per giustificato motivo oggettivo; nelle altre ipotesi in cui accerta che non ricorrono gli estremi del predetto giustificato motivo, il giudice applica la disciplina di cui al quinto comma. In tale ultimo caso il giudice, ai fini della determinazione dell'indennità tra il minimo e il massimo previsti, tiene conto, oltre ai criteri di cui al quinto comma, delle iniziative assunte dal lavoratore per la ricerca di una nuova occupazione e del comportamento delle parti nell'ambito della procedura di cui all'art. 7 della l. 15 luglio 1966, n. 604, e successive modificazioni (1). Qualora, nel corso del giudizio, sulla base della domanda formulata dal lavoratore, il licenziamento risulti determinato da ragioni discriminatorie o disciplinari, trovano applicazione le relative tutele previste dal presente articolo (2).

8. Le disposizioni dei commi dal quarto al settimo si applicano al datore di lavoro, imprenditore o non imprenditore, che in ciascuna sede, stabilimento, filiale, ufficio o reparto autonomo nel quale ha avuto luogo il licenziamento occupa alle sue dipendenze più di quindici lavoratori o più di cinque se si tratta di imprenditore agricolo, nonché al datore di lavoro, imprenditore o non imprenditore, che nell'ambito dello stesso comune occupa più di quindici dipendenti e all'impresa agricola che nel medesimo ambito territoriale occupa più di cinque dipendenti, anche se ciascuna unità produttiva, singolarmente considerata, non raggiunge tali limiti, e in ogni caso al datore di lavoro, imprenditore e non imprenditore, che occupa più di sessanta dipendenti (2).

9. Ai fini del computo del numero dei dipendenti di cui all'ottavo comma si tiene conto dei lavoratori assunti con contratto a tempo indeterminato parziale per la quota di orario effettivamente svolto, tenendo conto, a tale proposito, che il computo delle unità lavorative fa riferimento all'orario previsto dalla contrattazione collettiva del settore. Non si computano il coniuge e i parenti del datore di lavoro entro il secondo grado in linea diretta e in linea collaterale. Il computo dei limiti occupazionali di cui all'ottavo comma non incide su norme o istituti che prevedono agevolazioni finanziarie o creditizie (2).

10. Nell'ipotesi di revoca del licenziamento, purché effettuata entro il termine di quindici giorni dalla comunicazione al datore di lavoro dell'impugnazione del medesimo, il rapporto di lavoro si intende ripristinato senza soluzione di continuità, con diritto del lavoratore alla retribuzione maturata nel periodo precedente alla revoca, e non trovano applicazione i regimi sanzionatori previsti dal presente articolo (2).

11. Nell'ipotesi di licenziamento dei lavoratori di cui all'art. 22, su istanza congiunta del lavoratore e del sindacato cui questi aderisce o conferisca mandato, il giudice, in ogni stato e grado del giudizio di merito, può disporre con ordinanza, quando ritenga irrilevanti o insufficienti gli elementi di prova forniti dal datore di lavoro, la reintegrazione del lavoratore nel posto di lavoro.

12. L'ordinanza di cui al comma precedente può essere impugnata con reclamo immediato al giudice medesimo che l'ha pronunciata. Si applicano le disposizioni dell'art. 178, terzo, quarto, quinto e sesto comma del codice di procedura civile.

13. L'ordinanza può essere revocata con la sentenza che decide la causa.

14. Nell'ipotesi di licenziamento dei lavoratori di cui all'art. 22, il datore di lavoro che non ottempera alla sentenza di cui al primo comma ovvero all'ordinanza di cui all'undicesimo comma (3), non impugnata o confermata dal giudice che l'ha pronunciata, è tenuto anche, per ogni giorno di ritardo, al pagamento a favore del Fondo adeguamento pensioni di una somma pari all'importo della retribuzione dovuta al lavoratore.

TITOLO III

Dell'attività sindacale

19. *Costituzione delle rappresentanze sindacali aziendali.* — *1.* Rappresentanze sindacali aziendali possono essere costituite ad iniziativa dei lavoratori in ogni unità produttiva, nell'ambito:

a) .... (4).

b) delle associazioni sindacali che siano firmatarie di contratti collettivi di lavoro appli-

(1) In *Leggi coll. XII, 1.*

(2) Gli attuali commi dal primo al decimo sono stati così sostituiti agli originali primi sei commi dall'art. 1.42, lett. b, l. 28 giugno 2012, n. 92.

(3) Le parole «all'undicesimo comma» sono state così sostituite alle precedenti «al quarto comma» dall'art. 1.42, lett. c, l. 28 giugno 2012, n. 92.

(4) Lettera abrogata in esito al referendum indetto con d.p.r. 5 aprile 1995, con effetto decorsi sessanta giorni dal 29 luglio 1995, data di pubblicazione del d.p.r. 28 luglio 1995, n. 312.

cati nell'unità produttiva (1).

2. Nell'ambito di aziende con più unità produttive le rappresentanze sindacali possono istituire organi di coordinamento.

20. *Assemblea*. — *1.* I lavoratori hanno diritto di riunirsi, nell'unità produttiva in cui prestano la loro opera, fuori dell'orario di lavoro, nonché durante l'orario di lavoro, nei limiti di dieci ore annue, per le quali verrà corrisposta la normale retribuzione. Migliori condizioni possono essere stabilite dalla contrattazione collettiva.

2. Le riunioni – che possono riguardare la generalità dei lavoratori o gruppi di essi – sono indette, singolarmente o congiuntamente, dalle rappresentanze sindacali aziendali nell'unità produttiva, con ordine del giorno su materie di interesse sindacale e del lavoro e secondo l'ordine di precedenza delle convocazioni, comunicate al datore di lavoro.

3. Alle riunioni possono partecipare, previo preavviso al datore di lavoro, dirigenti esterni del sindacato che ha costituito la rappresentanza sindacale aziendale.

4. Ulteriori modalità per l'esercizio del diritto di assemblea possono essere stabilite dai contratti collettivi di lavoro, anche aziendali.

21. *Referendum*. — *1.* Il datore di lavoro deve consentire nell'ambito aziendale lo svolgimento, fuori dell'orario di lavoro, di *referendum*, sia generali che per categoria, su materie inerenti all'attività sindacale, indetti da tutte le rappresentanze sindacali aziendali tra i lavoratori, con diritto di partecipazione di tutti i lavoratori appartenenti all'unità produttiva e alla categoria particolarmente interessata.

2. Ulteriori modalità per lo svolgimento del *referendum* possono essere stabilite dai contratti collettivi di lavoro anche aziendali.

22. *Trasferimento dei dirigenti delle rappresentanze sindacali aziendali*. — *1.* Il trasferimento dall'unità produttiva dei dirigenti delle rappresentanze sindacali aziendali di cui al precedente art. 19, dei candidati e dei membri di commissione interna può essere disposto solo previo nulla osta delle associazioni sindacali di appartenenza.

2. Le disposizioni di cui al comma precedente ed ai commi quarto, quinto, sesto e settimo dell'art. 18 si applicano sino alla fine del terzo mese successivo a quello in cui è stata eletta la commissione interna per i candidati nelle elezioni della commissione stessa e sino alla fine dell'anno successivo a quello in cui è cessato l'incarico per tutti gli altri.

23. *Permessi retribuiti*. — *1.* I dirigenti delle rappresentanze sindacali aziendali di cui all'art. 19 hanno diritto, per l'espletamento del loro mandato, a permessi retribuiti.

2. Salvo clausole più favorevoli dei contratti collettivi di lavoro hanno diritto ai permessi di cui al primo comma almeno:

a) un dirigente per ciascuna rappresentanza sindacale aziendale nelle unità produttive che occupano fino a 200 dipendenti della categoria per cui la stessa è organizzata;

b) un dirigente ogni 300 o frazione di 300 dipendenti per ciascuna rappresentanza sindacale aziendale nelle unità produttive che occupano fino a 3000 dipendenti della categoria per cui la stessa è organizzata;

c) un dirigente ogni 500 o frazione di 500 dipendenti della categoria per cui è organizzata la rappresentanza sindacale aziendale nelle unità produttive di maggiori dimensioni, in aggiunta al numero minimo di cui alla precedente lett. *b*).

3. I permessi retribuiti di cui al presente articolo non potranno essere inferiori a otto ore mensili nelle aziende di cui alle lett. *b*) e *c*) del comma precedente; nelle aziende di cui alla lett. *a*) i permessi retribuiti non potranno essere inferiori ad un'ora all'anno per ciascun dipendente.

4. Il lavoratore che intende esercitare il diritto di cui al primo comma deve darne comunicazione scritta al datore di lavoro di regola 24 ore prima, tramite le rappresentanze sindacali aziendali (2).

24. *Permessi non retribuiti*. — *1.* I dirigenti sindacali aziendali di cui all'art. 23 hanno diritto a permessi non retribuiti per la partecipazione a trattative sindacali o a congressi e convegni di natura sindacale, in misura non inferiore a otto giorni all'anno.

2. I lavoratori che intendano esercitare il di-

(1) Lettera così modificata in esito al referendum indetto con d.p.r. 5 aprile 1995, con effetto decorsi sessanta giorni dal 29 luglio 1995, data di pubblicazione del d.p.r. 28 luglio 1995, n. 312. La Corte cost., con sentenza 23 luglio 2013, n. 231, ha dichiarato l'illegittimità costituzionale della lettera annotata «nella parte in cui non prevede che la rappresentanza sindacale aziendale possa essere costituita anche nell'ambito di associazioni sindacali che, pur non firmatarie dei contratti collettivi applicati nell'unità produttiva, abbiano comunque partecipato alla negoziazione relativa agli stessi contratti quali rappresentanti dei lavoratori dell'azienda».

(2) Comma così sostituito dall'art. 18.2, l. 23 luglio 1991, n. 223.

Sulla sospensione dei permessi sindacali retribuiti e dei contributi sindacali, nonché sulla esclusione dalle trattative nei confronti delle organizzazioni di lavoratori che proclamano o aderiscono ad uno sciopero in violazione delle norme sull'esercizio del diritto di sciopero nei servizi pubblici essenziali v. art. 4.2, l. 12 giugno 1990, n. 146, come modificato dall'art. 3.2, l. 11 aprile 2000, n. 83.

ritto di cui al comma precedente devono darne comunicazione scritta al datore di lavoro di regola tre giorni prima, tramite le rappresentanze sindacali aziendali.

25. *Diritto di affissione*. — *1.* Le rappresentanze sindacali aziendali hanno diritto di affiggere, su appositi spazi, che il datore di lavoro ha l'obbligo di predisporre in luoghi accessibili a tutti i lavoratori all'interno dell'unità produttiva, pubblicazioni, testi e comunicati inerenti a materie di interesse sindacale e del lavoro.

26. *Contributi sindacali*. — *1.* I lavoratori hanno diritto di raccogliere contributi e di svolgere opera di proselitismo per le loro organizzazioni sindacali all'interno dei luoghi di lavoro, senza pregiudizio del normale svolgimento dell'attività aziendale.

2-3. .... (1).

27. *Locali delle rappresentanze sindacali aziendali*. — *1.* Il datore di lavoro nelle unità produttive con almeno 200 dipendenti pone permanentemente a disposizione delle rappresentanze sindacali aziendali, per l'esercizio delle loro funzioni, un idoneo locale comune all'interno della unità produttiva o nelle immediate vicinanze di essa.

2. Nelle unità produttive con un numero inferiore di dipendenti le rappresentanze sindacali aziendali hanno diritto di usufruire, ove ne facciano richiesta, di un locale idoneo per le loro riunioni.

TITOLO IV

Disposizioni varie e generali

28. *Repressione della condotta antisindacale* (2). — *1.* Qualora il datore di lavoro ponga in essere comportamenti diretti ad impedire o limitare l'esercizio della libertà e dell'attività sindacale nonché del diritto di sciopero, su ricorso degli organismi locali delle associazioni sindacali nazionali che vi abbiano interesse, il pretore (3) del luogo ove è posto in essere il comportamento denunziato, nei due giorni successivi, convocate le parti ed assunte sommarie informazioni, qualora ritenga sussistente la violazione di cui al presente comma, ordina al datore di lavoro, con decreto motivato ed immediatamente esecutivo, la cessazione del comportamento illegittimo e la rimozione degli effetti.

2. L'efficacia esecutiva del decreto non può essere revocata fino alla sentenza con cui il pretore (3) in funzione di giudice del lavoro definisce il giudizio instaurato a norma del comma successivo (4).

3. Contro il decreto che decide sul ricorso è ammessa, entro 15 giorni dalla comunicazione del decreto alle parti, opposizione davanti al pretore (3) in funzione di giudice del lavoro che decide con sentenza immediatamente esecutiva. Si osservano le disposizioni degli artt. 413 e seguenti del codice di procedura civile (5).

4. Il datore di lavoro che non ottempera al decreto, di cui al primo comma, o alla sentenza pronunciata nel giudizio d'opposizione è punito ai sensi dell'art. 650 del codice penale.

5. L'autorità giudiziaria ordina la pubblicazione della sentenza penale di condanna nei modi stabiliti dall'art. 36 del codice penale.

6-7. .... (6).

29. *Fusione delle rappresentanze sindacali aziendali*. — *1.* Quando le rappresentanze sindacali aziendali di cui all'art. 19 si siano costituite nell'ambito di due o più delle associazioni di cui alle lett. *a*) e *b*) del primo comma dell'articolo predetto, nonché nell'ipotesi di fusio-

(1) I commi 2 e 3 sono stati abrogati in esito al referendum indetto con d.p.r. 5 aprile 1995, con effetto decorsi sessanta giorni dal 29 luglio 1995, data di pubblicazione del d.p.r. 28 luglio 1995, n. 312.

(2) Per il coordinamento con il nuovo rito del lavoro, v. art. 1, l. 8 novembre 1977, n. 847: «Nelle controversie previste dall'art. 28 della l. 20 maggio 1970, n. 300, ferme restando tutte le norme del procedimento speciale, si osservano, in quanto applicabili, le disposizioni della l. 11 agosto 1973, n. 533».

(3) L'art. 1, d.lg. 19 febbraio 1998, n. 51, ha soppresso l'ufficio del pretore, trasferendo le competenze al tribunale ordinario.

(4) Comma così sostituito dall'art. 2, l. n. 847/1977.

(5) Comma così sostituito dall'art. 3, l. n. 847/1977. Per la disciplina transitoria l'art. 4 così dispone: «I procedimenti pendenti alla data di entrata in vigore della presente legge sono definiti, secondo le disposizioni degli artt. 413 e seguenti del codice di procedura civile, dal giudice del lavoro presso l'ufficio che ne conosceva in base alle norme di competenza anteriormente in vigore. || L'appello contro la sentenza pronunciata dal tribunale a seguito di opposizione già prevista nel terzo comma dell'art. 28 della l. 20 maggio 1970, n. 300, si propone alla corte d'appello, secondo le norme di cui alla l. 11 agosto 1973, n. 533».

(6) Commi abrogati dall'art. 4, l. 11 aprile 2000, n. 83. L'art. 7, l. 12 giugno 1990, n. 146, prevede che la disciplina dell'art. 28 si applica anche in caso di violazione di clausole concernenti i diritti e l'attività del sindacato contenute negli accordi di cui al d.lg. 3 febbraio 1993, n. 29 e successive modificazioni, e nei contratti collettivi di lavoro, che disciplinano il rapporto di lavoro nei servizi pubblici essenziali.

ne di più rappresentanze sindacali, i limiti numerici stabiliti dall'art. 23, secondo comma, si intendono riferiti a ciascuna delle associazioni sindacali unitariamente rappresentate nell'unità produttiva.

2. Quando la formazione di rappresentanze sindacali unitarie consegua alla fusione delle associazioni di cui alle lett. *a*) e *b*) del primo comma dell'art. 19, i limiti numerici della tutela accordata ai dirigenti di rappresentanze sindacali aziendali, stabiliti in applicazione dell'art. 23, secondo comma, ovvero del primo comma del presente articolo restano immutati.

30. *Permessi per i dirigenti provinciali e nazionali*. — *1.* I componenti degli organi direttivi, provinciali e nazionali, delle associazioni di cui all'art. 19 hanno diritto a permessi retribuiti, secondo le norme dei contratti di lavoro, per la partecipazione alle riunioni degli organi suddetti.

31. *Aspettativa dei lavoratori chiamati a funzioni pubbliche elettive o a ricoprire cariche sindacali provinciali e nazionali*. — *1.* I lavoratori che siano eletti membri del Parlamento nazionale o del Parlamento europeo o di assemblee regionali ovvero siano chiamati ad altre funzioni pubbliche elettive possono, a richiesta, essere collocati in aspettativa non retribuita, per tutta la durata del loro mandato [cost. 51[3]] (1).

2. La medesima disposizione si applica ai lavoratori chiamati a ricoprire cariche sindacali provinciali e nazionali.

3. I periodi di aspettativa di cui ai precedenti commi sono considerati utili, a richiesta dell'interessato, ai fini del riconoscimento del diritto e della determinazione della misura della pensione a carico dell'assicurazione generale obbligatoria di cui al r.d.l. 4 ottobre 1935, n. 1827, e successive modifiche ed integrazioni, nonché a carico di enti, fondi, casse e gestioni per forme obbligatorie di previdenza sostitutive dell'assicurazione predetta, o che ne comportino comunque l'esonero.

4. Durante i periodi di aspettativa l'interessato, in caso di malattia, conserva il diritto alle prestazioni a carico dei competenti enti preposti all'erogazione delle prestazioni medesime.

5. Le disposizioni di cui al terzo e al quarto comma non si applicano qualora a favore dei lavoratori siano previste forme previdenziali per il trattamento di pensione e per malattia, in relazione all'attività espletata durante il periodo di aspettativa.

32. *Permessi ai lavoratori chiamati a funzioni pubbliche elettive*. — *1.* I lavoratori eletti alla carica di consigliere comunale o provinciale che non chiedano di essere collocati in aspettativa sono, a loro richiesta, autorizzati ad assentarsi dal servizio per il tempo strettamente necessario all'espletamento del mandato, senza alcuna decurtazione della retribuzione.

2. I lavoratori eletti alla carica di sindaco o di assessore comunale, ovvero di presidente di giunta provinciale o di assessore provinciale, hanno diritto anche a permessi non retribuiti per un minimo di trenta ore mensili [cost. 51[3]].

TITOLO V

Norme sul collocamento (2)

33-34. .... (3).

TITOLO VI

Disposizioni finali e penali

35. *Campo di applicazione*. — *1.* Per le imprese industriali e commerciali, le disposizioni del titolo III, ad eccezione del primo comma dell'art. 27 della presente legge si applicano a ciascuna sede, stabilimento, filiale, ufficio o reparto autonomo che occupa più di quindici dipendenti. Le stesse disposizioni si applicano alle imprese agricole che occupano più di cinque dipendenti.

2. Le norme suddette si applicano, altresì, alle imprese industriali e commerciali che nell'ambito dello stesso comune occupano più di quindici dipendenti ed alle imprese agricole che nel medesimo ambito territoriale occupano più di cinque dipendenti anche se ciascuna unità produttiva, singolarmente considerata, non raggiunge tali limiti.

3. Ferme restando le norme di cui agli artt. 1, 8, 9, 14, 15, 16 e 17, i contratti collettivi di lavoro provvedono ad applicare i principi di cui alla presente legge alle imprese di navigazione per

(1) Comma così sostituito dall'art. 2.2, l. 13 agosto 1979, n. 384, sul trattamento dei rappresentanti italiani in seno al Parlamento europeo.

(2) V. d.lg. 21 aprile 2000, n. 81, recante norme per agevolare l'incontro tra domanda e offerta di lavoro, come modificato dal d.lg. 19 dicembre 2002, n. 297.

(3) Articoli abrogati dall'art. 8.1, lett. d, d.lg. 19 dicembre 2002, n. 297.

il personale navigante (1).

36. *Obblighi dei titolari di benefici accordati dallo Stato e degli appaltatori di opere pubbliche.* — *1.* Nei provvedimenti di concessione di benefici accordati ai sensi delle vigenti leggi dallo Stato a favore di imprenditori che esercitano professionalmente un'attività economica organizzata e nei capitolati di appalto attinenti all'esecuzione di opere pubbliche, deve essere inserita la clausola esplicita determinante l'obbligo per il beneficiario o appaltatore di applicare o di far applicare nei confronti dei lavoratori dipendenti condizioni non inferiori a quelle risultanti dai contratti collettivi di lavoro della categoria e della zona (2).

2. Tale obbligo deve essere osservato sia nella fase di realizzazione degli impianti o delle opere che in quella successiva, per tutto il tempo in cui l'imprenditore beneficia delle agevolazioni finanziarie e creditizie concesse dallo Stato ai sensi delle vigenti disposizioni di legge.

3. Ogni infrazione al suddetto obbligo che sia accertata dall'Ispettorato del lavoro viene comunicata immediatamente ai Ministri nella cui amministrazione sia stata disposta la concessione del beneficio o dell'appalto. Questi adotteranno le opportune determinazioni, fino alla revoca del beneficio, e nei casi più gravi o nel caso di recidiva potranno decidere l'esclusione del responsabile, per un tempo fino a cinque anni, da qualsiasi ulteriore concessione di agevolazioni finanziarie o creditizie ovvero da qualsiasi appalto.

4. Le disposizioni di cui ai commi precedenti si applicano anche quando si tratti di agevolazioni finanziarie o creditizie ovvero di appalti concessi da enti pubblici, ai quali l'Ispettorato del lavoro comunica direttamente le infrazioni per l'adozione delle sanzioni.

37. *Applicazione ai dipendenti da enti pubblici.* — *1.* Le disposizioni della presente legge si applicano anche ai rapporti di lavoro e di impiego dei dipendenti da enti pubblici che svolgono esclusivamente o prevalentemente attività economica. Le disposizioni della presente legge si applicano altresì ai rapporti d'impiego dei dipendenti dagli altri enti pubblici, salvo che la materia sia diversamente regolata da norme speciali [c. 2129] (3).

38. *Disposizioni penali.* — *1.* Le violazioni degli artt. 2, (4) 5, 6 (5) e 15, primo comma, lett. *a*), sono punite, salvo che il fatto non costituisca più grave reato, con l'ammenda da lire trecentomila [euro 154] a lire tre milioni [euro 1.549] (6) o con l'arresto da 15 giorni ad un anno.

2. Nei casi più gravi le pene dell'arresto e dell'ammenda sono applicate congiuntamente.

3. Quando, per le condizioni economiche del reo, l'ammenda stabilita nel primo comma può presumersi inefficace anche se applicata nel massimo, il giudice ha facoltà di aumentarla fino al quintuplo.

4. Nei casi previsti dal secondo comma, l'autorità giudiziaria ordina la pubblicazione della sentenza penale di condanna nei modi stabiliti dall'art. 36 del codice penale.

39. *Versamento delle ammende al Fondo adeguamento pensioni.* — *1.* L'importo delle ammende è versato al Fondo adeguamento pensioni dei lavoratori.

40. *Abrogazione delle disposizioni contrastanti.* — *1.* Ogni disposizione in contrasto con le norme contenute nella presente legge è abrogata.

2. Restano salve le condizioni dei contratti collettivi e degli accordi sindacali più favorevoli ai lavoratori.

(1) La Corte cost., con sentenza 3 aprile 1987, n. 96, ha dichiarato l'illegittimità costituzionale di questo comma, nella parte in cui non prevede la diretta applicabilità anche dell'art. 18 della presente legge al personale marittimo navigante delle imprese di navigazione. La Corte cost., con sentenza 31 gennaio 1991, n. 41, ha dichiarato l'illegittimità costituzionale di questo comma, nella parte in cui non prevede la diretta applicabilità anche dell'art. 18 della presente legge al personale navigante delle imprese di navigazione aerea.

La Corte cost., con sentenza 23 luglio 1991, n. 364, ha dichiarato l'illegittimità costituzionale di questo comma, nella parte in cui non prevede la diretta applicabilità al personale navigante delle «imprese di navigazione» dei commi 1, 2 e 3 dell'art. 7 della presente legge.

Il presente articolo è stato modificato dall'art. 6.1, l. 11 maggio 1990, n. 108, in *Leggi coll. XII, 4*.

(2) La Corte cost., con sentenza 19 giugno 1998, n. 226, ha dichiarato l'illegittimità costituzionale di questo articolo «nella parte in cui non prevede che, nelle concessioni di pubblico servizio, deve essere inserita la clausola esplicita determinante l'obbligo per il concessionario di applicare o di far applicare nei confronti dei lavoratori dipendenti condizioni non inferiori a quelle risultanti dai contratti collettivi di lavoro della categoria e della zona».

(3) V. nota 4 alla rubrica di questa legge.

(4) La parola «4,» è stata soppressa dall'art. 179.2, d.lg. 30 giugno 2003, n. 196, con decorrenza dal 1° gennaio 2004.

(5) La parola «8» è stata soppressa dall'art. 179.2, d.lg. 30 giugno 2003, n. 196, con decorrenza dal 1° gennaio 2004.

(6) Importi così elevati dell'art. 113.3, l. 24 novembre 1981, n. 689.

41. *Esenzioni fiscali*. — *1.* Tutti gli atti e documenti necessari per l'attuazione della presente legge e per l'esercizio dei diritti connessi, nonché tutti gli atti e documenti relativi ai giudizi nascenti dalla sua applicazione sono esenti da bollo, imposte di registro o di qualsiasi altra specie e da tasse (1).

2. La presente legge, munita del sigillo dello Stato, sarà inserita nella Raccolta ufficiale delle leggi e dei decreti della Repubblica italiana. È fatto obbligo a chiunque spetti di osservarla e di farla osservare come legge dello Stato.

XII. 3.

LEGGE 29 maggio 1982, n. 297. — *Disciplina del trattamento di fine rapporto e norme in materia pensionistica* (2).

1. *Modifiche di disposizioni del codice civile*. — . . . . (*omissis*) (3).

2. *Fondo di garanzia*. — *1.* È istituito presso l'Istituto nazionale della previdenza sociale il «Fondo di garanzia per il trattamento di fine rapporto» con lo scopo di sostituirsi al datore di lavoro in caso di insolvenza del medesimo nel pagamento del trattamento di fine rapporto, di cui all'art. 2120 del codice civile, spettante ai lavoratori o loro aventi diritto (4).

2. Trascorsi quindici giorni dal deposito dello stato passivo, reso esecutivo ai sensi dell'art. 97 del r.d. 16 marzo 1942, n. 267, ovvero dopo la pubblicazione della sentenza di cui all'art. 99 dello stesso decreto, per il caso siano state proposte opposizioni o impugnazioni riguardanti il suo credito, ovvero dalla pubblicazione della sentenza di omologazione del concordato preventivo, il lavoratore o i suoi aventi diritto possono ottenere a domanda il pagamento, a carico del fondo, del trattamento di fine rapporto di lavoro e dei relativi crediti accessori, previa detrazione delle somme eventualmente corrisposte.

3. Nell'ipotesi di dichiarazione tardiva di crediti di lavoro di cui all'art. 101 del r.d. 16 marzo 1942, n. 267, la domanda di cui al comma precedente può essere presentata dopo il decreto di ammissione al passivo o dopo la sentenza che decide il giudizio insorto per l'eventuale contestazione del curatore fallimentare.

4. Ove l'impresa sia sottoposta a liquidazione coatta amministrativa la domanda può essere presentata trascorsi quindici giorni dal deposito dello stato passivo, di cui all'art. 209 del r.d. 16 marzo 1942, n. 267, ovvero, ove siano state proposte opposizioni o impugnazioni riguardanti il credito di lavoro, della sentenza che decide su di esse.

4-*bis.* L'intervento del Fondo di garanzia opera anche nel caso in cui datore di lavoro sia un'impresa, avente attività sul territorio di almeno due Stati membri, costituita secondo il diritto di un altro Stato membro ed in tale Stato sottoposta ad una procedura concorsuale, a condizione che il dipendente abbia abitualmente svolto la sua attività in Italia (5).

5. Qualora il datore di lavoro, non soggetto alle disposizioni del r.d. 16 marzo 1942, n. 267, non adempia, in caso di risoluzione del rapporto di lavoro alla corresponsione del trattamento dovuto o vi adempia in misura parziale, il lavoratore o i suoi aventi diritto possono chiedere al fondo il pagamento del trattamento di fine rapporto, sempreché, a seguito dell'esperimento dell'esecuzione forzata per la realizzazione del credito relativo a detto trattamento, le garanzie patrimoniali siano risultate in tutto o in parte insufficienti. Il fondo, ove non sussista contestazione in materia, esegue il pagamento del trattamento insoluto.

6. Quanto previsto nei commi precedenti si applica soltanto nei casi in cui la risoluzione del rapporto di lavoro e la procedura concorsuale od esecutiva siano intervenute successivamente all'entrata in vigore della presente legge.

7. I pagamenti di cui al secondo, terzo, quarto e quinto comma del presente articolo sono eseguiti dal fondo entro 60 giorni dalla richiesta dell'interessato. Il fondo è surrogato di diritto al lavoratore o ai suoi aventi causa nel privilegio spettante sul patrimonio dei datori di lavoro ai sensi degli artt. 2751-*bis* e 2776

(1) Agevolazione non esclusa dall'art. 42, d.p.r. 29 settembre 1973, n. 601: v. infatti la legge interpretativa 14 agosto 1974, n. 379.

(2) G.U., 31 maggio 1982, n. 147. Sul trattamento di fine rapporto e istituzione dei fondi pensione dei pubblici dipendenti v. d.p.c.m. 20 dicembre 1999, in G.U., 15 maggio 2000, n. 111, modificato con d.p.c.m. 2 marzo 2001, in G.U., 23 maggio 2001, n. 118.

(3) V. artt. 2120, 2121, 2776, cod. civ.

(4) Sulla tutela dei lavoratori subordinati in caso di insolvenza del datore di lavoro v. d.lg. 27 gennaio 1992, n. 80, come modificato dall'art. 1, d.lg. 19 agosto 2005, n. 185.

(5) Comma inserito dall'art. 2, d.lg. 19 agosto 2005, n. 185.

del codice civile per le somme da esso pagate.

8. Il fondo, per le cui entrate ed uscite è tenuta una contabilità separata nella gestione dell'assicurazione obbligatoria contro la disoccupazione, è alimentato con un contributo a carico dei datori di lavoro pari allo 0,03 per cento della retribuzione di cui all'art. 12 della l. 30 aprile 1969, n. 153, a decorrere dal periodo di paga in corso al 1° luglio 1982. Per tale contributo si osservano le stesse disposizioni vigenti per l'accertamento e la riscossione dei contributi dovuti al Fondo pensioni dei lavoratori dipendenti. Le disponibilità del fondo di garanzia non possono in alcun modo essere utilizzate al di fuori della finalità istituzionale del fondo stesso. Al fine di assicurare il pareggio della gestione, l'aliquota contributiva può essere modificata, in diminuzione o in aumento, con decreto del Ministro del lavoro e della previdenza sociale, di concerto con il Ministro del tesoro, sentito il consiglio di amministrazione dell'INPS, sulla base delle risultanze del bilancio consuntivo del fondo medesimo.

9. Il datore di lavoro deve integrare le denuncie previste dall'art. 4, primo comma, del d.l. 6 luglio 1978, n. 352, convertito, con modificazione, nella l. 4 agosto 1978, n. 467, con l'indicazione dei dati necessari all'applicazione delle norme contenute nel presente articolo nonché dei dati relativi all'accantonamento effettuato nell'anno precedente ed all'accantonamento complessivo risultante a credito del lavoratore. Si applicano altresì le disposizioni di cui ai commi secondo, terzo e quarto dell'art. 4 del predetto decreto-legge. Le disposizioni del presente comma non si applicano al rapporto di lavoro domestico.

10. Per i giornalisti e per i dirigenti di aziende industriali, il fondo di garanzia per il trattamento di fine rapporto è gestito, rispettivamente, dall'Istituto nazionale di previdenza dei giornalisti italiani «Giovanni Amendola» e dall'Istituto nazionale di previdenza per i dirigenti di aziende industriali.

3. *Norme in materia pensionistica. — 1.* A decorrere dall'anno 1983 e con effetto dal 1° aprile, 1° luglio e 1° ottobre di ciascun anno, gli importi della pensione alle quali si applica la perequazione automatica di cui all'art. 19 della l. 30 aprile 1969, n. 153, ed all'art. 9 della l. 3 giugno 1975, n. 160, e successive modificazioni ed integrazioni, ivi comprese quelle erogate in favore dei soggetti il cui trattamento è regolato dall'art. 7 della predetta l. 3 giugno 1975, n. 160 e dall'art. 14-*septies* del d.l. 30 dicembre 1979, n. 663, convertito, con modificazioni, nella l. 29 febbraio 1980, n. 33, sono aumentati in misura pari alla variazione percentuale, come definita nel comma seguente, dell'indice del costo della vita calcolato dall'ISTAT ai fini della scala mobile delle retribuzioni dei lavoratori dell'industria.

2. Alle date di cui al comma precedente la variazione si determina confrontando il valore medio dell'indice relativo al periodo compreso tra l'ottavo ed il sesto mese con il valore medio dell'indice relativo al periodo compreso tra l'undicesimo ed il nono mese anteriori a quelli da cui ha effetto l'aumento.

3. Con la stessa decorrenza le pensioni alle quali si applicano le norme di cui all'art. 10 della l. 3 giugno 1975, n. 160, vengono aumentate di una quota aggiuntiva pari al prodotto che si ottiene moltiplicando il valore unitario, fissato per ciascun punto in lire 1.910 [euro 0,99] mensili, per il numero dei punti di contingenza che sono accertati nel modo indicato nel comma seguente.

4. Il numero dei punti è uguale alla differenza, arrotondata all'unità, tra i valori medi degli indici indicati nel secondo comma del presente articolo.

5. Gli aumenti di cui ai precedenti commi primo e terzo sono esclusi dalla misura della pensione da assoggettare alla perequazione annuale avente decorrenza dal 1° gennaio dell'anno successivo.

6. L'adeguamento periodico dei contributi calcolato con la perequazione automatica delle pensioni è effettuato con decorrenza dal 1° gennaio di ciascun anno e comprende anche le variazioni intervenute con decorrenza dal 1° aprile, dal 1° luglio e dal 1° ottobre.

7. A decorrere dal 1° gennaio 1983 ai titolari di pensione o assegno indicati nell'art. 1 della l. 29 aprile 1976, n. 177, le variazioni nella misura mensile dell'indennità integrativa speciale di cui alla l. 27 maggio 1959, n. 324, e successive modificazioni, sono apportate trimestralmente sulla base dei punti di variazioni del costo della vita registrati tra gli indici indicati nel secondo comma del presente articolo. Con decreto del Ministro del tesoro sono adeguate dalla predetta data le aliquote contributive delle relative gestioni previdenziali.

8. Per le pensioni liquidate con decorrenza successiva al 30 giugno 1982, la retribuzione annua pensionabile per l'assicurazione generale obbligatoria per l'invalidità, la vecchiaia ed i superstiti dei lavoratori dipendenti è costituita dalla quinta parte della somma delle retribuzioni percepite in costanza di rapporto di lavoro, o corrispondenti a periodi riconosciuti figurativamente, ovvero ad eventuale contribuzione volontaria, risultante dalle ultime 260 settimane di contribuzione antecedenti la decorrenza della pensione (1).

9. A ciascuna settimana si attribuisce il valore retributivo corrispondente alla retribuzione media dell'anno solare cui la settimana stessa si riferisce. La retribuzione media di ciascun anno solare si determina suddividendo le retribuzioni percepite in costanza di rapporto di lavoro o corrispondenti a periodi riconosciuti figurativamente ovvero ad eventuale contribuzione volontaria per il numero delle settimane coperte da contribuzione obbligatoria effettiva o figurativa, o volontaria.

10. Per l'anno solare in cui cade la decorrenza della pensione sono prese in considerazione le retribuzioni corrispondenti ai periodi di paga scaduti anteriormente alla decorrenza stessa.

11. La retribuzione media settimanale determinata per ciascun anno solare ai sensi del precedente nono comma è rivalutata in misura corrispondente alla variazione dell'indice annuo del costo della vita calcolato dall'ISTAT ai fini della scala mobile delle retribuzioni dei lavoratori dell'industria, tra l'anno solare cui la retribuzione si riferisce e quello precedente la decorrenza della pensione.

12. La retribuzione media settimanale di ciascun anno solare o frazione di esso, rivalutata ai sensi del comma precedente, non è presa in considerazione per la parte eccedente la retribuzione massima settimanale pensionabile in vigore nell'anno solare da cui decorre la pensione.

13. Con decorrenza dal 1° gennaio 1983, il limite massimo di retribuzione annua, di cui all'art. 19 della l. 23 aprile 1981, n. 155, ai fini della determinazione della pensione a carico del Fondo pensione dei lavoratori dipendenti, è adeguato annualmente con effetto dal 1° gennaio con la disciplina della perequazione automatica prevista per le pensioni a carico del fondo predetto d'importo superiore al trattamento minimo.

14. Qualora il numero delle settimane di contribuzione utili per la determinazione della retribuzione annua pensionabile sia inferiore a 260, ferma restando la determinazione della retribuzione media settimanale nell'ambito di ciascun anno solare di cui ai commi ottavo, nono, decimo, undicesimo e dodicesimo del presente articolo, la retribuzione annua pensionabile è data dalla media aritmetica delle retribuzioni corrispondenti alle settimane di contribuzioni esistenti.

15. Agli oneri derivanti al Fondo pensioni dei lavoratori dipendenti dall'applicazione del presente articolo si provvede elevando le aliquote contributive a carico dei datori di lavoro, per l'assicurazione generale obbligatoria per l'invalidità, la vecchiaia ed i superstiti dei lavoratori dipendenti, ivi compresi gli addetti ai servizi domestici e familiari ed i pescatori della piccola pesca, con decorrenza dal periodo di paga in corso alla data del 1° luglio 1982 nella misura dello 0,30 per cento della retribuzione imponibile e con decorrenza dal periodo di paga in corso alla data del 1° gennaio 1983 nella misura ulteriore dello 0,20 per cento della retribuzione imponibile.

16. I datori di lavoro detraggono per ciascun lavoratore l'importo della contribuzione aggiuntiva di cui al comma precedente dall'ammontare della quota del trattamento di fine rapporto relativa al periodo di riferimento della contribuzione stessa. Qualora il trattamento di fine rapporto sia erogato mediante forme previdenziali, la contribuzione aggiuntiva è detratta dal contributo dovuto per il finanziamento del trattamento stesso, il cui importo spettante al lavoratore è corrispondentemente ridotto.

4. *Disposizioni finali.* — *1.* Le indennità di cui agli artt. 351, 352, 919 e 920 del codice della navigazione, approvato con r.d. 30 marzo 1942, n. 327, sono sostituite dal trattamento di fine rapporto disciplinato dall'art. 2120 del codice civile.

2. Quando a norma del capo IV del titolo IV del codice della navigazione, approvato con r.d. 30 marzo 1942, n. 327, il trattamento o altra indennità di fine rapporto sono commisurati alla retribuzione, questa si intende determinata e regolata dai contratti collettivi di lavoro.

3. La disposizione di cui al sesto comma dell'art. 2120 del codice civile non si applica alle aziende dichiarate in crisi ai sensi della l. 12 agosto 1977, n. 675, e successive modificazioni.

4. Le norme di cui all'art. 2120 del codice

(1) La Corte cost., con sentenza 13 aprile 2017, n. 82, ha dichiarato l'illegittimità costituzionale del presente comma «nella parte in cui non prevede che, nell'ipotesi di lavoratore che abbia già maturato i requisiti assicurativi e contributivi per conseguire la pensione e percepisca contributi per disoccupazione nelle ultime duecentosessanta settimane antecedenti la decorrenza della pensione, la pensione liquidata non possa essere comunque inferiore a quella che sarebbe spettata, al raggiungimento dell'età pensionabile, escludendo dal computo, ad ogni effetto, i periodi di contribuzione per disoccupazione relativi alle ultime duecentosessanta settimane, in quanto non necessari ai fini del requisito dell'anzianità contributiva minima».

civile e ai commi secondo, terzo, quarto, quinto e sesto dell'art. 5 della presente legge si applicano a tutti i rapporti di lavoro subordinato per i quali siano previste forme di indennità di anzianità, di fine lavoro, di buonuscita, comunque denominate e da qualsiasi fonte disciplinate.

5. Restano salve le indennità corrisposte alla cessazione del rapporto aventi natura e funzione diverse da quelle delle indennità di cui al comma precedente.

6. Resta altresì ferma la disciplina legislativa del trattamento di fine servizio dei dipendenti pubblici.

7. Il fondo di cui all'art. 3 del r.d.l. 8 gennaio 1942, n. 5, convertito, con modificazioni, nella l. 2 ottobre 1942, n. 1251, è soppresso.

8. Le disponibilità del fondo di cui al precedente comma sono devolute ai datori di lavoro aventi diritto, proporzionalmente agli accantonamenti effettuati a norma di legge. Le modalità di liquidazione delle disponibilità anzidette sono stabilite con decreto del Ministro del lavoro e della previdenza sociale, di concerto con il Ministro del tesoro.

9. Sono abrogati gli artt. 1 e 1-*bis* del d.l. 1° febbraio 1977, n. 12, convertito, con modificazioni, nella l. 31 marzo 1977, n. 91.

10. Sono abrogate tutte le altre norme di legge o aventi forza di legge che disciplinano le forme di indennità di anzianità, di fine rapporto e di buonuscita, comunque denominate.

11. Sono nulle e vengono sostituite di diritto dalle norme della presente legge tutte le clausole dei contratti collettivi regolanti la materia del trattamento di fine rapporto.

12. Nei casi in cui norme di legge o aventi forza di legge o clausole di contratti collettivi facciano richiamo agli istituti indicati al precedente decimo comma o alle fonti regolatrici di essi, il richiamo deve intendersi riferito al trattamento di fine rapporto di cui all'art. 1 della presente legge.

5. *Disposizioni transitorie. — 1.* L'indennità di anzianità che sarebbe spettata ai singoli prestatori di lavoro in caso di cessazione del rapporto all'atto dell'entrata in vigore della presente legge è calcolata secondo la disciplina vigente sino a tale momento e si cumula a tutti gli effetti con il trattamento di cui all'art. 2120 del codice civile. Si applicano le disposizioni del quarto e quinto comma dell'art. 2120 del codice civile.

2. A parziale deroga del secondo e terzo comma dell'art. 2120 del codice civile, gli aumenti dell'indennità di contingenza o di emolumenti di analoga natura, maturati a partire dal 1° febbraio 1977 e fino al 31 maggio 1982, sono computati nella retribuzione annua utile nelle seguenti misure e scadenze:

— 25 punti a partire dal 1° gennaio 1983;

— ulteriori 25 punti a partire dal 1° luglio 1983;

— ulteriori 25 punti a partire dal 1° gennaio 1984;

— ulteriori 25 punti a partire dal 1° luglio 1984;

— ulteriori 25 punti a partire dal 1° gennaio 1985;

— ulteriori 25 punti a partire dal 1° luglio 1985;

— i residui punti a partire dal 1° gennaio 1986.

3. In caso di risoluzione del rapporto di lavoro anteriormente all'anno 1986, gli aumenti dell'indennità di contingenza o di emolumenti di analoga natura maturati a partire dal 1° febbraio 1977 e fino al 31 maggio 1982 e non ancora computati a norma del comma precedente, sono corrisposti in aggiunta al trattamento di fine rapporto maturato.

4. Fino al 31 dicembre 1989, e salvo disposizioni più favorevoli dei contratti collettivi, nei confronti dei lavoratori che all'atto dell'entrata in vigore della presente legge fruiscono dell'indennità di anzianità in misura inferiore a quella prevista dalla l. 18 dicembre 1960, n. 1561, le misure espresse in ore o giorni indicate dai contratti collettivi per l'indennità di anzianità sono commisurate proporzionalmente all'importo della retribuzione di ciascun anno divisa per 13,5.

5. Entro la data di cui al comma precedente tutte le categorie di lavoratori debbono fruire del trattamento previsto dall'art. 1 della presente legge.

6. Le disposizioni di cui ai precedenti quarto e quinto comma si applicano anche al personale navigante con le qualifiche di «sottufficiale» e di «comune».

7. È riaperto, fino al 31 maggio 1982, il termine stabilito nell'art. 23 del d.l. 8 aprile 1974, n. 95, convertito, con modificazioni, nella l. 7 giugno 1974, n. 216, per il versamento degli accantonamenti e per l'adeguamento dei contratti di assicurazione e capitalizzazione di cui al d.l. 8 gennaio 1942, n. 5, convertito, con modificazioni, nella l. 2 ottobre 1942, n. 1251.

8. Per l'anno 1982 l'incremento dell'indice dei prezzi al consumo per le famiglie di operai e di impiegati del mese di dicembre è quello risultante rispetto all'indice del mese di maggio.

9. La presente legge entra in vigore il giorno successivo alla sua pubblicazione nella *Gazzetta Ufficiale*.

XII. 4.

LEGGE 11 maggio 1990, n. 108. — *Disciplina dei licenziamenti individuali* (1).

1. *Reintegrazione*. — *1.* I primi due commi dell'art. 18 della l. 20 maggio 1970, n. 300, sono sostituiti dai seguenti: . . . . (*omissis*) (2).

2. *Riassunzione o risarcimento del danno*. — 1. I datori di lavoro privati, imprenditori non agricoli e non imprenditori, e gli enti pubblici di cui all'art. 1 della l. 15 luglio 1966, n. 604, che occupano alle loro dipendenze fino a quindici lavoratori ed i datori di lavoro imprenditori agricoli che occupano alle loro dipendenze fino a cinque lavoratori computati con il criterio di cui all'art. 18 della l. 20 maggio 1970, n. 300, come modificato dall'art. 1 della presente legge, sono soggetti all'applicazione delle disposizioni di cui alla l. 15 luglio 1966, n. 604, così come modificata dalla presente legge. Sono altresì soggetti all'applicazione di dette disposizioni i datori di lavoro che occupano fino a sessanta dipendenti, qualora non sia applicabile il disposto dell'art. 18 della l. 20 maggio 1970, n. 300, come modificato dall'art. 1 della presente legge.

2. L'art. 2 della l. 15 luglio 1966, n. 604, è sostituito dal seguente: . . . . (*omissis*) (3).

3. L'art. 8 della l. 15 luglio 1966, n. 604, è sostituito dal seguente: . . . . (*omissis*) (4).

3. *Licenziamento discriminatorio*. — *1.* Il licenziamento determinato da ragioni discriminatorie ai sensi dell'art. 4 della l. 15 luglio 1966, n. 604, e dall'art. 15 della legge 20 maggio 1970, n. 300, come modificato dall'art. 13 della l. 9 dicembre 1977, n. 903, è nullo indipendentemente dalla motivazione addotta e comporta, quale che sia il numero dei dipendenti occupati dal datore di lavoro, le conseguenze previste dall'art. 18 della l. 20 maggio 1970, n. 300, come modificato dalla presente legge. Tali disposizioni si applicano anche ai dirigenti.

4. *Area di non applicazione*. — 1. Fermo restando quanto previsto dall'art. 3, le disposizioni degli artt. 1 e 2 non trovano applicazione nei rapporti disciplinati dalla l. 2 aprile 1958, n. 339. La disciplina di cui all'art. 18 della l. 20 maggio 1970, n. 300, come modificato dall'art. 1 della presente legge, non trova applicazione nei confronti dei datori di lavoro non imprenditori che svolgono senza fini di lucro attività di natura politica, sindacale, culturale, di istruzione ovvero di religione o di culto.

2. Le disposizioni di cui all'art. 18 della l. 20 maggio 1970, n. 300, come modificato dall'art. 1 della presente legge, e dell'art. 2 non si applicano nei confronti dei prestatori di lavoro ultrasessantenni, in possesso dei requisiti pensionistici, sempre che non abbiano optato per la prosecuzione del rapporto di lavoro ai sensi dell'art. 6 del d.l. 22 dicembre 1981, n. 791, convertito, con modificazioni, dalla l. 26 febbraio 1982, n. 54. Sono fatte salve le disposizioni dell'art. 3 della presente legge e dell'art. 9 della l. 15 luglio 1966, n. 604.

5. *Tentativo obbligatorio di conciliazione, arbitrato e spese processuali*. — 1. La domanda in giudizio di cui all'art. 2 della presente legge non può essere proposta se non è preceduta dalla richiesta di conciliazione avanzata secondo le procedure previste dai contratti e accordi collettivi di lavoro, ovvero dagli artt. 410 e 411 del codice di procedura civile.

2. L'improcedibilità della domanda è rilevabile anche d'ufficio nella prima udienza di discussione.

3. Ove il giudice rilevi l'improcedibilità della domanda a norma del comma 2 sospende il giudizio e fissa alle parti un termine perentorio non superiore a sessanta giorni per la proposizione della richiesta del tentativo di conciliazione.

4. Il processo deve essere riassunto a cura di una delle parti nel termine perentorio di centottanta giorni, che decorre dalla cessazione della causa di sospensione.

5. La comunicazione al datore di lavoro della richiesta di espletamento della procedura obbligatoria di conciliazione avvenuta nel termine di cui all'art. 6 della l. 15 luglio 1966, n. 604, impedisce la decadenza sancita nella medesima norma.

6. Ove il tentativo di conciliazione fallisca, ciascuna delle parti entro il termine di venti giorni può promuovere, anche attraverso l'associazione sindacale a cui è iscritta o conferisca mandato, il deferimento della controversia al collegio di arbitrato previsto dal contratto collettivo nazionale di lavoro applicabile o, in mancanza, ad un collegio composto da un rappresentante scelto da ciascuna parte e da un presidente scelto di comune accordo o, in difetto, dal direttore dell'ufficio provinciale del lavoro e della massima occupazione. Il collegio si pronuncia entro trenta giorni e la sua decisione acquista efficacia di titolo esecutivo os-

(1) G.U., 11 maggio 1990, n. 108.
(2) V. art. 18, l. 20 maggio 1970, n. 300, in *Leggi coll. XII, 2.*
(3) V. art. 2, l. 15 luglio 1966, n. 604, in *Leggi coll. XII, 1.*
(4) V. art. 8, l. 15 luglio 1966, n. 604, in *Leggi coll. XII, 1.*

servate le disposizioni dell'art. 411 del codice di procedura civile.

7. Il comportamento complessivo delle parti viene valutato dal giudice per l'applicazione degli artt. 91, 92, 96 del codice di procedura civile.

6. *Abrogazioni*. — 1. Nel primo comma dell'art. 35 della l. 20 maggio 1970, n. 300, sono soppresse le parole «dell'art. 18 e».

2. Il primo comma dell'art. 11 della l. 15 luglio 1966, n. 604, è abrogato.

XII. 5.

DECRETO LEGISLATIVO 10 settembre 2003, n. 276. — *Attuazione delle deleghe in materia di occupazione e mercato del lavoro, di cui alla l. 14 febbraio 2003, n. 30* (1).

TITOLI I-II

. . . . (*omissis*).

TITOLO III

Somministrazione di lavoro, appalto di servizi, distacco

CAPO I

SOMMINISTRAZIONE DI LAVORO (2).

20-28. . . . . (3).

CAPO II

APPALTO E DISTACCO

29. *Appalto*. — 1. Ai fini della applicazione delle norme contenute nel presente titolo, il contratto di appalto, stipulato e regolamentato ai sensi dell'art. 1655 del codice civile, si distingue dalla somministrazione di lavoro per la organizzazione dei mezzi necessari da parte dell'appaltatore, che può anche risultare, in relazione alle esigenze dell'opera o del servizio dedotti in contratto, dall'esercizio del potere organizzativo e direttivo nei confronti dei lavoratori utilizzati nell'appalto, nonché per la assunzione, da parte del medesimo appaltatore, del rischio d'impresa.

2. [...] (4) In caso di appalto di opere o di servizi, il committente imprenditore o datore di lavoro è obbligato in solido con l'appaltatore, nonché con ciascuno degli eventuali subappaltatori entro il limite di due anni dalla cessazione dell'appalto, a corrispondere ai lavoratori i trattamenti retributivi, comprese le quote di trattamento di fine rapporto, nonché i contributi previdenziali e i premi assicurativi dovuti in relazione al periodo di esecuzione del contratto di appalto, restando escluso qualsiasi obbligo per le sanzioni civili di cui risponde solo il responsabile dell'inadempimento. [...] (5).

3. L'acquisizione del personale già impiegato nell'appalto a seguito di subentro di nuovo appaltatore dotato di propria struttura organizzativa e operativa, in forza di legge, di contratto collettivo nazionale di lavoro o di clausola del contratto d'appalto, ove siano presenti

(1) Suppl. ord. a G.U., 11 ottobre 2003, n. 235.

(2) L'art. 1.46, l. 24 dicembre 2007, n. 247, aveva disposto: «È abolito il contratto di somministrazione di lavoro a tempo indeterminato di cui al titolo III, capo I, del d.lg. 10 settembre 2003, n. 276, e successive modificazioni». Successivamente, il comma 46 dell'art. 1, l. 247/2007 cit., è stato abrogato dall'art. 2.143, l. 23 dicembre 2009, n. 191, che così dispone: «Dalla data di entrata in vigore della presente legge trovano applicazione le disposizioni in materia di somministrazione di lavoro a tempo indeterminato di cui al titolo III, capo I, del d.lg. 10 settembre 2003, n. 276, come da ultimo modificato dalla presente legge (...)».

(3) Articoli abrogati dall'art. 55.1, lett. d, d.lg. 15 giugno 2015, n. 81.

(4) Le parole «Salvo diversa disposizione dei contratti collettivi nazionali sottoscritti da associazioni dei datori di lavoro e dei lavoratori comparativamente più rappresentative del settore che possono individuare metodi e procedure di controllo e di verifica della regolarità complessiva degli appalti,» sono state soppresse dall'art. 2.1, lett. a, d.l. 17 marzo 2017, n. 25, conv. in l. 20 aprile 2017, n. 49.

(5) Comma sostituito dall'art. 21, d.l. 9 febbraio 2012, n. 5, conv. in l. 4 aprile 2012, n. 35, e successivamente modificato dall'art. 4.31, l. 28 giugno 2012, n. 92.

In base all'art. 9.1, d.l. 28 giugno 2013, n. 76, conv. in l. 9 agosto 2013, n. 99: «Le disposizioni di cui all'art. 29, comma 2, del d.lg. 10 settembre 2003, n. 276 e successive modificazioni, trovano applicazione anche in relazione ai compensi e agli obblighi di natura previdenziale e assicurativa nei confronti dei lavoratori con contratto di lavoro autonomo. Le medesime disposizioni non trovano applicazione in relazione ai contratti di appalto stipulati dalle pubbliche amministrazioni di cui all'art. 1, comma 2, del d.lg. 30 marzo 2001, n. 165. Le disposizioni dei contratti collettivi di cui all'art. 29, comma 2, del d.lg. 10 settembre 2003, n. 276 e successive modificazioni, hanno effetto esclusivamente in relazione ai trattamenti retributivi dovuti ai lavoratori impiegati nell'appalto con esclusione di qualsiasi effetto in relazione ai contributi previdenziali e assicurativi».

Da ultimo, l'art. 2.1, lett. b, d.l. 17 marzo 2017, n. 25, conv. in l. 20 aprile 2017, n. 49, ha soppresso gli ultimi tre periodi.

elementi di discontinuità che determinano una specifica identità di impresa, non costituisce trasferimento d'azienda o di parte d'azienda (1).

3-*bis*. Quando il contratto di appalto sia stipulato in violazione di quanto disposto dal comma 1, il lavoratore interessato può chiedere, mediante ricorso giudiziale a norma dell'art. 414 del codice di procedura civile, notificato anche soltanto al soggetto che ne ha utilizzato la prestazione, la costituzione di un rapporto di lavoro alle dipendenze di quest'ultimo. In tale ipotesi si applica il disposto dell'art. 27, comma 2 (2).

3-*ter*. Fermo restando quando previsto dagli artt. 18 e 19, le disposizioni di cui al comma 2 non trovano applicazione qualora il committente sia una persona fisica che non esercita attività di impresa o professionale (2).

30. *Distacco*. — 1. L'ipotesi del distacco si configura quando un datore di lavoro, per soddisfare un proprio interesse, pone temporaneamente uno o più lavoratori a disposizione di altro soggetto per l'esecuzione di una determinata attività lavorativa.

2. In caso di distacco il datore di lavoro rimane responsabile del trattamento economico e normativo a favore del lavoratore.

3. Il distacco che comporti un mutamento di mansioni deve avvenire con il consenso del lavoratore interessato. Quando comporti un trasferimento a una unità produttiva sita a più di 50 km da quella in cui il lavoratore è adibito, il distacco può avvenire soltanto per comprovate ragioni tecniche, organizzative, produttive o sostitutive.

4. Resta ferma la disciplina prevista dall'art. 8, comma 3, del d.l. 20 maggio 1993, n. 148, convertito, con modificazioni, dalla l. 19 luglio 1993, n. 236.

4-*bis*. Quando il distacco avvenga in violazione di quanto disposto dal comma 1, il lavoratore interessato può chiedere, mediante ricorso giudiziale a norma dell'art. 414 del codice di procedura civile, notificato anche soltanto al soggetto che ne ha utilizzato la prestazione, la costituzione di un rapporto di lavoro alle dipendenze di quest'ultimo. In tale ipotesi si applica il disposto dell'art. 27, comma 2 (3).

4-*ter*. Qualora il distacco di personale avvenga tra aziende che abbiano sottoscritto un contratto di rete di impresa che abbia validità ai sensi del d.l. 10 febbraio 2009, n. 5, convertito, con modificazioni, dalla l. 9 aprile 2009, n. 33, l'interesse della parte distaccante sorge automaticamente in forza dell'operare della rete, fatte salve le norme in materia di mobilità dei lavoratori previste dall'art. 2103 del codice civile. Inoltre per le stesse imprese è ammessa la codatorialità dei dipendenti ingaggiati con regole stabilite attraverso il contratto di rete stesso (4).

TITOLI IV-VI

. . . . (*omissis*).

TITOLO VII

Tipologie contrattuali a progetto e occasionali

CAPO I

Lavoro a progetto e lavoro occasionale

[**61.** *Definizione e campo di applicazione*. — 1. Ferma restando la disciplina degli agenti e rappresentanti di commercio, nonché delle attività di vendita diretta di beni e di servizi (5) realizzate attraverso call center «outbound» per le quali il ricorso ai contratti di collaborazione a progetto è consentito sulla base del corrispettivo definito dalla contrattazione collettiva nazionale di riferimento (6), i rapporti di collaborazione coordinata e continuativa prevalentemente personale e senza vincolo di subordinazione, di cui all'art. 409, n. 3, del codice di procedura civile, devono essere riconducibili a uno o più progetti specifici determinati dal committente e gestiti autonomamente dal collaboratore. Il progetto deve essere funzionalmente collegato a un determinato risultato finale e non può consistere in una mera riproposizione dell'oggetto sociale del commit-

(1) Comma così sostituito dall'art. 30, l. 7 luglio 2016, n. 122.
(2) Comma aggiunto dall'art. 6.2, d.lg. 6 ottobre 2004, n. 251.
(3) Comma aggiunto dall'art. 7, d.lg. 6 ottobre 2004, n. 251.
(4) Comma aggiunto dall'art. 7.2, lett. 0a, d.l. 28 giugno 2013, n. 76, conv. in l. 9 agosto 2013, n. 99.
(5) L'art. 7.2-*bis*, d.l. 28 giugno 2013, n. 76, conv. in l. 9 agosto 2013, n. 99, così dispone: «L'espressione "vendita diretta di beni e di servizi", contenuta nell'art. 61, comma 1, del d.lg. 10 settembre 2003, n. 276, si interpreta nel senso di ricomprendere sia le attività di vendita diretta di beni, sia le attività di servizi».
(6) Le parole da «, nonché» fino a «riferimento» sono state inserite dall'art. 24-*bis*.7, d.l. 22 giugno 2012, n. 83, conv. in l. 7 agosto 2012, n. 134.

tente, avuto riguardo al coordinamento con l'organizzazione del committente e indipendentemente dal tempo impiegato per l'esecuzione dell'attività lavorativa. Il progetto non può comportare lo svolgimento di compiti meramente esecutivi e ripetitivi (1), che possono essere individuati dai contratti collettivi stipulati dalle organizzazioni sindacali comparativamente più rappresentative sul piano nazionale (2).

2. Dalla disposizione di cui al comma 1 sono escluse le prestazioni occasionali, intendendosi per tali i rapporti di durata complessiva non superiore a trenta giorni nel corso dell'anno solare ovvero, nell'ambito dei servizi di cura e assistenza alla persona, non superiore a 240 ore (3), con lo stesso committente, salvo che il compenso complessivamente percepito nel medesimo anno solare sia superiore a 5 mila euro, nel qual caso trovano applicazione le disposizioni contenute nel presente capo.

2-*bis*. Se il contratto ha per oggetto un'attività di ricerca scientifica e questa viene ampliata per temi connessi o prorogata nel tempo, il progetto prosegue automaticamente (4).

3. Sono escluse dal campo di applicazione del presente capo le professioni intellettuali per l'esercizio delle quali è necessaria l'iscrizione in appositi albi professionali, esistenti alla data di entrata in vigore del presente decreto legislativo, nonché i rapporti e le attività di collaborazione coordinata e continuativa comunque rese e utilizzate a fini istituzionali in favore delle associazioni e società sportive dilettantistiche affiliate alle federazioni sportive nazionali, alle discipline sportive associate e agli enti di promozione sportiva riconosciute dal C.O.N.I., come individuate e disciplinate dall'art. 90 della l. 27 dicembre 2002, n. 289 (5). Sono altresì esclusi dal campo di applicazione del presente capo i componenti degli organi di amministrazione e controllo delle società e i partecipanti a collegi e commissioni, nonché coloro che percepiscono la pensione di vecchiaia (6).

4. Le disposizioni contenute nel presente capo non pregiudicano l'applicazione di clausole di contratto individuale o di accordo collettivo più favorevoli per il collaboratore a progetto] (7).

[**62.** *Forma.* — 1. Il contratto di lavoro a progetto è stipulato in forma scritta e deve contenere [...] (8) i seguenti elementi:

a) indicazione della durata, determinata o determinabile, della prestazione di lavoro;

b) descrizione del progetto, con individuazione del suo contenuto caratterizzante e del risultato finale che si intende conseguire (9);

c) il corrispettivo e i criteri per la sua determinazione, nonché i tempi e le modalità di pagamento e la disciplina dei rimborsi spese;

d) le forme di coordinamento del lavoratore a progetto al committente sulla esecuzio-

(1) Le parole «esecutivi e ripetitivi» sono state così sostituite alle precedenti «esecutivi o ripetitivi» dall'art. 7.2, lett. c, d.l. 28 giugno 2013, n. 76, conv. in l. 9 agosto 2013, n. 99.

(2) Comma così sostituito dall'art. 1.23, lett. a, l. 28 giugno 2012, n. 92. L'art. 1.25, l. cit., così dispone: «Le disposizioni di cui ai commi 23 e 24 si applicano ai contratti di collaborazione stipulati successivamente alla data di entrata in vigore della presente legge».

(3) Le parole «ovvero, nell'ambito dei servizi di cura e assistenza alla persona, non superiore a 240 ore,» sono state inserite dall'art. 48.7, l. 4 novembre 2010, n. 183.

(4) Comma inserito dall'art. 7.2, lett. c-*bis*, d.l. 28 giugno 2013, n. 76, conv. in l. 9 agosto 2013, n. 99.

(5) L'art. 1.27, l. 28 giugno 2012, n. 92, così dispone: «La disposizione concernente le professioni intellettuali per l'esercizio delle quali è necessaria l'iscrizione in albi professionali, di cui al primo periodo del comma 3 dell'art. 61 del d.lg. 10 settembre 2003, n. 276, si interpreta nel senso che l'esclusione dal campo di applicazione del capo I del titolo VII del medesimo decreto riguarda le sole collaborazioni coordinate e continuative il cui contenuto concreto sia riconducibile alle attività professionali intellettuali per l'esercizio delle quali è necessaria l'iscrizione in appositi albi professionali. In caso contrario, l'iscrizione del collaboratore ad albi professionali non è circostanza idonea di per sé a determinare l'esclusione dal campo di applicazione del suddetto capo I del titolo VII».

(6) L'art. 35.6, d.l. 30 dicembre 2008, n. 207, conv. in l. 27 febbraio 2009, n. 14, così dispone: «Alle federazioni sportive nazionali, alle discipline associate ed agli enti di promozione sportiva riconosciuti dal CONI si applica quanto previsto dall'art. 67, comma 1, lett. *m*), secondo periodo, del t.u. delle imposte sui redditi, di cui al d.p.r. 22 dicembre 1986, n. 917, e successive modificazioni, e dall'art. 61, comma 3, del d.lg. 10 settembre 2003, n. 276, e successive modificazioni».

(7) Articolo abrogato dall'art. 52.1, d.lg. 15 giugno 2015, n. 81. Tali disposizioni «continuano ad applicarsi esclusivamente per la regolazione dei contratti già in atto alla data di entrata in vigore del presente decreto» (25 giugno 2015).

(8) Le parole «, ai fini della prova» sono state soppresse dall'art. 7.2, lett. d, d.l. 28 giugno 2013, n. 76, conv. in l. 9 agosto 2013, n. 99.

(9) Lettera così sostituita dall'art. 1.23, lett. b, l. 28 giugno 2012, n. 92. L'art. 1.25, l. cit., così dispone: «Le disposizioni di cui ai commi 23 e 24 si applicano ai contratti di collaborazione stipulati successivamente alla data di entrata in vigore della presente legge».

ne, anche temporale, della prestazione lavorativa, che in ogni caso non possono essere tali da pregiudicarne l'autonomia nella esecuzione dell'obbligazione lavorativa;

e) le eventuali misure per la tutela della salute e sicurezza del collaboratore a progetto, fermo restando quanto disposto dall'art. 66, comma 4] (1).

[**63.** *Corrispettivo.* — 1. Il compenso corrisposto ai collaboratori a progetto deve essere proporzionato alla quantità e alla qualità del lavoro eseguito e, in relazione a ciò nonché alla particolare natura della prestazione e del contratto che la regola, non può essere inferiore ai minimi stabiliti in modo specifico per ciascun settore di attività, eventualmente articolati per i relativi profili professionali tipici e in ogni caso sulla base dei minimi salariali applicati nel settore medesimo alle mansioni equiparabili svolte dai lavoratori subordinati, dai contratti collettivi sottoscritti dalle organizzazioni sindacali dei lavoratori e dei datori di lavoro comparativamente più rappresentative sul piano nazionale a livello interconfederale o di categoria ovvero, su loro delega, ai livelli decentrati.

2. In assenza di contrattazione collettiva specifica, il compenso non può essere inferiore, a parità di estensione temporale dell'attività oggetto della prestazione, alle retribuzioni minime previste dai contratti collettivi nazionali di categoria applicati nel settore di riferimento alle figure professionali il cui profilo di competenza e di esperienza sia analogo a quello del collaboratore a progetto] (2) (1).

[**64.** *Obbligo di riservatezza.* — 1. Salvo diverso accordo tra le parti il collaboratore a progetto può svolgere la sua attività a favore di più committenti.

2. Il collaboratore a progetto non deve svolgere attività in concorrenza con i committenti né, in ogni caso, diffondere notizie e apprezzamenti attinenti ai programmi e alla organizzazione di essi, né compiere, in qualsiasi modo, atti in pregiudizio della attività dei committenti medesimi] (1).

[**65.** *Invenzioni del collaboratore a progetto.* — 1. Il lavoratore a progetto ha diritto di essere riconosciuto autore della invenzione fatta nello svolgimento del rapporto.

2. I diritti e gli obblighi delle parti sono regolati dalle leggi speciali, compreso quanto previsto dall'art. 12-*bis* della l. 22 aprile 1941, n. 633, e successive modificazioni] (1).

[**66.** *Altri diritti del collaboratore a progetto.* — 1. La gravidanza, la malattia e l'infortunio del collaboratore a progetto non comportano l'estinzione del rapporto contrattuale, che rimane sospeso, senza erogazione del corrispettivo.

2. Salva diversa previsione del contratto individuale, in caso di malattia e infortunio la sospensione del rapporto non comporta una proroga della durata del contratto, che si estingue alla scadenza. Il committente può comunque recedere dal contratto se la sospensione si protrae per un periodo superiore a un sesto della durata stabilita nel contratto, quando essa sia determinata, ovvero superiore a trenta giorni per i contratti di durata determinabile.

3. In caso di gravidanza, la durata del rapporto è prorogata per un periodo di centottanta giorni, salva più favorevole disposizione del contratto individuale.

4. Oltre alle disposizioni di cui alla l. 11 agosto 1973, n. 533, e successive modificazioni e integrazioni, sul processo del lavoro e di cui all'art. 64 del d.lg. 26 marzo 2001, n. 151, e successive modificazioni, ai rapporti che rientrano nel campo di applicazione del presente capo si applicano le norme sulla sicurezza e igiene del lavoro di cui al d.lg. n. 626 del 1994 e successive modifiche e integrazioni, quando la prestazione lavorativa si svolga nei luoghi di lavoro del committente, nonché le norme di tutela contro gli infortuni sul lavoro e le malattie professionali, le norme di cui all'art. 51, comma 1, della l. 23 dicembre 1999, n. 488, e del decreto del Ministero del lavoro e della previdenza sociale in data 12 gennaio 2001, pubblicato nella *Gazzetta Ufficiale* n. 71 del 26 marzo 2001] (1).

[**67.** *Estinzione del contratto e preavviso.* — 1. I contratti di lavoro di cui al presente capo si risolvono al momento della realizzazione del progetto [...] (3) che ne costituisce l'oggetto.

2. Le parti possono recedere prima della sca-

(1) Articolo abrogato dall'art. 52.1, d.lg. 15 giugno 2015, n. 81. Tali disposizioni «continuano ad applicarsi esclusivamente per la regolazione dei contratti già in atto alla data di entrata in vigore del presente decreto» (25 giugno 2015).

(2) Articolo così sostituito dall'art. 1.23, lett. c, l. 28 giugno 2012, n. 92. L'art. 1.25, l. cit., così dispone: «Le disposizioni di cui ai commi 23 e 24 si applicano ai contratti di collaborazione stipulati successivamente alla data di entrata in vigore della presente legge».

(3) Le parole «o del programma o della fase di esso» sono state soppresse dall'art. 1.23, lett. d, l. 28 giugno 2012, n. 92. L'art. 1.25, l. cit., così dispone: «Le disposizioni di cui ai commi 23 e 24 si applicano ai contratti di collaborazione stipulati successivamente alla data di entrata in vigore della presente legge».

denza del termine per giusta causa. Il committente può altresì recedere prima della scadenza del termine qualora siano emersi oggettivi profili di inidoneità professionale del collaboratore tali da rendere impossibile la realizzazione del progetto. Il collaboratore può recedere prima della scadenza del termine, dandone preavviso, nel caso in cui tale facoltà sia prevista nel contratto individuale di lavoro] (1) (2).

[**68.** *Rinunzie e transazioni*. — 1. Nella riconduzione a un progetto [...] (3) dei contratti di cui all'art. 61, comma 1, i diritti derivanti da un rapporto di lavoro già in essere possono essere oggetto di rinunzie o transazioni tra le parti in sede di certificazione del rapporto di lavoro di cui al Titolo VIII secondo lo schema dell'art. 2113 del codice civile] (4) (2).

[**69.** *Divieto di rapporti di collaborazione coordinata e continuativa atipici e conversione del contratto*. — 1. I rapporti di collaborazione coordinata e continuativa instaurati senza l'individuazione di uno specifico progetto, programma di lavoro o fase di esso ai sensi dell'art. 61, comma 1, sono considerati rapporti di lavoro subordinato a tempo indeterminato sin dalla data di costituzione del rapporto (5).

2. Qualora venga accertato dal giudice che il rapporto instaurato ai sensi dell'art. 61 sia venuto a configurare un rapporto di lavoro subordinato, esso si trasforma in un rapporto di lavoro subordinato corrispondente alla tipologia negoziale di fatto realizzatasi tra le parti. Salvo prova contraria a carico del committente, i rapporti di collaborazione coordinata e continuativa, anche a progetto, sono considerati rapporti di lavoro subordinato sin dalla data di costituzione del rapporto, nel caso in cui l'attività del collaboratore sia svolta con modalità analoghe a quella svolta dai lavoratori dipendenti dell'impresa committente, fatte salve le prestazioni di elevata professionalità che possono essere individuate dai contratti collettivi stipulati dalle organizzazioni sindacali comparativamente più rappresentative sul piano nazionale (6).

3. Ai fini del giudizio di cui al comma 2, il controllo giudiziale è limitato esclusivamente, in conformità ai principi generali dell'ordinamento, all'accertamento della esistenza del progetto, programma di lavoro o fase di esso e non può essere esteso fino al punto di sindacare nel merito valutazioni e scelte tecniche, organizzative o produttive che spettano al committente] (2).

[**69**-*bis*. *Altre prestazioni lavorative rese in regime di lavoro autonomo*. — 1. Le prestazioni lavorative rese da persona titolare di posizione fiscale ai fini dell'imposta sul valore aggiunto sono considerate, salvo che sia fornita prova contraria da parte del committente, rapporti di collaborazione coordinata e continuativa, qualora ricorrano almeno due dei seguenti presupposti:

a) che la collaborazione con il medesimo committente abbia una durata complessiva superiore a otto mesi annui per due anni consecutivi;

b) che il corrispettivo derivante da tale collaborazione, anche se fatturato a più soggetti riconducibili al medesimo centro d'imputazione di interessi, costituisca più dell'80 per cento dei corrispettivi annui complessivamente percepiti dal collaboratore nell'arco di due anni solari;

c) che il collaboratore disponga di una postazione fissa di lavoro presso una delle sedi del committente.

2. La presunzione di cui al comma 1 non opera qualora la prestazione lavorativa presenti i seguenti requisiti:

(1) Comma così sostituito dall'art. 1.23, lett. e, l. 28 giugno 2012, n. 92. L'art. 1.25, l. cit., così dispone: «Le disposizioni di cui ai commi 23 e 24 si applicano ai contratti di collaborazione stipulati successivamente alla data di entrata in vigore della presente legge».

(2) Articolo abrogato dall'art. 52.1, d.lg. 15 giugno 2015, n. 81. Tali disposizioni «continuano ad applicarsi esclusivamente per la regolazione dei contratti già in atto alla data di entrata in vigore del presente decreto» (25 giugno 2015).

(3) Le parole «, programma di lavoro o fase di esso» sono state soppresse dall'art. 1.23, lett. f, l. 28 giugno 2012, n. 92. L'art. 1.25, l. cit., così dispone: «Le disposizioni di cui ai commi 23 e 24 si applicano ai contratti di collaborazione stipulati successivamente alla data di entrata in vigore della presente legge».

(4) Articolo così sostituito dall'art. 15, d.lg. 6 ottobre 2004, n. 251.

(5) L'art. 1.24, l. 28 giugno 2012, n. 92, così dispone: «L'art. 69, comma 1, del d.lg. 10 settembre 2003, n. 276, si interpreta nel senso che l'individuazione di uno specifico progetto costituisce elemento essenziale di validità del rapporto di collaborazione coordinata e continuativa, la cui mancanza determina la costituzione di un rapporto di lavoro subordinato a tempo indeterminato». In base all'art. 1.25, l. cit.: «Le disposizioni di cui ai commi 23 e 24 si applicano ai contratti di collaborazione stipulati successivamente alla data di entrata in vigore della presente legge».

(6) Ultimo periodo aggiunto dall'art. 1.23, lett. g, l. 28 giugno 2012, n. 92. L'art. 1.25, l. cit., così dispone: «Le disposizioni di cui ai commi 23 e 24 si applicano ai contratti di collaborazione stipulati successivamente alla data di entrata in vigore della presente legge».

a) sia connotata da competenze teoriche di grado elevato acquisite attraverso significativi percorsi formativi, ovvero da capacità tecnico-pratiche acquisite attraverso rilevanti esperienze maturate nell'esercizio concreto di attività (1);

b) sia svolta da soggetto titolare di un reddito annuo da lavoro autonomo non inferiore a 1,25 volte il livello minimo imponibile ai fini del versamento dei contributi previdenziali di cui all'art. 1, comma 3, della l. 2 agosto 1990, n. 233.

3. La presunzione di cui al comma 1 non opera altresì con riferimento alle prestazioni lavorative svolte nell'esercizio di attività professionali per le quali l'ordinamento richiede l'iscrizione ad un ordine professionale, ovvero ad appositi registri, albi, ruoli o elenchi professionali qualificati e detta specifici requisiti e condizioni. Alla ricognizione delle predette attività si provvede con decreto del Ministero del lavoro e delle politiche sociali, da emanare, in fase di prima applicazione, entro tre mesi dalla data di entrata in vigore della presente disposizione, sentite le parti sociali.

4. La presunzione di cui al comma 1, che determina l'integrale applicazione della disciplina di cui al presente capo, ivi compresa la disposizione dell'art. 69, comma 1, si applica ai rapporti instaurati successivamente alla data di entrata in vigore della presente disposizione. Per i rapporti in corso a tale data, al fine di consentire gli opportuni adeguamenti, le predette disposizioni si applicano decorsi dodici mesi dalla data di entrata in vigore della presente disposizione.

5. Quando la prestazione lavorativa di cui al comma 1 si configura come collaborazione coordinata e continuativa, gli oneri contributivi derivanti dall'obbligo di iscrizione alla gestione separata dell'INPS ai sensi dell'art. 2, comma 26, della l. 8 agosto 1995, n. 335, sono a carico per due terzi del committente e per un terzo del collaboratore, il quale, nel caso in cui la legge gli imponga l'assolvimento dei relativi obblighi di pagamento, ha il relativo diritto di rivalsa nei confronti del committente] (2) (3).

CAPO II

PRESTAZIONI OCCASIONALI DI TIPO ACCESSORIO RESE DA PARTICOLARI SOGGETTI

70. .... (4).

71. .... (5).

72-73. .... (6).

74. *Prestazioni che esulano dal mercato del lavoro*. — 1. Con specifico riguardo alle attività agricole non integrano in ogni caso un rapporto di lavoro autonomo o subordinato le prestazioni svolte da parenti e affini sino al quarto grado (7) in modo meramente occasionale o ricorrente di breve periodo, a titolo di aiuto, mutuo aiuto, obbligazione morale senza corresponsione di compensi, salvo le spese di mantenimento e di esecuzione dei lavori.

TITOLO VIII

.... (*omissis*).

XII. 6.

DECRETO LEGISLATIVO 4 marzo 2015, n. 23. — *Disposizioni in materia di contratto di lavoro a tempo indeterminato a tutele crescenti, in attuazione della l. 10 dicembre 2014, n. 183* (8).

1. *Campo di applicazione*. — 1. Per i lavora-

(1) L'art. 1.30, l. 28 giugno 2012, n. 92, così dispone: «I rapporti di associazione in partecipazione con apporto di lavoro instaurati o attuati senza che vi sia stata un'effettiva partecipazione dell'associato agli utili dell'impresa o dell'affare, ovvero senza consegna del rendiconto previsto dall'art. 2552 del codice civile, si presumono, salva prova contraria, rapporti di lavoro subordinato a tempo indeterminato. La predetta presunzione si applica, altresì, qualora l'apporto di lavoro non presenti i requisiti di cui all'art. 69-*bis*, comma 2, lett. *a*), del d.lg. 10 settembre 2003, n. 276, introdotto dal comma 26 del presente articolo».

(2) Articolo aggiunto dall'art. 1.26, l. 28 giugno 2012, n. 92, successivamente così modificato dall'art. 46-*bis*.1, lett. c, d.l. 22 giugno 2012, n. 83, conv. in l. 7 agosto 2012, n. 134.

(3) Articolo abrogato dall'art. 52.1, d.lg. 15 giugno 2015, n. 81. Tali disposizioni «continuano ad applicarsi esclusivamente per la regolazione dei contratti già in atto alla data di entrata in vigore del presente decreto» (25 giugno 2015).

(4) Articolo abrogato dall'art. 55.1, lett. d, d.lg. 15 giugno 2015, n. 81.

(5) Articolo già abrogato dall'art. 22.4, d.l. 25 giugno 2008, n. 112, conv. in l. 6 agosto 2008, n. 133. L'abrogazione viene ribadita dall'art. 55.1, lett. d, d.lg. 15 giugno 2015, n. 81

(6) Articoli abrogati dall'art. 55.1, lett. d, d.lg. 15 giugno 2015, n. 81.

(7) Le parole «parenti e affini sino al quarto grado» sono state così sostituite alle precedenti «parenti e affini sino al terzo grado» dall'art. 7-*ter*.13, d.l. 10 febbraio 2009, n. 5, conv. in l. 9 aprile 2009, n. 33.

(8) G.U., 6 marzo 2015, n. 54.

tori che rivestono la qualifica di operai, impiegati o quadri, assunti con contratto di lavoro subordinato a tempo indeterminato a decorrere dalla data di entrata in vigore del presente decreto, il regime di tutela nel caso di licenziamento illegittimo è disciplinato dalle disposizioni di cui al presente decreto.

2. Le disposizioni di cui al presente decreto si applicano anche nei casi di conversione, successiva all'entrata in vigore del presente decreto, di contratto a tempo determinato o di apprendistato in contratto a tempo indeterminato.

3. Nel caso in cui il datore di lavoro, in conseguenza di assunzioni a tempo indeterminato avvenute successivamente all'entrata in vigore del presente decreto, integri il requisito occupazionale di cui all'art. 18, ottavo e nono comma, della l. 20 maggio 1970, n. 300, e successive modificazioni (1), il licenziamento dei lavoratori, anche se assunti precedentemente a tale data, è disciplinato dalle disposizioni del presente decreto.

2. *Licenziamento discriminatorio, nullo e intimato in forma orale*. — 1. Il giudice, con la pronuncia con la quale dichiara la nullità del licenziamento perché discriminatorio a norma dell'art. 15 della l. 20 maggio 1970, n. 300, e successive modificazioni (1), ovvero perché riconducibile agli altri casi di nullità espressamente previsti dalla legge, ordina al datore di lavoro, imprenditore o non imprenditore, la reintegrazione del lavoratore nel posto di lavoro, indipendentemente dal motivo formalmente addotto. A seguito dell'ordine di reintegrazione, il rapporto di lavoro si intende risolto quando il lavoratore non abbia ripreso servizio entro trenta giorni dall'invito del datore di lavoro, salvo il caso in cui abbia richiesto l'indennità di cui al comma 3. Il regime di cui al presente articolo si applica anche al licenziamento dichiarato inefficace perché intimato in forma orale.

2. Con la pronuncia di cui al comma 1, il giudice condanna altresì il datore di lavoro al risarcimento del danno subito dal lavoratore per il licenziamento di cui sia stata accertata la nullità e l'inefficacia, stabilendo a tal fine un'indennità commisurata all'ultima retribuzione di riferimento per il calcolo del trattamento di fine rapporto, corrispondente al periodo dal giorno del licenziamento sino a quello dell'effettiva reintegrazione, dedotto quanto percepito, nel periodo di estromissione, per lo svolgimento di altre attività lavorative. In ogni caso la misura del risarcimento non potrà essere inferiore a cinque mensilità dell'ultima retribuzione di riferimento per il calcolo del trattamento di fine rapporto. Il datore di lavoro è condannato, altresì, per il medesimo periodo, al versamento dei contributi previdenziali e assistenziali.

3. Fermo restando il diritto al risarcimento del danno come previsto al comma 2, al lavoratore è data la facoltà di chiedere al datore di lavoro, in sostituzione della reintegrazione nel posto di lavoro, un'indennità pari a quindici mensilità dell'ultima retribuzione di riferimento per il calcolo del trattamento di fine rapporto, la cui richiesta determina la risoluzione del rapporto di lavoro, e che non è assoggettata a contribuzione previdenziale. La richiesta dell'indennità deve essere effettuata entro trenta giorni dalla comunicazione del deposito della pronuncia o dall'invito del datore di lavoro a riprendere servizio, se anteriore alla predetta comunicazione.

4. La disciplina di cui al presente articolo trova applicazione anche nelle ipotesi in cui il giudice accerta il difetto di giustificazione per motivo consistente nella disabilità fisica o psichica del lavoratore, anche ai sensi degli artt. 4, comma 4, e 10, comma 3, della l. 12 marzo 1999, n. 68.

3. *Licenziamento per giustificato motivo e giusta causa*. — 1. Salvo quanto disposto dal comma 2, nei casi in cui risulta accertato che non ricorrono gli estremi del licenziamento per giustificato motivo oggettivo o per giustificato motivo soggettivo o giusta causa, il giudice dichiara estinto il rapporto di lavoro alla data del licenziamento e condanna il datore di lavoro al pagamento di un'indennità non assoggettata a contribuzione previdenziale [di importo pari a due mensilità dell'ultima retribuzione di riferimento per il calcolo del trattamento di fine rapporto per ogni anno di servizio,] (2) in misura comunque non inferiore a sei e non superiore a trentasei mensilità (3).

(1) In *Leggi coll. XII, 2*.

(2) La Corte cost., con sentenza 8 novembre 2018, n. 194, ha dichiarato l'illegittimità costituzionale di questo comma limitatamente alle parole «di importo pari a due mensilità dell'ultima retribuzione di riferimento per il calcolo del trattamento di fine rapporto per ogni anno di servizio».

(3) Le parole «non inferiore a sei e non superiore a trentasei mensilità» sono state così sostituite alle precedenti «non inferiore a quattro e non superiore a ventiquattro mensilità» dall'art. 3.1, d.l. 12 luglio 2018, n. 87, conv. in l. 9 agosto 2018, n. 96. In base all'art. 1.3, d.l. cit., tali disposizioni «non si applicano ai contratti stipulati dalle pubbliche amministrazioni, ai quali continuano ad applicarsi le disposizioni vigenti anteriormente alla data di entrata in vigore del presente decreto».

2. Esclusivamente nelle ipotesi di licenziamento per giustificato motivo soggettivo o per giusta causa in cui sia direttamente dimostrata in giudizio l'insussistenza del fatto materiale contestato al lavoratore, rispetto alla quale resta estranea ogni valutazione circa la sproporzione del licenziamento, il giudice annulla il licenziamento e condanna il datore di lavoro alla reintegrazione del lavoratore nel posto di lavoro e al pagamento di un'indennità risarcitoria commisurata all'ultima retribuzione di riferimento per il calcolo del trattamento di fine rapporto, corrispondente al periodo dal giorno del licenziamento fino a quello dell'effettiva reintegrazione, dedotto quanto il lavoratore abbia percepito per lo svolgimento di altre attività lavorative, nonché quanto avrebbe potuto percepire accettando una congrua offerta di lavoro ai sensi dell'art. 4, comma 1, lett. *c*), del d.lg. 21 aprile 2000, n. 181, e successive modificazioni. In ogni caso la misura dell'indennità risarcitoria relativa al periodo antecedente alla pronuncia di reintegrazione non può essere superiore a dodici mensilità dell'ultima retribuzione di riferimento per il calcolo del trattamento di fine rapporto. Il datore di lavoro è condannato, altresì, al versamento dei contributi previdenziali e assistenziali dal giorno del licenziamento fino a quello dell'effettiva reintegrazione, senza applicazione di sanzioni per omissione contributiva. Al lavoratore è attribuita la facoltà di cui all'art. 2, comma 3.

3. Al licenziamento dei lavoratori di cui all'art. 1 non trova applicazione l'art. 7 della l. 15 luglio 1966, n. 604, e successive modificazioni (1).

4. *Vizi formali e procedurali.* — 1. Nell'ipotesi in cui il licenziamento sia intimato con violazione del requisito di motivazione di cui all'art. 2, comma 2, della legge n. 604 del 1966 (1) o della procedura di cui all'art. 7 della legge n. 300 del 1970 (2), il giudice dichiara estinto il rapporto di lavoro alla data del licenziamento e condanna il datore di lavoro al pagamento di un'indennità non assoggettata a contribuzione previdenziale di importo pari a una mensilità dell'ultima retribuzione di riferimento per il calcolo del trattamento di fine rapporto per ogni anno di servizio, in misura comunque non inferiore a due e non superiore a dodici mensilità, a meno che il giudice, sulla base della domanda del lavoratore, accerti la sussistenza dei presupposti per l'applicazione delle tutele di cui agli artt. 2 e 3 del presente decreto.

5. *Revoca del licenziamento.* — 1. Nell'ipotesi di revoca del licenziamento, purché effettuata entro il termine di quindici giorni dalla comunicazione al datore di lavoro dell'impugnazione del medesimo, il rapporto di lavoro si intende ripristinato senza soluzione di continuità, con diritto del lavoratore alla retribuzione maturata nel periodo precedente alla revoca, e non trovano applicazione i regimi sanzionatori previsti dal presente decreto.

6. *Offerta di conciliazione.* — 1. In caso di licenziamento dei lavoratori di cui all'art. 1, al fine di evitare il giudizio e ferma restando la possibilità per le parti di addivenire a ogni altra modalità di conciliazione prevista dalla legge, il datore di lavoro può offrire al lavoratore, entro i termini di impugnazione stragiudiziale del licenziamento, in una delle sedi di cui all'art. 2113, quarto comma, del codice civile, e all'art. 76 del d.lg. 10 settembre 2003, n. 276, e successive modificazioni, un importo che non costituisce reddito imponibile ai fini dell'imposta sul reddito delle persone fisiche e non è assoggettato a contribuzione previdenziale, di ammontare pari a una mensilità della retribuzione di riferimento per il calcolo del trattamento di fine rapporto per ogni anno di servizio, in misura comunque non inferiore a tre e non superiore a ventisette mensilità (3), mediante consegna al lavoratore di un assegno circolare. L'accettazione dell'assegno in tale sede da parte del lavoratore comporta l'estinzione del rapporto alla data del licenziamento e la rinuncia alla impugnazione del licenziamento anche qualora il lavoratore l'abbia già proposta. Le eventuali ulteriori somme pattuite nella stessa sede conciliativa a chiusura di ogni altra pendenza derivante dal rapporto di lavoro sono soggette al regime fiscale ordinario.

2. . . . . (*omissis*).

3. Il sistema permanente di monitoraggio e valutazione istituito a norma dell'art. 1, comma 2, della l. 28 giugno 2012, n. 92, assicura il monitoraggio sull'attuazione della presente disposizione. A tal fine la comunicazione obbligatoria telematica di cessazione del rapporto di cui

(1) In *Leggi coll. XII, 1.*
(2) In *Leggi coll. XII, 2.*
(3) Le parole «non inferiore a tre e non superiore a ventisette mensilità» sono state così sostituite alle precedenti «non inferiore a due e non superiore a diciotto mensilità» dall'art. 3.1-*bis*, d.l. 12 luglio 2018, n. 87, conv. in l. 9 agosto 2018, n. 96. In base all'art. 1.3, d.l. cit., tali disposizioni «non si applicano ai contratti stipulati dalle pubbliche amministrazioni, ai quali continuano ad applicarsi le disposizioni vigenti anteriormente alla data di entrata in vigore del presente decreto».

all'art. 4-*bis* del d.lg. 21 aprile 2000, n. 181, e successive modificazioni, è integrata da una ulteriore comunicazione, da effettuarsi da parte del datore di lavoro entro 65 giorni dalla cessazione del rapporto, nella quale deve essere indicata l'avvenuta ovvero la non avvenuta conciliazione di cui al comma 1 e la cui omissione è assoggettata alla medesima sanzione prevista per l'omissione della comunicazione di cui al predetto art. 4-*bis*. Il modello di trasmissione della comunicazione obbligatoria è conseguentemente riformulato. Alle attività di cui al presente comma si provvede con le risorse umane, strumentali e finanziarie disponibili a legislazione vigente e, comunque, senza nuovi o maggiori oneri per la finanza pubblica.

7. *Computo dell'anzianità negli appalti*. — 1. Ai fini del calcolo delle indennità e dell'importo di cui all'art. 3, comma 1, all'art. 4, e all'art. 6, l'anzianità di servizio del lavoratore che passa alle dipendenze dell'impresa subentrante nell'appalto si computa tenendosi conto di tutto il periodo durante il quale il lavoratore è stato impiegato nell'attività appaltata.

8. *Computo e misura delle indennità per frazioni di anno*. — 1. Per le frazioni di anno d'anzianità di servizio, le indennità e l'importo di cui all'art. 3, comma 1, all'art. 4, e all'art. 6, sono riproporzionati e le frazioni di mese uguali o superiori a quindici giorni si computano come mese intero.

9. *Piccole imprese e organizzazioni di tendenza*. — 1. Ove il datore di lavoro non raggiunga i requisiti dimensionali di cui all'art. 18, ottavo e nono comma, della legge n. 300 del 1970 (1), non si applica l'art. 3, comma 2, e l'ammontare delle indennità e dell'importo previsti dall'art. 3, comma 1, dall'art. 4, comma 1 e dall'art. 6, comma 1, è dimezzato e non può in ogni caso superare il limite di sei mensilità.

2. Ai datori di lavoro non imprenditori, che svolgono senza fine di lucro attività di natura politica, sindacale, culturale, di istruzione ovvero di religione o di culto, si applica la disciplina di cui al presente decreto.

10. *Licenziamento collettivo*. — 1. In caso di licenziamento collettivo ai sensi degli artt. 4 e 24 della l. 23 luglio 1991, n. 223, intimato senza l'osservanza della forma scritta, si applica il regime sanzionatorio di cui all'art. 2 del presente decreto. In caso di violazione delle procedure richiamate all'art. 4, comma 12, o dei criteri di scelta di cui all'art. 5, comma 1, della legge n. 223 del 1991, si applica il regime di cui all'art. 3, comma 1.

11. *Rito applicabile*. — 1. Ai licenziamenti di cui al presente decreto non si applicano le disposizioni dei commi da 48 a 68 dell'art. 1 della l. 28 giugno 2012, n. 92.

12. *Entrata in vigore*. — 1. Il presente decreto entra in vigore il giorno successivo a quello della sua pubblicazione nella *Gazzetta Ufficiale* della Repubblica italiana.

XII. 7.

DECRETO LEGISLATIVO 15 giugno 2015, n. 81. — *Disciplina organica dei contratti di lavoro e revisione della normativa in tema di mansioni, a norma dell'art. 1, comma 7, della l. 10 dicembre 2014, n. 183* (2).

CAPO I

DISPOSIZIONI IN MATERIA DI RAPPORTO DI LAVORO

1. *Forma contrattuale comune*. — 1. Il contratto di lavoro subordinato a tempo indeterminato costituisce la forma comune di rapporto di lavoro.

2. *Collaborazioni organizzate dal committente*. — 1. A far data dal 1° gennaio 2016, si applica la disciplina del rapporto di lavoro subordinato anche ai rapporti di collaborazione che si concretano in prestazioni di lavoro esclusivamente personali, continuative e le cui modalità di esecuzione sono organizzate dal committente anche con riferimento ai tempi e al luogo di lavoro.

2. La disposizione di cui al comma 1 non trova applicazione con riferimento:

a) alle collaborazioni per le quali gli accordi collettivi nazionali stipulati da associazioni sindacali comparativamente più rappresentative sul piano nazionale prevedono discipline specifiche riguardanti il trattamento economico e normativo, in ragione delle particolari esigenze produttive ed organizzative del relativo settore;

b) alle collaborazioni prestate nell'esercizio di professioni intellettuali per le quali è necessaria l'iscrizione in appositi albi professionali;

c) alle attività prestate nell'esercizio della loro funzione dai componenti degli organi di amministrazione e controllo delle società e dai partecipanti a collegi e commissioni;

(1) In *Leggi coll. XII, 2.*
(2) Suppl. ord. n. 34 a G.U., 24 giugno 2015, n. 144.

d) alle collaborazioni rese a fini istituzionali in favore delle associazioni e società sportive dilettantistiche affiliate alle federazioni sportive nazionali, alle discipline sportive associate e agli enti di promozione sportiva riconosciuti dal C.O.N.I., come individuati e disciplinati dall'art. 90 della l. 27 dicembre 2002, n. 289 [...] (1) (2);

d-bis) alle collaborazioni prestate nell'ambito della produzione e della realizzazione di spettacoli da parte delle fondazioni di cui al d.lg. 29 giugno 1996, n. 367 (3);

d-ter) alle collaborazioni degli operatori che prestano le attività di cui alla l. 21 marzo 2001, n. 74 (4).

3. Le parti possono richiedere alle commissioni di cui all'art. 76 del d.lg. 10 settembre 2003, n. 276, la certificazione dell'assenza dei requisiti di cui al comma 1. Il lavoratore può farsi assistere da un rappresentante dell'associazione sindacale cui aderisce o conferisce mandato o da un avvocato o da un consulente del lavoro.

4. La (5) disposizione di cui al comma 1 non trova applicazione nei confronti delle pubbliche amministrazioni (6). [...] (7).

3. *Disciplina delle mansioni*. — 1. .... (*omissis*) (8).

2. L'art. 6 della l. 13 maggio 1985, n. 190, è abrogato.

CAPO II

LAVORO A ORARIO RIDOTTO E FLESSIBILE

Sezione I — *Lavoro a tempo parziale*

4. *Definizione*. — 1. Nel rapporto di lavoro subordinato, anche a tempo determinato, l'assunzione può avvenire a tempo pieno, ai sensi dell'art. 3 del d.lg. 8 aprile 2003, n. 66, o a tempo parziale.

5. *Forma e contenuti del contratto di lavoro a tempo parziale*. — 1. Il contratto di lavoro a tempo parziale è stipulato in forma scritta ai fini della prova.

2. Nel contratto di lavoro a tempo parziale è contenuta puntuale indicazione della durata della prestazione lavorativa e della collocazione temporale dell'orario con riferimento al giorno, alla settimana, al mese e all'anno.

3. Quando l'organizzazione del lavoro è articolata in turni, l'indicazione di cui al comma 2 può avvenire anche mediante rinvio a turni programmati di lavoro articolati su fasce orarie prestabilite.

6. *Lavoro supplementare, lavoro straordinario, clausole elastiche*. — 1. Nel rispetto di quanto previsto dai contratti collettivi, il datore di lavoro ha la facoltà di richiedere, entro i limiti dell'orario normale di lavoro di cui all'art. 3 del d.lg. n. 66 del 2003, lo svolgimento di prestazioni supplementari, intendendosi per tali quelle svolte oltre l'orario concordato fra le parti ai sensi dell'art. 5, comma 2, anche in relazione alle giornate, alle settimane o ai mesi.

2. Nel caso in cui il contratto collettivo applicato al rapporto di lavoro non disciplini il lavoro supplementare, il datore di lavoro può richiedere al lavoratore lo svolgimento di prestazioni di lavoro supplementare in misura non superiore al 25 per cento delle ore di lavoro settimanali concordate. In tale ipotesi, il lavoratore può rifiutare lo svolgimento del lavoro supplementare ove giustificato da comprovate esigenze lavorative, di salute, familiari o di formazione professionale. Il lavoro supplementare è retribuito con una maggiorazione del 15 per cento della retribuzione oraria globale di

(1) Le parole «, nonché delle società sportive dilettantistiche lucrative» sono state soppresse dall'art. 13.2, d.l. 12 luglio 2018, n. 87, conv. in l. 9 agosto 2018, n. 96.

(2) L'art. 1.358, l. 27 dicembre 2017, n. 205, così dispone: «Le prestazioni di cui all'art. 2, comma 2, lett. *d*), del d.lg. 15 giugno 2015, n. 81, individuate dal CONI ai sensi dell'art. 5, comma 2, lett. *a*), del d.lg. 23 luglio 1999, n. 242, costituiscono oggetto di contratti di collaborazione coordinata e continuativa».

(3) Lettera aggiunta dall'art. 24.3-*quater*, lett. d, d.l. 24 giugno 2016, n. 113, conv. in l. 7 agosto 2016, n. 160.

(4) Lettera aggiunta dall'art. 1.1, lett. 0a, d.l. 12 luglio 2018, n. 87, conv. in l. 9 agosto 2018, n. 96. In base all'art. 1.2-3, d.l. cit.: «2. Le disposizioni di cui al comma 1 si applicano ai contratti di lavoro a tempo determinato stipulati successivamente alla data di entrata in vigore del presente decreto, nonché ai rinnovi e alle proroghe contrattuali successivi al 31 ottobre 2018. || 3. Le disposizioni di cui al presente articolo, nonché quelle di cui agli artt. 2 e 3, non si applicano ai contratti stipulati dalle pubbliche amministrazioni, ai quali continuano ad applicarsi le disposizioni vigenti anteriormente alla data di entrata in vigore del presente decreto».

(5) La parola «La» è stata così sostituita alle precedenti «Fino al completo riordino della disciplina dell'utilizzo dei contratti di lavoro flessibile da parte delle pubbliche amministrazioni, la» dall'art. 22.9, lett. a, d.lg. 25 maggio 2017, n. 75.

(6) Le parole «pubbliche amministrazioni» sono state così sostituite alla precedente «medesime» dall'art. 22.9, lett. a, d.lg. 25 maggio 2017, n. 75.

(7) Ultimo periodo soppresso dall'art. 22.9, lett. b, d.lg. 25 maggio 2017, n. 75.

(8) Sostituisce l'art. 2103 c.

fatto, comprensiva dell'incidenza della retribuzione delle ore supplementari sugli istituti retributivi indiretti e differiti.

3. Nel rapporto di lavoro a tempo parziale è consentito lo svolgimento di prestazioni di lavoro straordinario, così come definito dall'art. 1, comma 2, lett. *c*), del d.lg. n. 66 del 2003.

4. Nel rispetto di quanto previsto dai contratti collettivi, le parti del contratto di lavoro a tempo parziale possono pattuire, per iscritto, clausole elastiche relative alla variazione della collocazione temporale della prestazione lavorativa ovvero relative alla variazione in aumento della sua durata.

5. Nei casi di cui al comma 4, il prestatore di lavoro ha diritto a un preavviso di due giorni lavorativi, fatte salve le diverse intese tra le parti, nonché a specifiche compensazioni, nella misura ovvero nelle forme determinate dai contratti collettivi.

6. Nel caso in cui il contratto collettivo applicato al rapporto non disciplini le clausole elastiche queste possono essere pattuite per iscritto dalle parti avanti alle commissioni di certificazione, con facoltà del lavoratore di farsi assistere da un rappresentante dell'associazione sindacale cui aderisce o conferisce mandato o da un avvocato o da un consulente del lavoro. Le clausole elastiche prevedono, a pena di nullità, le condizioni e le modalità con le quali il datore di lavoro, con preavviso di due giorni lavorativi, può modificare la collocazione temporale della prestazione e variarne in aumento la durata, nonché la misura massima dell'aumento, che non può eccedere il limite del 25 per cento della normale prestazione annua a tempo parziale. Le modifiche dell'orario di cui al secondo periodo comportano il diritto del lavoratore ad una maggiorazione del 15 per cento della retribuzione oraria globale di fatto, comprensiva dell'incidenza della retribuzione sugli istituti retributivi indiretti e differiti.

7. Al lavoratore che si trova nelle condizioni di cui all'art. 8, commi da 3 a 5, ovvero in quelle di cui all'art. 10, primo comma, della l. 20 maggio 1970, n. 300 (1), è riconosciuta la facoltà di revocare il consenso prestato alla clausola elastica.

8. Il rifiuto del lavoratore di concordare variazioni dell'orario di lavoro non costituisce giustificato motivo di licenziamento.

7. *Trattamento del lavoratore a tempo parziale.* — 1. Il lavoratore a tempo parziale non deve ricevere un trattamento meno favorevole rispetto al lavoratore a tempo pieno di pari inquadramento.

2. Il lavoratore a tempo parziale ha i medesimi diritti di un lavoratore a tempo pieno comparabile ed il suo trattamento economico e normativo è riproporzionato in ragione della ridotta entità della prestazione lavorativa. I contratti collettivi possono modulare la durata del periodo di prova, del periodo di preavviso in caso di licenziamento o dimissioni e quella del periodo di conservazione del posto di lavoro in caso di malattia ed infortunio in relazione all'articolazione dell'orario di lavoro.

8. *Trasformazione del rapporto.* — 1. Il rifiuto del lavoratore di trasformare il proprio rapporto di lavoro a tempo pieno in rapporto a tempo parziale, o viceversa, non costituisce giustificato motivo di licenziamento.

2. Su accordo delle parti risultante da atto scritto è ammessa la trasformazione del rapporto di lavoro a tempo pieno in rapporto a tempo parziale.

3. I lavoratori del settore pubblico e del settore privato affetti da patologie oncologiche nonché da gravi patologie cronico-degenerative ingravescenti, per i quali residui una ridotta capacità lavorativa, eventualmente anche a causa degli effetti invalidanti di terapie salvavita, accertata da una commissione medica istituita presso l'azienda unità sanitaria locale territorialmente competente, hanno diritto alla trasformazione del rapporto di lavoro a tempo pieno in lavoro a tempo parziale. A richiesta del lavoratore il rapporto di lavoro a tempo parziale è trasformato nuovamente in rapporto di lavoro a tempo pieno.

4. In caso di patologie oncologiche o gravi patologie cronico-degenerative ingravescenti riguardanti il coniuge, i figli o i genitori del lavoratore o della lavoratrice, nonché nel caso in cui il lavoratore o la lavoratrice assista una persona convivente con totale e permanente inabilità lavorativa con connotazione di gravità ai sensi dell'art. 3, comma 3, della l. 5 febbraio 1992, n. 104, che abbia necessità di assistenza continua in quanto non in grado di compiere gli atti quotidiani della vita, è riconosciuta la priorità nella trasformazione del contratto di lavoro da tempo pieno a tempo parziale.

5. In caso di richiesta del lavoratore o della lavoratrice, con figlio convivente di età non superiore a tredici anni o con figlio convivente portatore di handicap ai sensi dell'art. 3 della legge n. 104 del 1992, è riconosciuta la priorità nella trasformazione del contratto di lavoro da tempo pieno a tempo parziale.

6. Il lavoratore il cui rapporto sia trasformato da tempo pieno in tempo parziale ha diritto

(1) In *Leggi coll. XII, 2.*

di precedenza nelle assunzioni con contratto a tempo pieno per l'espletamento delle stesse mansioni o di mansioni di pari livello e categoria legale rispetto a quelle oggetto del rapporto di lavoro a tempo parziale.

7. Il lavoratore può chiedere, per una sola volta, in luogo del congedo parentale od entro i limiti del congedo ancora spettante ai sensi del Capo V del d.lg. 26 marzo 2001, n. 151, la trasformazione del rapporto di lavoro a tempo pieno in rapporto a tempo parziale, purché con una riduzione d'orario non superiore al 50 per cento. Il datore di lavoro è tenuto a dar corso alla trasformazione entro quindici giorni dalla richiesta.

8. In caso di assunzione di personale a tempo parziale il datore di lavoro è tenuto a darne tempestiva informazione al personale già dipendente con rapporto a tempo pieno occupato in unità produttive site nello stesso ambito comunale, anche mediante comunicazione scritta in luogo accessibile a tutti nei locali dell'impresa, ed a prendere in considerazione le domande di trasformazione a tempo parziale dei rapporti dei dipendenti a tempo pieno.

9. *Criteri di computo dei lavoratori a tempo parziale*. — 1. Ai fini della applicazione di qualsiasi disciplina di fonte legale o contrattuale per la quale sia rilevante il computo dei dipendenti del datore di lavoro, i lavoratori a tempo parziale sono computati in proporzione all'orario svolto, rapportato al tempo pieno. A tal fine, l'arrotondamento opera per le frazioni di orario che eccedono la somma degli orari a tempo parziale corrispondente a unità intere di orario a tempo pieno.

10. *Sanzioni*. — 1. In difetto di prova in ordine alla stipulazione a tempo parziale del contratto di lavoro, su domanda del lavoratore è dichiarata la sussistenza fra le parti di un rapporto di lavoro a tempo pieno, fermo restando, per il periodo antecedente alla data della pronuncia giudiziale, il diritto alla retribuzione ed al versamento dei contributi previdenziali dovuti per le prestazioni effettivamente rese.

2. Qualora nel contratto scritto non sia determinata la durata della prestazione lavorativa, su domanda del lavoratore è dichiarata la sussistenza di un rapporto di lavoro a tempo pieno a partire dalla pronuncia. Qualora l'omissione riguardi la sola collocazione temporale dell'orario, il giudice determina le modalità temporali di svolgimento della prestazione lavorativa a tempo parziale, tenendo conto delle responsabilità familiari del lavoratore interessato e della sua necessità di integrazione del reddito mediante lo svolgimento di altra attività lavorativa, nonché delle esigenze del datore di lavoro. Per il periodo antecedente alla pronuncia, il lavoratore ha in entrambi i casi diritto, in aggiunta alla retribuzione dovuta per le prestazioni effettivamente rese, a un'ulteriore somma a titolo di risarcimento del danno.

3. Lo svolgimento di prestazioni in esecuzione di clausole elastiche senza il rispetto delle condizioni, delle modalità e dei limiti previsti dalla legge o dai contratti collettivi comporta il diritto del lavoratore, in aggiunta alla retribuzione dovuta, a un'ulteriore somma a titolo di risarcimento del danno.

11. *Disciplina previdenziale*. — 1. La retribuzione minima oraria, da assumere quale base per il calcolo dei contributi previdenziali dovuti per i lavoratori a tempo parziale, si determina rapportando alle giornate di lavoro settimanale ad orario normale il minimale giornaliero di cui all'art. 7 del d.l. 12 settembre 1983, n. 463, convertito, con modificazioni, dalla l. 11 novembre 1983, n. 638, e dividendo l'importo così ottenuto per il numero delle ore di orario normale settimanale previsto dal contratto collettivo nazionale di categoria per i lavoratori a tempo pieno.

2. Gli assegni per il nucleo familiare spettano ai lavoratori a tempo parziale per l'intera misura settimanale in presenza di una prestazione lavorativa settimanale di durata non inferiore al minimo di ventiquattro ore. A tal fine sono cumulate le ore prestate in diversi rapporti di lavoro. In caso contrario spettano tanti assegni giornalieri quante sono le giornate di lavoro effettivamente prestate, qualunque sia il numero delle ore lavorate nella giornata. Qualora non si possa individuare l'attività principale per gli effetti dell'art. 20 del d.p.r. 30 maggio 1955, n. 797, e successive modificazioni, gli assegni per il nucleo familiare sono corrisposti direttamente dall'INPS.

3. La retribuzione dei lavoratori a tempo parziale, a valere ai fini dell'assicurazione contro gli infortuni sul lavoro e le malattie professionali è uguale alla retribuzione tabellare prevista dalla contrattazione collettiva per il corrispondente rapporto di lavoro a tempo pieno. La retribuzione tabellare è determinata su base oraria in relazione alla durata normale annua della prestazione di lavoro espressa in ore. La retribuzione minima oraria da assumere quale base di calcolo dei premi per l'assicurazione di cui al presente comma è stabilita con le modalità di cui al comma 1.

4. Nel caso di trasformazione del rapporto di lavoro a tempo pieno in rapporto di lavoro a tempo parziale e viceversa, ai fini della determinazione dell'ammontare del trattamento di pensione si computa per intero l'anzianità re-

lativa ai periodi di lavoro a tempo pieno e, in proporzione all'orario effettivamente svolto, l'anzianità inerente ai periodi di lavoro a tempo parziale.

12. *Lavoro a tempo parziale nelle amministrazioni pubbliche.* — 1. Ai sensi dell'art. 2, comma 2, del d.lg. 30 marzo 2001, n. 165, le disposizioni della presente sezione si applicano, ove non diversamente disposto, anche ai rapporti di lavoro alle dipendenze delle amministrazioni pubbliche, con esclusione di quelle contenute negli artt. 6, commi 2 e 6, e 10, e, comunque, fermo restando quanto previsto da disposizioni speciali in materia.

Sezione II — *Lavoro intermittente*

13. *Definizione e casi di ricorso al lavoro intermittente.* — 1. Il contratto di lavoro intermittente è il contratto, anche a tempo determinato, mediante il quale un lavoratore si pone a disposizione di un datore di lavoro che ne può utilizzare la prestazione lavorativa in modo discontinuo o intermittente secondo le esigenze individuate dai contratti collettivi, anche con riferimento alla possibilità di svolgere le prestazioni in periodi predeterminati nell'arco della settimana, del mese o dell'anno. In mancanza di contratto collettivo, i casi di utilizzo del lavoro intermittente sono individuati con decreto del Ministro del lavoro e delle politiche sociali.

2. Il contratto di lavoro intermittente può in ogni caso essere concluso con soggetti con meno di 24 anni di età, purché le prestazioni lavorative siano svolte entro il venticinquesimo anno, e con più di 55 anni.

3. In ogni caso, con l'eccezione dei settori del turismo, dei pubblici esercizi e dello spettacolo, il contratto di lavoro intermittente è ammesso, per ciascun lavoratore con il medesimo datore di lavoro, per un periodo complessivamente non superiore a quattrocento giornate di effettivo lavoro nell'arco di tre anni solari. In caso di superamento del predetto periodo il relativo rapporto si trasforma in un rapporto di lavoro a tempo pieno e indeterminato.

4. Nei periodi in cui non ne viene utilizzata la prestazione il lavoratore intermittente non matura alcun trattamento economico e normativo, salvo che abbia garantito al datore di lavoro la propria disponibilità a rispondere alle chiamate, nel qual caso gli spetta l'indennità di disponibilità di cui all'art. 16.

5. Le disposizioni della presente sezione non trovano applicazione ai rapporti di lavoro alle dipendenze delle pubbliche amministrazioni.

14. *Divieti.* — 1. È vietato il ricorso al lavoro intermittente:

a) per la sostituzione di lavoratori che esercitano il diritto di sciopero;

b) presso unità produttive nelle quali si è proceduto, entro i sei mesi precedenti, a licenziamenti collettivi a norma degli artt. 4 e 24 della l. 23 luglio 1991, n. 223, che hanno riguardato lavoratori adibiti alle stesse mansioni cui si riferisce il contratto di lavoro intermittente, ovvero presso unità produttive nelle quali sono operanti una sospensione del lavoro o una riduzione dell'orario in regime di cassa integrazione guadagni, che interessano lavoratori adibiti alle mansioni cui si riferisce il contratto di lavoro intermittente;

c) ai datori di lavoro che non hanno effettuato la valutazione dei rischi in applicazione della normativa di tutela della salute e della sicurezza dei lavoratori.

15. *Forma e comunicazioni.* — 1. Il contratto di lavoro intermittente è stipulato in forma scritta ai fini della prova dei seguenti elementi:

a) durata e ipotesi, oggettive o soggettive, che consentono la stipulazione del contratto a norma dell'art. 13;

b) luogo e modalità della disponibilità, eventualmente garantita dal lavoratore, e del relativo preavviso di chiamata del lavoratore, che non può essere inferiore a un giorno lavorativo;

c) trattamento economico e normativo spettante al lavoratore per la prestazione eseguita e relativa indennità di disponibilità, ove prevista;

d) forme e modalità, con cui il datore di lavoro è legittimato a richiedere l'esecuzione della prestazione di lavoro, nonché modalità di rilevazione della prestazione;

e) tempi e modalità di pagamento della retribuzione e della indennità di disponibilità;

f) misure di sicurezza necessarie in relazione al tipo di attività dedotta in contratto.

2. Fatte salve le previsioni più favorevoli dei contratti collettivi, il datore di lavoro è tenuto a informare con cadenza annuale le rappresentanze sindacali aziendali o la rappresentanza sindacale unitaria sull'andamento del ricorso al contratto di lavoro intermittente.

3. Prima dell'inizio della prestazione lavorativa o di un ciclo integrato di prestazioni di durata non superiore a trenta giorni, il datore di lavoro è tenuto a comunicarne la durata alla direzione territoriale del lavoro competente per territorio, mediante sms o posta elettronica. Con decreto del Ministro del lavoro e delle politiche sociali, di concerto con il Ministro per la semplificazione e la pubblica amministrazio-

ne, possono essere individuate modalità applicative della disposizione di cui al primo periodo, nonché ulteriori modalità di comunicazione in funzione dello sviluppo delle tecnologie. In caso di violazione degli obblighi di cui al presente comma si applica la sanzione amministrativa da euro 400 ad euro 2.400 in relazione a ciascun lavoratore per cui è stata omessa la comunicazione. Non si applica la procedura di diffida di cui all'art. 13 del d.lg. 23 aprile 2004, n. 124.

16. *Indennità di disponibilità*. — 1. La misura dell'indennità mensile di disponibilità, divisibile in quote orarie, è determinata dai contratti collettivi e non è comunque inferiore all'importo fissato con decreto del Ministro del lavoro e delle politiche sociali, sentite le associazioni sindacali comparativamente più rappresentative sul piano nazionale.

2. L'indennità di disponibilità è esclusa dal computo di ogni istituto di legge o di contratto collettivo.

3. L'indennità di disponibilità è assoggettata a contribuzione previdenziale per il suo effettivo ammontare, in deroga alla normativa in materia di minimale contributivo.

4. In caso di malattia o di altro evento che gli renda temporaneamente impossibile rispondere alla chiamata, il lavoratore è tenuto a informarne tempestivamente il datore di lavoro, specificando la durata dell'impedimento, durante il quale non matura il diritto all'indennità di disponibilità. Ove non provveda all'adempimento di cui al periodo precedente, il lavoratore perde il diritto all'indennità per un periodo di quindici giorni, salvo diversa previsione del contratto individuale.

5. Il rifiuto ingiustificato di rispondere alla chiamata può costituire motivo di licenziamento e comportare la restituzione della quota di indennità di disponibilità riferita al periodo successivo al rifiuto.

6. Con decreto del Ministro del lavoro e delle politiche sociali, di concerto con il Ministro dell'economia e delle finanze, è stabilita la misura della retribuzione convenzionale in riferimento alla quale il lavoratore intermittente può versare la differenza contributiva per i periodi in cui ha percepito una retribuzione inferiore a quella convenzionale ovvero ha usufruito dell'indennità di disponibilità fino a concorrenza del medesimo importo.

17. *Principio di non discriminazione*. — 1. Il lavoratore intermittente non deve ricevere, per i periodi lavorati e a parità di mansioni svolte, un trattamento economico e normativo complessivamente meno favorevole rispetto al lavoratore di pari livello.

2. Il trattamento economico, normativo e previdenziale del lavoratore intermittente, è riproporzionato in ragione della prestazione lavorativa effettivamente eseguita, in particolare per quanto riguarda l'importo della retribuzione globale e delle singole componenti di essa, nonché delle ferie e dei trattamenti per malattia e infortunio, congedo di maternità e parentale.

18. *Computo del lavoratore intermittente*. — 1. Ai fini dell'applicazione di qualsiasi disciplina di fonte legale o contrattuale per la quale sia rilevante il computo dei dipendenti del datore di lavoro, il lavoratore intermittente è computato nell'organico dell'impresa in proporzione all'orario di lavoro effettivamente svolto nell'arco di ciascun semestre.

CAPO III

LAVORO A TEMPO DETERMINATO

19. *Apposizione del termine e durata massima*. — 1. Al contratto di lavoro subordinato può essere apposto un termine di durata non superiore a dodici mesi. Il contratto può avere una durata superiore, ma comunque non eccedente i ventiquattro mesi, solo in presenza di almeno una delle seguenti condizioni:

a) esigenze temporanee e oggettive, estranee all'ordinaria attività, ovvero esigenze di sostituzione di altri lavoratori;

b) esigenze connesse a incrementi temporanei, significativi e non programmabili, dell'attività ordinaria (1).

(1) Comma così sostituito dall'art. 1.1, lett. a, n. 1, d.l. 12 luglio 2018, n. 87, conv. in l. 9 agosto 2018, n. 96. In base all'art. 1.2-3, d.l. cit.: «2. Le disposizioni di cui al comma 1 si applicano ai contratti di lavoro a tempo determinato stipulati successivamente alla data di entrata in vigore del presente decreto, nonché ai rinnovi e alle proroghe contrattuali successivi al 31 ottobre 2018. || 3. Le disposizioni di cui al presente articolo, nonché quelle di cui agli artt. 2 e 3, non si applicano ai contratti stipulati dalle pubbliche amministrazioni, ai quali continuano ad applicarsi le disposizioni vigenti anteriormente alla data di entrata in vigore del presente decreto». L'art. 2.1-*ter*, d.l. cit., così dispone: «Le condizioni di cui all'art. 19, comma 1, del d.lg. 15 giugno 2015, n. 81, come sostituito dall'art. 1, comma 1, lett. *a*), del presente decreto, nel caso di ricorso al contratto di somministrazione di lavoro, si applicano esclusivamente all'utilizzatore».

Si riporta, pertanto, il testo del comma 1 come precedentemente formulato:

«Al contratto di lavoro subordinato può essere apposto un termine di durata non superiore a trentasei mesi».

1-*bis*. In caso di stipulazione di un contratto di durata superiore a dodici mesi in assenza delle condizioni di cui al comma 1, il contratto si trasforma in contratto a tempo indeterminato dalla data di superamento del termine di dodici mesi (1).

2. Fatte salve le diverse disposizioni dei contratti collettivi, e con l'eccezione delle attività stagionali di cui all'art. 21, comma 2, la durata dei rapporti di lavoro a tempo determinato intercorsi tra lo stesso datore di lavoro e lo stesso lavoratore, per effetto di una successione di contratti, conclusi per lo svolgimento di mansioni di pari livello e categoria legale e indipendentemente dai periodi di interruzione tra un contratto e l'altro, non può superare i ventiquattro (2) mesi. Ai fini del computo di tale periodo si tiene altresì conto dei periodi di missione aventi ad oggetto mansioni di pari livello e categoria legale, svolti tra i medesimi soggetti, nell'ambito di somministrazioni di lavoro a tempo determinato. Qualora il limite dei ventiquattro (2) mesi sia superato, per effetto di un unico contratto o di una successione di contratti, il contratto si trasforma in contratto a tempo indeterminato dalla data di tale superamento.

3. Fermo quanto disposto al comma 2, un ulteriore contratto a tempo determinato fra gli stessi soggetti, della durata massima di dodici mesi, può essere stipulato presso la direzione territoriale del lavoro competente per territorio. In caso di mancato rispetto della descritta procedura, nonché di superamento del termine stabilito nel medesimo contratto, lo stesso si trasforma in contratto a tempo indeterminato dalla data della stipulazione.

4. Con l'eccezione dei rapporti di lavoro di durata non superiore a dodici giorni, l'apposizione del termine al contratto è priva di effetto se non risulta da atto scritto, una copia del quale deve essere consegnata dal datore di lavoro al lavoratore entro cinque giorni lavorativi dall'inizio della prestazione. L'atto scritto contiene, in caso di rinnovo, la specificazione delle esigenze di cui al comma 1 in base alle quali è stipulato; in caso di proroga dello stesso rapporto tale indicazione è necessaria solo quando il termine complessivo eccede i dodici mesi (3).

5. Il datore di lavoro informa i lavoratori a tempo determinato, nonché le rappresentanze sindacali aziendali ovvero la rappresentanza sindacale unitaria, circa i posti vacanti che si rendono disponibili nell'impresa, secondo le modalità definite dai contratti collettivi.

20. *Divieti*. — 1. L'apposizione di un termine alla durata di un contratto di lavoro subordinato non è ammessa:

a) per la sostituzione di lavoratori che esercitano il diritto di sciopero;

b) presso unità produttive nelle quali si è proceduto, entro i sei mesi precedenti, a licenziamenti collettivi a norma degli artt. 4 e 24 della legge n. 223 del 1991, che hanno riguardato lavoratori adibiti alle stesse mansioni cui si riferisce il contratto di lavoro a tempo determinato, salvo che il contratto sia concluso per provvedere alla sostituzione di lavoratori assenti, per assumere lavoratori iscritti nelle liste di mobilità, o abbia una durata iniziale non superiore a tre mesi;

c) presso unità produttive nelle quali sono operanti una sospensione del lavoro o una ri-

(1) Comma inserito dall'art. 1.1, lett. a, n. 1-*bis*, d.l. 12 luglio 2018, n. 87, conv. in l. 9 agosto 2018, n. 96. In base all'art. 1.2-3, d.l. cit.: «2. Le disposizioni di cui al comma 1 si applicano ai contratti di lavoro a tempo determinato stipulati successivamente alla data di entrata in vigore del presente decreto, nonché ai rinnovi e alle proroghe contrattuali successivi al 31 ottobre 2018. || 3. Le disposizioni di cui al presente articolo, nonché quelle di cui agli artt. 2 e 3, non si applicano ai contratti stipulati dalle pubbliche amministrazioni, ai quali continuano ad applicarsi le disposizioni vigenti anteriormente alla data di entrata in vigore del presente decreto».

(2) La parola «ventiquattro» è stata così sostituita alla precedente «trentasei» dall'art. 1.1, lett. a, n. 2, d.l. 12 luglio 2018, n. 87, conv. in l. 9 agosto 2018, n. 96. In base all'art. 1.2-3, d.l. cit.: «2. Le disposizioni di cui al comma 1 si applicano ai contratti di lavoro a tempo determinato stipulati successivamente alla data di entrata in vigore del presente decreto, nonché ai rinnovi e alle proroghe contrattuali successivi al 31 ottobre 2018. || 3. Le disposizioni di cui al presente articolo, nonché quelle di cui agli artt. 2 e 3, non si applicano ai contratti stipulati dalle pubbliche amministrazioni, ai quali continuano ad applicarsi le disposizioni vigenti anteriormente alla data di entrata in vigore del presente decreto».

(3) Comma così sostituito dall'art. 1.1, lett. a, n. 3, d.l. 12 luglio 2018, n. 87, conv. in l. 9 agosto 2018, n. 96. In base all'art. 1.2-3, d.l. cit.: «2. Le disposizioni di cui al comma 1 si applicano ai contratti di lavoro a tempo determinato stipulati successivamente alla data di entrata in vigore del presente decreto, nonché ai rinnovi e alle proroghe contrattuali successivi al 31 ottobre 2018. || 3. Le disposizioni di cui al presente articolo, nonché quelle di cui agli artt. 2 e 3, non si applicano ai contratti stipulati dalle pubbliche amministrazioni, ai quali continuano ad applicarsi le disposizioni vigenti anteriormente alla data di entrata in vigore del presente decreto».

Si riporta, pertanto, il testo del comma 4 come precedentemente formulato:

«Con l'eccezione dei rapporti di lavoro di durata non superiore a dodici giorni, l'apposizione del termine al contratto è priva di effetto se non risulta, direttamente o indirettamente, da atto scritto, una copia del quale deve essere consegnata dal datore di lavoro al lavoratore entro cinque giorni lavorativi dall'inizio della prestazione».

duzione dell'orario in regime di cassa integrazione guadagni, che interessano lavoratori adibiti alle mansioni cui si riferisce il contratto a tempo determinato;

d) da parte di datori di lavoro che non hanno effettuato la valutazione dei rischi in applicazione della normativa di tutela della salute e della sicurezza dei lavoratori.

2. In caso di violazione dei divieti di cui al comma 1, il contratto si trasforma in contratto a tempo indeterminato.

21. *Proroghe e rinnovi.* — 01. Il contratto può essere rinnovato solo a fronte delle condizioni di cui all'art. 19, comma 1. Il contratto può essere prorogato liberamente nei primi dodici mesi e, successivamente, solo in presenza delle condizioni di cui all'art. 19, comma 1. In caso di violazione di quanto disposto dal primo e dal secondo periodo, il contratto si trasforma in contratto a tempo indeterminato. I contratti per attività stagionali, di cui al comma 2 del presente articolo, possono essere rinnovati o prorogati anche in assenza delle condizioni di cui all'art. 19, comma 1 (1).

1. Il termine del contratto a tempo determinato può essere prorogato, con il consenso del lavoratore, solo quando la durata iniziale del contratto sia inferiore a ventiquattro (2) mesi, e, comunque, per un massimo di quattro (3) volte nell'arco di ventiquattro (2) mesi a prescindere dal numero dei contratti. Qualora il numero delle proroghe sia superiore, il contratto si trasforma in contratto a tempo indeterminato dalla data di decorrenza della quinta (4) proroga.

2. Qualora il lavoratore sia riassunto a tempo determinato entro dieci giorni dalla data di scadenza di un contratto di durata fino a sei mesi, ovvero venti giorni dalla data di scadenza di un contratto di durata superiore a sei mesi, il secondo contratto si trasforma in contratto a tempo indeterminato. Le disposizioni di cui al presente comma non trovano applicazione nei confronti dei lavoratori impiegati nelle attività stagionali individuate con decreto del Ministero del lavoro e delle politiche sociali nonché nelle ipotesi individuate dai contratti collettivi. Fino all'adozione del decreto di cui al secondo periodo continuano a trovare applicazione le disposizioni del d.p.r. 7 ottobre 1963, n. 1525.

3. I limiti previsti dal presente articolo non si applicano alle imprese start-up innovative di cui di cui all'art. 25, commi 2 e 3, del d.l. 18 ottobre 2012, n. 179, convertito, con modificazioni, dalla l. 17 dicembre 2012, n. 221, per il periodo di quattro anni dalla costituzione della società, ovvero per il più limitato periodo previsto dal comma 3 del suddetto art. 25 per le società già costituite.

22. *Continuazione del rapporto oltre la scadenza del termine.* — 1. Fermi i limiti di durata massima di cui all'art. 19, se il rapporto di lavoro continua dopo la scadenza del termine inizialmente fissato o successivamente prorogato, il datore di lavoro è tenuto a corrispondere al lavoratore una maggiorazione della re-

(1) Comma inserito dall'art. 1.1, lett. b, n. 1, d.l. 12 luglio 2018, n. 87, conv. in l. 9 agosto 2018, n. 96. In base all'art. 1.2-3, d.l. cit.: «2. Le disposizioni di cui al comma 1 si applicano ai contratti di lavoro a tempo determinato stipulati successivamente alla data di entrata in vigore del presente decreto, nonché ai rinnovi e alle proroghe contrattuali successivi al 31 ottobre 2018. || 3. Le disposizioni di cui al presente articolo, nonché quelle di cui agli artt. 2 e 3, non si applicano ai contratti stipulati dalle pubbliche amministrazioni, ai quali continuano ad applicarsi le disposizioni vigenti anteriormente alla data di entrata in vigore del presente decreto».

(2) La parola «ventiquattro» è stata così sostituita alla precedente «trentasei» dall'art. 1.1, lett. b, n. 2, d.l. 12 luglio 2018, n. 87, conv. in l. 9 agosto 2018, n. 96. In base all'art. 1.2-3, d.l. cit.: «2. Le disposizioni di cui al comma 1 si applicano ai contratti di lavoro a tempo determinato stipulati successivamente alla data di entrata in vigore del presente decreto, nonché ai rinnovi e alle proroghe contrattuali successivi al 31 ottobre 2018. || 3. Le disposizioni di cui al presente articolo, nonché quelle di cui agli artt. 2 e 3, non si applicano ai contratti stipulati dalle pubbliche amministrazioni, ai quali continuano ad applicarsi le disposizioni vigenti anteriormente alla data di entrata in vigore del presente decreto».

(3) La parola «quattro» è stata così sostituita alla precedente «cinque» dall'art. 1.1, lett. b, n. 2, d.l. 12 luglio 2018, n. 87, conv. in l. 9 agosto 2018, n. 96. In base all'art. 1.2-3, d.l. cit.: «2. Le disposizioni di cui al comma 1 si applicano ai contratti di lavoro a tempo determinato stipulati successivamente alla data di entrata in vigore del presente decreto, nonché ai rinnovi e alle proroghe contrattuali successivi al 31 ottobre 2018. || 3. Le disposizioni di cui al presente articolo, nonché quelle di cui agli artt. 2 e 3, non si applicano ai contratti stipulati dalle pubbliche amministrazioni, ai quali continuano ad applicarsi le disposizioni vigenti anteriormente alla data di entrata in vigore del presente decreto».

(4) La parola «quinta» è stata così sostituita alla precedente «sesta» dall'art. 1.1, lett. b, n. 2, d.l. 12 luglio 2018, n. 87, conv. in l. 9 agosto 2018, n. 96. In base all'art. 1.2-3, d.l. cit.: «2. Le disposizioni di cui al comma 1 si applicano ai contratti di lavoro a tempo determinato stipulati successivamente alla data di entrata in vigore del presente decreto, nonché ai rinnovi e alle proroghe contrattuali successivi al 31 ottobre 2018. || 3. Le disposizioni di cui al presente articolo, nonché quelle di cui agli artt. 2 e 3, non si applicano ai contratti stipulati dalle pubbliche amministrazioni, ai quali continuano ad applicarsi le disposizioni vigenti anteriormente alla data di entrata in vigore del presente decreto».

tribuzione per ogni giorno di continuazione del rapporto pari al 20 per cento fino al decimo giorno successivo e al 40 per cento per ciascun giorno ulteriore.

2. Qualora il rapporto di lavoro continui oltre il trentesimo giorno in caso di contratto di durata inferiore a sei mesi, ovvero oltre il cinquantesimo giorno negli altri casi, il contratto si trasforma in contratto a tempo indeterminato dalla scadenza dei predetti termini.

23. *Numero complessivo di contratti a tempo determinato*. — 1. Salvo diversa disposizione dei contratti collettivi non possono essere assunti lavoratori a tempo determinato in misura superiore al 20 per cento del numero dei lavoratori a tempo indeterminato in forza al 1° gennaio dell'anno di assunzione, con un arrotondamento del decimale all'unità superiore qualora esso sia eguale o superiore a 0,5. Nel caso di inizio dell'attività nel corso dell'anno, il limite percentuale si computa sul numero dei lavoratori a tempo indeterminato in forza al momento dell'assunzione. Per i datori di lavoro che occupano fino a cinque dipendenti è sempre possibile stipulare un contratto di lavoro a tempo determinato.

2. Sono esenti dal limite di cui al comma 1, nonché da eventuali limitazioni quantitative previste da contratti collettivi, i contratti a tempo determinato conclusi:

a) nella fase di avvio di nuove attività, per i periodi definiti dai contratti collettivi, anche in misura non uniforme con riferimento ad aree geografiche e comparti merceologici;

b) da imprese start-up innovative di cui all'art. 25, commi 2 e 3, del d.l. n. 179 del 2012, convertito, con modificazioni, dalla legge n. 221 del 2012, per il periodo di quattro anni dalla costituzione della società ovvero per il più limitato periodo previsto dal comma 3 del suddetto art. 25 per le società già costituite;

c) per lo svolgimento delle attività stagionali di cui all'art. 21, comma 2;

d) per specifici spettacoli ovvero specifici programmi radiofonici o televisivi o per la produzione di specifiche opere audiovisive (1);

e) per sostituzione di lavoratori assenti;

f) con lavoratori di età superiore a 50 anni.

3. Il limite percentuale di cui al comma 1 non si applica, inoltre, ai contratti di lavoro a tempo determinato stipulati tra università private, incluse le filiazioni di università straniere, istituti pubblici di ricerca ovvero enti privati di ricerca e lavoratori chiamati a svolgere attività di insegnamento, di ricerca scientifica o tecnologica, di assistenza tecnica alla stessa o di coordinamento e direzione della stessa, tra istituti della cultura di appartenenza statale ovvero enti, pubblici e privati derivanti da trasformazione di precedenti enti pubblici, vigilati dal Ministero per i beni e le attività culturali (2), ad esclusione delle fondazioni di produzione musicale di cui al d.lg. 29 giugno 1996, n. 367, e lavoratori impiegati per soddisfare esigenze temporanee legate alla realizzazione di mostre, eventi e manifestazioni di interesse culturale. I contratti di lavoro a tempo determinato che hanno ad oggetto in via esclusiva lo svolgimento di attività di ricerca scientifica possono avere durata pari a quella del progetto di ricerca al quale si riferiscono.

4. In caso di violazione del limite percentuale di cui al comma 1, restando esclusa la trasformazione dei contratti interessati in contratti a tempo indeterminato, per ciascun lavoratore si applica una sanzione amministrativa di importo pari:

a) al 20 per cento della retribuzione, per ciascun mese o frazione di mese superiore a quindici giorni di durata del rapporto di lavoro, se il numero dei lavoratori assunti in violazione del limite percentuale non è superiore a uno;

b) al 50 per cento della retribuzione, per ciascun mese o frazione di mese superiore a quindici giorni di durata del rapporto di lavoro, se il numero dei lavoratori assunti in violazione del limite percentuale è superiore a uno.

5. I contratti collettivi definiscono modalità e contenuti delle informazioni da rendere alle rappresentanze sindacali aziendali o alla rappresentanza sindacale unitaria dei lavoratori in merito all'utilizzo del lavoro a tempo determinato.

24. *Diritti di precedenza*. — 1. Salvo diversa disposizione dei contratti collettivi, il lavoratore che, nell'esecuzione di uno o più contratti a tempo determinato presso la stessa azienda, ha prestato attività lavorativa per un periodo superiore a sei mesi ha diritto di precedenza nelle assunzioni a tempo indeterminato effettuate dal datore di lavoro entro i successivi dodici mesi con riferimento alle mansioni già espletate in esecuzione dei rapporti a termine.

(1) Le parole «o per la produzione di specifiche opere audiovisive» sono state aggiunte dall'art. 1, d.lg. 7 dicembre 2017, n. 202.

(2) La denominazione «Ministero per i beni e le attività culturali» è stata così sostituita alla precedente «Ministero dei beni e delle attività culturali e del turismo» dall'art. 1.5, d.l. 12 luglio 2018, n. 86, non ancora convertito in legge.

2. Per le lavoratrici, il congedo di maternità di cui al Capo III del d.lg. n. 151 del 2001, e successive modificazioni, usufruito nell'esecuzione di un contratto a tempo determinato presso lo stesso datore di lavoro, concorre a determinare il periodo di attività lavorativa utile a conseguire il diritto di precedenza di cui al comma 1. Alle medesime lavoratrici è altresì riconosciuto, alle stesse condizioni di cui al comma 1, il diritto di precedenza nelle assunzioni a tempo determinato effettuate dal datore di lavoro entro i successivi dodici mesi, con riferimento alle mansioni già espletate in esecuzione dei precedenti rapporti a termine.

3. Il lavoratore assunto a tempo determinato per lo svolgimento di attività stagionali ha diritto di precedenza rispetto a nuove assunzioni a tempo determinato da parte dello stesso datore di lavoro per le medesime attività stagionali.

4. Il diritto di precedenza deve essere espressamente richiamato nell'atto scritto di cui all'art. 19, comma 4, e può essere esercitato a condizione che il lavoratore manifesti per iscritto la propria volontà in tal senso al datore di lavoro entro sei mesi dalla data di cessazione del rapporto di lavoro nei casi di cui ai commi 1 e 2, ed entro tre mesi nel caso di cui al comma 3. Il diritto di precedenza si estingue una volta trascorso un anno dalla data di cessazione del rapporto.

25. *Principio di non discriminazione*. — 1. Al lavoratore a tempo determinato spetta il trattamento economico e normativo in atto nell'impresa per i lavoratori con contratto a tempo indeterminato comparabili, intendendosi per tali quelli inquadrati nello stesso livello in forza dei criteri di classificazione stabiliti dalla contrattazione collettiva, ed in proporzione al periodo lavorativo prestato, sempre che non sia obiettivamente incompatibile con la natura del contratto a tempo determinato.

2. Nel caso di inosservanza degli obblighi di cui al comma 1, il datore di lavoro è punito con la sanzione amministrativa da 25,82 euro a 154,94 euro. Se l'inosservanza si riferisce a più di cinque lavoratori, si applica la sanzione amministrativa da 154,94 euro a 1.032,91 euro.

26. *Formazione*. — 1. I contratti collettivi possono prevedere modalità e strumenti diretti ad agevolare l'accesso dei lavoratori a tempo determinato a opportunità di formazione adeguata, per aumentarne la qualificazione, promuoverne la carriera e migliorarne la mobilità occupazionale.

27. *Criteri di computo*. — 1. Salvo che sia diversamente disposto, ai fini dell'applicazione di qualsiasi disciplina di fonte legale o contrattuale per la quale sia rilevante il computo dei dipendenti del datore di lavoro, si tiene conto del numero medio mensile di lavoratori a tempo determinato, compresi i dirigenti, impiegati negli ultimi due anni, sulla base dell'effettiva durata dei loro rapporti di lavoro.

28. *Decadenza e tutele*. — 1. L'impugnazione del contratto a tempo determinato deve avvenire, con le modalità previste dal primo comma dell'art. 6 della l. 15 luglio 1966, n. 604 (1), entro centottanta giorni (2) dalla cessazione del singolo contratto. Trova altresì applicazione il secondo comma del suddetto art. 6 (1).

2. Nei casi di trasformazione del contratto a tempo determinato in contratto a tempo indeterminato, il giudice condanna il datore di lavoro al risarcimento del danno a favore del lavoratore stabilendo un'indennità onnicomprensiva nella misura compresa tra un minimo di 2,5 e un massimo di 12 mensilità dell'ultima retribuzione di riferimento per il calcolo del trattamento di fine rapporto, avuto riguardo ai criteri indicati nell'art. 8 della legge n. 604 del 1966 (1). La predetta indennità ristora per intero il pregiudizio subito dal lavoratore, comprese le conseguenze retributive e contributive relative al periodo compreso tra la scadenza del termine e la pronuncia con la quale il giudice ha ordinato la ricostituzione del rapporto di lavoro.

3. In presenza di contratti collettivi che prevedano l'assunzione, anche a tempo indeterminato, di lavoratori già occupati con contratto a termine nell'ambito di specifiche graduatorie, il limite massimo dell'indennità fissata dal comma 2 è ridotto alla metà.

29. *Esclusioni e discipline specifiche*. — 1. Sono esclusi dal campo di applicazione del presente capo, in quanto già disciplinati da specifiche normative:

(1) In *Leggi coll. XII, 1*.

(2) Le parole «centottanta giorni» sono state così sostituite alle precedenti «centoventi giorni» dall'art. 1.1, lett. c, d.l. 12 luglio 2018, n. 87, conv. in l. 9 agosto 2018, n. 96. In base all'art. 1.2-3, d.l. cit.: «2. Le disposizioni di cui al comma 1 si applicano ai contratti di lavoro a tempo determinato stipulati successivamente alla data di entrata in vigore del presente decreto, nonché ai rinnovi e alle proroghe contrattuali successivi al 31 ottobre 2018. || 3. Le disposizioni di cui al presente articolo, nonché quelle di cui agli artt. 2 e 3, non si applicano ai contratti stipulati dalle pubbliche amministrazioni, ai quali continuano ad applicarsi le disposizioni vigenti anteriormente alla data di entrata in vigore del presente decreto».

a) ferme restando le disposizioni di cui agli artt. 25 e 27, i rapporti instaurati ai sensi dell'art. 8, comma 2, della legge n. 223 del 1991;

b) i rapporti di lavoro tra i datori di lavoro dell'agricoltura e gli operai a tempo determinato, così come definiti dall'art. 12, comma 2, del d.lg. 11 agosto 1993, n. 375;

c) i richiami in servizio del personale volontario del Corpo nazionale dei vigili del fuoco.

2. Sono, altresì, esclusi dal campo di applicazione del presente capo:

a) i contratti di lavoro a tempo determinato con i dirigenti, che non possono avere una durata superiore a cinque anni, salvo il diritto del dirigente di recedere a norma dell'art. 2118 del codice civile una volta trascorso un triennio;

b) i rapporti per l'esecuzione di speciali servizi di durata non superiore a tre giorni, nel settore del turismo e dei pubblici esercizi, nei casi individuati dai contratti collettivi, nonché quelli instaurati per la fornitura di lavoro portuale temporaneo di cui all'art. 17 della l. 28 gennaio 1994, n. 84 (1), fermo l'obbligo di comunicare l'instaurazione del rapporto di lavoro entro il giorno antecedente;

c) i contratti a tempo determinato stipulati con il personale docente ed ATA per il conferimento delle supplenze e con il personale sanitario, anche dirigente, del Servizio sanitario nazionale;

d) i contratti a tempo determinato stipulati ai sensi della l. 30 dicembre 2010, n. 240.

3. Al personale artistico e tecnico delle fondazioni di produzione musicale di cui al d.lg. 29 giugno 1996, n. 367, non si applicano le disposizioni di cui all'art. 19, commi da 1 a 3, e 21.

4. Resta fermo quanto disposto dall'art. 36 del d.lg. n. 165 del 2001.

CAPO IV

SOMMINISTRAZIONE DI LAVORO

30. *Definizione*. — 1. Il contratto di somministrazione di lavoro è il contratto, a tempo indeterminato o determinato, con il quale un'agenzia di somministrazione autorizzata, ai sensi del d.lg. n. 276 del 2003 (2), mette a disposizione di un utilizzatore uno o più lavoratori suoi dipendenti, i quali, per tutta la durata della missione, svolgono la propria attività nell'interesse e sotto la direzione e il controllo dell'utilizzatore.

31. *Somministrazione di lavoro a tempo indeterminato e determinato*. — 1. Salvo diversa previsione dei contratti collettivi applicati dall'utilizzatore, il numero dei lavoratori somministrati con contratto di somministrazione di lavoro a tempo indeterminato non può eccedere il 20 per cento del numero dei lavoratori a tempo indeterminato in forza presso l'utilizzatore al 1° gennaio dell'anno di stipula del predetto contratto, con un arrotondamento del decimale all'unità superiore qualora esso sia eguale o superiore a 0,5. Nel caso di inizio dell'attività nel corso dell'anno, il limite percentuale si computa sul numero dei lavoratori a tempo indeterminato in forza al momento della stipula del contratto di somministrazione di lavoro a tempo indeterminato. Possono essere somministrati a tempo indeterminato esclusivamente i lavoratori assunti dal somministratore a tempo indeterminato.

2. Salva diversa previsione dei contratti collettivi applicati dall'utilizzatore e fermo restando il limite disposto dall'art. 23, il numero dei lavoratori assunti con contratto a tempo determinato ovvero con contratto di somministrazione a tempo determinato non può eccedere complessivamente il 30 per cento del numero dei lavoratori a tempo indeterminato in forza presso l'utilizzatore al 1° gennaio dell'anno di stipulazione dei predetti contratti, con arrotondamento del decimale all'unità superiore qualora esso sia eguale o superiore a 0,5. Nel caso di inizio dell'attività nel corso dell'anno, il limite percentuale si computa sul numero dei lavoratori a tempo indeterminato in forza al momento della stipulazione del contratto di somministrazione di lavoro. È in ogni caso esente da limiti quantitativi la somministrazione a tempo determinato di lavoratori di cui all'art. 8, comma 2, della l. 23 luglio 1991, n. 223, di soggetti disoccupati che godono da almeno sei mesi di trattamenti di disoccupazione non agricola o di ammortizzatori sociali e di lavoratori svantaggiati o molto svantaggiati ai sensi dei nn. 4) e 99) dell'art. 2 del reg. (UE) n. 651/2014 della Commissione, del 17 giugno 2014,

(1) Le parole «nonché quelli instaurati per la fornitura di lavoro portuale temporaneo di cui all'art. 17 della l. 28 gennaio 1994, n. 84,» sono state inserite dall'art. 2.01, d.l. 12 luglio 2018, n. 87, conv. in l. 9 agosto 2018, n. 96. In base all'art. 1.3, d.l. cit., tali disposizioni «non si applicano ai contratti stipulati dalle pubbliche amministrazioni, ai quali continuano ad applicarsi le disposizioni vigenti anteriormente alla data di entrata in vigore del presente decreto».

(2) In *Leggi coll. XII, 5.*

come individuati con decreto del Ministro del lavoro e delle politiche sociali (1).

3. I lavoratori somministrati sono informati dall'utilizzatore dei posti vacanti presso quest'ultimo, anche mediante un avviso generale affisso all'interno dei locali dell'utilizzatore.

4. Fermo quanto disposto dall'art. 36 del d.lg. n. 165 del 2001, la disciplina della somministrazione a tempo indeterminato non trova applicazione nei confronti delle pubbliche amministrazioni.

32. *Divieti*. — 1. Il contratto di somministrazione di lavoro è vietato:

a) per la sostituzione di lavoratori che esercitano il diritto di sciopero;

b) presso unità produttive nelle quali si è proceduto, entro i sei mesi precedenti, a licenziamenti collettivi ai sensi degli artt. 4 e 24 della legge n. 223 del 1991, che hanno riguardato lavoratori adibiti alle stesse mansioni cui si riferisce il contratto di somministrazione di lavoro, salvo che il contratto sia concluso per provvedere alla sostituzione di lavoratori assenti o abbia una durata iniziale non superiore a tre mesi;

c) presso unità produttive nelle quali sono operanti una sospensione del lavoro o una riduzione dell'orario in regime di cassa integrazione guadagni, che interessano lavoratori adibiti alle stesse mansioni cui si riferisce il contratto di somministrazione di lavoro;

d) da parte di datori di lavoro che non abbiano effettuato la valutazione dei rischi in applicazione della normativa di tutela della salute e della sicurezza dei lavoratori.

33. *Forma del contratto di somministrazione*. — 1. Il contratto di somministrazione di lavoro è stipulato in forma scritta e contiene i seguenti elementi:

a) gli estremi dell'autorizzazione rilasciata al somministratore;

b) il numero dei lavoratori da somministrare;

c) l'indicazione di eventuali rischi per la salute e la sicurezza del lavoratore e le misure di prevenzione adottate;

d) la data di inizio e la durata prevista della somministrazione di lavoro;

e) le mansioni alle quali saranno adibiti i lavoratori e l'inquadramento dei medesimi;

f) il luogo, l'orario di lavoro e il trattamento economico e normativo dei lavoratori.

2. Con il contratto di somministrazione di lavoro l'utilizzatore assume l'obbligo di comunicare al somministratore il trattamento economico e normativo applicabile ai lavoratori suoi dipendenti che svolgono le medesime mansioni dei lavoratori da somministrare e a rimborsare al somministratore gli oneri retributivi e previdenziali da questo effettivamente sostenuti in favore dei lavoratori.

3. Le informazioni di cui al comma 1, nonché la data di inizio e la durata prevedibile della missione, devono essere comunicate per iscritto al lavoratore da parte del somministratore all'atto della stipulazione del contratto di lavoro ovvero all'atto dell'invio in missione presso l'utilizzatore.

34. *Disciplina dei rapporti di lavoro*. — 1. In caso di assunzione a tempo indeterminato il rapporto di lavoro tra somministratore e lavoratore è soggetto alla disciplina prevista per il rapporto di lavoro a tempo indeterminato. Nel contratto di lavoro è determinata l'indennità mensile di disponibilità, divisibile in quote orarie, corrisposta dal somministratore al lavoratore per i periodi nei quali egli rimane in attesa di essere inviato in missione, nella misura prevista dal contratto collettivo applicabile al somministratore e comunque non inferiore all'importo fissato con decreto del Ministro del lavoro e delle politiche sociali. L'indennità di disponibilità è esclusa dal computo di ogni istituto di legge o di contratto collettivo.

2. In caso di assunzione a tempo determinato il rapporto di lavoro tra somministratore e lavoratore è soggetto alla disciplina di cui al capo III, con esclusione delle disposizioni di cui agli artt. 21, comma 2, 23 e 24 (2). Il termine inizialmente posto al contratto di lavoro può in ogni caso essere prorogato, con il consenso del lavoratore e per atto scritto, nei casi e per la durata previsti dal contratto collettivo applicato dal somministratore.

3. Il lavoratore somministrato non è computato nell'organico dell'utilizzatore ai fini del-

(1) Comma così sostituito dall'art. 2.02, d.l. 12 luglio 2018, n. 87, conv. in l. 9 agosto 2018, n. 96. In base all'art. 1.3, d.l. cit., tali disposizioni «non si applicano ai contratti stipulati dalle pubbliche amministrazioni, ai quali continuano ad applicarsi le disposizioni vigenti anteriormente alla data di entrata in vigore del presente decreto».

(2) Periodo così sostituito al precedente «In caso di assunzione a tempo determinato il rapporto di lavoro tra somministratore e lavoratore è soggetto alla disciplina di cui al capo III per quanto compatibile, con esclusione delle disposizioni di cui agli artt. 19, commi 1, 2 e 3, 21, 23 e 24» dall'art. 2.1, d.l. 12 luglio 2018, n. 87, conv. in l. 9 agosto 2018, n. 96. In base all'art. 1.3, d.l. cit., tali disposizioni «non si applicano ai contratti stipulati dalle pubbliche amministrazioni, ai quali continuano ad applicarsi le disposizioni vigenti anteriormente alla data di entrata in vigore del presente decreto».

l'applicazione di normative di legge o di contratto collettivo, fatta eccezione per quelle relative alla tutela della salute e della sicurezza sul lavoro. In caso di somministrazione di lavoratori disabili per missioni di durata non inferiore a dodici mesi, il lavoratore somministrato è computato nella quota di riserva di cui all'art. 3 della l. 12 marzo 1999, n. 68.

4. Le disposizioni di cui all'art. 4 e 24 della legge n. 223 del 1991 non trovano applicazione nel caso di cessazione della somministrazione di lavoro a tempo indeterminato, cui si applica l'art. 3 della legge n. 604 del 1966 (1).

35. *Tutela del lavoratore, esercizio del potere disciplinare e regime della solidarietà*. — 1. Per tutta la durata della missione presso l'utilizzatore, i lavoratori del somministratore hanno diritto, a parità di mansioni svolte, a condizioni economiche e normative complessivamente non inferiori a quelle dei dipendenti di pari livello dell'utilizzatore.

2. L'utilizzatore è obbligato in solido con il somministratore a corrispondere ai lavoratori i trattamenti retributivi e a versare i relativi contributi previdenziali, salvo il diritto di rivalsa verso il somministratore.

3. I contratti collettivi applicati dall'utilizzatore stabiliscono modalità e criteri per la determinazione e corresponsione delle erogazioni economiche correlate ai risultati conseguiti nella realizzazione di programmi concordati tra le parti o collegati all'andamento economico dell'impresa. I lavoratori somministrati hanno altresì diritto a fruire dei servizi sociali e assistenziali di cui godono i dipendenti dell'utilizzatore addetti alla stessa unità produttiva, esclusi quelli il cui godimento sia condizionato alla iscrizione ad associazioni o società cooperative o al conseguimento di una determinata anzianità di servizio.

4. Il somministratore informa i lavoratori sui rischi per la sicurezza e la salute connessi alle attività produttive e li forma e addestra all'uso delle attrezzature di lavoro necessarie allo svolgimento dell'attività lavorativa per la quale essi vengono assunti, in conformità al d.lg. 9 aprile 2008, n. 81. Il contratto di somministrazione può prevedere che tale obbligo sia adempiuto dall'utilizzatore. L'utilizzatore osserva nei confronti dei lavoratori somministrati gli obblighi di prevenzione e protezione cui è tenuto, per legge e contratto collettivo, nei confronti dei propri dipendenti.

5. Nel caso in cui adibisca il lavoratore a mansioni di livello superiore o inferiore a quelle dedotte in contratto, l'utilizzatore deve darne immediata comunicazione scritta al somministratore consegnandone copia al lavoratore medesimo. Ove non abbia adempiuto all'obbligo di informazione, l'utilizzatore risponde in via esclusiva per le differenze retributive spettanti al lavoratore occupato in mansioni superiori e per l'eventuale risarcimento del danno derivante dall'assegnazione a mansioni inferiori.

6. Ai fini dell'esercizio del potere disciplinare, che è riservato al somministratore, l'utilizzatore comunica al somministratore gli elementi che formeranno oggetto della contestazione ai sensi dell'art. 7 della legge n. 300 del 1970 (2) (3).

7. L'utilizzatore risponde nei confronti dei terzi dei danni a essi arrecati dal lavoratore nello svolgimento delle sue mansioni.

8. È nulla ogni clausola diretta a limitare, anche indirettamente, la facoltà dell'utilizzatore di assumere il lavoratore al termine della sua missione, fatta salva l'ipotesi in cui al lavoratore sia corrisposta una adeguata indennità, secondo quanto stabilito dal contratto collettivo applicabile al somministratore.

36. *Diritti sindacali e garanzie collettive*. — 1. Ai lavoratori delle agenzie di somministrazione si applicano i diritti sindacali previsti dalla legge n. 300 del 1970 (2), e successive modificazioni.

2. Il lavoratore somministrato ha diritto a esercitare presso l'utilizzatore, per tutta la durata della missione, i diritti di libertà e di attività sindacale, nonché a partecipare alle assemblee del personale dipendente delle imprese utilizzatrici.

3. Ogni dodici mesi l'utilizzatore, anche per il tramite della associazione dei datori di lavoro alla quale aderisce o conferisce mandato, comunica alle rappresentanze sindacali aziendali ovvero alla rappresentanza sindacale unitaria o, in mancanza, agli organismi territoriali di categoria delle associazioni sindacali comparativamente più rappresentative sul piano nazionale, il numero dei contratti di somministrazione di lavoro conclusi, la durata degli stessi, il numero e la qualifica dei lavoratori interessati.

37. *Norme previdenziali*. — 1. Gli oneri contributivi, previdenziali, assicurativi ed assistenziali, previsti dalle vigenti disposizioni legisla-

(1) In *Leggi coll. XII, 1*.
(2) In *Leggi coll. XII, 2*.
(3) Per l'applicazione della tutela ai lavoratori in caso di distacco in Italia da parte di impresa di altro Stato membro v. art. 4, d.lg. 17 luglio 2016, n. 136.

tive, sono a carico del somministratore che, ai sensi e per gli effetti di cui all'art. 49 della l. 9 marzo 1989, n. 88, è inquadrato nel settore terziario. L'indennità di disponibilità è assoggettata a contribuzione previdenziale per il suo effettivo ammontare, in deroga alla normativa in materia di minimale contributivo.

2. Il somministratore non è tenuto al versamento della aliquota contributiva di cui all'art. 25, comma 4, della l. 21 dicembre 1978, n. 845.

3. Gli obblighi dell'assicurazione contro gli infortuni e le malattie professionali previsti dal d.p.r. 30 giugno 1965, n. 1124, e successive modificazioni, sono determinati in relazione al tipo e al rischio delle lavorazioni svolte. I premi e i contributi sono determinati in relazione al tasso medio o medio ponderato, stabilito per l'attività svolta dall'impresa utilizzatrice, nella quale sono inquadrabili le lavorazioni svolte dai lavoratori somministrati, ovvero in base al tasso medio o medio ponderato della voce di tariffa corrispondente alla lavorazione effettivamente prestata dal lavoratore somministrato, ove presso l'impresa utilizzatrice la stessa non sia già assicurata.

4. Nel settore agricolo e in caso di somministrazione di lavoratori domestici trovano applicazione i criteri di erogazione e gli oneri previdenziali e assistenziali previsti dai relativi settori.

38. *Somministrazione irregolare.* — 1. In mancanza di forma scritta il contratto di somministrazione di lavoro è nullo e i lavoratori sono considerati a tutti gli effetti alle dipendenze dell'utilizzatore.

2. Quando la somministrazione di lavoro avvenga al di fuori dei limiti e delle condizioni di cui agli artt. 31, commi 1 e 2, 32 e 33, comma 1, lett. *a*), *b*), *c*) e *d*), il lavoratore può chiedere, anche soltanto nei confronti dell'utilizzatore, la costituzione di un rapporto di lavoro alle dipendenze di quest'ultimo, con effetto dall'inizio della somministrazione.

3. Nelle ipotesi di cui al comma 2 tutti i pagamenti effettuati dal somministratore, a titolo retributivo o di contribuzione previdenziale, valgono a liberare il soggetto che ne ha effettivamente utilizzato la prestazione dal debito corrispondente fino a concorrenza della somma effettivamente pagata. Tutti gli atti compiuti o ricevuti dal somministratore nella costituzione o nella gestione del rapporto, per il periodo durante il quale la somministrazione ha avuto luogo, si intendono come compiuti o ricevuti dal soggetto che ha effettivamente utilizzato la prestazione.

4. La disposizione di cui al comma 2 non trova applicazione nei confronti delle pubbliche amministrazioni.

38-*bis*. *Somministrazione fraudolenta*. — 1. Ferme restando le sanzioni di cui all'art. 18 del d.lg. 10 settembre 2003, n. 276, quando la somministrazione di lavoro è posta in essere con la specifica finalità di eludere norme inderogabili di legge o di contratto collettivo applicate al lavoratore, il somministratore e l'utilizzatore sono puniti con la pena dell'ammenda di 20 euro per ciascun lavoratore coinvolto e per ciascun giorno di somministrazione (1).

39. *Decadenza e tutele*. — 1. Nel caso in cui il lavoratore chieda la costituzione del rapporto di lavoro con l'utilizzatore, ai sensi dell'art. 38, comma 2, trovano applicazione le disposizioni dell'art. 6 della legge n. 604 del 1966 (2), e il termine di cui al primo comma del predetto articolo decorre dalla data in cui il lavoratore ha cessato di svolgere la propria attività presso l'utilizzatore.

2. Nel caso in cui il giudice accolga la domanda di cui al comma 1, condanna il datore di lavoro al risarcimento del danno in favore del lavoratore, stabilendo un'indennità onnicomprensiva nella misura compresa tra un minimo di 2,5 e un massimo di 12 mensilità dell'ultima retribuzione di riferimento per il calcolo del trattamento di fine rapporto, avuto riguardo ai criteri indicati nell'art. 8 della legge n. 604 del 1966 (2). La predetta indennità ristora per intero il pregiudizio subito dal lavoratore, comprese le conseguenze retributive e contributive, relativo al periodo compreso tra la data in cui il lavoratore ha cessato di svolgere la propria attività presso l'utilizzatore e la pronuncia con la quale il giudice ha ordinato la costituzione del rapporto di lavoro.

40. *Sanzioni*. — 1. La violazione degli obblighi e dei divieti di cui agli artt. 33, comma 1, nonché, per il solo utilizzatore, di cui agli artt. 31 e 32 e, per il solo somministratore, di cui all'art. 33, comma 3, sono punite con la sanzione amministrativa pecuniaria da euro 250 a euro 1.250.

2. La violazione delle disposizioni di cui all'art. 35, comma 1, e per il solo utilizzatore, di cui all'art. 35, comma 3, secondo periodo, e 36, comma 3, sono punite con la sanzione amministrativa pecuniaria prevista dal comma 1.

(1) Articolo inserito dall'art. 2.1-*bis*, d.l. 12 luglio 2018, n. 87, conv. in l. 9 agosto 2018, n. 96. In base all'art. 1.3, d.l. cit., tali disposizioni «non si applicano ai contratti stipulati dalle pubbliche amministrazioni, ai quali continuano ad applicarsi le disposizioni vigenti anteriormente alla data di entrata in vigore del presente decreto».

(2) In *Leggi coll. XII, 1*.

CAPO V

Apprendistato

41. *Definizione*. — 1. L'apprendistato è un contratto di lavoro a tempo indeterminato finalizzato alla formazione e alla occupazione dei giovani.

2. Il contratto di apprendistato si articola nelle seguenti tipologie:

a) apprendistato per la qualifica e il diploma professionale, il diploma di istruzione secondaria superiore e il certificato di specializzazione tecnica superiore;

b) apprendistato professionalizzante;

c) apprendistato di alta formazione e ricerca.

3. L'apprendistato per la qualifica e il diploma professionale, il diploma di istruzione secondaria superiore e il certificato di specializzazione tecnica superiore e quello di alta formazione e ricerca integrano organicamente, in un sistema duale, formazione e lavoro, con riferimento ai titoli di istruzione e formazione e alle qualificazioni professionali contenuti nel Repertorio nazionale di cui all'art. 8 del d.lg. 16 gennaio 2013, n. 13, nell'ambito del Quadro europeo delle qualificazioni.

42. *Disciplina generale*. — 1. Il contratto di apprendistato è stipulato in forma scritta ai fini della prova. Il contratto di apprendistato contiene, in forma sintetica, il piano formativo individuale definito anche sulla base di moduli e formulari stabiliti dalla contrattazione collettiva o dagli enti bilaterali di cui all'art. 2, comma 1, lett. *h*), del d.lg. n. 276 del 2003. Nell'apprendistato per la qualifica e il diploma professionale, il diploma di istruzione secondaria superiore e il certificato di specializzazione tecnica superiore e nell'apprendistato di alta formazione e ricerca, il piano formativo individuale è predisposto dalla istituzione formativa con il coinvolgimento dell'impresa. Al piano formativo individuale, per la quota a carico dell'istituzione formativa, si provvede nell'ambito delle risorse umane, finanziarie e strumentali disponibili a legislazione vigente.

2. Il contratto di apprendistato ha una durata minima non inferiore a sei mesi, fatto salvo quanto previsto dagli artt. 43, comma 8, e 44, comma 5.

3. Durante l'apprendistato trovano applicazione le sanzioni previste dalla normativa vigente per il licenziamento illegittimo. Nel contratto di apprendistato per la qualifica e il diploma professionale, il diploma di istruzione secondaria superiore e il certificato di specializzazione tecnica superiore, costituisce giustificato motivo di licenziamento il mancato raggiungimento degli obiettivi formativi come attestato dall'istituzione formativa.

4. Al termine del periodo di apprendistato le parti possono recedere dal contratto, ai sensi dell'art. 2118 del codice civile, con preavviso decorrente dal medesimo termine. Durante il periodo di preavviso continua a trovare applicazione la disciplina del contratto di apprendistato. Se nessuna delle parti recede il rapporto prosegue come ordinario rapporto di lavoro subordinato a tempo indeterminato.

5. Salvo quanto disposto dai commi da 1 a 4, la disciplina del contratto di apprendistato è rimessa ad accordi interconfederali ovvero ai contratti collettivi nazionali di lavoro stipulati dalle associazioni sindacali comparativamente più rappresentative sul piano nazionale, nel rispetto dei seguenti principi:

a) divieto di retribuzione a cottimo;

b) possibilità di inquadrare il lavoratore fino a due livelli inferiori rispetto a quello spettante in applicazione del contratto collettivo nazionale di lavoro ai lavoratori addetti a mansioni che richiedono qualificazioni corrispondenti a quelle al cui conseguimento è finalizzato il contratto, o, in alternativa, di stabilire la retribuzione dell'apprendista in misura percentuale e proporzionata all'anzianità di servizio;

c) presenza di un tutore o referente aziendale;

d) possibilità di finanziare i percorsi formativi aziendali degli apprendisti per il tramite dei fondi paritetici interprofessionali di cui all'art. 118 della l. 23 dicembre 2000, n. 388, e all'art. 12 del d.lg. n. 276 del 2003, anche attraverso accordi con le regioni e le province autonome di Trento e Bolzano;

e) possibilità del riconoscimento, sulla base dei risultati conseguiti nel percorso di formazione, esterna e interna alla impresa, della qualificazione professionale ai fini contrattuali e delle competenze acquisite ai fini del proseguimento degli studi nonché nei percorsi di istruzione degli adulti;

f) registrazione della formazione effettuata e della qualificazione professionale ai fini contrattuali eventualmente acquisita nel libretto formativo del cittadino di cui all'art. 2, comma 1, lett. *i*), del d.lg. n. 276 del 2003;

g) possibilità di prolungare il periodo di apprendistato in caso di malattia, infortunio o altra causa di sospensione involontaria del lavoro, di durata superiore a trenta giorni;

h) possibilità di definire forme e modalità per la conferma in servizio, senza nuovi o maggiori oneri per la finanza pubblica, al termine del percorso formativo, al fine di ulteriori assunzioni in apprendistato.

6. Per gli apprendisti l'applicazione delle norme sulla previdenza e assistenza sociale obbligatoria si estende alle seguenti forme:

a) assicurazione contro gli infortuni sul lavoro e le malattie professionali;

b) assicurazione contro le malattie;

c) assicurazione contro l'invalidità e vecchiaia;

d) maternità;

e) assegno familiare;

f) assicurazione sociale per l'impiego, in relazione alla quale, in aggiunta a quanto previsto in relazione al regime contributivo per le assicurazioni di cui alle precedenti lettere, ai sensi della disciplina di cui all'art. 1, comma 773, della l. 27 dicembre 2006, n. 296, con effetto sui periodi contributivi maturati a decorrere dal 1° gennaio 2013 è dovuta dai datori di lavoro per gli apprendisti artigiani e non artigiani una contribuzione pari all'1,31 per cento della retribuzione imponibile ai fini previdenziali, con riferimento alla quale non operano le disposizioni di cui all'art. 22, comma 1, della l. 12 novembre 2011, n. 183.

7. Il numero complessivo di apprendisti che un datore di lavoro può assumere, direttamente o indirettamente per il tramite delle agenzie di somministrazione autorizzate, non può superare il rapporto di 3 a 2 rispetto alle maestranze specializzate e qualificate in servizio presso il medesimo datore di lavoro. Tale rapporto non può superare il 100 per cento per i datori di lavoro che occupano un numero di lavoratori inferiore a dieci unità. È in ogni caso esclusa la possibilità di utilizzare apprendisti con contratto di somministrazione a tempo determinato. Il datore di lavoro che non abbia alle proprie dipendenze lavoratori qualificati o specializzati, o che comunque ne abbia in numero inferiore a tre, può assumere apprendisti in numero non superiore a tre. Le disposizioni di cui al presente comma non si applicano alle imprese artigiane per le quali trovano applicazione le disposizioni di cui all'art. 4 della l. 8 agosto 1985, n. 443.

8. Ferma restando la possibilità per i contratti collettivi nazionali di lavoro, stipulati dalle associazioni sindacali comparativamente più rappresentative sul piano nazionale, di individuare limiti diversi da quelli previsti dal presente comma, esclusivamente per i datori di lavoro che occupano almeno cinquanta dipendenti, l'assunzione di nuovi apprendisti con contratto di apprendistato professionalizzante è subordinata alla prosecuzione, a tempo indeterminato, del rapporto di lavoro al termine del periodo di apprendistato, nei trentasei mesi precedenti la nuova assunzione, di almeno il 20 per cento degli apprendisti dipendenti dallo stesso datore di lavoro, restando esclusi dal computo i rapporti cessati per recesso durante il periodo di prova, dimissioni o licenziamento per giusta causa. Qualora non sia rispettata la predetta percentuale, è in ogni caso consentita l'assunzione di un apprendista con contratto professionalizzante. Gli apprendisti assunti in violazione dei limiti di cui al presente comma sono considerati ordinari lavoratori subordinati a tempo indeterminato sin dalla data di costituzione del rapporto.

43. *Apprendistato per la qualifica e il diploma professionale, il diploma di istruzione secondaria superiore e il certificato di specializzazione tecnica superiore.* — 1. L'apprendistato per la qualifica e il diploma professionale e il certificato di specializzazione tecnica superiore è strutturato in modo da coniugare la formazione effettuata in azienda con l'istruzione e la formazione professionale svolta dalle istituzioni formative che operano nell'ambito dei sistemi regionali di istruzione e formazione sulla base dei livelli essenziali delle prestazioni di cui al d.lg. 17 ottobre 2005, n. 226, e di quelli di cui all'art. 46.

2. Possono essere assunti con il contratto di cui al comma 1, in tutti i settori di attività, i giovani che hanno compiuto i 15 anni di età e fino al compimento dei 25. La durata del contratto è determinata in considerazione della qualifica o del diploma da conseguire e non può in ogni caso essere superiore a tre anni o a quattro anni nel caso di diploma professionale quadriennale.

3. Fermo restando quanto previsto dall'art. 46, comma 1, la regolamentazione dell'apprendistato per la qualifica e il diploma professionale e il certificato di specializzazione tecnica superiore è rimessa alle regioni e alle province autonome di Trento e Bolzano. In assenza di regolamentazione regionale l'attivazione dell'apprendistato per la qualifica e il diploma professionale e il certificato di specializzazione tecnica superiore è rimessa al Ministero del lavoro e delle politiche sociali, che ne disciplina l'esercizio con propri decreti.

4. In relazione alle qualificazioni contenute nel Repertorio di cui all'art. 41, comma 3, i datori di lavoro hanno la facoltà di prorogare fino ad un anno il contratto di apprendistato dei giovani qualificati e diplomati, che hanno concluso positivamente i percorsi di cui al comma 1, per il consolidamento e l'acquisizione di ulteriori competenze tecnico-professionali e specialistiche, utili anche ai fini dell'acquisizio-

ne del certificato di specializzazione tecnica superiore o del diploma di maturità professionale all'esito del corso annuale integrativo di cui all'art. 15, comma 6, del d.lg. n. 226 del 2005. Il contratto di apprendistato può essere prorogato fino ad un anno anche nel caso in cui, al termine dei percorsi di cui al comma 1, l'apprendista non abbia conseguito la qualifica, il diploma, il certificato di specializzazione tecnica superiore o il diploma di maturità professionale all'esito del corso annuale integrativo.

5. Possono essere, altresì, stipulati contratti di apprendistato, di durata non superiore a quattro anni, rivolti ai giovani iscritti a partire dal secondo anno dei percorsi di istruzione secondaria superiore, per l'acquisizione, oltre che del diploma di istruzione secondaria superiore, di ulteriori competenze tecnico-professionali rispetto a quelle già previste dai vigenti regolamenti scolastici, utili anche ai fini del conseguimento del certificato di specializzazione tecnica superiore. A tal fine, è abrogato il comma 2 dell'art. 8-*bis* del d.l. 12 settembre 2013, n. 104, convertito, con modificazioni, dalla l. 8 novembre 2013, n. 128. Sono fatti salvi, fino alla loro conclusione, i programmi sperimentali per lo svolgimento di periodi di formazione in azienda già attivati. Possono essere, inoltre, stipulati contratti di apprendistato, di durata non superiore a due anni, per i giovani che frequentano il corso annuale integrativo che si conclude con l'esame di Stato, di cui all'art. 6, comma 5, del d.p.r. 15 marzo 2010, n. 87.

6. Il datore di lavoro che intende stipulare il contratto di apprendistato per la qualifica e il diploma professionale, il diploma di istruzione secondaria superiore e il certificato di specializzazione tecnica superiore sottoscrive un protocollo con l'istituzione formativa a cui lo studente è iscritto, che stabilisce il contenuto e la durata degli obblighi formativi del datore di lavoro, secondo lo schema definito con il decreto di cui all'art. 46, comma 1. Con il medesimo decreto sono definiti i criteri generali per la realizzazione dei percorsi di apprendistato, e, in particolare, i requisiti delle imprese nelle quali si svolge e il monte orario massimo del percorso scolastico che può essere svolto in apprendistato, nonché il numero di ore da effettuare in azienda, nel rispetto dell'autonomia delle istituzioni scolastiche e delle competenze delle regioni e delle provincie autonome. Nell'apprendistato che si svolge nell'ambito del sistema di istruzione e formazione professionale regionale, la formazione esterna all'azienda è impartita nell'istituzione formativa a cui lo studente è iscritto e non può essere superiore al 60 per cento dell'orario ordinamentale per il secondo anno e al 50 per cento per il terzo e quarto anno, nonché per l'anno successivo finalizzato al conseguimento del certificato di specializzazione tecnica, in ogni caso nell'ambito delle risorse umane, finanziarie e strumentali disponibili nel rispetto di quanto stabilito dalla legislazione vigente.

7. Per le ore di formazione svolte nella istituzione formativa il datore di lavoro è esonerato da ogni obbligo retributivo. Per le ore di formazione a carico del datore di lavoro è riconosciuta al lavoratore una retribuzione pari al 10 per cento di quella che gli sarebbe dovuta. Sono fatte salve le diverse previsioni dei contratti collettivi.

8. Per le regioni e le province autonome di Trento e Bolzano che abbiano definito un sistema di alternanza scuola-lavoro, i contratti collettivi stipulati dalle associazioni sindacali comparativamente più rappresentative sul piano nazionale possono prevedere specifiche modalità di utilizzo del contratto di apprendistato, anche a tempo determinato, per lo svolgimento di attività stagionali.

9. Successivamente al conseguimento della qualifica o del diploma professionale ai sensi del d.lg. n. 226 del 2005, nonché del diploma di istruzione secondaria superiore, allo scopo di conseguire la qualificazione professionale ai fini contrattuali, è possibile la trasformazione del contratto in apprendistato professionalizzante. In tal caso, la durata massima complessiva dei due periodi di apprendistato non può eccedere quella individuata dalla contrattazione collettiva di cui all'art. 42, comma 5.

44. *Apprendistato professionalizzante*. — 1. Possono essere assunti in tutti i settori di attività, pubblici o privati, con contratto di apprendistato professionalizzante per il conseguimento di una qualificazione professionale ai fini contrattuali, i soggetti di età compresa tra i 18 e i 29 anni. Per i soggetti in possesso di una qualifica professionale, conseguita ai sensi del d.lg. n. 226 del 2005, il contratto di apprendistato professionalizzante può essere stipulato a partire dal diciassettesimo anno di età. La qualificazione professionale al cui conseguimento è finalizzato il contratto è determinata dalle parti del contratto sulla base dei profili o qualificazioni professionali previsti per il settore di riferimento dai sistemi di inquadramento del personale di cui ai contratti collettivi stipulati dalle associazioni sindacali comparativamente più rappresentative sul piano nazionale.

2. Gli accordi interconfederali e i contratti collettivi nazionali di lavoro stipulati dalle associazioni sindacali comparativamente più rap-

presentative sul piano nazionale stabiliscono, in ragione del tipo di qualificazione professionale ai fini contrattuali da conseguire, la durata e le modalità di erogazione della formazione per l'acquisizione delle relative competenze tecnico-professionali e specialistiche, nonché la durata anche minima del periodo di apprendistato, che non può essere superiore a tre anni ovvero cinque per i profili professionali caratterizzanti la figura dell'artigiano individuati dalla contrattazione collettiva di riferimento.

3. La formazione di tipo professionalizzante, svolta sotto la responsabilità del datore di lavoro, è integrata, nei limiti delle risorse annualmente disponibili, dalla offerta formativa pubblica, interna o esterna alla azienda, finalizzata alla acquisizione di competenze di base e trasversali per un monte complessivo non superiore a centoventi ore per la durata del triennio e disciplinata dalle regioni e dalle province autonome di Trento e Bolzano, sentite le parti sociali e tenuto conto del titolo di studio e delle competenze dell'apprendista. La regione comunica al datore di lavoro, entro quarantacinque giorni dalla comunicazione dell'instaurazione del rapporto, effettuata ai sensi dell'art. 9-*bis* del d.l. 1° ottobre 1996, n. 510, convertito, con modificazioni, dalla l. 28 novembre 1996, n. 608, le modalità di svolgimento dell'offerta formativa pubblica, anche con riferimento alle sedi e al calendario delle attività previste, avvalendosi anche dei datori di lavoro e delle loro associazioni che si siano dichiarate disponibili, ai sensi delle linee guida adottate dalla Conferenza permanente per i rapporti tra lo Stato, le regioni e le province autonome di Trento e Bolzano in data 20 febbraio 2014.

4. Le regioni e le province autonome di Trento e Bolzano e le associazioni di categoria dei datori di lavoro possono definire, anche nell'ambito della bilateralità, le modalità per il riconoscimento della qualifica di maestro artigiano o di mestiere.

5. Per i datori di lavoro che svolgono la propria attività in cicli stagionali, i contratti collettivi nazionali di lavoro stipulati dalle associazioni sindacali comparativamente più rappresentative sul piano nazionale possono prevedere specifiche modalità di svolgimento del contratto di apprendistato, anche a tempo determinato. La previsione di cui al primo periodo trova applicazione altresì nell'ambito dell'attività in cicli stagionali che si svolgono nel settore del cinema e dell'audiovisivo (1).

45. *Apprendistato di alta formazione e di ricerca.* — 1. Possono essere assunti in tutti i settori di attività, pubblici o privati, con contratto di apprendistato per il conseguimento di titoli di studio universitari e della alta formazione, compresi i dottorati di ricerca, i diplomi relativi ai percorsi degli istituti tecnici superiori di cui all'art. 7 del d.p.c.m. 25 gennaio 2008, per attività di ricerca, nonché per il praticantato per l'accesso alle professioni ordinistiche, i soggetti di età compresa tra i 18 e i 29 anni in possesso di diploma di istruzione secondaria superiore o di un diploma professionale conseguito nei percorsi di istruzione e formazione professionale integrato da un certificato di specializzazione tecnica superiore o del diploma di maturità professionale all'esito del corso annuale integrativo.

2. Il datore di lavoro che intende stipulare un contratto di cui al comma 1 sottoscrive un protocollo con l'istituzione formativa a cui lo studente è iscritto o con l'ente di ricerca, che stabilisce la durata e le modalità, anche temporali, della formazione a carico del datore di lavoro, secondo lo schema definito con il decreto di cui all'art. 46, comma 1. Il suddetto protocollo stabilisce, altresì, il numero dei crediti formativi riconoscibili a ciascuno studente per la formazione a carico del datore di lavoro in ragione del numero di ore di formazione svolte in azienda, anche in deroga al limite di cui all'art. 2, comma 147, del d.l. 3 ottobre 2006, n. 262, convertito, con modificazioni, dalla l. 24 novembre 2006, n. 286. I principi e le modalità di attribuzione dei crediti formativi sono definiti con il decreto di cui all'art. 46, comma 1. La formazione esterna all'azienda è svolta nell'istituzione formativa a cui lo studente è iscritto e nei percorsi di istruzione tecnica superiore e non può, di norma, essere superiore al 60 per cento dell'orario ordinamentale.

3. Per le ore di formazione svolte nella istituzione formativa il datore di lavoro è esonerato da ogni obbligo retributivo. Per le ore di formazione a carico del datore di lavoro è riconosciuta al lavoratore una retribuzione pari al 10 per cento di quella che gli sarebbe dovuta. Sono fatte salve le diverse previsioni dei contratti collettivi.

4. La regolamentazione e la durata del periodo di apprendistato per attività di ricerca o per percorsi di alta formazione è rimessa alle regioni e alle province autonome di Trento e Bolzano, per i soli profili che attengono alla

(1) Ultimo periodo aggiunto dall'art. 2, d.lg. 7 dicembre 2017, n. 202.

formazione, sentite (1) le associazioni territoriali dei datori di lavoro e dei lavoratori comparativamente più rappresentative sul piano nazionale, le università, gli istituti tecnici superiori e le altre istituzioni formative o di ricerca comprese quelle in possesso di riconoscimento istituzionale di rilevanza nazionale o regionale e aventi come oggetto la promozione delle attività imprenditoriali, del lavoro, della formazione, della innovazione e del trasferimento tecnologico.

5. In assenza delle regolamentazioni regionali di cui al comma 4, l'attivazione dei percorsi di apprendistato di alta formazione e ricerca è disciplinata dalle disposizioni del decreto di cui all'art. 46, comma 1. Sono fatte salve fino alla regolamentazione regionale le convenzioni stipulate dai datori di lavoro o dalle loro associazioni con le università, gli istituti tecnici superiori e le altre istituzioni formative o di ricerca, senza nuovi o maggiori oneri a carico della finanza pubblica (2).

46. *Standard professionali e formativi e certificazione delle competenze*. — 1. Con decreto del Ministro del lavoro e delle politiche sociali, di concerto con il Ministro dell'istruzione, dell'università e della ricerca e del Ministro dell'economia e delle finanze, previa intesa in sede di Conferenza permanente per i rapporti tra lo Stato, le regioni e le province autonome di Trento e Bolzano, ai sensi dell'art. 3 del d.lg. 28 agosto 1997, n. 281, sono definiti gli standard formativi dell'apprendistato, che costituiscono livelli essenziali delle prestazioni ai sensi dell'art. 16 del d.lg. n. 226 del 2005.

2. La registrazione nel libretto formativo del cittadino, ai sensi del d.lg. n. 13 del 2013, è di competenza:

a) del datore di lavoro, nel contratto di apprendistato professionalizzante, per quanto riguarda la formazione effettuata per il conseguimento della qualificazione professionale ai fini contrattuali;

b) dell'istituzione formativa o ente di ricerca di appartenenza dello studente, nel contratto di apprendistato per la qualifica e il diploma professionale, il diploma di istruzione secondaria superiore e il certificato di specializzazione tecnica superiore e nel contratto di apprendistato di alta formazione e ricerca.

3. Allo scopo di armonizzare le diverse qualifiche e qualificazioni professionali acquisite in apprendistato e consentire una correlazione tra standard formativi e standard professionali è istituito presso il Ministero del lavoro e delle politiche sociali, senza nuovi o maggiori oneri a carico della finanza pubblica, il repertorio delle professioni predisposto sulla base dei sistemi di classificazione del personale previsti nei contratti collettivi di lavoro e in coerenza con quanto previsto nelle premesse dalla intesa tra Governo, regioni, province autonome e parti sociali del 17 febbraio 2010, da un apposito organismo tecnico di cui fanno parte il Ministero dell'istruzione, della università e della ricerca, le associazioni dei datori di lavoro e dei lavoratori comparativamente più rappresentative sul piano nazionale e i rappresentanti della Conferenza permanente per i rapporti tra lo Stato, le regioni e le province autonome di Trento e Bolzano.

4. Le competenze acquisite dall'apprendista sono certificate dall'istituzione formativa di provenienza dello studente secondo le disposizioni di cui al d.lg. n. 13 del 2013, e, in particolare, nel rispetto dei livelli essenziali delle prestazioni ivi disciplinati.

47. *Disposizioni finali*. — 1. In caso di inadempimento nella erogazione della formazione a carico del datore di lavoro, di cui egli sia esclusivamente responsabile e che sia tale da impedire la realizzazione delle finalità di cui agli artt. 43, 44 e 45, il datore di lavoro è tenuto a versare la differenza tra la contribuzione versata e quella dovuta con riferimento al livello di inquadramento contrattuale superiore che sarebbe stato raggiunto dal lavoratore al termine del periodo di apprendistato, maggiorata del 100 per cento, con esclusione di qualsiasi sanzione per omessa contribuzione. Nel caso in cui rilevi un inadempimento nella erogazione della formazione prevista nel piano formativo individuale, il personale ispettivo del Ministero del lavoro e delle politiche sociali adotta un provvedimento di disposizione, ai sensi dell'art. 14 del d.lg. n. 124 del 2004, assegnando un congruo termine al datore di lavoro per adempiere.

2. Per la violazione della disposizione di cui all'art. 42, comma 1, nonché per la violazione delle previsioni contrattuali collettive attuative dei principi di cui all'art. 42, comma 5, lett. *a*), *b*) e *c*), il datore di lavoro è punito con la sanzione amministrativa pecuniaria da 100 a 600

(1) Le parole «sentite» sono state così sostituite alle precedenti «in accordo con» dall'art. 1.1, lett. a, n. 1, d.lg. 24 settembre 2016, n. 185.

(2) Comma così sostituito dall'art. 1.1, lett. a, n. 2, d.lg. 24 settembre 2016, n. 185.

euro. In caso di recidiva la sanzione amministrativa pecuniaria è aumentata da 300 a 1500 euro. Alla contestazione delle sanzioni amministrative di cui al presente comma provvedono gli organi di vigilanza che effettuano accertamenti in materia di lavoro e legislazione sociale nei modi e nelle forme di cui all'art. 13 del d.lg. n. 124 del 2004. L'autorità competente a ricevere il rapporto ai sensi dell'art. 17 della l. 24 novembre 1981, n. 689, è la direzione territoriale del lavoro.

3. Fatte salve le diverse previsioni di legge o di contratto collettivo, i lavoratori assunti con contratto di apprendistato sono esclusi dal computo dei limiti numerici previsti da leggi e contratti collettivi per l'applicazione di particolari normative e istituti.

4. Ai fini della loro qualificazione o riqualificazione professionale è possibile assumere in apprendistato professionalizzante, senza limiti di età, i lavoratori beneficiari di indennità di mobilità o di un trattamento di disoccupazione. Per essi trovano applicazione, in deroga alle previsioni di cui all'art. 42, comma 4, le disposizioni in materia di licenziamenti individuali, nonché, per i lavoratori beneficiari di indennità di mobilità, il regime contributivo agevolato di cui all'art. 25, comma 9, della legge n. 223 del 1991, e l'incentivo di cui all'art. 8, comma 4, della medesima legge.

5. Per le regioni e le province autonome e i settori ove la disciplina di cui al presente capo non sia immediatamente operativa, trovano applicazione le regolazioni vigenti. In assenza della offerta formativa pubblica di cui all'art. 44, comma 3, trovano immediata applicazione le regolazioni contrattuali vigenti.

6. La disciplina del reclutamento e dell'accesso, nonché l'applicazione del contratto di apprendistato per i settori di attività pubblici, di cui agli artt. 44 e 45, sono definite con decreto del Presidente del Consiglio dei ministri, su proposta del Ministro per la semplificazione e la pubblica amministrazione e del Ministro del lavoro e delle politiche sociali, di concerto con il Ministro dell'economia e delle finanze, sentite le parti sociali e la Conferenza unificata di cui all'art. 8 del d.lg. n. 281 del 1997.

7. I benefici contributivi in materia di previdenza e assistenza sociale sono mantenuti per un anno dalla prosecuzione del rapporto di lavoro al termine del periodo di apprendistato, con esclusione dei lavoratori assunti ai sensi del comma 4 del presente articolo.

8. I datori di lavoro che hanno sedi in più regioni o province autonome possono fare riferimento al percorso formativo della regione dove è ubicata la sede legale e possono altresì accentrare le comunicazioni di cui all'art. 9-*bis* del d.l. n. 510 del 1996 nel servizio informatico dove è ubicata la sede legale.

9. Restano in ogni caso ferme le competenze delle regioni a statuto speciale e delle province autonome di Trento e di Bolzano ai sensi dello statuto speciale e delle relative norme di attuazione.

10. Con successivo decreto, ai sensi dell'art. 1, comma 4, lett. *a*), della l. 10 dicembre 2014, n. 183, sono definiti gli incentivi per i datori di lavoro che assumono con l'apprendistato per la qualifica e il diploma professionale, il diploma di istruzione secondaria superiore e il certificato di specializzazione tecnica superiore e con l'apprendistato di alta formazione e ricerca.

CAPO VI

Lavoro accessorio

48-50. .... (1).

CAPO VII

Disposizioni finali

51. *Norme di rinvio ai contratti collettivi*. — 1. Salvo diversa previsione, ai fini del presente decreto, per contratti collettivi si intendono i contratti collettivi nazionali, territoriali o aziendali stipulati da associazioni sindacali comparativamente più rappresentative sul piano nazionale e i contratti collettivi aziendali stipulati dalle loro rappresentanze sindacali aziendali ovvero dalla rappresentanza sindacale unitaria.

52. *Superamento del contratto a progetto*. — 1. Le disposizioni di cui agli articoli da 61 a 69-*bis* del d.lg. n. 276 del 2003 (2) sono abrogate e continuano ad applicarsi esclusivamente per la regolazione dei contratti già in atto alla data di

(1) Articoli abrogati dall'art. 1.1, d.l. 17 marzo 2017, n. 25, conv. in l. 20 aprile 2017, n. 49. V. anche *Comunicato*, in G.U., 20 marzo 2017, n. 66. L'art. 1.2, d.l. cit., così dispone: «I buoni per prestazioni di lavoro accessorio richiesti alla data di entrata in vigore del presente decreto possono essere utilizzati fino al 31 dicembre 2017».

(2) In *Leggi coll. XII, 5*.

entrata in vigore del presente decreto.

2. Resta salvo quanto disposto dall'art. 409 del codice di procedura civile.

53. *Superamento dell'associazione in partecipazione con apporto di lavoro*. — 1. . . . . (*omissis*) (1).

2. I contratti di associazione in partecipazione in atto alla data di entrata in vigore del presente decreto, nei quali l'apporto dell'associato persona fisica consiste, in tutto o in parte, in una prestazione di lavoro, sono fatti salvi fino alla loro cessazione.

54. *Stabilizzazione dei collaboratori coordinati e continuativi anche a progetto e di persone titolari di partita IVA*. — 1. Al fine di promuovere la stabilizzazione dell'occupazione mediante il ricorso a contratti di lavoro subordinato a tempo indeterminato nonché di garantire il corretto utilizzo dei contratti di lavoro autonomo, a decorrere dal 1° gennaio 2016, i datori di lavoro privati che procedano alla assunzione con contratto di lavoro subordinato a tempo indeterminato di soggetti già parti di contratti di collaborazione coordinata e continuativa anche a progetto e di soggetti titolari di partita IVA con cui abbiano intrattenuto rapporti di lavoro autonomo, godono degli effetti di cui al comma 2 a condizione che:

a) i lavoratori interessati alle assunzioni sottoscrivano, con riferimento a tutte le possibili pretese riguardanti la qualificazione del pregresso rapporto di lavoro, atti di conciliazione in una delle sedi di cui all'art. 2113, quarto comma, del codice civile, o avanti alle commissioni di certificazione;

b) nei dodici mesi successivi alle assunzioni di cui al comma 2, i datori di lavoro non recedano dal rapporto di lavoro, salvo che per giusta causa ovvero per giustificato motivo soggettivo.

2. L'assunzione a tempo indeterminato alle condizioni di cui al comma 1, lett. *a*) e *b*), comporta l'estinzione degli illeciti amministrativi, contributivi e fiscali connessi all'erronea qualificazione del rapporto di lavoro, fatti salvi gli illeciti accertati a seguito di accessi ispettivi effettuati in data antecedente alla assunzione.

55. *Abrogazioni e norme transitorie*. — 1. Sono abrogate le seguenti disposizioni di legge:

a) il d.lg. 25 febbraio 2000, n. 61;

b) il d.lg. 6 settembre 2001, n. 368, salvo quanto previsto al comma 2 e fermo restando quanto disposto dall'art. 9, comma 28, del d.l. 31 maggio 2010, n. 78, convertito, con modificazioni, dalla l. 30 luglio 2010, n. 122;

c) l'art. 3-*bis*, del d.l. 11 giugno 2002, n. 108, convertito, con modificazioni, dalla l. 31 luglio 2002, n. 172;

d) gli artt. 18, commi 3 e 3-*bis*, da 20 a 28, da 33 a 45, nonché da 70 a 73 del d.lg. n. 276 del 2003 (2).

e) l'art. 3, comma 5, del d.lg. 9 aprile 2008, n. 81;

f) l'art. 32, commi 3, lett. *a*), dalle parole «ovvero alla nullità del termine apposto al contratto di lavoro» fino alle parole «è fissato in 180 giorni», 5 e 6 della l. 4 novembre 2010, n. 183;

g) il d.lg. 14 settembre 2011, n. 167, salvo quanto disposto dall'art. 47, comma 5;

h) l'art. 1, commi 13 e 30, della l. 28 giugno 2012, n. 92;

i) l'art. 28, commi da 2 a 6, del d.l. n. 179 del 2012, convertito, con modificazioni, dalla legge n. 221 del 2012;

l) l'art. 8-*bis*, comma 2, del d.l. 12 settembre 2013, n. 104, convertito, con modificazioni, dalla l. 8 novembre 2013, n. 128, e successive modificazioni, fatti salvi, fino alla loro conclusione, i programmi sperimentali per lo svolgimento di periodi di formazione in azienda già attivati;

m) le disposizioni vigenti alla data di entrata in vigore del presente decreto, non espressamente richiamate, che siano incompatibili con la disciplina da esso introdotta.

2. L'art. 2 del d.lg. n. 368 del 2001 è abrogato dal 1° gennaio 2017.

2-*bis*. I contratti di apprendistato per la qualifica e per il diploma professionale, stipulati ai sensi dell'art. 3 del d.lg. 14 settembre 2011, n. 167, in corso alla data di entrata in vigore della presente disposizione, possono essere prorogati fino ad un anno, qualora alla scadenza l'apprendista non abbia conseguito la qualifica o il diploma professionale (3).

3. Sino all'emanazione dei decreti richiamati dalle disposizioni del presente decreto legislativo, trovano applicazione le regolamentazioni vigenti.

56. *Copertura finanziaria e clausola di salvaguardia*. — . . . . (*omissis*).

57. *Entrata in vigore*. — 1. Il presente decreto entra in vigore il giorno successivo a quello della sua pubblicazione nella *Gazzetta Ufficiale* della Repubblica italiana.

(1) Modifica l'art. 2549 c.
(2) In *Leggi coll. XII, 5*.
(3) Comma inserito dall'art. 1.1, lett. c, d.lg. 24 settembre 2016, n. 185.

XIII. COMMERCIO

XIII. 1.

DECRETO LEGISLATIVO 31 marzo 1998, n. 114. — *Riforma della disciplina relativa al settore del commercio, a norma dell'art. 4, comma 4, della l. 15 marzo 1997, n. 59* (1).

TITOLO I

Principi generali

1. *Oggetto e finalità*. — 1. Il presente decreto stabilisce i principi e le norme generali sull'esercizio dell'attività commerciale.

2. Le regioni a statuto speciale e le province autonome di Trento e Bolzano provvedono a quanto disposto dal presente decreto secondo le previsioni dei rispettivi statuti e delle relative norme di attuazione.

3. La disciplina in materia di commercio persegue le seguenti finalità:

a) la trasparenza del mercato, la concorrenza, la libertà di impresa e la libera circolazione delle merci;

b) la tutela del consumatore, con particolare riguardo all'informazione, alla possibilità di approvvigionamento, al servizio di prossimità, all'assortimento e alla sicurezza dei prodotti;

c) l'efficienza, la modernizzazione e lo sviluppo della rete distributiva, nonché l'evoluzione tecnologica dell'offerta, anche al fine del contenimento dei prezzi;

d) il pluralismo e l'equilibrio tra le diverse tipologie delle strutture distributive e le diverse forme di vendita, con particolare riguardo al riconoscimento e alla valorizzazione del ruolo delle piccole e medie imprese;

e) la valorizzazione e la salvaguardia del servizio commerciale nelle aree urbane, rurali, montane, insulari.

2. *Libertà di impresa e libera circolazione delle merci*. — 1. L'attività commerciale si fonda sul principio della libertà di iniziativa economica privata ai sensi dell'art. 41 della Costituzione ed è esercitata nel rispetto dei principi contenuti nella l. 10 ottobre 1990, n. 287, recante norme per la tutela della concorrenza e del mercato.

3. *Obbligo di vendita*. — 1. In conformità a quanto stabilito dall'art. 1336 del codice civile, il titolare dell'attività commerciale al dettaglio procede alla vendita nel rispetto dell'ordine temporale della richiesta.

4. *Definizioni e ambito di applicazione del decreto*. — 1. Ai fini del presente decreto si intendono:

a) per commercio all'ingrosso, l'attività svolta da chiunque professionalmente acquista merci in nome e per conto proprio e le rivende ad altri commercianti, all'ingrosso o al dettaglio, o ad utilizzatori professionali, o ad altri utilizzatori in grande. Tale attività può assumere la forma di commercio interno, di importazione o di esportazione;

b) per commercio al dettaglio, l'attività svolta da chiunque professionalmente acquista merci in nome e per conto proprio e le rivende, su aree private in sede fissa o mediante altre forme di distribuzione, direttamente al consumatore finale;

c) per superficie di vendita di un esercizio commerciale, l'area destinata alla vendita, compresa quella occupata da banchi, scaffalature e simili. Non costituisce superficie di vendita quella destinata a magazzini, depositi, locali di lavorazione, uffici e servizi;

d) per esercizi di vicinato quelli aventi superficie di vendita non superiore a 150 mq. nei comuni con popolazione residente inferiore a 10.000 abitanti e a 250 mq. nei comuni con popolazione residente superiore a 10.000 abitanti (2);

(1) Suppl. ord. n. 80 a G.U., 24 aprile 1998, n. 59. Sulla disciplina del commercio elettronico v. circolare min. Industria 1° giugno 2000, n. 3487, in G.U., 27 luglio 2000, n. 174. Sulla disciplina dei servizi nel mercato interno v. d.lg. 26 marzo 2010, n. 59, come modificato dal d.lg. 6 agosto 2012, n. 147.

(2) Per la possibilità di effettuare attività di vendita al pubblico di farmaci da banco o di automedicazioni v. art. 5.1, d.l. 4 luglio 2006, n. 223, conv. in l. 4 agosto 2006, n. 248.

L'art. 65.1, d.lg. 26 marzo 2010, n. 59, come modificato dall'art. 3.1, lett. a, d.lg. 6 agosto 2012, n. 147, così

e) per medie strutture di vendita gli esercizi aventi superficie superiore ai limiti di cui al punto *d*) e fino a 1.500 mq. nei comuni con popolazione residente inferiore a 10.000 abitanti e a 2.500 mq. nei comuni con popolazione residente superiore a 10.000 abitanti;

f) per grandi strutture di vendita gli esercizi aventi superficie superiore ai limiti di cui al punto *e*);

g) per centro commerciale, una media o una grande struttura di vendita nella quale più esercizi commerciali sono inseriti in una struttura a destinazione specifica e usufruiscono di infrastrutture comuni e spazi di servizio gestiti unitariamente. Ai fini del presente decreto per superficie di vendita di un centro commerciale si intende quella risultante dalla somma delle superfici di vendita degli esercizi al dettaglio in esso presenti;

h) per forme speciali di vendita al dettaglio:

1) la vendita a favore di dipendenti da parte di enti o imprese, pubblici o privati, di soci di cooperative di consumo, di aderenti a circoli privati, nonché la vendita nelle scuole, negli ospedali e nelle strutture militari esclusivamente a favore di coloro che hanno titolo ad accedervi;

2) la vendita per mezzo di apparecchi automatici;

3) la vendita per corrispondenza o tramite televisione o altri sistemi di comunicazione;

4) la vendita presso il domicilio dei consumatori.

2. Il presente decreto non si applica:

a) ai farmacisti e ai direttori di farmacie delle quali i comuni assumono l'impianto e l'esercizio ai sensi della l. 2 aprile 1968, n. 475, e successive modificazioni, e della l. 8 novembre 1991, n. 362, e successive modificazioni, qualora vendano esclusivamente prodotti farmaceutici, specialità medicinali, dispositivi medici e presidi medico-chirurgici;

b) ai titolari di rivendite di generi di monopolio qualora vendano esclusivamente generi di monopolio di cui alla l. 22 dicembre 1957, n. 1293, e successive modificazioni, e al relativo regolamento di esecuzione, approvato con d.p.r. 14 ottobre 1958, n. 1074, e successive modificazioni;

c) alle associazioni dei produttori ortofrutticoli costituite ai sensi della l. 27 luglio 1967, n. 622, e successive modificazioni;

d) ai produttori agricoli, singoli o associati, i quali esercitino attività di vendita di prodotti agricoli nei limiti di cui all'art. 2135 del codice civile, alla l. 25 marzo 1959, n. 125, e successive modificazioni, e alla l. 9 febbraio 1963, n. 59, e successive modificazioni;

e) alle vendite di carburanti nonché degli oli minerali di cui all'art. 1 del regolamento approvato con r.d. 20 luglio 1934, n. 1303, e successive modificazioni. Per vendita di carburanti si intende la vendita dei prodotti per uso di autotrazione, compresi i lubrificanti, effettuata negli impianti di distribuzione automatica di cui all'art. 16 del d.l. 26 ottobre 1970, n. 745, convertito, con modificazioni, dalla l. 18 dicembre 1970, n. 1034, e successive modificazioni, e al d.l. 11 febbraio 1998, n. 32;

f) agli artigiani iscritti nell'albo di cui all'art. 5, primo comma, della l. 8 agosto 1985, n. 443, per la vendita nei locali di produzione o nei locali a questi adiacenti dei beni di produzione propria, ovvero per la fornitura al committente dei beni accessori all'esecuzione delle opere o alla prestazione del servizio;

g) ai pescatori e alle cooperative di pescatori, nonché ai cacciatori, singoli o associati, che vendano al pubblico, al dettaglio, la cacciagione e i prodotti ittici provenienti esclusivamente dall'esercizio della loro attività e a coloro che esercitano la vendita dei prodotti da essi direttamente e legalmente raccolti su terreni soggetti ad usi civici nell'esercizio dei diritti di erbatico, di fungatico e di diritti similari;

h) a chi venda o esponga per la vendita le proprie opere d'arte, nonché quelle dell'ingegno a carattere creativo, comprese le proprie pubblicazioni di natura scientifica od informativa, realizzate anche mediante supporto informatico;

i) alla vendita dei beni del fallimento effettuata ai sensi dell'art. 106 delle disposizioni approvate con r.d. 16 marzo 1942, n. 267, e successive modificazioni;

l) all'attività di vendita effettuata durante il periodo di svolgimento delle fiere campionarie e delle mostre di prodotti nei confronti dei visitatori, purché riguardi le sole merci oggetto delle manifestazioni e non duri oltre il periodo di svolgimento delle manifestazioni stesse;

m) agli enti pubblici ovvero alle persone giuridiche private alle quali partecipano lo Stato o enti territoriali che vendano pubblicazioni

dispone: «L'apertura, il trasferimento di sede e l'ampliamento della superficie di un esercizio di vicinato, come definito dall'art. 4, comma 1, lett. *d*), del d.lg. 31 marzo 1998, n. 114, sono soggetti a segnalazione certificata di inizio di attività da presentare allo sportello unico per le attività produttive del comune competente per territorio, ai sensi dell'art. 19 della legge».

o altro materiale informativo, anche su supporto informatico, di propria o altrui elaborazione, concernenti l'oggetto della loro attività.

3. Resta fermo quanto previsto per l'apertura delle sale cinematografiche dalla l. 4 novembre 1965, e successive modificazioni, nonché dal d.l. 8 gennaio 1998, n. 3.

TITOLO II

Requisiti per l'esercizio dell'attività commerciale

5. *Requisiti di accesso all'attività*. — 1. Ai sensi del presente decreto l'attività commerciale può essere esercitata con riferimento ai seguenti settori merceologici: alimentare e non alimentare.

2. .... (1).

3. .... (*omissis*).

4-6. .... (2).

7-10. .... (*omissis*).

11. L'esercizio dell'attività di commercio all'ingrosso, ivi compreso quello relativo ai prodotti alimentari e, in particolare, ai prodotti ortoflorofrutticoli, carnei ed ittici, è subordinato esclusivamente al possesso dei requisiti di onorabilità di cui all'art. 71, comma 1, del d.lg. 26 marzo 2010, n. 59 (3). L'albo istituito dall'art. 3 della l. 25 marzo 1959, n. 125, è soppresso.

TITOLO III

Esercizio dell'attività di vendita al dettaglio sulle aree private in sede fissa

6. *Programmazione della rete distributiva*. — 1. Le regioni, entro un anno dalla data di pubblicazione del presente decreto definiscono gli indirizzi generali per l'insediamento delle attività commerciali, perseguendo i seguenti obiettivi:

a) favorire la realizzazione di una rete distributiva che, in collegamento con le altre funzioni di servizio, assicuri la migliore produttività del sistema e la qualità dei servizi da rendere al consumatore;

b) assicurare, nell'indicare gli obiettivi di presenza e di sviluppo delle grandi strutture di vendita, il rispetto del principio della libera concorrenza, favorendo l'equilibrato sviluppo delle diverse tipologie distributive;

c) rendere compatibile l'impatto territoriale e ambientale degli insediamenti commerciali con particolare riguardo a fattori quali la mobilità, il traffico e l'inquinamento e valorizzare la funzione commerciale al fine della riqualificazione del tessuto urbano, in particolare per quanto riguarda i quartieri urbani degradati al fine di ricostituire un ambiente idoneo allo sviluppo del commercio;

d) salvaguardare e riqualificare i centri storici anche attraverso il mantenimento delle caratteristiche morfologiche degli insediamenti e il rispetto dei vincoli relativi alla tutela del patrimonio artistico ed ambientale;

e) salvaguardare e riqualificare la rete distributiva nelle zone di montagna, rurali ed insulari anche attraverso la creazione di servizi commerciali polifunzionali e al fine di favorire il mantenimento e la ricostituzione del tessuto commerciale;

f) favorire gli insediamenti commerciali destinati al recupero delle piccole e medie imprese già operanti sul territorio interessato, anche al fine di salvaguardare i livelli occupazionali reali e con facoltà di prevedere a tale fine forme di incentivazione;

g) assicurare, avvalendosi dei comuni e delle camere di commercio, industria, artigianato e agricoltura, un sistema coordinato di monitoraggio riferito all'entità ed all'efficienza della rete distributiva nonché dell'intera filiera produttiva, comprensiva delle fasi di produzione, trasformazione, commercializzazione e distribuzione di beni e servizi, attraverso la costituzione di appositi osservatori, ai quali partecipano anche rappresentanti degli enti locali, delle organizzazioni dei consumatori, delle associazioni di rappresentanza delle imprese industriali e dei servizi, delle imprese del commercio e dei lavoratori dipendenti, coordinati da un Osservatorio nazionale costituito presso il Ministero delle attività produttive (4).

2. Le regioni, entro il termine di cui al comma 1, fissano i criteri di programmazione urbanistica riferiti al settore commerciale, affinché gli strumenti urbanistici comunali individuino:

a) le aree da destinare agli insediamenti

(1) Comma abrogato dall'art. 71.7, d.lg. 26 marzo 2010, n. 59, come modificato dall'art. 8.1, lett. h, d.lg. 6 agosto 2012, n. 147.

(2) Commi abrogati dall'art. 71.7, d.lg. 26 marzo 2010, n. 59, come modificato dall'art. 8.1, lett. h-i, d.lg. 6 agosto 2012, n. 147.

(3) Periodo così sostituito dall'art. 9.3, d.lg. 6 agosto 2012, n. 147.

(4) Lettera così sostituita dall'art. 23.2-*ter*, d.l. 30 settembre 2003, n. 269, conv. in l. 24 novembre 2003, n. 326.

commerciali ed, in particolare, quelle nelle quali consentire gli insediamenti di medie e grandi strutture di vendita al dettaglio;

b) i limiti ai quali sono sottoposti gli insediamenti commerciali in relazione alla tutela dei beni artistici, culturali e ambientali, nonché dell'arredo urbano, ai quali sono sottoposte le imprese commerciali nei centri storici e nelle località di particolare interesse artistico e naturale;

c) i vincoli di natura urbanistica ed in particolare quelli inerenti la disponibilità di spazi pubblici o di uso pubblico e le quantità minime di spazi per parcheggi, relativi alle diverse strutture di vendita;

d) la correlazione dei procedimenti di rilascio della concessione o autorizzazione edilizia inerenti l'immobile o il complesso di immobili e dell'autorizzazione all'apertura di una media o grande struttura di vendita, eventualmente prevedendone la contestualità.

3. Le regioni, nel definire gli indirizzi generali di cui al comma 1, tengono conto principalmente delle caratteristiche dei seguenti ambiti territoriali:

a) le aree metropolitane omogenee, al fine di pervenire ad una programmazione integrata tra centro e realtà periferiche;

b) le aree sovracomunali configurabili come un unico bacino di utenza, per le quali devono essere individuati criteri di sviluppo omogenei;

c) i centri storici, al fine di salvaguardare e qualificare la presenza delle attività commerciali e artigianali in grado di svolgere un servizio di vicinato, di tutelare gli esercizi aventi valore storico e artistico ed evitare il processo di espulsione delle attività commerciali e artigianali;

d) i centri di minore consistenza demografica al fine di svilupparne il tessuto economico-sociale anche attraverso il miglioramento delle reti infrastrutturali ed in particolare dei collegamenti viari.

4. Per l'emanazione degli indirizzi e dei criteri di cui al presente articolo, le regioni acquisiscono il parere obbligatorio delle rappresentanze degli enti locali e procedono, altresì, alla consultazione delle organizzazioni dei consumatori e delle imprese del commercio.

5. Le regioni stabiliscono il termine, non superiore a centottanta giorni, entro il quale i comuni sono tenuti ad adeguare gli strumenti urbanistici generali e attuativi e i regolamenti di polizia locale alle disposizioni di cui al presente articolo.

6. In caso di inerzia da parte del comune, le regioni provvedono in via sostitutiva adottando le norme necessarie, che restano in vigore fino alla emanazione delle norme comunali.

7. *Esercizi di vicinato*. — 1. . . . . (1).

2. Nella segnalazione certificata di inizio di attività (2) di cui al comma 1 il soggetto interessato dichiara:

a) di essere in possesso dei requisiti di cui all'art. 5;

b) di avere rispettato i regolamenti locali di polizia urbana, annonaria e igienico-sanitaria, i regolamenti edilizi e le norme urbanistiche nonché quelle relative alle destinazioni d'uso;

c) il settore o i settori merceologici, l'ubicazione e la superficie di vendita dell'esercizio;

d) l'esito della eventuale valutazione in caso di applicazione della disposizione di cui all'art. 10, comma 1, lett. *c*).

3. Fermi restando i requisiti igienico-sanitari, negli esercizi di vicinato autorizzati alla vendita dei prodotti di cui all'art. 4 della l. 25 marzo 1997, n. 77, è consentito il consumo immediato dei medesimi a condizione che siano esclusi il servizio di somministrazione e le attrezzature ad esso direttamente finalizzati.

8. *Medie strutture di vendita*. — 1. L'apertura, il trasferimento di sede e l'ampliamento della superficie fino ai limiti di cui all'art. 4, comma 1, lett. *e*), di una media struttura di vendita sono soggetti ad autorizzazione rilasciata dal comune competente per territorio, anche in relazione agli obiettivi di cui all'art. 6, comma 1.

2. Nella domanda l'interessato dichiara:

a) di essere in possesso dei requisiti di cui all'art. 5;

b) il settore o i settori merceologici, l'ubicazione e la superficie di vendita dell'esercizio;

c) le eventuali comunicazioni di cui all'art. 10, commi 2 e 3, del presente decreto.

3. Il comune, sulla base delle disposizioni regionali e degli obiettivi indicati all'art. 6, sentite le organizzazioni di tutela dei consumatori e le organizzazioni imprenditoriali del commercio, adotta i criteri per il rilascio delle autorizzazioni di cui al comma 1.

4. Il comune adotta le norme sul procedimento concernente le domande relative alle

(1) Comma abrogato dall'art. 65.3, d.lg. 26 marzo 2010, n. 59.

(2) Le parole «segnalazione certificata di inizio di attività» sono state così sostituite alle precedenti «dichiarazione di inizio di attività» dall'art. 65.2, d.lg. 26 marzo 2010, n. 59, come modificato dall'art. 3.1, lett. b, d.lg. 6 agosto 2012, n. 147.

medie strutture di vendita; stabilisce il termine, comunque non superiore ai novanta giorni dalla data di ricevimento, entro il quale le domande devono ritenersi accolte qualora non venga comunicato il provvedimento di diniego, nonché tutte le altre norme atte ad assicurare trasparenza e snellezza dell'azione amministrativa e la partecipazione al procedimento ai sensi della l. 7 agosto 1990, n. 241, e successive modifiche.

9. *Grandi strutture di vendita*. — 1. L'apertura, il trasferimento di sede e l'ampliamento della superficie di una grande struttura di vendita, sono soggetti ad autorizzazione rilasciata dal comune competente per territorio.

2. Nella domanda l'interessato dichiara:

a) di essere in possesso dei requisiti di cui all'art. 5;

b) il settore o i settori merceologici, l'ubicazione e la superficie di vendita dell'esercizio;

c) le eventuali comunicazioni di cui all'art. 10, commi 2 e 3, del presente decreto.

3. La domanda di rilascio dell'autorizzazione è esaminata da una conferenza di servizi indetta dal comune, salvo quanto diversamente stabilito nelle disposizioni di cui al comma 5, entro sessanta giorni dal ricevimento, composta da tre membri, rappresentanti rispettivamente la regione, la provincia e il comune medesimo, che decide in base alla conformità dell'insediamento ai criteri di programmazione di cui all'art. 6. Le deliberazioni della conferenza sono adottate a maggioranza dei componenti entro novanta giorni dalla convocazione; il rilascio dell'autorizzazione è subordinato al parere favorevole del rappresentante della regione.

4. Alle riunioni della conferenza di servizi, svolte in seduta pubblica, partecipano a titolo consultivo i rappresentanti dei comuni contermini, delle organizzazioni dei consumatori e delle imprese del commercio più rappresentative in relazione al bacino d'utenza dell'insediamento interessato. Ove il bacino d'utenza riguardi anche parte del territorio di altra regione confinante, la conferenza dei servizi ne informa la medesima e ne richiede il parere non vincolante ai fini del rilascio della autorizzazione.

5. La regione adotta le norme sul procedimento concernente le domande relative alle grandi strutture di vendita; stabilisce il termine comunque non superiore a centoventi giorni dalla data di convocazione della conferenza di servizi di cui al comma 3 entro il quale le domande devono ritenersi accolte qualora non venga comunicato il provvedimento di diniego, nonché tutte le altre norme atte ad assicurare trasparenza e snellezza dell'azione amministrativa e la partecipazione al procedimento ai sensi della l. 7 agosto 1990, n. 241, e successive modifiche.

10. *Disposizioni particolari*. — 1. La regione prevede disposizioni per favorire lo sviluppo della rete commerciale nelle aree montane, rurali e insulari, per riqualificare la rete distributiva e rivitalizzare il tessuto economico sociale e culturale nei centri storici, nonché per consentire una equilibrata e graduale evoluzione delle imprese esistenti nelle aree urbane durante la fase di prima applicazione del nuovo regime amministrativo. In particolare, prevede:

a) per i comuni, le frazioni e le altre aree con popolazione inferiore a 3.000 abitanti, nonché nelle zone montane e insulari, la facoltà di svolgere congiuntamente in un solo esercizio, oltre all'attività commerciale, altri servizi di particolare interesse per la collettività, eventualmente in convenzione con soggetti pubblici o privati. Per queste aree le regioni possono prevedere l'esenzione di tali attività da tributi regionali; per tali esercizi gli enti locali possono stabilire particolari agevolazioni, fino alla esenzione, per i tributi di loro competenza;

b) per centri storici, aree o edifici aventi valore storico, archeologico, artistico e ambientale, l'attribuzione di maggiori poteri ai comuni relativamente alla localizzazione e alla apertura degli esercizi di vendita, in particolare al fine di rendere compatibili i servizi commerciali con le funzioni territoriali in ordine alla viabilità, alla mobilità dei consumatori e all'arredo urbano, utilizzando anche specifiche misure di agevolazione tributaria e di sostegno finanziario;

c) per le aree di cui alle lett. *a*), *b*) e *c*) dell'art. 6, comma 3, l'indicazione dei criteri in base ai quali i comuni, per un periodo non superiore a due anni, possono sospendere o inibire gli effetti della comunicazione all'apertura degli esercizi di vicinato sulla base di specifica valutazione circa l'impatto del nuovo esercizio sull'apparato distributivo e sul tessuto urbano ed in relazione a programmi di qualificazione della rete commerciale finalizzati alla realizzazione di infrastrutture e servizi adeguati alle esigenze dei consumatori.

2. La regione stabilisce criteri e modalità ai fini del riconoscimento della priorità alle domande di rilascio di autorizzazione all'apertura di una media o grande struttura di vendita che prevedono la concentrazione di preesistenti medie o grandi strutture e l'assunzione dell'impegno di reimpiego del personale dipendente, ovvero, qualora trattasi di esercizi appartenenti al settore non alimentare, alle domande di chi ha frequentato un corso di formazione profes-

sionale per il commercio o risulta in possesso di adeguata qualificazione. Il rilascio della nuova autorizzazione comporta la revoca di quelle relative alle strutture preesistenti, prese in considerazione ai fini della predetta priorità.

3. La regione stabilisce altresì i casi in cui l'autorizzazione all'apertura di una media struttura di vendita e all'ampliamento della superficie di una media o di una grande struttura di vendita è dovuta a seguito di concentrazione o accorpamento di esercizi autorizzati ai sensi dell'art. 24 della l. 11 giugno 1971, n. 426, per la vendita di generi di largo e generale consumo. Il rilascio dell'autorizzazione comporta la revoca dei titoli autorizzatori relativi ai preesistenti esercizi. Nell'applicazione della presente disposizione la regione tiene conto anche della condizione relativa al reimpiego del personale degli esercizi concentrati o accorpati (1).

4. La regione può individuare le zone del proprio territorio alle quali applicare i limiti massimi di superficie di vendita di cui all'art. 4, lett. *d*) ed *e*), in base alle caratteristiche socio-economiche, anche in deroga al criterio della consistenza demografica.

5. Ai fini della realizzazione del sistema di monitoraggio previsto dall'art. 6, comma 1, lett. *g*), la conferenza unificata di cui all'art. 8 del d.l. 28 agosto 1997, n. 281, su proposta del Ministero dell'industria, del commercio e dell'artigianato, definisce i contenuti di una modulistica univoca da utilizzare per le comunicazioni e le autorizzazioni di cui al presente decreto. Per lo stesso scopo i dati relativi al settore merceologico e alla superficie e all'ubicazione degli esercizi di vendita sono denunciati all'ufficio del registro delle imprese, che li iscrive nel repertorio delle notizie economiche e amministrative. Tali dati sono messi a disposizione degli osservatori regionali e nazionale di cui al predetto art. 6.

TITOLO IV

Orari di vendita

11. *Orario di apertura e di chiusura*. — 1. Gli orari di apertura e di chiusura al pubblico degli esercizi di vendita al dettaglio sono rimessi alla libera determinazione degli esercenti nel rispetto delle disposizioni del presente articolo e dei criteri emanati dai comuni, sentite le organizzazioni locali dei consumatori, delle imprese del commercio e dei lavoratori dipendenti, in esecuzione di quanto disposto dall'art. 36, comma 3, della l. 8 giugno 1990, n. 142.

2. Fatto salvo quanto disposto al comma 4, gli esercizi commerciali di vendita al dettaglio possono restare aperti al pubblico in tutti i giorni della settimana dalle ore sette alle ore ventidue. Nel rispetto di tali limiti l'esercente può liberamente determinare l'orario di apertura e di chiusura del proprio esercizio non superando comunque il limite delle tredici ore giornaliere.

3. L'esercente è tenuto a rendere noto al pubblico l'orario di effettiva apertura e chiusura del proprio esercizio mediante cartelli o altri mezzi idonei di informazione.

4. Gli esercizi di vendita al dettaglio osservano la chiusura domenicale e festiva dell'esercizio e, nei casi stabiliti dai comuni, sentite le organizzazioni di cui al comma 1, la mezza giornata di chiusura infrasettimanale.

5. Il comune, sentite le organizzazioni di cui al comma 1, individua i giorni e le zone del territorio nei quali gli esercenti possono derogare all'obbligo di chiusura domenicale e festiva. Detti giorni comprendono comunque quelli del mese di dicembre, nonché ulteriori otto domeniche o festività nel corso degli altri mesi dell'anno.

12. *Comuni ad economia prevalentemente turistica e città d'arte*. — 1. Nei comuni ad economia prevalentemente turistica, nelle città d'arte o nelle zone del territorio dei medesimi, gli esercenti determinano liberamente gli orari di apertura e di chiusura e possono derogare dall'obbligo di cui all'art. 11, comma 4.

2. Al fine di assicurare all'utenza, soprattutto nei periodi di maggiore afflusso turistico, idonei livelli di servizio e di informazione, le organizzazioni locali dei consumatori, delle imprese del commercio e del turismo e dei lavoratori dipendenti, possono definire accordi da sottoporre al sindaco per l'esercizio delle funzioni di cui all'art. 36, comma 3, della l. 8 giugno 1990, n. 142.

(1) L'art. 20, l. 5 marzo 2001, n. 57, dispone che: «Fino alla definizione da parte delle regioni delle modalità di attuazione dell'art. 10, comma 3, del d.lg. 31 marzo 1998, n. 114, non può essere negata l'autorizzazione all'apertura di un esercizio avente una superficie di vendita non superiore a 1.500 mq. in caso di concentrazione di esercizi di vendita di cui all'art. 4, comma 1, lett. *d*), del citato d.lg. n. 114 del 1998, operanti nello stesso comune e autorizzati ai sensi dell'art. 24 della l. 11 giugno 1971, n. 426, per la vendita di generi di largo e generale consumo. La superficie di vendita del nuovo esercizio non può essere superiore alla somma dei limiti massimi indicati alla citata lett. *d*) del comma 1 dell'art. 4 del d.lg. n. 114 del 1998, tenuto conto del numero degli esercizi concentrati. Il rilascio dell'autorizzazione comporta la revoca dei titoli autorizzatori preesistenti».

3. Entro centottanta giorni dalla data di entrata in vigore del presente decreto, anche su proposta dei comuni interessati e sentite le organizzazioni dei consumatori, delle imprese del commercio e del turismo e dei lavoratori dipendenti, le regioni individuano i comuni ad economia prevalentemente turistica, le città d'arte o le zone del territorio dei medesimi e i periodi di maggiore afflusso turistico nei quali gli esercenti possono esercitare la facoltà di cui al comma 1.

13. *Disposizioni speciali.* — 1. Le disposizioni del presente titolo non si applicano alle seguenti tipologie di attività: le rivendite di generi di monopolio; gli esercizi di vendita interni ai campeggi, ai villaggi e ai complessi turistici e alberghieri; gli esercizi di vendita al dettaglio situati nelle aree di servizio lungo le autostrade, nelle stazioni ferroviarie, marittime ed aeroportuali; alle rivendite di giornali; le gelaterie e gastronomie; le rosticcerie e le pasticcerie; gli esercizi specializzati nella vendita di bevande, fiori, piante e articoli da giardinaggio, mobili, libri, dischi, nastri magnetici, musicassette, videocassette, opere d'arte, oggetti d'antiquariato, stampe, cartoline, articoli da ricordo e artigianato locale, nonché le stazioni di servizio autostradali, qualora le attività di vendita previste dal presente comma siano svolte in maniera esclusiva e prevalente, e le sale cinematografiche.

2. Gli esercizi del settore alimentare devono garantire l'apertura al pubblico in caso di più di due festività consecutive. Il sindaco definisce le modalità per adempiere all'obbligo di cui al presente comma.

3. I comuni possono autorizzare, in base alle esigenze dell'utenza e alle peculiari caratteristiche del territorio, l'esercizio dell'attività di vendita in orario notturno esclusivamente per un limitato numero di esercizi di vicinato.

TITOLO V

Offerta di vendita

14. *Pubblicità dei prezzi.* — 1. I prodotti esposti per la vendita al dettaglio nelle vetrine esterne o all'ingresso del locale e nelle immediate adiacenze dell'esercizio o su aree pubbliche o sui banchi di vendita, ovunque collocati, debbono indicare, in modo chiaro e ben leggibile, il prezzo di vendita al pubblico, mediante l'uso di un cartello o con altre modalità idonee allo scopo.

2. Quando siano esposti insieme prodotti identici dello stesso valore è sufficiente l'uso di un unico cartello. Negli esercizi di vendita e nei reparti di tali esercizi organizzati con il sistema di vendita del libero servizio l'obbligo dell'indicazione del prezzo deve essere osservato in ogni caso per tutte le merci comunque esposte al pubblico.

3. I prodotti sui quali il prezzo di vendita al dettaglio si trovi già impresso in maniera chiara e con caratteri ben leggibili, in modo che risulti facilmente visibile al pubblico, sono esclusi dall'applicazione del comma 2.

4. Restano salve le disposizioni vigenti circa l'obbligo dell'indicazione del prezzo di vendita al dettaglio per unità di misura.

15. *Vendite straordinarie.* — 1. Per vendite straordinarie si intendono le vendite di liquidazione, le vendite di fine stagione e le vendite promozionali nelle quali l'esercente dettagliante offre condizioni favorevoli, reali ed effettive, di acquisto dei propri prodotti.

2. Le vendite di liquidazione sono effettuate dall'esercente dettagliante al fine di esitare in breve tempo tutte le proprie merci, a seguito di: cessazione dell'attività commerciale, cessione dell'azienda, trasferimento dell'azienda in altro locale, trasformazione o rinnovo dei locali e possono essere effettuate in qualunque momento dell'anno, previa comunicazione al comune dei dati e degli elementi comprovanti tali fatti.

3. Le vendite di fine stagione riguardano i prodotti, di carattere stagionale o di moda, suscettibili di notevole deprezzamento se non vengono venduti entro un certo periodo di tempo.

4. Le vendite promozionali sono effettuate dall'esercente dettagliante per tutti o una parte dei prodotti merceologici e per periodi di tempo limitato.

5. Nelle vendite disciplinate dal presente articolo lo sconto o il ribasso effettuato deve essere espresso in percentuale sul prezzo normale di vendita che deve essere comunque esposto.

6. Le regioni, sentiti i rappresentanti degli enti locali, le organizzazioni dei consumatori e delle imprese del commercio, disciplinano le modalità di svolgimento, la pubblicità anche ai fini di una corretta informazione del consumatore, i periodi e la durata delle vendite di liquidazione e delle vendite di fine stagione.

7. Per vendita sottocosto si intende la vendita al pubblico di uno o più prodotti effettuata ad un prezzo inferiore a quello risultante dalle fatture di acquisto maggiorato dell'imposta sul valore aggiunto e di ogni altra imposta o tassa connessa alla natura del prodotto e diminuito degli eventuali sconti o contribuzioni ricondu-

cibili al prodotto medesimo purché documentati (1).

8. Ai fini della disciplina delle vendite sottocosto il Governo si avvale della facoltà prevista dall'art. 20, comma 11, della l. 15 marzo 1997, n. 59. Per gli aspetti sanzionatori, fermo restando quanto disposto dalla l. 10 ottobre 1990, n. 287, si applicano le disposizioni di cui all'art. 22, commi 2 e 3 (1).

9. Il Ministero dell'industria, del commercio e dell'artigianato promuove la sottoscrizione di codici di autoregolamentazione delle vendite di cui al comma 7 tra le organizzazioni rappresentative delle imprese produttrici e distributive.

TITOLO VI

Forme speciali di vendita al dettaglio

16. *Spacci interni.* — 1-2. . . . . (2).

3. Nella segnalazione certificata di inizio di attività (3) deve essere dichiarata la sussistenza dei requisiti di cui all'art. 5 della persona preposta alla gestione dello spaccio, il rispetto delle norme in materia di idoneità dei locali, il settore merceologico, l'ubicazione e la superficie di vendita (4).

17. *Apparecchi automatici.* — 1-2. . . . . (5).

3. Nella segnalazione certificata di inizio di attività (6) deve essere dichiarata la sussistenza del possesso dei requisiti di cui all'art. 5, il settore merceologico e l'ubicazione, nonché, se l'apparecchio automatico viene installato sulle aree pubbliche, l'osservanza delle norme sull'occupazione del suolo pubblico.

4. La vendita mediante apparecchi automatici effettuata in apposito locale ad essa adibito in modo esclusivo, è soggetta alle medesime disposizioni concernenti l'apertura di un esercizio di vendita (7).

18. *Vendita per corrispondenza, televisione o altri sistemi di comunicazione.* — 1. . . . . . (8).

2. È vietato inviare prodotti al consumatore se non a seguito di specifica richiesta. È consentito l'invio di campioni di prodotti o di omaggi, senza spese o vincoli per il consumatore.

3. Nella segnalazione certificata di inizio di attività (9) di cui al comma 1 deve essere dichiarata la sussistenza del possesso dei requisiti di cui all'art. 5 e il settore merceologico.

4. Nei casi in cui le operazioni di vendita sono effettuate tramite televisione, l'emittente televisiva deve accertare, prima di metterle in onda, che il titolare dell'attività è in possesso dei requisiti prescritti dal presente decreto per l'esercizio della vendita al dettaglio. Durante la trasmissione debbono essere indicati il nome e la denominazione o la ragione sociale e la sede del venditore, il numero di iscrizione al registro delle imprese ed il numero della partita IVA. Agli organi di vigilanza è consentito il libero accesso al locale indicato come sede del venditore.

5. Le operazioni di vendita all'asta realizzate per mezzo della televisione o di altri sistemi di comunicazione sono vietate.

6. Chi effettua le vendite tramite televisione per conto terzi deve essere in possesso della licenza prevista dall'art. 115 del testo unico del-

(1) Per il regolamento v. d.p.r. 6 aprile 2001, n. 218. V. anche la Circolare interpretativa 3528/C del 2001 del Ministero delle attività produttive.

(2) Commi abrogati dall'art. 66.3, d.lg. 26 marzo 2010, n. 59.

(3) Le parole «segnalazione certificata di inizio di attività» sono state così sostituite alle precedenti «dichiarazione di inizio di attività» dall'art. 66.2, d.lg. 26 marzo 2010, n. 59, come modificato dall'art. 4.1, lett. b, d.lg. 6 agosto 2012, n. 147.

(4) L'art. 66.1, d.lg. 26 marzo 2010, n. 59, come modificato dall'art. 4.1, lett. a, d.lg. 6 agosto 2012, n. 147, così dispone: «La vendita di prodotti a favore di dipendenti da enti o imprese, pubblici o privati, di militari, di soci di cooperative di consumo, di aderenti a circoli privati, nonché la vendita nelle scuole e negli ospedali esclusivamente a favore di coloro che hanno titolo ad accedervi, di cui all'art. 16 del d.lg. 31 marzo 1998, n. 114, è soggetta a segnalazione certificata di inizio di attività da presentare allo sportello unico per le attività produttive del comune competente per territorio, ai sensi dell'art. 19 della legge, e deve essere effettuata in locali non aperti al pubblico, che non abbiano accesso dalla pubblica via».

(5) Commi abrogati dall'art. 67.3, d.lg. 26 marzo 2010, n. 59.

(6) Le parole «segnalazione certificata di inizio di attività» sono state così sostituite alla precedente «dichiarazione di inizio di attività» dall'art. 67.2, d.lg. 26 marzo 2010, n. 59, come modificato dall'art. 5.1, lett. b, d.lg. 6 agosto 2012, n. 147.

(7) L'art. 67.1, d.lg. 26 marzo 2010, n. 59, come modificato dall'art. 5.1, lett. a, d.lg. 6 agosto 2012, n. 147, così dispone: «La vendita dei prodotti al dettaglio per mezzo di apparecchi automatici di cui all'art. 17 del d.lg. 31 marzo 1998, n. 114, è soggetta a segnalazione certificata di inizio di attività da presentare allo sportello unico per le attività produttive del comune competente per territorio, ai sensi dell'art. 19 della legge».

(8) Comma abrogato dall'art. 68.3, d.lg. 26 marzo 2010, n. 59.

(9) Le parole «dichiarazione di inizio di attività» sono state così sostituite alla precedente «comunicazione» dall'art. 68.2, d.lg. 26 marzo 2010, n. 59, come modificato dall'art. 6.1, lett. b, d.lg. 6 agosto 2012, n. 147.

le leggi di pubblica sicurezza, approvato con r.d. 18 giugno 1931, n. 773 (1).

7. .... (2).

19. *Vendite effettuate presso il domicilio dei consumatori.* — 1-2. .... (3).

3. Nella segnalazione certificata di inizio di attività (4) deve essere dichiarata la sussistenza dei requisiti di cui all'art. 5 e il settore merceologico.

4. Il soggetto di cui al comma 1 che intende avvalersi per l'esercizio dell'attività dì incaricati, ne comunica l'elenco all'autorità di pubblica sicurezza del luogo nel quale ha avviato l'attività e risponde agli effetti civili dell'attività dei medesimi. Gli incaricati devono essere in possesso dei requisiti di onorabilità prescritti per l'esercizio dell'attività di vendita (5) (6).

5. L'impresa di cui al comma 1 rilascia un tesserino di riconoscimento alle persone incaricate, che deve ritirare non appena esse perdano i requisiti richiesti dall'art. 5, comma 2 (6).

6. Il tesserino di riconoscimento di cui al comma 5 deve essere numerato e aggiornato annualmente, deve contenere le generalità e la fotografia dell'incaricato, l'indicazione a stampa della sede e dei prodotti oggetto dell'attività dell'impresa, nonché del nome del responsabile dell'impresa stessa, e la firma di quest'ultimo e deve essere esposto in modo visibile durante le operazioni di vendita (6).

7. Le disposizioni concernenti gli incaricati si applicano anche nel caso di operazioni di vendita a domicilio del consumatore effettuate dal commerciante sulle aree pubbliche in forma itinerante.

8. Il tesserino di riconoscimento di cui ai commi 5 e 6 è obbligatorio anche per l'imprenditore che effettua personalmente le operazioni disciplinate dal presente articolo.

9. .... (7).

20. *Propaganda a fini commerciali.* — 1. L'esibizione o illustrazione di cataloghi e l'effettuazione di qualsiasi altra forma di propaganda commerciale presso il domicilio del consumatore o nei locali nei quali il consumatore si trova, anche temporaneamente, per motivi di lavoro, studio, cura o svago, sono sottoposte alle disposizioni sugli incaricati e sul tesserino di riconoscimento di cui all'art. 19, commi 4, 5, 6 e 8.

21. *Commercio elettronico.* — 1. Il Ministero dell'industria, del commercio e dell'artigianato promuove l'introduzione e l'uso del commercio elettronico con azioni volte a:

a) sostenere una crescita equilibrata del mercato elettronico;

b) tutelare gli interessi dei consumatori;

c) promuovere lo sviluppo di campagne di informazione ed apprendimento per operatori del settore ed operatori del servizio;

d) predisporre azioni specifiche finalizzate a migliorare la competitività globale delle imprese, con particolare riferimento alle piccole e alle medie, attraverso l'utilizzo del commercio elettronico;

e) favorire l'uso di strumenti e tecniche di gestione di qualità volte a garantire l'affidabilità degli operatori e ad accrescere la fiducia del consumatore;

f) garantire la partecipazione italiana al processo di cooperazione e negoziazione europea ed internazionale per lo sviluppo del commercio elettronico.

2. Per le azioni di cui al comma 1 il Ministero dell'industria, del commercio e dell'artigianato può stipulare convenzioni e accordi di programma con soggetti pubblici o privati interessati, nonché con associazioni rappresentative delle imprese e dei consumatori (8).

(1) L'art. 68.1, d.lg. 26 marzo 2010, n. 59, come modificato dall'art. 6.1, lett. a, d.lg. 6 agosto 2012, n. 147, così dispone: «La vendita al dettaglio per corrispondenza, o tramite televisione o altri sistemi di comunicazione, di cui all'art. 18 del d.lg. 31 marzo 1998, n. 114, è soggetta a segnalazione certificata di inizio di attività da presentare allo sportello unico per le attività produttive del comune nel quale l'esercente, persona fisica o giuridica, intende avviare l'attività, ai sensi dell'art. 19 della legge».

(2) Comma abrogato dall'art. 146.1, lett. p, d.lg. 6 settembre 2005, n. 206, in *Leggi coll. XI, 6.*

(3) Commi abrogati dall'art. 69.4, d.lg. 26 marzo 2010, n. 59.

(4) Le parole «segnalazione certificata di inizio di attività» sono state così sostituite alla precedente «dichiarazione di inizio di attività» dall'art. 69.2, d.lg. 26 marzo 2010, n. 59, come modificato dall'art. 7.1, lett. b, d.lg. 6 agosto 2012, n. 147.

(5) Comma così sostituito dall'art. 69.3, d.lg. 26 marzo 2010, n. 59.

(6) L'art. 69.5, d.lg. 26 marzo 2010, n. 59, così dispone: «L'attività di incaricato alla vendita diretta a domicilio di cui all'art. 3, comma 3, della l. 17 agosto 2005, n. 173 (in *Leggi coll. XIII, 2*), per conto di imprese esercenti tale attività non è soggetta alla dichiarazione di cui al comma 1, ma esclusivamente all'espletamento degli adempimenti previsti ai commi 4, 5 e 6 dell'art. 19 del d.lg. 31 marzo 1998, n. 114».

(7) Comma abrogato dall'art. 146.1, lett. q, d.lg. 6 settembre 2005, n. 206, in *Leggi coll. XI, 6.*

(8) Sullo sviluppo delle attività di commercio elettronico v. artt. 103.5 e 103.6, l. 23 dicembre 2000, n. 388 e circolare Ministero Industria 10 aprile 2001, n. 379, in G.U., 4 maggio 2001, n. 102.

TITOLO VII

Sanzioni

22. *Sanzioni e revoca*. — 1. Chiunque viola le disposizioni di cui agli artt. 5, 7, 8, 9, 16, 17, 18 e 19 del presente decreto e le disposizioni di cui agli artt. 65, 66, 67, 68 e 69 del d.lg. 26 marzo 2010, n. 59 (1), è punito con la sanzione amministrativa del pagamento di una somma da lire 5.000.000 [euro 2.582] a lire 30.000.000 [euro 15.493].

2. In caso di particolare gravità o di recidiva il sindaco può inoltre disporre la sospensione della attività di vendita per un periodo non superiore a venti giorni. La recidiva si verifica qualora sia stata commessa la stessa violazione per due volte in un anno, anche se si è proceduto al pagamento della sanzione mediante oblazione.

3. Chiunque viola le disposizioni di cui agli artt. 11, 14, 15 e 26, comma 5, del presente decreto è punito con la sanzione amministrativa del pagamento di una somma da lire 1.000.000 [euro 516] a lire 6.000.000 [euro 3.098].

4. L'autorizzazione all'apertura è revocata qualora il titolare:

a) non inizia l'attività di una media struttura di vendita entro un anno dalla data del rilascio o entro due anni se trattasi di una grande struttura di vendita, salvo proroga in caso di comprovata necessità;

b) sospende l'attività per un periodo superiore ad un anno;

c) non risulta più provvisto dei requisiti di cui all'art. 71, comma 1, del d.lg. 26 marzo 2010, n. 59 (2);

d) nel caso di ulteriore violazione delle prescrizioni in materia igienico-sanitaria avvenuta dopo la sospensione dell'attività disposta ai sensi del comma 2.

5. Il sindaco ordina la chiusura di un esercizio di vicinato qualora il titolare:

a) sospende l'attività per un periodo superiore ad un anno;

b) non risulta più provvisto dei requisiti di cui all'art. 71, comma 1, del d.lg. 26 marzo 2010, n. 59 (2);

c) nel caso di ulteriore violazione delle prescrizioni in materia igienico-sanitaria avvenuta dopo la sospensione dell'attività disposta ai sensi del comma 2.

6. In caso di svolgimento abusivo dell'attività il sindaco ordina la chiusura immediata dell'esercizio di vendita.

7. Per le violazioni di cui al presente articolo l'autorità competente è il sindaco del comune nel quale hanno avuto luogo. Alla medesima autorità pervengono i proventi derivanti dai pagamenti in misura ridotta ovvero da ordinanze ingiunzioni di pagamento.

TITOLO VIII

Organismi associativi

23. *Centri di assistenza tecnica*. — 1. Al fine di sviluppare i processi di ammodernamento della rete distributiva possono essere istituiti centri di assistenza alle imprese costituiti, anche in forma consortile, dalle associazioni di categoria maggiormente rappresentative del settore a livello provinciale e da altri soggetti interessati. I centri sono autorizzati dalla regione all'esercizio delle attività previste nello statuto con modalità da definirsi con apposito provvedimento e sono finanziabili con il fondo di cui all'art. 16, comma 1, della l. 7 agosto 1997, n. 266.

2. I centri svolgono, a favore delle imprese, attività di assistenza tecnica e di formazione e aggiornamento in materia di innovazione tecnologica e organizzativa, gestione economica e finanziaria di impresa, accesso ai finanziamenti anche comunitari, sicurezza e tutela dei consumatori, tutela dell'ambiente, igiene e sicurezza sul lavoro e altre materie eventualmente previste dallo statuto di cui al comma 1, nonché attività finalizzate alla certificazione di qualità degli esercizi commerciali.

3. Le amministrazioni pubbliche possono avvalersi dei centri medesimi allo scopo di facilitare il rapporto tra amministrazioni pubbliche e imprese utenti.

24. *Interventi per i consorzi e le cooperative di garanzia collettiva fidi*. — 1. I consorzi e le cooperative di garanzia collettiva fidi di cui all'art. 9, comma 9, del d.l. 1° ottobre 1982, n. 697, convertito dalla l. 29 novembre 1982, n. 887, e successive modifiche, possono costituire società finanziarie aventi per finalità lo sviluppo delle imprese operanti nel commercio, nel turismo e nei servizi.

2. I requisiti delle società finanziarie, richie-

(1) Le parole «e le disposizioni di cui agli artt. 65, 66, 67, 68 e 69 del d.lg. 26 marzo 2010, n. 59,» sono state inserite dall'art. 8.2, lett. a, d.lg. 6 agosto 2012, n. 147.

(2) Le parole «di cui all'art. 71, comma 1, del d.lg. 26 marzo 2010, n. 59» sono state così sostituite alle precedenti «di cui all'art. 5, comma 2» dall'art. 8.2, lett. b, d.lg. 6 agosto 2012, n. 147.

sti per l'esercizio delle attività di cui al presente articolo, sono i seguenti:

a) siano ispirate ai principi di mutualità, richiamati espressamente e inderogabilmente nei rispettivi statuti;

b) siano costituite da almeno 30 consorzi e cooperative di garanzia collettiva fidi di cui al comma 1, distribuiti sull'intero territorio nazionale;

c) siano iscritte all'apposito elenco tenuto dal Ministro del tesoro, del bilancio e della programmazione economica, in conformità al d.lg. 1° settembre 1993, n. 385.

3. Le organizzazioni nazionali di rappresentanza del commercio, del turismo e dei servizi, per le finalità di cui al presente articolo, possono promuovere società finanziarie che abbiano i requisiti nel medesimo previsti.

[4. Il Ministro dell'industria, del commercio e dell'artigianato può disporre il finanziamento delle società finanziarie per le attività destinate:

a) all'incremento di fondi di garanzia interconsortili gestiti dalle società finanziarie di cui al comma 1 e destinati alla prestazione di controgaranzie e cogaranzie (1) a favore dei consorzi e delle cooperative di garanzia collettiva fidi partecipanti;

b) alla promozione di interventi necessari al miglioramento dell'efficienza ed efficacia operativa dei soggetti costituenti;

c) alla promozione di interventi destinati a favorire le fusioni tra consorzi e cooperative di garanzia collettiva fidi.

c-bis) alla realizzazione di servizi di progettazione e assistenza tecnica agli operatori del settore anche mediante la costituzione di società partecipate dalle società finanziarie previste dal comma 1] (2) (3).

[5. Con decreto del Ministro dell'industria, del commercio e dell'artigianato, di concerto con il Ministro del tesoro, del bilancio e della programmazione economica, da emanarsi entro novanta giorni dalla data di entrata in vigore delle presenti disposizioni, sono fissati i criteri e le modalità per gli interventi di cui al comma 4] (4) (3).

[6. Gli interventi previsti dal presente articolo, nel limite di 80 miliardi di lire [euro 41.316.551,93] per l'anno 1998, sono posti a carico delle risorse disponibili, per gli interventi di cui alla l. 1° marzo 1986, n. 64, nell'apposita sezione del Fondo di cui all'art. 4, comma 6, del d.l. 8 febbraio 1995, n. 32, convertito dalla l. 7 aprile 1995, n. 104. A tal fine il Ministro dell'industria, del commercio e dell'artigianato è autorizzato a trasferire la somma suddetta ad apposita sezione del Fondo di cui all'art. 14 della l. 17 febbraio 1982, n. 46] (3).

TITOLO IX

Disposizioni transitorie e finali

25. *Disciplina transitoria*. — 1. I soggetti titolari di autorizzazione per l'esercizio dell'attività di vendita dei prodotti appartenenti alle tabelle merceologiche di cui all'allegato 5 al d.m. 4 agosto 1988, n. 375, e all'art. 2 del d.m. 16 settembre 1996, n. 561, hanno titolo a porre in vendita tutti i prodotti relativi al settore merceologico corrispondente, fatto salvo il rispetto dei requisiti igienico-sanitari, e ad ottenere che l'autorizzazione sia modificata d'ufficio con l'indicazione del settore medesimo a partire dalla data di pubblicazione del presente decreto, ad eccezione dei soggetti in possesso delle tabelle speciali riservate ai titolari di farmacie di cui all'allegato 9 del d.m. 4 agosto 1988, n. 375, nonché quelle riservate ai soggetti titolari di rivendite di generi di monopolio e di impianti di distribuzione automatica dei carburanti di cui all'art. 1 del d.m. 17 settembre 1996, n. 561.

2. A partire dalla data di pubblicazione del presente decreto sono soggette a previa comunicazione al comune competente per territorio il trasferimento della proprietà o della gestione dell'attività, il trasferimento di sede e l'ampliamento della superficie degli esercizi di vendita entro i limiti di superficie di cui all'art. 4, comma 1, lett. *d*). Resta fermo l'obbligo per il subentrante del possesso dell'iscrizione al registro degli esercenti il commercio secondo quanto previsto dall'art. 49 del d.m. 4 agosto 1988, n. 375.

3. Fino al termine di cui all'art. 26, comma 1, non può essere negata l'autorizzazione all'apertura di un esercizio avente una superficie di vendita non superiore a 1.500 mq in caso di concentrazione di esercizi di vendita di cui all'art. 4, comma 1, lett. *d*), operanti nello stesso comune e autorizzati ai sensi dell'art. 24 della l. 11 giugno 1971, n. 426, alla data di pubbli-

(1) Le parole «e cogaranzie» sono state inserite dall'art. 1.877, l. 27 dicembre 2006, n. 296.
(2) Lettera aggiunta dall'art. 54.3, l. 23 dicembre 1998, n. 448.
(3) Comma abrogato dall'Allegato 1, n. 31, d.l. 22 giugno 2012, n. 83, conv. in l. 7 agosto 2012, n. 134.
(4) D.m. Att. prod. 30 marzo 2001, n. 400, in G.U., 8 novembre 2001, n. 260 e d.m. Att. prod. 28 marzo 2002, in suppl. ord. G.U., 9 maggio 2002, n. 107.

cazione del presente decreto, per la vendita di generi di largo e generale consumo. La superficie di vendita del nuovo esercizio deve essere pari alla somma dei limiti massimi indicati alla predetta lett. *d*), tenuto conto del numero degli esercizi concentrati. Il rilascio dell'autorizzazione comporta la revoca dei titoli autorizzatori preesistenti.

4. Le domande di rilascio dell'autorizzazione all'apertura di un nuovo esercizio prevista dall'art. 24 della l. 11 giugno 1971, n. 426, in corso di istruttoria alla data di pubblicazione del presente decreto, sono esaminate ai sensi della predetta l. n. 426 del 1971 e decise con provvedimento espresso entro e non oltre 90 giorni dalla suddetta data. Dalla data di pubblicazione del presente decreto e fino al termine del periodo di cui all'art. 26, comma 1, è sospesa la presentazione delle domande, tranne nel caso di cui al comma 3.

5. Le domande di rilascio delle autorizzazioni previste dagli artt. 26 e 27 della l. 11 giugno 1971, n. 426, già trasmesse alla giunta regionale per il prescritto nulla osta alla data del 16 gennaio 1998 e corredate a norma secondo attestazione del responsabile del procedimento, sono esaminate e decise con provvedimento espresso entro centottanta giorni dalla suddetta data.

6. Fino alla emanazione delle disposizioni di cui all'art. 6, fatto comunque salvo quanto previsto dal successivo art. 31, alle domande di rilascio delle autorizzazioni previste dagli artt. 26 e 27 della l. 11 giugno 1971, n. 426, non trasmesse alla giunta regionale per il prescritto nulla osta alla data del 16 gennaio 1998, nonché alle domande per il rilascio delle medesime autorizzazioni presentate successivamente e fino alla data di pubblicazione del presente decreto, non è dato seguito. Dalla data di pubblicazione del presente decreto e fino all'emanazione delle disposizioni di cui all'art. 6 è sospesa la presentazione delle domande.

[7. I soggetti titolari di esercizi di vicinato, autorizzati ai sensi della l. 11 giugno 1971, n. 426, ed iscritti da almeno cinque anni alla gestione pensionistica presso l'INPS, che cessano l'attività e restituiscono il titolo autorizzatorio nei ventiquattro mesi successivi alla data di entrata in vigore del presente decreto, possono usufruire di un indennizzo teso a favorire la loro ricollocazione professionale] (1) (2).

8. Il Ministro dell'industria, del commercio e dell'artigianato, di concerto con il Ministro del lavoro e della previdenza sociale, con proprio regolamento definisce criteri e modalità per l'erogazione dell'indennizzo di cui al comma 7, l'entità dello stesso e la relativa modulazione tenuto conto dell'anzianità di esercizio dei titolari, della eventuale esclusività dell'attività commerciale esercitata quale fonte di reddito, della situazione patrimoniale e della tipologia dell'attività svolta.

9. La concessione dell'indennizzo di cui al comma 7 è stabilita nel limite di 20 miliardi di lire [euro 10.329.137,98] per l'anno 1998 e di lire 40 miliardi [euro 20.658.275,96] per ciascuno degli anni 1999 e 2000 a carico delle risorse disponibili, per gli interventi di cui alla l. 1° marzo 1986, n. 64, nell'apposita sezione del Fondo di cui all'art. 4, comma 6, del d.l. 8 febbraio 1995, n. 32, convertito dalla l. 7 aprile 1995, n. 104. A tal fine il Ministro dell'industria, del commercio e dell'artigianato è autorizzato a trasferire le somme suddette ad apposita sezione del Fondo di cui all'art. 14 della l. 17 febbraio 1982, n. 46.

26. *Disposizioni finali.* — 1. Ad eccezione dell'art. 6, dell'art. 10, dell'art. 15, commi 7, 8 e 9, dell'art. 21, dell'art. 25, commi 1, 2, 3, 4, 5 e 6, e del comma 3 del presente articolo, le norme contenute nel presente decreto hanno efficacia a decorrere dal trecentosessantacinquesimo giorno dalla sua pubblicazione.

2. Nel caso di esercizio promiscuo nello stesso locale dell'attività di vendita all'ingrosso e al dettaglio, l'intera superficie di vendita è presa in considerazione ai fini dell'applicazione di entrambe le discipline per le due tipologie di attività (3).

3. Ai fini della commercializzazione restano salve le disposizioni concernenti la vendita di determinati prodotti previste da leggi speciali.

4. .... (4).

5. È soggetto alla sola comunicazione al comune competente per territorio il trasferimento della gestione o della proprietà per atto tra vivi o per causa di morte, nonché la cessazione dell'attività relativa agli esercizi di cui agli artt. 7, 8 e 9. Nel caso di cui al presente comma si applicano le disposizioni di cui ai commi 1 e 2 dell'art. 7.

6. Sono abrogate: la l. 11 giugno 1971, n. 426, e successive modificazioni, ed il d.m. 4 agosto

(1) Per la riapertura dei termini v. d.m. Industria 12 aprile 2000, in G.U., 29 aprile 2000, n. 99.
(2) Comma abrogato dall'Allegato 1, n. 31, d.l. 22 giugno 2012, n. 83, conv. in l. 7 agosto 2012, n. 134.
(3) Comma così sostituito dall'art. 8.2, lett. c, d.lg. 6 agosto 2012, n. 147.
(4) Comma abrogato dall'art. 4, l. 13 aprile 1999, n. 108. Per il riordino del sistema di diffusione della stampa quotidiana e periodica, a norma dell'art. 3 della l. 13 aprile 1999, n. 108 v. d.lg. 24 aprile 2001, n. 170.

1988, n. 375, a esclusione del comma 9 dell'art. 56 e dell'allegato 9 e delle disposizioni concernenti il registro esercenti il commercio relativamente alla attività di somministrazione di alimenti e bevande di cui alla l. 25 agosto 1991, n. 287, e alla attività ricettiva di cui alla l. 17 marzo 1983, n. 217; la l. 28 luglio 1971, n. 558; la l. 19 marzo 1980, n. 80, come modificata dalla l. 12 aprile 1991, n. 130; l'art. 8 del d.l. 1° ottobre 1982, n. 697, convertito, con modificazioni, dalla l. 29 novembre 1982, n. 887, come riformulato dall'art. 1 del d.l. 26 gennaio 1987, n. 9 convertito, con modificazioni, dalla l. 26 gennaio 1987, n. 121; l'art. 4 della l. 6 febbraio 1987, n. 15; il d.p.r. 18 aprile 1994, n. 384; l'art. 2 del d.m. 16 settembre 1996, n. 561; l'art. 2, commi 89 e 90 della l. 23 dicembre 1996, n. 662, nonché ogni altra norma contraria al presente decreto o con esso incompatibile. Sono soppresse le voci nn. 50, 55 e 56 della tabella *c*) allegata al d.p.r. 26 aprile 1992, n. 300, come modificata ed integrata dal decreto del d.p.r. 9 maggio 1994, n. 407.

TITOLO X

Commercio al dettaglio su aree pubbliche (1)

27. *Definizioni*. — 1. Ai fini del presente titolo si intendono:

a) per commercio sulle aree pubbliche, l'attività di vendita di merci al dettaglio e la somministrazione di alimenti e bevande effettuate sulle aree pubbliche, comprese quelle del demanio marittimo o sulle aree private delle quali il comune abbia la disponibilità, attrezzate o meno, coperte o scoperte;

b) per aree pubbliche, le strade, i canali, le piazze, comprese quelle di proprietà privata gravate da servitù di pubblico passaggio ed ogni altra area di qualunque natura destinata ad uso pubblico;

c) per posteggio, la parte di area pubblica o di area privata della quale il comune abbia la disponibilità che viene data in concessione all'operatore autorizzato all'esercizio dell'attività commerciale;

d) per mercato, l'area pubblica o privata della quale il comune abbia la disponibilità, composta da più posteggi, attrezzata o meno e destinata all'esercizio dell'attività per uno o più o tutti i giorni della settimana o del mese per l'offerta integrata di merci al dettaglio, la somministrazione di alimenti e bevande, l'erogazione di pubblici servizi;

e) per fiera, la manifestazione caratterizzata dall'afflusso, nei giorni stabiliti sulle aree pubbliche o private delle quali il comune abbia la disponibilità, di operatori autorizzati ad esercitare il commercio su aree pubbliche, in occasione di particolari ricorrenze, eventi o festività;

f) per presenze in un mercato, il numero delle volte che l'operatore si è presentato in tale mercato prescindendo dal fatto che vi abbia potuto o meno svolgere l'attività;

g) per presenze effettive in una fiera, il numero delle volte che l'operatore ha effettivamente esercitato l'attività in tale fiera.

28. *Esercizio dell'attività*. — 1. Il commercio sulle aree pubbliche può essere svolto:

a) su posteggi dati in concessione per dieci anni;

b) su qualsiasi area purché in forma itinerante.

2. L'esercizio dell'attività di cui al comma 1 è soggetto ad apposita autorizzazione rilasciata a persone fisiche, a società di persone, a società di capitali regolarmente costituite o cooperative (2).

2-*bis*. Le regioni, nell'esercizio della potestà normativa in materia di disciplina delle attività economiche, possono stabilire che l'autorizzazione all'esercizio di cui al comma 1 sia soggetta alla presentazione da parte del richiedente del documento unico di regolarità contributiva (DURC), di cui all'art. 1, comma 1176, della l. 27 dicembre 2006, n. 296. In tal caso, possono essere altresì stabilite le modalità attraverso le quali i comuni, anche avvalendosi della collaborazione gratuita delle associazioni di categoria riconosciute dal Consiglio nazionale dell'economia e del lavoro, possono essere chiamati al compimento di attività di verifica della sussistenza e regolarità della predetta documentazione. L'autorizzazione all'esercizio è in ogni caso rilasciata anche ai soggetti che hanno ottenuto dall'INPS la rateizzazione del debito contributivo. Il DURC, ai fini del presente articolo, deve essere rilasciato anche alle imprese individuali (3).

3. L'autorizzazione all'esercizio dell'attività di vendita sulle aree pubbliche mediante l'uti-

(1) Sulla vendita e somministrazione di bevande alcoliche in aree pubbliche v. art. 14-*bis*, l. 30 marzo 2001, n. 125, come modificato dall'art. 23.1-2, l. 7 luglio 2009, n. 88 e dall'art. 34, l. 4 giugno 2010, n. 96.

(2) Comma così sostituito dall'art. 70.1, d.lg. 26 marzo 2010, n. 59.

(3) Comma inserito dall'art. 11-*bis*.1, lett. a, d.l. 1° luglio 2009, n. 78, conv. in l. 3 agosto 2009, n. 102, e successivamente così sostituito dall'art. 2.12, lett. a, l. 23 dicembre 2009, n. 191.

lizzo di un posteggio è rilasciata, in base alla normativa emanata dalla regione, dal sindaco del comune sede del posteggio ed abilita anche all'esercizio in forma itinerante nell'ambito del territorio regionale.

4. L'autorizzazione all'esercizio dell'attività di vendita sulle aree pubbliche esclusivamente in forma itinerante è rilasciata, in base alla normativa emanata dalla regione,dal comune nel quale il richiedente, persona fisica o giuridica, intende avviare l'attività. L'autorizzazione dì cui al presente comma abilita anche alla vendita al domicilio del consumatore, nonché nei locali ove questi si trovi per motivi di lavoro, di studio, di cura, di intrattenimento o svago (1).

5. Nella domanda l'interessato dichiara:

a) di essere in possesso dei requisiti di cui all'art. 5;

b) il settore o i settori merceologici e, qualora non intenda esercitare in forma itinerante esclusiva, il posteggio del quale chiede la concessione.

6. L'autorizzazione all'esercizio dell'attività sulle aree pubbliche abilita alla partecipazione alle fiere che si svolgono sia nell'ambito della regione cui appartiene il comune che l'ha rilasciata, sia nell'ambito delle altre regioni del territorio nazionale.

7. L'autorizzazione all'esercizio dell'attività di vendita sulle aree pubbliche dei prodotti alimentari abilita anche alla somministrazione dei medesimi se il titolare risulta in possesso dei requisiti prescritti per l'una e l'altra attività. L'abilitazione alla somministrazione deve risultare da apposita annotazione sul titolo autorizzatorio.

8. L'esercizio del commercio sulle aree pubbliche dei prodotti alimentari è soggetto alle norme comunitarie e nazionali che tutelano le esigenze igienico-sanitarie. Le modalità di vendita e i requisiti delle attrezzature sono stabiliti dal Ministero della sanità con apposita ordinanza.

9. L'esercizio del commercio disciplinato dal presente articolo nelle aree demaniali marittime è soggetto al nulla osta da parte delle competenti autorità marittime che stabiliscono modalità e condizioni per l'accesso alle aree predette.

10. Senza permesso del soggetto proprietario o gestore è vietato il commercio sulle aree pubbliche negli aeroporti, nelle stazioni e nelle autostrade.

11. I posteggi, temporaneamente non occupati dai titolari della relativa concessione in un mercato, sono assegnati giornalmente, durante il periodo di non utilizzazione da parte del titolare, ai soggetti legittimati ad esercitare il commercio sulle aree pubbliche, che vantino il più alto numero di presenze nel mercato di cui trattasi.

12. Le regioni, entro un anno dalla data di pubblicazione del presente decreto, emanano le norme relative alle modalità di esercizio del commercio di cui al presente articolo, i criteri e le procedure per il rilascio, la revoca e la sospensione nei casi di cui all'art. 29, nonché la reintestazione dell'autorizzazione in caso di cessione dell'attività per atto tra vivi o in caso di morte e i criteri per l'assegnazione dei posteggi. Le regioni determinano altresì gli indirizzi in materia di orari ferma restando la competenza in capo al sindaco a fissare i medesimi.

13. Le regioni, al fine di assicurare il servizio più idoneo a soddisfare gli interessi dei consumatori ed un adeguato equilibrio con le altre forme di distribuzione, stabiliscono, altresì, sulla base delle caratteristiche economiche del territorio secondo quanto previsto dall'art. 6, comma 3, del presente decreto, della densità della rete distributiva e della popolazione residente e fluttuante limitatamente ai casi in cui ragioni non altrimenti risolvibili di sostenibilità ambientale e sociale, di viabilità rendano impossibile consentire ulteriori flussi di acquisto nella zona senza incidere in modo gravemente negativo sui meccanismi dì controllo, in particolare, per il consumo dì alcolici e senza ledere il diritto dei residenti alla vivibilità del territorio e alla normale mobilità. In ogni caso resta ferma la finalità di tutela e salvaguardia delle zone di pregio artistico, storico, architettonico e ambientale e sono vietati criteri legati alla verifica di natura economica o fondati sulla prova dell'esistenza di un bisogno economico o sulla prova di una domanda dì mercato, quali entità delle vendite di prodotti alimentari e non alimentari e presenza di altri operatori su aree pubbliche (2), i criteri generali ai quali i comuni si devono attenere per la determinazione delle aree e del numero dei posteggi da destinare allo svolgimento dell'attività, per l'istituzione, la soppressione o lo spostamento dei mercati che si svolgono quotidianamente o a cadenza diversa, nonché per l'istituzione di mercati destinati a merceologie esclusive. Stabiliscono, altresì, le caratteristiche tipologiche delle fiere,

(1) Comma così sostituito dall'art. 70.2, d.lg. 26 marzo 2010, n. 59.

(2) Le parole da «limitatamente ai casi» fino a «pubbliche» sono state inserite dall'art. 70.3, d.lg. 26 marzo 2010, n. 59.

nonché le modalità di partecipazione alle medesime prevedendo in ogni caso il criterio della priorità nell'assegnazione dei posteggi fondato sul più alto numero di presenze effettive.

14. Le regioni, nell'ambito del loro ordinamento, provvedono all'emanazione delle disposizioni previste dal presente articolo acquisendo il parere obbligatorio dei rappresentanti degli enti locali e prevedendo forme di consultazione delle organizzazioni dei consumatori e delle imprese del commercio.

15. Il comune, sulla base delle disposizioni emanate dalla regione, stabilisce l'ampiezza complessiva delle aree da destinare all'esercizio dell'attività, nonché le modalità di assegnazione dei posteggi, la loro superficie e i criteri di assegnazione delle aree riservate, in misura congrua sul totale, agli imprenditori agricoli che esercitano la vendita diretta ai sensi dell'art. 4 del d.lg. 18 maggio 2001, n. 228 (1) (2). Al fine di garantire il miglior servizio da rendere ai consumatori i comuni possono determinare le tipologie merceologiche dei posteggi nei mercati e nelle fiere.

16. Nella deliberazione di cui al comma 15 vengono individuate altresì le aree aventi valore archeologico, storico, artistico e ambientale nelle quali l'esercizio del commercio di cui al presente articolo è vietato o sottoposto a condizioni particolari ai fini della salvaguardia delle aree predette. Possono essere stabiliti divieti e limitazioni all'esercizio anche per motivi di viabilità, di carattere igienico sanitario o per altri motivi di pubblico interesse. Vengono altresì deliberate le norme procedurali per la presentazione e l'istruttoria delle domande di rilascio, il termine, comunque non superiore a novanta giorni dalla data di ricevimento, entro il quale le domande devono ritenersi accolte qualora non venga comunicato il provvedimento di diniego, nonché tutte le altre norme atte ad assicurare trasparenza e snellezza dell'azione amministrativa e la partecipazione al procedimento, ai sensi della l. 7 agosto 1990, n. 241, e successive modifiche.

17. Al fine di valorizzare e salvaguardare il servizio commerciale nelle aree urbane, rurali, montane ed insulari, le regioni e i comuni possono stabilire particolari agevolazioni, fino all'esenzione, per i tributi e le altre entrate di rispettiva competenza per le attività effettuate su posteggi posti in comuni e frazioni con popolazione inferiore a 3.000 abitanti e nelle zone periferiche delle aree metropolitane e degli altri centri di minori dimensioni.

18. In caso di inerzia da parte del comune, le regioni provvedono in via sostitutiva, adottando le norme necessarie, che restano in vigore fino all'emanazione delle norme comunali.

29. *Sanzioni.* — 1. Chiunque eserciti il commercio sulle aree pubbliche senza la prescritta autorizzazione o fuori dal territorio previsto dalla autorizzazione stessa, nonché senza l'autorizzazione o il permesso di cui all'art. 28, commi 9 e 10, è punito con la sanzione amministrativa del pagamento di una somma da lire 5.000.000 [euro 2.582] a lire 30.000.000 [euro 15.493] e con la confisca delle attrezzature e della merce.

2. Chiunque violi le limitazioni e i divieti stabiliti per l'esercizio del commercio sulle aree pubbliche dalla deliberazione del comune di cui all'art. 28 è punito con la sanzione amministrativa del pagamento di una somma da lire 1.000.000 [euro 516] a lire 6.000.000 [euro 3.098].

3. In caso di particolare gravità o di recidiva il sindaco può disporre la sospensione dell'attività di vendita per un periodo non superiore a venti giorni. La recidiva si verifica qualora sia stata commessa la stessa violazione per due volte in un anno, anche se si è proceduto al pagamento della sanzione mediante oblazione.

4. L'autorizzazione è revocata:

a) nel caso in cui il titolare non inizia l'attività entro sei mesi dalla data dell'avvenuto rilascio, salvo proroga in caso di comprovata necessità;

b) nel caso di decadenza dalla concessione del posteggio per mancato utilizzo del medesimo in ciascun anno solare per periodi di tempo complessivamente superiori a quattro mesi, salvo il caso di assenza per malattia, gravidanza o servizio militare;

c) nel caso in cui il titolare non risulti più provvisto dei requisiti di cui all'art. 5, comma 2;

c-bis) nel caso di mancata presentazione iniziale e annuale del DURC di cui al comma 2-*bis* dell'art. 28 (3).

4-*bis.* L'autorizzazione è sospesa per sei mesi in caso di mancata presentazione annuale del DURC, di cui al comma 2-*bis* dell'art. 28 (4).

5. Per le violazioni di cui al presente articolo l'autorità competente è il sindaco del comune nel quale hanno avuto luogo. Alla medesima autorità pervengono i proventi derivanti dai

(1) In *Leggi coll. VII, 9.*
(2) Periodo così sostituito dall'art. 2-*bis*.3, d.l. 9 settembre 2005, n. 182, conv. in l. 11 novembre 2005, n. 231.
(3) Lettera aggiunta dall'art. 11-*bis*.1, lett. b, d.l. 1° luglio 2009, n. 78, conv. in l. 3 agosto 2009, n. 102.
(4) Comma inserito dall'art. 2.12, lett. b, l. 23 dicembre 2009, n. 191.

pagamenti in misura ridotta ovvero da ordinanze ingiunzioni di pagamento.

30. *Disposizioni transitorie e finali.* — 1. I soggetti che esercitano il commercio sulle aree pubbliche sono sottoposti alle medesime disposizioni che riguardano gli altri commercianti al dettaglio di cui al presente decreto purché esse non contrastino con specifiche disposizioni del presente titolo.

2. Fino all'emanazione delle disposizioni attuative di cui all'art. 28 continuano ad applicarsi le norme previgenti.

3. Sono fatti salvi i diritti acquisiti dagli operatori prima dell'entrata in vigore del presente decreto e delle disposizioni attuative di cui all'art. 28.

4. La disciplina di cui al presente titolo non si applica ai coltivatori diretti, ai mezzadri e ai coloni i quali esercitino sulle aree pubbliche la vendita dei propri prodotti ai sensi della l. 9 febbraio 1963, n. 59, e successive modificazioni, salvo che per le disposizioni relative alla concessione dei posteggi e alle soste per l'esercizio dell'attività in forma itinerante.

5. Resta salvo il divieto di vendere sulle aree pubbliche bevande alcoliche di qualsiasi gradazione diverse da quelle poste in vendita in recipienti chiusi nei limiti e con le modalità di cui all'art. 176, comma 1, del regolamento per l'esecuzione del testo unico delle leggi di pubblica sicurezza approvato con r.d. 6 maggio 1940, n. 635, e successive modifiche, nonché il divieto di vendere o esporre armi, esplosivi od oggetti preziosi. È abolito ogni precedente divieto di vendita di merci ivi incluso quello della vendita del pane nei mercati scoperti, fatto salvo il rispetto dei requisiti igienico-sanitari.

6. Sono abrogate: la l. 28 marzo 1991, n. 112, come modificata dalla l. 15 novembre 1995, n. 480, e dalla l. 25 marzo 1997, n. 77; l'art. 3 della l. 5 gennaio 1996, n. 25; il d.m. 4 giugno 1993, n. 248, come modificato dal d.m. 15 maggio 1996, n. 350. È soppressa la voce n. 62 della tabella *c*) allegata al d.p.r. 26 aprile 1992, n. 300, come modificata ed integrata dal d.p.r. 9 maggio 1994, n. 407.

TITOLO XI

Inadempienza delle regioni

31. *Intervento sostitutivo.* — 1. Ai sensi dell'art. 3, comma 1, lett. *c*), della l. 15 marzo 1997, n. 59, qualora le regioni non esercitino le funzioni amministrative ad esse conferite dal presente decreto nei tempi dal medesimo previsti, il Ministro dell'industria, del commercio e dell'artigianato richiede l'adempimento ponendo un termine non inferiore a sessanta giorni. Qualora la regione inadempiente non provveda nel termine assegnato, provvede il Presidente del Consiglio dei Ministri, su proposta del Ministro dell'industria, del commercio e dell'artigianato, sentita la regione inadempiente previa intesa con la Conferenza permanente per i rapporti tra lo Stato, le regioni e le province autonome di Trento e Bolzano.

XIII. 2.

LEGGE 17 agosto 2005, n. 173. — *Disciplina della vendita diretta a domicilio e tutela del consumatore dalle forme di vendita piramidali* (1).

1. *Definizioni e ambito di applicazione della legge.* — 1. Al fini della presente legge si intendono:

a) per «vendita diretta a domicilio», la forma speciale di vendita al dettaglio e di offerta di beni e servizi, di cui all'art. 19 del d.lg. 31 marzo 1998, n. 114 (2), effettuate tramite la raccolta di ordinativi di acquisto presso il domicilio del consumatore finale o nei locali nei quali il consumatore si trova, anche temporaneamente, per motivi personali, di lavoro, di studio, di intrattenimento o di svago;

b) per «incaricato alla vendita diretta a domicilio», colui che, con o senza vincolo di subordinazione, promuove, direttamente o indirettamente, la raccolta di ordinativi di acquisto presso privati consumatori per conto di imprese esercenti la vendita diretta a domicilio;

c) per «impresa» o «imprese», l'impresa o le imprese esercenti la vendita diretta a domicilio di cui alla lett. *a*).

2. Le disposizioni della presente legge, ad eccezione di quanto previsto dagli artt. 5, 6 e 7, non si applicano alla offerta, alla sottoscrizione e alla propaganda ai fini commerciali di:

a) prodotti e servizi finanziari;

b) prodotti e servizi assicurativi;

c) contratti per la costruzione, la vendita e la locazione di beni immobili.

2. *Esercizio dell'attività di vendita diretta a domicilio.* — 1. Alle attività di vendita diretta a domicilio di cui all'art. 1, comma 1, lett. *a*), si

(1) G.U., 2 settembre 2005, n. 204.
(2) In *Leggi coll. XIII, 1.*

applicano le disposizioni di cui agli artt. 19, 20 e 22, commi 1 e 2, del d.lg. 31 marzo 1998, n. 114 (1), nonché le disposizioni vigenti in materia di commercializzazione dei beni e dei servizi offerti.

3. *Attività di incaricato alla vendita diretta a domicilio*. — 1. L'attività di incaricato alla vendita diretta a domicilio, con o senza vincolo di subordinazione, è soggetta all'obbligo del possesso del tesserino di riconoscimento di cui all'art. 19, commi 5 e 6, del d.lg. 31 marzo 1998, n. 114 (1), e può essere svolta da chi risulti in possesso dei requisiti di cui all'art. 5, comma 2, del medesimo decreto legislativo (1).

2. L'attività di incaricato alla vendita diretta a domicilio senza vincolo di subordinazione può essere esercitata come oggetto di una obbligazione assunta con contratto di agenzia.

3. L'attività di incaricato alla vendita diretta a domicilio senza vincolo di subordinazione può essere altresì esercitata, senza necessità di stipulare un contratto di agenzia, da soggetti che svolgono l'attività in maniera abituale, ancorché non esclusiva, o in maniera occasionale, purché incaricati da una o più imprese (2).

4. La natura dell'attività di cui al comma 3 è di carattere occasionale sino al conseguimento di un reddito annuo, derivante da tale attività, non superiore a 5.000 euro.

5. Resta ferma la disciplina previdenziale recata dall'art. 44, comma 2, ultimo periodo, del d.l. 30 settembre 2003, n. 269, convertito, con modificazioni, dalla l. 24 novembre 2003, n. 326 (3).

4. *Disciplina del rapporto fra impresa affidante e incaricato alla vendita diretta a domicilio. Compenso dell'incaricato*. — 1. All'incaricato alla vendita diretta a domicilio con vincolo di subordinazione si applica il contratto collettivo nazionale di lavoro applicato dall'impresa esercente la vendita diretta. All'incaricato alla vendita diretta a domicilio senza vincolo di subordinazione di cui all'art. 3, comma 2, si applicano gli accordi economici collettivi di settore.

2. Per l'incaricato alla vendita diretta a domicilio senza vincolo di subordinazione di cui all'art. 3, comma 3, l'incarico deve essere provato per iscritto e può essere liberamente rinunciato, anche per fatti concludenti con relativa presa d'atto dell'impresa affidante, o revocato per iscritto tramite lettera raccomandata con avviso di ricevimento o altro mezzo idoneo. L'atto di conferimento dell'incarico deve contenere l'indicazione dei diritti e degli obblighi di cui ai commi 3 e 6.

3. L'incaricato alla vendita diretta a domicilio senza vincolo di subordinazione di cui all'art. 3, comma 3, ha diritto di recedere dall'incarico, senza obbligo di motivazione, inviando all'impresa affidante una comunicazione, a mezzo di lettera raccomandata con avviso di ricevimento, entro dieci giorni lavorativi dalla stipula dell'atto scritto di cui al comma 2. In tale caso, l'incaricato è tenuto a restituire a sua cura e spese i beni e i materiali da dimostrazione eventualmente acquistati e l'impresa, entro trenta giorni dalla restituzione dei beni e dei materiali, rimborsa all'incaricato le somme da questi eventualmente pagate. Il rimborso è subordinato all'integrità dei beni e dei materiali restituiti.

4. Nei confronti dell'incaricato alla vendita diretta a domicilio non può essere stabilito alcun obbligo di acquisto:

a) di un qualsiasi ammontare di materiali o di beni commercializzati o distribuiti dall'impresa affidante, ad eccezione dei beni e dei materiali da dimostrazione strumentali alla sua attività che per tipologia e quantità sono assimilabili ad un campionario;

b) di servizi forniti, direttamente o indirettamente, dall'impresa affidante, non strettamente inerenti e necessari all'attività commerciale in questione, e comunque non proporzionati al volume dell'attività svolta.

5. Nel caso in cui l'incarico venga rinunciato o revocato, il tesserino di riconoscimento di cui all'art. 3, comma 1, è ritirato.

6. In aggiunta al diritto di recesso di cui al comma 3, all'incaricato alla vendita diretta a domicilio è in ogni caso riconosciuto, in tutte

(1) In *Leggi coll. XIII, 1.*

(2) L'art. 69.5-5-*bis*, d.lg. 26 marzo 2010, n. 59, come modificato dall'art. 7.1, lett. c, d.lg. 6 agosto 2012, n. 147, così dispone: «5. L'attività di incaricato alla vendita diretta a domicilio di cui all'art. 3, comma 3, della l. 17 agosto 2005, n. 173, per conto di imprese esercenti tale attività non è soggetta alla dichiarazione di cui al comma 1, ma esclusivamente all'espletamento degli adempimenti previsti ai commi 4, 5 e 6 dell'art. 19 del d.lg. 31 marzo 1998, n. 114. || 5-*bis*. L'attività di incaricato alla vendita diretta a domicilio di cui al comma 5 è considerata abituale, ai sensi dell'art. 3, comma 4, della l. 17 agosto 2005, n. 173, se nell'anno solare per la stessa è percepito un reddito superiore a cinquemila euro ed è estranea al rapporto di agenzia di cui all'art. 74 fintanto che l'incaricato operi, in assenza di esclusiva di zona e vincoli di durata della prestazione, a fronte della semplice autorizzazione scritta di cui al comma 2 dell'art. 4 della l. 17 agosto 2005, n. 173, e senza aver assunto contrattualmente nei confronti dell'impresa affidante alcun obbligo vincolante di svolgere attività promozionale».

(3) In *Leggi coll. III, 6.*

le altre ipotesi di cessazione per qualsiasi causa del rapporto con l'impresa affidante, il diritto di restituzione e, entro trenta giorni, alla rifusione del prezzo relativamente ai beni e ai materiali integri eventualmente posseduti in misura non inferiore al 90 per cento del costo originario.

7. L'incaricato alla vendita diretta a domicilio deve attenersi alle modalità e alle condizioni generali di vendita stabilite dall'impresa affidante. In caso contrario, egli è responsabile dei danni derivanti dalle condotte difformi da lui adottate rispetto alle modalità e alle condizioni di cui al primo periodo.

8. L'incaricato alla vendita diretta a domicilio non ha, salvo espressa autorizzazione scritta, la facoltà di riscuotere il corrispettivo degli ordinativi di acquisto che abbiano avuto regolare esecuzione presso i privati consumatori nè di concedere sconti o dilazioni di pagamento.

9. Il compenso dell'incaricato alla vendita diretta a domicilio senza vincolo di subordinazione è costituito dalle provvigioni sugli affari che, accettati, hanno avuto regolare esecuzione. La misura delle provvigioni e le modalità di corresponsione devono essere stabilite per iscritto.

5. *Divieto delle forme di vendita piramidali e di giochi o catene*. — 1. Sono vietate la promozione e la realizzazione di attività e di strutture di vendita nelle quali l'incentivo economico primario dei componenti la struttura si fonda sul mero reclutamento di nuovi soggetti piuttosto che sulla loro capacità di vendere o promuovere la vendita di beni o servizi determinati direttamente o attraverso altri componenti la struttura (1).

2. È vietata, altresì, la promozione o l'organizzazione di tutte quelle operazioni, quali giochi, piani di sviluppo, «catene di Sant'Antonio», che configurano la possibilità di guadagno attraverso il puro e semplice reclutamento di altre persone e in cui il diritto a reclutare si trasferisce all'infinito previo il pagamento di un corrispettivo.

6. *Elementi presuntivi*. — 1. Costituisce elemento presuntivo della sussistenza di una operazione o di una struttura di vendita vietate ai sensi dell'art. 5 la ricorrenza di una delle seguenti circostanze:

a) l'eventuale obbligo del soggetto reclutato di acquistare dall'impresa organizzatrice, ovvero da altro componente la struttura, una rilevante quantità di prodotti senza diritto di restituzione o rifusione del prezzo relativamente ai beni ancora vendibili, in misura non inferiore al 90 per cento del costo originario, nel caso di mancata o parzialmente mancata vendita al pubblico;

b) l'eventuale obbligo del soggetto reclutato di corrispondere, all'atto del reclutamento e comunque quale condizione per la permanenza nell'organizzazione, all'impresa organizzatrice o ad altro componente la struttura, una somma di denaro o titoli di credito o altri valori mobiliari e benefici finanziari in genere di rilevante entità e in assenza di una reale controprestazione;

c) l'eventuale obbligo del soggetto reclutato di acquistare, dall'impresa organizzatrice o da altro componente la struttura, materiali, beni o servizi, ivi compresi materiali didattici e corsi di formazione, non strettamente inerenti e necessari alla attività commerciale in questione e comunque non proporzionati al volume dell'attività svolta.

7. *Sanzioni*. — 1. Salvo che il fatto costituisca più grave reato, chiunque promuove o realizza le attività o le strutture di vendita o le operazioni di cui all'art. 5, anche promuovendo iniziative di carattere collettivo o inducendo uno o più soggetti ad aderire, associarsi o affiliarsi alle organizzazioni od operazioni di cui al medesimo articolo, è punito con l'arresto da sei mesi ad un anno o con l'ammenda da 100.000 euro a 600.000 euro.

2. Per le violazioni di cui al comma 1 si applica la sanzione accessoria della pubblicazione del provvedimento con le modalità di cui all'art. 36 del codice penale e della sua comunicazione alle associazioni dei consumatori e degli utenti rappresentative a livello nazionale.

3. All'impresa che non rispetti le disposizioni di cui all'art. 4, commi 2, 3, 5, 6 e 9, si applica una sanzione amministrativa pecuniaria da 1.500 euro a 5.000 euro (1).

(1) L'art. 5, d.lg. 2 agosto 2007, n. 146, così dispone: «Dalla data di entrata in vigore del presente decreto legislativo gli artt. 5, comma 1, e 7, della l. 17 agosto 2005, n. 173, recante disciplina della vendita diretta a domicilio e tutela del consumatore dalle forme di vendita piramidali, sono abrogati nella parte in cui riguardano forme di vendita piramidali tra consumatori e professionisti come definite all'art. 23, comma 1, lett. *p*), del d.lg. 6 settembre 2005, n. 206, recante Codice del consumo in cui è previsto o ipotizzabile un contributo da parte di un consumatore come definito dall'art. 18, comma 1, lett. *a*), del predetto codice. I suddetti artt. 5, comma 1, e 7, restano applicabili pertanto alle forme di promozione piramidale che coinvolgano qualsiasi persona fisica o giuridica che agisce nel quadro della sua attività commerciale, industriale, artigianale o professionale».

XIV. SOCIETÀ

XIV. 1.

LEGGE 23 novembre 1939, n. 1966. — *Disciplina delle società fiduciarie e di revisione* (1).

1. *1.* Sono società fiduciarie e di revisione e sono soggette alla presente legge quelle che, comunque denominate, si propongono, sotto forma di impresa, di assumere l'amministrazione dei beni per conto di terzi, l'organizzazione e la revisione contabile di aziende e la rappresentanza dei portatori di azioni e di obbligazioni.

2. Sono escluse dalla competenza delle società di cui al comma precedente le funzioni di sindaco di società commerciale, di curatore di fallimento e di perito giudiziario in materia civile e penale e in genere le attribuzioni di carattere strettamente personale riservate dalle leggi vigenti esclusivamente agli iscritti negli albi professionali e speciali.

3. Le norme della presente legge si applicano anche alle società estere le quali, mediante succursali o stabili rappresentanze nel territorio della Repubblica, svolgano alcuna delle attività prevedute dal primo comma di questo articolo.

2. *1.* Le società di cui all'articolo precedente sono soggette alla vigilanza del Ministero dell'Industria, e non potranno iniziare le operazioni senza essere autorizzate con decreto del Ministro dell'Industria (2).

2. L'autorizzazione sarà revocabile per gravi motivi, previa contestazione alla società dei fatti ad essa addebitati.

3. *1.* Le società di cui alla presente legge non potranno costituirsi sotto forma di società anonima se non con un capitale minimo di lire duecentomila [euro 103,29] e con un capitale di almeno lire un milione [euro 516,46], qualora abbiano per oggetto l'amministrazione e la rappresentanza di azionisti o di obbligazionisti. Il capitale deve essere interamente versato e investito per la metà in titoli di Stato o garantiti dallo Stato per tutta la durata della società. Nel caso in cui, tuttavia, il capitale sottoscritto superasse la cifra di un milione [euro 516,46], il deposito da vincolarsi non sarà mai superiore all'importo di lire 500.000 [euro 258,23]. Detti titoli dovranno essere depositati presso una delle aziende di credito di cui all'art. 5 della l. 7 marzo 1938, n. 141, sotto la responsabilità solidale degli amministratori e dei sindaci.

2. Le azioni in ogni caso devono essere nominative e non possono essere cedute se non col consenso del Consiglio di amministrazione.

4. *1.* I consigli di amministrazione delle società di cui alla presente legge devono essere composti per due terzi almeno di cittadini italiani; il presidente e il consigliere delegato devono essere cittadini italiani.

2. Salvo gli altri requisiti richiesti dalla legge, tutti i componenti il Collegio sindacale delle società suddette, devono essere scelti tra gli iscritti agli Albi professionali e almeno due sindaci negli Albi degli esercenti in materia di economia e commercio od in quello dei ragionieri od in quello dei revisori dei conti.

3. Se gli amministratori sono più di uno, uno almeno dovrà essere parimenti scelto fra gli iscritti in detti Albi.

4. Se il Consiglio di amministrazione è composto di almeno cinque membri, gli amministratori scelti in detti Albi devono essere almeno due.

5. Il personale delle società di cui alla presente legge, salvo quello adibito a funzione d'ordine deve essere in possesso del titolo di studio e delle condizioni richieste per l'iscrizione negli Albi professionali.

5. *1.* Le società attualmente esistenti dovranno uniformarsi alle norme della presente legge entro il termine di un anno dalla sua entrata in vigore, salvo il rispetto dei contratti d'impiego

(1) G.U., 10 gennaio 1940, n. 7. Per le norme di attuazione v. r.d. 22 aprile 1940, n. 531. Per il regolamento recante semplificazione del procedimento di autorizzazione all'esercizio dell'attività fiduciaria e di revisione v. d.p.r. 18 aprile 1994, n. 361. Sullo svolgimento del servizio di gestione di portafogli di investimento v. art. 60.4, d.lg. 23 luglio 1996, n. 415.

(2) Il concerto del Ministro di Grazia e Giustizia è stato soppresso dal d.p.r. 18 aprile 1994, n. 361.

a tempo determinato in corso all'entrata in vigore della legge stessa e, in ogni caso, sino a non oltre due anni da tale data.

6. *1.* Sono abrogati il r.d. 16 dicembre 1926, n. 2214 e il r.d.l. 9 giugno 1927, n. 964.

2. Nulla è innovato alle disposizioni del r.d.l. 26 ottobre 1933, n. 1598, per quanto si riferisce alle società fiduciarie che abbiano per oggetto la gestione fiduciaria di beni conferiti da terzi, corrispondendo utili della gestione.

XIV. 2.

DECRETO MINISTERIALE 16 gennaio 1995. — *Elementi informativi del procedimento di autorizzazione all'esercizio dell'attività fiduciaria e di revisione e disposizioni di vigilanza* (1).

TITOLO I

Fonti normative – Definizioni

Presentazione delle domande

1. *Fonti normative*. — 1. Il presente decreto è adottato ai sensi dell'art. 2, comma 2, del d.p.r. 18 aprile 1994, n. 361, ed ai sensi dell'art. 3, comma 2, del r.d. 22 aprile 1940, n. 531.

2. *Definizioni*. — 1. Nel presente decreto l'espressione:

a) «legge n. 1966/1939» indica la l. 23 novembre 1939, n. 1966;

b) «r.d. n. 531/1940» indica il r.d. 22 aprile 1940, n. 531;

c) «legge n. 430/1986» indica il d.l. 5 giugno 1986, n. 233, convertito con la l. 1° agosto 1986, n. 430;

d) «legge n. 1/1991» indica la l. 2 gennaio 1991, n. 1;

e) «legge n. 197/1991» indica la l. 5 luglio 1991, n. 197;

f) «decreto legislativo n. 88/1992» indica il d.lg. 27 gennaio 1992, n. 88;

g) «decreto del Presidente della Repubblica n. 361/1994» indica il d.p.r. 18 aprile 1994, n. 361;

h) «Ministero» indica Ministero dell'industria del commercio e dell'artigianato;

i) «società» indica società fiduciaria e/o di revisione;

l) «fiduciaria» indica, congiuntamente o disgiuntamente dall'espressione «società», società fiduciaria e/o di revisione.

3. *Ambito di applicazione*. — 1. Il presente decreto indica le caratteristiche dei documenti richiesti dagli artt. 1 e 2 del r.d. n. 531/1940 e gli elementi informativi necessari allo svolgimento del procedimento di autorizzazione all'esercizio dell'attività fiduciaria e di revisione.

2. Le prescrizioni contenute nel presente decreto trovano applicazione anche nei casi di modifica di provvedimenti autorizzativi già emanati.

3. Il presente decreto disciplina altresì gli elementi informativi richiesti in sede di vigilanza ed in sede di verifica del mantenimento delle condizioni che hanno dato luogo al provvedimento autorizzativo di cui al precedente comma 1, nonché gli elementi informativi richiesti in occasione di rinuncia all'esercizio delle attività autorizzate, di cessazione dell'attività o di limitazioni all'oggetto sociale.

4. *Domanda di autorizzazione*. — 1. La richiesta di autorizzazione all'esercizio delle attività disciplinate dalla l. n. 1966/1939 è presentata, in carta legale, al «Ministero dell'industria, del commercio e dell'artigianato – Direzione generale del commercio interno e dei consumi industriali – Divisione VI – Società fiduciarie e di revisione», a cura del rappresentante legale della società.

2. Per attività disciplinate dalla l. n. 1966/1939 si intendono:

l'esercizio dell'attività fiduciaria;

l'esercizio dell'attività fiduciaria e di organizzazione e revisione contabile di aziende;

l'esercizio dell'attività di organizzazione e revisione contabile di aziende.

3. La domanda, in carta legale è redatta nelle forme e nei modi stabiliti nell'allegato *A* al presente decreto ed è corredata della prevista documentazione dalla quale risulti la sussistenza dei requisiti e delle condizioni richiesti per l'adozione del provvedimento.

Alla predetta domanda è allegata altresì una marca da bollo di importo corrispondente al prezzo di un foglio di carta legale, ai fini del rilascio di copia autenticata del provvedimento autorizzativo.

4. *Dichiarazioni sostitutive.* Il possesso dei requisiti richiesti è dimostrato con l'applicazione delle disposizioni recate dall'art. 2, comma 3, del d.p.r. n. 361/1994, mediante dichiarazione sottoscritta, con firma autenticata, ai sensi dell'art. 2 della l. 4 gennaio 1968, n. 15, dai soggetti che svolgano funzioni di amministrazione, direzione e controllo presso la società.

(1) G.U., 4 febbraio 1995, n. 29.

TITOLO II

Società fiduciarie di amministrazione

5. *Allegati alla domanda di autorizzazione ed elementi informativi per l'esercizio dell'attività fiduciaria.* — 1. La domanda deve essere corredata della documentazione e delle relazioni richieste dagli artt. 1 e 2 del r.d. n. 531/1940, secondo i criteri di seguito indicati.

2. *Denominazione e ragione sociale.*

La denominazione o la ragione sociale della società non deve contenere locuzioni che facciano riferimento ad attività finanziarie, di studio, di consulenza o di assistenza, mentre può contenere per esteso l'appellativo «fiduciaria».

3. *Atto costitutivo e statuto.*

La fiduciaria costituita nella forma di società di persone o di capitali presenta copia autenticata in bollo dell'atto costitutivo contenente le indicazioni previste per i singoli tipi di società e lo statuto a questo allegato.

4. *Certificati di omologazione e di iscrizione nel registro delle imprese.*

Ottemperato al deposito dell'atto costitutivo ed, ove prescritto, dello statuto, la Società presenterà il certificato attestante l'iscrizione della Società nel registro delle imprese.

5. *Oggetto sociale.*

L'oggetto sociale deve prevedere un esplicito riferimento alle attività, disciplinate dalla l. n. 1966/1939, concernenti l'amministrazione di beni per conto di terzi, l'intestazione fiduciaria degli stessi, l'interposizione della fiduciaria nell'esercizio dei diritti eventualmente ad essi connessi, nonché la rappresentanza di azionisti ed obbligazionisti.

6. *Conflitto di interessi.*

Dall'oggetto sociale deve evincersi che la società fiduciaria non possa effettuare nel proprio interesse operazioni comunque connesse agli affari relativi ai terzi amministrati.

7. *Attività complementari e strumentali.*

Nell'ambito delle proprie attività complementari e strumentali l'oggetto sociale non può prevedere:

attività di consulenza finanziaria, di studio, ovvero di assistenza, né tantomeno tali attività di consulenza – a tutti gli effetti inibite – possono essere citate nella denominazione sociale;

attività industriali;

la possibilità di contrarre debiti in proprio o assumere impegni finanziari o in proprio se non per l'acquisizione di immobilizzazioni tecniche;

la possibilità di contrarre debiti o assumere impegni finanziari o rilasciare garanzie sia in proprio sia nell'ambito dell'amministrazione di beni per conto terzi, salvo che si tratti di garanzie prestate e di impegni assunti per conto dei fiducianti nei limiti del patrimonio affidato, previo vincolo dello stesso a tal fine, per l'intero periodo del contratto e previa autorizzazione dei fiducianti ad utilizzare tale patrimonio per far fronte alle garanzie.

8. *Ultimo bilancio regolarmente approvato.*

1. (*Società preesistente con oggetto sociale diverso*). – La società che abbia modificato il proprio oggetto sociale al fine di poter esercitare l'attività fiduciaria deve trasmettere copia del bilancio pubblicato ai sensi dell'art. 2435 c.c., corredata con allegati previsti dalla legge e dal verbale di approvazione da parte dell'Assemblea, relativo all'ultimo esercizio precedente l'iscrizione nel registro delle imprese della deliberazione dell'Assemblea straordinaria di modifica dell'originario oggetto sociale.

2. (*Attività precedentemente svolta*). – Nel caso di cui al precedente punto 8.1 la società avrà cura di allegare altresì una dettagliata relazione illustrativa dell'attività precedentemente svolta, con particolare esposizione delle obbligazioni contrattuali in corso nonché del contenzioso sia giudiziale che extragiudiziale eventualmente in atto.

3. (*Società fiduciaria all'uopo costituita*). – Nell'eventualità di società all'uopo costituita, qualora non sia decorso il termine fissato per la chiusura del primo esercizio, è sufficiente formulare in tal senso una dichiarazione negativa.

9. *Dimostrazione degli scopi che la società si propone e dei mezzi predisposti per raggiungerli con particolare riguardo alla sua organizzazione interna.*

1. (*Relazione sugli scopi e i mezzi predisposti*). – Al fine di consentire la valutazione degli scopi e dei mezzi predisposti per l'esercizio dell'attività fiduciaria, la società avrà cura di redigere una relazione dettagliata dalla quale dovrà evincersi il tipo dei servizi che si intende prestare, la specializzazione eventualmente prescelta, le prevedibili potenzialità di espansione, nonché i mezzi necessari per l'operatività della società.

2. Ai sensi dell'art. 1 del r.d. n. 531/1940, i mezzi debbono risultare già approntati al momento della richiesta di autorizzazione.

Pertanto dalla relazione dovrà evincersi che la società si è dotata di linee telefoniche, mobilio, elaboratori ed, ai sensi della l. n. 197/1991, art. 2, comma 4, dell'archivio unico aziendale informatico.

3. A tal proposito la società può avvalersi, per la tenuta e la gestione dell'archivio infor-

matico, anche di autonomi centri di servizio, ferme restando le specifiche responsabilità previste dalla legge a suo carico.

4. Inoltre per la dimostrazione della disponibilità della sede legale occorre che la stessa risulti a disposizione esclusiva della società. A tal fine si richiede la presentazione di una copia del contratto a titolo oneroso dal quale si evinca il titolo del possesso dei locali, debitamente registrato.

Laddove sia stato stipulato un contratto di sublocazione, si avrà cura di allegare copia dell'originario contratto di locazione dal quale possa evincersi l'esplicita facoltà per il conduttore di avvalersi della sublocazione di parte dei locali.

10. *Modulistica per l'assunzione di incarichi di amministrazione fiduciaria.*

1. (*Condizioni generali di mandato*). – Le clausole del mandato di amministrazione devono in ogni caso prevedere:

a) l'elencazione dei singoli beni e dei diritti intestati. I beni e i valori mobiliari devono essere consegnati esclusivamente e direttamente alla fiduciaria, salvo che somme di denaro e valori mobiliari pervengano ad essa tramite intermediari autorizzati;

b) l'individuazione analitica dei poteri conferiti alla società;

c) fatte salve le norme sul mandato di cui agli articoli da 1703 a 1730 del codice civile, la possibilità del fiduciante di modificare in ogni momento i poteri conferiti e – per quanto in tempo con la loro esecuzione – di revocarli, nonché la possibilità di impartire in ogni momento istruzioni per il relativo esercizio, con comunicazione scritta. La facoltà della fiduciaria di non accettare le istruzioni o di sospenderne l'esecuzione – dandone, in tale ipotesi, pronta comunicazione al fiduciante – qualora esse, secondo il suo apprezzamento, appaiono contrarie a norme di legge o pregiudizievoli alla sua onorabilità o professionalità o alla sua operatività ed ai suoi diritti soggettivi, senza obbligo di fornire giustificazione in merito e allorquando le istruzioni non vengano formulate per iscritto;

d) la possibilità del fiduciante di revocare in ogni momento l'incarico alla società per tutti o parte dei beni o diritti e il dovere della società di mettere sollecitamente a disposizione del fiduciante i beni di cui egli faccia richiesta, compatibilmente con i tempi e le esigenze tecniche delle operazioni eventualmente in corso e delle eventuali obbligazioni contrattuali assunte dalla fiduciaria per conto del mandante.

Ai sensi dell'art. 1727 del codice civile e del successivo art. 13 del presente decreto la fiduciaria ha la facoltà di recedere dal contratto qualora il fiduciante, nel corso dello svolgimento dell'incarico, abbia regolato direttamente operazioni finanziarie a nome della fiduciaria effettuando pagamenti di somme o ricevendone in luogo della fiduciaria stessa;

e) l'obbligo del fiduciante di non operare direttamente a nome della società fiduciaria in relazione ai beni o diritti in amministrazione e di anticipare alla società i mezzi necessari per lo svolgimento degli incarichi nonché l'obbligo della società di non darvi esecuzione ove i mezzi non siano stati tempestivamente messi a disposizione;

f) il divieto per la fiduciaria di cedere il contratto;

g) l'indicazione del compenso spettante alla società o dei criteri oggettivi in base ai quali viene determinato in relazione alla natura dell'incarico; il contratto deve altresì specificare gli oneri e le spese che la società può addebitare al fiduciante;

h) l'esercizio del diritto di voto o di altri diritti inerenti i beni ricevuti in amministrazione, in conformità alle direttive impartite, ogni volta per iscritto, dal fiduciante;

i) l'individuazione della o delle aziende di credito o delle S.I.M. autorizzate alla «custodia» presso le quali vengono depositate le somme e i valori mobiliari dei fiducianti;

l) l'individuazione della cadenza (almeno annuale) con la quale la società è tenuta a rendere conto dell'attività al fiduciante;

m) che la responsabilità della fiduciaria è regolamentata per quanto concerne l'adempimento dell'obbligazione dall'art. 1218 del codice civile e per l'adempimento del mandato dall'art. 1710 del codice civile;

n) che la fiduciaria risponde altresì dell'operato dei propri ausiliari, di cui il fiduciante la autorizza ad avvalersi per l'esecuzione dell'incarico ai sensi degli artt. 1228 e 2049 del codice civile salvo che nel contratto di mandato le parti abbiano indicato il nominativo dell'ausiliario ovvero che la sostituzione sia necessaria in relazione alla natura dell'incarico, ai sensi dell'art. 1717 del codice civile.

2. (*Inderogabilità delle condizioni generali di mandato*). – Le condizioni generali di mandato indicate nel precedente punto 1 costituiscono principi di corretta amministrazione di beni in nome proprio e per conto di terzi. Esse pertanto, salvo motivate eccezioni, non possono essere derogate da clausole aggiuntive ovvero da appendici al mandato.

3. (*Documento conoscitivo*). – Al fine di rendere edotto il fiduciante sugli eventuali collegamenti di gruppo, le società devono rilasciare

al fiduciante il documento conoscitivo di cui all'art. 14, comma 2, al momento della sottoscrizione del mandato di amministrazione.

11. *Documentazione relativa agli amministratori.*

1. (*Certificato di cittadinanza e di iscrizione in albi professionali*). – La domanda è corredata dalle dichiarazioni sostitutive sottoscritte dall'interessato ai sensi dell'art. 2 della l. 4 gennaio 1968, n. 15, comprovanti: cittadinanza e iscrizione in albi professionali per quegli amministratori la cui iscrizione è richiesta a norma dell'art. 4 della l. n. 1966/1939 ovvero in alternativa dai certificati in bollo di cittadinanza e di iscrizione agli albi professionali, ovvero da analoga certificazione per i cittadini dei Paesi dell'Unione europea.

2. (*Consigli di amministrazione con più di quattro componenti*). – A tal riguardo si ricorda che per i consigli di amministrazione con più di quattro componenti, almeno due di essi devono dimostrare l'iscrizione all'albo dei dottori commercialisti, dei ragionieri e periti commerciali.

3. (*Consigli di amministrazione fino a quattro componenti*). – Ove i consiglieri di amministrazione fossero in numero inferiore a cinque, uno almeno di essi deve appartenere agli albi di cui al punto 2.

4. (*Amministratore unico*). – Si precisa che nell'eventualità di nomina di un amministratore unico, il requisito dell'iscrizione ad albi professionali di cui al precedente punto 2 deve sussistere in capo alla persona predetta.

12. *Collegio sindacale.*

1. A decorrere dalla data della pubblicazione del registro dei revisori contabili (art. 11, comma 1, del d.lg. n. 88/1992) i sindaci debbono essere scelti tra gli iscritti nel predetto registro, istituito presso il Ministero della giustizia (art. 21 del d.lg. n. 88/1992).

2. Nelle more dell'istituzione del registro dei revisori contabili, tutti i componenti il collegio sindacale devono essere scelti tra gli iscritti ad albi professionali e almeno due componenti agli albi dei dottori commercialisti, dei ragionieri ovvero, nel ruolo dei revisori ufficiali dei conti.

3. Il possesso dei requisiti di cui ai precedenti commi 1 e 2 è comprovato con dichiarazione sostitutiva sottoscritta dall'interessato di cui all'art. 2, punto 3, lett. *c*), del d.p.r. n. 361/1994 ovvero dal certificato di iscrizione in bollo.

13. *Requisiti di onorabilità.*

1. Non può essere autorizzata la società in cui le cariche di componente il consiglio di amministrazione, il collegio sindacale e/o di direttore generale o l'incarico di personale non d'ordine siano ricoperti da coloro che:

a) si trovino in stato di interdizione legale ovvero di interdizione temporanea dagli uffici direttivi delle persone giuridiche e delle imprese;

b) siano sottoposti a misure di prevenzione disposte dalla autorità giudiziaria ai sensi della l. 31 maggio 1965, n. 575, e della l. 13 settembre 1982, n. 646, e successive modificazioni e integrazioni;

c) abbiano riportato condanne definitive alla reclusione anche se con pena patteggiata o condizionalmente sospesa, salvi gli effetti della riabilitazione:

a pena detentiva per uno dei reati previsti nel r.d.l. 12 marzo 1936, n. 375, e successive modificazioni e integrazioni;

alla reclusione per uno dei delitti previsti nel titolo XI del libro V del codice civile e nel r.d. 16 marzo 1942, n. 267;

alla reclusione per un delitto contro la pubblica amministrazione, contro la fede pubblica, contro il patrimonio, contro l'ordine pubblico, contro l'economia pubblica ovvero per un delitto in materia valutaria e tributaria per un tempo non inferiore a 6 mesi;

alla reclusione per un tempo non inferiore ad un anno per un qualunque delitto non colposo;

d) abbiano rivestito alcuna di tali cariche almeno per i due esercizi immediatamente precedenti l'assoggettamento alla procedura di liquidazione coatta amministrativa di società fiduciarie e di revisione, nonché in società attratte alla medesima procedura in base alla l. n. 430/1986 e comunque per tutti coloro nei cui confronti è stata promossa azione sociale di responsabilità. Tale inibizione ha la durata di cinque anni dalla data di assoggettamento alla procedura di liquidazione coatta amministrativa, o del maggior termine nell'eventualità che il commissario liquidatore abbia proposto l'interruzione dei termini di prescrizione dell'azione di responsabilità sociale, fino alla conclusione giudiziaria della predetta azione.

2. Le persone di cui al precedente punto 1 devono, all'atto dell'assunzione dell'incarico, dichiarare per iscritto al rappresentante legale della società se abbiano subito condanne per taluno dei delitti di cui allo stesso punto 1, lett. *c*).

3. Dichiarazioni sostitutive dell'atto di notorietà, rese dai componenti gli organi societari, nonché dai direttori generali, e da coloro che rivestono cariche che comportano funzioni non d'ordine, dalle quali risulti l'insussistenza di cause impeditive all'assunzione degli incarichi, indicate al precedente comma 1, devono essere trasmesse al Ministero a cura del rappresentante legale della società.

4. (*Carenza dei requisiti successivamente intervenuti*). – Il difetto dei requisiti indicati nel presente comma determina la decadenza dall'ufficio. Essa è dichiarata dal consiglio di amministrazione entro trenta giorni dalla nomina o dalla conoscenza del difetto sopravvenuto. Copia del relativo verbale sarà inviato al Ministero vigilante.

14. *Documentazione relativa al personale non d'ordine.*

1. (*Personale non d'ordine*). – Per personale non d'ordine si intende quel personale dipendente che, in base alla qualifica ovvero ai poteri conferitigli, è in grado di impegnare la società nei rapporti con i fiducianti e presso i terzi.

Anche al fine di garantire il rispetto dei doveri di riservatezza sui fiducianti, il personale non d'ordine, laddove presente, dovrà avere un rapporto di dipendenza contrattuale subordinata ovvero di collaborazione coordinata e continuativa con la società fiduciaria.

2. (*Procuratori*). – Per procuratori della società si intendono coloro che, in base alla rappresentanza loro conferita, possono impegnare la società nei rapporti con i fiducianti e nei confronti dei terzi, in via continuativa e non per singoli atti.

3. (*Cittadinanza e livello di istruzione superiore*). – Il possesso dei requisiti per il personale non d'ordine o dei procuratori – titolo di studio idoneo all'iscrizione negli albi professionali e cittadinanza – è comprovato con dichiarazione sostitutiva sottoscritta dall'interessato ai sensi dell'art. 2 della l. 2 gennaio 1968, n. 15, ovvero dalla relativa documentazione:

titolo di studio in copia autenticata ed in carta legale;

certificato di cittadinanza italiana in carta legale;

analoga certificazione per i cittadini di Paesi dell'Unione europea.

Il certificato di iscrizione all'albo professionale o dichiarazione sostitutiva ai sensi dell'art. 2 della l. 4 gennaio 1968, n. 15, è considerato sostitutivo della certificazione predetta.

4. (*Consulenze esterne*). – Occorre inoltre inviare copia dell'atto di procura con cui si incaricano in via permanente consulenti esterni, procuratori, od altre strutture esterne all'espletamento di operazioni e attività di servizio e/o complementari all'attività propria, con carattere di continuità, o a tempo indeterminato.

15. *Capitale sociale.*

1. (*Dimostrazione dell'integrale versamento*). – La società costituita sotto forma di società di capitali deve dimostrare che il capitale sociale è stato interamente versato ed esistente.

Quando tale circostanza non possa evincersi dall'atto costitutivo, la dimostrazione deve risultare da un'attestazione del consiglio di amministrazione, asseverata dal collegio sindacale.

2. Il predetto capitale non può essere impiegato, ancorché parzialmente, nella sottoscrizione o nell'acquisizione di capitale di rischio di:

a) società che controlla direttamente la fiduciaria;

b) società direttamente o indirettamente controllata dalla società che la controlla;

c) società che, in base alla composizione dei rispettivi organi amministrativi, risultano sottoposte alla stessa direzione della fiduciaria;

d) altre società fiduciarie di amministrazione in misura superiore al limite previsto al comma 2 dell'art. 2359 del codice civile.

3. Il capitale sociale non può parimenti essere impiegato in operazioni di credito o in finanziamento diretto in alcuna delle società di cui al precedente punto 2, lett. *a*), *b*), *c*) e *d*).

16. *Deposito vincolato.*

1. (*Quota di capitale sociale soggetta a vincolo*). – La società costituita sotto forma di società di capitali stabilisce una quota di capitale sociale, non inferiore a L. 500.000 [euro 258,23] per l'investimento in titoli di Stato o garantiti dallo Stato.

Tali titoli sono costituiti in deposito vincolato presso un istituto di credito per tutta la durata della società.

A tal riguardo la società presenta una ricevuta bancaria indicante il deposito, il suo ammontare, nonché l'esplicitazione del «vincolo, per tutta la durata della società medesima, ai sensi dell'art. 3 della l. n. 1966/1939, sotto la responsabilità solidale degli amministratori e dei sindaci».

2. (*Garanzie alternative per le società di persone*). – Le società costituite nella forma di società in accomandita semplice o in nome collettivo, ove non presentino le garanzie di cui all'art. 2, comma 1, punti 1 e 2 del r.d. n. 531/1940, possono presentare fidejussione bancaria o polizza assicurativa, per un importo non inferiore ad un miliardo [euro 516.456,90] di lire, adeguabile a cura del consiglio di amministrazione in considerazione del volume di attività e dell'incremento dell'indice del costo della vita maturato, in grado di rispondere alle obbligazioni sociali.

17. *Certificato d'iscrizione nel registro ditte C.C.I.A.A.*

La società avrà cura di presentare altresì certificato in bollo di iscrizione al registro ditte tenuto dalla locale camera di commercio, indicante la sede legale, le sedi secondarie ed amministrative nonché le altre ed eventuali unità locali.

18. *Certificazione antimafia.*

Al fine di consentire la richiesta a cura del Ministero dell'accertamento della sussistenza di cause di divieto o di sospensione del procedimento autorizzativo ai sensi del d.lg. 8 agosto 1994, n. 490, la società deve presentare, per ciascuno dei propri amministratori, dirigenti generali, sindaci effettivi, sindaci supplenti e per il personale non d'ordine, certificato di residenza e certificato di stato di famiglia, entrambi in carta semplice.

19. *Assolvimento dell'imposta di bollo.*

Tutti i certificati e le attestazioni presentati dalla società devono essere in originale o in copia autenticata di data non anteriore a tre mesi ed in regola con le vigenti norme sul bollo.

Ai sensi del testo unico dell'imposta sul bollo i documenti che non vengono presentati in bollo sono inviati dal Ministero all'ufficio del registro per la regolarizzazione.

20. *Effetti della carenza di documentazione.*

Ove la domanda sia ritenuta irregolare o incompleta il Ministero ne dà comunicazione al rappresentante legale della società entro sessanta giorni, indicando le cause della irregolarità o della incompletezza.

In questi casi il termine iniziale dell'istruttoria decorre dal ricevimento della domanda regolarizzata o completata.

6. *Scissione societaria e attività fiduciaria.* — 1. In caso di società già autorizzata che intende scindere l'attività su due o più società, laddove la società beneficiaria della scissione sia società svolgente una o più attività rientranti nel novero di quelle previste dalla l. n. 1966/1939, deve inviare istanza di nuova autorizzazione nonché la documentazione di cui al precedente art. 5.

2. È fatta salva la facoltà di fare ricorso ove possibile alla documentazione già acquisita in atti presso il Ministero.

TITOLO III

Società fiduciarie e di revisione. Società di revisione

7. *Domanda di autorizzazione all'esercizio dell'attività fiduciaria e di revisione.* — 1. Ferme restanti le prescrizioni impartite al Titolo II del presente decreto, la società che intende congiuntamente esercitare l'attività fiduciaria e di organizzazione e revisione contabile di aziende dovrà in tal senso formulare il proprio oggetto sociale ritenendosi in ogni caso preclusa ogni attività di carattere finanziario, di studio, di consulenza, di assistenza e di certificazione di conti e di bilanci.

2. La relazione sugli scopi che la società si prefigge, quella relativa ai mezzi predisposti per conseguirli nonché la modulistica per l'acquisizione e lo svolgimento di incarichi di revisione deve essere opportunamente integrata delle indicazioni in ordine all'attività di organizzazione e revisione contabile di aziende.

8. *Domanda di autorizzazione all'esercizio dell'attività di organizzazione e di revisione contabile di aziende.* — 1. La società che ai sensi dell'art. 1 della l. n. 1966/1939 intenda riservare la propria attività alla sola organizzazione e revisione contabile di aziende deve prevedere nell'atto costitutivo, nello statuto e nell'oggetto sociale esplicito riferimento alla predetta attività con assoluta e tassativa esclusione di ogni attività comunque riconducibile all'attività di amministrazione di beni per conto di terzi e di rappresentanza di azionisti e di obbligazionisti.

Parimenti deve ritenersi preclusa ogni attività di carattere finanziario, di studio, di consulenza, di assistenza e di certificazione di conti e di bilanci.

2. A tal riguardo, per attività di certificazione si considera il controllo di legge dei documenti contabili di cui al d.lg. n. 88/1992, emanato in attuazione della direttiva n. 84/253/CEE; attività questa di carattere esclusivo e riservata alle società di revisione iscritte nel registro dei revisori contabili ai sensi dell'art. 6 del predetto d.lg. n. 88/1992 ed alle società di revisione iscritte nell'albo speciale delle società di revisione istituito ai sensi dell'art. 8 del d.p.r. 31 marzo 1975, n. 136, così come sostituito dall'art. 17 del citato decreto legislativo.

3. La domanda, redatta seguendo le indicazioni di cui all'art. 4, comma 3, del presente decreto, deve contenere gli elementi di cui al precedente comma 1, ed all'art. 5, commi 3, 4, 8, 9 (ad eccezione dell'archivio unico aziendale informatico) e dal comma 11 al 20 dello stesso precedente art. 5, nonché all'art. 7, comma 2.

TITOLO IV

Verifica della permanenza dei requisiti previsti dalla l. n. 1966/1939 e dal r.d. n. 531/1940

9. *Modificazioni che non comportano emissione di nuovo provvedimento.* — 1. Nel caso di variazioni relative alla compagine sociale, all'organizzazione societaria, all'assetto degli organi sociali (consiglio di amministrazione e collegio sindacale) la società svolgente le attività di cui all'art. 4, comma 2, del presente decreto, deve comunicare le predette variazioni al Ministero nonché trasmettere la documentazione comprovante le intervenute variazioni.

2. *Documentazione.*

La società deve, altresì, trasmettere entro trenta giorni dall'aver assunto le determinazioni, in ordine al proprio statuto ovvero dal giorno in cui ha effetto l'atto (iscrizione nel registro delle imprese), la documentazione comprovante le intervenute variazioni, ed in particolare:

estratto notarile del libro soci dal quale si evinca l'attuale compagine sociale; per le società di persone indicazione completa di dati anagrafici dei nuovi soci;

copia certificata conforme all'originale dal legale rappresentante della società del verbale di nomina degli amministratori e/o dei sindaci con relativo invio della documentazione ovvero delle dichiarazioni comprovanti il possesso dei requisiti di cui al precedente art. 5, punti 11, 12, 13, 15 e 16, le generalità complete per amministratori, sindaci e personale non d'ordine, nonché certificato di residenza e di stato di famiglia in carta semplice, per ciascuna delle persone sopra indicate;

copia autenticata in bollo dell'atto o del verbale di assemblea straordinaria con cui si modifica lo statuto o i patti sociali per le società di persone;

certificato attestante l'iscrizione nel registro delle imprese dell'atto o del verbale dell'assemblea straordinaria;

contratto debitamente registrato relativo al titolo di possesso dei locali, in conformità alle previsioni del precedente art. 5, comma 9, punto 3;

comunicazione relativa all'istituzione di sedi amministrative od in ogni caso operative, filiali o succursali, o spostamento della sede legale nell'ambito della stessa circoscrizione comunale;

assunzione di personale non d'ordine e/o di procuratori corredata da documentazione come già specificato nel precedente art. 5, comma 14;

copia della scrittura privata con cui si incaricano consulenti esterni od altre strutture esterne all'espletamento di attività di servizio e/o complementari all'attività propria, con carattere di continuità o a tempo indeterminato, come indicato al precedente art. 5, comma 14, punto 4.

3. *Omissione delle comunicazioni.*

Comportamenti omissivi rispetto alle suddette prescrizioni ed in particolare il mancato invio nei termini stabiliti della documentazione comprovante le variazioni saranno valutati ai sensi dell'art. 3, del d.p.r. n. 361/1994, in ordine all'emanazione di un provvedimento cautelare di sospensione.

10. *Modifica degli elementi essenziali del provvedimento di autorizzazione.* — 1. Il provvedimento di autorizzazione contiene l'indicazione della denominazione o della ragione sociale (per le società di persone i nominativi dei soci illimitatamente responsabili), l'indicazione della sede legale, nonché del genere di attività autorizzata.

Le variazioni di detti elementi comporteranno la modifica del provvedimento originario di autorizzazione e, dunque, l'adozione di un nuovo provvedimento.

2. *Comunicazione preventiva.*

Il rappresentante legale della società svolgente le attività di cui all'art. 4, comma 2, del presente decreto, qualora il consiglio di amministrazione intenda convocare l'assemblea straordinaria per le determinazioni in ordine alle proposte di modifica di cui al precedente punto 1, è tenuto ad inviare l'ordine del giorno relativo al Ministero vigilante contemporaneamente alla trasmissione delle convocazioni ai soci, ovvero alla pubblicazione dell'avviso nella *Gazzetta Ufficiale* della Repubblica italiana, ai sensi di legge.

3. *Documentazione richiesta.*

Al fine dell'emissione del provvedimento di modifica dell'autorizzazione la società avrà l'onere di trasmettere, entro trenta giorni dalle avvenute variazioni:

istanza in carta legale con allegata una marca da bollo di importo corrispondente al prezzo di un foglio di carta legale, ai fini del rilascio di copia autenticata del relativo provvedimento;

copia autenticata in bollo del verbale di assemblea straordinaria recante le variazioni deliberate o la modifica dei patti sociali per le società di persone;

certificato attestante l'iscrizione delle variazioni nel registro delle imprese rilasciato in bollo;

certificato di iscrizione alla C.C.I.A.A. competente per territorio, aggiornato e in bollo;

qualora sia variata la sede legale, dovrà essere trasmessa una copia del contratto avente le caratteristiche descritte all'art. 5, comma 9, punto 3.

4. La società dovrà, entro e non oltre sessanta giorni dall'emanazione del decreto ministeriale di modifica inoltrare i documenti comprovanti la permanenza dei requisiti soggettivi e

oggettivi previsti dalla legge e dal regolamento di attuazione.

In particolare si ricorda che dovranno essere trasmessi, se resi necessari dal tipo di provvedimento adottato o di modifica intervenuta:

copia autentica dell'estratto del libro soci ove si evinca la vigente compagine sociale, per le società di persone l'indicazione completa di dati anagrafici dei nuovi soci;

copia certificata conforme all'originale dal legale rappresentante della società del verbale di nomina degli amministratori e/o dei sindaci con relativo invio della documentazione ovvero delle dichiarazioni comprovanti il possesso dei requisiti professionali di cui al precedente art. 5, commi 11, 12, 13, e generalità complete dei componenti gli organi societari e del personale non d'ordine;

copia del contratto di deposito vincolato di una parte del capitale sociale riformulato a seguito delle intervenute variazioni di cui al precedente comma 1;

relazione analitica sull'attività svolta e/o che si intende svolgere sulla base dei criteri indicati all'art. 5, commi 8.2 e 9.1;

documentazione indicata all'art. 5, comma 14, relativa all'assunzione di personale non d'ordine;

attestazione del versamento dell'intero capitale sociale qualora ciò non possa evincersi dal verbale di assemblea straordinaria o da altro idoneo documento;

nuova stesura del mandato di amministrazione rispetto a quello portato a conoscenza del Ministero al momento dell'autorizzazione, qualora la società vi abbia apportato variazioni.

5. *Sospensione dell'attività fiduciaria.*

Qualora la società ometta di trasmettere nei termini stabiliti la documentazione comprovante le variazioni ed in particolare le comunicazioni di cui al presente articolo il Ministero contesterà le inadempienze ai sensi dell'art. 3 del d.p.r. n. 361/1994.

TITOLO V

Liquidazioni volontarie o rinuncia alle attività di cui alla l. n. 1966/1939

11. *Rinuncia all'esercizio dell'attività autorizzata*. — 1. Nel caso in cui la società autorizzata intende rinunciare all'esercizio dell'attività fiduciaria, il Ministero provvede ad emanare un provvedimento di decadenza dell'autorizzazione concessa.

Tale rinuncia deve essere previamente comunicata al Ministero e successivamente documentata con i seguenti atti che devono pervenire entro trenta giorni dalle avvenute deliberazioni:

istanza in carta legale con allegata una marca da bollo di importo corrispondente al prezzo di un foglio di carta legale, ai fini del rilascio di copia autenticata del relativo provvedimento;

copia autenticata in bollo dell'atto contrattuale, ovvero del verbale di assemblea straordinaria con cui viene deliberata la liquidazione volontaria e nominato il liquidatore, o verbale con cui viene modificato l'oggetto sociale per la variazione integrale dell'attività;

certificato in bollo della cancelleria del tribunale attestante l'avvenuto deposito ed iscrizione nel registro delle società, con menzione degli estremi del decreto di omologazione per le società di capitali;

dichiarazione di inesistenza di mandati fiduciari o di incarichi di revisione sottoscritta dal legale rappresentante e vistata dal collegio sindacale, che attesti anche l'inesistenza di contenzioso giudiziale ed extra-giudiziale relativo all'attività di cui è stata deliberata la cessazione.

La società avrà cura, una volta chiusa la liquidazione, di trasmettere il bilancio di chiusura di liquidazione.

2. Ove la domanda sia ritenuta irregolare o incompleta il Ministero ne darà comunicazione al rappresentante legale della società entro sessanta giorni, indicando le cause di irregolarità o di incompletezza.

In questi casi il termine iniziale decorre dal ricevimento della domanda regolarizzata o completata.

3. *Revoca della deliberazione di rinuncia.* Accolta la richiesta di rinuncia dell'autorizzazione da parte del Ministero, eventuali deliberazioni di ripresa di attività dovranno sottostare al procedimento previsto per le nuove autorizzazioni all'esercizio dell'attività disciplinata al Titolo II del presente decreto.

TITOLO VI

Disposizioni di vigilanza

12. *Svolgimento dell'incarico fiduciario*. — 1. La società, nell'esecuzione degli incarichi, è invitata ad osservare con particolare attenzione le norme che regolano anche aspetti fiscali, tributari, e impongono misure di prevenzione della criminalità.

a) Nello svolgimento dell'incarico la società può compiere esclusivamente gli atti espressamente previsti o necessariamente indicati dalla natura o dall'oggetto dell'incarico, esercitando con professionale deontologia esclusivamente i poteri conferiti dal fiduciante.

b) Nello svolgimento dell'incarico la società deve agire nell'interesse esclusivo del fiduciante e risponde secondo le regole del mandato oneroso.

c) I beni e le somme dei fiducianti debbono essere analiticamente elencati nella lettera di mandato nonché in un estratto conto periodico recante le variazioni intervenute nel periodo di riferimento, la data delle stesse nonché la descrizione delle causali. La società può prescindere da tali indicazioni, ma non dall'invio dell'estratto conto, qualora abbia scrupolosamente trasmesso al fiduciante volta per volta lettera di conferma dell'avvenuta esecuzione degli incarichi ricevuti.

2. La società non può emettere titoli, documenti, o certificati comunque rappresentativi dei diritti dei fiducianti.

3. La società deve depositare i valori mobiliari dei fiducianti presso enti creditizi o S.I.M. autorizzati all'amministrazione e alla custodia di titoli ai sensi della l. n. 1/1991, con rapporti di «deposito titoli di amministrazione fiduciaria», ovvero, ove ne ricorrano le condizioni, può avvalersi del deposito centralizzato dei titoli presso la Monte titoli S.p.a.

In deroga a quanto sopra esposto, il fiduciante:

a) può richiedere il deposito dei valori mobiliari presso l'emittente;

b) può consentire il deposito dei valori mobiliari presso la fiduciaria, solo in quanto ciò sia necessario all'esecuzione di specifici incarichi conferiti nell'ambito del mandato od in quanto la fiduciaria svolga funzioni di cassa incaricata, per il pagamento dei frutti e/o per i depositi ai fini dell'intervento alle assemblee, ovvero in attesa di ritiro dei titoli nominativi della società fiduciaria girati ai fiducianti per la reintestazione.

4. In occasione della sottoscrizione del mandato, la fiduciaria è tenuta a richiedere al fiduciante, ove questi sia una persona fisica, una dichiarazione attestante:

a) che i beni, le somme od i valori affidati alla fiduciaria sono a tutti gli effetti di proprietà del fiduciante;

b) ovvero che egli abbia su tali beni diritti reali di godimento;

c) ovvero che i beni, le somme od i valori sono affidati dal fiduciante nella sua qualità di imprenditore o nell'esercizio di un'impresa.

5. Nel caso del conferimento di un mandato per la costituzione di società di capitali, l'intestazione ovvero l'acquisto di certificati azionari di società non quotate o di quote di società a responsabilità limitata, la fiduciaria dovrà integrare l'apposito fascicolo, istituito per ogni affare, con copia della documentazione afferente la società partecipata fiduciariamente (atto costitutivo, statuto, verbali di assemblee straordinarie ed ordinarie, comunicazioni effettuate al fiduciante, disposizioni ricevute ecc.) dalla quale risulti l'attività svolta dalla fiduciaria o dai propri delegati nell'esecuzione del mandato.

6. Il fiduciante è tenuto ad anticipare alla fiduciaria i mezzi necessari per lo svolgimento degli incarichi e la società non potrà darvi esecuzione ove i predetti mezzi non siano stati previamente e tempestivamente posti a disposizione.

7. Sono ritenuti mezzi di pagamento idonei allo svolgimento dell'incarico fiduciario, in osservanza della l. 5 luglio 1991, n. 197:

assegno circolare;

assegno bancario;

valori mobiliari, ivi compresi i titoli di Stato;

denaro contante (in lire od in valuta estera).

È altresì utilizzabile l'ordine di accreditamento o di pagamento su conto corrente bancario, nel rispetto della predetta l. n. 197/1991 e dei suoi regolamenti di attuazione (decreto del ministro del tesoro 19 dicembre 1991).

8. Per quanto concerne la provvista eseguita in denaro contante o in titoli al portatore in lire o in valuta estera, la fiduciaria avrà cura di conservare ai propri atti una distinta analitica dei biglietti e dei valori ricevuti con l'indicazione per i titoli dei rispettivi numeri di serie sottoscritta dal fiduciante e verificata dalla fiduciaria stessa. La fiduciaria ove lo ritenga può procedere ad equipollenti metodi di identificazione delle banconote e dei singoli titoli, ad es. a mezzo fotocopiatura, microfilmatura. Quanto sopra per i versamenti di importi rilevanti ai fini della normativa sull'antiriciclaggio.

13. *Segue: Svolgimento dell'incarico fiduciario: operazioni «franco valuta»*. — 1. Operazioni finanziarie e transazioni direttamente condotte e concluse autonomamente dal fiduciante, vale a dire senza preventivo assenso scritto della fiduciaria, integrano gli estremi per la rescissione del mandato fiduciario, istituto del quale, in tali casi, la società ha la facoltà di avvalersi, a prescindere dalle valutazioni circa la sussistenza dell'obbligo della segnalazione all'autorità di pubblica sicurezza ovvero all'autorità giudiziaria in relazione a comportamenti del fiduciante che contrastano con le norme di prevenzione della criminalità.

2. La fiduciaria non riconoscerà comportamenti del fiduciante volti ad effettuare transazioni per conto della società stessa dettati dal desiderio di evitare i tempi ed i relativi costi di un doppio trasferimento di mezzi di pagamento: cliente-fiduciaria; fiduciaria-terzo e viceversa, in primo luogo in quanto è compito dell'istituto fiduciario assicurare lo svolgimento di un itinerario giuridico-formale in tutte le fasi dell'esecuzione del mandato; in secondo luogo in quanto la predetta trasparenza assume particolare rilievo per una corretta applicazione delle norme di prevenzione della criminalità finanziaria.

3. Tuttavia, mentre risulta evidente l'onerosità del doppio trasferimento sotto il profilo dei tempi, dei giorni di valuta, dell'aggravio dei rischi operativi, risulta pure imprescindibile armonizzare la diffusa metodologia operativa del c.d. «franco-valuta» con lo spirito della legislazione di prevenzione della criminalità.

A tal riguardo la fiduciaria dovrà attenersi all'osservanza dei seguenti principi:

a) la società non accetta che siano effettuati per suo nome e conto trasferimenti di somme «franco valuta» che non siano operati tramite canalizzazione bancaria;

b) la società dovrà esigere in tal caso che del trasferimento «franco valuta» avvenuto tramite canali bancari le sia data idonea documentazione consistente nella copia della ricevuta bancaria specificante il destinatario (ad es. la società partecipata fiduciariamente che deve ricevere le somme), la causale (ad es. aumento di capitale, versamento in conto finanziamento soci, ecc.) e la circostanza che il versamento è d'ordine della società fiduciaria.

Quanto sopra nel caso di bonifico ovvero di rimessa con ordine di addebito in conto in quanto la consegna diretta di assegni bancari o circolari non soddisfa le esigenze giuridico-formali di cui sopra si è detto.

14. *Segue: Svolgimento dell'incarico fiduciario*. — 1. La fiduciaria può compiere transazioni od altre operazioni finanziarie aventi ad oggetto valori mobiliari relativi a società che abbiano con essa relazioni indicate all'art. 2 del d.l. 5 giugno 1986, n. 233, convertito con la l. 1° agosto 1986, n. 430, dopo aver provato di aver adeguatamente informato di quanto sopra il fiduciante.

2. Si presume che il fiduciante sia stato reso edotto della situazione qualora abbia sottoscritto copia o rilasciato ricevuta di avvenuta consegna di un «documento conoscitivo» redatto secondo lo schema dell'allegato *B* al presente decreto.

L'omessa consegna al fiduciante del predetto documento che assume la forma di appendice al mandato fiduciario costituisce circostanza rilevante al fine della valutazione di conflitti di interesse.

3. Ogni incarico deve essere conferito per iscritto e deve concernere ogni operazione finanziaria affidata alla fiduciaria. Dovrà essere indicato il prezzo di eventuali negoziazioni di titoli, o in caso di titoli quotati dovranno essere indicati i criteri oggettivi per determinarlo.

4. La società deve depositare le disponibilità liquide dei fiducianti presso enti creditizi in conti rubricati come di amministrazione fiduciaria. La fiduciaria avrà cura di richiedere all'ente creditizio l'esclusione del diritto di compensazione di cui all'art. 1853 del codice civile tra i saldi dei conti così rubricati ed i saldi di ogni altro conto intrattenuto dalla società con l'ente creditizio, a tutela dei fiducianti, nell'ipotesi di insolvenza della società stessa.

15. *Libri e scritture dell'attività fiduciaria*. — 1. La società fiduciaria è tenuta ad istituire un «libro dei fiducianti» nel quale vengono annotati gli elementi necessari a consentire il riscontro con le scritture della contabilità generale, ossia le generalità dei fiducianti, il loro domicilio, il codice fiscale, il numero ovvero il codice attribuito al mandato ricevuto.

Tale libro dovrà essere vidimato prima di essere posto in uso, numerato e bollato in ogni foglio. Tale «libro» può essere tenuto anche avvalendosi di elaborazione elettronica purché il tabulato adempia agli obblighi di vidimazione iniziale.

4 (1). Le annotazioni dei dati, degli elementi e delle notizie di cui al precedente punto 1, debbono essere eseguite nel «libro dei fiducianti» nella data dell'accettazione del mandato fiduciario.

5 (2). L'«archivio unico» di cui al decreto del Ministro del tesoro 12 dicembre 1991 e successive modificazioni ed integrazioni potrà essere derivato quale «libro dei fiducianti», ferme restando le distinte finalità.

16. *Vigilanza tramite l'esame dei bilanci*. — 1. Al fine di consentire uniformità di rilevazioni si invitano le società a voler fare coincidere la chiusura dell'esercizio annuale con la data del 31 dicembre.

2. La trasmissione annuale del bilancio – re-

(1) *Recte*: 2.
(2) *Recte*: 3.

datto in conformità allo schema di rappresentazione previsto dal d.lg. n. 127/1991 –, così come prevista dall'art. 3 del r.d. n. 531/1940, dovrà avvenire nel termine di trenta giorni decorrente dalla sua approvazione.

Unitamente a tale documento, comprensivo della nota integrativa, dovranno essere trasmessi al Ministero – Direzione generale del commercio interno – Divisione VI società fiduciarie e di revisione:

gli allegati previsti dagli artt. 2428 e 2429 del codice civile laddove le ipotesi ricorrano;

un prospetto dettagliato delle poste di bilancio riclassificato secondo le indicazioni riportate nel modello allegato *sub C*;

copia del documento conoscitivo di cui all'art. 14, comma 2, in distribuzione ai fiducianti;

per le società di organizzazione e revisione contabile di aziende il documento conoscitivo è sostituito da copia dell'elenco soci previsto dall'art. 2493 del codice civile.

3. Per le società appartenenti a gruppi creditizi come definiti dal d.lg. 1° settembre 1993, n. 385 (testo unico delle leggi in materia bancaria e creditizia), le quali abbiano predisposto nell'esercizio 1993 schemi di bilancio basati sulle indicazioni del d.lg. 27 gennaio 1992, n. 87, è fatta salva, per motivi di continuità aziendale e per facilitare la funzione di «vigilanza consolidata» della Banca d'Italia, la possibilità di proseguire secondo lo schema già adottato.

Si suggerisce, altresì, l'opportunità che anche tali società evidenzino in appositi conti d'ordine (e/o fiduciari) la massa fiduciaria amministrata per conto della clientela, salvo approfondire la descrizione dell'appostazione nella nota integrativa.

17. *Disposizioni finali*. — 1. Comportamenti difformi dalle regole e dai principi dettati con le presenti disposizioni verranno valutati ai sensi e per gli effetti dell'art. 2 della l. n. 1966/1939 e dell'art. 3 del d.p.r. n. 361/1994.

2. Le contestazioni relative a fatti che possano integrare fattispecie di gravi irregolarità di cui all'art. 3 del d.p.r. n. 361/1994 saranno inviate presso la sede legale della fiduciaria all'indirizzo risultante dalla comunicazione più recente effettuata all'autorità vigilante, o all'indirizzo risultante dal certificato di iscrizione alla Camera di Commercio, ovvero in caso di irreperibilità presso la residenza del legale rappresentante della società.

3. Le contestazioni, di norma, vengono notificate a mezzo del servizio postale tramite lettera raccomandata con avviso di ricevimento e, nei casi di necessità ed urgenza, tramite telegramma, fac-simile ovvero telex ad uno degli indirizzi di cui al precedente comma 2.

4. Le disposizioni contemplate nel presente decreto, si considerano applicabili alle sole attività di amministrazione fiduciaria di beni di terzi, con esclusione di ogni riferimento alle attività di gestione di patrimoni mediante operazioni aventi ad oggetto valori mobiliari di cui all'art. 17, comma 1, della l. n. 1/1991.

5. Le disposizioni recate con il presente provvedimento sostituiscono le disposizioni impartite con la circolare 3188/C del 5 maggio 1989, pubblicata nella G.U. della Repubblica italiana, n. 111 del 15 maggio 1989, le quali pertanto debbono ritenersi abrogate.

Il presente decreto sarà pubblicato nella *Gazzetta Ufficiale* della Repubblica italiana.

XIV. 3.

REGIO DECRETO LEGGE 25 ottobre 1941, n. 1148. — *Nominatività obbligatoria dei titoli azionari* (1), *convertito, con modificazioni, in l. 9 febbraio 1942, n. 96.*

1. *1.* Le azioni delle società aventi sede nello Stato devono essere nominative.

2. Le azioni al portatore già emesse devono essere presentate alla conversione in nominative entro il 30 giugno 1942.

2. . . . . (*omissis*).

3. *1.* Le cedole sono esigibili separatamente dal titolo, sempre che da esse risulti la nominatività del titolo stesso.

4. . . . . (*omissis*).

5. *1.* È fatto divieto alle società di possedere azioni di altre società per un valore superiore a quello del proprio capitale azionario (2).

2. Le società che alla data di pubblicazione del presente decreto abbiano in proprietà azioni il cui valore superi quello del proprio capitale azionario possono conservarne la eccedenza.

6-16. . . . . (*omissis*).

XIV. 4.

REGIO DECRETO 29 marzo 1942, n. 239. — *Norme interpretative, integrative e comple-*

(1) G.U., 27 ottobre 1942, n. 254.
(2) V. artt. 30 e 31, r.d. 29 marzo 1942, n. 239.

mentari del r.d.l. 25 ottobre 1941, n. 1148, convertito in l. 9 febbraio 1942, n. 96, riguardante la nominatività obbligatoria dei titoli azionari (1).

1. *Intestazione delle azioni*. — *1.* Le azioni emesse dalle società aventi sede nello Stato debbono essere intestate ad una determinata persona fisica o giuridica.

2. L'intestazione è fatta dalla società emittente sul fronte o a tergo del titolo e nel libro dei soci.

3. Chi ha l'usufrutto ha diritto di ottenere dalla società emittente un titolo separato da quello del nudo proprietario.

4. È fatto divieto a tutti coloro che prestano opera di intermediazione nel commercio dei titoli azionari di rendersi fittiziamente intestatari di titoli dei loro clienti. In caso di violazione di questo divieto, si applicano le sanzioni di cui al secondo comma dell'art. 13 del r.d.l. 25 ottobre 1941, n. 1148.

5. Le società fiduciarie che abbiano intestato al proprio nome titoli azionari appartenenti a terzi sono tenute a dichiarare le generalità degli effettivi proprietari dei titoli stessi.

2. *Trasferimento delle azioni*. — *1.* Il trasferimento dei titoli azionari si opera con l'annotazione del nuovo titolare, a cura della società emittente, sul titolo e nel libro dei soci, oppure mediante girata sul titolo.

2. Di fronte alla società emittente il trasferimento per girata non produce effetti che in seguito all'annotazione nel libro dei soci, da eseguirsi a cura della società stessa su presentazione del titolo da parte dell'ultimo giratario, che se ne dimostri possessore mediante una serie continua di girate.

3. Nei casi di trasferimenti effettivi fuori stanza di compensazione, sia mediante annotazione nel libro dei soci, sia mediante girata, chi presenta il titolo deve dichiarare per iscritto alla società o, rispettivamente, al notaio, all'agente di cambio o all'azienda di credito autorizzata se il trasferimento prende origine da un'operazione di riporto, indicando, in tal caso, oltre alle generalità del prenditore, anche quelle del datore a riporto.

3. *Vincoli reali sulle azioni*. — *1.* I vincoli reali sui titoli azionari si costituiscono mediante annotazione, a cura della società emittente, sul titolo e nel libro dei soci.

2. Il pegno dei titoli azionari può essere costituito anche mediante consegna del titolo, girato con la clausola «in garanzia» od altra equivalente. Di fronte alla società emittente il pegno non produce effetto che in seguito all'annotazione nel libro dei soci, da eseguirsi dalla società immediatamente.

3. I pignoramenti, sequestri ed altre opposizioni debbono essere eseguiti sul titolo.

4. Gli atti di cui al comma precedente non possono essere eseguiti contro il girante del titolo dopo che questo sia stato consegnato alla stanza di compensazione.

4. *Contenuto della intestazione e delle annotazioni*. — *1.* La intestazione dei titoli azionari e l'annotazione dei trasferimenti o dei vincoli reali sui titoli sono fatte con l'indicazione del nome, cognome, paternità e domicilio del titolare o della persona a favore della quale sono costituiti i vincoli. Per le imprese commerciali, in luogo del nome, cognome e paternità, può essere indicata la ditta.

2. Quando trattasi di enti, si indicano la denominazione e la sede principale.

3. Chi domanda l'intestazione di titoli azionari al proprio nome, oltre alle generalità di cui al primo comma, deve indicare anche la propria nazionalità, della quale si fa annotazione sui titoli e nel libro dei soci.

4. Coloro che, alla data di pubblicazione del presente decreto, abbiano già presentato i titoli alla conversione, sono tenuti, ai fini di cui al comma precedente, a comunicare alla società emittente, entro il 30 giugno 1942, la loro nazionalità.

5. *Omessa distribuzione delle azioni*. — *1.* Le società per azioni hanno facoltà di deliberare in assemblea straordinaria che non si distribuiscono ai soci i titoli delle azioni. In tal caso, la qualità di socio è provata dall'iscrizione nel libro dei soci, ed i vincoli reali sulle azioni si costituiscono mediante annotazione nel libro stesso.

6. . . . . (*omissis*).

7. *Successione a causa di morte nella proprietà delle azioni*. — *1.* Nel caso di morte dell'azionista, la società emittente, se non vi è opposizione, addiviene alla dichiarazione del cambiamento di proprietà sui titoli azionari e nel libro dei soci, su presentazione del certificato di morte, di copia del testamento se esista e di un atto di notorietà giudiziale o notarile, attestante la qualità di erede o di legatario dei titoli. La società trattiene detti documenti.

2. Resta fermo l'obbligo della società di richiedere la prova che è stata presentata, se del caso, la denuncia di successione e pagata la relativa imposta.

8. *Divisione di un titolo azionario multiplo*. — *1.* Ferma la indivisibilità del titolo unitario, il

(1) G.U., 31 marzo 1942, n. 74.

titolare di un titolo multiplo può richiedere la divisione in più titoli.

9. *Termine per le annotazioni e certificati provvisori.* — *1.* Le annotazioni da eseguirsi in conformità degli articoli precedenti e la divisione dei titoli debbono compiersi dalla società emittente nel termine di un mese dalla richiesta.

2. Durante il periodo per il compimento delle operazioni la società emittente, qualora non consegni i titoli definitivi, ha facoltà di rilasciare certificati provvisori nominativi in carta bollata da lire quattro che valgono, ai fini contrattuali, come titoli definitivi e possono essere trasferiti con le norme stabilite per il trasferimento dei titoli stessi.

3. Qualora la società emittente tenga presso la sede principale volumi sussidiari del libro dei soci, deve darne comunicazione alla competente Intendenza di finanza e riportarne ogni bimestre i dati riepilogativi nel libro generale dei soci.

10. *Ammortamento delle azioni.* — *1.* In caso di smarrimento, sottrazione o distruzione del titolo azionario, si osservano, per l'ammortamento, le disposizioni del codice civile.

11. *Accertamento dell'identità e capacità di disporre del titolo.* — *1.* L'accertamento della identità e della capacità di disporre in chi richiede alla società emittente il trasferimento dei titoli azionari o la costituzione di vincoli reali sui titoli stessi, può essere fatto, mediante certificazione, da un notaio, da un agente di cambio, o da un'azienda di credito autorizzata ai sensi dell'art. 4 del r.d.l. 25 ottobre 1941, n. 1148.

2. La firma del certificante è esente da legalizzazione.

12. *Girata dei titoli azionari.* — *1.* La girata dei titoli azionari deve essere datata e sottoscritta dal girante, il quale deve indicare tutte le generalità e la nazionalità del giratario richieste dall'art. 4 per l'intestazione dei titoli. Se il titolo non è interamente liberato è necessaria anche la sottoscrizione del giratario.

2. La girata è scritta sul titolo ovvero su un foglio di allungamento, che deve ripetere la indicazione della specie, serie, numero e importo del titolo e deve portare il timbro e la firma del notaio, agente di cambio o azienda di credito autorizzata, apposti in modo che figurino in parte sul titolo e in parte sul foglio di allungamento.

3. La sottoscrizione del girante, e, ove richiesta, quella del giratario, debbono, all'atto dell'apposizione, essere autenticate da un notaio, da un agente di cambio, ovvero dai funzionari delle aziende di credito autorizzate, da queste a ciò delegati.

4. I notai, gli agenti di cambio e le aziende di credito autorizzate possono autenticare la sottoscrizione del girante anche quando la girata è fatta in proprio favore. La sottoscrizione da essi apposta sul titolo in qualità di giranti o di giratari non ha bisogno di autenticazione.

5. L'autenticazione può essere fatta anche con la semplice formula: «vera la firma di...».

6. L'autenticante risponde della identità del girante e, nel caso di titoli non liberati, del giratario e della loro capacità. Egli si accerta altresì che la girata contenga tutte le indicazioni prescritte dal presente articolo.

7. La firma dell'autenticante è esente da legalizzazione.

8. Nessuna imposta di registro o bollo è dovuta per le girate.

13. *Annotazioni in base a dichiarazione rilasciata da chi autentica il trasferimento.* — *1.* La società emittente esegue l'annotazione nel libro dei soci del trasferimento o della girata in garanzia del titolo anche su richiesta del girante o del giratario, che sia corredata da una dichiarazione in carta libera rilasciata da chi ha autenticato la girata, contenente tutti gli elementi di questa e la identificazione del titolo. Questa norma si applica nel solo caso in cui il girante risulti già iscritto nel libro dei soci.

2. La dichiarazione è conservata dalla società emittente, che comunica al richiedente gli estremi della annotazione.

3. Qualora il titolo non sia interamente liberato, la richiesta del girante non ha corso se non è sottoscritta anche dal giratario.

14. *Girate per procura e in garanzia.* — *1.* I titoli azionari possono essere girati «per procura».

2. Il giratario per procura esercita per conto del girante i diritti propri di quest'ultimo, esclusa la facoltà di esigere il capitale o trasferire il titolo, qualora essa non sia stata conferita mediante clausola espressa.

3. Il giratario «in garanzia» può girare il titolo soltanto per procura.

4. Qualora il titolo girato in garanzia debba essere venduto per le ragioni e nelle forme stabilite dal codice civile per la vendita del pegno, la intestazione del titolo al nome dell'acquirente è effettuata dalla società emittente su esibizione del verbale in carta libera redatto dall'ufficiale che ha proceduto alla vendita dei titoli.

5. Si applicano alle girate per procura o in garanzia le disposizioni dell'art. 12.

6. Il giratario per procura, al quale sia stata comunicata dal girante la revoca della procura, deve astenersi dal compiere atti non necessari ed urgenti e restituire il titolo in ogni caso non oltre dieci giorni.

7. Il girante per procura o in garanzia, qualora ritorni in possesso del titolo, può disporne con nuova girata, ma non è consentito di cancellare le girate precedenti.

15. *Trasferimento a mezzo stanza di compensazione*. — *1.* Per i trasferimenti dei titoli azionari a mezzo delle stanze di compensazione, la girata, debitamente datata ed autenticata, è fatta con la seguente formula: «Al Capo della stanza di compensazione di... e per lui a...».

2. I titoli così girati debbono essere depositati presso la stanza medesima, ai fini di cui all'art. 1 della l. 4 dicembre 1939, n. 1913, entro il termine stabilito dal Ministro per le finanze per l'effettuazione dei depositi di copertura ovvero, entro il termine prescritto per l'esecuzione dei contratti di Borsa per contanti. Quando tale deposito non sia richiesto, ovvero sia stato già effettuato in contanti, i suddetti titoli debbono essere consegnati alla stanza di compensazione non oltre la data di «consegna titoli» fissata dal calendario di Borsa per la liquidazione del mese corrente.

3. Il completamento della girata col nome del giratario viene eseguito dal Capo della stanza di compensazione, che lo convalida col timbro a data dell'ufficio.

4. I titoli consegnati alla stanza debbono essere accompagnati da una distinta in duplice copia contenente la indicazione della società emittente, della specie e quantità delle azioni, del numero della prima cedola in godimento, nonché le indicazioni relative all'ultimo girante, quali risultano dal titolo.

5. Gli associati che ritirano i titoli dalla stanza debbono presentare un elenco in duplice copia contenente gli elementi necessari, ai sensi dell'art. 4, per la iscrizione sul titolo del nuovo titolare.

6. Per i titoli che si riferiscono ad operazioni di riporto, nella distinta e nell'elenco suddetti debbono essere indicate le notizie di cui al successivo art. 16.

7. La stanza di compensazione è tenuta a consegnare i titoli esclusivamente ai suoi associati. La presentazione alla stanza da parte degli associati degli elenchi di ritiro con l'indicazione dei nomi per il completamento delle girate non crea alcun rapporto tra la stanza stessa e le persone dei giratari ed in conseguenza non sono ammissibili presso la stanza di compensazione pignoramenti, sequestri od altre opposizioni contro i giratari.

8. Il Capo della stanza di compensazione, dopo aver apposto sul titolo le indicazioni contenute negli elenchi, invia allo schedario generale dei titoli azionari un esemplare di ciascuna distinta di consegna e di ciascun elenco di ritiro. Tale trasmissione da parte della stanza di compensazione sostituisce ad ogni effetto la denuncia di cui all'art. 4 del r.d.l. 25 ottobre 1941, n. 1148.

9. Le società, le cui azioni sono quotate almeno in una Borsa dello Stato, debbono, in tutte le località sedi di Borsa, nominare previa approvazione del Ministro per le finanze, un proprio mandatario. Questi ritira dalla stanza di compensazione i titoli dei quali occorre il frazionamento, rilasciandone ricevuta e consegna agli aventi diritto, entro i dieci giorni successivi, i titoli definitivi o provvisori rilasciati dalla società, previo ritiro dei corrispondenti buoni provvisori, non girabili, rilasciati dalla stanza di compensazione.

16. *Operazioni di riporto a mezzo stanza di compensazione*. — *1.* I titoli da consegnare o da ritirare presso le stanze di compensazione in dipendenza di contratti di riporto, debbono essere indicati, con tutte le notizie concernenti gli effettivi datori e prenditori a riporto, specificando nella distinta di consegna i riporti che derivino da proroghe di operazioni a termine e, nell'elenco di ritiro, i riporti in nome proprio e quelli per conto di terzi, dei quali debbono essere indicate le generalità.

17-44. . . . . (*omissis*).

XIV. 5.

DECRETO LEGGE 8 aprile 1974, n. 95. — *Disposizioni relative al mercato mobiliare ed al trattamento fiscale dei titoli azionari* (1), *convertito, con modificazioni, in l. 7 giugno 1974, n. 216* (2).

1. *1.* È istituita con sede in Roma la Commissione nazionale per le società e la borsa. La Commissione ha in Milano la sede secondaria operativa.

2. La Commissione nazionale per le società e la borsa ha personalità giuridica di diritto pubblico e piena autonomia nei limiti stabiliti dalla legge (3).

(1) G.U., 9 aprile 1974, n. 94. Sulla negoziazione dei titoli non ammessi alla quotazione ufficiale nelle borse valori, v. l. 23 febbraio 1977, n. 49.

(2) G.U., 8 giugno 1974, n. 149.

(3) Per il regolamento di attuazione del comma annotato v. d.m. Giustizia 4 febbraio 2016, n. 23, in G.U., 1° marzo 2016, n. 50.

3. La Commissione è composta da un presidente e da quattro membri (1), scelti tra persone di specifica e comprovata competenza ed esperienza e di indiscussa moralità e indipendenza, nominati con decreto del Presidente della Repubblica su proposta del Presidente del Consiglio dei ministri, previa deliberazione del Consiglio stesso. Essi durano in carica 5 anni e possono essere confermati una sola volta. Le disposizioni degli artt. 1, 2, primo comma, 3, 4, 6, 7 e 8 della l. 24 gennaio 1978, n. 14, si applicano nei confronti del presidente e dei membri della Commissione. Le Commissioni parlamentari competenti possono procedere alla audizione delle persone designate quando non vi ostino i rispettivi regolamenti parlamentari (2).

4. Con decreto del Presidente del Consiglio dei ministri, su proposta del Ministro del tesoro, sono determinate le indennità spettanti al presidente e ai membri.

5. Il presidente e i membri della Commissione non possono esercitare, a pena di decadenza dall'ufficio, alcuna attività professionale, neppure di consulenza, né essere amministratori, ovvero soci a responsabilità illimitata, di società commerciali, sindaci revisori o dipendenti di imprese commerciali o di enti pubblici o privati, né ricoprire altri uffici pubblici di qualsiasi natura, né essere imprenditori commerciali. Per tutta la durata del mandato i dipendenti statali sono collocati fuori ruolo e i dipendenti di enti pubblici sono collocati d'ufficio in aspettativa. Il rapporto di lavoro dei dipendenti privati è sospeso ed i dipendenti stessi hanno diritto alla conservazione del posto (3).

6. Le deliberazioni della Commissione sono adottate collegialmente, salvo casi di urgenza previsti dalla legge. Il presidente sovrintende all'attività istruttoria e cura l'esecuzione delle deliberazioni; non è ammessa delega permanente di funzioni ai commissari.

7. La Commissione provvede all'autonoma gestione delle spese per il proprio funzionamento nei limiti del fondo stanziato a tale scopo nel bilancio dello Stato e iscritto, con unico capitolo, nello stato di previsione della spesa del Ministero del tesoro. La gestione finanziaria si svolge in base al bilancio di previsione approvato dalla Commissione entro il 31 dicembre dell'anno precedente a quello cui il bilancio si riferisce. Il contenuto e la struttura del bilancio di previsione, il quale deve comunque contenere le spese indicate entro i limiti delle entrate previste, sono stabiliti dal regolamento, di cui al successivo comma, che disciplina anche le modalità per le eventuali variazioni. Il rendiconto della gestione finanziaria, approvato entro il 30 aprile dell'anno successivo, è soggetto al controllo della Corte dei conti. Il bilancio preventivo e il rendiconto della gestione finanziaria sono pubblicati nel Bollettino della Commissione (4).

8. La Commissione delibera le norme concernenti la propria organizzazione ed il proprio funzionamento, disciplinando in ogni caso i rapporti tra il presidente ed i commissari anche ai fini della relazione in Commissione su singoli affari; quelle concernenti il trattamento giuridico ed economico del personale e l'ordinamento delle carriere, nonché quelle dirette a disciplinare la gestione delle spese nei limiti previsti dal presente decreto, anche in deroga alle disposizioni sulla contabilità generale dello Stato (5).

(1) L'art. 22.13, d.l. 24 giugno 2014, n. 90, conv. in l. 11 agosto 2014, n. 114, ha soppresso l'art. 23.1, d.l. 6 dicembre 2011, n. 201, conv. in l. 22 dicembre 2011, n. 214, che aveva ridotto da cinque a tre il numero dei componenti, ripristinandone il numero a cinque a decorrere dalla data di entrata in vigore della legge di conversione (19 agosto 2014).

(2) L'art. 47-*quater*, d.l. 31 dicembre 2007, n. 248, conv. in l. 28 febbraio 2008, n. 31, così dispone: «*Durata in carica dei membri delle autorità indipendenti.* — 1. Nelle more dell'approvazione della legge di riordino delle autorità indipendenti, la durata in carica del presidente e dei membri della Commissione nazionale per le società e la borsa, di cui all'art. 1, terzo comma, del d.l. 8 aprile 1974, n. 95, convertito, con modificazioni, dalla l. 7 giugno 1974, n. 216, e successive modificazioni, del Garante per la protezione dei dati personali di cui all'art. 153, comma 4, del codice in materia di protezione dei dati personali di cui al d.lg. 30 giugno 2003, n. 196, e dell'Autorità per la vigilanza sui contratti pubblici di lavori, servizi e forniture, di cui all'art. 6 del codice dei contratti pubblici relativi a lavori, servizi e forniture, di cui al d.lg. 12 aprile 2006, n. 163, e successive modificazioni, è equiparata a quella del presidente e dei membri delle autorità istituite con la l. 10 ottobre 1990, n. 287, e con la l. 31 luglio 1997, n. 249, con decorrenza dalla data del decreto di nomina. Gli incarichi di cui al precedente periodo non sono rinnovabili».

(3) Sulle incompatibilità degli organi di vertice e dei dirigenti della Consob nei due anni successivi alla cessazione dell'incarico v. art. 29-*bis*, l. 28 dicembre 2005, n. 262, aggiunto dall'art. 22.2, d.l. 24 giugno 2014, n. 90, conv. in l. 11 agosto 2014, n. 114. Sul divieto per i componenti della Consob di essere nominati componenti di una autorità indipendente per cinque anni dalla cessazione dell'incarico v. art. 22.1, d.l. 24 giugno 2014, n. 90, conv. in l. 11 agosto 2014, n. 114.

(4) Sul sistema di finanziamento Consob v. art. 40, l. 23 dicembre 1994, n. 724, come modificato dall'art. 145.28 e 145.29, l. 23 dicembre 2000, n. 388.

(5) Per il regolamento concernente l'organizzazione e il funzionamento della Consob v. deliberazione Consob 17 novembre 1994, n. 8674, resa esecutiva con d.p.c.m. 25 novembre 1994, modificato con deliberazione

9. [...] (1). Le deliberazioni della Commissione concernenti i regolamenti di cui ai precedenti commi sono adottate con non meno di quattro voti favorevoli (2). I predetti regolamenti sono sottoposti al Presidente del Consiglio dei ministri, il quale, sentito il Ministro del tesoro, ne verifica la legittimità in relazione alle norme del presente decreto, e successive modificazioni e integrazioni, e li rende esecutivi, con proprio decreto, entro il termine di venti giorni dal ricevimento, ove non intenda formulare, entro il termine suddetto, proprie eventuali osservazioni. Queste ultime devono essere effettuate, in unico contesto, sull'insieme del regolamento e sulle singole disposizioni. In ogni caso, trascorso il termine di venti giorni dal ricevimento senza che siano state formulate osservazioni, i regolamenti divengono esecutivi.

10. Per la rappresentanza e la difesa nei giudizi attivi e passivi avanti l'autorità giudiziaria, le giurisdizioni amministrative e speciali ed i collegi arbitrali, la Commissione può avvalersi anche dell'Avvocatura dello Stato.

11. .... (3).

12. Il presidente della Commissione tiene informato il Ministro del tesoro sugli atti e sugli eventi di maggior rilievo e gli trasmette le notizie e i dati di volta in volta richiesti; in ogni caso gli comunica gli atti di natura regolamentare diversi da quelli disciplinati dai commi ottavo e nono del presente articolo e dal terzo comma dell'art. 2 del presente decreto. Il Ministro del tesoro può formulare le proprie valutazioni alla Commissione, informando il Parlamento. Il Ministro del tesoro informa altresì il Parlamento degli atti e degli eventi di maggior rilievo dei quali abbia avuto notizia o comunicazione quando li ritenga rilevanti al fine del corretto funzionamento del mercato dei valori mobiliari.

13. Entro il 31 marzo di ciascun anno la Commissione trasmette al Ministro del tesoro una relazione sull'attività svolta, sulle questioni in corso e sugli indirizzi e le linee programmatiche che intende seguire. Entro il 31 maggio successivo il Ministro del tesoro trasmette detta relazione al Parlamento con le proprie eventuali valutazioni.

14. Nel caso di impossibilità di funzionamento o di continuata inattività, il Presidente del Consiglio dei ministri, sentito il Ministro del tesoro, ove intenda proporre lo scioglimento della Commissione ne dà motivata comunicazione al Parlamento. Lo scioglimento, previa deliberazione del Consiglio dei ministri, è disposto con decreto del Presidente della Repubblica. Con il decreto di scioglimento è nominato un commissario straordinario per l'esercizio dei poteri e delle attribuzioni della Commissione. Sono esclusi dalla nomina il presidente ed i membri della Commissione disciolta. Al commissario straordinario, scelto tra persone di specifica e comprovata competenza ed esperienza e di indiscussa moralità ed indipendenza, si applicano, in materia di incompatibilità, le disposizioni di cui al precedente quinto comma e quelle previste dall'art. 7 della l. 24 gennaio 1978, n. 14. Entro quarantacinque giorni dallo scioglimento si procede alla nomina del presidente e dei membri della Commissione. Il commissario straordinario resta in carica fino all'insediamento della Commissione. Il decreto di scioglimento della Commissione e di nomina del commissario straordinario determina il compenso dovuto al commissario medesimo ed è pubblicato nella *Gazzetta Ufficiale* della Repubblica (4).

2. *1.* È istituito un apposito ruolo del personale dipendente della Commissione nazionale per le società e la borsa.

2. Il numero dei posti previsti dalla pianta organica è aumentato fino a quattrocentocinquanta unità (5).

3. Il trattamento giuridico ed economico del personale e l'ordinamento delle carriere sono stabiliti dal regolamento di cui al precedente art. 1, ottavo comma, in base ai criteri fissati

Consob 11 luglio 2001, n. 13195, resa esecutiva con d.p.c.m. 27 luglio 2001; per il regolamento concernente l'amministrazione e la contabilità v. deliberazione Consob 11 dicembre 1996, n. 10359, resa esecutiva con d.p.c.m. 21 gennaio 1997, modificato con deliberazione Consob 23 giugno 2009, n. 16935, resa esecutiva con d.p.c.m. 2 luglio 2009.

(1) Primo periodo soppresso dall'art. 23.2-*bis*, lett. a, d.l. 6 dicembre 2011, n. 201, conv. in l. 22 dicembre 2011, n. 214.

(2) Periodo inserito dall'art. 22.14, lett. a, d.l. 24 giugno 2014, n. 90, conv. in l. 11 agosto 2014, n. 114. In base all'art. 22.16, d.l. n. 90/2014 cit.: «Le disposizioni di cui al comma 14 si applicano dalla data di nomina dell'ultimo dei cinque componenti della Consob».

(3) Comma abrogato dall'art. 214.1, lett. s, d.l. 24 febbraio 1998, n. 58, in *Leggi coll. XVIII, 1*.

(4) Articolo così sostituito dall'art. 1, l. 4 giugno 1985, n. 281.

(5) Comma così sostituito dall'art. 9-*quater*, d.l. 30 dicembre 1991, n. 417, conv. in l. 6 febbraio 1992, n. 66, che prevede le modalità di modifica dell'organico. Il numero di 450 è fissato dall'art. 2.186, l. 23 dicembre 1996, n. 662. Sulle modalità di completamento dell'organico v. art. 62, l. 27 dicembre 1997, n. 449.

dal contratto collettivo di lavoro in vigore per la Banca d'Italia, tenuto conto delle specifiche esigenze funzionali ed organizzative della Commissione. Il regolamento detta altresì norme per l'adeguamento alle modificazioni del trattamento giuridico ed economico che intervengano nel predetto contratto collettivo, in quanto applicabili.

4. Il regolamento di cui all'art. 1, ottavo comma, prevede per il coordinamento degli uffici, le qualifiche di direttore generale e di vicedirettore generale, determinandone le funzioni. Il direttore generale risponde del proprio operato alla Commissione. Le deliberazioni relative alla nomina del direttore generale e del vicedirettore generale sono adottate con non meno di quattro voti favorevoli (1). Per il supporto delle attività della Commissione e del Presidente può essere nominato, su proposta del Presidente e con non meno di quattro voti favorevoli (2), un segretario generale (3).

5. Gli incarichi e le qualifiche dirigenziali sono attribuiti dalla Commissione, anche in sede di inquadramento, con deliberazione. [...] (4) (5).

6. Al personale in servizio presso la Commissione è in ogni caso fatto divieto di assumere altro impiego o incarico o esercitare attività professionali, commerciali o industriali.

7. L'assunzione del personale avviene per pubblici concorsi per titoli ed esami con richiesta di rigorosi requisiti di competenza ed esperienza nei settori di attività istituzionali della Commissione. I concorsi sono indetti dalla stessa Commissione nazionale e si svolgono secondo i bandi appositamente emanati.

8. La Commissione, per l'esercizio delle proprie attribuzioni, può assumere direttamente dipendenti con contratto a tempo determinato, disciplinato dalle norme di diritto privato, in numero di centoventicinque unità. Le relative deliberazioni sono adottate con non meno di quattro voti favorevoli (6).

9. La Commissione può inoltre avvalersi, quando necessario, di esperti da consultare su specifici temi e problemi e da remunerare secondo le tariffe professionali.

10. .... (7).

11. La Commissione adotta i provvedimenti di sua competenza, previa contestazione agli interessati e tenuto conto delle deduzioni eventualmente presentate, nel termine di trenta giorni (8).

3-5-*sexies*. .... (9).

6-13. .... (*omissis*) (10).

14-17. .... (9).

18. .... (11).

18-*bis*. .... (12).

(1) Le parole «dalla Commissione» erano state sostituite alle precedenti «con non meno di quattro voti favorevoli» dall'art. 23.2-*bis*, lett. b, d.l. 6 dicembre 2011, n. 201, conv. in l. 22 dicembre 2011, n. 214. Successivamente le parole «con non meno di quattro voti favorevoli» sono state così sostituite alle precedenti «dalla Commissione» dall'art. 22.14, lett. b, d.l. 24 giugno 2014, n. 90, conv. in l. 11 agosto 2014, n. 114. In base all'art. 22.16, d.l. n. 90/2014 cit.: «Le disposizioni di cui al comma 14 si applicano dalla data di nomina dell'ultimo dei cinque componenti della Consob».

(2) Le parole «e con non meno di quattro voti favorevoli» erano state soppresse dall'art. 23.2-*bis*, lett. c, d.l. 6 dicembre 2011, n. 201, conv. in l. 22 dicembre 2011, n. 214. Successivamente sono state reinserite dall'art. 22.14, lett. c, d.l. 24 giugno 2014, n. 90, conv. in l. 11 agosto 2014, n. 114. In base all'art. 22.16, d.l. n. 90/2014 cit.: «Le disposizioni di cui al comma 14 si applicano dalla data di nomina dell'ultimo dei cinque componenti della Consob».

(3) Comma sostituito dall'art. 7.1, d.lg. 29 dicembre 2006, n. 303.

(4) Ultimo periodo soppresso dall'art. 23.2-*bis*, lett. e, d.l. 6 dicembre 2011, n. 201, conv. in l. 22 dicembre 2011, n. 214.

(5) La disposizione prevista da questo comma si applica per i primi tre anni dalla data di entrata in vigore della l. 4 giugno 1985, n. 281: v. art. 3, l. cit.

(6) Comma sostituito dall'art. 9-*quater*, d.l. 30 dicembre 1991, n. 417, conv. in l. 6 febbraio 1992, n. 66. L'ultimo periodo è stato aggiunto dall'art. 22.14, lett. d, d.l. 24 giugno 2014, n. 90, conv. in l. 11 agosto 2014, n. 114. In base all'art. 22.16, d.l. n. 90/2014 cit.: «Le disposizioni di cui al comma 14 si applicano dalla data di nomina dell'ultimo dei cinque componenti della Consob».

(7) Le prime due frasi del comma sono state abrogate dall'art. 214.1, lett. s, d.lg. 24 febbraio 1998, n. 58, in *Leggi coll. XVIII, 1*.

(8) Articolo così sostituito dall'art. 2, l. 4 giugno 1985, n. 281.

(9) Articoli abrogati dall'art. 214.1, lett. s, d.lg. 24 febbraio 1998, n. 58, in *Leggi coll. XVIII, 1*.

(10) Gli articoli omessi contengono modifiche al codice civile.

(11) Articolo abrogato (ad eccezione del comma 6, abrogato dall'art. 214.1, lett. s, d.lg. 24 febbraio 1998, n. 58, in *Leggi coll. XVIII, 1*) dall'art. 214.2, lett. b, d.lg. 24 febbraio 1998, n. 58, in *Leggi coll. XVIII, 1*, a seguito dell'avvenuta emanazione della deliberazione Consob 14 maggio 1999, n. 11971, in suppl. ord. G.U., 28 maggio 1999, n. 123, modificata, da ultimo, con deliberazione Consob 10 ottobre 2018, n. 20621, in G.U., 9 novembre 2018, n. 261, e con deliberazione Consob 9 novembre 2018, n. 20686, in G.U., 29 novembre 2018, n. 278.

(12) Articolo abrogato dall'art. 214.2, lett. b, d.lg. 24 febbraio 1998, n. 58, in *Leggi coll. XVIII, 1*, a seguito dell'avvenuta emanazione della deliberazione Consob 14 maggio 1999, n. 11971, in suppl. ord. G.U., 28 maggio

18-*ter*. . . . . (1).
18-*quater*. . . . . (2).
18-*quinquies*. . . . . (3).
18-*sexies*. . . . . (2).
18-*septies*. . . . . (4).
19. . . . . (5).
20. *1*. . . . . (6).

2. Sugli utili attribuiti alle azioni di risparmio la ritenuta di cui all'art. 27 del d.p.r. 29 settembre 1973, n. 600, è applicata a titolo di imposta nella misura del quindici per cento, anche nelle ipotesi previste dal terzo comma dello stesso articolo. . . . . (*omissis*).

3. . . . . (6).

4. I possessori di azioni di risparmio nominative hanno facoltà di optare per il regime della ritenuta d'acconto ai sensi dell'art. 27 del decreto indicato nel primo comma, facendone richiesta all'atto della riscossione degli utili.

5-6. . . . . (7).

7. Le società cooperative indicate nell'art. 14 del d.p.r. 29 settembre 1973, n. 601, devono operare, all'atto del pagamento, una ritenuta del dieci per cento a titolo d'imposta sui dividendi distribuiti ai propri soci persone fisiche.

[*8*. Ricorrendo le condizioni stabilite nell'art. 13 del d.p.r. 29 settembre 1973, n. 601, sugli interessi e sui redditi di capitale corrisposti ai propri soci persone fisiche residenti nel territorio dello Stato dalle società cooperative di cui al comma precedente la ritenuta del quindici per cento prevista dall'ultimo comma dell'art. 26 del d.p.r. 29 settembre 1973, n. 600, è ridotta al dieci per cento ed è applicata a titolo d'imposta] (8).

9. Per il versamento all'esattoria delle ritenute e delle maggiori ritenute previste nel presente articolo si applicano le disposizioni degli artt. 3 ed 8 del d.p.r. 29 settembre 1973, n. 602

21. *1*. Nella prima applicazione del presente decreto i termini per le comunicazioni e dichiarazioni alla Commissione nazionale per le società e la borsa scadono nel trentesimo giorno successivo alla pubblicazione nella *Gazzetta Ufficiale* del decreto di nomina dei componenti la Commissione stessa.

2. Le norme vigenti alla data di entrata in vigore del presente decreto continuano ad applicarsi, per le materie contemplate dalle lett. *g*) ed *h*) dell'art. 3, fino al novantesimo giorno successivo alla pubblicazione nella *Gazzetta Ufficiale* della Repubblica del decreto presidenziale di nomina della Commissione nazionale per le società e la borsa; continuano altresì ad applicarsi, per le materie indicate nelle lett. *e*) ed *f*) dell'art. 3, fino a quando non siano state pubblicate nella *Gazzetta Ufficiale* della Repubblica le disposizioni della Commissione nazionale per le società e la borsa

22. *1*. Le disposizioni dell'art. 4, nn. 1, 2 e 3, e degli artt. 7 e 8 si applicano per le assemblee che saranno convocate dopo il 30 settembre 1974.

2. Le disposizioni dell'art. 9 si applicano per le obbligazioni convertibili in azioni la cui emissione sarà deliberata dopo l'entrata in vigore della legge di conversione del presente decreto.

3. Le disposizioni dell'art. 4, n. 4), e degli artt. 10, 11 e 12 si applicano a decorrere dagli esercizi sociali che avranno inizio dopo l'entrata in vigore della legge di conversione del presente decreto

23-24. . . . . (*omissis*).

1999, n. 123, modificata, da ultimo, con deliberazione Consob 10 ottobre 2018, n. 20621, in G.U., 9 novembre 2018, n. 261, e con deliberazione Consob 9 novembre 2018, n. 20686, in G.U., 29 novembre 2018, n. 278.

(1) Articolo abrogato dall'art. 214.1, lett. s, d.lg. 24 febbraio 1998, n. 58, in *Leggi coll. XVIII, 1*.

(2) Articolo abrogato dall'art. 214.2, lett. b, d.lg. 24 febbraio 1998, n. 58, in *Leggi coll. XVIII, 1*, a seguito dell'avvenuta emanazione della deliberazione Consob 14 maggio 1999, n. 11971, in suppl. ord. G.U., 28 maggio 1999, n. 123, modificata, da ultimo, con deliberazione Consob 10 ottobre 2018, n. 20621, in G.U., 9 novembre 2018, n. 261, e con deliberazione Consob 9 novembre 2018, n. 20686, in G.U., 29 novembre 2018, n. 278.

(3) Articolo abrogato (ad eccezione del quinto comma, abrogato dall'art. 214.1, lett. s, d.lg. 24 febbraio 1998, n. 58, in *Leggi coll. XVIII, 1*) dall'art. 214.2, lett. b, d.lg. 24 febbraio 1998, n. 58, in *Leggi coll. XVIII, 1*, a seguito dell'avvenuta emanazione della deliberazione Consob 14 maggio 1999, n. 11971, in suppl. ord. G.U., 28 maggio 1999, n. 123, modificata, da ultimo, con deliberazione Consob 10 ottobre 2018, n. 20621, in G.U., 9 novembre 2018, n. 261, e con deliberazione Consob 9 novembre 2018, n. 20686, in G.U., 29 novembre 2018, n. 278.

(4) Articolo abrogato dall'art. 214.2, lett. b, d.lg. 24 febbraio 1998, n. 58, in *Leggi coll. XVIII, 1*, a seguito dell'avvenuta emanazione della deliberazione Consob 14 maggio 1999, n. 11971, in suppl. ord. G.U., 28 maggio 1999, n. 123 (modificata, da ultimo, con deliberazione Consob 10 ottobre 2018, n. 20621, in G.U., 9 novembre 2018, n. 261, e con deliberazione Consob 9 novembre 2018, n. 20686, in G.U., 29 novembre 2018, n. 278), ad eccezione del secondo periodo, abrogato dall'art. 214.1, lett. s, d.lg. 24 febbraio 1998, n. 58, in *Leggi coll. XVIII, 1*.

(5) Articolo abrogato dall'art. 66, d.lg. 23 luglio 1996, n. 415.

(6) Comma abrogato, con decorrenza dal 1° luglio 1998, dall'art. 16.1, d.lg. 21 novembre 1997, n. 461.

(7) Commi abrogati, con decorrenza dal 1° luglio 1998, dall'art. 16.1, d.lg. 21 novembre 1997, n. 461.

(8) Comma abrogato, con decorrenza dal 1° gennaio 2012, dall'art. 2.25, lett. a, d.l. 13 agosto 2011, n. 138, conv. in l. 14 settembre 2011, n. 148.

XIV. 6.

DECRETO LEGISLATIVO 9 aprile 1991, n. 127. — *Attuazione delle direttive n. 78/660/CEE e n. 83/349/CEE in materia societaria, relative ai conti annuali e consolidati, ai sensi dell'art. 1, comma 1, della l. 26 marzo 1990, n. 69* (1).

CAPO I

SOCIETÀ CONTROLLATE E COLLEGATE

1. . . . . (*omissis*) (2).

CAPO II

BILANCIO D'ESERCIZIO

2-21. . . . . (*omissis*) (3).
22-24. . . . . (*omissis*) (4).

CAPO III

BILANCIO CONSOLIDATO

25. *Imprese obbligate a redigere il bilancio consolidato*. — 1. Le società per azioni, in accomandita per azioni, e a responsabilità limitata che controllano un'impresa debbono redigere il bilancio consolidato secondo i criteri stabiliti dalle disposizioni degli articoli seguenti.

2. Lo stesso obbligo, hanno gli enti di cui all'art. 2201 del codice civile, le società cooperative e le mutue assicuratrici che controllano una società per azioni, in accomandita per azioni o a responsabilità limitata (5).

26. *Imprese controllate*. — 1. Agli effetti dell'art. 25 sono considerate imprese controllate quelle indicate nei nn. 1 e 2 del primo comma dell'art. 2359 del codice civile.

2. Agli stessi effetti sono in ogni caso considerate controllate:

a) le imprese su cui un'altra ha il diritto, in virtù di un contratto o di una clausola statutaria, di esercitare un'influenza dominante, quando la legge applicabile consenta tali contratti o clausole;

b) le imprese in cui un'altra, in base ad accordi con altri soci, controlla da sola la maggioranza dei diritti di voto.

3. Ai fini dell'applicazione del comma precedente si considerano anche i diritti spettanti a società controllate, a società fiduciarie e a persone interposte; non si considerano quelli spettanti per conto di terzi.

27. *Casi di esonero dall'obbligo di redazione del bilancio consolidato*. — 1. Non sono soggette all'obbligo indicato nell'art. 25 le imprese controllanti che, unitamente alle imprese controllate, non abbiano superato, per due esercizi consecutivi, due dei seguenti limiti:

a) 20.000.000 (6) euro nel totale degli attivi degli stati patrimoniali;

b) 40.000.000 (7) euro nel totale dei ricavi delle vendite e delle prestazioni;

c) 250 dipendenti occupati in media durante l'esercizio (8).

2. L'esonero previsto dal comma precedente non si applica se l'impresa controllante o una delle imprese controllate è un ente di interesse pubblico ai sensi dell'art. 16 del d.lg. 27 gennaio 2010, n. 39 (9) (10) ovvero un ente sottoposto a regime intermedio ai sensi dell'art. 19-*ter* del medesimo decreto legislativo (11).

3. Non sono inoltre soggette all'obbligo indicato nell'art. 25 le imprese a loro volta controllate quando la controllante sia titolare di oltre il novantacinque per cento delle azioni o quote

(1) Suppl. ord. n. 27 a G.U., 17 aprile 1991, n. 90.
(2) Sostituiva l'art. 2359 c.
(3) Sostituivano o modificavano gli artt. 2423-2432, 2435, 2488 e 2491 c.
(4) Modificavano gli artt. 1, 4 e 5, d.p.r. 31 marzo 1975, n. 136.
(5) VII Direttiva, artt. 1, 4.
(6) La cifra «20.000.000» è stata così sostituita alla precedente «17.500.000» dall'art. 7.1, lett. a, d.lg. 18 agosto 2015, n. 139. In base all'art. 12.1, d.lg. cit., tali disposizioni «entrano in vigore dal 1° gennaio 2016 e si applicano ai bilanci relativi agli esercizi finanziari aventi inizio a partire da quella data».
(7) La cifra «40.000.000» è stata così sostituita alla precedente «35.000.000» dall'art. 7.1, lett. b, d.lg. 18 agosto 2015, n. 139. In base all'art. 12.1, d.lg. cit., tali disposizioni «entrano in vigore dal 1° gennaio 2016 e si applicano ai bilanci relativi agli esercizi finanziari aventi inizio a partire da quella data».
(8) Comma così sostituito dall'art. 19.2, l. 6 febbraio 1996, n. 52.
(9) In *Leggi coll. XIV, 11*.
(10) Le parole «è un ente di interesse pubblico ai sensi dell'art. 16 del d.lg. 27 gennaio 2010, n. 39» sono state così sostituite alle precedenti «abbia emesso titoli quotati in borsa» dall'art. 7.1, lett. c, d.lg. 18 agosto 2015, n. 139. In base all'art. 12.1, d.lg. cit., tali disposizioni «entrano in vigore dal 1° gennaio 2016 e si applicano ai bilanci relativi agli esercizi finanziari aventi inizio a partire da quella data».
(11) Le parole «ovvero un ente sottoposto a regime intermedio ai sensi dell'art. 19-*ter* del medesimo decreto legislativo» sono state aggiunte dall'art. 27.1, d.lg. 17 luglio 2016, n. 135.

dell'impresa controllata ovvero, in difetto di tale condizione, quando la redazione del bilancio consolidato non sia richiesta almeno sei mesi prima della fine dell'esercizio da tanti soci che rappresentino almeno il 5% del capitale.

3-*bis*. Non sono altresì (1) soggette all'obbligo indicato nell'art. 25 le imprese che controllano solo imprese che, individualmente e nel loro insieme, sono irrilevanti ai fini indicati nel secondo comma dell'art. 29, nonché le imprese che controllano solo imprese che possono essere escluse dal consolidamento ai sensi dell'art. 28 (2) (3).

4. L'esonero previsto dal comma 3 (4) è subordinato alle seguenti condizioni:

a) che l'impresa controllante, soggetta al diritto di uno Stato membro dell'Unione europea (5), rediga e sottoponga al controllo il bilancio consolidato secondo il presente decreto ovvero secondo il diritto di altro Stato membro dell'Unione europea o in conformità ai principi contabili internazionali adottati dall'Unione europea (6);

b) che l'impresa controllata non abbia emesso valori mobiliari ammessi alla negoziazione in mercati regolamentati italiani o dell'Unione europea (7).

5. Le ragioni dell'esonero devono essere indicate nella nota integrativa al bilancio di esercizio. Nel caso previsto dal terzo comma, la nota integrativa deve altresì indicare la denominazione e la sede della società controllante che redige il bilancio consolidato; copia dello stesso, della relazione sulla gestione e di quella dell'organo di controllo, redatti in lingua italiana o nella lingua comunemente utilizzata negli ambienti della finanza internazionale (8), devono essere depositati presso l'ufficio del registro delle imprese del luogo ove è la sede dell'impresa controllata [...] (9) (10).

28. *Casi di esclusione dal consolidamento*. — 1. .... (11).

2. Possono essere (12) escluse dal consolidamento le imprese controllate quando:

a) la loro inclusione sarebbe irrilevante ai fini indicati nel secondo comma dell'art. 29, sempre che il complesso di tali esclusioni non contrasti con i fini suddetti;

(1) La parola «altresì» è stata inserita dall'art. 7.1, lett. d, d.lg. 18 agosto 2015, n. 139. In base all'art. 12.1, d.lg. cit., tali disposizioni «entrano in vigore dal 1° gennaio 2016 e si applicano ai bilanci relativi agli esercizi finanziari aventi inizio a partire da quella data».

(2) Le parole «, nonché le imprese che controllano solo imprese che possono essere escluse dal consolidamento ai sensi dell'art. 28» sono state inserite dall'art. 7.1, lett. d, d.lg. 18 agosto 2015, n. 139. In base all'art. 12.1, d.lg. cit., tali disposizioni «entrano in vigore dal 1° gennaio 2016 e si applicano ai bilanci relativi agli esercizi finanziari aventi inizio a partire da quella data».

(3) Comma sostituito dall'art. 1.1, lett. a, d.lg. 31 marzo 2011, n. 56.

(4) Le parole «dal comma 3» sono state così sostituite alle precedenti «dal comma precedente» dall'art. 1.1, lett. b, d.lg. 31 marzo 2011, n. 56.

(5) Le parole «dell'Unione europea» sono state così sostituite alle precedenti «delle Comunità europee» dall'art. 7.1, lett. e, d.lg. 18 agosto 2015, n. 139. In base all'art. 12.1, d.lg. cit., tali disposizioni «entrano in vigore dal 1° gennaio 2016 e si applicano ai bilanci relativi agli esercizi finanziari aventi inizio a partire da quella data».

(6) Le parole «di altro Stato membro dell'Unione europea o in conformità ai principi contabili internazionali adottati dall'Unione europea» sono state così sostituite alle precedenti «di altro Stato membro delle Comunità europee» dall'art. 7.1, lett. e, d.lg. 18 agosto 2015, n. 139. In base all'art. 12.1, d.lg. cit., tali disposizioni «entrano in vigore dal 1° gennaio 2016 e si applicano ai bilanci relativi agli esercizi finanziari aventi inizio a partire da quella data».

(7) Le parole «valori mobiliari ammessi alla negoziazione in mercati regolamentati italiani o dell'Unione europea» sono state così sostituite alle precedenti «titoli quotati in borsa» dall'art. 7.1, lett. f, d.lg. 18 agosto 2015, n. 139. In base all'art. 12.1, d.lg. cit., tali disposizioni «entrano in vigore dal 1° gennaio 2016 e si applicano ai bilanci relativi agli esercizi finanziari aventi inizio a partire da quella data».

(8) Le parole «o nella lingua comunemente utilizzata negli ambienti della finanza internazionale» sono state inserite dall'art. 7.1, lett. g, d.lg. 18 agosto 2015, n. 139. In base all'art. 12.1, d.lg. cit., tali disposizioni «entrano in vigore dal 1° gennaio 2016 e si applicano ai bilanci relativi agli esercizi finanziari aventi inizio a partire da quella data».

(9) Le parole «; dell'avvenuto deposito deve farsi menzione nel Bollettino ufficiale delle società per azioni e a responsabilità limitata» sono state soppresse dall'art. 7.1, lett. g, d.lg. 18 agosto 2015, n. 139. In base all'art. 12.1, d.lg. cit., tali disposizioni «entrano in vigore dal 1° gennaio 2016 e si applicano ai bilanci relativi agli esercizi finanziari aventi inizio a partire da quella data».

(10) VII Direttiva, artt. 6, 7, 8, 9 e 11.

(11) Comma abrogato dall'art. 3.1, lett. a, d.lg. 2 febbraio 2007, n. 32. L'art. 5, d.lg. cit., così dispone: «Le disposizioni del presente decreto si applicano ai bilanci relativi agli esercizi aventi inizio dalla data successiva a quella della sua entrata in vigore».

(12) La parola «inoltre» è stata soppressa dall'art. 3.1, lett. b, d.lg. 2 febbraio 2007, n. 32. L'art. 5, d.lg. cit., così dispone: «Le disposizioni del presente decreto si applicano ai bilanci relativi agli esercizi aventi inizio dalla data successiva a quella della sua entrata in vigore».

b) l'esercizio effettivo dei diritti della controllante è soggetto a gravi e durature restrizioni;

c) in casi eccezionali (1), non è possibile ottenere tempestivamente, o senza spese sproporzionate, le necessarie informazioni;

d) le loro azioni o quote sono possedute esclusivamente allo scopo della successiva alienazione (2).

29. *Redazione del bilancio consolidato*. — 1. Il bilancio consolidato è redatto dagli amministratori dell'impresa controllante. Esso è costituito dallo stato patrimoniale, dal conto economico, dal rendiconto finanziario (3) e dalla nota integrativa.

2. Il bilancio deve essere redatto con chiarezza e deve rappresentare in modo veritiero e corretto la situazione patrimoniale e finanziaria e il risultato economico del complesso delle imprese costituito dalla controllante e dalle controllate.

3. Se le informazioni richieste da specifiche disposizioni del presente decreto non sono sufficienti a dare una rappresentazione veritiera e corretta, il bilancio deve fornire le informazioni supplementari necessarie allo scopo.

3-*bis*. Non occorre rispettare gli obblighi in tema di rilevazione, valutazione, presentazione, informativa e consolidamento quando la loro osservanza abbia effetti irrilevanti al fine di dare una rappresentazione veritiera e corretta. Rimangono fermi gli obblighi in tema di regolare tenuta delle scritture contabili. Le società illustrano nella nota integrativa i criteri con i quali hanno dato attuazione alla presente disposizione (4).

4. Se, in casi eccezionali, l'applicazione di una disposizione degli articoli seguenti è incompatibile con la rappresentazione veritiera e corretta, la disposizione non deve essere applicata. La nota integrativa deve motivare la deroga e indicarne l'influenza sulla rappresentazione della situazione patrimoniale, finanziaria e del risultato economico.

5. Le modalità di redazione dello stato patrimoniale e del conto economico consolidati, la struttura e il contenuto degli stessi, nonché i criteri di valutazione non possono essere modificati da un esercizio all'altro, se non in casi eccezionali. La nota integrativa deve motivare la deroga e indicarne l'influenza sulla rappresentazione della situazione patrimoniale e finanziaria e del risultato economico consolidati (5).

6. Il bilancio consolidato può essere redatto in migliaia di euro (6).

30. *Data di riferimento del bilancio consolidato*. — 1. La data di riferimento del bilancio consolidato coincide con la data di chiusura del bilancio dell'esercizio dell'impresa controllante.

2. La data di riferimento del bilancio consolidato può tuttavia coincidere con la data di chiusura dell'esercizio della maggior parte delle imprese incluse nel consolidamento o delle più importanti di esse. L'uso di questa facoltà deve essere indicato e motivato nella nota integrativa.

3. Se la data di chiusura dell'esercizio di un'impresa inclusa nel consolidamento è diversa dalla data di riferimento del bilancio consolidato, questa impresa è inclusa in base a un bilancio annuale intermedio, riferito alla data del bilancio annuale consolidato (7).

31. *Principi di consolidamento*. — 1. Nella redazione del bilancio consolidato gli elementi dell'attivo e del passivo nonché i proventi e gli oneri delle imprese incluse nel consolidamento sono ripresi integralmente.

2. Sono invece eliminati:

a) le partecipazioni in imprese incluse nel consolidamento e le corrispondenti frazioni del patrimonio netto di queste;

b) i crediti e i debiti tra le imprese incluse nel consolidamento;

c) i proventi e gli oneri relativi ad operazioni effettuate fra le imprese medesime;

d) gli utili e le perdite conseguenti ad operazioni effettuate tra tali imprese e relative a valori compresi nel patrimonio, diversi da lavori in corso su ordinazione di terzi.

(1) Le parole «in casi eccezionali,» sono state anteposte dall'art. 7.2, d.lg. 18 agosto 2015, n. 139. In base all'art. 12.1, d.lg. cit., tali disposizioni «entrano in vigore dal 1° gennaio 2016 e si applicano ai bilanci relativi agli esercizi finanziari aventi inizio a partire da quella data».

(2) VII Direttiva, artt. 13 e 14.

(3) Le parole «, dal rendiconto finanziario» sono state inserite dall'art. 7.3, lett. a, d.lg. 18 agosto 2015, n. 139. In base all'art. 12.1, d.lg. cit., tali disposizioni «entrano in vigore dal 1° gennaio 2016 e si applicano ai bilanci relativi agli esercizi finanziari aventi inizio a partire da quella data».

(4) Comma inserito dall'art. 7.3, lett. b, d.lg. 18 agosto 2015, n. 139. In base all'art. 12.1, d.lg. cit., tali disposizioni «entrano in vigore dal 1° gennaio 2016 e si applicano ai bilanci relativi agli esercizi finanziari aventi inizio a partire da quella data».

(5) VII Direttiva, artt. 16, 25.

(6) Comma aggiunto dall'art. 16.8, d.lg. 24 giugno 1998, n. 213, in *Leggi coll. IV, 8*.

(7) VII Direttiva, art. 27.

3. Possono non essere eliminati, indicandone il motivo nella nota integrativa: gli importi [...] (1) di cui alla lett. *d*) relativi ad operazioni correnti dell'impresa, concluse a normali condizioni di mercato, se la loro eliminazione comporta costi sproporzionati.

4. Ai fini della eliminazione prevista nel secondo comma, lett. *a*), dal patrimonio netto delle imprese incluse nel consolidamento deve previamente essere detratto il valore contabile delle azioni o quote della società che redige il bilancio consolidato appartenenti a quelle. Si applica l'art. 2424-*bis*, settimo comma, del codice civile (2).

5. .... (3).

32. *Struttura e contenuto dello stato patrimoniale, del conto economico e del rendiconto finanziario consolidati* (4). — 1. Salvi gli adeguamenti necessari, la struttura e il contenuto dello stato patrimoniale e del conto economico e del rendiconto finanziario (5) consolidati sono quelli prescritti per i bilanci di esercizio delle imprese incluse nel consolidamento. Se questi sono soggetti a discipline diverse, devono essere adottati la struttura e il contenuto più idonei (6) a realizzare i fini indicati nel comma 2 dell'art. 29, dandone motivazione nella nota integrativa.

2. Le voci relative alle rimanenze possono essere raggruppate quando la loro distinta indicazione comporti costi sproporzionati.

3. L'importo del capitale e delle riserve delle imprese controllate corrispondente a partecipazioni di terzi è iscritto in una voce del patrimonio netto denominata «capitale e riserve di terzi».

4. La parte del risultato economico consolidato corrispondente a partecipazioni di terzi è iscritta in una voce denominata «utile (perdita) dell'esercizio di pertinenza di terzi» (7).

33. *Consolidamento delle partecipazioni*. — 1. L'eliminazione prescritta dall'art. 31, comma 2, lett. *a*), è attuata sulla base dei valori contabili riferiti alla data di acquisizione o alla data (8) in cui l'impresa è inclusa per la prima volta nel consolidamento.

2. Se l'eliminazione determina una differenza, questa è imputata nel bilancio consolidato, ove possibile, agli elementi dell'attivo e del passivo delle imprese incluse nel consolidamento.

3. L'eventuale residuo, se negativo, è iscritto in una voce del patrimonio netto denominata «riserva di consolidamento», ovvero, quando sia dovuto a previsione di risultati economici sfavorevoli, in una voce denominata «fondo di consolidamento per rischi ed oneri futuri»; se positivo, è iscritto in una voce dell'attivo denominata «avviamento», salvo che debba essere in tutto o in parte imputato a conto economico (9). L'importo iscritto nell'attivo è ammortizzato nel periodo previsto dal primo comma, n. 6, dell'art. 2426 del codice civile (10).

(1) Le parole «di cui alle lett. *b*), *c*) e *d*) se irrilevanti; quelli» sono state soppresse dall'art. 7.4, lett. a, d.lg. 18 agosto 2015, n. 139. In base all'art. 12.1, d.lg. cit., tali disposizioni «entrano in vigore dal 1° gennaio 2016 e si applicano ai bilanci relativi agli esercizi finanziari aventi inizio a partire da quella data».

(2) Ultimo periodo così sostituito dall'art. 7.4, lett. b, d.lg. 18 agosto 2015, n. 139. In base all'art. 12.1, d.lg. cit., tali disposizioni «entrano in vigore dal 1° gennaio 2016 e si applicano ai bilanci relativi agli esercizi finanziari aventi inizio a partire da quella data».

(3) Comma abrogato dall'art. 2-*bis*, d.l. 29 giugno 1994, n. 416 conv. in l. 8 agosto 1994, n. 503.

(4) Rubrica così sostituita alla precedente «Struttura e contenuto dello stato patrimoniale e del conto economico consolidati» dall'art. 7.5, lett. a, d.lg. 18 agosto 2015, n. 139. In base all'art. 12.1, d.lg. cit., tali disposizioni «entrano in vigore dal 1° gennaio 2016 e si applicano ai bilanci relativi agli esercizi finanziari aventi inizio a partire da quella data».

(5) Le parole «e del rendiconto finanziario» sono state inserite dall'art. 7.5, lett. b, d.lg. 18 agosto 2015, n. 139. In base all'art. 12.1, d.lg. cit., tali disposizioni «entrano in vigore dal 1° gennaio 2016 e si applicano ai bilanci relativi agli esercizi finanziari aventi inizio a partire da quella data».

(6) Le parole «devono essere adottati la struttura e il contenuto più idonei» sono state così sostituite alle precedenti «deve essere adottata quella più idonea» dall'art. 7.5, lett. b, d.lg. 18 agosto 2015, n. 139. In base all'art. 12.1, d.lg. cit., tali disposizioni «entrano in vigore dal 1° gennaio 2016 e si applicano ai bilanci relativi agli esercizi finanziari aventi inizio a partire da quella data».

(7) VII Direttiva, artt. 17, 21, 23.

(8) Le parole «di acquisizione o alla data» sono state inserite dall'art. 7.6, lett. a, d.lg. 18 agosto 2015, n. 139. In base all'art. 12.1, d.lg. cit., tali disposizioni «entrano in vigore dal 1° gennaio 2016 e si applicano ai bilanci relativi agli esercizi finanziari aventi inizio a partire da quella data».

(9) Le parole «"avviamento", salvo che debba essere in tutto o in parte imputato a conto economico.» sono state così sostituite alle precedenti «"differenza da consolidamento" o è portato esplicitamente in detrazione della riserva da consolidamento fino a concorrenza della medesima.» dall'art. 7.6, lett. b, d.lg. 18 agosto 2015, n. 139. In base all'art. 12.1, d.lg. cit., tali disposizioni «entrano in vigore dal 1° gennaio 2016 e si applicano ai bilanci relativi agli esercizi finanziari aventi inizio a partire da quella data».

(10) Le parole «dal primo comma, n. 6, dell'art. 2426 del codice civile» sono state così sostituite alle precedenti «dall'art. 2426, n. 6), del codice civile» dall'art. 7.6, lett. b, d.lg. 18 agosto 2015, n. 139. In base all'art. 12.1, d.lg. cit., tali disposizioni «entrano in vigore dal 1° gennaio 2016 e si applicano ai bilanci relativi agli esercizi finanziari aventi inizio a partire da quella data».

4. Le voci indicate nel precedente comma, i criteri utilizzati per la loro determinazione e le variazioni significative rispetto al bilancio consolidato dell'esercizio precedente devono essere adeguatamente illustrati nella nota integrativa (1).

34. *Uniformità dei criteri di valutazione*. — 1. Gli elementi dell'attivo e del passivo devono essere valutati con criteri uniformi.

2. A tale scopo devono essere rettificati i valori di elementi valutati con criteri difformi [...] (2) (3).

2-*bis*. In casi eccezionali sono ammesse deroghe al principio enunciato al comma 1, purché tali deroghe siano indicate e debitamente motivate nella nota integrativa (4).

35. *Scelta dei criteri di valutazione*. — 1. I criteri di valutazione devono essere quelli utilizzati nel bilancio di esercizio dell'impresa che redige il bilancio consolidato.

2. Possono tuttavia essere utilizzati, dandone motivazione nella nota integrativa, altri criteri, purché ammessi dagli artt. 2423 e ss. del codice civile (5).

36. *Partecipazioni non consolidate*. — 1. Le partecipazioni costituenti immobilizzazioni in imprese collegate (6) sono valutate con il criterio indicato nel primo comma. n. 4, dell'art. 2426 (7) del codice civile; tuttavia la differenza positiva tra il valore calcolato con tale criterio e il valore iscritto nel bilancio precedente, per la parte derivante da utili, è iscritta in apposita voce del conto economico.

2. Quando l'entità della partecipazione è irrilevante ai fini indicati nel secondo comma dell'art. 29, può non essere applicato il criterio di valutazione richiamato dal comma precedente.

3. .... (8).

37. *Consolidamento proporzionale alla partecipazione*. — 1. Possono essere incluse nel bilancio consolidato anche le imprese sulle quali un'impresa inclusa nel consolidamento abbia il controllo congiuntamente con altri soci ed in base ad accordi con essi, purché la partecipazione posseduta non sia inferiore alle percentuali indicate nell'art. 2359, terzo comma, del codice civile.

2. In tal caso l'inclusione nel consolidamento avviene secondo il criterio della proporzione con la partecipazione posseduta (9).

38. *Contenuto della nota integrativa*. — 1. La nota integrativa deve indicare, oltre a quanto stabilito da altre disposizioni del presente decreto:

a) i criteri di valutazioni applicati;

b) i criteri e i tassi applicati nella conversione dei bilanci espressi in moneta non avente corso legale nello Stato;

b-bis) i movimenti delle immobilizzazioni, specificando per ciascuna voce: il costo; le precedenti rivalutazioni, ammortamenti e svalutazioni; le acquisizioni, gli spostamenti da una ad altra voce, le alienazioni avvenuti nell'esercizio; le rivalutazioni, gli ammortamenti e le svalutazioni effettuati nell'esercizio; il totale delle rivalutazioni riguardanti le immobilizzazioni esistenti alla chiusura dell'esercizio (10);

c) le ragioni delle più significative variazioni intervenute nella consistenza delle al-

(1) VII Direttiva, artt. 19, 30, 31.

(2) Le parole «, a meno che, ai fini indicati nel secondo comma dell'art. 29, la difformità consenta una migliore rappresentazione o sia irrilevante.» sono state soppresse dall'art. 7.7, lett. a, d.lg. 18 agosto 2015, n. 139. In base all'art. 12.1, d.lg. cit., tali disposizioni «entrano in vigore dal 1° gennaio 2016 e si applicano ai bilanci relativi agli esercizi finanziari aventi inizio a partire da quella data».

(3) VII Direttiva, art. 29, 1), 3).

(4) Comma inserito dall'art. 7.7, lett. b, d.lg. 18 agosto 2015, n. 139. In base all'art. 12.1, d.lg. cit., tali disposizioni «entrano in vigore dal 1° gennaio 2016 e si applicano ai bilanci relativi agli esercizi finanziari aventi inizio a partire da quella data».

(5) VII Direttiva, art. 29, 2).

(6) La parola «collegate» è stata così sostituita alle precedenti «escluse dal consolidamento a norma del primo comma dell'art. 28» dall'art. 3.2, lett. a, d.lg. 2 febbraio 2007, n. 32. L'art. 5, d.lg. cit., così dispone: «Le disposizioni del presente decreto si applicano ai bilanci relativi agli esercizi aventi inizio dalla data successiva a quella della sua entrata in vigore».

(7) Le parole «nel primo comma, n. 4, dell'art. 2426» sono state così sostituite alle precedenti «nell'art. 2426, n. 4,» dall'art. 7.8, d.lg. 18 agosto 2015, n. 139. In base all'art. 12.1, d.lg. cit., tali disposizioni «entrano in vigore dal 1° gennaio 2016 e si applicano ai bilanci relativi agli esercizi finanziari aventi inizio a partire da quella data».

(8) Comma abrogato dall'art. 3.2, lett. b, d.lg. 2 febbraio 2007, n. 32. L'art. 5, d.lg. cit., così dispone: «Le disposizioni del presente decreto si applicano ai bilanci relativi agli esercizi aventi inizio dalla data successiva a quella della sua entrata in vigore».

(9) VII Direttiva, art. 32.

(10) Lettera inserita dall'art. 7.9, lett. a, d.lg. 18 agosto 2015, n. 139. In base all'art. 12.1, d.lg. cit., tali disposizioni «entrano in vigore dal 1° gennaio 2016 e si applicano ai bilanci relativi agli esercizi finanziari aventi inizio a partire da quella data».

tre (1) voci dell'attivo e del passivo;

d) la composizione delle voci «costi di impianto e ampliamento» e «costi di sviluppo» (2);

e) distintamente per ciascuna voce, l'ammontare dei crediti e dei debiti di durata residua superiore a cinque anni, e dei debiti assistiti da garanzie reali su beni di imprese incluse nel consolidamento, con specifica indicazione della natura delle garanzie;

f) la composizione delle voci «ratei e risconti» e della voce «altri accantonamenti» dello stato patrimoniale [...] (3);

g) l'ammontare degli oneri finanziari imputati nell'esercizio ai valori iscritti nell'attivo dello stato patrimoniale, distintamente per ciascuna voce;

h) l'importo complessivo degli impegni, delle garanzie e delle passività potenziali non risultanti dallo stato patrimoniale, con indicazione della natura delle garanzie reali prestate; gli impegni esistenti in materia di trattamento di quiescenza e simili (4);

i) [...] (5) la suddivisione dei ricavi delle vendite e delle prestazioni secondo categorie di attività e secondo aree geografiche;

l) la suddivisione degli interessi e degli altri oneri finanziari tra prestiti obbligazionari, debiti verso banche e altri;

m) l'importo e la natura dei singoli elementi di ricavo o di costo di entità o incidenza eccezionali (6);

n) il numero medio, suddiviso per categorie, dei dipendenti delle imprese incluse nel consolidamento, con separata indicazione di quello relativo alle imprese incluse ai sensi dell'art. 37;

o) cumulativamente per ciascuna categoria, l'ammontare dei compensi, delle anticipazioni e dei crediti concessi agli amministratori e ai sindaci dell'impresa controllante per lo svolgimento di tali funzioni anche in altre imprese incluse nel consolidamento, precisando il tasso d'interesse, le principali condizioni e gli importi eventualmente rimborsati, cancellati o oggetto di rinuncia, nonché gli impegni assunti per loro conto per effetto di garanzie di qualsiasi tipo prestate, precisando il totale per ciascuna categoria (7);

o-bis). . . . . (8);

o-ter) per ciascuna categoria di strumenti finanziari derivati:

1) il loro *fair value*;

2) informazioni sulla loro entità e sulla loro natura, compresi i termini e le condizioni significative che possono influenzare l'importo, le scadenze e la certezza dei flussi finanziari futuri;

2-*bis*) gli assunti fondamentali su cui si basano i modelli e le tecniche di valutazione, qualora il *fair value* non sia stato determinato sulla base di evidenze di mercato;

2-*ter*) le variazioni di valore iscritte direttamente nel conto economico, nonché quelle imputate alle riserve di patrimonio netto;

2-*quater*) una tabella che indichi i mo-

(1) La parola «altre» è stata inserita dall'art. 7.9, lett. b, d.lg. 18 agosto 2015, n. 139. In base all'art. 12.1, d.lg. cit., tali disposizioni «entrano in vigore dal 1° gennaio 2016 e si applicano ai bilanci relativi agli esercizi finanziari aventi inizio a partire da quella data».

(2) Le parole «"costi di sviluppo"» sono state così sostituite alle precedenti «"costi di ricerca, di sviluppo e di pubblicità"» dall'art. 7.9, lett. c, d.lg. 18 agosto 2015, n. 139. In base all'art. 12.1, d.lg. cit., tali disposizioni «entrano in vigore dal 1° gennaio 2016 e si applicano ai bilanci relativi agli esercizi finanziari aventi inizio a partire da quella data».

(3) Le parole «, quando il loro ammontare è significativo» sono state soppresse dall'art. 7.9, lett. d, d.lg. 18 agosto 2015, n. 139. In base all'art. 12.1, d.lg. cit., tali disposizioni «entrano in vigore dal 1° gennaio 2016 e si applicano ai bilanci relativi agli esercizi finanziari aventi inizio a partire da quella data».

(4) Lettera così sostituita dall'art. 7.9, lett. e, d.lg. 18 agosto 2015, n. 139. In base all'art. 12.1, d.lg. cit., tali disposizioni «entrano in vigore dal 1° gennaio 2016 e si applicano ai bilanci relativi agli esercizi finanziari aventi inizio a partire da quella data».

(5) Le parole «se significativa,» sono state soppresse dall'art. 7.9, lett. f, d.lg. 18 agosto 2015, n. 139. In base all'art. 12.1, d.lg. cit., tali disposizioni «entrano in vigore dal 1° gennaio 2016 e si applicano ai bilanci relativi agli esercizi finanziari aventi inizio a partire da quella data».

(6) Lettera così sostituita dall'art. 7.9, lett. g, d.lg. 18 agosto 2015, n. 139. In base all'art. 12.1, d.lg. cit., tali disposizioni «entrano in vigore dal 1° gennaio 2016 e si applicano ai bilanci relativi agli esercizi finanziari aventi inizio a partire da quella data».

(7) Lettera così sostituita dall'art. 7.9, lett. h, d.lg. 18 agosto 2015, n. 139. In base all'art. 12.1, d.lg. cit., tali disposizioni «entrano in vigore dal 1° gennaio 2016 e si applicano ai bilanci relativi agli esercizi finanziari aventi inizio a partire da quella data».

(8) Lettera aggiunta dall'art. 2-*bis*.4, d.l. 29 giugno 1994, n. 416 conv. in l. 8 agosto 1994, n. 503, e successivamente soppressa dall'art. 7.9, lett. i, d.lg. 18 agosto 2015, n. 139. In base all'art. 12.1, d.lg. cit., tali disposizioni «entrano in vigore dal 1° gennaio 2016 e si applicano ai bilanci relativi agli esercizi finanziari aventi inizio a partire da quella data».

vimenti delle riserve di *fair value* avvenuti nell'esercizio (1).

o-quater) per le immobilizzazioni finanziarie iscritte a un valore superiore al loro *fair value*, con esclusione delle partecipazioni in società controllate e collegate ai sensi dell'art. 2359 del codice civile e delle partecipazioni in *joint venture*:

1) il valore contabile e il *fair value* delle singole attività, o di appropriati raggruppamenti di tali attività;

2) i motivi per i quali il valore contabile non è stato ridotto, inclusa la natura degli elementi sostanziali sui quali si basa il convincimento che tale valore possa essere recuperato (2);

o-quinquies) le operazioni realizzate con parti correlate, precisando l'importo, la natura del rapporto e ogni altra informazione necessaria per la comprensione del bilancio relativa a tali operazioni, qualora [...] (3) e non siano state concluse a normali condizioni di mercato. Le informazioni relative alle singole operazioni possono essere aggregate secondo la loro natura, salvo quando la loro separata evidenza sia necessaria per comprendere gli effetti delle operazioni medesime sulla situazione patrimoniale e finanziaria e sul risultato economico consolidati (4);

o-sexies) la natura e l'obiettivo economico di accordi non risultanti dallo stato patrimoniale, con indicazione del loro effetto patrimoniale, finanziario ed economico, a condizione che i rischi e i benefici da essi derivanti siano significativi e l'indicazione degli stessi sia necessaria per valutare la situazione patrimoniale e finanziaria e il risultato economico consolidati (4);

o-septies) separatamente, l'importo dei corrispettivi spettanti al revisore legale o alla società di revisione legale per la revisione dei conti consolidati, per gli altri servizi di verifica, per i servizi di consulenza fiscale e per altri servizi diversi dalla revisione legale forniti al gruppo (5);

o-octies) il nome e la sede legale dell'impresa che redige il bilancio consolidato dell'insieme più grande di imprese di cui l'impresa fa parte in quanto impresa controllata, nonché il luogo in cui è disponibile la copia del bilancio consolidato (6);

o-novies) il nome e la sede legale dell'impresa che redige il bilancio consolidato dell'insieme più piccolo di imprese di cui l'impresa fa parte in quanto impresa controllata nonché il luogo in cui è disponibile la copia del bilancio consolidato (6);

o-decies) la natura e l'effetto patrimoniale, finanziario ed economico dei fatti di rilievo avvenuti dopo la data di riferimento del bilancio consolidato (6);

2. La nota integrativa deve inoltre contenere:

a) l'elenco delle imprese incluse nel consolidamento col metodo integrale ai sensi dell'art. 26;

b) l'elenco delle imprese incluse nel consolidamento col metodo proporzionale ai sensi dell'art. 37;

c) l'elenco delle partecipazioni valutate con il metodo del patrimonio netto ai sensi del comma 1 (7) dell'art. 36;

d) l'elenco delle altre partecipazioni in imprese controllate e collegate (8).

2-*bis.* Ai fini dell'applicazione del comma 1, lett. *o-ter*), *o-quater*) e *o-quinquies*) e dell'art. 40, comma 2, lett. *d-bis*), per le definizioni di «strumento finanziario», «strumento finanziario derivato», «*fair value*» e «parte correlata» si

(1) Lettera aggiunta dall'art. 4.1, d.lg. 30 dicembre 2003, n. 394. Successivamente i numeri da 1) a 2-*quater* sono stati così sostituiti ai precedenti nn. 1) e 2) dall'art. 7.9, lett. l, d.lg. 18 agosto 2015, n. 139. In base all'art. 12.1, d.lg. cit., tali disposizioni «entrano in vigore dal 1° gennaio 2016 e si applicano ai bilanci relativi agli esercizi finanziari aventi inizio a partire da quella data».

(2) Lettera aggiunta dall'art. 4.1, d.lg. 30 dicembre 2003, n. 394, di cui v. l'art. 8: «Le disposizioni del presente decreto entrano in vigore dal 1° gennaio 2005».

(3) Le parole «le stesse siano rilevanti» (così in G.U.) sono state soppresse dall'art. 7.9, lett. m, d.lg. 18 agosto 2015, n. 139. In base all'art. 12.1, d.lg. cit., tali disposizioni «entrano in vigore dal 1° gennaio 2016 e si applicano ai bilanci relativi agli esercizi finanziari aventi inizio a partire da quella data».

(4) Lettera aggiunta dall'art. 2.2, d.lg. 3 novembre 2008, n. 173, di cui v. art. 6: «Le disposizioni del presente decreto si applicano ai bilanci e alle relazioni relativi agli esercizi aventi inizio da data successiva a quella della sua entrata in vigore».

(5) Lettera inserita dall'art. 38.1, d.lg. 27 gennaio 2010, n. 39.

(6) Lettera aggiunta dall'art. 7.9, lett. n, d.lg. 18 agosto 2015, n. 139. In base all'art. 12.1, d.lg. cit., tali disposizioni «entrano in vigore dal 1° gennaio 2016 e si applicano ai bilanci relativi agli esercizi finanziari aventi inizio a partire da quella data».

(7) Le parole «del comma 1» sono state così sostituite alle precedenti «dei commi 1 e 3» dall'art. 3.3, d.lg. 2 febbraio 2007, n. 32. L'art. 5, d.lg. cit., così dispone: «Le disposizioni del presente decreto si applicano ai bilanci relativi agli esercizi aventi inizio dalla data successiva a quella della sua entrata in vigore».

(8) VII Direttiva, artt. 34, 45.

fa riferimento ai principi contabili internazionali adottati dall'Unione europea (1).

39. *Elenchi delle imprese incluse nel bilancio consolidato e delle partecipazioni*. — 1. Gli elenchi previsti nell'art. 38, comma 2, devono indicare per ciascuna impresa:

a) la denominazione, la sede e il capitale;

b) le quote possedute, direttamente o per il tramite di società fiduciarie o per interposta persona, dalla controllante e da ciascuna delle controllate;

c) se diversa, la percentuale dei voti complessivamente spettanti nell'assemblea ordinaria.

2. La ragione della inclusione di una impresa in uno degli elenchi deve essere specificata, se già non risulta dalle indicazioni richieste dalle lett. *b*) e *c*) del comma 1.

3. Qualora si sia verificata una variazione notevole nella composizione del complesso delle imprese incluse nel consolidamento, devono essere fornite le informazioni che rendano significativo il confronto fra lo stato patrimoniale e il conto economico dell'esercizio e quelli dell'esercizio precedente. Le suddette informazioni possono essere fornite anche mediante adattamento dello stato patrimoniale e del conto economico dell'esercizio precedente.

4. È consentito omettere l'indicazione delle imprese la cui inclusione negli elenchi possa arrecare grave pregiudizio ad imprese incluse nel consolidamento o ad imprese da queste controllate o con queste collegate (2).

40. *Relazione sulla gestione*. — 1. Il bilancio consolidato deve essere corredato da una relazione degli amministratori contenente un'analisi fedele, equilibrata ed esauriente della situazione dell'insieme delle imprese incluse nel consolidamento e dell'andamento e del risultato della gestione (3) nel suo insieme e nei vari settori, con particolare riguardo ai costi, ai ricavi e agli investimenti, nonché una descrizione dei principali rischi e incertezze cui le imprese incluse nel consolidamento sono esposte (4).

1-*bis*. L'analisi di cui al comma 1 è coerente con l'entità e la complessità degli affari dell'insieme delle imprese incluse nel bilancio consolidato e contiene, nella misura necessaria alla comprensione della situazione dell'insieme delle imprese incluse nel consolidamento e dell'andamento e del risultato della loro gestione, gli indicatori di risultato finanziari e, se del caso, quelli non finanziari pertinenti alle attività specifiche delle imprese, comprese le informazioni attinenti all'ambiente e al personale. L'analisi contiene, ove opportuno, riferimenti agli importi riportati nel bilancio consolidato e chiarimenti aggiuntivi su di essi (5).

2. Dalla relazione devono in ogni caso risultare:

a) le attività di ricerca e di sviluppo;

b) .... (6);

c) l'evoluzione prevedibile della gestione;

d) il numero e il valore nominale delle azioni o quote dell'impresa controllante possedute da essa o da imprese controllate, anche per il tramite di società fiduciarie o per interposta persona, con l'indicazione della quota di capitale corrispondente (7);

d-bis) in relazione all'uso da parte delle imprese incluse nel bilancio consolidato di strumenti finanziari e se rilevanti per la valutazione della situazione patrimoniale e finanziaria e del risultato economico dell'esercizio complessivi:

1) gli obiettivi e le politiche delle imprese in materia di gestione del rischio finanziario, comprese le loro politiche di copertura per cia-

(1) Comma aggiunto dall'art. 4.2, d.lg. 30 dicembre 2003, n. 394, di cui v. l'art. 8: «Le disposizioni del presente decreto entrano in vigore dal 1° gennaio 2005». Il comma è stato così sostituito dall'art. 2.3, d.lg. 3 novembre 2008, n. 173, di cui v. art. 6: «Le disposizioni del presente decreto si applicano ai bilanci e alle relazioni relativi agli esercizi aventi inizio da data successiva a quella della sua entrata in vigore».

(2) VII Direttiva, art. 34.

(3) Le parole da «contenente un'analisi fedele» fino a «gestione» sono state così sostituite alle precedenti «sulla situazione complessiva delle imprese in esso incluse e sull'andamento della gestione» dall'art. 1.2, lett. a, d.lg. 2 febbraio 2007, n. 32. L'art. 5, d.lg. cit., così dispone: «Le disposizioni del presente decreto si applicano ai bilanci relativi agli esercizi aventi inizio dalla data successiva a quella della sua entrata in vigore».

(4) Le parole «, nonché una descrizione dei principali rischi e incertezze cui le imprese incluse nel consolidamento sono esposte» sono state aggiunte dall'art. 1.2, lett. b, d.lg. 2 febbraio 2007, n. 32. L'art. 5, d.lg. cit., così dispone: «Le disposizioni del presente decreto si applicano ai bilanci relativi agli esercizi aventi inizio dalla data successiva a quella della sua entrata in vigore».

(5) Comma inserito dall'art. 1.2, lett. c, d.lg. 2 febbraio 2007, n. 32. L'art. 5, d.lg. cit., così dispone: «Le disposizioni del presente decreto si applicano ai bilanci relativi agli esercizi aventi inizio dalla data successiva a quella della sua entrata in vigore».

(6) Lettera abrogata dall'art. 7.10, d.lg. 18 agosto 2015, n. 139. In base all'art. 12.1, d.lg. cit., tali disposizioni «entrano in vigore dal 1° gennaio 2016 e si applicano ai bilanci relativi agli esercizi finanziari aventi inizio a partire da quella data».

(7) VII Direttiva, art. 36.

scuna principale categoria di operazioni previste;

2) l'esposizione delle imprese al rischio di prezzo, al rischio di credito, al rischio di liquidità e al rischio di variazione dei flussi finanziari (1).

2-*bis*. La relazione di cui al comma 1 e la relazione di cui all'art. 2428 del codice civile possono essere presentate in un unico documento, dando maggiore rilievo, ove opportuno, alle questioni che sono rilevanti per il complesso delle imprese incluse nel consolidamento (2).

41. *Revisione legale del bilancio consolidato.* — 1. Il bilancio consolidato è assoggettato a revisione legale.

2. La revisione legale del bilancio consolidato è demandata al soggetto incaricato della revisione legale del bilancio di esercizio della società che redige il bilancio consolidato.

3. Il bilancio consolidato e la relativa relazione sulla gestione sono comunicati per la revisione legale con il bilancio di esercizio.

4. Una copia del bilancio consolidato con la relazione sulla gestione e la relazione di revisione resta depositata durante i quindici giorni che precedono l'assemblea convocata per l'approvazione del bilancio d'esercizio e finché questo sia approvato. I soci possono prenderne visione (3).

42. *Pubblicazione del bilancio consolidato.* — 1. Una copia del bilancio consolidato e delle relazioni indicate all'art. 41, commi 2 e 4, deve essere depositata a cura degli amministratori presso l'ufficio del registro delle imprese con il bilancio d'esercizio.

2. .... (4).

3. Si applica il secondo comma dell'art. 2435 del codice civile (5).

43. *Obblighi delle imprese controllate.* — 1. Le imprese controllate sono obbligate a trasmettere tempestivamente all'impresa controllante le informazioni da questa richieste ai fini della redazione del bilancio consolidato.

CAPO IV

Disposizioni transitorie e finali

44. *Enti creditizi e finanziari.* — 1. Le disposizioni del presente decreto non si applicano:

a) alle banche italiane di cui all'art. 1 del d.lg. 1° settembre 1993, n. 385 (6);

b) alle società finanziarie italiane di cui all'art. 59, comma 1, lett. *b*), del d.lg. 1° settembre 1993, n. 385 (6), che controllano banche o gruppi bancari iscritti nell'albo di cui all'art. 64 del d.lg. 1° settembre 1993, n. 385 (6);

c) alle società di partecipazione finanziaria mista italiane di cui all'art. 59, comma 1, lett. *b-bis*), del d.lg. 1° settembre 1993, n. 385 (6), che controllano una o più banche o società finanziarie ovunque costituite qualora il settore di maggiore dimensione all'interno del conglomerato finanziario sia quello bancario determinato ai sensi del d.lg. 30 maggio 2005, n. 142;

d) alle società di intermediazione mobiliare di cui all'art. 1, comma 1, lett. *e*), del d.lg. 24 febbraio 1998, n. 58 (SIM) (7);

e) alle società finanziarie italiane che controllano SIM o gruppi di SIM iscritti nell'albo di cui all'art. 11, comma 1-*bis*, del d.lg. 24 febbraio 1998, n. 58 (7);

f) alle società di gestione del risparmio di cui all'art. 1, lett. *o*), del d.lg. 24 febbraio 1998, n. 58 (7);

g) alle società finanziarie iscritte nell'albo di cui all'art. 106 del d.lg. 1° settembre 1993, n. 385 (6);

h) alle società finanziarie che controllano società finanziarie iscritte nell'albo di cui all'art. 106 del d.lg. 1° settembre 1993, n. 385 (6), o gruppi finanziari iscritti nell'albo di cui all'art. 110 del d.lg. 1° settembre 1993, n. 385 (6);

i) alle agenzie di prestito su pegno di cui all'art. 112 del d.lg. 1° settembre 1993, n. 385 (6);

(1) Lettera aggiunta dall'art. 5, d.lg. 30 dicembre 2003, n. 394, di cui v. l'art. 8: «Le disposizioni del presente decreto entrano in vigore dal 1° gennaio 2005».

(2) Comma aggiunto dall'art. 1.2, lett. d, d.lg. 2 febbraio 2007, n. 32. L'art. 5, d.lg. cit., così dispone: «Le disposizioni del presente decreto si applicano ai bilanci relativi agli esercizi aventi inizio dalla data successiva a quella della sua entrata in vigore».

(3) Articolo così sostituito dall'art. 38.2, d.lg. 27 gennaio 2010, n. 39.

(4) Comma abrogato dall'art. 7.11, d.lg. 18 agosto 2015, n. 139. In base all'art. 12.1, d.lg. cit., tali disposizioni «entrano in vigore dal 1° gennaio 2016 e si applicano ai bilanci relativi agli esercizi finanziari aventi inizio a partire da quella data».

(5) Comma aggiunto dall'art. 4, d.lg. 30 dicembre 1992, n. 526.

(6) In *Leggi coll. XVII, 1.*

(7) In *Leggi coll. XVIII, 1.*

l) agli istituti di moneta elettronica di cui al titolo V-*bis* del d.lg. 1° settembre 1993, n. 385 (1);

m) agli istituti di pagamento di cui al titolo V-*ter* del d.lg. 1° settembre 1993, n. 385 (1);

n) agli operatori del microcredito iscritti nell'albo di cui all'art. 111 del d.lg. 1° settembre 1993, n. 385 (1);

o) ai confidi iscritti nell'albo di cui all'art. 112-*bis* del d.lg. 1° settembre 1993, n. 385 (1) (2).

2. . . . . (3).

45-46. . . . . (*omissis*).

XIV. 7.

DECRETO LEGGE 31 maggio 1994, n. 332. — *Norme per l'accelerazione delle procedure di dismissione di partecipazioni dello Stato e degli enti pubblici in società per azioni* (4), *convertito in l. 30 luglio 1994, n. 474* (5).

1. *Modalità delle dismissioni delle partecipazioni azionarie dello Stato e degli enti pubblici*. — 1. Le vigenti norme di legge e di regolamento sulla contabilità generale dello Stato non si applicano alle alienazioni delle partecipazioni dello Stato e degli enti pubblici in società per azioni e ai conferimenti delle stesse società partecipate, nonché agli atti ed alle operazioni complementari e strumentali alle medesime alienazioni inclusa la concessione di indennità e manleva secondo la prassi dei mercati.

2. L'alienazione delle partecipazioni di cui al comma 1 è effettuata con modalità trasparenti e non discriminatorie, finalizzate anche alla diffusione dell'azionariato tra il pubblico dei risparmiatori e degli investitori istituzionali. Dette modalità di alienazione sono preventivamente individuate, per ciascuna società, con decreto del Presidente del Consiglio dei ministri, su proposta del Ministro dell'economia e delle finanze, di concerto con il Ministro delle attività produttive (6).

2-*bis*. Al fine di realizzare la massimizzazione del gettito per l'Erario, il contenimento dei costi e la rapidità di esecuzione della cessione, in deroga alle disposizioni di cui al comma 2, il Ministro dell'economia e delle finanze individua, con proprio decreto, le modalità di alienazione delle partecipazioni direttamente detenute dallo Stato non di controllo e di valore inferiore ad euro 50 milioni, secondo tecniche in uso nei mercati finanziari e fermo restando il rispetto dei principi di trasparenza e non discriminazione (6).

2-*ter*. Alle alienazioni di cui al comma 2 si applica l'art. 1, comma 2, della l. 14 novembre 1995, n. 481, e successive modificazioni, per la dismissione delle partecipazioni di controllo ivi indicate, salvo il caso di alienazione di titoli azionari già quotati in mercati regolamentati nazionali o comunitari qualora il collocamento sia rivolto, direttamente o indirettamente, ad un pubblico indistinto di risparmiatori o di investitori istituzionali (6).

3. In caso di cessione mediante trattativa diretta di partecipazioni in società controllate direttamente o indirettamente dallo Stato, con decreto del Presidente del Consiglio dei Ministri, adottato su proposta del Ministro del tesoro, d'intesa con i Ministri dell'industria, del commercio e dell'artigianato e del bilancio e della programmazione economica, ovvero, per le società controllate indirettamente, con deliberazione dell'organo competente, possono essere individuate le società per le quali, al fine di costituire un nucleo stabile di azionisti di riferimento, la cessione della partecipazione deve essere effettuata invitando potenziali acquirenti, che presentino requisiti di idonea capacità imprenditoriale, ad avanzare, agendo di

(1) In *Leggi coll. XVII, 1*.

(2) Comma così sostituito dall'art. 7.12, lett. a, d.lg. 18 agosto 2015, n. 139. In base all'art. 12.1, d.lg. cit., tali disposizioni «entrano in vigore dal 1° gennaio 2016 e si applicano ai bilanci relativi agli esercizi finanziari aventi inizio a partire da quella data».

(3) Comma abrogato dall'art. 7.12, lett. b, d.lg. 18 agosto 2015, n. 139. In base all'art. 12.1, d.lg. cit., tali disposizioni «entrano in vigore dal 1° gennaio 2016 e si applicano ai bilanci relativi agli esercizi finanziari aventi inizio a partire da quella data».

(4) G.U., 1° giugno 1994, n. 126.

(5) G.U., 30 luglio 1994, n. 177. Sulla trasformazione degli enti pubblici economici, la dismissione delle partecipazioni statali e l'alienazione di beni patrimoniali suscettibili di gestione economica v. d.l. 5 dicembre 1991, n. 386, conv. in l. 29 gennaio 1992, n. 35; v. anche artt. 14-20, d.l. 11 luglio 1992, n. 333, conv. in l. 8 agosto 1992, n. 359. Sulle modalità di dismissione delle partecipazioni direttamente detenute dallo Stato in società per azioni, di controllo di valore inferiore a lire 100 miliardi [euro 51.645.689,91] o non di controllo di limitato rilievo v. art. 66, l. 23 dicembre 1999, n. 488.

(6) Il comma 2 è stato sostituito dai commi 2, 2-*bis* e 2-*ter* per effetto dell'art. 4.218, lett. a, l. 24 dicembre 2003, n. 350.

concerto, offerte comprensive dell'impegno, da inserire nel contratto di cessione, di garantire, mediante accordo fra i partecipanti al nucleo stabile, determinate condizioni finanziarie, economiche e gestionali. Il contratto può altresì prevedere, per un periodo determinato, il divieto di cessione della partecipazione, il divieto di cessione dell'azienda e la determinazione del risarcimento in caso di inadempimento ai sensi dell'art. 1382 del codice civile. Il contratto di cessione e l'accordo fra i partecipanti al nucleo stabile, nonché le eventuali modificazioni, devono essere depositati, entro quindici giorni, presso l'ufficio del registro delle imprese nella cui circoscrizione è stabilita la sede sociale della società e devono essere pubblicati nei successivi quindici giorni per estratto a cura della società su due quotidiani a diffusione nazionale.

4. Nel caso in cui tra i partecipanti al nucleo stabile sia presente il Ministro del tesoro, questi può riservarsi, per un periodo da indicare nel contratto di cui al comma 3, il diritto di prelazione nel caso di cessione della partecipazione.

5. Il Ministero dell'economia e delle finanze, per quanto concerne le proprie partecipazioni, e gli altri enti pubblici per le loro partecipazioni, ai fini della predisposizione ed esecuzione delle operazioni di alienazione delle azioni delle società di cui al comma 1 e loro controllate e delle operazioni di conferimento, possono affidare anche in deroga alle disposizioni dell'art. 24 della l. 27 dicembre 2002, n. 289, ove applicabili, salvo quanto previsto dalla dir. 92/50/CEE del Consiglio, del 18 giugno 1992, a società di provata esperienza e capacità operativa nazionali ed estere, nonché a singoli professionisti (1) incarichi di studio, consulenza, valutazione, assistenza operativa, amministrazione di titoli di proprietà dello Stato e direzione delle operazioni di collocamento con facoltà di compiere per conto dello Stato operazioni strumentali e complementari, fatte salve le incompatibilità derivanti da conflitti d'interesse. Gli incarichi di valutazione non possono essere affidati a società di revisione che abbiano svolto incarichi di consulenza in favore delle società di cui al comma 1 nei due anni precedenti la data di entrata in vigore del presente decreto. I soggetti incaricati della valutazione possono partecipare ai consorzi di collocamento ma non assumerne la guida. I compensi e le modalità di pagamento degli incarichi di cui al presente comma devono essere previamente stabiliti dalle parti (2).

5-*bis*. Le disposizioni di cui ai commi 1 e 5 si applicano anche agli incarichi conferiti dal Ministero dell'economia e delle finanze in relazione a piani di riordino, risanamento o ristrutturazione delle società partecipate dallo Stato, propedeutici alla dismissione della partecipazione (3).

6. .... (4).

7-7-*ter*. .... (5).

1-*bis*. *Regolazione delle tariffe e controllo della qualità dei servizi*. — 1. Le dismissioni delle partecipazioni azionarie dello Stato e degli enti pubblici nelle società di cui all'art. 2 sono subordinate alla creazione di organismi indipendenti per la regolarizzazione delle tariffe e il controllo della qualità dei servizi di rilevante interesse pubblico (6).

2. *Poteri speciali* (7). — 1. Tra le società controllate direttamente o indirettamente dallo Stato operanti nel settore della difesa, dei tra-

(1) Le parole «iscritti da almeno cinque anni negli albi previsti dalla legge» sono state soppresse dall'art. 25, l. 1° marzo 2002, n. 39.

(2) Comma così modificato dall'art. 4.218, lett. b, l. 24 dicembre 2003, n. 350.

(3) Comma inserito dall'art. 4.218, lett. c, l. 24 dicembre 2003, n. 350.

(4) Comma abrogato dall'art. 17.60, l. 15 maggio 1997, n. 127.

(5) Commi abrogati dall'art. 30.1, lett. c, d.lg. 17 maggio 1999, n. 153.

(6) V. l. 14 novembre 1995, n. 481, in *Leggi coll. XXI, 3*.

(7) Per la definizione dei criteri di esercizio dei poteri speciali, v. d.p.c.m. 10 giugno 2004, in G.U., 16 giugno 2004, n. 139. L'art. 3.2, d.l. 15 marzo 2012, n. 21, conv. in l. 11 maggio 2012, n. 56, così dispone: «L'art. 2 del d.l. 31 maggio 1994, n. 332, convertito, con modificazioni, dalla l. 30 luglio 1994, n. 474, e successive modificazioni, i commi da 228 a 231 dell'art. 4 della l. 24 dicembre 2003, n. 350, nonché il d.p.c.m. 10 giugno 2004, pubblicato nella *Gazzetta Ufficiale* n. 139 del 16 giugno 2004, cessano di avere efficacia, con riferimento ai singoli settori, a decorrere dalla data di entrata in vigore dei decreti, relativi a ciascun settore, di cui all'art. 1, comma 1, e dei regolamenti, relativi a ciascun settore, di cui all'art. 2, comma 1, del presente decreto. Le predette disposizioni sono comunque abrogate a decorrere dalla data di entrata in vigore dell'ultimo dei decreti ovvero dei regolamenti di cui al primo periodo che completano l'individuazione dei settori. Gli amministratori senza diritto di voto eventualmente nominati ai sensi del predetto art. 2 del d.l. n. 332 del 1994, convertito, con modificazioni, dalla l. n. 474 del 1994, e successive modificazioni, e in carica alla data della sua abrogazione cessano alla scadenza del mandato». Per i regolamenti relativi ai settori dell'energia, dei trasporti e delle comunicazioni v. d.p.r. 25 marzo 2014, n. 85 e n. 86. Per la revisione della disciplina della Golden Power v. art. 14, d.l. 16 ottobre 2017, n. 148, conv. in l. 4 dicembre 2017, n. 172.

sporti, delle telecomunicazioni, delle fonti di energia, e degli altri pubblici servizi, sono individuate con decreto del Presidente del Consiglio dei ministri, adottato su proposta del Ministro dell'economia e finanze, di intesa con il Ministro delle attività produttive, nonché con i Ministri competenti per settore, previa comunicazione alle competenti Commissioni parlamentari, quelle nei cui statuti, prima di ogni atto che determini la perdita del controllo, deve essere introdotta con deliberazione dell'assemblea straordinaria una clausola che attribuisca al Ministro dell'economia e delle finanze la titolarità di uno o più dei seguenti poteri speciali da esercitare di intesa con il Ministro delle attività produttive:

a) opposizione all'assunzione, da parte dei soggetti nei confronti dei quali opera il limite al possesso azionario di cui all'art. 3, di partecipazioni rilevanti, per tali intendendosi quelle che rappresentano almeno la ventesima parte del capitale sociale rappresentato da azioni con diritto di voto nelle assemblee ordinarie o la percentuale minore fissata dal Ministro dell'economia e delle finanze con proprio decreto. L'opposizione deve essere espressa entro dieci giorni dalla data della comunicazione che deve essere effettuata dagli amministratori al momento della richiesta di iscrizione nel libro soci, qualora il Ministro ritenga che l'operazione rechi pregiudizio agli interessi vitali dello Stato. Nelle more di decorrenza del termine per l'esercizio del potere di opposizione, il diritto di voto e comunque quelli aventi contenuto diverso da quello patrimoniale, connessi alle azioni che rappresentano la partecipazione rilevante, sono sospesi. In caso di esercizio del potere di opposizione, attraverso provvedimento debitamente motivato in relazione al concreto pregiudizio arrecato dall'operazione agli interessi vitali dello Stato, il cessionario non può esercitare i diritti di voto e comunque quelli aventi contenuto diverso da quello patrimoniale, connessi alle azioni che rappresentano la partecipazione rilevante e dovrà cedere le stesse azioni entro un anno. In caso di mancata ottemperanza il tribunale, su richiesta del Ministro dell'economia e delle finanze, ordina la vendita delle azioni che rappresentano la partecipazione rilevante secondo le procedure di cui all'art. 2359-*ter* del codice civile. Il provvedimento di esercizio del potere di opposizione è impugnabile entro sessanta giorni dal cessionario innanzi al tribunale amministrativo regionale del Lazio (1);

b) opposizione alla conclusione di patti o accordi di cui all'art. 122 del t.u. di cui al d.lg. 24 febbraio 1998, n. 58, nel caso in cui vi sia rappresentata almeno la ventesima parte del capitale sociale costituito da azioni con diritto di voto nell'assemblea ordinaria o la percentuale minore fissata dal Ministro dell'economia e delle finanze con proprio decreto. Ai fini dell'esercizio del potere di opposizione la Consob informa il Ministro dell'economia e delle finanze dei patti e degli accordi rilevanti ai sensi del presente articolo di cui abbia avuto comunicazione in base al citato art. 122 del t.u. di cui al d.lg. n. 58 del 1998. Il potere di opposizione deve essere esercitato entro dieci giorni dalla data della comunicazione effettuata dalla Consob. Nelle more di decorrenza del termine per l'esercizio del potere di opposizione, il diritto di voto e comunque quelli aventi contenuto diverso da quello patrimoniale dei soci aderenti al patto sono sospesi. In caso di emanazione del provvedimento di opposizione, debitamente motivato in relazione al concreto pregiudizio arrecato dai suddetti accordi o patti agli interessi vitali dello Stato, gli accordi sono inefficaci. Qualora dal comportamento in assemblea dei soci sindacali si desuma il mantenimento degli impegni assunti con l'adesione ai patti di cui al citato art. 122 del t.u. di cui al d.lg. n. 58 del 1998, le delibere assunte con il voto determinante dei soci stessi sono impugnabili. Il provvedimento di esercizio del potere di opposizione è impugnabile entro sessanta giorni dai soci aderenti ai patti o agli accordi innanzi al tribunale amministrativo regionale del Lazio (1);

c) veto, debitamente motivato in relazione al concreto pregiudizio arrecato agli interessi vitali dello Stato, all'adozione delle delibere di scioglimento della società, di trasferimento dell'azienda, di fusione, di scissione, di trasferimento della sede sociale all'estero, di cambiamento dell'oggetto sociale, di modifica dello statuto che sopprimono o modificano i poteri di cui al presente articolo. Il provvedimento di esercizio del potere di veto è impugnabile entro sessanta giorni dai soci dissenzienti innanzi

(1) In base all'art. 4.228, l. 24 dicembre 2003, n. 350, il potere di opposizione, di cui alla presente lettera «è esercitabile con riferimento alla singola operazione. Esso è altresì esercitabile quando la partecipazione, anche attraverso singoli atti di acquisto, registri un incremento pari o superiore alla misura prevista. Tale potere è parimenti esercitabile ogniqualvolta sorga l'esigenza di tutelare sopravvenuti motivi imperiosi di interesse pubblico entro il termine di dieci giorni dal loro concreto manifestarsi. In tale caso l'atto di esercizio del potere statale deve contenere esplicito e motivato riferimento alla data in cui tali motivi si sono manifestati».

al tribunale amministrativo regionale del Lazio;

d) nomina di un amministratore senza diritto di voto (1).

1-*bis*. Il contenuto della clausola che attribuisce i poteri speciali è individuato con decreto del Ministro del tesoro, di concerto con i Ministri del bilancio e della programmazione economica, e dell'industria, del commercio e dell'artigianato.

2. Ai soci dissenzienti dalle deliberazioni che introducono i poteri speciali di cui al comma 1, lett. *c*), spetta il diritto di recesso ai sensi dell'art. 2437 del codice civile.

3. Le disposizioni del presente articolo si applicano anche alle società controllate, direttamente o indirettamente, da enti pubblici, anche territoriali ed economici, operanti nel settore dei trasporti e degli altri servizi pubblici e individuate con provvedimento dell'ente pubblico partecipante, al quale verranno riserbati altresì i poteri previsti al comma 1 (2).

3. *Altre clausole statutarie*. — 1. Le società operanti nei settori della difesa e della sicurezza nazionale, dell'energia, dei trasporti, delle comunicazioni e degli altri pubblici servizi (3), nonché le banche e le imprese assicurative, direttamente o indirettamente controllate dallo Stato o da enti pubblici anche territoriali ed economici, possono introdurre nello statuto un limite massimo di possesso azionario non superiore, per le società operanti nei settori della difesa e della sicurezza nazionale, dei trasporti, delle comunicazioni, dell'energia e degli altri pubblici servizi (4), al cinque per cento, riferito al singolo socio, al suo nucleo familiare, comprendente il socio stesso, il coniuge non separato legalmente e i figli minori, ed al gruppo di appartenenza: per tale intendendosi il soggetto, anche non avente forma societaria, che esercita il controllo, le società controllate e quelle controllate da uno stesso soggetto controllante, nonché le società collegate; il limite riguarda altresì i soggetti che, direttamente o indirettamente, anche tramite controllate, società fiduciarie o interposta persona aderiscono anche con terzi ad accordi relativi all'esercizio del diritto di voto o al trasferimento di azioni o quote di società terze o comunque ad accordi o patti di cui all'art. 10 comma 4, della l. 18 febbraio 1992, n. 149, come sostituito dall'art. 7, comma 1 lett. *b*), del presente decreto, in relazione a società terze, qualora tali accordi o patti riguardino almeno il dieci per cento delle quote o delle azioni con diritto di voto se si tratta di società quotate, o il venti per cento se si tratta di società non quotate.

2. Con riferimento alle partecipazioni azionarie diverse da quelle detenute dallo Stato, da enti pubblici o da soggetti da questi controllati, il superamento del limite di cui al comma 1 comporta divieto di esercitare il diritto di voto e comunque i diritti aventi contenuto diverso da quello patrimoniale, attinenti alle partecipazioni eccedenti il limite stesso (5). Alla partecipazione eccedente il limite alla data del 2 ottobre 1993 le disposizioni di cui al presente comma non si applicano per un periodo di tre anni dalla stessa data.

3. Le clausole statutarie introdotte ai sensi del comma 1 del presente articolo, nonché quelle introdotte al fine di assicurare la tutela di minoranze azionarie, non possono essere modificate per un periodo di tre anni dall'iscrizione delle relative delibere assembleari. La clausola che prevede un limite di possesso decade comunque allorché il limite sia superato per effetto di un'offerta pubblica di acquisto a condizione che l'offerente venga a detenere, a seguito dell'offerta, una partecipazione almeno pari al settantacinque per cento del capitale con diritto di voto nelle deliberazioni riguar-

(1) Comma così sostituito dall'art. 4.227, l. 24 dicembre 2003, n. 350.

(2) L'art. 4, l. 24 dicembre 2003, n. 350 così dispone: «229. Con decreto del Presidente del Consiglio dei ministri, adottato su proposta del Ministro dell'economia e delle finanze, d'intesa con il Ministro delle attività produttive, nonché con i Ministri competenti per settori, sono individuate le società dai cui statuti va eliminata, con deliberazione dell'assemblea straordinaria, la clausola con la quale è stata attribuita al Ministro dell'economia e delle finanze la titolarità di uno o più dei poteri speciali. || 230. Con apposito decreto del Presidente del Consiglio dei ministri, su proposta dei Ministri dell'economia e delle finanze e delle attività produttive, da adottare entro novanta giorni dalla data di entrata in vigore della presente legge, verranno individuati i criteri di esercizio dei poteri speciali, limitando il loro utilizzo ai soli casi di pregiudizio degli interessi vitali dello Stato. || 231. Gli statuti delle società nelle quali è prevista la clausola che attribuisce allo Stato i poteri speciali sono adeguati alle disposizioni di cui ai commi da 227 a 230».

(3) Le parole «Le società operanti nei settori della difesa e della sicurezza nazionale, dell'energia, dei trasporti, delle comunicazioni e degli altri pubblici servizi» sono state così sostituite alle precedenti «Le società operanti nei settori di cui all'art. 2» dall'art. 3.5, lett. a, d.l. 15 marzo 2012, n. 21, conv. in l. 11 maggio 2012, n. 56.

(4) Le parole «per le società operanti nei settori della difesa e della sicurezza nazionale, dei trasporti, delle comunicazioni, dell'energia e degli altri pubblici servizi» sono state così sostituite alle precedenti «per le società di cui all'art. 2» dall'art. 3.5, lett. b, d.l. 15 marzo 2012, n. 21, conv. in l. 11 maggio 2012, n. 56.

(5) Periodo sostituito dall'art. 1.1, d.l. 28 settembre 1996, n. 504, conv. in l. 27 novembre 1996, n. 602.

danti la nomina o la revoca degli amministratori o dei componenti del consiglio di gestione o di sorveglianza (1).

4. *Voto di lista*. — 1. Le società di cui all'art. 3 nei cui statuti sia previsto un limite di possesso azionario introducono negli statuti apposita clausola, immodificabile sintanto che permanga la previsione del limite stesso, per l'elezione degli amministratori mediante voto di lista. A tal fine l'assemblea dovrà essere convocata con preavviso da pubblicarsi a norma dell'art. 2366 del codice civile non meno di trenta giorni prima di quello fissato per l'adunanza; a pena di nullità delle deliberazioni ai sensi dell'art. 2379 del codice civile, l'ordine del giorno pubblicato dovrà contenere tutte le materie da trattare, che non potranno essere modificate o integrate in sede assembleare; le liste potranno essere presentate dagli amministratori uscenti o da soci che rappresentino almeno l'1 per cento delle azioni aventi diritto di voto nell'assemblea ordinaria e saranno rese pubbliche, mediante deposito presso la sede sociale e annuncio su tre quotidiani a diffusione nazionale, di cui due economici, rispettivamente almeno venti giorni e dieci giorni prima dell'adunanza; alle liste di minoranza dovrà essere riservato complessivamente almeno un quinto degli amministratori non nominati ai sensi dell'art. 2 comma 1 lett. *d*), con arrotondamento, in caso di numero frazionario inferiore all'unità, all'unità superiore. Le procedure di cui al presente articolo si applicano anche all'elezione del collegio sindacale, di cui un rappresentante è riservato alle liste di minoranza.

1-*bis*. Alle società di cui al comma 1 con azioni quotate nei mercati regolamentati si applica quanto previsto dagli artt. 125-*bis*, 147-*ter* e 148 del d.lg. 24 febbraio 1998, n. 58 (2), fermo restando che almeno un quinto degli amministratori non nominati ai sensi dell'art. 2, comma 1, lett. *d*), con arrotondamento, in caso di numero frazionario inferiore all'unità, all'unità superiore, è espresso dalle liste di minoranza (3).

5. *Disposizioni relative alle assemblee di società*. — 1. Le previsioni di cui agli artt. 2 e 3 sono adottate con delibera dell'assemblea straordinaria assunta, anche in deroga a diverse disposizioni statutarie, con le maggioranze previste dagli artt. 2368, 2369, 2369-*bis* del codice civile.

2. (*Soppresso dalla legge di conversione*).

3-5. .... (4).

6. *Modificazioni al d.l. 8 aprile 1974, n. 95, convertito, con modificazioni, dalla l. 7 giugno 1974 n. 216* (5). — .... (*omissis*).

7. *Modificazioni alla l. 18 febbraio 1992, n. 149*. — .... (*omissis*).

8. .... (6).

9. *Pagamento rateale*. — 1. Per l'alienazione delle partecipazioni azionarie delle società di cui agli artt. 1, 2 e 3 del presente decreto possono essere previste forme di pagamento rateale del corrispettivo non superiori a tre anni.

2. Le azioni alienate mediante pagamento rateale possono essere rappresentate da appositi certificati. Dette azioni rimangono depositate presso banche od altri intermediari ammessi al subdeposito dei titoli presso la Monte Titoli S.p.a. ai sensi dell'art. 10, comma 1, della l. 19 giugno 1986, n. 289, e del relativo regolamento di attuazione adottato con delibera della Consob 18 febbraio 1987, n. 2723, e successive modificazioni, a garanzia del puntuale pagamento di tutte le rate del corrispettivo dovuto all'alienante.

3. Il trasferimento dei certificati di cui al comma 2 comporta il trasferimento della proprietà delle azioni alienate mediante pagamento rateale e dell'intero rapporto contrattuale esistente tra l'alienante ed il primo acquirente.

4. Agli acquirenti delle azioni alienate mediante pagamento rateale spettano tutti i diritti relativi alle azioni.

5. Con propria deliberazione, la Consob emana le disposizioni relative alla quotazione di borsa dei certificati di cui al comma 2.

6. Il mancato pagamento anche di una sola rata determina, decorso un mese dalla diffida pubblicata nella *Gazzetta Ufficiale*, il trasferimento dei certificati all'alienante, cui restano acquisite le rate pagate. In tal caso non si ap-

(1) Secondo periodo già sostituito dall'art. 212, d.lg. 24 febbraio 1998, n. 58, in *Leggi coll. XVIII, 1*. Successivamente le parole da «a condizione che l'offerente» fino alla fine del comma sono state così sostituite alle precedenti «promossa ai sensi degli artt. 106 o 107 del testo unico delle disposizioni in materia di mercati finanziari, emanato ai sensi dell'art. 21 della l. 6 febbraio 1996, n. 52» dall'art. 6, d.lg. 19 novembre 2007, n. 229.

(2) In *Leggi coll. XVIII, 1*.

(3) Comma aggiunto dall'art. 6, d.lg. 27 gennaio 2010, n. 27. In base all'art. 7.1, d.lg. cit., tali disposizioni «si applicano alle assemblee il cui avviso di convocazione sia pubblicato dopo il 31 ottobre 2010. Fino a tale data continuano ad applicarsi le disposizioni sostituite od abrogate dalle corrispondenti disposizioni del presente decreto legislativo».

(4) Commi abrogati dall'art. 214.1, lett. ii, d.lg. 24 febbraio 1998, n. 58, in *Leggi coll. XVIII, 1*.

(5) Modificava l'art. 18 e aggiungeva l'art. 18-*septies*, nel d.l. n. 95/1974, in *Leggi coll. XIV, 5*.

(6) Articolo abrogato dall'art. 214.1, lett. ii, d.lg. 24 febbraio 1998, n. 58, in *Leggi coll. XVIII, 1*.

plica la disposizione di cui all'art. 1526, secondo comma, del codice civile.

7. Con decreto del Presidente del Consiglio dei Ministri, adottato su proposta del Ministro del tesoro, d'intesa con i Ministri del bilancio e della programmazione economica e dell'industria, del commercio e dell'artigianato, sono adottate le disposizioni attuative del presente articolo.

10. *Operazioni societarie*. — 1. Alle operazioni di riorganizzazione e ristrutturazione di società e gruppi di società di cui all'art. 1 e loro controllate, funzionali alle cessioni previste dal presente decreto, si applicano, ferme restando le competenze previste dall'art. 15 del d.l. 11 luglio 1992, n. 333, convertito, con modificazioni, dalla l. 8 agosto 1992, n. 359, le disposizioni che seguono:

a) la costituzione di società per azioni può avvenire anche per atto unilaterale, nel rispetto di quanto previsto dal terzo comma dell'art. 2475 del codice civile, da parte di una società posseduta per intero, direttamente od indirettamente, dallo Stato, con conferimento di danaro, di crediti, di beni in natura anche a valore di libro; il conferimento a valore di libro può avvenire altresì in sede di aumento di capitale da parte ed in favore di una società posseduta per intero, direttamente od indirettamente, dallo Stato; quando il conferimento è effettuato a valore di libro, la relazione di cui all'art. 2343 del codice civile deve limitarsi a verificare che la somma dei valori di libro dei beni conferiti corrisponda al valore del capitale o dell'aumento di capitale, nonché dell'eventuale sovrapprezzo, della società conferitaria; in tali casi i compensi professionali per la relazione giurata non possono eccedere il 10% della tariffa;

b) nei casi di cui alla lett. *a*) possono essere costituite con un unico atto una società per azioni controllante e una o più società per azioni controllate; in tal caso le aziende o rami di azienda appartenenti a società partecipanti all'operazione sono conferiti direttamente alle società controllate e le azioni sono attribuite alla controllante;

c) nel caso in cui siano previste più operazioni tra loro collegate che richiedano nomine di esperti ai sensi degli artt. 2343, 2440, 2498, secondo comma, 2501-*quinquies* e 2504-*novies* del codice civile, il presidente del tribunale nomina un unico esperto o un unico collegio di esperti. Quando concorrano diverse competenze territoriali provvede alla nomina il presidente del tribunale del luogo in cui ha sede la principale borsa nazionale per volumi scambiati. Si applica la l. 8 luglio 1980, n. 319, ed i relativi decreti di determinazione dei compensi. Le tariffe ivi indicate sono ridotte del 50 per cento;

d) il termine di cui all'art. 2503, comma primo, del codice civile per le fusioni e le scissioni è ridotto ad un mese;

e) alle scissioni di società interamente possedute dallo Stato, sia direttamente sia per il tramite di altre società interamente possedute dallo Stato, non si applica la disposizione di cui all'art. 2504-*decies*, secondo comma, del codice civile; lo Stato è solidalmente responsabile dei debiti delle società scisse non soddisfatti dalla società a cui essi fanno carico.

11. *Trasferimento dei contratti*. — 1. In caso di conferimenti anche parziali di azienda ovvero di fusioni o di scissioni, già effettuati o da effettuare, concernenti società partecipate ai sensi dell'art. 1, comma 1, del presente decreto, non opera relativamente al trasferimento dei contratti per effetto dei conferimenti, delle fusioni o delle scissioni, la nullità conseguente all'applicazione dell'art. 18 della l. 19 marzo 1990, n. 55, purché non sussista nei confronti dell'impresa cessionaria o di quelle risultanti dalla fusione o dalla scissione alcuno dei divieti previsti all'art. 10 della l. 31 maggio 1965, n. 575, e successive modificazioni.

12-15. . . . . (*omissis*).

16. *Entrata in vigore*. — 1. Il presente decreto entra in vigore il giorno stesso della sua pubblicazione nella *Gazzetta Ufficiale* della Repubblica italiana e sarà presentato alle Camere per la conversione in legge.

XIV. 8.

DECRETO LEGISLATIVO 28 febbraio 2005, n. 38. — *Esercizio delle opzioni previste dall'art. 5 del reg. (CE) n. 1606/2002 in materia di principi contabili internazionali* (1).

1. *Principi contabili internazionali*. — 1. Ai fini dell'applicazione del presente decreto, per «principi contabili internazionali» si intendono i principi contabili internazionali e le relative interpretazioni adottati secondo la procedura di cui all'art. 6 del reg. (CE) n. 1606/2002 del Parlamento europeo e del Consiglio, del 19 luglio 2002.

(1) G.U., 21 marzo 2005, n. 66.

2. *Ambito di applicazione*. — 1. Il presente decreto si applica a:

a) le società emittenti strumenti finanziari ammessi alla negoziazione in mercati regolamentati di qualsiasi Stato membro dell'Unione europea, diverse da quelle di cui alla lett. *d*);

b) le società aventi strumenti finanziari diffusi tra il pubblico di cui all'art. 116 t.u. delle disposizioni in materia di intermediazione finanziaria, di cui d.lg. 24 febbraio 1998, n. 58, e successive modificazioni (1), diverse da quelle di cui alla lett. *d*);

c) le banche italiane di cui all'art. 1 del d.lg. 1° settembre 1993, n. 385 (2); le società finanziarie italiane di cui all'art. 59, comma 1, lett. *b*), del d.lg. 1° settembre 1993, n. 385 (2), che controllano banche o gruppi bancari iscritti nell'albo di cui all'art. 64 del d.lg. 1° settembre 1993, n. 385 (2), ad eccezione delle imprese di cui alla lett. *d*); le società di partecipazione finanziaria mista italiane di cui all'art. 59 comma 1, lett. *b-bis*), del d.lg. 1° settembre 1993, n. 385 (2), che controllano una o più banche o società finanziarie ovunque costituite qualora il settore di maggiore dimensione all'interno del conglomerato finanziario sia quello bancario determinato ai sensi del d.lg. 30 maggio 2005, n. 142; le società di intermediazione mobiliare di cui all'art. 1, comma 1, lett. *e*), del d.lg. 24 febbraio 1998, n. 58 (SIM) (1); le società finanziarie italiane che controllano SIM o gruppi di SIM iscritti nell'albo di cui all'art. 11, comma 1-*bis*, del d.lg. 24 febbraio 1998, n. 58 (1); le società di gestione del risparmio di cui all'art. 1, comma 1, lett. *o*), del d.lg. 24 febbraio 1998, n. 58 (1); le società finanziarie iscritte nell'albo di cui all'art. 106 del d.lg. 1° settembre 1993, n. 385 (2); le società finanziarie che controllano società finanziarie iscritte nell'albo di cui all'art. 106 del d.lg. 1° settembre 1993, n. 385 (2), o gruppi finanziari iscritti nell'albo di cui all'art. 110 del d.lg. 1° settembre 1993, n. 385 (2); le agenzie di prestito su pegno di cui all'art. 112 del d.lg. 1° settembre 1993, n. 385 (2); gli istituti di moneta elettronica di cui al titolo V-*bis* del d.lg. 1° settembre 1993, n. 385 (2); gli istituti di pagamento di cui al titolo V-*ter* del d.lg. 1° settembre 1993, n. 385 (2) (3).

d) le società che esercitano le imprese incluse nell'ambito di applicazione dell'art. 88, commi 1 e 2, e quelle di cui all'art. 95, commi 2 e 2-*bis* (4), del codice delle assicurazioni private (5);

e) le società incluse, secondo i metodi di consolidamento integrale, proporzionale e del patrimonio netto, nel bilancio consolidato redatto dalle società indicate alle lettere da *a*) a *d*), diverse da quelle che possono redigere il bilancio in forma abbreviata, ai sensi dell'art. 2435-*bis* del codice civile, e diverse da quelle indicate alle lettere da *a*) a *d*);

f) le società diverse da quelle indicate alle lettere da *a*) ad *e*) e diverse da quelle che possono redigere il bilancio in forma abbreviata, ai sensi dell'art. 2435-*bis* del codice civile, che redigono il bilancio consolidato;

g) le società diverse da quelle indicate alle lettere da *a*) ad *f*) e diverse da quelle che possono redigere il bilancio in forma abbreviata, ai sensi dell'art. 2435-*bis* del codice civile.

2-*bis*. *Facoltà di applicazione*. — 1. I soggetti di cui all'art. 2 i cui titoli non siano ammessi alla negoziazione in un mercato regolamentato hanno facoltà di applicare i principi contabili di cui al presente decreto (6).

3. *Bilancio consolidato*. — 1. Le società di cui alle lett. *a*), *b*), *c*) e *d*) dell'art. 2 redigono il bilancio consolidato in conformità ai principi contabili internazionali, a partire dall'esercizio chiuso o in corso al 31 dicembre 2005.

2. Le società di cui alle lett. *e*) ed *f*) dell'art. 2 hanno la facoltà di redigere il bilancio consolidato in conformità ai principi contabili internazionali, a partire dall'esercizio chiuso o in corso al 31 dicembre 2005.

3. La scelta effettuata in esercizio della facoltà prevista dal comma 2 non è revocabile, salvo circostanze eccezionali, adeguatamente illustrate nella nota integrativa, unitamente all'indicazione degli effetti sulla rappresentazione della situazione patrimoniale e finanziaria e del risultato economico consolidati. In ogni ca-

(1) In *Leggi coll. XVIII, 1.*

(2) In *Leggi coll. XVII, 1.*

(3) Lettera così sostituita dall'art. 9.1, lett. a, d.lg. 18 agosto 2015, n. 139. In base all'art. 12.1, d.lg. cit., tali disposizioni «entrano in vigore dal 1° gennaio 2016 e si applicano ai bilanci relativi agli esercizi finanziari aventi inizio a partire da quella data».

(4) Le parole «commi 2 e 2-*bis*» sono state così sostituite alle precedenti «comma 2» dall'art. 9.1, lett. b, d.lg. 18 agosto 2015, n. 139. In base all'art. 12.1, d.lg. cit., tali disposizioni «entrano in vigore dal 1° gennaio 2016 e si applicano ai bilanci relativi agli esercizi finanziari aventi inizio a partire da quella data».

(5) Le parole «dell'art. 88, commi 1 e 2, e quelle di cui all'art. 95, comma 2, del codice delle assicurazioni private» sono state così sostituite a quelle «del d.lg. 26 maggio 1997, n. 173» dall'art. 352.2, d.lg. 7 settembre 2005, n. 209, in *Leggi coll. VIII, 3*, con effetto a decorrere dal 1° gennaio 2006.

(6) Articolo inserito dall'art. 1.1070, l. 30 dicembre 2018, n. 145. Comunicato Banca d'Italia, in G.U., 27 aprile 2019, n. 98.

so, il bilancio relativo all'esercizio nel corso del quale è deliberata la revoca della scelta è redatto in conformità ai principi contabili internazionali.

4. *Bilancio di esercizio.* — 1. Le società di cui alle lett. *a*), *b*) e *c*) dell'art. 2 redigono il bilancio di esercizio in conformità ai principi contabili internazionali, a partire dall'esercizio chiuso o in corso al 31 dicembre 2006.

2. Le società di cui alle lett. *a*), *b*) e *c*) dell'art. 2 hanno la facoltà di redigere il bilancio di esercizio in conformità ai principi contabili internazionali, per l'esercizio chiuso o in corso al 31 dicembre 2005.

3. Le società di cui alla lett. *d*) dell'art. 2, che emettono strumenti finanziari ammessi alla negoziazione in mercati regolamentati di qualsiasi Stato membro dell'Unione europea e che non redigono il bilancio consolidato, redigono il bilancio di esercizio in conformità ai principi contabili internazionali, a partire dall'esercizio chiuso o in corso al 31 dicembre 2006.

4. Le società di cui alla lett. *e*) dell'art. 2 hanno la facoltà di redigere il bilancio di esercizio in conformità ai principi contabili internazionali, a partire dall'esercizio chiuso o in corso al 31 dicembre 2005.

5. Le società di cui alla lett. *f*) dell'art. 2 che esercitano la facoltà di cui all'art. 3, comma 2, e le società di cui alla lett. *g*) dell'art. 2 incluse, secondo i metodi di consolidamento integrale, proporzionale e del patrimonio netto, nel bilancio consolidato dalle prime redatto hanno la facoltà di redigere il bilancio di esercizio in conformità ai principi contabili internazionali, a partire dall'esercizio chiuso o in corso al 31 dicembre 2005.

6. Le società di cui alla lett. *g*) dell'art. 2, diverse da quelle di cui al precedente comma, hanno la facoltà di redigere il bilancio di esercizio in conformità ai principi contabili internazionali [...] (1).

6-*bis.* Le società di cui ai commi 1, 2 e 3 per le quali, successivamente alla redazione di un bilancio in conformità ai principi contabili internazionali, vengono meno le condizioni per l'applicazione obbligatoria di tali principi, hanno la facoltà di continuare a redigere il bilancio in conformità ai principi contabili internazionali (2).

7. La scelta effettuata in esercizio delle facoltà previste dai commi 4, 5, 6 e 6-*bis* (3) non è revocabile, salvo che ricorrano circostanze eccezionali, adeguatamente illustrate nella nota integrativa, unitamente all'indicazione degli effetti sulla rappresentazione della situazione patrimoniale e finanziaria e del risultato economico della società. In ogni caso, il bilancio relativo all'esercizio nel corso del quale è deliberata la revoca della scelta è redatto in conformità ai principi contabili internazionali.

7-*bis.* I principi contabili internazionali, che sono adottati con regolamenti UE entrati in vigore successivamente al 31 dicembre 2010, si applicano nella redazione dei bilanci d'esercizio con le modalità individuate a seguito della procedura prevista nel comma 7-*ter* (4).

7-*ter.* Con decreto del Ministro della giustizia, emanato entro novanta giorni dalla data di entrata in vigore dei regolamenti UE di cui al comma 7-*bis*, di concerto con il Ministro dell'economia e delle finanze, acquisito il parere dell'Organismo italiano di contabilità e sentiti la Banca d'Italia, la CONSOB e l'ISVAP, sono stabilite eventuali disposizioni applicative volte a realizzare, ove compatibile, il coordinamento tra i principi medesimi e la disciplina di cui al titolo V del libro V del codice civile, con particolare riguardo alla funzione del bilancio di esercizio (4).

7-*quater.* Il Ministro dell'economia e delle finanze provvede, ove necessario, entro sessanta giorni dalla data di entrata in vigore del decreto di cui al comma 7-*ter*, ad emanare eventuali disposizioni di coordinamento per la determinazione della base imponibile dell'IRES e dell'IRAP. In caso di mancata emanazione del decreto di cui al comma 7-*ter*, le disposizioni di cui al periodo precedente sono emanate entro centocinquanta giorni dalla data di entrata in vigore del regolamento UE (5).

(1) Le parole «, a partire dall'esercizio individuato con decreto del Ministro dell'economia e delle finanze e del Ministro della giustizia» sono state soppresse dall'art. 20.2, lett. a, d.l. 24 giugno 2014, n. 91, conv. in l. 11 agosto 2014, n. 116.

(2) Comma inserito dall'art. 1.3, lett. c, d.lg. 29 dicembre 2011, n. 230.

(3) Le parole «previste dai commi 4, 5, 6 e 6-*bis*» sono state così sostituite alle precedenti «previste dai commi 4, 5 e 6» dall'art. 1.3, lett. d, d.lg. 29 dicembre 2011, n. 230.

(4) Comma aggiunto dall'art. 2.26, d.l. 29 dicembre 2010, n. 225, conv. in l. 26 febbraio 2011, n. 10.

(5) Comma aggiunto dall'art. 2.26, d.l. 29 dicembre 2010, n. 225, conv. in l. 26 febbraio 2011, n. 10. L'art. 2.28, d.l. cit., così dispone: «Le disposizioni di coordinamento previste dall'art. 4, comma 7-*quater*, del d.lg. 28 febbraio 2005, n. 38, introdotto dal comma 26 del presente articolo, possono essere emanate, entro il 31 maggio 2011, per i principi contabili internazionali adottati con regolamento UE entrato in vigore nel periodo compreso tra il 1° gennaio 2009 e il 31 dicembre 2010».

7-*quinquies*. Il Ministro dell'economia e delle finanze provvede, ove necessario, entro centocinquanta giorni dalla data di approvazione o aggiornamento dei principi contabili di cui al comma 1 dell'art. 9-*bis*, ad emanare eventuali disposizioni di coordinamento per la determinazione della base imponibile dell'IRES e dell'IRAP (1).

5. *Redazione del bilancio di esercizio e consolidato secondo i principi contabili internazionali*. — 1. Se, in casi eccezionali, l'applicazione di una disposizione prevista dai principi contabili internazionali è incompatibile con la rappresentazione veritiera e corretta della situazione patrimoniale, di quella finanziaria e del risultato economico, la disposizione non è applicata. Nel bilancio d'esercizio gli eventuali utili derivanti dalla deroga sono iscritti in una riserva non distribuibile se non in misura corrispondente al valore recuperato.

2. Il bilancio di esercizio e il bilancio consolidato secondo i principi contabili internazionali sono redatti in euro, in conformità a quanto disposto dall'art. 16 del d.lg. 24 giugno 1998, n. 213.

6. *Distribuzione di utili e riserve*. — 1. Le società che redigono il bilancio di esercizio secondo i principi contabili internazionali non possono distribuire:

a) utili d'esercizio in misura corrispondente alle plusvalenze iscritte nel conto economico, al netto del relativo onere fiscale e diverse da quelle riferibili agli strumenti finanziari di negoziazione e all'operatività in cambi e di copertura, che discendono dall'applicazione del criterio del valore equo (*fair value*) o del patrimonio netto;

b) riserve del patrimonio netto costituite e movimentate in contropartita diretta della valutazione al valore equo (*fair value*) di strumenti finanziari e attività.

2. Gli utili corrispondenti alle plusvalenze di cui al comma 1, lett. *a*), sono iscritti in una riserva indisponibile. In caso di utili di esercizio di importo inferiore a quello delle plusvalenze, la riserva è integrata, per la differenza, utilizzando le riserve di utili disponibili o, in mancanza, accantonando gli utili degli esercizi successivi.

3. La riserva di cui al comma 2 si riduce in misura corrispondente all'importo delle plusvalenze realizzate, anche attraverso l'ammortamento, o divenute insussistenti per effetto della svalutazione.

4. Le riserve di cui ai commi 1, lett. *b*), e 2 sono indisponibili anche ai fini dell'imputazione a capitale e degli utilizzi previsti dagli artt. 2350, terzo comma, 2357, primo comma, 2358, terzo comma, 2359-*bis*, primo comma, 2432, 2478-*bis*, quarto comma, del codice civile.

5. La riserva di cui al comma 2 può essere utilizzata per la copertura delle perdite di esercizio solo dopo aver utilizzato le riserve di utili disponibili e la riserva legale. In tale caso essa è reintegrata accantonando gli utili degli esercizi successivi.

6. Non si possono distribuire utili fino a quando la riserva di cui al comma 2 ha un importo inferiore a quello delle plusvalenze di cui al comma 1, lett. *a*), esistenti alla data di riferimento del bilancio.

7. *Disciplina delle variazioni di patrimonio netto rilevate nello stato patrimoniale di apertura del primo bilancio di esercizio redatto secondo i principi contabili internazionali*. — 1. Alle variazioni di patrimonio netto rilevate nello stato patrimoniale di apertura del primo bilancio di esercizio redatto secondo i principi contabili internazionali si applicano le disposizioni dei commi seguenti.

2. Le riserve da valutazione relative agli strumenti finanziari disponibili per la vendita e alle attività materiali e immateriali valutate al valore equo (*fair value*) in contropartita del patrimonio netto hanno il regime di movimentazione e indisponibilità previsto per le riserve di cui all'art. 6, comma 1, lett. *b*).

3. Il saldo delle differenze positive e negative di valore relative agli strumenti finanziari di negoziazione e all'operatività in cambi e di copertura è imputato alle riserve disponibili di utili.

4. L'incremento patrimoniale dovuto al ripristino del costo storico delle attività materiali ammortizzate negli esercizi precedenti quello di prima applicazione dei principi contabili internazionali e che per i principi contabili internazionali non sono soggette ad ammortamento è imputato alle riserve disponibili di utili.

5. L'incremento patrimoniale dovuto all'insussistenza di svalutazioni e accantonamenti per rischi e oneri iscritti nel conto economico degli esercizi precedenti quello di prima applicazione dei principi contabili internazionali è imputato alle riserve disponibili di utili.

6. L'incremento patrimoniale dovuto alla iscrizione delle attività materiali al valore equo (*fair value*) quale sostituto del costo è imputato a capitale o a una specifica riserva. La riserva, ove non venga imputata al capitale, può essere

(1) Comma aggiunto dall'art. 13-*bis*.10, d.l. 30 dicembre 2016, n. 244, conv. in l. 27 febbraio 2017, n. 19.

ridotta soltanto con l'osservanza delle disposizioni dei commi secondo e terzo dell'art. 2445 del codice civile. In caso di utilizzazione della riserva a copertura di perdite, non si può fare luogo a distribuzione di utili fino a quando la riserva non è reintegrata o ridotta in misura corrispondente con deliberazione dell'assemblea straordinaria, non applicandosi le disposizioni dei commi secondo e terzo dell'art. 2445 del codice civile.

7. Il saldo delle differenze positive e negative di valore sulle attività e passività diverse da quelle indicate ai commi da 1 a 6 è imputato, se positivo, a una specifica riserva indisponibile del patrimonio netto. Negli esercizi successivi la riserva si libera per la parte che eccede le differenze positive sussistenti alla data di riferimento del bilancio.

8. *Patrimoni destinati.* — 1. Se il bilancio di esercizio o il bilancio consolidato sono redatti, ai sensi del presente decreto, in conformità ai principi contabili internazionali, ad essi è allegato, per ciascun patrimonio destinato costituito ai sensi dell'art. 2447-*bis*, primo comma, lett. *a*), del codice civile, un separato rendiconto redatto in conformità ai principi contabili internazionali.

1-*bis.* In deroga a quanto previsto dal comma 1, i rendiconti dei patrimoni destinati costituiti ai sensi dell'art. 114-*novies*, comma 4, del d.lg. n. 385 del 1993 (1) sono sempre redatti in conformità ai principi contabili internazionali (2).

9. *Poteri delle autorità.* — 1. .... (3).

2. .... (4).

3. La Commissione nazionale per le società e la borsa predispone gli schemi di bilancio per le società di cui alle lett. *a*) e *b*) del comma 1 dell'art. 2, diverse da quelle di cui alle lett. *c*) e *d*) del comma 1 dell'art. 2.

9-*bis*. *Ruolo e funzioni dell'Organismo Italiano di Contabilità*. — 1. L'Organismo Italiano di Contabilità, istituto nazionale per i principi contabili:

a) emana i principi contabili nazionali, ispirati alla migliore prassi operativa, per la redazione dei bilanci secondo le disposizioni del codice civile;

b) fornisce supporto all'attività del Parlamento e degli Organi Governativi in materia di normativa contabile ed esprime pareri, quando ciò è previsto da specifiche disposizioni di legge o dietro richiesta di altre istituzioni pubbliche;

c) partecipa al processo di elaborazione dei principi contabili internazionali adottati in Europa, intrattenendo rapporti con l'International Accounting Standards Board (IASB), con l'European Financial Reporting Advisory Group (EFRAG) e con gli organismi contabili di altri paesi.

Con riferimento alle attività di cui alle lett. *a*), *b*) e *c*), si coordina con le Autorità nazionali che hanno competenze in materia contabile.

2. Nell'esercizio delle proprie funzioni l'Organismo Italiano di Contabilità persegue finalità di interesse pubblico, agisce in modo indipendente e adegua il proprio statuto ai canoni di efficienza e di economicità. Esso riferisce annualmente al Ministero dell'economia e delle finanze sull'attività svolta (5).

9-*ter*. *Finanziamento dell'Organismo Italiano di Contabilità*. — 1. Al finanziamento dell'Organismo Italiano di Contabilità, fondazione di diritto privato avente piena autonomia statutaria, concorrono le imprese attraverso contributi derivanti dall'applicazione di una maggiorazione dei diritti di segreteria dovuti alle camere di commercio, industria, artigianato e agricoltura con il deposito dei bilanci presso il registro delle imprese ai sensi dell'art. 18, comma 1, lett. *e*), della l. 29 dicembre 1993, n. 580.

2. Il Collegio dei fondatori dell'Organismo Italiano di Contabilità stabilisce annualmente il fabbisogno di finanziamento dell'Organismo Italiano di Contabilità nonché le quote di finanziamento di cui al comma 1 da destinare all'International Accounting Standards Board (LASB) e all'European Financial Reporting Advisor Group (EFRAG).

3. Il Ministro dello sviluppo economico, di concerto con il Ministro dell'economia e delle finanze, provvede con decreto, ai sensi dell'art. 18, comma 2, della l. 29 dicembre 1993, n. 580, a definire la misura della maggiorazione di cui al comma 1 sulla base delle indicazioni di fabbisogno trasmesse dall'Organismo Italiano di Contabilità. Con lo stesso decreto sono individuate le modalità di corresponsione delle relative somme all'Organismo Italiano di Contabilità tramite il sistema camerale (5).

(1) In *Leggi coll. XVII, 1.*

(2) Comma aggiunto dall'art. 1.3, lett. e, d.lg. 29 dicembre 2011, n. 230.

(3) Comma abrogato dall'art. 9.2, d.lg. 18 agosto 2015, n. 139. In base all'art. 12.1, d.lg. cit., tali disposizioni «entrano in vigore dal 1° gennaio 2016 e si applicano ai bilanci relativi agli esercizi finanziari aventi inizio a partire da quella data».

(4) Comma abrogato dall'art. 354.1, d.lg. 7 settembre 2005, n. 209, in *Leggi coll. VIII, 3.*

(5) Articolo inserito dall'art. 20.2, lett. b, d.l. 24 giugno 2014, n. 91, conv. in l. 11 agosto 2014, n. 116.

10-13. .... (*omissis*).

14. *Entrata in vigore*. — 1. Il presente decreto entra in vigore il giorno successivo a quello della sua pubblicazione nella *Gazzetta Ufficiale* della Repubblica italiana.

XIV. 9.

DECRETO LEGISLATIVO 8 giugno 2001, n. 231. — *Disciplina della responsabilità amministrativa delle persone giuridiche, delle società e delle associazioni anche prive di personalità giuridica, a norma dell'art. 11 della l. 29 settembre 2000, n. 300* (1).

CAPO I

RESPONSABILITÀ AMMINISTRATIVA DELL'ENTE

Sezione I. — *Principi generali e criteri di attribuzione della responsabilità amministrativa*

1. *Soggetti*. — 1. Il presente decreto legislativo disciplina la responsabilità degli enti per gli illeciti amministrativi dipendenti da reato.

2. Le disposizioni in esso previste si applicano agli enti forniti di personalità giuridica e alle società e associazioni anche prive di personalità giuridica.

3. Non si applicano allo Stato, agli enti pubblici territoriali, agli altri enti pubblici non economici nonché agli enti che svolgono funzioni di rilievo costituzionale.

2. *Principio di legalità*. — 1. L'ente non può essere ritenuto responsabile per un fatto costituente reato se la sua responsabilità amministrativa in relazione a quel reato e le relative sanzioni non sono espressamente previste da una legge entrata in vigore prima della commissione del fatto.

3. *Successione di leggi*. — 1. L'ente non può essere ritenuto responsabile per un fatto che secondo una legge posteriore non costituisce più reato o in relazione al quale non è più prevista la responsabilità amministrativa dell'ente, e, se vi è stata condanna, ne cessano l'esecuzione e gli effetti giuridici.

2. Se la legge del tempo in cui è stato commesso l'illecito e le successive sono diverse, si applica quella le cui disposizioni sono più favorevoli, salvo che sia intervenuta pronuncia irrevocabile.

3. Le disposizioni dei commi 1 e 2 non si applicano se si tratta di leggi eccezionali o temporanee.

4. *Reati commessi all'estero*. — 1. Nei casi e alle condizioni previsti dagli artt. 7, 8, 9 e 10 del codice penale, gli enti aventi nel territorio dello Stato la sede principale rispondono anche in relazione ai reati commessi all'estero, purché nei loro confronti non proceda lo Stato del luogo in cui è stato commesso il fatto.

2. Nei casi in cui la legge prevede che il colpevole sia punito a richiesta del Ministro della giustizia, si procede contro l'ente solo se la richiesta è formulata anche nei confronti di quest'ultimo.

5. *Responsabilità dell'ente*. — 1. L'ente è responsabile per i reati commessi nel suo interesse o a suo vantaggio:

a) da persone che rivestono funzioni di rappresentanza, di amministrazione o di direzione dell'ente o di una sua unità organizzativa dotata di autonomia finanziaria e funzionale nonché da persone che esercitano, anche di fatto, la gestione e il controllo dello stesso;

b) da persone sottoposte alla direzione o alla vigilanza di uno dei soggetti di cui alla lett. *a*).

2. L'ente non risponde se le persone indicate nel comma 1 hanno agito nell'interesse esclusivo proprio o di terzi.

6. *Soggetti in posizione apicale e modelli di organizzazione dell'ente*. — 1. Se il reato è stato commesso dalle persone indicate nell'art. 5, comma 1, lett. *a*), l'ente non risponde se prova che:

a) l'organo dirigente ha adottato ed efficacemente attuato, prima della commissione del fatto, modelli di organizzazione e di gestione idonei a prevenire reati della specie di quello verificatosi;

b) il compito di vigilare sul funzionamento e l'osservanza dei modelli di curare il loro aggiornamento è stato affidato a un organismo dell'ente dotato di autonomi poteri di iniziativa e di controllo;

c) le persone hanno commesso il reato eludendo fraudolentemente i modelli di organizzazione e di gestione;

d) non vi è stata omessa o insufficiente vigilanza da parte dell'organismo di cui alla lett. *b*).

2. In relazione all'estensione dei poteri delegati e al rischio di commissione dei reati, i modelli di cui alla lett. *a*), del comma 1, devono rispondere alle seguenti esigenze:

a) individuare le attività nel cui ambito

(1) G.U., 19 giugno 2001, n. 140.

possono essere commessi reati;

b) prevedere specifici protocolli diretti a programmare la formazione e l'attuazione delle decisioni dell'ente in relazione ai reati da prevenire;

c) individuare modalità di gestione delle risorse finanziarie idonee ad impedire la commissione dei reati;

d) prevedere obblighi di informazione nei confronti dell'organismo deputato a vigilare sul funzionamento e l'osservanza dei modelli;

e) introdurre un sistema disciplinare idoneo a sanzionare il mancato rispetto delle misure indicate nel modello.

2-*bis*. I modelli di cui alla lett. *a*) del comma 1 prevedono:

a) uno o più canali che consentano ai soggetti indicati nell'art. 5, comma 1, lett. *a*) e *b*), di presentare, a tutela dell'integrità dell'ente, segnalazioni circostanziate di condotte illecite, rilevanti ai sensi del presente decreto e fondate su elementi di fatto precisi e concordanti, o di violazioni del modello di organizzazione e gestione dell'ente, di cui siano venuti a conoscenza in ragione delle funzioni svolte; tali canali garantiscono la riservatezza dell'identità del segnalante nelle attività di gestione della segnalazione;

b) almeno un canale alternativo di segnalazione idoneo a garantire, con modalità informatiche, la riservatezza dell'identità del segnalante;

c) il divieto di atti di ritorsione o discriminatori, diretti o indiretti, nei confronti del segnalante per motivi collegati, direttamente o indirettamente, alla segnalazione;

d) nel sistema disciplinare adottato ai sensi del comma 2, lett. *e*), sanzioni nei confronti di chi viola le misure di tutela del segnalante, nonché di chi effettua con dolo o colpa grave segnalazioni che si rivelano infondate (1).

2-*ter*. L'adozione di misure discriminatorie nei confronti dei soggetti che effettuano le segnalazioni di cui al comma 2-*bis* può essere denunciata all'Ispettorato nazionale del lavoro, per i provvedimenti di propria competenza, oltre che dal segnalante, anche dall'organizzazione sindacale indicata dal medesimo (1).

2-*quater*. Il licenziamento ritorsivo o discriminatorio del soggetto segnalante è nullo. Sono altresì nulli il mutamento di mansioni ai sensi dell'art. 2103 del codice civile, nonché qualsiasi altra misura ritorsiva o discriminatoria adottata nei confronti del segnalante. È onere del datore di lavoro, in caso di controversie legate all'irrogazione di sanzioni disciplinari, o a demansionamenti, licenziamenti, trasferimenti, o sottoposizione del segnalante ad altra misura organizzativa avente effetti negativi, diretti o indiretti, sulle condizioni di lavoro, successivi alla presentazione della segnalazione, dimostrare che tali misure sono fondate su ragioni estranee alla segnalazione stessa (1).

3. I modelli di organizzazione e di gestione possono essere adottati, garantendo le esigenze di cui al comma 2, sulla base di codici di comportamento redatti dalle associazioni rappresentative degli enti, comunicati al Ministero della giustizia che, di concerto con i Ministeri competenti, può formulare, entro trenta giorni, osservazioni sulla idoneità dei modelli a prevenire i reati.

4. Negli enti di piccole dimensioni i compiti indicati nella lett. *b*), del comma 1, possono essere svolti direttamente dall'organo dirigente.

4-*bis*. Nelle società di capitali il collegio sindacale, il consiglio di sorveglianza e il comitato per il controllo della gestione possono svolgere le funzioni dell'organismo di vigilanza di cui al comma 1, lett. *b*) (2).

5. È comunque disposta la confisca del profitto che l'ente ha tratto dal reato, anche nella forma per equivalente.

7. *Soggetti sottoposti all'altrui direzione e modelli di organizzazione dell'ente*. — 1. Nel caso previsto dall'art. 5, comma 1, lett. *b*), l'ente è responsabile se la commissione del reato è stata resa possibile dall'inosservanza degli obblighi di direzione o vigilanza.

2. In ogni caso, è esclusa l'inosservanza degli obblighi di direzione o vigilanza se l'ente, prima della commissione del reato, ha adottato ed efficacemente attuato un modello di organizzazione, gestione e controllo idoneo a prevenire reati della specie di quello verificatosi.

3. Il modello prevede, in relazione alla natura e alla dimensione dell'organizzazione nonché al tipo di attività svolta, misure idonee a garantire lo svolgimento dell'attività nel rispetto della legge e a scoprire ed eliminare tempestivamente situazioni di rischio.

4. L'efficace attuazione del modello richiede:

a) una verifica periodica e l'eventuale modifica dello stesso quando sono scoperte significative violazioni delle prescrizioni ovvero quando intervengono mutamenti nell'organizzazione o nell'attività;

b) un sistema disciplinare idoneo a san-

(1) Comma inserito dall'art. 2.1, l. 30 novembre 2017, n. 179.
(2) Comma inserito dall'art. 14.12, l. 12 novembre 2011, n. 183.

zionare il mancato rispetto delle misure indicate nel modello.

8. *Autonomia delle responsabilità dell'ente*. — 1. La responsabilità dell'ente sussiste anche quando:

a) l'autore del reato non è stato identificato o non è imputabile;

b) il reato si estingue per una causa diversa dall'amnistia.

2. Salvo che la legge disponga diversamente, non si procede nei confronti dell'ente quando è concessa amnistia per un reato in relazione al quale è prevista la sua responsabilità e l'imputato ha rinunciato alla sua applicazione.

3. L'ente può rinunciare all'amnistia.

Sezione II. — *Sanzioni in generale*

9. *Sanzioni amministrative*. — 1. Le sanzioni per gli illeciti amministrativi dipendenti da reato sono:

a) la sanzione pecuniaria;

b) le sanzioni interdittive;

c) la confisca;

d) la pubblicazione della sentenza.

2. Le sanzioni interdittive sono:

a) l'interdizione dall'esercizio dell'attività (1);

b) la sospensione o la revoca delle autorizzazioni, licenze o concessioni funzionali alla commissione dell'illecito (1);

c) il divieto di contrattare con la pubblica amministrazione, salvo che per ottenere le prestazioni di un pubblico servizio;

d) l'esclusione da agevolazioni, finanziamenti, contributi o sussidi e l'eventuale revoca di quelli già concessi;

e) il divieto di pubblicizzare beni o servizi.

10. *Sanzione amministrativa pecuniaria*. — 1. Per l'illecito amministrativo dipendente da reato si applica sempre la sanzione pecuniaria.

2. La sanzione pecuniaria viene applicata per quote in un numero non inferiore a cento né superiore a mille.

3. L'importo di una quota va da un minimo di lire cinquecentomila [euro 258] ad un massimo di lire tre milioni [euro 1.549].

4. Non è ammesso il pagamento in misura ridotta.

11. *Criteri di commisurazione della sanzione pecuniaria*. — 1. Nella commisurazione della sanzione pecuniaria il giudice determina il numero delle quote tenendo conto della gravità del fatto, del grado della responsabilità dell'ente nonché dell'attività svolta per eliminare o attenuare le conseguenze del fatto e per prevenire la commissione di ulteriori illeciti.

2. L'importo della quota è fissato sulla base delle condizioni economiche e patrimoniali dell'ente allo scopo di assicurare l'efficacia della sanzione.

3. Nei casi previsti dall'art. 12, comma 1, l'importo della quota è sempre di lire duecentomila [euro 103].

12. *Casi di riduzione della sanzione pecuniaria*. — 1. La sanzione pecuniaria è ridotta della metà e non può comunque essere superiore a lire duecento milioni [euro 103.291] se:

a) l'autore del reato ha commesso il fatto nel prevalente interesse proprio o di terzi e l'ente non ne ha ricavato vantaggio o ne ha ricavato un vantaggio minimo;

b) il danno patrimoniale cagionato è di particolare tenuità.

2. La sanzione è ridotta da un terzo alla metà se, prima della dichiarazione di apertura del dibattimento di primo grado:

a) l'ente ha risarcito integralmente il danno e ha eliminato le conseguenze dannose o pericolose del reato ovvero si è comunque efficacemente adoperato in tal senso;

b) è stato adottato e reso operativo un modello organizzativo idoneo a prevenire reati della specie di quello verificatosi.

3. Nel caso in cui concorrono entrambe le condizioni previste dalle lettere del precedente comma, la sanzione è ridotta dalla metà ai due terzi.

4. In ogni caso, la sanzione pecuniaria non può essere inferiore a lire venti milioni [euro 10.329].

13. *Sanzioni interdittive*. — 1. Le sanzioni interdittive si applicano in relazione ai reati per i quali sono espressamente previste, quando ricorre almeno una delle seguenti condizioni:

a) l'ente ha tratto dal reato un profitto di rilevante entità e il reato è stato commesso da soggetti in posizione apicale ovvero da soggetti sottoposti all'altrui direzione quando, in questo caso, la commissione del reato è stata determinata o agevolata da gravi carenze organizzative;

b) in caso di reiterazione degli illeciti.

(1) Per una deroga all'applicabilità in via cautelare della misura a banche ed intermediari finanziari v. rispettivamente gli artt. 97-*bis*, d.lg. 1° settembre 1993, n. 385, in *Leggi coll. XVII, 1*, e 60-*bis*, d.lg. 24 febbraio 1998, n. 58, in *Leggi coll. XVIII, 1*.

2. Fermo restando quanto previsto dall'art. 25, comma 5, le sanzioni interdittive (1) hanno una durata non inferiore a tre mesi e non superiore a due anni.

3. Le sanzioni interdittive non si applicano nei casi previsti dall'art. 12, comma 1.

14. *Criteri di scelta delle sanzioni interdittive.* — 1. Le sanzioni interdittive hanno ad oggetto la specifica attività alla quale si riferisce l'illecito dell'ente. Il giudice ne determina il tipo e la durata sulla base dei criteri indicati nell'art. 11, tenendo conto dell'idoneità delle singole sanzioni a prevenire illeciti del tipo di quello commesso.

2. Il divieto di contrattare con la pubblica amministrazione può anche essere limitato a determinati tipi di contratto o a determinate amministrazioni. L'interdizione dall'esercizio di un'attività comporta la sospensione ovvero la revoca delle autorizzazioni, licenze o concessioni funzionali allo svolgimento dell'attività.

3. Se necessario, le sanzioni interdittive possono essere applicate congiuntamente.

4. L'interdizione dall'esercizio dell'attività si applica soltanto quando l'irrogazione di altre sanzioni interdittive risulta inadeguata.

15. *Commissario giudiziale.* — 1. Se sussistono i presupposti per l'applicazione di una sanzione interdittiva che determina l'interruzione dell'attività dell'ente, il giudice, in luogo dell'applicazione della sanzione, dispone la prosecuzione dell'attività dell'ente da parte di un commissario per un periodo pari alla durata della pena interdittiva che sarebbe stata applicata, quando ricorre almeno una delle seguenti condizioni:

a) l'ente svolge un pubblico servizio o un servizio di pubblica necessità la cui interruzione può provocare un grave pregiudizio alla collettività;

b) l'interruzione dell'attività dell'ente può provocare, tenuto conto delle sue dimensioni e delle condizioni economiche del territorio in cui è situato, rilevanti ripercussioni sull'occupazione.

2. Con la sentenza che dispone la prosecuzione dell'attività, il giudice indica i compiti ed i poteri del commissario, tenendo conto della specifica attività in cui è stato posto in essere l'illecito da parte dell'ente.

3. Nell'àmbito dei compiti e dei poteri indicati dal giudice, il commissario cura l'adozione e l'efficace attuazione dei modelli di organizzazione e di controllo idonei a prevenire reati della specie di quello verificatosi. Non può compiere atti di straordinaria amministrazione senza autorizzazione del giudice.

4. Il profitto derivante dalla prosecuzione dell'attività viene confiscato.

5. La prosecuzione dell'attività da parte del commissario non può essere disposta quando l'interruzione dell'attività consegue all'applicazione in via definitiva di una sanzione interdittiva (2).

16. *Sanzioni interdittive applicate in via definitiva.* — 1. Può essere disposta l'interdizione definitiva dall'esercizio dell'attività se l'ente ha tratto dal reato un profitto di rilevante entità ed è già stato condannato, almeno tre volte negli ultimi sette anni, alla interdizione temporanea dall'esercizio dell'attività.

2. Il giudice può applicare all'ente, in via definitiva, la sanzione del divieto di contrattare con la pubblica amministrazione ovvero del divieto di pubblicizzare beni o servizi quando è già stato condannato alla stessa sanzione almeno tre volte negli ultimi sette anni.

3. Se l'ente o una sua unità organizzativa viene stabilmente utilizzato allo scopo unico o prevalente di consentire o agevolare la commissione di reati in relazione ai quali è prevista la sua responsabilità è sempre disposta l'interdizione definitiva dall'esercizio dell'attività e non si applicano le disposizioni previste dall'art. 17.

17. *Riparazione delle conseguenze del reato.* — 1. Ferma l'applicazione delle sanzioni pecuniarie, le sanzioni interdittive non si applicano quando, prima della dichiarazione di apertura del dibattimento di primo grado, concorrono le seguenti condizioni:

a) l'ente ha risarcito integralmente il danno e ha eliminato le conseguenze dannose o pericolose del reato ovvero si è comunque efficacemente adoperato in tal senso;

b) l'ente ha eliminato le carenze organizzative che hanno determinato il reato mediante l'adozione e l'attuazione di modelli organizzativi idonei a prevenire reati della specie di quello verificatosi;

c) l'ente ha messo a disposizione il profitto conseguito ai fini della confisca.

18. *Pubblicazione della sentenza di condanna.* — 1. La pubblicazione della sentenza di con-

(1) Le parole «Fermo restando quanto previsto dall'art. 25, comma 5, le sanzioni interdittive» sono state così sostituite alle precedenti «Le sanzioni interdittive» dall'art. 1.9, lett. a, l. 9 gennaio 2019, n. 3.

(2) Per una deroga all'applicabilità della disposizione annotata a banche ed intermediari finanziari v. rispettivamente gli artt. 97-*bis*, d.lg. 1° settembre 1993, n. 385, in *Leggi coll. XVII, 1*, e 60-*bis*, d.lg. 24 febbraio 1998, n. 58, in *Leggi coll. XVIII, 1.*

danna può essere disposta quando nei confronti dell'ente viene applicata una sanzione interdittiva.

2. La pubblicazione della sentenza avviene ai sensi dell'art. 36 del codice penale nonché mediante affissione nel comune ove l'ente ha la sede principale (1).

3. La pubblicazione della sentenza è eseguita, a cura della cancelleria del giudice, a spese dell'ente.

19. *Confisca*. — 1. Nei confronti dell'ente è sempre disposta, con la sentenza di condanna, la confisca del prezzo o del profitto del reato, salvo che per la parte che può essere restituita al danneggiato. Sono fatti salvi i diritti acquisiti dai terzi in buona fede.

2. Quando non è possibile eseguire la confisca a norma del comma 1, la stessa può avere ad oggetto somme di denaro, beni o altre utilità di valore equivalente al prezzo o al profitto del reato.

20. *Reiterazione*. — 1. Si ha reiterazione quando l'ente, già condannato in via definitiva almeno una volta per un illecito dipendente da reato, ne commette un altro nei cinque anni successivi alla condanna definitiva.

21. *Pluralità di illeciti*. — 1. Quando l'ente è responsabile in relazione ad una pluralità di reati commessi con una unica azione od omissione ovvero commessi nello svolgimento di una medesima attività e prima che per uno di essi sia stata pronunciata sentenza anche non definitiva, si applica la sanzione pecuniaria prevista per l'illecito più grave aumentata fino al triplo. Per effetto di detto aumento, l'ammontare della sanzione pecuniaria non può comunque essere superiore alla somma delle sanzioni applicabili per ciascun illecito.

2. Nei casi previsti dal comma 1, quando in relazione a uno o più degli illeciti ricorrono le condizioni per l'applicazione delle sanzioni interdittive, si applica quella prevista per l'illecito più grave.

22. *Prescrizione*. — 1. Le sanzioni amministrative si prescrivono nel termine di cinque anni dalla data di consumazione del reato.

2. Interrompono la prescrizione la richiesta di applicazione di misure cautelari interdittive e la contestazione dell'illecito amministrativo a norma dell'art. 59.

3. Per effetto della interruzione inizia un nuovo periodo di prescrizione.

4. Se l'interruzione è avvenuta mediante la contestazione dell'illecito amministrativo dipendente da reato, la prescrizione non corre fino al momento in cui passa in giudicato la sentenza che definisce il giudizio.

23. *Inosservanza delle sanzioni interdittive*. — 1. Chiunque, nello svolgimento dell'attività dell'ente a cui è stata applicata una sanzione o una misura cautelare interdittiva trasgredisce agli obblighi o ai divieti inerenti a tali sanzioni o misure, è punito con la reclusione da sei mesi a tre anni.

2. Nel caso di cui al comma 1, nei confronti dell'ente nell'interesse o a vantaggio del quale il reato è stato commesso, si applica la sanzione amministrativa pecuniaria da duecento e seicento quote e la confisca del profitto, a norma dell'art. 19.

3. Se dal reato di cui al comma 1, l'ente ha tratto un profitto rilevante, si applicano le sanzioni interdittive, anche diverse da quelle in precedenza irrogate.

Sezione III. — *Responsabilità amministrativa da reato* (2)

24. *Indebita percezione di erogazioni, truffa in danno dello Stato o di un ente pubblico o per il conseguimento di erogazioni pubbliche e frode informatica in danno dello Stato o di un ente pubblico*. — 1. In relazione alla commissione dei delitti di cui agli artt. 316-*bis*, 316-*ter*, 640, comma 2, n. 1), 640-*bis* e 640-*ter* se commesso in danno dello Stato o di altro ente pubblico, del codice penale, si applica all'ente la sanzione pecuniaria fino a cinquecento quote.

2. Se, in seguito alla commissione dei delitti di cui al comma 1, l'ente ha conseguito un profitto di rilevante entità o è derivato un danno di particolare gravità; si applica la sanzione pecuniaria da duecento a seicento quote.

3. Nei casi previsti dai commi precedenti, si applicano le sanzioni interdittive previste dall'art. 9, comma 2, lett. *c*), *d*) ed *e*).

24-*bis*. *Delitti informatici e trattamento illecito di dati*. — 1. In relazione alla commissione dei delitti di cui agli artt. 615-*ter*, 617-*quater*, 617-*quinquies*, 635-*bis*, 635-*ter*, 635-*quater* e 635-*quinquies* del codice penale si applica all'ente la sanzione pecuniaria da cento a cinquecento quote.

2. In relazione alla commissione dei delitti di cui agli artt. 615-*quater* e 615-*quinquies* del codice penale, si applica all'ente la sanzione pecuniaria sino a trecento quote.

(1) Comma così sostituito dall'art. 2.218, l. 23 dicembre 2009, n. 191.
(2) Rubrica così sostituita dall'art. 3.1, d.lg. 11 aprile 2002, n. 61.

3. In relazione alla commissione dei delitti di cui agli artt. 491-*bis* e 640-*quinquies* del codice penale, salvo quanto previsto dall'art. 24 del presente decreto per i casi di frode informatica in danno dello Stato o di altro ente pubblico, si applica all'ente la sanzione pecuniaria sino a quattrocento quote.

4. Nei casi di condanna per uno dei delitti indicati nel comma 1 si applicano le sanzioni interdittive previste dall'art. 9, comma 2, lett. *a*), *b*) ed *e*). Nei casi di condanna per uno dei delitti indicati nel comma 2 si applicano le sanzioni interdittive previste dall'art. 9, comma 2, lett. *b*) ed *e*). Nei casi di condanna per uno dei delitti indicati nel comma 3 si applicano le sanzioni interdittive previste dall'art. 9, comma 2, lett. *c*), *d*) ed *e*) (1).

24-*ter*. *Delitti di criminalità organizzata*. — 1. In relazione alla commissione di taluno dei delitti di cui agli artt. 416, sesto comma, 416-*bis*, 416-*ter* e 630 del codice penale, ai delitti commessi avvalendosi delle condizioni previste dal predetto art. 416-*bis* ovvero al fine di agevolare l'attività delle associazioni previste dallo stesso articolo, nonché ai delitti previsti dall'art. 74 del testo unico di cui al d.p.r. 9 ottobre 1990, n. 309, si applica la sanzione pecuniaria da quattrocento a mille quote.

2. In relazione alla commissione di taluno dei delitti di cui all'art. 416 del codice penale, ad esclusione del sesto comma, ovvero di cui all'art. 407, comma 2, lett. *a*), n. 5), del codice di procedura penale, si applica la sanzione pecuniaria da trecento a ottocento quote.

3. Nei casi di condanna per uno dei delitti indicati nei commi 1 e 2, si applicano le sanzioni interdittive previste dall'art. 9, comma 2, per una durata non inferiore ad un anno.

4. Se l'ente o una sua unità organizzativa viene stabilmente utilizzato allo scopo unico o prevalente di consentire o agevolare la commissione dei reati indicati nei commi 1 e 2, si applica la sanzione dell'interdizione definitiva dall'esercizio dell'attività ai sensi dell'art. 16, comma 3 (2).

25. *Concussione, induzione indebita a dare o promettere utilità* (3) *e corruzione*. — 1. In relazione alla commissione dei delitti di cui agli artt. 318, 321, 322, commi primo e terzo, e 346-*bis* del codice penale, si applica la sanzione pecuniaria fino a duecento quote (4).

2. In relazione alla commissione dei delitti di cui agli artt. 319, 319-*ter*, comma 1, 321, 322, commi 2 e 4, del codice penale, si applica all'ente la sanzione pecuniaria da duecento a seicento quote.

3. In relazione alla commissione dei delitti di cui agli artt. 317, 319, aggravato ai sensi dell'art. 319-*bis* quando dal fatto l'ente ha conseguito un profitto di rilevante entità, 319-*ter*, comma 2, 319-*quater* (5) e 321 del codice penale, si applica all'ente la sanzione pecuniaria da trecento a ottocento quote.

4. Le sanzioni pecuniarie previste per i delitti di cui ai commi da 1 a 3, si applicano all'ente anche quando tali delitti sono stati commessi dalle persone indicate negli artt. 320 e 322-*bis*.

5. Nei casi di condanna per uno dei delitti indicati nei commi 2 e 3, si applicano le sanzioni interdittive previste dall'art. 9, comma 2, per una durata non inferiore a quattro anni e non superiore a sette anni, se il reato è stato commesso da uno dei soggetti di cui all'art. 5, comma 1, lett. *a*), e per una durata non inferiore a due anni e non superiore a quattro, se il reato è stato commesso da uno dei soggetti di cui all'art. 5, comma 1, lett. *b*) (6).

5-*bis*. Se prima della sentenza di primo grado l'ente si è efficacemente adoperato per evitare che l'attività delittuosa sia portata a conseguenze ulteriori, per assicurare le prove dei reati e per l'individuazione dei responsabili ovvero per il sequestro delle somme o altre utilità trasferite e ha eliminato le carenze organizzative che hanno determinato il reato mediante l'adozione e l'attuazione di modelli organizzativi idonei a prevenire reati della specie di quello verificatosi, le sanzioni interdittive hanno la durata stabilita dall'art. 13, comma 2 (7).

25-*bis*. *Falsità in monete, in carte di pubblico credito, in valori di bollo e in strumenti o segni di riconoscimento* (8). — 1. In relazione alla commissione dei delitti previsti dal codice penale in materia di falsità in monete, in carte di pubbli-

(1) Articolo inserito dall'art. 7, l. 18 marzo 2008, n. 48.
(2) Articolo inserito dall'art. 2.29, l. 15 luglio 2009, n. 94.
(3) Le parole «, induzione indebita a dare o promettere utilità» sono state inserite dall'art. 1.77, lett. a, n. 1, l. 6 novembre 2012, n. 190.
(4) Comma così sostituito dall'art. 1.9, lett. b, n. 1, l. 9 gennaio 2019, n. 3.
(5) Le parole «319-*quater*» sono state inserite dall'art. 1.77, lett. a, n. 2, l. 6 novembre 2012, n. 190.
(6) Comma così sostituito dall'art. 1.9, lett. b, n. 2, l. 9 gennaio 2019, n. 3.
(7) Comma aggiunto dall'art. 1.9, lett. b, n. 3, l. 9 gennaio 2019, n. 3.
(8) Rubrica così sostituita dall'art. 15.7, lett. a, n. 4, l. 23 luglio 2009, n. 99.

co credito, in valori di bollo e in strumenti o segni di riconoscimento (1), si applicano all'ente le seguenti sanzioni pecuniarie:

a) per il delitto di cui all'art. 453 la sanzione pecuniaria da trecento a ottocento quote;

b) per i delitti di cui agli artt. 454, 460 e 461 la sanzione pecuniaria fino a cinquecento quote;

c) per il delitto di cui all'art. 455 le sanzioni pecuniarie stabilite dalla lett. *a*), in relazione all'art. 453, e dalla lett. *b*), in relazione all'art. 454, ridotte da un terzo alla metà;

d) per i delitti di cui agli artt. 457 e 464, secondo comma, le sanzioni pecuniarie fino a duecento quote;

e) per il delitto di cui all'art. 459 le sanzioni pecuniarie previste dalle lett. *a*), *c*) e *d*) ridotte di un terzo;

f) per il delitto di cui all'art. 464, primo comma, la sanzione pecuniaria fino a trecento quote;

f-bis) per i delitti di cui agli artt. 473 e 474, la sanzione pecuniaria fino a cinquecento quote (2).

2. Nei casi di condanna per uno dei delitti di cui agli artt. 453, 454, 455, 459, 460, 461, 473 e 474 (3) del codice penale, si applicano all'ente le sanzioni interdittive previste dall'art. 9, comma 2, per una durata non superiore ad un anno (4).

25-*bis*.1. *Delitti contro l'industria e il commercio*. — 1. In relazione alla commissione dei delitti contro l'industria e il commercio previsti dal codice penale, si applicano all'ente le seguenti sanzioni pecuniarie:

a) per i delitti di cui agli artt. 513, 515, 516, 517, 517-*ter* e 517-*quater* la sanzione pecuniaria fino a cinquecento quote;

b) per i delitti di cui agli artt. 513-*bis* e 514 la sanzione pecuniaria fino a ottocento quote.

2. Nel caso di condanna per i delitti di cui alla lett. *b*) del comma 1 si applicano all'ente le sanzioni interdittive previste dall'art. 9, comma 2 (5).

25-*ter*. *Reati societari*. — 1. In relazione ai reati in materia societaria previsti dal codice civile, si applicano all'ente le seguenti sanzioni pecuniarie (6):

a) per il delitto di false comunicazioni sociali previsto dall'art. 2621 del codice civile, la sanzione pecuniaria da duecento a quattrocento quote (7);

a-bis) per il delitto di false comunicazioni sociali previsto dall'art. 2621-*bis* del codice civile, la sanzione pecuniaria da cento a duecento quote (8);

b) per il delitto di false comunicazioni sociali previsto dall'art. 2622 del codice civile, la sanzione pecuniaria da quattrocento a seicento quote (9);

c) .... (10);

d) per la contravvenzione di falso in prospetto, prevista dall'art. 2623, primo comma, del codice civile (11), la sanzione pecuniaria da duecento a duecentossessanta quote (12);

e) per il delitto di falso in prospetto, previsto dall'art. 2623, secondo comma, del codice civile (11), la sanzione pecuniaria da quattrocento a seicentossessanta quote (12);

f) per la contravvenzione di falsità nelle relazioni o nelle comunicazioni delle società di revisione, prevista dall'art. 2624, primo comma, del codice civile (13), la sanzione pecuniaria da duecento a duecentossessanta quote (12);

g) per il delitto di falsità nelle relazioni o nelle comunicazioni delle società di revisione, previsto dall'art. 2624, secondo comma, del codice civile (13), la sanzione pecuniaria da quattrocento a ottocento quote (12);

h) per il delitto di impedito controllo, previsto dall'art. 2625, secondo comma, del codice civile, la sanzione pecuniaria da duecento a trecentossessanta quote (12);

i) per il delitto di formazione fittizia del capitale, previsto dall'art. 2632 del codice civile, la sanzione pecuniaria da duecento a trecentossessanta quote (12);

(1) Le parole «, in valori di bollo e in strumenti o segni di riconoscimento» sono state così sostituite alle precedenti «e in valori di bollo» dall'art. 15.7, lett. a, n. 1, l. 23 luglio 2009, n. 99.

(2) Lettera aggiunta dall'art. 15.7, lett. a, n. 2, l. 23 luglio 2009, n. 99.

(3) Le parole «, 461, 473 e 474» sono state così sostituite alle precedenti «e 461» dall'art. 15.7, lett. a, n. 3, l. 23 luglio 2009, n. 99.

(4) Articolo inserito dall'art. 6, d.l. 25 settembre 2001, n. 350, conv. in l. 23 novembre 2001, n. 409.

(5) Articolo inserito dall'art. 15.7, lett. b, l. 23 luglio 2009, n. 99.

(6) Alinea così sostituito dall'art. 12.1, lett. a, l. 27 maggio 2015, n. 69.

(7) Lettera così sostituita dall'art. 12.1, lett. b, l. 27 maggio 2015, n. 69.

(8) Lettera inserita dall'art. 12.1, lett. c, l. 27 maggio 2015, n. 69.

(9) Lettera così sostituita dall'art. 12.1, lett. d, l. 27 maggio 2015, n. 69.

(10) Lettera abrogata dall'art. 12.1, lett. e, l. 27 maggio 2015, n. 69.

(11) Articolo abrogato dall'art. 34.2, l. 28 dicembre 2005, n. 262.

(12) L'art. 39.5, l. 28 dicembre 2005, n. 262 così dispone: «Le sanzioni pecuniarie previste dall'art. 25-*ter* del d.lg. 8 giugno 2001, n. 231, sono raddoppiate».

(13) Articolo abrogato dall'art. 37.34, d.lg. 27 gennaio 2010, n. 39.

l) per il delitto di indebita restituzione dei conferimenti, previsto dall'art. 2626 del codice civile, la sanzione pecuniaria da duecento a trecentossessanta quote (1);

m) per la contravvenzione di illegale ripartizione degli utili e delle riserve, prevista dall'art. 2627 del codice civile, la sanzione pecuniaria da duecento a duecentossessanta quote (1);

n) per il delitto di illecite operazioni sulle azioni o quote sociali o della società controllante, previsto dall'art. 2628 del codice civile, la sanzione pecuniaria da duecento a trecentossessanta quote (1);

o) per il delitto di operazioni in pregiudizio dei creditori, previsto dall'art. 2629 del codice civile, la sanzione pecuniaria da trecento a seicentossessanta quote (1);

p) per il delitto di indebita ripartizione dei beni sociali da parte dei liquidatori, previsto dall'art. 2633 del codice civile, la sanzione pecuniaria da trecento a seicentossessanta quote (1);

q) per il delitto di illecita influenza sull'assemblea, previsto dall'art. 2636 del codice civile, la sanzione pecuniaria da trecento a seicentossessanta quote (1);

r) per il delitto di aggiotaggio, previsto dall'art. 2637 del codice civile e per il delitto di omessa comunicazione del conflitto d'interessi previsto dall'art. 2629-*bis* del codice civile (2), la sanzione pecuniaria da quattrocento a mille quote (1);

s) per i delitti di ostacolo all'esercizio delle funzioni delle autorità pubbliche di vigilanza, previsti dall'art. 2638, primo e secondo comma, del codice civile, la sanzione pecuniaria da quattrocento a ottocento quote (1);

s-bis) per il delitto di corruzione tra privati, nei casi previsti dal terzo comma dell'art. 2635 del codice civile, la sanzione pecuniaria da quattrocento a seicento quote e, nei casi di istigazione di cui al primo comma dell'art. 2635-*bis* del codice civile, la sanzione pecuniaria da duecento a quattrocento quote. Si applicano altresì le sanzioni interdittive previste dall'art. 9, comma 2 (3).

3 (4). Se, in seguito alla commissione dei reati di cui al comma 1, l'ente ha conseguito un profitto di rilevante entità, la sanzione pecuniaria è aumentata di un terzo (5).

25-*quater*. *Delitti con finalità di terrorismo o di eversione dell'ordine democratico*. — 1. In relazione alla commissione dei delitti aventi finalità di terrorismo o di eversione dell'ordine democratico, previsti dal codice penale e dalle leggi speciali, si applicano all'ente le seguenti sanzioni pecuniarie:

a) se il delitto è punito con la pena della reclusione inferiore a dieci anni, la sanzione pecuniaria da duecento a settecento quote;

b) se il delitto è punito con la pena della reclusione non inferiore a dieci anni o con l'ergastolo, la sanzione pecuniaria da quattrocento a mille quote.

2. Nei casi di condanna per uno dei delitti indicati nel comma 1, si applicano le sanzioni interdittive previste dall'art. 9, comma 2, per una durata non inferiore ad un anno.

3. Se l'ente o una sua unità organizzativa viene stabilmente utilizzato allo scopo unico o prevalente di consentire o agevolare la commissione dei reati indicati nel comma 1, si applica la sanzione dell'interdizione definitiva dall'esercizio dell'attività ai sensi dell'art. 16, comma 3.

4. Le disposizioni dei commi 1, 2 e 3 si applicano altresì in relazione alla commissione di delitti, diversi da quelli indicati nel comma 1, che siano comunque stati posti in essere in violazione di quanto previsto dall'art. 2 della Convenzione internazionale per la repressione del finanziamento del terrorismo fatta a New York il 9 dicembre 1999 (6).

25-*quater*.1. *Pratiche di mutilazione degli organi genitali femminili*. — 1. In relazione alla commissione dei delitti di cui all'art. 583-*bis* del codice penale si applicano all'ente, nella cui struttura è commesso il delitto, la sanzione pecuniaria da 300 a 700 quote e le sanzioni interdittive previste dall'art. 9, comma 2, per una durata non inferiore ad un anno. Nel caso in cui si tratti di un ente privato accreditato è altresì revocato l'accreditamento.

2. Se l'ente o una sua unità organizzativa viene stabilmente utilizzato allo scopo unico o

(1) L'art. 39.5, l. 28 dicembre 2005, n. 262 così dispone: «Le sanzioni pecuniarie previste dall'art. 25-*ter* del d.lg. 8 giugno 2001, n. 231, sono raddoppiate».

(2) Le parole «e per il delitto di omessa comunicazione del conflitto d'interessi previsto dall'art. 2629-*bis* del codice civile» sono state inserite dall'art. 31.2, l. 28 dicembre 2005, n. 262.

(3) Lettera aggiunta dall'art. 1.77, lett. b, l. 6 novembre 2012, n. 190, e successivamente così sostituita dall'art. 6, d.lg. 15 marzo 2017, n. 38.

(4) *Recte*: 2.

(5) Articolo inserito dall'art. 3.2, d.lg. 11 aprile 2002, n. 61.

(6) Articolo inserito dall'art. 3, l. 14 gennaio 2003, n. 7.

prevalente di consentire o agevolare la commissione dei delitti indicati al comma 1, si applica la sanzione dell'interdizione definitiva dall'esercizio dell'attività ai sensi dell'art. 16, comma 3 (1).

25-*quinquies*. *Delitti contro la personalità individuale*. — 1. In relazione alla commissione dei delitti previsti dalla sezione I del capo III del titolo XII del libro II del codice penale si applicano all'ente le seguenti sanzioni pecuniarie:

a) per i delitti di cui agli artt. 600, 601, 602 e 603-*bis* (2), la sanzione pecuniaria da quattrocento a mille quote;

b) per i delitti di cui agli artt. 600-*bis*, primo comma, 600-*ter*, primo e secondo comma, anche se relativi al materiale pornografico di cui all'art. 600-*quater*.1 (3) e 600-*quinquies*, la sanzione pecuniaria da trecento a ottocento quote;

c) per i delitti di cui agli artt. 600-*bis*, secondo comma, 600-*ter*, terzo e quarto comma, e 600-*quater*, anche se relativi al materiale pornografico di cui all'art. 600-*quater*.1 (4), nonché per il delitto di cui all'art. 609-*undecies* (5) la sanzione pecuniaria da duecento a settecento quote.

2. Nei casi di condanna per uno dei delitti indicati nel comma 1, lett. *a*) e *b*), si applicano le sanzioni interdittive previste dall'art. 9, comma 2, per una durata non inferiore ad un anno.

3. Se l'ente o una sua unità organizzativa viene stabilmente utilizzato allo scopo unico o prevalente di consentire o agevolare la commissione dei reati indicati nel comma 1, si applica la sanzione dell'interdizione definitiva dall'esercizio dell'attività ai sensi dell'art. 16, comma 3 (6).

25-*sexies*. *Abusi di mercato*. — 1. In relazione ai reati di abuso di informazioni privilegiate e di manipolazione del mercato previsti dalla parte V, titolo I-*bis*, capo II, del t.u. di cui al d.lg. 24 febbraio 1998, n. 58 (7), si applica all'ente la sanzione pecuniaria da quattrocento a mille quote.

2. Se, in seguito alla commissione dei reati di cui al comma 1, il prodotto o il profitto conseguito dall'ente è di rilevante entità, la sanzione è aumentata fino a dieci volte tale prodotto o profitto (8).

25-*septies*. *Omicidio colposo o lesioni gravi o gravissime commesse con violazione delle norme sulla tutela della salute e sicurezza sul lavoro*. — 1. In relazione al delitto di cui all'art. 589 del codice penale, commesso con violazione dell'art. 55, comma 2, del decreto legislativo attuativo della delega di cui alla l. 3 agosto 2007, n. 123, in materia di salute e sicurezza sul lavoro, si applica una sanzione pecuniaria in misura pari a 1.000 quote. Nel caso di condanna per il delitto di cui al precedente periodo si applicano le sanzioni interdittive di cui all'art. 9, comma 2, per una durata non inferiore a tre mesi e non superiore ad un anno.

2. Salvo quanto previsto dal comma 1, in relazione al delitto di cui all'art. 589 del codice penale, commesso con violazione delle norme sulla tutela della salute e sicurezza sul lavoro, si applica una sanzione pecuniaria in misura non inferiore a 250 quote e non superiore a 500 quote. Nel caso di condanna per il delitto di cui al precedente periodo si applicano le sanzioni interdittive di cui all'art. 9, comma 2, per una durata non inferiore a tre mesi e non superiore ad un anno.

3. In relazione al delitto di cui all'art. 590, terzo comma, del codice penale, commesso con violazione delle norme sulla tutela della salute e sicurezza sul lavoro, si applica una sanzione pecuniaria in misura non superiore a 250 quote. Nel caso di condanna per il delitto di cui al precedente periodo si applicano le sanzioni interdittive di cui all'art. 9, comma 2, per una durata non superiore a sei mesi (9).

25-*octies*. *Ricettazione, riciclaggio e impiego di denaro, beni o utilità di provenienza illecita,*

(1) Articolo inserito dall'art. 8, l. 9 gennaio 2006, n. 7.

(2) Le parole «, 602 e 603-*bis*,» sono state così sostituite alle precedenti «e 602,» dall'art. 6, l. 29 ottobre 2016, n. 199.

(3) Le parole «anche se relativi al materiale pornografico di cui all'art. 600-*quater*.1,» sono state inserite dall'art. 10.1, lett. a, l. 6 febbraio 2006, n. 38.

(4) Le parole «anche se relativi al materiale pornografico di cui all'art. 600-*quater*.1,» sono state inserite dall'art. 10.1, lett. b, l. 6 febbraio 2006, n. 38.

(5) Le parole «nonché per il delitto di cui all'art. 609-*undecies*» sono state inserite dall'art. 3, d.lg. 4 marzo 2014, n. 39.

(6) Articolo inserito dall'art. 5, l. 11 agosto 2003, n. 228.

(7) In *Leggi coll. XVIII, 1*.

(8) Articolo inserito dall'art. 9.3, l. 18 aprile 2005, n. 62.

(9) Articolo inserito dall'art. 9, l. 3 agosto 2007, n. 123, e successivamente così sostituito dall'art. 300, d.lg. 9 aprile 2008, n. 81.

nonché autoriciclaggio (1). — 1. In relazione ai reati di cui agli artt. 648, 648-*bis*, 648-*ter* e 648-*ter*.1 (1) del codice penale, si applica all'ente la sanzione pecuniaria da 200 a 800 quote. Nel caso in cui il denaro, i beni o le altre utilità provengono da delitto per il quale è stabilita la pena della reclusione superiore nel massimo a cinque anni si applica la sanzione pecuniaria da 400 a 1000 quote.

2. Nei casi di condanna per uno dei delitti di cui al comma 1 si applicano all'ente le sanzioni interdittive previste dall'art. 9, comma 2, per una durata non superiore a due anni.

3. In relazione agli illeciti di cui ai commi 1 e 2, il Ministero della giustizia, sentito il parere dell'UIF, formula le osservazioni di cui all'art. 6 del d.lg. 8 giugno 2001, n. 231 (2).

25-*novies*. *Delitti in materia di violazione del diritto d'autore*. — 1. In relazione alla commissione dei delitti previsti dagli artt. 171, primo comma, lett. *a-bis*), e terzo comma, 171-*bis*, 171-*ter*, 171-*septies* e 171-*octies* della l. 22 aprile 1941, n. 633 (3), si applica all'ente la sanzione pecuniaria fino a cinquecento quote.

2. Nel caso di condanna per i delitti di cui al comma 1 si applicano all'ente le sanzioni interdittive previste dall'art. 9, comma 2, per una durata non superiore ad un anno. Resta fermo quanto previsto dall'art. 174-*quinquies* della citata l. n. 633 del 1941 (3) (4).

25-*decies*. *Induzione a non rendere dichiarazioni o a rendere dichiarazioni mendaci all'autorità giudiziaria*. — 1. In relazione alla commissione del delitto di cui all'art. 377-*bis* del codice penale, si applica all'ente la sanzione pecuniaria fino a cinquecento quote (5).

25-*undecies*. *Reati ambientali*. — 1. In relazione alla commissione dei reati previsti dal codice penale, si applicano all'ente le seguenti sanzioni pecuniarie:

a) per la violazione dell'art. 452-*bis*, la sanzione pecuniaria da duecentocinquanta a seicento quote (6);

b) per la violazione dell'art. 452-*quater*, la sanzione pecuniaria da quattrocento a ottocento quote (6);

c) per la violazione dell'art. 452-*quinquies*, la sanzione pecuniaria da duecento a cinquecento quote (6);

d) per i delitti associativi aggravati ai sensi dell'art. 452-*octies*, la sanzione pecuniaria da trecento a mille quote (6);

e) per il delitto di traffico e abbandono di materiale ad alta radioattività ai sensi dell'art. 452-*sexies*, la sanzione pecuniaria da duecentocinquanta a seicento quote (6);

f) per la violazione dell'art. 727-*bis*, la sanzione pecuniaria fino a duecentocinquanta quote (6);

g) per la violazione dell'art. 733-*bis*, la sanzione pecuniaria da centocinquanta a duecentocinquanta quote (6).

1-*bis*. Nei casi di condanna per i delitti indicati al comma 1, lett. *a*) e *b*), del presente articolo, si applicano, oltre alle sanzioni pecuniarie ivi previste, le sanzioni interdittive previste dall'art. 9, per un periodo non superiore a un anno per il delitto di cui alla citata lett. *a*) (7).

2. In relazione alla commissione dei reati previsti dal d.lg. 3 aprile 2006, n. 152, si applicano all'ente le seguenti sanzioni pecuniarie:

a) per i reati di cui all'art. 137:

1) per la violazione dei commi 3, 5, primo periodo, e 13, la sanzione pecuniaria da centocinquanta a duecentocinquanta quote;

2) per la violazione dei commi 2, 5, secondo periodo, e 11, la sanzione pecuniaria da duecento a trecento quote;

b) per i reati di cui all'art. 256:

1) per la violazione dei commi 1, lett. *a*), e 6, primo periodo, la sanzione pecuniaria fino a duecentocinquanta quote;

2) per la violazione dei commi 1, lett. *b*), 3, primo periodo, e 5, la sanzione pecuniaria da centocinquanta a duecentocinquanta quote;

3) per la violazione del comma 3, secondo periodo, la sanzione pecuniaria da duecento a trecento quote;

c) per i reati di cui all'art. 257:

1) per la violazione del comma 1, la sanzione pecuniaria fino a duecentocinquanta quote;

2) per la violazione del comma 2, la sanzione pecuniaria da centocinquanta a duecentocinquanta quote;

d) per la violazione dell'art. 258, comma 4, secondo periodo, la sanzione pecuniaria da centocinquanta a duecentocinquanta quote;

(1) Così corretto con *Comunicato*, in G.U., 28 giugno 2017, n. 149.

(2) Articolo inserito dall'art. 72.3, d.lg. 21 novembre 2007, n. 231, come sostituito dall'art. 5.3, d.lg. 25 maggio 2017, n. 90.

(3) In *Leggi coll. XIX, 1*.

(4) Articolo inserito dall'art. 15.7, lett. c, l. 23 luglio 2009, n. 99.

(5) Articolo inserito dall'art. 4, l. 3 agosto 2009, n. 116, come sostituito dall'art. 2.1, d.lg. 7 luglio 2011, n. 121.

(6) Le attuali lettere dalla *a*) alla *g*) sono state così sostituite alle precedenti lett. *a*) e *b*) dall'art. 1, comma 8, lett. a, l. 22 maggio 2015, n. 68.

(7) Comma inserito dall'art. 1, comma 8, lett. b, l. 22 maggio 2015, n. 68.

e) per la violazione dell'art. 259, comma 1, la sanzione pecuniaria da centocinquanta a duecentocinquanta quote;

f) per il delitto di cui all'art. 260, la sanzione pecuniaria da trecento a cinquecento quote, nel caso previsto dal comma 1 e da quattrocento a ottocento quote nel caso previsto dal comma 2;

g) per la violazione dell'art. 260-*bis*, la sanzione pecuniaria da centocinquanta a duecentocinquanta quote nel caso previsto dai commi 6, 7, secondo e terzo periodo, e 8, primo periodo, e la sanzione pecuniaria da duecento a trecento quote nel caso previsto dal comma 8, secondo periodo;

h) per la violazione dell'art. 279, comma 5, la sanzione pecuniaria fino a duecentocinquanta quote.

3. In relazione alla commissione dei reati previsti dalla l. 7 febbraio 1992, n. 150, si applicano all'ente le seguenti sanzioni pecuniarie:

a) per la violazione degli artt. 1, comma 1, 2, commi 1 e 2, e 6, comma 4, la sanzione pecuniaria fino a duecentocinquanta quote;

b) per la violazione dell'art. 1, comma 2, la sanzione pecuniaria da centocinquanta a duecentocinquanta quote;

c) per i reati del codice penale richiamati dall'art. 3-*bis*, comma 1, della medesima legge n. 150 del 1992, rispettivamente:

1) la sanzione pecuniaria fino a duecentocinquanta quote, in caso di commissione di reati per cui è prevista la pena non superiore nel massimo ad un anno di reclusione;

2) la sanzione pecuniaria da centocinquanta a duecentocinquanta quote, in caso di commissione di reati per cui è prevista la pena non superiore nel massimo a due anni di reclusione;

3) la sanzione pecuniaria da duecento a trecento quote, in caso di commissione di reati per cui è prevista la pena non superiore nel massimo a tre anni di reclusione;

4) la sanzione pecuniaria da trecento a cinquecento quote, in caso di commissione di reati per cui è prevista la pena superiore nel massimo a tre anni di reclusione.

4. In relazione alla commissione dei reati previsti dall'art. 3, comma 6, della l. 28 dicembre 1993, n. 549, si applica all'ente la sanzione pecuniaria da centocinquanta a duecentocinquanta quote.

5. In relazione alla commissione dei reati previsti dal d.lg. 6 novembre 2007, n. 202, si applicano all'ente le seguenti sanzioni pecuniarie:

a) per il reato di cui all'art. 9, comma 1, la sanzione pecuniaria fino a duecentocinquanta quote;

b) per i reati di cui agli artt. 8, comma 1, e 9, comma 2, la sanzione pecuniaria da centocinquanta a duecentocinquanta quote;

c) per il reato di cui all'art. 8, comma 2, la sanzione pecuniaria da duecento a trecento quote.

6. Le sanzioni previste dal comma 2, lett. *b*), sono ridotte della metà nel caso di commissione del reato previsto dall'art. 256, comma 4, del d.lg. 3 aprile 2006, n. 152.

7. Nei casi di condanna per i delitti indicati al comma 2, lett. *a*), n. 2), *b*), n. 3), e *f*), e al comma 5, lett. *b*) e *c*), si applicano le sanzioni interdittive previste dall'art. 9, comma 2, del d.lg. 8 giugno 2001, n. 231, per una durata non superiore a sei mesi.

8. Se l'ente o una sua unità organizzativa vengono stabilmente utilizzati allo scopo unico o prevalente di consentire o agevolare la commissione dei reati di cui all'art. 260 del d.lg. 3 aprile 2006, n. 152, e all'art. 8 del d.lg. 6 novembre 2007, n. 202, si applica la sanzione dell'interdizione definitiva dall'esercizio dell'attività ai sensi dell'art. 16, comma 3, del d.lg. 8 giugno 2001, n. 231 (1).

25-*duodecies*. *Impiego di cittadini di paesi terzi il cui soggiorno è irregolare*. — 1. In relazione alla commissione del delitto di cui all'art. 22, comma 12-*bis*, del d.lg. 25 luglio 1998, n. 286, si applica all'ente la sanzione pecuniaria da 100 a 200 quote, entro il limite di 150.000 euro (2).

1-*bis*. In relazione alla commissione dei delitti di cui all'art. 12, commi 3, 3-*bis* e 3-*ter*, del t.u. di cui al d.lg. 25 luglio 1998, n. 286, e successive modificazioni, si applica all'ente la sanzione pecuniaria da quattrocento a mille quote (3).

1-*ter*. In relazione alla commissione dei delitti di cui all'art. 12, comma 5, del t.u. di cui al d.lg. 25 luglio 1998, n. 286, e successive modificazioni, si applica all'ente la sanzione pecuniaria da cento a duecento quote (3).

1-*quater*. Nei casi di condanna per i delitti di cui ai commi 1-*bis* e 1-*ter* del presente articolo, si applicano le sanzioni interdittive previste dall'art. 9, comma 2, per una durata non inferiore a un anno (3).

(1) Articolo inserito dall'art. 2.2, d.lg. 7 luglio 2011, n. 121.
(2) Articolo inserito dall'art. 2, d.lg. 16 luglio 2012, n. 109.
(3) Comma aggiunto dall'art. 30.4, l. 17 ottobre 2017, n. 161.

25-*terdecies*. *Razzismo e xenofobia*. — 1. In relazione alla commissione dei delitti di cui all'art. 3, comma 3-*bis*, della l. 13 ottobre 1975, n. 654, si applica all'ente la sanzione pecuniaria da duecento a ottocento quote.

2. Nei casi di condanna per i delitti di cui al comma 1 si applicano all'ente le sanzioni interdittive previste dall'art. 9, comma 2, per una durata non inferiore a un anno.

3. Se l'ente o una sua unità organizzativa è stabilmente utilizzato allo scopo unico o prevalente di consentire o agevolare la commissione dei delitti indicati nel comma 1, si applica la sanzione dell'interdizione definitiva dall'esercizio dell'attività ai sensi dell'art. 16, comma 3 (1).

26. *Delitti tentati*. — 1. Le sanzioni pecuniarie e interdittive sono ridotte da un terzo alla metà in relazione alla commissione, nelle forme del tentativo, dei delitti indicati nel presente capo del decreto.

2. L'ente non risponde quando volontariamente impedisce il compimento dell'azione o la realizzazione dell'evento.

CAPO II

Responsabilità patrimoniale e vicende modificative dell'ente

Sezione I. — *Responsabilità patrimoniale dell'ente*

27. *Responsabilità patrimoniale dell'ente*. — 1. Dell'obbligazione per il pagamento della sanzione pecuniaria risponde soltanto l'ente con il suo patrimonio o con il fondo comune.

2. I crediti dello Stato derivanti degli illeciti amministrativi dell'ente relativi a reati hanno privilegio secondo le disposizioni del codice di procedura penale sui crediti dipendenti da reato. A tale fine, la sanzione pecuniaria si intende equiparata alla pena pecuniaria.

Sezione II. — *Vicende modificative dell'ente*

28. *Trasformazione dell'ente*. — 1. Nel caso di trasformazione dell'ente, resta ferma la responsabilità per i reati commessi anteriormente alla data in cui la trasformazione ha avuto effetto.

29. *Fusione dell'ente*. — 1. Nel caso di fusione, anche per incorporazione, l'ente che ne risulta risponde dei reati dei quali erano responsabili gli enti partecipanti alla fusione.

30. *Scissione dell'ente*. — 1. Nel caso di scissione parziale, resta ferma la responsabilità dell'ente scisso per i reati commessi anteriormente alla data in cui la scissione ha avuto effetto, salvo quanto previsto dal comma 3.

2. Gli enti beneficiari della scissione, sia totale che parziale, sono solidalmente obbligati al pagamento delle sanzioni pecuniarie dovute dall'ente scisso per i reati commessi anteriormente alla data dalla quale la scissione ha avuto effetto. L'obbligo è limitato al valore effettivo del patrimonio netto trasferito al singolo ente, salvo che si tratti di ente al quale è stato trasferito, anche in parte il ramo di attività nell'àmbito del quale è stato commesso il reato.

3. Le sanzioni interdittive relative ai reati indicati nel comma 2, si applicano agli enti cui è rimasto o è stato trasferito, anche in parte, il ramo di attività nell'àmbito del quale il reato è stato commesso.

31. *Determinazione delle sanzioni nel caso di fusione o scissione*. — 1. Se la fusione o la scissione è avvenuta prima della conclusione del giudizio, il giudice, nella commisurazione della sanzione pecuniaria a norma dell'art. 11, comma 2, tiene conto delle condizioni economiche e patrimoniali dell'ente originariamente responsabile.

2. Salvo quanto previsto dall'art. 17, l'ente risultante dalla fusione e l'ente al quale, nel caso di scissione, è applicabile la sanzione interdittiva possono chiedere al giudice la sostituzione della medesima con la sanzione pecuniaria, qualora, a seguito della fusione o della scissione, si sia realizzata la condizione prevista dalla lett. *b*) del comma 1 dell'art. 17, e ricorrano le ulteriori condizioni di cui alle lett. *a*) e *c*) del medesimo articolo.

3. Se accoglie la richiesta, il giudice, nel pronunciare sentenza di condanna, sostituisce la sanzione interdittiva con una sanzione pecuniaria di ammontare pari da una a due volte quello della sanzione pecuniaria inflitta all'ente in relazione al medesimo reato.

4. Resta salva la facoltà dell'ente, anche nei casi di fusione o scissione successiva alla conclusione del giudizio, di chiedere la conversione della sanzione interdittiva in sanzione pecuniaria.

32. *Rilevanza della fusione o della scissione ai fini della reiterazione*. — 1. Nei casi di responsabilità dell'ente risultante dalla fusione o beneficiario della scissione per reati commessi successivamente alla data dalla quale la fusione o la scissione ha avuto effetto, il giudice può

(1) Articolo inserito dall'art. 5.2, l. 20 novembre 2017, n. 167.

ritenere la reiterazione, a norma dell'art. 20, anche in rapporto a condanne pronunciate nei confronti degli enti partecipanti alla fusione o dell'ente scisso per reati commessi anteriormente a tale data.

2. A tale fine, il giudice tiene conto della natura delle violazioni e dell'attività nell'àmbito della quale sono state commesse nonché delle caratteristiche della fusione o della scissione.

3. Rispetto agli enti beneficiari della scissione, la reiterazione può essere ritenuta, a norma dei commi 1 e 2, solo se ad essi è stato trasferito, anche in parte, il ramo di attività nell'ambito del quale è stato commesso il reato per cui è stata pronunciata condanna nei confronti dell'ente scisso.

33. *Cessione di azienda.* — 1. Nel caso di cessione dell'azienda nella cui attività è stato commesso il reato, il cessionario è solidalmente obbligato, salvo il beneficio della preventiva escussione dell'ente cedente e nei limiti del valore dell'azienda, al pagamento della sanzione pecuniaria.

2. L'obbligazione del cessionario è limitata alle sanzioni pecuniarie che risultano dai libri contabili obbligatori, ovvero dovute per illeciti amministrativi dei quali egli era comunque a conoscenza.

3. Le disposizioni del presente articolo si applicano anche nel caso di conferimento di azienda.

CAPO III

PROCEDIMENTO DI ACCERTAMENTO E DI APPLICAZIONE DELLE SANZIONI AMMINISTRATIVE

Sezione I. — *Disposizioni generali*

34. *Disposizioni processuali applicabili.* — 1. Per il procedimento relativo agli illeciti amministrativi dipendenti da reato, si osservano le norme di questo capo nonché, in quanto compatibili, le disposizioni del codice di procedura penale e del d.lg. 28 luglio 1989, n. 271.

35. *Estensione della disciplina relativa all'imputato.* — 1. All'ente si applicano le disposizioni processuali relative all'imputato, in quanto compatibili.

Sezione II. — *Soggetti, giurisdizione e competenza*

36. *Attribuzioni del giudice penale.* — 1. La competenza a conoscere gli illeciti amministrativi dell'ente appartiene al giudice penale competente per i reati dai quali gli stessi dipendono.

2. Per il procedimento di accertamento dell'illecito amministrativo dell'ente si osservano le disposizioni sulla composizione del tribunale e le disposizioni processuali collegate relative ai reati dai quali l'illecito amministrativo dipende.

37. *Casi di improcedibilità.* — 1. Non si procede all'accertamento dell'illecito amministrativo dell'ente quando l'azione penale non può essere iniziata o proseguita nei confronti dell'autore del reato per la mancanza di una condizione di procedibilità.

38. *Riunione e separazione dei procedimenti.* — 1. Il procedimento per l'illecito amministrativo dell'ente è riunito al procedimento penale instaurato nei confronti dell'autore del reato da cui l'illecito dipende.

2. Si procede separatamente per l'illecito amministrativo dell'ente soltanto quando:

a) è stata ordinata la sospensione del procedimento ai sensi dell'art. 71 del codice di procedura penale;

b) il procedimento è stato definito con il giudizio abbreviato o con l'applicazione della pena ai sensi dell'art. 444 del codice di procedura penale, ovvero è stato emesso il decreto penale di condanna;

c) l'osservanza delle disposizioni processuali lo rende necessario.

39. *Rappresentanza dell'ente.* — 1. L'ente partecipa al procedimento penale con il proprio rappresentante legale, salvo che questi sia imputato del reato da cui dipende l'illecito amministrativo.

2. L'ente che intende partecipare al procedimento si costituisce depositando nella cancelleria dell'autorità giudiziaria procedente una dichiarazione contenente a pena di inammissibilità:

a) la denominazione dell'ente e le generalità del suo legale rappresentante;

b) il nome ed il cognome del difensore e l'indicazione della procura;

c) la sottoscrizione del difensore;

d) la dichiarazione o l'elezione di domicilio.

3. La procura, conferita nelle forme previste dall'art. 100, comma 1, del codice di procedura penale, è depositata nella segreteria del pubblico ministero o nella cancelleria del giudice ovvero è presentata in udienza unitamente alla dichiarazione di cui al comma 2.

4. Quando non compare il legale rappresentante, l'ente costituito è rappresentato dal difensore.

40. *Difensore di ufficio*. — 1. L'ente che non ha nominato un difensore di fiducia o ne è rimasto privo è assistito da un difensore di ufficio.

41. *Contumacia dell'ente*. — 1. L'ente che non si costituisce nel processo è dichiarato contumace.

42. *Vicende modificative dell'ente nel corso del processo*. — 1. Nel caso di trasformazione, di fusione o di scissione dell'ente originariamente responsabile, il procedimento prosegue nei confronti degli enti risultanti da tali vicende modificative o beneficiari della scissione, che partecipano al processo, nello stato in cui lo stesso si trova, depositando la dichiarazione di cui all'art. 39, comma 2.

43. *Notificazioni all'ente*. — 1. Per la prima notificazione all'ente si osservano le disposizioni dell'art. 154, comma 3, del codice di procedura penale.

2. Sono comunque valide le notificazioni eseguite mediante consegna al legale rappresentante, anche se imputato del reato da cui dipende l'illecito amministrativo.

3. Se l'ente ha dichiarato o eletto domicilio nella dichiarazione di cui all'art. 39 o in altro atto comunicato all'autorità giudiziaria, le notificazioni sono eseguite ai sensi dell'art. 161 del codice di procedura penale.

4. Se non è possibile eseguire le notificazioni nei modi previsti dai commi precedenti, l'autorità giudiziaria dispone nuove ricerche. Qualora le ricerche non diano esito positivo, il giudice, su richiesta del pubblico ministero, sospende il procedimento.

Sezione III. — *Prove*

44. *Incompatibilità con l'ufficio di testimone*. — 1. Non può essere assunta come testimone:

a) la persona imputata del reato da cui dipende l'illecito amministrativo;

b) la persona che rappresenta l'ente indicata nella dichiarazione di cui all'art. 39, comma 2, e che rivestiva tale funzione anche al momento della commissione del reato.

2. Nel caso di incompatibilità la persona che rappresenta l'ente può essere interrogata ed esaminata nelle forme, con i limiti e con gli effetti previsti per l'interrogatorio e per l'esame della persona imputata in un procedimento connesso.

Sezione IV. — *Misure cautelari*

45. *Applicazione delle misure cautelari*. — 1. Quando sussistono gravi indizi per ritenere la sussistenza della responsabilità dell'ente per un illecito amministrativo dipendente da reato e vi sono fondati e specifici elementi che fanno ritenere concreto il pericolo che vengano commessi illeciti della stessa indole di quello per cui si procede, il pubblico ministero può richiedere l'applicazione quale misura cautelare di una delle sanzioni interdittive previste dall'art. 9, comma 2, presentando al giudice gli elementi su cui la richiesta si fonda, compresi quelli a favore dell'ente e le eventuali deduzioni e memorie difensive già depositate.

2. Sulla richiesta il giudice provvede con ordinanza, in cui indica anche le modalità applicative della misura. Si osservano le disposizioni dell'art. 292 del codice di procedura penale.

3. In luogo della misura cautelare interdittiva, il giudice può nominare un commissario giudiziale a norma dell'art. 15 per un periodo pari alla durata della misura che sarebbe stata applicata.

46. *Criteri di scelta delle misure*. — 1. Nel disporre le misure cautelari, il giudice tiene conto della specifica idoneità di ciascuna in relazione alla natura e al grado delle esigenze cautelari da soddisfare nel caso concreto.

2. Ogni misura cautelare deve essere proporzionata all'entità del fatto e alla sanzione che si ritiene possa essere applicata all'ente.

3. L'interdizione dall'esercizio dell'attività può essere disposta in via cautelare soltanto quando ogni altra misura risulti inadeguata.

4. Le misure cautelari non possono essere applicate congiuntamente.

47. *Giudice competente e procedimento di applicazione*. — 1. Sull'applicazione e sulla revoca delle misure cautelari nonché sulle modifiche delle loro modalità esecutive, provvede il giudice che procede. Nel corso delle indagini provvede il giudice per le indagini preliminari. Si applicano altresì le disposizioni di cui all'art. 91 del d.lg. 28 luglio 1989, n. 271.

2. Se la richiesta di applicazione della misura cautelare è presentata fuori udienza, il giudice fissa la data dell'udienza e ne fa dare avviso al pubblico ministero, all'ente e ai difensori. L'ente e i difensori sono altresì avvisati che, presso la cancelleria del giudice, possono esaminare la richiesta dal pubblico ministero e gli elementi sui quali la stessa si fonda.

3. Nell'udienza prevista dal comma 2, si osservano le forme dell'art. 127, commi 1, 2, 3, 4, 5, 6 e 10, del codice di procedura penale; i termini previsti ai commi 1 e 2 del medesimo articolo sono ridotti rispettivamente a cinque e a tre giorni. Tra il deposito della richiesta e la data dell'udienza non può intercorrere un termine superiore a quindici giorni.

48. *Adempimenti esecutivi.* — 1. L'ordinanza che dispone l'applicazione di una misura cautelare è notificata all'ente a cura del pubblico ministero.

49. *Sospensione delle misure cautelari.* — 1. Le misure cautelari possono essere sospese se l'ente chiede di poter realizzare gli adempimenti cui la legge condiziona l'esclusione di sanzioni interdittive a norma dell'art. 17. In tal caso, il giudice, sentito il pubblico ministero, se ritiene di accogliere la richiesta, determina una somma di denaro a titolo di cauzione, dispone la sospensione della misura e indica il termine per la realizzazione delle condotte riparatorie di cui al medesimo art. 17.

2. La cauzione consiste nel deposito presso la Cassa delle ammende di una somma di denaro che non può comunque essere inferiore alla metà della sanzione pecuniaria minima prevista per l'illecito per cui si procede. In luogo del deposito, è ammessa la prestazione di una garanzia mediante ipoteca o fideiussione solidale.

3. Nel caso di mancata, incompleta o inefficace esecuzione delle attività nel termine fissato, la misura cautelare viene ripristinata e la somma depositata o per la quale è stata data garanzia è devoluta alla Cassa delle ammende.

4. Se si realizzano le condizioni di cui all'art. 17 il giudice revoca la misura cautelare e ordina la restituzione della somma depositata o la cancellazione dell'ipoteca; la fideiussione prestata si estingue.

50. *Revoca e sostituzione delle misure cautelari.* — 1. Le misure cautelari sono revocate anche d'ufficio quando risultano mancanti, anche per fatti sopravvenuti, le condizioni di applicabilità previste dall'art. 45 ovvero quando ricorrono le ipotesi previste dall'art. 17.

2. Quando le esigenze cautelari risultano attenuate ovvero la misura applicata non appare piu proporzionata all'entità del fatto o alla sanzione che si ritiene possa essere applicata in via definitiva, il giudice, su richiesta del pubblico ministero o dell'ente, sostituisce la misura con un'altra meno grave ovvero ne dispone l'applicazione con modalità meno gravose, anche stabilendo una minore durata.

51. *Durata massima delle misure cautelari.* — 1. Nel disporre le misure cautelari il giudice ne determina la durata, che non può superare un anno (1).

2. Dopo la sentenza di condanna di primo grado, la durata della misura cautelare può avere la stessa durata della corrispondente sanzione applicata con la medesima sentenza. In ogni caso, la durata della misura cautelare non può superare un anno e quattro mesi (2).

3. Il termine di durata delle misure cautelari decorre dalla data della notifica dell'ordinanza.

4. La durata delle misure cautelari è computata nella durata delle sanzioni applicate in via definitiva.

52. *Impugnazione dei provvedimenti che applicano le misure cautelari.* — 1. Il pubblico ministero e l'ente, per mezzo del suo difensore, possono proporre appello contro tutti i provvedimenti in materia di misure cautelari, indicandone contestualmente i motivi. Si osservano le disposizioni di cui all'art. 322-*bis*, commi 1-*bis* e 2, del codice di procedura penale.

2. Contro il provvedimento emesso a norma del comma 1, il pubblico ministero e l'ente, per mezzo del suo difensore, possono proporre ricorso per cassazione per violazione di legge. Si osservano le disposizioni di cui all'art. 325 del codice di procedura penale.

53. *Sequestro preventivo.* — 1. Il giudice può disporre il sequestro delle cose di cui è consentita la confisca a norma dell'art. 19. Si osservano le disposizioni di cui agli artt. 321, commi 3, 3-*bis* e 3-*ter*, 322, 322-*bis* e 323 del codice di procedura penale, in quanto applicabili.

1-*bis.* Ove il sequestro, eseguito ai fini della confisca per equivalente prevista dal comma 2 dell'art. 19, abbia ad oggetto società, aziende ovvero beni, ivi compresi i titoli, nonché quote azionarie o liquidità anche se in deposito, il custode amministratore giudiziario ne consente l'utilizzo e la gestione agli organi societari esclusivamente al fine di garantire la continuità e lo sviluppo aziendali, esercitando i poteri di vigilanza e riferendone all'autorità giudiziaria. In caso di violazione della predetta finalità l'autorità giudiziaria adotta i provvedimenti conseguenti e può nominare un amministratore nell'esercizio dei poteri di azionista. Con la nomina si intendono eseguiti gli adempimenti di cui all'art. 104 delle norme di attuazione, di coordinamento e transitorie del codice di procedura penale, di cui al d.lg. 28 luglio 1989, n. 271. In caso di sequestro in danno di società che gestiscono stabilimenti di interesse strategico nazionale e di loro controllate, si applicano le disposizioni di cui al d.l. 4 giugno 2013, n.

(1) Le parole «un anno» sono state così sostituite alle precedenti «la metà del termine massimo indicato dall'art. 13, comma 2» dall'art. 1.9, lett. c, n. 1, l. 9 gennaio 2019, n. 3.

(2) Le parole «un anno e quattro mesi» sono state così sostituite alle precedenti «i due terzi del termine massimo indicato dall'art. 13, comma 2» dall'art. 1.9, lett. c, n. 2, l. 9 gennaio 2019, n. 3.

61, convertito, con modificazioni, dalla l. 3 agosto 2013, n. 89 (1).

54. *Sequestro conservativo*. — 1. Se vi è fondata ragione di ritenere che manchino o si disperdano le garanzie per il pagamento della sanzione pecuniaria, delle spese del procedimento e di ogni altra somma dovuta all'erario dello Stato, il pubblico ministero, in ogni stato e grado del processo di merito, chiede il sequestro conservativo dei beni mobili e immobili dell'ente o delle somme o cose allo stesso dovute. Si osservano le disposizioni di cui agli artt. 316, comma 4, 317, 318, 319 e 320 del codice di procedura penale, in quanto applicabili.

Sezione V. — *Indagini preliminari e udienza preliminare*

55. *Annotazione dell'illecito amministrativo*. — 1. Il pubblico ministero che acquisisce la notizia dell'illecito amministrativo dipendente da reato commesso dall'ente annota immediatamente, nel registro di cui all'art. 335 del codice di procedura penale, gli elementi identificativi dell'ente unitamente, ove possibile, alle generalità del suo legale rappresentante nonché il reato da cui dipende l'illecito.

2. L'annotazione di cui al comma 1 è comunicata all'ente o al suo difensore che ne faccia richiesta negli stessi limiti in cui è consentita la comunicazione delle iscrizioni della notizia di reato alla persona alla quale il reato è attribuito.

56. *Termine per l'accertamento dell'illecito amministrativo nelle indagini preliminari*. — 1. Il pubblico ministero procede all'accertamento dell'illecito amministrativo negli stessi termini previsti per le indagini preliminari relative al reato da cui dipende l'illecito stesso.

2. Il termine per l'accertamento dell'illecito amministrativo a carico dell'ente decorre dalla annotazione prevista dall'art. 55.

57. *Informazione di garanzia*. — 1. L'informazione di garanzia inviata all'ente deve contenere l'invito a dichiarare ovvero eleggere domicilio per le notificazioni nonché l'avvertimento che per partecipare al procedimento deve depositare la dichiarazione di cui all'art. 39, comma 2.

58. *Archiviazione*. — 1. Se non procede alla contestazione dell'illecito amministrativo a norma dell'art. 59, il pubblico ministero emette decreto motivato di archiviazione degli atti, comunicandolo al procuratore generale presso la corte d'appello. Il procuratore generale può svolgere gli accertamenti indispensabili e, qualora ritenga ne ricorrano le condizioni, contesta all'ente le violazioni amministrative conseguenti al reato entro sei mesi dalla comunicazione.

59. *Contestazione dell'illecito amministrativo*. — 1. Quando non dispone l'archiviazione, il pubblico ministero contesta all'ente l'illecito amministrativo dipendente dal reato. La contestazione dell'illecito è contenuta in uno degli atti indicati dall'art. 405, comma 1, del codice di procedura penale.

2. La contestazione contiene gli elementi identificativi dell'ente, l'enunciazione, in forma chiara e precisa, del fatto che può comportare l'applicazione delle sanzioni amministrative, con l'indicazione del reato da cui l'illecito dipende e dei relativi articoli di legge e delle fonti di prova.

60. *Decadenza dalla contestazione*. — 1. Non può procedersi alla contestazione di cui all'art. 59 quando il reato da cui dipende l'illecito amministrativo dell'ente è estinto per prescrizione.

61. *Provvedimenti emessi nell'udienza preliminare*. — 1. Il giudice dell'udienza preliminare pronuncia sentenza di non luogo a procedere nei casi di estinzione o di improcedibilità della sanzione amministrativa, ovvero quando l'illecito stesso non sussiste o gli elementi acquisiti risultano insufficienti, contraddittori o comunque non idonei a sostenere in giudizio la responsabilità dell'ente. Si applicano le disposizioni dell'art. 426 del codice di procedura penale.

2. Il decreto che, a seguito dell'udienza preliminare, dispone il giudizio nei confronti dell'ente, contiene, a pena di nullità, la contestazione dell'illecito amministrativo dipendente dal reato, con l'enunciazione, in forma chiara e precisa, del fatto che può comportare l'applicazione delle sanzioni e l'indicazione del reato da cui l'illecito dipende e dei relativi articoli di legge e delle fonti di prova nonché gli elementi identificativi dell'ente.

Sezione VI. — *Procedimenti speciali*

62. *Giudizio abbreviato*. — 1. Per il giudizio abbreviato si osservano le disposizioni del titolo I del libro sesto del codice di procedura penale, in quanto applicabili.

2. Se manca l'udienza preliminare, si applicano, secondo i casi, le disposizioni degli artt. 555, comma 2, 557 e 558, comma 8.

(1) Comma aggiunto dall'art. 12.5-*bis*, d.l. 31 agosto 2013, n. 101, conv. in l. 30 ottobre 2013, n. 125.

3. La riduzione di cui all'art. 442, comma 2, del codice di procedura penale è operata sulla durata della sanzione interdittiva e sull'ammontare della sanzione pecuniaria.

4. In ogni caso, il giudizio abbreviato non è ammesso quando per l'illecito amministrativo è prevista l'applicazione di una sanzione interdittiva in via definitiva.

63. *Applicazione della sanzione su richiesta*. — 1. L'applicazione all'ente della sanzione su richiesta è ammessa se il giudizio nei confronti dell'imputato è definito ovvero definibile a norma dell'art. 444 del codice di procedura penale nonché in tutti i casi in cui per l'illecito amministrativo è prevista la sola sanzione pecuniaria. Si osservano le disposizioni di cui al titolo II del libro sesto del codice di procedura penale, in quanto applicabili.

2. Nei casi in cui è applicabile la sanzione su richiesta, la riduzione di cui all'art. 444, comma 1, del codice di procedura penale è operata sulla durata della sanzione interdittiva e sull'ammontare della sanzione pecuniaria.

3. Il giudice, se ritiene che debba essere applicata una sanzione interdittiva in via definitiva, rigetta la richiesta.

64. *Procedimento per decreto*. — 1. Il pubblico ministero, quando ritiene che si debba applicare la sola sanzione pecuniaria, può presentare al giudice per le indagini preliminari, entro sei mesi dalla data dell'annotazione dell'illecito amministrativo nel registro di cui all'art. 55 e previa trasmissione del fascicolo, richiesta motivata di emissione del decreto di applicazione della sanzione pecuniaria, indicandone la misura.

2. Il pubblico ministero può chiedere l'applicazione di una sanzione pecuniaria diminuita sino alla metà rispetto al minimo dell'importo applicabile.

3. Il giudice, quando non accoglie la richiesta, se non deve pronunciare sentenza di esclusione della responsabilità dell'ente, restituisce gli atti al pubblico ministero.

4. Si osservano le disposizioni del titolo V del libro sesto e dell'art. 557 del codice di procedura penale, in quanto compatibili.

Sezione VII. — *Giudizio*

65. *Termine per provvedere alla riparazione delle conseguenze del reato*. — 1. Prima dell'apertura del dibattimento di primo grado, il giudice può disporre la sospensione del processo se l'ente chiede di provvedere alle attività di cui all'art. 17 e dimostra di essere stato nell'impossibilità di effettuarle prima. In tal caso, il giudice, se ritiene di accogliere la richiesta, determina una somma di denaro a titolo di cauzione. Si osservano le disposizioni di cui all'art. 49.

66. *Sentenza di esclusione della responsabilità dell'ente*. — 1. Se l'illecito amministrativo contestato all'ente non sussiste, il giudice lo dichiara con sentenza, indicandone la causa nel dispositivo. Allo stesso modo procede quando manca, è insufficiente o è contraddittoria la prova dell'illecito amministrativo.

67. *Sentenza di non doversi procedere*. — 1. Il giudice pronuncia sentenze di non doversi procedere nei casi previsti dall'art. 60 e quando la sanzione è estinta per prescrizione.

68. *Provvedimenti sulle misure cautelari*. — 1. Quando pronuncia una delle sentenza di cui agli artt. 66 e 67, il giudice dichiara la cessazione delle misure cautelari eventualmente disposte.

69. *Sentenza di condanna*. — 1. Se l'ente risulta responsabile dell'illecito amministrativo contestato il giudice applica le sanzioni previste dalla legge e lo condanna al pagamento delle spese processuali.

2. In caso di applicazione delle sanzioni interdittive la sentenza deve sempre indicare l'attività o le strutture oggetto della sanzione (1).

70. *Sentenza in caso di vicende modificative dell'ente*. — 1. Nel caso di trasformazione, fusione o scissione dell'ente responsabile, il giudice dà atto nel dispositivo che la sentenza è pronunciata nei confronti degli enti risultanti dalla trasformazione o fusione ovvero beneficiari della scissione, indicando l'ente originariamente responsabile.

2. La sentenza pronunciata nei confronti dell'ente originariamente responsabile ha comunque effetto anche nei confronti degli enti indicati nel comma 1.

Sezione VIII. — *Impugnazioni*

71. *Impugnazioni delle sentenze relative alla responsabilità amministrativa dell'ente*. — 1. Contro la sentenza che applica sanzioni amministrative diverse da quelle interdittive l'ente può proporre impugnazione nei casi e nei modi

(1) Per una specifica disciplina in caso di applicazione delle sanzioni interdittive previste dall'art. 9.2, lett. a e b, del presente testo normativo a banche o intermediari finanziari, cfr. rispettivamente gli artt. 97-*bis*, d.lg. 1° settembre 1993, n. 385, in *Leggi coll. XVII, 1*, e 60-*bis*, d.lg. 24 febbraio 1998, n. 58, in *Leggi coll. XVIII, 1*.

stabiliti per l'imputato del reato dal quale dipende l'illecito amministrativo.

2. Contro la sentenza che applica una o più sanzioni interdittive, l'ente può sempre proporre appello anche se questo non è ammesso per l'imputato del reato dal quale dipende l'illecito amministrativo.

3. Contro la sentenza che riguarda l'illecito amministrativo il pubblico ministero può proporre le stesse impugnazioni consentite per il reato da cui l'illecito amministrativo dipende.

72. *Estensione delle impugnazioni.* — 1. Le impugnazioni proposte dall'imputato del reato da cui dipende l'illecito amministrativo e dall'ente, giovano, rispettivamente, all'ente e all'imputato, purché non fondate su motivi esclusivamente personali.

73. *Revisione delle sentenze.* — 1. Alle sentenze pronunciate nei confronti dell'ente si applicano, in quanto compatibili, le disposizioni del titolo IV del libro nono del codice di procedura penale ad eccezione degli artt. 643, 644, 645, 646 e 647.

Sezione IX. — *Esecuzione*

74. *Giudice dell'esecuzione.* — 1. Competente a conoscere dell'esecuzione delle sanzioni amministrative dipendenti da reato è il giudice indicato nell'art. 665 del codice di procedura penale (1).

2. Il giudice indicato nel comma 1 è pure competente per i provvedimenti relativi:

a) alla cessazione dell'esecuzione delle sanzioni nei casi previsti dall'art. 3;

b) alla cessazione dell'esecuzione nei casi di estinzione del reato per amnistia;

c) alla determinazione della sanzione amministrativa applicabile nei casi previsti dall'art. 21, commi 1 e 2;

d) alla confisca e alla restituzione delle cose sequestrate.

3. Nel procedimento di esecuzione si osservano le disposizioni di cui all'art. 666 del codice di procedura penale, in quanto applicabili. Nei casi previsti dal comma 2, lett. *b*) e *d*) si osservano le disposizioni di cui all'art. 667, comma 4, del codice di procedura penale.

4. Quando è applicata l'interdizione dall'esercizio dell'attività, il giudice, su richiesta dell'ente, può autorizzare il compimento di atti di gestione ordinaria che non comportino la prosecuzione dell'attività interdetta. Si osservano le disposizioni di cui all'art. 667, comma 4, del codice di procedura penale.

75. . . . . (2).

76. *Pubblicazione della sentenza applicativa della condanna.* — 1. La pubblicazione della sentenza di condanna è eseguita a spese dell'ente nei cui confronti è stata applicata la sanzione. Si osservano le disposizioni di cui all'art. 694, commi 2, 3 e 4, del codice di procedura penale.

77. *Esecuzione delle sanzioni interdittive.* — 1. L'estratto della sentenza che ha disposto l'applicazione di una sanzione interdittiva è notificata all'ente a cura del pubblico ministero.

2. Ai fini della decorrenza del termine di durata delle sanzioni interdittive si ha riguardo alla data della notificazione.

78. *Conversione delle sanzioni interdittive.* — 1. L'ente che ha posto in essere tardivamente le condotte di cui all'art. 17, entro venti giorni dalla notifica dell'estratto della sentenza, può richiedere la conversione della sanzione amministrativa interdittiva in sanzione pecuniaria.

2. La richiesta è presentata al giudice dell'esecuzione e deve contenere la documentazione attestante l'avvenuta esecuzione degli adempimenti di cui all'art. 17.

3. Entro dieci giorni dalla presentazione della richiesta, il giudice fissa l'udienza in camera di consiglio e ne fa dare avviso alle parti e ai difensori; se la richiesta non appare manifestamente infondata, il giudice può sospendere l'esecuzione della sanzione. La sospensione è disposta con decreto motivato revocabile.

4. Se accoglie la richiesta il giudice, con ordinanza, converte le sanzioni interdittive, determinando l'importo della sanzione pecuniaria in una somma non inferiore a quella già applicata in sentenza e non superiore al doppio della stessa. Nel determinare l'importo della somma il giudice tiene conto della gravità dell'illecito ritenuto in sentenza e delle ragioni che hanno determinato il tardivo adempimento delle condizioni di cui all'art. 17.

79. *Nomina del commissario giudiziale e confisca del profitto.* — 1. Quando deve essere eseguita la sentenza che dispone la prosecuzione dell'attività dell'ente ai sensi dell'art. 15, la nomina del commissario giudiziale è richiesta dal pubblico ministero al giudice dell'esecuzione, il

(1) Per una specifica disciplina in caso di applicazione delle sanzioni interdittive previste dall'art. 9.2, lett. a e b, del presente testo normativo a banche o intermediari finanziari, cfr. rispettivamente gli artt. 97-*bis*, d.lg. 1° settembre 1993, n. 385, in *Leggi coll. XVII, 1*, e 60-*bis*, d.lg. 24 febbraio 1998, n. 58, in *Leggi coll. XVIII, 1*.

(2) Articolo abrogato dall'art. 299, d.p.r. 30 maggio 2002, n. 115, a decorrere dal 1° luglio 2002. In materia v. ora gli artt. 211 ss. e 240 ss., d.p.r. 115/2002 cit.

quale vi provvede senza formalità.

2. Il commissario riferisce ogni tre mesi al giudice dell'esecuzione e al pubblico ministero sull'andamento della gestione e, terminato l'incarico, trasmette al giudice una relazione sull'attività svolta nella quale rende conto della gestione, indicando altresì l'entità del profitto da sottoporre a confisca e le modalità con le quali sono stati attuati i modelli organizzativi.

3. Il giudice decide sulla confisca con le forme dell'art. 667, comma 4, del codice di procedura penale.

4. Le spese relative all'attività svolta dal commissario e al suo compenso sono a carico dell'ente.

80. .... (1).

81. .... (2).

82. .... (3).

CAPO IV

DISPOSIZIONI DI ATTUAZIONE E DI COORDINAMENTO

83. *Concorso di sanzioni.* — 1. Nei confronti dell'ente si applicano soltanto le sanzioni interdittive stabilite nel presente decreto legislativo anche quando diverse disposizioni di legge prevedono, in conseguenza della sentenza di condanna per il reato, l'applicazione nei confronti dell'ente di sanzioni amministrative di contenuto identico o analogo.

2. Se, in conseguenza dell'illecito, all'ente è stata già applicata una sanzione amministrativa di contenuto identico o analogo a quella interdittiva prevista dal presente decreto legislativo, la durata della sanzione già sofferta è computata ai fini della determinazione della durata della sanzione amministrativa dipendente da reato.

84. *Comunicazioni alle autorità di controllo o di vigilanza.* — 1. Il provvedimento che applica misure cautelari interdittive e la sentenza irrevocabile di condanna sono comunicati, a cura della cancelleria del giudice che li ha emessi, alle autorità che esercitano il controllo o la vigilanza sull'ente.

85. *Disposizioni regolamentari.* — 1. Con regolamento emanato ai sensi dell'art. 17, comma 3, della l. 23 agosto 1988, n. 400, entro sessanta giorni dalla data di pubblicazione del presente decreto legislativo, il Ministro della giustizia adotta le disposizioni regolamentari relative al procedimento di accertamento dell'illecito amministrativo che concernono:

a) le modalità di formazione e tenuta dei fascicoli degli uffici giudiziari;

b) .... (4);

c) le altre attività necessarie per l'attuazione del presente decreto legislativo (5).

2. Il parere del Consiglio di Stato sul regolamento previsto dal comma 1 è reso entro trenta giorni dalla richiesta.

XIV. 10.

DECRETO LEGISLATIVO 30 maggio 2008, n. 108. — *Attuazione della direttiva 2005/56/CE, relativa alle fusioni transfrontaliere delle società di capitali* (6).

1. *Definizioni*. — 1. Ai fini del presente decreto legislativo si intendono per:

a) «società di capitali»:

1) le società disciplinate dai capi V, VI e VII del titolo V e dal capo I del titolo VI, del libro V del codice civile, la società europea e la società cooperativa europea;

2) le società di cui all'art. 1 della dir. 68/151/CEE del Consiglio, del 9 marzo 1968, e successive modificazioni;

3) qualsiasi altra società di uno Stato membro che abbia personalità giuridica, sia dotata di capitale sociale, risponda solo con il proprio patrimonio delle obbligazioni sociali e sia soggetta, in virtù della legislazione nazionale ad essa applicabile, alle disposizioni della dir. 68/151/CEE dettate per proteggere gli interessi dei soci e dei terzi;

b) «società italiana»: società costituita in conformità della legge italiana;

c) «società di altro Stato membro»: società costituita in conformità della legge di altro Stato membro;

d) «fusione transfrontaliera»: l'operazio-

(1) Articolo abrogato dall'art. 52, d.p.r. 14 novembre 2002, n. 313, a decorrere dal 30 marzo 2003. Le norme di cui ai commi 2 e 3 di questo articolo sono ora contenute negli artt. 9 e 11 del d.p.r. n. 313/2002 cit.

(2) Articolo abrogato dall'art. 52, d.p.r. 14 novembre 2002, n. 313, a decorrere dal 30 marzo 2003. Le norme di questo articolo sono ora contenute negli artt. 30, 31 e 32 del d.p.r. n. 313/2002 cit.

(3) Articolo abrogato dall'art. 52, d.p.r. 14 novembre 2002, n. 313, a decorrere dal 30 marzo 2003. Le norme di questo articolo sono ora contenute nell'art. 40 del d.p.r. n. 313/2002 cit.

(4) Lettera abrogata dall'art. 52, d.p.r. 14 novembre 2002, n. 313, a decorrere dal 30 marzo 2003.

(5) V. d.m. Giustizia 26 giugno 2003, n. 201, in G.U., 4 agosto 2003, n. 179.

(6) G.U., 17 giugno 2008, n. 140.

ne di cui all'art. 2501, primo comma, del codice civile, realizzata tra una o più società italiane ed una o più società di altro Stato membro dalla quale risulti una società italiana o di altro Stato membro, con esclusione dei trasferimenti di parte dell'azienda;

e) «società risultante dalla fusione transfrontaliera»: la società incorporante o, nel caso di fusione transfrontaliera mediante costituzione di nuova società, la società di nuova costituzione;

f) «società partecipante alla fusione transfrontaliera»: la società incorporante, la società incorporata o, nel caso di fusione transfrontaliera mediante costituzione di nuova società, la società che prende parte alla fusione transfrontaliera;

g) «registro delle imprese»: il registro di cui alla l. 29 dicembre 1993, n. 580, e, per le società di altro Stato membro, il registro istituito in attuazione dell'art. 3, par. 2, della dir. 68/151/CE;

h) «rappresentanti dei lavoratori»: i rappresentanti dei lavoratori di cui all'art. 2, comma 1, lett. *e*), del d.lg. 19 agosto 2005, n. 188;

i) «organo di rappresentanza»: l'organo di rappresentanza dei lavoratori di cui all'art. 2, comma 1, lett. *f*), del d.lg. 19 agosto 2005, n. 188;

l) «delegazione speciale di negoziazione»: la delegazione di cui all'art. 2, comma 1, lett. *g*), del d.lg. 19 agosto 2005, n. 188;

m) «coinvolgimento dei lavoratori»: la procedura di cui all'art. 2, comma 1, lett. *h*), del d.lg. 19 agosto 2005, n. 188;

n) «informazione»: l'informazione di cui all'art. 2, comma 1, lett. *i*), del d.lg. 19 agosto 2005, n. 188;

o) «consultazione»: la consultazione di cui all'art. 2, comma 1, lett. *l*), del d.lg. 19 agosto 2005, n. 188;

p) «partecipazione»: la partecipazione di cui all'art. 2, comma 1, lett. *m*), del d.lg. 19 agosto 2005, n. 188.

2. *Ambito di applicazione*. — 1. Il presente decreto legislativo si applica alle fusioni transfrontaliere tra una o più società di capitali italiane ed una o più società di capitali di altro Stato membro, la cui sede sociale o amministrazione centrale o centro di attività principale sia stabilito nella Comunità europea.

2. Il presente decreto legislativo si applica alle fusioni transfrontaliere alle quali partecipino o risultino società diverse dalle società di capitali o società di capitali che non abbiano nella Comunità europea né la sede statutaria, né l'amministrazione centrale, né il centro di attività principale, purché l'applicazione della disciplina di recepimento della dir. 2005/56/CE a tali fusioni transfrontaliere sia parimenti prevista dalla legge applicabile a ciascuna delle società di altro Stato membro partecipanti alla fusione medesima. Non si applica l'art. 19 se non partecipano alla fusione transfrontaliera società di cui al comma 1.

3. Fuori dai casi previsti dai commi 1 e 2, si applicano gli artt. 3, commi 1 e 2, e gli artt. 4, 5, 6, 7, 8, 9 e 18.

4. Il presente decreto legislativo non si applica alla fusione transfrontaliera cui partecipi una società di cui all'art. 43 del testo unico delle disposizioni in materia di intermediazione finanziaria di cui al d.lg. 24 febbraio 1998, n. 58 (1).

3. *Condizioni relative alle fusioni transfrontaliere*. — 1. Una fusione transfrontaliera è consentita solo tra tipi di società alle quali la legge applicabile permette di fondersi.

2. Una società cooperativa a mutualità prevalente di cui all'art. 2512 del codice civile non può partecipare ad una fusione transfrontaliera.

3. Una fusione transfrontaliera attuata in conformità del presente decreto legislativo soddisfa il requisito di cui all'art. 25, comma 3, della l. 31 maggio 1995, n. 218 (2).

4. *Disciplina applicabile*. — 1. Salvo quanto espressamente disposto dal presente decreto, si applica alla società italiana partecipante alla fusione transfrontaliera il titolo V, capo X, sezione II del libro V del codice civile.

2. Fermo restando quanto disposto dall'art. 11, nel caso di conflitto con le norme applicabili alle società di altro Stato membro partecipanti alla fusione transfrontaliera è data prevalenza alla legge applicabile alla società risultante dalla fusione medesima.

3. L'art. 2501-*bis* del codice civile non trova applicazione nel caso in cui la società partecipante alla fusione il cui controllo è oggetto di acquisizione non sia una società italiana.

4. Resta salvo quanto disposto dall'art. 2112 del codice civile e dall'art. 47 della legge 29 dicembre 1990, n. 428.

5. Restano salvi la disciplina ed i poteri previsti dal testo unico delle leggi in materia bancaria e creditizia di cui al d.lg. 1° settembre 1993, n. 385 (3), dal testo unico delle disposi-

(1) In *Leggi coll. XVIII, 1.*
(2) In *Leggi coll. I, 1.*
(3) In *Leggi coll. XVII, 1.*

zioni in materia di intermediazione finanziaria di cui al d.lg. 24 febbraio 1998, n. 58 (1), dal d.lg. 7 settembre 2005, n. 209 (2), dalla l. 10 ottobre 1990, n. 287 (3), e dal d.l. 31 maggio 1994, n. 332, convertito, con modificazioni, dalla l. 30 luglio 1994, n. 474 (4).

6. Resta salvo quanto previsto dal reg. (CE) n. 2157/2001 del Consiglio, dell'8 ottobre 2001, in materia di costituzione di una società europea per fusione e quanto previsto dal reg. (CE) n. 1435/2003 del Consiglio del 22 luglio 2003 in materia di costituzione di una società cooperativa europea per fusione.

5. *Recesso*. — 1. Nel caso in cui la società risultante dalla fusione transfrontaliera sia una società di altro Stato membro, ha diritto di recedere dalla società italiana partecipante alla fusione transfrontaliera il socio non consenziente. Le modalità di esercizio del recesso e di determinazione del valore delle azioni o delle quote sono disciplinate dalle norme del codice civile applicabili alla società da cui si recede. Sono salve le altre cause di recesso previste dalla legge o dallo statuto.

6. *Progetto di fusione transfrontaliera*. — 1. Il progetto comune di fusione transfrontaliera comprende le informazioni di cui all'art. 2501-*ter*, primo comma, del codice civile. Da esso devono altresì risultare:

a) la forma, la denominazione e la sede statutaria della società risultante dalla fusione transfrontaliera oltre che la legge regolatrice di questa e di ciascuna delle società partecipanti alla fusione transfrontaliera;

b) ogni modalità particolare relativa al diritto di partecipazione agli utili;

c) i vantaggi eventualmente proposti a favore degli esperti che esaminano il progetto di fusione transfrontaliera e dei membri degli organi di controllo delle società partecipanti alla fusione transfrontaliera;

d) qualora ricorrano i presupposti di cui all'art. 19, comma 1, le informazioni sulle procedure di coinvolgimento dei lavoratori nella definizione dei loro diritti di partecipazione nella società risultante dalla fusione transfrontaliera;

e) le probabili ripercussioni della fusione transfrontaliera sull'occupazione;

f) le informazioni sulla valutazione degli elementi patrimoniali attivi e passivi che sono trasferiti alla società risultante dalla fusione transfrontaliera;

g) la data cui si riferisce la situazione patrimoniale o il bilancio di ciascuna delle società partecipanti alla fusione transfrontaliera utilizzati per definire le condizioni della fusione transfrontaliera;

h) se del caso, le ulteriori informazioni la cui inclusione nel progetto comune è prevista dalla legge applicabile alle società partecipanti alla fusione transfrontaliera;

i) la data di efficacia della fusione transfrontaliera o i criteri per la sua determinazione.

2. Il conguaglio in danaro di cui al primo comma, n. 3), dell'art. 2501-*ter* del codice civile, non può essere superiore al dieci per cento del valore nominale delle azioni o delle quote assegnate, o in mancanza di valore nominale, della loro parità contabile, salvo che la legge applicabile ad almeno una delle società partecipanti alla fusione transfrontaliera ovvero la legge applicabile alla società risultante dalla fusione transfrontaliera consenta il conguaglio in danaro in misura superiore.

7. *Pubblicazione nella Gazzetta Ufficiale*. — 1. Salvo quanto disposto dall'art. 2501-*ter*, terzo e quarto comma, del codice civile, almeno trenta giorni prima della data dell'assemblea convocata per la deliberazione della fusione transfrontaliera sono pubblicate nella *Gazzetta Ufficiale* della Repubblica italiana per ciascuna società partecipante alla fusione transfrontaliera le seguenti informazioni:

a) tipo, denominazione, sede statutaria e legge regolatrice;

b) il registro delle imprese nel quale è iscritta la società e il relativo numero di iscrizione;

c) in relazione all'operazione di fusione transfrontaliera, le modalità d'esercizio dei propri diritti da parte dei creditori e dei soci di minoranza, nonché le modalità con le quali si possono ottenere gratuitamente dalla società medesima tali informazioni.

8. *Relazione dell'organo amministrativo*. — 1. Nella relazione di cui all'art. 2501-*quinquies* del codice civile devono altresì essere illustrate le conseguenze della fusione transfrontaliera per i soci, i creditori e i lavoratori.

2. Salvo quanto disposto dall'art. 47 della l. 29 dicembre 1990, n. 428, la relazione è inviata ai rappresentanti dei lavoratori o, in assenza di questi, messa a disposizione dei lavoratori stessi almeno trenta giorni prima della data dell'assemblea convocata per deliberare la fusione.

(1) In *Leggi coll. XVIII, 1.*
(2) In *Leggi coll. VIII, 3.*
(3) In *Leggi coll. XXI, 1.*
(4) In *Leggi coll. XIV, 7.*

3. Se ricevuto in tempo utile, alla relazione è allegato il parere espresso dai rappresentanti dei lavoratori.

9. *Relazione degli esperti.* — 1. La relazione di cui all'art. 2501-*sexies* del codice civile è redatta da uno o più esperti scelti fra i soggetti di cui all'art. 2409-*bis*, primo comma, del codice civile. Se la società italiana partecipante alla fusione transfrontaliera è ammessa alla negoziazione in mercati regolamentati, l'esperto è scelto fra le società di revisione iscritte nell'apposito albo.

2. Se la società risultante dalla fusione transfrontaliera è una società per azioni o in accomandita per azioni, o società di altro Stato membro di tipo equivalente, l'esperto o gli esperti di cui al comma 1 sono designati dal tribunale del luogo in cui ha sede la società italiana partecipante alla fusione transfrontaliera.

3. La relazione di cui all'art. 2501-*sexies* del codice civile può essere redatta per tutte le società partecipanti alla fusione transfrontaliera da uno o più esperti indipendenti designati, su richiesta congiunta di tali società, ovvero abilitati, da una autorità amministrativa o giudiziaria in conformità della legge applicabile ad una delle società partecipanti alla fusione transfrontaliera o alla società risultante dalla fusione medesima. L'autorità italiana competente alla designazione è il tribunale del luogo in cui ha sede la società italiana partecipante alla fusione transfrontaliera o risultante dalla stessa. Si applica in tal caso il comma 2. La relazione unica contiene le eventuali ulteriori informazioni richieste dalla legge applicabile alle società partecipanti alla fusione transfrontaliera.

4. .... (1).

10. *Decisione sulla fusione transfrontaliera.* — 1. L'efficacia della delibera di approvazione del progetto comune di fusione transfrontaliera può essere subordinata all'approvazione con successiva delibera da parte dell'assemblea delle modalità di partecipazione dei lavoratori nella società risultante dalla fusione transfrontaliera.

2. Se la legge applicabile ad una società di altro Stato membro partecipante alla fusione transfrontaliera prevede una procedura di controllo e modifica del rapporto di cambio o di compensazione dei soci di minoranza senza che ciò impedisca l'iscrizione della fusione transfrontaliera nel registro delle imprese, l'assemblea delibera sulla possibilità che i soci della società di tale altro Stato membro vi facciano ricorso.

3. Si applica l'art. 2502, secondo comma, del codice civile a condizione che tutte le società partecipanti alla fusione transfrontaliera deliberino le medesime modifiche.

11. *Certificato preliminare alla fusione transfrontaliera.* — 1. A richiesta della società italiana partecipante alla fusione transfrontaliera, il notaio rilascia senza indugio il certificato attestante il regolare adempimento, in conformità alla legge, degli atti e delle formalità preliminari alla realizzazione della fusione.

2. Il certificato attesta in particolare:

a) l'iscrizione presso il registro delle imprese della delibera di fusione transfrontaliera;

b) l'inutile decorso del termine per l'opposizione dei creditori di cui all'art. 2503 del codice civile ovvero l'integrazione dei presupposti che a norma del medesimo articolo consentono l'attuazione della fusione prima del decorso del suddetto termine, ovvero, in caso di opposizione dei creditori, che il tribunale abbia provveduto ai sensi dell'art. 2445, quarto comma, del codice civile;

c) qualora l'assemblea abbia subordinato, ai sensi dell'art. 10, comma 1, l'efficacia della delibera di approvazione del progetto comune di fusione transfrontaliera all'approvazione delle modalità di partecipazione dei lavoratori, che queste sono state da essa approvate;

d) se del caso, che l'assemblea ha deliberato ai sensi dell'art. 10, comma 2;

e) l'inesistenza di circostanze ostative all'attuazione della fusione transfrontaliera relative alla società richiedente.

3. Entro sei mesi dal suo rilascio il certificato con il progetto comune di fusione transfrontaliera approvato dall'assemblea è trasmesso dalla società all'autorità competente per il controllo di legittimità della fusione transfrontaliera ai sensi dell'art. 13.

12. *Atto di fusione transfrontaliera.* — 1. La fusione transfrontaliera risulta da atto pubblico.

2. Se la società risultante dalla fusione transfrontaliera è una società italiana il notaio redige l'atto pubblico di fusione di cui all'art. 2504 del codice civile, espletato il controllo di legittimità di cui all'art. 13, comma 1.

3. Se la società risultante dalla fusione transfrontaliera è una società di altro Stato comunitario l'atto pubblico di fusione è redatto dall'autorità competente dello Stato la cui legge è applicabile alla società risultante dalla fusione o, qualora tale legge non preveda che la

(1) Comma abrogato dall'art. 2, d.lg. 22 giugno 2012, n. 123.

fusione transfrontaliera risulti da atto pubblico, dal notaio. Nel primo caso l'atto pubblico di fusione è depositato presso il notaio ai fini di cui all'art. 14, comma 2.

13. *Controllo di legittimità della fusione transfrontaliera*. — 1. Se la società risultante dalla fusione è una società italiana, il notaio, entro trenta giorni dal ricevimento, da parte di ciascuna delle società partecipanti alla fusione transfrontaliera, dei certificati preliminari e della delibera di approvazione del progetto comune di fusione transfrontaliera, espleta il controllo di legittimità sulla attuazione della fusione transfrontaliera rilasciandone apposita attestazione. A tale fine egli verifica che:

a) le società partecipanti alla fusione transfrontaliera abbiano approvato un identico progetto comune;

b) siano pervenuti i certificati preliminari alla fusione transfrontaliera relativi a ciascuna delle società partecipanti alla stessa, attestanti il regolare adempimento, in conformità alla legge applicabile, degli atti e delle formalità preliminari alla fusione transfrontaliera;

c) se del caso, siano state stabilite le modalità di partecipazione dei lavoratori ai sensi dell'art. 19.

2. Se la società risultante dalla fusione transfrontaliera è una società di altro Stato membro il controllo di legittimità di cui al comma 1 è espletato dall'autorità all'uopo designata da tale Stato.

14. *Pubblicità*. — 1. Se la società risultante dalla fusione è una società italiana, entro trenta giorni, l'atto di fusione, unitamente all'attestazione di cui all'art. 13, comma 1, ed ai certificati preliminari, è depositato per l'iscrizione nel registro delle imprese del luogo dove ha sede ciascuna delle società italiane partecipanti alla fusione transfrontaliera e la società risultante dalla fusione medesima. Il deposito relativo alla società risultante dalla fusione transfrontaliera non può precedere quelli relativi alle altre società italiane partecipanti alla fusione.

2. Se la società risultante dalla fusione transfrontaliera è una società di altro Stato comunitario, entro trenta giorni dall'espletamento del controllo di cui all'art. 13, comma 2, l'atto pubblico di fusione, unitamente all'attestazione dell'espletamento del suddetto controllo, è depositato per l'iscrizione nel registro delle imprese dove ha sede la società italiana partecipante alla fusione.

15. *Efficacia della fusione transfrontaliera*. — 1. Se la società risultante dalla fusione transfrontaliera è una società italiana la fusione transfrontaliera ha effetto con l'iscrizione dell'atto di fusione nel registro delle imprese del luogo ove ha sede tale società. Nella fusione per incorporazione può essere stabilita una data successiva.

2. L'ufficio del registro delle imprese di cui al comma 1 comunica immediatamente al corrispondente ufficio del registro delle imprese in cui è iscritta ciascuna società partecipante alla fusione transfrontaliera che l'operazione ha acquistato efficacia, perché provveda alla relativa cancellazione.

3. Quando la società risultante dalla fusione transfrontaliera è una società di altro Stato membro, la data dalla quale la fusione ha effetto è determinata dalla legge applicabile a tale società.

4. Nel caso di cui al comma 3 la società italiana partecipante alla fusione transfrontaliera è cancellata dal registro delle imprese a seguito della comunicazione, da parte del registro delle imprese in cui è iscritta la società risultante dalla fusione transfrontaliera, che questa ha acquistato efficacia, purché si sia provveduto all'iscrizione di cui all'art. 14, comma 2.

16. *Effetti della fusione transfrontaliera*. — 1. La fusione transfrontaliera produce gli effetti di cui all'art. 2504-*bis*, primo comma, del codice civile.

2. La società italiana risultante dalla fusione transfrontaliera adempie le formalità particolari eventualmente prescritte dalla legislazione applicabile alla società di altro Stato membro partecipante alla fusione transfrontaliera per l'opponibilità a terzi del trasferimento di determinati beni, diritti e obbligazioni inclusi nel patrimonio di tale società.

3. È vincolante nei confronti della società italiana risultante dalla fusione transfrontaliera e di tutti i suoi soci la decisione relativa alla procedura di cui all'art. 10, comma 2, qualora tutte le società partecipanti alla fusione transfrontaliera abbiano autorizzato con l'approvazione del progetto comune di fusione transfrontaliera il ricorso a detta procedura.

17. *Invalidità della fusione transfrontaliera*. — 1. Non può essere pronunciata l'invalidità della fusione transfrontaliera che abbia acquistato efficacia ai sensi dell'art. 15.

2. Resta salvo il diritto al risarcimento del danno spettante ai soci e ai terzi danneggiati dalla fusione transfrontaliera.

18. *Formalità semplificate*. — 1. Salvo quanto previsto dall'art. 2505, primo comma, del codice civile, quando una fusione transfrontaliera per incorporazione è realizzata da una società che detiene tutte le azioni, le quote o gli altri titoli che conferiscono diritti di voto nell'assemblea della società incorporata, non si applica l'art. 6, comma 1, lett. *b*).

2. Nel caso previsto dal comma 1 non è richiesta l'approvazione del progetto di fusione da parte dell'assemblea della società italiana incorporata. Resta salvo, con riferimento alla società italiana incorporante, l'art. 2505, secondo e terzo comma, del codice civile.

3. Quando una fusione transfrontaliera per incorporazione è realizzata da una società che detiene almeno il 90 per cento ma non la totalità delle azioni, quote o altri titoli che conferiscono il diritto di voto nell'assemblea della società incorporata, le relazioni di cui agli artt. 2501-*quinquies* e 2501-*sexies* del codice civile e la situazione patrimoniale di cui all'art. 2501-*quater* del medesimo codice sono richieste soltanto qualora ciò sia previsto dalla legislazione nazionale cui è soggetta la società incorporante o la società incorporata (1).

19. *Partecipazione dei lavoratori*. — 1. Se almeno una delle società partecipanti alla fusione transfrontaliera ha un numero medio di lavoratori, nei sei mesi antecedenti la pubblicazione del progetto comune, superiore alle 500 unità ed è gestita in regime di partecipazione dei lavoratori ai sensi della disciplina ad essa applicabile, la partecipazione dei lavoratori nella società italiana risultante dalla fusione transfrontaliera ed il loro coinvolgimento nella definizione dei relativi diritti sono disciplinati in base a procedure, criteri e modalità stabiliti in accordi tra le parti stipulanti i contratti collettivi nazionali di lavoro applicati nella società stessa. Trascorsi dodici mesi dalla data di entrata in vigore del presente decreto, in mancanza dei predetti accordi, troverà applicazione, per quanto non previsto dal presente articolo, dall'art. 12, parr. 2, 3 e 4 del reg. (CE) n. 2157/2001 del Consiglio, dell'8 ottobre 2001, e dalle seguenti disposizioni del d.lg. 19 agosto 2005, n. 188:

a) art. 3, commi 1, 2 e 3, 4, lett. *a*), 5, 6 e 11;

b) art. 4, commi 1, 2, lett. *a*), *g*) e *h*), e 3;

c) art. 5;

d) art. 7, commi 1, 2, lett. *b*), e 3, salvo che le percentuali di cui al predetto comma 2, lett. *b*), per l'applicazione delle disposizioni di riferimento riportate all'allegato I, parte terza, del medesimo d.lg. 19 agosto 2005, n. 188, sono aumentate al trentatré e un terzo per cento;

e) artt. 8, 10 e 12;

f) allegato I, parte terza, comma 1, lett. *b*).

2. Il consiglio di amministrazione o di gestione della società italiana partecipante alla fusione transfrontaliera e i competenti organi di direzione o amministrazione delle società di altro Stato membro partecipanti alla fusione transfrontaliera possono decidere di applicare, senza negoziati preliminari, le disposizioni di riferimento di cui al comma 1, lett. *f*), a decorrere dalla data di efficacia della fusione transfrontaliera.

3. Qualora in seguito a negoziati preliminari si applichino le disposizioni di riferimento per la partecipazione dei lavoratori di cui al comma 1, lett. *f*), alla quota di rappresentanti dei lavoratori nel consiglio di amministrazione o di vigilanza della società italiana risultante dalla fusione transfrontaliera può essere apposto un limite massimo. Tuttavia, qualora in una delle società partecipanti alla fusione transfrontaliera i rappresentanti dei lavoratori costituiscano almeno un terzo dei membri dell'organo di amministrazione o di vigilanza, la quota stessa non potrà risultare inferiore al terzo.

4. Se almeno una delle società partecipanti alla fusione transfrontaliera è gestita in regime di partecipazione dei lavoratori, la società italiana risultante dalla fusione transfrontaliera che sia tenuta, ai sensi delle disposizioni di cui al comma 1, ad applicare tale regime, deve assumere una forma giuridica che preveda l'esercizio dei diritti di partecipazione.

5. La società di cui al comma 4 adotta i provvedimenti necessari a garantire la tutela dei diritti di partecipazione dei lavoratori in caso di successive fusioni con società italiane entro tre anni dalla data di efficacia della fusione transfrontaliera, nel rispetto delle disposizioni di cui al presente articolo ove compatibili.

20. *Disciplina transitoria*. — 1. Le disposizioni del presente decreto si applicano alle fusioni transfrontaliere il cui progetto comune alla data di entrata in vigore del decreto medesimo non sia stato approvato dall'assemblea o da altro organo competente di alcuna delle società italiane partecipanti alla fusione transfrontaliera.

XIV. 11.

DECRETO LEGISLATIVO 27 gennaio 2010, n. 39. — *Attuazione della direttiva 2006/43/CE, relativa alle revisioni legali dei conti annuali e dei conti consolidati, che modifica le direttive 78/660/CEE e 83/349/CEE, e che abroga la direttiva 84/253/CEE* (2).

(1) Comma così sostituito dall'art. 27.2, l. 30 ottobre 2014, n. 161.
(2) Suppl. ord. n. 58/L a G.U., 23 marzo 2010, n. 68.

CAPO I

DEFINIZIONI

1. *Definizioni*. — 1. Nel presente decreto legislativo si intendono per:

a) «affiliata di una società di revisione legale»: un ente legato alla società di revisione tramite la proprietà comune, la direzione comune o una relazione di controllo;

b) «Codice delle assicurazioni private»: il d.lg. 7 settembre 2005, n. 209, recante Codice delle assicurazioni private (1);

c) «enti di interesse pubblico»: le società individuate ai sensi dell'art. 16;

c-bis) «enti sottoposti a regime intermedio»: le società individuate ai sensi dell'art. 19-*bis* (2);

d) «ente di revisione di un Paese terzo»: un ente che, indipendentemente dalla sua forma giuridica, effettua la revisione del bilancio d'esercizio o consolidato di una società avente sede in un Paese terzo e che è diverso da un ente iscritto nel registro di uno Stato membro in seguito all'abilitazione all'esercizio della revisione legale (3);

e) «gruppo»: l'insieme delle società incluse nel consolidamento ai sensi del d.lg. 9 aprile 1991, n. 127 (4);

f) «Paese terzo»: uno Stato che non è membro dell'Unione europea;

f-bis) «principi di revisione internazionali»: i principi di revisione internazionali (ISA), il principio internazionale sul controllo della qualità (ISQC 1) e altri principi correlati definiti dall'International Federation of Accountants (IFAC) tramite l'International Auditing and Assurance Standards Board (IAASB), nella misura in cui gli stessi siano rilevanti ai fini della revisione legale (5);

g) «Registro/Registro dei revisori legali»: il registro tenuto dal Ministero dell'economia e delle finanze nel quale sono iscritti i revisori legali e le società di revisione legale ai sensi dell'art. 2, comma 1 (6);

h) «relazione di revisione legale»: la relazione del revisore legale o della società di revisione legale di cui all'art. 14 e, ove applicabile, all'art. 10 del reg. n. 537/2014 del Parlamento europeo e del Consiglio (7);

i) «responsabile/responsabili dell'incarico»:

1) il revisore legale o i revisori legali ai quali è stato conferito l'incarico di revisione legale e che firmano la relazione di revisione;

2) nel caso in cui l'incarico di revisione legale sia stato conferito ad una società di revisione legale, il revisore legale o i revisori legali designati dalla società di revisione legale come responsabili dell'esecuzione della revisione legale per conto della società di revisione legale e che firmano la relazione di revisione (8);

i-bis) «responsabile/responsabili chiave della revisione»:

1) il responsabile/ responsabili dell'incarico come definiti alla lett. *i*) del presente articolo;

2) nel caso della revisione legale di un gruppo, il revisore o i revisori legali designati da una società di revisione legale come i responsabili dell'esecuzione della revisione legale del bilancio consolidato, nonché il revisore o i revisori legali designati come i responsabili a livello delle società controllate significative (9);

l) «rete»: la struttura più ampia alla quale appartengono un revisore legale o una società di revisione legale che è finalizzata alla cooperazione e che:

1) persegue chiaramente la condivisione degli utili o dei costi o

2) è riconducibile a una proprietà, un controllo o una direzione comuni o

3) condivide direttive e procedure comuni di controllo della qualità, o una strategia aziendale comune, o l'utilizzo di una denominazione o di un marchio comune o una parte significativa delle risorse professionali (10);

m) «revisione legale»: la revisione dei bilanci di esercizio o dei bilanci consolidati effettuata in conformità alle disposizioni del codice civile e del presente decreto legislativo o, nel caso in cui sia effettuata in un altro Stato membro dell'Unione europea, alle disposizioni di

(1) In *Leggi coll. VIII, 3*.
(2) Lettera inserita dall'art. 1.1, lett. a, d.lg. 17 luglio 2016, n. 135.
(3) Lettera così sostituita dall'art. 1.1, lett. b, d.lg. 17 luglio 2016, n. 135.
(4) In *Leggi coll. XIV, 6*.
(5) Lettera inserita dall'art. 1.1, lett. c, d.lg. 17 luglio 2016, n. 135.
(6) Lettera così sostituita dall'art. 1.1, lett. d, d.lg. 17 luglio 2016, n. 135.
(7) Lettera così sostituita dall'art. 1.1, lett. e, d.lg. 17 luglio 2016, n. 135.
(8) Lettera così sostituita dall'art. 1.1, lett. f, d.lg. 17 luglio 2016, n. 135.
(9) Lettera inserita dall'art. 1.1, lett. g, d.lg. 17 luglio 2016, n. 135.
(10) Lettera così sostituita dall'art. 1.1, lett. h, d.lg. 17 luglio 2016, n. 135.

attuazione della dir. 2006/43/CE, come modificata dalla dir. 2014/56/UE, vigenti in tale Stato membro (1);

n) «revisore legale»: una persona fisica abilitata a esercitare la revisione legale ai sensi del codice civile e delle disposizioni del presente decreto legislativo e iscritta nel Registro ovvero una persona fisica abilitata ad esercitare la revisione legale in un altro Stato membro dell'Unione europea ai sensi delle disposizioni di attuazione della dir. 2006/43/CE, come modificata dalla dir. 2014/56/UE, vigenti in tale Stato membro (2);

o) «revisore di un Paese terzo»: una persona fisica che effettua la revisione del bilancio d'esercizio o consolidato di una società avente sede in un Paese terzo e che è diversa da una persona iscritta nel registro di uno Stato membro in seguito all'abilitazione all'esercizio della revisione legale (3);

p) «revisore del gruppo»: il revisore legale o la società di revisione legale incaricati della revisione legale dei conti consolidati;

q) «società di revisione legale»: una società abilitata a esercitare la revisione legale ai sensi delle disposizioni del presente decreto e iscritta nel Registro ovvero un'impresa abilitata a esercitare la revisione legale in un altro Stato membro dell'Unione europea ai sensi delle disposizioni di attuazione della dir. 2006/43/CE, come modificata dalla dir. 2014/56/UE, vigenti in tale Stato membro (4);

r) «TUB»: il testo unico delle leggi in materia bancaria e creditizia, di cui al d.lg. 1° settembre 1993, n. 385 (5);

s) «TUF»: il testo unico delle disposizioni in materia di intermediazione finanziaria, di cui al d.lg. 24 febbraio 1998, n. 58 (6) (7).

s-bis) «piccole imprese»: le imprese che alla data di chiusura del bilancio non superano i limiti numerici di almeno due dei tre criteri seguenti:

1) totale dello stato patrimoniale: 4.000.000 di euro;

2) ricavi netti delle vendite e delle prestazioni: 8.000.000 di euro;

3) numero medio di 50 dipendenti occupati durante l'esercizio (8).

s-ter) «Stato membro di origine»: uno Stato membro nel quale un revisore legale o una società di revisione legale sono abilitati ai sensi delle disposizioni di attuazione della dir. 2006/43/CE, come modificata dalla dir. 2014/56/UE (8).

s-quater) «Stato membro ospitante»: uno Stato membro nel quale un revisore legale abilitato nel proprio Stato membro di origine aspira altresì ad ottenere l'abilitazione o uno Stato membro nel quale una società di revisione legale abilitata nel proprio Stato membro di origine aspira ad essere iscritta al registro o è iscritta al registro ai sensi dell'art. 2, comma 4, lett. *f-bis*) (8).

s-quinquies) «Regolamento europeo»: reg. UE n. 537/2014 del Parlamento europeo e del Consiglio del 16 aprile 2014 sui requisiti specifici relativi alla revisione legale dei conti di enti di interesse pubblico (8).

CAPO II

ABILITAZIONE E FORMAZIONE CONTINUA

2. *Abilitazione all'esercizio della revisione legale*. — 1. L'esercizio della revisione legale è riservato ai soggetti iscritti nel Registro.

2. Possono chiedere l'iscrizione al Registro le persone fisiche che:

a) sono in possesso dei requisiti di onorabilità definiti con regolamento adottato dal Ministro dell'economia e delle finanze, sentita la Consob;

b) sono in possesso di una laurea almeno triennale, tra quelle individuate con regolamento dal Ministro dell'economia e delle finanze, sentita la Consob;

c) hanno svolto il tirocinio, ai sensi dell'art. 3;

d) hanno superato l'esame di idoneità professionale di cui all'art. 4 (9).

3. Possono chiedere l'iscrizione nel Registro:

a) le persone fisiche abilitate all'esercizio della revisione legale in uno degli altri Stati membri dell'Unione europea, che superano

(1) Lettera così sostituita dall'art. 1.1, lett. i, d.lg. 17 luglio 2016, n. 135.
(2) Lettera così sostituita dall'art. 1.1, lett. l, d.lg. 17 luglio 2016, n. 135.
(3) Lettera così sostituita dall'art. 1.1, lett. m, d.lg. 17 luglio 2016, n. 135.
(4) Lettera così sostituita dall'art. 1.1, lett. n, d.lg. 17 luglio 2016, n. 135.
(5) In *Leggi coll. XVII, 1*.
(6) In *Leggi coll. XVIII, 1*.
(7) Lettera così sostituita dall'art. 1.1, lett. o, d.lg. 17 luglio 2016, n. 135.
(8) Lettera aggiunta dall'art. 1.1, lett. p, d.lg. 17 luglio 2016, n. 135.
(9) V. d.m. Economia e Finanze 20 giugno 2012, n. 145, in G.U., 29 agosto 2012, n. 201.

una prova attitudinale, effettuata in lingua italiana, vertente sulla conoscenza della normativa italiana rilevante, secondo le modalità stabilite con regolamento dal Ministro dell'economia e delle finanze, sentita la Consob;

b) a condizione che sia garantita la reciprocità di trattamento per i revisori legali italiani, i revisori di un Paese terzo che possiedono requisiti equivalenti a quelli del comma 2, che, se del caso, hanno preso parte in tale Paese a programmi di aggiornamento professionale e che superano una prova attitudinale, effettuata in lingua italiana, vertente sulla conoscenza della normativa nazionale rilevante, secondo le modalità stabilite con regolamento adottato dal Ministro dell'economia e delle finanze, sentita la Consob (1).

4. Possono chiedere l'iscrizione nel Registro, le società che soddisfano le seguenti condizioni:

a) i componenti del consiglio di amministrazione o del consiglio di gestione sono in possesso dei requisiti di onorabilità definiti con regolamento dal Ministro dell'economia e delle finanze, sentita la Consob;

b) la maggioranza dei componenti del consiglio di amministrazione, o del consiglio di gestione è costituita da persone fisiche abilitate all'esercizio della revisione legale in uno degli Stati membri dell'Unione europea;

c) nelle società regolate nei capi II, III e IV del titolo V del libro V del codice civile, maggioranza numerica e per quote dei soci costituita da soggetti abilitati all'esercizio della revisione legale in uno degli Stati membri dell'Unione europea;

d) nelle società regolate nei capi V e VI del titolo V del libro V del codice civile, azioni nominative e non trasferibili mediante girata;

e) nelle società regolate nei capi V, VI e VII del titolo V del libro V del codice civile, maggioranza dei diritti di voto nell'assemblea ordinaria spettante a soggetti abilitati all'esercizio della revisione legale in uno degli Stati membri dell'Unione europea;

f) i responsabili della revisione legale sono persone fisiche iscritte al Registro (1);

f-bis) le imprese di revisione legale abilitate in uno Stato membro che abbiano fatto richiesta di iscrizione al Registro. Tali imprese potranno esercitare la revisione legale a condizione che il responsabile dell'incarico che effettua la revisione per conto dell'impresa di revisione soddisfi i requisiti previsti dai commi 2 e 3, lett. *a*) (2).

5. Per le società semplici si osservano le modalità di pubblicità previste dall'art. 2296 del codice civile.

6. L'iscrizione nel Registro dà diritto all'uso del titolo di revisore legale.

7. Il Ministro dell'economia e delle finanze, sentita la Consob, definisce con regolamento (1) i criteri per la valutazione dell'equivalenza dei requisiti di cui al comma 3, lett. *b*), e individua con decreto i Paesi terzi che garantiscono tale equivalenza.

3. *Tirocinio*. — 1. Il tirocinio:

a) è finalizzato all'acquisizione della capacità di applicare concretamente le conoscenze teoriche necessarie per il superamento dell'esame di idoneità professionale e per l'esercizio dell'attività di revisione legale;

b) ha durata triennale;

c) è svolto presso un revisore legale o un'impresa di revisione legale abilitati in uno Stato membro dell'Unione europea e che hanno la capacità di assicurare la formazione pratica del tirocinante. Il revisore legale può accogliere un numero massimo di tre tirocinanti (3);

d) comporta l'obbligo per il tirocinante di collaborare allo svolgimento di incarichi del revisore legale o della società di revisione legale presso i quali il tirocinio è svolto. I revisori legali e le società di revisione legale presso cui il tirocinio è svolto devono assicurare e controllare l'effettiva collaborazione del tirocinante all'attività relativa a uno o più incarichi di revisione legale; la violazione del predetto obbligo da parte dei revisori legali e delle società di revisione legale equivale alla violazione delle norme di deontologia professionale;

e) il tirocinante osserva le disposizioni in materia di segreto professionale.

1-*bis*. Il tirocinio può essere svolto contestualmente al biennio di studi finalizzato al conseguimento di laurea specialistica o magistrale ovvero ad una sua parte, in base ad appositi accordi, nell'ambito di una convenzione quadro tra il Ministero dell'istruzione, dell'università e della ricerca ed il Ministero dell'economia e delle finanze.

2. Nel registro del tirocinio sono indicati, per ciascun tirocinante iscritto:

(1) V. d.m. Economia e Finanze 20 giugno 2012, n. 145, in G.U., 29 agosto 2012, n. 201.
(2) Lettera aggiunta dall'art. 2, d.lg. 17 luglio 2016, n. 135.
(3) L'art. 27.3, d.lg. 17 luglio 2016, n. 135, così dispone: «Il limite di cui all'art. 3, comma 1, lett. *c*), del d.lg. 27 gennaio 2010, n. 39, come modificato dal presente decreto, trova applicazione per le istanze di iscrizione al registro del tirocinio presentate successivamente alla data di entrata in vigore del presente decreto».

a) le generalità complete del tirocinante e il recapito da questo indicato per l'invio delle comunicazioni relative ai provvedimenti concernenti il tirocinio;

b) la data di inizio del tirocinio;

c) il soggetto presso il quale il tirocinio è svolto;

d) i trasferimenti del tirocinio, le interruzioni e ogni altro fatto modificativo concernente lo svolgimento del tirocinio.

3. Le informazioni di cui al comma 2 sono conservate in forma elettronica e sono accessibili gratuitamente sul sito Internet del soggetto incaricato della tenuta del registro del tirocinio ai sensi dell'art. 21.

4. Entro sessanta giorni dal termine di ciascun anno di tirocinio, il tirocinante redige una relazione sull'attività svolta, specificando gli atti ed i compiti relativi ad attività di revisione legale alla cui predisposizione e svolgimento ha partecipato, con l'indicazione del relativo oggetto e delle prestazioni tecnico-pratiche rilevanti alla cui trattazione ha assistito o collaborato. La relazione, con la dichiarazione del revisore legale o della società di revisione legale presso cui è stato svolto il tirocinio attestante la veridicità delle indicazioni ivi contenute, è trasmessa al soggetto incaricato della tenuta del registro del tirocinio; in caso di dichiarazioni mendaci potranno essere applicate le sanzioni di cui all'art. 24, a carico del tirocinante e del revisore legale o della società di revisione legale presso cui è stato svolto il tirocinio.

5. Il tirocinante che intende completare il periodo di tirocinio presso altro revisore legale o società di revisione legale, ne dà comunicazione scritta al soggetto incaricato della tenuta del registro del tirocinio, allegando le attestazioni di cessazione e di inizio del tirocinio rilasciate rispettivamente dal soggetto presso il quale il tirocinio è stato svolto e da quello presso il quale è proseguito. La relazione di cui al comma 4 è redatta e trasmessa al soggetto incaricato della tenuta del registro del tirocinio anche in occasione di ciascun trasferimento del tirocinio.

6. Il periodo di tirocinio svolto presso un soggetto diverso da quello precedentemente indicato non è riconosciuto ai fini dell'abilitazione in mancanza della preventiva comunicazione scritta di cui al comma 5.

7. Il periodo di tirocinio interamente o parzialmente svolto presso un revisore legale o una società di revisione legale abilitati in un altro Stato membro dell'Unione europea è riconosciuto ai fini dell'abilitazione, previa attestazione del suo effettivo svolgimento da parte dell'autorità competente dello Stato membro in questione.

8. Il Ministro dell'economia e delle finanze, di concerto con il Ministro della giustizia, sentita la Consob, disciplina con regolamento le modalità di attuazione del presente articolo, definendo, tra l'altro:

a) il contenuto e le modalità di presentazione delle domande di iscrizione al registro del tirocinio;

b) le modalità di svolgimento del tirocinio, ai fini del comma 1, lett. a);

c) le cause di cancellazione e sospensione del tirocinante dal registro del tirocinio;

d) le modalità di rilascio dell'attestazione di svolgimento del tirocinio;

e) gli obblighi informativi degli iscritti nel registro del tirocinio e dei soggetti presso i quali il tirocinio è svolto (1).

4. *Esame di idoneità professionale.* — 1. Il Ministero dell'economia e delle finanze, d'intesa con il Ministero della giustizia, indice, almeno una volta l'anno, l'esame di idoneità professionale per l'abilitazione all'esercizio della revisione legale (2).

2. L'esame di idoneità professionale ha lo scopo di accertare il possesso delle conoscenze teoriche necessarie all'esercizio dell'attività di revisione legale e della capacità di applicare concretamente tali conoscenze e verte in particolare sulle seguenti materie:

a) contabilità generale;

b) contabilità analitica e di gestione;

c) disciplina del bilancio di esercizio e del bilancio consolidato;

d) principi contabili nazionali e internazionali;

e) analisi finanziaria;

f) gestione del rischio e controllo interno;

g) principi di revisione nazionale e internazionali;

h) disciplina della revisione legale;

i) deontologia professionale ed indipendenza;

l) tecnica professionale della revisione;

m) diritto civile e commerciale;

n) diritto societario;

o) diritto fallimentare;

p) diritto tributario;

q) diritto del lavoro e della previdenza sociale;

r) informatica e sistemi operativi;

s) economia politica, aziendale e finanziaria;

(1) Articolo così sostituito dall'art. 3, d.lg. 17 luglio 2016, n. 135.
(2) Comma così sostituito dall'art. 4.1, lett. a, d.lg. 17 luglio 2016, n. 135.

t) principi fondamentali di gestione finanziaria;

u) matematica e statistica.

3. Per le materie indicate al comma 2, lettere da *m*) a *u*), l'accertamento delle conoscenze teoriche e della capacità di applicarle concretamente è limitato a quanto necessario per lo svolgimento della revisione dei conti.

3-*bis*. Nell'ambito della convenzione quadro di cui all'art. 3, comma 1-*bis*, vengono definite le modalità di esonero dal controllo delle conoscenze teoriche per le materie, di cui al comma 2, che hanno già formato oggetto di esame universitario (1).

4. Il Ministro della giustizia, di concerto con il Ministro dell'economia e delle finanze, sentita la Consob, disciplina con regolamento le modalità di attuazione del presente articolo (2), definendo, tra l'altro:

a) il contenuto e le modalità di presentazione delle domande di ammissione all'esame di idoneità professionale;

b) le modalità di nomina della commissione esaminatrice e gli adempimenti cui essa è tenuta;

c) il contenuto e le modalità di svolgimento dell'esame di idoneità professionale;

d) i casi di equipollenza con esami di Stato per l'abilitazione all'esercizio di professioni regolamentate e le eventuali integrazioni richieste.

4-*bis*. Ai fini dell'iscrizione al Registro sono esonerati dall'esame di idoneità i soggetti che hanno superato gli esami di Stato di cui agli artt. 46 e 47 del d.lg. 28 giugno 2005, n. 139, fermo l'obbligo di completare il tirocinio legalmente previsto per l'accesso all'esercizio dell'attività di revisore legale, nel rispetto dei requisiti previsti, in conformità alla dir. 2006/43/CE, con decreto del Ministro della giustizia, sentito il Ministro dell'economia e delle finanze (2), da adottare entro venti giorni dalla data di entrata in vigore della presente disposizione, senza la previsione, per i candidati, di maggiori oneri e di nuove sessioni di esame (3).

5. Con il regolamento di cui al comma 4, il Ministro della giustizia può integrare e specificare le materie di cui al comma 2 (4).

5. *Formazione continua*. — 1. Gli iscritti nel Registro sono tenuti al rispetto degli obblighi di formazione continua.

2. La formazione continua consiste nella partecipazione a programmi di aggiornamento professionale definiti annualmente dal Ministero dell'economia e delle finanze e finalizzati al perfezionamento e al mantenimento delle conoscenze teoriche e delle capacità professionali. Almeno metà del programma di aggiornamento riguarda le materie caratterizzanti la revisione dei conti, ovvero la gestione del rischio e il controllo interno, i principi di revisione nazionali e internazionali applicabili allo svolgimento della revisione legale previsti dalla direttiva 2006/43/CE, come modificata dalla dir. 2014/56/UE, la disciplina della revisione legale, la deontologia professionale, l'indipendenza e la tecnica professionale della revisione.

3. Il periodo di formazione continua è triennale. I trienni formativi decorrono dal 1° gennaio al 31 dicembre di ciascun anno.

4. L'impegno richiesto per l'assolvimento degli obblighi formativi è espresso in termini di crediti formativi.

5. In ciascun anno l'iscritto deve acquisire almeno 20 crediti formativi, per un totale di un minimo di 60 crediti formativi nel triennio.

6. L'attività di formazione continua può essere svolta:

a) attraverso la partecipazione a programmi di formazione a distanza erogati dal Ministero dell'economia e delle finanze, anche attraverso organismi convenzionati;

b) presso società o enti pubblici e privati, provvisti di struttura territoriale adeguata alla natura dell'attività di formazione ed alle modalità di svolgimento dei programmi formativi, accreditati dal Ministero dell'economia e delle finanze attraverso la sottoscrizione di apposita convenzione.

7. Possono richiedere l'accreditamento di cui al comma 6, lett. *b*), i soggetti in possesso dei seguenti requisiti:

a) numero di dipendenti adeguato a garantire, tenendo conto della struttura organizzativa, della articolazione territoriale e della esperienza professionale, la qualità della formazione offerta;

b) comprovata esperienza, almeno triennale, nel campo della formazione professionale di studenti universitari, professionisti nell'ambito giuridico-economico e contabile, dirigenti e funzionari pubblici, nelle materie di cui all'art. 4;

c) impiego, nell'attività di formazione, di docenti con una comprovata esperienza professionale nell'ambito delle materie di cui all'art. 4;

(1) Comma inserito dall'art. 4.1, lett. b, d.lg. 17 luglio 2016, n. 135.
(2) V. d.m. Giustizia 19 gennaio 2016, n. 63, in G.U., 4 maggio 2016, n. 103.
(3) Comma inserito dall'art. 9.14, d.l. 30 dicembre 2013, n. 150, conv. in l. 27 febbraio 2014, n. 15.
(4) Comma così sostituito dall'art. 4.1, lett. c, d.lg. 17 luglio 2016, n. 135.

d) organizzazione ispirata a criteri di economicità della prestazione.

8. I soggetti pubblici o privati, di cui al comma 6, lett. *b*), sono responsabili della qualità e della pertinenza dei programmi formativi, dell'effettività della partecipazione degli iscritti ai corsi e comunicano annualmente al registro l'assolvimento degli obblighi di formazione in relazione a ciascun partecipante.

9. In caso di violazione degli obblighi previsti nel presente articolo, ai soggetti pubblici e privati indicati al comma 6, lett. *b*), è revocato l'accreditamento concesso dal Ministero dell'economia e delle finanze.

10. L'attività di formazione, effettuata dai revisori legali prevista dagli Albi professionali di appartenenza e da coloro che collaborano all'attività di revisione legale o sono responsabili della revisione all'interno di società di revisione che erogano formazione, viene riconosciuta equivalente se dichiarata conforme dal Ministero dell'economia e delle finanze al programma annuale di aggiornamento professionale di cui al comma 2.

11. Gli ordini professionali e le società di revisione legale devono comunicare annualmente al Ministero medesimo l'avvenuto assolvimento degli obblighi formativi da parte dei revisori iscritti che hanno preso parte ai programmi di cui al comma 2, nell'ambito della formazione prevista rispettivamente dai singoli ordini professionali e dalle società di revisione.

12. Il Ministero dell'economia e delle finanze verifica l'effettivo assolvimento degli obblighi formativi da parte degli iscritti nel registro e procede, in caso di mancato adempimento, all'applicazione delle sanzioni di cui all'art. 24.

13. Nell'espletamento delle proprie funzioni il Ministero dell'economia e delle finanze può delegare allo svolgimento di compiti connessi alla formazione continua, enti pubblici o privati, selezionati con le procedure previste dalla legge, proponendo la sottoscrizione di apposita convenzione che indichi i compiti delegati e le condizioni alle quali tali compiti devono essere svolti (1).

5-*bis*. *Formazione dei soggetti incaricati dei controlli della qualità*. — 1. Il Ministero dell'economia e delle finanze, sentita la Consob, definisce con proprio decreto i criteri di accreditamento dei corsi di formazione per i soggetti incaricati dei controlli della qualità, nonché i programmi e il contenuto minimo di tali corsi.

2. Le autorità vigilanti provvedono autonomamente alla formazione del personale interno incaricato di effettuare i controlli di qualità anche attraverso la definizione di programmi di aggiornamento professionale condivisi (2).

CAPO III

Registro

6. *Iscrizione nel Registro*. — 1. Il Ministro dell'economia e delle finanze, di concerto con il Ministro della giustizia, sentita la Consob, con proprio regolamento (3), stabilisce:

a) il contenuto e le modalità di presentazione delle domande di iscrizione nel Registro dei revisori legali e delle società di revisione;

b) modalità e termini entro cui esaminare le domande di iscrizione e verificare i requisiti.

2. Il Ministero dell'economia e delle finanze, se accerta l'insussistenza dei requisiti per l'abilitazione, ne dà comunicazione all'iscritto, assegnandogli un termine non superiore a sei mesi per sanare le carenze. Qualora entro il termine assegnato l'iscritto non abbia provveduto, il Ministero dell'economia e delle finanze dispone, con proprio decreto, la cancellazione dal Registro (4).

3. Il provvedimento di cancellazione è motivato e notificato all'interessato.

7. *Contenuto informativo del Registro*. — 1. Per ciascun revisore legale, il Registro riporta almeno le seguenti informazioni:

a) il nome, il cognome, il luogo e la data di nascita;

b) il numero di iscrizione;

c) la residenza, anche se all'estero, ed il domicilio in Italia, nonché, se diverso, il domicilio fiscale;

d) il codice fiscale ed il numero di partita I.V.A.;

d-bis) indirizzo di posta elettronica certificata;

e) il nome, il numero di iscrizione, l'indirizzo e il sito Internet dell'eventuale società di revisione legale presso la quale il revisore è impiegato o della quale è socio o amministratore;

(1) Articolo così sostituito dall'art. 5, d.lg. 17 luglio 2016, n. 135. L'art. 27.4, d.lg. cit., così dispone: «L'obbligo di formazione continua di cui all'art. 5 del d.lg. 27 gennaio 2010, n. 39, come modificato dal presente decreto, decorre dal 1° gennaio 2017».

(2) Articolo inserito dall'art. 6, d.lg. 17 luglio 2016, n. 135.

(3) V. d.m. Economia e Finanze 20 giugno 2012, n. 144, in G.U., 29 agosto 2012, n. 201.

(4) Comma così sostituito dall'art. 7, d.lg. 17 luglio 2016, n. 135.

f) l'eventuale iscrizione in registri della revisione legale di altri Stati membri nonché l'iscrizione in albi, registri o elenchi della revisione in Paesi terzi, con l'indicazione dei numeri di iscrizione e delle relative autorità competenti alla tenuta degli albi o registri;

g) la sussistenza di incarichi di revisione presso enti di interesse pubblico o di enti sottoposti a regime intermedio;

h) eventuali provvedimenti in essere, assunti ai sensi degli artt. 24, comma 1, lett. *e*) e *g*), e 26, comma 1, lett. *c*) e *d*);

i) l'indicazione dell'eventuale rete cui appartiene il revisore legale, unitamente ai nomi e agli indirizzi di tutti gli altri professionisti o imprese appartenenti alla rete e delle affiliate oppure, in alternativa, del luogo in cui tali informazioni sono accessibili al pubblico. Per i revisori legali che sono dipendenti, soci o amministratori di società di revisione legale, tali informazioni sono fornite unicamente dalla società di revisione legale.

2. Per ciascuna società di revisione, il Registro riporta almeno le seguenti informazioni:

a) la denominazione o la ragione sociale;

b) il numero di iscrizione;

c) l'indirizzo della sede e di tutti gli uffici;

d) le informazioni per contattare la società e il nome del referente, nonché l'eventuale sito Internet

e) nome, cognome e numero di iscrizione dei revisori legali impiegati presso la società o della quale sono soci o amministratori, con indicazione degli eventuali provvedimenti in essere, assunti ai sensi degli artt. 24, comma 1, lett. *e*) e *g*), e 26, comma 1, lett. *c*) e *d*);

f) nome, cognome e domicilio in Italia dei componenti del consiglio di amministrazione o del consiglio di gestione, con l'indicazione di ogni eventuale iscrizione essi hanno in albi o registri di revisori legali o di revisori dei conti in altri Stati membri dell'Unione europea o in altri Stati, e specificando gli eventuali numeri di iscrizione e le autorità competenti alla tenuta degli albi o registri;

g) il numero di partita I.V.A. della società;

h) nome, cognome e domicilio dei soci, con l'indicazione di ogni eventuale iscrizione essi hanno in albi o registri di revisori legali o di revisori dei conti in altri Stati membri dell'Unione europea o in altri Stati, e specificando gli eventuali numeri di iscrizione e le autorità competenti alla tenuta degli albi o registri;

i) l'indicazione dell'eventuale rete cui appartiene la società, unitamente ai nomi e agli indirizzi di tutti gli altri professionisti o imprese appartenenti alla rete e delle affiliate oppure, in alternativa, del luogo in cui tali informazioni sono accessibili al pubblico;

l) l'eventuale iscrizione in registri della revisione legale di altri Stati membri nonché l'iscrizione in albi, registri o elenchi della revisione in Paesi terzi, con l'indicazione dei numeri di iscrizione e delle relative autorità competenti alla tenuta degli albi o registri;

m) la sussistenza di incarichi di revisione presso enti di interesse pubblico o di enti sottoposti a regime intermedio;

n) eventuali provvedimenti in essere, assunti ai sensi degli artt. 24, comma 1, lett. *g*), e 26, comma 1, lett. *d*).

3. I revisori e gli enti di revisione contabile dei Paesi terzi iscritti nel Registro ai sensi dell'art. 34, sono chiaramente indicati in quanto tali e non come soggetti abilitati all'esercizio della revisione legale in Italia.

4. Il Registro contiene il nome e l'indirizzo del Ministero dell'economia e delle finanze e della Consob, con l'indicazione delle rispettive competenze di vigilanza sull'attività di revisione legale.

5. Le informazioni di cui al presente articolo sono conservate nel Registro in forma elettronica e accessibili gratuitamente sul sito Internet del soggetto incaricato della tenuta del Registro ai sensi dell'art. 21.

6. I soggetti iscritti nel Registro comunicano tempestivamente al soggetto incaricato della tenuta del Registro ogni modifica delle informazioni ad essi relative. Il soggetto incaricato della tenuta del Registro provvede all'aggiornamento del Registro.

7. Il Ministro dell'economia e delle finanze, sentita la Consob, con proprio regolamento, disciplina le modalità di attuazione del presente articolo definendo in particolare il contenuto, le modalità e i termini di trasmissione delle informazioni e dei loro aggiornamenti da parte degli iscritti nel Registro (1).

8. *Sezione A e B del Registro*. — 1. Il soggetto incaricato della tenuta del Registro acquisisce con le modalità di cui all'art. 21, comma 6, lett. *d*), gli incarichi di revisione legale conferiti in conformità del presente decreto legislativo. Le società di revisione legale comunicano, per ciascun incarico, il responsabile dell'incarico e i revisori legali che hanno collaborato al suo svolgimento.

2. I revisori legali iscritti al Registro che svolgono attività di revisione legale o che collabo-

(1) Articolo così sostituito dall'art. 8, d.lg. 17 luglio 2016, n. 135.

rano a un'attività di revisione legale in una società di revisione legale, o che hanno svolto le predette attività nei tre anni precedenti, sono collocati in un'apposita sezione denominata «Sezione A».

3. Gli iscritti che non hanno assunto incarichi di revisione legale o non hanno collaborato a un'attività di revisione legale in una società di revisione legale per tre anni consecutivi, sono collocati, d'ufficio, in un'apposita sezione del registro denominata «Sezione B», e non sono soggetti ai controlli di qualità di cui all'art. 20.

4. soggetti iscritti nella «Sezione A» e nella «Sezione B» del Registro, sono in ogni caso tenuti agli obblighi di comunicazione e di aggiornamento del contenuto informativo ai sensi dell'art. 7, ad osservare gli obblighi in materia di formazione continua, nonché al pagamento del contributo annuale di iscrizione (1).

CAPO IV

SVOLGIMENTO DELLA REVISIONE LEGALE

9. *Deontologia e scetticismo professionale.* — 1. I soggetti abilitati all'esercizio dell'attività di revisione legale rispettano i principi di deontologia professionale elaborati da associazioni e ordini professionali congiuntamente al Ministero dell'economia e delle finanze e alla Consob e adottati dal Ministero dell'economia e delle finanze, sentita la Consob. A tal fine, il Ministero dell'economia e delle finanze sottoscrive una convenzione con gli ordini e le associazioni professionali interessati, finalizzata a definire le modalità di elaborazione dei principi.

2. Il revisore legale o la società di revisione legale che effettua la revisione legale dei conti esercita nel corso dell'intera revisione lo scetticismo professionale, riconoscendo la possibilità che si verifichi un errore significativo attribuibile a fatti o comportamenti che sottintendono irregolarità, compresi frodi o errori (2).

3. Il revisore legale o la società di revisione legale che effettua la revisione legale esercita lo scetticismo professionale in particolare durante la revisione delle stime fornite dalla direzione riguardanti: il *fair value* (valore equo), la riduzione di valore delle attività, gli accantonamenti, i flussi di cassa futuri e la capacità dell'impresa di continuare come un'entità in funzionamento (2).

4. Ai fini del presente articolo, per «scetticismo professionale» si intende un atteggiamento caratterizzato da un approccio dubitativo, dal costante monitoraggio delle condizioni che potrebbero indicare una potenziale inesattezza dovuta a errore o frode, nonché da una valutazione critica della documentazione inerente alla revisione (3) (2).

9-*bis*. *Riservatezza e segreto professionale.* — 1. Tutte le informazioni e i documenti ai quali hanno accesso il revisore legale e la società di revisione legale nello svolgimento della revisione legale sono coperti dall'obbligo di riservatezza e dal segreto professionale (2).

2. I soggetti abilitati all'esercizio dell'attività di revisione legale rispettano i principi di riservatezza e segreto professionale elaborati da associazioni e ordini professionali congiuntamente al Ministero dell'economia e delle finanze e alla Consob e adottati dal Ministero dell'economia e delle finanze, sentita la Consob. A tal fine, il Ministero dell'economia e delle finanze sottoscrive una convenzione con gli ordini e le associazioni professionali interessati, finalizzata a definire le modalità di elaborazione dei principi.

3. Gli obblighi di riservatezza e segreto professionale di cui ai commi 1 e 2 non ostacolano l'applicazione delle disposizioni del presente decreto e, ove applicabile, del regolamento europeo (2).

4. Gli obblighi di riservatezza e segreto professionale di cui ai commi 1 e 2 continuano a valere anche successivamente al termine della partecipazione all'incarico di revisione (2).

5. Quando un revisore legale o una società di revisione legale è sostituito da un altro revisore legale o da un'altra società di revisione legale, il revisore legale o la società di revisione legale uscente consente al revisore legale o alla società di revisione legale entrante l'accesso a tutte le informazioni concernenti l'ente sottoposto a revisione e l'ultima revisione di tale ente (2).

6. Nel caso in cui un revisore legale o una società di revisione legale effettui la revisione legale conti di un'impresa che appartiene a un gruppo la cui società controllante ha sede in un Paese terzo, le regole in materia di riservatezza e segreto professionale di cui ai commi 1 e 2 non pregiudicano il trasferimento al revisore di

(1) Articolo così sostituito dall'art. 9, d.lg. 17 luglio 2016, n. 135.

(2) In base all'art. 27.9, d.lg. 17 luglio 2016, n. 135, tali disposizioni «non si applicano con riferimento agli esercizi sociali delle società sottoposte a revisione legale in corso alla data di entrata in vigore del presente decreto».

(3) Articolo così sostituito dall'art. 10, d.lg. 17 luglio 2016, n. 135.

gruppo situato nel Paese terzo, da parte del revisore legale o della società di revisione legale, della documentazione inerente all'attività di revisione, se la suddetta documentazione è necessaria per eseguire la revisione del bilancio consolidato della società controllante (1).

7. Un revisore legale o una società di revisione legale incaricato della revisione legale di una società che ha emesso valori mobiliari in un Paese terzo o appartenente a un gruppo che presenta il bilancio consolidato in un Paese terzo può trasferire all'autorità competente del Paese terzo in questione le carte di lavoro o gli altri documenti che detiene inerenti alla revisione dell'ente in causa soltanto in presenza di accordi di cooperazione di cui all'art. 36 (1).

8. Il trasferimento delle informazioni al revisore del gruppo situato in un Paese terzo è effettuato ai sensi del capo IV della direttiva 95/46/CE e delle norme nazionali applicabili alla protezione dei dati di carattere personale (2) (1).

10. *Indipendenza e obiettività*. — 1. Il revisore legale e la società di revisione legale che effettuano la revisione legale, nonché qualsiasi persona fisica in grado di influenzare direttamente o indirettamente l'esito della revisione legale, devono essere indipendenti dalla società sottoposta a revisione e non devono essere in alcun modo coinvolti nel suo processo decisionale (1).

1-*bis*. Il requisito di indipendenza deve sussistere durante il periodo cui si riferiscono i bilanci da sottoporre a revisione legale e durante il periodo in cui viene eseguita la revisione legale stessa (1).

1-*ter*. Il revisore legale o la società di revisione legale deve adottare tutte le misure ragionevoli per garantire che la sua indipendenza non sia influenzata da alcun conflitto di interessi, anche soltanto potenziale, o da relazioni d'affari o di altro genere, dirette o indirette, riguardanti il revisore legale o la società di revisione legale e, laddove applicabile, la sua rete, i membri dei suoi organi di amministrazione, i suoi dirigenti, i suoi revisori, i suoi dipendenti, qualsiasi persona fisica i cui servizi sono messi a disposizione o sono sotto il controllo del revisore legale o della società di revisione o qualsiasi persona direttamente o indirettamente collegata al revisore legale o alla società di revisione legale (1).

2. Il revisore legale o la società di revisione legale non effettua la revisione legale di una società qualora sussistano dei rischi di autoriesame, di interesse personale o rischi derivanti dall'esercizio del patrocinio legale, o da familiarità ovvero una minaccia di intimidazione, determinati da relazioni finanziarie, personali, d'affari, di lavoro o di altro genere instaurate tra tale società e il revisore legale o la società di revisione legale o la sua rete, o qualsiasi persona fisica in grado di influenzare l'esito della revisione legale, dalle quali un terzo informato, obiettivo e ragionevole, tenendo conto delle misure adottate, trarrebbe la conclusione che l'indipendenza del revisore legale o della società di revisione legale risulti compromessa (1).

3. Il revisore legale, la società di revisione legale, i loro responsabili chiave della revisione, il loro personale professionale e qualsiasi persona fisica i cui servizi sono messi a disposizione o sono sotto il controllo di tale revisore legale o società di revisione legale e che partecipa direttamente alle attività di revisione legale, nonché le persone a loro strettamente legate ai sensi dell'art. 1, punto 2, della dir. 2004/72/CE, non possono detenere strumenti finanziari emessi, garantiti o altrimenti oggetto di sostegno da un ente sottoposto alla loro revisione legale, devono astenersi da qualsiasi operazione su tali strumenti e non devono avere sui medesimi strumenti alcun interesse beneficiario rilevante e diretto, salvo che si tratti di interessi detenuti indirettamente attraverso regimi di investimento collettivo diversificati, compresi fondi gestiti, quali fondi pensione o assicurazione sulla vita (1).

4. Il revisore legale o la società di revisione legale documenta nelle carte di lavoro tutti i rischi rilevanti per la sua indipendenza nonché le misure adottate per limitare tale rischi.

5. I soggetti di cui al comma 3 non possono partecipare né influenzare in alcun modo l'esito di una revisione legale di un ente sottoposto a revisione se:

a) possiedono strumenti finanziari dell'ente medesimo, salvo che si tratti di interessi detenuti indirettamente attraverso regimi di investimento collettivo diversificati;

b) possiedono strumenti finanziari di qualsiasi ente collegato a un ente sottoposto a revisione, la cui proprietà potrebbe causare un conflitto di interessi o potrebbe essere generalmente percepita come tale, salvo che si tratti di

(1) In base all'art. 27.9, d.lg. 17 luglio 2016, n. 135, tali disposizioni «non si applicano con riferimento agli esercizi sociali delle società sottoposte a revisione legale in corso alla data di entrata in vigore del presente decreto».
(2) Articolo inserito dall'art. 11, d.lg. 17 luglio 2016, n. 135.

interessi detenuti indirettamente attraverso regimi di investimento collettivo diversificati;

c) hanno intrattenuto un rapporto di lavoro dipendente o una relazione d'affari o di altro tipo con l'ente sottoposto a revisione nel periodo di cui al comma 1-*bis*, che potrebbe causare un conflitto di interessi o potrebbe essere generalmente percepita come tale (1).

6. Se, durante il periodo cui si riferisce il bilancio, una società sottoposta a revisione legale viene rilevata da un'altra società, si fonde con essa o la rileva, il revisore legale o la società di revisione legale deve individuare e valutare eventuali interessi o relazioni in essere o recenti, inclusi i servizi diversi dalla revisione prestati a detta società, tali da poter compromettere, tenuto conto delle misure disponibili, la sua indipendenza e la sua capacità di proseguire la revisione legale dopo la data di efficacia della fusione o dell'acquisizione. Il revisore legale o la società di revisione legale adotta, entro tre mesi dalla data di approvazione del progetto di fusione o di acquisizione, tutti i provvedimenti necessari per porre fine agli interessi o alle relazioni di cui al presente comma e, ove possibile, adotta misure intese a ridurre al minimo i rischi per la propria indipendenza derivanti da tali interessi e relazioni (1).

7. Il revisore legale o il responsabile chiave della revisione legale che effettua la revisione per conto di una società di revisione legale non può rivestire cariche sociali negli organi di amministrazione dell'ente che ha conferito l'incarico di revisione né prestare lavoro autonomo o subordinato in favore dell'ente stesso svolgendo funzioni dirigenziali di rilievo se non sia decorso almeno un anno dal momento in cui abbia cessato la sua attività in qualità di revisore legale o responsabile chiave della revisione, in relazione all'incarico. Tale divieto è esteso anche ai dipendenti e ai soci, diversi dai responsabili chiave della revisione, del revisore legale o della società di revisione, nonché a ogni altra persona fisica i cui servizi sono messi a disposizione o sono sotto il controllo del revisore legale o della società di revisione legale, nel caso in cui tali soggetti siano stati personalmente abilitati all'esercizio della professione di revisore legale, per il periodo di un anno dal loro diretto coinvolgimento nell'incarico di revisione legale (1).

8. I soci e i componenti dell'organo di amministrazione della società di revisione legale o di un'affiliata non possono intervenire nell'espletamento della revisione legale in un modo che può compromettere l'indipendenza e l'obiettività del responsabile dell'incarico.

9. Il corrispettivo per l'incarico di revisione legale non può essere subordinato ad alcuna condizione, non può essere stabilito in funzione dei risultati della revisione, né può dipendere in alcun modo dalla prestazione di servizi diversi dalla revisione alla società che conferisce l'incarico, alle sue controllate e controllanti, da parte del revisore legale o della società di revisione legale o della loro rete.

10. Il corrispettivo per l'incarico di revisione legale è determinato in modo da garantire la qualità e l'affidabilità dei lavori. A tale fine i soggetti incaricati della revisione legale determinano le risorse professionali e le ore da impiegare nell'incarico avendo riguardo:

a) alla dimensione, composizione e rischiosità delle più significative grandezze patrimoniali, economiche e finanziarie del bilancio della società che conferisce l'incarico, nonché ai profili di rischio connessi al processo di consolidamento dei dati relativi alle società del gruppo;

b) alla preparazione tecnica e all'esperienza che il lavoro di revisione richiede;

c) alla necessità di assicurare, oltre all'esecuzione materiale delle verifiche, un'adeguata attività di supervisione e di indirizzo, nel rispetto dei principi di cui all'art. 11.

11. La misura della retribuzione dei dipendenti delle società di revisione legale che partecipano allo svolgimento delle attività di revisione legale non può essere in alcun modo determinata dall'esito delle revisioni da essi compiute.

12. I soggetti abilitati all'esercizio dell'attività di revisione legale dei conti rispettano i principi di indipendenza e obiettività elaborati da associazioni e ordini professionali congiuntamente al Ministero dell'economia e delle finanze e alla Consob e adottati dal Ministero dell'economia e delle finanze sentita la Consob. A tal fine, il Ministero dell'economia e delle finanze sottoscrive una convenzione con gli ordini e le associazioni professionali interessati, finalizzata a definire le modalità di elaborazione dei principi.

13. I soggetti di cui al comma 3 non sollecitano o accettano regali o favori di natura pecuniaria e non pecuniaria dall'ente sottoposto a

(1) In base all'art. 27.9, d.lg. 17 luglio 2016, n. 135, tali disposizioni «non si applicano con riferimento agli esercizi sociali delle società sottoposte a revisione legale in corso alla data di entrata in vigore del presente decreto».

revisione o da qualsiasi ente legato a un ente sottoposto a revisione, salvo nel caso in cui un terzo informato, obiettivo e ragionevole considererebbe il loro valore trascurabile o insignificante (1) (2).

10-*bis*. *Preparazione della revisione legale e valutazione dei rischi per l'indipendenza*. — 1. Il revisore legale o la società di revisione legale, prima di accettare o proseguire un incarico di revisione legale, deve valutare e documentare:

a) il possesso dei requisiti di indipendenza ed obiettività di cui all'art. 10 e, ove applicabile, all'art. 17;

b) l'eventuale presenza di rischi per la sua indipendenza e, nel caso, se siano state adottate idonee misure per mitigarli;

c) la disponibilità di personale professionale competente, tempo e risorse necessari per svolgere in modo adeguato l'incarico di revisione;

d) nel caso di società di revisione legale, l'abilitazione del responsabile dell'incarico all'esercizio della revisione legale ai sensi del presente decreto (3).

10-*ter*. *Organizzazione interna*. — 1. La società di revisione legale, al fine di tutelare l'indipendenza e l'obiettività del revisore legale che effettua la revisione per conto della società di revisione legale, stabilisce direttive e procedure per assicurare il rispetto delle disposizioni di cui all'art. 10, comma 8.

2. Il revisore legale o la società di revisione legale si dota di procedure amministrative e contabili adeguate, di sistemi di controllo interno della qualità, di procedure efficaci per la valutazione del rischio e di meccanismi efficaci di controllo e tutela in materia di sistemi di elaborazione elettronica dei dati. Tali sistemi di controllo interno della qualità sono concepiti per conseguire una ragionevole sicurezza che le decisioni e le procedure siano rispettate a tutti i livelli della società di revisione legale o della struttura di lavoro del revisore legale.

3. Il revisore legale o la società di revisione legale stabilisce direttive e procedure configurate per conseguire una ragionevole sicurezza che i suoi dipendenti, nonché tutte le persone fisiche i cui servizi sono messi a sua disposizione o sono sotto il suo controllo e che partecipano direttamente all'attività di revisione legale dispongano delle conoscenze ed esperienze adeguate per svolgere l'incarico.

4. Il revisore legale o la società di revisione legale stabilisce direttive e procedure configurate per conseguire una ragionevole sicurezza che l'esternalizzazione di attività di revisione non sia effettuata in modo tale da compromettere l'efficacia del suo controllo interno della qualità, né la capacità delle autorità competenti di vigilare sul rispetto, da parte del revisore o della società di revisione legale, degli obblighi di cui al presente decreto e, ove applicabile, di cui al Regolamento europeo. L'esternalizzazione di attività di revisione non influisce sulla responsabilità del revisore legale o della società di revisione legale nei confronti dell'ente sottoposto a revisione.

5. Il revisore legale o la società di revisione legale adotta disposizioni organizzative e amministrative appropriate ed efficaci per prevenire, identificare, eliminare o gestire e divulgare al proprio interno eventuali rischi per la sua indipendenza ai sensi degli artt. 10 e 10-*bis*.

6. Il revisore legale o la società di revisione legale stabilisce un sistema di controllo interno della qualità configurato per conseguire una ragionevole sicurezza che gli incarichi siano svolti in conformità ai principi professionali e alle disposizioni di legge e regolamentari applicabili. Il sistema di controllo interno della qualità comprende direttive e procedure adeguate per garantire la continuità e la regolarità nello svolgimento dell'attività e per organizzare la struttura del fascicolo di revisione di cui all'art. 10-*quater*, comma 7, nonché per la formazione, il monitoraggio e il riesame del lavoro di coloro che partecipano direttamente alla revisione.

7. Il revisore legale o la società di revisione legale effettua annualmente una valutazione dell'adeguatezza e dell'efficacia del sistema di controllo interno della qualità stabilito in applicazione del presente decreto e, ove applicabile, del Regolamento europeo e adotta misure appropriate per rimediare a eventuali carenze. Il revisore legale o la società di revisione legale conserva la documentazione dei risultati di tale valutazione e degli interventi individuati per superare le eventuali carenze rilevate.

8. Il revisore legale o la società di revisione legale adotta disposizioni organizzative e am-

(1) Articolo così sostituito dall'art. 12, d.lg. 17 luglio 2016, n. 135.

(2) In base all'art. 27.9, d.lg. 17 luglio 2016, n. 135, tali disposizioni «non si applicano con riferimento agli esercizi sociali delle società sottoposte a revisione legale in corso alla data di entrata in vigore del presente decreto».

(3) Articolo inserito dall'art. 13, d.lg. 17 luglio 2016, n. 135. In base all'art. 27.9, d.lg. 17 luglio 2016, n. 135, tali disposizioni «non si applicano con riferimento agli esercizi sociali delle società sottoposte a revisione legale in corso alla data di entrata in vigore del presente decreto».

ministrative appropriate ed efficaci per fronteggiare e documentare eventuali incidenti che hanno o potrebbero avere gravi ripercussioni sull'integrità della propria attività di revisione legale.

9. Il revisore legale o la società di revisione legale adotta direttive e procedure in materia di retribuzioni, inclusa la partecipazione agli utili, atte a fornire adeguati incentivi alla qualità del lavoro di revisione legale. Ai fini della valutazione e della retribuzione del personale che partecipa alla revisione o che può influenzarne lo svolgimento non viene considerata l'entità del fatturato derivante dalla prestazione di servizi diversi dalla revisione legale all'ente sottoposto a revisione.

10. Le direttive e procedure di cui al presente articolo sono documentate e comunicate ai dipendenti e collaboratori del revisore legale o della società di revisione legale.

11. Il sistema di controllo interno della qualità è proporzionato all'ampiezza e alla complessità delle attività di revisione legale svolte. Il revisore legale o la società di revisione legale è in grado di dimostrare all'autorità competente che le direttive e le procedure di controllo interno della qualità sono adeguate in considerazione dell'ampiezza e della complessità delle attività di revisione legale svolte (1).

10-*quater*. *Organizzazione del lavoro*. — 1. Ove la revisione legale sia effettuata da una società di revisione legale, la stessa dovrà designare almeno un responsabile dell'incarico. La qualità della revisione, l'indipendenza e la competenza costituiscono i principali criteri ai quali è improntata la scelta del responsabile dell'incarico ai fini della relativa designazione. Al responsabile dell'incarico vengono assegnate risorse sufficienti e personale dotato delle necessarie competenze affinché egli possa espletare in modo adeguato le proprie attività.

2. Il responsabile dell'incarico è attivamente coinvolto nello svolgimento dell'incarico di revisione di cui ha la responsabilità.

3. Nello svolgimento della revisione legale, il responsabile dell'incarico dedica sufficiente tempo all'incarico e assegna risorse sufficienti allo stesso al fine di poter espletare in modo adeguato le proprie funzioni.

4. Il revisore legale o la società di revisione legale conservano la documentazione delle violazioni delle disposizioni del presente decreto e, ove applicabile, del Regolamento europeo, ad eccezione di quelle di lieve entità, nonché delle eventuali conseguenze di tali violazioni, delle misure adottate per porvi rimedio e per modificare il proprio sistema di controllo interno della qualità. Il revisore legale o la società di revisione legale predispongono annualmente una relazione contenente una descrizione generale delle eventuali modifiche adottate e comunicano tale relazione al proprio personale.

5. Nel caso in cui il revisore legale o la società di revisione legale si rivolga a consulenti esterni, è tenuto a documentare le richieste di pareri effettuate e i pareri ricevuti.

6. Il revisore legale o la società di revisione legale deve mantenere una registrazione relativa a ogni cliente sottoposto a revisione, contenente la denominazione sociale, l'indirizzo e il luogo di attività del cliente, i responsabili chiave della revisione, ove la stessa venga condotta da una società di revisione legale, i corrispettivi per la revisione legale e i corrispettivi per eventuali ulteriori servizi, distinti per ogni esercizio finanziario.

7. Il revisore legale o la società di revisione legale deve creare un fascicolo di revisione per ogni revisione legale, contenente i dati e i documenti di cui all'art. 10-*bis* e, ove applicabile, i dati e i documenti di cui agli articoli da 6 a 8 del Regolamento europeo. Il fascicolo di revisione deve altresì contenere tutti i dati e i documenti rilevanti a sostegno della relazione di cui all'art. 14 e, ove applicabile, delle relazioni di cui agli artt. 10 e 11 del Regolamento europeo, nonché i dati e i documenti necessari per monitorare il rispetto delle disposizioni del presente decreto e delle ulteriori disposizioni applicabili. Il fascicolo di revisione è chiuso entro sessanta giorni dalla data in cui viene sottoscritta la predetta relazione di revisione. I documenti e le informazioni di cui al presente comma nonché, ove applicabile, quelli di cui all'art. 15 del Regolamento europeo sono conservati per 10 anni dalla data della relazione di revisione alla quale si riferiscono.

8. Il revisore legale o la società di revisione legale conserva la documentazione di eventuali reclami scritti relativi all'esecuzione delle revisioni legali effettuate per 10 anni dalla data della relazione di revisione alla quale si riferiscono (1).

10-*quinquies*. *Revisione legale del bilancio consolidato*. — 1. Nel caso di revisione legale del bilancio consolidato di un gruppo di impre-

(1) Articolo inserito dall'art. 13, d.lg. 17 luglio 2016, n. 135. In base all'art. 27.9, d.lg. 17 luglio 2016, n. 135, tali disposizioni «non si applicano con riferimento agli esercizi sociali delle società sottoposte a revisione legale in corso alla data di entrata in vigore del presente decreto».

se, il revisore del gruppo assume la piena responsabilità per la relazione di revisione di cui all'art. 14 o, ove applicabile, per la relazione di revisione di cui all'art. 10 del Regolamento europeo e per la relazione aggiuntiva destinata al comitato per il controllo interno e la revisione contabile di cui all'art. 11 del Regolamento europeo.

2. Ai fini della revisione del bilancio consolidato, il revisore del gruppo valuta il lavoro svolto da eventuali altri revisori legali, società di revisione legale, revisori ed enti di revisione di un Paese terzo e mantiene documentazione della natura, tempistica ed estensione del lavoro da essi svolto e, ove opportuno, del riesame effettuato dal revisore sulle parti pertinenti della documentazione di revisione di detti revisori. Il revisore del gruppo esamina il lavoro svolto da eventuali altri revisori legali, società di revisione legale, revisori ed enti di revisione di un Paese terzo, ai fini della revisione del gruppo e mantiene documentazione di tale riesame. La documentazione conservata dal revisore del gruppo è atta a consentire all'autorità competente di esaminare il lavoro da questi svolto.

3. Ai fini dello svolgimento dell'attività di cui al comma 2, secondo periodo, il revisore del gruppo chiede il consenso dei revisori legali, società di revisione legale, nonché revisori o enti di revisione di un Paese terzo al trasferimento o all'accesso alla documentazione pertinente durante lo svolgimento della revisione del bilancio consolidato, come condizione affinché il revisore possa basarsi sul lavoro da essi svolto.

4. Se il revisore del gruppo non è nelle condizioni di svolgere le attività di cui al comma 2, secondo periodo, egli adotta misure appropriate e ne informa tempestivamente l'autorità competente. Tali misure includono, ove opportuno, lo svolgimento di un ulteriore lavoro di revisione legale della società controllata interessata, che può essere svolto sia direttamente sia tramite esternalizzazione, la richiesta agli amministratori della società controllata di ulteriori documenti e notizie utili alla revisione e lo svolgimento, da parte del revisore del gruppo, di accertamenti, controlli ed esame di atti e documentazione presso la società controllata interessata.

5. Se è oggetto di un controllo della qualità o di un'indagine riguardante la revisione legale del bilancio consolidato di un gruppo di imprese, il revisore del gruppo rende disponibile all'autorità competente, laddove richiesta, la documentazione pertinente da egli stesso conservata sul lavoro di revisione svolto dai revisori, enti o imprese di revisione di un paese terzo, ai fini della revisione del gruppo, comprese tutte le relative carte di lavoro.

6. L'autorità competente può chiedere alle autorità competenti interessate degli Stati membri documentazione supplementare sul lavoro di revisione svolto da revisori legali o imprese di revisione contabile ai fini della revisione del gruppo, a norma dell'art. 33. Qualora la revisione di un'impresa controllante o di un'impresa controllata di un gruppo di imprese sia effettuata da uno o più revisori o enti di revisione contabile di un Paese terzo, l'autorità competente può chiedere alle autorità competenti interessate del Paese terzo, documentazione supplementare sul lavoro di revisione svolto dai revisori o dagli enti di revisione contabile del Paese terzo conformemente agli accordi di cooperazione di cui all'art. 36.

7. In deroga al comma 6, secondo periodo, qualora la revisione di un'impresa controllante o di un'impresa controllata di un gruppo di imprese sia effettuata da uno o più revisori o enti di revisione contabile di un Paese terzo che non ha alcun accordo di cooperazione ai sensi dell'art. 36, il revisore del gruppo ha anche la responsabilità di garantire, se richiesto, che la documentazione supplementare sul lavoro di revisione svolto da tali revisori o enti di revisione contabile del Paese terzo, comprese le carte di lavoro pertinenti ai fini della revisione dei conti del gruppo, sia debitamente consegnata. Per garantire tale consegna, il revisore del gruppo conserva una copia di detta documentazione o, in alternativa, concorda con i revisori o gli enti di revisione contabile del Paese terzo che potrà avere un accesso libero e illimitato, su richiesta, a tale documentazione, ovvero adotta ogni altra misura appropriata. Se non è possibile effettuare la trasmissione delle carte di lavoro da un Paese terzo al revisore del gruppo per motivi giuridici o altri motivi, la documentazione conservata dal revisore del gruppo include la prova che egli ha adottato le misure appropriate per avere accesso alla documentazione di revisione e, nel caso di ostacoli diversi da quelli giuridici derivanti dalla normativa del Paese terzo interessato, la prova a sostegno dell'esistenza di tali ostacoli (1).

11. *Principi di revisione*. — 1. La revisione

(1) Articolo inserito dall'art. 13, d.lg. 17 luglio 2016, n. 135. In base all'art. 27.9, d.lg. 17 luglio 2016, n. 135, tali disposizioni «non si applicano con riferimento agli esercizi sociali delle società sottoposte a revisione legale in corso alla data di entrata in vigore del presente decreto».

legale è svolta in conformità ai principi di revisione internazionali adottati dalla Commissione europea ai sensi dell'art. 26, par. 3, della dir. 2006/43/CE, come modificata dalla dir. 2014/56/UE.

2. Fino all'adozione dei principi di cui al comma 1 da parte della Commissione europea, la revisione legale è svolta in conformità ai principi di revisione elaborati, tenendo conto dei principi di revisione internazionali, da associazioni e ordini professionali congiuntamente al Ministero dell'economia e delle finanze e alla Consob e adottati dal Ministero dell'economia e delle finanze, sentita la Consob. A tal fine, il Ministero dell'economia e delle finanze sottoscrive una convenzione con gli ordini e le associazioni professionali interessati, finalizzata a definire le modalità di elaborazione dei principi.

3. In vigenza dei principi di revisione internazionali adottati ai sensi del comma 1, possono essere stabilite dal Ministero dell'economia e delle finanze, sentita la Consob, procedure o obblighi di revisione supplementari, nella misura necessaria a conferire maggiore credibilità e qualità ai bilanci, attraverso la procedura di cui al comma 2 (1).

12. .... (2).

13. *Conferimento, revoca e dimissioni dall'incarico, risoluzione del contratto.* — 1. Salvo quanto disposto dall'art. 2328, secondo comma, n. 11), del codice civile e fermo restando che i conferimenti degli incarichi da parte di enti di interesse pubblico sono disciplinati dall'art. 17, comma 1, del presente decreto e dall'art. 16 del Regolamento europeo, l'assemblea, su proposta motivata dell'organo di controllo, conferisce l'incarico di revisione legale e determina il corrispettivo spettante al revisore legale o alla società di revisione legale per l'intera durata dell'incarico e gli eventuali criteri per l'adeguamento di tale corrispettivo durante l'incarico (3).

2. Ad eccezione di quanto stabilito dall'art. 17, comma 1, del presente decreto l'incarico ha la durata di tre esercizi, con scadenza alla data dell'assemblea convocata per l'approvazione del bilancio relativo al terzo esercizio dell'incarico (3).

2-bis. È vietata qualsiasi clausola contrattuale che limiti la scelta del revisore legale o della società di revisione legale da parte dell'assemblea a determinate categorie o elenchi di revisori legali o società di revisione legale e, qualora prevista, è da ritenersi nulla e priva di effetti (3).

3. L'assemblea revoca l'incarico, sentito l'organo di controllo, quando ricorra una giusta causa, provvedendo contestualmente a conferire l'incarico a un altro revisore legale o ad altra società di revisione legale secondo le modalità di cui al comma 1. Non costituisce giusta causa di revoca la divergenza di opinioni in merito ad un trattamento contabile o a procedure di revisione (3).

4. Il revisore legale o la società di revisione legale incaricati della revisione legale possono dimettersi dall'incarico, salvo il risarcimento del danno, nei casi e con le modalità definiti con regolamento dal Ministro dell'economia e delle finanze, sentita la Consob. In ogni caso, le dimissioni devono essere poste in essere in tempi e modi tali da consentire alla società sottoposta a revisione di provvedere altrimenti, salvo il caso d'impedimento grave e comprovato del revisore o della società di revisione legale. Il medesimo regolamento definisce i casi e le modalità in cui può risolversi consensualmente o per giusta causa il contratto con il quale è conferito l'incarico di revisione legale.

5. Nei casi di cui al comma 4 la società sottoposta a revisione legale provvede tempestivamente a conferire un nuovo incarico.

6. In caso di dimissioni o risoluzione consensuale del contratto, le funzioni di revisione legale continuano a essere esercitate dal medesimo revisore legale o società di revisione legale fino a quando la deliberazione di conferimento del nuovo incarico non è divenuta efficace e, comunque, non oltre sei mesi dalla data delle dimissioni o della risoluzione del contratto.

(1) Articolo così sostituito dall'art. 14, d.lg. 17 luglio 2016, n. 135. L'art. 27.12-13, d.lg. cit., così dispone: «12. I principi che alla data di entrata in vigore del presente decreto risultano adottati con determina del Ragioniere Generale dello Stato del 23 dicembre 2014 continuano ad essere applicati fino alla data di entrata in vigore dei principi adottati ai sensi dell'art. 11 del d.lg. 27 gennaio 2010, n. 39, come modificato dal presente decreto. || 13. Fino alla sottoscrizione delle convenzioni di cui agli artt. 9, comma 1, 9-*bis*, comma 2, 10, comma 12, e 11, comma 2, del d.lg. 27 gennaio 2010, n. 39, come modificato dal presente decreto, i principi sono elaborati sulla base della convenzione sottoscritta in data 24 settembre 2014 dal Ministero dell'economia e delle finanze con gli ordini e le associazioni professionali interessati».

(2) Articolo abrogato dall'art. 15, d.lg. 17 luglio 2016, n. 135.

(3) In base all'art. 27.9, d.lg. 17 luglio 2016, n. 135, tali disposizioni «non si applicano con riferimento agli esercizi sociali delle società sottoposte a revisione legale in corso alla data di entrata in vigore del presente decreto».

7. La società sottoposta a revisione ed il revisore legale o la società di revisione legale informano tempestivamente il Ministero dell'economia e delle finanze e, per la revisione legale relativa agli enti di interesse pubblico e agli enti sottoposti a regime intermedio, la Consob, in ordine alla revoca, alle dimissioni o alla risoluzione consensuale del contratto, fornendo adeguate spiegazioni in ordine alle ragioni che le hanno determinate (1).

8. Alle deliberazioni di nomina e di revoca adottate dall'assemblea delle società in accomandita per azioni si applica l'art. 2459 del codice civile (1).

9. In caso di revisione legale di un ente di interesse pubblico di cui all'art. 16, gli azionisti di tale ente, che rappresentino almeno il 5 per cento del capitale sociale, o l'organo di controllo, o la Consob hanno la facoltà di adire il Tribunale civile per la revoca del revisore o della società di revisione legale ove ricorrano giustificati motivi (1) (2).

14. *Relazione di revisione e giudizio sul bilancio*. — 1. Il revisore legale o la società di revisione legale incaricati di effettuare la revisione legale dei conti:

a) esprimono con apposita relazione un giudizio sul bilancio di esercizio e sul bilancio consolidato, ove redatto ed illustrano i risultati della revisione legale;

b) verificano nel corso dell'esercizio la regolare tenuta della contabilità sociale e la corretta rilevazione dei fatti di gestione nelle scritture contabili (1).

2. La relazione, redatta in conformità ai principi di revisione di cui all'art. 11, comprende:

a) un paragrafo introduttivo che identifica il bilancio di esercizio o consolidato sottoposto a revisione legale e il quadro normativo sull'informazione finanziaria applicato alla sua redazione;

b) una descrizione della portata della revisione legale svolta con l'indicazione dei principi di revisione osservati;

c) un giudizio sul bilancio che indica chiaramente se questo è conforme alle norme che ne disciplinano la redazione e se rappresenta in modo veritiero e corretto la situazione patrimoniale e finanziaria e il risultato economico dell'esercizio;

d) eventuali richiami di informativa che il revisore sottopone all'attenzione dei destinatari del bilancio, senza che essi costituiscano rilievi;

e) un giudizio sulla coerenza della relazione sulla gestione con il bilancio e sulla sua conformità alle norme di legge. Il giudizio contiene altresì una dichiarazione rilasciata sulla base delle conoscenze e della comprensione dell'impresa e del relativo contesto acquisite nel corso dell'attività di revisione legale, circa l'eventuale identificazione di errori significativi nella relazione sulla gestione, nel qual caso sono fornite indicazioni sulla natura di tali errori;

f) una dichiarazione su eventuali incertezze significative relative a eventi o a circostanze che potrebbero sollevare dubbi significativi sulla capacità della società sottoposta a revisione di mantenere la continuità aziendale;

g) l'indicazione della sede del revisore legale o della società di revisione legale (1).

3. Nel caso in cui il revisore esprima un giudizio sul bilancio con rilievi, un giudizio negativo o rilasci una dichiarazione di impossibilità di esprimere un giudizio, la relazione illustra analiticamente i motivi della decisione (1).

3-*bis*. Qualora la revisione legale sia stata effettuata da più revisori legali o più società di revisione legale, essi raggiungono un accordo sui risultati della revisione legale dei conti e presentano una relazione e un giudizio congiunti. In caso di disaccordo, ogni revisore legale o società di revisione presenta il proprio giudizio in un paragrafo distinto della relazione di revisione, indicando i motivi del disaccordo (1).

4. La relazione è datata e sottoscritta dal responsabile dell'incarico. Quando la revisione legale è effettuata da una società di revisione, la relazione reca almeno la firma dei responsabili della revisione che effettuano la revisione per conto della società medesima. Qualora l'incarico sia stato affidato congiuntamente a più revisori legali, la relazione di revisione è firmata da tutti i responsabili dell'incarico (1).

5. Si osservano i termini e le modalità di deposito di cui agli artt. 2429, terzo comma, e 2435, primo comma, del codice civile, salvo quanto disposto dall'art. 154-*ter* del TUF (3) (1).

6. I soggetti incaricati della revisione legale hanno diritto ad ottenere dagli amministratori documenti e notizie utili all'attività di revisione

(1) In base all'art. 27.9, d.lg. 17 luglio 2016, n. 135, tali disposizioni «non si applicano con riferimento agli esercizi sociali delle società sottoposte a revisione legale in corso alla data di entrata in vigore del presente decreto».

(2) Articolo così sostituito dall'art. 16, d.lg. 17 luglio 2016, n. 135.

(3) In *Leggi coll. XVIII, 1.*

legale e possono procedere ad accertamenti, controlli ed esame di atti e documentazione.

7. La relazione del revisore legale o della società di revisione legale sul bilancio consolidato deve rispettare i requisiti di cui ai commi da 2 a 4. Nel giudicare la coerenza della relazione sulla gestione con il bilancio, come prescritto dal comma 2, lett. *e*), il revisore legale o la società di revisione legale considerano il bilancio consolidato e la relazione consolidata sulla gestione (1) (2).

15. *Responsabilità*. — 1. I revisori legali e le società di revisione legale rispondono in solido tra loro e con gli amministratori nei confronti della società che ha conferito l'incarico di revisione legale, dei suoi soci e dei terzi per i danni derivanti dall'inadempimento ai loro doveri. Nei rapporti interni tra i debitori solidali, essi sono responsabili nei limiti del contributo effettivo al danno cagionato.

2. Il responsabile dell'incarico ed i dipendenti che hanno collaborato all'attività di revisione contabile sono responsabili, in solido tra loro, e con la società di revisione legale, per i danni conseguenti da propri inadempimenti o da fatti illeciti nei confronti della società che ha conferito l'incarico e nei confronti dei terzi danneggiati. Essi sono responsabili entro i limiti del proprio contributo effettivo al danno cagionato.

3. L'azione di risarcimento nei confronti dei responsabili ai sensi del presente articolo si prescrive nel termine di cinque anni dalla data della relazione di revisione sul bilancio d'esercizio o consolidato emessa al termine dell'attività di revisione cui si riferisce l'azione di risarcimento (2).

CAPO V

Disposizioni speciali riguardanti gli enti di interesse pubblico e gli enti sottoposti a regime intermedio (3)

16. *Enti di interesse pubblico*. — 1. Le disposizioni del presente capo si applicano agli enti di interesse pubblico e ai revisori legali e alle società di revisione legale incaricati della revisione legale presso enti di interesse pubblico. Sono enti di interesse pubblico:

a) le società italiane emittenti valori mobiliari ammessi alla negoziazione su mercati regolamentati italiani e dell'Unione europea;

b) le banche;

c) le imprese di assicurazione di cui all'art. 1, comma 1, lett. *u*), del codice delle assicurazioni private (4);

d) le imprese di riassicurazione di cui all'art. 1, comma 1, lett. *cc*), del codice delle assicurazioni private (4), con sede legale in Italia, e le sedi secondarie in Italia delle imprese di riassicurazione extracomunitarie di cui all'art. 1, comma 1, lett. *cc-ter*), del codice delle assicurazioni private (4).

2. Negli enti di interesse pubblico, nelle società controllate da enti di interesse pubblico, nelle società che controllano enti di interesse pubblico e nelle società sottoposte con questi ultimi a comune controllo, la revisione legale non può essere esercitata dal collegio sindacale (1).

17. *Indipendenza*. — 1. L'incarico di revisione legale ha la durata di nove esercizi per le società di revisione e di sette esercizi per i revisori legali. Esso non può essere rinnovato o nuovamente conferito se non siano decorsi almeno quattro esercizi dalla data di cessazione del precedente incarico.

2. Fermo restando il rispetto delle disposizioni degli artt. 10 e 10-*bis* ed in ottemperanza ai principi stabiliti dalla dir. 2006/43/CE, come modificata dalla dir. 2014/56/UE, la Consob stabilisce con regolamento le situazioni che possono compromettere l'indipendenza del revisore legale, della società di revisione legale e del responsabile chiave della revisione di un ente di interesse pubblico, nonché le misure da adottare per rimuovere tali situazioni.

3. I revisori legali, le società di revisione legale e le entità appartenenti alla loro rete, i soci, gli amministratori, i componenti degli organi di controllo e i dipendenti della società di revisione legale devono rispettare i divieti di cui all'art. 5, par. 1, del Regolamento europeo.

4. L'incarico di responsabile chiave della revisione dei bilanci non può essere esercitato da una medesima persona per un periodo eccedente sette esercizi sociali, né questa persona può assumere nuovamente tale incarico, neppure per conto di una diversa società di revisione legale, se non siano decorsi almeno tre

(1) In base all'art. 27.9, d.lg. 17 luglio 2016, n. 135, tali disposizioni «non si applicano con riferimento agli esercizi sociali delle società sottoposte a revisione legale in corso alla data di entrata in vigore del presente decreto».
(2) Articolo così sostituito dall'art. 17, d.lg. 17 luglio 2016, n. 135.
(3) Capo così sostituito dall'art. 18, d.lg. 17 luglio 2016, n. 135.
(4) In *Leggi coll. VIII, 3.*

anni dalla cessazione del precedente.

5. Il revisore legale o il responsabile chiave della revisione che effettua la revisione per conto di una società di revisione legale non può rivestire cariche sociali negli organi di amministrazione e controllo dell'ente che ha conferito l'incarico di revisione né può prestare lavoro autonomo o subordinato in favore dell'ente stesso svolgendo funzioni dirigenziali di rilievo, se non sia decorso almeno un biennio dal momento in cui abbia cessato la sua attività in qualità di revisore legale o di responsabile chiave della revisione in relazione all'incarico. Tale divieto è esteso anche ai dipendenti e ai soci, diversi dai responsabili chiave della revisione, del revisore legale o della società di revisione legale, nonché a ogni altra persona fisica i cui servizi sono messi a disposizione o sono sotto il controllo del revisore legale o della società di revisione legale, nel caso in cui tali soggetti siano abilitati all'esercizio della professione di revisore legale, per il periodo di un biennio dal loro diretto coinvolgimento nell'incarico di revisione legale.

6. Coloro che siano stati amministratori, componenti degli organi di controllo, direttori generali o dirigenti preposti alla redazione dei documenti contabili societari presso un ente di interesse pubblico non possono esercitare la revisione legale dei bilanci dell'ente né delle società dallo stesso controllate o che lo controllano, se non sia decorso almeno un biennio dalla cessazione dei suddetti incarichi o rapporti di lavoro.

7. Il divieto previsto dall'art. 2372, quinto comma, del codice civile si applica anche al revisore legale o alla società di revisione legale ai quali sia stato conferito l'incarico e al responsabile dell'incarico e al responsabile chiave della revisione (1).

18. *Relazione di trasparenza.* — 1. Fermo restando quanto disposto dall'art. 13 del Regolamento europeo, la Consob può richiedere ai soggetti tenuti alla pubblicazione della relazione di trasparenza di apportare a questa modifiche e integrazioni con le modalità e nei termini da essa stabiliti (2).

19. *Comitato per il controllo interno e la revisione contabile.* — 1. Negli enti di interesse pubblico il comitato per il controllo interno e la revisione contabile è incaricato:

a) di informare l'organo di amministrazione dell'ente sottoposto a revisione dell'esito della revisione legale e trasmettere a tale organo la relazione aggiuntiva di cui all'art. 11 del Regolamento europeo, corredata da eventuali osservazioni;

b) di monitorare il processo di informativa finanziaria e presentare le raccomandazioni o le proposte volte a garantirne l'integrità;

c) di controllare l'efficacia dei sistemi di controllo interno della qualità e di gestione del rischio dell'impresa e, se applicabile, della revisione interna, per quanto attiene l'informativa finanziaria dell'ente sottoposto a revisione, senza violarne l'indipendenza;

d) di monitorare la revisione legale del bilancio d'esercizio e del bilancio consolidato, anche tenendo conto di eventuali risultati e conclusioni dei controlli di qualità svolti dalla Consob a norma dell'art. 26, par. 6, del Regolamento europeo, ove disponibili;

e) di verificare e monitorare l'indipendenza dei revisori legali o delle società di revisione legale a norma degli artt. 10, 10-*bis*, 10-*ter*, 10-*quater* e 17 del presente decreto e dell'art. 6 del Regolamento europeo, in particolare per quanto concerne l'adeguatezza della prestazione di servizi diversi dalla revisione all'ente sottoposto a revisione, conformemente all'art. 5 di tale regolamento;

f) di essere responsabile della procedura volta alla selezione dei revisori legali o delle società di revisione legale e raccomandare i revisori legali o le imprese di revisione legale da designare ai sensi dell'art. 16 del Regolamento europeo.

2. Il comitato per il controllo interno e la revisione contabile si identifica con:

a) il collegio sindacale;

b) il consiglio di sorveglianza negli enti che adottano il sistema di amministrazione e controllo dualistico, a condizione che ad esso non siano attribuite le funzioni di cui all'art. 2409-*terdecies*, primo comma, lett. *f-bis*), del codice civile, ovvero un comitato costituito al suo interno. In tal caso, il comitato è sentito dal consiglio di sorveglianza in merito alla raccomandazione di cui all'art. 16, comma 2, del Regolamento europeo. Almeno uno dei componenti del medesimo comitato deve essere scelto tra gli iscritti nel Registro;

(1) In base all'art. 27.9, d.lg. 17 luglio 2016, n. 135, tali disposizioni «non si applicano con riferimento agli esercizi sociali delle società sottoposte a revisione legale in corso alla data di entrata in vigore del presente decreto».

(2) In base all'art. 27.9, d.lg. 17 luglio 2016, n. 135, tali disposizioni «non si applicano alle relazioni di trasparenza dei soggetti tenuti alla loro pubblicazione relative agli esercizi in corso alla data di entrata in vigore del presente decreto».

c) il comitato per il controllo sulla gestione negli enti che adottano il sistema di amministrazione e controllo monistico.

3. I membri del comitato per il controllo interno e la revisione contabile, nel loro complesso, sono competenti nel settore in cui opera l'ente sottoposto a revisione (1).

19-*bis*. *Enti sottoposti a regime intermedio*. — 1. Sono enti sottoposti a regime intermedio:

a) le società emittenti strumenti finanziari, che, ancorché non quotati su mercati regolamentati, sono diffusi tra il pubblico in maniera rilevante;

b) le società di gestione dei mercati regolamentati;

c) le società che gestiscono i sistemi di compensazione e di garanzia;

d) le società di gestione accentrata di strumenti finanziari;

e) le società di intermediazione mobiliare;

f) e società di gestione del risparmio ed i relativi fondi comuni gestiti;

g) le società di investimento a capitale variabile e le società di investimento a capitale fisso;

h) gli istituti di pagamento di cui alla dir. 2009/64/CE;

i) gli istituti di moneta elettronica;

l) gli intermediari finanziari di cui all'art. 106 del TUB (2).

2. Il bilancio di esercizio e, ove applicabile, il bilancio consolidato degli enti sottoposti a regime intermedio è assoggettato a revisione legale ai sensi del presente decreto. Negli enti sottoposti a regime intermedio, nelle società controllate da enti sottoposti a regime intermedio, nelle società che controllano enti sottoposti a regime intermedio e nelle società sottoposte con questi ultimi a comune controllo, la revisione legale non può essere esercitata dal collegio sindacale (1).

19-*ter*. *Disciplina applicabile agli enti sottoposti a regime intermedio*. — 1. Ferma restando l'applicazione delle disposizioni di cui al presente decreto relative alla revisione di enti diversi dagli enti di interesse pubblico, ai revisori degli enti sottoposti a regime intermedio si applicano altresì le disposizioni di cui:

a) all'art. 17 del presente decreto;

b) all'art. 4, parr. 1 e 2, all'art. 5, parr. 1 e 5, all'art. 6, par. 1 e agli artt. 7, 8, 12 e 17 del Regolamento europeo (1).

CAPO VI

CONTROLLO DELLA QUALITÀ

20. *Controllo della qualità*. — 1. Gli iscritti nel Registro che svolgono incarichi di revisione legale, ivi inclusi i componenti del collegio sindacale che esercitano la revisione legale ai sensi del comma 2 dell'art. 2409-*bis* o dell'art. 2477 del codice civile, sono soggetti a controllo della qualità.

2. Il controllo di qualità sugli iscritti al Registro che siano soci o amministratori di una società di revisione legale o che collaborino alla revisione legale in una società di revisione legale si intende svolto per mezzo del controllo di qualità sulla società di revisione medesima. In ogni caso, tali soggetti sono sottoposti direttamente al controllo di qualità qualora sia loro personalmente conferito almeno un incarico di revisione legale o siano componenti di un collegio sindacale che esercita la revisione legale ai sensi del comma 2 dell'art. 2409-*bis* o dell'art. 2477 del codice civile.

3. Le disposizioni del presente capo si applicano agli iscritti nel Registro che svolgono incarichi di revisione legale del bilancio di esercizio e consolidato di enti diversi dagli enti di interesse pubblico.

4. Il controllo di qualità sui revisori legali e sulle società di revisione legale che svolgono incarichi di revisione legale del bilancio di esercizio e consolidato di enti di interesse pubblico è disciplinato dall'art. 26 del Regolamento europeo.

5. Gli iscritti nel Registro che svolgono incarichi di revisione legale del bilancio di esercizio e consolidato di enti diversi dagli enti di interesse pubblico sono soggetti a controllo di qualità sulla base di un'analisi del rischio e, laddove abbiano svolto la revisione legale del bilancio di esercizio e consolidato di imprese che superano i limiti di cui all'art. 1, comma 1, lett. *s-bis*), almeno ogni sei anni. Il termine di sei anni decorre dall'esercizio successivo a quello in cui si è concluso il precedente controllo oppure da quello in cui il revisore legale o la società di revisione legale ha acquisito almeno un incarico di revisione legale del bilancio di esercizio o consolidato di imprese che superano i limiti di cui all'art. 1, comma 1, lett. *s-bis*).

6. Il controllo della qualità è effettuato da

(1) In base all'art. 27.9, d.lg. 17 luglio 2016, n. 135, tali disposizioni «non si applicano con riferimento agli esercizi sociali delle società sottoposte a revisione legale in corso alla data di entrata in vigore del presente decreto».

(2) In *Leggi coll. XVII, 1.*

persone fisiche in possesso di un'adeguata formazione ed esperienza professionale in materia di revisione dei conti e di informativa finanziaria e di bilancio, nonché della formazione specifica in materia di controllo della qualità di cui all'art. 5-*bis*.

7. I soggetti di cui al comma 6 sono revisori legali iscritti nel Registro che:

a) hanno svolto, per almeno 5 anni continuativi, incarichi di revisione legale in qualità di responsabili dell'incarico;

b) sono stati, per almeno 5 anni continuativi, dipendenti o collaboratori di società di revisione iscritte nel Registro partecipando agli incarichi di revisione legale con funzioni di direzione e supervisione;

c) sono stati, per almeno 5 anni continuativi, dipendenti di amministrazioni pubbliche o enti pubblici che svolgono attività di vigilanza sulla revisione legale.

8. I soggetti incaricati del controllo della qualità devono rispettare la riservatezza delle informazioni di cui siano venuti a conoscenza nello svolgimento delle proprie funzioni.

9. Non possono essere incaricati dei controlli i revisori legali che hanno incarichi di revisione legale e i soggetti che hanno rapporti diretti o indiretti di collaborazione, consulenza, impiego o di altra natura professionale, ivi compresa l'assunzione di cariche sociali, con un revisore legale o con una società di revisione legale.

10. Una persona fisica non può partecipare come controllore al controllo della qualità di un revisore legale o di una società di revisione legale prima che siano trascorsi tre anni dalla cessazione del rapporto di lavoro come socio o dipendente o di ogni altro rapporto di associazione con tale revisore legale o società di revisione legale.

11. Una persona fisica non può partecipare come controllore al controllo della qualità di un revisore legale o di una società di revisione legale se è coniuge o convivente, parente o affine entro il quarto grado del revisore legale sottoposto al controllo o di revisori legali che siano soci, amministratori o collaboratori della società di revisione legale sottoposta al controllo, o se intrattenga con essi o con la società di revisione legale sottoposta a controllo relazioni d'affari o finanziarie che ne possono compromettere l'indipendenza.

12. La selezione delle persone fisiche da assegnare a ciascun incarico di controllo della qualità avviene in base a una procedura obiettiva volta a escludere ogni conflitto di interesse tra le persone incaricate del controllo e il revisore legale o la società di revisione legale oggetto del controllo.

13. Il controllo della qualità, basato su una verifica adeguata dei documenti selezionati, include una valutazione della conformità ai principi di revisione e ai requisiti di indipendenza applicabili, della quantità e qualità delle risorse impiegate, dei corrispettivi per la revisione, nonché del sistema interno di controllo della qualità nella società di revisione legale.

14. I controlli della qualità sono appropriati e proporzionati alla portata e alla complessità dell'attività svolta dal revisore legale o dalla società di revisione legale oggetto di controllo.

15. Il soggetto sottoposto a controllo della qualità è tenuto a collaborare con il soggetto incaricato del controllo. Egli è, in particolare, tenuto a consentire al soggetto incaricato del controllo l'accesso ai propri locali, a fornire informazioni, a consegnare i documenti e le carte di lavoro richiesti.

16. I soggetti incaricati del controllo della qualità redigono una relazione contenente la descrizione degli esiti del controllo e le eventuali raccomandazioni al revisore legale o alla società di revisione legale di effettuare specifici interventi, con l'indicazione del termine entro cui tali interventi sono posti in essere.

17. Il revisore legale e la società di revisione legale provvedono a effettuare gli interventi indicati nella relazione di cui al comma 16, entro il termine nella stessa definito. In caso di mancata, incompleta o tardiva effettuazione di tali interventi il Ministero dell'economia e delle finanze e la Consob, negli ambiti di rispettiva competenza, possono applicare le sanzioni di cui agli artt. 24 e 26, commi 1, 1-*ter* e 1-*quater* (1).

CAPO VII

VIGILANZA (2)

21. *Competenze e poteri del Ministero dell'economia e delle finanze*. — 1. Il Ministero dell'economia e delle finanze provvede al controllo della qualità sui revisori legali e le società di revisione legale che non hanno incarichi di revisione legale su enti di interesse pubblico o su enti sottoposti a regime intermedio, nonché in merito:

(1) Articolo così sostituito dall'art. 19, d.lg. 17 luglio 2016, n. 135.
(2) Capo così sostituito dall'art. 20, d.lg. 17 luglio 2016, n. 135.

a) l'abilitazione, ivi compreso lo svolgimento del tirocinio, e l'iscrizione nel Registro dei revisori legali e delle società di revisione legale;

b) la tenuta del Registro e del registro del tirocinio;

c) l'adozione dei principi di deontologia professionale, dei principi di controllo interno della qualità delle imprese di revisione contabile e dei principi di revisione;

d) la formazione continua;

e) la verifica del rispetto delle disposizioni del presente decreto legislativo da parte dei revisori legali e delle società di revisione legale che non hanno incarichi di revisione legale su enti di interesse pubblico o su enti sottoposti a regime intermedio;

f) l'adozione di provvedimenti sanzionatori nel caso di violazione delle disposizioni del presente decreto, delle disposizioni attuative e dei principi di cui agli artt. 9, 10 e 11.

2. Il Ministero dell'economia e delle finanze può avvalersi su base convenzionale di enti pubblici o privati per lo svolgimento dei compiti, anche di indagine e accertamento, connessi all'abilitazione dei revisori legali e delle società di revisione legale e alla tenuta del Registro e del registro del tirocinio.

3. Gli enti di cui al comma 2 e gli enti delegati di cui all'art. 5, comma 13, svolgono i compiti in conformità alle disposizioni del presente decreto legislativo, dei suoi regolamenti di attuazione e di una convenzione stipulata con il Ministero dell'economia e delle finanze.

4. Gli enti di cui al comma 2 e gli enti delegati di cui all'art. 5, comma 13, si dotano di procedure idonee a prevenire, rilevare e gestire conflitti di interesse o altre circostanze che, nello svolgimento dei compiti affidati o delegati, possono compromettere l'indipendenza rispetto agli iscritti nel Registro o nel registro del tirocinio.

5. Il Ministero dell'economia e delle finanze vigila sul corretto e indipendente svolgimento dei compiti affidati o delegati da parte degli enti di cui al comma 2, gli enti delegati di cui all'art. 5, comma 13, e può indirizzare loro raccomandazioni e recedere in ogni momento senza oneri dalle convenzioni di cui al comma 3, avocando i compiti delegati.

6. Nell'esercizio della vigilanza di cui ai commi 1 e 5, il Ministero dell'economia e delle finanze può:

a) richiedere la comunicazione, anche periodica, di dati e notizie e la trasmissione di atti e documenti, con le modalità e nei termini dalla stessa stabiliti;

b) eseguire ispezioni e assumere notizie e chiarimenti, anche mediante audizione, dai revisori legali e dai soci, dagli amministratori, dai membri degli organi di controllo e dai dirigenti della società di revisione legale;

c) richiedere notizie, dati o documenti sotto qualsiasi forma stabilendo il termine per la relativa comunicazione e procedere ad audizione personale, nei confronti di chiunque possa essere informato dei fatti;

d) acquisire direttamente dal Registro delle imprese, anche con modalità telematiche nel rispetto del d.lg. 7 marzo 2005, n. 82 (1), gli incarichi di revisione legale conferiti in conformità del presente decreto e tutte le informazioni utili per gli adempimenti relativi al controllo della qualità.

7. Lo svolgimento delle funzioni attribuite al Ministero dell'economia e delle finanze dal presente decreto è finanziato dai contributi degli iscritti nel Registro. Gli iscritti nel Registro sono tenuti al versamento dei contributi entro il 31 gennaio di ciascun anno. In caso di omesso o ritardato pagamento dei contributi, il Ministero dell'economia e delle finanze può adottare i provvedimenti di cui all'art. 24-*ter*.

8. Con decreto del Ministro dell'economia e delle finanze sono definiti l'entità dei contributi, commisurati ai costi diretti o indiretti della vigilanza. Per le funzioni il cui costo varia in relazione alla complessità dell'attività svolta dall'iscritto nel Registro, il contributo è commisurato all'ammontare dei ricavi e dei corrispettivi realizzati dagli iscritti e in misura tale da garantire l'integrale copertura del costo del servizio.

9. Entro il 30 aprile di ciascun anno il Ministero dell'economia e delle finanze pubblica sul proprio sito internet una relazione sull'attività svolta. Nella relazione sono illustrati, tra l'altro, i risultati complessivi dei controlli della qualità.

21-*bis*. *Svolgimento dei controlli della qualità da parte del Ministero dell'economia e delle finanze*. — 1. Nell'ambito dei controlli di qualità di cui all'art. 21, comma 1, il Ministero dell'economia e delle finanze provvede, in particolare, allo svolgimento dei seguenti compiti:

a) l'approvazione e l'eventuale modifica dei metodi e dei programmi di controllo;

b) l'approvazione o la designazione dei soggetti incaricati del controllo della qualità;

c) l'emanazione di raccomandazioni e di

(1) In *Leggi coll. IV, 4*.

istruzioni in qualsiasi forma destinate all'ente al quale sono stati delegati i compiti.

2. Ai fini dell'attuazione dei controlli di qualità di cui all'art. 21, comma 1, e ferme restando le attribuzioni di cui al comma 1, il Ministero dell'economia e delle finanze può delegare lo svolgimento di compiti connessi al controllo di qualità, a enti pubblici e privati, proponendo la sottoscrizione di apposita convenzione che indichi i compiti delegati e le condizioni alle quali tali compiti devono essere svolti. Gli enti pubblici e privati svolgono i compiti ad essi assegnati nel rispetto delle disposizioni del presente decreto legislativo, delle norme di attuazione e nei limiti e secondo le modalità indicati nella convenzione. In particolare, gli enti si avvalgono di persone fisiche in possesso dei requisiti di cui all'art. 20, commi 6 e 7.

3. Gli enti di cui al comma 2, selezionati con le procedure previste dalla legge, devono soddisfare le seguenti condizioni:

a) i titolari, i soci o gli associati degli enti medesimi e i membri dei loro organi di amministrazione, direzione e controllo devono possedere i requisiti di onorabilità di cui all'art. 2, comma 2, lett. *a*), e non possono avere rapporti diretti o indiretti di collaborazione, consulenza, impiego o di altra natura professionale, ivi compresa l'assunzione di cariche sociali, né relazioni familiari, finanziarie o d'affari con un revisore legale o con una società di revisione legale;

b) almeno il 75 per cento dei membri degli organi di amministrazione, direzione e controllo devono essere revisori legali iscritti nel Registro;

c) la maggioranza dei membri degli organi di amministrazione, direzione e controllo deve essere in possesso di un'esperienza continuativa almeno quinquennale nello svolgimento della revisione legale e almeno biennale nello svolgimento di controlli di qualità sui revisori legali e società di revisione legale iscritti nel Registro.

4. Gli enti di cui al comma 2 si dotano di procedure idonee a prevenire, rilevare e gestire conflitti di interesse o altre circostanze che, nello svolgimento dei compiti assegnati, possano compromettere l'indipendenza rispetto ai soggetti sottoposti a controllo.

5. La convenzione di cui al comma 2, stipulata dal Ministero dell'economia e finanze, specifica:

a) le modalità e i termini per la comunicazione, da parte del Ministero, dei dati relativi ai soggetti da sottoporre a controllo, indicando la tempistica entro la quale i relativi controlli devono essere completati;

b) i criteri per la programmazione dei controlli della qualità;

c) i criteri e le metodologie per lo svolgimento delle verifiche, i criteri per l'individuazione degli eventuali interventi correttivi da raccomandare e per la determinazione della relativa tempistica di realizzazione e le modalità di redazione della relazione di cui all'art. 20, comma 16;

d) i criteri per la verifica dei requisiti di indipendenza e di professionalità dei soggetti incaricati dei controlli;

e) i criteri per l'assegnazione dei singoli incarichi di controllo qualità ai soggetti incaricati dei controlli;

f) i criteri per la verifica del corretto adempimento, da parte del soggetto sottoposto al controllo, delle eventuali raccomandazioni ricevute ai sensi dell'art. 20, comma 16;

g) le modalità di comunicazione al Ministero dell'economia e finanze, degli esiti dei controlli svolti nonché dell'eventuale mancato, incompleto o tardivo adempimento degli obblighi di cui all'art. 20, comma 17, da parte dei soggetti sottoposti a controllo..

6. Ai fini dell'attuazione dei controlli di qualità di cui all'art. 21, comma 1, e ferme restando le attribuzioni di cui al precedente comma 1, il Ministero dell'economia e delle finanze può conferire, con apposito provvedimento, gli incarichi di controllo della qualità, previa verifica dei requisiti di indipendenza e l'assenza di conflitti, anche potenziali, di interessi, a persone fisiche, iscritte in un apposito elenco tenuto dal Ministero.

7. Con decreto del Ministro dell'economia e delle finanze sono stabiliti i criteri per l'inserimento degli interessati nell'elenco di cui al comma precedente, nel rispetto dei requisiti di cui all'art. 20, commi 6 e 7, e gli emolumenti spettanti ai controllori della qualità determinati in base alla complessità degli incarichi assegnati, alla durata degli stessi e al numero dei soggetti sottoposti a controllo.

8. I soggetti ai quali sono stati conferiti gli incarichi di controllo della qualità ai sensi del comma 6 svolgono i compiti ad essi assegnati nel rispetto delle disposizioni del presente decreto legislativo, delle norme di attuazione e nei limiti e secondo le modalità indicati nel provvedimento con il quale sono incaricati dei controlli.

9. Il Ministero dell'economia e delle finanze vigila sul corretto e indipendente svolgimento dei compiti assegnati da parte dei soggetti di cui ai commi 2 e 6, può indirizzare loro raccomandazioni e può in ogni momento recedere senza oneri dalle convenzioni stipulate ai sensi

del comma 3, avocando i compiti delegati.

10. Ove siano stati delegati compiti connessi allo svolgimento dei controlli della qualità ai sensi del comma 2, il Ministero dell'economia e delle finanze può altresì:

a) partecipare, con proprio personale, ai controlli svolti dai soggetti delegati e avere accesso a ogni documento pertinente;

b) avocare singoli incarichi e intervenire in via sostitutiva nello svolgimento degli stessi utilizzando proprio personale o avvalendosi di professionisti iscritti nell'elenco di cui al comma 6;

c) richiedere la comunicazione, anche periodica, di dati e notizie e la trasmissione di atti e documenti prodotti o acquisiti dai soggetti delegati nello svolgimento dei controlli, con le modalità e nei termini stabiliti dal Ministero;

d) eseguire ispezioni presso i soggetti delegati;

e) assumere notizie, chiarimenti, dati e documenti dai titolari, soci o associati degli enti delegati ai sensi del comma 2, dai membri degli organi di amministrazione, direzione e controllo degli enti medesimi, dai soggetti da questi incaricati dei controlli, e dai soggetti sottoposti ai controlli, stabilendo il termine per la relativa comunicazione, nonché procedere, nei confronti dei medesimi soggetti, ad audizione personale.

11. Ove siano stati conferiti incarichi di controllo della qualità ai sensi del comma 6, il Ministero dell'economia e delle finanze può esercitare nei confronti dei soggetti incaricati dei controlli i poteri di cui al comma 10, lett. *a*), *c*), *d*) ed *e*).

12. Gli oneri derivanti dallo svolgimento dei controlli della qualità in attuazione delle disposizioni del presente articolo, sono finanziati dai contributi degli iscritti al Registro ai sensi dell'art. 21, comma 7, senza nuovi o maggiori oneri per la finanza pubblica.

22. *Competenze e poteri della Consob*. — 1. La Consob vigila sull'organizzazione e sull'attività dei revisori legali e delle società di revisione legale che hanno incarichi di revisione legale su enti di interesse pubblico o su enti sottoposti a regime intermedio al fine di verificare il corretto svolgimento della revisione legale, in conformità alle disposizioni del presente decreto, delle norme di attuazione e del Regolamento europeo e svolge i compiti previsti dall'art. 20 del Regolamento europeo. Nell'esercizio di tali funzioni, la Consob provvede ad effettuare sui suddetti soggetti il controllo della qualità di cui all'art. 20 del presente decreto o di cui all'art. 26 del Regolamento europeo, secondo i rispettivi ambiti di applicazione.

2. Nell'esercizio della vigilanza, la Consob può:

a) richiedere la comunicazione, anche periodica, di dati e notizie e la trasmissione di atti e documenti, con le modalità e nei termini dalla stessa stabiliti;

b) eseguire ispezioni e richiedere l'esibizione di documenti e il compimento degli atti ritenuti necessari;

c) richiedere notizie, dati o documenti sotto qualsiasi forma stabilendo il termine per la relativa comunicazione e procedere ad audizione personale, nei confronti di chiunque possa essere informato dei fatti. Nei casi di ispezioni e audizioni previsti dalle lett. *b*) e *c*) viene redatto processo verbale dei dati, delle informazioni acquisite e delle dichiarazioni rese dagli interessati, i quali sono invitati a firmare il processo verbale e hanno diritto ad averne copia.

3. Fermo restando quanto previsto dall'art. 23, par. 3, comma 2, del Regolamento europeo, i poteri di cui al comma 2, lett. *a*) e *b*), possono essere esercitati nei confronti di:

a) revisori legali e società di revisione legale che effettuano la revisione legale di enti sottoposti a regime intermedio;

b) persone coinvolte nelle attività dei revisori legali e delle società di revisione legale che effettuano la revisione legale di enti sottoposti a regime intermedio;

c) enti sottoposti a regime intermedio, loro affiliati e terzi correlati;

d) terzi ai quali i revisori legali e società di revisione legale che effettuano la revisione legale di enti sottoposti a regime intermedio hanno esternalizzato determinate funzioni o attività;

e) persone in altro modo collegate o connesse ai revisori legali o società di revisione legale che effettuano la revisione legale di enti sottoposti a regime intermedio.

4. Nell'esercizio della vigilanza, la Consob può esercitare nei confronti del comitato per il controllo interno e la revisione contabile degli enti di interesse pubblico i poteri di cui al comma 2.

5. I risultati complessivi dei controlli della qualità sono illustrati dalla Consob nella relazione di cui all'art. 1, tredicesimo comma, del d.l. 8 aprile 1974, n. 95, convertito, con modificazioni, dalla l. 7 giugno 1974, n. 216, e pubblicati sul proprio sito internet.

6. La Consob può disciplinare con proprio regolamento l'eventuale pubblicazione dei risultati e delle conclusioni dei controlli di qualità di cui all'art. 26 del Regolamento europeo in relazione a singole ispezioni, determinando-

ne i contenuti e la tempistica (1).

23. *Collaborazione tra autorità e segreto d'ufficio.* — 1. Il Ministero dell'economia e delle finanze e la Consob collaborano tra loro, anche mediante scambio di informazioni, al fine di agevolare le rispettive funzioni, individuando forme di coordinamento anche attraverso protocolli d'intesa o l'istituzione di comitati di coordinamento. Dette autorità, limitatamente all'esercizio delle predette funzioni, non possono reciprocamente opporsi il segreto d'ufficio.

1-*bis*. Ai fini della ricognizione degli enti di interesse pubblico e di quelli sottoposti a regime intermedio, le Autorità di vigilanza sugli enti sottoposti a revisione collaborano con il Ministero dell'economia e delle finanze e comunicano, in particolare, almeno annualmente, l'elenco delle entità rispettivamente vigilate.

CAPO VIII

SANZIONI AMMINISTRATIVE E PENALI (2)

24. *Provvedimenti del Ministero dell'economia e delle finanze.* — 1. Il Ministero dell'economia e delle finanze, quando accerta irregolarità nello svolgimento dell'attività di revisione legale, può applicare le seguenti sanzioni:

a) un avvertimento, che impone alla persona fisica o giuridica responsabile della violazione di porre termine al comportamento e di astenersi dal ripeterlo;

b) una dichiarazione nella quale è indicato che la relazione di revisione non soddisfa i requisiti di cui all'art. 14;

c) la censura, consistente in una dichiarazione pubblica di biasimo, che indica la persona responsabile e la natura della violazione;

d) la sanzione amministrativa pecuniaria da mille a centocinquantamila euro;

e) la sospensione dal Registro, per un periodo non superiore a tre anni, del soggetto al quale sono ascrivibili le irregolarità connesse all'incarico di revisione legale;

f) la revoca di uno o più incarichi di revisione legale;

g) il divieto per il revisore legale o la società di revisione legale di accettare nuovi incarichi di revisione legale per un periodo non superiore a tre anni;

h) la cancellazione dal Registro del revisore legale, della società di revisione o del responsabile dell'incarico.

2. Il Ministero dell'economia e delle finanze può applicare le sanzioni di cui al comma 1 nei seguenti casi:

a) mancato assolvimento dell'obbligo formativo;

b) inosservanza degli obblighi di comunicazione delle informazioni di cui all'art. 7, nonché dei dati comunque richiesti per la corretta individuazione del revisore legale o della società di revisione legale, degli incarichi da essi svolti e dei relativi ricavi e corrispettivi. Nei casi di cui al presente comma, la sanzione amministrativa pecuniaria si applica nella misura da cinquanta euro a duemilacinquecento euro.

3. Il Ministero dell'economia e delle finanze dispone la cancellazione dal Registro dei revisori legali, della società di revisione o del responsabile della revisione legale quando non ottemperino ai provvedimenti indicati nei commi 1 e 2.

4. Il revisore cancellato ai sensi del presente articolo può, su richiesta, essere di nuovo iscritto a condizione che siano trascorsi almeno sei anni dal provvedimento di cancellazione.

5. Il Ministero dell'economia e delle finanze pubblica sul sito istituzionale della revisione legale ogni sanzione amministrativa comminata per violazione delle disposizioni del presente decreto legislativo, comprese le informazioni concernenti il tipo e la natura della violazione e l'identità della persona fisica o giuridica a cui è stata comminata la sanzione.

6. Nel caso le sanzioni siano oggetto di impugnazione, sul sito internet della revisione legale sono altresì pubblicate le informazioni concernenti lo stato e l'esito dell'impugnazione medesima.

7. Il Ministero dell'economia e delle finanze può pubblicare le sanzioni in forma anonima nelle seguenti situazioni:

a) se la pubblicazione dei dati personali riguardanti una persona fisica risulti sproporzionata rispetto al tipo di violazione;

b) se la pubblicazione mette a rischio la

(1) L'art. 27.10, d.lg. 17 luglio 2016, n. 135, così dispone: «Fino all'applicazione delle predette disposizioni, le competenze e i poteri previsti dall'art. 22 del d.lg. 27 gennaio 2010, n. 39, come modificato dal presente decreto, sono attribuiti alla Consob al fine di verificare il corretto svolgimento della revisione legale in conformità delle disposizioni del d.lg. 27 gennaio 2010, n. 39, e delle relative disposizioni regolamentari di attuazione, anteriormente applicabili; nello svolgimento di tale attività, la Consob effettua il controllo della qualità ai sensi dell'art. 20 del d.lg. 27 gennaio 2010, n. 39, come modificato dal presente decreto, o dell'articolo del Regolamento europeo, secondo i rispettivi ambiti di applicazione».

(2) Capo così sostituito dall'art. 21, d.lg. 17 luglio 2016, n. 135.

stabilità dei mercati finanziari o un'indagine penale in corso;

c) se la pubblicazione arreca un danno sproporzionato alle istituzioni o alle persone coinvolte.

8. Le sanzioni comminate ai sensi del presente articolo sono pubblicate sul sito internet istituzionale per un periodo minimo di cinque anni dopo l'esaurimento di tutti i mezzi di impugnazione o la scadenza dei termini previsti. Il Ministero dell'economia e delle finanze, tenuto conto della natura della violazione e degli interessi coinvolti, può stabilire modalità ulteriori per dare pubblicità al provvedimento.

9. Il Ministero dell'economia e delle finanze quando accerta la mancata o l'inadeguata adozione di un sistema interno di segnalazione, può, tenendo conto della loro gravità:

a) applicare alla società di revisione legale una sanzione amministrativa pecuniaria da diecimila euro a cinquecentomila euro;

b) ordinare alla persona giuridica responsabile della violazione di porre termine al comportamento e di astenersi dal ripeterlo.

24-*bis*. *Sospensione cautelare*. — 1. Il Ministero dell'economia e delle finanze può disporre, in relazione alla gravità del fatto, una sospensione cautelare del revisore per un periodo non superiore a cinque anni.

2. La sospensione cautelare dal Registro è comunque disposta nei casi di applicazione da parte dell'Autorità giudiziaria di misure cautelari personali o di convalida dell'arresto o del fermo, ovvero di condanne, anche non definitive, che comportino l'applicazione di una misura di sicurezza detentiva o della libertà vigilata.

3. Quando la sospensione sia stata disposta in dipendenza del procedimento penale e questo si concluda con sentenza di proscioglimento o di assoluzione passata in giudicato perché il fatto non sussiste o perché il fatto contestato non è stato commesso, la sospensione è revocata con decorrenza dalla data di pronuncia della sentenza.

24-*ter*. *Sospensione per morosità*. — 1. Nel caso di mancato versamento del contributo annuale di iscrizione al Registro ai sensi dell'art. 21, comma 7, decorsi tre mesi dalla scadenza prevista, il Ministero dell'economia e delle finanze assegna un termine, non superiore ad ulteriori trenta giorni, per effettuare il versamento. Decorso detto ulteriore termine senza che il pagamento sia stato effettuato, il revisore o la società di revisione sono sospesi dal Registro.

2. Il decreto di sospensione, anche per gruppi di nominativi, è comunicato alla casella PEC indicata al Registro dal soggetto interessato o nelle altre forme previste dall'ordinamento. Qualora per l'elevato numero dei destinatari la comunicazione individuale risulti particolarmente gravosa, il provvedimento di sospensione può essere pubblicato, in forma integrale o per estratto, sul sito istituzionale contenente il portale informatico della revisione legale o nella *Gazzetta Ufficiale* della Repubblica italiana.

3. Il Ministero dell'economia e delle finanze dispone la revoca del provvedimento di sospensione quando l'iscritto dimostri di aver corrisposto integralmente i contributi dovuti, gravati dagli interessi legali e delle eventuali spese sostenute per riscuoterli.

4. Decorsi ulteriori 6 mesi dalla data del provvedimento che dispone la sospensione senza che l'iscritto abbia provveduto a regolarizzare i contributi omessi, il Ministero dell'economia e delle finanze, previa comunicazione, provvede alla cancellazione dal Registro dei revisori con le modalità di cui al comma 2.

25. *Procedura sanzionatoria*. — 1. Le sanzioni amministrative previste nel presente capo sono applicate dal Ministero dell'economia e delle finanze con provvedimento motivato, previa contestazione degli addebiti agli interessati, da effettuarsi entro centottanta giorni dall'accertamento ovvero entro trecentosessanta giorni se l'interessato risiede o ha la sede all'estero, e valutate le deduzioni dagli stessi presentate nei successivi trenta giorni.

2. Il procedimento sanzionatorio è retto dai principi del contradditorio, della conoscenza degli atti istruttori, della verbalizzazione nonché della distinzione tra funzioni istruttorie e funzioni decisorie.

3. Il tipo e l'entità della sanzione o del provvedimento amministrativo da adottare sono definiti, in particolare, tenendo conto di tutte le circostanze pertinenti tra cui se del caso:

a) la gravità e la durata della violazione;

b) il grado di responsabilità della persona che ha commesso la violazione;

c) la solidità finanziaria della persona responsabile;

d) l'ammontare dei profitti ricavati o delle perdite evitate dalla persona responsabile, se possono essere determinati;

e) il livello di cooperazione della persona responsabile con l'autorità vigilante;

f) precedenti violazioni delle persona fisica o giuridica responsabile.

3-*bis*. Il Ministro dell'economia e delle finanze stabilisce con proprio regolamento le fasi e le modalità di svolgimento della procedura sanzionatoria, nel rispetto, tra l'altro, delle garanzie per gli iscritti al Registro.

3-*ter.* L'azione disciplinare si prescrive nel termine di sei anni dall'evento che può dar luogo all'apertura della procedura sanzionatoria.

3-*quater.* Nel caso in cui i provvedimenti di cui all'art. 24 consistano in una sanzione amministrativa pecuniaria la medesima sanzione è ridotta alla metà nel caso di pagamento entro trenta giorni dall'avvenuta ricezione.

4. Avverso il provvedimento di applicazione delle sanzioni previste dal presente capo è ammessa opposizione alla Corte d'appello del luogo in cui ha sede la società di revisione o il revisore legale autore della violazione ovvero, nei casi in cui tale criterio non sia applicabile, del luogo in cui la violazione è stata commessa. L'opposizione deve essere notificata al Ministero dell'economia e delle finanze entro trenta giorni dalla sua comunicazione e deve essere depositata presso la cancelleria della Corte d'appello entro trenta giorni dalla notifica.

5. L'opposizione non sospende l'esecuzione del provvedimento. La Corte d'appello, se ricorrono gravi motivi, può disporre la sospensione con decreto motivato.

6. La Corte d'appello, su istanza delle parti, può fissare termini per la presentazione di memorie e documenti, nonché consentire l'audizione anche personale delle parti.

7. La Corte d'appello decide sull'opposizione in camera di consiglio, sentito il pubblico ministero, con decreto motivato.

8. Copia del decreto è trasmessa a cura della cancelleria della Corte d'appello al Ministero dell'economia e delle finanze ai fini della pubblicazione sul sito internet di cui all'art. 7, comma 5.

26. *Provvedimenti della Consob.* — 1. La Consob, quando accerta la violazione delle disposizioni di cui agli artt. 9, 9-*bis*, 10, 10-*bis*, 10-*ter*, 10-*quater*, 10-*quinquies*, 11, 14 e 17 del presente decreto, e delle relative norme di attuazione, e di cui agli artt. 4, 5, 6, 8, 10, 11, 15, 17, 18 e 26, comma 8, del Regolamento europeo, può applicare le seguenti sanzioni:

a) una sanzione amministrativa pecuniaria da euro diecimila a euro cinquecentomila nei confronti del revisore legale, della società di revisione legale e del responsabile dell'incarico; per la violazione dei divieti di cui agli artt. 17 del presente decreto e 4 e 5 del Regolamento europeo, si applica una sanzione amministrativa pecuniaria da euro centomila a euro cinquecentomila;

b) la revoca di uno o più incarichi di revisione legale relativi a enti di interesse pubblico o enti sottoposti a regime intermedio;

c) il divieto al revisore legale o alla società di revisione legale di accettare nuovi incarichi di revisione legale relativi a enti di interesse pubblico o enti sottoposti a regime intermedio per un periodo non superiore a tre anni;

d) la sospensione dal Registro, per un periodo non superiore a tre anni, del revisore legale, della società di revisione legale o del responsabile dell'incarico ai quali sono ascrivibili le irregolarità;

e) la cancellazione dal Registro del revisore legale, della società di revisione legale o del responsabile dell'incarico ai quali sono ascrivibili le irregolarità.

1-*bis.* La Consob comunica al Ministero dell'economia e delle finanze i provvedimenti di cui al comma 1, lett. *d*) ed *e*) ai fini della loro annotazione sul Registro.

1-*ter.* Quando le violazioni di cui al comma 1 sono connotate da scarsa offensività o pericolosità, la Consob, in alternativa alle sanzioni indicate al medesimo comma, può:

a) pubblicare una dichiarazione indicante il responsabile della violazione e la natura della stessa; o

b) ordinare di eliminare le infrazioni contestate, con eventuale indicazione delle misure da adottare e del termine per l'adempimento, e di astenersi dal ripeterle.

1-*quater.* Per l'inosservanza entro il termine stabilito dell'ordine di cui al comma 1-*ter*, lett. *b*), la Consob applica la sanzione amministrativa pecuniaria prevista per la violazione originariamente contestata aumentata fino ad un terzo.

1-*quinquies.* Quando le irregolarità accertate abbiano comportato l'emissione di una relazione di revisione che non soddisfa i requisiti stabiliti dall'art. 14 del presente decreto o, ove applicabile, dall'art. 10 del Regolamento europeo, la Consob, con il provvedimento di applicazione della sanzione di cui al comma 1, dichiara che la relazione di revisione non soddisfa i requisiti stabiliti dall'art. 14 del presente decreto o, ove applicabile, dall'art. 10 del Regolamento europeo.

1-*sexies.* La Consob, quando accerta la violazione dell'art. 18 del presente decreto e degli artt. 7, 12, 13 e 14 del Regolamento europeo può comminare al revisore legale o alla società di revisione legale le sanzioni di cui al comma 1, lett. *a*), e ai commi 1-*ter* e 1-*quater*.

1-*septies.* Ferma restando l'applicazione delle sanzioni di cui al comma 1, la Consob, per l'inosservanza delle disposizioni degli artt. 10-*ter* e 17 del presente decreto, e delle relative norme di attuazione, e degli artt. 4, 5, 8 e 26, comma 8, del Regolamento europeo, applica la sanzione amministrativa pecuniaria da euro diecimila a euro cinquecentomila nei confronti dei membri degli organi di amministrazione e direzione delle società di revisione legale quando l'inosservanza è conseguenza della violazione di doveri propri o dell'organo di appartenenza e ricorrono una o entrambe le seguenti condizioni:

a) la condotta ha inciso in modo rilevante sulla complessiva organizzazione o sui profili di rischio per l'indipendenza e per la qualità della revisione legale della società di revisione;

b) la condotta ha contribuito a determinare la mancata ottemperanza della società alle disposizioni degli artt. 10-*ter* e 17 del presente decreto, e delle relative norme di attuazione, e agli artt. 4, 5, 8 e 26, comma 8 del Regolamento europeo.

1-*octies*. Con il provvedimento di applicazione della sanzione, in ragione della gravità della violazione accertata, la Consob può applicare la sanzione amministrativa accessoria dell'interdizione temporanea, per un periodo non superiore a tre anni, dall'esercizio di funzioni presso le società di revisione legale.

1-*novies*. La Consob, quando accerta l'inottemperanza agli obblighi di cui all'art. 14, comma 6, da parte degli organi di amministrazione di un ente di interesse pubblico o di un ente sottoposto a regime intermedio, applica ai componenti di tali organi responsabili delle violazioni una sanzione amministrativa pecuniaria da diecimila a cinquecentomila euro. Quando le violazioni rivestono particolare gravità la Consob può interdire temporaneamente, per un periodo non superiore a tre anni, i membri degli organi di amministrazione e direzione responsabili delle violazioni dall'esercizio di funzioni presso gli enti di interesse pubblico o gli enti sottoposti a regime intermedio.

1-*decies*. La Consob, quando accerta la mancata o inadeguata adozione di un sistema interno di segnalazione ai sensi dell'art. 26-*bis*, può applicare alla società di revisione legale la sanzione di cui al comma 1, lett. *a*). Nei casi di scarsa offensività o pericolosità si applicano i commi 1-*ter* e 1-*quater*.

2. La Consob, quando accerta la violazione degli artt. 10 e 17 del presente decreto, e delle relative norme di attuazione, e degli artt. 4 e 5 del Regolamento europeo, da parte di soggetti diversi da quelli di cui ai commi 1 e 1-*sexies*, applica la sanzione amministrativa pecuniaria da euro diecimila a euro cinquecentomila.

2-*bis*. Qualora la violazione delle disposizioni di cui agli artt. 10 e 17, e delle relative norme di attuazione, e degli artt. 4 e 5 del Regolamento europeo, sia imputabile ai soci, ai componenti dell'organo di amministrazione o ai dipendenti della società di revisione iscritti nel Registro, la Consob può adottare nei confronti di tali soggetti i provvedimenti previsti dal comma 1, lett. *d*) ed *e*).

3. La Consob dispone la cancellazione dal Registro del revisore legale, della società di revisione legale o del responsabile dell'incarico quando non ottemperino ai provvedimenti indicati nel comma 1, lett. *c*) e *d*), e comunica il provvedimento al Ministero dell'economia e delle finanze, ai fini dell'annotazione sul Registro.

4. Ai procedimenti sanzionatori di cui al presente articolo si applica l'art. 195 del TUF (1).

4-*bis*. Ai provvedimenti di cui al presente articolo si applicano gli artt. 194-*bis* e 195-*bis* del TUF (1) (2).

26-*bis*. *Sistemi interni di segnalazione delle violazioni*. — 1. Le società di revisione legale adottano procedure specifiche per la segnalazione al proprio interno, da parte del personale, di atti o fatti che possano costituire violazioni potenziali o effettive della disciplina in materia di revisione legale dei conti.

2. Le procedure previste al comma 1 sono idonee a garantire:

a) la riservatezza dei dati personali del segnalante e del presunto responsabile della violazione, ferme restando le regole che disciplinano le indagini o i procedimenti avviati dall'autorità giudiziaria in relazione ai fatti oggetto della segnalazione; l'identità del segnalante è sottratta all'applicazione dell'art. 7, comma 2, del d.lg. 30 giugno 2003, n. 196, e non può essere rivelata per tutte le fasi della procedura, salvo suo consenso o specifica richiesta dell'autorità giudiziaria;

b) la tutela adeguata del soggetto segnalante contro condotte ritorsive, discriminatorie o comunque sleali conseguenti alla segnalazione;

c) un canale specifico, indipendente e autonomo per la segnalazione;

d) il diritto del presunto responsabile della violazione di essere ascoltato prima dell'adozione di qualsiasi decisione nei suoi confronti, salvo ogni ulteriore diritto alla difesa. Si ap-

(1) In *Leggi coll. XVIII, 1*.

(2) L'art. 27.11, d.lg. 17 luglio 2016, n. 135, così dispone: «Le modifiche all'art. 26 del d.lg. 27 gennaio 2010, n. 39, si applicano alle violazioni commesse dalla data di rispettiva applicazione di ciascuna delle disposizioni del d.lg. 27 gennaio 2010, n. 39, come modificato dal presente decreto. Alle violazioni commesse anteriormente, continuano ad applicarsi le disposizioni vigenti prima della entrata in vigore del presente decreto».

plica l'art. 24, comma 1, lett. *a*), del d.lg. 30 giugno 2003, n. 196.

3. La presentazione di una segnalazione nell'ambito della procedura di cui al comma 1 non costituisce di per sé violazione degli obblighi derivanti dal rapporto di lavoro, salve le ipotesi di segnalazione effettuate in mala fede e recanti informazioni false.

4. Il Ministero dell'economia e delle finanze emana le disposizioni attuative del presente articolo, sentita la Consob.

26-*ter*. *Procedura di segnalazione al Ministero dell'economia e delle finanze e alla Consob*. — 1. Il Ministero dell'economia e delle finanze e la Consob ricevono, secondo le rispettive competenze, segnalazioni che si riferiscono a violazioni riguardanti la disciplina in materia di revisione legale dei conti e, ove rilevanti, le utilizzano nell'esercizio delle proprie funzioni di vigilanza.

2. Il Ministero dell'economia e delle finanze e la Consob stabiliscono condizioni, limiti e procedure per la ricezione delle segnalazioni, nel rispetto dei principi e requisiti indicati all'art. 26-*bis*, comma 2.

3. Nel caso di accesso ai sensi degli artt. 22 e seguenti della l. 7 agosto 1990, n. 241, l'ostensione dei documenti relativi alle segnalazioni di cui al comma 1 è effettuata con modalità che salvaguardino comunque la riservatezza del segnalante e del segnalato.

27. *Falsità nelle relazioni o nelle comunicazioni dei responsabili della revisione legale*. — 1. I responsabili della revisione legale i quali, al fine di conseguire per sé o per altri un ingiusto profitto, nelle relazioni o in altre comunicazioni, con la consapevolezza della falsità e l'intenzione di ingannare i destinatari delle comunicazioni, attestano il falso od occultano informazioni concernenti la situazione economica, patrimoniale o finanziaria della società, ente o soggetto sottoposto a revisione, in modo idoneo ad indurre in errore i destinatari delle comunicazioni sulla predetta situazione, sono puniti, se la condotta non ha loro cagionato un danno patrimoniale, con l'arresto fino a un anno.

2. Se la condotta di cui al comma 1 ha cagionato un danno patrimoniale ai destinatari delle comunicazioni, la pena è della reclusione da uno a quattro anni.

3. Se il fatto previsto dal comma 1 è commesso dal responsabile della revisione legale di un ente di interesse pubblico o di ente sottoposto a regime intermedio, la pena è della reclusione da uno a cinque anni.

4. Se il fatto previsto dal comma 1 è commesso dal responsabile della revisione legale di un ente di interesse pubblico o di un ente sottoposto a regime intermedio per denaro o altra utilità data o promessa, ovvero in concorso con gli amministratori, i direttori generali o i sindaci della società assoggettata a revisione, la pena di cui al comma 3 è aumentata fino alla metà.

5. La pena prevista dai commi 3 e 4 si applica a chi dà o promette l'utilità nonché ai direttori generali e ai componenti dell'organo di amministrazione e dell'organo di controllo dell'ente di interesse pubblico o dell'ente sottoposto a regime intermedio assoggettati a revisione legale, che abbiano concorso a commettere il fatto.

28. *Corruzione dei revisori*. — 1. I responsabili della revisione legale, i quali, a seguito della dazione o della promessa di utilità, per sé o per un terzo, compiono od omettono atti, in violazione degli obblighi inerenti al loro ufficio, cagionando nocumento alla società, sono puniti con la reclusione sino a tre anni. La stessa pena si applica a chi dà o promette l'utilità.

2. Il responsabile della revisione legale e i componenti dell'organo di amministrazione, i soci, e i dipendenti della società di revisione legale, i quali, nell'esercizio della revisione legale dei conti degli enti di interesse pubblico o degli enti sottoposti a regime intermedio o delle società da questi controllate, fuori dei casi previsti dall'art. 30, per denaro o altra utilità data o promessa, compiono od omettono atti in violazione degli obblighi inerenti all'ufficio, sono puniti con la reclusione da uno a cinque anni. La stessa pena si applica a chi dà o promette l'utilità.

3. Si procede d'ufficio.

29. *Impedito controllo*. — 1. I componenti dell'organo di amministrazione che, occultando documenti o con altri idonei artifici, impediscono o comunque ostacolano lo svolgimento delle attività di revisione legale sono puniti con l'ammenda fino a settantacinquemila euro.

2. Se la condotta di cui al comma 1 ha cagionato un danno ai soci o a terzi, si applica la pena dell'ammenda fino a settantacinquemila euro e dell'arresto fino a diciotto mesi.

3. Nel caso di revisione legale di enti di interesse pubblico o di enti sottoposti a regime intermedio, le pene di cui ai commi 1 e 2 sono raddoppiate.

4. Si procede d'ufficio.

30. *Compensi illegali*. — 1. Il responsabile della revisione legale e i componenti dell'organo di amministrazione, i soci, e i dipendenti della società di revisione legale, che percepiscono, direttamente o indirettamente, dalla società assoggettata a revisione legale compensi in denaro o in altra forma, oltre quelli legittimamente pattuiti, sono puniti con la reclusione da uno a tre anni e con la multa da euro mille a euro centomila.

2. La stessa pena si applica ai componenti dell'organo di amministrazione, ai dirigenti e ai liquidatori della società assoggettata a revisione legale che hanno corrisposto il compenso non dovuto.

31. *Illeciti rapporti patrimoniali con la società assoggettata a revisione*. — 1. Gli amministratori, i soci responsabili della revisione legale e i dipendenti della società di revisione che contraggono prestiti, sotto qualsiasi forma, sia direttamente che per interposta persona, con la società assoggettata a revisione o con una società che la controlla, o ne è controllata, o si fanno prestare da una di tali società garanzie per debiti propri, sono puniti con la reclusione da uno a tre anni e con la multa da euro 206 a euro 2.065.

32. *Disposizioni comuni*. — 1. Se dai fatti previsti dagli artt. 27, commi 3, 4 e 5, 28, comma 2, 30 e 31 deriva alla società di revisione legale o alla società assoggettata a revisione un danno di rilevante gravità, la pena è aumentata fino alla metà.

2. La notizia dei fatti suscettibili di valutazione disciplinare è comunque acquisita. L'autorità giudiziaria è tenuta a dare immediata notizia al Ministero dell'economia e delle finanze quando nei confronti dei soggetti iscritti nel registro dei revisori legali:

a) è esercitata l'azione penale;

b) è disposta l'applicazione di misure cautelari o di sicurezza;

c) sono emesse sentenze che definiscono il grado di giudizio.

3. Deve essere altresì comunicata al Ministero dell'economia e delle finanze e alla Consob, a cura del cancelliere dell'autorità giudiziaria che ha emesso l'atto, la sentenza penale pronunciata a carico dei responsabili della revisione legale, dei componenti dell'organo di amministrazione, dei soci e dei dipendenti della società di revisione legale per i reati commessi nell'esercizio della revisione legale.

CAPO IX

Aspetti internazionali

33. *Cooperazione internazionale*. — 1. La Consob è l'autorità competente a prestare la cooperazione internazionale nelle materie disciplinate dal presente decreto, secondo le modalità e alle condizioni previste dal presente capo e dall'art. 4 del TUF (1).

2. La Consob è il punto di contatto per la ricezione delle richieste di informazione provenienti da autorità competenti di altri Stati membri dell'Unione europea e di Paesi terzi in materia di revisione legale. Lo svolgimento di indagini nel territorio della Repubblica per conto dell'autorità estera richiedente è soggetto al controllo della Consob o del Ministero dell'economia e delle finanze, secondo le rispettive competenze.

3. Qualora la Consob o il Ministero dell'economia e delle finanze giungano alla conclusione che siano in atto o siano state svolte attività contrarie alle disposizioni in materia di revisione legale sul territorio di un altro Stato membro, notificano tale conclusione all'autorità competente dell'altro Stato membro, fornendo tutti gli elementi informativi utili.

4. Qualora un'autorità competente di un altro Stato membro notifichi alla Consob che sono in atto o siano state svolte attività contrarie alle disposizioni in materia di revisione legale nel territorio italiano, il Ministero dell'economia e delle finanze e la Consob, secondo le rispettive competenze, adottano le misure opportune e comunicano all'autorità competente dell'altro Stato membro gli esiti e, ove possibile, gli eventuali sviluppi intermedi significativi delle azioni intraprese.

5. Qualora il revisore legale o la società di revisione legale siano soggetti a provvedimenti di sospensione o cancellazione ai sensi degli artt. 24 e 26 e, da quanto riportato nel Registro, risultino essere abilitati ed iscritti presso altri Stati appartenenti all'Unione europea, la Consob dà comunicazione dell'adozione dei provvedimenti e dei motivi sottostanti alle autorità competenti di tali Stati.

34. *Iscrizione di revisori di Paesi terzi nel Registro*. — 1. Il Ministero dell'economia e delle finanze, sentita la Consob, iscrive nel Registro, tutti i revisori e gli enti di revisione contabile di Paesi terzi che rilasciano una relazione di revisione riguardante i conti annuali o i conti consolidati di una entità avente sede in un Paese terzo i cui valori mobiliari sono ammessi alla negoziazione in un mercato regolamentato italiano, salvo il caso in cui l'entità del Paese terzo abbia emesso esclusivamente titoli di debito ammessi alla negoziazione su un mercato regolamentato il cui importo sia:

1) prima del 31 dicembre 2010, di valore

(1) In *Leggi coll. XVIII, 1.*

nominale, alla data di emissione non inferiore a cinquantamila euro o, nel caso di titoli di debito in un'altra valuta, di valore nominale equivalente ad almeno cinquantamila euro alla data dell'emissione;

2) dopo il 31 dicembre 2010, di valore nominale, alla data di emissione, non inferiore a centomila euro o, nel caso di titoli di debito in un'altra valuta, di valore nominale equivalente ad almeno centomila euro alla data dell'emissione (1).

2-3. .... (2).

4. Si applicano le disposizioni dell'art. 7.

5. I revisori e gli enti di revisione contabile di Paesi terzi iscritti nel Registro sono responsabili per le informazioni fornite ai fini della registrazione e devono notificare tempestivamente al soggetto incaricato della tenuta del Registro qualsiasi modifica di tali informazioni.

6. Le relazioni di revisione riguardanti i conti annuali o i conti consolidati delle entità di cui al comma 1 redatte da revisori o da enti di revisione contabile di Paesi terzi non iscritti nel Registro dei revisori legali sono prive di effetti giuridici in Italia (3).

7. Il Ministro dell'economia e delle finanze, sentita la Consob, detta con regolamento disposizioni attuative del presente articolo, stabilendo in particolare le condizioni per l'iscrizione nel Registro dei revisori legali, avuto riguardo ai criteri indicati dalla disciplina comunitaria, il contenuto della domanda di iscrizione e le ipotesi di cancellazione dal Registro dei revisori legali (3).

35. *Vigilanza sui revisori e sugli enti di revisione contabile di Paesi terzi*. — 1. I revisori e gli enti di revisione contabile di un Paese terzo iscritti nel Registro sono soggetti al sistema di controllo pubblico, di controllo della qualità e di indagini e sanzioni della Consob disciplinato dal presente decreto.

2. I revisori e gli enti di revisione contabile di un Paese terzo iscritti nel Registro possono, su base di reciprocità, essere esentati dai controlli di qualità disciplinati dal presente decreto, qualora siano stati assoggettati a controlli di qualità di un altro Stato membro o di un Paese terzo ritenuto equivalente a norma dell'art. 46 della dir. 2006/43/CE, nel corso dei tre anni precedenti.

3. La Consob detta con regolamento le disposizioni attuative del presente articolo (4).

36. *Deroghe in caso di equivalenza*. — 1. La Consob può stabilire di non applicare, in tutto o in parte, le disposizioni di cui agli artt. 34 e 35 con riguardo ai revisori o agli enti di revisione contabile di Paesi terzi soggetti, nel Paese terzo in cui hanno sede, a sistemi di vigilanza pubblica, di controllo della qualità, di indagini e sanzioni che soddisfano requisiti equivalenti a quelli previsti dall'art. 46, par. 1, della dir. 2006/43/CE.

2. Le esenzioni o deroghe di cui al comma 1 sono stabilite su base di reciprocità e a condizione che siano stati stipulati accordi di cooperazione, anche mediante scambio di informazioni, documenti e carte di lavoro, tra le autorità italiane e il sistema di vigilanza pubblica, di controllo della qualità, di indagini e sanzioni del Paese terzo.

3. La sussistenza dell'equivalenza è valutata in conformità all'art. 46 della dir. 2006/43/CE.

4. La Consob detta con regolamento le disposizioni attuative del presente articolo.

5. La Consob comunica alla Commissione europea:

a) gli elementi principali degli accordi di cooperazione di cui al comma 2;

b) le valutazioni di equivalenza effettuate ai sensi del comma 3 (5).

CAPO X

Modifiche e abrogazioni alla normativa vigente

37. *Modifiche al codice civile*. — .... (*omissis*) (6).

38. *Modifiche al d.lg. 9 aprile 1991, n. 127*. — .... (*omissis*) (7).

(1) Comma così sostituito dall'art. 22.1, lett. a, d.lg. 17 luglio 2016, n. 135.
(2) Commi abrogati dall'art. 22.1, lett. b, d.lg. 17 luglio 2016, n. 135.
(3) Comma così sostituito dall'art. 22.1, lett. c, d.lg. 17 luglio 2016, n. 135.
(4) Articolo così sostituito dall'art. 23, d.lg. 17 luglio 2016, n. 135.
(5) Articolo così sostituito dall'art. 24, d.lg. 17 luglio 2016, n. 135.
(6) Modifica gli artt. 2328.2, 2335.1, 2364.1, 2364-*bis*.1, 2397.2, 2399.2, 2409-*septies*, 2409-*duodecies*.4, 2409-*octiesdecies*.3 e 5, 2409-*noviesdecies*, 2427.1, 2429, 2433-*bis*, 2434-*bis*.2, 2437-*ter*.2, 2441, 2447-*ter*.1, 2447 -*nonies*.1, 2463.2, 2465.1, 2478.1, 2479.2, 2482-*bis*, 2492.2, 2501-*bis*.5, 2501-*sexies*.3, 2501-*septies*.1, 2625.1, 2635.1; sostituisce gli artt. 2409-*bis*, 2409-*quinquiesdecies*, 2477; abroga gli artt. 2409-*ter*, 2409-*quater*, 2409-*quinquies*, 2409-*sexies*, 2624.
(7) Modifica l'art. 38 e sostituisce l'art. 41, in *Leggi coll. XIV, 6*.

39. *Modifiche al TUB.* — .... (*omissis*) (1).

40. *Modifiche al TUIF.* — ... (*omissis*) (2).

41. *Modifiche al Codice delle assicurazioni private.* — .... (*omissis*) (3).

42. *Personale.* — .... (*omissis*).

43. *Abrogazioni e disposizioni finali e transitorie.* — 1. Sono abrogati ma continuano ad essere applicati fino alla data di entrata in vigore dei regolamenti del Ministro dell'economia e delle finanze emanati ai sensi del presente decreto legislativo:

a) il d.lg. 27 gennaio 1992, n. 88;

b) la l. 13 maggio 1997, n. 132;

c) il d.p.r. 6 marzo 1998, n. 99;

d) la l. 8 luglio 1998, n. 222;

e) la l. 30 luglio 1998, n. 266;

f) il d.p.r. 12 luglio 2000, n. 233;

g) il d.lg. 23 gennaio 2006, n. 28;

h) l'art. 52, comma 2-*bis*, del d.lg. 1° settembre 1993, n. 385 (4);

i) l'art. 161 del d.lg. 24 febbraio 1998, n. 58 (5);

j) l'art. 162, commi 3 e 3-*bis*, del d.lg. 24 febbraio 1998, n. 58 (5);

k) l'art. 163, comma 1, lett. *b*), comma 2, lett. *a*), *b*) e *c*), comma 4 e comma 5, del d.lg. 24 febbraio 1998, n. 58 (5);

l) art. 2409-*quinquies* del codice civile.

2. Le disposizioni emanate dalla Consob ai sensi delle norme abrogate o sostituite dal presente decreto continuano ad essere applicate, in quanto compatibili, fino alla data di entrata in vigore dei provvedimenti emanati dalla Consob ai sensi del presente decreto nelle corrispondenti materie. [...] (6).

3. I principi di revisione che alla data di entrata in vigore del presente decreto risultano emanati ai sensi dell'art. 162, comma 2, lett. *a*), del d.lg. 24 febbraio 1998, n. 58 (5), continuano ad essere applicati fino alla data di entrata in vigore dei principi di revisione emanati ai sensi dell'art. 11 del presente decreto. Fino alla sottoscrizione della convenzione di cui all'art. 12, comma 1, i principi di revisione sono emanati ai sensi dell'art. 162, comma 2, lett. *a*), del d.lg. 24 febbraio 1998, n. 58 (5).

4. Fino all'emanazione dei provvedimenti previsti dagli artt. 2, 3, 4, 5, 6, 7, 8 e 13 (7), per revisore legale si intende il soggetto iscritto nel Registro dei revisori contabili ai sensi del d.lg. 27 gennaio 1992, n. 88, e per società di revisione legale la società di revisione iscritta nell'Albo speciale delle società di revisione previsto dall'art. 161 del d.lg. 24 febbraio 1998, n. 58 (5), o nel Registro di cui al d.lg. 27 gennaio 1992, n. 88.

5. Fino all'emanazione dei provvedimenti di cui al comma 1 i revisori legali e le società di revisione diverse da quelle iscritte nell'Albo di cui all'art. 161 del d.lg. 24 febbraio 1998, n. 58 (5), non possono effettuare la revisione legale dei conti degli enti di interesse pubblico.

6. In deroga al comma 5, gli incarichi che «nell'esercizio in corso» alla data di entrata in vigore del presente decreto risultano già conferiti ai sensi dell'art. 2409-*quater* del codice civile proseguono fino alla prima scadenza del mandato successiva all'emanazione dei provvedimenti di cui al comma 1.

7. Fino all'emanazione dei provvedimenti di cui al comma 1, la Consob svolge l'attività di vigilanza di cui all'art. 22, comma 1, con riferimento ai soggetti iscritti nell'Albo di cui all'art. 161 del d.lg. 24 febbraio 1998, n. 58 (5).

8. Hanno diritto all'iscrizione nel Registro di cui all'art. 2 le persone fisiche e le società che, al momento dell'entrata in vigore del Registro di cui al Capo III, sono già iscritti al Registro dei revisori contabili di cui all'art. 1 del d.lg. 27 gennaio 1992, n. 88, e all'Albo speciale delle società di revisione di cui all'art. 161 del d.lg. 24 febbraio 1998, n. 58 (5).

9. Fino alla data di entrata in vigore dei provvedimenti di cui al comma 1, la Consob provvede all'iscrizione dei revisori e degli enti di revisione contabile di Paesi terzi di cui all'art. 34, comma 1, in un'apposita sezione dell'albo speciale delle società di revisione previsto dall'art. 161 del d.lg. 24 febbraio 1998, n. 58 (5), secondo i termini e le modalità dalla stessa stabiliti.

10. I corrispettivi delle convenzioni di cui all'art. 21, comma 3, sono determinati nel limite dell'ammontare delle risorse di cui all'art. 21, comma 7, e tenuto conto delle altre spese derivanti dalle attività previste dal presente decreto.

(1) Modifica gli artt. 51, 52, 72 e 84, in *Leggi coll. XVII, 1.*

(2) Modifica gli artt. 8, 10, 25-*bis*, 48, 61, 97, 115, 116, 150, 154-*ter*, 155, 156, 158, 159, 165-*quater*, 193; sostituisce gli artt. 9 e 96, in *Leggi coll. XVIII, 1.*

(3) Modifica gli artt. 102, 105, 190, 310.1, 321, 322, 323, e sostituisce gli artt. 103 e 104, in *Leggi coll. VIII, 3.*

(4) In *Leggi coll. XVII, 1.*

(5) In *Leggi coll. XVIII, 1.*

(6) Periodo abrogato dall'art. 26.1, lett. a, d.lg. 17 luglio 2016, n. 135.

(7) Le parole «Fino all'emanazione dei provvedimenti previsti dagli artt. 2, 3, 4, 6, 7, 8 e 13,» sono state così sostituite alle precedenti «Fino all'emanazione dei provvedimenti previsti dagli artt. 2, 3, 4, 5, 6, 7, 8, 9, 10, 11, 12, 13, 17, 20» dall'art. 26.1, lett. b, d.lg. 17 luglio 2016, n. 135.

XIV. 12.

LEGGE 12 novembre 2011, n. 183. — *Disposizioni per la formazione del bilancio annuale e pluriennale dello Stato (Legge di stabilità 2012)* (1).

1-9. . . . . (*omissis*).

10. *Riforma degli ordini professionali e società tra professionisti*. — 1. . . . . (*omissis*) (2).

2. . . . . (*omissis*) (3).

3. È consentita la costituzione di società per l'esercizio di attività professionali regolamentate nel sistema ordinistico secondo i modelli societari regolati dai titoli V e VI del libro V del codice civile. Le società cooperative di professionisti sono costituite da un numero di soci non inferiore a tre (4).

4. Possono assumere la qualifica di società tra professionisti le società il cui atto costitutivo preveda:

a) l'esercizio in via esclusiva dell'attività professionale da parte dei soci;

b) l'ammissione in qualità di soci dei soli professionisti iscritti ad ordini, albi e collegi, anche in differenti sezioni, nonché dei cittadini degli Stati membri dell'Unione europea, purché in possesso del titolo di studio abilitante, ovvero soggetti non professionisti soltanto per prestazioni tecniche, o per finalità di investimento. In ogni caso il numero dei soci professionisti e la partecipazione al capitale sociale dei professionisti deve essere tale da determinare la maggioranza di due terzi nelle deliberazioni o decisioni dei soci; il venir meno di tale condizione costituisce causa di scioglimento della società e il consiglio dell'ordine o collegio professionale presso il quale è iscritta la società procede alla cancellazione della stessa dall'albo, salvo che la società non abbia provveduto a ristabilire la prevalenza dei soci professionisti nel termine perentorio di sei mesi (5);

c) criteri e modalità affinché l'esecuzione dell'incarico professionale conferito alla società sia eseguito solo dai soci in possesso dei requisiti per l'esercizio della prestazione professionale richiesta; la designazione del socio professionista sia compiuta dall'utente e, in mancanza di tale designazione, il nominativo debba essere previamente comunicato per iscritto all'utente;

c-bis) la stipula di polizza di assicurazione per la copertura dei rischi derivanti dalla responsabilità civile per i danni causati ai clienti dai singoli soci professionisti nell'esercizio dell'attività professionale (6);

d) le modalità di esclusione dalla società del socio che sia stato cancellato dal rispettivo albo con provvedimento definitivo.

5. La denominazione sociale, in qualunque modo formata, deve contenere l'indicazione di società tra professionisti.

6. La partecipazione ad una società è incompatibile con la partecipazione ad altra società tra professionisti.

7. I professionisti soci sono tenuti all'osservanza del codice deontologico del proprio ordine, così come la società è soggetta al regime disciplinare dell'ordine al quale risulti iscritta. Il socio professionista può opporre agli altri soci il segreto concernente le attività professionali a lui affidate (7).

8. La società tra professionisti può essere costituita anche per l'esercizio di più attività professionali.

9. Restano salve le associazioni professionali, nonché i diversi modelli societari (8) già vigenti alla data di entrata in vigore della presente legge.

10. Ai sensi dell'art. 17, comma 3, della l. 23 agosto 1988, n. 400, il Ministro della giustizia, di concerto con il Ministro dello sviluppo economico, entro sei mesi dalla data di pubblicazione della presente legge, adotta un regolamento allo scopo di disciplinare le materie di cui ai precedenti commi 4, lett. *c*), 6 e 7 (9).

11. La l. 23 novembre 1939, n. 1815, e successive modificazioni, è abrogata.

12. . . . . (*omissis*) (10).

11-35. . . . . (*omissis*).

36. *Entrata in vigore*. — 1. Salvo quanto previsto dall'art. 33, commi 7, 9, 29, 31, 35 e 36, la

(1) G.U., 23 novembre 2011, n. 273, suppl. ord. n. 242.
(2) Modifica l'art. 3.5, alinea, d.l. 13 agosto 2011, n. 138, conv. in l. 14 settembre 2011, n. 148.
(3) Inserisce il comma 5-*bis* nell'art. 3, d.l. 13 agosto 2011, n. 138, conv. in l. 14 settembre 2011, n. 148.
(4) Ultimo periodo aggiunto dall'art. 9-*bis*.1, lett. *a*), d.l. 24 gennaio 2012, n. 1, conv. in l. 24 marzo 2012, n. 27.
(5) Ultimo periodo aggiunto dall'art. 9-*bis*.1, lett. *b*), d.l. 24 gennaio 2012, n. 1, conv. in l. 24 marzo 2012, n. 27.
(6) Lettera inserita dall'art. 9-*bis*.1, lett. *c*), d.l. 24 gennaio 2012, n. 1, conv. in l. 24 marzo 2012, n. 27.
(7) Ultimo periodo aggiunto dall'art. 9-*bis*.1, lett. *d*), d.l. 24 gennaio 2012, n. 1, conv. in l. 24 marzo 2012, n. 27.
(8) Le parole «salve le associazioni professionali, nonché i diversi modelli societari» sono state così sostituite alle precedenti «salvi i diversi modelli societari e associativi» dall'art. 9-*bis*.1, lett. *e*), d.l. 24 gennaio 2012, n. 1, conv. in l. 24 marzo 2012, n. 27.
(9) V. d.m. Giustizia 8 febbraio 2013, n. 34, in G.U., 6 aprile 2013, n. 81.
(10) Modifica l'art. 3.5, lett. d, d.l. 13 agosto 2011, n. 138, conv. in l. 14 settembre 2011, n. 148.

presente legge entra in vigore il 1° gennaio 2012.

XIV. 13.

LEGGE 31 dicembre 2012, n. 247. — *Nuova disciplina dell'ordinamento della professione forense* (1).

1-3. . . . . (*omissis*).

4. *Associazioni tra avvocati e multidisciplinari.* — 1. La professione forense può essere esercitata individualmente o con la partecipazione ad associazioni tra avvocati. L'incarico professionale è tuttavia sempre conferito all'avvocato in via personale. La partecipazione ad un'associazione tra avvocati non può pregiudicare l'autonomia, la libertà e l'indipendenza intellettuale o di giudizio dell'avvocato nello svolgimento dell'incarico che gli è conferito. È nullo ogni patto contrario.

2. Allo scopo di assicurare al cliente prestazioni anche a carattere multidisciplinare, possono partecipare alle associazioni di cui al comma 1, oltre agli iscritti all'albo forense, anche altri liberi professionisti appartenenti alle categorie individuate con regolamento del Ministro della giustizia ai sensi dell'art. 1, commi 3 e seguenti. La professione forense può essere altresì esercitata da un avvocato che partecipa ad associazioni costituite fra altri liberi professionisti (2).

3. Possono essere soci delle associazioni tra avvocati solo coloro che sono iscritti al relativo albo. Le associazioni tra avvocati sono iscritte in un elenco tenuto presso il consiglio dell'ordine nel cui circondario hanno sede, ai sensi dell'art. 15, comma 1, lett. *l*). [...] (3). Gli associati hanno domicilio professionale nella sede della associazione. L'attività professionale svolta dagli associati dà luogo agli obblighi e ai diritti previsti dalle disposizioni in materia previdenziale.

4. . . . . (4).

5. Le associazioni tra professionisti possono indicare l'esercizio di attività proprie della professione forense fra quelle previste nel proprio oggetto sociale, oltre che in qualsiasi comunicazione a terzi, solo se tra gli associati vi è almeno un avvocato iscritto all'albo.

6. La violazione di quanto previsto al comma 5 (5) costituisce illecito disciplinare.

7. I redditi delle associazioni tra avvocati sono determinati secondo i criteri di cassa, come per i professionisti che esercitano la professione in modo individuale.

8. Gli avvocati e le associazioni di cui al presente articolo possono stipulare fra loro contratti di associazione in partecipazione ai sensi degli artt. 2549 e seguenti del codice civile.

9. L'associato è escluso se cancellato o sospeso dall'albo per un periodo non inferiore ad un anno con provvedimento disciplinare definitivo. Può essere escluso per effetto di quanto previsto dall'art. 2286 del codice civile.

10. Le associazioni che hanno ad oggetto esclusivamente lo svolgimento di attività professionale non sono assoggettate alle procedure fallimentari e concorsuali.

4-*bis*. *Esercizio della professione forense in forma societaria*. — 1. L'esercizio della professione forense in forma societaria è consentito a società di persone, a società di capitali o a società cooperative iscritte in un'apposita sezione speciale dell'albo tenuto dall'ordine territoriale nella cui circoscrizione ha sede la stessa società; presso tale sezione speciale è resa disponibile la documentazione analitica, per l'anno di riferimento, relativa alla compagine sociale. È vietata la partecipazione societaria tramite società fiduciarie, trust o per interposta persona. La violazione di tale previsione comporta di diritto l'esclusione del socio.

2. Nelle società di cui al comma 1:

a) i soci, per almeno due terzi del capitale sociale e dei diritti di voto, devono essere avvocati iscritti all'albo, ovvero avvocati iscritti all'albo e professionisti iscritti in albi di altre professioni; il venire meno di tale condizione costituisce causa di scioglimento della società e il consiglio dell'ordine presso il quale è iscritta la società procede alla cancellazione della stessa dall'albo, salvo che la società non abbia provveduto a ristabilire la prevalenza dei soci professionisti nel termine perentorio di sei mesi;

b) la maggioranza dei membri dell'organo di gestione deve essere composta da soci avvocati;

(1) G.U., 18 gennaio 2013, n. 15.

(2) Per il regolamento di attuazione del comma annotato v. d.m. Giustizia 4 febbraio 2016, n. 23, in G.U., 1° marzo 2016, n. 50.

(3) Periodo soppresso dall'art. 1.141, lett. a, n. 1, l. 4 agosto 2017, n. 124.

(4) Comma abrogato dall'art. 1.141, lett. a, n. 2, l. 4 agosto 2017, n. 124.

(5) Le parole «al comma 5» sono state così sostituite alle precedenti «ai commi 4 e 5» dall'art. 1.141, lett. a, n. 3, l. 4 agosto 2017, n. 124.

c) i componenti dell'organo di gestione non possono essere estranei alla compagine sociale; i soci professionisti possono rivestire la carica di amministratori.

3. Anche nel caso di esercizio della professione forense in forma societaria resta fermo il principio della personalità della prestazione professionale. L'incarico può essere svolto soltanto da soci professionisti in possesso dei requisiti necessari per lo svolgimento della specifica prestazione professionale richiesta dal cliente, i quali assicurano per tutta la durata dell'incarico la piena indipendenza e imparzialità, dichiarando possibili conflitti di interesse o incompatibilità, iniziali o sopravvenuti.

4. La responsabilità della società e quella dei soci non esclude la responsabilità del professionista che ha eseguito la specifica prestazione.

5. La sospensione, cancellazione o radiazione del socio dall'albo nel quale è iscritto costituisce causa di esclusione dalla società di cui al comma 1.

6. Le società di cui al comma 1 sono in ogni caso tenute al rispetto del codice deontologico forense e sono soggette alla competenza disciplinare dell'ordine di appartenenza (1).

6-*bis.* Le società di cui al comma 1, in qualunque forma costituite, sono tenute a prevedere e inserire nella loro denominazione sociale l'indicazione «società tra avvocati» nonché ad applicare la maggiorazione percentuale, relativa al contributo integrativo di cui all'art. 11 della l. 20 settembre 1980, n. 576, su tutti i corrispettivi rientranti nel volume di affari ai fini dell'IVA; tale importo è riversato annualmente alla Cassa nazionale di previdenza e assistenza forense (2).

6-*ter.* La Cassa nazionale di previdenza e assistenza forense, con proprio regolamento da emanare entro un anno dalla data di entrata in vigore della presente disposizione, provvede a definire termini, modalità dichiarative e di riscossione, nonché eventuali sanzioni applicabili per garantire l'applicazione delle disposizioni del comma 6-*bis*. Il regolamento di cui al primo periodo è sottoposto ad approvazione ai sensi dell'art. 3, comma 2, lett. *a*), del d.lg. 30 giugno 1994, n. 509 (2).

5. .... (3).

6-67. .... (*omissis*).

XIV. 14.

LEGGE 14 gennaio 2013, n. 4. — *Disposizioni in materia di professioni non organizzate* (4).

1. *Oggetto e definizioni.* — 1. La presente legge, in attuazione dell'art. 117, terzo comma, della Costituzione e nel rispetto dei principi dell'Unione europea in materia di concorrenza e di libertà di circolazione, disciplina le professioni non organizzate in ordini o collegi.

2. Ai fini della presente legge, per «professione non organizzata in ordini o collegi», di seguito denominata «professione», si intende l'attività economica, anche organizzata, volta alla prestazione di servizi o di opere a favore di terzi, esercitata abitualmente e prevalentemente mediante lavoro intellettuale, o comunque con il concorso di questo, con esclusione delle attività riservate per legge a soggetti iscritti in albi o elenchi ai sensi dell'art. 2229 del codice civile, delle professioni sanitarie e delle attività e dei mestieri artigianali, commerciali e di pubblico esercizio disciplinati da specifiche normative.

3. Chiunque svolga una delle professioni di cui al comma 2 contraddistingue la propria attività, in ogni documento e rapporto scritto con il cliente, con l'espresso riferimento, quanto alla disciplina applicabile, agli estremi della presente legge. L'inadempimento rientra tra le pratiche commerciali scorrette tra professionisti e consumatori, di cui al titolo III della parte II del codice del consumo, di cui al d.lg. 6 settembre 2005, n. 206 (5), ed è sanzionato ai sensi del medesimo codice.

4. L'esercizio della professione è libero e fondato sull'autonomia, sulle competenze e sull'indipendenza di giudizio intellettuale e tecnica, nel rispetto dei principi di buona fede, dell'affidamento del pubblico e della clientela, della correttezza, dell'ampliamento e della specializzazione dell'offerta dei servizi, della responsabilità del professionista.

5. La professione è esercitata in forma individuale, in forma associata, societaria, cooperativa o nella forma del lavoro dipendente.

2. *Associazioni professionali.* — 1. Coloro che esercitano la professione di cui all'art. 1, comma 2, possono costituire associazioni a carattere professionale di natura privatistica, fondate

(1) Articolo inserito dall'art. 1.141, lett. b, l. 4 agosto 2017, n. 124.
(2) Comma inserito dall'art. 1.443, l. 27 dicembre 2017, n. 205.
(3) Articolo abrogato dall'art. 1.141, lett. c, l. 4 agosto 2017, n. 124.
(4) G.U., 26 gennaio 2013, n. 22.
(5) In *Leggi coll. XI, 6.*

su base volontaria, senza alcun vincolo di rappresentanza esclusiva, con il fine di valorizzare le competenze degli associati e garantire il rispetto delle regole deontologiche, agevolando la scelta e la tutela degli utenti nel rispetto delle regole sulla concorrenza.

2. Gli statuti e le clausole associative delle associazioni professionali garantiscono la trasparenza delle attività e degli assetti associativi, la dialettica democratica tra gli associati, l'osservanza dei principi deontologici, nonché una struttura organizzativa e tecnico-scientifica adeguata all'effettivo raggiungimento delle finalità dell'associazione.

3. Le associazioni professionali promuovono, anche attraverso specifiche iniziative, la formazione permanente dei propri iscritti, adottano un codice di condotta ai sensi dell'art. 27-*bis* del codice del consumo, di cui al d.lg. 6 settembre 2005, n. 206 (1), vigilano sulla condotta professionale degli associati e stabiliscono le sanzioni disciplinari da irrogare agli associati per le violazioni del medesimo codice.

4. Le associazioni promuovono forme di garanzia a tutela dell'utente, tra cui l'attivazione di uno sportello di riferimento per il cittadino consumatore, presso il quale i committenti delle prestazioni professionali possano rivolgersi in caso di contenzioso con i singoli professionisti, ai sensi dell'art. 27-*ter* del codice del consumo, di cui al d.lg. 6 settembre 2005, n. 206 (1), nonché ottenere informazioni relative all'attività professionale in generale e agli standard qualitativi da esse richiesti agli iscritti.

5. Alle associazioni sono vietati l'adozione e l'uso di denominazioni professionali relative a professioni organizzate in ordini o collegi.

6. Ai professionisti di cui all'art. 1, comma 2, anche se iscritti alle associazioni di cui al presente articolo, non è consentito l'esercizio delle attività professionali riservate dalla legge a specifiche categorie di soggetti, salvo il caso in cui dimostrino il possesso dei requisiti previsti dalla legge e l'iscrizione al relativo albo professionale.

7. L'elenco delle associazioni professionali di cui al presente articolo e delle forme aggregative di cui all'art. 3 che dichiarano, con assunzione di responsabilità dei rispettivi rappresentanti legali, di essere in possesso dei requisiti ivi previsti e di rispettare, per quanto applicabili, le prescrizioni di cui agli artt. 5, 6 e 7 è pubblicato dal Ministero dello sviluppo economico nel proprio sito internet, unitamente agli elementi concernenti le notizie comunicate al medesimo Ministero ai sensi dell'art. 4, comma 1, della presente legge.

3. *Forme aggregative delle associazioni*. — 1. Le associazioni professionali di cui all'art. 2, mantenendo la propria autonomia, possono riunirsi in forme aggregative da esse costituite come associazioni di natura privatistica.

2. Le forme aggregative rappresentano le associazioni aderenti e agiscono in piena indipendenza e imparzialità.

3. Le forme aggregative hanno funzioni di promozione e qualificazione delle attività professionali che rappresentano, nonché di divulgazione delle informazioni e delle conoscenze ad esse connesse e di rappresentanza delle istanze comuni nelle sedi politiche e istituzionali. Su mandato delle singole associazioni, esse possono controllare l'operato delle medesime associazioni, ai fini della verifica del rispetto e della congruità degli standard professionali e qualitativi dell'esercizio dell'attività e dei codici di condotta definiti dalle stesse associazioni.

4. *Pubblicità delle associazioni professionali*. — 1. Le associazioni professionali di cui all'art. 2 e le forme aggregative delle associazioni di cui all'art. 3 pubblicano nel proprio sito web gli elementi informativi che presentano utilità per il consumatore, secondo criteri di trasparenza, correttezza, veridicità. Nei casi in cui autorizzano i propri associati ad utilizzare il riferimento all'iscrizione all'associazione quale marchio o attestato di qualità e di qualificazione professionale dei propri servizi, anche ai sensi degli artt. 7 e 8 della presente legge, osservano anche le prescrizioni di cui all'art. 81 del d.lg. 26 marzo 2010, n. 59.

2. Il rappresentante legale dell'associazione professionale o della forma aggregativa garantisce la correttezza delle informazioni fornite nel sito web.

3. Le singole associazioni professionali possono promuovere la costituzione di comitati di indirizzo e sorveglianza sui criteri di valutazione e rilascio dei sistemi di qualificazione e competenza professionali. Ai suddetti comitati partecipano, previo accordo tra le parti, le associazioni dei lavoratori, degli imprenditori e dei consumatori maggiormente rappresentative sul piano nazionale. Tutti gli oneri per la costi-

(1) In *Leggi coll. XI, 6.*

tuzione e il funzionamento dei comitati sono posti a carico delle associazioni rappresentate nei comitati stessi.

5. *Contenuti degli elementi informativi*. — 1. Le associazioni professionali assicurano, per le finalità e con le modalità di cui all'art. 4, comma 1, la piena conoscibilità dei seguenti elementi:

a) atto costitutivo e statuto;

b) precisa identificazione delle attività professionali cui l'associazione si riferisce;

c) composizione degli organismi deliberativi e titolari delle cariche sociali;

d) struttura organizzativa dell'associazione;

e) requisiti per la partecipazione all'associazione, con particolare riferimento ai titoli di studio relativi alle attività professionali oggetto dell'associazione, all'obbligo degli appartenenti di procedere all'aggiornamento professionale costante e alla predisposizione di strumenti idonei ad accertare l'effettivo assolvimento di tale obbligo e all'indicazione della quota da versare per il conseguimento degli scopi statutari;

f) assenza di scopo di lucro.

2. Nei casi di cui all'art. 4, comma 11, secondo periodo, l'obbligo di garantire la conoscibilità è esteso ai seguenti elementi:

a) il codice di condotta con la previsione di sanzioni graduate in relazione alle violazioni poste in essere e l'organo preposto all'adozione dei provvedimenti disciplinari dotato della necessaria autonomia;

b) l'elenco degli iscritti, aggiornato annualmente;

c) le sedi dell'associazione sul territorio nazionale, in almeno tre regioni;

d) la presenza di una struttura tecnico-scientifica dedicata alla formazione permanente degli associati, in forma diretta o indiretta;

e) l'eventuale possesso di un sistema certificato di qualità dell'associazione conforme alla norma UNI EN ISO 9001 per il settore di competenza;

f) le garanzie attivate a tutela degli utenti, tra cui la presenza, i recapiti e le modalità di accesso allo sportello di cui all'art. 2, comma 4.

6-11. .... (*omissis*).

XIV. 15.

DECRETO LEGISLATIVO 19 agosto 2016, n. 175. — *Testo unico in materia di società a partecipazione pubblica* (1).

1. *Oggetto*. — 1. Le disposizioni del presente decreto hanno a oggetto la costituzione di società da parte di amministrazioni pubbliche, nonché l'acquisto, il mantenimento e la gestione di partecipazioni da parte di tali amministrazioni, in società a totale o parziale partecipazione pubblica, diretta o indiretta.

2. Le disposizioni contenute nel presente decreto sono applicate avendo riguardo all'efficiente gestione delle partecipazioni pubbliche, alla tutela e promozione della concorrenza e del mercato, nonché alla razionalizzazione e riduzione della spesa pubblica.

3. Per tutto quanto non derogato dalle disposizioni del presente decreto, si applicano alle società a partecipazione pubblica le norme sulle società contenute nel codice civile e le norme generali di diritto privato.

4. Restano ferme:

a) le specifiche disposizioni, contenute in leggi o regolamenti governativi o ministeriali, che disciplinano società a partecipazione pubblica di diritto singolare costituite per l'esercizio della gestione di servizi di interesse generale o di interesse economico generale o per il perseguimento di una specifica missione di pubblico interesse;

b) le disposizioni di legge riguardanti la partecipazione di amministrazioni pubbliche a enti associativi diversi dalle società e a fondazioni.

5. Le disposizioni del presente decreto si applicano, solo se espressamente previsto, alle società quotate, come definite dall'art. 2, comma 1, lett. *p*), nonché alle società da esse controllate (2).

2. *Definizioni*. — 1. Ai fini del presente decreto si intendono per:

a) «amministrazioni pubbliche»: le amministrazioni di cui all'art. 1, comma 2, del d.lg. n. 165 del 2001, i loro consorzi o associazioni per qualsiasi fine istituiti, gli enti pubblici economici e le autorità di sistema portuale (3);

(1) G.U., 8 settembre 2016, n. 210.

(2) Le parole «, nonché alle società da esse partecipate, salvo che queste ultime siano, non per il tramite di società quotate, controllate o partecipate da amministrazioni pubbliche» sono state aggiunte dall'art. 3, d.lg. 16 giugno 2017, n. 100. Successivamente la parola «controllate» è stata così sostituita alle precedenti «partecipate, salvo che queste ultime siano, non per il tramite di società quotate, controllate o partecipate da amministrazioni pubbliche» dall'art. 1.721, l. 30 dicembre 2018, n. 145.

(3) Le parole «e le autorità di sistema portuale» sono state così sostituite alle precedenti «e le autorità portuali» dall'art. 4.1, lett. a, d.lg. 16 giugno 2017, n. 100.

b) «controllo»: la situazione descritta nell'art. 2359 del codice civile. Il controllo può sussistere anche quando, in applicazione di norme di legge o statutarie o di patti parasociali, per le decisioni finanziarie e gestionali strategiche relative all'attività sociale è richiesto il consenso unanime di tutte le parti che condividono il controllo;

c) «controllo analogo»: la situazione in cui l'amministrazione esercita su una società un controllo analogo a quello esercitato sui propri servizi, esercitando un'influenza determinante sia sugli obiettivi strategici che sulle decisioni significative della società controllata. Tale controllo può anche essere esercitato da una persona giuridica diversa, a sua volta controllata allo stesso modo dall'amministrazione partecipante;

d) «controllo analogo congiunto»: la situazione in cui l'amministrazione esercita congiuntamente con altre amministrazioni su una società un controllo analogo a quello esercitato sui propri servizi. La suddetta situazione si verifica al ricorrere delle condizioni di cui all'art. 5, comma 5, del d.lg. 18 aprile 2016, n. 50;

e) «enti locali»: gli enti di cui all'art. 2 del d.lg. 18 agosto 2000, n. 267;

f) «partecipazione»: la titolarità di rapporti comportanti la qualità di socio in società o la titolarità di strumenti finanziari che attribuiscono diritti amministrativi;

g) «partecipazione indiretta»: la partecipazione in una società detenuta da un'amministrazione pubblica per il tramite di società o altri organismi soggetti a controllo da parte della medesima amministrazione pubblica;

h) «servizi di interesse generale»: le attività di produzione e fornitura di beni o servizi che non sarebbero svolte dal mercato senza un intervento pubblico o sarebbero svolte a condizioni differenti in termini di accessibilità fisica ed economica, continuità, non discriminazione, qualità e sicurezza, che le amministrazioni pubbliche, nell'ambito delle rispettive competenze, assumono come necessarie per assicurare la soddisfazione dei bisogni della collettività di riferimento, così da garantire l'omogeneità dello sviluppo e la coesione sociale, ivi inclusi i servizi di interesse economico generale;

i) «servizi di interesse economico generale»: i servizi di interesse generale erogati o suscettibili di essere erogati dietro corrispettivo economico su un mercato;

l) «società»: gli organismi di cui ai titoli V e VI, capo I, del libro V del codice civile, anche aventi come oggetto sociale lo svolgimento di attività consortili, ai sensi dell'art. 2615-*ter* del codice civile (1);

m) «società a controllo pubblico»: le società in cui una o più amministrazioni pubbliche esercitano poteri di controllo ai sensi della lett. *b*);

n) «società a partecipazione pubblica»: le società a controllo pubblico, nonché le altre società partecipate direttamente da amministrazioni pubbliche o da società a controllo pubblico;

o) «società in house»: le società sulle quali un'amministrazione esercita il controllo analogo o più amministrazioni esercitano il controllo analogo congiunto, nelle quali la partecipazione di capitali privati avviene nelle forme di cui all'art. 16, comma 1, e che soddisfano il requisito dell'attività prevalente di cui all'art. 16, comma 3 (2);

p) «società quotate»: le società a partecipazione pubblica che emettono azioni quotate in mercati regolamentati; le società che hanno emesso, alla data del 31 dicembre 2015, strumenti finanziari, diversi dalle azioni, quotati in mercati regolamentati [...] (3).

3. *Tipi di società in cui è ammessa la partecipazione pubblica.* — 1. Le amministrazioni pubbliche possono partecipare esclusivamente a società, anche consortili, costituite in forma di società per azioni o di società a responsabilità limitata, anche in forma cooperativa.

2. Nelle società a responsabilità limitata a controllo pubblico l'atto costitutivo o lo statuto in ogni caso prevede la nomina dell'organo di controllo o di un revisore. Nelle società per azioni a controllo pubblico la revisione legale dei conti non può essere affidata al collegio sindacale.

4. *Finalità perseguibili mediante l'acquisizione e la gestione di partecipazioni pubbliche.* — 1. Le amministrazioni pubbliche non possono, direttamente o indirettamente, costituire società aventi per oggetto attività di produzione di beni e servizi non strettamente necessarie per il perseguimento delle proprie finalità istituzionali, né acquisire o mantenere partecipazioni,

(1) Lettera così sostituita dall'art. 4.1, lett. b, d.lg. 16 giugno 2017, n. 100.

(2) Le parole «, nelle quali la partecipazione di capitali privati avviene nelle forme di cui all'art. 16, comma 1, e che soddisfano il requisito dell'attività prevalente di cui all'art. 16, comma 3» sono state aggiunte dall'art. 4.1, lett. c, d.lg. 16 giugno 2017, n. 100.

(3) Le parole «; le società partecipate dalle une o dalle altre, salvo che le stesse siano anche controllate o partecipate da amministrazioni pubbliche» sono state soppresse dall'art. 4.1, lett. d, d.lg. 16 giugno 2017, n. 100.

anche di minoranza, in tali società.

2. Nei limiti di cui al comma 1, le amministrazioni pubbliche possono, direttamente o indirettamente, costituire società e acquisire o mantenere partecipazioni in società esclusivamente per lo svolgimento delle attività sotto indicate:

a) produzione di un servizio di interesse generale, ivi inclusa la realizzazione e la gestione delle reti e degli impianti funzionali ai servizi medesimi;

b) progettazione e realizzazione di un'opera pubblica sulla base di un accordo di programma fra amministrazioni pubbliche, ai sensi dell'art. 193 del d.lg. n. 50 del 2016;

c) realizzazione e gestione di un'opera pubblica ovvero organizzazione e gestione di un servizio d'interesse generale attraverso un contratto di partenariato di cui all'art. 180 del d.lg. n. 50 del 2016, con un imprenditore selezionato con le modalità di cui all'art. 17, commi 1 e 2;

d) autoproduzione di beni o servizi strumentali all'ente o agli enti pubblici partecipanti o allo svolgimento delle loro funzioni (1), nel rispetto delle condizioni stabilite dalle direttive europee in materia di contratti pubblici e della relativa disciplina nazionale di recepimento;

e) servizi di committenza, ivi incluse le attività di committenza ausiliarie, apprestati a supporto di enti senza scopo di lucro e di amministrazioni aggiudicatrici di cui all'art. 3, comma 1, lett. *a*), del d.lg. n. 50 del 2016.

3. Al solo fine di ottimizzare e valorizzare l'utilizzo di beni immobili facenti parte del proprio patrimonio, le amministrazioni pubbliche possono, altresì, anche in deroga al comma 1, acquisire partecipazioni in società aventi per oggetto sociale esclusivo la valorizzazione del patrimonio delle amministrazioni stesse, tramite il conferimento di beni immobili allo scopo di realizzare un investimento secondo criteri propri di un qualsiasi operatore di mercato.

4. Le società in house hanno come oggetto sociale esclusivo una o più delle attività di cui alle lett. *a*), *b*), *d*) ed *e*) del comma 2. Salvo quanto previsto dall'art. 16, tali società operano in via prevalente con gli enti costituenti o partecipanti o affidanti.

5. Fatte salve le diverse previsioni di legge regionali adottate nell'esercizio della potestà legislativa in materia di organizzazione amministrativa, è fatto divieto alle società di cui al comma 2, lett. *d*), controllate da enti locali, di costituire nuove società e di acquisire nuove partecipazioni in società. Il divieto non si applica alle società che hanno come oggetto sociale esclusivo la gestione delle partecipazioni societarie di enti locali, salvo il rispetto degli obblighi previsti in materia di trasparenza dei dati finanziari e di consolidamento del bilancio degli enti partecipanti.

6. È fatta salva la possibilità di costituire società o enti in attuazione dell'art. 34 del reg. (CE) n. 1303/2013 del Parlamento europeo e del Consiglio del 17 dicembre 2013, dell'art. 42 del reg. (UE) n. 1305/2013 del Parlamento europeo e del Consiglio, del 17 dicembre 2013, (2) e dell'art. 61 del reg. (CE) n. 508 del 2014 del Parlamento europeo e del Consiglio 15 maggio 2014.

7. Sono altresì ammesse le partecipazioni nelle società aventi per oggetto sociale prevalente la gestione di spazi fieristici e l'organizzazione di eventi fieristici, [...] (3) la realizzazione e la gestione di impianti di trasporto a fune per la mobilità turistico-sportiva eserciti in aree montane, nonché la produzione di energia da fonti rinnovabili (4).

8. È fatta salva la possibilità di costituire, ai sensi degli artt. 2 e 3 del d.lg. 27 luglio 1999, n. 297, le società con caratteristiche di spin off o di start up universitari previste dall'art. 6, comma 9, della l. 30 dicembre 2010, n. 240, nonché quelle con caratteristiche analoghe degli enti di ricerca. È inoltre fatta salva la possibilità, per le università, di costituire società per la gestione di aziende agricole con funzioni didattiche (5).

9. Con decreto del Presidente del Consiglio dei ministri, su proposta del Ministro dell'economia e delle finanze o dell'organo di vertice dell'amministrazione partecipante, motivato con riferimento alla misura e qualità della partecipazione pubblica, agli interessi pubblici a essa connessi e al tipo di attività svolta, riconducibile alle finalità di cui al comma 1, anche al fine di agevolarne la quotazione ai sensi dell'art. 18, può essere deliberata l'esclusione to-

(1) Le parole «o allo svolgimento delle loro funzioni» sono state inserite dall'art. 5.1, lett. a, d.lg. 16 giugno 2017, n. 100.

(2) Le parole «, dell'art. 42 del reg. (UE) n. 1305/2013 del Parlamento europeo e del Consiglio, del 17 dicembre 2013,» sono state inserite dall'art. 1.722, l. 30 dicembre 2018, n. 145.

(3) La parola «nonché» è stata soppressa dall'art. 5.1, lett. b, d.lg. 16 giugno 2017, n. 100.

(4) Le parole «, nonché la produzione di energia da fonti rinnovabili» sono state aggiunte dall'art. 5.1, lett. b, d.lg. 16 giugno 2017, n. 100.

(5) Ultimo periodo aggiunto dall'art. 5.1, lett. c, d.lg. 16 giugno 2017, n. 100.

tale o parziale dell'applicazione delle disposizioni del presente articolo a singole società a partecipazione pubblica. Il decreto è trasmesso alle Camere ai fini della comunicazione alle commissioni parlamentari competenti. I Presidenti di Regione e delle province autonome di Trento e Bolzano, con provvedimento adottato ai sensi della legislazione regionale e nel rispetto dei principi di trasparenza e pubblicità, possono, nell'ambito delle rispettive competenze, deliberare l'esclusione totale o parziale dell'applicazione delle disposizioni del presente articolo a singole società a partecipazione della Regione o delle province autonome di Trento e Bolzano, motivata con riferimento alla misura e qualità della partecipazione pubblica, agli interessi pubblici a essa connessi e al tipo di attività svolta, riconducibile alle finalità di cui al comma 1. Il predetto provvedimento è trasmesso alla competente Sezione regionale di controllo della Corte dei conti, alla struttura di cui all'art. 15, comma 1, nonché alle Camere ai fini della comunicazione alle commissioni parlamentari competenti (1).

9-*bis.* Nel rispetto della disciplina europea, è fatta salva la possibilità per le amministrazioni pubbliche di acquisire o mantenere partecipazioni in società che producono servizi economici di interesse generale a rete, di cui all'art. 3-*bis* del d.l. 13 agosto 2011, n. 138, convertito, con modificazioni, dalla l. 14 settembre 2011, n. 148, anche fuori dall'ambito territoriale della collettività di riferimento, in deroga alle previsioni di cui al comma 2, lett. *a*), purché l'affidamento dei servizi, in corso e nuovi, sia avvenuto e avvenga tramite procedure ad evidenza pubblica. Per tali partecipazioni, trova piena applicazione l'art. 20, comma 2, lett. *e*). Resta fermo quanto previsto dall'art. 16 (2).

9-*ter.* È fatta salva la possibilità per le amministrazioni pubbliche di acquisire o mantenere partecipazioni, comunque non superiori all'1 per cento del capitale sociale, in società bancarie di finanza etica e sostenibile, come definite dall'art. 111-*bis* del t.u. unico delle leggi in materia bancaria e creditizia, di cui al d.lg. 1° settembre 1993, n. 385, senza ulteriori oneri finanziari rispetto a quelli derivanti dalla partecipazione medesima (3).

5. *Oneri di motivazione analitica*. — 1. A eccezione dei casi in cui la costituzione di una società o l'acquisto di una partecipazione, anche attraverso aumento di capitale, avvenga in conformità a espresse previsioni legislative, l'atto deliberativo di costituzione di una società a partecipazione pubblica, anche nei casi di cui all'art. 17, o di acquisto di partecipazioni, anche indirette, da parte di amministrazioni pubbliche in società già costituite deve essere analiticamente motivato con riferimento alla necessità della società per il perseguimento delle finalità istituzionali di cui all'art. 4, evidenziando, altresì, le ragioni e le finalità che giustificano tale scelta, anche sul piano della convenienza economica e della sostenibilità finanziaria [...] (4), nonché di gestione diretta o esternalizzata del servizio affidato. La motivazione deve anche dare conto della compatibilità della scelta con i principi di efficienza, di efficacia e di economicità dell'azione amministrativa.

2. L'atto deliberativo di cui al comma 1 dà atto della compatibilità dell'intervento finanziario previsto con le norme dei trattati europei e, in particolare, con la disciplina europea in materia di aiuti di Stato alle imprese. Gli enti locali sottopongono lo schema di atto deliberativo a forme di consultazione pubblica, secondo modalità da essi stessi disciplinate (5).

3. L'amministrazione invia l'atto deliberativo di costituzione della società o di acquisizione della partecipazione diretta o indiretta alla Corte dei conti, a fini conoscitivi, e all'Autorità garante della concorrenza e del mercato, che può esercitare i poteri di cui all'art. 21-*bis* della l. 10 ottobre 1990, n. 287.

4. Ai fini di quanto previsto dal comma 3, per gli atti delle amministrazioni dello Stato e degli enti nazionali sono competenti le Sezioni Riunite in sede di controllo (6); per gli atti delle regioni e degli enti locali, nonché dei loro enti strumentali, delle università o delle altre istituzioni pubbliche di autonomia aventi sede nella

(1) I periodi da «I Presidenti di Regione» fino a «competenti» sono stati aggiunti dall'art. 5.1, lett. d, d.lg. 16 giugno 2017, n. 100.

(2) Comma aggiunto dall'art. 5.1, lett. e, d.lg. 16 giugno 2017, n. 100.

(3) Comma aggiunto dall'art. 1.891, l. 27 dicembre 2017, n. 205.

(4) Le parole «e in considerazione della possibilità di destinazione alternativa delle risorse pubbliche impegnate» sono state soppresse dall'art. 6.1, lett. a, d.lg. 16 giugno 2017, n. 100.

(5) Le parole «, secondo modalità da essi stessi disciplinate» sono state aggiunte dall'art. 6.1, lett. b, d.lg. 16 giugno 2017, n. 100.

(6) Le parole «e degli enti nazionali sono competenti le Sezioni Riunite in sede di controllo» sono state così sostituite alle precedenti «è competente l'ufficio di controllo di legittimità sugli atti» dall'art. 6.1, lett. c, d.lg. 16 giugno 2017, n. 100.

regione, è competente la Sezione regionale di controllo; per gli atti degli enti assoggettati a controllo della Corte dei conti (1) ai sensi della l. 21 marzo 1958, n. 259, è competente la Sezione del controllo sugli enti medesimi.

6. *Principi fondamentali sull'organizzazione e sulla gestione delle società a controllo pubblico.* — 1. Le società a controllo pubblico, che svolgano attività economiche protette da diritti speciali o esclusivi, insieme con altre attività svolte in regime di economia di mercato, in deroga all'obbligo di separazione societaria previsto dal comma 2-*bis* dell'art. 8 della l. 10 ottobre 1990, n. 287, adottano sistemi di contabilità separata per le attività oggetto di diritti speciali o esclusivi e per ciascuna attività.

2. Le società a controllo pubblico predispongono specifici programmi di valutazione del rischio di crisi aziendale e ne informano l'assemblea nell'ambito della relazione di cui al comma 4.

3. Fatte salve le funzioni degli organi di controllo previsti a norma di legge e di statuto, le società a controllo pubblico valutano l'opportunità di integrare, in considerazione delle dimensioni e delle caratteristiche organizzative nonché dell'attività svolta, gli strumenti di governo societario con i seguenti:

a) regolamenti interni volti a garantire la conformità dell'attività della società alle norme di tutela della concorrenza, comprese quelle in materia di concorrenza sleale, nonché alle norme di tutela della proprietà industriale o intellettuale;

b) un ufficio di controllo interno strutturato secondo criteri di adeguatezza rispetto alla dimensione e alla complessità dell'impresa sociale, che collabora con l'organo di controllo statutario, riscontrando tempestivamente le richieste da questo provenienti, e trasmette periodicamente all'organo di controllo statutario relazioni sulla regolarità e l'efficienza della gestione;

c) codici di condotta propri, o adesione a codici di condotta collettivi aventi a oggetto la disciplina dei comportamenti imprenditoriali nei confronti di consumatori, utenti, dipendenti e collaboratori, nonché altri portatori di legittimi interessi coinvolti nell'attività della società;

d) programmi di responsabilità sociale d'impresa, in conformità alle raccomandazioni della Commissione dell'Unione europea.

4. Gli strumenti eventualmente adottati ai sensi del comma 3 sono indicati nella relazione sul governo societario che le società controllate predispongono annualmente, a chiusura dell'esercizio sociale e pubblicano contestualmente al bilancio d'esercizio.

5. Qualora le società a controllo pubblico non integrino gli strumenti di governo societario con quelli di cui al comma 3, danno conto delle ragioni all'interno della relazione di cui al comma 4.

7. *Costituzione di società a partecipazione pubblica.* — 1. La deliberazione di partecipazione di un'amministrazione pubblica alla costituzione di una società è adottata con:

a) decreto del Presidente del Consiglio dei ministri, su proposta del Ministro dell'economia e delle finanze di concerto con i ministri competenti per materia, previa deliberazione del Consiglio dei ministri, in caso di partecipazioni statali;

b) provvedimento del competente organo della regione, in caso di partecipazioni regionali;

c) deliberazione del consiglio comunale, in caso di partecipazioni comunali;

d) delibera dell'organo amministrativo dell'ente, in tutti gli altri casi di partecipazioni pubbliche.

2. L'atto deliberativo è redatto in conformità a quanto previsto all'art. 5, comma 1.

3. L'atto deliberativo contiene altresì l'indicazione degli elementi essenziali dell'atto costitutivo, come previsti dagli artt. 2328 e 2463 del codice civile, rispettivamente per le società per azioni e per le società a responsabilità limitata.

4. L'atto deliberativo è pubblicato sui siti istituzionali dell'amministrazione pubblica partecipante.

5. Nel caso in cui sia prevista la partecipazione all'atto costitutivo di soci privati, la scelta di questi ultimi avviene con procedure di evidenza pubblica a norma dell'art. 5, comma 9, del d.lg. n. 50 del 2016.

6. Nel caso in cui una società a partecipazione pubblica sia costituita senza l'atto deliberativo di una o più amministrazioni pubbliche partecipanti, o l'atto deliberativo di partecipazione di una o più amministrazioni sia dichiarato nullo o annullato, le partecipazioni sono liquidate secondo quanto disposto dall'art. 24, comma 5. Se la mancanza o invalidità dell'atto deliberativo riguarda una partecipazione essenziale ai fini del conseguimento dell'oggetto sociale, si applicano le disposizioni di cui all'art. 2332 del codice civile.

(1) Le parole «Corte dei conti» sono state così sostituite alle precedenti «Corte di conti» dall'art. 6.1, lett. c, d.lg. 16 giugno 2017, n. 100.

7. Sono, altresì, adottati con le modalità di cui ai commi 1 e 2:

a) le modifiche di clausole dell'oggetto sociale che consentano un cambiamento significativo dell'attività della società;

b) la trasformazione della società;

c) il trasferimento della sede sociale all'estero;

d) la revoca dello stato di liquidazione.

8. *Acquisto di partecipazioni in società già costituite*. — 1. Le operazioni, anche mediante sottoscrizione di un aumento di capitale o partecipazione a operazioni straordinarie, che comportino l'acquisto da parte di un'amministrazione pubblica di partecipazioni in società già esistenti sono deliberate secondo le modalità di cui all'art. 7, commi 1 e 2.

2. L'eventuale mancanza o invalidità dell'atto deliberativo avente ad oggetto l'acquisto della partecipazione rende inefficace il contratto di acquisto della partecipazione medesima.

3. Le disposizioni del presente articolo si applicano anche all'acquisto, da parte di pubbliche amministrazioni, di partecipazioni in società quotate, unicamente nei casi in cui l'operazione comporti l'acquisto della qualità di socio.

9. *Gestione delle partecipazioni pubbliche*. — 1. Per le partecipazioni pubbliche statali i diritti del socio sono esercitati dal Ministero dell'economia e delle finanze, di concerto con altri Ministeri competenti per materia, individuati dalle relative disposizioni di legge o di regolamento ministeriale.

2. Per le partecipazioni regionali i diritti del socio sono esercitati secondo la disciplina stabilità dalla regione titolare delle partecipazioni.

3. Per le partecipazioni di enti locali i diritti del socio sono esercitati dal sindaco o dal presidente o da un loro delegato.

4. In tutti gli altri casi i diritti del socio sono esercitati dall'organo amministrativo dell'ente.

5. La conclusione, la modificazione e lo scioglimento di patti parasociali sono deliberati ai sensi dell'art. 7, comma 1.

6. La violazione delle disposizioni di cui ai commi da 1 a 5 e il contrasto con impegni assunti mediante patti parasociali non determinano l'invalidità delle deliberazioni degli organi della società partecipata, ferma restando la possibilità che l'esercizio del voto o la deliberazione siano invalidate in applicazione di norme generali di diritto privato.

7. Qualora lo statuto della società partecipata preveda, ai sensi dell'art. 2449 del codice civile, la facoltà del socio pubblico di nominare o revocare direttamente uno o più componenti di organi interni della società, i relativi atti sono efficaci dalla data di ricevimento, da parte della società, della comunicazione dell'atto di nomina o di revoca. È fatta salva l'applicazione dell'art. 2400, secondo comma, del codice civile.

8. Nei casi di cui al comma 7, la mancanza o invalidità dell'atto deliberativo interno di nomina o di revoca rileva come causa di invalidità dell'atto di nomina o di revoca anche nei confronti della società.

9. Le disposizioni del presente articolo si applicano anche alle partecipazioni di pubbliche amministrazioni nelle società quotate.

10. Resta fermo quanto disposto dal d.l. 15 marzo 2012, n. 21, convertito, con modificazioni, dalla l. 11 maggio 2012, n. 56.

10. *Alienazione di partecipazioni sociali*. — 1. Gli atti deliberativi aventi ad oggetto l'alienazione o la costituzione di vincoli su partecipazioni sociali delle amministrazioni pubbliche sono adottati secondo le modalità di cui all'art. 7, comma 1.

2. L'alienazione delle partecipazioni è effettuata nel rispetto dei principi di pubblicità, trasparenza e non discriminazione. In casi eccezionali, a seguito di deliberazione motivata dell'organo competente ai sensi del comma 1, che dà analiticamente atto della convenienza economica dell'operazione, con particolare riferimento alla congruità del prezzo di vendita, l'alienazione può essere effettuata mediante negoziazione diretta con un singolo acquirente. È fatto salvo il diritto di prelazione dei soci eventualmente previsto dalla legge o dallo statuto.

3. La mancanza o invalidità dell'atto deliberativo avente ad oggetto l'alienazione della partecipazione rende inefficace l'atto di alienazione della partecipazione.

4. È fatta salva la disciplina speciale in materia di alienazione delle partecipazioni dello Stato.

11. *Organi amministrativi e di controllo delle società a controllo pubblico*. — 1. Salvi gli ulteriori requisiti previsti dallo statuto, i componenti degli organi amministrativi e di controllo di società a controllo pubblico devono possedere i requisiti di onorabilità, professionalità e autonomia stabiliti con decreto del Presidente del Consiglio dei ministri, su proposta del Ministro dell'economia e delle finanze, previa intesa in Conferenza unificata ai sensi dell'art. 9 del d.lg. 28 agosto 1997, n. 281 (1). Resta fermo

(1) Le parole «, previa intesa in Conferenza unificata ai sensi dell'art. 9 del d.lg. 28 agosto 1997, n. 281» sono state inserite dall'art. 7.1, lett. a, d.lg. 16 giugno 2017, n. 100.

quanto disposto dall'art. 12 del d.lg. 8 aprile 2013, n. 39, e dall'art. 5, comma 9, del d.l. 6 luglio 2012, n. 95, convertito, con modificazioni, dalla l. 7 agosto 2012, n. 135.

2. L'organo amministrativo delle società a controllo pubblico è costituito, di norma, da un amministratore unico.

3. L'assemblea della società a controllo pubblico, con delibera motivata con riguardo a specifiche ragioni di adeguatezza organizzativa e tenendo conto delle esigenze di contenimento dei costi, può disporre che la società sia amministrata da un consiglio di amministrazione composto da tre o cinque membri, ovvero che sia adottato uno dei sistemi alternativi di amministrazione e controllo previsti dai par. 5 e 6 della sezione VI-*bis* del capo V del titolo V del libro V del codice civile. La delibera è trasmessa alla sezione della Corte dei conti competente ai sensi dell'art. 5, comma 4, e alla struttura di cui all'art. 15 (1).

4. Nella scelta degli amministratori delle società a controllo pubblico, le amministrazioni assicurano il rispetto del principio di equilibrio di genere, almeno nella misura di un terzo, da computare sul numero complessivo delle designazioni o nomine effettuate in corso d'anno. Qualora la società abbia un organo amministrativo collegiale, lo statuto prevede che la scelta degli amministratori da eleggere sia effettuata nel rispetto dei criteri stabiliti dalla l. 12 luglio 2011, n. 120.

5. Quando la società a controllo pubblico sia costituita in forma di società a responsabilità limitata, non è consentito, in deroga all'art. 2475, terzo comma, del codice civile, prevedere che l'amministrazione sia affidata, disgiuntamente o congiuntamente, a due o più soci.

6. Con decreto del Ministro dell'economia e delle finanze [...] (2), previo parere delle Commissioni parlamentari competenti, per le società a controllo pubblico sono definiti indicatori dimensionali quantitativi e qualitativi al fine di individuare fino a cinque fasce per la classificazione delle suddette società. Per le società controllate dalle regioni o dagli enti locali, il decreto di cui al primo periodo è adottato previa intesa in Conferenza unificata ai sensi dell'art. 9 del d.lg. 28 agosto 1997, n. 281 (3). Per ciascuna fascia è determinato, in proporzione, il limite dei compensi massimi al quale gli organi di dette società devono fare riferimento, secondo criteri oggettivi e trasparenti, per la determinazione del trattamento economico annuo onnicomprensivo da corrispondere agli amministratori, ai titolari e componenti degli organi di controllo, ai dirigenti e ai dipendenti, che non potrà comunque eccedere il limite massimo di euro 240.000 annui al lordo dei contributi previdenziali e assistenziali e degli oneri fiscali a carico del beneficiario, tenuto conto anche dei compensi corrisposti da altre pubbliche amministrazioni o da altre società a controllo pubblico. Le stesse società verificano il rispetto del limite massimo del trattamento economico annuo onnicomprensivo dei propri amministratori e dipendenti fissato con il suddetto decreto. Sono in ogni caso fatte salve le disposizioni legislative e regolamentari che prevedono limiti ai compensi inferiori a quelli previsti dal decreto di cui al presente comma. Il decreto stabilisce altresì i criteri di determinazione della parte variabile della remunerazione, commisurata ai risultati di bilancio raggiunti dalla società nel corso dell'esercizio precedente. In caso di risultati negativi attribuibili alla responsabilità dell'amministratore, la parte variabile non può essere corrisposta.

7. Fino all'emanazione del decreto di cui al comma 6 restano in vigore le disposizioni di cui all'art. 4, comma 4, secondo periodo, del d.l. 6 luglio 2012, n. 95, convertito, con modificazioni, dalla l. 7 agosto 2012, n. 135, e successive modificazioni, e al decreto del Ministro dell'economia e delle finanze 24 dicembre 2013, n. 166.

8. Gli amministratori delle società a controllo pubblico non possono essere dipendenti delle amministrazioni pubbliche controllanti o vigilanti. Qualora siano dipendenti della società controllante, in virtù del principio di onnicomprensività della retribuzione, fatto salvo il diritto alla copertura assicurativa e al rimborso delle spese documentate, nel rispetto del limite di spesa di cui al comma 6, essi hanno l'obbligo di riversare i relativi compensi alla società di appartenenza. Dall'applicazione del presente comma non possono derivare aumenti della spesa complessiva per i compensi degli amministratori.

9. Gli statuti delle società a controllo pubblico prevedono altresì:

a) l'attribuzione da parte del consiglio di amministrazione di deleghe di gestione a un solo amministratore, salva l'attribuzione di deleghe al presidente ove preventivamente autorizzata dall'assemblea;

(1) Comma così sostituito dall'art. 7.1, lett. b, d.lg. 16 giugno 2017, n. 100.

(2) Le parole «, sentita la Conferenza unificata per i profili di competenza» sono state soppresse dall'art. 7.1, lett. c, d.lg. 16 giugno 2017, n. 100.

(3) Periodo inserito dall'art. 7.1, lett. c, d.lg. 16 giugno 2017, n. 100.

b) l'esclusione della carica di vicepresidente o la previsione che la carica stessa sia attribuita esclusivamente quale modalità di individuazione del sostituto del presidente in caso di assenza o impedimento, senza riconoscimento di compensi aggiuntivi;

c) il divieto di corrispondere gettoni di presenza o premi di risultato deliberati dopo lo svolgimento dell'attività, e il divieto di corrispondere trattamenti di fine mandato, ai componenti degli organi sociali;

d) il divieto di istituire organi diversi da quelli previsti dalle norme generali in tema di società.

10. È comunque fatto divieto di corrispondere ai dirigenti delle società a controllo pubblico indennità o trattamenti di fine mandato diversi o ulteriori rispetto a quelli previsti dalla legge o dalla contrattazione collettiva ovvero di stipulare patti o accordi di non concorrenza, anche ai sensi dell'art. 2125 del codice civile.

11. Nelle società di cui amministrazioni pubbliche detengono il controllo indiretto, non è consentito nominare, nei consigli di amministrazione o di gestione, amministratori della società controllante, a meno che siano attribuite ai medesimi deleghe gestionali a carattere continuativo ovvero che la nomina risponda all'esigenza di rendere disponibili alla società controllata particolari e comprovate competenze tecniche degli amministratori della società controllante o di favorire l'esercizio dell'attività di direzione e coordinamento.

12. Coloro che hanno un rapporto di lavoro con società a controllo pubblico e che sono al tempo stesso componenti degli organi di amministrazione della società con cui è instaurato il rapporto di lavoro, sono collocati in aspettativa non retribuita e con sospensione della loro iscrizione ai competenti istituti di previdenza e di assistenza, salvo che rinuncino ai compensi dovuti a qualunque titolo agli amministratori.

13. Le società a controllo pubblico limitano ai casi previsti dalla legge la costituzione di comitati con funzioni consultive o di proposta. Per il caso di loro costituzione, non può comunque essere riconosciuta ai componenti di tali comitati alcuna remunerazione complessivamente superiore al 30 per cento del compenso deliberato per la carica di componente dell'organo amministrativo e comunque proporzionata alla qualificazione professionale e all'entità dell'impegno richiesto.

14. Restano ferme le disposizioni in materia di inconferibilità e incompatibilità di incarichi di cui al d.lg. 8 aprile 2013, n. 39.

15. Agli organi di amministrazione e controllo delle società in house si applica il d.l. 16 maggio 1994, n. 293, convertito, con modificazioni, dalla l. 15 luglio 1994, n. 444.

16. Nelle società a partecipazione pubblica ma non a controllo pubblico, l'amministrazione pubblica che sia titolare di una partecipazione pubblica superiore al dieci per cento del capitale propone agli organi societari l'introduzione di misure analoghe a quelle di cui ai commi 6 e 10.

12. *Responsabilità degli enti partecipanti e dei componenti degli organi delle società partecipate*. — 1. I componenti degli organi di amministrazione e controllo delle società partecipate sono soggetti alle azioni civili di responsabilità previste dalla disciplina ordinaria delle società di capitali, salva la giurisdizione della Corte dei conti per il danno erariale causato dagli amministratori e dai dipendenti delle società in house. È devoluta alla Corte dei conti, nei limiti della quota di partecipazione pubblica, la giurisdizione sulle controversie in materia di danno erariale di cui al comma 2.

2. Costituisce danno erariale il danno, patrimoniale o non patrimoniale, subito dagli enti partecipanti, ivi compreso il danno conseguente alla condotta dei rappresentanti degli enti pubblici partecipanti o comunque dei titolari del potere di decidere per essi, che, nell'esercizio dei propri diritti di socio, abbiano con dolo o colpa grave pregiudicato il valore della partecipazione.

13. *Controllo giudiziario sull'amministrazione di società a controllo pubblico*. — 1. Nelle società a controllo pubblico, in deroga ai limiti minimi di partecipazione previsti dall'art. 2409 del codice civile, ciascuna amministrazione pubblica socia, indipendentemente dall'entità della partecipazione di cui è titolare, è legittimata a presentare denunzia di gravi irregolarità al tribunale.

2. Il presente articolo si applica anche alle società a controllo pubblico costituite in forma di società a responsabilità limitata.

14. *Crisi d'impresa di società a partecipazione pubblica*. — 1. Le società a partecipazione pubblica sono soggette alle disposizioni sul fallimento e sul concordato preventivo, nonché, ove ne ricorrano i presupposti, a quelle in materia di amministrazione straordinaria delle grandi imprese in stato di insolvenza (1) di

(1) Le parole «in stato di insolvenza» sono state così sostituite alle precedenti «insolventi» dall'art. 8.1, lett. a, d.lg. 16 giugno 2017, n. 100.

cui al d.lg. 8 luglio 1999, n. 270, e al d.l. 23 dicembre 2003, n. 347, convertito, con modificazioni, dalla l. 18 febbraio 2004, n. 39.

2. Qualora emergano, nell'ambito dei programmi di valutazione del rischio di cui all'art. 6, comma 2 (1), uno o più indicatori di crisi aziendale, l'organo amministrativo della società a controllo pubblico adotta senza indugio i provvedimenti necessari al fine di prevenire l'aggravamento della crisi, di correggerne gli effetti ed eliminarne le cause, attraverso un idoneo piano di risanamento.

3. Quando si determini la situazione di cui al comma 2 (2), la mancata adozione di provvedimenti adeguati, da parte dell'organo amministrativo, costituisce grave irregolarità ai sensi dell'art. 2409 del codice civile.

4. Non costituisce provvedimento adeguato, ai sensi dei commi 1 e 2, la previsione di un ripianamento delle perdite da parte dell'amministrazione o delle amministrazioni pubbliche socie, anche se attuato in concomitanza a un aumento di capitale o ad un trasferimento straordinario di partecipazioni o al rilascio di garanzie o in qualsiasi altra forma giuridica, a meno che tale intervento sia accompagnato da un piano di ristrutturazione aziendale, dal quale risulti comprovata la sussistenza di concrete prospettive di recupero dell'equilibrio economico delle attività svolte, approvato ai sensi del comma 2 (3), anche in deroga al comma 5.

5. Le amministrazioni di cui all'art. 1, comma 3, della l. 31 dicembre 2009, n. 196, non possono, salvo quanto previsto dagli artt. 2447 e 2482-*ter* del codice civile, sottoscrivere aumenti di capitale, effettuare trasferimenti straordinari, aperture di credito (4), né rilasciare garanzie a favore delle società partecipate, con esclusione delle società quotate e degli istituti di credito, che abbiano registrato, per tre esercizi consecutivi, perdite di esercizio ovvero che abbiano utilizzato riserve disponibili per il ripianamento di perdite anche infrannuali. Sono in ogni caso consentiti i trasferimenti straordinari alle società di cui al primo periodo, a fronte di convenzioni, contratti di servizio o di programma relativi allo svolgimento di servizi di pubblico interesse ovvero alla realizzazione di investimenti, purché le misure indicate siano contemplate in un piano di risanamento, approvato dall'Autorità di regolazione di settore ove esistente e comunicato alla Corte dei conti con le modalità di cui all'art. 5, che contempli il raggiungimento dell'equilibrio finanziario entro tre anni. Al fine di salvaguardare la continuità nella prestazione di servizi di pubblico interesse, a fronte di gravi pericoli per la sicurezza pubblica, l'ordine pubblico e la sanità, su richiesta della amministrazione interessata, con decreto del Presidente del Consiglio dei ministri, adottato su proposta del Ministro dell'economia e delle finanze, di concerto con gli altri Ministri competenti e soggetto a registrazione della Corte dei conti, possono essere autorizzati gli interventi di cui al primo periodo del presente comma.

6. Nei cinque anni successivi alla dichiarazione di fallimento di una società a controllo pubblico titolare di affidamenti diretti, le pubbliche amministrazioni controllanti non possono costituire nuove società, né acquisire o mantenere partecipazioni in società, qualora le stesse gestiscano i medesimi servizi di quella dichiarata fallita.

15. *Monitoraggio, indirizzo e coordinamento sulle società a partecipazione pubblica*. — 1. Nell'ambito del Ministero dell'economia e delle finanze, nei limiti delle risorse disponibili a legislazione vigente, con decreto del Ministro dell'economia e delle finanze (5), è individuata la struttura competente per l'indirizzo (6), il controllo e il monitoraggio sull'attuazione del presente decreto. Il Ministero dell'economia e delle finanze assicura la separazione, a livello organizzativo, tra la suddetta struttura e gli uffici responsabili dell'esercizio dei diritti sociali.

2. Fatte salve le norme di settore e le competenze dalle stesse previste, ai fini dell'applicazione delle disposizioni del presente decreto, la struttura di cui al comma 1 fornisce orientamenti e indicazioni in materia di applicazione del presente decreto e del d.lg. 11 novembre

(1) Le parole «comma 2» sono state così sostituite alle precedenti «comma 3» dall'art. 8.1, lett. b, d.lg. 16 giugno 2017, n. 100.

(2) Le parole «comma 2» sono state così sostituite alle precedenti «comma 1» dall'art. 8.1, lett. c, d.lg. 16 giugno 2017, n. 100.

(3) Le parole «comma 2» sono state così sostituite alle precedenti «comma 4» dall'art. 8.1, lett. d, d.lg. 16 giugno 2017, n. 100.

(4) Le parole «sottoscrivere aumenti di capitale, effettuare trasferimenti straordinari, aperture di credito» sono state così sostituite alle precedenti «effettuare aumenti di capitale, trasferimenti straordinari, aperture di credito» dall'art. 8.1, lett. a, d.lg. 16 giugno 2017, n. 100.

(5) Le parole «con decreto del Ministro dell'economia e delle finanze,» sono state inserite dall'art. 9, d.lg. 16 giugno 2017, n. 100.

(6) Le parole «l'indirizzo,» sono state inserite dall'art. 9, d.lg. 16 giugno 2017, n. 100.

2003, n. 333, e promuove le migliori pratiche presso le società a partecipazione pubblica, adotta nei confronti delle stesse società le direttive sulla separazione contabile e verifica il loro rispetto, ivi compresa la relativa trasparenza.

3. La struttura di cui al comma 1 tiene un elenco pubblico, accessibile anche in via telematica, di tutte le società a partecipazione pubblica esistenti, utilizzando le informazioni della banca dati di cui all'art. 17, comma 4, del d.l. 24 giugno 2014, n. 90, convertito, con modificazioni, dalla l. 11 agosto 2014, n. 114.

4. Fermo restando quanto disposto dal citato art. 17, comma 4, del d.l. n. 90 del 2014, le amministrazioni pubbliche e le società a partecipazione pubblica inviano alla struttura cui al comma 1, con le modalità e nei termini da essa stabiliti, le segnalazioni periodiche e ogni altro dato o documento richiesto. Esse trasmettono anche i bilanci e gli altri documenti obbligatori, di cui all'art. 6 del presente decreto, con le modalità e nei termini stabiliti dalla medesima struttura.

5. In relazione agli obblighi previsti dal presente decreto, i poteri ispettivi di cui all'art. 6, comma 3, del d.l. 6 luglio 2012, n. 95, convertito, con modificazioni, dalla l. 7 agosto 2012, n. 135, sono esercitati nei confronti di tutte le società a partecipazione pubblica.

16. *Società in house*. — 1. Le società in house ricevono affidamenti diretti di contratti pubblici dalle amministrazioni che esercitano su di esse il controllo analogo o da ciascuna delle amministrazioni che esercitano su di esse il controllo analogo congiunto solo se non vi sia partecipazione di capitali privati, ad eccezione di quella prescritta da norme di legge e che avvenga in forme che non comportino controllo o potere di veto, né l'esercizio di un'influenza determinante sulla società controllata.

2. Ai fini della realizzazione dell'assetto organizzativo di cui al comma 1:

a) gli statuti delle società per azioni possono contenere clausole in deroga delle disposizioni dell'art. 2380-*bis* e dell'art. 2409-*novies* del codice civile;

b) gli statuti delle società a responsabilità limitata possono prevedere l'attribuzione all'ente o agli enti pubblici soci di particolari diritti, ai sensi dell'art. 2468, terzo comma, del codice civile;

c) in ogni caso, i requisiti del controllo analogo possono essere acquisiti anche mediante la conclusione di appositi patti parasociali; tali patti possono avere durata superiore a cinque anni, in deroga all'art. 2341-*bis*, primo comma, del codice civile.

3. Gli statuti delle società di cui al presente articolo devono prevedere che oltre l'ottanta per cento del loro fatturato sia effettuato nello svolgimento dei compiti a esse affidati dall'ente pubblico o dagli enti pubblici soci [...] (1).

3-*bis*. La produzione ulteriore rispetto al limite di fatturato di cui al comma 3, che può essere rivolta anche a finalità diverse, è consentita solo a condizione che la stessa permetta di conseguire economie di scala o altri recuperi di efficienza sul complesso dell'attività principale della società (2).

4. Il mancato rispetto del limite quantitativo di cui al comma 3 costituisce grave irregolarità ai sensi dell'art. 2409 del codice civile e dell'art. 15 del presente decreto.

5. Nel caso di cui al comma 4, la società può sanare l'irregolarità se, entro tre mesi dalla data in cui la stessa si è manifestata, rinunci a una parte dei rapporti [...] (3) con soggetti terzi, sciogliendo i relativi rapporti contrattuali, ovvero rinunci agli affidamenti diretti da parte dell'ente o degli enti pubblici soci, sciogliendo i relativi rapporti. In quest'ultimo caso le attività precedentemente affidate alla società controllata devono essere riaffidate, dall'ente o dagli enti pubblici soci, mediante procedure competitive regolate dalla disciplina in materia di contratti pubblici, entro i sei mesi successivi allo scioglimento del rapporto contrattuale. Nelle more dello svolgimento delle procedure di gara i beni o servizi continueranno ad essere forniti dalla stessa società controllata.

6. Nel caso di rinuncia agli affidamenti diretti, di cui al comma 5, la società può continuare la propria attività se e in quanto sussistano i requisiti di cui all'art. 4. A seguito della cessazione degli affidamenti diretti, perdono efficacia le clausole statutarie e i patti parasociali finalizzati a realizzare i requisiti del controllo analogo.

7. Le società di cui al presente articolo sono

(1) Le parole «e che la produzione ulteriore rispetto al suddetto limite di fatturato sia consentita solo a condizione che la stessa permetta di conseguire economie di scala o altri recuperi di efficienza sul complesso dell'attività principale della società» sono state soppresse dall'art. 10.1, lett. a, d.lg. 16 giugno 2017, n. 100.

(2) Comma inserito dall'art. 10.1, lett. b, d.lg. 16 giugno 2017, n. 100.

(3) Le parole «di fornitura» sono state soppresse dall'art. 10.1, lett. c, d.lg. 16 giugno 2017, n. 100.

tenute all'acquisto di lavori, beni e servizi secondo la disciplina di cui al d.lg. n. 50 del 2016. Resta fermo quanto previsto dagli artt. 5 e (1) 192 del medesimo d.lg. n. 50 del 2016.

17. *Società a partecipazione mista pubblico-privata*. — 1. Nelle società a partecipazione mista pubblico-privata (2) la quota di partecipazione del soggetto privato non può essere inferiore al trenta per cento e la selezione del medesimo si svolge con procedure di evidenza pubblica a norma dell'art. 5, comma 9, del d.lg. n. 50 del 2016 e ha a oggetto, al contempo, la sottoscrizione o l'acquisto della partecipazione societaria da parte del socio privato e l'affidamento del contratto di appalto o di concessione oggetto esclusivo dell'attività della società mista.

2. Il socio privato deve possedere i requisiti di qualificazione previsti da norme legali o regolamentari in relazione alla prestazione per cui la società è stata costituita. All'avviso pubblico sono allegati la bozza dello statuto e degli eventuali accordi parasociali, nonché degli elementi essenziali del contratto di servizio e dei disciplinari e regolamenti di esecuzione che ne costituiscono parte integrante. Il bando di gara deve specificare l'oggetto dell'affidamento, i necessari requisiti di qualificazione generali e speciali di carattere tecnico ed economico-finanziario dei concorrenti, nonché il criterio di aggiudicazione che garantisca una valutazione delle offerte in condizioni di concorrenza effettiva in modo da individuare un vantaggio economico complessivo per l'amministrazione pubblica che ha indetto la procedura. I criteri di aggiudicazione possono includere, tra l'altro, aspetti qualitativi ambientali, sociali connessi all'oggetto dell'affidamento o relativi all'innovazione.

3. La durata della partecipazione privata alla società, aggiudicata ai sensi del comma 1 del presente articolo, non può essere superiore alla durata dell'appalto o della concessione. Lo statuto prevede meccanismi idonei a determinare lo scioglimento del rapporto societario in caso di risoluzione del contratto di servizio.

4. Nelle società di cui al presente articolo:

a) gli statuti delle società per azioni possono contenere clausole in deroga delle disposizioni dell'art. 2380-*bis* e dell'art. 2409-*novies* del codice civile al fine di consentire il controllo interno del socio pubblico sulla gestione dell'impresa;

b) gli statuti delle società a responsabilità limitata possono prevedere l'attribuzione all'ente o agli enti pubblici partecipanti e ai soci privati di particolari diritti, ai sensi dell'art. 2468, terzo comma, del codice civile, e derogare all'art. 2479, primo comma, del codice civile nel senso di eliminare o limitare la competenza dei soci;

c) gli statuti delle società per azioni possono prevedere l'emissione di speciali categorie di azioni e di azioni con prestazioni accessorie da assegnare al socio privato;

d) i patti parasociali possono avere durata superiore a cinque anni, in deroga all'art. 2341-*bis*, primo comma, del codice civile, purché entro i limiti di durata del contratto per la cui esecuzione la società è stata costituita.

5. Nel rispetto delle disposizioni del presente articolo, al fine di ottimizzare la realizzazione e la gestione di più opere e servizi, anche non simultaneamente assegnati, la società può emettere azioni correlate ai sensi dell'art. 2350, secondo comma, del codice civile, o costituire patrimoni destinati o essere assoggettata a direzione e coordinamento da parte di un'altra società.

6. Alle società di cui al presente articolo che non siano organismi di diritto pubblico, costituite per la realizzazione di lavori o opere o per la produzione di beni o servizi non destinati ad essere collocati sul mercato in regime di concorrenza, per la realizzazione dell'opera pubblica o alla gestione del servizio per i quali sono state specificamente costituite non si applicano le disposizioni del d.lg. n. 50 del 2016, se ricorrono le seguenti condizioni:

a) la scelta del socio privato è avvenuta nel rispetto di procedure di evidenza pubblica;

b) il socio privato ha i requisiti di qualificazione previsti dal d.lg. n. 50 del 2016 in relazione alla prestazione per cui la società è stata costituita;

c) la società provvede in via diretta alla realizzazione dell'opera o del servizio, in misura superiore al 70% del relativo importo.

18. *Quotazione di società a controllo pubblico in mercati regolamentati*. — 1. Le società controllate da una o più amministrazioni pubbliche possono quotare azioni o altri strumenti finanziari in mercati regolamentati, a seguito di deliberazione adottata ai sensi dell'art. 5, comma 1, secondo le modalità di cui all'art. 7, comma 1. L'atto deliberativo prevede uno spe-

(1) Le parole «dagli artt. 5 e» sono state così sostituite alle precedenti «dall'art.» dall'art. 10.1, lett. d, d.lg. 16 giugno 2017, n. 100.

(2) Le parole «a partecipazione mista pubblico-privata» sono state così sostituite alle precedenti «costituite per le finalità di cui all'art. 4, comma 2, lett. *c*),» dall'art. 11, d.lg. 16 giugno 2017, n. 100.

cifico programma avente ad oggetto il mantenimento o la progressiva dismissione del controllo pubblico sulla società quotata.

2. L'atto deliberativo avente ad oggetto la richiesta di ammissione alla quotazione è adottato con le modalità di cui all'art. 7, comma 1.

3. È fatta salva la possibilità di quotazione in mercati regolamentati di società a partecipazione pubblica singolarmente individuate, soggette a regimi speciali in base ad apposite norme di legge.

19. *Gestione del personale*. — 1. Salvo quanto previsto dal presente decreto, ai rapporti di lavoro dei dipendenti delle società a controllo pubblico si applicano le disposizioni del capo I, titolo II, del libro V del codice civile, dalle leggi sui rapporti di lavoro subordinato nell'impresa, ivi incluse quelle in materia di ammortizzatori sociali, secondo quanto previsto dalla normativa vigente, e dai contratti collettivi.

2. Le società a controllo pubblico stabiliscono, con propri provvedimenti, criteri e modalità per il reclutamento del personale nel rispetto dei principi, anche di derivazione europea, di trasparenza, pubblicità e imparzialità e dei principi di cui all'art. 35, comma 3, del d.lg. 30 marzo 2001, n. 165. In caso di mancata adozione dei suddetti provvedimenti, trova diretta applicazione il suddetto art. 35, comma 3, del d.lg. n. 165 del 2001.

3. I provvedimenti di cui al comma 2 sono pubblicati sul sito istituzionale della società. In caso di mancata o incompleta pubblicazione si applicano gli artt. 22, comma 4, 46 e 47, comma 2, del d.lg. 14 marzo 2013, n. 33.

4. Salvo quanto previsto dall'art. 2126 del codice civile, ai fini retributivi, i contratti di lavoro stipulati in assenza dei provvedimenti o delle procedure di cui al comma 2, sono nulli. Resta ferma la giurisdizione ordinaria sulla validità dei provvedimenti e delle procedure di reclutamento del personale.

5. Le amministrazioni pubbliche socie fissano, con propri provvedimenti, obiettivi specifici, annuali e pluriennali, sul complesso delle spese di funzionamento, ivi comprese quelle per il personale, delle società controllate, anche attraverso il contenimento degli oneri contrattuali e delle assunzioni di personale e tenuto conto di quanto stabilito all'art. 25, ovvero delle eventuali disposizioni che stabiliscono, a loro carico, divieti o limitazioni alle assunzioni di personale, tenendo conto del settore in cui ciascun soggetto opera (1).

6. Le società a controllo pubblico garantiscono il concreto perseguimento degli obiettivi di cui al comma 5 tramite propri provvedimenti da recepire, ove possibile, nel caso del contenimento degli oneri contrattuali, in sede di contrattazione di secondo livello.

7. I provvedimenti e i contratti di cui ai commi 5 e 6 sono pubblicati sul sito istituzionale della società e delle pubbliche amministrazioni socie. In caso di mancata o incompleta pubblicazione si applicano l'art. 22, comma 4, 46 e 47, comma 2, del d.lg. 14 marzo 2013, n. 33.

8. Le pubbliche amministrazioni titolari di partecipazioni di controllo in società, in caso di reinternalizzazione di funzioni o servizi esternalizzati, affidati alle società stesse, procedono, prima di poter effettuare nuove assunzioni, al riassorbimento delle unità di personale già dipendenti a tempo indeterminato da amministrazioni pubbliche e transitate alle dipendenze della società interessata dal processo di reinternalizzazione, mediante l'utilizzo delle procedure di mobilità di cui all'art. 30 del d.lg. n. 165 del 2001 e nel rispetto dei vincoli in materia di finanza pubblica e contenimento delle spese di personale. Il riassorbimento può essere disposto solo nei limiti dei posti vacanti nelle dotazioni organiche dell'amministrazione interessata e nell'ambito delle facoltà assunzionali disponibili. La spesa per il riassorbimento del personale già in precedenza dipendente dalle stesse amministrazioni con rapporto di lavoro a tempo indeterminato non rileva nell'ambito delle facoltà assunzionali disponibili e, per gli enti territoriali, anche del parametro di cui all'art. 1, comma 557-*quater*, della l. n. 296 del 2006, a condizione che venga fornita dimostrazione, certificata dal parere dell'organo di revisione economico-finanziaria, che le esternalizzazioni siano state effettuate nel rispetto degli adempimenti previsti dall'art. 6-*bis* del d.lg. 30 marzo 2001, n. 165, e, in particolare, a condizione che:

a) in corrispondenza del trasferimento alla società della funzione sia stato trasferito anche il personale corrispondente alla funzione medesima, con le correlate risorse stipendiali;

b) la dotazione organica dell'ente sia stata corrispondentemente ridotta e tale contingente di personale non sia stato sostituito;

c) siano state adottate le necessarie misure di riduzione dei fondi destinati alla contrattazione integrativa;

d) l'aggregato di spesa complessiva del

(1) Le parole «, tenendo conto del settore in cui ciascun soggetto opera» sono state aggiunte dall'art. 12.1, lett. a, d.lg. 16 giugno 2017, n. 100.

personale soggetto ai vincoli di contenimento sia stato ridotto in misura corrispondente alla spesa del personale trasferito alla società (1).

9. Le disposizioni di cui all'art. 1, commi da 565 a 568 della l. 27 dicembre 2013, n. 147, continuano ad applicarsi fino alla data di pubblicazione del decreto di cui all'art. 25, comma 1, e comunque non oltre il 31 dicembre 2017 (2).

20. *Razionalizzazione periodica delle partecipazioni pubbliche*. — 1. Fermo quanto previsto dall'art. 24, comma 1, le amministrazioni pubbliche effettuano annualmente, con proprio provvedimento, un'analisi dell'assetto complessivo delle società in cui detengono partecipazioni, dirette o indirette, predisponendo, ove ricorrano i presupposti di cui al comma 2, un piano di riassetto per la loro razionalizzazione, fusione o soppressione, anche mediante messa in liquidazione o cessione. Fatto salvo quanto previsto dall'art. 17, comma 4, del d.l. 24 giugno 2014, n. 90, convertito, con modificazioni, dalla l. 11 agosto 2014, n. 114, le amministrazioni che non detengono alcuna partecipazione lo comunicano alla sezione della Corte dei conti competente ai sensi dell'art. 5, comma 4, e alla struttura di cui all'art. 15.

2. I piani di razionalizzazione, corredati di un'apposita relazione tecnica, con specifica indicazione di modalità e tempi di attuazione, sono adottati ove, in sede di analisi di cui al comma 1, le amministrazioni pubbliche rilevino:

a) partecipazioni societarie che non rientrino in alcuna delle categorie di cui all'art. 4;

b) società che risultino prive di dipendenti o abbiano un numero di amministratori superiore a quello dei dipendenti;

c) partecipazioni in società che svolgono attività analoghe o similari a quelle svolte da altre società partecipate o da enti pubblici strumentali;

d) partecipazioni in società che, nel triennio precedente, abbiano conseguito un fatturato medio non superiore a un milione di euro;

e) partecipazioni in società diverse da quelle costituite per la gestione di un servizio d'interesse generale che abbiano prodotto un risultato negativo per quattro dei cinque esercizi precedenti;

f) necessità di contenimento dei costi di funzionamento;

g) necessità di aggregazione di società aventi ad oggetto le attività consentite all'art. 4.

3. I provvedimenti di cui ai commi 1 e 2 sono adottati entro il 31 dicembre di ogni anno e sono trasmessi con le modalità di cui all'art. 17 del d.l. n. 90 del 2014, convertito, con modificazioni, dalla legge di conversione 11 agosto 2014, n. 114 e rese disponibili alla struttura di cui all'art. 15 e alla sezione di controllo della Corte dei conti competente ai sensi dell'art. 5, comma 4.

4. In caso di adozione del piano di razionalizzazione, entro il 31 dicembre dell'anno successivo le pubbliche amministrazioni approvano una relazione sull'attuazione del piano, evidenziando i risultati conseguiti, e la trasmettono alla struttura di cui all'art. 15 e alla sezione di controllo della Corte dei conti competente ai sensi dell'art. 5, comma 4.

5. I piani di riassetto possono prevedere anche la dismissione o l'assegnazione in virtù di operazioni straordinarie delle partecipazioni societarie acquistate anche per espressa previsione normativa. I relativi atti di scioglimento delle società o di alienazione delle partecipazioni sociali sono disciplinati, salvo quanto diversamente disposto nel presente decreto, dalle disposizioni del codice civile e sono compiuti anche in deroga alla previsione normativa originaria riguardante la costituzione della società o l'acquisto della partecipazione.

6. Resta ferma la disposizione dell'art. 1, comma 568-*bis*, della l. 27 dicembre 2013, n. 147.

7. La mancata adozione degli atti di cui ai commi da 1 a 4 da parte degli enti locali (3) comporta la sanzione amministrativa del pagamento di una somma da un minimo di euro 5.000 a un massimo di euro 500.000, salvo il danno eventualmente rilevato in sede di giudizio amministrativo contabile, comminata dalla competente sezione giurisdizionale regionale della Corte dei conti. Si applica l'art. 24, commi 5, 6, 7, 8 e 9.

8. Resta fermo quanto previsto dall'art. 29, comma 1-*ter*, del d.l. 6 luglio 2011, n. 98, convertito, con modificazioni, dalla l. 15 luglio 2011, n. 111, e dall'art. 1, commi da 611 a 616, della l. 23 dicembre 2014, n. 190.

9. Entro un anno dalla data di entrata in vigore del presente decreto, il conservatore del registro delle imprese cancella d'ufficio dal registro delle imprese, con gli effetti previ-

(1) Periodo aggiunto dall'art. 12.1, lett. b, d.lg. 16 giugno 2017, n. 100.

(2) Le parole «fino alla data di pubblicazione del decreto di cui all'art. 25, comma 1, e comunque non oltre il 31 dicembre 2017» sono state così sostituite alle precedenti «alle sole procedure in corso alla data di entrata in vigore del presente decreto» dall'art. 12.1, lett. c, d.lg. 16 giugno 2017, n. 100.

(3) Le parole «da parte degli enti locali» sono state inserite dall'art. 13, d.lg. 16 giugno 2017, n. 100.

sti dall'art. 2495 del codice civile, le società a controllo pubblico che, per oltre tre anni consecutivi, non abbiano depositato il bilancio d'esercizio ovvero non abbiano compiuto atti di gestione. Prima di procedere alla cancellazione, il conservatore comunica l'avvio del procedimento agli amministratori o ai liquidatori, che possono, entro 60 giorni, presentare formale e motivata domanda di prosecuzione dell'attività, corredata dell'atto deliberativo delle amministrazioni pubbliche socie, adottata nelle forme e con i contenuti previsti dall'art. 5. In caso di regolare presentazione della domanda, non si dà seguito al procedimento di cancellazione. Unioncamere presenta, entro due anni dalla data di entrata in vigore del presente decreto, alla struttura di cui all'art. 15, una dettagliata relazione sullo stato di attuazione della presente norma.

21. *Norme finanziarie sulle società partecipate dalle amministrazioni locali.* — 1. Nel caso in cui società partecipate dalle pubbliche amministrazioni locali comprese nell'elenco di cui all'art. 1, comma 3, della l. 31 dicembre 2009, n. 196, presentino un risultato di esercizio negativo, le pubbliche amministrazioni locali partecipanti, che adottano la contabilità finanziaria, accantonano nell'anno successivo in apposito fondo vincolato un importo pari al risultato negativo non immediatamente ripianato, in misura proporzionale alla quota di partecipazione. Le pubbliche amministrazioni locali che adottano la contabilità civilistica adeguano il valore della partecipazione, nel corso dell'esercizio successivo, all'importo corrispondente alla frazione del patrimonio netto della società partecipata ove il risultato negativo non venga immediatamente ripianato e costituisca perdita durevole di valore. Per le società che redigono il bilancio consolidato, il risultato di esercizio è quello relativo a tale bilancio. Limitatamente alle società che svolgono servizi pubblici a rete di rilevanza economica, per risultato si intende la differenza tra valore e costi della produzione ai sensi dell'art. 2425 del codice civile. L'importo accantonato è reso disponibile in misura proporzionale alla quota di partecipazione nel caso in cui l'ente partecipante ripiani la perdita di esercizio o dismetta la partecipazione o il soggetto partecipato sia posto in liquidazione. Nel caso in cui i soggetti partecipati ripianino in tutto o in parte le perdite conseguite negli esercizi precedenti l'importo accantonato viene reso disponibile agli enti partecipanti in misura corrispondente e proporzionale alla quota di partecipazione.

2. Gli accantonamenti e le valutazioni di cui al comma 1 si applicano a decorrere dall'anno 2015. In sede di prima applicazione, per gli anni 2015, 2016 e 2017, in presenza di adozione della contabilità finanziaria:

a) l'ente partecipante a società che hanno registrato nel triennio 2011-2013 un risultato medio negativo accantona, in proporzione alla quota di partecipazione, una somma pari alla differenza tra il risultato conseguito nell'esercizio precedente e il risultato medio 2011-2013 migliorato, rispettivamente, del 25 per cento per il 2014, del 50 per cento per il 2015 e del 75 per cento per il 2016; qualora il risultato negativo sia peggiore di quello medio registrato nel triennio 2011-2013, l'accantonamento è operato nella misura indicata dalla lett. *b*);

b) l'ente partecipante a società che hanno registrato nel triennio 2011-2013 un risultato medio non negativo accantona, in misura proporzionale alla quota di partecipazione, una somma pari al 25 per cento per il 2015, al 50 per cento per il 2016 e al 75 per cento per il 2017 del risultato negativo conseguito nell'esercizio precedente.

3. Le società a partecipazione di maggioranza, diretta e indiretta, delle pubbliche amministrazioni locali titolari di affidamento diretto da parte di soggetti pubblici per una quota superiore all'80 per cento del valore della produzione, che nei tre esercizi precedenti abbiano conseguito un risultato economico negativo, procedono alla riduzione del 30 per cento del compenso dei componenti degli organi di amministrazione. Il conseguimento di un risultato economico negativo per due anni consecutivi rappresenta giusta causa ai fini della revoca degli amministratori. Quanto previsto dal presente comma non si applica ai soggetti il cui risultato economico, benché negativo, sia coerente con un piano di risanamento preventivamente approvato dall'ente controllante.

3-*bis.* Le pubbliche amministrazioni locali partecipanti possono procedere al ripiano delle perdite subite dalla società partecipata con le somme accantonate ai sensi del comma 1, nei limiti della loro quota di partecipazione e nel rispetto dei principi e della legislazione dell'Unione europea in tema di aiuti di Stato (1).

22. *Trasparenza.* — 1. Le società a controllo pubblico assicurano il massimo livello di trasparenza sull'uso delle proprie risorse e sui risultati ottenuti, secondo le previsioni del d.lg. 14 marzo 2013, n. 33.

23. *Clausola di salvaguardia.* — 1. Le disposizioni del presente decreto si applicano nelle

(1) Comma aggiunto dall'art. 14, d.lg. 16 giugno 2017, n. 100.

Regioni a statuto speciale e nelle province autonome di Trento e di Bolzano compatibilmente con i rispettivi statuti e le relative norme di attuazione, anche con riferimento alla l. cost. 18 ottobre 2001, n. 3.

24. *Revisione straordinaria delle partecipazioni.* — 1. Le partecipazioni detenute, direttamente o indirettamente, dalle amministrazioni pubbliche alla data di entrata in vigore del presente decreto in società non riconducibili ad alcuna delle categorie di cui all'art. 4, [...] (1) ovvero che non soddisfano i requisiti di cui all'art. 5, commi 1 e 2, o che ricadono in una delle ipotesi di cui all'art. 20, comma 2, sono alienate o sono oggetto delle misure di cui all'art. 20, commi 1 e 2. A tal fine, entro il 30 settembre 2017 (2), ciascuna amministrazione pubblica effettua con provvedimento motivato la ricognizione di tutte le partecipazioni possedute alla [...] (3) data di entrata in vigore del presente decreto, individuando quelle che devono essere alienate. L'esito della ricognizione, anche in caso negativo, è comunicato con le modalità di cui all'art. 17 del d.l. n. 90 del 2014, convertito, con modificazioni, dalla l. 11 agosto 2014, n. 114. Le informazioni sono rese disponibili alla sezione della Corte dei conti competente ai sensi dell'art. 5, comma 4, e alla struttura di cui all'art. 15.

2. Per le amministrazioni di cui all'art. 1, comma 611, della l. 23 dicembre 2014, n. 190, il provvedimento di cui al comma 1 costituisce aggiornamento del piano operativo di razionalizzazione adottato ai sensi del comma 612 dello stesso articolo, fermi restando i termini ivi previsti.

3. Il provvedimento di ricognizione è inviato alla sezione della Corte dei conti competente ai sensi dell'art. 5, comma 4, nonché alla struttura di cui all'art. 15, perché verifichi il puntuale adempimento degli obblighi di cui al presente articolo (4).

4. L'alienazione, da effettuare ai sensi dell'art. 10, avviene entro un anno dalla conclusione della ricognizione di cui al comma 1.

5. In caso di mancata adozione dell'atto ricognitivo ovvero di mancata alienazione entro i termini previsti dal comma 4, il socio pubblico non può esercitare i diritti sociali nei confronti della società e, salvo in ogni caso il potere di alienare la partecipazione, la medesima è liquidata in denaro in base ai criteri stabiliti all'art. 2437-*ter*, secondo comma, e seguendo il procedimento di cui all'art. 2437-*quater* del codice civile (4).

5-*bis*. A tutela del patrimonio pubblico e del valore delle quote societarie pubbliche, fino al 31 dicembre 2021 le disposizioni dei commi 4 e 5 non si applicano nel caso in cui le società partecipate abbiano prodotto un risultato medio in utile nel triennio precedente alla ricognizione. L'amministrazione pubblica che detiene le partecipazioni è conseguentemente autorizzata a non procedere all'alienazione (5).

6. Nei casi di cui al sesto e alsettimo comma dell'art. 2437-*quater* del codice civile ovvero in caso di estinzione della partecipazione in una società unipersonale, la società è posta in liquidazione.

7. Gli obblighi di alienazione di cui al comma 1 valgono anche nel caso di partecipazioni societarie acquistate in conformità ad espresse previsioni normative, statali o regionali.

8. Per l'attuazione dei provvedimenti di cui al comma 1, si applica l'art. 1, commi 613 e 614, della l. n. 190 del 2014.

9. All'esclusivo fine di favorire i processi di cui al presente articolo, in occasione della prima gara successiva alla cessazione dell'affidamento in favore della società a controllo pubblico interessata da tali processi, il rapporto di lavoro del personale già impiegato nell'appalto o nella concessione continua con il subentrante nell'appalto o nella concessione ai sensi dell'art. 2112 del codice civile.

25. *Disposizioni transitorie in materia di personale.* — 1. Entro il 30 settembre 2017 (6), le società a controllo pubblico effettuano una ricognizione del personale in servizio, per individuare eventuali eccedenze, anche in relazione a quanto previsto dall'art. 24. L'elenco del personale eccedente, con la puntuale indicazione dei profili posseduti, è trasmesso alla regione nel cui territorio la società ha sede legale secondo modalità stabilite da un decreto del Ministro del lavoro e delle politiche sociali

(1) Le parole «commi 1, 2 e 3,» sono state soppresse dall'art. 15.1, lett. a, d.lg. 16 giugno 2017, n. 100.

(2) Le parole «il 30 settembre 2017» sono state così sostituite alle precedenti «sei mesi dalla data di entrata in vigore del presente decreto» dall'art. 15.1, lett. b, d.lg. 16 giugno 2017, n. 100.

(3) La parola «medesima» è stata soppressa dall'art. 15.1, lett. b, d.lg. 16 giugno 2017, n. 100.

(4) In base all'art. 21.2, d.lg. 16 giugno 2017, n. 100: «Le disposizioni di cui all'art. 24, commi 3 e 5, del d.lg. n. 175 del 2016 si applicano a decorrere dal 1° ottobre 2017 e sono fatti salvi gli atti di esercizio dei diritti sociali di cui al predetto art. 24, comma 5, compiuti dal socio pubblico sino alla data di entrata in vigore del presente decreto».

(5) Comma inserito dall'art. 1.723, l. 30 dicembre 2018, n. 145.

(6) Le parole «il 30 settembre 2017» sono state così sostituite alle precedenti «sei mesi dalla data di entrata in vigore del presente decreto» dall'art. 16.1, lett. a, d.lg. 16 giugno 2017, n. 100.

adottato (1), di concerto con il Ministro delegato per la semplificazione e la pubblica amministrazione e con il Ministro dell'economia e delle finanze, previa intesa in Conferenza unificata ai sensi dell'art. 8, comma 6, della l. 5 giugno 2003, n. 131 (2).

2. Le regioni formano e gestiscono l'elenco dei lavoratori dichiarati eccedenti ai sensi del comma 1 e agevolano processi di mobilità in ambito regionale, con modalità definite dal decreto di cui al medesimo comma.

3. Decorsi ulteriori sei mesi dalla scadenza del termine di cui al comma 1, le regioni trasmettono gli elenchi dei lavoratori dichiarati eccedenti e non ricollocati all'Agenzia nazionale per le politiche attive del lavoro, che gestisce l'elenco dei lavoratori dichiarati eccedenti e non ricollocati.

4. Fino al 30 giugno 2018, le società a controllo pubblico non possono procedere a nuove assunzioni a tempo indeterminato se non attingendo, con le modalità definite dal decreto di cui al comma 1, agli elenchi di cui ai commi 2 e 3. Il predetto divieto decorre dalla data di pubblicazione del decreto di cui al comma 1 (3).

5. Esclusivamente ove sia indispensabile personale con profilo infungibile inerente a specifiche competenze e lo stesso non sia disponibile negli elenchi di cui ai commi 2 e 3, le regioni, fino alla scadenza del termine di cui al comma 3, possono autorizzare, in deroga al divieto (4) previsto dal comma 4, l'avvio delle procedure di assunzione ai sensi dell'art. 19. Dopo la scadenza del suddetto termine, l'autorizzazione è accordata dall'Agenzia nazionale per le politiche attive del lavoro. Per le società controllate dallo Stato, prima e dopo la scadenza del suddetto termine, l'autorizzazione è accordata dal Ministero dell'economia e delle finanze.

6. I rapporti di lavoro stipulati in violazione delle disposizioni del presente articolo sono nulli e i relativi provvedimenti costituiscono grave irregolarità ai sensi dell'art. 2409 del codice civile.

7. Sono escluse dall'applicazione del presente articolo le società a prevalente capitale privato di cui all'art. 17 che producono servizi di interesse generale e che nei tre esercizi precedenti abbiano prodotto un risultato positivo.

26. *Altre disposizioni transitorie.* — 1. Le società a controllo pubblico già costituite all'atto dell'entrata in vigore del presente decreto adeguano i propri statuti alle disposizioni del presente decreto entro il 31 luglio 2017 (5). Per le disposizioni dell'art. 17, comma 1, il termine per l'adeguamento è fissato al 31 dicembre 2017.

2. L'art. 4 del presente decreto non è applicabile alle società elencate nell'allegato A, nonché alle società aventi come oggetto sociale esclusivo la gestione di fondi europei per conto dello Stato o delle regioni, ovvero la realizzazione di progetti di ricerca finanziati dalle istituzioni dell'Unione europea (6).

3. Le pubbliche amministrazioni possono comunque mantenere le partecipazioni in società quotate detenute al 31 dicembre 2015.

4. Nei diciotto (7) mesi successivi alla sua entrata in vigore, il presente decreto non si applica alle società in partecipazione pubblica che abbiano deliberato la quotazione delle proprie azioni in mercati regolamentati con provvedimento comunicato alla Corte dei conti. Ove entro il suddetto termine la società interessata abbia presentato domanda di ammissione alla quotazione, il presente decreto continua a non applicarsi alla stessa società fino alla conclusione del procedimento di quotazione.

5. Nei dodici mesi successivi alla sua entrata in vigore, il presente decreto non si applica alle società in partecipazione pubblica che, entro la data del 30 giugno 2016, abbiano adottato atti volti all'emissione di strumenti finanziari, diversi dalle azioni, quotati in mercati regolamentati. I suddetti atti sono comunicati alla Corte dei conti entro sessanta giorni dalla data di entrata in vigore del presente decreto. Ove entro il suddetto termine di dodici mesi il procedimento di quotazione si sia concluso, il presente decreto continua a non applicarsi alla stessa società. Sono comunque fatti salvi, an-

(1) La parola «adottato» è stata inserita dall'art. 16.1, lett. b, d.lg. 16 giugno 2017, n. 100.

(2) Le parole «, previa intesa in Conferenza unificata ai sensi dell'art. 8, comma 6, della l. 5 giugno 2003, n. 131» sono state aggiunte dall'art. 16.1, lett. b, d.lg. 16 giugno 2017, n. 100.

(3) Ultimo periodo aggiunto dall'art. 16.1, lett. c, d.lg. 16 giugno 2017, n. 100.

(4) Le parole «al divieto» sono state così sostituite alle precedenti «a quanto» dall'art. 16.1, lett. d, d.lg. 16 giugno 2017, n. 100.

(5) Le parole «31 luglio 2017» sono state così sostituite alle precedenti «31 dicembre 2016» dall'art. 17.1, lett. a, d.lg. 16 giugno 2017, n. 100.

(6) Le parole «, ovvero la realizzazione di progetti di ricerca finanziati dalle istituzioni dell'Unione europea» sono state aggiunte dall'art. 17.1, lett. b, d.lg. 16 giugno 2017, n. 100.

(7) La parola «diciotto» è stata così sostituita alla precedente «dodici» dall'art. 17.1, lett. d, d.lg. 16 giugno 2017, n. 100.

che in deroga all'art. 7, gli effetti degli atti volti all'emissione di strumenti finanziari, diversi dalle azioni, quotati in mercati regolamentati, adottati prima della data di entrata in vigore del presente decreto.

6. Le disposizioni degli artt. 4, 17, 19 e 25 (1) non si applicano alle società a partecipazione pubblica derivanti da una sperimentazione gestionale costituite ai sensi dell'art. 9-*bis* del d.lg. 30 dicembre 1992, n. 502.

6-*bis.* Le disposizioni dell'art. 20 non si applicano alle società a partecipazione pubblica di cui all'art. 4, comma 6 (2).

7. Sono fatte salve, fino al completamento dei relativi progetti, le partecipazioni pubbliche nelle società costituite per il coordinamento e l'attuazione dei patti territoriali e dei contratti d'area per lo sviluppo locale, ai sensi della delibera Cipe 21 marzo 1997.

8. Ove alla data di entrata in vigore del presente decreto non sia stato adottato il decreto previsto dall'art. 1, comma 672, della l. 28 dicembre 2015, n. 208, il decreto di cui all'art. 11, comma 6 è adottato entro trenta giorni dalla suddetta data.

9. .... (*omissis*) (3).

10. Le società a controllo pubblico si adeguano alle previsioni dell'art. 11, comma 8, entro il 31 luglio 2017 (4).

11. Salva l'immediata applicazione della disciplina sulla revisione straordinaria di cui all'art. 24, alla razionalizzazione periodica di cui all'art. 20 si procede a partire dal 2018, con riferimento alla situazione al 31 dicembre 2017.

12. Al fine di favorire il riordino delle partecipazioni dello Stato e di dare piena attuazione alla previsione di cui all'art. 9, comma 1, ove entro il 31 ottobre 2016 pervenga la proposta dei relativi ministri, con decreto del Presidente del Consiglio dei ministri la titolarità delle partecipazioni societarie delle altre amministrazioni statali è trasferita al Ministero dell'economia e delle finanze, anche in deroga alla previsione normativa originaria riguardante la costituzione della società o l'acquisto della partecipazione.

12-*bis.* Sono escluse dall'applicazione del presente decreto le società destinatarie dei provvedimenti di cui al decreto legislativo 6 settembre 2011, n. 159, nonché la società di cui all'art. 7 del d.l. 3 maggio 2016, n. 59, convertito, con modificazioni, dalla l. 30 giugno 2016, n. 119 (5).

12-*ter.* Per le società di cui all'art. 4, comma 8, le disposizioni dell'art. 20 trovano applicazione decorsi 5 anni dalla loro costituzione (5).

12-*quater.* Per le società di cui all'art. 4, comma 7, solo ai fini della prima applicazione del criterio di cui all'art. 20, comma 2, lett. *e*), si considerano i risultati dei cinque esercizi successivi all'entrata in vigore del presente decreto (5).

12-*quinquies.* Ai fini dell'applicazione del criterio di cui all'art. 20, comma 2, lett. *d*), il primo triennio rilevante è il triennio 2017-2019. Nelle more della prima applicazione del suddetto criterio relativo al triennio 2017-2019, si applica la soglia di fatturato medio non superiore a cinquecentomila euro per il triennio precedente l'entrata in vigore del presente decreto ai fini dell'adozione dei piani di revisione straordinaria di cui all'art. 24 e per i trienni 2015-2017 e 2016-2018 ai fini dell'adozione dei piani di razionalizzazione di cui all'art. 20 (5).

12-*sexies.* In deroga all'art. 4, le amministrazioni pubbliche possono acquisire o mantenere partecipazioni nelle società che, alla data di entrata in vigore del presente decreto legislativo, risultano già costituite e autorizzate alla gestione delle case da gioco ai sensi della legislazione vigente. Con riguardo a tali società, le disposizioni di cui all'art. 20, comma 2, lett. *a*) ed *e*), non trovano applicazione e le disposizioni di cui all'art. 14, comma 5, si applicano a decorrere dal 31 maggio 2018 (5).

27. *Coordinamento con la legislazione vigente.* — .... (*omissis*).

28. *Abrogazioni.* — .... (*omissis*).

(1) Le parole «, 17, 19 e 25» sono state così sostituite alle precedenti «e 19» dall'art. 17.1, lett. d, d.lg. 16 giugno 2017, n. 100.

(2) Comma inserito dall'art. 1.724, l. 30 dicembre 2018, n. 145.

(3) Modifica gli artt. 11-*quater*.1 e 11-*quinquies*.1, d.lg. 23 giugno 2011, n. 118.

(4) Le parole «entro il 31 luglio 2017» sono state così sostituite alle precedenti «entro sei mesi dalla data di entrata in vigore del presente decreto» dall'art. 17.1, lett. e, d.lg. 16 giugno 2017, n. 100.

(5) Comma aggiunto dall'art. 17.1, lett. f, d.lg. 16 giugno 2017, n. 100.

XV. COOPERATIVE

XV. 1.

DECRETO LEGISLATIVO DEL CAPO PROVVISORIO DELLO STATO 14 dicembre 1947, n. 1577. — *Provvedimenti per la cooperazione* (1)*, ratificato, con modificazioni, dalla l. 2 aprile 1951, n. 302* (2).

CAPO I

VIGILANZA E ISPEZIONI

1-7. .... (3).

8. *Contributi e spese per le ispezioni*. — *1.* Le società cooperative dovranno versare, in relazione al numero dei soci ed al capitale versato, un contributo per le spese relative alle ispezioni ordinarie nella misura e con le modalità che saranno stabilite dal Ministero del lavoro e della previdenza sociale.

2. Le cooperative che sono aderenti alle associazioni nazionali di cui all'art. 4 del presente decreto, verseranno tale contributo alla rispettiva associazione. Le altre verseranno i contributi stessi al Ministero del lavoro e della previdenza sociale, che provvederà a depositarli presso un istituto di credito di diritto pubblico.

3. Con decreto del Ministro per il lavoro e la previdenza sociale saranno stabilite le modalità relative all'amministrazione dei contributi di pertinenza del Ministero, i quali saranno destinati alla copertura delle spese comunque connesse con le ispezioni ordinarie, comprese quelle per la formazione di personale qualificato per l'esecuzione delle ispezioni medesime.

4. Qualora al termine di ciascun biennio le spese sostenute dal Ministero risultassero inferiori al gettito dei contributi di revisione, il Ministero disporrà l'erogazione della differenza per lo svolgimento di corsi atti a formare personale qualificato per l'esecuzione delle ispezioni ed a favore del movimento cooperativo in genere, anche tramite le associazioni nazionali di categoria giuridicamente riconosciute.

5. Le spese relative alle ispezioni straordinarie saranno a carico del bilancio del Ministero del lavoro e della previdenza sociale (4).

9. .... (5).

10. *Poteri dell'ispettore*. — *1.* Gli enti ispezionati hanno l'obbligo di mettere a disposizione dell'ispettore tutti i libri, i registri e i documenti e di fornire altresì i dati, le informazioni e i chiarimenti che fossero loro richiesti.

2. Di ogni ispezione deve essere redatto processo verbale. Il verbale è redatto in tre originali, datati e sottoscritti, oltre che dall'ispettore, dal legale rappresentante dell'ente, il quale può farvi iscrivere le sue osservazioni.

3. Entro 15 giorni dalla data del verbale l'ente ispezionato può presentare ulteriori osservazioni.

4. L'ispettore è tenuto al segreto d'ufficio.

5. Uno degli originali rimane presso l'ente, gli altri due vengono trasmessi dall'ispettore all'associazione nazionale che ha disposto l'ispezione o al Ministero, a seconda che si tratti di ispezione ordinaria o d'ispezione straordinaria.

6. Se l'ispezione riguarda cooperative agricole, una copia del verbale deve essere trasmessa, a cura del Ministero del lavoro e della previdenza sociale, al Ministero delle politiche agricole e forestali, entro trenta giorni dalla data del verbale.

7. Tale adempimento deve essere effettuato nei confronti del Ministero dell'industria e del commercio, ove trattasi di cooperative di produzione.

8. Se l'ispezione riguarda cooperative sociali, una copia del verbale deve essere trasmessa,

(1) G.U., 22 gennaio 1948, n. 17; LEX, 1948, 88.

(2) G.U., 11 maggio 1951, n. 106. Sono inserite nel testo le modificazioni apportate dalla l. 17 febbraio 1971, n. 127 e dalla l. 31 gennaio 1992, n. 59. Sulla revisione della legislazione in materia cooperativistica, con particolare riferimento alla posizione del socio lavoratore v. l. 3 aprile 2001, n. 142.

(3) Articoli abrogati dall'art. 20, d.lg. 2 agosto 2002, n. 220, in *Leggi coll. XV, 5.*

(4) Articolo così sostituito dall'art. 15, l. 17 febbraio 1971, n. 127. V. anche artt. 15.4 e 5, l. 31 gennaio 1992, n. 59, in *Leggi coll. XV, 2.* V. d.m. Sviluppo economico 27 febbraio 2019, in G.U., 24 aprile 2019, n. 96.

(5) Articolo abrogato dall'art. 20, d.lg. 2 agosto 2002, n. 220, in *Leggi coll. XV, 5.*

a cura del Ministero del lavoro e della previdenza sociale, entro quaranta giorni dalla data del verbale stesso, alla regione nel cui territorio la cooperativa ha sede legale (1).

11. *Effetti delle ispezioni.* — *1.* In caso di constatate gravi irregolarità, il Ministero del lavoro e della previdenza sociale entro un mese dal ricevimento del verbale, ha facoltà, valutate le circostanze del caso, di diffidare l'ente a provvedere alla regolarizzazione entro un termine stabilito.

2. Ove l'ente non ottemperi entro il termine stabilito dalla diffida di cui al primo comma del presente articolo, il Ministero del lavoro e della previdenza sociale, sentita la Commissione centrale (2), può, nei casi più gravi, decretare la cancellazione dell'ente dal registro prefettizio e dallo schedario generale, nonché la sua decadenza da ogni beneficio di legge, qualora non concorrano motivi per i provvedimenti di cui al r.d.l. 30 dicembre 1926, n. 2288, convertito nella legge 15 dicembre 1927, n. 2499 e al r.d.l. 11 dicembre 1930, n. 1882, convertito nella l. 4 giugno 1931, n. 998, nonché agli artt. 2543, 2544, 2545 del codice civile.

3. I provvedimenti di cui al precedente comma, allorché si tratti di cooperative agricole, sono disposti dal Ministero del lavoro e della previdenza sociale, previa intesa con quello delle politiche agricole e forestali, ed ove trattasi di cooperative di produzione, previa intesa con quello dell'industria e commercio.

4. Per le cooperative sociali i provvedimenti di cui al secondo comma sono disposti previo parere dell'organo competente in materia di cooperazione della regione nel cui territorio la cooperativa ha sede legale (1).

12. *Annotazione dei risultati delle ispezioni.* — *1.* Il ministro del lavoro e della previdenza sociale cura che i provvedimenti adottati in seguito all'ispezione siano annotati nel registro prefettizio e nello schedario generale.

CAPO II

Registri prefettizi e schedario generale (3)

13. *Riordinamento del registro prefettizio.* — *1.* Nel registro prefettizio delle cooperative di cui all'art. 14 del regolamento approvato con r.d. 12 febbraio 1911, n. 278, oltre alle cooperative ammissibili ai pubblici appalti, devono essere iscritti:

a) tutte le altre cooperative legalmente costituite qualunque sia il loro oggetto (4).

2. Il registro è tenuto distintamente per sezioni a seconda della diversa natura ed attività degli enti e cioè:

Sezione cooperazione di consumo;
Sezione cooperazione di produzione e lavoro;
Sezione cooperazione agricola;
Sezione cooperazione edilizia;
Sezione cooperazione di trasporto;
Sezione cooperazione della pesca;
Sezione cooperazione mista;
Sezione cooperazione sociale (5).
Sezione società di mutuo soccorso ed enti mutualistici di cui all'art. 2512 del codice civile (6).

3. Oltre che nella sezione per esse specificamente prevista, le cooperative sociali sono iscritte nella sezione cui direttamente afferisce l'attività da esse svolta (1).

14. *Procedura per l'iscrizione.* — *1.* Per ottenere l'iscrizione nel registro prefettizio gli enti cooperativi contemplati nel presente decreto devono farne domanda al prefetto della provincia dove hanno sede, indicando la sede sociale e l'indirizzo. La domanda deve essere corredata dai seguenti documenti:

1) copia dell'atto costitutivo e delle deliberazioni recanti ad esso modificazioni fino al giorno della domanda, unitamente ai documenti comprovanti che sono state adempiute le formalità prescritte dagli artt. 2519 e 2537 del codice civile;

2) uno specchio nominativo dei soci, con l'indicazione per ciascuno di essi del nome, cognome, domicilio ed attività professionale, ma se il numero dei soci è superiore a 100, invece del suddetto specchio, dovrà essere presentato un documento indicante il numero dei soci distinti per categoria, con l'attestato del presidente del consiglio di amministrazione, o di chi lo sostituisce, e di uno dei sindaci, che tutti i soci hanno i requisiti prescritti dall'atto costitutivo;

(1) Comma aggiunto dall'art. 6, l. 8 novembre 1991, n. 381, che disciplina le cooperative sociali.
(2) Inciso aggiunto dall'art. 4, l. 8 maggio 1949, n. 285.
(3) Gli articoli da 13 a 16 sono abrogati dall'art. 20, d.lg. 2 agosto 2002, n. 220. L'art. 19 del decreto così dispone: «Fino alla data di entrata in vigore delle disposizioni organizzative relative all'Albo nazionale di cui all'art. 15 continuano ad applicarsi le disposizioni degli articoli da 13 a 16 del d.lg.c.p.s. 14 dicembre 1947, n. 1577».
(4) La lett. b è stata soppressa dall'art. 6, l. n. 127/1971.
(5) Parole aggiunte dall'art. 6, l. n. 381/1991.
(6) L'ultima sezione è stata così aggiunta dall'art. 18.6, l. 31 gennaio 1992, n. 59, in *Leggi coll. XV, 2.*

3) l'elenco nominativo degli amministratori, dei sindaci e dei direttori in carica, indicando quale degli amministratori ha la rappresentanza dell'ente e le altre persone che in forza di mandato generale hanno la firma sociale;

4) copia dei regolamenti interni per l'applicazione dell'atto costitutivo, ove esistono.

2. I documenti di cui ai nn. 2, 3 e 4 devono esser presentati in due copie, una delle quali, a cura della prefettura, deve essere rimessa al Ministero del lavoro e della previdenza sociale, Direzione generale della cooperazione. Tali documenti devono essere sottoscritti dal presidente del consiglio di amministrazione, o da chi lo sostituisce, e da uno dei sindaci.

3. Il prefetto, accertato che per gli atti indicati al n. 1 sono state adempiute le formalità prescritte dagli artt. 2519 e 2537 del codice civile e che il numero ed i requisiti dei soci corrispondono a quelli prescritti dalla legge o dall'atto costitutivo, sentita la Commissione provinciale, ordina, con proprio decreto, l'iscrizione degli enti stessi nel registro prefettizio (1).

15. *Istituzione dello schedario generale della cooperazione.* — *1.* Presso il Ministero del lavoro e della previdenza sociale è istituito lo schedario generale della cooperazione.

2. In tale schedario sono iscritti:

a) tutti gli enti iscritti nei registri prefettizi, nonché quelli risultanti dall'elenco di cui all'ultimo comma dell'art. 1;

b) i consorzi di cooperative ammissibili ai pubblici appalti di cui alla l. 25 giugno 1909, n. 422.

3. Lo schedario è tenuto distintamente per sezioni, come il registro prefettizio, e deve contenere le medesime indicazioni; esso inoltre è diviso per province.

4. Lo schedario è ostensibile a chiunque ne faccia richiesta (2).

16. *Effetti della mancata iscrizione nel registro prefettizio e nello schedario generale della cooperazione.* — *1.* La mancanza d'iscrizione nel registro prefettizio e nello schedario generale della cooperazione esclude gli enti contemplati nel presente decreto da ogni agevolazione tributaria o di qualsiasi altra natura disposta da questo decreto o da altre leggi (3).

CAPO III

Commissioni

17. *Ricostituzione delle Commissioni provinciali di vigilanza.* — *1.* Per la ricostituzione delle Commissioni provinciali di vigilanza si applicano le disposizioni contenute nel titolo terzo, cap. 1 del regolamento approvato con r.d. 12 febbraio 1911, n. 278, e successive modifiche, oltre le seguenti:

a) i membri elettivi effettivi di cui all'art. 26 del regolamento suddetto sono portati da tre a cinque e devono essere eletti in modo che nella Commissione siano adeguatamente rappresentate le varie categorie di cooperative della provincia. All'uopo il prefetto, sentita la Commissione provinciale almeno 60 giorni prima dell'elezione, stabilisce il numero dei rappresentanti, che, entro il suddetto limite, deve essere eletto da ciascuna categoria.

Contro il provvedimento del prefetto è ammesso ricorso al Ministero del lavoro e della previdenza sociale non oltre il trentesimo giorno precedente a quello delle elezioni. Il ricorso può essere proposto da uno dei membri della Commissione provinciale, da un ente cooperativo della provincia o da un'associazione nazionale di rappresentanza, assistenza e tutela del movimento cooperativo giuridicamente riconosciuta. Il ministro decide definitivamente, sentito il Comitato costituito in seno alla Commissione centrale per le cooperative.

Della Commissione provinciale di vigilanza fanno parte inoltre rappresentanti del movimento cooperativo, designati, uno per ciascuna, dalle Associazioni nazionali indicate nel terzo comma del successivo art. 18 (4);

b) le funzioni ispettive di cui all'art. 30, lett. *b*) del regolamento stesso sono svolte sull'ordinamento e il funzionamento degli enti iscritti onde accertare la sussistenza dei requisiti necessari per godere delle agevolazioni fiscali e di altra natura previste dalle leggi e dai regolamenti.

18. *Istituzione della Commissione centrale per le cooperative.* — *1.* È istituita presso il Ministero del lavoro e della previdenza sociale la

(1) Articolo così sostituito dall'art. 1, l. 2 aprile 1951, n. 302.

(2) Articolo così sostituito dall'art. 6, l. n. 127/1971.

(3) Articolo così sostituito dall'art. 4, l. n. 127/1991. L'iscrizione nel registro prefettizio deve essere richiesta, dalle cooperative che ne hanno l'obbligo, entro tre mesi dalla loro costituzione, pena la decadenza dal godimento di ogni agevolazione tributaria o di qualsiasi altra natura fino a quando non vi avranno provveduto (v. artt. 2 e 3, l. 13 marzo 1950, n. 114).

(4) Lettera così sostituita dall'art. 1, l. 2 aprile 1951, n. 302. La Commissione è stata poi integrata da un rappresentante dell'ufficio provinciale del lavoro e della massima occupazione (art. 16, l. n. 127/1971).

Commissione centrale per le cooperative composta come segue:

1) il direttore generale della cooperazione presso il Ministero del lavoro e della previdenza sociale e in sua vece un funzionario della stessa Direzione generale di grado non inferiore al VI;

2) un rappresentante effettivo ed uno supplente per ciascuno dei seguenti Ministeri: interno, finanze, tesoro, lavori pubblici, politiche agricole e forestali, trasporti, industria e commercio, marina mercantile, lavoro e previdenza sociale, nonché del Sottosegretariato per l'assistenza ai combattenti, reduci e partigiani e dell'Alto commissariato per l'alimentazione;

3) i rappresentanti del movimento cooperativo designati dalle associazioni nazionali di rappresentanza, assistenza e tutela del movimento stesso, riconosciute a norma dell'art. 5, in numero di 5 effettivi e 5 supplenti per ciascuna associazione;

4) un esperto in qualità di membro effettivo e uno in qualità di membro supplente nominati dal ministro per il lavoro e la previdenza sociale, in rappresentanza delle eventuali associazioni che non posseggono i requisiti necessari per ottenere il riconoscimento.

2. In caso di mancata designazione dei rappresentanti del movimento cooperativo il ministro per il lavoro e la previdenza sociale provvede alla nomina dei rappresentanti stessi scegliendoli fra le persone che svolgono attività nel campo della cooperazione.

3. I membri della Commissione sono nominati con decreto del ministro per il lavoro e la previdenza sociale, durano in carica tre anni e possono essere riconfermati.

4. La Commissione elegge nel suo seno il presidente e il vice-presidente.

5. La Commissione è convocata dal suo presidente con ordine del giorno che dovrà comprendere anche gli argomenti proposti dal Ministro per il lavoro e la previdenza sociale, il quale ha comunque facoltà di partecipare alle adunanze (1).

6. La segreteria della Commissione è costituita da funzionari del Ministero del lavoro e della previdenza sociale nominati con decreto del ministro (2).

19. *Comitato*. — *1.* La commissione centrale per le cooperative costituisce nel suo seno un comitato composto:

1) dal presidente e dal vicepresidente della commissione;

2) da tre membri scelti fra quelli indicati al n. 2 dell'art. 18;

3) da un rappresentante per ciascuna associazione nazionale di rappresentanza, assistenza e tutela riconosciuta.

2. I componenti del comitato, in caso di impedimento o di assenza, possono farsi sostituire da altri membri – effettivi o supplenti – della commissione centrale per le cooperative, appartenenti alla rispettiva amministrazione o associazione.

3. Spetta al comitato:

a) esprimere il proprio parere sui ricorsi al Ministero del lavoro e della previdenza sociale contro i provvedimenti prefettizi ai sensi del regolamento approvato con r.d. 12 febbraio 1911, n. 278, e del presente decreto;

b) esprimere in via definitiva il proprio parere, nei casi di urgenza, sulle questioni di competenza della commissione;

c) esprimere il proprio parere sulle questioni di competenza della commissione che la commissione stessa ritenga di deferire, per l'esame in via definitiva, al comitato o per quelle per le quali la commissione ritenga di affidare al comitato, eventualmente integrato da altri membri della commissione o dagli esperti di cui all'art. 20, comma quarto, compiti di studi o di preventivo esame.

4. Il comitato può anche, nei casi nei quali è investito dell'esame in via definitiva delle questioni, rinviarle alla commissione su richiesta di almeno tre membri.

5. Il comitato si riunisce ordinariamente almeno una volta al mese e straordinariamente su richiesta del presidente o di almeno tre membri (3).

20. *Compiti della Commissione*. — *1.* La Commissione centrale esprime parere:

a) sui progetti di legge e regolamenti interessanti la cooperazione;

b) sulla costituzione, sul riconoscimento e sullo scioglimento dei consorzi di cooperative per pubblici appalti di cui alla l. 25 giugno 1909, n. 422, nonché di consorzi di cooperative di altra natura a carattere regionale e nazionale di cui all'art. 15 del presente decreto;

c) su tutte le questioni nelle quali il parere della Commissione sia prescritto da leggi e regolamenti o richiesto dal ministro per il lavoro e la previdenza sociale;

d) sulle domande di riconoscimento giuridico delle associazioni nazionali, di cui all'art. 5 del d.lg.c.p.s. 14 dicembre 1947, n. 1577 (4).

(1) Comma così sostituito dall'art. 17, l. n. 127/1971.
(2) Articolo così sostituito dall'art. 3, l. 8 maggio 1949, n. 285.
(3) Articolo così sostituito dall'art. 18, l. n. 127/1971.
(4) La lett. d è stata aggiunta dall'art. 6, l. 8 maggio 1949, n. 285.

2. La Commissione centrale esprime inoltre il proprio parere sulla devoluzione dei patrimoni degli enti iscritti nel registro prefettizio e nello schedario generale, qualora essa non sia espressamente regolata dalle norme dello statuto, nonché sulla destinazione del patrimonio che residuerà dalla liquidazione dell'Ente nazionale della cooperazione.

3. La Commissione centrale ha anche il compito di provvedere allo studio della riforma organica e del coordinamento delle leggi sulla cooperazione e di presentare le relative proposte al ministro del lavoro e della previdenza sociale.

4. Nell'esercizio di tali funzioni essa è integrata con un docente universitario ed un consigliere di Stato particolarmente esperti in materia, nonché con un magistrato dell'ordine giudiziario di grado non inferiore al quinto.

5. La Commissione si riunisce ogni due mesi e straordinariamente su richiesta del presidente o di un terzo dei membri.

21. *Spese per il funzionamento delle Commissioni*. — *1.* Con decreto del ministro per il lavoro e la previdenza sociale, d'intesa col ministro per il tesoro, saranno stabiliti i compensi da corrispondersi ai membri e ai segretari delle Commissioni provinciali e della Commissione centrale, a norma delle disposizioni vigenti.

2. Le spese per il funzionamento delle Commissioni di cui al comma precedente gravano sul bilancio del Ministero del lavoro e della previdenza sociale. Il ministro per il tesoro è autorizzato ad apportare con proprio decreto le relative variazioni di bilancio.

CAPO IV

Disposizioni generali e varie

22. *Numero minimo dei soci delle cooperative*. — *1.* Per procedere alla legale costituzione di una società cooperativa è necessario che i soci siano almeno nove.

2. Ove, successivamente alla costituzione, tale numero diminuisca, esso deve essere reintegrato nel termine massimo di un anno, trascorso il quale la società deve essere posta in liquidazione. In difetto, trascorso tale termine, l'autorità di vigilanza dispone lo scioglimento d'ufficio della società (1). Sono fatte salve le disposizioni del testo unico 28 aprile 1938, n. 1165, e successive modificazioni.

3. Non possono essere iscritte nei registri prefettizi le cooperative di consumo le quali, al momento della domanda, abbiano un numero di soci inferiore a 50 (2).

4. Tuttavia il Ministro del lavoro e della previdenza sociale, sentito il comitato centrale per le cooperative, può autorizzare l'iscrizione di cooperative di consumo, con numero di soci inferiore a 50, le quali forniscano esclusivamente ai propri soci particolari servizi, in considerazione della peculiare natura del servizi stessi (3).

5. Salve le disposizioni dei commi quarto e quinto, se il numero dei soci, successivamente all'iscrizione nel registro prefettizio, scenda al disotto dei limiti indicati nel terzo comma e non è reintegrato nel termine di un anno, la cooperativa è cancellata dal registro stesso (4).

23. *Requisiti dei soci delle cooperative*. — *1.* I soci delle cooperative di lavoro devono essere lavoratori ed esercitare l'arte o il mestiere corrispondenti alla specialità delle cooperative di cui fanno parte o affini.

2. Non possono essere soci di tali cooperative coloro che esercitano in proprio imprese identiche o affini a quella della cooperativa.

3. È consentita l'ammissione a soci di elementi tecnici ed amministrativi nel numero strettamente necessario al buon funzionamento dell'ente (5).

4. Nelle cooperative di consumo non possono essere ammessi, come soci, intermediari e persone che conducano in proprio esercizi commerciali della stessa natura della cooperativa.

5. Nelle cooperative agricole per affittanze collettive o per conduzione di terreno in concessione ai sensi del d.lg.lgt. 19 ottobre 1944, n. 279, non possono essere ammesse come soci le persone che esercitano attività diversa dalla coltivazione della terra.

6. I proprietari, gli affittuari e i mezzadri possono essere soci di tali cooperative solo quando coltivino direttamente la terra e la superficie da essi direttamente coltivata sia insufficiente ad assorbire tutta la mano d'opera del nucleo familiare. Limitatamente all'esercizio di mansioni amministrative e tecniche nell'in-

(1) V. la l. 17 luglio 1975, n. 400.
(2) Le parole: «né quelle di produzione e lavoro, ammissibili ai pubblici appalti, con meno di 15 soci» sono state soppresse dall'art. 25.1, lett. a, l. 7 agosto 1997, n. 266.
(3) Comma così sostituito dall'art. 25.1, l. 7 agosto 1997, n. 266, che ha anche abrogato il quarto comma.
(4) Articolo così sostituito dall'art. 1, l. n. 127/1971.
(5) Comma così sostituito dall'art. 14.2, l. 31 gennaio 1992, n. 59, in *Leggi coll. XV, 2*.

teresse sociale, per il quale sia necessario il possesso della qualità di socio, è consentita l'ammissione a soci di persone che non siano lavoratori manuali della terra (1).

24. *Limiti azionari per i soci delle cooperative.* — *1.* Nelle società cooperative nessun socio può avere una quota superiore a lire ottanta milioni [euro 41.316,55], né tante azioni il cui valore nominale superi tale somma. Per le cooperative di conservazione, lavorazione, trasformazione ed alienazione di prodotti agricoli e per le cooperative di produzione e lavoro tale limite è di centoventi milioni [euro 61.974,83].

2. Il valore nominale di ciascuna quota od azione non può essere inferiore a lire cinquantamila [euro 25,82] ed il valore nominale di ciascuna azione non può essere superiore a lire un milione [euro 516,46].

3. Il limite di cui al primo comma non si applica nei confronti delle persone giuridiche di cui al terzo comma dell'art. 2532 del codice civile. Per esse resta sempre però in vigore il limite massimo di cinque voti indicato nell'articolo predetto (2).

25. *Termine per l'adeguamento alle nuove norme ed eccezioni derivanti da leggi speciali.* — *1.* Le cooperative attualmente esistenti debbono uniformarsi alle norme di cui agli artt. 22, 23 e 24 entro il 30 giugno 1951 (3) sotto pena di decadenza dai benefici previsti dalle leggi vigenti (4).

2. Le deliberazioni delle assemblee relative all'adeguamento delle società alle disposizioni del comma precedente possono essere prese con la procedura stabilita per le assemblee ordinarie, anche in deroga alle disposizioni contenute nell'atto costitutivo (5).

3. Le disposizioni dei predetti articoli non si applicano nei casi in cui le leggi speciali dispongono diversamente.

26. *Requisiti mutualistici.* — *1.* Agli effetti tributari si presume la sussistenza dei requisiti mutualistici quando negli statuti delle cooperative siano contenute le seguenti clausole:

a) divieto di distribuzione dei dividendi superiori alla ragione dell'interesse legale ragguagliato al capitale effettivamente versato (6);

b) divieto di distribuzione delle riserve fra i soci durante la vita sociale;

c) devoluzione, in caso di scioglimento della società, dell'intero patrimonio sociale – dedotto soltanto il capitale versato e i dividendi eventualmente maturati – a scopi di pubblica utilità conformi allo spirito mutualistico (7).

2. In caso di controversia decide il ministro per il lavoro e la previdenza sociale, d'intesa

(1) Articolo così sostituito dall'art. 2, l. n. 127/1971. L'ultimo comma è stato così sostituito dall'art. 14.3, l. 31 gennaio 1992, n. 59, in *Leggi coll. XV, 2.*

(2) Articolo così sostituito dall'art. 3, l. n. 127/1971, modif. dall'art. 17, l. 19 marzo 1983, n. 72, e dall'art. 3.1, l. n. 59, 1992, in *Leggi coll. XV, 2.* La disposizione, in virtù dell'art. 17.2, l. n. 72/1983, si applica anche ai consorzi o cooperative aventi ad oggetto esclusivo o principale la prestazione delle garanzie e dei servizi indicati nell'ultimo comma, ultima parte, dell'art. 4 del d.p.r. 26 ottobre 1972, n. 633, e successive modifiche ed integrazioni. Resta valido, inoltre, l'art. 17.3 della l. n. 72/1983, secondo cui la remunerazione del capitale sociale delle cooperative e dei consorzi non può in alcun caso essere superiore alla remunerazione dei prestiti sociali. Il limite individuale per le quote o le azioni delle società cooperative per l'esercizio delle assicurazioni private sulla vita è di lire 32 milioni [euro 16.526,62], salvo che per le persone giuridiche, per le quali restano ferme le disposizioni dell'ultimo comma dell'art. 24: art. 11, l. 22 ottobre 1986, n. 742. V. anche art. 5.5, l. n. 59/1992, in *Leggi coll. XV, 2,* sulla possibilità di superare i limiti azionari, di cui all'art. 24.1, nel caso in cui siano emesse azioni di partecipazione cooperativa.

(3) Termine così prorogato dall'art. 1, l. 10 agosto 1950, n. 695. L'art. 21, l. n. 127/1971, dispone che le società cooperative legalmente costituite prima dell'entrata in vigore della legge, non sono tenute ad adeguarsi alle disposizioni di cui al 2° comma dell'art. 24, nel testo modificato, circa il limite minimo del valore nominale di ciascuna quota od azione. I consorzi di cooperative in forma di società cooperative e quelli di cooperative ammissibili ai pubblici appalti già costituiti fino alla data di entrata in vigore della legge, non sono tenuti ad adeguarsi né alle disposizioni della lett. b del secondo comma, né a quelle del terzo comma dell'art. 27, nel testo modificato.

(4) Comma così sostituito dall'art. 7, l. 8 maggio 1949, n. 285.

(5) Comma aggiunto dall'art. 7, l. 8 maggio 1949, n. 285. Successivamente l'art. 4, l. 13 marzo 1950, n. 114, ha stabilito che le deliberazioni relative agli adeguamenti stessi, «nonché alle eventuali altre modificazioni che saranno con le medesime apportate all'atto costitutivo, in deroga alle disposizioni contenute negli artt. 2365 e 2375, secondo comma, del codice civile, possono essere prese con la procedura e con le maggioranze dell'assemblea ordinaria stabilite dalla legge o dall'atto costitutivo». L'art. 22, l. n. 127/1971, ha disposto che le deliberazioni di modifica, per adeguare gli atti costitutivi alle norme della legge «possono, in deroga alle disposizioni contenute negli artt. 2365 e 2375, secondo comma, del codice civile, essere prese con le modalità e la maggioranza dell'assemblea ordinaria stabilite dall'atto costitutivo».

(6) Ma v. art. 17.3, l. 19 marzo 1983, n. 72, secondo cui la remunerazione del capitale sociale non può in alcun caso essere superiore alla remunerazione dei prestiti sociali.

(7) La lett. c ed il secondo comma sono stati così sostituiti dall'art. 1, l. 2 aprile 1951, n. 302. V. anche art. 11.5, l. 31 gennaio 1992, n. 59, in *Leggi coll. XV, 2,* per la devoluzione del patrimonio residuo a fini mutualistici. Sull'interpretazione autentica dell'art. 26, v. art. 17, l. 23 dicembre 2000, n. 388.

con quelli per le finanze e per il tesoro, udita la Commissione centrale per le cooperative (1).

27. *Consorzi di società cooperative.* — *1.* Le società cooperative legalmente costituite, comprese quelle tra pescatori lavoratori, che, mediante la costituzione di una struttura organizzativa comune, si propongono, per facilitare i loro scopi mutualistici, l'esercizio in comune di attività economiche, possono costituirsi in consorzio come società cooperative, ai sensi degli artt. 2511 e seguenti del codice civile.

2. Per procedere a tale costituzione è necessario:

a) un numero di società cooperative legalmente costituite non inferiore a tre (2);

b) la sottoscrizione di un capitale di almeno 1.000.000 di lire [euro 516,46] di cui sia versata almeno la metà (3).

3. Le quote di partecipazione delle consorziate possono essere rappresentate da azioni il cui valore nominale non può essere inferiore a lire 50.000 [euro 25,82], né superiore a lire 1.000.000 [euro 516,46] ciascuna (3).

4. I consorzi fra cooperative di pescatori possono essere costituiti da un numero di società cooperative non inferiore a tre. Il limite di capitale indicato nel secondo comma è ridotto a lire 500.000 [euro 258,23], di cui sia versata almeno la metà (4).

27-*bis*. *Consorzi di cooperative ammissibili ai pubblici appalti.* — *1.* I consorzi di cooperative ammissibili ai pubblici appalti continueranno ad essere disciplinati dalla l. 25 giugno 1909, n. 422, dal titolo V del regolamento approvato con r.d. 12 febbraio 1911, n. 278, e dal precedente art. 15.

2. Ad essi si applicheranno, tuttavia, le disposizioni dei commi secondo e terzo del precedente art. 27.

3. Le cooperative interessate sono tenute, altresì, ai fini del decreto di riconoscimento del consorzio, ad esibire:

a) copia dell'ultimo bilancio o di una situazione patrimoniale aggiornata debitamente firmata dal presidente e dai sindaci;

b) un elenco dei più notevoli lavori eseguiti dopo la costituzione con l'indicazione del loro importo, firmato dal presidente (5).

27-*ter*. *Consorzi tra società cooperative per il coordinamento della produzione e degli scambi.* — *1.* I contratti tra più società cooperative legalmente costituite esercenti una medesima attività economica o attività economiche connesse, i quali hanno per oggetto la disciplina delle attività stesse, mediante una organizzazione comune, sono regolati, salvo quanto disposto dai successivi commi secondo e terzo del presente articolo e dall'art. 27-*quater*, dalle norme di cui al capo II del titolo X, libro V del codice civile in quanto applicabili.

2. Se il contratto prevede l'istituzione di un ufficio destinato a svolgere attività con i terzi, un estratto del contratto deve, a cura degli amministratori, essere depositato presso il registro prefettizio delle cooperative della provincia nella quale ha sede l'ufficio, unitamente al documento comprovante l'adempimento delle formalità di cui al comma primo dell'art. 2612 del codice civile. Gli stessi adempimenti debbono essere eseguiti per l'eventuale modificazione del contratto.

3. Alle persone che agiscono in nome del consorzio non si applica la seconda parte del primo comma dell'art. 2615 del codice civile (6) se non eccedono i limiti dei poteri loro conferiti nel contratto di consorzio depositato.

4. Ai contratti di consorzio contemplati nel presente articolo e agli eventuali atti successivi di proroga, di modifica, di nuove adesioni, di recesso e di scioglimento e a tutti i relativi adempimenti, si applicano le agevolazioni in materia di imposta di bollo e di registro disposte dalle leggi vigenti per gli atti costitutivi e modificativi e gli atti analoghi e relativi adempimenti delle società cooperative; ciò se ed in quanto le società cooperative contraenti siano in possesso dei requisiti di cui al precedente art. 26 (7).

27-*quater*. *Controllo sull'attività dei consorzi cooperativi.* — *1.* I consorzi costituiti ai sensi dell'art. 27 e, se con ufficio destinato a svolgere attività con i terzi, quelli costituiti ai sensi dell'art. 27-*ter*, secondo comma, sono soggetti alla vigilanza del Ministero del lavoro e della previdenza sociale che l'esercita nei modi e nei limiti stabiliti dagli articoli da 2542 a 2545 del

(1) La lett. c ed il secondo comma sono stati così sostituiti dall'art. 1, l. 2 aprile 1951, n. 302. V. anche art. 11.5, l. 31 gennaio 1992, n. 59, in *Leggi coll. XV, 2*, per la devoluzione del patrimonio residuo a fini mutualistici. Sull'interpretazione autentica dell'art. 26, v. art. 17, l. 23 dicembre 2000, n. 388.

(2) Lettera così sostituita dall'art. 14.4, l. 31 gennaio 1992, n. 59, in *Leggi coll. XV, 2*.

(3) V. la nota 3 all'art. 25.

(4) Articolo così sostituito dall'art. 5, l. n. 127/1971.

(5) Articolo aggiunto dall'art. 5, l. n. 127/1971.

(6) Riferimento ora privo di oggetto, per abrogazione di tale disposizione ad opera dell'art. 3, l. 10 maggio 1976, n. 377.

(7) Articolo aggiunto dall'art. 5, l. n. 127/1971. V. anche la l. 17 luglio 1975, n. 400.

codice civile, e dalle disposizioni del presente decreto (1).

27-*quinquies*. *1.* Le società cooperative e loro consorzi possono costituire ed essere soci di società per azioni o a responsabilità limitata (2).

28. *Statistiche*. — *1.* Ogni due anni il Ministero del lavoro e della previdenza sociale pubblicherà l'elenco delle cooperative ed altri enti contemplati dal presente decreto insieme alle principali notizie statistiche o descrittive relative agli enti stessi.

29. *Esenzioni fiscali*. — *1.* Gli atti e documenti per l'attuazione del presente decreto sono esenti da imposta di registro e da tassa di bollo.

29-*bis*. *Diffusione dei principi cooperativi*. — *1.* Oltre alle funzioni di vigilanza previste dalle norme vigenti spetta al Ministero del lavoro e della previdenza sociale assumere iniziative intese a favorire:

a) lo sviluppo della cooperazione;

b) la diffusione dei princìpi cooperativi anche attraverso corsi per cooperatori;

c) la qualificazione professionale dei dirigenti di cooperative.

2. Le funzioni di cui ai punti *a*) e *c*) saranno attuate per il tramite delle associazioni nazionali di rappresentanza, assistenza e tutela del movimento cooperativo debitamente riconosciute; le iniziative di cui al punto *b*) saranno attuate con la collaborazione delle predette associazioni.

3. La relativa spesa graverà sul capitolo 1241 dello stato di previsione della spesa del Ministero del lavoro e della previdenza sociale per l'esercizio finanziario 1970, e sui corrispondenti capitoli per gli esercizi successivi (3).

XV. 2.

LEGGE 31 gennaio 1992, n. 59. — *Nuove norme in materia di società cooperative* (4).

1. *Diritti dei soci*. — 1. I soci delle società cooperative, quando almeno un terzo del numero complessivo di essi lo richieda, hanno diritto, oltre a quanto stabilito dal primo comma dell'art. 2422 del codice civile, di esaminare il libro delle adunanze e delle deliberazioni del consiglio di amministrazione e il libro delle adunanze e delle deliberazioni del comitato esecutivo, se questo esiste.

2. I diritti di cui al comma 1 non spettano ai soci in mora per la mancata esecuzione dei conferimenti o inadempienti, anche rispetto alle obbligazioni contratte con la società.

2. *Relazione degli amministratori e dei sindaci*. — 1. Nelle società cooperative e nei loro consorzi, la relazione degli amministratori di cui al primo comma dell'art. 2428 (5) del codice civile deve indicare specificamente i criteri seguiti nella gestione sociale per il conseguimento degli scopi statutari, in conformità con il carattere cooperativo della società.

2. Il collegio sindacale, nella relazione all'assemblea di cui al secondo comma dell'art. 2429 (6) del codice civile, deve specificamente riferire su quanto indicato al comma 1 del presente articolo.

3. *Quote e azioni*. — 1. Il limite massimo della quota e delle azioni che ciascun socio persona fisica può possedere, stabilito dal primo comma dell'art. 24 del d.lg.c.p.s. 14 dicembre 1947, n. 1577, ratificato, con modificazioni, con l. 2 aprile 1951, n. 302, e successive modificazioni, da ultimo elevato dall'art. 17, primo comma, della l. 19 marzo 1983, n. 72, è determinato in lire ottantamilioni [euro 41.316,55]. Per i soci delle cooperative di manipolazione, trasformazione, conservazione e commercializzazione dei prodotti agricoli e di quelle di produzione e lavoro, tale limite è fissato in lire centoventimilioni [euro 61.974,83] (7).

2. I conferimenti di beni in natura non sono considerati ai fini del calcolo del limite massimo di cui al comma 1.

3. Nelle società cooperative e nei loro consorzi il valore nominale di ciascuna quota o azione non può essere inferiore a lire cinquantamila [euro 25,82] e il valore nominale di cia-

(1) Articolo aggiunto dall'art. 5, l. n. 127/1971. V. anche la l. 17 luglio 1975, n. 400.
(2) Articolo introdotto dall'art. 18, l. 19 marzo 1983, n. 72.
(3) Articolo aggiunto dall'art. 19, l. n. 127/1971.
(4) Suppl. ord. G.U., 7 febbraio 1992, n. 31.
(5) *Recte* 2429-*bis*, sino all'inizio di efficacia delle modificazioni introdotte dall'art. 11, d.lg. 9 aprile 1991, n. 127, in *Leggi coll. XIV, 6*.
(6) *Recte* 2432, sino all'inizio di efficacia delle modificazioni introdotte dagli artt. 12 e 13, d.lg. n. 127/1991.
(7) L'art. 4, d.lg. 24 giugno 1998, n. 213, in *Leggi coll. IV, 8*, dispone che a decorrere dal 1° gennaio 1999 per le società che si costituiscono con capitale espresso in euro e comunque dal 1° gennaio 2002 il comma 1 dell'art. 3 della l. 31 gennaio 1992, n. 59, è sostituito dal seguente:
«1. Il limite massimo della quota e delle azioni che ciascun socio persona fisica può possedere, stabilito dal primo comma dell'art. 24 del d.lg.c.p.s. 14 dicembre 1947, n. 1577, ratificato, con modificazioni, con l. 2 aprile

scuna azione non può essere superiore a lire un milione [euro 516,46], salvo quanto disposto da leggi speciali per particolari categorie di enti cooperativi.

4. *Soci sovventori*. — 1. Il primo e il secondo comma dell'art. 2548 del codice civile si applicano alle società cooperative e ai loro consorzi, con esclusione delle società e dei consorzi operanti nel settore dell'edilizia abitativa, i cui statuti abbiano previsto la costituzione di fondi per lo sviluppo tecnologico o per la ristrutturazione o il potenziamento aziendale.

2. I voti attribuiti ai soci sovventori anche in relazione ai conferimenti comunque posseduti non devono in ogni caso superare un terzo dei voti spettanti a tutti i soci.

3. I soci sovventori possono essere nominati amministratori. La maggioranza degli amministratori deve essere costituita da soci cooperatori.

4. I conferimenti dei soci sovventori sono rappresentati da azioni nominative trasferibili.

5. Alle azioni dei soci sovventori si applicano il secondo comma dell'art. 2348 ed il terzo comma dell'art. 2355 del codice civile.

6. Lo statuto può stabilire particolari condizioni a favore dei soci sovventori per la ripartizione degli utili e la liquidazione delle quote e delle azioni. Il tasso di remunerazione non può comunque essere maggiorato in misura superiore al 2 per cento rispetto a quello stabilito per gli altri soci.

5. *Finanziamenti dei soci e di terzi*. — 1. Il terzo comma dell'art. 2521 del codice civile è sostituito dal seguente: . . . . (*omissis*).

2. Le società cooperative, che abbiano adottato nei modi e nei termini stabiliti dallo statuto procedure di programmazione pluriennale finalizzate allo sviluppo o all'ammodernamento aziendale, possono emettere azioni di partecipazione cooperativa prive del diritto di voto e privilegiate nella ripartizione degli utili e nel rimborso del capitale.

3. Gli stati di attuazione dei programmi pluriennali devono essere approvati annualmente dall'assemblea ordinaria dei soci in sede di approvazione del bilancio, previo parere dell'assemblea speciale di cui all'art. 6.

4. Le azioni di partecipazione cooperativa possono essere emesse per un ammontare non superiore al valore contabile delle riserve indivisibili o del patrimonio netto risultanti dall'ultimo bilancio certificato e depositato presso il Ministero del lavoro e della previdenza sociale e devono contenere, oltre alle indicazioni prescritte dall'art. 2354 del codice civile, la denominazione «azione di partecipazione cooperativa».

5. Le azioni di partecipazione cooperativa devono essere offerte in misura non inferiore alla metà in opzione ai soci e ai lavoratori dipendenti della società cooperativa, i quali possono sottoscriverle anche superando i limiti di cui al primo comma dell'art. 24 del citato d.lg.c.p.s. 14 dicembre 1947, n. 1577, come elevati dall'art. 3, comma 1, della presente legge.

6. Le azioni di partecipazione cooperativa possono essere al portatore, a condizione che siano interamente liberate.

7. Ai possessori delle azioni di partecipazione cooperativa spetta una remunerazione maggiorata del 2 per cento rispetto a quella delle quote o delle azioni dei soci della cooperativa.

8. All'atto dello scioglimento della società cooperativa le azioni di partecipazione cooperativa hanno diritto di prelazione nel rimborso del capitale per l'intero valore nominale.

9. La riduzione del capitale sociale in conseguenza di perdite non comporta riduzione del valore nominale delle azioni di partecipazione cooperativa, se non per la parte della perdita che eccede il valore nominale complessivo delle altre azioni o quote.

6. *Assemblea speciale dei possessori delle azioni di partecipazione cooperativa*. — 1. L'assemblea speciale dei possessori delle azioni di partecipazione cooperativa delibera:

a) sulla nomina e sulla revoca del rappresentante comune;

b) sull'approvazione delle deliberazioni dell'assemblea della società cooperativa che pregiudicano i diritti della categoria;

c) sulla costituzione di un fondo per le spese necessarie alla tutela dei comuni interessi e sul relativo rendiconto;

d) sugli altri oggetti di interesse comune.

2. L'assemblea speciale esprime annualmente un parere motivato sullo stato di attuazione dei programmi pluriennali di cui all'art. 5, comma 3.

3. L'assemblea speciale è convocata dagli amministratori della società cooperativa o dal rappresentante comune, quando lo ritengano necessario o quando almeno un terzo dei possessori delle azioni di partecipazione cooperativa ne faccia richiesta.

1951, n. 302 e successive modificazioni, da ultimo elevato dall'art. 17, primo comma, della l. 19 marzo 1983, n. 72, è determinato in cinquantamila euro. Per i soci delle cooperative di manipolazioni, trasformazione, conservazione e commercializzazione dei prodotti agricoli e di quelle di produzione e lavoro, tale limite è fissato in settantamila euro».

4. Il rappresentante comune deve provvedere alla esecuzione delle deliberazioni dell'assemblea speciale e deve tutelare gli interessi comuni dei possessori delle azioni di partecipazione cooperativa nei rapporti con la società cooperativa.

5. Il rappresentante comune ha diritto di esaminare i libri sociali richiamati dall'art. 2516 del codice civile e di ottenerne estratti; ha altresì diritto di assistere all'assemblea della società e di impugnarne le deliberazioni. Le spese sono imputate al fondo di cui al comma 1, lett. *c*), del presente articolo.

7. *Rivalutazione delle quote o delle azioni*. — 1. Le società cooperative e i loro consorzi possono destinare una quota degli utili di esercizio ad aumento gratuito del capitale sociale sottoscritto e versato. In tal caso possono essere superati i limiti massimi di cui all'art. 3, purché nei limiti delle variazioni dell'indice nazionale generale annuo dei prezzi al consumo per le famiglie di operai e di impiegati, calcolate dall'Istituto nazionale di statistica (ISTAT) per il periodo corrispondente a quello dell'esercizio sociale in cui gli utili stessi sono stati prodotti.

2. Le disposizioni di cui al comma 1 si applicano anche alle azioni e alle quote dei soci sovventori.

3. La quota di utili destinata ad aumento del capitale sociale, nei limiti di cui al comma 1, non concorre a formare il reddito imponibile ai fini delle imposte dirette; il rimborso del capitale è soggetto a imposta, ai sensi del settimo comma dell'art. 20 del d.l. 8 aprile 1974, n. 95, convertito, con modificazioni, dalla l. 7 giugno 1974, n. 216, e successive modificazioni (1), a carico dei soli soci nel periodo di imposta in cui il rimborso viene effettuato fino a concorrenza dell'ammontare imputato ad aumento delle quote o delle azioni (2).

8. *Distribuzione degli utili*. — 1. L'art. 2536 del codice civile è sostituito dal seguente: .... (*omissis*).

9. *Rimborso del sovrapprezzo*. — 1. Nelle società cooperative, la quota di liquidazione in favore del socio uscente per recesso, esclusione o morte comprende, salvo diversa disposizione dell'atto costitutivo, anche il rimborso del sovrapprezzo che il socio abbia versato al momento della sua ammissione nella società, se non utilizzato ai sensi dell'art. 7.

10. *Prestiti sociali*. — 1. Gli importi di cui all'art. 13, lett. *a*), del d.p.r. 29 settembre 1973, n. 601, da ultimo elevati dall'art. 23, comma 1, della l. 27 febbraio 1985, n. 49, sono ulteriormente elevati, rispettivamente, a lire quaranta milioni [euro 20.658,28] e a lire ottanta milioni [euro 41.316,55] (3).

11. *Fondi mutualistici per la promozione e lo sviluppo della cooperazione*. — 1. Le associazioni nazionali di rappresentanza, assistenza e tutela del movimento cooperativo, riconosciute ai sensi dell'art. 5 del citato d.lg.c.p.s. 14 dicembre 1947, n. 1577, e successive modificazioni, e quelle riconosciute in base a leggi emanate da regioni a statuto speciale possono costituire fondi mutualistici per la promozione e lo sviluppo della cooperazione. I fondi possono essere gestiti senza scopo di lucro da società per azioni o da associazioni.

2. L'oggetto sociale deve consistere esclusivamente nella promozione e nel finanziamento di nuove imprese e di iniziative di sviluppo della cooperazione, con preferenza per i programmi diretti all'innovazione tecnologica, all'incremento dell'occupazione ed allo sviluppo del Mezzogiorno.

3. Per realizzare i propri fini, i fondi di cui al comma 1 possono promuovere la costituzione di società cooperative o di loro consorzi, nonché assumere partecipazioni in società cooperative o in società da queste controllate. Possono altresì finanziare specifici programmi di sviluppo di società cooperative o di loro consorzi, organizzare o gestire corsi di formazione professionale del personale dirigente amministrativo o tecnico del settore della cooperazione, promuovere studi e ricerche su temi economici e sociali di rilevante interesse per il movimento cooperativo.

4. Le società cooperative e i loro consorzi, aderenti alle associazioni riconosciute di cui al primo periodo del comma 1, devono destinare alla costituzione e all'incremento di ciascun fondo costituito dalle associazioni cui aderiscono una quota degli utili annuali pari al 3 per cento (4). Il versamento non deve essere effet-

(1) In *Leggi coll. XIV, 5*.

(2) L'art. 17-*bis*.1, d.l. 24 giugno 2014, n. 91, conv. in l. 11 agosto 2014, n. 116, così dispone: «Per le società cooperative di consumo e loro consorzi, la quota di utili di cui al comma 3 dell'art. 7 della l. 31 gennaio 1992, n. 59, non concorre a formare il reddito imponibile ai fini delle imposte dirette entro i limiti ed alle condizioni prescritte dal reg. (UE) n. 1407/2013 della Commissione, del 18 dicembre 2013». In base all'art. 17-*bis*.4, d.l. cit., tali disposizioni «si applicano a decorrere dal periodo d'imposta successivo a quello in corso alla data di entrata in vigore della legge di conversione del presente decreto».

(3) Sulla raccolta presso soci v. deliberazione CICR 3 marzo 1994, in G.U., 11 marzo 1994, n. 58.

(4) Il secondo periodo è stato soppresso dall'art. 1.468, l. 30 dicembre 2004, n. 311.

tuato se l'importo non supera ventimila lire [euro 10,33] (1).

5. Deve inoltre essere devoluto ai fondi di cui al comma 1 il patrimonio residuo delle cooperative in liquidazione, dedotti il capitale versato e rivalutato ed i dividendi eventualmente maturati, di cui al primo comma, lett. *c*), dell'art. 26 del citato d.lg.c.p.s. 14 dicembre 1947, n. 1577, e successive modificazioni.

6. Le società cooperative e i loro consorzi non aderenti alle associazioni riconosciute di cui al primo periodo del comma 1, o aderenti ad associazioni che non abbiano costituito il fondo di cui al comma 1, assolvono agli obblighi di cui ai commi 4 e 5, secondo quanto previsto all'art. 20 (2).

7. Le società cooperative ed i loro consorzi sottoposti alla vigilanza delle regioni a statuto speciale, che non aderiscono alle associazioni riconosciute di cui al primo periodo del comma 1 o che aderiscono ad associazioni che non abbiano costituito il fondo di cui al comma 1, effettuano il versamento previsto al comma 4 nell'apposito fondo regionale, ove istituito o, in mancanza di tale fondo, secondo le modalità di cui al comma 6.

8. Lo Stato e gli enti pubblici possono finanziare specifici progetti predisposti dagli enti gestori dei fondi di cui al comma 1 o dalla pubblica amministrazione, rivolti al conseguimento delle finalità di cui al comma 2 (3). I fondi possono essere altresì alimentati da contributi erogati da soggetti privati.

9. I versamenti ai fondi effettuati dai soggetti di cui all'art. 87, comma 1, lett. *a*), del testo unico delle imposte sui redditi, approvato con d.p.r. 22 dicembre 1986, n. 917, sono esenti da imposte e sono deducibili, nel limite del 3 per cento, dalla base imponibile del soggetto che effettua l'erogazione.

10. Le società cooperative e i loro consorzi che non ottemperano alle disposizioni del presente articolo decadono dai benefici fiscali e di altra natura concessi ai sensi della normativa vigente.

12. *Costituzione dei fondi mutualistici per la promozione e lo sviluppo della cooperazione*. — 1. Il capitale delle società per azioni di cui all'art. 11, comma 1, deve essere sottoscritto in misura non inferiore all'80 per cento dalla associazione riconosciuta che ne promuove la costituzione. Le azioni emesse non sono trasferibili senza il preventivo consenso della assemblea dei soci.

2. Delle associazioni di cui all'art. 11, comma 1, secondo periodo, fanno parte di diritto tutte le società cooperative e i loro consorzi aderenti alle rispettive associazioni riconosciute di cui al citato comma 1, primo periodo.

3. Le associazioni di cui all'art. 11, comma 1, secondo periodo, conseguono la personalità giuridica con decreto del Ministro del lavoro e della previdenza sociale, fatte salve le competenze delle regioni a statuto speciale; ad esse si applicano gli artt. 14 e seguenti del codice civile.

4. Le società e le associazioni che, ai sensi dell'art. 11, comma 1, gestiscono fondi mutualistici per la promozione e lo sviluppo della cooperazione sono soggette alla vigilanza del Ministro del lavoro e della previdenza sociale, che ne approva gli statuti, fatte salve le competenze delle regioni a statuto speciale. Gli eventuali utili di esercizio devono essere utilizzati o reinvestiti per il conseguimento dell'oggetto sociale.

5. Le società e le associazioni di cui al comma 4 sono assoggettate ad annuale certificazione del bilancio da parte di società di revisione secondo le disposizioni legislative vigenti.

13. *Albo nazionale delle società cooperative edilizie di abitazione e dei loro consorzi*. — 1. È istituito, presso la Direzione generale della cooperazione del Ministero del lavoro e della previdenza sociale, l'albo nazionale delle società cooperative edilizie di abitazione e dei loro consorzi.

2. Decorsi due anni dall'istituzione dell'albo, le società cooperative edilizie di abitazione e i loro consorzi che intendano ottenere contributi pubblici dovranno documentare l'iscrizione all'albo medesimo.

3. Le iscrizioni e le cancellazioni dall'albo sono disposte dal comitato per l'albo nazionale delle società cooperative edilizie di abitazione e dei loro consorzi, di seguito denominato «comitato», composto da:

a) il Direttore generale della cooperazione del Ministero del lavoro e della previdenza sociale, che lo presiede;

b) quattro membri designati dal Ministro del lavoro e della previdenza sociale, di cui tre esperti nella materia della cooperazione edilizia;

(1) Ultimo periodo aggiunto dall'art. 3.3, l. 18 febbraio 1999, n. 28.

(2) Comma così sostituito dall'art. 17.1, d.lg. 2 agosto 2002, n. 220, in *Leggi coll. XV, 5*.

(3) Sui contributi per iniziative di promozione e sviluppo della cooperazione, v. circolare min. Lavoro 12 dicembre 2000, n. 88/2000, in G.U., 23 dicembre 2000, n. 299.

c) un membro designato da ciascuna delle associazioni nazionali di rappresentanza, assistenza e tutela del movimento cooperativo legalmente riconosciute;

d) un membro designato dal Ministro dei lavori pubblici;

e) tre membri in rappresentanza delle regioni e delle province autonome di Trento e di Bolzano, designati, secondo un criterio di rotazione, dai rappresentanti regionali facenti parte del Comitato per l'edilizia residenziale.

4. Il comitato è costituito entro trenta giorni dalla data di entrata in vigore della presente legge con decreto del Ministro del lavoro e della previdenza sociale, di concerto con il Ministro del tesoro, e dura in carica quattro anni.

5. L'attività del comitato è disciplinata dal regolamento adottato dal comitato stesso, entro sessanta giorni dalla sua costituzione, ed approvato con decreto del Ministro del lavoro e della previdenza sociale. Il regolamento stabilisce i criteri per la tenuta degli elenchi regionali degli iscritti all'albo, anche al fine del rilascio della certificazione, nonché le modalità degli accertamenti che potranno essere effettuati anche su richiesta del Ministero del lavoro e della previdenza sociale.

6. Il decreto di cui al comma 4 dispone la costituzione di un ufficio per l'amministrazione del comitato e detta norme per il suo funzionamento. Per il predetto ufficio il Ministero del lavoro e della previdenza sociale può avvalersi di personale con contratto di diritto privato a tempo determinato, nel limite massimo di sei unità.

7. All'albo possono essere iscritti le società cooperative edilizie di abitazione costituite da non meno di diciotto soci ed i loro consorzi che siano iscritti nel registro prefettizio di cui all'art. 14 del regolamento approvato con r.d. 12 febbraio 1911, n. 278, e nello schedario generale della cooperazione di cui all'art. 15 del citato d.lg.c.p.s. 14 dicembre 1947, n. 1577, e successive modificazioni, che siano disciplinati dai principi di mutualità previsti dalle leggi dello Stato e si trovino in una delle seguenti condizioni:

a) siano stati costituiti con il conferimento da parte di ciascun socio di quote o di azioni per un valore non inferiore a lire cinquecentomila [euro 258,23];

b) abbiano iniziato o realizzato un programma di edilizia residenziale;

c) siano proprietari di abitazioni assegnate in godimento o in locazione o abbiano assegnato in proprietà gli alloggi ai propri soci.

8. Fermo restando quanto previsto dal comma 7, lett. *b*) e *c*), le società cooperative edilizie di abitazione e i loro consorzi che, alla data di entrata in vigore della presente legge, non si trovino nella condizione di cui al comma 7, lett. *a*), possono ottenere l'iscrizione all'albo a condizione che entro sei mesi da tale data adeguino il capitale sociale secondo quanto disposto dal citato comma 7, lett. *a*).

9. Possono essere sospesi dall'albo le società cooperative edilizie di abitazione e i loro consorzi in gestione commissariale.

10. Il Ministro del lavoro e della previdenza sociale determina, con proprio decreto pubblicato nella *Gazzetta Ufficiale*, entro novanta giorni dalla data di entrata in vigore della presente legge:

a) lo schema della domanda di iscrizione all'albo;

b) l'elenco della documentazione da allegare alla domanda;

c) lo schema della comunicazione che le società cooperative iscritte devono trasmettere alla Direzione generale della cooperazione entro il 30 giugno di ciascun anno per documentare l'attività svolta nel corso dell'anno precedente.

11. Entro il 31 dicembre di ciascun anno il comitato predispone l'elenco delle società cooperative e dei loro consorzi radiati dall'albo perché privi dei requisiti o delle condizioni previste dal comma 7 o perché soggetti all'applicazione del comma 9. L'elenco è pubblicato nella *Gazzetta Ufficiale*.

12. Agli oneri derivanti dall'attuazione del presente articolo si provvede a carico degli stanziamenti iscritti ai capitoli da istituire ai sensi dell'art. 20, comma 1, nel limite massimo del 7 per cento del gettito contributivo di cui al citato comma 1.

14. *Numero minimo dei soci*. — 1. Il numero minimo di soci richiesto, per l'iscrizione nei registri prefettizi di cooperative di produzione e lavoro ammissibili ai pubblici appalti, dal terzo comma dell'art. 22 del citato d.lg.c.p.s. 14 dicembre 1947, n. 1577, e successive modificazioni, è ridotto a quindici (1).

2. Il terzo comma dell'art. 23 del citato d.lg.c.p.s. 14 dicembre 1947, n. 1577, e successive modificazioni, è sostituito dal seguente: . (*omissis*) (2).

3. Il secondo periodo del sesto comma del-

(1) Riduzione abrogata dall'art. 25.1, l. 7 agosto 1997, n. 266.
(2) In *Leggi coll. XV, 1*.

l'art. 23 del citato d.lg.c.p.s. 14 dicembre 1947, n. 1577, e successive modificazioni, è sostituito dal seguente: .... (*omissis*).

4. Al secondo comma dell'art. 27 del citato d.lg.c.p.s. 14 dicembre 1947, n. 1577, e successive modificazioni, la lett. *a*) è sostituita dalla seguente: .... (*omissis*).

15. *Vigilanza*. — 1. Sono assoggettati ad ispezione ordinaria annuale le società cooperative e i loro consorzi che abbiano un fatturato superiore a lire trenta miliardi [euro 15.493.706,97], ovvero che detengano partecipazioni di controllo in società a responsabilità limitata, nonché le società cooperative edilizie di abitazione e i loro consorzi iscritti all'albo di cui all'art. 13.

2. Le società cooperative e i loro consorzi che abbiano un fatturato superiore a lire ottanta miliardi [euro 41.316.551,93] o che detengano partecipazioni di controllo in società per azioni o che possiedano riserve indivisibili superiori a lire tre miliardi [euro 1.549.370,70] o che raccolgano prestiti o conferimenti di soci finanziatori superiori a lire tre miliardi [euro 1.549.370,70], oltre che alla ispezione ordinaria annuale di cui al comma 1, sono assoggettati ad annuale certificazione di bilancio, da parte di una società di revisione iscritta all'albo speciale di cui all'art. 8 del d.p.r. 31 marzo 1975, n. 136, o da parte di una società di revisione autorizzata dal Ministro dell'industria, del commercio e dell'artigianato, ai sensi della l. 23 novembre 1939, n. 1966, che siano convenzionate con l'associazione riconosciuta di cui all'art. 11, comma 1, primo periodo, della presente legge, alla quale le società cooperative o i loro consorzi aderiscono, secondo uno schema di convenzione approvato dal Ministro del lavoro e della previdenza sociale. Per le società cooperative e i loro consorzi non aderenti ad alcuna associazione riconosciuta, la certificazione del bilancio viene effettuata da una delle società di revisione iscritte in un apposito elenco formato dal Ministro del lavoro e della previdenza sociale; per le società cooperative e i loro consorzi sottoposti alla vigilanza delle regioni a statuto speciale, la certificazione del bilancio viene effettuata da una delle società di revisione iscritte negli elenchi formati dalle regioni stesse.

3. Gli enti cooperativi sono tenuti ad affiggere presso la propria sede sociale, in luogo accessibile ai soci, un estratto del processo verbale relativo alla più recente revisione cooperativa o ispezione straordinaria, ovvero a consegnare tale estratto ai soci entro sessanta giorni dalla firma del processo verbale medesimo. L'avvenuta consegna deve risultare da apposito documento. Gli incaricati della vigilanza controllano il rispetto di tali disposizioni, riferendone nel processo verbale relativo alla revisione cooperativa o ispezione straordinaria successiva (1).

4. Il contributo per le spese relative alle ispezioni ordinarie, di cui all'art. 8 del citato d.lg.c.p.s. 14 dicembre 1947, n. 1577, e successive modificazioni, è determinato in relazione ai parametri del fatturato, del numero dei soci e del capitale sociale, anche in concorso tra loro, nella misura e con le modalità che saranno stabilite dal Ministro del lavoro e della previdenza sociale (2).

5. In caso di ritardato od omesso pagamento del contributo, se detto pagamento è effettuato entro trenta giorni dalla scadenza prevista, si applica una sanzione pari al 5 per cento del contributo; per i versamenti effettuati successivamente, tale sanzione è elevata al 15 per cento. In entrambi i casi sono dovuti gli interessi legali maturati nel periodo (3). In caso di omesso pagamento del contributo oltre il biennio di riferimento di cui al quarto comma dell'art. 8 del citato d.lg.c.p.s. 14 dicembre 1947, n. 1577, e successive modificazioni, la società cooperativa o il consorzio possono essere cancellati dal registro prefettizio e dallo schedario generale della cooperazione con decreto del Ministro del lavoro e della previdenza sociale (4).

6. Entro sei mesi dalla data di entrata in vigore della presente legge, su iniziativa del Ministero del lavoro e della previdenza sociale e con la procedura di cui all'art. 26, comma 3, d.p.r. 8 maggio 1987, n. 266, si procederà all'individuazione di un profilo professionale, e del relativo contenuto, per l'esercizio dell'attività di vigilanza sulle società cooperative e sui loro consorzi.

7. Gli enti mutualistici di cui all'art. 2512 del codice civile sono sottoposti alla vigilanza del Ministero del lavoro e della previdenza sociale, salvo quanto disposto da leggi speciali. Tale vigilanza si esercita secondo le modalità previste per le società cooperative.

8. Le funzioni di cui ai commi 4, 5, 6 e 7 esercitate dal Ministero del lavoro e della previdenza sociale sono riservate alle regioni a sta-

(1) Comma così sostituito dall'art. 17.3, d.lg. 2 agosto 2002, n. 220, in *Leggi coll. XV, 5*.
(2) V., da ultimo, d.m. Sviluppo economico 27 febbraio 2019, in G.U., 24 aprile 2019, n. 96.
(3) Primo periodo sostituito dai due riprodotti dall'art. 42, l. 12 dicembre 2002, n. 273.
(4) D.m. Lavoro 21 giugno 2000, in G.U., 20 luglio 2000, n. 168.

tuto speciale nell'ambito del rispettivo territorio e della rispettiva competenza.

16. *Relazione al Parlamento sulla cooperazione.* — 1. Il Ministro del lavoro e della previdenza sociale presenta, ogni tre anni, al Parlamento una dettagliata relazione sull'attività svolta in favore della cooperazione. Tale relazione deve riportare le notizie e i dati sullo stato della cooperazione in Italia.

17. *Gestione commissariale.* — 1. Il primo comma dell'art. 2543 del codice civile è sostituito dal seguente: .... (*omissis*).

18. *Norme diverse.* — 1. Al primo comma dell'art. 2544 del codice civile, è aggiunto, in fine, il seguente periodo: .... (*omissis*).

2. All'art. 2751-*bis* del codice civile, dopo il n. 5, è aggiunto il seguente: ...... (*omissis*).

3. Al primo comma dell'art. 61 del testo unico delle disposizioni concernenti lo statuto degli impiegati civili dello Stato, approvato con d.p.r. 10 gennaio 1957, n. 3, sono soppresse le parole: «fra impiegati dello Stato».

4. Al secondo comma dell'art. 92 del d.p.r. 31 maggio 1974, n. 417, sono soppresse le parole: «tra dipendenti dello Stato».

5. L'art. 46 del regolamento approvato con r.d. 12 febbraio 1911, n. 278, è abrogato.

6. Al secondo comma dell'art. 13 del citato d.lg.c.p.s. 14 dicembre 1947, n. 1577, e successive modificazioni, sono aggiunte, in fine, le parole: «Sezione società di mutuo soccorso ed enti mutualistici di cui all'art. 2512 del codice civile».

19. *Integrazione della documentazione per l'iscrizione nel registro prefettizio.* — 1. Per ottenere l'iscrizione nel registro prefettizio delle cooperative di cui all'art. 14 del regolamento approvato con r.d. 12 febbraio 1911, n. 278, le società cooperative e i loro consorzi di cui all'art. 13 del citato d.lg.c.p.s. 14 dicembre 1947, n. 1577, e successive modificazioni, devono allegare alla domanda di iscrizione, oltre ai documenti di cui al primo comma dell'art. 14 del medesimo d.lg. n. 1577 del 1947, e successive modificazioni, la certificazione prevista dall'art. 10-*sexies* della l. 31 maggio 1965, n. 575, introdotto dall'art. 7 della l. 19 marzo 1990, n. 55, e successive modificazioni, relativa agli amministratori, ai sindaci e ai direttori in carica degli enti medesimi.

2. La certificazione di cui al comma 1 deve essere presentata dalle società cooperative e dai loro consorzi già iscritti nel registro prefettizio nel termine di dodici mesi dalla data di entrata in vigore della presente legge, a pena di cancellazione dal registro stesso.

20. *Soppressione della gestione fuori bilancio del Ministero del lavoro e della previdenza sociale preordinata all'attività di ispezione delle cooperative.* — 1. A decorrere dal 1° gennaio 1991, è soppressa la gestione fuori bilancio relativa al «Fondo contributi di pertinenza del Ministero del lavoro e della previdenza sociale per le spese relative alle ispezioni ordinarie». Restano fermi i compiti e le funzioni di competenza del predetto Ministero previsti dall'art. 8 del citato d.lg.c.p.s. 14 dicembre 1947, n. 1577, e successive modificazioni, come integrato dall'art. 15 della presente legge, cui si provvede a carico degli stanziamenti di appositi capitoli da istituire nello stato di previsione del Ministero del lavoro e della previdenza sociale e da alimentarsi in relazione:

a) al gettito dei contributi di cui all'art. 8 del citato d.lg. n. 1577 del 1947, e successive modificazioni;

b) al gettito dei contributi di cui all'art. 11, comma 6, della presente legge;

c) ad una maggiorazione determinata, a decorrere dal 1993, nel 10 per cento del contributo di cui alla lett. *a*), a carico delle società cooperative edilizie di abitazione e dei loro consorzi, ivi compresi quelli aderenti alle associazioni riconosciute di cui all'art. 11, comma 1, primo periodo; tale maggiorazione potrà essere successivamente adeguata in relazione ad eventuali maggiori oneri connessi all'attuazione della presente legge;

d) agli eventuali avanzi di amministrazione della gestione soppressa.

2. Ai fini di quanto disposto al comma 1, i contributi ivi previsti sono versati all'entrata del bilancio dello Stato per essere riassegnati, con decreto del Ministro del tesoro, ai capitoli di spesa da istituirsi ai sensi del comma 1.

21. *Norme transitorie e finali.* — 1. Le disposizioni di cui alla presente legge possono essere recepite negli statuti delle società cooperative e dei loro consorzi, con le modalità e le maggioranze previste per le deliberazioni dell'assemblea ordinaria.

2. L'ottemperanza alle disposizioni di cui alla presente legge non fa decadere le società cooperative e i loro consorzi dalle agevolazioni fiscali e di altra natura previste dalla normativa vigente.

3. Alle banche di credito cooperativo si applicano gli artt. 2, 7, 9, 11, 12, 14, comma 4, 18, commi 3 e 4, e 21, commi 1 e 2, della presente legge (1).

(1) Comma così sostituito dall'art. 150.4, d.lg. 1° settembre 1993, n. 385, in *Leggi coll. XVII, 1.*

4. Le società cooperative legalmente costituite prima della data di entrata in vigore della presente legge non sono tenute ad adeguarsi alle prescrizioni di cui all'art. 3, comma 3, relative al limite minimo del valore nominale delle quote o delle azioni.

5. Entro un anno dalla data di entrata in vigore della presente legge gli enti di cui all'art. 15, comma 7, sono tenuti agli adempimenti previsti dalle leggi vigenti per le società cooperative e i loro consorzi.

6. Il Ministro del lavoro e della previdenza sociale adegua ogni tre anni, con proprio decreto (1), le previsioni di cui agli artt. 3 e 15, nonché, di concerto con il Ministro delle finanze, le previsioni di cui agli artt. 7 e 10 tenuto conto delle variazioni dell'indice nazionale generale annuo dei prezzi al consumo per le famiglie di operai e di impiegati, calcolate dall'ISTAT.

7. Le disposizioni di cui alla presente legge si applicano alle società cooperative disciplinate dal citato d.lg.c.p.s. 14 dicembre 1947, n. 1577, e successive modificazioni, e agli enti mutualistici di cui all'art. 2512 del codice civile.

8. Le disposizioni della presente legge non si applicano alle banche popolari, alle cooperative di assicurazione e alle società mutue assicuratrici, per le quali restano in vigore le disposizioni contenute nelle relative leggi speciali.

XV. 3.

LEGGE 7 agosto 1997, n. 266. — *Interventi urgenti per l'economia* (2).

1-20. . . . . (*omissis*).

21. *Piccola società cooperativa*. — 1. La piccola società cooperativa, quale forma semplificata di società cooperativa, deve essere composta esclusivamente da persone fisiche in numero non inferiore a tre e non superiore ad otto soci.

2. La denominazione sociale, in qualunque modo formata, deve contenere l'indicazione di «piccola società cooperativa». Tale indicazione non può essere usata da società che non hanno scopo mutualistico.

3. Alla piccola società cooperativa si applicano le norme relative alle società cooperative in quanto compatibili con le disposizioni del presente articolo.

4. Nella piccola società cooperativa, se il potere di amministrazione è attribuito all'assemblea, è necessaria la nomina del presidente, al quale spetta la rappresentanza legale.

5. Alla piccola società cooperativa si applicano le norme in materia di collegio sindacale previste per la società a responsabilità limitata di cui agli artt. 2488 e seguenti del codice civile.

6. Nella piccola società cooperativa per le obbligazioni sociali risponde soltanto la società con il suo patrimonio.

7. Ricorrendo i requisiti previsti dalla legge, la piccola società cooperativa deve deliberare la propria trasformazione in società cooperativa. La piccola società cooperativa può trasformarsi esclusivamente in società cooperativa.

8. Alla trasformazione e alla fusione della piccola società cooperativa si applicano gli articoli 2498 e seguenti del codice civile.

22-32. . . . . (*omissis*).

XV. 4.

LEGGE 23 dicembre 1998, n. 448. — *Misura di finanza pubblica per la stabilizzazione e lo sviluppo* (3).

1-57. . . . . (*omissis*).

58. *Obbligazioni delle società cooperative*. — 1. Le società cooperative emittenti obbligazioni ai sensi dell'art. 11 del d.lg. 1° settembre 1993, n. 385, sono sottoposte alle disposizioni degli artt. 2411 e seguenti del codice civile e, ove ne ricorrano i presupposti, all'obbligo di certificazione secondo le modalità previste dall'art. 15, comma 2, della l. 31 gennaio 1992, n. 59, nonché a quanto previsto dagli artt. 114 e 115 del d.lg. 24 febbraio 1998, n. 58, in quanto compatibili con la legislazione cooperativa (4).

59. *Prestiti da soci per le cooperative*. — 1. I limiti individuali del prestito da soci per le cooperative edilizie di abitazione sono equiparati, a tutti gli effetti, a quelli previsti per le cooperative di conservazione, lavorazione, trasformazione ed alienazione di prodotti agricoli e per le cooperative di produzione e lavoro.

(1) D.m. Lavoro 19 maggio e 31 luglio 1998, in G.U., 21 ottobre 1998, n. 246.
(2) G.U., 11 agosto 1997, n. 186.
(3) Suppl. ord. G.U., 29 dicembre 1998, n. 302.
(4) Articolo così sostituito dall'art. 36.1, d.lg. 4 agosto 1999, n. 342.

60-83. .... (*omissis*).

XV. 5.

DECRETO LEGISLATIVO 2 agosto 2002, n. 220. — *Norme in materia di riordino della vigilanza sugli enti cooperativi, ai sensi dell'art. 7, comma 1, della l. 3 aprile 2001, n. 142, recante: «Revisione della legislazione in materia cooperativistica, con particolare riferimento alla posizione del socio lavoratore»* (1).

TITOLO I

Principi generali

1. *Vigilanza cooperativa*. — 1. La vigilanza su tutte le forme di società cooperative e loro consorzi, gruppi cooperativi *ex* art. 5, comma 1, lett. *f*), l. 3 ottobre 2001, n. 366, società di mutuo soccorso ed enti mutualistici di cui all'art. 2512 del codice civile, consorzi agrari e piccole società cooperative, di seguito denominati enti cooperativi, è attribuita al Ministero delle attività produttive, di seguito denominato Ministero, che la esercita mediante revisioni cooperative ed ispezioni straordinarie come disciplinate dal presente decreto.

2. La vigilanza di cui al comma 1 è finalizzata all'accertamento dei requisiti mutualistici. Tale accertamento è riservato, in via esclusiva (2), al Ministero [...] (3).

3. I modelli di verbale di revisione cooperativa e di ispezione straordinaria sono approvati con decreto del Ministro delle attività produttive, di seguito denominato Ministro.

4. Sono fatte salve le diverse forme di vigilanza previste dalle disposizioni vigenti.

4-*bis.* Ferme le specifiche disposizioni civilistiche, gli uffici amministrativi preposti alla vigilanza cooperativa ai sensi dei commi precedenti assolvono i compiti loro affidati dalla legge esclusivamente nell'interesse pubblico (4).

5. Restano ferme le funzioni di vigilanza riservate alle Regioni a statuto speciale e alle Province autonome di Trento e di Bolzano, nell'ambito della rispettiva competenza territoriale.

TITOLO II

La revisione cooperativa

2. *Modalità e soggetti abilitati*. — 1. Gli enti cooperativi sono sottoposti a revisione secondo cadenze e modalità stabilite con decreto del Ministro.

2. Le revisioni cooperative devono avvenire almeno una volta ogni due anni, fatte salve le previsioni di leggi speciali che prescrivono una revisione annuale.

3. Le revisioni cooperative sono effettuate dal Ministero a mezzo di revisori da esso incaricati.

4. Nei confronti degli enti cooperativi aderenti alle Associazioni nazionali di rappresentanza, assistenza e tutela del movimento cooperativo, di seguito denominate Associazioni, le revisioni cooperative sono effettuate dalle associazioni stesse a mezzo di revisori da esse incaricati.

5. Nel caso in cui l'ente cooperativo ha la necessità di certificare il possesso dei requisiti mutualistici e non ha ancora ottenuto la revisione, può formulare esplicita richiesta agli Uffici territoriali del Governo di cui all'art. 11 del d.lg. 30 luglio 1999, n. 300, e, nelle more dell'adozione del decreto del Ministro dell'interno di cui all'art. 9, comma 3, del d.p.r. del 15 maggio 2001, n. 287, alle Direzioni provinciali del lavoro, ovvero, nel caso di enti cooperativi aderenti alle Associazioni, a quest'ultime.

6. Le Associazioni hanno l'obbligo di assoggettare a revisione gli enti cooperativi ad esse aderenti, compresi quelli in scioglimento volontario, ad eccezione degli enti nei cui confronti siano stati adottati i provvedimenti di cui agli artt. 2540, 2543, 2544 del codice civile.

7. A tale scopo, e per ogni finalità connessa all'attuazione del presente decreto, si considerano aderenti a ciascuna Associazione gli enti cooperativi dalle stesse assoggettati a revisione e quelli che, sebbene non vigilati, abbiano ad esse versato il contributo biennale previsto dalle norme vigenti.

8. Le Associazioni, alla scadenza del termine stabilito per l'esercizio della vigilanza, comunicano agli Uffici territoriali del Governo e, nelle more dell'adozione del decreto del Ministro

(1) G.U., 8 ottobre 2002, n. 236.

(2) La parola «esclusiva» è stata così sostituita alla precedente «amministrativa» dall'art. 10.11, l. 23 luglio 2009, n. 99.

(3) Le parole «anche in occasione di interventi ispettivi di altre amministrazioni pubbliche» sono state soppresse dall'art. 10.11, l. 23 luglio 2009, n. 99.

(4) Comma inserito dall'art. 10.9, l. 23 luglio 2009, n. 99.

dell'interno di cui all'art. 9, comma 3, del d.p.r. del 15 maggio 2001, n. 287, alle Direzioni provinciali del lavoro:

a) l'elenco degli enti cooperativi assoggettati a revisione;

b) l'elenco degli enti cooperativi non revisionati, indicando espressamente quelli che non hanno versato il contributo.

9. Il mancato versamento del contributo biennale all'Associazione non esime quest'ultima dall'obbligo di effettuare la revisione fino quando l'ente cooperativo non è cancellato dall'elenco degli aderenti.

3. *Riconoscimento delle Associazioni*. — 1. Il riconoscimento delle Associazioni nazionali di rappresentanza, assistenza, tutela e revisione del movimento cooperativo, è concesso con decreto del Ministro.

2. Per ottenere tale riconoscimento, le Associazioni nazionali presentano al Ministero una istanza corredata da una copia dell'atto costitutivo e dello statuto, dall'eventuale regolamento interno, dalle dichiarazioni di adesione che, a decorrere dal 1° gennaio 2004, non possono essere inferiori al numero di duemila enti cooperativi associati, con l'indicazione, per ciascuno di essi, del numero dei soci, e da un documento da cui risulti nome, cognome e qualifica degli amministratori, sindaci e direttori in carica e delle altre persone autorizzate a trattare per conto dell'Associazione richiedente.

3. Le dichiarazioni di adesione di cui al comma 2 devono riferirsi ad enti cooperativi distribuiti in almeno cinque regioni e tre sezioni, definite sulla base del rapporto mutualistico, dell'Albo nazionale di cui all'art. 15.

4. Le Associazioni richiedenti devono comprovare di essere in grado di assolvere le funzioni di vigilanza nei confronti degli enti cooperativi aderenti, per il tramite delle loro articolazioni organizzative centrali e periferiche.

5. Le Associazioni richiedenti devono disporre di un numero di revisori iscritti nell'apposito elenco, tale da garantire l'esecuzione delle revisioni cooperative di propria competenza, sia sul piano numerico sia su quello tecnico.

6. Il Ministro può chiedere la documentazione atta a dimostrare l'idoneità dell'Associazione ad assolvere le funzioni di vigilanza sugli enti cooperativi associati. Le Associazioni nazionali riconosciute sono sottoposte alla vigilanza del Ministero per quanto attiene all'osservanza delle disposizioni del presente decreto.

7. Il Ministro può revocare il riconoscimento di cui al comma 1 alle Associazioni nazionali che non sono in grado di assolvere efficacemente le proprie funzioni di vigilanza sugli enti cooperativi associati.

8. Nell'esecuzione delle funzioni di vigilanza sugli enti cooperativi associati, le Associazioni sono tenute ad osservare le norme stabilite dal Ministro.

4. *Oggetto della revisione cooperativa*. — 1. La revisione cooperativa è finalizzata a:

a) fornire agli organi di direzione e di amministrazione degli enti suggerimenti e consigli per migliorare la gestione ed il livello di democrazia interna, al fine di promuovere la reale partecipazione dei soci alla vita sociale;

b) accertare, anche attraverso una verifica della gestione amministrativo-contabile, la natura mutualistica dell'ente, verificando l'effettività della base sociale, la partecipazione dei soci alla vita sociale ed allo scambio mutualistico con l'ente, la qualità di tale partecipazione, l'assenza di scopi di lucro dell'ente, nei limiti previsti dalla legislazione vigente, e la legittimazione dell'ente a beneficiare delle agevolazioni fiscali, previdenziali e di altra natura;

b-bis) accertare l'osservanza delle disposizioni in tema di prestito sociale (1).

2. Il revisore accerta altresì la consistenza dello stato patrimoniale, attraverso l'acquisizione del bilancio d'esercizio, delle relazioni del consiglio di amministrazione e del collegio sindacale, nonché, ove prevista, della certificazione di bilancio.

3. Il revisore verifica l'eventuale esistenza del regolamento interno adottato dall'ente cooperativo ai sensi dell'art. 6 della l. 3 aprile 2001, n. 142, e accerta la correttezza e la conformità dei rapporti instaurati con i soci lavoratori con quanto previsto nel regolamento stesso (2).

5. *Conclusione della revisione cooperativa*. — 1. Le revisioni cooperative si concludono, per gli enti non associati, con un certificato di revisione rilasciato dagli Uffici territoriali del Governo e, nelle more dell'adozione del decreto del Ministro dell'interno di cui all'art. 9, com-

(1) Lettera aggiunta dall'art. 1.242, l. 27 dicembre 2017, n. 205.

(2) L'art. 23.9, d.l. 18 ottobre 2012, n. 179, conv. in l. 17 dicembre 2012, n. 221, così dispone: «L'art. 4 del d.lg. 2 agosto 2002, n. 220 si interpreta nel senso che la vigilanza sugli enti cooperativi e loro consorzi esplica effetti ed è diretta nei soli confronti delle pubbliche amministrazioni ai fini della legittimazione a beneficiare delle agevolazioni fiscali, previdenziali e di altra natura, nonché per l'adozione dei provvedimenti previsti dall'art. 12 del medesimo d.lg. 2 agosto 2002, n. 220».

ma 3, del d.p.r. del 15 maggio 2001, n. 287, dalle Direzioni provinciali del lavoro, ovvero, per gli enti aderenti alle Associazioni, con una attestazione di revisione rilasciata dall'Associazione stessa.

2. I certificati o le attestazioni di revisione di cui al comma 1 sono rilasciati ove si siano conclusi senza rilievi di irregolarità gli accertamenti e le verifiche previste dall'art. 4.

3. Le Associazioni trasmettono tempestivamente una copia dell'attestazione di revisione, di cui al comma 1, agli Uffici territoriali del Governo, competenti per territorio, e, nelle more dell'adozione del decreto del Ministro dell'interno di cui all'art. 9, comma 3, del d.p.r. del 15 maggio 2001, n. 287, alle Direzioni provinciali del lavoro.

4. Il revisore ha la facoltà di diffidare gli enti cooperativi ad eliminare le irregolarità sanabili, inviando contestualmente copia della diffida agli Uffici territoriali del Governo e, nelle more dell'adozione del decreto del Ministro dell'interno di cui all'art. 9, comma 3, del d.p.r. del 15 maggio 2001, n. 287, alle Direzioni provinciali del lavoro, ovvero, nel caso di enti cooperativi associati, anche alle Associazioni cui gli enti aderiscono. Alla scadenza del termine indicato nella diffida il revisore verifica l'avvenuta regolarizzazione con apposito accertamento.

5. Il revisore, qualora riscontri il permanere delle anomalie rilevate, trasmette il verbale di revisione, con la proposta di provvedimento, agli Uffici territoriali del Governo, e, nelle more dell'adozione del decreto del Ministro dell'interno di cui all'art. 9, comma 3, del d.p.r. del 15 maggio 2001, n. 287, alle Direzioni provinciali del lavoro.

6. Nel caso di revisione di enti cooperativi associati ovvero nel caso di revisione in convenzione ai sensi dell'art. 7, comma 2, la trasmissione dei verbali di revisione agli uffici di cui al comma 5 avviene per il tramite delle Associazioni.

6. *Dichiarazione sostitutiva*. — 1. Nel caso in cui l'ente cooperativo ha necessità di certificare il possesso dei requisiti mutualistici, al fine del godimento di un'agevolazione o dell'applicazione di un provvedimento di favore, e non dispone del certificato di revisione o dell'attestazione di revisione, relativi al periodo di vigilanza in corso, è tenuto a produrre agli Uffici territoriali del Governo e, nelle more dell'adozione del decreto del Ministro dell'interno di cui all'art. 9, comma 3, del d.p.r. del 15 maggio 2001, n. 287, alle Direzioni provinciali del lavoro, e all'Associazione cui eventualmente aderisce, una dichiarazione, sottoscritta dal presidente dell'ente medesimo e, per asseverazione, dal presidente del collegio sindacale.

2. Se il collegio sindacale non è previsto dalla legge o dall'atto costitutivo, o il presidente dello stesso non è iscritto al registro dei revisori contabili, la sottoscrizione per asseverazione è apposta da un revisore contabile esterno, scelto fra i soggetti iscritti nel registro dei revisori contabili.

3. Nella dichiarazione di cui al comma 1 sono indicati, oltre agli estremi identificativi dell'ente cooperativo e del legale rappresentante:

a) l'iscrizione all'albo nazionale delle società cooperative ovvero, nelle more dell'istituzione dello stesso, al registro prefettizio;

b) eventuali iscrizioni richieste dalla legge per il godimento della agevolazione o del provvedimento di favore di cui si chiede l'applicazione;

c) gli estremi del versamento del contributo dovuto ai fondi di mutualità nazionale, ai sensi degli artt. 8 e 11 della l. 31 gennaio 1992, n. 59, o, in difetto, le motivazioni per il mancato versamento;

d) il numero dei soci, come risultante dal libro soci;

e) l'indicazione dell'agevolazione o del provvedimento di favore di cui si chiede l'applicazione e dell'ente competente al riguardo, unitamente alla dichiarazione del possesso dei requisiti per poterne godere.

4. Alla dichiarazione sostitutiva deve essere allegato l'ultimo bilancio approvato, con l'indicazione degli estremi dell'avvenuto deposito presso il registro delle imprese, nonché copia del versamento del contributo biennale di revisione previsto dalle norme vigenti.

5. L'ente cooperativo che procede alla dichiarazione sostitutiva deve contestualmente formulare la richiesta prevista dall'art. 2, comma 5.

6. Le eventuali dichiarazioni sostitutive prodotte devono essere indicate nel verbale di revisione o di ispezione straordinaria.

7. La copia della dichiarazione sostitutiva presentata, unitamente alla ricevuta dell'avvenuta notifica, può essere utilizzata, da parte dell'ente cooperativo, ai fini della richiesta di agevolazioni o di provvedimenti di favore alla pubblica amministrazione.

7. *Il revisore di cooperative*. — 1. L'attività di revisione nei confronti degli enti cooperativi non associati è svolta dal Ministero, con propri dipendenti.

2. Il Ministero può altresì avvalersi, d'intesa con le amministrazioni interessate, di revisori esterni dipendenti da altre amministrazioni, nonché, sulla base di apposite convenzioni

con le Associazioni riconosciute, di revisori delle medesime. Con decreto del Ministro, sono fissati i criteri e le modalità attuative della presente disposizione.

3. I soggetti di cui ai commi 1 e 2 conseguono l'abilitazione all'attività di vigilanza, attraverso appositi corsi di formazione promossi dal Ministero e finanziati con l'apposito capitolo di bilancio, alimentato con il contributo biennale a carico degli enti cooperativi. Con decreto del Ministro sono precisate le modalità di accesso al corso e di svolgimento del medesimo.

4. L'attività di revisione nei confronti degli enti cooperativi aderenti alle Associazioni è svolta da revisori appositamente abilitati attraverso corsi promossi dalle Associazioni stesse, previa autorizzazione del Ministero.

5. I corsi devono fornire le specifiche conoscenze tecniche necessarie per l'espletamento delle revisioni cooperative.

6. I revisori sono iscritti in apposito elenco tenuto presso il Ministero.

7. I revisori non dipendenti dal Ministero, nell'esercizio delle loro funzioni, si intendono incaricati di pubblico servizio.

8. Al revisore si applicano le cause di incompatibilità previste dall'art. 2399 del codice civile.

9. Il revisore è tenuto alla riservatezza e al segreto d'ufficio nei confronti dei terzi.

TITOLO III

L'ispezione straordinaria

8. *Modalità e soggetti incaricati*. — 1. Le ispezioni straordinarie sono disposte dal Ministero sulla base di programmati accertamenti a campione, di esigenze di approfondimento derivanti dalle revisioni cooperative ed ogni qualvolta se ne ravvisi l'opportunità, con l'osservanza delle disposizioni stabilite nel presente titolo.

2. Le ispezioni di cui al comma 1 sono eseguite dai funzionari che transitano nei ruoli del Ministero appartenenti all'apposito profilo professionale previsto dall'art. 15, comma 6, della l. 31 gennaio 1992, n. 59.

3. In caso di particolari esigenze le ispezioni possono essere effettuate anche da altri funzionari del Ministero, e, sulla base di apposita convenzione, da funzionari di altre amministrazioni che abbiano frequentato i corsi di cui all'art. 7, comma 3.

9. *Oggetto dell'ispezione straordinaria*. — 1. Le ispezioni straordinarie accertano:

a) l'esatta osservanza delle norme legislative, regolamentari, statutarie e mutualistiche;

b) la sussistenza dei requisiti richiesti da leggi generali e speciali per il godimento di agevolazioni tributarie, previdenziali e di altra natura;

c) il regolare funzionamento amministrativo contabile dell'ente;

d) l'esatta impostazione tecnica e il regolare svolgimento delle attività specifiche promosse o assunte dall'ente;

e) la consistenza patrimoniale dell'ente e lo stato delle attività e delle passività;

f) la correttezza dei rapporti istaurati con i soci lavoratori e l'effettiva rispondenza di tali rapporti rispetto al regolamento e alla contrattazione collettiva di settore od alle tariffe vigenti.

2. Il Ministero fissa, con proprio provvedimento, le modalità di esecuzione delle ispezioni e il modello del relativo verbale.

10. *L'ispettore di cooperative*. — 1. Agli ispettori di cooperative sono attribuiti, oltre alla facoltà di diffida di cui all'art. 5:

a) il potere di accesso presso la sede dell'ente cooperativo ed in tutti gli altri luoghi di esercizio dell'attività, anche presso terzi;

b) il potere di convocare ed interrogare tutti i soggetti coinvolti nell'attività dell'ente cooperativo, compresi i terzi;

c) il potere di acquisire e trattenere temporaneamente la documentazione sociale per il periodo ritenuto congruo per l'esecuzione dell'ispezione e comunque per un massimo di trenta giorni;

d) il potere di estrarre copia e riprodurre atti;

e) il potere di siglare i libri sociali e gli altri documenti al fine di impedire alterazioni o manomissioni degli stessi.

TITOLO IV

La certificazione di bilancio

11. *Enti cooperativi assoggettati*. — 1. Gli enti cooperativi ed i loro consorzi, con un valore della produzione superiore a 60.000.000 di euro o con riserve indivisibili superiori a 4.000.000 di euro o con prestiti o conferimenti di soci finanziatori superiori a 2.000.000 di euro, sono assoggettati alla certificazione annuale del bilancio per opera di una società di revisione in possesso dei requisiti di cui all'art. 15 della l. 31 gennaio 1992, n. 59.

2. La relazione di certificazione, quale atto complementare della vigilanza, è allegata al progetto di bilancio da sottoporre all'approvazione dell'assemblea dei soci.

3. L'ente cooperativo che non richiede la certificazione del bilancio può essere sottoposto alla gestione commissariale di cui all'art. 2543 del codice civile; in tale caso il commissario rimane in carica fino al perfezionamento dell'incarico ad una società di revisione.

4. Il Ministro definisce, con proprio decreto, lo schema di convenzione di cui all'art. 15, comma 2, della l. 31 gennaio 1992, n. 59.

TITOLO V

Effetti della vigilanza

12. *Provvedimenti*. — 1. Il Ministero, sulla base delle risultanze emerse in sede di vigilanza, valutate le circostanze del caso, può adottare, i seguenti provvedimenti:

a) cancellazione dall'albo nazionale degli enti cooperativi ovvero, nelle more dell'adozione del decreto ministeriale di cui all'art. 15, comma 3, cancellazione dal registro prefettizio e dallo schedario generale della cooperazione;

b) gestione commissariale, ai sensi dell'art. 2543 del codice civile;

c) scioglimento per atto dell'autorità, ai sensi dell'art. 2544 del codice civile;

d) sostituzione dei liquidatori, ai sensi dell'art. 2545 del codice civile;

e) liquidazione coatta amministrativa, ai sensi dell'art. 2540 del codice civile.

2. I provvedimenti sanzionatori di cui alle lett. *a*), *b*), *c*) e *d*) del comma 1 sono adottati sentita la Commissione centrale per le cooperative.

3. Fermo restando quanto previsto dall'art. 2638, secondo comma, del codice civile, gli enti cooperativi che si sottraggono all'attività di vigilanza o non rispettano finalità mutualistiche sono cancellati, sentita la Commissione centrale per le cooperative, dall'albo nazionale degli enti cooperativi. Si applica il provvedimento di scioglimento per atto dell'autorità ai sensi dell'art. 2545-*septiesdecies* del codice civile e dell'art. 223-*septiesdecies* delle disposizioni per l'attuazione del codice civile e disposizioni transitorie, di cui al r.d. 30 marzo 1942, n. 318, con conseguente obbligo di devoluzione del patrimonio ai sensi dell'art. 2514, primo comma, lett. *d*), del codice civile (1).

4. Agli enti cooperativi che commettono reiterate e gravi violazioni del regolamento di cui all'art. 6 della l. 3 aprile 2001, n. 142, si applicano le disposizioni di cui all'art. 2543 del codice civile.

5. Per i consorzi agrari, i provvedimenti di cui al comma 1 sono adottati di concerto con il Ministero delle politiche agricole e forestali.

5-*bis*. Agli enti cooperativi che non ottemperino alla diffida impartita in sede di vigilanza senza giustificato motivo ovvero non ottemperino agli obblighi previsti dall'art. 2545-*octies* del codice civile è applicata una maggiorazione del contributo biennale pari a tre volte l'importo dovuto. Le procedure per l'applicazione della maggiorazione del contributo sono definite con decreto del Ministro dello sviluppo economico (2).

5-*ter*. Lo scioglimento di un ente cooperativo è comunicato, entro trenta giorni, dal Ministero dello sviluppo economico all'Agenzia delle entrate, anche ai fini dell'applicazione dell'art. 28, comma 4, del d.lg. 21 novembre 2014, n. 175 (3).

TITOLO VI

Collegio sindacale

13. *Disciplina*. — 1. Fino all'emanazione dei decreti legislativi previsti dalla l. 3 ottobre 2001, n. 366, si applicano le disposizioni di cui ai commi 2 e 3.

2. Agli enti cooperativi e loro consorzi si applicano le norme in materia di collegio sindacale previste per le società a responsabilità limitata di cui all'art. 2488 del codice civile.

3. Agli enti cooperativi e loro consorzi, soggetti obbligatoriamente alla certificazione del bilancio, che provvedono alla emissione di strumenti finanziari partecipativi e non partecipativi, si applicano le disposizioni contenute nel d.lg. 24 febbraio 1998, n. 58, in materia di funzioni e composizione del collegio sindacale.

14. *Termine per l'attuazione*. — 1. Gli enti cooperativi e loro consorzi, costituiti prima della data di entrata in vigore del presente decreto, provvedono ad adeguarsi alle disposizioni di cui all'art. 13, entro dodici mesi dalla suddetta data, con le modalità e le maggioranze

(1) Comma così sostituito dall'art. 1.936, lett. a, n. 1, l. 27 dicembre 2017, n. 205.

(2) Comma aggiunto dall'art. 10.12, l. 23 luglio 2009, n. 99, e successivamente così sostituito dall'art. 1.936, lett. a, n. 2, l. 27 dicembre 2017, n. 205.Comma aggiunto dall'art. 46, d.l. 22 giugno 2012, n. 83, conv. in l. 7 agosto 2012, n. 134.

(3) Comma aggiunto dall'art. 46, d.l. 22 giugno 2012, n. 83, conv. in l. 7 agosto 2012, n. 134, e successivamente così sostituito dall'art. 1.936, lett. a, n. 3, l. 27 dicembre 2017, n. 205.

previste per le deliberazioni dell'assemblea ordinaria.

2. I componenti dei collegi sindacali, il cui mandato non è scaduto alla data di entrata in vigore delle presenti disposizioni, rimangono in carica fino al termine del mandato stesso, se questo scade successivamente al termine per l'adeguamento degli statuti di cui al comma 1.

TITOLO VII

Albo nazionale degli enti cooperativi

15. *Istituzione*. — 1. È istituito, a fini anagrafici e della fruizione dei benefici fiscali o di altra natura, l'Albo nazionale degli enti cooperativi, di seguito denominato Albo.

2. L'Albo, tenuto presso gli Uffici territoriali del Governo, e, nelle more dell'adozione del decreto del Ministro dell'interno di cui all'art. 9, comma 3, del d.p.r. del 15 maggio 2001, n. 287, presso le Direzioni provinciali del lavoro, è articolato per provincia e sostituisce lo schedario generale della cooperazione e i registri prefettizi.

3. Le modalità di tenuta del predetto Albo e i rapporti con le Camere di commercio sono definiti con decreto del Ministro.

TITOLO VIII

Disposizioni transitorie e finali

16. *Modifica alla l. 18 febbraio 1999, n. 28*. — 1. Il comma 2 dell'art. 3 della l. 18 febbraio 1999, n. 28, è sostituito dal seguente:

«*2.* Ferme restando le norme sulla devoluzione ai fondi mutualistici di cui all'art. 11, comma 5, della l. 31 gennaio 1992, n. 59, sia in caso di liquidazione, sia in caso di perdita delle agevolazioni fiscali a seguito di violazione delle disposizioni richiamate dall'art. 14 del d.p.r. 29 settembre 1973, n. 601, gli enti cooperativi e i loro consorzi, che non abbiano ancora recepito negli statuti le disposizioni di cui all'art. 2536 del codice civile ed all'art. 11, comma 5, della l. 31 gennaio 1992, n. 59, concernenti la devoluzione ai fondi mutualistici di quote degli utili netti e del patrimonio che residua dalla liquidazione, non incorrono nella decadenza dalle agevolazioni fiscali e di altra natura previste dalla normativa vigente, sempre che abbiano ottemperato agli obblighi di versamento previsti dal citato art. 2536 ed adeguino il proprio statuto entro il termine prescritto in sede di attività di vigilanza».

17. *Modifiche alla l. 31 gennaio 1992, n. 59*. — 1. Il comma 6 dell'art. 11 della l. 31 gennaio 1992, n. 59, è sostituito dal seguente: .... (*omissis*) (1).

2. Il comma 3 dell'art. 15 della l. 31 gennaio 1992, n. 59, è sostituito dal seguente: .... (*omissis*) (1).

18. *Vigilanza sulle banche di credito cooperativo, sulle società di mutuo soccorso e sulle società capogruppo dei gruppi bancari cooperativi* (2). — 1. Fatte salve le competenze della Banca d'Italia e tenuto conto degli ambiti di competenza delle diverse autorità vigilanti, le banche di credito cooperativo, come definite dall'art. 33 del d.lg. 1° settembre 1993, n. 385, sono assoggettate alla disciplina dei controlli sugli enti cooperativi attribuiti all'autorità governativa, limitatamente al rispetto delle disposizioni di cui all'art. 21, comma 3, della l. 31 gennaio 1992, n. 59, e delle norme riguardanti i rapporti mutualistici ed il funzionamento degli organi sociali. L'autorità governativa assoggetta anche le società capogruppo dei gruppi bancari cooperativi di cui all'art. 37-*bis* del d.lg. 1° settembre 1993, n. 385 (3), a controlli finalizzati a verificare che l'esercizio del ruolo e delle funzioni di capogruppo risulti coerente con le finalità mutualistiche delle banche di credito cooperativo aderenti al gruppo. In caso di difformità, la Banca d'Italia, su segnalazione dell'autorità governativa, può assumere adeguati provvedimenti di vigilanza. Con decreto da adottare entro il 31 marzo 2019, il Ministro dello sviluppo economico, di concerto con il Ministro dell'economia e delle finanze, sentita la Banca d'Italia, adotta disposizioni per l'attuazione del presente comma definendo modalità, soggetti abilitati e modelli di verbale (4).

2. Per lo svolgimento della revisione cooperativa di cui all'art. 4, i soggetti competenti possono avvalersi, sulla base di un'apposita convenzione e senza oneri per la finanza pubblica, della Associazione di categoria specializzata e

(1) V. *Leggi coll. XV, 2.*

(2) Rubrica così sostituita alla precedente «Vigilanza sulle banche di credito cooperativo e sulle società di mutuo soccorso» dall'art. 20-*ter*, comma 1, lett. a, d.l. 23 ottobre 2018, n. 119, conv. in l. 17 dicembre 2018, n. 136.

(3) In *Leggi coll. XVII, 1.*

(4) I periodi da «L'autorità governativa» fino a «verbale» sono stati aggiunti dall'art. 20-*ter*, comma 1, lett. a, d.l. 23 ottobre 2018, n. 119, conv. in l. 17 dicembre 2018, n. 136.

sue articolazioni territoriali, che provvede ad inviare anche alla Banca d'Italia i verbali delle revisioni effettuate.

2-*bis*. Le società di mutuo soccorso sono sottoposte alla vigilanza del Ministero dello sviluppo economico e delle Associazioni nazionali di rappresentanza, assistenza e tutela del movimento cooperativo ai sensi del presente decreto legislativo. Queste ultime potranno svolgere le revisioni anche nei confronti delle società di mutuo soccorso aderenti ad Associazioni di rappresentanza delle stesse sulla base di apposita convenzione (1).

2-*ter*. In relazione alle caratteristiche peculiari delle Società, i modelli di verbale di revisione e di ispezione straordinaria sono approvati con decreto del Ministero dello sviluppo economico (1).

2-*quater*. La vigilanza sulle società di mutuo soccorso ha lo scopo di accertare la conformità dell'oggetto sociale alle disposizioni dettate dagli artt. 1 e 2 della l. 15 aprile 1886, n. 3818, nonché la loro osservanza in fatto (1).

2-*quinquies*. In caso di accertata violazione delle suddette disposizioni, gli uffici competenti del Ministero dispongono la perdita della qualifica di società di mutuo soccorso e la cancellazione dal Registro delle Imprese e dall'Albo delle società cooperative (1).

19. *Norme transitorie*. — 1. Fino alla data di entrata in vigore delle disposizioni organizzative relative all'Albo nazionale di cui all'art. 15 continuano ad applicarsi le disposizioni degli articoli da 13 a 16 del d.lg.c.p.s. 14 dicembre 1947, n. 1577.

20. *Abrogazioni*. — 1. Sono abrogati, in particolare, gli articoli da 1 a 7, 9, e da 13 a 16 del d.lg.c.p.s. 14 dicembre 1947, n. 1577, fatto salvo quanto disposto dall'art. 19.

21. *Invarianza di spesa*. — 1. Il presente provvedimento non comporta nuovi e maggiori oneri per il bilancio dello Stato.

(1) Comma aggiunto dall'art. 23.7, d.l. 18 ottobre 2012, n. 179, conv. in l. 17 dicembre 2012, n. 221.

XVI. ORGANIZZAZIONI NON LUCRATIVE

XVI. 1.

DECRETO LEGISLATIVO 4 dicembre 1997, n. 460. — *Riordino della disciplina tributaria degli enti non commerciali e delle organizzazioni non lucrative di utilità sociale* (1).

1-9. . . . . (*omissis*).

Sezione II. — *Disposizioni riguardanti le organizzazioni non lucrative di utilità sociale*

[**10.** *Organizzazioni non lucrative di utilità sociale*. — 1. Sono organizzazioni non lucrative di utilità sociale (ONLUS) le associazioni, i comitati, le fondazioni, le società cooperative e gli altri enti di carattere privato, con o senza personalità giuridica, i cui statuti o atti costitutivi, redatti nella forma dell'atto pubblico o della scrittura privata autenticata o registrata, prevedono espressamente:

a) lo svolgimento di attività in uno o più dei seguenti settori:

1) assistenza sociale e socio-sanitaria;

2) assistenza sanitaria;

3) beneficenza;

4) istruzione;

5) formazione;

6) sport dilettantistico;

7) tutela, promozione e valorizzazione delle cose d'interesse artistico e storico di cui alla l. 1 giugno 1939, n. 1089, ivi comprese le biblioteche e i beni di cui al d.p.r. 30 settembre 1963, n. 1409;

8) tutela e valorizzazione della natura e dell'ambiente, con esclusione dell'attività, esercitata abitualmente, di raccolta e riciclaggio dei rifiuti urbani, speciali e pericolosi di cui all'art. 7 del d.lg. 5 febbraio 1997, n. 22;

9) promozione della cultura e dell'arte;

10) tutela dei diritti civili;

11) ricerca scientifica di particolare interesse sociale svolta direttamente da fondazioni ovvero da esse affidata ad università, enti di ricerca ed altre fondazioni che la svolgono direttamente, in ambiti e secondo modalità da definire con apposito regolamento governativo emanato ai sensi dell'art. 17 della l. 23 agosto 1988, n. 400 (2);

b) l'esclusivo perseguimento di finalità di solidarietà sociale;

c) il divieto di svolgere attività diverse da quelle menzionate alla lett. *a*) ad eccezione di quelle ad esse direttamente connesse;

d) il divieto di distribuire, anche in modo indiretto, utili e avanzi di gestione nonché fondi, riserve o capitale durante la vita dell'organizzazione, a meno che la destinazione o la distribuzione non siano imposte per legge o siano effettuate a favore di altre ONLUS che per legge, statuto o regolamento fanno parte della medesima ed unitaria struttura;

e) l'obbligo di impiegare gli utili o gli avanzi di gestione per la realizzazione delle attività istituzionali e di quelle ad esse direttamente connesse;

f) l'obbligo di devolvere il patrimonio dell'organizzazione, in caso di suo scioglimento per qualunque causa, ad altre organizzazioni non lucrative di utilità sociale o a fini di pubblica utilità, sentito l'organismo di controllo di cui all'art. 3, comma 190, della l. 23 dicembre 1996, n. 662, salvo diversa destinazione imposta dalla legge;

g) l'obbligo di redigere il bilancio o rendiconto annuale;

h) disciplina uniforme del rapporto associativo e delle modalità associative volte a garantire l'effettività del rapporto medesimo, escludendo espressamente la temporaneità della partecipazione alla vita associativa e prevedendo per gli associati o partecipanti maggiori d'età il diritto di voto per l'approvazione e le modificazioni dello statuto e dei regolamenti e per la nomina degli organi direttivi dell'associazione;

i) l'uso, nella denominazione ed in qualsivoglia segno distintivo o comunicazione rivolta al pubblico, della locuzione «organizzazione

(1) Suppl. ord. n. 1/2 a G.U., 2 gennaio 1998, n. 1.
(2) D.p.r. 20 marzo 2003, n. 135.

non lucrativa di utilità sociale» o dell'acronimo «ONLUS».

2. Si intende che vengono perseguite finalità di solidarietà sociale quando le cessioni di beni e le prestazioni di servizi relative alle attività statutarie nei settori dell'assistenza sanitaria, dell'istruzione, della formazione, dello sport dilettantistico, della promozione della cultura e dell'arte e della tutela dei diritti civili non sono rese nei confronti di soci, associati o partecipanti, nonché degli altri soggetti indicati alla lett. *a*) del comma 6, ma dirette ad arrecare benefici a:

a) persone svantaggiate in ragione di condizioni fisiche, psichiche, economiche, sociali o familiari;

b) componenti collettività estere, limitatamente agli aiuti umanitari.

2-*bis*. Si considera attività di beneficenza, ai sensi del comma 1, lett. *a*), n. 3), anche la concessione di erogazioni gratuite in denaro con utilizzo di somme provenienti dalla gestione patrimoniale o da donazioni appositamente raccolte, a favore di enti senza scopo di lucro che operano prevalentemente nei settori di cui al medesimo comma 1, lett. *a*), per la realizzazione diretta di progetti di utilità sociale (1).

3. Le finalità di solidarietà sociale s'intendono realizzate anche quando tra i beneficiari delle attività statutarie dell'organizzazione vi siano i propri soci, associati o partecipanti o gli altri soggetti indicati alla lett. *a*) del comma 6, se costoro si trovano nelle condizioni di svantaggio di cui alla lett. *a*) del comma 2.

4. A prescindere dalle condizioni previste ai commi 2 e 3, si considerano comunque inerenti a finalità di solidarietà sociale le attività statutarie istituzionali svolte nei settori della assistenza sociale e sociosanitaria, della beneficenza, della tutela, promozione e valorizzazione delle cose d'interesse artistico e storico di cui alla l. 1° giugno 1939, n. 1089, ivi comprese le biblioteche e i beni di cui al d.p.r. 30 settembre 1963, n. 1409, della tutela e valorizzazione della natura e dell'ambiente con esclusione dell'attività, esercitata abitualmente, di raccolta e riciclaggio dei rifiuti urbani, speciali e pericolosi di cui all'art. 7 del d.lg. 5 febbraio 1997, n. 22, della ricerca scientifica di particolare interesse sociale svolta direttamente da fondazioni, in ambiti e secondo modalità da definire con apposito regolamento governativo emanato ai sensi dell'art. 17 della l. 23 agosto 1988, n. 400, nonché le attività di promozione della cultura e dell'arte per le quali sono riconosciuti apporti economici da parte dell'amministrazione centrale dello Stato.

5. Si considerano direttamente connesse a quelle istituzionali le attività statutarie di assistenza sanitaria, istruzione, formazione, sport dilettantistico, promozione della cultura e dell'arte e tutela dei diritti civili, di cui ai nn. 2, 4, 5, 6, 9 e 10 del comma 1, lett. *a*), svolte in assenza delle condizioni previste ai commi 2 e 3, nonché le attività accessorie per natura a quelle statutarie istituzionali, in quanto integrative delle stesse. L'esercizio delle attività connesse è consentito a condizione che, in ciascun esercizio e nell'ambito di ciascuno dei settori elencati alla lett. *a*) del comma 1, le stesse non siano prevalenti rispetto a quelle istituzionali e che i relativi proventi non superino il 66 per cento delle spese complessive dell'organizzazione.

6. Si considerano in ogni caso distribuzione indiretta di utili o di avanzi di gestione:

a) le cessioni di beni e le prestazioni di servizi a soci, associati o partecipanti, ai fondatori, ai componenti gli organi amministrativi e di controllo, a coloro che a qualsiasi titolo operino per l'organizzazione o ne facciano parte, ai soggetti che effettuano erogazioni liberali a favore dell'organizzazione, ai loro parenti entro il terzo grado ed ai loro affini entro il secondo grado, nonché alle società da questi direttamente o indirettamente controllate o collegate, effettuate a condizioni più favorevoli in ragione della loro qualità. Sono fatti salvi, nel caso delle attività svolte nei settori di cui ai nn. 7 e 8 della lett. *a*) del comma 1, i vantaggi accordati a soci, associati o partecipanti ed ai soggetti che effettuano erogazioni liberali, ed ai loro familiari, aventi significato puramente onorifico e valore economico modico;

b) l'acquisto di beni o servizi per corrispettivi che, senza valide ragioni economiche, siano superiori al loro valore normale;

c) la corresponsione ai componenti gli organi amministrativi e di controllo di emolumenti individuali annui superiori al compenso massimo previsto dal d.p.r. 10 ottobre 1994, n. 645, e dal d.l. 21 giugno 1995, n. 239, convertito dalla l. 3 agosto 1995, n. 336, e successive modificazioni e integrazioni, per il presidente del collegio sindacale delle società per azioni;

d) la corresponsione a soggetti diversi dalle banche e dagli intermediari finanziari autorizzati, di interessi passivi, in dipendenza di prestiti di ogni specie, superiori di 4 punti al tasso ufficiale di sconto;

e) la corresponsione ai lavoratori dipen-

(1) Comma inserito dall'art. 30.4, d.l. 29 novembre 2008, n. 185, conv. in l. 28 gennaio 2009, n. 2

denti di salari o stipendi superiori del 20 per cento rispetto a quelli previsti dai contratti collettivi di lavoro per le medesime qualifiche.

7. Le disposizioni di cui alla lett. *h*) del comma 1 non si applicano alle fondazioni, e quelle di cui alle lett. *h*) ed *i*) del medesimo comma 1 non si applicano agli enti riconosciuti dalle confessioni religiose con le quali lo Stato ha stipulato patti, accordi o intese.

8. Sono in ogni caso considerati ONLUS, nel rispetto della loro struttura e delle loro finalità, gli organismi di volontariato di cui alla l. 11 agosto 1991, n. 266, iscritti nei registri istituiti dalle regioni e dalle province autonome di Trento e di Bolzano, le organizzazioni non governative riconosciute idonee ai sensi della l. 26 febbraio 1987, n. 49, e le cooperative sociali di cui alla l. 8 novembre 1991, n. 381. Sono fatte salve le previsioni di maggior favore relative agli organismi di volontariato, alle organizzazioni non governative e alle cooperative sociali di cui, rispettivamente, alle citate leggi n. 266 del 1991, n. 49 del 1987 e n. 381 del 1991 (1).

9. Gli enti ecclesiastici delle confessioni religiose con le quali lo Stato ha stipulato patti, accordi o intese e le associazioni di promozione sociale ricomprese tra gli enti di cui all'art. 3, comma 6, lett. *e*), della l. 25 agosto 1991, n. 287, le cui finalità assistenziali siano riconosciute dal Ministero dell'interno, sono considerati ONLUS limitatamente all'esercizio delle attività elencate alla lett. *a*) del comma 1; fatta eccezione per la prescrizione di cui alla lett. *c*) del comma 1, agli stessi enti e associazioni si applicano le disposizioni anche agevolative del presente decreto, a condizione che per tali attività siano tenute separatamente le scritture contabili previste all'art. 20-*bis* del d.p.r. 29 settembre 1973, n. 600, introdotto dall'art. 25, comma 1.

10. Non si considerano in ogni caso ONLUS gli enti pubblici, le società commerciali diverse da quelle cooperative, gli enti conferenti di cui alla l. 30 luglio 1990, n. 218, i partiti e i movimenti politici, le organizzazioni sindacali, le associazioni di datori di lavoro e le associazioni di categoria] (2) (3).

[**11.** *Anagrafe delle ONLUS e decadenza dalle agevolazioni*. — 1. È istituita presso il Ministero delle finanze l'anagrafe unica delle ONLUS. Fatte salve le disposizioni contemplate nel regolamento di attuazione dell'art. 8 della l. 29 dicembre 1993, n. 580, in materia di istituzione del registro delle imprese, approvato con il d.p.r. 7 dicembre 1995, n. 581, i soggetti che intraprendono l'esercizio delle attività previste all'art. 10, ne danno comunicazione entro trenta giorni alla direzione regionale delle entrate del Ministero delle finanze nel cui ambito territoriale si trova il loro domicilio fiscale, in conformità ad apposito modello approvato con decreto del Ministro delle finanze. La predetta comunicazione è effettuata entro trenta giorni dalla data di entrata in vigore del presente decreto da parte dei soggetti che, alla predetta data, già svolgono le attività previste all'art. 10. Alla medesima direzione deve essere altresì comunicata ogni successiva modifica che comporti la perdita della qualifica di ONLUS.

2. L'effettuazione delle comunicazioni di cui al comma 1 è condizione necessaria per beneficiare delle agevolazioni previste dal presente decreto.

3. Con uno o più decreti del Ministro delle finanze da emanarsi, entro sei mesi dalla data di entrata in vigore del presente decreto, ai sensi dell'art. 17, comma 3, della l. 23 agosto 1988, n. 400, sono stabilite le modalità di esercizio del controllo relativo alla sussistenza dei requisiti formali per l'uso della denominazione di ONLUS, nonché i casi di decadenza totale o parziale dalle agevolazioni previste dal presente decreto e ogni altra disposizione necessaria per l'attuazione dello stesso] (4) (3).

(1) L'art. 30.5, d.l. 29 novembre 2008, n. 185, conv. in l. 28 gennaio 2009, n. 2, così dispone: «La disposizione di cui all'art. 10, comma 8, del d.lg. 4 dicembre 1997, n. 460, si applica alle associazioni e alle altre organizzazioni di volontariato di cui alla l. 11 agosto 1991, n. 266 che non svolgono attività commerciali diverse da quelle marginali individuate con decreto del Ministro delle finanze 25 maggio 1995, pubblicato nella *Gazzetta Ufficiale* n. 134 del 10 giugno 1995».

(2) Per disposizioni in materia di cinque per mille a sostegno del volontariato e delle organizzazioni non lucrative di utilità sociale di cui all'art. 10, d.lg. 4 dicembre 1997, n. 460, delle associazioni di promozione sociale iscritte nei registri nazionale, regionali e provinciali previsti dall'art. 7, l. 7 dicembre 2000, n. 383, e delle associazioni e fondazioni riconosciute che operano nei settori di cui all'art. 10, comma 1, lett. *a*), del citato d.lg. n. 460/1997 (esercizi finanziari 2009, 2010 e 2011) v. d.p.c.m. 20 aprile 2012, in G.U., 27 aprile 2012, n. 98.

(3) Articolo abrogato dall'art. 102, comma 2, lett. *a*), d.lg. 3 luglio 2017, n. 117, «a decorrere dal termine di cui all'art. 104, comma 2», che così dispone: «Le disposizioni del titolo X, salvo quanto previsto dal comma 1, si applicano agli enti iscritti nel Registro unico nazionale del Terzo settore a decorrere dal periodo di imposta successivo all'autorizzazione della Commissione europea di cui all'art. 101, comma 10, e, comunque, non prima del periodo di imposta successivo di operatività del predetto Registro».

(4) D.m. Economia e Finanze 18 luglio 2003, n. 266, in G.U., 19 settembre 2003, n. 218.

12-26. .... (*omissis*).

[**27.** *Abuso della denominazione di organizzazione non lucrativa di utilità sociale*. — 1. L'uso nella denominazione e in qualsivoglia segno distintivo o comunicazione rivolta al pubblico delle parole «organizzazione non lucrativa di utilità sociale», ovvero di altre parole o locuzioni, anche in lingua straniera, idonee a trarre in inganno è vietato a soggetti diversi dalle ONLUS] (1).

[**28.** *Sanzioni e responsabilità dei rappresentanti legali e degli amministratori*. — 1. Indipendentemente da ogni altra sanzione prevista dalle leggi tributarie:

a) i rappresentanti legali e i membri degli organi amministrativi delle ONLUS, che si avvalgono dei benefici di cui al presente decreto in assenza dei requisiti di cui all'art. 10, ovvero violano le disposizioni statutarie di cui alle lett. *c*) e *d*) del comma 1 del medesimo articolo sono puniti con la sanzione amministrativa da lire 2 milioni [euro 1.032] a lire 12 milioni [euro 6.197];

b) i soggetti di cui alla lett. *a*) sono puniti con la sanzione amministrativa da lire 200 mila [euro 103] a lire 2 milioni [euro 1.032] qualora omettono di inviare le comunicazioni previste all'art. 11, comma 1;

c) chiunque contravviene al disposto dell'art. 27, è punito con la sanzione amministrativa da lire 600 mila [euro 309] a lire 6 milioni [euro 3.098].

2. Le sanzioni previste dal comma 1 sono irrogate, ai sensi dell'art. 54, primo e secondo comma, del d.p.r. 29 settembre 1973, n. 600, dall'ufficio delle entrate nel cui ambito territoriale si trova il domicilio fiscale della ONLUS.

3. I rappresentanti legali ed i membri degli organi amministrativi delle organizzazioni che hanno indebitamente fruito dei benefici previsti dal presente decreto legislativo, conseguendo o consentendo a terzi indebiti risparmi d'imposta, sono obbligati in solido con il soggetto passivo o con il soggetto inadempiente delle imposte dovute, delle relative sanzioni e degli interessi maturati] (1).

[**29.** *Titoli di solidarietà*. — 1. Per l'emissione di titoli da denominarsi «di solidarietà» è riconosciuta come costo fiscalmente deducibile dal reddito d'impresa la differenza tra il tasso effettivamente praticato ed il tasso di riferimento determinato con decreto del Ministro del tesoro, di concerto con il Ministro delle finanze (2), purché i fondi raccolti, oggetto di gestione separata, siano destinati a finanziamento delle ONLUS.

2. Con lo stesso decreto di cui al comma 1 sono stabiliti i soggetti abilitati all'emissione dei predetti titoli, le condizioni, i limiti, compresi quelli massimi relativi ai tassi effettivamente praticati e ogni altra disposizione necessaria per l'attuazione del presente articolo] (1).

30. *Entrata in vigore*. — 1. Le disposizioni del presente decreto entrano in vigore il 1° gennaio 1998 e, relativamente alle imposte sui redditi, si applicano a decorrere dal periodo d'imposta successivo a quello in corso alla data del 31 dicembre 1997.

XVI. 2.

DECRETO LEGISLATIVO 3 luglio 2017, n. 112. — *Revisione della disciplina in materia di impresa sociale, a norma dell'art. 1* (3)*, comma 2, lett. c) della l. 6 giugno 2016, n. 106* (4).

1. *Nozione e qualifica di impresa sociale*. — 1. Possono acquisire la qualifica di impresa sociale tutti gli enti privati, inclusi quelli costituiti nelle forme di cui al libro V del codice civile, che, in conformità alle disposizioni del presente decreto, esercitano in via stabile e principale un'attività d'impresa di interesse generale, senza scopo di lucro e per finalità civiche, solidaristiche e di utilità sociale, adottando modalità di gestione responsabili e trasparenti e favorendo il più ampio coinvolgimento dei lavoratori, degli utenti e di altri soggetti interessati alle loro attività.

2. Non possono acquisire la qualifica di impresa sociale le società costituite da un unico socio persona fisica, le amministrazioni pubbliche di cui all'art. 1, comma 2, del d.lg. 30 marzo 2001, n. 165, e successive modificazioni, e gli

(1) Articolo abrogato dall'art. 102, comma 2, lett. *a*), d.lg. 3 luglio 2017, n. 117, «a decorrere dal termine di cui all'art. 104, comma 2», che così dispone: «Le disposizioni del titolo X, salvo quanto previsto dal comma 1, si applicano agli enti iscritti nel Registro unico nazionale del Terzo settore a decorrere dal periodo di imposta successivo all'autorizzazione della Commissione europea di cui all'art. 101, comma 10, e, comunque, non prima del periodo di imposta successivo di operatività del predetto Registro».

(2) D.m. Tesoro 8 giugno 1999, n. 328, in G.U., 23 settembre 1999, n. 224.

(3) Le parole «a norma dell'art. 1» sono state così sostituite alle precedenti «a norma dell'art. 2» dall'art. 8.1, lett. a, d.lg. 20 luglio 2018, n. 95.

(4) G.U., 19 luglio 2017, n. 167.

enti i cui atti costitutivi limitino, anche indirettamente, l'erogazione dei beni e dei servizi in favore dei soli soci o associati.

3. Agli enti religiosi civilmente riconosciuti le norme del presente decreto si applicano limitatamente allo svolgimento delle attività di cui all'art. 2, a condizione che per tali attività adottino un regolamento, in forma di atto pubblico o scrittura privata autenticata, che, ove non diversamente previsto ed in ogni caso nel rispetto della struttura e delle finalità di tali enti, recepisca le norme del presente decreto. Per lo svolgimento di tali attività deve essere costituito un patrimonio destinato e devono essere tenute separatamente le scritture contabili di cui all'art. 9.

4. Le cooperative sociali e i loro consorzi, di cui alla l. 8 novembre 1991, n. 381, acquisiscono di diritto la qualifica di imprese sociali. Alle cooperative sociali e ai loro consorzi, le disposizioni del presente decreto si applicano nel rispetto della normativa specifica delle cooperative ed in quanto compatibili, fermo restando l'ambito di attività di cui all'art. 1 della citata l. n. 381 del 1991, come modificato ai sensi dell'art. 17, comma 1.

5. Alle imprese sociali si applicano, in quanto compatibili con le disposizioni del presente decreto, le norme del codice del Terzo settore di cui al d.lg. 3 luglio 2017, n. 117(1), e, in mancanza e per gli aspetti non disciplinati, le norme del codice civile e le relative disposizioni di attuazione concernenti la forma giuridica in cui l'impresa sociale è costituita.

6. Le disposizioni del presente decreto si applicano in quanto compatibili con il d.lg. 19 agosto 2016, n. 175.

7. Le disposizioni del presente decreto non si applicano agli enti di cui al d.lg. 17 maggio 1999, n. 153.

2. *Attività d'impresa di interesse generale*. — 1. L'impresa sociale esercita in via stabile e principale una o più attività d'impresa di interesse generale per il perseguimento di finalità civiche, solidaristiche e di utilità sociale. Ai fini del presente decreto, si considerano di interesse generale, se svolte in conformità alle norme particolari che ne disciplinano l'esercizio, le attività d'impresa aventi ad oggetto:

a) interventi e servizi sociali ai sensi dell'art. 1, commi 1 e 2, della l. 8 novembre 2000, n. 328, e successive modificazioni, ed interventi, servizi e prestazioni di cui alla l. 5 febbraio 1992, n. 104, e successive modificazioni, e di cui alla legge 22 giugno 2016, n. 112, e successive modificazioni;

b) interventi e prestazioni sanitarie;

c) prestazioni socio-sanitarie di cui al d.p.c.m. del 14 febbraio 2001, pubblicato nella *Gazzetta Ufficiale* n. 129 del 6 giugno 2001, e successive modificazioni;

d) educazione, istruzione e formazione professionale, ai sensi della l. 28 marzo 2003, n. 53, e successive modificazioni, nonché le attività culturali di interesse sociale con finalità educativa;

e) interventi e servizi finalizzati alla salvaguardia e al miglioramento delle condizioni dell'ambiente e all'utilizzazione accorta e razionale delle risorse naturali, con esclusione dell'attività, esercitata abitualmente, di raccolta e riciclaggio dei rifiuti urbani, speciali e pericolosi;

f) interventi di tutela e valorizzazione del patrimonio culturale e del paesaggio, ai sensi del d.lg. 22 gennaio 2004, n. 42, e successive modificazioni;

g) formazione universitaria e post-universitaria;

h) ricerca scientifica di particolare interesse sociale;

i) organizzazione e gestione di attività culturali, artistiche o ricreative di interesse sociale, incluse attività, anche editoriali, di promozione e diffusione della cultura e della pratica del volontariato, e delle attività di interesse generale di cui al presente articolo;

j) radiodiffusione sonora a carattere comunitario, ai sensi dell'art. 16, comma 5, della l. 6 agosto 1990, n. 223, e successive modificazioni;

k) organizzazione e gestione di attività turistiche di interesse sociale, culturale o religioso;

l) formazione extra-scolastica, finalizzata alla prevenzione della dispersione scolastica e al successo scolastico e formativo, alla prevenzione del bullismo ed al contrasto della povertà educativa;

m) servizi strumentali alle imprese sociali o ad altri enti del Terzo settore resi da enti composti in misura non inferiore al settanta per cento da imprese sociali o da altri enti del Terzo settore;

n) cooperazione allo sviluppo, ai sensi della l. 11 agosto 2014, n. 125, e successive modificazioni;

o) attività commerciali, produttive, di

(1) Le parole «di cui al d.lg. 3 luglio 2017, n. 117» sono state così sostituite alle precedenti «di cui all'art. 1, comma 2, lett. *b*), della l. 6 giugno 2016, n. 106» dall'art. 8.1, lett. b, d.lg. 20 luglio 2018, n. 95.

educazione e informazione, di promozione, di rappresentanza, di concessione in licenza di marchi di certificazione, svolte nell'ambito o a favore di filiere del commercio equo e solidale, da intendersi come un rapporto commerciale con un produttore operante in un'area economica svantaggiata situata, di norma, in un Paese in via di sviluppo, sulla base di un accordo di lunga durata finalizzato a promuovere l'accesso del produttore al mercato, e che preveda il pagamento di un prezzo equo, misure di sviluppo in favore del produttore e l'obbligo del produttore di garantire condizioni di lavoro sicure, nel rispetto delle normative nazionali ed internazionali, in modo da permettere ai lavoratori di condurre un'esistenza libera e dignitosa, e di rispettare i diritti sindacali, nonché di impegnarsi per il contrasto del lavoro infantile;

p) servizi finalizzati all'inserimento o al reinserimento nel mercato del lavoro dei lavoratori e delle persone di cui al comma 4;

q) alloggio sociale, ai sensi del decreto del Ministro delle infrastrutture 22 aprile 2008, e successive modificazioni nonché ogni altra attività di carattere residenziale temporaneo diretta a soddisfare bisogni sociali, sanitari, culturali, formativi o lavorativi;

r) accoglienza umanitaria ed integrazione sociale dei migranti;

s) microcredito, ai sensi dell'art. 111 del d.lg. 1° settembre 1993, n. 385, e successive modificazioni;

t) agricoltura sociale, ai sensi dell'art. 2 della l. 18 agosto 2015, n. 141, e successive modificazioni;

u) organizzazione e gestione di attività sportive dilettantistiche;

v) riqualificazione di beni pubblici inutilizzati o di beni confiscati alla criminalità organizzata.

2. Tenuto conto delle finalità civiche, solidaristiche e di utilità sociale di cui all'art. 1, comma 1, della l. n. 106 del 2016, nonché delle finalità e dei principi di cui agli artt. 1 e 2 del codice del Terzo settore di cui al d.lg. 3 luglio 2017, n. 117 (1), l'elenco delle attività d'impresa di interesse generale di cui al comma 1 può essere aggiornato con decreto del Presidente del Consiglio dei ministri da adottarsi, ai sensi dell'art. 17, comma 3, della l. 23 agosto 1988, n. 400, su proposta del Ministro del lavoro e delle politiche sociali, di concerto con il Ministro dell'economia e delle finanze, previa intesa in sede di Conferenza unificata, acquisito il parere delle commissioni parlamentari competenti, che si esprimono entro trenta giorni dalla data di trasmissione del decreto, decorsi i quali quest'ultimo può essere comunque adottato.

3. Ai fini di cui al comma 1, si intende svolta in via principale l'attività per la quale i relativi ricavi siano superiori al settanta per cento dei ricavi complessivi dell'impresa sociale, secondo criteri di computo definiti con decreto del Ministro dello sviluppo economico, di concerto con il Ministro del lavoro e delle politiche sociali.

4. Ai fini del presente decreto, si considera comunque di interesse generale, indipendentemente dal suo oggetto, l'attività d'impresa nella quale, per il perseguimento di finalità civiche, solidaristiche e di utilità sociale, sono occupati:

a) lavoratori molto svantaggiati ai sensi dell'art. 2, n. 99), del reg. (UE) n. 651/2014 della Commissione, del 17 giugno 2014, e successive modificazioni;

b) persone svantaggiate o con disabilità ai sensi dell'art. 112, comma 2, del d.lg. 18 aprile 2016, n. 50, e successive modificazioni, nonché persone beneficiarie di protezione internazionale ai sensi del d.lg. 19 novembre 2007, n. 251, e successive modificazioni, e persone senza fissa dimora iscritte nel registro di cui all'art. 2, quarto comma, della l. 24 dicembre 1954, n. 1228, le quali versino in una condizione di povertà tale da non poter reperire e mantenere un'abitazione in autonomia.

5. Ai fini di cui al comma 4, l'impresa sociale impiega alle sue dipendenze un numero di persone di cui alle lett. *a*) e *b*) non inferiore al trenta per cento dei lavoratori. Ai fini del computo di questa percentuale minima, i lavoratori di cui alla lett. *a*) non possono contare per più di un terzo e per più di ventiquattro mesi dall'assunzione (2). La situazione dei lavoratori di cui al comma 4 deve essere attestata ai sensi della normativa vigente.

6. Per gli enti di cui all'art. 1, comma 3, le disposizioni di cui ai commi 3 e 5 si applicano limitatamente allo svolgimento delle attività di cui al presente articolo.

3. *Assenza di scopo di lucro*. — 1. Salvo quanto previsto dal comma 3 e dall'art. 16, l'impresa sociale destina eventuali utili ed avanzi di gestione allo svolgimento dell'attività statutaria o ad incremento del patrimonio.

2. Ai fini di cui al comma 1, è vietata la di-

(1) Le parole «di cui al d.lg. 3 luglio 2017, n. 117» sono state così sostituite alle precedenti «di cui all'art. 1, comma 2, lett. *b*), della l. 6 giugno 2016, n. 106» dall'art. 8.1, lett. b, d.lg. 20 luglio 2018, n. 95.

(2) Le parole «e per più di ventiquattro mesi dall'assunzione» sono state inserite dall'art. 2, d.lg. 20 luglio 2018, n. 95.

stribuzione, anche indiretta, di utili ed avanzi di gestione, fondi e riserve comunque denominati, a fondatori, soci o associati, lavoratori e collaboratori, amministratori ed altri componenti degli organi sociali, anche nel caso di recesso o di qualsiasi altra ipotesi di scioglimento individuale del rapporto. Nelle imprese sociali costituite nelle forme di cui al libro V del codice civile è ammesso il rimborso al socio del capitale effettivamente versato ed eventualmente rivalutato o aumentato nei limiti di cui al comma 3, lett. *a*). Ai sensi e per gli effetti di cui al presente comma, si considerano in ogni caso distribuzione indiretta di utili:

a) la corresponsione ad amministratori, sindaci e a chiunque rivesta cariche sociali di compensi individuali non proporzionati all'attività svolta, alle responsabilità assunte e alle specifiche competenze o comunque superiori a quelli previsti in enti che operano nei medesimi o analoghi settori e condizioni;

b) la corresponsione ai lavoratori subordinati o autonomi di retribuzioni o compensi superiori del quaranta per cento rispetto a quelli previsti, per le medesime qualifiche, dai contratti collettivi di cui all'art. 51 del d.lg. 15 giugno 2015, n. 81, salvo comprovate esigenze attinenti alla necessità di acquisire specifiche competenze ai fini dello svolgimento delle attività di interesse generale di cui all'art. 2, comma 1, lett. *b*), *g*) o *h*);

c) la remunerazione degli strumenti finanziari diversi dalle azioni o quote, a soggetti diversi dalle banche e dagli intermediari finanziari autorizzati, in misura superiore a due punti rispetto al limite massimo previsto per la distribuzione di dividendi dal comma 3, lett. *a*);

d) l'acquisto di beni o servizi per corrispettivi che, senza valide ragioni economiche, siano superiori al loro valore normale;

e) le cessioni di beni e le prestazioni di servizi, a condizioni più favorevoli di quelle di mercato, a soci, associati o partecipanti, ai fondatori, ai componenti gli organi amministrativi e di controllo, a coloro che a qualsiasi titolo operino per l'organizzazione o ne facciano parte, ai soggetti che effettuano erogazioni liberali a favore dell'organizzazione, ai loro parenti entro il terzo grado ed ai loro affini entro il secondo grado, nonché alle società da questi direttamente o indirettamente controllate o collegate, esclusivamente in ragione della loro qualità, salvo che tali cessioni o prestazioni non costituiscano l'oggetto dell'attività di interesse generale di cui all'art. 2;

f) la corresponsione a soggetti diversi dalle banche e dagli intermediari finanziari autorizzati, di interessi passivi, in dipendenza di prestiti di ogni specie, superiori di quattro punti al tasso annuo di riferimento. Il predetto limite può essere aggiornato con decreto del Ministro del lavoro e delle politiche sociali, di concerto con il Ministro dell'economia e delle finanze.

2-*bis*. Ai fini di cui ai commi 1 e 2, non si considera distribuzione, neanche indiretta, di utili ed avanzi di gestione la ripartizione ai soci di ristorni correlati ad attività di interesse generale di cui all'art. 2, effettuata ai sensi dell'art. 2545-*sexies* del codice civile e nel rispetto di condizioni e limiti stabiliti dalla legge o dallo statuto, da imprese sociali costituite in forma di società cooperativa, a condizione che lo statuto o l'atto costitutivo indichi i criteri di ripartizione dei ristorni ai soci proporzionalmente alla quantità e alla qualità degli scambi mutualistici e che si registri un avanzo della gestione mutualistica (1).

3. L'impresa sociale può destinare una quota inferiore al cinquanta per cento degli utili e degli avanzi di gestione annuali, dedotte eventuali perdite maturate negli esercizi precedenti:

a) se costituita nelle forme di cui al libro V del codice civile, ad aumento gratuito del capitale sociale sottoscritto e versato dai soci, nei limiti delle variazioni dell'indice nazionale generale annuo dei prezzi al consumo per le famiglie di operai e di impiegati, calcolate dall'Istituto nazionale di statistica (ISTAT) per il periodo corrispondente a quello dell'esercizio sociale in cui gli utili e gli avanzi di gestione sono stati prodotti, oppure alla distribuzione, anche mediante aumento gratuito del capitale sociale o l'emissione di strumenti finanziari, di dividendi ai soci, in misura comunque non superiore all'interesse massimo dei buoni postali fruttiferi, aumentato di due punti e mezzo rispetto al capitale effettivamente versato;

b) a erogazioni gratuite in favore di enti del Terzo settore diversi dalle imprese sociali, che non siano fondatori, associati, soci dell'impresa sociale o società da questa controllate, finalizzate alla promozione di specifici progetti di utilità sociale.

4. *Struttura proprietaria e disciplina dei gruppi.* — 1. All'attività di direzione e coordinamento di un'impresa sociale si applicano, in quanto compatibili, le norme di cui al capo IX del titolo V del libro V e l'art. 2545-*septies*

(1) Comma inserito dall'art. 3, d.lg. 20 luglio 2018, n. 95.

del codice civile. Si considera, in ogni caso, esercitare attività di direzione e coordinamento il soggetto che, per previsioni statutarie o per qualsiasi altra ragione, abbia la facoltà di nominare la maggioranza dei componenti dell'organo di amministrazione dell'impresa sociale.

2. I gruppi di imprese sociali sono tenuti a depositare l'accordo di partecipazione presso il registro delle imprese. I gruppi di imprese sociali sono inoltre tenuti a redigere e depositare i documenti contabili ed il bilancio sociale in forma consolidata, predisposto in conformità alle linee guida di cui all'art. 9.

3. Le società costituite da un unico socio persona fisica, gli enti con scopo di lucro e le amministrazioni pubbliche di cui all'art. 1, comma 2, del d.lg. 30 marzo 2001, n. 165, e successive modificazioni, non possono esercitare attività di direzione e coordinamento o detenere, in qualsiasi forma, anche analoga, congiunta o indiretta, il controllo di un'impresa sociale ai sensi dell'art. 2359 del codice civile, ad eccezione delle associazioni o fondazioni di diritto privato ex Ipab derivanti dai processi di trasformazione delle istituzioni pubbliche di assistenza o beneficenza, ai sensi del d.p.c.m. 16 febbraio 1990, pubblicato nella *Gazzetta Ufficiale* n. 45 del 23 febbraio 1990, e del d.lg. 4 maggio 2001, n. 207, in quanto la nomina da parte della pubblica amministrazione degli amministratori di tali enti si configura come mera designazione, intesa come espressione della rappresentanza della cittadinanza, e non si configura quindi mandato fiduciario con rappresentanza, sicché è sempre esclusa qualsiasi forma di controllo da parte di quest'ultima (1).

4. Le decisioni assunte in violazione del divieto di cui al comma 3 sono annullabili e possono essere impugnate in conformità delle norme del codice civile entro il termine di centottanta giorni. La legittimazione ad impugnare spetta anche al Ministero del lavoro e delle politiche sociali.

5. *Costituzione*. — 1. L'impresa sociale è costituita con atto pubblico. Oltre a quanto specificamente previsto per ciascun tipo di organizzazione, secondo la normativa applicabile a ciascuna di esse, gli atti costitutivi devono esplicitare il carattere sociale dell'impresa in conformità alle norme del presente decreto e in particolare indicare:

a) l'oggetto sociale, con particolare riferimento alle disposizioni di cui all'art. 2, commi 1, 2 e 3 o le condizioni di cui all'art. 2, commi 4 e 5;

b) l'assenza di scopo di lucro, di cui all'art. 3.

2. Gli atti costitutivi, le loro modificazioni e gli altri atti relativi all'impresa devono essere depositati entro trenta giorni a cura del notaio o degli amministratori presso l'ufficio del registro delle imprese nella cui circoscrizione è stabilita la sede legale, per l'iscrizione in apposita sezione. Si applica l'art. 31, comma 2, della l. 24 novembre 2000, n. 340.

3. Il Ministero del lavoro e delle politiche sociali, ai fini di cui all'art. 15, accede anche in via telematica agli atti depositati presso l'ufficio del registro delle imprese.

4. Gli enti di cui all'art. 1, comma 3, sono tenuti al deposito del solo regolamento e delle sue modificazioni.

5. Con decreto del Ministro dello sviluppo economico, di concerto con il Ministro del lavoro e delle politiche sociali, sono definiti gli atti che devono essere depositati e le procedure di cui al presente articolo.

6. *Denominazione*. — 1. La denominazione o ragione sociale, in qualunque modo formate, devono contenere l'indicazione di «impresa sociale». Di tale indicazione deve farsi uso negli atti e nella corrispondenza dell'impresa sociale.

2. La disposizione di cui al comma 1 non si applica agli enti di cui all'art. 1, comma 3.

3. L'indicazione di «impresa sociale», ovvero di altre parole o locuzioni equivalenti o ingannevoli, non può essere usata da soggetti diversi dalle imprese sociali.

7. *Cariche sociali*. — 1. L'atto costitutivo o lo statuto possono riservare a soggetti esterni all'impresa sociale la nomina di componenti degli organi sociali. In ogni caso, la nomina della maggioranza dei componenti dell'organo di amministrazione è riservata all'assemblea degli associati o dei soci dell'impresa sociale.

2. Non possono assumere la presidenza dell'impresa sociale rappresentanti degli enti di cui all'art. 4, comma 3.

3. Fermo restando quanto previsto dal d.lg. 8 aprile 2013, n. 39, l'atto costitutivo deve prevedere specifici requisiti di onorabilità, professionalità ed indipendenza per coloro che assumono cariche sociali.

8. *Ammissione ed esclusione*. — 1. Le modalità di ammissione ed esclusione di soci o associati, nonché il rapporto sociale, sono regolati dagli atti costitutivi o dagli statuti dell'impresa sociale secondo il principio di non discriminazione, tenendo conto delle peculiarità della

(1) Le parole da «, ad eccezione delle associazioni» fino a «quest'ultima» sono state aggiunte dall'art. 11-*sexies*.1, d.l. 14 dicembre 2018, n. 135, conv. in l. 11 febbraio 2019, n. 12.

compagine sociale e della struttura associativa o societaria e compatibilmente con la forma giuridica in cui l'impresa sociale è costituita.

2. Compatibilmente con la forma giuridica in cui l'impresa sociale è costituita, gli atti costitutivi o gli statuti disciplinano la facoltà per l'istante di investire l'assemblea degli associati o dei soci, o un altro organo eletto dalla medesima, in relazione ai provvedimenti di diniego di ammissione o di esclusione di soci o associati.

9. *Scritture contabili*. — 1. L'impresa sociale deve tenere il libro giornale e il libro degli inventari in conformità alle disposizioni del codice civile applicabili, e deve redigere e depositare presso il registro delle imprese il bilancio di esercizio redatto, a seconda dei casi, ai sensi degli artt. 2423 e seguenti, 2435-*bis* o 2435-*ter* del codice civile, in quanto compatibili.

2. L'impresa sociale deve, inoltre, depositare presso il registro delle imprese e pubblicare nel proprio sito internet il bilancio sociale redatto secondo linee guida adottate con decreto del Ministro del lavoro e delle politiche sociali, sentito il Consiglio nazionale del Terzo settore di cui all'art. 5, comma 1, lett. *g*), della l. 6 giugno 2016, n. 106, e tenendo conto, tra gli altri elementi, della natura dell'attività esercitata e delle dimensioni dell'impresa sociale, anche ai fini della valutazione dell'impatto sociale delle attività svolte.

3. Per gli enti di cui all'art. 1, comma 3, le disposizioni di cui al presente articolo si applicano limitatamente alle attività indicate nel regolamento.

10. *Organi di controllo interno*. — 1. Fatte salve disposizioni più restrittive relative alla forma giuridica in cui l'impresa sociale è costituita, l'atto costitutivo dell'impresa sociale deve prevedere la nomina di uno o più sindaci aventi i requisiti di cui all'art. 2397, comma 2, e 2399 del codice civile.

2. I sindaci vigilano sull'osservanza della legge e dello statuto e sul rispetto dei principi di corretta amministrazione, anche con riferimento alle disposizioni del d.lg. 8 giugno 2001, n. 231 (1), qualora applicabili, nonché sull'adeguatezza dell'assetto organizzativo, amministrativo e contabile e sul suo concreto funzionamento.

3. I sindaci esercitano, inoltre, compiti di monitoraggio dell'osservanza delle finalità sociali da parte dell'impresa sociale, avuto particolare riguardo alle disposizioni di cui agli artt. 2, 3, 4, 11 e 13, ed attestano che il bilancio sociale sia stato redatto in conformità alle linee guida di cui all'art. 9, comma 2. Il bilancio sociale dà atto degli esiti del monitoraggio svolto dai sindaci.

4. I sindaci possono in qualsiasi momento procedere ad atti di ispezione e di controllo. A tal fine, essi possono chiedere agli amministratori notizie, anche con riferimento ai gruppi di imprese sociali, sull'andamento delle operazioni o su determinati affari.

5. Fatte salve disposizioni più restrittive relative alla forma giuridica in cui l'impresa sociale è costituita, nel caso in cui l'impresa sociale superi per due esercizi consecutivi due dei limiti indicati nel primo comma dell'art. 2435-*bis* del codice civile, la revisione legale dei conti è esercitata da un revisore legale o da una società di revisione legale iscritti nell'apposito registro, o da sindaci iscritti nell'apposito registro dei revisori legali.

11. *Coinvolgimento dei lavoratori, degli utenti e di altri soggetti interessati alle attività*. — 1. Nei regolamenti aziendali o negli statuti delle imprese sociali devono essere previste adeguate forme di coinvolgimento dei lavoratori e degli utenti e di altri soggetti direttamente interessati alle loro attività.

2. Per coinvolgimento deve intendersi un meccanismo di consultazione o di partecipazione mediante il quale lavoratori, utenti e altri soggetti direttamente interessati alle attività siano posti in grado di esercitare un'influenza sulle decisioni dell'impresa sociale, con particolare riferimento alle questioni che incidano direttamente sulle condizioni di lavoro e sulla qualità dei beni o dei servizi.

3. Le modalità di coinvolgimento devono essere individuate dall'impresa sociale tenendo conto, tra gli altri elementi, dei contratti collettivi di cui all'art. 51 del d.lg. 15 giugno 2015, n. 81 (2), della natura dell'attività esercitata, delle categorie di soggetti da coinvolgere e delle dimensioni dell'impresa sociale, in conformità a linee guida adottate con decreto del Ministro del lavoro e delle politiche sociali, sentito il Consiglio nazionale del Terzo settore. Delle forme e modalità di coinvolgimento deve farsi menzione nel bilancio sociale di cui all'art. 9, comma 2.

4. Gli statuti delle imprese sociali devono in ogni caso disciplinare:

a) i casi e le modalità della partecipazione dei lavoratori e degli utenti, anche tramite loro rappresentanti, all'assemblea degli associati o dei soci;

b) nelle imprese sociali che superino due

(1) In *Leggi coll. XIV, 9.*
(2) In *Leggi coll. XII, 7.*

dei limiti indicati nel primo comma dell'art. 2435-*bis* del codice civile ridotti della metà, la nomina, da parte dei lavoratori ed eventualmente degli utenti di almeno un componente sia dell'organo di amministrazione che dell'organo di controllo.

5. Il presente articolo non si applica alle imprese sociali costituite nella forma di società cooperativa a mutualità prevalente e agli enti di cui all'art. 1, comma 3.

12. *Trasformazione, fusione, scissione, cessione d'azienda e devoluzione del patrimonio.* — 1. Salvo quanto specificamente previsto dal codice civile per le società cooperative, la trasformazione (1), la fusione e la scissione delle imprese sociali devono essere realizzate in modo da preservare l'assenza di scopo di lucro, i vincoli di destinazione del patrimonio, e il perseguimento delle attività e delle finalità da parte dei soggetti risultanti dagli atti posti in essere; la cessione d'azienda o di un ramo d'azienda relativo allo svolgimento dell'attività d'impresa di interesse generale deve essere realizzata, previa relazione giurata di un esperto designato dal tribunale nel cui circondario ha sede l'impresa sociale, attestante il valore effettivo del patrimonio dell'impresa, in modo da preservare il perseguimento delle attività e delle finalità da parte del cessionario. Per gli enti di cui all'art. 1, comma 3, la disposizione di cui al presente comma si applica limitatamente alle attività indicate nel regolamento.

2. Gli atti di cui al comma 1 devono essere posti in essere in conformità alle disposizioni dell'apposito decreto adottato dal Ministro del lavoro e delle politiche sociali, sentito il Consiglio nazionale del Terzo settore (2).

3. L'organo di amministrazione dell'impresa sociale notifica, con atto scritto di data certa, al Ministero del lavoro e delle politiche sociali l'intenzione di procedere ad uno degli atti di cui al comma 1, allegando la documentazione necessaria alla valutazione di conformità al decreto di cui al comma 2, ovvero la denominazione dei beneficiari della devoluzione del patrimonio.

4. L'efficacia degli atti di cui al comma 1 è subordinata all'autorizzazione del Ministero del lavoro e delle politiche sociali, che si intende concessa decorsi novanta giorni dalla ricezione della notificazione. Avverso il provvedimento del Ministero del lavoro e delle politiche sociali che nega l'autorizzazione è ammesso ricorso dinanzi al giudice amministrativo.

5. In caso di scioglimento volontario dell'ente o di perdita volontaria della qualifica di impresa sociale, il patrimonio residuo, dedotto, nelle imprese sociali costituite nelle forme di cui al libro V del codice civile, il capitale effettivamente versato dai soci, eventualmente rivalutato o aumentato, e i dividendi deliberati e non distribuiti nei limiti di cui all'art. 3, comma 3, lett. *a*), è devoluto, salvo quanto specificamente previsto in tema di società cooperative, ad altri enti del Terzo settore costituiti ed operanti da almeno tre anni o ai fondi di cui all'art. 16, comma 1, secondo le disposizioni statutarie. La disposizione di cui al presente comma non si applica agli enti di cui all'art. 1, comma 3.

13. *Lavoro nell'impresa sociale.* — 1. I lavoratori dell'impresa sociale hanno diritto ad un trattamento economico e normativo non inferiore a quello previsto dai contratti collettivi di cui all'art. 51 del d.lg. 15 giugno 2015, n. 81. In ogni caso, la differenza retributiva tra lavoratori dipendenti dell'impresa sociale non può essere superiore al rapporto uno ad otto, da calcolarsi sulla base della retribuzione annua lorda. Le imprese sociali danno conto del rispetto di tale parametro nel proprio bilancio sociale.

2. Salva la specifica disciplina per gli enti di cui all'art. 1, comma 3, nelle imprese sociali è ammessa la prestazione di attività di volontariato, ma il numero dei volontari impiegati nell'attività d'impresa, dei quali l'impresa sociale deve tenere un apposito registro, non può essere superiore a quello dei lavoratori. L'impresa sociale deve assicurare i volontari che prestano attività di volontariato nell'impresa medesima contro gli infortuni e le malattie connessi allo svolgimento dell'attività stessa, nonché per la responsabilità civile verso terzi.

2-*bis*. Le prestazioni di attività di volontariato possono essere utilizzate in misura complementare e non sostitutiva rispetto ai parametri di impiego di operatori professionali previsti dalle disposizioni vigenti. Esse non concorrono alla determinazione dei costi di servizio, fatta eccezione per gli oneri connessi all'applicazione del comma 2 (3).

14. *Procedure concorsuali.* — 1. In caso di insolvenza, le imprese sociali sono assoggettate alla liquidazione coatta amministrativa, di cui al r.d. 16 marzo 1942, n. 267, e successive modificazioni (4).

(1) Le parole «Salvo quanto specificamente previsto dal codice civile per le società cooperative, la trasformazione,» sono state così sostituite alle precedenti «La trasformazione,» dall'art. 4, d.lg. 20 luglio 2018, n. 95.
(2) V. d.m. Lavoro e Politiche sociali 27 aprile 2018, in G.U., 18 giugno 2018, n. 139.
(3) Comma aggiunto dall'art. 5, d.lg. 20 luglio 2018, n. 95.
(4) In *Leggi coll. XXII, 1.*

2. Il provvedimento che dispone la liquidazione coatta amministrativa delle imprese sociali, ad esclusione di quelle aventi la forma di società cooperativa, nonché la contestuale o successiva nomina del relativo commissario liquidatore di cui all'art. 198 del r.d. 16 marzo 1942, n. 267 (1), è adottato con decreto del Ministro del lavoro e delle politiche sociali.

3. Nelle procedure di liquidazione coatta amministrativa di cui al comma 2, con decreto del Ministro del lavoro e delle politiche sociali, di concerto con il Ministro dell'economia e delle finanze, sono individuati criteri e modalità di remunerazione dei commissari liquidatori e dei membri del comitato di sorveglianza, sulla base dell'economicità, efficacia ed efficienza delle attività svolte.

4. Fino all'adozione del decreto di cui al comma 3, la liquidazione del compenso dei commissari liquidatori e dei componenti dei comitati di sorveglianza è stabilita sulla base del decreto del Ministro dello sviluppo economico 3 novembre 2016, recante «Criteri per la determinazione e liquidazione dei compensi spettanti ai commissari liquidatori e ai membri dei comitati di sorveglianza delle procedure di liquidazione coatta amministrativa ai sensi dell'art. 2545-*terdecies* c.c. e di scioglimento per atto dell'autorità ai sensi dell'art. 2545-*septiesdecies* c.c.».

5. Il patrimonio residuo al termine della procedura concorsuale è devoluto ai sensi dell'art. 15, comma 8.

6. Le disposizioni di cui al presente articolo non si applicano agli enti di cui all'art. 1, comma 3.

15. *Funzioni di monitoraggio, ricerca e controllo*. — 1. Il Ministero del lavoro e delle politiche sociali promuove attività di raccordo con altre amministrazioni pubbliche di cui all'art. 1, comma 2, del d.lg. 30 marzo 2001, n. 165, il Consiglio nazionale del Terzo settore e le parti sociali, al fine di sviluppare azioni di sistema e svolgere attività di monitoraggio e ricerca.

2. Il Ministero del lavoro e delle politiche sociali demanda all'Ispettorato nazionale del lavoro di cui all'art. 1 del d.lg. 14 settembre 2015, n. 149, le funzioni ispettive, al fine di verificare il rispetto delle disposizioni del presente decreto da parte delle imprese sociali.

3. Ai fini dell'esercizio dell'attività ispettiva nei confronti delle imprese sociali il Ministero del lavoro e delle politiche sociali può avvalersi di enti associativi riconosciuti, cui aderiscano almeno mille imprese sociali iscritte nel registro delle imprese di almeno cinque diverse regioni o province autonome, e delle associazioni di cui all'art. 3 del d.lg. 2 agosto 2002, n. 220.

4. Con decreto del Ministro del lavoro e delle politiche sociali sono definiti le forme, i contenuti e le modalità dell'attività ispettiva sulle imprese sociali, nonché il contributo per l'attività ispettiva da porre a loro carico, e, ai fini del comma 3, sono individuati i criteri, i requisiti e le procedure per il riconoscimento degli enti associativi tra imprese sociali, e le forme di vigilanza su tali enti da parte del Ministero del lavoro e delle politiche sociali. Le imprese sociali sono sottoposte ad attività ispettiva almeno una volta all'anno sulla base di un modello di verbale approvato con decreto del Ministro del lavoro e delle politiche sociali.

5. L'attività ispettiva sulle imprese sociali costituite in forma di società cooperativa è svolta nel rispetto delle attribuzioni, delle modalità e dei termini di cui al d.lg. 2 agosto 2002, n. 220. Con decreto del Ministro dello sviluppo economico, di concerto con il Ministro del lavoro e delle politiche sociali, sono individuate le norme di coordinamento necessarie al fine di assicurare l'unicità, la completezza, la periodicità e l'efficacia dell'attività ispettiva.

6. In caso di accertata violazione delle disposizioni di cui al presente decreto, il soggetto esercente l'attività ispettiva ai sensi dei commi 2 e 3 diffida gli organi di amministrazione dell'impresa sociale a regolarizzare i comportamenti illegittimi entro un congruo termine.

7. In caso di ostacolo allo svolgimento dell'attività ispettiva o di mancata ottemperanza alla diffida di cui al comma 6, il Ministero vigilante può nominare un commissario ad acta, anche nella persona del legale rappresentante dell'impresa sociale, che affianchi gli organi dell'impresa sociale e provveda allo specifico adempimento richiesto.

8. Nel caso di irregolarità non sanabili o non sanate il Ministro vigilante dispone la perdita della qualifica di impresa sociale. Tale provvedimento dispone altresì che il patrimonio residuo dell'impresa sociale, dedotto, nelle imprese sociali costituite nelle forme di cui al libro V del codice civile, il capitale effettivamente versato dai soci, eventualmente rivalutato o aumentato, e i dividendi deliberati e non distribuiti nei limiti di cui all'art. 3, comma 3, lett. *a*), è devoluto al fondo istituito ai sensi dell'articolo 16 dall'ente o dall'associazione cui l'impresa sociale aderisce o, in mancanza, dalla Fonda-

(1) In *Leggi coll. XXII, 1.*

zione Italia Sociale, salvo quanto specificamente previsto in tema di società cooperative. Il provvedimento è trasmesso ai fini della cancellazione dell'impresa sociale dall'apposita sezione del registro delle imprese.

9. Avverso i provvedimenti del Ministro del lavoro e delle politiche sociali emessi ai sensi del comma 8 è ammesso ricorso dinanzi al giudice amministrativo.

16. *Fondo per la promozione e lo sviluppo delle imprese sociali.* — 1. Le imprese sociali possono destinare una quota non superiore al tre per cento degli utili netti annuali, dedotte eventuali perdite maturate negli esercizi precedenti, a fondi istituiti dagli enti e dalle associazioni di cui all'art. 15, comma 3, nonché dalla Fondazione Italia Sociale, specificamente ed esclusivamente destinati alla promozione e allo sviluppo delle imprese sociali attraverso azioni ed iniziative di varia natura, quali il finanziamento di progetti di studio e di ricerca in tema di impresa sociale o di attività di formazione dei lavoratori dell'impresa sociale, la promozione della costituzione di imprese sociali o di loro enti associativi, o il finanziamento di specifici programmi di sviluppo di imprese sociali o di loro enti associativi. Tali versamenti sono deducibili ai fini dell'imposta sui redditi dell'impresa sociale erogante.

17. *Norme di coordinamento e transitorie.* — 1. . . . . (*omissis*) (1).

2. Le società cooperative che assumono la qualifica di impresa sociale per le attività di cui all'art. 2, comma 1, lett. *q*), possono iscriversi all'Albo nazionale istituito ai sensi dell'art. 13 della l. 31 gennaio 1992, n. 59. Le società cooperative edilizie di abitazione e loro consorzi iscritte all'Albo nazionale di cui al periodo precedente possono in ogni caso svolgere le attività di cui all'art. 2, comma 1, lett. *q*).

3. Le imprese sociali già costituite al momento dell'entrata in vigore del presente decreto, si adeguano alle disposizioni del presente decreto entro diciotto(2) mesi dalla data della sua entrata in vigore. Entro il medesimo termine, esse possono modificare i propri statuti con le modalità e le maggioranze previste per le deliberazioni dell'assemblea ordinaria al fine di adeguarli alle nuove disposizioni inderogabili o di introdurre clausole che escludono l'applicazione di nuove disposizioni, derogabili mediante specifica clausola statutaria(3).

4. Ogni riferimento nel presente decreto al Consiglio nazionale del Terzo settore diviene efficace ed operativo dal momento dell'istituzione di tale Consiglio.

18. *Misure fiscali e di sostegno economico.* — 1. Non concorrono alla formazione del reddito imponibile delle imprese sociali le somme destinate al versamento del contributo per l'attività ispettiva di cui all'art. 15, nonché le somme destinate ad apposite riserve ai sensi dell'art. 3, commi 1 e 2. L'utilizzazione delle riserve a copertura di perdite è consentita e non comporta la decadenza dal beneficio, sempre che non si dia luogo a distribuzione di utili fino a quando le riserve non siano state ricostituite (4).

2. Non concorrono altresì a formare il reddito imponibile delle imprese sociali le imposte sui redditi riferibili alle variazioni effettuate ai sensi dell'art. 83 del t.u. delle imposte sui redditi, approvato con d.p.r. 22 dicembre 1986, n. 917. La disposizione di cui al periodo precedente è applicabile solo se determina un utile o un maggior utile da destinare a incremento del patrimonio ai sensi dell'art. 3, comma 1 (4).

3. Dall'imposta lorda sul reddito delle persone fisiche si detrae un importo pari al trenta per cento della somma investita, successivamente alla data di entrata in vigore del presente decreto, dal contribuente nel capitale sociale di una o più società, incluse società cooperative, che abbiano acquisito la qualifica di impresa sociale da non più di cinque anni (5). L'ammontare, in tutto o in parte, non detraibile nel periodo d'imposta di riferimento può essere portato in detrazione dall'imposta sul reddito delle persone fisiche nei periodi d'imposta successivi, ma non oltre il terzo. L'investimento massimo detraibile non può eccedere, in ciascun periodo d'imposta, l'importo di euro 1.000.000 e deve essere mantenuto per almeno cinque anni(6). L'eventuale cessione, anche parziale, dell'investimento prima del decorso di tale termine, comporta la decadenza dal beneficio e l'obbligo per il contribuente di resti-

(1) Modifica l'art. 1.1, lett. a, l. 8 novembre 1991, n. 381.

(2) La parola «diciotto» è stata così sostituita alla precedente «dodici» dall'art. 6.1, lett. a, d.lg. 20 luglio 2018, n. 95.

(3) La parole da «al fine di adeguarli» fino a «statutaria» sono state aggiunte dall'art. 6.1, lett. b, d.lg. 20 luglio 2018, n. 95.

(4) Comma così sostituito dall'art. 7.1, lett. a, d.lg. 20 luglio 2018, n. 95.

(5) Periodo così sostituito dall'art. 7.1, lett. b, d.lg. 20 luglio 2018, n. 95.

(6) Le parole «cinque anni» sono state così sostituite alle precedenti «tre anni» dall'art. 7.1, lett. c, d.lg. 20 luglio 2018, n. 95.

tuire l'importo detratto, unitamente agli interessi legali.

4. Non concorre alla formazione del reddito dei soggetti passivi dell'imposta sul reddito delle società, il trenta per cento della somma investita, successivamente alla data di entrata in vigore del presente decreto, nel capitale sociale di una o più società, incluse società cooperative, che abbiano acquisito la qualifica di impresa sociale da non più di cinque anni (1). L'investimento massimo deducibile non può eccedere, in ciascun periodo d'imposta, l'importo di euro 1.800.000 e deve essere mantenuto per almeno cinque anni (2). L'eventuale cessione, anche parziale, dell'investimento prima del decorso di tale termine, comporta la decadenza dal beneficio ed il recupero a tassazione dell'importo dedotto. Sull'imposta non versata per effetto della deduzione non spettante sono dovuti gli interessi legali.

5. Le disposizioni di cui ai commi 3 e 4 si applicano anche agli atti di dotazione e ai contributi di qualsiasi natura, posti in essere successivamente alla data di entrata in vigore del presente decreto, in favore di fondazioni che abbiano acquisito la qualifica di impresa sociale successivamente alla medesima data e siano costituite da non più di trentasei mesi dalla stessa (3).

6. Con decreto del Ministro del lavoro e delle politiche sociali, di concerto con il Ministro dell'economia e delle finanze e con il Ministro dello sviluppo economico, da adottarsi entro sessanta giorni dalla data di entrata in vigore del presente decreto, sono individuate le modalità di attuazione delle disposizioni di cui ai commi 3, 4 e 5.

7. Alle imprese sociali non si applica la disciplina prevista per le società di cui all'art. 30 della l. 23 dicembre 1994, n. 724, all'art. 2, commi da 36-*decies* a 36-*duodecies* del d.l. 13 agosto 2011, n. 138, convertito, con modificazioni, dalla l. 14 settembre 2011, n. 148, all'art. 62-*bis* del d.l. 30 agosto 1993, n. 331, convertito, con modificazioni, dalla l. 29 ottobre 1993, n. 427, all'art. 3, commi da 181 a 189, della l. 28 dicembre 1995, n. 549 e all'art. 9-*bis* del d.l. 24 aprile 2017, n. 50, convertito, con modificazioni, dalla l. 21 giugno 2017, n. 96 (4).

8. . . . . (*omissis*) (5).

8-*bis*. Ai fini dell'applicazione delle disposizioni del presente articolo, le amministrazioni vigilanti trasmettono all'Amministrazione finanziaria gli esiti dei controlli di competenza, ai fini dell'eventuale assunzione dei conseguenti provvedimenti. A seguito della propria attività di controllo, l'Amministrazione finanziaria trasmette alle amministrazioni vigilanti ogni elemento utile ai fini della valutazione in merito all'eventuale perdita della qualifica di impresa sociale di cui all'art. 15, comma 8. È fatto comunque salvo il potere di autonomo controllo da parte dell'Amministrazione finanziaria (6).

8-*ter*. In caso di violazione delle disposizioni del presente articolo, oltre alla decadenza dalle agevolazioni, si applica l'art. 2545-*sexiesdecies* del codice civile ai fini della gestione commissariale (6).

9. L'efficacia delle disposizioni del presente articolo e dell'art. 16 è subordinata, ai sensi dell'art. 108, par. 3, del Trattato sul funzionamento dell'Unione europea, all'autorizzazione della Commissione europea, richiesta a cura del Ministero del lavoro e delle politiche sociali.

19. *Abrogazioni*. — 1. Il d.lg. 24 marzo 2006, n. 155, è abrogato e tutti i riferimenti a quest'ultimo decreto si intendono riferiti al presente decreto legislativo.

20. *Copertura finanziaria*. — . . . . (*omissis*).

XVI. 3.

DECRETO LEGISLATIVO 3 luglio 2017, n. 117. — *Codice del Terzo settore, a norma dell'art. 1, comma 2, lett.* b), *della l. 6 giugno 2016, n. 106* (7).

(1) Periodo così sostituito dall'art. 7.1, lett. d, d.lg. 20 luglio 2018, n. 95.

(2) Le parole «cinque anni» sono state così sostituite alle precedenti «tre anni» dall'art. 7.1, lett. e, d.lg. 20 luglio 2018, n. 95.

(3) Le parole «che abbiano acquisito la qualifica di impresa sociale da non più di cinque anni» sono state così sostituite alle precedenti «che abbiano acquisito la qualifica di impresa sociale successivamente alla medesima data e siano costituite da non più di trentasei mesi dalla stessa» dall'art. 7.1, lett. f, d.lg. 20 luglio 2018, n. 95.

(4) Le parole «e all'art. 9-*bis* del d.l. 24 aprile 2017, n. 50, convertito, con modificazioni, dalla l. 21 giugno 2017, n. 96.» sono state così sostituite alle precedenti «e all'art. 7-*bis* del d.l. 22 ottobre 2016, n. 193, convertito, con modificazioni, dalla l. 1° dicembre 2016, n. 225.» dall'art. 7.1, lett. g, d.lg. 20 luglio 2018, n. 95.

(5) Modifica gli artt. 1, 50-*quinquies* e 100-*ter*, e la rubrica del capo III-*quater*, del titolo III, della Parte III, d.lg. 24 febbraio 1998, n. 58, in *Leggi coll. XVIII, 1*.

(6) Comma inserito dall'art. 7.1, lett. h, d.lg. 20 luglio 2018, n. 95.

(7) Suppl. ord. n. 43 a G.U., 2 agosto 2017, n. 179.

TITOLO I

Disposizioni generali

1. *Finalità ed oggetto*. — 1. Al fine di sostenere l'autonoma iniziativa dei cittadini che concorrono, anche in forma associata, a perseguire il bene comune, ad elevare i livelli di cittadinanza attiva, di coesione e protezione sociale, favorendo la partecipazione, l'inclusione e il pieno sviluppo della persona, a valorizzare il potenziale di crescita e di occupazione lavorativa, in attuazione degli artt. 2, 3, 4, 9, 18 e 118, quarto comma, della Costituzione, il presente Codice provvede al riordino e alla revisione organica della disciplina vigente in materia di enti del Terzo settore.

2. *Principi generali*. — 1. È riconosciuto il valore e la funzione sociale degli enti del Terzo settore, dell'associazionismo, dell'attività di volontariato e della cultura e pratica del dono quali espressione di partecipazione, solidarietà e pluralismo, ne è promosso lo sviluppo salvaguardandone la spontaneità ed autonomia, e ne è favorito l'apporto originale per il perseguimento di finalità civiche, solidaristiche e di utilità sociale, anche mediante forme di collaborazione con lo Stato, le Regioni, le Province autonome e gli enti locali.

3. *Norme applicabili*. — 1. Le disposizioni del presente Codice si applicano, ove non derogate ed in quanto compatibili, anche alle categorie di enti del Terzo settore che hanno una disciplina particolare.

2. Per quanto non previsto dal presente Codice, agli enti del Terzo settore si applicano, in quanto compatibili, le norme del Codice civile e le relative disposizioni di attuazione.

3. Salvo quanto previsto dal Capo II del Titolo VIII, le disposizioni del presente Codice non si applicano agli enti di cui al d.lg. 17 maggio 1999, n. 153.

TITOLO II

Degli enti del Terzo settore in generale

4. *Enti del Terzo settore*. — 1. Sono enti del Terzo settore le organizzazioni di volontariato, le associazioni di promozione sociale, gli enti filantropici, le imprese sociali, incluse le cooperative sociali, le reti associative, le società di mutuo soccorso, le associazioni, riconosciute o non riconosciute, le fondazioni e gli altri enti di carattere privato diversi dalle società costituiti per il perseguimento, senza scopo di lucro, di finalità civiche, solidaristiche e di utilità sociale mediante lo svolgimento, in via esclusiva o principale (1), di una o più attività di interesse generale in forma di azione volontaria o di erogazione gratuita di denaro, beni o servizi, o di mutualità o di produzione o scambio di beni o servizi, ed iscritti nel registro unico nazionale del Terzo settore.

2. Non sono enti del Terzo settore le amministrazioni pubbliche di cui all'art. 1, comma 2, del d.lg. 30 marzo 2001, n. 165, le formazioni e le associazioni politiche, i sindacati, le associazioni professionali e di rappresentanza di categorie economiche, le associazioni di datori di lavoro, nonché gli enti sottoposti a direzione e coordinamento o controllati dai suddetti enti, ad esclusione dei soggetti operanti nel settore della protezione civile alla cui disciplina si provvede ai sensi dell'art. 32, comma 4. Sono esclusi dall'ambito di applicazione del presente comma i corpi volontari dei vigili del fuoco delle Province autonome di Trento e di Bolzano e della Regione autonoma della Valle d'Aosta. Sono altresì escluse dall'ambito di applicazione del presente comma le associazioni o fondazioni di diritto privato ex Ipab derivanti dai processi di trasformazione delle istituzioni pubbliche di assistenza o beneficenza, ai sensi del d.p.c.m. 16 febbraio 1990, pubblicato nella *Gazzetta Ufficiale* n. 45 del 23 febbraio 1990, e del d.lg. 4 maggio 2001, n. 207, in quanto la nomina da parte della pubblica amministrazione degli amministratori di tali enti si configura come mera designazione, intesa come espressione della rappresentanza della cittadinanza, e non si configura quindi mandato fiduciario con rappresentanza, sicché è sempre esclusa qualsiasi forma di controllo da parte di quest'ultima (2).

3. Agli enti religiosi civilmente riconosciuti le norme del presente decreto si applicano limitatamente allo svolgimento delle attività di cui all'art. 5, a condizione che per tali attività adottino un regolamento, in forma di atto pubblico o scrittura privata autenticata, che, ove non diversamente previsto ed in ogni caso nel rispetto della struttura e della finalità di tali enti, recepisca le norme del presente Codice e sia depositato nel Registro unico nazionale del Terzo settore. Per lo svolgimento di tali attività deve essere costituito un patrimonio destinato e devono essere tenute separatamente le scritture contabili di cui all'art. 13.

(1) Le parole «, in via esclusiva o principale,» sono state aggiunte dall'art. 2, d.lg. 3 agosto 2018, n. 105.
(2) Ultimo periodo aggiunto dall'art. 11-*sexies*.2, d.l. 14 dicembre 2018, n. 135, conv. in l. 11 febbraio 2019, n. 12.

5. *Attività di interesse generale*. — 1. Gli enti del Terzo settore, diversi dalle imprese sociali incluse le cooperative sociali, esercitano in via esclusiva o principale una o più attività di interesse generale per il perseguimento, senza scopo di lucro, di finalità civiche, solidaristiche e di utilità sociale. Si considerano di interesse generale, se svolte in conformità alle norme particolari che ne disciplinano l'esercizio, le attività aventi ad oggetto:

a) interventi e servizi sociali ai sensi dell'art. 1, commi 1 e 2, della l. 8 novembre 2000, n. 328, e successive modificazioni, e interventi, servizi e prestazioni di cui alla l. 5 febbraio 1992, n. 104, e alla l. 22 giugno 2016, n. 112, e successive modificazioni;

b) interventi e prestazioni sanitarie;

c) prestazioni socio-sanitarie di cui al d.p.c.m. 14 febbraio 2001, pubblicato nella *Gazzetta Ufficiale* n. 129 del 6 giugno 2001, e successive modificazioni;

d) educazione, istruzione e formazione professionale, ai sensi della l. 28 marzo 2003, n. 53, e successive modificazioni, nonché le attività culturali di interesse sociale con finalità educativa;

e) interventi e servizi finalizzati alla salvaguardia e al miglioramento delle condizioni dell'ambiente e all'utilizzazione accorta e razionale delle risorse naturali, con esclusione dell'attività, esercitata abitualmente, di raccolta e riciclaggio dei rifiuti urbani, speciali e pericolosi, nonché alla tutela degli animali e prevenzione del randagismo, ai sensi della l. 14 agosto 1991, n. 281 (1);

f) interventi di tutela e valorizzazione del patrimonio culturale e del paesaggio, ai sensi del d.lg. 22 gennaio 2004, n. 42, e successive modificazioni;

g) formazione universitaria e post-universitaria;

h) ricerca scientifica di particolare interesse sociale;

i) organizzazione e gestione di attività culturali, artistiche o ricreative di interesse sociale, incluse attività, anche editoriali, di promozione e diffusione della cultura e della pratica del volontariato e delle attività di interesse generale di cui al presente articolo;

j) radiodiffusione sonora a carattere comunitario, ai sensi dell'art. 16, comma 5, della l. 6 agosto 1990, n. 223, e successive modificazioni;

k) organizzazione e gestione di attività turistiche di interesse sociale, culturale o religioso;

l) formazione extra-scolastica, finalizzata alla prevenzione della dispersione scolastica e al successo scolastico e formativo, alla prevenzione del bullismo e al contrasto della povertà educativa;

m) servizi strumentali ad enti del Terzo settore resi da enti composti in misura non inferiore al settanta per cento da enti del Terzo settore;

n) cooperazione allo sviluppo, ai sensi della l. 11 agosto 2014, n. 125, e successive modificazioni;

o) attività commerciali, produttive, di educazione e informazione, di promozione, di rappresentanza, di concessione in licenza di marchi di certificazione, svolte nell'ambito o a favore di filiere del commercio equo e solidale, da intendersi come un rapporto commerciale con un produttore operante in un'area economica svantaggiata, situata, di norma, in un Paese in via di sviluppo, sulla base di un accordo di lunga durata finalizzato a promuovere l'accesso del produttore al mercato e che preveda il pagamento di un prezzo equo, misure di sviluppo in favore del produttore e l'obbligo del produttore di garantire condizioni di lavoro sicure, nel rispetto delle normative nazionali ed internazionali, in modo da permettere ai lavoratori di condurre un'esistenza libera e dignitosa, e di rispettare i diritti sindacali, nonché di impegnarsi per il contrasto del lavoro infantile;

p) servizi finalizzati all'inserimento o al reinserimento nel mercato del lavoro dei lavoratori e delle persone di cui all'art. 2, comma 4, del decreto legislativo recante revisione della disciplina in materia di impresa sociale, di cui all'art. 1, comma 2, lett. *c*), della l. 6 giugno 2016, n. 106;

q) alloggio sociale, ai sensi del decreto del Ministero delle infrastrutture del 22 aprile 2008, e successive modificazioni, nonché ogni altra attività di carattere residenziale temporaneo diretta a soddisfare bisogni sociali, sanitari, culturali, formativi o lavorativi;

r) accoglienza umanitaria ed integrazione sociale dei migranti;

s) agricoltura sociale, ai sensi dell'art. 2 della l. 18 agosto 2015, n. 141, e successive modificazioni;

t) organizzazione e gestione di attività sportive dilettantistiche;

u) beneficenza, sostegno a distanza, cessio-

(1) Le parole «, nonché alla tutela degli animali e prevenzione del randagismo, ai sensi della l. 14 agosto 1991, n. 281;» sono state aggiunte dall'art. 3, d.lg. 3 agosto 2018, n. 105.

ne gratuita di alimenti o prodotti di cui alla l. 19 agosto 2016, n. 166, e successive modificazioni, o erogazione di denaro, beni o servizi a sostegno di persone svantaggiate o di attività di interesse generale a norma del presente articolo;

v) promozione della cultura della legalità, della pace tra i popoli, della nonviolenza e della difesa non armata;

w) promozione e tutela dei diritti umani, civili, sociali e politici, nonché dei diritti dei consumatori e degli utenti delle attività di interesse generale di cui al presente articolo, promozione delle pari opportunità e delle iniziative di aiuto reciproco, incluse le banche dei tempi di cui all'art. 27 della l. 8 marzo 2000, n. 53, e i gruppi di acquisto solidale di cui all'art. 1, comma 266, della l. 24 dicembre 2007, n. 244;

x) cura di procedure di adozione internazionale ai sensi della l. 4 maggio 1983, n. 184;

y) protezione civile ai sensi della l. 24 febbraio 1992, n. 225, e successive modificazioni;

z) riqualificazione di beni pubblici inutilizzati o di beni confiscati alla criminalità organizzata.

2. Tenuto conto delle finalità civiche, solidaristiche e di utilità sociale di cui all'art. 1, comma 1, della l. 6 giugno 2016, n. 106, nonché delle finalità e dei principi di cui agli artt. 1 e 2 del presente Codice, l'elenco delle attività di interesse generale di cui al comma 1 può essere aggiornato con decreto del Presidente del Consiglio dei ministri da adottarsi ai sensi dell'art. 17, comma 3, della l. 23 agosto 1988, n. 400 su proposta del Ministro del lavoro e delle politiche sociali, di concerto con il Ministro dell'economia e delle finanze, previa intesa in sede di Conferenza Unificata, acquisito il parere delle Commissioni parlamentari competenti, che si esprimono entro trenta giorni dalla data di trasmissione del decreto, decorsi i quali quest'ultimo può essere comunque adottato.

6. *Attività diverse*. — 1. Gli enti del Terzo settore possono esercitare attività diverse da quelle di cui all'art. 5, a condizione che l'atto costitutivo o lo statuto lo consentano e siano secondarie e strumentali rispetto alle attività di interesse generale, secondo criteri e limiti definiti con decreto del Ministro del lavoro e delle politiche sociali, di concerto con il Ministro dell'economia e delle finanze, da adottarsi ai sensi dell'art. 17, comma 3, della l. 23 agosto 1988, n. 400, sentita la Cabina di regia di cui all'art. 97, tenendo conto dell'insieme delle risorse, anche volontarie e gratuite, impiegate in tali attività in rapporto all'insieme delle risorse, anche volontarie e gratuite, impiegate nelle attività di interesse generale.

7. *Raccolta fondi*. — 1. Per raccolta fondi si intende il complesso delle attività ed iniziative poste in essere da un ente del Terzo settore al fine di finanziare le proprie attività di interesse generale, anche attraverso la richiesta a terzi di lasciti, donazioni e contributi di natura non corrispettiva.

2. Gli enti del Terzo settore, possono realizzare attività di raccolta fondi anche in forma organizzata e continuativa, anche mediante sollecitazione al pubblico o attraverso la cessione o erogazione di beni o servizi di modico valore, impiegando risorse proprie e di terzi, inclusi volontari e dipendenti, nel rispetto dei principi di verità, trasparenza e correttezza nei rapporti con i sostenitori e il pubblico, in conformità a linee guida adottate con decreto del Ministro del lavoro e delle politiche sociali, sentiti la Cabina di regia di cui all'art. 97 e il Consiglio nazionale del Terzo settore.

8. *Destinazione del patrimonio ed assenza di scopo di lucro*. — 1. Il patrimonio degli enti del Terzo settore, comprensivo di eventuali ricavi, rendite, proventi, entrate comunque denominate è utilizzato per lo svolgimento dell'attività statutaria ai fini dell'esclusivo perseguimento di finalità civiche, solidaristiche e di utilità sociale.

2. Ai fini di cui al comma 1, è vietata la distribuzione, anche indiretta, di utili ed avanzi di gestione, fondi e riserve comunque denominate a fondatori, associati, lavoratori e collaboratori, amministratori ed altri componenti degli organi sociali, anche nel caso di recesso o di ogni altra ipotesi di scioglimento individuale del rapporto associativo.

3. Ai sensi e per gli effetti del comma 2, si considerano in ogni caso distribuzione indiretta di utili:

a) la corresponsione ad amministratori, sindaci e a chiunque rivesta cariche sociali di compensi individuali non proporzionati all'attività svolta, alle responsabilità assunte e alle specifiche competenze o comunque superiori a quelli previsti in enti che operano nei medesimi o analoghi settori e condizioni;

b) la corresponsione a lavoratori subordinati o autonomi di retribuzioni o compensi superiori del quaranta per cento rispetto a quelli previsti, per le medesime qualifiche, dai contratti collettivi di cui all'art. 51 del d.lg. 15 giugno 2015, n. 81, salvo comprovate esigenze attinenti alla necessità di acquisire specifiche competenze ai fini dello svolgimento delle attività di interesse generale di cui all'art. 5, comma 1, lett. *b*), *g*) o *h*);

c) l'acquisto di beni o servizi per corrispettivi che, senza valide ragioni economiche, siano superiori al loro valore normale;

d) le cessioni di beni e le prestazioni di servizi, a condizioni più favorevoli di quelle di mercato, a soci, associati o partecipanti, ai fondatori, ai componenti gli organi amministrativi e di controllo, a coloro che a qualsiasi titolo operino per l'organizzazione o ne facciano parte, ai soggetti che effettuano erogazioni liberali a favore dell'organizzazione, ai loro parenti entro il terzo grado ed ai loro affini entro il secondo grado, nonché alle società da questi direttamente o indirettamente controllate o collegate, esclusivamente in ragione della loro qualità, salvo che tali cessioni o prestazioni non costituiscano l'oggetto dell'attività di interesse generale di cui all'art. 5;

e) la corresponsione a soggetti diversi dalle banche e dagli intermediari finanziari autorizzati, di interessi passivi, in dipendenza di prestiti di ogni specie, superiori di quattro punti al tasso annuo di riferimento. Il predetto limite può essere aggiornato con decreto del Ministro del lavoro e delle politiche sociali, di concerto con il Ministro dell'economia e delle finanze.

9. *Devoluzione del patrimonio in caso di scioglimento*. — 1. In caso di estinzione o scioglimento, il patrimonio residuo è devoluto, previo parere positivo dell'Ufficio di cui all'art. 45, comma 1, e salva diversa destinazione imposta dalla legge, ad altri enti del Terzo settore secondo le disposizioni statutarie o dell'organo sociale competente o, in mancanza, alla Fondazione Italia Sociale. Il parere è reso entro trenta giorni dalla data di ricezione della richiesta che l'ente interessato è tenuto a inoltrare al predetto Ufficio con raccomandata a/r o secondo le disposizioni previste dal d.lg. 7 marzo 2005, n. 82, decorsi i quali il parere si intende reso positivamente. Gli atti di devoluzione del patrimonio residuo compiuti in assenza o in difformità dal parere sono nulli.

10. *Patrimoni destinati ad uno specifico affare*. — 1. Gli enti del Terzo settore dotati di personalità giuridica ed iscritti nel registro delle imprese possono costituire uno o più patrimoni destinati ad uno specifico affare ai sensi e per gli effetti degli artt. 2447-*bis* e seguenti del codice civile.

11. *Iscrizione*. — 1. Gli enti del Terzo settore si iscrivono nel registro unico nazionale del Terzo settore ed indicano gli estremi dell'iscrizione negli atti, nella corrispondenza e nelle comunicazioni al pubblico.

2. Oltre che nel registro unico nazionale del Terzo settore, gli enti del Terzo settore che esercitano la propria attività esclusivamente o principalmente in forma di impresa commerciale sono soggetti all'obbligo dell'iscrizione nel registro delle imprese.

3. Per le imprese sociali, l'iscrizione nell'apposita sezione del registro delle imprese soddisfa il requisito dell'iscrizione nel registro unico nazionale del Terzo settore.

12. *Denominazione sociale*. — 1. La denominazione sociale, in qualunque modo formata, deve contenere l'indicazione di ente del Terzo settore o l'acronimo ETS. Di tale indicazione deve farsi uso negli atti, nella corrispondenza e nelle comunicazioni al pubblico.

2. La disposizione di cui al comma 1 non si applica agli enti di cui all'art. 4, comma 3.

3. L'indicazione di ente del Terzo settore o dell'acronimo ETS, ovvero di parole o locuzioni equivalenti o ingannevoli, non può essere usata da soggetti diversi dagli enti del Terzo settore.

13. *Scritture contabili e bilancio*. — 1. Gli enti del Terzo settore devono redigere il bilancio di esercizio formato dallo stato patrimoniale, dal rendiconto gestionale (1), con l'indicazione, dei proventi e degli oneri, dell'ente, e dalla relazione di missione che illustra le poste di bilancio, l'andamento economico e finanziario dell'ente e le modalità di perseguimento delle finalità statutarie.

2. Il bilancio degli enti del Terzo settore con ricavi, rendite, proventi o entrate comunque denominate inferiori a 220.000,00 euro può essere redatto nella forma del rendiconto [...] (2) per cassa.

3. Il bilancio di cui ai commi 1 e 2 deve essere redatto in conformità alla modulistica definita con decreto del Ministro del lavoro e delle politiche sociali, sentito il consiglio nazionale del terzo settore.

4. Gli enti del Terzo settore che esercitano la propria attività esclusivamente o principalmente in forma di impresa commerciale devono tenere le scritture contabili di cui all'art. 2214 del codice civile.

5. Gli enti del Terzo settore di cui al comma 4 devono redigere e depositare presso il registro delle imprese il bilancio di esercizio redatto, a seconda dei casi, ai sensi degli artt. 2423 e seguenti, 2435-*bis* o 2435-*ter* del codice civile.

6. L'organo di amministrazione documenta

(1) La parola «gestionale» è stata così sostituita alla precedente «finanziario» dall'art. 4.1, lett. a, d.lg. 3 agosto 2018, n. 105.

(2) La parola «finanziario» è stata soppressa dall'art. 4.1, lett. b, d.lg. 3 agosto 2018, n. 105.

il carattere secondario e strumentale delle attività (1) di cui all'art. 6 a seconda dei casi (2), [...] (3) nella relazione di missione o in una annotazione in calce al rendiconto per cassa o nella nota integrativa al bilancio (4).

7. Gli enti del Terzo settore non iscritti nel registro delle imprese devono depositare il bilancio presso il registro unico nazionale del Terzo settore.

14. *Bilancio sociale*. — 1. Gli enti del Terzo settore con ricavi, rendite, proventi o entrate comunque denominate superiori ad 1 milione di euro devono depositare presso il registro unico nazionale del Terzo settore, e pubblicare nel proprio sito internet, il bilancio sociale redatto secondo linee guida adottate con decreto del Ministro del lavoro e delle politiche sociali, sentiti la Cabina di regia di cui all'art. 97 e il Consiglio nazionale del Terzo settore, e tenendo conto, tra gli altri elementi, della natura dell'attività esercitata e delle dimensioni dell'ente, anche ai fini della valutazione dell'impatto sociale delle attività svolte.

2. Gli enti del Terzo settore con ricavi, rendite, proventi o entrate comunque denominate superiori a centomila euro annui devono in ogni caso pubblicare annualmente e tenere aggiornati nel proprio sito internet, o nel sito internet della rete associativa di cui all'art. 41 cui aderiscano, gli eventuali emolumenti, compensi o corrispettivi a qualsiasi titolo attribuiti ai componenti degli organi di amministrazione e controllo, ai dirigenti nonché agli associati.

15. *Libri sociali obbligatori*. — 1. Oltre le scritture prescritte negli artt. 13, 14 e 17, comma 1, gli enti del Terzo settore devono tenere:

a) il libro degli associati o aderenti;

b) il libro delle adunanze e delle deliberazioni delle assemblee, in cui devono essere trascritti anche i verbali redatti per atto pubblico;

c) il libro delle adunanze e delle deliberazioni dell'organo di amministrazione, dell'organo di controllo, e di eventuali altri organi sociali.

2. I libri di cui alle lett. *a*) e *b*) del comma 1, sono tenuti a cura dell'organo di amministrazione. I libri di cui alla lett. *c*) del comma 1, sono tenuti a cura dell'organo cui si riferiscono.

3. Gli associati o gli aderenti hanno diritto di esaminare i libri sociali, secondo le modalità previste dall'atto costitutivo o dallo statuto.

4. Il comma 3 non si applica agli enti di cui all'art. 4, comma 3.

16. *Lavoro negli enti del Terzo settore*. — 1. I lavoratori degli enti del Terzo settore hanno diritto ad un trattamento economico e normativo non inferiore a quello previsto dai contratti collettivi di cui all'art. 51 del d.lg. 15 giugno 2015, n. 81. In ogni caso, in ciascun ente del Terzo settore, la differenza retributiva tra lavoratori dipendenti non può essere superiore al rapporto uno a otto, da calcolarsi sulla base della retribuzione annua lorda. Gli enti del Terzo settore danno conto del rispetto di tale parametro nel proprio bilancio sociale o, in mancanza, nella relazione di cui all'art. 13, comma 1.

TITOLO III

Del volontariato e dell'attività di volontariato

17. *Volontario e attività di volontariato*. — 1. Gli enti del Terzo settore possono avvalersi di volontari nello svolgimento delle proprie attività e sono tenuti a iscrivere in un apposito registro i volontari che svolgono la loro attività in modo non occasionale.

2. Il volontario è una persona che, per sua libera scelta, svolge attività in favore della comunità e del bene comune, anche per il tramite di un ente del Terzo settore, mettendo a disposizione il proprio tempo e le proprie capacità per promuovere risposte ai bisogni delle persone e delle comunità beneficiarie della sua azione, in modo personale, spontaneo e gratuito, senza fini di lucro, neanche indiretti, ed esclusivamente per fini di solidarietà.

3. L'attività del volontario non può essere retribuita in alcun modo nemmeno dal beneficiario. Al volontario possono essere rimborsate dall'ente del Terzo settore tramite il quale svolge l'attività soltanto le spese effettivamente sostenute e documentate per l'attività prestata, entro limiti massimi e alle condizioni preventivamente stabilite dall'ente medesimo. Sono in ogni caso vietati rimborsi spese di tipo forfetario.

4. Ai fini di cui al comma 3, le spese sostenute dal volontario possono essere rimborsate anche a fronte di una autocertificazione resa ai

(1) Le parole «delle attività» sono state così sostituite alle precedenti «dell'attività» dall'art. 4.1, lett. c, d.lg. 3 agosto 2018, n. 105.

(2) Le parole «a seconda dei casi,» sono state aggiunte dall'art. 4.1, lett. c, d.lg. 3 agosto 2018, n. 105.

(3) Le parole «nella relazione al bilancio o» sono state soppresse dall'art. 4.1, lett. c, d.lg. 3 agosto 2018, n. 105.

(4) Le parole «o in una annotazione in calce al rendiconto per cassa o nella nota integrativa al bilancio» sono state aggiunte dall'art. 4.1, lett. c, d.lg. 3 agosto 2018, n. 105.

sensi dell'art. 46 del d.p.r. 28 dicembre 2000, n. 445, purché non superino l'importo di 10 euro giornalieri e 150 euro mensili e l'organo sociale competente deliberi sulle tipologie di spese e le attività di volontariato per le quali è ammessa questa modalità di rimborso. La disposizione di cui al presente comma non si applica alle attività di volontariato aventi ad oggetto la donazione di sangue e di organi.

5. La qualità di volontario è incompatibile con qualsiasi forma di rapporto di lavoro subordinato o autonomo e con ogni altro rapporto di lavoro retribuito con l'ente di cui il volontario è socio o associato o tramite il quale svolge la propria attività volontaria. Le disposizioni di cui al presente comma non si applicano agli operatori che prestano attività di soccorso per le organizzazioni di cui all'art. 76 della legge provinciale 5 marzo 2001, n. 7, della Provincia autonoma di Bolzano e di cui all'art. 55-*bis* della legge provinciale 19 luglio 1990, n. 23, della Provincia autonoma di Trento (1).

6. Ai fini del presente Codice non si considera volontario l'associato che occasionalmente coadiuvi gli organi sociali nello svolgimento delle loro funzioni.

6-*bis*. I lavoratori subordinati che intendano svolgere attività di volontariato in un ente del Terzo settore hanno diritto di usufruire delle forme di flessibilità di orario di lavoro o delle turnazioni previste dai contratti o dagli accordi collettivi, compatibilmente con l'organizzazione aziendale (2).

7. Le disposizioni di cui al presente titolo non si applicano agli operatori volontari del servizio civile universale, al personale impiegato all'estero a titolo volontario nelle attività di cooperazione internazionale allo sviluppo, nonché agli operatori che prestano le attività di cui alla l. 21 marzo 2001, n. 74

18. *Assicurazione obbligatoria*. — 1. Gli enti del Terzo settore che si avvalgono di volontari devono assicurarli contro gli infortuni e le malattie connessi allo svolgimento dell'attività di volontariato, nonché per la responsabilità civile verso i terzi.

2. Con decreto del Ministro dello sviluppo economico, da emanarsi di concerto con il Ministro del lavoro e delle politiche sociali entro sei mesi dalla data di entrata in vigore del presente Codice, sono individuati meccanismi assicurativi semplificati, con polizze anche numeriche, e sono disciplinati i relativi controlli.

3. La copertura assicurativa è elemento essenziale delle convenzioni tra gli enti del Terzo settore e le amministrazioni pubbliche, e i relativi oneri sono a carico dell'amministrazione pubblica con la quale viene stipulata la convenzione.

19. *Promozione della cultura del volontariato*. — 1. Le amministrazioni pubbliche di cui all'art. 1, comma 2, del d.lg. 30 marzo 2001, n. 165, nei limiti delle risorse disponibili, promuovono la cultura del volontariato, in particolare tra i giovani, anche attraverso apposite iniziative da svolgere nell'ambito delle strutture e delle attività scolastiche, universitarie ed extrauniversitarie, valorizzando le diverse esperienze ed espressioni di volontariato, anche attraverso il coinvolgimento delle organizzazioni di volontariato e di altri enti del Terzo settore, nelle attività di sensibilizzazione e di promozione.

2. Il Ministro del lavoro e delle politiche sociali, di concerto con il Ministro dell'istruzione, dell'università e della ricerca e del Ministro per la semplificazione e la pubblica amministrazione, previa intesa in sede di Conferenza Stato-Regioni, definisce con decreto i criteri per il riconoscimento in ambito scolastico e lavorativo delle competenze acquisite nello svolgimento di attività o percorsi di volontariato.

3. Ai fini del conseguimento di titoli di studio, le Università possono riconoscere, nei limiti previsti dalla normativa vigente, crediti formativi a favore degli studenti che abbiano svolto attività di volontariato certificate nelle organizzazioni di volontariato o in altri enti del Terzo settore rilevanti per la crescita professionale e per il curriculum degli studi.

4. .... (*omissis*) (3).

TITOLO IV

Delle associazioni e delle fondazioni del Terzo settore

CAPO I

Disposizioni generali

20. *Ambito di applicazione*. — 1. Le disposizioni del presente titolo si applicano a tutti gli enti del Terzo settore costituiti in forma di associazione, riconosciuta o non riconosciuta, o di fondazione.

(1) Ultimo periodo aggiunto dall'art. 5.1, lett. a, d.lg. 3 agosto 2018, n. 105.
(2) Comma aggiunto dall'art. 5.1, lett. b, d.lg. 3 agosto 2018, n. 105.
(3) Modifica l'art. 10.2, l. 6 marzo 2001, n. 64.

CAPO II

DELLA COSTITUZIONE

21. *Atto costitutivo e statuto.* — 1. L'atto costitutivo deve indicare la denominazione dell'ente; l'assenza di scopo di lucro e le finalità civiche, solidaristiche e di utilità sociale perseguite; l'attività di interesse generale che costituisce l'oggetto sociale; la sede legale; il patrimonio iniziale ai fini dell'eventuale riconoscimento della personalità giuridica; le norme sull'ordinamento, l'amministrazione e la rappresentanza dell'ente; i diritti e gli obblighi degli associati, ove presenti; i requisiti per l'ammissione di nuovi associati, ove presenti, e la relativa procedura, secondo criteri non discriminatori, coerenti con le finalità perseguite e l'attività di interesse generale svolta; la nomina dei primi componenti degli organi sociali obbligatori e, quando previsto, del soggetto incaricato della revisione legale dei conti; le norme sulla devoluzione del patrimonio residuo in caso di scioglimento o di estinzione; la durata dell'ente, se prevista.

2. Lo statuto contenente le norme relative al funzionamento dell'ente, anche se forma oggetto di atto separato, costituisce parte integrante dell'atto costitutivo. In caso di contrasto tra le clausole dell'atto costitutivo e quelle dello statuto prevalgono le seconde.

22. *Acquisto della personalità giuridica.* — 1. Le associazioni e le fondazioni del Terzo settore possono, in deroga al d.p.r. 10 febbraio 2000, n. 361, acquistare la personalità giuridica mediante l'iscrizione nel registro unico nazionale del Terzo settore ai sensi del presente articolo (1).

1-*bis.* Per le associazioni e fondazioni del Terzo settore già in possesso della personalità giuridica ai sensi del d.p.r. 10 febbraio 2000, n. 361, che ottengono l'iscrizione nel registro unico nazionale del Terzo settore ai sensi delle disposizioni del presente articolo e nel rispetto dei requisiti ivi indicati, l'efficacia dell'iscrizione nei registri delle persone giuridiche di cui al d.p.r. 10 febbraio 2000, n. 361 è sospesa fintanto che sia mantenuta l'iscrizione nel registro unico nazionale del Terzo settore. Nel periodo di sospensione, le predette associazioni e fondazioni non perdono la personalità giuridica acquisita con la pregressa iscrizione e non si applicano le disposizioni di cui al citato d.p.r. n. 361 del 2000. Dell'avvenuta iscrizione al registro unico nazionale del Terzo settore nonché dell'eventuale successiva cancellazione, è data comunicazione, da parte dell'ufficio di cui all'art. 45 competente, entro 15 giorni, alla Prefettura o alla Regione o Provincia autonoma competente (2).

2. Il notaio che ha ricevuto l'atto costitutivo di una associazione o di una fondazione del Terzo settore, o la pubblicazione di un testamento con il quale si dispone una fondazione del Terzo settore, verificata la sussistenza delle condizioni previste dalla legge per la costituzione dell'ente, ed in particolare dalle disposizioni del presente Codice con riferimento alla sua natura di ente del Terzo settore, nonché del patrimonio minimo di cui al comma 4, deve depositarlo, con i relativi allegati, entro venti giorni presso il competente ufficio del registro unico nazionale del Terzo settore, richiedendo l'iscrizione dell'ente. L'ufficio del registro unico nazionale del Terzo settore, verificata la regolarità formale della documentazione, iscrive l'ente nel registro stesso.

3. Se il notaio non ritiene sussistenti le condizioni per la costituzione dell'ente o il patrimonio minimo, ne dà comunicazione motivata, tempestivamente e comunque non oltre il termine di trenta giorni, ai fondatori, o agli amministratori dell'ente. I fondatori, o gli amministratori o, in mancanza ciascun associato, nei trenta giorni successivi al ricevimento della comunicazione del notaio, possono domandare all'ufficio del registro competente di disporre l'iscrizione nel registro unico nazionale del Terzo settore. Se nel termine di sessanta giorni dalla presentazione della domanda l'ufficio del registro non comunica ai richiedenti il motivato diniego, ovvero non chiede di integrare la documentazione o non provvede all'iscrizione, questa si intende negata.

4. Si considera patrimonio minimo per il conseguimento della personalità giuridica una somma liquida e disponibile non inferiore a 15.000 euro per le associazioni e a 30.000 euro per le fondazioni. Se tale patrimonio è costituito da beni diversi dal denaro, il loro valore deve risultare da una relazione giurata, allegata all'atto costitutivo, di un revisore legale o di una società di revisione legale iscritti nell'apposito registro.

5. Quando risulta che il patrimonio minimo di cui al comma 4 è diminuito di oltre un terzo in conseguenza di perdite, l'organo di amministrazione, e nel caso di sua inerzia, l'organo di

(1) Le parole «ai sensi del presente articolo» sono state aggiunte dall'art. 6.1, lett. a, d.lg. 3 agosto 2018, n. 105.
(2) Comma inserito dall'art. 6.1, lett. b, d.lg. 3 agosto 2018, n. 105.

controllo, ove nominato, devono senza indugio, in un'associazione, convocare l'assemblea per deliberare, ed in una fondazione deliberare la ricostituzione del patrimonio minimo oppure la trasformazione, la prosecuzione dell'attività in forma di associazione non riconosciuta, la fusione o lo scioglimento dell'ente.

6. Le modificazioni dell'atto costitutivo e dello statuto devono risultare da atto pubblico e diventano efficaci con l'iscrizione nel registro unico nazionale del Terzo settore. Il relativo procedimento di iscrizione è regolato ai sensi dei commi 2 e 3.

7. Nelle fondazioni e nelle associazioni riconosciute come persone giuridiche, per le obbligazioni dell'ente risponde soltanto l'ente con il suo patrimonio.

CAPO III

DELL'ORDINAMENTO E DELLA AMMINISTRAZIONE

23. *Procedura di ammissione e carattere aperto delle associazioni*. — 1. Se l'atto costitutivo o lo statuto non dispongono diversamente, in un'associazione, riconosciuta o non riconosciuta, del Terzo settore l'ammissione di un nuovo associato è fatta con deliberazione dell'organo di amministrazione su domanda dell'interessato. La deliberazione è comunicata all'interessato ed annotata nel libro degli associati.

2. Se l'atto costitutivo o lo statuto non dispongono diversamente, l'organo competente ai sensi del comma 1 deve entro sessanta giorni motivare la deliberazione di rigetto della domanda di ammissione e comunicarla agli interessati.

3. Se l'atto costitutivo o lo statuto non dispongono diversamente, chi ha proposto la domanda può entro sessanta giorni dalla comunicazione della deliberazione di rigetto chiedere che sull'istanza si pronunci, l'assemblea o un altro organo eletto dalla medesima, che deliberano sulle domande non accolte, se non appositamente convocati, in occasione della loro successiva convocazione.

4. Le disposizioni di cui al presente articolo si applicano anche alle fondazioni del Terzo settore il cui statuto preveda la costituzione di un organo assembleare o di indirizzo, comunque denominato, in quanto compatibili ed ove non derogate dallo statuto.

24. *Assemblea*. — 1. Nell'assemblea delle associazioni, riconosciute o non riconosciute, del Terzo settore hanno diritto di voto tutti coloro che sono iscritti da almeno tre mesi nel libro degli associati, salvo che l'atto costitutivo o lo statuto non dispongano diversamente.

2. Ciascun associato ha un voto. Agli associati che siano enti del Terzo settore l'atto costitutivo o lo statuto possono attribuire più voti, sino ad un massimo di cinque, in proporzione al numero dei loro associati o aderenti. Si applica l'art. 2373 del codice civile, in quanto compatibile.

3. Se l'atto costitutivo o lo statuto non dispongono diversamente, ciascun associato può farsi rappresentare nell'assemblea da un altro associato mediante delega scritta, anche in calce all'avviso di convocazione. Ciascun associato può rappresentare sino ad un massimo di tre associati nelle associazioni con un numero di associati inferiore a cinquecento e di cinque associati in quelle con un numero di associati non inferiore a cinquecento. Si applicano i commi quarto e quinto dell'art. 2372 del codice civile, in quanto compatibili.

4. L'atto costitutivo o lo statuto possono prevedere l'intervento all'assemblea mediante mezzi di telecomunicazione ovvero l'espressione del voto per corrispondenza o in via elettronica, purché sia possibile verificare l'identità dell'associato che partecipa e vota.

5. L'atto costitutivo o lo statuto delle associazioni che hanno un numero di associati non inferiore a cinquecento possono prevedere e disciplinare la costituzione e lo svolgimento di assemblee separate, comunque denominate, anche rispetto a specifiche materie ovvero in presenza di particolari categorie di associati o di svolgimento dell'attività in più ambiti territoriali. A tali assemblee si applicano le disposizioni di cui ai commi terzo, quarto, quinto e sesto dell'art. 2540 del codice civile, in quanto compatibili.

6. Le disposizioni di cui al presente articolo si applicano anche alle fondazioni del Terzo settore il cui statuto preveda la costituzione di un organo assembleare o di indirizzo, comunque denominato, in quanto compatibili ed ove non derogate dallo statuto.

25. *Competenze inderogabili dell'assemblea*. — 1. L'assemblea delle associazioni, riconosciute o non riconosciute, del Terzo settore:

a) nomina e revoca i componenti degli organi sociali;

b) nomina e revoca, quando previsto, il soggetto incaricato della revisione legale dei conti;

c) approva il bilancio;

d) delibera sulla responsabilità dei componenti degli organi sociali e promuove azione di responsabilità nei loro confronti;

e) delibera sull'esclusione degli associati,

se l'atto costitutivo o lo statuto non attribuiscono la relativa competenza ad altro organo eletto dalla medesima;

f) delibera sulle modificazioni dell'atto costitutivo o dello statuto;

g) approva l'eventuale regolamento dei lavori assembleari;

h) delibera lo scioglimento, la trasformazione, la fusione o la scissione dell'associazione;

i) delibera sugli altri oggetti attribuiti dalla legge, dall'atto costitutivo o dallo statuto alla sua competenza.

2. Gli atti costitutivi o gli statuti delle associazioni che hanno un numero di associati non inferiore a cinquecento possono disciplinare le competenze dell'assemblea anche in deroga a quanto stabilito al comma precedente, nel rispetto dei principi di democraticità, pari opportunità ed eguaglianza di tutti gli associati e di elettività delle cariche sociali.

3. Lo statuto delle fondazioni del Terzo settore può attribuire all'organo assembleare o di indirizzo, comunque denominato, di cui preveda la costituzione la competenza a deliberare su uno o più degli oggetti di cui al comma 1, nei limiti in cui ciò sia compatibile con la natura dell'ente quale fondazione e nel rispetto della volontà del fondatore.

26. *Organo di amministrazione*. — 1. Nelle associazioni, riconosciute o non riconosciute, del Terzo settore deve essere nominato un organo di amministrazione. Salvo quanto previsto dall'art. 25, comma 2, la nomina degli amministratori spetta all'assemblea, fatta eccezione per i primi amministratori che sono nominati nell'atto costitutivo.

2. La maggioranza degli amministratori è scelta tra le persone fisiche associate ovvero indicate dagli enti giuridici associati. Si applica l'art. 2382 del codice civile.

3. L'atto costitutivo o lo statuto possono subordinare l'assunzione della carica di amministratore al possesso di specifici requisiti di onorabilità, professionalità ed indipendenza, anche con riferimento ai requisiti al riguardo previsti da codici di comportamento redatti da associazioni di rappresentanza o reti associative del Terzo settore. Si applica in tal caso l'art. 2382 del codice civile.

4. L'atto costitutivo o lo statuto possono prevedere che uno o più amministratori siano scelti tra gli appartenenti alle diverse categorie di associati.

5. La nomina di uno o più amministratori può essere attribuita dall'atto costitutivo o dallo statuto ad enti del Terzo settore o senza scopo di lucro, ad enti di cui all'art. 4, comma 3, o a lavoratori o utenti dell'ente. In ogni caso, la nomina della maggioranza degli amministratori è, salvo quanto previsto dall'art. 25, comma 2, riservata all'assemblea.

6. Gli amministratori, entro trenta giorni dalla notizia della loro nomina, devono chiederne l'iscrizione nel Registro unico nazionale del terzo settore, indicando per ciascuno di essi il nome, il cognome, il luogo e la data di nascita, il domicilio e la cittadinanza, nonché a quali di essi è attribuita la rappresentanza dell'ente, precisando se disgiuntamente o congiuntamente.

7. Il potere di rappresentanza attribuito agli amministratori è generale. Le limitazioni del potere di rappresentanza non sono opponibili ai terzi se non sono iscritte nel Registro unico nazionale del Terzo settore o se non si prova che i terzi ne erano a conoscenza.

8. Nelle fondazioni del Terzo settore deve essere nominato un organo di amministrazione. Si applica l'art. 2382 del codice civile. Si applicano i commi 3, 6 e 7. Nelle fondazioni del Terzo settore il cui statuto preveda la costituzione di un organo assembleare o di indirizzo, comunque denominato, possono trovare applicazione, in quanto compatibili, i commi 4 e 5.

27. *Conflitto di interessi*. — 1. Al conflitto di interessi degli amministratori si applica l'art. 2475-*ter* del codice civile.

28. *Responsabilità*. — 1. Gli amministratori, i direttori generali(1), i componenti dell'organo di controllo e il soggetto incaricato della revisione legale dei conti rispondono nei confronti dell'ente, dei creditori sociali, del fondatore, degli associati e dei terzi, ai sensi degli artt. 2392, 2393, 2393-*bis*, 2394, 2394-*bis*, 2395, 2396e 2407 del codice civile e dell'art. 15 del d.lg. 27 gennaio 2010, n. 39, in quanto compatibili.

29. *Denunzia al tribunale e ai componenti dell'organo di controllo*. — 1. Almeno un decimo degli associati, l'organo di controllo, il soggetto incaricato della revisione legale dei conti ovvero il pubblico ministero possono agire ai sensi dell'art. 2409 del codice civile, in quanto compatibile.

2. Ogni associato, ovvero almeno un decimo degli associati nelle associazioni, riconosciute o non riconosciute, che hanno più di 500 associati, può denunziare i fatti che ritiene censurabili all'organo di controllo, se nominato, il quale deve tener conto della denunzia nella relazione all'assemblea. Se la denunzia è fatta da almeno

(1) La parola «generali» è stata aggiunta dall'art. 7, d.lg. 3 agosto 2018, n. 105.

un ventesimo degli associati dell'ente, l'organo di controllo deve agire ai sensi dell'art. 2408, secondo comma, del codice civile.

3. Il presente articolo non si applica agli enti di cui all'art. 4, comma 3.

30. *Organo di controllo*. — 1. Nelle fondazioni del Terzo settore deve essere nominato un organo di controllo, anche monocratico.

2. Nelle associazioni, riconosciute o non riconosciute, del Terzo settore, la nomina di un organo di controllo, anche monocratico, è obbligatoria quando siano superati per due esercizi consecutivi due dei seguenti limiti:

a) totale dell'attivo dello stato patrimoniale: 110.000,00 euro;

b) ricavi, rendite, proventi, entrate comunque denominate: 220.000,00 euro;

c) dipendenti occupati in media durante l'esercizio: 5 unità.

3. L'obbligo di cui al comma 2 cessa se, per due esercizi consecutivi, i predetti limiti non vengono superati.

4. La nomina dell'organo di controllo è altresì obbligatoria quando siano stati costituiti patrimoni destinati ai sensi dell'art. 10.

5. Ai componenti dell'organo di controllo si applica l'art. 2399 del codice civile. I componenti dell'organo di controllo devono essere scelti tra le categorie di soggetti di cui all'art. 2397, comma secondo, del codice civile. Nel caso di organo di controllo collegiale, i predetti requisiti devono essere posseduti da almeno uno dei componenti.

6. L'organo di controllo vigila sull'osservanza della legge e dello statuto e sul rispetto dei principi di corretta amministrazione, anche con riferimento alle disposizioni del d.lg. 8 giugno 2001, n. 231, qualora applicabili, nonché sull'adeguatezza dell'assetto organizzativo, amministrativo e contabile e sul suo concreto funzionamento. Esso può esercitare inoltre, al superamento dei limiti di cui all'art. 31, comma 1, la revisione legale dei conti. In tal caso l'organo di controllo è costituito da revisori legali iscritti nell'apposito registro (1).

7. L'organo di controllo esercita inoltre compiti di monitoraggio dell'osservanza delle finalità civiche, solidaristiche e di utilità sociale, avuto particolare riguardo alle disposizioni di cui agli artt. 5, 6, 7 e 8, ed attesta che il bilancio sociale sia stato redatto in conformità alle linee guida di cui all'art. 14. Il bilancio sociale dà atto degli esiti del monitoraggio svolto dall'organo di controllo (2).

8. I componenti dell'organo di controllo possono in qualsiasi momento procedere, anche individualmente, ad atti di ispezione e di controllo, e a tal fine, possono chiedere agli amministratori notizie sull'andamento delle operazioni sociali o su determinati affari.

31. *Revisione legale dei conti*. — 1. Salvo quanto previsto dall'art. 30, comma 6, le associazioni, riconosciute o non riconosciute, e le fondazioni del Terzo settore devono nominare un revisore legale dei conti o una società di revisione legale iscritti nell'apposito registro quando superino per due esercizi consecutivi due dei seguenti limiti:

a) totale dell'attivo dello stato patrimoniale: 1.100.000,00 euro;

b) ricavi, rendite, proventi, entrate comunque denominate: 2.200.000,00 euro;

c) dipendenti occupati in media durante l'esercizio: 12 unità.

2. L'obbligo di cui al comma 1 cessa se, per due esercizi consecutivi, i predetti limiti non vengono superati.

3. La nomina è altresì obbligatoria quando siano stati costituiti patrimoni destinati ai sensi dell'art. 10.

TITOLO V

Di particolari categorie di enti del Terzo settore

CAPO I

Delle organizzazioni di volontariato

32. *Organizzazioni di volontariato*. — 1. Le organizzazioni di volontariato sono enti del Terzo settore costituiti in forma di associazione, riconosciuta o non riconosciuta, da un numero non inferiore a sette persone fisiche o a tre organizzazioni di volontariato, per lo svolgimento prevalentemente in favore di terzi di una o più attività di cui all'art. 5, avvalendosi in modo prevalente dell'attività di volontariato dei propri associati o delle persone aderenti agli enti associati (3).

(1) Periodo così sostituito dall'art. 8.1, lett. a, d.lg. 3 agosto 2018, n. 105.

(2) Le parole «dall'organo di controllo» sono state così sostituite alle precedenti «dai sindaci» dall'art. 8.1, lett. b, d.lg. 3 agosto 2018, n. 105.

(3) Le parole «dell'attività di volontariato dei propri associati o delle persone aderenti agli enti associati» sono state così sostituite alle precedenti «delle prestazioni dei volontari associati» dall'art. 9.1, lett. a, d.lg. 3 agosto 2018, n. 105.

1-*bis.* Se successivamente alla costituzione il numero degli associati diviene inferiore a quello stabilito nel comma 1, esso deve essere integrato entro un anno, trascorso il quale l'organizzazione di volontariato è cancellata dal Registro unico nazionale del Terzo settore se non formula richiesta di iscrizione in un'altra sezione del medesimo (1).

2. Gli atti costitutivi delle organizzazioni di volontariato possono prevedere l'ammissione come associati di altri enti del Terzo settore o senza scopo di lucro, a condizione che il loro numero non sia superiore al cinquanta per cento del numero delle organizzazioni di volontariato.

3. La denominazione sociale deve contenere l'indicazione di organizzazione di volontariato o l'acronimo ODV. L'indicazione di organizzazione di volontariato o l'acronimo ODV, ovvero di parole o locuzioni equivalenti o ingannevoli, non può essere usata da soggetti diversi dalle organizzazioni di volontariato.

4. Alle organizzazioni di volontariato che svolgono l'attività di cui all'art. 5, comma 1, lett. *y*), le norme del presente capo si applicano nel rispetto delle disposizioni in materia di protezione civile e alla relativa disciplina si provvede nell'ambito di quanto previsto dall'art. 1, comma 1, lett. *d*), della l. 16 marzo 2017, n. 30.

33. *Risorse*. — 1. Le organizzazioni di volontariato possono assumere lavoratori dipendenti o avvalersi di prestazioni di lavoro autonomo o di altra natura esclusivamente nei limiti necessari al loro regolare funzionamento oppure nei limiti occorrenti a qualificare o specializzare l'attività svolta. In ogni caso, il numero dei lavoratori impiegati nell'attività non può essere superiore al cinquanta per cento del numero dei volontari.

2. Salvo quanto previsto dal comma 3, le organizzazioni di volontariato possono trarre le risorse economiche necessarie al loro funzionamento e allo svolgimento della propria attività da fonti diverse, quali quote associative, contributi pubblici e privati, donazioni e lasciti testamentari, rendite patrimoniali ed attività di raccolta fondi nonché delle attività di cui all'art. 6.

3. Per l'attività di interesse generale prestata le organizzazioni di volontariato possono ricevere, soltanto il rimborso delle spese effettivamente sostenute e documentate, salvo che tale attività sia svolta quale attività secondaria e strumentale nei limiti di cui all'art. 6 (2).

34. *Ordinamento ed amministrazione*. — 1. Tutti gli amministratori delle organizzazioni di volontariato sono scelti tra le persone fisiche associate ovvero indicate, tra i propri associati, dagli enti associati (3). Si applica l'art. 2382 del codice civile.

2. Ai componenti degli organi sociali, ad eccezione di quelli di cui all'art. 30, comma 5 che siano in possesso dei requisiti di cui all'art. 2397, secondo comma, del codice civile, non può essere attribuito alcun compenso, salvo il rimborso delle spese effettivamente sostenute e documentate per l'attività prestata ai fini dello svolgimento della funzione.

CAPO II

DELLE ASSOCIAZIONI DI PROMOZIONE SOCIALE

35. *Associazioni di promozione sociale*. — 1. Le associazioni di promozione sociale sono enti del Terzo settore costituiti in forma di associazione, riconosciuta o non riconosciuta, da un numero non inferiore a sette persone fisiche o a tre associazioni di promozione sociale per lo svolgimento in favore dei propri associati, di loro familiari o di terzi di una o più attività di cui all'art. 5, avvalendosi in modo prevalente dell'attività di volontariato dei propri associati o delle persone aderenti agli enti associati (4).

1-*bis.* Se successivamente alla costituzione il numero degli associati diviene inferiore a quello stabilito nel comma 1, esso deve essere integrato entro un anno, trascorso il quale l'associazione di promozione sociale è cancellata dal Registro unico nazionale del Terzo settore se non formula richiesta di iscrizione in un'altra sezione del medesimo (5).

2. Non sono associazioni di promozione sociale i circoli privati e le associazioni comunque denominate che dispongono limitazioni con riferimento alle condizioni economiche e discriminazioni di qualsiasi natura in relazione al-

(1) Comma inserito dall'art. 9.1, lett. b, d.lg. 3 agosto 2018, n. 105.

(2) Le parole «, salvo che tale attività sia svolta quale attività secondaria e strumentale nei limiti di cui all'art. 6» sono state aggiunte dall'art. 24-*ter*, comma 1, d.l. 23 ottobre 2018, n. 119, conv. in l. 17 dicembre 2018, n. 136.

(3) Le parole «dagli enti associati» sono state così sostituite alle precedenti «dalle organizzazioni di volontariato associate» dall'art. 10, d.lg. 3 agosto 2018, n. 105.

(4) Le parole «o delle persone aderenti agli enti associati» sono state aggiunte dall'art. 11.1, lett. a, d.lg. 3 agosto 2018, n. 105.

(5) Comma inserito dall'art. 11.1, lett. b, d.lg. 3 agosto 2018, n. 105.

l'ammissione degli associati o prevedono il diritto di trasferimento, a qualsiasi titolo, della quota associativa o che, infine, collegano, in qualsiasi forma, la partecipazione sociale alla titolarità di azioni o quote di natura patrimoniale.

3. Gli atti costitutivi delle associazioni di promozione sociale possono prevedere l'ammissione come associati di altri enti del Terzo settore o senza scopo di lucro, a condizione che il loro numero non sia superiore al cinquanta per cento del numero delle associazioni di promozione sociale.

4. Il comma 3 non si applica agli enti di promozione sportiva riconosciuti dal CONI che associano un numero non inferiore a cinquecento associazioni di promozione sociale.

5. La denominazione sociale deve contenere l'indicazione di associazione di promozione sociale o l'acronimo APS. L'indicazione di associazione di promozione sociale o l'acronimo APS, ovvero di parole o locuzioni equivalenti o ingannevoli, non può essere usata da soggetti diversi dalle associazioni di promozione sociale.

36. *Risorse*. — 1. Le associazioni di promozione sociale possono assumere lavoratori dipendenti o avvalersi di prestazioni di lavoro autonomo o di altra natura, anche dei propri associati, fatto comunque salvo quanto disposto dall'art. 17, comma 5, solo quando ciò sia necessario ai fini dello svolgimento dell'attività di interesse generale e al perseguimento delle finalità. In ogni caso, il numero dei lavoratori impiegati nell'attività non può essere superiore al cinquanta per cento del numero dei volontari o al cinque per cento del numero degli associati.

CAPO III

DEGLI ENTI FILANTROPICI

37. *Enti filantropici*. — 1. Gli enti filantropici sono enti del Terzo settore costituiti in forma di associazione riconosciuta o di fondazione al fine di erogare denaro, beni o servizi, anche di investimento, a sostegno di categorie di persone svantaggiate o di attività di interesse generale.

2. La denominazione sociale deve contenere l'indicazione di ente filantropico. L'indicazione di ente filantropico, ovvero di parole o locuzioni equivalenti o ingannevoli, non può essere usata da soggetti diversi dagli enti filantropici.

38. *Risorse*. — 1. Gli enti filantropici traggono le risorse economiche necessarie allo svolgimento della propria attività principalmente da contributi pubblici e privati, donazioni e lasciti testamentari, rendite patrimoniali ed attività di raccolta fondi.

2. Gli atti costitutivi degli enti filantropici indicano i principi ai quali essi devono attenersi in merito alla gestione del patrimonio, alla raccolta di fondi e risorse in genere, alla destinazione, alle modalità di erogazione di denaro, beni o servizi, anche di investimento (1) [...] (2) a sostegno di categorie di persone svantaggiate o di attività di interesse generale (3).

39. *Bilancio sociale*. — 1. Il bilancio sociale degli enti filantropici deve contenere l'elenco e gli importi delle erogazioni deliberate ed effettuate nel corso dell'esercizio, con l'indicazione dei beneficiari diversi dalle persone fisiche.

CAPO IV

DELLE IMPRESE SOCIALI

40. *Rinvio*. — 1. Le imprese sociali sono disciplinate dal decreto legislativo recante revisione della disciplina in materia di impresa sociale, di cui all'art. 1, comma 2, lett. *c*), della l. 6 giugno 2016, n. 106.

2. Le cooperative sociali e i loro consorzi sono disciplinati dalla l. 8 novembre 1991, n. 381.

CAPO V

DELLE RETI ASSOCIATIVE

41. *Reti associative*. — 1. Le reti associative sono enti del Terzo settore costituiti in forma di associazione, riconosciuta o non riconosciuta, che:

a) associano, anche indirettamente attraverso gli enti ad esse aderenti, un numero non inferiore a 100 enti del Terzo settore, o, in alternativa, almeno 20 fondazioni del Terzo settore, le cui sedi legali o operative siano presenti in almeno cinque regioni o province autonome;

(1) Le parole «, anche di investimento» sono state aggiunte dall'art. 12, d.lg. 3 agosto 2018, n. 105.

(2) Le parole «e alle attività di investimento» sono state soppresse dall'art. 12, d.lg. 3 agosto 2018, n. 105.

(3) Le parole «di categorie di persone svantaggiate o di attività di interesse generale» sono state così sostituite alle precedenti «degli enti di Terzo settore» dall'art. 12, d.lg. 3 agosto 2018, n. 105.

b) svolgono, anche attraverso l'utilizzo di strumenti informativi idonei a garantire conoscibilità e trasparenza in favore del pubblico e dei propri associati, attività di coordinamento, tutela, rappresentanza, promozione o supporto degli enti del Terzo settore loro associati e delle loro attività di interesse generale, anche allo scopo di promuoverne ed accrescerne la rappresentatività presso i soggetti istituzionali.

2. Sono reti associative nazionali le reti associative di cui al comma 1 che associano, anche indirettamente attraverso gli enti ad esse aderenti, un numero non inferiore a 500 enti del Terzo settore o, in alternativa, almeno 100 fondazioni del Terzo settore, le cui sedi legali o operative siano presenti in almeno dieci regioni o province autonome. Le associazioni del terzo settore formate da un numero non inferiore a 100 mila persone fisiche associate e con sedi in almeno 10 regioni o province autonome sono equiparate alle reti associative nazionali ai fini di cui all'art. 59, comma 1, lett. *b*).

3. Le reti associative nazionali possono esercitare, oltre alle proprie attività statutarie, anche le seguenti attività:

a) monitoraggio dell'attività degli enti ad esse associati, eventualmente anche con riguardo al suo impatto sociale, e predisposizione di una relazione annuale al Consiglio nazionale del Terzo settore;

b) promozione e sviluppo delle attività di controllo, anche sotto forma di autocontrollo e di assistenza tecnica nei confronti degli enti associati.

4. Le reti associative possono promuovere partenariati e protocolli di intesa con le pubbliche amministrazioni di cui all'art. 1, comma 2, del d.lg. 30 marzo 2001, n. 165, e con soggetti privati.

5. È condizione per l'iscrizione delle reti associative nel Registro unico nazionale del Terzo settore che i rappresentanti legali ed amministratori non abbiano riportato condanne penali, passate in giudicato, per reati che comportano l'interdizione dai pubblici uffici. L'iscrizione, nonché la costituzione e l'operatività da almeno un anno, sono condizioni necessarie per accedere alle risorse del Fondo di cui all'art. 72 che, in ogni caso, non possono essere destinate, direttamente o indirettamente, ad enti diversi dalle organizzazioni di volontariato, dalle associazioni di promozione sociale e dalle fondazioni del Terzo settore.

6. Alle reti associative operanti nel settore di cui all'art. 5, comma 1, lett. *y*), le disposizioni del presente articolo si applicano nel rispetto de le disposizioni in materia di protezione civile, e alla relativa disciplina si provvede nell'ambito di quanto previsto dall'art. 1, comma 1, lett. *d*), della l. 16 marzo 2017, n. 30.

7. Gli atti costitutivi o gli statuti disciplinano l'ordinamento interno, la struttura di governo e la composizione e il funzionamento degli organi sociali delle reti associative nel rispetto dei principi di democraticità, pari opportunità ed eguaglianza di tutti gli associati e di elettività delle cariche sociali.

8. Gli atti costitutivi o gli statuti delle reti associative possono disciplinare il diritto di voto degli associati in assemblea anche in deroga a quanto stabilito dall'art. 24, comma 2.

9. Gli atti costitutivi o gli statuti delle reti associative possono disciplinare le modalità e i limiti delle deleghe di voto in assemblea anche in deroga a quanto stabilito dall'art. 24, comma 3.

10. Gli atti costitutivi o gli statuti delle reti associative possono disciplinare le competenze dell'assemblea degli associati anche in deroga a quanto stabilito dall'art. 25, comma 1.

CAPO VI

DELLE SOCIETÀ DI MUTUO SOCCORSO

42. *Rinvio*. — 1. Le società di mutuo soccorso sono disciplinate dalla l. 15 aprile 1886, n. 3818, e successive modificazioni.

43. *Trasformazione*. — 1. Le società di mutuo soccorso, già esistenti alla data di entrata in vigore del presente Codice, che nei successivi tre anni da tale data si trasformano in associazioni del Terzo settore o in associazioni di promozione sociale, mantengono, in deroga all'art. 8, comma 3, della l. 15 aprile 1886, n. 3818, il proprio patrimonio.

44. *Modifiche e integrazioni alla disciplina*. — 1. Alle società di mutuo soccorso non si applica l'obbligo di versamento del contributo del 3 per cento sugli utili netti annuali di cui all'art. 11 della l. 31 gennaio 1992, n. 59.

2. In deroga all'art. 23, comma 1, del d.l. 18 ottobre 2012, n. 179, convertito, con modificazioni, dalla l. 17 dicembre 2012, n. 221, non sono soggette all'obbligo di iscrizione nella sezione delle imprese sociali presso il registro delle imprese le società di mutuo soccorso che hanno un versamento annuo di contributi associativi non superiore a 50.000 euro e che non gestiscono fondi sanitari integrativi.

TITOLI VI-XI

45-97. . . . . (*omissis*).

TITOLO XII

Disposizioni transitorie e finali

98. *Modifiche al codice civile.* — 1. . . . . (*omissis*) (1).

99. *Modifiche normative.* — 1. (*omissis*) (2).

2. . . . . (*omissis*) (3).

3. . . . . (*omissis*) (4).

100. *Clausola di salvaguardia per le Province autonome.* — 1. Le disposizioni del presente decreto sono applicabili nelle regioni a statuto speciale e nelle Province autonome di Trento e di Bolzano compatibilmente con i rispettivi statuti e le relative norme di attuazione, anche con riferimento alla l. cost. 18 ottobre 2001, n. 3.

2. Tenendo conto della tutela delle minoranze, prevista dall'art. 6 della Costituzione e dallo Statuto di Autonomia, la Provincia autonoma di Bolzano disciplina l'istituzione e la tenuta del registro unico del Terzo settore e l'utilizzo degli acronimi di cui al presente codice, nonché le funzioni di vigilanza, monitoraggio e controllo pubblico di cui al presente codice del Terzo settore, nel rispetto dei principi previsti dagli artt. 99 e 100 del t.u. di cui al d.p.r. 31 agosto 1972, n. 670.

101. *Norme transitorie e di attuazione.* — 1. Ogni riferimento nel presente decreto al Consiglio nazionale del Terzo settore diviene efficace dalla data di adozione del decreto di nomina dei suoi componenti ai sensi dell'art. 59, comma 3. Ogni riferimento nel presente decreto al Registro unico nazionale del Terzo settore diviene efficace dalla sua operatività ai sensi dell'art. 53, comma 2.

2. Fino all'operatività del Registro unico nazionale del Terzo settore, continuano ad applicarsi le norme previgenti ai fini e per gli effetti derivanti dall'iscrizione degli enti nei Registri Onlus, Organizzazioni di Volontariato, Associazioni di promozione sociale [...] (5) che si adeguano alle disposizioni inderogabili del presente decreto entro ventiquattro mesi (6) dalla data della sua entrata in vigore. Entro il medesimo termine, esse possono modificare i propri statuti con le modalità e le maggioranze previste per le deliberazioni dell'assemblea ordinaria al fine di adeguarli alle nuove disposizioni inderogabili o di introdurre clausole che escludono l'applicazione di nuove disposizioni derogabili mediante specifica clausola statutaria (7).

3. Il requisito dell'iscrizione al Registro unico nazionale del Terzo settore previsto dal presente decreto, nelle more dell'istituzione del Registro medesimo, si intende soddisfatto da parte delle reti associative e degli enti del Terzo settore attraverso la loro iscrizione ad uno dei registri attualmente previsti dalle normative di settore.

4. Le reti associative, ove necessario, integrano, entro diciotto mesi dalla data di entrata in vigore del presente decreto, il proprio statuto secondo le previsioni di cui all'art. 41, comma 1, lett. *b*) e comma 2, pena l'automatica cancellazione dal relativo registro.

5. I comitati di gestione di cui all'art. 2, comma 2, del decreto del Ministro del tesoro 8 ottobre 1997, pubblicato nella *Gazzetta Ufficiale* n. 241 del 15 ottobre 1997, sono sciolti dalla data di costituzione dei relativi OTC, e il loro patrimonio residuo è devoluto entro novanta giorni dallo scioglimento al FUN, nell'ambito del quale conserva la sua precedente destinazione territoriale. I loro presidenti ne diventano automaticamente i liquidatori. Al FUN devono inoltre essere versate dalle FOB, conservando la loro destinazione territoriale, tutte le risorse maturate, ma non ancora versate, in favore dei fondi speciali di cui all'art. 15 della l. 11 agosto 1991, n. 266.

6. In sede di prima applicazione del presente decreto e fino al 31 dicembre 2017, sono accreditati come CSV gli enti già istituiti come CSV in forza del decreto del Ministro del tesoro 8 ottobre 1997. Successivamente a tale data, tali enti, o eventualmente l'ente risultante dalla loro fusione o aggregazione, sono valutati ai fini dell'accreditamento in base alle disposizioni del presente decreto. Nel caso di valutazione negativa, si procede all'accreditamento di altri enti secondo le norme del presente decreto. All'ente già istituito CSV in forza del decreto del Ministro del tesoro 8 ottobre 1997, che non risulti accreditato sulla base delle norme del

(1) Inserisce l'art. 42-*bis* c.

(2) Modifica gli artt. 1 e 1-*bis*, d.lg. 28 settembre 2012, n. 178.

(3) Modifica l'art. 26.2, l. 11 agosto 2014 n. 125.

(4) Modifica l'art. 14.1, d.l. 14 marzo 2005, n. 35, conv. in l. 14 maggio 2005, n. 80.

(5) Le parole «e Imprese sociali» sono state soppresse dall'art. 32, d.lg. 3 agosto 2018, n. 105.

(6) Le parole «disposizioni inderogabili del presente decreto entro ventiquattro mesi» sono state così sostituite alle precedenti «disposizioni del presente decreto entro diciotto mesi» dall'art. 32, d.lg. 3 agosto 2018, n. 105.

(7) Le parole da «al fine di adeguarli» fino a «statutaria» sono state aggiunte dall'art. 32, d.lg. 3 agosto 2018, n. 105.

presente decreto, si applica, per quanto attiene agli effetti finanziari e patrimoniali, l'art. 63, commi 4 e 5.

7. Il divieto di cui all'art. 61, comma 1, lett. *j*), non si applica alle cariche sociali in essere al momento dell'entrata in vigore del presente decreto e fino alla naturale scadenza del relativo mandato, così come determinato dallo statuto al momento del conferimento.

8. La perdita della qualifica di ONLUS, a seguito dell'iscrizione nel Registro unico nazionale degli enti del Terzo settore, anche in qualità di impresa sociale, non integra un'ipotesi di scioglimento dell'ente ai sensi e per gli effetti di quanto previsto dagli artt. 10, comma 1, lett. *f*), del d.lg. 4 dicembre 1997, n. 460, e art. 4, comma 7, lett. *b*), del d.p.r. 26 ottobre 1972, n. 633. Per gli enti associativi, l'iscrizione nel Registro unico nazionale del Terzo settore, anche in qualità di impresa sociale, non integra un'ipotesi di scioglimento dell'ente, ai sensi e per gli effetti di quanto previsto dal comma 8 dell'art. 148 del t.u. delle imposte sui redditi, approvato con d.p.r. 22 dicembre 1986. Le disposizioni che precedono rilevano anche qualora l'iscrizione al Registro unico nazionale del Terzo settore avvenga prima dell'autorizzazione della Commissione europea di cui al comma 10.

9. Tenuto conto di quanto previsto dall'art. 1, comma 7, della l. 6 giugno 2016, n. 106, a far data dall'entrata in vigore delle disposizioni contenute nel presente decreto è svolto uno specifico monitoraggio, coordinato dalla Cabina di regia di cui all'art. 97, con l'obiettivo di raccogliere e valutare le evidenze attuative che emergeranno nel periodo transitorio ai fini della introduzione delle disposizioni integrative e correttive dei decreti attuativi.

10. L'efficacia delle disposizioni di cui agli artt. 77, 79, comma 2-*bis* (1), 80 e 86 è subordinata, ai sensi dell'art. 108, par. 3, del Trattato sul funzionamento dell'Unione europea, all'autorizzazione della Commissione europea, richiesta a cura del Ministero del lavoro e delle politiche sociali.

11. Al fine di aumentare il numero dei volontari da avviare al servizio civile universale, la dotazione del Fondo nazionale per il servizio civile di cui all'art. 19 della l. 8 luglio 1998, n. 230, è incrementata di 82 milioni di euro per l'anno 2018, di 47,2 milioni di euro per l'anno 2019, di 42,1 milioni di euro per l'anno 2020 e di 10,2 milioni di euro annui a decorrere dal 2022.

12. I decreti di cui agli artt. 6 comma 1, 7 comma 2, 13 comma 3, 14 comma 1, 18 comma 2, 19 comma 2, 46 comma 3, 47 comma 5, 53 comma 1, 59 comma 3, 62 comma 6, 54 comma 1, 64 comma 3, 65 comma 4, 76 comma 4, 77 comma 15, 78 comma 3, 81 comma 7, 83 comma 2, e 96 comma 1 ove non diversamente disposto, sono emanati entro un anno dall'entrata in vigore del presente decreto.

102. *Abrogazioni*. — 1. Sono abrogate le seguenti disposizioni salvo quanto previsto ai commi 2, 3 e 4:

a) la l. 11 agosto 1991, n. 266, e la l. 7 dicembre 2000, n. 383;

a-bis) l'art. 1, comma 1, lett. *b*) e comma 2, e gli artt. 2 e 3 della l. 19 novembre 1987, n. 476 (2);

b) gli artt. 2, 3, 4 e 5, della l. 15 dicembre 1998, n. 438;

c) il decreto del Ministro del lavoro e delle politiche sociali 14 settembre 2010, n. 177;

d) il decreto del Ministro del tesoro 8 ottobre 1997, recante «Modalità per la costituzione dei fondi speciali per il volontariato presso le regioni»;

e) l'art. 100, comma 2, lett. *l*), del t.u. delle imposte sui redditi, approvato con d.p.r. 22 dicembre 1986, n. 917;

f) l'art. 15, comma 1, lett. i-*quater*), del t.u. delle imposte sui redditi, approvato con d.p.r. 22 dicembre 1986, n. 917;

g) l'art. 15, comma 1, lett. *i-bis*) del t.u. delle imposte sui redditi, approvato con d.p.r. 22 dicembre 1986, n. 917.

2. Sono altresì abrogate le seguenti disposizioni a decorrere dal termine di cui all'art. 104, comma 2:

a) gli articoli da 10 a 29 del d.lg. 4 dicembre 1997, n. 460, fatto salvo l'art. 13, commi 2, 3 e 4;

b) l'art, 20-*bis*, del d.p.r. 29 settembre 1973, n. 600;

c) l'art. 150 del t.u. delle imposte sui redditi, approvato con d.p.r. 22 dicembre 1986, n. 917;

d) l'art. 8, comma 2, primo periodo e comma 4 della l. 11 agosto 1991, n. 266;

e) l'art. 9-*bis* del d.l. 30 dicembre 1991, n. 417, convertito, con modificazioni, dalla l. 6 febbraio 1992, n. 66;

f) l'art. 2, comma 31, della l. 24 dicembre 2003, n. 350;

(1) Le parole «artt. 77, 79, comma 2-*bis*» sono state così sostituite alle precedenti «artt. 77, comma 10» dall'art. 24-*ter*, comma 5, d.l. 23 ottobre 2018, n. 119, conv. in l. 17 dicembre 2018, n. 136.
(2) Lettera aggiunta dall'art. 32, d.lg. 3 agosto 2018, n. 105.

g) gli artt. 20 e 21 della l. n. 383 del 7 dicembre 2000;

h) l'art. 14, commi 1, 2, 3, 4, 5 e 6 del d.l. 14 marzo 2005, n. 35, convertito, con modificazioni, dalla l. 14 maggio 2005, n. 80.

3. Le disposizioni di cui all'art. 12, comma 2, della l. 11 agosto 1991, n. 266, all'art. 13 della l. 7 dicembre 2000, n. 383, e all'art. 96, comma 1, della l. 21 novembre 2000, n. 342, sono abrogate a decorrere dalla data di efficacia del decreto del Ministro dell'economia e delle finanze di cui all'art. 103, comma 2, finalizzato a dare attuazione a quanto previsto dall'art. 73, comma 1.

4. Le disposizioni di cui all'art. 6, della l. 11 agosto 1991, n. 266, agli artt. 7, 8, 9 e 10 della l. 7 dicembre 2000, n. 383, nonché il decreto del Ministro del lavoro e delle politiche sociali 14 novembre 2001, n. 471, sono abrogate a decorrere dalla data di operatività del Registro unico nazionale del Terzo settore, ai sensi dell'art. 53.

103. *Disposizioni finanziarie*. — 1. Agli oneri derivanti dall'attuazione degli artt. 53, 62, 72, 77, 79, 80, 81, 82 e 83, 84, 85, 86, 96 e 101, pari a 40 milioni di euro per l'anno 2017, a 163 milioni di euro per l'anno 2018, a 166,1 milioni di euro annui a decorrere dall'anno 2019, si provvede mediante corrispondente riduzione dell'autorizzazione di spesa di cui all'art. 1, comma 187, della l. 23 dicembre 2014, n. 190.

2. Ai fini dell'attuazione delle disposizioni di cui al comma 1, e all'art. 73, comma 1, il Ministro dell'economia e delle finanze è autorizzato ad apportare, con propri decreti, le occorrenti variazioni di bilancio.

3. Dall'attuazione delle ulteriori disposizioni del presente decreto non devono derivare nuovi o maggiori oneri a carico della finanza pubblica. Le amministrazioni interessate provvedono all'attuazione delle disposizioni con le risorse umane, strumentali e finanziarie disponibili a legislazione vigente.

104. *Entrata in vigore*. — 1. Le disposizioni di cui agli artt. 77, 78, 81, 82, 83 e 84, comma 2, 85 comma 7 e dell'art. 102, comma 1, lett. *e*), *f*) e *g*) si applicano in via transitoria a decorrere dal periodo di imposta successivo a quello in corso al 31 dicembre 2017 e fino al periodo d'imposta di entrata in vigore delle disposizioni di cui al titolo X secondo quanto indicato al comma 2, alle Organizzazioni non lucrative di utilità sociale di cui all'art. 10, del d.lg. 4 dicembre 1997, n. 460 iscritte negli appositi registri, alle organizzazioni di volontariato iscritte nei registri di cui alla l. 11 agosto 1991, n. 266, e alle associazioni di promozione sociale iscritte nei registri nazionali, regionali e delle province autonome di Trento e Bolzano previsti dall'art. 7 della l. 7 dicembre 2000, n. 383.

2. Le disposizioni del titolo X, salvo quanto previsto dal comma 1, si applicano agli enti iscritti nel Registro unico nazionale del Terzo settore a decorrere dal periodo di imposta successivo all'autorizzazione della Commissione europea di cui all'art. 101, comma 10, e, comunque, non prima del periodo di imposta successivo di operatività del predetto Registro.

3. Il presente decreto entra in vigore il giorno successivo a quello della sua pubblicazione nella *Gazzetta Ufficiale* della Repubblica italiana.

XVII. BANCHE

XVII. 1.

DECRETO LEGISLATIVO 1° settembre 1993, n. 385. — *Testo unico delle leggi in materia bancaria e creditizia* (1) (2) (3) (4).

Sommario

(1) Suppl. ord. n. 92 a G.U., 30 settembre 1993, n. 230. Il testo unico è entrato in vigore il 1° gennaio 1994. Sulla applicazione di disposizioni abrogate sino all'entrata in vigore di futuri provvedimenti v. art. 161.2.

(2) L'art. 6, d.lg. 6 febbraio 2004, n. 37 così dispone: «*Disciplina transitoria*. — 1. Le disposizioni attuative e regolamentari dei decreti legislativi n. 385 del 1993 e n. 58 del 1998 in materia di sistemi di amministrazione e controllo dualistico e monistico nonché quelle in materia di categorie di azioni diverse dalle ordinarie e di strumenti finanziari sono emanate rispettivamente entro sei e nove mesi dalla pubblicazione del presente decreto. || 2. Per le materie di cui al comma 1, le norme dei decreti legislativi n. 385 del 1993 e n. 58 del 1998, modificate o sostituite dal presente decreto e le correlate norme del codice civile modificate o sostituite dal d.lg. n. 6 del 2003, continuano a trovare applicazione fino all'emanazione delle relative disposizioni attuative e comunque non oltre i termini di cui al comma 1. || 3...... (*omissis*)».

L'art. 8, d.lg. 29 dicembre 2006, n. 303, così dispone: «1...... (*omissis*). || 2. Le società iscritte nel registro delle imprese alla data di entrata in vigore del presente decreto provvedono ad uniformare l'atto costitutivo e lo statuto alle disposizioni introdotte dalla l. 28 dicembre 2005, n. 262, e dal presente decreto entro il 30 giugno 2007. || 3. L'assemblea straordinaria chiamata ad assumere le deliberazioni necessarie per uniformare l'atto costitutivo e lo statuto alle disposizioni introdotte dalla l. 28 dicembre 2005, n. 262, e dal presente decreto, delibera con il voto favorevole della maggioranza del capitale sociale rappresentato in assemblea, ferme restando le maggioranze richieste dalla legge o dallo statuto per la regolare costituzione dell'assemblea e impregiudicata l'eventuale applicazione dell'art. 2365, secondo comma, del codice civile. || 4-7...... (*omissis*)».

L'art. 3, d.lg. 16 novembre 2015, n. 181, così dispone: «*Entrata in vigore*. — 1. Il presente decreto legislativo entra in vigore il giorno stesso della sua pubblicazione nella *Gazzetta Ufficiale*. || 2. Salvo quanto previsto dai commi 3, 4, 5, 6 e 7, il presente decreto legislativo si applica alle procedure di amministrazione straordinaria e di liquidazione coatta amministrativa avviate successivamente alla sua entrata in vigore. || 3. Gli artt. 72 e 77-*bis* del d.lg. 1° settembre 1993, n. 385, come modificato dal presente decreto, si applicano anche alle procedure di amministrazione straordinaria in corso alla data di entrata in vigore del presente decreto. Per i rimanenti aspetti, alle medesime procedure si continuano ad applicare le disposizioni del titolo IV del d.lg. 1° settembre 1993, n. 385, nel testo vigente prima dell'entrata in vigore del presente decreto. Le proroghe di cui agli artt. 70, comma 5, e 98, comma 3, del d.lg. 1° settembre 1993, n. 385, nel testo vigente prima della data di entrata in vigore del presente decreto sono disposte dalla Banca d'Italia. || 4. Gli artt. 81, comma 1-*bis*, 84, 89, 90, 91, comma 4, 92, 92-*bis*, 93, 94, 97 del d.lg. 1° settembre 1993, n. 385, nonché l'art. 57, comma 6-*bis*, del d.lg. 24 febbraio 1998, n. 58, come modificati dal presente decreto, si applicano anche alle procedure di liquidazione coatta amministrativa in corso alla data di entrata in vigore del presente decreto e per le quali non sia stato già autorizzato il deposito della documentazione finale. || 5. Per le procedure di cui al comma 4, le sentenze pronunciate dopo l'entrata in vigore del presente decreto ai sensi dell'art. 87 del d.lg. 1° settembre 1993, n. 385, sono impugnabili esclusivamente con il ricorso per cassazione di cui al comma 2 del medesimo art. 87, come modificato dal presente decreto. Si applica l'art. 88 del d.lg. 1° settembre 1993, n. 385, come modificato dal presente decreto. Per le medesime procedure, il termine per la proposizione delle domande tardive di cui all'art. 89 del d.lg. 1° settembre 1993, n. 385, come modificato dal presente decreto, decorre dall'entrata in vigore di quest'ultimo. || 6. Per gli aspetti non disciplinati negli articoli richiamati nei commi 4 e 5, alle procedure di liquidazione coatta amministrativa in corso alla data di entrata in vigore del presente decreto si continuano ad applicare le disposizioni del titolo IV del d.lg. 1° settembre 1993, n. 385, nel testo vigente prima dell'entrata in vigore del presente decreto. Le comunicazioni di cui all'art. 86 del d.lg. 1° settembre 1993, n. 385, si effettuano secondo le modalità previste nel testo vigente prima della data di entrata in vigore del presente decreto, ove, a tale data, siano già state effettuate quelle di cui al comma 1 del medesimo articolo. || 7. I commi 3, 4, 5 e 6, si applicano anche alle procedure di amministrazione straordinaria e liquidazione coatta amministrativa previste dal d.lg. 24 febbraio 1998, n. 58, in relazione alle disposizioni indicate dai medesimi commi e a esse applicabili. || 8. Il presente decreto lascia impregiudicati i provvedimenti adottati dal Ministro dell'economia e delle finanze e dalla Banca d'Italia nell'ambito delle procedure di amministrazione straordinaria, di gestione provvisoria e di liquidazione coatta amministrativa in corso alla data della sua entrata in vigore, nonché gli atti compiuti dai loro organi. || 9. L'art. 91, comma 1-*bis*, lett. *c*), del d.lg. 1° settembre 1993,

n. 385, come modificato dall'art. 1, comma 33, del presente decreto, si applica nelle procedure di liquidazione coatta amministrativa e di risoluzione iniziate dopo il 1° gennaio 2019».

L'art. 4, d.lg. 15 febbraio 2016, n. 30, così dispone: «*Disposizioni transitorie e finali*. — 1. Il presente decreto entra in vigore il giorno successivo alla sua pubblicazione nella *Gazzetta Ufficiale*. L'art. 1, comma 3, lett. *a*), entra in vigore il 1° luglio 2018. || 2. I sistemi di garanzia dei depositanti riconosciuti alla data di entrata in vigore del presente decreto possono imputare alla dotazione finanziaria prevista dall'art. 96.1 del d.lg. 1° settembre 1993, n. 385, i contributi già versati dalle banche aderenti a partire dal 3 luglio 2015. || 3. Per il 2015 l'importo dei contributi previsti dall'art. 96.2, comma 1, del d.lg. 1° settembre 1993, n. 385, è determinato tenendo conto dei contributi indicati al comma 2, anche se già impiegati per interventi attuati dopo il 3 luglio 2015. In deroga a quanto previsto dall'art. 96.1, comma 5, per le eventuali obbligazioni assunte in relazione a interventi deliberati dopo il 3 luglio 2015 in conformità della legislazione vigente i sistemi di garanzia dei depositanti riconosciuti alla data di entrata in vigore del presente decreto legislativo rispondono con la dotazione finanziaria prevista dall'art. 96.1 del d.lg. 1° settembre 1993, n. 385. Resta fermo l'obbligo di raggiungere il livello-obiettivo secondo quanto previsto dall'art. 96.1 del d.lg. 1° settembre 1993, n. 385. || 4. Il termine di sette giorni lavorativi previsto dall'art. 96-*bis*.2, comma 1, del d.lg. 1° settembre 1993, n. 385, si applica a partire dal 1° gennaio 2024. Fino a tale data, il termine entro il quale il sistema di garanzia dei depositanti effettua i rimborsi è pari a: *a*) 20 giorni lavorativi fino al 31 dicembre 2018; *b*) 15 giorni lavorativi dal 1° gennaio 2019 al 31 dicembre 2020; *c*) 10 giorni lavorativi dal 1° gennaio 2021 al 31 dicembre 2023. || 5. Fino al 31 dicembre 2023, se il sistema di garanzia dei depositanti non è in grado di effettuare i rimborsi entro il termine di sette giorni lavorativi previsto dall'art. 96-*bis*.2, comma 1, del d.lg. 1° settembre 1993, n. 385, esso assicura comunque che ciascun titolare di un deposito protetto che ne abbia fatto richiesta riceva, entro cinque giorni lavorativi dalla richiesta, un importo sufficiente per consentirgli di far fronte alle spese correnti, a valere sull'importo dovuto per il rimborso. L'importo è determinato dal sistema di garanzia, sulla base di criteri stabiliti dallo statuto. Si applica l'art. 96-*bis*.2, comma 2, del d.lg. 1° settembre 1993, n. 385. || 6. I sistemi di garanzia dei depositanti riconosciuti alla data di entrata in vigore del presente decreto si adeguano entro 12 mesi da tale data a quanto previsto dall'art. 96-*bis*.3, comma 1, lett. *a*), del d.lg. 1° settembre 1993, n. 385. || 7. L'art. 96-*bis*.3, comma 3, del d.lg. 1° settembre 1993, n. 385, si applica a partire dal primo rinnovo degli organi che svolgono funzioni di amministrazione, direzione e controllo dei sistemi di garanzia a seguito dell'entrata in vigore del presente decreto». Per le informazioni da fornire ai depositanti v. art. 3, d.lg. n. 30/2016 cit.

(3) L'art. 13.1, d.l. 4 luglio 2006, n. 223, conv. in l. 4 agosto 2006, n. 248, così dispone fra l'altro: «Le società che svolgono l'attività di intermediazione finanziaria prevista dal t.u. di cui al d.lg. 1° settembre 1993, n. 385, sono escluse dal divieto di partecipazione ad altre società od enti».

(4) L'art. 1.130-131, l. 4 agosto 2017, n. 124, così dispone: «130. Gli istituti bancari, le imprese di assicurazione e le società di carte di credito assicurano che l'accesso ai propri servizi di assistenza ai clienti, anche attraverso chiamata da telefono mobile, avvenga a costi telefonici non superiori rispetto alla tariffa ordinaria urbana. L'Autorità per le garanzie nelle comunicazioni vigila sulla corretta applicazione del presente comma. || 131. La violazione delle disposizioni di cui al comma 130 implica l'applicazione di una sanzione amministrativa pari a 10.000 euro, irrogata dall'Autorità di cui al comma 130, e un indennizzo non inferiore a 100 euro a favore dei clienti».

(1) L'espressione «Ministro dell'economia e delle finanze» ha sostituito la precedente «Ministro del tesoro» per effetto dell'art. 1.1, d.lg. 6 febbraio 2004, n. 37. Sulle informazioni, in merito alle operazioni finanziarie poste in essere da amministrazioni pubbliche, da parte della Banca d'Italia e dell'Istituto finanziatore al Ministero dell'economia e delle finanze v. art. 3.14 e 15, l. 24 dicembre 2003, n. 350.

1. *Definizioni*. — 1. Nel presente decreto legislativo l'espressione:

a) «autorità creditizie» indica il Comitato interministeriale per il credito e il risparmio, il Ministro dell'economia e delle finanze (1) e la Banca d'Italia;

a-bis) «autorità di risoluzione» indica la Banca d'Italia nonché un'autorità non italiana deputata allo svolgimento delle funzioni di risoluzione (2);

b) «banca» indica l'impresa autorizzata all'esercizio dell'attività bancaria;

c) «CICR» indica il Comitato interministeriale per il credito e il risparmio;

d) «Consob» indica la Commissione nazionale per le società e la borsa;

d-bis) «COVIP» indica la Commissione di vigilanza sui fondi pensione (3);

e) «IVASS» indica l'Istituto per la vigilanza sulle assicurazioni (4);

e-bis) «MVU» indica il Meccanismo di vigilanza unica, ossia il sistema di vigilanza finanziaria composto dalla BCE e dalle autorità nazionali competenti degli Stati membri che vi partecipano (5);

e-ter) «Disposizioni del MVU» indica il reg. (UE) n. 1024/2013 e le relative misure di esecuzione (5);

f) .... (6);

g) «Stato comunitario» indica lo Stato membro della Comunità Europea;

g-bis) «Stato d'origine» indica lo Stato comunitario in cui la banca, l'IMEL o l'IP è stato autorizzato all'esercizio dell'attività (7);

g-ter) «Stato ospitante» indica lo Stato comunitario nel quale la banca, l'IMEL o l'IP ha una succursale o presta servizi (7);

(1) L'espressione «Ministro dell'economia e delle finanze» ha sostituito la precedente «Ministro del tesoro» per effetto dell'art. 1.1, d.lg. 6 febbraio 2004, n. 37. Sulle informazioni, in merito alle operazioni finanziarie poste in essere da amministrazioni pubbliche, da parte della Banca d'Italia e dell'Istituto finanziatore al Ministero dell'economia e delle finanze v. art. 3.14 e 15, l. 24 dicembre 2003, n. 350.

(2) Lettera inserita dall'art. 1.1, lett. a, d.lg. 16 novembre 2015, n. 181. Per l'entrata in vigore v. nota 2 alla rubrica del provvedimento.

(3) Lettera inserita dall'art. 1.1, d.lg. 4 agosto 1999, n. 333.

(4) Lettera così sostituita dall'art. 1.1, lett. a, d.lg. 12 maggio 2015, n. 72.

(5) Lettera inserita dall'art. 1.1, lett. a, d.lg. 14 novembre 2016, n. 223.

(6) Lettera soppressa dall'art. 1.1, lett. b, d.lg. 12 maggio 2015, n. 72.

(7) Lettera inserita dall'art. 1, d.lg. 9 luglio 2004, n. 197, e successivamente così sostituita dall'art. 1.1, lett. a, d.lg. 15 dicembre 2017, n. 218.

h) «Stato terzo» indica lo Stato non membro dell'Unione europea (1);

h-bis) «SEVIF»: il Sistema europeo di vigilanza finanziaria composto dalle seguenti parti:

1) «ABE»: Autorità bancaria europea, istituita con reg. (UE) n. 1093/2010;

2) «AEAP»: Autorità europea delle assicurazioni e delle pensioni aziendali e professionali, istituita con reg. (UE) n. 1094/2010;

3) «AESFEM»: Autorità europea degli strumenti finanziari e dei mercati, istituita con reg. (UE) n. 1095/2010;

4) «Comitato congiunto»: il Comitato congiunto delle Autorità europee di vigilanza, previsto dall'art. 54 del reg. (UE) n. 1093/2010, del reg. (UE) n. 1094/2010, del reg. (UE) n. 1095/2010;

5) «CERS»: Comitato europeo per il rischio sistemico, istituito dal reg. (UE) n. 1092/2010;

6) «Autorità di vigilanza degli Stati membri»: le autorità competenti o di vigilanza degli Stati membri specificate negli atti dell'Unione di cui all'art. 1, par. 2, del reg. (UE) n. 1093/2010, del regolamento (UE) n. 1094/2010 e del reg. (UE) n. 1095/2010 (2);

h-ter) «Stato partecipante al MVU» indica uno Stato comunitario la cui moneta è l'euro o che abbia instaurato una cooperazione stretta con la BCE a norma delle disposizioni del MVU (3);

i) «legge fallimentare» indica il r.d. 16 marzo 1942, n. 267 (4);

l) «autorità competenti» indica, a seconda dei casi, uno o più fra le autorità di vigilanza sulle banche, sulle imprese di investimento, sugli organismi di investimento collettivo del risparmio, sulle imprese di assicurazione e sui mercati finanziari (5);

m) .... (6).

2. Nel presente decreto legislativo si intendono per:

a) «banca italiana»: la banca avente sede legale in Italia;

b) «banca comunitaria»: la banca avente sede legale e amministrazione centrale in un medesimo Stato comunitario diverso dall'Italia;

c) «banca extracomunitaria»: la banca avente sede legale in uno Stato terzo (7);

d) «soggetto significativo»: i soggetti definiti dall'art. 2, n. 16, del reg. (UE) n. 468/2014, sui quali la BCE esercita la vigilanza diretta in conformità delle disposizioni del MVU (8);

d-bis) «soggetto meno significativo»: i soggetti, sottoposti a vigilanza nell'ambito del MVU, diversi da quelli di cui alla lett. *d*) (8);

e) «succursale»: una sede che costituisce una parte, sprovvista di personalità giuridica, di una banca, un istituto di moneta elettronica o un istituto di pagamento, e che effettua direttamente, in tutto o in parte, l'attività a cui la banca o l'istituto è stato autorizzato (9);

f) «attività ammesse al mutuo riconoscimento»: le attività di:

1) raccolta di depositi o di altri fondi con obbligo di restituzione (10);

2) operazioni di prestito (compreso in particolare il credito al consumo, il credito con garanzia ipotecaria, il factoring, le cessioni di credito pro soluto e pro solvendo, il credito commerciale incluso il «forfaiting»);

3) leasing finanziario;

4) prestazione di servizi di pagamento [...] (11);

5) emissione e gestione di mezzi di pagamento («travellers cheques», lettere di credito), nella misura in cui quest'attività non rientra nel punto 4 (12) (13);

(1) Lettera così sostituita dall'art. 1.1, lett. b, d.lg. 16 novembre 2015, n. 181. Per l'entrata in vigore v. nota 2 alla rubrica del provvedimento.

(2) Lettera inserita dall'art. 1.1, d.lg. 30 luglio 2012, n. 130.

(3) Lettera inserita dall'art. 1.1, lett. b, d.lg. 14 novembre 2016, n. 223.

(4) In *Leggi coll. XXII, 1*.

(5) Lettera aggiunta dall'art. 1.2, d.lg. 4 agosto 1999, n. 333.

(6) Lettera aggiunta dall'art. 1.3, d.lg. 4 agosto 1999, n. 333, e successivamente soppressa dall'art. 1.1, lett. c, d.lg. 12 maggio 2015, n. 72.

(7) La parola «terzo» è stata così sostituita alla precedente «extracomunitario» dall'art. 1.1, lett. c, d.lg. 16 novembre 2015, n. 181. Per l'entrata in vigore v. nota 2 alla rubrica del provvedimento.

(8) Le lett. *d*) e *d-bis*) sono state così sostituite alla lett. *d*) dall'art. 1.2, d.lg. 14 novembre 2016, n. 223.

(9) Lettera così sostituita dall'art. 1.1, lett. b, n. 1, d.lg. 15 dicembre 2017, n. 218.

(10) Sui depositi dormienti v. art. 1.325, l. 23 dicembre 2005, n. 266 e d.p.r. 22 giugno 2007, n. 116.

(11) Numero già sostituito dall'art. 1.1, d.lg. 16 aprile 2012, n. 45. Le parole «come definiti dagli artt. 1, comma 1, lett. *b*), e 2, comma 2, del d.lg. 27 gennaio 2010, n. 11» sono state successivamente soppresse dall'art. 1.1, lett. b, n. 2, d.lg. 15 dicembre 2017, n. 218.

(12) Numero così sostituito dall'art. 35.1, d.lg. 27 gennaio 2010, n. 11, in *Leggi coll. XVII, 5*.

(13) Sulla prevenzione delle frodi sulle carte di pagamento v. l. 17 agosto 2005, n. 166 e per il regolamento d'attuazione d.m. Economia e Finanze 30 aprile 2007, n. 112, in G.U., 30 luglio 2007, n. 175.

6) rilascio di garanzie e di impegni di firma;

7) operazioni per proprio conto o per conto della clientela in:

— strumenti di mercato monetario (assegni, cambiali, certificati di deposito, ecc.);

— cambi;

— strumenti finanziari a termine e opzioni;

— contratti su tassi di cambio e tassi d'interesse;

— valori mobiliari;

8) partecipazione alle emissioni di titoli e prestazioni di servizi connessi;

9) consulenza alle imprese in materia di struttura finanziaria, di strategia industriale e di questioni connesse, nonché consulenza e servizi nel campo delle concentrazioni e del rilievo di imprese;

10) servizi di intermediazione finanziaria del tipo «money broking»;

11) gestione o consulenza nella gestione di patrimoni;

12) custodia e amministrazione di valori mobiliari;

13) servizi di informazione commerciale (1);

14) locazione di cassette di sicurezza;

15) altre attività che, in virtù delle misure di adattamento assunte dalle autorità comunitarie, sono aggiunte all'elenco allegato alla seconda direttiva in materia creditizia del Consiglio delle Comunità europee n. 89/646/CEE del 15 dicembre 1989;

g) «intermediari finanziari»: i soggetti iscritti nell'elenco previsto dall'art. 106.

h) «stretti legami»: i rapporti tra una banca e un soggetto italiano o estero che:

1) controlla la banca;

2) è controllato dalla banca;

3) è controllato dallo stesso soggetto che controlla la banca;

4) partecipa al capitale della banca in misura pari almeno al 20% del capitale con diritto di voto;

5) è partecipato dalla banca in misura pari almeno al 20% del capitale con diritto di voto (2);

h-bis) «istituti di moneta elettronica»: le imprese, diverse dalle banche, che emettono moneta elettronica (3);

h-bis.1) «istituti di moneta elettronica comunitaria»: gli istituti di moneta elettronica aventi sede legale e amministrazione centrale in uno stesso Stato comunitario diverso dall'Italia (4);

h-ter) «moneta elettronica»: il valore monetario memorizzato elettronicamente, ivi inclusa la memorizzazione magnetica, rappresentato da un credito nei confronti dell'emittente che sia emesso per effettuare operazioni di pagamento come definite all'art. 1, comma 1, lett. *c*), del d.lg. 27 gennaio 2010, n. 11 (5), e che sia accettato da persone fisiche e giuridiche diverse dall'emittente. Non costituisce moneta elettronica:

1) il valore monetario memorizzato sugli strumenti previsti dall'art. 2, comma 2, lett. *m*), del d.lg. 27 gennaio 2010, n. 11 (5);

2) il valore monetario utilizzato per le operazioni di pagamento previste dall'art. 2, comma 2, lett. *n*), del d.lg. 27 gennaio 2010, n. 11 (5) (6);

h-quater) «partecipazioni»: le azioni, le quote e gli altri strumenti finanziari che attribuiscono diritti amministrativi o comunque i diritti previsti dall'art. 2351, ultimo comma, del codice civile (7);

(1) Sulla cancellazione di segnalazioni dei ritardi di pagamento v. art. 8-*bis*, d.l. 13 maggio 2011, n. 70, conv. in l. 12 luglio 2011, n. 106, come sostituito dall'art. 22.6-*bis*, d.l. 24 giugno 2014, n. 91, conv. in l. 11 agosto 2014, n. 116, che così dispone: «1. Entro dieci giorni dalla ricezione della notifica dell'avvenuta regolarizzazione dei pagamenti, i gestori delle banche dati provvedono ad integrare le segnalazioni relative a ritardi di pagamento da parte delle persone fisiche o giuridiche già inserite nelle banche dati stesse con la comunicazione dell'avvenuto pagamento da parte del creditore ricevente il pagamento, che deve provvedere alla richiesta entro e non oltre quindici giorni dall'avvenuto pagamento. || 2. Le segnalazioni già registrate e regolarizzate, se relative al mancato pagamento di rate mensili di numero inferiore a tre o di un'unica rata trimestrale, devono essere aggiornate secondo le medesime modalità di cui al comma 1. || 3. Qualora vi sia un ritardo di pagamento di una rata e la regolarizzazione della stessa avvenga entro i successivi sessanta giorni, le segnalazioni riferite a tale ritardo devono essere cancellate trascorsi i successivi sei mesi dall'avvenuta regolarizzazione. || 4. Per le segnalazioni successive di ritardi di pagamento relativi alle medesime persone fisiche o giuridiche, anche per crediti diversi anche se regolarizzate, si applica la normativa vigente».

(2) Lettera aggiunta dall'art. 1.4, d.lg. 4 agosto 1999, n. 333.

(3) Lettera aggiunta dall'art. 55.1, lett. a, l. 1° marzo 2002, n. 39.

(4) Lettera inserita dall'art. 1.1, lett. d, d.lg. 12 maggio 2015, n. 72.

(5) In *Leggi coll. XVII, 5*.

(6) Lettera aggiunta dall'art. 55.1, lett. a, l. 1° marzo 2002, n. 39, e successivamente così sostituita dall'art. 1.2, d.lg. 16 aprile 2012, n. 45.

(7) Lettera aggiunta dall'art. 9.1, comma 1, lett. a, d.lg. 17 gennaio 2003, n. 6, come modificato dall'art. 2.1, d.lg. n. 37/2004. V. d.m. Economia 27 luglio 2011, in G.U., 19 agosto 2011, n. 192.

h-quinquies) .... (1);

h-sexies) «istituti di pagamento»: le imprese, diverse dalle banche e dagli istituti di moneta elettronica, autorizzate a prestare i servizi di pagamento [...] (2);

h-septies) «istituti di pagamento comunitari»: gli istituti di pagamento aventi sede legale e amministrazione centrale in uno stesso Stato comunitario diverso dall'Italia (3);

h-septies.1) «servizi di pagamento»: le seguenti attività:

1) servizi che permettono di depositare il contante su un conto di pagamento nonché tutte le operazioni richieste per la gestione di un conto di pagamento;

2) servizi che permettono prelievi in contante da un conto di pagamento nonché tutte le operazioni richieste per la gestione di un conto di pagamento;

3) esecuzione di operazioni di pagamento, incluso il trasferimento di fondi su un conto di pagamento presso il prestatore di servizi di pagamento dell'utilizzatore o presso un altro prestatore di servizi di pagamento:

3.1) esecuzione di addebiti diretti, inclusi gli addebiti diretti una tantum;

3.2) esecuzione di operazioni di pagamento mediante carte di pagamento o dispositivi analoghi;

3.3) esecuzione di bonifici, inclusi gli ordini permanenti;

4) esecuzione di operazioni di pagamento quando i fondi rientrano in una linea di credito accordata ad un utilizzatore di servizi di pagamento:

4.1) esecuzione di addebiti diretti, inclusi gli addebiti diretti una tantum;

4.2) esecuzione di operazioni di pagamento mediante carte di pagamento o dispositivi analoghi;

4.3) esecuzione di bonifici, inclusi gli ordini permanenti

5) emissione di strumenti di pagamento e/o convenzionamento di operazioni di pagamento;

6) rimessa di denaro;

7) servizi di disposizione di ordini di pagamento;

8) servizi di informazione sui conti (4);

h-octies) .... (5);

h-novies) «personale»: i dipendenti e coloro che comunque operano sulla base di rapporti che ne determinano l'inserimento nell'organizzazione aziendale, anche in forma diversa dal rapporto di lavoro subordinato (6);

i) «punto di contatto centrale»: il soggetto o la struttura designato dalle banche, dagli istituti di moneta elettronica o dagli istituti di pagamento comunitari che operano sul territorio della Repubblica in regime di diritto di stabilimento, senza succursale, tramite gli agenti di cui all'art. 128-*quater* (7);

3. La Banca d'Italia può ulteriormente qualificare [...] (8) la definizione di stretti legami prevista dal comma 2, lett. *h*), al fine di evitare situazioni di ostacolo all'effettivo esercizio delle funzioni di vigilanza (9).

3-*bis.* Se non diversamente disposto, le norme del presente decreto legislativo che fanno riferimento al consiglio di amministrazione, all'organo amministrativo e agli amministratori si applicano anche al consiglio di gestione ed ai suoi componenti (10).

3-*ter.* Se non diversamente disposto, le norme del presente decreto legislativo che fanno riferimento al collegio sindacale, ai sindaci ed all'organo che svolge la funzione di controllo si applicano anche al consiglio di sorveglianza ed al comitato per il controllo sulla gestione e ai loro componenti (10).

3-*quater.* Se non diversamente disposto, ai fini della disciplina dei servizi di pagamento, nel presente decreto si applicano le definizioni del d.lg. 27 gennaio 2010, n. 11 (11).

(1) Lettera aggiunta dall'art. 9.1, comma 1, lett. a, d.lg. 17 gennaio 2003, n. 6, come modificato dall'art. 2.1, d.lg. n. 37/2004, e successivamente soppressa dall'art. 1.1, lett. a, d.lg. 27 gennaio 2010, n. 21.

(2) Lettera inserita dall'art. 35.2, d.lg. 27 gennaio 2010, n. 11, in *Leggi coll. XVII, 5*. Le parole «di cui alla lett. *f*), n. 4)» sono state successivamente soppresse dall'art. 1.1, lett. b, n. 3, d.lg. 15 dicembre 2017, n. 218.

(3) Lettera inserita dall'art. 35.2, d.lg. 27 gennaio 2010, n. 11, in *Leggi coll. XVII, 5*.

(4) Lettera inserita dall'art. 1.1, lett. b, n. 4, d.lg. 15 dicembre 2017, n. 218.

(5) Lettera inserita dall'art. 35.2, d.lg. 27 gennaio 2010, n. 11, in *Leggi coll. XVII, 5*, e successivamente abrogata dall'art. 1.1, lett. b, n. 5, d.lg. 15 dicembre 2017, n. 218.

(6) Lettera inserita dall'art. 1.1, lett. e, d.lg. 12 maggio 2015, n. 72.

(7) Lettera inserita dall'art. 1.1, lett. b, n. 6, d.lg. 15 dicembre 2017, n. 218.

(8) Le parole «, in conformità delle deliberazioni del CICR,» sono state soppresse dall'art. 1.1, lett. f, d.lg. 12 maggio 2015, n. 72.

(9) Comma aggiunto dall'art. 1.5, d.lg. 4 agosto 1999, n. 333.

(10) Comma aggiunto dall'art. 9.1, comma. 1, lett. b, d.lg. n. 6/2003, come modificato dall'art. 2.1, d.lg. n. 37/2004.

(11) Comma inserito dall'art. 1.1, lett. c, d.lg. 15 dicembre 2017, n. 218.

TITOLO I

Autorità creditizie

2. *Comitato interministeriale per il credito e il risparmio*. — 1. Il Comitato interministeriale per il credito e il risparmio ha l'alta vigilanza in materia di credito e di tutela del risparmio. Esso delibera nelle materie attribuite alla sua competenza dal presente decreto legislativo o da altre leggi. Il CICR è composto dal Ministro dell'economia e delle finanze (1), che lo presiede, (2) dal Ministro del commercio internazionale, dal Ministro delle politiche agricole alimentari, forestali e del turismo (3), dal Ministro dello sviluppo economico, dal Ministro delle infrastrutture, dal Ministro dei trasporti (4) e dal Ministro per le politiche comunitarie. Alle sedute partecipa il Governatore della Banca d'Italia.

2. Il Presidente può invitare altri Ministri a intervenire a singole riunioni a fini consultivi. Agli stessi fini il Presidente può invitare i Presidenti delle altre Autorità competenti a prendere parte a singole riunioni in cui vengano trattati argomenti, attinenti a materie loro attribuite dalla legge, connessi a profili di stabilità complessiva, trasparenza ed efficienza del sistema finanziario (5).

3. Il CICR è validamente costituito con la presenza della maggioranza dei suoi membri e delibera con il voto favorevole della maggioranza dei presenti.

4. Il direttore generale del tesoro svolge funzioni di segretario. Il CICR determina le norme concernenti la propria organizzazione e il proprio funzionamento. Per l'esercizio delle proprie funzioni il CICR si avvale della Banca d'Italia.

3. *Ministro dell'economia e delle finanze* (1). — 1. Il Ministro dell'economia e delle finanze (1) adotta con decreto i provvedimenti di sua competenza previsti dal presente decreto legislativo e ha facoltà di sottoporli preventivamente al CICR.

2. In caso di urgenza il Ministro dell'economia e delle finanze (1) sostituisce il CICR. Dei provvedimenti assunti è data notizia al CICR nella prima riunione successiva, che deve essere convocata entro trenta giorni.

4. *Banca d'Italia*. — 1. La Banca d'Italia, nell'esercizio delle funzioni di vigilanza, formula le proposte per le deliberazioni di competenza del CICR previste nel titolo II (6) [...] (7). La Banca d'Italia, inoltre, emana regolamenti nei casi previsti dalla legge, impartisce istruzioni e adotta i provvedimenti di carattere particolare di sua competenza.

2. La Banca d'Italia determina e rende pubblici previamente i princìpi e i criteri dell'attività di vigilanza.

3. La Banca d'Italia, fermi restando i diversi termini fissati da disposizioni di legge, stabilisce i termini per provvedere, individua il responsabile del procedimento, indica i motivi delle decisioni e pubblica i provvedimenti aventi carattere generale (8). Si applicano, in quanto compatibili, le disposizioni della l. 7 agosto 1990, n. 241 [...] (9).

4. La Banca d'Italia pubblica annualmente una relazione sull'attività di vigilanza (10).

4-*bis.* Nell'esercizio delle funzioni previste

(1) L'espressione «Ministro dell'economia e delle finanze» ha sostituito la precedente «Ministro del tesoro» per effetto dell'art. 1.1, d.lg. 6 febbraio 2004, n. 37. Sulle informazioni, in merito alle operazioni finanziarie poste in essere da amministrazioni pubbliche, da parte della Banca d'Italia e dell'Istituto finanziatore al Ministero dell'economia e delle finanze v. art. 3.14 e 15, l. 24 dicembre 2003, n. 350.

(2) Le parole «dal Ministro del bilancio e della programmazione economica» sono state soppresse dall'art. 1, d.lg. 4 agosto 1999, n. 342.

(3) La denominazione «Ministero/Ministro delle politiche agricole alimentari, forestali e del turismo» è stata così sostituita alla precedente «Ministero/Ministro delle politiche agricole alimentari e forestali» dall'art. 1.4, d.l. 12 luglio 2018, n. 86, conv. in l. 9 agosto 2018, n. 97.

(4) Le parole «dal Ministro del commercio internazionale, dal Ministro delle politiche agricole alimentari e forestali, dal Ministro dello sviluppo economico, dal Ministro delle infrastrutture, dal Ministro dei trasporti» sono state così sostituite alle precedenti «dal Ministro del commercio con l'estero, dal Ministro per il coordinamento delle politiche agricole, alimentari e forestali, dal Ministro delle finanze, dal Ministro dell'industria, del commercio e dell'artigianato, dal Ministro dei lavori pubblici» dall'art. 1.1, lett. a, d.lg. 29 dicembre 2006, n. 303.

(5) Comma così sostituito dall'art. 1.1, lett. b, d.lg. 29 dicembre 2006, n. 303.

(6) Le parole «nel titolo II» sono state così sostituite alle precedenti «nei titoli II e III» dall'art. 1.2, d.lg. 12 maggio 2015, n. 72.

(7) Le parole «e nell'art. 107» sono state soppresse dall'art. 1.1, lett. a, d.lg. 30 dicembre 2010, n. 239.

(8) V. provv. Banca d'Italia 14 giugno 2006, in G.U., 19 giugno 2006, n. 140, e provv. Banca d'Italia 27 giugno 2006, in suppl. ord. n. 162 a G.U. 11 luglio 2006, n. 159.

(9) Le parole «, intendendosi attribuiti al Governatore della Banca d'Italia i poteri per l'adozione degli atti amministrativi generali previsti da dette disposizioni» sono state soppresse dall'art. 1.2, d.lg. 30 luglio 2012, n. 130.

(10) Sul capitale e sugli organi della Banca d'Italia v. artt. 4 e 5, d.l. 30 novembre 2013, n. 133, conv. in l. 29 gennaio 2014, n. 5. Per lo statuto della Banca d'Italia v. d.p.r. 15 febbario 2016, in G.U., 11 aprile 2016 n. 84.

dal presente decreto legislativo, alla Banca d'Italia, ai componenti dei suoi organi nonché ai suoi dipendenti si applica l'art. 24, comma 6-*bis*, della l. 28 dicembre 2005, n. 262 (1).

5. *Finalità e destinatari della vigilanza*. — 1. Le autorità creditizie esercitano i poteri di vigilanza a esse attribuiti dal presente decreto legislativo, avendo riguardo alla sana e prudente gestione dei soggetti vigilati, alla stabilità complessiva, all'efficienza e alla competitività del sistema finanziario nonché all'osservanza delle disposizioni in materia creditizia.

2. La vigilanza si esercita nei confronti delle banche, dei gruppi bancari, degli intermediari finanziari, degli istituti di moneta elettronica e degli istituti di pagamento (2).

3. Le autorità creditizie esercitano altresì gli altri poteri a esse attribuiti dalla legge.

6. *Rapporti con il diritto dell'Unione europea e integrazione nel SEVIF e nel MVU* (3). — 1. Le autorità creditizie esercitano i poteri loro attribuiti in armonia con le disposizioni dell'Unione europea, applicano i regolamenti e le decisioni dell'Unione europea e provvedono in merito alle raccomandazioni in materia creditizia e finanziaria.

2. Nei casi e nei modi previsti dalle disposizioni dell'Unione europea, le autorità creditizie adempiono agli obblighi di comunicazione nei confronti delle autorità e dei comitati che compongono il SEVIF, della BCE (4) e delle altre autorità e istituzioni indicate dalle disposizioni dell'Unione europea.

3. La Banca d'Italia, nell'esercizio delle funzioni di vigilanza, è parte del SEVIF e del MVU (5) e partecipa alle attività che essi svolgono (6), tenendo conto della convergenza degli strumenti e delle prassi di vigilanza in ambito europeo.

3-*bis*. Le autorità creditizie esercitano i poteri d'intervento a esse attribuiti dal presente decreto legislativo anche per assicurare il rispetto del reg. (UE) n. 575/2013, delle relative norme tecniche di regolamentazione e di attuazione emanate dalla Commissione europea ai sensi degli artt. 10 e 15 del reg. (UE) n. 1093/2010, ovvero in caso di inosservanza degli atti dell'ABE direttamente applicabili adottati ai sensi di quest'ultimo regolamento (7).

4. Nei casi e nei modi previsti dalle disposizioni dell'Unione europea, la Banca d'Italia può concludere accordi con l'ABE e con le autorità di vigilanza di altri Stati membri che prevedano anche la ripartizione di compiti e la delega di funzioni nonché ricorrere all'ABE per la risoluzione delle controversie con le autorità di vigilanza degli altri Stati membri in situazioni transfrontaliere (8).

6-*bis*. *Partecipazione al MVU e poteri della Banca d'Italia*. — 1. Nelle materie disciplinate dalle disposizioni del MVU, i poteri attribuiti alla Banca d'Italia dal presente decreto sono esercitati dalla Banca d'Italia stessa nei limiti e secondo le modalità stabilite dalle disposizioni del MVU che disciplinano l'esercizio di compiti di vigilanza sulle banche prevedendo, tra l'altro, differenti modalità di cooperazione tra la BCE e le autorità nazionali per i soggetti significativi e per quelli meno significativi.

2. Ai sensi del comma 1, la Banca d'Italia, in particolare:

a) formula alla BCE proposte per l'adozione dei provvedimenti di autorizzazione e revoca all'esercizio dell'attività bancaria ai sensi dell'art. 14 e di autorizzazione all'acquisto di partecipazioni ai sensi dell'art. 19;

b) fornisce alla BCE tutte le informazioni necessarie per lo svolgimento dei compiti ad essa attribuiti dalle disposizioni del MVU, fermo restando il potere della BCE di ottenere le informazioni dai soggetti vigilati e di condurre ispezioni;

c) assiste la BCE nella preparazione e attuazione degli atti relativi ai compiti di vigilanza ad essa attribuiti dalle disposizioni del MVU;

d) informa la BCE dell'attività di vigilanza svolta e dei procedimenti amministrativi avviati, nei casi e secondo le modalità previsti dalle disposizioni del MVU;

e) esercita i poteri, non attribuiti in via esclusiva alla BCE, previsti dal presente decre-

(1) Comma aggiunto dall'art. 1.2, d.lg. 16 novembre 2015, n. 181. Per l'entrata in vigore v. nota 2 alla rubrica del provvedimento.

(2) Le parole «, degli intermediari finanziari, degli istituti di moneta elettronica e degli istituti di pagamento» sono state così sostituite alle precedenti «e degli intermediari finanziari» dall'art. 35.3, d.lg. 27 gennaio 2010, n. 11, in *Leggi coll. XVII, 5*.

(3) Le parole «e nel MVU» sono state aggiunte dall'art. 1.3, lett. a, d.lg. 14 novembre 2016, n. 223.

(4) Le parole «, della BCE» sono state aggiunte dall'art. 1.3, lett. b, d.lg. 14 novembre 2016, n. 223.

(5) Le parole «e del MVU» sono state aggiunte dall'art. 1.3, lett. c, d.lg. 14 novembre 2016, n. 223.

(6) Le parole «essi svolgono» sono state così sostituite alle precedenti «esso svolge» dall'art. 1.3, lett. d, d.lg. 14 novembre 2016, n. 223.

(7) Comma inserito dall'art. 1.3, d.lg. 12 maggio 2015, n. 72.

(8) Articolo così sostituito dall'art. 1.3, d.lg. 30 luglio 2012, n. 130.

to nelle materie disciplinate dalle disposizioni del MVU, anche su richiesta o dietro istruzioni della BCE, informando quest'ultima delle attività svolte in esito alla richiesta;

f) esercita i poteri ad essa attribuiti dal presente decreto che non siano attribuiti alla BCE dalle disposizioni del MVU.

3. Nelle materie inerenti all'esercizio dei compiti attribuiti alla BCE dalle disposizioni del MVU, le sanzioni amministrative previste nel Titolo VIII sono applicate secondo quanto previsto dall'art. 144-*septies*.

4. Ai fini dell'art. 4, par. 3, del reg. (UE) n. 1024/2013, si intendono per «legislazione nazionale di recepimento delle direttive europee» e «legislazione nazionale di esercizio delle opzioni previste dai regolamenti europei» le disposizioni nazionali di carattere generale nelle materie disciplinate dalle disposizioni del MVU, incluse quelle adottate, ove previsto dalla legislazione nazionale, dalla Banca d'Italia, per l'attuazione delle direttive dell'Unione europea e per l'esercizio di opzioni rimesse dai regolamenti dell'Unione europea agli Stati membri o alle autorità competenti o designate negli Stati membri, quando non esercitate dalla BCE.

5. Nell'esercizio delle rispettive competenze la Banca d'Italia e la BCE operano in stretta collaborazione, secondo il principio di leale cooperazione (1).

7. *Segreto d'ufficio e collaborazione tra autorità*. — 1. Tutte le notizie, le informazioni e i dati in possesso della Banca d'Italia in ragione della sua attività di vigilanza sono coperti da segreto d'ufficio anche nei confronti delle pubbliche amministrazioni, a eccezione del Ministro dell'economia e delle finanze (2), Presidente del CICR. Il segreto non può essere opposto all'autorità giudiziaria quando le informazioni richieste siano necessarie per le indagini, o i procedimenti relativi a violazioni sanzionate penalmente (3).

2. I dipendenti della Banca d'Italia, nell'esercizio delle funzioni di vigilanza, sono pubblici ufficiali e hanno l'obbligo di riferire esclusivamente al Direttorio (4) tutte le irregolarità constatate, anche quando assumano la veste di reati. Restano ferme le disposizioni del MVU in materia di comunicazione delle informazioni alla BCE (5).

3. I dipendenti della Banca d'Italia sono vincolati dal segreto d'ufficio.

4. Le pubbliche amministrazioni e gli enti pubblici forniscono le informazioni e le altre forme di collaborazione richieste dalla Banca d'Italia, in conformità delle leggi disciplinanti i rispettivi ordinamenti.

5. La Banca d'Italia, la Consob, la COVIP e l'IVASS (6) collaborano tra loro, anche mediante scambio di informazioni, al fine di agevolare le rispettive funzioni. Detti organismi non possono reciprocamente opporsi il segreto d'ufficio (7).

6. La Banca d'Italia collabora, anche mediante scambio d'informazioni, con le autorità e i comitati che compongono il SEVIF (8) e il MVU (9), nonché con le autorità di risoluzione degli Stati comunitari (10), al fine di agevolare le rispettive funzioni. Le informazioni ricevute dalla Banca d'Italia possono essere trasmesse alle autorità italiane competenti, salvo diniego dell'autorità [...] (11) che ha fornito le informazioni (7).

7. Nell'ambito di accordi di cooperazione e di equivalenti obblighi di riservatezza, la Banca d'Italia può scambiare informazioni preordinate all'esercizio delle funzioni di vigilanza con le

(1) Articolo inserito dall'art. 1.4, d.lg. 14 novembre 2016, n. 223.

(2) L'espressione «Ministro dell'economia e delle finanze» ha sostituito la precedente «Ministro del tesoro» per effetto dell'art. 1.1, d.lg. 6 febbraio 2004, n. 37. Sulle informazioni, in merito alle operazioni finanziarie poste in essere da amministrazioni pubbliche, da parte della Banca d'Italia e dell'Istituto finanziatore al Ministero dell'economia e delle finanze v. art. 3.14 e 15, l. 24 dicembre 2003, n. 350.

(3) Comma così sostituito dall'art. 2.1, d.lg. 4 agosto 1999, n. 333.

(4) La parola «Direttorio» è stata così sostituita alla precedente «Governatore» dall'art. 1.3, lett. a, d.lg. 16 novembre 2015, n. 181. Per l'entrata in vigore v. nota 2 alla rubrica del provvedimento.

(5) Ultimo periodo aggiunto dall'art. 1.5, lett. a, d.lg. 14 novembre 2016, n. 223.

(6) Le parole «la COVIP e l'ISVAP» sono state così sostituite alle precedenti «la COVIP, l'ISVAP e l'UIC» dall'art. 1.4, lett. a, d.lg. 30 luglio 2012, n. 130. Successivamente la parola «l'IVASS» è stata così sostituita alla precedente «l'ISVAP» dall'art. 1.4, d.lg. 12 maggio 2015, n. 72.

(7) Comma così sostituito dall'art. 2.2, d.lg. 4 agosto 1999, n. 333.

(8) Le parole «le autorità e i comitati che compongono il SEVIF» sono state così sostituite alle precedenti «le autorità competenti degli Stati comunitari» dall'art. 1.4, lett. b, d.lg. 30 luglio 2012, n. 130.

(9) Le parole «e il MVU» sono state aggiunte dall'art. 1.5, lett. b, d.lg. 14 novembre 2016, n. 223.

(10) Le parole «nonché con le autorità di risoluzione degli Stati comunitari,» sono state inserite dall'art. 1.3, lett. b, d.lg. 16 novembre 2015, n. 181. Per l'entrata in vigore v. nota 2 alla rubrica del provvedimento.

(11) Le parole «dello Stato comunitario» sono state soppresse dall'art. 1.5, lett. b, d.lg. 14 novembre 2016, n. 223.

autorità competenti degli Stati terzi (1); le informazioni che la Banca d'Italia ha ricevuto da un altro Stato comunitario possono essere comunicate soltanto con l'assenso esplicito delle autorità che le hanno fornite (2).

8. La Banca d'Italia può scambiare informazioni con autorità amministrative o giudiziarie nell'ambito di procedimenti di liquidazione o di fallimento, in Italia o all'estero, relativi a banche, succursali di banche italiane all'estero o di banche comunitarie o extracomunitarie in Italia, nonché relativi a soggetti inclusi nell'ambito della vigilanza consolidata. Nei rapporti con le autorità extracomunitarie lo scambio di informazioni avviene con le modalità di cui al comma 7 (2).

9. La Banca d'Italia può comunicare ai sistemi di garanzia italiani e, a condizione che sia assicurata la riservatezza, a quelli esteri informazioni e dati in suo possesso necessari al funzionamento dei sistemi stessi (2).

10. Nel rispetto delle condizioni previste dalle disposizioni dell'Unione europea, la Banca d'Italia scambia informazioni con tutte le altre autorità e soggetti esteri indicati dalle disposizioni medesime (3).

8. *Pubblicazione di provvedimenti e di dati statistici.* — 1. La Banca d'Italia pubblica sul proprio sito *web* i provvedimenti di carattere generale emanati dalle autorità creditizie nonché altri provvedimenti rilevanti relativi ai soggetti sottoposti a vigilanza (4).

2. Le delibere del CICR e i provvedimenti di carattere generale del Ministro dell'economia e delle finanze (5) emanati ai sensi del presente decreto legislativo sono pubblicati nella *Gazzetta Ufficiale* della Repubblica italiana. I provvedimenti di carattere generale della Banca d'Italia sono pubblicati nella *Gazzetta Ufficiale* della Repubblica italiana quando le disposizioni in essi contenute sono destinate anche a soggetti diversi da quelli sottoposti a vigilanza.

3. La Banca d'Italia pubblica elaborazioni e dati statistici relativi ai soggetti sottoposti a vigilanza.

9. *Reclamo al CICR.* — 1. Contro i provvedimenti adottati dalla Banca d'Italia nell'esercizio dei poteri di vigilanza a essa attribuiti dal presente decreto legislativo è ammesso reclamo al CICR, da parte di chi vi abbia interesse, nel termine di 30 giorni dalla comunicazione o dalla pubblicazione. Si osservano, in quanto applicabili, le disposizioni del capo I del d.p.r. 24 novembre 1971, n. 1199.

2. Il reclamo è deciso dal CICR previa consultazione delle associazioni di categoria dei soggetti sottoposti a vigilanza, nel caso in cui la decisione comporti la risoluzione di questioni di interesse generale per la categoria.

3. Il CICR stabilisce in via generale, con propria deliberazione, le modalità per la consultazione prevista dal comma 2.

TITOLO II

Banche

CAPO I

NOZIONE DI ATTIVITÀ BANCARIA E DI RACCOLTA DEL RISPARMIO

10. *Attività bancaria.* — 1. La raccolta di risparmio tra il pubblico e l'esercizio del credito costituiscono l'attività bancaria. Essa ha carattere d'impresa.

2. L'esercizio dell'attività bancaria è riservato alle banche.

3. Le banche esercitano, oltre all'attività bancaria, ogni altra attività finanziaria, secondo la disciplina propria di ciascuna, nonché attività connesse o strumentali. Sono salve le riserve di attività previste dalla legge (6).

11. *Raccolta del risparmio.* — 1. Ai fini del presente decreto legislativo è raccolta del ri-

(1) La parola «terzi» è stata così sostituita alla precedente «extracomunitari» dall'art. 1.3, lett. c, d.lg. 16 novembre 2015, n. 181. Per l'entrata in vigore v. nota 2 alla rubrica del provvedimento.

(2) Comma così sostituito dall'art. 2.2, d.lg. 4 agosto 1999, n. 333.

(3) Comma così sostituito, da ultimo, dall'art. 1.4, lett. c, d.lg. 30 luglio 2012, n. 130.

(4) Comma così sostituito dall'art. 1.5, d.lg. 12 maggio 2015, n. 72.

(5) L'espressione «Ministro dell'economia e delle finanze» ha sostituito la precedente «Ministro del tesoro» per effetto dell'art. 1.1, d.lg. 6 febbraio 2004, n. 37. Sulle informazioni, in merito alle operazioni finanziarie poste in essere da amministrazioni pubbliche, da parte della Banca d'Italia e dell'Istituto finanziatore al Ministero dell'economia e delle finanze v. art. 3.14 e 15, l. 24 dicembre 2003, n. 350.

(6) Per l'esercizio di servizi d'investimento da parte delle banche v. art. 2, d.lg. 23 luglio 1996, n. 415. Sull'emissione di BOT dal gennaio 1995 v. d.m. Economia e Finanze 20 maggio 2003, in G.U., 22 maggio 2003, n. 117. Sull'attività bancaria fuori sede, anche mediante imprese e agenti di assicurazione v. istruzione Banca d'Italia, in G.U., 2 febbraio 1999, n. 26.

L'esercizio in via professionale del commercio di oro, per conto proprio o per conto di terzi, può essere svolto da banche o da soggetto in possesso dei requisiti di cui all'art. 1.3, l. 17 gennaio 2000, n. 7.

sparmio l'acquisizione di fondi con obbligo di rimborso, sia sotto forma di depositi sia sotto altra forma (1).

2. La raccolta del risparmio tra il pubblico è vietata ai soggetti diversi dalle banche (1).

2-*bis.* Non costituisce raccolta del risparmio tra il pubblico la ricezione di fondi connessa all'emissione di moneta elettronica (2).

2-*ter.* Non costituisce raccolta del risparmio tra il pubblico la ricezione di fondi da inserire in conti di pagamento utilizzati esclusivamente per la prestazione di servizi di pagamento (3).

3. Il CICR stabilisce limiti e criteri, anche con riguardo all'attività ed alla forma giuridica del soggetto che acquisisce fondi, in base ai quali non costituisce raccolta del risparmio tra il pubblico quella effettuata presso specifiche categorie individuate in ragione di rapporti societari o di lavoro (1) (4) (5).

4. Il divieto di raccolta del risparmio tra il pubblico non si applica:

a) agli Stati comunitari, agli organismi internazionali ai quali aderiscono uno o più Stati comunitari, agli enti pubblici territoriali ai quali la raccolta del risparmio è consentita in base agli ordinamenti nazionali degli Stati comunitari;

b) agli Stati terzi (6) ed ai soggetti esteri abilitati da speciali disposizioni del diritto italiano;

c) alle società, per la raccolta effettuata ai sensi del codice civile mediante obbligazioni, titoli di debito od altri strumenti finanziari (7);

d) alle altre ipotesi di raccolta espressamente consentite dalla legge, nel rispetto del principio di tutela del risparmio (8).

4-*bis.* Il CICR determina i criteri per l'individuazione degli strumenti finanziari, comunque denominati, la cui emissione costituisce raccolta del risparmio (7) (9).

4-*ter.* Se non disciplinati dalla legge, il CICR fissa limiti all'emissione e, su proposta formulata dalla Banca d'Italia sentita la Consob, può determinare durata e taglio degli strumenti finanziari, diversi dalle obbligazioni, utilizzati per la raccolta tra il pubblico (10) (11).

4-*quater.* Il CICR, a fini di tutela della riserva dell'attività bancaria, stabilisce criteri e limiti, anche in deroga a quanto previsto dal codice civile, per la raccolta effettuata dai soggetti che esercitano nei confronti del pubblico attività di concessione di finanziamenti sotto qualsiasi forma (10).

4-*quinquies.* A fini di tutela del risparmio, gli investitori professionali, che ai sensi del codice civile rispondono della solvenza della società per le obbligazioni, i titoli di debito e gli altri strumenti finanziari emessi dalla stessa, devono rispettare idonei requisiti patrimoniali sta-

(1) Sulla raccolta del risparmio presso soci, tra il pubblico e nell'ambito di un gruppo, v. deliberazione CICR 3 marzo 1994, in G.U., 11 marzo 1994, n. 58. Sulla raccolta del risparmio da parte di soggetti diversi dalle banche v. deliberazione CICR 19 luglio 2005, n. 1058, in G.U., 13 agosto 2005, n. 188, integrata con deliberazione CICR 22 febbraio 2006, n. 241, in G.U., 22 marzo 2006, n. 68, e comunicato Banca d'Italia, in G.U., 26 aprile 2007, n. 96. Per le istruzioni attuative della Banca d'Italia v. G.U., 12 maggio 1998, n. 108 e G.U., 19 agosto 1999, n. 194. Sulla raccolta presso soci di cooperative v. provv. Banca d'Italia 9 dicembre 1997, in G.U., 13 dicembre 1997, n. 290. Sulle caratteristiche delle cambiali finanziarie e dei certificati di investimento v. d.m. Tesoro 7 ottobre 1994, in G.U., 15 ottobre 1994, n. 242. Sulla raccolta delle società cooperative mediante titoli obbligazionari v. art. 58, l. 23 dicembre 1998, n. 448, in *Leggi coll. XV, 4.* Sui servizi di bancoposta v. d.p.r. 14 marzo 2001, n. 144, modificato dal d.p.r. 28 novembre 2002, n. 298. Sui libretti di risparmio postale v. d.m. Economia e Finanze 6 giugno 2002, in G.U., 29 giugno 2002, n. 159.

(2) Comma inserito dall'art. 55.1, lett. b, l. 1° marzo 2002, n. 39.

(3) Comma inserito dall'art. 35.4, d.lg. 27 gennaio 2010, n. 11, in *Leggi coll. XVII, 5.*

(4) Sulla raccolta del risparmio tra i propri dipendenti delle società di capitali e cooperative, nonché tra soci degli enti e società cooperative tra dipendenti di una medesima amministrazione pubblica v. d.m. Tesoro 29 marzo 1995, in G.U., 12 aprile 1995, n. 86.

(5) Comma così sostituito dall'art. 9.2, comma 1, lett. a, d.lg. n. 6/2003, come modificato dall'art. 2.1, d.lg. n. 37/2004.

(6) La parola «terzi» è stata così sostituita alla precedente «extracomunitari» dall'art. 1.4, d.lg. 16 novembre 2015, n. 181. Per l'entrata in vigore v. nota 2 alla rubrica del provvedimento.

(7) Sulla raccolta del risparmio presso soci, tra il pubblico e nell'ambito di un gruppo v. deliberazione CICR 3 marzo 1994, in G.U., 11 marzo 1994, n. 58. Per le istruzioni attuative della Banca d'Italia v. G.U., 12 maggio 1998, n. 108. Sulle caratteristiche delle cambiali finanziarie e dei certificati di investimento v. d.m. Tesoro 7 ottobre 1994, in G.U., 15 ottobre 1994, n. 242.

(8) Comma così sostituito dall'art. 9.2, comma 1, lett. b, d.lg. n. 6/2003, come modificato dall'art. 2.1, d.lg. n. 37/2004.

(9) Comma inserito dall'art. 64.2, d.lg. n. 415/1996, e, da ultimo, così sostituito dall'art. 9.2, comma 1, lett. c, d.lg. n. 6/2003, come modificato dall'art. 2.1, d.lg. n. 37/2004.

(10) Comma inserito dall'art. 9.2, comma 1, lett. d, d.lg. n. 6/2003, come modificato dall'art. 2.1, d.lg. n. 37/2004.

(11) V. deliberazione CICR 19 luglio 2005, n. 1058, in G.U., 13 agosto 2005, n. 188, come modificata da deliberazione CICR 22 febbraio 2006, n. 241, in G.U., 22 marzo 2006, n. 68.

biliti dalle competenti autorità di vigilanza (1).

5. Nei casi previsti dal comma 4, lett. *c*) e *d*), sono comunque precluse la raccolta di fondi a vista ed ogni forma di raccolta collegata all'emissione od alla gestione di mezzi di pagamento a spendibilità generalizzata (2) (3).

12. *Obbligazioni e titoli di deposito emessi dalle banche*. — 1. Le banche, in qualunque forma costituite, possono emettere obbligazioni, anche convertibili, nominative o al portatore (4).

2. Sono ammesse di diritto alle quotazioni di borsa le obbligazioni emesse dalle banche con azioni quotate in borsa. La disposizione si applica anche alle obbligazioni convertibili in titoli di altre società quando questi ultimi sono quotati (5).

3. L'emissione delle obbligazioni non convertibili o convertibili in titoli di altre società è deliberata dall'organo amministrativo; non si applicano gli artt. 2410, 2412, 2413, 2414, primo comma, n. 3, 2414-*bis*, 2415, 2416, 2417, 2418 e 2419 del codice civile (6).

4. Alle obbligazioni convertibili in azioni proprie si applicano le norme del codice civile, eccetto l'art. 2412 (7).

4-*bis*. I commi 3 e 4 si applicano anche agli strumenti finanziari assoggettati alla disciplina delle obbligazioni prevista dal codice civile, inclusi gli strumenti di debito chirografario di secondo livello di cui all'art. 12-*bis* (8).

5. La Banca d'Italia [...] (9) disciplina l'emissione da parte delle banche delle obbligazioni non convertibili o convertibili in titoli di altre società nonché degli strumenti finanziari diversi dalle partecipazioni (10).

6. Le banche possono emettere titoli di deposito nominativi o al portatore (11). La Banca d'Italia [...] (12) può disciplinarne le modalità di emissione.

7. La Banca d'Italia disciplina le emissioni da parte delle banche di prestiti subordinati, irredimibili ovvero rimborsabili previa autorizzazione della medesima Banca d'Italia. Tali emissioni possono avvenire anche sotto forma di obbligazioni o di titoli di deposito (13).

12-*bis*. *Strumenti di debito chirografario di secondo livello*. — 1. Sono strumenti di debito chirografario di secondo livello le obbligazioni e gli altri titoli di debito, emessi da una banca o da una società del gruppo bancario, aventi le seguenti caratteristiche:

a) la durata originaria degli strumenti di debito è pari ad almeno dodici mesi;

b) gli strumenti di debito non sono strumenti finanziari derivati, come definiti dall'art. 1, comma 3, del testo unico di cui al d.lg. 24 febbraio 1998, n. 58 (14), non sono collegati a strumenti finanziari derivati, né includono caratteristiche ad essi proprie;

c) la documentazione contrattuale e, se previsto, il prospetto di offerta o di ammissione a quotazione degli strumenti di debito indicano che il rimborso del capitale e il pagamento degli interessi e di eventuali altri importi dovuti ai titolari sono disciplinati secondo quanto previsto dall'art. 91, comma 1-*bis*, lett. *c-bis*).

(1) Comma inserito dall'art. 9.2, comma 1, lett. d, d.lg. n. 6/2003, come modificato dall'art. 2.1, d.lg. n. 37/2004.

(2) Comma sostituito prima dall'art. 64.3, d.lg. n. 415/1996, e, da ultimo, dall'art. 9.2, comma 1, lett. e, d.lg. n. 6/2003, come modificato dall'art. 2.1, d.lg. n. 37/2004.

(3) Sulla raccolta del risparmio dei soggetti diversi dalle banche v. provv. Banca d'Italia 8 novembre 2016, in G.U., 19 novembre 2016, n. 271.

(4) Istruzioni Banca d'Italia in G.U., 7 gennaio 1997, n. 4, in materia di raccolta in titoli delle banche.

(5) L'art. 64.4, d.lg. n. 415/1996, così dispone: «il comma 2 è abrogato, ma continua ad applicarsi fino alla data indicata nell'autorizzazione all'esercizio del mercato regolamentato previsto dall'art. 56 nel quale sono negoziate le obbligazioni bancarie».

(6) Comma così sostituito dall'art. 9.3, comma 1, lett. a, d.lg. n. 6/2003, come modificato dall'art. 2.1, d.lg. n. 37/2004.

(7) Comma sostituito prima dall'art. 64.4, d.lg. n. 415/1996, e, da ultimo, dall'art. 9.3, comma 1, lett. b, d.lg. n. 6/2003, come modificato dall'art. 2.1, d.lg. n. 37/2004.

(8) Comma inserito dall'art. 9.3, comma 1, lett. c, d.lg. n. 6/2003, come modificato dall'art. 2.1, d.lg. n. 37/2004. Le parole «, inclusi gli strumenti di debito chirografario di secondo livello di cui all'art. 12-*bis*» sono state inserite successivamente dall'art. 1.1103, lett. a, l. 27 dicembre 2017, n. 205.

(9) Le parole «, in conformità delle deliberazioni del CICR,» sono state soppresse dall'art. 1.6, lett. a, d.lg. 12 maggio 2015, n. 72.

(10) Comma così sostituito dall'art. 9.3, comma 1, lett. d, d.lg. n. 6/2003, come modificato dall'art. 2.1, d.lg. n. 37/2004.

(11) Sulla emissione di Titoli di Risparmio per l'Economia Meridionale v. art. 8.4, d.l. 13 maggio 2011, n. 70, conv. in l. 12 luglio 2011, n. 106.

(12) Le parole «, in conformità delle deliberazioni del CICR,» sono state soppresse dall'art. 1.6, lett. b, d.lg. 12 maggio 2015, n. 72.

(13) Sulla sottoscrizione pubblica di obbligazioni bancarie speciali v. art. 12, d.l. 29 novembre 2008, n. 185, conv. in l. 28 gennaio 2009, n. 2.

(14) In *Leggi coll. XVIII, 1.*

2. L'applicazione dell'art. 91, comma 1-*bis*, lett. *c-bis*), è subordinata al rispetto delle condizioni di cui al comma 1. Le clausole che prevedono diversamente sono nulle e la loro nullità non comporta la nullità del contratto.

3. Una volta emessi, gli strumenti di debito chirografario di secondo livello non possono essere modificati in maniera tale da far venire meno le caratteristiche indicate al comma 1. È nulla ogni pattuizione difforme.

4. La Banca d'Italia può disciplinare l'emissione e le caratteristiche degli strumenti di debito chirografario di secondo livello (1).

CAPO II

AUTORIZZAZIONE ALL'ATTIVITÀ BANCARIA, SUCCURSALI E LIBERA PRESTAZIONE DI SERVIZI

13. *Albo*. — 1. Fermo restando quanto previsto dalle disposizioni del MVU in tema di pubblicazione dell'elenco dei soggetti vigilati, la Banca d'Italia iscrive in un apposito albo le banche italiane e le succursali in Italia di banche extracomunitarie, nonché le succursali delle banche comunitarie stabilite nel territorio della Repubblica (2).

2. Le banche indicano negli atti e nella corrispondenza l'iscrizione nell'albo.

14. *Autorizzazione all'attività bancaria*. — 1. L'autorizzazione all'attività bancaria è rilasciata (3) quando ricorrano le seguenti condizioni:

a) sia adottata la forma di società per azioni o di società cooperativa per azioni a responsabilità limitata;

a-bis) la sede legale e la direzione generale siano situate nel territorio della Repubblica (4);

b) il capitale versato sia di ammontare non inferiore a quello determinato dalla Banca d'Italia;

c) venga presentato un programma concernente l'attività iniziale, unitamente all'atto costitutivo e allo statuto;

d) sussistano i presupposti per il rilascio dell'autorizzazione prevista dall'art. 19 per i titolari delle partecipazioni ivi indicate (5);

e) i soggetti che svolgono funzioni di amministrazione, direzione e controllo siano idonei, ai sensi dell'art. 26 (6);

f) non sussistano, tra la banca o i soggetti del gruppo di appartenenza e altri soggetti, stretti legami che ostacolino l'effettivo esercizio delle funzioni di vigilanza (7).

2. L'autorizzazione è rilasciata dalla BCE, su proposta della Banca d'Italia; è negata, dalla Banca d'Italia o dalla BCE (8), quando dalla verifica delle condizioni indicate nel comma 1 non risulti garantita la sana e prudente gestione.

2-*bis*. .... (9).

3. Non si può dare corso al procedimento per l'iscrizione nel registro delle imprese se non consti l'autorizzazione del comma 1.

3-*bis*. La revoca dell'autorizzazione è disposta dalla BCE, sentita la Banca d'Italia o su proposta di questa, quando sussiste una o più delle seguenti condizioni:

a) sono venute meno le condizioni in base alle quali l'autorizzazione è stata rilasciata;

b) l'autorizzazione è stata ottenuta presentando false dichiarazioni;

c) è accertata l'interruzione dell'attività bancaria per un periodo continuativo superiore a sei mesi (10).

3-*ter*. La revoca dell'autorizzazione è inoltre disposta dalla BCE, su proposta della Banca d'Italia, nei casi di liquidazione coatta amministrativa ai sensi dell'art. 80 (10).

4. Lo stabilimento in Italia della prima suc-

(1) Articolo aggiunto dall'art. 1.1103, lett. b, l. 27 dicembre 2017, n. 205. L'art. 1.1105, l. cit., così dispone: «Il valore nominale unitario degli strumenti di debito chirografario di secondo livello previsti dall'art. 12-*bis* del t.u. di cui al d.lg. n. 385 del 1993 è pari ad almeno 250.000 euro. I medesimi strumenti di debito possono essere oggetto di collocamento, in qualsiasi forma realizzato, rivolto a soli investitori qualificati».

(2) Comma così sostituito dall'art. 1.6, d.lg. 14 novembre 2016, n. 223.

(3) Le parole «L'autorizzazione all'attività bancaria è rilasciata» sono state così sostituite alle precedenti «La Banca d'Italia autorizza l'attività bancaria» dall'art. 1.7, lett. a, d.lg. 14 novembre 2016, n. 223.

(4) Lettera inserita dall'art. 3.1, d.lg. 4 agosto 1999, n. 333.

(5) Lettera così sostituita, da ultimo, dall'art. 1.7, lett. a, d.lg. 12 maggio 2015, n. 72.

(6) Lettera così sostituita, da ultimo, dall'art. 1.7, lett. b, d.lg. 12 maggio 2015, n. 72.

(7) Lettera inserita dall'art. 3.2, d.lg. 4 agosto 1999, n. 333.

(8) Le parole «L'autorizzazione è rilasciata dalla BCE, su proposta della Banca d'Italia; è negata, dalla Banca d'Italia o dalla BCE,» sono state così sostituite alle precedenti «La Banca d'Italia nega l'autorizzazione» dall'art. 1.7, lett. b, d.lg. 14 novembre 2016, n. 223.

(9) Comma inserito dall'art. 3, d.lg. 4 agosto 1999, n. 342, e successivamente abrogato dall'art. 1.7, lett. c, d.lg. 12 maggio 2015, n. 72.

(10) Comma inserito dall'art. 1.7, lett. c, d.lg. 14 novembre 2016, n. 223.

cursale di una banca extracomunitaria è autorizzato dalla Banca d'Italia, sentito il Ministero degli affari esteri, subordinatamente (1) al rispetto di condizioni corrispondenti a quelle del comma 1, lett. *b*), *c*) ed *e*). L'autorizzazione è rilasciata tenendo anche conto della condizione di reciprocità (2) (3).

4-*bis*. La Banca d'Italia emana disposizioni attuative del presente articolo [...] (4).

15. *Succursali*. — 01. Le banche italiane possono stabilire succursali nel territorio della Repubblica e degli altri Stati comunitari in conformità delle procedure previste dalle disposizioni del MVU. Le banche degli altri Stati comunitari possono stabilire succursali nel territorio della Repubblica in conformità delle procedure previste dalle disposizioni del MVU e, per le banche degli Stati comunitari non partecipanti al MVU, del comma 3 (5).

1. Fermo restando quanto previsto dal comma 01, la Banca d'Italia può vietare lo stabilimento di una nuova succursale di un soggetto italiano meno significativo per motivi attinenti all'adeguatezza delle strutture organizzative o della situazione finanziaria, economica e patrimoniale del soggetto (6).

2. Le banche italiane possono stabilire succursali in uno Stato terzo (7) previa autorizzazione della Banca d'Italia.

3. Per le banche degli Stati comunitari non partecipanti al MVU che intendono stabilire succursali nel territorio della Repubblica, il primo insediamento è preceduto da una comunicazione alla Banca d'Italia da parte dell'autorità competente dello Stato di appartenenza; la succursale inizia l'attività decorsi due mesi dalla comunicazione (8). Il primo insediamento è preceduto da una comunicazione alla Banca d'Italia da parte dell'autorità competente dello Stato di appartenenza; la succursale inizia l'attività decorsi due mesi dalla comunicazione. La Banca d'Italia e la Consob, nell'ambito delle rispettive competenze, indicano, se del caso, all'autorità competente dello Stato comunitario non partecipante al MVU (9) e alla banca le condizioni alle quali, per motivi di interesse generale, è subordinato l'esercizio dell'attività della succursale.

4. Le banche extracomunitarie già operanti nel territorio della Repubblica con una succursale possono stabilire altre succursali previa autorizzazione della Banca d'Italia.

5. La Banca d'Italia, nei casi in cui sia previsto l'esercizio di attività di intermediazione mobiliare, dà notizia alla Consob delle comunicazioni ricevute ai sensi dei commi 01 e 3 (10) e dell'apertura di succursali all'estero da parte di banche italiane.

16. *Libera prestazione di servizi*. — 1. Le banche italiane possono esercitare le attività ammesse al mutuo riconoscimento in uno Stato comunitario senza stabilirvi succursali, secondo quanto stabilito dalle disposizioni del MVU e (11) nel rispetto delle procedure fissate dalla Banca d'Italia.

2. Le banche italiane possono operare in uno Stato terzo (12) senza stabilirvi succursali previa autorizzazione della Banca d'Italia.

3. Le banche comunitarie possono esercitare le attività previste dal comma 1 nel territorio della Repubblica senza stabilirvi succursali dopo che la Banca d'Italia sia stata informata dall'autorità competente dello Stato di appartenenza.

(1) Le parole «dalla Banca d'Italia, sentito il Ministero degli affari esteri, subordinatamente» sono state così sostituite alle precedenti «con decreto del Ministro del tesoro, d'intesa con il Ministro degli affari esteri, sentita la Banca d'Italia. L'autorizzazione è comunque subordinata» dall'art. 1.2, d.lg. 29 dicembre 2006, n. 303.

(2) V. istruzioni della Banca d'Italia in materia di autorizzazione all'attività bancaria in suppl. ord. G.U., 13 gennaio 1999, n. 9.

(3) V. provv. Banca d'Italia 14 giugno 2006, in G.U., 19 giugno 2006, n. 140.

(4) Comma aggiunto dall'art. 1.7, lett. d, d.lg. 12 maggio 2015, n. 72. Le parole «, con particolare riguardo alla procedura di autorizzazione e alle modalità di presentazione dell'istanza, ai criteri di valutazione delle condizioni previste dal comma 1, alle ipotesi di decadenza e di revoca dell'autorizzazione» sono state soppresse successivamente dall'art. 1.7, lett. d, d.lg. 14 novembre 2016, n. 223.

(5) Comma premesso dall'art. 1.8, lett. a, d.lg. 14 novembre 2016, n. 223.

(6) Comma così sostituito dall'art. 1.8, lett. b, d.lg. 14 novembre 2016, n. 223.

(7) La parola «terzo» è stata così sostituita alla precedente «extracomunitario» dall'art. 1.5, d.lg. 16 novembre 2015, n. 181. Per l'entrata in vigore v. nota 2 alla rubrica del provvedimento.

(8) Periodo così sostituito dall'art. 1.8, lett. c, d.lg. 14 novembre 2016, n. 223.

(9) Le parole «non partecipante al MVU» sono state inserite dall'art. 1.8, lett. c, d.lg. 14 novembre 2016, n. 223.

(10) Le parole «dei commi 01 e 3» sono state così sostituite alle precedenti «del comma 3» dall'art. 1.8, lett. d, d.lg. 14 novembre 2016, n. 223.

(11) Le parole «secondo quanto stabilito dalle disposizioni del MVU e» sono state inserite dall'art. 1.9, d.lg. 14 novembre 2016, n. 223.

(12) La parola «terzo» è stata così sostituita alla precedente «extracomunitario» dall'art. 1.6, d.lg. 16 novembre 2015, n. 181. Per l'entrata in vigore v. nota 2 alla rubrica del provvedimento.

4. Le banche extracomunitarie possono operare in Italia senza stabilirvi succursali previa autorizzazione della Banca d'Italia. Allo svolgimento di servizi o attività di investimento, con o senza servizi accessori, si applica l'art. 29-*ter* del d.lg. 24 febbraio 1998, n. 58 (1) (2).

5. La Banca d'Italia, nei casi in cui sia previsto l'esercizio di attività di intermediazione mobiliare, dà notizia alla Consob delle comunicazioni ricevute ai sensi del comma 3 e della prestazione all'estero di servizi da parte di banche italiane.

17. *Attività non ammesse al mutuo riconoscimento*. — 1. La Banca d'Italia [...] (3) disciplina l'esercizio di attività non ammesse al mutuo riconoscimento comunque effettuato da parte di banche comunitarie nel territorio della Repubblica.

18. *Società finanziarie ammesse al mutuo riconoscimento*. — 1. Le disposizioni dell'art. 15, commi 01 e 1 (4), e dell'art. 16, comma 1, si applicano anche alle società finanziarie con sede legale in Italia sottoposte a forme di vigilanza prudenziale, quando la partecipazione di controllo è detenuta da una o più banche italiane e ricorrono le condizioni stabilite dalla Banca d'Italia.

2. Le disposizioni dell'art. 15, comma 3, e dell'art. 16, comma 3, si applicano, in armonia con la normativa comunitaria, anche alle società finanziarie aventi sede legale in uno Stato comunitario quando la partecipazione di controllo è detenuta da una o più banche aventi sede legale nel medesimo Stato.

3. La Banca d'Italia, nei casi in cui sia previsto l'esercizio di attività di intermediazione mobiliare, comunica alla Consob le società finanziarie ammesse al mutuo riconoscimento ai sensi dei commi 1 e 2.

4. Alle società finanziarie ammesse al mutuo riconoscimento ai sensi dei commi 1 e 2 si applicano le disposizioni previste dall'art. 54, commi 1, 2 e 3.

5. Alle società finanziarie ammesse al mutuo riconoscimento ai sensi del comma 2 si applicano altresì le disposizioni previste dall'art. 79, commi 1, 3 e 4 (5).

CAPO III

PARTECIPAZIONI NELLE BANCHE (6)

19. *Autorizzazioni*. — 1. È soggetta ad autorizzazione preventiva (7) l'acquisizione a qualsiasi titolo in una banca di partecipazioni che comportano il controllo o la possibilità di esercitare un'influenza notevole sulla banca stessa o che attribuiscono una quota dei diritti di voto o del capitale almeno pari al 10 per cento, tenuto conto delle azioni o quote già possedute (8).

2. Sono soggette ad autorizzazione preventiva (9) le variazioni delle partecipazioni quando la quota dei diritti di voto o del capitale raggiunge o supera il 20 per cento, 30 per cento o 50 per cento e, in ogni caso, quando le variazioni comportano il controllo sulla banca stessa (10).

3. L'autorizzazione è necessaria anche per l'acquisizione del controllo di una società che detiene le partecipazioni indicate al comma 1 (11).

4. .... (12).

5. L'autorizzazione è rilasciata dalla BCE, su proposta della Banca d'Italia. La proposta è formulata (13) quando ricorrono condizioni atte a garantire una gestione sana e prudente della banca, valutando la qualità del potenziale acquirente e la solidità finanziaria del progetto di acquisizione in base ai seguenti criteri: la reputazione del potenziale acquirente ai sensi

(1) In *Leggi coll. XVIII, 1*.

(2) Comma così sostituito dall'art. 8, d.lg. 3 agosto 2017, n. 129.

(3) Le parole «, in conformità delle deliberazioni del CICR,» sono state soppresse dall'art. 1.8, d.lg. 12 maggio 2015, n. 72.

(4) Le parole «dell'art. 15, commi 01 e 1» sono state così sostituite alle precedenti «dell'art. 15, comma 1» dall'art. 1.10, d.lg. 14 novembre 2016, n. 223.

(5) Le parole «, commi 1, 3 e 4» sono state aggiunte dall'art. 1.9, d.lg. 12 maggio 2015, n. 72.

(6) Rubrica così sostituita dall'art. 1.1, lett. c, d.lg. 27 gennaio 2010, n. 21.

(7) Le parole «È soggetta ad autorizzazione preventiva» sono state così sostituite alle precedenti «La Banca d'Italia autorizza preventivamente» dall'art. 1.11, lett. a, d.lg. 14 novembre 2016, n. 223.

(8) Comma così sostituito dall'art. 1.1, lett. d, n. 1, d.lg. 27 gennaio 2010, n. 21.

(9) Le parole «Sono soggette ad autorizzazione preventiva» sono state così sostituite alle precedenti «La Banca d'Italia autorizza preventivamente» dall'art. 1.11, lett. b, d.lg. 14 novembre 2016, n. 223.

(10) Comma così sostituito dall'art. 1.1, lett. d, n. 2, d.lg. 27 gennaio 2010, n. 21.

(11) Comma così sostituito dall'art. 1.11, lett. c, d.lg. 14 novembre 2016, n. 223.

(12) Comma soppresso dall'art. 1.11, lett. d, d.lg. 14 novembre 2016, n. 223.

(13) Le parole «L'autorizzazione è rilasciata dalla BCE, su proposta della Banca d'Italia. La proposta è formulata» sono state così sostituite alle precedenti «La Banca d'Italia rilascia l'autorizzazione» dall'art. 1.11, lett. e, d.lg. 14 novembre 2016, n. 223.

dell'art. 25; l'idoneità, ai sensi dell'art. 26, di coloro che, in esito all'acquisizione, svolgeranno funzioni di amministrazione, direzione e controllo nella banca; la solidità finanziaria del potenziale acquirente; la capacità della banca di rispettare a seguito dell'acquisizione le disposizioni che ne regolano l'attività; l'idoneità della struttura del gruppo del potenziale acquirente a consentire l'esercizio efficace della vigilanza; la mancanza di un (1) fondato sospetto che l'acquisizione sia connessa ad operazioni di riciclaggio o di finanziamento del terrorismo. L'autorizzazione può essere sospesa o revocata se vengono meno o si modificano i presupposti e le condizioni per il suo rilascio (2).

5-*bis.* La Banca d'Italia propone alla BCE di negare l'autorizzazione all'acquisizione della partecipazione quando dalla verifica delle condizioni indicate nel comma 5 non risulti garantita la sana e prudente gestione della banca (3).

5-*ter.* Quando l'acquisizione viene effettuata nell'ambito di una risoluzione ai sensi del d.lg. 16 novembre 2015, n. 180 (4), i provvedimenti previsti dai commi 1, 2, 3 e 5 sono adottati dalla Banca d'Italia (3).

6-7. .... (5).

8. La Banca d'Italia dà notizia al Ministro dell'economia e delle finanze, Presidente del CICR, delle domande di autorizzazione di cui ai commi 1, 2 e 3 (6).

8-*bis.* Le autorizzazioni previste dal presente articolo [...] (7) si applicano anche all'acquisizione, in via diretta o indiretta, del controllo derivante da un contratto con la banca o da una clausola del suo statuto (8).

9. La Banca d'Italia adotta disposizioni attuative del presente articolo, individuando, tra l'altro: i soggetti tenuti a richiedere l'autorizzazione quando i diritti derivanti dalle partecipazioni indicate ai commi 1 e 2 spettano o sono attribuiti ad un soggetto diverso dal titolare delle partecipazioni stesse; i criteri di calcolo dei diritti di voto rilevanti ai fini dell'applicazione delle soglie previste ai commi 1 e 2, ivi inclusi i casi in cui i diritti di voto non sono computati ai fini dell'applicazione dei medesimi commi; i criteri per l'individuazione dei casi di influenza notevole; le modalità e i termini del procedimento di valutazione dell'acquisizione ai sensi dei commi 5, 5-*bis* e 5-*ter* (9) (10).

20. *Obblighi di comunicazione.* — 1. La Banca d'Italia stabilisce, a fini informativi, obblighi di comunicazione in ordine a operazioni di acquisto o cessione di partecipazioni in banche (11).

2. Ogni accordo, in qualsiasi forma concluso, compresi quelli aventi forma di associazione, che regola o da cui comunque possa derivare l'esercizio concertato del voto in una banca, anche cooperativa, o in una società che la controlla deve essere comunicato alla Banca d'Italia dai partecipanti ovvero dai legali rappresentanti della banca o della società cui l'accordo si riferisce [...] (12). Quando dall'accordo derivi una concertazione del voto tale da pregiudicare la gestione sana e prudente della banca, la Banca d'Italia può sospendere il diritto di voto

(1) Le parole «; la mancanza di un» sono state così sostituite alle precedenti «. L'autorizzazione non può essere rilasciata in caso di» dall'art. 1.11, lett. e, d.lg. 14 novembre 2016, n. 223.

(2) Comma così sostituito, da ultimo, dall'art. 1.10, lett. a, d.lg. 12 maggio 2015, n. 72.

(3) Comma inserito dall'art. 1.11, lett. f, d.lg. 14 novembre 2016, n. 223.

(4) In *Leggi coll. XVII, 7.*

(5) Commi abrogati dall'art. 14.1, d.l. 29 novembre 2008, n. 185, conv. in l. 28 gennaio 2009, n. 2. L'art. 5, d.lg. 27 gennaio 2010, n. 21, così dispone: «Dalla data di entrata in vigore del presente decreto è abrogato l'art. 14, comma 1, del d.l. 29 novembre 2008, n. 185, convertito, con modificazioni, dalla l. 28 gennaio 2009, n. 2. Restano abrogati i commi 6 e 7 dell'art. 19 del d.lg. 1° settembre 1993, n. 385. Al comma 8-*bis* del medesimo art. 19, le parole: "e il divieto previsto dal comma 6" restano soppresse».

(6) Comma così sostituito dall'art. 1.11, lett. g, d.lg. 14 novembre 2016, n. 223.

(7) Le parole «e il divieto previsto dal comma 6» sono state soppresse dall'art. 14.1, d.l. 29 novembre 2008, n. 185, conv. in l. 28 gennaio 2009, n. 2. L'art. 5, d.lg. 27 gennaio 2010, n. 21, così dispone: «Dalla data di entrata in vigore del presente decreto è abrogato l'art. 14, comma 1, del d.l. 29 novembre 2008, n. 185, convertito, con modificazioni, dalla l. 28 gennaio 2009, n. 2. Restano abrogati i commi 6 e 7 dell'art. 19 del d.lg. 1° settembre 1993, n. 385. Al comma 8-*bis* del medesimo art. 19, le parole: "e il divieto previsto dal comma 6" restano soppresse».

(8) Comma inserito dall'art. 39, d.lg. 28 dicembre 2004, n. 310. V. d.m. Economia 27 luglio 2011, in G.U., 19 agosto 2011, n. 192.

(9) Comma così sostituito, da ultimo, dall'art. 1.11, lett. h, d.lg. 14 novembre 2016, n. 223.

(10) Articolo sostituito dall'art. 9.5, comma 1, d.lg. n. 6/2003, come modificato dall'art. 2.1, d.lg. n. 37/2004.

(11) Comma così sostituito, da ultimo, dall'art. 1.1, lett. e, n. 1, d.lg. 27 gennaio 2010, n. 21.

(12) Le parole «entro cinque giorni dalla stipulazione ovvero, se non concluso in forma scritta, dal momento di accertamento delle circostanze che ne rivelano l'esistenza» sono state soppresse dall'art. 1.1, lett. e, n. 2, d.lg. 27 gennaio 2010, n. 21.

dei (1) partecipanti all'accordo stesso.

3. La Banca d'Italia determina presupposti, modalità e termini delle comunicazioni previste dal comma 1 anche con riguardo alle ipotesi in cui il diritto di voto spetta o è attribuito a soggetto diverso dal titolare della partecipazione (2). La Banca d'Italia determina altresì le modalità e i termini (3) delle comunicazioni previste dal comma 2 (4).

4. La Banca d'Italia, al fine di verificare l'osservanza degli obblighi indicati nei commi 1 e 2, può chiedere informazioni ai soggetti comunque interessati.

21. *Richiesta di informazioni*. — 1. La Banca d'Italia può richiedere alle banche ed alle società ed agli enti di qualsiasi natura che possiedono partecipazioni nelle banche medesime l'indicazione nominativa dei titolari delle partecipazioni secondo quanto risulta dal libro dei soci, dalle comunicazioni ricevute o da altri dati a loro disposizione.

2. La Banca d'Italia può altresì richiedere agli amministratori delle società e degli enti titolari di partecipazioni in banche l'indicazione dei soggetti controllanti.

3. Le società fiduciarie che abbiano intestato a proprio nome partecipazioni in società appartenenti a terzi comunicano alla Banca d'Italia, se questa lo richieda, le generalità dei fiducianti.

4. Le notizie previste dal presente articolo possono essere richieste anche a soggetti stranieri.

5. La Banca d'Italia informa la Consob delle richieste che interessano società ed enti con titoli negoziati in un mercato regolamentato (5).

22. *Partecipazioni indirette e acquisti di concerto* (6). — 1. Ai fini dell'applicazione dei capi III e IV del presente Titolo si considerano anche le partecipazioni acquisite o comunque possedute per il tramite di società controllate, di società fiduciarie o per interposta persona (7).

1-*bis*. Ai fini dell'applicazione dei capi III e IV si considera anche l'acquisizione di partecipazioni da parte di più soggetti che, in base ad accordi in qualsiasi forma conclusi, intendono esercitare in modo concertato i relativi diritti, quando tali partecipazioni, cumulativamente considerate, raggiungono o superano le soglie indicate nell'art. 19 (8).

23. *Nozione di controllo*. — 1. Ai fini del presente capo il controllo sussiste, anche con riferimento a soggetti diversi dalle società, nei casi previsti dall'art. 2359, commi primo e secondo, del codice civile e in presenza di contratti o di clausole statutarie che abbiano per oggetto o per effetto il potere di esercitare l'attività di direzione e coordinamento (9).

2. Il controllo si considera esistente nella forma dell'influenza dominante, salvo prova contraria, allorché ricorra una delle seguenti situazioni:

1) esistenza di un soggetto che, sulla base di accordi, ha il diritto di nominare o revocare la maggioranza degli amministratori o del consiglio di sorveglianza ovvero dispone da solo della maggioranza dei voti ai fini delle deliberazioni relative alle materie di cui agli artt. 2364 e 2364-*bis* del codice civile;

2) possesso di partecipazioni idonee a consentire la nomina o la revoca della maggioranza dei membri del consiglio di amministrazione o del consiglio di sorveglianza;

3) sussistenza di rapporti, anche tra soci, di carattere finanziario ed organizzativo idonei a conseguire uno dei seguenti effetti:

a) la trasmissione degli utili o delle perdite;

b) il coordinamento della gestione dell'impresa con quella di altre imprese ai fini del perseguimento di uno scopo comune;

c) l'attribuzione di poteri maggiori rispetto a quelli derivanti dalle partecipazioni possedute;

d) l'attribuzione, a soggetti diversi da quelli legittimati in base alla titolarità delle partecipazioni, di poteri nella scelta degli amministratori o dei componenti del consiglio di sorveglianza o dei dirigenti delle imprese.

4) assoggettamento a direzione comune,

(1) La parola «soci» è stata soppressa dall'art. 9.6, comma 1, lett. b, d.lg. n. 6/2003, come modificato dall'art. 2.1, d.lg. n. 37/2004.

(2) Le parole «titolare della partecipazione» hanno sostituito la precedente «socio» per effetto dell'art. 9.6, comma 1, lett. c, d.lg. n. 6/2003, come modificato dall'art. 2.1, d.lg. n. 37/2004.

(3) Le parole «e i termini» sono state inserite dall'art. 1.1, lett. e, n. 3, d.lg. 27 gennaio 2010, n. 21.

(4) V. comunicazione Banca d'Italia in G.U., 2 giugno 1998, n. 126.

(5) Articolo così sostituito dall'art. 9.7, comma 1, d.lg. n. 6/2003, come modificato dall'art. 2.1, d.lg. n. 37/2004.

(6) Rubrica così sostituita dall'art. 1.1, lett. f, n. 1, d.lg. 27 gennaio 2010, n. 21.

(7) Articolo così sostituito dall'art. 9.8, comma 1, d.lg. n. 6/2003, come modificato dall'art. 2.1, d.lg. n. 37/2004.

(8) Comma inserito dall'art. 1.1, lett. f, n. 2, d.lg. 27 gennaio 2010, n. 21.

(9) Parole aggiunte dall'art. 40, d.lg. 28 dicembre 2004, n. 310.

in base alla composizione degli organi amministrativi o per altri concordanti elementi (1).

24. *Sospensione del diritto di voto e degli altri diritti, obbligo di alienazione* (2). — 1. Non possono essere esercitati i diritti di voto e gli altri diritti che consentono di influire sulla società inerenti alle partecipazioni per le quali le autorizzazioni previste dall'art. 19 non siano state ottenute ovvero siano state sospese o revocate. I diritti di voto e gli altri diritti, che consentono di influire sulla società, non possono essere altresì esercitati per le partecipazioni per le quali siano state omesse le comunicazioni previste dall'art. 20.

2. In caso di inosservanza del divieto, la deliberazione o il diverso atto, adottati con il voto o il contributo determinanti delle partecipazioni previste dal comma 1, sono impugnabili secondo le previsioni del codice civile. L'impugnazione può essere proposta anche dalla Banca d'Italia entro centottanta giorni dalla data della deliberazione ovvero, se questa è soggetta a iscrizione nel registro delle imprese, entro centottanta giorni dall'iscrizione o, se è soggetta solo a deposito presso l'ufficio del registro delle imprese, entro centottanta giorni dalla data di questo. Le partecipazioni per le quali non può essere esercitato il diritto di voto sono computate ai fini della regolare costituzione della relativa assemblea.

3. Le partecipazioni per le quali le autorizzazioni previste dall'art. 19 non sono state ottenute o sono state revocate devono essere alienate entro i termini stabiliti dalla Banca d'Italia (3).

3-*bis*. Non possono essere esercitati i diritti derivanti dai contratti o dalle clausole statutarie per i quali le autorizzazioni previste dall'art. 19 non siano state ottenute ovvero siano state sospese o revocate (4).

CAPO IV

PARTECIPANTI AL CAPITALE ED ESPONENTI AZIENDALI (5)

25. *Partecipanti al capitale*. — 1. I titolari delle partecipazioni indicate all'art. 19 devono possedere requisiti di onorabilità e soddisfare criteri di competenza e correttezza in modo da garantire la sana e prudente gestione della banca.

2. Il Ministro dell'economia e delle finanze, con decreto adottato sentita la Banca d'Italia, individua:

a) i requisiti di onorabilità;

b) i criteri di competenza, graduati in relazione all'influenza sulla gestione della banca che il titolare della partecipazione può esercitare;

c) i criteri di correttezza, con riguardo, tra l'altro, alle relazioni d'affari del titolare della partecipazione, alle condotte tenute nei confronti delle autorità di vigilanza e alle sanzioni o misure correttive da queste irrogate, a provvedimenti restrittivi inerenti ad attività professionali svolte, nonché a ogni altro elemento suscettibile di incidere sulla correttezza del titolare della partecipazione.

3. Qualora non siano soddisfatti i requisiti e i criteri non possono essere esercitati i diritti di voto e gli altri diritti, che consentono di influire sulla società, inerenti alle partecipazioni eccedenti le soglie indicate all'art. 19, comma 1. In caso di inosservanza, si applica l'art. 24, comma 2. Le partecipazioni eccedenti devono essere alienate entro i termini stabiliti dalla Banca d'Italia (6).

26. *Esponenti aziendali*. — 1. I soggetti che svolgono funzioni di amministrazione, direzione e controllo presso banche devono essere idonei allo svolgimento dell'incarico.

2. Ai fini del comma 1, gli esponenti devono possedere requisiti di professionalità, onorabilità e indipendenza, soddisfare criteri di competenza e correttezza, dedicare il tempo necessario all'efficace espletamento dell'incarico, in modo da garantire la sana e prudente gestione della banca.

3. Il Ministro dell'economia e delle finanze, con decreto adottato sentita la Banca d'Italia, individua:

a) i requisiti di onorabilità omogenei per tutti gli esponenti;

b) i requisiti di professionalità e indipendenza, graduati secondo principi di proporzionalità;

c) i criteri di competenza, coerenti con la carica da ricoprire e con le caratteristiche della banca, e di adeguata composizione dell'organo;

d) i criteri di correttezza, con riguardo, tra

(1) Articolo così sostituito dall'art. 9.9, comma 1, d.lg. n. 6/2003, come modificato dall'art. 2.1, d.lg. n. 37/2004.
(2) Rubrica così sostituita dall'art. 41.1, lett. a, d.lg. 28 dicembre 2004, n. 310.
(3) Comma così sostituito dall'art. 1.1, lett. g, d.lg. 27 gennaio 2010, n. 21.
(4) Articolo così sostituito dall'art. 9.10, comma 1, d.lg. n. 6/2003, come modificato dall'art. 2.1, d.lg. n. 37/2004. Successivamente l'art. 41.1, lett. b, d.lg. 28 dicembre 2004, n. 310, ha aggiunto il comma 3-*bis*.
(5) Rubrica così sostituita alla precedente «Requisiti di professionalità e di onorabilità» dall'art. 1.11, d.lg. 12 maggio 2015, n. 72.
(6) Articolo così sostituito, da ultimo, dall'art. 1.12, d.lg. 12 maggio 2015, n. 72.

l'altro, alle relazioni d'affari dell'esponente, alle condotte tenute nei confronti delle autorità di vigilanza e alle sanzioni o misure correttive da queste irrogate, a provvedimenti restrittivi inerenti ad attività professionali svolte, nonché a ogni altro elemento suscettibile di incidere sulla correttezza dell'esponente;

e) i limiti al cumulo di incarichi per gli esponenti delle banche, graduati secondo principi di proporzionalità e tenendo conto delle dimensioni dell'intermediario;

f) le cause che comportano la sospensione temporanea dalla carica e la sua durata.

4. Con decreto del Ministro dell'economia e delle finanze possono essere determinati i casi in cui requisiti e criteri di idoneità si applicano anche ai responsabili delle principali funzioni aziendali nelle banche di maggiore rilevanza.

5. Gli organi di amministrazione e controllo delle banche valutano l'idoneità dei propri componenti e l'adeguatezza complessiva dell'organo, documentando il processo di analisi e motivando opportunamente l'esito della valutazione. In caso di specifiche e limitate carenze riferite ai criteri previsti ai sensi del comma 3, lett. *c*), i medesimi organi possono adottare misure necessarie a colmarle. In ogni altro caso il difetto di idoneità o la violazione dei limiti al cumulo degli incarichi determina la decadenza dall'ufficio; questa è pronunciata dall'organo di appartenenza entro trenta giorni dalla nomina o dalla conoscenza del difetto o della violazione sopravvenuti. Per i soggetti che non sono componenti di un organo la valutazione e la pronuncia della decadenza sono effettuate dall'organo che li ha nominati.

6. La Banca d'Italia, secondo modalità e tempi da essa stabiliti, anche al fine di ridurre al minimo gli oneri gravanti sulle banche, valuta l'idoneità degli esponenti e il rispetto dei limiti al cumulo degli incarichi, anche sulla base dell'analisi compiuta e delle eventuali misure adottate ai sensi del comma 5. In caso di difetto o violazione pronuncia la decadenza dalla carica (1).

27. *Incompatibilità*. — ....(2).

CAPO V

Banche cooperative

28. *Norme applicabili*. — 1. L'esercizio dell'attività bancaria da parte di società cooperative è riservato alle banche popolari e alle banche di credito cooperativo disciplinate dalle sezioni I e II del presente capo.

2. Alle banche popolari e alle banche di credito cooperativo non si applicano i controlli sulle società cooperative attribuiti all'autorità governativa dal codice civile.

2-*bis*. Ai fini delle disposizioni fiscali di carattere agevolativo, sono considerate cooperative a mutualità prevalente le banche di credito cooperativo che rispettano i requisiti di mutualità previsti dall'art. 2514 del codice civile ed i requisiti di operatività prevalente con soci previsti ai sensi dell'art. 35 del presente decreto (3).

2-*ter*. Nelle banche popolari e nelle banche di credito cooperativo il diritto al rimborso delle azioni nel caso di recesso, anche a seguito di trasformazione, morte o esclusione del socio, è limitato secondo quanto previsto dalla Banca d'Italia, anche in deroga a norme di legge, laddove ciò sia necessario ad assicurare la computabilità delle azioni nel patrimonio di vigilanza di qualità primaria della banca. Agli stessi fini, la Banca d'Italia può limitare il diritto al rimborso degli altri strumenti di capitale emessi (4).

Sezione I. — *Banche popolari*

29. *Norme generali*. — 1. Le banche popolari sono costituite in forma di società cooperativa per azioni a responsabilità limitata.

2. Il valore nominale delle azioni non può essere inferiore a due euro (5).

2-*bis*. L'attivo della banca popolare non può superare 8 miliardi di euro. Se la banca è capogruppo di un gruppo bancario, il limite è determinato a livello consolidato (6).

2-*ter*. In caso di superamento del limite di cui

(1) Articolo così sostituito dall'art. 1.13, d.lg. 12 maggio 2015, n. 72.

(2) Articolo abrogato dall'art. 1.14, d.lg. 12 maggio 2015, n. 72.

(3) Comma aggiunto dall'art. 9.13, comma 1, n. 1, d.lg. n. 6/2003, come modificato dall'art. 2.1, d.lg. n. 37/2004.

(4) Comma aggiunto dall'art. 1.1, lett a, d.l. 24 gennaio 2015, n. 3, conv. in l. 24 marzo 2015, n. 33, e successivamente così sostituito dall'art. 1.15, d.lg. 12 maggio 2015, n. 72.

(5) Comma così sostituito dall'art. 4, d.lg. 24 giugno 1998, n. 213, in *Leggi coll. IV, 8*. Sulla vigilanza sulle banche di credito cooperativo v. art. 18, d.lg. 2 agosto 2002, n. 220, in *Leggi coll. XV, 5*.

(6) Comma aggiunto dall'art. 1.1, lett b, n. 1, d.l. 24 gennaio 2015, n. 3, conv. in l. 24 marzo 2015, n. 33. L'art. 1.2, d.l. cit., come modificato dall'art. 11, comma 1, d.l. 25 luglio 2018, n. 91, conv. in l. 21 settembre 2018, n. 108, così dispone: «In sede di prima applicazione del presente decreto, le banche popolari autorizzate al momento dell'entrata in vigore del presente decreto si adeguano a quanto stabilito ai sensi dell'art. 29, commi 2-*bis* e 2-*ter*, del d.lg. 1° settembre 1993, n. 385, introdotti dal presente articolo, entro il 31 dicembre 2018».

al comma 2-*bis*, l'organo di amministrazione convoca l'assemblea per le determinazioni del caso. Se entro un anno dal superamento del limite l'attivo non è stato ridotto al di sotto della soglia né è stata deliberata la trasformazione in società per azioni ai sensi dell'art. 31 o la liquidazione, la Banca d'Italia, tenuto conto delle circostanze e dell'entità del superamento, può adottare il divieto di intraprendere nuove operazioni ai sensi dell'art. 78, o i provvedimenti previsti nel titolo IV, capo I, sezione I, o proporre alla Banca centrale europea la revoca dell'autorizzazione all'attività bancaria e al Ministro dell'economia e delle finanze la liquidazione coatta amministrativa. Restano fermi i poteri di intervento e sanzionatori attribuiti alla Banca d'Italia dal presente decreto legislativo (1).

2-*quater*. La Banca d'Italia detta disposizioni di attuazione del presente articolo (2).

3. .... (3).

4. Alle banche popolari non si applicano le disposizioni del d.lg. 14 dicembre 1947, n. 1577 e successive modificazioni.

30. *Soci*. — 1. Ogni socio ha un voto, qualunque sia il numero delle azioni possedute.

2. Nessuno, direttamente o indirettamente, può detenere azioni in misura eccedente l'1 per cento del capitale sociale, salva la facoltà statutaria di prevedere limiti più contenuti, comunque non inferiori allo 0,5 per cento (4). La banca, appena rileva il superamento di tale limite, contesta al detentore la violazione del divieto. Le azioni eccedenti devono essere alienate entro un anno dalla contestazione; trascorso tale termine, i relativi diritti patrimoniali maturati fino all'alienazione delle azioni eccedenti vengono acquisiti dalla banca (5).

2-*bis*. In deroga al comma 2, gli statuti possono fissare al 3 per cento la partecipazione delle fondazioni di origine bancaria di cui al d.lg. 17 maggio 1999, n. 153, che, alla data di entrata in vigore della presente disposizione, detengano una partecipazione al capitale sociale superiore ai limiti fissati dal citato comma 2, qualora il superamento del limite derivi da operazioni di aggregazione e fermo restando che tale partecipazione non può essere incrementata. Sono fatti salvi i limiti più stringenti previsti dalla disciplina propria dei soggetti di cui al presente comma e le autorizzazioni richieste ai sensi di norme di legge (6).

(1) Comma aggiunto dall'art. 1.1, lett b, n. 1, d.l. 24 gennaio 2015, n. 3, conv. in l. 24 marzo 2015, n. 33. L'art. 1.2, d.l. cit., come modificato dall'art. 11, comma 1, d.l. 25 luglio 2018, n. 91, conv. in l. 21 settembre 2018, n. 108, così dispone: «In sede di prima applicazione del presente decreto, le banche popolari autorizzate al momento dell'entrata in vigore del presente decreto si adeguano a quanto stabilito ai sensi dell'art. 29, commi 2-*bis* e 2-*ter*, del d.lg. 1° settembre 1993, n. 385, introdotti dal presente articolo, entro il 31 dicembre 2018».

(2) Comma aggiunto dall'art. 1.1, lett b, n. 1, d.l. 24 gennaio 2015, n. 3, conv. in l. 24 marzo 2015, n. 33.

(3) Comma abrogato dall'art. 1.1, lett b, n. 2, d.l. 24 gennaio 2015, n. 3, conv. in l. 24 marzo 2015, n. 33.

(4) Periodo così sostituito dall'art. 23-*quater*.1, lett. *a*), n. 1), d.l. 18 ottobre 2012, n. 179, conv. in l. 17 dicembre 2012, n. 221.

(5) In base all'art. 41.14, d.l. 30 dicembre 2008, n. 207, conv. in l. 27 febbraio 2009, n. 14: «Il termine di un anno per l'adempimento del dovere di alienazione di cui all'art. 30, comma 2, del t.u. delle leggi in materia bancaria e creditizia, di cui al d.lg. 1° settembre 1993, n. 385, è differito fino ad un anno qualora il superamento del limite previsto dalla predetta disposizione derivi da operazioni di concentrazione tra banche oppure fra investitori».

L'art. 2.41, l. 23 dicembre 2009, n. 191, così dispone: «Per i soggetti che alla data del 31 dicembre 2008 detenevano una partecipazione al capitale sociale di banche popolari superiore alla misura prevista al comma 2 dell'art. 30 del t.u. delle leggi in materia bancaria e creditizia, di cui al d.lg. 1° settembre 1993, n. 385, è ulteriormente differito al 31 dicembre 2010 il termine per l'alienazione delle azioni eccedenti di cui al citato art. 30, comma 2».

«Il termine di un anno per l'adempimento del dovere di alienazione di cui all'art. 30, comma 2, terzo periodo, del t.u. delle leggi in materia bancaria e creditizia, di cui al d.lg. 1° settembre 1993, n. 385, già prorogato dall'art. 28-*bis* del d.lg. 31 dicembre 2007, n. 248, convertito, con modificazioni, dalla l. 28 febbraio 2008, n. 31, e dall'art. 41 del d.l. 30 dicembre 2008, n. 207, convertito, con modificazioni, dalla l. 27 febbraio 2009, n. 14, è differito al 31 dicembre 2011 per i soggetti che alla data del 31 dicembre 2008 detenevano una partecipazione al capitale sociale superiore ai limiti fissati dal primo periodo del citato comma 2, qualora il superamento del limite derivi da operazioni di concentrazione tra banche oppure tra investitori, fermo restando che tale partecipazione non potrà essere incrementata»: art. 1.17-*bis*, d.l. 30 dicembre 2009, n. 194, conv. in l. 26 febbraio 2010, n. 25.

L'art. 2, comma 17-*quaterdecies*, d.l. 29 dicembre 2010, n. 225, conv. in l. 26 febbraio 2011, n. 10, così dispone: «Il termine di un anno per l'adempimento del dovere di alienazione di cui all'art. 30, comma 2, terzo periodo, del t.u. delle leggi in materia bancaria e creditizia, di cui al d.lg. 1° settembre 1993, n. 385, come prorogato, da ultimo, dall'art. 1, comma 17-*bis*, del d.l. 30 dicembre 2009, n. 194, convertito, con modificazioni, dalla l. 26 febbraio 2010, n. 25, è ulteriormente prorogato al 31 dicembre 2014 per i soggetti che alla data del 31 dicembre 2009 detenevano una partecipazione al capitale sociale superiore ai limiti fissati dal primo periodo del citato comma 2, qualora il superamento del limite derivi da operazioni di concentrazione tra banche oppure tra investitori, fermo restando che tale partecipazione non potrà essere incrementata».

(6) Comma inserito dall'art. 23-*quater*.1, lett. *a*), n. 2), d.l. 18 ottobre 2012, n. 179, conv. in l. 17 dicembre 2012, n. 221.

3. Il divieto previsto dal comma 2 non si applica agli organismi di investimento collettivo in valori mobiliari, per i quali valgono i limiti previsti dalla disciplina propria di ciascuno di essi.

4. Il numero minimo dei soci non può essere inferiore a duecento. Qualora tale numero diminuisca, la compagine sociale deve essere reintegrata entro un anno; in caso contrario, la banca è posta in liquidazione.

5. Le delibere del consiglio di amministrazione (1) di rigetto delle domande di ammissione a socio debbono essere motivate avuto riguardo all'interesse della società, alle prescrizioni statutarie e allo spirito della forma cooperativa. Il consiglio di amministrazione è tenuto a riesaminare la domanda di ammissione su richiesta del collegio dei probiviri, costituito ai sensi dello statuto e integrato con un rappresentante dell'aspirante socio. L'istanza di revisione deve essere presentata entro trenta giorni dal ricevimento della comunicazione della deliberazione e il collegio dei probiviri si pronuncia entro trenta giorni dalla richiesta.

5-*bis*. Per favorire la patrimonializzazione della società, lo statuto può subordinare l'ammissione a socio, oltre che a requisiti soggettivi, al possesso di un numero minimo di azioni, il cui venir meno comporta la decadenza dalla qualità così assunta (2).

6. Coloro ai quali il consiglio di amministrazione abbia rifiutato l'ammissione a socio possono esercitare i diritti aventi contenuto patrimoniale relativi alle azioni possedute, fermo restando quanto disposto dal comma 2.

31. *Trasformazioni e fusioni*. — 1. Le trasformazioni di banche popolari in società per azioni o le fusioni a cui prendano parte banche popolari e da cui risultino società per azioni, le relative modifiche statutarie nonché le diverse determinazioni di cui all'art. 29, comma 2-*ter*, sono deliberate:

a) in prima convocazione, con la maggioranza dei due terzi dei voti espressi, purché all'assemblea sia rappresentato almeno un decimo dei soci della banca;

b) in seconda convocazione, con la maggioranza di due terzi dei voti espressi, qualunque sia il numero dei soci intervenuti all'assemblea.

2. In caso di recesso resta fermo quanto previsto dall'art. 28, comma 2-*ter*.

3. Si applicano gli artt. 56 e 57 (3).

32. *Utili*. — 1. Le banche popolari devono destinare almeno il dieci per cento degli utili netti annuali a riserva legale.

2. La quota di utili non assegnata a riserva legale, ad altre riserve, ad altre destinazioni previste dallo statuto o non distribuita ai soci, è destinata a beneficenza o assistenza.

Sezione II. — *Banche di credito cooperativo* (4)

33. *Norme generali*. — 1. Le banche di credito cooperativo sono costituite in forma di società cooperativa per azioni a responsabilità limitata.

1-*bis*. L'adesione a un gruppo bancario cooperativo è condizione per il rilascio dell'autorizzazione all'esercizio dell'attività bancaria in forma di banca di credito cooperativo, fatto salvo quanto previsto dall'art. 37-*bis*, comma 1-*bis* (5).

1-*ter*. Non si può dare corso al procedimento per l'iscrizione nell'albo delle società cooperative di cui all'art. 2512, secondo comma, del codice civile se non consti l'autorizzazione prevista dal comma 1-*bis* (6).

2. La denominazione deve contenere l'espressione «credito cooperativo».

3. La nomina dei membri degli organi di amministrazione e controllo spetta ai competenti organi sociali fatte salve le previsioni degli

(1) Parole «di accoglimento o» soppresse dall'art. 4, d.lg. 4 agosto 1999, n. 342.

(2) Comma inserito dall'art. 23-*quater*.1, lett. *a*), n. 3), d.l. 18 ottobre 2012, n. 179, conv. in l. 17 dicembre 2012, n. 221.

(3) Articolo così sostituito dall'art. 1.1, lett c, d.l. 24 gennaio 2015, n. 3, conv. in l. 24 marzo 2015, n. 33.

(4) L'art. 20.2-*ter*, d.l. 23 ottobre 2018, n. 119, conv. in l. 17 dicembre 2018, n. 136, così dispone: «Gli artt. 21, 23 e 24-*bis* del t.u. di cui al d.lg. 24 febbraio 1998, n. 58, non si applicano all'offerta ed alla consulenza aventi ad oggetto azioni emesse dai soggetti di cui agli artt. 33 e 111-*bis* del t.u. di cui al d.lg. 1° settembre 1993, n. 385, quando la sottoscrizione o l'acquisto sia di valore nominale non superiore a 1.000 euro ovvero, se superiore a tale importo, rappresenti la quota minima stabilita nello statuto della banca per diventare socio purché la stessa non ecceda il valore nominale di 2.500 euro. Ai fini del rispetto dei limiti suddetti si tiene conto degli acquisti e delle sottoscrizioni effettuati nei ventiquattro mesi precedenti».

(5) Comma inserito dall'art. 1.1, lett. a, d.l. 14 febbraio 2016, n. 18, conv. in l. 8 aprile 2016, n. 49. Le parole «, fatto salvo quanto previsto dall'art. 37-*bis*, comma 1-*bis*» sono state aggiunte successivamente dall'art. 20-*bis*, comma 1, lett. a, d.l. 23 ottobre 2018, n. 119, conv. in l. 17 dicembre 2018, n. 136.

Per il Fondo temporaneo delle banche di credito cooperativo v. art. 2-*bis*, d.l. cit.

(6) Comma inserito dall'art. 1.1, lett. a, d.l. 14 febbraio 2016, n. 18, conv. in l. 8 aprile 2016, n. 49.

artt. 150-*ter* e 37-*bis*, comma 3 (1).

4. Il valore nominale di ciascuna azione non può essere inferiore a venticinque euro né superiore a cinquecento euro (2).

34. *Soci.* — 1. Il numero minimo dei soci delle banche di credito cooperativo non può essere inferiore a cinquecento (3). Qualora tale numero diminuisca, la compagine sociale deve essere reintegrata entro un anno; in caso contrario, la banca è posta in liquidazione.

2. Per essere soci di una banca di credito cooperativo è necessario risiedere, aver sede ovvero operare con carattere di continuità nel territorio di competenza della banca stessa.

3. Ogni socio ha un voto, qualunque sia il numero delle azioni possedute.

4. Nessun socio può possedere azioni il cui valore nominale complessivo superi centomila (4) euro (2).

4-*bis*. Lo statuto può prevedere, tra i requisiti per l'ammissione a socio, la sottoscrizione o l'acquisto di un numero minimo di azioni (5).

5. . . . . (6).

6. Si applica l'art. 30, comma 5 (7).

35. *Operatività.* — 1. Le banche di credito cooperativo esercitano il credito prevalentemente a favore dei soci. La Banca d'Italia può autorizzare, per periodi determinati, le singole banche di credito cooperativo a una operatività prevalente a favore di soggetti diversi dai soci, unicamente qualora sussistano ragioni di stabilità.

2. Gli statuti contengono le norme relative alle attività, alle operazioni di impiego e di raccolta e alla competenza territoriale, nonché ai poteri attribuiti alla capogruppo ai sensi dell'art. 37-*bis* (8), determinate sulla base dei criteri fissati dalla Banca d'Italia (9).

36. *Fusioni e trasformazioni* (10). — 1. La Banca d'Italia autorizza, nell'interesse dei creditori e qualora sussistano ragioni di stabilità, fusioni tra banche di credito cooperativo e banche di diversa natura da cui risultino [...] (11) banche costituite in forma di società per azioni.

1-*bis*. In caso di recesso o esclusione da un gruppo bancario cooperativo, la banca di credito cooperativo, entro il termine stabilito con le disposizioni di cui all'art. 37-*bis*, comma 7, previa autorizzazione rilasciata dalla Banca d'Italia avendo riguardo alla sana e prudente gestione della banca, può deliberare la propria trasformazione in società per azioni. In mancanza, la società delibera la propria liquidazione (12).

2. Le deliberazioni assembleari sono assunte con le maggioranze previste dagli statuti per le modificazioni statutarie; quando, in relazione all'oggetto delle modificazioni, gli statuti prevedano maggioranze differenziate, si applica quella meno elevata. È fatto salvo il diritto di recesso dei soci.

3. Si applicano gli artt. 56, comma 2, e 57, commi 2, 3 e 4 (13).

37. *Utili.* — 1. Le banche di credito cooperativo devono destinare almeno il settanta per cento degli utili netti annuali a riserva legale.

2. Una quota degli utili netti annuali deve essere corrisposta ai fondi mutualistici per la

(1) Comma così sostituito, da ultimo, dall'art. 1.1, lett. b, d.l. 14 febbraio 2016, n. 18, conv. in l. 8 aprile 2016, n. 49.

(2) Comma così sostituito dall'art. 4, d.lg. 24 giugno 1998, n. 213, in *Leggi coll. IV, 8*. Sulla vigilanza sulle banche di credito cooperativo v. art. 18, d.lg. 2 agosto 2002, n. 220, in *Leggi coll. XV, 5*.

(3) La parola «cinquecento» è stata così sostituita alla precedente «duecento» dall'art. 1.2, lett. a, d.l. 14 febbraio 2016, n. 18, conv. in l. 8 aprile 2016, n. 49.

(4) La parola «centomila» è stata così sostituita alla precedente «cinquantamila» dall'art. 1.2, lett. b, d.l. 14 febbraio 2016, n. 18, conv. in l. 8 aprile 2016, n. 49.

(5) Comma inserito dall'art. 1.2, lett. c, d.l. 14 febbraio 2016, n. 18, conv. in l. 8 aprile 2016, n. 49.

(6) Comma abrogato dall'art. 5.1, d.lg. 4 agosto 1999, n. 342.

(7) Comma così sostituito dall'art. 5.2, d.lg. 4 agosto 1999, n. 342.

(8) Le parole «nonché ai poteri attribuiti alla capogruppo ai sensi dell'art. 37-*bis*,» sono state inserite dall'art. 1.3, d.l. 14 febbraio 2016, n. 18, conv. in l. 8 aprile 2016, n. 49.

(9) L'art. 17-*bis*.3, d.l. 24 giugno 2014, n. 91, conv. in l. 11 agosto 2014, n. 116, così dispone: «Le banche di credito cooperativo autorizzate dalla Banca d'Italia ad un periodo di operatività prevalente a favore di soggetti diversi dai soci, ai sensi dell'art. 35 del t.u. di cui al d.lg. 1° settembre 1993, n. 385, ai fini delle disposizioni fiscali di carattere agevolativo, sono considerate cooperative diverse da quelle a mutualità prevalente, a decorrere dal periodo d'imposta successivo a quello nel corso del quale è trascorso un anno dall'inizio del periodo di autorizzazione, relativamente ai periodi d'imposta in cui non è ripristinata l'operatività prevalente a favore dei soci». In base all'art. 17-*bis*.4, d.l. cit., tali disposizioni «si applicano a decorrere dal periodo d'imposta successivo a quello in corso alla data di entrata in vigore della legge di conversione del presente decreto».

(10) Rubrica così sostituita alla precedente «Fusioni» dall'art. 1.4, lett. a, d.l. 14 febbraio 2016, n. 18, conv. in l. 8 aprile 2016, n. 49.

(11) La parole «banche popolari o» sono state soppresse dall'art. 1.4, lett. b, d.l. 14 febbraio 2016, n. 18, conv. in l. 8 aprile 2016, n. 49.

(12) Comma inserito dall'art. 1.4, lett. c, d.l. 14 febbraio 2016, n. 18, conv. in l. 8 aprile 2016, n. 49.

(13) Comma così sostituito dall'art. 1.4, lett. d, d.l. 14 febbraio 2016, n. 18, conv. in l. 8 aprile 2016, n. 49.

promozione e lo sviluppo della cooperazione nella misura e con le modalità previste dalla legge.

3. La quota di utili che non è assegnata ai sensi dei commi precedenti e che non è utilizzata per la rivalutazione delle azioni o assegnata ad altre riserve o distribuita ai soci deve essere destinata a fini di beneficenza o mutualità.

37-*bis*. *Gruppo Bancario Cooperativo*. — 1. Il gruppo bancario cooperativo è composto da:

a) una società capogruppo costituita in forma di società per azioni e autorizzata all'esercizio dell'attività bancaria il cui capitale è detenuto in misura pari ad almeno il sessanta per cento (1) dalle banche di credito cooperativo appartenenti al gruppo, che esercita attività di direzione e coordinamento sulle società del gruppo sulla base di un contratto conforme a quanto previsto dal comma 3 del presente articolo. Il medesimo contratto assicura l'esistenza di una situazione di controllo come definito dai principi contabili internazionali adottati dall'Unione europea; il requisito minimo di patrimonio netto della società capogruppo è di un miliardo di euro;

b) le banche di credito cooperativo che aderiscono al contratto e hanno adottato le connesse clausole statutarie;

c) le società bancarie, finanziarie e strumentali controllate dalla capogruppo, come definite dall'art. 59;

c-bis) eventuali sottogruppi territoriali facenti capo a una banca costituita in forma di società per azioni sottoposta a direzione e coordinamento della capogruppo di cui alla lett. *a*) e composti dalle altre società di cui alle lett. *b*) e *c*).

1-*bis*. Le banche di credito cooperativo aventi sede legale nelle province autonome di Trento e di Bolzano possono rispettivamente costituire autonomi gruppi bancari cooperativi composti solo da banche aventi sede e operanti esclusivamente nella medesima provincia autonoma e che comunque non abbiano più di due sportelli siti in province limitrofe (2), tra cui la corrispondente banca capogruppo, la quale adotta una delle forme di cui all'art. 14, comma 1, lett. *a*); il requisito minimo di patrimonio netto è stabilito dalla Banca d'Italia ai sensi del comma 7-*bis*. Le medesime banche hanno la facoltà di adottare, in alternativa alla costituzione del gruppo bancario cooperativo, sistemi di tutela istituzionale, in coerenza con quanto previsto dall'art. 113, par. 7, del reg. (UE) n. 575/2013 del Parlamento europeo e del Consiglio, del 26 agosto 2013 (3).

2. Lo statuto della capogruppo indica il numero massimo delle azioni con diritto di voto che possono essere detenute da ciascun socio, direttamente o indirettamente, ai sensi dell'art. 22, comma 1.

2-*bis*. Lo statuto della capogruppo stabilisce che i componenti dell'organo di amministrazione espressione delle banche di credito cooperativo aderenti al gruppo siano pari alla metà più due del numero complessivo dei consiglieri di amministrazione (4).

3. Il contratto di coesione che disciplina la direzione e il coordinamento della capogruppo sul gruppo indica:

a) la banca capogruppo, cui sono attribuiti la direzione e il coordinamento del gruppo;

b) i poteri della capogruppo che, nel rispetto delle finalità mutualistiche e del carattere localistico delle banche di credito cooperativo (5), includono:

1) l'individuazione e l'attuazione degli indirizzi strategici ed obiettivi operativi del gruppo, tenendo conto di quanto previsto dal comma 3-*bis*, (6) nonché gli altri poteri necessari per l'attività di direzione e coordinamento, proporzionati alla rischiosità delle banche aderenti, ivi compresi i controlli ed i poteri di influenza sulle banche aderenti volti ad assicurare il rispetto dei requisiti prudenziali e delle altre disposizioni in materia bancaria e finanziaria applicabili al gruppo e ai suoi componenti;

2) i casi, comunque motivati ed eccezionali, in cui la capogruppo può, rispettivamente, nominare, opporsi alla nomina o revocare uno o più componenti, fino a concorrenza della

(1) Le parole «pari ad almeno il sessanta per cento» sono state così sostituite alla precedente «maggioritaria» dall'art. 11.2, lett. a, d.l. 25 luglio 2018, n. 91, conv. in l. 21 settembre 2018, n. 108.

(2) Le parole «e che comunque non abbiano più di due sportelli siti in province limitrofe» sono state inserite dall'art. 21.1-*bis*, d.l. 23 dicembre 2016, n. 237, conv. in l. 17 febbraio 2017, n. 15.

(3) Ultimo periodo aggiunto dall'art. 20-*bis*.1, lett. b, d.l. 23 ottobre 2018, n. 119, conv. in l. 17 dicembre 2018, n. 136.

(4) Comma inserito dall'art. 11.2, lett. b, d.l. 25 luglio 2018, n. 91, conv. in l. 21 settembre 2018, n. 108.

(5) Le parole «e del carattere localistico delle banche di credito cooperativo» sono state inserite dall'art. 11.2, lett. c, d.l. 25 luglio 2018, n. 91, conv. in l. 21 settembre 2018, n. 108.

(6) Le parole «, tenendo conto di quanto previsto dal comma 3-*bis*,» sono state inserite dall'art. 11.2, lett. d, d.l. 25 luglio 2018, n. 91, conv. in l. 21 settembre 2018, n. 108.

maggioranza, degli organi di amministrazione e controllo delle società aderenti al gruppo e le modalità di esercizio di tali poteri;

3) l'esclusione di una banca dal gruppo in caso di gravi violazioni degli obblighi previsti dal contratto e le altre misure sanzionatorie graduate in relazione alla gravità della violazione;

c) i criteri di compensazione e l'equilibrio nella distribuzione dei vantaggi derivanti dall'attività comune;

d) i criteri e le condizioni di adesione, di diniego dell'adesione e di recesso dal contratto, nonché di esclusione dal gruppo, secondo criteri non discriminatori in linea con il principio di solidarietà tra le banche cooperative a mutualità prevalente.

3-*bis*. Con atto della capogruppo è disciplinato il processo di consultazione delle banche di credito cooperativo aderenti al gruppo in materia di strategie, politiche commerciali, raccolta del risparmio ed erogazione del credito nonché riguardo al perseguimento delle finalità mutualistiche. Al fine di tener conto delle specificità delle aree interessate, la consultazione avviene mediante assemblee territoriali delle banche di credito cooperativo, i cui pareri non sono vincolanti per la capogruppo (1).

3-*ter*. Le banche del gruppo che, sulla base del sistema di classificazione del rischio adottato dalla capogruppo, si collocano nelle classi di rischio migliori:

a) definiscono in autonomia i propri piani strategici e operativi, nel quadro degli indirizzi impartiti dalla capogruppo e sulla base delle metodologie da quest'ultima definite;

b) comunicano tali piani alla capogruppo che ne verifica la coerenza con i citati indirizzi;

c) nominano i componenti dei propri organi di amministrazione e controllo e, in caso di mancato gradimento della capogruppo, sottopongono alla stessa, ai fini della sostituzione di ogni componente non gradito, una lista di tre candidati diversi da quelli già indicati nella medesima procedura di nomina, fermi restando i requisiti di cui al decreto del Ministro dell'economia e delle finanze adottato ai sensi dell'art. 26.

Ogni atto della capogruppo di specificazione del sistema di classificazione del rischio previsto nel contratto di coesione è sottoposto all'approvazione preventiva della Banca d'Italia (1).

4. Il contratto di cui al comma 3 prevede la garanzia in solido delle obbligazioni assunte dalla capogruppo e dalle altre banche aderenti, nel rispetto della disciplina prudenziale dei gruppi bancari e delle singole banche aderenti.

5. L'adesione, il rigetto delle richieste di adesione, il recesso e l'esclusione di una banca di credito cooperativo sono autorizzati dalla Banca d'Italia avendo riguardo alla sana e prudente gestione del gruppo e della singola banca.

6. Alle partecipazioni al capitale della capogruppo delle banche di credito cooperativo e delle banche cui fanno capo i sottogruppi territoriali non si applicano gli artt. 2359-*bis*, 2359-*ter*, 2359-*quater* e 2359-*quinquies* del codice civile.

7. Con decreto del Presidente del Consiglio dei ministri, su proposta del Ministro dell'economia e delle finanze, sentita la Banca d'Italia, può essere stabilita una soglia di partecipazione delle banche di credito cooperativo al capitale della società capogruppo diversa da quella indicata al comma 1, lett. *a*), tenuto conto delle esigenze di stabilità del gruppo (2). Il Ministro dell'economia e delle finanze, al fine di assicurare l'adeguatezza dimensionale e organizzativa del gruppo bancario cooperativo, può stabilire con proprio decreto, sentita la Banca d'Italia:

a) il numero minimo di banche di credito cooperativo di un gruppo bancario cooperativo;

b) .... (3);

c) le modalità e i criteri per assicurare il riconoscimento e la salvaguardia delle peculiarità linguistiche e culturali delle banche di credito cooperativo aventi sede legale nelle regioni a statuto speciale e nelle province autonome di Trento e di Bolzano.

7-*bis*. La Banca d'Italia, al fine di assicurare la sana e prudente gestione, la competitività e l'efficienza del gruppo bancario cooperativo, nel rispetto della disciplina prudenziale applicabile e delle finalità mutualistiche, detta disposizioni di attuazione del presente articolo e dell'art. 37-*ter*, con particolare riferimento:

a) ai requisiti minimi organizzativi e operativi della capogruppo;

b) al contenuto minimo del contratto di cui al comma 3, alle caratteristiche della garanzia di cui al comma 4, al procedimento per la costituzione del gruppo e all'adesione al medesimo;

(1) Comma inserito dall'art. 11.2, lett. e, d.l. 25 luglio 2018, n. 91, conv. in l. 21 settembre 2018, n. 108.
(2) Periodo inserito dall'art. 11.2, lett. f, d.l. 25 luglio 2018, n. 91, conv. in l. 21 settembre 2018, n. 108.
(3) Lettera soppressa dall'art. 11.2, lett. g, d.l. 25 luglio 2018, n. 91, conv. in l. 21 settembre 2018, n. 108.

c) ai requisiti specifici, compreso il requisito minimo di patrimonio netto della capogruppo, relativi ai gruppi bancari cooperativi previsti dal comma 1-*bis*.

8. Al gruppo bancario cooperativo si applicano, in quanto compatibili, le disposizioni del Titolo III, Capo II (1).

37-*ter*. *Costituzione del gruppo bancario cooperativo*. — 1. La banca che intenda assumere il ruolo di capogruppo ai sensi dell'art. 37-*bis*, comma 1, lett. *a*), trasmette alla Banca d'Italia:

a) uno schema di contratto conforme a quanto stabilito ai sensi dell'art. 37-*bis*;

b) un elenco delle banche di credito cooperativo e delle altre società che intendono aderire al gruppo bancario cooperativo.

2. La Banca d'Italia accerta la sussistenza delle condizioni previste ai sensi dell'art. 37-*bis* e, in particolare, il grado di adeguatezza patrimoniale e finanziaria del gruppo e l'idoneità del contratto a consentire la sana e prudente gestione del gruppo.

3. A seguito dell'accertamento previsto dal comma 2, le banche di credito cooperativo sti-

(1) Articolo inserito dall'art. 1.5, d.l. 14 febbraio 2016, n. 18, conv. in l. 8 aprile 2016, n. 49. L'art. 2, d.l. cit., come modificato dall'art. 11, comma 1, d.l. 25 luglio 2018, n. 91, conv. in l. 21 settembre 2018, n. 108, così dispone: «*Disposizioni attuative*. — 1. In sede di prima applicazione degli artt. 37-*bis* e 37-*ter* del d.lg. 1° settembre 1993, n. 385, introdotti dal presente decreto, la comunicazione di cui all'art. 37-*ter*, comma 1, è inviata alla Banca d'Italia entro 18 mesi dall'entrata in vigore delle disposizioni emanate ai sensi dell'art. 37-*bis*, commi 7 e 7-*bis*, del d.lg. 1° settembre 1993, n. 385. Il contratto è concluso entro 180 giorni dall'accertamento previsto dall'art. 37-*ter*, comma 2, del d.lg. 1° settembre 1993, n. 385. Non si applicano alle modifiche statutarie propedeutiche e necessarie all'assunzione del ruolo di banca capogruppo e a quelle delle società contraenti l'art. 2437, primo comma, lett. *a*) e *g*), né l'art. 2497-*quater*, primo comma, lett. *c*), del codice civile. || 2. Entro 180 giorni dall'iscrizione nel registro delle imprese di cui al comma 4 dell'art. 37-*ter* del d.lg. 1° settembre 1993, n. 385, una banca di credito cooperativo può chiedere di aderire a un gruppo costituito ai sensi dell'art. 37-*bis* alle medesime condizioni previste per gli aderenti originari. L'organo amministrativo della capogruppo, sentito l'organo di controllo, comunica alla richiedente la deliberazione assunta entro 30 giorni dal ricevimento della domanda di adesione. In caso di mancata risposta nel termine previsto la domanda si ha per accolta. In caso di diniego dell'adesione, la decisione e le motivazioni, nel rispetto di quanto previsto dall'art. 37-*bis*, comma 3, lett. *d*), poste a base della delibera, sono comunicate dalla capogruppo alla banca richiedente e alla Banca d'Italia ai fini dell'autorizzazione prevista dall'art. 37-*bis*, comma 5, del d.lg. 1° settembre 1993, n. 385. Nei casi di cui al presente comma, la richiesta di adesione a un gruppo bancario cooperativo si ha per accolta qualora la banca di credito cooperativo abbia in precedenza fatto parte di un accordo di responsabilità contrattuale che tuteli tutte le parti aderenti ed, in particolare, garantisca la loro liquidità e solvibilità. || 3. Le banche di credito cooperativo autorizzate alla data di entrata in vigore delle disposizioni emanate ai sensi dell'art. 37-*bis*, commi 7 e 7-*bis*, del d.lg. 1° settembre 1993, n. 385, che non aderiscono a un gruppo bancario cooperativo, assumono le deliberazioni previste dall'art. 36 del d.lg. 1° settembre 1993, n. 385, come modificato dall'art. 1, comma 4, del presente decreto, o deliberano la liquidazione entro il termine indicato ai commi 1 e 2 del presente articolo. Resta fermo quanto previsto dall'art. 150-*bis*, comma 5, del d.lg. 1° settembre 1993, n. 385, come modificato dal presente decreto. || 3-*bis*. In deroga a quanto previsto dall'art. 150-*bis*, comma 5, del d.lg. 1° settembre 1993, n. 385, la devoluzione non si produce per le banche di credito cooperativo che, entro sessanta giorni dalla data di entrata in vigore della legge di conversione del presente decreto, presentino istanza, anche congiunta, alla Banca d'Italia, ai sensi dell'art. 58 del d.lg. n. 385 del 1993, di conferimento delle rispettive aziende bancarie ad una medesima società per azioni, anche di nuova costituzione, autorizzata all'esercizio dell'attività bancaria, purché la banca istante o, in caso di istanza congiunta, almeno una delle banche istanti, possieda, alla data del 31 dicembre 2015, un patrimonio netto superiore a duecento milioni di euro, come risultante dal bilancio riferito a tale data, su cui il revisore contabile ha espresso un giudizio senza rilievi. || 3-*ter*. All'atto del conferimento, la banca di credito cooperativo conferente versa al bilancio dello Stato un importo pari al 20 per cento del patrimonio netto al 31 dicembre 2015, come risultante dal bilancio riferito a tale data, su cui il revisore contabile ha espresso un giudizio senza rilievi. || 3-*quater*. A seguito del conferimento, la banca di credito cooperativo conferente, che mantiene le riserve indivisibili al netto del versamento di cui al comma 3-*ter*, modifica il proprio oggetto sociale per escludere l'esercizio dell'attività bancaria e si obbliga a mantenere le clausole mutualistiche di cui all'art. 2514 del codice civile, nonché ad assicurare ai soci servizi funzionali al mantenimento del rapporto con la società per azioni conferitaria, di formazione e informazione sui temi del risparmio e di promozione di programmi di assistenza. Non spetta ai soci il diritto di recesso previsto dall'art. 2437, primo comma, lett. *a*), del codice civile. In caso di inosservanza degli obblighi previsti dal presente comma e dai commi 3-*bis* e 3-*ter*, il patrimonio della conferente o, a seconda dei casi, della banca di credito cooperativo è devoluto ai sensi dell'art. 17 della l. 23 dicembre 2000, n. 388. In caso di mancato ottenimento delle autorizzazioni indicate al comma 3-*bis* entro il termine indicato dal comma 1, la banca di credito cooperativo può chiedere l'adesione a un gruppo cooperativo già costituito entro i successivi novanta giorni. In caso di diniego dell'adesione si applica il comma 3. || 4. In caso di inosservanza di quanto previsto dal comma 3, la Banca d'Italia assume le iniziative necessarie per la revoca dell'autorizzazione all'esercizio dell'attività bancaria. || 5. Le banche di credito cooperativo autorizzate alla data di entrata in vigore del presente decreto, si adeguano a quanto previsto dall'art. 34, comma 1, del d.lg. 1° settembre 1993, n. 385, entro 60 mesi dalla data di entrata in vigore del presente decreto».

pulano con la capogruppo il contratto di cui all'art. 37-*bis* e provvedono alle necessarie modifiche statutarie, che sono approvate con le maggioranze previste dall'art. 31, comma 1.

4. Il contratto è trasmesso alla Banca d'Italia, che provvede all'iscrizione del gruppo nell'albo dei gruppi. Successivamente, si dà corso all'iscrizione nel registro delle imprese ai sensi dell'art. 2497-*bis*, secondo comma, del codice civile (1).

CAPO VI

NORME RELATIVE A PARTICOLARI OPERAZIONI DI CREDITO

Sezione I. — *Credito fondiario e alle opere pubbliche*

38. *Nozione di credito fondiario*. — 1. Il credito fondiario ha per oggetto la concessione, da

(1) Articolo inserito dall'art. 1.5, d.l. 14 febbraio 2016, n. 18, conv. in l. 8 aprile 2016, n. 49. L'art. 2, d.l. cit., come modificato dall'art. 11, comma 1, d.l. 25 luglio 2018, n. 91, conv. in l. 21 settembre 2018, n. 108, così dispone: «*Disposizioni attuative*. — 1. In sede di prima applicazione degli artt. 37-*bis* e 37-*ter* del d.lg. 1° settembre 1993, n. 385, introdotti dal presente decreto, la comunicazione di cui all'art. 37-*ter*, comma 1, è inviata alla Banca d'Italia entro 18 mesi dall'entrata in vigore delle disposizioni emanate ai sensi dell'art. 37-*bis*, commi 7 e 7-*bis*, del d.lg. 1° settembre 1993, n. 385. Il contratto è concluso entro 180 giorni dall'accertamento previsto dall'art. 37-*ter*, comma 2, del d.lg. 1° settembre 1993, n. 385. Non si applicano alle modifiche statutarie propedeutiche e necessarie all'assunzione del ruolo di banca capogruppo e a quelle delle società contraenti l'art. 2437, primo comma, lett. *a*) e *g*), né l'art. 2497-*quater*, primo comma, lett. *c*), del codice civile. || 2. Entro 180 giorni dall'iscrizione nel registro delle imprese di cui al comma 4 dell'art. 37-*ter* del d.lg. 1° settembre 1993, n. 385, una banca di credito cooperativo può chiedere di aderire a un gruppo costituito ai sensi dell'art. 37-*bis* alle medesime condizioni previste per gli aderenti originari. L'organo amministrativo della capogruppo, sentito l'organo di controllo, comunica alla richiedente la deliberazione assunta entro 30 giorni dal ricevimento della domanda di adesione. In caso di mancata risposta nel termine previsto la domanda si ha per accolta. In caso di diniego dell'adesione, la decisione e le motivazioni, nel rispetto di quanto previsto dall'art. 37-*bis*, comma 3, lett. *d*), poste a base della delibera, sono comunicate dalla capogruppo alla banca richiedente e alla Banca d'Italia ai fini dell'autorizzazione prevista dall'art. 37-*bis*, comma 5, del d.lg. 1° settembre 1993, n. 385. Nei casi di cui al presente comma, la richiesta di adesione a un gruppo bancario cooperativo si ha per accolta qualora la banca di credito cooperativo abbia in precedenza fatto parte di un accordo di responsabilità contrattuale che tuteli tutte le parti aderenti ed, in particolare, garantisca la loro liquidità e solvibilità. || 3. Le banche di credito cooperativo autorizzate alla data di entrata in vigore delle disposizioni emanate ai sensi dell'art. 37-*bis*, commi 7 e 7-*bis*, del d.lg. 1° settembre 1993, n. 385, che non aderiscono a un gruppo bancario cooperativo, assumono le deliberazioni previste dall'art. 36 del d.lg. 1° settembre 1993, n. 385, come modificato dall'art. 1, comma 4, del presente decreto, o deliberano la liquidazione entro il termine indicato ai commi 1 e 2 del presente articolo. Resta fermo quanto previsto dall'art. 150-*bis*, comma 5, del d.lg. 1° settembre 1993, n. 385, come modificato dal presente decreto. || 3-*bis*. In deroga a quanto previsto dall'art. 150-*bis*, comma 5, del d.lg. 1° settembre 1993, n. 385, la devoluzione non si produce per le banche di credito cooperativo che, entro sessanta giorni dalla data di entrata in vigore della legge di conversione del presente decreto, presentino istanza, anche congiunta, alla Banca d'Italia, ai sensi dell'art. 58 del d.lg. n. 385 del 1993, di conferimento delle rispettive aziende bancarie ad una medesima società per azioni, anche di nuova costituzione, autorizzata all'esercizio dell'attività bancaria, purché la banca istante o, in caso di istanza congiunta, almeno una delle banche istanti, possieda, alla data del 31 dicembre 2015, un patrimonio netto superiore a duecento milioni di euro, come risultante dal bilancio riferito a tale data, su cui il revisore contabile ha espresso un giudizio senza rilievi. || 3-*ter*. All'atto del conferimento, la banca di credito cooperativo conferente versa al bilancio dello Stato un importo pari al 20 per cento del patrimonio netto al 31 dicembre 2015, come risultante dal bilancio riferito a tale data, su cui il revisore contabile ha espresso un giudizio senza rilievi. || 3-*quater*. A seguito del conferimento, la banca di credito cooperativo conferente, che mantiene le riserve indivisibili al netto del versamento di cui al comma 3-*ter*, modifica il proprio oggetto sociale per escludere l'esercizio dell'attività bancaria e si obbliga a mantenere le clausole mutualistiche di cui all'art. 2514 del codice civile, nonché ad assicurare ai soci servizi funzionali al mantenimento del rapporto con la società per azioni conferitaria, di formazione e informazione sui temi del risparmio e di promozione di programmi di assistenza. Non spetta ai soci il diritto di recesso previsto dall'art. 2437, primo comma, lett. *a*), del codice civile. In caso di inosservanza degli obblighi previsti dal presente comma e dai commi 3-*bis* e 3-*ter*, il patrimonio della conferente o, a seconda dei casi, della banca di credito cooperativo è devoluto ai sensi dell'art. 17 della l. 23 dicembre 2000, n. 388. In caso di mancato ottenimento delle autorizzazioni indicate al comma 3-*bis* entro il termine indicato dal comma 1, la banca di credito cooperativo può chiedere l'adesione a un gruppo cooperativo già costituito entro i successivi novanta giorni. In caso di diniego dell'adesione si applica il comma 3. || 4. In caso di inosservanza di quanto previsto dal comma 3, la Banca d'Italia assume le iniziative necessarie per la revoca dell'autorizzazione all'esercizio dell'attività bancaria. || 5. Le banche di credito cooperativo autorizzate alla data di entrata in vigore del presente decreto, si adeguano a quanto previsto dall'art. 34, comma 1, del d.lg. 1° settembre 1993, n. 385, entro 60 mesi dalla data di entrata in vigore del presente decreto».

parte di banche, di finanziamenti a medio e lungo termine garantiti da ipoteca di primo grado su immobili.

2. La Banca d'Italia, in conformità delle deliberazioni del CICR, determina l'ammontare massimo dei finanziamenti, individuandolo in rapporto al valore dei beni ipotecati o al costo delle opere da eseguire sugli stessi, nonché le ipotesi in cui la presenza di precedenti iscrizioni ipotecarie non impedisce la concessione dei finanziamenti (1).

39. *Ipoteche*. — 1. Ai fini dell'iscrizione ipotecaria le banche possono eleggere domicilio presso la propria sede.

2. Quando la stipulazione del contratto e l'erogazione del denaro formino oggetto di atti separati, il conservatore dei registri immobiliari, in base alla quietanza rilasciata dal beneficiario del finanziamento, esegue, a margine dell'iscrizione già presa, l'annotazione dell'avvenuto pagamento e dell'eventuale variazione degli interessi convenuta dalle parti; in tal caso l'ipoteca iscritta fa collocare nello stesso grado gli interessi nella misura risultante dall'annotazione stessa.

3. Il credito della banca relativo a finanziamenti con clausole di indicizzazione è garantito dall'ipoteca iscritta fino a concorrenza dell'importo effettivamente dovuto per effetto dell'applicazione di dette clausole. L'adeguamento dell'ipoteca si verifica automaticamente se la nota d'iscrizione menziona la clausola di indicizzazione.

4. Le ipoteche a garanzia dei finanziamenti non sono assoggettate a revocatoria fallimentare quando siano state iscritte dieci giorni prima della pubblicazione della sentenza dichiarativa di fallimento. L'art. 67 della legge fallimentare (2) non si applica ai pagamenti effettuati dal debitore a fronte di crediti fondiari.

5. I debitori, ogni volta che abbiano estinto la quinta parte del debito originario, hanno diritto a una riduzione proporzionale della somma iscritta. Essi hanno inoltre il diritto di ottenere la parziale liberazione di uno o più immobili ipotecati quando, dai documenti prodotti o da perizie, risulti che per le somme ancora dovute i rimanenti beni vincolati costituiscono una garanzia sufficiente ai sensi dell'art. 38.

6. In caso di edificio o complesso condominiale per il quale può ottenersi l'accatastamento delle singole porzioni che lo costituiscono, ancorché in corso di costruzione, il debitore, il terzo acquirente, il promissario acquirente o l'assegnatario del bene ipotecato o di parte dello stesso, questi ultimi limitatamente alla porzione immobiliare da essi acquistata o promessa in acquisto o in assegnazione, hanno diritto alla suddivisione del finanziamento in quote e, correlativamente, al frazionamento dell'ipoteca a garanzia (3).

6-*bis.* La banca deve provvedere agli adempimenti di cui al comma 6 entro il termine di novanta giorni dalla data di ricevimento della richiesta di suddivisione del finanziamento in quote corredata da documentazione idonea a comprovare l'identità del richiedente, la data certa del titolo e l'accatastamento delle singole porzioni per le quali è richiesta la suddivisione del finanziamento. Tale termine è aumentato a centoventi giorni, se la richiesta riguarda un finanziamento da suddividersi in più di cinquanta quote (4).

6-*ter.* Qualora la banca non provveda entro il termine indicato al comma 6-*bis*, il richiedente può presentare ricorso al presidente del tribunale nella cui circoscrizione è situato l'immobile; il presidente del tribunale, sentite le parti, ove accolga il ricorso, designa un notaio che, anche avvalendosi di ausiliari, redige un atto pubblico di frazionamento sottoscritto esclusivamente dal notaio stesso. Dall'atto di suddivisione del finanziamento o dal diverso successivo termine stabilito nel contratto di mutuo decorre, con riferimento alle quote frazionate, l'inizio dell'ammortamento delle somme erogate; di tale circostanza si fa menzione nell'atto stesso (4).

6-*quater.* Salvo diverso accordo delle parti, la durata dell'ammortamento è pari a quella originariamente fissata nel contratto di mutuo e l'ammortamento stesso è regolato al tasso di interesse determinato in base ai criteri di individuazione per il periodo di preammortamento immediatamente precedente. Il responsabile del competente Ufficio del territorio annota a margine dell'iscrizione ipotecaria il frazionamento del finanziamento e della relativa ipoteca, l'inizio e la durata dell'ammortamento ed il tasso relativo (4).

(1) Istruzioni Banca d'Italia 26 giugno 1995, in G.U., 22 aprile 1996, n. 94. Sulla garanzia dello Stato per i mutui ipotecari per l'edilizia residenziale pubblica v. d.m. Tesoro 7 ottobre 1997, n. 390. V. anche comunicazione Banca d'Italia, in G.U., 2 aprile 2005, n. 76. Sulla rinegoziazione dei contratti di mutuo ipotecario v. art. 8.6, d.l. 13 maggio 2011, n. 70, conv. in l. 12 luglio 2011, n. 106.

(2) In *Leggi coll. XXII, 1.*

(3) Comma così sostituito dall'art. 7.1, lett. a, d.lg. 20 giugno 2005, n. 122, in *Leggi coll. V, 2.*

(4) Comma inserito dall'art. 7.1, lett. b, d.lg. 20 giugno 2005, n. 122, in *Leggi coll. V, 2.*

7. Agli effetti dei diritti di scritturato e degli emolumenti ipotecari, nonché dei compensi e dei diritti spettanti al notaio, gli atti e le formalità ipotecarie, anche di annotazione, si considerano come una sola stipula, una sola operazione sui registri immobiliari e un solo certificato. Gli onorari notarili sono ridotti alla metà.

40. *Estinzione anticipata e risoluzione del contratto*. — 1. I debitori hanno facoltà di estinguere anticipatamente, in tutto o in parte, il proprio debito, corrispondendo alla banca esclusivamente un compenso onnicomprensivo per l'estinzione contrattualmente stabilito. I contratti indicano le modalità di calcolo del compenso, secondo i criteri stabiliti dal CICR al solo fine di garantire la trasparenza delle condizioni (1).

2. La banca può invocare come causa di risoluzione del contratto il ritardato pagamento quando lo stesso si sia verificato almeno sette volte, anche non consecutive. A tal fine costituisce ritardato pagamento quello effettuato tra il trentesimo e il centoottantesimo giorno dalla scadenza della rata.

40-*bis*. *Cancellazione delle ipoteche*. — 1. Ai fini di cui all'art. 2878 del codice civile e in deroga all'art. 2847 del codice civile, l'ipoteca iscritta a garanzia di obbligazioni derivanti da contratto di mutuo stipulato o accollato a seguito di frazionamento, anche ai sensi del d.lg. 20 giugno 2005, n. 122 (2), ancorché annotata su titoli cambiari, si estingue automaticamente alla data di estinzione dell'obbligazione garantita [...] (3).

2. Il creditore rilascia al debitore quietanza attestante la data di estinzione dell'obbligazione e trasmette al conservatore la relativa comunicazione entro trenta giorni dalla stessa data, senza alcun onere per il debitore e secondo le modalità determinate dall'Agenzia del territorio.

3. L'estinzione non si verifica se il creditore, ricorrendo un giustificato motivo ostativo, comunica all'Agenzia del territorio e al debitore, entro il termine di cui al comma 2 e con le modalità previste dal codice civile per la rinnovazione dell'ipoteca, che l'ipoteca permane. In tal caso l'Agenzia, entro il giorno successivo al ricevimento della dichiarazione, procede all'annotazione in margine all'iscrizione dell'ipoteca e fino a tale momento rende comunque conoscibile ai terzi richiedenti la comunicazione di cui al presente comma.

4. Decorso il termine di cui al comma 2 il conservatore, accertata la presenza della comunicazione di cui al medesimo comma e in mancanza della comunicazione di cui al comma 3, procede d'ufficio alla cancellazione dell'ipoteca entro il giorno successivo e fino all'avvenuta cancellazione rende comunque conoscibile ai terzi richiedenti la comunicazione di cui al comma 2. [...] (4).

5. Per gli atti previsti dal presente articolo non è necessaria l'autentica notarile.

6. Le disposizioni di cui al presente articolo si applicano ai mutui e ai finanziamenti, anche non fondiari, concessi da banche ed intermediari finanziari, ovvero concessi da enti di previdenza obbligatoria ai propri dipendenti o iscritti (5) (6).

41. *Procedimento esecutivo*. — 1. Nel procedimento di espropriazione relativo a crediti fondiari è escluso l'obbligo della notificazione del titolo contrattuale esecutivo.

2. L'azione esecutiva sui beni ipotecati a garanzia di finanziamenti fondiari può essere iniziata o proseguita dalla banca anche dopo la dichiarazione di fallimento del debitore. Il curatore ha facoltà di intervenire nell'esecuzione. La somma ricavata dall'esecuzione, eccedente la quota che in sede di riparto risulta spettante alla banca, viene attribuita al fallimento.

(1) Comma così sostituito dall'art. 6.1, d.lg. 4 agosto 1999, n. 342. Secondo l'art. 6.2, la disposizione del secondo periodo del comma 1 dell'art. 40 t.u., come modificato dal d.lg. 4 agosto 1999, n. 342, non si applica ai contratti stipulati prima della data di entrata in vigore del medesimo. V. deliberazione CICR 9 febbraio 2000, in G.U., 22 febbraio 2000, n. 43.

(2) In *Leggi coll. V, 2.*

(3) Le parole «ovvero in caso di mancata rinnovazione dell'iscrizione entro il termine di cui all'art. 2847 del codice civile», aggiunte dall'art. 27-*ter*.1, lett. a, d.l. 24 gennaio 2012, n. 1, conv. in l. 24 marzo 2012, n. 27, sono state soppresse dall'art. 5.5-*quinquiesdecies*, lett. a, n. 1, d.l. 2 marzo 2012, n. 16, conv. in l. 26 aprile 2012, n. 44.

(4) Le parole «La cancellazione d'ufficio si applica in tutte le fattispecie di estinzione di cui all'art. 2878 del codice civile», aggiunte dall'art. 27-*ter*.1, lett. b, d.l. 24 gennaio 2012, n. 1, conv. in l. 24 marzo 2012, n. 27, sono state soppresse dall'art. 5.5-*quinquiesdecies*, lett. a, n. 2, d.l. 2 marzo 2012, n. 16, conv. in l. 26 aprile 2012, n. 44.

(5) Comma così sostituito dall'art. 8.8, lett. a, d.l. 13 maggio 2011, n. 70, conv. in l. 12 luglio 2011, n. 106.

(6) Articolo inserito dall'art. 5.1, d.lg. 13 agosto 2010, n. 141. In base all'art. 6.2, d.lg. cit., come sostituito dall'art. 4.2, d.lg. 14 dicembre 2010, n. 218, «Le disposizioni contenute nel titolo II del presente decreto entrano in vigore il centoventesimo giorno successivo alla sua pubblicazione. Le disposizioni che a tale data risultano adottate dalle Autorità creditizie in base a norme modificate o sostituite dal titolo II rimangono in vigore in quanto compatibili».

3. Il custode dei beni pignorati, l'amministratore giudiziario e il curatore del fallimento del debitore versano alla banca le rendite degli immobili ipotecati a suo favore, dedotte le spese di amministrazione e i tributi, sino al soddisfacimento del credito vantato.

4. Con il provvedimento che dispone la vendita o l'assegnazione, il giudice dell'esecuzione prevede, indicando il termine, che l'aggiudicatario o l'assegnatario, che non intendano avvalersi della facoltà di subentrare nel contratto di finanziamento prevista dal comma 5, versino direttamente alla banca la parte del prezzo corrispondente al complessivo credito della stessa. L'aggiudicatario o l'assegnatario che non provvedano al versamento nel termine stabilito sono considerati inadempienti ai sensi dell'art. 587 del codice di procedura civile.

5. L'aggiudicatario o l'assegnatario possono subentrare, senza autorizzazione del giudice dell'esecuzione, nel contratto di finanziamento stipulato dal debitore espropriato, assumendosi gli obblighi relativi, purché entro quindici giorni dal decreto previsto dall'art. 574 del codice di procedura civile ovvero dalla data dell'aggiudicazione o dell'assegnazione paghino alla banca le rate scadute, gli accessori e le spese. Nel caso di vendita in più lotti, ciascun aggiudicatario o assegnatario è tenuto a versare proporzionalmente alla banca le rate scadute, gli accessori e le spese.

6. Il trasferimento del bene espropriato e il subentro nel contratto di finanziamento previsto dal comma 5 restano subordinati all'emanazione del decreto previsto dall'art. 586 del codice di procedura civile.

42. *Nozione di credito alle opere pubbliche*. — 1. Il credito alle opere pubbliche ha per oggetto la concessione, da parte di banche, a favore di soggetti pubblici o privati, di finanziamenti destinati alla realizzazione di opere pubbliche o di impianti di pubblica utilità.

2. Quando la concessione del finanziamento avviene a favore di soggetti privati, il requisito di opera pubblica o di pubblica utilità deve risultare da leggi o da provvedimenti della pubblica amministrazione.

3. I finanziamenti possono essere assistiti dal privilegio previsto dall'art. 46.

4. Quando i finanziamenti siano garantiti da ipoteca su immobili, si applica la disciplina prevista dalla presente sezione per le operazioni di credito fondiario.

Sezione II. — *Credito agrario e peschereccio*

43. *Nozione*. — 1. Il credito agrario ha per oggetto la concessione, da parte di banche, di finanziamenti destinati alle attività agricole e zootecniche nonché a quelle a esse connesse o collaterali (1).

2. Il credito peschereccio ha per oggetto la concessione, da parte di banche, di finanziamenti destinati alle attività di pesca e acquacoltura, nonché a quelle a esse connesse o collaterali (2).

3. Sono attività connesse o collaterali l'agriturismo, la manipolazione, conservazione, trasformazione, commercializzazione e valorizzazione dei prodotti, nonché le altre attività individuate dal CICR.

4. Le operazioni di credito agrario e di credito peschereccio possono essere effettuate mediante utilizzo, rispettivamente, di cambiale agraria e di cambiale pesca. La cambiale agraria e la cambiale pesca devono indicare lo scopo del finanziamento e le garanzie che lo assistono, nonché il luogo dell'iniziativa finanziata. La cambiale agraria e la cambiale pesca sono equiparate a ogni effetto di legge alla cambiale ordinaria.

44. *Garanzie*. — 1. I finanziamenti di credito agrario e di credito peschereccio, anche a breve termine, possono essere assistiti dal privilegio previsto dall'art. 46.

2. I finanziamenti a breve e medio termine di credito agrario e di credito peschereccio sono assistiti da privilegio legale sui seguenti beni mobili dell'impresa finanziata:

a) frutti pendenti, prodotti finiti e in corso di lavorazione;

b) bestiame, merci, scorte, materie prime, macchine, attrezzi e altri beni, comunque acquistati con il finanziamento concesso;

c) crediti, anche futuri, derivanti dalla vendita dei beni indicati nelle lett. *a*) e *b*).

3. Il privilegio legale si colloca nel grado immediatamente successivo ai crediti per le imposte sui redditi immobiliari di cui al n. 2) dell'art. 2778 del codice civile.

4. In caso di inadempimento, il giudice del luogo in cui si trovano i beni sottoposti ai privilegi di cui ai commi 1 e 2 può, su istanza della banca creditrice, assunte sommarie informazioni, disporne l'apprensione e la vendita. Quest'ultima è effettuata ai sensi dell'art. 1515 del codice civile.

(1) Sui mutui alle imprese agricole in difficoltà v. art. 121, l. 23 dicembre 2000, n. 388.
(2) D.m. Tesoro 11 marzo 1997, in G.U., 12 maggio 1997, n. 108, su modalità tecniche per l'attuazione del credito peschereccio.

5. Ove i finanziamenti di credito agrario e di credito peschereccio siano garantiti da ipoteca su immobili, si applica la disciplina prevista dalla sezione I del presente capo per le operazioni di credito fondiario (1).

45. .... (2).

Sezione III. — *Altre operazioni*

46. *Finanziamenti alle imprese: costituzione di privilegi.* — 1. La concessione di finanziamenti a medio e lungo termine da parte di banche alle imprese può essere garantita da privilegio speciale su beni mobili, comunque destinati all'esercizio dell'impresa, non iscritti nei pubblici registri. Il privilegio può avere a oggetto:

a) impianti e opere esistenti e futuri, concessioni e beni strumentali;

b) materie prime, prodotti in corso di lavorazione, scorte, prodotti finiti, frutti, bestiame e merci;

c) beni comunque acquistati con il finanziamento concesso;

d) crediti, anche futuri, derivanti dalla vendita dei beni indicati nelle lettere precedenti (3).

1-*bis*. Il privilegio previsto dal presente articolo può essere costituito anche per garantire obbligazioni e titoli similari emessi da società ai sensi degli artt. 2410 e seguenti o 2483 del codice civile, aventi una scadenza a medio o lungo termine, la cui sottoscrizione e circolazione è riservata a investitori qualificati ai sensi dell'art. 100 del d.lg. 24 febbraio 1998, n. 58 (4) (5).

2. Il privilegio, a pena di nullità, deve risultare da atto scritto. Nell'atto devono essere esattamente descritti i beni e i crediti sui quali il privilegio viene costituito, la banca creditrice o, nel caso di obbligazioni o titoli di cui al comma 1-*bis*, il sottoscrittore o i sottoscrittori di tali obbligazioni o un loro rappresentante (6), il debitore e il soggetto che ha concesso il privilegio, l'ammontare e le condizioni del finanziamento o, nel caso di obbligazioni o titoli di cui al comma 1-*bis*, gli elementi di cui ai nn 1), 3), 4) e 6) dell'art. 2414 del codice civile o di cui all'art. 2483, comma 3, del codice civile (7) nonché la somma di denaro per la quale il privilegio viene assunto.

3. L'opponibilità a terzi del privilegio sui beni è subordinata alla trascrizione, nel registro indicato nell'art. 1524, secondo comma, del codice civile, dell'atto dal quale il privilegio risulta. La trascrizione deve effettuarsi presso i competenti uffici del luogo ove ha sede l'impresa finanziata e presso quelli del luogo ove ha sede o risiede il soggetto che ha concesso il privilegio (8).

4. Il privilegio previsto dal presente articolo si colloca nel grado indicato nell'art. 2777, ultimo comma, del codice civile e non pregiudica gli altri titoli di prelazione di pari grado con data certa anteriore a quella della trascrizione.

5. Fermo restando quanto disposto dall'art. 1153 del codice civile, il privilegio può essere esercitato anche nei confronti dei terzi che abbiano acquistato diritti sui beni che sono oggetto dello stesso dopo la trascrizione prevista dal comma 3. Nell'ipotesi in cui non sia possibile far valere il privilegio nei confronti del terzo acquirente, il privilegio si trasferisce sul corrispettivo.

6. Gli onorari notarili sono ridotti alla metà (9).

47. *Finanziamenti agevolati e gestione di fondi pubblici.* — 1. Tutte le banche possono erogare finanziamenti o prestare servizi previsti dalle vigenti leggi di agevolazione, purché essi siano regolati da contratto con l'amministrazione pubblica competente e rientrino tra le attività che le banche possono svolgere in via ordinaria. Ai finanziamenti si applicano integralmente le disposizioni delle leggi di agevolazione, ivi comprese quelle relative alle misure fiscali e tariffarie e ai privilegi di procedura.

2. L'assegnazione e la gestione di fondi pub-

(1) Articolo sostituito dall'art. 7, d.lg. 4 agosto 1999, n. 342.

(2) L'art. 10.7, d.l. 14 marzo 2005, n. 35, conv. in l. 14 maggio 2005, n. 80, aveva già soppresso il fondo interbancario di cui al presente articolo. Successivamente l'articolo è stato espressamente abrogato dall'art. 1.3, d.lg. 29 dicembre 2006, n. 303.

(3) Comma così sostituito dall'art. 8.1, d.lg. 4 agosto 1999, n. 342.

(4) In *Leggi coll. XVIII, 1.*

(5) Comma inserito dall'art. 12.6, lett. a, d.l. 23 dicembre 2013, n. 145, conv. in l. 21 febbraio 2014, n. 9.

(6) Le parole «o, nel caso di obbligazioni o titoli di cui al comma 1-*bis*, il sottoscrittore o i sottoscrittori di tali obbligazioni o un loro rappresentante» sono state inserite dall'art. 12.6, lett. b, n. 1, d.l. 23 dicembre 2013, n. 145, conv. in l. 21 febbraio 2014, n. 9.

(7) Le parole «o, nel caso di obbligazioni o titoli di cui al comma 1-*bis*, gli elementi di cui ai nn. 1), 3), 4) e 6) dell'art. 2414 del codice civile o di cui all'art. 2483, comma 3, del codice civile» sono state inserite dall'art. 12.6, lett. b, n. 2, d.l. 23 dicembre 2013, n. 145, conv. in l. 21 febbraio 2014, n. 9.

(8) Comma così sostituito dall'art. 8.2, d.lg. 4 agosto 1999, n. 342.

(9) Comma aggiunto dall'art. 8.3, d.lg. 4 agosto 1999, n. 342.

blici di agevolazione creditizia previsti dalle leggi vigenti e la prestazione di servizi a essi inerenti, sono disciplinate da contratti stipulati tra l'amministrazione pubblica competente e le banche da questa prescelte. I contratti indicano criteri e modalità idonei a superare il conflitto di interessi tra la gestione dei fondi e l'attività svolta per proprio conto dalle banche; a tal fine possono essere istituiti organi distinti preposti all'assunzione delle deliberazioni in materia agevolativa e separate contabilità. I contratti determinano altresì i compensi e i rimborsi spettanti alle banche.

3. I contratti indicati nel comma 2 possono prevedere che la banca alla quale è attribuita la gestione di un fondo pubblico di agevolazione è tenuta a stipulare a sua volta contratti con altre banche per disciplinare la concessione, a valere sul fondo, di contributi relativi a finanziamenti da queste erogati. Questi ultimi contratti sono approvati dall'amministrazione pubblica competente (1).

48. *Credito su pegno*. — 1. Le banche possono intraprendere l'esercizio del credito su pegno di cose mobili disciplinato dalla l. 10 maggio 1938, n. 745, e dal r.d. 25 maggio 1939, n. 1279, dotandosi delle necessarie strutture e dandone comunicazione alla Banca d'Italia (2).

48-*bis*. *Finanziamento alle imprese garantito da trasferimento di bene immobile sospensivamente condizionato*. — 1. Il contratto di finanziamento concluso tra un imprenditore e una banca o altro soggetto autorizzato a concedere finanziamenti nei confronti del pubblico ai sensi dell'art. 106 può essere garantito dal trasferimento, in favore del creditore o di una società dallo stesso controllata o al medesimo collegata ai sensi delle vigenti disposizioni di legge e autorizzata ad acquistare, detenere, gestire e trasferire diritti reali immobiliari, della proprietà di un immobile o di un altro diritto immobiliare dell'imprenditore o di un terzo, sospensivamente condizionato all'inadempimento del debitore a norma del comma 5. La nota di trascrizione del trasferimento sospensivamente condizionato di cui al presente comma deve indicare gli elementi di cui all'art. 2839, secondo comma, nn. 4), 5) e 6), del codice civile.

2. In caso di inadempimento, il creditore ha diritto di avvalersi degli effetti del patto di cui al comma 1, purché al proprietario sia corrisposta l'eventuale differenza tra il valore di stima del diritto e l'ammontare del debito inadempiuto e delle spese di trasferimento.

3. Il trasferimento non può essere convenuto in relazione a immobili adibiti ad abitazione principale del proprietario, del coniuge o di suoi parenti e affini entro il terzo grado.

4. Il patto di cui al comma 1 può essere stipulato al momento della conclusione del contratto di finanziamento o, anche per i contratti in corso al momento dell'entrata in vigore della presente disposizione, per atto notarile, in sede di successiva modificazione delle condizioni contrattuali. Qualora il finanziamento sia già garantito da ipoteca, il trasferimento sospensivamente condizionato all'inadempimento, una volta trascritto, prevale sulle trascrizioni e iscrizioni eseguite successivamente all'iscrizione ipotecaria. Fatti salvi gli effetti dell'aggiudicazione, anche provvisoria, e dell'assegnazione, la disposizione di cui al periodo precedente si applica anche quando l'immobile è stato sottoposto ad espropriazione forzata in forza di pignoramento trascritto prima della trascrizione del patto di cui al comma 1 ma successivamente all'iscrizione dell'ipoteca; in tal caso, si applica il comma 10.

5. Per gli effetti del presente articolo, si ha inadempimento quando il mancato pagamento si protrae per oltre sei mesi dalla scadenza di almeno tre rate, anche non consecutive, nel caso di obbligo di rimborso a rate mensili; o per oltre nove mesi dalla scadenza anche di una sola rata, quando il debitore è tenuto al rimborso rateale secondo termini di scadenza superiori al periodo mensile; ovvero, per oltre sei mesi, quando non è prevista la restituzione mediante pagamenti da effettuarsi in via rateale, dalla scadenza del rimborso previsto nel contratto di finanziamento. Qualora alla data di scadenza della prima delle rate, anche non mensili, non pagate di cui al primo periodo il debitore abbia già rimborsato il finanziamento ricevuto in misura almeno pari all'85 per cento della quota capitale, il periodo di inadempimento di cui al medesimo primo periodo è elevato da nove a dodici mesi. Al verificarsi del-

(1) Articolo così sostituito dall'art. 9.1, d.lg. 4 agosto 1999, n. 342. Secondo l'art. 9.2, la stipulazione dei contratti, prevista dall'art. 47, comma 2, come modificato dal d.lg. 4 agosto 1999, n. 342, per la prestazione di servizi inerenti alla gestione di fondi pubblici di agevolazione creditizia e attualmente assegnati sulla base di provvedimenti normativi, deve avvenire entro il 1° luglio 2000.

(2) Articolo così sostituito dall'art. 10.1, d.lg. 4 agosto 1999, n. 342. Secondo l'art. 10.2, la disposizione del comma 1 non si applica alle banche che, all'atto della data di entrata in vigore del d.lg. 4 agosto 1999, n. 342, sono già abilitate all'esercizio dell'attività di credito su pegno.

l'inadempimento di cui al presente comma, il creditore è tenuto a notificare al debitore e, se diverso, al titolare del diritto reale immobiliare, nonché a coloro che hanno diritti derivanti da titolo iscritto o trascritto sull'immobile una dichiarazione di volersi avvalere degli effetti del patto di cui al medesimo comma, secondo quanto previsto dal presente articolo, precisando l'ammontare del credito per cui procede.

6. Decorsi sessanta giorni dalla notificazione della dichiarazione di cui al comma 5, il creditore chiede al presidente del tribunale del luogo nel quale si trova l'immobile la nomina di un perito per la stima, con relazione giurata, del diritto reale immobiliare oggetto del patto di cui al comma 1. Il perito procede in conformità ai criteri di cui all'art. 568 del codice di procedura civile. Non può procedersi alla nomina di un perito per il quale ricorre una delle condizioni di cui all'art. 51 del codice di procedura civile. Si applica l'art. 1349, primo comma, del codice civile. Entro sessanta giorni dalla nomina, il perito comunica, ove possibile a mezzo di posta elettronica certificata, la relazione giurata di stima al debitore, e, se diverso, al titolare del diritto reale immobiliare, al creditore nonché a coloro che hanno diritti derivanti da titolo iscritto o trascritto sull'immobile. I destinatari della comunicazione di cui al periodo precedente possono, entro dieci giorni dalla medesima comunicazione, inviare note al perito; in tal caso il perito, entro i successivi dieci giorni, effettua una nuova comunicazione della relazione rendendo gli eventuali chiarimenti.

7. Qualora il debitore contesti la stima, il creditore ha comunque diritto di avvalersi degli effetti del patto di cui al comma 1 e l'eventuale fondatezza della contestazione incide sulla differenza da versare al titolare del diritto reale immobiliare.

8. La condizione sospensiva di inadempimento, verificatisi i presupposti di cui al comma 5, si considera avverata al momento della comunicazione al creditore del valore di stima di cui al comma 6 ovvero al momento dell'avvenuto versamento all'imprenditore della differenza di cui al comma 2, qualora il valore di stima sia superiore all'ammontare del debito inadempiuto, comprensivo di tutte le spese ed i costi del trasferimento. Il contratto di finanziamento o la sua modificazione a norma del comma 4 contiene l'espressa previsione di un apposito conto corrente bancario senza spese, intestato al titolare del diritto reale immobiliare, sul quale il creditore deve accreditare l'importo pari alla differenza tra il valore di stima e l'ammontare del debito inadempiuto.

9. Ai fini pubblicitari connessi all'annotazione di cancellazione della condizione sospensiva ai sensi dell'art. 2668, terzo comma del codice civile, il creditore, anche unilateralmente, rende nell'atto notarile di avveramento della condizione una dichiarazione, a norma dell'art. 47 del d.p.r. 28 dicembre 2000, n. 445, con cui attesta l'inadempimento del debitore a norma del comma 5, producendo altresì estratto autentico delle scritture contabili di cui all'art. 2214 del codice civile.

10. Può farsi luogo al trasferimento a norma del presente articolo anche quando il diritto reale immobiliare già oggetto del patto di cui al comma 1 sia sottoposto ad esecuzione forzata per espropriazione. In tal caso l'accertamento dell'inadempimento del debitore è compiuto, su istanza del creditore, dal giudice dell'esecuzione e il valore di stima è determinato dall'esperto nominato dallo stesso giudice. Il giudice dell'esecuzione provvede all'accertamento dell'inadempimento con ordinanza, fissando il termine entro il quale il creditore deve versare una somma non inferiore alle spese di esecuzione e, ove vi siano, ai crediti aventi diritto di prelazione anteriore a quello dell'istante ovvero pari all'eventuale differenza tra il valore di stima del bene e l'ammontare del debito inadempiuto. Avvenuto il versamento, il giudice dell'esecuzione, con decreto, dà atto dell'avveramento della condizione. Il decreto è annotato ai fini della cancellazione della condizione, a norma dell'art. 2668 del codice civile. Alla distribuzione della somma ricavata si provvede in conformità alle disposizioni di cui al libro terzo, titolo II, capo IV del codice di procedura civile.

11. Il comma 10 si applica, in quanto compatibile, anche quando il diritto reale immobiliare è sottoposto ad esecuzione a norma delle disposizioni di cui al d.p.r. 29 settembre 1973, n. 602.

12. Quando, dopo la trascrizione del patto di cui al comma 1, sopravviene il fallimento del titolare del diritto reale immobiliare, il creditore, se è stato ammesso al passivo, può fare istanza al giudice delegato perché, sentiti il curatore e il comitato dei creditori, provveda a norma del comma 10, in quanto compatibile.

13. Entro trenta giorni dall'estinzione dell'obbligazione garantita il creditore provvede, mediante atto notarile, a dare pubblicità nei registri immobiliari del mancato definitivo avveramento della condizione sospensiva.

13-*bis.* Ai fini del concorso tra i creditori, il patto a scopo di garanzia di cui al comma 1 è equiparato all'ipoteca.

13-*ter.* La trascrizione del patto di cui al comma 1 produce gli effetti di cui all'art. 2855 del codice civile, avendo riguardo, in luogo del pignoramento, alla notificazione della dichiarazione di cui al comma 5 (1).

CAPO VII

ASSEGNI CIRCOLARI E DECRETO INGIUNTIVO

49. *Assegni circolari*. — 1. La Banca d'Italia autorizza le banche alla emissione degli assegni circolari nonché di altri assegni a essi assimilabili o equiparabili. Il provvedimento di autorizzazione è pubblicato nella *Gazzetta Ufficiale* della Repubblica italiana (2).

2. La Banca d'Italia [...] (3) determina la misura, la composizione e le modalità per il versamento della cauzione che le banche emittenti sono tenute a costituire presso la medesima Banca d'Italia a fronte della circolazione degli assegni indicati nel comma 1 (2).

50. *Decreto ingiuntivo*. — 1. La Banca d'Italia e le banche possono chiedere il decreto d'ingiunzione previsto dall'art. 633 del codice di procedura civile anche in base all'estratto conto, certificato conforme alle scritture contabili da uno dei dirigenti della banca interessata, il quale deve altresì dichiarare che il credito è vero e liquido.

TITOLO III

Vigilanza

CAPO I

VIGILANZA SULLE BANCHE (4)

51. *Vigilanza informativa*. — 1. Le banche inviano alla Banca d'Italia, con le modalità e nei termini da essa stabiliti (5), le segnalazioni periodiche nonché ogni altro dato e documento richiesto. Esse trasmettono anche i bilanci con le modalità e nei termini stabiliti dalla Banca d'Italia.

1-*bis*. Le banche comunicano alla Banca d'Italia:

a) la nomina e la mancata nomina del soggetto incaricato della revisione legale dei conti;

b) le dimissioni del soggetto incaricato della revisione legale dei conti;

c) la risoluzione consensuale del mandato;

d) la revoca dell'incarico di revisione legale dei conti, fornendo adeguate spiegazioni in ordine alle ragioni che l'hanno determinata (6).

1-*ter*. La Banca d'Italia stabilisce modalità e termini per l'invio delle comunicazioni di cui al comma 1-*bis* (6) (7).

1-*quater*. La Banca d'Italia può chiedere informazioni al personale delle banche anche per il tramite di queste ultime (8).

1-*quinquies*. Le previsioni del comma 1 si applicano anche ai soggetti ai quali le banche abbiano esternalizzato funzioni aziendali essenziali o importanti e al loro personale (8).

52. *Comunicazioni del collegio sindacale e dei soggetti incaricati della revisione legale dei conti* (9). — 1. Il collegio sindacale informa senza indugio la Banca d'Italia di tutti gli atti o i fatti, di cui venga a conoscenza nell'esercizio dei propri compiti, che possano costituire una irregolarità nella gestione delle banche o una violazione delle norme disciplinanti l'attività bancaria. A tali fini lo statuto della banca, indipendentemente dal sistema di amministrazione e controllo adottato, assegna all'organo che

(1) Articolo aggiunto dall'art. 2, d.l. 3 maggio 2016, n. 59, conv. in l. 30 giugno 2016, n. 119.

(2) Circolare Banca d'Italia 10 novembre 1995, in G.U., 21 novembre 1995, n. 272; provv. Banca d'Italia 8 agosto 2011, in G.U., 21 settembre 2011, n. 220.

(3) Le parole «, in conformità delle deliberazioni del CICR,» sono state soppresse dall'art. 1.16, d.lg. 12 maggio 2015, n. 72.

(4) L'art. 3, d.lg. 14 novembre 2016, n. 223, così dispone: «Dalla data di entrata in vigore del presente decreto, ogni riferimento alla Banca d'Italia quale autorità di vigilanza, nonché ogni riferimento alle autorità preposte alla vigilanza sugli enti creditizi degli altri Stati membri dell'Unione europea, si intende effettuato all'autorità competente per la vigilanza ai sensi del reg. (UE) n. 1024/2013 e delle relative misure di esecuzione. Per banche o enti creditizi autorizzati in Italia si intendono quelli con sede legale in Italia autorizzati dalla Banca centrale europea o, prima del 4 novembre 2014, dalla Banca d'Italia e le succursali in Italia di banche extracomunitarie».

(5) Istruzioni Banca d'Italia, in suppl. ord. G.U., 13 gennaio 1999, n. 9.

(6) Comma aggiunto dall'art. 39.1, d.lg. 27 gennaio 2010, n. 39.

(7) Sull'avvalimento dei soggetti terzi per l'esercizio dell'attività di vigilanza v. d.l. 14 marzo 2014, n. 25, conv. in l. 12 maggio 2014, n. 75.

(8) Comma aggiunto dall'art. 1.17, d.lg. 12 maggio 2015, n. 72.

(9) Rubrica così sostituita alla precedente «Comunicazioni del collegio sindacale e dei soggetti incaricati del controllo dei conti» dall'art. 39.2, lett. a, d.lg. 27 gennaio 2010, n. 39.

svolge la funzione di controllo i relativi compiti e poteri (1).

2. Il soggetto incaricato della revisione legale dei conti comunica (2) senza indugio alla Banca d'Italia gli atti o i fatti, rilevati nello svolgimento dell'incarico, che possano costituire una grave violazione delle norme disciplinanti l'attività bancaria ovvero che possano pregiudicare la continuità dell'impresa o comportare un giudizio negativo, un giudizio con rilievi o una dichiarazione di impossibilità di esprimere un giudizio sul bilancio. Tale soggetto invia (3) alla Banca d'Italia ogni altro dato o documento richiesto.

[2-*bis*. Lo statuto delle banche di credito cooperativo può prevedere che il controllo contabile sia affidato al collegio sindacale] (4).

3. I commi 1, primo periodo (5), e 2 si applicano anche ai soggetti che esercitano i compiti ivi previsti presso le società che controllano le banche o che sono da queste controllate ai sensi dell'art. 23.

4. La Banca d'Italia stabilisce modalità e termini per la trasmissione delle informazioni previste dai commi 1 e 2 (6) (7).

4-*bis*. La Banca d'Italia trasmette alla BCE le informazioni ricevute ai sensi del presente articolo, nei casi e secondo le modalità stabiliti dalle disposizioni del MVU (8).

52-*bis*. *Sistemi interni di segnalazione delle violazioni*. — 1. Le banche e le relative capogruppo adottano procedure specifiche per la segnalazione al proprio interno da parte del personale di atti o fatti che possano costituire una violazione delle norme disciplinanti l'attività bancaria.

2. Le procedure di cui al comma 1 sono idonee a:

a) garantire la riservatezza dei dati personali del segnalante e del presunto responsabile della violazione, ferme restando le regole che disciplinano le indagini o i procedimenti avviati dall'autorità giudiziaria in relazione ai fatti oggetto della segnalazione;

b) tutelare adeguatamente il soggetto segnalante contro condotte ritorsive, discriminatorie o comunque sleali conseguenti la segnalazione;

c) assicurare per la segnalazione un canale specifico, indipendente e autonomo.

3. La presentazione di una segnalazione non costituisce di per sé violazione degli obblighi derivanti dal rapporto di lavoro.

4. La disposizione di cui all'art. 7, comma 2, del d.lg. 30 giugno 2003, n. 196 (9), non trova applicazione con riguardo all'identità del segnalante, che può essere rivelata solo con il suo consenso o quando la conoscenza sia indispensabile per la difesa del segnalato.

5. La Banca d'Italia emana disposizioni attuative del presente articolo (10).

52-*ter*. *Segnalazione di violazioni alla Banca d'Italia*. — 1. La Banca d'Italia riceve, da parte del personale delle banche e delle relative capogruppo, segnalazioni che si riferiscono a violazioni riguardanti norme del titolo II e III del presente decreto legislativo nonché atti dell'Unione europea direttamente applicabili nelle stesse materie.

2. La Banca d'Italia tiene conto dei criteri di cui all'art. 52-*bis*, comma 2, lett. *a*) e *b*), e può stabilire condizioni, limiti e procedure per la ricezione delle segnalazioni.

3. La Banca d'Italia si avvale delle informazioni contenute nelle segnalazioni, ove rilevanti, esclusivamente nell'esercizio delle funzioni

(1) Ultimo periodo aggiunto dall'art. 9.14, comma 1, lett. a, d.lg. n. 6/2003, come modificato dall'art. 2.1, d.lg. n. 37/2004.

(2) Le parole «Il soggetto incaricato della revisione o del controllo contabile comunica» hanno sostituite le precedenti «Le società che esercitano attività di revisione contabile presso le banche comunicano» per effetto dell'art. 9.14, comma 1, lett. b, d.lg. n. 6/2003, come modificato dall'art. 2.1, d.lg. n. 37/2004. Successivamente le parole «della revisione legale dei conti» sono state così sostituite alle precedenti «della revisione o del controllo contabile» dall'art. 39.2, lett. b, d.lg. 27 gennaio 2010, n. 39.

(3) Le parole «Tale soggetto invia» hanno sostituite le precedenti «Tali società inviano» per effetto dell'art. 9.14, comma 1, lett. b, d.lg. n. 6/2003, come modificato dall'art. 2.1, d.lg. n. 37/2004.

(4) Comma inserito dall'art. 9.14, comma 1, lett. c, d.lg. n. 6/2003, come modificato dall'art. 2.1, d.lg. n. 37/2004, e successivamente abrogato dall'art. 39.2, lett. c, d.lg. 27 gennaio 2010, n. 39. In base all'art. 43.1, lett. h, d.lg. n. 39/2010 cit., il comma è abrogato, ma continua ad essere applicato «fino alla data di entrata in vigore dei regolamenti del Ministro dell'economia e delle finanze emanati ai sensi del presente decreto legislativo».

(5) Le parole «, primo periodo,» sono state inserite dall'art. 9.14, comma 1, lett. d, d.lg. n. 6/2003, come modificato dall'art. 2.1, d.lg. n. 37/2004.

(6) Articolo così sostituito dall'art. 211.1, d.lg. 24 febbraio 1998, n. 58, in *Leggi coll. XVIII, 1*.

(7) Deliberazione CICR 12 gennaio 1994, in G.U., 31 gennaio 1994, n. 24; provv. Banca d'Italia 14 ottobre 2005, in G.U., 8 novembre 2005, n. 260.

(8) Comma aggiunto dall'art. 1.12, d.lg. 14 novembre 2016, n. 223.

(9) In *Leggi coll. II, 3*.

(10) Articolo inserito dall'art. 1.18, d.lg. 12 maggio 2015, n. 72.

di vigilanza e per il perseguimento delle finalità previste dall'art. 5.

4. Nel caso di accesso ai sensi degli artt. 22 e seguenti della l. 7 agosto 1990, n. 241, l'ostensione del documento è effettuata con modalità che salvaguardino comunque la riservatezza del segnalante. Si applica l'art. 52-*bis*, commi 3 e 4 (1).

4-*bis*. La Banca d'Italia inoltra alla BCE le segnalazioni ricevute, quando esse riguardano soggetti significativi o violazioni di regolamenti o decisioni della BCE. La Banca d'Italia può ricevere dalla BCE le segnalazioni relative a soggetti meno significativi. Nei casi previsti dal presente comma, la Banca d'Italia e la BCE scambiano informazioni nei modi e per le finalità stabiliti dalle disposizioni del MVU (2).

53. *Vigilanza regolamentare*. — 1. La Banca d'Italia [...] (3) emana disposizioni di carattere generale aventi a oggetto:

a) l'adeguatezza patrimoniale (4);

b) il contenimento del rischio nelle sue diverse configurazioni (5);

c) le partecipazioni detenibili (6);

d) il governo societario, l'organizzazione amministrativa e contabile, nonché i controlli interni e i sistemi di remunerazione e di incentivazione (7) (8);

d-bis) l'informativa da rendere al pubblico sulle materie di cui alle lettere da *a*) a *d*) (9).

2. .... (10).

2-*bis*. Le disposizioni emanate ai sensi del comma 1, lett. *a*), prevedono che le banche possano utilizzare:

(1) Articolo inserito dall'art. 1.18, d.lg. 12 maggio 2015, n. 72.

(2) Comma aggiunto dall'art. 1.13, d.lg. 14 novembre 2016, n. 223.

(3) Le parole «, in conformità delle deliberazioni del CICR,» sono state soppresse dall'art. 1.19, lett. a, d.lg. 12 maggio 2015, n. 72.

(4) Istruzioni della Banca d'Italia in materia di modifica della normativa sui requisiti patrimoniali di vigilanza, in suppl. ord. n. 36 a G.U., 2 marzo 2000, n. 51; istruzioni della Banca d'Italia in materia di modifica delle istruzioni di vigilanza in materia di finanziamenti a medio e a lungo termine alle imprese, in G.U., 28 agosto 2000, n. 200; d.m. Economia e Finanze 27 dicembre 2006, in G.U., 22 gennaio 2007, n. 17, di recepimento della nuova disciplina sul capitale delle banche; circolare Banca d'Italia 27 dicembre 2006, n. 263, in suppl. ord. n. 13 a G.U., 22 gennaio 2007, n. 17, in suppl. ord. n. 113 a G.U., 6 maggio 2008, n. 105, in suppl. ord. n. 20 a G.U. 27 gennaio 2011, n. 21, in suppl. ord. n. 259 a G.U., 12 dicembre 2011, n. 288, e in suppl. ord. n. 48 a G.U., 13 marzo 2012, n. 61, e comunicato Banca d'Italia, in G.U., 23 giugno 2011, n. 144, in G.U., 16 gennaio 2012, n. 12, in suppl. ord. n. 99 a G.U. 15 maggio 2012, n. 112, in G.U., 16 maggio 2013, n. 113, e in G.U., 24 luglio 2013, n. 172, in materia di nuove disposizioni di vigilanza prudenziale per le banche.

(5) Deliberazione CICR 29 marzo 1994, in G.U., 20 aprile 1994, n. 91, disciplina della Centrale dei rischi; istruzioni della Banca d'Italia in materia di requisiti patrimoniali individuali sui rischi di mercato, in G.U., 30 ottobre 1994, n. 231; istruzioni della Banca d'Italia in materia di patrimonio di vigilanza e di coefficiente di solvibilità, in suppl. ord. n. 42 a G.U., 13 marzo 1998, n. 60; istruzioni della Banca d'Italia in materia di modifica della normativa sui requisiti patrimoniali di vigilanza, in suppl. ord. n. 36 a G.U., 2 marzo 2000, n. 51; istruzioni della Banca d'Italia in materia di modifica delle istruzioni di vigilanza in materia di finanziamenti a medio e a lungo termine alle imprese, in G.U., 28 agosto 2000, n. 200; deliberazione CICR 29 luglio 2008, n. 277, in G.U., 22 settembre 2008, n. 222; decreto CICR 11 luglio 2012, in G.U., 27 luglio 2012, n. 174, disciplina della Centrale dei rischi.

Sulla cancellazione di segnalazioni dei ritardi di pagamento v. art. 8-*bis*, d.l. 13 maggio 2011, n. 70, conv. in l. 12 luglio 2011, n. 106, come sostituito dall'art. 22.6-*bis*, d.l. 24 giugno 2014, n. 91, conv. in l. 11 agosto 2014, n. 116, che dispone: «*Cancellazione di segnalazioni dei ritardi di pagamento*. — 1. Entro dieci giorni dalla ricezione della notifica dell'avvenuta regolarizzazione dei pagamenti, i gestori delle banche dati provvedono ad integrare le segnalazioni relative a ritardi di pagamento da parte delle persone fisiche o giuridiche già inserite nelle banche dati stesse con la comunicazione dell'avvenuto pagamento da parte del creditore ricevente il pagamento, che deve provvedere alla richiesta entro e non oltre quindici giorni dall'avvenuto pagamento. || 2. Le segnalazioni già registrate e regolarizzate, se relative al mancato pagamento di rate mensili di numero inferiore a tre o di un'unica rata trimestrale, devono essere aggiornate secondo le medesime modalità di cui al comma 1. || 3. Qualora vi sia un ritardo di pagamento di una rata e la regolarizzazione della stessa avvenga entro i successivi sessanta giorni, le segnalazioni riferite a tale ritardo devono essere cancellate trascorsi i successivi sei mesi dall'avvenuta regolarizzazione. || 4. Per le segnalazioni successive di ritardi di pagamento relativi alle medesime persone fisiche o giuridiche, anche per crediti diversi anche se regolarizzate, si applica la normativa vigente».

(6) Deliberazione CICR 29 luglio 2008, n. 276, in G.U., 22 settembre 2008, n. 222.

(7) Lettera così sostituita dall'art. 22.2, lett. a, n. 1, l. 15 dicembre 2011, n. 217.

(8) Deliberazione CICR 2 agosto 1996, in G.U., 27 agosto 1996, n. 200, come modificata dalla deliberazione CICR 23 marzo 2004, in G.U., 28 aprile 2004, n. 99; istruzioni della Banca d'Italia, in suppl. ord. G.U., 20 ottobre 1998, n. 245; istruzioni della Banca d'Italia in materia di modifica della normativa sui requisiti patrimoniali di vigilanza, in suppl. ord. n. 36 a G.U., 2 marzo 2000, n. 51; istruzioni della Banca d'Italia in materia di modifica delle istruzioni di vigilanza in materia di finanziamenti a medio e a lungo termine alle imprese, in G.U., 28 agosto 2000, n. 200; istruzioni della Banca d'Italia sull'operatività in derivati su crediti, in G.U., 21 aprile 2006, n. 93.

(9) Lettera aggiunta dall'art. 1.1, lett. b, n. 1, d.l. 27 dicembre 2006, n. 297, conv. in l. 23 febbraio 2007, n. 15.

(10) Comma abrogato dall'art. 1.19, lett. b, d.lg. 12 maggio 2015, n. 72.

a) le valutazioni del rischio di credito rilasciate da società o enti esterni; le disposizioni disciplinano i requisiti, anche di competenza tecnica e di indipendenza, che tali soggetti devono possedere e le relative modalità di accertamento;

b) sistemi interni di misurazione dei rischi per la determinazione dei requisiti patrimoniali, previa autorizzazione della Banca d'Italia. Per le banche sottoposte alla vigilanza consolidata di un'autorità di un altro Stato comunitario, la decisione è di competenza della medesima autorità, qualora, entro sei mesi dalla presentazione della domanda di autorizzazione, non venga adottata una decisione congiunta con la Banca d'Italia e sempre che, entro il medesimo termine, il caso non sia stato rinviato all'ABE ai fini della procedura per la risoluzione delle controversie con le autorità di vigilanza degli altri Stati membri in situazioni transfrontaliere (1) (2).

2-*ter*. Le società o enti esterni che, anche gestendo sistemi informativi creditizi, rilasciano alle banche valutazioni del rischio di credito o sviluppano modelli statistici per l'utilizzo ai fini di cui al comma 1, lett. *a*), conservano, per tale esclusiva finalità, anche in deroga alle altre vigenti disposizioni normative, i dati personali detenuti legittimamente per un periodo di tempo storico di osservazione che sia congruo rispetto a quanto richiesto dalle disposizioni emanate ai sensi del comma 2-*bis*. Le modalità di attuazione e i criteri che assicurano la non identificabilità sono individuati su conforme parere del Garante per la protezione dei dati personali (2).

3. .... (3).

4. La Banca d'Italia disciplina condizioni e limiti per l'assunzione, da parte delle banche o dei gruppi bancari, di attività di rischio nei confronti di coloro che possono esercitare, direttamente o indirettamente, un'influenza sulla gestione della banca o del gruppo bancario nonché dei soggetti a essi collegati. In ogni caso i soci e gli amministratori, fermi restando gli obblighi previsti dall'art. 2391, primo comma, del codice civile, si astengono dalle deliberazioni in cui abbiano un interesse in conflitto, per conto proprio o di terzi. Ove verifichi in concreto l'esistenza di situazioni di conflitto di interessi, la Banca d'Italia può stabilire condizioni e limiti specifici per l'assunzione delle attività di rischio (4).

4-*bis*. .... (5).

4-*ter*. La Banca d'Italia individua i casi in cui il mancato rispetto delle condizioni di cui al comma 4 comporta la sospensione dei diritti amministrativi connessi con la partecipazione (6).

4-*quater*. La Banca d'Italia [...] (7) disciplina i conflitti d'interessi tra le banche e i soggetti indicati nel comma 4, in relazione ad altre tipologie di rapporti di natura economica (8) (6) (9).

4-*quinquies*. Le disposizioni emanate ai sensi del presente articolo possono prevedere che determinate operazioni siano sottoposte ad autorizzazione della Banca d'Italia. Possono inoltre prevedere che determinate decisioni in materia di remunerazione e di incentivazione siano rimesse alla competenza dell'assemblea dei soci, anche nel modello dualistico di amministrazione e controllo, stabilendo quorum costitutivi e deliberativi anche in deroga a norme di legge (10).

4-*sexies*. È nullo qualunque patto o clausola non conforme alle disposizioni in materia di sistemi di remunerazione e di incentivazione emanate ai sensi del comma 1, lett. *d*), o contenute in atti dell'Unione europea direttamente applicabili. La nullità della clausola non comporta la nullità del contratto. Le previsioni contenute nelle clausole nulle sono sostituite di diritto, ove possibile, con i parametri indicati nelle disposizioni suddette nei valori più prossimi alla pattuizione originaria (10).

53-*bis*. *Poteri di intervento*. — 1. La Banca d'Italia può:

(1) Le parole da «e sempre che,» fino alla fine della lettera sono state aggiunte dall'art. 1.5, d.lg. 30 luglio 2012, n. 130.

(2) Comma inserito dall'art. 1.1, lett. b, n. 2, d.l. 27 dicembre 2006, n. 297, conv. in l. 23 febbraio 2007, n. 15.

(3) Comma abrogato dall'art. 1.19, lett. c, d.lg. 12 maggio 2015, n. 72.

(4) Comma così sostituito, da ultimo, dall'art. 1.19, lett. d, d.lg. 12 maggio 2015, n. 72.

(5) Comma inserito dall'art. 8.1, lett. b, l. 28 dicembre 2005, n. 262, e successivamente abrogato dall'art. 1.4, lett. b, d.lg. 29 dicembre 2006, n. 303.

(6) Comma inserito dall'art. 8.1, lett. b, l. 28 dicembre 2005, n. 262.

(7) Le parole «, in conformità delle deliberazioni del CICR,» sono state soppresse dall'art. 1.19, lett. e, d.lg. 12 maggio 2015, n. 72.

(8) Le parole «ad altre tipologie di rapporti di natura economica» sono state così sostituite alle precedenti «alle altre attività bancarie» dall'art. 1.4, lett. c, d.lg. 29 dicembre 2006, n. 303.

(9) V. deliberazione CICR 29 luglio 2008, n. 277, in G.U., 22 settembre 2008, n. 222.

(10) Comma aggiunto dall'art. 1.19, lett. f, d.lg. 12 maggio 2015, n. 72.

a) convocare gli amministratori, i sindaci e il personale delle banche;

b) ordinare la convocazione degli organi collegiali delle banche, fissandone l'ordine del giorno, e proporre l'assunzione di determinate decisioni;

c) procedere direttamente alla convocazione degli organi collegiali delle banche quando gli organi competenti non abbiano ottemperato a quanto previsto dalla lett. *b*);

d) adottare per le materie indicate nell'art. 53, comma 1, ove la situazione lo richieda, provvedimenti specifici nei confronti di una o più banche o dell'intero sistema bancario riguardanti anche: la restrizione delle attività o della struttura territoriale; il divieto di effettuare determinate operazioni, anche di natura societaria, e di distribuire utili o altri elementi del patrimonio, nonché, con riferimento a strumenti finanziari computabili nel patrimonio a fini di vigilanza, il divieto di pagare interessi; la fissazione di limiti all'importo totale della parte variabile delle remunerazioni nella banca, quando sia necessario per il mantenimento di una solida base patrimoniale; per le banche che beneficiano di eccezionali interventi di sostegno pubblico, possono inoltre essere fissati (1) limiti alla remunerazione complessiva degli esponenti aziendali;

e) disporre, qualora la loro permanenza in carica sia di pregiudizio per la sana e prudente gestione della banca, la rimozione di uno o più esponenti aziendali; la rimozione non è disposta ove ricorrano gli estremi per pronunciare la decadenza ai sensi dell'art. 26, salvo che sussista urgenza di provvedere.

2. La Banca d'Italia può altresì convocare gli amministratori, i sindaci e il personale dei soggetti ai quali siano state esternalizzate funzioni aziendali essenziali o importanti (2).

53-*ter*. *Misure macroprudenziali*. — 1. La Banca d'Italia è autorità nazionale designata per l'adozione delle misure richiamate dall'art. 5 del reg. (UE) n. 1024/2013.

2. I poteri di vigilanza attribuiti alla Banca d'Italia dal presente decreto legislativo possono essere esercitati, per finalità macroprudenziali, anche nei confronti di soggetti significativi (3).

54. *Vigilanza ispettiva*. — 1. La Banca d'Italia può effettuare ispezioni presso le banche e i soggetti ai quali esse abbiano esternalizzato funzioni aziendali essenziali o importanti e richiedere l'esibizione di documenti e gli atti che ritenga necessari (4).

2. La Banca d'Italia può richiedere alle autorità competenti di uno Stato comunitario che esse effettuino accertamenti presso succursali di banche italiane stabilite nel territorio di detto Stato ovvero concordare altre modalità delle verifiche.

3. Le autorità competenti di uno Stato comunitario, dopo aver informato la Banca d'Italia, possono ispezionare, anche tramite persone da esse incaricate, le succursali stabilite nel territorio della Repubblica di banche dalle stesse autorizzate. Se le autorità competenti di uno Stato comunitario lo richiedono, la Banca d'Italia può procedere direttamente agli accertamenti ovvero concordare altre modalità delle verifiche.

4. A condizione di reciprocità, la Banca d'Italia può concordare con le autorità competenti degli Stati terzi (5) modalità per l'ispezione di succursali di banche insediate nei rispettivi territori.

5. La Banca d'Italia dà notizia alla Consob delle comunicazioni ricevute ai sensi del comma 3 (6).

55. *Controlli sulle succursali in Italia di banche comunitarie*. — 1. La Banca d'Italia esercita controlli sulle succursali di banche comunitarie nel territorio della Repubblica, con le modalità da essa stabilite (7).

56. *Modificazioni statutarie*. — 1. La Banca d'Italia accerta che le modificazioni degli statuti delle banche non contrastino con una sana e prudente gestione (8).

2. Non si può dare corso al procedimento per l'iscrizione nel registro delle imprese se non consti l'accertamento previsto dal comma 1.

(1) Le parole «possono inoltre essere fissati» sono state così sostituite alle precedenti «la Banca d'Italia può inoltre fissare» dall'art. 1.14, d.lg. 14 novembre 2016, n. 223.

(2) Articolo inserito dall'art. 1.20, d.lg. 12 maggio 2015, n. 72.

(3) Articolo inserito dall'art. 1.20, d.lg. 12 maggio 2015, n. 72, e successivamente così sostituito dall'art. 1.15, d.lg. 14 novembre 2016, n. 223.

(4) Comma così sostituito dall'art. 1.21, d.lg. 12 maggio 2015, n. 72.

(5) La parola «terzi» è stata così sostituita alla precedente «extracomunitari» dall'art. 1.8, d.lg. 16 novembre 2015, n. 181. Per l'entrata in vigore v. nota 2 alla rubrica del provvedimento.

(6) Sull'avvalimento dei soggetti terzi per l'esercizio dell'attività di vigilanza v. d.l. 14 marzo 2014, n. 25, conv. in l. 12 maggio 2014, n. 75.

(7) Comma così sostituito dall'art. 1.22, d.lg. 12 maggio 2015, n. 72.

(8) Istruzioni Banca d'Italia, in G.U., 14 agosto 1996, n. 190.

57. *Fusioni e scissioni.* — 1. La Banca d'Italia autorizza le fusioni e le scissioni alle quali prendono parte banche quando non contrastino con il criterio di una sana e prudente gestione; l'autorizzazione non è necessaria quando l'operazione richiede l'autorizzazione della BCE ai sensi dell'art. 14 (1). È fatta salva l'applicazione delle disposizioni previste dal d.lg. 20 novembre 1990, n. 356.

2. Non si può dare corso all'iscrizione nel registro delle imprese del progetto di fusione o di scissione e della deliberazione assembleare che abbia apportato modifiche al relativo progetto se non consti l'autorizzazione di cui al comma 1 (2).

3. Il termine previsto dall'art. 2503, primo comma, del codice civile è ridotto a quindici giorni.

4. I privilegi e le garanzie di qualsiasi tipo, da chiunque prestate o comunque esistenti, a favore di banche incorporate da altre banche, di banche partecipanti a fusioni con costituzione di nuove banche ovvero di banche scisse conservano la loro validità e il loro grado, senza bisogno di alcuna formalità o annotazione, a favore, rispettivamente, della banca incorporante, della banca risultante dalla fusione o della banca beneficiaria del trasferimento per scissione.

58. *Cessione di rapporti giuridici* (3). — 1. La Banca d'Italia emana istruzioni per la cessione a banche di aziende, di rami d'azienda, di beni e rapporti giuridici individuabili in blocco (4). Le istruzioni possono prevedere che le operazioni di maggiore rilevanza siano sottoposte ad autorizzazione della Banca d'Italia.

2. La banca cessionaria dà notizia dell'avvenuta cessione mediante iscrizione nel registro delle imprese e pubblicazione nella *Gazzetta Ufficiale* della Repubblica italiana. La Banca d'Italia può stabilire forme integrative di pubblicità (5).

3. I privilegi e le garanzie di qualsiasi tipo, da chiunque prestati o comunque esistenti a favore del cedente, nonché le trascrizioni nei pubblici registri degli atti di acquisto dei beni oggetto di locazione finanziaria compresi nella cessione conservano la loro validità e il loro grado a favore del cessionario, senza bisogno di alcuna formalità o annotazione. Restano altresì applicabili le discipline speciali, anche di carattere processuale, previste per i crediti ceduti (6).

4. Nei confronti dei debitori ceduti gli adempimenti pubblicitari previsti dal comma 2 producono gli effetti indicati dall'art. 1264 del codice civile.

5. I creditori ceduti hanno facoltà, entro tre mesi dagli adempimenti pubblicitari previsti dal comma 2, di esigere dal cedente o dal cessionario l'adempimento delle obbligazioni oggetto di cessione. Trascorso il termine di tre mesi, il cessionario risponde in via esclusiva.

6. Coloro che sono parte dei contratti ceduti possono recedere dal contratto entro tre mesi dagli adempimenti pubblicitari previsti dal comma 2 se sussiste una giusta causa, salvo in questo caso la responsabilità del cedente.

7. Le disposizioni del presente articolo si applicano anche alle cessioni in favore dei soggetti, diversi dalle banche, inclusi nell'ambito della vigilanza consolidata ai sensi degli artt. 65 e 109 e in favore degli intermediari finanziari previsti dall'art. 106 (7).

CAPO II

VIGILANZA SU BASE CONSOLIDATA

59. *Definizioni.* — 1. Ai fini del presente capo:

a) il controllo sussiste nei casi previsti dall'art. 23 (8);

b) per «società finanziarie» si intendono le società che esercitano, in via esclusiva o prevalente: l'attività di assunzione di partecipazioni aventi le caratteristiche indicate dalla Banca

(1) Le parole «; l'autorizzazione non è necessaria quando l'operazione richiede l'autorizzazione della BCE ai sensi dell'art. 14» sono state inserite dall'art. 1.16, d.lg. 14 novembre 2016, n. 223.

(2) Comma così sostituito dall'art. 9.16, comma 1, d.lg. n. 6/2003, come modificato dall'art. 2.1, d.lg. n. 37/2004.

(3) Rubrica così sostituita dall'art. 12.1, d.lg. 4 agosto 1999, n. 342.

(4) Istruzioni Banca d'Italia, 132° aggiornamento del 5 dicembre 1996 alla circolare n. 4 del 29 marzo 1988, cessione di rapporti giuridici a banche, in G.U., 17 dicembre 1996, n. 295; Comunicato Banca d'Italia, in G.U., 30 dicembre 2000, n. 303.

(5) Comma così sostituito dall'art. 9.17, comma 1, d.lg. n. 6/2003, come modificato dall'art. 2.1, d.lg. n. 37/2004.

(6) Comma così sostituito dall'art. 12.2, d.lg. 4 agosto 1999, n. 342.

(7) Comma aggiunto dall'art. 12.3, d.lg. 4 agosto 1999, n. 342, e successivamente così sostituito dall'art. 8.1, d.lg. 13 agosto 2010, n. 141.

(8) Lettera così sostituita dall'art. 44, d.lg. 28 dicembre 2004, n. 310.

d'Italia [...] (1); una o più delle attività previste dall'art. 1, comma 2, lett. *f*), numeri da 2 a 12; altre attività finanziarie previste ai sensi del numero 15 della medesima lettera; le attività di cui all'art. 1, comma 1, lett. *n*), del d.lg. 24 febbraio 1998, n. 58 (2) (3);

b-bis) per «di partecipazione finanziaria mista» si intendono le società di cui all'art. 1, comma 1, lett. *v*), del d.lg. 30 maggio 2005, n. 142 (4);

c) per «società strumentali» si intendono le società che esercitano, in via esclusiva o prevalente, attività che hanno carattere ausiliario dell'attività delle società del gruppo, comprese quelle consistenti nella proprietà e nell'amministrazione di immobili e nella gestione di servizi anche informatici (5) (6).

1-*bis*. .... (7).

Sezione I. — *Gruppo bancario*

60. *Composizione*. — 1. Il gruppo bancario è composto alternativamente:

a) dalla banca italiana capogruppo e dalle società bancarie, finanziarie e strumentali da questa controllate;

b) dalla società finanziaria o dalla società di partecipazione finanziaria mista capogruppo italiana e dalle società bancarie, finanziarie e strumentali da questa controllate, quando nell'insieme delle società da essa partecipate vi sia almeno una banca italiana controllata e abbiano rilevanza determinante, secondo quanto stabilito dalla Banca d'Italia [...] (8), le partecipazioni in società bancarie e finanziarie (9).

61. *Capogruppo*. — 1. Capogruppo è la banca italiana o la società finanziaria o la società di partecipazione finanziaria mista con sede legale in Italia, cui fa capo il controllo delle società componenti il gruppo bancario e che non sia, a sua volta, controllata da un'altra banca italiana o da un'altra società finanziaria o società di partecipazione finanziaria mista con sede legale in Italia, che possa essere considerata capogruppo (10).

2. .... (11).

3. Ferma restando la specifica disciplina dell'attività bancaria, la capogruppo è soggetta ai controlli di vigilanza previsti dal presente capo. La Banca d'Italia accerta che lo statuto della capogruppo e le sue modificazioni non contrastino con la gestione sana e prudente del gruppo stesso (12).

4. La capogruppo, nell'esercizio dell'attività di direzione e di coordinamento, emana disposizioni alle componenti del gruppo per l'esecuzione delle istruzioni impartite dalla Banca d'Italia nell'interesse della stabilità del gruppo. Gli amministratori delle società del gruppo sono tenuti a fornire ogni dato e informazione per l'emanazione delle disposizioni e la necessaria collaborazione per il rispetto delle norme sulla vigilanza consolidata.

5. Alla società finanziaria e alla società di partecipazione finanziaria mista (13) capogruppo si applica l'art. 52 (14).

62. *Idoneità degli esponenti*. — 1. Ai soggetti che svolgono funzioni di amministrazione, direzione e controllo presso la società finanziaria e la società di partecipazione finanziaria mista capogruppo si applica l'art. 26 e le relative disposizioni attuative, salvo quanto previsto dall'art. 67-*bis* (15).

63. *Partecipazioni*. — 1. Alle (16) società fi-

(1) Le parole «in conformità alle deliberazioni del CICR» sono state soppresse dall'art. 1.23, d.lg. 12 maggio 2015, n. 72.
(2) In *Leggi coll. XVIII, 1*.
(3) Lettera così sostituita dall'art. 1.1, lett. c, n. 1, d.l. 27 dicembre 2006, n. 297, conv. in l. 23 febbraio 2007, n. 15.
(4) Lettera inserita dall'art. 2.1, d.lg. 4 marzo 2014, n. 53.
(5) Lettera così sostituita dall'art. 1.1, lett. c, n. 2, d.l. 27 dicembre 2006, n. 297, conv. in l. 23 febbraio 2007, n. 15.
(6) Per la vigilanza supplementare sui conglomerati finanziari v. d.lg. 30 maggio 2005, n. 142.
(7) Comma aggiunto dall'art. 1.1, lett. c, n. 3, d.l. 27 dicembre 2006, n. 297, conv. in l. 23 febbraio 2007, n. 15, e successivamente abrogato dall'art. 2.1, d.lg. 16 aprile 2012, n. 45.
(8) Le parole «in conformità alle deliberazioni del CICR» sono state soppresse dall'art. 1.24, d.lg. 12 maggio 2015, n. 72.
(9) Lettera così sostituita, da ultimo, dall'art. 2.2, d.lg. 4 marzo 2014, n. 53.
(10) Comma così sostituito dall'art. 2.3, lett. a, d.lg. 4 marzo 2014, n. 53.
(11) Comma abrogato dall'art. 1.1, lett. e, n. 2, d.l. 27 dicembre 2006, n. 297, conv. in l. 23 febbraio 2007, n. 15.
(12) Istruzioni Banca d'Italia, in G.U., 14 agosto 1996, n. 190.
(13) Le parole «e alla società di partecipazione finanziaria mista» sono state inserite dall'art. 2.3, lett. b, d.lg. 4 marzo 2014, n. 53.
(14) Comma così sostituito dall'art. 9.18, comma 1, d.lg. n. 6/2003, come modificato dall'art. 2.1, d.lg. n. 37/2004.
(15) Articolo così sostituito dall'art. 1.25, d.lg. 12 maggio 2015, n. 72.
(16) La parola «Alle» è stata sostituita alle precedenti «In materia di partecipazioni in» per effetto dell'art. 45, d.lg. 28 dicembre 2004, n. 310.

nanziarie e alla società di partecipazione finanziaria mista (1) capogruppo si applicano le disposizioni del titolo II, capi III e IV (2) salvo quanto previsto dall'art. 67-*bis* (3).

2. Nei confronti delle altre società appartenenti al gruppo bancario e dei titolari di partecipazioni nelle medesime società sono attribuiti alla Banca d'Italia i poteri previsti dall'art. 21 (4).

64. *Albo*. — 1. Il gruppo bancario è iscritto in un apposito albo tenuto dalla Banca d'Italia.

2. La capogruppo comunica alla Banca d'Italia l'esistenza del gruppo bancario e la sua composizione aggiornata.

3. La Banca d'Italia può procedere d'ufficio all'accertamento dell'esistenza di un gruppo bancario e alla sua iscrizione nell'albo e può determinare la composizione del gruppo bancario anche in difformità da quanto comunicato dalla capogruppo.

4. Le società appartenenti al gruppo indicano negli atti e nella corrispondenza l'iscrizione nell'albo.

5. La Banca d'Italia disciplina gli adempimenti connessi alla tenuta e all'aggiornamento dell'albo.

Sezione II. — *Ambito ed esercizio della vigilanza*

65. *Soggetti inclusi nell'ambito della vigilanza consolidata*. — 1. La Banca d'Italia esercita la vigilanza su base consolidata nei confronti dei seguenti soggetti:

a) società appartenenti a un gruppo bancario;

b) società bancarie, finanziarie e strumentali partecipate almeno per il 20% dalle società appartenenti a un gruppo bancario o da una singola banca;

c) società bancarie, finanziarie e strumentali non comprese in un gruppo bancario, ma controllate dalla persona fisica o giuridica che controlla un gruppo bancario ovvero una singola banca;

d)-*g*) .... (5);

h) società che [...] (6) controllano almeno una banca (7);

i) società diverse da quelle bancarie, finanziarie e strumentali quando siano controllate da una singola banca ovvero quando società appartenenti a un gruppo bancario ovvero soggetti indicati nella lett. *h*) detengano, anche congiuntamente, una partecipazione di controllo (7).

2. Nei confronti dei soggetti inclusi nell'ambito della vigilanza consolidata resta ferma l'applicazione di norme specifiche in tema di controlli e di vigilanza, secondo la disciplina vigente.

66. *Vigilanza informativa*. — 1. Al fine di esercitare la vigilanza su base consolidata, la Banca d'Italia richiede ai soggetti indicati nelle lettere da *a*) a *c*) del comma 1 dell'art. 65 la trasmissione, anche periodica, di situazioni e dati, nonché ogni altra informazione utile. La Banca d'Italia può altresì richiedere ai soggetti indicati nelle lett. *h*) ed *i*) del comma 1 dell'art. 65 le informazioni utili all'esercizio della vigilanza su base consolidata (8).

2. La Banca d'Italia determina modalità e termini per la trasmissione delle situazioni, dei dati e delle informazioni indicati nel comma 1 (9).

3. La Banca d'Italia può disporre nei confronti dei soggetti indicati nelle lettere da *a*) a *c*) del comma 1 dell'art. 65 l'applicazione delle disposizioni previste dalla parte IV, titolo III, capo II, sezione VI, del d.lg. 24 febbraio 1998, n. 58 (10) (11).

4. Le società indicate nell'art. 65 (12) forniscono alla capogruppo ovvero alla singola banca le situazioni, i dati e le informazioni richiesti

(1) Le parole «e alla società di partecipazione finanziaria mista» sono state inserite dall'art. 2.5, lett. a, d.lg. 4 marzo 2014, n. 53.

(2) Istruzioni Banca d'Italia, in suppl. ord. G.U., 28 ottobre 1999, n. 254.

(3) Le parole «salvo quanto previsto dall'art. 67-*bis*» sono state inserite dall'art. 2.5, lett. b, d.lg. 4 marzo 2014, n. 53.

(4) Articolo così sostituito dall'art. 9.20, comma 1, d.lg. n. 6/2003, come modificato dall'art. 2.1, d.lg. n. 37/2004.

(5) Lettere soppresse dall'art. 1.1, lett. f, n. 1, d.l. 27 dicembre 2006, n. 297, conv. in l. 23 febbraio 2007, n. 15.

(6) Le parole «, fermo restando quanto previsto dall'art. 19, comma 6,» sono state soppresse dall'art. 1.1, lett. i, d.lg. 27 gennaio 2010, n. 21.

(7) Lettera così sostituita dall'art. 1.1, lett. f, n. 2, d.l. 27 dicembre 2006, n. 297, conv. in l. 23 febbraio 2007, n. 15.

(8) Comma così sostituito dall'art. 1.1, lett. g, n. 1, d.l. 27 dicembre 2006, n. 297, conv. in l. 23 febbraio 2007, n. 15.

(9) Istruzioni Banca d'Italia, in suppl. ord. G.U., 13 gennaio 1999, n. 9.

(10) In *Leggi coll. XVIII, 1*.

(11) Comma così sostituito dall'art. 1.1, lett. g, n. 2, d.l. 27 dicembre 2006, n. 297, conv. in l. 23 febbraio 2007, n. 15.

(12) Le parole «, aventi sede legale in Italia,» sono state soppresse dall'art. 1.1, lett. g, n. 3, d.l. 27 dicembre 2006, n. 297, conv. in l. 23 febbraio 2007, n. 15.

per consentire l'esercizio della vigilanza consolidata.

5. Le società con sede legale in Italia ricomprese nella vigilanza su base consolidata di competenza delle autorità di vigilanza degli altri Stati comunitari forniscono ai soggetti individuati dalle stesse le informazioni necessarie per l'esercizio della vigilanza consolidata (1).

5-*bis.* La Banca d'Italia può chiedere informazioni al personale dei soggetti indicati al comma 1, anche per il tramite di questi ultimi, e per i medesimi fini ivi indicati (2).

5-*ter.* Gli obblighi previsti dai commi 1, 2 e 4 si applicano anche ai soggetti ai quali siano state esternalizzate funzioni aziendali essenziali o importanti e al loro personale (2).

67. *Vigilanza regolamentare.* — 1. Al fine di esercitare la vigilanza consolidata, la Banca d'Italia impartisce alla capogruppo, con provvedimenti di carattere generale, disposizioni concernenti il gruppo bancario complessivamente considerato o suoi componenti, aventi ad oggetto:

a) l'adeguatezza patrimoniale (3);

b) il contenimento del rischio nelle sue diverse configurazioni (3);

c) le partecipazioni detenibili (4);

d) il governo societario, l'organizzazione amministrativa e contabile, nonché i controlli interni e i sistemi di remunerazione e di incentivazione (5);

e) l'informativa da rendere al pubblico sulle materie di cui al presente comma (6).

2. .... (7).

2-*bis.* Le disposizioni emanate ai sensi del comma 1, lett. *a*), prevedono la possibilità di utilizzare:

a) le valutazioni del rischio di credito rilasciate da società o enti esterni; le disposizioni disciplinano i requisiti che tali soggetti devono possedere e le relative modalità di accertamento da parte della Banca d'Italia;

b) sistemi interni di misurazione dei rischi per la determinazione dei requisiti patrimoniali, previa autorizzazione della Banca d'Italia. Per i gruppi sottoposti a vigilanza consolidata di un'autorità di un altro Stato comunitario, la decisione è di competenza della medesima autorità qualora, entro sei mesi dalla presentazione della domanda di autorizzazione, non venga adottata una decisione congiunta con la Banca d'Italia e sempre che, entro il medesimo termine, il caso non sia stato rinviato all'ABE ai fini della procedura per la risoluzione delle controversie con le autorità di vigilanza degli altri Stati membri in situazioni transfrontaliere (8) (9).

2-*ter.* .... (10).

3. Le disposizioni emanate dalla Banca d'Italia per esercitare la vigilanza su base consolidata possono tenere conto, anche con riferimento alla singola banca, della situazione e delle attività dei soggetti indicati nelle lett. *b*) e *c*) del comma 1 dell'art. 65 (11).

3-*bis.* La Banca d'Italia può impartire disposizioni, ai sensi del presente articolo, anche nei confronti di uno solo o di alcuni dei componenti il gruppo bancario (12).

3-*ter.* Si applicano l'art. 53, commi 4-*quinquies* e 4-*sexies*, e l'art. 53-*ter* (13).

67-*bis*. *Disposizioni applicabili alla società di partecipazione finanziaria mista.* — 1. La Banca d'Italia può individuare le ipotesi in cui la società di partecipazione finanziaria mista capogruppo è esentata dall'applicazione di una o più disposizioni adottate ai sensi del presente capo.

2. Le disposizioni di cui agli artt. 61, comma 3, 62 e 63, comma 1, si applicano alla società di partecipazione finanziaria mista qualora il settore di maggiori dimensioni all'interno del conglomerato finanziario sia quello bancario, determinato ai sensi del d.lg. 30 maggio 2005, n. 142. I provvedimenti di accertamento di cui

(1) Sull'avvalimento dei soggetti terzi per l'esercizio dell'attività di vigilanza v. d.l. 14 marzo 2014, n. 25, conv. in l. 12 maggio 2014, n. 75.
(2) Comma aggiunto dall'art. 1.26, d.lg. 12 maggio 2015, n. 72.
(3) Istruzioni Banca d'Italia, in suppl. ord. G.U., 2 marzo 2000, n. 51.
(4) Deliberazione CICR 29 luglio 2008, n. 276, in G.U., 22 settembre 2008, n. 222.
(5) Sull'organizzazione e il governo societario v. d.m. Economia e Finanze 5 agosto 2004, in G.U., 26 agosto 2004, n. 200.
(6) Comma così sostituito, da ultimo, dall'art. 1.27, lett. a, d.lg. 12 maggio 2015, n. 72.
(7) Comma abrogato dall'art. 1.27, lett. b, d.lg. 12 maggio 2015, n. 72.
(8) Le parole da «e sempre che,» fino alla fine della lettera sono state aggiunte dall'art. 1.6, d.lg. 30 luglio 2012, n. 130.
(9) Comma inserito dall'art. 1.1, lett. h, n. 2, d.l. 27 dicembre 2006, n. 297, conv. in l. 23 febbraio 2007, n. 15.
(10) Comma inserito dall'art. 1.1, lett. h, n. 2, d.l. 27 dicembre 2006, n. 297, conv. in l. 23 febbraio 2007, n. 15, e successivamente abrogato dall'art. 1.27, lett. c, d.lg. 12 maggio 2015, n. 72.
(11) Comma così sostituito dall'art. 1.1, lett. h, n. 3, d.l. 27 dicembre 2006, n. 297, conv. in l. 23 febbraio 2007, n. 15.
(12) Comma aggiunto dall'art. 1.1, lett. h, n. 4, d.l. 27 dicembre 2006, n. 297, conv. in l. 23 febbraio 2007, n. 15.
(13) Comma aggiunto dall'art. 1.27, lett. d, d.lg. 12 maggio 2015, n. 72.

all'art. 56, decadenza di cui all'art. 26 e autorizzazione di cui all'art. 19 sono adottati dalla Banca d'Italia d'intesa con l'IVASS.

3. I provvedimenti previsti dal Titolo IV, Capo II, nei confronti della società di partecipazione finanziaria mista sono adottati o proposti dalla Banca d'Italia d'intesa con l'IVASS (1).

67-*ter*. *Poteri di intervento*. — 1. La Banca d'Italia può:

a) convocare gli amministratori, i sindaci e il personale della capogruppo;

b) ordinare la convocazione degli organi collegiali della capogruppo, fissandone l'ordine del giorno, e proporre l'assunzione di determinate decisioni;

c) procedere direttamente alla convocazione degli organi collegiali della capogruppo quando gli organi competenti non abbiano ottemperato a quanto previsto dalla lett. *b*);

d) impartire le disposizioni previste dall'art. 67 anche con provvedimenti di carattere particolare; questi possono essere indirizzati anche a più gruppi bancari o all'intero sistema bancario e riguardare anche: la restrizione delle attività o della struttura territoriale del gruppo; il divieto di effettuare determinate operazioni e di distribuire utili o altri elementi del patrimonio, nonché, con riferimento a strumenti finanziari computabili nel patrimonio a fini di vigilanza, il divieto di pagare interessi; la fissazione di limiti all'importo totale della parte variabile delle remunerazioni nella banca, quando sia necessario per il mantenimento di una solida base patrimoniale; per le capogruppo che beneficiano di eccezionali interventi di sostegno pubblico, possono inoltre essere fissati (2) limiti alla remunerazione complessiva degli esponenti aziendali;

e) disporre, qualora la loro permanenza in carica sia di pregiudizio per la sana e prudente gestione del gruppo, la rimozione di uno o più esponenti aziendali della capogruppo; la rimozione non è disposta ove ricorrano gli estremi per pronunciare la decadenza ai sensi dell'art. 26, salvo che sussista urgenza di provvedere.

2. La Banca d'Italia può altresì convocare gli amministratori, i sindaci e il personale dei soggetti ai quali la capogruppo abbia esternalizzato funzioni aziendali essenziali o importanti (3).

68. *Vigilanza ispettiva*. — 1. A fini di vigilanza su base consolidata, la Banca d'Italia può effettuare ispezioni presso i soggetti indicati nell'art. 65 e presso i soggetti ai quali siano state esternalizzate da questi ultimi funzioni aziendali essenziali o importanti e richiedere l'esibizione di documenti e gli atti che ritenga necessari. Le ispezioni nei confronti di società diverse da quelle bancarie, finanziarie e strumentali o da quelle alle quali siano state esternalizzate funzioni aziendali essenziali o importanti hanno il fine esclusivo di verificare l'esattezza dei dati e delle informazioni forniti per il consolidamento (4).

2. La Banca d'Italia può richiedere alle autorità competenti di uno Stato comunitario di effettuare accertamenti presso i soggetti indicati nel comma 1, stabiliti nel territorio di detto Stato, ovvero concordare altre modalità delle verifiche.

3. La Banca d'Italia, su richiesta delle autorità competenti di altri Stati comunitari o terzi (5), può effettuare ispezioni presso le società con sede legale in Italia ricomprese nella vigilanza su base consolidata di competenza delle autorità richiedenti. La Banca d'Italia può consentire che la verifica sia effettuata dalle autorità che hanno fatto la richiesta ovvero da un revisore o da un esperto (6).

3-*bis*. La Banca d'Italia può consentire che autorità competenti di altri Stati comunitari partecipino, per i profili di interesse, ad ispezioni presso le capogruppo ai sensi dell'art. 61, qualora queste abbiano controllate sottoposte alla vigilanza di dette autorità (7) (8).

69. *Collaborazione tra autorità e obblighi informativi*. — 1. Al fine di agevolare l'esercizio della vigilanza su base consolidata nei confronti di gruppi operanti in più Stati comunitari la Banca d'Italia, sulla base di accordi con le autorità competenti, definisce forme di collaborazione e coordinamento, istituisce collegi di supervisori e partecipa ai collegi istituiti da altre autorità. In tale ambito, la Banca d'Italia può

(1) Articolo inserito dall'art. 2.6, d.lg. 4 marzo 2014, n. 53.

(2) Le parole «possono inoltre essere fissati» sono state così sostituite alle precedenti «la Banca d'Italia può inoltre fissare» dall'art. 1.17, d.lg. 14 novembre 2016, n. 223.

(3) Articolo inserito dall'art. 1.28, d.lg. 12 maggio 2015, n. 72.

(4) Comma così sostituito dall'art. 1.29, d.lg. 12 maggio 2015, n. 72.

(5) La parola «terzi» è stata così sostituita alla precedente «extracomunitari» dall'art. 1.9, d.lg. 16 novembre 2015, n. 181. Per l'entrata in vigore v. nota 2 alla rubrica del provvedimento.

(6) Comma così sostituito dall'art. 14, d.lg. 4 agosto 1999, n. 342.

(7) Comma aggiunto dall'art. 1.1, lett. i, d.l. 27 dicembre 2006, n. 297, conv. in l. 23 febbraio 2007, n. 15.

(8) Sull'avvalimento dei soggetti terzi per l'esercizio dell'attività di vigilanza v. d.l. 14 marzo 2014, n. 25, conv. in l. 12 maggio 2014, n. 75.

concordare specifiche ripartizioni di compiti e deleghe di funzioni.

1-*bis.* Per effetto degli accordi di cui al comma 1, la Banca d'Italia può esercitare la vigilanza consolidata anche:

a) sulle società finanziarie e sulle società di partecipazione finanziaria mista (1), aventi sede legale in un altro Stato comunitario, che controllano una capogruppo o una singola banca italiana;

b) sulle società bancarie, finanziarie e strumentali controllate dai soggetti di cui alla lett. *a*);

c) sulle società bancarie, finanziarie e strumentali partecipate almeno per il venti per cento, anche congiuntamente, dai soggetti indicati nelle lett. *a*) e *b*).

1-*ter.* La Banca d'Italia, qualora nell'esercizio della vigilanza consolidata verifichi una situazione di emergenza potenzialmente lesiva della liquidità e della stabilità del sistema finanziario italiano o di un altro Stato comunitario in cui opera il gruppo bancario, informa tempestivamente l'ABE, il CERS (2), il Ministero dell'economia e delle finanze, nonché, in caso di gruppi operanti anche in altri Stati comunitari, le competenti autorità monetarie.

1-*quater.* I commi 1 e 1-*ter* si applicano anche nell'esercizio della vigilanza su singole banche che operano con succursali aventi rilevanza sistemica negli Stati comunitari ospitanti.

1-*quinquies.* Le autorità creditizie, nei casi di crisi o di tensioni sui mercati finanziari, tengono conto degli effetti dei propri atti sulla stabilità del sistema finanziario degli altri Stati comunitari interessati (3).

69-*bis*. *Definizioni*. — 1. Ai fini del presente titolo si intendono per:

a) «alta dirigenza»: il direttore generale, i vice-direttori generali e le cariche ad esse assimilate, i responsabili delle principali aree di affari e coloro che rispondono direttamente all'organo amministrativo;

b) «autorità di risoluzione a livello di gruppo»: l'autorità di risoluzione dello Stato membro in cui si trova l'autorità di vigilanza su base consolidata;

c) «depositi»: i crediti relativi ai fondi acquisiti dalle banche con obbligo di rimborso; non costituiscono depositi i crediti relativi a fondi acquisiti dalla banca debitrice rappresentati da strumenti finanziari indicati dall'art. 1, comma 2, del d.lg. 24 febbraio 1998, n. 58, ovvero il cui capitale non è rimborsabile alla pari, ovvero il cui capitale è rimborsabile alla pari solo in forza di specifici accordi o garanzie concordati con la banca o terzi; costituiscono depositi i certificati di deposito purché non rappresentati da valori mobiliari emessi in serie;

d) «depositi ammissibili al rimborso»: i depositi che, ai sensi dell'art. 96-*bis*.1, commi 1 e 2, sono astrattamente idonei a essere rimborsati da parte di un sistema di garanzia dei depositanti (4);

e) «depositi protetti»: i depositi ammissibili al rimborso che non superano il limite di rimborso da parte del sistema di garanzia dei depositanti previsto dall'art. 96-*bis*.1, commi 3 e 4 (5);

f) «provvedimenti di risanamento»: i provvedimenti con cui sono disposte:

1) l'amministrazione straordinaria, nonché le misure adottate nel suo ambito;

2) le misure previste nei Capi II, III e IV del Titolo IV, del decreto legislativo [di recepimento della dir. 2014/59/UE];

3) le misure, equivalenti a quelle indicate ai nn. 1) e 2), adottate da autorità di altri Stati comunitari;

g) «risoluzione»: la procedura di cui all'art. 1, comma 1, lett. *uu*) del decreto legislativo [di recepimento della dir. 2014/59/UE];

h) «sistema di tutela istituzionale»: un accordo riconosciuto dalla Banca d'Italia ai sensi dell'art. 113, par. 7, del reg. (UE) n. 575/2013;

i) «sostegno finanziario pubblico straordinario»: gli aiuti di Stato e i sostegni finanziari pubblici di cui all'art. 1, comma 1, lett. *mmm*), del decreto legislativo [di recepimento della dir. 2014/59/UE];

l) «succursale significativa»: una succursale di una banca in uno Stato comunitario considerata significativa dalla Banca d'Italia (6).

(1) Le parole «e sulle società di partecipazione finanziaria mista» sono state inserite dall'art. 2.7, d.lg. 4 marzo 2014, n. 53.

(2) Le parole «l'ABE, il CERS,» sono state inserite dall'art. 1.7, d.lg. 30 luglio 2012, n. 130.

(3) Articolo così sostituito dall'art. 1.1, lett. d, d.lg. 30 dicembre 2010, n. 239.

(4) Lettera così sostituita dall'art. 1.1, lett. a, d.lg. 15 febbraio 2016, n. 30. Per l'entrata in vigore v. nota 2 alla rubrica del provvedimento.

(5) Lettera così sostituita dall'art. 1.1, lett. b, d.lg. 15 febbraio 2016, n. 30. Per l'entrata in vigore v. nota 2 alla rubrica del provvedimento.

(6) Articolo aggiunto dall'art. 1.11, d.lg. 16 novembre 2015, n. 181. Per l'entrata in vigore v. nota 2 alla rubrica del provvedimento.

TITOLO IV

Misure preparatorie, di intervento precoce e liquidazione coatta amministrativa (1)

CAPO 01-I

PIANI DI RISANAMENTO (2)

69-*ter*. *Ambito di applicazione*. — 1. Le disposizioni del presente capo si applicano:

a) alle banche italiane e succursali italiane di banche extracomunitarie;

b) alle società italiane capogruppo di un gruppo bancario e alle società componenti il gruppo ai sensi degli artt. 60 e 61;

c) alle società incluse nell'ambito della vigilanza consolidata ai sensi dell'art. 65, comma 1, lett. *c*) e *h*).

2. Ai fini del presente capo, il controllo sussiste nei casi previsti dall'art. 23.

69-*quater*. *Piani di risanamento*. — 1. Le banche si dotano di un piano di risanamento individuale che preveda l'adozione di misure volte al riequilibrio della situazione patrimoniale e finanziaria in caso di suo significativo deterioramento. Il piano riguarda, se di interesse non trascurabile per il risanamento della banca, anche le società italiane ed estere incluse nella vigilanza consolidata indicate nell'art. 69-*ter*, comma 1, lett. *c*).

2. Non sono tenute a dotarsi di piani di risanamento le banche appartenenti a un gruppo bancario, salvo che ciò non sia loro specificamente richiesto dalla Banca d'Italia. Per le banche sottoposte a vigilanza consolidata in un altro Stato comunitario, la richiesta di piani individuali è effettuata in conformità dell'art. 69-*septies*.

3. Fatto salvo l'art. 69-*decies*, il piano di risanamento contiene le informazioni richieste da provvedimenti di carattere generale e particolare della Banca d'Italia e da regolamenti della Commissione europea.

4. Il piano di risanamento non presuppone né contempla l'accesso a un sostegno finanziario pubblico straordinario.

5. Il piano di risanamento è approvato dall'organo amministrativo, che lo sottopone alla Banca d'Italia per le valutazioni di cui all'art. 69-*sexies*. Il piano è riesaminato e, se necessario, aggiornato almeno annualmente o con la maggiore frequenza richiesta dalla Banca d'Italia. Si procede comunque al riesame e all'eventuale aggiornamento del piano in caso di significativo mutamento della struttura giuridica o organizzativa della banca o della sua situazione patrimoniale o finanziaria.

69-*quinquies*. *Piani di risanamento di gruppo*. — 1. La capogruppo italiana di un gruppo bancario si dota di un piano di risanamento di gruppo che individua misure coordinate e coerenti da attuare per sé, per ogni società del gruppo e, se di interesse non trascurabile per il risanamento del gruppo, per le società italiane ed estere incluse nella vigilanza consolidata indicate nell'art. 69-*ter*, comma 1, lett. *c*).

2. Non è tenuta a dotarsi di un piano di risanamento di gruppo la capogruppo di un gruppo bancario soggetto a vigilanza consolidata in un altro Stato comunitario, salvo che ciò non sia a essa specificamente richiesto in conformità dell'art. 69-*septies*.

3. Il piano di risanamento di gruppo è finalizzato a ripristinare l'equilibrio patrimoniale e finanziario del gruppo bancario nel suo complesso e delle singole banche che ne facciano parte.

4. Il piano di risanamento di gruppo contiene almeno le informazioni richieste da provvedimenti di carattere generale o particolare della Banca d'Italia e da regolamenti della Commissione europea. Ove siano stati conclusi tra le società del gruppo accordi ai sensi del capo 02-I, il piano di risanamento contempla il ricorso al sostegno finanziario di gruppo conformemente ad essi. Il piano di risanamento di gruppo individua, altresì, i possibili ostacoli all'attuazione delle misure di risanamento, inclusi gli impedimenti di fatto o di diritto all'allocazione tempestiva di fondi propri e al pronto trasferimento di attività nonché al rimborso di passività fra società del gruppo.

5. Il piano di risanamento di gruppo è approvato dall'organo amministrativo della capogruppo e sottoposto alla Banca d'Italia, in conformità dell'art. 69-*septies* se il gruppo ha articolazioni in altri Stati comunitari.

6. La Banca d'Italia, nel rispetto degli artt. 5 e 6 del decreto legislativo [di recepimento della dir. 2014/59/UE] e dell'art. 7, trasmette il piano di risanamento di gruppo:

a) alle autorità competenti interessate rappresentate nei collegi delle autorità di vigilanza o con le quali sia stato stipulato un accordo di coordinamento e cooperazione;

(1) Rubrica così sostituita alla precedente «Disciplina delle crisi» dall'art. 1.10, d.lg. 16 novembre 2015, n. 181. Per l'entrata in vigore v. nota 2 alla rubrica del provvedimento.

(2) Capo inserito dall'art. 1.12, d.lg. 16 novembre 2015, n. 181. Per l'entrata in vigore v. nota 2 alla rubrica del provvedimento.

b) alle autorità competenti degli Stati comunitari in cui le banche incluse nel piano abbiano stabilito succursali significative;

c) alle autorità di risoluzione delle società controllate incluse nel piano di risanamento di gruppo, nonché all'autorità di risoluzione a livello di gruppo.

7. Il piano di risanamento di gruppo è riesaminato e, se necessario, aggiornato almeno annualmente o con la maggiore frequenza richiesta dalla Banca d'Italia. Si procede comunque al riesame e all'eventuale aggiornamento del piano in caso di significativo mutamento della struttura giuridica o organizzativa del gruppo o della sua situazione patrimoniale o finanziaria.

69-*sexies*. *Valutazione dei piani di risanamento individuali e di gruppo*. — 1. La Banca d'Italia, entro sei mesi dalla presentazione del piano di risanamento e sentite, per le succursali significative, le autorità competenti degli Stati comunitari in cui esse siano stabilite, verifica la completezza e adeguatezza del piano in conformità dei criteri indicati nelle pertinenti disposizioni dell'Unione europea.

2. Il piano di risanamento è trasmesso all'autorità di risoluzione per la formulazione di eventuali raccomandazioni sui profili rilevanti per la risoluzione della banca o del gruppo bancario.

3. Se all'esito della verifica emergono carenze o impedimenti al conseguimento delle finalità del piano, la Banca d'Italia può, fissando i relativi termini:

a) richiedere alla banca o alla capogruppo di presentare un piano modificato;

b) indicare modifiche specifiche da apportare al piano;

c) ordinare modifiche da apportare all'attività, alla struttura organizzativa o alla forma societaria della banca o del gruppo bancario o ordinare altre misure necessarie per conseguire le finalità del piano.

4. Resta ferma la possibilità di adottare, ove le circostanze lo richiedano, una o più delle misure previste dagli artt. 53-*bis* e 67-*ter*.

69-*septies*. *Rapporti con le altre autorità e decisioni congiunte sui piani di risanamento*. — 1. Nei casi e nei modi previsti dalle disposizioni dell'Unione europea, la Banca d'Italia coopera con le autorità competenti degli altri Stati comunitari per la valutazione dei piani di risanamento di gruppo che includono una banca in tali Stati e per l'applicazione delle misure di cui all'art. 69-*sexies*, comma 3. Nella valutazione dei piani di risanamento di gruppo la Banca d'Italia tiene conto del possibile pregiudizio per le singole società del gruppo. Essa riconosce come valide e applicabili le decisioni prese in conformità delle disposizioni dell'Unione europea.

2. La Banca d'Italia può, nei casi previsti dal diritto dell'Unione, promuovere o partecipare a un procedimento di mediazione non vincolante dinanzi all'ABE, richiedere l'assistenza dell'ABE o deferire alla stessa le decisioni di cui al presente articolo. Se una decisione è stata deferita all'ABE, la Banca d'Italia si astiene dall'adottare provvedimenti e si attiene alle decisioni finali dell'ABE. In mancanza di decisione dell'ABE nei termini previsti dal diritto dell'Unione, la Banca d'Italia adotta i provvedimenti di propria competenza.

69-*octies*. *Misure attuative dei piani di risanamento*. — 1. La decisione di adottare una misura prevista nel piano di risanamento o di astenersi dall'adottare una misura pur ricorrendone le circostanze è comunicata senza indugio alla Banca d'Italia.

69-*novies*. *Trasmissione dei piani di risanamento*. — 1. Le banche e le capogruppo italiane controllate da una società estera inclusa nella vigilanza consolidata della Banca d'Italia provvedono alla trasmissione dei piani di risanamento, informazioni, documenti e ogni altro dato che debba essere trasmesso tra la società estera controllante e la Banca d'Italia.

2. Le società aventi sede legale in Italia che controllano una banca soggetta a vigilanza in un altro Stato comunitario collaborano con l'autorità competente di tale Stato al fine di assicurare la trasmissione dei piani di risanamento, informazioni, documenti e ogni altro dato rilevante per la valutazione dei piani di risanamento.

69-*decies*. *Piani di risanamento in forma semplificata ed esenzioni*. — 1. La Banca d'Italia può, con provvedimenti di carattere generale o particolare, prevedere modalità semplificate di adempimento degli obblighi stabiliti dal presente capo, avendo riguardo alle possibili conseguenze del dissesto della banca o del gruppo bancario in considerazione delle loro caratteristiche, ivi incluse le dimensioni, la complessità operativa, la struttura societaria, lo scopo mutualistico, l'adesione a un sistema di tutela istituzionale.

2. La Banca d'Italia può inoltre esentare dal rispetto delle disposizioni del presente capo una banca aderente a un sistema di tutela istituzionale. In tal caso, gli obblighi previsti dal presente capo sono assolti dal sistema di tutela istituzionale in cooperazione con la banca aderente esentata.

69-*undecies*. *Disposizioni di attuazione*. — 1. La Banca d'Italia può emanare disposizioni attuative del presente capo, anche per tener conto di orientamenti dell'ABE.

CAPO 02-I

Sostegno finanziario di gruppo (1)

69-*duodecies*. *Accordo di gruppo*. — 1. Una banca italiana o società italiana capogruppo di un gruppo bancario, le società italiane ed estere appartenenti al gruppo bancario e le altre società incluse nella vigilanza consolidata indicate nell'art. 69-*ter*, comma 1, lett. *c*), possono concludere un accordo per fornirsi sostegno finanziario per il caso in cui si realizzino per una di esse i presupposti dell'intervento precoce ai sensi dell'art. 69-*octiesdecies* e siano soddisfatte le condizioni indicate nel presente capo.

2. Fermo restando quanto previsto dal capo IX del titolo V del libro V del codice civile, il presente capo non si applica:

a) alle operazioni di finanziamento e di gestione della liquidità eseguite tra società del gruppo bancario se per nessuna di esse sussistono i presupposti dell'intervento precoce;

b) alla concessione di sostegno in qualsiasi forma, ivi incluso l'apporto di capitale, a un'altra società del gruppo al di fuori dei casi previsti dall'accordo, quando la società cui il sostegno è concesso si trovi in difficoltà e il sostegno sia in linea con le politiche del gruppo e sia finalizzato a preservare la stabilità del gruppo.

3. Le società che aderiscono all'accordo di sostegno finanziario di gruppo si obbligano a fornirsi sostegno finanziario in conformità dei termini dell'accordo. Possono essere previsti anche obblighi di sostegno reciproco.

4. Il sostegno finanziario può essere concesso in forma di finanziamento, di prestazione di garanzia o mediante la messa a disposizione di beni o attività da utilizzare come garanzia reale o finanziaria, nonché con qualsiasi combinazione di queste forme, mediante un'unica o più operazioni, anche tra il beneficiario del sostegno e soggetti terzi, anche esterni al gruppo e non partecipanti all'accordo.

5. L'accordo è conforme ai seguenti principi:

a) l'accordo è sottoscritto da ciascuna parte nell'esercizio della propria autonomia negoziale e in coerenza con le eventuali direttive impartite dalla capogruppo;

b) le parti chiamate a fornire sostegno finanziario devono essere pienamente informate sulla situazione dei beneficiari prima della decisione di fornire il sostegno;

c) l'accordo indica i criteri di calcolo per determinare, al momento in cui il sostegno finanziario viene fornito, il corrispettivo dovuto per qualsiasi operazione effettuata in virtù dell'accordo stesso; ove necessario per conseguire le finalità dell'accordo, i criteri possono non tenere conto del prezzo di mercato, in particolare se esso è influenzato da fattori anomali ed esterni al gruppo o se la parte che fornisce il sostegno dispone, in forza dell'appartenenza al gruppo del beneficiario, di informazioni non pubbliche rilevanti.

6. L'accordo di sostegno finanziario di gruppo non può essere concluso se, al momento della sua conclusione, per una delle parti dell'accordo sussistono, a giudizio dell'autorità competente, i presupposti dell'intervento precoce.

7. Nessun diritto, pretesa o azione derivante dall'accordo può essere esercitato da soggetti diversi dalle parti, neppure ai sensi dell'art. 2900 del codice civile.

69-*terdecies*. *Autorizzazione dell'accordo*. — 1. Il progetto di accordo è sottoposto all'autorizzazione della Banca d'Italia, che valuta la sua coerenza con le condizioni previste nell'art. 69-*quinquiesdecies*, congiuntamente con le altre autorità competenti sulle banche comunitarie aderenti all'accordo, in conformità delle pertinenti disposizioni dell'Unione europea.

2. La Banca d'Italia disciplina il procedimento per l'autorizzazione di cui al comma 1.

3. Il progetto di accordo e ogni sua modifica sono trasmessi all'autorità di risoluzione a seguito dell'autorizzazione di cui al comma 1.

69-*quaterdecies*. *Approvazione dell'accordo da parte dell'assemblea dei soci e concessione del sostegno*. — 1. Il progetto di accordo autorizzato ai sensi dell'art. 69-*terdecies* è sottoposto all'approvazione dell'assemblea straordinaria dei soci di ciascuna società del gruppo che si propone di aderirvi, unitamente a un parere predisposto dai componenti indipendenti dell'organo amministrativo sull'interesse della società ad aderire all'accordo nonché sulla convenienza e sulla correttezza sostanziale delle relative condizioni. L'accordo produce effetti solo nei confronti delle società le cui assemblee hanno approvato il progetto.

2. La competenza a decidere sulla concessione o sull'accettazione del sostegno finanziario in esecuzione dell'accordo spetta all'organo amministrativo. La delibera di concessione del sostegno finanziario di gruppo è motivata, indica l'obiettivo del sostegno finanziario e la conformità alle condizioni stabilite all'art. 69-*quinquiesdecies*.

(1) Capo inserito dall'art. 1.12, d.lg. 16 novembre 2015, n. 181. Per l'entrata in vigore v. nota 2 alla rubrica del provvedimento.

3. L'organo amministrativo della società aderente all'accordo riferisce annualmente all'assemblea dei soci in merito all'esecuzione dell'accordo.

4. L'assemblea straordinaria dei soci può revocare la propria approvazione del progetto di accordo di cui al comma 1 se non si sono ancora realizzati i presupposti dell'intervento precoce ai sensi dell'art. 69-*octiesdecies* in capo a una o più società aderenti all'accordo. La revoca diviene efficace solo a seguito della predisposizione di un piano di risoluzione individuale o di gruppo che tenga conto delle mutate circostanze o, in ogni caso, decorsi 12 mesi dalla revoca.

5. L'approvazione di un progetto di accordo di cui al comma 1 o la sua revoca non costituisce causa di recesso del socio dalla società.

6. La delibera di approvazione di un progetto di accordo di cui al comma 1 è pubblicata con gli stessi mezzi previsti per la pubblicazione delle informazioni ai sensi dell'art. 53, comma 1, lett. *d*), unitamente a una descrizione sommaria del contenuto dell'accordo. La Banca d'Italia può dettare disposizioni sull'informativa al pubblico dovuta dalle banche e dalle società capogruppo sugli accordi di sostegno finanziario di gruppo.

69-*quinquiesdecies*. *Condizioni per il sostegno*. — 1. Il sostegno finanziario previsto dall'accordo è concesso se sono soddisfatte tutte le seguenti condizioni:

a) si può ragionevolmente prospettare che il sostegno fornito ponga sostanziale rimedio alle difficoltà finanziarie del beneficiario;

b) il sostegno finanziario è diretto a preservare o ripristinare la stabilità finanziaria del gruppo nel suo complesso o di una delle società del gruppo ed è nell'interesse della società del gruppo che fornisce il sostegno;

c) le condizioni del sostegno finanziario, ivi compreso il corrispettivo, sono determinate in conformità dell'art. 69-*duodecies*, comma 5, lett. *c*);

d) vi è la ragionevole aspettativa, sulla base delle informazioni a disposizione dell'organo amministrativo della società che fornisce il sostegno al momento dell'assunzione della relativa decisione, che sarà pagato un corrispettivo e rimborsato il prestito da parte della società beneficiaria, qualora il sostegno sia concesso sotto forma di prestito, ovvero che, nell'ipotesi in cui il sostegno sia fornito in forma di garanzia reale o personale e questa sia escussa, sarà possibile recuperare per intero, anche in via di surroga o regresso, capitale, interessi e spese;

e) la concessione del sostegno finanziario non mette a repentaglio la liquidità o solvibilità della società del gruppo che lo fornisce;

f) la concessione del sostegno finanziario non minaccia la stabilità del sistema finanziario, in particolare nello Stato comunitario in cui ha sede la società del gruppo che fornisce il sostegno;

g) la società del gruppo che fornisce il sostegno rispetta, nel momento in cui lo fornisce, i requisiti in materia di capitale, liquidità, grandi esposizioni e gli altri requisiti specifici eventualmente imposti in conformità del reg. (UE) n. 575/2013 e delle disposizioni di attuazione della dir. 2013/36/UE, e la concessione del sostegno finanziario non è tale da determinare la violazione di questi requisiti da parte della società, fatta eccezione per il caso in cui l'autorità competente per la vigilanza sulla società abbia autorizzato una temporanea deroga a tali requisiti;

h) la concessione del sostegno finanziario non pregiudica la risolvibilità della società del gruppo che lo fornisce.

69-*sexiesdecies*. *Opposizione della Banca d'Italia e comunicazioni*.— 1. La delibera di concessione del sostegno è trasmessa alla Banca d'Italia, che può vietare o limitarne l'esecuzione se le condizioni per il sostegno finanziario di gruppo di cui all'art. 69-*quinquiesdecies* non sono soddisfatte.

2. La delibera di cui al comma 1 è trasmessa all'ABE nonché, se diverse dalla Banca d'Italia, all'autorità competente per la vigilanza sulla società che riceve il sostegno e all'autorità competente per la vigilanza su base consolidata.

3. Il provvedimento della Banca d'Italia di cui al comma 1 è trasmesso all'ABE, agli altri soggetti indicati al comma 2, nonché, se la Banca d'Italia è l'autorità competente per la vigilanza su base consolidati, ai componenti del collegio di risoluzione istituito ai sensi del [decreto di recepimento della dir. 2014/59].

69-*septiesdecies*. *Norme applicabili e disposizioni di attuazione*. — 1. Alla conclusione degli accordi previsti dal presente capo e alla prestazione di sostegno finanziario in loro esecuzione non si applicano le disposizioni di cui all'art. 53, comma 4, e agli artt. 2391-*bis*, 2467, 2497-*quinquies* e 2901 del codice civile, nonché agli artt. 64, 65, 66 e 67, 216, primo comma, n. 1) e terzo comma e 217 della legge fallimentare (1).

2. La Banca d'Italia può emanare disposizioni attuative del presente capo, anche per tener conto di orientamenti dell'ABE.

(1) In *Leggi coll. XXII, 1*.

CAPO I

BANCHE

Sezione 01-I — *Misure di intervento precoce* (1)

69-*octiesdecies*. *Presupposti*. — 1. La Banca d'Italia può disporre le seguenti misure nei confronti di una banca o una società capogruppo di un gruppo bancario:

a) le misure di cui all'art. 69-*noviesdecies*, quando risultano violazioni dei requisiti del reg. (UE) n. 575/2013, delle disposizioni di attuazione della dir. 2013/36/UE e del titolo II della dir. 2014/65/UE o di uno degli articoli da 3 a 7, da 14 a 17, e 24, 25 e 26 del reg. (UE) n. 600/2014, oppure si preveda la violazione dei predetti requisiti anche a causa di un rapido deterioramento della situazione della banca o del gruppo;

b) la rimozione degli esponenti di cui all'art. 69-*vicies-semel*, quando risultano gravi violazioni di disposizioni legislative, regolamentari o statutarie o gravi irregolarità nell'amministrazione ovvero quando il deterioramento della situazione della banca o del gruppo bancario sia particolarmente significativo, e sempre che gli interventi indicati nella medesima lett. *a*) o quelli previsti negli artt. 53-*bis* e 67-*ter* non siano sufficienti per porre rimedio alla situazione.

69-*noviesdecies*. *Attuazione del piano di risanamento e altre misure*. — 1. Fermi restando i poteri attribuiti dagli artt. 53-*bis* e 67-*ter*, la Banca d'Italia, al ricorrere dei presupposti di cui all'art. 69-*octiesdecies*, comma 1, lett. *a*), può chiedere alla banca o alla società capogruppo di un gruppo bancario di dare attuazione, anche parziale, al piano di risanamento adottato o di preparare un piano per negoziare la ristrutturazione del debito con tutti o alcuni creditori secondo il piano di risanamento, ove applicabile, o di modificare la propria forma societaria.

2. La Banca d'Italia, nell'esercizio del potere di cui al comma 1 può:

a) richiedere l'aggiornamento del piano di risanamento quando le condizioni che hanno condotto all'intervento precoce divergono rispetto alle ipotesi contemplate nel piano;

b) fissare un termine per l'attuazione del piano e l'eliminazione delle cause che formano presupposto dell'intervento precoce.

69-*vicies*. *Poteri di accertamento e flussi informativi*. — 1. Quando sia accertata l'esistenza, in relazione a una banca o ad un gruppo bancario, delle circostanze di cui all'art. 69-*octiesdecies*, i poteri di vigilanza informativa e ispettiva previsti agli artt. 51, 54, 66 e 67 possono essere esercitati anche al fine di acquisire le informazioni necessarie per l'aggiornamento del piano di risoluzione, l'eventuale esercizio del potere di riduzione o conversione di azioni, di altre partecipazioni e di strumenti di capitale, l'avvio della risoluzione o della liquidazione coatta amministrativa, nonché per la valutazione prevista dal Titolo IV, Capo I, Sezione II, del [decreto di recepimento della dir. 2014/59/UE].

2. Le informazioni acquisite ai sensi del comma 1 sono trasmesse alle autorità di risoluzione.

69-*vicies-semel*. *Rimozione dei componenti degli organi di amministrazione e controllo e dell'alta dirigenza*. — 1. Al ricorrere dei presupposti indicati all'art. 69-*octiesdecies*, comma 1, lett. *b*), la Banca d'Italia può disporre la rimozione e ordinare il rinnovo di tutti i componenti degli organi con funzione di amministrazione e di controllo delle banche e delle società capogruppo di un gruppo bancario. Si applica il comma 4 dell'art. 70.

2. Il provvedimento fissa la data da cui decorrono gli effetti della rimozione. La Banca d'Italia convoca l'assemblea della banca o della capogruppo con all'ordine del giorno il rinnovo degli organi con funzioni di amministrazione e controllo.

3. Ricorrendo i presupposti richiamati al comma 1, la Banca d'Italia può inoltre ordinare la rimozione di uno o più componenti dell'alta dirigenza di una banca o di una società capogruppo di un gruppo bancario.

4. La Banca d'Italia approva la nomina dei componenti dei nuovi organi o della nuova alta dirigenza effettuata dal competente organo della banca o della società capogruppo.

5. Resta salva la possibilità in ogni momento di disporre l'amministrazione straordinaria della banca o della capogruppo di cui agli artt. 70 e 98.

6. Resta fermo il potere di rimuovere singoli esponenti aziendali ai sensi dell'art. 53-*bis*, comma 1, lett. *e*), e dell'art. 67-*ter*, comma 1, lett. *e*), se sufficiente per porre rimedio alla situazione.

69-*vicies-bis*. *Disposizioni di attuazione*. — 1. La Banca d'Italia può emanare disposizioni at-

(1) Sezione inserita dall'art. 1.13, d.lg. 16 novembre 2015, n. 181. Per l'entrata in vigore v. nota 2 alla rubrica del provvedimento.

tuative della presente sezione, anche per tener conto di orientamenti dell'ABE.

Sezione I. — *Amministrazione straordinaria*

70. *Provvedimento*. — 1. La Banca d'Italia può disporre lo scioglimento degli organi con funzioni di amministrazione e di controllo delle banche quando ricorrono le violazioni o le irregolarità di cui all'art. 69-*octiesdecies*, comma 1, lett. *b*), oppure sono previste gravi perdite del patrimonio ovvero quando lo scioglimento è richiesto con istanza motivata dagli organi amministrativi ovvero dall'assemblea straordinaria (1).

2. Le funzioni delle assemblee e degli altri organi diversi da quelli indicati nel comma 1 sono sospese per effetto del provvedimento di amministrazione straordinaria, salvo quanto previsto dall'art. 72, comma 6.

3. Il provvedimento è comunicato dai commissari nominati ai sensi dell'art. 71 agli interessati, che ne facciano richiesta, non prima dell'insediamento ai sensi dell'art. 73 (2).

4. Il provvedimento (3) è pubblicato per estratto nella *Gazzetta Ufficiale* della Repubblica italiana.

5. L'amministrazione straordinaria dura sino ad un anno (4), salvo che il provvedimento previsto dal comma 1 preveda un termine più breve [...] (5). La procedura può essere prorogata per lo stesso periodo di un anno, anche per più di una volta, se sussistono i presupposti indicati nel comma 1. Il provvedimento di proroga è pubblicato per estratto nella *Gazzetta Ufficiale* della Repubblica italiana (6).

6. .... (7).

7. Alle banche non si applica il titolo IV della legge fallimentare (8) e l'art. 2409 del codice civile. Se vi è fondato sospetto che i soggetti con funzioni di amministrazione, in violazione dei propri doveri, abbiano compiuto gravi irregolarità nella gestione che possono arrecare danno alla banca o ad una o più società controllate, l'organo con funzioni di controllo od i soci che il codice civile o lo statuto abilitano (9) a presentare denuncia al tribunale, possono denunciare i fatti alla Banca d'Italia, che decide con provvedimento motivato (10).

70-*bis*. .... (11).

71. *Organi della procedura*. — 1. Con il provvedimento di scioglimento degli organi la Banca d'Italia (12), nomina:

a) uno o più commissari straordinari;

b) un comitato di sorveglianza, composto da tre a cinque membri, che nomina a maggioranza di voti il proprio presidente.

2. [...] (13). Entro quindici giorni dalla comunicazione della nomina, i commissari depositano in copia gli atti di nomina degli organi della procedura e del presidente del comitato di sorveglianza per l'iscrizione nel registro delle imprese (14).

(1) Comma così sostituito dall'art. 1.14, lett. a, d.lg. 16 novembre 2015, n. 181. Per l'entrata in vigore v. nota 2 alla rubrica del provvedimento.

(2) Comma così sostituito dall'art. 1.14, lett. c, d.lg. 16 novembre 2015, n. 181. Per l'entrata in vigore v. nota 2 alla rubrica del provvedimento.

(3) La parola «provvedimento» è stata così sostituita alle precedenti «decreto del Ministro dell'economia e delle finanze» dall'art. 1.14, lett. d, d.lg. 16 novembre 2015, n. 181. Per l'entrata in vigore v. nota 2 alla rubrica del provvedimento.

(4) Le parole «sino ad un anno» sono state così sostituite alle precedenti «un anno» dall'art. 1.18, d.lg. 14 novembre 2016, n. 223.

(5) Le parole «o la Banca d'Italia ne autorizzi la chiusura anticipata» sono state soppresse dall'art. 1.18, d.lg. 14 novembre 2016, n. 223.

(6) Comma così sostituito dall'art. 1.14, lett. e, d.lg. 16 novembre 2015, n. 181. Per l'entrata in vigore v. nota 2 alla rubrica del provvedimento.

(7) Comma abrogato dall'art. 1.14, lett. f, d.lg. 16 novembre 2015, n. 181. Per l'entrata in vigore v. nota 2 alla rubrica del provvedimento.

(8) In *Leggi coll. XXII, 1*.

(9) Le parole «o lo statuto abilitano» sono state così sostituite alla precedente «abilita» dall'art. 1.14, lett. g, d.lg. 16 novembre 2015, n. 181. Per l'entrata in vigore v. nota 2 alla rubrica del provvedimento.

(10) Comma così sostituito dall'art. 9.21, comma 1, d.lg. n. 6/2003, come modificato dall'art. 2.1, d.lg. n. 37/2004.

(11) Articolo inserito dall'art. 1.30, d.lg. 12 maggio 2015, n. 72, e successivamente abrogato dall'art. 1.15, d.lg. 16 novembre 2015, n. 181. Per l'entrata in vigore v. nota 2 alla rubrica del provvedimento.

(12) Le parole «Con il provvedimento di scioglimento degli organi la Banca d'Italia» sono state così sostituite alle precedenti «La Banca d'Italia, con provvedimento da emanarsi entro quindici giorni dalla data del decreto previsto dall'art. 70, comma 1» dall'art. 1.16, lett. a, d.lg. 16 novembre 2015, n. 181. Per l'entrata in vigore v. nota 2 alla rubrica del provvedimento.

(13) Periodo soppresso dall'art. 1.16, lett. b, d.lg. 16 novembre 2015, n. 181. Per l'entrata in vigore v. nota 2 alla rubrica del provvedimento.

(14) Comma così sostituito dall'art. 9.22, comma 1, d.lg. n. 6/2003, come modificato dall'art. 2.1, d.lg. n. 37/2004.

3. .... (1).

4. Le indennità spettanti ai commissari e ai componenti il comitato di sorveglianza sono determinate dalla Banca d'Italia in base ai criteri dalla stessa stabiliti e sono a carico della banca sottoposta alla procedura. Se necessario, esse possono essere anticipate dalla Banca d'Italia (2).

5. La Banca d'Italia, per ragioni d'urgenza e (3) fino all'insediamento degli organi straordinari, può nominare commissario provvisorio un proprio funzionario, che assume i medesimi poteri attribuiti ai commissari straordinari. Si applicano gli artt. 70, comma 3, e 72, comma 9.

6. Agli organi della procedura si applicano i requisiti di onorabilità stabiliti ai sensi dell'art. 26. I commissari devono, inoltre, possedere le competenze necessarie per svolgere le proprie funzioni ed essere esenti da conflitti di interesse (4).

72. *Poteri e funzionamento degli organi straordinari.* — 1. Salvo che non sia diversamente specificato all'atto della nomina, i commissari esercitano tutte le funzioni e tutti i poteri spettanti all'organo di amministrazione della banca ai sensi del codice civile, delle disposizioni di legge applicabili e dello statuto della banca. La Banca d'Italia, nel provvedimento di nomina, può stabilire che ai commissari sono attribuiti soltanto determinati poteri e funzioni di amministrazione (5).

1-*bis.* Salvo che non sia diversamente specificato nel provvedimento che dispone l'amministrazione straordinaria, ai commissari spettano i compiti di accertare la situazione aziendale, rimuovere le irregolarità e promuovere le soluzioni utili nell'interesse dei depositanti e della sana e prudente gestione. Le disposizioni del codice civile, statutarie o convenzionali relative ai poteri di controllo dei titolari di partecipazioni non si applicano agli atti dei commissari. All'atto della nomina, la Banca d'Italia può stabilire speciali limitazioni dei compiti dei commissari ovvero attribuire loro compiti ulteriori e diversi rispetto a quelli indicati nel presente comma (6).

2. Il comitato di sorveglianza esercita le funzioni di controllo e fornisce pareri ai commissari nei casi previsti dalla presente sezione o dalle disposizioni della Banca d'Italia (7).

2-*bis.* La Banca d'Italia può, in ogni momento, revocare o sostituire i commissari e i membri del comitato di sorveglianza oppure modificarne compiti e poteri (8).

3. Le funzioni degli organi straordinari hanno inizio con l'insediamento degli stessi ai sensi dell'art. 73, commi 1 e 2 (9) e cessano con il passaggio delle consegne agli organi subentranti.

4. La Banca d'Italia può stabilire, all'atto della nomina o successivamente con istruzioni impartite ai commissari e ai membri del comitato di sorveglianza, che determinati atti dei commissari siano sottoposti ad autorizzazione della stessa Banca d'Italia ovvero imporre speciali cautele e limitazioni nella gestione della banca. I componenti gli organi straordinari sono personalmente responsabili dell'inosservanza delle prescrizioni della Banca d'Italia; queste non sono opponibili ai terzi che non ne abbiano avuto conoscenza (10).

5. L'esercizio dell'azione sociale di responsabilità contro i membri dei disciolti organi amministrativi e di controllo ed il direttore gene-

(1) Comma abrogato dall'art. 1.16, lett. c, d.lg. 16 novembre 2015, n. 181. Per l'entrata in vigore v. nota 2 alla rubrica del provvedimento.

(2) Ultimo periodo aggiunto dall'art. 1.16, lett. d, d.lg. 16 novembre 2015, n. 181. Per l'entrata in vigore v. nota 2 alla rubrica del provvedimento.

(3) Le parole «per ragioni d'urgenza e» sono state inserite dall'art. 1.16, lett. e, d.lg. 16 novembre 2015, n. 181. Per l'entrata in vigore v. nota 2 alla rubrica del provvedimento.

(4) Comma aggiunto dall'art. 15, d.lg. 4 agosto 1999, n. 342. L'ultimo periodo è stato aggiunto successivamente dall'art. 1.16, lett. f, d.lg. 16 novembre 2015, n. 181. Per l'entrata in vigore v. nota 2 alla rubrica del provvedimento.

(5) Comma così sostituito, da ultimo, dall'art. 1.17, lett. a, d.lg. 16 novembre 2015, n. 181. Per l'entrata in vigore v. nota 2 alla rubrica del provvedimento.

(6) Comma inserito dall'art. 1.17, lett. b, d.lg. 16 novembre 2015, n. 181. Per l'entrata in vigore v. nota 2 alla rubrica del provvedimento.

(7) Comma così sostituito dall'art. 9.23, comma 1, lett. b, d.lg. n. 6/2003, come modificato dall'art. 2.1, d.lg. n. 37/2004.

(8) Comma inserito dall'art. 1.17, lett. c, d.lg. 16 novembre 2015, n. 181. Per l'entrata in vigore v. nota 2 alla rubrica del provvedimento.

(9) Parole così sostituite dall'art. 64.7, d.lg. 23 luglio 1996, n. 415.

(10) Comma così sostituito dall'art. 1.17, lett. d, d.lg. 16 novembre 2015, n. 181. Per l'entrata in vigore v. nota 2 alla rubrica del provvedimento.

rale, nonché dell'azione contro il soggetto incaricato della revisione legale dei conti (1), spetta ai commissari straordinari, sentito il comitato di sorveglianza, previa autorizzazione della Banca d'Italia. Gli organi succeduti all'amministrazione straordinaria proseguono le azioni di responsabilità e riferiscono alla Banca d'Italia in merito alle stesse (2).

5-*bis.* Nell'interesse della procedura i commissari, sentito il comitato di sorveglianza, previa autorizzazione della Banca d'Italia, possono sostituire il soggetto incaricato della revisione legale dei conti (3) per la durata della procedura stessa (4).

6. Il potere di convocare l'assemblea dei soci e gli altri organi indicati all'art. 70, comma 2, spetta esclusivamente ai commissari previa approvazione della Banca d'Italia. L'ordine del giorno è stabilito in via esclusiva dai commissari e non è modificabile dall'organo convocato (5).

7. Quando i commissari siano più di uno, essi decidono a maggioranza dei componenti in carica e i loro poteri di rappresentanza sono validamente esercitati con la firma congiunta di due di essi. È fatta salva la possibilità di conferire deleghe, anche per categorie di operazioni, a uno o più commissari.

8. Il comitato di sorveglianza delibera a maggioranza dei componenti in carica; in caso di parità prevale il voto del presidente.

9. La responsabilità dei commissari e dei membri del comitato di sorveglianza per atti compiuti nell'espletamento dell'incarico è limitata ai soli casi di dolo o colpa grave. Le azioni civili nei loro confronti sono promosse previa autorizzazione della Banca d'Italia (6).

9-*bis.* I commissari, nell'esercizio delle loro funzioni, sono pubblici ufficiali (7).

73. *Adempimenti iniziali.* — 1. I commissari straordinari si insediano prendendo in consegna l'azienda dagli organi amministrativi disciolti con un sommario processo verbale (8). I commissari acquisiscono una situazione dei conti. Alle operazioni assiste almeno un componente il comitato di sorveglianza.

2. Qualora, per il mancato intervento degli organi amministrativi disciolti o per altre ragioni, non sia possibile l'esecuzione delle consegne, i commissari provvedono d'autorità a insediarsi, con l'assistenza di un notaio e, ove occorra, con l'intervento della forza pubblica.

3. Il commissario provvisorio assume la gestione della banca ed esegue le consegne ai commissari straordinari, secondo le modalità indicate nei commi 1 e 2.

4. Quando il bilancio relativo all'esercizio chiuso anteriormente all'inizio dell'amministrazione straordinaria non sia stato approvato, i commissari provvedono al deposito presso l'ufficio del registro delle imprese, in sostituzione del bilancio, di una relazione sulla situazione patrimoniale ed economica, redatta sulla base delle informazioni disponibili. La relazione è accompagnata da un rapporto del comitato di sorveglianza. È comunque esclusa ogni distribuzione di utili (9).

74. *Sospensione dei pagamenti.* — 1. Se ricorrono (10) circostanze eccezionali i commissari, al fine di tutelare gli interessi dei creditori, possono sospendere il pagamento delle passività di qualsiasi genere da parte della banca ovvero la restituzione degli strumenti finanziari ai clienti relativi ai servizi previsti dal d.lg. 24 febbraio 1998, n. 58 (11) (12). Il provvedimento è assunto sentito il comitato di sorveglianza, previa autorizzazione della Banca d'Italia, che può emanare disposizioni per l'attuazione dello

(1) Le parole «della revisione legale dei conti» sono state così sostituite alle precedenti «del controllo contabile o della revisione» dall'art. 39.3, lett. a, d.lg. 27 gennaio 2010, n. 39.

(2) Comma sostituito dall'art. 9.23, comma 1, lett. c, d.lg. n. 6/2003, come modificato dall'art. 2.1, d.lg. n. 37/2004.

(3) Le parole «della revisione legale dei conti» sono state così sostituite alle precedenti «del controllo contabile» dall'art. 39.3, lett. b, d.lg. 27 gennaio 2010, n. 39.

(4) Comma inserito dall'art. 9.23, comma 1, lett. d, d.lg. n. 6/2003, come modificato dall'art. 2.1, d.lg. n. 37/2004.

(5) Comma così sostituito dall'art. 1.17, lett. e, d.lg. 16 novembre 2015, n. 181. Per l'entrata in vigore v. nota 2 alla rubrica del provvedimento.

(6) Comma così sostituito dall'art. 1.17, lett. f, d.lg. 16 novembre 2015, n. 181. Per l'entrata in vigore v. nota 2 alla rubrica del provvedimento.

(7) Comma aggiunto dall'art. 1.17, lett. g, d.lg. 16 novembre 2015, n. 181. Per l'entrata in vigore v. nota 2 alla rubrica del provvedimento.

(8) Periodo così sostituito dall'art. 64.8, d.lg. 23 luglio 1996, n. 415.

(9) Comma così sostituito dall'art. 9.24, comma 1, d.lg. n. 6/2003, come modificato dall'art. 2.1, d.lg. n. 37/2004.

(10) Le parole «Se ricorrono» sono state così sostituite alle precedenti «Qualora ricorrano» dall'art. 1.18, d.lg. 16 novembre 2015, n. 181. Per l'entrata in vigore v. nota 2 alla rubrica del provvedimento.

(11) In *Leggi coll. XVIII, 1.*

(12) Le parole «dal d.lg. 24 febbraio 1998, n. 58» sono state così sostituite alle precedenti «dal d.lg. di recepimento della dir. 93/22/CEE» dall'art. 1.18, d.lg. 16 novembre 2015, n. 181. Per l'entrata in vigore v. nota 2 alla rubrica del provvedimento.

stesso. La sospensione ha luogo per un periodo non superiore ad un mese, prorogabile eventualmente, con le stesse formalità, per altri due mesi.

2. Durante il periodo della sospensione non possono essere intrapresi o proseguiti atti di esecuzione forzata o atti cautelari sui beni della banca e sugli strumenti finanziari dei clienti. Durante lo stesso periodo non possono essere iscritte ipoteche sugli immobili o acquistati altri diritti di prelazione sui mobili della banca se non in forza di provvedimenti giudiziali esecutivi anteriori all'inizio del periodo di sospensione.

3. La sospensione non costituisce stato d'insolvenza (1).

75. *Adempimenti finali.* — 1. I commissari straordinari e il comitato di sorveglianza, a intervalli periodici stabiliti all'atto della nomina o successivamente nonché (2) al termine delle loro funzioni, redigono separati rapporti sull'attività svolta e li trasmettono alla Banca d'Italia. La Banca d'Italia cura che della chiusura dell'amministrazione straordinaria sia data notizia mediante avviso da pubblicarsi nella *Gazzetta Ufficiale* della Repubblica italiana.

2. La chiusura dell'esercizio in corso all'inizio dell'amministrazione straordinaria è protratta a ogni effetto di legge fino al termine della procedura. I commissari redigono il bilancio che viene presentato per l'approvazione alla Banca d'Italia entro quattro mesi dalla chiusura dell'amministrazione straordinaria e pubblicato nei modi di legge. L'esercizio cui si riferisce il bilancio redatto dai commissari costituisce un unico periodo d'imposta. Entro un mese dall'approvazione della Banca d'Italia, gli organi subentrati ai commissari presentano la dichiarazione dei redditi relativa a detto periodo secondo le disposizioni tributarie vigenti.

3. I commissari, prima della cessazione delle loro funzioni, provvedono perché siano ricostituiti gli organi dell'amministrazione ordinaria. Gli organi subentranti prendono in consegna l'azienda dai commissari secondo le modalità previste dall'art. 73, comma 1.

75-*bis*. *Commissari in temporaneo affiancamento*. — 1. La Banca d'Italia, ricorrendo i presupposti indicati all'art. 70, può nominare uno o più commissari in temporaneo affiancamento all'organo di amministrazione. La Banca d'Italia, nel provvedimento di nomina, individua funzioni, doveri e poteri dei commissari, specificandone i rapporti con l'organo amministrativo, ivi compreso, eventualmente, l'obbligo degli amministratori di consultare o di richiedere la previa autorizzazione dei commissari per l'assunzione di determinati atti o decisioni.

2. Si applicano, in quanto compatibili, le disposizioni della presente sezione (3).

76. .... (4).

77. *Succursali di banche extracomunitarie*. — 1. Nel caso di amministrazione straordinaria di succursali di banche extracomunitarie stabilite nel territorio della Repubblica, i commissari straordinari e il comitato di sorveglianza assumono nei confronti delle succursali stesse i poteri degli organi di amministrazione e di controllo della banca di appartenenza.

1-*bis*. La Banca d'Italia informa dell'apertura della procedura di amministrazione straordinaria le autorità di vigilanza degli Stati comunitari che ospitano succursali della banca extracomunitaria. L'informazione è data, con ogni mezzo, possibilmente prima dell'apertura della procedura ovvero subito dopo (5).

2. Si applicano, in quanto compatibili, le disposizioni della presente sezione.

77-*bis*. *Aumenti di capitale*. — 1. In deroga ai termini previsti dagli artt. 2366 e 2369 del codice civile e 125-*bis* e 126 del d.lg. 24 febbraio 1998, n. 58, nelle banche nei confronti delle quali è stata adottata una misura di intervento precoce o disposto l'avvio dell'amministrazione straordinaria, le assemblee chiamate a deliberare aumenti di capitale finalizzati a ripristinare l'adeguatezza patrimoniale possono essere convocate fino a dieci giorni prima di quello fissato per l'assemblea, se così è previsto dallo statuto.

2. Nel caso previsto al comma 1, per le banche con azioni quotate nei mercati regolamentati italiani o di altri Stati comunitari:

a) la comunicazione effettuata dall'intermediario ai sensi dell'art. 83-*sexies* del d.lg. 24 febbraio 1998, n. 58, è effettuata sulla base delle evidenze dei conti relative al termine della

(1) Articolo così sostituito dall'art. 64.9, d.lg. 23 luglio 1996, n. 415.

(2) Le parole «a intervalli periodici stabiliti all'atto della nomina o successivamente nonché» sono state inserite dall'art. 1.19, d.lg. 16 novembre 2015, n. 181. Per l'entrata in vigore v. nota 2 alla rubrica del provvedimento.

(3) Articolo inserito dall'art. 1.20, d.lg. 16 novembre 2015, n. 181. Per l'entrata in vigore v. nota 2 alla rubrica del provvedimento.

(4) Articolo abrogato dall'art. 1.21, d.lg. 16 novembre 2015, n. 181. Per l'entrata in vigore v. nota 2 alla rubrica del provvedimento.

(5) Comma inserito dall'art. 3, d.lg. 9 luglio 2004, n. 197.

giornata contabile del terzo giorno di mercato aperto precedente la data fissata per l'assemblea;

b) il termine di cui all'art. 126-*bis*, comma 1, del d.lg. 24 febbraio 1998, n. 58, è ridotto a cinque giorni;

c) non trovano applicazione le modalità di pubblicità di cui all'art. 126-*bis*, comma 2, del d.lg. 24 febbraio 1998, n. 58.

3. Le previsioni di cui al comma 2, lett. *b*) e *c*), non si applicano alle banche nei confronti delle quali è stata disposta l'amministrazione straordinaria.

4. Il presente articolo si applica anche alle società capogruppo di un gruppo bancario (1).

Sezione II. — *Provvedimenti straordinari*

78. *Banche autorizzate in Italia*. — 1. La Banca d'Italia può imporre il divieto di intraprendere nuove operazioni oppure ordinare la chiusura di succursali alle banche autorizzate in Italia, per violazione di disposizioni legislative, amministrative o statutarie che ne regolano l'attività, per irregolarità di gestione ovvero, nel caso di succursali di banche extracomunitarie, anche per insufficienza di fondi.

79. *Banche comunitarie*. — 1. In caso di violazione o di rilevante rischio di violazione da parte di banche comunitarie delle disposizioni relative alle succursali o alla prestazione di servizi nel territorio della Repubblica, il cui controllo spetta all'autorità competente dello Stato d'origine, la Banca d'Italia ne dà comunicazione a tale autorità per i provvedimenti necessari. In attesa di questi, se sussistono ragioni di urgenza la Banca d'Italia può adottare le misure provvisorie necessarie per la tutela delle ragioni dei depositanti, dei risparmiatori e degli altri soggetti ai quali sono prestati i servizi, comprese l'imposizione del divieto di intraprendere nuove operazioni e la sospensione dei pagamenti; le misure adottate sono comunicate all'autorità competente dello Stato d'origine, alla Commissione europea e all'ABE.

2. In deroga al comma 1, secondo periodo, se la violazione riguarda disposizioni relative alla liquidità della banca comunitaria o in ogni altro caso di deterioramento della situazione di liquidità della stessa, la Banca d'Italia può adottare le misure necessarie per la stabilità finanziaria o per la tutela delle ragioni dei depositanti, dei risparmiatori e degli altri soggetti ai quali sono prestati i servizi, se quelle prese dall'autorità competente dello Stato d'origine mancano o risultano inadeguate; le misure da adottare sono comunicate all'autorità competente dello Stato d'origine e all'ABE.

3. Quando i provvedimenti dell'autorità competente dello Stato d'origine indicati al comma 1 manchino o risultino inadeguati, la Banca d'Italia può ricorrere all'ABE ai fini della procedura per la risoluzione delle controversie con le autorità di vigilanza degli altri Stati membri in situazioni transfrontaliere.

4. In caso di violazione o di rilevante rischio di violazione da parte di banche comunitarie delle disposizioni relative alle succursali o alla prestazione di servizi nel territorio della Repubblica il cui controllo spetta alla Banca d'Italia, questa adotta le misure necessarie a prevenire o reprimere tali irregolarità, compresa l'imposizione del divieto di intraprendere nuove operazioni, la sospensione dei pagamenti e la chiusura della succursale, dandone comunicazione all'autorità competente dello Stato d'origine (2).

Sezione III. — *Liquidazione coatta amministrativa*

80. *Provvedimento*. — 1. Il Ministro dell'economia e delle finanze, su proposta della Banca d'Italia, può disporre con decreto la liquidazione coatta amministrativa delle banche, anche quando ne sia in corso l'amministrazione straordinaria ovvero la liquidazione secondo le norme ordinarie, se ricorrono i presupposti indicati nell'art. 17 del decreto legislativo [di recepimento della dir. 2014/59/UE] ma non quelli indicati nell'art. 20, comma 2, del medesimo decreto per disporre la risoluzione (3).

2. La liquidazione coatta può essere disposta, con il medesimo procedimento indicato nel comma 1, su istanza motivata degli organi amministrativi, dell'assemblea straordinaria, dei commissari straordinari o dei liquidatori.

3. Il decreto del Ministro dell'economia e

(1) Articolo inserito dall'art. 1.22, d.lg. 16 novembre 2015, n. 181. Per l'entrata in vigore v. nota 2 alla rubrica del provvedimento.

(2) Articolo così sostituito dall'art. 1.31, d.lg. 12 maggio 2015, n. 72.

(3) Comma così sostituito dall'art. 1.23, d.lg. 16 novembre 2015, n. 181. Per l'entrata in vigore v. nota 2 alla rubrica del provvedimento.

delle finanze (1) e la proposta della Banca d'Italia sono comunicati dai commissari liquidatori agli interessati, che ne facciano richiesta, non prima dell'insediamento (2) ai sensi dell'art. 85.

4. Il decreto del Ministro dell'economia e delle finanze (1) è pubblicato per estratto nella *Gazzetta Ufficiale* della Repubblica italiana.

5. Dalla data di emanazione del decreto cessano le funzioni degli organi amministrativi, di controllo e assembleari, nonché di ogni altro organo della banca. Sono fatte salve le ipotesi previste dagli artt. 93, comma 1, e 94, comma 2.

6. Le banche non sono soggette a procedure concorsuali diverse dalla liquidazione coatta prevista dalle norme della presente sezione; per quanto non espressamente previsto si applicano, se compatibili, le disposizioni della legge fallimentare.

81. *Organi della procedura.* — 1. La Banca d'Italia nomina:

a) uno o più commissari liquidatori;

b) un comitato di sorveglianza composto da tre a cinque membri, che nomina a maggioranza di voti il proprio presidente.

1-*bis.* Possono essere nominati come liquidatori anche società o altri enti (3).

2. Il provvedimento della Banca d'Italia e la delibera di nomina del presidente del comitato di sorveglianza sono pubblicati per estratto sul sito web della Banca d'Italia (4). Entro quindici giorni dalla comunicazione della nomina, i commissari depositano in copia gli atti di nomina degli organi della liquidazione coatta e del presidente del comitato di sorveglianza per l'iscrizione nel registro delle imprese (5).

3. La Banca d'Italia può revocare o sostituire i commissari e i membri del comitato di sorveglianza.

4. Le indennità spettanti ai commissari e ai componenti il comitato di sorveglianza sono determinate dalla Banca d'Italia in base ai criteri dalla stessa stabiliti e sono a carico della liquidazione.

82. *Accertamento giudiziale dello stato di insolvenza.* — 1. Se una banca non sottoposta a liquidazione coatta amministrativa o a risoluzione (6) si trova in stato di insolvenza, il tribunale del luogo in cui essa ha la sede legale, su richiesta di uno o più creditori, su istanza del pubblico ministero o d'ufficio, sentiti la Banca d'Italia e i rappresentanti legali della banca, dichiara lo stato di insolvenza con sentenza in camera di consiglio. Quando la banca sia sottoposta ad amministrazione straordinaria, il tribunale dichiara l'insolvenza anche su ricorso dei commissari straordinari, sentiti i commissari stessi, la Banca d'Italia e i cessati rappresentanti legali. Si applicano le disposizioni dell'art. 195, commi primo, secondo periodo, terzo, quarto, quinto, sesto e ottavo della legge fallimentare (7).

2. Se una banca, anche avente natura pubblica, si trova in stato di insolvenza al momento dell'emanazione del provvedimento di liquidazione coatta amministrativa e l'insolvenza non è stata dichiarata a norma del comma 1, il tribunale del luogo in cui la banca ha la sede legale, su ricorso dei commissari liquidatori, su istanza del pubblico ministero o d'ufficio, sentiti la Banca d'Italia e i cessati rappresentanti legali della banca, accerta tale stato con sentenza in camera di consiglio. Si applicano le disposizioni dell'art. 195, terzo, quarto, quinto e sesto comma della legge fallimentare (7).

3. La dichiarazione giudiziale dello stato di insolvenza prevista dai commi precedenti produce gli effetti indicati nell'art. 203 della legge fallimentare (7).

83. *Effetti del provvedimento per la banca, per i creditori e sui rapporti giuridici preesistenti.* — 1. Dalla data di insediamento degli organi liquidatori ai sensi dell'art. 85, e comunque dal sesto giorno lavorativo (8) successivo alla data

(1) L'espressione «Ministro dell'economia e delle finanze» ha sostituito la precedente «Ministro del tesoro» per effetto dell'art. 1.1, d.lg. 6 febbraio 2004, n. 37. Sulle informazioni, in merito alle operazioni finanziarie poste in essere da amministrazioni pubbliche, da parte della Banca d'Italia e dell'Istituto finanziatore al Ministero dell'economia e delle finanze v. art. 3.14 e 15, l. 24 dicembre 2003, n. 350.

(2) Parole così sostituite dall'art. 64.10, d.lg. 23 luglio 1996, n. 415.

(3) Comma inserito dall'art. 1.24, lett. a, d.lg. 16 novembre 2015, n. 181. Per l'entrata in vigore v. nota 2 alla rubrica del provvedimento.

(4) Le parole «sul sito web della Banca d'Italia» sono state così sostituite alle precedenti «nella *Gazzetta Ufficiale* della Repubblica italiana» dall'art. 1.24, lett. b, d.lg. 16 novembre 2015, n. 181. Per l'entrata in vigore v. nota 2 alla rubrica del provvedimento.

(5) Comma così sostituito dall'art. 9.26, comma 1, d.lg. n. 6/2003, come modificato dall'art. 2.1, d.lg. n. 37/2004.

(6) Le parole «o a risoluzione» sono state inserite dall'art. 1.25, d.lg. 16 novembre 2015, n. 181. Per l'entrata in vigore v. nota 2 alla rubrica del provvedimento.

(7) In *Leggi coll. XXII, 1.*

(8) Le parole «sesto giorno lavorativo» sono state così sostituite alle precedenti «terzo giorno» dall'art. 1.26, lett. a, d.lg. 16 novembre 2015, n. 181. Per l'entrata in vigore v. nota 2 alla rubrica del provvedimento.

di adozione del provvedimento che dispone la liquidazione coatta, sono sospesi il pagamento delle passività di qualsiasi genere e le restituzioni di beni di terzi. La data di insediamento dei commissari liquidatori, con l'indicazione del giorno, dell'ora e del minuto, è rilevata dalla Banca d'Italia sulla base del processo verbale previsto all'art. 85 (1).

2. Dal termine indicato nel comma 1 si producono gli effetti previsti dagli artt. 42, 44, 45 e 66, nonché dalle disposizioni del titolo II, capo III, sezione II e sezione IV della legge fallimentare (2) (3).

3. Dal termine previsto nel comma 1 contro la banca in liquidazione non può essere promossa né proseguita alcuna azione salvo quanto disposto dagli artt. 87, 88, 89 e 92, comma 3, né, per qualsiasi titolo, puo essere parimenti promosso né proseguito alcun atto di esecuzione forzata o cautelare. Per le azioni civili di qualsiasi natura derivanti dalla liquidazione è competente esclusivamente il tribunale del luogo dove la banca ha la sede legale (3).

3-*bis*. In deroga all'art. 56, primo comma, della legge fallimentare, la compensazione ha luogo solo se i relativi effetti siano stati fatti valere da una delle parti prima che sia disposta la liquidazione coatta amministrativa, salvo che la compensazione sia prevista da un contratto di garanzia finanziaria di cui al d.lg. 21 maggio 2004, n. 170, da un accordo di netting, come definito dall'art. 1, comma 1, lett. *a*), del decreto legislativo [di recepimento della dir. 2014/59] o da un accordo di compensazione ai sensi dell'art. 1252 del codice civile (4).

84. *Poteri e funzionamento degli organi liquidatori*. — 1. I commissari liquidatori hanno la rappresentanza legale della banca, esercitano tutte le azioni a essa spettanti e procedono alle operazioni della liquidazione. I commissari, nell'esercizio delle loro funzioni, sono pubblici ufficiali.

2. Il comitato di sorveglianza assiste i commissari nell'esercizio delle loro funzioni, controlla l'operato degli stessi e fornisce pareri nei casi previsti dalla presente sezione o dalle disposizioni della Banca d'Italia.

3. La Banca d'Italia può emanare direttive per lo svolgimento della procedura e può stabilire che talune categorie di operazioni o di atti debbano essere da essa autorizzate e che per le stesse sia preliminarmente sentito il comitato di sorveglianza. I membri degli organi liquidatori sono personalmente responsabili dell'inosservanza delle direttive della Banca d'Italia; queste non sono opponibili ai terzi che non ne abbiano avuto conoscenza.

4. I commissari devono presentare annualmente alla Banca d'Italia una relazione sulla situazione contabile e patrimoniale della banca e sull'andamento della liquidazione, accompagnata da un rapporto del Comitato di sorveglianza. [...] (5).

5. L'esercizio dell'azione sociale di responsabilità e di quella dei creditori sociali contro i membri dei cessati organi amministrativi e di controllo ed il direttore generale, dell'azione contro il soggetto incaricato della revisione legale dei conti (6), nonché dell'azione del creditore sociale contro la società o l'ente che esercita l'attività di direzione e coordinamento, spetta ai commissari, sentito il comitato di sorveglianza, previa autorizzazione della Banca d'Italia (7).

6. Ai commissari liquidatori e al comitato di sorveglianza si applica l'art. 72, commi 7, 8 e 9.

7. I commissari, previa autorizzazione della Banca d'Italia e con il parere favorevole del comitato di sorveglianza, possono farsi coadiuvare nello svolgimento delle operazioni da terzi, sotto la propria responsabilità e con oneri a carico della liquidazione. In casi eccezionali, i commissari, previa autorizzazione della Banca d'Italia, possono a proprie spese delegare a terzi il compimento di singoli atti (8).

85. *Adempimenti iniziali*. — 1. I commissari liquidatori si insediano prendendo in consegna l'azienda dai precedenti organi di amministrazione o di liquidazione ordinaria con un sommario processo verbale (9). I commissari ac-

(1) Comma così sostituito dall'art. 4, d.lg. 9 luglio 2004, n. 197.
(2) In *Leggi coll. XXII, 1*.
(3) Comma così sostituito dall'art. 64.11, d.lg. 23 luglio 1996, n. 415.
(4) Comma aggiunto dall'art. 1.26, lett. b, d.lg. 16 novembre 2015, n. 181. Per l'entrata in vigore v. nota 2 alla rubrica del provvedimento.
(5) Comma così sostituito dall'art. 5, d.lg. 9 luglio 2004, n. 197. L'ultimo periodo è stato soppresso successivamente dall'art. 1.27, d.lg. 16 novembre 2015, n. 181. Per l'entrata in vigore v. nota 2 alla rubrica del provvedimento.
(6) Le parole «della revisione legale dei conti» sono state così sostituite alle precedenti «del controllo contabile o della revisione» dall'art. 39.4, d.lg. 27 gennaio 2010, n. 39.
(7) Comma così sostituito dall'art. 9.27, comma 1, d.lg. n. 6/2003, come modificato dall'art. 2.1, d.lg. n. 37/2004.
(8) Per l'entrata in vigore v. nota 2 alla rubrica del provvedimento.
(9) Periodo così sostituito dall'art. 64.12, d.lg. n. 415/1996.

quisiscono una situazione dei conti e formano quindi l'inventario.

2. Si applica l'art. 73, commi 1, ultimo periodo, 2 e 4.

86. *Accertamento del passivo*. — 1. Entro un mese dalla nomina i commissari comunicano a ciascun creditore l'indirizzo di posta elettronica certificata della procedura e le somme risultanti a credito di ciascuno secondo le scritture e i documenti della banca. La comunicazione s'intende effettuata con riserva di eventuali contestazioni e avviene a mezzo posta elettronica certificata se il relativo indirizzo del destinatario risulta dal registro delle imprese ovvero dall'Indice nazionale degli indirizzi di posta elettronica certificata delle imprese e dei professionisti e, in ogni altro caso, a mezzo lettera raccomandata o telefax presso la sede dell'impresa o la residenza del creditore. Se il destinatario ha sede o risiede all'estero, la comunicazione può essere effettuata al suo rappresentante in Italia, se esistente. Contestualmente i commissari invitano ciascun creditore ad indicare, entro il termine di cui al comma 4, il proprio indirizzo di posta elettronica certificata, le cui variazioni è onere comunicare ai commissari, con l'avvertimento sulle conseguenze di cui al comma 3 (1).

2. Analoga comunicazione viene inviata a coloro che risultino titolari di diritti reali sui beni e sugli strumenti finanziari relativi ai servizi previsti dal d.lg. 24 febbraio 1998, n. 58 (2) (3) in possesso della banca, nonché ai clienti aventi diritto alle restituzioni dei detti strumenti finanziari (4).

2-*bis*. Nei casi disciplinati dall'art. 92-*bis*, i commissari, sentito il comitato di sorveglianza, possono provvedere alle comunicazioni di cui ai commi 1 e 2 anche per singole categorie di aventi diritto, mediante pubblicazione nella *Gazzetta Ufficiale* della Repubblica italiana e in uno o più quotidiani a diffusione nazionale o locale di un avviso contenente l'invito a consultare l'elenco provvisorio degli ammessi al passivo. L'elenco è depositato presso la sede della società o messo altrimenti a disposizione degli aventi diritto, fermo in ogni caso il diritto di ciascuno di prendere visione solo della propria posizione. Il termine per la presentazione delle domande di insinuazione ai sensi del comma 5 decorre dalla pubblicazione dell'avviso di cui al presente comma (5).

3. Tutte le successive comunicazioni sono effettuate dai commissari all'indirizzo di posta elettronica certificata indicato dagli interessati. In caso di mancata comunicazione dell'indirizzo di posta elettronica certificata o della sua variazione, ovvero nei casi di mancata consegna per cause imputabili al destinatario, esse si eseguono mediante deposito nella cancelleria del tribunale del luogo ove la banca ha la sede legale. Si applica l'art. 31-*bis*, terzo comma, della legge fallimentare, intendendosi sostituito al curatore il commissario liquidatore (6).

4. Entro quindici giorni dal ricevimento della comunicazione, i creditori e i titolari dei diritti indicati nel comma 2 possono presentare o inviare, all'indirizzo di posta elettronica della procedura, i loro reclami ai commissari, allegando i documenti giustificativi (7).

5. Entro sessanta giorni dalla pubblicazione del decreto di liquidazione nella *Gazzetta Ufficiale* della Repubblica italiana, i creditori e i titolari dei diritti indicati nel comma 2, i quali non abbiano ricevuto la comunicazione prevista dai commi 1 e 2, devono chiedere ai commissari, mediante raccomandata con avviso di ricevimento, il riconoscimento dei propri crediti e la restituzione dei propri beni, presentando i documenti atti a provare l'esistenza, la specie e l'entità dei propri diritti e indicando l'indirizzo di posta elettronica certificata al quale ricevere tutte le comunicazioni relative alla procedura. Si applica il comma 3 del presente articolo (8).

6. I commissari, trascorso il termine previsto

(1) Comma così sostituito dall'art. 1.28, lett. a, d.lg. 16 novembre 2015, n. 181. Per l'entrata in vigore v. nota 2 alla rubrica del provvedimento.

(2) In *Leggi coll. XVIII, 1*.

(3) Le parole «d.lg. 24 febbraio 1998, n. 58» sono state così sostituite alle precedenti «d.lg. di recepimento della dir. 93/22/CEE» dall'art. 17, d.lg. 4 agosto 1999, n. 342.

(4) Comma così sostituito dall'art. 64.13, d.lg. n. 415/1996.

(5) Comma inserito dall'art. 1.28, lett. b, d.lg. 16 novembre 2015, n. 181. Per l'entrata in vigore v. nota 2 alla rubrica del provvedimento.

(6) Comma così sostituito dall'art. 1.28, lett. c, d.lg. 16 novembre 2015, n. 181. Per l'entrata in vigore v. nota 2 alla rubrica del provvedimento.

(7) Comma così sostituito dall'art. 1.28, lett. d, d.lg. 16 novembre 2015, n. 181. Per l'entrata in vigore v. nota 2 alla rubrica del provvedimento.

(8) Le parole «e indicando l'indirizzo di posta elettronica certificata al quale ricevere tutte le comunicazioni relative alla procedura. Si applica il comma 3 del presente articolo» sono state aggiunte dall'art. 1.28, lett. e, d.lg. 16 novembre 2015, n. 181. Per l'entrata in vigore v. nota 2 alla rubrica del provvedimento.

dal comma 5 e non oltre i trenta giorni successivi, presentano alla Banca d'Italia, sentiti i cessati amministratori della banca, l'elenco dei creditori ammessi e delle somme riconosciute a ciascuno, indicando i diritti di prelazione e l'ordine degli stessi, nonché gli elenchi dei titolari dei diritti indicati nel comma 2 e di coloro cui è stato negato il riconoscimento delle pretese. I clienti aventi diritto alla restituzione degli strumenti finanziari relativi ai servizi previsti dal d.lg. 24 febbraio 1998, n. 58 (1) (2) sono iscritti in apposita e separata sezione dello stato passivo (3).

7. Nei medesimi termini previsti dal comma 6 i commissari depositano nella cancelleria del tribunale del luogo ove la banca ha la sede legale, a disposizione degli aventi diritto, gli elenchi dei creditori privilegiati, dei titolari di diritti indicati nel comma 2, nonché dei soggetti appartenenti alle medesime categorie cui è stato negato il riconoscimento delle pretese.

8. Successivamente i commissaricomunicano senza indugio, a mezzo posta elettronica certificata (4), a coloro ai quali è stato negato in tutto o in parte il riconoscimento delle pretese, la decisione presa nei loro riguardi. Dell'avvenuto deposito dello stato passivo è dato avviso tramite pubblicazione nella *Gazzetta Ufficiale* della Repubblica italiana.

9. Espletati gli adempimenti indicati nei commi 6 e 7, lo stato passivo diventa esecutivo.

87. *Opposizioni allo stato passivo*. — 1. Possono proporre opposizione allo stato passivo, relativamente alla propria posizione e contro il riconoscimento dei diritti in favore dei soggetti inclusi negli elenchi indicati nell'art. 86, comma 7, i soggetti le cui pretese non siano state accolte, in tutto o in parte, entro quindici giorni dal ricevimento della comunicazione (5) prevista dall'art. 86, comma 8, e i soggetti ammessi entro lo stesso termine decorrente dalla data di pubblicazione dell'avviso previsto dal medesimo comma 8.

2. L'opposizione si propone con deposito in cancelleria del ricorso al presidente del tribunale del luogo ove la banca ha la sede legale. Si applica l'art. 99, commi 2 e seguenti, della legge fallimentare (6).

3. Il presidente del tribunale assegna a un unico giudice relatore tutte le cause relative alla stessa liquidazione. Nei tribunali divisi in più sezioni il presidente assegna le cause a una di esse e il presidente di questa provvede alla designazione di un unico giudice relatore (7).

4. .... (8).

5. Quando sia necessario per decidere sulle contestazioni, il giudice richiede ai commissari l'esibizione di un estratto dell'elenco dei creditori chirografari previsto dall'art. 86, comma 6; l'elenco non viene messo a disposizione.

88. *Esecutività delle sentenze* (9). — 1-2. . (10).

3. Le decisioni pronunciate in ogni grado del giudizio di opposizione sono esecutive quando diventano definitive (11).

4. .... (12).

89. *Insinuazioni tardive*. — 1. Dopo il deposito dello stato passivo e fino a che non siano esauriti tutti i riparti e le restituzioni, i creditori e i titolari dei diritti indicati nell'art. 86, comma 2 e che non abbiano ricevuto la comunicazione ai sensi dell'art. 86, comma 8, e non risultino inclusi nello stato passivo, possono chiedere di

(1) In *Leggi coll. XVIII, 1*.

(2) Le parole «d.lg. 24 febbraio 1998, n. 58» sono state così sostituite alle precedenti «d.lg. di recepimento della dir. 93/22/CEE» dall'art. 17, d.lg. 4 agosto 1999, n. 342.

(3) Frase aggiunta dall'art. 64.14 d.lg. n. 415/1996.

(4) Le parole «comunicano senza indugio, a mezzo posta elettronica certificata,» sono state così sostituite alle precedenti «, mediante raccomandata con avviso di ricevimento, comunicano senza indugio» dall'art. 1.28, lett. f, d.lg. 16 novembre 2015, n. 181. Per l'entrata in vigore v. nota 2 alla rubrica del provvedimento.

(5) La parola «comunicazione» è stata così sostituita alla precedente «raccomandata» dall'art. 1.29, lett. a, d.lg. 16 novembre 2015, n. 181. Per l'entrata in vigore v. nota 2 alla rubrica del provvedimento.

(6) Ultimo periodo aggiunto dall'art. 1.29, lett. b, d.lg. 16 novembre 2015, n. 181. Per l'entrata in vigore v. nota 2 alla rubrica del provvedimento.

(7) Comma così sostituito dall'art. 1.29, lett. c, d.lg. 16 novembre 2015, n. 181. Per l'entrata in vigore v. nota 2 alla rubrica del provvedimento.

(8) Comma abrogato dall'art. 1.29, lett. d, d.lg. 16 novembre 2015, n. 181. Per l'entrata in vigore v. nota 2 alla rubrica del provvedimento.

(9) Rubrica così sostituita alla precedente «Appello e ricorso per cassazione» dall'art. 1.30, lett. a, d.lg. 16 novembre 2015, n. 181. Per l'entrata in vigore v. nota 2 alla rubrica del provvedimento.

(10) Commi abrogati dall'art. 1.30, lett. b, d.lg. 16 novembre 2015, n. 181. Per l'entrata in vigore v. nota 2 alla rubrica del provvedimento.

(11) Comma così sostituito dall'art. 1.30, lett. c, d.lg. 16 novembre 2015, n. 181. Per l'entrata in vigore v. nota 2 alla rubrica del provvedimento.

(12) Comma abrogato dall'art. 1.30, lett. d, d.lg. 16 novembre 2015, n. 181. Per l'entrata in vigore v. nota 2 alla rubrica del provvedimento.

far valere i loro diritti secondo quanto previsto dall'art. 87, commi da 2 a 5, e dall'art. 88. Decorsi sei mesi dalla pubblicazione dell'avviso previsto dall'art. 86, comma 8, le domande tardive sono ammissibili solo se l'istante dimostra che il ritardo è dipeso da causa a lui non imputabile (1).

90. *Liquidazione dell'attivo*. — 1. I commissari liquidatori hanno tutti i poteri occorrenti per realizzare l'attivo. In caso di alienazione di beni immobili e di altri beni iscritti in pubblici registri, una volta eseguita la vendita e riscosso interamente il prezzo, la Banca d'Italia, su richiesta dei commissari liquidatori, dispone la cancellazione delle iscrizioni relative ai diritti di prelazione, nonché delle trascrizioni dei pignoramenti e dei sequestri conservativi e di ogni altro vincolo (2).

2. I commissari, con il parere favorevole del comitato di sorveglianza e previa autorizzazione della Banca d'Italia, possono cedere attività e passività, l'azienda, rami d'azienda nonché beni e rapporti giuridici individuabili in blocco. Quando non ricorrono le condizioni per l'intervento dei sistemi di garanzia dei depositanti o l'intervento di questi è insufficiente, al fine di favorire lo svolgimento della liquidazione, la cessione può avere ad oggetto passività anche solo per una quota di ciascuna di esse. Resta in ogni caso fermo il rispetto della parità di trattamento dei creditori e del loro ordine di priorità (3). La cessione può avvenire in qualsiasi stadio della procedura, anche prima del deposito dello stato passivo; il cessionario risponde comunque delle sole passività risultanti dallo stato passivo, tenuto conto dell'esito delle eventuali opposizioni presentate ai sensi dell'art. 87 (4). Si applicano le disposizioni dell'art. 58, commi 2, 3 e 4, anche quando il cessionario non sia una banca o uno degli altri soggetti previsti dal comma 7 del medesimo articolo (5).

3. I commissari possono, nei casi di necessità e per il miglior realizzo dell'attivo, previa autorizzazione della Banca d'Italia, continuare l'esercizio dell'impresa o di determinati rami di attività, secondo le cautele indicate dal comitato di sorveglianza. La continuazione dell'esercizio dell'impresa disposta all'atto dell'insediamento degli organi liquidatori entro il termine indicato nell'art. 83, comma 1, esclude lo scioglimento di diritto dei rapporti giuridici preesistenti previsto dalle norme richiamate dal comma 2 del medesimo articolo (6).

4. Anche ai fini dell'eventuale esecuzione di riparti agli aventi diritto, i commissari possono contrarre mutui, effettuare altre operazioni finanziarie passive e costituire in garanzia attività aziendali, secondo le prescrizioni e le cautele disposte dal comitato di sorveglianza e previa autorizzazione della Banca d'Italia (7).

91. *Restituzioni e riparti*. — 1. I commissari procedono alle restituzioni dei beni nonché degli strumenti finanziari relativi ai servizi di cui al d.lg. 24 febbraio 1998, n. 58 (8), e, secondo l'ordine stabilito dall'art. 111 della legge fallimentare (9) fatto salvo quanto previsto dal comma 1-*bis*, alla ripartizione dell'attivo liquidato. Le indennità e i rimborsi spettanti agli organi della procedura di amministrazione straordinaria e ai commissari della gestione provvisoria che abbiano preceduto la liquidazione coatta amministrativa sono equiparate alle spese indicate nell'art. 111, comma primo, n. 1), della legge fallimentare (9). Il pagamento dei crediti prededucibili è effettuato previo parere favorevole del comitato di sorveglianza (10).

1-*bis*. In deroga a quanto previsto dall'art. 2741 del codice civile e dall'art. 111 della legge

(1) Articolo così sostituito dall'art. 64.15, d.lg. 23 luglio 1996, n. 415. Le parole da «Decorsi sei mesi» fino a «imputabile» sono state così sostituite alle precedenti «Tali soggetti sopportano le spese conseguenti al ritardo della domanda, salvo che il ritardo stesso non sia a essi imputabile» dall'art. 1.31, d.lg. 16 novembre 2015, n. 181. Per l'entrata in vigore v. nota 2 alla rubrica del provvedimento.

(2) Ultimo periodo aggiunto dall'art. 1.32, lett. a, d.lg. 16 novembre 2015, n. 181. Per l'entrata in vigore v. nota 2 alla rubrica del provvedimento.

(3) I periodi da «I commissari,» fino a «priorità» sono stati così sostituiti all'originario primo periodo dall'art. 1.32, lett. b, d.lg. 16 novembre 2015, n. 181. Per l'entrata in vigore v. nota 2 alla rubrica del provvedimento.

(4) Le parole «, tenuto conto dell'esito delle eventuali opposizioni presentate ai sensi dell'art. 87» sono state inserite dall'art. 1.32, lett. b, d.lg. 16 novembre 2015, n. 181. Per l'entrata in vigore v. nota 2 alla rubrica del provvedimento.

(5) Parole aggiunte dall'art. 18, d.lg. 4 agosto 1999, n. 342.

(6) Frase aggiunta dall'art. 64.16, d.lg. n. 415/1996.

(7) Per l'entrata in vigore v. nota 2 alla rubrica del provvedimento.

(8) In *Leggi coll. XVIII, 1*.

(9) In *Leggi coll. XXII, 1*.

(10) Comma così sostituito, da ultimo, dall'art. 1.33, lett. a, d.lg. 16 novembre 2015, n. 181. Per l'entrata in vigore v. nota 2 alla rubrica del provvedimento.

fallimentare (1), nella ripartizione dell'attivo liquidato ai sensi del comma 1:

a) i seguenti crediti sono soddisfatti con preferenza rispetto agli altri crediti chirografari:

1) la parte dei depositi di persone fisiche, microimprese, piccole e medie imprese ammissibili al rimborso e superiore all'importo previsto dall'art. 96-*bis*.1, commi 3 e 4 (2);

2) i medesimi depositi indicati al n. 1), effettuati presso succursali extracomunitarie di banche aventi sede legale in Italia;

b) sono soddisfatti con preferenza rispetto ai crediti indicati alla lett. *a*):

1) i depositi protetti;

2) i crediti vantati dai sistemi di garanzia dei depositanti a seguito della surroga nei diritti e negli obblighi dei depositanti protetti;

c) sono soddisfatti con preferenza rispetto agli altri crediti chirografari ma dopo che siano stati soddisfatti i crediti indicati alle lett. *a*) e *b*), gli altri depositi presso la banca (3);

c) i crediti per il rimborso del capitale e il pagamento degli interessi e di eventuali altri importi dovuti ai titolari degli strumenti di debito chirografario di secondo livello indicati dall'art. 12-*bis* sono soddisfatti dopo tutti gli altri crediti chirografari e con preferenza rispetto ai crediti subordinati alla soddisfazione dei diritti di tutti i creditori non subordinati della società (4).

2. Se risulta rispettata, ai sensi dell'art. 22 (5) del d.lg. 24 febbraio 1998, n. 58 (6) (7), la separazione del patrimonio della banca da quelli dei clienti iscritti nell'apposita sezione separata dello stato passivo, ma non sia rispettata la separazione dei patrimoni dei detti clienti tra di loro ovvero gli strumenti finanziari non risultino sufficienti per l'effettuazione di tutte le restituzioni, i commissari procedono, ove possibile, alle restituzioni ai sensi del comma 1 in proporzione dei diritti per i quali ciascuno dei clienti è stato ammesso alla sezione separata dello stato passivo, ovvero alla liquidazione degli strumenti finanziari di pertinenza della clientela e alla ripartizione del ricavato secondo la medesima proporzione.

3. I clienti iscritti nell'apposita sezione separata dello stato passivo concorrono con i creditori chirografari ai sensi dell'art. 111, comma 1, n. 3) della legge fallimentare (1), per l'intero, nell'ipotesi in cui non risulti rispettata la separazione del patrimonio della banca da quelli dei clienti ovvero per la parte del diritto rimasto insoddisfatto, nei casi previsti dal comma 2.

4. I commissari, sentito il comitato di sorveglianza e previa autorizzazione della Banca d'Italia, anche prima che siano realizzate tutte le attività e accertate tutte le passività, possono eseguire riparti parziali e restituzioni, anche integrali, sia a favore di tutti gli aventi diritto sia a favore di talune categorie di essi, anche per intero, trattenendo quanto stimato necessario per il pagamento dei debiti prededucibili (8).

5. Fatto salvo quanto previsto dai commi 8, 9 e 10, i riparti e le restituzioni non devono pregiudicare la possibilità della definitiva assegnazione delle quote e dei beni spettanti a tutti gli aventi diritto.

6. Nell'effettuare i riparti e le restituzioni, i commissari, in presenza di pretese di creditori o di altri interessati per le quali non sia stata definita l'ammissione allo stato passivo, accantonano le somme e gli strumenti finanziari corrispondenti ai riparti e alle restituzioni non effettuati a favore di ciascuno di detti soggetti, al fine della distribuzione o della restituzione agli stessi nel caso di riconoscimento dei diritti o, in caso contrario, della loro liberazione a favore degli altri aventi diritto.

7. Nei casi previsti dal comma 6, i commissari, con il parere favorevole del comitato di sorveglianza e previa autorizzazione della Banca d'Italia, possono acquisire idonee garanzie in sostituzione degli accantonamenti.

8. La presentazione oltre i termini dei reclami e delle domande previsti dall'art. 86, commi 4 e 5, fa concorrere solo agli eventuali riparti e restituzioni successivi, nei limiti in cui le prete-

(1) In *Leggi coll. XXII, 1.*

(2) Le parole «dall'art. 96-*bis*.1, commi 3 e 4» sono state così sostituite alle precedenti «dall'art. 96-*bis*, comma 5» dall'art. 1.2, d.lg. 15 febbraio 2016, n. 30. Per l'entrata in vigore v. nota 2 alla rubrica del provvedimento.

(3) Comma inserito dall'art. 1.33, lett. b, d.lg. 16 novembre 2015, n. 181. Per l'entrata in vigore v. nota 2 alla rubrica del provvedimento.

(4) Lettera inserita dall'art. 1.1103, lett. c, l. 27 dicembre 2017, n. 205.

(5) Le parole «dell'art. 22» sono state così sostituite alle precedenti «dell'art. 19» dall'art. 1.33, lett. c, d.lg. 16 novembre 2015, n. 181. Per l'entrata in vigore v. nota 2 alla rubrica del provvedimento.

(6) In *Leggi coll. XVIII, 1.*

(7) Le parole «d.lg. 24 febbraio 1998, n. 58» sono state così sostituite alle precedenti «d.lg. di recepimento della dir. 93/22/CEE» dall'art. 19.2, d.lg. 4 agosto 1999, n. 342.

(8) Comma così sostituito dall'art. 1.33, lett. d, d.lg. 16 novembre 2015, n. 181. Per l'entrata in vigore v. nota 2 alla rubrica del provvedimento.

se sono accolte dal commissario o, dopo il deposito dello stato passivo, dal giudice in sede di opposizione proposta ai sensi dell'art. 87, comma 1.

9. Coloro che hanno proposto insinuazione tardiva ai sensi dell'art. 89, concorrono solo ai riparti e alle restituzioni che venissero eseguiti dopo la presentazione del ricorso.

10. Nei casi previsti dai commi 8 e 9, i diritti reali e i diritti di prelazione sono salvi quando i beni ai quali si riferiscono non siano stati ancora alienati.

11. Fino alla restituzione o alla liquidazione degli strumenti finanziari gestiti dalla banca, i commissari provvedono affinché gli stessi siano amministrati in un'ottica di minimizzazione del rischio (1).

11-*bis*. Ai fini del presente articolo per microimprese, piccole e medie imprese si intendono quelle così definite in base al criterio del fatturato annuo previsto dall'art. 2, par. 1, dell'Allegato alla raccomandazione della Commissione europea n. 2003/361/CE (2).

92. *Adempimenti finali*. — 1. Liquidato l'attivo, o una parte rilevante dello stesso (3), e prima dell'ultimo riparto ai creditori o dell'ultima restituzione ai clienti, i commissari sottopongono il bilancio finale di liquidazione, il rendiconto finanziario e il piano di riparto, accompagnati da una relazione propria e da quella del comitato di sorveglianza, alla Banca d'Italia, che ne autorizza il deposito presso la cancelleria del tribunale. La liquidazione costituisce, anche ai fini fiscali, un unico esercizio; entro un mese dal deposito i commissari presentano la dichiarazione dei redditi relativa a detto periodo secondo le disposizioni tributarie vigenti.

2. I commissari danno comunicazione dell'avvenuto deposito ai creditori e ai clienti ammessi al passivo con le modalità di cui all'art. 86, comma 3, e mediante pubblicazione nella *Gazzetta Ufficiale* della Repubblica italiana (4).

3. Nel termine di venti giorni dalla pubblicazione nella *Gazzetta Ufficiale* della Repubblica italiana, gli interessati possono proporre le loro contestazioni con ricorso al tribunale. Si applicano le disposizioni dell'art. 87, commi da 2 a 5 e dell'art. 88.

4. Decorso il termine indicato senza che siano state proposte contestazioni ovvero definite queste ultime con sentenza passata in giudicato, i commissari liquidatori provvedono al riparto o alla restituzione finale in conformità di quanto previsto dall'art. 91.

5. Le somme e gli strumenti che non possono essere distribuiti vengono depositati nei modi stabiliti dalla Banca d'Italia per la successiva distribuzione agli aventi diritto, fatta salva la facoltà prevista dall'art. 91, comma 7.

6. Si applicano le disposizioni del codice civile in materia di liquidazione delle società di capitali, relative alla cancellazione della società ed al deposito dei libri sociali (5).

7. La pendenza di ricorsi e giudizi, ivi compreso quello di accertamento dello stato di insolvenza, non preclude l'effettuazione degli adempimenti finali previsti ai commi precedenti e la chiusura della procedura di liquidazione coatta amministrativa. Tale chiusura è subordinata alla esecuzione di accantonamenti o all'acquisizione di garanzie ai sensi dell'art. 91, commi 6 e 7.

8. Successivamente alla chiusura della procedura di liquidazione coatta, i commissari liquidatori mantengono la legittimazione processuale, anche nei successivi stati e gradi dei giudizi. Ai commissari liquidatori, nello svolgimento delle attività connesse ai giudizi, si applicano gli artt. 72, commi 7 e 9, 81, commi 3 e 4 e 84, commi 1, 3 e 7 del presente decreto. I commissari liquidatori ripartiscono, in base alla documentazione di cui al comma 1, eventuali somme derivanti all'esito dei giudizi nonché quelle derivanti dalla cessione o liquidazione dell'attivo non ancora realizzato al momento di chiusura della procedura ovvero dagli accantonamenti eseguiti a quel momento (6).

9. I commissari liquidatori sono estromessi, su propria istanza, dai giudizi relativi ai rapporti oggetto di cessione nei quali sia subentrato il cessionario, ivi compresi i giudizi relativi allo

(1) Articolo così sostituito dall'art. 64.17, d.lg. n. 415/1996.
(2) Comma aggiunto dall'art. 1.33, lett. e, d.lg. 16 novembre 2015, n. 181. Per l'entrata in vigore v. nota 2 alla rubrica del provvedimento.
(3) Le parole «, o una parte rilevante dello stesso,» sono state inserite dall'art. 1.34, lett. a, d.lg. 16 novembre 2015, n. 181. Per l'entrata in vigore v. nota 2 alla rubrica del provvedimento.
(4) Comma così sostituito dall'art. 1.34, lett. b, d.lg. 16 novembre 2015, n. 181. Per l'entrata in vigore v. nota 2 alla rubrica del provvedimento.
(5) Comma così sostituito dall'art. 9.28, comma 1, d.lg. n. 6/2003, come modificato dall'art. 2.1, d.lg. n. 37/2004.
(6) Ultimo periodo aggiunto dall'art. 1.34, lett. c, d.lg. 16 novembre 2015, n. 181. Per l'entrata in vigore v. nota 2 alla rubrica del provvedimento.

stato passivo e quelli di costituzione di parte civile in giudizi penali (1) (2) (3).

92-*bis*. *Procedure prive di risorse liquide o con risorse insufficienti*. — 1. Il presente art. si applica quando la liquidazione coatta amministrativa è priva di risorse liquide o queste sono stimate dai commissari insufficienti a soddisfare i crediti in prededuzione fino alla chiusura della procedura liquidatoria. Per clienti si intendono coloro che sono iscritti nella sezione separata dello stato passivo ai sensi dell'art. 86, comma 6.

2. L'autorità di risoluzione italiana anticipa agli organi liquidatori, agli organi dell'amministrazione straordinaria e al commissario della gestione provvisoria che hanno preceduto la liquidazione coatta amministrativa le indennità ad essi spettanti e, sulla base della relativa documentazione giustificativa, le spese per lo svolgimento dell'incarico. Le somme anticipate a questo titolo, comprensive degli interessi legali, sono recuperate sulle risorse finanziarie della procedura che si rendano successivamente disponibili, dopo l'eventuale rimborso dei clienti ai sensi del comma 4 e prima del pagamento degli altri crediti prededucibili.

3. I commissari pagano, con priorità rispetto a tutti gli altri crediti prededucibili, le spese necessarie per il funzionamento della procedura, per lo svolgimento delle attività di interesse dei clienti, per l'accertamento del passivo, per la conservazione e il realizzo dell'attivo, per l'esecuzione di riparti e restituzioni e per la chiusura della procedura. A questo fine, i commissari utilizzano, nel seguente ordine:

a) le risorse liquide eventualmente disponibili della procedura;

b) le risorse liquide o agevolmente liquidabili dei clienti, proporzionalmente al valore dei rispettivi patrimoni, fino ad un importo pari alla somma delle spese necessarie per lo svolgimento delle attività di interesse dei clienti medesimi e della quota parte ad essi riferibile delle altre spese;

c) se le risorse dei clienti sono insufficienti, illiquide o di non agevole liquidazione, una somma che può essere anticipata dall'autorità di risoluzione fino ad un importo massimo di euro 400.000 o, se superiore, fino al doppio delle indennità degli organi liquidatori.

4. Le somme anticipate ai sensi del comma 3, lett. *c*), comprensive degli interessi legali, sono recuperate sulle risorse liquide della procedura, con priorità rispetto al pagamento degli altri crediti prededucibili, e poi su quelle dei clienti che si rendano successivamente disponibili, nei limiti stabiliti dal comma 3, lett. *b*). Le somme indicate al comma 3, lett. *b*), comprensive degli interessi legali, sono recuperate a beneficio dei clienti sulle risorse liquide della procedura che si rendano successivamente disponibili, prima del pagamento degli altri crediti prededucibili e dopo il rimborso di quanto anticipato dall'autorità di risoluzione ai sensi del presente comma.

5. Il pagamento dei crediti prededucibili è effettuato previo parere favorevole del comitato di sorveglianza. Prima del pagamento, l'elenco di questi crediti è comunicato dai commissari all'autorità di risoluzione.

6. Se le risorse utilizzabili ai sensi dei commi 2 e 3 sono insufficienti per la prosecuzione della procedura o non vi sono prospettive di utile realizzo dei beni e dei diritti della procedura o dei clienti, i commissari procedono alla pubblicazione nella *Gazzetta Ufficiale* della Repubblica Italiana e in uno o più quotidiani a diffusione nazionale o locale di un avviso contenente l'invito a presentare offerte vincolanti per l'acquisto dei beni e dei diritti residui della procedura o dei clienti. Al termine della procedura competitiva, i beni e i diritti sono assegnati, indipendentemente dall'importo offerto, al migliore offerente. Gli assegnatari subentrano nei giudizi relativi ai beni e ai diritti oggetto di cessione e i commissari sono estromessi su propria richiesta (4).

93. *Concordato di liquidazione*. — 1. In qualsiasi stadio della procedura di liquidazione coatta, i commissari, con il parere del comitato di sorveglianza, ovvero la banca ai sensi dell'art. 152, secondo comma, della legge fallimentare (5), con il parere degli organi liquidatori, possono proporre un concordato al tribunale del luogo dove l'impresa ha la sede legale. La proposta di concordato deve essere autorizzata dalla Banca d'Italia.

2. La proposta di concordato deve indicare

(1) Comma così sostituito dall'art. 1.34, lett. d, d.lg. 16 novembre 2015, n. 181. Per l'entrata in vigore v. nota 2 alla rubrica del provvedimento.
(2) Articolo sostituito dall'art. 64.18, d.lg. n. 415/1996.
(3) Per l'entrata in vigore v. nota 2 alla rubrica del provvedimento.
(4) Articolo inserito dall'art. 1.35, d.lg. 16 novembre 2015, n. 181. Per l'entrata in vigore v. nota 2 alla rubrica del provvedimento.
(5) In *Leggi coll. XXII, 1.*

la percentuale offerta ai creditori [...] (1), il tempo del pagamento e le eventuali garanzie.

3. L'obbligo di pagare le quote di concordato può essere assunto da terzi con liberazione parziale o totale della banca concordataria. In tal caso l'azione dei creditori per l'esecuzione del concordato non può esperirsi che contro i terzi assuntori entro i limiti delle rispettive quote. La proposta può prevedere la cessione, oltre che dei beni compresi nell'attivo, anche delle azioni di pertinenza della massa, purché autorizzate dalla Banca d'Italia, con specifica indicazione dell'oggetto e del fondamento della pretesa. Il proponente può limitare gli impegni assunti con il concordato ai soli creditori ammessi al passivo, anche provvisoriamente, e a quelli che hanno proposto opposizione allo stato passivo o insinuazione tardiva al tempo della proposta, subentrando nei relativi giudizi. In tale caso, verso gli altri creditori continua a rispondere la banca. Gli effetti del concordato sono regolati dall'art. 135 della legge fallimentare (2).

4. La proposta di concordato e il parere degli organi liquidatori sono depositati nella cancelleria del tribunale. La Banca d'Italia può stabilire altre forme di pubblicità.

5. Entro trenta giorni dal deposito, gli interessati possono proporre opposizione con ricorso depositato nella cancelleria, che viene comunicato al commissario.

6. Il tribunale decide con decreto motivato sulla proposta di concordato, tenendo conto delle opposizioni e del parere su queste ultime reso dalla Banca d'Italia. Il decreto è pubblicato mediante deposito in cancelleria e nelle altre forme stabilite dal tribunale. Del deposito viene data comunicazione ai commissari e agli opponenti con biglietto di cancelleria. Si applica l'art. 131 della legge fallimentare (3) (4).

7. Durante la procedura di concordato i commissari possono procedere a parziali distribuzioni dell'attivo ai sensi dell'art. 91 (5).

94. *Esecuzione del concordato e chiusura della procedura*. — 1. I commissari liquidatori, con l'assistenza del comitato di sorveglianza, sovrintendono all'esecuzione del concordato secondo le direttive della Banca d'Italia.

2. Eseguito il concordato, i commissari liquidatori convocano l'assemblea dei soci della banca perché sia deliberata la modifica dell'oggetto sociale in relazione alla revoca dell'autorizzazione all'attività bancaria. Nel caso in cui non abbia luogo la modifica dell'oggetto sociale, i commissari procedono agli adempimenti per la cancellazione della società ed il deposito dei libri sociali previsti dalle disposizioni del codice civile in materia di scioglimento e liquidazione delle società di capitali (6).

3. Si applicano l'art. 215 della legge fallimentare (3) e, in quanto compatibile, l'art. 92 del presente decreto legislativo (7) (5).

95. *Succursali di banche extracomunitarie*. — 1. Alle succursali di banche extracomunitarie si applicano le disposizioni previste dalla presente sezione e dall'art. 77, comma 1-*bis*, in quanto compatibili (8).

Sezione III-*bis*. — *Banche operanti in ambito comunitario* (9)

95-*bis*. *Riconoscimento dei provvedimenti di risanamento e delle procedure di liquidazione* (10). — 1. I provvedimenti di risanamento e le procedure di liquidazione (11) di banche comunitarie sono disciplinati e producono i loro effetti, senza ulteriori formalità, nell'ordinamento italiano secondo la normativa dello Stato d'origine.

(1) La parola «chirografari» è stata soppressa dall'art. 1.36, lett. a, d.lg. 16 novembre 2015, n. 181. Per l'entrata in vigore v. nota 2 alla rubrica del provvedimento.

(2) I periodi da «La proposta» fino a «fallimentare» sono stati aggiunti dall'art. 1.36, lett. b, d.lg. 16 novembre 2015, n. 181. Per l'entrata in vigore v. nota 2 alla rubrica del provvedimento.

(3) In *Leggi coll. XXII, 1*.

(4) Comma così sostituito dall'art. 1.36, lett. c, d.lg. 16 novembre 2015, n. 181. Per l'entrata in vigore v. nota 2 alla rubrica del provvedimento.

(5) Per l'entrata in vigore v. nota 2 alla rubrica del provvedimento.

(6) Comma così sostituito dall'art. 9.29, comma 1, d.lg. n. 6/2003, come modificato dall'art. 2.1, d.lg. n. 37/2004.

(7) Comma così sostituito dall'art. 1.37, d.lg. 16 novembre 2015, n. 181. Per l'entrata in vigore v. nota 2 alla rubrica del provvedimento.

(8) Articolo così sostituito dall'art. 6, d.lg. 9 luglio 2004, n. 197.

(9) Sezione inserita dall'art. 2, d.lg. 9 luglio 2004, n. 197.

(10) Rubrica così sostituita alla precedente «Riconoscimento delle procedure di risanamento e liquidazione» dall'art. 1.38, lett. a, d.lg. 16 novembre 2015, n. 181. Per l'entrata in vigore v. nota 2 alla rubrica del provvedimento.

(11) Le parole «I provvedimenti di risanamento e le procedure di liquidazione» sono state così sostituite alle precedenti «I provvedimenti e le procedure di risanamento e liquidazione» dall'art. 1.38, lett. b, d.lg. 16 novembre 2015, n. 181. Per l'entrata in vigore v. nota 2 alla rubrica del provvedimento.

1-*bis*. Le misure adottate dalla Banca d'Italia ai sensi dell'art. 79, comma 1, cessano di avere effetto dall'avvio della procedura di risanamento da parte dell'autorità competente dello Stato d'origine della banca comunitaria (1).

2. I provvedimenti di risanamento e di avvio della liquidazione coatta amministrativa (2) di banche italiane si applicano e producono i loro effetti negli altri Stati comunitari e, sulla base di accordi internazionali, anche in altri Stati esteri.

2-*bis*. Quando è esercitato un potere di risoluzione o applicata una misura di risoluzione di cui al decreto legislativo [di recepimento della dir. 2014/59/UE], le disposizioni della presente sezione si applicano a tutti i soggetti indicati nell'art. 2 del decreto stesso (3).

95-*ter*. *Deroghe*. — 1. In deroga a quanto previsto dall'art. 95-*bis*, gli effetti di un provvedimento di risanamento o dell'apertura di una procedura di liquidazione:

a) su contratti e rapporti di lavoro, sono disciplinati dalla legge dello Stato comunitario applicabile al contratto di lavoro;

b) su contratti che danno diritto al godimento di un bene immobile o al suo acquisto, sono disciplinati dalla legge dello Stato comunitario nel cui territorio è situato l'immobile. Tale legge determina se un bene sia mobile o immobile;

c) sui diritti relativi a un bene immobile, a una nave o a un aeromobile soggetti a iscrizione in un pubblico registro, sono disciplinati dalla legge dello Stato comunitario sotto la cui autorità si tiene il registro;

d) sull'esercizio dei diritti di proprietà o altri diritti su strumenti finanziari la cui esistenza o il cui trasferimento presuppongano l'iscrizione in un registro, in un conto o in un sistema di deposito accentrato, sono disciplinati dalla legislazione dello Stato comunitario in cui si trova il registro, il conto o il sistema di deposito accentrato in cui sono iscritti tali diritti.

2. In deroga a quanto previsto dall'art. 95-*bis*, sono disciplinati dalla legge che regola il contratto:

a) gli accordi di compensazione, di netting e di novazione, fatto salvo quanto previsto agli artt. 65 e 68 del decreto legislativo [di recepimento della dir. 2014/59/UE];

b) le cessioni con patto di riacquisto e le transazioni effettuate in un mercato regolamentato, fatto salvo quanto previsto agli artt. 65 e 68 del decreto legislativo [di recepimento della dir. 2014/59/UE], nonché quanto previsto alla lett. *d*) del comma 1 (4).

3. Ferme restando le disposizioni dello Stato d'origine relative alle azioni di annullamento, di nullità o di inopponibilità degli atti compiuti in pregiudizio dei creditori, l'adozione di un provvedimento di risanamento o l'apertura di una procedura di liquidazione non pregiudica:

a) il diritto reale del creditore o del terzo sui beni materiali o immateriali mobili o immobili, di proprietà della banca, che al momento dell'adozione di un provvedimento di risanamento o dell'apertura di una procedura di liquidazione si trovano nel territorio di uno Stato comunitario diverso da quello di origine. Ai predetti fini è assimilato a un diritto reale il diritto, iscritto in un pubblico registro e opponibile a terzi, che consente di ottenere un diritto reale;

b) i diritti, nei confronti della banca, del venditore, basati sulla riserva di proprietà, e del compratore di beni che al momento dell'adozione del provvedimento o dell'apertura della procedura si trovano nel territorio di uno Stato comunitario diverso da quello di origine;

c) il diritto del creditore di invocare la compensazione del proprio credito con il credito della banca, quando la compensazione sia consentita dalla legge applicabile al credito della banca.

4. In deroga all'art. 95-*bis*, la normativa dello Stato di origine non si applica alla nullità, all'annullamento o all'inopponibilità degli atti compiuti in pregiudizio dei creditori, quando il beneficiario di tali atti prova che l'atto pregiudizievole è disciplinato dalla legge di uno Stato comunitario che non consente, nella fattispecie, alcun tipo di impugnazione.

5. Gli effetti dell'adozione di un provvedimento di risanamento o dell'apertura di una procedura di liquidazione sulle cause pendenti relative a un bene o a un diritto del quale la

(1) Comma inserito dall'art. 1.32, d.lg. 12 maggio 2015, n. 72.

(2) Le parole «I provvedimenti di risanamento e di avvio della liquidazione coatta amministrativa» sono state così sostituite alle precedenti «I provvedimenti e le procedure di amministrazione straordinaria, di gestione provvisoria e di liquidazione coatta amministrativa» dall'art. 1.38, lett. c, d.lg. 16 novembre 2015, n. 181. Per l'entrata in vigore v. nota 2 alla rubrica del provvedimento.

(3) Comma aggiunto dall'art. 1.38, lett. d, d.lg. 16 novembre 2015, n. 181. Per l'entrata in vigore v. nota 2 alla rubrica del provvedimento.

(4) Comma così sostituito dall'art. 1.39, d.lg. 16 novembre 2015, n. 181. Per l'entrata in vigore v. nota 2 alla rubrica del provvedimento.

banca è spossessata sono disciplinati dalla legge dello Stato comunitario in cui la causa è pendente.

6. Le previsioni di cui ai commi 1, 2 e 3 trovano applicazione soltanto ai casi e nei modi ivi indicati; esse non riguardano altri profili della disciplina delle procedure di risanamento e liquidazione, quali le norme in materia di ammissione allo stato passivo, anche con riferimento al grado e alla natura delle relative pretese, e di liquidazione e riparto dell'attivo, che restano soggetti alla disciplina dello Stato di origine della banca.

95-*quater*. *Collaborazione tra autorità*. — 1. Salvo che l'informazione non vada fornita ai sensi del decreto legislativo [di recepimento della dir. 2014/59/UE], la Banca d'Italia informa le autorità di vigilanza e, se diverse, le autorità di risoluzione degli Stati comunitari ospitanti e la Banca centrale europea dell'adozione dei provvedimenti di risanamento e dell'apertura della procedura di liquidazione coatta amministrativa, precisandone gli effetti. L'informazione è data, con ogni mezzo, possibilmente prima dell'adozione del provvedimento o dell'apertura della procedura ovvero subito dopo (1).

2. La Banca d'Italia, qualora ritenga necessaria l'applicazione in Italia di un provvedimento (2) di risanamento nei confronti di una banca comunitaria, ne fa richiesta all'autorità di vigilanza o, se diversa, all'autorità di risoluzione dello Stato d'origine ovvero alla Banca centrale europea (3).

2-*bis*. Resta fermo quanto previsto dagli artt. 5, 6 e 32, commi 3, 4 e 5, del decreto legislativo [di recepimento della dir. 2014/59/UE] (4).

95-*quinquies*. *Pubblicità e informazione agli aventi diritto*. — 1. I provvedimenti di risanamento e di avvio della procedura di liquidazione coatta amministrativa (5) adottati nei confronti di una banca italiana che abbia succursali o presti servizi in altri Stati comunitari sono pubblicati per estratto anche nella *Gazzetta Ufficiale delle Comunità europee* e in due quotidiani a diffusione nazionale di ciascuno Stato ospitante.

2. Le comunicazioni previste dall'art. 86, commi 1, 2 e 8, ai soggetti che hanno la residenza, il domicilio o la sede legale in altro Stato comunitario devono indicare i termini e le modalità di presentazione dei reclami previsti all'art. 86, comma 4, e delle opposizioni previste dall'art. 87, comma 1, nonché le conseguenze del mancato rispetto dei termini.

3. Le pubblicazioni e le comunicazioni di cui ai commi 1 e 2 sono effettuate in lingua italiana e recano un'intestazione in tutte le lingue ufficiali dell'Unione europea volta a chiarire la natura e lo scopo delle comunicazioni stesse.

4. I reclami e le istanze previsti dall'art. 86, commi 4 e 5, le opposizioni di cui all'art. 87 e le domande di insinuazione tardive di cui all'art. 89, presentate da soggetti che hanno la residenza, il domicilio o la sede legale in altro Stato comunitario, possono essere redatti nella lingua ufficiale di tale Stato e recano un'intestazione in lingua italiana volta a chiarire la natura dell'atto. I commissari possono chiedere una traduzione in lingua italiana degli atti medesimi.

5. Per soggetti di cui al comma 2, i termini indicati dagli artt. 86, comma 4, e 87, comma 1, sono raddoppiati; il termine indicato nell'art. 86, comma 5, decorre dalla data di pubblicazione nella *Gazzetta Ufficiale delle Comunità europee* prevista nel comma 1.

95-*sexies*. *Norme di attuazione*. — 1. La Banca d'Italia adotta disposizioni di attuazione della presente sezione.

95-*septies*. *Applicazione*. — 1. Le disposizioni della presente sezione si applicano ai provvedimenti di risanamento e alle procedure di liquidazione coatta amministrativa (6), nonché

(1) Comma così sostituito dall'art. 1.40, lett. a, d.lg. 16 novembre 2015, n. 181. Per l'entrata in vigore v. nota 2 alla rubrica del provvedimento.

(2) Le parole «un provvedimento» sono state così sostituite alle precedenti «una procedura» dall'art. 1.40, lett. b, d.lg. 16 novembre 2015, n. 181.

(3) Le parole «o, se diversa, all'autorità di risoluzione dello Stato d'origine ovvero alla Banca centrale europea» sono state così sostituite alle precedenti «dello Stato d'origine» dall'art. 1.40, lett. b, d.lg. 16 novembre 2015, n. 181. Per l'entrata in vigore v. nota 2 alla rubrica del provvedimento.

(4) Comma aggiunto dall'art. 1.40, lett. c, d.lg. 16 novembre 2015, n. 181. Per l'entrata in vigore v. nota 2 alla rubrica del provvedimento.

(5) Le parole «I provvedimenti di risanamento e di avvio della procedura di liquidazione coatta amministrativa» sono state così sostituite alle precedenti «I provvedimenti di amministrazione straordinaria, di gestione provvisoria e di liquidazione coatta amministrativa» dall'art. 1.41, d.lg. 16 novembre 2015, n. 181. Per l'entrata in vigore v. nota 2 alla rubrica del provvedimento.

(6) Le parole «risanamento e alle procedure di liquidazione coatta amministrativa» sono state così sostituite alle precedenti «amministrazione straordinaria, gestione provvisoria e liquidazione coatta amministrativa» dall'art. 1.42, d.lg. 16 novembre 2015, n. 181. Per l'entrata in vigore v. nota 2 alla rubrica del provvedimento.

ai provvedimenti di risanamento e liquidazione delle competenti autorità degli Stati comunitari o della Banca centrale europea (1) adottati dopo il 5 maggio 2004.

Sezione IV. — *Sistemi di garanzia dei depositanti* (2)

96. *Soggetti aderenti e natura dei sistemi di garanzia*. — 1. Le banche italiane aderiscono a uno dei sistemi di garanzia dei depositanti istituiti e riconosciuti in Italia. [...] (3).

1-*bis.* I sistemi di tutela istituzionale di cui all'art. 113, par. 7, del reg. (UE) n. 575/2013 possono essere riconosciuti come sistemi di garanzia dei depositanti (4).

2. Le succursali di banche comunitarie operanti in Italia possono aderire a un sistema di garanzia italiano al fine di integrare la tutela offerta dal sistema di garanzia dello Stato di appartenenza.

3. Le succursali di banche extracomunitarie autorizzate in Italia aderiscono a un sistema di garanzia italiano salvo che partecipino a un sistema di garanzia estero equivalente almeno con riferimento al livello e all'ambito di copertura (5).

4. I sistemi di garanzia hanno natura di diritto privato; le risorse finanziarie per il perseguimento delle loro finalità sono fornite dalle banche aderenti in conformità di quanto previsto dalla presente Sezione (6).

5. La pubblicità e le comunicazioni che le banche sono tenute a effettuare per informare i clienti sulla garanzia dei depositanti sono disciplinate ai sensi del Titolo VI (7).

96.1. *Dotazione finanziaria dei sistemi di garanzia*. — 1. sistemi di garanzia hanno una dotazione finanziaria proporzionata alle proprie passività e comunque pari almeno allo 0,8 per cento dell'importo dei depositi protetti delle banche aderenti ad eccezione di quelli indicati all'art. 96-*bis*.1, comma 4, come risultante al 31 dicembre dell'anno precedente.

2. In fase di prima applicazione, il livello-obiettivo indicato al comma 1 è raggiunto, in modo graduale, entro il 3 luglio 2024. Il termine è prorogato sino al 3 luglio 2028, se prima del 3 luglio 2024 il sistema ha impiegato le proprie risorse per un ammontare superiore allo 0,8 per cento dell'importo dei depositi protetti delle banche aderenti al 31 dicembre dell'anno precedente ad eccezione di quelli indicati all'art. 96-*bis*.1, comma 4.

3. Il Ministro dell'economia e delle finanze, sentita la Banca d'Italia, può prevedere, previa approvazione della Commissione europea, una dotazione finanziaria inferiore a quella indicata al comma 1, e pari almeno allo 0,5 per cento dell'importo dei depositi protetti delle banche aderenti, ad eccezione di quelli indicati all'art. 96-*bis*.1, comma 4, se:

a) è improbabile che una quota rilevante della dotazione finanziaria venga utilizzata per misure diverse da quelle di cui all'art. 96-*bis*, comma 1-*bis*, lett. *b*) e *c*); e

b) il settore bancario in cui operano gli aderenti al sistema di garanzia è altamente concentrato e una grande quantità di attività è detenuta da un ridotto numero di banche o di gruppi bancari che, data la loro dimensione, in caso di dissesto sarebbero probabilmente soggetti a risoluzione.

4. Se, dopo la data indicata al comma 1, la dotazione finanziaria si riduce al di sotto del livello-obiettivo ivi indicato, o, se del caso, di quello stabilito ai sensi del comma 3, essa è ripristinata mediante il versamento di contributi periodici ai sensi dell'art. 96.2, comma 1. Il ripristino avviene entro sei anni, se la dotazione finanziaria si riduce a meno di due terzi del livello-obiettivo.

5. La dotazione finanziaria costituisce un pa-

(1) Le parole «o della Banca centrale europea» sono state inserite dall'art. 1.42, d.lg. 16 novembre 2015, n. 181. Per l'entrata in vigore v. nota 2 alla rubrica del provvedimento.

(2) Sezione sostituita al precedente art. 96 dall'art. 2, d.lg. 4 dicembre 1996, n. 659, il cui art. 4 così dispone: «I depositi e gli altri fondi rimborsabili al portatore protetti alla data di entrata in vigore del presente decreto sono garantiti fino alla scadenza contrattuale o, in mancanza di scadenza, fino ad un anno dalla suddetta data in base alle norme del presente decreto».

(3) Ultimo periodo aggiunto dall'art. 1.630, l. 27 dicembre 2013, n. 147, e successivamente abrogato dall'art. 1.3, lett. a, d.lg. 15 febbraio 2016, n. 30. Per l'entrata in vigore v. nota 2 alla rubrica del provvedimento.

(4) Comma inserito dall'art. 1.3, lett. b, d.lg. 15 febbraio 2016, n. 30. Per l'entrata in vigore v. nota 2 alla rubrica del provvedimento.

(5) Le parole «almeno con riferimento al livello e all'ambito di copertura» sono state aggiunte dall'art. 1.3, lett. c, d.lg. 15 febbraio 2016, n. 30. Per l'entrata in vigore v. nota 2 alla rubrica del provvedimento.

(6) Le parole «in conformità di quanto previsto dalla presente Sezione» sono state aggiunte dall'art. 1.3, lett. d, d.lg. 15 febbraio 2016, n. 30. Per l'entrata in vigore v. nota 2 alla rubrica del provvedimento.

(7) Comma così sostituito dall'art. 1.3, lett. e, d.lg. 15 febbraio 2016, n. 30. Per l'entrata in vigore v. nota 2 alla rubrica del provvedimento.

trimonio autonomo, distinto a tutti gli effetti dal patrimonio del sistema di garanzia e da quello di ciascun aderente, nonché da ogni altro fondo istituito presso lo stesso sistema di garanzia. Delle obbligazioni contratte in relazione agli interventi e ai finanziamenti disciplinati dalla presente Sezione il sistema di garanzia risponde esclusivamente con la dotazione finanziaria. Salvo quanto previsto dalla presente Sezione, su di essa non sono ammesse azioni dei creditori del sistema di garanzia o nell'interesse di quest'ultimo, né quelle dei creditori dei singoli aderenti o degli altri fondi eventualmente istituiti presso lo stesso sistema di garanzia (1).

96.2. *Finanziamento dei sistemi di garanzia e investimento delle risorse*. — 1. Per costituire la dotazione finanziaria dei sistemi di garanzia, gli aderenti versano contributi almeno annualmente, per l'ammontare determinato dal sistema stesso ai sensi del comma 2. I contributi possono assumere la forma di impegni di pagamento, se ciò è autorizzato dal sistema di garanzia e nell'ammontare da esso determinato, comunque non superiore al 30 per cento dell'importo totale della dotazione finanziaria del sistema; il loro pagamento può essere richiesto nei casi predeterminati previsti dallo statuto del sistema di garanzia.

2. I contributi dovuti dalle banche aderenti sono proporzionati all'ammontare dei loro depositi protetti, ad eccezione di quelli indicati all'art. 96-*bis*.1, comma 4, e al loro profilo di rischio. Essi possono essere determinati dai sistemi di garanzia sulla base dei propri metodi interni di valutazione del rischio e tenendo conto delle diverse fasi del ciclo economico, del possibile impatto prociclico e dell'eventuale partecipazione da parte delle banche aderenti a un sistema di tutela istituzionale di cui all'art. 113, par. 7, del reg. (UE) n. 575/2013. La Banca d'Italia approva i metodi interni, informandone l'ABE.

3. Il sistema di garanzia, se deve procedere al rimborso dei depositi protetti e la dotazione finanziaria è insufficiente, chiede agli aderenti di integrarla mediante il versamento di contributi straordinari non superiori allo 0,5 per cento dei depositi protetti, ad eccezione di quelli indicati all'art. 96-*bis*.1, comma 4, per anno solare o, in casi eccezionali e con il consenso della Banca d'Italia, di ammontare più elevato.

4. La Banca d'Italia può disporre il differimento, in tutto o in parte, del pagamento dei contributi di cui al comma 3 da parte di un aderente se il pagamento ne metterebbe a repentaglio la liquidità o la solvibilità. Il differimento è accordato per un periodo massimo di sei mesi ed è rinnovabile su richiesta dell'aderente. I contributi differiti sono in ogni caso versati se la Banca d'Italia accerta che le condizioni per il differimento sono venute meno.

5. I sistemi di garanzia assicurano di avere accesso a fonti di finanziamento alternative a breve termine per far fronte alle proprie obbligazioni e possono ricorrere a finanziamenti aggiuntivi provenienti da fonti ulteriori.

6. La dotazione finanziaria è investita in attività a basso rischio e con sufficiente diversificazione.

7. Entro il 31 marzo di ciascun anno la Banca d'Italia informa l'ABE circa l'importo dei depositi protetti dai sistemi di garanzia italiani e dell'importo della dotazione finanziaria dei sistemi al 31 dicembre del precedente anno (1).

96-*bis*. *Interventi*. — 1. I sistemi di garanzia tutelano i depositanti:

a) delle banche italiane aderenti, incluse le loro succursali comunitarie e, se previsto dallo statuto, le loro succursali extracomunitarie;

b) delle succursali italiane delle banche extracomunitarie aderenti;

c) delle succursali italiane delle banche comunitarie aderenti (2).

1-*bis*. I sistemi di garanzia:

a) effettuano, nei limiti e secondo le modalità indicati negli artt. 96-*bis*.1 e 96-*bis*.2, rimborsi nei casi di liquidazione coatta amministrativa delle banche italiane e delle succursali italiane di banche extracomunitarie; per le succursali di banche comunitarie operanti in Italia che abbiano aderito in via integrativa a un sistema di garanzia italiano, i rimborsi hanno luogo se è intervenuto il sistema di garanzia dello Stato di appartenenza;

b) contribuiscono al finanziamento della risoluzione delle banche italiane e delle succursali italiane di banche extracomunitarie secondo le modalità e nei limiti previsti dal d.lg. 16 novembre 2015, n. 180 (3);

c) se previsto dallo statuto, possono intervenire in operazioni di cessione di attività, passività, aziende, rami d'azienda, beni e rapporti giuridici individuabili in blocco di cui all'art. 90,

(1) Articolo inserito dall'art. 1.4, d.lg. 15 febbraio 2016, n. 30. Per l'entrata in vigore v. nota 2 alla rubrica del provvedimento.

(2) Comma così sostituito dall'art. 1.5, lett. a, d.lg. 15 febbraio 2016, n. 30. Per l'entrata in vigore v. nota 2 alla rubrica del provvedimento.

(3) In *Leggi coll. XVII, 7.*

comma 2, se il costo dell'intervento non supera il costo che il sistema, secondo quanto ragionevolmente prevedibile in base alle informazioni disponibili al momento dell'intervento, dovrebbe sostenere per il rimborso dei depositi;

d) se previsto dallo statuto, possono effettuare interventi nei confronti di banche italiane e succursali italiane di banche extracomunitarie per superare lo stato di dissesto o di rischio di dissesto di cui all'art. 17, comma 1, lett. *a*), del d.lg. 16 novembre 2015, n. 180 (1) (2).

1-*ter.* Lo statuto del sistema di garanzia definisce modalità e condizioni degli interventi di cui al comma 1-*bis*, lett. *d*), con particolare riguardo a:

a) gli impegni che la banca beneficiaria dell'intervento deve assumere per rafforzare i propri presidi dei rischi anche al fine di non pregiudicare l'accesso dei depositanti ai depositi;

b) la verifica sul rispetto degli impegni assunti dalla banca ai sensi della lett. *a*);

c) il costo dell'intervento, che non supera il costo che il sistema, secondo quanto ragionevolmente prevedibile, dovrebbe sostenere per effettuare altri interventi nei casi previsti dalla legge o dallo statuto (2).

1-*quater.* L'intervento di cui al comma 1-*bis*, lett. *d*), può essere effettuato, se la Banca d'Italia ha accertato che:

a) non è stata avviata un'azione di risoluzione ai sensi dell'art. 1, comma 1, lett. *f*), del d.lg. 16 novembre 2015, n. 180 (1), e comunque non ne sussistono le condizioni; e

b) la banca beneficiaria dell'intervento è in grado di versare i contributi straordinari ai sensi dell'art. 96.2, comma 3 (2).

1-*quinquies.* Dopo che il sistema di garanzia ha effettuato un intervento ai sensi del comma 1-*bis*, lett. *d*), le banche aderenti gli forniscono senza indugio, se necessario sotto forma di contributi straordinari, risorse pari a quelle utilizzate per l'intervento, se:

a) la dotazione finanziaria del sistema si è ridotta a meno del 25 per cento del livello-obiettivo di cui all'art. 96.1, comma 1, o, se del caso, del diverso livello stabilito dal Ministro dell'economia e delle finanze ai sensi dell'art. 96.1, comma 3; oppure

b) la dotazione finanziaria del sistema si è ridotta a meno di due terzi del livello-obiettivo di cui all'art. 96.1, comma 1, o, se del caso, del diverso livello stabilito dal Ministro dell'economia e delle finanze ai sensi dell'art. 96.1, comma 3, ed emerge la necessità di effettuare il rimborso di depositi protetti (2).

1-*sexies.* Finché il livello-obiettivo di cui all'art. 96.1, comma 1, o, se del caso, del diverso livello stabilito dal Ministro dell'economia e delle finanze ai sensi dell'art. 96.1, comma 3 non è raggiunto, le soglie di cui al comma 1-*quinquies* sono riferite all'effettiva dotazione finanziaria disponibile (2).

2-8. .... (3).

96-*bis*.1. *Depositi ammissibili al rimborso e ammontare massimo rimborsabile.* — 1. Sono ammissibili al rimborso i crediti che possono essere fatti valere nei confronti della banca in liquidazione coatta amministrativa, secondo quanto previsto dalla Sezione III, relativi ai fondi acquisiti dalla banca con obbligo di restituzione, sotto forma di depositi o sotto altra forma, nonché agli assegni circolari e agli altri titoli di credito ad essi assimilabili.

2. In deroga al comma 1, non sono ammissibili al rimborso:

a) i depositi effettuati in nome e per conto proprio da banche, enti finanziari come definiti dall'art. 4, par. 1, punto 26), del reg. (UE) n. 575/2013 del Parlamento europeo e del Consiglio del 26 giugno 2013, imprese di investimento, imprese di assicurazione, imprese di riassicurazione, organismi di investimento collettivo del risparmio, fondi pensione, nonché enti pubblici;

b) i fondi propri come definiti dall'art. 4, par. 1, punto 118), del reg. (UE) n. 575/2013 del Parlamento europeo o del Consiglio del 26 giugno 2013;

c) i depositi derivanti da transazioni in relazione alle quali sia intervenuta una condanna definitiva per i reati previsti dagliartt. 648-*bis* e 648-*ter* del codice penale; resta fermo quanto previsto dall'art. 648-*quater* del codice penale;

d) i depositi i cui titolari, al momento dell'avvio della procedura di liquidazione coatta amministrativa, non risultano identificati ai sensi della disciplina in materia di prevenzione dell'utilizzo del sistema finanziario a scopo di riciclaggio dei proventi di attività criminose e di finanziamento del terrorismo;

e) le obbligazioni e i crediti derivanti da accettazioni, pagherò cambiari e operazioni in titoli.

(1) In *Leggi coll. XVII, 7.*

(2) Comma inserito dall'art. 1.5, lett. b, d.lg. 15 febbraio 2016, n. 30. Per l'entrata in vigore v. nota 2 alla rubrica del provvedimento.

(3) Commi abrogati dall'art. 1.5, lett. c, d.lg. 15 febbraio 2016, n. 30. Per l'entrata in vigore v. nota 2 alla rubrica del provvedimento.

3. L'ammontare massimo oggetto di rimborso ai sensi dell'art. 96-*bis*, comma 1-*bis*, lett. *a*), è pari a 100.000 euro per ciascun depositante. Il limite è adeguato ai sensi dell'art. 6, par. 7, della dir. 2014/49/UE.

4. Il limite indicato al comma 3 non si applica, nei nove mesi successivi al loro accredito o al momento in cui divengono disponibili, ai depositi di persone fisiche aventi ad oggetto importi derivanti da:

a) operazioni relative al trasferimento o alla costituzione di diritti reali su unità immobiliari adibite ad abitazione;

b) divorzio, pensionamento, scioglimento del rapporto di lavoro, invalidità o morte;

c) il pagamento di prestazioni assicurative, di risarcimenti o di indennizzi in relazione a danni per fatti considerati dalla legge come reati contro la persona o per ingiusta detenzione.

5. Ai fini del calcolo del limite di cui al comma 3:

a) i depositi presso un conto di cui due o più soggetti sono titolari come partecipanti di un ente senza personalità giuridica sono trattati come se fossero effettuati da un unico depositante;

b) se più soggetti hanno pieno diritto sulle somme depositate su un conto, la quota spettante a ciascuno di essi è considerata nel calcolo;

c) si tiene conto della compensazione di eventuali debiti del depositante nei confronti della banca, se esigibili alla data in cui si producono gli effetti del provvedimento di liquidazione coatta amministrativa ai sensi dell'art. 83, comma 1, nella misura in cui la compensazione è possibile a norma delle disposizioni di legge o di previsioni contrattuali applicabili (1).

96-*bis*.2. *Modalità del rimborso dei depositi*. — 1. Il rimborso è effettuato entro sette giorni lavorativi dalla data in cui si producono gli effetti del provvedimento di liquidazione coatta amministrativa ai sensi dell'art. 83, comma 1, senza che sia necessario presentare alcuna richiesta al sistema di garanzia. A tal fine, la banca aderente trasmette tempestivamente al sistema di garanzia le informazioni necessarie sui depositi e sui depositanti su richiesta del sistema stesso. Il rimborso è effettuato in euro o nella valuta dello Stato dove risiede il titolare del deposito; se il conto è denominato in una valuta diversa, il tasso di cambio utilizzato è quello della data in cui si producono gli effetti del provvedimento di liquidazione coatta amministrativa ai sensi dell'art. 83, comma.

2. Il sistema di garanzia può differire il rimborso nei seguenti casi:

a) vi è incertezza sul diritto del titolare a ricevere il rimborso o il deposito è oggetto di una controversia in sede giudiziale o presso un organismo di risoluzione stragiudiziale delle controversie, la cui definizione incide su tale diritto o sull'ammontare del rimborso;

b) il deposito è soggetto a misure restrittive imposte da uno Stato o da un'organizzazione internazionale, finché detta misura restrittiva è efficace;

c) se non è stata effettuata alcuna operazione relativa al deposito nei ventiquattro mesi precedenti la data di cui al comma 1; in questo caso il rimborso è effettuato entro sei mesi dalla data di cui al comma 1, fermo restando che non è dovuto alcun rimborso se il valore del deposito è inferiore ai costi amministrativi che il sistema di garanzia sosterrebbe per effettuare il rimborso medesimo;

d) l'importo da rimborsare come definito dall'art. 96-*bis*.1, comma 4, eccede 100.000 euro; il differimento opera per la sola eccedenza e il rimborso è effettuato entro sei mesi dalla data prevista dal comma 1;

e) il rimborso va effettuato ai sensi dell'art. 96-*quater*.2, comma 2; in tal caso, il termine di cui al comma 1 decorre dalla data in cui il sistema di garanzia riceve le risorse.

3. In deroga al comma 1, se un depositante, o altra persona avente diritto o un interesse sulle somme depositate su un conto, è sottoposto a un procedimento penale, a misura di prevenzione o a provvedimenti di sequestro connessi con il riciclaggio di proventi di attività illecite, il sistema di garanzia può sospendere i pagamenti relativi al depositante fino al passaggio in giudicato della sentenza di proscioglimento o assoluzione. Resta fermo quanto previsto dall'art. 96-*bis*.1, comma 2, lett. *c*).

4. Il diritto al rimborso si estingue decorsi cinque anni dalla data in cui si producono gli effetti del provvedimento di avvio della liquidazione coatta amministrativa ai sensi dell'art. 83, comma 1. La decadenza è impedita dalla proposizione della domanda giudiziale, salvo che il processo si estingua, o dal riconoscimento del diritto da parte del sistema di garanzia.

5. I sistemi di garanzia, quando effettuano i rimborsi ai sensi dell'art. 96-*bis*, comma 1-*bis*, lett. *a*), subentrano nei diritti dei depositanti nei confronti della banca in liquidazione coatta amministrativa nei limiti dei rimborsi effettua-

(1) Articolo inserito dall'art. 1.6, d.lg. 15 febbraio 2016, n. 30. Per l'entrata in vigore v. nota 2 alla rubrica del provvedimento.

ti, beneficiando della preferenza di cui all'art. 91, comma 1-*bis*, lett. *b*), n. 2) (1).

96-*bis*.3. *Obblighi dei sistemi di garanzia*. — 1. I sistemi di garanzia:

a) dispongono di assetti di governo, di strutture organizzative e di sistemi di controllo adeguati allo svolgimento della loro attività;

b) effettuano con regolarità, almeno ogni tre anni, prove di resistenza della propria capacità di effettuare gli interventi di cui all'art. 96-*bis*: a tal fine essi possono chiedere informazioni alla banche aderenti, che sono conservate per il tempo strettamente necessario allo svolgimento delle prove di resistenza;

c) redigono la corrispondenza con i depositanti delle banche aderenti nella lingua o nelle lingue utilizzate dalla banca presso cui si trova il deposito protetto per le comunicazioni con i propri depositanti ai sensi del Titolo VI o in una delle lingue ufficiali dello Stato membro in cui è stabilita la succursale presso cui è costituito il deposito protetto;

d) garantiscono la riservatezza di notizie, informazioni e dati in loro possesso in ragione della propria attività istituzionale;

e) redigono il proprio bilancio, soggetto a revisione legale dei conti.

2. I componenti degli organi dei sistemi di garanzia e a coloro che prestano la loro attività per essi sono vincolati al segreto professionale in relazione alle notizie, le informazioni e i dati indicati al comma 1, lett. *d*).

3. Ai soggetti che svolgono funzioni di amministrazione, direzione e controllo presso i sistemi di garanzia si applica l'art. 26, ad eccezione del comma 3, lett. *c*) ed *e*) (2) (1).

96-*bis*.4. *Informazioni da fornire ai sistemi di garanzia*. — 1. I sistemi di garanzia possono chiedere ai propri aderenti le informazioni necessarie ai fini del rimborso dei depositanti. A tal fine, le banche classificano i depositi in modo da consentire l'immediata identificazione di quelli ammessi al rimborso (1).

96-*ter*. *Poteri della Banca d'Italia*. — 1. La Banca d'Italia, avendo riguardo alla tutela dei depositanti e alla capacità dei sistemi di garanzia di effettuare i rimborsi dei depositi protetti:

a) riconosce i sistemi di garanzia, approvandone gli statuti, a condizione che i sistemi stessi presentino caratteristiche adeguate allo svolgimento delle funzioni disciplinate dalla presente sezione e tali da comportare una ripartizione equilibrata dei rischi di insolvenza sul sistema bancario; se lo statuto prevede che possano essere attuati gli interventi indicati all'art. 96-*bis*, comma 1-*bis*, lett. *d*), verifica che il sistema di garanzia sia dotato di procedure e sistemi appropriati per selezionare la tipologia di intervento, darvi esecuzione e monitorarne i rischi;

b) vigila sul rispetto di quanto previsto ai sensi della presente sezione; a tal fine si applicano, in quanto compatibili, gli artt. 51, comma 1, 52 e 53-*bis*, comma 1, lett. *a*), *b*) e *c*), nonché, al fine di verificare l'esattezza dei dati e delle informazioni forniti alla Banca d'Italia, l'art. 54, comma 1;

c) verifica che la tutela offerta dai sistemi di garanzia esteri cui aderiscono le succursali italiane di banche extracomunitarie sia equivalente a quella offerta dai sistemi di garanzia italiani ai sensi di quanto previsto all'art. 96, comma 3;

d) le procedure di coordinamento con le autorità degli Stati membri in ordine all'adesione delle succursali di banche comunitarie a un sistema di garanzia italiano e alla loro esclusione dallo stesso;

e) congiuntamente alle autorità degli Stati membri interessati, approva l'istituzione di sistemi di garanzia transfrontalieri o la fusione fra sistemi di garanzia di Stati membri diversi e partecipa alla vigilanza su di essi;

f) informa senza indugio i sistemi di garanzia se rileva che una banca aderente presenta criticità tali da poter determinare l'attivazione del sistema;

g) può emanare disposizioni attuative delle norme contenute nella presente Sezione.

2. I sistemi di garanzia informano tempestivamente la Banca d'Italia degli atti e degli eventi di maggior rilievo relativi all'esercizio delle proprie funzioni e trasmettono, entro il 31 marzo di ogni anno, una relazione dettagliata sull'attività svolta nell'anno precedente e sul piano delle attività predisposto per l'anno in corso (3).

96-*quater*. *Esclusione*. — 1. Le banche possono essere escluse dai sistemi di garanzia in caso di inadempimento di eccezionale gravità agli obblighi derivanti dall'adesione ai sistemi stessi.

2. L'inadempimento è contestato dal sistema

(1) Articolo inserito dall'art. 1.6, d.lg. 15 febbraio 2016, n. 30. Per l'entrata in vigore v. nota 2 alla rubrica del provvedimento.

(2) L'art. 4.7, d.lg. 15 febbraio 2016, n. 30, così dispone: «L'art. 96-*bis*.3, comma 3, del d.lg. 1° settembre 1993, n. 385, si applica a partire dal primo rinnovo degli organi che svolgono funzioni di amministrazione, direzione e controllo dei sistemi di garanzia a seguito dell'entrata in vigore del presente decreto».

(3) Articolo così sostituito dall'art. 1.7, d.lg. 15 febbraio 2016, n. 30. Per l'entrata in vigore v. nota 2 alla rubrica del provvedimento.

di garanzia, previo assenso della Banca d'Italia, concedendo alla banca un termine di sei mesi per adempiere. Decorso inutilmente il termine, prorogabile per un periodo non superiore a tre mesi, i sistemi di garanzia comunicano alla banca l'esclusione.

3. Sono protetti dal sistema di garanzia i fondi acquisiti fino alla data di ricezione della comunicazione di esclusione. Di tale comunicazione la banca esclusa dà tempestiva notizia ai depositanti secondo le modalità indicate dalla Banca d'Italia ai sensi del titolo VI.

4. La mancata adesione a un sistema di garanzia, o l'esclusione da esso, comporta la revoca dell'autorizzazione all'attività bancaria. Resta ferma la possibilità di disporre la liquidazione coatta amministrativa ai sensi dell'art. 80 o la risoluzione ai sensi dell'art. 32 del d.lg. 16 novembre 2015, n. 180 (1) (2).

96-*quater*.1. *Prestiti fra sistemi di garanzia*. — 1. Un sistema di garanzia può erogare prestiti su base volontaria a un altro sistema di garanzia, anche se istituito in uno altro Stato membro, se quest'ultimo:

a) non è in grado di adempiere i propri obblighi di rimborso a causa dell'insufficienza della propria dotazione finanziaria;

b) ha già fatto ricorso ai contributi straordinari;

c) utilizza i fondi presi a prestito per il rimborso dei depositanti;

d) non deve rimborsare un prestito ad altri sistemi di garanzia;

e) indica l'importo richiesto, comunque non superiore allo 0,5 per cento dei depositi da esso garantiti, ad eccezione di quelli indicati all'art. 96-*bis*.1, comma 4;

f) informa senza indugio l'ABE, dando comunicazione di quanto previsto alle lett. *a*), *b*), *c*), *d*), ed *e*).

2. L'erogazione del prestito è soggetta alle seguenti condizioni:

a) il prestito è rimborsato entro cinque anni; gli interessi sono corrisposti solo al momento del rimborso;

b) il tasso di interesse è pari almeno al tasso per operazioni di rifinanziamento marginale della Banca centrale europea durante la durata del prestito;

c) il sistema di garanzia mutuante informa l'ABE del tasso di interesse iniziale e della durata del prestito.

3. Se un sistema di garanzia ha preso in prestito fondi ai sensi del presente articolo, i contributi da versare al sistema sono determinati in misura sufficiente a ripagare l'importo preso a prestito e ristabilire la dotazione finanziaria quanto prima (3).

96-*quater*.2. *Cooperazione fra sistemi di garanzia dei depositanti*. — 1. Il rimborso dei depositanti delle succursali italiane di banche comunitarie è effettuato dal sistema di garanzia italiano individuato dalla Banca d'Italia, per conto del sistema di garanzia dello Stato membro di origine e dopo che quest'ultimo gli ha fornito i fondi necessari. Il sistema di garanzia italiano:

a) effettua i rimborsi conformemente alle istruzioni del sistema di garanzia dello Stato membro di origine e a fronte di un indennizzo per le spese sostenute; il sistema di garanzia italiano che effettua il rimborso non è responsabile degli atti compiuti conformemente alle istruzioni ricevute;

b) informa i depositanti interessati per conto del sistema di garanzia dello Stato membro di origine ed è abilitato a ricevere la corrispondenza proveniente da questi depositanti e indirizzata al sistema dello Stato membro di origine.

2. Quando si procede al rimborso dei depositi di una banca italiana con succursali stabilite in altri Stati membri, il sistema di garanzia cui la banca aderisce:

a) impartisce istruzioni al sistema di garanzia dello Stato membro ai fini del rimborso;

b) fornisce senza indugio al sistema di garanzia dello Stato membro i fondi necessari ai fini del rimborso e lo indennizza dei costi sostenuti.

3. I sistemi di garanzia istituiti in Italia scambiano con i sistemi di garanzia degli Stati membri in cui sono stabilite succursali di banche italiane le informazioni acquisite nell'ambito della propria attività istituzionale. Ai dati ricevuti si applica l'art. 96-*bis*.3, commi 1, lett. *d*), e 2.

4. I sistemi di garanzia concludono fra di essi accordi di cooperazione, che tengono conto dei requisiti di cui all'art. 96-*bis*.3, commi 1, lett. *d*), e 2. L'assenza degli accordi non influisce sui diritti dei depositanti. Gli accordi sono trasmessi alla Banca d'Italia, che ne informa l'ABE. In mancanza di un accordo o se vi è una

(1) In *Leggi coll. XVII, 7.*
(2) Articolo così sostituito dall'art. 1.8, d.lg. 15 febbraio 2016, n. 30. Per l'entrata in vigore v. nota 2 alla rubrica del provvedimento.
(3) Articolo inserito dall'art. 1.9, d.lg. 15 febbraio 2016, n. 30. Per l'entrata in vigore v. nota 2 alla rubrica del provvedimento.

disputa circa la sua interpretazione, il sistema di garanzia può deferire la questione all'ABE conformemente all'art. 19 del reg. (UE) n. 1093/2010.

5. Un sistema di garanzia istituito e riconosciuto in Italia può fondersi con sistemi di garanzia di altri Stati membri. Possono essere istituiti sistemi di garanzia transfrontalieri (1).

96-*quater*.3. *Adesione ad altro sistema di garanzia*. — 1. Una banca che intende aderire a un diverso sistema di garanzia, anche se istituito in un altro Stato membro, ne dà comunicazione con almeno sei mesi di anticipo alla Banca d'Italia e al sistema di garanzia a cui aderisce. Durante questo periodo, la banca è tenuta a versare i contributi al sistema di garanzia cui aderisce. Al momento dell'adesione al nuovo sistema, il sistema originario trasferisce al nuovo sistema i contributi ricevuti dalla banca durante i dodici mesi precedenti, ad eccezione dei contributi straordinari di cui all'art. 96.2, comma 3.

2. Il trasferimento dei contributi previsto dal comma 1 non si applica se la banca è stata esclusa da un sistema di garanzia.

3. Se, a seguito di cessione, alcuni depositi della banca cedente divengono protetti da un sistema di garanzia diverso rispetto a quello a cui aderisce la banca cedente, il sistema cui aderisce la banca cedente trasferisce all'altro i contributi ricevuti dalla banca cedente durante i dodici mesi precedenti, ad eccezione dei contributi straordinari di cui all'art. 96.2, comma 3, in proporzione all'importo dei depositi protetti trasferiti ad eccezione di quelli indicati all'art. 96-*bis*.1, comma 4. Il presente comma si applica anche in caso di fusione o di scissione (1).

96-*quater*.4. *Interventi finanziati su base volontaria*. — 1. Fermo restando quanto previsto dall'art. 96-*bis*, comma 1-*bis*, lett. *d*), e per le stesse finalità ivi indicate, il sistema di garanzia può effettuare, se previsto dallo statuto e secondo le modalità concordate tra le banche, interventi mediante risorse corrisposte su base volontaria dalle banche aderenti e senza ricorso alla dotazione finanziaria prevista dall'art. 96.1. A tali risorse si applica l'art. 96.1, comma 5 (1).

96-*quinquies*. *Liquidazione ordinaria*. — 1. Le banche informano tempestivamente la Banca d'Italia del verificarsi di una causa di scioglimento della società. La Banca d'Italia accerta la sussistenza dei presupposti per un regolare svolgimento della procedura di liquidazione.

2. Non si può dar corso all'iscrizione nel registro delle imprese degli atti che deliberano o dichiarano lo scioglimento della società se non consti l'accertamento di cui al comma 1.

3. L'iscrizione di cui al comma 2 comporta la decadenza dall'autorizzazione all'attività bancaria a decorrere dal termine fissato dalla Banca d'Italia nell'accertamento di cui al comma 1 (2). La decadenza non impedisce, previa autorizzazione della Banca d'Italia, la prosecuzione di attività ai sensi dell'art. 2487 del codice civile.

4. Nei confronti della società in liquidazione restano fermi i poteri delle autorità creditizie previsti nel presente decreto (3).

Sezione V. — *Liquidazione volontaria* (4)

97. *Sostituzione degli organi della liquidazione ordinaria*. — 1. Fermo restando quanto previsto dall'art. 80, se la procedura di liquidazione di una banca secondo le norme ordinarie non si svolge con regolarità o con speditezza, la Banca d'Italia può disporre la sostituzione dei liquidatori, nonché dei membri degli organi di sorveglianza, determinandone il relativo compenso a carico della società (5).

2. Il provvedimento di sostituzione è pubblicato secondo le modalità previste dall'art. 81, comma 2.

3. La sostituzione degli organi liquidatori non comporta il mutamento della procedura di liquidazione (6).

Sezione V-*bis*. — *Responsabilità per illecito amministrativo dipendente da reato* (7)

97-*bis*. *Responsabilità per illecito amministrativo dipendente da reato*. — 1. Il pubblico ministero che iscrive, ai sensi dell'art. 55 del d.lg. 8

(1) Articolo inserito dall'art. 1.9, d.lg. 15 febbraio 2016, n. 30. Per l'entrata in vigore v. nota 2 alla rubrica del provvedimento.

(2) Le parole «a decorrere dal termine fissato dalla Banca d'Italia nell'accertamento di cui al comma 1» sono state inserite dall'art. 1.19, d.lg. 14 novembre 2016, n. 223.

(3) Articolo inserito dall'art. 7, d.lg. 9 luglio 2004, n. 197.

(4) Sezione inserita dall'art. 3, d.lg. 4 dicembre 1996, n. 659.

(5) Le parole «, determinandone il relativo compenso a carico della società» sono state aggiunte dall'art. 1.43, d.lg. 16 novembre 2015, n. 181. Per l'entrata in vigore v. nota 2 alla rubrica del provvedimento.

(6) Per l'entrata in vigore v. nota 2 alla rubrica del provvedimento.

(7) Sezione inserita dall'art. 8, d.lg. 9 luglio 2004, n. 197.

giugno 2001, n. 231, nel registro delle notizie di reato un illecito amministrativo a carico di una banca ne dà comunicazione alla Banca d'Italia e, con riguardo ai servizi di investimento, anche alla Consob. Nel corso del procedimento, ove il pubblico ministero ne faccia richiesta, vengono sentite la Banca d'Italia e, per i profili di competenza, anche la Consob, le quali hanno, in ogni caso, facoltà di presentare relazioni scritte.

2. In ogni grado del giudizio di merito, prima della sentenza, il giudice dispone, anche d'ufficio, l'acquisizione dalla Banca d'Italia e dalla Consob, per i profili di specifica competenza, di aggiornate informazioni sulla situazione della banca, con particolare riguardo alla struttura organizzativa e di controllo.

3. La sentenza irrevocabile che irroga nei confronti di una banca le sanzioni interdittive previste dall'art. 9, comma 2, lett. *a*) e *b*), del d.lg. 8 giugno 2001, n. 231, decorsi i termini per la conversione delle sanzioni medesime, è trasmessa per l'esecuzione dall'Autorità giudiziaria alla Banca d'Italia. A tale fine la Banca d'Italia può proporre o adottare gli atti previsti dal titolo IV, avendo presenti le caratteristiche della sanzione irrogata e le preminenti finalità di salvaguardia della stabilità e di tutela dei diritti dei depositanti e della clientela.

4. Le sanzioni interdittive indicate nell'art. 9, comma 2, lett. *a*) e *b*), del d.lg. 8 giugno 2001, n. 231, non possono essere applicate in via cautelare alle banche. Alle medesime non si applica, altresì, l'art. 15 del d.lg. 8 giugno 2001, n. 231.

5. Il presente articolo si applica, in quanto compatibile, alle succursali italiane di banche comunitarie o extracomunitarie.

CAPO II

GRUPPO BANCARIO

Sezione I. — *Capogruppo*

98. *Amministrazione straordinaria*. — 1. Salvo quanto previsto dal presente articolo, alla capogruppo di un gruppo bancario si applicano le norme del presente titolo, capo I, sezione I.

2. L'amministrazione straordinaria della capogruppo, oltre che nei casi previsti dall'art. 70, può essere disposta quando:

a) risultino gravi inadempienze nell'esercizio dell'attività prevista dall'art. 61, comma 4;

b) una delle società del gruppo bancario sia stata sottoposta alla procedura del fallimento, dell'amministrazione controllata, del concordato preventivo, della liquidazione coatta amministrativa, della risoluzione (1) dell'amministrazione straordinaria ovvero ad altra analoga procedura prevista da leggi speciali, nonché quando sia stato nominato l'amministratore giudiziario secondo le disposizioni del codice civile in materia di denuncia al tribunale di gravi irregolarità nella gestione e possa essere alterato in modo grave l'equilibrio finanziario o gestionale del gruppo (2).

3. L'amministrazione straordinaria dura un anno, salvo che il provvedimento con cui è disposta non preveda un termine più breve o la Banca d'Italia ne autorizzi la chiusura anticipata. La procedura può essere prorogata per lo stesso periodo di un anno dalla Banca d'Italia, anche più di una volta, se sussistono i presupposti indicati nell'art. 70 e nel comma 2 del presente articolo. In tal caso, la proroga può riguardare anche le procedure di amministrazione straordinaria relative alle società appartenenti al gruppo. Il provvedimento di proroga è pubblicato per estratto nella *Gazzetta Ufficiale* della Repubblica italiana (3).

4. I commissari straordinari, sentito il comitato di sorveglianza, previa autorizzazione della Banca d'Italia, possono revocare o sostituire, anche in parte, gli amministratori delle società del gruppo al fine di realizzare i mutamenti degli indirizzi gestionali che si rendano necessari. I nuovi amministratori restano in carica al massimo sino al termine dell'amministrazione straordinaria della capogruppo. Gli amministratori revocati hanno titolo esclusivamente a un indennizzo corrispondente ai compensi ordinari a essi spettanti per la durata residua del mandato ma, comunque, per un periodo non superiore a sei mesi.

5. I commissari straordinari possono richiedere l'accertamento giudiziale dello stato di insolvenza delle società appartenenti al gruppo.

6. I commissari possono richiedere alle società del gruppo i dati, le informazioni e ogni altro elemento utile per adempiere al proprio mandato.

7. Al fine di agevolare il superamento di dif-

(1) Le parole «della risoluzione» sono state inserite dall'art. 1.44, lett. a, d.lg. 16 novembre 2015, n. 181. Per l'entrata in vigore v. nota 2 alla rubrica del provvedimento.

(2) Lettera così sostituita dall'art. 9.31, comma 1, d.lg. n. 6/2003, come modificato dall'art. 2.1, d.lg. n. 37/2004.

(3) Comma così sostituito dall'art. 1.44, lett. b, d.lg. 16 novembre 2015, n. 181. Per l'entrata in vigore v. nota 2 alla rubrica del provvedimento.

ficoltà finanziarie, i commissari possono disporre la sospensione dei pagamenti nelle forme e con gli effetti previsti dall'art. 74, i cui termini sono triplicati.

8. La Banca d'Italia può disporre che sia data notizia, mediante speciali forme di pubblicità, dell'avvenuto deposito del bilancio previsto dall'art. 75, comma 2.

98-*bis*. . . . . (1).

99. *Liquidazione coatta amministrativa.* — 1. Salvo quanto previsto nel presente articolo, alla capogruppo si applicano le norme del presente titolo, capo I, sezione III.

2. La liquidazione coatta amministrativa della capogruppo, oltre che nei casi previsti dall'art. 80, può essere disposta quando le inadempienze nell'esercizio dell'attività prevista dall'art. 61, comma 4, siano di eccezionale gravità.

3. I commissari liquidatori depositano annualmente presso l'ufficio del registro delle imprese una relazione sulla situazione contabile e sull'andamento della liquidazione, corredata da notizie sia sullo svolgimento delle procedure cui sono sottoposte altre società del gruppo sia sugli eventuali interventi a tutela dei depositanti. La relazione è accompagnata da un rapporto del comitato di sorveglianza. La Banca d'Italia può prescrivere speciali forme di pubblicità per rendere noto l'avvenuto deposito della relazione (2).

4. Si applicano le disposizioni dell'art. 98, commi 5 e 6.

5. Quando sia accertato giudizialmente lo stato di insolvenza, compete ai commissari l'esperimento dell'azione revocatoria prevista dall'art. 67 della legge fallimentare (3) nei confronti di altre società del gruppo. L'azione può essere esperita per gli atti indicati ai nn. 1), 2) e 3) dell'art. 67 della legge fallimentare (3) che siano stati posti in essere nei cinque anni anteriori al provvedimento di liquidazione coatta e per gli atti indicati al n. 4) e al secondo comma dello stesso articolo che siano stati posti in essere nei tre anni anteriori.

Sezione II. — *Società del gruppo*

100. *Amministrazione straordinaria.* — 1. Salvo quanto previsto nel presente articolo, quando la capogruppo sia sottoposta ad amministrazione straordinaria o a liquidazione coatta amministrativa, alle società del gruppo si applicano, ove ne ricorrano i presupposti, le norme del presente titolo, capo I, sezione I. L'amministrazione straordinaria può essere richiesta alla Banca d'Italia anche dai commissari straordinari e dai commissari liquidatori della capogruppo.

2. Quando presso una società del gruppo sia in corso l'amministrazione controllata o sia stato nominato l'amministratore giudiziario secondo le disposizioni del codice civile in materia di denuncia al tribunale di gravi irregolarità nella gestione, le relative procedure si convertono in amministrazione straordinaria (4).

3. Quando le società del gruppo da sottoporre all'amministrazione straordinaria siano soggette a vigilanza, il relativo provvedimento è adottato sentita l'autorità che esercita la vigilanza, alla quale, in caso di urgenza, potrà essere fissato un termine per la formulazione del parere.

4. La durata dell'amministrazione straordinaria è indipendente da quella della procedura cui è sottoposta la capogruppo. Si applicano le disposizioni dell'art. 98, comma 8.

5. Al fine di agevolare il superamento di difficoltà finanziarie, i commissari straordinari, d'intesa con i commissari straordinari o liquidatori della capogruppo, possono disporre la sospensione dei pagamenti nelle forme e con gli effetti previsti dall'art. 74, i cui termini sono triplicati.

101. *Liquidazione coatta amministrativa.* — 1. Salvo quanto previsto nel presente articolo, quando la capogruppo sia sottoposta ad amministrazione straordinaria o a liquidazione coatta amministrativa, alle società del gruppo si applicano, qualora ne sia stato accertato giudizialmente lo stato di insolvenza, le norme del presente titolo, capo I, sezione III. Per le banche del gruppo resta ferma comunque la disciplina della sezione III. La liquidazione coatta può essere richiesta alla Banca d'Italia anche dai commissari straordinari e dai commissari liquidatori della capogruppo.

2. Quando presso società del gruppo siano in corso il fallimento, la liquidazione coatta o altre procedure concorsuali, queste si convertono nella liquidazione coatta disciplinata dal presente articolo. Fermo restando l'accertamento dello stato di insolvenza già operato, il

(1) Articolo inserito dall'art. 1.33, d.lg. 12 maggio 2015, n. 72, e successivamente abrogato dall'art. 1.45, d.lg. 16 novembre 2015, n. 181. Per l'entrata in vigore v. nota 2 alla rubrica del provvedimento.
(2) Comma così sostituito dall'art. 9.32, comma 1, d.lg. n. 6/2003, come modificato dall'art. 2.1, d.lg. n. 37/2004.
(3) In *Leggi coll. XXII, 1*.
(4) Comma così sostituito dall'art. 9.33, comma 1, d.lg. n. 6/2003, come modificato dall'art. 2.1, d.lg. n. 37/2004.

tribunale competente, anche d'ufficio, dichiara con sentenza in camera di consiglio che la società è soggetta alla procedura di liquidazione prevista dal presente articolo e ordina la trasmissione degli atti alla Banca d'Italia. Gli organi della cessata procedura e quelli della liquidazione provvedono con urgenza al passaggio delle consegne, dandone notizia con le forme di pubblicità stabilite dalla Banca d'Italia. Restano salvi gli effetti degli atti legalmente compiuti.

3. Ai commissari liquidatori sono attribuiti i poteri previsti dall'art. 99, comma 5.

102. *Procedure proprie delle singole società.* — 1. Quando la capogruppo non sia sottoposta ad amministrazione straordinaria o a liquidazione coatta amministrativa, le società del gruppo sono soggette alle procedure previste dalle norme di legge a esse applicabili. Dei relativi provvedimenti viene data immediata comunicazione alla Banca d'Italia a cura dell'autorità amministrativa o giudiziaria che li ha emessi. Le autorità amministrative o giudiziarie che vigilano sulle procedure informano la Banca d'Italia di ogni circostanza, emersa nello svolgimento delle medesime, rilevante ai fini della vigilanza sul gruppo bancario.

Sezione III. — *Disposizioni comuni*

103. *Organi delle procedure.* — 1. Fermo quanto disposto dagli artt. 71 e 81, le medesime persone possono essere nominate negli organi dell'amministrazione straordinaria e della liquidazione coatta amministrativa di società appartenenti allo stesso gruppo, quando ciò sia ritenuto utile per agevolare lo svolgimento delle procedure.

2. Il commissario che in una determinata operazione ha un interesse in conflitto con quello della società, a cagione della propria qualità di commissario di altra società del gruppo, deve darne notizia agli altri commissari, ove esistano, nonché al comitato di sorveglianza e alla Banca d'Italia. In caso di omissione, a detta comunicazione sono tenuti i membri del comitato di sorveglianza che siano a conoscenza della situazione di conflitto. Il comitato di sorveglianza può prescrivere speciali cautele e formulare indicazioni in merito all'operazione, dell'inosservanza delle quali i commissari sono personalmente responsabili. Ferma la facoltà di revocare e sostituire i componenti gli organi delle procedure, la Banca d'Italia può impartire direttive o disporre, ove del caso, la nomina di un commissario per compiere determinati atti.

3. Le indennità spettanti ai commissari e ai componenti del comitato di sorveglianza sono determinate dalla Banca d'Italia in base ai criteri dalla stessa stabiliti e sono a carico delle società. Le indennità sono determinate valutando in modo complessivo le prestazioni connesse alle cariche eventualmente ricoperte in altre procedure nel gruppo.

104. *Competenze giurisdizionali.* — 1. Quando la capogruppo sia sottoposta ad amministrazione straordinaria o a liquidazione coatta amministrativa, per l'azione revocatoria prevista dall'art. 99, comma 5, nonché per tutte le controversie fra le società del gruppo è competente inderogabilmente (1) il tribunale nella cui circoscrizione ha la sede legale la capogruppo.

2. .... (2).

105. *Gruppi e società non iscritti all'albo.* — 1. Le disposizioni degli articoli precedenti si applicano anche nei confronti dei gruppi e delle società per i quali, pur non essendo intervenuta l'iscrizione, ricorrano le condizioni per l'inserimento nell'albo previsto dall'art. 64.

105-*bis*. *Cooperazione tra autorità.* — 1. La Banca d'Italia informa l'ABE e consulta le altre autorità competenti prima di applicare una misura di intervento precoce o disporre l'amministrazione straordinaria nei confronti:

a) della capogruppo di un gruppo bancario operante in altro Stato comunitario attraverso una banca controllata o una succursale significativa;

b) di una banca italiana soggetta a vigilanza consolidata dell'autorità competente di un altro Stato comunitario.

2. La Banca d'Italia, se consultata sull'adozione di una misura di intervento precoce o dell'amministrazione straordinaria da parte dell'autorità competente per la vigilanza di una banca comunitaria appartenente a un gruppo bancario, comunica le proprie valutazioni entro tre giorni dalla richiesta di consultazione.

3. Le decisioni di cui al comma 1 sono adottate dalla Banca d'Italia tenendo conto degli impatti sulle entità del gruppo insediate in altri Stati comunitari, secondo quanto emerga dalle

(1) La parola «inderogabilmente» è stata inserita dall'art. 1.46, lett. a, d.lg. 16 novembre 2015, n. 181. Per l'entrata in vigore v. nota 2 alla rubrica del provvedimento.

(2) Comma abrogato dall'art. 1.46, lett. b, d.lg. 16 novembre 2015, n. 181. Per l'entrata in vigore v. nota 2 alla rubrica del provvedimento.

procedure di cooperazione di cui al presente articolo, e sono notificate alla capogruppo, alle altre autorità competenti e all'ABE.

4. L'applicazione coordinata delle misure di intervento precoce o la nomina dei medesimi commissari straordinari per le società del gruppo operanti in diversi Stati comunitari è disposta dalla Banca d'Italia congiuntamente con le altre autorità competenti. Qualora l'accordo sul provvedimento congiunto non sia raggiunto entro cinque giorni dalla proposta dell'autorità competente, la Banca d'Italia può adottare le decisioni di propria competenza, salvo che il caso non sia rinviato all'ABE ai sensi del comma 5.

5. La Banca d'Italia può, nei casi previsti dal diritto dell'Unione, richiedere l'assistenza dell'ABE o rinviare all'ABE le decisioni di cui al presente articolo. Qualora una decisione sia stata rinviata all'ABE nel previsto termine di tre giorni per la consultazione o di cinque giorni per l'accordo fra le autorità, la Banca d'Italia si astiene dall'adottare provvedimenti e si attiene alle decisioni finali dell'ABE. In mancanza di decisione dell'ABE nei termini previsti dal diritto dell'Unione, la Banca d'Italia adotta i provvedimenti di propria competenza (1).

105-*ter. Commissari in temporaneo affiancamento.* — 1. Ricorrendo i presupposti indicati agli artt. 70 e 98, il potere di nominare uno o più commissari in temporaneo affiancamento, di cui all'art. 75-*bis*, può essere esercitato nei confronti della capogruppo e delle società di un gruppo bancario. Si applicano, in quanto compatibili, le disposizioni del presente capo (1).

TITOLO V

Soggetti operanti nel settore finanziario (2)

106. *Albo degli intermediari finanziari.* — 1. L'esercizio nei confronti del pubblico dell'attività di concessione di finanziamenti sotto qualsiasi forma è riservato agli intermediari finanziari autorizzati, iscritti in un apposito albo tenuto dalla Banca d'Italia.

2. Oltre alle attività di cui al comma 1 gli intermediari finanziari possono:

a) emettere moneta elettronica e prestare servizi di pagamento a condizione che siano a ciò autorizzati ai sensi dell'art. 114-*quinquies*, comma 4, e iscritti nel relativo albo, oppure prestare solo servizi di pagamento a condizione che siano a ciò autorizzati ai sensi dell'art. 114-*novies*, comma 4, e iscritti nel relativo albo;

b) prestare servizi di investimento se autorizzati ai sensi dell'art. 18, comma 3, del d.lg. 24 febbraio 1998, n. 58 (3);

c) esercitare le altre attività a loro eventualmente consentite dalla legge nonché attività connesse o strumentali, nel rispetto delle disposizioni dettate dalla Banca d'Italia (4).

3. Il Ministro dell'economia e delle finanze, sentita la Banca d'Italia, specifica il contenuto delle attività indicate nel comma 1, nonché in quali circostanze ricorra l'esercizio nei confronti del pubblico (5) (6).

107. *Autorizzazione.* — 1. La Banca d'Italia autorizza gli intermediari finanziari ad esercitare la propria attività al ricorrere delle seguenti condizioni:

(1) Articolo aggiunto dall'art. 1.47, d.lg. 16 novembre 2015, n. 181. Per l'entrata in vigore v. nota 2 alla rubrica del provvedimento.

(2) Titolo così sostituito dall'art. 7, d.lg. 13 agosto 2010, n. 141, come modificato dall'art. 3, d.lg. 19 settembre 2012, n. 169. L'art. 9.3-*bis*, d.lg. 13 agosto 2010, n. 141, come introdotto dall'art. 4.1, lett. a, d.lg. 19 settembre 2012, n. 169, così dispone: «Le disposizioni di cui al titolo V del d.lg. 1° settembre 1993, n. 385, non si applicano alle società cessionarie, o alle società emittenti titoli, se diverse dalle società cessionarie, nell'ambito di operazioni di cartolarizzazione. Sono abrogate tutte le disposizioni di leggi speciali relative alle società cessionarie, o alle società emittenti titoli se diverse dalle società cessionarie nell'ambito di operazioni di cartolarizzazione che prevedano l'applicazione delle disposizioni di cui al titolo V del d.lg. 1° settembre 1993, n. 385. A tali società si applica il comma 3 dell'art. 3 della l. 30 aprile 1999, n. 130, come modificato dal presente decreto».

(3) In *Leggi coll. XVIII, 1.*

(4) Comma così sostituito dall'art. 2.2, d.lg. 16 aprile 2012, n. 45.

(5) V. d.m. Economia e Finanze 2 aprile 2015, n. 53, in G.U., 8 maggio 2015, n. 105.

(6) L'art. 10.8-*bis*, d.lg. 13 agosto 2010, n. 141, come inserito dall'art. 7.5, d.lg. 14 dicembre 2010, n. 218, così dispone: «Fino alla data di entrata di vigore delle disposizioni di attuazione del presente Titolo III, l'art. 106 del d.lg. 1° settembre 1993, n. 385, vigente alla data del 4 settembre 2010, continua ad applicarsi, ad eccezione del comma 7, limitatamente all'attività di concessione di finanziamenti sotto qualsiasi forma. In attesa delle disposizioni di attuazione di cui all'art. 106, comma 3, del d.lg. 1° settembre 1993, n. 385, come modificato dal presente decreto, non configura esercizio nei confronti del pubblico l'attività di rilascio di garanzie quando il garante e l'obbligato garantito facciano parte del medesimo gruppo. Per gruppo si intendono le società controllanti e controllate ai sensi dell'art. 2359 del codice civile nonché le società controllate dalla stessa controllante».

L'art. 10.9, d.lg. 13 agosto 2010, n. 141, come sostituito dall'art. 7.6, d.lg. 14 dicembre 2010, n. 218, così dispone: «A decorrere dall'entrata in vigore delle disposizioni di attuazione del presente Titolo III tutte le disposizioni legislative che fanno riferimento agli intermediari finanziari iscritti negli elenchi di cui agli artt. 106 o 107 del d.lg. 1° settembre 1993, n. 385, vigenti alla data del 4 settembre 2010, si intendono riferite agli intermediari finanziari

a) sia adottata la forma di società per azioni, in accomandita per azioni, a responsabilità limitata e cooperativa (1);

b) la sede legale e la direzione generale siano situate nel territorio della Repubblica;

c) il capitale versato sia di ammontare non inferiore a quello determinato dalla Banca d'Italia anche in relazione al tipo di operatività;

d) venga presentato un programma concernente l'attività iniziale e la struttura organizzativa, unitamente all'atto costitutivo e allo statuto;

e) sussistano i presupposti per il rilascio dell'autorizzazione prevista dall'art. 19 per i titolari delle partecipazioni ivi indicate (2);

e-bis) i soggetti che svolgono funzioni di amministrazione, direzione e controllo siano idonei, secondo quanto previsto ai sensi dell'art. 110 (3);

f) non sussistano, tra gli intermediari finanziari o i soggetti del gruppo di appartenenza e altri soggetti, stretti legami che ostacolino l'effettivo esercizio delle funzioni di vigilanza;

g) l'oggetto sociale sia limitato alle sole attività di cui ai commi 1 e 2 dell'art. 106.

2. La Banca d'Italia nega l'autorizzazione quando dalla verifica delle condizioni indicate nel comma 1 non risulti garantita la sana e prudente gestione.

3. La Banca d'Italia disciplina la procedura di autorizzazione, i casi di revoca, nonché di decadenza, quando l'intermediario autorizzato non abbia iniziato l'esercizio dell'attività, e detta disposizioni attuative del presente articolo (4).

108. *Vigilanza*. — 1. La Banca d'Italia emana disposizioni di carattere generale aventi a oggetto: il governo societario, l'adeguatezza patrimoniale, il contenimento del rischio nelle sue diverse configurazioni, l'organizzazione amministrativa e contabile, i controlli interni e i sistemi di remunerazione e incentivazione nonché l'informativa da rendere al pubblico sulle predette materie (5). La Banca d'Italia può adottare, ove la situazione lo richieda, provvedimenti specifici nei confronti di singoli intermediari per le materie in precedenza indicate. Con riferimento a determinati tipi di attività la Banca d'Italia può inoltre dettare disposizioni volte ad assicurarne il regolare esercizio.

2. Le disposizioni emanate ai sensi del comma 1 prevedono che gli intermediari finanziari possano utilizzare:

a) le valutazioni del rischio di credito rilasciate da società o enti esterni previsti dall'art. 53, comma 2-*bis*, lett. *a*);

b) sistemi interni di misurazione dei rischi per la determinazione dei requisiti patrimoniali, previa autorizzazione della Banca d'Italia.

3. La Banca d'Italia può:

a) convocare gli amministratori, i sindaci e i dirigenti degli intermediari finanziari per esaminare la situazione degli stessi;

b) ordinare la convocazione degli organi collegiali degli intermediari finanziari, fissandone l'ordine del giorno, e proporre l'assunzione di determinate decisioni;

c) procedere direttamente alla convocazione degli organi collegiali degli intermediari

iscritti nell'albo di cui all'art. 106 del d.lg. 1° settembre 1993, n. 385, come modificato dal presente decreto. Le disposizioni legislative che fanno riferimento ai confidi iscritti nella sezione separata dell'elenco di cui all'art. 106 del d.lg. 1° settembre 1993, n. 385, vigente alla data del 4 settembre 2010, si intendono riferite ai confidi iscritti nell'elenco previsto dall'art. 112, comma 1 del d.lg. 1° settembre 1993, n. 385, come modificato dal presente decreto; quelle che fanno riferimento ai confidi iscritti nell'elenco previsto dall'art. 107 del d.lg. 1° settembre 1993, n. 385, vigente alla data del 4 settembre 2010, si intendono riferite ai confidi iscritti nell'albo previsto dall'art. 106 del d.lg. 1° settembre 1993, n. 385, come modificato dal presente decreto. (...)».

(1) Le parole «società per azioni, in accomandita per azioni, a responsabilità limitata e cooperativa» sono state così sostituite alle precedenti «società di capitali» dall'art. 3.1, lett. a, d.lg. 19 settembre 2012, n. 169, che ha modificato l'art. 7.1, d.lg. 13 agosto 2010, n. 141.

(2) Lettera così sostituita, da ultimo, dall'art. 1.34, lett. a, d.lg. 12 maggio 2015, n. 72.

(3) Lettera inserita dall'art. 1.34, lett. b, d.lg. 12 maggio 2015, n. 72.

(4) L'art. 10.9, d.lg. 13 agosto 2010, n. 141, così dispone: «A decorrere dall'entrata in vigore del presente decreto tutte le disposizioni legislative che fanno riferimento agli intermediari finanziari iscritti negli elenchi di cui agli artt. 106 o 107 del d.lg. 1° settembre 1993, n. 385, si intendono riferite agli intermediari finanziari iscritti nell'albo di cui all'art. 106 del d.lg. 1° settembre 1993, n. 385, come novellato dal presente decreto. Le disposizioni legislative che fanno riferimento ai confidi iscritti nella sezione separata dell'elenco di cui all'art. 106 del d.lg. 1° settembre 1993, n. 385, si intendono riferite ai confidi iscritti nell'elenco previsto dall'art. 112 del d.lg. 1° settembre 1993, n. 385, come novellato dal presente decreto; quelle che fanno riferimento ai confidi iscritti nell'elenco previsto dall'art. 107 del d.lg. 1° settembre 1993, n. 385, si intendono riferite ai confidi iscritti nell'albo previsto dall'art. 106 del d.lg. 1° settembre 1993, n. 385, come novellato dal presente decreto. (...)».

Per le istruzioni per la redazione dei bilanci e dei rendiconti degli intermediari finanziari *ex* art. 107 v. provv. Banca d'Italia 22 dicembre 2014, in suppl. straord. n. 4 a G.U., 27 marzo 2015, n. 72.

(5) Periodo così sostituito dall'art. 3.1, lett. c, n. 1, d.lg. 19 settembre 2012, n. 169, che ha modificato l'art. 7.1, d.lg. 13 agosto 2010, n. 141.

finanziari quando gli organi competenti non abbiano ottemperato a quanto previsto dalla lett. *b*);

d) adottare per le materie indicate nel comma 1, ove la situazione lo richieda, provvedimenti specifici nei confronti di singoli intermediari finanziari, riguardanti anche: la restrizione delle attività o della struttura territoriale; il divieto di effettuare determinate operazioni, anche di natura societaria, e di distribuire utili o altri elementi del patrimonio, nonché, con riferimento a strumenti finanziari computabili nel patrimonio a fini di vigilanza, il divieto di pagare interessi (1).

d-bis) disporre, qualora la loro permanenza in carica sia di pregiudizio per la sana e prudente gestione dell'intermediario finanziario, la rimozione dalla carica di uno o più esponenti aziendali; la rimozione non è disposta ove ricorrano gli estremi per pronunciare la decadenza ai sensi dell'art. 26, salvo che sussista urgenza di provvedere (2).

3-*bis.* La Banca d'Italia può altresì convocare gli amministratori, i sindaci, i dirigenti dei soggetti ai quali siano state esternalizzate funzioni aziendali essenziali o importanti (3).

4. Gli intermediari finanziari inviano alla Banca d'Italia, con le modalità e nei termini da essa stabiliti, le segnalazioni periodiche nonché ogni altro dato e documento richiesto. Essi trasmettono anche i bilanci con le modalità e nei termini stabiliti dalla Banca d'Italia.

4-*bis.* La Banca d'Italia può chiedere informazioni al personale degli intermediari finanziari, anche per il tramite di questi ultimi (4).

4-*ter.* Gli obblighi previsti dal comma 4 si applicano anche ai soggetti ai quali gli intermediari finanziari abbiano esternalizzato funzioni aziendali essenziali o importanti e al loro personale (4).

5. La Banca d'Italia può effettuare ispezioni presso gli intermediari finanziari o i soggetti a cui sono esternalizzate funzioni aziendali essenziali o importanti (5) e richiedere a essi l'esibizione di documenti e gli atti che ritenga necessari.

6. Nell'esercizio dei poteri di cui al presente articolo la Banca d'Italia osserva criteri di proporzionalità, avuto riguardo alla complessità operativa, dimensionale e organizzativa degli intermediari, nonché alla natura specifica dell'attività svolta.

109. *Vigilanza consolidata.* — 1. La Banca d'Italia emana disposizioni volte a individuare, tra soggetti non sottoposti a vigilanza consolidata ai sensi del capo II, titolo III, ovvero del d.lg. 24 febbraio 1998, n. 58 (6), il gruppo finanziario, composto da uno o più intermediari finanziari, dalle banche extracomunitarie e dalle società finanziarie come definite dall'art. 59, comma 1, lett. *b*). Società capogruppo è l'intermediario finanziario o la società finanziaria che esercita il controllo diretto o indiretto sugli altri componenti del gruppo (7).

2. La Banca d'Italia può esercitare la vigilanza su base consolidata, oltre che nei confronti dei soggetti di cui al comma 1 inclusi nel gruppo finanziario, nei confronti di:

a) intermediari finanziari e società bancarie, finanziarie e strumentali partecipate per almeno il venti per cento dalle società appartenenti a un gruppo finanziario o da un intermediario finanziario;

b) intermediari finanziari e società bancarie, finanziarie e strumentali non comprese in un gruppo finanziario, ma controllate dalla persona fisica o giuridica che controlla un gruppo finanziario o un intermediario finanziario;

c) società diverse dagli intermediari finanziari e da quelle bancarie, finanziarie e strumentali quando siano controllate da un intermediario finanziario ovvero quando società appartenenti a un gruppo finanziario detengano, anche congiuntamente, una partecipazione di controllo.

3. Al fine di esercitare la vigilanza ai sensi dei commi 1 e 2, la Banca d'Italia:

a) può impartire alla capogruppo, con provvedimenti di carattere generale o particolare, disposizioni concernenti il gruppo finanziario complessivamente considerato o i suoi componenti, sulle materie indicate nell'art. 108, comma 1. L'art. 108 si applica anche al gruppo finanziario. Le disposizioni emanate dalla Banca d'Italia per esercitare la vigilanza

(1) Lettera così sostituita dall'art. 3.1, lett. c, n. 2, d.lg. 19 settembre 2012, n. 169, che ha modificato l'art. 7.1, d.lg. 13 agosto 2010, n. 141.

(2) Lettera aggiunta dall'art. 1.35, lett. a, d.lg. 12 maggio 2015, n. 72.

(3) Comma inserito dall'art. 1.35, lett. b, d.lg. 12 maggio 2015, n. 72.

(4) Comma inserito dall'art. 1.35, lett. c, d.lg. 12 maggio 2015, n. 72.

(5) Le parole «o i soggetti a cui sono esternalizzate funzioni aziendali essenziali o importanti» sono state inserite dall'art. 1.35, lett. d, d.lg. 12 maggio 2015, n. 72.

(6) In *Leggi coll. XVIII, 1.*

(7) Comma così sostituito dall'art. 3.1, lett. d, d.lg. 19 settembre 2012, n. 169, che ha modificato l'art. 7.1, d.lg. 13 agosto 2010, n. 141.

su base consolidata possono tenere conto, anche con riferimento al singolo intermediario finanziario, della situazione dei soggetti indicati nel comma 2, lett. *a*) e *b*). La Banca d'Italia può impartire disposizioni anche nei confronti di un solo o di alcuni componenti il gruppo finanziario;

b) può richiedere, nei termini e con le modalità dalla medesima determinati, alle società appartenenti al gruppo finanziario la trasmissione, anche periodica, di situazioni e dati, nonché ogni altra informazione utile e ai soggetti indicati nel comma 2, lett. *c*), nonché alle società che controllano l'intermediario finanziario e non appartengono al gruppo finanziario, le informazioni utili per consentire l'esercizio della vigilanza consolidata; tali soggetti forniscono alla capogruppo ovvero all'intermediario finanziario le situazioni, i dati e le informazioni richieste per consentire l'esercizio della vigilanza consolidata;

c) può effettuare ispezioni e richiedere l'esibizione di documenti e gli atti che ritenga necessari; le ispezioni nei confronti di società diverse da quelle bancarie, finanziarie e strumentali hanno il fine esclusivo di verificare l'esattezza dei dati e delle informazioni forniti per il consolidamento. I poteri previsti dalla presente lettera si applicano anche ai soggetti ai quali siano state esternalizzate funzioni aziendali essenziali o importanti (1).

3-*bis*. La Banca d'Italia può chiedere informazioni al personale dei soggetti indicati al comma 3, lett. *b*), anche per il tramite di questi ultimi e per i medesimi fini ivi indicati (2).

3-*ter*. Gli obblighi e i poteri previsti dal comma 3, lett. *b*), si applicano anche ai soggetti ai quali siano state esternalizzate funzioni aziendali essenziali o importanti e al loro personale (2).

110. *Rinvio*. — 1. Agli intermediari finanziari si applicano, in quanto compatibili, le disposizioni contenute negli artt. 19, 20, 21, 22, 23, 24, 47, 52, 61, commi 4 e 5, 62, 63, 64, 78 e 82. I provvedimenti previsti nell'art. 19 sono adottati dalla Banca d'Italia (3).

1-*bis*. Ai soggetti che svolgono funzioni di amministrazione, direzione e controllo presso intermediari finanziari si applica l'art. 26, ad eccezione del comma 3, lett. *c*) ed *e*); il decreto di cui all'art. 26 può prevedere l'applicazione dei criteri di competenza definiti ai sensi del medesimo articolo, comma 3, lett. *c*), avuto riguardo alla complessità operativa, dimensionale e organizzativa degli intermediari, nonché alla natura specifica dell'attività svolta (4).

1-*ter*. Ai titolari delle partecipazioni indicate all'art. 19 in intermediari finanziari si applica l'art. 25, ad eccezione del comma 2, lett. *b*); il decreto di cui all'art. 25 può prevedere l'applicazione dei criteri di competenza definiti ai sensi del medesimo articolo, comma 2, lett. *b*), avuto riguardo alla complessità operativa, dimensionale e organizzativa degli intermediari, nonché alla natura specifica dell'attività svolta (4).

111. *Microcredito*. — 1. In deroga all'art. 106, comma 1, i soggetti iscritti in un apposito elenco, [...] (5) possono concedere finanziamenti a persone fisiche o società di persone o società a responsabilità limitata semplificata di cui all'art. 2463-*bis* codice civile o associazioni (6) o società cooperative, per l'avvio o l'esercizio di attività di lavoro autonomo o di microimpresa, a condizione che i finanziamenti concessi abbiano le seguenti caratteristiche:

a) siano di ammontare non superiore a euro 25.000,00 e non siano assistiti da garanzie reali;

b) siano finalizzati all'avvio o allo sviluppo di iniziative imprenditoriali o all'inserimento nel mercato del lavoro;

c) siano accompagnati dalla prestazione di servizi ausiliari di assistenza e monitoraggio dei soggetti finanziati.

2. L'iscrizione nell'elenco di cui al comma 1 è subordinata al ricorrere delle seguenti condizioni:

a) forma di società per azioni, in accomandita per azioni, a responsabilità limitata e cooperativa (7);

(1) Ultimo periodo aggiunto dall'art. 1.36, lett. a, d.lg. 12 maggio 2015, n. 72.

(2) Comma aggiunto dall'art. 1.36, lett. b, d.lg. 12 maggio 2015, n. 72.

(3) Comma sostituito dall'art. 1.37, lett. a, d.lg. 12 maggio 2015, n. 72. L'ultimo periodo è stato aggiunto successivamente dall'art. 1.20, d.lg. 14 novembre 2016, n. 223.

(4) Comma aggiunto dall'art. 1.37, lett. b, d.lg. 12 maggio 2015, n. 72.

(5) Le parole «tenuto dall'organismo indicato all'art. 113,» sono state soppresse dall'art. 3.1, lett. e, n. 1, d.lg. 19 settembre 2012, n. 169, che ha modificato l'art. 7.1, d.lg. 13 agosto 2010, n. 141.

(6) Le parole «o società a responsabilità limitata semplificata di cui all'art. 2463-*bis* codice civile o associazioni» sono state inserite dall'art. 3.1, lett. e, n. 2, d.lg. 19 settembre 2012, n. 169, che ha modificato l'art. 7.1, d.lg. 13 agosto 2010, n. 141.

(7) Le parole «società per azioni, in accomandita per azioni, a responsabilità limitata e cooperativa» sono state così sostituite alle precedenti «società di capitali» dall'art. 3.1, lett. f, d.lg. 19 settembre 2012, n. 169, che ha modificato l'art. 7.1, d.lg. 13 agosto 2010, n. 141.

b) capitale versato di ammontare non inferiore a quello stabilito ai sensi del comma 5;

c) requisiti di onorabilità dei soci di controllo o rilevanti, nonché di onorabilità e professionalità degli esponenti aziendali, ai sensi del comma 5;

d) oggetto sociale limitato alle sole attività di cui al comma 1, nonché alle attività accessorie e strumentali;

e) presentazione di un programma di attività.

3. I soggetti di cui al comma 1 possono erogare in via non prevalente finanziamenti anche a favore di persone fisiche in condizioni di particolare vulnerabilità economica o sociale, purché i finanziamenti concessi siano di importo massimo di euro 10.000, non siano assistiti da garanzie reali, siano accompagnati dalla prestazione di servizi ausiliari di bilancio familiare, (1) abbiano lo scopo di consentire l'inclusione sociale e finanziaria del beneficiario e siano prestati a condizioni più favorevoli di quelle prevalenti sul mercato.

3-*bis*. Nel caso di esercizio dell'attività di cui al comma 3, questa attività e quella di cui al comma 1 devono essere esercitate congiuntamente (2).

4. In deroga all'art. 106, comma 1, i soggetti giuridici senza fini di lucro, in possesso delle caratteristiche individuate ai sensi del comma 5 nonché dei requisiti previsti dal comma 2, lett. *c*), possono svolgere l'attività indicata al comma 3, a tassi adeguati a consentire il mero recupero delle spese sostenute dal creditore (3).

5. Il Ministro dell'economia e delle finanze, sentita la Banca d'Italia, emana disposizioni attuative del presente articolo, anche disciplinando:

a) requisiti concernenti i beneficiari e le forme tecniche dei finanziamenti;

b) limiti oggettivi, riferiti al volume delle attività, alle condizioni economiche applicate e all'ammontare massimo dei singoli finanziamenti, anche modificando i limiti stabiliti dal comma 1, lett. *a*) e dal comma 3;

c) le caratteristiche dei soggetti che beneficiano della deroga prevista dal comma 4;

d) le informazioni da fornire alla clientela (4).

5-*bis*. L'utilizzo del sostantivo microcredito è subordinato alla concessione di finanziamenti secondo le caratteristiche di cui ai commi 1 e 3 (5).

111-*bis*. *Finanza etica e sostenibile*. — 1. Sono operatori bancari di finanza etica e sostenibile (6) le banche che conformano la propria attività ai seguenti principi:

a) valutano i finanziamenti erogati a persone giuridiche secondo standard di rating etico internazionalmente riconosciuti, con particolare attenzione all'impatto sociale e ambientale;

b) danno evidenza pubblica, almeno annualmente, anche via web, dei finanziamenti erogati di cui alla lett. *a*), tenuto conto delle vigenti normative a tutela della riservatezza dei dati personali;

c) devolvono almeno il 20 per cento del proprio portafoglio di crediti a organizzazioni senza scopo di lucro o a imprese sociali con personalità giuridica, come definite dalla normativa vigente;

d) non distribuiscono profitti e li reinvestono nella propria attività;

e) adottano un sistema di governance e un modello organizzativo a forte orientamento democratico e partecipativo, caratterizzato da un azionariato diffuso;

f) adottano politiche retributive tese a contenere al massimo la differenza tra la remu-

(1) La parola «,» è stata così sostituita alla precedente «e» dall'art. 16.1, lett. b, d.lg. 14 dicembre 2010, n. 218.

(2) Comma inserito dall'art. 3.1, lett. g, d.lg. 19 settembre 2012, n. 169, che ha modificato l'art. 7.1, d.lg. 13 agosto 2010, n. 141.

(3) Comma così sostituito dall'art. 3.1, lett. h, d.lg. 19 settembre 2012, n. 169, che ha modificato l'art. 7.1, d.lg. 13 agosto 2010, n. 141.

(4) L'art. 10.9, d.lg. 13 agosto 2010, n. 141, come sostituito dall'art. 7.6, d.lg. 14 dicembre 2010, n. 218, così dispone: «(...) Ai soggetti abilitati ai sensi dell'art. 111 del d.lg. 1° settembre 1993, n. 385, come modificato dal presente decreto, si applica l'art. 2 della l. 7 marzo 1996, n. 108».

In attuazione di questo comma, relativamente alla disciplina del microcredito, v. d.m. Economia e Finanze 17 ottobre 2014, n. 176, in G.U., 1° dicembre 2014, n. 279.

(5) Comma aggiunto dall'art. 3.1, lett. i, d.lg. 19 settembre 2012, n. 169, che ha modificato l'art. 7.1, d.lg. 13 agosto 2010, n. 141.

(6) L'art. 20.2-*ter*, d.l. 23 ottobre 2018, n. 119, conv. in l. 17 dicembre 2018, n. 136, così dispone: «Gli artt. 21, 23 e 24-*bis* del t.u. di cui al d.lg. 24 febbraio 1998, n. 58, non si applicano all'offerta ed alla consulenza aventi ad oggetto azioni emesse dai soggetti di cui agli artt. 33 e 111-*bis* del t.u. di cui al d.lg. 1° settembre 1993, n. 385, quando la sottoscrizione o l'acquisto sia di valore nominale non superiore a 1.000 euro ovvero, se superiore a tale importo, rappresenti la quota minima stabilita nello statuto della banca per diventare socio purché la stessa non ecceda il valore nominale di 2.500 euro. Ai fini del rispetto dei limiti suddetti si tiene conto degli acquisti e delle sottoscrizioni effettuati nei ventiquattro mesi precedenti».

nerazione maggiore e quella media della banca, il cui rapporto comunque non può superare il valore di 5.

2. Non concorre a formare il reddito imponibile ai sensi dell'art. 81 del t.u. delle imposte sui redditi, di cui al d.p.r. 22 dicembre 1986, n. 917, degli operatori bancari di finanza etica e sostenibile una quota pari al 75 per cento delle somme destinate a incremento del capitale proprio.

3. Il Ministro dell'economia e delle finanze, sentita la Banca d'Italia, stabilisce, con proprio decreto, le norme di attuazione delle disposizioni del presente articolo, dalle quali non possono derivare oneri a carico della finanza pubblica superiori a 1 milione di euro in ragione annua a decorrere dall'anno 2017.

4. L'agevolazione di cui al presente articolo è riconosciuta nel rispetto dei limiti di cui al reg. (UE) n. 1407/2013 della Commissione, del 18 dicembre 2013, relativo all'applicazione degli articoli 107 e 108 del Trattato sul funzionamento dell'Unione europea agli aiuti «de minimis» (1).

112. *Altri soggetti operanti nell'attività di concessione di finanziamenti*. — 1. I confidi, anche di secondo grado, sono iscritti in un elenco tenuto dall'Organismo previsto dall'art. 112-*bis* ed esercitano in via esclusiva l'attività di garanzia collettiva dei fidi e i servizi a essa connessi o strumentali, nel rispetto delle disposizioni dettate dal Ministro dell'economia e delle finanze e delle riserve di attività previste dalla legge.

1-*bis*. I confidi tenuti ad iscriversi nell'albo di cui all'art. 106 sono esclusi dall'obbligo di iscrizione nell'elenco tenuto dall'Organismo previsto all'art. 112-*bis* (2).

2. L'iscrizione è subordinata al ricorrere delle condizioni di forma giuridica, di capitale sociale o fondo consortile, patrimoniali, di oggetto sociale e di assetto proprietario individuate dall'art. 13 del d.l. 30 settembre 2003, n. 269, convertito, con modificazioni, dalla l. 24 novembre 2003, n. 326, nonché al possesso da parte di coloro che detengono partecipazioni e dei soggetti che svolgono funzioni di amministrazione, direzione e controllo dei requisiti di onorabilità stabiliti ai sensi degli artt. 25, comma 2, lett. *a*), e 26, comma 3, lett. *a*). La sede legale e quella amministrativa devono essere situate nel territorio della Repubblica (3).

3. Il Ministro dell'economia e delle finanze, sentita la Banca d'Italia, determina i criteri oggettivi, riferibili al volume di attività finanziaria in base ai quali sono individuati i confidi che sono tenuti a chiedere l'autorizzazione per l'iscrizione nell'albo previsto dall'art. 106. La Banca d'Italia stabilisce, con proprio provvedimento, gli elementi da prendere in considerazione per il calcolo del volume di attività finanziaria. In deroga all'art. 106, per l'iscrizione nell'albo i confidi possono adottare la forma di società consortile a responsabilità limitata (4).

4. I confidi iscritti nell'albo esercitano in via prevalente l'attività di garanzia collettiva dei fidi.

5. I confidi iscritti nell'albo possono svolgere, prevalentemente nei confronti delle imprese consorziate o socie, le seguenti attività:

a) prestazione di garanzie a favore dell'amministrazione finanziaria dello Stato, al fine dell'esecuzione dei rimborsi di imposte alle imprese consorziate o socie;

b) gestione, ai sensi dell'art. 47, comma 2, di fondi pubblici di agevolazione;

c) stipula, ai sensi dell'art. 47, comma 3, di contratti con le banche assegnatarie di fondi pubblici di garanzia per disciplinare i rapporti con le imprese consorziate o socie, al fine di facilitarne la fruizione.

6. I confidi iscritti nell'albo possono, in via residuale, concedere altre forme di finanziamento ai sensi dell'art. 106, comma 1, nei limiti massimi stabiliti dalla Banca d'Italia.

7. I soggetti diversi dalle banche, già operanti alla data di entrata in vigore della presente disposizione i quali, senza fine di lucro, raccolgono tradizionalmente in ambito locale somme di modesto ammontare ed erogano piccoli prestiti possono continuare a svolgere la propria attività, in considerazione del carattere marginale della stessa, nel rispetto delle modalità operative e dei limiti quantitativi determinati dal CICR. Possono inoltre continuare a svolgere la propria attività, senza obbligo di iscrizione nell'albo di cui all'art. 106, gli enti e le società cooperative costituiti entro il 1° gennaio 1993 tra i dipendenti di una medesima amministrazione pubblica, già iscritti nell'elenco generale di cui all'art. 106 del d.lg. 1° settembre 1993, n. 385, vigente alla data del 4 settembre 2010, ove si verifichino le condizioni di cui all'art. 2 del decreto del Ministro del tesoro del

(1) Articolo inserito dall'art. 1.51, l. 11 dicembre 2016, n. 232.
(2) Comma inserito dall'art. 3.1, lett. l, d.lg. 19 settembre 2012, n. 169, che ha modificato l'art. 7.1, d.lg. 13 agosto 2010, n. 141.
(3) Comma così sostituito dall'art. 1.38, d.lg. 12 maggio 2015, n. 72.
(4) V. d.m. Economia e Finanze 2 aprile 2015, n. 53, in G.U., 8 maggio 2015, n. 105.

29 marzo 1995. In attesa di un riordino complessivo degli strumenti di intermediazione finanziaria, e comunque non oltre il 31 dicembre 2014 (1), possono continuare a svolgere la propria attività, senza obbligo di iscrizione nell'albo di cui all'art. 106, le società cooperative di cui al capo I del titolo VI del libro quinto del codice civile, esistenti alla data del 1° gennaio 1996 e le cui azioni non siano negoziate in mercati regolamentati, che concedono finanziamenti sotto qualsiasi forma esclusivamente nei confronti dei propri soci, a condizione che (2):

a) non raccolgano risparmio sotto qualsivoglia forma tecnica;

b) il volume complessivo dei finanziamenti a favore dei soci non sia superiore a quindici milioni di euro;

c) l'importo unitario del finanziamento sia di ammontare non superiore a 20.000 euro;

d) i finanziamenti siano concessi a condizioni più favorevoli di quelli presenti sul mercato (3).

8. Le agenzie di prestito su pegno previste dall'art. 115 del r.d. 18 giugno 1931, n. 773, sono sottoposte alle disposizioni dell'art. 106. La Banca d'Italia può dettare disposizioni per escludere l'applicazione alle agenzie di prestito su pegno di alcune disposizioni previste dal presente titolo.

112-*bis*. *Organismo per la tenuta dell'elenco dei confidi*. — 1. È istituito un Organismo, avente personalità giuridica di diritto privato [...] (4), con autonomia organizzativa, statutaria e finanziaria competente per la gestione dell'elenco di cui all'art. 112, comma 1. Il Ministro dell'economia e delle finanze approva lo Statuto dell'Organismo, sentita la Banca d'Italia, e nomina altresì un proprio rappresentante nell'organo di controllo (5).

2. L'Organismo svolge ogni attività necessaria per la gestione dell'elenco, determina la misura dei contributi a carico degli iscritti, entro il limite del cinque per mille (6) delle garanzie concesse (7) e riscuote i contributi e le altre somme dovute per l'iscrizione nell'elenco; vigila sul rispetto, da parte degli iscritti, della disciplina cui sono sottoposti anche ai sensi dell'art. 112, comma 2. Nell'esercizio di tali attività può avvalersi delle Federazioni di rappresentanza dei Confidi espressione delle Organizzazioni nazionali di impresa.

3. Per lo svolgimento dei propri compiti, l'Organismo può chiedere agli iscritti la comunicazione di dati e notizie e la trasmissione di atti e documenti, fissando i relativi termini, e può effettuare ispezioni.

4. L'Organismo può disporre la cancellazione dall'elenco:

a) qualora vengano meno i requisiti per l'iscrizione;

b) qualora risultino gravi violazioni normative;

c) per il mancato pagamento del contributo ai sensi del comma 2;

d) per l'inattività dell'iscritto protrattasi per un periodo di tempo non inferiore a un anno.

5. Fermo restando le disposizioni di cui al precedente comma, l'Organismo (8) può imporre agli iscritti il divieto di intraprendere nuove operazioni o disporre la riduzione delle attività per violazioni di disposizioni legislative o amministrative che ne regolano l'attività.

6. La Banca d'Italia vigila sull'Organismo secondo modalità, dalla stessa stabilite, improntate a criteri di proporzionalità ed economicità dell'azione di controllo e con la finalità di verificare l'adeguatezza delle procedure interne adottate dall'Organismo per lo svolgimento della propria attività.

7. Su proposta della Banca d'Italia, il Mini-

(1) Termine prorogato al 31 dicembre 2016 dall'art. 1.176, l. 27 dicembre 2013, n. 147.

(2) L'art. 1.69, l. 30 dicembre 2018, n. 145, così dispone: «Per le società di cui all'art. 112, comma 7, alinea, ultimo periodo, del t.u. di cui al d.lg. 1° settembre 1993, n. 385, le disposizioni ivi previste continuano ad applicarsi fino al 31 dicembre 2023».

(3) Comma così sostituito dall'art. 3.1, lett. m, d.lg. 19 settembre 2012, n. 169, che ha modificato l'art. 7.1, d.lg. 13 agosto 2010, n. 141. Successivamente l'ultimo periodo è stato aggiunto dall'art. 56-*quinquies*, d.l. 21 giugno 2013, n. 69, conv. in l. 9 agosto 2013, n. 98.

(4) Le parole «ed ordinato in forma di associazione» sono state soppresse dall'art. 3.1, lett. n, d.lg. 19 settembre 2012, n. 169, che ha modificato l'art. 7.1, d.lg. 13 agosto 2010, n. 141.

(5) Periodo così sostituito dall'art. 3.1, lett. o, d.lg. 19 settembre 2012, n. 169, che ha modificato l'art. 7.1, d.lg. 13 agosto 2010, n. 141.

(6) Le parole «del cinque per mille» sono state così sostituite alle precedenti «dell'uno per cento» dall'art. 3.1, lett. p, d.lg. 19 settembre 2012, n. 169, che ha modificato l'art. 7.1, d.lg. 13 agosto 2010, n. 141.

(7) Le parole «delle garanzie concesse» sono state così sostituite alle precedenti «dell'ammontare dei crediti garantiti» dall'art. 3.1, lett. p, d.lg. 19 settembre 2012, n. 169, che ha modificato l'art. 7.1, d.lg. 13 agosto 2010, n. 141.

(8) Le parole «l'Organismo» sono state così sostituite alle precedenti «la Banca d'Italia, su istanza dell'Organismo e previa istruttoria dallo stesso svolta» dall'art. 3.1, lett. q, d.lg. 19 settembre 2012, n. 169, che ha modificato l'art. 7.1, d.lg. 13 agosto 2010, n. 141.

stro dell'economia e delle finanze può sciogliere gli organi di gestione e di controllo dell'Organismo qualora risultino gravi irregolarità nell'amministrazione, ovvero gravi violazioni delle disposizioni legislative, amministrative o statutarie che regolano l'attività dello stesso. La Banca d'Italia provvede agli adempimenti necessari alla ricostituzione degli organi di gestione e controllo dell'Organismo, assicurandone la continuità operativa, se necessario anche attraverso la nomina di un commissario. La Banca d'Italia può disporre la rimozione di uno o più componenti degli organi di gestione e controllo in caso di grave inosservanza dei doveri ad essi assegnati dalla legge, dallo statuto o dalle disposizioni di vigilanza, nonché dei provvedimenti specifici e di altre istruzioni impartite dalla Banca d'Italia, ovvero in caso di comprovata inadeguatezza, accertata dalla Banca d'Italia, all'esercizio delle funzioni cui sono preposti (1).

8. Il Ministro dell'economia e delle finanze, sentita la Banca d'Italia, disciplina:

a) la struttura, i poteri e le modalità di funzionamento dell'Organismo necessari a garantirne funzionalità ed efficienza;

b) i requisiti, ivi compresi quelli di professionalità e onorabilità, dei componenti degli organi di gestione e controllo dell'Organismo (2).

8-*bis*. Le Autorità di vigilanza e l'Organismo, nel rispetto delle proprie competenze, collaborano anche mediante lo scambio di informazioni necessarie per l'espletamento delle rispettive funzioni e in particolare per consentire all'Organismo l'esercizio dei poteri ad esso conferiti nei confronti dei soggetti iscritti nell'elenco. La trasmissione di informazioni all'Organismo per le suddette finalità non costituisce violazione del segreto d'ufficio da parte delle Autorità di vigilanza (3) (4).

113. *Controlli sull'elenco previsto dall'art. 111*. — 1. La Banca d'Italia tiene l'elenco previsto dall'art. 111 e vigila sul rispetto da parte degli iscritti della disciplina cui essi sono sottoposti anche ai sensi dell'art. 111, comma 5; a tal fine può chiedere agli iscritti la comunicazione di dati e notizie e la trasmissione di atti e documenti, fissando i relativi termini, nonché effettuare ispezioni.

2. La Banca d'Italia può disporre la cancellazione dall'elenco:

a) qualora vengano meno i requisiti per l'iscrizione;

b) qualora risultino gravi violazioni di norme di legge e delle disposizioni emanate ai sensi del presente decreto legislativo;

c) per l'inattività dell'iscritto protrattasi per un periodo di tempo non inferiore a un anno.

3. Fermo restando quanto previsto al comma 2, la Banca d'Italia può imporre agli iscritti il divieto di intraprendere nuove operazioni o disporre la riduzione delle attività per violazioni di disposizioni legislative o amministrative che ne regolano l'attività.

4. Quando il numero di iscritti nell'elenco è sufficiente per consentire la costituzione di un Organismo, esso è costituito con decreto del Ministro dell'economia e delle finanze, sentita la Banca d'Italia; con il medesimo decreto ne sono nominati i componenti. L'Organismo svolge ogni attività necessaria per la gestione dell'elenco; determina la misura dei contributi a carico degli iscritti, entro il limite del cinque per mille dell'ammontare dei prestiti concessi; riscuote i contributi e le altre somme dovute per l'iscrizione nell'elenco e vigila sul rispetto da parte degli iscritti della disciplina cui sono sottoposti anche ai sensi dell'art. 111, comma 5. Per l'espletamento di tali compiti, i poteri di cui ai commi 1, 2 e 3 sono attribuiti all'Organismo a far tempo dall'avvio della sua operatività; la cancellazione dall'elenco potrà essere disposta

(1) Comma così sostituito dall'art. 3.1, lett. r, d.lg. 19 settembre 2012, n. 169, che ha modificato l'art. 7.1, d.lg. 13 agosto 2010, n. 141.

(2) Lettera così sostituita dall'art. 3.1, lett. s, d.lg. 19 settembre 2012, n. 169, che ha modificato l'art. 7.1, d.lg. 13 agosto 2010, n. 141.

(3) Comma aggiunto dall'art. 3.1, lett. t, d.lg. 19 settembre 2012, n. 169, che ha modificato l'art. 7.1, d.lg. 13 agosto 2010, n. 141.

(4) L'art. 10.8-*ter* e 8-*quater*, d.lg. 13 agosto 2010, n. 141, come introdotto dall'art. 5.1, lett. d, d.lg. 19 settembre 2012, n. 169, così dispone: «8-*ter*. L'Organismo di cui all'art. 112-*bis* del d.lg. 1° settembre 1993, n. 385, si intende costituito, ai sensi e per gli effetti delle disposizioni del presente decreto, alla data di avvio della gestione dell'elenco. || 8-*quater*. La data di avvio della gestione degli elenchi da parte degli Organismi previsti dagli artt. 112-*bis* e 113 del d.lg. 1° settembre 1993, n. 385, è comunicata alla Banca d'Italia e pubblicata nella *Gazzetta Ufficiale* della Repubblica italiana».

Per il regolamento sulla disciplina della struttura, dei poteri e delle modalità di funzionamento dell'Organismo previsto dall'articolo annotato, nonché l'individuazione dei requisiti di onorabilità e professionalità dei componenti degli organi e relativi criteri v. d.m. Economia e Finanze 23 dicembre 2015, n. 228, in G.U., 18 marzo 2016, n. 65.

dall'Organismo anche per il mancato pagamento del contributo e delle altre somme dovute per l'iscrizione nell'elenco.

5. Si applica l'art. 112-*bis*, commi 6, 7, 8 e 8-*bis* (1) (2).

113-*bis*. *Sospensione degli organi di amministrazione e controllo*. — 1. Qualora risultino gravi irregolarità nell'amministrazione ovvero gravi violazioni delle disposizioni legislative, amministrative o statutarie nonché ragioni di urgenza, la Banca d'Italia può disporre che uno o più commissari assumano i poteri di amministrazione dell'intermediario finanziario iscritto all'albo di cui all'art. 106. Le funzioni degli organi di amministrazione e di controllo sono frattanto sospese. Il provvedimento della Banca d'Italia è pubblicato per estratto nella *Gazzetta Ufficiale* della Repubblica italiana (3).

2. Possono essere nominati commissari anche funzionari della Banca d'Italia. I commissari nell'esercizio delle loro funzioni, sono pubblici ufficiali.

3. La gestione provvisoria di cui al comma 1 non può avere una durata superiore ai sei mesi. Fermo restando quanto previsto dall'art. 113-*ter*, comma 1, lett. *c*), i commissari restituiscono l'azienda agli organi di amministrazione e controllo secondo le modalità previste dall'art. 73, comma 1 (4), ovvero, qualora siano rilevate gravi irregolarità riferibili agli organi aziendali sospesi e previa autorizzazione della Banca d'Italia, convocano l'assemblea per la revoca e la nomina di nuovi organi di amministrazione e controllo. Si applicano, in quanto compatibili, gli artt. 71, commi 2, 4 e 6, 72, commi 2-*bis*, 3, 4, 7 e 9, 73, commi 1 e 2, 74 e 75, comma 1 (5).

113-*ter*. *Revoca dell'autorizzazione e della liquidazione* (6). — 1. Fermo restando quanto previsto dall'art. 113-*bis*, la Banca d'Italia, può disporre la revoca dell'autorizzazione di cui all'art. 107, comma 1, quando:

a) risultino irregolarità eccezionalmente gravi nell'amministrazione, ovvero violazioni eccezionalmente gravi delle disposizioni legislative, amministrative o statutarie che regolano l'attività dell'intermediario;

b) siano previste perdite del patrimonio di eccezionale gravità;

c) la revoca sia richiesta su istanza motivata degli organi amministrativi, dell'assemblea straordinaria, dei commissari di cui all'art. 113-*bis*, comma 1 o dei liquidatori.

2. Il provvedimento di revoca è pubblicato per estratto nella *Gazzetta Ufficiale* della Repubblica Italiana; della intervenuta revoca l'intermediario finanziario deve dare idonea evidenza nelle comunicazioni alla clientela e in ogni altra opportuna sede.

3. La revoca dell'autorizzazione costituisce causa di scioglimento della società. Entro sessanta giorni dalla comunicazione del provvedimento di revoca, l'intermediario finanziario comunica alla Banca d'Italia il programma di liquidazione della società. La Banca d'Italia può autorizzare, anche contestualmente alla revoca, l'esercizio provvisorio di attività ai sensi dell'art. 2487 del codice civile. L'organo liquidatore trasmette alla Banca d'Italia riferimenti periodici sullo stato di avanzamento della liquidazione. Nei confronti della società in liquidazione restano fermi i poteri delle autorità creditizie previsti nel presente decreto legislativo (7).

3-*bis*. Ove la Banca d'Italia accerti, in sede di revoca dell'autorizzazione o successivamente, la mancata sussistenza dei presupposti per un regolare svolgimento della procedura di liquidazione, è disposta la liquidazione coatta am-

(1) Articolo così sostituito dall'art. 3.1, lett. u, d.lg. 19 settembre 2012, n. 169, che ha modificato l'art. 7.1, d.lg. 13 agosto 2010, n. 141.

(2) L'art. 10.7, d.lg. 13 agosto 2010, n. 141, come sostituito prima dall'art. 7.3, d.lg. 14 dicembre 2010, n. 218, e successivamente dall'art. 5.1, lett. b, d.lg. 19 settembre 2012, n. 169, così dispone: «Dalla data di entrata in vigore del presente decreto legislativo sono soppressi gli elenchi previsti dagli artt. 113 e 155, comma 5 del d.lg. 1° settembre 1993, n. 385, vigenti alla data del 4 settembre 2010 e cancellati i soggetti ivi iscritti. Si applicano ai cambiavalute gli artt. 11 e 115 T.u.l.p.s. e relative disposizioni di attuazione».

(3) Ultimo periodo aggiunto dall'art. 1.48, lett. a, d.lg. 16 novembre 2015, n. 181. Per l'entrata in vigore v. nota 2 alla rubrica del provvedimento.

(4) Le parole «secondo le modalità previste dall'art. 73, comma 1,» sono state inserite dall'art. 1.48, lett. b, d.lg. 16 novembre 2015, n. 181. Per l'entrata in vigore v. nota 2 alla rubrica del provvedimento.

(5) Le parole «Si applicano, in quanto compatibili, gli artt. 71, commi 2, 4 e 6, 72, commi 2-*bis*, 3, 4, 7 e 9, 73, commi 1 e 2, 74 e 75, comma 1» sono state così sostituite alle precedenti «Si applica, in quanto compatibile, l'art. 76, commi 2 e 4» dall'art. 1.48, lett. b, d.lg. 16 novembre 2015, n. 181. Per l'entrata in vigore v. nota 2 alla rubrica del provvedimento.

(6) Rubrica così sostituita alla precedente «Revoca dell'autorizzazione» dall'art. 1.49, lett. a, d.lg. 16 novembre 2015, n. 181. Per l'entrata in vigore v. nota 2 alla rubrica del provvedimento.

(7) Comma così sostituito dall'art. 1.49, lett. b, d.lg. 16 novembre 2015, n. 181. Per l'entrata in vigore v. nota 2 alla rubrica del provvedimento.

ministrativa ai sensi del titolo IV, capo I, sezione III (1).

4. Agli intermediari finanziari si applicano l'artt. 96-*quinquies* [...] (2) e l'art. 97 (3).

5. .... (4).

6. In deroga ai commi precedenti, il Ministro dell'economia e delle finanze, su proposta della Banca d'Italia, può disporre con decreto la revoca dell'autorizzazione all'esercizio dell'attività e la liquidazione coatta amministrativa degli intermediari finanziari autorizzati all'esercizio dei servizi di investimento, anche quando ne siano stati sospesi gli organi di amministrazione e controllo ai sensi dell'art. 113-*bis* o ne sia in corso la liquidazione, qualora:

a) risultino irregolarità eccezionalmente gravi nell'amministrazione, ovvero violazioni eccezionalmente gravi delle disposizioni legislative, amministrative o statutarie che regolano l'attività dell'intermediario;

b) siano previste perdite del patrimonio di eccezionale gravità;

c) la revoca e la liquidazione coatta amministrativa siano richieste su istanza motivata degli organi amministrativi, dell'assemblea straordinaria, dei commissari di cui all'art. 113-*bis*, comma 1, o dei liquidatori (5).

6-*bis*. Nel caso previsto dal comma 6 si applica la procedura di liquidazione coatta amministrativa, ai sensi del titolo IV, capo I, sezione III. La liquidazione coatta amministrativa è inoltre disposta quando sia stato accertato lo stato di insolvenza ai sensi dell'art. 82, comma 1. Agli intermediari finanziari indicati nel presente comma si applicano altresì gli artt. 96-*quinquies* e 97 (6).

7. Le disposizioni di cui al presente articolo si applicano anche alle succursali di intermediari finanziari aventi sede legale all'estero ammessi all'esercizio, in Italia, delle attività di cui all'art. 106 comma 1. La Banca d'Italia comunica i provvedimenti adottati all'Autorità competente.

8. Resta fermo quanto previsto dall'art. 114-*terdecies*.

114. *Norme finali*. — 1. Fermo quanto disposto dall'art. 18, il Ministro dell'economia e delle finanze disciplina l'esercizio nel territorio della Repubblica, da parte di soggetti aventi sede legale all'estero, delle attività indicate nell'art. 106.

2. Le disposizioni del presente titolo non si applicano ai soggetti, individuati con decreto del Ministro dell'economia e delle finanze sentita la Banca d'Italia, già sottoposti, in base alla legge, a forme di vigilanza sull'attività finanziaria svolta.

2-*bis*. Non configura esercizio nei confronti del pubblico dell'attività di concessione di finanziamenti sotto qualsiasi forma l'operatività, diversa dal rilascio di garanzie, effettuata esclusivamente nei confronti di soggetti diversi dalle persone fisiche e dalle microimprese, come definite dall'art. 2, par. 1, dell'allegato alla racc. 2003/361/CE della Commissione europea, del 6 maggio 2003, da parte di imprese di assicurazione italiane e di Sace entro i limiti stabiliti dal d.lg. 7 settembre 2005, n. 209 (7), come modificato dalla presente legge, e dalle relative disposizioni attuative emanate dall'IVASS. I soggetti di cui al comma 2 inviano alla Banca d'Italia, con le modalità e nei termini da essa stabiliti, le segnalazioni periodiche nonché ogni altro dato e documento richiesto, e partecipano alla centrale dei Rischi della Banca d'Italia, secondo quanto stabilito dalla Banca d'Italia. La Banca d'Italia può prevedere che l'invio delle segnalazioni periodiche e di ogni altro dato e documento richiesto nonché la partecipazione alla centrale dei rischi avvengano per il tramite di banche e intermediari finanziari iscritti all'albo di cui all'art. 106 (8) (9).

(1) Comma inserito dall'art. 1.49, lett. c, d.lg. 16 novembre 2015, n. 181. Per l'entrata in vigore v. nota 2 alla rubrica del provvedimento.

(2) Le parole «, fatto salvo quanto previsto dal comma 3,» sono state soppresse dall'art. 1.21, d.lg. 14 novembre 2016, n. 223.

(3) Comma così sostituito dall'art. 1.49, lett. d, d.lg. 16 novembre 2015, n. 181. Per l'entrata in vigore v. nota 2 alla rubrica del provvedimento.

(4) Comma abrogato dall'art. 1.49, lett. e, d.lg. 16 novembre 2015, n. 181. Per l'entrata in vigore v. nota 2 alla rubrica del provvedimento.

(5) Comma così sostituito dall'art. 1.49, lett. f, d.lg. 16 novembre 2015, n. 181. Per l'entrata in vigore v. nota 2 alla rubrica del provvedimento.

(6) Comma inserito dall'art. 1.49, lett. g, d.lg. 16 novembre 2015, n. 181. Per l'entrata in vigore v. nota 2 alla rubrica del provvedimento.

(7) In *Leggi coll. VIII, 3*.

(8) Comma aggiunto dall'art. 22.3, d.l. 24 giugno 2014, n. 91, conv. in l. 11 agosto 2014, n. 116.

(9) V. d.m. Economia e Finanze 2 aprile 2015, n. 53, in G.U., 8 maggio 2015, n. 105.

TITOLO V-*bis*

Moneta elettronica e istituti di moneta elettronica (1)

114-*bis*. *Emissione di moneta elettronica*. — 1. L'emissione di moneta elettronica è riservata alle banche e agli istituti di moneta elettronica.

2. Possono emettere moneta elettronica, nel rispetto delle disposizioni ad essi applicabili, la Banca centrale europea, le banche centrali comunitarie, lo Stato italiano e gli altri Stati comunitari, le pubbliche amministrazioni statali, regionali e locali, nonché Poste Italiane.

3. L'emittente di moneta elettronica non concede interessi o qualsiasi altro beneficio commisurato alla giacenza della moneta elettronica (2).

114-*bis*.1. *Distribuzione della moneta elettronica*. — 1. Le banche e gli istituti di moneta elettronica possono avvalersi di soggetti convenzionati che agiscano in loro nome per la distribuzione e il rimborso della moneta elettronica.

2. Le banche aventi sede legale in uno Stato terzo possono avvalersi di soggetti convenzionati per la distribuzione e il rimborso della moneta elettronica in Italia, a condizione che stabiliscano una succursale, autorizzata dalla Banca d'Italia secondo quanto previsto dall'art. 14, comma 4 (3).

114-*ter*. *Rimborso della moneta elettronica*.

(1) Titolo inserito dall'art. 55.1, lett. c, l. 1° marzo 2002, n. 39. V. deliberazione CICR 4 marzo 2003, in G.U., 27 marzo 2003, n. 72. Successivamente il titolo è stato così sostituto dall'art. 1.3, d.lg. 16 aprile 2012, n. 45.

L'art. 4, d.lg. n. 45/2012 cit., così dispone: «Art. 4. *Disposizioni transitorie*. — 1. Gli istituti di moneta elettronica iscritti prima del 30 aprile 2011 all'albo di cui al previgente art. 114-*bis* del d.lg. 1° settembre 1993, n. 385, possono proseguire la propria attività fino a sessanta giorni dopo la data di entrata in vigore delle disposizioni di attuazione del presente decreto secondo le previgenti disposizioni legislative e regolamentari; decorso tale termine cessano l'attività, a meno che non siano stati iscritti ovvero siano in corso di iscrizione, ai sensi del comma 2, nell'albo di cui all'art. 114-*quater*, introdotto nel d.lg. 1° settembre 1993, n. 385, dall'art. 1, comma 3, del presente decreto. || 2. La Banca d'Italia iscrive nell'albo di cui all'art. 114-*quater*, introdotto nel d.lg. 1° settembre 1993, n. 385, dal presente decreto, gli istituti di moneta elettronica che: *a*) risultano iscritti prima del 30 aprile 2011 nell'albo di cui al previgente art. 114-*bis* del d.lg. 1° settembre 1993, n. 385; *b*) presentino alla Banca d'Italia entro sessanta giorni dalla data di entrata in vigore delle disposizioni di attuazione del presente decreto un'apposita relazione da cui risulti il rispetto delle previsioni di cui all'art. 114-*quinquies*.1 introdotto nel d.lg. 1° settembre 1993, n. 385, dall'art. 1, comma 3, del presente decreto e un programma di attività redatto in conformità alle disposizioni emanate dalla Banca d'Italia. || 3. In deroga al comma 1, gli istituti di moneta elettronica, iscritti prima del 30 aprile 2011 all'albo di cui al previgente art. 114-*bis* del d.lg. 1° settembre 1993, n. 385, che beneficino della deroga prevista dal previgente art. 114-*quinquies* del d.lg 1° settembre 1993, n. 385, possono proseguire l'attività fino al 30 aprile 2012 ovvero, se posteriore, fino a sessanta giorni dopo la data di entrata in vigore delle disposizioni di attuazione del presente decreto, secondo le previgenti disposizioni legislative e regolamentari. Decorso tale termine cessano la propria attività, a meno che non siano stati iscritti nell'albo di cui all'art. 114-*quater*, introdotto nel d.lg. 1° settembre 1993, n. 385, dall'art. 1, comma 3, del presente decreto, ovvero sia in corso un procedimento di autorizzazione ai sensi dell'art. 114-*quinquies* introdotto nel d.lg. 1° settembre 1993, n. 385, dall'art. 1, comma 3, del presente decreto, anche al fine di avvalersi della deroga prevista dall'art. 114-*quinquies*.4 introdotto nel d.lg. 1° settembre 1993, n. 385, dall'art. 1, comma 3, del presente decreto. || 4. Gli istituti di moneta elettronica iscritti dopo il 30 aprile 2011 all'albo di cui al previgente art. 114-*bis* del d.lg. 1° settembre 1993, n. 385, presentano entro sessanta giorni dalla data di entrata in vigore delle disposizioni di attuazione del presente decreto istanza di autorizzazione ai sensi dell'art. 114-*quinquies* introdotto nel d.lg. 1° settembre 1993, n. 385, dall'art. 1, comma 3, del presente decreto; l'istanza è corredata della sola documentazione necessaria ad attestare il rispetto delle previsioni di cui all'art. 114-*quinquies*.1 introdotto nel d.lg. 1° settembre 1993, n. 385, dall'art. 1, comma 3, del presente decreto nonché, ove intendano avvalersi della deroga prevista dall'art. 114-*quinquies*.4 introdotto nel d.lg. 1° settembre 1993, n. 385, dall'art. 1, comma 3, del presente decreto, di quella attestante la sussistenza dei requisiti per l'esenzione prevista dal medesimo articolo. In difetto dei requisiti, o in caso di mancata presentazione dell'istanza di autorizzazione, essi possono proseguire la propria attività fino a sessanta giorni dopo la data di entrata in vigore delle disposizioni di attuazione del presente decreto secondo le previgenti disposizioni legislative e regolamentari; decorso tale termine cessano l'attività, a meno che non sia in corso il procedimento di autorizzazione. || 5. Fermo restando quanto previsto dai commi 1, 2, 3 e 4 per gli istituti di moneta elettronica che possono continuare ad operare secondo le previgenti disposizioni legislative e regolamentari, è abrogata ma continua ad applicarsi fino alla data di entrata in vigore delle disposizioni di attuazione, la delibera CICR del 4 marzo 2003 recante attuazione del Titolo V-*bis* del d.lg. 1° settembre 1993, n. 385, concernente gli istituti di moneta elettronica (Imel): disciplina in materia di partecipazioni al capitale degli Imel, vigilanza regolamentare, controlli sulle succursali in Italia di Imel comunitari».

Per le disposizioni di vigilanza per gli istituti di pagamento e gli istituti di moneta elettronica v. provv. Banca d'Italia 20 giugno 2012, in suppl. ord. n. 149 a G.U., 16 luglio 2012, n. 166.

(2) V. provv. Banca d'Italia 20 giugno 2012, in suppl. ord. n. 149 a G.U., 16 luglio 2012, n. 164; provv. Banca d'Italia 17 maggio 2016, in suppl. ord. n. 17 a G.U., 1° giugno 2016, n. 127.

(3) Articolo inserito dall'art. 1.2, d.lg. 15 dicembre 2017, n. 218.

— 1. L'emittente di moneta elettronica rimborsa, su richiesta del detentore, la moneta elettronica in ogni momento e al valore nominale, secondo le modalità e le condizioni indicate nel contratto di emissione in conformità dell'art. 126-*novies*. Il diritto al rimborso si estingue per prescrizione nei termini ordinari di cui all'art. 2946 del codice civile.

2. Il detentore può chiedere il rimborso:

a) prima della scadenza del contratto, nella misura richiesta;

b)alla scadenza del contratto o successivamente:

1) per il valore monetario totale della moneta elettronica detenuta;

2) nella misura richiesta, se l'emittente è un istituto di moneta elettronica autorizzato ai sensi dell'art. 114-*quinquies*, comma 4, e i fondi di pertinenza del medesimo detentore possono essere impiegati per finalità diverse dall'utilizzo di moneta elettronica, senza che sia predeterminata la quota utilizzabile come moneta elettronica.

3. I soggetti, diversi da un consumatore, che accettino in pagamento moneta elettronica possono regolare in via contrattuale con l'emittente di moneta elettronica il diritto al rimborso loro spettante nei suoi confronti, anche in deroga al comma 2.

114-*quater*. *Istituti di moneta elettronica*. — 1. La Banca d'Italia iscrive in un apposito albo gli istituti di moneta elettronica autorizzati in Italia; sono altresì iscritte le succursali di istituti di moneta elettronica italiani stabilite in uno Stato membro diverso dall'Italia (1).

1-*bis*. La Banca d'Italia comunica senza indugio all'ABE le informazioni iscritte nell'albo e ogni relativa modifica, nonché, in caso di revoca dell'autorizzazione o dell'esenzione concessa ai sensi dell'art. 114-*quinquies*.4, le ragioni che la hanno determinata (2).

2. Gli istituti di moneta elettronica trasformano immediatamente in moneta elettronica i fondi ricevuti dal richiedente [...] (3).

3. Gli istituti di moneta elettronica possono:

a) prestare servizi di pagamento e le relative attività accessorie ai sensi dell'art. 114-*octies* senza necessità di apposita autorizzazione ai sensi dell'art. 114-*novies*;

b) prestare servizi operativi e accessori strettamente connessi all'emissione di moneta elettronica (4).

114-*quinquies*. *Autorizzazione e operatività transfrontaliera*. — 1. La Banca d'Italia autorizza gli istituti di moneta elettronica quando ricorrono le seguenti condizioni:

a) sia adottata la forma di società per azioni, di società in accomandita per azioni, di società a responsabilità limitata o di società cooperativa;

b) la sede legale e la direzione generale siano situate nel territorio della Repubblica ove è svolta almeno una parte dell'attività soggetta ad autorizzazione (5);

c) il capitale versato sia di ammontare non inferiore a quello determinato dalla Banca d'Italia;

d) venga presentato un programma concernente l'attività iniziale e la struttura organizzativa, unitamente all'atto costitutivo e allo statuto;

e) sussistano i presupposti per il rilascio dell'autorizzazione prevista dall'art. 19 per i titolari delle partecipazioni ivi indicate (6);

e-bis) i soggetti che svolgono funzioni di amministrazione, direzione e controllo siano idonei, secondo quanto previsto ai sensi dell'art. 114-*quinquies*.3 (7);

f) non sussistano, tra gli istituti di moneta elettronica o i soggetti del gruppo di appartenenza e altri soggetti, stretti legami che ostacolino l'effettivo esercizio delle funzioni di vigilanza.

1-*bis*. Fermo restando quanto previsto dal

(1) Le parole «; sono altresì iscritte le succursali di istituti di moneta elettronica italiani stabilite in uno Stato membro diverso dall'Italia.» sono state così sostituite alle precedenti «e le relative succursali nonché le succursali in Italia degli istituti di moneta elettronica con sede legale in uno Stato comunitario o terzo.» dall'art. 1.3, lett. a, d.lg. 15 dicembre 2017, n. 218.

(2) Comma inserito dall'art. 1.3, lett. b, d.lg. 15 dicembre 2017, n. 218.

(3) Le parole «; per la distribuzione e il rimborso della moneta elettronica possono avvalersi di persone fisiche o giuridiche che agiscano in loro nome» sono state soppresse dall'art. 1.3, lett. c, d.lg. 15 dicembre 2017, n. 218.

(4) V. provv. Banca d'Italia 20 giugno 2012, in suppl. ord. n. 149 a G.U., 16 luglio 2012, n. 164; provv. Banca d'Italia 17 maggio 2016, in suppl. ord. n. 17 a G.U., 1° giugno 2016, n. 127.

L'art. 25-*novies*.3, d.l. 23 ottobre 2018, n. 119, conv. in l. 17 dicembre 2018, n. 136, così dispone: «Nel pieno rispetto delle vigenti normative antiriciclaggio, i trasferimenti di denaro, ad esclusione delle transazioni commerciali, effettuati verso Paesi non appartenenti all'Unione europea sono perfezionati esclusivamente su canali di operatori finanziari che consentono la piena tracciabilità dei flussi».

(5) Le parole «ove è svolta almeno una parte dell'attività soggetta ad autorizzazione» sono state inserite dall'art. 1.4, lett. a, d.lg. 15 dicembre 2017, n. 218.

(6) Lettera così sostituita dall'art. 1.39, lett. a, d.lg. 12 maggio 2015, n. 72.

(7) Lettera inserita dall'art. 1.39, lett. b, d.lg. 12 maggio 2015, n. 72.

comma 1, agli istituti di moneta elettronica che intendono prestare il servizio di disposizione di ordini di pagamento si applica l'art. 114-*novies*, comma 1-*bis* (1).

2. La Banca d'Italia nega l'autorizzazione quando dalla verifica delle condizioni indicate nel comma 1 non risulti garantita la sana e prudente gestione ovvero il regolare funzionamento del sistema dei pagamenti.

3. La Banca d'Italia disciplina la procedura di autorizzazione, i casi di revoca e le ipotesi di decadenza quando l'istituto autorizzato non abbia iniziato l'esercizio dell'attività.

4. La Banca d'Italia autorizza all'emissione di moneta elettronica soggetti che esercitino anche altre attività imprenditoriali quando:

a) ricorrano le condizioni indicate al comma 1, ad eccezione del possesso dei requisiti di professionalità degli esponenti aziendali;

b) per l'attività di emissione di moneta elettronica, la prestazione dei servizi di pagamento e per le relative attività accessorie e strumentali sia costituito un unico patrimonio destinato con le modalità e agli effetti stabiliti dagli artt. 114-*quinquies*.1, comma 5, e 114-*terdecies*;

c) siano individuati uno o più soggetti responsabili del patrimonio di cui alla lett. *b*); ad essi si applica l'art. 26, comma 3, lett. *a*) e *b*) (2).

5. Se lo svolgimento delle attività imprenditoriali di cui al comma 4 rischia di danneggiare la solidità finanziaria dell'istituto di moneta elettronica o l'esercizio effettivo della vigilanza, la Banca d'Italia può imporre la costituzione di una società che svolga esclusivamente l'attività di emissione di moneta elettronica.

6. Gli istituti di moneta elettronica italiani possono operare:

a) in un altro (3) Stato comunitario, anche senza stabilirvi succursali, nel rispetto delle procedure fissate dalla Banca d'Italia;

b) in uno Stato terzo (4), anche senza stabilirvi succursali, previa autorizzazione della Banca d'Italia.

7. Gli istituti di moneta elettronica con sede legale in un altro Stato comunitario [...] (5) possono operare nel territorio della Repubblica anche senza stabilirvi succursali dopo che la Banca d'Italia sia stata informata dall'autorità competente dello Stato di origine (6).

8. Gli istituti di moneta elettronica con sede legale in uno Stato terzo possono operare nel territorio della Repubblica a condizione che stabiliscano una succursale in Italia autorizzata dalla Banca d'Italia ai sensi del presente articolo in presenza di condizioni corrispondenti a quelle del comma 1, lett. *c*), *d*), *e*) ed *f*). L'autorizzazione è rilasciata, sentito il Ministero degli affari esteri, tenendo anche conto della condizione di reciprocità (7).

9. La Banca d'Italia detta disposizioni attuative del presente articolo (8) (9).

(1) Comma inserito dall'art. 1.4, lett. b, d.lg. 15 dicembre 2017, n. 218.

(2) Lettera così sostituita dall'art. 1.39, lett. c, d.lg. 12 maggio 2015, n. 72.

(3) Le parole «un altro» sono state così sostituite alla precedente «uno» dall'art. 1.4, lett. c, d.lg. 15 dicembre 2017, n. 218.

(4) La parola «terzo» è stata così sostituita alla precedente «extracomunitario» dall'art. 1.51, lett. a, d.lg. 16 novembre 2015, n. 181. Per l'entrata in vigore v. nota 2 alla rubrica del provvedimento.

(5) Le parole «, che intendono operare in Italia,» sono state soppresse dall'art. 1.4, lett. d, d.lg. 15 dicembre 2017, n. 218.

(6) La parola «origine» è stata così sostituita alla precedente «appartenenza» dall'art. 1.4, lett. d, d.lg. 15 dicembre 2017, n. 218.

(7) Comma così sostituito dall'art. 1.4, lett. e, d.lg. 15 dicembre 2017, n. 218.

(8) V. provv. Banca d'Italia 20 giugno 2012, in suppl. ord. n. 149 a G.U., 16 luglio 2012, n. 164; provv. Banca d'Italia 17 maggio 2016, in suppl. ord. n. 17 a G.U., 1° giugno 2016, n. 127.

(9) L'art. 5.3-4, d.lg. 15 dicembre 2017, n. 218, così dispone: «3. Gli istituti di pagamento e gli istituti di moneta elettronica autorizzati a operare alla data del 13 gennaio 2018 possono continuare a esercitare le attività cui si riferisce l'autorizzazione fino al 13 luglio 2018. Gli istituti di cui al periodo precedente sono autorizzati a esercitare le stesse attività dopo il 13 luglio 2018 a condizione che rispettino i requisiti previsti ai sensi degli artt. 114-*quinquies* e 114-*novies* del d.lg. 1° settembre 1993, n. 385 e trasmettano la documentazione attestante il rispetto dei requisiti stessi alla Banca d'Italia entro il 13 aprile 2018. In caso di mancato rispetto dei requisiti di cui al periodo precedente, la Banca d'Italia, entro il 13 luglio 2018, avvia un procedimento di revoca dell'autorizzazione o richiede l'adozione di misure correttive necessarie a garantire il rispetto dei requisiti stessi. || 4. Gli istituti di cui agli artt. 114-*quinquies*.4 e 114-*sexiesdecies* del d.lg. 1° settembre 1993, n. 385 autorizzati a operare alla data del 13 gennaio 2018 possono continuare a esercitare le attività cui si riferisce l'autorizzazione fino al 13 gennaio 2019. Gli istituti di cui al periodo precedente sono autorizzati a esercitare le stesse attività dopo il 13 gennaio 2019 a condizione che rispettino i requisiti previsti ai sensi degli artt. 114-*quinquies* e 114-*novies* del d.lg. 1° settembre 1993, n. 385 e che trasmettano la documentazione attestante il rispetto dei requisiti stessi alla Banca d'Italia entro il 13 ottobre 2018. In caso di mancato rispetto dei requisiti di cui al periodo precedente, la Banca d'Italia, entro il 13 gennaio 2019, avvia un procedimento di revoca dell'autorizzazione o richiede l'adozione di misure correttive necessarie a garantire il rispetto dei requisiti stessi».

114-*quinquies*.1. *Forme di tutela e patrimonio destinato*. — 1. Gli istituti di moneta elettronica registrano per ciascun cliente in poste del passivo, nel rispetto delle modalità stabilite dalla Banca d'Italia, le somme di denaro ricevute dalla clientela per l'emissione di moneta elettronica.

2. Le somme di cui al comma 1 sono investite, nel rispetto delle modalità stabilite dalla Banca d'Italia, in attività che costituiscono patrimonio distinto a tutti gli effetti da quello dell'istituto di moneta elettronica. Su tale patrimonio distinto non sono ammesse azioni dei creditori dell'istituto di moneta elettronica o nell'interesse degli stessi, né quelle dei creditori dell'eventuale soggetto presso il quale le somme di denaro sono depositate. Le azioni dei creditori dei singoli clienti degli istituti di moneta elettronica sono ammesse nel limite di quanto registrato ai sensi del comma 1. Se le somme di denaro ricevute per l'emissione di moneta elettronica sono depositate presso terzi non operano le compensazioni legale e giudiziale e non può essere pattuita la compensazione convenzionale rispetto ai crediti vantati dal depositario nei confronti dell'istituto di moneta elettronica.

3. Ai fini dell'applicazione della disciplina della liquidazione coatta amministrativa all'istituto di moneta elettronica, i detentori di moneta elettronica sono equiparati ai clienti aventi diritto alla restituzione di strumenti finanziari.

4. Per la prestazione dei servizi di pagamento da parte degli istituti di moneta elettronica si applica l'art. 114-*duodecies*.

5. Gli istituti di moneta elettronica che svolgano anche altre attività imprenditoriali diverse dall'emissione di moneta elettronica e dalla prestazione dei servizi di pagamento, autorizzati ai sensi dell'art. 114-*quinquies*, comma 4, costituiscono un patrimonio destinato unico per l'emissione di moneta elettronica, la prestazione dei servizi di pagamento e per le relative attività accessorie e strumentali. A tale patrimonio destinato si applica l'art. 114-*terdecies*, anche con riferimento all'emissione di moneta elettronica (1).

114-*quinquies*.2. *Vigilanza*. — 1. Gli istituti di moneta elettronica inviano alla Banca d'Italia, con le modalità e nei termini da essa stabiliti, le segnalazioni periodiche nonché ogni altro dato e documento richiesto. Essi trasmettono anche i bilanci con le modalità e nei termini stabiliti dalla Banca d'Italia.

1 -*bis*. La Banca d'Italia può chiedere informazioni al personale degli istituti di moneta elettronica, anche per il tramite di questi ultimi (2).

1 -*ter*. Gli obblighi previsti dal comma 1 si applicano anche ai soggetti ai quali gli istituti di moneta elettronica abbiano esternalizzato funzioni aziendali essenziali o importanti e al loro personale (2).

2. La Banca d'Italia emana disposizioni di carattere generale aventi a oggetto: il governo societario, l'adeguatezza patrimoniale, il contenimento del rischio nelle sue diverse configurazioni, l'organizzazione amministrativa e contabile, nonché i controlli interni e i sistemi di remunerazione e incentivazione.

3. La Banca d'Italia può:

a) convocare gli amministratori, i sindaci e i dirigenti degli istituti di moneta elettronica per esaminare la situazione degli stessi;

b) ordinare la convocazione degli organi collegiali degli istituti di moneta elettronica, fissandone l'ordine del giorno, e proporre l'assunzione di determinate decisioni;

c) procedere direttamente alla convocazione degli organi collegiali degli istituti di moneta elettronica quando gli organi competenti non abbiano ottemperato a quanto previsto dalla lett. *b*);

d) adottare per le materie indicate nel comma 2, ove la situazione lo richieda, provvedimenti specifici nei confronti di singoli istituti di moneta elettronica riguardanti anche la restrizione delle attività o della struttura territoriale, il divieto di effettuare determinate operazioni anche di natura societaria e di distribuire utili o altri elementi del patrimonio nonché, con riferimento a strumenti finanziari computabili nel patrimonio a fini di vigilanza, il divieto di pagare interessi;

d-bis) disporre, qualora la loro permanenza in carica sia di pregiudizio per la sana e prudente gestione dell'istituto di moneta elettronica, la rimozione dalla carica di uno o più esponenti; la rimozione non è disposta ove ricorrano gli estremi per pronunciare la decadenza ai sensi dell'art. 26, salvo che sussista urgenza di provvedere (3).

3 -*bis*. La Banca d'Italia può altresì convocare gli amministratori, i sindaci, i dirigenti dei soggetti ai quali siano state esternalizzate fun-

(1) V. provv. Banca d'Italia 20 giugno 2012, in suppl. ord. n. 149 a G.U., 16 luglio 2012, n. 164; provv. Banca d'Italia 17 maggio 2016, in suppl. ord. n. 17 a G.U., 1° giugno 2016, n. 127.

(2) Comma inserito dall'art. 1.40, lett. a, d.lg. 12 maggio 2015, n. 72.

(3) Lettera inserita dall'art. 1.40, lett. b, d.lg. 12 maggio 2015, n. 72.

zioni aziendali essenziali o importanti (1).

4. La Banca d'Italia può effettuare ispezioni presso gli istituti di moneta elettronica, i loro agenti o i soggetti a cui sono esternalizzate funzioni aziendali essenziali o importanti e richiedere a essi l'esibizione di documenti e gli atti che ritenga necessari. La Banca d'Italia notifica all'autorità competente dello Stato ospitante l'intenzione di effettuare ispezioni su succursali, agenti o soggetti a cui sono esternalizzate funzioni aziendali essenziali o importanti di istituti di moneta elettronica italiani operanti nel territorio di quest'ultimo ovvero richiede alle autorità competenti del medesimo Stato di effettuare tali accertamenti (2).

5. Le autorità competenti dello Stato di origine, dopo aver informato la Banca d'Italia, possono ispezionare, anche tramite persone da esse incaricate, succursali, agenti o soggetti a cui sono esternalizzate funzioni aziendali essenziali o importanti di istituti di moneta elettronica comunitari che operano nel territorio della Repubblica. Se le autorità competenti dello Stato di origine lo richiedono, la Banca d'Italia può procedere direttamente agli accertamenti (2).

6. Nel confronti degli istituti di moneta elettronica che svolgano anche altre attività imprenditoriali diverse dall'emissione di moneta elettronica e dalla prestazione dei servizi di pagamento, autorizzati ai sensi dell'art. 114-*quinquies*, comma 2, la Banca d'Italia esercita i poteri di vigilanza indicati nel presente articolo sull'attività di emissione di moneta elettronica, prestazione dei servizi di pagamento e sulle attività connesse e strumentali, avendo a riferimento anche il responsabile della gestione dell'attività e il patrimonio destinato (3).

6-*bis*. Quando risulta la violazione, da parte di istituti di moneta elettronica comunitari che operano nel territorio della Repubblica, degli obblighi derivanti dalle disposizioni del presente Titolo, del Titolo VI e del d.lg. 27 gennaio 2010, n. 11, la Banca d'Italia ne dà comunicazione all'autorità dello Stato di origine affinché quest'ultima adotti i provvedimenti necessari a porre termine alle irregolarità (4).

6-*ter*. Quando mancano o risultano inadeguati i provvedimenti dell'autorità dello Stato di origine, quando le irregolarità commesse possono pregiudicare interessi generali ovvero nei casi di urgenza per la tutela delle ragioni degli utenti, dei risparmiatori e degli altri soggetti ai quali sono prestati i servizi, la Banca d'Italia può adottare in via provvisoria le misure necessarie, comprese l'imposizione del divieto di intraprendere nuove operazioni e la chiusura della succursale, dandone comunicazione all'autorità dello Stato di origine (5).

114-*quinquies*.3. *Rinvio*. — 1. Agli istituti di moneta elettronica si applicano, in quanto compatibili, le disposizioni contenute negli artt. 19, 20, 21, 22, 23, 24, 52, 139 e 140 nonché nel Titolo VI. I provvedimenti previsti nell'art. 19 sono adottati dalla Banca d'Italia (6). Agli emittenti che agiscono in veste di pubblica autorità si applicano solo gli artt. 114-*ter* e 126-*novies* nonché, relativamente a queste disposizioni, gli artt. 39 e 40 del d.lg. 27 gennaio 2010, n. 11 (7) (8).

1-*bis*. Ai soggetti che svolgono funzioni di amministrazione, direzione e controllo presso istituti di moneta elettronica si applica l'art. 26, ad eccezione del comma 3, lett. *c*) ed *e*); il decreto di cui all'art. 26 può prevedere l'applicazione dei criteri di competenza definiti ai sensi del medesimo articolo, comma 3, lett. *c*), avuto riguardo alla complessità operativa, dimensionale e organizzativa degli istituti, nonché alla natura specifica dell'attività svolta (9).

1-*ter*. Ai titolari delle partecipazioni indicate all'art. 19 in istituti di moneta elettronica si applica l'art. 25, ad eccezione del comma 2, lett. *b*); il decreto di cui all'art. 25 può prevedere l'applicazione dei criteri di competenza definiti ai sensi del medesimo articolo, comma 2, lett. *b*), avuto riguardo alla complessità operativa, dimensionale e organizzativa degli istituti, nonché alla natura specifica dell'attività svolta (9).

2. Agli istituti di moneta elettronica che non esercitano attività imprenditoriali diverse dall'emissione di moneta elettronica o dalla pre-

(1) Comma inserito dall'art. 1.40, lett. c, d.lg. 12 maggio 2015, n. 72.
(2) Comma così sostituito dall'art. 1.5, lett. a, d.lg. 15 dicembre 2017, n. 218.
(3) V. provv. Banca d'Italia 20 giugno 2012, in suppl. ord. n. 149 a G.U., 16 luglio 2012, n. 164; provv. Banca d'Italia 17 maggio 2016, in suppl. ord. n. 17 a G.U., 1° giugno 2016, n. 127.
(4) Comma aggiunto dall'art. 1.40, lett. f, d.lg. 12 maggio 2015, n. 72, e successivamente così sostituito dall'art. 1.5, lett. b, d.lg. 15 dicembre 2017, n. 218.
(5) Comma aggiunto dall'art. 1.40, lett. f, d.lg. 12 maggio 2015, n. 72, e successivamente così sostituito dall'art. 1.5, lett. c, d.lg. 15 dicembre 2017, n. 218.
(6) Periodo inserito dall'art. 1.22, d.lg. 14 novembre 2016, n. 223.
(7) In *Leggi coll. XVII, 5*.
(8) Comma così sostituito dall'art. 1.41, lett. a, d.lg. 12 maggio 2015, n. 72.
(9) Comma inserito dall'art. 1.41, lett. b, d.lg. 12 maggio 2015, n. 72.

stazione di servizi di pagamento, si applicano altresì gli artt. 78, 82, 113-*bis* e 113-*ter* (1).

3. La Banca d'Italia può dettare disposizioni attuative ai fini dell'applicazione delle norme di cui al presente articolo (2).

114-*quinquies*.4. *Deroghe*. — 1. La Banca d'Italia può esentare gli istituti di moneta elettronica dall'applicazione di disposizioni previste dal presente titolo, quando ricorrono congiuntamente le seguenti condizioni:

a) le attività complessive generano una moneta elettronica media in circolazione non superiore al limite stabilito dalla Banca d'Italia in base al piano aziendale dell'istituto di moneta elettronica; tale limite in ogni caso non supera i 5 milioni di euro;

b) coloro che svolgono funzioni di amministrazione, direzione e controllo nell'istituto di moneta elettronica non hanno subito condanne per riciclaggio di denaro o finanziamento del terrorismo o altri reati finanziari.

2. La Banca d'Italia può prevedere limiti di avvaloramento degli strumenti di moneta elettronica emessi dagli istituti di cui al comma 1.

3. Gli istituti di moneta elettronica esentati ai sensi del comma 1 non beneficiano delle disposizioni per il mutuo riconoscimento.

4. La Banca d'Italia stabilisce le procedure che i soggetti di cui al comma 1 seguono per comunicare ogni variazione delle condizioni di cui al comma 1 nonché le modalità con le quali devono essere comunicati i volumi operativi di cui al comma 1, lett. *a*).

5. Gli istituti di moneta elettronica esentati ai sensi del comma 1 possono prestare servizi di pagamento soltanto ove ricorrano le condizioni previste dall'art. 114-*sexiesdecies* (2) (3).

TITOLO V-*ter*

Istituti di pagamento (4)

114-*sexies*. *Servizi di pagamento*. — 1. La prestazione di servizi di pagamento è riservata alle banche, agli istituti di moneta elettronica e agli istituti di pagamento. Possono prestare servizi di pagamento, nel rispetto delle disposizioni ad essi applicabili, la Banca centrale europea, le banche centrali comunitarie, lo Stato italiano e gli altri Stati comunitari, le pubbliche amministrazioni statali, regionali e locali, nonché Poste Italiane.

114-*septies*. *Albo degli istituti di pagamento*. — 1. La Banca d'Italia iscrive in un apposito albo, consultabile pubblicamente, accessibile sul sito internet ed aggiornato periodicamente, gli istituti di pagamento autorizzati in Italia, con indicazione della tipologia di servizi che sono autorizzati a prestare e i relativi agenti; sono iscritte altresì le succursali di istituti di pagamento italiani stabilite in uno Stato comunitario diverso dall'Italia. Per i prestatori dei servizi di disposizione di ordini di pagamento, l'albo riporta anche i dati identificativi della polizza assicurativa o della analoga garanzia di cui al comma 1-*bis* dell'art. 114-*novies* (5).

1-*bis*. La Banca d'Italia comunica senza indugio all'ABE le informazioni iscritte nell'albo e ogni relativa modifica, nonché, in caso di re-

(1) Comma così sostituito dall'art. 1.41, lett. c, d.lg. 12 maggio 2015, n. 72.

(2) V. provv. Banca d'Italia 20 giugno 2012, in suppl. ord. n. 149 a G.U., 16 luglio 2012, n. 164; provv. Banca d'Italia 17 maggio 2016, in suppl. ord. n. 17 a G.U., 1° giugno 2016, n. 127.

(3) L'art. 5.3-4, d.lg. 15 dicembre 2017, n. 218, così dispone: «3. Gli istituti di pagamento e gli istituti di moneta elettronica autorizzati a operare alla data del 13 gennaio 2018 possono continuare a esercitare le attività cui si riferisce l'autorizzazione fino al 13 luglio 2018. Gli istituti di cui al periodo precedente sono autorizzati a esercitare le stesse attività dopo il 13 luglio 2018 a condizione che rispettino i requisiti previsti ai sensi degli artt. 114-*quinquies* e 114-*novies* del d.lg. 1° settembre 1993, n. 385 e trasmettano la documentazione attestante il rispetto dei requisiti stessi alla Banca d'Italia entro il 13 aprile 2018. In caso di mancato rispetto dei requisiti di cui al periodo precedente, la Banca d'Italia, entro il 13 luglio 2018, avvia un procedimento di revoca dell'autorizzazione o richiede l'adozione di misure correttive necessarie a garantire il rispetto dei requisiti stessi. || 4. Gli istituti di cui agli artt. 114-*quinquies*.4 e 114-*sexiesdecies* del d.lg. 1° settembre 1993, n. 385 autorizzati a operare alla data del 13 gennaio 2018 possono continuare a esercitare le attività cui si riferisce l'autorizzazione fino al 13 gennaio 2019. Gli istituti di cui al periodo precedente sono autorizzati a esercitare le stesse attività dopo il 13 gennaio 2019 a condizione che rispettino i requisiti previsti ai sensi degli artt. 114-*quinquies* e 114-*novies* del d.lg. 1° settembre 1993, n. 385 e che trasmettano la documentazione attestante il rispetto dei requisiti stessi alla Banca d'Italia entro il 13 ottobre 2018. In caso di mancato rispetto dei requisiti di cui al periodo precedente, la Banca d'Italia, entro il 13 gennaio 2019, avvia un procedimento di revoca dell'autorizzazione o richiede l'adozione di misure correttive necessarie a garantire il rispetto dei requisiti stessi».

(4) Titolo inserito dall'art. 33, d.lg. 27 gennaio 2010, n. 11, in *Leggi coll. XVII, 5*.

V. provv. Banca d'Italia 15 febbraio 2010, in suppl. ord. n. 40 a G.U., 1° marzo 2010, n. 49, sul recepimento della direttiva sui servizi di pagamento, e provv. Banca d'Italia 15 febbraio 2010, in suppl. ord. n. 40 a G.U., 1° marzo 2010, n. 49, con disposizioni di vigilanza per gli istituti di pagamento.

(5) Comma così sostituito dall'art. 1.6, lett. a, d.lg. 15 dicembre 2017, n. 218.

voca dell'autorizzazione o dell'esenzione concessa ai sensi dell'art. 114-*sexiesdecies*, le ragioni che le hanno determinate (1).

2. Gli istituti di pagamento indicano negli atti e nella corrispondenza l'iscrizione nell'albo (2).

2-*bis*. I soggetti che prestano esclusivamente il servizio di informazione sui conti sono iscritti in una sezione speciale dell'albo di cui al comma 1, se ricorrono le condizioni previste dall'art. 114-*novies*, comma 1, lett. *a*), *b*), *d*), *e-bis*) e *f*) e se hanno stipulato una polizza di assicurazione della responsabilità civile o analoga garanzia per i danni arrecati al prestatore di servizi di pagamento di radicamento del conto o all'utente dei servizi di pagamento. I dati identificativi della polizza assicurativa o della analoga garanzia di cui al presente comma sono altresì pubblicati nell'albo di cui al comma 1 (3).

2-*ter*. Le informazioni rese ai sensi dell'art. 2, comma 4-*bis*, del d.lg. 27 gennaio 2010, n. 11, sono pubblicate in un'appendice dell'albo previsto al comma 1, secondo le modalità stabilite dalla Banca d'Italia (3).

[3. Per la prestazione dei servizi di pagamento in Italia gli istituti di pagamento possono avvalersi soltanto degli agenti in attività finanziaria, di cui al d.lg. 25 settembre 1999, n. 374 (4), nonché degli altri soggetti autorizzati alla prestazione di servizi di pagamento di cui all'art. 114-*sexies*] (5).

114-*octies*. *Attività accessorie esercitabili*. — 1. Gli istituti di pagamento possono esercitare le seguenti attività accessorie alla prestazione di servizi di pagamento:

a) concedere crediti in stretta relazione ai servizi di pagamento prestati e nei limiti e con le modalità stabilite dalla Banca d'Italia;

b) prestare servizi operativi o strettamente connessi, come la prestazione di garanzie per l'esecuzione di operazioni di pagamento, servizi di cambio, attività di custodia e registrazione e trattamento di dati;

c) gestire sistemi di pagamento.

2. La Banca d'Italia detta specifiche disposizioni per la concessione di credito collegata all'emissione o alla gestione di carte di credito (2).

114-*novies*. *Autorizzazione*. — 1. La Banca d'Italia autorizza gli istituti di pagamento quando ricorrano le seguenti condizioni:

a) sia adottata la forma di società per azioni, di società in accomandita per azioni, di società a responsabilità limitata o di società cooperativa (6);

b) la sede legale e la direzione generale siano situate nel territorio della Repubblica ove è svolta almeno una parte dell'attività avente a oggetto servizi di pagamento (7);

c) il capitale versato sia di ammontare non inferiore a quello determinato dalla Banca d'Italia (6);

d) venga presentato un programma concernente l'attività iniziale e la struttura organizzativa, unitamente all'atto costitutivo e allo statuto;

e) sussistano i presupposti per il rilascio dell'autorizzazione prevista dall'art. 19 per i titolari delle partecipazioni ivi indicate (8);

e-bis) i soggetti che svolgono funzioni di amministrazione, direzione e controllo siano idonei, secondo quanto previsto ai sensi dell'art. 114-*undecies* (9);

f) non sussistano, tra gli istituti di pagamento o i soggetti del gruppo di appartenenza e altri soggetti, stretti legami che ostacolino l'effettivo esercizio delle funzioni di vigilanza.

1-*bis*. Fermo restando quanto previsto dal comma 1, la Banca d'Italia autorizza gli istituti di pagamento alla prestazione del servizio di disposizione di ordini di pagamento a condizione che abbiano stipulato una polizza di assicurazione della responsabilità civile o analoga forma di garanzia per i danni arrecati nell'esercizio dell'attività derivanti da condotte proprie o di terzi (10).

2. La Banca d'Italia nega l'autorizzazione

(1) Comma inserito dall'art. 1.6, lett. b, d.lg. 15 dicembre 2017, n. 218.

(2) V. provv. Banca d'Italia 20 giugno 2012, in suppl. ord. n. 149 a G.U., 16 luglio 2012, n. 164; provv. Banca d'Italia 17 maggio 2016, in suppl. ord. n. 17 a G.U., 1° giugno 2016, n. 127.

(3) Comma inserito dall'art. 1.6, lett. c, d.lg. 15 dicembre 2017, n. 218.

(4) In *Leggi coll. XVII, 13*.

(5) Comma abrogato dall'art. 28.4, d.lg. 13 agosto 2010, n. 141, che così dispone: «Con riferimento agli istituti di pagamento e agli istituti di moneta elettronica autorizzati in Italia l'abrogazione ha effetto a decorrere dalla data di entrata in vigore delle disposizioni di attuazione dell'art. 128-*quater*, comma 6».

(6) Lettera così sostituita dall'art. 4.1, d.lg. 29 dicembre 2011, n. 230.

(7) Le parole «ove è svolta almeno una parte dell'attività avente a oggetto servizi di pagamento» sono state inserite dall'art. 1.7, lett. a, d.lg. 15 dicembre 2017, n. 218.

(8) Lettera così sostituita, da ultimo, dall'art. 1.42, lett. a, d.lg. 12 maggio 2015, n. 72.

(9) Lettera inserita dall'art. 1.42, lett. b, d.lg. 12 maggio 2015, n. 72.

(10) Comma inserito dall'art. 1.7, lett. b, d.lg. 15 dicembre 2017, n. 218.

quando dalla verifica delle condizioni indicate nel comma 1 non risulti garantita la sana e prudente gestione ovvero il regolare funzionamento del sistema dei pagamenti.

3. La Banca d'Italia disciplina la procedura di autorizzazione, i criteri di valutazione delle condizioni del comma 1 (1), i casi di revoca e le ipotesi di decadenza quando l'istituto autorizzato non abbia iniziato l'esercizio dell'attività.

4. La Banca d'Italia, autorizza alla prestazione di servizi di pagamento soggetti che esercitino altre attività imprenditoriali quando:

a) ricorrano le condizioni indicate al comma 1, ad eccezione del possesso dei requisiti di professionalità degli esponenti aziendali;

b) per la prestazione dei servizi di pagamento e per le relative attività accessorie e strumentali sia costituito un patrimonio destinato con le modalità e agli effetti stabiliti dall'art. 114-*terdecies*;

c) siano individuati uno o più soggetti responsabili del patrimonio di cui alla lett. *b*); ad essi si applica l'art. 26, limitatamente ai requisiti di onorabilità e professionalità (2).

5. Se lo svolgimento delle altre attività imprenditoriali rischia di danneggiare la solidità finanziaria dell'istituto di pagamento o l'esercizio effettivo della vigilanza, la Banca d'Italia può imporre la costituzione di una società che svolga esclusivamente l'attività di prestazione dei servizi di pagamento (3).

5-*bis*. La Banca d'Italia detta disposizioni attuative del presente articolo (4) (5) (6).

114-*decies*. *Operatività transfrontaliera*. — 1. Gli istituti di pagamento italiani possono stabilire succursali nel territorio della Repubblica e degli altri Stati comunitari nel rispetto delle procedure fissate dalla Banca d'Italia.

2. Gli istituti di pagamento comunitari possono stabilire succursali nel territorio della Repubblica. Il primo insediamento è preceduto da una comunicazione alla Banca d'Italia da parte dell'autorità competente dello Stato di origine (7).

3. Gli istituti di pagamento italiani possono prestare i servizi di pagamento in un altro Stato comunitario senza stabilirvi succursali, nel rispetto delle procedure fissate dalla Banca d'Italia (8).

4. Gli istituti di pagamento comunitari possono prestare i servizi di pagamento nel territorio della Repubblica senza stabilirvi succursali dopo che la Banca d'Italia sia stata informata dall'autorità competente dello Stato di origine (9).

4-*bis*. Gli istituti di pagamento comunitari, che ai sensi dei commi 2 (10) e 4 prestano servizi di pagamento in Italia, concedono credito collegato all'emissione o alla gestione di carte di credito nel rispetto delle condizioni stabilite dalla Banca d'Italia. Quando queste ultime non ricorrono, l'esercizio di tale attività è su-

(1) Le parole «i criteri di valutazione delle condizioni del comma 1,» sono state inserite dall'art. 1.7, lett. c, d.lg. 15 dicembre 2017, n. 218.

(2) Comma così sostituito dall'art. 4.2, d.lg. 29 dicembre 2011, n. 230.

(3) Comma così sostituito dall'art. 4.3, d.lg. 29 dicembre 2011, n. 230.

(4) Comma aggiunto dall'art. 4.4, d.lg. 29 dicembre 2011, n. 230.

(5) V. provv. Banca d'Italia 20 giugno 2012, in suppl. ord. n. 149 a G.U., 16 luglio 2012, n. 164; provv. Banca d'Italia 17 maggio 2016, in suppl. ord. n. 17 a G.U., 1° giugno 2016, n. 127.

(6) L'art. 5.3-4, d.lg. 15 dicembre 2017, n. 218, così dispone: «3. Gli istituti di pagamento e gli istituti di moneta elettronica autorizzati a operare alla data del 13 gennaio 2018 possono continuare a esercitare le attività cui si riferisce l'autorizzazione fino al 13 luglio 2018. Gli istituti di cui al periodo precedente sono autorizzati a esercitare le stesse attività dopo il 13 luglio 2018 a condizione che rispettino i requisiti previsti ai sensi degli artt. 114-*quinquies* e 114-*novies* del d.lg. 1° settembre 1993, n. 385 e trasmettano la documentazione attestante il rispetto dei requisiti stessi alla Banca d'Italia entro il 13 aprile 2018. In caso di mancato rispetto dei requisiti di cui al periodo precedente, la Banca d'Italia, entro il 13 luglio 2018, avvia un procedimento di revoca dell'autorizzazione o richiede l'adozione di misure correttive necessarie a garantire il rispetto dei requisiti stessi. || 4. Gli istituti di cui agli artt. 114-*quinquies*.4 e 114-*sexiesdecies* del d.lg. 1° settembre 1993, n. 385 autorizzati a operare alla data del 13 gennaio 2018 possono continuare a esercitare le attività cui si riferisce l'autorizzazione fino al 13 gennaio 2019. Gli istituti di cui al periodo precedente sono autorizzati a esercitare le stesse attività dopo il 13 gennaio 2019 a condizione che rispettino i requisiti previsti ai sensi degli artt. 114-*quinquies* e 114-*novies* del d.lg. 1° settembre 1993, n. 385 e che trasmettano la documentazione attestante il rispetto dei requisiti stessi alla Banca d'Italia entro il 13 ottobre 2018. In caso di mancato rispetto dei requisiti di cui al periodo precedente, la Banca d'Italia, entro il 13 gennaio 2019, avvia un procedimento di revoca dell'autorizzazione o richiede l'adozione di misure correttive necessarie a garantire il rispetto dei requisiti stessi».

(7) La parola «origine» è stata così sostituita alla precedente «appartenenza» dall'art. 1.8, lett. a, d.lg. 15 dicembre 2017, n. 218.

(8) Comma così sostituito dall'art. 1.8, lett. b, d.lg. 15 dicembre 2017, n. 218.

(9) La parola «origine» è stata così sostituita alla precedente «appartenenza» dall'art. 1.8, lett. c, d.lg. 15 dicembre 2017, n. 218.

(10) La parola «2» è stata così sostituita alla precedente «1» dall'art. 1.8, lett. d, d.lg. 15 dicembre 2017, n. 218.

bordinato al rilascio dell'autorizzazione; si applica, in quanto compatibile, l'art. 114-*novies* (1).

5. Gli istituti di pagamento italiani possono stabilire succursali o prestare servizi di pagamento in uno Stato terzo (2) senza stabilirvi succursali previa autorizzazione della Banca d'Italia.

6. Il presente articolo si applica anche nel caso di operatività transfrontaliera mediante l'impiego di agenti (3).

114-*undecies*. *Rinvio*. — 1. Agli istituti di pagamento si applicano, in quanto compatibili, le disposizioni contenute negli artt. 19, 20, 21, 22, 23, 24, 52, 139 e 140 nonché nel titolo VI. I provvedimenti previsti nell'art. 19 sono adottati dalla Banca d'Italia (4).

1-*bis*. Ai soggetti che svolgono funzioni di amministrazione, direzione e controllo presso istituti di pagamento si applica l'art. 26, ad eccezione del comma 3, lett. *c*) ed *e*); il decreto di cui all'art. 26 può prevedere l'applicazione dei criteri di competenza definiti ai sensi del medesimo articolo, comma 3, lett. *c*), avuto riguardo alla complessità operativa, dimensionale e organizzativa degli istituti, nonché alla natura specifica dell'attività svolta (5).

1-*ter*. Ai titolari delle partecipazioni indicate all'art. 19 in istituti di pagamento si applica l'art. 25, ad eccezione del comma 2, lett. *b*); il decreto di cui all'art. 25 può prevedere l'applicazione dei criteri di competenza definiti ai sensi del medesimo articolo, comma 2, lett. *b*), avuto riguardo alla complessità operativa, dimensionale e organizzativa degli istituti, nonché alla natura specifica dell'attività svolta (5).

2. Agli istituti di pagamento che non esercitino attività imprenditoriali diverse dalla prestazione dei servizi di pagamento ai sensi dell'art. 114-*novies*, comma 4, si applicano altresì gli artt. 78, 82, 113-*bis* e 113-*ter*, ad eccezione del comma 7 [...] (6).

Agli istituti di pagamento si applica l'art. 114-*quinquies*.2, commi 6-*bis* e 6-*ter* (7).

3. La Banca d'Italia può dettare disposizioni attuative ai fini dell'applicazione delle norme di cui al presente articolo (8) (3).

114-*duodecies*. *Conti di pagamento e forme di tutela*. — 1. Gli istituti di pagamento registrano per ciascun cliente in poste del passivo, nel rispetto delle modalità stabilite dalla Banca d'Italia, le somme di denaro della clientela in conti di pagamento utilizzati esclusivamente per la prestazione dei servizi di pagamento.

1-*bis*. Gli istituti di pagamento che prestano i servizi di pagamento di cui all'art. 1, comma 2, lett. *h-septies*.1), numeri da 1 a 6, tutelano tutti i fondi ricevuti dagli utenti di servizi di pagamento, ivi inclusi quelli registrati in conti di pagamento di cui al comma 1 e tramite un altro prestatore di servizi di pagamento per l'esecuzione di operazioni di pagamento, secondo quanto previsto al comma 2 (9).

2. Le somme di denaro sono investite, nel rispetto delle modalità stabilite dalla Banca d'Italia, in attività che costituiscono patrimonio distinto a tutti gli effetti da quello dell'istituto di pagamento. Su tale patrimonio distinto non sono ammesse azioni dei creditori dell'istituto di pagamento o nell'interesse degli stessi, né quelle dei creditori dell'eventuale soggetto presso il quale le somme sono depositate. Le azioni dei creditori dei singoli clienti degli istituti di pagamento sono ammesse nel limite di quanto registrato ai sensi del comma 1. Se le somme di denaro ricevute dagli utenti di servizi di pagamento (10) sono depositate presso terzi non operano le compensazioni legale e giudiziale e non può essere pattuita la compensazione convenzionale rispetto ai crediti vantati dal depositario nei confronti dell'istituto di pagamento.

3. Ai fini dell'applicazione della disciplina della liquidazione coatta amministrativa, i tito-

(1) Comma inserito dall'art. 2.1, d.lg. 29 dicembre 2011, n. 230.

(2) La parola «terzo» è stata così sostituita alla precedente «extracomunitario» dall'art. 1.52, d.lg. 16 novembre 2015, n. 181. Per l'entrata in vigore v. nota 2 alla rubrica del provvedimento.

(3) V. provv. Banca d'Italia 20 giugno 2012, in suppl. ord. n. 149 a G.U., 16 luglio 2012, n. 164; provv. Banca d'Italia 17 maggio 2016, in suppl. ord. n. 17 a G.U., 1° giugno 2016, n. 127.

(4) Comma sostituito dall'art. 1.43, lett. a, d.lg. 12 maggio 2015, n. 72. L'ultimo periodo è stato aggiunto successivamente dall'art. 1.23, d.lg. 14 novembre 2016, n. 223.

(5) Comma inserito dall'art. 1.43, lett. b, d.lg. 12 maggio 2015, n. 72.

(6) Comma così sostituito dall'art. 1.43, lett. c, d.lg. 12 maggio 2015, n. 72. Le parole «, 114-*quinquies*.2, commi 6-*bis* e 6-*ter*» sono state soppresse successivamente dall'art. 1.9, lett. a, d.lg. 15 dicembre 2017, n. 218.

(7) Comma inserito dall'art. 1.9, lett. b, d.lg. 15 dicembre 2017, n. 218.

(8) Articolo così sostituito dall'art. 4.5, d.lg. 29 dicembre 2011, n. 230.

(9) Comma così sostituito dall'art. 1.10, lett. a, d.lg. 15 dicembre 2017, n. 218.

(10) Le parole «ricevute dagli utenti di servizi di pagamento» sono state così sostituite alle precedenti «registrate nei conti di pagamento» dall'art. 1.10, lett. b, d.lg. 15 dicembre 2017, n. 218.

lari di conti di pagamento sono equiparati ai clienti aventi diritto alla restituzione di strumenti finanziari (1) (2).

114-*terdecies*. *Patrimonio destinato*. — 1. Gli istituti di pagamento che svolgano anche attività imprenditoriali diverse dalla prestazione dei servizi di pagamento, autorizzati ai sensi dell'art. 114-*novies*, comma 4, devono costituire un patrimonio destinato per la prestazione dei servizi di pagamento e per le relative attività accessorie e strumentali. A tal fine essi adottano apposita deliberazione contenente l'esatta descrizione dei beni e dei rapporti giuridici destinati e delle modalità con le quali è possibile disporre, integrare e sostituire elementi del patrimonio destinato. La deliberazione è depositata e iscritta a norma dell'art. 2436 del codice civile. Si applica il secondo comma dell'art. 2447-*quater* del codice civile.

2. Decorso il termine di cui al secondo comma dell'art. 2447-*quater* del codice civile ovvero dopo l'iscrizione nel registro delle imprese del provvedimento del tribunale ivi previsto, i beni e i rapporti giuridici individuati sono destinati esclusivamente al soddisfacimento dei diritti degli utenti dei servizi di pagamento e di quanti vantino diritti derivanti dall'esercizio delle attività accessorie e strumentali e costituiscono patrimonio separato a tutti gli effetti da quello dell'istituto e dagli altri eventuali patrimoni destinati. Fino al completo soddisfacimento dei diritti dei soggetti a cui vantaggio la destinazione è effettuata, sul patrimonio destinato e sui frutti e proventi da esso derivanti sono ammesse azioni soltanto a tutela dei diritti dei predetti soggetti. Si applica l'art. 114-*duodecies*, comma 2.

3. In caso di incapienza del patrimonio destinato l'istituto di pagamento risponde anche con il proprio patrimonio delle obbligazioni nei confronti degli utenti dei servizi di pagamento e di quanti vantino diritti derivanti dall'esercizio delle attività accessorie e strumentali.

4. Con riferimento al patrimonio destinato l'istituto di pagamento tiene separatamente i libri e le scritture contabili prescritti dagli artt. 2214, e seguenti, del codice civile, nel rispetto dei principi contabili internazionali. Gli amministratori redigono un separato rendiconto per il patrimonio destinato, da allegare al bilancio d'esercizio dell'istituto di pagamento (3).

5. In caso di sottoposizione a procedura concorsuale del soggetto autorizzato alla prestazione di servizi di pagamento ai sensi dell'art. 114-*novies*, comma 4, l'amministrazione del patrimonio destinato è attribuita agli organi della procedura, che provvedono con gestione separata alla liquidazione dello stesso secondo le regole ordinarie. Gli ordini di pagamento e le attività accessorie e strumentali a valere sul patrimonio destinato che siano state avviate prima dell'avvio della procedura continuano ad avere esecuzione e ad esso continuano ad applicarsi le previsioni contenute nel presente articolo. A decorrere dalla data di apertura della procedura non possono essere accettati nuovi ordini di pagamento né stipulati nuovi contratti. Gli organi della procedura possono trasferire o affidare in gestione a banche o altri intermediari autorizzati alla prestazione di servizi di pagamento, i beni e i rapporti giuridici ricompresi nel patrimonio destinato e le relative passività. Ai fini della liquidazione del patrimonio destinato si applica l'art. 91, commi 2 e 3, intendendosi equiparati gli utenti dei servizi di pagamento ai clienti aventi diritto alla restituzione di strumenti finanziari.

6. La Banca d'Italia può nominare un liquidatore per gli adempimenti di cui al comma 5, in luogo degli organi della procedura, ove ciò sia necessario per l'ordinata liquidazione del patrimonio destinato.

7. Il tribunale competente per l'avvio della procedura concorsuale del soggetto autorizzato alla prestazione di servizi di pagamento informa la Banca d'Italia della pendenza del procedimento.

7-*bis*. Ai patrimoni destinati costituiti ai sensi del presente articolo si applicano esclusivamente le disposizioni del codice civile espressamente richiamate (4).

114-*quaterdecies*. *Vigilanza*. — 1. Gli istituti di pagamento inviano alla Banca d'Italia, con le modalità e nei termini da essa stabiliti, le segnalazioni periodiche nonché ogni altro dato e documento richiesto. Essi trasmettono anche i bilanci con le modalità e nei termini stabiliti dalla Banca d'Italia.

1-*bis*. La Banca d'Italia può chiedere informazioni al personale degli istituti di pagamento, anche per il tramite di questi ultimi (5).

1-*ter*. Gli obblighi previsti dal comma 1 si

(1) Articolo così sostituito dall'art. 4.6, d.lg. 29 dicembre 2011, n. 230.
(2) V. provv. Banca d'Italia 20 giugno 2012, in suppl. ord. n. 149 a G.U., 16 luglio 2012, n. 164; provv. Banca d'Italia 17 maggio 2016, in suppl. ord. n. 17 a G.U., 1° giugno 2016, n. 127.
(3) Ultimo periodo aggiunto dall'art. 1.1, d.lg. 29 dicembre 2011, n. 230.
(4) Comma aggiunto dall'art. 4.7, d.lg. 29 dicembre 2011, n. 230.
(5) Comma inserito dall'art. 1.44, lett. a, d.lg. 12 maggio 2015, n. 72.

applicano anche ai soggetti ai quali gli istituti di pagamento abbiano esternalizzato funzioni aziendali essenziali o importanti e al loro personale (1).

2. La Banca d'Italia emana disposizioni di carattere generale aventi a oggetto: il governo societario, l'adeguatezza patrimoniale, il contenimento del rischio nelle sue diverse configurazioni, l'organizzazione amministrativa e contabile nonché i controlli interni e i sistemi di remunerazione e incentivazione (2).

3. La Banca d'Italia può:

a) convocare gli amministratori, i sindaci e i dirigenti degli istituti di pagamento per esaminare la situazione degli stessi;

b) ordinare la convocazione degli organi collegiali degli istituti di pagamento, fissandone l'ordine del giorno, e proporre l'assunzione di determinate decisioni;

c) procedere direttamente alla convocazione degli organi collegiali degli istituti di pagamento quando gli organi competenti non abbiano ottemperato a quanto previsto dalla lett. *b*);

d) adottare per le materie indicate nel comma 2, ove la situazione lo richieda, provvedimenti specifici nei confronti di singoli istituti di pagamento, riguardanti anche: la restrizione delle attività o della struttura territoriale; il divieto di effettuare determinate operazioni, anche di natura societaria, e di distribuire utili o altri elementi del patrimonio, nonché, con riferimento a strumenti finanziari computabili nel patrimonio a fini di vigilanza, il divieto di pagare interessi (3);

d-bis) disporre, qualora la loro permanenza in carica sia di pregiudizio per la sana e prudente gestione dell'istituto di pagamento, la rimozione dalla carica di uno o più esponenti aziendali; la rimozione non è disposta ove ricorrano gli estremi per pronunciare la decadenza ai sensi dell'art. 26, salvo che sussista urgenza di provvedere (4).

3-*bis*. La Banca d'Italia può altresì convocare gli amministratori, i sindaci e i dirigenti dei soggetti ai quali siano state esternalizzate funzioni aziendali essenziali o importanti (5).

4. La Banca d'Italia può effettuare ispezioni presso gli istituti di pagamento, i loro agenti o i soggetti a cui sono esternalizzate funzioni aziendali essenziali o importanti e richiedere a essi l'esibizione di documenti e gli atti che ritenga necessari. La Banca d'Italia notifica all'autorità competente dello Stato ospitante l'intenzione di effettuare ispezioni su succursali, agenti o soggetti a cui sono esternalizzate funzioni aziendali essenziali o importanti di istituti di pagamento italiani operanti nel territorio di quest'ultimo ovvero richiede alle autorità competenti del medesimo Stato di effettuare tali accertamenti (6).

5. Le autorità competenti dello Stato di origine, dopo aver informato la Banca d'Italia, possono ispezionare, anche tramite persone da esse incaricate, succursali, agenti o soggetti a cui sono esternalizzate funzioni aziendali essenziali o importanti di istituti di pagamento comunitari che operano nel territorio della Repubblica. Se le autorità competenti dello Stato di origine lo richiedono, la Banca d'Italia può procedere direttamente agli accertamenti (6).

6. Nel confronti degli istituti di pagamento che svolgano anche attività imprenditoriali diverse dalla prestazione dei servizi di pagamento, autorizzati ai sensi dell'art. 114-*novies*, comma 4, la Banca d'Italia esercita i poteri di vigilanza indicati nel presente articolo sull'attività di prestazione dei servizi di pagamento e sulle attività connesse e strumentali, avendo a riferimento anche il responsabile della gestione dell'attività e il patrimonio destinato (7).

114-*quinquiesdecies*. *Scambio di informazioni*. — 1. Fermo restando quanto previsto nell'art. 7, la Banca d'Italia scambia informazioni con:

a) la Banca centrale europea e le banche centrali nazionali degli Stati membri, in quanto autorità monetarie e di sorveglianza sul sistema dei pagamenti, e, se opportuno, altre autorità pubbliche responsabili della sorveglianza sui sistemi di pagamento e di regolamento;

b) altre autorità competenti ai sensi di disposizioni comunitarie applicabili ai prestatori di servizi di pagamento.

114-*sexiesdecies*. *Deroghe*. — 1. La Banca d'Italia può esentare i soggetti iscritti nell'albo degli istituti di pagamento dall'applicazione, in tutto o in parte (8), di alcune delle disposi-

(1) Comma inserito dall'art. 1.44, lett. a, d.lg. 12 maggio 2015, n. 72.
(2) Comma così sostituito dall'art. 27.1, lett. a, d.lg. 19 settembre 2012, 169.
(3) Lettera così sostituita, da ultimo, dall'art. 27.1, lett. b, d.lg. 19 settembre 2012, 169.
(4) Lettera aggiunta dall'art. 1.44, lett. b, d.lg. 12 maggio 2015, n. 72.
(5) Comma inserito dall'art. 1.44, lett. c, d.lg. 12 maggio 2015, n. 72.
(6) Comma così sostituito, da ultimo, dall'art. 1.11, d.lg. 15 dicembre 2017, n. 218.
(7) V. provv. Banca d'Italia 20 giugno 2012, in suppl. ord. n. 149 a G.U., 16 luglio 2012, n. 164; provv. Banca d'Italia 17 maggio 2016, in suppl. ord. n. 17 a G.U., 1° giugno 2016, n. 127.
(8) Le parole «, in tutto o in parte,» sono state inserite dall'art. 1.12, lett. a, d.lg. 15 dicembre 2017, n. 218.

zioni previste dal presente titolo, quando ricorrono congiuntamente le seguenti condizioni:

a) la media mensile, calcolata sui precedenti dodici mesi, dell'importo complessivo delle operazioni di pagamento eseguite dal soggetto interessato, compreso qualsiasi agente di cui è responsabile, non superi i 3 milioni di euro; la Banca d'Italia valuta tale condizione in base al piano aziendale prodotto dal soggetto interessato;

b) nessuna delle persone fisiche responsabili della gestione o del funzionamento dell'impresa abbia subito condanne per riciclaggio di denaro o finanziamento del terrorismo o altri reati finanziari.

2. La Banca d'Italia stabilisce quali tra i servizi di pagamento di cui all'art. 1, comma 2, lett. *h-septies*).1, numeri da 1) a 6) (1), possono essere prestati dai soggetti di cui al comma 1.

3. Ai soggetti esentati ai sensi del comma 1 non si applica l'art. 114-*decies*.

4. La Banca d'Italia stabilisce le procedure che i soggetti di cui al comma 1 devono seguire per comunicare ogni variazione delle condizioni di cui al commi 1, 2 e 3 (2).

114-*septiesdecies*. *Prestatori del servizio di informazione sui conti*. — 1. Ai soggetti che prestano unicamente il servizio di informazione sui conti non si applicano gli artt. 114-*octies*, 114-*novies*, commi 4 e 5, 114-*undecies*, commi 1 e 1-*ter*, 114-*duodecies*, 114-*terdecies*, 114-*sexiesdecies*; si applicano gli artt. 126-*bis*, comma 4, 126-*quater*, comma 1, lett. *a*), 128, 128-*bis*, 128-*ter* (3).

114-*octiesdecies*. *Apertura e mantenimento di conti di pagamento presso una banca*. — 1. Le banche assicurano agli istituti di pagamento l'apertura e il mantenimento di conti di pagamento che consentono a questi ultimi di fornire servizi di pagamento in modo agevole, efficiente e non discriminatorio. Le banche possono negare o revocare l'apertura di conti di pagamento in caso di contrasto con obiettivi di ordine pubblico o di pubblica sicurezza individuati ai sensi dell'art. 126 o qualora ricorrano altri giustificati motivi ostativi in base alle disposizioni in materia di contrasto del riciclaggio e del finanziamento del terrorismo.

2. Le banche notificano immediatamente alla Banca d'Italia il rifiuto dell'apertura di un conto di pagamento o la sua revoca. La notifica contiene tutte le necessarie e adeguate motivazioni relative alla chiusura o revoca del conto di pagamento. La Banca d'Italia individua, con proprio provvedimento, le modalità della notifica (3).

TITOLO VI

Trasparenza delle condizioni contrattuali e dei rapporti con i clienti (4) (5)

CAPO I

Operazioni e servizi bancari e finanziari (6)

115. *Ambito di applicazione*. — 1. Le norme del presente titolo (7) si applicano alle attività

(1) Le parole «lett. *h-septies*).1, numeri da 1) a 6)» sono state così sostituite alle precedenti «lett. *f*)» dall'art. 1.12, lett. b, d.lg. 15 dicembre 2017, n. 218.

(2) V. provv. Banca d'Italia 20 giugno 2012, in suppl. ord. n. 149 a G.U., 16 luglio 2012, n. 164; provv. Banca d'Italia 17 maggio 2016, in suppl. ord. n. 17 a G.U., 1° giugno 2016, n. 127.

(3) Articolo inserito dall'art. 1.13, d.lg. 15 dicembre 2017, n. 218.

(4) Rubrica così sostituita alla precedente «Trasparenza delle condizioni contrattuali» dall'art. 4.1, d.lg. 13 agosto 2010, n. 141. In base all'art. 6.2, d.lg. cit., come sostituito dall'art. 4.2, d.lg. 14 dicembre 2010, n. 218, «Le disposizioni contenute nel titolo II del presente decreto entrano in vigore il centoventesimo giorno successivo alla sua pubblicazione. Le disposizioni che a tale data risultano adottate dalle Autorità creditizie in base a norme modificate o sostituite dal titolo II rimangono in vigore in quanto compatibili».

(5) Le disposizioni del presente titolo si applicano, in quanto compatibili, ai soggetti che svolgono l'attività di mediazione creditizia: art. 16.4, l. 7 marzo 1996, n. 108, in *Leggi coll. IX, 6*. V. Istruzioni Banca d'Italia in G.U., 29 maggio 1996, n. 124 e art. 23.4, d.lg. 24 febbraio 1998, n. 58, in *Leggi coll. XVIII, 1*; provv. UIC 29 aprile 2005, in G.U., 20 maggio 2005, n. 116; Disposizioni Banca d'Italia in materia di trasparenza delle operazioni e dei servizi bancari e finanziari – Correttezza delle relazioni tra intermediari e clienti 30 settembre 2016, in suppl. ord. n. 46 a G.U., 21 ottobre 2016, n. 247, modificato con provv. Banca d'Italia 5 dicembre 2018, in G.U., 19 dicembre 2018, n. 294.

(6) Capo così sostituito dall'art. 4.2, d.lg. 13 agosto 2010, n. 141. In base all'art. 6.2, d.lg. cit., come sostituito dall'art. 4.2, d.lg. 14 dicembre 2010, n. 218, «Le disposizioni contenute nel titolo II del presente decreto entrano in vigore il centoventesimo giorno successivo alla sua pubblicazione. Le disposizioni che a tale data risultano adottate dalle Autorità creditizie in base a norme modificate o sostituite dal titolo II rimangono in vigore in quanto compatibili».

(7) La parola «titolo» è stata così sostituita alla precedente «capo» dall'art. 1.1, lett. a, d.lg. 21 aprile 2016, n. 72. In base all'art. 3.1, d.lg. cit., tali disposizioni «si applicano a partire dal 1° luglio 2016 e ai contratti di credito sottoscritti successivamente a tale data. Ai contratti sottoscritti anteriormente continuano ad applicarsi le disposizioni vigenti nel giorno di entrata in vigore del presente decreto legislativo».

svolte nel territorio della Repubblica dalle banche e dagli intermediari finanziari.

2. Il Ministro dell'economia e delle finanze può individuare, in considerazione dell'attività svolta, altri soggetti da sottoporre alle norme del presente capo.

3. Le disposizioni del presente capo, a meno che siano espressamente richiamate, non si applicano ai contratti di credito disciplinati dai capi I-*bis* e II (1) e ai servizi di pagamento disciplinati dal capo II-*bis*.

116. *Pubblicità*. — 1. Le banche e gli intermediari finanziari rendono noti in modo chiaro ai clienti i tassi di interesse, i prezzi e le altre condizioni economiche relative alle operazioni e ai servizi offerti, ivi compresi gli interessi di mora e le valute applicate per l'imputazione degli interessi. Per le operazioni di finanziamento, comunque denominate, è pubblicizzato il tasso effettivo globale medio previsto dall'art. 2, commi 1 e 2, della l. 7 marzo 1996, n. 108. Non può essere fatto rinvio agli usi.

1-*bis*. Le banche e gli intermediari finanziari rendono noti gli indicatori che assicurano la trasparenza informativa alla clientela, quali l'indicatore sintetico di costo e il profilo dell'utente, anche attraverso gli sportelli automatici e gli strumenti di accesso tramite internet ai servizi bancari (2).

2. Il Ministro dell'economia e delle finanze, sentite la Consob e la Banca d'Italia, stabilisce, con riguardo ai titoli di Stato:

a) criteri e parametri per la determinazione delle eventuali commissioni massime addebitabili alla clientela in occasione del collocamento;

b) criteri e parametri volti a garantire la trasparente determinazione dei rendimenti;

c) gli ulteriori obblighi di pubblicità, trasparenza e propaganda, da osservare nell'attività di collocamento (3).

3. Il CICR:

a) individua le operazioni e i servizi da sottoporre a pubblicità;

b) dette disposizioni relative alla forma, al contenuto, alle modalità della pubblicità e alla conservazione agli atti dei documenti comprovanti le informazioni pubblicizzate;

c) stabilisce criteri uniformi per l'indicazione dei tassi d'interesse e per il calcolo degli interessi e degli altri elementi che incidono sul contenuto economico dei rapporti;

d) individua gli elementi essenziali, fra quelli previsti dal comma 1, che devono essere indicati negli annunci pubblicitari e nelle offerte, con qualsiasi mezzo effettuati, con cui i soggetti indicati nell'art. 115 rendono nota la disponibilità delle operazioni e dei servizi (4).

4. Le informazioni pubblicizzate non costituiscono offerta al pubblico a norma dell'art. 1336 del codice civile.

117. *Contratti*. — 1. I contratti sono redatti per iscritto e un esemplare è consegnato ai clienti.

2. Il CICR può prevedere che, per motivate ragioni tecniche, particolari contratti possano essere stipulati in altra forma.

3. Nel caso di inosservanza della forma prescritta il contratto è nullo.

4. I contratti indicano il tasso d'interesse e ogni altro prezzo e condizione praticati, inclusi, per i contratti di credito, gli eventuali maggiori oneri in caso di mora (5).

5. .... (6).

6 (7). Sono nulle e si considerano non apposte le clausole contrattuali di rinvio agli usi per la determinazione dei tassi di interesse e di ogni altro prezzo e condizione praticati nonché quelle che prevedono tassi, prezzi e condizioni più sfavorevoli per i clienti di quelli pubblicizzati.

7 (7). In caso di inosservanza del comma 4 e nelle ipotesi di nullità indicate nel comma 6 (8), si applicano:

(1) Le parole «dai capi I-*bis* e II» sono state così sostituite alle precedenti «dal capo II» dall'art. 1.1, lett. b, d.lg. 21 aprile 2016, n. 72. In base all'art. 3.1, d.lg. cit., tali disposizioni «si applicano a partire dal 1° luglio 2016 e ai contratti di credito sottoscritti successivamente a tale data. Ai contratti sottoscritti anteriormente continuano ad applicarsi le disposizioni vigenti nel giorno di entrata in vigore del presente decreto legislativo».

(2) Comma inserito dall'art. 2.17, d.l. 24 gennaio 2015, n. 3, conv. in l. 24 marzo 2015, n. 33.

(3) Sulle norme per la trasparenza nel collocamento dei titoli di Stato v. d.m. Economia e Finanze 15 gennaio 2015, in G.U., 17 gennaio 2015, n. 13.

(4) Per determinazioni in materia di credito ai consumatori v. d.m. Economia e Finanze 3 febbraio 2011, in *Leggi coll. XVII, 4*.

(5) Sulle clausole contrattuali aventi ad oggetto la commissione di massimo scoperto e sulle clausole che prevedono una remunerazione accordata alla banca per la messa a disposizione e l'utilizzazione di fondi v. art. 2-*bis*, d.l. 29 novembre 2008, n. 185, conv. in l. 28 gennaio 2009, n. 2, in *Leggi coll. XVII, 10*.

(6) Comma soppresso dall'art. 3.1, d.lg. 14 dicembre 2010, n. 218.

(7) Comma così rinumerato dall'art. 3.1, d.lg. 14 dicembre 2010, n. 218.

(8) Le parole «nullità indicate nel comma 6» sono state così sostituite alle precedenti «nullità indicate nel comma 5» dall'art. 3.1, d.lg. 14 dicembre 2010, n. 218.

a) il tasso nominale minimo e quello massimo, rispettivamente per le operazioni attive e per quelle passive, dei buoni ordinari del tesoro annuali o di altri titoli similari eventualmente indicati dal Ministro dell'economia e delle finanze, emessi nei dodici mesi precedenti la conclusione del contratto o, se più favorevoli per il cliente, emessi nei dodici mesi precedenti lo svolgimento dell'operazione;

b) gli altri prezzi e condizioni pubblicizzati per le corrispondenti categorie di operazioni e servizi al momento della conclusione del contratto o, se più favorevoli per il cliente, al momento in cui l'operazione è effettuata o il servizio viene reso; in mancanza di pubblicità nulla è dovuto.

8 (1). La Banca d'Italia può prescrivere che determinati contratti, individuati attraverso una particolare denominazione o sulla base di specifici criteri qualificativi, abbiano un contenuto tipico determinato. I contratti difformi sono nulli. Resta ferma la responsabilità della banca o dell'intermediario finanziario per la violazione delle prescrizioni della Banca d'Italia.

117-*bis*. *Remunerazione degli affidamenti e degli sconfinamenti*. — 1. I contratti di apertura di credito possono prevedere, quali unici oneri a carico del cliente, una commissione onnicomprensiva calcolata in maniera proporzionale rispetto alla somma messa a disposizione del cliente e alla durata dell'affidamento, e un tasso di interesse debitore sulle somme prelevate. L'ammontare della commissione, determinata in coerenza con la delibera del CICR anche in relazione alle specifiche tipologie di apertura di credito e con particolare riguardo per i conti correnti (2), non può superare lo 0,5 per cento, per trimestre, della somma messa a disposizione del cliente.

2. A fronte di sconfinamenti in assenza di affidamento ovvero oltre il limite del fido, i contratti di conto corrente e di apertura di credito possono prevedere, quali unici oneri a carico del cliente, una commissione di istruttoria veloce determinata in misura fissa, espressa in valore assoluto, commisurata ai costi e un tasso di interesse debitore sull'ammontare dello sconfinamento (3).

3. Le clausole che prevedono oneri diversi o non conformi rispetto a quanto stabilito nei commi 1 e 2 sono nulle. La nullità della clausola non comporta la nullità del contratto.

4. Il CICR adotta disposizioni applicative del presente articolo, ivi comprese quelle in materia di trasparenza e comparabilità (4), e può prevedere che esso si applichi ad altri contratti per i quali si pongano analoghe esigenze di tutela del cliente; il CICR prevede i casi in cui, in relazione all'entità e alla durata dello sconfinamento, non sia dovuta la commissione di istruttoria veloce di cui al comma 2 (5) (6) (7).

118. *Modifica unilaterale delle condizioni*

(1) Comma così rinumerato dall'art. 3.1, d.lg. 14 dicembre 2010, n. 218.

(2) Le parole «, determinata in coerenza con la delibera del CICR anche in relazione alle specifiche tipologie di apertura di credito e con particolare riguardo per i conti correnti» sono state inserite dall'art. 1.1-*bis*, d.l. 24 marzo 2012, n. 29, conv. in l. 18 maggio 2012, n. 62.

(3) L'art. 1.1-*ter*, d.l. 24 marzo 2012, n. 29, conv. in l. 18 maggio 2012, n. 62, così dispone: «La commissione di cui al comma 2 dell'art. 117-*bis* del t.u. di cui al d.lg. 1° settembre 1993, n. 385, non si applica alle famiglie consumatrici titolari di conto corrente, nel caso di sconfinamenti pari o inferiori a 500 euro in assenza di affidamento ovvero oltre il limite di fido, per un solo periodo, per ciascun trimestre bancario, non superiore alla durata di sette giorni consecutivi».

(4) Le parole «, ivi comprese quelle in materia di trasparenza e comparabilità,» sono state inserite dall'art. 1.1-*quater*, d.l. 24 marzo 2012, n. 29, conv. in l. 18 maggio 2012, n. 62.

(5) L'art. 27.2-3, d.l. 24 gennaio 2012, n. 1, conv. in l. 24 marzo 2012, n. 27, così dispone: «2. La delibera dei CICR di cui al comma 4 dell'art. 117-*bis* del d.lg. 1° settembre 1993, n. 385, è adottata entro il termine del 31 maggio 2012 e la complessiva disciplina entra in vigore non oltre il 1° luglio successivo. || 3. I contratti di apertura di credito e di conto corrente in corso sono adeguati entro tre mesi dalla data di entrata in vigore della delibera CICR di cui al comma 2, con l'introduzione di clausole conformi alle disposizioni di cui all'articolo 117-*bis* del d.lg. 1° settembre 1993, n. 385, ai sensi dell'art. 118 del medesimo decreto legislativo».

(6) Articolo inserito dall'art. 6-*bis*, d.l. 6 dicembre 2011, n. 201, conv. in l. 22 dicembre 2011, n. 214.

(7) L'art. 27-*bis*, d.l. 24 gennaio 2012, n. 1, conv. in l. 24 marzo 2012, n. 27, come modificato dall'art. 1.1, lett. a, d.l. 24 marzo 2012, n. 29, conv. in l. 18 maggio 2012, n. 62, così dispone: «Art. 27-*bis*. *Nullità di clausole nei contratti bancari*. — 1. Sono nulle tutte le clausole comunque denominate che prevedano commissioni a favore delle banche a fronte della concessione di linee di credito, della loro messa a disposizione, del loro mantenimento in essere, del loro utilizzo anche nel caso di sconfinamenti in assenza di affidamento ovvero oltre il limite del fido, stipulate in violazione delle disposizioni applicative dell'art. 117-*bis* del t.u. delle leggi in materia bancaria e creditizia, di cui al d.lg. 1° settembre 1993, n. 385, adottate dal Comitato interministeriale per il credito ed il risparmio al fine di rendere i costi trasparenti e immediatamente comparabili».

Per la disciplina della remunerazione degli affidamenti e degli sconfinamenti in attuazione di questo articolo v. decreto CICR 30 giugno 2012, in G.U. 5 luglio 2012, n. 155.

contrattuali. — 1. Nei contratti a tempo indeterminato può essere convenuta, con clausola approvata specificamente dal cliente, la facoltà di modificare unilateralmente i tassi, i prezzi e le altre condizioni previste dal contratto qualora sussista un giustificato motivo. Negli altri contratti di durata la facoltà di modifica unilaterale può essere convenuta esclusivamente per le clausole non aventi ad oggetto i tassi di interesse, sempre che sussista un giustificato motivo.

2. Qualunque modifica unilaterale delle condizioni contrattuali deve essere comunicata espressamente al cliente secondo modalità contenenti in modo evidenziato la formula: «Proposta di modifica unilaterale del contratto», con preavviso minimo di due mesi, in forma scritta o mediante altro supporto durevole preventivamente accettato dal cliente. Nei rapporti al portatore la comunicazione è effettuata secondo le modalità stabilite dal CICR. La modifica si intende approvata ove il cliente non receda, senza spese, dal contratto entro la data prevista per la sua applicazione. In tale caso, in sede di liquidazione del rapporto, il cliente ha diritto all'applicazione delle condizioni precedentemente praticate (1).

2-*bis*. Se il cliente non è un consumatore, né una micro-impresa come definita dall'art. 1, comma 1, lett. *t*), del d.lg. 27 gennaio 2010, n. 11, nei contratti di durata diversi da quelli a tempo indeterminato di cui al comma 1 del presente articolo possono essere inserite clausole, espressamente approvate dal cliente, che prevedano la possibilità di modificare i tassi di interesse al verificarsi di specifici eventi e condizioni, predeterminati nel contratto (2).

3. Le variazioni contrattuali per le quali non siano state osservate le prescrizioni del presente articolo sono inefficaci, se sfavorevoli per il cliente.

4. Le variazioni dei tassi di interesse adottate in previsione o in conseguenza di decisioni di politica monetaria riguardano contestualmente sia i tassi debitori che quelli creditori, e si applicano con modalità tali da non recare pregiudizio al cliente.

119. *Comunicazioni periodiche alla clientela*. — 1. Nei contratti di durata i soggetti indicati nell'art. 115 forniscono al cliente, in forma scritta o mediante altro supporto durevole preventivamente accettato dal cliente stesso, alla scadenza del contratto e comunque almeno una volta all'anno, una comunicazione chiara in merito allo svolgimento del rapporto. Il CICR indica il contenuto e le modalità della comunicazione (1).

2. Per i rapporti regolati in conto corrente l'estratto conto è inviato al cliente con periodicità annuale o, a scelta del cliente, con periodicità semestrale, trimestrale o mensile.

3. In mancanza di opposizione scritta da parte del cliente, gli estratti conto e le altre comunicazioni periodiche alla clientela si intendono approvati trascorsi sessanta giorni dal ricevimento.

4. Il cliente, colui che gli succede a qualunque titolo e colui che subentra nell'amministrazione dei suoi beni hanno diritto di ottenere, a proprie spese, entro un congruo termine e comunque non oltre novanta giorni, copia della documentazione inerente a singole operazioni poste in essere negli ultimi dieci anni. Al cliente possono essere addebitati (3) solo i costi di produzione di tale documentazione (4).

120. *Decorrenza delle valute e calcolo degli interessi*. — 01 (5). Il titolare del conto corrente ha la disponibilità economica delle somme relative agli assegni circolari o bancari versati sul suo conto, rispettivamente emessi da o tratti su una banca insediata in Italia, entro i quattro giorni lavorativi successivi al versamento.

1 (5). Gli interessi sul versamento di assegni presso una banca sono conteggiati fino al giorno del prelevamento e con le seguenti valute:

a) dal giorno in cui è effettuato il versamento, per gli assegni circolari emessi dalla stessa banca e per gli assegni bancari tratti sulla stessa banca presso la quale è effettuato il versamento;

(1) Per determinazioni in materia di credito ai consumatori v. d.m. Economia e Finanze 3 febbraio 2011, in *Leggi coll. XVII, 4*.

(2) Comma inserito dall'art. 8.5, lett. f, d.l. 13 maggio 2011, n. 70, conv. in l. 12 luglio 2011, n. 106. In base all'art. 8.5, lett. g, d.l. cit.: «le disposizioni del comma 2-*bis* dell'art. 118 del t.u. di cui al d.lg. 1° settembre 1993, n. 385, introdotto dalla lett. *f*) del presente comma, non si applicano ai contratti in corso alla data di entrata in vigore del presente decreto. Le modifiche introdotte ai contratti in corso alla predetta data sono inefficaci».

(3) La parola «addebitati» è stata così sostituita alla precedente «addebitate» dall'art. 3.2, d.lg. 14 dicembre 2010, n. 218.

(4) L'art. 3.4, d.lg. 15 febbraio 2016, n. 30, così dispone: «Le comunicazioni periodiche relative ai contratti di deposito previste ai sensi dell'art. 119 del d.lg. 1° settembre 1993, n. 385, includono la conferma che il deposito è ammesso al rimborso e un riferimento al modulo di cui al comma 3, nonché l'indicazione del sito web del sistema di garanzia pertinente. Almeno una volta all'anno, al depositante è fornita una versione aggiornata del modulo».

(5) Comma così rinumerato dall'art. 3.3, d.lg. 14 dicembre 2010, n. 218.

b) per gli assegni diversi da quelli di cui alla lett. *a*), dal giorno lavorativo successivo al versamento, se si tratta di assegni circolari emessi da una banca insediata in Italia, e dal terzo giorno lavorativo successivo al versamento, se si tratta di assegni bancari tratti su una banca insediata in Italia.

1-*bis* (1). Il CICR può stabilire termini inferiori a quelli previsti nei commi 01 e 1 in relazione all'evoluzione delle procedure telematiche disponibili per la gestione del servizio di incasso degli assegni.

2. Il CICR stabilisce modalità e criteri per la produzione di interessi nelle operazioni poste in essere nell'esercizio dell'attività bancaria, prevedendo in ogni caso che:

a) nei rapporti di conto corrente o di conto di pagamento sia assicurata, nei confronti della clientela, la stessa periodicità nel conteggio degli interessi sia debitori sia creditori, comunque non inferiore ad un anno; gli interessi sono conteggiati il 31 dicembre di ciascun anno e, in ogni caso, al termine del rapporto per cui sono dovuti;

b) gli interessi debitori maturati, ivi compresi quelli relativi a finanziamenti a valere su carte di credito, non possono produrre interessi ulteriori, salvo quelli di mora, e sono calcolati esclusivamente sulla sorte capitale; per le aperture di credito regolate in conto corrente e in conto di pagamento, per gli sconfinamenti anche in assenza di affidamento ovvero oltre il limite del fido:

1) gli interessi debitori sono conteggiati al 31 dicembre e divengono esigibili il 1° marzo dell'anno successivo a quello in cui sono maturati; nel caso di chiusura definitiva del rapporto, gli interessi sono immediatamente esigibili;

2) il cliente può autorizzare, anche preventivamente, l'addebito degli interessi sul conto al momento in cui questi divengono esigibili; in questo caso la somma addebitata è considerata sorte capitale; l'autorizzazione è revocabile in ogni momento, purché prima che l'addebito abbia avuto luogo (2).

3. Per gli strumenti di pagamento diversi dagli assegni circolari e bancari restano ferme le disposizioni sui tempi di esecuzione, data valuta e disponibilità di fondi previste dagli articoli da 19 a 23 del d.lg. 27 gennaio 2010, n. 11 (3).

120-*bis*. *Recesso*. — 1. Il cliente ha diritto di recedere in ogni momento da un contratto a tempo indeterminato senza penalità e senza spese. Il CICR individua i casi in cui la banca o l'intermediario finanziario possono chiedere al cliente un rimborso delle spese sostenute in relazione a servizi aggiuntivi da questo richiesti in occasione del recesso (4).

120-*ter*. *Estinzione anticipata dei mutui immobiliari*. — 1. È nullo qualunque patto o clausola, anche posteriore alla conclusione del contratto, con il quale si convenga che il mutuatario sia tenuto al pagamento di un compenso o penale o ad altra prestazione a favore del soggetto mutuante per l'estinzione anticipata o parziale dei mutui stipulati o accollati a seguito di frazionamento, anche ai sensi del d.lg. 20 giugno 2005, n. 122 (5), per l'acquisto o per la ristrutturazione di unità immobiliari adibite ad abitazione ovvero allo svolgimento della propria attività economica o professionale da parte di persone fisiche. La nullità del patto o della clausola opera di diritto e non comporta la nullità del contratto.

2. Le disposizioni di cui al presente articolo [...] (6) trovano applicazione, nei casi e alle condizioni ivi previsti, anche per i finanziamenti concessi da enti di previdenza obbligatoria ai loro iscritti.

120-*quater*. *Surrogazione nei contratti di finanziamento. Portabilità*. — 1. In caso di contratti di finanziamento conclusi da intermediari bancari e finanziari, l'esercizio da parte del debitore della facoltà di surrogazione di cui all'art. 1202 del codice civile non è precluso dalla non esigibilità del credito o dalla pattuizione di un termine a favore del creditore.

2. Per effetto della surrogazione di cui al comma 1, il mutuante surrogato subentra nelle garanzie, personali e reali, accessorie al credito cui la surrogazione si riferisce.

3. La surrogazione di cui al comma 1 comporta il trasferimento del contratto, alle condizioni stipulate tra il cliente e l'intermediario subentrante, con esclusione di penali o altri oneri di qualsiasi natura. L'annotamento di

(1) Comma così rinumerato dall'art. 3.3, d.lg. 14 dicembre 2010, n. 218.
(2) Comma già sostituito dall'art. 1.629, l. 27 dicembre 2013, n. 147. Successivamente le lett. *a*) e *b*) sono state così sostituite dall'art. 17-*bis*, d.l. 14 febbraio 2016, n. 18, conv. in l. 8 aprile 2016, n. 49.
(3) In *Leggi coll. XVII, 5*.
(4) Per determinazioni in materia di credito ai consumatori v. d.m. Economia e Finanze 3 febbraio 2011, in *Leggi coll. XVII, 4*.
(5) In *Leggi coll. V, 2*.
(6) Le parole «e quelle contenute nell'art. 40-*bis*» sono state soppresse dall'art. 8.8, lett. b, d.l. 13 maggio 2011, n. 70, conv. in l. 12 luglio 2011, n. 106.

surrogazione può essere richiesto al conservatore senza formalità, allegando copia autentica dell'atto di surrogazione stipulato per atto pubblico o scrittura privata. Con provvedimento del direttore dell'Agenzia del territorio di concerto con il Ministero della giustizia, sono stabilite specifiche modalità di presentazione, per via telematica, dell'atto di surrogazione (1).

4. Non possono essere imposte al cliente spese o commissioni per la concessione del nuovo finanziamento, per l'istruttoria e per gli accertamenti catastali, che si svolgono secondo procedure di collaborazione tra intermediari improntate a criteri di massima riduzione dei tempi, degli adempimenti e dei costi connessi. In ogni caso, gli intermediari non applicano alla clientela costi di alcun genere, neanche in forma indiretta, per l'esecuzione delle formalità connesse alle operazioni di surrogazione.

5. Nel caso in cui il debitore intenda avvalersi della facoltà di surrogazione di cui al comma 1, resta salva la possibilità del finanziatore originario e del debitore di pattuire la variazione senza spese delle condizioni del contratto in essere, mediante scrittura privata anche non autenticata.

6. È nullo ogni patto, anche posteriore alla stipulazione del contratto, con il quale si impedisca o si renda oneroso per il debitore l'esercizio della facoltà di surrogazione di cui al comma 1. La nullità del patto non comporta la nullità del contratto.

7. La surrogazione di cui al comma 1 deve perfezionarsi entro il termine di trenta giorni lavorativi (2) dalla data in cui il cliente chiede al mutuante surrogato di acquisire dal finanziatore originario l'esatto importo del proprio debito residuo. Nel caso in cui la surrogazione non si perfezioni entro il termine di trenta giorni lavorativi (2), per cause dovute al finanziatore originario, quest'ultimo è comunque tenuto a risarcire il cliente in misura pari all'1 per cento del valore del finanziamento per ciascun mese o frazione di mese di ritardo. Resta ferma la possibilità per il finanziatore originario di rivalersi sul mutuante surrogato, nel caso in cui il ritardo sia dovuto a cause allo stesso imputabili (3).

8. La surrogazione per volontà del debitore e la rinegoziazione di cui al presente articolo non comportano il venir meno dei benefici fiscali.

9. Le disposizioni di cui al presente articolo:

a) si applicano, nei casi e alle condizioni ivi previsti, anche ai finanziamenti concessi da enti di previdenza obbligatoria ai loro iscritti;

a-bis) si applicano ai soli contratti di finanziamento conclusi da intermediari bancari e finanziari con persone fisiche o micro-imprese, come definite dall'art. 1, comma 1, lett. *t*), del d.lg. 27 gennaio 2010, n. 11 (4);

b) non si applicano ai contratti di locazione finanziaria.

10. Sono fatti salvi i commi 4-*bis*, 4-*ter* e 4-*quater* dell'art. 8 del d.l. 31 gennaio 2007, n. 7, convertito, con modificazioni, dalla l. 2 aprile 2007, n. 40 (5).

CAPO I-*bis*

CREDITO IMMOBILIARE AI CONSUMATORI (6) (7)

120-*quinquies*. *Definizioni*. — 1. Nel presente capo, l'espressione:

a) «Codice del consumo» indica il d.lg. 6 settembre 2005, n. 206;

b) «consumatore» indica una persona fisica che agisce per scopi estranei all'attività imprenditoriale, commerciale, artigianale o professionale eventualmente svolta;

c) «contratto di credito» indica un contratto di credito con cui un finanziatore concede o si impegna a concedere a un consumatore un credito sotto forma di dilazione di pagamento, di prestito o di altra facilitazione finan-

(1) Ultimo periodo aggiunto dall'art. 8.8, lett. c, n. 1, d.l. 13 maggio 2011, n. 70, conv. in l. 12 luglio 2011, n. 106. Sulle modalità di presentazione per via telematica v. provv. Agenzia del territorio 26 giugno 2012, in G.U., 27 giugno 2012, n. 148.

(2) Le parole «trenta giorni lavorativi» sono state così sostituite alle precedenti «dieci giorni» dall'art. 23-*bis*, d.l. 18 ottobre 2012, n. 179, conv. in l. 17 dicembre 2012, n. 221.

(3) Comma così sostituito, da ultimo, dall'art. 27-*quinquies*, d.l. 24 gennaio 2012, n. 1, conv. in l. 24 marzo 2012, n. 27.

(4) Lettera inserita dall'art. 8.8, lett. c, n. 3, d.l. 13 maggio 2011, n. 70, conv. in l. 12 luglio 2011, n. 106.

(5) In *Leggi coll. XXI, 4*.

(6) Capo inserito dall'art. 1.2, d.lg. 21 aprile 2016, n. 72. In base all'art. 3.1, d.lg. cit.: «Salvo quanto previsto dai commi 2, 3 e 4, le disposizioni del presente decreto si applicano a partire dal 1° luglio 2016 e ai contratti di credito sottoscritti successivamente a tale data. Ai contratti sottoscritti anteriormente continuano ad applicarsi le disposizioni vigenti nel giorno di entrata in vigore del presente decreto legislativo».

(7) Per l'attuazione del Capo I-*bis* v. decreto Comitato Interministeriale per il Credito ed il Risparmio 29 settembre 2016, in G.U., 14 ottobre 2016, n. 241.

ziaria, quando il credito è garantito da un'ipoteca sul diritto di proprietà o su altro diritto reale avente a oggetto beni immobili residenziali o è finalizzato all'acquisto o alla conservazione del diritto di proprietà su un terreno o su un immobile edificato o progettato;

d) «costo totale del credito» indica gli interessi e tutti gli altri costi, incluse le commissioni, le imposte e le altre spese, a eccezione di quelle notarili, che il consumatore deve pagare in relazione al contratto di credito e di cui il finanziatore è a conoscenza;

e) «finanziatore» indica un soggetto che, essendo abilitato a erogare finanziamenti a titolo professionale nel territorio della Repubblica, offre o stipula contratti di credito;

f) «importo totale del credito» indica il limite massimo o la somma totale degli importi messi a disposizione in virtù di un contratto di credito;

g) «intermediario del credito» indica gli agenti in attività finanziaria, i mediatori creditizi o qualsiasi altro soggetto, diverso dal finanziatore, che nell'esercizio della propria attività commerciale o professionale svolge, a fronte di un compenso in denaro o di altro vantaggio economico oggetto di pattuizione e nel rispetto delle riserve di attività previste dalla legislazione vigente, almeno una delle seguenti attività:

1) presentazione o proposta di contratti di credito ovvero altre attività preparatorie in vista della conclusione di tali contratti;

2) conclusione di contratti di credito per conto del finanziatore;

h) «servizio accessorio connesso con il contratto di credito» indica un servizio offerto al consumatore in combinazione con il contratto di credito;

i) «servizio di consulenza» indica le raccomandazioni personalizzate fornite al consumatore ai sensi dell'art. 120-*terdecies* in merito a una o più operazioni relative a contratti di credito; l'offerta di contratti di credito e le attività indicate negli artt. 120-*octies*, 120-*novies*, 120-*decies*, 120-*undecies*, 120-*duodecies* non implicano un servizio di consulenza;

l) «supporto durevole» indica ogni strumento che permetta al consumatore di conservare le informazioni che gli sono personalmente indirizzate in modo da potervi accedere in futuro per un periodo di tempo adeguato alle finalità cui esse sono destinate e che permetta la riproduzione identica delle informazioni memorizzate;

m) «Tasso annuo effettivo globale» o «TAEG» indica il costo totale del credito per il consumatore espresso in percentuale annua dell'importo totale del credito;

n) «valuta estera» indica una valuta diversa da quella in cui, al momento della conclusione del contratto, il consumatore percepisce il proprio reddito o detiene le attività con le quali dovrà rimborsare il finanziamento ovvero una valuta diversa da quella avente corso legale nello Stato membro dell'Unione europea in cui il consumatore ha la residenza al momento della conclusione del contratto.

2. Nel costo totale del credito sono inclusi anche i costi relativi a servizi accessori connessi con il contratto di credito, compresi i premi assicurativi, se la conclusione di un contratto avente ad oggetto tali servizi è un requisito per ottenere il credito, o per ottenerlo alle condizioni offerte. Sono inoltre inclusi i costi della valutazione dei beni se essa è necessaria per ottenere il credito. Sono esclusi i costi di connessi con la trascrizione dell'atto di compravendita del bene immobile e le eventuali penali pagabili dal consumatore per l'inadempimento degli obblighi stabiliti nel contratto di credito.

3. La Banca d'Italia, in conformità alle deliberazioni del CICR, stabilisce le modalità di calcolo del TAEG, secondo le disposizioni della dir. 2014/17/UE e del presente decreto (1).

120-*sexies*. *Ambito di applicazione*. — 1. Le disposizioni del presente capo si applicano ai contratti di credito, comunque denominati, a eccezione dei seguenti casi:

a) contratti di credito in cui il finanziatore:

1) concede una tantum o periodicamente una somma di denaro o eroga credito sotto altre forme in cambio di una somma derivante dalla vendita futura di un bene immobile residenziale o di un diritto reale su un bene immobile residenziale; e

2) non chiede il rimborso del credito fino al verificarsi di uno o più eventi specifici afferenti la vita del consumatore, salvo in caso di violazione, da parte del consumatore, dei propri obblighi contrattuali che consenta al finanziatore di domandare la risoluzione del contratto di credito;

b) contratti di credito mediate i quali un datore di lavoro, al di fuori della sua attività principale, concede ai dipendenti crediti senza interessi o a un TAEG inferiore a quello prevalente sul mercato e non offerti al pubblico in genere;

c) contratti di credito, individuati dalla

(1) Per l'attuazione del Capo I-*bis* v. decreto Comitato Interministeriale per il Credito ed il Risparmio 29 settembre 2016, in G.U., 14 ottobre 2016, n. 241.

legge, relativi a prestiti concessi a un pubblico ristretto, con finalità di interesse generale, che non prevedono il pagamento di interessi o prevedono tassi inferiori a quelli prevalenti sul mercato oppure ad altre condizioni più favorevoli per il consumatore rispetto a quelle prevalenti sul mercato e a tassi debitori non superiori a quelli prevalenti sul mercato;

d) contratti di credito in cui il credito è concesso senza interessi o ulteriori oneri, a esclusione di quelli per il recupero dei costi direttamente connessi all'ipoteca;

e) contratti di credito nella forma dell'apertura di credito, qualora il credito sia da rimborsare entro un mese;

f) contratti di credito risultanti da un accordo raggiunto davanti a un giudice o altra autorità prevista dalla legge;

g) contratti di credito relativi alla dilazione, senza spese, del pagamento di un debito esistente, se non comportano l'iscrizione di un'ipoteca;

h) contratti di credito non garantiti finalizzati alla ristrutturazione di un bene immobile residenziale;

i) contratti di credito in cui la durata non è determinata o in cui il credito deve essere rimborsato entro dodici mesi ed è destinato ad essere utilizzato come finanziamento temporaneo in vista di altre soluzioni per finanziarie l'acquisto della proprietà di un bene immobile.

120-*septies*. *Principi generali*. — 1. Il finanziatore e l'intermediario del credito, nell'ambito delle attività disciplinate dal presente capo:

a) si comportano con diligenza, correttezza, e trasparenza, tenendo conto dei diritti e degli interessi dei consumatori;

b) basano la propria attività sulle informazioni rilevanti riguardanti la situazione del consumatore, su ogni bisogno particolare che questi ha comunicato, su ipotesi ragionevoli con riguardo ai rischi cui è esposta la situazione del consumatore per la durata del contratto di credito.

120-*octies*. *Pubblicità*. — 1. Fermo restando quanto previsto dalla parte II, titolo III, del Codice del consumo, gli annunci pubblicitari relativi a contratti di credito sono effettuati in forma corretta, chiara e non ingannevole. Essi non contengono formulazioni che possano indurre nel consumatore false aspettative sulla disponibilità o il costo del credito.

2. Gli annunci pubblicitari che riportano il tasso di interesse o altre cifre concernenti il costo del credito indicano le seguenti informazioni di base, in maniera chiara, precisa, evidenziata e, a seconda del mezzo usato, facilmente leggibile o udibile:

a) il finanziatore o, se del caso, l'intermediario del credito;

b) se del caso, il fatto che il contratto di credito sarà garantito da un'ipoteca su beni immobili residenziali oppure su un diritto reale avente a oggetto beni immobili residenziali;

c) il tasso d'interesse, precisando se fisso o variabile o una combinazione dei due tipi, corredato di informazioni dettagliate relative alle commissioni e agli altri oneri compresi nel costo totale del credito per il consumatore;

d) l'importo totale del credito;

e) il TAEG, che deve avere un'evidenza all'interno dell'annuncio almeno equivalente a quella di ogni tasso di interesse;

f) l'esistenza di eventuali servizi accessori necessari per ottenere il credito o per ottenerlo alle condizioni pubblicizzate, qualora i costi relativi a tali servizi non siano inclusi nel TAEG in quanto non determinabili in anticipo;

g) la durata del contratto di credito, se determinata;

h) se del caso, l'importo delle rate;

i) se del caso, l'importo totale che il consumatore è tenuto a pagare;

l) se del caso, il numero delle rate;

m) in caso di finanziamenti in valuta estera, un'avvertenza relativa al fatto che eventuali fluttuazioni del tasso di cambio potrebbero incidere sull'importo che il consumatore è tenuto a pagare.

3. Le informazioni elencate al comma 2, lett. *c*), *d*), *e*), *f*), *g*), *h*), *i*), *l*), sono specificate con l'impiego di un esempio rappresentativo.

4. Il CICR, su proposta della Banca d'Italia, precisa le caratteristiche delle informazioni da includere negli annunci pubblicitari, le modalità per la loro divulgazione e i criteri per la definizione dell'esempio rappresentativo (1) (2).

120-*novies*. *Obblighi precontrattuali*. — 1. Il finanziatore o l'intermediario del credito mette a disposizione del consumatore, in qualsiasi

(1) L'art. 3.2, d.lg. 21 aprile 2016, n. 72, così dispone: «Gli artt. 120-*octies*, 120-*novies*, 120-*decies*, comma 3, del d.lg. 1° settembre 1993, n. 385, si applicano a partire dal 1° novembre 2016; le disposizioni di attuazione dei medesimi articoli sono emanate entro il 30 settembre 2016. Fino al 31 ottobre 2016 si applica quanto previsto ai sensi dell'art. 116 del d.lg. 1° settembre 1993, n. 385».

(2) Per l'attuazione del Capo I-*bis* v. decreto Comitato Interministeriale per il Credito ed il Risparmio 29 settembre 2016, in G.U., 14 ottobre 2016, n. 241.

momento, un documento contenente informazioni generali chiare e comprensibili sui contratti di credito offerti, su supporto cartaceo o altro supporto durevole. Il documento precisa anche:

a) le informazioni e le evidenze documentali che il consumatore deve fornire ai sensi dell'art. 120-*undecies*, comma 1, e il termine entro il quale esse devono essere fornite;

b) l'avvertimento che il credito non può essere accordato se la valutazione del merito creditizio non può essere effettuata a causa della scelta del consumatore di non fornire le informazioni o gli elementi di verifica necessari alla valutazione;

c) se verrà consultata una banca dati, in conformità dell'art. 13 del d.lg. 30 giugno 2003, n. 196;

d) se del caso, la possibilità di ricevere servizi di consulenza.

2. Il finanziatore o l'intermediario del credito fornisce al consumatore le informazioni personalizzate necessarie per consentire il confronto delle diverse offerte di credito sul mercato, valutarne le implicazioni e prendere una decisione informata in merito alla conclusione di un contratto di credito. Le informazioni personalizzate sono fornite su supporto cartaceo o su altro supporto durevole attraverso la consegna del modulo denominato «Prospetto informativo europeo standardizzato». Il modulo è consegnato tempestivamente dopo che il consumatore ha fornito le informazioni necessarie circa le sue esigenze, la sua situazione finanziaria e le sue preferenze in conformità all'art. 120-*undecies*, comma 1, e comunque in tempo utile, prima che il consumatore sia vincolato da un contratto di credito o da un'offerta. Le informazioni aggiuntive che il finanziatore o l'intermediario del credito debba o voglia fornire al consumatore sono riportate in un documento distinto.

3. Prima della conclusione del contratto di credito, il consumatore ha diritto a un periodo di riflessione di almeno sette giorni per confrontare le diverse offerte di credito sul mercato, valutarne le implicazioni e prendere una decisione informata. Durante il periodo di riflessione, l'offerta è vincolante per il finanziatore e il consumatore può accettare l'offerta in qualunque momento.

4. Quando al consumatore è proposta un'offerta vincolante per il finanziatore, l'offerta è fornita su supporto cartaceo o su altro supporto durevole e include la bozza del contratto di credito; essa è accompagnata dalla consegna del modulo denominato «Prospetto informativo europeo standardizzato» se:

a) il modulo non è stato fornito in precedenza al consumatore; o

b) le caratteristiche dell'offerta sono diverse dalle informazioni contenute nel modulo denominato «Prospetto informativo europeo standardizzato» precedentemente fornito.

5. Il finanziatore o l'intermediario del credito fornisce al consumatore chiarimenti adeguati sui contratti di credito ed eventuali servizi accessori proposti, in modo che questi possa valutare se il contratto di credito e i servizi accessori proposti siano adatti alle sue esigenze e alla sua situazione finanziaria.

6. Il CICR, su proposta della Banca d'Italia, detta disposizioni di attuazione del presente articolo, anche con riferimento a:

a) il contenuto, i criteri di redazione, le modalità di messa a disposizione delle informazioni precontrattuali;

b) le modalità e la portata dei chiarimenti da fornire al consumatore ai sensi del comma 5;

c) gli obblighi specifici da osservare nei casi di comunicazioni mediante telefonia vocale, anche prevedendo informazioni aggiuntive rispetto a quanto previsto dall'art. 67-*novies* del Codice del consumo;

d) l'informazione da rendere al consumatore sul contenuto e sui possibili effetti dell'accordo previsto dall'art. 120-*quinquiesdecies*, comma 3 (1) (2).

120-*decies*. *Obblighi di informazione relativi agli intermediari del credito*. — 1. L'intermediario del credito, in tempo utile prima dell'esercizio di una delle attività di intermediazione del credito, fornisce al consumatore almeno le seguenti informazioni, su supporto cartaceo o su altro supporto durevole:

a) la denominazione e la sede dell'intermediario del credito;

b) il registro in cui è iscritto, il numero di registrazione e i mezzi esperibili per verificare la registrazione;

c) se l'intermediario del credito è soggetto a vincolo di mandato o opera in via esclusiva

(1) L'art. 3.2, d.lg. 21 aprile 2016, n. 72, così dispone: «Gli artt. 120-*octies*, 120-*novies*, 120-*decies*, comma 3, del d.lg. 1° settembre 1993, n. 385, si applicano a partire dal 1° novembre 2016; le disposizioni di attuazione dei medesimi articoli sono emanate entro il 30 settembre 2016. Fino al 31 ottobre 2016 si applica quanto previsto ai sensi dell'art. 116 del d.lg. 1° settembre 1993, n. 385».

(2) Per l'attuazione del Capo I-*bis* v. decreto Comitato Interministeriale per il Credito ed il Risparmio 29 settembre 2016, in G.U., 14 ottobre 2016, n. 241.

con uno o più finanziatori; in questo caso, l'intermediario del credito indica la denominazione del finanziatore o dei finanziatori per i quali opera. L'intermediario del credito può dichiarare di essere indipendente se è un consulente indipendente ai sensi dell'art. 120-*terdecies*, comma 2;

d) se presta servizi di consulenza;

e) se previsto, il compenso che il consumatore deve versare all'intermediario del credito per i suoi servizi o, ove non sia determinato, il metodo per il calcolo di tale compenso;

f) le procedure attraverso le quali i consumatori o le altre parti interessate possono presentare reclami nei confronti dell'intermediario del credito e le modalità di accesso a un meccanismo extragiudiziale di reclamo e di ricorso, ove esistente;

g) l'esistenza e, se noto, l'importo di eventuali commissioni o altre somme che il finanziatore o terzi dovranno versare all'intermediario del credito per i servizi dallo stesso prestati in relazione al contratto di credito. Se l'importo non è noto al momento della comunicazione, l'intermediario del credito informa il consumatore che l'importo effettivo sarà comunicato in una fase successiva nel modulo denominato «Prospetto informativo europeo standardizzato»;

h) se l'intermediario del credito richiede il pagamento di un compenso da parte del consumatore e riceve anche una commissione da parte del finanziatore o da un terzo, la spiegazione circa l'eventuale detrazione della commissione, in tutto o in parte, dal compenso corrisposto dal consumatore stesso;

i) se l'intermediario del credito riceve commissioni da uno o più finanziatori, il diritto del consumatore di chiedere e ottenere informazioni indicate al comma 2.

2. Nel caso indicato al comma 1, lett. *i*), l'intermediario del credito, su richiesta del consumatore, fornisce a quest'ultimo informazioni comparabili sull'ammontare delle commissioni percepite da ciascun finanziatore.

3. Ai fini del calcolo del TAEG da inserire nel modulo denominato «Prospetto informativo europeo standardizzato», l'intermediario del credito comunica al finanziatore l'eventuale compenso che il consumatore è tenuto a versargli in relazione ai servizi di intermediazione del credito (1).

4. Gli intermediari del credito assicurano che, in aggiunta alle informazioni previste dal presente articolo, i propri collaboratori e dipendenti comunichino al consumatore, al momento di contattarlo o prima di trattare con lo stesso, la qualifica in base alla quale operano e l'intermediario del credito che essi rappresentano.

120-*undecies*. *Verifica del merito creditizio*. — 1. Prima della conclusione del contratto di credito, il finanziatore svolge una valutazione approfondita del merito creditizio del consumatore, tenendo conto dei fattori pertinenti per verificare le prospettive di adempimento da parte del consumatore degli obblighi stabiliti dal contratto di credito. La valutazione del merito creditizio è effettuata sulla base delle informazioni sulla situazione economica e finanziaria del consumatore necessarie, sufficienti e proporzionate e opportunamente verificate.

2. Le informazioni di cui al comma 1 comprendono quelle fornite dal consumatore anche mediante l'intermediario del credito; il finanziatore può chiedere chiarimenti al consumatore sulle informazioni ricevute, se necessario per consentire la valutazione del merito creditizio.

3. Il finanziatore non risolve il contratto di credito concluso con il consumatore né vi apporta modifiche svantaggiose per il consumatore, ai sensi dell'art. 118, in ragione del fatto che la valutazione del merito creditizio è stata condotta scorrettamente o che le informazioni fornite dal consumatore prima della conclusione del contratto di credito ai sensi del comma 1 erano incomplete, salvo che il consumatore abbia intenzionalmente omesso di fornire tali informazioni o abbia fornito informazioni false.

4. Prima di procedere a un aumento significativo dell'importo totale del credito dopo la conclusione del contratto di credito, il finanziatore svolge una nuova valutazione del merito creditizio del consumatore sulla base di informazioni aggiornate, a meno che il credito supplementare fosse previsto e incluso nella valutazione del merito creditizio originaria.

5. Quando la domanda di credito è respinta, il finanziatore informa il consumatore senza indugio del rifiuto e, se del caso, del fatto che la decisione è basata sul trattamento automatico di dati.

6. Il presente articolo non pregiudica l'applicazione del d.lg. 30 giugno 2003, n. 196.

7. Si applica quanto stabilito ai sensi dell'art. 125.

(1) L'art. 3.2, d.lg. 21 aprile 2016, n. 72, così dispone: «Gli artt. 120-*octies*, 120-*novies*, 120-*decies*, comma 3, del d.lg. 1° settembre 1993, n. 385, si applicano a partire dal 1° novembre 2016; le disposizioni di attuazione dei medesimi articoli sono emanate entro il 30 settembre 2016. Fino al 31 ottobre 2016 si applica quanto previsto ai sensi dell'art. 116 del d.lg. 1° settembre 1993, n. 385».

8. finanziatori elaborano e documentano la propria politica di offerta di contratti di credito, che include l'elencazione dei tipi di diritti e beni su cui può vertere l'ipoteca.

9. La Banca d'Italia detta disposizioni attuative del presente articolo.

120-*duodecies*. *Valutazione dei beni immobili*. — 1. I finanziatori applicano standard affidabili per la valutazione dei beni immobili residenziali ai fini della concessione di credito garantito da ipoteca. Quando la valutazione è condotta da soggetti terzi, i finanziatori assicurano che questi ultimi adottino standard affidabili.

2. La valutazione è svolta da persone competenti sotto il profilo professionale e indipendenti dal processo di commercializzazione del credito, in modo da poter fornire una valutazione imparziale ed obiettiva, documentata su supporto cartaceo o su altro supporto durevole.

3. La Banca d'Italia detta disposizioni di attuazione del presente articolo, tenendo anche conto della banca dati dell'Osservatorio del mercato immobiliare dell'Agenzia delle entrate; ai fini del comma 1 può essere prevista l'applicazione di standard elaborati in sede di autoregolamentazione (1).

120-*terdecies*. *Servizi di consulenza*. — 1. Il servizio di consulenza è riservato ai finanziatori e agli intermediari del credito.

2. Il servizio di consulenza può essere qualificato come indipendente solo se è reso dai consulenti di cui all'art. 128-*sexies*, comma 2-*bis*.

3. Nello svolgimento del servizio di consulenza i finanziatori e gli intermediari del credito:

a) agiscono nel migliore interesse del consumatore;

b) acquisiscono informazioni aggiornate sulla situazione personale e finanziaria, sugli obiettivi e sulle preferenze del consumatore;

c) forniscono al consumatore una raccomandazione personalizzata in merito a una o più operazioni relative a contratti di credito, adeguata rispetto ai suoi bisogni e alla sua situazione personale e finanziaria; la raccomandazione, fornita in forma cartacea o su altro supporto durevole, riguarda anche eventuali servizi accessori connessi con il contratto di credito e tiene conto di ipotesi ragionevoli circa i rischi per la situazione del consumatore per tutta la durata del contratto di credito raccomandato;

d) prendono in considerazione, ai fini della raccomandazione, un numero sufficientemente ampio di contratti di credito nell'ambito della gamma di prodotti da essi stessi offerti o, nel caso dei mediatori creditizi, un numero sufficientemente ampio di contratti di credito disponibili sul mercato.

4. Prima della prestazione di servizi di consulenza, il finanziatore o l'intermediario del credito fornisce al consumatore le seguenti informazioni su supporto cartaceo o su altro supporto durevole:

a) la gamma di prodotti presi in considerazione ai fini della raccomandazione;

b) se del caso, il compenso dovuto dal consumatore per i servizi di consulenza o, qualora al momento della comunicazione l'importo non possa essere accertato, il metodo utilizzato per calcolarlo;

c) quando consentito, se percepiscono un compenso dai finanziatori in relazione al servizio di consulenza.

120-*quaterdecies*. *Finanziamenti denominati in valuta estera*. — 1. Se il credito è denominato in una valuta estera, il consumatore ha il diritto di convertire in qualsiasi momento la valuta in cui è denominato il contratto in una delle seguenti valute:

a) la valuta in cui è denominata la parte principale del suo reddito o in cui egli detiene le attività con le quali dovrà rimborsare il finanziamento, come indicato al momento della più recente valutazione del merito creditizio condotta in relazione al contratto di credito;

b) la valuta avente corso legale nello Stato membro dell'Unione europea in cui il consumatore aveva la residenza al momento della conclusione del contratto o ha la residenza al momento della richiesta di conversione.

2. Il CICR, su proposta della Banca d'Italia, può stabilire condizioni per il diritto alla conversione, con particolare riguardo a:

a) la variazione minima del tasso di cambio che deve aver avuto luogo rispetto al momento della conclusione del contratto, comunque non superiore rispetto a quella indicata al comma 4;

b) il compenso onnicomprensivo che il consumatore può essere tenuto a corrispondere al finanziatore in base al contratto (2).

(1) L'art. 3.3, d.lg. 21 aprile 2016, n. 72, così dispone: «L'art. 120-*duodecies* del d.lg. 1° settembre 1993, n. 385, si applica a partire dal 1° novembre 2016; le disposizioni di attuazione previste dal comma 3 del medesimo articolo sono emanate entro il 30 settembre 2016».

(2) Per l'attuazione del Capo I-*bis* v. decreto Comitato Interministeriale per il Credito ed il Risparmio 29 settembre 2016, in G.U., 14 ottobre 2016, n. 241.

3. Salvo che non sia diversamente previsto nel contratto, il tasso di cambio al quale avviene la conversione è pari al tasso rilevato dalla Banca centrale europea nel giorno in cui è stata presentata la domanda di conversione.

4. Se il valore dell'importo totale del credito o delle rate residui varia di oltre il 20 per cento rispetto a quello che risulterebbe applicando il tasso di cambio tra la valuta in cui è denominato il finanziamento e l'euro al momento in cui è stato concluso il contratto di credito, il finanziatore ne informa il consumatore nell'ambito delle comunicazioni previste ai sensi dell'art. 119. La comunicazione informa il consumatore del diritto di convertire il finanziamento in una valuta alternativa e delle condizioni per farlo.

120-*quinquiesdecies*. *Inadempimento del consumatore*. — 1. Fermo restando quanto previsto ai sensi dell'art. 40, comma 2, il finanziatore adotta procedure per gestire i rapporti con i consumatori in difficoltà nei pagamenti. La Banca d'Italia adotta disposizioni di attuazione del presente comma, con particolare riguardo agli obblighi informativi e di correttezza del finanziatore, nonché ai casi di eventuale stato di bisogno o di particolare debolezza del consumatore.

2. Il finanziatore non può imporre al consumatore oneri, derivanti dall'inadempimento, superiori a quelli necessari a compensare i costi sostenuti a causa dell'inadempimento stesso.

3. Fermo quanto previsto dall'art. 2744 del codice civile, le parti possono convenire, con clausola espressa, al momento della conclusione del contratto di credito, che in caso di inadempimento del consumatore la restituzione o il trasferimento del bene immobile oggetto di garanzia reale o dei proventi della vendita del medesimo bene comporta l'estinzione dell'intero debito a carico del consumatore derivante dal contratto di credito anche se il valore del bene immobile restituito o trasferito ovvero l'ammontare dei proventi della vendita è inferiore al debito residuo. Se il valore dell'immobile come stimato dal perito ovvero l'ammontare dei proventi della vendita è superiore al debito residuo, il consumatore ha diritto all'eccedenza. In ogni caso, il finanziatore si adopera con ogni diligenza per conseguire dalla vendita il miglior prezzo di realizzo. La clausola non può essere pattuita in caso di surrogazione nel contratto di credito ai sensi dell'art. 120-*quater* (1).

4. Agli effetti del comma 3:

a) il finanziatore non può condizionare la conclusione del contratto di credito alla sottoscrizione della clausola;

b) se il contratto di credito contiene la clausola, il consumatore è assistito, a titolo gratuito, da un consulente al fine di valutarne la convenienza;

c) costituisce inadempimento il mancato pagamento di un ammontare equivalente a diciotto rate mensili; non costituiscono inadempimento i ritardati pagamenti che consentono la risoluzione del contratto ai sensi dell'art. 40, comma 2;

d) il valore del bene immobile oggetto della garanzia è stimato da un perito indipendente scelto dalle parti di comune accordo ovvero, in caso di mancato raggiungimento dell'accordo, nominato dal Presidente del Tribunale territorialmente competente con le modalità di cui al terzo comma dell'art. 696 del codice di procedura civile, con una perizia successiva all'inadempimento. Si applica quanto previsto ai sensi dell'art. 120-*duodecies* (2).

5. Con decreto, il Ministro dell'economia e delle finanze, di concerto con il Ministro della giustizia, sentita la Banca d'Italia, detta disposizioni di attuazione dei commi 3 e 4.

6. Nei casi, diversi da quelli di cui al comma 3, in cui il finanziatore fa ricorso all'espropriazione immobiliare e, a seguito dell'escussione della garanzia residui un debito a carico del consumatore, il relativo obbligo di pagamento decorre dopo sei mesi dalla conclusione della procedura esecutiva.

120-*sexiesdecies*. *Osservatorio del mercato immobiliare*. — 1. L'Osservatorio del mercato immobiliare istituito presso l'Agenzia delle entrate assicura il controllo statistico sul mercato

(1) L'art. 3.1, d.lg. 21 aprile 2016, n. 72, così dispone: «La clausola di cui all'art. 120-*quinquiesdecies*, comma 3, del d.lg. 1° settembre 1993, n. 385 non può essere inserita nei contratti aventi a oggetto la rinegoziazione di un contratto di credito come definito dall'art. 120-*quinquies*, comma 1, lett. *c*), del d.lg. 1° settembre 1993, n. 385, concluso anteriormente alla data di entrata in vigore del presente decreto». L'art. 3.4, d.lg. cit., così dispone: «I commi 3 e 4 dell'art. 120-*quinquiesdecies* del d.lg. 1° settembre 1993, n. 385, si applicano decorsi 60 giorni dall'entrata in vigore delle disposizioni di attuazione previste dal comma 5 del medesimo articolo, da adottarsi entro 180 giorni dall'entrata in vigore del presente decreto».

(2) L'art. 3.4, d.lg. 21 aprile 2016, n. 72, così dispone: «I commi 3 e 4 dell'art. 120-*quinquiesdecies* del d.lg. 1° settembre 1993, n. 385, si applicano decorsi 60 giorni dall'entrata in vigore delle disposizioni di attuazione previste dal comma 5 del medesimo articolo, da adottarsi entro 180 giorni dall'entrata in vigore del presente decreto».

immobiliare residenziale ed effettua le opportune comunicazioni ai fini dei controlli di vigilanza macro-prudenziale.

120-*septiesdecies*. *Remunerazioni e requisiti di professionalità*. — 1. I finanziatori remunerano il personale e, se del caso, gli intermediari del credito in modo da assicurare il rispetto degli obblighi previsti ai sensi del presente capo.

2. I finanziatori assicurano che il personale abbia un livello di professionalità adeguato per predisporre, offrire e concludere contratti di credito o contratti accessori a quest'ultimo nonché prestare servizi di consulenza.

3. La Banca d'Italia detta disposizioni di attuazione del presente articolo, anche individuando le categorie di personale interessate.

120-*octiesdecies*. *Pratiche di commercializzazione abbinata*. — 1. È vietata l'offerta o la commercializzazione di un contratto di credito in un pacchetto che comprende altri prodotti o servizi finanziari distinti, qualora il contratto di credito non sia disponibile per il consumatore separatamente.

2. È fatto salvo quanto stabilito dall'art. 23, comma 4, del d.lg. 24 febbraio 1998, n. 58, dall'art. 28 del d.l. 24 gennaio 2012, n. 1, convertito, con modificazioni, dalla l. 24 marzo 2012, n. 27, e dall'art. 21, comma 3-*bis*, del Codice del consumo.

120-*noviesdecies*. *Disposizioni applicabili*. — 1. Ai contratti di credito disciplinati dal presente capo si applicano gli artt. 117, 118, 119, 120, comma 2, 120-*ter*, 120-*quater*, 125-*sexies*, comma 1.

2. Il finanziatore e l'intermediario del credito forniscono gratuitamente ai consumatori le informazioni previste ai sensi del presente capo, anche in deroga a quanto previsto dall'art. 127-*bis*.

CAPO II

CREDITO AI CONSUMATORI (1)

121. *Definizioni*. — 1. Nel presente capo, l'espressione:

a) «Codice del consumo» indica il d.lg. 6 settembre 2005, n. 206 (2);

b) «consumatore» indica una persona fisica che agisce per scopi estranei all'attività imprenditoriale, commerciale, artigianale o professionale eventualmente svolta;

c) «contratto di credito» indica il contratto con cui un finanziatore concede o si impegna a concedere a un consumatore un credito sotto forma di dilazione di pagamento, di prestito o di altra facilitazione finanziaria;

d) «contratto di credito collegato» indica un contratto di credito finalizzato esclusivamente a finanziare la fornitura di un bene o la prestazione di un servizio specifici se ricorre almeno una delle seguenti condizioni:

1) il finanziatore si avvale del fornitore del bene o del prestatore del servizio per promuovere o concludere il contratto di credito;

2) il bene o il servizio specifici sono esplicitamente individuati nel contratto di credito;

e) «costo totale del credito» indica gli interessi e tutti gli altri costi, incluse le commissioni, le imposte e le altre spese, a eccezione di quelle notarili, che il consumatore deve pagare in relazione al contratto di credito e di cui il finanziatore è a conoscenza;

f) «finanziatore» indica un soggetto che, essendo abilitato a erogare finanziamenti a titolo professionale nel territorio della Repubblica, offre o stipula contratti di credito;

g) «importo totale del credito» indica il limite massimo o la somma totale degli importi messi a disposizione in virtù di un contratto di credito;

h) «intermediario del credito» indica gli agenti in attività finanziaria, i mediatori creditizi o qualsiasi altro soggetto, diverso dal finanziatore, che nell'esercizio della propria attività commerciale o professionale svolge, a fronte di un compenso in denaro o di altro vantaggio economico oggetto di pattuizione e nel rispetto delle riserve di attività previste dal Titolo VI-*bis*, almeno una delle seguenti attività:

1) presentazione o proposta di contratti di credito ovvero altre attività preparatorie in vista della conclusione di tali contratti;

2) conclusione di contratti di credito per conto del finanziatore;

i) «sconfinamento» indica l'utilizzo da parte del consumatore di fondi concessi dal finanziatore in eccedenza rispetto al saldo del conto corrente in assenza di apertura di credito ovvero rispetto all'importo dell'apertura di credito concessa;

l) «supporto durevole» indica ogni strumento che permetta al consumatore di conservare le informazioni che gli sono personalmen-

(1) Capo così sostituito dall'art. 1, d.lg. 13 agosto 2010, n. 141. V. provv. Banca d'Italia 9 febbraio 2011, in suppl. ord. n. 40 a G.U., 16 febbraio 2011, n. 38. Sull'istituzione di un sistema pubblico di prevenzione delle frodi nel settore del credito al consumo, con specifico riferimento al furto d'identità, v. d.lg. 11 aprile 2011, n. 164.

(2) In *Leggi coll. XI, 6.*

te indirizzate in modo da potervi accedere in futuro per un periodo di tempo adeguato alle finalità cui esse sono destinate e che permetta la riproduzione identica delle informazioni memorizzate;

m) «tasso annuo effettivo globale» o «TAEG» indica il costo totale del credito per il consumatore espresso in percentuale annua dell'importo totale del credito.

2. Nel costo totale del credito sono inclusi anche i costi relativi a servizi accessori connessi con il contratto di credito, compresi i premi assicurativi, se la conclusione di un contratto avente ad oggetto tali servizi è un requisito per ottenere il credito, o per ottenerlo alle condizioni offerte.

3. La Banca d'Italia, in conformità alle deliberazioni del CICR, stabilisce le modalità di calcolo del TAEG, ivi inclusa la specificazione dei casi in cui i costi di cui al comma 2 sono compresi nel costo totale del credito (1).

122. *Ambito di applicazione*. — 1. Le disposizioni del presente capo si applicano ai contratti di credito comunque denominati, a eccezione dei seguenti casi:

a) finanziamenti di importo inferiore a 200 euro o superiore a 75.000 euro. Ai fini del computo della soglia minima si prendono in considerazione anche i crediti frazionati concessi attraverso più contratti, se questi sono riconducibili a una medesima operazione economica;

b) contratti di somministrazione previsti dagli artt. 1559, e seguenti, del codice civile e contratti di appalto di cui all'art. 1677 del codice civile;

c) finanziamenti nei quali è escluso il pagamento di interessi o di altri oneri;

d) finanziamenti a fronte dei quali il consumatore è tenuto a corrispondere esclusivamente commissioni per un importo non significativo, qualora il rimborso del credito debba avvenire entro tre mesi dall'utilizzo delle somme;

e) finanziamenti destinati all'acquisto o alla conservazione di un diritto di proprietà su un terreno o su un immobile edificato o progettato;

f) finanziamenti garantiti da ipoteca su beni immobili [...] (2);

g) finanziamenti, concessi da banche o da imprese di investimento, finalizzati a effettuare un'operazione avente a oggetto strumenti finanziari quali definiti dall'art. 1, comma 2, del d.lg. 24 febbraio 1998, n. 58, e successive modificazioni (3), purché il finanziatore partecipi all'operazione;

h) finanziamenti concessi in base a un accordo raggiunto dinanzi all'autorità giudiziaria o a un'altra autorità prevista dalla legge;

i) dilazioni del pagamento di un debito preesistente concesse gratuitamente dal finanziatore;

l) finanziamenti garantiti da pegno su un bene mobile, se il consumatore non è obbligato per un ammontare eccedente il valore del bene;

m) contratti di locazione, a condizione che in essi sia prevista l'espressa clausola che in nessun momento la proprietà della cosa locata possa trasferirsi, con o senza corrispettivo, al locatario;

n) iniziative di microcredito ai sensi dell'art. 111 e altri contratti di credito individuati con legge relativi a prestiti concessi a un pubblico ristretto, con finalità di interesse generale, che non prevedono il pagamento di interessi o prevedono tassi inferiori a quelli prevalenti sul mercato oppure ad altre condizioni più favorevoli per il consumatore rispetto a quelle prevalenti sul mercato e a tassi d'interesse non superiori a quelli prevalenti sul mercato;

o) contratti di credito sotto forma di sconfinamento del conto corrente, salvo quanto disposto dall'art. 125-*octies*.

1-*bis.* In deroga a quanto previsto al comma 1, lett. *a*), il presente capo si applica ai contratti di credito non garantiti finalizzati alla ristrutturazione di un immobile residenziale, anche se il finanziamento ha un importo superiore a 75.000 euro (4).

2. Alle aperture di credito regolate in conto

(1) Per determinazioni in materia di credito ai consumatori v. d.m. Economia e Finanze 3 febbraio 2011, in *Leggi coll. XVII, 4*.

(2) Le parole «aventi una durata superiore a cinque anni» sono state soppresse dall'art. 1.3, lett. a, d.lg. 21 aprile 2016, n. 72. In base all'art. 3.1, d.lg. cit., tali disposizioni «si applicano a partire dal 1° luglio 2016 e ai contratti di credito sottoscritti successivamente a tale data. Ai contratti sottoscritti anteriormente continuano ad applicarsi le disposizioni vigenti nel giorno di entrata in vigore del presente decreto legislativo».

(3) In *Leggi coll. XVIII, 1*.

(4) Comma inserito dall'art. 1.3, lett. b, d.lg. 21 aprile 2016, n. 72. In base all'art. 3.1, d.lg. cit., tali disposizioni «si applicano a partire dal 1° luglio 2016 e ai contratti di credito sottoscritti successivamente a tale data. Ai contratti sottoscritti anteriormente continuano ad applicarsi le disposizioni vigenti nel giorno di entrata in vigore del presente decreto legislativo».

corrente, qualora il rimborso delle somme prelevate debba avvenire su richiesta della banca ovvero entro tre mesi dal prelievo, non si applicano [...] (1) gli artt. 123, comma 1, lettere da *d*) a *f*), 124, comma 5, 125-*ter*, 125-*quater*, 125-*sexies*, 125-*octies* (2).

3. Ai contratti di locazione finanziaria (leasing) che, anche sulla base di accordi separati, non comportano l'obbligo di acquisto della cosa locata da parte del consumatore, non si applica l'art. 125-*ter*, commi da 1 a 4.

4. Alle dilazioni del pagamento e alle altre modalità agevolate di rimborso di un debito preesistente, concordate tra le parti a seguito di un inadempimento del consumatore, non si applicano gli artt. 124, comma 5, 124-*bis* (3), 125-*ter*, 125-*quinquies*, 125-*septies* nei casi stabiliti dal CICR (4).

5. I venditori di beni e servizi possono concludere contratti di credito nella sola forma della dilazione del prezzo con esclusione del pagamento degli interessi e di altri oneri.

123. *Pubblicità*. — 1. Fermo restando quanto previsto dalla parte II (5), titolo III, del Codice del consumo (6), gli annunci pubblicitari che riportano il tasso d'interesse o altre cifre concernenti il costo del credito indicano le seguenti informazioni di base, in forma chiara, concisa e graficamente evidenziata con l'impiego di un esempio rappresentativo:

a) il tasso d'interesse, specificando se fisso o variabile, e le spese comprese nel costo totale del credito;

b) l'importo totale del credito;

c) il TAEG;

d) l'esistenza di eventuali servizi accessori necessari per ottenere il credito o per ottenerlo alle condizioni pubblicizzate, qualora i costi relativi a tali servizi non siano inclusi nel TAEG in quanto non determinabili in anticipo;

e) la durata del contratto, se determinata;

f) se determinabile in anticipo, l'importo totale dovuto dal consumatore, nonché l'ammontare delle singole rate.

2. La Banca d'Italia, in conformità alle deliberazioni del CICR, precisa le caratteristiche delle informazioni da includere negli annunci pubblicitari e le modalità della loro divulgazione (4).

124. *Obblighi precontrattuali*. — 1. Il finanziatore o l'intermediario del credito, sulla base delle condizioni offerte dal finanziatore e, se del caso, delle preferenze espresse e delle informazioni fornite dal consumatore, forniscono al consumatore, prima che egli sia vincolato da un contratto o da un'offerta di credito, le informazioni necessarie per consentire il confronto delle diverse offerte di credito sul mercato, al fine di prendere una decisione informata e consapevole in merito alla conclusione di un contratto di credito.

2. Le informazioni di cui al comma 1 sono fornite dal finanziatore o dall'intermediario del credito su supporto cartaceo o su altro supporto durevole attraverso il modulo contenente le «Informazioni europee di base sul credito ai consumatori». Gli obblighi informativi di cui al comma 1 si considerano assolti attraverso la consegna di tale modulo. Il finanziatore o l'intermediario forniscono qualsiasi informazione aggiuntiva in un documento distinto, che può essere allegato al modulo.

3. Se il contratto di credito è stato concluso, su richiesta del consumatore, usando un mezzo di comunicazione a distanza che non consente di fornire le informazioni di cui al comma 1, il finanziatore o l'intermediario del credito forniscono al consumatore il modulo di cui al comma 2 immediatamente dopo la conclusione del contratto di credito.

4. Su richiesta, al consumatore, oltre al modulo di cui al comma 2, è fornita gratuitamente copia della bozza del contratto di credito, salvo che il finanziatore o l'intermediario del credito, al momento della richiesta, non intenda procedere (7) alla conclusione del contratto di credito con il consumatore.

5. Il finanziatore o l'intermediario del credito forniscono al consumatore chiarimenti ade-

(1) Le parole «il comma 5 e» sono state soppresse dall'art. 1.1, d.lg. 14 dicembre 2010, n. 218.

(2) Le parole «, 125-*septies*» erano state aggiunte dall'art. 1.1, d.lg. 14 dicembre 2010, n. 218. Successivamente le parole «125-*octies*» sono state così sostituite alle precedenti «125-*septies*» dall'art. 1.1, lett. a, d.lg. 19 settembre 2012, n. 169, che ha modificato l'art. 1.1, d.lg. 13 agosto 2010, n. 141.

(3) Le parole «comma 5, 124-*bis*» sono state così sostituite alle precedenti «commi 5 e 7» dall'art. 1.1, lett. b, d.lg. 19 settembre 2012, n. 169, che ha modificato l'art. 1.1, d.lg. 13 agosto 2010, n. 141.

(4) Per determinazioni in materia di credito ai consumatori v. d.m. Economia e Finanze 3 febbraio 2011, in *Leggi coll. XVII, 4*.

(5) Le parole «parte II» sono state così sostituite alle precedenti «parte I» dall'art. 1.2, d.lg. 14 dicembre 2010, n. 218.

(6) In *Leggi coll. XI, 6*.

(7) Le parole «non intenda procedere» sono state così sostituite alle precedenti «intenda procedere» dall'art. 1.3, d.lg. 14 dicembre 2010, n. 218.

guati, in modo che questi possa valutare se il contratto di credito proposto sia adatto alle sue esigenze e alla sua situazione finanziaria, eventualmente illustrando le informazioni precontrattuali che devono essere fornite ai sensi dei commi 1 e 2, le caratteristiche essenziali dei prodotti proposti e gli effetti specifici che possono avere sul consumatore, incluse le conseguenze del mancato pagamento. In caso di offerta contestuale di più contratti non collegati ai sensi dell'art. 121, comma 1, lett. *d*), è comunque specificato se la validità dell'offerta è condizionata alla conclusione congiunta di detti contratti.

6. I fornitori di merci o prestatori di servizi che agiscono come intermediari del credito a titolo accessorio non sono tenuti a osservare gli obblighi di informativa precontrattuale previsti dal presente articolo. Il finanziatore assicura che il consumatore riceva comunque le informazioni precontrattuali; assicura inoltre che i fornitori di merci o prestatori di servizi rispettino la disciplina ad essi applicabile ai sensi del presente Capo (1).

7. La Banca d'Italia, in conformità alle deliberazioni del CICR, detta disposizioni di attuazione del presente articolo, con riferimento a:

a) il contenuto, i criteri di redazione, le modalità di messa a disposizione delle informazioni precontrattuali;

b) le modalità e la portata dei chiarimenti da fornire al consumatore ai sensi del comma 5, anche in caso di contratti conclusi congiuntamente;

c) gli obblighi specifici o derogatori da osservare nei casi di: comunicazioni mediante telefonia vocale; aperture di credito regolate in conto corrente; dilazioni di pagamento non gratuite e altre modalità agevolate di rimborso di un credito preesistente, concordate tra le parti a seguito di un inadempimento del consumatore; offerta attraverso intermediari del credito che operano a titolo accessorio (2).

124-*bis*. *Verifica del merito creditizio*. — 1. Prima della conclusione del contratto di credito, il finanziatore valuta il merito creditizio del consumatore sulla base di informazioni adeguate, se del caso fornite dal consumatore stesso e, ove necessario, ottenute consultando una banca dati pertinente.

2. Se le parti convengono di modificare l'importo totale del credito dopo la conclusione del contratto di credito, il finanziatore aggiorna le informazioni finanziarie di cui dispone riguardo al consumatore e valuta il merito creditizio del medesimo prima di procedere ad un aumento significativo dell'importo totale del credito.

3. La Banca d'Italia, in conformità alle deliberazioni del CICR, detta disposizioni attuative del presente articolo (2).

125. *Banche dati*. — 1. I gestori delle banche dati contenenti informazioni nominative sul credito consentono l'accesso dei finanziatori degli Stati membri dell'Unione europea alle proprie banche dati a condizioni non discriminatorie rispetto a quelle previste per gli altri finanziatori abilitati nel territorio della Repubblica. Il CICR, sentito il Garante per la protezione dei dati personali, individua le condizioni di accesso, al fine di garantire il rispetto del principio di non discriminazione (2).

2. Se il rifiuto della domanda di credito si basa sulle informazioni presenti in una banca dati, il finanziatore informa il consumatore immediatamente e gratuitamente del risultato della consultazione e degli estremi della banca dati.

3. I finanziatori informano preventivamente il consumatore la prima volta che segnalano a una banca dati le informazioni negative previste dalla relativa disciplina. L'informativa è resa unitamente all'invio di solleciti, altre comunicazioni, o in via autonoma.

4. I finanziatori assicurano che le informazioni comunicate alle banche dati siano esatte e aggiornate. In caso di errore rettificano prontamente i dati errati.

5. I finanziatori informano il consumatore sugli effetti che le informazioni negative registrate a suo nome in una banca dati possono avere sulla sua capacità di accedere al credito.

6. Il presente articolo non pregiudica l'applicazione del d.lg. 30 giugno 2003, n. 196 (3).

125-*bis*. *Contratti e comunicazioni*. — 1. I contratti di credito sono redatti su supporto cartaceo o su altro supporto durevole che soddisfi i requisiti della forma scritta nei casi previsti dalla legge e contengono in modo chiaro e conciso le informazioni e le condizioni stabilite dalla Banca d'Italia, in conformità alle deliberazioni del CICR. Una copia del contratto è consegnata ai clienti (2).

2. Ai contratti di credito si applicano l'art.

(1) Comma così sostituito dall'art. 1.1, lett. c, d.lg. 19 settembre 2012, n. 169, che ha modificato l'art. 1.1, d.lg. 13 agosto 2010, n. 141.

(2) Per determinazioni in materia di credito ai consumatori v. d.m. Economia e Finanze 3 febbraio 2011, in *Leggi coll. XVII, 4*.

(3) In *Leggi coll. II, 3*.

117, commi 2, 3 e 6, nonché gli artt. 118, 119, comma 4, e 120, comma 2.

3. In caso di offerta contestuale di più contratti da concludere per iscritto, diversi da quelli collegati ai sensi dell'art. 121, comma 1, lett. *d*), il consenso del consumatore va acquisito distintamente per ciascun contratto attraverso documenti separati.

4. Nei contratti di credito di durata il finanziatore fornisce periodicamente al cliente, su supporto cartaceo o altro supporto durevole una comunicazione completa e chiara in merito allo svolgimento del rapporto. La Banca d'Italia, in conformità alle deliberazioni del CICR, fissa i contenuti e le modalità di tale comunicazione (1).

5. Nessuna somma può essere richiesta o addebitata al consumatore se non sulla base di espresse previsioni contrattuali.

6. Sono nulle le clausole del contratto relative a costi a carico del consumatore che, contrariamente a quanto previsto ai sensi dell'art. 121, comma 1, lett. *e*), non sono stati inclusi o sono stati inclusi in modo non corretto nel TAEG pubblicizzato nella documentazione predisposta secondo quanto previsto dall'art. 124. La nullità della clausola non comporta la nullità del contratto.

7. Nei casi di assenza o di nullità delle relative clausole contrattuali:

a) il TAEG equivale al tasso nominale minimo dei buoni del tesoro annuali o di altri titoli similari eventualmente indicati dal Ministro dell'economia e delle finanze, emessi nei dodici mesi precedenti la conclusione del contratto. Nessuna altra somma è dovuta dal consumatore a titolo di tassi di interesse, commissioni o altre spese;

b) la durata del credito è di trentasei mesi.

8. Il contratto è nullo se non contiene le informazioni essenziali ai sensi del comma 1 su:

a) il tipo di contratto;

b) le parti del contratto;

c) l'importo totale del finanziamento e le condizioni di prelievo e di rimborso.

9. In caso di nullità del contratto, il consumatore non può essere tenuto a restituire più delle somme utilizzate e ha facoltà di pagare quanto dovuto a rate, con la stessa periodicità prevista nel contratto o, in mancanza, in trentasei rate mensili.

125-*ter*. *Recesso del consumatore*. — 1. Il consumatore può recedere dal contratto di credito entro quattordici giorni; il termine decorre dalla conclusione del contratto o, se successivo, dal momento in cui il consumatore riceve tutte le condizioni e le informazioni previste ai sensi dell'art. 125-*bis*, comma 1. In caso di uso di tecniche di comunicazione a distanza il termine è calcolato secondo l'art. 67-*duodecies*, comma 3, del Codice del consumo (2).

2. Il consumatore che recede:

a) ne dà comunicazione al finanziatore inviandogli, prima della scadenza del termine previsto dal comma 1, una comunicazione secondo le modalità prescelte nel contratto tra quelle previste dall'art. 64, comma 2, del Codice del consumo (2);

b) se il contratto ha avuto esecuzione in tutto o in parte, entro trenta giorni dall'invio della comunicazione prevista dalla lett. *a*), restituisce il capitale e paga gli interessi maturati fino al momento della restituzione, calcolati secondo quanto stabilito dal contratto. Inoltre, rimborsa al finanziatore le somme non ripetibili da questo corrisposte alla pubblica amministrazione.

3. Il finanziatore non può pretendere somme ulteriori rispetto a quelle previste dal comma 2, lett. *b*).

4. Il recesso disciplinato dal presente articolo si estende automaticamente, anche in deroga alle condizioni e ai termini eventualmente previsti dalla normativa di settore, ai contratti aventi a oggetto servizi accessori connessi col contratto di credito, se tali servizi sono resi dal finanziatore ovvero da un terzo sulla base di un accordo col finanziatore. L'esistenza dell'accordo è presunta. È ammessa, da parte del terzo, la prova contraria.

5. Salvo quanto previsto dai commi 1 e 2, ai contratti disciplinati dal presente capo non si applicano gli artt. 64, 65, 66, 67-*duodecies* e 67-*terdecies* del Codice del consumo (2).

125-*quater*. *Contratti a tempo indeterminato*. — 1. Fermo restando quanto previsto dall'art. 125-*ter*, nei contratti di credito a tempo indeterminato il consumatore ha il diritto di recedere in ogni momento senza penalità e senza spese. Il contratto può prevedere un preavviso non superiore a un mese.

2. I contratti di credito a tempo indeterminato possono prevedere il diritto del finanziatore a:

a) recedere dal contratto con un preavviso di almeno due mesi, comunicato al consuma-

(1) Per determinazioni in materia di credito ai consumatori v. d.m. Economia e Finanze 3 febbraio 2011, in *Leggi coll. XVII, 4*.
(2) In *Leggi coll. XI, 6*.

tore su supporto cartaceo o altro supporto durevole;

b) sospendere, per una giusta causa, l'utilizzo del credito da parte del consumatore, dandogliene comunicazione su supporto cartaceo o altro supporto durevole in anticipo e, ove ciò non sia possibile, immediatamente dopo la sospensione.

125-*quinquies*. *Inadempimento del fornitore*. — 1. Nei contratti di credito collegati, in caso di inadempimento da parte del fornitore dei beni o dei servizi il consumatore, dopo aver inutilmente effettuato la costituzione in mora del fornitore, ha diritto alla risoluzione del contratto di credito, se con riferimento al contratto di fornitura di beni o servizi ricorrono le condizioni di cui all'art. 1455 del codice civile.

2. La risoluzione del contratto di credito comporta l'obbligo del finanziatore di rimborsare al consumatore le rate già pagate, nonché ogni altro onere eventualmente applicato. La risoluzione del contratto di credito non comporta l'obbligo del consumatore di rimborsare al finanziatore l'importo che sia stato già versato al fornitore dei beni o dei servizi. Il finanziatore ha il diritto di ripetere detto importo nei confronti del fornitore stesso.

3. In caso di locazione finanziaria (leasing) il consumatore, dopo aver inutilmente effettuato la costituzione in mora del fornitore dei beni o dei servizi, può chiedere al finanziatore di agire per la risoluzione del contratto. La richiesta al fornitore determina la sospensione del pagamento dei canoni. La risoluzione del contratto di fornitura determina la risoluzione di diritto, senza penalità e oneri, del contratto di locazione finanziaria. Si applica il comma 2.

4. I diritti previsti dal presente articolo possono essere fatti valere anche nei confronti del terzo al quale il finanziatore abbia ceduto i diritti derivanti dal contratto di concessione del credito.

125-*sexies*. *Rimborso anticipato*. — 1. Il consumatore può rimborsare anticipatamente in qualsiasi momento, in tutto o in parte, l'importo dovuto al finanziatore. In tale caso il consumatore ha diritto a una riduzione del costo totale del credito, pari all'importo degli interessi e dei costi dovuti per la vita residua del contratto.

2. In caso di rimborso anticipato, il finanziatore ha diritto ad un indennizzo equo ed oggettivamente giustificato per eventuali costi direttamente collegati al rimborso anticipato del credito. L'indennizzo non può superare l'1 per cento dell'importo rimborsato in anticipo, se la vita residua del contratto è superiore a un anno, ovvero lo 0,5 per cento del medesimo importo, se la vita residua del contratto è pari o inferiore a un anno. In ogni caso, l'indennizzo non può superare l'importo degli interessi che il consumatore avrebbe pagato per la vita residua del contratto.

3. L'indennizzo di cui al comma 2 non è dovuto:

a) se il rimborso anticipato è effettuato in esecuzione di un contratto di assicurazione destinato a garantire il credito;

b) se il rimborso anticipato riguarda un contratto di apertura di credito;

c) se il rimborso anticipato ha luogo in un periodo in cui non si applica un tasso di interesse espresso da una percentuale specifica fissa predeterminata nel contratto;

d) se l'importo rimborsato anticipatamente corrisponde all'intero debito residuo ed è pari o inferiore a 10.000 euro.

125-*septies*. *Cessione dei crediti*. — 1. In caso di cessione del credito o del contratto di credito, il consumatore può sempre opporre al cessionario tutte le eccezioni che poteva far valere nei confronti del cedente, ivi inclusa la compensazione, anche in deroga al disposto dell'art. 1248 del codice civile.

2. Il consumatore è informato della cessione del credito, a meno che il cedente, in accordo con il cessionario, continui a gestire il credito nei confronti del consumatore. La Banca d'Italia, in conformità alle deliberazioni del CICR, individua le modalità con cui il consumatore è informato (1).

125-*octies*. *Sconfinamento*. — 1. Se un contratto di conto corrente prevede la possibilità che al consumatore sia concesso uno sconfinamento, si applicano le disposizioni del capo I.

2. In caso di sconfinamento consistente che si protragga per oltre un mese, il creditore comunica senza indugio al consumatore, su supporto cartaceo o altro supporto durevole:

a) lo sconfinamento;

b) l'importo interessato;

c) il tasso debitore;

d) le penali, le spese o gli interessi di mora eventualmente applicabili.

3. La Banca d'Italia, in conformità alle deliberazioni del CICR, detta disposizioni di attua-

(1) Per determinazioni in materia di credito ai consumatori v. d.m. Economia e Finanze 3 febbraio 2011, in *Leggi coll. XVII, 4*.

zione del comma 2 (1), con riferimento:

a) al termine di invio della comunicazione;

b) ai criteri per la determinazione della consistenza dello sconfinamento (2).

125-*novies*. *Intermediari del credito*. — 1. L'intermediario del credito indica (3), negli annunci pubblicitari e nei documenti destinati ai consumatori, l'ampiezza dei propri poteri e in particolare se lavori a titolo esclusivo con uno o più finanziatori oppure a titolo di mediatore.

2. Il consumatore è informato dell'eventuale compenso da versare all'intermediario del credito per i suoi servizi. Il compenso è oggetto di accordo tra il consumatore e l'intermediario del credito su supporto cartaceo o altro supporto durevole prima della conclusione del contratto di credito.

3. L'intermediario del credito comunica al finanziatore l'eventuale compenso che il consumatore deve versare all'intermediario del credito per i suoi servizi, al fine del calcolo del TAEG, secondo quanto stabilito dal CICR (2).

126. *Riservatezza delle informazioni*. — 1. Il Ministro dell'economia e delle finanze può individuare, con regolamento adottato ai sensi dell'art. 17, comma 3, della l. 23 agosto 1988, n. 400, i casi in cui le comunicazioni previste dall'art. 125, comma 2, e 125-*quater*, comma 2, lett. *b*), non sono effettuate in quanto vietate dalla normativa comunitaria o contrarie (4) all'ordine pubblico o alla pubblica sicurezza.

CAPO II-*bis*

SERVIZI DI PAGAMENTO (5)

126-*bis*. *Disposizioni di carattere generale*. — 1. Il presente capo si applica ai contratti quadro relativi a servizi di pagamento e alle operazioni di pagamento, anche se queste non rientrano in un contratto quadro, quando i servizi sono offerti sul territorio della Repubblica.

2. Ai fini del presente capo, per servizi di pagamento si intende anche l'emissione di moneta elettronica. Allo Stato italiano, agli altri Stati comunitari, alle pubbliche amministrazioni statali, regionali e locali, che, agendo in veste di pubblica autorità, emettono moneta elettronica, si applica soltanto l'art. 126-*novies* (6).

3. In deroga all'art. 127, comma 1, le parti possono accordarsi nel senso che le previsioni del presente capo non si applicano, interamente o parzialmente, se l'utilizzatore di servizi di pagamento non è un consumatore, né una micro-impresa. Resta fermo in ogni caso quanto stabilito dal reg. (UE) 2015/751 (7).

4. Spetta al prestatore dei servizi di pagamento l'onere della prova di aver correttamente adempiuto agli obblighi previsti dal presente capo.

5. La Banca d'Italia adotta i provvedimenti previsti dal presente capo avendo riguardo, per i servizi di pagamento regolati in conto corrente o commercializzati unitamente a un conto corrente, alle disposizioni previste ai sensi del capo I.

6. Nell'esercizio dei poteri regolamentari previsti dal presente capo, la Banca d'Italia tiene conto anche della finalità di garantire un adeguato livello di affidabilità ed efficienza dei servizi di pagamento.

126-*ter*. .... (8).

126-*quater*. *Informazioni relative alle operazioni di pagamento e ai contratti*. — 1. La Banca d'Italia disciplina:

a) contenuti e modalità delle informazioni e delle condizioni che il prestatore dei servizi di pagamento fornisce o rende disponibili all'utilizzatore di servizi di pagamento, al pagatore e al beneficiario. Le informazioni e le condizioni sono redatte in termini di facile comprensione e in forma chiara e leggibile. In particolare, l'utilizzatore dei servizi di pagamento è informato di tutte le spese dovute al prestatore di servizi di pagamento e della loro suddivisione. Sono previsti obblighi di trasparenza semplificati nel caso di utilizzo di strumenti di

(1) Le parole «comma 2» sono state così sostituite alle precedenti «presente comma» dall'art. 1.4, d.lg. 14 dicembre 2010, n. 218.

(2) Per determinazioni in materia di credito ai consumatori v. d.m. Economia e Finanze 3 febbraio 2011, in *Leggi coll. XVII, 4*.

(3) Le parole «L'intermediario del credito indica» sono state così sostituite alle precedenti «Gli intermediari del credito indicano» dall'art. 1.5, d.lg. 14 dicembre 2010, n. 218.

(4) La parola «contrarie» è stata così sostituita alla precedente «contraria» dall'art. 1.1, d.lg. 14 dicembre 2010, n. 218.

(5) Capo inserito dall'art. 34.1, lett. b, d.lg. 27 gennaio 2010, n. 11, in *Leggi coll. XVII, 5*. V. provv. Banca d'Italia, 19 marzo 2019, in G.U., 5 aprile 2019, n. 81.

(6) Ultimo periodo aggiunto dall'art. 1.4, d.lg. 16 aprile 2012, n. 45.

(7) Ultimo periodo aggiunto dall'art. 1.14, d.lg. 15 dicembre 2017, n. 218.

(8) Articolo inserito dall'art. 34.1, lett. b, d.lg. 27 gennaio 2010, n. 11, e successivamente abrogato dall'art. 1.15, d.lg. 15 dicembre 2017, n. 218.

pagamento che riguardino operazioni o presentino limiti di spesa o avvaloramento inferiori a soglie fissate dalla stessa Banca d'Italia;

b) casi, contenuti e modalità delle comunicazioni periodiche sulle operazioni di pagamento, ivi incluse le operazioni di pagamento disposte tramite un prestatore di servizi di disposizione di ordine di pagamento (1).

2. Non si applicano gli artt. 67-*quinquies*, 67-*sexies*, comma 1, lett. *a*), *b*) ed *h*), 67-*septies*, comma 1, lett. *b*), *c*), *f*) e *g*), 67-*octies*, comma 1, lett. *a*).

3. .... (2).

126-*quinquies*. *Contratto quadro*. — 1. Ai contratti quadro si applica l'art. 117, commi 1, 2, 3, 4, 6 e 7. Il potere previsto dall'art. 117, comma 2, è esercitato dalla Banca d'Italia.

2. In qualsiasi momento del rapporto, l'utilizzatore di servizi di pagamento che ha concluso un contratto quadro può richiedere le condizioni contrattuali del contratto quadro nonché le informazioni relative al contratto quadro previste ai sensi dell'art. 126-*quater*, comma 1, lett. *a*), su supporto cartaceo o su altro supporto durevole.

126-*sexies*. *Modifica unilaterale delle condizioni*. — 1. Ogni modifica del contratto quadro o delle condizioni e informazioni a esso relative fornite all'utilizzatore ai sensi dell'art. 126-*quater*, comma 1, lett. *a*), è proposta dal prestatore dei servizi di pagamento secondo le modalità stabilite dalla Banca d'Italia, con almeno due mesi di anticipo rispetto alla data di applicazione indicata nella proposta (3).

2. Il contratto quadro può prevedere che la modifica delle condizioni contrattuali si ritiene accettata dall'utilizzatore a meno che questi non comunichi al prestatore dei servizi di pagamento, prima della data prevista per l'applicazione della modifica, che non intende accettarla. In questo caso, la comunicazione di cui al comma 1, contenente la proposta di modifica, specifica che in assenza di espresso rifiuto la proposta si intende accettata e che l'utilizzatore ha diritto di recedere senza spese prima della data indicata nella proposta (4) per l'applicazione della modifica.

3. Le modifiche dei tassi di interesse o di cambio possono essere applicate con effetto immediato e senza preavviso; tuttavia, se sono sfavorevoli per l'utilizzatore, è necessario che ciò sia previsto nel contratto quadro e che la modifica sia la conseguenza della variazione dei tassi di interesse o di cambio di riferimento convenuti nel contratto. L'utilizzatore è informato della modifica dei tassi di interesse nei casi e secondo le modalità stabilite dalla Banca d'Italia.

4. Le modifiche dei tassi di interesse o di cambio utilizzati nelle operazioni di pagamento sono applicate e calcolate in modo (5) da non creare discriminazioni tra utilizzatori, secondo quanto stabilito dalla Banca d'Italia.

4-*bis*. Se il cliente è un consumatore, il contratto quadro o le condizioni e informazioni a esso relative fornite all'utilizzatore ai sensi dell'art. 126-*quater*, comma 1, lett. *a*), possono essere modificate se sussiste un giustificato motivo (6).

5. .... (7).

126-*septies*. *Recesso*. — 1. L'utilizzatore di servizi di pagamento ha sempre la facoltà di recedere dal contratto quadro senza penalità e senza spese di chiusura.

2. Il prestatore di servizi di pagamento può recedere da un contratto quadro a tempo indeterminato se ciò è previsto dal contratto e con un preavviso di almeno due mesi, secondo le modalità stabilite dalla Banca d'Italia.

3. In caso di recesso dal contratto dell'utilizzatore o del prestatore di servizi di pagamento, le spese per i servizi fatturate periodicamente sono dovute dall'utilizzatore solo in misura proporzionale per il periodo precedente al recesso; se pagate anticipatamente, esse sono rimborsate in maniera proporzionale.

126-*octies*. *Denominazione valutaria dei pagamenti*. — 1. I pagamenti sono effettuati nella valuta concordata dalle parti.

2. Se al pagatore è offerto, prima di disporre un'operazione di pagamento, un servizio di conversione valutaria dal beneficiario ovvero

(1) Le parole «, ivi incluse le operazioni di pagamento disposte tramite un prestatore di servizi di disposizione di ordine di pagamento» sono state inserite dall'art. 1.16, lett. a, d.lg. 15 dicembre 2017, n. 218.

(2) Comma abrogato dall'art. 1.16, lett. b, d.lg. 15 dicembre 2017, n. 218.

(3) Le parole «indicata nella proposta» sono state così sostituite alla precedente «prevista» dall'art. 1.17, lett. a, d.lg. 15 dicembre 2017, n. 218.

(4) Le parole «indicata nella proposta» sono state così sostituite alla precedente «prevista» dall'art. 1.17, lett. b, d.lg. 15 dicembre 2017, n. 218.

(5) La parola «modo» è stata così sostituita alle precedenti «una forma neutra tale» dall'art. 1.17, lett. c, d.lg. 15 dicembre 2017, n. 218.

(6) Comma inserito dall'art. 1.17, lett. d, d.lg. 15 dicembre 2017, n. 218.

(7) Comma abrogato dall'art. 1.17, lett. e, d.lg. 15 dicembre 2017, n. 218.

presso uno sportello automatico o presso (1) il punto vendita da un venditore di merci o da un fornitore di servizi, colui che propone il servizio di conversione [...] (2) comunica al pagatore (3) tutte le spese e il tasso di cambio che sarà utilizzato per la conversione. Il pagatore accetta il servizio su tale base.

126-*novies*. *Commissioni applicabili al rimborso della moneta elettronica*. — 1. Il rimborso della moneta elettronica previsto dall'art. 114-*ter* può essere soggetto al pagamento di una commissione adeguata e conforme ai costi effettivamente sostenuti dall'emittente, solo se previsto dal contratto e in uno dei seguenti casi:

a) il rimborso è chiesto prima della scadenza del contratto;

b) il detentore di moneta elettronica recede dal contratto prima della sua scadenza;

c) il rimborso è chiesto più di un anno dopo la data di scadenza del contratto.

2. I soggetti, diversi da un consumatore, che accettino in pagamento moneta elettronica possono regolare in via contrattuale con l'emittente di moneta elettronica le condizioni del rimborso loro spettante nei suoi confronti, anche in deroga al comma 1.

3. L'emittente di moneta elettronica fornisce al detentore, prima che egli sia vincolato da un contratto o da un'offerta, le informazioni relative alle modalità e alle condizioni del rimborso, secondo quanto stabilito dalla Banca d'Italia.

4. Il contratto tra l'emittente e il detentore di moneta elettronica indica chiaramente ed esplicitamente le modalità e le condizioni del rimborso (4).

CAPO II-*ter*

DISPOSIZIONI PARTICOLARI RELATIVE AI CONTI DI PAGAMENTO (5)

126-*decies*. *Oggetto, ambito di applicazione e definizioni*. — 1. Il presente capo reca disposizioni in materia di trasparenza e comparabilità delle spese relative al conto di pagamento, trasferimento di taluni servizi connessi al conto di pagamento, accesso ai conti di pagamento con caratteristiche di base.

2. Il presente capo si applica ai conti di pagamento offerti a o sottoscritti da consumatori, che consentono almeno l'esecuzione di tutte le seguenti operazioni: versamento di fondi; prelievo di contanti; esecuzione e ricezione di operazioni di pagamento.

3. Ai fini del presente capo, l'espressione:

a) «servizi collegati al conto» indica tutti i servizi connessi all'apertura, alla gestione e alla chiusura di un conto di pagamento, ivi compresi l'apertura di credito, lo sconfinamento e le operazioni indicate all'art. 2, comma 2, lett. *g*), del d.lg. 27 gennaio 2010, n. 11 (6);

b) «servizio di trasferimento» indica il trasferimento, su richiesta del consumatore, da un prestatore di servizi di pagamento ad un altro, delle informazioni su tutti o su alcuni ordini permanenti di bonifico, addebiti diretti ricorrenti e bonifici in entrata ricorrenti eseguiti sul conto di pagamento, o il trasferimento dell'eventuale saldo positivo da un conto di pagamento d'origine a un conto di pagamento di destinazione, o entrambi, con o senza la chiusura del conto di pagamento di origine;

c) «operazioni in numero superiore» indica le operazioni, delle tipologie individuate ai sensi dell'art. 126-*vicies semel*, comma 1, eseguite dal consumatore sul conto di base oltre i limiti numerici stabiliti ai sensi del medesimo articolo;

d) «operazioni aggiuntive» indica, in relazione al conto di base, i servizi e le operazioni, delle tipologie diverse da quelle individuate ai sensi dell'art. 126-*vicies semel*, comma 1, che il consumatore può richiedere sul conto di base. Si applicano le definizioni previste dall'art. 1 del d.lg. 27 gennaio 2010, n. 11 (6), e dall'art. 121, comma 1, lett. *i*);

e) «consumatore» indica una persona fisica che agisce per scopi estranei all'attività imprenditoriale, commerciale, artigianale o professionale eventualmente svolta;

f) «prestatori di servizi di pagamento» indica le banche, gli istituti di moneta elettronica, gli istituti di pagamento e Poste Italiane s.p.a., per le attività di bancoposta di cui al d.p.r. 14 marzo 2001, n. 144;

g) «conto di base» indica un conto di pagamento denominato in euro con le caratteristiche di cui alla sezione III.

(1) Le parole «uno sportello automatico o presso» sono state inserite dall'art. 1.18, lett. a, d.lg. 15 dicembre 2017, n. 218.
(2) La parola «gli» è stata soppressa dall'art. 1.18, lett. b, d.lg. 15 dicembre 2017, n. 218.
(3) Le parole «al pagatore» sono state inserite dall'art. 1.18, lett. c, d.lg. 15 dicembre 2017, n. 218.
(4) Articolo aggiunto dall'art. 1.5, d.lg. 16 aprile 2012, n. 45.
(5) Capo inserito dall'art. 1.1, d.lg. 15 marzo 2017, n. 37.
(6) In *Leggi coll. XVII, 5.*

4. Fatto salvo quanto previsto dal comma 3, ai fini del presente capo si applicano inoltre le ulteriori definizioni di cui all'art. 2 della dir. 2014/92/UE.

5. Per quanto non diversamente previsto dal presente capo, si applicano le disposizioni del capo II-*bis*.

6. La Banca d'Italia detta disposizioni di attuazione del presente capo, in conformità a quanto previsto dalla dir. 2014/92/UE e dalle relative norme tecniche di regolamentazione e di attuazione emanate dalla Commissione europea, al fine di assicurare la trasparenza e la comprensibilità delle informazioni per i consumatori, favorire la mobilità, agevolare l'accesso ai servizi bancari e finanziari da parte della clientela. Si applica l'art. 126-*bis*, comma 5.

7. La Banca d'Italia è designata quale autorità competente per lo svolgimento dei compiti indicati dagli artt. 21 e 22 della dir. 2014/92/UE.

8. Le norme del presente capo non si applicano a conti di pagamento eventualmente in essere presso la Banca d'Italia e la Cassa Depositi e Prestiti.

Sezione I. — *Trasparenza e comparabilità delle spese*

126-*undecies*. *Terminologia standardizzata europea*. — 1. La Banca d'Italia pubblica sul proprio sito web l'elenco dei servizi collegati al conto di pagamento più rappresentativi a livello nazionale in conformità a quanto stabilito dalla direttiva 2014/92/UE. L'elenco impiega la terminologia standardizzata europea definita dalla Commissione europea ai sensi della dir. 2014/92/UE.

2. L'elenco dei servizi collegati al conto di pagamento più rappresentativi a livello nazionale è aggiornato in conformità a quanto previsto dall'art. 3, par. 6, della dir. 2014/92/UE. La Banca d'Italia pubblica l'elenco nazionale aggiornato.

3. I prestatori di servizi di pagamento impiegano, ove applicabile, la terminologia standardizzata europea nei documenti previsti dall'art. 126-*duodecies*, nei contratti e in ogni altra informazione e comunicazione resa ai consumatori.

4. I prestatori di servizi di pagamento possono utilizzare denominazioni e marchi commerciali per individuare i propri servizi nelle comunicazioni e informazioni precontrattuali, contrattuali, commerciali e pubblicitarie indirizzate ai consumatori, nel rispetto dei limiti eventualmente stabiliti con disposizioni della Banca d'Italia.

126-*duodecies*. *Informazioni precontrattuali e comunicazioni periodiche*. — 1. I prestatori di servizi di pagamento forniscono ai consumatori le informazioni precontrattuali e le comunicazioni periodiche relative al conto di pagamento, rispettivamente, attraverso un «Documento informativo sulle spese» e un «Riepilogo delle spese» in conformità alle norme tecniche di attuazione adottate dalla Commissione europea ai sensi dell'art. 4, par. 6 e dell'art. 5, par. 4, della dir. 2014/92/UE.

2. Il Documento informativo sulle spese e il Riepilogo delle spese sono forniti insieme alle altre informazioni richieste per i conti di pagamento ai sensi dei capi I e II-*bis* secondo quanto previsto con disposizioni della Banca d'Italia.

3. I prestatori di servizi di pagamento mettono a disposizione dei consumatori un glossario dei principali termini impiegati nei documenti previsti dal presente articolo, redatto in termini di facile comprensione e in forma chiara e leggibile.

4. Il «Documento informativo sulle spese» e il «Riepilogo delle spese» di cui al comma 1 sono redatti in conformità alle disposizioni emanate dalla Banca d'Italia. Con disposizioni della Banca d'Italia sono stabiliti anche i casi e le modalità di calcolo, comunicazione e presentazione di un apposito indicatore sintetico di costo relativo al conto di pagamento, da includere almeno nel «Documento informativo sulle spese» (1).

126-*terdecies*. *Siti web di confronto*. — 1. I prestatori di servizi di pagamento che offrono conti di pagamento destinati ai consumatori partecipano a uno o più siti web, costituiti anche per il tramite delle associazioni di categoria degli intermediari o da associazioni di consumatori, per il confronto tra le offerte relative ai conti di pagamento, dandone indicazione sul proprio sito web, ove disponibile.

2. I siti web previsti dal comma 1:

a) sono accessibili gratuitamente dai consumatori;

(1) L'art. 2.1, lett. a, d.lg. 15 marzo 2017, n. 37, così dispone: «l'art. 126-*duodecies* si applica decorsi 180 giorni dall'emanazione delle relative disposizioni di attuazione, da adottarsi entro 180 giorni dalla data di entrata in vigore delle norme tecniche di regolamentazione emanate dalla Commissione europea ai sensi dell'art. 3, par. 4, della dir. 2014/92/UE e delle norme tecniche di attuazione emanate ai sensi dell'art. 4, par. 6, e dell'art. 5, par. 4, della medesima direttiva».

b) consentono almeno il confronto delle spese applicabili per i servizi inclusi nell'elenco di cui all'art. 126-*undecies*, comma 1, nonché dell'indicatore sintetico di costo previsto dalle disposizioni della Banca d'Italia;

c) sono funzionalmente indipendenti e assicurano parità di trattamento tra i prestatori di servizi di pagamento nella partecipazione al sito e nella visualizzazione dei risultati di ricerca;

d) contengono informazioni chiare e facilmente accessibili sull'identità dei soggetti che costituiscono e gestiscono il sito, nonché sui criteri utilizzati per il confronto tra le offerte, da definirsi in modo semplice e oggettivo;

e) impiegano un linguaggio facilmente comprensibile e, ove applicabile, la terminologia standardizzata europea di cui all'art. 126-*undecies*;

f) forniscono informazioni corrette e aggiornate, indicando la data dell'ultimo aggiornamento;

g) comprendono un'ampia gamma di offerte di conti di pagamento rappresentative di una quota significativa del mercato e, nel caso in cui non forniscano un quadro completo del mercato, indicano chiaramente tale circostanza prima di mostrare i risultati della ricerca;

h) prevedono adeguate procedure per la segnalazione di errori nelle informazioni pubblicate;

i) non possono svolgere attività di mediazione;

l) non possono rifiutare le richieste di adesione da parte dei prestatori di servizi di pagamento;

m) escludono i prestatori di servizi di pagamento aderenti per i giustificati motivi previsti con il decreto del Ministro dell'economia e delle finanze, sentita la Banca d'Italia di cui al comma 3;

n) pubblicano la lista dei prestatori di servizi di pagamento aderenti;

o) dispongono della certificazione e di una verifica annuale positiva secondo quanto previsto dal comma 3.

3. La sussistenza dei requisiti di cui al comma 2 è certificata e annualmente verificata da un ente specializzato, con apposita relazione. I titolari dei siti web inviano la relazione dell'ente specializzato alla Banca d'Italia che ne dà notizia sul proprio sito web. Con decreto del Ministro dell'economia e delle finanze, sentita la Banca d'Italia, sono individuate le caratteristiche dell'ente certificatore, la procedura di accreditamento che dovrà garantire il rispetto dei principi di imparzialità, indipendenza, correttezza e competenza, e i casi di giustificati motivi di esclusione di cui al comma 2, lett. *m*).

4. I prestatori di servizi di pagamento inviano al sito web i dati necessari per il confronto tra le offerte, secondo quanto stabilito dalla Banca d'Italia.

5. I titolari dei siti web comunicano la cessazione del funzionamento del sito alla Banca d'Italia (1).

126-*quaterdecies*. *Conti di pagamento offerti in un pacchetto insieme ad altri prodotti*. — 1. Quando il conto di pagamento è offerto congiuntamente ad altri prodotti o servizi diversi da quelli menzionati all'art. 126-*decies*, comma 3, lett. *a*), come parte di un pacchetto, il prestatore di servizi di pagamento comunica al consumatore se l'acquisto del conto di pagamento è condizionato alla sottoscrizione dei prodotti o servizi offerti congiuntamente. Nel caso in cui sia consentito l'acquisto separato, il prestatore di servizi di pagamento fornisce separatamente al consumatore le informazioni relative ai prodotti o servizi offerti congiuntamente, in conformità alla disciplina eventualmente applicabile a ciascuno di essi e specificando almeno i costi e le spese relativi a ciascuno dei prodotti e servizi offerti con il pacchetto che possono essere acquistati separatamente.

2. È fatto salvo quanto stabilito dall'art. 21, comma 3-*bis*, del d.lg. 6 settembre 2005, n. 206 (2), e dall'art. 120-*octiesdecies*.

Sezione II. — *Trasferimento dei servizi di pagamento connessi al conto di pagamento* (3)

126-*quinquiesdecies*. *Servizio di trasferimento*. — 1. I prestatori di servizi di pagamento forniscono il servizio di trasferimento tra i conti di pagamento detenuti nella stessa valuta a tutti i consumatori che intendono aprire o che sono titolari di un conto di pagamento presso un prestatore di servizi di pagamento stabilito nel territorio della Repubblica.

2. Il servizio di trasferimento è avviato dal

(1) L'art. 2.1, lett. b, d.lg. 15 marzo 2017, n. 37, così dispone: «l'art. 126-*terdecies* si applica decorsi 90 giorni dalla data di entrata in vigore del decreto del Ministro dell'economia e delle finanze e delle disposizioni di attuazione della Banca d'Italia ivi previsti, da adottarsi entro 120 giorni dall'entrata in vigore del presente decreto».

(2) In *Leggi coll. XI, 6*.

(3) L'art. 2.1, lett. c, d.lg. 15 marzo 2017, n. 37, così dispone: «la Sezione II si applica decorsi 60 giorni dalla data di entrata in vigore del presente decreto, salvo quanto previsto dalla lett. *d*). (...)».

prestatore di servizi di pagamento ricevente su richiesta del consumatore. A tal fine, il consumatore rilascia al prestatore di servizi di pagamento ricevente una specifica autorizzazione all'esecuzione del servizio di trasferimento. Quando i conti hanno due o più titolari, l'autorizzazione all'esecuzione del servizio di trasferimento è fornita da ciascuno di essi. Con riguardo alla forma dell'autorizzazione si applica l'art. 117, commi 1 e 2. Il prestatore di servizi di pagamento ricevente trasmette copia dell'autorizzazione al prestatore di servizi di pagamento trasferente ove richiesto da quest'ultimo; la richiesta non interrompe né sospende il termine per l'esecuzione del servizio di trasferimento.

3. Il servizio di trasferimento è eseguito entro dodici giorni lavorativi dalla ricezione da parte del prestatore di servizi di pagamento ricevente dell'autorizzazione del consumatore completa di tutte le informazioni necessarie, in conformità alla procedura stabilita dall'art. 10 della dir. 2014/92/UE. La Banca d'Italia può dettare disposizioni attuative del presente comma.

4. Attraverso l'autorizzazione il consumatore:

a) fornisce al prestatore di servizi di pagamento trasferente e al prestatore di servizi di pagamento ricevente il consenso specifico a eseguire ciascuna delle operazioni relative al servizio di trasferimento, per quanto di rispettiva competenza;

b) quando intende trasferire solo alcuni dei servizi collegati al conto di pagamento, identifica specificamente i bonifici ricorrenti in entrata, gli ordini permanenti di bonifico e gli ordini relativi ad addebiti diretti per l'addebito in conto che devono essere trasferiti;

c) indica la data a partire dalla quale gli ordini permanenti di bonifico e gli addebiti diretti devono essere eseguiti o addebitati a valere sul conto di pagamento di destinazione. Tale data è fissata ad almeno sei giorni lavorativi a decorrere dal giorno in cui il prestatore di servizi di pagamento ricevente riceve i documenti trasmessi dal prestatore di servizi di pagamento trasferente;

d) indica se intende avvalersi della facoltà di ottenere il reindirizzamento automatico dei bonifici previsto dal comma 7.

5. Il prestatore di servizi di pagamento ricevente è responsabile dell'avvio e della gestione della procedura per conto del consumatore. Il consumatore può chiedere al prestatore di servizi di pagamento ricevente di effettuare il trasferimento di tutti o di alcuni bonifici in entrata, ordini permanenti di bonifico o ordini di addebito diretto. Il prestatore di servizi di pagamento trasferente fornisce al prestatore di servizi di pagamento ricevente tutte le informazioni necessarie per riattivare i pagamenti sul conto di pagamento di destinazione, in conformità a quanto indicato nell'autorizzazione del consumatore, ivi compresi l'elenco degli ordini permanenti in essere relativi a bonifici e le informazioni disponibili sugli ordini di addebito diretto che vengono trasferiti, nonché le informazioni disponibili sui bonifici ricorrenti in entrata e sugli addebiti diretti ordinati dal creditore eseguiti sul conto di pagamento del consumatore nei precedenti 13 mesi.

6. Quando le informazioni fornite dal prestatore di servizi di pagamento trasferente non sono sufficienti a consentire l'esecuzione del servizio di trasferimento entro il termine di cui al comma 3, ferma restando la responsabilità del prestatore di servizi di pagamento trasferente ai sensi dell'art. 126-*septiesdecies*, il prestatore di servizi di pagamento ricevente può chiedere al consumatore di fornire le informazioni mancanti.

7. Il prestatore di servizi di pagamento trasferente assicura gratuitamente il reindirizzamento automatico dei bonifici ricevuti sul conto di pagamento di origine verso il conto di pagamento di destinazione detenuto presso il prestatore di servizi di pagamento ricevente, per un periodo di 12 mesi a decorrere dalla data specificata nell'autorizzazione del consumatore all'esecuzione del servizio di trasferimento. Il prestatore di servizi di pagamento trasferente, se cessa di accettare i bonifici in entrata alla scadenza dei 12 mesi o in mancanza di richiesta da parte del consumatore del servizio di reindirizzamento, è tenuto a informare tempestivamente il pagatore o il beneficiario delle ragioni del rifiuto dell'operazione di pagamento.

8. Fermo restando quanto previsto dall'art. 6, comma 2, del d.lg. 27 gennaio 2010, n. 11 (1), il prestatore di servizi di pagamento trasferente assicura al consumatore la fruizione dei servizi di pagamento fino al giorno precedente la data indicata dal consumatore nell'autorizzazione. Il prestatore di servizi di pagamento ricevente assicura la fruizione dei servizi di pagamento a partire da tale data. Il prestatore di servizi di pagamento trasferente non blocca gli strumenti di pagamento collegati al conto di origine

(1) In *Leggi coll. XVII, 5.*

prima della data indicata dal consumatore nell'autorizzazione.

9. Se il consumatore ha obblighi pendenti che non consentono la chiusura del conto di pagamento di origine, il prestatore di servizi di pagamento trasferente ne informa immediatamente il consumatore. In tal caso, resta fermo l'obbligo del prestatore di servizi di pagamento trasferente di effettuare tutte le operazioni necessarie all'esecuzione del servizio di trasferimento entro i termini previsti, ad eccezione della chiusura del conto di pagamento di origine. L'esecuzione del servizio di trasferimento non può essere condizionata alla restituzione da parte del consumatore di carte, assegni o altri strumenti di pagamento collegati al conto di origine.

10. La continuità nella fruizione dei servizi di pagamento è assicurata al consumatore anche quando il trasferimento del conto è l'effetto di operazioni di cessione di rapporti giuridici ad altro prestatore di servizi di pagamento, secondo quanto stabilito dalla Banca d'Italia (1) (2).

126-*sexiesdecies*. *Spese applicabili per il servizio di trasferimento*. — 1. Il prestatore di servizi di pagamento trasferente fornisce le informazioni richieste dal prestatore di servizi di pagamento ricevente e relative all'elenco degli ordini permanenti in essere relativi a bonifici e le informazioni disponibili sugli ordini di addebito diretto che vengono trasferiti e ai bonifici ricorrenti in entrata e sugli addebiti diretti ordinati dal creditore eseguiti sul conto di pagamento del consumatore nei precedenti tredici mesi, senza addebito di spese a carico del consumatore o del prestatore di servizi di pagamento ricevente.

2. Fermo restando quanto previsto dai commi 1 e 4, il prestatore di servizi di pagamento trasferente e il prestatore di servizi di pagamento ricevente non addebitano spese al consumatore per il servizio di trasferimento.

3. Per il periodo di sei mesi dal rilascio dell'autorizzazione da parte del consumatore, il prestatore di servizi di pagamento trasferente e il prestatore di servizi di pagamento ricevente consentono gratuitamente al consumatore l'accesso alle informazioni che lo riguardano rilevanti per l'esecuzione del servizio di trasferimento e relative agli ordini permanenti e agli addebiti diretti in essere presso il medesimo prestatore di servizi di pagamento.

4. Se nell'ambito del servizio di trasferimento il consumatore richiede la chiusura del conto di pagamento di origine, si applica l'art. 126-*septies*, commi 1 e 3.

126-*septiesdecies*. *Obblighi informativi e responsabilità*. — 1. I prestatori di servizi di pagamento mettono a disposizione dei consumatori a titolo gratuito informazioni riguardanti il servizio di trasferimento. Il contenuto delle informazioni e le modalità con cui queste sono messe a disposizione del consumatore sono disciplinati ai sensi dei capi I e II-*bis*.

2. Salvo il diritto al risarcimento del danno ulteriore, anche non patrimoniale, in caso di mancato rispetto degli obblighi e dei termini per il trasferimento dei servizi di pagamento, il prestatore di servizi di pagamento inadempiente è tenuto a corrispondere al consumatore, senza indugio e senza che sia necessaria la costituzione in mora, una somma di denaro, a titolo di penale, pari a quaranta euro. Tale somma è maggiorata inoltre per ciascun giorno di ritardo di un ulteriore importo determinato applicando alla disponibilità esistente sul conto di pagamento al momento della richiesta di trasferimento un tasso annuo pari al valore più elevato del limite stabilito ai sensi e in conformità all'art. 2, comma 4, della l. 7 marzo 1996, n. 108, nel periodo di riferimento.

126-*octiesdecies*. *Apertura di un conto di pagamento in altro Stato comunitario*. — 1. Il consumatore titolare di un conto di pagamento che intenda aprire un conto di pagamento in un altro Stato comunitario può richiedere assistenza al prestatore di servizi di pagamento presso il quale detiene il conto. Se richiesto dal consumatore, il prestatore di servizi di pagamento di origine:

a) fornisce gratuitamente al consumatore le informazioni disponibili relative agli ordini permanenti di bonifico e agli addebiti diretti ordinati dal debitore attivi sul conto di pagamento, nonché quelle relative ai bonifici in entrata ricorrenti e agli addebiti diretti ordinati dal creditore eseguiti sul conto del consumatore nei precedenti tredici mesi. Il prestatore di servizi di pagamento di origine informa altresì il consumatore che tale elenco non comporta per il nuovo prestatore di servizi di pagamento alcun obbligo di attivare servizi che esso non offre;

b) trasferisce l'eventuale saldo positivo

(1) L'art. 2.1, lett. d, d.lg. 15 marzo 2017, n. 37, così dispone: «l'art. 126-*quinquiesdecies*, comma 10, si applica decorsi 60 giorni dalla data di entrata in vigore delle relative disposizioni di attuazione, da adottarsi entro 120 giorni dall'entrata in vigore del presente decreto».

(2) Per disposizioni in materia di trasparenza delle operazioni dei servizi bancari e finanziari – correttezza delle relazioni tra intermediari e clienti v. provv. Banca d'Italia 3 agosto 2017, in G.U. 22 agosto 2017, n. 195.

del conto di origine verso il conto di pagamento aperto o detenuto dal consumatore presso il nuovo prestatore di servizi di pagamento, purché la richiesta del consumatore identifichi con precisione il prestatore di servizi di pagamento e il conto di destinazione;

c) chiude il conto di pagamento di origine.

2. Salvi eventuali obblighi pendenti del consumatore che impediscono la chiusura del conto di pagamento, il prestatore di servizi di pagamento di origine esegue le operazioni previste dal comma 1 alla data specificata dal consumatore nella richiesta. La data è fissata ad almeno sei giorni lavorativi dalla ricezione della richiesta da parte del prestatore di servizi di pagamento di origine, salvo diverso accordo con il consumatore. Il prestatore di servizi di pagamento di origine comunica immediatamente al consumatore l'eventuale esistenza di obblighi pendenti che impediscono la chiusura del conto di pagamento.

Sezione III. — *Conto di base* (1)

126-*noviesdecies*. *Diritto al conto di base*. — 1. Le banche, la società Poste italiane s.p.a. e gli altri prestatori di servizi di pagamento abilitati ad offrire servizi a valere su un conto di pagamento sono tenuti, limitatamente ai servizi di pagamento che essi offrono ai consumatori, a offrire un conto di pagamento denominato in euro con caratteristiche di base, «conto di base».

2. Tutti i consumatori soggiornanti legalmente nell'Unione europea, senza discriminazioni e a prescindere dal luogo di residenza, hanno diritto all'apertura di un conto di base nei casi e secondo le modalità previste dalla presente sezione.

3. Ai fini della presente sezione, per consumatore soggiornante legalmente nell'Unione europea si intende chiunque abbia il diritto di soggiornare in uno Stato membro dell'Unione europea in virtù del diritto dell'Unione o del diritto italiano, compresi i consumatori senza fissa dimora e i richiedenti asilo ai sensi della Convenzione di Ginevra del 28 luglio 1951 relativa allo status dei rifugiati, del relativo protocollo del 31 gennaio 1967 nonché ai sensi degli altri trattati internazionali in materia.

126-*vicies*. *Apertura del conto di base*. — 1. Fermo restando l'obbligo di osservare le disposizioni in materia di contrasto del riciclaggio e del finanziamento del terrorismo, il prestatore di servizi di pagamento può rifiutare la richiesta di apertura di un conto di base solo in mancanza dei requisiti previsti dall'art. 126-*noviesdecies* o se il consumatore è già titolare in Italia di un conto di pagamento che gli consente di utilizzare i servizi indicati dall'allegato A salvo il caso di trasferimento del conto o salvo che il consumatore dichiari di aver ricevuto comunicazione dal proprio prestatore di servizi di pagamento che il conto verrà chiuso. A tal fine, prima di aprire un conto di base, il prestatore di servizi di pagamento può chiedere al consumatore di dichiarare per iscritto se lo stesso è già titolare in Italia di un conto di pagamento che gli consente di utilizzare tutti i servizi indicati dall'allegato A.

2. In caso di rifiuto di apertura del conto, il prestatore di servizi di pagamento ne informa il consumatore immediatamente, e al più tardi entro dieci giorni lavorativi dalla ricezione della richiesta, per iscritto e senza spese, indicando le specifiche motivazioni del rifiuto e informando il cliente delle procedure di reclamo disponibili e della sua facoltà di inviare un esposto alla Banca d'Italia o di adire i sistemi di risoluzione stragiudiziale delle controversie previsti dall'art. 128-*bis*. La comunicazione delle motivazioni del rifiuto non è tuttavia dovuta ove tale comunicazione sia in contrasto con obiettivi di ordine pubblico o di pubblica sicurezza, individuati ai sensi dell'art. 126, o ricorrano altri giustificati motivi ostativi in base alle disposizioni in materia di contrasto del riciclaggio e del finanziamento del terrorismo.

3. L'apertura del conto di base non può es-

(1) L'art. 2.1, lett. e, d.lg. 15 marzo 2017, n. 37, così dispone: «la Sezione III si applica decorsi 60 giorni dalla data di entrata in vigore della disciplina di attuazione prevista negli artt. 126 -*vicies-semel*, comma 1, 126-*vicies-bis*, comma 2, 126-*vicies-quater*, comma 1, 126 -*vicies-quinquies*, comma 1, da adottarsi entro 120 giorni dall'entrata in vigore del presente decreto. (...)». In base all'art. 2.4, d.lg. cit.: «Entro un anno dalla data di entrata in vigore di tutti i provvedimenti attuativi previsti dagli artt. 126 -*vicies-semel*, comma 1, 126-*vicies-bis*, comma 2, 126-*vicies-quater*, comma 1, 126 -*vicies-quinquies*, comma 1, del d.lg. 1° settembre 1993, n. 385, come modificato dal presente decreto, i prestatori di servizi di pagamento possono convertire i conti di base aperti ai sensi della convenzione prevista dall'art. 12 del d.l. 6 dicembre 2011, n. 201, convertito, con modificazioni, dalla l. 22 dicembre 2011, n. 214, in conti di base sottoposti alla disciplina della Sezione III, del capo II-*ter*, del titolo VI del d.lg. 1° settembre 1993, n. 385, dandone comunicazione al titolare del conto. Per i due anni successivi alla conversione, è fatto divieto al prestatore di servizi di pagamento di modificare le condizioni economiche del conto di base. Ai conti di base preesistenti, non convertiti ai sensi del presente comma, continua ad applicarsi la disciplina recata dalla predetta convenzione».

sere condizionata all'acquisto di servizi accessori o di azioni del prestatore di servizi di pagamento, salvo che questa condizione si applichi in modo uniforme a tutta la clientela del prestatore di servizi di pagamento.

126-*vicies semel*. *Caratteristiche del conto di base*. — 1. Il conto di base include, a fronte di un canone annuale onnicomprensivo, il numero di operazioni annue effettuabili senza addebito di ulteriori spese definito con decreto del Ministro dell'economia e delle finanze, sentita la Banca d'Italia. Il decreto individua, per uno o più profili di clientela ai quali il conto di base è destinato, un numero di operazioni sufficiente a coprire l'uso personale da parte del consumatore. Le operazioni e i servizi inclusi nel conto di base comprendono almeno quelli elencati nell'allegato A, nonché le relative eventuali scritturazioni contabili. Sul conto di base non possono essere concesse aperture di credito né sconfinamenti.

2. Il titolare del conto di base può eseguire le operazioni avvalendosi, senza maggiori costi, dei canali telematici disponibili presso il prestatore di servizi di pagamento per i conti analoghi, fermo restando il possibile addebito di spese per le operazioni aggiuntive o in numero superiore.

3. Il titolare del conto può richiedere, ma il prestatore di servizi di pagamento non può imporre, l'effettuazione di operazioni aggiuntive o in numero superiore a quello individuato ai sensi del comma 1. Alle spese addebitabili per tali operazioni si applica l'art. 126-*vicies-bis*. In ogni caso, il conto di base non può prevedere limiti al numero di operazioni che il consumatore può effettuare, in relazione ai servizi elencati nell'allegato A, in eccedenza rispetto a quanto stabilito dal decreto del Ministro dell'economia e delle finanze di cui al comma 1.

4. Il prestatore di servizi di pagamento non agisce da intermediario, a qualsiasi titolo, per la conclusione di contratti tra terzi fornitori di beni e servizi e titolari di conti di base (1).

126-*vicies bis*. *Spese applicabili*. — 1. Nessuna spesa, salvo il canone annuo onnicomprensivo e gli oneri fiscali previsti per legge, può essere addebitata al titolare del conto per il numero annuo di operazioni individuato ai sensi dell'art. 126-*vicies semel*, comma 1, e le relative eventuali scritturazioni contabili.

2. Il canone annuo onnicomprensivo e il costo delle operazioni aggiuntive o in numero superiore sono ragionevoli e coerenti con finalità di inclusione finanziaria, avendo riguardo al livello di reddito nazionale e ai costi mediamente addebitati dai prestatori di servizi di pagamento a livello nazionale per i servizi collegati al conto di pagamento, secondo quanto stabilito con decreto del Ministro dell'economia e delle finanze, sentita la Banca d'Italia, tenendo anche conto delle condizioni dei soggetti socialmente svantaggiati.

3. Il costo delle operazioni in numero superiore non è in ogni caso superiore a quello pubblicizzato dallo stesso prestatore di servizi di pagamento per i conti di pagamento offerti a consumatori con esigenze di base (1).

126-*vicies ter*. *Recesso*. — 1. Il consumatore può esercitare il diritto di recesso ai sensi dell'art. 126-*septies*, commi 1 e 3. 2.

2. Il prestatore di servizi di pagamento può recedere dal contratto relativo al conto di base solo se ricorre una o più delle seguenti condizioni:

a) il consumatore ha usato intenzionalmente il conto per fini illeciti

b) alla data del 31 dicembre il conto risulta incapiente e non movimentato per oltre 24 mesi consecutivi su ordine o su iniziativa del consumatore, salvo che il consumatore provveda al ripristino dei fondi entro il termine di preavviso indicato al comma 3;

c) l'accesso al conto di base è stato ottenuto dal consumatore sulla base di informazioni errate, determinanti per ottenerlo;

d) il consumatore non soggiorna più legalmente nell'Unione europea;

e) il consumatore, successivamente al conto di base, ha aperto in Italia un altro conto di pagamento che gli consente di utilizzare i servizi indicati dall'allegato A.

3. In caso di recesso, il prestatore di servizi di pagamento comunica al consumatore i motivi del recesso con un preavviso di almeno due mesi per iscritto e senza spese. Nei casi di cui al comma 2, lett. *a*) e *c*), il recesso ha effetto immediato. Si applicano l'art. 126-*septies*, comma 3 e, con riferimento alla comunicazione delle motivazioni del recesso, l'art. 126 e le disposizioni in materia di contrasto del riciclaggio e del finanziamento del terrorismo.

4. Nella comunicazione del recesso il consumatore è informato delle procedure di reclamo

(1) Per il regolamento recante attuazione degli artt. 126-*vicies semel*, 126-*vicies bis* e 126-*vicies quater* del d.lg. 1° settembre 1993, n. 385 (t.u. bancario), introdotti dal d.lg. 15 marzo 2017, n. 37, recante attuazione della dir. 2014/92/UE, sulla comparabilità delle spese relative al conto di pagamento, sul trasferimento del conto di pagamento e sull'accesso al conto di pagamento con caratteristiche di base v. d.m. Economia e Finanze 3 maggio 2018, n. 70, in G.U., 19 giugno 2018, n. 140.

disponibili, della sua facoltà di inviare un esposto alla Banca d'Italia o di adire i sistemi di risoluzione stragiudiziale delle controversie previsti dall'art. 128-*bis*.

5. Fermo restando il divieto di concedere aperture di credito o sconfinamenti sul conto di base, il prestatore di servizi di pagamento può disporre, per eventuali situazioni di incapienza, la sospensione dei servizi collegati al conto fino al ripristino dei fondi.

126-*vicies quater*. *Conti di base per particolari categorie di consumatori*. — 1. Con decreto del Ministro dell'economia e delle finanze, sentita la Banca d'Italia, sono individuate le fasce di clientela socialmente svantaggiate e i titolari di trattamenti pensionistici ai quali il conto di base è offerto senza spese. Il medesimo decreto definisce altresì le condizioni e le modalità per l'accesso ai conti di base gratuiti e le loro caratteristiche (1).

126-*vicies quinquies*. *Informazioni sul conto di base*. — 1. I prestatori di servizi di pagamento forniscono chiarimenti e informazioni sul conto di base, secondo quanto previsto dalle disposizioni della Banca d'Italia (2).

126-*vicies sexies*. *Educazione finanziaria*. — 1. La Banca d'Italia promuove iniziative dirette a fornire ai consumatori, e in particolare a quelli individuati ai sensi dell'art. 126-*vicies quater*, informazioni chiare e comprensibili sul conto di base, sulle relative condizioni generali di prezzo, sulle procedure per accedervi e sulle possibilità di ricorso a procedure alternative di risoluzione delle controversie.

2. La Banca d'Italia può promuovere la redazione di codici di condotta per l'offerta indipendente di iniziative di educazione finanziaria da parte degli intermediari, finalizzate a favorire l'orientamento della clientela e l'assistenza per la gestione responsabile delle finanze personali.

CAPO III

Regole generali e controlli (3)

127. *Regole generali*. — 01 (4). Le Autorità creditizie esercitano i poteri previsti dal presente titolo avendo riguardo, oltre che alle finalità indicate nell'art. 5, alla trasparenza delle condizioni contrattuali e alla correttezza dei rapporti con la clientela. A questi fini la Banca d'Italia, in conformità delle deliberazioni del CICR, può dettare (5) anche disposizioni in materia di organizzazione e controlli interni.

02 (4). Ai confidi iscritti nell'elenco previsto dall'art. 112, le norme del presente titolo si applicano secondo quanto stabilito dal CICR.

1 (4). Le disposizioni del presente titolo sono derogabili solo in senso più favorevole al cliente (6).

1-*bis* (4). Le informazioni fornite ai sensi del presente titolo sono rese almeno in lingua italiana (6).

2 (4). Le nullità previste dal presente titolo operano soltanto a vantaggio del cliente e possono essere rilevate d'ufficio dal giudice.

3 (4). Le deliberazioni di competenza del CICR previste nel presente titolo sono assunte su proposta della Banca d'Italia, d'intesa con la Consob.

127-*bis*. *Spese addebitabili*. — 1. Non possono essere addebitate al cliente spese, comunque denominate, inerenti alle informazioni e alle comunicazioni previste ai sensi di legge se trasmesse al cliente con strumenti di comunicazione telematica o allo stesso fornite su supporto durevole diverso da quello cartaceo. Per le informazioni e le comunicazioni previste ai sensi di legge relative a servizi di pagamento non possono essere addebitate al cliente spese, comunque denominate, qualunque sia lo strumento di comunicazione o il tipo di supporto

(1) Per il regolamento recante attuazione degli artt. 126-*vicies semel*, 126-*vicies bis* e 126-*vicies quater* del d.lg. 1° settembre 1993, n. 385 (t.u. bancario), introdotti dal d.lg. 15 marzo 2017, n. 37, recante attuazione della dir. 2014/92/UE, sulla comparabilità delle spese relative al conto di pagamento, sul trasferimento del conto di pagamento e sull'accesso al conto di pagamento con caratteristiche di base v. d.m. Economia e Finanze 3 maggio 2018, n. 70, in G.U., 19 giugno 2018, n. 140.

(2) Per disposizioni in materia di trasparenza delle operazioni dei servizi bancari e finanziari – correttezza delle relazioni tra intermediari e clienti v. provv. Banca d'Italia 3 agosto 2017, in G.U. 22 agosto 2017, n. 195.

(3) Capo così sostituito dall'art. 4.3, d.lg. 13 agosto 2010, n. 141, come modificato dall'art. 2.1, d.lg. 19 settembre 2012, n. 169. In base all'art. 6.2, d.lg. n. 141/2010 cit., come sostituito dall'art. 4.2, d.lg. 14 dicembre 2010, n. 218, «Le disposizioni contenute nel titolo II del presente decreto entrano in vigore il centoventesimo giorno successivo alla sua pubblicazione. Le disposizioni che a tale data risultano adottate dalle Autorità creditizie in base a norme modificate o sostituite dal titolo II rimangono in vigore in quanto compatibili».

(4) Comma così rinumerato dall'art. 3.4, d.lg. 14 dicembre 2010, n. 218.

(5) Le parole «A questi fini la Banca d'Italia, in conformità delle deliberazioni del CICR, può dettare» sono state così sostituite alle precedenti «A questi fini possono essere dettate» dall'art. 2.1, lett. a, d.lg. 19 settembre 2012, n. 169, che ha modificato l'art. 4.3, d.lg. 13 agosto 2010, n. 141.

(6) Per determinazioni in materia di credito ai consumatori v. d.m. Economia e Finanze 3 febbraio 2011, in *Leggi coll. XVII, 4*.

utilizzato. Le informazioni precontrattuali e le comunicazioni previste ai sensi dell'art. 118 sono sempre gratuite qualunque sia lo strumento di comunicazione o il tipo di supporto utilizzato (1).

2. Il contratto può prevedere che, se il cliente richiede [...] (2) informazioni o comunicazioni ulteriori o più frequenti rispetto a quelle previste dal presente titolo ovvero la loro trasmissione con strumenti di comunicazione diversi da quelli previsti nel contratto, le relative spese sono a carico del cliente.

3. Se, in relazione a informazioni o comunicazioni, vengono addebitate spese al cliente, queste sono ragionevoli (3) e proporzionate ai costi effettivamente sostenuti dalla banca o dall'intermediario finanziario o dal prestatore di servizi di pagamento (4).

4. In deroga al comma 1, nei contratti di finanziamento la consegna di documenti personalizzati può essere subordinata al pagamento delle spese di istruttoria, nei limiti e alle condizioni stabilite dal CICR.

5. Resta fermo quanto previsto dall'art. 119, comma 4 e, per i servizi di pagamento, [...] (5) dall'art. 16, comma 4, del d.lg. 27 gennaio 2010, n. 11 (6) (7).

128. *Controlli*. — 1. Al fine di verificare il rispetto delle disposizioni del presente titolo, la Banca d'Italia può acquisire informazioni, atti e documenti ed eseguire ispezioni presso le banche, gli istituti di moneta elettronica, gli istituti di pagamento e gli intermediari finanziari. Resta fermo quanto previsto dagli artt. 114-*quinquies*.2, commi 6-*bis*, 6-*ter* e 6-*quater*, e 114-*undecies*, comma 2-*bis* (8).

2. (9).

3. Con riguardo ai soggetti individuati ai sensi dell'art. 115, comma 2, il CICR indica le autorità competenti a effettuare i controlli previsti dal comma 1 e a irrogare le sanzioni previste dall'artt. 144, commi 1, lett. *b*), *c*), *d*), ed *e*), e 4 (10).

128-*bis*. *Risoluzione delle controversie*. — 1. I soggetti di cui all'art. 115 aderiscono a sistemi di risoluzione stragiudiziale delle controversie con la clientela.

2. Con deliberazione del CICR, su proposta della Banca d'Italia, sono determinati i criteri di svolgimento delle procedure di risoluzione delle controversie e di composizione dell'organo decidente, in modo che risulti assicurata l'imparzialità dello stesso e la rappresentatività dei soggetti interessati. Le procedure devono in ogni caso assicurare la rapidità, l'economicità della soluzione delle controversie e l'effettività della tutela.

3. Fermo restando quanto previsto dall'art. 5, comma 1, del d.lg. 4 marzo 2010, n. 28, le disposizioni di cui ai commi 1 e 2 non pregiudicano per il cliente il ricorso a ogni altro mezzo di tutela previsto dall'ordinamento.

3-*bis*. La Banca d'Italia, quando riceve un esposto (11) da parte della clientela dei soggetti di cui al comma 1, indica all'esponente (12) la possibilità di adire i sistemi previsti dal presente articolo (13).

(1) Comma così sostituito dall'art. 1.19, lett. a, d.lg. 15 dicembre 2017, n. 218.

(2) Le parole «alla banca o all'intermediario finanziario» sono state soppresse dall'art. 1.19, lett. b, d.lg. 15 dicembre 2017, n. 218.

(3) La parola «ragionevoli» è stata così sostituita alla precedente «adeguate» dall'art. 1.19, lett. c, d.lg. 15 dicembre 2017, n. 218.

(4) Le parole «o dal prestatore di servizi di pagamento» sono state inserite dall'art. 1.19, lett. c, d.lg. 15 dicembre 2017, n. 218.

(5) Le parole «dall'art. 126-*ter* e» sono state soppresse dall'art. 1.19, lett. d, d.lg. 15 dicembre 2017, n. 218.

(6) In *Leggi coll. XVII, 5*.

(7) Per determinazioni in materia di credito ai consumatori v. d.m. Economia e Finanze 3 febbraio 2011, in *Leggi coll. XVII, 4*.

(8) Le parole «Resta fermo quanto previsto dagli artt. 114-*quinquies*.2, commi 6-*bis*, 6-*ter* e 6-*quater*, e 114-*undecies*, comma 2-*bis*» sono state inserite dall'art. 1.20, lett. a, d.lg. 15 dicembre 2017, n. 218.

(9) Comma abrogato dall'art. 1.20, lett. b, d.lg. 15 dicembre 2017, n. 218.

(10) Comma così sostituito dall'art. 1.45, lett. b, d.lg. 12 maggio 2015, n. 72.

(11) La parola «esposto» è stata così sostituita alla precedente «reclamo» dall'art. 1.2, d.lg. 15 marzo 2017, n. 37.

(12) Le parole «all'esponente» sono state così sostituite alle precedenti «al reclamante» dall'art. 1.2, d.lg. 15 marzo 2017, n. 37.

(13) L'art. 27-*bis*.1-*quinquies*, d.l. 24 gennaio 2012, n. 1, conv. in l. 24 marzo 2012, n. 27, come introdotto dall'art. 1.1, lett. b, d.l. 24 marzo 2012, n. 29, conv. in l. 18 maggio 2012, n. 62, così dispone: «Ove lo ritenga necessario e motivato, il prefetto segnala all'Arbitro bancario finanziario, istituito ai sensi dell'art. 128-*bis* del t.u. di cui al d.lg. 1° settembre 1993, n. 385, specifiche problematiche relative ad operazioni e servizi bancari e finanziari. La segnalazione avviene a seguito di istanza del cliente in forma riservata e dopo che il prefetto ha invitato la banca in questione, previa informativa sul merito dell'istanza, a fornire una risposta argomentata sulla meritevolezza del credito. L'Arbitro si pronuncia non oltre trenta giorni dalla segnalazione».

Per modifiche alle disposizioni sui sistemi di risoluzione stragiudiziale delle controversie in materia di operazioni e servizi bancari e finanziari v. provv. Banca d'Italia 2 novembre 2016, in G.U., 3 dicembre 2016, n. 283.

128-*ter*. *Misure inibitorie*. — 1. Qualora nell'esercizio dei controlli previsti dall'art. 128 emergano irregolarità, la Banca d'Italia può:

a) inibire ai soggetti che prestano le operazioni e i servizi disciplinati dal presente titolo la continuazione dell'attività, anche di singole aree o sedi secondarie, e ordinare la restituzione delle somme indebitamente percepite e altri comportamenti conseguenti;

b) inibire specifiche forme di offerta, promozione o conclusione di contratti disciplinati dal presente titolo;

c) disporre in via provvisoria la sospensione, per un periodo non superiore a novanta giorni, delle attività di cui alle lett. *a*) e *b*), laddove sussista particolare urgenza;

d) pubblicare i provvedimenti di cui al presente articolo sul sito *web* della Banca d'Italia e disporre altre forme di pubblicazione, eventualmente a cura e spese dell'intermediario (1).

TITOLO VI-*bis*

Agenti in attività finanziaria e mediatori creditizi (2)

128-*quater*. *Agenti in attività finanziaria*. — 1. È agente in attività finanziaria il soggetto che promuove e conclude contratti relativi alla concessione di finanziamenti sotto qualsiasi forma o alla prestazione di servizi di pagamento, su mandato diretto di intermediari finanziari previsti dal titolo V, istituti di pagamento, istituti di moneta elettronica, banche o Poste Italiane (3). Gli agenti in attività finanziaria possono svolgere esclusivamente l'attività indicata nel presente comma, nonché attività connesse o strumentali (4).

2. L'esercizio professionale nei confronti del pubblico dell'attività di agente in attività finanziaria è riservato ai soggetti iscritti in un apposito elenco tenuto dall'Organismo previsto dall'art. 128-*undecies* (5) (6).

3. . . . . (7).

4. Gli agenti in attività finanziaria svolgono la loro attività su mandato di un solo intermediario o di più intermediari appartenenti al medesimo gruppo. Nel caso in cui l'intermediario conferisca un mandato solo per (8) specifici prodotti o servizi, è tuttavia consentito all'agente, al fine di offrire l'intera gamma di prodotti o servizi, di assumere due ulteriori mandati.

5. Il mandante risponde solidalmente dei danni causati dall'agente in attività finanziaria, anche se tali danni siano conseguenti a responsabilità accertata in sede penale.

6. Gli agenti in attività finanziaria (9) che prestano esclusivamente i servizi di pagamento sono iscritti in una sezione speciale dell'elenco di cui al comma 2 quando ricorrono le condizioni e i requisiti stabiliti con regolamento adottato ai sensi dell'art. 17, comma 3, l. 23 agosto 1988, n. 400, dal Ministro dell'economia e delle finanze, sentita la Banca d'Italia. I requisiti tengono conto del tipo di attività svolta. Ai soggetti iscritti nella sezione speciale non si applicano il secondo periodo del comma 1 e il comma 4 (10) (4).

7. La riserva di attività prevista dal presente articolo non si applica ai soggetti convenzionati e agli agenti comunque denominati di cui all'art. 1, comma 2, lett. *nn*), del d.lg. 21 novembre 2007, n. 231, e successive modificazioni (11), che prestano servizi di pagamento per conto di istituti di moneta elettronica o prestatori di servizi di pagamento aventi sede legale e amministrazione centrale in altro stato comu-

(1) Lettera così sostituita dall'art. 1.46, d.lg. 12 maggio 2015, n. 72.

(2) Titolo inserito dall'art. 11, d.lg. 13 agosto 2010, n. 141, come modificato dall'art. 6, d.lg. 19 settembre 2012, n. 169.

(3) Le parole «, istituti di moneta elettronica, banche o Poste Italiane» sono state così sostituite alle precedenti «o istituti di moneta elettronica» dall'art. 6.1, lett. a, n. 1, d.lg. 19 settembre 2012, n. 169, che ha modificato l'art. 11, d.lg. 13 agosto 2010, n. 141.

(4) Per il regolamento per l'iscrizione nell'elenco degli agenti che prestano esclusivamente i servizi di pagamento v. d.m. Economia e Finanze 28 dicembre 2012, n. 256, in G.U., 11 febbraio 2013, n. 35.

(5) Sui requisiti di professionalità, di onorabilità e patrimoniali, sulle incompatibilità e i requisiti tecnico-informatici v. artt. 14-18, d.lg. 13 agosto 2010, n. 141, come modificati dagli artt. 8-11, d.lg. 19 settembre 2012, n. 169. Per la disciplina transitoria v. art. 26, d.lg. n. 141/2010 cit., come modificato dall'art. 17, d.lg. n. 169/2012 cit.

(6) V. art. 16.2, d.lg. 13 agosto 2010, n. 141.

(7) Comma abrogato dall'art. 6.1, lett. a, n. 2, d.lg. 19 settembre 2012, n. 169, che ha modificato l'art. 11, d.lg. 13 agosto 2010, n. 141.

(8) Le parole «conferisca un mandato solo per» sono state così sostituite alle precedenti «offra solo alcuni» dall'art. 6.1, lett. a, n. 3, d.lg. 19 settembre 2012, n. 169, che ha modificato l'art. 11, d.lg. 13 agosto 2010, n. 141.

(9) Le parole «in attività finanziaria» sono state inserite dall'art. 8.2, d.lg. 25 maggio 2017, n. 90.

(10) Ultimo periodo così sostituito dall'art. 8.1, d.lg. 14 dicembre 2010, n. 218.

(11) In *Leggi coll. XVII, 12*.

nitario. Al fine di consentire l'esercizio dei controlli e l'osservanza delle misure dettate in funzione di prevenzione del riciclaggio e del finanziamento del terrorismo, i predetti istituti designano un punto di contatto centrale, ai sensi delle disposizioni di cui al Titolo II, Capo V del d.lg. 21 novembre 2007, n. 231, e successive modificazioni (1) (2).

7-*bis*. Per le finalità di cui al comma 7, i prestatori di servizi di pagamento e gli istituti di moneta elettronica, aventi sede legale e amministrazione centrale in altro stato comunitario, comunicano tempestivamente all'Organismo previsto dall'art. 128-*undecies*, per l'iscrizione in apposita sezione del registro di cui all'art. 45 del d.lg. 21 novembre 2007, n. 231 (1), gli estremi identificativi del punto di contatto di cui all'art. 1, comma 2, lett. *ii*), del d.lg. 21 novembre 2007, n. 231, e successive modificazioni (1), per il tramite del quale operano sul territorio nazionale. Il punto di contatto è tenuto a comunicare all'Organismo l'avvio della propria operatività e ogni variazione ad essa attinente. L'Organismo stabilisce la periodicità e le modalità di invio della comunicazione. L'omessa comunicazione è sanzionata ai sensi dell'art. 61, comma 2, del d.lg. 21 novembre 2007, n. 231, e successive modificazioni (1) (3).

8. .... (4) (5).

128-*quinquies*. *Requisiti per l'iscrizione nell'elenco degli agenti in attività finanziaria*. — 1. L'iscrizione all'elenco di cui all'art. 128-*quater*, comma 2, è subordinata al ricorrere dei seguenti requisiti:

a) per le persone fisiche: cittadinanza italiana o di uno Stato dell'Unione europea ovvero di Stato diverso secondo le disposizioni dell'art. 2 del testo unico delle disposizioni concernenti la disciplina [...] (6) dell'immigrazione e norme sulla condizione dello straniero, di cui al d.lg. 25 luglio 1998, n. 286, e domicilio nel territorio della Repubblica;

b) per i soggetti diversi dalle persone fisiche: sede legale e amministrativa o, per i soggetti comunitari, stabile organizzazione nel territorio della Repubblica;

c) requisiti di onorabilità e professionalità, compreso il superamento di un apposito

(1) In *Leggi coll. XVII, 12.*

(2) Comma così sostituito, da ultimo, dall'art. 8.3, d.lg. 25 maggio 2017, n. 90.

(3) Comma inserito dall'art. 8.4, d.lg. 25 maggio 2017, n. 90.

(4) Comma abrogato dall'art. 6.1, lett. a, n. 5, d.lg. 19 settembre 2012, n. 169, che ha modificato l'art. 11, d.lg. 13 agosto 2010, n. 141.

(5) L'art. 12, d.lg. 13 agosto 2010, n. 141, come modificato dall'art. 7, d.lg. 19 settembre 2012, n. 169, così dispone: «1. Non costituisce esercizio di agenzia in attività finanziaria, né di mediazione creditizia: *a*) la promozione e la conclusione, da parte di fornitori di beni e servizi, di contratti di finanziamento unicamente per l'acquisto di propri beni e servizi sulla base di apposite convenzioni stipulate con le banche e gli intermediari finanziari. In tali contratti non sono ricompresi quelli relativi al rilascio di carte di credito; *b*) la promozione e la conclusione, da parte di banche, intermediari finanziari, imprese di investimento, società di gestione del risparmio, SICAV, imprese assicurative, istituti di pagamento, istituti di moneta elettronica e Poste italiane S.p.A. di contratti relativi alla concessione di finanziamenti sotto qualsiasi forma e alla prestazione di servizi di pagamento; *c*) la stipula, da parte delle associazioni di categoria e dei Confidi, di convenzioni con banche, intermediari finanziari ed altri soggetti operanti nel settore finanziario finalizzate a favorire l'accesso al credito delle imprese associate. Per la raccolta di richieste di finanziamento effettuate sulla base di dette convenzioni, le associazioni possono avvalersi di soggetti in possesso dei requisiti di cui all'art. 128-*novies*, comma 1. Quanto previsto dalla presente lettera, è esteso alle società di servizi controllate ai sensi dell'art. 2359 del codice civile, costituite dalle associazioni stesse per il perseguimento delle finalità associative. || 1-*bis*. Non costituisce esercizio di agenzia in attività finanziaria la promozione e il collocamento di contratti relativi alla concessione di finanziamenti o alla prestazione di servizi di pagamento da parte dei promotori finanziari iscritti nell'albo previsto dall'art. 31 del d.lg. 24 febbraio 1998, n. 58, effettuate per conto del soggetto abilitato che ha conferito loro l'incarico di promotore finanziario, purché i finanziamenti o i servizi di pagamento siano volti a consentire agli investitori di effettuare operazioni relative a strumenti finanziari. Il soggetto abilitato cura l'aggiornamento professionale dei propri promotori finanziari, assicura il rispetto da parte loro della disciplina prevista ai sensi del titolo VI del d.lg. 1° settembre 1993, n. 385, e risponde per i danni da essi cagionati nell'esercizio dell'attività prevista dal presente comma, anche se conseguenti a responsabilità accertata in sede penale. || 2. Per l'esercizio dell'attività di incasso di fondi su incarico di soggetti autorizzati alla prestazione di servizi di pagamento non è necessaria l'iscrizione nell'elenco degli agenti in attività finanziaria, a condizione che detta attività sia svolta sulla base di un contratto di esternalizzazione, che ne predetermini le modalità di svolgimento, abbia carattere meramente materiale, e in nessun caso sia accompagnata da poteri dispositivi. || 2-*bis*. L'esercizio di agenzia in attività finanziaria comporta gli obblighi di contribuzione previdenziale previsti per i soggetti di cui all'art. 1742 del codice civile. L'Organismo previsto dall'art. 128-*undecies* individua forme di collaborazione e di scambio di informazioni con gli enti di previdenza». Per la disciplina transitoria v. art. 26, d.lg. 13 agosto 2010, n. 141, come modificato dall'art. 17, d.lg. 19 settembre 2012, n. 169.

(6) Le parole «del testo unico delle disposizioni concernenti la disciplina» sono state soppresse dall'art. 8.5, d.lg. 14 dicembre 2010, n. 218.

esame. Per i soggetti diversi dalle persone fisiche, i requisiti si applicano a coloro che svolgono funzioni di amministrazione, direzione e controllo e, limitatamente ai requisiti di onorabilità, anche a coloro che detengono il controllo;

d) .... (1);

e) per i soggetti diversi dalle persone fisiche sono inoltre richiesti un oggetto sociale conforme con quanto disposto dall'art. 128-*quater*, comma 1, ed il rispetto di requisiti patrimoniali, organizzativi e di forma giuridica.

1-*bis*. L'efficacia dell'iscrizione è condizionata alla stipula di una polizza di assicurazione della responsabilità civile per i danni arrecati nell'esercizio dell'attività derivanti da condotte proprie o di terzi del cui operato gli agenti rispondono a norma di legge (2).

2. La permanenza nell'elenco è subordinata, in aggiunta ai requisiti indicati ai commi 1 e 1-*bis* (3), all'esercizio effettivo dell'attività e all'aggiornamento professionale (4).

128-*sexies*. *Mediatori creditizi*. — 1. È mediatore creditizio il soggetto che mette in relazione, anche attraverso attività di consulenza, banche o intermediari finanziari previsti dal titolo V con la potenziale clientela per la concessione di finanziamenti sotto qualsiasi forma.

2. L'esercizio professionale nei confronti del pubblico dell'attività di mediatore creditizio è riservato ai soggetti iscritti in un apposito elenco tenuto dall'Organismo previsto dall'art. 128-*undecies*.

2-*bis*. Il soggetto che presta professionalmente in via esclusiva servizi di consulenza indipendente avente a oggetto la concessione di finanziamenti sotto qualsiasi forma, è iscritto in una sezione speciale dell'elenco di cui al comma 2 (5).

3. Il mediatore creditizio può svolgere esclusivamente l'attività indicata al comma 1 nonché attività connesse o strumentali.

3-*bis*. Il soggetto di cui al comma 2-*bis* può svolgere esclusivamente l'attività ivi indicata nonché attività connesse o strumentali. Per queste attività è remunerato esclusivamente dal cliente (6).

4. Il mediatore creditizio ovvero il consulente di cui al comma 2-*bis* (7), svolge la propria attività senza essere legato ad alcuna (8) delle parti da rapporti che ne possano compromettere l'indipendenza (9).

(1) Lettera soppressa dall'art. 6.1, lett. b, n. 1, d.lg. 19 settembre 2012, n. 169, che ha modificato l'art. 11, d.lg. 13 agosto 2010, n. 141.

(2) Comma inserito dall'art. 6.1, lett. b, n. 2, d.lg. 19 settembre 2012, n. 169, che ha modificato l'art. 11, d.lg. 13 agosto 2010, n. 141.

(3) Le parole «ai commi 1 e 1-*bis*» sono state così sostituite alle precedenti «al comma 1» dall'art. 6.1, lett. b, n. 3, d.lg. 19 settembre 2012, n. 169, che ha modificato l'art. 11, d.lg. 13 agosto 2010, n. 141.

(4) V. art. 16.1, d.lg. 13 agosto 2010, n. 141, come modificato dall'art. 9, d.lg. 19 settembre 2012, n. 169.

(5) Comma inserito dall'art. 1.4, lett. a, d.lg. 21 aprile 2016, n. 72. In base all'art. 3.1, d.lg. cit., tali disposizioni «si applicano a partire dal 1° luglio 2016 e ai contratti di credito sottoscritti successivamente a tale data. Ai contratti sottoscritti anteriormente continuano ad applicarsi le disposizioni vigenti nel giorno di entrata in vigore del presente decreto legislativo».

(6) Comma inserito dall'art. 1.4, lett. b, d.lg. 21 aprile 2016, n. 72. In base all'art. 3.1, d.lg. cit., tali disposizioni «si applicano a partire dal 1° luglio 2016 e ai contratti di credito sottoscritti successivamente a tale data. Ai contratti sottoscritti anteriormente continuano ad applicarsi le disposizioni vigenti nel giorno di entrata in vigore del presente decreto legislativo».

(7) Le parole «ovvero il consulente di cui al comma 2-*bis*,» sono state inserite dall'art. 1.4, lett. c, d.lg. 21 aprile 2016, n. 72. In base all'art. 3.1, d.lg. cit., tali disposizioni «si applicano a partire dal 1° luglio 2016 e ai contratti di credito sottoscritti successivamente a tale data. Ai contratti sottoscritti anteriormente continuano ad applicarsi le disposizioni vigenti nel giorno di entrata in vigore del presente decreto legislativo».

(8) La parola «alcuna» è stata così sostituita alla precedente «alcune» dall'art. 8.6, d.lg. 14 dicembre 2010, n. 218.

(9) L'art. 12, d.lg. 13 agosto 2010, n. 141, come modificato dall'art. 7, d.lg. 19 settembre 2012, n. 169, così dispone: «1. Non costituisce esercizio di agenzia in attività finanziaria, né di mediazione creditizia: *a*) la promozione e la conclusione, da parte di fornitori di beni e servizi, di contratti di finanziamento unicamente per l'acquisto di propri beni e servizi sulla base di apposite convenzioni stipulate con le banche e gli intermediari finanziari. In tali contratti non sono ricompresi quelli relativi al rilascio di carte di credito; *b*) la promozione e la conclusione, da parte di banche, intermediari finanziari, imprese di investimento, società di gestione del risparmio, SICAV, imprese assicurative, istituti di pagamento, istituti di moneta elettronica e Poste italiane S.p.A. di contratti relativi alla concessione di finanziamenti sotto qualsiasi forma e alla prestazione di servizi di pagamento; *c*) la stipula, da parte delle associazioni di categoria e dei Confidi, di convenzioni con banche, intermediari finanziari ed altri soggetti operanti nel settore finanziario finalizzate a favorire l'accesso al credito delle imprese associate. Per la raccolta di richieste di finanziamento effettuate sulla base di dette convenzioni, le associazioni possono avvalersi di soggetti in possesso dei requisiti di cui all'art. 128-*novies*, comma 1. Quanto previsto dalla presente lettera, è esteso alle società di servizi controllate ai sensi dell'art. 2359 del codice civile, costituite dalle associazioni stesse per il perseguimento delle finalità associative. || 1-*bis*. Non costituisce esercizio di agenzia in attività finanziaria la promozione e il collocamento di contratti relativi alla concessione di finanziamenti o alla

128-*septies*. *Requisiti per l'iscrizione nell'elenco dei mediatori creditizi*. — 1. L'iscrizione nell'elenco di cui all'art. 128-*sexies*, comma 2, ovvero nella sezione speciale di cui all'art. 128-*sexies*, comma 2-*bis* (1), è subordinata al ricorrere dei seguenti requisiti:

a) forma di società per azioni, di società in accomandita per azioni, di società a responsabilità limitata o di società cooperativa;

b) sede legale e amministrativa o, per i soggetti comunitari, stabile organizzazione nel territorio della Repubblica;

c) oggetto sociale conforme con quanto previsto dall'art. 128-*sexies*, comma 3, e rispetto dei requisiti di organizzazione;

d) possesso da parte di coloro che detengono il controllo e dei soggetti che svolgono funzioni di amministrazione, direzione e controllo dei requisiti di onorabilità;

e) possesso da parte dei soggetti che svolgono funzioni di amministrazione, direzione e controllo, di requisiti di professionalità, compreso il superamento di un apposito esame;

f) .... (2).

1-*bis*. La permanenza nell'elenco è subordinata, in aggiunta ai requisiti indicati ai commi 1 e 1-*ter* (3), all'esercizio effettivo dell'attività e all'aggiornamento professionale (4) (5).

1-*ter*. L'efficacia dell'iscrizione è condizionata alla stipula di una polizza di assicurazione della responsabilità civile per i danni arrecati nell'esercizio dell'attività derivanti da condotte proprie o di terzi del cui operato i mediatori rispondono a norma di legge (6).

128-*octies*. *Incompatibilità*. — 1. È vietata la contestuale iscrizione nell'elenco degli agenti in attività finanziaria e dei mediatori creditizi.

1-*bis*. Il Ministro dell'economia e delle finanze individua, con regolamento adottato, sentita la Banca d'Italia, ai sensi dell'art. 17, comma 3, della l. 23 agosto 1988, n. 400, le cause di incompatibilità con l'esercizio dell'attività di cui all'art. 128-*sexies*, comma 2-*bis* (7).

2. I collaboratori di agenti in attività finanziaria e di mediatori creditizi sono persone fisiche e (8) non possono svolgere contemporaneamente la propria attività a favore di più soggetti iscritti (9).

128-*novies*. *Dipendenti e collaboratori*. — 1. Gli agenti in attività finanziaria e i mediatori creditizi assicurano e verificano, anche attraverso l'adozione di adeguate procedure inter-

prestazione di servizi di pagamento da parte dei promotori finanziari iscritti nell'albo previsto dall'art. 31 del d.lg. 24 febbraio 1998, n. 58, effettuate per conto del soggetto abilitato che ha conferito loro l'incarico di promotore finanziario, purché i finanziamenti o i servizi di pagamento siano volti a consentire agli investitori di effettuare operazioni relative a strumenti finanziari. Il soggetto abilitato cura l'aggiornamento professionale dei propri promotori finanziari, assicura il rispetto da parte loro della disciplina prevista ai sensi del titolo VI del d.lg. 1° settembre 1993, n. 385, e risponde per i danni da essi cagionati nell'esercizio dell'attività prevista dal presente comma, anche se conseguenti a responsabilità accertata in sede penale. || 2. Per l'esercizio dell'attività di incasso di fondi su incarico di soggetti autorizzati alla prestazione di servizi di pagamento non è necessaria l'iscrizione nell'elenco degli agenti in attività finanziaria, a condizione che detta attività sia svolta sulla base di un contratto di esternalizzazione, che ne predetermini le modalità di svolgimento, abbia carattere meramente materiale, e in nessun caso sia accompagnata da poteri dispositivi. || 2-*bis*. L'esercizio di agenzia in attività finanziaria comporta gli obblighi di contribuzione previdenziale previsti per i soggetti di cui all'art. 1742 del codice civile. L'Organismo previsto dall'art. 128-*undecies* individua forme di collaborazione e di scambio di informazioni con gli enti di previdenza». Per la disciplina transitoria v. art. 26, d.lg. 13 agosto 2010, n. 141, come modificato dall'art. 17, d.lg. 19 settembre 2012, n. 169.

(1) Le parole «, ovvero nella sezione speciale di cui all'art. 128-*sexies*, comma 2-*bis*,» sono state inserite dall'art. 1.5, d.lg. 21 aprile 2016, n. 72. In base all'art. 3.1, d.lg. cit., tali disposizioni «si applicano a partire dal 1° luglio 2016 e ai contratti di credito sottoscritti successivamente a tale data. Ai contratti sottoscritti anteriormente continuano ad applicarsi le disposizioni vigenti nel giorno di entrata in vigore del presente decreto legislativo».

(2) Lettera soppressa dall'art. 6.1, lett. c, n. 1, d.lg. 19 settembre 2012, n. 169, che ha modificato l'art. 11, d.lg. 13 agosto 2010, n. 141.

(3) Le parole «ai commi 1 e 1-*ter*» sono state così sostituite alle precedenti «al comma 1» dall'art. 6.1, lett. c, n. 2, d.lg. 19 settembre 2012, n. 169, che ha modificato l'art. 11, d.lg. 13 agosto 2010, n. 141.

(4) Comma aggiunto dall'art. 8.7, d.lg. 14 dicembre 2010, n. 218.

(5) V. art. 16.2, d.lg. 13 agosto 2010, n. 141.

(6) Comma aggiunto dall'art. 6.1, lett. c, n. 3, d.lg. 19 settembre 2012, n. 169, che ha modificato l'art. 11, d.lg. 13 agosto 2010, n. 141.

(7) Comma inserito dall'art. 1.6, d.lg. 21 aprile 2016, n. 72. In base all'art. 3.1, d.lg. cit., tali disposizioni «si applicano a partire dal 1° luglio 2016 e ai contratti di credito sottoscritti successivamente a tale data. Ai contratti sottoscritti anteriormente continuano ad applicarsi le disposizioni vigenti nel giorno di entrata in vigore del presente decreto legislativo».

(8) Le parole «sono persone fisiche e» sono state inserite dall'art. 6.1, lett. d, n. 1, d.lg. 19 settembre 2012, n. 169, che ha modificato l'art. 11, d.lg. 13 agosto 2010, n. 141.

(9) La parola «iscritti» è stata aggiunta dall'art. 6.1, lett. d, n. 2, d.lg. 19 settembre 2012, n. 169, che ha modificato l'art. 11, d.lg. 13 agosto 2010, n. 141.

ne, che i propri dipendenti e collaboratori di cui si avvalgono per il contatto con il pubblico, rispettino le norme loro applicabili, possiedano i requisiti di onorabilità e professionalità indicati all'art. 128-*quinquies*, lett. *c*), ad esclusione del superamento dell'apposito esame e all'art. 128-*septies*, lett. *d*) ed *e*), ad esclusione del superamento dell'apposito esame, e curino l'aggiornamento professionale. Tali soggetti sono comunque tenuti a superare una prova valutativa i cui contenuti sono stabiliti dall'Organismo di cui all'art. 128-*undecies*.

2. Per il contatto con il pubblico, gli agenti in attività finanziaria che siano persone fisiche o costituiti in forma di società di persone si avvalgono di dipendenti o collaboratori iscritti nell'elenco di cui all'art. 128-*quater*, comma 2.

3. I mediatori creditizi e gli agenti in attività finanziaria diversi da quelli indicati al comma 2 trasmettono all'Organismo di cui all'art. 128-*undecies* l'elenco dei propri dipendenti e collaboratori.

4. Gli agenti in attività finanziaria e i mediatori creditizi rispondono in solido dei danni causati nell'esercizio dell'attività dai dipendenti e collaboratori di cui si essi si avvalgono, anche in relazione a condotte penalmente sanzionate.

128-*decies*. *Disposizioni di trasparenza e connessi poteri di controllo*. — 1. Agli agenti in attività finanziaria, agli agenti previsti dall'art. 128-*quater*, comma 7, e ai mediatori creditizi si applicano, in quanto compatibili, le norme del Titolo VI. La Banca d'Italia può stabilire ulteriori regole per garantire trasparenza e correttezza nei rapporti con la clientela.

2. L'intermediario mandante risponde alla Banca d'Italia del rispetto delle disposizioni del Titolo VI da parte dei propri agenti in attività finanziaria. La Banca d'Italia può effettuare ispezioni presso l'agente in attività finanziaria, anche avvalendosi della Guardia di Finanza che agisce con i poteri ad essa attribuiti per l'accertamento dell'imposta sul valore aggiunto e delle imposte sui redditi, utilizzando strutture e personale esistenti in modo da non determinare oneri aggiuntivi.

2-*bis*. Le banche, gli istituti di pagamento e gli istituti di moneta elettronica comunitari che prestano, in regime di diritto di stabilimento senza succursale, servizi di pagamento nel territorio della Repubblica per il tramite degli agenti di cui all'art. 128-*quater*, designano in Italia un punto di contatto centrale nei casi e per l'esercizio delle funzioni previsti dalle norme tecniche di regolamentazione emanate dalla Commissione europea ai sensi dell'art. 29, par. 7, della dir. 2366/2015/UE, secondo le disposizioni dettate dalla Banca d'Italia. Restano ferme le disposizioni dettate per finalità di prevenzione del riciclaggio e di finanziamento del terrorismo dall'art. 43, commi 3 e 4 e dall'art. 45 del d.lg. 21 novembre 2007, n. 231 e successive modificazioni (1).

3. Fino al 30 giugno 2014 (2) la Banca d'Italia esercita il controllo sugli agenti insediati in Italia per conto di istituti di moneta elettronica o istituti di pagamento comunitari per verificare l'osservanza delle disposizioni di cui al comma 1 e della relativa disciplina di attuazione. Il punto di contatto centrale previsto dall'art. 43, comma 3, del d.lg. 21 novembre 2007, n. 231, e successive modificazioni (3) (4) risponde alla Banca d'Italia del rispetto delle disposizioni del Titolo VI da parte degli agenti insediati in Italia dell'istituto di moneta elettronica o istituto di pagamento comunitari, che ad esso fanno capo. La Banca d'Italia può effettuare ispezioni presso gli agenti insediati in Italia per conto di istituti di moneta elettronica o istituti di pagamento comunitari nonché presso il punto di contatto anche avvalendosi della Guardia di Finanza che agisce con i poteri ad essa attribuiti per l'accertamento dell'imposta sul valore aggiunto e delle imposte sui redditi, utilizzando strutture e personale esistenti in modo da non determinare oneri aggiuntivi.

4. Fino al 30 giugno 2014 (2) la Banca d'Italia esercita il controllo sui mediatori creditizi per verificare l'osservanza delle disposizioni di cui al comma 1 e della relativa disciplina di attuazione. La Banca d'Italia può effettuare ispezioni presso i mediatori creditizi anche avvalendosi della Guardia di Finanza che agisce con i poteri ad essa attribuiti per l'accertamento dell'imposta sul valore aggiunto e delle imposte sui redditi, utilizzando strutture e personale esistenti in modo da non determinare oneri aggiuntivi.

(1) Comma così sostituito dall'art. 1.21, lett. a, d.lg. 15 dicembre 2017, n. 218.

(2) Le parole «30 giugno 2014» sono state così sostituite alle precedenti «31 dicembre 2013» dall'art. 9.4, d.l. 30 dicembre 2013, n. 150, conv. in l. 27 febbraio 2014, n. 15.

(3) In *Leggi coll. XVII, 12*.

(4) Le parole «dall'art. 43, comma 3, del d.lg. 21 novembre 2007, n. 231, e successive modificazioni» sono state così sostituite alle precedenti «dall'art. 42, comma 3, del d.lg. 21 novembre 2007, n. 231,» dall'art. 8.5, d.lg. 25 maggio 2017, n. 90.

4-*bis.* Dal 1° luglio 2014 (1) il controllo sugli agenti insediati in Italia per conto di istituti di moneta elettronica o istituti di pagamento comunitari e sui mediatori creditizi per verificare l'osservanza delle disposizioni di cui al comma 1 e della relativa disciplina di attuazione è esercitato dall'Organismo. A tali fini, l'Organismo potrà effettuare ispezioni anche avvalendosi della Guardia di Finanza che agisce con i poteri ad essa attribuiti per l'accertamento dell'imposta sul valore aggiunto e delle imposte sui redditi, utilizzando strutture e personale esistenti in modo da non determinare oneri aggiuntivi.

5. Il mediatore creditizio risponde anche del rispetto del titolo VI da parte dei propri dipendenti e collaboratori (2).

128-*undecies*. *Organismo*. — 1. È istituito un Organismo, avente personalità giuridica di diritto privato [...] (3), con autonomia organizzativa, statutaria e finanziaria competente per la gestione degli elenchi degli agenti in attività finanziaria e dei mediatori creditizi. L'Organismo è dotato dei poteri sanzionatori necessari per lo svolgimento di tali compiti.

2. I primi componenti dell'organo di gestione dell'Organismo sono nominati con decreto del Ministro dell'economia e delle finanze, su proposta della Banca d'Italia, e restano in carica tre anni a decorrere dalla data di costituzione dell'Organismo. Il Ministero dell'economia e delle finanze approva con regolamento lo Statuto dell'Organismo, sentita la Banca d'Italia (4) (5).

3. L'Organismo provvede all'iscrizione negli elenchi di cui all'art. 128-*quater*, comma 2, e all'art. 128-*sexies*, comma 2, previa verifica dei requisiti previsti, e svolge ogni altra attività necessaria per la loro gestione; determina e riscuote i contributi e le altre somme dovute per l'iscrizione negli elenchi; svolge gli altri compiti previsti dalla legge.

4. L'Organismo verifica il rispetto da parte degli agenti in attività finanziaria e dei mediatori creditizi della disciplina cui essi sono sottoposti; per lo svolgimento dei propri compiti, l'Organismo può effettuare ispezioni e può chiedere la comunicazione di dati e notizie e la trasmissione di atti e documenti, fissando i relativi termini (6) (7).

128-*duodecies*. *Disposizioni procedurali*. — 1. Per il mancato pagamento dei contributi o altre somme dovute ai fini dell'iscrizione negli elenchi di cui agli artt. 128-*quater*, comma 2, e 128-*sexies*, comma 2, per l'inosservanza degli obblighi di aggiornamento professionale, la violazione di norme legislative o amministrative che regolano l'attività di agenzia in attività finanziaria o di mediazione creditizia, la mancata comunicazione o trasmissione di informazioni o documenti richiesti, l'Organismo applica nei confronti degli iscritti:

a) il richiamo scritto;

a-bis) la sanzione pecuniaria da euro cinquecento a euro cinquemila nei confronti degli iscritti persone fisiche e la sanzione pecuniaria da euro mille fino al 10 per cento del fatturato nei confronti degli iscritti persone giuridiche. Se il vantaggio ottenuto dall'autore della violazione come conseguenza della violazione stessa è superiore ai massimali indicati alla presente lettera, le sanzioni pecuniarie sono elevate fino al doppio dell'ammontare del vantaggio ottenuto, purché tale ammontare sia determinabile. Chi con un'azione od omissione viola diverse disposizioni o commette più violazioni della stessa disposizione soggiace alla sanzione prevista per la violazione più grave, aumentata sino al triplo. I proventi derivanti dalle sanzioni

(1) Le parole «1° luglio 2014» sono state così sostituite alle precedenti «1° gennaio 2014» dall'art. 9.5, d.l. 30 dicembre 2013, n. 150, conv. in l. 27 febbraio 2014, n. 15.

(2) Articolo inserito dall'art. 11, d.lg. 13 agosto 2010, n. 141, come modificato dall'art. 6, d.lg. 19 settembre 2012, n. 169, e successivamente così sostituito dall'art. 6.1, lett. e, d.lg. 19 settembre 2012, n. 169, che ha modificato l'art. 11, d.lg. 13 agosto 2010, n. 141.

(3) Le parole «ed ordinato in forma di associazione» sono state soppresse dall'art. 6.1, lett. f, n. 1, d.lg. 19 settembre 2012, n. 169, che ha modificato l'art. 11, d.lg. 13 agosto 2010, n. 141.

(4) V. d.m. Economia e Finanze 15 settembre 2011, in G.U., 24 novembre 2011, n. 274.

(5) Comma così sostituito dall'art. 6.1, lett. f, n. 2, d.lg. 19 settembre 2012, n. 169, che ha modificato l'art. 11, d.lg. 13 agosto 2010, n. 141.

(6) V. artt. 19-24, d.lg. 13 agosto 2010, n. 141, come modificato dagli artt. 12-16, d.lg. 19 settembre 2012, n. 169.

(7) L'art. 9.6, d.lg. 25 maggio 2017, n. 90, così dispone: «L'Organismo di cui all'art. 128-*undecies* TUB, avvia la gestione del registro di cui all'art. 45 del d.lg. 21 novembre 2007, n. 231 e successive modificazioni entro tre mesi dall'entrata in vigore del decreto di cui al comma 5».

L'art. 17-*bis*, d.lg. 13 agosto 2010, n. 141, come introdotto dall'art. 11.1, d.lg. 19 settembre 2012, n. 169, così dispone: «L'esercizio professionale nei confronti del pubblico dell'attività di cambiavalute, anche su base stagionale, consistente nella negoziazione a pronti di mezzi di pagamento in valuta, è riservato ai soggetti iscritti in un apposito registro tenuto dall'Organismo previsto dall'art. 128-*undecies* del d.lg. 1° settembre 1993, n. 385».

previste dalla presente lettera affluiscono al bilancio dello Stato (1);

b) la sospensione dall'esercizio dell'attività per un periodo non inferiore a dieci giorni (2) e non superiore a un anno;

c) la cancellazione dagli elenchi previsti dagli artt. 128-*quater*, comma 2, e 128-*sexies*, comma 2.

1-*bis*. L'organismo, quando applica al punto di contatto centrale di cui all'art. 1, comma 2, lett. *ii*) del d.lg. 21 novembre 2007, n. 231, e successive modificazioni (3), la sanzione per le violazioni gravi, ripetute o sistematiche ovvero plurime degli obblighi di cui all'art. 45 del medesimo decreto (3) ovvero per la violazione dell'obbligo di cui all'art. 128-*quater*, comma 7-*bis* ne dà comunicazione alla Banca d'Italia per l'adozione dei provvedimenti di competenza, ivi compresi quelli adottati ai sensi dell'art. 48, par. 4 della dir. (UE) 2015/849 (4).

1-*ter*. Nella determinazione delle sanzioni di cui al comma 1, l'Organismo considera ogni circostanza rilevante e, in particolare, le seguenti, ove pertinenti:

a) la gravità e la durata della violazione;

b) il grado di responsabilità;

c) la capacità finanziaria del responsabile della violazione;

d) l'entità del vantaggio ottenuto o delle perdite evitate attraverso la violazione, nella misura in cui sia determinabile;

e) i pregiudizi cagionati a terzi attraverso la violazione;

f) il livello di cooperazione del responsabile della violazione con l'Organismo;

g) le precedenti violazioni delle disposizioni che regolano l'attività di agenzia in attività finanziaria, di mediazione creditizia e di consulenza del credito;

h) le potenziali conseguenze sistemiche della violazione;

i) le misure adottate dal responsabile della violazione, successivamente alla violazione stessa, al fine di evitare, in futuro, il suo ripetersi (5).

2. . . . . (6).

3. È disposta altresì la cancellazione dagli elenchi di cui agli artt. 128-*quater*, comma 2, e 128-*sexies*, comma 2, [...] (7) nei seguenti casi:

a) perdita di uno dei requisiti richiesti per l'esercizio dell'attività;

b) inattività protrattasi per oltre un anno salvo comprovati motivi (8);

c) cessazione dell'attività.

3-*bis*. Fatte salve le ipotesi disciplinate ai commi precedenti, la Banca d'Italia nell'esercizio delle proprie attribuzioni di vigilanza, individua le ulteriori ipotesi di revoca dell'abilitazione degli intermediari del credito (oppure di cancellazione dagli elenchi) per violazioni gravi e sistematiche delle disposizioni previste dal Titolo VI, Capo I-*bis* del d.lg. 1° settembre 1993, n. 385. Con decreto del Ministro dell'economia e delle finanze da adottarsi, sentita la Banca d'Italia (9), sono individuati i meccanismi di coordinamento per garantire l'efficiente espletamento dei procedimenti di irrogazione delle sanzioni di competenza delle Autorità di vigilanza di settore (10).

4. L'agente in attività finanziaria e il mediatore creditizio cancellati ai sensi del comma 1 possono richiedere una nuova iscrizione purché siano decorsi cinque anni dalla pubblicazione della cancellazione.

(1) Lettera inserita dall'art. 11, d.lg. 13 agosto 2010, n. 141, come modificato dall'art. 8.17, lett. a, d.lg. 25 maggio 2017, n. 90.

(2) Le parole «dieci giorni» sono state così sostituite alle precedenti «sei mesi» dall'art. 11, d.lg. 13 agosto 2010, n. 141, come modificato dall'art. 8.17, lett. b, d.lg. 25 maggio 2017, n. 90.

(3) In *Leggi coll. XVII, 12*.

(4) Comma inserito dall'art. 11, d.lg. 13 agosto 2010, n. 141, come modificato dall'art. 6.1, lett. g, n. 1, d.lg. 19 settembre 2012, n. 169, e successivamente così sostituito dall'art. 8.6, d.lg. 25 maggio 2017, n. 90.

(5) Comma inserito dall'art. 11, d.lg. 13 agosto 2010, n. 141, come modificato dall'art. 8.17, lett. c, d.lg. 25 maggio 2017, n. 90.

(6) Comma abrogato dall'art. 6.1, lett. g, n. 2, d.lg. 19 settembre 2012, n. 169, che ha modificato l'art. 11, d.lg. 13 agosto 2010, n. 141.

(7) Le parole «nel caso previsto dall'art. 144 comma 8, e» sono state soppresse dall'art. 6.1, lett. g, n. 3, d.lg. 19 settembre 2012, n. 169, che ha modificato l'art. 11, d.lg. 13 agosto 2010, n. 141.

(8) Le parole «salvo comprovati motivi» sono state aggiunte dall'art. 6.1, lett. g, n. 3, d.lg. 19 settembre 2012, n. 169, che ha modificato l'art. 11, d.lg. 13 agosto 2010, n. 141.

(9) L'art. 1.10, d.lg. 21 aprile 2016, n. 72, così dispone: «Il decreto di cui all'art. 128-*duodecies*, comma 3-*bis*, del d.lg. 1° settembre 1993, n. 385, come modificato dal presente decreto è adottato entro due mesi dalla data di entrata in vigore del presente decreto».

(10) Comma inserito dall'art. 1.7, lett. b, d.lg. 21 aprile 2016, n. 72. In base all'art. 3.1, d.lg. cit., tali disposizioni «si applicano a partire dal 1° luglio 2016 e ai contratti di credito sottoscritti successivamente a tale data. Ai contratti sottoscritti anteriormente continuano ad applicarsi le disposizioni vigenti nel giorno di entrata in vigore del presente decreto legislativo».

5. [...] (1) In caso di necessità e urgenza, può essere disposta in via cautelare la sospensione dagli elenchi previsti dagli artt. 128-*quater* e 128-*sexies* per un periodo massimo di otto mesi, qualora sussistano precisi elementi che facciano presumere gravi violazioni di norme legislative o amministrative che regolano l'attività di agenzia in attività finanziaria o di mediazione creditizia.

6. L'Organismo annota negli elenchi i provvedimenti adottati ai sensi del comma 1, lett. *b*) e *c*) e del comma 3-*bis* (2).

128-*terdecies*. *Vigilanza della Banca d'Italia sull'Organismo*. — 1. La Banca d'Italia vigila sull'Organismo secondo modalità, dalla stessa stabilite, improntate a criteri di proporzionalità ed economicità dell'azione di controllo e con la finalità di verificare l'adeguatezza delle procedure interne adottate dall'Organismo per lo svolgimento dei compiti a questo affidati.

2. Per le finalità indicate al comma 1, la Banca d'Italia può accedere al sistema informativo che gestisce gli elenchi in forma elettronica, richiedere all'Organismo la comunicazione periodica di dati e notizie e la trasmissione di atti e documenti con le modalità e nei termini dalla stessa stabiliti, effettuare ispezioni nonché richiedere l'esibizione dei documenti e il compimento degli atti ritenuti necessari presso l'Organismo, convocare i componenti dell'Organismo.

3. Su proposta della Banca d'Italia, il Ministro dell'economia e delle finanze può sciogliere gli organi di gestione e di controllo dell'Organismo qualora risultino gravi irregolarità nell'amministrazione, ovvero gravi violazioni delle disposizioni legislative, amministrative o statutarie che regolano l'attività dello stesso. Il Ministero dell'economia e delle finanze provvede agli adempimenti necessari alla ricostituzione degli organi di gestione e controllo dell'Organismo, assicurandone la continuità operativa, se necessario anche attraverso la nomina di un commissario. La Banca d'Italia può disporre la rimozione di uno o più componenti degli organi di gestione e controllo in caso di grave inosservanza dei doveri ad essi assegnati dalla legge, dallo statuto o dalle disposizioni di vigilanza, nonché dei provvedimenti specifici e di altre istruzioni impartite dalla Banca d'Italia, ovvero in caso di comprovata inadeguatezza, accertata dalla Banca d'Italia, all'esercizio delle funzioni cui sono preposti (3).

4. L'Organismo informa tempestivamente la Banca d'Italia degli atti e degli eventi di maggior rilievo relativi all'esercizio delle proprie funzioni e trasmette, entro il 31 gennaio di ogni anno, una relazione dettagliata sull'attività svolta nell'anno precedente e sul piano delle attività predisposto per l'anno in corso.

128-*quaterdecies*. *Ristrutturazione dei crediti*. — 1. Per l'attività di consulenza e gestione dei (4) crediti a fini di ristrutturazione e recupero degli stessi, svolta successivamente alla costituzione dell'Organismo di cui all'art. 128-*undecies*, le banche e gli intermediari finanziari possono avvalersi di agenti in attività finanziaria iscritti nell'elenco di cui all'art. 128-*quater*, comma 2.

TITOLO VII

Altri controlli

129. *Emissione di strumenti finanziari*. — 1. La Banca d'Italia può richiedere a chi emette od offre strumenti finanziari segnalazioni periodiche, dati e informazioni a carattere consuntivo riguardanti gli strumenti finanziari emessi od offerti in Italia, ovvero all'estero da soggetti italiani, al fine di acquisire elementi conoscitivi sull'evoluzione dei prodotti e dei mercati finanziari.

2. La Banca d'Italia emana disposizioni attuative del presente articolo (5) (6).

(1) Le parole «Fermo restando l'art. 144 comma 8,» sono state soppresse dall'art. 6.1, lett. g, n. 4, d.lg. 19 settembre 2012, n. 169, che ha modificato l'art. 11, d.lg. 13 agosto 2010, n. 141.

(2) Comma così sostituito dall'art. 6.1, lett. g, n. 5, d.lg. 19 settembre 2012, n. 169, che ha modificato l'art. 11, d.lg. 13 agosto 2010, n. 141. Le parole «e del comma 3-*bis*» sono state aggiunte successivamente dall'art. 1.8, d.lg. 21 aprile 2016, n. 72. In base all'art. 3.1, d.lg. n. 72/2016 cit., tali disposizioni «si applicano a partire dal 1° luglio 2016 e ai contratti di credito sottoscritti successivamente a tale data. Ai contratti sottoscritti anteriormente continuano ad applicarsi le disposizioni vigenti nel giorno di entrata in vigore del presente decreto legislativo».

(3) Comma così sostituito dall'art. 6.1, lett. h, d.lg. 19 settembre 2012, n. 169, che ha modificato l'art. 11, d.lg. 13 agosto 2010, n. 141.

(4) La parola «dei» è stata inserita dall'art. 8.9, d.lg. 14 dicembre 2010, n. 218.

(5) Articolo così sostituito prima dall'art. 64.21, d.lg. 23 luglio 1996, n. 415, e successivamente dall'art. 1.7, d.lg. 29 dicembre 2006, n. 303.

(6) V. Istruzioni Banca d'Italia in G.U., 30 dicembre 1998, n. 303; provv. Banca d'Italia 25 agosto 2015, in G.U., 16 settembre 2015, n. 215, con disposizioni in materia di segnalazioni a carattere consuntivo relative all'emissione e all'offerta di strumenti finanziari. Per il regolamento concernente l'accesso al mercato dei capitali da parte degli enti territoriali v. d.m. Economia 1° dicembre 2003, n. 389, in G.U., 4 febbraio 2004, n. 28.

TITOLO VIII
Sanzioni

CAPO I
ABUSIVISMO BANCARIO E FINANZIARIO (1)

130. *Abusiva attività di raccolta del risparmio.* — 1. Chiunque svolge l'attività di raccolta del risparmio tra il pubblico in violazione dell'art. 11 è punito con l'arresto da sei mesi a tre anni (2) e con l'ammenda da lire venticinque milioni [euro 12.911] a lire cento milioni [euro 51.645] (3).

131. *Abusiva attività bancaria.* — 1. Chiunque svolge l'attività di raccolta del risparmio tra il pubblico in violazione dell'art. 11 ed esercita il credito è punito con la reclusione da sei mesi a quattro anni (2) e con la multa da lire quattro milioni [euro 2.065] a lire venti milioni [euro 10.329] (3).

131-*bis*. *Abusiva emissione di moneta elettronica.* — 1. Chiunque emetta moneta elettronica in violazione della riserva prevista dall'art. 114-*bis* (4) senza essere iscritto nell'albo previsto dall'art. 13 o in quello previsto dall'art. 114-*bis*, comma 2, è punito con la reclusione da sei mesi a quattro anni (2) e con la multa da 2.066 euro a 10.329 euro (3) (5).

131-*ter*. *Abusiva attività di prestazione di servizi di pagamento.* — 1. Chiunque presta servizi di pagamento in violazione della riserva prevista dall'art. 114-*sexies* (6) senza essere autorizzato ai sensi dell'art. 114-*novies* è punito con la reclusione da sei mesi a quattro anni e con la multa da 2.066 euro a 10.329 euro (7).

132. *Abusiva attività finanziaria.* — 1. Chiunque svolge, nei confronti del pubblico una o più attività finanziarie previste dall'art. 106, comma 1, in assenza dell'autorizzazione di cui all'art. 107 o dell'iscrizione di cui all'art. 111 ovvero dell'art. 112, è punito con la reclusione da sei mesi a quattro anni e con la multa da euro 2.065 ad euro 10.329 (8).

132-*bis*. *Denunzia al pubblico ministero ed al tribunale.* — 1. Se vi è fondato sospetto che una società svolga attività di raccolta del risparmio, attività bancaria, attività di emissione di moneta elettronica, prestazione di servizi di pagamento (9) o attività finanziaria in violazione degli artt. 130, 131, 131-*bis*, 131-*ter* (10) e 132, la Banca d'Italia o l'UIC (11) possono denunziare i fatti al pubblico ministero ai fini dell'adozione dei provvedimenti previsti art. 2409 del codice civile, ovvero possono richiedere al tribunale l'adozione dei medesimi provvedimenti. Le spese per l'ispezione sono a carico della società (12).

133. *Abuso di denominazione* (13). — 1. L'uso, nella denominazione o in qualsivoglia segno distintivo o comunicazione rivolta al pubblico, delle parole «banca», «banco», «credito», «risparmio» ovvero di altre parole o locuzioni, anche in lingua straniera, idonee a trarre in inganno sulla legittimazione allo svolgimento dell'attività bancaria è vietato a soggetti diversi dalle banche.

1-*bis*. L'uso, nella denominazione o in qualsivoglia segno distintivo o comunicazione rivolta al pubblico, dell'espressione «moneta elettronica» ovvero di altre parole o locuzioni, anche in lingua straniera, idonee a trarre in inganno sulla legittimazione allo svolgimento

(1) L'art. 64.22, d.lg. 23 luglio 1996, n. 415, ha soppresso le parole «Capo I. Sanzioni penali», ed ha sostituito le parole «Sezione I. Abusivismo bancario e finanziario» con «Capo I. Abusivismo bancario e finanziario».

(2) In base all'art. 39.1, l. 28 dicembre 2005, n. 262, le pene previste da questo provvedimento «sono raddoppiate entro i limiti posti per ciascun tipo di pena dal libro I, titolo II, capo II, del codice penale».

(3) In base all'art. 39.3, l. 28 dicembre 2005, n. 262, le sanzioni pecuniarie previste da questo provvedimento «che non sono state modificate dalla presente legge, sono quintuplicate».

(4) Le parole «in violazione della riserva prevista dall'art. 114-*bis*» sono state inserite dall'art. 2.3, d.lg. 16 aprile 2012, n. 45.

(5) Articolo inserito dall'art. 55.1, lett. e, l. 1° marzo 2002, n. 39.

(6) Le parole «in violazione della riserva prevista dall'art. 114-*sexies*» sono state inserite dall'art. 2.4, d.lg. 16 aprile 2012, n. 45.

(7) Articolo inserito dall'art. 35.11, d.lg. 27 gennaio 2010, n. 11, in *Leggi coll. XVII, 5*.

(8) Articolo così sostituito, da ultimo, dall'art. 8.2, d.lg. 13 agosto 2010, n. 141.

(9) Le parole «, prestazione di servizi di pagamento» sono state inserite dall'art. 35.12, d.lg. 27 gennaio 2010, n. 11, in *Leggi coll. XVII, 5*.

(10) Le parole «, 131-*ter*» sono state inserite dall'art. 35.12, d.lg. 27 gennaio 2010, n. 11, in *Leggi coll. XVII, 5*.

(11) Le competenze e i poteri attribuiti all'UIC sono trasferiti alla Banca d'Italia: art. 62.1, d.lg. 21 novembre 2007, n. 231, in *Leggi coll. XVII, 12*. L'art. 62.2, d.lg. cit., così dispone: «Ogni riferimento all'Ufficio italiano dei cambi contenuto nelle leggi o in atti normativi si intende effettuato alla Banca d'Italia».

(12) Articolo inserito dall'art. 29, d.lg. 4 agosto 1999, n. 342 e, successivamente, così sostituito prima dall'art. 55.1, lett. f, l. 1° marzo 2002, n. 39 e, da ultimo, dall'art. 9.42, comma 1, d.lg. n. 6/2003, come modificato dall'art. 2.1, d.lg. n. 37/2004.

(13) Rubrica così sostituita dall'art. 55.1, lett. g, n. 1, l. 1° marzo 2002, n. 39.

dell'attività di emissione di moneta elettronica è vietato a soggetti diversi dagli istituti di moneta elettronica e dalle banche (1).

1-*ter*. L'uso, nella denominazione o in qualsivoglia segno distintivo o comunicazione rivolta al pubblico, dell'espressione «istituto di pagamento» ovvero di altre parole o locuzioni, anche in lingua straniera, idonee a trarre in inganno sulla legittimazione allo svolgimento dell'attività di prestazione di servizi di pagamento è vietato a soggetti diversi dagli istituti di pagamento (2).

1-*quater*. L'uso, nella denominazione o in qualsivoglia segno distintivo o comunicazione rivolta al pubblico, della parola «finanziaria» ovvero di altre parole o locuzioni, anche in lingua straniera, idonee a trarre in inganno sulla legittimazione allo svolgimento dell'attività finanziaria loro riservata è vietato ai soggetti diversi dagli intermediari finanziari di cui all'art. 106 (3).

2. La Banca d'Italia determina in via generale le ipotesi in cui, per l'esistenza di controlli amministrativi o in base a elementi di fatto, le parole o le locuzioni indicate nei commi 1, 1-*bis*, 1-*ter* e 1-*quater* possono essere utilizzate da soggetti diversi dalle banche, dagli istituti di moneta elettronica, dagli istituti di pagamento e dagli intermediari finanziari (4).

3. Chiunque contravviene al disposto dei commi 1, 1-*bis*, 1-*ter* e 1-*quater* è punito con la sanzione amministrativa pecuniaria da 5.000 a 5 milioni di euro. Se la violazione è commessa da una società o un ente, è applicata la sanzione amministrativa pecuniaria da euro 30.000 fino al 10 per cento del fatturato. Le stesse sanzioni si applicano a chi, attraverso informazioni e comunicazioni in qualsiasi forma, induce in altri il falso convincimento di essere sottoposto alla vigilanza della Banca d'Italia ai sensi dell'art. 108 o di essere abilitato all'esercizio delle attività di cui all'art. 111 (5).

3-*bis*. Si applica l'art. 144, comma 9 (6).

CAPO II (7)

Attività di vigilanza

134. .... (8).

CAPO III (7)

Banche e gruppi bancari

135. *Reati societari*. — 1. Le disposizioni contenute nel titolo XI del libro V del codice civile si applicano a chi svolge funzioni di amministrazione, direzione e controllo presso banche, anche se non costituite in forma societaria (9).

136. *Obbligazioni degli esponenti bancari*. — 1. Chi svolge funzioni di amministrazione, direzione e controllo presso una banca non può contrarre obbligazioni di qualsiasi natura o compiere atti di compravendita, direttamente od indirettamente, con la banca che amministra, dirige o controlla, se non previa deliberazione dell'organo di amministrazione presa all'unanimità con l'esclusione del voto dell'esponente interessato (10) e col voto favorevole di tutti i componenti dell'organo di controllo, fermi restando gli obblighi previsti dal codice civile in materia di interessi degli amministratori e di operazioni con parti correlate. È facoltà del consiglio di amministrazione delegare l'approvazione delle operazioni di cui ai periodi precedenti nel rispetto delle modalità ivi previste (11).

2-2-*bis*. .... (12).

3. L'inosservanza delle disposizioni del comma 1 è punita con la reclusione da uno a tre

(1) Comma inserito dall'art. 55.1, lett. g, n. 2, l. 1° marzo 2002, n. 39.
(2) Comma inserito dall'art. 35.13, d.lg. 27 gennaio 2010, n. 11, in *Leggi coll. XVII, 5*.
(3) Comma inserito dall'art. 8.3, lett. a, d.lg. 13 agosto 2010, n. 141.
(4) Comma così sostituito dall'art. 8.3, lett. a-*bis*, d.lg. 13 agosto 2010, n. 141, come aggiunta dall'art. 5.1, d.lg. 14 dicembre 2010, n. 218.
(5) Comma così sostituito dall'art. 1.47, lett. a, d.lg. 12 maggio 2015, n. 72.
(6) Comma aggiunto dall'art. 1.47, lett. b, d.lg. 12 maggio 2015, n. 72.
(7) L'art. 64.25, d.lg. n. 415/1996, ha sostituito «Capo» a «Sezione».
(8) Articolo abrogato dall'art. 8, d.lg. 11 aprile 2002, n. 61.
(9) Articolo così sostituito dall'art. 9.43, comma 1, d.lg. n. 6/2003, come modificato dall'art. 2.1, d.lg. n. 37/2004.
(10) Le parole «con l'esclusione del voto dell'esponente interessato» sono state inserite dall'art. 1.48, lett. a, d.lg. 12 maggio 2015, n. 72.
(11) Comma sostituito dall'art. 9.44, comma 1, lett. a, d.lg. n. 6/2003, come modificato dall'art. 2.1, d.lg. n. 37/2004. Successivamente l'art. 1.8, lett. a, d.lg. 29 dicembre 2006, n. 303 ha aggiunto le parole «e di operazioni con parti correlate», e l'art. 24-*ter*.1, lett. *a*), d.l. 18 ottobre 2012, n. 179, conv. in l. 17 dicembre 2012, n. 221, ha aggiunto l'ultimo periodo.
(12) Commi abrogati dall'art. 24-*ter*.1, lett. *b*), d.l. 18 ottobre 2012, n. 179, conv. in l. 17 dicembre 2012, n. 221.

anni e con la multa da 206 a 2.066 euro (1).

137. *Mendacio e falso interno* [...] (2). — 1. . ... (3).

1-*bis.* Salvo che il fatto costituisca reato più grave, chi, al fine di ottenere concessioni di credito per sé o per le aziende che amministra, o di mutare le condizioni alle quali il credito venne prima concesso, fornisce dolosamente ad una banca notizie o dati falsi sulla costituzione o sulla situazione economica, patrimoniale o finanziaria delle aziende comunque interessate alla concessione del credito, è punito con la reclusione fino a un anno e con la multa fino ad euro 10.000. Nel caso in cui le notizie o i dati falsi siano forniti ad un intermediario finanziario, si applica la pena dell'arresto fino a un anno o dell'ammenda fino ad euro 10.000 (4).

2. Salvo che il fatto costituisca reato più grave, chi svolge funzioni di amministrazione o di direzione presso una banca o un intermediario finanziario, nonché i dipendenti di banche o intermediari finanziari (5) che, al fine di concedere o far concedere credito ovvero di mutare le condizioni alle quali il credito venne prima concesso ovvero di evitare la revoca del credito concesso, consapevolmente omettono di segnalare dati o notizie di cui sono a conoscenza o utilizzano nella fase istruttoria notizie o dati falsi sulla costituzione o sulla situazione economica, patrimoniale e finanziaria del richiedente il fido, sono puniti con l'arresto da sei mesi a tre anni (6) e con l'ammenda fino a lire venti milioni [euro 10.329] (7).

138. .... (8).

CAPO IV (9)

PARTECIPAZIONI (10)

139. *Partecipazioni in banche, in società finanziarie e società di partecipazione finanziaria mista* (11) *capogruppo e in intermediari finanziari* (12). — 1. L'omissione delle domande di autorizzazione previste dall'art. 19, la violazione degli obblighi di comunicazione previsti dall'art. 20, comma 2, nonché la violazione delle disposizioni dell'art. 24, commi 1 e 3, dell'art. 25, comma 3, sono punite con la sanzione amministrativa pecuniaria da 5.000 a 5 milioni di euro. Se la violazione è commessa da una società o un ente, è applicata la sanzione amministrativa pecuniaria da euro 30.000 fino al 10 per cento del fatturato (13).

1-*bis.* Le medesime sanzioni si applicano alla violazione delle norme di cui al comma 1, in quanto richiamate dall'art. 110 (14).

2. Salvo che il fatto costituisca reato più grave, chiunque nelle domande di autorizzazione previste dall'art. 19 o nelle comunicazioni previste dall'art. 20, comma 2, anche in quanto richiamati dall'art. 110 (15) fornisce false indicazioni è punito con l'arresto fino a tre anni (6).

3. La sanzione amministrativa pecuniaria prevista dal comma 1 e la pena prevista dal comma 2 si applicano per le medesime violazioni in materia di partecipazioni nelle società

(1) Comma così sostituito, da ultimo, dall'art. 1.48, lett. b, d.lg. 12 maggio 2015, n. 72.

(2) La parola «bancario» è stata soppressa dall'art. 8.4, lett. a, d.lg. 13 agosto 2010, n. 141.

(3) Comma abrogato dall'art. 8, d.lg. 11 aprile 2002, n. 61.

(4) Comma premesso dall'art. 33, l. 28 dicembre 2005, n. 262. Successivamente l'art. 8.4, lett. b, d.lg. 13 agosto 2010, n. 141, ha aggiunto l'ultimo periodo.

(5) Le parole «presso una banca o un intermediario finanziario, nonché i dipendenti di banche o intermediari finanziari» sono state così sostituite alle precedenti «presso una banca nonché i dipendenti di banche» dall'art. 8.5, d.lg. 13 agosto 2010, n. 141.

(6) In base all'art. 39.1, l. 28 dicembre 2005, n. 262, le pene previste da questo provvedimento «sono raddoppiate entro i limiti posti per ciascun tipo di pena dal libro I, titolo II, capo II, del codice penale».

(7) In base all'art. 39.3, l. 28 dicembre 2005, n. 262, le sanzioni pecuniarie previste da questo provvedimento «che non sono state modificate dalla presente legge, sono quintuplicate».

(8) Articolo abrogato dall'art. 8, d.lg. 11 aprile 2002, n. 61.

(9) L'art. 64.25, d.lg. n. 415/1996, ha sostituito «Capo» a «Sezione».

(10) Rubrica così sostituita dall'art. 9.45, comma 1, d.lg. n. 6/2003, come modificato dall'art. 2.1, d.lg. n. 37/2004. In G.U. la modifica è indicata alla «sezione IV del capo III del titolo VIII».

(11) Le parole «e società di partecipazione finanziaria mista» sono state inserite dall'art. 2.9, lett. a, d.lg. 4 marzo 2014, n. 53.

(12) Rubrica così sostituita dall'art. 9.46, comma 1, lett. a, d.lg. n. 6/2003, come modificato dall'art. 2.1, d.lg. n. 37/2004.

(13) Comma così sostituito, da ultimo, dall'art. 1.49, lett. a, d.lg. 12 maggio 2015, n. 72.

(14) Comma inserito dall'art. 8.6, d.lg. 13 agosto 2010, n. 141, e successivamente così sostituito dall'art. 1.49, lett. b, d.lg. 12 maggio 2015, n. 72.

(15) Le parole «anche in quanto richiamati dall'art. 110» sono state inserite dall'art. 8.7, d.lg. 13 agosto 2010, n. 141.

finanziarie e nelle società di partecipazione finanziaria mista (1) capogruppo (2) (3).

3-*bis*. Si applica l'art. 144, comma 9 (4).

140. *Comunicazioni relative alle partecipazioni in banche, in società appartenenti ad un gruppo bancario ed in intermediari finanziari* (5). — 1. L'omissione delle comunicazioni previste dagli artt. 20, commi 1, 3, primo periodo, e 4, 21, commi 1, 2, 3 e 4, 63 è punita con la sanzione amministrativa pecuniaria da 5.000 a 5 milioni di euro. Se la violazione è commessa da una società o un ente, è applicata la sanzione amministrativa pecuniaria da euro 30.000 fino al 10 per cento del fatturato (6).

1-*bis*. Le medesime sanzioni si applicano per l'omissione delle comunicazioni di cui alle norme indicate nel comma 1, in quanto richiamate dall'art. 110 (7).

2. Salvo che il fatto costituisca reato più grave, chiunque nelle comunicazioni indicate nel comma 1 e nel comma 1-*bis* (8) fornisce indicazioni false è punito con l'arresto fino a tre anni (9) (10).

2-*bis*. Si applica l'art. 144, comma 9 (11).

CAPO IV-*bis*

AGENTI IN ATTIVITÀ FINANZIARIA E MEDIATORI CREDITIZI (12)

140-*bis*. *Esercizio abusivo dell'attività*. — 1. Chiunque esercita professionalmente nei confronti del pubblico l'attività di agente in attività finanziaria senza essere iscritto nell'elenco di cui all'art. 128-*quater*, comma 2, è punito con la reclusione da 6 mesi a 4 anni e con la multa da euro 2.065 a euro 10.329.

2. Chiunque esercita professionalmente nei confronti del pubblico l'attività di mediatore creditizio senza essere iscritto nell'elenco di cui all'art. 128-*sexies*, comma 2, è punito con la reclusione da 6 mesi a 4 anni e con la multa da euro 2.065 a euro 10.329.

CAPO V

ALTRE SANZIONI (13)

141. .... (14).

142. .... (15).

143. *Emissione di valori mobiliari*. — 1. .... (16) (17).

144. *Altre sanzioni amministrative alle società o enti* (18). — 1. Nei confronti delle banche, degli intermediari finanziari, delle rispettive capogruppo e dei soggetti ai quali sono state esternalizzate funzioni aziendali essenziali o importanti, nonché di quelli incaricati della revisione legale dei conti, si applica la sanzione amministrativa pecuniaria da euro 30.000 fino al 10 per cento del fatturato e, nei confronti degli istituti di pagamento e degli istituti di moneta elettronica e dei soggetti ai quali sono state esternalizzate funzioni aziendali essenziali o importanti, nonché di quelli incaricati della revisione legale dei conti, fino al massimale di euro 5 milioni ovvero fino al 10 per cento del fatturato, quando tale importo è su-

(1) Le parole «e nelle società di partecipazione finanziaria mista» sono state inserite dall'art. 2.9, lett. b, d.lg. 4 marzo 2014, n. 53.

(2) Comma così sostituito dall'art. 9.46, comma 1, lett. c, d.lg. n. 6/2003, come modificato dall'art. 2.1, d.lg. n. 37/2004.

(3) Articolo così sostituito dall'art. 64.26, d.lg. n. 415/1996.

(4) Comma aggiunto dall'art. 1.49, lett. c, d.lg. 12 maggio 2015, n. 72.

(5) Rubrica così sostituita dall'art. 9.47, comma 1, d.lg. n. 6/2003, come modificato dall'art. 2.1, d.lg. n. 37/2004.

(6) Comma così sostituito, da ultimo, dall'art. 1.50, lett. a, d.lg. 12 maggio 2015, n. 72.

(7) Comma inserito dall'art. 8.8, d.lg. 13 agosto 2010, n. 141, e successivamente così sostituito dall'art. 1.50, lett. b, d.lg. 12 maggio 2015, n. 72.

(8) Le parole «e nel comma 1-*bis*» sono state inserite dall'art. 8.9, d.lg. 13 agosto 2010, n. 141.

(9) In base all'art. 39.1, l. 28 dicembre 2005, n. 262, le pene previste da questo provvedimento «sono raddoppiate entro i limiti posti per ciascun tipo di pena dal libro I, titolo II, capo II, del codice penale».

(10) Articolo così sostituito dall'art. 64.27, d.lg. n. 415/1996.

(11) Comma aggiunto dall'art. 1.50, lett. c, d.lg. 12 maggio 2015, n. 72.

(12) Capo inserito dall'art. 25, d.lg. 13 agosto 2010, n. 141.

(13) L'art. 64.28, d.lg. n. 415/1996, ha sostituito la parola «Sezione» con «Capo».

(14) Articolo abrogato dall'art. 8.10, d.lg. 13 agosto 2010, n. 141.

(15) Articolo abrogato dall'art. 64.30, d.lg. n. 415/1996.

(16) Comma abrogato dall'art. 1.9, d.lg. 29 dicembre 2006, n. 303.

(17) Articolo sostituito dall'art. 64.31, d.lg. n. 415/1996.

(18) La rubrica era stata sostituita alla precedente «Altre sanzioni amministrative pecuniarie» dall'art. 2.2, lett. a, d.lg. 19 settembre 2012, n. 169, che ha modificato l'art. 4.4, d.lg. 13 agosto 2010, n. 141. Le parole «alle società o enti» sono state aggiunte successivamente dall'art. 1.51, lett. a, d.lg. 12 maggio 2015, n. 72.

periore a euro 5 milioni e il fatturato è disponibile e determinabile, per le seguenti violazioni (1):

a) inosservanza degli artt. 18, comma 4, 26, 28, comma 2-*ter*, 34, comma 2, 35, 49, 51, 52, 52-*bis*, 53, 53-*bis*, 53-*ter*, 54, 55, 61, comma 5, 64, commi 2 e 4, 66, 67, 67-*ter*, 68, 69-*quater*, 69-*quinquies*, 69-*octies*, 69-*novies*, 69-*sexiesdecies*, 69-*noviesdecies*, 69-*vicies-semel* (2), 108, 109, comma 3, 110, in relazione agli artt. 26, 52, 61, comma 5, 64, commi 2 e 4, 114-*quinquies*.1, 114-*quinquies*.2, 114-*quinquies*.3, in relazione agli artt. 26 e 52, 114-*octies*, 114-*undecies*, in relazione agli artt. 26 e 52, 114-*duodecies*, 114-*terdecies*, 114-*quaterdecies*, 114-*octiesdecies* (3), 129, comma 1, 145, comma 3, 146, comma 2, 147, o delle relative disposizioni generali o particolari impartite dalle autorità creditizie;

b) inosservanza degli artt. 116, 123, 124, 126-*quater* e 126-*novies*, comma 3, 126-*undecies*, commi 3 e 4, 126-*duodecies*, 126-*quaterdecies*, comma 1, 126-*septiesdecies*, comma 1, e 126-*vicies quinquies* (4) o delle relative disposizioni generali o particolari impartite dalle autorità creditizie;

c) inosservanza degli artt. 117, commi 1, 2 e 4, 118, 119, 120, 120-*quater*, 125, commi 2, 3 e 4, 125-*bis*, commi 1, 2, 3 e 4, 125-*octies*, commi 2 e 3, 126, 126-*quinquies*, comma 2, 126-*sexies*, 126-*septies*, 126-*quinquiesdecies*, 126-*octiesdecies*, 126-*noviesdecies*, comma 1, 126-*vicies*, 126-*vicies semel*, 126-*vicies ter*, 127, comma 01 (5) e 128-*decies*, comma 2 e comma 2-*bis* (6), o delle relative disposizioni generali o particolari impartite dalle autorità creditizie;

d) inserimento nei contratti di clausole nulle o applicazione alla clientela di oneri non consentiti, in violazione dell'art. 40-*bis* o del titolo VI, ovvero offerta di contratti in violazione dell'art. 117, comma 8;

e) inserimento nei contratti di clausole aventi l'effetto di imporre al debitore oneri superiori a quelli consentiti per il recesso o il rimborso anticipato ovvero ostacolo all'esercizio del diritto di recesso da parte del cliente, ivi compresa l'omissione del rimborso delle somme allo stesso dovute per effetto del recesso (7);

e-bis) inosservanza, da parte delle banche e degli intermediari finanziari iscritti nell'albo previsto dall'art. 106, degli artt. 120-*octies*, 120-*novies*, 120-*undecies*, 120-*duodecies*, 120-*terdecies*, 120-*quaterdecies*, 120-*septiesdecies*, 120-*octiesdecies*, 120-*noviesdecies* (8).

2. .... (9).

2-*bis*. Si applica la sanzione amministrativa pecuniaria da euro duemilacinquecentottanta a euro centoventinovemilacentodieci, nei confronti delle banche e degli intermediari finanziari in caso di violazione delle disposizioni previste dagli artt. 4, par. 1, comma 1, e 5-*bis* del reg. (CE) n. 1060/2009 del Parlamento europeo e del Consiglio, del 16 settembre 2009,

(1) Alinea così sostituito dall'art. 1.22, lett. a, d.lg. 15 dicembre 2017, n. 218. In base all'art. 5.2, d.lg. cit., tali disposizioni «si applicano alle violazioni commesse a partire dal 13 gennaio 2018, salvo quanto previsto dal comma 6. Alle violazioni commesse prima di questa data continuano ad applicarsi le norme del titolo VIII del d.lg. 1° settembre 1993, n. 385 nonché l'art. 32 del d.lg. 27 gennaio 2010 n. 11 e gli artt. 3, 4 e 5 del d.lg. 18 agosto 2015, n. 135 vigenti prima della data di entrata in vigore del presente decreto legislativo».

(2) Le parole «69-*quater*, 69-*quinquies*, 69-*octies*, 69-*novies*, 69-*sexiesdecies*, 69-*noviesdecies*, 69-*vicies-semel*,» sono state inserite dall'art. 1.53, d.lg. 16 novembre 2015, n. 181. Per l'entrata in vigore v. nota 2 alla rubrica del provvedimento.

(3) Le parole «114-*octiesdecies*» sono state inserite dall'art. 1.22, lett. b, d.lg. 15 dicembre 2017, n. 218. In base all'art. 5.2, d.lg. cit., tali disposizioni «si applicano alle violazioni commesse a partire dal 13 gennaio 2018, salvo quanto previsto dal comma 6. Alle violazioni commesse prima di questa data continuano ad applicarsi le norme del titolo VIII del d.lg. 1° settembre 1993, n. 385 nonché l'art. 32 del d.lg. 27 gennaio 2010 n. 11 e gli artt. 3, 4 e 5 del d.lg. 18 agosto 2015, n. 135 vigenti prima della data di entrata in vigore del presente decreto legislativo».

(4) Le parole «26-*undecies*, commi 3 e 4, 126-*duodecies*, 126-*quaterdecies*, comma 1, 126-*septiesdecies*, comma 1, e 126-*vicies quinquies*» sono state inserite dall'art. 1.3, lett. a, d.lg. 15 marzo 2017, n. 37.

(5) Le parole «126-*quinquiesdecies*, 126-*octiesdecies*, 126-*noviesdecies*, comma 1, 126 -*vicies*, 126-*vicies semel*, 126 -*vicies ter*, 127, comma 01» sono state inserite dall'art. 1.3, lett. b, d.lg. 15 marzo 2017, n. 37.

(6) Le parole «e comma 2-*bis*» sono state inserite dall'art. 1.22, lett. c, d.lg. 15 dicembre 2017, n. 218. In base all'art. 5.2, d.lg. cit., tali disposizioni «si applicano alle violazioni commesse a partire dal 13 gennaio 2018, salvo quanto previsto dal comma 6. Alle violazioni commesse prima di questa data continuano ad applicarsi le norme del titolo VIII del d.lg. 1° settembre 1993, n. 385 nonché l'art. 32 del d.lg. 27 gennaio 2010 n. 11 e gli artt. 3, 4 e 5 del d.lg. 18 agosto 2015, n. 135 vigenti prima della data di entrata in vigore del presente decreto legislativo».

(7) Comma così sostituito dall'art. 1.51, lett. b, d.lg. 12 maggio 2015, n. 72.

(8) Lettera aggiunta dall'art. 1.9, lett. a, d.lg. 21 aprile 2016, n. 72. In base all'art. 3.1, d.lg. cit., tali disposizioni «si applicano a partire dal 1° luglio 2016 e ai contratti di credito sottoscritti successivamente a tale data. Ai contratti sottoscritti anteriormente continuano ad applicarsi le disposizioni vigenti nel giorno di entrata in vigore del presente decreto legislativo».

(9) Comma abrogato dall'art. 1.51, lett. c, d.lg. 12 maggio 2015, n. 72.

relativo alle agenzie di rating del credito, e delle relative disposizioni attuative (1).

3. .... (2).

3-*bis*. .... (3).

4. La stessa sanzione di cui al comma 1 si applica:

a) per l'inosservanza delle norme contenute nell'art. 128, comma 1, ovvero nei casi di ostacolo all'esercizio delle funzioni di controllo previste dal medesimo art. 128, di mancata adesione ai sistemi di risoluzione stragiudiziale delle controversie previsti dall'art. 128-*bis*, nonché di inottemperanza alle misure inibitorie adottate dalla Banca d'Italia ai sensi dell'art. 128-*ter*;

b) nel caso di frazionamento artificioso di un unico contratto di credito al consumo in una pluralità di contratti dei quali almeno uno sia di importo inferiore al limite inferiore previsto ai sensi dell'art. 122, comma 1, lett. *a*);

c) nel caso di mancata partecipazione ai siti web di confronto previsti dall'art. 126-*terdecies*, ovvero di mancata trasmissione agli stessi siti web dei dati necessari per il confronto tra le offerte (4).

5. .... (5).

5-*bis*. Nel caso in cui l'intermediario mandante rilevi nel comportamento dell'agente in attività finanziaria le violazioni previste dai commi 1, lett. *b*), *c*), *d*), *e*) ed *e-bis*) (6), e 4, l'inosservanza degli obblighi previsti dall'art. 125-*novies* o la violazione dell'art. 128-*decies*, comma 1, ultimo periodo, adotta immediate misure correttive e trasmette la documentazione relativa alle violazioni riscontrate, anche ai fini dell'applicazione dell'art. 128-*duodecies*, all'Organismo di cui all'art. 128-*undecies* (7).

6-7. .... (8).

8. Le sanzioni previste dai commi 1, lett. *b*), *c*), *d*), *e*) ed *e-bis*) (9), e 4 si applicano quando le infrazioni rivestono carattere rilevante, secondo i criteri definiti dalla Banca d'Italia, con provvedimento di carattere generale, tenuto conto dell'incidenza delle condotte sulla complessiva organizzazione e sui profili di rischio aziendali (10).

9. Se il vantaggio ottenuto dall'autore della violazione come conseguenza della violazione stessa è superiore ai massimali indicati nel presente articolo, le sanzioni amministrative pecuniarie di cui al presente articolo sono elevate fino al doppio dell'ammontare del vantaggio ottenuto, purché tale ammontare sia determinabile (11) (12).

144-*bis*. *Ordine di porre termine alle violazioni*. — 1. Per le violazioni previste dall'art. 144, comma 1, lett. *a*), quando esse siano connotate da scarsa offensività o pericolosità, la Banca d'Italia può, in alternativa all'applicazione delle sanzioni amministrative pecuniarie, applicare nei confronti della società o dell'ente una sanzione consistente nell'ordine di eliminare le infrazioni, anche indicando le misure da adottare e il termine per l'adempimento.

2. Per l'inosservanza dell'ordine entro il termine stabilito la Banca d'Italia applica le sanzioni amministrative pecuniarie previste dall'art. 144, comma 1; l'importo delle sanzioni è aumentato sino a un terzo rispetto a quello previsto per la violazione originaria, fermi restando i massimali stabiliti dall'art. 144 (13).

144-*ter*. *Altre sanzioni amministrative agli esponenti o al personale*. — 1. Fermo restando quanto previsto per le società e gli enti nei confronti dei quali sono accertate le violazioni, per l'inosservanza delle norme richiamate dall'art. 144, comma 1, lett. *a*), si applica la sanzione amministrativa pecuniaria da euro 5.000 fino

(1) Comma inserito dall'art. 2, d.lg. 7 maggio 2015, n. 66.
(2) Comma abrogato dall'art. 1.51, lett. d, d.lg. 12 maggio 2015, n. 72.
(3) Comma abrogato dall'art. 1.51, lett. e, d.lg. 12 maggio 2015, n. 72.
(4) Comma così sostituito, da ultimo, dall'art. 1.3, lett. c, d.lg. 15 marzo 2017, n. 37.
(5) Comma abrogato dall'art. 1.51, lett. g, d.lg. 12 maggio 2015, n. 72.
(6) Le parole «*e*) ed *e-bis*)» sono state così sostituite alle precedenti «ed *e*)» dall'art. 1.9, lett. b, d.lg. 21 aprile 2016, n. 72. In base all'art. 3.1, d.lg. cit., tali disposizioni «si applicano a partire dal 1° luglio 2016 e ai contratti di credito sottoscritti successivamente a tale data. Ai contratti sottoscritti anteriormente continuano ad applicarsi le disposizioni vigenti nel giorno di entrata in vigore del presente decreto legislativo».
(7) Comma così sostituito, da ultimo, dall'art. 1.51, lett. h, d.lg. 12 maggio 2015, n. 72.
(8) Commi abrogati dall'art. 2.2, lett. e, d.lg. 19 settembre 2012, n. 169, che ha modificato l'art. 4.4, d.lg. 13 agosto 2010, n. 141.
(9) Le parole «*e*) ed *e-bis*)» sono state così sostituite alle precedenti «ed *e*)» dall'art. 1.9, lett. c, d.lg. 21 aprile 2016, n. 72. In base all'art. 3.1, d.lg. cit., tali disposizioni «si applicano a partire dal 1° luglio 2016 e ai contratti di credito sottoscritti successivamente a tale data. Ai contratti sottoscritti anteriormente continuano ad applicarsi le disposizioni vigenti nel giorno di entrata in vigore del presente decreto legislativo».
(10) Comma così sostituito, da ultimo, dall'art. 1.51, lett. i, d.lg. 12 maggio 2015, n. 72.
(11) Comma così sostituito, da ultimo, dall'art. 1.51, lett. l, d.lg. 12 maggio 2015, n. 72.
(12) Articolo già sostituito dall'art. 4.4, d.lg. 13 agosto 2010, n. 141.
(13) Articolo inserito dall'art. 1.52, d.lg. 12 maggio 2015, n. 72.

a 5 milioni di euro nei confronti dei soggetti che svolgono funzioni di amministrazione, di direzione o di controllo, nonché del personale, quando l'inosservanza è conseguenza della violazione di doveri propri o dell'organo di appartenenza e ricorrono una o più delle seguenti condizioni:

a) la condotta ha inciso in modo rilevante sulla complessiva organizzazione o sui profili di rischio aziendali;

b) la condotta ha contribuito a determinare la mancata ottemperanza della società o dell'ente a provvedimenti specifici adottati ai sensi degli artt. 53-*bis*, comma 1, lett. *d*), 67-*ter*, comma 1, lett. *d*), 108, comma 3, lett. *d*), 109, comma 3, lett. *a*), 114-*quinquies*.2, comma 3, lett. *d*), 114-*quaterdecies*, comma 3, lett. *d*);

c) le violazioni riguardano obblighi imposti ai sensi dell'art. 26 o dell'art. 53, commi 4, 4-*ter*, e 4-*quater*, ovvero obblighi in materia di remunerazione e incentivazione, quando l'esponente o il personale è la parte interessata.

2. Nei confronti dei soggetti che svolgono funzioni di amministrazione, di direzione o di controllo, nonché del personale, nei casi in cui la loro condotta abbia contribuito a determinare l'inosservanza dell'ordine di cui all'art. 144-*bis* da parte della società o dell'ente, si applica la sanzione amministrativa pecuniaria da euro 5.000 fino a 5 milioni di euro.

3. Con il provvedimento di applicazione della sanzione, in ragione della gravità della violazione accertata e tenuto conto dei criteri stabiliti dall'art. 144-*quater*, la Banca d'Italia può applicare la sanzione amministrativa accessoria dell'interdizione, per un periodo non inferiore a sei mesi e non superiore a tre anni, dallo svolgimento di funzioni di amministrazione, direzione e controllo presso intermediari autorizzati ai sensi del presente decreto legislativo, del d.lg. 24 febbraio 1998, n. 58 (1), del d.lg. 7 settembre 2005, n. 209 (2), o presso fondi pensione.

4. Si applica l'art. 144, comma 9 (3).

144-*quater*. *Criteri per la determinazione delle sanzioni*. — 1. Nella determinazione dell'ammontare delle sanzioni amministrative pecuniarie o della durata delle sanzioni accessorie previste nel presente titolo la Banca d'Italia considera ogni circostanza rilevante e, in particolare, tenuto conto del fatto che il destinatario della sanzione sia persona fisica o giuridica, le seguenti, ove pertinenti:

a) gravità e durata della violazione;

b) grado di responsabilità;

c) capacità finanziaria del responsabile della violazione;

d) entità del vantaggio ottenuto o delle perdite evitate attraverso la violazione, nella misura in cui essa sia determinabile;

e) pregiudizi cagionati a terzi attraverso la violazione, nella misura in cui il loro ammontare sia determinabile;

f) livello di cooperazione del responsabile della violazione con la Banca d'Italia;

g) precedenti violazioni in materia bancaria o finanziaria commesse da parte del medesimo soggetto;

h) potenziali conseguenze sistemiche della violazione (3).

144-*quinquies*. *Sanzioni per violazioni di disposizioni dell'Unione europea direttamente applicabili*. — 1. Nelle materie a cui si riferiscono le disposizioni richiamate agli artt. 139, 140, 144, 144-*bis* e 144-*ter*, le sanzioni ivi previste si applicano, nella misura e con le modalità stabilite nel presente titolo, anche in caso di inosservanza del reg. UE n. 575/2013, delle relative norme tecniche di regolamentazione e di attuazione emanate dalla Commissione Europea ai sensi degli artt. 10 e 15 del reg. UE n. 1093/2010, ovvero in caso di inosservanza degli atti dell'ABE direttamente applicabili ai soggetti vigilati adottati ai sensi di quest'ultimo regolamento (3).

144-*sexies*. *Obbligo di astensione*. — 1. I soci e gli amministratori che violano l'obbligo di astensione di cui all'art. 53, comma 4, secondo periodo, sono puniti con una sanzione amministrativa pecuniaria da euro 50.000 a euro 150.000 (3).

144-*septies*. *Applicazione delle sanzioni nell'ambito del MVU*. — 1. Il presente articolo si applica in caso di violazioni commesse dai soggetti significativi o dai loro soci, esponenti o personale in materie inerenti l'esercizio dei compiti attribuiti alla BCE dalle disposizioni del MVU.

2. Con riferimento ai soggetti indicati al comma 1, la Banca d'Italia può applicare le sanzioni amministrative previste nel presente Titolo esclusivamente su richiesta della BCE, quando ricorre una o più delle seguenti condizioni:

a) la violazione ha ad oggetto disposizioni diverse da quelle dell'Unione europea direttamente applicabili;

b) la sanzione è diretta a persone fisiche,

(1) In *Leggi coll. XVIII, 1*.
(2) In *Leggi coll. VIII, 3*.
(3) Articolo inserito dall'art. 1.52, d.lg. 12 maggio 2015, n. 72.

nei casi previsti dagli artt. 139, 140, 144-*ter*, 144-*quinquies* e 144-*sexies*;

c) la sanzione ha natura non pecuniaria.

3. Nei casi indicati al comma 2, la procedura sanzionatoria si svolge secondo quanto previsto dall'art. 145. La conclusione della procedura ed il suo esito sono comunicati tempestivamente alla BCE.

4. La Banca d'Italia può chiedere alla BCE di formulare una richiesta di avvio di procedura sanzionatoria ai sensi del comma 2.

5. L'applicazione delle sanzioni per le violazioni dei regolamenti e delle decisioni della BCE è riservata alla stessa BCE, sia per i soggetti significativi sia per quelli meno significativi, nei casi e secondo le modalità stabiliti dalle disposizioni dell'Unione europea (1).

CAPO VI

DISPOSIZIONI GENERALI IN MATERIA DI SANZIONI AMMINISTRATIVE (2)

145. *Procedura sanzionatoria*. — 1. Per le violazioni previste nel presente titolo cui è applicabile una sanzione amministrativa, la Banca d'Italia contestati gli addebiti ai soggetti interessati, tenuto conto del complesso delle informazioni raccolte, applica le sanzioni con provvedimento motivato. I soggetti interessati possono, entro trenta giorni dalla contestazione, presentare deduzioni e chiedere un'audizione personale in sede di istruttoria, cui possono partecipare anche con l'assistenza di un avvocato (3).

1-*bis*. Il procedimento sanzionatorio è retto dai principi del contraddittorio, della conoscenza degli atti istruttori, della verbalizzazione nonché della distinzione tra funzioni istruttorie e funzioni decisorie (4).

2. .... (5).

3. Il provvedimento di applicazione delle sanzioni previste dal presente titolo è pubblicato senza ritardo e per estratto sul sito *web* della Banca d'Italia. Nel caso in cui avverso il provvedimento di applicazione della sanzione sia adita l'autorità giudiziaria, la Banca d'Italia menziona l'avvio dell'azione giudiziaria e l'esito della stessa nel proprio sito *web* a margine della pubblicazione. La Banca d'Italia, tenuto conto della natura della violazione e degli interessi coinvolti, può stabilire modalità ulteriori per dare pubblicità al provvedimento, ponendo le relative spese a carico dell'autore della violazione (6).

3-*bis*. Nel provvedimento di applicazione della sanzione la Banca d'Italia dispone la pubblicazione in forma anonima del provvedimento sanzionatorio quando quella ordinaria:

a) abbia ad oggetto dati personali ai sensi del d.lg. 30 giugno 2003, n. 196, la cui pubblicazione appaia sproporzionata rispetto alla violazione sanzionata;

b) possa comportare rischi per la stabilità dei mercati finanziari o pregiudicare lo svolgimento di un'indagine penale in corso;

c) possa causare un pregiudizio sproporzionato ai soggetti coinvolti, purché tale pregiudizio sia determinabile (7).

3-*ter*. Se le situazioni descritte nel comma 3-*bis* hanno carattere temporaneo, la pubblicazione è effettuata quando queste sono venute meno (7).

4. Contro il provvedimento che applica la sanzione è ammesso ricorso alla corte di appello di Roma. Il ricorso è notificato, a pena di decadenza, alla Banca d'Italia nel termine di trenta giorni dalla comunicazione del provvedimento impugnato, ovvero sessanta giorni se il ricorrente risiede all'estero, ed è depositato in cancelleria, unitamente ai documenti offerti in comunicazione, nel termine perentorio di trenta giorni dalla notifica (8).

5. L'opposizione non sospende l'esecuzione del provvedimento. La corte di appello, se ricorrono gravi motivi, può disporre la sospensione con ordinanza non impugnabile (9) (10).

(1) Articolo inserito dall'art. 1.24, d.lg. 14 novembre 2016, n. 223.

(2) Parole inserite dall'art. 64.34, d.lg. n. 415/1996. Su sanzioni e procedura sanzionatoria amministrativa v. Istruzioni Banca d'Italia, in G.U., 18 settembre 1998, n. 218, e provv. Banca d'Italia 3 settembre 2003, in G.U., 22 settembre 2003, n. 220. Per le disposizioni sanzionatorie per le violazioni relative ai pagamenti transfrontalieri v. art. 5, d.lg. 18 agosto 2015, n. 135.

(3) Comma così sostituito, da ultimo, dall'art. 1.53, lett. a, d.lg. 12 maggio 2015, n. 72.

(4) Comma inserito dall'art. 1.53, lett. b, d.lg. 12 maggio 2015, n. 72.

(5) Comma abrogato dall'art. 26.2, lett. b, l. 28 dicembre 2005, n. 262.

(6) Comma così sostituito, da ultimo, dall'art. 1.53, lett. c, d.lg. 12 maggio 2015, n. 72.

(7) Comma inserito dall'art. 1.53, lett. d, d.lg. 12 maggio 2015, n. 72.

(8) Comma così sostituito dall'art. 1.53, lett. e, d.lg. 12 maggio 2015, n. 72.

(9) Le parole «ordinanza non impugnabile» sono state così sostituite alle precedenti «decreto motivato» dall'art. 1.53, lett. f, d.lg. 12 maggio 2015, n. 72.

(10) Comma abrogato dall'art. 4.1, n. 17), dell'Allegato 4, d.lg. 2 luglio 2010, n. 104.

6. Il Presidente della corte di appello designa il giudice relatore e fissa con decreto l'udienza pubblica per la discussione dell'opposizione. Il decreto è notificato alle parti a cura della cancelleria almeno sessanta giorni prima dell'udienza. La Banca d'Italia deposita memorie e documenti nel termine di dieci giorni prima dell'udienza. Se alla prima udienza l'opponente non si presenta senza addurre alcun legittimo impedimento, il giudice, con ordinanza ricorribile per cassazione, dichiara il ricorso improcedibile, ponendo a carico dell'opponente le spese del procedimento (1).

7. All'udienza, la Corte di appello dispone, anche d'ufficio, i mezzi di prova che ritiene necessari, nonché l'audizione personale delle parti che ne abbiano fatto richiesta. Successivamente le parti procedono alla discussione orale della causa. La sentenza è depositata in cancelleria entro sessanta giorni. Quando almeno una delle parti manifesta l'interesse alla pubblicazione anticipata del dispositivo rispetto alla sentenza, il dispositivo è pubblicato mediante deposito in cancelleria non oltre sette giorni dall'udienza di discussione (2).

7-*bis*. Con la sentenza la Corte d'Appello può rigettare l'opposizione, ponendo a carico dell'opponente le spese del procedimento, o accoglierla, annullando in tutto o in parte il provvedimento o riducendo l'ammontare o la durata della sanzione (3).

8. Copia della sentenza è trasmessa, a cura della cancelleria della corte di appello, alla Banca d'Italia, anche ai fini della pubblicazione prevista dal comma 3 (4).

9. Alla riscossione delle sanzioni previste dal presente titolo si provvede mediante ruolo secondo i termini e le modalità previsti dal d.p.r. 23 settembre 1973, n. 602, come modificato dal d.lg. 26 febbraio 1999, n. 46. I proventi derivanti dalle sanzioni previste dal presente titolo affluiscono al bilancio dello Stato (5).

10. .... (6).

11. Alle sanzioni amministrative pecuniarie previste dal presente titolo non si applicano le disposizioni contenute negli artt. 6, 10, 11 e (7) 16 della l. 24 novembre 1981, n. 689 (8) (9).

145-*bis*. *Procedure contenziose*. — 1. I provvedimenti sanzionatori emessi dagli Organismi di cui agli artt. 112-*bis*, 113 e 128-*duodecies* sono disposti con atto motivato, previa contestazione degli addebiti agli interessati da effettuarsi entro centoventi giorni dall'accertamento ovvero entro duecentoquaranta giorni se l'interessato ha la sede o la residenza all'estero e valutate le deduzioni da essi presentate, rispettivamente, nei successivi quarantacinque e novanta giorni. Nello stesso termine gli interessati possono altresì chiedere di essere sentiti personalmente.

2. La tutela giurisdizionale davanti al giudice amministrativo è disciplinata dal codice del processo amministrativo (10).

3. .... (11).

4. Copia della sentenza del tribunale amministrativo regionale è trasmessa, a cura delle parti, all'Organismo ai fini della pubblicazione, per estratto (12) (13).

145-*ter*. *Comunicazione all'ABE sulle sanzioni applicate*. — 1. La Banca d'Italia comunica all'ABE le sanzioni amministrative applicate ai sensi del presente Titolo, ivi comprese quelle pubblicate in forma anonima, nonché le informazioni ricevute dai soggetti interessati sulle

Successivamente la Corte cost., con sentenza 15 aprile 2014, n. 94, n. 2), ha dichiarato l'llegittimità costituzionale dell'art. 4.1, n. 17), dell'Allegato 4 al medesimo d.lg. n. 104/2010, «nella parte in cui abroga l'art. 145, commi da 4 a 8, del d.lg. 1° settembre 1993, n. 385».

(1) Comma così sostituito dall'art. 1.53, lett. g, d.lg. 12 maggio 2015, n. 72.

(2) Comma così sostituito dall'art. 1.53, lett. h, d.lg. 12 maggio 2015, n. 72.

(3) Comma inserito dall'art. 1.53, lett. i, d.lg. 12 maggio 2015, n. 72.

(4) Comma così sostituito dall'art. 1.53, lett. l, d.lg. 12 maggio 2015, n. 72.

(5) Ultimo periodo aggiunto dall'art. 1.53, lett. m, d.lg. 12 maggio 2015, n. 72.

(6) Comma abrogato dall'art. 1.53, lett. n, d.lg. 12 maggio 2015, n. 72.

(7) Le parole «negli artt. 6, 10, 11 e» sono state così sostituite alle precedenti «nell'art.» dall'art. 1.53, lett. o, d.lg. 12 maggio 2015, n. 72.

(8) Articolo così sostituito dall'art. 34, d.lg. 4 agosto 1999, n. 342.

(9) V. provv. Banca d'Italia 14 giugno 2006, in G.U., 19 giugno 2006, n. 140. Per disposizioni di vigilanza in materia di sanzioni e procedura sanzionatoria amministrativa v. provv. Banca d'Italia 18 dicembre 2012, in G.U., 10 gennaio 2013, n. 8, modificato, da ultimo, con Comunicato Banca d'Italia, in G.U. 7 febbraio 2019, n. 32.

(10) Comma così sostituito dall'art. 3.5-*bis*, dell'Allegato 4, d.lg. 2 luglio 2010, n. 104, come inserito dall'art. 1.3, lett. a, n. 1.a, d.lg. 15 novembre 2011, n. 195.

(11) Comma abrogato dall'art. 4.1, n. 17, dell'Allegato 4, d.lg. 2 luglio 2010, n. 104, come modificato dall'art. 1.3, lett. b, n. 6, d.lg. 15 novembre 2011, n. 195.

(12) Comma così sostituito dall'art. 3.5-*bis*, dell'Allegato 4, d.lg. 2 luglio 2010, n. 104, come inserito dall'art. 1.3, lett. a, n. 1.b, d.lg. 15 novembre 2011, n. 195.

(13) Articolo inserito dall'art. 8.11, d.lg. 13 agosto 2010, n. 141.

azioni da essi avviate avverso i provvedimenti sanzionatori e sull'esito delle stesse (1).

145-*quater*. *Disposizioni di attuazione*. — 1. La Banca d'Italia emana disposizioni di attuazione del presente titolo (1).

TITOLO IX

Disposizioni transitorie e finali

146. *Sorveglianza sul sistema dei pagamenti*. — 1. La Banca d'Italia esercita la sorveglianza sul sistema dei pagamenti avendo riguardo al suo regolare funzionamento, alla sua affidabilità ed efficienza nonché alla tutela degli utenti di servizi di pagamento.

2. Per le finalità di cui al comma 1 la Banca d'Italia, nei confronti dei soggetti che emettono o gestiscono strumenti di pagamento, prestano servizi di pagamento, gestiscono sistemi di scambio, di compensazione e di regolamento o gestiscono infrastrutture strumentali tecnologiche o di rete, può:

a) richiedere la comunicazione, anche periodica, con le modalità e i termini da essa stabiliti, di dati, notizie, atti e documenti concernenti l'attività esercitata;

b) emanare disposizioni di carattere generale aventi a oggetto:

1) il contenimento dei rischi che possono inficiare il regolare funzionamento, l'affidabilità e l'efficienza del sistema dei pagamenti;

2) l'accesso dei prestatori di servizi di pagamento ai sistemi di scambio, di compensazione e di regolamento nonché alle infrastrutture strumentali tecnologiche o di rete;

3) il funzionamento, le caratteristiche e le modalità di prestazione dei servizi offerti;

4) gli assetti organizzativi e di controllo relativi alle attività svolte nel sistema dei pagamenti;

c) disporre ispezioni, chiedere l'esibizione di documenti e prenderne copia al fine di verificare il rispetto delle norme disciplinanti la corretta esecuzione dei servizi di pagamento nonché di ogni disposizione e provvedimento emanati ai sensi del presente articolo;

d) adottare per le materie indicate alla lett. *b*), ove la situazione lo richieda, provvedimenti specifici volti a far cessare le infrazioni accertate o a rimuoverne le cause, ivi inclusi il divieto di effettuare determinate operazioni e la restrizione delle attività dei soggetti sottoposti a sorveglianza nonché, nei casi più gravi, la sospensione dell'attività.

3. Nei confronti dei soggetti che emettono o gestiscono strumenti di pagamento e di quelli che prestano servizi di pagamento resta fermo quanto previsto ai sensi degli artt. 51, 53, 54, 66, 67, 68, 78, 79, 114-*quater*, 114-*quaterdecies* e del titolo VI.

4. La Banca d'Italia partecipa all'esercizio dei poteri conferiti al SEBC in materia di sistemi di pagamento (2) (3).

147. *Altri poteri delle autorità creditizie*. — 1. Le autorità creditizie continuano a esercitare, nei confronti di tutte le banche che operano nel territorio della Repubblica, i poteri previsti dall'art. 32, primo comma, lett. *d*) ed *f*), e dall'art. 35, secondo comma, lett. *b*), del r.d.l. 12 marzo 1936, n. 375, convertito, con modificazioni, dalla l. 7 marzo 1938, n. 141 e successive modificazioni.

148. .... (4).

149. *Banche popolari*. — 1. Le banche popolari esistenti alla data del 20 marzo 1992 adeguano, entro cinque anni da tale data, il valore nominale delle loro azioni a quello stabilito dal comma 2 dell'art. 29.

2. I soci delle banche popolari che alla data del 20 marzo 1992 partecipavano al capitale sociale in misura compresa tra il limite previsto dal comma 2 dell'art. 30 e il valore nominale di lire quindici milioni [euro 7.746,85] possono continuare a detenere le relative azioni.

3. Entro tre anni dalla data di entrata in vigore del presente decreto legislativo i consorzi economici a garanzia limitata esercenti attività bancaria, devono trasformarsi in società per azioni o in banca popolare ovvero deliberare fusioni con banche da cui risultino società per azioni o banche popolari. Le deliberazioni assembleari sono assunte con le maggioranze previste dagli statuti per le modificazioni statutarie; quando, in relazione all'oggetto delle modificazioni, gli statuti prevedono maggioranze differenziate, si applica quella meno ele-

(1) Articolo inserito dall'art. 1.54, d.lg. 12 maggio 2015, n. 72.

(2) Articolo così sostituito dall'art. 35.18, d.lg. 27 gennaio 2010, n. 11, in *Leggi coll. XVII, 5*.

(3) V. art. 10, d.p.r. 14 marzo 2001, n. 144, sui servizi di bancoposta. V. provv. Banca d'Italia 24 febbraio 2004, in G.U., 30 marzo 2004, n. 75, recante disposizioni in materia di vigilanza sui sistemi di pagamento; provv. Banca d'Italia 11 novembre 2005, in G.U., 2 dicembre 2005, n. 231, per i pagamenti d'importo non rilevante; provv. Banca d'Italia 18 settembre 2012, in G.U., 6 ottobre 2012, n. 234, recante disposizioni in materia di sorveglianza sui sistemi di pagamento al dettaglio; provv. Banca d'Italia 22 giugno 2016, in G.U., 6 luglio 2016, n. 156, recante disposizioni relative al controllo dell'autenticità e idoneità delle banconote in euro e al loro riciclo.

(4) Articolo abrogato dall'art. 6.3, d.lg. 10 marzo 1998, n. 43.

vata. È fatto salvo il diritto di recesso dei soci.

150. *Banche di credito cooperativo*. — 1. Le banche di credito cooperativo costituite anteriormente al 1° gennaio 1993 possono mantenere l'originaria denominazione purché integrata dall'espressione «credito cooperativo».

2. Le banche indicate nel comma 1 si uniformano a quanto previsto dagli artt. 33, comma 1, 34, commi 1 e 2, e 35, comma 2, del presente decreto legislativo entro il 1° gennaio 1997. Le relative modificazioni statutarie sono deliberate con le maggioranze previste dagli statuti per le deliberazioni dell'assemblea ordinaria.

3. Le banche di credito cooperativo costituite prima del 22 febbraio 1992 non sono tenute ad adeguarsi alle prescrizioni dell'art. 33, comma 4, relative al limite minimo del valore nominale delle azioni.

4. Il comma 3 dell'art. 21 della l. 31 gennaio 1992, n. 59, così come sostituito dal comma 9 dell'art. 42 del d.lg. 14 dicembre 1992, n. 481, è sostituito dal seguente:

«3. Alle banche di credito cooperativo si applicano gli artt. 2, 7, 9, 11, 12, 14, comma 4, 18, commi 3 e 4, e 21, commi 1 e 2, della presente legge».

5. La Banca d'Italia impartisce istruzioni per il graduale rispetto dell'obbligo previsto dall'art. 35, comma 1, alle banche di credito cooperativo che, a fine esercizio 1992, abbiano in essere impieghi a non soci in misura eccedente quella consentita.

6. Le disposizioni dettate dall'art. 37 si applicano a decorrere dall'approvazione del bilancio relativo all'esercizio 1993. Le relative modificazioni statutarie sono deliberate con le maggioranze previste dagli statuti per le deliberazioni dell'assemblea ordinaria (1).

150-*bis*. *Disposizioni in tema di banche cooperative*. — 1. Alle banche di credito cooperativo non si applicano le seguenti disposizioni del codice civile: 2349, secondo comma, 2513, 2514, secondo comma, 2519, secondo comma, 2522, 2525 primo, secondo, terzo e quarto comma, 2527, secondo e terzo comma, 2528, terzo e quarto comma, 2530 secondo, terzo, quarto e quinto comma, 2538, secondo comma, secondo periodo, terzo e quarto comma, 2540, secondo comma, 2541, 2542 quarto comma, 2543 primo e secondo comma, 2545-*bis*, 2545-*quater*, 2545-*quinquies*, 2545-*octies*, 2545-*decies*, 2545-*undecies*, terzo comma, 2545-*terdecies*, 2545-*quinquiesdecies*, 2545-*sexiesdecies*, 2545-*septiesdecies* e 2545-*octiesdecies* (2).

2. Alle banche popolari non si applicano le seguenti disposizioni del codice civile: 2349, secondo comma, 2512, 2513, 2514, 2519, secondo comma, 2522, 2525, primo, secondo, terzo e quarto comma, 2527, secondo e terzo comma, 2528, terzo e quarto comma, 2530, primo, secondo, terzo, quarto e quinto comma, 2538, secondo comma, secondo periodo, e quarto comma, 2540, secondo comma, 2542, secondo e quarto comma, 2543, primo e secondo comma, 2545-*bis*, 2545-*quater*, 2545-*quinquies*, 2545-*octies*, 2545-*decies*, 2545-*undecies*, terzo comma, 2545-*terdecies*, 2545-*quinquiesdecies*, 2545-*sexiesdecies*, 2545-*septiesdecies* e 2545-*octiesdecies* (3).

2-*bis*. In deroga a quanto previsto dall'art. 2539, primo comma, del codice civile, gli statuti delle banche popolari determinano il numero massimo di deleghe che possono essere conferite ad un socio; in ogni caso, questo numero non è inferiore a 10 e non è superiore a 20 (4).

3. Alle banche di credito cooperativo continuano ad applicarsi le disposizioni degli artt. 7 e 9 della l. 31 gennaio 1992, n. 59, in quanto compatibili.

4. Lo statuto delle banche di credito cooperativo contiene le clausole previste dall'art. 2514, primo comma, del codice civile.

5. Nei casi di fusione e trasformazione previsti dall'art. 36, nonché di cessione di rapporti giuridici in blocco e scissione da cui risulti una banca costituita in forma di società per azioni, restano fermi gli effetti di devoluzione del patrimonio stabiliti dall'art. 17 della l. 23 dicembre 2000, n. 388. Tali effetti non si producono se la banca di credito cooperativo che effettua le operazioni di cui al periodo precedente ha un patrimonio netto superiore a duecento milioni di euro. In tal caso, le riserve sono affrancate corrispondendo all'erario un'imposta straordinaria pari al venti per cento della loro consistenza (5).

6. L'atto costitutivo delle banche popolari e delle banche di credito cooperativo può prevedere, determinandone i criteri, la ripartizione di ristorni ai soci secondo quanto previsto dall'art. 2545-*sexies* del codice civile.

7. Il termine per l'adeguamento degli statuti

(1) V. comunicazione Banca d'Italia, in G.U., 2 aprile 2005, n. 76.
(2) Comma così sostituito dall'art. 1.6, lett. a, d.l. 14 febbraio 2016, n. 18, conv. in l. 8 aprile 2016, n. 49.
(3) Comma così sostituito dall'art. 1.1, lett d, n. 2, d.l. 24 gennaio 2015, n. 3, conv. in l. 24 marzo 2015, n. 33.
(4) Comma inserito dall'art. 23-*quater*.1, lett. b, d.l. 18 ottobre 2012, n. 179, conv. in l. 17 dicembre 2012, n. 221, e successivamente così sostituito dall'art. 1.1, lett d, n. 3, d.l. 24 gennaio 2015, n. 3, conv. in l. 24 marzo 2015, n. 33.
(5) Comma così sostituito dall'art. 1.6, lett. b, d.l. 14 febbraio 2016, n. 18, conv. in l. 8 aprile 2016, n. 49.

delle banche di credito cooperativo alle nuove disposizioni del comma 2-*bis* dell'art. 52 è fissato al 30 giugno 2005 (1).

150-*ter*. *Disposizioni in tema di partecipazione a banche di credito cooperativo*. — 01. Le banche di credito cooperativo emettono le azioni previste dall'art. 2526 del codice civile nei casi e nei modi previsti dal presente articolo (2).

1. Alle banche di credito cooperativo che versino in una situazione di inadeguatezza patrimoniale, ovvero siano sottoposte ad amministrazione straordinaria [...] (3) è consentita, previa modifica dello statuto sociale [...] (4) l'emissione di azioni di finanziamento di cui all'art. 2526 del codice civile.

2. L'emissione delle azioni di cui al comma 1 deve essere autorizzata dalla Banca d'Italia e, fatto salvo quanto previsto dal comma 4-*bis*, esse sono sottoscrivibili solo da parte dei sistemi di garanzia istituiti tra banche di credito cooperativo e dei fondi mutualistici per la promozione e lo sviluppo della cooperazione, di cui alla l. 31 gennaio 1992, n. 59, in deroga ai limiti di cui all'art. 34, commi 2 e 4 (5).

3. I diritti patrimoniali e amministrativi, spettanti ai soci finanziatori, anche in deroga ai limiti previsti dall'art. 2526, secondo comma, terzo periodo, del codice civile, e all'art. 34, comma 3, del presente decreto, sono stabiliti dallo statuto, ma ad essi spetta comunque il diritto di designare uno o più componenti dell'organo amministrativo ed il presidente dell'organo che svolge la funzione di controllo (6).

4. I sottoscrittori delle azioni di finanziamento possono chiedere il rimborso del valore nominale delle azioni e, ove versato, del sovrapprezzo. L'organo amministrativo, sentito l'organo che svolge la funzione di controllo, delibera sulla richiesta di rimborso avendo riguardo alla situazione di liquidità, finanziaria e patrimoniale attuale e prospettica della banca di credito cooperativo. L'efficacia della delibera è condizionata alla preventiva autorizzazione della Banca d'Italia (7) (8).

4-*bis*. Le azioni di finanziamento possono essere sottoscritte, in deroga ai limiti di cui all'art. 34, commi 2 e 4, anche dalla capogruppo del gruppo bancario cooperativo a cui appartiene l'emittente. In tal caso, l'emissione è consentita anche fuori dei casi indicati al comma 1, si applicano i commi 3 e 4 e l'autorizzazione della Banca d'Italia ai sensi del comma 4 ha riguardo alla situazione di liquidità, finanziaria e patrimoniale attuale e prospettica della singola banca di credito cooperativo emittente e del gruppo nel suo complesso (9).

4-*ter*. Le azioni di cui al presente articolo non possono essere cedute con effetto verso la società, se la cessione non è autorizzata dagli amministratori. Non si applicano gli artt. 2542, secondo comma e terzo comma, secondo periodo, 2543, terzo comma, 2544, secondo comma, primo periodo, e terzo comma, del codice civile (9).

151. *Banche pubbliche residue*. — 1. L'operatività, l'organizzazione e il funzionamento delle banche pubbliche residue sono disciplinati dal presente decreto legislativo, dagli statuti e dalle altre norme in questi richiamate (10).

152. *Casse comunali di credito agrario e Monti di credito su pegno di seconda categoria*. — 1. Entro il 1° gennaio 1996 le casse comunali di credito agrario e i monti di credito su pegno di seconda categoria che non raccolgono risparmio tra il pubblico devono assumere iniziative che portino alla cessazione dell'esercizio dell'attività creditizia ovvero alla estinzione degli enti stessi. Trascorso tale termine le casse e i monti che non abbiano provveduto sono posti in liquidazione.

2. Fino all'adozione delle misure previste dal comma 1, i monti di seconda categoria che non raccolgono risparmio tra il pubblico continuano a esercitare l'attività di credito su pegno. A tali enti si applicano, in quanto compatibili, le disposizioni del presente decreto legislativo.

153. *Disposizioni relative a particolari operazioni di credito*. — 1. Fino all'emanazione delle disposizioni della Banca d'Italia previste dall'art. 38, comma 2, continua ad applicarsi in

(1) Articolo introdotto dall'art. 38, d.lg. 28 dicembre 2004, n. 310. V. comunicazione Banca d'Italia, in G.U., 2 aprile 2005, n. 76.
(2) Comma premesso dall'art. 1.7, lett. a, d.l. 14 febbraio 2016, n. 18, conv. in l. 8 aprile 2016, n. 49.
(3) Le parole «, ai sensi dell'art. 70, comma 1, lett. *b*),» sono state soppresse dall'art. 1.7, lett. b, d.l. 14 febbraio 2016, n. 18, conv. in l. 8 aprile 2016, n. 49.
(4) Le parole «ed in deroga alle previsioni di cui all'art. 150-*bis*, comma 1» sono state soppresse dall'art. 1.7, lett. b, d.l. 14 febbraio 2016, n. 18, conv. in l. 8 aprile 2016, n. 49.
(5) Comma così sostituito dall'art. 1.7, lett. c, d.l. 14 febbraio 2016, n. 18, conv. in l. 8 aprile 2016, n. 49.
(6) Comma così sostituito dall'art. 1.7, lett. d, d.l. 14 febbraio 2016, n. 18, conv. in l. 8 aprile 2016, n. 49.
(7) Comma così sostituito dall'art. 1.7, lett. e, d.l. 14 febbraio 2016, n. 18, conv. in l. 8 aprile 2016, n. 49.
(8) Articolo inserito dall'art. 22.3-*bis*, d.l. 24 giugno 2014, n. 91, conv. in l. 11 agosto 2014, n. 116.
(9) Comma aggiunto dall'art. 1.7, lett. f, d.l. 14 febbraio 2016, n. 18, conv. in l. 8 aprile 2016, n. 49.
(10) Sull'Istituto di credito sportivo v. art. 4.14, l. 24 dicembre 2003, n. 350.

materia la disciplina dettata dalle norme previgenti.

2. Le disposizioni disciplinanti le cartelle fondiarie, ancorché abrogate, continuano a essere applicate alle cartelle in circolazione, a eccezione delle norme che prevedono interventi della Banca d'Italia.

3. Gli enti non bancari abilitati a effettuare operazioni di credito agrario continuano a esercitarlo con le limitazioni previste nei rispettivi provvedimenti autorizzativi (1).

4. Quando nelle norme statali e regionali sono richiamate le disposizioni del r.d.l. 29 luglio 1927, n. 1509, convertito con modificazioni dalla l. 5 luglio 1928, n. 1760, e del d.m. 23 gennaio 1928, e successive modificazioni e integrazioni, dette disposizioni continuano a integrare le norme suddette che a esse fanno riferimento.

5. Fino alla stipulazione delle convenzioni previste dall'art. 47 continuano ad applicarsi le disposizioni vigenti in materia di assegnazione e gestione di fondi pubblici di agevolazione creditizia.

154. *Fondo interbancario di garanzia*. — 1. Al fondo, alla sezione speciale e alla sezione di garanzia per il credito peschereccio, previsti dall'art. 45, si applicano le disposizioni dell'art. 22 del d.p.r. del 29 settembre 1973, n. 601.

155. . . . . (2).

156. *Modifica di disposizioni legislative*. — 1. L'art. 10 del d.l. 3 maggio 1991, n. 143, convertito, con modificazioni, dalla l. 5 luglio 1991, n. 197, è sostituito dal seguente: . . . . . (*omissis*).

2. La lett. *c*) dell'art. 1, comma 1, della l. 21 febbraio 1991, n. 52, è sostituita dalla seguente: . . . . (*omissis*) (3).

3. L'art. 11, secondo comma, della l. 12 giugno 1973, n. 349, è sostituito dal seguente: . . . . (*omissis*) (4).

4. L'art. 213 del r.d. 6 maggio 1940, n. 635, è sostituito dal seguente:

«Art. 213. *1.* Gli oggetti non riscattati entro trenta giorni dalla scadenza del prestito sono venduti all'asta pubblica secondo le norme contenute negli artt. 529 e seguenti del codice di procedura civile, ovvero con altro procedimento proposto dall'agente e approvato dall'autorità di pubblica sicurezza» (5).

5. Il comma 3 dell'art. 4 del d.p.r. 31 marzo 1988, n. 148, è sostituito dal seguente:

«*3.* Le banche e gli altri intermediari finanziari effettuano le operazioni valutarie e in cambi nel rispetto delle norme che li disciplinano» (5).

6. L'art. 58 della l. 23 dicembre 1998, n. 448, è sostituito dal seguente: . . . . (*omissis*) (6) (5).

7. Nel comma 1 dell'art. 3 della l. 26 novembre 1993, n. 489, le parole: «sentita la Banca d'Italia» sono soppresse (5).

157. *Modifiche al d.lg. 27 gennaio 1992, n. 87*. — 1. L'art. 1 del d.lg. 27 gennaio 1992, n. 87, è sostituito dal seguente:

«Art. 1. *(Ambito d'applicazione)*. — *1.* Le disposizioni del presente decreto si applicano:

a) alle banche;

b) alle società di gestione previste dalla l. 23 marzo 1983, n. 77;

c) alle società finanziarie capogruppo dei gruppi bancari iscritti nell'albo;

d) alle società previste dalla l. 2 gennaio 1991, n. 1;

e) ai soggetti operanti nel settore finanziario previsti dal titolo V del testo unico delle leggi in materia bancaria e creditizia emanato ai sensi dell'art. 25, comma 2, della l. 19 febbraio 1992, n. 142, nonché alle società esercenti altre attività finanziarie indicate nell'art. 59, comma 1, lett. *b*), dello stesso testo unico.

2. Il Ministro dell'economia e delle finanze (7) con riferimento ai soggetti previsti nel comma 1, lett. *e*), stabilisce criteri di esclusione dall'applicazione del presente decreto con particolare riguardo all'incidenza dell'attività di carattere finanziario su quella complessivamente svolta, ai soggetti nei cui confronti l'attività è esercitata, alla composizione finanziaria o meno del portafoglio partecipativo, all'esigenza di evitare criteri e tecniche di redazione disomogenei ai fini della predisposizione del bilancio consolidato.

3. Ai fini del presente decreto, l'attività di assunzione di partecipazioni al fine di successivi smobilizzi è in ogni caso considerata attività finanziaria.

(1) Sui consorzi agrari v. art. 2, l. 28 ottobre 1999, n. 410.
(2) Articolo abrogato dall'art. 8.12, d.lg. 13 agosto 2010, n. 141.
(3) In *Leggi coll. IV, 1*.
(4) In *Leggi coll. IX, 4*.
(5) Comma aggiunto dall'art. 36, d.lg. 4 agosto 1999, n. 342.
(6) In *Leggi coll. XV, 4*.
(7) L'espressione «Ministro dell'economia e delle finanze» ha sostituito la precedente «Ministro del tesoro» per effetto dell'art. 1.1, d.lg. 6 febbraio 2004, n. 37. Sulle informazioni, in merito alle operazioni finanziarie poste in essere da amministrazioni pubbliche, da parte della Banca d'Italia e dell'Istituto finanziatore al Ministero dell'economia e delle finanze v. art. 3.14 e 15, l. 24 dicembre 2003, n. 350.

4. Per l'applicazione del presente decreto i soggetti previsti dal comma 1 sono definiti enti creditizi e finanziari.

5. Per le società disciplinate dalla l. 2 gennaio 1991, n. 1, le norme previste dal presente decreto sono attuate, avuto riguardo alla specialità della disciplina della legge stessa, con disposizioni emanate dalla Banca d'Italia d'intesa con la Commissione nazionale per le società e la borsa (Consob)».

2. L'art. 4, comma 3, del d.lg. 27 gennaio 1992, n. 87, è sostituito dal seguente:

«*3.* Ai fini del presente decreto il controllo ricorre nelle ipotesi previste dall'art. 59, comma 1, lett. *a*), del testo unico delle leggi in materia bancaria e creditizia».

3. L'art. 5 del d.lg. 27 gennaio 1992, n. 87, è sostituito dal seguente:

«Art. 5. *(Poteri delle autorità)*. — *1.* Gli enti creditizi e finanziari si attengono alle disposizioni che la Banca d'Italia emana relativamente alle forme tecniche, su base individuale e su base consolidata, dei bilanci e delle situazioni dei conti destinate al pubblico nonché alle modalità e ai termini della pubblicazione delle situazioni dei conti (1).

2. I poteri conferiti dal comma 1 sono esercitati anche per le modifiche, le integrazioni e gli aggiornamenti delle forme tecniche stabilite dal presente decreto nonché per l'adeguamento della disciplina nazionale all'evolversi della disciplina, dei princìpi e degli orientamenti comunitari.

3. Nel caso dei soggetti operanti nel settore finanziario iscritti nell'elenco speciale previsto dall'art. 107 del testo unico delle leggi in materia bancaria e creditizia, le istruzioni della Banca d'Italia sono emanate d'intesa con la Consob. Per le società previste dalla l. 23 marzo 1983, n. 77, le istruzioni della Banca d'Italia sono emanate sentita la Consob. Per le società previste dalla l. 2 gennaio 1991, n. 1, le istruzioni sono emanate dalla Banca d'Italia d'intesa con la Consob, tenendo conto della specialità della disciplina della legge stessa.

4. Gli atti emanati nell'esercizio dei poteri previsti dal presente articolo sono pubblicati nella *Gazzetta Ufficiale* della Repubblica italiana».

4. L'art. 11, comma 3, del d.lg. 27 gennaio 1992, n. 87, è sostituito dal seguente:

«*3.* Le disposizioni del comma 2 si applicano in ogni caso alle società e agli enti finanziari che rientrano nei gruppi bancari iscritti nell'albo previsto dall'art. 64 del testo unico delle leggi in materia bancaria e creditizia».

5. L'art. 19, comma 1, del d.lg. 27 gennaio 1992, n. 87, è sostituito dal seguente:

«*1.* In alternativa a quanto disposto dall'art. 18, le partecipazioni in imprese controllate e quelle sulle quali è esercitata un'influenza notevole possono essere valutate, con riferimento a una o a più tra dette imprese, secondo il metodo indicato nel presente articolo. Si ha influenza notevole quando l'impresa partecipante disponga di almeno un quinto dei diritti di voto esercitabili nell'assemblea ordinaria della partecipata».

6. La lett. *b*), del comma 1, dell'art. 23, del d.lg. 27 gennaio 1992, n. 87, è sostituita dalla seguente:

«*b*) l'elenco delle imprese controllate e di quelle sottoposte a influenza notevole ai sensi dell'art. 19, comma 1, possedute direttamente o per il tramite di società fiduciarie o per interposta persona, indicando per ciascuna la denominazione, la sede, l'importo del patrimonio netto, l'utile o la perdita dell'ultimo esercizio chiuso, la quota posseduta, il valore attribuito in bilancio».

7. L'art. 24, comma 3, del d.lg. 27 gennaio 1992, n. 87, è abrogato.

8. L'art. 25 del d.lg. 27 gennaio 1992, n. 87, è sostituito dal seguente:

«Art. 25. *(Impresa capogruppo)*. — *1.* Agli effetti dell'art. 24 è impresa capogruppo:

a) l'ente creditizio o la società finanziaria capogruppo di un gruppo bancario iscritto nell'albo previsto dall'art. 64 del testo unico delle leggi in materia bancaria e creditizia;

b) l'ente finanziario che controlla imprese di cui all'art. 28, comma 1, lett. *a*) e *b*), e che non sia a sua volta controllato da enti creditizi e finanziari tenuti alla redazione del bilancio consolidato.

2. Restano salve le disposizioni riguardanti gli enti e le società che abbiano emesso titoli quotati in borsa».

9. L'art. 26, comma 3, del d.lg. 27 gennaio 1992, n. 87, è abrogato.

10. L'art. 26, comma 5, del d.lg. 27 gennaio 1992, n. 87, è sostituito dal seguente:

«*5.* Le imprese capogruppo di cui all'art. 25 che operino anche secondo una direzione unitaria ai sensi del comma 1 o del comma 2 del presente articolo sono tenute alla redazione

(1) V. provv. Banca d'Italia 22 dicembre 2005, in suppl. ord. n. 12 a G.U., 14 gennaio 2006, n. 11, con istruzioni per la redazione del bilancio dell'impresa e del bilancio consolidato delle banche e delle società finanziarie capogruppo di gruppi bancari.

del bilancio consolidato esclusivamente in base al comma 4, salvo che si tratti delle banche e delle società finanziarie capogruppo dei gruppi bancari iscritti nell'albo previsto dall'art. 64 del testo unico delle leggi in materia bancaria e creditizia. Restano salve le disposizioni riguardanti gli enti e le società che abbiano emesso titoli quotati in borsa».

11. L'art. 27, comma 3, del d.lg. 27 gennaio 1992, n. 87, è abrogato.

12. L'art. 28 del d.lg. 27 gennaio 1992, n. 87, è sostituito dal seguente:

«Art. 28. *(Imprese incluse nel consolidamento)*. — *1.* Sono incluse nel consolidamento l'impresa capogruppo o le imprese che operano secondo una direzione unitaria e le imprese controllate, ovunque costituite, purché queste ultime appartengano a una delle seguenti categorie:

a) enti creditizi e finanziari;

b) imprese che esercitano, in via esclusiva o prevalente, attività strumentale, come definita dall'art. 59, comma 1, lett. *c*), del testo unico delle leggi in materia bancaria e creditizia.

2. L'ente creditizio o la società finanziaria capogruppo di un gruppo bancario iscritto nell'albo previsto dall'art. 64 del testo unico delle leggi in materia bancaria e creditizia include nel consolidamento le imprese che compongono il gruppo stesso».

13. L'art. 45 del d.lg. 27 gennaio 1992, n. 87, è sostituito dal seguente:

«Art. 45. *(Sanzioni amministrative pecuniarie)*. — *1.* Per la violazione dell'art. 3 del capo I; delle disposizioni del capo II, sezioni I, II, III e V; delle disposizioni del capo III, sezioni II e IV; dell'art. 41 del capo IV; degli artt. 42, comma 1, 43 e 46 del capo V, nonché degli atti di cui all'art. 5, è applicabile la sanzione amministrativa pecuniaria da lire quindici milioni [euro 7.746] a lire novanta milioni [euro 46.481] nei confronti dei soggetti che svolgono funzioni di amministrazione, direzione e controllo in enti creditizi e finanziari.

2. Si applica l'art. 145 del testo unico delle leggi in materia bancaria e creditizia.

3. Con riferimento ai soggetti previsti nell'art. 1, comma 1, lett. *e*), i commi 1 e 2 del presente articolo si applicano solo a quelli iscritti nell'elenco speciale previsto dall'art. 107 del testo unico delle leggi in materia bancaria e creditizia».

158. .... (1).

159. *Regioni a statuto speciale*. — 1. Le valutazioni di vigilanza sono riservate alla Banca d'Italia.

2. Nei casi in cui i provvedimenti previsti dagli artt. 14, 31, 36, 56 e 57 sono attribuiti alla competenza delle regioni, la Banca d'Italia esprime, a fini di vigilanza, un parere vincolante.

3. Sono inderogabili e prevalgono sulle contrarie disposizioni già emanate le norme dettate dai commi 1 e 2 nonché dagli artt. 15, 16, 26 e 47. [...] (2).

4. Le regioni a statuto speciale, alle quali sono riconosciuti, in base alle norme di attuazione dei rispettivi statuti, poteri nelle materie disciplinate dalla dir. n. 2013/36/UE (3), provvedono a emanare norme di recepimento della direttiva stessa nel rispetto delle disposizioni di principio non derogabili contenute nei commi precedenti.

4-*bis*. Le competenze delle regioni di cui al presente articolo sono esercitate nei limiti derivanti dalle disposizioni del MVU e in armonia con esse (4).

159-*bis*. *Informazioni da inserire nei piani di risanamento*. — 1. Fino all'emanazione dei provvedimenti della Banca d'Italia previsti dall'art. 69-*quater*, comma 3, e 69-*quinquies*, comma 4, i piani di risanamento individuali o di gruppo riportano almeno le seguenti informazioni:

a) una sintesi degli elementi fondamentali del piano e una sintesi della capacità complessiva di risanamento;

b) una sintesi delle modifiche sostanziali apportate alla banca o al gruppo bancario dopo l'ultimo piano di risanamento;

c) un piano di comunicazione e informazione pubblica che delinea in che modo la banca o capogruppo intende gestire le eventuali reazioni negative del mercato;

d) una gamma di azioni sul capitale e sulla liquidità necessarie per mantenere o ripristinare l'equilibrio patrimoniale e finanziario della banca o del gruppo bancario nel suo complesso e delle singole banche che ne fanno parte;

e) una stima dei tempi necessari per l'esecuzione di ciascun aspetto sostanziale del piano;

f) una descrizione dettagliata degli eventuali impedimenti sostanziali all'esecuzione ef-

(1) Articolo abrogato dall'art. 66.2, d.lg. n. 415/1996.
(2) Ultimo periodo soppresso dall'art. 1.55, lett. a, d.lg. 12 maggio 2015, n. 72.
(3) Le parole «n. 2013/36/UE,» sono state così sostituite alle precedenti «n. 89/646/CEE,» dall'art. 1.55, lett. b, d.lg. 12 maggio 2015, n. 72.
(4) Comma aggiunto dall'art. 1.25, d.lg. 14 novembre 2016, n. 223.

ficace e tempestiva del piano tenuto conto anche dell'impatto sul resto del gruppo, sulla clientela e sulle controparti;

g) l'individuazione delle funzioni essenziali;

h) una descrizione dettagliata delle procedure per determinare il valore e la trasferibilità delle linee di business principali, delle operazioni e delle attività dell'ente;

i) una descrizione dettagliata delle modalità con cui la pianificazione del risanamento è integrata nella struttura di governo societario della banca o della capogruppo;

l) una descrizione dettagliata delle politiche e procedure che disciplinano l'approvazione del piano di risanamento e l'identificazione delle persone responsabili della preparazione e dell'attuazione del piano all'interno dell'organizzazione

m) dispositivi e misure per conservare o ripristinare i fondi propri della banca o del gruppo bancario;

n) dispositivi e misure intesi a garantire che la banca o la capogruppo abbia un accesso adeguato a fonti di finanziamento di emergenza, comprese le potenziali fonti di liquidità;

o) una valutazione delle garanzie reali disponibili e una valutazione della possibilità di trasferire liquidità tra entità del gruppo e linee di business, affinché la banca o il gruppo bancario possa continuare a svolgere le proprie funzioni e rispettare i propri obblighi;

p) dispositivi e misure intesi a ridurre il rischio e la leva finanziaria;

q) dispositivi e misure per ristrutturare le passività;

r) dispositivi e misure per ristrutturare le linee di business;

s) dispositivi e misure necessari per assicurare la continuità dell'accesso alle infrastrutture dei mercati finanziari;

t) dispositivi e misure necessari per assicurare la continuità del funzionamento dei processi operativi della banca o del gruppo bancario, compresi infrastrutture e servizi informatici;

u) dispositivi preparatori per agevolare la vendita di attività o di linee di business in tempi adeguati per il ripristino della solidità finanziaria;

v) altre azioni o strategie di gestione intese a ripristinare la solidità finanziaria nonché effetti finanziari previsti di tali azioni o strategie;

z) misure preparatorie che la banca o la capogruppo ha attuato o intende attuare al fine di agevolare l'attuazione del piano di risanamento, comprese le misure necessarie per consentire una ricapitalizzazione tempestiva della banca o del gruppo bancario;

aa) un quadro di indicatori nel quale siano identificati i casi in cui possano essere adottate le azioni opportune riportate nel piano.

2. Il piano di risanamento indica altresì le modalità e la tempistica con cui, nelle situazioni previste dal piano, la banca o il gruppo potrebbe chiedere di ricorrere a forme di assistenza della Banca centrale europea e identifica le attività che, a tal fine, potrebbero essere considerate idonee quali garanzie.

3. Il piano di risanamento include infine le misure che la banca o il gruppo può adottare qualora sussistano le condizioni per un intervento precoce a norma dell'art. 69-*octiesdecies* (1).

160. .... (2).

161. *Norme abrogate*. — 1. Sono o restano abrogati:

il r.d. 16 luglio 1905, n. 646;

la l. 15 luglio 1906, n. 441;

il r.d. 5 maggio 1910, n. 472;

il r.d. 4 settembre 1919, n. 1620;

il r.d.l. 2 settembre 1919, n. 1709, convertito dalla l. 6 luglio 1922, n. 1158;

il r.d. 9 aprile 1922, n. 932;

il r.d.l. 7 ottobre 1923, n. 2283;

il r.d.l. 15 dicembre 1923, n. 3148, convertito dalla l. 17 aprile 1925, n. 473;

il r.d.l. 4 maggio 1924, n. 993, convertito, con modificazioni, dalla l. 11 febbraio 1926, n. 255;

il r.d. 23 ottobre 1925, n. 2063;

il r.d.l. 1° luglio 1926, n. 1297, convertito dalla l. 14 aprile 1927, n. 531;

il r.d.l. 7 settembre 1926, n. 1511, convertito dalla l. 23 giugno 1927, n. 1107;

il r.d.l. 6 novembre 1926, n. 1830, convertito dalla l. 23 giugno 1927, n. 1108;

il r.d.l. 13 febbraio 1927, n. 187, convertito dalla l. 22 dicembre 1927, n. 2537;

il r.d.l. 29 luglio 1927, n. 1509, convertito dalla l. 5 luglio 1928, n. 1760 e successive modificazioni e integrazioni;

il d.m. 23 gennaio 1928 e successive modificazioni e integrazioni. Resta salvo quanto previsto dal comma 3 del presente articolo;

il r.d.l. 5 luglio 1928, n. 1817, convertito dalla l. 25 dicembre 1928, n. 3154;

(1) Articolo inserito dall'art. 1.54, d.lg. 16 novembre 2015, n. 181. Per l'entrata in vigore v. nota 2 alla rubrica del provvedimento.

(2) Articolo abrogato dall'art. 211.4, d.lg. 24 febbraio 1998, n. 58, in *Leggi coll. XVIII, 1*.

il r.d.l. 4 ottobre 1928, n. 2307, convertito dalla l. 13 dicembre 1928, n. 3040;
il r.d. 25 aprile 1929, n. 967 e successive modificazioni;
il r.d. 5 febbraio 1931, n. 225;
il r.d.l. 19 marzo 1931, n. 693, convertito dalla l. 17 dicembre 1931, n. 1640;
il r.d.l. 13 novembre 1931, n. 1398, convertito, con modificazioni, dalla l. 15 dicembre 1932, n. 1581;
la l. 30 maggio 1932, n. 635;
il r.d.l. 24 maggio 1932, n. 721, convertito dalla l. 22 dicembre 1932, n. 1710;
la l. 30 maggio 1932, n. 805;
la l. 3 giugno 1935, n. 1281;
l'art. 9 della l. 13 giugno 1935, n. 1143;
il r.d.l. 4 ottobre 1935, n. 1883, convertito dalla l. 9 gennaio 1936, n. 225;
il r.d.l. 12 marzo 1936, n. 375, convertito, con modificazioni, dalla l. 7 marzo 1938, n. 141 e successive modificazioni e integrazioni, fatta eccezione per il titolo III e per gli artt. 32, primo comma, lett. *d*) e *f*) e 35, secondo comma, lett. *b*);
il r.d.l. 12 marzo 1936, n. 376, convertito dalla l. 18 gennaio 1937, n. 169;
il r.d.l. 15 ottobre 1936, n. 2008, convertito dalla l. 4 gennaio 1937, n. 50;
il r.d.l. 12 agosto 1937, n. 1561, convertito dalla l. 20 dicembre 1937, n. 2352;
il r.d. 26 agosto 1937, n. 1706 e successive modificazioni e integrazioni;
il r.d.l. 24 febbraio 1938, n. 204, convertito, con modificazioni, dalla l. 3 giugno 1938, n. 778;
la l. 7 aprile 1938, n. 378;
la l. 10 maggio 1938, n. 745, fatta eccezione per gli artt. 10, 11, 12, commi primo e secondo, 13, 14, 15 e 31;
il r.d.l. 3 giugno 1938, n. 883, convertito dalla l. 5 gennaio 1939, n. 86;
il r.d. 25 maggio 1939, n. 1279, fatta eccezione per gli artt. 37, 38, 39, 40, commi 2 e 3, 41, 42, 43, 44, 45, 46, 47, 48, 49, 50, 51, 52;
la l. 16 novembre 1939, n. 1797;
la l. 14 dicembre 1939, n. 1922;
la l. 21 maggio 1940, n. 657;
la l. 10 giugno 1940, n. 933;
il r.d. 25 novembre 1940, n. 1955;
gli artt. 2766 e 2778, n. 3 e 9, del codice civile, approvato con r.d. 16 marzo 1942, n. 262;
il d.lg. lgt. 14 settembre 1944, n. 226;
il capo III del d.lg. lgt. 28 dicembre 1944, n. 416;
i capi III e IV del d.lg. lgt. 28 dicembre 1944, n. 417;
il d.l. del Capo provvisorio dello Stato 12 agosto 1946, n. 76;
il d.lg.c.p.s. 13 ottobre 1946, n. 244;
il d.lg.c.p.s. 23 agosto 1946, n. 370;
il r.d.lg. 29 maggio 1946, n. 453;
il r.d.lg. 2 giugno 1946, n. 491;
il d.lg.c.p.s. 17 luglio 1947, n. 691, fatta eccezione per gli artt. 3, 4, 5 [...] (1);
il d.lg.c.p.s. 15 dicembre 1947, n. 1418;
il d.lg.c.p.s. 15 dicembre 1947, n. 1419;
il d.lg.c.p.s. 15 dicembre 1947, n. 1421;
il d.lg. 10 febbraio 1948, n. 105 e successive modificazioni;
il d.lg. 16 aprile 1948, n. 569;
la l. 29 luglio 1949, n. 474;
la l. 22 giugno 1950, n. 445;
la l. 10 agosto 1950, n. 717;
la l. 17 novembre 1950, n. 1095;
la l. 27 novembre 1951, n. 1350;
i capi V e VI della l. 25 luglio 1952, n. 949, fatta eccezione per gli artt. 21, 37, 38, primo e secondo comma, 39, primo comma, 40, primo comma, e 41, secondo comma;
la l. 11 dicembre 1952, n. 3093;
la l. 24 febbraio 1953, n. 101;
la l. 13 marzo 1953, n. 208;
la l. 11 aprile 1953, n. 298;
la l. 8 aprile 1954, n. 102;
la l. 31 luglio 1957, n. 742;
la l. 24 dicembre 1957, n. 1295 e successive modificazioni e integrazioni, fatta eccezione per gli artt. 2, quarto comma, 3, settimo comma, e 5;
l'art. 155 del d.p.r. 29 gennaio 1958, n. 645;
la l. 21 luglio 1959, n. 607;
la l. 11 ottobre 1960, n. 1235;
la l. 23 ottobre 1960, n. 1320;
la l. 3 febbraio 1961, n. 39;
la l. 21 maggio 1961, n. 456;
la l. 27 giugno 1961, n. 562;
la l. 28 luglio 1961, n. 850;
la l. 24 novembre 1961, n. 1306;
la l. 30 aprile 1962, n. 265;
gli artt. 1, 2, 3 e 4 della l. 25 novembre 1962, n. 1679;
il d.p.r. 12 dicembre 1962, n. 1907;
la l. 10 maggio 1964, n. 407;
la l. 5 luglio 1964, n. 627;
la l. 31 ottobre 1965, n. 1244;
la l. 11 maggio 1966, n. 297;
la l. 24 dicembre 1966, n. 1262;

(1) Le parole «e per le competenze valutarie del CICR previste dall'art. 1, primo comma» sono state soppresse dall'art. 1.56, d.lg. 12 maggio 2015, n. 72.

gli artt. 6, 7, 8 e 16 della l. 6 agosto 1967, n. 700, nonché ogni altra disposizione della medesima legge relativa all'organizzazione, al funzionamento e all'operatività della «Sezione credito» della Banca nazionale delle comunicazioni;

l'art. 41 della l. 14 agosto 1967, n. 800;

la l. 31 ottobre 1967, n. 1084;

la l. 28 ottobre 1968, n. 1178;

la l. 27 marzo 1969, n. 120;

l'art. 4 della l. 10 dicembre 1969, n. 970;

la l. 28 ottobre 1970, n. 866;

il d.p.r. 21 agosto 1971, n. 896;

la l. 26 ottobre 1971, n. 917;

la l. 3 dicembre 1971, n. 1033;

la l. 5 dicembre 1972, n. 848;

la l. 29 novembre 1973, n. 812;

il d.p.r. 8 novembre 1973, n. 916;

la l. 11 marzo 1974, n. 75;

la l. 14 agosto 1974, n. 392;

la l. 14 agosto 1974, n. 395;

gli artt. 11 e 12 del d.l. 13 agosto 1975, n. 376, convertito, con modificazioni, dalla l. 16 ottobre 1975, n. 492;

l'art. 2 della l. 16 ottobre 1975, n. 492;

l'art. 11 della l. 1° luglio 1977, n. 403;

la l. 10 febbraio 1981, n. 23;

gli artt. 10, 11 e 13 della l. 1° agosto 1981, n. 423;

l'art. 15 della l. 19 marzo 1983, n. 72;

l'art. 11 della l. 23 marzo 1983, n. 77 e successive modificazioni e integrazioni;

l'art. 3 della l. 18 luglio 1984, n. 359;

la l. 18 luglio 1984, n. 360;

gli artt. 12 e 21 della l. 27 febbraio 1985, n. 49;

gli artt. 9, 9-*bis*, 10, 11 e 21 della l. 4 giugno 1985, n. 281 e successive modificazioni e integrazioni;

la l. 17 aprile 1986, n. 114;

la l. 17 aprile 1986, n. 115;

l'art. 2 della l. 27 ottobre 1988, n. 458;

gli artt. 1, 2, 3, comma 1, l'art. 4, commi 1, 2, 3 e 4, gli artt. 5 e 6, commi 2 e 3, e gli artt. 8 e 15 della l. 28 agosto 1989, n. 302. Resta fermo quanto previsto dal comma 2 del presente articolo;

l'art. 5 della l. 30 luglio 1990, n. 218;

il titolo V della l. 10 ottobre 1990, n. 287 e successive modificazioni;

l'art. 18 e il titolo VII del d.lg. 20 novembre 1990, n. 356;

la l. 6 giugno 1991, n. 175;

l'art. 6, commi 1, 2, 2-*bis*, 4-*bis*, 5, 6, 8, 9 e 10, l'art. 7 e l'art. 8, comma 2-*ter*, del d.l. 3 maggio 1991, n. 143, convertito, con modificazioni, dalla l. 5 luglio 1991, n. 197. Resta fermo quanto previsto dal comma 2 del presente articolo;

l'art. 2, comma 6, della l. 5 ottobre 1991, n. 317;

l'art. 1 della l. 17 febbraio 1992, n. 207, salvo quanto previsto nell'art. 2, comma 1, della medesima legge;

il d.lg. 14 dicembre 1992, n. 481, fatta eccezione per gli artt. 43, 45 e 49, commi 5 e 6;

il d.lg. 30 dicembre 1992, n. 528.

2. Sono abrogati ma continuano a essere applicati fino alla data di entrata in vigore dei provvedimenti emanati dalle autorità creditizie ai sensi del presente decreto legislativo:

l'art. 36 della l. 2 giugno 1961, n. 454;

gli artt. 21 e 22, secondo, terzo e quarto comma, della l. 9 maggio 1975, n. 153;

la l. 5 marzo 1985, n. 74;

il d.p.r. 27 giugno 1985, n. 350;

gli artt. 10, 11, 12, 13 e 14 della l. 28 agosto 1989, n. 302;

gli artt. 23 e 24 della l. 29 dicembre 1990, n. 428;

il d.lg. 10 settembre 1991, n. 301;

il d.lg. 10 settembre 1991, n. 302, fatta salva la disciplina fiscale prevista dal comma 5 dell'art. 2;

l'art. 2 della l. 21 febbraio 1991, n. 52;

l'art. 6, commi 3 e 4, l'art. 8, commi 1, 2 e 2-*bis*, e l'art. 9 del d.l. 3 maggio 1991, n. 143, convertito, con modificazioni, dalla l. 5 luglio 1991, n. 197;

il capo II, sezione I, della l. 19 febbraio 1992, n. 142;

la l. 17 febbraio 1992, n. 154, fatta eccezione per l'art. 10;

il decreto del Ministro del tesoro 12 maggio 1992, n. 334.

3. Gli artt. 28 e 31 del d.m. 23 gennaio 1928, così come successivamente modificati, continuano a essere applicati fino all'attuazione dell'art. 152 del presente decreto legislativo.

3-*bis*. Sono abrogati i commi 4, 5 e 6 dell'art. 4 del d.p.r. 31 marzo 1988, n. 148; tuttavia essi continuano a essere applicati fino all'attuazione dell'art. 155, comma 5, del presente decreto legislativo (1).

4. È abrogata ogni altra disposizione incompatibile con il presente decreto legislativo.

5. Le disposizioni emanate dalle autorità creditizie ai sensi di norme abrogate o sostituite continuano a essere applicate fino alla data di entrata in vigore dei provvedimenti emanati ai sensi del presente decreto legislativo.

6. I contratti già conclusi e i procedimenti

(1) Comma inserito dall'art. 37, d.lg. 4 agosto 1999, n. 342.

esecutivi in corso alla data di entrata in vigore del presente decreto legislativo restano regolati dalle norme anteriori.

7. Restano autorizzate, salvo eventuali revoche, le partecipazioni già consentite in sede di prima applicazione del titolo V della l. 10 ottobre 1990, n. 287.

7-*bis*. Le disposizioni di cui all'art. 40-*bis* si applicano ai contratti di mutuo stipulati a decorrere dal 2 giugno 2007. Dalla stessa data decorrono i termini di cui ai commi 2 e 3 del medesimo articolo per i mutui immobiliari estinti a decorrere dal 3 aprile 2007 e sono abrogate le disposizioni legislative e regolamentari statali incompatibili con le disposizioni di cui all'art. 40-*bis* e le clausole in contrasto con il medesimo articolo sono nulle e non comportano la nullità del contratto. Per i mutui immobiliari estinti prima del 3 aprile 2007 e la cui ipoteca non sia stata cancellata alla medesima data, il termine di cui al comma 2 dell'art. 40-*bis* decorre dalla data della richiesta della quietanza da parte del debitore, da effettuarsi mediante lettera raccomandata con avviso di ricevimento (1).

7-*ter*. Le disposizioni di cui ai commi 1 e 2 dell'art. 120-*ter* si applicano ai contratti di mutuo per l'acquisto della prima casa stipulati a decorrere dal 2 febbraio 2007 e ai contratti di mutuo per l'acquisto o per la ristrutturazione di unità immobiliari adibite ad abitazione ovvero allo svolgimento della propria attività economica o professionale da parte di persone fisiche stipulati o accollati a seguito di frazionamento, anche ai sensi del d.lg. 20 giugno 2005, n. 122 (2), a decorrere dal 3 aprile 2007. La misura massima dell'importo della penale dovuta per il caso di estinzione anticipata o parziale dei mutui indicati nel comma 1 dell'art. 120-*ter* stipulati antecedentemente al 2 febbraio 2007 è quella definita nell'accordo siglato il 2 maggio 2007 dall'Associazione bancaria italiana e dalle associazioni dei consumatori rappresentative a livello nazionale, ai sensi dell'art. 137 del d.lg. 6 settembre 2005, n. 206 (3). Le banche e gli intermediari finanziari non possono rifiutare la rinegoziazione dei contratti di mutuo stipulati prima del 2 febbraio 2007, nei casi in cui il debitore proponga la riduzione dell'importo della penale entro i limiti stabiliti ai sensi dell'accordo di cui al periodo precedente (1).

7-*quater*. Per i mutui a tasso variabile e a rata variabile per tutta la durata del contratto, stipulati o accollati, anche a seguito di frazionamento, per l'acquisto, la ristrutturazione o la costruzione dell'abitazione principale entro il 29 gennaio 2009, gli atti di consenso alla surrogazione di cui all'art. 120-*quater*, comma 3 (4), sono autenticati dal notaio senza l'applicazione di alcun onorario e con il solo rimborso delle spese. A tal fine, la quietanza rilasciata dal finanziatore originario e il contratto stipulato con il creditore surrogato sono forniti al notaio per essere prodotti unitamente all'atto di surrogazione. Con il provvedimento di cui al comma 3 dell'art. 120-*quater* sono stabilite le modalità con cui la quietanza, il contratto e l'atto di surrogazione sono presentati al conservatore al fine dell'annotazione (5). Per eventuali attività aggiuntive non necessarie all'operazione, espressamente richieste dalle parti, gli onorari di legge restano a carico della parte richiedente (1).

7-*quinquies*. A decorrere dal 2 maggio 2012, la cancellazione di cui all'art. 40-*bis* si esegue anche con riferimento alle ipoteche, ivi previste, iscritte da oltre venti anni e non rinnovate ai sensi dell'art. 2847 del codice civile. Per tali ipoteche il creditore, entro sei mesi dalla data in cui ne ha ricevuto richiesta da parte del debitore mediante lettera raccomandata con avviso di ricevimento e salvo che ricorra un giustificato motivo ostativo da comunicare al debitore medesimo, trasmette al conservatore la comunicazione attestante la data di estinzione dell'obbligazione ovvero l'insussistenza di ragioni di credito da garantire con l'ipoteca. Per le richieste ricevute prima del 2 maggio 2012, il termine di sei mesi decorre dalla medesima data. Il conservatore procede d'ufficio alla cancellazione dell'ipoteca, senza alcun onere per il debitore, entro il giorno successivo a quello di ricezione della comunicazione. Con provvedimento del Direttore dell'Agenzia del territorio, da emanare entro il 30 giugno 2012, sono

(1) Comma aggiunto dall'art. 6.1, d.lg. 13 agosto 2010, n. 141. In base all'art. 6.2, d.lg. cit., come sostituito dall'art. 4.2, d.lg. 14 dicembre 2010, n. 218, «Le disposizioni contenute nel titolo II del presente decreto entrano in vigore il centoventesimo giorno successivo alla sua pubblicazione. Le disposizioni che a tale data risultano adottate dalle Autorità creditizie in base a norme modificate o sostituite dal titolo II rimangono in vigore in quanto compatibili».

(2) In *Leggi coll. V, 2.*

(3) In *Leggi coll. XI, 6.*

(4) Le parole «comma 3» sono state così sostituite alle precedenti «comma 1» dall'art. 8.8, lett. d, n. 1, d.l. 13 maggio 2011, n. 70, conv. in l. 12 luglio 2011, n. 106.

(5) Periodo inserito dall'art. 8.8, lett. d, n. 2, d.l. 13 maggio 2011, n. 70, conv. in l. 12 luglio 2011, n. 106.

definite le modalità di attuazione delle disposizioni di cui al presente comma (1).

162. *Entrata in vigore*. — 1. Il presente decreto legislativo entra in vigore il 1° gennaio 1994.

XVII. 2.

DECRETO LEGISLATIVO 13 agosto 2010, n. 141. — *Attuazione della direttiva 2008/48/CE relativa ai contratti di credito ai consumatori, nonché modifiche del titolo VI del testo unico bancario (d.lg. n. 385 del 1993) in merito alla disciplina dei soggetti operanti nel settore finanziario, degli agenti in attività finanziaria e dei mediatori creditizi* (2).

TITOLO I

Attuazione della dir. 2008/48/CE relativa ai contratti di credito ai consumatori

1. *Modifiche al t.u. bancario* (3). — (*omissis*).

2. *Modifiche all'art. 67 del Codice del consumo* (4). — . . . . (*omissis*).

3. *Abrogazioni e termini di attuazione*. — 1. Sono abrogati:

a) gli artt. 40, 41 e 42 del d.lg. 6 settembre 2005, n. 206 (*Codice del consumo*) (5) e conseguentemente, all'art. 43, comma 1, del medesimo decreto legislativo, la parola «restante» è soppressa;

b) . . . . (*omissis*) (6).

2. Le autorità creditizie adottano le disposizioni di attuazione del presente titolo entro centoventi giorni dalla data di entrata in vigore del presente decreto.

3. I finanziatori e gli intermediari del credito si adeguano alle disposizioni del presente Titolo entro novanta giorni dall'entrata in vigore delle disposizioni indicate al comma 2; fino alla scadenza di tale termine continuano ad applicarsi, nei rapporti con i finanziatori e gli intermediari del credito, le pertinenti disposizioni del Titolo VI e l'art. 144 del d.lg. 1° settembre 1993, n. 385 (7), vigenti alla data del 4 settembre 2010, e le relative disposizioni di attuazione emanate dalle Autorità creditizie (8).

3-*bis*. Per assicurare il rispetto delle disposizioni del presente Titolo e della relativa disciplina attuativa, scaduto il termine indicato al comma precedente e fino alla data di entrata in vigore delle disposizioni di attuazione del Titolo VI-*bis* del d.lg. 1° settembre 1993, n. 385 (7), e del titolo IV del presente decreto, ovvero, se posteriore, fino alla costituzione dell'Organismo, la Banca d'Italia esercita nei confronti dei mediatori creditizi, anche persone fisiche, e degli agenti in attività finanziaria i poteri previsti dall'art. 128-*decies* del d.lg. 1° settembre 1993, n. 385 (7); le sanzioni previste dall'art. 144 del d.lg. 1° settembre 1993, n. 385 (7), come modificato dal presente decreto legislativo si applicano anche ai mediatori persone fisiche (9).

TITOLO II

Coordinamento del Titolo VI del d.lg. 1° settembre 1993, n. 385 (7), con altre disposizioni legislative in tema di trasparenza

4. *Modifiche al titolo VI del d.lg. 1° settembre 1993, n. 385* (10). — . . . . (*omissis*).

5. *Altre modifiche al d.lg. 1° settembre 1993, n. 385* (11). — . . . . (*omissis*).

6. *Disposizioni transitorie ed entrata in vigore*. — 1. . . . . (*omissis*) (12).

1-*bis*. . . . . (*omissis*) (13).

(1) Comma aggiunto dall'art. 5.5-*quinquiesdecies*, lett. b, d.l. 2 marzo 2012, n. 16, conv. in l. 26 aprile 2012, n. 44.
(2) Suppl. ord. n. 212 a G.U., 4 settembre 2010, n. 207.
(3) Sostituisce il capo II del titolo VI del d.lg. 1° settembre 1993, n. 385, in *Leggi coll. XVII, 1*.
(4) Sostituisce l'art. 67.6, d.lg. 6 settembre 2005, n. 206, in *Leggi coll. XI, 6*.
(5) In *Leggi coll. XI, 6*.
(6) Modifica l'art. 38, d.p.r. 5 gennaio 1950, n. 180.
(7) In *Leggi coll. XVII, 1*.
(8) Comma così sostituito dall'art. 1.1, d.lg. 14 dicembre 2010, n. 218.
(9) Comma aggiunto dall'art. 1.2, d.lg. 14 dicembre 2010, n. 218.
(10) Sostituisce la rubrica, il capo I e il capo III del titolo VI, e l'art. 144 del d.lg. 1° settembre 1993, n. 385, in *Leggi coll. XVII, 1*.
(11) Inserisce l'art. 40-*bis* e modifica l'art. 145.3, d.lg. 1° settembre 1993, n. 385, in *Leggi coll. XVII, 1*.
(12) Modifica l'art. 161, d.lg. 1° settembre 1993, n. 385, in *Leggi coll. XVII, 1*.
(13) Comma inserito dall'art. 4.1, d.lg. 14 dicembre 2010, n. 218. Abroga l'art. 10, d.l. 4 luglio 2006, n. 223, conv. in l. 4 agosto 2006, n. 248; gli artt. 7, 8, commi 1, 2, 3, 3-*bis* e 4, e 13, commi 8-*sexies*, 8-*septies*, 8-*octies*, 8-*novies*, 8-*decies*, 8-*undecies*, 8-*quaterdecies* del d.l. 31 gennaio 2007, n. 7, conv. in l. 2 aprile 2007, n. 40, in *Leggi coll. XXI, 4*; l'art. 2.5-*quater*, d.l. 29 novembre 2008, n. 185, conv. in l. 28 gennaio 2009, n. 2; l'art. 2, commi 1 e 3, d.l. 1° luglio 2009, n. 78, conv. in l. 3 agosto 2009, n. 102.

1-*ter*. . . . . (*omissis*) (1).
1-*quater*. . . . . (*omissis*) (2).
2. Le disposizioni contenute nel titolo II del presente decreto entrano in vigore il centoventesimo giorno successivo alla sua pubblicazione. Le disposizioni che a tale data risultano adottate dalle Autorità creditizie in base a norme modificate o sostituite dal titolo II rimangono in vigore in quanto compatibili (3).

TITOLO III

Revisione della disciplina dei soggetti operanti nel settore finanziario

7. *Integrazioni e modifiche al d.lg. 1° settembre 1993, n. 385.* — . . . . (*omissis*) (4).
8. *Altre modifiche al d.lg. 1° settembre 1993, n. 385.* — . . . . (*omissis*) (5).
9. *Ulteriori modifiche legislative.* — 1. . . . . (*omissis*) (6).
2. . . . . (*omissis*) (7).
3. . . . . (*omissis*) (8).
3-*bis*. Le disposizioni di cui al titolo V del d.lg. 1° settembre 1993, n. 385 (9), non si applicano alle società cessionarie, o alle società emittenti titoli, se diverse dalle società cessionarie, nell'ambito di operazioni di cartolarizzazione. Sono abrogate tutte le disposizioni di leggi speciali relative alle società cessionarie, o alle società emittenti titoli se diverse dalle società cessionarie nell'ambito di operazioni di cartolarizzazione che prevedano l'applicazione delle disposizioni di cui al titolo V del d.lg. 1° settembre 1993, n. 385 (9). A tali società si applica il comma 3 dell'art. 3 della l. 30 aprile 1999, n. 130, come modificato dal presente decreto (10).
4. . . . . (*omissis*) (11).
5. . . . . (*omissis*) (12).
6. . . . . (*omissis*) (13).
7. . . . . (*omissis*) (14).
8. . . . . (*omissis*) (15).

10. *Disposizioni transitorie e finali.* — 1. Fermo restando quanto previsto dall'art. 37 del d.lg. 27 gennaio 2010, n. 11 (16), per le attività diverse dalla prestazione di servizi di pagamento gli intermediari finanziari e i confidi che, alla data di entrata in vigore del presente decreto legislativo, risultano iscritti nell'elenco generale di cui all'art. 106, nell'elenco speciale di cui all'art. 107 o nella sezione di cui all'art. 155, comma 4, del d.lg. 1° settembre 1993, n. 385 (9), vigenti alla data del 4 settembre 2010, nonché le società fiduciarie previste dall'art. 199, comma 2 del d.lg. 24 febbraio 1998, n. 58 (17), come modificato dal presente decreto legislativo possono continuare a operare per un periodo di 12 mesi successivi al completamento degli adempimenti indicati al comma 3 (18).

2. Fino alla scadenza del periodo indicato al comma 1 e comunque fino al completamento degli adempimenti di cui al comma 4, la Banca d'Italia continua a tenere l'elenco generale, l'elenco speciale e le sezioni separate previste dalle disposizioni del d.lg. 1° settembre 1993, n. 385 (9), vigente alla data del 4 settembre 2010; fino al completamento degli adempimenti indicati al comma 3 possono essere iscritti nuovi soggetti, ai quali si applicano i commi 1, 4 e 8 (18).

3. L'iscrizione nell'albo e negli elenchi previsti dalla disciplina introdotta con il presente Titolo III è subordinata all'emanazione delle disposizioni attuative nonché, per l'elenco previsto all'art. 112, comma 1, del d.lg. 1° settem-

(1) Comma inserito dall'art. 4.1, d.lg. 14 dicembre 2010, n. 218. Modifica gli artt. 8.4-*bis* e 8-*bis*.1, d.l. 31 gennaio 2007, n. 7, conv. in l. 2 aprile 2007, n. 40, in *Leggi coll. XXI, 4*.
(2) Comma inserito dall'art. 4.1, d.lg. 14 dicembre 2010, n. 218.
(3) Comma così sostituito dall'art. 4.2, d.lg. 14 dicembre 2010, n. 218.
(4) Sostituisce il titolo V del d.lg. 1° settembre 1993, n. 385, in *Leggi coll. XVII, 1*.
(5) Sostituisce l'art. 132, modifica gli artt. 58, 133, 137, 139, 140, 141, inserisce l'art. 145-*bis*, e abroga l'art. 155, d.lg. 1° settembre 1993, n. 385, in *Leggi coll. XVII, 1*.
(6) Sostituisce l'art. 2.6, l. 30 aprile 1999, n. 130, in *Leggi coll. IV, 2*.
(7) Inserisce il comma 6-*bis* nell'art. 2, l. 30 aprile 1999, n. 130, in *Leggi coll. IV, 2*.
(8) Sostituisce l'art. 3.3, l. 30 aprile 1999, n. 130, in *Leggi coll. IV, 2*.
(9) In *Leggi coll. XVII, 1*.
(10) Comma inserito dall'art. 4.1, lett. a, d.lg. 19 settembre 2012, n. 169.
(11) Modifica l'art. 38-*bis*.1, d.p.r. 26 ottobre 1972, n. 633.
(12) Modifica l'art. 8.2, d.lg. 19 giugno 1997, n. 218.
(13) Modifica l'art. 48.3, d.lg. 31 dicembre 1992, n. 546.
(14) Sostituisce l'art. 1.4, d.lg. 24 febbraio 1998 n. 58, in *Leggi coll. XVIII, 1*.
(15) Sostituisce l'art. 199, d.lg. 24 febbraio 1998, n. 58, in *Leggi coll. XVIII, 1*.
(16) In *Leggi coll. XVII, 5*.
(17) In *Leggi coll. XVIII, 1*.
(18) Comma così sostituito dall'art. 7.1, d.lg. 14 dicembre 2010, n. 218.

bre 1993, n. 385 (1), alla costituzione del relativo Organismo; le Autorità competenti provvedono all'emanazione delle disposizioni attuative e alla nomina dei componenti dell'Organismo di cui all'art. 112-*bis* del d.lg. 1° settembre 1993, n. 385 (1), al più tardi entro il 31 marzo 2013. Ai fini della costituzione dell'Organismo, i primi componenti sono nominati con decreto del Ministro dell'economia e delle finanze, su proposta della Banca d'Italia. L'Organismo provvede all'approvazione del suo statuto, alla definizione dell'aliquota contributiva a carico degli iscritti, alla raccolta dei fondi necessari al suo funzionamento ed all'iscrizione dei confidi secondo le disposizioni di cui all'art. 112 del d.lg. 1° settembre 1993, n. 385 (1), entro il termine del 30 settembre 2013. Decorso tale termine, l'Organismo è regolato secondo le disposizioni dell'art. 112-*bis* vigente (2).

4. Per assicurare un passaggio ordinato alla nuova disciplina introdotta con il presente Titolo III:

a) entro il termine indicato al comma 1, gli intermediari finanziari che alla data di entrata in vigore del presente decreto legislativo esercitano nei confronti del pubblico l'attività di assunzione di partecipazioni ivi compresi quelli di cui all'art. 155, comma 2, del d.lg. 1° settembre 1993, n. 385 (1) abrogato ai sensi dell'art. 8 del presente decreto, chiedono alla Banca d'Italia la cancellazione dagli elenchi di cui al comma 1, attestando di non esercitare attività riservate ai sensi di legge;

b) entro tre mesi dall'entrata in vigore delle disposizioni attuative del presente Titolo III, gli intermediari iscritti nell'elenco di cui all'art. 107 del d.lg. 1° settembre 1993, n. 385 (1), vigente alla data del 4 settembre 2010 o inclusi nella vigilanza consolidata bancaria, che alla data di entrata in vigore del presente decreto legislativo esercitano l'attività di concessione di finanziamenti sotto qualsiasi forma, presentano istanza di autorizzazione ai fini dell'iscrizione all'albo di cui all'art. 106 del d.lg. 1° settembre 1993, n. 385 (1), come modificato dal presente decreto. L'istanza è corredata della sola documentazione attestante il rispetto delle previsioni di cui all art. 107, comma 1, lett. *c*), *d*), *e*) ed *f*), del d.lg. 1° settembre 1993, n. 385 (1), come modificato dal presente decreto legislativo (3);

c) almeno sei mesi prima della scadenza del termine indicato al comma 1, gli intermediari iscritti nell'elenco di cui all'art. 106 o in quello di cui all'art. 107 del d.lg. 1° settembre 1993, n. 385 (1), vigenti alla data del 4 settembre 2010, che esercitano attività di intermediazione in cambi, chiedono alla Banca d'Italia la cancellazione dagli elenchi, attestando di non esercitare attività riservate ai sensi di legge. Agli intermediari iscritti nell'elenco di cui all'art. 106 o in quello di cui all'art. 107 del d.lg. 1° settembre 1993, n. 385 (1), vigenti alla data del 4 settembre 2010, che esercitano attività di intermediazione in cambi rimane in ogni caso preclusa l'attività rientrante nell'ambito di applicazione dell'art. 1, comma 4, del d.lg. 24 febbraio 1998, n. 58 (4), come modificato dal presente decreto (3);

d) almeno tre mesi prima della scadenza del termine indicato al comma 1, le società fiduciarie previste all'art. 199, comma 2, del d.lg. 24 febbraio 1998, n. 58 (4), come modificato dal presente decreto, presentano istanza di autorizzazione ai fini dell'iscrizione alla sezione separata dell'albo di cui all'art. 106 del d.lg. 1° settembre 1993, n. 385 (1) come modificato dal presente decreto. In pendenza dell'istanza di autorizzazione, esse possono continuare ad operare anche oltre il termine previsto dal comma 1;

e) almeno tre mesi prima della scadenza del termine indicato al comma 1, gli altri soggetti ivi indicati presentano istanza di autorizzazione ai fini dell'iscrizione all'albo di cui all'art. 106, ovvero istanza di iscrizione nell'elenco di cui all'art. 111 o nelle relative sezioni separate ovvero nell'elenco di cui all'art. 112, comma 1 del d.lg. 1° settembre 1993, n. 385 (1), come modificato dal presente decreto. In pendenza dell'istanza di autorizzazione, essi possono continuare ad operare anche oltre il termine previsto dal comma 1.

5. In caso di mancato accoglimento delle istanze di cui al comma 4, lett. *b*), *c*) ed *e*), i soggetti ivi indicati deliberano la liquidazione della società ovvero modificano il proprio oggetto sociale, eliminando il riferimento ad attività riservate ai sensi di legge. Per le società fiduciarie di cui al comma 4 il mancato accoglimento dell'istanza comporta la decadenza dell'autorizzazione di cui all'art. 2 della l. 23 novembre 1939, n. 1966 (5).

(1) In *Leggi coll. XVII, 1.*
(2) Comma così sostituito, da ultimo, dall'art. 5.1, lett. a, d.lg. 19 settembre 2012, n. 169.
(3) Lettera così sostituita dall'art. 7.2, d.lg. 14 dicembre 2010, n. 218.
(4) In *Leggi coll. XVIII, 1.*
(5) In *Leggi coll. XIV, 1.*

6. Decorsi i termini stabiliti, i soggetti che non abbiano presentato istanza di autorizzazione, iscrizione o cancellazione ai sensi del comma 4, lett. *a*), *b*), *c*) ed *e*) deliberano la liquidazione della società ovvero modificano il proprio oggetto sociale, eliminando il riferimento ad attività riservate ai sensi di legge. Le società fiduciarie di cui al comma 4 che non abbiano presentato istanza entro il termine ivi stabilito eliminano le condizioni che comportano l'obbligo di iscrizione nella speciale sezione dell'albo di cui all'art. 106 del d.lg. 1° settembre 1993, n. 385 (1), come modificato dal presente decreto. In mancanza, decade l'autorizzazione di cui all'art. 2 della l. 23 novembre 1939, n. 1966 (2).

7. Dalla data di entrata in vigore del presente decreto legislativo sono soppressi gli elenchi previsti dagli artt. 113 e 155, comma 5, del d.lg. 1° settembre 1993, n. 385 (1), vigenti alla data del 4 settembre 2010 e cancellati i soggetti ivi iscritti. Si applicano ai cambiavalute gli artt. 11 e 115 TULPS e relative disposizioni di attuazione (3).

8. Fino alla data di entrata di vigore delle disposizioni di attuazione del presente Titolo III, e, per i soggetti di cui ai commi 1 e 2, fino al completamento degli adempimenti di cui al comma 4, continuano ad applicarsi, salvo quanto previsto dai Titoli I e II del presente decreto legislativo, le norme del d.lg. 1° settembre 1993, n. 385 (1) abrogate o sostituite dal presente decreto legislativo e le relative disposizioni di attuazione, ivi compresi gli artt. 132, comma 1, 133, 139, 140 e 144, commi 1 e 2, e ad eccezione degli artt. 113, 132, comma 2, 155, commi 2 e 5; continuano altresì ad applicarsi le norme sostituite dall'art. 9, commi 1 e 2. Con riguardo ai confidi, il riferimento dell'art. 9, comma 4, all'albo previsto dall'art. 106 del d.lg. 1° settembre 1993, n. 385 (1), deve intendersi, fino alla scadenza del periodo indicato al comma 1, primo periodo, anche all'elenco previsto dall'art. 107 del d.lg. 1° settembre 1993, n. 385, previgente (4). L'art. 3, comma 3 della l. 30 aprile 1999, n. 130 (5), continua ad applicarsi fino alla data di entrata in vigore delle disposizioni delle Autorità creditizie volte ad assicurare la continuità delle segnalazioni relative ai crediti cartolarizzati; le Autorità vi provvedono entro centottanta giorni dalla data di entrata in vigore del presente decreto. Ai soggetti cessionari di cui all'art. 7-*bis* della l. 30 aprile 1999, n. 130 (5), l'art. 3, comma 3, della medesima legge (5) continua ad applicarsi fino alla data di entrata in vigore delle disposizioni attuative indicate all'art. 9, comma 3, del presente decreto (6).

8-*bis*. Fino alla data di entrata di vigore delle disposizioni di attuazione del presente Titolo III, l'art. 106 del d.lg.1° settembre 1993, n. 385 (1), vigente alla data del 4 settembre 2010, continua ad applicarsi, ad eccezione del comma 7, limitatamente all'attività di concessione di finanziamenti sotto qualsiasi forma. In attesa delle disposizioni di attuazione di cui all'art. 106, comma 3, del d.lg. 1° settembre 1993, n. 385 (1), come modificato dal presente decreto, non configura esercizio nei confronti del pubblico l'attività di rilascio di garanzie quando il garante e l'obbligato garantito facciano parte del medesimo gruppo. Per gruppo si intendono le società controllanti e controllate ai sensi dell'art. 2359 del codice civile nonché le società controllate dalla stessa controllante (7).

8-*ter*. L'Organismo di cui all'art. 112-*bis* del d.lg. 1° settembre 1993, n. 385 (1), si intende costituito, ai sensi e per gli effetti delle disposizioni del presente decreto, alla data di avvio della gestione dell'elenco (8).

8-*quater*. La data di avvio della gestione degli elenchi da parte degli Organismi previsti dagli artt. 112-*bis* e 113 del d.lg. 1° settembre 1993, n. 385 (1), è comunicata alla Banca d'Italia e pubblicata nella *Gazzetta Ufficiale* della Repubblica italiana (8).

9. A decorrere dall'entrata in vigore delle disposizioni di attuazione del presente Titolo III tutte le disposizioni legislative che fanno riferimento agli intermediari finanziari iscritti negli elenchi di cui agli artt. 106 o 107 del d.lg. 1° settembre 1993, n. 385 (1), vigenti alla data del 4 settembre 2010, si intendono riferite agli intermediari finanziari iscritti nell'albo di cui

(1) In *Leggi coll. XVII, 1.*
(2) In *Leggi coll. XIV, 1.*
(3) Comma così sostituito dall'art. 7.3, d.lg. 14 dicembre 2010, n. 218. L'ultimo periodo è stato aggiunto dall'art. 5.1, lett. b, d.lg. 19 settembre 2012, n. 169.
(4) Le parole da «art. 9, commi 1» fino a «previgente» sono state così sostituite alle precedenti «art. 9, commi 1, 2, 4, 5 e 6» dall'art. 5.1, lett. c, d.lg. 19 settembre 2012, n. 169.
(5) In *Leggi coll. IV, 2.*
(6) Comma così sostituito dall'art. 7.4, d.lg. 14 dicembre 2010, n. 218.
(7) Comma inserito dall'art. 7.5, d.lg. 14 dicembre 2010, n. 218.
(8) Comma inserito dall'art. 5.1, lett. d, d.lg. 19 settembre 2012, n. 169.

all'art. 106 del d.lg. 1° settembre 1993, n. 385 (1), come modificato dal presente decreto. Le disposizioni legislative che fanno riferimento ai confidi iscritti nella sezione separata dell'elenco di cui all'art. 106 del d.lg. 1° settembre 1993, n. 385 (1), vigente alla data del 4 settembre 2010, si intendono riferite ai confidi iscritti nell'elenco previsto dall'art. 112, comma 1 del d.lg. 1° settembre 1993, n. 385 (1), come modificato dal presente decreto; quelle che fanno riferimento ai confidi iscritti nell'elenco previsto dall'art. 107 del d.lg. 1° settembre 1993, n. 385 (1), vigente alla data del 4 settembre 2010, si intendono riferite ai confidi iscritti nell'albo previsto dall'art. 106 del d.lg. 1° settembre 1993, n. 385 (1), come modificato dal presente decreto. Ai soggetti abilitati ai sensi dell'art. 111 del d.lg. 1° settembre 1993, n. 385 (1), come modificato dal presente decreto, si applica l'art. 2 della l. 7 marzo 1996, n. 108 (2).

10. Gli obblighi comunicativi di cui all'art. 7, sesto e undicesimo comma, del d.p.r. 29 settembre 1973, n. 605, permangono nei confronti delle società di partecipazione non finanziaria e assimilati di cui alla lett. *c*) del comma 1 dell'art. 162-*bis* del t.u. delle imposte sui redditi, di cui al d.p.r. 22 dicembre 1986, n. 917, anche se esclusi dagli obblighi dell'art. 106, del d.lg. 1° settembre 1993, n. 385 (1) (3).

10-*bis*. La Banca d'Italia pubblica l'elenco dei soggetti, operanti alla data dell'entrata in vigore del presente decreto, che continuano a svolgere la propria attività ai sensi dell'art. 112, comma 7 (1), come modificato dal presente decreto (4).

TITOLO IV

Disciplina dell'attività degli agenti in attività finanziaria e dei mediatori creditizi

CAPO I

MODIFICHE AL D.LG. 1° SETTEMBRE 1993, N. 385 (1)

11. *Integrazioni al d.lg. 1° settembre 1993, n. 385, per l'esercizio dell'agenzia in attività finanziaria e della mediazione creditizia*. — . . . . (*omissis*) (5).

CAPO II

ULTERIORI DISPOSIZIONI DI ATTUAZIONE

12. *Disposizioni di attuazione degli artt. 128-quater* e 128-*sexies* del d.lg. 1° settembre 1993, n. 385 (1). — 1. Non costituisce esercizio di agenzia in attività finanziaria, né di mediazione creditizia:

a) la promozione e la conclusione, da parte di fornitori di beni e servizi, di contratti di finanziamento unicamente per l'acquisto di propri beni e servizi sulla base di apposite convenzioni stipulate con le banche e gli intermediari finanziari. In tali contratti non sono ricompresi quelli relativi al rilascio di carte di credito;

b) la promozione e la conclusione, da parte di banche, intermediari finanziari, imprese di investimento, società di gestione del risparmio, SICAV, imprese assicurative, istituti di pagamento, istituti di moneta elettronica (6) e Poste italiane S.p.A. di contratti relativi alla concessione di finanziamenti sotto qualsiasi forma e alla prestazione di servizi di pagamento;

c) la stipula, da parte delle associazioni di categoria e dei Confidi, di convenzioni con banche, intermediari finanziari ed altri soggetti operanti nel settore finanziario finalizzate a fa-

(1) In *Leggi coll. XVII, 1*.
(2) Comma così sostituito dall'art. 7.6, d.lg. 14 dicembre 2010, n. 218.
(3) Comma così sostituito dall'art. 12, comma 4, d.lg. 29 novembre 2018, n. 142. In base all'art. 13, comma 9, d.lg. cit., tali disposizioni «si applicano a decorrere dal periodo d'imposta in corso al 31 dicembre 2018; con riferimento ai periodi d'imposta precedenti ai quali si applicano le disposizioni di cui al d.lg. 18 agosto 2015, n. 136, per i quali i termini per il versamento a saldo delle imposte sui redditi sono scaduti anteriormente alla medesima data, sono fatti salvi gli effetti sulla determinazione del reddito complessivo ai fini delle imposte sui redditi e del valore della produzione netta ai fini dell'imposta regionale sulle attività produttive, relativi ai medesimi periodi d'imposta, derivanti dall'applicazione delle disposizioni vigenti in tali periodi, anche se non coerenti con le disposizioni di cui ai commi 2 e 3 dell'art. 162-*bis* del t.u. delle imposte sui redditi, di cui al d.p.r. 22 dicembre 1986, n. 917, introdotto dalla lett. *d*) del comma 1 dell'art. 12. Ai fini del presente comma gli effetti sulla determinazione del reddito complessivo e del valore della produzione netta sono fatti salvi purché prodotti da comportamenti tra loro coerenti manifestati entro l'8 agosto 2018».
(4) Comma aggiunto dall'art. 5.1, lett. e, d.lg. 19 settembre 2012, n. 169.
(5) Inserisce il titolo VI-*bis* nel d.lg. 1° settembre 1993, n. 385, in *Leggi coll. XVII, 1*.
(6) Le parole «, istituti di moneta elettronica» sono state inserite dall'art. 7.1, lett. a, d.lg. 19 settembre 2012, n. 169.

vorire l'accesso al credito delle imprese associate. Per la raccolta di richieste di finanziamento effettuate sulla base di dette convenzioni, le associazioni possono avvalersi di soggetti in possesso dei requisiti di cui all'art. 128-*novies*, comma 1 (1). Quanto previsto dalla presente lettera, è esteso alle società di servizi controllate ai sensi dell'art. 2359 del codice civile, costituite dalle associazioni stesse per il perseguimento delle finalità associative (2).

1-*bis.* Non costituisce esercizio di agenzia in attività finanziaria la promozione e il collocamento di contratti relativi alla concessione di finanziamenti o alla prestazione di servizi di pagamento da parte dei promotori finanziari iscritti nell'albo previsto dall'art. 31 del d.lg. 24 febbraio 1998, n. 58 (3), effettuate per conto del soggetto abilitato che ha conferito loro l'incarico di promotore finanziario [...]. Il soggetto abilitato cura l'aggiornamento professionale dei propri promotori finanziari, assicura il rispetto da parte loro della disciplina prevista ai sensi del Titolo VI del d.lg. 1° settembre 1993, n. 385 (1), e risponde per i danni da essi cagionati nell'esercizio dell'attività prevista dal presente comma, anche se conseguenti a responsabilità accertata in sede penale (4).

1-*ter.* Non costituisce esercizio di agenzia in attività finanziaria la promozione e il collocamento di contratti relativi alla concessione di finanziamenti sotto qualsiasi forma da parte degli agenti di assicurazione regolarmente iscritti nel Registro unico degli intermediari assicurativi e riassicurativi di cui all'art. 109, comma 2, lett. *a*), del d.lg. 7 settembre 2005, n. 209, su mandato diretto di banche ed intermediari finanziari previsti dal titolo V del d.lg. 1° settembre 1993, n. 385 (1). Il soggetto mandante cura l'aggiornamento professionale degli agenti assicurativi mandatari, assicura il rispetto da parte loro della disciplina prevista ai sensi del Titolo VI del d.lg. 1° settembre 1993, n. 385 (1), e risponde per i danni da essi cagionati nell'esercizio dell'attività prevista dal presente comma, anche se conseguenti a responsabilità accertata in sede penale (5).

1-*quater.* Il Ministro dell'economia e delle finanze, sentita la Banca d'Italia, individua, con regolamento adottato ai sensi dell'art. 17, comma 3, l. 23 agosto 1988, n. 400, le attività di segnalazione, relative ai contratti di credito disciplinati ai sensi del Titolo VI, Capo I-*bis*, del d.lg. 1° settembre 1993, n. 385 (1), che, se prestate a titolo accessorio, non costituiscono esercizio di agenzia in attività finanziaria né di mediazione creditizia (6).

2. Per l'esercizio dell'attività di incasso di fondi su incarico di soggetti autorizzati alla prestazione di servizi di pagamento (7) non è necessaria l'iscrizione nell'elenco degli agenti in attività finanziaria, a condizione che detta attività sia svolta sulla base di un contratto di esternalizzazione, che ne predetermini le modalità di svolgimento, abbia carattere meramente materiale [...] (8) e in nessun caso sia accompagnata da poteri dispositivi.

2-*bis.* L'esercizio di agenzia in attività finanziaria comporta gli obblighi di contribuzione previdenziale previsti per i soggetti di cui all'art. 1742 del codice civile. L'Organismo previsto dall'art. 128-*undecies* (1) individua forme di collaborazione e di scambio di informazioni con gli enti di previdenza (9).

13. *Disposizioni di attuazione dell'art. 128-sexies* del d.lg. 1° settembre 1993, n. 385 (1). — 1. Ai mediatori creditizi è vietato concludere contratti, nonché effettuare, per conto di banche o di intermediari finanziari, l'erogazione di finanziamenti e ogni forma di pagamento o di incasso di denaro contante, di altri mezzi di pagamento o di titoli di credito. I mediatori creditizi possono raccogliere le richieste di fi-

(1) In *Leggi coll. XVII, 1.*
(2) Ultimo periodo aggiunto dall'art. 7.1, lett. b, d.lg. 19 settembre 2012, n. 169.
(3) In *Leggi coll. XVIII, 1.*
(4) Comma inserito dall'art. 7.1, lett. c, d.lg. 19 settembre 2012, n. 169, come modificato dall'art. 36.10-*quater*, d.l. 18 ottobre 2012, n. 179, conv. in l. 17 dicembre 2012, n. 221, che ha soppresso le parole «, purché i finanziamenti o i servizi di pagamento siano volti a consentire agli investitori di effettuare operazioni relative a strumenti finanziari».
(5) Comma inserito dall'art. 22.9-*bis*, d.l. 18 ottobre 2012, n. 179, conv. in l. 17 dicembre 2012, n. 221.
(6) Comma inserito dall'art. 2.1, d.lg. 21 aprile 2016, n. 72. In base all'art. 3.1, d.lg. cit., tali disposizioni «si applicano a partire dal 1° luglio 2016 e ai contratti di credito sottoscritti successivamente a tale data. Ai contratti sottoscritti anteriormente continuano ad applicarsi le disposizioni vigenti nel giorno di entrata in vigore del presente decreto legislativo».
(7) Le parole «soggetti autorizzati alla prestazione di servizi di pagamento» sono state così sostituite alle precedenti «istituti di pagamento o di istituti di moneta elettronica» dall'art. 7.1, lett. d, d.lg. 19 settembre 2012, n. 169.
(8) Le parole «, non determini l'insorgere di rapporti di debito o di credito» sono state soppresse dall'art. 7.1, lett. d, d.lg. 19 settembre 2012, n. 169.
(9) Comma aggiunto dall'art. 7.1, lett. e, d.lg. 19 settembre 2012, n. 169.

nanziamento sottoscritte dai clienti, svolgere una prima istruttoria per conto dell'intermediario erogante e inoltrare tali richieste a quest'ultimo.

1-*bis.* Il Ministro dell'economia e delle finanze, con regolamento adottato ai sensi dell'art. 17, comma 3, l. 23 agosto 1988, n. 400, sentita la Banca d'Italia, stabilisce:

a) gli ulteriori requisiti, condizioni e incompatibilità per lo svolgimento dell'attività di cui all'art. 120-*terdecies*, comma 2, definendo anche accorgimenti per assicurare che il servizio di consulenza indipendente svolto dal soggetto iscritto nella sezione speciale dell'elenco dei mediatori creditizi sia prestato in modo effettivamente indipendente e nell'interesse del consumatore;

b) con riguardo ai contratti di credito disciplinati ai sensi del Titolo VI, Capo I-*bis*, del d.lg. 1° settembre 1993, n. 385 (1):

1) requisiti di conoscenza e competenza nonché di aggiornamento professionale degli agenti in attività finanziaria, di coloro che svolgono funzioni di amministrazione e direzione presso agenti in attività finanziaria aventi personalità giuridica, mediatori creditizi e dei consulenti di cui all'art. 128-*sexies*, comma 2-*bis*, dei loro dipendenti e dei collaboratori;

2) caratteristiche delle politiche di retribuzione e incentivazione del personale e dei collaboratori degli agenti in attività finanziaria e dei mediatori creditizi, così che esse favoriscano il rispetto dalla disciplina prevista ai sensi del Titolo VI, Capo I-*bis*, del d.lg. 1° settembre 1993, n. 385 (1) (2).

2. In conformità all'art. 5, comma 1, della l. 3 febbraio 1989, n. 39, per l'esercizio dell'attività di mediazione creditizia non è richiesta la licenza prevista dall'art. 115 del t.u. delle leggi di pubblica sicurezza, approvato con r.d. 18 giugno 1931, n. 773.

14. *Requisiti di professionalità*. — 1. L'iscrizione delle persone fisiche nell'elenco degli agenti in attività finanziaria, di cui all'art. 128-*quater*, comma 2, del d.lg. 1° settembre 1993, n. 385 (1), è subordinata al possesso dei seguenti requisiti di professionalità:

a) titolo di studio non inferiore al diploma di istruzione secondaria superiore, rilasciato a seguito di un (3) corso di durata quinquennale ovvero quadriennale, integrato dal corso annuale previsto per legge, o un titolo di studio estero ritenuto equipollente a tutti gli effetti di legge;

b) frequenza di (4) un corso di formazione professionale nelle materie rilevanti nell'esercizio dell'agenzia in attività finanziaria;

c) possesso di un'adeguata conoscenza in materie giuridiche, economiche, finanziarie e tecniche, accertata tramite il superamento dell'apposito esame, indetto (5) dall'Organismo di cui all'art. 128-*undecies* del d.lg. 1° settembre 1993, n. 385 (1), secondo le modalità da questo stabilite.

2. L'iscrizione delle persone giuridiche nell'elenco degli agenti in attività finanziaria di cui all'art. 128-*quater*, comma 2, e in quello dei mediatori creditizi, di cui all'art. 128-*sexies*, comma 2, del d.lg. 1° settembre 1993, n. 385 (1), è subordinata al possesso dei seguenti requisiti di professionalità:

a) i soggetti con funzioni di amministrazione, direzione e controllo devono essere scelti secondo criteri di professionalità e competenza fra persone che abbiano maturato una esperienza complessiva di almeno un triennio attraverso l'esercizio di:

1) attività di amministrazione o di controllo ovvero compiti direttivi presso imprese;

2) attività professionali in materia attinente al settore creditizio, finanziario, mobiliare;

3) attività d'insegnamento universitario in materie giuridiche o economiche;

4) funzioni amministrative o dirigenziali presso enti pubblici, pubbliche amministrazioni, associazioni imprenditoriali o loro società di servizi aventi attinenza con il settore creditizio, finanziario, mobiliare ovvero presso enti pubblici o pubbliche amministrazioni che non hanno attinenza con i predetti settori purché le funzioni comportino la gestione di risorse economico-finanziarie.

b) il presidente del consiglio di amministrazione deve essere scelto secondo criteri di professionalità e competenza fra persone che

(1) In *Leggi coll. XVII, 1.*

(2) Comma inserito dall'art. 2.2, d.lg. 21 aprile 2016, n. 72. In base all'art. 3.1, d.lg. cit., tali disposizioni «si applicano a partire dal 1° luglio 2016 e ai contratti di credito sottoscritti successivamente a tale data. Ai contratti sottoscritti anteriormente continuano ad applicarsi le disposizioni vigenti nel giorno di entrata in vigore del presente decreto legislativo».

(3) La parola «un» è stata inserita dall'art. 16.2, d.lg. 14 dicembre 2010, n. 218.

(4) La parola «di» è stata così sostituita alla precedente «ad» dall'art. 16.3, d.lg. 14 dicembre 2010, n. 218.

(5) La parola «indetto» è stata così sostituita alla precedente «indetta» dall'art. 16.4, d.lg. 14 dicembre 2010, n. 218.

abbiano maturato una esperienza complessiva di almeno un quinquennio attraverso l'esercizio dell'attività o delle funzioni indicate alla lett. *a*).

c) l'amministratore unico, l'unico socio della società a responsabilità limitata, l'amministratore delegato e il direttore generale devono essere in possesso di una specifica competenza in materia creditizia, finanziaria, mobiliare maturata attraverso esperienze di lavoro in posizione di adeguata responsabilità per un periodo non inferiore a un quinquennio. Analoghi requisiti sono richiesti per le cariche che comportano l'esercizio di funzioni equivalenti a quella di direttore generale.

3. L'iscrizione delle persone giuridiche nell'elenco degli agenti in attività finanziaria di cui all'art. 128-*quater*, comma 2, e in quello dei mediatori creditizi, di cui all'art. 128-*sexies*, comma 2, del d.lg. 1° settembre 1993, n. 385 (1), è altresì subordinata al possesso dei requisiti di cui al comma 1 per coloro che svolgono funzioni di amministrazione e direzione.

15. *Requisiti di onorabilità*. — 1. Non possono essere iscritti nell'elenco degli agenti in attività finanziaria di cui all'art. 128-*quater*, comma 2 (1), coloro che:

a) si trovano in una delle condizioni di ineleggibilità o decadenza previste dall'art. 2382 del codice civile;

b) sono stati sottoposti a misure di prevenzione disposte dall'autorità giudiziaria ai sensi della l. 27 dicembre 1956, n. 1423, o della l. 31 maggio 1965, n. 575, salvi gli effetti della riabilitazione;

c) sono stati condannati con sentenza irrevocabile, salvi gli effetti della riabilitazione:

1) a pena detentiva per uno dei reati previsti dalle norme che disciplinano l'attività bancaria, finanziaria, mobiliare, assicurativa e dalle norme in materia di mercati e valori mobiliari, di strumenti di pagamento;

2) a pena detentiva per uno dei reati previsti nel titolo XI del libro V del codice civile e nel r.d. del 16 marzo 1942, n. 267 (2);

3) a pena detentiva per un tempo non inferiore a un anno per un reato contro la pubblica amministrazione, contro la fede pubblica, contro il patrimonio, contro l'ordine pubblico, contro l'economia pubblica ovvero per delitto in materia tributaria;

4) alla reclusione per un tempo non inferiore a due anni per un qualunque delitto non colposo.

2. Non possono essere altresì iscritti nell'elenco coloro nei confronti dei quali sia stata applicata su richiesta delle parti una delle pene previste dal comma 1, lett. *c*), salvo il caso dell'estinzione del reato. Nel caso in cui siano state applicate su richiesta delle parti, le pene previste dal comma 1, lett. *c*), nn. 1) e 2), non rilevano se inferiori a un anno.

3. Con riferimento alle fattispecie disciplinate in tutto o in parte da ordinamenti stranieri, la verifica dell'insussistenza delle condizioni previste dai commi 1 e 2 è effettuata sulla base di una valutazione di equivalenza sostanziale a cura dell'Organismo.

4. Per l'iscrizione delle persone giuridiche, nell'elenco degli agenti in attività finanziaria di cui all'art. 128-*quater*, comma 2, e in quello dei mediatori creditizi di cui all'art. 128-*sexies*, comma 2, del d.lg. 1° settembre 1993, n. 385 (1) i commi 1, 2 e 3 si applicano a coloro che svolgono funzioni di amministrazione, direzione e controllo.

5. Per l'iscrizione delle persone giuridiche nell'elenco degli agenti in attività finanziaria di cui all'art. 128-*quater*, comma 2, e in quello dei mediatori creditizi di cui all'art. 128-*sexies*, comma 2, del d.lg. 1° settembre 1993, n. 385 (1), coloro che detengono il controllo devono essere in possesso dei requisiti di cui ai commi 1 e 2. Nel caso in cui il controllante sia una persona giuridica, i requisiti di cui ai commi 1 e 2 si applicano a coloro che svolgono funzioni di amministrazione, direzione e controllo (3).

16. *Requisiti patrimoniali*. — 1. L'Organismo definisce i massimali, commisurati ai volumi di attività, della polizza di assicurazione prevista dagli artt. 128-*quinquies* [...] (4) e artt. 128-*septies* (5) e le modalità di verifica dell'avveramento delle condizioni previste dagli artt. 128-*quinquies* e 128-*septies* (1) (6). Nel caso di polizze che prevedono coperture cumulative, i massimali sono riferiti a ciascun soggetto che richiede l'iscrizione. Si applicano, in quanto compa-

(1) In *Leggi coll. XVII, 1.*

(2) In *Leggi coll. XXII, 1.*

(3) Comma così sostituito dall'art. 8, d.lg. 19 settembre 2012, n. 169.

(4) Le parole «comma 1» sono state soppresse dall'art. 9, d.lg. 19 settembre 2012, n. 169.

(5) Le parole «artt. 128-*quinquies*, comma 1 e artt. 128-*septies*» sono state così sostituite alle precedenti «128-*quater*, comma 2, e 128-*quinquies*, comma 2» dall'art. 16.5, d.lg. 14 dicembre 2010, n. 218.

(6) Le parole «e le modalità di verifica dell'avveramento delle condizioni previste dagli artt. 128-*quinquies* e 128-*septies*» sono state inserite dall'art. 9, d.lg. 19 settembre 2012, n. 169.

tibili, le disposizioni emanate dall'Isvap in materia di polizza di assicurazione della responsabilità civile.

1-*bis*. Con riguardo ai contratti di credito disciplinati ai sensi del Titolo VI, Capo I-*bis*, del d.lg. 1° settembre 1993, n. 385 (1), si applica il regolamento adottato ai sensi dell'art. 29, par. 2, lett. *a*), della dir. 2014/17/UE (2).

2. Ai sensi dell'art. 128-*septies*, comma 1 (3), del d.lg. 1° settembre 1993, n. 385 (1), il capitale sociale versato deve essere almeno pari a quello previsto dall'art. 2327 del codice civile. L'ammontare del capitale minimo può essere modificato con decreto del Ministro dell'economia e delle finanze.

17. *Incompatibilità*. — 1. Fermo restando quanto previsto dall'art. 128-*octies* del d.lg. 1° settembre 1993, n. 385 (1), il Ministro dell'economia e delle finanze può, con regolamento adottato ai sensi dell'art. 17, comma 3, della l. 23 agosto 1988, n. 400, individuare le ulteriori cause di incompatibilità con l'esercizio dell'attività di agente in attività finanziaria e di mediatore creditizio.

2. I dipendenti, gli agenti e i collaboratori di banche ed intermediari finanziari non possono svolgere attività di mediazione creditizia, né esercitare, neppure per interposta persona, attività di amministrazione, direzione o controllo nelle società di mediazione creditizia iscritte nell'elenco di cui all'art. 128-*sexies*, comma 2 (1), ovvero, anche informalmente, attività di promozione per conto (4) di intermediari finanziari diversi da quello per il quale prestano la propria attività.

3. Le società di mediazione creditizia non possono detenere, neppure indirettamente, partecipazioni in banche o intermediari finanziari.

4. Le banche e gli intermediari finanziari non possono detenere, nelle imprese o società che svolgono l'attività di mediazione creditizia, partecipazioni che rappresentano almeno il dieci per cento del capitale o che attribuiscono almeno il dieci per cento dei diritti di voto o che comunque consentono di esercitare un'influenza notevole.

4-*bis*. L'attività di agenzia in attività finanziaria è compatibile con l'attività di agenzia di assicurazione e quella di promotore finanziario, fermo restando quanto stabilito dall'art. 12, comma 1-*bis*, nonché i rispettivi obblighi di iscrizione nel relativo elenco, registro o albo, effettuata al ricorrere dei requisiti previsti ai sensi del presente decreto legislativo, del d.lg. 7 settembre 2005, n. 209, e del d.lg. 24 febbraio 1998, n. 58. Il possesso dei requisiti è verificato per via informatica. L'esercizio di tali attività rimane assoggettato alle relative discipline di settore ed ai relativi controlli (5).

4-*ter*. L'attività di agenzia in attività finanziaria non è compatibile con le attività di mediazione di assicurazione o di riassicurazione previste dal d.lg. 7 settembre 2005, n. 209, né con l'attività di consulente finanziario di cui all'art. 18-*bis* del d.lg. 24 febbraio 1998, n. 58, e neppure con quella di società di consulenza finanziaria di cui all'art. 18-*ter* del predetto decreto legislativo (5).

4-*quater*. L'attività di mediazione creditizia è compatibile con le attività di mediazione di assicurazione o di riassicurazione e di consulenza finanziaria, fermi restando i rispettivi obblighi di iscrizione nel relativo elenco, registro o albo, effettuata al ricorrere dei requisiti previsti ai sensi del presente decreto legislativo del d.lg. 7 settembre 2005, n. 209, e del d.lg. 24 febbraio 1998, n. 58. Il possesso dei requisiti è verificato per via informatica. L'esercizio di tali attività rimane assoggettato alle relative discipline di settore e ai relativi controlli (5).

4-*quinquies*. L'attività di mediazione creditizia non è compatibile con l'attività di agenzia di assicurazione prevista dal d.lg. 7 settembre 2005, n. 209, e con l'attività di promotore finanziario prevista dal d.lg. 24 febbraio 1998, n. 58 (5).

4-*sexies*. L'Organismo previsto dall'art. 128-*undecies* e i soggetti incaricati della tenuta dei registri ed albi indicati ai commi 4-*bis* e 4-*quater* concordano forme di collaborazione in materia di formazione ed aggiornamento professionale nonché forme di scambio di informazioni al fine di evitare duplicazioni di adempimenti a carico degli iscritti (5).

4-*septies*. Al fine di razionalizzare l'accesso

(1) In *Leggi coll. XVII, 1*.

(2) Comma inserito dall'art. 2.3, d.lg. 21 aprile 2016, n. 72. In base all'art. 3.1, d.lg. cit., tali disposizioni «si applicano a partire dal 1° luglio 2016 e ai contratti di credito sottoscritti successivamente a tale data. Ai contratti sottoscritti anteriormente continuano ad applicarsi le disposizioni vigenti nel giorno di entrata in vigore del presente decreto legislativo».

(3) Le parole «Ai sensi dell'art. 128-*septies*, comma 1» sono state così sostituite alle precedenti «Ai sensi degli artt. 128-*quater*, comma 2, e 128-*septies*, comma 2» dall'art. 9, d.lg. 14 dicembre 2010, n. 218.

(4) Le parole «per conto» sono state inserite dall'art. 16.6, d.lg. 14 dicembre 2010, n. 218.

(5) Comma aggiunto dall'art. 10, d.lg. 19 settembre 2012, n. 169.

alle diverse professioni da parte dei soggetti che svolgono le attività di agente in attività finanziaria, di mediatore creditizio e di promotore finanziario, gli Organismi adibiti alla gestione dei rispettivi elenchi concordano, entro ventiquattro mesi dalla costituzione dell'Organismo di cui all'art. 128-*undecies*, un unico modulo di prova selettiva (1).

4-*octies*. Ai fini del presente d.lg. per collaboratori si intendono coloro che operano sulla base di un incarico conferito ai sensi dell'art. 1742 del codice civile. Il superamento della prova valutativa prevista dall'art. 128-*novies*, comma 1, e la trasmissione del nominativo del collaboratore ai sensi del comma 3 del medesimo articolo assolvono agli obblighi previsti dall'art. 5 della l. 3 maggio 1985, n. 204, e dal decreto del Ministro dell'industria, del commercio e dell'artigianato, di concerto con il Ministro di grazia e giustizia, 21 agosto 1985, pubblicato nella *Gazzetta Ufficiale* n. 212 del 9 settembre 1985, esonerando il collaboratore dagli obblighi ivi previsti. Non si applica la sanzione amministrativa prevista dall'art. 9 della l. maggio 1985, n. 204 (1).

17-*bis*. *Attività di cambiavalute*. — 1. L'esercizio professionale nei confronti del pubblico dell'attività di cambiavalute, anche su base stagionale, consistente nella negoziazione a pronti di mezzi di pagamento in valuta, è riservato ai soggetti iscritti in un apposito registro tenuto dall'Organismo previsto dall'art. 128-*undecies* del d.lg. 1° settembre 1993, n. 385 (2).

2. L'iscrizione nel registro di cui al comma 1, è subordinata al ricorrere dei seguenti requisiti:

a) per le persone fisiche: cittadinanza italiana o di uno Stato dell'Unione europea ovvero di Stato diverso secondo le disposizioni dell'art. 2 del t.u. delle disposizioni concernenti la disciplina dell'immigrazione e norme sulla condizione dello straniero, di cui al d.lg. 25 luglio 1998, n. 286, e domicilio nel territorio della Repubblica;

b) per i soggetti diversi dalle persone fisiche: sede legale e amministrativa o, per i soggetti comunitari, stabile organizzazione nel territorio della Repubblica.

3. I soggetti iscritti nel registro di cui al comma 1 sono tenuti a trasmettere all'Organismo per via telematica le negoziazioni effettuate. I dati registrati sono conservati per dieci anni.

4. Il Ministro dell'economia e delle finanze, sentito l'Organismo, individua, con proprio decreto le specifiche tecniche del sistema di conservazione informatica delle negoziazioni di cui al comma 3 e la periodicità di invio.

5. L'esercizio abusivo dell'attività di cui al comma 1 è punita con una sanzione amministrativa da 2.065 euro a 10.329 euro emanata dal Ministero dell'economia e delle finanze.

6. L'Organismo dispone la sospensione, non inferiore a tre mesi e non superiore a un anno, dal registro in caso di violazione dell'obbligo di cui al comma 3.

7. L'Organismo dispone la cancellazione dalla sezione di cui al comma 1, nei seguenti casi:

a) perdita di uno dei requisiti richiesti per l'esercizio dell'attività;

b) ripetuta violazione dell'obbligo di cui al comma 3;

c) inattività protrattasi per oltre un anno salvo comprovati motivi;

d) cessazione dell'attività.

8. Il Ministero dell'economia e delle finanze vigila sull'attività dell'Organismo indicata nel presente articolo (3).

8-*bis*. Le previsioni di cui al presente articolo si applicano, altresì, ai prestatori di servizi relativi all'utilizzo di valuta virtuale, come definiti nell'art. 1, comma 2, lett. *ff*), del d.lg. 21 novembre 2007, n. 231, e successive modificazioni (4) tenuti, in forza della presente disposizione, all'iscrizione in una sezione speciale del registro di cui al comma 1 (5).

8-*ter*. Ai fini dell'efficiente popolamento della sezione speciale di cui al comma 8-*bis*, con decreto del Ministro dell'economia e delle finanze sono stabilite le modalità e la tempistica con cui i prestatori di servizi relativi all'utilizzo di valuta virtuale sono tenuti a comunicare al Ministero dell'economia e delle finanze la propria operatività sul territorio nazionale. La comunicazione costituisce condizione essenziale per l'esercizio legale dell'attività da parte dei suddetti prestatori. Con il decreto di cui al presente comma sono stabilite forme di cooperazione tra il Ministero dell'economia e delle finanze e le forze di polizia, idonee ad interdire l'erogazione dei servizi relativi all'utilizzo di valuta virtuale da parte dei prestatori che non ottemperino all'obbligo di comunicazione (5).

18. *Requisiti tecnico – informatici*. — 1. L'i-

(1) Comma aggiunto dall'art. 10, d.lg. 19 settembre 2012, n. 169.
(2) In *Leggi coll. XVII, 1*.
(3) Articolo inserito dall'art. 11, d.lg. 19 settembre 2012, n. 169.
(4) In *Leggi coll. XVII, 12*.
(5) Comma aggiunto dall'art. 8.1, d.lg. 25 maggio 2017, n. 90.

scrizione negli elenchi previsti dagli artt. 128-*quater*, comma 2, e 128-*sexies*, comma 2 (1), è subordinata al possesso, da parte degli agenti e mediatori, di una casella di posta elettronica certificata e di una firma digitale con lo stesso valore legale della firma autografa ai sensi del d.lg. 7 marzo 2005, n. 82 (2), e relative norme di attuazione.

CAPO III

ORGANISMO COMPETENTE PER LA GESTIONE DEGLI ELENCHI DEGLI AGENTI IN ATTIVITÀ FINANZIARIA E DEI MEDIATORI CREDITIZI

19. *Composizione dell'Organismo*. — 1. L'Organismo previsto dall'art. 128-*undecies* del d.lg. 1º settembre 1993, n. 385 (1), è composto da un rappresentante del Ministero dell'economia e delle finanze e da tre a cinque membri nominati ai sensi del comma 2. Il rappresentante del Ministero dell'economia e delle finanze può essere revocato in ogni tempo (3).

2. I componenti dell'organo di gestione (4) dell'Organismo, tra i quali è eletto il Presidente, sono scelti [...] (5) all'interno delle categorie degli agenti in attività finanziaria, dei mediatori creditizi, delle banche, degli intermediari finanziari, degli istituti di pagamento e degli istituti di moneta elettronica, tra persone dotate di comprovata competenza in materie finanziarie, economiche e giuridiche nonché di caratteristiche di indipendenza tale da assicurarne l'autonomia di giudizio. Il voto del presidente prevale in caso di parità nella votazione dei componenti l'Organismo (6).

3. L'Organismo cura la redazione del proprio statuto e di propri regolamenti interni, che contengono previsioni adeguate ad assicurare efficacia e legittimità nello svolgimento dei propri compiti, nel rispetto, tra l'altro, dei seguenti principi e criteri:

a) previsione dei criteri, delle modalità e delle risorse necessarie per l'efficace svolgimento dei compiti;

b) previsione di idonei meccanismi di controllo interno volti a garantire il rispetto delle decisioni e delle procedure;

c) adozione di un efficace sistema di pubblicità delle proprie disposizioni sulle attività degli agenti in attività finanziaria e dei mediatori creditizi;

d) adozione di procedure funzionali alla preventiva verifica di legittimità della propria attività, con particolare riferimento al rispetto, nell'ambito del procedimento sanzionatorio per violazione dell'art. 128-*duodecies* (7) del d.lg. 1º settembre 1993, n. 385 (1), del principio del contraddittorio, della conoscenza degli atti istruttori, della verbalizzazione e della distinzione tra funzioni istruttorie e funzioni decisorie;

e) adozione di procedure idonee a garantire la riservatezza delle informazioni ricevute;

f) adozione di procedure che consentano di fornire tempestivamente alla Banca d'Italia le informazioni dalla stessa richieste.

4. Lo statuto e i regolamenti interni dell'Organismo sono trasmessi al Ministro dell'economia e delle finanze per la successiva approvazione, sentita la Banca d'Italia, e pubblicazione. L'Organismo pubblica annualmente una relazione sull'attività svolta (8).

20. *Contenuto dell'autonomia finanziaria dell'Organismo*. — 1. Nell'ambito della propria autonomia finanziaria, l'Organismo determina e riscuote i contributi e le altre somme dovute dagli iscritti e dai richiedenti l'iscrizione negli elenchi degli agenti in attività finanziaria e dei mediatori creditizi nonché dai loro dipendenti e collaboratori (9), nella misura necessaria per garantire lo svolgimento delle proprie attività.

1-*bis*. L'Organismo determina e riscuote i contributi in misura inferiore e le altre somme dovute dagli agenti di cui all'art. 128-*quater*, comma 7, del d.lg. 1º settembre 1993, n. 385, nonché dai promotori finanziari iscritti nell'albo previsto dall'art. 31 del d.lg. 24 febbraio 1998, n. 58 e dei soggetti di cui all'art. 109, comma 2, lett. *a*) e *b*), del d.lg. 7 settembre

(1) In *Leggi coll. XVII, 1.*
(2) In *Leggi coll. IV, 4.*
(3) Ultimo periodo aggiunto dall'art. 12.1, lett. a, d.lg. 19 settembre 2012, n. 169.
(4) Le parole «dell'organo di gestione» sono state aggiunte dall'art. 12.1, lett. b, d.lg. 19 settembre 2012, n. 169.
(5) Le parole «, secondo procedure definite dallo Statuto,» sono state soppresse dall'art. 10, d.lg. 14 dicembre 2010, n. 218.
(6) Ultimo periodo aggiunto dall'art. 12.1, lett. c, d.lg. 19 settembre 2012, n. 169.
(7) Le parole «*-ter-decies*» sono state così sostituite alle precedenti «*-duodecies*» dall'art. 12.1, lett. d, d.lg. 19 settembre 2012, n. 169.
(8) Ultimo periodo aggiunto dall'art. 12.1, lett. e, d.lg. 19 settembre 2012, n. 169.
(9) Le parole «nonché dai loro dipendenti e collaboratori» sono state inserite dall'art. 13.1, lett. a, d.lg. 19 settembre 2012, n. 169.

2005, n. 209, regolarmente iscritti nel Registro unico degli intermediari assicurativi e riassicurativi (1).

1-*ter.* L'Organismo, altresì, determina e riscuote i contributi e le altre somme dovute dai soggetti indicati nell'art. 17-*bis*, comma 1 (1).

1-*quater.* I contributi fruiscono del medesimo regime agevolato delle quote associative ai sensi dell'art. 148 del d.p.r. 22 dicembre 1986, n. 917, e dell'art. 4, quarto comma, secondo periodo, e sesto comma, del d.p.r. 26 ottobre 1972, n. 633 (1).

2. La misura, le modalità e i termini di versamento dei contributi e delle altre somme dovute dagli iscritti all'Organismo sono determinati dal medesimo con delibera nella misura necessaria a garantire lo svolgimento delle proprie attività.

3. Il provvedimento con cui l'Organismo ingiunge il pagamento dei contributi dovuti ha efficacia di titolo esecutivo. La relativa procedura è disciplinata con regolamento del Ministro dell'economia e delle finanze, ai sensi dell'art. 17, comma 3, della l. 23 agosto 1988, n. 400.

3-*bis.* L'attività dell'Organismo, anche nei rapporti con i terzi, è disciplinata dal codice civile e dalle altre norme applicabili alle persone giuridiche di diritto privato. È in ogni caso esclusa l'applicazione all'Organismo delle norme vigenti in materia di contratti pubblici e di pubblico impiego (2).

21. *Funzioni dell'Organismo.* — 1. Fermo restando quanto previsto dall'art. 128-*decies*, comma 2, del d.lg. 1° settembre 1993, n. 385 (3), l'Organismo svolge le seguenti funzioni:

a) disciplina la struttura propria e delle eventuali sezioni territoriali al fine di garantirne la funzionalità e l'efficienza;

b) istituisce l'elenco degli agenti in attività finanziaria e l'elenco dei mediatori creditizi e provvede alla loro custodia e gestione;

c) verifica la permanenza dei requisiti necessari per l'iscrizione negli elenchi di cui agli artt. 128-*quater*, comma 2, e 128-*sexies*, comma 2, del d.lg. 1° settembre 1993, n. 385 (3);

d) verifica il rispetto da parte degli iscritti delle discipline cui essi sono sottoposti (4);

e) verifica l'assenza di cause di incompatibilità, di sospensione e di cancellazione nei confronti degli iscritti negli elenchi;

f) verifica l'effettivo svolgimento delle attività di cui agli artt. 128-*quater* e 128-*sexies* del d.lg. 1° settembre 1993, n. 385 (3) ai fini della permanenza dell'iscrizione negli elenchi;

g) accerta la sussistenza dei requisiti di professionalità ai fini dell'iscrizione nell'elenco degli agenti in attività finanziaria e dei mediatori creditizi e cura l'aggiornamento professionale degli iscritti (5);

h) stabilisce gli standard dei corsi di formazione che le società di mediazione e gli agenti in attività finanziaria sono tenuti a svolgere nei confronti dei propri amministratori, direttori (6) dipendenti, e collaboratori (7) (8);

i) secondo quanto previsto dall'art. 128-*novies* (3), stabilisce i contenuti e le modalità (9) della prova valutativa;

i-bis) stabilisce la periodicità e le modalità di invio della comunicazione ai sensi dell'art. 128-*quater*, comma 7 (10).

2. Per lo svolgimento dei compiti di cui al comma 1, lett. *b*), *c*), *d*), *e*), ed *f*), l'Organismo può chiedere ai soggetti ivi iscritti la comunicazione di dati e notizie, nonché la trasmissione di atti e documenti secondo le modalità e i termini dallo stesso determinati, nonché procedere ad audizione personale e effettuare ispezioni.

2-*bis.* Al fine di assicurare l'efficacia dell'azione ed evitare duplicazioni nei controlli, l'Organismo stipula protocolli di intesa con la Guardia di Finanza in modo da coordinare le ispezioni di cui al precedente comma con quelle effettuate dalla Guardia di Finanza ai sensi dell'art. 53, comma 2, del d.lg. 21 novembre

(1) Comma inserito dall'art. 13.1, lett. b, d.lg. 19 settembre 2012, n. 169.
(2) Comma aggiunto dall'art. 13.1, lett. b, d.lg. 19 settembre 2012, n. 169.
(3) In *Leggi coll. XVII, 1.*
(4) Lettera così sostituita dall'art. 14.1, lett. a, n. 1, d.lg. 19 settembre 2012, n. 169.
(5) Lettera così sostituita dall'art. 11.1, lett. a, d.lg. 14 dicembre 2010, n. 218.
(6) Le parole «amministratori, direttori» sono state inserite dall'art. 14.1, lett. a, n. 2, d.lg. 19 settembre 2012, n. 169.
(7) Le parole «e collaboratori» sono state così sostituite alle precedenti «collaboratori o lavoratori autonomi» dall'art. 14.1, lett. a, n 3, d.lg. 19 settembre 2012, n. 169.
(8) Lettera sostituita dall'art. 11.1, lett. b, d.lg. 14 dicembre 2010, n. 218.
(9) Le parole «e le modalità» sono state inserite dall'art. 14.1, lett. a, n. 4, d.lg. 19 settembre 2012, n. 169.
(10) Lettera aggiunta dall'art. 14.1, lett. a, n. 5, d.lg. 19 settembre 2012, n. 169.

2007, n. 231 (1) (2).

22. *Gestione degli elenchi.* — 1. Gli elenchi degli agenti in attività finanziaria e dei mediatori creditizi sono articolati in sezioni territoriali e gestiti in forma elettronica. Le eventuali sezioni territoriali degli elenchi sono individuate dall'Organismo in numero non inferiore a tre e, in ogni caso, con riferimento al numero e alla distribuzione geografica degli iscritti.

2. Nell'attività di gestione degli elenchi l'Organismo:

a) procede, previa verifica dei requisiti, all'iscrizione nei suddetti elenchi dei soggetti che ne facciano richiesta;

b) verifica la permanenza dei requisiti richiesti per l'iscrizione;

c) rigetta l'istanza di iscrizione negli elenchi in mancanza dei requisiti necessari e dispone la cancellazione nelle ipotesi di cui all'art. 128-*duodecies*. In entrambi i casi ne dà comunicazione all'interessato;

d) rilascia gli attestati di iscrizione e cancellazione dagli elenchi;

e) aggiorna tempestivamente gli elenchi sulla base dei provvedimenti adottati dall'autorità giudiziaria, dalla Banca d'Italia e dallo stesso Organismo, nonché sulla base di comunicazioni ricevute dagli iscritti;

3. Fermo restando quanto previsto dall'art. 23, con riferimento al procedimento di iscrizione, al fine di garantire l'efficienza e la trasparenza nell'attività di gestione degli elenchi, l'Organismo predispone e rende pubbliche le procedure adottate indicando, tra l'altro, i termini dei procedimenti di propria competenza.

4. L'Organismo tiene a disposizione del pubblico gli elenchi aggiornati con modalità idonee ad assicurarne la massima diffusione.

23. *Iscrizione negli elenchi.* — 1. La domanda di iscrizione nell'elenco prende data dal giorno della presentazione ovvero, in caso di incompletezza o irregolarità, da quello del completamento o della regolarizzazione.

2. L'Organismo, accertato il possesso dei requisiti, dispone l'iscrizione nell'elenco, entro il termine di centoventi giorni (3) dal ricevimento della domanda. Qualora entro tale termine non sia adottato un provvedimento di rigetto, la domanda di iscrizione si intende accolta.

3. Nell'elenco degli agenti in attività finanziaria sono indicati:

a) per le persone fisiche:

1) cognome e nome;

2) luogo e data di nascita;

3) codice fiscale;

4) data di iscrizione nell'elenco;

5) domicilio eletto in Italia e relativo indirizzo, nonché il comune di residenza e il relativo indirizzo, se diversi dal domicilio eletto;

6) indirizzo della casella di posta elettronica certificata;

7) eventuali provvedimenti di sospensione cautelare ai sensi dell'art. 128-*duodecies* del d.lg. 1° settembre 1993, n. 385 (4), in essere nei confronti dell'iscritto, nonché ogni altro provvedimento incidente sull'esercizio dell'attività;

b) per le persone giuridiche:

1) denominazione sociale;

2) data di costituzione;

3) sede legale e, se diversa dalla sede legale, la sede della direzione generale;

4) data di iscrizione nell'elenco;

5) indirizzo della casella di posta elettronica certificata;

6) eventuali provvedimenti di sospensione cautelare ai sensi dell'art. 128-*ter-decies* del d.lg. 1° settembre 1993, n. 385 (4), in essere nei confronti della società, nonché ogni altro provvedimento incidente sull'esercizio dell'attività sociale;

7) i nominativi dei dipendenti e dei collaboratori di cui l'agente in attività finanziaria si avvale nello svolgimento della propria attività (5).

4. Nell'elenco dei mediatori creditizi sono indicati:

a) denominazione sociale;

b) data di costituzione;

c) sede legale e, se diversa dalla sede legale, la sede della direzione generale;

d) data di iscrizione nell'elenco;

e) eventuali provvedimenti di sospensione cautelare ai sensi dell'art. 128-*ter-decies* del d.lg. 1° settembre 1993, n. 385 (4), in essere nei confronti della società, nonché ogni altro provvedimento incidente sull'esercizio dell'attività sociale;

(1) In *Leggi coll. XVII, 12.*

(2) Comma aggiunto dall'art. 14.1, lett. b, d.lg. 19 settembre 2012, n. 169.

(3) Le parole «centoventi giorni» sono state così sostituite alle precedenti «novanta giorni» dall'art. 15.1, lett. a, d.lg. 19 settembre 2012, n. 169.

(4) In *Leggi coll. XVII, 1.*

(5) Le parole «l'agente in attività finanziaria si avvale nello svolgimento della propria attività» sono state così sostituite alle precedenti «il mediatore creditizio si avvale svolgimento della propria attività» dall'art. 12.1, d.lg. 14 dicembre 2010, n. 218.

f) i nominativi dei dipendenti e dei collaboratori di cui il mediatore creditizio si avvale nello (1) svolgimento della propria attività ai sensi dell'art. 128-*septies*, comma 2, e dell'art. 128-*novies*;

f-bis) indirizzo della casella di posta elettronica certificata (2).

5. Alla data dell'iscrizione negli elenchi sono comunicati all'Organismo il luogo di conservazione della documentazione e gli estremi identificativi della polizza assicurativa di cui all'art. 128-*quinquies*, comma 1-*bis* (3), e all'art. 128-*septies*, comma 1, lett. *f*), del d.lg. 1° settembre 1993, n. 385 (4).

6. Gli iscritti negli elenchi comunicano entro dieci giorni all'Organismo ogni variazione degli elementi di cui ai commi 3 e 4 (5).

24. *Esame e aggiornamento professionale*. — 1. L'Organismo indice con cadenza almeno annuale, secondo modalità dallo stesso stabilite, un esame volto ad accertare i requisiti di professionalità di coloro che richiedono l'iscrizione negli elenchi degli agenti in attività finanziaria e dei mediatori creditizi.

2. L'esame deve consentire di verificare l'effettivo possesso da parte dei candidati delle competenze necessarie per lo svolgimento dell'attività.

3. L'Organismo stabilisce le date, le sedi e le modalità di partecipazione e svolgimento dell'esame, garantendo adeguata pubblicità ad ogni informazione relativa allo stesso.

4. Gli iscritti negli elenchi degli agenti in attività finanziaria e dei mediatori creditizi (6) sono tenuti a garantire l'aggiornamento professionale proprio e dei propri amministratori, direttori, dipendenti e collaboratori (7), coerentemente con la natura e le caratteristiche dell'attività prestata, mediante la frequenza ai corsi di formazione di cui al comma 5.

5. L'Organismo stabilisce gli standard dei corsi di formazione finalizzati all'aggiornamento professionale. I corsi di formazione, di durata complessiva non inferiore a sessanta ore per biennio, sono tenuti da soggetti con esperienza almeno quinquennale nel settore della formazione in materie economiche, finanziarie, tecniche e giuridiche, rilevanti nell'esercizio dell'attività di agente in attività finanziaria.

6. L'Organismo vigila sul rispetto del dovere di aggiornamento professionale, richiedendo la trasmissione periodica della copia degli attestati rilasciati all'esito dei corsi di formazione.

CAPO IV

Disposizioni in materia di sanzioni

25. *Esercizio abusivo dell'attività*. — 1. .... (*omissis*) (8).

TITOLO V

Disposizioni finali

26. *Disciplina transitoria*. — 01. Le Autorità competenti provvedono all'emanazione delle disposizioni attuative del Titolo VI-*bis* del d.lg. 1° settembre 1993, n. 385 (4), e del titolo IV del presente decreto, [...] (9) al più tardi entro il 31 dicembre 2012 (10) (11).

1. Al fine di poter continuare a svolgere la propria attività, i soggetti iscritti, alla data di entrata in vigore del presente decreto ovvero ai sensi del comma 3, nell'albo dei mediatori creditizi ai sensi dell'art. 16 della l. 7 marzo 1996, n. 108, o ai sensi dell'art. 17 della l. 28 dicembre 2005, n. 262, o nell'elenco degli agenti in attività finanziaria previsto dall'art. 3 del d.lg. 25 settembre 1999, n. 374 (12), chiedono,

(1) La parola «nello» è stata inserita dall'art. 12.2, d.lg. 14 dicembre 2010, n. 218.
(2) Lettera aggiunta dall'art. 12.3, d.lg. 14 dicembre 2010, n. 218.
(3) Le parole «comma 1-*bis*» sono state così sostituite alle precedenti «comma 1, lett. *d*)» dall'art. 15.1, lett. b, d.lg. 19 settembre 2012, n. 169.
(4) In *Leggi coll. XVII, 1*.
(5) Comma così sostituito dall'art. 12.1, d.lg. 14 dicembre 2010, n. 218.
(6) Le parole «e dei mediatori creditizi» sono state inserite dall'art. 16.7, d.lg. 14 dicembre 2010, n. 218.
(7) Le parole «a garantire l'aggiornamento professionale proprio e dei propri amministratori, direttori, dipendenti e collaboratori» sono state così sostituite alle precedenti «all'aggiornamento professionale» dall'art. 16, d.lg. 19 settembre 2012, n. 169.
(8) Inserisce il capo IV-*bis* nel titolo VIII del d.lg. 1° settembre 1993, n. 385, in *Leggi coll. XVII, 1*.
(9) Le parole «nonché alla costituzione dell'Organismo» sono state soppresse dall'art. 17.1, lett. a, d.lg. 19 settembre 2012, n. 169.
(10) Le parole «31 dicembre 2012» sono state così sostituite alle precedenti «31 dicembre 2011» dall'art. 17.1, lett. b, d.lg. 19 settembre 2012, n. 169.
(11) Comma anteposto dall'art. 13.1, d.lg. 14 dicembre 2010, n. 218.
(12) In *Leggi coll. XVII, 13*.

entro il 31 ottobre 2012 l'iscrizione nei nuovi elenchi, previa presentazione, fermo restando quanto previsto dall'art. 28, comma 1-*bis*, della documentazione attestante il possesso dei requisiti richiesti per l'esercizio dell'attività ai sensi degli artt. 128-*quinquies*, 128-*septies* e 128-*quaterdecies* (1) (2).

1-*bis*. Coloro che svolgono o hanno svolto funzioni di amministrazione e direzione in banche e intermediari finanziari che, alla data di entrata in vigore del presente decreto legislativo, risultano iscritti nell'elenco generale di cui all'art. 106 sono esonerati dal superamento dell'esame di cui all'art. 128-*quinquies*, comma 1, lett. *c*), e all'art. 128-*septies*, comma 1, lett. *e*), e dalla prova valutativa di cui all'art. 128-*novies* (1) (3).

2. I soggetti indicati al comma 1 che hanno effettivamente svolto l'attività, per uno o più periodi di tempo complessivamente pari a tre anni nel quinquennio precedente la data di istanza di iscrizione nell'elenco, sono esonerati dal superamento dell'esame di cui all'art. 128-*quinquies*, comma 1, lett. *c*), e all'art. 128-*septies*, comma 1, lett. *e*) e dalla prova valutativa di cui all'art. 128-*novies* (1) (4), a condizione che siano giudicati idonei sulla base di una valutazione, condotta con criteri uniformi e predeterminati, dell'adeguatezza dell'esperienza professionale maturata. Lo svolgimento dell'attività di mediazione creditizia rileva anche ai fini dell'esonero dall'esame previsto dall'art. 128-*quinquies*, comma 1, lett. *c*), e lo svolgimento dell'attività di agenzia in attività finanziaria rileva anche ai fini dell'esonero dall'esame previsto dall'art. 128-*septies*, comma 1, lett. *e*) (1) (5).

2-*bis*. I promotori finanziari che abbiano effettivamente svolto l'attività di agenzia in attività finanziaria per uno o più periodi di tempo complessivamente pari a tre anni nel quinquennio precedente la data di istanza di iscrizione nell'elenco di cui all'art. 128-*quinquies* (1), richiesta ai sensi dell'art. 17, hanno sei mesi dalla costituzione dell'Organismo per presentare l'istanza. Essi sono esonerati dal superamento dell'esame di cui all'art. 128-*quinquies*, comma 1, lett. *c*) (1), a condizione che l'esperienza professionale maturata sia certificata dagli intermediari per cui hanno operato (6).

3. Fino al 30 giugno 2011 o, se precedente, fino alla data di costituzione dell'Organismo, gli agenti in attività finanziaria e i mediatori creditizi, ivi compresi quelli previsti dall'art. 17 della l. 28 dicembre 2005, n. 262, possono continuare ad iscriversi nei rispettivi elenchi e albi, in base alle disposizioni vigenti alla data del 4 settembre 2010 (7).

4. Al termine del periodo previsto dall'art. 28, comma 1-*bis*, ultima frase (8), la Banca d'Italia cessa la tenuta dell'elenco degli agenti in attività finanziaria previsto dall'art. 3 del d.lg. 25 settembre 1999, n. 374 (9), e dell'albo dei mediatori creditizi previsto dall'art. 16 della l. 7 marzo 1996, n. 108.

4-*bis*. Ai fini della prima applicazione dell'art. 128-*quater* (1), l'agente deve recedere dagli eventuali mandati ulteriori rispetto a quelli consentiti ai sensi del comma 4 del medesimo articolo. Il recesso deve avvenire nel rispetto dei termini di preavviso e non dà diritto all'indennità di cui all'art. 1751 del codice civile né al risarcimento degli eventuali danni, salvo diverso accordo tra le parti. Il solo recesso ai fini del rispetto del comma 4 non costituisce ipotesi di giusta causa (10).

4-*ter*. L'Organismo si intende costituito, ai sensi e per gli effetti delle disposizioni del presente decreto, alla data di avvio della gestione degli elenchi. Tale data, comunque non successiva al 30 giugno 2012, è comunicata alla Banca d'Italia e pubblicata nella *Gazzetta Ufficiale* della Repubblica italiana (10).

4-*quater*. L'Organismo avvia la gestione degli elenchi anche in assenza delle disposizioni attuative previste dall'art. 128-*quater*, comma 6, del d.lg. 1° settembre 1993, n. 385 (1), e dall'art. 29 (10).

5. Il termine previsto dall'art. 37, comma 7,

(1) In *Leggi coll. XVII, 1.*
(2) Comma così sostituito dall'art. 17.1, lett. c, d.lg. 19 settembre 2012, n. 169.
(3) Comma inserito dall'art. 17.1, lett. d, d.lg. 19 settembre 2012, n. 169.
(4) Le parole «e dalla prova valutativa di cui all'art. 128-*novies*» sono state inserite dall'art. 17.1, lett. e, n. 1, d.lg. 19 settembre 2012, n. 169.
(5) Ultimo periodo aggiunto dall'art. 17.1, lett. e, n. 2, d.lg. 19 settembre 2012, n. 169.
(6) Comma inserito dall'art. 17.1, lett. f, d.lg. 19 settembre 2012, n. 169.
(7) Comma così sostituito dall'art. 13.3, d.lg. 14 dicembre 2010, n. 218.
(8) Le parole «Al termine del periodo previsto dall'art. 28, comma 1-*bis*, ultima frase» sono state così sostituite alle precedenti «Costituito l'Organismo,» dall'art. 17.1, lett. g, d.lg. 19 settembre 2012, n. 169.
(9) In *Leggi coll. XVII, 13.*
(10) Comma inserito dall'art. 17.1, lett. h, d.lg. 19 settembre 2012, n. 169.

del d.lg. 27 gennaio 2010, n. 11 (1), si intende prorogato fino alla data di entrata in vigore del presente decreto legislativo.

6. Le società di servizio promosse dalle associazioni imprenditoriali che, in modo strumentale rispetto all'attività di rappresentanza, operano nell'ambito dei servizi finanziari ai soci adeguano le loro strutture alle norme contenute nel presente titolo entro il 31 dicembre 2012 (2).

6-*bis*. .... (*omissis*) (3).

6-*ter*. I soggetti esercenti l'attività di cambiavalute hanno tre mesi di tempo dall'emanazione del decreto di cui all'art. 17-*bis* per chiedere l'iscrizione nel registro previsto al comma 1 del medesimo articolo (4).

27. *Modifiche al d.lg. 21 novembre 2007, n. 231* (5). — 1. .... (*omissis*) (6).

1-*bis*. Fino all'iscrizione nell'albo o negli elenchi previsti dai titoli III e IV del presente decreto ai soggetti iscritti negli elenchi di cui all'art. 10, commi 1 e 2, e all'art. 26, comma 1, continuano ad applicarsi le disposizioni del d.lg. 21 novembre 2007, n. 231 (5), vigenti alla data del 4 settembre 2010 (7).

1-*ter*. I commi 5 e 7 dell'art. 49 del d.lg. 21 novembre 2007, n. 231 (5), si interpretano nel senso che costituiscono violazione l'emissione, il trasferimento e la presentazione all'incasso di assegni bancari e postali, di assegni circolari, vaglia postali e cambiari privi dell'indicazione del nome o della ragione sociale del beneficiario e della clausola di non trasferibilità per importi pari o superiori al limite previsto dal comma 1, primo periodo. Il comma 6 dell'art. 49 del d.lg. 21 novembre 2007, n. 231 (5), si interpreta nel senso che il trasferimento e la presentazione all'incasso di assegni bancari e postali emessi all'ordine del traente da parte di soggetto diverso, costituiscono violazione (8).

28. *Abrogazioni e norme finali*. — 1. Fino alla data di entrata in vigore delle disposizioni di attuazione del Titolo VI-*bis* del d.lg. 1° settembre 1993, n. 385 (9), e del Titolo IV del presente decreto, ovvero se posteriore, fino alla costituzione dell'Organismo, continuano ad applicarsi le seguenti disposizioni e le relative norme di attuazione (10):

a) l'art. 3 del d.lg. 25 settembre 1999, n. 374 (11), e il decreto del Ministro dell'economia e delle finanze 13 dicembre 2001, n. 485;

b) l'art. 16 della l. 7 marzo 1996, n. 108, ad eccezione del comma 9, e il d.p.r. del 28 luglio 2000, n. 287;

c) l'art. 5, commi 2 e 3, del d.lg. 26 maggio 1997, n. 153, per la parte in cui si riferiscono agli agenti in attività finanziaria;

d) l'art. 17 della l. 28 dicembre 2005, n. 262.

1-*bis*. Ai soggetti indicati all'art. 26, commi 1 e 3, le disposizioni di cui al comma 1 e le relative norme di attuazione continuano ad applicarsi anche nei sei mesi successivi alla costituzione dell'Organismo, ovvero, nel caso abbiano presentato istanza nei termini indicati dall'art. 26, comma 1, fino alla data di iscrizione nei nuovi elenchi o di rigetto della domanda. Entro trenta giorni dall'entrata in vigore del regolamento di cui all'art. 128-*quater*, comma 6, del d.lg. 1° settembre 1993, n. 385 (9), gli agenti che prestano esclusivamente i servizi di pagamento, già iscritti alla data del 30 giugno 2011 nell'elenco di cui all'art. 3 del d.lg. 25 settembre 1999, n. 374 (11), possono presentare istanza di iscrizione nella sezione speciale di cui al medesimo art. 128-*quater*, comma 6 (9); fino al trentesimo giorno successivo all'entrata in vigore del regolamento, ovvero, nel caso di presentazione dell'istanza, fino alla data di iscrizione nei nuovi elenchi o di rigetto della medesima istanza, a tali soggetti continuano ad applicarsi le disposizioni vigenti alla data del 4 settembre 2010 (12).

1-*ter*. Fermo restando quanto previsto dall'art. 3, comma 3-*bis*, del presente decreto, fino alle date indicate ai commi 1 e 1-*bis* continuano

(1) In *Leggi coll. XVII, 5*.

(2) Le parole «31 dicembre 2012» sono state così sostituite alle precedenti «31 dicembre 2011» dall'art. 13.4, d.lg. 14 dicembre 2010, n. 218.

(3) Comma aggiunto dall'art. 17.1, lett. g, d.lg. 19 settembre 2012, n. 169. Modifica l'art. 4, d.lg. 26 marzo 2010, n. 59.

(4) Comma aggiunto dall'art. 17.1, lett. g, d.lg. 19 settembre 2012, n. 169.

(5) In *Leggi coll. XVII, 12*.

(6) Modifica gli artt. 9, 11, 13, 15, 23, 25, 36, 42, 49, 53, 55, 56, 58, 60 e 63, d.lg. 21 novembre 2007, n. 231, in *Leggi coll. XVII, 12*.

(7) Comma aggiunto dall'art. 14.3, d.lg. 14 dicembre 2010, n. 218.

(8) Comma aggiunto dall'art. 18.2, d.lg. 19 settembre 2012, n. 169.

(9) In *Leggi coll. XVII, 1*.

(10) Alinea così sostituito dall'art. 15.1, d.lg. 14 dicembre 2010, n. 218.

(11) In *Leggi coll. XVII, 13*.

(12) Comma inserito dall'art. 15.2, d.lg. 14 dicembre 2010, n. 218, e successivamente così sostituito dall'art. 19, d.lg. 19 settembre 2012, n. 169.

ad applicarsi, nei casi previsti dalle disposizioni richiamate dal medesimo comma 1, le sanzioni amministrative previste dall'art. 144 del d.lg. 1° settembre 1993, n. 385 (1), vigente alla data del 4 settembre 2010 (2).

2. Dalla medesima data di cui al comma 1, ogni riferimento all'albo dei mediatori previsto dall'art. 16 della l. 7 marzo 1996, n. 108, e all'elenco degli agenti previsto dall'art. 3 del d.lg. 25 settembre 1999, n. 374 (3), si intende effettuato ai corrispondenti elenchi previsti dagli artt. 128-*quater* e 128-*sexies* del d.lg. 1° settembre 1993, n. 385 (1).

3. Il presente decreto non pregiudica l'applicazione della dir. 2005/29/CE, così come attuata dal d.lg. 2 agosto 2007, n. 146 e le relative competenze dell'Autorità garante della concorrenza e del mercato.

4. Il comma 3 dell'art. 114-*septies* del d.lg. 1° settembre 1993, n. 385 (1), è abrogato. Con riferimento agli istituti di pagamento e agli istituti di moneta elettronica autorizzati in Italia l'abrogazione ha effetto a decorrere dalla data di entrata in vigore delle disposizioni di attuazione dell'art. 128-*quater* comma 6 (1).

5. Fermo restando quanto previsto ai commi 1 e 1-*bis* e 1-*ter*, a decorrere dal sessantesimo giorno dalla data di entrata in vigore del presente decreto legislativo si applicano gli artt. 128-*quater*, comma 5, e 128-*novies*, comma 4, del d.lg. 1° settembre 1993, n. 385 (1), come modificato dal presente decreto, nonché l'art. 12, comma 2, l'art. 13 e l'art. 28, commi 3 e 4, del presente decreto. Le banche e Poste Italiane spa possono conferire agli agenti iscritti mandato diretto per le attività indicate all'art. 128-*quater*, comma 3 (4).

29. *Disposizioni attuative*. — 1. Il Ministro dell'economia e delle finanze, sentita la Banca d'Italia, detta disposizioni attuative del presente decreto, che indichino, tra l'altro, il contenuto dei requisiti organizzativi e di forma giuridica di cui agli artt. 128-*quinquies*, comma 1, lett. *e*), e 128-*septies*, comma 1, lett. *c*), del d.lg. 1° settembre 1993, n. 385 (1) (5).

30-30-*octies*. . . . . (*omissis*).

XVII. 3.

DELIBERAZIONE CICR 4 marzo 2003. — *Disciplina della trasparenza delle condizioni contrattuali delle operazioni e dei servizi bancari e finanziari* (6).

Sezione I. — *Disposizioni di carattere generale*

1. *Definizioni e ambito di applicazione* (7). — 1. Ai fini della presente delibera si definiscono:

a) «testo unico bancario», il d.lg. 1° settembre 1993, n. 385, e successive modificazioni;

b) «intermediari», le banche e gli intermediari finanziari (8);

c) «tecniche di comunicazione a distanza», le tecniche di contatto con la clientela, diverse dagli annunci pubblicitari, che non comportano la presenza fisica e simultanea del cliente e dell'intermediario o di un suo incaricato;

d) «offerta fuori sede», l'offerta svolta in luogo diverso dalla sede legale o dalle dipendenze dell'intermediario.

1-*bis*. Salvo quanto previsto dal comma 1-*ter*, la presente delibera si applica alle operazioni e ai servizi che, alternativamente, sono:

a) disciplinati dal capo I del titolo VI del TUB (1);

b) commercializzati unitamente a quelli di cui alla lett. *a*), nei casi e nei limiti disciplinati dalla Banca d'Italia, ferma restando l'applicazione del d.lg. 24 febbraio 1998, n. 58 (9), e successive modificazioni ai servizi e prodotti individuati dall'art. 23, comma 4, del decreto legislativo medesimo (9), nonché ai prodotti composti la cui finalità esclusiva o preponderante sia di investimento;

c) disciplinati attraverso un rinvio a disposizioni del titolo VI del TUB (1) cui la presente delibera dà attuazione (10).

1-*ter*. La sezione III-*bis* si applica anche alle operazioni e ai servizi disciplinati dai capi II e II-*bis* del titolo VI del TUB (1) (10).

2. *Criteri generali*. — 1. Le informazioni pre-

(1) In *Leggi coll. XVII, 1*.
(2) Comma inserito dall'art. 15.2, d.lg. 14 dicembre 2010, n. 218.
(3) In *Leggi coll. XVII, 13*.
(4) Comma così sostituito dall'art. 15.3, d.lg. 14 dicembre 2010, n. 218.
(5) Le parole «, del d.lg. 1° settembre 1993, n. 385» sono state aggiunte dall'art. 20, d.lg. 19 settembre 2012, n. 169.
(6) G.U., 27 marzo 2003, n. 72.
(7) Rubrica così sostituita dall'art. 14.1, lett. a, d.m. 3 febbraio 2011.
(8) Lettera così sostituita dall'art. 14.1, lett. a, d.m. 3 febbraio 2011.
(9) In *Leggi coll. XVIII, 1*.
(10) Comma inserito dall'art. 14.1, lett. a, d.m. 3 febbraio 2011.

viste dalla presente delibera sono rese alla clientela, con modalità adeguate alla forma di comunicazione utilizzata, in modo chiaro ed esauriente, avuto anche riguardo alle caratteristiche dei rapporti e dei destinatari.

Sezione II. — *Pubblicità e contratti*

3. *Operazioni e servizi*. — 1. Le disposizioni in materia di pubblicità, previste dagli articoli da 4 a 9, si applicano alle operazioni e ai servizi indicati nell'allegato alla presente delibera. In relazione all'evoluzione dell'operatività degli intermediari e dei mercati, la Banca d'Italia può stabilire che altre operazioni e servizi siano riconducibili alle tipologie indicate nell'allegato medesimo.

1-*bis*. La Banca d'Italia può stabilire che le disposizioni della presente sezione non si applicano, in tutto o in parte, alle offerte indirizzate a clienti non al dettaglio ovvero relative a operazioni e servizi poco diffusi tra il pubblico (1).

4. *Documenti sui diritti e sugli strumenti di tutela del cliente* (2). — 1. In conformità delle disposizioni emanate dalla Banca d'Italia, gli intermediari mettono a disposizione dei clienti documenti informativi sui principali diritti loro riconosciuti e sugli strumenti di tutela (3).

5. *Fogli informativi*. — 1. Gli intermediari mettono a disposizione della clientela «fogli informativi» contenenti anche in documenti separati (4) informazioni sull'intermediario, su tassi, spese, oneri e altre condizioni contrattuali nonché sui principali rischi tipici dell'operazione o del servizio.

2. I fogli informativi sono datati e tempestivamente aggiornati; copia dei fogli è conservata dall'intermediario per cinque anni.

3. La Banca d'Italia può prescrivere che il dettaglio dei fogli informativi sia graduato in relazione alla diffusione e alla complessità delle operazioni e dei servizi.

4. La Banca d'Italia può individuare operazioni e servizi per i quali, in ragione della particolare complessità, l'intermediario è tenuto a consegnare al cliente il foglio informativo prima della conclusione del contratto.

6. *Offerta fuori sede e tecniche di comunicazione a distanza*. — 1. Nel caso di offerta fuori sede, il soggetto che procede all'offerta consegna al cliente l'avviso e i fogli informativi di cui agli artt. 4 e 5 prima della conclusione del contratto.

2. Qualora l'intermediario si avvalga di tecniche di comunicazione a distanza, i documenti (5) e i fogli informativi sono messi a disposizione della clientela anche mediante tali tecniche.

2-*bis*. La Banca d'Italia individua i casi in cui un intermediario deve pubblicare i documenti e i fogli informativi su un sito internet (6).

7. *Annunci pubblicitari*. — 1. Gli annunci pubblicitari, comunque effettuati, con cui l'intermediario rende nota la disponibilità di operazioni e servizi, specificano la propria natura di messaggio pubblicitario e indicano che i fogli informativi sono a disposizione della clientela.

8. *Informazione precontrattuale*. — 1. Prima della conclusione del contratto il cliente ha diritto di ottenerne una copia completa per una ponderata valutazione del contenuto. La consegna della copia non impegna le parti alla conclusione del contratto.

1-*bis*. Nei contratti di finanziamento, quando la determinazione delle condizioni economiche è effettuata sulla base di un'istruttoria, la consegna al cliente di documenti personalizzati può essere subordinata al pagamento delle spese dell'istruttoria, secondo a quanto stabilito dalla Banca d'Italia (7).

9. *Informazione contrattuale*. — 1. Al contratto è unito un documento di sintesi delle principali condizioni contrattuali, redatto secondo i criteri indicati dalla Banca d'Italia.

2. La Banca d'Italia individua le operazioni e i servizi per i quali, in ragione delle caratteristiche tecniche, gli intermediari sono obbligati a rendere noto un «Indicatore sintetico di costo» (ISC) comprensivo degli interessi e degli oneri che concorrono a determinare il costo

(1) Comma inserito dall'art. 14.1, lett. b, d.m. 3 febbraio 2011.
(2) Rubrica così sostituita dall'art. 14.1, lett. c, n. 1, d.m. 3 febbraio 2011.
(3) Le parole «mettono a disposizione dei clienti documenti informativi sui principali diritti loro riconosciuti e sugli strumenti di tutela» sono state così sostituite alle precedenti «espongono nei locali aperti al pubblico e mettono a disposizione della clientela un avviso denominato "principali norme di trasparenza", contenente l'indicazione dei diritti e degli strumenti di tutela previsti ai sensi del titolo VI del testo unico bancario» dall'art. 14.1, lett. c, n. 2, d.m. 3 febbraio 2011.
(4) Le parole «anche in documenti separati» sono state inserite dall'art. 14.1, lett. d, d.m. 3 febbraio 2011.
(5) Le parole «i documenti» sono state così sostituite alle precedenti «l'avviso» dall'art. 14.1, lett. e, n. 1, d.m. 3 febbraio 2011.
(6) Comma inserito dall'art. 14.1, lett. e, d.m. 3 febbraio 2011.
(7) Comma inserito dall'art. 14.1, lett. f, d.m. 3 febbraio 2011.

effettivo dell'operazione per il cliente, secondo la formula stabilita dalla Banca d'Italia medesima.

10. *Forma dei contratti*. — 1. La Banca d'Italia può individuare forme diverse da quella scritta per le operazioni e i servizi effettuati sulla base di contratti redatti per iscritto, nonché per le operazioni e i servizi, oggetto di pubblicità ai sensi della presente delibera, che hanno carattere occasionale ovvero comportano oneri di importo contenuto per il cliente.

10-*bis*. *Recesso dai contratti a tempo indeterminato*. — 1. Il rimborso agli intermediari delle spese sostenute in relazione a servizi aggiuntivi chiesti dal cliente che recede da un contratto ai sensi dell'art. 120-*bis* del TUB (1) è possibile solo in relazione a servizi non necessari per l'esercizio del recesso o, se necessari, solo quando il servizio presuppone l'intervento di un soggetto terzo e le relative spese sono state pubblicizzate e riportate nel contratto (2).

Sezione III. — *Comunicazioni alla clientela*

11. *Comunicazioni delle variazioni contrattuali nei rapporti al portatore*. — 1. Nei rapporti al portatore, le modifiche unilaterali delle condizioni contrattuali ai sensi dell'art. 118 del TUB (1) sono comunicate alla clientela con strumenti di comunicazione impersonale facilmente accessibili presso le dipendenze dell'intermediario e sul sito internet di quest'ultimo, ove esistente (3).

12. *Comunicazioni periodiche*. — 1. Nei contratti di durata, gli intermediari forniscono periodicamente alla clientela comunicazioni analitiche sullo svolgimento del rapporto. In ogni comunicazione sono indicati il tasso di interesse e le altre condizioni in vigore.

2. La Banca d'Italia emana disposizioni relative al contenuto e alle modalità delle comunicazioni.

Sezione III-*bis* (4).

12-*bis*. *Requisiti organizzativi*. — 1. Gli intermediari adottano procedure organizzative e di controllo interno per assicurare correttezza dei propri comportamenti in tutte le fasi della relazione con la clientela e, in particolare:

la comprensibilità dei prodotti offerti da parte della clientela cui sono destinati e la loro conformità alla legge;

la conformità della documentazione predisposta alle disposizioni e ai principi previsti ai sensi del titolo VI del TUB (1);

l'affidabilità delle pratiche di commercializzazione dei prodotti, avendo riguardo anche alla professionalità e alla struttura degli incentivi degli addetti alla rete vendita e all'offerta contestuale di più contratti;

la quantificazione dei corrispettivi, quando è previsto che essi non possano superare le spese sostenute;

il rispetto delle iniziative di autoregolamentazione; la tempestiva restituzione ai clienti delle somme indebitamente percepite dall'intermediario;

l'efficace e tempestivo trattamento dei reclami.

2. La Banca d'Italia emana disposizioni attuative, tenendo anche conto delle caratteristiche dei rapporti e delle esigenze di tutela delle diverse fasce di clientela, e può prevedere che esse non si applichino, in tutto o in parte, agli intermediari che non hanno un'organizzazione stabile nel territorio della Repubblica.

Sezione IV. — *Disposizioni finali*

13. *Disposizioni di attuazione*. — 1. La Banca d'Italia emana disposizioni di attuazione della presente delibera (5). [...] (6).

2. Le disposizioni della presente delibera e quelle di attuazione si applicano agli agenti in attività finanziaria, ai mediatori creditizi e a Poste Italiane s.p.a. per le sole attività di bancoposta di cui al d.p.r. 14 marzo 2001, n. 144, in quanto compatibili e tenendo conto delle specificità dell'attività svolta secondo quanto stabilito dalla Banca d'Italia. Le disposizioni della sezione III-*bis* si applicano altresì agli istituti di moneta elettronica e agli istituti di pagamento (7).

2-*bis*. La Banca d'Italia individua le disposizioni previste ai sensi del titolo VI del TUB (1) che si applicano ai confidi di cui all'art 112 del

(1) In *Leggi coll. XVII, 1*.
(2) Articolo inserito dall'art. 14.1, lett. g, d.m. 3 febbraio 2011.
(3) Articolo così sostituito dall'art. 14.1, lett. h, d.m. 3 febbraio 2011.
(4) Sezione inserita dall'art. 14.1, lett. i, d.m. 3 febbraio 2011.
(5) Provvedimento Banca d'Italia 25 luglio 2003, in suppl. ord. G.U., 19 agosto 2003, n. 191.
(6) Ultimo periodo soppresso dall'art. 14.1, lett. j, n. 1, d.m. 3 febbraio 2011.
(7) Comma così sostituito dall'art. 14.1, lett. j, n. 2, d.m. 3 febbraio 2011.

TUB (1), tenendo conto delle specificità dell'attività svolta e del carattere accessorio delle garanzie prestate dai confidi rispetto a finanziamenti assoggettati alla disciplina prevista ai sensi del medesimo titolo VI (2).

14. *Disposizioni transitorie*. — 1. È abrogato, ai sensi dell'art. 161, comma 5, del testo unico bancario, il decreto del Ministro del tesoro 24 aprile 1992, recante «Norme per la trasparenza delle operazioni e dei servizi bancari e finanziari».

2. La presente delibera e le disposizioni di attuazione, che la Banca d'Italia emanerà entro centoventi giorni dalla pubblicazione della delibera medesima, entreranno in vigore il 1° ottobre 2003.

3. Ai rapporti in essere alla data di cui al comma 2 si applicano i criteri generali e le previsioni in materia di comunicazioni alla clientela contenuti nella presente delibera e nelle disposizioni di attuazione della Banca d'Italia.

4. La presente delibera sarà pubblicata nella *Gazzetta Ufficiale* della Repubblica italiana.

ALLEGATO (3)

OPERAZIONI E SERVIZI

depositi;
mutui;
aperture di credito;
anticipazioni bancarie;
crediti di firma;
sconti di portafoglio;
leasing finanziario;
factoring;
altri finanziamenti;
garanzie ricevute;
conti correnti di corrispondenza;
incassi e pagamenti che non configurano servizi o operazioni di pagamento cui si applica il capo II-*bis* del titolo VI del TUB (1);
emissione e gestione di mezzi di pagamento che non configurano servizi o operazioni di pagamento cui si applica il capo II-*bis* del titolo VI del TUB (1);
custodia e amministrazione di strumenti finanziari.

XVII. 4.

DECRETO MINISTERIALE 3 febbraio 2011. — *Determinazioni in materia di credito ai consumatori* (4).

Sezione I.

1. *Finalità e principi generali.* — 1. La presente sezione dà attuazione (5) al Capo II del Titolo VI del TUB (1). In armonia con le regole e gli obiettivi del diritto comunitario, essa mira a promuovere la trasparenza e l'efficienza del mercato del credito ai consumatori, la diffusione di pratiche responsabili nella concessione del credito e ad assicurare un elevato grado di tutela dei consumatori.

2. Le informazioni e le spiegazioni previste dalla presente sezione sono rese in modo corretto, chiaro, completo e conciso, adeguato allo strumento di comunicazione impiegato, alle caratteristiche del contratto di credito e, quando personalizzate, alle esigenze del consumatore, così da favorire il confronto tra le diverse offerte di credito sul mercato e consentire al consumatore decisioni informate e consapevoli in merito alla conclusione di un contratto di credito.

3. Quando le informazioni e le spiegazioni sono contenute in documenti, questi sono redatti nel rispetto delle disposizioni relative alla struttura e al contenuto previste dalla dir. 2000/48/CEE, secondo modalità che assicurano leggibilità grafica, semplicità sintattica, chiarezza lessicale, logicità di struttura, e sono presentati in modo coerente con lo strumento di comunicazione impiegato.

2. *Ambito di applicazione*. — 1. La presente sezione si applica ai contratti di credito ai consumatori, come definiti dall'art. 121, comma l, lett. *c*), del TUB e con le eccezioni previste dall'art. 122 del TUB (1) (di seguito «contratti di credito»).

2. Con riferimento alle carte di credito, la Banca d'Italia detta disposizioni per coordinare l'applicazione della disciplina sul credito ai consumatori con quella sui servizi di pagamen-

(1) In *Leggi coll. XVII, 1*.
(2) Comma aggiunto dall'art. 14.1, lett. j, n. 3, d.m. 3 febbraio 2011.
(3) Allegato così modificato dall'art. 14.1, lett. k, d.m. 3 febbraio 2011.
(4) G.U., 5 febbraio 2011, n. 29. V. provvedimento Banca d'Italia 9 febbraio 2011, in suppl. ord. n. 40 a G.U., 16 febbraio 2011, n. 38, e provvedimento Banca d'Italia 28 marzo 2013, in G.U., 8 aprile 2013, n. 82.
(5) Così corretto con *Comunicato* in G.U., 6 maggio 2011, n. 104.

to di cui rispettivamente ai Capi II e II-*bis* del Titolo VI del TUB (1) e individuare le caratteristiche delle carte di credito che, svolgendo unicamente funzioni di pagamento, sono assoggettate alla sola disciplina sui servizi di pagamento.

3. La deroga prevista dall'art. 122, comma 4, del TUB (1) si applica alle dilazioni del pagamento e alle altre modalità agevolate di rimborso di un debito preesistente, concordate tra le parti a seguito di un inadempimento del consumatore, quando ricorrono entrambe le seguenti condizioni:

a) l'accordo tra le parti offre al consumatore maggiori probabilità di evitare procedimenti giudiziari relativi all'inadempimento;

b) le condizioni dell'accordo non sono meno favorevoli per il consumatore rispetto a quelle del contratto di credito iniziale.

3. *Calcolo del TAEG*. — 1. Ai sensi dell'art. 121, comma 3, del TUB (1), la Banca d'Italia stabilisce le modalità di calcolo del TAEG in conformità dell'art. 121, comma 2, del TUB (1), dell'art. 19 e dell'allegato I della dir. 2008/48/CE.

4. *Annunci pubblicitari*. — 1. La Banca d'Italia precisa le modalità di divulgazione degli annunci pubblicitari relativi ai contratti di credito in conformità dell'art. 123 del TUB (1) e dell'art. 4 della dir. 2008/48/CE. Agli annunci pubblicitari che non riportano il tasso di interesse o altre cifre concernenti il costo del credito si applica l'art. 7 della delibera del 4 marzo 2003 (2).

5. *Informativa precontrattuale*. — 1. Ai sensi dell'art. 124 del TUB (1), la Banca d'Italia definisce, in conformità degli artt. 5 e 6 della dir. 2008/48/CE, l'elenco delle informazioni che il consumatore ha il diritto di ricevere prima della conclusione del contratto di credito.

2. Prima della conclusione del contratto di credito il finanziatore assicura inoltre che il consumatore possa ottenere agevolmente e gratuitamente chiarimenti che gli consentano di valutare se il contratto proposto sia adatto alle proprie esigenze e alla propria situazione finanziaria. La Banca d'Italia, attraverso disposizioni in materia di organizzazione e controlli interni, disciplina modalità e portata dell'assistenza da fornire in modo da assicurare che i chiarimenti:

a) rispondano alle domande formulate dal consumatore sulla documentazione precontrattuale fornitagli, le caratteristiche del prodotto offerto, e gli effetti che possono derivargli a seguito della conclusione del contratto;

b) possano essere ottenuti dal consumatore oralmente o comunque attraverso tecniche di comunicazione a distanza che consentano un'interazione individuale;

c) siano forniti da personale in possesso di un'adeguata e aggiornata conoscenza dei contratti di credito offerti, dei diritti dei consumatori e della disciplina adottata ai sensi della presente sezione.

3. L'obbligo di fornire al consumatore chiarimenti relativi al contratto di credito ai sensi del comma 2 non si applica alle aperture di credito in conto corrente da rimborsare su richiesta della banca o entro tre mesi dal prelievo, alle dilazioni di pagamento non gratuite e alle altre modalità agevolate di rimborso di un credito preesistente, concordate tra le parti a seguito di un inadempimento del consumatore.

4. La Banca d'Italia definisce misure specifiche e aggiuntive di assistenza al consumatore rispetto a quelle previste ai sensi dei commi precedenti per il caso in cui il contratto di credito sia offerto contestualmente a servizi accessori o ad altri contratti, anche di credito, non collegati ai sensi dell'art. 121, comma 1, lett. *d*), del TUB (1); tali misure assicurano al consumatore informazioni chiare sull'esistenza e sugli effetti della connessione con altri contratti.

5. Per i contratti di credito commercializzati mediante telefonia, la descrizione delle principali caratteristiche del servizio finanziario prevista dall'art. 67-*novies* del Codice del Consumo (3) comprende almeno le informazioni previste dagli artt. 5, par. 2, e 6, par. 4, della dir. 2008/48/CE.

6. Gli obblighi previsti dai commi precedenti si applicano anche nel caso di offerta attraverso intermediari del credito, secondo le modalità stabilite dalla Banca d'Italia, che tengono conto delle specificità organizzative e operative connesse all'impiego di soggetti, diversi dagli agenti in attività finanziaria e dai mediatori creditizi, per i quali l'intermediazione del credito non costituisce lo scopo principale della loro attività commerciale o professionale.

6. *Verifica del merito creditizio del consumatore*. — 1. Al fine di evitare comportamenti non prudenti e assicurare pratiche responsabili nella concessione del credito, i finanziatori assolvono all'obbligo di verificare il merito crediti-

(1) In *Leggi coll. XVII, 1.*
(2) In *Leggi coll. XVII, 3.*
(3) In *Leggi coll. XI, 6.*

zio del consumatore, previsto dall'art. 124-*bis* del TUB (1), applicando le procedure, le metodologie e le tecniche relative alla valutazione e al monitoraggio del merito creditizio dei clienti previste ai fini della sana e prudente gestione dei soggetti vigilati dagli artt. 53, 67, 108, 109 e 114-*quaterdecies* del TUB (1) e dalle relative disposizioni di attuazione.

7. *Banche dati.* — 1. L'accesso su base non discriminatoria alle banche dati contenenti informazioni nominative sul credito («banche dati»), previsto dall'art. 125 del TUB (1), è consentito ai finanziatori degli Stati membri dell'Unione europea abilitati in conformità della legislazione dello Stato membro di appartenenza o in cui comunque operano («finanziatori»), i quali intendono acquisire informazioni su un consumatore che abbia richiesto o ricevuto un finanziamento disciplinato dalla dir. 2008/48/CE o su soggetti col medesimo coobbligati, anche in solido. Le informazioni così acquisite possono essere utilizzate esclusivamente per la valutazione del merito di credito del consumatore.

2. L'accesso alle banche dati da parte di finanziatori degli Stati membri dell'Unione europea diversi dall'Italia è consentito entro limiti e a condizioni contrattuali non Discriminatori rispetto a quelli previsti per i finanziatori aventi sede o comunque insediati in Italia («finanziatori italiani»). In particolare sono praticate condizioni equivalenti con riguardo ai costi e alla qualità del servizio di accesso ai dati, alle modalità per la sua fruizione, alla quantità e tipologia di informazioni fornite.

3. I gestori delle banche dati possono subordinare l'accesso dei finanziatori di cui al comma 2 alla comunicazione, da parte di questi ultimi, delle informazioni in loro possesso sul consumatore per cui è stata interrogata la banca dati, nel rispetto della normativa in materia di protezione dei dati personali. Sono fatte salve le eventuali limitazioni previste dalla legislazione dello Stato di appartenenza del finanziatore.

8. *Contratti.* — 1. Ai sensi dell'art. 125-*bis*, comma 1, del TUB (1), la Banca d'Italia specifica le informazioni e le condizioni da inserire nei contratti di credito in conformità dell'art. 10 della dir. 2008/48/CEE.

9. *Comunicazioni periodiche.* — 1. Ai sensi dell'art. 125-*bis*, comma 4, del TUB (1), nei contratti di credito di durata il finanziatore fornisce al consumatore, con periodicità almeno annuale, una comunicazione completa e chiara per assicurare che il consumatore abbia un quadro periodicamente aggiornato delle condizioni economiche applicate e dell'andamento del rapporto.

10. *Cessione dei crediti.* — 1. Nei casi previsti dall'art. 125-*septies* del TUB (1), il consumatore è informato della cessione del credito con una comunicazione individuale con le modalità previste dalla Banca d'Italia. Sono salvi i casi nei quali è consentita una comunicazione collettiva ai sensi di legge.

11. *Comunicazione dello sconfinamento.* — 1. Ai sensi dell'art. 125-*octies* del TUB (1), la Banca d'Italia stabilisce, per il caso in cui si sia verificato uno sconfinamento:

a) il termine di invio al consumatore della comunicazione sullo sconfinamento, che non può superare il terzo giorno lavorativo successivo alla scadenza del mese di permanenza dello sconfinamento medesimo;

b) le condizioni in presenza delle quali lo sconfinamento è da reputarsi consistente, tenuto conto dell'ammontare delle somme utilizzate o del complesso degli oneri che lo sconfinamento comporta a carico del consumatore.

12. *Intermediari del credito.* — 1. Quando il consumatore deve versare un compenso all'intermediario del credito per i suoi servizi, ai sensi dell'art. 125-*novies* del TUB (1), l'intermediario del credito comunica al finanziatore l'importo di tale compenso secondo le modalità tra loro stabilite, comunque in tempo utile affinché il finanziatore possa tenerne conto nel calcolo del TAEG.

13. *Attuazione e abrogazioni.* — 1. La Banca d'Italia detta disposizioni di attuazione della presente sezione, anche al fine di coordinare la disciplina sul credito ai consumatori con quella adottata ai sensi della delibera del 4 marzo 2003, come modificata dall'art. 14 (2).

2. Il decreto del Ministro del tesoro 8 luglio 1992, recante «Disciplina e criteri di definizione del tasso annuo effettivo globale per la concessione di credito al consumo», come modificato dal decreto del Ministro del tesoro del 6 maggio 2000, è abrogato a decorrere dalla data di entrata in vigore della disciplina adottata dalla Banca d'Italia ai sensi del comma 1.

3. Fino all'entrata in vigore delle disposizioni della Banca d'Italia previste dal comma 1, continuano ad applicarsi le pertinenti disposizioni della Banca d'Italia vigenti al momento dell'entrata in vigore della presente sezione.

(1) In *Leggi coll. XVII, 1.*
(2) In *Leggi coll. XVII, 3.*

4. Ai contratti in corso al momento dell'entrata in vigore delle disposizioni della Banca d'Italia previste dal comma 1, le stesse si applicano in conformità dell'art. 30 della dir. 2008/48/CE e nei limiti ivi previsti. Per i rimanenti aspetti, tali contratti rimangono disciplinati dal decreto del Ministro del tesoro 8 luglio 1992 richiamato al comma 2 e dalle pertinenti disposizioni della Banca d'Italia vigenti al momento dell'entrata in in vigore della presente sezione.

Sezione II.

14. *Modifiche alla delibera del 4 marzo 2003.* — .... (*omissis*) (1).

XVII. 5.

DECRETO LEGISLATIVO 27 gennaio 2010, n. 11. — *Attuazione della direttiva 2007/64/CE, relativa ai servizi di pagamento nel mercato interno, recante modifica delle direttive 97/7/CE, 2002/65/CE, 2005/60/CE, 2006/48/CE, e che abroga la direttiva 97/5/CE* (2).

TITOLO I

Definizioni e ambito di applicazione

1. *Definizioni*. — 1. Nel presente decreto legislativo si intendono per:

a) «consumatore»: la persona fisica di cui all'art. 3, comma 1, lett. *a*), del d.lg. 6 settembre 2005, n. 206, e successive modificazioni (3);

b) «servizi di pagamento»: le attività come definite dall'art. 1, comma 2, lett. *h-septies*.1), del d.lg. 1° settembre 1993, n. 385 (4) (5):

1)-7) .... (6);

b-bis) «servizio di disposizione di ordine di pagamento»: un servizio che dispone l'ordine di pagamento su richiesta dell'utente di servizi di pagamento relativamente a un conto di pagamento detenuto presso un altro prestatore di servizi di pagamento (7);

b-ter) «servizio di informazione sui conti»: un servizio online che fornisce informazioni relativamente a uno o più conti di pagamento detenuti dall'utente di servizi di pagamento presso un altro prestatore di servizi di pagamento o presso più prestatori di servizi di pagamento (7);

c) «operazione di pagamento»: l'attività, posta in essere dal pagatore o dal beneficiario, di versare, trasferire o prelevare fondi, indipendentemente da eventuali obblighi sottostanti tra pagatore e beneficiario;

c-bis) «operazione di pagamento a distanza»: un'operazione di pagamento iniziata tramite internet o tramite un dispositivo che può essere utilizzato per comunicare a distanza (8);

c-ter) «convenzionamento di operazioni di pagamento»: un servizio di pagamento fornito da un prestatore di servizi di pagamento che stipula un contratto con il beneficiario per accettare e trattare le operazioni di pagamento e che dà luogo a un trasferimento di fondi al beneficiario (8);

c-quater) «emissione di strumenti di pagamento»: un servizio di pagamento fornito da un prestatore di servizi di pagamento che stipula un contratto per fornire al pagatore uno strumento di pagamento per disporre e trattare/ le operazioni di pagamento di quest'ultimo (8);

d) «sistema di pagamento» o «sistema di scambio, di compensazione e di regolamento»: un sistema di trasferimento di fondi con meccanismi di funzionamento formali e standardizzati e regole comuni per il trattamento, la compensazione e/o il regolamento di operazioni di pagamento;

e) «pagatore»: il soggetto titolare di un conto di pagamento a valere sul quale viene impartito un ordine di pagamento ovvero, in mancanza di un conto di pagamento, il soggetto che impartisce un ordine di pagamento;

f) «beneficiario»: il soggetto previsto quale destinatario dei fondi oggetto dell'operazione di pagamento;

g) «prestatore di servizi di pagamento»: uno dei seguenti organismi: istituti di moneta

(1) In *Leggi coll. XVII, 3.*

(2) Suppl. ord. n. 29/L a G.U., 13 febbraio 2010, n. 36. V. provv. Banca d'Italia 15 febbraio 2010, in suppl. ord. n. 40 a G.U., 1° marzo 2010, n. 49.

(3) In *Leggi coll. XI, 6.*

(4) In *Leggi coll. XVII, 1.*

(5) Le parole «e attività come definite dall'art. 1, comma 2, lett. *h-septies*.1), del d.lg. 1° settembre 1993, n. 385;» sono state così sostituite alle precedenti «le seguenti attività» dall'art. 2.1, lett. a, d.lg. 15 dicembre 2017, n. 218.

(6) I numeri 1), 2), 3), 3.1., 3.2., 3.3., 4), 4.1., 4.2., 4.3., 5), 6) e 7) sono stati soppressi dall'art. 2.1, lett. b, d.lg. 15 dicembre 2017, n. 218.

(7) Lettera inserita dall'art. 2.1, lett. c, d.lg. 15 dicembre 2017, n. 218.

(8) Lettera inserita dall'art. 2.1, lett. d, d.lg. 15 dicembre 2017, n. 218.

elettronica e istituti di pagamento nonché quando prestano servizi di pagamento, banche, Poste Italiane s.p.a., la Banca centrale europea e le banche centrali nazionali se non agiscono in veste di autorità monetarie, altre autorità pubbliche, le pubbliche amministrazioni statali, regionali e locali se non agiscono in veste di autorità pubbliche;

g-bis) «prestatore di servizi di pagamento di radicamento del conto»: un prestatore di servizi di pagamento che offre e amministra un conto di pagamento per un pagatore (1);

h) «utente (2) di servizi di pagamento» o «utente» (2): il soggetto che utilizza un servizio di pagamento in veste di pagatore o beneficiario o di entrambi;

i) «contratto quadro»: il contratto che disciplina la futura esecuzione di operazioni di pagamento singole e ricorrenti e che può dettare gli obblighi e le condizioni che le parti devono rispettare per l'apertura e la gestione di un conto di pagamento;

l) «conto di pagamento»: un conto intrattenuto presso un prestatore di servizi di pagamento da uno o più utenti (3) di servizi di pagamento per l'esecuzione di operazioni di pagamento;

m) «fondi»: banconote e monete, moneta scritturale e moneta elettronica così come definita dall'art. 1, comma 2, lett. *h-ter*), t.u. delle leggi in materia bancaria e creditizia, di cui al d.lg. 1° settembre 1993, n. 385 (4);

n) «rimessa di denaro»: servizio di pagamento dove, senza l'apertura di conti di pagamento a nome del pagatore o del beneficiario, il prestatore di servizi di pagamento riceve i fondi dal pagatore con l'unico scopo di trasferire un ammontare corrispondente, espresso in moneta avente corso legale, (5) al beneficiario o a un altro prestatore di servizi di pagamento che agisce per conto del beneficiario, e/o dove tali fondi sono ricevuti per conto del beneficiario e messi a sua disposizione;

o) «ordine di pagamento»: qualsiasi istruzione data da un pagatore o da un beneficiario al proprio prestatore di servizi di pagamento con la quale viene chiesta l'esecuzione di un'operazione di pagamento;

o-bis) «bonifico»: l'accredito sul conto di pagamento del beneficiario tramite un'operazione di pagamento o una serie di operazioni di pagamento effettuate a valere sul conto di pagamento del pagatore ed eseguite dal prestatore di servizi di pagamento di radicamento del conto del pagatore, sulla base di un'istruzione impartita da quest'ultimo (6);

p) «data valuta»: la data di riferimento usata da un prestatore di servizi di pagamento per il calcolo degli interessi applicati ai fondi addebitati o accreditati su un conto di pagamento;

q) «autenticazione»: la procedura che consente al prestatore di servizi di pagamento di verificare l'identità di un utente di servizi di pagamento o la validità dell'uso di uno specifico strumento di pagamento, incluse le relative credenziali di sicurezza personalizzate fornite dal prestatore (7);

q-bis) «autenticazione forte del cliente»: un'autenticazione basata sull'uso di due o più elementi, classificati nelle categorie della conoscenza (qualcosa che solo l'utente conosce), del possesso (qualcosa che solo l'utente possiede) e dell'inerenza (qualcosa che caratterizza l'utente), che sono indipendenti, in quanto la violazione di uno non compromette l'affidabilità degli altri, e che è concepita in modo tale da tutelare la riservatezza dei dati di autenticazione (8);

q-ter) «credenziali di sicurezza personalizzate»: funzionalità personalizzate fornite a un utente di servizi di pagamento dal prestatore di servizi di pagamento a fini di autenticazione (8);

q-quater) «dati sensibili relativi ai pagamenti»: dati che possono essere usati per commettere frodi, incluse le credenziali di sicurezza personalizzate. Per l'attività dei prestatori di servizi di disposizione di ordine di pagamento e dei prestatori di servizi di informazione sui conti, il nome del titolare del conto e il numero del conto non costituiscono dati sensibili relativi ai pagamenti (8);

r) «identificativo unico»: la combinazione

(1) Lettera inserita dall'art. 2.1, lett. e, d.lg. 15 dicembre 2017, n. 218.

(2) La parola «utente» è stata così sostituita alla precedente «utilizzatore» dall'art. 2.1, lett. f, d.lg. 15 dicembre 2017, n. 218.

(3) La parola «utenti» è stata così sostituita alla precedente «utilizzatori» dall'art. 2.1, lett. g, d.lg. 15 dicembre 2017, n. 218.

(4) In *Leggi coll. XVII, 1.*

(5) Le parole «, espresso in moneta avente corso legale,» sono state inserite dall'art. 2.1, lett. h, d.lg. 15 dicembre 2017, n. 218.

(6) Lettera inserita dall'art. 2.1, lett. i, d.lg. 15 dicembre 2017, n. 218.

(7) Lettera così sostituita dall'art. 2.1, lett. l, d.lg. 15 dicembre 2017, n. 218.

(8) Lettera inserita dall'art. 2.1, lett. m, d.lg. 15 dicembre 2017, n. 218.

di lettere, numeri o simboli che il prestatore di servizi di pagamento indica all'utente (1) di servizi di pagamento e che l'utente (1) deve fornire al proprio prestatore di servizi di pagamento per identificare con chiarezza l'altro utente (1) del servizio di pagamento e/o il suo conto di pagamento per l'esecuzione di un'operazione di pagamento; ove non vi sia un conto di pagamento, l'identificativo unico identifica solo l'utente (1) del servizio di pagamento;

s) «strumento di pagamento»: qualsiasi dispositivo personalizzato e/o insieme di procedure concordate tra l'utente (2) e il prestatore di servizi di pagamento e di cui l'utente (2) di servizi di pagamento si avvale per impartire un ordine di pagamento;

t) «micro-impresa»: l'impresa che, al momento della conclusione del contratto per la prestazione di servizi di pagamento, è un'impresa che possiede i requisiti previsti dalla racc. n. 2003/361/CE della Commissione, del 6 maggio 2003, vigente alla data di entrata in vigore del presente decreto, ovvero i requisiti individuati con decreto del Ministro dell'economia e delle finanze attuativo delle misure adottate dalla Commissione europea ai sensi dell'art. 104, lett. *a*) della dir. 2015/2366/UE (3);

u) «giornata operativa»: il giorno in cui il prestatore di servizi di pagamento del pagatore o del beneficiario coinvolto nell'esecuzione di un'operazione di pagamento è operativo, in base a quanto è necessario per l'esecuzione dell'operazione stessa;

v) «addebito diretto»: un servizio di pagamento per l'addebito del conto di pagamento di un pagatore in base al quale un'operazione di pagamento è disposta dal beneficiario in conformità al consenso dato dal pagatore al beneficiario, al prestatore di servizi di pagamento del beneficiario o al prestatore di servizi di pagamento del pagatore medesimo;

z) ....(4);

aa) «tasso di cambio di riferimento»: il tasso di cambio che è utilizzato come base per calcolare un cambio valuta e che è reso disponibile dal prestatore di servizi di pagamento o proviene da una fonte accessibile al pubblico (5);

bb) «contenuto digitale»: i beni o i servizi prodotti e forniti in formato digitale il cui uso o consumo è limitato a un dispositivo tecnico e che non comprendono in alcun modo l'uso o il consumo di beni o servizi fisici (6).

cc) «ABE»: indica l'Autorità Bancaria Europea (6).

2. Al Titolo IV-*bis* del presente decreto attuativo del reg. (UE) n. 751/2015 del Parlamento europeo e del Consiglio, del 29 aprile 2015 si applicano le definizioni contenute nel regolamento stesso (7).

2. *Ambito di applicazione*. — 1. Il presente decreto si applica ai servizi di pagamento prestati nel territorio della Repubblica (8).

2. Il presente decreto non si applica nel caso di:

a) operazioni di pagamento effettuate esclusivamente in contante direttamente dal pagatore al beneficiario, senza alcuna intermediazione;

b) operazioni di pagamento dal pagatore al beneficiario effettuate tramite un agente commerciale autorizzato in base a un accordo a negoziare o a concludere la vendita o l'acquisto di beni o servizi a condizione che agisca per conto del solo pagatore o del solo beneficiario oppure qualora l'agente stesso non entri mai in possesso dei fondi dei clienti (9);

c) trasporto materiale, a titolo professionale, di banconote e monete, ivi compresa la raccolta, il trattamento e la consegna;

d) operazioni di pagamento consistenti nella raccolta e nella consegna di contante, a titolo non professionale, nel quadro di un'attività senza scopo di lucro o a fini di beneficenza;

e) servizi in cui il beneficiario fornisce contante al pagatore nel contesto di un'operazione di pagamento, a seguito di una richiesta esplicita dell'utente immediatamente precedente l'esecuzione dell'operazione di pagamento destinata all'acquisto di beni o servizi, nei limiti eventualmente stabiliti con decreto del Ministro dell'economia e delle finanze da

(1) La parola «utente» è stata così sostituita alla precedente «utilizzatore» dall'art. 2.1, lett. n, d.lg. 15 dicembre 2017, n. 218.

(2) La parola «utente» è stata così sostituita alla precedente «utilizzatore» dall'art. 2.1, lett. o, d.lg. 15 dicembre 2017, n. 218.

(3) Le parole «art. 104, lett. *a*) della dir. 2015/2366/UE» sono state così sostituite alle precedenti «art. 84, lett. *b*), della dir. 2007/64/CE» dall'art. 2.1, lett. p, d.lg. 15 dicembre 2017, n. 218.

(4) Lettera soppressa dall'art. 2.1, lett. q, d.lg. 15 dicembre 2017, n. 218.

(5) Lettera così sostituita dall'art. 2.1, lett. r, d.lg. 15 dicembre 2017, n. 218.

(6) Lettera inserita dall'art. 2.1, lett. s, d.lg. 15 dicembre 2017, n. 218.

(7) Comma inserito dall'art. 2.1, lett. t, d.lg. 15 dicembre 2017, n. 218.

(8) Comma così sostituito dall'art. 21.2, lett. a, d.lg. 15 dicembre 2017, n. 218.

(9) Lettera così sostituita dall'art. 2.2, lett. b, d.lg. 15 dicembre 2017, n. 218.

adottarsi, sentita la Banca d'Italia (1);

f) operazioni di cambio di valuta contante contro contante nell'ambito delle quali i fondi non sono detenuti su un conto di pagamento;

g) operazioni di pagamento basate su uno dei seguenti tipi di documenti cartacei, con i quali viene ordinato al prestatore di servizi di pagamento di mettere dei fondi a disposizione del beneficiario: assegni, titoli cambiari, voucher, traveller's cheque, vaglia postali;

h) operazioni di pagamento realizzate all'interno di un sistema di pagamento o di un sistema di regolamento dei titoli tra agenti di regolamento, controparti centrali, stanze di compensazione e/o banche centrali e altri partecipanti al sistema e prestatori di servizi di pagamento, fatta salva l'applicazione dell' (2) art. 30;

i) operazioni di pagamento collegate all'amministrazione degli strumenti finanziari, compresi i dividendi, le entrate o altre distribuzioni, o ai rimborsi o proventi di cessioni, effettuate dalle persone di cui alla lett. *h*), ovvero da imprese di investimento, enti creditizi, organismi di investimento collettivo o società di gestione patrimoniale che prestano servizi di investimento ed ogni altra entità autorizzata ad avere la custodia di strumenti finanziari;

l) servizi forniti dai prestatori di servizi tecnici, che supportano la prestazione dei servizi di pagamento, senza mai entrare in possesso dei fondi da trasferire, compresi l'elaborazione e la registrazione di dati, i servizi fiduciari e di protezione dei dati personali, l'autenticazione dei dati e delle entità, la fornitura di reti informatiche e di comunicazione, la fornitura e la manutenzione di terminali e dispositivi utilizzati per i servizi di pagamento;

m) servizi basati su specifici strumenti di pagamento utilizzabili solo in modo limitato, che soddisfino una delle seguenti condizioni:

1) strumenti che possono essere utilizzati per acquistare beni o servizi solo nei locali dell'emittente o all'interno di una rete limitata di prestatori di servizi vincolati da un accordo commerciale con l'emittente;

2) strumenti che possono essere utilizzati unicamente per l'acquisto di una gamma molto limitata di beni o servizi;

3) strumenti che sono regolamentati da un'autorità pubblica nazionale o regionale per specifici scopi sociali o fiscali, per l'acquisto di beni o servizi specifici da fornitori aventi un accordo commerciale con l'emittente e che hanno validità solamente in un unico Stato membro (3);

n) operazioni di pagamento effettuate da un fornitore di reti o servizi di comunicazione elettronica che, in aggiunta a detti servizi di comunicazione elettronica, consentono a un utente della rete o del servizio di effettuare operazioni di pagamento addebitandole alla relativa fattura o al conto prealimentato dell'utente stesso in essere presso il medesimo fornitore di reti o servizi di comunicazione elettronica, a condizione che il valore di ciascuna operazione di pagamento non superi euro 50 e il valore complessivo delle operazioni stesse non superi euro 300 mensili e che l'operazione di pagamento:

1) sia diretta all'acquisto di contenuti digitali e servizi a tecnologia vocale;

2) sia effettuata da o tramite un dispositivo elettronico nel quadro di un'attività di beneficenza, per effettuare erogazioni liberali destinate agli enti del terzo settore di cui all'art. 4 del d.lg. 3 luglio 2017, n. 117 (4), che esercitano in via esclusiva o prevalente una o più attività caritatevoli tra quelle di cui all'art. 5 del d.lg. 3 luglio 2017, n. 117 (4), individuate con decreto del Ministro del lavoro e delle politiche sociali, di concerto con il Ministro dell'economia e delle finanze, da adottarsi ai sensi dell'art. 17, comma 3, della l. 23 agosto 1988, n. 400, sentita la Cabina di regia di cui all'art. 97 del d.lg. 3 luglio 2017, n. 117 (4);

3) sia effettuata da o tramite un dispositivo elettronico per l'acquisto di biglietti relativi esclusivamente alla prestazione di servizi (5);

o) operazioni di pagamento realizzate tra prestatori di servizi di pagamento, relativi agenti o succursali per proprio conto;

p) operazioni di pagamento tra un'impresa madre e la relativa filiazione, o tra filiazioni della stessa impresa madre, senza alcuna intermediazione da parte di un prestatore di servizi di pagamento diverso da una delle imprese appartenenti al medesimo gruppo;

q) servizi di prelievo di contante forniti da prestatori, tramite sportelli automatici per conto di uno o più emittenti della carta, che non

(1) Lettera così sostituita dall'art. 2.2, lett. c, d.lg. 15 dicembre 2017, n. 218.

(2) Le parole «fatta salva l'applicazione dell'» sono state così sostituite alle precedenti «fatto salvo l'» dall'art. 2.2, lett. d, d.lg. 15 dicembre 2017, n. 218.

(3) Lettera così sostituita dall'art. 2.2, lett. e, d.lg. 15 dicembre 2017, n. 218.

(4) In *Leggi coll. XVI, 3.*

(5) Lettera così sostituita dall'art. 2.2, lett. f, d.lg. 15 dicembre 2017, n. 218.

sono parti del contratto quadro con il cliente che preleva denaro da un conto di pagamento, a condizione che detti prestatori non forniscano altri servizi di pagamento. È fatta salva l'applicazione dell'art. 32-*quater* (1).

3. Il titolo II del presente decreto legislativo, l'art. 115 e il capo II-*bis* del titolo VI del d.lg. 1° settembre 1993, n. 385 (2), si applicano ai servizi di pagamento nella valuta di uno Stato membro prestati nell'Unione europea, a condizione che i prestatori di servizi di pagamento del pagatore e del beneficiario siano insediati nell'Unione europea ovvero l'unico prestatore di servizi di pagamento coinvolto nell'operazione di pagamento sia insediato nell'Unione europea (3).

3-*bis*. Il titolo II del presente decreto legislativo, salvo gli articoli da 18 a 22, e l'art. 115 e il capo II-*bis* del titolo VI, salvo l'art. 126-*quater*, del d.lg. 1° settembre 1993, n. 385 (2), si applicano, secondo le modalità stabilite dalla Banca d'Italia in conformità alla dir. (UE) 2015/2366, ai servizi di pagamento in una valuta che non è quella di uno Stato membro, a condizione che i prestatori di servizi di pagamento del pagatore e del beneficiario siano insediati nell'Unione europea ovvero l'unico prestatore di servizi di pagamento coinvolto nell'operazione di pagamento sia insediato nell'Unione europea, per le parti dell'operazione di pagamento ivi effettuate (4).

3-*ter*. Il titolo II, salvo l'art. 3, commi 2 e 4, gli artt. 13, 14 e 18, l'art. 20, comma 1, e gli artt. 25 e 27, del presente decreto legislativo e l'art. 115 e il capo II-*bis* del titolo VI, salvo l'art. 126-*quater*, del d.lg. 1° settembre 1993, n. 385 (2), si applicano, secondo le modalità stabilite dalla Banca d'Italia in conformità alla dir. (UE) 2015/2366, ai servizi di pagamento in tutte le valute laddove soltanto uno dei prestatori di servizi di pagamento sia insediato nell'Unione europea, per le parti dell'operazione di pagamento ivi effettuate (4).

4. Ai fini dell'applicazione del titolo II:

a) per servizi di pagamento si intende anche l'emissione di moneta elettronica;

b) se l'utente (5) dei servizi di pagamento non è un consumatore, le parti possono convenire che gli artt. 3, comma 1, 5, comma 4, 10, commi 1 e 2, 12, 12-*bis* (6), 13, 14, 17 e 25 non siano in tutto o in parte applicati. Le parti possono altresì concordare un periodo di tempo diverso per effettuare la comunicazione di operazioni non autorizzate o effettuate in modo inesatto di cui all'art. 9;

c) le microimprese sono equiparate ai consumatori; tuttavia, le parti possono convenire che gli artt. 13, 14 e 17, comma 3 non siano in tutto o in parte applicati.

4-*bis*. La Banca d'Italia definisce modalità e termini per l'invio delle informazioni che i prestatori dei servizi di cui al comma 2, lett. *m*), punti 1) e 2), e *n*), sono tenuti a notificare in conformità all'art. 37, della dir. (UE) 2015/2366 (7) (8).

4-*ter*. La Banca d'Italia comunica all'ABE i servizi ad essa notificati ai sensi del comma 4-*bis* (7).

TITOLO II

Diritti ed obblighi delle parti (9)

CAPO I

SPESE E DEROGHE

3. *Spese applicabili*. — 1. Il prestatore di servizi di pagamento non può addebitare all'utente (10) dei servizi di pagamento le spese sostenute l'adempimento dei propri obblighi di informazione o per (11) per l'adozione di misure

(1) Lettera così sostituita dall'art. 2.2, lett. g, d.lg. 15 dicembre 2017, n. 218.

(2) In *Leggi coll. XVII, 1.*

(3) Comma così sostituito dall'art. 2.2, lett. h, d.lg. 15 dicembre 2017, n. 218.

(4) Comma inserito dall'art. 2.2, lett. i, d.lg. 15 dicembre 2017, n. 218.

(5) La parola «utente» è stata così sostituita alla precedente «utilizzatore» dall'art. 2.2, lett. l, d.lg. 15 dicembre 2017, n. 218.

(6) Le parole «comma 4, 10, commi 1 e 2, 12, 12-*bis*,» sono state così sostituite alle precedenti «comma 4, 10, 12» dall'art. 2.2, lett. m, d.lg. 15 dicembre 2017, n. 218.

(7) Comma inserito dall'art. 2.2, lett. n, d.lg. 15 dicembre 2017, n. 218.

(8) Per l'attuazione di questo comma v. provvedimento Banca d'Italia 11 ottobre 2018, in G.U., 29 ottobre 2018, n. 252.

(9) Per l'attuazione di questo Titolo v. provvedimento Banca d'Italia 5 luglio 2011, in G.U., 30 luglio 2011, n. 176. Il provvedimento è stato successivamente abrogato dal provvedimento Banca d'Italia 11 ottobre 2018, in G.U., 29 ottobre 2018, n. 252.

(10) La parola «utente» è stata così sostituita alla precedente «utilizzatore» dall'art. 2.3, lett. a, n. 1, d.lg. 15 dicembre 2017, n. 218.

(11) Le parole «l'adempimento dei propri obblighi di informazione o per» sono state inserite dall'art. 2.3, lett. a, n. 2, d.lg. 15 dicembre 2017, n. 218.

correttive e preventive ai sensi del presente Titolo, salvo quanto previsto negli artt. 16, comma 4, 17, comma 5, e 24, comma 2. Quando applicabili, le spese sono concordate tra l'utente (1) e il prestatore di servizi di pagamento in modo da risultare adeguate e coerenti con i costi effettivamente sostenuti da quest'ultimo.

2. Se il prestatore di servizi di pagamento del pagatore e quello del beneficiario siano entrambi situati nell'Unione europea, ovvero l'unico prestatore di servizi di pagamento coinvolto nell'operazione di pagamento sia situato nell'Unione europea, il pagatore e il beneficiario sostengono ciascuno le spese applicate dal rispettivo prestatore di servizi di pagamento. Resta impregiudicata la possibilità di prevedere forme di esenzione dall'applicazione di spese per l'accredito di somme, ivi inclusi gli emolumenti a favore di pensionati e lavoratori dipendenti (2).

3. .... (3).

4. Il beneficiario non può applicare a carico del pagatore spese relative all'utilizzo di strumenti di pagamento (4).

4-*bis.* L'Autorità garante della concorrenza e del mercato è designata quale autorità competente a verificare l'osservanza del divieto di cui al comma 4, e ad applicare le relative sanzioni, avvalendosi a tal fine degli strumenti, anche sanzionatori, previsti dal d.lg. 6 settembre 2005, n. 206 (5) (6).

4-*ter.* La Banca d'Italia e l'Autorità garante della concorrenza e del mercato collaborano tra loro, anche mediante scambio di informazioni, al fine di agevolare le rispettive funzioni. Dette autorità non possono reciprocamente opporsi il segreto d'ufficio (6).

5. Le disposizioni del presente articolo non producono effetti sul pagamento di eventuali spese concordate tra prestatori di servizi di pagamento o soggetti di cui essi si avvalgono.

4. *Deroga per gli strumenti di pagamento di basso valore e moneta elettronica*. — 1. Nel caso di strumenti di pagamento che conformemente al contratto quadro consentono esclusivamente singole operazioni di pagamento di importo non superiore a 30 euro o che presentano un limite di spesa complessivo di 150 euro o che sono avvalorati per un importo che in nessun momento supera i 150 euro, le parti del contratto quadro possono convenire che:

a) gli artt. 7, comma 1, lett. *b*), 8, comma 1, lett. *c*) e *d*), e 12, commi 1 e 2, non si applicano se lo strumento di pagamento non può essere bloccato o non può esserne impedito l'ulteriore utilizzo;

b) gli artt. 10, 11 e 12, commi 3 e 4, non si applicano se lo strumento di pagamento è utilizzabile in forma anonima o se, a causa delle caratteristiche dello strumento, il prestatore di servizi di pagamento non è in grado di dimostrare che l'operazione di pagamento è stata autorizzata;

c) il prestatore di servizi di pagamento, in deroga all'art. 16, comma 2 (7), non è tenuto ad informare l'utente (8) di servizi di pagamento del rifiuto di un ordine di pagamento quando la mancata esecuzione o disposizione (9) dello stesso risulta evidente dal contesto;

d) il pagatore, in deroga all'art. 17, non può revocare l'ordine di pagamento dopo averlo trasmesso al beneficiario o dopo avergli dato il proprio consenso ad avviare l'esecuzione dell'operazione di pagamento;

e) si applicano altri termini di esecuzione, in deroga agli artt. 20 e 21.

2. Gli importi di cui al comma 1 sono raddoppiati quando i prestatori di servizi di pagamento del pagatore e del beneficiario sono insediati in Italia; per gli strumenti di pagamento prepagati il limite di 150 euro è elevato a 500 euro.

3. Gli artt. 11 e 12 non si applicano alla moneta elettronica quando le modalità di funzionamento del relativo circuito non consentono al prestatore di servizi di pagamento di congelare il conto su cui è caricata la moneta elettronica o di bloccare lo strumento di pagamento e lo strumento prevede limiti di avvaloramento non superiori a euro 500 (10).

(1) La parola «utente» è stata così sostituita alla precedente «utilizzatore» dall'art. 2.3, lett. a, n. 1, d.lg. 15 dicembre 2017, n. 218.
(2) Comma così sostituito dall'art. 2.3, lett. b, d.lg. 15 dicembre 2017, n. 218.
(3) Comma abrogato dall'art. 2.3, lett. c, d.lg. 15 dicembre 2017, n. 218.
(4) Comma così sostituito dall'art. 1.3, lett. d, d.lg. 15 dicembre 2017, n. 218.
(5) In *Leggi coll. XI, 6*.
(6) Comma inserito dall'art. 2.3, lett. e, d.lg. 15 dicembre 2017, n. 218.
(7) Le parole «comma 2» sono state così sostituite alle precedenti «comma 1» dall'art. 2.4, lett. a, d.lg. 15 dicembre 2017, n. 218.
(8) La parola «utente» è stata così sostituita alla precedente «utilizzatore» dall'art. 2.4, lett. a, d.lg. 15 dicembre 2017, n. 218.
(9) Le parole «o disposizione» sono state inserite dall'art. 2.4, lett. a, d.lg. 15 dicembre 2017, n. 218.
(10) Comma così sostituito dall'art. 2.4, lett. b, d.lg. 15 dicembre 2017, n. 218.

4. La Banca d'Italia, in attuazione delle misure adottate dalla Commissione europea, può disporre l'applicazione di limiti di importo diversi da quelli previsti dai commi 1, 2 e 3.

CAPO II

AUTORIZZAZIONI DI OPERAZIONI DI PAGAMENTO

5. *Consenso e revoca del consenso*. — 1. Il consenso del pagatore è un elemento necessario per la corretta esecuzione di un'operazione di pagamento. In assenza del consenso, un'operazione di pagamento non può considerarsi autorizzata (1).

2. Il consenso ad eseguire un'operazione di pagamento o una serie di operazioni di pagamento è prestato nella forma e secondo la procedura concordata nel contratto quadro o nel contratto relativo a singole operazioni di pagamento. Il consenso a eseguire operazioni di pagamento può anche essere prestato tramite il beneficiario o il prestatore di servizi di disposizione di ordine di pagamento (2) (1).

3. Il consenso può essere dato (3) prima o, ove concordato tra il pagatore e il proprio prestatore di servizi di pagamento, dopo l'esecuzione di un'operazione di pagamento (1).

4. Il consenso ad eseguire un'operazione di pagamento o una serie di operazioni di pagamento può essere revocato in qualsiasi momento, nella forma e secondo la procedura concordata nel contratto quadro o nel contratto relativo a singole operazioni di pagamento, purché ciò avvenga prima che l'ordine di pagamento diventi irrevocabile ai sensi dell'art. 17. Le operazioni di pagamento eseguite dopo la revoca non sono considerate autorizzate (4).

5-*bis*. *Conferma della disponibilità di fondi*. — 1. Su richiesta del prestatore di servizi di pagamento emittente strumenti di pagamento basati su carta, il prestatore di servizi di pagamento di radicamento del conto conferma senza indugio se sul conto del pagatore vi è la disponibilità dell'importo richiesto per l'esecuzione dell'operazione di pagamento, purché:

a) al momento della richiesta il conto del pagatore sia accessibile on-line;

b) il pagatore abbia prestato il consenso esplicito al prestatore di servizi di pagamento di radicamento del conto a rispondere a richieste di conferma da parte di uno specifico prestatore di servizi di pagamento in merito alla disponibilità sul conto di pagamento del pagatore dell'importo corrispondente a una determinata operazione di pagamento basata su carta;

c) il consenso di cui alla lett. *b*) sia stato prestato anteriormente alla prima richiesta di conferma.

2. Il prestatore di servizi di pagamento può chiedere la conferma di cui al comma 1, quando siano soddisfatte tutte le seguenti condizioni:

a) il pagatore ha prestato il consenso esplicito al prestatore di servizi di pagamento a richiedere la conferma di cui al comma 1;

b) il pagatore ha disposto l'operazione di pagamento utilizzando uno strumento di pagamento basato su carta emesso dal prestatore di servizi di pagamento;

c) prima di ciascuna richiesta di conferma, il prestatore di servizi di pagamento si autentica presso il prestatore di servizi di pagamento di radicamento del conto e comunica in maniera sicura, conformemente a quanto previsto dall'art. 98, par. 1, lett. *d*), della dir. (UE) 2015/2366 e dalle relative norme tecniche di regolamentazione adottate dalla Commissione europea.

3. La conferma di cui al comma 1 consiste esclusivamente nella risposta positiva o negativa e non può essere memorizzata o utilizzata per scopi diversi dall'esecuzione dell'operazione di pagamento per cui è stata chiesta. La conferma non può consistere nell'estratto del saldo del conto e non può consentire al prestatore di servizi di pagamento di radicamento del conto di bloccare i fondi sul conto di pagamento del pagatore.

4. Il pagatore può chiedere al prestatore di servizi di pagamento di radicamento del conto di comunicargli l'avvenuta identificazione del prestatore di servizi di pagamento che ha chiesto la conferma e la risposta che è stata fornita.

(1) L'art. 5.6, d.lg. 15 dicembre 2017, n. 218, così dispone: «Le misure di sicurezza di cui agli artt. 5-*bis*, commi 1, 2 e 3, 5-*ter*, 5-*quater* e 10-*bis* del d.lg. 27 gennaio 2010, n. 11, si applicano decorsi diciotto mesi dalla data di entrata in vigore delle norme tecniche di regolamentazione di cui all'art. 98 della dir. (UE) n. 2015/2366. A decorrere dalla medesima data, in deroga al comma 2, si applicano le sanzioni previste dall'art. 2, comma 36, lett. *a*), del presente decreto per l'inosservanza degli artt. 5-*bis*, commi 1, 2 e 3, 5-*ter*, 5-*quater* e 10-*bis* del d.lg. 27 gennaio 2010, n. 11».

(2) Ultimo periodo aggiunto dall'art. 2.5, lett. a, d.lg. 15 dicembre 2017, n. 218.

(3) Le parole «Il consenso può essere dato» sono state così sostituite alle precedenti «L'autorizzazione può essere data» dall'art. 2.5, lett. b, d.lg. 15 dicembre 2017, n. 218.

(4) Comma così sostituito dall'art. 2.5, lett. c, d.lg. 15 dicembre 2017, n. 218.

5. Il presente articolo non si applica a operazioni di pagamento disposte tramite strumenti di pagamento basati su carta su cui è caricata moneta elettronica (1).

5-*ter*. *Disposizioni per l'accesso ai conti di pagamento in caso di servizi di disposizione di ordine di pagamento.* — 1. Se il conto di pagamento è accessibile on-line, il pagatore ha il diritto di avvalersi di un prestatore di servizi di disposizione di ordine di pagamento per il servizio di pagamento di cui all'art. 1, comma 2, lett *h-septies*.1), n. 7, del d.lg. 1° settembre 1993, n. 385 (2). La prestazione di tale servizio non è subordinata all'esistenza di un rapporto contrattuale tra il prestatore di servizi di disposizione di ordine di pagamento e il prestatore di servizi di pagamento di radicamento del conto.

2. Il prestatore di servizi di disposizione di ordine di pagamento:

a) non detiene in alcun momento i fondi del pagatore in relazione alla prestazione del servizio di disposizione di ordine di pagamento;

b) provvede affinché le credenziali di sicurezza personalizzate del pagatore non siano accessibili ad altri fuorché al pagatore stesso e all'emittente delle credenziali di sicurezza personalizzate e che esse siano trasmesse attraverso canali sicuri ed efficienti;

c) provvede affinché qualunque altra informazione sul pagatore, ottenuta nella prestazione del servizio di disposizione di ordine di pagamento, sia fornita esclusivamente al beneficiario e solo con il consenso esplicito del pagatore;

d) ogni volta che dispone un ordine di pagamento, si identifica presso il prestatore di servizi di pagamento di radicamento del conto del pagatore, comunicando con quest'ultimo, il pagatore e il beneficiario in maniera sicura, in conformità a quanto previsto dall'art. 98, par. 1, lett. *d*), della dir. (UE) 2015/2366 e dalle relative norme tecniche di regolamentazione adottate dalla Commissione europea;

e) non chiede al pagatore dati diversi da quelli necessari per prestare il servizio di disposizione di ordine di pagamento; non usa né conserva dati né vi accede per fini diversi dalla prestazione del servizio di disposizione di ordine di pagamento e non conserva dati sensibili relativi ai pagamenti del pagatore;

f) non modifica l'importo, il beneficiario o qualsiasi altro dato dell'operazione;

g) quando dispone un ordine di pagamento mette a disposizione del prestatore di servizi di pagamento di radicamento del conto il riferimento dell'operazione di pagamento.

3. Al fine di garantire l'esercizio del diritto del pagatore di avvalersi del servizio di disposizione di ordine di pagamento, il prestatore di servizi di pagamento di radicamento del conto:

a) comunica in maniera sicura con i prestatori di servizi di disposizione di ordine di pagamento, conformemente all'art. 98, par. 1, lett. *d*), della dir. (UE) 2015/2366 e alle relative norme tecniche di regolamentazione adottate dalla Commissione europea;

b) immediatamente dopo aver ricevuto l'ordine di pagamento dal prestatore di servizi di disposizione di ordine di pagamento, fornisce a quest'ultimo o mette a disposizione dello stesso, tutte le informazioni sull'ordine di pagamento e sulla relativa esecuzione disponibili al medesimo prestatore di servizi di pagamento di radicamento del conto;

c) assicura parità di trattamento agli ordini trasmessi mediante un prestatore di servizi di disposizione di ordine di pagamento rispetto a quelli trasmessi direttamente dal pagatore, fatte salve ragioni obiettive riferibili, in particolare, ai tempi, alla priorità o alle spese applicabili (1) (3).

5-*quater*. *Disposizioni per l'accesso alle informazioni sui conti di pagamento e all'utilizzo delle stesse in caso di servizi di informazioni sui conti.* — 1. Se il conto di pagamento è accessibile online, l'utente ha il diritto di avvalersi di un prestatore di servizi di informazione sui conti per il servizio di pagamento di cui all'art. 1, comma 2, lett. *h-septies*.1), n. 8, del d.lg. 1° settembre 1993, n. 385 (2). La prestazione di tale servizio non è subordinata all'esistenza di un rapporto contrattuale tra il prestatore di servizi di informazione sui conti e il prestatore di servizi di pagamento di radicamento del conto.

2. Il prestatore di servizi di informazione sui conti:

a) presta il proprio servizio unicamente

(1) Articolo inserito dall'art. 2.6, d.lg. 15 dicembre 2017, n. 218.

(2) In *Leggi coll. XVII, 1.*

(3) L'art. 5.6, d.lg. 15 dicembre 2017, n. 218, così dispone: «Le misure di sicurezza di cui agli artt. 5-*bis*, commi 1, 2 e 3, 5-*ter*, 5-*quater* e 10-*bis* del d.lg. 27 gennaio 2010, n. 11, si applicano decorsi diciotto mesi dalla data di entrata in vigore delle norme tecniche di regolamentazione di cui all'art. 98 della dir. (UE) n. 2015/2366. A decorrere dalla medesima data, in deroga al comma 2, si applicano le sanzioni previste dall'art. 2, comma 36, lett. *a*), del presente decreto per l'inosservanza degli artt. 5-*bis*, commi 1, 2 e 3, 5-*ter*, 5-*quater* e 10-*bis* del d.lg. 27 gennaio 2010, n. 11».

sulla base del consenso esplicito dell'utente;

b) provvede affinché le credenziali di sicurezza personalizzate dell'utente non siano accessibili ad altri fuorché all'utente stesso e all'emittente delle credenziali di sicurezza personalizzate e che esse siano trasmesse attraverso canali sicuri ed efficienti;

c) per ogni sessione di comunicazione, si identifica presso il prestatore o i prestatori di servizi di pagamento di radicamento del conto, comunicando con questi e con l'utente in maniera sicura, conformemente all'art. 98, par. 1, lett. *d*), della dir. (UE) 2015/2366 e alle relative norme tecniche di regolamentazione adottate dalla Commissione europea;

d) accede soltanto alle informazioni sui conti di pagamento designati e sulle operazioni di pagamento effettuate a valere su tali conti, non richiedendo dati sensibili relativi ai pagamenti;

e) non usa, né conserva dati, né vi accede per fini diversi dalla prestazione del servizio di informazione sui conti, conformemente alle norme sulla protezione dei dati.

3. In relazione ai conti di pagamento, il prestatore di servizi di pagamento di radicamento del conto:

a) comunica in maniera sicura con i prestatori di servizi di informazione sui conti, conformemente all'art. 98, par. 1, lett. *d*), della dir. (UE) 2015/2366 e alle relative norme tecniche di regolamentazione adottate dalla Commissione europea;

b) assicura parità di trattamento alle richieste di dati trasmesse dal prestatore di servizi di informazione sui conti rispetto a quelle trasmesse direttamente dall'utente, fatte salve ragioni obiettive (1) (2).

6. *Limiti all'utilizzo degli strumenti di pagamento* (3). — 1. Qualora per dare il consenso venga utilizzato uno specifico strumento di pagamento, il pagatore e il relativo prestatore di servizi di pagamento possono concordare limiti di spesa per le operazioni eseguite attraverso detto strumento (4).

2. Il contratto quadro può prevedere il diritto del prestatore di servizi di pagamento di bloccare l'utilizzo di uno strumento di pagamento al ricorrere di giustificati motivi connessi con uno o più dei seguenti elementi:

a) la sicurezza dello strumento;

b) il sospetto di un suo utilizzo fraudolento o non autorizzato;

c) nel caso in cui lo strumento preveda la concessione di una linea di credito per il suo utilizzo, un significativo aumento del rischio che il pagatore non sia in grado di ottemperare ai propri obblighi di pagamento.

3. Nei casi di cui al comma 2, il prestatore di servizi di pagamento informa il pagatore, secondo le modalità concordate, del blocco dello strumento, motivando tale decisione. Ove possibile, l'informazione viene resa in anticipo rispetto al blocco dello strumento di pagamento o al più tardi immediatamente dopo, salvo che tale informazione non debba essere fornita in quanto in contrasto con obiettivi di ordine pubblico o di pubblica sicurezza, individuati ai sensi dell'art. 126 del d.lg. 1° settembre 1993, n. 385 (5), o ricorrano altri giustificati motivi ostativi in base alle disposizioni in materia di contrasto del riciclaggio e del finanziamento del terrorismo, di legge o di regolamento (6).

4. Al venir meno delle ragioni che hanno portato al blocco dello strumento di pagamento, il prestatore di servizi di pagamento provvede a riattivare lo strumento o ad emetterne uno nuovo in sostituzione di quello precedentemente bloccato.

6-*bis*. *Limiti all'accesso ai conti di pagamento da parte dei prestatori di servizi di pagamento*. — 1. Il prestatore di servizi di pagamento di radicamento del conto può rifiutare l'accesso a un conto di pagamento a un prestatore di servizi di informazione sui conti o a un prestatore di servizi di disposizione di ordine di pagamento, per giustificate e comprovate ragioni connesse all'accesso fraudolento o non autorizzato al conto di pagamento da parte di tali soggetti, compresi i casi di ordini di pagamento fraudolenti o non autorizzati. In tali casi, il prestatore di servizi di pagamento di radicamento del conto,

(1) Articolo inserito dall'art. 2.6, d.lg. 15 dicembre 2017, n. 218.

(2) L'art. 5.6, d.lg. 15 dicembre 2017, n. 218, così dispone: «Le misure di sicurezza di cui agli artt. 5-*bis*, commi 1, 2 e 3, 5-*ter*, 5-*quater* e 10-*bis* del d.lg. 27 gennaio 2010, n. 11, si applicano decorsi diciotto mesi dalla data di entrata in vigore delle norme tecniche di regolamentazione di cui all'art. 98 della dir. (UE) n. 2015/2366. A decorrere dalla medesima data, in deroga al comma 2, si applicano le sanzioni previste dall'art. 2, comma 36, lett. *a*), del presente decreto per l'inosservanza degli artt. 5-*bis*, commi 1, 2 e 3, 5-*ter*, 5-*quater* e 10-*bis* del d.lg. 27 gennaio 2010, n. 11».

(3) Rubrica così sostituita alla precedente «Limiti dell'utilizzo degli strumenti di pagamento» dall'art. 2.7, lett. a, d.lg. 15 dicembre 2017, n. 218.

(4) Comma così sostituito dall'art. 2.7, lett. b, d.lg. 15 dicembre 2017, n. 218.

(5) In *Leggi coll. XVII, 1*.

(6) Comma così sostituito dall'art. 2.7, lett. c, d.lg. 15 dicembre 2017, n. 218.

secondo le modalità convenute con l'utente, informa quest'ultimo del rifiuto e dei relativi motivi. Ove possibile, tale informazione è resa prima che l'accesso sia rifiutato o, al più tardi, immediatamente dopo, salvo che tale informazione non debba essere fornita in quanto in contrasto con obiettivi di ordine pubblico o di pubblica sicurezza, individuati ai sensi dell'art. 126 del d.lg. 1° settembre 1993, n. 385 (1), o ricorrano altri giustificati motivi ostativi in base alle disposizioni in materia di contrasto del riciclaggio e del finanziamento del terrorismo, di legge o di regolamento. Al venir meno delle ragioni che hanno portato al rifiuto, il prestatore di servizi di pagamento di radicamento del conto consente l'accesso al conto di pagamento.

2. Il prestatore di servizi di pagamento di radicamento del conto comunica immediatamente alla Banca d'Italia il rifiuto di cui al comma precedente, indicandone le motivazioni. La Banca d'Italia effettua le valutazioni di competenza e, ove necessario, adotta le misure ritenute opportune.

3. In ogni caso il prestatore di servizi di pagamento di radicamento del conto deve rifiutare senza indugio l'accesso al conto di pagamento a un prestatore di servizi di informazione sui conti o a un prestatore di servizi di disposizione di ordine di pagamento se riceve dall'utente la revoca del consenso alla prestazione di tali servizi. Il prestatore dei servizi di pagamento di radicamento del conto informa immediatamente della revoca il prestatore di servizi di disposizione di ordine di pagamento e il prestatore di servizi di informazione sui conti (2).

6-*ter*. *Notifica dei dati relativi alle frodi*. — 1. I prestatori di servizi di pagamento trasmettono alla Banca d'Italia dati statistici sulle frodi connesse agli strumenti e ai servizi di pagamento.

2. La Banca d'Italia definisce le modalità e i termini per l'invio dei dati di cui al comma precedente, anche per tener conto di orientamenti dell'ABE.

3. La Banca d'Italia trasmette in forma aggregata i dati ricevuti ai sensi dei commi precedenti all'ABE e alla BCE (2).

7. *Obblighi a carico dell'utente dei servizi di pagamento in relazione agli strumenti di pagamento e alle credenziali di sicurezza personalizzate* (3). — 1. L'utente (4) abilitato all'utilizzo di uno strumento di pagamento ha l'obbligo di:

a) utilizzare lo strumento di pagamento in conformità con i termini, esplicitati nel contratto quadro, che ne regolano l'emissione e l'uso e che devono essere obiettivi, non discriminatori e proporzionati (5);

b) comunicare senza indugio, secondo le modalità previste nel contratto quadro, al prestatore di servizi di pagamento o al soggetto da questo indicato lo smarrimento, il furto, l'appropriazione indebita o l'uso non autorizzato dello strumento non appena ne viene a conoscenza.

2. Ai fini di cui al comma 1, lett. *a*), l'utente, non appena riceve uno strumento di pagamento, adotta tutte le ragionevoli misure idonee a proteggere le credenziali di sicurezza personalizzate (6).

8. *Obblighi a carico del prestatore di servizi di pagamento in relazione agli strumenti di pagamento*. — 1. Il prestatore di servizi di pagamento che emette uno strumento di pagamento ha l'obbligo di:

a) assicurare che le credenziali di sicurezza personalizzate non siano accessibili a soggetti diversi dall'utente abilitato a usare lo strumento di pagamento, fatti salvi gli obblighi posti in capo a quest'ultimo ai sensi dell'art. 7 (7);

b) astenersi dall'inviare strumenti di pagamento non specificamente (8) richiesti, a meno che lo strumento di pagamento già consegnato all'utente (9) debba essere sostituito;

c) assicurare che siano sempre disponibili strumenti adeguati affinché l'utente dei servizi di pagamento possa eseguire la comunicazione di cui all'art. 7, comma 1, lett. *b*), nonché, nel caso di cui all'art. 6, comma 4, di chiedere lo sblocco dello strumento di pagamento o l'emis-

(1) In *Leggi coll. XVII, 1*.
(2) Articolo inserito dall'art. 2.8, d.lg. 15 dicembre 2017, n. 218.
(3) Rubrica così sostituita alla precedente «Obblighi a carico dell'utilizzatore dei servizi di pagamento in relazione agli strumenti di pagamento» dall'art. 2.9, lett. a, d.lg. 15 dicembre 2017, n. 218.
(4) La parola «utente» è stata così sostituita alla precedente «utilizzatore» dall'art. 2.9, lett. b, n. 1, d.lg. 15 dicembre 2017, n. 218.
(5) Le parole «e che devono essere obiettivi, non discriminatori e proporzionati» sono state inserite dall'art. 2.9, lett. b, n. 2, d.lg. 15 dicembre 2017, n. 218.
(6) Comma così sostituito dall'art. 2.9, lett. c, d.lg. 15 dicembre 2017, n. 218.
(7) Lettera così sostituita dall'art. 2.10, lett. a, n. 1, d.lg. 15 dicembre 2017, n. 218.
(8) La parola «specificamente» è stata soppressa dall'art. 2.10, lett. a, n. 2, d.lg. 15 dicembre 2017, n. 218.
(9) La parola «utente» è stata così sostituita alla precedente «utilizzatore» dall'art. 2.10, lett. a, n. 2, d.lg. 15 dicembre 2017, n. 218.

sione di uno nuovo, ove il prestatore di servizi di pagamento non vi abbia già provveduto. Ove richiesto dall'utente, il prestatore di servizi di pagamento gli fornisce i mezzi per dimostrare di aver effettuato la comunicazione di cui all'art. 7, comma 1, lett. *b*), entro i 18 mesi successivi alla comunicazione medesima (1);

c-bis) fornire all'utente la possibilità di procedere alla comunicazione di cui all'art. 7, comma 1, lett. *b*), a titolo gratuito, addebitandogli eventualmente solo i costi di sostituzione dello strumento di pagamento (2);

d) impedire qualsiasi utilizzo dello strumento di pagamento successivo alla comunicazione di cui (3) all'art. 7, comma 1, lett. *b*).

2. I rischi derivanti dalla spedizione di uno strumento di pagamento o delle relative credenziali di sicurezza personalizzate sono a carico del prestatore di servizi di pagamento (4).

9. *Notifica e rettifica di operazioni non autorizzate o non correttamente eseguite* (5). — 1. L'utente, venuto a conoscenza di un'operazione di pagamento non autorizzata o non correttamente eseguita, ivi compresi i casi di cui all'art. 25, ha il diritto di ottenerne la rettifica solo se comunica senza indugio tale circostanza al proprio prestatore di servizi di pagamento secondo i termini e le modalità previste nel contratto quadro o nel contratto relativo a singole operazioni di pagamento (6). La comunicazione deve essere in ogni caso effettuata entro 13 mesi dalla data di addebito, nel caso del pagatore, o di accredito, nel caso del beneficiario.

2. Il termine di 13 mesi non opera se il prestatore di servizi di pagamento ha omesso di fornire o mettere a disposizione le informazioni relative all'operazione di pagamento secondo quanto previsto dalle disposizioni in materia di trasparenza delle condizioni e di requisiti informativi per i servizi di pagamento di cui al titolo VI del t.u. delle leggi in materia bancaria e creditizia, di cui al d.lg. 1° settembre 1993, n. 385 (7).

2-*bis*. Se è coinvolto un prestatore di servizi di disposizione di ordine di pagamento, l'utente ha il diritto di ottenere la rettifica dal prestatore di servizi di pagamento di radicamento del conto a norma del primo comma, fatti salvi gli artt. 11, comma 2-*bis*, e 25-*bis*, comma 1 (8).

3. Un'operazione di pagamento si intende non eseguita correttamente quando l'esecuzione non è conforme all'ordine o alle istruzioni impartite dall'utente al proprio prestatore di servizi di pagamento (9).

10. *Prova di autenticazione ed esecuzione delle operazioni di pagamento*. — 1. Qualora l'utente (10) di servizi di pagamento neghi di aver autorizzato un'operazione di pagamento già eseguita o sostenga che questa non sia stata correttamente eseguita, è onere del prestatore di servizi di pagamento provare che l'operazione di pagamento è stata autenticata, correttamente registrata e contabilizzata e che non ha subito le conseguenze del malfunzionamento delle procedure necessarie per la sua esecuzione o di altri inconvenienti.

1-*bis*. Se l'operazione di pagamento è disposta mediante un prestatore di servizi di disposizione di ordine di pagamento, questi ha l'onere di provare che, nell'ambito delle proprie competenze, l'operazione di pagamento è stata autenticata, correttamente registrata e non ha subito le conseguenze del malfunzionamento delle procedure necessarie per la sua esecuzione o di altri inconvenienti connessi al servizio di disposizione di ordine di pagamento prestato (11).

2. Quando l'utente di servizi di pagamento neghi di aver autorizzato un'operazione di pagamento eseguita, l'utilizzo di uno strumento di pagamento registrato dal prestatore di servizi di pagamento, compreso, se del caso, il prestatore di servizi di disposizione di ordine di pagamento, non è di per sé necessariamente sufficiente a dimostrare che l'operazione sia stata autorizzata dall'utente medesimo, né che questi abbia agito in modo fraudolento o

(1) Lettera così sostituita dall'art. 21.10, lett. a, n. 3, d.lg. 15 dicembre 2017, n. 218.
(2) Lettera inserita dall'art. 2.10, lett. a, n. 4, d.lg. 15 dicembre 2017, n. 218.
(3) Le parole «di cui» sono state così sostituite alle precedenti «dell'utilizzatore di cui» dall'art. 2.10, lett. a, n. 5, d.lg. 15 dicembre 2017, n. 218.
(4) Comma così sostituito dall'art. 2.10, lett. b, d.lg. 15 dicembre 2017, n. 218.
(5) Rubrica così sostituita alla precedente «Comunicazione di operazioni non autorizzate o effettuate in modo inesatto» dall'art. 2.11, lett. a, d.lg. 15 dicembre 2017, n. 218.
(6) Periodo così sostituito dall'art. 2.11, lett. b, d.lg. 15 dicembre 2017, n. 218.
(7) In *Leggi coll. XVII, 1*.
(8) Comma inserito dall'art. 2.11, lett. c, d.lg. 15 dicembre 2017, n. 218.
(9) Comma così sostituito dall'art. 2.11, lett. d, d.lg. 15 dicembre 2017, n. 218.
(10) La parola «utente» è stata così sostituita alla precedente «utilizzatore» dall'art. 2.12, lett. a, d.lg. 15 dicembre 2017, n. 218.
(11) Comma inserito dall'art. 2.12, lett. b, d.lg. 15 dicembre 2017, n. 218.

non abbia adempiuto con dolo o colpa grave a uno o più degli obblighi di cui all'art. 7. È onere del prestatore di servizi di pagamento, compreso, se del caso, il prestatore di servizi di disposizione di ordine di pagamento, fornire la prova della frode, del dolo o della colpa grave dell'utente (1).

10-*bis*. *Autenticazione e misure di sicurezza*. — 1. Conformemente all'art. 98 della dir. (UE) 2015/2366 e alle relative norme tecniche di regolamentazione adottate dalla Commissione europea, i prestatori di servizi di pagamento applicano l'autenticazione forte del cliente quando l'utente:

a) accede al suo conto di pagamento online;

b) dispone un'operazione di pagamento elettronico

c) effettua qualsiasi azione, tramite un canale a distanza, che può comportare un rischio di frode nei pagamenti o altri abusi.

2. Nel caso dell'avvio di un'operazione di pagamento elettronico di cui al par. 1, lett. *b*), per le operazioni di pagamento elettronico a distanza, l'autenticazione forte del cliente applicata dai prestatori di servizi di pagamento comprende elementi che colleghino in maniera dinamica l'operazione a uno specifico importo e a un beneficiario specifico.

3. Conformemente all'art. 98 della dir. (UE) 2015/2366 e alle relative norme tecniche di regolamentazione adottate dalla Commissione europea, i prestatori di servizi di pagamento predispongono misure di sicurezza adeguate per tutelare la riservatezza e l'integrità delle credenziali di sicurezza personalizzate degli utenti di servizi di pagamento.

4. I commi 2 e 3 si applicano anche allorché i pagamenti sono disposti mediante un prestatore di servizi di disposizione di ordine di pagamento. I commi 1 e 3 si applicano anche allorché le informazioni sono richieste mediante un prestatore di servizi di informazione sui conti.

5. I prestatori di servizi di pagamento di radicamento del conto consentono ai prestatori di servizi di disposizione di ordine di pagamento e ai prestatori di servizi di informazione sui conti di utilizzare le procedure di autenticazione fornite dagli stessi prestatori di servizi di pagamento di radicamento del conto all'utente (2) (3).

11. *Responsabilità del prestatore di servizi di pagamento per le operazioni di pagamento non autorizzate*. — 1. Fatto salvo l'art. 9, nel caso in cui sia stata eseguita un'operazione di pagamento non autorizzata, il prestatore di servizi di pagamento rimborsa al pagatore l'importo dell'operazione medesima immediatamente e in ogni caso al più tardi entro la fine della giornata operativa successiva a quella in cui prende atto dell'operazione o riceve una comunicazione in merito. Ove per l'esecuzione dell'operazione sia stato addebitato un conto di pagamento, il prestatore di servizi di pagamento riporta il conto nello stato in cui si sarebbe trovato se l'operazione di pagamento non avesse avuto luogo, assicurando che la data valuta dell'accredito non sia successiva a quella dell'addebito dell'importo (4).

2. In caso di motivato sospetto di frode, il prestatore di servizi di pagamento può sospendere il rimborso di cui al comma 1 dandone immediata comunicazione per iscritto alla Banca d'Italia (5) [...] (6).

2-*bis*. Se l'operazione di pagamento è disposta mediante un prestatore di servizi di disposizione di ordine di pagamento, il prestatore di servizi di pagamento di radicamento del conto rimborsa al pagatore immediatamente e, in ogni caso, entro la fine della giornata operativa successiva, l'importo dell'operazione non autorizzata, riportando il conto di pagamento addebitato nello stato in cui si sarebbe trovato se l'operazione di pagamento non avesse avuto luogo. In caso di operazione di pagamento non autorizzata, se il relativo ordine di pagamento è disposto mediante un prestatore di servizi di disposizione di ordine di pagamento, quest'ultimo è tenuto a rimborsare immediatamente e, in ogni caso, entro la fine della giornata operativa successiva, senza che sia necessaria la costituzione in mora, al prestatore di

(1) Comma così sostituito dall'art. 2.12, lett. c, d.lg. 15 dicembre 2017, n. 218.

(2) Articolo inserito dall'art. 2.13, d.lg. 15 dicembre 2017, n. 218.

(3) L'art. 5.6, d.lg. 15 dicembre 2017, n. 218, così dispone: «Le misure di sicurezza di cui agli artt. 5-*bis*, commi 1, 2 e 3, 5-*ter*, 5-*quater* e 10-*bis* del d.lg. 27 gennaio 2010, n. 11, si applicano decorsi diciotto mesi dalla data di entrata in vigore delle norme tecniche di regolamentazione di cui all'art. 98 della dir. (UE) n. 2015/2366. A decorrere dalla medesima data, in deroga al comma 2, si applicano le sanzioni previste dall'art. 2, comma 36, lett. *a*), del presente decreto per l'inosservanza degli artt. 5-*bis*, commi 1, 2 e 3, 5-*ter*, 5-*quater* e 10-*bis* del d.lg. 27 gennaio 2010, n. 11».

(4) Comma così sostituito dall'art. 2.14, lett. a, d.lg. 15 dicembre 2017, n. 218.

(5) Le parole «per iscritto alla Banca d'Italia» sono state inserite dall'art. 2.14, lett. b, d.lg. 15 dicembre 2017, n. 218.

(6) Le parole «all'utilizzatore» sono state soppresse dall'art. 2.14, lett. b, d.lg. 15 dicembre 2017, n. 218.

servizi di pagamento di radicamento del conto su richiesta di quest'ultimo, gli importi rimborsati al pagatore. Se il prestatore di servizi di disposizione di ordine di pagamento è responsabile dell'operazione di pagamento non autorizzata, risarcisce immediatamente e, in ogni caso, entro la fine della giornata operativa successiva senza che sia necessaria la costituzione in mora il prestatore di servizi di pagamento di radicamento del conto, su richiesta di quest'ultimo, anche per le perdite subite. In entrambi i casi è fatta salva la facoltà del prestatore di servizi di disposizione di ordine di pagamento di dimostrare, in conformità a quanto disposto dall'art. 10, comma 1-*bis*, che, nell'ambito delle sue competenze, l'operazione di pagamento è stata autenticata, correttamente registrata e non ha subito le conseguenze di guasti tecnici o altri inconvenienti relativi al servizio di pagamento da questo prestato, con conseguente diritto in questi casi alla restituzione delle somme da quest'ultimo versate al prestatore di servizi di pagamento di radicamento del conto ai sensi del presente comma (1).

3. Il rimborso di cui ai commi precedenti non preclude la possibilità per il prestatore di servizi di pagamento di dimostrare, anche in un momento successivo, che l'operazione di pagamento era stata autorizzata. In tal caso, il prestatore di servizi di pagamento ha il diritto di chiedere direttamente all'utente e ottenere da quest'ultimo la restituzione dell'importo rimborsato ai sensi dei commi 1 e 2-*bis* (2).

4. Il risarcimento di danni ulteriori subiti può essere previsto in conformità alla disciplina applicabile al contratto stipulato tra l'utente (3) e il prestatore di servizi di pagamento compreso, se del caso, il prestatore di servizi di disposizione di ordine di pagamento (4).

12. *Responsabilità del pagatore per l'utilizzo non autorizzato di strumenti o servizi di pagamento*. — 1. Salvo il caso in cui abbia agito in modo fraudolento, l'utente (5) non sopporta alcuna perdita derivante dall'utilizzo di uno strumento di pagamento smarrito, sottratto o utilizzato indebitamente intervenuto dopo la comunicazione eseguita ai sensi dell'art. 7, comma 1, lett. *b*).

2. Salvo il caso in cui abbia agito in modo fraudolento, l'utente (6) non è responsabile delle perdite derivanti dall'utilizzo dello strumento di pagamento smarrito, sottratto o utilizzato indebitamente quando il prestatore di servizi di pagamento non ha adempiuto all'obbligo di cui all'art. 8, comma 1, lett. *c*).

2-*bis*. Salvo il caso in cui abbia agito in modo fraudolento, il pagatore non sopporta alcuna perdita se il prestatore di servizi di pagamento non esige un'autenticazione forte del cliente. Il beneficiario o il prestatore di servizi di pagamento del beneficiario rimborsano il danno finanziario causato al prestatore di servizi di pagamento del pagatore se non accettano l'autenticazione forte del cliente (7).

2-*ter*. Il pagatore non sopporta alcuna perdita se lo smarrimento, la sottrazione o l'appropriazione indebita dello strumento di pagamento non potevano essere notati dallo stesso prima di un pagamento, salvo il caso in cui abbia agito in modo fraudolento, o se la perdita è stata causata da atti o omissioni di dipendenti, agenti o succursali del prestatore di servizi di pagamento o dell'ente cui sono state esternalizzate le attività (7).

3. Negli altri casi, salvo se abbia agito in modo fraudolento o non abbia adempiuto a uno o più degli obblighi di cui all'art. 7, con dolo o colpa grave, il pagatore può sopportare, per un importo comunque non superiore a euro 50, la perdita relativa a operazioni di pagamento non autorizzate derivanti dall'utilizzo indebito dello strumento di pagamento conseguente al suo furto, smarrimento o appropriazione indebita (8).

4. Qualora abbia agito in modo fraudolento o non abbia adempiuto ad uno o più obblighi di cui all'art. 7, con dolo o colpa grave, l'utente sopporta tutte le perdite derivanti da operazioni di pagamento non autorizzate e non si applica il limite di 50 euro di cui al comma 3 (9).

(1) Comma inserito dall'art. 2.14, lett. c, d.lg. 15 dicembre 2017, n. 218.

(2) Comma così sostituito dall'art. 2.14, lett. d, d.lg. 15 dicembre 2017, n. 218.

(3) La parola «utente» è stata così sostituita alla precedente «utilizzatore» dall'art. 2.14, lett. e, d.lg. 15 dicembre 2017, n. 218.

(4) Le parole «compreso, se del caso, il prestatore di servizi di disposizione di ordine di pagamento» sono state inserite dall'art. 2.14, lett. e, d.lg. 15 dicembre 2017, n. 218.

(5) La parola «utente» è stata così sostituita alla precedente «utilizzatore» dall'art. 2.15, lett. a, d.lg. 15 dicembre 2017, n. 218.

(6) La parola «utente» è stata così sostituita alla precedente «utilizzatore» dall'art. 2.15, lett. b, d.lg. 15 dicembre 2017, n. 218.

(7) Comma inserito dall'art. 2.15, lett. c, d.lg. 15 dicembre 2017, n. 218.

(8) Comma così sostituito dall'art. 2.15, lett. d, d.lg. 15 dicembre 2017, n. 218.

(9) Comma così sostituito dall'art. 2.15, lett. e, d.lg. 15 dicembre 2017, n. 218.

5. .... (1).

12-*bis*. *Operazioni di pagamento il cui importo non sia noto in anticipo*. — 1. Se un'operazione di pagamento basata su carta è disposta dal beneficiario o per suo tramite, senza che sia noto l'importo dell'operazione nel momento in cui il pagatore presta il proprio consenso, il prestatore di servizi di pagamento del pagatore può bloccare i fondi sul conto di pagamento del pagatore solo se quest'ultimo ha acconsentito a che sia bloccato un importo predeterminato.

2. Il prestatore di servizi di pagamento del pagatore sblocca senza indugio i fondi bloccati ai sensi del comma precedente nel momento della ricezione delle informazioni concernenti l'esatto importo dell'operazione di pagamento e, al più tardi, dopo la ricezione dell'ordine di pagamento (2).

13. *Rimborsi per operazioni di pagamento autorizzate* (3) *disposte dal beneficiario o per il suo tramite*. — 1. Nel caso in cui un'operazione di pagamento autorizzata disposta su iniziativa del beneficiario o per il suo tramite sia già stata eseguita, il pagatore ha diritto al rimborso dell'importo trasferito qualora siano soddisfatte entrambe le seguenti condizioni:

a) al momento del rilascio, l'autorizzazione non specificava l'importo dell'operazione di pagamento;

b) l'importo dell'operazione supera quello che il pagatore avrebbe potuto ragionevolmente aspettarsi avuti presenti il suo precedente modello di spesa, le condizioni del suo contratto quadro e le circostanze del caso.

2. Su richiesta del prestatore di servizi di pagamento, il pagatore fornisce documenti e ogni altro elemento utile a sostenere l'esistenza delle condizioni di cui al comma 1. Il rimborso corrisponde all'intero importo dell'operazione di pagamento eseguita e la data valuta dell'accredito non è successiva a quella dell'addebito dell'importo (4). Nel caso di addebiti diretti il pagatore e il prestatore di servizi di pagamento possono convenire nel contratto quadro che il pagatore ha diritto al rimborso anche a prescindere dalla sussistenza delle condizioni di cui al comma 1.

3. Ai fini del comma 1, lett. *b*), il pagatore non può far valere ragioni legate al cambio, se è stato applicato il tasso di cambio di riferimento concordato con il prestatore di servizi di pagamento. Se il tasso di cambio di riferimento riguarda un'operazione di pagamento che rientra in un contratto quadro, in tale contratto devono essere concordati il metodo di calcolo dell'interesse effettivo, la data pertinente e l'indice o la base presi in considerazione per determinare tale tasso di cambio di riferimento.

3-*bis*. Fatto salvo quanto disposto dal comma 4, in aggiunta a quanto disposto dal comma 1, nel caso di addebiti diretti di cui all'art. 1 del reg. (UE) n. 260/2012, il pagatore ha un diritto incondizionato al rimborso nei termini di cui all'art. 14 (5).

4. Il contratto quadro tra il pagatore e il prestatore di servizi di pagamento può escludere il diritto al rimborso se ricorrono entrambe le seguenti condizioni (6):

a) il pagatore ha dato l'autorizzazione direttamente al proprio prestatore di servizi di pagamento;

b) ove possibile, le informazioni sulla futura operazione di pagamento, limitatamente al caso in cui l'autorizzazione del pagatore è stata data prima dell'esecuzione dell'operazione di pagamento, sono state fornite o messe a disposizione del pagatore dal prestatore di servizi di pagamento o dal beneficiario almeno quattro settimane prima della sua esecuzione, secondo quanto concordato nel contratto quadro.

14. *Richieste di rimborso per operazioni di pagamento autorizzate* (7) *disposte dal beneficiario o per il suo tramite*. — 1. Il pagatore può chiedere il rimborso di cui all'art. 13 entro otto settimane dalla data in cui i fondi sono stati addebitati.

2. Il prestatore di servizi di pagamento rimborsa l'intero importo dell'operazione di pagamento, ovvero fornisce una giustificazione per il rifiuto del rimborso medesimo, entro dieci giornate operative dalla ricezione della richiesta. In tale ultimo caso comunica al pagatore il suo diritto di presentare un esposto alla Banca d'Italia ovvero di ricorrere ai sistemi stragiudiziali di cui all'art. 128-*bis* del t.u. delle leggi in materia bancaria e creditizia, di cui al d.lg. 1° settembre 1993, n. 385 (8), ove non accetti la giustificazione fornita.

(1) Comma abrogato dall'art. 2.15, lett. f, d.lg. 15 dicembre 2017, n. 218.
(2) Articolo inserito dall'art. 2.16, d.lg. 15 dicembre 2017, n. 218.
(3) La parola «autorizzate» è stata inserita dall'art. 2.17, lett. a, d.lg. 15 dicembre 2017, n. 218.
(4) Le parole «e la data valuta dell'accredito non è successiva a quella dell'addebito dell'importo» sono state inserite dall'art. 2.17, lett. b, d.lg. 15 dicembre 2017, n. 218.
(5) Comma inserito dall'art. 2.17, lett. c, d.lg. 15 dicembre 2017, n. 218.
(6) Alinea così sostituito dall'art. 2.17, lett. d, d.lg. 15 dicembre 2017, n. 218.
(7) La parola «autorizzate» è stata inserita dall'art. 2.18, lett. a, d.lg. 15 dicembre 2017, n. 218.
(8) In *Leggi coll. XVII, 1*.

3. Il diritto del prestatore di servizi di pagamento di rifiutare il rimborso di cui al comma 2 non si applica nel caso di cui all'art. 13, comma 3-*bis* (1).

CAPO III

ESECUZIONE DI UN'OPERAZIONE DI PAGAMENTO

Sezione I. — *Ordini di pagamento e importi trasferiti*

15. *Ricezione degli ordini di pagamento.* — 1. Il momento della ricezione di un ordine di pagamento è quello in cui l'ordine [...] (2) è ricevuto dal prestatore di servizi di pagamento di cui si avvale il pagatore. Prima di tale momento, il conto di pagamento del pagatore non può essere addebitato (3). Se il momento della ricezione non ricorre in una giornata operativa per il prestatore di servizi di pagamento di cui si avvale il pagatore, l'ordine di pagamento si intende ricevuto la giornata operativa successiva. Il prestatore di servizi di pagamento può stabilire un limite, fissato in prossimità della fine della giornata operativa avuto anche riguardo alle modalità di trasmissione dell'ordine di pagamento, oltre il quale gli ordini di pagamento ricevuti si considerano ricevuti la giornata operativa successiva.

2. Se l'utente (4) e il prestatore di servizi di pagamento di cui egli si avvale concordano che l'esecuzione dell'ordine di pagamento sia avviata in un giorno determinato o alla fine di un determinato periodo o il giorno in cui il pagatore ha messo i fondi a disposizione del prestatore di servizi di pagamento, il momento della ricezione coincide con il giorno convenuto. Ove il giorno convenuto non sia una giornata operativa per il prestatore di servizi di pagamento, l'ordine si intende ricevuto la giornata operativa successiva.

16. *Rifiuto degli ordini di pagamento.* — 1. . . . . (5).

2. Qualora il prestatore di servizi di pagamento rifiuti di eseguire o di disporre un ordine di pagamento, il rifiuto e, ove possibile, le relative motivazioni, nonché la procedura per correggere eventuali errori materiali imputabili all'utente che abbiano causato il rifiuto, sono comunicati all'utente, salvo che tale informazione non debba essere fornita in quanto in contrasto con obiettivi di ordine pubblico o di pubblica sicurezza, individuati ai sensi dell'art. 126 del d.lg. 1° settembre 1993, n. 385 (6), o ricorrano giustificati motivi ostativi in base alle disposizioni in materia di contrasto del riciclaggio e del finanziamento del terrorismo, di legge o di regolamento (7).

3. Il prestatore di servizi di pagamento effettua la comunicazione di cui al comma 2 secondo le modalità concordate con l'utente, con la massima sollecitudine e, al più tardi, entro i termini previsti per l'esecuzione dell'operazione di pagamento di cui all'art. 20 (8).

4. Ove il rifiuto di un ordine di pagamento sia obiettivamente giustificato, il prestatore di servizi di pagamento può addebitare spese ragionevoli per la comunicazione all'utente, ove ciò sia stato concordato tra le parti (9).

4-*bis*. Quando tutte le condizioni previste dal contratto quadro sono soddisfatte, il prestatore di servizi di pagamento di radicamento del conto del pagatore non può rifiutare di eseguire un ordine di pagamento autorizzato, indipendentemente dal fatto che tale ordine sia disposto dal pagatore, anche tramite un prestatore di servizi di disposizione di ordine di pagamento, o dal beneficiario o per il tramite di quest'ultimo, salvo che ciò risulti contrario a disposizioni di diritto dell'Unione europea o nazionale (10).

5. Ai fini di quanto previsto dagli artt. 20 e 25, un ordine di pagamento di cui sia stata rifiutata l'esecuzione per motivi obiettivamente giustificati non è considerato ricevuto.

17. *Irrevocabilità di un ordine di pagamento.* — 1. Fatte salve le disposizioni di cui al presente articolo, una volta ricevuto dal prestatore di servizi di pagamento del pagatore, l'ordi-

(1) Comma così sostituito dall'art. 2.18, lett. b, d.lg. 15 dicembre 2017, n. 218.

(2) Le parole «, trasmesso direttamente dal pagatore o indirettamente dal beneficiario o per il suo tramite,» sono state soppresse dall'art. 2.19, lett. a, d.lg. 15 dicembre 2017, n. 218.

(3) Periodo inserito dall'art. 2.19, lett. b, d.lg. 15 dicembre 2017, n. 218.

(4) La parola «utente» è stata così sostituita alla precedente «utilizzatore» dall'art. 2.19, lett. c, d.lg. 15 dicembre 2017, n. 218.

(5) Comma abrogato dall'art. 2.20, lett. a, d.lg. 15 dicembre 2017, n. 218.

(6) In *Leggi coll. XVII, 1*.

(7) Comma così sostituito dall'art. 2.20, lett. b, d.lg. 15 dicembre 2017, n. 218.

(8) Comma così sostituito dall'art. 2.20, lett. c, d.lg. 15 dicembre 2017, n. 218.

(9) Comma così sostituito dall'art. 2.20, lett. d, d.lg. 15 dicembre 2017, n. 218.

(10) Comma inserito dall'art. 2.20, lett. e, d.lg. 15 dicembre 2017, n. 218.

ne di pagamento non può essere revocato dall'utente (1).

2. Fatto salvo quanto previsto all'art. 5, comma 4, se l'operazione di pagamento è disposta da un prestatore di servizi di disposizione di ordine di pagamento o su iniziativa del beneficiario o per il suo tramite, il pagatore non può revocare l'ordine di pagamento dopo aver prestato il proprio consenso a disporre o ad eseguire l'operazione di pagamento al prestatore di servizi di disposizione di ordine di pagamento o beneficiario (2).

3. Nel caso di addebito diretto e fatti salvi i diritti di rimborso, il pagatore può revocare l'ordine di pagamento non oltre la fine della giornata operativa precedente il giorno concordato per l'addebito dei fondi. Il prestatore di servizi di pagamento del pagatore dà tempestiva comunicazione della revoca al prestatore di servizi di pagamento del beneficiario, ove le modalità e i tempi di effettuazione della revoca lo consentano.

4. Nel caso di cui all'art. 15, comma 2, l'utente (3) può revocare un ordine di pagamento non oltre la fine della giornata operativa precedente il giorno concordato.

5. Decorsi i termini di cui ai commi da 1 a 4, l'ordine di pagamento può essere revocato solo se è stato concordato tra l'utente e i prestatori di servizi di pagamento interessati. Nel caso di un'operazione di pagamento disposta su iniziativa del beneficiario o per il suo tramite, per la revoca dell'ordine di pagamento è necessario anche il consenso del beneficiario. Il prestatore di servizi di pagamento può addebitare le spese della revoca solo qualora ciò sia previsto nel contratto quadro (4).

6. In ogni caso, la revoca di un ordine di pagamento ha effetto solo nel rapporto tra il prestatore di servizi di pagamento e l'utilizzatore del servizio, senza pregiudicare il carattere definitivo delle operazioni di pagamento nei sistemi di pagamento.

7. .... (5).

8. Nell'ambito di un contratto quadro, il consenso ad eseguire un'operazione di pagamento può essere revocato nella forma e secondo la procedura concordata tra l'utente (6) e il prestatore di servizi di pagamento nel contratto medesimo.

18. *Importi trasferiti e importi ricevuti*. — 1. I prestatori di servizi di pagamento ed eventuali loro intermediari (7) che partecipano al trasferimento di fondi necessario all'esecuzione di un'operazione di pagamento trasferiscono la totalità dell'importo dell'operazione e non trattengono spese sull'importo trasferito.

2. In deroga al comma 1, il beneficiario e il prestatore di servizi di pagamento di cui si avvale possono concordare che quest'ultimo trattenga le proprie spese sull'importo trasferito prima di accreditarlo al beneficiario. In tale caso, nelle informazioni rese al beneficiario la totalità dell'importo trasferito e le spese sono indicate separatamente.

3. Qualora dall'importo trasferito siano trattenute spese diverse da quelle di cui al comma precedente (8), il prestatore di servizi di pagamento del pagatore garantisce che il beneficiario riceva la totalità dell'importo dell'operazione di pagamento disposta dal pagatore. Quando l'operazione di pagamento è disposta su iniziativa del beneficiario o per il suo tramite, il prestatore di servizi di pagamento di cui egli si avvale garantisce che la totalità dell'importo dell'operazione sia ricevuto dal beneficiario.

Sezione II. — *Tempi di esecuzione e data valuta*

19. *Ambito di applicazione*. — 1. La presente sezione si applica:

a) alle operazioni di pagamento in euro;

b) alle operazioni di pagamento transfrontaliere che comportano un'unica conversione tra l'euro e la valuta ufficiale di uno Stato membro non appartenente all'area dell'euro, a condizione che esse abbiano luogo in euro e che la conversione valutaria abbia luogo nello Stato membro non appartenente all'area dell'euro.

(1) Comma così sostituito dall'art. 2.21, lett. a, d.lg. 15 dicembre 2017, n. 218.

(2) Comma così sostituito dall'art. 2.21, lett. b, d.lg. 15 dicembre 2017, n. 218.

(3) La parola «utente» è stata così sostituita alla precedente «utilizzatore» dall'art. 2.21, lett. c, d.lg. 15 dicembre 2017, n. 218.

(4) Comma così sostituito dall'art. 2.21, lett. d, d.lg. 15 dicembre 2017, n. 218.

(5) Comma abrogato dall'art. 2.21, lett. e, d.lg.15 dicembre 2017, n. 218.

(6) La parola «utente» è stata così sostituita alla precedente «utilizzatore» dall'art. 2.21, lett. f, d.lg. 15 dicembre 2017, n. 218.

(7) Le parole «ed eventuali loro intermediari» sono state inserite dall'art. 21.22, lett. a, d.lg. 15 dicembre 2017, n. 218.

(8) Le parole «di cui al comma precedente» sono state così sostituite alle precedenti «trattenute dal prestatore di servizi di pagamento del beneficiario ai sensi del comma 2» dall'art. 2.22, lett. b, d.lg. 15 dicembre 2017, n. 218.

2. La presente sezione è applicabile anche ad operazioni di pagamento diverse da quelle di cui al comma 1, a meno che non sia diversamente convenuto dall'utente e dal prestatore di servizi di pagamento. Resta comunque ferma l'applicazione dell'art. 23, che non può essere oggetto di deroga contrattuale. Per le operazioni di pagamento effettuate nel territorio dell'Unione europea, quando le parti di un contratto di pagamento convengono un termine massimo di esecuzione superiore a quello di cui all'art. 20, tale termine non può essere superiore a quattro giornate operative dal momento della ricezione dell'ordine di pagamento (1).

20. *Operazioni di pagamento su un conto di pagamento.* — 1. Il prestatore di servizi di pagamento del pagatore assicura che dal momento della ricezione dell'ordine di pagamento l'importo dell'operazione venga accreditato sul conto del prestatore di servizi di pagamento del beneficiario entro la fine della giornata operativa successiva. Se convenuto tra le parti, per le operazioni di pagamento disposte su supporto cartaceo, tale termine massimo può essere prorogato di una ulteriore giornata operativa (2).

2. Il prestatore di servizi di pagamento del beneficiario applica la data valuta e rende disponibile l'importo dell'operazione di pagamento sul conto del beneficiario in conformità con quanto previsto dall'art. 23.

3. Quando l'ordine di pagamento è disposto su iniziativa del beneficiario o per il suo tramite, il prestatore di servizi di pagamento di cui egli si avvale trasmette l'ordine al prestatore di servizi di pagamento del pagatore entro i limiti di tempo convenuti tra il beneficiario e il proprio prestatore di servizi di pagamento. Nel caso degli addebiti diretti, l'ordine viene trasmesso entro limiti di tempo che consentano il regolamento dell'operazione alla data di scadenza convenuta.

21. *Mancanza di un conto di pagamento dei beneficiari presso il prestatore di servizi di pagamento.* — 1. Se il beneficiario non dispone di un conto di pagamento presso il prestatore di servizi di pagamento che riceve i fondi, quest'ultimo mette i fondi ricevuti a disposizione del beneficiario entro il termine specificato ai sensi dell'art. 23, comma 2 (3).

22. *Depositi versati in un conto di pagamento.* — 1. Quando un consumatore (4) versa contanti (5) su un conto di pagamento nella valuta in cui il conto è denominato, il prestatore di servizi di pagamento applica la data di ricezione dei fondi quale data valuta e rende disponibili i fondi immediatamente dopo la ricezione. Se l'utente (6) non è un consumatore, l'importo è reso disponibile e la valuta datata al più tardi la giornata operativa successiva alla ricezione dei fondi.

23. *Data valuta e disponibilità dei fondi.* — 1. La data valuta dell'accredito sul conto di pagamento del beneficiario non può essere successiva alla giornata operativa in cui l'importo dell'operazione di pagamento viene accreditato sul conto del prestatore di servizi di pagamento del beneficiario.

2. Purché non vi sia conversione valutaria o vi sia conversione valutaria tra euro e la valuta di uno Stato membro ovvero tra le valute di due Stati membri, il prestatore di servizi di pagamento del beneficiario assicura che l'importo dell'operazione di pagamento sia a disposizione del beneficiario non appena tale importo è accreditato sul conto del prestatore medesimo, ovvero nella stessa giornata operativa di ricezione dell'ordine di pagamento per i pagamenti gestiti da un unico prestatore di servizi di pagamento (7).

3. La data valuta dell'addebito sul conto di pagamento del pagatore non può precedere la giornata operativa in cui l'importo dell'operazione di pagamento è addebitato sul medesimo conto di pagamento.

4. .... (8).

Sezione III. — *Responsabilità*

24. *Identificativi unici inesatti.* — 1. Se un ordine di pagamento è eseguito conformemen-

(1) Comma così sostituito dall'art. 2.23, d.lg. 15 dicembre 2017, n. 218.

(2) Comma così sostituito, da ultimo, dall'art. 2.24, d.lg. 15 dicembre 2017, n. 218.

(3) Le parole «23, comma 2» sono state così sostituite alla precedente «20» dall'art. 2.25, d.lg. 15 dicembre 2017, n. 218.

(4) La parola «consumatore» è stata così sostituita alla precedente «utilizzatore» dall'art. 2.26, lett. a, d.lg. 15 dicembre 2017, n. 218.

(5) La parola «contanti» è stata così sostituita alla precedente «contante» dall'art. 2.26, lett. a, d.lg. 15 dicembre 2017, n. 218.

(6) La parola «utente» è stata così sostituita alla precedente «utilizzatore» dall'art. 2.26, lett. b, d.lg. 15 dicembre 2017, n. 218.

(7) Comma così sostituito dall'art. 2.27, lett. a, d.lg. 15 dicembre 2017, n. 218.

(8) Comma abrogato art. 2.27, lett. b, d.lg. 15 dicembre 2017, n. 218.

te all'identificativo unico, esso si ritiene eseguito correttamente per quanto concerne il beneficiario e/o il conto indicato dall'identificativo unico.

2. Se l'identificativo unico fornito dall'utente è inesatto, il prestatore di servizi di pagamento non è responsabile, ai sensi dell'art. 25, della mancata o inesatta esecuzione dell'operazione di pagamento. Il prestatore di servizi di pagamento del pagatore compie tuttavia sforzi ragionevoli per recuperare i fondi oggetto dell'operazione di pagamento. Il prestatore di servizi di pagamento del beneficiario è tenuto a collaborare, anche comunicando al prestatore di servizi di pagamento del pagatore ogni informazione utile. Se non è possibile il recupero dei fondi, il prestatore di servizi di pagamento del pagatore, su richiesta scritta del pagatore, è tenuto a fornirgli ogni informazione disponibile che sia utile ai fini di un'azione di tutela. Ove previsto nel contratto quadro, il prestatore di servizi di pagamento addebita all'utente le spese sostenute per il recupero dei fondi (1).

3. Il prestatore di servizi di pagamento è responsabile solo dell'esecuzione dell'operazione di pagamento in conformità con l'identificativo unico fornito dall'utente (2) anche qualora quest'ultimo abbia fornito al suo prestatore di servizi di pagamento informazioni ulteriori rispetto all'identificativo unico.

25. *Responsabilità dei prestatori di servizi di pagamento per la mancata, inesatta o tardiva esecuzione delle operazioni di pagamento* (3). — 1. Fatti salvi gli artt. 9, 24, commi 2 e 3, e 28, quando l'operazione di pagamento è disposta dal pagatore, il prestatore di servizi di pagamento del pagatore è responsabile nei confronti di quest'ultimo della corretta esecuzione dell'ordine di pagamento ricevuto, a meno che non sia in grado di provare al pagatore ed eventualmente al prestatore di servizi di pagamento del beneficiario che quest'ultimo ha ricevuto l'importo dell'operazione conformemente all'art. 20, comma 1 (4). In tale caso, il prestatore di servizi di pagamento del beneficiario è responsabile nei confronti del beneficiario della corretta esecuzione dell'operazione di pagamento.

2. Quando il prestatore di servizi di pagamento del pagatore è responsabile ai sensi del comma 1, rimborsa senza indugio al pagatore l'importo dell'operazione di pagamento non eseguita o eseguita in modo inesatto e, se l'operazione è stata eseguita a valere su un conto di pagamento, ne ripristina la situazione come se l'operazione di pagamento eseguita in modo inesatto non avesse avuto luogo. La data valuta dell'accredito sul conto di pagamento del pagatore non deve essere successiva a quella di addebito dell'importo (5).

3. .... (6).

4. Qualora il prestatore di servizi di pagamento del beneficiario sia responsabile ai sensi del comma 1, mette senza indugio l'importo dell'operazione di pagamento a disposizione del beneficiario o accredita immediatamente l'importo corrispondente sul conto di pagamento del beneficiario medesimo. La data valuta dell'accredito sul conto di pagamento di quest'ultimo non deve essere successiva a quella che sarebbe stata attribuita al beneficiario in caso di esecuzione corretta dell'operazione di pagamento (7).

5. Fatti salvi gli artt. 9, 24, commi 2 e 3, e 28, quando l'operazione di pagamento è disposta su iniziativa del beneficiario o per il suo tramite, il prestatore di servizi di pagamento del beneficiario è responsabile nei confronti del proprio utente della corretta trasmissione dell'ordine di pagamento al prestatore di servizi di pagamento del pagatore conformemente all'art. 20, comma 3 ed è tenuto a trasmettere l'ordine di pagamento in questione senza indugio. In caso di trasmissione tardiva, la data valuta riconosciuta al beneficiario non può essere successiva a quella che gli sarebbe stata attribuita in caso di esecuzione corretta dell'operazione di pagamento (8).

5-*bis*. Il prestatore di servizi di pagamento del beneficiario è responsabile nei confronti del beneficiario per il rispetto delle disposizioni di cui all'art. 23 ed è tenuto a mettergli a disposizione l'importo dell'operazione di pagamento non appena esso sia accreditato sul proprio conto di pagamento, applicando una data valuta che non può essere successiva a quella

(1) Comma così sostituito dall'art. 2.28, lett. a, d.lg. 15 dicembre 2017, n. 218.
(2) La parola «utente» è stata così sostituita alla precedente «utilizzatore» dall'art. 2.28, lett. a, d.lg. 15 dicembre 2017, n. 218.
(3) Rubrica così sostituita alla precedente «Mancata o inesatta esecuzione» dall'art. 2.29, lett. a, d.lg. 15 dicembre 2017, n. 218.
(4) Periodo così sostituito dall'art. 21.29, lett. b, d.lg. 15 dicembre 2017, n. 218.
(5) Ultimo periodo aggiunto dall'art. 2.29, lett. c, d.lg. 15 dicembre 2017, n. 218.
(6) Comma abrogato dall'art. 2.29, lett. d, d.lg. 15 dicembre 2017, n. 218.
(7) Comma così sostituito dall'art. 2.29, lett. e, d.lg. 15 dicembre 2017, n. 218.
(8) Comma così sostituito dall'art. 2.29, lett. f, d.lg. 15 dicembre 2017, n. 218.

che gli sarebbe stata attribuita in caso di esecuzione corretta (1).

6. Nel caso in cui il prestatore di servizi di pagamento del beneficiario non sia responsabile della mancata o inesatta esecuzione di un'operazione di pagamento ai sensi dei commi precedenti, il prestatore di servizi di pagamento del pagatore è responsabile nei confronti del pagatore ed è tenuto a rimborsare al pagatore senza indugio l'importo dell'operazione non eseguita o eseguita in modo inesatto. Ove per l'esecuzione dell'operazione sia stato addebitato un conto di pagamento, il prestatore di servizi di pagamento riporta quest'ultimo allo stato in cui si sarebbe trovato se l'operazione non avesse avuto luogo. La data valuta dell'accredito sul conto di pagamento del pagatore non deve essere successiva a quella di addebito dell'importo (2).

6-*bis*. L'obbligo di cui al comma 6 non si applica se il prestatore di servizi di pagamento del pagatore dimostra che il prestatore di servizi di pagamento del beneficiario ha ricevuto l'importo dell'operazione, anche se con lieve ritardo. In questo caso il prestatore di servizi di pagamento del beneficiario accredita l'importo al proprio utente con data valuta non successiva a quella che gli sarebbe stata attribuita in caso di esecuzione corretta (3).

7. Indipendentemente dalla responsabilità di cui ai commi da 1 a 6, quando un'operazione di pagamento non è eseguita o è eseguita in modo inesatto, i prestatori di servizi di pagamento si adoperano senza indugio e senza spese, su richiesta dei rispettivi utenti, a rintracciare l'operazione di pagamento, e li informano del risultato (4).

8. I prestatori di servizi di pagamento sono inoltre responsabili nei confronti dei rispettivi utenti di tutte le spese ed interessi loro imputati a seguito della mancata, inesatta o tardiva esecuzione dell'operazione di pagamento (5).

25-*bis*. *Responsabilità in caso di prestazione dei servizi di disposizione di ordine di pagamento per la mancata, inesatta o tardiva esecuzione dell'operazione di pagamento*. — 1. Fatti salvi gli artt. 9, 24, commi 2 e 3, e 28 se l'ordine di pagamento è disposto mediante un prestatore di servizi di disposizione di ordine di pagamento il prestatore di servizi di pagamento di radicamento del conto rimborsa al pagatore l'importo dell'operazione di pagamento non eseguita o non correttamente eseguita e, se del caso, riporta il conto di pagamento addebitato nello stato in cui si sarebbe trovato se l'operazione non correttamente eseguita non avesse avuto luogo.

2. In caso di operazione di pagamento non eseguita o non correttamente eseguita, se il relativo ordine di pagamento è disposto mediante un prestatore di servizi di disposizione di ordine di pagamento, quest'ultimo è tenuto a rimborsare, immediatamente e senza che sia necessaria la costituzione in mora, al prestatore di servizi di pagamento di radicamento del conto, su richiesta di quest'ultimo, gli importi rimborsati al pagatore. Se il prestatore di servizi di disposizione di ordine di pagamento è responsabile per la mancata, inesatta o tardiva esecuzione dell'operazione di pagamento, risarcisce, immediatamente e senza che sia necessaria la costituzione in mora, il prestatore di servizi di pagamento di radicamento del conto, su sua richiesta, anche per le perdite subite. In entrambi i casi è fatta salva la facoltà del prestatore di servizi di disposizione di ordine di pagamento di dimostrare, in conformità a quanto disposto dall'art. 10, comma 1-*bis*, che l'ordine di pagamento è stato ricevuto dal prestatore di servizi di pagamento di radicamento del conto del pagatore conformemente all'art. 15 e che, nell'ambito delle competenze del medesimo prestatore di servizi di disposizione di ordine di pagamento, l'operazione di pagamento è stata autenticata, correttamente registrata e non ha subito le conseguenze di guasti tecnici o altri inconvenienti correlati alla mancata, inesatta o tardiva esecuzione dell'operazione di pagamento, con conseguente diritto in questi casi alla restituzione delle somme da quest'ultimo versate al prestatore di servizi di pagamento di radicamento del conto ai sensi del presente comma (6).

26. *Risarcimento dei danni ulteriori*. — 1. Qualsiasi risarcimento ulteriore rispetto a quelli previsti dalla presente sezione può essere determinato in conformità alla disciplina applicabile al contratto concluso tra l'utente (7) e il prestatore di servizi di pagamento.

(1) Comma inserito dall'art. 2.29, lett. g, d.lg. 15 dicembre 2017, n. 218.
(2) Comma così sostituito dall'art. 2.29, lett. h, d.lg. 15 dicembre 2017, n. 218.
(3) Comma inserito dall'art. 2.29, lett. i, d.lg. 15 dicembre 2017, n. 218.
(4) Comma così sostituito dall'art. 2.29, lett. l, d.lg. 15 dicembre 2017, n. 218.
(5) Comma così sostituito dall'art. 2.29, lett. m, d.lg. 15 dicembre 2017, n. 218.
(6) Articolo inserito dall'art. 2.30, d.lg. 15 dicembre 2017, n. 218.
(7) La parola «utente» è stata così sostituita alla precedente «utilizzatore» dall'art. 2.31, d.lg. 15 dicembre 2017, n. 218.

27. *Diritto di regresso.* — 1. Qualora la responsabilità di un prestatore di servizi di pagamento ai sensi degli artt. 11 e 25 sia attribuibile ad un altro prestatore di servizi di pagamento coinvolto o ad un qualsiasi altro soggetto interposto nell'esecuzione dell'operazione, quest'ultimo risarcisce il primo prestatore di servizi di pagamento in caso di perdite o di importi versati ai sensi degli artt. 11 e 25. È, altresì, prevista una compensazione degli importi qualora i prestatori di servizi di pagamento non si avvalgano dell'autenticazione forte del cliente (1).

2. Ulteriori compensazioni e (2) risarcimenti possono essere determinati conformemente agli accordi tra prestatori di servizi di pagamento e alla disciplina ad essi applicabile.

28. *Circostanze anormali e imprevedibili* (3). — 1. Le responsabilità di cui agli articoli da 5 a 27 non si applicano in caso di caso fortuito o forza maggiore e nei casi in cui il prestatore di servizi di pagamento abbia agito in conformità con i vincoli derivanti da altri obblighi di legge.

CAPO IV

Protezione dei dati

29. *Protezione dei dati.* — 1. I prestatori di servizi di pagamento e i gestori di sistemi di pagamento possono trattare dati personali ove ciò sia necessario a prevenire, individuare e indagare casi di frode nei pagamenti. La fornitura di informazioni a persone fisiche in merito al trattamento dei dati personali e ad altro trattamento ai fini del presente decreto avviene in conformità al d.lg. 30 giugno 2003, n. 196 e successive modificazioni (4) (5).

1-*bis*. I prestatori di servizi di pagamento hanno accesso, trattano e conservano i dati personali necessari alla prestazione dei propri servizi solo previo consenso esplicito dell'utente dei servizi di pagamento (6).

CAPO V

Accesso ai sistemi di pagamento

30. *Accesso ai sistemi di pagamento.* — 1. Nell'esercizio del potere di cui all'art. 146, comma 2, lett. *b*), n. 2), del t.u. delle leggi in materia bancaria e creditizia, di cui al d.lg. 1º settembre 1993, n. 385 (7), come modificato dal presente decreto, la Banca d'Italia verifica che le norme emanate dai gestori di sistemi di pagamento, al fine di disciplinare l'accesso delle persone giuridiche autorizzate a svolgere servizi di pagamento, siano obiettive, non discriminatorie, proporzionate e non limitino l'accesso se non nella misura necessaria a proteggere il sistema da rischi specifici quali il rischio di regolamento, il rischio operativo e il rischio d'impresa, e a tutelarne la stabilità finanziaria e operativa.

2. Ai fini di cui al comma 1, le norme che disciplinano l'accesso ai sistemi di pagamento non possono imporre nessuno dei seguenti requisiti ai prestatori di servizi di pagamento, agli utenti (8) di servizi di pagamento o ad altri sistemi di pagamento:

a) restrizioni all'effettiva partecipazione ad altri sistemi di pagamento;

b) discriminazioni tra prestatori di servizi di pagamento autorizzati o registrati (9) in relazione ai diritti, agli obblighi e alle prerogative dei partecipanti;

c) .... (10)

3. I commi 1 e 2 non si applicano:

a) ai sistemi di pagamento designati ai sensi del d.lg. 12 aprile 2001, n. 210 (11);

b) ai sistemi di pagamento costituiti esclusivamente da prestatori di servizi di pagamento appartenenti ad un gruppo composto da società aventi legami di capitale ove una delle società collegate eserciti un controllo effettivo sulle altre;

c) ai sistemi di pagamento in cui uno stesso prestatore di servizi di pagamento:

(1) Comma così sostituito dall'art. 2.32, lett. a, d.lg. 15 dicembre 2017, n. 218.
(2) Le parole «compensazioni e» sono state inserite dall'art. 2.32, lett. b, d.lg. 15 dicembre 2017, n. 218.
(3) Rubrica così sostituita alla precedente «Esclusione della responsabilità» dall'art. 2.33, d.lg. 15 dicembre 2017, n. 218.
(4) In *Leggi coll. II, 3*.
(5) Comma così sostituito dall'art. 2.34, lett. a, d.lg. 15 dicembre 2017, n. 218.
(6) Comma inserito dall'art. 2.34, lett. b, d.lg. 15 dicembre 2017, n. 218.
(7) In *Leggi coll. XVII, 1*.
(8) La parola «utenti» è stata così sostituita alla precedente «utilizzatori» dall'art. 2.35, lett. a, d.lg. 15 dicembre 2017, n. 218.
(9) Le parole «o registrati» sono state così sostituite alle precedenti «e registrati» dall'art. 2.35, lett. b, d.lg. 15 dicembre 2017, n. 218.
(10) Lettera soppressa dall'art. 2.35, lett. c, d.lg. 15 dicembre 2017, n. 218.
(11) In *Leggi coll. XVII, 9*.

1) agisce o può agire come prestatore di servizi di pagamento sia per il pagatore sia per il beneficiario e ha la responsabilità esclusiva della gestione del sistema; e

2) autorizza altri prestatori di servizi di pagamento a partecipare al sistema e questi ultimi non hanno la possibilità di negoziare commissioni tra loro in relazione al sistema di pagamento benchè possano stabilire le proprie tariffe nei confronti degli utilizzatori dei servizi di pagamento.

3-*bis*. Ai fini del comma 3, lett. *a*), qualora il partecipante a un sistema designato consenta a un prestatore di servizi di pagamento autorizzato o registrato che non è un partecipante al sistema di trasmettere ordini di trasferimento mediante il sistema stesso, tale partecipante fornisce, su richiesta, la stessa opportunità in maniera obiettiva, proporzionata e non discriminatoria, ad altri prestatori di servizi di pagamento autorizzati o registrati, conformemente ai commi 1 e 2. In caso di rifiuto, il partecipante fornisce al prestatore di servizi di pagamento motivazioni circostanziate (1).

CAPO VI

MISURE DI ATTUAZIONE

31. .... (2).

32. *Sanzioni*. — 1. Nei confronti dei prestatori di servizi di pagamento e dei soggetti ai quali sono esternalizzate funzioni aziendali essenziali o importanti, nonché di quelli incaricati della revisione legale dei conti, si applica la sanzione amministrativa pecuniaria da euro 30.000 fino a euro 5 milioni ovvero fino al 10 per cento del fatturato, quando tale importo è superiore a euro 5 milioni e il fatturato è disponibile e determinabile, per le seguenti violazioni:

a) inosservanza dell'art. 3, commi 1 e 2, dell'art. 5-*bis*, commi 1, 2 e 3, dell'art. 5-*ter*, dell'art. 5-*quater*, dell'art. 8, comma 1, dell'art. 9, commi 1 e 2-*bis*, dell'art. 10-*bis*, dell'art. 11, commi 1, 2 e 2-*bis*, dell'art. 12-*bis*, dell'art. 16, commi 2, 3, 4 e 4-*bis*, dell'art. 18, dell'art. 20, dell'art. 21, dell'art. 22, dell'art. 23, dell'art. 25, commi 2, 4, 5, 5-*bis*, 6, 6-*bis*, 7 e dell'art. 25-*bis*, commi 1 e 3 o delle relative norme tecniche di regolamentazione e di attuazione emanate dalla commissione europea ai sensi degli artt. 10 e 15 del reg. (CE) n. 1093/2010;

b) inosservanza degli atti dell'ABE direttamente applicabili ai soggetti vigilati adottati ai sensi di quest'ultimo regolamento (3).

1-*bis*. Nel caso in cui il prestatore di servizi di pagamento mandante rilevi nel comportamento dell'agente in servizi di pagamento le violazioni previste dall'art. 3, commi 1 e 2, dall'art. 8, comma 1, dall'art. 9, commi 1 e 2-*bis*, dall'art. 11, commi 1, 2 e 2-*bis*, dall'art. 16, commi 2, 3, 4 e 4-*bis*, dall'art. 18, dall'art. 21, dall'art. 25, commi 2, 4, 5, 5-*bis*, 6, 6-*bis* e 7 adotta immediatamente misure correttive e trasmette la documentazione relativa alle violazioni riscontrate, anche ai fini dell'applicazione dell'art. 128-*duodecies* del d.lg. 1° settembre 1993, n. 385 (4), all'Organismo di cui all'art. 128-*undecies* (5).

1-*ter*. Le sanzioni previste al comma 1, si applicano quando le infrazioni rivestono carattere rilevante secondo i criteri definiti dalla Banca d'Italia, con provvedimento di carattere generale, tenuto conto dell'incidenza delle condotte sulla complessiva organizzazione aziendale e sui profili di rischio (5).

1-*quater*. Se il vantaggio ottenuto dall'autore della violazione come conseguenza della violazione stessa è superiore ai massimali indicati nel presente articolo, le sanzioni amministrative pecuniarie di cui al presente articolo sono

(1) Comma inserito dall'art. 2.35, lett. d, d.lg. 15 dicembre 2017, n. 218.

(2) Articolo abrogato dall'art. 2.36, d.lg. 15 dicembre 2017, n. 218. In base all'art. 5.2, d.lg. cit., tali disposizioni «si applicano alle violazioni commesse a partire dal 13 gennaio 2018, salvo quanto previsto dal comma 6. Alle violazioni commesse prima di questa data continuano ad applicarsi le norme del titolo VIII del d.lg. 1° settembre 1993, n. 385 nonché l'art. 32 del d.lg. 27 gennaio 2010 n. 11 e gli artt. 3, 4 e 5 del d.lg. 18 agosto 2015, n. 135 vigenti prima della data di entrata in vigore del presente decreto legislativo».

(3) Comma così sostituito dall'art. 2.37, lett. a, d.lg. 15 dicembre 2017, n. 218. In base all'art. 5.2, d.lg. cit., tali disposizioni «si applicano alle violazioni commesse a partire dal 13 gennaio 2018, salvo quanto previsto dal comma 6. Alle violazioni commesse prima di questa data continuano ad applicarsi le norme del titolo VIII del d.lg. 1° settembre 1993, n. 385 nonché l'art. 32 del d.lg. 27 gennaio 2010 n. 11 e gli artt. 3, 4 e 5 del d.lg. 18 agosto 2015, n. 135 vigenti prima della data di entrata in vigore del presente decreto legislativo».

(4) In *Leggi coll. XVII, 1*.

(5) Comma inserito dall'art. 2.37, lett. b, d.lg. 15 dicembre 2017, n. 218. In base all'art. 5.2, d.lg. cit., tali disposizioni «si applicano alle violazioni commesse a partire dal 13 gennaio 2018, salvo quanto previsto dal comma 6. Alle violazioni commesse prima di questa data continuano ad applicarsi le norme del titolo VIII del d.lg. 1° settembre 1993, n. 385 nonché l'art. 32 del d.lg. 27 gennaio 2010 n. 11 e gli artt. 3, 4 e 5 del d.lg. 18 agosto 2015, n. 135 vigenti prima della data di entrata in vigore del presente decreto legislativo».

elevate fino al doppio dell'ammontare del vantaggio ottenuto, purché tale ammontare sia determinabile (1).

2. Per la grave inosservanza degli obblighi previsti dagli artt. 8, 16, 20, 21 e 22 e dalle relative misure di attuazione, nei confronti dei soggetti che svolgono funzioni di amministrazione o di direzione, nonché dei dipendenti dei prestatori di servizi di pagamento si applica la sanzione amministrativa pecuniaria da 10.000 euro a 100.000 euro.

3-5. .... (2).

6. Nel caso di servizi offerti da prestatori di servizi di pagamento insediati in Italia e filiali di prestatori di servizi di pagamento comunitari che operano in regime di libero stabilimento in Italia, le sanzioni di cui al presente articolo sono irrogate dalla Banca d'Italia (3).

32-*bis*. *Altre sanzioni amministrative agli esponenti o al personale*. — 1. Fermo restando quanto previsto per i prestatori di servizi di pagamento e per gli enti nei confronti dei quali sono accertate le violazioni, per l'inosservanza delle norme richiamate dall'art. 32, comma 1, si applica la sanzione amministrativa pecuniaria da euro 5.000 a euro 5 milioni di euro nei confronti dei soggetti che svolgono funzioni di amministrazione, di direzione o di controllo, nonché del personale, quando l'inosservanza è conseguenza della violazione di doveri propri o dell'organo di appartenenza e la condotta ha inciso in modo rilevante sulla complessiva organizzazione aziendale o sui profili di rischio.

2. Con il provvedimento di applicazione della sanzione, in ragione della gravità della violazione accertata e tenuto conto dei criteri per la determinazione delle sanzioni stabiliti dall'art. 32-*ter*, la Banca d'Italia può applicare la sanzione amministrativa accessoria dell'interdizione, per un periodo non inferiore a sei mesi e non superiore a tre anni, dallo svolgimento di funzioni di amministrazione, direzione e controllo presso i prestatori di servizi di pagamento autorizzati ai sensi del d.lg. 1° settembre 1993, n. 385 (4).

3. Si applica l'art. 32, comma 1-*quater* (5).

32-*ter*. *Criteri per la determinazione delle sanzioni e procedura sanzionatoria*. — 1. Nella determinazione dell'ammontare delle sanzioni amministrative pecuniarie o della durata delle sanzioni accessorie previste dal presente Capo, si applica l'art. 144-*quater*, del d.lg. 1° settembre 1993, n. 385 (4).

2. Si applica il Capo VI, Titolo VIII del citato d.lg. n. 385 del 1993 (4) (5).

32-*quater*. *Controlli sui servizi di prelievo di contante tramite sportelli automatici*. — 1. Fatta salva l'applicazione dell'art. 62 del d.lg. 6 settembre 2005, n. 206 (6), i prestatori dei servizi di cui all'art. 2, comma 2, lett. *q*), forniscono agli utenti le informazioni di cui agli artt. 126-*quater* e 126-*octies* del d.lg. 1° settembre 1993, n. 385 (4), in merito a qualsiasi commissione sui prelievi di contante.

2. I controlli sull'osservanza dell'obbligo previsto dal comma 1 sono esercitati dall'Autorità garante della concorrenza e del mercato la quale li effettua sulla base dei poteri istruttori e sanzionatori di cui all'art. 27 del d.lg. 6 settembre 2005, n. 206 (6) (5).

32-*quinquies*. *Procedura di riscossione*. — 1. Le sanzioni di cui al presente Capo si riscuotono secondo i termini e le modalità previsti dal d.p.r. 29 settembre 1973, n. 602, e i relativi proventi affluiscono all'entrata del bilancio dello Stato (5).

(1) Comma inserito dall'art. 2.37, lett. b, d.lg. 15 dicembre 2017, n. 218. In base all'art. 5.2, d.lg. cit., tali disposizioni «si applicano alle violazioni commesse a partire dal 13 gennaio 2018, salvo quanto previsto dal comma 6. Alle violazioni commesse prima di questa data continuano ad applicarsi le norme del titolo VIII del d.lg. 1° settembre 1993, n. 385 nonché l'art. 32 del d.lg. 27 gennaio 2010 n. 11 e gli artt. 3, 4 e 5 del d.lg. 18 agosto 2015, n. 135 vigenti prima della data di entrata in vigore del presente decreto legislativo».

(2) Commi abrogati dall'art. 2.37, lett. c, d.lg. 15 dicembre 2017, n. 218. In base all'art. 5.2, d.lg. cit., tali disposizioni «si applicano alle violazioni commesse a partire dal 13 gennaio 2018, salvo quanto previsto dal comma 6. Alle violazioni commesse prima di questa data continuano ad applicarsi le norme del titolo VIII del d.lg. 1° settembre 1993, n. 385 nonché l'art. 32 del d.lg. 27 gennaio 2010 n. 11 e gli artt. 3, 4 e 5 del d.lg. 18 agosto 2015, n. 135 vigenti prima della data di entrata in vigore del presente decreto legislativo».

(3) Comma così sostituito dall'art. 2.37, lett. d, d.lg. 15 dicembre 2017, n. 218. In base all'art. 5.2, d.lg. cit., tali disposizioni «si applicano alle violazioni commesse a partire dal 13 gennaio 2018, salvo quanto previsto dal comma 6. Alle violazioni commesse prima di questa data continuano ad applicarsi le norme del titolo VIII del d.lg. 1° settembre 1993, n. 385 nonché l'art. 32 del d.lg. 27 gennaio 2010 n. 11 e gli artt. 3, 4 e 5 del d.lg. 18 agosto 2015, n. 135 vigenti prima della data di entrata in vigore del presente decreto legislativo».

(4) In *Leggi coll. XVII, 1.*

(5) Articolo inserito dall'art. 2.38, d.lg. 15 dicembre 2017, n. 218.

(6) In *Leggi coll. XI, 6.*

TITOLO III

Istituti di pagamento

33. *Disciplina degli istituti di pagamento.* — 1. .... (*omissis*) (1).

TITOLO IV

Trasparenza delle condizioni contrattuali ed obblighi informativi

34. *Trasparenza dei servizi di pagamento.* — 1. .... (*omissis*) (2).

TITOLO IV-*bis*

Attuazione del reg. (UE) n. 751/2015 del Parlamento europeo e del Consiglio, del 29 aprile 2015, relativo alle commissioni interbancarie sulle operazioni di pagamento basate su carta (3)

CAPO I (4)

34-*bis*. *Limite alle commissioni interbancarie applicate alle operazioni di pagamento nazionali effettuate con carta di debito ad uso dei consumatori.* — 1. Fino al 9 dicembre 2020, per le operazioni nazionali tramite carta di debito ad uso dei consumatori, i prestatori di servizi di pagamento possono applicare una commissione interbancaria media ponderata non superiore all'equivalente dello 0,2 % del valore medio annuo di tutte le operazioni nazionali effettuate tramite tali carte di debito all'interno dello stesso schema di carte di pagamento.

2. Al fine di consentire ai prestatori di servizi di pagamento di avvalersi della possibilità prevista al comma 1, gli schemi di carte di pagamento:

a) definiscono una struttura della commissione interbancaria media ponderata improntata a criteri di trasparenza, semplicità, confrontabilità ed equità, anche tenuto conto delle specifiche caratteristiche dell'operazione di pagamento;

b) trasmettono alla Banca d'Italia, nel rispetto dei termini di cui all'art. 3, par. 5, del reg. (UE) n. 751/2015, una relazione illustrativa delle modalità di rispetto dei criteri di cui alla lett. *a*).

3. Fatto salvo quanto previsto dai commi precedenti, per le operazioni nazionali tramite carta di debito ad uso dei consumatori, i prestatori di servizi di pagamento possono applicare una commissione interbancaria non superiore a 0,05 euro per ciascuna operazione. Tale commissione interbancaria per operazione può anche essere combinata con una percentuale massima non superiore allo 0,2 % del valore di ciascuna operazione a condizione che la somma delle commissioni interbancarie dello schema di carte di pagamento non superi mai lo 0,2 % del valore totale annuo delle operazioni nazionali effettuate tramite tali carte di debito all'interno di ciascuno schema di carte di pagamento. A tal fine gli schemi di carte di pagamento trasmettono alla Banca d'Italia, nel rispetto dei termini di cui all'art. 3, par. 5, del reg. (UE) n. 751/2015, una relazione illustrativa delle modalità di rispetto dei criteri del presente comma.

4. In ogni caso, per le operazioni nazionali tramite carta di debito ad uso dei consumatori di importo inferiore a euro 5, i prestatori di servizi di pagamento applicano una commissione interbancaria di importo ridotto rispetto a quelle applicate alle operazioni di importo pari o superiore a euro 5 (5).

5. I commi precedenti si applicano anche alle operazioni nazionali effettuate tramite carte prepagate.

6. La Banca d'Italia definisce le modalità e i termini per l'invio da parte degli schemi di carte di pagamento delle informazioni necessarie alla verifica del rispetto degli obblighi di cui ai commi precedenti. Tali informazioni devono essere certificate da un revisore indipendente.

34-*ter*. *Limite alle commissioni interbancarie applicate alle operazioni di pagamento nazionali effettuate con carta di credito ad uso dei consumatori.* — 1. Per le operazioni nazionali tramite carta di credito ad uso dei consumatori di importo inferiore a euro 5, i prestatori di servizi di pagamento applicano una commissione inter-

(1) Inserisce il Titolo V-*ter* (*Istituti di pagamento*) nel d.lg. 1° settembre 1993, n. 385, in *Leggi coll. XVII, 1*.

(2) Aggiunge il comma 3-*bis* all'art. 115 e il Capo II-*bis* (*Servizi di pagamento*) al Titolo VI del d.lg. 1° settembre 1993, n. 385, in *Leggi coll. XVII, 1*.

(3) Titolo inserito dall'art. 3, d.lg. 15 dicembre 2017, n. 218.

(4) Per l'attuazione di questo Capo v. provvedimento Banca d'Italia 11 ottobre 2018, in G.U., 29 ottobre 2018, n. 252.

(5) In base all'art. 5.7, d.lg. 15 dicembre 2017, n. 218, tali disposizioni «si applicano dal 1° aprile 2018».

bancaria di importo ridotto rispetto a quelle applicate alle operazioni di importo pari o superiore a euro 5 (1).

2. La Banca d'Italia definisce le modalità e i termini per l'invio da parte degli schemi di carte di pagamento delle informazioni necessarie alla verifica del rispetto degli obblighi di cui al primo comma. Tali informazioni devono essere certificate da un revisore indipendente.

34-*quater*. *Autorità competenti*. — 1. Fatto salvo quanto previsto al comma 2, la Banca d'Italia è designata quale autorità competente ai sensi dell'art. 13 del reg. (UE) n. 751/2015 e adotta le proprie decisioni previo parere dell'Autorità Garante della Concorrenza e del Mercato.

2. L'Autorità Garante della Concorrenza e del Mercato è designata quale autorità competente per l'inibizione della continuazione e la rimozione degli effetti delle pratiche commerciali scorrette nonché degli illeciti posti in essere in violazione delle disposizioni contenute nelle Sezioni da I a IV del Capo I, Titolo III, Parte III del d.lg. 6 settembre 2005, n. 206 (2), derivanti dalla inosservanza degli obblighi posti dal reg. (UE) n. 751/2015 a carico dei beneficiari delle operazioni con carte di pagamento, applicando i poteri di cui all'art. 27 del d.lg. n. 206 del 2005 (2). Nell'esercizio di questa competenza, l'Autorità Garante della Concorrenza e del Mercato, qualora la condotta illecita sia posta in essere da un soggetto sul quale la Banca d'Italia esercita i propri poteri di vigilanza o sorveglianza, adotta le proprie decisioni previo parere della Banca d'Italia.

3. Le autorità, di cui ai commi 1 e 2, collaborano nell'esercizio delle rispettive funzioni anche attraverso lo scambio di informazioni al fine di agevolare le rispettive funzioni e possono adottare disposizioni di disciplina secondaria funzionali a garantire l'efficace applicazione del Regolamento.

4. La Banca d'Italia e l'Autorità Garante della Concorrenza e del Mercato non possono opporsi, reciprocamente, il segreto d'ufficio.

5. Alla Banca d'Italia sono attribuiti poteri sanzionatori, di indagine e di controllo. L'Autorità Garante della Concorrenza e del Mercato applica i poteri di cui all'art. 27 del d.lg. 6 settembre 2005, n. 206 (2).

6. Al fine di garantire l'efficace adempimento degli obblighi di cui al reg. (UE) n. 751/2015 e al presente Titolo, gli schemi di carte di pagamento individuano un ufficio di rappresentanza e ne danno comunicazione alla Banca d'Italia e all'Autorità Garante della Concorrenza e del Mercato.

34-*quinquies*. *Sanzioni*. — 1. Si applica nei confronti dei prestatori di servizi di pagamento, la sanzione amministrativa pecuniaria da euro 30.000 fino a euro 5 milioni ovvero fino al 10 per cento del fatturato, quando tale importo è superiore a euro 5 milioni e il fatturato è disponibile e determinabile, per le seguenti violazioni: inosservanza delle disposizioni di cui all'art. 34-*bis*, commi 1, 3, 4 e 5, e all'art. 34-*ter*, comma 1.

2. Le sanzioni previste al comma 1 si applicano quando le infrazioni rivestono carattere rilevante secondo i criteri definiti dalla Banca d'Italia, con provvedimento di carattere generale, tenuto conto dell'incidenza delle condotte sulla complessiva organizzazione aziendale e sui profili di rischio.

3. Se il vantaggio ottenuto dall'autore della violazione come conseguenza della violazione stessa è superiore ai massimali indicati nel presente articolo, le sanzioni amministrative pecuniarie di cui al presente articolo sono elevate fino al doppio dell'ammontare del vantaggio ottenuto, purché tale ammontare sia determinabile.

34-*sexies*. *Altre sanzioni ai sensi del reg. (UE) n. 751/2015*. — 1. Si applica nei confronti dei prestatori di servizi di pagamento e dei soggetti ai quali sono esternalizzate funzioni aziendali essenziali o importanti, la sanzione amministrativa pecuniaria da euro 30.000 fino a euro 5 milioni ovvero fino al 10 per cento del fatturato, quando tale importo è superiore a euro 5 milioni e il fatturato è disponibile e determinabile, per l'inosservanza delle disposizioni di cui all'art. 8, par. 6, art. 9, par. 1, art. 10, parr. 1 e 5, art. 11, parr. 1 e 2 del reg. (UE) n. 751/2015. Nei casi in cui le violazioni siano commesse da schemi di carte di pagamento la sanzione si applica nei confronti degli organi decisionali, organizzazioni o entità responsabili del funzionamento degli schemi stessi.

2. Qualora il prestatore di servizi di pagamento mandante rilevi nel comportamento dell'agente in servizi di pagamento violazioni alle disposizioni dell'art. 8, par. 6, art. 9, par. 1, art. 10, par. 1, art. 11, parr. 1 e 2 del reg. (UE) n. 751/2015 adotta immediatamente misure correttive e trasmette la documentazione relative alle violazioni riscontrate, anche ai fini dell'applicazione dell'art. 128-*duodecies* del d.lg. 1°

(1) In base all'art. 5.7, d.lg. 15 dicembre 2017, n. 218, tali disposizioni «si applicano dal 1° aprile 2018».
(2) In *Leggi coll. XI, 6.*

settembre 1993, n. 385 (1), all'Organismo di cui all'art. 128-*undecies*, del d.lg. 1° settembre 1993, n. 385 (1).

3. Nei confronti degli organi decisionali, organizzazioni o entità responsabili del funzionamento degli schemi di carte di pagamento si applica la sanzione amministrativa pecuniaria da euro 30.000 fino a euro 5 milioni ovvero fino al 10 per cento del fatturato, quando tale importo è superiore a euro 5 milioni e il fatturato è disponibile e determinabile, per la violazione degli obblighi di cui all'art. 34-*bis*, commi 2 e 6 e all'art. 34-*ter*, comma 2 del presente decreto e per le seguenti violazioni del reg. (UE) n. 751/2015: inosservanza delle disposizioni di cui all'art. 6, all'art. 7, par. 1, 3, e 4, e relative norme tecniche di regolamentazione emanate dalla Commissione europea, all'art. 8, par. 1, 4 e 6, all'art. 10, par. 1, all'art. 11, parr. 1 e 2.

4. Le sanzioni previste dai commi 1, 2 e 3 si applicano quando le infrazioni rivestono carattere rilevante secondo i criteri definiti dalla Banca d'Italia, con provvedimento di carattere generale, tenuto conto dell'incidenza delle condotte sulla complessiva organizzazione aziendale e sui profili di rischio.

5. Se il vantaggio ottenuto dall'autore della violazione, come conseguenza della violazione stessa, è superiore ai massimali indicati nel presente articolo, le sanzioni amministrative pecuniarie di cui al presente articolo sono elevate fino al doppio dell'ammontare del vantaggio ottenuto, purché tale ammontare sia determinabile.

CAPO II (2)

34-*septies*. *Altre sanzioni amministrative agli esponenti o al personale*. — 1. Fermo restando quanto previsto per i prestatori di servizi di pagamento nei confronti dei quali sono accertate le violazioni, per l'inosservanza delle norme richiamate dagli artt. 34-*quinquies* e 34-*sexies*, si applica la sanzione amministrativa pecuniaria da euro 5.000 fino a euro 5 milioni nei confronti dei soggetti che svolgono funzioni di amministrazione, di direzione o di controllo, nonché del personale, quando l'inosservanza è conseguenza della violazione di doveri propri o dell'organo di appartenenza e la condotta ha inciso in modo rilevante sulla complessiva organizzazione aziendale o sui profili di rischio.

2. Con il provvedimento di applicazione della sanzione, in ragione della gravità della violazione accertata e tenuto conto dei criteri per la determinazione delle sanzioni ai sensi dell'art. 34-*octies*, la Banca d'Italia può applicare la sanzione amministrativa accessoria dell'interdizione, per un periodo non inferiore a sei mesi e non superiore a tre anni, dallo svolgimento di funzioni di amministrazione, direzione e controllo presso i prestatore di servizi di pagamento autorizzati ai sensi del d.lg. 1° settembre 1993, n. 385 (1).

3. Se il vantaggio ottenuto dall'autore della violazione come conseguenza della violazione stessa è superiore ai massimali indicati nel presente articolo, le sanzioni amministrative pecuniarie di cui al presente articolo sono elevate fino al doppio dell'ammontare del vantaggio ottenuto, purché tale ammontare sia determinabile.

34-*octies*. *Criteri per la determinazione delle sanzioni*. — 1. Nella determinazione dell'ammontare delle sanzioni amministrative pecuniarie o della durata delle sanzioni accessorie previste dal presente Capo, si applica l'art. 144-*quater* del d.lg. 1° settembre 1993, n. 385 (1).

2. Nella determinazione dell'ammontare delle sanzioni amministrative pecuniarie di cui all'art. 34-*quinquies* o della durata delle relative sanzioni accessorie, è considerato indice di minore grado di responsabilità il fatto che la commissione interbancaria sia definita unilateralmente da uno schema di carte di pagamento.

34-*novies*. *Procedura sanzionatoria*. — 1. Nel caso di servizi offerti da prestatori di servizi di pagamento insediati in Italia e filiali di prestatori di servizi di pagamento comunitari che operano in regime di libero stabilimento in Italia le sanzioni di cui al presente Capo sono irrogate dalla Banca d'Italia e si applica il Capo VI, Titolo VIII del d.lg. 1° settembre 1993, n. 385 (1).

2. Nel caso di servizi offerti da schemi di carte di pagamento la cui sede legale o operativa è ubicata nel territorio della Repubblica, le sanzioni di cui al presente Capo sono irrogate dalla Banca d'Italia; si applica il Capo VI, Titolo VIII, del d.lg. n. 385 del 1993 (1).

3. Nel caso di servizi offerti da schemi di carte di pagamento la cui sede legale e opera-

(1) In *Leggi coll. XVII, 1*.

(2) In base all'art. 5.2, d.lg. 15 dicembre 2017, n. 218, le disposizioni introdotte da questo Capo «si applicano alle violazioni commesse a partire dal 13 gennaio 2018, salvo quanto previsto dal comma 6. Alle violazioni commesse prima di questa data continuano ad applicarsi le norme del titolo VIII del d.lg. 1° settembre 1993, n. 385 nonché l'art. 32 del d.lg. 27 gennaio 2010 n. 11 e gli artt. 3, 4 e 5 del d.lg. 18 agosto 2015, n. 135 vigenti prima della data di entrata in vigore del presente decreto legislativo».

tiva è ubicata in altri Stati membri, la Banca d'Italia informa la autorità competente di questi Stati membri delle riscontrate violazioni del reg. (UE) 751/2015.

4. Le sanzioni di cui al presente Capo si riscuotono secondo i termini e le modalità previsti dal d.p.r. 29 settembre 1973, n. 602 e i relativi proventi affluiscono all'entrata del bilancio dello Stato.

34-*decies*. *Esposti*. — 1. In caso di violazione da parte di un prestatore di servizi di pagamento delle disposizioni di cui al reg. (UE) 751/2015 e della relativa normativa di attuazione, gli utenti di servizi di pagamento, le associazioni che li rappresentano e le altre parti interessate possono presentare esposti alla Banca d'Italia. La proposizione dell'esposto non pregiudica il diritto di adire la competente autorità giudiziaria. La Banca d'Italia informa il proponente l'esposto dell'esistenza dei sistemi di risoluzione stragiudiziale delle controversie di cui all'art. 128-*bis* del d.lg. 1° settembre 1993, n. 385 (1).

TITOLO V

Modifiche alla legislazione e disposizioni transitorie

35. *Altre modifiche al d.lg. 1° settembre 1993, n. 385*. — . . . . (*omissis*) (2).

36. . . . . (3).

37. *Disposizioni transitorie*. — 1-5. . . . .

6. I servizi di pagamento che riguardano amministrazioni pubbliche, come individuate dall'art. 1, comma 2, del d.lg. 30 marzo 2001, n. 165, vengono adeguati alle disposizioni del presente decreto secondo le modalità e i tempi indicati con decreto del Ministro dell'economia e delle finanze, sentita la Banca d'Italia.

7. . . . . (4).

38. . . . . (3).

TITOLO VI

Esposti e ricorsi stragiudiziali

39. *Esposti*. — 1. In caso di violazione da parte di un prestatore di servizi di pagamento delle disposizioni di cui al titolo II e di quelle di cui all'art. 115 e al capo II-*bis* del titolo VI del d.lg. 1° settembre 1993, n. 385 (1), e della relativa normativa di attuazione, gli utenti di servizi di pagamento, le associazioni che li rappresentano e le altre parti interessate possono presentare esposti alla Banca d'Italia (5). La proposizione dell'esposto non pregiudica il diritto di adire la competente autorità giudiziaria. La Banca d'Italia informa il proponente l'esposto dell'esistenza dei sistemi di risoluzione stragiudiziale delle controversie di cui all'art. 128-*bis* del d.lg. 1° settembre 1993, n. 385 (1).

40. *Ricorso stragiudiziale*. — 1. Per le controversie concernenti i servizi di pagamento gli utilizzatori di tali servizi possono avvalersi di sistemi, organismi o procedure di risoluzione stragiudiziale; resta in ogni caso fermo il diritto degli utilizzatori di adire la competente autorità giudiziaria.

2. Ai fini di cui al comma 1 i prestatori di servizi di pagamento aderiscono a sistemi, organismi o procedure costituiti ai sensi di norme di legge o con atto di autoregolamentazione delle associazioni di categoria. Le banche, gli istituti di moneta elettronica e gli istituti di pagamento aderiscono ai sistemi di risoluzione stragiudiziale delle controversie previsti dall'art. 128-*bis* del d.lg. 1° settembre 1993, n. 385 (1), per le controversie individuate dalle disposizioni attuative del medesimo articolo.

3. Per la risoluzione delle controversie transfrontaliere i sistemi, organismi o procedure di cui ai commi 1 e 2 prevedono forme di collaborazione con quelli istituiti negli altri Stati Membri.

TITOLO VII

Disposizioni finanziarie ed entrata in vigore

41. *Disposizioni finanziarie*. — 1. Dall'attuazione delle disposizioni del presente decreto non devono derivare nuovi o maggiori oneri, né minori entrate per la finanza pubblica.

2. Le amministrazioni interessate provvedono all'adempimento dei compiti derivanti dal

(1) In *Leggi coll. XVII, 1*.

(2) Al d.lg. 1° settembre 1993, n. 385, in *Leggi coll. XVII, 1*: modifica gli artt. 1, 5, 11, 106, 107, 114-*quater*, 128, 128-*bis*, 132-*bis*, 133, 144; inserisce l'art. 131-*ter*; sostituisce l'art. 146.

(3) Articolo abrogato dall'art. 2.39, d.lg. 15 dicembre 2017, n. 218, «dalla data di entrata in vigore del presente decreto» (13 gennaio 2018).

(4) Articolo abrogato dall'art. 2.39, d.lg. 15 dicembre 2017, n. 218, «dalla data di entrata in vigore del presente decreto (13 gennaio 2018), ad eccezione del comma 6 dell'art. 37 che è abrogato a decorrere dal 1° gennaio 2019».

(5) Periodo così sostituito dall'art. 2.40, d.lg. 15 dicembre 2017, n. 218.

presente decreto con le risorse umane, strumentali e finanziarie disponibili a legislazione vigente.

42. *Entrata in vigore*. — 1. Il presente decreto entra in vigore il primo lunedì successivo al quindicesimo giorno successivo a quello della sua pubblicazione nella *Gazzetta Ufficiale* della Repubblica italiana.

XVII. 6.

DECRETO LEGGE 24 gennaio 2015, n. 3. — *Misure urgenti per il sistema bancario e gli investimenti* (1), *convertito, con modificazioni, in l. 24 marzo 2015, n. 33* (2).

1. .... (*omissis*).

2. *Norme sul trasferimento dei servizi di pagamento connessi al rapporto di conto di pagamento*. — 1-14. .... (3).

15. Il trasferimento, su richiesta del consumatore, di strumenti finanziari da un conto di deposito titoli ad un altro, con o senza la chiusura del conto di deposito titoli di origine, è effettuato senza oneri e spese per il consumatore. Il Ministro dell'economia e delle finanze, sentite la Consob e la Banca d'Italia, adotta disposizioni di attuazione del presente comma e, in deroga a quanto stabilito nel periodo precedente, può stabilire che, per il trasferimento dei titoli depositati presso un depositario centrale estero o non assoggettati al regime di dematerializzazione, al consumatore possano essere addebitate le spese sostenute in diretta conseguenza del necessario intervento di un soggetto terzo (4).

16-18. .... (3).

19. .... (*omissis*) (5).

2-*bis*. .... (6).

3-8-*ter*. .... (*omissis*).

9. *Entrata in vigore*. — 1. Il presente decreto entra in vigore il giorno successivo a quello della sua pubblicazione nella *Gazzetta Ufficiale* della Repubblica italiana e sarà presentato alle Camere per la conversione in legge.

XVII. 7.

DECRETO LEGISLATIVO 16 novembre 2015, n. 180. — *Attuazione della direttiva 2014/59/UE del Parlamento europeo e del Consiglio, del 15 maggio 2014, che istituisce un quadro di risanamento e risoluzione degli enti creditizi e delle imprese di investimento e che modifica la direttiva 82/891/CEE del Consiglio, e le direttive 2001/24/CE, 2002/47/CE, 2004/25/CE, 2005/56/CE, 2007/36/CE, 2011/35/UE, 2012/30/UE e 2013/36/UE e i regolamenti (UE) n. 1093/2010 e (UE) n. 648/2012, del Parlamento europeo e del Consiglio* (7)

TITOLO I

Disposizioni di carattere generale

1. *Definizioni*. — 1. Ai fini del presente decreto si intende per:

a) «accordo di netting»: un accordo in virtù del quale determinati crediti o obbligazioni possono essere convertiti in un unico credito netto, compresi gli accordi di netting per close-out di cui all'art. 1, comma 1, lett. *f*), del d.lg. 21 maggio 2004, n. 170 (8);

b) «alta dirigenza»: il direttore generale, i vice-direttori generali e le cariche ad esse assimilate, i responsabili della principali aree di affari e coloro che sono rispondono direttamente all'organo amministrativo;

c) «autorità competente»: la Banca d'Italia, la Banca centrale europea relativamente ai compiti specifici ad essa attribuiti dal reg. (UE) n. 1024/2013, o altra autorità competente straniera per l'esercizio della vigilanza ai sensi all'art. 4, par. 1, punto 40, del reg. (UE) n. 575/2013;

d) «autorità di vigilanza su base consolidata»: l'autorità di vigilanza come definita all'art. 4, par. 1, punto 41, del reg. (UE) n. 575/2013;

e) «autorità di risoluzione di gruppo»: l'autorità di risoluzione dello Stato membro in cui ha sede l'autorità di vigilanza su base consolidata;

(1) G.U., 24 gennaio 2015, n. 19.
(2) Suppl. ord. n. 15 a G.U., 25 marzo 2015, n. 70.
(3) Commi abrogati dall'art. 2-*bis*, d.l. 24 gennaio 2015, n. 3, conv. in l. 24 marzo 2015, n. 33.
(4) Comma così sostituito dall'art. 2.2, d.lg. 15 marzo 2017, n. 37.
(5) Abroga i commi 584 e 585 dell'art. 1, l. 27 dicembre 2013, n. 147.
(6) Articolo abrogato dall'art. 2-*bis*, d.l. 24 gennaio 2015, n. 3, conv. in l. 24 marzo 2015, n. 33.
(7) G.U., 16 novembre 2015, n. 267. Ripubblicato in suppl. ord. n. 64 a G.U., 28 novembre 2015, n. 278.
(8) In *Leggi coll. XVIII, 2*.

f) «azione di risoluzione»: la decisione di sottoporre un soggetto a risoluzione ai sensi dell'art. 32, l'esercizio di uno o più poteri di cui al Titolo IV, Capo V oppure l'applicazione di una o più misure di risoluzione di cui al Titolo IV, Capo IV;

g) «bail-in»: la riduzione o la conversione in capitale dei diritti degli azionisti e dei creditori, secondo quanto previsto dal Titolo IV, Capo IV, Sezione III;

h) «banca»: una banca come definita all'art. 1, comma 1, lett. *b*), del t.u. bancario (1);

i) «capitale primario di classe 1»: le azioni, le riserve e gli altri strumenti finanziari computabili nel capitale primario di classe 1 ai sensi del reg. (UE) n. 575/2013;

l) «capogruppo»: la capogruppo di un gruppo bancario ai sensi dell'art. 61 del t.u. bancario (1);

m) «cessionario»: il soggetto al quale sono ceduti azioni, altre partecipazioni, titoli di debito, attività, diritti o passività, o una combinazione degli stessi, dall'ente sottoposto a risoluzione;

n) «clausola di close-out netting»: una clausola come definita all'art. 1, comma 1, lett. *f*), del d.lg. 21 maggio 2004, n. 170 (2);

o) «contratti finanziari» i seguenti contratti e accordi:

1) contratti su valori mobiliari, fra cui:

i) contratti di acquisto, vendita o prestito di un titolo o gruppi o indici di titoli;

ii) opzioni su un titolo o gruppi o indici di titoli;

iii) operazioni di vendita attive o passive con patto di riacquisto su ciascuno di questi titoli, o gruppi o indici di titoli;

2) contratti connessi a merci, fra cui:

i) contratti di acquisto, vendita o prestito di merci o gruppi o indici di merci per consegna futura;

ii) opzioni su merci o gruppi o indici di merci;

iii) operazioni di vendita con patto di riacquisto attive o passive su merci o gruppi o indici di merci;

3) contratti standardizzati a termine (*futures*) e contratti differenziali a termine (*forward*), compresi i contratti per l'acquisto, la vendita o la cessione, a un dato prezzo a una data futura, di merci o beni di qualsiasi altro tipo, servizi, diritti o interessi;

4) accordi di swap, tra cui:

i) swap e opzioni su tassi d'interesse; accordi a pronti (*spot*) o altri accordi su cambi, valute, indici azionari o azioni, indici obbligazionari o titoli di debito, indici di merci o merci, variabili climatiche, quote di emissione o tassi di inflazione;

ii) total return swap, credit default swap o credit swap;

iii) accordi o transazioni analoghe agli accordi di cui ai punti *i*) o *ii*) negoziati abitualmente sui mercati degli swap o dei derivati;

5) accordi di prestito interbancario in cui la scadenza del prestito è pari o inferiore a tre mesi;

6) accordi quadro per i contratti o accordi di cui ai nn. 1, 2, 3, 4 e 5;

p) «controparte centrale»: un soggetto di cui all'art. 2, punto 1, del reg. (UE) n. 648/2012;

q) «depositi»: i crediti relativi ai fondi acquisiti dalle banche con obbligo di rimborso; non costituiscono depositi i crediti relativi a fondi acquisiti dalla banca debitrice rappresentati da strumenti finanziari indicati dall'art. 1, comma 2, del t.u. della finanza (3), o il cui capitale non è rimborsabile alla pari, o il cui capitale è rimborsabile alla pari solo in forza di specifici accordi o garanzie concordati con la banca o terzi; costituiscono depositi i certificati di deposito purché non rappresentati da valori mobiliari emessi in serie;

r) «depositi ammissibili al rimborso»: i depositi che, ai sensi dell'art. 96-*bis*.1, commi 1 e 2, del t.u. bancario (1), sono astrattamente idonei a essere rimborsati da un sistema di garanzia dei depositanti (4);

s) «depositi protetti»: i depositi ammissibili al rimborso che non superano il limite di rimborso da parte del sistema di garanzia dei depositanti previsto dall'art. 96-*bis*.1, commi 3, 4 e 5, del t.u. (1) (5);

t) «derivato»: uno strumento derivato come definito all'art. 2, punto 5, del reg. (UE) n. 648/2012;

u) «elementi di classe 2»: gli strumenti di capitale e i prestiti subordinati ai sensi del reg. (UE) n. 575/2013 (Tier 2) o della dir. 2006/48/CE del Parlamento europeo e del Consiglio e delle relative disposizioni di attuazione;

v) «ente-ponte»: la società di capitali costituita ai sensi del Titolo IV, Capo IV, Sezione

(1) In *Leggi coll. XVII, 1*.
(2) In *Leggi coll. XVIII, 2*.
(3) In *Leggi coll. XVIII, 1*.
(4) Lettera così sostituita dall'art. 2.1, lett. a, d.lg. 15 febbraio 2016, n. 30.
(5) Lettera così sostituita dall'art. 2.1, lett. b, d.lg. 15 febbraio 2016, n. 30.

II, Sottosezione II, per acquisire, detenere e vendere, in tutto o in parte, azioni o altre partecipazioni emesse da un ente sottoposto a risoluzione, o attività, diritti e passività di uno o più enti sottoposti a risoluzione per preservarne le funzioni essenziali;

z) «ente sottoposto a risoluzione»: uno dei soggetti indicati all'art. 2 in relazione al quale è avviata un'azione di risoluzione;

aa) «evento determinante l'escussione della garanzia»: un evento come definito all'art. 1, comma 1, lett. *i*), del d.lg. 21 maggio 2004, n. 170 (1);

bb) «funzioni essenziali»: attività, servizi o operazioni la cui interruzione potrebbe compromettere la prestazione in uno o più Stati membri di servizi essenziali per il sistema economico o la stabilità finanziaria, in ragione della dimensione, della quota di mercato, delle interconnessioni esterne o interne, della complessità o dell'operatività transfrontaliera di una banca o di un gruppo, con particolare riguardo alla sostituibilità dell'attività, dei servizi o delle operazioni;

cc) «giorno lavorativo»: qualsiasi giorno tranne il sabato, la domenica o le festività pubbliche;

dd) «gruppo»: una società controllante e le società da essa controllate ai sensi dell'art. 23 del t.u. bancario (2);

ee) «infrastruttura di mercato»: un sistema di gestione accentrata, un sistema di pagamento, un sistema di regolamento titoli, una controparte centrale o un repertorio di dati sulle negoziazioni;

ff) «legge fallimentare»: il r.d. 16 marzo 1942, n. 267, e successive modificazioni (3);

hh) «linee di operatività principali»: linee di operatività e servizi connessi che rappresentano fonti significative di entrate, di utili o di valore di avviamento della banca o di un gruppo di cui fa parte una banca;

ii) «meccanismi terminativi»: clausole che attribuiscono alle parti di un contratto il diritto di scioglierlo contratto o chiuderlo per close-out, di esigere l'intera prestazione con decadenza dal beneficio del termine, di compensare obbligazioni, anche secondo un meccanismo di netting, e ogni analoga disposizione che consente la sospensione, la modifica o l'estinzione di un'obbligazione da parte di un contraente o che impedisce l'insorgere di un obbligo previsto dal contratto;

ll) «misura di gestione della crisi»: un'azione di risoluzione o la nomina di un commissario speciale ai sensi dell'art. 37;

mm) «misura di prevenzione della crisi»: l'esercizio dei poteri previsti dall'art. 69-*sexies*, comma 3, del t.u. bancario (2), l'applicazione di una misura di intervento precoce o dell'amministrazione straordinaria a norma del t.u. bancario, l'esercizio dei poteri previsti dagli artt. 14 e 15 e dei poteri di riduzione o di conversione a norma del Titolo IV, Capo II;

nn) «obbligazioni bancarie garantite»: i titoli di debito di cui all'art. 7-*bis*, della l. 30 aprile 1999, n. 130;

oo) «organo di amministrazione»: l'organo o gli organi di una società cui è conferito il potere di stabilire gli indirizzi strategici, gli obiettivi e la direzione generale, che supervisionano e monitorano le decisioni della dirigenza e comprendono le persone che dirigono di fatto la società; nelle società per azioni, società in accomandita per azioni e società cooperative per azioni a responsabilità limitata aventi sede legale in Italia, esso identifica:

i) quando è adottato il sistema tradizionale o quello monistico, il consiglio di amministrazione;

ii) quando è adottato il sistema dualistico, il consiglio di gestione; nel caso in cui sia adottato il sistema dualistico e lo statuto attribuisca al consiglio di sorveglianza il compito di deliberare in ordine alle operazioni strategiche e ai piani industriali e finanziari della società ai sensi dell'art. 2409-*terdecies*, comma 1, lett. f-*bis*, del codice civile, anche il consiglio di sorveglianza;

pp) «partecipazioni»: azioni, quote, altri strumenti finanziari che attribuiscono diritti amministrativi o comunque i diritti previsti dall'art. 2351, ultimo comma, del codice civile, nonché titoli convertibili in – o che conferiscono il diritto di acquisire, o che rappresentano – azioni, quote o i suddetti altri strumenti finanziari;

qq) «passività ammissibili»: gli strumenti di capitale non computabili nel patrimonio di vigilanza e le altre passività e di uno dei soggetti indicati all'art. 2, non escluse dall'ambito di applicazione del bail-in in virtù dell'art. 49, comma 1;

rr) «passività garantita»: una passività per la quale il diritto del creditore al pagamento o ad altra forma di adempimento è garantito da

(1) In *Leggi coll. XVIII, 2.*
(2) In *Leggi coll. XVII, 1.*
(3) In *Leggi coll. XXII, 1.*

privilegio, pegno o ipoteca, o da contratti di garanzia con trasferimento del titolo in proprietà o con costituzione di garanzia reale, comprese le passività derivanti da operazioni di vendita con patto di riacquisto;

ss) «prestazione della garanzia»: il compimento degli atti indicati all'art. 1, comma 1, lett. *q*), del d.lg. 21 maggio 2004, n. 170 (1);

tt) «repertorio di dati sulle negoziazioni»: un soggetto di cui all'art. 2, punto 2, del reg. (UE) n. 648/2012;

uu) «risoluzione»: l'applicazione di una o più misure previste al Titolo IV, Capo IV, per realizzare gli obiettivi indicati nell'art. 21;

vv) «sede di negoziazione»: un mercato regolamentato, un sistema multilaterale di negoziazione o un sistema organizzato di negoziazione come definiti dall'art. 4, par. 1, della dir. 2014/65/UE;

zz) «SEVIF»: il Sistema europeo di vigilanza finanziaria di cui all'art. 1, comma 1, lett. *h-bis*), del t.u. bancario (2);

aaa) «SIM»: una società di intermediazione mobiliare, come definita ai sensi dell'art. 1, comma 1, lett. *e*), del d.lg. 24 febbraio 1998, n. 58 (3), o un'impresa di investimento avente sede legale in un altro Stato membro, come definita ai sensi dell'art. 4, par. 1, punto 2, del reg. (UE) n. 575/2013 che presta uno o più dei seguenti servizi o attività di investimento:

1) negoziazione per conto proprio;

2) sottoscrizione e/o collocamento con assunzione a fermo o assunzione di garanzia nei confronti dell'emittente;

3) gestione di sistemi multilaterali di negoziazione;

bbb) «sistema di gestione accentrata»: un soggetto che presta i servizi di cui alla Sezione A, punti 1 e/o 2, dell'Allegato al reg. (UE) n. 909/2014;

ccc) «sistema di pagamento»: un accordo di cui all'art. 2, punto 1, del reg. (UE) n. 795/2014;

ddd) «sistema di regolamento titoli»: un sistema di cui all'art. 2, par. 1, punto 10, del reg. (UE) n. 909/2014;

eee) «sistema di tutela istituzionale» o «IPS»: un accordo riconosciuto dalla Banca d'Italia ai sensi dell'art. 113, par. 7, del reg. (UE) n. 575/2013;

fff) «società controllante»: la società controllante ai sensi dell'art. 23 del t.u. bancario (2);

ggg) «società controllate»: le società che sono controllate ai sensi dell'art. 23 del t.u. bancario (2);

hhh) «società finanziarie»: le società di cui all'art. 59, comma 1, lett. *b*), del t.u. bancario (2);

lll) «società veicolo per la gestione delle attività»: una società di capitali costituita ai sensi del Titolo IV, Capo IV, Sezione II, Sottosezione III, per acquisire, in tutto o in parte, le attività, i diritti o le passività di uno o più enti sottoposti a risoluzione o di un ente-ponte;

mmm) «sostegno finanziario pubblico straordinario»: un aiuto di Stato ai sensi dell'art. 107, par. 1, del Trattato sul Funzionamento dell'Unione Europea o qualsiasi altro sostegno finanziario pubblico a livello sovranazionale che se erogato a livello nazionale configurerebbe un aiuto di stato, fornito per mantenere o ripristinare la solidità, la liquidità o la solvibilità di uno dei soggetti indicati all'art. 2;

nnn) «Stato terzo»: uno Stato non facente parte dell'Unione Europea;

ooo) «Stato membro»: uno Stato facente parte dell'Unione Europea;

ppp) «strumenti di capitale»: gli strumenti di capitale aggiuntivo di classe 1 e gli elementi di classe 2 ai sensi del reg. (UE) n. 575/2013 o della dir. 2006/48/CE del Parlamento europeo e del Consiglio e relative disposizioni di attuazione;

qqq) «strumenti di capitale aggiuntivo di classe 1»: gli strumenti di cui all'art. 52, par. 1, del reg. (UE) n. 575/2013 o alla dir. 2006/48/CE del Parlamento europeo e del Consiglio e relative disposizioni di attuazione;

rrr) «succursale significativa»: una succursale considerata significativa nello Stato membro nel quale essa è stabilita ai sensi dell'art. 51, par. 1, della dir. 2013/36/UE;

sss) «t.u. bancario»: il d.lg. 1° settembre 1993, n. 385 (2);

uuu) (4) «t.u. della finanza»: il d.lg. 24 febbraio 1998, n. 58 (3);

vvv) «titoli di debito»: le obbligazioni e altre forme di debito trasferibile, gli strumenti che creano o riconoscono un debito e quelli che conferiscono diritti di acquistare titoli di debito.

2. *Ambito di applicazione*. — 1. Il presente decreto si applica ai seguenti soggetti:

a) banche aventi sede legale in Italia;

b) società italiane capogruppo di un grup-

(1) In *Leggi coll. XVIII, 2.*
(2) In *Leggi coll. XVII, 1.*
(3) In *Leggi coll. XVIII, 1.*
(4) In G.U. non compare la lett. *ttt*).

po bancario e società appartenenti a un gruppo bancario ai sensi degli artt. 60 e 61 del t.u. bancario (1);

c) società incluse nella vigilanza consolidata ai sensi dell'art. 65, comma 1, lett. *c*) e *h*), del t.u. bancario (1);

d) società aventi sede legale in Italia incluse nella vigilanza consolidata in un altro Stato membro.

TITOLO II

Autorità

3. *Banca d'Italia.* — 1. La Banca d'Italia svolge le funzioni ed esercita i poteri disciplinati dal presente decreto in qualità di autorità di risoluzione nei confronti dei soggetti di cui all'art. 2, quando essi hanno sede legale in Italia, salvo ove diversamente indicato. Nei casi previsti dal presente decreto, le stesse funzioni e poteri sono esercitati nei confronti delle succursali stabilite in Italia di banche extracomunitarie.

2. La Banca d'Italia svolge le funzioni ed esercita i poteri disciplinati dal presente decreto in qualità di autorità di risoluzione di gruppo nei confronti dei gruppi quando essa è l'autorità di vigilanza su base consolidata in base al reg. (UE) n. 575/2013, anche se la vigilanza su base consolidata è svolta dalla Banca Centrale Europea ai sensi del reg. (UE) n. 1024/2013.

3. Quando i gruppi di cui al comma 2 includono componenti aventi sede legale in un altro Stato membro dell'Unione europea, la Banca d'Italia svolge le funzioni attribuite all'autorità di risoluzione di gruppo in materia di predisposizione e aggiornamento dei piani di risoluzione di gruppo, valutazione della risolvibilità, determinazione del requisito minimo di passività soggette a bail-in ai sensi dell'art. 50, avvio della risoluzione e adozione delle relative misure anche con riguardo alle componenti del gruppo aventi sede legale in un altro Stato membro dell'Unione europea, nel rispetto delle competenze dell'autorità di risoluzione di quello Stato e nei termini disciplinati dal presente decreto e da disposizioni dell'Unione europea.

4. La Banca d'Italia emana regolamenti nei casi previsti dalla legge, impartisce istruzioni e adotta i provvedimenti di carattere particolare di sua competenza. Essa inoltre applica le norme tecniche di regolamentazione e di attuazione e gli atti delegati adottati dalla Commissione Europea, anche su proposta dell'ABE; può emanare disposizioni di attuazione del presente decreto, anche in attuazione di orientamenti dell'ABE.

5. La Banca d'Italia, fermi restando i diversi termini fissati da disposizioni di legge, e salve le deroghe previste dal presente decreto, stabilisce, per i procedimenti di propria competenza, i termini per provvedere, individua il responsabile del procedimento e indica i motivi delle decisioni. Si applicano, in quanto compatibili, e salvo che sia diversamente previsto dal presente decreto, le disposizioni della l. 7 agosto 1990, n. 241.

6. La Banca d'Italia esercita i poteri di risoluzione in armonia con le disposizioni dell'Unione Europea; collabora con la Banca Centrale Europea, con le autorità e i comitati che compongono il SEVIF e con le altre autorità e istituzioni indicate dalle disposizioni dell'Unione europea; nei casi e nei modi previsti dalle disposizioni dell'Unione europea, adempie agli obblighi di comunicazione nei confronti di essi; nei casi e nei modi previsti dalle disposizioni dell'Unione Europea, la Banca d'Italia può inoltre concludere accordi con l'ABE e con le autorità di risoluzione di altri Stati membri che prevedano anche la ripartizione di compiti, la delega di funzioni e, ferme restando le disposizioni di cui al Titolo IV, Capo VI, ricorrere all'ABE per la risoluzione di controversie con le autorità di risoluzione degli altri Stati membri in situazioni transfrontaliere. La Banca d'Italia, nell'esercizio della propria autonomia organizzativa, prevede adeguate forme di separazione tra le funzioni connesse con la gestione delle crisi e le altre funzioni da essa svolte, in modo da assicurarne l'indipendenza operativa, e istituisce forme di collaborazione e coordinamento tra le relative strutture. Essa rende pubbliche le misure adottate per conseguire gli obiettivi di cui al presente comma.

7. La Banca d'Italia informa annualmente il Ministro dell'economia e delle finanze degli atti adottati ai sensi dell'art. 34.

8. La Banca d'Italia pubblica i provvedimenti di carattere generale emanati ai sensi del presente decreto, nonché altri provvedimenti rilevanti relativi ai soggetti che possono essere sottoposti a risoluzione.

9. I provvedimenti di carattere generale della Banca d'Italia sono pubblicati nella *Gazzetta Ufficiale* della Repubblica italiana quando le

(1) In *Leggi coll. XVII, 1.*

disposizioni in essi contenute sono destinate anche a soggetti diversi da quelli che possono essere sottoposti a risoluzione.

10. Nell'esercizio delle funzioni previste dal presente decreto, alla Banca d'Italia, ai componenti dei suoi organi nonché ai suoi dipendenti si applica l'art. 24, comma 6-*bis*, della l. 28 dicembre 2005, n. 262.

4. *Ministro dell'economia e delle finanze*. — 1. Il Ministro dell'economia e delle finanze approva il provvedimento di cui all'art. 32 con cui la Banca d'Italia dispone l'avvio della risoluzione ed esercita le funzioni di sua competenza previste dal presente decreto.

2. La Banca d'Italia e il Ministero dell'economia e delle finanze concordano modalità per la tempestiva condivisione delle informazioni al fine di garantire efficacia e efficienza della gestione delle crisi.

5. *Segreto*. — 1. Tutte le notizie, le informazioni e i dati in possesso della Banca d'Italia in ragione della sua attività di risoluzione sono coperti da segreto d'ufficio anche nei confronti delle pubbliche amministrazioni, ad eccezione del Ministero dell'economia e delle finanze nell'esercizio delle funzioni previste dal presente decreto. Il segreto non può essere opposto all'autorità giudiziaria quando le informazioni richieste siano necessarie per le indagini o i procedimenti relativi a violazioni sanzionate penalmente.

2. I dipendenti della Banca d'Italia sono vincolati dal segreto d'ufficio. Nell'esercizio delle funzioni di risoluzione, essi sono pubblici ufficiali e hanno l'obbligo di riferire esclusivamente al Direttorio le irregolarità constatate, anche quando assumono la veste di reati.

3. Sono altresì coperti da segreto d'ufficio le notizie, le informazioni e i dati di cui vengono a conoscenza o in possesso i seguenti soggetti in ragione dell'attività svolta in relazione alle funzioni disciplinate dal presente decreto:

a) il Ministro dell'economia e delle finanze, nonché il personale del Ministero dell'economia e delle finanze;

b) la Consob, la COVIP, l'IVASS e ogni altra pubblica amministrazione o autorità coinvolta nella risoluzione, fermo restando l'art. 6, commi 1 e 2;

c) i commissari speciali di cui all'art. 37;

4. Sono obbligati al segreto con riferimento alle informazioni e i dati acquisiti nell'ambito di attività svolte in connessione con l'espletamento di compiti disciplinati dal presente decreto:

a) coloro che sono stati contattati, direttamente o indirettamente, dalla Banca d'Italia in qualità di potenziali acquirenti nell'ambito di una risoluzione, indipendentemente dall'esito del contatto o della sollecitazione, i componenti dei relativi organi e coloro che prestano la loro attività per essi;

b) i soggetti direttamente o indirettamente incaricati dalla Banca d'Italia dello svolgimento di funzioni disciplinate dal presente decreto, i componenti dei relativi organi e coloro che prestano la loro attività per essi;

c) i componenti degli organi dei soggetti presso cui sono istituiti i fondi di risoluzione e coloro che prestano la loro attività per questi ultimi;

d) un ente-ponte o una società veicolo per la gestione delle attività istituiti ai sensi del presente decreto, nella persona dei propri rappresentanti, nonché i componenti dei relativi organi e coloro che prestano la loro attività per essi;

e) i sistemi di garanzia dei depositanti, i componenti dei relativi organi e coloro che prestano la propria attività per essi;

f) i sistemi di indennizzo degli investitori, i componenti dei relativi organi e coloro che prestano la propria attività per essi.

5. La Banca d'Italia e i soggetti di cui al comma 3, lett. *a*) e *b*), e di cui al comma 4, adottano adeguati presidi per assicurare il rispetto del segreto da parte delle persone coinvolte nell'esercizio di attività connesse alla risoluzione e per valutare i possibili effetti in caso di violazione del segreto.

6. Quando necessario per pianificare o attuare una misura di risoluzione, in deroga a quanto previsto dai commi 1, 3 e 4:

a) la Banca d'Italia può trasmettere informazioni o autorizzarne la trasmissione a soggetti terzi;

b) i soggetti indicati ai commi 3 e 4 possono trasmettere a soggetti terzi le informazioni, diverse da quelle ad essi trasmesse dalla Banca d'Italia ai sensi della lett. *a*), acquisite nell'ambito di attività connesse alla risoluzione.

7. Nei casi indicati nel comma 6, i terzi destinatari delle informazioni sono obbligati al segreto sulle medesime.

6. *Collaborazione tra autorità*. — 1. Le pubbliche amministrazioni e gli enti pubblici forniscono le informazioni e le altre forme di collaborazione richieste dalla Banca d'Italia, in conformità delle leggi disciplinanti i rispettivi ordinamenti.

2. La Banca d'Italia, la Consob, la COVIP e l'IVASS collaborano tra loro, anche mediante scambio di informazioni, per agevolare le rispettive funzioni e non possono reciprocamente opporsi il segreto d'ufficio.

3. La Banca d'Italia collabora, anche me-

diante scambio di informazioni, con le autorità e i comitati che compongono il SEVIF, nonché con le autorità di risoluzione degli altri Stati membri, per agevolare le rispettive funzioni. Le informazioni ricevute dalla Banca d'Italia possono essere trasmesse alle autorità italiane competenti, salvo diniego dell'autorità dello Stato membro che ha fornito le informazioni.

4. Nel rispetto delle condizioni previste dalle disposizioni dell'Unione europea, la Banca d'Italia scambia informazioni con le autorità e i soggetti esteri indicati dalle disposizioni medesime. La collaborazione e lo scambio di informazioni con le autorità di Stati terzi sono disciplinati dagli artt. 76 e 77.

TITOLO III

Misure preparatorie

CAPO I

PIANI DI RISOLUZIONE

7. *Piani di risoluzione individuali*. — 1. La Banca d'Italia predispone, sentita la Banca Centrale Europea se questa è l'autorità competente, un piano di risoluzione per ciascuna banca non sottoposta a vigilanza su base consolidata. Se la banca ha una o più succursali significative in altri Stati membri, sono sentite anche le autorità di risoluzione di quegli Stati.

2. Fatto salvo l'art. 11, il piano è preparato in base alle informazioni fornite ai sensi dell'art. 9 e prevede le modalità per l'applicazione alla banca delle misure e dei poteri da attivare in caso di risoluzione secondo quanto stabilito dalla Banca d'Italia, anche con provvedimenti di carattere generale.

3. Nell'elaborare il piano, sono identificati eventuali ostacoli rilevanti per la risoluzione e stabilite modalità d'intervento atte ad affrontarli, in conformità al Capo II.

4. Il piano è riesaminato, e se necessario aggiornato, almeno annualmente, nonché in caso di significativo mutamento della struttura societaria o organizzativa, della attività o della situazione patrimoniale o finanziaria della banca.

8. *Piani di risoluzione di gruppo*. — 1. Per ciascun gruppo che include una banca italiana, è predisposto un piano di risoluzione, che individua misure per la risoluzione delle società appartenenti al gruppo bancario e delle società incluse nella vigilanza consolidata, indicate all'art. 2, comma 1, lett. *c*).

2. Il piano di risoluzione è preparato in base alle informazioni fornite ai sensi dell'art. 9 e prevede le modalità per l'applicazione al gruppo delle misure e dei poteri da attivare in caso di risoluzione secondo quanto stabilito dalla Banca d'Italia, anche con provvedimenti di carattere generale.

3. Il piano di risoluzione è riesaminato e, se necessario, aggiornato almeno annualmente, nonché in caso di significativo mutamento della struttura giuridica o organizzativa del gruppo, o della sua situazione patrimoniale o finanziaria, avendo riguardo a ogni componente del gruppo.

4. Il piano è predisposto dalla Banca d'Italia quando essa è l'autorità di risoluzione di gruppo. Sono sentite le autorità di risoluzione e le autorità competenti degli Stati membri in cui sono stabilite succursali significative delle società del gruppo; sono inoltre sentite le autorità competenti per la vigilanza su base consolidata.

5. Se il gruppo include società aventi sede legale in altri Stati membri, il piano è predisposto e aggiornato secondo quanto previsto dall'art. 70, sia quando la Banca d'Italia è l'autorità di risoluzione di gruppo sia quando essa è l'autorità di risoluzione di una componente del gruppo.

9. *Cooperazione*. — 1. I soggetti cui il piano di risoluzione si riferisce collaborano ai fini della predisposizione e del tempestivo aggiornamento del piano, e forniscono, anche per il tramite della Banca Centrale Europea se questa è l'autorità competente, le informazioni necessarie per la predisposizione, l'aggiornamento e l'applicazione dei piani di risoluzione. Essi conservano documentazione dettagliata dei contratti finanziari di cui sono parte e la mettono a disposizione della Banca d'Italia secondo i termini e le modalità da questa stabiliti.

2. Le banche e le capogruppo italiane controllate da una società estera inclusa nella vigilanza consolidata della Banca d'Italia provvedono alla trasmissione dei piani, delle informazioni, dei documenti, e di ogni altro dato che debba essere trasmesso tra la società estera controllante e la Banca d'Italia.

3. Le società aventi sede legale in Italia che controllano una banca soggetta a vigilanza consolidata in un altro Stato membro collaborano con l'autorità di risoluzione di tale Stato al fine di assicurare la trasmissione delle informazioni, dei documenti, e di ogni altro dato rilevante per la predisposizione dei piani di risoluzione.

4. La Banca d'Italia riceve dalle banche e dalle società che controllano una banca soggetta a vigilanza consolidata in Italia, nonché dalla

Banca Centrale Europea, se questa è l'autorità competente, comunicazione immediata di qualsiasi cambiamento che comporta la necessità di revisione o aggiornamento dei piani di risoluzione.

10. *Trasmissione delle informazioni e dei piani di risoluzione di gruppo*. — 1. La capogruppo trasmette alla Banca d'Italia le informazioni richieste in conformità dell'art. 9. Le informazioni riguardano tutti i soggetti cui il piano di risoluzione si riferisce.

2. La Banca d'Italia trasmette le informazioni acquisite a norma del comma 1 all'ABE, nonché, in caso di gruppo con componenti aventi sede legale in altri Stati membri:

a) alle autorità di risoluzione delle società controllate;

b) alle autorità di risoluzione degli altri Stati membri in cui sono stabilite succursali significative, per quanto attiene alle succursali;

c) ove rilevanti, alle autorità competenti rappresentate nei collegi delle autorità di vigilanza o con le quali è stato stipulato un accordo di coordinamento e cooperazione; e

d) alle autorità di risoluzione degli altri Stati membri in cui hanno sede legale le società diverse da una banca o una SIM, che controllano una banca.

3. Le informazioni trasmesse alle autorità di cui al comma 2, lett. *a*), *b*), *c*), nonché alle autorità competenti delle società controllate comprendono almeno tutte le informazioni riguardanti la società controllata o la succursale significativa di loro rispettiva competenza. Le informazioni fornite all'ABE comprendono tutte le informazioni d'interesse dell'ABE in relazione ai piani di risoluzione di gruppo. Le informazioni relative a società controllate aventi sede legale in Stati terzi sono trasmesse previo consenso dell'autorità competente o di risoluzione interessata.

4. I piani di risoluzione e i piani di risoluzione di gruppo, nonché ogni loro eventuale modifica, sono trasmessi alle autorità competenti interessate.

5. Alla banca interessata è trasmessa una sintesi degli elementi fondamentali del piano.

11. *Piani di risoluzione in forma semplificata*. — 1. La Banca d'Italia può, con provvedimenti di carattere generale o particolare, prevedere modalità semplificate di adempimento degli obblighi stabiliti dal presente Capo, avendo riguardo alle possibili conseguenze del dissesto della banca o del gruppo in considerazione delle loro caratteristiche, ivi inclusi le dimensioni, la complessità operativa, la struttura societaria, lo scopo mutualistico, l'adesione a un sistema di tutela istituzionale.

CAPO II
Risolvibilità

12. *Valutazione della risolvibilità*. — 1. La Banca d'Italia valuta, sentita la Banca Centrale Europea quando questa è l'autorità competente, se una banca non facente parte di un gruppo è risolvibile. Se la banca ha una o più succursali significative in altri Stati membri, sono sentite anche le autorità di risoluzione di quegli Stati.

2. Una banca si intende risolvibile quando, anche in presenza di situazioni di instabilità finanziaria generalizzata o di eventi sistemici, essa può essere assoggettata a liquidazione coatta amministrativa o a risoluzione, minimizzando le conseguenze negative significative per il sistema finanziario italiano, di altri Stati membri o dell'Unione europea e nella prospettiva di assicurare la continuità delle funzioni essenziali.

3. Per valutare la risolvibilità si considerano gli elementi indicati dalla Banca d'Italia, anche con provvedimenti di carattere generale, e quanto stabilito dai regolamenti della Commissione Europea. La valutazione non fa affidamento sulle seguenti misure:

a) sostegno finanziario pubblico straordinario, fatto salvo l'utilizzo dei fondi di risoluzione;

b) assistenza di liquidità di emergenza fornita dalla banca centrale;

c) assistenza di liquidità fornita dalla banca centrale con garanzie durata e tasso di interesse non standard.

4. La valutazione è effettuata in occasione della preparazione e dell'aggiornamento del piano di risoluzione in conformità dell'art. 7, che ne tiene debitamente conto. La Banca d'Italia, se ritiene che la banca non è risolvibile, lo comunica tempestivamente all'ABE. In tal caso, l'obbligo di predisporre o aggiornare il piano di risoluzione è sospeso fino alla definitiva individuazione delle misure per la rimozione degli impedimenti sostanziali alla risolvibilità ai sensi dell'art. 14.

13. *Valutazione della risolvibilità dei gruppi*. — 1. La Banca d'Italia valuta se un gruppo è risolvibile, quando è l'autorità di risoluzione di gruppo: sono sentite le autorità competenti per la vigilanza su base consolidata e individuale. Se le banche del gruppo hanno una o più succursali significative in altri Stati membri, sono sentite anche le autorità di risoluzione e competenti di quegli Stati.

2. Un gruppo si intende risolvibile, anche in presenza di situazioni di instabilità finanziaria

generalizzata o di eventi sistemici, quando le componenti del gruppo possono essere assoggettate alle procedure concorsuali rispettivamente applicabili oppure alla risoluzione, in modo da minimizzare le conseguenze negative significative per il sistema finanziario degli Stati membri in cui le componenti del gruppo sono stabilite, di altri Stati membri o dell'Unione europea e nella prospettiva di assicurare la continuità delle funzioni essenziali svolte dalle componenti del gruppo mediante la loro separazione, se facilmente praticabile in modo tempestivo, o con altri mezzi.

3. Per valutare la risolvibilità si considerano gli elementi indicati dalla Banca d'Italia, anche con provvedimenti di carattere generale, e quanto stabilito dai regolamenti della Commissione Europea. La valutazione non fa affidamento sulle misure indicate nell'art. 12, comma 3.

4. La valutazione è effettuata in occasione della preparazione e dell'aggiornamento del piano di risoluzione di gruppo in conformità all'art. 8, che ne tiene debitamente conto. La Banca d'Italia, in qualità di autorità di risoluzione di gruppo, se ritiene che il gruppo non è risolvibile, lo comunica tempestivamente all'ABE. In tal caso, l'obbligo di predisporre o aggiornare il piano di risoluzione di gruppo o di concorrere a una decisione congiunta su di esso è sospeso fino alla definitiva individuazione delle misure per la rimozione degli impedimenti sostanziali alla risolvibilità ai sensi dell'art. 15.

14. *Rimozione degli impedimenti alla risolvibilità di banche non facenti parte di un gruppo.* — 1. Se, a seguito della valutazione effettuata conformemente all'art. 12, risultano impedimenti sostanziali alla risolvibilità di una banca, la Banca d'Italia ne dà comunicazione alla banca stessa, alla Banca Centrale Europea se questa è l'autorità competente, nonché alle autorità di risoluzione degli Stati membri in cui sono stabilite succursali significative. In caso di gruppo, si procede a norma dell'art. 15.

2. Entro quattro mesi dalla data di ricevimento della comunicazione, la banca propone misure per superare gli impedimenti. Le misure sono approvate se ritenute adeguate e dell'approvazione è data comunicazione alla banca. In caso contrario, la Banca d'Italia indica alla banca, direttamente o per il tramite della Banca Centrale Europea quando questa è l'autorità competente, le misure alternative da adottare tra quelle elencate all'art. 16, commi 1 e 2. Esse sono individuate tenuto conto del possibile impatto degli impedimenti sulla stabilità finanziaria e dell'effetto delle misure alternative sull'attività della banca, sulla sua stabilità e sulla sua capacità di contribuire al sistema economico, nonché sul mercato interno dei servizi finanziari e sulla stabilità finanziaria di altri Stati membri e dell'Unione. La banca propone entro un mese un piano per conformarsi ad esse.

15. *Rimozione degli impedimenti alla risolvibilità di gruppi.* — 1. Se, a seguito della valutazione effettuata conformemente all'art. 13, risultano impedimenti sostanziali alla risolvibilità di un gruppo con componenti aventi sede legale solo in Italia, la Banca d'Italia ne dà comunicazione alla capogruppo, alla Banca Centrale Europea se questa è l'autorità competente, nonché alle autorità di risoluzione degli Stati membri in cui sono stabilite succursali significative.

2. La Banca d'Italia, in collaborazione con la Banca Centrale Europea se questa è l'autorità di vigilanza su base consolidata e con l'ABE conformemente all'art. 25, par. 1, del reg. (UE) n. 1093/2010, prepara una relazione e la trasmette alla capogruppo, nonché alle autorità di risoluzione degli Stati membri in cui sono stabilite succursali significative. La relazione analizza gli impedimenti sostanziali alla risoluzione e raccomanda misure mirate e rispondenti al principio di proporzionalità, avendone valutato l'impatto sulle banche o sulle SIM facenti parte del gruppo.

3. Entro quattro mesi dalla data di ricezione della relazione, la capogruppo può presentare osservazioni e proporre misure alternative per superare gli impedimenti individuati nella relazione. La Banca d'Italia comunica alla Banca Centrale Europea, se questa è l'autorità di vigilanza su base consolidata, all'ABE, alle autorità di risoluzione degli Stati membri in cui sono stabilite succursali significative, le misure proposte dalla capogruppo.

4. La Banca d'Italia, sentite le autorità competenti e le autorità di risoluzione degli Stati membri in cui sono stabilite succursali significative, decide sulle misure proposte dalla capogruppo, tenendo conto dell'impatto delle misure in tutti gli Stati membri in cui il gruppo opera ed eventualmente indica le misure da adottare tra quelle elencate all'art. 16, commi 1 e 2.

5. La decisione è motivata e adottata entro quattro mesi che decorrono dalla presentazione di eventuali osservazioni da parte della capogruppo o, in mancanza di osservazioni, alla scadenza del termine di quattro mesi di cui al comma 3. La decisione è trasmessa alla capogruppo.

6. In caso di gruppo con componenti aventi

sede legale in altri Stati membri, si applica la procedura di cui all'art. 70.

16. *Misure di rimozione degli impedimenti alla risolvibilità*. — 1. Ai fini degli artt. 14, comma 2, e 15, commi 4 e 6, la Banca d'Italia può ordinare a una banca di:

a) modificare o adottare accordi di finanziamento infragruppo, o elaborare contratti di servizio, infragruppo o con terzi, per la prestazione di funzioni essenziali;

b) limitare il livello massimo di esposizione ai rischi, individuali e aggregati;

c) fornire informazioni rilevanti ai fini della risoluzione, anche su base periodica;

d) cedere o dismettere determinati beni o rapporti giuridici;

e) limitare, sospendere o cessare determinate attività, linee di business, vendita di prodotti, o astenersi da intraprenderne di nuovi.

2. Ai fini degli artt. 14, comma 2, e 15, commi 4 e 6, la Banca d'Italia può inoltre:

a) imporre modifiche alla forma giuridica o alla struttura operativa della banca o di società del gruppo, o alla struttura del gruppo, per ridurne la complessità e assicurare che le funzioni essenziali possano, in caso di risoluzione, essere separate dalle altre funzioni; se per dare attuazione alle modifiche è richiesto il conferimento dell'intera azienda bancaria a una società controllata, ai soci non spetta il diritto di recesso ai sensi dell'art. 2437 del codice civile;

b) imporre a una società non finanziaria di cui all'art. 65, comma 1, lett. *h*), del t.u. bancario (1), anche se avente sede legale in altri Stati membri, di costituire una società finanziaria intermedia che controlli la banca, se necessario per agevolarne la risoluzione ed evitare che la risoluzione determini conseguenze negative sulle componenti non finanziarie del gruppo;

c) ordinare a un soggetto di cui all'art. 2 di emettere passività ammissibili per ottemperare ai requisiti di cui all'art. 50 o adottare altre misure per rispettare il requisito minimo di fondi propri e passività ammissibili ai sensi dell'art. 50, anche intraprendendo trattative per modificare le clausole applicabili alle passività ammissibili, agli strumenti aggiuntivi di classe 1 o agli elementi di classe 2 emessi per rendere efficace, secondo la legge che governa gli strumenti, l'eventuale riduzione o conversione disposta dalla Banca d'Italia.

TITOLO IV
Risoluzione e altre procedure di gestione della crisi

CAPO I
Disposizioni generali

Sezione I — *Presupposti e obiettivi*

17. *Presupposti comuni alla risoluzione e alle altre procedure di gestione delle crisi*. — 1. Una banca è sottoposta a una delle misure indicate all'art. 20 quando ricorrono congiuntamente i seguenti presupposti:

a) la banca è in dissesto o a rischio di dissesto secondo quanto previsto dal comma 2;

b) non si possono ragionevolmente prospettare misure alternative che permettono di superare la situazione di cui alla lett. *a*) in tempi adeguati, tra cui l'intervento di uno o più soggetti privati o di un sistema di tutela istituzionale, o un'azione di vigilanza, che può includere misure di intervento precoce o l'amministrazione straordinaria ai sensi del t.u. bancario (1).

2. La banca è considerata in dissesto o a rischio di dissesto in una o più delle seguenti situazioni:

a) risultano irregolarità nell'amministrazione o violazioni di disposizioni legislative, regolamentarie o statutarie che regolano l'attività della banca di gravità tale che giustificherebbero la revoca dell'autorizzazione all'esercizio dell'attività;

b) risultano perdite patrimoniali di eccezionale gravità, tali da privare la banca dell'intero patrimonio o di un importo significativo del patrimonio;

c) le sue attività sono inferiori alle passività;

d) essa non è in grado di pagare i propri debiti alla scadenza;

e) elementi oggettivi indicano che una o più delle situazioni indicate nelle lett. *a*), *b*), *c*) e *d*) si realizzeranno nel prossimo futuro;

f) è prevista l'erogazione di un sostegno finanziario pubblico straordinario a suo favore, fatto salvo quanto previsto dall'art. 18.

3. Le misure indicate all'art. 20 possono essere disposte anche se non sono state precedentemente adottate misure di intervento precoce o l'amministrazione straordinaria.

(1) In *Leggi coll. XVII, 1*.

18. *Sostegno finanziario pubblico straordinario.* — 1. Ai fini dell'art. 17, comma 2, lett. *f*), una banca non è considerata in dissesto o a rischio di dissesto nei casi in cui, per evitare o porre rimedio a una grave perturbazione dell'economia e preservare la stabilità finanziaria, il sostegno finanziario pubblico straordinario viene concesso:

a) in una delle seguenti forme:

i) una garanzia dello Stato a sostegno degli strumenti di liquidità forniti dalla banca centrale alle condizioni da essa applicate;

ii) una garanzia dello Stato sulle passività di nuova emissione;

iii) la sottoscrizione di fondi propri o l'acquisto di strumenti di capitale effettuati a prezzi e condizioni che non conferiscono un vantaggio alla banca, se al momento della sottoscrizione o dell'acquisto questa non versa in una delle situazioni di cui all'art. 17, comma 2, lett. *a*), *b*), *c*), *d*) o *e*), né ricorrono i presupposti per la riduzione o la conversione ai sensi del Capo II;

b) nonché a condizione che il sostegno finanziario pubblico straordinario:

i) sia erogato previa approvazione ai sensi della disciplina sugli aiuti di Stato e, nei casi di cui alla lett. *a*), punti *i*) e *ii*), sia riservato a banche con patrimonio netto positivo;

ii) sia adottato su base cautelativa e temporanea, in misura proporzionale alla perturbazione dell'economia; e

iii) non venga utilizzato per coprire perdite ha registrato o verosimilmente registrerà nel prossimo futuro.

2. Nel caso di cui alla lett. *a*), punto *iii*), la sottoscrizione è effettuata unicamente per far fronte a carenze di capitale evidenziate nell'ambito di prove di stress condotte a livello nazionale, dell'Unione europea, o del Meccanismo di Vigilanza Unico, o nell'ambito delle verifiche della qualità degli attivi o di analoghi esercizi condotti dalla Banca Centrale Europea, dall'ABE o da autorità nazionali.

19. *Accertamento dei presupposti.* — 1. L'organo di amministrazione o di controllo di una banca informa tempestivamente la Banca d'Italia o la Banca Centrale Europea, quali autorità competenti, se ritiene che la banca è in dissesto o a rischio di dissesto ai sensi dell'art. 17, comma 1, lett. *a*). Se l'autorità competente è la Banca Centrale Europea, essa ne dà senza indugio comunicazione alla Banca d'Italia.

2. La sussistenza del presupposto previsto dall'art. 17, comma 1, lett. *a*), è accertata dalla Banca d'Italia o dalla Banca Centrale Europea, quali autorità competenti. Quando la Banca Centrale Europea è l'autorità competente, è sentita la Banca d'Italia quale autorità di risoluzione. La Banca d'Italia, in qualità di autorità di risoluzione, può inoltre accertare in via autonoma la sussistenza del presupposto previsto dall'art. 17, comma 1, lett. *a*); essa acquisisce dalla Banca Centrale Europea, quando questa è l'autorità competente, un parere e tutte le informazioni necessarie.

3. La Banca d'Italia accerta la sussistenza del presupposto previsto dall'art. 17, comma 1, lett. *b*), sentita la Banca Centrale Europea, quando questa è l'autorità competente.

20. *Individuazione della procedura di crisi.* — 1. Quando risultano accertati i presupposti indicati all'art. 17, è disposta alternativamente nei confronti di una banca:

a) la riduzione o conversione di azioni, di altre partecipazioni e di strumenti di capitale emessi dalla banca, secondo quanto previsto dal Capo II, quando ciò consente di rimediare allo stato di dissesto o di rischio di dissesto di cui all'art. 17, comma 1, lett. *a*);

b) la risoluzione della banca secondo quanto previsto dal Capo III o la liquidazione coatta amministrativa secondo quanto previsto dall'art. 80 del t.u. bancario (1) se la misura indicata alla lett. *a*) non consente di rimediare allo stato di dissesto o di rischio di dissesto.

2. La risoluzione è disposta quando la Banca d'Italia ha accertato la sussistenza dell'interesse pubblico che ricorre quando la risoluzione è necessaria e proporzionata per conseguire uno o più obiettivi indicati all'art. 21 e la sottoposizione della banca a liquidazione coatta amministrativa non consentirebbe di realizzare questi obiettivi nella stessa misura.

21. *Obiettivi della risoluzione.* — 1. La Banca d'Italia esercita i poteri ad essa attribuiti dal presente decreto avendo riguardo alla continuità delle funzioni essenziali dei soggetti di cui all'art. 2, alla stabilità finanziaria, al contenimento degli oneri a carico delle finanze pubbliche, alla tutela dei depositanti e degli investitori protetti da sistemi di garanzia o di indennizzo, nonché dei fondi e delle altre attività della clientela.

2. Nel perseguire gli obiettivi di cui al comma 1, si tiene conto dell'esigenza di minimizzare i costi della risoluzione e di evitare, per quanto possibile, distruzione di valore.

22. *Principi della risoluzione.* — 1. La risoluzione si conforma ai seguenti principi:

(1) In *Leggi coll. XVII, 1.*

a) le perdite sono subite dagli azionisti e dai creditori, nell'ordine e nei modi stabiliti dal presente decreto;

b) salvo che sia diversamente previsto dal presente decreto, gli azionisti e i creditori aventi la stessa posizione nell'ordine di priorità applicabile in sede concorsuale ricevono pari trattamento e subiscono le perdite secondo l'ordine medesimo;

c) nessun azionista e creditore subisce perdite maggiori di quelle che subirebbe se l'ente sottoposto a risoluzione fosse liquidato, secondo la liquidazione coatta amministrativa disciplinata dal t.u. bancario (1) o altra analoga procedura concorsuale applicabile;

d) i depositi protetti non subiscono perdite;

e) gli organi con funzioni di amministrazione e di controllo e l'alta dirigenza dell'ente sottoposto a risoluzione sono sostituiti, salvo i casi in cui la permanenza in carica di tutti o di alcuni di essi sia necessaria per conseguire gli obiettivi della risoluzione; i componenti di tali organi forniscono alla Banca d'Italia o ai commissari speciali l'assistenza necessaria, anche in caso di cessazione dalla carica;

f) agli azionisti, ai creditori e agli altri soggetti interessati dalla risoluzione sono applicate le salvaguardie previste dal Titolo VI;

g) i soggetti che hanno dolosamente o colposamente dato causa o contribuito al dissesto dell'ente sottoposto a risoluzione ne rispondono secondo quanto previsto dalla legge;

h) i provvedimenti adottati ai sensi del presente decreto sono volti a ridurre al minimo gli effetti negativi della risoluzione sulla stabilità finanziaria nell'Unione Europea e nei suoi Stati membri, nonché, se l'ente sottoposto a risoluzione fa parte di un gruppo, sulle altre componenti del gruppo e sul gruppo nel suo complesso.

2. Le azioni di risoluzione tengono conto della complessità operativa, dimensionale e organizzativa dei soggetti coinvolti, nonché della natura dell'attività svolta; esse sono effettuate nel rispetto della disciplina sugli aiuti di Stato dell'Unione Europea.

Sezione II — *Valutazione*

23. *Valutazione*. — 1. L'avvio della risoluzione o la riduzione e conversione di azioni, di altre partecipazioni e di strumenti di capitale ai sensi del Capo II nei confronti di un soggetto di cui all'art. 2 è preceduto da una valutazione equa, prudente e realistica delle sue attività e passività.

2. La valutazione è effettuata su incarico della Banca d'Italia da un esperto indipendente, ivi incluso il commissario straordinario nominato ai sensi dell'art. 71 del t.u. bancario (1).

3. Per i danni cagionati dalla valutazione, l'esperto, i componenti dei suoi organi nonché i suoi dipendenti rispondono in caso di dolo o colpa grave.

24. *Finalità e contenuto della valutazione*. — 1. La valutazione è volta a:

a) fornire elementi perché sia accertata l'esistenza dei presupposti per la risoluzione, o per la riduzione e conversione delle azioni, delle altre partecipazioni e degli strumenti di capitale prevista dal Capo II;

b) fornire elementi perché siano individuate le azioni di risoluzione più appropriate, tenendo anche conto di quanto previsto nel piano di risoluzione;

c) quantificare l'entità della riduzione o conversione delle azioni, delle altre partecipazioni e degli strumenti di capitale, necessaria per coprire le perdite e assicurare il rispetto dei requisiti prudenziali;

d) se tra le azioni di risoluzione è indicato il bail-in, quantificare l'entità della riduzione e conversione delle passività ammissibili;

e) se tra le azioni di risoluzione è indicata la cessione ai sensi del Capo IV, Sezione II, fornire elementi utili per:

i) individuare i beni e i rapporti giuridici che possono essere ceduti all'ente-ponte o alla società veicolo per la gestione delle attività e quantificare gli eventuali corrispettivi da pagare, a fronte della cessione, all'ente soggetto a risoluzione o, a seconda dei casi, ai titolari delle azioni o di altre partecipazioni;

ii) individuare i beni e i rapporti giuridici che possono essere ceduti a soggetti terzi diversi dall'ente-ponte o dalla società veicolo per la gestione delle attività nonché accertare le condizioni commerciali che devono sussistere a norma dell'art. 40, comma 2.

2. La valutazione si fonda su ipotesi prudenti, anche per quanto concerne i tassi di insolvenza e la gravità delle perdite. Queste sono accertate con riferimento al momento in cui è effettuata la valutazione; ove possibile, è altresì fornita una stima delle perdite che potrebbero risultare al momento dell'applicazione delle azioni di risoluzione o dell'esercizio del potere di riduzione o conversione delle azioni, delle

(1) In *Leggi coll. XVII, 1*.

altre partecipazioni e gli strumenti di capitale.

3. La valutazione non può basarsi sull'eventualità che sia concesso un sostegno finanziario pubblico straordinario o un'assistenza di liquidità di emergenza o un'assistenza di liquidità della banca centrale con caratteristiche non standard di garanzia, durata e tasso d'interesse.

4. La valutazione tiene inoltre conto degli interessi o commissioni che il fondo di risoluzione può imputare per eventuali prestiti o garanzie forniti all'ente soggetto a risoluzione.

5. La valutazione identifica le diverse categorie di azionisti e creditori in relazione al rispettivo ordine di priorità applicabile in sede concorsuale e stima il trattamento che ciascuna categoria di azionisti e creditori riceverebbe se l'ente fosse liquidato, secondo la liquidazione coatta amministrativa disciplinata dal t.u. bancario (1) o altra analoga procedura concorsuale applicabile.

6. La valutazione è accompagnata dalle seguenti informazioni, risultanti dai libri e registri contabili:

a) stato patrimoniale più recente e relazione sulla situazione finanziaria;

b) analisi e stima del valore contabile delle attività;

c) elenco delle passività in bilancio o fuori bilancio, con indicazione dell'ordine di priorità applicabile in sede concorsuale;

7. Quando opportuno per le decisioni di cui al comma 1, lett. *e*), l'analisi e la stima del valore contabile delle attività e delle passività sono integrate con una stima del valore di mercato delle attività e delle passività.

25. *Valutazione provvisoria*. — 1. Quando sussistono motivi di urgenza che non permettono di procedere ai sensi dell'art. 24, l'avvio di un'azione di risoluzione e la riduzione o conversione delle azioni, delle altre partecipazioni e degli strumenti di capitale possono essere disposti sulla base di una valutazione provvisoria.

2. La valutazione provvisoria è effettuata dalla Banca d'Italia o dal commissario straordinario nominato ai sensi dell'art. 71 del t.u. bancario (1). Essa include una stima adeguatamente motivata di eventuali ulteriori perdite. Si applicano l'art. 23, commi 1, primo periodo, e 3, e l'art. 24, commi 1, 4 e 5, ove possibile.

3. La valutazione provvisoria è seguita, non appena possibile, da una valutazione definitiva conforme agli artt. 23 e 24. Se quest'ultima è effettuata insieme alla valutazione prevista dall'art. 88, deve rimanere da essa distinta.

4. La valutazione definitiva è finalizzata ad assicurare che eventuali perdite siano pienamente rilevate e a fornire elementi utili per la decisione di ripristinare, in tutto o in parte, il valore dei diritti degli azionisti o dei creditori o incrementare il corrispettivo pagato, in conformità agli artt. 29, comma 3, e 51, comma 2.

26. *Tutela giurisdizionale e indennità spettanti ai soggetti incaricati della valutazione*. — 1. La decisione di applicare una misura di risoluzione o esercitare un potere di risoluzione o esercitare il potere di ridurre o convertire le azioni, le altre partecipazioni e gli strumenti di capitale si basa sulla valutazione di cui all'art. 23 o all'art. 25. La valutazione è parte integrante della decisione.

2. Non è ammessa tutela giurisdizionale contro la valutazione, finché non è stata adottata la decisione di cui al comma 1. Davanti al giudice amministrativo non è ammessa tutela autonoma contro la valutazione, ma essa può essere oggetto di contestazione solo nell'ambito dell'impugnazione della decisione, ai sensi dell'art. 95.

3. Alle indennità spettanti ai soggetti incaricati della valutazione ai sensi della presente Sezione si applica l'art. 37, commi 7 e 8.

CAPO II

Riduzione o conversione di azioni, di altre partecipazioni e di strumenti di capitale

27. *Presupposti*. — 1. Le azioni, le altre partecipazioni e gli strumenti di capitale emessi da un soggetto indicato nell'art. 2 sono ridotti o convertiti, secondo quanto previsto dal presente Capo:

a) indipendentemente dall'avvio della risoluzione o della liquidazione coatta amministrativa, nei casi previsti dall'art. 20, comma 1, lett. *a*), anche in combinazione con l'intervento di uno o più soggetti terzi, incluso un sistema di garanzia dei depositanti; o

b) in combinazione con un'azione di risoluzione, quando il programma di risoluzione di cui all'art. 32 prevede misure che comportano per azionisti e creditori la riduzione di valore dei loro diritti o la conversione in capitale; in questo caso, essa è disposta immediatamente prima o contestualmente all'applicazione di tali misure.

28. *Strumenti soggetti a riduzione o conversione*. — 1. La riduzione o la conversione è dispo-

(1) In *Leggi coll. XVII, 1.*

sta con riferimento alle riserve, alle azioni, alle altre partecipazioni e gli strumenti di capitale emessi da una banca avente sede legale in Italia computabili nei fondi propri su base individuale, quando si realizzano per la banca i presupposti indicati nell'art. 20, comma 1, lett. *a*).

2. Quando i presupposti indicati nell'art. 20, comma 1, lett. *a*), si realizzano per il gruppo, la riduzione o la conversione è disposta con riferimento a:

a) le riserve, le azioni, le altre partecipazioni e gli strumenti di capitale emessi dalla capogruppo, computabili nei fondi propri su base individuale o consolidata;

b) le riserve, le azioni, le altre partecipazioni e gli strumenti di capitale emessi da un soggetto indicato all'art. 2 diverso dalla capogruppo e computabili nei fondi propri su base sia individuale sia consolidata; se del gruppo fa parte una società avente sede legale in un altro Stato membro, la misura è disposta in conformità dell'art. 30.

3. La riduzione o la conversione è disposta nell'ordine indicato dall'art. 52, comma 1, lett. *a*), punti *i*), *ii*) e *iii*), e lett. *b*) e *c*). Si applica inoltre l'art. 52, commi 2, 3, 5 e 6.

29. *Riduzione o conversione*. — 1. La riduzione o la conversione è disposta dalla Banca d'Italia.

2. Si applicano gli artt. 55, 57, e 59 e, anche ai fini della realizzazione di operazioni di capitalizzazione con l'intervento di soggetti terzi, 58.

3. L'importo della riduzione o della conversione è determinato nella misura necessaria per coprire le perdite e assicurare il rispetto dei requisiti prudenziali, come quantificata nella valutazione effettuata ai sensi del Capo I, Sezione II. Se la valutazione è provvisoria e gli importi della riduzione o della conversione in essa indicati risultano superiori a quelli risultanti dalla valutazione definitiva, l'importo della riduzione o della conversione può essere ripristinato per la differenza.

4. Nei casi previsti dall'art. 28, comma 2, il valore delle azioni, delle altre partecipazioni e degli strumenti di capitale emessi da una società controllata e computabili nei fondi propri su base consolidata non può essere ridotto in misura maggiore o essere convertito a condizioni meno favorevoli per il suo titolare rispetto alla misura della riduzione di valore o alle condizioni di conversione degli strumenti dello stesso rango emessi dalla capogruppo o dalla società posta al vertice del gruppo soggetto a vigilanza consolidata e computabili nei fondi propri su base consolidata.

30. *Cooperazione fra autorità*. — 1. La Banca d'Italia collabora con le autorità degli altri Stati membri per l'adozione della decisione congiunta prevista dall'art. 62 della dir. 2014/59/UE sulla sussistenza dei presupposti per la riduzione o la conversione quando gli strumenti su cui applicare queste misure sono computati nei fondi propri su base individuale e consolidata e ricorre una delle seguenti circostanze:

a) il gruppo bancario soggetto alla vigilanza consolidata della Banca d'Italia comprende un soggetto di cui all'art. 2 con sede legale in un altro Stato membro;

b) un soggetto di cui all'art. 2 avente sede legale in Italia è sottoposto a vigilanza consolidata in un altro Stato membro.

2. La Banca d'Italia attua senza ritardo le decisioni congiunte di riduzione del valore o di conversione degli strumenti di capitale nei confronti di società aventi sede in Italia.

3. Se non è raggiunta una decisione congiunta, la Banca d'Italia assume le determinazioni di propria competenza circa la sussistenza dei presupposti per la riduzione o la conversione in relazione a:

a) gli strumenti computabili nei fondi propri su base individuale emessi da banche italiane, ancorché soggette a vigilanza consolidata in un altro Stato membro;

b) gli strumenti computabili nei fondi propri su base consolidata emessi da soggetti di cui all'art. 2, lett. *b*) e *c*), aventi sede legale in uno Stato membro e inclusi nella vigilanza consolidata della Banca d'Italia.

4. Nell'assumere le determinazioni di propria competenza, la Banca d'Italia tiene conto del potenziale impatto della misura di riduzione o di conversione in tutti gli Stati membri in cui operano la banca o il gruppo interessati.

31. *Ulteriori previsioni in caso di conversione*. — 1. Ai titolari degli strumenti soggetti a conversione possono essere attribuite azioni computabili nel capitale primario di classe 1 emesse, oltre che dalla società nei cui confronti è stata disposta la riduzione o la conversione, anche da altre componenti del gruppo, inclusa la società posta al vertice del gruppo. Se queste hanno sede legale in un altro Stato membro, l'attribuzione degli strumenti è disposta previo accordo con l'autorità di risoluzione dello Stato membro interessato.

2. Ai titolari degli strumenti soggetti a conversione non possono essere attribuiti strumenti di capitale primario di classe 1 che siano stati emessi dopo un apporto di fondi propri da parte dello Stato o di società controllate dallo Stato.

3. All'assunzione di partecipazioni conseguente alla conversione si applica l'art. 53.

CAPO III

AVVIO E CHIUSURA DELLA RISOLUZIONE

32. *Avvio della risoluzione*. — 1. Quando risultano accertati i presupposti indicati all'art. 20, commi 1, lett. *b*), e 2, la Banca d'Italia, previa approvazione del Ministro dell'economia e delle finanze, dispone l'avvio della risoluzione con un provvedimento che contiene:

a) l'indicazione dei presupposti per l'avvio della risoluzione;

b) il programma di risoluzione, nel quale, tra l'altro:

1) sono individuate le misure di risoluzione da adottare sulla base della valutazione effettuata ai sensi del Capo I, Sezione II;

2) in caso di applicazione del bail-in, sono indicati il suo ammontare e le categorie di passività escluse ai sensi dell'art. 49, comma 2;

3) è indicato se si farà ricorso al fondo di risoluzione;

4) vengono, se del caso, indicati i termini e il periodo della sospensione o della restrizione di cui agli artt. 66, 67 e 68;

5) viene, se del caso, disposta la permanenza nella carica dei componenti dell'organo di amministrazione o di controllo o dell'alta dirigenza ai sensi dell'art. 22, comma 1, lett. *d*);

6) se è prevista la costituzione di un ente-ponte o di una società veicolo per la gestione delle attività, sono indicati:

i) i beni e i rapporti giuridici da cedere all'ente-ponte o alla società;

ii) le modalità di costituzione dell'ente-ponte o della società;

iii) le modalità di cessione delle partecipazioni al capitale sociale dell'ente-ponte o delle sue attività o passività.

2. L'approvazione del Ministro dell'economia e delle finanze è condizione di efficacia del provvedimento. La Banca d'Italia, ricevuta la comunicazione dell'approvazione del Ministro dell'economia e delle finanze, determina la decorrenza degli effetti del provvedimento, anche in deroga all'art. 21-*bis* della l. 7 agosto 1990, n. 241.

3. Il provvedimento con cui è disposto l'avvio della risoluzione, unitamente all'atto della Banca d'Italia previsto dal comma 2, sono pubblicati per estratto nella *Gazzetta Ufficiale* della Repubblica italiana, sul sito internet della Banca d'Italia, e su quello dell'ente sottoposto a risoluzione, nel registro delle imprese nonché sugli altri mezzi di comunicazione indicati dalla Banca d'Italia.

4. Il provvedimento con cui è disposto l'avvio della risoluzione, unitamente all'atto della Banca d'Italia previsto dal comma 2, sono trasmessi alla Banca Centrale Europea, all'ente sottoposto a risoluzione, al sistema di garanzia dei depositi e al sistema di indennizzo degli investitori ai quali l'ente aderisce, al fondo di risoluzione, alla Commissione europea, all'ABE, all'AESFEM, all'AEAP, al CERS nonché, se del caso, alla Consob, alle autorità di altri Stati membri competenti per la vigilanza su base consolidata o la risoluzione di gruppo, alle autorità competenti per la vigilanza sulle succursali dell'ente sottoposto a risoluzione o ai gestori dei sistemi di pagamento o di regolamento titoli, nonché alle controparti centrali cui l'ente aderisce, e alle rispettive autorità di vigilanza su tali soggetti.

5. Le comunicazioni di cui ai commi 3 e 4 sono effettuate in tempi coerenti con la necessità di non pregiudicare gli obiettivi della risoluzione. La Banca d'Italia può stabilire forme integrative di pubblicità.

6. Il programma di risoluzione può essere modificato con provvedimento della Banca d'Italia approvato dal Ministro dell'economia e delle finanze ai sensi dell'art. 4. Si applicano i commi 2, 3, 4 e 5.

7. Ai procedimenti previsti dal presente articolo non si applicano le disposizioni della l. 7 agosto 1990, n. 241, in materia di partecipazione al procedimento amministrativo.

33. *Presupposti per l'avvio della risoluzione di altri soggetti*. — 1. Una società finanziaria avente sede legale in Italia controllata da una società inclusa nella vigilanza su base consolidata può essere sottoposta a risoluzione se la sussistenza dei presupposti di cui all'art. 20, commi 1, lett. *b*), e 2 è verificata in capo a essa e alla società controllante inclusa nella vigilanza consolidata.

2. Salvo quanto previsto dai commi 3 e 5, una società, avente sede legale in Italia, diversa da una banca o da una SIM, che controlla una banca può essere sottoposta a risoluzione se la sussistenza dei presupposti di cui all'art. 20, commi 1, lett. *b*), e 2, è verificata in capo a essa e ad almeno una banca da essa controllata o, quando la sede legale della banca è stabilita fuori dell'Unione Europea, se l'autorità dello Stato terzo ha determinato che per essa sussistono i presupposti per l'avvio della risoluzione secondo il proprio ordinamento. Alle stesse condizioni può essere sottoposta a risoluzione la società avente sede legale in Italia diversa da una banca o da una SIM che controlla una banca avente sede legale in un altro Stato membro.

3. Se per una società di cui al comma 2 non sussistono i presupposti indicati all'art. 20, commi 1, lett. *b*), e 2, la risoluzione può essere avviata quando:

a) la sussistenza dei presupposti indicati all'art. 20, commi 1, lett. *b*), e 2, è verificata con riguardo ad almeno una banca da essa controllata, e

b) la risoluzione della società di cui al comma 2 è necessaria per la risoluzione della banca controllata o del gruppo nel suo complesso, e

c) la situazione patrimoniale della banca controllata è tale che il suo dissesto minaccia un'altra banca o il gruppo nel suo complesso oppure la disciplina concorsuale applicabile richiede che la crisi del gruppo sia trattata in maniera unitaria, salvo quanto previsto dal comma 5.

4. Ai fini della verifica ai sensi dei commi 2 e 3, lett. *a*), circa la sussistenza dei presupposti indicati all'art. 20, commi 1, lett. *b*), e 2, in capo alla banca controllata non si tiene conto di trasferimenti infragruppo, anche per effetto di riduzione o conversione di azioni, altre partecipazioni e strumenti di capitale, quando ciò è stato convenuto con le autorità di risoluzione estere coinvolte.

5. Quando la società indicata al comma 2 è una società non finanziaria, la risoluzione non è avviata nei suoi confronti se:

a) la risoluzione non è indispensabile per conseguire gli obiettivi stabiliti dall'art. 21; o

b) la società controlla la banca indirettamente attraverso una società finanziaria intermedia; in questo caso la risoluzione può essere avviata nei confronti della società finanziaria intermedia, se ne sussistono i presupposti ai sensi del presente articolo.

6. L'organo di amministrazione o quello di controllo di una società indicata ai commi 1 e 2 informa tempestivamente la Banca d'Italia o la Banca Centrale Europea, quali autorità competenti, quando reputa che la società versa in una situazione di dissesto o è a rischio di dissesto ai sensi dell'art. 17, comma 1, lett. *a*). In questo caso, la Banca Centrale Europea, quale autorità competente, ne dà senza indugio comunicazione alla Banca d'Italia.

34. *Attuazione del programma di risoluzione.* — 1. La Banca d'Italia dà esecuzione al programma di risoluzione, come definito con il provvedimento di cui all'art. 32, comma 1, attuando le misure ivi indicate ed esercitando i poteri previsti dal Capo V.

2. Il programma è attuato dalla Banca d'Italia in una o più delle seguenti modalità:

a) con atti di uno o più commissari speciali dalla stessa nominati, che esercitano i poteri disciplinati dall'art. 37 e dal Capo V;

b) con atti che tengono luogo di quelli dei competenti organi sociali, degli azionisti e dei titolari di altre partecipazioni;

c) con provvedimenti di carattere particolare, anche rivolti agli organi dell'ente sottoposto a risoluzione, ai sensi del comma 4.

3. La decorrenza degli effetti dei provvedimenti di carattere particolare di cui al comma 2 è stabilita anche in deroga all'art. 21-*bis* della l. 7 agosto 1990, n. 241. Non si applicano le disposizioni della l. 7 agosto 1990, n. 241, in materia di partecipazione al procedimento amministrativo.

4. Gli atti e i provvedimenti con i quali la Banca d'Italia e i commissari nominati ai sensi dell'art. 37 danno attuazione alle misure ed esercitano i poteri indicati al comma 1 sono soggetti agli obblighi pubblicitari previsti dall'art. 32, commi 3 e 5.

35. *Effetti della risoluzione.* — 1. Quando il programma di risoluzione viene attuato con le modalità previste dall'art. 34, comma 2, lett. *a*) o *b*), dall'insediamento dei commissari speciali o dal primo atto compiuto dalla Banca d'Italia in luogo dei competenti organi sociali si producono i seguenti effetti:

a) sono sospesi i diritti di voto in assemblea e gli altri diritti derivanti da partecipazioni che consentono di influire sull'ente sottoposto a risoluzione;

b) decadono gli organi di amministrazione e di controllo e l'alta dirigenza dell'ente sottoposto a risoluzione, salvo che diversamente disposto dal provvedimento di avvio della risoluzione.

2. Gli atti posti in essere nel corso della risoluzione non sono soggetti ad azioni revocatorie.

3. L'esercizio dell'azione sociale di responsabilità e di quella dei creditori sociali contro i membri degli organi amministrativi e di controllo e il direttore generale, dell'azione contro il soggetto incaricato della revisione legale dei conti, nonché dell'azione del creditore sociale contro la società o l'ente che esercita l'attività di direzione e coordinamento spetta ai commissari speciali sentito il comitato di sorveglianza, previa autorizzazione della Banca d'Italia. In mancanza di loro nomina, l'esercizio dell'azione spetta al soggetto a tal fine designato dalla Banca d'Italia.

36. *Dichiarazione dello stato di insolvenza.* — 1. Se l'ente sottoposto a risoluzione si trova in stato di insolvenza alla data di adozione del provvedimento di avvio della risoluzione di cui all'art. 32, si applica l'art. 82, comma 2, del t.u. bancario (1). La legittimazione dei commissari liquidatori ivi prevista spetta ai commissari speciali di cui all'art. 37. Laddove questi ultimi non siano stati nominati, il ricorso può essere presentato dalla Banca d'Italia o da un soggetto da essa appositamente designato.

2. Il tribunale accerta lo stato di insolvenza dell'ente sottoposto a risoluzione avendo riguardo alla situazione esistente al momento dell'avvio della risoluzione. Le disposizioni del Titolo VI della legge fallimentare (2) trovano applicazione anche quando lo stato di insolvenza è superato per effetto della risoluzione.

3. Accertato giudizialmente lo stato di insolvenza a norma del comma 1, l'esercizio delle azioni di revoca degli atti compiuti in frode dei creditori compete ai commissari speciali, ove nominati, o a un soggetto appositamente designato dalla Banca d'Italia. I termini di cui agli artt. 64, 65, 67, primo comma, 69 e 69-*bis* della legge fallimentare (2) decorrono dalla data di avvio della risoluzione. Non sono esperibili le azioni previste dall'art. 67, secondo comma, della legge fallimentare (2).

37. *Commissari speciali.* — 1. I commissari speciali, salva diversa previsione del provvedimento di nomina, hanno la rappresentanza legale dell'ente sottoposto a risoluzione, assumono i poteri degli azionisti, dei titolari di altre partecipazioni e dell'organo di amministrazione di quest'ultimo, promuovono e adottano le misure necessarie per conseguire gli obiettivi della risoluzione, secondo quanto disposto dalla Banca d'Italia e previa sua autorizzazione, quando prevista dall'atto di nomina o successivamente.

2. I commissari speciali sono in possesso di adeguate competenze per lo svolgimento delle funzioni. Il provvedimento di nomina dei commissari è pubblicato per estratto sul sito internet della Banca d'Italia. I commissari speciali, nell'esercizio delle loro funzioni, sono pubblici ufficiali.

3. Ai commissari speciali si applicano le disposizioni relative ai commissari liquidatori contenute nell'art. 81, commi 2 e 3, nell'art. 84, commi 3, 4, 6, 7, e nell'art. 85 del t.u. bancario (1).

4. Al momento della nomina la Banca d'Italia indica la durata dell'incarico dei commissari. Il periodo può essere prorogato.

5. Quando la risoluzione riguarda un gruppo, possono essere nominati gli stessi commissari speciali per tutte le componenti del gruppo sottoposte a risoluzione, per agevolare lo svolgimento delle procedure e il ripristino della stabilità del gruppo.

6. Unitamente ai commissari speciali, è nominato un comitato di sorveglianza, composto da tre a cinque membri, che designa a maggioranza di voti il proprio presidente. Al comitato si applicano le disposizioni relative al comitato di sorveglianza contenute negli art. 81, commi 2 e 3, e 84 del t.u. bancario (1).

7. Le indennità spettanti ai commissari speciali e ai membri del comitato di sorveglianza sono determinate dalla Banca d'Italia in base a criteri dalla stessa stabiliti e sono a carico dell'ente sottoposto a risoluzione. Esse possono essere anticipate dalla Banca d'Italia, che si rivale, secondo i casi e in relazione alla misura di risoluzione utilizzata:

a) sul corrispettivo pagato in caso di cessione ai titolari delle azioni o delle partecipazioni cedute o all'ente sottoposto a risoluzione;

b) sull'ente sottoposto a risoluzione;

c) sull'eventuale residuo attivo dell'ente-ponte o della società veicolo per la gestione delle attività oggetto di liquidazione.

8. I crediti per le indennità spettanti ai commissari speciali e ai membri del comitato di sorveglianza e quello di cui al comma 7, lett. *b*) e *c*), sono muniti di privilegio generale e sono, in caso di concorso, prededucibili ai sensi dell'art. 111 della legge fallimentare (2).

38. *Chiusura della risoluzione.* — 1. La Banca d'Italia, quando determina che la risoluzione ha conseguito i propri obiettivi o che questi ultimi non possono essere più utilmente perseguiti, informata la Banca Centrale Europea quando essa è l'autorità competente, dichiara chiusa la risoluzione e ordina ai commissari speciali e ai componenti del comitato di sorveglianza, ove nominati, o agli organi di amministrazione e controllo dell'ente sottoposto a risoluzione, di redigere separati rapporti sull'attività svolta nell'ambito della risoluzione. I rapporti sono trasmessi alla Banca d'Italia.

2. Della chiusura della risoluzione è data notizia mediante avviso da pubblicarsi secondo quanto previsto dall'art. 32, comma 3.

3. Quando a seguito dell'adozione delle sole misure di cui al Capo IV, Sezione II, Sottosezione I e II, residuano attività o passività in capo all'ente sottoposto a risoluzione, quest'ultimo è sottoposto a liquidazione coatta amministrativa secondo quanto previsto dal t.u. bancario (1) non appena possibile, tenuto conto

(1) In *Leggi coll. XVII, 1.*
(2) In *Leggi coll. XXII, 1.*

della necessità di conseguire gli obiettivi della risoluzione, nonché di assicurare che l'ente in risoluzione fornisca al cessionario i servizi necessari ai sensi dell'art. 62 per la continuazione dell'attività ceduta. Se è dichiarato lo stato di insolvenza, i termini di cui agli artt. 64, 65, 67, primo comma, e 69 della legge fallimentare (1) decorrono dalla data determinata dalla Banca d'Italia ai sensi dell'art. 32, comma 2.

CAPO IV

MISURE DI RISOLUZIONE

Sezione I — *Disposizioni generali*

39. *Misure di risoluzione*. — 1. Sono misure di risoluzione:

a) la cessione di beni e rapporti giuridici a un soggetto terzo;

b) la cessione di beni e rapporti giuridici a un ente-ponte;

c) la cessione di beni e rapporti giuridici a una società veicolo per la gestione delle attività;

d) il bail-in.

2. La cessione di beni e rapporti giuridici a una società veicolo per la gestione delle attività è disposta solo congiuntamente a una delle altre misure indicate nel comma 1.

Sezione II — *Cessione di beni e rapporti giuridici*

Sottosezione I — *Cessione a un soggetto terzo*

40. *Cessione*. — 1. La cessione, in una o più soluzioni, a un soggetto terzo, diverso da un ente-ponte o da una società veicolo per la gestione delle attività, ha ad oggetto:

a) tutte le azioni o le altre partecipazioni emesse da un ente sottoposto a risoluzione, o parte di esse;

b) tutti i diritti, le attività o le passività, anche individuabili in blocco, di un ente sottoposto a risoluzione, o parte di essi.

2. La cessione è effettuata a condizioni di mercato secondo quanto previsto dal presente articolo, sulla base della valutazione effettuata a norma del Capo I, Sezione II.

3. Il corrispettivo pagato dal cessionario è corrisposto a:

a) i titolari delle azioni o delle altre partecipazioni, nel caso previsto dal comma 1, lett. *a*);

b) l'ente sottoposto a risoluzione, nel caso previsto dal comma 1, lett. *b*).

4. La cessione è condotta nel rispetto dei seguenti principi:

a) assicurare la massima trasparenza e la correttezza delle informazioni concernenti l'oggetto della cessione, tenuto conto delle circostanze e compatibilmente con l'obiettivo di preservare la stabilità finanziaria;

b) evitare discriminazioni tra i potenziali cessionari, prevedere presidi volti a evitare conflitti di interesse, nonché tenere conto delle esigenze di celerità di svolgimento della risoluzione;

c) ottenere il prezzo più alto possibile.

5. La cessione può essere effettuata sulla base di trattative con potenziali cessionari a livello individuale, nel rispetto di quanto stabilito dal comma 4, lett. *b*), salvo quanto previsto dal comma 7.

6. Le comunicazioni al pubblico delle informazioni privilegiate ai sensi dell'art. 17 del reg. (UE) n. 596/2014, relative alla cessione, possono essere differite nel rispetto dei paragrafi 4 o 5 del medesimo articolo.

7. La cessione può essere disposta in deroga al comma 4, quando è ragionevolmente prevedibile che l'applicazione dei principi ivi indicati comprometterebbe l'esito della cessione o il raggiungimento degli obiettivi della risoluzione e aggraverebbe la minaccia per la stabilità finanziaria.

8. La Banca d'Italia, se del caso su richiesta della Banca Centrale Europea in qualità di autorità competente, può, in vista dell'avvio della risoluzione, chiedere a una banca o a una capogruppo di contattare potenziali acquirenti per predisporre la cessione di beni e rapporti giuridici ai sensi del presente articolo nel rispetto dell'art. 5.

41. *Autorizzazioni*. — 1. Se la cessione ha ad oggetto rapporti afferenti ad attività riservate, la pertinente autorizzazione può essere rilasciata al cessionario che ne sia privo, su istanza di quest'ultimo, anche contestualmente alla cessione.

2. I provvedimenti previsti ai sensi del Titolo II, Capo III, del t.u. bancario (2) sono adottati tempestivamente, anche in deroga ai termini ivi stabiliti.

3. Quando i provvedimenti di cui al comma 2 non sono stati adottati alla data della cessione

(1) In *Leggi coll. XXII, 1.*
(2) In *Leggi coll. XVII, 1.*

delle azioni o delle altre partecipazioni:

a) a cessione di azioni o altre partecipazioni è immediatamente efficace;

b) sino all'adozione dei provvedimenti o sino alla scadenza del termine concesso per l'alienazione ai sensi del comma 4, i diritti di voto in assemblea e gli altri diritti derivanti dalle partecipazioni cedute che consentono di influire sulla società sono sospesi e possono essere esercitati esclusivamente dalla Banca d'Italia, la quale non risponde per l'esercizio di tali diritti o per l'astensione dall'esercizio degli stessi, se non in caso di dolo o colpa grave;

c) sino all'adozione dei provvedimenti o sino alla scadenza del termine concesso per l'alienazione ai sensi del comma 4, non si applicano le sanzioni e le altre misure amministrative per le violazioni delle norme in materia di acquisizione e cessione di partecipazioni qualificate previste dal t.u. bancario (1).

4. Non appena adottati, i provvedimenti in merito all'acquisizione delle azioni o delle altre partecipazioni sono comunicati alla Banca d'Italia e al cessionario. Se l'acquisizione è stata autorizzata, i diritti di voto in assemblea e gli altri diritti derivanti dalle partecipazioni cedute che consentono di influire sulla società possono essere esercitati dal cessionario dal momento in cui viene ricevuta la comunicazione. Quando, invece, l'acquisizione non è stata autorizzata:

a) per i diritti di voto in assemblea e gli altri diritti derivanti dalle partecipazioni cedute che consentono di influire sulla società si continua ad applicare il comma 3, lett. *b*); e

b) le azioni o le altre partecipazioni devono essere alienate entro il termine stabilito dalla Banca d'Italia, tenendo conto delle condizioni di mercato.

5. In caso di mancata alienazione entro il termine stabilito ai sensi del comma 4, lett. *b*), la Banca d'Italia o la Banca Centrale Europea, in qualità di autorità competente, d'intesa con la Banca d'Italia, irroga le sanzioni e adotta le altre misure amministrative previste per le violazioni delle norme in materia di acquisizione e cessione di partecipazioni qualificate disciplinate dal t.u. bancario (1).

Sottosezione II — *Cessione a un ente-ponte*

42. *Costituzione e funzionamento dell'ente-ponte*. — 1. L'ente-ponte è costituito per gestire beni e rapporti giuridici acquistati ai sensi dell'art. 43, con l'obiettivo di mantenere la continuità delle funzioni essenziali precedentemente svolte dall'ente sottoposto a risoluzione e, quando le condizioni di mercato sono adeguate, cedere a terzi le partecipazioni al capitale o i diritti, le attività o le passività acquistate. Sono fatte salve le eventuali limitazioni stabilite ai sensi della disciplina a tutela della concorrenza.

2. Il capitale dell'ente-ponte è interamente o parzialmente detenuto dal fondo di risoluzione o da autorità pubbliche.

3. La Banca d'Italia, con provvedimento emanato ai sensi dell'art. 34, comma 2, lett. *c*):

a) approva l'atto costitutivo e lo statuto dell'ente-ponte, nonché la strategia e il profilo di rischio;

b) approva la nomina dei componenti degli organi di amministrazione e controllo dell'ente-ponte, l'attribuzione di deleghe e le remunerazioni;

c) stabilisce restrizioni all'attività dell'ente-ponte, ove necessario per assicurare il rispetto della disciplina degli aiuti di Stato.

4. In caso di applicazione del bail-in ai sensi dell'art. 48, comma 1, lett. *b*), l'eventuale conversione in capitale delle passività cedute all'ente-ponte non preclude alla Banca d'Italia l'esercizio su quest'ultimo dei poteri alla stessa attribuiti dal presente articolo.

5. L'ente-ponte esercita l'attività bancaria o la prestazione di servizi e attività di investimento se è autorizzato allo svolgimento delle medesime attività ai sensi della normativa vigente.

6. L'ente-ponte, nello svolgimento dell'attività bancaria o nella prestazione di servizi e attività di investimento, rispetta i requisiti previsti dal reg. (UE) n. 575/2013, dal t.u. bancario (1) o dal t.u. della finanza (2) e dalle relative disposizioni attuative.

7. In deroga a quanto disposto dai commi 5 e 6, l'ente-ponte, ove necessario per conseguire gli obiettivi della risoluzione, è autorizzato provvisoriamente a esercitare l'attività bancaria o a prestare servizi e attività di investimento anche se non soddisfa inizialmente i requisiti stabiliti dalla normativa applicabile. La Banca d'Italia presenta una richiesta all'autorità responsabile per i relativi provvedimenti.

8. L'ente-ponte, i componenti dei suoi organi di amministrazione e controllo, nonché l'alta dirigenza rispondono solo per dolo o colpa grave nei confronti degli azionisti e dei creditori

(1) In *Leggi coll. XVII, 1.*
(2) In *Leggi coll. XVIII, 1.*

propri e dell'ente sottoposto a risoluzione.

43. *Cessione*. — 1. La cessione, in una o più soluzioni, a un ente-ponte ha ad oggetto:

a) tutte le azioni o le altre partecipazioni emesse da uno o più enti sottoposti a risoluzione, o parte di esse;

b) tutti i diritti, le attività o le passività, anche individuabili in blocco, di uno o più enti sottoposti a risoluzione, o parte di essi.

2. Il valore complessivo delle passività cedute all'ente-ponte non supera il valore totale dei diritti e delle attività ceduti o provenienti da altre fonti.

3. La Banca d'Italia, su istanza dell'ente-ponte, può disporre la cessione a un terzo delle azioni o delle altre partecipazioni o dei diritti, delle attività o delle passività da esso acquisiti, secondo una procedura aperta, trasparente, non discriminatoria nei confronti dei potenziali acquirenti, assicurando che la cessione avvenga a condizioni di mercato.

4. Fermo restando l'art. 47, comma 9, l'ente-ponte succede all'ente sottoposto a risoluzione nei diritti, nelle attività o nelle passività ceduti, salvo che la Banca d'Italia disponga diversamente ove necessario per conseguire gli obiettivi della risoluzione.

5. Si applica l'art. 40, comma 3.

44. *Cessazione dell'ente-ponte*. — 1. La Banca d'Italia dichiara la cessazione della qualifica di ente-ponte al verificarsi di una delle seguenti situazioni:

a) l'ente-ponte si fonde con un altro soggetto o i soggetti indicati all'art. 42, comma 2, cedono a terzi la propria partecipazione;

b) la totalità, o la quasi totalità, dei diritti, delle attività o delle passività dell'ente-ponte è ceduta ad un terzo;

c) sono completati la liquidazione delle attività e il pagamento delle passività dell'ente-ponte;

d) è scaduto il termine di cui al comma 2 o, se del caso, al comma 3.

2. La cessazione della qualifica di ente-ponte è disposta quando è accertato che nessuna delle situazioni di cui al comma 1, lett. *a*), *b*) o *c*), ha ragionevoli probabilità di verificarsi e, in ogni caso, entro due anni dalla data in cui è stata effettuata l'ultima cessione all'ente-ponte.

3. Con provvedimento motivato, anche in relazione alle condizioni di mercato attuali e prospettiche, il termine di cui al comma 2 può essere prorogato per uno o più periodi della durata di un anno ciascuno quando:

a) nel periodo di proroga potrebbero verificarsi le situazioni indicate al comma 1, lett. *a*), *b*) o *c*); o

b) la proroga è necessaria per mantenere la continuità di servizi bancari o finanziari essenziali.

4. Quando si verificano le situazioni indicate al comma 1, lett. *b*) o *d*), l'ente-ponte è liquidato secondo le modalità previste dal t.u. bancario (1) o dal t.u. della finanza (2). L'eventuale residuo attivo risultante dal bilancio finale dell'ente-ponte è distribuito tra i suoi soci. Quando l'ente-ponte è cessionario di diritti, attività o passività di più enti sottoposti a risoluzione, si procede alla liquidazione delle attività o al pagamento delle passività cedute da ciascuno di questi e non dell'ente-ponte stesso.

Sottosezione III — *Cessione a una società veicolo per la gestione di attività*

45. *Costituzione e funzionamento della società veicolo per la gestione delle attività*. — 1. La società veicolo per la gestione delle attività è costituita per amministrare i beni e i rapporti giuridici a essa ceduti con l'obiettivo di massimizzarne il valore attraverso una successiva cessione o la liquidazione della società veicolo medesima. Il capitale della società è interamente o parzialmente detenuto dal fondo di risoluzione o da autorità pubbliche.

2. La Banca d'Italia approva, con provvedimento emanato ai sensi dell'art. 34, comma 2, lett. *c*):

a) l'atto costitutivo e lo statuto della società, nonché la strategia e il profilo di rischio;

b) la nomina dei componenti degli organi di amministrazione e controllo della società, l'attribuzione di deleghe e le remunerazioni.

46. *Cessione*. — 1. La cessione di diritti, attività o passività dell'ente sottoposto a risoluzione o dell'ente-ponte a una o più società veicolo per la gestione delle attività può essere disposta, in una o più soluzioni, al verificarsi di almeno uno dei seguenti presupposti:

a) le condizioni di mercato sono tali che la liquidazione dei diritti e delle attività nell'ambito della procedura concorsuale applicabile potrebbe avere effetti negativi sui mercati finanziari;

b) la cessione è necessaria per garantire il corretto funzionamento dell'ente sottoposto a

(1) In *Leggi coll. XVII, 1.*
(2) In *Leggi coll. XVIII, 1.*

risoluzione o dell'ente-ponte;

c) la cessione è necessaria per massimizzare i proventi ricavabili dalla liquidazione.

2. Il corrispettivo per la cessione è determinato in conformità con la valutazione effettuata ai sensi del Capo I, Sezione II. Il corrispettivo può essere simbolico o anche mancare. Esso può consistere in titoli di debito emessi dalla società veicolo. Se il valore di quanto ceduto è negativo, l'atto di cessione può prevedere che l'ente sottoposto a risoluzione o l'ente-ponte versi somme a titolo di corrispettivo per l'assunzione delle passività o a titolo di finanziamento. Resta ferma la disciplina sugli aiuti di Stato.

3. La società veicolo, i componenti dei suoi organi di amministrazione e controllo, nonché l'alta dirigenza rispondono solo per dolo o colpa grave nei confronti degli azionisti e dei creditori dell'ente sottoposto a risoluzione, nei confronti degli azionisti e dei creditori dell'ente-ponte e nei confronti degli azionisti e dei creditori della società veicolo.

Sottosezione IV — *Disposizioni comuni*

47. *Disposizioni comuni alle cessioni*. — 1. Il presente articolo si applica alle cessioni disciplinate dalle sottosezioni I, II e III.

2. Le cessioni non richiedono il consenso di soggetti diversi dal cessionario.

3. Della cessione è data notizia secondo quanto previsto dall'art. 32, commi 3 e 5. Se la cessione ha ad oggetto crediti, si applica l'art. 58, comma 3 del t.u. bancario (1).

4. Se la cessione ha ad oggetto contratti, il contraente ceduto può opporre al cessionario tutte le eccezioni derivanti dal contratto, ma non quelle fondate su altri rapporti col cedente. Non trovano applicazione gli artt. 1407, comma 1, 1408, comma 2, e 2558, comma 2, del codice civile.

5. Se la cessione ha ad oggetto passività, il cedente è liberato dagli obblighi di adempimento anche in deroga agli artt. 1273, 2112, 2558 e 2560 del codice civile.

6. La cessione ha efficacia a seguito della pubblicazione sul sito internet della Banca d'Italia ai sensi del comma 3 e non sono richiesti gli adempimenti previsti dalla legge a fini costitutivi, di pubblicità notizia o dichiarativa, ivi inclusi quelli richiesti dagli artt. 1264, 2022, 2355, 2470, 2525 e 2556 del codice civile. Non si applicano gli obblighi di comunicazione previsti dagli artt. 68 e 79 del Codice delle assicurazioni private. Il cessionario svolge gli adempimenti eventualmente richiesti a fini costitutivi, di pubblicità notizia o dichiarativa entro 180 giorni dall'ultima cessione dei cespiti acquisiti. Restano fermi gli obblighi di comunicazione previsti dall'art. 120 del t.u. della finanza (2).

7. Salvo quanto è disposto dal Titolo VI, gli azionisti, i titolari di altre partecipazioni o i creditori dell'ente sottoposto a risoluzione e gli altri terzi i cui diritti, attività, o passività non sono oggetto di cessione non possono esercitare pretese sui diritti, sulle attività o sulle passività oggetto della cessione e, nelle cessioni disciplinate dalle sottosezioni II e III, nei confronti dei membri degli organi di amministrazione e controllo o dell'alta dirigenza del cessionario.

8. In seguito alla cessione, può essere disposto, secondo la disciplina prevista ai commi 2, 3, 4, 5, 6 e 7 il ritrasferimento agli originari titolari o all'ente sottoposto a risoluzione, o, nel caso di cessione alla società veicolo, anche all'ente-ponte, rispettivamente, delle azioni o delle altre partecipazioni oppure dei diritti, delle attività o delle passività cedute, nei termini e alle condizioni eventualmente previsti nell'atto di cessione, se, alternativamente:

a) la possibilità di ritrasferire è stata prevista espressamente nell'atto di cessione;

b) le azioni, le altre partecipazioni, i diritti, le attività o le passività ceduti non rientrano fra quelli indicati nell'atto di cessione o comunque non rispettano le condizioni previste per la cessione nel suddetto atto.

9. Nelle cessioni disciplinate dalle sottosezioni I e II, il cessionario succede all'ente sottoposto a risoluzione, limitatamente ai diritti, alle attività o alle passività ceduti:

a) nel diritto alla libera prestazione dei servizi in un altro Stato membro;

b) nel diritto allo stabilimento in un altro Stato membro;

c) nei diritti di partecipazione dell'ente sottoposto a risoluzione a infrastrutture di mercato, a sedi di negoziazione, a sistemi di indennizzo degli investitori e a sistemi di garanzia dei depositanti, purché il cessionario rispetti i requisiti per la partecipazione a detti sistemi.

10. In deroga al comma 9, lett. *c*):

a) l'accesso ai sistemi o ai mercati non può

(1) In *Leggi coll. XVII, 1.*
(2) In *Leggi coll. XVIII, 1.*

essere negato per il fatto che il cessionario non possiede una valutazione del merito di credito emessa da un'agenzia di valutazione del merito di credito o che la valutazione non è sufficiente per ottenere l'accesso ai sistemi o ai mercati;

b) se il cessionario non rispetta i requisiti per l'appartenenza o l'accesso ai sistemi o ai mercati, l'appartenenza o l'accesso ai sistemi o ai mercati può comunque essere disposto dalla Banca d'Italia per un periodo non superiore a 24 mesi, rinnovabile su richiesta del cessionario.

48. *Finalità del bail-in*. — 1. Il bail-in è disposto:

a) per ripristinare il patrimonio di un soggetto di cui all'art. 2 sottoposto a risoluzione nella misura necessaria al rispetto dei requisiti prudenziali e idonea a ristabilire la fiducia del mercato, se l'applicazione del bail-in, anche unitamente alle misure di riorganizzazione aziendale, è sufficiente a prospettarne il risanamento; o

b) in caso di cessione ai sensi della Sezione II, per ridurre il valore nominale delle passività cedute, inclusi i titoli di debito, o per convertire queste passività in capitale.

2. Nei confronti del soggetto al quale viene applicato il bail-in può essere disposta la trasformazione della forma giuridica, anche successivamente alla chiusura della risoluzione. Non si applicano gli artt. 2437, 2497-*quater*, 2545-*undecies*, né le disposizioni della Sezione I del Capo X del Titolo V del Libro V del codice civile, ad eccezione degli artt. 2498 e 2500, che si applicano in quanto compatibili.

Sezione III — *Bail-in*

49. *Passività escluse dal bail-in*. — 1. Sono soggette al bail-in tutte le passività, ad eccezione delle seguenti:

a) i depositi protetti;

b) le passività garantite, incluse le obbligazioni bancarie garantite, le passività derivanti da contratti derivati di copertura dei rischi dei crediti e dei titoli ceduti a garanzia delle obbligazioni, nel limite del valore delle attività poste a garanzia delle stesse, nonché le passività nei confronti dell'amministrazione tributaria ed enti previdenziali, se i relativi crediti sono assistiti da privilegio o altra causa legittima di prelazione;

c) qualsiasi obbligo derivante dalla detenzione da parte dell'ente sottoposto a risoluzione di disponibilità dei clienti, inclusa la disponibilità detenuta nella prestazione di servizi e attività di investimento e accessori ovvero da o per conto di organismi d'investimento collettivo o fondi di investimento alternativi, a condizione che questi clienti siano protetti nelle procedure concorsuali applicabili;

d) qualsiasi obbligo sorto per effetto di un rapporto fiduciario tra l'ente sottoposto a risoluzione e un terzo, in qualità di beneficiario, a condizione che quest'ultimo sia protetto nelle procedure concorsuali applicabili;

e) passività con durata originaria inferiore a sette giorni nei confronti di banche o SIM non facenti parte del gruppo dell'ente sottoposto a risoluzione;

f) passività con durata residua inferiore a sette giorni nei confronti di un sistema di pagamento o di regolamento titoli o di una controparte centrale, nonché dei suoi gestori o partecipanti, purché le passività derivino dalla partecipazione dell'ente sottoposto a risoluzione ai sistemi;

g) passività nei confronti dei seguenti soggetti:

i) dipendenti, limitatamente alle passività riguardanti la retribuzione fissa, i benefici pensionistici o altra componente fissa della remunerazione. Il bail-in è applicato alla componente variabile della remunerazione, salvo che essa sia stabilita da contratti collettivi. In ogni caso, esso è applicato alla componente variabile della remunerazione del personale più rilevante identificato ai sensi del reg. (UE) n. 604/2014;

ii) fornitori di beni o servizi necessari per il normale funzionamento dell'ente sottoposto a risoluzione;

iii) sistemi di garanzia dei depositanti, limitatamente ai contributi dovuti dall'ente sottoposto a risoluzione per l'adesione ai sistemi.

2. Possono eccezionalmente essere escluse, del tutto o in parte, dall'applicazione del bail-in passività diverse da quelle elencate nel comma 1 quando si verifica almeno una delle seguenti condizioni:

a) non sarebbe possibile applicare il bail-in a tali passività in tempi ragionevoli;

b) l'esclusione è strettamente necessaria e proporzionata per:

i) assicurare la continuità delle funzioni essenziali e delle principali linee di operatività dell'ente sottoposto a risoluzione, in modo da consentirgli di preservare la propria operatività e la fornitura di servizi chiave; o

ii) evitare un contagio che perturberebbe gravemente il funzionamento dei mercati finanziari e delle infrastrutture di mercato con gravi ricadute negative sull'economia di uno Stato membro o dell'Unione europea;

c) l'inclusione di tali passività nell'applicazione del bail-in determinerebbe una distruzione di valore tale che gli altri creditori sopporterebbero perdite maggiori rispetto a quelle che essi subirebbero in caso di esclusione di tali passività dall'applicazione del bail-in.

3. Le esclusioni ai sensi del comma 2 sono disposte avendo riguardo a:

a) il principio secondo cui le perdite sono sostenute dagli azionisti e, solo successivamente, dai creditori dell'ente sottoposto a risoluzione, secondo il rispettivo ordine di priorità applicabile in sede concorsuale; le passività escluse dal bail-in possono ricevere un trattamento più favorevole rispetto a quello che spetterebbe a passività ammissibili dello stesso grado o di grado sovraordinato se l'ente sottoposto a risoluzione fosse liquidato, secondo la liquidazione coatta amministrativa disciplinata dal t.u. bancario (1) o altra analoga procedura concorsuale applicabile;

b) la capacità di assorbimento delle perdite dell'ente sottoposto a risoluzione che ne risulterebbe;

c) la necessità di mantenere risorse adeguate per il finanziamento di altre procedure di risoluzione;

d) quanto previsto negli atti delegati adottati dalla Commissione Europea ai sensi dell'art. 44, par. 11 della dir. 2014/59/UE;

e) la natura dei titolari delle passività, ivi inclusi i titolari dei depositi di cui all'art. 91, comma 1-*bis*, lett. *a*), n. 1), del t.u. bancario (1).

4. L'esclusione di passività ai sensi del comma 2 è preventivamente notificata dalla Banca d'Italia alla Commissione Europea. Se l'esclusione richiede il contributo del fondo di risoluzione o di una fonte alternativa di finanziamento, la Banca d'Italia dispone l'esclusione, salvo che la Commissione Europea, entro 24 ore dal momento in cui è stata informata dalla Banca d'Italia, o entro il diverso termine concordato con quest'ultima, comunichi il proprio divieto o chieda di apportare modifiche. Negli altri casi l'esclusione è disposta senza indugio.

5. Se è disposta l'esclusione ai sensi del comma 2, le perdite che le passività escluse avrebbero dovuto assorbire sono trasferite, alternativamente o congiuntamente, su:

a) i titolari delle altre passività soggette a bail-in mediante la loro riduzione o conversione in capitale, fatto salvo l'art. 22, comma 1, lett. *c*);

b) il fondo di risoluzione, il quale, in tal caso, effettua conferimenti nel capitale dell'ente sottoposto a risoluzione in misura almeno sufficiente a portare a zero il patrimonio netto o da ripristinare il coefficiente di capitale primario di classe 1.

6. L'intervento del fondo di risoluzione ai sensi del comma 5, lett. *b*), può essere disposto a condizione che:

a) il contributo al ripianamento delle perdite e alla ricapitalizzazione dell'ente sottoposto a risoluzione fornito dalle riserve, dai suoi azionisti, dai detentori di altre partecipazioni o di strumenti di capitale e dai detentori di passività soggette a bail-in sia pari ad almeno l'8 per cento delle passività totali, inclusi i fondi propri, dell'ente; e

b) il contributo del fondo di risoluzione non superi il 5 per cento delle passività totali, inclusi i fondi propri, dell'ente sottoposto a risoluzione.

Al fine dell'applicazione del presente comma, le passività totali dell'ente sottoposto a risoluzione, inclusi i suoi fondi propri, sono determinati secondo la valutazione disciplinata da dal Capo I, Sezione II.

7. Il contributo del fondo di risoluzione di cui al comma 5, lett. *b*), può essere finanziato da:

a) i contributi ordinari;

b) i contributi straordinari che il fondo può riscuotere in tre anni;

c) se gli importi indicati alle lett. *a*) e *b*) sono insufficienti, le altre forme di sostegno finanziario previste dall'art. 78, comma 1, lett. *c*).

8. In deroga a quanto disposto dal comma 6, lett. *a*), può essere disposto l'intervento del fondo di risoluzione ai sensi del comma 5, lett. *b*), a condizione che:

a) il contributo al ripianamento delle perdite e alla ricapitalizzazione dell'ente sottoposto a risoluzione fornito dalle riserve, dagli azionisti, dai detentori di altre partecipazioni o di strumenti di capitale e dai detentori di passività soggette a bail-in sia pari ad almeno il 20 per cento delle attività ponderate per il rischio dell'ente; e

b) il fondo di risoluzione disponga di un importo pari ad almeno il 3 per cento dei depositi protetti, ad eccezione di quelli indicati all'art. 96-*bis*.1, comma 4, del t.u. bancario (1) (2), di tutte le banche italiane e le suc-

(1) In *Leggi coll. XVII, 1.*

(2) Le parole «, ad eccezione di quelli indicati all'art. 96-*bis*.1, comma 4, del t.u. bancario,» sono state inserite dall'art. 2.2, d.lg. 15 febbraio 2016, n. 30.

cursali italiane di banche extracomunitarie derivante da contributi ordinari e l'ente sottoposto a risoluzione abbia un attivo su base consolidata inferiore a 900 miliardi di euro.

9. In casi straordinari, si possono reperire ulteriori finanziamenti da fonti alternative a condizione che:

a) il contributo del fondo di risoluzione abbia raggiunto il limite del 5 per cento stabilito dal comma 6, lett. *b*); e

b) siano state interamente ridotte o convertite tutte le passività chirografarie soggette a bail-in, fatta eccezione per i depositi ammissibili al rimborso.

10. Al ricorrere delle condizioni indicate al comma 9, possono altresì essere utilizzate eventuali disponibilità del fondo di risoluzione derivanti da contributi ordinari anche oltre il limite del 5 per cento stabilito dal comma 6, lett. *b*).

50. *Requisito minimo di passività soggette a bail-in.* — 1. Per assicurare l'applicabilità del bail-in le banche rispettano, su base individuale e consolidata, un requisito minimo di passività soggette al bail-in.

2. Il requisito da rispettare su base individuale è determinato dalla Banca d'Italia, se del caso previa consultazione con la Banca Centrale Europea quale autorità competente, avendo riguardo a:

a) la necessità di assicurare che la banca possa essere sottoposta a risoluzione in modo da conseguire gli obiettivi indicati all'art. 21;

b) la necessità di assicurare che la banca, in caso di applicazione del bail-in, abbia passività sufficienti per assorbire le perdite e per assicurare il rispetto del requisito di capitale primario di classe 1 previsto per l'autorizzazione all'esercizio dell'attività bancaria, nonché per ingenerare nel mercato una fiducia sufficiente in essa;

c) la necessità di assicurare che, se il piano di risoluzione prevede che certe categorie di passività possono essere escluse dal bail-in, la banca abbia passività sufficienti per assorbire le perdite e assicurare il rispetto del requisito di capitale primario di classe 1 previsto per l'autorizzazione all'esercizio dell'attività bancaria;

d) le dimensioni, le caratteristiche operative, il modello di finanziamento e il profilo di rischio della banca;

e) la misura del contributo al finanziamento della risoluzione da parte di un sistema di garanzia dei depositi ai sensi dell'art. 86;

f) le ripercussioni negative sulla stabilità finanziaria che deriverebbero dal dissesto della banca, anche per effetto del contagio di altri enti.

3. La Banca d'Italia, con provvedimenti di carattere generale o particolare adottati, se del caso, previa consultazione con la Banca Centrale Europea quale autorità competente, può chiedere il rispetto del requisito previsto dal comma 2 anche da parte dei soggetti indicati all'art. 2, diversi da banche. Per le società non finanziarie di cui all'art. 65, comma 1, lett. *h*), del t.u. bancario (1), la facoltà può essere esercitata solo nella misura in cui essa sia assolutamente indispensabile per conseguire gli obiettivi della risoluzione.

4. Salvo quanto previsto dal comma 5, la Banca d'Italia, con provvedimenti di carattere generale o particolare:

a) determina, in qualità di autorità di risoluzione di gruppo, sentita, se del caso, la Banca Centrale Europea quale autorità competente, il requisito minimo su base consolidata il cui rispetto deve essere assicurato dalla capogruppo, avendo riguardo, oltre che ai criteri stabiliti dal comma 2, alla possibilità che le società controllate aventi sede legale in Stati terzi debbano essere sottoposte a misure di risoluzione distinte secondo quanto previsto dal piano di risoluzione;

b) determina il requisito minimo applicabile su base individuale che deve essere rispettato dalle società controllate aventi sede legale in Italia, tenendo conto dei criteri indicati dal comma 2 e del requisito applicabile su base consolidata ai sensi della lett. *a*);

c) può disporre, nei casi di esenzione dal rispetto dei requisiti individuali previsti dal reg. (UE) n. 575/2013, l'esenzione dall'obbligo di rispettare il requisito minimo su base individuale per le banche capogruppo o che controllano una banca in un altro Stato membro e per le società controllate aventi sede legale in Italia.

5. In caso di soggetti facenti parte di un gruppo con componenti aventi sede legale in altri Stati membri o con succursali significative stabilite in altri Stati membri, la determinazione del requisito minimo di passività soggette a bail-in è effettuata secondo quanto previsto dall'art. 70.

6. La Banca d'Italia disciplina le caratteristiche delle passività computabili ai fini del presente articolo e le modalità secondo cui esse sono computate. Se una passività è disciplinata dal diritto di uno Stato terzo, essa è computa-

(1) In *Leggi coll. XVII, 1.*

bile a condizione che la società interessata abbia dimostrato alla Banca d'Italia che l'eventuale applicazione del bail-in alle passività sarebbe efficace nell'ordinamento di quello Stato. La Banca d'Italia può disciplinare le modalità con cui questa condizione può essere soddisfatta.

7. La determinazione del requisito minimo di passività soggette a bail-in e la verifica sul rispetto di questo requisito sono effettuate nell'ambito dell'attività di predisposizione o aggiornamento del piano di risoluzione, individuale o di gruppo.

8. La Banca d'Italia comunica all'ABE le determinazioni assunte ai sensi del presente articolo.

51. *Importo del bail-in.* — 1. L'importo del bail-in è determinato in base alla valutazione effettuata ai sensi del Capo I, Sezione II, e tiene conto:

a) della necessità di ristabilire nel mercato una fiducia sufficiente nei confronti dell'ente sottoposto a risoluzione o nell'ente-ponte e di permettere a tali enti di rispettare per almeno un anno i requisiti prudenziali;

b) di una stima prudente del fabbisogno di capitale della società veicolo per la gestione delle attività, se il programma di risoluzione prevede la cessione a essa ai sensi dell'art. 46;

c) del contributo del fondo di risoluzione erogato ai sensi dell'art. 49, comma 5, lett. *b*).

2. Se la valutazione effettuata ai sensi del Capo I, Sezione II, è provvisoria e l'importo del bail-in in essa indicato risulta superiore a quello risultante dalla valutazione definitiva, il valore dei crediti, delle azioni, delle altre partecipazioni e degli strumenti di capitale può essere ripristinato per la differenza.

52. *Trattamento degli azionisti e dei creditori.* — 1. Il bail-in è attuato allocando l'importo determinato ai sensi dell'art. 51 secondo l'ordine di seguito indicato:

a) sono ridotti, fino alla concorrenza delle perdite quantificate dalla valutazione prevista dal Capo I, Sezione II:

i) le riserve e il capitale rappresentato da azioni, anche non computate nel capitale regolamentare, nonché dagli altri strumenti finanziari computabili nel capitale primario di classe 1, con conseguente estinzione dei relativi diritti amministrativi e patrimoniali;

ii) il valore nominale degli strumenti di capitale aggiuntivo di classe 1, anche per la parte non computata nel capitale regolamentare;

iii) il valore nominale degli elementi di classe 2, anche per la parte non computata nel capitale regolamentare;

iv) il valore nominale dei debiti subordinati diversi dagli strumenti di capitale aggiuntivo di classe 1 o dagli elementi di classe 2;

v) il valore nominale delle restanti passività ammissibili;

b) una volta assorbite le perdite, o in assenza di perdite, gli strumenti di capitale aggiuntivo di classe 1 sono convertiti, in tutto o in parte, in azioni computabili nel capitale primario di classe 1;

c) se le misure precedenti non sono sufficienti, gli elementi di classe 2 sono convertiti, in tutto o in parte, in azioni computabili nel capitale primario di classe 1;

d) se le misure precedenti non sono sufficienti, i debiti subordinati diversi dagli strumenti di capitale aggiuntivo di classe 1 o dagli elementi di classe 2 sono convertiti in azioni computabili nel capitale primario di classe 1;

e) se le misure precedenti non sono sufficienti, le restanti passività ammissibili sono convertite in azioni computabili nel capitale primario di classe 1.

2. Le misure di cui al comma 1 sono disposte:

a) in modo uniforme nei confronti di tutti gli azionisti e i creditori dell'ente appartenenti alla stessa categoria, proporzionalmente al valore nominale dei rispettivi strumenti finanziari o crediti, secondo la gerarchia applicabile in sede concorsuale e tenuto conto delle clausole di subordinazione, salvo quanto previsto dall'art. 49, commi 1 e 2;

b) in misura tale da assicurare che nessun titolare degli strumenti, degli elementi o delle passività ammissibili di cui al comma 1 riceva un trattamento peggiore rispetto a quello che riceverebbe se l'ente sottoposto a risoluzione fosse stato liquidato nel momento in cui è stata accertata la sussistenza dei presupposti per l'avvio della risoluzione, secondo la liquidazione coatta amministrativa disciplinata dal t.u. bancario (1) o altra analoga procedura concorsuale applicabile;

c) tenendo conto del valore nominale degli strumenti finanziari o dei crediti, al netto dell'eventuale compensazionetra crediti e debiti, purché i relativi effetti siano stati fatti valere da una delle parti prima dell'avvio della risoluzione; resta ferma l'applicazione degli artt. 54 e 91 per i depositi ammissibili al rimborso, si tiene conto della compensazione di eventuali debiti del depositante nei confronti

(1) In *Leggi coll. XVII, 1.*

della banca, se esigibili alla data dell'avvio della risoluzione, nella misura in cui la compensazione è possibile a norma delle disposizioni di legge o di previsioni contrattuali applicabili (1);

d) in caso di passività contestate, sull'ammontare riconosciuto dall'ente sottoposto a risoluzione; definita la contestazione, il bail-in è esteso sull'eventuale eccedenza e il valore delle passività nei confronti delle quali è stato attuato il bail-in è ripristinato per la differenza.

3. Le misure di cui al comma 1 sono adottate anche nei confronti dei titolari di azioni o di altre partecipazioni, emesse o attribuite:

a) in virtù della conversione di titoli di debito in azioni o altre partecipazioni, a norma delle condizioni contrattuali dei medesimi titoli di debito, al verificarsi di un evento precedente o simultaneo al provvedimento di avvio della risoluzione;

b) in virtù della conversione degli strumenti di capitale in azioni computabili nel capitale primario di classe 1 a norma del Capo II.

4. Prima di applicare la riduzione di cui al comma 1, lett. *a*), punto *v*), o la conversione di cui al comma 1, lett. *e*), è ridotto o convertito, secondo l'ordine indicato nel comma 1, il valore nominale di tutti gli altri strumenti che contengono clausole – non ancora attivate – in base alle quali il loro valore nominale è ridotto o convertito in strumenti di capitale primario di classe 1 al verificarsi di eventi relativi alla situazione finanziaria, alla solvibilità o al livello dei fondi propri dell'ente sottoposto a risoluzione. Se il valore nominale di uno strumento è stato ridotto, ma non azzerato, per effetto di una clausola di cui al presente comma, l'ammontare residuo è soggetto all'applicazione del bail-in.

5. La riduzione di cui al comma 1, lett. *a*), ha effetto definitivo e ha luogo senza che sia dovuto alcun indennizzo, fatto salvo quanto stabilito dagli artt. 51, comma 2, e 89, comma 1. Gli azionisti e i creditori perdono ogni diritto, fatta eccezione per quelli già maturati e per l'eventuale diritto al risarcimento del danno in caso di esercizio illegittimo dei poteri di risoluzione.

6. In caso di conversione, il numero di azioni da attribuire ai titolari di strumenti di capitale è determinato secondo quanto previsto dall'art. 55.

7. Salvo patto contrario, in caso di passività oggetto di bail-in, il bail-in non pregiudica il diritto del creditore nei confronti dei condebitori in solido, dei fideiussori o di altri terzi a qualunque titolo tenuti a rispondere dell'adempimento della passività oggetto di riduzione. L'eventuale azione di regresso nei confronti dell'ente sottoposto a risoluzione o di una componente del gruppo di cui esso fa parte è ammessa nei limiti di quanto dovuto da questi ultimi a seguito del bail-in.

53. *Autorizzazioni.* — 1. In deroga a quanto previsto dalle disposizioni in materia di autorizzazioni e comunicazioni relative all'acquisto o all'incremento di partecipazioni qualificate, se l'applicazione del bail-in determina l'acquisizione o l'incremento di una partecipazione qualificataai sensi dell'art. 19 del t.u. bancario (2), le valutazioni ivi previste sono effettuate tempestivamente in modo da non ritardare l'applicazione dello strumento del bail-in, né impedire il conseguimento degli obiettivi della risoluzione. Se non sono state completate le valutazioni previste dall'art. 19 del t.u. bancario (2) alla data di applicazione del bail-in, si applica l'art. 41, commi 3, 4 e 5.

2. All'assunzione di partecipazioni conseguente alla conversione non si applicano:

a) gli artt. 2527 e 2528 del codice civile;

b) gli artt. 106, comma 1, e 109, comma 1, del t.u. della finanza (3);

c) eventuali limiti di possesso azionario e requisiti di prossimità territoriale previsti da disposizioni legislative o statutarie, ivi compresi i limiti previsti dagli artt. 30 e 34 del t.u. bancario (2).

3. Se il bail-in è stato disposto nei confronti di una banca popolare o di una banca di credito cooperativo, la Banca d'Italia stabilisce il termine entro il quale deve essere ristabilito il rispetto dei limiti e dei requisiti previsti al comma 2, lett. *c*), ai sensi del t.u. bancario (2). Se il termine decorre inutilmente, la Banca d'Italia dispone la trasformazione in società per azioni ai sensi dell'art. 48, comma 2.

54. *Derivati.* — 1. Il bail-in di una passività risultante da un derivato è disposto solo al momento del close-out del derivato o successivamente ad esso. A tal fine, salva l'applicazione dell'art. 49, comma 2, la Banca d'Italia dispone che qualsiasi contratto derivato da cui risulti una passività oggetto di bail-in sia sciolto e liquidato per close-out ai sensi dell'art. 60, comma 1, lett. *l*).

(1) Il periodo da «per i depositi ammissibili» fino a «applicabili» è stato aggiunto dall'art. 2.3, d.lg. 15 febbraio 2016, n. 30.

(2) In *Leggi coll. XVII, 1.*

(3) In *Leggi coll. XVIII, 1.*

2. Se le operazioni su derivati sono soggette a un accordo di netting, la Banca d'Italia o un esperto indipendente da questa nominato determinano, nell'ambito della valutazione di cui al Capo I, Sezione II, la passività risultante da tali operazioni su base netta conformemente ai termini dell'accordo.

3. La Banca d'Italia determina il valore delle passività risultanti da derivati secondo:

a) metodologie appropriate per determinare il valore delle classi di derivati, comprese le transazioni soggette ad accordi di netting;

b) principi per stabilire il momento appropriato in cui determinare il valore di una posizione su derivati; e

c) metodologie adeguate per confrontare la complessiva distruzione di valore che deriverebbe dal close-out di derivati con l'importo delle perdite che sarebbero sostenute dai loro titolari in un bail-in.

55. *Tasso di conversione del debito in capitale*. — 1. Il tasso di conversione compensa adeguatamente il creditore per le perdite subite a seguito della riduzione o della conversione; se la conversione è disposta quando il patrimonio netto del soggetto al quale è applicato il bail-in ha valore positivo, il tasso di conversione è definito in modo da diluire in maniera significativa l'incidenza delle azioni e delle altre partecipazioni esistenti.

2. La Banca d'Italia può applicare tassi di conversione diversi a categorie di passività aventi posizione diversa nell'ordine di priorità applicabile in sede concorsuale. Se si applicano tassi di conversione diversi, il tasso di conversione applicabile alle passività sovraordinate in tale ordine è maggiore di quello applicabile alle passività subordinate.

56. *Piano di riorganizzazione aziendale*. — 1. Quando il bail-in è applicato per ricapitalizzare un ente sottoposto a risoluzione, conformemente all'art. 48, comma 1, lett. *a*), è redatto e attuato un piano di riorganizzazione aziendale.

2. Il piano è redatto e attuato da uno o più commissari speciali nominati ai sensi dell'art. 37 o dall'organo di amministrazione dell'ente, se non decaduto, e contiene gli elementi indicati dalla Banca d'Italia con provvedimenti di carattere generale o particolare.

3. Il piano è trasmesso alla Banca d'Italia entro un mese dall'applicazione del bail-in. In casi eccezionali, il termine può essere prorogato di un mese.

4. Se il bail-in è applicato a due o più componenti di un gruppo e non sono stati incaricati della redazione del piano i commissari speciali, il piano è elaborato dalla capogruppo con riguardo alle banche e alle SIM che continuano a far parte del gruppo dopo l'applicazione del bail-in; il piano è redatto secondo la procedura prevista per la redazione dei piani di risanamento di gruppo, di cui agli artt. 69-*quinquies* e 69-*sexies* del t.u. bancario (1). Quando la Banca d'Italia è l'autorità di risoluzione di gruppo, essa trasmette il piano alle altre autorità di risoluzione interessate e all'ABE.

5. Entro un mese dalla data di presentazione del piano, la Banca d'Italia, d'intesa con la Banca Centrale Europea quando questa è l'autorità competente, valuta l'adeguatezza del piano a ripristinare la sostenibilità economica a lungo termine dell'ente sottoposto a risoluzione; in caso positivo, approva il piano. In caso contrario, la Banca d'Italia comunica all'organo di amministrazione o ai commissari speciali i propri rilievi e chiede di modificare il piano in modo da tenerne conto.

6. Entro due settimane dalla ricezione della comunicazione di cui al comma 3, l'organo di amministrazione o i commissari speciali sottopongono un piano modificato alla Banca d'Italia. Essa valuta il piano e comunica all'organo di amministrazione o ai commissari speciali entro una settimana la propria approvazione se ritiene che il piano modificato tenga adeguatamente conto dei rilievi espressi, o la richiesta di apportarvi ulteriori modifiche, fissando il termine per adempiere.

7. L'organo di amministrazione o i commissari speciali attuano il piano approvato dalla Banca d'Italia e presentano alla stessa almeno ogni sei mesi una relazione sui progressi compiuti nell'attuazione del piano.

8. Se la Banca d'Italia lo ritiene necessario, d'intesa con la Banca Centrale Europea quando questa è l'autorità competente, l'organo di amministrazione o i commissari speciali rivedono il piano e sottopongono le eventuali revisioni all'approvazione della Banca d'Italia.

9. Quando è applicabile la disciplina dell'Unione europea in materia di aiuti di Stato, il piano è compatibile con il piano di ristrutturazione che l'ente sottoposto a risoluzione è tenuto a presentare alla Commissione europea. Se il piano di riorganizzazione è notificato alla Commissione europea ai sensi della disciplina dell'Unione europea in materia di aiuti di Stato, la Banca d'Italia può prorogare il periodo di cui al comma 1 fino a un massimo di due mesi o

(1) In *Leggi coll. XVII, 1.*

fino al termine previsto dalla disciplina degli aiuti di Stato, se più breve.

57. *Effetti del bail-in.* — 1. La riduzione o la conversione sono pienamente efficaci dal momento individuato ai sensi dell'art. 32, comma 2, indipendentemente dall'esecuzione di qualsiasi adempimento amministrativo o procedurale connesso, ivi inclusi:

a) la modifica di registri, albi o elenchi rilevanti;

b) l'esclusione di azioni o altre partecipazioni o strumenti di debito dalla negoziazione nelle rispettive sedi di negoziazione;

c) l'ammissione di nuove azioni o altre partecipazioni alle negoziazioni in una sede di negoziazione;

d) la riammissione alle negoziazioni in mercati regolamentati o in altri sistemi di negoziazione di eventuali strumenti di debito che sono stati oggetto di riduzione senza il requisito di pubblicare un prospetto.

2. Gli adempimenti amministrativi e procedurali sono eseguiti anche su iniziativa della Banca d'Italia.

3. Quando una passività è interamente cancellata, gli obblighi a carico dell'ente sottoposto a risoluzione sorti in relazione alla passività sono estinti a tutti gli effetti e il loro adempimento non può essere richiesto nell'ambito di successive procedure relative all'ente sottoposto a risoluzione, né al suo avente causa.

4. Quando una passività è ridotta parzialmente, lo strumento o il contratto dal quale deriva la passività originaria resta efficace in relazione al debito residuo, salve le modifiche dell'importo degli interessi da pagare conseguenti alla riduzione e alle altre modifiche dei termini contrattuali ai sensi dell'art. 60, comma 1, lett. *i*).

58. *Rimozione degli ostacoli al bail-in.* — 1. Le assemblee dei soggetti di cui all'art. 2 delegano gli organi di amministrazione a deliberare l'aumento di capitale necessario per consentire, in caso di bail-in, la conversione di passività in azioni computabili nel capitale primario di classe 1.

2. Non si applicano i limiti previsti dall'art. 2443, commi 1 e 2 del codice civile, né gli artt. 2438, comma 1, e 2441 del codice civile, nonché altre limitazioni previste dalla legge, da contratti o dallo statuto che possono ostacolare la conversione.

3. Resta ferma la possibilità per la Banca d'Italia di disporre direttamente l'aumento di capitale, ai sensi dell'art. 60, comma 1, lett. *h*).

59. *Riconoscimento contrattuale del bail-in.* — 1. Quando una passività soggetta a bail-in a norma dell'art. 49 è disciplinata dal diritto di uno Stato terzo, i soggetti di cui all'art. 2 includono nel contratto una clausola mediante la quale il creditore riconosce che la passività è assoggettabile a un eventuale bail-in disposto dalla Banca d'Italia e accetta di subirne gli effetti. La clausola si considera in ogni caso inserita di diritto nel contratto, anche in sostituzione di clausole difformi eventualmente apposte dalle parti, senza che sia dovuto alcun indennizzo per la sua mancata previsione.

2. Il comma 1 si applica alle passività contratte dopo il 1° gennaio 2016.

3. La Banca d'Italia può chiedere all'emittente di fornire un parere legale relativo all'applicabilità e all'efficacia della clausola contrattuale inserita.

4. L'obbligo previsto al comma 1 non si applica se, in base alla legislazione dello Stato terzo o a un trattato concluso con esso, risulta che il bail-in disposto dalla Banca d'Italia produce i suoi effetti sulle passività indicate al comma 1.

5. Il bail-in è comunque disposto e determina i suoi effetti in via definitiva in relazione ai soggetti di cui all'art. 2 anche in caso di assenza o inefficacia della clausola prevista dal comma 1.

CAPO V

POTERI DI RISOLUZIONE

60. *Poteri generali di risoluzione.* — 1. Per dare attuazione alle misure disciplinate dal Capo II e dal Capo IV, la Banca d'Italia può esercitare i seguenti poteri:

a) richiedere ai soggetti indicati all'art. 2 e alle succursali italiane di banche extracomunitarie la trasmissione di notizie, dati e documenti, nonché di ogni altra informazione utile ai fini dell'avvio e all'attuazione della risoluzione, ed effettuare ispezioni per acquisire direttamente notizie, dati, documenti e informazioni;

b) disporre il trasferimento a terzi di azioni o di altre partecipazioni emesse dall'ente sottoposto a risoluzione;

c) disporre la cessione a terzi interessati di beni e rapporti giuridici dell'ente sottoposto a risoluzione;

d) ridurre o azzerare il valore nominale di azioni o di altre partecipazioni emesse dall'ente sottoposto a risoluzione, nonché annullare le azioni o i titoli;

e) ridurre o azzerare il valore nominale delle passività ammissibili dell'ente sottoposto a risoluzione o il debito residuo derivante dalle medesime passività;

f) annullare, ove necessario, i titoli di debito emessi dall'ente sottoposto a risoluzione, ad eccezione delle passività garantite di cui all'art. 49, comma 1, lett. *b*);

g) convertire passività ammissibili in azioni o in altre partecipazioni dell'ente sottoposto a risoluzione o di una società che lo controlla o di un ente-ponte;

h) disporre che l'ente sottoposto a risoluzione o la società che lo controlla emetta nuove azioni, altre partecipazioni o altri strumenti di capitale, compresi strumenti convertibili in capitale;

i) modificare la scadenza dei titoli di debito e delle altre passività ammissibili emessi dall'ente sottoposto a risoluzione, o modificare l'importo degli interessi maturati in relazione a questi strumenti e passività o la data a partire dalla quale gli interessi divengono esigibili, anche sospendendo i relativi pagamenti per un periodo transitorio; questo potere non si applica alle passività garantite di cui all'art. 49, comma 1, lett. *b*);

l) attivare clausole di close-out o disporre lo scioglimento dei contratti finanziari o dei contratti derivati di cui è parte l'ente sottoposto a risoluzione ai sensi e per gli effetti dell'art. 54;

m) disporre la rimozione o la sostituzione degli organi di amministrazione e controllo e dell'alta dirigenza dell'ente sottoposto a risoluzione, nel caso in cui siano venute meno le condizioni della loro permanenza in carica;

n) chiedere alla Banca Centrale Europea quale autorità competente di effettuare la valutazione del potenziale acquirente di una partecipazione qualificata in deroga ai termini applicabili.

2. Salvo quando diversamente previsto dal presente decreto, nell'esercizio dei poteri di risoluzione, la Banca d'Italia non è tenuta a:

a) ottenere il consenso da parte di qualsiasi soggetto pubblico o privato, inclusi azionisti o creditori dell'ente sottoposto a risoluzione;

b) fornire comunicazioni, prima dell'esercizio di un potere di risoluzione di cui al presente Capo, inclusa la pubblicazione obbligatoria di eventuali avvisi o prospetti, né a depositare o registrare documenti presso altre autorità.

61. *Poteri accessori*. — 1. Nell'esercizio dei poteri di risoluzione, la Banca d'Italia può, salvi i diritti di risarcimento e indennizzo previsti dal presente decreto:

a) fatto salvo quanto previsto dall'art. 92, disporre in caso di trasferimento di strumenti finanziari, diritti, attività o passività, che questi siano acquistati liberi da ogni peso, vincolo od onere;

b) dichiarare estinto il diritto ad acquisire ulteriori azioni o altre partecipazioni;

c) richiedere ai soggetti competenti, anche stranieri, di disporre l'esclusione o la sospensione dalla negoziazione o dalla quotazione ufficiale di strumenti finanziari nella rispettiva sede di negoziazione o l'esclusione o sospensione di offerte al pubblico di strumenti finanziari;

d) prevedere che, in caso di cessione di strumenti finanziari, diritti, attività o passività, il cessionario subentri – con esclusione di diritti e obblighi del cedente – nei diritti o negli obblighi dell'ente sottoposto a risoluzione compresi, fatto salvo l'art. 47, commi 9 e 10, quelli relativi alla partecipazione alle infrastrutture di mercato nonché in tutti i rapporti processuali, in deroga all'art. 111 del codice di procedura civile;

e) imporre all'ente sottoposto a risoluzione e al cessionario di fornirsi reciprocamente informazioni e assistenza;

f) modificare o sciogliere contratti di cui l'ente sottoposto a risoluzione è parte o sostituirne un contraente con il cessionario.

2. Se necessario per assicurare l'efficacia della risoluzione con riferimento ai poteri di cui al comma 1, possono essere adottate misure volte a garantire la continuità dell'attività di impresa o dei contratti dell'ente sottoposto a risoluzione o, in caso di cessione, per permetterne l'esercizio da parte di un cessionario. Le misure comprendono, ove necessario, la sospensione o la disattivazione dei meccanismi terminativi esercitabili in caso di sostituzione del contraente originario o del suo controllante.

3. I poteri di cui al comma 1, lett. *d*), e al comma 2 lasciano impregiudicato l'art. 64, nonché:

a) il diritto del dipendente dell'ente sottoposto a risoluzione di sciogliersi dal contratto di lavoro;

b) fatti salvi gli artt. 66, 67 e 68, la facoltà per la controparte di un contratto di esercitare i diritti derivanti dal contratto, incluso lo scioglimento, se gli stessi sono esercitabili in base a presupposti diversi dalla mera sostituzione del contraente originario o del suo controllante.

62. *Fornitura di servizi*. — 1. La Banca d'Italia può, in caso di cessione, imporre ad un ente sottoposto a risoluzione o ad altre componenti del gruppo di appartenenza di fornire al cessionario i servizi e i mezzi necessari per esercitare le attività cedute, esclusa ogni forma di sostegno finanziario. Il presente comma si applica anche se i medesimi enti sono sottoposti a procedura concorsuale.

2. La Banca d'Italia può imporre a una componente italiana di un gruppo di fornire i servizi e i mezzi indicati al comma 1, se ciò è stato chiesto da un'autorità di risoluzione di un altro Stato membro in relazione a una risoluzione avviata da quest'ultima su una diversa componente del medesimo gruppo, anche quando la componente italiana non è sottoposta a risoluzione.

3. I servizi e i mezzi di cui ai commi 1 e 2 sono forniti al cessionario:

a) alle stesse condizioni applicate immediatamente prima dell'avvio della risoluzione in forza di un accordo già in essere con l'ente sottoposto a risoluzione e fino alla scadenza dell'accordo;

b) a eque condizioni di mercato, in assenza di accordo o dopo la scadenza dello stesso.

63. *Esecuzione di misure disposte da autorità di risoluzione di altri Stati membri.* — 1. Quando un'autorità di risoluzione di un altro Stato membro dispone, nell'ambito di una risoluzione, la cessione di azioni, di altre partecipazioni o di attività, di diritti o di passività soggetti al diritto italiano, la cessione ha effetto in Italia. La Banca d'Italia fornisce all'autorità di risoluzione che ha disposto o intende disporre la cessione l'assistenza ragionevolmente possibile.

2. Quando un'autorità di risoluzione di un altro Stato membro esercita i poteri di riduzione o di conversione di strumenti di capitale o di passività ammissibili disciplinati dal diritto italiano, oppure di passività dovute a creditori residenti in Italia, la riduzione o la conversione hanno effetto in Italia.

3. I rimedi avverso la cessione indicata al comma 1 o la riduzione o la conversione indicate al comma 2 sono disciplinati esclusivamente dall'ordinamento dell'autorità di risoluzione che ha disposto la cessione, la riduzione o la conversione.

64. *Attività, passività, azioni e altre partecipazioni ubicate in Stati terzi.* — 1. La Banca d'Italia, con riferimento alle misure relative ad attività ubicate in un Stato terzo o ad azioni, altre partecipazioni, diritti o passività disciplinati dal diritto di uno Stato terzo, può disporre che:

a) il commissario speciale dell'ente sottoposto a risoluzione e il cessionario svolgano tutti gli adempimenti necessari affinché la misura consegua i suoi effetti;

b) il commissario speciale dell'ente sottoposto a risoluzione non dia luogo al trasferimento delle azioni, delle altre partecipazioni, delle attività o dei diritti o assolva gli obblighi per conto del cessionario fintantoché la misura non sia divenuta efficace;

c) le spese ragionevolmente sostenute dal cessionario per l'esecuzione degli adempimenti indicati alle lett. *a*) e *b*) siano rimborsate ai sensi dell'art. 37, commi 7 e 8.

2. Quando, nonostante gli adempimenti ai sensi del comma 1, lett. *a*), è estremamente improbabile che la misura produca effetti, essa non è disposta e, se già disposta, è ritirata limitatamente alle attività, alle azioni, agli strumenti e ai diritti o passività in questione.

65. *Esclusione di talune disposizioni contrattuali in caso di risoluzione.* — 1. L'adozione di una misura di prevenzione o di gestione della crisi, anche in presenza di una dichiarazione dello stato di insolvenza ai sensi dell'art. 36, o il verificarsi di un evento direttamente connesso all'applicazione di queste misure non costituisce, relativamente ai contratti stipulati dall'ente sottoposto alle misure, un evento determinante l'escussione della garanzia ai fini del d.lg. 21 maggio 2004, n. 170 (1), né una procedura di insolvenza ai fini del d.lg. 12 aprile 2001, n. 210, se gli obblighi previsti dal contratto, compresi quelli di pagamento, di consegna nonché di prestazione della garanzia, non sono stati oggetto di inadempimento ai sensi dell'art. 1455 del codice civile.

2. Alle stesse condizioni indicate dal comma 1, l'adozione di una misura di prevenzione o di gestione della crisi, anche in presenza di una dichiarazione dello stato di insolvenza ai sensi dell'art. 36, non costituisce un evento determinante l'escussione della garanzia ai fini del d.lg. 21 maggio 2004, n. 170 (1), né una procedura di insolvenza ai sensi del d.lg. 12 aprile 2001, n. 210, relativamente ai contratti stipulati con terzi da una componente del gruppo di cui fa parte un ente sottoposto alla misura, se:

a) i contratti prevedono obblighi che sono garantiti dall'ente, o gravanti su di esso;

b) i contratti comprendono clausole in base alle quali rilevano, per l'ente parte del contratto, eventi relativi a un'altra componente del gruppo.

3. Fintantoché gli obblighi previsti dal contratto, compresi quelli di pagamento e di consegna, nonché di prestazione della garanzia, non sono stati oggetto di inadempimento ai sensi dell'art. 1455 del codice civile, l'adozione di una misura di prevenzione o di gestione del-

(1) In *Leggi coll. XVIII, 2.*

la crisi, anche in presenza di una dichiarazione dello stato di insolvenza ai sensi dell'art. 36, o il verificarsi di un evento direttamente connesso all'applicazione di una di queste misure non dà di per sé titolo a:

a) esercitare un diritto di recesso, sospensione, modifica, compensazione o attivare una clausola di close-out relativamente ai contratti stipulati dall'ente sottoposto a tali misure o da una componente del gruppo di cui fa parte un ente sottoposto alla misura, se:

i) i contratti prevedono obblighi che sono garantiti da una componente del gruppo, o gravanti su di essa;

ii) i contratti comprendono clausole in base alle quali rilevano, per l'ente parte del contratto, eventi relativi a un'altra componente del gruppo;

b) acquisire il possesso o il controllo di beni di un ente sottoposto a tali misure o di una componente del gruppo ai sensi di un contratto comprendente clausole in base alle quali rilevano, per il soggetto parte del contratto, eventi relativi a un'altra componente del gruppo, o ad escutere un diritto di garanzia su detti beni;

c) non adempiere gli obblighi a favore di un ente sottoposto a tali misure o di una componente del gruppo di appartenenza spettanti in relazione a un contratto comprendente clausole in base alle quali rilevano, per il soggetto parte del contratto, eventi relativi a un'altra componente del gruppo.

4. Ai fini del presente articolo, una risoluzione disposta in uno Stato terzo costituisce una misura di gestione della crisi quando è riconosciuta ai sensi dell'art. 74 o se la Banca d'Italia o altra autorità di risoluzione di uno Stato membro ha disposto in tal senso.

5. Ai fini dei commi 1, 2 e 4, una sospensione degli obblighi di pagamento o consegna, una limitazione dell'escussione di garanzia o una sospensione temporanea di meccanismi terminativi ai sensi degli artt. 66, 67 e 68 non costituiscono inadempimento di un obbligo contrattuale né stato di insolvenza.

6. Le disposizioni del presente articolo sono norme di applicazione necessaria ai sensi dell'art. 9 del reg. (UE) n. 593/2008.

66. *Sospensione di obblighi di pagamento e di consegna*. — 1. La Banca d'Italia può disporre la sospensione di obblighi di pagamento o di consegna a norma di un contratto di cui l'ente sottoposto a risoluzione è parte. La sospensione decorre dalla pubblicazione del programma di risoluzione e dura fino alla mezzanotte del giorno lavorativo successivo. Per lo stesso periodo sono sospesi gli obblighi di pagamento o di consegna, rivenienti dal medesimo contratto a carico delle controparti dell'ente sottoposto a risoluzione.

2. La sospensione a norma del comma 1 non si applica:

a) ai depositi ammissibili al rimborso;

b) agli obblighi di pagamento e di consegna nei confronti dei sistemi di pagamento o di regolamento titoli o dei relativi operatori, delle controparti centrali e delle banche centrali;

c) ai crediti protetti da un sistema di indennizzo degli investitori.

3. Nell'esercizio del potere di cui al presente articolo, si tiene conto dell'impatto delle misure sul regolare funzionamento dei mercati finanziari.

67. *Limitazione dell'escussione di garanzie*. — 1. La Banca d'Italia può limitare l'escussione di garanzie aventi a oggetto attività dell'ente sottoposto a risoluzione. La limitazione decorre dalla pubblicazione del programma di risoluzione e dura fino alla mezzanotte del giorno lavorativo successivo.

2. Il potere di cui al comma 1 non si applica ai diritti di garanzia attribuiti ai sistemi di pagamento o di regolamento titoli o ai relativi operatori, alle controparti centrali e alle banche centrali in relazione ad attività dell'ente sottoposto a risoluzione date in pegno o fornite mediante margini o altre forme di garanzia.

3. Nei casi in cui si applica l'art. 94, la Banca d'Italia, assieme alle altre autorità di risoluzione coinvolte, si adopera affinché le limitazioni di cui al comma 1 si applichino in modo coerente per tutte le componenti del gruppo sottoposte a risoluzione.

4. Nell'esercizio del potere di cui al presente articolo, si tiene conto dell'impatto delle misure sul regolare funzionamento dei mercati finanziari.

68. *Sospensione temporanea dei meccanismi terminativi*. — 1. La Banca d'Italia può sospendere l'attivazione di meccanismi terminativi riconosciuti alla controparte di un contratto stipulato da un ente sottoposto a risoluzione, a condizione che continuino a essere eseguiti gli obblighi di pagamento e di consegna, nonché di prestazione della garanzia. La sospensione decorre dalla pubblicazione del programma di risoluzione e dura fino alla mezzanotte del giorno lavorativo successivo.

2. Con le stesse modalità di cui al comma 1, può essere sospesa l'attivazione di meccanismi terminativi riconosciuti alla controparte di un contratto stipulato da una società controllata di un ente sottoposto a risoluzione al ricorrere congiunto delle seguenti condizioni:

a) gli obblighi derivanti dal contratto sono

garantiti dall'ente sottoposto a risoluzione o fanno comunque capo a esso;

b) il presupposto per l'attivazione dei meccanismi terminativi è l'insolvenza dell'ente sottoposto a risoluzione o è comunque determinato con riguardo alla situazione finanziaria di quest'ultimo;

c) nel caso in cui è stata realizzata o può essere realizzata una cessione di azioni, di altre partecipazioni o di attività, diritti o passività dell'ente sottoposto a risoluzione:

i) tutte le attività e le passività della società controllata che pertengono al contratto sono state cedute o possono essere cedute; oppure

ii) la Banca d'Italia individua adeguati accorgimenti affinché gli obblighi di cui alla lett. *a*) siano altrimenti adempiuti.

3. Le sospensioni di cui ai commi 1 e 2 non si applicano ai contratti conclusi nell'ambito di sistemi di pagamento o di regolamento titoli o con i relativi operatori, le controparti centrali o le banche centrali.

4. La sospensione di un meccanismo terminativo cessa dal momento in cui la Banca d'Italia comunica alla controparte che i diritti e gli obblighi previsti dal contratto non saranno ceduti a un altro soggetto, né subiranno una riduzione o conversione in applicazione dell'art. 48.

5. Al termine del periodo di sospensione, fatto salvo l'art. 65, i meccanismi terminativi possono essere attivati secondo quanto previsto dal contratto se:

a) in caso di cessione, i presupposti per attivarli si verificano con riferimento al cessionario;

b) in assenza di cessione, non è stato applicato il bail-in alle passività che originano dal contratto medesimo.

6. Nell'esercizio del potere di cui al presente articolo, si tiene conto dell'impatto delle misure sul regolare funzionamento dei mercati finanziari.

7. La Banca d'Italia può stabilire obblighi relativi alla conservazione dei contratti finanziari stipulati dai soggetti di cui all'art. 2. I repertori di dati sulle negoziazioni forniscono alla Banca d'Italia, su sua richiesta, le informazioni necessarie per assolvere le proprie responsabilità conformemente all'art. 81 del reg. (UE) n. 648/2012.

8. La Banca d'Italia può disporre, nei casi da essa individuati, che i contratti disciplinati dal diritto di uno Stato terzo e conclusi dopo la data di entrata in vigore della presente legge contengano una clausola mediante la quale le parti accettano di subire gli effetti della sospensione prevista dal presente articolo (1).

CAPO VI

Gruppi con componenti aventi sede legale o stabilite in altri Stati membri

69. *Principi e criteri relativi a decisioni o azioni che coinvolgono più Stati membri*. — 1. La Banca d'Italia, nell'assumere decisioni o intraprendere azioni che possono avere un impatto in altri Stati membri, si attiene ai seguenti principi e criteri:

a) la cooperazione con autorità di risoluzione, autorità competenti e altre autorità di altri Stati membri al fine di assicurare il coordinamento e l'efficacia delle decisioni e delle azioni;

b) la debita considerazione dell'impatto delle decisioni o azioni sulla stabilità finanziaria e, più in generale, sugli interessi degli Stati membri in cui hanno sede legale le componenti del gruppo incluse nella vigilanza consolidata;

c) il bilanciamento degli interessi dei diversi Stati membri interessati, evitando di pregiudicare o favorire indebitamente gli interessi di un particolare Stato membro;

d) l'applicazione delle previsioni e misure indicate nei piani di risoluzione, a meno che, in relazione alle circostanze, gli obiettivi della risoluzione possano essere meglio perseguiti in altro modo.

70. *Collegi di risoluzione*. — 1. In caso di soggetti facenti parte di un gruppo con componenti aventi sede legale in altri Stati membri o con succursali significative stabilite in altri Stati membri, la redazione dei piani di risoluzione, la valutazione della risolvibilità, la determinazione delle misure volte ad affrontare o rimuovere gli impedimenti alla risolvibilità, la determinazione del requisito minimo di passività soggette a bail-in, nonché la predisposizione e l'approvazione dei programmi di risoluzione, quando riguardano il gruppo, avvengono nell'ambito dei collegi di risoluzione previsti dagli artt. 88 e 89 della dir. 2014/59/UE e in conformità alle norme tecniche di regolamentazione adottate dalla Commissione Europea. A tal fine, la Banca d'Italia istituisce collegi di risoluzione e collegi europei di risoluzione, partecipa ai collegi istituiti da altre autorità e attua le

(1) V. provv. Banca d'Italia 16 gennaio 2018, in G.U., 31 gennaio 2018, n. 25.

decisioni assunte in seno a questi ultimi nei casi e con le modalità previste dall'ordinamento dell'Unione Europea.

2. Per le finalità indicate al comma 1 le banche e le capogruppo italiane controllate da una società estera inclusa nella vigilanza consolidata della Banca d'Italia provvedono alla trasmissione alla Banca d'Italia di atti, informazioni, documenti e ogni altro dato relativi alla società estera controllante.

3. Per le finalità indicate al comma 1 le società aventi sede legale in Italia che controllano una banca soggetta a vigilanza in un altro Stato membro collaborano con l'autorità di risoluzione di questo Stato per assicurare la trasmissione di atti, informazioni, documenti e ogni altro dato relativi alla banca controllata.

71. *Incidenza dei piani di risoluzione sulle finanze pubbliche*. — 1. Nei casi in cui il piano di risoluzione di gruppo deve essere adottato o aggiornato con decisione congiunta da parte di autorità di risoluzione rappresentate nel collegio di risoluzione, la Banca d'Italia, se è l'autorità di risoluzione di una società controllata sottoposta a vigilanza consolidata in un altro Stato membro, può chiedere il riesame del piano di risoluzione di gruppo che può avere effetti sulle finanze pubbliche. Se la richiesta è presentata da un'altra autorità di risoluzione, la Banca d'Italia, quando è autorità di risoluzione di gruppo, avvia un riesame del piano di risoluzione di gruppo, anche riguardo al requisito minimo di fondi propri e passività ammissibili.

2. Se un piano di risoluzione di gruppo deve essere adottato o aggiornato con decisione congiunta da parte di autorità di risoluzione rappresentate nel collegio di risoluzione, ed è stata deferita all'ABE una questione ai sensi dell'art. 19, par. 3, del reg. (UE) n. 1093/2010, la Banca d'Italia può, sentito il Ministero dell'economia e delle finanze, chiedere che l'ABE si astenga dal decidere sulla questione, se la sua decisione può incidere in qualunque modo sulle finanze pubbliche.

72. *Decisioni sulle azioni di risoluzione in seno ai collegi di risoluzione*. — 1. Il Ministero dell'economia e delle finanze partecipa ai collegi di risoluzione nei casi e secondo le modalità previsti dall'ordinamento dell'Unione Europea.

2. Il Ministero dell'economia e delle finanze e la Banca d'Italia si coordinano, anche mediante scambio di informazioni, quando la Banca d'Italia concorre alla decisione di un collegio avente ad oggetto un'azione di risoluzione.

3. La Banca d'Italia applica senza indugio le decisioni adottate in seno ai collegi di risoluzione tenendo debitamente conto dell'urgenza della situazione.

73. *Scambio di informazioni*. — 1. La Banca d'Italia, quando è autorità di risoluzione di gruppo, coordina il flusso delle informazioni rilevanti tra le autorità di risoluzione interessate. In particolare, trasmette tempestivamente alle autorità di risoluzione degli altri Stati membri le informazioni rilevanti ai fini dello svolgimento dei compiti del collegio di risoluzione.

2. Nel caso siano richieste informazioni che la Banca d'Italia ha ricevuto da un'autorità di risoluzione di uno Stato terzo, la trasmissione ai sensi del comma 1 è effettuata solo in presenza del consenso espresso di detta autorità.

CAPO VII

Rapporti con Stati terzi

74. *Riconoscimento e applicazione delle misure di risoluzione adottate in Stati terzi*. — 1. Il presente articolo si applica in mancanza di un accordo internazionale di cooperazione stipulato dall'Unione Europea con uno Stato terzo ai sensi dell'art. 93, par. 1 della dir. 2014/59/UE, che disciplini il riconoscimento e l'esecuzione delle misure di risoluzione adottate in Stati terzi.

2. Quando una misura di risoluzione adottata in uno Stato terzo è stata riconosciuta con decisione congiunta da un collegio europeo di risoluzione ai sensi dell'art. 94, par. 2, della dir. 2014/59/UE, la Banca d'Italia vi dà esecuzione adottando, in conformità all'ordinamento italiano, le misure a tal fine necessarie.

3. In mancanza di un collegio europeo di risoluzione o di una decisione congiunta di riconoscimento ai sensi del comma 2 la Banca d'Italia, salvo quanto previsto dal comma 4, riconosce le misure di risoluzione adottate in Stati terzi e dà loro esecuzione in conformità al presente articolo.

4. La Banca d'Italia, sentite le altre autorità di risoluzione facenti parte del collegio europeo di risoluzione se istituito, può decidere di non riconoscere le misure di risoluzione avviate in uno Stato terzo quando essa ritiene che:

a) il riconoscimento avrebbe effetti negativi per la stabilità finanziaria in Italia o in un altro Stato membro; o

b) un'azione autonoma di risoluzione a norma dell'art. 75 in relazione a una succursale nell'Unione sia necessaria per conseguire uno o più obiettivi della risoluzione; o *c*) il riconoscimento comporterebbe una disparità di trattamento fra i creditori soggetti alla legge di uno Stato membro e quelli soggetti alla legge dello Stato terzo che si trovano nella medesima posizione giuridica; o

d) il riconoscimento comporterebbe rilevanti implicazioni per le finanze pubbliche dello Stato italiano; o

e) il riconoscimento determinerebbe effetti contrari a principi fondamentali dell'ordinamento italiano.

5. Per dare attuazione alle misure di risoluzione adottate in uno Stato terzo e riconosciute ai sensi del presente articolo, la Banca d'Italia può:

a) esercitare i propri poteri di risoluzione in relazione a:

i) attività di una società sottoposta a risoluzione nello Stato terzo ubicate in Italia o disciplinate dal diritto italiano;

ii) diritti o passività di una società sottoposta a risoluzione nello Stato terzo contabilizzati dalla succursale italiana o disciplinati dalla legge italiana o in relazione ai quali l'esecuzione può avvenire in Italia;

b) disporre ai sensi degli artt. 40 e 43 la cessione di azioni o altre partecipazioni in una banca autorizzata in Italia e controllata da una società sottoposta a risoluzione nello Stato terzo;

c) esercitare i poteri di cui agli artt. 66, 67 e 68 nei confronti delle parti di un contratto stipulato con una società sottoposta a risoluzione nello Stato terzo o le sue controllate aventi sede legale in Italia; e

d) inibire l'esercizio del diritto di sciogliere o liquidare i contratti stipulati da una società sottoposta a risoluzione nello Stato terzo, dalle sue controllate aventi sede legale in Italia o altre società del medesimo gruppo, nonché comunque di ogni altro diritto, incluso quello di invocare la decadenza del beneficio del termine:

i) quando questi diritti sono esercitabili per effetto dell'avvio di un'azione di risoluzione intrapresa nei confronti di una società sottoposta a risoluzione nello Stato terzo, di una società che la controlla o di altre società del gruppo oppure per effetto di obblighi legislativi e regolamentari relativi alla risoluzione in quello Stato; e

ii) a condizione che le obbligazioni contrattuali principali, comprese quelle di pagamento e di consegna, nonché la costituzione di garanzie reali, siano regolarmente adempiute.

6. La Banca d'Italia può, se l'interesse pubblico lo esige, sottoporre a risoluzione una società controllante avente sede legale in Italia, esercitando tutti i relativi poteri, quando l'autorità dello Stato terzo stabilisce che per una banca controllata da quella società e avente sede legale in quello Stato sussistono i presupposti per la risoluzione secondo l'ordinamento di quest'ultimo. Si applica l'art. 65.

7. Il riconoscimento delle misure di risoluzione adottate in uno Stato terzo ai sensi del presente articolo non pregiudica l'eventuale assoggettamento a procedure concorsuali ai sensi dell'ordinamento italiano della banca autorizzata in Italia e controllata dalla società sottoposta a risoluzione nello Stato terzo.

75. *Risoluzione di succursali italiane di banche extracomunitarie*. — 1. Quando una succursale italiana di una banca avente sede legale in uno Stato terzo non è sottoposta a risoluzione in questo Stato oppure ricorre una delle circostanze di cui all'art. 74, comma 4, la Banca d'Italia, se necessario per l'interesse pubblico, può adottare nei confronti della succursale azioni di risoluzione, al ricorrere di almeno una delle seguenti circostanze:

a) la succursale non soddisfa più, o rischia di non soddisfare, le condizioni stabilite per l'autorizzazione e l'esercizio dell'attività, e non vi sono prospettive che un intervento del settore privato, un'azione di vigilanza o una misura dello Stato terzo permetta alla succursale di soddisfare quelle condizioni o di evitare il dissesto in tempi ragionevoli;

b) la banca avente sede legale nello Stato terzo non è disposta a, o non è o non sarà probabilmente in grado di adempiere alla scadenza le proprie obbligazioni nei confronti dei creditori residenti o aventi sede legale nell'Unione Europea o le obbligazioni sorte o contabilizzate attraverso la succursale, e risulta che non è stata aperta né verrà presumibilmente aperta in tempi ragionevoli nello Stato terzo una risoluzione o una procedura concorsuale nei confronti della banca avente sede legale in quello Stato;

c) nello Stato terzo è stata avviata una risoluzione della banca o è stata notificata alla Banca d'Italia l'intenzione dell'autorità di risoluzione dello Stato terzo di avviarla.

2. Nell'adozione delle azioni previste dal comma 1, la Banca d'Italia tiene conto degli obiettivi della risoluzione e si attiene, in quanto pertinenti, ai principi di cui all'art. 22, nonché ai requisiti relativi all'applicazione delle misure di risoluzione di cui al Titolo IV, Capo IV.

3. Si applica l'art. 65.

76. *Cooperazione con le autorità degli Stati terzi*. — 1. In mancanza di un accordo internazionale di cooperazione stipulato dall'Unione

Europea con uno Stato terzo ai sensi dell'art. 93, par. 1, della dir. 2014/59/UE, che disciplini il riconoscimento e l'esecuzione delle misure di risoluzione adottate in Stati terzi, la Banca d'Italia può concludere protocolli di cooperazione non vincolanti, conformi agli accordi quadro conclusi dall'ABE con le autorità degli Stati terzi.

2. I protocolli di cooperazione conclusi ai sensi del presente articolo possono comprendere disposizioni su:

a) lo scambio delle informazioni necessarie per la preparazione e l'aggiornamento dei piani di risoluzione;

b) la consultazione e la cooperazione nell'elaborazione dei piani di risoluzione, nonché i principi per l'esercizio dei poteri previsti dagli artt. 74 e 75 e dei poteri analoghi previsti dal diritto dello Stato terzo;

c) lo scambio delle informazioni necessarie per l'applicazione delle misure di risoluzione, nonché per l'esercizio dei poteri di risoluzione e dei poteri analoghi previsti dal diritto dello Stato terzo;

d) i meccanismi di allerta precoce e di consultazione reciproca prima di adottare misure di prevenzione o di gestione delle crisi idonee a ripercuotersi sulla banca o sul gruppo;

e) il coordinamento delle comunicazioni al pubblico in caso di azioni congiunte di risoluzione;

f) le procedure e le intese per lo scambio di informazioni e la cooperazione, di cui alle lett. *a*), *b*), *c*), *d*) ed *e*), compresi, se del caso, l'istituzione e il funzionamento di gruppi di gestione delle crisi.

3. La stipula di protocolli di cooperazione con autorità di Stati terzi non preclude alla Banca d'Italia la possibilità di concludere accordi bilaterali o multilaterali con le autorità di Stati terzi ai sensi dell'art. 33 del reg. (UE) n. 1093/2010.

4. I protocolli di cooperazione conclusi dalla Banca d'Italia ai sensi del presente articolo sono notificati all'ABE.

77. *Scambio di informazioni riservate.* — 1. La Banca d'Italia e il Ministro dell'economia e delle finanze scambiano informazioni riservate con le autorità di risoluzione extracomunitarie al verificarsi congiunto delle seguenti condizioni:

a) l'autorità di risoluzione extracomunitaria è soggetta a obblighi di riservatezza considerati almeno equivalenti a quelli previsti dall'art. 5, ferma restando l'applicabilità del diritto sulla protezione dei dati personali;

b) le informazioni sono necessarie per l'esercizio da parte dell'autorità extracomunitaria delle funzioni di risoluzione a essa affidate, nonché utilizzate esclusivamente a tali fini.

2. Se le informazioni in possesso della Banca d'Italia o del Ministero dell'economia e delle finanze provengono da un altro Stato membro, esse possono essere comunicate a un'autorità di risoluzione extracomunitaria solo al verificarsi congiunto delle seguenti condizioni:

a) l'autorità di risoluzione dello Stato membro che ha trasmesso l'informazione ha dato il proprio assenso alla comunicazione;

b) la comunicazione delle informazioni avviene esclusivamente ai fini stabiliti dall'autorità di risoluzione dello Stato membro che ha comunicato l'informazione.

3. Ai fini del presente articolo le informazioni sono considerate riservate se sono soggette agli obblighi di riservatezza previsti dal diritto dell'Unione Europea.

TITOLO V

Fondi di risoluzione

78. *Fondi di risoluzione.* — 1. Per permettere di realizzare gli obiettivi della risoluzione indicati all'art. 21, in conformità dei principi stabiliti nell'art. 22, sono istituiti presso la Banca d'Italia uno o più fondi di risoluzione. I fondi sono alimentati da:

a) i contributi ordinari di cui all'art. 82, versati dalle banche aventi sede legale in Italia e dalle succursali italiane di banche extracomunitarie, ai fini del raggiungimento del livello specificato all'art. 81;

b) i contributi straordinari di cui all'art. 83, versati dagli stessi soggetti indicati alla lett. *a*), quando i contributi ordinari sono insufficienti a coprire perdite, costi o altre spese sostenuti per le finalità di cui al comma 1;

c) prestiti e altre forme di sostegno finanziario, quando i contributi ordinari non sono sufficienti a coprire le perdite, i costi o le altre spese sostenuti per le finalità di cui al comma 1 e i contributi straordinari non sono prontamente disponibili o sufficienti;

d) somme versate dall'ente sottoposto a risoluzione o dall'ente-ponte, interessi e altri utili derivanti dai propri investimenti.

2. I fondi costituiscono un patrimonio autonomo, distinto a tutti gli effetti dal patrimonio della Banca d'Italia e da quello di ciascun soggetto che le ha fornite. Il patrimonio risponde esclusivamente delle obbligazioni contratte per l'esercizio delle funzioni previste ai sensi del presente Capo. Su di esso non sono ammesse azioni dei creditori della Banca d'Italia o nel-

l'interesse degli stessi, né quelle dei creditori dei soggetti che hanno versato le risorse raccolte nei fondi o nell'interesse degli stessi.

3. La Banca d'Italia può delegare, in tutto o in parte, ai sistemi di garanzia dei depositanti riconosciuti ai sensi dell'art. 96 del t.u. bancario (1) le funzioni disciplinate ai sensi del presente Capo.

79. *Utilizzo dei fondi di risoluzione*. — 1. L'utilizzo dei fondi di risoluzione, anche se istituiti ai sensi dell'art. 80, è disposto dalla Banca d'Italia per una o più delle seguenti finalità e limitatamente a quanto necessario per garantire l'efficacia delle misure di cui al Titolo IV, Capo IV:

a) garantire le attività o le passività dell'ente sottoposto a risoluzione, delle sue controllate, di un ente-ponte o di una società veicolo per la gestione delle attività;

b) concedere finanziamenti all'ente sottoposto a risoluzione, alle sue controllate, a un ente-ponte o a una società veicolo per la gestione delle attività;

c) acquistare attività dell'ente sottoposto a risoluzione;

d) sottoscrivere capitale ed eseguire conferimenti e apporti al patrimonio di un ente-ponte o di una società veicolo per la gestione delle attività;

e) corrispondere indennizzi agli azionisti e ai creditori conformemente all'art. 89;

f) sottoscrivere capitale ed eseguire conferimenti e apporti al patrimonio di un ente sottoposto a risoluzione, quando è applicato il bail-in ed è stata disposta l'esclusione di creditori a norma dell'art. 49, comma 2;

g) concedere finanziamenti su base volontaria ad altri meccanismi di finanziamento della risoluzione istituiti in altri Stati membri secondo il disposto dell'art. 84;

h) quando è stata disposta la cessione dell'attività di impresa, per le stesse finalità indicate dalle lett. *a*), *b*), *c*), *d*), *e*), *f*) e *g*), nei confronti del cessionario.

2. Fermo restando quanto previsto dall'art. 49, commi 5, 6, 7, 8, 9 e 10, i fondi di risoluzione non possono essere utilizzati per assorbire direttamente le perdite di uno dei soggetti di cui all'art. 2, né per ricapitalizzare questi soggetti. Se il ricorso al fondo di risoluzione determina indirettamente il trasferimento al fondo di parte delle perdite di uno di questi soggetti, si applicano i principi che disciplinano l'utilizzo del fondo stabiliti dall'art. 49.

80. *Fondi istituiti presso altri soggetti*. — 1. La Banca d'Italia può disporre che i fondi di risoluzione siano istituiti presso soggetti da essa individuati, ivi inclusi i sistemi di garanzia dei depositanti riconosciuti ai sensi dell'art. 96 del t.u. bancario (1). In questo caso, l'art. 78, comma 2, si applica intendendosi riferito al soggetto presso cui è istituito il fondo di risoluzione in luogo della Banca d'Italia.

2. Nei casi previsti dal comma 1, i regolamenti dei fondi di risoluzione, nonché gli statuti dei soggetti presso i quali tali fondi sono istituiti sono approvati dalla Banca d'Italia che ne verifica la conformità con il presente decreto. Restano fermi i poteri della Banca d'Italia previsti dagli artt. 81, 82 e 83.

81. *Livello-obiettivo della dotazione finanziaria*. — 1. Entro il 31 dicembre 2024 la dotazione finanziaria complessiva dei fondi di risoluzione è pari all'1 per cento dei depositi protetti, ad eccezione di quelli indicati all'art. 96-*bis*.1, comma 4, del t.u. bancario (1) (2), risultanti alla data di chiusura dell'ultimo bilancio annuale dei soggetti tenuti al versamento dei contributi, da essi approvato.

2. Per raggiungere il livello indicato al comma 1, i contributi vengono calcolati e raccolti in conformità dell'art. 82 su base annuale nel modo più uniforme possibile nel tempo, tenendo anche conto dell'impatto prociclico che il loro versamento può avere sulla situazione finanziaria dei soggetti obbligati ad effettuarlo.

3. La Banca d'Italia può prorogare il termine indicato al comma 1 per un massimo di quattro anni se i fondi di risoluzione hanno effettuato esborsi cumulativi per una percentuale superiore allo 0,5 per cento dei depositi protetti, ad eccezione di quelli indicati all'art. 96-*bis*.1, comma 4, del t.u. bancario (1) (3), di tutti i soggetti tenuti al versamento dei contributi.

4. Se, dopo il termine di cui al comma 1, la dotazione finanziaria scende al di sotto del livello stabilito allo stesso comma, la raccolta dei contributi ordinari riprende fino al ripristino di quel livello in conformità a quanto stabilito dall'art. 82. Tuttavia, se, dopo aver raggiunto per la prima volta il livello di cui al comma 1, la dotazione finanziaria si riduce a meno dei due terzi di tale livello, l'ammontare annuo dei contributi ordinari annuali è fissato in mo-

(1) In *Leggi coll. XVII, 1*.

(2) Le parole «, ad eccezione di quelli indicati all'art. 96-*bis*.1, comma 4, del t.u. bancario,» sono state aggiunte dall'art. 2.4, lett. a, d.lg. 15 febbraio 2016, n. 30.

(3) Le parole «, ad eccezione di quelli indicati all'art. 96-*bis*.1, comma 4, del t.u. bancario,» sono state aggiunte dall'art. 2.4, lett. b, d.lg. 15 febbraio 2016, n. 30.

do da consentirne il ripristino entro un periodo di sei anni.

82. *Contributi ordinari*. — 1. Le banche aventi sede legale in Italia e le succursali italiane di banche extracomunitarie versano contributi ordinari ai fondi di risoluzione su base annuale, nell'ammontare determinato dalla Banca d'Italia in conformità con quanto stabilito dalla Commissione Europea ai sensi dell'art. 103, par. 7, della dir. 2014/59/UE.

2. La Banca d'Italia può prevedere che una quota dei contributi ordinari, da essa stabilita, sia costituita da impegni di pagamento irrevocabili integralmente garantiti da attività a basso rischio non gravate da diritti di terzi. La quota non può comunque superare il 30 per cento dell'importo complessivo dei contributi dovuti ai sensi del presente articolo.

83. *Contributi straordinari*. — 1. Se la dotazione finanziaria non è sufficiente a sostenere le misure di cui all'art. 79, comma 1, le banche aventi sede legale in Italia e le succursali italiane di banche extracomunitarie versano ai fondi di risoluzione contributi straordinari a copertura degli oneri aggiuntivi nella misura determinata dalla Banca d'Italia. I contributi straordinari sono calcolati in conformità dell'art. 82, assicurando che il loro ammontare non superi il triplo dell'importo annuale medio dei contributi ordinari dovuti fino al raggiungimento del livello-obiettivo di cui all'art. 81, comma 1.

2. La Banca d'Italia può rinviare, in tutto o in parte, il pagamento dei contributi straordinari quando esso metterebbe a repentaglio la liquidità o solvibilità del soggetto tenuto ad effettuarlo, in presenza delle circostanze e subordinatamente alle condizioni specificate dalla Commissione Europea ai sensi dell'art. 104, par. 4 della dir. 2014/59/UE. Il rinvio non può essere concesso per un periodo superiore a sei mesi, rinnovabile su richiesta del soggetto interessato. I contributi rinviati in forza del presente comma sono corrisposti anche prima della scadenza del termine di rinvio quando la Banca d'Italia determina che il pagamento non mette più a repentaglio la liquidità o la solvibilità del soggetto interessato.

84. *Prestiti dei fondi di risoluzione*. — 1. Le risorse dei fondi di risoluzione possono essere integrate attraverso prestiti contratti con meccanismi di finanziamento istituiti in un altro Stato membro, quando:

a) i contribuiti ordinari non sono sufficienti a sostenere le misure di cui all'art. 79, comma 1;

b) i contributi straordinari non sono prontamente disponibili o sufficienti; e

c) i prestiti e le altre forme di sostegno finanziario previsti dall'art. 78, comma 1, lett. *c*), non sono immediatamente accessibili a condizioni ragionevoli.

2. I fondi di risoluzione possono concedere prestiti ai meccanismi per il finanziamento della risoluzione stabiliti in altri Stati membri. L'ammontare del prestito è commisurato alla percentuale dei depositi protetti delle banche aventi sede legale in Italia e delle succursali italiane di banche extracomunitarie sul totale dei depositi protetti, ad eccezione di quelli indicati all'art. 96-*bis*.1, comma 4, del t.u. bancario (1) (2), dai meccanismi di finanziamento partecipanti all'accordo, salvo che tutti i partecipanti non abbiano pattuito diversamente. I prestiti concessi sono considerati fra le attività del fondo stesso e vengono computati ai fini del raggiungimento del livello-obiettivo di cui all'art. 81, comma 1.

3. I prestiti indicati al comma 2 sono concessi previo parere favorevole del Ministero dell'economia e delle finanze. Nei casi previsti dall'art. 80 il prestito è inoltre soggetto ad autorizzazione della Banca d'Italia.

4. Il tasso d'interesse, il periodo di rimborso, nonché gli altri termini contrattuali relativi ai prestiti contratti o concessi ai sensi dei commi precedenti sono determinati nel rispetto di quanto previsto dall'art. 106 della dir. 2014/59/UE.

85. *Mutualizzazione del finanziamento in caso di risoluzione del gruppo con componenti in altri Stati membri*. — 1. In caso di risoluzione relativa a un gruppo con componenti aventi sede legale in altri Stati membri o con succursali significative stabilite in altri Stati membri di cui faccia parte almeno una banca avente sede legale in Italia o una succursale italiana di banca extracomunitaria, le risorse dei fondi di risoluzione sono utilizzate secondo un piano di finanziamento proposto dall'autorità di risoluzione di gruppo e approvato nell'ambito del programma di risoluzione indicato dall'art. 70.

2. Quando l'autorità di risoluzione di gruppo è la Banca d'Italia, il piano di finanziamento è proposto da quest'ultima, previa consultazione delle autorità di risoluzione delle banche o Sim facenti parte del gruppo stabilite in altri Stati

(1) In *Leggi coll. XVII, 1*.
(2) Le parole «, ad eccezione di quelli indicati all'art. 96-*bis*.1, comma 4, del t.u. bancario,» sono state aggiunte dall'art. 2.5, d.lg. 15 febbraio 2016, n. 30.

membri, se necessario anche prima dell'avvio della risoluzione o dell'adozione di una misura di risoluzione.

3. Il piano di finanziamento riporta:

a) una valutazione delle attività e delle passività delle componenti del gruppo interessate effettuata secondo quanto previsto dal Titolo IV, Capo I, Sezione II;

b) le perdite accertate da ciascuna componente del gruppo;

c) per ciascuna componente del gruppo interessata, le perdite da imporre a ogni singola categoria di azionisti e di creditori;

d) gli eventuali contributi che i sistemi di garanzia dei depositanti sono tenuti a fornire conformemente all'art. 86, comma 1;

e) il contributo complessivo fornito da parte dei meccanismi di finanziamento della risoluzione coinvolti, anche in forma di garanzie, nonché finalità e modalità di erogazione del contributo;

f) i criteri per la determinazione dell'importo che ciascun meccanismo di finanziamento è tenuto a fornire al fine di raggiungere il contributo complessivo di cui alla lett. *e*);

g) l'importo che ciascun meccanismo di finanziamento dei paesi in cui hanno sede legale i soggetti interessati è chiamato a fornire come contributo per il finanziamento della risoluzione di gruppo e le relative modalità di erogazione;

h) l'ammontare dei prestiti erogati da soggetti terzi ai meccanismi di finanziamento;

i) i termini entro cui dovranno essere utilizzate le risorse messe a disposizione da parte dei suddetti meccanismi di finanziamento, eventualmente prorogabili.

4. Nei casi previsti dall'art. 80, la Banca d'Italia informa il soggetto presso il quale il fondo è istituito affinché questo provveda a dare attuazione al piano di finanziamento.

5. I criteri per la ripartizione tra i meccanismi di finanziamento partecipanti del contributo complessivo indicato al comma 3, lett. *e*), sono coerenti con i principi fissati dall'art. 107, par. 5, della dir. 2014/59/UE.

6. I proventi o gli utili derivanti dall'uso dei fondi di risoluzione sono distribuiti ai meccanismi di finanziamento che partecipano alla risoluzione di gruppo ai sensi del presente articolo, conformemente a i principi stabiliti dall'art. 107, par. 5, della dir. 2014/59/UE.

86. *Intervento dei sistemi di garanzia dei depositanti nel contesto della risoluzione.* — 1. Il sistema di garanzia dei depositanti cui la banca sottoposta a risoluzione aderisce è tenuto a corrispondere all'ente sottoposto a risoluzione una somma in denaro pari a:

a) in caso di applicazione del bail-in, l'ammontare di cui i depositi protetti sarebbero stati ridotti ai fini dell'assorbimento delle perdite se a quei depositi fosse stato applicato il bail-in; oppure

b) in caso di cessione di beni e rapporti giuridici a un privato, all'ente-ponte o a una società veicolo per la gestione delle attività, l'ammontare delle perdite che i depositanti protetti avrebbero subito se avessero ricevuto il medesimo trattamento riservato ai creditori soggetti a perdite aventi lo stesso ordine di priorità.

1-*bis*. Nei casi previsti dal comma 1, lett. *a*), il sistema di garanzia subentra nei diritti dei depositanti nei confronti della banca per l'eventuale somma di cui all'art. 29, comma 3. Nei casi previsti dal comma 1, lett. *b*), il sistema di garanzia vanta un credito nei confronti della banca in risoluzione pari all'importo erogato, che beneficia della preferenza di cui all'art. 91, comma 1-*bis*, lett. *b*), n. 2), del t.u. bancario (1).

2. In caso di applicazione del bail-in, il sistema di garanzia dei depositanti non contribuisce agli oneri per la ricapitalizzazione dell'ente o dell'ente-ponte.

3. La determinazione dell'importo a carico del sistema di garanzia dei depositanti è effettuata in conformità della valutazione di cui al Titolo IV, Capo I, Sezione II.

4. In ogni caso, quanto dovuto dal sistema di garanzia dei depositanti non può eccedere l'ammontare delle perdite che esso avrebbe sostenuto se la banca fosse stata sottoposta a liquidazione coatta amministrativa.

5. Se una valutazione a norma dell'art. 88 stabilisce che il contributo versato dal sistema di garanzia dei depositanti per la risoluzione è superiore alle perdite che avrebbe sostenuto in caso di liquidazione coatta amministrativa della banca, il sistema di garanzia dei depositanti ha diritto a ricevere la differenza dal fondo di risoluzione conformemente all'art. 89.

6. Quando i depositi ammissibili (2) al rimborso detenuti presso una banca soggetta a risoluzione sono trasferiti solo parzialmente a un ente-ponte o a un'altra banca per effetto della cessione dell'attività d'impresa, i depositanti

(1) Comma inserito dall'art. 2.6, lett. a, d.lg. 15 febbraio 2016, n. 30.

(2) La parola «ammissibili» è stata così sostituita alla precedente «ammessi» dall'art. 2.6, lett. b, d.lg. 15 febbraio 2016, n. 30.

non vantano alcun diritto nei confronti del sistema di garanzia dei depositanti in relazione alla porzione non trasferita, purché l'importo dei depositi trasferiti sia pari o superiore a quanto previsto dall'art. 96-*bis*.1, comma 3 (1), del t.u. bancario (2).

7. Se la dotazione finanziaria di un sistema di garanzia dei depositanti si riduce a meno di due terzi dell'importo previsto dalla legge per effetto di interventi effettuati ai sensi dei commi 1 e 2, la Banca d'Italia provvede affinché l'importo sia ripristinato mediante il versamento di contributi ordinari entro sei anni.

8. In ogni caso, quanto corrisposto dai sistemi di garanzia dei depositanti ai sensi del presente articolo nell'ambito di una singola risoluzione non supera il 50 per cento della dotazione finanziaria complessiva del sistema stabilita dalla legge o il maggiore importo stabilito dalla Banca d'Italia.

TITOLO VI

Salvaguardie e tutela giurisdizionale

87. *Trattamento di azionisti e creditori in caso di applicazione del bail-in e di cessioni parziali.* — 1. In caso di applicazione del bail-in, gli azionisti e i creditori i cui crediti sono stati ridotti o convertiti in azioni non possono subire perdite maggiori di quelle che avrebbero subito se l'ente sottoposto a risoluzione fosse stato liquidato nel momento in cui è stata accertata la sussistenza dei presupposti per l'avvio della risoluzione, secondo la liquidazione coatta amministrativa disciplinata dal TUB o altra analoga procedura concorsuale applicabile.

2. Nell'ipotesi di cessione parziale di diritti, attività e passività dell'ente sottoposto a risoluzione, gli azionisti e i creditori i cui crediti non sono stati ceduti hanno diritto di ricevere almeno quanto avrebbero ottenuto se l'ente sottoposto a risoluzione fosse stato liquidato secondo la liquidazione coatta amministrativa disciplinata dal t.u. bancario (2) o altra analoga procedura concorsuale applicabile nel momento in cui è stata accertata la sussistenza dei presupposti per l'avvio della risoluzione.

88. *Valutazione della differenza di trattamento.* — 1. A seguito delle azioni di risoluzione, un esperto indipendente incaricato dalla Banca d'Italia effettua senza indugio una valutazione per determinare:

a) il trattamento che gli azionisti e i creditori – incluso, se del caso, il sistema di garanzia dei depositanti – avrebbero ricevuto se, nel momento in cui è stata accertata la sussistenza dei presupposti per l'avvio della risoluzione, l'ente sottoposto a risoluzione fosse stato liquidato secondo la liquidazione coatta amministrativa disciplinata dal t.u. bancario (2) o altra analoga procedura concorsuale applicabile e le azioni di risoluzione non fossero state poste in essere;

b) l'eventuale differenza rispetto al trattamento ricevuto da costoro in concreto per effetto delle azioni di risoluzione.

2. La valutazione indicata al comma 1 è distinta dalla valutazione di cui al Titolo IV, Capo I, Sezione II; essa può essere svolta dal medesimo esperto.

3. La valutazione di cui al comma 1 non tiene conto dell'eventuale erogazione di sostegno finanziario pubblico straordinario in favore dell'ente sottoposto a risoluzione.

89. *Salvaguardia per azionisti e creditori.* — 1. Ciascun azionista o creditore, incluso il sistema di garanzia dei depositanti, che sulla base della valutazione di cui all'art. 88 risulti aver subito perdite maggiori di quelle che avrebbe subito in una liquidazione coatta amministrativa o altra analoga procedura concorsuale applicabile, ha diritto a ricevere, a titolo di indennizzo, esclusivamente una somma equivalente alla differenza determinata ai sensi dell'art. 88.

2. La somma indicata al comma 1 è a carico del fondo di risoluzione.

90. *Salvaguardia per le controparti nelle cessioni parziali.* — 1. Quando è trasferita solo una parte dei diritti, delle attività o delle passività da un ente sottoposto a risoluzione, da un ente-ponte o da una società veicolo per la gestione delle attività, e quando sono esercitati i poteri previsti dall'art. 61, comma 1, lett. *f*), i rapporti di cui al comma 2 sono tutelati in conformità di quanto previsto dagli artt. 91, 92, 93 e 94, ferme restando le limitazioni previste dagli artt. 65, 66, 67 e 68.

2. La tutela di cui al comma 1 ha per oggetto i seguenti rapporti, indipendentemente dal numero di parti coinvolte, dalla fonte negoziale o legale e dalla circostanza che essi sono sorti in virtù del diritto straniero o sono da esso disciplinati:

a) accordi di garanzia in virtù dei quali un soggetto è garantito, anche in via condizionata, dai diritti o dalle attività oggetto della cessione, indipendentemente dalla circostanza che la ga-

(1) Le parole «art. 96-*bis*.1, comma 3» sono state così sostituite alle precedenti «art. 96-*bis*, comma 5» dall'art. 2.6, lett. b, d.lg. 15 febbraio 2016, n. 30.
(2) In *Leggi coll. XVII, 1.*

ranzia abbia a oggetto diritti o attività individuati o individuabili sulla base di un patto di rotatività o di meccanismi analoghi;

b) contratti di garanzia finanziaria con trasferimento del titolo in proprietà, in virtù dei quali la garanzia dell'adempimento di obblighi specifici è costituita dal trasferimento della piena proprietà di attività dal debitore al beneficiario della garanzia, i quali prevedono che il beneficiario della garanzia ritrasferisca attività in caso di adempimento degli obblighi;

c) accordi di compensazione, in virtù dei quali debiti e crediti tra l'ente sottoposto a risoluzione e una controparte possono essere compensati;

d) accordi di netting;

e) obbligazioni garantite;

f) contratti di finanza strutturata, comprese le cartolarizzazioni e gli strumenti utilizzati ai fini di copertura che costituiscono parte integrante del cover pool e che sono garantiti in modo analogo alle obbligazioni bancarie garantite, in base ai quali la garanzia è concessa e detenuta da una parte dell'accordo o da un fiduciario, mandatario o rappresentante.

91. *Tutela dei contratti di garanzia finanziaria, degli accordi di compensazione e di netting*. — 1. Salvo quanto previsto al comma 3, è vietato il trasferimento che abbia a oggetto soltanto una parte dei diritti e delle passività che sulla base di uno dei contratti di cui all'art. 90, comma 2, lett. *b*), *c*) e *d*), le parti possono sottoporre a compensazione o a netting.

2. Salvo quanto previsto al comma 3, è vietata la modifica o l'estinzione che ha a oggetto soltanto una parte dei diritti e delle passività che sulla base di uno dei contratti di cui all'art. 90, comma 2, lett. *b*), *c*) e *d*), le parti possono sottoporre a compensazione o a netting.

3. È possibile, per assicurare la disponibilità dei depositi protetti:

a) trasferire i depositi protetti soggetti a uno dei contratti menzionati al comma 1, senza trasferire altri diritti, attività o passività soggetti ai medesimi contratti; e

b) trasferire, modificare o estinguere diritti, attività o passività soggetti a uno dei contratti di cui al comma 1, senza trasferire i depositi protetti soggetti ai medesimi a contratti.

92. *Tutela degli accordi di garanzia*. — 1. Con riferimento alle passività garantite per contratto, anche con trasferimento del titolo in proprietà, è vietata la cessione separata delle attività a garanzia della passività, del beneficio della garanzia o della passività garantita e la modifica o lo scioglimento dell'accordo di garanzia mediante l'esercizio dei poteri accessori di cui all'art. 61, se l'effetto della modifica o dello scioglimento è che la passività cessa di essere garantita. Si applica la deroga di cui all'art. 91, comma 3.

93. *Tutela dei contratti di finanza strutturata e delle passività garantite*. — 1. È vietata la cessione, la modifica o l'estinzione mediante l'esercizio dei poteri accessori di cui all'art. 61, di alcune soltanto dei diritti, delle attività o delle passività che fanno parte di un unico contratto di finanza strutturata, compresi i rapporti indicati all'art. 90, comma 2, lett. *e*) ed *f*), di cui l'ente sottoposto a risoluzione è parte. Si applica la deroga di cui all'art. 91, comma 3.

94. *Cessioni parziali: tutela dei sistemi di negoziazione, compensazione e regolamento*. — 1. Non sono pregiudicati il funzionamento né le regole dei sistemi di pagamento o di regolamento titoli disciplinati dal d.lg. 12 aprile 2001, n. 210, o, relativamente ad altri Stati membri, dei sistemi designati dai rispettivi atti di recepimento della dir. 98/26/CE, nel caso in cui:

a) è disposta la cessione solo di una parte delle attività, dei diritti o delle passività di un ente sottoposto a risoluzione; o

b) sono esercitati i poteri accessori di cui all'art. 61 per eliminare o modificare le clausole di un contratto di cui l'ente soggetto a risoluzione è parte o per sostituire una controparte.

2. La cessione, l'eliminazione o la modifica di cui al comma 1 non comporta la revoca di un ordine di trasferimento in deroga all'art. 4 del d.lg. 12 aprile 2001, n. 210, né la modifica o l'inefficacia degli ordini di trasferimento e della compensazione a norma degli artt. 2 e 4 del d.lg. 12 aprile 2001, n. 210, l'uso di fondi, titoli o facilitazioni creditizie a norma dell'art. 5 del d.lg. 12 aprile 2001, n. 210, o la tutela dei titoli dati in garanzia a norma dell'art. 8 del medesimo decreto.

95. *Tutela giurisdizionale*. — 1. La tutela giurisdizionale davanti al giudice amministrativo è disciplinata dal Codice del processo amministrativo. Alle controversie aventi ad oggetto i provvedimenti adottati ai sensi del presente decreto si applicano gli artt. 119, 128, 133 e 135 del medesimo Codice.

2. Nei giudizi avverso le misure di gestione della crisi si presume fino a prova contraria che la sospensione dei provvedimenti della Banca d'Italia o del Ministro dell'economia e delle finanze sarebbe contraria all'interesse pubblico; nei medesimi giudizi non si applicano gli artt. 19 e 63, comma 4, del Codice del processo amministrativo.

3. Quando il giudice lo ritiene necessario per

tutelare gli interessi dei terzi in buona fede che hanno acquistato azioni, altre partecipazioni, diritti, attività o passività di un ente sottoposto a risoluzione a seguito del ricorso agli strumenti di risoluzione o dell'esercizio dei poteri di risoluzione, l'annullamento del provvedimento lascia impregiudicati gli atti amministrativi adottati o i negozi posti in essere dalla Banca d'Italia o dai commissari speciali, sulla base del provvedimento annullato. Resta fermo il diritto al risarcimento del danno subito e provato, nei limiti stabiliti dalle norme vigenti.

4. Fermo restando il potere di cui all'art. 67, il giudice presso il quale pende un qualsiasi giudizio del quale sia parte un ente sottoposto a risoluzione ne dispone la sospensione su istanza della Banca d'Italia per un periodo congruo al perseguimento degli obiettivi di cui all'art. 21.

TITOLO VII

Sanzioni amministrative

96. *Sanzioni amministrative agli enti, agli esponenti o al personale.* — 1. Nei confronti dei soggetti indicati all'art. 2 e delle succursali stabilite in Italia di banche extracomunitarie si applica la sanzione amministrativa pecuniaria prevista dall'art. 144, comma 1, del t.u. bancario (1), per l'inosservanza degli artt. 9, 15, 16, 19, comma 1, 33, comma 6, 50, 58, 59, 60, comma 1, lett. *a*) e *h*), 70, commi 2 e 3, 80, comma 1, 82 e 83 o delle relative disposizioni generali o particolari emanate dalla Banca d'Italia.

2. Per l'inosservanza delle norme richiamate al comma 1, si applica l'art. 144-*bis* del t.u. bancario (1), al ricorrere delle condizioni e secondo le modalità da esso stabilite. In caso di inosservanza dell'ordine di porre termine alle violazioni ivi previsto, si applicano le sanzioni stabilite dagli artt. 144-*bis*, comma 2, e 144-*ter*, comma 2, del t.u. bancario (1), nei confronti dei soggetti e al ricorrere delle condizioni ivi previsti.

3. Fermo restando quanto previsto dai commi 1 e 2, per l'inosservanza delle norme richiamate dai medesimi commi si applicano le sanzioni amministrative previste dall'art. 144-*ter* del t.u. bancario (1) nei confronti dei soggetti che svolgono funzioni di amministrazione, di direzione o di controllo, nonché del personale, al ricorrere delle condizioni e secondo le modalità previste dall'art. 144-*ter* del t.u. bancario (1).

4. Alle sanzioni amministrative disciplinate dal presente articolo si applicano gli artt. 144, comma 9, 144-*quater*, 145, 145-*quater* del t.u. bancario (1).

97. *Sanzioni per la violazione di disposizioni dell'Unione europea direttamente applicabili.* — 1. Nelle materie a cui si riferiscono le disposizioni richiamate all'art. 96, le sanzioni ivi previste si applicano, nella medesima misura e con le stesse modalità, anche in caso di inosservanza degli atti delegati o delle norme tecniche di regolamentazione e di attuazione emanati dalla Commissione europea ai sensi della dir. 2014/59/UE o degli artt. 10 e 15 del reg. (UE) n. 1093/2010, o in caso di inosservanza degli atti dell'ABE direttamente applicabili ai soggetti vigilati adottati ai sensi di quest'ultimo regolamento.

98. *Comunicazione all'ABE sulle sanzioni applicate.* — 1. La Banca d'Italia comunica all'ABE le sanzioni amministrative applicate ai sensi del presente Titolo, ivi comprese quelle pubblicate in forma anonima, nonché le informazioni ricevute dai soggetti interessati sulle azioni da essi avviate avverso i provvedimenti sanzionatori e sull'esito delle stesse.

TITOLO VIII

Disposizioni finali

99. *Deroghe.* — 1. Agli enti sottoposti a risoluzione, ai soggetti nei confronti dei quali è disposta la riduzione o la conversione degli strumenti di capitale, all'ente-ponte e al veicolo per la gestione delle attività non si applicano:

a) gli artt. 2343, commi primo, secondo e terzo, 2365, 2376, 2436, 2437-*sexies*, 2441, 2443, 2445, 2446, 2447, nonché le Sezioni II e III del Capo X del Titolo V del Libro V del codice civile;

b) il d.lg. 30 maggio 2008, n. 108 (2).

2. Gli aumenti e le riduzioni del capitale degli enti sottoposti a risoluzione, dei soggetti nei confronti dei quali è disposta la riduzione o la conversione degli strumenti di capitale, dell'ente-ponte e del veicolo per la gestione delle attività avvengono ai sensi degli artt. 58 e 60, comma 1, lett. *h*).

3. In caso di fusioni o scissioni di enti sottoposti a risoluzione, di soggetti nei confronti dei

(1) In *Leggi coll. XVII, 1.*
(2) In *Leggi coll. XIV, 10.*

quali è disposta la riduzione o la conversione degli strumenti di capitale, di enti-ponte o di veicoli per la gestione delle attività:

a) l'operazione è disposta dalla Banca d'Italia o, previa autorizzazione di quest'ultima, dal commissario speciale. Essa produce gli effetti previsti dal codice civile a seguito della pubblicazione della decisione sul sito internet della Banca d'Italia, anche in assenza degli adempimenti pubblicitari richiesti dalla legge;

b) entro 180 giorni dalla pubblicazione di cui alla lett. *a*), la Banca d'Italia o il commissario speciale svolge gli adempimenti pubblicitari richiesti dalla legge.

4. Alle società con azioni quotate in mercati regolamentati italiani o di un altro Stato membro sottoposte a risoluzione o nei confronti delle quali è disposta la riduzione o la conversione degli strumenti di capitale, all'ente-ponte e al veicolo per la gestione delle attività se hanno azioni quotate in mercati regolamentati italiani o di un altro Stato membro non si applicano:

a) gli artt. 2370, quarto comma, e 2372 del codice civile;

b) gli artt. 83-*sexies*, 125-*bis*, 125-*ter*, 125-*quater*, 126, 126-*bis*, 127, 127-*bis*, 127-*ter*, nonché le Sezioni II-*ter* e III del Capo II del Titolo III della Parte IV del t.u. della finanza (1).

5. La comunicazione al pubblico ai sensi dell'art. 114 del t.u. della finanza (1) in merito alla sussistenza dei presupposti per la riduzione e conversione o per l'avvio della risoluzione ai sensi dell'art. 20, nonché in merito al provvedimento che dispone la riduzione e la conversione ai sensi dell'art. 29 o l'avvio della risoluzione ai sensi dell'art. 32 è effettuata contestualmente alla pubblicazione prevista all'art. 32, comma 3, anche se la sussistenza di tali circostanze, ancorché non divulgata al pubblico, sia conosciuta dall'emittente o dai componenti dei suoi organi di amministrazione e controllo in data anteriore. La Consob può stabilire con proprio regolamento ulteriori ipotesi in cui detta comunicazione può essere rinviata.

6. Se, a seguito della conversione degli strumenti di capitale o del bail-in, un soggetto detiene una partecipazione indicata all'art. 106, commi 1, 1-*bis* o 1-*ter*, del t.u. della finanza (1), l'obbligo di offerta ai sensi dell'art. 106 del t.u. della finanza (1) non sussiste.

7. In caso di limitazioni all'escussione di garanzie finanziarie o all'efficacia di contratti di garanzia finanziaria con costituzione di garanzia finanziaria reale oppure di disposizioni di netting per close-out o di set-off disposte dall'autorità di risoluzione, non si applicano gli artt. 4, 5, 6, 7 e 8 del d.lg. 21 maggio 2004, n. 170 (2).

100. *Modifiche alla legge fallimentare* (3). — 1. . . . . (*omissis*) (4).

2. . . . . (*omissis*) (5).

3. . . . . (*omissis*) (6).

101. *Disposizioni penali.* — 1. (*omissis*) (7).

2. La violazione dell'obbligo di segreto di cui all'art. 5, commi 4 e 7, è punita a norma dell'art. 622 del codice penale, ma si procede d'ufficio.

102. *Contenuto dei piani di risoluzione: regime transitorio.* — 1. Fino all'emanazione dei provvedimenti della Banca d'Italia previsti dall'art. 7, comma 2, il contenuto dei piani di risoluzione è disciplinato dal presente articolo.

2. Il piano di risoluzione tiene conto di diversi possibili scenari, tra cui l'ipotesi che il dissesto sia idiosincratico o si verifichi in un momento di instabilità finanziaria più ampia o al ricorrere di eventi a carattere sistemico. Il piano di risoluzione non presuppone alcuno dei seguenti interventi:

a) il sostegno finanziario pubblico straordinario, fatto salvo l'utilizzo dei fondi di risoluzione;

b) l'assistenza di liquidità di emergenza fornita dalla banca centrale; o

c) l'assistenza di liquidità fornita dalla banca centrale che preveda garanzie, durata e tasso di interesse non standard.

3. Il piano prevede una serie di opzioni per l'applicazione delle misure e poteri di risoluzione. Esso comprende, laddove possibile e opportuno, in forma quantificata:

a) una sintesi degli elementi fondamentali del piano;

b) una sintesi dei cambiamenti sostanziali intervenuti nella banca rispetto all'ultima informazione fornita;

c) la dimostrazione di come le funzioni essenziali e le linee di operatività principali possano essere separate dalle altre funzioni, sul piano giuridico ed economico, nella misura

(1) In *Leggi coll. XVIII, 1.*
(2) In *Leggi coll. XVIII, 2.*
(3) In *Leggi coll. XXII, 1.*
(4) Modifica il quarto comma dell'art. 195 della legge fallimentare, in *Leggi coll. XXII, 1.*
(5) Aggiunge un comma all'art. 237 della legge fallimentare, in *Leggi coll. XXII, 1.*
(6) Sostituisce l'art. 240 della legge fallimentare, in *Leggi coll. XXII, 1.*
(7) Aggiunge un comma nell'art. 2638 del codice civile.

necessaria, in modo da garantirne la continuità in caso di dissesto della banca;

d) una stima dei tempi necessari per l'esecuzione di ciascun aspetto sostanziale del piano;

e) una descrizione della valutazione della risolvibilità;

f) una descrizione delle misure necessarie per affrontare o rimuovere gli impedimenti alla risolvibilità;

g) una descrizione delle procedure per determinare il valore e la trasferibilità delle funzioni essenziali, linee di operatività principali e attività della banca;

h) una descrizione dei dispositivi atti a garantire che le informazioni richieste alla banca per la redazione del piano siano aggiornate e a disposizione della Banca d'Italia in qualsiasi momento;

i) le modalità che permettono il finanziamento delle opzioni di risoluzione senza presupporre alcuno degli interventi seguenti;

i) sostegno finanziario pubblico straordinario diverso dall'impiego dei fondi di risoluzione;

ii) assistenza di liquidità di emergenza fornita da una banca centrale; o

iii) assistenza di liquidità da parte di una banca centrale fornita con costituzione delle garanzie, durata e tasso di interesse non standard.

l) una descrizione delle diverse strategie di risoluzione che si potrebbero applicare nei vari scenari possibili e le tempistiche applicabili;

m) una descrizione delle interdipendenze critiche;

n) una descrizione delle opzioni praticabili per mantenere l'accesso alle sedi di negoziazione e alle infrastrutture di mercato e una valutazione della portabilità delle posizioni dei clienti;

o) un'analisi dell'impatto del piano sui dipendenti della banca, compresa una stima dei costi associati e una descrizione delle previste procedure di consultazione del personale durante il processo di risoluzione, tenendo conto se del caso dei sistemi nazionali di dialogo con le parti sociali;

p) il piano di comunicazione con i media e con il pubblico;

q) il requisito minimo di passività soggette a bail-in e l'eventuale termine entro il quale deve essere rispettato;

r) una descrizione delle operazioni e dei sistemi essenziali per assicurare la continuità del funzionamento dei processi operativi della banca;

s) l'eventuale parere espresso dalla banca in merito al piano di risoluzione.

4. Il piano indica inoltre le modalità e la tempistica con cui, nelle situazioni previste dal piano, la banca può chiedere di ricorrere a forme di assistenza della Banca Centrale Europea e identifica le attività che potrebbero essere considerate idonee quali garanzie. Contiene infine le ulteriori informazioni richieste dalla Banca d'Italia o da regolamenti della Commissione Europea.

5. Esso è redatto sulla base di valutazioni eque e prudenti.

103. *Contenuto dei piani di risoluzione di gruppo: regime transitorio*. — 1. Fino all'emanazione dei provvedimenti della Banca d'Italia previsti dall'art. 8, comma 2, il contenuto dei piani di risoluzione di gruppo è disciplinato dal presente articolo.

2. Il piano di risoluzione di gruppo:

a) indica le azioni di risoluzione da avviarsi con riguardo alle singole componenti del gruppo, anche mediante azioni coordinate di risoluzione nei confronti di più componenti;

b) esamina in che misura gli strumenti e i poteri di risoluzione possono essere applicati ed esercitati in maniera coordinata nei confronti delle componenti del gruppo stabilite nell'Unione europea, ivi comprese le misure volte ad agevolare l'acquisto, da parte di un terzo, del gruppo nel suo complesso o di linee di business separate o di attività svolte da una serie di componenti del gruppo o da singole sue componenti, e individua i potenziali ostacoli a una risoluzione coordinata;

c) nel caso di un gruppo che comprende componenti stabilite in Stati terzi, definisce opportune intese per la cooperazione e il coordinamento con le autorità pertinenti di tali Stati e le implicazioni nell'Unione europea della risoluzione delle componenti stabilite in Stati terzi;

d) indica le misure, tra cui la separazione giuridica ed economica di particolari funzioni o linee di business, necessarie per agevolare la risoluzione del gruppo quando di questa ricorrono i presupposti;

e) indica le modalità di finanziamento delle azioni di risoluzione del gruppo e, qualora siano necessari interventi di finanziamento, espone i criteri per la ripartizione dell'onere del finanziamento tra le varie fonti di finanziamento presenti nei diversi Stati membri. Il piano non presuppone alcuno dei seguenti interventi:

i) sostegno finanziario pubblico straordinario diverso dai fondi di risoluzione;

ii) assistenza di liquidità di emergenza della banca centrale; oppure *iii*) assistenza di liquidità da parte di una banca centrale fornita con costituzione delle garanzie, durata e tasso di interesse non standard.

3. Il piano contiene inoltre le ulteriori informazioni richieste dalla Banca d'Italia o da regolamenti della Commissione Europea.

4. Esso è redatto sulla base di valutazioni eque e prudenti; tiene conto, tra l'altro, dell'art. 85, comma 4, e dell'impatto potenziale della risoluzione sulla stabilità finanziaria in tutti gli Stati membri interessati.

104. *Elementi da considerare nell'ambito della valutazione di risolvibilità di una banca o di un gruppo: regime transitorio*. — 1. Fino all'emanazione dei provvedimenti della Banca d'Italia previsti dall'art. 12, comma 3, e dall'art. 13, comma 3, per valutare la risolvibilità di una banca o di un gruppo, sono esaminati:

a) l'organizzazione della banca/gruppo, in modo da assicurare che le linee di operatività principali e funzioni essenziali siano allocate a soggetti chiaramente identificabili e in modo coerente;

b) i dispositivi adottati dalla banca/gruppo per fornire personale essenziale, infrastrutture, finanziamenti, liquidità e capitali per sostenere e mantenere in essere le linee di operatività principali e le funzioni essenziali;

c) l'efficacia, anche in caso di risoluzione della banca/gruppo, dei contratti di servizio, l'adeguatezza dei presidi di governo adottati dalla banca/gruppo per assicurare che tali contratti siano adempiuti nella misura e secondo la qualità concordata, nonché la presenza di procedure per trasferire a terzi i servizi forniti in virtù di tali accordi, in caso di separazione delle funzioni essenziali o delle linee di operatività principali;

d) i piani e le misure di emergenza per assicurare la continuità dell'accesso alle infrastrutture di mercato;

e) l'adeguatezza dei sistemi informatici per permettere alla Banca d'Italia di raccogliere informazioni accurate e complete sulle linee di operatività principali e sulle funzioni essenziali, al fine di agevolare decisioni rapide;

f) la capacità dei sistemi informatici di fornire le informazioni essenziali per una risoluzione efficace della banca/gruppo in qualsiasi momento, anche in situazioni in rapida evoluzione;

g) la misura in cui la banca/gruppo ha testato i propri sistemi informatici in scenari di stress definiti dalla Banca d'Italia;

h) la continuità dei sistemi informatici sia per la banca/gruppo interessata, sia per il cessionario nel caso in cui le funzioni essenziali e le linee di operatività principali siano oggetto di cessione;

i) le procedure adottate della banca/gruppo per permettere alla Banca d'Italia di disporre delle informazioni necessarie per individuare i depositanti e gli importi coperti dai sistemi di garanzia dei depositi;

l) l'ammontare e la tipologia delle passività soggette ammissibili della banca/gruppo;

m) se sono previste garanzie infragruppo o operazioni back to back, la misura in cui:

i) queste operazioni sono effettuate a condizioni di mercato e la solidità dei relativi sistemi di gestione del rischio;

ii) il ricorso a queste operazioni aumenta il rischio di contagio nel gruppo;

n) la misura in cui la struttura giuridica del gruppo ostacola l'applicazione degli strumenti di risoluzione in conseguenza del numero di società, della complessità della struttura del gruppo o della difficoltà di associare le linee di business alle componenti del gruppo;

o) quando la valutazione coinvolge una società di cui all'art. 65, comma 1, lett. *h*), del t.u. bancario (1), la misura in cui la risoluzione di entità del gruppo che sono banche o società finanziarie controllate può esercitare un impatto negativo sul ramo non finanziario del gruppo;

p) la disponibilità, presso le autorità degli Stati terzi, delle misure di risoluzione necessarie per sostenere le autorità di risoluzione dell'Unione Europea nelle azioni di risoluzione e i margini per un'azione coordinata fra autorità dell'Unione Europea e autorità degli Stati terzi;

q) la possibilità di applicare le misure di risoluzione in modo da conseguire gli obiettivi di risoluzione;

r) la misura in cui la struttura del gruppo permette alla Banca d'Italia di procedere alla risoluzione del gruppo nel suo complesso o di una o più delle sue componenti senza provocare, direttamente o indirettamente, un effetto negativo significativo sul sistema finanziario, sulla fiducia del mercato o sull'economia in generale, e al fine di massimizzare il valore del gruppo nel suo complesso;

s) gli accordi e i mezzi che potrebbero agevolare la risoluzione in caso di gruppi con società controllate stabilite in giurisdizioni diverse;

(1) In *Leggi coll. XVII, 1.*

t) la credibilità dell'uso delle misure di risoluzione in modo da conseguire gli obiettivi di risoluzione, tenuto conto delle possibili ripercussioni su creditori, controparti, clientela e dipendenti e delle azioni eventualmente avviate da autorità di Stati terzi;

u) la possibilità di valutare l'impatto della risoluzione della banca/gruppo sul sistema finanziario, infrastrutture di mercato, sulla fiducia dei mercati finanziari o sull'economia in generale; l'impatto stesso, nonché il grado di idoneità delle misure o dei poteri di risoluzione a contenerlo.

2. Il livello di dettaglio della valutazione dipende, tra l'altro, dalle possibili conseguenze del dissesto della banca/gruppo in relazione alle loro caratteristiche, ivi inclusi le dimensioni, la complessità operativa, la struttura societaria, lo scopo mutualistico e l'adesione a un sistema di tutela istituzionale.

105. *Contenuto del piano di riorganizzazione aziendale a seguito del bail-in: regime transitorio.* — 1. Fino all'emanazione dei provvedimenti della Banca d'Italia previsti dall'art. 56, comma 2, il piano di riorganizzazione aziendale comprende almeno gli elementi seguenti:

a) la diagnosi dei fattori e dei problemi che hanno portato al dissesto o al rischio di dissesto e delle circostanze che hanno determinato le difficoltà incontrate;

b) la descrizione delle misure volte a ripristinare la sostenibilità economica a lungo termine che si intende adottare;

c) il calendario di attuazione di tali misure.

2. Le misure volte a ripristinare la sostenibilità economica a lungo termine possono comprendere:

a) la riorganizzazione delle attività;

b) modifiche dei sistemi operativi e dell'infrastruttura interna;

c) la dismissione delle attività in perdita;

d) la ristrutturazione delle attività esistenti che possono diventare eccessivamente esposte alla concorrenza;

e) la vendita di attività o di linee di business.

106. *Entrata in vigore.* — 1. Il presente decreto entra in vigore il giorno della sua pubblicazione nella *Gazzetta Ufficiale*.

2. Le disposizioni contenute nel Titolo IV, Capo IV, Sezione III si applicano a partire dal 1° gennaio 2016.

107. *Clausola di invarianza finanziaria.* — . . . . (*omissis*).

XVII. 8.

DECRETO LEGGE 3 maggio 2016, n. 59. — *Disposizioni urgenti in materia di procedure esecutive e concorsuali, nonché a favore degli investitori in banche in liquidazione* (1), *convertito, con modificazioni, in l. 30 giugno 2016, n. 119* (2).

CAPO I

MISURE A SOSTEGNO DELLE IMPRESE E DI ACCELERAZIONE DEL RECUPERO CREDITI

1. *Pegno mobiliare non possessorio.* — 1. Gli imprenditori iscritti nel registro delle imprese possono costituire un pegno non possessorio per garantire i crediti concessi a loro o a terzi, presenti o futuri, se determinati o determinabili e con la previsione dell'importo massimo garantito, inerenti all'esercizio dell'impresa.

2. Il pegno non possessorio può essere costituito su beni mobili, anche immateriali, destinati all'esercizio dell'impresa e sui crediti derivanti da o inerenti a tale esercizio, a esclusione dei beni mobili registrati. I beni mobili possono essere esistenti o futuri, determinati o determinabili anche mediante riferimento a una o più categorie merceologiche o a un valore complessivo. Ove non sia diversamente disposto nel contratto, il debitore o il terzo concedente il pegno è autorizzato a trasformare o alienare, nel rispetto della loro destinazione economica, o comunque a disporre dei beni gravati da pegno. In tal caso il pegno si trasferisce, rispettivamente, al prodotto risultante dalla trasformazione, al corrispettivo della cessione del bene gravato o al bene sostitutivo acquistato con tale corrispettivo, senza che ciò comporti costituzione di una nuova garanzia. Se il prodotto risultante dalla trasformazione ingloba, anche per unione o commistione, più beni appartenenti a diverse categorie merceologiche e oggetto di diversi pegni non possessori, le facoltà previste dal comma 7 spettano a ciascun creditore pignoratizio con obbligo da parte sua di restituire al datore della garanzia, secondo criteri di proporzionalità, sulla base delle stime effettuate con le modalità di cui al comma 7, lett. *a*), il valore del bene riferibile alle altre categorie merceologiche che si sono unite o mescolate. È fatta salva la possibilità per il creditore di promuovere azioni conservative o inibitorie nel caso di abuso nell'utilizzo dei beni da parte del debitore o del terzo concedente il pegno.

(1) G.U., 3 maggio 2016, n. 102.
(2) G.U., 2 luglio 2016, n. 153.

3. Il contratto costitutivo, a pena di nullità, deve risultare da atto scritto con indicazione del creditore, del debitore e dell'eventuale terzo concedente il pegno, la descrizione del bene dato in garanzia, del credito garantito e l'indicazione dell'importo massimo garantito.

4. Il pegno non possessorio ha effetto verso i terzi esclusivamente con la iscrizione in un registro informatizzato costituito presso l'Agenzia delle entrate e denominato «registro dei pegni non possessori»; dal momento dell'iscrizione il pegno prende grado ed è opponibile ai terzi e nelle procedure esecutive e concorsuali.

5. Il pegno non possessorio, anche se anteriormente costituito ed iscritto, non è opponibile a chi abbia finanziato l'acquisto di un bene determinato che sia destinato all'esercizio dell'impresa e sia garantito da riserva della proprietà sul bene medesimo o da un pegno anche non possessorio successivo, a condizione che il pegno non possessorio sia iscritto nel registro in conformità al comma 6 e che al momento della sua iscrizione il creditore ne informi i titolari di pegno non possessorio iscritto anteriormente.

6. L'iscrizione deve indicare il creditore, il debitore, se presente il terzo datore del pegno, la descrizione del bene dato in garanzia e del credito garantito secondo quanto previsto dal comma 1 e, per il pegno non possessorio che garantisce il finanziamento per l'acquisto di un bene determinato, la specifica individuazione del medesimo bene. L'iscrizione ha una durata di dieci anni, rinnovabile per mezzo di una nuova iscrizione nel registro effettuata prima della scadenza del decimo anno. La cancellazione della iscrizione può essere richiesta di comune accordo da creditore pignoratizio e datore del pegno o domandata giudizialmente. Le operazioni di iscrizione, consultazione, modifica, rinnovo o cancellazione presso il registro, gli obblighi a carico di chi effettua tali operazioni nonché le modalità di accesso al registro stesso sono regolati con decreto del Ministro dell'economia e delle finanze, di concerto con il Ministro della giustizia, da adottarsi entro trenta giorni dalla data di entrata in vigore della legge di conversione del presente decreto, prevedendo modalità esclusivamente informatiche. Con il medesimo decreto sono stabiliti i diritti di visura e di certificato, in misura idonea a garantire almeno la copertura dei costi di allestimento, gestione e di evoluzione del registro. Al fine di consentire l'avvio della attività previste dal presente articolo, è autorizzata la spesa di euro 200.000 per l'anno 2016 e di euro 100.000 per l'anno 2017.

7. Al verificarsi di un evento che determina l'escussione del pegno, il creditore, previa intimazione notificata, anche direttamente dal creditore a mezzo di posta elettronica certificata, al debitore e all'eventuale terzo concedente il pegno, e previo avviso scritto agli eventuali titolari di un pegno non possessorio trascritto nonché al debitore del credito oggetto del pegno, ha facoltà di procedere:

a) alla vendita dei beni oggetto del pegno trattenendo il corrispettivo a soddisfacimento del credito fino a concorrenza della somma garantita e con l'obbligo di informare immediatamente per iscritto il datore della garanzia dell'importo ricavato e di restituire contestualmente l'eccedenza; la vendita è effettuata dal creditore tramite procedure competitive anche avvalendosi di soggetti specializzati, sulla base di stime effettuate, salvo il caso di beni di non apprezzabile valore, da parte di operatori esperti, assicurando, con adeguate forme di pubblicità, la massima informazione e partecipazione degli interessati; l'operatore esperto è nominato di comune accordo tra le parti o, in mancanza, è designato dal giudice; in ogni caso è effettuata, a cura del creditore, la pubblicità sul portale delle vendite pubbliche di cui all'art. 490 del codice di procedura civile;

b) alla escussione o cessione dei crediti oggetto di pegno fino a concorrenza della somma garantita, dandone comunicazione al datore della garanzia;

c) ove previsto nel contratto di pegno e iscritto nel registro di cui al comma 4, alla locazione del bene oggetto del pegno imputando i canoni a soddisfacimento del proprio credito fino a concorrenza della somma garantita, a condizione che il contratto preveda i criteri e le modalità di determinazione del corrispettivo della locazione; il creditore pignoratizio comunica immediatamente per iscritto al datore della garanzia stessa il corrispettivo e le altre condizioni della locazione pattuite con il relativo conduttore;

d) ove previsto nel contratto di pegno e iscritto nel registro di cui al comma 4, all'appropriazione dei beni oggetto del pegno fino a concorrenza della somma garantita, a condizione che il contratto preveda anticipatamente i criteri e le modalità di valutazione del valore del bene oggetto di pegno e dell'obbligazione garantita; il creditore pignoratizio comunica immediatamente per iscritto al datore della garanzia il valore attribuito al bene ai fini dell'appropriazione.

7-*bis*. Il debitore e l'eventuale terzo concedente il pegno hanno diritto di proporre opposizione entro cinque giorni dall'intimazione di cui al comma 7. L'opposizione si propone con ricorso a norma delle disposizioni di cui al libro quarto, titolo I, capo III-*bis*, del codice di procedura civile. Ove concorrano gravi motivi, il giudice, su istanza dell'opponente, può inibire, con provvedimento d'urgenza, al creditore di procedere a norma del comma 7.

7-*ter.* Se il titolo non dispone diversamente, il datore della garanzia deve consegnare il bene mobile oggetto del pegno al creditore entro quindici giorni dalla notificazione dell'intimazione di cui al comma 7. Se la consegna non ha luogo nel termine stabilito, il creditore può fare istanza, anche verbale, all'ufficiale giudiziario perché proceda, anche non munito di titolo esecutivo e di precetto, a norma delle disposizioni di cui al libro terzo, titolo III, del codice di procedura civile, in quanto compatibili. A tal fine, il creditore presenta copia della nota di iscrizione del pegno nel registro di cui al comma 4 e dell'intimazione notificata ai sensi del comma 7. L'ufficiale giudiziario, ove non sia di immediata identificazione, si avvale su istanza del creditore e con spese liquidate dall'ufficiale giudiziario e anticipate dal creditore e comunque a carico del medesimo, di un esperto stimatore o di un commercialista da lui scelto, per la corretta individuazione, anche mediante esame delle scritture contabili, del bene mobile oggetto del pegno, tenendo conto delle eventuali operazioni di trasformazione o di alienazione poste in essere a norma del comma 2. Quando risulta che il pegno si è trasferito sul corrispettivo ricavato dall'alienazione del bene, l'ufficiale giudiziario ricerca, mediante esame delle scritture contabili ovvero a norma dell'art. 492-*bis* del codice di procedura civile, i crediti del datore della garanzia, nei limiti della somma garantita ai sensi del comma 2. I crediti rinvenuti a norma del periodo precedente sono riscossi dal creditore in forza del contratto di pegno e del verbale delle operazioni di ricerca redatto dall'ufficiale giudiziario. Nel caso di cui al presente comma l'autorizzazione del presidente del tribunale di cui all'art. 492-*bis* del codice di procedura civile è concessa, su istanza del creditore, verificate l'iscrizione del pegno nel registro di cui al comma 4 e la notificazione dell'intimazione.

7-*quater.* Quando il bene o il credito già oggetto del pegno iscritto ai sensi del comma 4 sia sottoposto ad esecuzione forzata per espropriazione, il giudice dell'esecuzione, su istanza del creditore, lo autorizza all'escussione del pegno, stabilendo con proprio decreto il tempo e le modalità dell'escussione a norma del comma 7. L'eventuale eccedenza è corrisposta in favore della procedura esecutiva, fatti salvi i crediti degli aventi diritto a prelazione anteriore a quella del creditore istante.

8. In caso di fallimento del debitore il creditore può procedere a norma del comma 7 solo dopo che il suo credito è stato ammesso al passivo con prelazione.

9. Entro tre mesi dalla comunicazione di cui alle lett. *a*), *b*), *c*) e *d*) del comma 7, il debitore può agire in giudizio per il risarcimento del danno quando l'escussione è avvenuta in violazione dei criteri e delle modalità di cui alle predette lett. *a*), *b*), *c*) e *d*) e non corrispondono ai valori correnti di mercato il prezzo della vendita, il corrispettivo della cessione, il corrispettivo della locazione ovvero il valore comunicato a norma della disposizione di cui alla lett. *d*).

10. Agli effetti di cui agli artt. 66 e 67 del r.d. 16 marzo 1942, n. 267 (1) il pegno non possessorio è equiparato al pegno.

10-*bis.* Per quanto non previsto dal presente articolo, si applicano, in quanto compatibili, le disposizioni di cui al libro sesto, titolo III, capo III, del codice civile.

2. *Finanziamento alle imprese garantito da trasferimento di bene immobile sospensivamente condizionato.* — 1. . . . . (*omissis*) (2).

3. *Registro delle procedure di espropriazione forzata immobiliari, delle procedure di insolvenza e degli strumenti di gestione della crisi.* — 1. È istituito presso il Ministero della giustizia un registro elettronico delle procedure di espropriazione forzata immobiliari, delle procedure d'insolvenza e degli strumenti di gestione della crisi. Il registro è accessibile dalla Banca d'Italia, che utilizza i dati e le informazioni in esso contenuti nello svolgimento delle funzioni di vigilanza, a tutela della sana e prudente gestione degli intermediari vigilati e della stabilità complessiva.

2. Nel registro sono pubblicati le informazioni e i documenti relativi:

a) alle procedure di espropriazione forzata immobiliare;

b) alle procedure di fallimento, di concordato preventivo, di liquidazione coatta amministrativa di cui al r.d 16 marzo 1942, n. 267 (1);

c) ai procedimenti di omologazione di accordi di ristrutturazione dei debiti di cui all'art. 182-*bis* del r.d. 16 marzo 1942, n. 267 (1), nonché ai piani di risanamento di cui all'art. 67,

(1) In *Leggi coll. XXII, 1.*
(2) Aggiunge l'art. 48-*bis* al d.lg. 1° settembre 1993, n. 385, in *Leggi coll. XVII, 1.*

terzo comma, lett. *d*), del r.d. 16 marzo 1942, n. 267 (1), quando vengano fatti oggetto di pubblicazione nel registro delle imprese;

d) alle procedure di amministrazione straordinaria di cui al d.lg. 8 luglio 1999, n. 270 (2) e al d.l. 23 dicembre 2003, n. 347, convertito, con modificazioni, dalla l. 18 febbraio 2004, n. 39 (3);

e) alle procedure di accordo di ristrutturazione dei debiti, di piano del consumatore e di liquidazione dei beni di cui alla l. 27 gennaio 2012, n. 3.

3. Il registro si compone di una sezione ad accesso pubblico e gratuito e di una sezione ad accesso limitato, aventi il contenuto che segue:

a) relativamente alle procedure di cui al comma 2, nella sezione del registro ad accesso pubblico sono rese disponibili in forma elettronica, in relazione alla tipologia di procedura o di strumento di cui al comma 2, le informazioni e i documenti di cui all'art. 24, par. 2, del reg. (UE) 2015/848 e le altre informazioni rilevanti in merito ai tempi e all'andamento di ciascuna procedura o strumento; all'interno di questa sezione possono essere altresì collocate le informazioni e i provvedimenti di cui all'art. 28, quarto comma, secondo periodo, del r.d. 16 marzo 1942, n. 267 (1);

b) relativamente alle procedure di espropriazione forzata immobiliare, nella sezione del registro ad accesso pubblico sono rese disponibili in forma elettronica le informazioni e i documenti individuati con decreto dirigenziale del Ministero della giustizia di concerto con il Ministero dell'economia e delle finanze, da adottare entro centoventi giorni dalla data di entrata in vigore della legge di conversione del presente decreto. Nella individuazione delle informazioni il decreto tiene conto, a fini di tutela della stabilità finanziaria, anche della loro rilevanza per una migliore gestione dei crediti deteriorati da parte degli intermediari creditizi e finanziari;

c) nella sezione del registro ad accesso limitato sono resi disponibili in forma elettronica le informazioni e i documenti relativi a ciascuna procedura o strumento di cui al comma 2, individuate con il decreto dirigenziale di cui alla lett. *b*).

4. Con il decreto di cui al comma 3, lett. *b*), sentita la Banca d'Italia per gli aspetti rilevanti ai fini di tutela della stabilità finanziaria, sono altresì adottate le disposizioni per l'attuazione del registro, prevedendo:

a) le modalità di pubblicazione, rettifica, aggiornamento e consultazione dei dati e dei documenti da inserire nel registro, nonché i tempi massimi della loro conservazione;

b) i soggetti tenuti ad effettuare, in relazione a ciascuna tipologia di procedura o strumento, la pubblicazione delle informazioni e dei documenti;

c) le categorie di soggetti che sono legittimati, in presenza di un legittimo interesse, ad accedere, anche mediante un avvocato munito di procura, alla sezione del registro ad accesso limitato; il contributo dovuto per l'accesso, da determinare in misura tale da assicurare almeno la copertura dei costi del servizio, e i casi di esenzione; è sempre consentito l'accesso gratuito all'autorità giudiziaria;

d) le eventuali limitate eccezioni alla pubblicazione di documenti con riferimento alle esigenze di riservatezza delle informazioni ivi contenute o all'assenza di valore informativo di tali documenti per i terzi.

5. Il registro deve consentire la ricerca dei dati secondo ciascuna tipologia di informazione e di documento in esso contenuti e di tribunale e numero di ruolo dei procedimenti. Le disposizioni contenute nel decreto di cui al comma 3, lett. *b*), assicurano che il registro sia conforme alle disposizioni del reg. (UE) 2015/848.

6. Su richiesta del debitore, del curatore, del commissario giudiziale, di un creditore, di chiunque vi abbia interesse o d'ufficio, il giudice delegato o il tribunale competenti possono limitare la pubblicazione di un documento o di una o più sue parti, quando sia dimostrata l'esistenza di uno specifico e meritevole interesse alla riservatezza dell'informazione in esso contenuta. La richiesta di cui al presente comma sospende gli obblighi di pubblicazione dei documenti, o della parte di essi, oggetto della richiesta di esenzione e, qualora la pubblicazione sia già avvenuta, sospende temporaneamente l'accesso ad essi da parte degli interessati. Nelle more della decisione, il giudice può imporre una cauzione al creditore o terzo richiedente.

7. Il Ministero della giustizia, in attuazione degli obiettivi di cui al presente decreto, per la progressiva implementazione e digitalizzazio-

(1) In *Leggi coll. XXII, 1.*
(2) In *Leggi coll. XXII, 3.*
(3) In *Leggi coll. XXII, 4.*

ne degli archivi e della piattaforma tecnologica ed informativa dell'Amministrazione della giustizia, in coerenza con le linee del Piano triennale per l'informatica nella pubblica amministrazione di cui all'art. 1, comma 513, della l. 28 dicembre 2015, n. 208, può avvalersi, per i servizi accessori alla digitalizzazione della giustizia e alla gestione dei sistemi informativi sviluppati dal Ministero della giustizia, della società di cui all'art. 83, comma 15, del d.l. 25 giugno 2008, n. 112, convertito, con modificazioni, dalla l. 6 agosto 2008, n. 133. Ai fini della realizzazione dei predetti servizi di interesse generale, la società provvede, tramite Consip S.p.A., all'acquisizione dei beni e servizi occorrenti (1).

8. Per l'istituzione del registro è autorizzata la spesa di 3,5 milioni di euro per ciascuno degli anni 2016-2018. Il Ministero della giustizia, il Ministero dell'economia e delle finanze e la Banca d'Italia disciplinano con apposita convenzione, da stipularsi entro 30 giorni dall'entrata in vigore della legge di conversione del presente decreto, i rispettivi compiti rispetto alla realizzazione, al funzionamento e al monitoraggio del registro, nonché l'eventuale entità della contribuzione finanziaria da parte della Banca d'Italia.

4. *Disposizioni in materia di espropriazione forzata*. — 1. . . . . (*omissis*) (2).

1-*bis*. . . . . (*omissis*) (3).

2. . . . . (*omissis*) (4).

2-*bis*. . . . . (*omissis*) (5).

3-7. . . . . (*omissis*).

5. *Accesso agli organi delle procedure concorsuali alle informazioni contenute nelle banche dati*. — 1. . . . . (*omissis*) (6).

5-*bis*. *Elenco dei professionisti che provvedono alle operazioni di vendita dei beni pignorati*. — 1. . . . . (*omissis*) (7).

6. *Modifiche alla legge fallimentare*. — 1. . . . . (*omissis*) (8).

7. *Società per la Gestione di Attività S.G.A. S.p.a.* — . . . . (*omissis*).

CAPO II

MISURE IN FAVORE DEGLI INVESTITORI IN BANCHE IN LIQUIDAZIONE

8. *Definizioni*. — 1. Ai fini del presente capo si intendono per:

a) «investitore»: la persona fisica, l'imprenditore individuale, anche agricolo, e il coltivatore diretto, o il suo successore mortis causa, che ha acquistato gli strumenti finanziari subordinati indicati nell'art. 1, comma 855, della l. 28 dicembre 2015, n. 208 (di seguito: «Legge di stabilità per il 2016»), nell'ambito di un rapporto negoziale diretto con la Banca in liquidazione che li ha emessi; il coniuge, il convivente more uxorio, i parenti entro il secondo grado in possesso dei predetti strumenti finanziari, a seguito di trasferimento con atto tra vivi (9);

b) «Banca in liquidazione» o «Banca»: la Cassa di Risparmio di Ferrara S.p.a. in liquidazione coatta amministrativa, la Banca delle Marche S.p.a. in liquidazione coatta amministrativa, la Banca popolare dell'Etruria e del Lazio S.p.a. in liquidazione coatta amministrativa, la Cassa di risparmio di Chieti S.p.a. in liquidazione coatta amministrativa;

c) «Nuova Banca»: la Nuova Cassa di Risparmio di Ferrara S.p.a., la Nuova Banca delle Marche S.p.a., la Nuova Banca popolare dell'Etruria e del Lazio S.p.a., la Nuova Cassa di risparmio di Chieti S.p.a., istituite dall'art. 1 del d.l. 22 novembre 2015, n. 183;

d) «Fondo di solidarietà»: il Fondo istituito dall'art. 1, comma 855, della legge di stabilità per il 2016;

e) «Fondo»: il Fondo Interbancario di Tutela dei Depositi quale gestore del Fondo di solidarietà di cui alla lett. *d*);

f) «prestazione dei servizi e delle attività di investimento relativi alla sottoscrizione o al collocamento degli strumenti finanziari subordinati»: la prestazione di ciascuno dei servizi ed

(1) Comma così sostituito dall'art. 16-*bis*), d.l. 23 ottobre 2018, n. 119, conv. in l. 17 dicembre 2018, n. 136.

(2) Modifica gli artt. 492.3, 503.2, 532.2, 560.3-5, 569.4, 587.1, 588, 591.2, 596, 615.2 e 648.1 p.c. Aggiunge l'art. 590-*bis* e il terzo comma dell'art. 596 p.c.

(3) Sostituisce i commi secondo e terzo all'art. 2929-*bis* c.

(4) Sostituisce il comma 9-*sexies* e modifica il comma 9-*septies* dell'art. 16-*bis*, d.l. 18 ottobre 2012, n. 179, conv. in l. 17 dicembre 2012, n. 221.

(5) Modifica l'art. 23.2, d.l. 12 settembre 2014, n. 133, conv. in l. 11 novembre 2014, n. 164, in *Leggi coll. V, 3*.

(6) Modifica l'art. 155-*sexies* att. p.c.

(7) Sostituisce l'art. 179-*ter* disp. att. p.c.

(8) Modifica gli artt. 40, 95.3, 104-*ter*.10, 110, 163.2 e 175.2 l. fall., in *Leggi coll. XXII, 1*.

(9) Le parole «; il coniuge, il convivente more uxorio, i parenti entro il secondo grado in possesso dei predetti strumenti finanziari, a seguito di trasferimento con atto tra vivi» sono state aggiunte dall'art. 26-*bis*.1, d.l. 23 dicembre 2016, n. 237, conv. in l. 17 febbraio 2017, n. 15.

attività di cui all'art. 1, comma 5, e all'art. 25-*bis* del t.u. delle disposizioni in materia di intermediazione finanziaria di cui al d.lg. del 24 febbraio 1998, n. 58 (1), ove nella prestazione di tale servizi o attività sono stati in qualsiasi forma e con qualsiasi modalità acquistati o sottoscritti dall'investitore i suddetti strumenti finanziari subordinati, nell'ambito di un rapporto negoziale con la Banca in liquidazione;

g) «MTS»: il Mercato telematico all'ingrosso dei titoli di Stato (MTS) gestito dalla Società per il Mercato dei Titoli di Stato – MTS S.p.A.

9. *Accesso al Fondo di solidarietà con erogazione diretta*. — 1. Gli investitori che hanno acquistato gli strumenti finanziari di cui all'art. 8, comma 1, lett. *a*) entro la data del 12 giugno 2014 e che li detenevano alla data della risoluzione delle Banche in liquidazione possono chiedere al Fondo l'erogazione di un indennizzo forfettario dell'ammontare determinato ai sensi del comma 3, al ricorrere di una delle seguenti condizioni:

a) patrimonio mobiliare di proprietà dell'investitore di valore inferiore a 100.000 euro;

b) ammontare del reddito complessivo dell'investitore ai fini dell'imposta sul reddito delle persone fisiche nell'anno 2014 inferiore a 35.000 euro.

2. Il valore del patrimonio mobiliare di cui al comma 1, lett. *a*), risulta dalla somma di:

a) patrimonio mobiliare posseduto al 31 dicembre 2015, esclusi gli strumenti finanziari di cui all'art. 8, comma 1, lett. *a*), calcolato secondo i criteri e le istruzioni approvati con decreto del Ministero del lavoro e delle politiche sociali, Direzione generale per l'inclusione e le politiche sociali di concerto con il Ministero dell'economia e delle finanze, Dipartimento delle finanze 29 dicembre 2015, n. 363, recante approvazione del modello tipo di dichiarazione sostitutiva unica (DSU), nonché delle relative istruzioni per la compilazione, ai sensi dell'art. 10, comma 3, del d.p.c.m. 5 dicembre 2013, n. 159;

b) .... (2).

3. L'importo dell'indennizzo forfetario è pari all'80 per cento del corrispettivo pagato per l'acquisto degli strumenti finanziari di cui all'art. 8, comma 1, lett. *a*), acquistati entro il 12 giugno 2014 e detenuti alla data della risoluzione delle Banche in liquidazione, al netto di:

a) oneri e spese direttamente connessi all'operazione di acquisto;

b) la differenza, se positiva, tra il rendimento degli strumenti finanziari subordinati e il rendimento di mercato di un Buono del Tesoro poliennale in corso di emissione di durata finanziaria equivalente oppure il rendimento ricavato tramite interpolazione lineare di Buoni del Tesoro Poliennali in corso di emissione aventi durata finanziaria più vicina.

4. Ai fini del calcolo della differenza di cui al comma 3, lett. *b*), il rendimento degli strumenti finanziari subordinati è rilevato alla data di acquisto o di sottoscrizione, mentre il rendimento del Buono del Tesoro Poliennale di durata finanziaria equivalente o dei BTP usati per l'interpolazione è determinato sulla base della loro quotazione di chiusura, alla medesima data, nel mercato regolamentato dei titoli di Stato MTS.

5. L'importo di cui al comma 3, lett. *b*), è calcolato moltiplicando tra loro:

a) la differenza tra i rendimenti di cui al comma 4;

b) gli anni e la frazione d'anno trascorsi dalla data di acquisto o di sottoscrizione degli strumenti finanziari subordinati e la data del provvedimento di risoluzione delle Banche in liquidazione;

c) il corrispettivo pagato per l'acquisto degli strumenti finanziari subordinati al netto di oneri e spese direttamente connessi all'operazione di acquisto

6. L'istanza di erogazione dell'indennizzo forfetario deve essere presentata, a pena di decadenza, entro il 31 maggio 2017 (3). La presentazione di tale istanza non consente il ricorso alla procedura arbitrale di cui all'art. 1, commi da 857 a 860 della l. 28 dicembre 2015, n. 208. Il servizio di assistenza agli investitori nella compilazione e nella presentazione dell'istanza di erogazione dell'indennizzo forfetario è gratuito. Le banche non possono richiedere, all'investitore che faccia domanda di presentazione dell'istanza, il pagamento o l'addebito di oneri o commissioni, sotto qualsiasi forma (4).

7. L'istanza di erogazione dell'indennizzo forfetario è indirizzata al Fondo. Nell'istanza sono indicati:

(1) In *Leggi coll. XVIII, 1*.

(2) Lettera abrogata dall'art. 26-*bis*.2, d.l. 23 dicembre 2016, n. 237, conv. in l. 17 febbraio 2017, n. 15.

(3) Le parole «entro il 31 maggio 2017» sono state così sostituite alle precedenti «entro sei mesi dalla data di entrata in vigore della legge di conversione del presente decreto» dall'art. 26-*bis*.3, d.l. 23 dicembre 2016, n. 237, conv. in l. 17 febbraio 2017, n. 15.

(4) I periodi da «Il servizio» fino a «forma» sono stati aggiunti dall'art. 26-*bis*.3, d.l. 23 dicembre 2016, n. 237, conv. in l. 17 febbraio 2017, n. 15.

a) il nome, l'indirizzo e l'elezione di un domicilio, anche digitale;

b) la Banca in liquidazione presso la quale l'investitore ha acquistato gli strumenti finanziari subordinati;

c) gli strumenti finanziari subordinati acquistati, con indicazione della quantità, del controvalore, della data di acquisto, del corrispettivo pagato, degli oneri e spese direttamente connessi all'operazione di acquisto e, ove disponibile, del codice ISIN.

8. L'investitore allega all'istanza i seguenti documenti:

a) il contratto di acquisto degli strumenti finanziari subordinati;

b) i moduli di sottoscrizione o d'ordine di acquisto;

c) attestazione degli ordini eseguiti;

d) (soppressa);

e) una dichiarazione sulla consistenza del patrimonio mobiliare, calcolato ai sensi del comma 2, ovvero sull'ammontare del reddito di cui al comma 1, lett. *b*), resa ai sensi degli artt. 46 e 47 del d.p.r. 28 dicembre 2000, n. 445, contenente espressa dichiarazione di consapevolezza delle sanzioni penali previste in caso di dichiarazioni non veritiere e falsità negli atti a norma dell'art. 76 del citato d.p.r. 445 del 2000.

8-*bis*. Ai fini del reperimento dei documenti, anche in copia, di cui alle lett. *a*), *b*) e *c*) del comma 8, le banche di cui all'art. 8, comma 1, lett. *b*) e *c*), sono tenute a consegnarne copia all'investitore, entro quindici giorni dalla data della sua richiesta.

9. Il Fondo verifica la completezza della documentazione e, sulla base di questa, la sussistenza delle condizioni di cui al comma 1, calcola l'importo dell'indennizzo ai sensi del comma 3 e procede alla liquidazione entro il termine di sessanta giorni dalla richiesta.

10. Gli investitori che intendono accedere alle risorse del Fondo di solidarietà e che non hanno presentato l'istanza di erogazione dell'indennizzo forfetario di cui ai commi da 1 a 9, possono esperire, in via alternativa a tale istanza, la procedura arbitrale di cui all'art. 1, commi da 857 a 860 della l. 28 dicembre 2015, n. 208. L'attivazione della procedura arbitrale preclude la possibilità di esperire la procedura di cui ai commi da 1 a 9. Ove questa sia stata già attivata la relativa istanza è improcedibile. L'istanza di erogazione dell'indennizzo forfetario di cui ai commi da 1 a 9 in relazione a strumenti finanziari acquistati entro la data del 12 giugno 2014 non preclude l'accesso, da parte dei medesimi investitori, alla procedura arbitrale in relazione a strumenti finanziari acquistati oltre la suddetta data.

10. *Disposizioni transitorie ed abrogazione di norme*. — 1. . . . . (*omissis*) (1).

CAPO III

ALTRE DISPOSIZIONI FINANZIARIE

11-12. . . . . (*omissis*).

12-*bis*. *Modifiche alla disciplina della cessione dei crediti di impresa*. — 1. . . . . (*omissis*) (2).

CAPO IV

COPERTURA FINANZIARIA

13. . . . . (*omissis*).

14. *Entrata in vigore*. — 1. Il presente decreto entra in vigore il giorno successivo a quello della sua pubblicazione nella *Gazzetta Ufficiale* della Repubblica italiana e sarà presentato alle Camere per la conversione in legge.

XVII. 9.

DECRETO LEGISLATIVO 12 aprile 2001, n. 210. — *Attuazione della direttiva 98/26/CE sulla definitività degli ordini immessi in un sistema di pagamento o di regolamento titoli* (3) (4).

1. *Definizioni*. — 1. Nel presente decreto legislativo si intendono per:

a) «Testo unico bancario» (T.U. bancario): il d.lg. 1° settembre 1993, n. 385, e successive modificazioni;

b) «Testo unico finanza» (T.U. finanza): il d.lg. 24 febbraio 1998, n. 58, e successive modificazioni;

c) «Consob»: la Commissione nazionale per le società e la borsa;

c-bis) «AESFEM»: Autorità europea de-

(1) Modifica l'art. 1.856-857, l. 28 dicembre 2015, n. 208.
(2) Modifica l'art. 1.1, lett. c, l. 21 febbraio 1991, n. 52, in *Leggi coll. IV, 1*.
(3) G.U., 7 giugno 2001, n. 130.
(4) L'art. 5.3, d.lg. 24 marzo 2011, n. 48, così dispone: «Gli ordini di trasferimento immessi in un sistema entro il 29 giugno 2011 ma regolati dopo tale data sono ordini di trasferimento ai fini del d.lg. 12 aprile 2001, n. 210, così come modificato dal presente decreto legislativo, e ad essi si applica la nuova disciplina».

gli strumenti finanziari e dei mercati, istituita con reg. (UE) n. 1095/2010 (1);

c-ter) «CERS»: Comitato europeo per il rischio sistemico, istituito con reg. (UE) n. 1092/2010 (1);

d) «agente di regolamento»: il soggetto che mette a disposizione dei partecipanti conti per il regolamento di ordini di trasferimento all'interno del sistema e che può concedere credito a tale scopo ai medesimi partecipanti;

e) «banche centrali»: la Banca centrale europea e le banche centrali nazionali degli Stati membri dell'Unione europea;

f) «compensazione»: la conversione, secondo le regole del sistema, in un'unica posizione a credito o a debito dei crediti e dei debiti di uno o più partecipanti nei confronti di uno o più partecipanti e risultanti da ordini di trasferimento;

g) «controparte centrale»: il soggetto interposto tra gli enti di un sistema che funge da controparte esclusiva di detti enti riguardo ai loro ordini di trasferimento;

h) «ente»: uno dei seguenti organismi che partecipi ad un sistema assumendo gli obblighi derivanti da ordini di trasferimento nell'àmbito del sistema:

1) una banca italiana o comunitaria, come definite all'art. 1, comma 2, lett. *a*) e *b*), del testo unico bancario, un istituto di moneta elettronica, come definito nell'art. 1, comma 2, lett. *h-bis*), del medesimo testo unico, nonché gli organismi elencati all'art. 2 della dir. 2006/48/CE (2);

2) una SIM, come definita dall'art. 1, comma 1, lett. *e*), o un'impresa d'investimento comunitaria, come definita dall'art. 1, comma 1, lett. *f*), del testo unico finanza, con esclusione degli enti di cui all'art. 2, para. 1, della dir. 2004/39/CE (3);

3) un'autorità pubblica, o un'impresa pubblica come definita all'art. 8 del regolamento n. 3603/93 del Consiglio CE del 13 dicembre 1993, nonché un'impresa la cui attività sia assistita da garanzia pubblica;

4) qualsiasi impresa la cui sede legale non sia situata nel territorio dell'Unione europea, e che eserciti attività analoghe a quelle degli enti di cui ai punti 1) e 2);

5) qualsiasi altro organismo, individuato in conformità alle disposizioni comunitarie, che partecipi a un sistema italiano o di altro Stato dell'Unione europea, qualora la sua attività rilevi sotto il profilo del rischio sistemico;

i) «garanzia»: qualsiasi diritto avente ad oggetto o relativo a valute, strumenti finanziari o altre attività, compresa senza limitazioni la garanzia finanziaria di cui all'art. 1, par. 4, lett. *a*), della dir. 2002/47/CE, prontamente realizzabili da chiunque e in qualunque modo e forma, costituito al fine di assicurare l'adempimento di obblighi presenti o futuri derivanti da ordini di trasferimento attraverso un sistema o da operazioni effettuate con banche centrali (4);

l) «intermediario»: uno degli organismi indicati nella lett. *h*), nn. 1, 2 e 4, che non partecipi al sistema;

m) «ordine di trasferimento» (5): ogni istruzione nell'àmbito di un sistema da parte di un partecipante di:

1) mettere a disposizione di un beneficiario un importo in valuta attraverso una scrittura sui conti di una banca (italiana o comunitaria), di una banca centrale, di una controparte centrale (6) o di un agente di regolamento ovvero che determini l'assunzione o l'adempimento di un obbligo di pagamento in base alle regole del sistema, ovvero

2) trasferire la titolarità o altri diritti su uno o più strumenti finanziari, attraverso una scrittura in un libro contabile o in altro modo;

n) «partecipante»: un ente, un agente di regolamento, una controparte centrale, una stanza di compensazione, un operatore del sistema [...] (7) partecipanti a un sistema;

o) «partecipante indiretto»: un ente, una controparte centrale, un agente di regolamento, una stanza di compensazione o un operatore del sistema conosciuto dall'operatore del sistema, secondo le regole dello stesso, i cui ordini di trasferimento sono eseguiti attraverso il sistema da un partecipante in nome proprio in base a un vincolo contrattuale (8);

(1) Lettera inserita dall'art. 3.1, lett. a, d.lg. 30 luglio 2012, n. 130.
(2) Numero così sostituito dall'art. 1.1, lett. a, n. 1, d.lg. 24 marzo 2011, n. 48.
(3) Numero così sostituito dall'art. 1.1, lett. a, n. 2, d.lg. 24 marzo 2011, n. 48.
(4) Lettera così sostituita dall'art. 1.1, lett. b, d.lg. 24 marzo 2011, n. 48.
(5) Per la designazione dei sistemi per l'esecuzione di ordini di trasferimento v. provvedimento Banca d'Italia 18 giugno 2004, in G.U., 22 luglio 2004, n. 170.
(6) Le parole «, di una controparte centrale» sono state inserite dall'art. 1.1, lett. c, d.lg. 24 marzo 2011, n. 48.
(7) Le parole «, un operatore del sistema o» erano state inserite dall'art. 1.1, lett. d, d.lg. 24 marzo 2011, n. 48. Successivamente le parole «o, un sistema di garanzia» sono state soppresse dall'art. 4.1, lett. a, d.lg. 12 agosto 2016, n. 176.
(8) Lettera così sostituita dall'art. 1.1, lett. e, d.lg. 24 marzo 2011, n. 48.

p) «procedura d'insolvenza»: la liquidazione coatta amministrativa, il fallimento, il provvedimento di sospensione dei pagamenti delle passività e delle restituzioni dei beni ai terzi ai sensi degli artt. 74, 77, comma 2, [...] (1) del t.u. bancario, e dell'art. 56, comma 3, del t.u. finanza, nonché ogni altra misura prevista da una legge italiana, o, se applicabile, di uno Stato membro dell'Unione europea o di uno Stato extracomunitario, che ha come effetto la sospensione o la cessazione dei pagamenti delle passività e delle restituzioni dei beni ai terzi;

q) «regolamento lordo»: il regolamento operazione per operazione di ordini di trasferimento, al di fuori di una compensazione;

r) «sistema»: un insieme di disposizioni di natura contrattuale o autoritativa, in forza del quale vengono eseguiti con regole comuni e accordi standardizzati la compensazione, attraverso una controparte centrale o meno, o ordini di trasferimento fra i partecipanti, che sia contestualmente:

1) applicabile a tre o più partecipanti, senza contare l'operatore del sistema né un eventuale agente di regolamento, una eventuale controparte centrale, una eventuale stanza di compensazione o un eventuale partecipante indiretto; ovvero applicabile a due partecipanti, qualora ciò sia giustificato sotto il profilo del contenimento del rischio sistemico per quanto attiene ai sistemi italiani, o nel caso in cui altri Stati membri dell'Unione europea abbiano esercitato la facoltà di limitare a due il numero dei partecipanti;

2) assoggettato alla legge di uno Stato membro dell'Unione europea, scelta dai partecipanti o prevista dalle regole che lo disciplinano, in cui almeno uno dei partecipanti medesimi abbia la sede legale;

3) designato come sistema e notificato all'AESFEM (2) dallo Stato membro dell'Unione europea di cui si applica la legge. Un accordo concluso tra sistemi interoperabili non costituisce un sistema (3);

s) «sistema italiano»: uno dei sistemi indicati nell'allegato al presente decreto legislativo, nonché uno dei sistemi designati ai sensi dell'art. 10;

t) .... (4);

u) «stanza di compensazione»: il centro responsabile del calcolo delle posizioni nette dei partecipanti al sistema;

v) «strumenti finanziari»: gli strumenti finanziari di cui all'art. 1, comma 2, del testo unico finanza;

w) «sistema extracomunitario»: un sistema di pagamento o di regolamento titoli di uno Stato non appartenente all'Unione europea;

w-bis) «giorno lavorativo»: comprende sia i regolamenti diurni sia i regolamenti notturni e include tutti gli eventi che occorrono durante il ciclo lavorativo del sistema (5);

w-ter) «sistemi interoperabili»: due o più sistemi i cui operatori hanno concluso un accordo per l'esecuzione di ordini di trasferimento tra sistemi (5);

w-quater) «operatore del sistema»: il soggetto o i soggetti giuridicamente responsabili della gestione del sistema. L'operatore del sistema può anche agire come agente di regolamento, controparte centrale o stanza di compensazione (5).

2. *Definitività degli ordini di trasferimento e della compensazione*. — 1. Gli ordini di trasferimento, la compensazione e i conseguenti pagamenti e trasferimenti sono vincolanti tra i partecipanti a un sistema, e nel caso di apertura di una procedura d'insolvenza nei confronti di un partecipante sono opponibili ai terzi, compresi gli organi preposti alla procedura medesima, se gli ordini di trasferimento:

a) sono stati immessi nel sistema prima del momento di apertura della procedura d'insolvenza;

b) sono stati immessi nel sistema successivamente al momento di apertura della procedura d'insolvenza ed eseguiti il giorno lavorativo dell'apertura, qualora l'operatore del sistema provi che al momento dell'immissione non era a conoscenza dell'apertura della procedura di insolvenza, né avrebbe dovuto esserlo. Ciò vale anche in caso di apertura di una procedura di insolvenza nei confronti di un partecipante, al sistema interessato o a un sistema interoperabile, o nei confronti dell'operatore del sistema di un sistema interoperabile che non sia un partecipante (6).

2. I sistemi italiani stabiliscono nelle proprie regole il momento in cui un ordine di trasferi-

(1) Le parole «107, comma 6,» sono state soppresse dall'art. 4.1, lett. b, d.lg. 12 agosto 2016, n. 176.
(2) Le parole «all'AESFEM» sono state così sostituite alle precedenti «alla Commissione europea» dall'art. 3.1, lett. b, d.lg. 30 luglio 2012, n. 130.
(3) Lettera così sostituita dall'art. 1.1, lett. f, d.lg. 24 marzo 2011, n. 48.
(4) Lettera soppressa dall'art. 4.1, lett. c, d.lg. 12 agosto 2016, n. 176.
(5) Lettera aggiunta dall'art. 1.1, lett. g, d.lg. 24 marzo 2011, n. 48.
(6) Lettera così sostituita dall'art. 1.2, lett. a, d.lg. 24 marzo 2011, n. 48.

mento è immesso nel sistema medesimo. Nel caso dei sistemi interoperabili, tale momento è stabilito in modo tale da assicurare, nella misura del possibile, il coordinamento a tale riguardo delle regole di tutti i sistemi interoperabili interessati. Salvo se espressamente previsto dalle regole di tutti i sistemi facenti parte dei sistemi interoperabili, le regole interne di un sistema sul momento di immissione non sono influenzate dalle regole interne di altri sistemi con cui è interoperabile. La Banca d'Italia e la Consob, secondo le rispettive competenze, impartiscono prescrizioni per l'attuazione del presente comma (1).

3. Nessuna azione, compresa quella di nullità, può pregiudicare nei confronti del sistema la definitività degli ordini di trasferimento, della compensazione e dei conseguenti pagamenti e trasferimenti di cui al comma 1.

4. L'apertura di una procedura di insolvenza non ha effetto retroattivo sui diritti e sugli obblighi dei partecipanti connessi con la loro partecipazione a un sistema, sorti prima del momento di apertura della procedura stessa. Ciò si applica, tra l'altro, per quanto riguarda i diritti e gli obblighi di un partecipante ad un sistema interoperabile o di un operatore di un sistema interoperabile che non sia un partecipante (2).

3. *Apertura della procedura di insolvenza*. — 1. Ai fini del presente decreto si considera momento di apertura di una procedura di insolvenza in Italia il giorno, l'ora e il minuto in cui si producono gli effetti di sospensione dei pagamenti delle passività e della restituzione dei beni ai terzi secondo le disposizioni applicabili alle singole procedure.

2. Nel caso delle procedure di liquidazione coatta amministrativa previste dal testo unico bancario e dal testo unico finanza gli effetti di cui al comma 1 si producono dal momento dell'insediamento dei commissari liquidatori, e comunque dal terzo giorno successivo alla data del provvedimento che dispone la liquidazione. Il momento dell'insediamento dei commissari liquidatori è rilevato dalla Banca d'Italia sulla base del processo verbale di cui all'art. 85 del testo unico bancario.

3. Nel caso di pronuncia dell'autorità giudiziaria gli effetti di cui al comma 1 si producono dal momento del deposito della sentenza, che a tal fine deve essere attestato in calce dal cancelliere con l'indicazione anche dell'ora e del minuto.

4. L'autorità giudiziaria o amministrativa competente comunica immediatamente alla Banca d'Italia, anche per via telematica, l'apertura della procedura d'insolvenza.

5. La Banca d'Italia riceve la notifica dell'apertura di procedure di insolvenza negli altri Stati membri dell'Unione europea.

6. La Banca d'Italia comunica immediatamente l'apertura di una procedura d'insolvenza in Italia alla Consob e ai sistemi italiani, nonché al CERS, alle autorità designate dagli altri Stati membri dell'Unione europea, all'AESFEM e alla Banca centrale europea. La Banca d'Italia comunica immediatamente l'apertura di una procedura d'insolvenza in un altro Stato membro dell'Unione europea alla Consob e ai sistemi italiani, notificata ai sensi del comma 5 (3).

7. Si considera momento di apertura di una procedura di insolvenza in un altro Stato membro dell'Unione europea il giorno, l'ora e il minuto in cui si producono gli effetti della procedura di insolvenza, se la notifica indicata nel comma 5 perviene alla Banca d'Italia entro lo stesso giorno. In ogni altro caso, si considera momento di apertura quello in cui i sistemi italiani sono comunque informati dell'apertura della procedura di insolvenza.

8. Se una procedura d'insolvenza aperta in uno Stato non appartenente all'Unione europea produce gli effetti di cui al comma 1 nel territorio italiano, si considera momento di apertura della procedura quello in cui i sistemi italiani sono comunque informati dell'apertura della procedura.

9. Nei casi di cui ai commi 7, secondo periodo, e 8 i sistemi italiani comunicano immediatamente alla Banca d'Italia il momento e le modalità con le quali sono stati informati dell'apertura della procedura (4).

4. *Decorrenza dell'irrevocabilità degli ordini*. — 1. Un ordine di trasferimento non può essere revocato dopo lo scadere del termine stabilito dalle regole che disciplinano i sistemi italiani. Nel caso dei sistemi interoperabili, ogni sistema italiano stabilisce nelle proprie regole il momento dell'irrevocabilità, in modo tale da assicurare, nella misura del possibile, il coordinamento a tale riguardo delle regole di tutti i sistemi interoperabili interessati. Salvo se

(1) Comma così sostituito dall'art. 1.2, lett. b, d.lg. 24 marzo 2011, n. 48.
(2) Ultimo periodo aggiunto dall'art. 1.2, lett. c, d.lg. 24 marzo 2011, n. 48.
(3) Comma così sostituito dall'art. 3.2, d.lg. 30 luglio 2012, n. 130.
(4) Per l'attuazione di questo articolo v. provvedimento Banca d'Italia 9 giugno 2004, in G.U., 12 luglio 2004, n. 161.

espressamente previsto dalle regole di tutti i sistemi facenti parte dei sistemi interoperabili, le regole interne di un sistema sul momento dell'irrevocabilità non sono influenzate dalle regole interne di altri sistemi con cui è interoperabile (1).

5. *Adempimento degli obblighi nei confronti del sistema*. — 1. A seguito dell'apertura della procedura di insolvenza nei confronti di un partecipante o di un operatore del sistema di un sistema interoperabile, l'agente di regolamento può utilizzare, in nome e per conto del soggetto insolvente, ai fini dell'adempimento dei suoi obblighi connessi con la partecipazione al sistema o a un sistema interoperabile sorti prima dell'apertura della procedura di insolvenza:

a) i fondi e gli strumenti finanziari disponibili sul conto di regolamento del soggetto insolvente;

b) linee di credito aperte a favore del soggetto insolvente a fronte di una garanzia in essere e destinate a soddisfare gli obblighi di tale soggetto verso il sistema; a tale garanzia si applicano le previsioni di cui all'art. 8 (2).

2. Gli atti di cui al comma 1 sono soggetti alle previsioni dell'art. 2.

6. *Diritti del partecipante*. — 1. In caso di apertura di una procedura di insolvenza nei confronti dell'intermediario per conto del quale un partecipante esegue ordini di trasferimento di cui all'art. 1, comma 1, lett. *m*), n. 2, i relativi contratti tra il partecipante e l'intermediario non si sciolgono.

Il curatore o i commissari liquidatori subentrano nel contratto, assumendone i diritti e gli obblighi relativi, sino alla loro completa esecuzione. In difetto di adempimento il partecipante, in deroga alle disposizioni vigenti in materia, può soddisfarsi per il capitale, gli interessi e le spese sulle somme o sul prezzo degli strumenti finanziari ricevuti in contropartita degli ordini eseguiti secondo buona fede e dei quali ha diritto di ritenzione a garanzia dei propri crediti, detratto l'ammontare della provvista per l'esecuzione degli ordini e quanto proveniente dalla realizzazione di garanzie [...] (3).

2. Il partecipante dà immediata comunicazione dei tempi e delle modalità della vendita al curatore o ai commissari liquidatori, precisando le somme complessivamente utilizzate per la soddisfazione del proprio credito, che per la parte residua è debito di massa.

3. .... (4).

4. In caso di parziale esecuzione dell'ordine le azioni revocatorie da parte degli organi della procedura d'insolvenza concernenti la somministrazione della provvista e l'adempimento dei debiti connessi con l'esecuzione degli ordini di trasferimento non possono essere esercitate nei confronti del partecipante.

7. *Legge applicabile in caso di insolvenza di un partecipante al sistema*. — 1. Nel caso in cui sia aperta una procedura di insolvenza nei confronti di un partecipante ad un sistema, i diritti e gli obblighi derivanti da tale partecipazione, o ad essa connessi, sono sottoposti alla legge regolatrice del sistema.

8. *Realizzazione della garanzia nella procedura di insolvenza*. — 1. Nel caso in cui sia aperta una procedura di insolvenza nei confronti di un partecipante al sistema in questione o a qualsiasi sistema interoperabile, o di un operatore del sistema di un sistema interoperabile che non sia un partecipante, o di un intermediario per conto del quale un partecipante esegue ordini di trasferimento ai sensi dell'art. 6, o di una controparte di banche centrali, o di qualsiasi terzo che abbia fornito la garanzia, le garanzie costituite prima del momento di apertura della procedura di insolvenza per i crediti derivanti da operazioni definitive ai sensi dell'art. 2 o effettuate con banche centrali possono essere realizzate ad esclusivo soddisfacimento dei crediti garantiti (5).

2-5. .... (6).

6. Nessuna azione, compresa l'azione di nullità, può pregiudicare nei confronti dell'operatore del sistema la realizzazione della garanzia di cui al comma 1 (7).

7. .... (4).

8-*bis*. *Tutela dei diritti dell'operatore del sistema che ha fornito la garanzia*. — 1. Se l'operatore di un sistema ha fornito una garanzia all'operatore di un altro sistema in relazione ad un sistema interoperabile, i diritti dell'operato-

(1) I periodi da «Nel caso dei sistemi interoperabili» fino alla fine del comma sono stati aggiunti dall'art. 1.3, d.lg. 24 marzo 2011, n. 48.

(2) Comma così sostituito dall'art. 1.4, d.lg. 24 marzo 2011, n. 48.

(3) Le parole «o da sistemi di garanzia finalizzati a garantire il buon fine della compensazione e della liquidazione» sono state soppresse dall'art. 4.1, lett. d, d.lg. 12 agosto 2016, n. 176.

(4) Comma abrogato dall'art. 11.3, d.lg. 21 maggio 2004, n. 170.

(5) Comma così sostituito dall'art. 1.5, lett. a, d.lg. 24 marzo 2011, n. 48.

(6) Commi abrogati dall'art. 11.3, d.lg. 21 maggio 2004, n. 170.

(7) Comma così sostituito dall'art. 1.5, lett. b, d.lg. 24 marzo 2011, n. 48.

re del sistema che ha fornito la garanzia relativi alla garanzia fornita non possono essere pregiudicati dall'apertura di una procedura di insolvenza nei confronti dell'operatore del sistema che ha ricevuto la garanzia (1).

9. .... (2).

10. *Designazione dei sistemi*. — 1. I sistemi indicati in allegato si considerano sistemi italiani ai sensi del presente decreto legislativo.

2. La Banca d'Italia designa i sistemi per l'esecuzione di ordini di trasferimento di cui all'art. 1, comma 1, lett. *m*), n. 1), e i rispettivi operatori del sistema, e, d'intesa con la Consob, i sistemi per l'esecuzione di ordini di trasferimento di cui all'art. 1, comma 1, lett. *m*), n. 2), e i rispettivi operatori del sistema, ai quali si applicano le disposizioni del presente decreto. Con le medesime modalità possono essere revocate le designazioni dei sistemi e dei rispettivi operatori del sistema, ivi compresi quelli indicati nel comma 1 (3) (4).

3. Il Ministero dell'economia e delle finanze notifica all'AESFEM (5) i sistemi italiani e i rispettivi operatori del sistema designati al sensi del presente articolo (6).

4. Ove richiesto dalle caratteristiche di un sistema e da esigenze di controllo dei rischi, la Banca d'Italia può equiparare, ai fini dell'applicazione del presente decreto legislativo, il partecipante indiretto ai partecipanti al sistema medesimo, nel caso di un sistema, avente ad oggetto l'esecuzione di ordini di trasferimento di cui all'art. 1, comma 1, lett. *m*), n. 1), e d'intesa con la Consob, nel caso di un sistema avente ad oggetto l'esecuzione di ordini di trasferimento di cui all'art. 1, comma 1, lett. *m*), n. 2) (7).

5. La Banca d'Italia può stabilire, con proprio provvedimento, l'applicazione delle disposizioni del presente decreto agli enti italiani che partecipano ai sistemi aventi a oggetto l'esecuzione di ordini di trasferimento di cui all'art. 1, comma 11, lett. *m*), n. 1), di uno Stato non appartenente all'Unione europea. Nel caso di sistemi aventi ad oggetto l'esecuzione di ordini di trasferimento di cui all'art. 1, comma 11, lett. *m*), n. 2), il provvedimento è adottato d'intesa con la Consob, previa valutazione dell'opportunità di concludere apposite intese tra le predette autorità e le competenti autorità dello Stato estero interessato (8).

5-*bis*. In deroga a quanto previsto dal comma 5, i sistemi designati in uno Stato membro che receda dall'Unione europea senza aver concluso uno specifico accordo ai sensi dell'art. 50 del Trattato sull'Unione europea (TUE), gestiti da operatori legittimati alla prestazione dei rilevanti servizi nel territorio della Repubblica sulla base della disciplina ad essi rispettivamente applicabile, continuano, nonostante tale recesso, a considerarsi sistemi designati a tutti gli effetti previsti dall'ordinamento, fino all'adozione del provvedimento previsto dal comma 5, e comunque per un periodo non eccedente ventuno mesi dal momento in cui i trattati cessano di essere applicabili allo Stato interessato ai sensi dell'art. 50 del TUE (9).

11. *Informazioni sulla partecipazione ai sistemi*. — 1. Con provvedimenti emanati secondo le procedure indicate nell'art. 10, comma 2, sono disciplinate le modalità secondo le quali:

a) ciascun operatore di sistemi italiani (10) comunica alla Banca d'Italia i propri partecipanti, curando il tempestivo aggiornamento di tale comunicazione;

b) ciascun ente italiano comunica alla Banca d'Italia i sistemi ai quali partecipa;

c) chiunque abbia un interesse giuridica-

(1) Articolo inserito dall'art. 4.1, lett. e, d.lg. 12 agosto 2016, n. 176.

(2) Articolo abrogato dall'art. 11.3, d.lg. 21 maggio 2004, n. 170.

(3) Comma così sostituito dall'art. 1.6, lett. a, d.lg. 24 marzo 2011, n. 48. In base all'art. 5.1, d.lg. cit., tali disposizioni «si applicano a decorrere dal 30 giugno 2011». L'art. 5.2, d.lg. cit., così dispone: «I sistemi designati ai sensi dell'art. 10, comma 2, del d.lg. 12 aprile 2001, n. 210, prima del 30 giugno 2011 continuano ad essere designati ai fini del d.lg. 12 aprile 2001, n. 210, così come modificato dal presente decreto legislativo, e non necessitano di un nuovo provvedimento di designazione».

(4) Sulla «Designazione dei servizi di liquidazione "EXPRESS II" gestiti dalla Monte Titoli S.p.A.», v. provvedimento Banca d'Italia 20 ottobre 2003, in G.U., 4 novembre 2003, n. 256; sulla designazione del sistema TARGET2 – Banca d'Italia, quale sistema per l'esecuzione di ordini di trasferimento, v. deliberazione 30 aprile 2008, in G.U., 12 maggio 2008, n. 110.

(5) Le parole «all'AESFEM» sono state così sostituite alle precedenti «alla Commissione europea» dall'art. 3.3, d.lg. 30 luglio 2012, n. 130.

(6) Comma così sostituito dall'art. 1.6, lett. b, d.lg. 24 marzo 2011, n. 48.

(7) Comma così sostituito dall'art. 1.6, lett. c, d.lg. 24 marzo 2011, n. 48.

(8) Comma così sostituito dall'art. 1, comma 508, lett. a, l. 30 dicembre 2018, n. 145.

(9) Comma aggiunto dall'art. 1.508, lett. b, l. 30 dicembre 2018, n. 145.

(10) Le parole «operatore di sistemi italiani» sono state così sostituite alle precedenti «sistema italiano» dall'art. 1.7, d.lg. 24 marzo 2011, n. 48.

mente tutelato può chiedere a un partecipante informazioni sui sistemi cui esso accede nonché sulle regole fondamentali che ne disciplinano il funzionamento (1).

11-*bis*. *Collaborazione con l'AESFEM*. — 1. La Banca d'Italia e la Consob, nell'esercizio delle rispettive competenze, collaborano, anche mediante scambio di informazioni, con l'AESFEM per le finalità previste dal presente decreto (2).

12. *Disposizioni tecniche*. — 1. Con decreto del Ministro del tesoro, del bilancio e della programmazione economica, di concerto con il Ministro della giustizia, sentite la Banca d'Italia e la Consob, possono essere adottate disposizioni di carattere tecnico dirette a facilitare l'applicazione del presente decreto legislativo.

13. *Abrogazioni*. — 1. . . . . (*omissis*) (3).

2. . . . . (*omissis*) (4).

ALLEGATO (5)
(sistemi di cui all'art. 1, comma 1, lett. *s*)

SISTEMI PER L'ESECUZIONE DI ORDINI DI TRASFERIMENTO DI CUI ALL'ART. 1, COMMA 1, LETT. *m*), N. 1)

TARGET2 – Banca d'Italia, gestito dalla Banca d'Italia;

BI-COMP, gestito dalla Banca d'Italia.

SISTEMI PER L'ESECUZIONE DI ORDINI DI TRASFERIMENTO DI CUI ALL'ART. 1, COMMA 1, LETT. *m*), N. 2)

Servizi di liquidazione EXPRESS II gestiti dalla Monte Titoli S.p.A.

Compensazione e garanzia delle operazioni su strumenti finanziari gestite dalla Cassa di compensazione e garanzia.

Servizio di gestione accentrata, gestito dalla Monte Titoli S.p.A., limitatamente al traferimento di strumenti finanziari attraverso operazioni di giro.

XVII. 10.

DECRETO LEGGE 29 novembre 2008, n. 185. — *Misure urgenti per il sostegno a famiglie, lavoro, occupazione e impresa e per ridisegnare in funzione anti-crisi il quadro strategico nazionale* (6), *convertito, con modificazioni, in l. 28 gennaio 2009, n. 2* (7).

1-2. . . . . (*omissis*).

2-*bis*. *Ulteriori disposizioni concernenti contratti bancari*. — 1. . . . . (8).

2. Gli interessi, le commissioni e le provvigioni derivanti dalle clausole, comunque denominate, che prevedono una remunerazione, a favore della banca, dipendente dall'effettiva durata dell'utilizzazione dei fondi da parte del cliente, dalla data di entrata in vigore della legge di conversione del presente decreto, sono comunque rilevanti ai fini dell'applicazione dell'art. 1815 del codice civile, dell'art. 644 del codice penale e degli artt. 2 e 3 della l. 7 marzo 1996, n. 108. Il Ministro dell'economia e delle finanze, sentita la Banca d'Italia, emana disposizioni transitorie in relazione all'applicazione dell'art. 2 della l. 7 marzo 1996, n. 108, per stabilire che il limite previsto dal terzo comma dell'art. 644 del codice penale, oltre il quale gli interessi sono usurari, resta regolato dalla disciplina vigente alla data di entrata in vigore della legge di conversione del presente decreto fino a che la rilevazione del tasso effettivo globale medio non verrà effettuata tenendo conto delle nuove disposizioni.

3. . . . . (8).

2-*ter*. . . . . (9).

3-35. . . . . (*omissis*).

XVII. 11.

DECRETO LEGGE 29 dicembre 2000, n. 394. — *Interpretazione autentica della legge 7 marzo 1996, n. 108, concernente disposizioni in*

(1) Per l'attuazione di questo articolo v. provvedimento Banca d'Italia 9 giugno 2004, in G.U., 12 luglio 2004, n. 161.
(2) Articolo inserito dall'art. 3.4, d.lg. 30 luglio 2012, n. 130.
(3) Abroga l'art. 71 del d.lg. 24 febbraio 1998, n. 58.
(4) Sostituisce il comma 6 dell'art. 72 del d.lg. 24 febbraio 1998, n. 58.
(5) Allegato così sostituito dall'art. 1.8, d.lg. 24 marzo 2011, n. 48.
(6) Suppl. ord. n. 263/L a G.U., 29 novembre 2008, n. 280.
(7) Suppl. ord. n. 14/L a G.U., 28 gennaio 2009, n. 22.
(8) Comma abrogato dall'art. 27.4, d.l. 24 gennaio 2012, n. 1, conv. in l. 24 marzo 2012, n. 27.
(9) Articolo abrogato dall'art. 7-*quater*.9, lett. c, d.l. 10 febbraio 2009, n. 5, conv. in l. 9 aprile 2009, n. 33.

materia di usura (1), *convertito, con modificazioni, in l. 28 febbraio 2001, n. 24* (2).

1. 1. Ai fini dell'applicazione dell'art. 644 del codice penale e dell'art. 1815, secondo comma, del codice civile, si intendono usurari gli interessi che superano il limite stabilito dalla legge nel momento in cui essi sono promessi o comunque convenuti, a qualunque titolo, indipendentemente dal momento del loro pagamento.

2. In considerazione dell'eccezionale caduta dei tassi di interesse verificatasi in Europa e in Italia nel biennio 1998-1999, avente carattere strutturale, il tasso degli interessi pattuito nei finanziamenti non agevolati, stipulati nella forma di mutui a tasso fisso rientranti nella categoria dei mutui, individuata con il decreto del Ministro del tesoro, del bilancio e della programmazione economica previsto dall'art. 2, comma 2, della l. 7 marzo 1996, n. 108, in essere alla data di entrata in vigore del presente decreto, è sostituito, salvo diversa pattuizione più favorevole per il debitore, dal tasso indicato al comma 3. Il tasso di sostituzione è altresì ridotto all'8 per cento con riferimento ai mutui ovvero a quote di mutuo di importo originario non superiore a 150 milioni di lire [euro 77.468,53], o all'equivalente importo in valuta al cambio vigente al momento della stipulazione del contratto, accesi per l'acquisto o la costruzione di abitazioni, diverse da quelle rientranti nelle categorie catastali A/1, A/8 e A/9, per i quali spettano le detrazioni di cui alla lett. *b*) del comma 1 e al comma 1-*ter* dell'art. 13-*bis* del testo unico delle imposte sui redditi, approvato con d.p.r. 22 dicembre 1986, n. 917, e successive modificazioni. La sostituzione di cui al presente comma non ha efficacia novativa, non comporta spese a carico del mutuatario e si applica alle rate che scadono successivamente al 2 gennaio 2001 (3).

3. Il tasso di sostituzione è stabilito, per le rate con scadenza a decorrere dal 3 gennaio 2001, in misura non superiore al valore medio per il periodo gennaio 1986-ottobre 2000 dei rendimenti lordi dei buoni del Tesoro poliennali con vita residua superiore ad un anno (4).

4. Le disposizioni legislative in materia di limiti di tassi di interesse non si applicano ai finanziamenti ed ai prestiti, in essere alla data di entrata in vigore del presente decreto, concessi o ricevuti in applicazione di leggi speciali in materia di debito pubblico di cui all'art. 104 del trattato sull'Unione europea (5).

2. 1. Il presente decreto entra in vigore il giorno successivo a quello della sua pubblicazione nella *Gazzetta Ufficiale* della Repubblica italiana e sarà presentato alle Camere per la conversione in legge.

XVII. 12.

DECRETO LEGISLATIVO 21 novembre 2007, n. 231. — *Attuazione della direttiva 2005/60/CE concernente la prevenzione dell'utilizzo del sistema finanziario a scopo di riciclaggio dei proventi di attività criminose e di finanziamento del terrorismo nonché della direttiva 2006/70/CE che ne reca misure di esecuzione* (6).

(1) G.U., 30 dicembre 2000, n. 303.
(2) G.U., 28 febbraio 2001, n. 49.
(3) La Corte cost., con sentenza 25 febbraio 2002, n. 29, ha dichiarato costituzionalmente illegittimo questo comma, «nella parte in cui dispone che la sostituzione prevista nello stesso comma si applica alle rate che scadono successivamente al 2 gennaio 2001 anziché a quelle che scadono dal giorno stesso dell'entrata in vigore del decreto-legge».
(4) La Corte cost., con sentenza 25 febbraio 2002, n. 29, ha dichiarato costituzionalmente illegittimo questo comma, limitatamente alle parole «per le rate con scadenza a decorrere dal giorno 3 gennaio 2001».
(5) *Recte*: trattato che istituisce la Comunità europea.
(6) Suppl. ord. n. 268/L a G.U., 14 dicembre 2007, n. 290. V. il Secondo Protocollo della Convenzione relativa agli interessi finanziari della Comunità europea (l. 4 agosto 2008, n. 135). Per il sistema di sorveglianza sui movimenti transfrontalieri di denaro contante v. d.lg. 19 novembre 2008, n. 195. L'art. 1.20, l. 15 luglio 2009, n. 94, così dispone: «Fermo restando quanto previsto dal d.lg. 21 novembre 2007, n. 231, gli agenti in attività finanziaria che prestano servizi di pagamento nella forma dell'incasso e trasferimento di fondi (*money transfer*) acquisiscono e conservano per dieci anni copia del titolo di soggiorno se il soggetto che ordina l'operazione è un cittadino extracomunitario. Il documento è conservato con le modalità previste con decreto del Ministro dell'interno emanato ai sensi dell'art. 7, comma 4, del d.l. 27 luglio 2005, n. 144, convertito, con modificazioni, dalla l. 31 luglio 2005, n. 155. In mancanza del titolo gli agenti effettuano, entro dodici ore, apposita segnalazione all'autorità locale di pubblica sicurezza, trasmettendo i dati identificativi del soggetto. Il mancato rispetto di tale disposizione è sanzionato con la cancellazione dall'elenco degli agenti in attività finanziaria ai sensi dell'art. 3 del d.lg. 25 settembre 1999, n. 374».

TITOLO I

Disposizioni di carattere generale (1)

CAPO I

Ambito di applicazione

1. *Definizioni*. — 1. Nel presente decreto legislativo:

a) Autorità di vigilanza europee indica:

1) ABE: Autorità bancaria europea, istituita con reg. (UE) n. 1093/2010;

2) AEAP: Autorità europea delle assicurazioni e delle pensioni aziendali e professionali, istituita con reg. (UE) n. 1094/2010;

3) AESFEM: Autorità europea degli strumenti finanziari e dei mercati, istituita con reg. (UE) n. 1095/2010

b) CAP: indica il d.lg. 7 settembre 2005, n. 209, recante il codice delle assicurazioni private (2);

c) Codice dei contratti pubblici: indica il d.lg. 18 aprile 2016, n. 50, recante il codice dei contratti pubblici;

d) Codice in materia di protezione dei dati personali: indica il d.lg. 30 giugno 2003, n. 196 (3);

e) Consob: indica la Commissione nazionale per le società e la borsa;

f) Comitato di sicurezza finanziaria: indica il Comitato di sicurezza finanziaria istituito, con d.l. 12 ottobre 2001, n. 369, convertito, con modificazioni, dalla l. 14 dicembre 2001, n. 431, e disciplinato con il d.lg. 22 giugno 2007, n. 109, in ottemperanza agli obblighi internazionali assunti dall'Italia nella strategia di contrasto al riciclaggio, al finanziamento del terrorismo e della proliferazione delle armi di distruzione di massa ed all'attività di Paesi che minacciano la pace e la sicurezza internazionale, anche al fine di dare attuazione alle misure di congelamento disposte dalle Nazioni unite e dall'Unione europea;

g) decreto relativo ai servizi di pagamento: indica il d.lg. 27 gennaio 2010, n. 11 (4), recante attuazione della dir. 2007/64/CE, relativa ai servizi di pagamento nel mercato interno, recante modifica delle dir. 97/7/CE, 2002/65/CE, 2005/60/CE, 2006/48/CE, e che abroga la dir. 97/5/CE;

h) DIA: indica la Direzione investigativa antimafia;

i) DNA: indica la Direzione nazionale antimafia e antiterrorismo;

l) Direttiva: indica la dir. (UE) 2015/849 del Parlamento europeo e del Consiglio del 20 maggio 2015 relativa alla prevenzione dell'uso del sistema finanziario a fini di riciclaggio o finanziamento del terrorismo, che modifica il reg. (UE) n. 648/2012 del Parlamento europeo e del Consiglio e che abroga la dir. 2005/60/CE del Parlamento europeo e del Consiglio e la dir. 2006/70/CE della Commissione;

m) FIU: indica le Financial intelligence unit di cui all'art. 32 della direttiva;

n) GAFI: indica il Gruppo di azione finanziaria internazionale;

o) IVASS: indica l'Istituto per la vigilanza sulle assicurazioni;

p) NSPV: indica il Nucleo speciale di polizia valutaria della Guardia di finanza;

q) OAM: indica l'Organismo per la gestione degli elenchi degli agenti in attività finanziaria e dei mediatori creditizi, ai sensi dell'art. 128-*undecies* TUB (5);

r) OCF: indica l'organismo di vigilanza e tenuta dell'albo unico dei consulenti finanziari di cui all'art. 1, comma 36 della l. 28 dicembre 2015, n. 208;

s) Stato membro: indica lo Stato appartenente all'Unione europea;

t) Stato terzo: indica lo Stato non appartenente all'Unione europea;

u) TUB: indica il testo unico delle leggi in materia bancaria e creditizia, di cui al d.lg. 1° settembre 1993, n. 385 (5);

v) TUF: indica il testo unico in materia di intermediazione finanziaria, di cui al d.lg. 24 febbraio 1998, n. 58 (6);

z) TULPS: indica il t.u. delle leggi di pubblica sicurezza, di cui al r.d. 18 giugno 1931, n. 773;

aa) UIF: indica l'Unità di informazione finanziaria per l'Italia.

2. Nel presente decreto s'intendono per:

a) Amministrazioni e organismi interessati: gli enti preposti alla supervisione dei soggetti obbligati non vigilati dalle autorità di vigilanza di settore, per tali intendendosi le amministrazioni, ivi comprese le agenzie fiscali, titolari di poteri di controllo ovvero competenti

(1) Titolo così sostituito dall'art. 1, d.lg. 25 maggio 2017, n. 90.
(2) In *Leggi coll. VIII, 3.*
(3) In *Leggi coll. II, 3.*
(4) In *Leggi coll. XVII, 5.*
(5) In *Leggi coll. XVII, 1.*
(6) In *Leggi coll. XVIII, 1.*

al rilascio di concessioni, autorizzazioni, licenze o altri titoli abilitativi comunque denominati e gli organismi preposti alla vigilanza sul possesso dei requisiti di professionalità e onorabilità, prescritti dalla pertinente normativa di settore. Per le esclusive finalità di cui al presente decreto rientrano nella definizione di amministrazione interessata il Ministero dell'economia e delle finanze quale autorità preposta alla sorveglianza dei revisori legali e delle società di revisione legale senza incarichi di revisione legale su enti di interesse pubblico o su enti sottoposti a regime intermedio, il Ministero dello sviluppo economico quale autorità preposta alla sorveglianza delle società fiduciarie non iscritte nell'albo di cui all'art. 106 TUB (1);

b) attività criminosa: la realizzazione o il coinvolgimento nella realizzazione di un delitto non colposo;

c) Autorità di vigilanza di settore: la Banca d'Italia, la Consob e l'IVASS in quanto autorità preposte alla vigilanza e al controllo degli intermediari bancari e finanziari, dei revisori legali e delle società di revisione legale con incarichi di revisione legale su enti di interesse pubblico e su enti sottoposti a regime intermedio e la Banca d'Italia nei confronti degli operatori non finanziari che esercitano le attività di custodia e trasporto di denaro contante e di titoli o valori a mezzo di guardie particolari giurate, in presenza della licenza di cui all'art. 134 TULPS, limitatamente all'attività di trattamento delle banconote in euro, in presenza dell'iscrizione nell'elenco di cui all'art. 8 del d.l. 25 settembre 2001 n. 350, convertito, con modificazioni, dalla l. 23 novembre 2001, n. 409 (2) (3);

d) banca di comodo: la banca o l'ente che svolge funzioni analoghe ad una banca che non ha una struttura organica e gestionale significativa nel Paese in cui è stato costituito e autorizzato all'esercizio dell'attività né è parte di un gruppo finanziario soggetto a un'efficace vigilanza su base consolidata;

e) beneficiario della prestazione assicurativa:

1) la persona fisica o l'entità diversa da una persona fisica che, sulla base della designazione effettuata dal contraente o dall'assicurato, ha diritto di percepire la prestazione assicurativa corrisposta dall'impresa di assicurazione;

2) l'eventuale persona fisica o entità diversa da una persona fisica a favore della quale viene effettuato il pagamento su disposizione del beneficiario designato;

f) cliente: il soggetto che instaura rapporti continuativi, compie operazioni ovvero richiede o ottiene una prestazione professionale a seguito del conferimento di un incarico;

g) conti correnti di corrispondenza e rapporti ad essi assimilabili: conti tenuti dalle banche per il regolamento dei servizi interbancari e gli altri rapporti comunque denominati, intrattenuti tra enti creditizi e istituti finanziari, utilizzati per il regolamento di transazioni per conto dei clienti degli enti corrispondenti;

h) conferimento di un incarico: attribuzione di un mandato, esplicito o implicito, anche desumibile dalle caratteristiche dell'attività istituzionalmente svolta dai soggetti obbligati, diversi dagli intermediari bancari e finanziari e dagli altri operatori finanziari, al compimento di una prestazione professionale, indipendentemente dal versamento di un corrispettivo o dalle modalità e dalla tempistica di corresponsione del medesimo;

i) congelamento di fondi: il divieto, in virtù dei regolamenti comunitari e della normativa nazionale, di movimentazione, trasferimento, modifica, utilizzo o gestione dei fondi o di accesso ad essi, così da modificarne il volume, l'importo, la collocazione, la proprietà, il possesso, la natura, la destinazione o qualsiasi altro cambiamento che consente l'uso dei fondi, compresa la gestione di portafoglio;

l) congelamento di risorse economiche: il divieto, in virtù dei regolamenti comunitari e della normativa nazionale, di trasferimento, disposizione o, al fine di ottenere in qualsiasi modo fondi, beni o servizi, utilizzo delle risorse economiche, compresi, a titolo meramente esemplificativo, la vendita, la locazione, l'affitto o la costituzione di diritti reali di garanzia;

m) conti di passaggio: rapporti bancari di corrispondenza transfrontalieri, intrattenuti tra intermediari bancari e finanziari, utilizzati per effettuare operazioni in nome proprio e per conto della clientela;

n) dati identificativi: il nome e il cognome, il luogo e la data di nascita, la residenza anagrafica e il domicilio, ove diverso dalla residenza anagrafica, gli estremi del documento di identificazione e, ove assegnato, il codice fiscale o, nel caso di soggetti diversi da persona fisica, la denominazione, la sede legale e, ove assegnato, il codice fiscale;

o) denaro contante: le banconote e le mo-

(1) In *Leggi coll. XVII, 1*.
(2) V. deliberazione Consob 31 maggio 2018, n. 20465, in G.U., 13 giugno 2018, n. 135.
(3) V. deliberazione Consob 4 settembre 2018, n. 20570, in G.U., 14 settembre 2018, n. 214.

nete metalliche, in euro o in valute estere, aventi corso legale;

p) esecutore: il soggetto delegato ad operare in nome e per conto del cliente o a cui siano comunque conferiti poteri di rappresentanza che gli consentano di operare in nome e per conto del cliente;

q) fondi: le attività ed utilità finanziarie di qualsiasi natura, inclusi i proventi da questi derivati, possedute, detenute o controllate, anche parzialmente, direttamente o indirettamente, ovvero per interposta persona fisica o giuridica da parte di soggetti designati, ovvero da parte di persone fisiche o giuridiche che agiscono per conto o sotto la direzione di questi ultimi, compresi a titolo meramente esemplificativo:

1) i contanti, gli assegni, i crediti pecuniari, le cambiali, gli ordini di pagamento e altri strumenti di pagamento;

2) i depositi presso enti finanziari o altri soggetti, i saldi sui conti, i crediti e le obbligazioni di qualsiasi natura;

3) i titoli negoziabili a livello pubblico e privato nonché gli strumenti finanziari come definiti nell'art. 1, comma 2, TUF (1);

4) gli interessi, i dividendi o altri redditi ed incrementi di valore generati dalle attività;

5) il credito, il diritto di compensazione, le garanzie di qualsiasi tipo, le cauzioni e gli altri impegni finanziari;

6) le lettere di credito, le polizze di carico e gli altri titoli rappresentativi di merci;

7) i documenti da cui risulti una partecipazione in fondi o risorse finanziarie;

8) tutti gli altri strumenti di finanziamento delle esportazioni;

9) le polizze assicurative concernenti i rami vita, di cui all'art. 2, comma 1, CAP (2);

r) gruppo: il gruppo bancario di cui all'art. 60 TUB (3) e disposizioni applicative, il gruppo finanziario di cui all'art. 109 TUB (3) e disposizioni applicative, il gruppo di cui all'art. 11 TUF (1) e disposizioni applicative, il gruppo individuato ai sensi dell'art. 82 CAP (2) nonché le società collegate o controllate ai sensi dell'art. 2359 del codice civile;

s) mezzi di pagamento: il denaro contante, gli assegni bancari e postali, gli assegni circolari e gli altri assegni a essi assimilabili o equiparabili, i vaglia postali, gli ordini di accreditamento o di pagamento, le carte di credito e le altre carte di pagamento, le polizze assicurative trasferibili, le polizze di pegno e ogni altro strumento a disposizione che permetta di trasferire, movimentare o acquisire, anche per via telematica, fondi, valori o disponibilità finanziarie;

t) operazione: l'attività consistente nella movimentazione, nel trasferimento o nella trasmissione di mezzi di pagamento o nel compimento di atti negoziali a contenuto patrimoniale; costituisce operazione anche la stipulazione di un atto negoziale, a contenuto patrimoniale, rientrante nell'esercizio dell'attività professionale o commerciale;

u) operazioni collegate: operazioni tra loro connesse per il perseguimento di un unico obiettivo di carattere giuridico patrimoniale;

v) operazione frazionata: un'operazione unitaria sotto il profilo del valore economico, di importo pari o superiore ai limiti stabiliti dal presente decreto, posta in essere attraverso più operazioni, singolarmente inferiori ai predetti limiti, effettuate in momenti diversi ed in un circoscritto periodo di tempo fissato in sette giorni, ferma restando la sussistenza dell'operazione frazionata quando ricorrano elementi per ritenerla tale;

z) operazione occasionale: un'operazione non riconducibile a un rapporto continuativo in essere; costituisce operazione occasionale anche la prestazione intellettuale o commerciale, ivi comprese quelle ad esecuzione istantanea, resa in favore del cliente;

aa) organismo di autoregolamentazione: l'ente esponenziale, rappresentativo di una categoria professionale, ivi comprese le sue articolazioni territoriali e i consigli di disciplina cui l'ordinamento vigente attribuisce poteri di regolamentazione, di controllo della categoria, di verifica del rispetto delle norme che disciplinano l'esercizio della professione e di irrogazione, attraverso gli organi all'uopo predisposti, delle sanzioni previste per la loro violazione;

bb) Paesi terzi ad alto rischio: Paesi non appartenenti all'Unione europea i cui ordinamenti presentano carenze strategiche nei rispettivi regimi nazionali di prevenzione del riciclaggio e del finanziamento del terrorismo, per come individuati dalla Commissione europea nell'esercizio dei poteri di cui agli artt. 9 e 64 della direttiva;

cc) personale: i dipendenti e coloro che comunque operano sulla base di rapporti che ne determinano l'inserimento nell'organizzazione del soggetto obbligato, anche in forma

(1) In *Leggi coll. XVIII, 1.*
(2) In *Leggi coll. VIII, 3.*
(3) In *Leggi coll. XVII, 1.*

diversa dal rapporto di lavoro subordinato, ivi compresi i consulenti finanziari abilitati all'offerta fuori sede di cui all'art. 31, comma 2, del TUF (1) nonché i produttori diretti e i soggetti addetti all'intermediazione di cui all'art. 109, comma 2, lett. *c*) ed *e*), CAP (2);

dd) persone politicamente esposte: le persone fisiche che occupano o hanno cessato di occupare da meno di un anno importanti cariche pubbliche, nonché i loro familiari e coloro che con i predetti soggetti intrattengono notoriamente stretti legami, come di seguito elencate:

1) sono persone fisiche che occupano o hanno occupato importanti cariche pubbliche coloro che ricoprono o hanno ricoperto la carica di:

1.1. Presidente della Repubblica, Presidente del Consiglio, Ministro, Vice-Ministro e Sottosegretario, Presidente di Regione, assessore regionale, Sindaco di capoluogo di provincia o città metropolitana, Sindaco di comune con popolazione non inferiore a 15.000 abitanti nonché cariche analoghe in Stati esteri;

1.2. deputato, senatore, parlamentare europeo, consigliere regionale nonché cariche analoghe in Stati esteri;

1.3. membro degli organi direttivi centrali di partiti politici;

1.4. giudice della Corte Costituzionale, magistrato della Corte di Cassazione o della Corte dei conti, consigliere di Stato e altri componenti del Consiglio di Giustizia Amministrativa per la Regione siciliana nonché cariche analoghe in Stati esteri;

1.5. membro degli organi direttivi delle banche centrali e delle autorità indipendenti;

1.6. ambasciatore, incaricato d'affari ovvero cariche equivalenti in Stati esteri, ufficiale di grado apicale delle forze armate ovvero cariche analoghe in Stati esteri;

1.7. componente degli organi di amministrazione, direzione o controllo delle imprese controllate, anche indirettamente, dallo Stato italiano o da uno Stato estero ovvero partecipate, in misura prevalente o totalitaria, dalle Regioni, da comuni capoluoghi di provincia e città metropolitane e da comuni con popolazione complessivamente non inferiore a 15.000 abitanti;

1.8. direttore generale di ASL e di azienda ospedaliera, di azienda ospedaliera universitaria e degli altri enti del servizio sanitario nazionale;

1.9. direttore, vicedirettore e membro dell'organo di gestione o soggetto svolgenti funzioni equivalenti in organizzazioni internazionali;

2) sono familiari di persone politicamente esposte: i genitori, il coniuge o la persona legata in unione civile o convivenza di fatto o istituti assimilabili alla persona politicamente esposta, i figli e i loro coniugi nonché le persone legate ai figli in unione civile o convivenza di fatto o istituti assimilabili;

3) sono soggetti con i quali le persone politicamente esposte intrattengono notoriamente stretti legami:

3.1. le persone fisiche legate alla persona politicamente esposta per via della titolarità effettiva congiunta di enti giuridici o di altro stretto rapporto di affari;

3.2. le persone fisiche che detengono solo formalmente il controllo totalitario di un'entità notoriamente costituita, di fatto, nell'interesse e a beneficio di una persona politicamente esposta;

ee) prestatori di servizi relativi a società e trust: ogni persona fisica o giuridica che fornisce a terzi, a titolo professionale, uno dei seguenti servizi:

1) costituire società o altre persone giuridiche;

2) occupare la funzione di dirigente o di amministratore di una società, di socio di un'associazione o una funzione analoga nei confronti di altre persone giuridiche o provvedere affinché un'altra persona occupi tale funzione;

3) fornire una sede legale, un indirizzo commerciale, amministrativo o postale e altri servizi connessi a una società, un'associazione o qualsiasi altra entità giuridica;

4) svolgere la funzione di fiduciario in un trust espresso o in un soggetto giuridico analogo o provvedere affinché un'altra persona occupi tale funzione;

5) esercitare il ruolo d'azionista per conto di un'altra persona o provvedere affinché un'altra persona svolga tale funzione, purché non si tratti di una società ammessa alla quotazione su un mercato regolamentato e sottoposta a obblighi di comunicazione conformemente alla normativa dell'Unione europea o a norme internazionali equivalenti;

ff) prestatori di servizi relativi all'utilizzo

(1) In *Leggi coll. XVIII, 1.*
(2) In *Leggi coll. VIII, 3.*

di valuta virtuale: ogni persona fisica o giuridica che fornisce a terzi, a titolo professionale, servizi funzionali all'utilizzo, allo scambio, alla conservazione di valuta virtuale e alla loro conversione da ovvero in valute aventi corso legale;

gg) prestazione professionale: una prestazione intellettuale o commerciale resa in favore del cliente, a seguito del conferimento di un incarico, della quale si presume che abbia una certa durata;

hh) Pubbliche amministrazioni: le amministrazioni pubbliche di cui all'art. 1, comma 2, del d.lg. 30 marzo 2001, n. 165, e successive modificazioni, gli enti pubblici nazionali, le società partecipate dalle amministrazioni pubbliche e dalle loro controllate, ai sensi dell'art. 2359 del codice civile, limitatamente alla loro attività di pubblico interesse disciplinata dal diritto nazionale o dall'Unione europea nonché i soggetti preposti alla riscossione dei tributi nell'ambito della fiscalità nazionale o locale, quale che ne sia la forma giuridica;

ii) punto di contatto centrale: il soggetto o la struttura, stabilito nel territorio della Repubblica, designato dagli istituti di moneta elettronica, quali definiti all'art. 2, primo paragrafo, punto 3), della dir. 2009/110/CE, o dai prestatori di servizi di pagamento, quali definiti all'art. 4, punto 11), della dir. 2015/2366/CE, con sede legale e amministrazione centrale in altro Stato membro, che operano, senza succursale, sul territorio nazionale tramite i soggetti convenzionati e gli agenti di cui alla lett. *nn*);

ll) rapporto continuativo: un rapporto di durata, rientrante nell'esercizio dell'attività di istituto svolta dai soggetti obbligati, che non si esaurisce in un'unica operazione;

mm) risorse economiche: le attività di qualsiasi tipo, materiali o immateriali e i beni mobili o immobili, ivi compresi gli accessori, le pertinenze e i frutti, che non sono fondi ma che possono essere utilizzate per ottenere fondi, beni o servizi, possedute, detenute o controllate, anche parzialmente, direttamente o indirettamente, ovvero per interposta persona fisica o giuridica, da parte di soggetti designati, ovvero da parte di persone fisiche o giuridiche che agiscono per conto o sotto la direzione di questi ultimi;

nn) soggetti convenzionati e agenti: gli operatori convenzionati ovvero gli agenti, comunque denominati, diversi dagli agenti in attività finanziaria iscritti nell'elenco di cui all'art. 128-*quater*, commi 2 e 6, TUB (1), di cui i prestatori di servizi di pagamento e gli istituti emittenti moneta elettronica, ivi compresi quelli aventi sede legale e amministrazione centrale in altro Stato membro, si avvalgono per l'esercizio della propria attività sul territorio della Repubblica italiana;

oo) soggetti designati: le persone fisiche, le persone giuridiche, i gruppi e le entità designati come destinatari del congelamento sulla base dei regolamenti comunitari e della normativa nazionale;

pp) titolare effettivo: la persona fisica o le persone fisiche, diverse dal cliente, nell'interesse della quale o delle quali, in ultima istanza, il rapporto continuativo è istaurato, la prestazione professionale è resa o l'operazione è eseguita;

qq) valuta virtuale: la rappresentazione digitale di valore, non emessa da una banca centrale o da un'autorità pubblica, non necessariamente collegata a una valuta avente corso legale, utilizzata come mezzo di scambio per l'acquisto di beni e servizi e trasferita, archiviata e negoziata elettronicamente.

3. Con specifico riferimento alle disposizioni di cui al Titolo IV del presente decreto, s'intendono per:

a) attività di gioco: l'attività svolta, su concessione dell'Agenzia dogane e monopoli dai prestatori di servizi di gioco, ad esclusione dei giochi numerici a quota fissa e a totalizzatore, delle lotterie ad estrazione istantanea e differita e dei concorsi pronostici su base sportiva ed ippica;

b) cliente: il soggetto che richiede, presso un prestatore di servizi di gioco, un'operazione di gioco;

c) concessionario di gioco: la persona giuridica di diritto pubblico o privato che offre, per conto dello Stato, servizi di gioco;

d) conto di gioco: il conto, intestato al cliente, aperto attraverso un concessionario di gioco autorizzato, sul quale sono registrate le operazioni di gioco effettuate su canale a distanza nonché le attività di ricarica e i prelievi;

e) contratto di conto di gioco: il contratto stipulato tra il cliente e il concessionario di gioco per l'apertura del conto di gioco e alla cui stipula è subordinata la partecipazione a distanza al gioco;

f) distributori: le imprese private che, su base convenzionale, svolgono per conto dei concessionari la gestione di qualsiasi attività di gioco;

g) esercenti: titolari degli esercizi pubblici

(1) In *Leggi coll. XVII, 1.*

in cui viene svolta l'attività di gioco;

h) operazione di gioco: un'operazione atta a consentire, attraverso i canali autorizzati, la partecipazione a uno dei giochi del portafoglio dell'Agenzia delle dogane e dei monopoli, a fronte del corrispettivo di una posta di gioco in denaro;

i) videolottery (VLT): l'apparecchio da intrattenimento, di cui all'art. 110, comma 6, lett. *b*), TULPS, terminale di un sistema di gioco complesso la cui architettura è allocata presso il concessionario.

2. *Finalità e principi*. — 1. Le disposizioni di cui al presente decreto si applicano a fini di prevenzione e contrasto dell'uso del sistema economico e finanziario a scopo di riciclaggio e finanziamento del terrorismo. Le eventuali limitazioni alle libertà sancite dal Trattato sul funzionamento dell'Unione europea, derivanti dall'applicazione delle disposizioni di cui al presente decreto, sono giustificate ai sensi degli artt. 45, par. 3, e 52, par. 1, del medesimo Trattato.

2. Per le finalità di cui al comma 1, il presente decreto detta misure volte a tutelare l'integrità del sistema economico e finanziario e la correttezza dei comportamenti degli operatori tenuti alla loro osservanza. Tali misure sono proporzionate al rischio in relazione al tipo di cliente, al rapporto continuativo, alla prestazione professionale, al prodotto o alla transazione e la loro applicazione tiene conto della peculiarità dell'attività, delle dimensioni e della complessità proprie dei soggetti obbligati che adempiono agli obblighi previsti a loro carico dal presente decreto tenendo conto dei dati e delle informazioni acquisiti o posseduti nell'esercizio della propria attività istituzionale o professionale.

3. L'azione di prevenzione è svolta in coordinamento con le attività di repressione dei reati di riciclaggio, di quelli ad esso presupposti e dei reati di finanziamento del terrorismo.

4. Ai fini di cui al comma 1, s'intende per riciclaggio:

a) la conversione o il trasferimento di beni, effettuati essendo a conoscenza che essi provengono da un'attività criminosa o da una partecipazione a tale attività, allo scopo di occultare o dissimulare l'origine illecita dei beni medesimi o di aiutare chiunque sia coinvolto in tale attività a sottrarsi alle conseguenze giuridiche delle proprie azioni;

b) l'occultamento o la dissimulazione della reale natura, provenienza, ubicazione, disposizione, movimento, proprietà dei beni o dei diritti sugli stessi, effettuati essendo a conoscenza che tali beni provengono da un'attività criminosa o da una partecipazione a tale attività;

c) l'acquisto, la detenzione o l'utilizzazione di beni essendo a conoscenza, al momento della loro ricezione, che tali beni provengono da un'attività criminosa o da una partecipazione a tale attività;

d) la partecipazione ad uno degli atti di cui alle lett. *a*), *b*) e *c*) l'associazione per commettere tale atto, il tentativo di perpetrarlo, il fatto di aiutare, istigare o consigliare qualcuno a commetterlo o il fatto di agevolarne l'esecuzione.

5. Il riciclaggio è considerato tale anche se le attività che hanno generato i beni da riciclare si sono svolte fuori dai confini nazionali. La conoscenza, l'intenzione o la finalità, che debbono costituire un elemento delle azioni di cui al comma 4 possono essere dedotte da circostanze di fatto obiettive.

6. Ai fini di cui al comma 1, s'intende per finanziamento del terrorismo qualsiasi attività diretta, con ogni mezzo, alla fornitura, alla raccolta, alla provvista, all'intermediazione, al deposito, alla custodia o all'erogazione, in qualunque modo realizzate, di fondi e risorse economiche, direttamente o indirettamente, in tutto o in parte, utilizzabili per il compimento di una o più condotte, con finalità di terrorismo secondo quanto previsto dalle leggi penali ciò indipendentemente dall'effettivo utilizzo dei fondi e delle risorse economiche per la commissione delle condotte anzidette.

3. *Soggetti obbligati*. — 1. Le disposizioni di cui al presente decreto si applicano alle categorie di soggetti individuati nel presente articolo, siano esse persone fisiche ovvero persone giuridiche.

2. Rientrano nella categoria degli intermediari bancari e finanziari:

a) le banche;

b) Poste italiane S.p.a.;

c) gli istituti di moneta elettronica come definiti dall'art. 1, comma 2, lett. *h-bis*), TUB (IMEL) (1);

d) gli istituti di pagamento come definiti dall'art. 1, comma 2, lett. *h-sexies*),TUB (IP) (1);

e) le società di intermediazione mobiliare, come definite dall'art. 1, comma 1, lett. *e*), TUF (SIM) (2);

f) le società di gestione del risparmio, co-

(1) In *Leggi coll. XVII, 1.*
(2) In *Leggi coll. XVIII, 1.*

me definite dall'art. 1, comma 1, lett. *o*), TUF (SGR) (1);

g) le società di investimento a capitale variabile, come definite dall'art. 1, comma 1, lett. *i*), TUF (SICAV) (1);

h) le società di investimento a capitale fisso, mobiliare e immobiliare, come definite dall'art. 1, comma 1, lett. *i-bis*), TUF (SICAF) (1);

i) gli agenti di cambio di cui all'art. 201 TUF (1);

l) gli intermediari iscritti nell'albo previsto dall'art. 106 TUB (2);

m) Cassa depositi e prestiti S.p.a.;

n) le imprese di assicurazione, che operano nei rami di cui all'art. 2, comma 1, CAP (3);

o) gli intermediari assicurativi di cui all'art. 109, comma 2, lett. *a*), *b*) e *d*), CAP, che operano nei rami di attività di cui all'art. 2, comma 1, CAP (3);

p) i soggetti eroganti micro-credito, ai sensi dell'art. 111 TUB (2);

q) i confidi e gli altri soggetti di cui all'art. 112 TUB (2);

r) soggetti di cui all'art. 2, comma 6, della l. 30 aprile 1999, n. 130, con riferimento alle operazioni di cartolarizzazione di crediti disciplinate dalla medesima legge;

s) le società fiduciarie iscritte nell'albo previsto ai sensi dell'art. 106 TUB (2);

t) le succursali insediate di intermediari bancari e finanziari e di imprese assicurative, aventi sede legale e amministrazione centrale in un altro Stato membro o in uno Stato terzo;

u) gli intermediari bancari e finanziari e le imprese assicurative aventi sede legale e amministrazione centrale in un altro Stato membro, stabiliti senza succursale sul territorio della Repubblica italiana;

v) i consulenti finanziari di cui all'art. 18-*bis* TUF (1) e le società di consulenza finanziaria di cui all'art. 18-*ter* TUF (1) (4).

3. Rientrano nella categoria di altri operatori finanziari:

a) le società fiduciarie, diverse da quelle iscritte nell'albo previsto ai sensi dell'art. 106 TUB (2), di cui alla l. 23 novembre 1939, n. 1966;

b) i mediatori creditizi iscritti nell'elenco previsto dall'art. 128-*sexies* TUB (2);

c) gli agenti in attività finanziaria iscritti nell'elenco previsto dall'art. 128-*quater*, commi 2 e 6, TUB (2);

d) i soggetti che esercitano professionalmente l'attività di cambio valuta, consistente nella negoziazione a pronti di mezzi di pagamento in valuta, iscritti in un apposito registro tenuto dall'Organismo previsto dall'art. 128-*undecies* TUB (2).

4. Rientrano nella categoria dei professionisti, nell'esercizio della professione in forma individuale, associata o societaria:

a) i soggetti iscritti nell'albo dei dottori commercialisti e degli esperti contabili e nell'albo dei consulenti del lavoro;

b) ogni altro soggetto che rende i servizi forniti da periti, consulenti e altri soggetti che svolgono in maniera professionale, anche nei confronti dei propri associati o iscritti, attività in materia di contabilità e tributi, ivi compresi associazioni di categoria di imprenditori e commercianti, CAF e patronati;

c) i notai e gli avvocati quando, in nome o per conto dei propri clienti, compiono qualsiasi operazione di natura finanziaria o immobiliare e quando assistono i propri clienti nella predisposizione o nella realizzazione di operazioni riguardanti:

1) il trasferimento a qualsiasi titolo di diritti reali su beni immobili o attività economiche;

2) la gestione di denaro, strumenti finanziari o altri beni;

3) l'apertura o la gestione di conti bancari, libretti di deposito e conti di titoli;

4) l'organizzazione degli apporti necessari alla costituzione, alla gestione o all'amministrazione di società;

5) la costituzione, la gestione o l'amministrazione di società, enti, trust o soggetti giuridici analoghi;

d) i revisori legali e le società di revisione legale con incarichi di revisione legale su enti di interesse pubblico o su enti sottoposti a regimi intermedio;

e) i revisori legali e le società di revisione senza incarichi di revisione su enti di interesse pubblico o su enti sottoposti a regimi intermedio.

5. Rientrano nella categoria di altri operatori non finanziari:

(1) In *Leggi coll. XVIII, 1*.
(2) In *Leggi coll. XVII, 1*.
(3) In *Leggi coll. VIII, 3*.
(4) In base all'art. 9.9, d.lg. 25 maggio 2017, n. 90: «Le disposizioni relative ai consulenti finanziari autonomi e alle società di consulenza finanziaria di cui all'art. 3, comma 2, lett. *v*), del d.lg. 21 novembre 2007, n. 231, e successive modificazioni, entrano in vigore all'avvio dell'operatività dell'organismo di vigilanza e tenuta dell'albo unico dei consulenti finanziari di cui all'art. 1, comma 36, della l. 28 dicembre 2015, n. 208».

a) i prestatori di servizi relativi a società e trust, ove non obbligati in forza delle previsioni di cui ai commi 2 e 4, lett. *a*), *b*) e *c*), del presente articolo;

b) i soggetti che esercitano attività di commercio di cose antiche in virtù della dichiarazione preventiva prevista dall'art. 126 TULPS;

c) i soggetti che esercitano l'attività di case d'asta o galleria d'arte ai sensi dell'art. 115 TULPS;

d) gli operatori professionali in oro di cui alla l. 17 gennaio 2000, n. 7;

e) gli agenti in affari che svolgono attività in mediazione immobiliare in presenza dell'iscrizione al Registro delle imprese, ai sensi della l. 3 febbraio 1989, n. 39;

f) i soggetti che esercitano l'attività di custodia e trasporto di denaro contante e di titoli o valori a mezzo di guardie particolari giurate, in presenza della licenza di cui all'art. 134 TULPS;

g) i soggetti che esercitano attività di mediazione civile, ai sensi dell'art. 60 della l. 18 giugno 2009, n. 69;

h) i soggetti che svolgono attività di recupero stragiudiziale dei crediti per conto di terzi, in presenza della licenza di cui all'art. 115 TULPS, fuori dall'ipotesi di cui all'art. 128-*quaterdecies* TUB (1);

i) i prestatori di servizi relativi all'utilizzo di valuta virtuale, limitatamente allo svolgimento dell'attività di conversione di valute virtuali da ovvero in valute aventi corso forzoso.

6. Rientrano nella categoria di prestatori di servizi di gioco:

a) gli operatori di gioco on line che offrono, attraverso la rete internet e altre reti telematiche o di telecomunicazione, giochi, con vincite in denaro, su concessione dell'Agenzia delle dogane e dei monopoli;

b) gli operatori di gioco su rete fisica che offrono, anche attraverso distributori ed esercenti, a qualsiasi titolo contrattualizzati, giochi, con vincite in denaro, su concessione dall'Agenzia delle dogane e dei monopoli;

c) i soggetti che gestiscono case da gioco, in presenza delle autorizzazioni concesse dalle leggi in vigore e del requisito di cui all'art. 5, comma 3, del d.l. 30 dicembre 1997, n. 457, convertito, con modificazioni, dalla l. 27 febbraio 1998, n. 30.

7. Le disposizioni di cui al presente decreto si applicano anche alle succursali insediate nel territorio della Repubblica italiana dei soggetti obbligati di cui ai commi 3, 4, 5 e 6 del presente articolo, aventi sede legale e amministrazione centrale in uno Stato estero.

8. Alle società di gestione accentrata di strumenti finanziari, alle società di gestione dei mercati regolamentati di strumenti finanziari e ai soggetti che gestiscono strutture per la negoziazione di strumenti finanziari e di fondi interbancari, alle società di gestione dei servizi di liquidazione delle operazioni su strumenti finanziari e alle società di gestione dei sistemi di compensazione e garanzia delle operazioni in strumenti finanziari si applicano le disposizioni del presente decreto in materia di segnalazione di operazioni sospette e comunicazioni oggettive.

9. I soggetti obbligati assicurano che il trattamento dei dati acquisiti nell'adempimento degli obblighi di cui al presente decreto avvenga, per i soli scopi e per le attività da esso previsti e nel rispetto delle prescrizioni e delle garanzie stabilite dal Codice in materia di protezione dei dati personali.

CAPO II

AUTORITÀ, VIGILANZA E PUBBLICHE AMMINISTRAZIONI

4. *Ministro dell'economia e delle finanze*. — 1. Il Ministro dell'economia e delle finanze è responsabile delle politiche di prevenzione dell'utilizzo del sistema finanziario e economico per fini di riciclaggio dei proventi di attività criminose e di finanziamento del terrorismo.

2. Per le finalità di cui al presente decreto, entro il 30 giugno di ogni anno, il Ministro dell'economia e delle finanze presenta al Parlamento la relazione sullo stato dell'azione di prevenzione del riciclaggio e del finanziamento del terrorismo, elaborata dal Comitato di sicurezza finanziaria ai sensi dell'art. 5, comma 7. Alla relazione è allegato un rapporto predisposto dalla UIF sull'attività svolta dalla medesima nonché la relazione predisposta dalla Banca d'Italia in merito ai mezzi finanziari e alle risorse ad essa attribuite.

3. Il Ministro dell'economia e delle finanze, su proposta del Comitato di sicurezza finanziaria, stabilisce l'esenzione dall'osservanza degli obblighi di cui al presente decreto, di taluni soggetti che esercitano, in modo occasionale o su scala limitata, un'attività finanziaria che implichi scarsi rischi di riciclaggio o di finanziamento del terrorismo, in presenza di tutti i seguenti requisiti:

(1) In *Leggi coll. XVII, 1.*

a) l'attività finanziaria è limitata in termini assoluti, per tale intendendosi l'attività il cui fatturato complessivo non ecceda la soglia determinata dal Comitato di sicurezza finanziaria, anche sulla base della periodica analisi nazionale dei rischi di riciclaggio e di finanziamento del terrorismo;

b) l'attività finanziaria è limitata a livello di operazioni, per tale intendendosi un'attività che non ecceda una soglia massima per cliente e singola operazione, individuata, in funzione del tipo di attività finanziaria, dal Comitato di sicurezza finanziaria, anche sulla base della periodica analisi nazionale dei rischi di riciclaggio e di finanziamento del terrorismo;

c) l'attività finanziaria non è l'attività principale;

d) l'attività finanziaria è accessoria e direttamente collegata all'attività principale;

e) l'attività principale non è un'attività menzionata all'art. 2, par. 1, della direttiva, ad eccezione dell'attività di cui al medesimo par. 1, punto 3), lett. *e*);

f) l'attività finanziaria è prestata soltanto ai clienti dell'attività principale e non è offerta al pubblico in generale.

4. Nell'esercizio delle competenze di prevenzione del finanziamento del terrorismo e nei confronti dell'attività di Paesi che minacciano la pace e la sicurezza internazionale, il Ministro dell'economia e delle finanze, con le modalità e nei termini di cui al d.lg. 22 giugno 2007, n. 109, e successive modificazioni, su proposta del Comitato di sicurezza finanziaria, stabilisce con proprio decreto:

a) le misure di congelamento dei fondi e delle risorse economiche detenuti, anche per interposta persona, da soggetti designati e le eventuali esenzioni, secondo i criteri e le procedure stabiliti da risoluzioni del Consiglio di sicurezza delle Nazioni Unite o da un suo Comitato, nelle more dell'adozione delle relative deliberazioni dell'Unione europea;

b) la designazione, a livello nazionale, di persone fisiche, di persone giuridiche, gruppi o entità che pongono in essere o tentano di porre in essere una o più delle condotte con finalità di terrorismo secondo quanto previsto dalle leggi penali e le misure per il congelamento dei fondi e delle risorse economiche detenuti, dai medesimi, anche per interposta persona;

c) le misure di congelamento, a seguito di richiesta proveniente da uno Stato terzo, ai sensi della risoluzione n. 1373/2001 del Consiglio di sicurezza delle Nazioni Unite.

5. *Ministero dell'economia e delle finanze e Comitato di sicurezza finanziaria.* — 1. Al fine di dare attuazione alle politiche di prevenzione dell'utilizzo del sistema finanziario e economico per fini di riciclaggio dei proventi di attività criminose e di finanziamento del terrorismo, il Ministero dell'economia e delle finanze promuove la collaborazione e il raccordo tra le autorità di cui all'art. 21, comma 2, lett. *a*) e tra le amministrazioni e gli organismi interessati nonché tra i soggetti pubblici e il settore privato, anche tenuto conto degli standard internazionali adottati in materia, della analisi nazionale dei rischi di riciclaggio e di finanziamento del terrorismo elaborata dal Comitato di sicurezza finanziaria, nonché della valutazione effettuata dalla Commissione europea ai sensi dell'art. 6 della direttiva.

2. Il Ministero dell'economia e delle finanze cura i rapporti con le istituzioni europee e gli organismi internazionali deputati all'elaborazione delle politiche e degli standard in materia di prevenzione dell'utilizzo del sistema finanziario e di quello economico per fini di riciclaggio e di finanziamento del terrorismo, assicurando gli adempimenti degli obblighi derivanti dalla partecipazione dell'Italia alle istituzioni e agli organismi anzidetti. Il Ministero cura altresì la pubblicazione della revisione consolidata dei dati statistici forniti ai sensi dell'art. 14, comma 2, e ne assicura la trasmissione alla Commissione europea, ai sensi dell'art. 44 della direttiva.

3. Fermi restando le attribuzioni e i poteri ispettivi e di controllo delle autorità di cui all'art. 21, comma 2, lett. *a*), ai sensi del presente decreto, il Ministero dell'economia e delle finanze effettua proprie ispezioni, presso i soggetti obbligati, al fine di acquisire elementi utili allo svolgimento dei procedimenti rientranti nelle proprie competenze istituzionali in materia di prevenzione del riciclaggio e del finanziamento del terrorismo. Nell'ambito dell'ispezione, gli ispettori chiedono o rilevano ogni notizia o risultanza esistente presso i soggetti ispezionati.

4. Il Ministero dell'economia e delle finanze esercita il potere sanzionatorio, secondo i termini e le procedure di cui al Titolo V del presente decreto.

5. Il Comitato di sicurezza finanziaria esercita i poteri e le funzioni previsti dal d.lg. 22 giugno 2007, n. 109, e successive modificazioni, recante misure per prevenire, contrastare e reprimere il finanziamento del terrorismo e l'attività dei Paesi che minacciano la pace e la sicurezza internazionale, elabora le strategie di prevenzione del riciclaggio e di finanziamento del terrorismo e coordina le misure di contenimento del relativo rischio da parte delle autorità di cui all'art. 21, comma 2, lett. *a*). Il decre-

to 22 giugno 2007, n. 109 e successive modificazioni disciplina il funzionamento del Comitato di sicurezza finanziaria nello svolgimento dei propri compiti e delle proprie funzioni.

6. Il Comitato di sicurezza finanziaria:

a) elabora l'analisi nazionale dei rischi di riciclaggio e di finanziamento del terrorismo di cui all'art. 14;

b) propone al Ministro dell'economia e delle finanze le misure nazionali di designazione e congelamento dei fondi e delle risorse economiche detenuti, anche per interposta persona, da persone fisiche, persone giuridiche, gruppi o entità che commettono, o tentano di commettere, atti di terrorismo, ai fini dell'adozione dei decreti di cui all'art. 4, comma 4;

c) propone al Ministro dell'economia e delle finanze l'esenzione di taluni soggetti dall'osservanza degli obblighi di cui al presente decreto, al ricorrere dei presupposti di cui all'art. 4, comma 3;

d) formula i pareri e le proposte previsti dal presente decreto e fornisce consulenza al Ministro dell'economia e delle finanze in materia di prevenzione del riciclaggio e di finanziamento del terrorismo.

7. Il Comitato di sicurezza finanziaria, entro il 30 maggio di ogni anno, presenta al Ministro dell'economia e delle finanze, per il successivo inoltro al Parlamento, la relazione contenente la valutazione dell'attività di prevenzione del riciclaggio e del finanziamento del terrorismo, dei relativi risultati e delle proposte dirette a renderla più efficace. A tal fine, la UIF, le autorità di vigilanza di settore, le amministrazioni e organismi interessati, gli organismi di autoregolamentazione, la Guardia di finanza e la Direzione investigativa antimafia forniscono, entro il 30 marzo di ogni anno, i dati statistici e le informazioni sulle attività rispettivamente svolte, nell'anno solare precedente, nell'ambito delle funzioni di vigilanza, supervisione e controllo. In particolare, è compito dell'UIF indicare, quanto meno, il numero di segnalazioni di operazioni sospette ricevute e il seguito dato a tali segnalazioni; è compito della Guardia di finanza e della Direzione investigativa antimafia indicare, quanto meno, il numero di casi e delle persone investigati; è compito del Ministero della giustizia indicare, quanto meno, il numero di persone indagate o sottoposte a procedimento di prevenzione, di persone condannate per reati di riciclaggio, di autoriciclaggio o di finanziamento del terrorismo e gli importi e la tipologia dei beni sequestrati e confiscati nell'ambito dei relativi procedimenti; è compito del Ministero dell'economia e delle finanze fornire i dati relativi ai congelamenti disposti ai sensi del d.lg. 22 giugno 2007, n. 109.

6. *Unità d'informazione finanziaria.* — 1. L'Unità di informazione finanziaria per l'Italia (UIF), istituita presso la Banca d'Italia, è autonoma e operativamente indipendente. In attuazione di tale principio, la Banca d'Italia ne disciplina con regolamento l'organizzazione e il funzionamento, ivi compresa la riservatezza delle informazioni acquisite, attribuendole i mezzi finanziari e le risorse idonei ad assicurare l'efficace perseguimento dei suoi fini istituzionali. Alla UIF e al personale addetto si applica l'art. 24, comma 6-*bis*, della l. 28 dicembre 2005, n. 262.

2. Il Direttore della UIF, al quale compete in autonomia la responsabilità della gestione, è nominato con provvedimento del Direttorio della Banca d'Italia, su proposta del Governatore della Banca d'Italia, tra persone dotate di adeguati requisiti di onorabilità, professionalità e conoscenza del sistema finanziario. Il mandato ha la durata di cinque anni ed è rinnovabile una sola volta.

3. Per l'efficace svolgimento dei compiti fissati dalla legge e dagli obblighi internazionali, presso la UIF è costituito un Comitato di esperti, del quale fanno parte il Direttore e quattro membri, dotati di adeguati requisiti di onorabilità e professionalità. I componenti del Comitato sono nominati, nel rispetto del principio dell'equilibrio di genere, con decreto del Ministro dell'economia e delle finanze, sentito il Governatore della Banca d'Italia, e restano in carica tre anni, rinnovabili per altri tre. La partecipazione al Comitato non dà luogo a compensi. Il Comitato è convocato dal Direttore della UIF con cadenza almeno semestrale e svolge funzioni di consulenza e ausilio a supporto dell'azione della UIF. Il Comitato cura, altresì, la redazione di un parere sull'azione dell'UIF, che forma parte integrante della documentazione trasmessa al Parlamento ai sensi del comma 8.

4. La UIF esercita le seguenti funzioni:

a) riceve le segnalazioni di operazioni sospette e ne effettua l'analisi finanziaria;

b) analizza i flussi finanziari, al fine di individuare e prevenire fenomeni di riciclaggio di denaro e di finanziamento del terrorismo;

c) può sospendere, per un massimo di cinque giorni lavorativi, operazioni sospette, anche su richiesta del Nucleo speciale di polizia valutaria della Guardia di finanza, della Direzione investigativa antimafia e dell'autorità giudiziaria ovvero su richiesta di un'altra FIU, ove non ne derivi pregiudizio per il corso delle indagini. La UIF provvede a dare immediata notizia della sospensione all'autorità che ne ha fatto richiesta;

d) avuto riguardo alle caratteristiche dei soggetti obbligati, emana istruzioni, pubblicate nella *Gazzetta Ufficiale* della Repubblica italiana, sui dati e le informazioni che devono essere contenuti nelle segnalazioni di operazioni sospette e nelle comunicazioni oggettive, sulla relativa tempistica nonché sulle modalità di tutela della riservatezza dell'identità del segnalante;

e) al fine di agevolare l'individuazione delle operazioni sospette, emana e aggiorna periodicamente, previa presentazione al Comitato di sicurezza finanziaria, indicatori di anomalia, pubblicati nella *Gazzetta Ufficiale* della Repubblica italiana e in apposita sezione del proprio sito istituzionale;

f) effettua, anche attraverso ispezioni, verifiche al fine di accertare il rispetto delle disposizioni in materia di prevenzione e contrasto del riciclaggio e del finanziamento del terrorismo, con riguardo alle segnalazioni di operazioni sospette e ai casi di omessa segnalazione di operazioni sospette, nonché con riguardo alle comunicazioni alla UIF previste dal presente decreto e ai casi di omissione delle medesime, anche avvalendosi della collaborazione del Nucleo speciale di polizia valutaria della Guardia di finanza;

g) in relazione ai propri compiti, accerta e contesta ovvero trasmette alle autorità di vigilanza di settore le violazioni degli obblighi di cui al presente decreto di cui viene a conoscenza nell'esercizio delle proprie funzioni istituzionali;

h) assicura la tempestiva trasmissione alla Direzione nazionale antimafia e antiterrorismo dei dati, delle informazioni e delle analisi, secondo quanto stabilito dall'art. 8, comma 1, lett. *a*). Assicura, altresì, l'effettuazione delle analisi richieste dalla Direzione nazionale antimafia e antiterrorismo ai sensi dell'art. 8, comma 1, lett. *d*).

5. Per lo svolgimento delle proprie funzioni istituzionali, la UIF:

a) acquisisce, anche attraverso ispezioni, dati e informazioni presso i soggetti destinatari degli obblighi di cui al presente decreto;

b) riceve la comunicazione dei dati statistici aggregati da parte dei soggetti obbligati tenuti a effettuarla e le comunicazioni cui sono tenute le Pubbliche amministrazioni, ai sensi dell'art. 10.

6. Per l'esercizio delle funzioni di cui ai commi 4 e 5, la UIF:

a) si avvale dei dati contenuti nell'anagrafe dei conti e dei depositi di cui all'art. 20, comma 4, della l. 30 dicembre 1991, n. 413, e nell'anagrafe tributaria di cui all'art. 37 del d.l. 4 luglio 2006, n. 223, convertito, con modificazioni, dalla l. 4 agosto 2006, n. 248;

b) ha accesso ai dati e alle informazioni contenute nell'anagrafe immobiliare integrata di cui all'art. 19 del d.l. 31 maggio 2010, n. 78, convertito, con modificazioni dalla l. 30 luglio 2010, n. 122;

c) ha accesso alle informazioni sul titolare effettivo di persone giuridiche e trust espressi, contenute in apposita sezione del Registro delle imprese, ai sensi dell'art. 21 del presente decreto.

7. Avvalendosi delle informazioni raccolte nello svolgimento delle proprie funzioni, la UIF:

a) svolge analisi e studi su singole anomalie, riferibili a ipotesi di riciclaggio e di finanziamento del terrorismo su specifici settori dell'economia ritenuti a rischio, su categorie di strumenti di pagamento e su specifiche realtà economiche territoriali, anche sulla base dell'analisi nazionale dei rischi elaborata dal Comitato di sicurezza finanziaria;

b) elabora e diffonde modelli e schemi rappresentativi di comportamenti anomali sul piano economico e finanziario riferibili a possibili attività di riciclaggio e di finanziamento del terrorismo.

8. Ai fini della presentazione al Parlamento della relazione sullo stato dell'azione di prevenzione del riciclaggio e del finanziamento del terrorismo, il Direttore della UIF, entro il 30 maggio di ogni anno, trasmette al Ministro dell'economia e delle finanze, per il tramite del Comitato di sicurezza finanziaria, gli allegati alla medesima relazione, di cui all'art. 4, comma 2, del presente decreto.

7. *Autorità di vigilanza di settore*. — 1. Le Autorità di vigilanza di settore verificano il rispetto, da parte dei soggetti rispettivamente vigilati, degli obblighi previsti dal presente decreto e dalle relative disposizioni di attuazione. A tal fine:

a) adottano nei confronti dei soggetti rispettivamente vigilati, disposizioni di attuazione del presente decreto in materia di organizzazione, procedure e controlli interni e di adeguata verifica della clientela (1) (2);

(1) V. deliberazione Consob 31 maggio 2018, n. 20465, in G.U., 13 giugno 2018, n. 135.
(2) V. deliberazione Consob 4 settembre 2018, n. 20570, in G.U., 14 settembre 2018, n. 214.

b) verificano l'adeguatezza degli assetti organizzativi e procedurali dei soggetti obbligati rispettivamente vigilati;

c) definiscono procedure e metodologie per la valutazione del rischio di riciclaggio e finanziamento del terrorismo cui gli intermediari rispettivamente vigilati sono esposti nell'esercizio della propria attività;

d) esercitano i poteri attribuiti dal presente decreto anche al fine di assicurare il rispetto delle norme tecniche di regolamentazione adottate ai sensi della direttiva.

2. Le Autorità di vigilanza di settore, nell'ambito delle rispettive attribuzioni:

a) basano la frequenza e l'intensità dei controlli e delle ispezioni di vigilanza in funzione del profilo di rischio, delle dimensioni e della natura del soggetto obbligato vigilato;

b) effettuano ispezioni e controlli, anche attraverso la richiesta di esibizione o trasmissione di tutti i documenti, gli atti e di ogni altra informazione utili all'espletamento delle funzioni di vigilanza e controllo. Nell'esercizio di tali competenze, le autorità di vigilanza di settore hanno il potere di convocare i componenti degli organi di direzione, amministrazione e controllo e il personale dei soggetti obbligati rispettivamente vigilati e possono richiedere l'invio, con le modalità e nei termini stabiliti nelle disposizioni di attuazione di cui al comma 1, lett. a), di segnalazioni periodiche rilevanti per finalità di prevenzione del riciclaggio e di finanziamento del terrorismo;

c) ordinano ovvero, in caso di inottemperanza all'ordine di convocare, convocano direttamente gli organi di amministrazione, direzione e controllo dei soggetti obbligati rispettivamente vigilati, fissandone l'ordine del giorno e proponendo l'assunzione di specifiche decisioni;

d) adottano provvedimenti aventi ad oggetto il divieto di nuove operazioni nelle ipotesi di gravi carenze o violazioni, riscontrate a carico dei soggetti obbligati rispettivamente vigilati;

e) ai sensi dell'art. 62, commi 7 e 8, irrogano, nei limiti delle rispettive attribuzioni e competenze, le sanzioni previste per l'inosservanza degli obblighi di cui al presente decreto, e delle relative disposizioni di attuazione, da parte dei soggetti obbligati rispettivamente vigilati.

3. Per l'esercizio delle attribuzioni di cui al comma 1, le autorità di vigilanza di settore hanno accesso alle informazioni sul titolare effettivo di persone giuridiche e trust espressi, contenute in apposita sezione, ad accesso riservato, del registro delle imprese, ai sensi dell'art. 21 del presente decreto.

4. Le autorità di vigilanza di settore informano prontamente la UIF e la Direzione nazionale antimafia e antiterrorismo di situazioni ritenute correlate a fattispecie di riciclaggio e finanziamento del terrorismo di cui vengono a conoscenza nell'esercizio della propria attività istituzionale e forniscono alle Autorità di vigilanza europee ogni informazione utile all'efficace svolgimento delle rispettive attribuzioni. Nell'esercizio delle proprie funzioni di vigilanza su succursali di soggetti obbligati aventi sede in altro Stato membro, le autorità di vigilanza di settore assicurano la cooperazione e forniscono ogni informazione necessaria alle autorità di vigilanza dello Stato membro di appartenenza dei predetti soggetti obbligati.

8. *Direzione nazionale antimafia e antiterrorismo*. — 1. Nell'esercizio delle competenze e nello svolgimento delle funzioni di coordinamento delle indagini e di impulso investigativo ad essa attribuite dalla normativa vigente, la Direzione nazionale antimafia ed antiterrorismo:

a) riceve tempestivamente dalla UIF per il tramite del Nucleo speciale di polizia valutaria della Guardia di Finanza ovvero, per quanto attinente alle segnalazioni relative alla criminalità organizzata, per il tramite della Direzione investigativa antimafia, i dati attinenti alle segnalazioni di operazioni sospette e relativi ai dati anagrafici dei soggetti segnalati o collegati, necessari per la verifica della loro eventuale attinenza a procedimenti giudiziari in corso, e può richiedere ogni altro elemento informativo e di analisi che ritenga di proprio interesse, anche ai fini della potestà di impulso attribuita al Procuratore Nazionale. A tal fine la Direzione nazionale antimafia e antiterrorismo stipula con la UIF, la Guardia di finanza e la Direzione investigativa antimafia appositi protocolli tecnici, volti a stabilire le modalità e la tempistica dello scambio di informazioni di cui alla presente lettera, assicurando l'adozione di ogni accorgimento idoneo a tutelare il trattamento in forma anonima dei dati anagrafici, necessari per la verifica della loro eventuale attinenza a procedimenti giudiziari in corso e la riservatezza dell'identità del segnalante;

b) riceve dall'Agenzia delle dogane e dei monopoli tutti i dati e le informazioni necessari all'individuazione di possibili correlazioni tra flussi merceologici a rischio e flussi finanziari sospetti, sulla base di protocolli tecnici, stipulati con la medesima Agenzia, volti a stabilire le modalità e la tempistica dello scambio di informazioni;

c) ferme le disposizioni vigenti in materia

di tutela del segreto investigativo, fornisce alla UIF e all'Agenzia delle dogane e dei monopoli tempestivo riscontro in ordine all'utilità delle informazioni ricevute;

d) può richiedere alla UIF l'analisi dei flussi finanziari ovvero analisi e studi su singole anomalie, riferibili a ipotesi di utilizzo del sistema finanziario a scopo di riciclaggio dei proventi di attività della criminalità organizzata o di finanziamento del terrorismo, su specifici settori dell'economia ritenuti a rischio, su categorie di strumenti di pagamento e su specifiche realtà economiche territoriali;

e) ha accesso alle informazioni sul titolare effettivo di persone giuridiche e trust espressi, contenute in apposita sezione del registro delle imprese, ai sensi dell'art. 21 del presente decreto;

f) fornisce al Comitato di sicurezza finanziaria, nel rispetto del segreto di indagine, i dati in suo possesso, utili all'elaborazione dell'analisi nazionale dei rischi di riciclaggio e di finanziamento del terrorismo di cui all'art. 14 e le proprie valutazioni sui risultati dell'attività di contrasto del riciclaggio e del finanziamento del terrorismo, al fine della elaborazione della relazione di cui all'art. 5, comma 7;

g) può richiedere, ai sensi dell'art. 371-*bis*, c.p.p., alle autorità di vigilanza di settore ogni altra informazione utile all'esercizio delle proprie attribuzioni.

9. *Nucleo speciale di polizia valutaria della Guardia di finanza e Direzione investigativa antimafia*. — 1. Il Nucleo speciale di polizia valutaria della Guardia di finanza, nel quadro degli obiettivi e priorità strategiche individuati annualmente dal Ministro dell'economia e delle finanze con la Direttiva generale per l'azione amministrativa e la gestione, esegue i controlli sull'osservanza delle disposizioni di cui al presente decreto da parte dei soggetti obbligati non vigilati dalle Autorità di vigilanza di settore nonché gli ulteriori controlli effettuati, in collaborazione con la UIF che ne richieda l'intervento a supporto dell'esercizio delle funzioni di propria competenza.

2. Al fine di garantire economicità ed efficienza dell'azione di prevenzione del riciclaggio e del finanziamento del terrorismo, il Nucleo speciale di polizia valutaria della Guardia di finanza può eseguire, previa intesa con le autorità di vigilanza di settore rispettivamente competenti, i controlli sui seguenti soggetti:

a) istituti di pagamento, istituti di moneta elettronica e relative succursali;

b) punti di contatto centrale di cui all'art. 1, comma 2, lett. *ii*);

c) società fiduciarie e intermediari di cui all'albo previsto dall'art. 106 TUB (1);

d) soggetti eroganti micro-credito ai sensi dell'art. 111 TUB (1) e i confidi e gli altri soggetti di cui all'art. 112 TUB (1);

e) succursali insediate sul territorio della Repubblica di intermediari bancari e finanziari e di imprese assicurative aventi sede legale e amministrazione centrale in un altro Stato membro o in uno Stato terzo;

f) intermediari assicurativi di cui all'art. 109, comma 2, lett. *a*), *b*) e *d*), CAP, che operano nei rami di attività di cui all'art. 2, comma 1, CAP (2);

g) revisori legali e società di revisione legale con incarichi di revisione legale su enti di interesse pubblico o su enti sottoposti a regimi intermedio;

h) soggetti che esercitano l'attività di custodia e trasporto di denaro contante e di titoli o valori a mezzo di guardie particolari giurate, in presenza della licenza di cui all'art. 134 TULPS, salve le competenze in materia di pubblica sicurezza attribuite dal medesimo t.u.

3. Il Nucleo speciale di polizia valutaria della Guardia di finanza definisce la frequenza e l'intensità dei controlli e delle ispezioni in funzione del profilo di rischio, della natura e delle dimensioni dei soggetti obbligati e dei rischi nazionali e transfrontalieri di riciclaggio e di finanziamento del terrorismo.

4. Per le finalità di cui al presente articolo, il Nucleo speciale di polizia valutaria della Guardia di finanza:

a) effettua ispezioni e controlli anche con i poteri attribuiti al Corpo dalla normativa valutaria. I medesimi poteri sono attribuiti ai militari appartenenti ai reparti della Guardia di finanza ai quali il Nucleo speciale di polizia valutaria delega le ispezioni e i controlli;

b) con i medesimi poteri di cui alla lett. *a*), svolge gli approfondimenti investigativi delle segnalazioni di operazioni sospette trasmesse dalla UIF, secondo quanto stabilito dall'art. 40.

5. Ferme restando le competenze del Nucleo speciale di polizia valutaria di cui al comma 4, la Guardia di finanza:

a) accerta e contesta, con le modalità e nei termini di cui alla l. 24 novembre 1981, n. 689, ovvero trasmette alle autorità di vigilanza di settore le violazioni degli obblighi di cui al presente decreto riscontrate nell'esercizio dei suoi poteri di controllo;

(1) In *Leggi coll. XVII, 1.*
(2) In *Leggi coll. VIII, 3.*

b) espleta le funzioni e i poteri di controllo sull'osservanza delle disposizioni di cui al presente decreto da parte dei soggetti convenzionati e agenti di cui all'art. 1, comma 2, lett. nn), nonché da parte dei distributori ed esercenti di gioco, ivi compresi quelli di prestatori di servizi di gioco con sede legale e amministrazione centrale in altro Stato comunitario, che operano sul territorio della Repubblica italiana.

6. Per l'esercizio delle attribuzioni di cui al presente articolo, il Nucleo speciale di polizia valutaria ha accesso:

a) ai dati contenuti nella sezione dell'anagrafe tributaria di cui all'art. 7, commi 6 e 11 del d.p.r. 29 settembre 1973, n. 605, come modificato dall'art. 37, comma 4, del d.l. 4 luglio 2006, n. 223, convertito, con modificazioni, dalla l. 4 agosto 2006, n. 248;

b) alle informazioni sul titolare effettivo di persone giuridiche e trust espressi, contenute in apposita sezione del registro delle imprese, ai sensi dell'art. 21 del presente decreto.

7. La Direzione investigativa antimafia accerta e contesta, con le modalità e nei termini di cui alla l. 24 novembre 1981, n. 689, ovvero trasmette alle autorità di vigilanza di settore, le violazioni degli obblighi di cui al presente decreto riscontrate nell'esercizio delle sue attribuzioni ed effettua gli approfondimenti investigativi, attinenti alla criminalità organizzata, delle segnalazioni di operazioni sospette, trasmesse dalla UIF secondo quanto stabilito dall'art. 40. Restano applicabili, in quanto compatibili, le disposizioni di cui agli artt. 1, comma 4, e 1-*bis*, commi 1 e 4, del d.l. 6 settembre 1982, n. 629, convertito, con modificazioni, dalla l. 12 ottobre 1982, n. 726.

8. Per l'esercizio delle attribuzioni di cui al comma 7, la Direzione investigativa antimafia ha accesso:

a) ai dati contenuti nella sezione dell'anagrafe tributaria di cui all'art. 7, commi 7 e 11, del d.p.r. 29 settembre 1973, n. 605, come modificato dall'art. 37, comma 4, del d.l. 4 luglio 2006, n. 223, convertito, con modificazioni, dalla l. 4 agosto 2006, n. 248;

b) alle informazioni sul titolare effettivo di persone giuridiche e trusts espressi, contenute in apposita sezione del registro delle imprese, ai sensi dell'art. 21 del presente decreto.

9. I dati e le informazioni acquisite nell'ambito delle attività svolte ai sensi del presente articolo sono utilizzabili ai fini fiscali, secondo le disposizioni vigenti.

10. *Pubbliche amministrazioni.* — 1. Le disposizioni di cui al presente articolo si applicano agli uffici delle Pubbliche amministrazioni competenti allo svolgimento di compiti di amministrazione attiva o di controllo, nell'ambito dei seguenti procedimenti o procedure:

a) procedimenti finalizzati all'adozione di provvedimenti di autorizzazione o concessione;

b) procedure di scelta del contraente per l'affidamento di lavori, forniture e servizi secondo le disposizioni di cui al codice dei contratti pubblici;

c) procedimenti di concessione ed erogazione di sovvenzioni, contributi, sussidi, ausili finanziari, nonché attribuzioni di vantaggi economici di qualunque genere a persone fisiche ed enti pubblici e privati.

2. In funzione del rischio di riciclaggio o di finanziamento del terrorismo, il Comitato di sicurezza finanziaria, anche sulla base dell'analisi nazionale del rischio di cui all'art. 14, individua categorie di attività amministrative, svolte dalle Pubbliche amministrazioni responsabili dei procedimenti di cui al comma 1, rispetto a cui non trovano applicazione gli obblighi di cui al presente articolo. Con le medesime modalità e secondo i medesimi criteri, il Comitato di sicurezza finanziaria può individuare procedimenti, ulteriori rispetto a quelli di cui al comma 1, per i quali trovano applicazione gli obblighi di cui al presente articolo.

3. Il Comitato di sicurezza finanziaria elabora linee guida per la mappatura e la valutazione dei rischi di riciclaggio e finanziamento del terrorismo cui gli uffici delle Pubbliche amministrazioni, responsabili dei procedimenti di cui al comma 1, sono esposti nell'esercizio della propria attività istituzionale. Sulla base delle predette linee guida, le medesime Pubbliche amministrazioni adottano procedure interne, proporzionate alle proprie dimensioni organizzative e operative, idonee a valutare il livello di esposizione dei propri uffici al rischio e indicano le misure necessarie a mitigarlo.

4. Al fine di consentire lo svolgimento di analisi finanziarie mirate a far emergere fenomeni di riciclaggio e di finanziamento del terrorismo, le Pubbliche amministrazioni comunicano alla UIF dati e informazioni concernenti le operazioni sospette di cui vengano a conoscenza nell'esercizio della propria attività istituzionale. La UIF, in apposite istruzioni, adottate sentito il Comitato di sicurezza finanziaria, individua i dati e le informazioni da trasmettere, le modalità e i termini della relativa comunicazione nonché gli indicatori per agevolare la rilevazione delle operazioni sospette.

5. Le Pubbliche amministrazioni responsabili dei procedimenti di cui al comma 1, nel quadro dei programmi di formazione continua del personale realizzati in attuazione dell'art. 3

del d.lg. 1° dicembre 2009, n. 178, adottano misure idonee ad assicurare il riconoscimento, da parte dei propri dipendenti delle fattispecie meritevoli di essere comunicate ai sensi del presente articolo.

6. L'inosservanza delle norme di cui alla presente disposizione assume rilievo ai fini dell'art. 21, comma 1-*bis*, del d.lg. 30 marzo 2001, n. 165.

11. *Organismi di autoregolamentazione*. — 1. Fermo quanto previsto circa la titolarità e le modalità di esercizio dei poteri di controllo da parte delle autorità di cui all'art. 21, comma 2, lett. *a*), gli organismi di autoregolamentazione, le loro articolazioni territoriali e i consigli di disciplina, secondo i principi e le modalità previsti dall'ordinamento vigente, promuovono e controllano l'osservanza degli obblighi previsti dal presente decreto da parte dei professionisti iscritti nei propri albi ed elenchi. Ai fini della corretta attuazione degli obblighi di cui al presente articolo, il Ministero della giustizia, ai sensi della normativa vigente, espleta le funzioni di controllo sugli ordini professionali assoggettati alla propria vigilanza.

2. Gli organismi di autoregolamentazione sono responsabili dell'elaborazione e aggiornamento di regole tecniche, adottate in attuazione del presente decreto previo parere del Comitato di sicurezza finanziaria, in materia di procedure e metodologie di analisi e valutazione del rischio di riciclaggio e finanziamento del terrorismo cui i professionisti sono esposti nell'esercizio della propria attività, di controlli interni, di adeguata verifica, anche semplificata della clientela e di conservazione e, anche attraverso le proprie articolazioni territoriali, garantiscono l'adozione di misure idonee a sanzionarne l'inosservanza e sono sentiti dalla UIF ai fini dell'adozione e dell'aggiornamento degli indicatori di anomalia di cui all'art. 6, comma 4, lett. *e*) che li riguardino. I predetti organismi e le loro articolazioni territoriali sono altresì responsabili della formazione e dell'aggiornamento dei propri iscritti in materia di politiche e strumenti di prevenzione del riciclaggio e di finanziamento del terrorismo.

3. Gli organismi di autoregolamentazione, attraverso propri organi all'uopo predisposti, applicano sanzioni disciplinari a fronte di violazioni gravi, ripetute o sistematiche ovvero plurime degli obblighi cui i propri iscritti sono assoggettati ai sensi del presente decreto e delle relative disposizioni tecniche di attuazione e comunicano annualmente al Ministero dell'economia e delle finanze e al Ministero della giustizia i dati attinenti il numero dei procedimenti disciplinari avviati o conclusi dagli ordini territoriali.

4. Gli organismi di autoregolamentazione possono ricevere le segnalazioni di operazioni sospette da parte dei propri iscritti, per il successivo inoltro alla UIF, secondo le specifiche e con le modalità e garanzie di tutela della riservatezza dell'identità del segnalante, individuate con apposito decreto del Ministro dell'economia e delle finanze, di concerto con il Ministro della giustizia sentito il Garante per la protezione dei dati personali. I predetti organismi informano prontamente la UIF di situazioni, ritenute correlate a fattispecie di riciclaggio e finanziamento del terrorismo, di cui vengono a conoscenza nell'esercizio della propria attività.

CAPO III

COOPERAZIONE NAZIONALE E INTERNAZIONALE

12. *Collaborazione e scambio di informazioni*. — 1. Le autorità di cui all'art. 21, comma 2, lett. *a*), le amministrazioni e gli organismi interessati, l'autorità giudiziaria e gli organi delle indagini collaborano per agevolare l'individuazione di ogni circostanza in cui emergono fatti e situazioni la cui conoscenza può essere comunque utilizzata per prevenire l'uso del sistema finanziario e di quello economico a scopo di riciclaggio o di finanziamento del terrorismo.

2. Fermo quanto stabilito dal presente decreto circa la titolarità e le modalità di esercizio dei poteri di controllo da parte delle autorità di cui all'art. 21, comma 2, lett. *a*), le amministrazioni e gli organismi interessati, qualora nell'esercizio delle proprie attribuzioni rilevino l'inosservanza delle norme di cui al presente decreto, accertano e contestano la violazione con le modalità e nei termini di cui alla l. 24 novembre 1981, n. 689. Con decreto del Ministro dell'economia e delle finanze possono essere dettate modalità e procedure per la contestazione della violazione e il successivo inoltro all'autorità competente all'irrogazione della sanzione. Le medesime amministrazioni e i medesimi organismi informano prontamente la UIF di situazioni, ritenute correlate a fattispecie di riciclaggio e finanziamento del terrorismo, di cui vengono a conoscenza nell'esercizio della propria attività istituzionale.

3. Fermo quanto disposto dall'art. 40 in materia di analisi e sviluppo investigativo della segnalazione di operazione sospetta, l'autorità giudiziaria, nell'ambito di indagini relative all'esistenza di reati di riciclaggio, di autorici-

claggio, di reati a essi presupposti ovvero di attività di finanziamento del terrorismo e ogni qualvolta lo ritenga necessario per lo svolgimento di un procedimento penale, può richiedere alla UIF, con le garanzie di cui all'art. 38, i risultati delle analisi e qualsiasi altra informazione pertinente.

4. Ferma restando l'autorizzazione dell'autorità giudiziaria procedente per le informazioni coperte da segreto investigativo, gli organi delle indagini forniscono le informazioni investigative necessarie a consentire alla UIF lo svolgimento delle analisi di sua competenza, attraverso modalità concordate che garantiscano la tempestiva disponibilità delle predette informazioni e il rispetto dei principi di pertinenza e proporzionalità dei dati e delle notizie trattati rispetto agli scopi per cui sono richiesti.

5. La UIF fornisce i risultati di carattere generale degli studi effettuati alle forze di polizia, alle autorità di vigilanza di settore, al Ministero dell'economia e delle finanze, all'Agenzia delle dogane e dei monopoli, al Ministero della giustizia ed al Procuratore nazionale antimafia e antiterrorismo; fermo restando quanto previsto dall'art. 331 del codice di procedura penale, la UIF fornisce alla Direzione investigativa antimafia, al Nucleo speciale di polizia valutaria della Guardia di finanza nonché al Comitato di analisi strategica antiterrorismo gli esiti delle analisi e degli studi effettuati su specifiche anomalie da cui emergono fenomeni di riciclaggio o di finanziamento del terrorismo.

6. La UIF informa tempestivamente il Comitato di sicurezza finanziaria delle attività e degli strumenti con cui provvede alla disseminazione delle informazioni, relative alle analisi strategiche volte a individuare tendenze evolutive dei fenomeni di riciclaggio e di finanziamento del terrorismo, in favore di autorità preposte alla tutela di interessi correlati o strumentali alla prevenzione del riciclaggio e del finanziamento del terrorismo. La UIF fornisce al Comitato di sicurezza finanziaria, con cadenza semestrale, una relazione sintetica che informa in ordine al numero e alla tipologia delle informazioni disseminate e fornisce riscontro in ordine alle attività intraprese a seguito del loro utilizzo.

7. L'autorità giudiziaria, quando ha fondato motivo di ritenere che il riciclaggio, l'autoriciclaggio o l'impiego di denaro, beni o altre utilità di provenienza illecita ovvero le attività preordinate al compimento di uno o più atti con finalità di finanziamento del terrorismo siano avvenuti attraverso operazioni effettuate presso gli intermediari sottoposti a vigilanza, ne dà comunicazione alle autorità di vigilanza di settore e alla UIF per gli adempimenti e le analisi di rispettiva spettanza. Le notizie comunicate sono coperte dal segreto d'ufficio. La comunicazione può essere ritardata quando può derivarne pregiudizio alle indagini. Le Autorità di vigilanza di settore e la UIF comunicano all'autorità giudiziaria le iniziative assunte e i provvedimenti adottati.

8. Fermo quanto disposto dal presente articolo, tutte le informazioni, rilevanti ai fini del presente decreto, in possesso delle autorità di cui all'art. 21, comma 2, lett. *a*), delle amministrazioni e organismi interessati e degli organismi di autoregolamentazione, sono coperte da segreto d'ufficio anche nei confronti della pubblica amministrazione. Il segreto non può essere opposto all'autorità giudiziaria, quando le informazioni siano necessarie per le indagini o per lo svolgimento di un procedimento penale.

13. *Cooperazione internazionale*. — 1. In deroga all'obbligo del segreto d'ufficio, la UIF può scambiare informazioni e collaborare con analoghe autorità di altri Stati preposte all'esercizio delle medesime funzioni, a condizioni di reciprocità anche per quanto riguarda la riservatezza delle informazioni, e, a tale fine, può stipulare protocolli d'intesa. In particolare, la UIF può scambiare dati e notizie in materia di operazioni sospette con analoghe autorità di altri Stati, utilizzando, a tal fine, anche le informazioni in possesso del Nucleo speciale di polizia valutaria della Guardia di finanza e della Direzione investigativa antimafia, specificamente richieste, fatte salve le norme sul segreto di indagine. Al di fuori dei casi di cui al presente comma, restano applicabili le disposizioni di cui agli artt. 9 e 12 della l. 1º aprile 1981, n. 121. Le informazioni ricevute dalle autorità estere possono essere trasmesse dalla UIF alle autorità italiane competenti, previo consenso dell'autorità dello Stato che ha fornito le informazioni. In nessun caso le differenti definizioni di reato fiscale, accolte dai diversi ordinamenti nazionali, possono ostacolare lo scambio di informazioni o la collaborazione tra la UIF e le omologhe autorità degli altri Stati membri.

2. Fermo restando quanto stabilito al comma 1, al fine di facilitare le attività comunque connesse all'approfondimento investigativo delle segnalazioni di operazioni sospette, la UIF stipula con la Guardia di finanza e la DIA protocolli d'intesa ove sono previste le condizioni e le procedure con cui queste scambiano, anche direttamente, dati ed informazioni di polizia con omologhi organismi esteri ed internazionali, a condizioni di reciprocità ed in deroga all'obbligo del segreto d'ufficio.

CAPO IV

ANALISI E VALUTAZIONE DEL RISCHIO

14. *Analisi nazionale del rischio.* — 1. Il Comitato di sicurezza finanziaria, nell'esercizio delle competenze di cui all'art. 5, identifica, analizza e valuta il rischio nazionale di riciclaggio di denaro e di finanziamento del terrorismo. A tal fine, individua le minacce più rilevanti e le vulnerabilità del sistema nazionale di prevenzione, di investigazione e di repressione dei fenomeni di riciclaggio e di finanziamento del terrorismo, i metodi e i mezzi di svolgimento di tali attività e i settori maggiormente esposti al rischio. L'analisi ha cadenza triennale, salva la facoltà del Comitato di sicurezza finanziaria di procedere al relativo aggiornamento quando insorgono nuovi rischi e ogni qualvolta lo ritenga opportuno.

2. L'analisi è condotta nel rispetto dei criteri internazionali approvati in materia, dei risultati della relazione periodica con cui la Commissione europea, ai sensi dell'art. 6 della direttiva, identifica, analizza e valuta i rischi di riciclaggio e di finanziamento del terrorismo che gravano sul mercato europeo e degli elementi forniti dalle autorità partecipanti al Comitato di sicurezza finanziaria. L'analisi tiene conto dei dati quantitativi e statistici, forniti dalle autorità di cui all'art. 21, comma 2, lett. *a*), dalle amministrazioni e organismi interessati e dagli organismi di autoregolamentazione, sulla dimensione e l'importanza dei settori che rientrano nell'ambito di applicazione del presente decreto, tra cui il numero dei soggetti vigilati ovvero controllati e l'importanza economica di ciascun settore. Senza corresponsione di compensi, gettoni, emolumenti, indennità o rimborsi di spese comunque denominati, l'analisi può essere integrata dal contributo di rappresentanti della Presidenza del Consiglio dei ministri e di altre amministrazioni con competenze specifiche su temi di interesse e può avvalersi della collaborazione di studiosi e rappresentanti del mondo accademico e delle associazioni private rappresentative delle categorie interessate.

3. Le autorità di cui all'art. 21, comma 2, lett. *a*):

a) concorrono all'analisi di cui al comma 1, fornendo al Comitato di sicurezza finanziaria ogni informazione utile, anche in deroga al segreto d'ufficio;

b) riferiscono periodicamente al Comitato di sicurezza finanziaria sugli esiti delle analisi di rispettiva competenza, anche al fine di individuare tipologie di clientela, prodotti, operazioni che per caratteristiche operative o geografiche necessitano di specifici interventi;

c) utilizzano l'analisi ai fini della definizione delle priorità e della distribuzione delle risorse necessarie a migliorare il sistema nazionale di prevenzione e contrasto del riciclaggio e del finanziamento del terrorismo e ad ottimizzare l'esercizio delle proprie competenze in funzione del livello di rischio riscontrato;

d) in occasione della relazione di cui all'art. 5, comma 7, riferiscono al Comitato di sicurezza finanziaria delle misure e dei presidi adottati al fine di mitigare i rischi riscontarti in sede di analisi.

4. I risultati dell'analisi di cui al comma 1, con le modalità e nei termini stabiliti dal Comitato di sicurezza finanziaria, sono resi disponibili ai soggetti obbligati e agli organismi di autoregolamentazione ai fini della valutazione, da parte dei medesimi, dei rischi di riciclaggio e di finanziamento del terrorismo cui sono esposti nell'esercizio della propria attività e della predisposizione di misure proporzionali e adeguate al rischio rilevato.

5. I risultati dell'analisi sono comunicati dal Comitato di sicurezza finanziaria alla Commissione europea, alle autorità di vigilanza europee e alle autorità rilevanti di altri Stati membri che ne facciano richiesta.

15. *Valutazione del rischio da parte dei soggetti obbligati.* — 1. Le autorità di vigilanza di settore e gli organismi di autoregolamentazione dettano criteri e metodologie, commisurati alla natura dell'attività svolta e alle dimensioni dei soggetti obbligati, per l'analisi e la valutazione dei rischi di riciclaggio e di finanziamento del terrorismo, cui sono esposti nell'esercizio della loro attività.

2. I soggetti obbligati, adottano procedure oggettive e coerenti rispetto ai criteri e alle metodologie di cui al comma 1, per l'analisi e la valutazione dei rischi di riciclaggio e di finanziamento del terrorismo. Per la valutazione del rischio di riciclaggio o di finanziamento del terrorismo, i soggetti obbligati tengono conto di fattori di rischio associati alla tipologia di clientela, all'area geografica di operatività, ai canali distributivi e ai prodotti e i servizi offerti.

3. Le autorità di vigilanza di settore individuano, informandone il Comitato di sicurezza finanziaria, le categorie di soggetti obbligati, rispettivamente vigilati, per i quali le disposizioni di cui al presente articolo non trovano applicazione, in considerazione dell'irrilevanza del rischio di riciclaggio e di finanziamento del terrorismo dell'attività svolta ovvero dell'offerta di prodotti e servizi che presentano caratteristiche di rischio tipizzate.

4. La valutazione di cui al comma 2 è documentata, periodicamente aggiornata e messa a disposizione delle autorità di cui all'art. 21, comma 2, lett. *a*), e degli organismi di autoregolamentazione, ai fini dell'esercizio delle rispettive funzioni e dei rispettivi poteri in materia di prevenzione del riciclaggio e di finanziamento del terrorismo (1).

16. *Procedure di mitigazione del rischio*. — 1. I soggetti obbligati adottano i presidi e attuano i controlli e le procedure, adeguati alla propria natura e dimensione, necessari a mitigare e gestire i rischi di riciclaggio e di finanziamento del terrorismo, individuati ai sensi degli artt. 14 e 15.

2. Le autorità di vigilanza di settore ai sensi dell'art. 7, comma 1, e gli organismi di autoregolamentazione, ai sensi dell'art. 11, comma 2, individuano i requisiti dimensionali e organizzativi in base ai quali i soggetti obbligati, rispettivamente vigilati e controllati adottano specifici presidi, controlli e procedure per:

a) la valutazione e gestione del rischio di riciclaggio e di finanziamento del terrorismo;

b) l'introduzione di una funzione antiriciclaggio, ivi comprese, se adeguate rispetto alle dimensioni e alla natura dell'attività, la nomina di un responsabile della funzione antiriciclaggio e la previsione di una funzione di revisione indipendente per la verifica delle politiche, dei controlli e delle procedure (2) (1).

3. I soggetti obbligati adottano misure proporzionate ai propri rischi, alla propria natura e alle proprie dimensioni, idonee a rendere note al proprio personale gli obblighi cui sono tenuti ai sensi del presente decreto, ivi compresi quelli in materia di protezione dei dati personali. A tal fine, i soggetti obbligati garantiscono lo svolgimento di programmi permanenti di formazione, finalizzati alla corretta applicazione delle disposizioni di cui al presente decreto, al riconoscimento di operazioni connesse al riciclaggio o al finanziamento del terrorismo e all'adozione dei comportamenti e delle procedure da adottare.

4. I sistemi e le procedure adottati ai sensi del presente articolo rispettano le prescrizioni e garanzie stabilite dal presente decreto e dalla normativa vigente in materia di protezione dei dati personali.

TITOLO II

Obblighi (3)

CAPO I

Obblighi di adeguata verifica della clientela

Sezione I.

17. *Disposizioni generali*. — 1. I soggetti obbligati procedono all'adeguata verifica del cliente e del titolare effettivo con riferimento ai rapporti e alle operazioni inerenti allo svolgimento dell'attività istituzionale o professionale:

a) in occasione dell'instaurazione di un rapporto continuativo o del conferimento dell'incarico per l'esecuzione di una prestazione professionale;

b) in occasione dell'esecuzione di un'operazione occasionale, disposta dal cliente, che comporti la trasmissione o la movimentazione di mezzi di pagamento di importo pari o superiore a 15.000 euro, indipendentemente dal fatto che sia effettuata con una operazione unica o con più operazioni che appaiono collegate per realizzare un'operazione frazionata ovvero che consista in un trasferimento di fondi, come definito dall'art. 3, par. 1, punto 9, del reg. (UE) n. 2015/847 del Parlamento europeo e del Consiglio, superiore a mille euro;

c) con riferimento ai prestatori di servizi di gioco di cui all'art. 3, comma 6, in occasione del compimento di operazioni di gioco, anche secondo le disposizioni dettate dal Titolo IV del presente decreto.

2. I soggetti obbligati procedono, in ogni caso, all'adeguata verifica del cliente e del titolare effettivo:

a) quando vi è sospetto di riciclaggio o di finanziamento del terrorismo, indipendentemente da qualsiasi deroga, esenzione o soglia applicabile;

b) quando vi sono dubbi sulla veridicità o sull'adeguatezza dei dati precedentemente ottenuti ai fini dell'identificazione.

3. I soggetti obbligati adottano misure di adeguata verifica della clientela proporzionali all'entità dei rischi di riciclaggio e di finanziamento del terrorismo e dimostrano alle autorità di cui all'art. 21, comma 2, lett. *a*), e agli organismi di autoregolamentazione che le misure adottate sono adeguate al rischio rilevato. Nel graduare l'entità delle misure i soggetti obbligati tengono conto, quanto meno, dei seguenti criteri generali:

a) con riferimento al cliente:

(1) V. provv. Banca d'Italia, 26 marzo 2019, in G.U., 8 aprile 2019, n. 83.
(2) V. deliberazione Consob 31 maggio 2018, n. 20465, in G.U., 13 giugno 2018, n. 135.
(3) Titolo così sostituito dall'art. 2, d.lg. 25 maggio 2017, n. 90.

1) la natura giuridica;

2) la prevalente attività svolta;

3) il comportamento tenuto al momento del compimento dell'operazione o dell'instaurazione del rapporto continuativo o della prestazione professionale;

4) l'area geografica di residenza o sede del cliente o della controparte;

b) con riferimento all'operazione, rapporto continuativo o prestazione professionale:

1) la tipologia dell'operazione, rapporto continuativo o prestazione professionale posti in essere;

2) le modalità di svolgimento dell'operazione, rapporto continuativo o prestazione professionale;

3) l'ammontare dell'operazione;

4) la frequenza e il volume delle operazioni e la durata del rapporto continuativo o della prestazione professionale;

5) la ragionevolezza dell'operazione, del rapporto continuativo o della prestazione professionale, in rapporto all'attività svolta dal cliente e all'entità delle risorse economiche nella sua disponibilità;

6) l'area geografica di destinazione del prodotto e l'oggetto dell'operazione, del rapporto continuativo o della prestazione professionale.

4. I soggetti obbligati adempiono alle disposizioni di cui al presente capo nei confronti dei nuovi clienti nonché dei clienti già acquisiti, rispetto ai quali l'adeguata verifica si renda opportuna in considerazione del mutato livello di rischio di riciclaggio o di finanziamento del terrorismo associato al cliente.

5. Gli obblighi di adeguata verifica della clientela sono osservati altresì nei casi in cui le banche, gli istituti di moneta elettronica, gli istituti di pagamento e Poste Italiane S.p.A. agiscono da tramite o siano comunque parte nel trasferimento di denaro contante o titoli al portatore, in euro o valuta estera, effettuato a qualsiasi titolo tra soggetti diversi, di importo complessivamente pari o superiore a 15.000 euro.

6. Nella prestazione di servizi di pagamento e nell'emissione e distribuzione di moneta elettronica effettuate tramite agenti in attività finanziaria di cui all'art. 3, comma 3, lett. *c*), ovvero tramite soggetti convenzionati e agenti di cui all'art. 1, comma 2, lett. *nn*), le banche, Poste Italiane S.p.A., gli istituti di pagamento e gli istituti di moneta elettronica, ivi compresi quelli aventi sede centrale in altro Stato membro, nonché le succursali di questi ultimi, osservano gli obblighi di adeguata verifica della clientela anche per le operazioni occasionali di importo inferiore a 15.000 euro. Nei casi in cui la prestazione di servizi di cui al presente comma sia effettuata tramite soggetti convenzionati e agenti di cui all'art. 1, comma 2, lett. *nn*), restano ferme le disposizioni di cui all'art. 44, comma 3.

7. Gli obblighi di adeguata verifica della clientela non si osservano in relazione allo svolgimento dell'attività di mera redazione e trasmissione ovvero di sola trasmissione delle dichiarazioni derivanti da obblighi fiscali e degli adempimenti in materia di amministrazione del personale di cui all'art. 2, comma 1, della l. 11 gennaio 1979, n. 12.

18. *Contenuto degli obblighi di adeguata verifica*. — 1. Gli obblighi di adeguata verifica della clientela si attuano attraverso:

a) l'identificazione del cliente e la verifica della sua identità attraverso riscontro di un documento d'identità o di altro documento di riconoscimento equipollente ai sensi della normativa vigente nonché sulla base di documenti, dati o informazioni ottenuti da una fonte affidabile e indipendente. Le medesime misure si attuano nei confronti dell'esecutore, anche in relazione alla verifica dell'esistenza e dell'ampiezza del potere di rappresentanza in forza del quale opera in nome e per conto del cliente;

b) l'identificazione del titolare effettivo e la verifica della sua identità attraverso l'adozione di misure proporzionate al rischio ivi comprese, con specifico riferimento alla titolarità effettiva di persone giuridiche, trust e altri istituti e soggetti giuridici affini, le misure che consentano di ricostruire, con ragionevole attendibilità, l'assetto proprietario e di controllo del cliente;

c) l'acquisizione e la valutazione di informazioni sullo scopo e sulla natura del rapporto continuativo o della prestazione professionale, per tali intendendosi, quelle relative all'instaurazione del rapporto, alle relazioni intercorrenti tra il cliente e l'esecutore, tra il cliente e il titolare effettivo e quelle relative all'attività lavorativa, salva la possibilità di acquisire, in funzione del rischio, ulteriori informazioni, ivi comprese quelle relative alla situazione economico-patrimoniale del cliente, acquisite o possedute in ragione dell'esercizio dell'attività. In presenza di un elevato rischio di riciclaggio e di finanziamento del terrorismo, i soggetti obbligati applicano la procedura di acquisizione e valutazione delle predette informazioni anche alle prestazioni o operazioni occasionali;

d) il controllo costante del rapporto con il cliente, per tutta la sua durata, attraverso l'esame della complessiva operatività del cliente medesimo, la verifica e l'aggiornamento dei dati e delle informazioni acquisite nello svolgimento delle attività di cui alle lett. *a*), *b*) e *c*), anche riguardo, se necessaria in funzione del rischio, alla verifica della provenienza dei fondi e delle risorse nella disponibilità del cliente, sulla base di informazioni acquisite o possedute in ragione dell'esercizio dell'attività.

2. Le attività di identificazione e verifica dell'identità del cliente, dell'esecutore e del titolare effettivo, di cui alle lett. *a*) e *b*) del comma 1, sono effettuate prima dell'instaurazione del rapporto continuativo o del conferimento dell'incarico per lo svolgimento di una prestazione professionale ovvero prima dell'esecuzione dell'operazione occasionale.

3. In presenza di un basso rischio di riciclaggio o di finanziamento del terrorismo, la verifica dell'identità del cliente, dell'esecutore e del titolare effettivo può essere posticipata ad un momento successivo all'instaurazione del rapporto o al conferimento dell'incarico per lo svolgimento di una prestazione professionale, qualora ciò sia necessario a consentire l'ordinaria gestione dell'attività oggetto del rapporto. In tale ipotesi, i soggetti obbligati, provvedono comunque all'acquisizione dei dati identificativi del cliente, dell'esecutore e del titolare effettivo e dei dati relativi alla tipologia e all'importo dell'operazione e completano le procedure di verifica dell'identità dei medesimi al più presto e, comunque, entro trenta giorni dall'instaurazione del rapporto o dal conferimento dell'incarico. Decorso tale termine, qualora riscontrino l'impossibilità oggettiva di completare la verifica dell'identità del cliente, i soggetti obbligati, si astengono ai sensi dell'art. 42 e valutano, sussistendone i presupposti, se effettuare una segnalazione di operazione sospetta ai sensi dell'art. 35.

4. Fermi gli obblighi di identificazione, i professionisti, limitatamente ai casi in cui esaminano la posizione giuridica del loro cliente o espletano compiti di difesa o di rappresentanza del cliente in un procedimento innanzi a un'autorità giudiziaria o in relazione a tale procedimento, anche tramite una convenzione di negoziazione assistita da uno o più avvocati ai sensi di legge, compresa la consulenza sull'eventualità di intentarlo o evitarlo, sono esonerati dall'obbligo di verifica dell'identità del cliente e del titolare effettivo fino al momento del conferimento dell'incarico.

19. *Modalità di adempimento degli obblighi di adeguata verifica*. — 1. I soggetti obbligati assolvono agli obblighi di adeguata verifica della clientela secondo le seguenti modalità:

a) l'identificazione del cliente e del titolare effettivo è svolta in presenza del medesimo cliente ovvero dell'esecutore, anche attraverso dipendenti o collaboratori del soggetto obbligato e consiste nell'acquisizione dei dati identificativi forniti dal cliente, previa esibizione di un documento d'identità in corso di validità o altro documento di riconoscimento equipollente ai sensi della normativa vigente, del quale viene acquisita copia in formato cartaceo o elettronico. Il cliente fornisce altresì, sotto la propria responsabilità, le informazioni necessarie a consentire l'identificazione del titolare effettivo. L'obbligo di identificazione si considera assolto, anche senza la presenza fisica del cliente, nei seguenti casi:

1) per i clienti i cui dati identificativi risultino da atti pubblici, da scritture private autenticate o da certificati qualificati utilizzati per la generazione di una firma digitale associata a documenti informatici, ai sensi dell'art. 24 del d.lg. 7 marzo 2005, n. 82;

2) per i clienti in possesso di un'identità digitale, di livello massimo di sicurezza, nell'ambito del Sistema di cui all'art. 64 del predetto d.lg. n. 82 del 2005 e successive modificazioni, e della relativa normativa regolamentare di attuazione, nonché di un'identità digitale o di un certificato per la generazione di firma digitale, rilasciati nell'ambito di un regime di identificazione elettronica compreso nell'elenco pubblicato dalla Commissione europea a norma dell'art. 9 del reg. EU n. 910/2014;

3) per i clienti i cui dati identificativi risultino da dichiarazione della rappresentanza e dell'autorità consolare italiana, come indicata nell'art. 6 del d.lg. 26 maggio 1997, n. 153;

4) per i clienti che siano già stati identificati dal soggetto obbligato in relazione ad un altro rapporto o prestazione professionale in essere, purché le informazioni esistenti siano aggiornate e adeguate rispetto allo specifico profilo di rischio del cliente;

5) per i clienti i cui dati identificativi siano acquisiti attraverso idonee forme e modalità, individuate dalle Autorità di vigilanza di settore, nell'esercizio delle attribuzioni di cui all'art. 7, comma 1, lett. *a*), tenendo conto dell'evoluzione delle tecniche di identificazione a distanza;

b) la verifica dell'identità del cliente, del titolare effettivo e dell'esecutore richiede il riscontro della veridicità dei dati identificativi contenuti nei documenti e delle informazioni acquisiti all'atto dell'identificazione, laddove, in relazione ad essi, sussistano dubbi, incertezze o incongruenze. Il riscontro può essere effettuato attraverso la consultazione del sistema pubblico per la prevenzione del furto di identità di cui d.lg. 11 aprile 2011, n. 64. La verifica dell'identità può essere effettuata anche attraverso il ricorso ad altre fonti attendibili e indipendenti tra le quali rientrano le basi di dati, ad accesso pubblico o condizionato al rilascio di credenziali di autenticazione, riferibili ad una pubblica amministrazione nonché quelle riferibili a soggetti privati autorizzati al rilascio di identità digitali nell'ambito del sistema previsto dall'art. 64 del d.lg. n. 82 del 2005 ovvero di un regime di identificazione elettronica compreso nell'elenco pubblicato dalla Commissione europea a norma dell'art. 9 del reg. EU n. 910/2014. Con riferimento ai clienti diversi dalle persone fisiche e ai fiduciari di trust espressi, la verifica dell'identità del titolare effettivo impone l'adozione di misure, commisurate alla situazione di rischio, idonee a comprendere la struttura di proprietà e di controllo del cliente;

c) l'acquisizione e la valutazione di informazioni sullo scopo e sulla natura del rapporto continuativo o della prestazione professionale, verificando la compatibilità dei dati e delle informazioni fornite dal cliente con le informazioni acquisite autonomamente dai soggetti obbligati, anche avuto riguardo al complesso delle operazioni compiute in costanza del rapporto o di altri rapporti precedentemente intrattenuti nonché all'instaurazione di ulteriori rapporti;

d) il controllo costante nel corso del rapporto continuativo o della prestazione professionale si attua attraverso l'analisi delle operazioni effettuate e delle attività svolte o individuate durante tutta la durata del rapporto, in modo da verificare che esse siano coerenti con la conoscenza che il soggetto obbligato ha del cliente e del suo profilo di rischio, anche riguardo, se necessario, all'origine dei fondi.

2. L'estensione delle verifiche, della valutazione e del controllo di cui al comma 1 è commisurata al livello di rischio rilevato.

3. Per le attività di assicurazione vita o altre forme di assicurazione legate ad investimenti, i soggetti obbligati di cui all'art. 3, comma 2, applicano altresì misure di adeguata verifica del beneficiario del contratto di assicurazione vita o di altra assicurazione legata ad investimenti, non appena individuato o designato nonché dell'effettivo percipiente della prestazione liquidata e dei rispettivi titolari effettivi. Tali misure, consistono:

a) nell'acquisizione del nome o della denominazione del soggetto specificamente individuato o designato quale beneficiario;

b) nei casi di beneficiario designato in base a particolari caratteristiche o classi, nell'acquisizione di informazioni sufficienti a consentire al soggetto obbligato di stabilirne l'identità al momento del pagamento della prestazione.

20. *Criteri per la determinazione della titolarità effettiva di clienti diversi dalle persone fisiche*. — 1. Il titolare effettivo di clienti diversi dalle persone fisiche coincide con la persona fisica o le persone fisiche cui, in ultima istanza, è attribuibile la proprietà diretta o indiretta dell'ente ovvero il relativo controllo.

2. Nel caso in cui il cliente sia una società di capitali:

a) costituisce indicazione di proprietà diretta la titolarità di una partecipazione superiore al 25 per cento del capitale del cliente, detenuta da una persona fisica;

b) costituisce indicazione di proprietà indiretta la titolarità di una percentuale di partecipazioni superiore al 25 per cento del capitale del cliente, posseduto per il tramite di società controllate, società fiduciarie o per interposta persona.

3. Nelle ipotesi in cui l'esame dell'assetto proprietario non consenta di individuare in maniera univoca la persona fisica o le persone fisiche cui è attribuibile la proprietà diretta o indiretta dell'ente, il titolare effettivo coincide con la persona fisica o le persone fisiche cui, in ultima istanza, è attribuibile il controllo del medesimo in forza:

a) del controllo della maggioranza dei voti esercitabili in assemblea ordinaria;

b) del controllo di voti sufficienti per esercitare un'influenza dominante in assemblea ordinaria;

c) dell'esistenza di particolari vincoli contrattuali che consentano di esercitare un'influenza dominante.

4. Qualora l'applicazione dei criteri di cui ai precedenti commi non consenta di individuare univocamente uno o più titolari effettivi, il titolare effettivo coincide con la persona fisica o le persone fisiche titolari di poteri di amministrazione o direzione della società.

5. Nel caso in cui il cliente sia una persona giuridica privata, di cui al d.p.r. 10 febbraio 2000, n. 361, sono cumulativamente individuati, come titolari effettivi:

a) i fondatori, ove in vita;

b) i beneficiari, quando individuati o facilmente individuabili;

c) i titolari di funzioni di direzione e amministrazione.

6. I soggetti obbligati conservano traccia delle verifiche effettuate ai fini dell'individuazione del titolare effettivo.

21. *Comunicazione e accesso alle informazioni sulla titolarità effettiva di persone giuridiche e trust*. — 1. Le imprese dotate di personalità giuridica tenute all'iscrizione nel Registro delle imprese di cui all'art. 2188 del codice civile e le persone giuridiche private tenute all'iscrizione nel Registro delle persone giuridiche private di cui al d.p.r. 10 febbraio 2000, n. 361, comunicano le informazioni relative ai propri titolari effettivi, per via esclusivamente telematica e in esenzione da imposta di bollo, al Registro delle imprese, ai fini della conservazione in apposita sezione ad accesso riservato. L'omessa comunicazione delle informazioni sul titolare effettivo è punita con la medesima sanzione di cui all'art. 2630 del codice civile.

2. L'accesso alla sezione è consentito:

a) al Ministero dell'economia e delle finanze, alle Autorità di vigilanza di settore, all'Unità di informazione finanziaria per l'Italia, alla Direzione investigativa antimafia, alla Guardia di finanza che opera nei casi previsti dal presente decreto attraverso il Nucleo Speciale Polizia Valutaria senza alcuna restrizione;

b) alla Direzione nazionale antimafia e antiterrorismo;

c) all'autorità giudiziaria, conformemente alle proprie attribuzioni istituzionali;

d) alle autorità preposte al contrasto dell'evasione fiscale, secondo modalità di accesso idonee a garantire il perseguimento di tale finalità, stabilite in apposito decreto del Ministro dell'economia e delle finanze, di concerto con il Ministro dello sviluppo economico;

e) ai soggetti obbligati, a supporto degli adempimenti prescritti in occasione dell'adeguata verifica, previo accreditamento e dietro pagamento dei diritti di segreteria di cui all'art. 18 della l. 29 dicembre 1993, n. 580;

f) dietro pagamento dei diritti di segreteria di cui all'art. 18 della l. 29 dicembre 1993, n. 580, ai soggetti privati, compresi quelli portatori di interessi diffusi, titolari di un interesse giuridico rilevante e differenziato, nei casi in cui la conoscenza della titolarità effettiva sia necessaria per curare o difendere, nel corso di un procedimento giurisdizionale, un interesse corrispondente ad una situazione giuridicamente tutelata, quando abbiano ragioni, concrete e documentate, per dubitare che la titolarità effettiva sia diversa da quella legale. L'interesse deve essere diretto, concreto ed attuale e, nel caso di enti rappresentativi di interessi diffusi, non deve coincidere con l'interesse di singoli appartenenti alla categoria rappresentata. L'accesso alle informazioni sulla titolarità effettiva può essere escluso qualora le informazioni riguardino persone incapaci o minori d'età ovvero qualora l'accesso esponga il titolare effettivo a rischi per la propria incolumità.

3. I trust produttivi di effetti giuridici rilevanti a fini fiscali, secondo quanto disposto dall'art. 73 del d.p.r. del 22 gennaio 1986 n. 917, sono tenuti all'iscrizione in apposita sezione speciale del Registro delle imprese. Le informazioni di cui all'art. 22, comma 5, relative alla titolarità effettiva dei medesimi trust sono comunicate, a cura del fiduciario o dei fiduciari ovvero di altra persona per conto del fiduciario, per via esclusivamente telematica e in esenzione da imposta di bollo, al Registro delle imprese, ai fini della relativa conservazione. L'omessa comunicazione delle informazioni sul titolare effettivo è punita con la medesima sanzione di cui all'art. 2630 del codice civile.

4. L'accesso alle informazioni di cui all'art. 22, comma 5, relative alla titolarità effettiva dei medesimi trust è consentito:

a) alle autorità di cui al comma 2, lett. *a*) e alla Direzione nazionale antimafia e antiterrorismo, senza alcuna restrizione;

b) alla Direzione nazionale antimafia e antiterrorismo e all'autorità giudiziaria nell'esercizio delle rispettive attribuzioni istituzionali, previste dall'ordinamento vigente;

c) alle autorità preposte al contrasto dell'evasione fiscale, secondo modalità di accesso idonee a garantire il perseguimento di tale finalità, stabilite in apposito decreto del Ministro dell'economia e delle finanze di concerto con il Ministro dello sviluppo economico;

d) ai soggetti obbligati, a supporto degli adempimenti prescritti in occasione dell'adeguata verifica, previo accreditamento e dietro pagamento dei diritti di segreteria di cui all'art. 18 della l. 29 dicembre 1993, n. 580.

5. Con apposito decreto del Ministro dell'economia e delle finanze, di concerto con il Ministro dello sviluppo economico, sono stabiliti:

a) i dati e le informazioni sulla titolarità effettiva delle imprese dotate di personalità giuridica, delle persone giuridiche private e dei trust da comunicare al Registro delle imprese nonché le modalità e i termini entro cui effettuare la comunicazione;

b) le modalità attraverso cui le informazioni sulla titolarità effettiva delle imprese dotate di personalità giuridica, delle persone giuridiche private e dei trust sono rese tempestivamente accessibili alle autorità di cui al comma 2, lett. *a*);

c) le modalità di consultazione delle informazioni da parte dei soggetti obbligati e i relativi requisiti di accreditamento;

d) i termini, la competenza e le modalità di svolgimento del procedimento volto a valutare la sussistenza dell'interesse all'accesso in capo ai soggetti di cui al comma 2, lett. *d*), e a disporne l'eventuale diniego;

e) con specifico riferimento alle informazioni sulla titolarità effettiva di persone giuridiche private diverse dalle imprese e su quella dei trust produttivi di effetti giuridici rilevanti a fini fiscali, le modalità di dialogo tra il Registro delle imprese e le basi di dati di cui è titolare l'Agenzia delle entrate relativi al codice fiscale ovvero, se assegnata, alla partita IVA del trust e agli atti istitutivi, dispositivi, modificativi o traslativi inerenti le predette persone giuridiche e i trust, rilevanti in quanto presupposti impositivi per l'applicazione di imposte dirette o indirette.

6. I diritti di segreteria per gli adempimenti previsti dal presente articolo sono stabiliti, modificati e aggiornati, nel rispetto dei costi standard, con le modalità di cui all'art. 18 della l. 29 dicembre 1993, n. 580, e successive modificazioni.

7. La consultazione dei registri di cui al presente articolo non esonera i soggetti obbligati dal valutare il rischio di riciclaggio e finanziamento del terrorismo cui sono esposti nell'esercizio della loro attività e dall'adottare misure adeguate al rischio medesimo.

22. *Obblighi del cliente*. — 1. I clienti forniscono per iscritto, sotto la propria responsabilità, tutte le informazioni necessarie e aggiornate per consentire ai soggetti obbligati di adempiere agli obblighi di adeguata verifica.

2. Per le finalità di cui al presente decreto, le imprese dotate di personalità giuridica e le persone giuridiche private ottengono e conservano, per un periodo non inferiore a cinque anni, informazioni adeguate, accurate e aggiornate sulla propria titolarità effettiva e le forniscono ai soggetti obbligati, in occasione degli adempimenti strumentali all'adeguata verifica della clientela.

3. Le informazioni di cui al comma 2, inerenti le imprese dotate di personalità giuridica tenute all'iscrizione nel Registro delle imprese di cui all'art. 2188 del codice civile, sono acquisite, a cura degli amministratori, sulla base di quanto risultante dalle scritture contabili e dai bilanci, dal libro dei soci, dalle comunicazioni relative all'assetto proprietario o al controllo dell'ente, cui l'impresa è tenuta secondo le disposizioni vigenti nonché dalle comunicazioni ricevute dai soci e da ogni altro dato a loro disposizione. Qualora permangano dubbi in ordine alla titolarità effettiva, le informazioni sono acquisite, a cura degli amministratori, a seguito di espressa richiesta rivolta ai soci rispetto a cui si renda necessario approfondire l'entità dell'interesse nell'ente. L'inerzia o il rifiuto ingiustificati del socio nel fornire agli amministratori le informazioni da questi ritenute necessarie per l'individuazione del titolare effettivo ovvero l'indicazione di informazioni palesemente fraudolente rendono inesercitabile il relativo diritto di voto e comportano l'impugnabilità, a norma dell'art. 2377 del codice civile, delle deliberazioni eventualmente assunte con il suo voto determinante. Si applicano, in quanto compatibili, le disposizioni di cui agli artt. 120 e 122 TUF (1), 74 e 77, CAP (2) e 2341-*ter* del codice civile.

4. Le informazioni di cui al comma 2, inerenti le persone giuridiche private, tenute all'iscrizione nel Registro delle persone giuridiche private di cui al d.p.r. 10 febbraio 2000, n. 361, e successive modificazioni, sono acquisite dal fondatore, ove in vita ovvero dai soggetti cui è attribuita la rappresentanza e l'amministrazione dell'ente, sulla base di quanto risultante dallo statuto, dall'atto costitutivo, dalle scritture contabili e da ogni altra comunicazione o dato a loro disposizione.

5. I fiduciari di trust espressi, disciplinati ai sensi della l. 16 ottobre 1989, n. 364, ottengono e detengono informazioni adeguate, accurate e aggiornate sulla titolarità effettiva del trust, per tali intendendosi quelle relative all'identità del fondatore, del fiduciario o dei fiduciari, del guardiano ovvero di altra persona per conto del fiduciario, ove esistenti, dei beneficiari o classe di beneficiari e delle altre persone fisiche che esercitano il controllo sul trust e di qualunque altra persona fisica che esercita, in ultima istanza, il controllo sui beni conferiti nel trust attraverso la proprietà diretta o indiretta o attraverso altri mezzi. I fiduciari di trust espressi conservano tali informazioni per un periodo non inferiore a cinque anni dalla cessazione del loro stato di fiduciari e le rendono prontamente accessibili alle autorità di cui all'art. 21, comma 2, lett. *a*) e *b*). I medesimi fiduciari che, in tale veste, instaurano un rapporto continuativo o professionale ovvero eseguono una prestazione occasionale dichiarano il proprio stato ai soggetti obbligati.

Sezione II.

23. *Misure semplificate di adeguata verifica della clientela*. — 1. In presenza di un basso rischio di riciclaggio o di finanziamento del ter-

(1) In *Leggi coll. XVIII, 1.*
(2) In *Leggi coll. VIII, 3.*

rorismo, i soggetti obbligati possono applicare misure di adeguata verifica della clientela semplificate sotto il profilo dell'estensione e della frequenza degli adempimenti prescritti dall'art. 18.

2. Ai fini dell'applicazione di misure semplificate di adeguata verifica della clientela e fermo l'obbligo di commisurarne l'estensione al rischio in concreto rilevato, i soggetti obbligati tengono conto, tra l'altro, dei seguenti indici di basso rischio:

a) indici di rischio relativi a tipologie di clienti quali:

1) società ammesse alla quotazione su un mercato regolamentato e sottoposte ad obblighi di comunicazione che impongono l'obbligo di assicurare un'adeguata trasparenza della titolarità effettiva;

2) pubbliche amministrazioni ovvero istituzioni o organismi che svolgono funzioni pubbliche, conformemente al diritto dell'Unione europea;

3) clienti che sono residenti in aree geografiche a basso rischio, ai sensi della lett. *c*);

b) indici di rischio relativi a tipologie di prodotti, servizi, operazioni o canali di distribuzione quali:

1) contratti di assicurazione vita rientranti nei rami di cui all'art. 2, comma 1, del CAP (1), nel caso in cui il premio annuale non ecceda i 1.000 euro o il cui premio unico non sia di importo superiore a 2.500 euro;

2) forme pensionistiche complementari disciplinate dal d.lg. 5 dicembre 2005, n. 252, a condizione che esse non prevedano clausole di riscatto diverse da quelle di cui all'art. 14 del medesimo decreto e che non possano servire da garanzia per un prestito al di fuori delle ipotesi previste dalla legge;

3) regimi di previdenza o sistemi analoghi che versano prestazioni pensionistiche ai dipendenti, in cui i contributi sono versati tramite detrazione dalla retribuzione e che non permettono ai beneficiari di trasferire i propri diritti;

4) prodotti o servizi finanziari che offrono servizi opportunamente definiti e circoscritti a determinate tipologie di clientela, volti a favorire l'inclusione finanziaria;

5) prodotti in cui i rischi di riciclaggio o di finanziamento del terrorismo sono mitigati da fattori, quali limiti di spesa o trasparenza della titolarità;

c) indici di rischio relativi ad aree geografiche quali:

1) Stati membri;

2) Paesi terzi dotati di efficaci sistemi di prevenzione del riciclaggio e del finanziamento del terrorismo;

3) Paesi terzi che fonti autorevoli e indipendenti valutano essere caratterizzati da un basso livello di corruzione o di permeabilità ad altre attività criminose;

4) Paesi terzi che, sulla base di fonti attendibili e indipendenti, quali valutazioni reciproche ovvero rapporti di valutazione dettagliata pubblicati, prevedano e diano effettiva applicazione a presidi di prevenzione del riciclaggio e di finanziamento del terrorismo, coerenti con le raccomandazioni del GAFI.

3. Le autorità di vigilanza di settore, nell'esercizio delle attribuzioni di cui all'art. 7, comma 1, lett. *c*), e gli organismi di autoregolamentazione, in conformità delle regole tecniche di cui all'art. 11, comma 2, possono individuare ulteriori fattori di rischio da prendere in considerazione al fine di integrare o modificare l'elenco di cui al precedente comma e stabiliscono misure semplificate di adeguata verifica della clientela da adottare in situazioni di basso rischio. Nell'esercizio delle medesime attribuzioni, le autorità di vigilanza di settore individuano la tipologia delle misure di adeguata verifica semplificata che le banche e gli istituti di moneta elettronica sono autorizzati ad applicare in relazione a prodotti di moneta elettronica, ricorrendo, cumulativamente, le seguenti condizioni:

a) lo strumento di pagamento non è ricaricabile ovvero è previsto un limite mensile massimo di utilizzo di 250 euro che può essere speso solo nel territorio della Repubblica;

b) l'importo massimo memorizzato sul dispositivo non supera i 250 euro;

c) lo strumento di pagamento è utilizzato esclusivamente per l'acquisto di beni o servizi;

d) lo strumento di pagamento non è alimentato con moneta elettronica anonima;

e) l'emittente effettua un controllo sulle operazioni effettuate idoneo a consentire la rilevazione di operazioni anomale o sospette;

f) qualora l'importo memorizzato sul dispositivo sia superiore a 100 euro, tale importo non sia rimborsato o ritirato in contanti (2).

4. L'applicazione di obblighi semplificati di adeguata verifica della clientela è comunque esclusa quando vi è sospetto di riciclaggio o di finanziamento del terrorismo.

24. *Obblighi di adeguata verifica rafforzata della clientela*. — 1. I soggetti obbligati in pre-

(1) In *Leggi coll. VIII, 3.*
(2) V. deliberazione Consob 4 settembre 2018, n. 20570, in G.U., 14 settembre 2018, n. 214.

senza di un elevato rischio di riciclaggio o di finanziamento del terrorismo applicano misure rafforzate di adeguata verifica della clientela.

2. Nell'applicazione di misure rafforzate di adeguata verifica della clientela, i soggetti obbligati tengono conto, almeno dei seguenti fattori:

a) fattori di rischio relativi al cliente quali:

1) rapporti continuativi o prestazioni professionali instaurati ovvero eseguiti in circostanze anomale;

2) clienti residenti o aventi sede in aree geografiche ad alto rischio secondo i criteri di cui alla lett. *c*);

3) strutture qualificabili come veicoli di interposizione patrimoniale;

4) società che hanno emesso azioni al portatore o siano partecipate da fiduciari;

5) tipo di attività economiche caratterizzate da elevato utilizzo di contante;

6) assetto proprietario della società cliente anomalo o eccessivamente complesso data la natura dell'attività svolta;

b) fattori di rischio relativi a prodotti, servizi, operazioni o canali di distribuzione quali:

1) servizi con un elevato grado di personalizzazione, offerti a una clientela dotata di un patrimonio di rilevante ammontare;

2) prodotti od operazioni che potrebbero favorire l'anonimato;

3) rapporti continuativi, prestazioni professionali od operazioni occasionali a distanza non assistiti da adeguati meccanismi e procedure di riconoscimento;

4) pagamenti ricevuti da terzi privi di un evidente collegamento con il cliente o con la sua attività;

5) prodotti e pratiche commerciali di nuova generazione, compresi i meccanismi innovativi di distribuzione e l'uso di tecnologie innovative o in evoluzione per prodotti nuovi o preesistenti;

c) fattori di rischio geografici quali quelli relativi a:

1) Paesi terzi che, sulla base di fonti attendibili e indipendenti quali valutazioni reciproche ovvero rapporti pubblici di valutazione dettagliata, siano ritenuti carenti di efficaci presidi di prevenzione del riciclaggio e del finanziamento del terrorismo coerenti con le raccomandazioni del GAFI;

2) Paesi terzi che fonti autorevoli e indipendenti valutano essere caratterizzati da un elevato livello di corruzione o di permeabilità ad altre attività criminose;

3) Paesi soggetti a sanzioni, embargo o misure analoghe emanate dai competenti organismi nazionali e internazionali;

4) Paesi che finanziano o sostengono attività terroristiche o nei quali operano organizzazioni terroristiche.

3. Ai fini dell'applicazione di obblighi di adeguata verifica rafforzata della clientela i soggetti obbligati esaminano contesto e finalità di operazioni caratterizzate da importi insolitamente elevati ovvero rispetto alle quali sussistono dubbi circa la finalità cui le medesime sono, in concreto, preordinate e, in ogni caso, rafforzano il grado e la natura delle verifiche atte a determinare se le operazioni siano sospette.

4. Le autorità di vigilanza di settore, nell'esercizio delle attribuzioni di cui all'art. 7, comma 1, lett. *c*), e gli organismi di autoregolamentazione, in conformità delle regole tecniche di cui all'art. 11, comma 2, possono individuare ulteriori fattori di rischio da prendere in considerazione al fine di integrare o modificare l'elenco di cui al comma 2 e possono stabilire misure rafforzate di adeguata verifica della clientela, ulteriori rispetto a quelle di cui all'art. 25, da adottare in situazioni di elevato rischio (1).

5. I soggetti obbligati applicano sempre misure di adeguata verifica rafforzata della clientela in caso di:

a) clienti residenti in Paesi terzi ad alto rischio individuati dalla Commissione europea;

b) rapporti di corrispondenza transfrontalieri con un ente creditizio o istituto finanziario corrispondente di un Paese terzo;

c) rapporti continuativi, prestazioni professionali o operazioni con clienti e relativi titolari effettivi che siano persone politicamente esposte.

6. I soggetti obbligati, in presenza di un elevato rischio di riciclaggio o di finanziamento del terrorismo applicano misure di adeguata verifica rafforzata di clienti che, originariamente individuati come persone politicamente esposte, abbiano cessato di rivestire le relative cariche pubbliche da più di un anno. La medesima disposizione si applica anche nelle ipotesi in cui il beneficiario della prestazione assicurativa o il titolare effettivo del beneficiario siano state persone politicamente esposte.

(1) V. deliberazione Consob 4 settembre 2018, n. 20570, in G.U., 14 settembre 2018, n. 214.

25. *Modalità di esecuzione degli obblighi di adeguata verifica rafforzata della clientela.* — 1. I soggetti obbligati, in presenza di un elevato rischio di riciclaggio o di finanziamento del terrorismo, adottano misure rafforzate di adeguata verifica della clientela acquisendo informazioni aggiuntive sul cliente e sul titolare effettivo, approfondendo gli elementi posti a fondamento delle valutazioni sullo scopo e sulla natura del rapporto e intensificando la frequenza dell'applicazione delle procedure finalizzate a garantire il controllo costante nel corso del rapporto continuativo o della prestazione professionale.

2. Nel caso di rapporti di corrispondenza transfrontalieri con un ente creditizio o istituto finanziario corrispondente di un Paese terzo gli intermediari bancari e finanziari, oltre alle ordinarie misure di adeguata verifica della clientela, adottano le seguenti ulteriori misure:

a) raccolgono sull'ente creditizio o istituto finanziario corrispondente informazioni sufficienti per comprendere pienamente la relativa struttura proprietaria e la natura delle attività svolte nonché per determinare, sulla base di pubblici registri, elenchi, atti o documenti, la correttezza e la qualità della vigilanza cui l'ente o corrispondente è soggetto;

b) valutano la qualità dei controlli in materia di prevenzione del riciclaggio e del finanziamento del terrorismo cui l'ente creditizio o istituto finanziario corrispondente estero è soggetto;

c) ottengono l'autorizzazione dei titolari di poteri di amministrazione o direzione ovvero di loro delegati o, comunque, di soggetti che svolgono una funzione equivalente, prima di aprire nuovi conti di corrispondenza;

d) definiscono in forma scritta i termini dell'accordo con l'ente creditizio o istituto finanziario corrispondente e i rispettivi obblighi;

e) si assicurano che l'ente creditizio o istituto finanziario corrispondente estero abbia sottoposto ad adeguata verifica i clienti che hanno un accesso diretto ai conti di passaggio, che l'ente o l'istituto effettui il controllo costante dei rapporti con tali clienti e che, su richiesta, possa fornire all'intermediario controparte obbligato i dati pertinenti in materia di adeguata verifica della clientela;

f) assicurano un monitoraggio costante del rapporto con l'ente creditizio o l'istituto finanziario corrispondente, con frequenza e intensità commisurate al servizio di corrispondenza svolto.

3. È fatto divieto agli intermediari bancari e finanziari di aprire o mantenere, anche indirettamente, conti di corrispondenza con banche di comodo.

4. I soggetti obbligati definiscono adeguate procedure, basate sul rischio, per determinare se il cliente sia una persona politicamente esposta e, nel caso di rapporti continuativi, prestazioni professionali o operazioni con persone politicamente esposte, oltre alle ordinarie misure di adeguata verifica della clientela, adottano le seguenti ulteriori misure:

a) ottengono l'autorizzazione dei soggetti titolari di poteri di amministrazione o direzione ovvero di loro delegati o, comunque, di soggetti che svolgono una funzione equivalente, prima di avviare o proseguire o intrattenere un rapporto continuativo, una prestazione professionale o effettuare un'operazione occasionale con tali clienti;

b) applicano misure adeguate per stabilire l'origine del patrimonio e dei fondi impiegati nel rapporto continuativo o nell'operazione;

c) assicurano un controllo costante e rafforzato del rapporto continuativo o della prestazione professionale.

5. Nel caso in cui il beneficiario della prestazione assicurativa o il titolare effettivo del beneficiario siano persone politicamente esposte, i soggetti obbligati osservano, al momento del pagamento della prestazione ovvero della cessione del contratto, le seguenti ulteriori misure:

a) informare l'alta dirigenza prima del pagamento dei proventi della polizza;

b) eseguire controlli più approfonditi sull'intero rapporto con il contraente.

Sezione III.

26. *Esecuzione degli obblighi di adeguata verifica da parte di terzi.* — 1. Ferma la responsabilità dei soggetti obbligati in ordine agli adempimenti di cui al presente Titolo, è consentito ai medesimi di ricorrere a terzi per l'assolvimento degli obblighi di adeguata verifica di cui all'art. 18, comma 1, lett. *a*), *b*) e *c*).

2. Ai fini della presente sezione, si considerano «terzi»:

a) gli intermediari bancari e finanziari di cui all'art. 3, comma 2;

b) gli agenti in attività finanziaria di cui all'art. 3, comma 3, lett. *c*) limitatamente alle operazioni di importo inferiore a 15.000 euro, relative alle prestazioni di servizi di pagamento e all'emissione e distribuzione di moneta elettronica di cui all'art. 17, comma 6;

c) gli intermediari bancari e finanziari aventi sede in altri Stati membri;

d) gli intermediari bancari e finanziari aventi sede in un Paese terzo, che:

1) sono tenuti ad applicare misure di adeguata verifica della clientela e di conservazione dei documenti di livello analogo a quelle previste dalla direttiva;

2) sono sottoposti a controlli di vigilanza in linea con quelli previsti dal diritto dell'Unione europea;

e) i professionisti nei confronti di altri professionisti.

27. *Modalità di esecuzione degli obblighi di adeguata verifica della clientela da parte di terzi.* — 1. Nei limiti di cui all'art. 26, gli obblighi di adeguata verifica della clientela si considerano assolti, previo rilascio di idonea attestazione da parte del terzo che abbia provveduto ad adempiervi direttamente, nell'ambito di un rapporto continuativo o dell'esecuzione di una prestazione professionale ovvero in occasione del compimento di un'operazione occasionale.

2. L'attestazione di cui al comma 1 deve essere univocamente riconducibile al terzo e deve essere trasmessa dal terzo medesimo al soggetto obbligato che se ne avvale. Nella medesima attestazione è espressamente confermato il corretto adempimento degli obblighi da parte dell'attestante in relazione alle attività di verifica effettuate nonché la coincidenza tra il cliente verificato dal terzo e il soggetto a cui l'attestazione si riferisce. Le Autorità di vigilanza di settore, nell'esercizio delle attribuzioni di cui all'art. 7, comma 1, lett. *a*), possono individuare idonee forme e modalità di attestazione, tenendo conto dell'evoluzione delle tecniche di comunicazione e trasferimento a distanza.

3. I terzi mettono a disposizione dei soggetti obbligati le informazioni richieste in occasione dell'adempimento degli obblighi di cui all'art. 18, comma 1, lett. *a*), *b*) e *c*). Le copie dei documenti acquisiti dai terzi in sede di adeguata verifica del cliente sono trasmesse, senza ritardo, dai terzi medesimi ai soggetti obbligati che ne facciano richiesta.

4. Per i clienti il cui contatto è avvenuto attraverso l'intervento dei soggetti obbligati di cui all'art. 3, comma 3, lett. *b*) e *c*), l'intermediario può procedere all'identificazione acquisendo da tali soggetti obbligati le informazioni necessarie, anche senza la presenza contestuale del cliente.

5. Nel caso di rapporti continuativi relativi all'erogazione di credito al consumo, di leasing o di altre tipologie operative indicate dalla Banca d'Italia, l'identificazione può essere effettuata da collaboratori esterni legati all'intermediario da apposita convenzione, nella quale siano specificati gli obblighi previsti dal presente decreto e ne siano conformemente regolate le modalità di adempimento.

28. *Responsabilità dei soggetti obbligati.* — 1. I soggetti obbligati, responsabili dell'adeguata verifica della clientela, valutano se gli elementi raccolti e le verifiche effettuate dai terzi siano idonei e sufficienti ai fini dell'assolvimento degli obblighi previsti dal presente decreto e verificano, nei limiti della diligenza professionale, la veridicità dei documenti ricevuti. In caso di dubbi sull'identità del cliente, dell'esecutore e del titolare effettivo, i soggetti obbligati provvedono, in proprio a compierne l'identificazione e ad adempiere, in via diretta, agli obblighi di adeguata verifica.

29. *Esecuzione da parte di terzi aventi sede in Paesi ad alto rischio.* — 1. È fatto divieto ai soggetti obbligati di avvalersi di terzi aventi sede in Paesi terzi ad alto rischio.

30. *Esclusioni.* — 1. Le disposizioni della presente sezione non si applicano ai rapporti di esternalizzazione o di agenzia nei casi in cui, ai sensi del contratto o della convenzione comunque denominata, il fornitore del servizio esternalizzato o l'agente siano equiparabili ai dipendenti o, comunque, a soggetti stabilmente incardinati nell'organizzazione dei soggetti obbligati per i quali svolgono la propria attività.

CAPO II

Obblighi di conservazione

31. *Obblighi di conservazione.* — 1. I soggetti obbligati conservano i documenti, i dati e le informazioni utili a prevenire, individuare o accertare eventuali attività di riciclaggio o di finanziamento del terrorismo e a consentire lo svolgimento delle analisi effettuate, nell'ambito delle rispettive attribuzioni, dalla UIF o da altra Autorità competente.

2. Per le finalità di cui al comma 1, i soggetti obbligati conservano copia dei documenti acquisiti in occasione dell'adeguata verifica della clientela e l'originale ovvero copia avente efficacia probatoria ai sensi della normativa vigente, delle scritture e registrazioni inerenti le operazioni. La documentazione conservata deve consentire, quanto meno, di ricostruire univocamente:

a) la data di instaurazione del rapporto continuativo o del conferimento dell'incarico;

b) i dati identificativi del cliente, del titolare effettivo e dell'esecutore e le informazioni sullo scopo e la natura del rapporto o della prestazione;

c) la data, l'importo e la causale dell'operazione;

d) i mezzi di pagamento utilizzati.

3. I documenti, i dati e le informazioni acquisiti sono conservati per un periodo di 10 anni dalla cessazione del rapporto continuativo, della prestazione professionale o dall'esecuzione dell'operazione occasionale.

32. *Modalità di conservazione dei dati e delle informazioni*. — 1. I soggetti obbligati adottano sistemi di conservazione dei documenti, dei dati e delle informazioni idonei a garantire il rispetto delle norme dettate dal codice in materia di protezione dei dati personali nonché il trattamento dei medesimi esclusivamente per le finalità di cui al presente decreto.

2. Le modalità di conservazione adottate devono prevenire qualsiasi perdita dei dati e delle informazioni ed essere idonee a garantire la ricostruzione dell'operatività o attività del cliente nonché l'indicazione esplicita dei soggetti legittimati ad alimentare il sistema di conservazione e accedere ai dati e alle informazioni ivi conservati. Le predette modalità devono, altresì, assicurare:

a) l'accessibilità completa e tempestiva ai dati e alle informazioni da parte delle autorità di cui all'art. 21, comma 4, lett. *a*);

b) la tempestiva acquisizione, da parte del soggetto obbligato, dei documenti, dei dati e delle informazioni, con indicazione della relativa data. È considerata tempestiva l'acquisizione conclusa entro trenta giorni dall'instaurazione del rapporto continuativo o dal conferimento dell'incarico per lo svolgimento della prestazione professionale, dall'esecuzione dell'operazione o della prestazione professionale, dalla variazione e dalla chiusura del rapporto continuativo o della prestazione professionale;

c) l'integrità dei dati e delle informazioni e la non alterabilità dei medesimi successivamente alla loro acquisizione;

d) la trasparenza, la completezza e la chiarezza dei dati e delle informazioni nonché il mantenimento della storicità dei medesimi.

3. I soggetti obbligati possono avvalersi, per la conservazione dei documenti, dei dati e delle informazioni, di un autonomo centro di servizi, ferma restando la responsabilità del soggetto obbligato e purché sia assicurato a quest'ultimo l'accesso diretto e immediato al sistema di conservazione.

33. *Obbligo di invio dei dati aggregati alla UIF*. — 1. Gli intermediari bancari e finanziari, ad esclusione di quelli di cui all'art. 3, comma 2, lett. *i*), *o*), *p*) e *q*), nonché le società fiduciarie di cui all'art. 3, comma 3, lett. *a*), trasmettono alla UIF dati aggregati concernenti la propria operatività, al fine di consentire l'effettuazione di analisi mirate a far emergere eventuali fenomeni di riciclaggio o di finanziamento del terrorismo nell'ambito di determinate zone territoriali.

2. La UIF individua le tipologie di dati da trasmettere, le modalità e la cadenza della loro trasmissione e verifica il rispetto dell'obbligo di cui al presente articolo, anche mediante accesso diretto ai dati e alle informazioni conservate dall'intermediario bancario o finanziario o dalla società fiduciaria.

34. *Disposizioni specifiche*. — 1. Nel rispetto del vigente quadro di attribuzioni e competenze, i dati e le informazioni conservate secondo le norme di cui al presente Capo sono utilizzabili a fini fiscali.

2. Il fascicolo del cliente, conforme a quanto prescritto dagli artt. 31 e 32, e la custodia dei documenti, delle attestazioni e degli atti presso il notaio nonché la tenuta dei repertori notarili, a norma della l. 16 febbraio 1913, n. 89, del regolamento di cui al r.d. 10 settembre 1914, n. 1326, e successive modificazioni, e la descrizione dei mezzi di pagamento ai sensi dell'art. 35, comma 22, d.l. 4 luglio 2006, n. 223, convertito, con modificazioni, dalla l. 4 agosto 2006, n. 248 costituiscono idonea modalità di conservazione dei dati e delle informazioni.

3. Fermo quanto stabilito dalle disposizioni di cui al presente decreto per le finalità di prevenzione del riciclaggio e di finanziamento del terrorismo, nel rispetto dei principi di semplificazione, economicità ed efficienza, le Autorità di vigilanza di settore, a supporto delle rispettive funzioni, possono adottare disposizioni specifiche per la conservazione e l'utilizzo dei dati e delle informazioni relativi ai clienti, contenuti in archivi informatizzati, ivi compresi quelli già istituiti presso i soggetti rispettivamente vigilati, alla data di entrata in vigore del presente articolo (1).

CAPO III

Obblighi di segnalazione

35. *Obbligo di segnalazione delle operazioni sospette*. — 1. I soggetti obbligati, prima di compiere l'operazione, inviano senza ritardo alla UIF, una segnalazione di operazione sospetta quando sanno, sospettano o hanno motivi ragionevoli per sospettare che siano in cor-

(1) V. deliberazione Consob 4 settembre 2018, n. 20570, in G.U., 14 settembre 2018, n. 214.

so o che siano state compiute o tentate operazioni di riciclaggio o di finanziamento del terrorismo o che comunque i fondi, indipendentemente dalla loro entità, provengano da attività criminosa. Il sospetto è desunto dalle caratteristiche, dall'entità, dalla natura delle operazioni, dal loro collegamento o frazionamento o da qualsivoglia altra circostanza conosciuta, in ragione delle funzioni esercitate, tenuto conto anche della capacità economica e dell'attività svolta dal soggetto cui è riferita, in base agli elementi acquisiti ai sensi del presente decreto. Il ricorso frequente o ingiustificato ad operazioni in contante, anche se non eccedenti la soglia di cui all'art. 49 e, in particolare, il prelievo o il versamento in contante di importi non coerenti con il profilo di rischio del cliente, costituisce elemento di sospetto. La UIF, con le modalità di cui all'art. 6, comma 4, lett. *e*), emana e aggiorna periodicamente indicatori di anomalia, al fine di agevolare l'individuazione delle operazioni sospette.

2. In presenza degli elementi di sospetto di cui al comma 1, i soggetti obbligati non compiono l'operazione fino al momento in cui non hanno provveduto ad effettuare la segnalazione di operazione sospetta. Sono fatti salvi i casi in cui l'operazione debba essere eseguita in quanto sussiste un obbligo di legge di ricevere l'atto ovvero nei casi in cui l'esecuzione dell'operazione non possa essere rinviata tenuto conto della normale operatività ovvero nei casi in cui il differimento dell'operazione possa ostacolare le indagini. In dette ipotesi, i soggetti obbligati, dopo aver ricevuto l'atto o eseguito l'operazione, ne informano immediatamente la UIF.

3. I soggetti obbligati effettuano la segnalazione contenente i dati, le informazioni, la descrizione delle operazioni ed i motivi del sospetto, e collaborano con la UIF, rispondendo tempestivamente alla richiesta di ulteriori informazioni. La UIF, con le modalità di cui all'art. 6, comma 4, lett. *d*), emana istruzioni per la rilevazione e la segnalazione delle operazioni sospette al fine di assicurare tempestività, completezza e riservatezza delle stesse.

4. Le comunicazioni delle informazioni, effettuate in buona fede dai soggetti obbligati, dai loro dipendenti o amministratori ai fini della segnalazione di operazioni sospette, non costituiscono violazione di eventuali restrizioni alla comunicazione di informazioni imposte in sede contrattuale o da disposizioni legislative, regolamentari o amministrative. Le medesime comunicazioni non comportano responsabilità di alcun tipo anche nelle ipotesi in cui colui che le effettua non sia a conoscenza dell'attività criminosa sottostante e a prescindere dal fatto che l'attività illegale sia stata realizzata.

5. L'obbligo di segnalazione delle operazioni sospette non si applica ai professionisti per le informazioni che essi ricevono da un loro cliente o ottengono riguardo allo stesso nel corso dell'esame della posizione giuridica o dell'espletamento dei compiti di difesa o di rappresentanza del medesimo in un procedimento innanzi a un'autorità giudiziaria o in relazione a tale procedimento, anche tramite una convenzione di negoziazione assistita da uno o più avvocati ai sensi di legge, compresa la consulenza sull'eventualità di intentarlo o evitarlo, ove tali informazioni siano ricevute o ottenute prima, durante o dopo il procedimento stesso.

36. *Modalità di segnalazione da parte degli intermediari bancari e finanziari, degli altri operatori finanziari, delle società di gestione degli strumenti finanziari e dei soggetti convenzionati e agenti.* — 1. Ai fini della segnalazione di operazioni sospette, gli intermediari bancari e finanziari, gli altri operatori finanziari e le società di gestione degli strumenti finanziari di cui all'art. 3, comma 8, nell'ambito della propria autonomia organizzativa, si avvalgono, anche mediante l'ausilio di strumenti informatici e telematici, di procedure di esame delle operazioni che tengano conto, tra le altre, delle evidenze evincibili dall'analisi dei dati e dalle informazioni conservati ai sensi del Capo II del presente Titolo.

2. Il responsabile della dipendenza, dell'ufficio, di altro punto operativo, unità organizzativa o struttura dell'intermediario o del soggetto cui compete l'amministrazione e la gestione concreta dei rapporti con la clientela, ha l'obbligo di comunicare, senza ritardo, le operazioni di cui all'art. 35 al titolare della competente funzione o al legale rappresentante o ad altro soggetto all'uopo delegato.

3. I soggetti obbligati di cui all'art. 3, comma 2, lett. *o*), e di cui all'art. 3, comma 3, lett. *c*), adempiono all'obbligo di segnalazione trasmettendo la segnalazione al titolare della competente funzione, al legale rappresentante o ad altro soggetto all'uopo delegato dell'intermediario mandante o di riferimento.

4. I mediatori di assicurazione o di riassicurazione, altresì denominati broker, di cui all'art. 109, comma 2, lett. *b*), CAP (1), qualora

(1) In *Leggi coll. VIII, 3.*

non sia individuabile un intermediario di riferimento e i mediatori creditizi di cui all'art. 128-*sexies* TUB (1), inviano la segnalazione direttamente alla UIF.

5. I soggetti convenzionati e agenti di cui all'art. 1, comma 2, lett. *nn*), comunicano all'intermediario di riferimento ovvero, per i soggetti convenzionati e gli agenti operanti sul territorio nazionale per conto di istituti aventi sede legale e amministrazione centrale in altro Stato membro, al punto di contatto centrale ogni circostanza e informazione rilevante, ai fini della valutazione, da parte di questi ultimi, in ordine all'inoltro di una segnalazione di operazione sospetta.

6. Il titolare della competente funzione, il legale rappresentante o altro soggetto all'uopo delegato dell'intermediario mandante o di riferimento, o il responsabile del punto di contatto centrale, esamina le segnalazioni pervenute e, qualora le ritenga fondate alla luce dell'insieme degli elementi a propria disposizione e delle evidenze desumibili dai dati e dalle informazioni conservati, le trasmette alla UIF, prive del nominativo del segnalante.

37. *Modalità di segnalazione da parte dei professionisti.* — 1. I professionisti trasmettono la segnalazione di operazione sospetta direttamente alla UIF ovvero, ai sensi dell'art. 11, comma 4, agli organismi di autoregolamentazione.

2. Gli organismi di autoregolamentazione, ricevuta la segnalazione di operazione sospetta da parte dei propri iscritti, provvedono senza ritardo a trasmetterla integralmente alla UIF, priva del nominativo del segnalante.

3. Per le società di revisione legale, il responsabile dell'incarico di revisione, che partecipa al compimento della prestazione e al quale compete la gestione del rapporto con il cliente, ha l'obbligo di trasmettere senza ritardo la segnalazione di operazione sospetta al titolare della competente funzione, al legale rappresentante o a un suo delegato. Quest'ultimo esamina le segnalazioni pervenute e le trasmette alla UIF, prive del nominativo del segnalante, qualora le ritenga fondate alla luce dell'insieme degli elementi a propria disposizione e delle evidenze desumibili dai dati e dalle informazioni conservati.

38. *Tutela del segnalante.* — 1. I soggetti obbligati e gli organismi di autoregolamentazione adottano tutte le misure idonee ad assicurare la riservatezza dell'identità delle persone che effettuano la segnalazione.

2. Il titolare della competente funzione, il legale rappresentante o altro soggetto all'uopo delegato presso i soggetti obbligati sono responsabili della custodia degli atti e dei documenti in cui sono indicate le generalità del segnalante.

3. In ogni fase del procedimento, l'autorità giudiziaria adotta le misure necessarie ad assicurare che l'identità del segnalante sia mantenuta riservata. In ogni caso, il nominativo del segnalante non può essere inserito nel fascicolo del Pubblico Ministero né in quello per il dibattimento e la sua identità non può essere rivelata, a meno che l'Autorità giudiziaria non disponga altrimenti, con provvedimento motivato ed assicurando l'adozione di ogni accorgimento idoneo a tutelare il segnalante ivi compresa, ove necessaria in ragione dell'attinenza a procedimenti in materia di criminalità organizzata o terrorismo, l'applicazione delle cautele dettate dall'art. 8 della l.13 agosto 2010, n. 136, in materia di attività svolte sotto copertura, quando lo ritenga indispensabile ai fini dell'accertamento dei reati per i quali si procede. In ogni caso, il nominativo del segnalante può essere rivelato solo quando l'autorità giudiziaria, disponendo a riguardo con decreto motivato, lo ritenga indispensabile ai fini dell'accertamento dei reati per i quali si procede.

4. In caso di denuncia o di rapporto ai sensi degli artt. 331 e 347 del codice di procedura penale, l'identità del segnalante, anche qualora sia conosciuta, non è menzionata.

5. Fermo quanto disposto dai commi 3 e 4, in caso di sequestro di atti o documenti l'autorità giudiziaria e gli organi di polizia giudiziaria adottano le cautele necessarie ad assicurare la riservatezza dei segnalanti.

6. La trasmissione delle segnalazioni di operazioni sospette, le eventuali richieste di approfondimenti, nonché gli scambi di informazioni, attinenti alle operazioni sospette segnalate, tra la UIF, la Guardia di finanza, la DIA, le autorità di vigilanza di settore e gli organismi di autoregolamentazione, avvengono per via telematica, con modalità idonee a garantire la tutela della riservatezza, la riferibilità della trasmissione dei dati ai soli soggetti interessati, nonché l'integrità delle informazioni trasmesse.

39. *Divieto di comunicazioni inerenti le segnalazioni di operazioni sospette.* — 1. Fuori dai casi previsti dal presente decreto, è fatto divieto ai soggetti tenuti alla segnalazione di un'operazione sospetta e a chiunque ne sia comunque

(1) In *Leggi coll. XVII, 1.*

a conoscenza, di dare comunicazione al cliente interessato o a terzi dell'avvenuta segnalazione, dell'invio di ulteriori informazioni richieste dalla UIF o dell'esistenza ovvero della probabilità di indagini o approfondimenti in materia di riciclaggio o di finanziamento del terrorismo.

2. Il divieto di cui al comma 1 non si estende alla comunicazione effettuata alle autorità di vigilanza di settore in occasione dell'esercizio delle funzioni di cui all'art. 7, comma 2, e alla Guardia di finanza in occasione dei controlli di cui all'art. 9, né alla comunicazione effettuata ai fini di accertamento investigativo.

3. Il divieto di cui al comma 1 non impedisce la comunicazione tra gli intermediari bancari e finanziari ovvero tra tali intermediari e le loro succursali e filiazioni controllate a maggioranza e situate in Paesi terzi, a condizione che le medesime succursali e filiazioni si conformino a politiche e procedure di gruppo, ivi comprese quelle relative alla condivisione delle informazioni, idonee a garantire la corretta osservanza delle prescrizioni dettate in materia di prevenzione del riciclaggio e del finanziamento del terrorismo.

4. Il divieto di cui al comma 1 non impedisce la comunicazione tra professionisti che svolgono la propria prestazione professionale in forma associata, in qualità di dipendenti o collaboratori, anche se situati in Paesi terzi, a condizione che questi applichino misure equivalenti a quelle previste dal presente decreto legislativo.

5. Nei casi relativi allo stesso cliente o alla stessa operazione, che coinvolgano due o più intermediari bancari e finanziari ovvero due o più professionisti, il divieto di cui al comma 1 non impedisce la comunicazione tra gli intermediari o tra i professionisti in questione, a condizione che appartengano ad uno Stato membro o siano situati in un Paese terzo che impone obblighi equivalenti a quelli previsti dal presente decreto legislativo, fermo restando quanto stabilito dagli artt. 42, 43 e 44 del Codice in materia di protezione dei dati personali. Le informazioni scambiate possono essere utilizzate esclusivamente ai fini di prevenzione del riciclaggio o del finanziamento del terrorismo.

6. Il tentativo del professionista di dissuadere il cliente dal porre in atto un'attività illegale non costituisce violazione del divieto di comunicazione previsto dal presente articolo.

40. *Analisi e sviluppo delle segnalazioni.* — 1. La UIF, sentito il Comitato di sicurezza finanziaria, definisce i criteri per l'approfondimento finanziario delle segnalazioni di operazioni sospette ed espleta le seguenti attività:

a) avvalendosi dei risultati delle analisi e degli studi compiuti nonché delle risultanze della propria attività ispettiva, effettua approfondimenti sotto il profilo finanziario delle segnalazioni ricevute nonché delle ipotesi di operazioni sospette non segnalate di cui viene a conoscenza, sulla base di dati e informazioni contenuti in archivi propri ovvero sulla base delle informazioni comunicate dagli organi delle indagini, dalle autorità di vigilanza di settore, dagli organismi di autoregolamentazione e dalle FIU estere;

b) effettua, sulla base di protocolli d'intesa, approfondimenti che coinvolgono le competenze delle autorità di vigilanza di settore, in collaborazione con le medesime anche avvalendosi, a tal fine, degli ulteriori elementi desumibili dagli archivi in loro possesso;

c) ai sensi dell'art. 6, comma 4, lett. *h*), trasmette alla Direzione nazionale antimafia e antiterrorismo, i dati relativi alle segnalazioni delle operazioni sospette ricevute, per la verifica dell'eventuale attinenza a procedimenti giudiziari in corso;

d) in attuazione di quanto previsto dall'art. 8, comma 1, lett. *a*) e fermo quanto previsto dall'art. 331 del codice di procedura penale in ordine all'obbligo di denuncia all'autorità giudiziaria, trasmette, senza indugio, anche sulla base di protocolli d'intesa, le segnalazioni che presentano un rischio di riciclaggio o di finanziamento del terrorismo e i risultati delle analisi svolte, incluse le informazioni ad esse pertinenti relative ai reati presupposto associati, alla Direzione investigativa antimafia e al Nucleo speciale di polizia valutaria della Guardia di finanza, che, a loro volta, le trasmettono tempestivamente al Procuratore nazionale antimafia e antiterrorismo qualora siano attinenti alla criminalità organizzata o al terrorismo;

e) ferme le disposizioni di cui alle lett. *c*) e *d*), nei casi di specifico interesse, comunica agli Organismi di informazione per la sicurezza della Repubblica di cui alla l. 3 agosto 2007, n. 124 i risultati delle analisi svolte, incluse le informazioni ad esse pertinenti relative ai reati presupposto associati e secondo modalità concordate, informa tempestivamente il Nucleo speciale di polizia valutaria della Guardia di finanza e la Direzione investigativa antimafia dei dati e delle informazioni comunicati ai sensi della presente lettera;

f) mantiene evidenza per dieci anni delle segnalazioni non trasmesse ai sensi della lett. *d*), mediante procedure che consentano, sulla base di protocolli d'intesa, la consultazione agli organi investigativi di cui all'art. 9.

2. Ai fini dell'analisi o dell'approfondimento investigativo della segnalazione, la UIF, la Guardia di finanza e la Direzione investigativa antimafia possono richiedere ulteriori informazioni al soggetto che ha effettuato la segnalazione ovvero ai soggetti, destinatari degli obblighi di cui al presente decreto, nonché alle Pubbliche amministrazioni, sui fatti oggetto di analisi o approfondimento.

3. La UIF, la Guardia di finanza e la Direzione investigativa antimafia adottano, anche sulla base di protocolli d'intesa e sentito il Comitato di sicurezza finanziaria, le misure necessarie ad assicurare la riservatezza dell'identità dei soggetti che effettuano le segnalazioni ovvero dei soggetti che sono tenuti, in forza del presente decreto, a fornire ulteriori informazioni utili ai fini dell'analisi delle segnalazioni e dell'approfondimento investigativo della stessa.

41. *Flusso di ritorno delle informazioni*. — 1. Il Nucleo speciale di polizia valutaria della Guardia di finanza e la Direzione investigativa antimafia, anche sulla base di protocolli di intesa, informano la UIF degli esiti investigativi dell'approfondimento delle segnalazioni di operazioni sospette, fatte salve le norme sul segreto di indagine.

2. La UIF, con modalità idonee a garantire la tutela della riservatezza, comunica al segnalante, direttamente ovvero tramite gli organismi di autoregolamentazione, gli esiti delle segnalazioni, anche tenendo conto delle informazioni ricevute dalla Direzione investigativa antimafia e dal Nucleo speciale di polizia valutaria della Guardia di finanza.

3. Il flusso di ritorno delle informazioni è sottoposto allo stesso divieto di comunicazione ai clienti o ai terzi previsto dall'art. 39.

4. In occasione degli adempimenti previsti dall'art. 5, comma 7, la UIF, la Guardia di finanza, la Direzione investigativa antimafia e l'Agenzia delle dogane e dei monopoli forniscono al Comitato di sicurezza finanziaria le informazioni sulle tipologie e i fenomeni osservati nell'anno solare precedente. La UIF, la Guardia di finanza e la Direzione investigativa antimafia, forniscono altresì al Comitato di sicurezza finanziaria informazioni sull'esito delle segnalazioni ripartito per categoria dei segnalanti, tipologia delle operazioni e aree territoriali.

CAPO IV

Obbligo di astensione

42. *Astensione*. — 1. I soggetti obbligati che si trovano nell'impossibilità oggettiva di effettuare l'adeguata verifica della clientela, ai sensi delle disposizioni di cui all'art. 19, comma 1, lett. *a*), *b*) e *c*), si astengono dall'instaurare, eseguire ovvero proseguire il rapporto, la prestazione professionale e le operazioni e valutano se effettuare una segnalazione di operazione sospetta alla UIF a norma dell'art. 35.

2. I soggetti obbligati si astengono dall'instaurare il rapporto continuativo, eseguire operazioni o prestazioni professionali e pongono fine al rapporto continuativo o alla prestazione professionale già in essere di cui siano, direttamente o indirettamente, parte società fiduciarie, trust, società anonime o controllate attraverso azioni al portatore aventi sede in Paesi terzi ad alto rischio. Tali misure si applicano anche nei confronti delle ulteriori entità giuridiche, altrimenti denominate, aventi sede nei suddetti Paesi, di cui non è possibile identificare il titolare effettivo né verificarne l'identità.

3. I professionisti sono esonerati dall'obbligo di cui al comma 1, limitatamente ai casi in cui esaminano la posizione giuridica del loro cliente o espletano compiti di difesa o di rappresentanza del cliente in un procedimento innanzi a un'autorità giudiziaria o in relazione a tale procedimento, compresa la consulenza sull'eventualità di intentarlo o evitarlo.

4. È fatta in ogni caso salva l'applicazione dell'art. 35, comma 2, nei casi in cui l'operazione debba essere eseguita in quanto sussiste un obbligo di legge di ricevere l'atto.

CAPO V

Disposizioni specifiche per i soggetti convenzionati e agenti di prestatori di servizi di pagamento e di istituti di moneta elettronica

43. *Misure di controllo di soggetti convenzionati e agenti*. — 1. I prestatori di servizi di pagamento, gli istituti di moneta elettronica, le rispettive succursali e i punti di contatto centrale di cui al comma 3 adottano procedure e sistemi di controllo idonei a mitigare e gestire i rischi di riciclaggio e finanziamento del terrorismo cui sono esposti i soggetti convenzionati e gli agenti di cui all'art. 1, comma 2, lett. *nn*).

2. Le procedure e i sistemi di controllo, articolati in ragione della natura e del rischio propri dell'attività svolta, assicurano, quanto meno:

a) l'individuazione, la messa a disposizione e l'aggiornamento di standard e pratiche di riferimento, in materia di gestione del rischio di riciclaggio e di finanziamento del terrorismo, adeguata verifica della clientela, conservazione dei documenti e segnalazione di operazioni sospette, cui i soggetti convenzionati e gli agenti sono tenuti a conformarsi, al fine di consentire il corretto adempimento degli obblighi di cui al presente decreto da parte dei prestatori di servizi di pagamento o dell'istituto di moneta elettronica;

b) l'adozione di specifici programmi di formazione, idonei ad orientare i soggetti convenzionati e gli agenti nel riconoscimento di operatività potenzialmente anomale in quanto connesse al riciclaggio e al finanziamento del terrorismo;

c) l'individuazione, la verifica del possesso e il controllo sulla permanenza, nel corso del rapporto di convenzionamento o del mandato, di requisiti reputazionali dei soggetti convenzionati e degli agenti, idonei a garantire la legalità dei loro comportamenti e ad assicurare la corretta attuazione delle pratiche di cui alla lett. *a*);

d) la verifica e il controllo dei comportamenti e dell'osservanza, da parte dei soggetti convenzionati e degli agenti, degli standard e delle pratiche di cui alla lett. *a*);

e) la previsione di meccanismi di immediata estinzione del rapporto di convenzionamento o del mandato a fronte del venir meno dei requisiti di cui alla lett. *c*) ovvero di gravi o ripetute infrazioni, riscontrate in occasione delle verifiche e dei controlli di cui alla lett. *d*).

3. I prestatori di servizi di pagamento e gli istituti di moneta elettronica aventi sede legale e amministrazione centrale in altro Stato membro e stabiliti sul territorio della Repubblica senza succursale, avvalendosi di soggetti convenzionati e agenti, designano un punto di contatto centrale in Italia attraverso cui assolvono agli obblighi di cui al presente decreto. La mancata istituzione del punto di contatto è sanzionata ai sensi dell'art. 62, comma 1.

4. Fermo l'obbligo di immediata istituzione del punto di contatto centrale e la relativa responsabilità in ordine all'adempimento degli obblighi cui esso soggiace in forza della normativa nazionale vigente, la Banca d'Italia detta disposizioni attuative delle norme tecniche di regolamentazione adottate dalla Commissione europea ai sensi dell'art. 45, par. 10 della direttiva, concernenti i requisiti, le procedure, i sistemi di controllo e le funzioni del punto di contatto centrale e vigila sulla loro osservanza. Le disposizioni sono adottate entro sei mesi dall'adozione delle predette norme tecniche di regolamentazione da parte della Commissione europea (1).

44. *Adempimenti a carico dei soggetti convenzionati e degli agenti.* — 1. Ferma la responsabilità dei prestatori di servizi di pagamento e degli istituti di moneta elettronica in ordine all'adempimento degli obblighi di adeguata verifica della clientela i soggetti convenzionati e gli agenti di cui all'art. 1, comma 2, lett. *nn*):

a) acquisiscono i dati identificativi del cliente, dell'esecutore e del titolare effettivo e trasmettono una comunicazione contenente i dati acquisiti, entro 20 giorni dall'effettuazione dell'operazione all'intermediario di riferimento ovvero, per i soggetti convenzionati e gli agenti operanti sul territorio nazionale per conto di istituti aventi sede legale e amministrazione centrale in altro Stato membro, al punto di contatto centrale; in caso di operazioni occasionali attinenti al servizio di rimessa di denaro di cui all'art. 1, comma 1, lett. *b*), n. 6), del d.lg. 27 gennaio 2010, n. 11, la comunicazione è inviata prima della relativa esecuzione, quale che sia l'importo dell'operazione;

b) conservano, per un periodo di 12 mesi, i dati acquisiti ai sensi della lett. *a*);

c) comunicano all'intermediario di riferimento ovvero, per i soggetti convenzionati e gli agenti operanti sul territorio nazionale per conto di istituti aventi sede legale e amministrazione centrale in altro Stato membro, al punto di contatto centrale ogni circostanza e informazione rilevante, ai fini della valutazione, da parte di questi ultimi, in ordine all'inoltro di una segnalazione di operazione sospetta.

2. L'atto di convenzionamento o il mandato, quale che sia il tipo contrattuale utilizzato per la regolamentazione dei rapporti tra le parti, indica espressamente:

a) gli adempimenti cui i soggetti convenzionati e gli agenti sono tenuti in occasione dell'identificazione di cui al comma 1, lett. *a*), e le modalità di adempimento dei medesimi, l'indicazione dei tempi entro cui le informazioni sono trasmesse all'intermediario di riferimento ovvero al punto di contatto centrale nonché la responsabilità ascrivibile al soggetto convenzionato o all'agente per l'inosservanza dei termini e delle condizioni ivi previsti;

b) le modalità di conservazione dei dati acquisiti idonee a garantire, quanto meno, l'accessibilità completa e tempestiva ai dati da parte delle autorità di cui all'art. 21, comma 2, lett. *a*), nonché l'integrità e la non alterabilità dei medesimi dati, successivamente alla loro acquisizione;

c) le modalità e tempi di invio della comunicazione di cui al comma 1, lett. *c*).

3. Le disposizioni di cui al comma 1 del presente articolo non si applicano al pagamento di

(1) V. provv. Banca d'Italia 26 marzo 2019, in G.U., 8 aprile 2019, n. 83.

tributi o sanzioni in favore di pubbliche amministrazioni o al pagamento del corrispettivo per la fruizione di beni e servizi di pubblica utilità nonché al servizio di pagamento di bollettini, erogato dai prestatori di servizi di pagamento, sulla base di un contratto di esternalizzazione, tramite soggetti non abilitati alla promozione e alla conclusione di contratti aventi a oggetto servizi di pagamento, purché risultino soddisfatte le seguenti condizioni:

a) il bollettino riporti i dati necessari al pagamento impressi a stampa in modo da consentirne la gestione in via automatizzata dal terminale utilizzato dal soggetto incaricato della riscossione o direttamente dall'utente;

b) il terminale dell'operatore incaricato non consenta in alcun modo di effettuare interventi manuali in grado di alterare le attività gestite in modo automatico.

45. *Registro dei soggetti convenzionati ed agenti di prestatori di servizi di pagamento e istituti emittenti moneta elettronica*. — 1. I prestatori di servizi di pagamento e gli istituti di moneta elettronica e le rispettive succursali, direttamente ovvero, limitatamente a quelli aventi sede legale e amministrazione centrale in altro Stato membro, per il tramite del punto di contatto centrale, comunicano all'OAM, con cadenza semestrale, per l'annotazione in apposito registro pubblico informatizzato, all'uopo istituito presso il medesimo organismo, i seguenti dati relativi ai soggetti convenzionati e agli agenti di cui all'art. 1, comma 2, lett. *nn*):

a) il nome, il cognome ovvero la denominazione sociale, completa dell'indicazione del nominativo del responsabile legale e del preposto, del soggetto convenzionato ovvero dell'agente e, ove assegnato, il codice fiscale;

b) l'indirizzo ovvero la sede legale e, ove diversa, la sede operativa del soggetto convenzionato ovvero dell'agente, con indicazione della città e del relativo codice di avviamento postale;

c) l'espressa indicazione della prestazione di servizi di rimessa di denaro, per come definiti dall'art. 1, comma 1, lett. *n*), del d.lg. 27 gennaio 2010, n. 11, ove erogata dal soggetto convenzionato ovvero dall'agente.

2. Nelle ipotesi di cui all'art. 43, comma 2, lett. *e*), i prestatori di servizi di pagamento e gli istituti di moneta elettronica e le rispettive succursali direttamente ovvero, limitatamente a quelli aventi sede legale e amministrazione centrale in altro Stato membro, per il tramite del punto di contatto centrale, comunicano all'OAM, per l'annotazione in apposita sottosezione, ad accesso riservato, del registro di cui al comma 1 l'intervenuta cessazione del rapporto di convenzionamento o del mandato, per motivi non commerciali, entro trenta giorni dall'estinzione del rapporto. L'accesso alla sottosezione è consentito, senza restrizioni, alla Guardia di Finanza, alla Banca d'Italia e alla UIF, per l'esercizio delle rispettive competenze in materia di vigilanza e di prevenzione e contrasto del riciclaggio e del finanziamento del terrorismo nonché ai prestatori di servizi di pagamento e agli istituti di moneta elettronica, alle succursali e ai punti di contatto centrale, a salvaguardia della correttezza e della legalità dei comportamenti degli operatori del mercato.

3. Le modalità tecniche di alimentazione e consultazione del registro di cui al presente articolo sono stabilite con decreto del Ministro dell'economia e delle finanze, in modo che siano garantiti:

a) l'accessibilità completa e tempestiva ai dati da parte delle autorità di cui al comma 2;

b) le modalità di consultazione della sottosezione da parte dei prestatori di servizi di pagamento e gli istituti di moneta elettronica, delle succursali e dei punti di contatto centrale, per le finalità di cui al comma 2;

c) la tempestiva annotazione dei dati comunicati dai soggetti di cui al comma 1 e dei relativi aggiornamenti;

d) l'attribuzione di un identificativo unico a ciascuno dei soggetti convenzionati o degli agenti annotati nel registro;

e) l'interfaccia tra la sottosezione ad accesso riservato del registro di cui al comma 2 e gli altri elenchi o registri tenuti dall'OAM, anche al fine di rendere tempestivamente disponibile alle autorità e agli intermediari di cui al comma 2 l'informazione circa la sussistenza di eventuali provvedimenti di cancellazione o sospensione dai predetti elenchi o registri, adottati, ai sensi della normativa vigente, a carico di un medesimo soggetto;

f) il rispetto delle norme dettate dal codice in materia di protezione dei dati personali nonché il trattamento dei medesimi esclusivamente per le finalità di cui al presente decreto;

g) l'entità ovvero i criteri di determinazione del contributo, dovuto dai soggetti tenuti alle comunicazioni di cui al presente articolo, a copertura integrale dei costi di istituzione, sviluppo e gestione del registro.

CAPO VI

OBBLIGHI DI COMUNICAZIONE

46. *Obblighi di comunicazione degli organi di controllo dei soggetti obbligati*. — 1. I componenti del collegio sindacale, del consiglio di sorveglianza e del comitato per il controllo sulla gestione presso i soggetti obbligati vigilano sull'osservanza delle norme di cui al presente decreto e sono tenuti a:

a) comunicare, senza ritardo, al legale rappresentante o a un suo delegato le operazioni potenzialmente sospette di cui vengono a conoscenza nell'esercizio delle proprie funzioni;

b) comunicare, senza ritardo, alle autorità di vigilanza di settore e alle amministrazioni e organismi interessati, in ragione delle rispettive attribuzioni, i fatti che possono integrare violazioni gravi o ripetute o sistematiche o plurime delle disposizioni di cui al presente Titolo e delle relative disposizioni attuative, di cui vengano a conoscenza nell'esercizio delle proprie funzioni.

2. Fermi gli obblighi di comunicazione di cui al presente articolo, i componenti degli organi di controllo presso i soggetti obbligati, sono esonerati dagli obblighi di cui al Titolo II, capi I, II e III.

47. *Comunicazioni oggettive*. — 1. Fermi gli obblighi di cui al Titolo II, Capo III, i soggetti obbligati trasmettono alla UIF, con cadenza periodica, dati e informazioni individuati in base a criteri oggettivi, concernenti operazioni a rischio di riciclaggio o di finanziamento del terrorismo.

2. I dati e le informazioni sono utilizzati per l'approfondimento di operazioni sospette e per effettuare analisi di fenomeni o tipologie di riciclaggio o di finanziamento del terrorismo.

3. Con istruzioni da pubblicarsi nella *Gazzetta Ufficiale* della Repubblica italiana, la UIF, sentito il Comitato di sicurezza finanziaria, individua le operazioni, i dati e le informazioni di cui al comma 1, definisce le relative modalità di trasmissione e individua espressamente le ipotesi in cui l'invio di una comunicazione oggettiva esclude l'obbligo di segnalazione di operazione sospetta, ai sensi dell'art. 35.

CAPO VII

SEGNALAZIONE DI VIOLAZIONI

48. *Sistemi interni di segnalazione delle violazioni*. — 1. I soggetti obbligati adottano procedure per la segnalazione al proprio interno da parte di dipendenti o di persone in posizione comparabile di violazioni, potenziali o effettive, delle disposizioni dettate in funzione di prevenzione del riciclaggio e del finanziamento del terrorismo.

2. Le procedure di cui al comma 1 garantiscono:

a) la tutela della riservatezza dell'identità del segnalante e del presunto responsabile delle violazioni, ferme restando le regole che disciplinano le indagini e i procedimenti avviati dall'autorità giudiziaria in relazione ai fatti oggetto delle segnalazioni;

b) la tutela del soggetto che effettua la segnalazione contro condotte ritorsive, discriminatorie o comunque sleali conseguenti la segnalazione;

c) lo sviluppo di uno specifico canale di segnalazione, anonimo e indipendente, proporzionato alla natura e alle dimensioni del soggetto obbligato.

3. La presentazione della segnalazione di cui al presente articolo non costituisce, di per sé, violazione degli obblighi derivanti dal rapporto contrattuale con il soggetto obbligato.

4. La disposizione di cui all'art. 7, comma 2, del d.lg. 30 giugno 2003, n. 196 (1), non trova applicazione con riguardo all'identità del segnalante, che può essere rivelata solo con il suo consenso o quando la conoscenza sia indispensabile per la difesa del segnalato.

TITOLO III

Misure ulteriori (2)

49. *Limitazioni all'uso del contante e dei titoli al portatore*. — 1. È vietato il trasferimento di denaro contante e di titoli al portatore in euro o in valuta estera, effettuato a qualsiasi titolo tra soggetti diversi, siano esse persone fisiche o giuridiche, quando il valore oggetto di trasferimento, è complessivamente pari o superiore a 3.000 euro. Il trasferimento superiore al predetto limite, quale che ne sia la causa o il titolo, è vietato anche quando è effettuato con più pagamenti, inferiori alla soglia, che appaiono artificiosamente frazionati e può essere eseguito esclusivamente per il tramite di banche, Poste italiane S.p.a., istituti di moneta elettronica e istituti di pagamento, questi ultimi quando prestano servizi di pagamento diversi da quelli di cui all'art. 1, comma 1, lett. *b*), n. 6), del d.lg. 27 gennaio 2010, n. 11. Il trasferimento effet-

(1) In *Leggi coll. II, 3*.
(2) Titolo così sostituito dall'art. 3, d.lg. 25 maggio 2017, n. 90.

tuato per il tramite degli intermediari bancari e finanziari avviene mediante disposizione accettata per iscritto dagli stessi, previa consegna ai medesimi intermediari della somma in contanti. A decorrere dal terzo giorno lavorativo successivo a quello dell'accettazione, il beneficiario ha diritto di ottenere il pagamento nella provincia del proprio domicilio. La comunicazione da parte del debitore al creditore della predetta accettazione produce gli effetti di cui all'art. 1277, primo comma, del codice civile e, nei casi di mora del creditore, gli effetti di cui all'art. 1210 del medesimo codice.

2. Per il servizio di rimessa di denaro di cui all'art. 1, comma 1, lett. *b*), n. 6), del d.lg. 27 gennaio 2010, n. 11, la soglia è di 1.000 euro.

3. Per la negoziazione a pronti di mezzi di pagamento in valuta, svolta dai soggetti iscritti nella sezione prevista dall'art. 17-*bis* del d.lg. 13 agosto 2010, n. 141, la soglia è di 3.000 euro.

4. I moduli di assegni bancari e postali sono rilasciati dalle banche e da Poste Italiane S.p.A. muniti della clausola di non trasferibilità. Il cliente può richiedere, per iscritto, il rilascio di moduli di assegni bancari e postali in forma libera.

5. Gli assegni bancari e postali emessi per importi pari o superiori a 1.000 euro devono recare l'indicazione del nome o della ragione sociale del beneficiario e la clausola di non trasferibilità.

6. Gli assegni bancari e postali emessi all'ordine del traente possono essere girati unicamente per l'incasso a una banca o a Poste Italiane S.p.A.

7. Gli assegni circolari, vaglia postali e cambiari sono emessi con l'indicazione del nome o della ragione sociale del beneficiario e la clausola di non trasferibilità.

8. Il rilascio di assegni circolari, vaglia postali e cambiari, di importo inferiore a 1.000 euro può essere richiesto, per iscritto, dal cliente senza la clausola di non trasferibilità.

9. Il richiedente di assegno circolare, vaglia cambiario o mezzo equivalente, intestato a terzi ed emesso con la clausola di non trasferibilità, può chiedere il ritiro della provvista previa restituzione del titolo all'emittente.

10. Per ciascun modulo di assegno bancario o postale richiesto in forma libera ovvero per ciascun assegno circolare o vaglia postale o cambiario rilasciato in forma libera è dovuta dal richiedente, a titolo di imposta di bollo, la somma di 1,50 euro.

11. I soggetti autorizzati a utilizzare le comunicazioni di cui all'art. 7, comma 6, del d.p.r. 29 settembre 1973, n. 605, e successive modificazioni, possono chiedere alla banca o a Poste Italiane S.p.A. i dati identificativi e il codice fiscale dei soggetti ai quali siano stati rilasciati moduli di assegni bancari o postali in forma libera ovvero che abbiano richiesto assegni circolari o vaglia postali o cambiari in forma libera nonché di coloro che li abbiano presentati all'incasso. Con provvedimento del Direttore dell'Agenzia delle entrate sono individuate le modalità tecniche di trasmissione dei dati di cui al presente comma. La documentazione inerente i dati medesimi, costituisce prova documentale ai sensi dell'art. 234 del codice di procedura penale.

12. A decorrere dall'entrata in vigore della presente disposizione è ammessa esclusivamente l'emissione di libretti di deposito, bancari o postali, nominativi ed è vietato il trasferimento di libretti di deposito bancari o postali al portatore che, ove esistenti, sono estinti dal portatore entro il 31 dicembre 2018.

13. Le disposizioni di cui al presente articolo, concernenti la circolazione del contante e le modalità di circolazione degli assegni e dei vaglia non si applicano ai trasferimenti in cui siano parte banche o Poste Italiane S.p.A., istituti di moneta elettronica e istituti di pagamento, nonché ai trasferimenti tra gli stessi effettuati in proprio o per il tramite di vettori specializzati di cui all'art. 3, comma 5, lett. *e*).

14. Le disposizioni di cui al comma 1 non si applicano ai trasferimenti di certificati rappresentativi di quote in cui siano parte banche, Poste Italiane S.p.A., SIM, SGR, SICAV, SICAF e imprese di assicurazione che operano in Italia nei rami di cui all'art. 2, comma 1, CAP (1).

15. Restano ferme le disposizioni relative ai pagamenti effettuati allo Stato o agli altri enti pubblici e alle erogazioni da questi comunque disposte verso altri soggetti. È altresì fatto salvo quanto previsto dall'art. 494 del codice di procedura civile.

50. *Divieto di conti e libretti di risparmio in forma anonima o con intestazione fittizia*. — 1. L'apertura in qualunque forma di conti o libretti di risparmio in forma anonima o con intestazione fittizia è vietata.

2. L'utilizzo, in qualunque forma, di conti o libretti di risparmio in forma anonima o con intestazione fittizia, aperti presso Stati esteri, è vietato.

51. *Obbligo di comunicazione al Ministero*

(1) In *Leggi coll. VIII, 3.*

dell'economia e delle finanze delle infrazioni di cui al presente Titolo. — 1. I soggetti obbligati che nell'esercizio delle proprie funzioni o nell'espletamento della propria attività hanno notizia di infrazioni alle disposizioni di cui all'art. 49, commi 1, 5, 6, 7 e 12, e all'art. 50 ne riferiscono entro trenta giorni al Ministero dell'economia e delle finanze per la contestazione e gli altri adempimenti previsti dall'art. 14 della l. 24 novembre 1981, n. 689, e per la immediata comunicazione della infrazione anche alla Guardia di finanza la quale, ove ravvisi l'utilizzabilità di elementi ai fini dell'attività di accertamento, ne dà tempestiva comunicazione all'Agenzia delle entrate. La medesima comunicazione è dovuta dai componenti del collegio sindacale, del consiglio di sorveglianza, del comitato per il controllo sulla gestione presso i soggetti obbligati, quando riscontrano la violazione delle suddette disposizioni nell'esercizio delle proprie funzioni di controllo e vigilanza.

2. In caso di infrazioni riguardanti assegni bancari, assegni circolari, libretti al portatore o titoli similari, la comunicazione deve essere effettuata dalla banca o da Poste Italiane S.p.A. che li accetta in versamento e dalla banca o da Poste Italiane S.p.A. che ne effettua l'estinzione, salvo che il soggetto tenuto alla comunicazione abbia certezza che la stessa è stata già effettuata dall'altro soggetto obbligato.

3. Qualora oggetto dell'infrazione sia un'operazione di trasferimento segnalata ai sensi dell'art. 35, non sussiste l'obbligo di comunicazione di cui al comma 1.

TITOLO IV (1)

Disposizioni specifiche per i prestatori di servizi di gioco

52. *Misure per la mitigazione del rischio*. — 1. I concessionari di gioco adottano procedure e sistemi di controllo adeguati a mitigare e gestire i rischi di riciclaggio e finanziamento del terrorismo, compresi quelli relativi ai clienti, ai paesi o aree geografiche e alle operazioni e tipologie di gioco, cui sono esposti i distributori ed esercenti, a qualsiasi titolo contrattualizzati, di cui i medesimi concessionari si avvalgono per l'offerta di servizi di gioco.

2. Le procedure e i sistemi di controllo, articolati in ragione della natura e del rischio propri dell'attività svolta tramite distributori ed esercenti, assicurano quanto meno:

a) l'individuazione, la verifica del possesso e il controllo sulla permanenza, nel corso del rapporto, di requisiti reputazionali, richiesti ai sensi della convenzione di concessione per i distributori e gli esercenti, idonei a garantire la legalità e correttezza dei loro comportamenti;

b) la verifica e il controllo dell'osservanza, da parte dei distributori e degli esercenti a qualsiasi titolo contrattualizzati, degli standard e dei presidi adottati dai concessionari in funzione di prevenzione del riciclaggio e del finanziamento del terrorismo;

c) l'adozione e l'osservanza, anche da parte dei distributori e degli altri esercenti, a qualsiasi titolo contrattualizzati, di procedure che consentano di monitorare:

1) la tipologia delle operazioni di gioco e le possibili anomalie, di carattere oggettivo e soggettivo, ad esse riconducibili;

2) i comportamenti che favoriscano o comunque non riducano il rischio di irregolarità o di violazione delle norme di regolamentazione del settore, ivi comprese quelle in materia di prevenzione del riciclaggio o di finanziamento del terrorismo;

3) con specifico riferimento al gioco offerto tramite VLT:

3.1. le singole operazioni riferite ad ogni sessione di gioco nel periodo temporale massimo di una settimana;

3.2. i comportamenti anomali legati all'entità insolitamente elevata degli importi erogati rispetto a quelli puntati;

4) con specifico riferimento al gioco online:

4.1. lo stato dei conti di gioco ed in particolare quelli sospesi e quelli sui quali vi siano movimentazioni rilevanti;

4.2. i conti di gioco caratterizzati da una concentrazione anomala di vincite o perdite in un arco temporale limitato, specie se verificatesi su giochi in cui c'è interazione tra giocatori;

4.3. la tipologia degli strumenti di ricarica utilizzati;

4.4. la frequenza e le fasce orarie delle transazioni di ricarica del conto di gioco;

4.5. l'individuazione di anomalie nell'utilizzo del conto di gioco per come desumibili dal rapporto tra depositi e prelievi;

d) la previsione di meccanismi di immediata estinzione del rapporto contrattuale, comunque denominato, a fronte del venir meno

(1) Titolo così sostituito dall'art. 4, d.lg. 25 maggio 2017, n. 90.

dei requisiti di cui alla lett. *a*) ovvero di gravi o ripetute infrazioni riscontrate in occasione delle verifiche e dei controlli di cui alla lett. *b*).

3. Il rilascio dell'autorizzazione da parte dell'Agenzia delle dogane e dei monopoli in favore di soggetti aventi sede legale in altro Stato comunitario, è subordinato all'adozione di procedure e sistemi equivalenti a quelli di cui al comma 2 e idonei a garantire il perseguimento delle medesime finalità di controllo e prevenzione.

4. L'Agenzia delle dogane e dei monopoli, nell'esercizio delle proprie competenze e attribuzioni istituzionali nel comparto del gioco pubblico, verifica l'osservanza degli adempimenti cui, ai sensi del presente articolo, i concessionari sono tenuti e, previa presentazione al Comitato di sicurezza finanziaria, emana linee guida, ad ausilio dei concessionari, adottando ogni iniziativa utile a sanzionarne l'inosservanza.

52-*bis*. *Registro dei distributori ed esercenti*. — 1. È istituito presso l'Agenzia delle dogane e dei monopoli un registro informatizzato, ad accesso riservato, dei distributori ed esercenti di gioco.

2. Nel registro sono annotati:

a) il nome e il cognome ovvero la denominazione sociale, completa dell'indicazione del nominativo e del codice fiscale del responsabile legale e del preposto, del distributore e dell'esercente;

b) l'indirizzo ovvero la sede legale e, ove diversa, la sede operativa del distributore e dell'esercente, con indicazione della città e del relativo codice di avviamento postale;

c) l'espressa indicazione della tipologia e delle modalità dell'attività di gioco, come definita dall'art. 1, comma 3, lett. *a*).

3. Nel registro è altresì annotata l'eventuale estinzione del rapporto contrattuale, intervenuta ai sensi dell'art. 52, comma 2, lett. *d*), e comunicata dai concessionari di gioco, secondo le modalità definite dall'Agenzia delle dogane e dei monopoli con le linee guida di cui all'art. 52, comma 4. La responsabilità solidale del concessionario prevista dall'art. 64, comma 4, è esclusa qualora il medesimo concessionario abbia comunicato l'estinzione del rapporto nelle modalità e nei termini previsti dalle linee guida di cui al precedente periodo, sempreché le violazioni gravi, ripetute o sistematiche ovvero plurime, non siano già state contestate o, comunque, i controlli di cui all'art. 64, comma 2, non abbiano avuto inizio.

4. Nel registro sono annotati anche i provvedimenti di sospensione adottati dal Ministero dell'economia e delle finanze ai sensi dell'art. 64, comma 5. A tale fine, il provvedimento che dispone la sospensione è comunicato, a cura della Guardia di finanza, all'Agenzia delle dogane e dei monopoli per l'annotazione nel registro.

5. L'accesso al registro è consentito, senza restrizioni, al Ministero dell'economia e delle finanze, alla Guardia di finanza, alla Direzione investigativa antimafia e alla UIF, per l'esercizio delle rispettive competenze in materia di vigilanza e di prevenzione del riciclaggio e del finanziamento del terrorismo e alla Direzione nazionale antimafia e antiterrorismo. L'accesso è altresì consentito alle questure per l'esercizio delle funzioni di pubblica sicurezza e ai fini del rilascio delle licenze e dei titoli autorizzatori di cui agli artt. 86 e 88 del t.u. delle leggi di pubblica sicurezza, di cui al r.d. 18 giugno 1931, n. 773, e alle relative norme esecutive, nonché ai concessionari di gioco, a salvaguardia della correttezza e della legalità dei comportamenti degli operatori del mercato.

6. Le modalità tecniche di alimentazione e di consultazione del registro sono stabilite con decreto del Ministro dell'economia e delle finanze, sentiti il direttore dell'Agenzia delle dogane e dei monopoli e il Garante per la protezione dei dati personali, in modo che siano garantiti:

a) l'accessibilità completa e tempestiva ai dati da parte delle autorità di cui al comma 5;

b) le modalità di consultazione da parte dei concessionari di gioco per le finalità di cui al comma 5;

c) la tempestiva annotazione dei dati di cui ai commi 2, 3 e 4 e dei relativi aggiornamenti;

d) l'interconnessione tra il registro ad accesso riservato di cui al comma 1 e gli altri elenchi o registri tenuti dall'Agenzia delle dogane e dei monopoli, anche al fine di rendere tempestivamente disponibile alle autorità e ai concessionari di gioco l'informazione circa la sussistenza di eventuali provvedimenti di cancellazione o sospensione dai predetti elenchi o registri, adottati, ai sensi della normativa vigente, a carico di un medesimo soggetto;

e) il rispetto delle norme dettate dal codice in materia di protezione dei dati personali, di cui al d.lg. 30 giugno 2003, n. 196 (1), nonché il trattamento dei medesimi esclusivamente per le finalità di cui al presente decreto.

(1) In *Leggi coll. II, 3.*

7. All'attuazione delle disposizioni del presente articolo le amministrazioni interessate provvedono nell'ambito delle risorse umane, finanziarie e strumentali disponibili a legislazione vigente e, comunque, senza nuovi o maggiori oneri per la finanza pubblica (1).

53. *Disposizioni integrative in materia di adeguata verifica e conservazione*. — 1. Gli operatori di gioco on line procedono all'identificazione e alla verifica dell'identità di ogni cliente in occasione degli adempimenti necessari all'apertura e alla modifica del conto di gioco previsto ai sensi dell'art. 24 della l. 7 luglio 2009, n. 88.

2. Gli operatori di gioco on line consentono operazioni di ricarica dei conti di gioco, ai soggetti titolari del conto esclusivamente attraverso mezzi di pagamento idonei a garantire la piena tracciabilità dei flussi finanziari connessi alle operazioni di gioco.

3. Gli operatori di gioco on line acquisiscono e conservano, per un periodo di dieci anni dalla relativa acquisizione, con modalità idonee a garantire il rispetto delle norme dettate dal codice in materia di protezione dei dati personali, le informazioni relative:

a) ai dati identificativi conferiti dal cliente all'atto dell'apertura dei conti di gioco;

b) alla data di ogni operazioni di apertura e ricarica dei conti di gioco e di riscossione sui medesimi conti nonché al valore delle medesime operazioni e ai mezzi di pagamento per esse impiegati;

c) all'indirizzo IP, alla data, all'ora e alla durata delle connessioni telematiche nel corso delle quali il cliente, accedendo ai sistemi dell'operatore di gioco on line, pone in essere le suddette operazioni.

4. L'Agenzia delle dogane e dei monopoli riscontra l'autenticità dei dati contenuti nei documenti presentati dai richiedenti l'apertura dei conti di gioco anche attraverso la consultazione del sistema pubblico per la prevenzione del furto di identità, di cui al Titolo V-*bis* del d.lg. 13 agosto 2010, n. 141 come integrato dal d.lg. n. 64 del 2011.

5. Ferma la responsabilità del concessionario, in ordine all'adempimento degli obblighi di adeguata verifica e conservazione di cui al Titolo II, le attività di identificazione del cliente sono effettuate dai distributori e dagli esercenti, a qualsiasi titolo contrattualizzati, per il tramite dei quali il concessionario offre servizi di gioco pubblico su rete fisica, a diretto contatto con la clientela ovvero attraverso apparecchi videoterminali. A tal fine, i predetti distributori ed esercenti acquisiscono e conservano, con modalità idonee a garantire il rispetto delle norme dettate dal codice in materia di protezione dei dati personali, le informazioni relative:

a) ai dati identificativi del cliente, all'atto della richiesta o dell'effettuazione dell'operazione di gioco;

b) alla data delle operazioni di gioco, al valore delle medesime operazioni e ai mezzi di pagamento utilizzati.

6. I distributori ed esercenti di gioco su rete fisica procedono all'identificazione e alla verifica dell'identità di ogni cliente che richiede o effettua, presso il medesimo operatore, operazioni di gioco, per un importo pari o superiore a 2.000 euro. Qualora vi sia il sospetto di riciclaggio o finanziamento del terrorismo, i medesimi operatori sono tenuti ad applicare le predette misure, quale che sia l'importo dell'operazione effettuata.

7. Con riferimento ai giochi offerti tramite apparecchi VLT, i distributori e gli esercenti, a qualsiasi titolo contrattualizzati, osservano le disposizioni di cui al presente articolo nei casi in cui il valore nominale del ticket sia di importo pari o superiore ai 500 euro. I concessionari assicurano, in ogni caso, che i distributori e gli esercenti di apparecchi VLT siano dotati di funzionalità tali da consentire la verifica di:

a) ticket, di importo nominale pari o superiore ai 500 euro;

b) ticket, di qualunque importo, che indichino assenza di vincite o una bassa percentuale delle stesse rispetto al valore del ticket stesso.

8. I distributori e gli esercenti inviano i dati acquisiti, relativi al cliente e all'operazione, al concessionario di riferimento, entro 10 giorni dall'effettuazione dell'operazione. I medesimi soggetti assicurano la conservazione dei dati di cui alla presente lettera per un periodo di due anni dalla data di relativa acquisizione, fermi, a carico del concessionario, gli obblighi di cui al Titolo II, Capo II, del presente decreto.

9. Fermo quanto stabilito dal comma 7, i gestori di case da gioco applicano le misure di identificazione e verifica dell'identità del cliente qualora il valore delle transazioni effettuate per l'acquisto o cambio di gettoni o di altri mezzi di gioco ovvero per l'incasso di vincite da parte del cliente sia di importo pari o superiore a 2.000 euro. Qualora vi sia il sospetto di riciclaggio o finanziamento del terrorismo, i

(1) Articolo inserito dall'art. 1.1060, l. 27 dicembre 2017, n. 205.

medesimi gestori sono tenuti ad applicare le predette misure, quale che sia l'importo dell'operazione effettuata.

10. I gestori di case da gioco assicurano la conservazione, per un periodo di dieci anni, dei dati e delle informazioni relativi alla data e alla tipologia delle transazioni di gioco di cui al comma 9, ai mezzi di pagamento utilizzati per l'acquisto o il cambio dei gettoni di gioco, alle transazioni di gioco effettuate dal cliente e al valore delle medesime.

11. I gestori di case da gioco soggette a controllo pubblico che, indipendentemente dall'ammontare dei gettoni o degli altri mezzi di gioco acquistati, procedono all'identificazione e alla verifica dell'identità del cliente fin dal momento del suo ingresso nei relativi locali sono tenuti ad adottare procedure idonee a ricollegare i dati identificativi del cliente alle operazioni di cui al comma 9, svolte dal cliente all'interno della casa da gioco.

54. *Autorità e cooperazione nel comparto del gioco*. — 1. Per l'attuazione delle disposizioni di cui al presente Titolo, le amministrazioni e istituzioni interessate, a supporto dei prestatori di servizi di gioco, elaborano standard tecnici di regolamentazione, anche sulla base dell'analisi nazionale del rischio di riciclaggio e di finanziamento del terrorismo elaborata dal Comitato di sicurezza finanziaria, ai sensi dell'art. 14 del presente decreto.

2. Il Nucleo speciale di polizia valutaria della Guardia di finanza e l'Agenzia delle dogane e dei monopoli, nel rispetto delle proprie attribuzioni e competenze, adottano protocolli d'intesa, volti ad assicurare lo scambio di informazioni necessario a garantire il coordinamento, l'efficacia e la tempestività delle attività di controllo e verifica dell'adeguatezza dei sistemi di prevenzione e contrasto del riciclaggio di denaro e di finanziamento del terrorismo, adottati dai prestatori di servizi di gioco.

TITOLO V

Disposizioni sanzionatorie e finali

CAPO I

Sanzioni penali (1)

55. *Fattispecie incriminatrici*. — 1. Chiunque, essendo tenuto all'osservanza degli obblighi di adeguata verifica ai sensi del presente decreto, falsifica i dati e le informazioni relative al cliente, al titolare effettivo, all'esecutore, allo scopo e alla natura del rapporto continuativo o della prestazione professionale e all'operazione è punito con la reclusione da sei mesi a tre anni e con la multa da 10.000 euro a 30.000 euro. Alla medesima pena soggiace chiunque essendo tenuto all'osservanza degli obblighi di adeguata verifica ai sensi del presente decreto, in occasione dell'adempimento dei predetti obblighi, utilizza dati e informazioni falsi relativi al cliente, al titolare effettivo, all'esecutore, allo scopo e alla natura del rapporto continuativo o della prestazione professionale e all'operazione.

2. Chiunque, essendo tenuto all'osservanza degli obblighi di conservazione ai sensi del presente decreto, acquisisce o conserva dati falsi o informazioni non veritiere sul cliente, sul titolare effettivo, sull'esecutore, sullo scopo e sulla natura del rapporto continuativo o della prestazione professionale e sull'operazione ovvero si avvale di mezzi fraudolenti al fine di pregiudicare la corretta conservazione dei predetti dati e informazioni è punito con la reclusione da sei mesi a tre anni e con la multa da 10.000 euro a 30.000 euro.

3. Salvo che il fatto costituisca più grave reato, chiunque essendo obbligato, ai sensi del presente decreto, a fornire i dati e le informazioni necessarie ai fini dell'adeguata verifica della clientela, fornisce dati falsi o informazioni non veritiere, è punito con la reclusione da sei mesi a tre anni e con la multa da 10.000 euro a 30.000 euro.

4. Salvo che il fatto costituisca più grave reato, chiunque, essendovi tenuto, viola il divieto di comunicazione di cui agli artt. 39, comma 1, e 41, comma 3, è punito con l'arresto da sei mesi a un anno e con l'ammenda da 5.000 euro a 30.000 euro.

5. .... (2).

6. Per le violazioni delle disposizioni di cui all'art. 131-*ter* del d.lg. 1° settembre 1993, n. 385, è ordinata, nei confronti degli agenti in attività finanziaria che prestano servizi di pagamento attraverso il servizio di rimessa di denaro di cui all'art. 1, comma 1, lett. *n*), del d.lg. 27 gennaio 2010, n. 11, la confisca degli strumenti che sono serviti a commettere il reato. [...] (3).

7. Gli strumenti sequestrati ai fini della con-

(1) Capo così sostituito dall'art. 5.1, d.lg. 25 maggio 2017, n. 90.
(2) Comma abrogato dall'art. 7.1, lett. s, d.lg. 1° marzo 2018, n. 21.
(3) Periodo abrogato dall'art. 7.1, lett. s, d.lg. 1° marzo 2018, n. 21.

fisca di cui al comma 6 nel corso delle operazioni di polizia giudiziaria, sono affidati dall'Autorità giudiziaria agli organi di polizia che ne facciano richiesta.

CAPO II

SANZIONI AMMINISTRATIVE (1)

56. *Inosservanza degli obblighi di adeguata verifica e dell'obbligo di astensione*. — 1. Ai soggetti obbligati che, in violazione delle disposizioni in materia di adeguata verifica della clientela del presente decreto omettono di acquisire e verificare i dati identificativi e le informazioni sul cliente, sul titolare effettivo, sull'esecutore, sullo scopo e sulla natura del rapporto continuativo o della prestazione professionale si applica la sanzione amministrativa pecuniaria pari a 2.000 euro.

2. Fuori dei casi di cui al comma 1 e salvo quanto previsto dall'art. 62, commi 1 e 5, nelle ipotesi di violazioni gravi, ripetute o sistematiche ovvero plurime, si applica la sanzione amministrativa pecuniaria da 2.500 euro a 50.000 euro. La gravità della violazione è determinata anche tenuto conto:

a) dell'intensità e del grado dell'elemento soggettivo, anche avuto riguardo all'ascrivibilità, in tutto o in parte, della violazione alla carenza, all'incompletezza o alla non adeguata diffusione di prassi operative e procedure di controllo interno;

b) del grado di collaborazione con le autorità di cui all'art. 21, comma 2, lett. *a*);

c) della rilevanza ed evidenza dei motivi del sospetto, anche avuto riguardo al valore dell'operazione e alla loro incoerenza rispetto alle caratteristiche del cliente e del relativo rapporto;

d) della reiterazione e diffusione dei comportamenti, anche in relazione alle dimensioni, alla complessità organizzativa e all'operatività del soggetto obbligato.

3. Le sanzioni di cui ai commi 1 e 2 si applicano ai soggetti obbligati che, in presenza o al verificarsi delle condizioni previste dall'art. 42, compiono le operazioni o eseguono la prestazione professionale.

57. *Inosservanza degli obblighi di conservazione*. — 1. Ai soggetti obbligati che, in violazione di quanto disposto dagli articoli 31 e 32, non effettuano, in tutto o in parte, la conservazione dei dati, dei documenti e delle informazioni ivi previsti o la effettuano tardivamente si applica la sanzione amministrativa pecuniaria pari a 2.000 euro.

2. Fuori dei casi di cui al comma 1 e salvo quanto previsto dall'art. 62, commi 1 e 5, nelle ipotesi di violazioni gravi, ripetute o sistematiche ovvero plurime, si applica la sanzione amministrativa pecuniaria da 2.500 euro a 50.000 euro. La gravità della violazione è determinata anche tenuto conto:

a) dell'intensità e del grado dell'elemento soggettivo, anche avuto riguardo all'ascrivibilità, in tutto o in parte, della violazione alla carenza, all'incompletezza o alla non adeguata diffusione di prassi operative e procedure di controllo interno;

b) del grado di collaborazione con le autorità di cui all'art. 21, comma 2, lett. *a*);

c) della rilevanza ed evidenza dei motivi del sospetto, anche avuto riguardo al valore dell'operazione e alla loro incoerenza rispetto alle caratteristiche del cliente e del relativo rapporto;

d) della reiterazione e diffusione dei comportamenti, anche in relazione alle dimensioni, alla complessità organizzativa e all'operatività del soggetto obbligato.

58. *Inosservanza delle disposizioni relative all'obbligo di segnalazione delle operazioni sospette*. — 1. Salvo che il fatto costituisca reato, ai soggetti obbligati che omettono di effettuare la segnalazione di operazioni sospette, si applica una sanzione amministrativa pecuniaria pari a 3.000 euro.

2. Salvo che il fatto costituisca reato e salvo quanto previsto dall'art. 62, commi 1 e 5, nelle ipotesi di violazioni gravi, ripetute o sistematiche ovvero plurime, si applica la sanzione amministrativa pecuniaria da 30.000 euro a 300.000 euro. La gravità della violazione è determinata anche tenuto conto:

a) dell'intensità e del grado dell'elemento soggettivo, anche avuto riguardo all'ascrivibilità, in tutto o in parte, della violazione alla carenza, all'incompletezza o alla non adeguata diffusione di prassi operative e procedure di controllo interno;

b) del grado di collaborazione con le autorità di cui all'art. 21, comma 2, lett. *a*);

c) della rilevanza ed evidenza dei motivi del sospetto, anche avuto riguardo al valore dell'operazione e al grado della sua incoerenza rispetto alle caratteristiche del cliente e del relativo rapporto;

d) della reiterazione e diffusione dei com-

(1) Capo così sostituito dall'art. 5.2, d.lg. 25 maggio 2017, n. 90.

portamenti, anche in relazione alle dimensioni, alla complessità organizzativa e all'operatività del soggetto obbligato.

3. La medesima sanzione di cui ai commi 1 e 2 si applica al personale dei soggetti obbligati di cui all'art. 3, comma 2 e all'art. 3, comma 3, lett. *a*), tenuto alla comunicazione o alla segnalazione, ai sensi dell'art. 36, commi 2 e 6 e responsabile, in via esclusiva o concorrente con l'ente presso cui operano, dell'omessa segnalazione di operazione sospetta.

4. Nel caso in cui le violazioni gravi, ripetute o sistematiche ovvero plurime producono un vantaggio economico, l'importo massimo della sanzione di cui al comma 2:

a) è elevato fino al doppio dell'ammontare del vantaggio medesimo, qualora detto vantaggio sia determinato o determinabile e, comunque, non sia inferiore a 450.000 euro;

b) è elevato fino ad un milione di euro, qualora il predetto vantaggio non sia determinato o determinabile.

5. Ai soggetti obbligati che, con una o più azioni od omissioni, commettono, anche in tempi diversi, una o più violazioni della stessa o di diverse norme previste dal presente decreto in materia di adeguata verifica della clientela e di conservazione da cui derivi, come conseguenza immediata e diretta, l'inosservanza dell'obbligo di segnalazione di operazione sospetta, si applicano unicamente le sanzioni previste dal presente articolo.

6. Ai soggetti obbligati che omettono di dare esecuzione al provvedimento di sospensione dell'operazione sospetta, disposto dalla UIF ai sensi dell'art. 6, comma 4, lett. *c*), si applica la sanzione amministrativa pecuniaria da 5.000 euro a 50.000 euro.

59. *Inosservanza degli obblighi di comunicazione da parte dei componenti degli organi di controllo dei soggetti obbligati*. — 1. Ciascun componente degli organi di controllo presso i soggetti obbligati è punito con la sanzione amministrativa pecuniaria da 5.000 euro a 30.000 euro qualora, nell'esercizio della propria funzione, ometta di effettuare le comunicazioni obbligatorie ai sensi dell'art. 46 del presente decreto.

2. Le autorità di vigilanza di settore provvedono all'irrogazione delle sanzioni di cui al presente articolo nei confronti dei componenti degli organi di controllo presso i soggetti obbligati rispettivamente vigilati.

60. *Inosservanza degli obblighi informativi nei riguardi dell'Unità di informazione finanziaria e degli ispettori del Ministero dell'economia e delle finanze*. — 1. Ai destinatari degli obblighi di trasmissione e informazione nei confronti dell'UIF, previsti dal presente decreto e dalle relative disposizioni attuative, che omettono di fornire alla medesima Unità le informazioni o i dati richiesti per lo svolgimento delle sue funzioni istituzionali, si applica la sanzione amministrativa pecuniaria da 5.000 euro a 50.000 euro.

2. La medesima sanzione di cui al comma 1 si applica a coloro che, in occasione delle ispezioni di cui all'art. 5, comma 3, si rifiutino di esibire documenti o comunque rifiutino di fornire notizie o forniscano notizie errate od incomplete.

61. *Sanzioni per inosservanza delle disposizioni specifiche in materia di soggetti convenzionati e agenti di prestatori di servizi di pagamento e istituti emittenti moneta elettronica*. — 1. Ai soggetti convenzionati e agli agenti di cui all'art. 1, comma 2, lett. *nn*), che non eseguono gli adempimenti di cui all'art. 44, si applica la sanzione amministrativa pecuniaria da 1.000 euro a 10.000 euro. Nei casi di violazioni gravi, ripetute o sistematiche ovvero plurime, tenuto conto della rilevanza della violazione, le sanzioni amministrative pecuniarie di cui al presente comma sono raddoppiate nel minimo e nel massimo edittali.

2. Ai prestatori di servizi di pagamento e agli istituti emittenti moneta elettronica, alle relative succursali e ai punti di contatto centrale che non ottemperano agli obblighi di comunicazione di cui all'art. 45, si applica la sanzione pecuniaria di 4.500 euro. In caso di violazioni gravi, ripetute o sistematiche ovvero plurime, la sanzione è triplicata. Se la comunicazione avviene nei trenta giorni successivi alla scadenza dei termini prescritti, la sanzione amministrativa pecuniaria è ridotta di un terzo. La procedura per la contestazione delle violazioni di cui al presente comma e l'irrogazione e riscossione delle relative sanzioni è attribuita alla competenza dell'OAM.

3. La Guardia di finanza, che agisce con i poteri di cui all'art. 2, comma 4, del d.lg. 19 marzo 2001, n. 68, esercita il controllo sull'osservanza delle disposizioni di cui al Titolo II, Capo V da parte dei soggetti convenzionati e degli agenti di cui all'art. 1, comma 2, lett. *nn*).

4. Il verbale, contenente l'accertamento e la contestazione delle violazioni di cui al comma 1, è notificato, a cura della Guardia di finanza, anche all'istituto per conto del quale il soggetto convenzionato o l'agente ha operato e, relativamente alle violazioni contestate ai soggetti convenzionati e agli agenti di istituti aventi sede legale e amministrazione centrale in altro Stato comunitario, al punto di contatto centrale, affinché adottino ogni iniziativa utile a prevenirne la reiterazione.

5. La Guardia di finanza qualora, nell'esercizio dei poteri di controllo conferiti ai sensi del presente decreto, accerti e contesti gravi violazioni delle disposizioni di cui all'art. 44 e riscontri la sussistenza, a carico del medesimo soggetto, di due distinte annotazioni, anche non consecutive, nell'apposita sottosezione del registro di cui all'art. 45 comma 2, avvenute nel corso dell'ultimo triennio, propone, a titolo accessorio rispetto alla sanzione amministrativa pecuniaria, la sospensione da quindici giorni a tre mesi dell'esercizio del servizio, oggetto di convenzione o mandato, rispetto al quale la violazione è stata riscontrata.

6. Nell'ipotesi di cui al comma 5, l'istituto per conto del quale opera il soggetto convenzionato o l'agente ovvero, limitatamente alle violazioni contestate a soggetti convenzionati e agenti di istituti aventi sede legale e amministrazione centrale in altro Stato comunitario, il punto di contatto centrale, è tenuto, in solido con il soggetto convenzionato o l'agente, al pagamento della sanzione amministrativa pecuniaria.

7. Il provvedimento di sospensione di cui al comma 5 è adottato dagli uffici centrali del Ministero dell'economia e delle finanze e notificato all'interessato, all'istituto per conto del quale opera il soggetto convenzionato o l'agente ovvero, limitatamente alle violazioni contestate ai soggetti convenzionati di istituti aventi sede legale e amministrazione centrale in altro Stato comunitario, al punto di contatto centrale. Il provvedimento di sospensione è, altresì, comunicato all'OAM, per l'annotazione nella sottosezione del registro di cui all'arti. 45 comma 2.

8. L'esecuzione del provvedimento di sospensione, attraverso l'apposizione del sigillo dell'autorità procedente e delle sottoscrizioni del personale incaricato nonché il controllo sulla sua osservanza da parte degli interessati sono espletati dalla Guardia di finanza. L'inosservanza del provvedimento di sospensione è punita con la sanzione amministrativa pecuniaria da 10.000 euro a 30.000 euro.

9. Salvo quanto previsto dal comma 2, all'irrogazione delle sanzioni amministrative pecuniarie di cui al presente articolo provvede il Ministero dell'economia e delle finanze, con proprio decreto, ai sensi dell'art. 65. Il decreto che irroga la sanzione, notificato ai sensi di legge, è contestualmente comunicato, a cura del Ministero dell'economia e delle finanze all'OAM, per l'annotazione nella sottosezione del registro di cui all'art. 45 comma 2.

62. *Disposizioni sanzionatorie specifiche per soggetti obbligati vigilati*. — 1. Nei confronti degli intermediari bancari e finanziari responsabili, in via esclusiva o concorrente, di violazioni gravi, ripetute o sistematiche ovvero plurime delle disposizioni di cui al Titolo II, Capi I, II e III, di quelle in materia di procedure e controlli interni di cui agli artt. 15 e 16 del presente decreto, delle relative disposizioni attuative adottate dalle autorità di vigilanza di settore nonché dell'inosservanza dell'ordine di cui al comma 4, lett. *a*), si applica la sanzione amministrativa pecuniaria da 30.000 euro a 5.000.000 ovvero pari al dieci per cento del fatturato complessivo annuo, quando tale importo percentuale è superiore a 5.000.000 di euro e il fatturato è disponibile e determinabile. La medesima sanzione si applica nel caso di mancata istituzione del punto di contatto centrale di cui all'art. 43, comma 3.

2. Fermo quanto disposto dal comma 1, si applica la sanzione amministrativa pecuniaria da 10.000 euro a 5.000.000 di euro ai soggetti titolari di funzioni di amministrazione, direzione e controllo dell'intermediario che, non assolvendo in tutto o in parte ai compiti direttamente o indirettamente correlati alla funzione o all'incarico, hanno agevolato, facilitato o comunque reso possibili le violazioni di cui al comma 1 o l'inosservanza dell'ordine di cui al comma 4, lett. *a*), ovvero hanno inciso in modo rilevante sull'esposizione dell'intermediario al rischio di riciclaggio o di finanziamento del terrorismo. Qualora il vantaggio ottenuto dall'autore della violazione sia superiore a 5.000.000 di euro, la sanzione amministrativa pecuniaria è elevata fino al doppio dell'ammontare del vantaggio ottenuto, purché tale ammontare sia determinato o determinabile.

3. Nelle ipotesi di cui al comma 2, tenuto conto della gravità della violazione accertata e nel rispetto dei criteri di cui all'art. 67, le autorità di vigilanza di settore, secondo le rispettive competenze, hanno il potere di applicare la sanzione amministrativa accessoria dell'interdizione dallo svolgimento della funzione o dell'incarico di amministrazione, direzione o controllo dell'ente, per un periodo non inferiore a sei mesi e non superiore a tre anni.

4. Per le violazioni delle disposizioni di cui al Titolo II, Capi I, II e di quelle in materia di procedure e controlli interni di cui agli artt. 15 e 16 del presente decreto e delle relative disposizioni attuative, caratterizzate da scarsa offensività o pericolosità alla stregua dei criteri di cui all'art. 67, le autorità di vigilanza di settore, in alternativa alla sanzione amministrativa pecuniaria, hanno il potere di:

a) applicare all'ente responsabile la sanzione consistente nell'ordine di eliminare le infrazioni e di astenersi dal ripeterle, anche indicando le misure da adottare e il termine per attuarle;

b) qualora l'infrazione contestata sia cessata, applicare all'ente responsabile la sanzione consistente in una dichiarazione pubblica avente ad oggetto la violazione commessa e il soggetto responsabile.

5. Nei confronti dei revisori legali e delle società di revisione legale con incarichi di revisione su enti di interesse pubblico o su enti sottoposti a regime intermedio responsabili di violazioni gravi, ripetute o sistematiche ovvero plurime delle disposizioni di cui al Titolo II, Capi I, II e III, di quelle in materia di procedure e controlli interni di cui agli artt. 15 e 16 del presente decreto, delle relative disposizioni attuative adottate dalla Consob si applica la sanzione amministrativa pecuniaria da euro 3.000 a 1.000.000 di euro. La medesima sanzione si applica ai soggetti titolari di funzioni di amministrazione, direzione e controllo dell'ente che, non assolvendo in tutto o in parte ai compiti direttamente o indirettamente correlati alla funzione o all'incarico, hanno agevolato, facilitato o comunque reso possibili le violazioni. Nei confronti dei medesimi soggetti, tenuto conto della gravità della violazione accertata, la Consob ha il potere di applicare la sanzione amministrativa accessoria dell'interdizione dallo svolgimento della funzione o dell'incarico di amministrazione, direzione o controllo dell'ente, per un periodo non inferiore a sei mesi e non superiore a tre anni.

6. La violazione della prescrizione di cui all'art. 25, comma 3, è punita con la sanzione amministrativa pecuniaria da 10.000 euro a 200.000 euro.

7. Fermo quanto previsto dal comma 9, all'irrogazione delle sanzioni comminate dal presente articolo, nei confronti degli intermediari bancari e finanziari provvedono la Banca d'Italia e l'IVASS, in ragione delle rispettive attribuzioni. La Banca d'Italia provvede, altresì, all'irrogazione delle sanzioni di cui al presente articolo in caso di inosservanza del reg. (UE) n. 2015/847 e delle norme tecniche di regolamentazione emanate dalla Commissione europea ai sensi dell'art. 10 dei reg. (CE) n. 1093/2010, n. 1094/2010 e n. 1095/2010, nell'esercizio dei poteri di cui all'art. 45, parr. 7 e 11, della direttiva.

8. Fermo quanto previsto dal comma 9, all'irrogazione delle sanzioni di cui al presente articolo nei confronti dei revisori legali e delle società di revisione legale con incarichi di revisione su enti di interesse pubblico o su enti sottoposti a regime intermedio provvede la Consob che comunica, altresì, al Ministero dell'economia e delle finanze i provvedimenti adottati ai sensi del comma 3 ai fini della cancellazione o sospensione dal Registro di cui all'art. 2, comma 1, del d.lg. 27 gennaio 2010, n. 39.

9. È fatta salva la competenza del Ministero dell'economia e delle finanze all'irrogazione delle sanzioni amministrative pecuniarie nei confronti dei titolari di funzioni di amministrazione, direzione e controllo dei soggetti obbligati vigilati che, non assolvendo in tutto o in parte ai compiti direttamente o indirettamente correlati alla funzione o all'incarico, hanno agevolato, facilitato o comunque reso possibile la violazione dell'obbligo di segnalazione di operazione sospetta.

63. *Inosservanza delle disposizioni di cui al Titolo III*. — 1. Fatta salva l'efficacia degli atti, alle violazioni delle disposizioni di cui all'art. 49, commi 1, 2, 3, 5, 6 e 7, si applica la sanzione amministrativa pecuniaria da 3.000 euro a 50.000 euro.

1-*bis*. Fermo quanto previsto dal comma 1, per le violazioni di cui all'art. 49, comma 5, relative a importi inferiori a 30.000 euro, l'entità della sanzione minima è pari al 10 per cento dell'importo trasferito in violazione della predetta disposizione. La disposizione di cui al presente comma si applica qualora ricorrano le circostanze di minore gravità della violazione, accertate ai sensi dell'art. 67 (1).

2. La violazione della prescrizione di cui all'art. 49, comma 12, è punita con la sanzione amministrativa pecuniaria da 250 euro a 500 euro.

3. La violazione del divieto di cui all'art. 50, comma 1, è punita con una sanzione amministrativa pecuniaria dal 20 per cento al 40 per cento del saldo.

4. La violazione del divieto di cui all'art. 50, comma 2, è punita con una sanzione amministrativa pecuniaria dal 10 per cento al 40 per cento del saldo.

5. La violazione dell'obbligo di cui all'art. 51, comma 1, del presente decreto è punita con una sanzione amministrativa pecuniaria da 3.000 euro a 15.000 euro.

(1) Comma inserito dall'art. 9-*bis*, comma 1, d.l. 23 ottobre 2018, n. 119, conv. in l. 17 dicembre 2018, n. 136. In base all'art. 9-*bis*, comma 2, d.l. cit., tali disposizioni «si applicano anche ai procedimenti amministrativi in corso alla data di entrata in vigore del presente decreto».

6. Per le violazioni di cui al comma 1 del presente articolo, che riguardano importi superiori a 250.000 euro, la sanzione è quintuplicata nel minimo e nel massimo edittali.

7. Per le violazioni di cui ai commi 3 e 4 del presente articolo, che riguardino importi superiori a 50.000 euro, la sanzione minima e massima è aumentata del 50 per cento.

64. *Inosservanza delle disposizioni di cui al Titolo IV commesse da distributori ed esercenti nel comparto del gioco.* — 1. Ai distributori e agli esercenti, a qualsiasi titolo contrattualizzati, dei quali i concessionari si avvalgono per l'offerta di servizi di gioco, ivi compresi quelli operanti sul territorio nazionale per conto di soggetti aventi sede legale in altro Stato comunitario, che non eseguono gli adempimenti cui sono tenuti ai sensi delle disposizioni di cui al Titolo IV del presente decreto, si applica la sanzione amministrativa pecuniaria da mille euro a 10.000 euro.

2. La Guardia di finanza, che agisce con i poteri di cui all'art. 2, comma 4, del d.lg. 19 marzo 2001, n. 68, esercita il controllo sull'osservanza delle disposizioni di cui al presente decreto, da parte dei distributori e degli esercenti, a qualsiasi titolo contrattualizzati, dei quali i concessionari si avvalgono per l'offerta di servizi di gioco e ne accerta e contesta le relative violazioni.

3. Il verbale contenente l'accertamento e la contestazione delle violazioni di cui al comma 1 è notificato, a cura della Guardia di finanza, anche al concessionario, per conto del quale il distributore o l'esercente opera, affinché adotti ogni iniziativa utile a prevenirne la reiterazione.

4. Nei casi di violazioni gravi, ripetute o sistematiche ovvero plurime, tenuto conto della rilevanza della violazione, le sanzioni amministrative pecuniarie di cui ai commi 1, 2 e 3 sono raddoppiate nel minimo e nel massimo edittali. In tali ipotesi, il concessionario è tenuto, in solido con il distributore o esercente contrattualizzato, al pagamento della sanzione amministrativa pecuniaria irrogata.

5. La Guardia di finanza, qualora, nell'esercizio dei poteri di controllo conferiti ai sensi del presente decreto, accerti e contesti una grave violazione delle disposizioni di cui al presente decreto a carico dei distributori e degli esercenti, a qualsiasi titolo contrattualizzati, dei quali il concessionario si avvale per l'offerta di servizi di gioco, e riscontri la sussistenza, a carico dei medesimi soggetti, di due provvedimenti sanzionatori adottati nel corso dell'ultimo triennio, propone, a titolo accessorio rispetto alla sanzione amministrativa pecuniaria, la sospensione da quindici giorni a tre mesi dell'esercizio dell'attività medesima. Il provvedimento di sospensione è adottato dagli uffici centrali del Ministero dell'economia e delle finanze e notificato all'interessato. Il provvedimento di sospensione è notificato, negli stessi termini, oltre che all'interessato, anche al concessionario per conto del quale opera il distributore o esercente contrattualizzato, ai fini dell'adozione di ogni iniziativa utile ad attivare i meccanismi di estinzione del rapporto contrattuale, ai sensi dell'art. 52, comma 2, lett. *d*). Il provvedimento di sospensione è altresì comunicato dalla Guardia di finanza all'Agenzia delle dogane e dei monopoli, per l'adozione dei provvedimenti di competenza.

6. L'esecuzione del provvedimento di sospensione, attraverso l'apposizione del sigillo dell'autorità procedente e delle sottoscrizioni del personale incaricato nonché il controllo sulla sua osservanza da parte degli interessati sono espletati dalla Guardia di finanza. L'inosservanza del provvedimento di sospensione è punita con la sanzione amministrativa pecuniaria da 10.000 euro a 30.000 euro.

7. All'irrogazione delle sanzioni amministrative pecuniarie di cui al presente articolo provvede il Ministero dell'economia e delle finanze, con proprio decreto, ai sensi dell'art. 65, comma 4.

65. *Procedimento sanzionatorio.* — 1. Salvo quanto previsto dall'art. 61, comma 2, e dall'art. 62, il Ministero dell'economia e delle finanze provvede all'irrogazione delle sanzioni per violazione degli obblighi di cui al presente decreto nei confronti dei soggetti obbligati non sottoposti alla vigilanza delle autorità di vigilanza di settore. Il Ministero dell'economia e delle finanze provvede altresì:

a) all'irrogazione delle sanzioni amministrative pecuniarie per l'inosservanza dell'obbligo di segnalazione di operazione sospetta, imputabile al personale e ai titolari di funzioni di amministrazione, direzione e controllo di intermediari bancari e finanziari, salva la competenza della Banca d'Italia e dell'IVASS, in ragione delle rispettive attribuzioni, all'irrogazione delle sanzioni per violazioni gravi, ripetute o sistematiche ovvero plurime imputabili all'ente;

b) all'irrogazione delle sanzioni amministrative pecuniarie per l'inosservanza dell'obbligo di segnalazione di operazione sospetta, imputabile ai revisori legali e alle (1) società

(1) Così corretto con *Comunicato*, in G.U., 28 giugno 2017, n. 149.

di revisione legale con incarichi di revisione su enti di interesse pubblico o su enti sottoposti a regime intermedio, ai titolari di funzioni di amministrazione, direzione e controllo dell'ente, salva la competenza della Consob all'irrogazione delle sanzioni per violazioni gravi, ripetute o sistematiche ovvero plurime imputabili all'ente;

c) all'irrogazione delle sanzioni amministrative pecuniarie per inosservanza delle disposizioni di cui al Titolo III del presente decreto.

2. Il Ministero dell'economia e delle finanze adotta i propri decreti sanzionatori, udito il parere della Commissione prevista dall'art. 1 del d.p.r. 14 maggio 2007, n. 114. Nel caso di concessione di nulla osta da parte dell'autorità giudiziaria per l'utilizzo, in sede amministrativa, delle informazioni o degli atti relativi ad un procedimento penale, il termine di cui all'art. 14, comma 3, della l. 24 novembre 1981, n. 689, decorre dalla data di ricezione del nulla osta medesimo.

3. Il Ministero dell'economia e delle finanze, quando provvede all'irrogazione delle sanzioni di cui al comma 1, lett. *a*) e *b*), trasmette gli atti alle autorità di vigilanza di settore per le valutazioni relative all'applicabilità delle sanzioni di rispettiva competenza. Parimenti, le autorità di vigilanza di settore trasmettono al Ministero dell'economia e delle finanze gli atti, qualora nell'esercizio della propria potestà sanzionatoria, ravvisino la sussistenza di elementi suscettibili di valutazione da parte del Ministero, ai fini dell'applicazione delle sanzioni amministrative pecuniarie, rientranti nella sua competenza, ai sensi del presente decreto.

4. Il procedimento sanzionatorio per le violazioni di cui agli artt. 44, 49, commi 1, 2, 3, 5, 6, 7 e 12, 50, 51, comma 1, e 64 del presente decreto è svolto dagli uffici delle Ragionerie territoriali dello Stato, già individuati con decreto del Ministro dell'economia e delle finanze del 17 novembre 2011. La Commissione di cui all'art. 1 del d.p.r. 14 maggio 2007, n. 114, formula pareri di massima, per categorie di violazioni, utilizzate dalle Ragionerie territoriali dello Stato come riferimenti per la decretazione. Si applicano, in quanto compatibili, le disposizioni della l. 24 novembre 1981, n. 689.

5. I decreti sanzionatori, adottati ai sensi del presente articolo, sono assoggettati alla giurisdizione del giudice ordinario e, salvi i decreti sanzionatori di cui al comma 4, per i quali permane la competenza del tribunale del luogo in cui è stata commessa la violazione, è competente, in via esclusiva, il Tribunale di Roma. Si applicano, in quanto compatibili, le disposizioni di cui all'art. 152-*bis* delle disposizioni per l'attuazione del codice di procedura civile e le spese liquidate, in favore dell'amministrazione, affluiscono ai fondi destinati all'incentivazione del personale dipendente.

6. Le somme riscosse dal Ministero dell'economia e delle finanze, a titolo di sanzioni amministrative, sono ripartite ai sensi della l. 7 febbraio 1951, n. 168. I crediti vantati dal Ministero dell'economia e delle finanze rispetto alle sanzioni amministrative pecuniarie irrogate ai sensi del presente decreto sono assistiti da privilegio generale sui beni mobili del debitore.

7. Le autorità di vigilanza di settore, con proprio regolamento, da emanarsi entro sei mesi dall'entrata in vigore delle disposizioni contenute nel presente articolo, adottano ovvero integrano proprie disposizioni atte a garantire agli interessati la piena conoscenza degli atti istruttori e il contraddittorio, in forma scritta e orale, con l'autorità procedente nonché, relativamente alle sanzioni da esse comminate, disposizioni attuative aventi ad oggetto, tra l'altro, la determinazione della definizione di fatturato utile per la quantificazione della sanzione, la procedura sanzionatoria e le modalità di pubblicazione delle sanzioni.

8. In caso di gravi violazioni degli obblighi di cui al presente decreto, sanzionate dalle autorità procedenti, in ragione delle rispettive attribuzioni di vigilanza e controllo, gli organismi di cui agli artt. 112-*bis* e 128-*undecies* TUB (1) attivano, su richiesta delle medesime autorità, i procedimenti di cancellazione dai relativi elenchi. Il procedimento di cancellazione è altresì attivato, alle medesime condizioni, dall'organismo di cui all'art. 113, comma 4, TUB (1) e dall'organismo di cui all'art. 13, comma 38, del d.l. 6 luglio 2012, n. 95, convertito, con modificazioni, dalla l. 7 agosto 2012, n. 135, ovvero dalla Banca d'Italia e dall'IVASS, fino all'istituzione dei medesimi organismi.

9. Al procedimento sanzionatorio di competenza del Ministero dell'economia e delle finanze si applicano, in quanto compatibili, le disposizioni della l. 24 novembre 1981, n. 689. L'art. 16 della l. 24 novembre 1981, n. 689, si applica solo per le violazioni dell'art. 49, commi 1, 2, 5, 6 e 7 e dell'art. 51 il cui importo non sia superiore a 250.000 euro. Il pagamento in misura ridotta non è esercitabile da chi si è già avvalso della medesima facoltà per altra viola-

(1) In *Leggi coll. XVII, 1.*

zione dell'art. 49, commi 1, 2, 5, 6 e 7, e dell'art. 51, il cui atto di contestazione sia stato ricevuto dall'interessato nei 365 giorni precedenti la ricezione dell'atto di contestazione concernente l'illecito per cui si procede.

10. n relazione alle sanzioni amministrative pecuniarie di cui agli artt. 58 e 63 del presente decreto, la responsabilità solidale di cui all'art. 6 della l. 24 novembre 1981, n. 689, sussiste anche quando l'autore della violazione non è univocamente identificabile, ovvero quando lo stesso non è più perseguibile ai sensi della legge medesima.

11. Ai procedimenti sanzionatori rientranti nelle attribuzioni delle autorità di vigilanza di settore, si applicano, in quanto compatibili, le previsioni di cui all'art. 145 TUB (1), all'art. 195 TUF (2), al Titolo XVIII, Capo VII, CAP (3) e alle relative disposizioni attuative. Le previsioni di cui all'art. 145 TUB (1) e le relative disposizioni attuative si applicano altresì al procedimento con cui la Banca d'Italia provvede all'irrogazione delle sanzioni di cui agli artt. 56 e 57, nei confronti dei soggetti obbligati di cui all'art. 3, comma 5, lett. *f*). Alle sanzioni amministrative pecuniarie irrogate dalle autorità di vigilanza di settore ai sensi dell'art. 62, commi 2 e 5, non si applicano gli artt. 6 e 16 della l. 24 novembre 1981, n. 689.

66. *Misure ulteriori*. — 1. Fermo quanto previsto dall'art. 62, in caso di violazioni gravi, ripetute o sistematiche ovvero plurime delle disposizioni di cui al presente decreto, il Ministero dell'economia e delle finanze informa le competenti amministrazioni interessate e gli organismi di autoregolamentazione, ai fini dell'adozione, ai sensi degli artt. 9 e 11, di ogni atto idoneo ad intimare ai responsabili di porre termine alle violazioni e di astenersi dal ripeterle. Le medesime violazioni costituiscono presupposto per l'applicazione delle sanzioni disciplinari, ai sensi e per gli effetti dei rispettivi ordinamenti di settore. In tali ipotesi l'interdizione dallo svolgimento della funzione, dell'attività o dell'incarico non può essere inferiore a due mesi e superiore a cinque anni.

2. Nei casi di violazioni gravi, ripetute o sistematiche ovvero plurime delle disposizioni in materia di adeguata verifica della clientela, di conservazione, di segnalazione di operazione sospetta e di controlli interni, il decreto che irroga le sanzioni è pubblicato senza ritardo e per estratto, su apposita sezione del sito web del Ministero dell'economia e delle finanze ovvero delle autorità di vigilanza di settore, in ragione delle attribuzioni e delle modalità attuative di rispettiva pertinenza. La pubblicazione per estratto reca indicazione delle violazioni accertate, delle disposizioni violate, dei soggetti sanzionati, delle sanzioni rispettivamente applicate nonché, nel caso in cui sia adita l'autorità giudiziaria, dell'avvio dell'azione giudiziaria e dell'esito della stessa. Le informazioni pubblicate restano sul sito web per un periodo di cinque anni.

3. Ferma la discrezionalità dell'autorità procedente in ordine alla valutazione della proporzionalità della misura rispetto alla violazione sanzionata, non si dà luogo alla pubblicazione nel caso in cui essa possa comportare rischi per la stabilità dei mercati finanziari o pregiudicare lo svolgimento di un'indagine in corso. Qualora detti impedimenti abbiano carattere temporaneo, la pubblicazione può essere differita al momento in cui essi siano venuti meno.

4. Le sanzioni amministrative applicate dalle autorità di vigilanza di settore ai sensi dell'art. 62, ivi comprese quelle pubblicate in forma anonima, nonché le informazioni ricevute dai soggetti interessati sulle azioni da essi avviate avverso i provvedimenti sanzionatori e sull'esito delle stesse sono comunicate all'ABE, all'AEAP e all'AESFEM dall'autorità di vigilanza di settore che ne è membro.

67. *Criteri per l'applicazione delle sanzioni*. — 1. Nell'applicazione delle sanzioni amministrative pecuniarie e delle sanzioni accessorie, previste nel presente Titolo, il Ministero dell'economia e delle finanze e le autorità di vigilanza di settore, per i profili di rispettiva competenza, considerano ogni circostanza rilevante e, in particolare, tenuto conto del fatto che il destinatario della sanzione sia una persona fisica o giuridica:

a) la gravità e durata della violazione;

b) il grado di responsabilità della persona fisica o giuridica;

c) la capacità finanziaria della persona fisica o giuridica responsabile;

d) l'entità del vantaggio ottenuto o delle perdite evitate per effetto della violazione, nella misura in cui siano determinabili;

e) l'entità del pregiudizio cagionato a terzi per effetto della violazione, nella misura in cui sia determinabile;

f) il livello di cooperazione con le autorità

(1) In *Leggi coll. XVII, 1.*
(2) In *Leggi coll. XVIII, 1.*
(3) In *Leggi coll. VIII, 3.*

di cui all'art. 21, comma 2, lett. *a*) prestato della persona fisica o giuridica responsabile;

g) l'adozione di adeguate procedure di valutazione e mitigazione del rischio di riciclaggio e di finanziamento del terrorismo, commisurate alla natura dell'attività svolta e alle dimensioni dei soggetti obbligati;

h) le precedenti violazioni delle disposizioni di cui al presente decreto.

2. A fronte di violazioni ritenute di minore gravità, in applicazione dei criteri di cui al comma 1, la sanzione amministrativa pecuniaria prevista dagli artt. 56, comma 1 e 57, comma 1 può essere ridotta da un terzo a due terzi.

3. Si applicano le disposizioni di cui agli artt. 8 e 8-*bis* della l. 21 novembre 1981, n. 689, in materia di concorso formale, di continuazione e di reiterazione delle violazioni.

68. *Applicazione della sanzione in misura ridotta*. — 1. Prima della scadenza del termine previsto per l'impugnazione del decreto che irroga la sanzione, il destinatario del decreto sanzionatorio può chiedere al Ministero dell'economia e delle finanze procedente il pagamento della sanzione in misura ridotta.

2. La riduzione ammessa è pari a un terzo dell'entità della sanzione irrogata. L'applicazione della sanzione in misura ridotta non è ammessa qualora il destinatario del decreto sanzionatorio si sia già avvalso, nei cinque anni precedenti, della stessa facoltà.

3. Il Ministero dell'economia e delle finanze, nei trenta giorni successivi al ricevimento dell'istanza da parte dell'interessato, notifica al richiedente il provvedimento di accoglimento o rigetto dell'istanza, indicando l'entità dell'importo dovuto e le modalità attraverso cui effettuare il pagamento.

4. Il pagamento in misura ridotta è effettuato entro novanta giorni dalla notifica del provvedimento di cui al comma 3. Fino a tale data, restano sospesi i termini per l'impugnazione del decreto sanzionatorio innanzi all'autorità giudiziaria. Il mancato rispetto del termine e delle modalità di pagamento indicati obbliga il destinatario del decreto sanzionatorio al pagamento per intero della sanzione originariamente irrogata dall'amministrazione.

5. Le disposizioni previste dal presente articolo si applicano a tutti i decreti sanzionatori, già notificati agli interessati, non ancora divenuti definitivi alla data di entrata in vigore della presente disposizione.

69. *Successione di leggi nel tempo*. — 1. Nessuno può essere sanzionato per un fatto che alla data di entrata in vigore delle disposizioni di cui al presente Titolo non costituisce più illecito. Per le violazioni commesse anteriormente all'entrata in vigore del presente decreto, sanzionate in via amministrativa, si applica la legge vigente all'epoca della commessa violazione, se più favorevole, ivi compresa l'applicabilità dell'istituto del pagamento in misura ridotta.

2. Dalla data di entrata in vigore del presente articolo, il termine per la conclusione del procedimento sanzionatorio è di due anni, decorrenti dalla ricezione della contestazione notificata all'amministrazione procedente. Dalla medesima data le predette notifiche all'amministrazione sono effettuate esclusivamente tramite posta elettronica certificata. Il predetto termine è prorogato di ulteriori sei mesi nel caso di formale richiesta da parte dell'interessato di essere audito nel corso del procedimento. In ogni caso, il procedimento si considera concluso con l'adozione del decreto che dispone in ordine alla sanzione.

3. Per i procedimenti di cui al comma 2, pendenti alla data di entrata in vigore del presente articolo, il termine ivi previsto, ove non ancora maturato, è prorogato di ulteriori dodici mesi.

CAPO III

DISPOSIZIONI FINALI (1)

70. *Disposizioni concernenti l'applicazione del reg. (UE) del Parlamento europeo e del Consiglio del 20 maggio 2015, n. 847*. — 1. Il reg. (UE) del Parlamento europeo e del Consiglio 20 maggio 2015, n. 847, non trova applicazione nel caso di trasferimenti di fondi effettuati in ambito nazionale sul conto di pagamento di un beneficiario che permette esclusivamente il pagamento della fornitura di beni o servizi qualora ricorrano congiuntamente le seguenti condizioni:

a) il prestatore di servizi di pagamento del beneficiario sia soggetto agli obblighi del presente decreto;

b) il prestatore di servizi di pagamento del beneficiario sia in grado di risalire, attraverso il beneficiario medesimo e mediante il codice unico di identificazione dell'operazione, al trasferimento di fondi effettuato dal soggetto che ha concluso un accordo con il beneficiario per la fornitura di beni o servizi;

c) l'importo del trasferimento di fondi

(1) Capo così sostituito dall'art. 5.3, d.lg. 25 maggio 2017, n. 90.

non superi i 1.000 euro.

2. I prestatori di servizi di pagamento di cui all'art. 3, n. 5), del reg. (UE) n. 2015/847 del Parlamento europeo e del Consiglio del 20 maggio 2015, fatta eccezione per le situazioni da essi valutate ad alto rischio di riciclaggio o finanziamento al terrorismo, possono non adottare i provvedimenti di cui all'art. 8, par. 2, del medesimo regolamento nei confronti dei prestatori di servizi di pagamento aventi sede in Paesi che hanno previsto una soglia di esenzione per gli obblighi di invio dei dati informativi. Il presente comma non si applica nel caso di trasferimento di fondi superiore a 1.000 euro o 1.000 USD.

3. La Banca d'Italia può emanare istruzioni per l'applicazione del reg. (UE) n. 2015/847 del Parlamento europeo e del Consiglio del 20 maggio 2015 nei confronti dei prestatori di servizi di pagamento; mediante tali istruzioni possono essere indicate fattispecie di trasferimento di fondi rientranti nella deroga di cui al comma 1.

71. *Disposizioni sull'Ufficio italiano dei cambi.* — 1. Alla Banca d'Italia sono trasferiti le competenze e i poteri, con le relative risorse strumentali, umane e finanziarie, attribuiti all'Ufficio italiano dei cambi (UIC) dal d.lg. 26 agosto 1998, n. 319, dal t.u. di cui al d.lg. n. 385 del 1993 (1), dal d.l. 3 maggio 1991, n. 143, convertito, con modificazioni, dalla l. 5 luglio 1991, n. 197, e dai successivi provvedimenti in tema di controlli finanziari, prevenzione del riciclaggio e del finanziamento del terrorismo internazionale.

2. Ogni riferimento all'Ufficio italiano dei cambi contenuto nelle leggi o in atti normativi si intende effettuato alla Banca d'Italia.

3. L'Ufficio italiano dei cambi è soppresso. Ai sensi e per gli effetti dell'art. 5, comma 3, del d.lg. 26 agosto 1998, n. 319, la Banca d'Italia succede nei diritti e nei rapporti giuridici di cui l'Ufficio italiano cambi è titolare. Ai fini delle imposte sui redditi si applica, in quanto compatibile, l'art. 172 del t.u. delle imposte sui redditi, di cui al d.p.r. 22 dicembre 1986, n. 917, ad eccezione del comma 7. La successione avviene applicando ai dipendenti dell'Ufficio italiano dei cambi la medesima disciplina del rapporto di impiego prevista per il personale della Banca d'Italia, con mantenimento delle anzianità di grado e di servizio maturate e senza pregiudizio del trattamento economico e previdenziale già riconosciuto ai dipendenti medesimi dall'Ufficio.

72. *Modifiche a disposizioni normative vigenti.* — 1. . . . . (*omissis*) (2).

2. . . . . (*omissis*) (3).

3. . . . . (*omissis*) (4).

4. . . . . (*omissis*) (5).

5. . . . . (*omissis*) (6).

6. . . . . (*omissis*) (7).

73. *Norme abrogate.* — 1. Restano abrogati:

a) il Capo I del d.l. 3 maggio 1991, n. 143, convertito, con modificazioni, dalla l. 5 luglio 1991, n. 197, ad eccezione dell'art. 5, commi 14 e 15, nonché gli artt. 10, 12, 13 e 14 e i relativi provvedimenti di attuazione;

b) gli artt. 1, 4, 5, 6 e 7 del d.lg. 25 settembre 1999, n. 374 (8);

c) gli artt. 150 e 151 della l. 23 dicembre 2000, n. 388;

d) il d.lg. 20 febbraio 2004, n. 56, e i relativi regolamenti di attuazione;

e) l'art. 5-*sexies* del d.l. 31 gennaio 2005, n. 7, convertito, con modificazioni, dalla l. 31 marzo 2005, n. 43;

f) i commi 5 e 6 dell'art. 10 della l. 16 marzo 2006, n. 146, recante ratifica ed esecuzione della Convenzione e dei Protocolli delle Nazioni Unite contro il crimine organizzato transnazionale, adottati dall'Assemblea generale il 15 novembre 2000 e il 31 maggio 2001;

g) il secondo periodo dell'art. 1, comma 882, della l. 27 dicembre 2006, n. 296;

h) gli artt. 8 e 9 del d.lg. 22 giugno 2007, n. 109.

74. *Clausola di invarianza.* — 1. Dall'attuazione del presente decreto non derivano nuovi o maggiori oneri a carico della finanza pubblica.

2. Le amministrazioni e le istituzioni pubbliche provvedono all'attuazione delle disposizioni di cui al presente decreto con le risorse umane, strumentali e finanziarie previste a legislazione vigente.

(1) In *Leggi coll. XVII, 1.*
(2) Modifica l'art. 7.6, d.p.r. 29 settembre 1973, n. 605.
(3) Modifica l'art. 7.11, d.p.r. 29 settembre 1973, n. 605.
(4) Inserisce l'art. 25-*octies* nel d.lg. 8 giugno 2001, n. 231, in *Leggi coll. XIV, 9.*
(5) Inserisce l'art. 648-*quater* p.
(6) Modifica l'art. 37.5, d.l. 4 luglio 2006, n. 223, conv. in l. 4 agosto 2006, n. 248.
(7) Modifica l'art. 22-*bis*.2, l. 24 novembre 1981, n. 689.
(8) In *Leggi coll. XVII, 13.*

ALLEGATO TECNICO (1)

[**1.** *Art. 1, comma 2, lett. o*). Persone politicamente esposte. — 1. Per persone fisiche che occupano o hanno occupato importanti cariche pubbliche s'intendono:

a) i capi di Stato, i capi di Governo, i Ministri e i Vice Ministri o Sottosegretari;

b) i parlamentari;

c) i membri delle corti supreme, delle corti costituzionali e di altri organi giudiziari di alto livello le cui decisioni non sono generalmente soggette a ulteriore appello, salvo in circostanze eccezionali;

d) i membri delle Corti dei conti e dei consigli di amministrazione delle banche centrali;

e) gli ambasciatori, gli incaricati d'affari e gli ufficiali di alto livello delle forze armate;

f) i membri degli organi di amministrazione, direzione o vigilanza delle imprese possedute dallo Stato.

In nessuna delle categorie sopra specificate rientrano i funzionari di livello medio o inferiore. Le categorie di cui alle lettere da *a*) a *e*) comprendono, laddove applicabili, le posizioni a livello europeo e internazionale.

2. Per familiari diretti s'intendono:

a) il coniuge;

b) i figli e i loro coniugi;

c) coloro che nell'ultimo quinquennio hanno convissuto con i soggetti di cui alle precedenti lettere;

d) i genitori.

3. Ai fini dell'individuazione dei soggetti con i quali le persone di cui al n. 1) intrattengono notoriamente stretti legami si fa riferimento a:

a) qualsiasi persona fisica che ha notoriamente la titolarità effettiva congiunta di entità giuridiche o qualsiasi altra stretta relazione d'affari con una persona di cui al comma 1;

b) qualsiasi persona fisica che sia unica titolare effettiva di entità giuridiche o soggetti giuridici notoriamente creati di fatto a beneficio della persona di cui al comma 1.

4. Senza pregiudizio dell'applicazione, in funzione del rischio, di obblighi rafforzati di adeguata verifica della clientela, quando una persona ha cessato di occupare importanti cariche pubbliche da un periodo di almeno un anno i soggetti destinatari del presente decreto non sono tenuti a considerare tale persona come politicamente esposta.]

[**2.** *Art. 1, comma 2, lett. u*). Titolare effettivo. — 1. Per titolare effettivo s'intende:

a) in caso di società:

1) la persona fisica o le persone fisiche che, in ultima istanza, possiedano o controllino un'entità giuridica, attraverso il possesso o il controllo diretto o indiretto di una percentuale sufficiente delle partecipazioni al capitale sociale o dei diritti di voto in seno a tale entità giuridica, anche tramite azioni al portatore, purché non si tratti di una società ammessa alla quotazione su un mercato regolamentato e sottoposta a obblighi di comunicazione conformi alla normativa comunitaria o a standard internazionali equivalenti; tale criterio si ritiene soddisfatto ove la percentuale corrisponda al 25 per cento più uno di partecipazione al capitale sociale;

2) la persona fisica o le persone fisiche che esercitano in altro modo il controllo sulla direzione di un'entità giuridica;

b) in caso di entità giuridiche quali le fondazioni e di istituti giuridici quali i trust, che amministrano e distribuiscono fondi:

1) se i futuri beneficiari sono già stati determinati, la persona fisica o le persone fisiche beneficiarie del 25 per cento o più del patrimonio di un'entità giuridica;

2) se le persone che beneficiano dell'entità giuridica non sono ancora state determinate, la categoria di persone nel cui interesse principale è istituita o agisce l'entità giuridica;

3) la persona fisica o le persone fisiche che esercitano un controllo sul 25 per cento o più del patrimonio di un'entità giuridica.]

[**3.** *Art. 19, comma 1, lett. a*). Documenti validi per l'identificazione. — 1. Sono considerati validi per l'identificazione i documenti d'identità e di riconoscimento di cui agli artt. 1 e 35 del d.p.r. del 28 dicembre 2000, n. 445. Per l'identificazione di soggetti non comunitari e di soggetti minori d'età si applicano le disposizioni vigenti; con riferimento a nascituri e concepiti, l'identificazione è effettuata nei confronti del rappresentante legale. L'identificazione può essere svolta anche da un pubblico ufficiale a ciò abilitato ovvero a mezzo di una foto autenticata; in quest'ultimo caso sono acquisiti e riportati nell'archivio unico informatico, ovvero nel registro della clientela, gli estremi dell'atto di nascita dell'interessato.]

[**4.** *Art. 26. Criteri tecnici e procedure semplificate di adeguata verifica della clientela*. — 1. Ai

(1) L'art. 9.7, d.lg. 25 maggio 2017, n. 90, così dispone: «Gli allegati tecnici a norme contenute nel d.lg. 21 novembre 2007, n. 231, abrogate o sostituite per effetto del presente decreto, sono abrogati». L'art. 9.1, d.lg. cit., così dispone: «Le disposizioni emanate dalle autorità di vigilanza di settore, ai sensi di norme abrogate o sostituite per effetto del presente decreto, continuano a trovare applicazione fino al 31 marzo 2018».

fini dell'applicazione dell'art. 26, per soggetti e prodotti che presentano un basso rischio di riciclaggio dei proventi di attività criminose o di finanziamento del terrorismo, s'intendono:

a) autorità o organismi pubblici che agiscano come clienti, a condizione che siano soddisfatti tutti i seguenti requisiti:

1) il cliente sia stato incaricato di funzioni pubbliche conformemente al trattato sull'Unione europea, ai trattati sulle Comunità europee o alla legislazione secondaria della Comunità europea;

2) l'identità del cliente sia pubblicamente disponibile, trasparente e certa;

3) le attività del cliente, così come le sue pratiche contabili, siano trasparenti;

4) il cliente renda conto del proprio operato a un'istituzione europea o alle autorità di uno Stato comunitario, ovvero esistano procedure di controlli e contrappesi che assicurino la verifica dell'attività del cliente;

b) entità giuridiche diverse dalle autorità o organismi pubblici di cui alla precedente lett. *a*), che agiscano come clienti, a condizione che siano soddisfatti tutti i seguenti requisiti:

1) il cliente sia un'entità che eserciti attività finanziarie che esulino dall'ambito di applicazione dell'art. 2 della dir. 2005/60/CE ma alle quali sia stata estesa la legislazione nazionale conformemente all'art. 4 di tale direttiva;

2) l'identità del cliente sia pubblicamente disponibile, trasparente e certa;

3) in base al diritto nazionale, il cliente abbia ottenuto un'autorizzazione per esercitare le attività finanziarie e l'autorizzazione possa essere rifiutata se le autorità competenti non ottengano soddisfacente convinzione circa la competenza e l'onorabilità delle persone che dirigono o dirigeranno effettivamente l'attività di tale entità o del suo titolare effettivo;

4) il cliente sia soggetto a controllo, ai sensi dell'art. 37, par. 3, della dir. 2005/60/CE, da parte delle autorità competenti per quanto riguarda l'osservanza della legislazione nazionale adottata conformemente a tale direttiva e, laddove applicabile, degli obblighi aggiuntivi previsti dalla legislazione nazionale;

5) la mancata osservanza degli obblighi di cui al n. 1) da parte del cliente sia soggetta a sanzioni effettive, proporzionate e dissuasive, compresa la possibilità di adeguate misure amministrative o l'imposizione di sanzioni amministrative;

c) prodotti o operazioni collegate a tali prodotti che soddisfino tutti i seguenti requisiti:

1) il prodotto abbia una base contrattuale scritta;

2) le operazioni in questione siano eseguite tramite un conto del cliente presso un ente creditizio soggetto alla dir. 2005/60/CE o presso un ente creditizio situato in un paese terzo che imponga obblighi equivalenti a quelli stabiliti da tale direttiva;

3) il prodotto o l'operazione in questione non siano anonimi e la loro natura sia tale da consentire la tempestiva applicazione dell'art. 7, lett. *c*), della dir. 2005/60/CE;

4) vi sia un limite predeterminato di valore massimo per il prodotto;

5) i vantaggi del prodotto o dell'operazione in questione non possano andare a beneficio di terzi, salvo in caso di decesso, invalidità, sopravvivenza a una predeterminata età avanzata o eventi analoghi;

6) nel caso di prodotti o operazioni che prevedono l'investimento di fondi in attività finanziarie o crediti, compresa l'assicurazione o altro tipo di crediti potenziali, i vantaggi del prodotto o dell'operazione siano realizzabili soltanto nel lungo termine, il prodotto o l'operazione non possano essere utilizzati come garanzia, non vengano fatti pagamenti anticipati, non vengano utilizzate clausole di riscatto e non vi sia recesso anticipato durante la relazione contrattuale.

1. Il criterio di cui al punto 1, lett. *a*), numero 1, si applica soltanto al cliente, non alle sue controllate, a meno che anch'esse non soddisfino i criteri per proprio conto.

2. Ai fini dell'applicazione del punto 1, lett. *a*), n. 3), l'attività esercitata dal cliente è soggetta a vigilanza da parte delle autorità competenti. In questo contesto per vigilanza si intende quella basata sui poteri di controllo più intensi, compresa la possibilità di effettuare ispezioni sul posto. Tali ispezioni possono includere la revisione di politiche, procedure, libri e registrazioni e comprendere verifiche a campione.

3. Ai fini dell'applicazione del punto 1, lett. *c*), n. 4), le soglie stabilite all'art. 25, comma 6, lett. *a*), del presente decreto si applicano in caso di polizze assicurative o prodotti di risparmio di natura analoga. Senza pregiudizio del seguente comma, negli altri casi la soglia massima è 15.000 euro. È possibile derogare a questa soglia nel caso di prodotti che siano collegati al finanziamento di attività materiali e quando la titolarità legale ed effettiva delle attività non venga trasferita al cliente fino alla conclusione della relazione contrattuale, purché la soglia stabilita per le operazioni collegate a questo tipo di prodotto, indipendentemente dal fatto che siano effettuate con un'operazione unica o con diverse operazioni che ap-

paiono collegate, non superi 25.000 euro all'anno.

4. Si può derogare ai criteri di cui al punto 1, lett. *c*), nn. 5) e 6), nel caso di prodotti le cui caratteristiche siano determinate dal Ministro dell'economia e delle finanze per finalità di interesse generale, che beneficino di speciali vantaggi dallo Stato sotto forma di erogazioni dirette o rimborsi fiscali e il cui utilizzo sia sottoposto a controllo da parte delle autorità pubbliche, purché i vantaggi dei prodotti siano realizzabili solo nel lungo termine e la soglia stabilita ai fini dell'applicazione della lett. *c*), n. 4), sia sufficientemente bassa. Se del caso, questa soglia può essere stabilita nella forma di un ammontare massimo su base annuale.

6 (1). Nel valutare se i clienti o i prodotti e le operazioni di cui alle lett. *a*), *b*) e *c*), presentino un basso rischio di riciclaggio o di finanziamento del terrorismo, il Ministro dell'economia delle finanze presta particolare attenzione a qualsiasi attività di tali clienti o a qualsiasi tipo di prodotti o operazioni che possono essere considerati come particolarmente suscettibili, per loro natura, di uso o abuso a fini di riciclaggio dei proventi di attività criminose o di finanziamento del terrorismo. I clienti o i prodotti e le operazioni di cui al punto 1, lett. *a*), *b*) e *c*), non possono essere considerati a basso rischio di riciclaggio dei proventi di attività criminose o di finanziamento del terrorismo se le informazioni a disposizione indicano che il rischio di riciclaggio dei proventi di attività criminose o di finanziamento del terrorismo può non essere basso.]

XVII. 13.

DECRETO LEGISLATIVO 25 settembre 1999, n. 374. — *Estensione delle disposizioni in materia di riciclaggio dei capitali di provenienza illecita ed attività finanziarie particolarmente suscettibili di utilizzazione a fini di riciclaggio, a norma dell'art. 15 della l. 6 febbraio 1996, n. 52* (2).

1. .... (3).

2. *Requisiti di onorabilità*. — 1. Quando non sono espressamente previsti da specifiche norme di settore o dal presente decreto, costituiscono requisiti di onorabilità per l'esercizio delle attività di cui all'art. 1 quelli di cui all'art. 11 del r.d. 18 giugno 1931, n. 773.

3. *Agenzia in attività finanziaria*. — 1. L'esercizio professionale nei confronti del pubblico dell'agenzia in attività finanziaria, indicata nell'art. 1, comma 1, lett. *n*), è riservato ai soggetti iscritti in un elenco istituito presso l'UIC (4).

2. Il Ministro del tesoro, del bilancio e della programmazione economica, con regolamento, adottato sentito l'UIC (4), specifica il contenuto dell'attività indicata al comma 1, stabilisce le condizioni di compatibilità con lo svolgimento di altre attività professionali, prevede in quali circostanze ricorra l'esercizio nei confronti del pubblico e ne disciplina l'esercizio nel territorio della Repubblica da parte di soggetti aventi sede legale all'estero (5).

3. L'UIC (4) procede all'iscrizione nell'elenco quando ricorrono le condizioni seguenti:

a) per le persone fisiche:

1) cittadinanza italiana o di uno Stato dell'Unione europea ovvero di Stato diverso secondo le disposizioni dell'art. 2 del d.lg. 25 luglio 1998, n. 286;

2) domicilio nel territorio della Repubblica;

3) diploma di scuola media superiore o titolo equipollente a tutti gli effetti di legge;

4) possesso dei requisiti di onorabilità stabiliti nel regolamento emanato ai sensi dell'art. 109 del testo unico bancario;

b) per i soggetti diversi dalle persone fisiche:

1) previsione nell'oggetto sociale dello svolgimento dell'attività di agenzia in attività finanziaria;

2) i partecipanti al capitale e i soggetti che svolgono funzioni di amministrazione, direzione e controllo abbiano i requisiti di onorabilità stabiliti nei regolamenti emanati rispettivamente ai sensi degli artt. 108 e 109 del testo unico bancario;

3) la sede legale e la sede amministrativa siano situate nel territorio della Repubblica;

(1) *Recte*: 5.

(2) G.U., 27 ottobre 1999, n. 253.

(3) Articolo abrogato dall'art. 64.1, lett. b, d.lg. 21 novembre 2007, n. 231. L'abrogazione viene confermata dall'art. 73.1, lett. b, d.lg. 21 novembre 2007, n. 231, come sostituito dall'art. 5.3, d.lg. 25 maggio 2017, n. 90.

(4) Le competenze e i poteri attribuiti all'UIC sono trasferiti alla Banca d'Italia: art. 62.1, d.lg. 21 novembre 2007, n. 231, in *Leggi coll. XVII, 12*. L'art. 62.2, d.lg. cit., così dispone: «Ogni riferimento all'Ufficio italiano dei cambi contenuto nelle leggi o in atti normativi si intende effettuato alla Banca d'Italia».

(5) D.m. Economia e Finanze 13 dicembre 2001, n. 485, in G.U., 16 febbraio 2002, n. 40. V. comunicato della Banca d'Italia sull'attività bancaria fuori sede – mediatori e agenti – in G.U., 9 settembre 2002, n. 211.

4) siano rispettati i requisiti patrimoniali e di forma giuridica stabiliti dal Ministro del tesoro, del bilancio e della programmazione economica con regolamento adottato su proposta dell'UIC (1).

4. Nei casi di perdita dei requisiti di onorabilità in capo ai soggetti indicati nella lett. *b*), n. 2), del comma 3, si applicano gli artt. 108, comma 3, e 109, comma 2, del testo unico bancario.

5. I soggetti indicati nella lett. *b*) del comma 3 svolgono la propria attività esclusivamente per il tramite di persone fisiche iscritte nell'elenco.

6. L'UIC (1) esercita il controllo sui soggetti iscritti nell'elenco per verificare l'osservanza delle disposizioni del presente decreto. A tal fine, può richiedere la comunicazione di dati e notizie e la trasmissione di dati e documenti fissando i relativi termini. Esso può, altresì, chiedere la collaborazione del nucleo speciale di polizia valutaria della Guardia di finanza.

7. L'UIC (1) disciplina la procedura e i termini per l'iscrizione nell'elenco, nonché le forme di pubblicità dell'elenco stesso (2).

8. Il Ministro del tesoro, del bilancio e della programmazione economica, su proposta dell'UIC (1), dispone la cancellazione dall'elenco per gravi violazioni di norme di legge, delle norme del presente decreto legislativo o delle disposizioni emanate ai sensi di esso. Il Ministro del tesoro, del bilancio e della programmazione economica, sentito l'UIC (1), disciplina la procedura per la sospensione cautelare dall'elenco (3).

4-7. . . . . (4).

XVII. 14.

DECRETO LEGGE 30 settembre 2005, n. 203. — *Misure di contrasto all'evasione fiscale e disposizioni urgenti in materia tributaria e finanziaria* (5), *convertito, con modificazioni, in l. 2 dicembre 2005, n. 248* (6).

1-11-*terdecies*. . . . . (*omissis*).

11-*quaterdecies*. *Interventi infrastrutturali, per la ricerca e per l'occupazione*. — 1-11. (*omissis*).

12. Il prestito vitalizio ipotecario ha per oggetto la concessione da parte di banche nonché di intermediari finanziari, di cui all'art. 106 del t.u. di cui al d.lg. 1° settembre 1993, n. 385, e successive modificazioni (7), di finanziamenti a medio e lungo termine, con capitalizzazione annuale di interessi e di spese, riservati a persone fisiche con età superiore a sessanta anni compiuti, il cui rimborso integrale in un'unica soluzione può essere richiesto al momento della morte del soggetto finanziato ovvero qualora vengano trasferiti, in tutto o in parte, la proprietà o altri diritti reali o di godimento sull'immobile dato in garanzia o si compiano atti che ne riducano significativamente il valore, inclusa la costituzione di diritti reali di garanzia in favore di terzi che vadano a gravare sull'immobile (8).

12-*bis*. È fatta salva la volontà del finanziato di concordare, al momento della stipulazione del contratto, modalità di rimborso graduale della quota di interessi e delle spese, prima del verificarsi degli eventi di cui al comma 12, sulla quale non si applica la capitalizzazione annuale degli interessi. In caso di inadempimento si applica l'art. 40, comma 2, del t.u. di

(1) Le competenze e i poteri attribuiti all'UIC sono trasferiti alla Banca d'Italia: art. 62.1, d.lg. 21 novembre 2007, n. 231, in *Leggi coll. XVII, 12*. L'art. 62.2, d.lg. cit., così dispone: «Ogni riferimento all'Ufficio italiano dei cambi contenuto nelle leggi o in atti normativi si intende effettuato alla Banca d'Italia».

(2) V. provvedimento UIC 11 luglio 2002, in suppl. ord. n. 175 a G.U., 26 agosto 2002, n. 199.

(3) L'art. 28.1, alinea, d.lg. 13 agosto 2010, n. 141, come sostituito dall'art. 15.1, d.lg. 14 dicembre 2010, n. 218, dispone che l'articolo annotato continua ad applicarsi «fino alla data di entrata in vigore delle disposizioni di attuazione del Titolo VI-*bis* del d.lg. 1° settembre 1993, n. 385, e del titolo IV del presente decreto, ovvero se posteriore, fino alla costituzione dell'Organismo».

L'art. 28.2, d.lg. n. 141/2010 cit., così dispone: «Dalla medesima data di cui al comma 1, ogni riferimento all'albo dei mediatori previsto dall'art. 16 della l. 7 marzo 1996, n. 108, e all'elenco degli agenti previsto dall'art. 3 del d.lg. 25 settembre 1999, n. 374, si intende effettuato ai corrispondenti elenchi previsti dagli artt. 128-*quater* e 128-*sexies* del d.lg. 1° settembre 1993, n. 385».

(4) Articoli abrogati dall'art. 64.1, lett. b, d.lg. 21 novembre 2007, n. 231. L'abrogazione viene confermata dall'art. 73.1, lett. b, d.lg. 21 novembre 2007, n. 231, come sostituito dall'art. 5.3, d.lg. 25 maggio 2017, n. 90.

(5) G.U., 3 ottobre 2005, n. 230.

(6) Suppl. ord. n. 195 a G.U., 2 dicembre 2005, n. 281.

(7) In *Leggi coll. XVII, 1*.

(8) Gli attuali commi da 12 a 12-*sexies* sono stati così sostituiti all'originario comma 12 dall'art. 1, l. 2 aprile 2015, n. 44.

cui al d.lg. 1° settembre 1993, n. 385 (1) (2).

12-*ter.* Ai fini dell'applicazione della disciplina prevista dagli artt. 15 e seguenti del d.p.r. 29 settembre 1973, n. 601, e successive modificazioni, non rileva la data di rimborso del prestito vitalizio ipotecario (2).

12-*quater.* I finanziamenti di cui al comma 12 del presente articolo sono garantiti da ipoteca di primo grado su immobili residenziali e agli stessi si applica l'art. 39, commi 1, 2, 3, 4 e 7, del t.u. di cui al d.lg. 1° settembre 1993, n. 385 (1). L'ipoteca di primo grado a garanzia del finanziamento di cui al comma 12 non può essere iscritta contemporaneamente su più immobili di proprietà del finanziato. Qualora il finanziamento non sia integralmente rimborsato entro dodici mesi dal verificarsi degli eventi di cui al citato comma 12, il finanziatore vende l'immobile ad un valore pari a quello di mercato, determinato da un perito indipendente incaricato dal finanziatore, utilizzando le somme ricavate dalla vendita per estinguere il credito vantato in dipendenza del finanziamento stesso. Trascorsi ulteriori dodici mesi senza che sia stata perfezionata la vendita, tale valore viene decurtato del 15 per cento per ogni dodici mesi successivi fino al perfezionamento della vendita dell'immobile. In alternativa, l'erede può provvedere alla vendita dell'immobile, in accordo con il finanziatore, purché la compravendita si perfezioni entro dodici mesi dal conferimento dello stesso. Le eventuali somme rimanenti, ricavate dalla vendita e non portate a estinzione del predetto credito, sono riconosciute al soggetto finanziato o ai suoi aventi causa. L'importo del debito residuo non può superare il ricavato della vendita dell'immobile, al netto delle spese sostenute. Nei confronti dell'acquirente dell'immobile non hanno effetto le domande giudiziali di cui all'art. 2652, primo comma, nn. 7) e 8), del codice civile trascritte successivamente alla trascrizione dell'acquisto (2).

12-*quinquies.* Il Ministro dello sviluppo economico, entro tre mesi dalla data di entrata in vigore della presente disposizione, sentite l'Associazione bancaria italiana e le associazioni dei consumatori, con proprio decreto, adotta un regolamento nel quale sono stabilite le regole per l'offerta dei prestiti vitalizi ipotecari e sono individuati i casi e le formalità che comportino una riduzione significativa del valore di mercato dell'immobile, tale da giustificare la richiesta di rimborso integrale del finanziamento, e con il quale garantire trasparenza e certezza dell'importo oggetto del finanziamento, dei termini di pagamento, degli interessi e di ogni altra spesa dovuta (2) (3).

12-*sexies.* I finanziamenti stipulati prima della data di entrata in vigore della presente disposizione continuano a essere regolati dalle disposizioni vigenti a tale data (2).

11-*quinquiesdecies*-**12.** . . . . (*omissis*).

13. *Entrata in vigore.* — 1. Il presente decreto entra in vigore il giorno successivo a quello della sua pubblicazione nella *Gazzetta Ufficiale* della Repubblica italiana e sarà presentato alle Camere per la conversione in legge.

XVII. 15.

LEGGE 4 agosto 2017, n. 124. — *Legge annuale per il mercato e la concorrenza* (4).

1. 1-135. (*omissis*).

136. Per locazione finanziaria si intende il contratto con il quale la banca o l'intermediario finanziario iscritto nell'albo di cui all'art. 106 del t.u. di cui al d.lg. 1° settembre 1993, n. 385, si obbliga ad acquistare o a far costruire un bene su scelta e secondo le indicazioni dell'utilizzatore, che ne assume tutti i rischi, anche di perimento, e lo fa mettere a disposizione per un dato tempo verso un determinato corrispettivo che tiene conto del prezzo di acquisto o di costruzione e della durata del contratto. Alla scadenza del contratto l'utilizzatore ha diritto di acquistare la proprietà del bene ad un prezzo prestabilito ovvero, in caso di mancato esercizio del diritto, l'obbligo di restituirlo.

137. Costituisce grave inadempimento dell'utilizzatore il mancato pagamento di almeno sei canoni mensili o due canoni trimestrali anche non consecutivi o un importo equivalente per i leasing immobiliari, ovvero di quattro canoni mensili anche non consecutivi o un importo equivalente per gli altri contratti di locazione finanziaria.

138. In caso di risoluzione del contratto per l'inadempimento dell'utilizzatore ai sensi del comma 137, il concedente ha diritto alla resti-

(1) In *Leggi coll. XVII, 1.*

(2) Gli attuali commi da 12 a 12-*sexies* sono stati così sostituiti all'originario comma 12 dall'art. 1, l. 2 aprile 2015, n. 44.

(3) Per il regolamento recante norme in materia di disciplina del prestito vitalizio ipotecario ai sensi del comma annotato v. d.m. Sviluppo economico 22 dicembre 2015, n. 226, in G.U., 16 febbraio 2016, n. 38.

(4) G.U., 14 agosto 2017, n. 189.

tuzione del bene ed è tenuto a corrispondere all'utilizzatore quanto ricavato dalla vendita o da altra collocazione del bene, effettuata ai valori di mercato, dedotte la somma pari all'ammontare dei canoni scaduti e non pagati fino alla data della risoluzione, dei canoni a scadere, solo in linea capitale, e del prezzo pattuito per l'esercizio dell'opzione finale di acquisto, nonché le spese anticipate per il recupero del bene, la stima e la sua conservazione per il tempo necessario alla vendita. Resta fermo nella misura residua il diritto di credito del concedente nei confronti dell'utilizzatore quando il valore realizzato con la vendita o altra collocazione del bene è inferiore all'ammontare dell'importo dovuto dall'utilizzatore a norma del periodo precedente.

139. Ai fini di cui al comma 138, il concedente procede alla vendita o ricollocazione del bene sulla base dei valori risultanti da pubbliche rilevazioni di mercato elaborate da soggetti specializzati. Quando non è possibile far riferimento ai predetti valori, procede alla vendita sulla base di una stima effettuata da un perito scelto dalle parti di comune accordo nei venti giorni successivi alla risoluzione del contratto o, in caso di mancato accordo nel predetto termine, da un perito indipendente scelto dal concedente in una rosa di almeno tre operatori esperti, previamente comunicati all'utilizzatore, che può esprimere la sua preferenza vincolante ai fini della nomina entro dieci giorni dal ricevimento della predetta comunicazione. Il perito è indipendente quando non è legato al concedente da rapporti di natura personale o di lavoro tali da compromettere l'indipendenza di giudizio. Nella procedura di vendita o ricollocazione il concedente si attiene a criteri di celerità, trasparenza e pubblicità adottando modalità tali da consentire l'individuazione del migliore offerente possibile, con obbligo di informazione dell'utilizzatore.

140. Restano ferme le previsioni di cui all'art. 72-*quater* del r.d. 16 marzo 1942, n. 267, e si applica, in caso di immobili da adibire ad abitazione principale, l'art. 1, commi 76, 77, 78, 79, 80 e 81, della l. 28 dicembre 2015, n. 208.

141-192. (*omissis*).

XVIII. INTERMEDIAZIONE FINANZIARIA

XVIII. 1.

DECRETO LEGISLATIVO 24 febbraio 1998, n. 58. — *Testo unico delle disposizioni in materia di intermediazione finanziaria, ai sensi degli artt. 8 e 21 della l. 6 febbraio 1996, n. 52* (1) (2).

PARTE I

DISPOSIZIONI COMUNI

1. *Definizioni.* — 1. Nel presente decreto legislativo si intendono per:

(1) Supp. ord. n. 52/L a G.U., 26 marzo 1998, n. 71.

(2) L'art. 6, d.lg. 6 febbraio 2004, n. 37 così dispone: «1. Le disposizioni attuative e regolamentari dei decreti legislativi n. 385 del 1993 e n. 58 del 1998 in materia di sistemi di amministrazione e controllo dualistico e monistico nonché quelle in materia di categorie di azioni diverse dalle ordinarie e di strumenti finanziari sono emanate rispettivamente entro sei e nove mesi dalla pubblicazione del presente decreto. || 2. Per le materie di cui al comma 1, le norme dei decreti legislativi n. 385 del 1993 e n. 58 del 1998, modificate o sostituite dal presente decreto e le correlate norme del codice civile modificate o sostituite dal d.lg. n. 6 del 2003, continuano a trovare applicazione fino all'emanazione delle relative disposizioni attuative e comunque non oltre i termini di cui al comma 1. || 3...... (*omissis*)».

Inoltre, in base all'art. 42, l. 28 dicembre 2005, n. 262, come modificato dall'art. 34-*quater*.2, d.l. 10 gennaio 2006, n. 4, conv. in l. 9 marzo 2006, n. 80, e dall'art. 8.1, d.lg. 29 dicembre 2006, n. 303: «1...... (*abrogato*). || 2. Fino alla costituzione dell'albo unico dei promotori finanziari ai sensi dell'art. 31 del t.u. di cui al d.lg. 24 febbraio 1998, n. 58, come modificato dall'art. 14, comma 1, lett. *b*), della presente legge, continuano ad applicarsi le disposizioni in materia di albo unico nazionale dei promotori finanziari recate dal citato art. 31 del t.u. di cui al d.lg. n. 58 del 1998, nel testo vigente prima della data di entrata in vigore della presente legge. || 3. Le disposizioni contenute negli artt. 165-*ter*, 165-*quater* e 165-*quinquies* del t.u. di cui al d.lg. 24 febbraio 1998, n. 58, introdotti dall'art. 6, comma 1, della presente legge, si applicano alle società che vi sono soggette, a decorrere dall'esercizio successivo a quello in corso alla data di entrata in vigore della presente legge. || 4. La disposizione di cui all'art. 161, comma 4, del t.u. di cui al d.lg. 24 febbraio 1998, n. 58, come modificato dall'art. 18, comma 1, lett. *d*), della presente legge, si applica a decorrere dal 1° gennaio dell'anno successivo a quello in corso alla data di entrata in vigore della presente legge. Fino a tale data, continuano ad applicarsi le disposizioni del medesimo art. 161, comma 4, nel testo vigente prima della data di entrata in vigore della presente legge. || 5. Gli incarichi in corso alla data di entrata in vigore della presente legge e che ricadono in una delle situazioni specifiche di incompatibilità previste dalle disposizioni contenute nell'art. 18 per le società di revisione e le entità appartenenti alla medesima rete, i loro soci, gli amministratori, i componenti degli organi di controllo, i dipendenti della società di revisione stessa e delle società da essa controllate, ad essa collegate o che la controllano o sono sottoposte a comune controllo, possono essere portati a definizione secondo i previsti termini contrattuali, senza possibilità di rinnovo. Entro il termine di dodici mesi dalla data di entrata in vigore della presente legge, il recesso unilaterale da parte della società, o dei soggetti appartenenti alla medesima rete, dall'incarico revisionale o da contratti per lo svolgimento di servizi, giustificato dalla necessità di rimuovere una causa di incompatibilità, non comporta obblighi di indennizzo, risarcimento o l'applicazione di clausole penali o sanzioni, anche se previste in norme di legge o in clausole contrattuali. || 5-*bis*. Le disposizioni regolamentari e quelle di carattere generale di attuazione della presente legge sono adottate dalla Consob entro dodici mesi dalla data di entrata in vigore della legge stessa».

Infine, l'art. 8, d.lg. 29 dicembre 2006, n. 303, così dispone: «1...... (*omissis*). || 2. Le società iscritte nel registro delle imprese alla data di entrata in vigore del presente decreto provvedono ad uniformare l'atto costitutivo e lo statuto alle disposizioni introdotte dalla l. 28 dicembre 2005, n. 262, e dal presente decreto entro il 30 giugno 2007. || 3. L'assemblea straordinaria chiamata ad assumere le deliberazioni necessarie per uniformare l'atto costitutivo e lo statuto alle disposizioni introdotte dalla l. 28 dicembre 2005, n. 262, e dal presente decreto, delibera con il voto favorevole della maggioranza del capitale sociale rappresentato in assemblea, ferme restando le maggioranze richieste dalla legge o dallo statuto per la regolare costituzione dell'assemblea e impregiudicata l'eventuale applicazione dell'art. 2365, secondo comma, del codice civile. || 4-7...... (*omissis*)».

a) «legge fallimentare»: il r.d. 16 marzo 1942, n. 267 e successive modificazioni (1);

b) «Testo Unico bancario» (t.u. bancario): il d.lg. 1° settembre 1993, n. 385 e successive modificazioni (2);

c) «Consob»: la Commissione nazionale per le società e la borsa (3);

c-bis) «COVIP»: la Commissione di vigilanza sui fondi pensione (4);

d) «IVASS»: l'Istituto per la Vigilanza sulle Assicurazioni (5);

d-bis) «SEVIF»: il Sistema europeo di vigilanza finanziaria composto dalle seguenti parti:

1) «ABE»: Autorità bancaria europea, istituita con reg. (UE) n. 1093/2010;

2) «AEAP»: Autorità europea delle assicurazioni e delle pensioni aziendali e professionali, istituita con reg. (UE) n. 1094/2010;

3) «AESFEM»: Autorità europea degli strumenti finanziari e dei mercati, istituita con reg. (UE) n. 1095/2010;

4) «Comitato congiunto»: il Comitato congiunto delle Autorità europee di vigilanza, previsto dall'art. 54 del reg. (UE) n. 1093/2010, del reg. (UE) n. 1094/2010, del reg. (UE) n. 1095/2010;

5) «CERS»: Comitato europeo per il rischio sistemico, istituito dal reg. (UE) n. 1092/2010;

6) «Autorità di vigilanza degli Stati membri» le autorità competenti o di vigilanza degli Stati membri specificate negli atti dell'Unione di cui all'art. 1, par. 2, del reg. (UE) n. 1093/2010, del reg. (UE) n. 1094/2010 e del reg. (UE) n. 1095/2010 (6);

d-ter) «UE»: l'Unione europea (7);

d-quater) «impresa di investimento»: l'impresa la cui occupazione o attività abituale consiste nel prestare uno o più servizi di investimento a terzi e/o nell'effettuare una o più attività di investimento a titolo professionale (7);

d-quinquies) «banca»: la banca come definita dall'art. 1, comma 1, lett. *b*), del t.u. bancario (2) (7);

d-sexies) «banca dell'Unione europea» o «banca UE»: la banca avente sede legale e amministrazione centrale in un medesimo Stato dell'Unione europea diverso dall'Italia (7);

e) «società di intermediazione mobiliare» (Sim): l'impresa di investimento avente forma di persona giuridica con sede legale e direzione generale in Italia, diversa dalle banche e dagli intermediari finanziari iscritti nell'albo previsto dall'art. 106 del t.u. bancario (2), autorizzata a svolgere servizi o attività di investimento (8);

f) «impresa di investimento dell'Unione europea» o «impresa di investimento UE»: l'impresa di investimento, diversa dalla banca, autorizzata a svolgere servizi o attività di investimento, avente sede legale e direzione generale in un medesimo Stato dell'Unione europea, diverso dall'Italia (8);

g) «impresa di paesi terzi»: l'impresa che non ha la propria sede legale o direzione generale nell'Unione europea, la cui attività è corrispondente a quella di un'impresa di investimento UE o di una banca UE che presta servizi o attività di investimento (8);

h) .... (9);

i) «società di investimento a capitale variabile» (Sicav): l'Oicr aperto costituito in forma di società per azioni a capitale variabile con sede legale e direzione generale in Italia avente per oggetto esclusivo l'investimento collettivo del patrimonio raccolto mediante l'offerta di proprie azioni (10);

i-bis) «società di investimento a capitale fisso» (Sicaf): l'Oicr chiuso costituito in forma di società per azioni a capitale fisso con sede legale e direzione generale in Italia avente per oggetto esclusivo l'investimento collettivo del patrimonio raccolto mediante l'offerta di proprie azioni e di altri strumenti finanziari partecipativi (11);

i-ter) «personale» i dipendenti e coloro

(1) In *Leggi coll. XXII, 1.*

(2) In *Leggi coll. XVII, 1.*

(3) Per il regolamento concernente gli obblighi di pubblicità e trasparenza della Consob v. deliberazione Consob 19 dicembre 2013, n. 18751, in G.U., 8 gennaio 2014, n. 5.

(4) Lettera inserita dall'art. 1.1, lett. a, d.lg. 13 febbraio 2019, n. 19.

(5) Lettera così sostituita dall'art. 1.1, lett. a, d.lg. 4 marzo 2014, n. 44.

(6) Lettera inserita dall'art. 2.1, d.lg. 30 luglio 2012, n. 130.

(7) Lettera inserita dall'art. 1.1, lett. a, d.lg. 3 agosto 2017, n. 129.

(8) Lettera così sostituita dall'art. 1.1, lett. b, d.lg. 3 agosto 2017, n. 129.

(9) Lettera abrogata dall'art. 1.1, lett. c, d.lg. 3 agosto 2017, n. 129.

(10) Lettera così sostituita dall'art. 1.1, lett. b, d.lg. 4 marzo 2014, n. 44.

(11) Lettera inserita dall'art. 1.1, lett. c, d.lg. 4 marzo 2014, n. 44.

che comunque operano sulla base di rapporti che ne determinano l'inserimento nell'organizzazione aziendale, anche in forma diversa dal rapporto di lavoro subordinato (1); →

j) «fondo comune di investimento»: l'Oicr costituito in forma di patrimonio autonomo, suddiviso in quote, istituito e gestito da un gestore (2);

k) «Organismo di investimento collettivo del risparmio» (Oicr): l'organismo istituito per la prestazione del servizio di gestione collettiva del risparmio, il cui patrimonio è raccolto tra una pluralità di investitori mediante l'emissione e l'offerta di quote o azioni, gestito in monte nell'interesse degli investitori e in autonomia dai medesimi nonché investito in strumenti finanziari, crediti, inclusi quelli erogati, a favore di soggetti diversi da consumatori (3), a valere sul patrimonio dell'Oicr (4), partecipazioni o altri beni mobili o immobili, in base a una politica di investimento predeterminata (2);

k-bis) «Oicr aperto»: l'Oicr i cui partecipanti hanno il diritto di chiedere il rimborso delle quote o azioni a valere sul patrimonio dello stesso, secondo le modalità e con la frequenza previste dal regolamento, dallo statuto e dalla documentazione d'offerta dell'Oicr (2);

k-ter) «Oicr chiuso»: l'Oicr diverso da quello aperto (2);

l) «Oicr italiani»: i fondi comuni d'investimento, le Sicav e le Sicaf (2);

m) «Organismi di investimento collettivo in valori mobiliari italiani» (OICVM italiani): il fondo comune di investimento e la Sicav rientranti nell'ambito di applicazione della dir. 2009/65/CE;

m-bis) «Organismi di investimento collettivo in valori mobiliari UE»: (OICVM UE): gli Oicr rientranti nell'ambito di applicazione della dir. 2009/65/CE, costituiti in uno Stato dell'UE diverso dall'Italia (2);

m-ter) «Oicr alternativo italiano» (FIA italiano): il fondo comune di investimento, la Sicav e la Sicaf rientranti nell'ambito di applicazione della dir. 2011/61/UE (2);

m-quater) «FIA italiano riservato»: il FIA italiano la cui partecipazione è riservata a investitori professionali e alle categorie di investitori individuate dal regolamento di cui all'art. 39 (2);

m-quinquies) «Oicr alternativi UE» (FIA UE): gli Oicr rientranti nell'ambito di applicazione della dir. 2011/61/UE, costituiti in uno Stato dell'UE diverso dall'Italia (2);

m-sexies) «Oicr alternativi non UE»: (FIA non UE): gli Oicr rientranti nell'ambito di applicazione della dir. 2011/61/UE, costituiti in uno Stato non appartenente all'UE (2);

m-septies) «fondo europeo per il venture capital» (EuVECA): l'Oicr rientrante nell'ambito di applicazione del reg. (UE) n. 345/2013 (5);

m-octies) «fondo europeo per l'imprenditoria sociale» (EuSEF): l'Oicr rientrante nell'ambito di applicazione del reg. (UE) n. 346/2013 (5);

m-octies.1) «fondo di investimento europeo a lungo termine» (ELTIF): l'Oicr rientrante nell'ambito di applicazione del reg. (UE) n. 2015/760 (6);

m-novies) «Oicr feeder»: l'Oicr che investe le proprie attività totalmente o in prevalenza nell'Oicr master (5);

m-decies) «Oicr master»: l'Oicr nel quale uno o più Oicr feeder investono totalmente o in prevalenza le proprie attività (5);

m-undecies) «clienti professionali o (7) investitori professionali»: i clienti professionali ai sensi dell'art. 6, commi 2-*quinquies* e 2-*sexies* (5);

m-duodecies) «clienti al dettaglio o investitori al dettaglio»: i clienti o gli investitori che non sono clienti professionali o investitori professionali (8);

n) «gestione collettiva del risparmio»: il servizio che si realizza attraverso la gestione di Oicr e dei relativi rischi (9);

o) «società di gestione del risparmio» (Sgr): la società per azioni con sede legale e direzione generale in Italia autorizzata a pre-

(1) Lettera inserita dall'art. 4.1, d.lg. 12 maggio 2015, n. 72.

(2) Le lettere da *j*) a *m-sexies*) sono state così sostituite dall'art. 1.1, lett. d, d.lg. 4 marzo 2014, n. 44.

(3) Le parole «, a favore di soggetti diversi da consumatori,» sono state inserite dall'art. 17.1, lett. a, d.l. 14 febbraio 2016, n. 18, conv. in l. 8 aprile 2016, n. 49.

(4) Le parole «, inclusi quelli erogati a valere sul patrimonio dell'Oicr,» sono state inserite dall'art. 22.5, lett. a, d.l. 24 giugno 2014, n. 91, conv. in l. 11 agosto 2014, n. 116.

(5) Lettera inserita dall'art. 1.1, lett. e, d.lg. 4 marzo 2014, n. 44.

(6) Lettera così sostituita dall'art. 1.1, lett. a, d.lg. 15 dicembre 2017, n. 233.

(7) Le parole «clienti professionali o» sono state inserite dall'art. 1.1, lett. d, d.lg. 3 agosto 2017, n. 129.

(8) Lettera inserita dall'art. 1.1, lett. e, d.lg. 4 marzo 2014, n. 44, e successivamente così sostituita dall'art. 1.1, lett. e, d.lg. 3 agosto 2017, n. 129.

(9) Lettera così sostituita dall'art. 1.1, lett. f, d.lg. 4 marzo 2014, n. 44.

stare il servizio di gestione collettiva del risparmio (1) (2);

o-bis) «società di gestione UE»: la società autorizzata ai sensi della dir. 2009/65/CE in uno Stato dell'UE diverso dall'Italia, che esercita l'attività di gestione di uno o più OICVM (3);

p) «gestore di FIA UE» (GEFIA UE): la società autorizzata ai sensi della dir. 2011/61/UE in uno Stato dell'UE diverso dall'Italia, che esercita l'attività di gestione di uno o più FIA (3);

q) «gestore di FIA non UE» (GEFIA non UE): la società autorizzata ai sensi della dir. 2011/61/UE con sede legale in uno Stato non appartenente all'UE, che esercita l'attività di gestione di uno o più FIA (3);

q-bis) «gestore»: la Sgr, la Sicav e la Sicaf che gestiscono direttamente i propri patrimoni, la società di gestione UE, il GEFIA UE, il GEFIA non UE, il gestore di EuVECA, il gestore di EuSEF e il gestore di ELTIF (4);

q-ter) «depositario di Oicr»: il soggetto autorizzato nel paese di origine dell'Oicr ad assumere l'incarico di depositario (3);

q-quater) «depositario dell'Oicr master o dell'Oicr feeder»: il depositario dell'Oicr master o dell'Oicr feeder ovvero, se l'Oicr master o l'Oicr feeder è un Oicr UE o non UE, il soggetto autorizzato nello Stato di origine a svolgere i compiti di depositario (3);

q-quinquies) «quote e azioni di Oicr»: le quote dei fondi comuni di investimento, le azioni di Sicav e le azioni e altri strumenti finanziari partecipativi di Sicaf (3);

r) «soggetti abilitati»«: le Sim, le imprese di investimento UE con succursale in Italia, le imprese di paesi terzi autorizzate in Italia, le Sgr, le società di gestione UE con succursale in Italia, le Sicav, le Sicaf, i GEFIA UE con succursale in Italia, i GEFIA non UE autorizzati in Italia, i GEFIA non UE autorizzati in uno Stato dell'UE diverso dall'Italia con succursale in Italia, nonché gli intermediari finanziari iscritti nell'albo previsto dall'art. 106 del t.u. bancario (5), le banche italiane e le banche UE con succursale in Italia autorizzate all'esercizio dei servizi o delle attività di investimento (6);

r-bis) «Stato di origine della società di gestione UE» (7): lo Stato dell'UE dove la società di gestione armonizzata ha la propria sede legale e direzione generale (8);

r-ter) «Stato di origine dell'Oicr»: Stato dell'UE in cui l'Oicr è stato costituito (8);

r-ter.1) «indice di riferimento» o «benchmark»: l'indice di cui all'art. 3, par. 1, punto 3), del reg. (UE) 2016/1011 (9);

r-ter.2) «amministratore di indici di riferimento»: la persona fisica o giuridica di cui all'art. 3, par. 1, punto 6), del reg. (UE) 2016/1011 (9);

r-quater) «rating del credito»: un parere relativo al merito creditizio di un'entità, così

(1) Lettera così sostituita dall'art. 2.1, d.lg. 1° agosto 2003, n. 274, che all'art. 25 così dispone: «Le disposizioni emanate ai sensi delle norme abrogate o sostituite continuano a essere applicate, in quanto compatibili, fino alla data di entrata in vigore dei provvedimenti emanati ai sensi del presente decreto legislativo».

L'art. 20.8-*quinquies*, d.l. 24 giugno 2014, n. 91, conv. in l. 11 agosto 2014, n. 116, così dispone: «Le società di gestione del risparmio di cui all'art. 1, comma 1, lett. *o*), del d.lg. 24 febbraio 1998, n. 58, che gestiscono fondi chiusi di cui al titolo III, capo II, del regolamento di cui al decreto del Ministro del tesoro, del bilancio e della programmazione economica 24 maggio 1999, n. 228, per i quali, alla data di entrata in vigore del presente decreto, non sia scaduto il termine entro il quale devono essere sottoscritte le quote, possono modificare il regolamento del fondo, previa deliberazione dell'assemblea dei quotisti, per prevedere i casi in cui è possibile una proroga del termine di sottoscrizione non superiore a dodici mesi per il completamento della raccolta del patrimonio. La proroga deve in ogni caso essere deliberata, previa modifica del regolamento del fondo, entro tre mesi dalla data di entrata in vigore della legge di conversione del presente decreto».

Sulla possibilità di prorogare in via straordinaria il termine di durata dei fondi immobiliari chiusi v. art. 1.5-*bis*-5-*novies*, d.l. 24 giugno 2014, n. 91, conv. in l. 11 agosto 2014, n. 116.

(2) Per le istruzioni per la redazione dei bilanci degli Intermediari finanziari iscritti nell'Elenco speciale, degli Istituti di moneta elettronica (Imel), delle Società di gestione del risparmio (Sgr) e delle Società di intermediazione mobiliare (Sim) v. provv. Banca d'Italia 16 dicembre 2009, in suppl. ord. n. 60 a G.U., 24 marzo 2010, n. 69, come modificato con provv. Banca d'Italia 12 luglio 2011, in G.U., 8 agosto 2011, n. 183.

(3) Le lettere da *o-bis*) a *r*) sono state così sostituite dall'art. 1.1, lett. g, d.lg. 4 marzo 2014, n. 44.

(4) Le lettere da *o-bis*) a *r*) sono state così sostituite dall'art. 1.1, lett. g, d.lg. 4 marzo 2014, n. 44. Successivamente le parole «, il gestore di EuSEF e il gestore di ELTIF» sono state così sostituite alle precedenti «e il gestore di EuSEF» dall'art. 1.1, lett. b, d.lg. 15 dicembre 2017, n. 233.

(5) In *Leggi coll. XVII, 1.*

(6) Lettera così sostituita, da ultimo, dall'art. 1.1, lett. f, d.lg. 3 agosto 2017, n. 129.

(7) Le parole «società di gestione UE» sono state così sostituite alle precedenti «società di gestione armonizzata» dall'art. 1.1, lett. h, d.lg. 4 marzo 2014, n. 44.

(8) Lettera inserita dall'art. 1.1, lett. e, d.lg. 16 aprile 2012, n. 47.

(9) Lettera inserita dall'art. 1.1, lett. b, d.lg. 13 febbraio 2019, n. 19.

come definito dall'art. 3, par. 1, lett. *a*), del reg. (CE) n. 1060/2009 (1);

r-quinquies) «agenzia di rating del credito»: una persona giuridica la cui attività include l'emissione di rating del credito a livello professionale (1);

s) «servizi ammessi al mutuo riconoscimento»: le attività e i servizi elencati nelle sezioni A e B dell'Allegato I (2) al presente decreto, autorizzati nello Stato dell'UE (3) di origine (4);

t) «offerta al pubblico di prodotti finanziari»: ogni comunicazione rivolta a persone, in qualsiasi forma e con qualsiasi mezzo, che presenti sufficienti informazioni sulle condizioni dell'offerta e dei prodotti finanziari offerti così da mettere un investitore in grado di decidere di acquistare o di sottoscrivere tali prodotti finanziari, incluso il collocamento tramite soggetti abilitati (5);

u) «prodotti finanziari»: gli strumenti finanziari e ogni altra forma di investimento di natura finanziaria non costituiscono prodotti finanziari i depositi bancari o postali non rappresentati da strumenti finanziari (6);

v) «offerta pubblica di acquisto o di scambio»: ogni offerta, invito a offrire o messaggio promozionale, in qualsiasi forma effettuati, finalizzati all'acquisto o allo scambio di prodotti finanziari e rivolti a un numero di soggetti e di ammontare complessivo superiori a quelli indicati nel regolamento previsto dall'art. 100, comma 1, lett. *b*) e *c*); non costituisce offerta pubblica di acquisto o di scambio quella avente a oggetto titoli emessi dalle banche centrali degli Stati comunitari (7);

w) «emittenti quotati»: i soggetti, italiani o esteri, inclusi i trust, che emettono strumenti finanziari quotati in un mercato regolamentato italiano. Nel caso di ricevute di deposito ammesse alle negoziazioni in un mercato regolamentato, per emittente si intende l'emittente dei valori mobiliari rappresentati, anche qualora tali valori non sono ammessi alla negoziazione in un mercato regolamentato (8);

w-bis) «soggetti abilitati alla distribuzione assicurativa»: gli intermediari assicurativi iscritti nella sezione D del registro unico degli intermediari assicurativi di cui all'art. 109 del d.lg. n. 209 del 2005 (9), i soggetti dell'Unione europea iscritti nell'elenco annesso di cui all'art. 116-*quinquies*, comma 5, del d.lg. n. 209 del 2005 (9), quali le banche, le società di intermediazione mobiliare e le imprese di investimento, anche quando operano con i collaboratori di cui alla sezione E del registro unico degli intermediari assicurativi di cui all'art. 109 del d.lg. n. 209 del 2005 (9) (10);

w-bis.1) «prodotto di investimento al dettaglio e assicurativo preassemblato» o «PRIIP»: un prodotto ai sensi all'art. 4, n. 3), del reg. (UE) n. 1286/2014 (11);

w-bis.2) «prodotto d'investimento al dettaglio preassemblato» o «PRIP»: un investimento ai sensi dell'art. 4, n. 1), del reg. (UE) n. 1286/2014 (11);

w-bis.3) «prodotto di investimento assicurativo»: un prodotto ai sensi dell'art. 4, n. 2), del reg. (UE) n. 1286/2014. Tale definizione non include:

1) i prodotti assicurativi non vita elencati all'allegato I della dir. 2009/138/CE;

2) i contratti assicurativi vita, qualora le prestazioni previste dal contratto siano dovute soltanto in caso di decesso o per incapacità dovuta a lesione, malattia o disabilità;

3) i prodotti pensionistici che, ai sensi del diritto nazionale, sono riconosciuti come aven-

(1) Lettera inserita dall'art. 1.1, d.lg. 7 maggio 2015, n. 66.

(2) Le parole «dell'Allegato I» sono state così sostituite alle precedenti «della tabella allegata» dall'art. 1.1, lett. g, d.lg. 3 agosto 2017, n. 129.

(3) Le parole «Stato dell'UE» sono state così sostituite alle precedenti «Stato comunitario» dall'art. 1.1, lett. g, d.lg. 3 agosto 2017, n. 129.

(4) Lettera così sostituita dall'art. 1.1, lett. e, d.lg. 17 settembre 2007, n. 164.

(5) Lettera così sostituita dall'art. 2.1, lett. a, d.lg. 28 marzo 2007, n. 51.

(6) Le parole «non costituiscono prodotti finanziari i depositi bancari o postali non rappresentati da strumenti finanziari» sono state aggiunte dall'art. 3.1, lett. b, d.lg. 29 dicembre 2006, n. 303.

(7) Le parole da «e di ammontare complessivo» fino alla fine della lettera sono state così sostituite alle precedenti «superiore a quello indicato nel regolamento previsto dall'art. 100 nonché di ammontare complessivo superiore a quello indicato nel medesimo regolamento;» dall'art. 1.1, d.lg. 19 novembre 2007, n. 229.

(8) Lettera così sostituita dall'art. 1.1, lett. a, d.lg. 15 febbraio 2016, n. 25.

(9) In *Leggi coll. VIII, 3*.

(10) Lettera aggiunta dall'art. 3.1, lett. c, d.lg. 29 dicembre 2006, n. 303, e successivamente così sostituita dall'art. 2.1, lett. a, d.lg. 21 maggio 2018, n. 68. In base all'art. 4.7, d.lg. cit., tali disposizioni «trovano applicazione dal 1° ottobre 2018».

(11) Lettera inserita dall'art. 1.1, d.lg. 14 novembre 2016, n. 224. In base all'art. 3, d.lg. cit., tali disposizioni «si applicano a decorrere dalla data di applicazione del reg. (UE) n. 1286/2014».

ti lo scopo precipuo di offrire all'investitore un reddito durante la pensione e che consentono all'investitore di godere di determinati vantaggi;

4) i regimi pensionistici aziendali o professionali ufficialmente riconosciuti che rientrano nell'ambito di applicazione della dir. 2003/41/CE o della dir. 2009/138/CE;

5) i singoli prodotti pensionistici per i quali il diritto nazionale richiede un contributo finanziario del datore di lavoro e nei quali il lavoratore o il datore di lavoro non può scegliere il fornitore o il prodotto pensionistico (1);

w-bis.4) «ideatore di prodotti d'investimento al dettaglio preassemblati e assicurativi» o «ideatore di PRIIP»: un soggetto di cui all'art. 4, n. 4), del reg. (UE) n. 1286/2014 (2);

w-bis.5) «persona che vende un PRIIP»: un soggetto di cui all'art. 4, n. 5), del reg. (UE) n. 1286/2014 (2);

w-bis.6) «investitore al dettaglio in PRIIP»: un cliente ai sensi dell'art. 4, n. 6), del reg. (UE) n. 1286/2014 (2);

w-bis.7) «gestore del mercato»: il soggetto che gestisce e/o amministra l'attività di un mercato regolamentato e può coincidere con il mercato regolamentato stesso (3);

w-ter) «mercato regolamentato»: sistema multilaterale amministrato e/o gestito da un gestore del mercato, che consente o facilita l'incontro, al suo interno e in base alle sue regole non discrezionali, di interessi multipli di acquisto e di vendita di terzi relativi a strumenti finanziari, in modo da dare luogo a contratti relativi a strumenti finanziari ammessi alla negoziazione conformemente alle sue regole e/o ai suoi sistemi, e che è autorizzato e funziona regolarmente e conformemente alla parte III (4);

w-quater) «emittenti quotati aventi l'Italia come Stato membro d'origine»:

1) gli (5) emittenti azioni ammesse alle negoziazioni in mercati regolamentati italiani o di altro Stato membro dell'Unione europea, aventi sede legale in Italia (6);

2) gli emittenti titoli di debito di valore nominale unitario inferiore ad euro mille, o valore corrispondente in valuta diversa, ammessi alle negoziazioni in mercati regolamentati italiani o di altro Stato membro dell'Unione europea, aventi sede legale in Italia (7);

3) gli emittenti valori mobiliari di cui ai nn. 1) e 2), aventi sede legale in uno Stato non appartenente all'Unione europea, che hanno scelto l'Italia come Stato membro d'origine tra gli Stati membri in cui i propri valori mobiliari sono ammessi alla negoziazione in un mercato regolamentato. La scelta dello Stato membro d'origine resta valida salvo che l'emittente abbia scelto un nuovo Stato membro d'origine ai sensi del n. 4-*bis*) e abbia comunicato tale scelta (8) (9);

4) gli emittenti valori mobiliari diversi da quelli di cui ai nn. 1) e 2), aventi sede legale (10) in Italia o i cui valori mobiliari sono ammessi alle negoziazioni in un mercato regolamentato italiano, che hanno scelto l'Italia come Stato membro d'origine. L'emittente può scegliere un solo Stato membro [...] (11) d'origine. La scelta resta valida per almeno tre anni, salvo il caso in cui i valori mobiliari dell'emittente non sono più ammessi alla negoziazione in alcun mercato regolamentato dell'Unione europea, o salvo che l'emittente, nel triennio,

(1) Lettera inserita dall'art. 1.1, d.lg. 14 novembre 2016, n. 224. Le parole da «reg. (UE) n. 1286/2014» fino a «pensionistico» sono state così sostituite successivamente alle precedenti «reg. (UE) n. 1286/2014» dall'art. 2.1, lett. b, d.lg. 21 maggio 2018, n. 68. In base all'art. 4.7, d.lg. cit., tali disposizioni «trovano applicazione dal 1° ottobre 2018».

(2) Lettera inserita dall'art. 1.1, d.lg. 14 novembre 2016, n. 224. In base all'art. 3, d.lg. cit., tali disposizioni «si applicano a decorrere dalla data di applicazione del reg. (UE) n. 1286/2014».

(3) Lettera inserita dall'art. 1.1, lett. h, d.lg. 3 agosto 2017, n. 129.

(4) Lettera aggiunta dall'art. 2.1, lett. b, d.lg. 28 marzo 2007, n. 51, e successivamente così sostituita, da ultimo, dall'art. 1.1, lett. i, d.lg. 3 agosto 2017, n. 129.

(5) La parola «gli» è stata così sostituita alla precedente «le» dall'art. 1.1, lett. b, n. 1, d.lg. 15 febbraio 2016, n. 25.

(6) Le parole «dell'Unione europea, aventi sede legale in Italia» sono state così sostituite alle precedenti «della Comunità europea, aventi sede in Italia» dall'art. 1.1, lett. b, n. 1, d.lg. 15 febbraio 2016, n. 25.

(7) Le parole «dell'Unione europea, aventi sede legale in Italia» sono state così sostituite alle precedenti «della Comunità europea, aventi sede in Italia» dall'art. 1.1, lett. b, n. 2, d.lg. 15 febbraio 2016, n. 25.

(8) Numero così sostituito dall'art. 1.1, lett. b, n. 3, d.lg. 15 febbraio 2016, n. 25, come corretto con *Comunicato* in G.U., 25 maggio 2016, n. 121.

(9) L'art. 2.2, d.lg. 15 febbraio 2016, n. 25, così dispone: «Gli emittenti di cui all'art. 1, lett. *w-quater*), nn. 3), 4) e 4-*bis*), del d.lg. 24 febbraio 1998, n. 58, che hanno scelto l'Italia quale Stato membro d'origine e hanno effettuato la comunicazione prima del 27 novembre 2015, sono esentati dall'obbligo di comunicazione, salvo che scelgano un altro Stato membro d'origine dopo tale data».

(10) La parola «legale» è stata inserita dall'art. 1.1, lett. b, n. 4, d.lg. 15 febbraio 2016, n. 25.

(11) Le parole «come Stato membro» sono state soppresse dall'art. 1.1, lett. b, n. 4, d.lg. 15 febbraio 2016, n. 25.

rientri tra gli emittenti di cui ai nn. 1), 2), 3) e 4-*bis*), della presente lettera (1) (2) (3);

4-*bis*) gli emittenti di cui ai nn. 3) e 4) i cui valori mobiliari non sono più ammessi alla negoziazione in un mercato regolamentato dello Stato membro d'origine, ma sono stati ammessi alla negoziazione in un mercato regolamentato italiano o di altri Stati membri e, se del caso, aventi sede legale in Italia oppure che hanno scelto l'Italia come nuovo Stato membro d'origine (4) (2);

w-quater.1) «PMI»: fermo quanto previsto da altre disposizioni di legge, le piccole e medie imprese, emittenti azioni quotate, il cui fatturato anche anteriormente all'ammissione alla negoziazione delle proprie azioni, sia inferiore a 300 milioni di euro, ovvero che abbiano una capitalizzazione di mercato inferiore ai 500 milioni di euro. Non si considerano PMI gli emittenti azioni quotate che abbiano superato entrambi i predetti limiti per tre anni consecutivi. La Consob stabilisce con regolamento le disposizioni attuative della presente lettera, incluse le modalità informative cui sono tenuti tali emittenti in relazione all'acquisto ovvero alla perdita della qualifica di PMI. La Consob sulla base delle informazioni fornite dagli emittenti pubblica l'elenco delle PMI tramite il proprio sito internet (5);

w-quinquies) «controparti centrali»: i soggetti indicati nell'art. 2, punto 1), del reg. (UE) n. 648/2012 del Parlamento europeo e del Consiglio, del 4 luglio 2012, concernente gli strumenti derivati OTC, le controparti centrali e i repertori di dati sulle negoziazioni (6);

w-sexies) «provvedimenti di risanamento»: i provvedimenti con cui sono disposte:

1) l'amministrazione straordinaria, nonché le misure adottate nel suo ambito;

2) le misure adottate ai sensi dell'art. 60-*bis*;

3) le misure, equivalenti a quelle indicate ai punti 1 e 2, adottate da autorità di altri Stati dell'Unione europea (7) (8).

w-septies) «depositari centrali di titoli o depositari centrali» (9): i soggetti indicati nell'art. 2, par. 1, punto 1), del reg. (UE) n. 909/2014 del Parlamento europeo e del Consiglio, del 23 luglio 2014, relativo al miglioramento del regolamento titoli nell'Unione europea e ai depositari centrali di titoli (10).

1-*bis*. Per «valori mobiliari» si intendono categorie di valori che possono essere negoziati nel mercato dei capitali, quali ad esempio:

a) azioni di società e altri titoli equivalenti ad azioni di società, di partnership o di altri soggetti e ricevute di deposito azionario;

b) obbligazioni e altri titoli di debito, comprese le ricevute di deposito relative a tali titoli;

c) qualsiasi altro valore mobiliare che permetta di acquisire o di vendere i valori mobiliari indicati alle lett. *a*) e *b*) o che comporti un regolamento a pronti determinato con riferimento a valori mobiliari, valute, tassi di interesse o rendimenti, merci o altri indici o misure (11).

1-*ter*. Per «strumenti del mercato monetario» si intendono categorie di strumenti normalmente negoziati nel mercato monetario, quali, ad esempio, i buoni del Tesoro, i certificati di deposito e le carte commerciali (12).

1-*quater*. Per «ricevute di deposito» si inten-

(1) Le parole «dell'Unione europea, o salvo che l'emittente, nel triennio, rientri tra gli emittenti di cui ai nn. 1), 2), 3) e 4-*bis*), della presente lettera» sono state così sostituite alle precedenti «della Comunità europea» dall'art. 1.1, lett. b, n. 4, d.lg. 15 febbraio 2016, n. 25.

(2) L'art. 2.2, d.lg. 15 febbraio 2016, n. 25, così dispone: «Gli emittenti di cui all'art. 1, lett. *w-quater*), nn. 3), 4) e 4-*bis*), del d.lg. 24 febbraio 1998, n. 58, che hanno scelto l'Italia quale Stato membro d'origine e hanno effettuato la comunicazione prima del 27 novembre 2015, sono esentati dall'obbligo di comunicazione, salvo che scelgano un altro Stato membro d'origine dopo tale data».

(3) Lettera aggiunta dall'art. 1.1, d.lg. 6 novembre 2007, n. 195.

(4) Numero aggiunto dall'art. 1.1, lett. b, n. 5, d.lg. 15 febbraio 2016, n. 25.

(5) Lettera inserita dall'art. 20.1, lett. a, d.l. 24 giugno 2014, n. 91, conv. in l. 11 agosto 2014, n. 116, e successivamente così sostituita dall'art. 1.1, lett. c, d.lg. 15 febbraio 2016, n. 25.

(6) Lettera aggiunta dall'art. 33.1, lett. a, l. 6 agosto 2013, n. 97.

(7) Le parole «Stati dell'Unione europea» sono state così sostituite alle precedenti «Stati comunitari» dall'art. 1.1, lett. l, d.lg. 3 agosto 2017, n. 129.

(8) Lettera aggiunta dall'art. 2.1, d.lg. 16 novembre 2015, n. 181. In base all'art. 3.2, d.lg. cit., tali disposizioni si applicano «alle procedure di amministrazione straordinaria e di liquidazione coatta amministrativa avviate successivamente alla sua entrata in vigore».

(9) La definizione «depositari centrali di titoli o depositari centrali» è stata così sostituita alla precedente «depositari centrali di titoli» dall'art. 1.1, lett. m, d.lg. 3 agosto 2017, n. 129.

(10) Lettera aggiunta dall'art. 1.1, d.lg. 12 agosto 2016, n. 176.

(11) Comma inserito dall'art. 1.1, lett. g, d.lg. 17 settembre 2007, n. 164, e successivamente così sostituito dall'art. 1.1, lett. n, d.lg. 3 agosto 2017, n. 129.

(12) Comma inserito dall'art. 1.1, lett. g, d.lg. 17 settembre 2007, n. 164.

dono titoli negoziabili sul mercato dei capitali, rappresentanti la proprietà dei titoli di un emittente non domiciliato, ammissibili alla negoziazione in un mercato regolamentato e negoziati indipendentemente dai titoli dell'emittente non domiciliato (1).

2. Per «strumento finanziario» si intende qualsiasi strumento riportato nella Sezione C dell'Allegato I. Gli strumenti di pagamento non sono strumenti finanziari (2).

2-*bis*. Il Ministro dell'economia e delle finanze, con il regolamento di cui all'art. 18, comma 5, può individuare:

a) gli altri contratti derivati di cui al punto 7, sezione C, dell'Allegato I aventi le caratteristiche di altri strumenti finanziari derivati;

b) gli altri contratti derivati di cui al punto 10, sezione C, dell'Allegato I aventi le caratteristiche di altri strumenti finanziari derivati, negoziati in un mercato regolamentato, in un sistema multilaterale di negoziazione o in un sistema organizzato di negoziazione (3).

2-*ter*. Nel presente decreto legislativo si intendono per:

a) «strumenti derivati»: gli strumenti finanziari citati nell'Allegato I, sezione C, punti da 4 a 10, nonché gli strumenti finanziari previsti dal comma 1-*bis*, lett. *c*);

b) «derivati su merci»: gli strumenti finanziari che fanno riferimento a merci o attività sottostanti di cui all'Allegato I, sezione C, punti 5), 6), 7) e 10), nonché gli strumenti finanziari previsti dal comma 1-*bis*, lett. *c*), quando fanno riferimento a merci o attività sottostanti menzionati all'Allegato I, sezione C, punto 10);

c) «contratti derivati su prodotti energetici C6»: i contratti di opzione, i contratti finanziari a termine standardizzati (future), gli swap e tutti gli altri contratti derivati concernenti carbone o petrolio menzionati nella Sezione C, punto 6, dell'Allegato I che sono negoziati in un sistema organizzato di negoziazione e devono essere regolati con consegna fisica del sottostante (4).

3-4. .... (5).

5. Per «servizi e attività di investimento» si intendono i seguenti, quando hanno per oggetto strumenti finanziari:

a) negoziazione per conto proprio (6);

b) esecuzione di ordini per conto dei clienti (6) (7);

c) assunzione a fermo e/o collocamento sulla base di un impegno irrevocabile nei confronti dell'emittente (8);

c-bis) collocamento senza impegno irrevocabile (9) nei confronti dell'emittente (10);

d) gestione di portafogli (11);

e) ricezione e trasmissione di ordini (12);

(1) Comma inserito dall'art. 1.1, lett. o, d.lg. 3 agosto 2017, n. 129.

(2) Comma così sostituito, da ultimo, dall'art. 1.1, lett. p, d.lg. 3 agosto 2017, n. 129.

(3) Comma inserito dall'art. 1.1, lett. i, d.lg. 17 settembre 2007, n. 164, e successivamente così sostituito dall'art. 1.1, lett. p, d.lg. 3 agosto 2017, n. 129.

(4) Comma inserito dall'art. 1.1, lett. q, d.lg. 3 agosto 2017, n. 129.

(5) Commi abrogati dall'art. 1.1, lett. r, d.lg. 3 agosto 2017, n. 129.

(6) L'art. 19.2, d.lg. 17 settembre 2007, n. 164 così dispone: «Le SIM e le banche autorizzate in Italia alla data del 31 ottobre 2007 alla prestazione del servizio di negoziazione per conto proprio si intendono autorizzate alla prestazione dei servizi e delle attività di cui all'art. 1, comma 5, lett. *a*) e *b*), del d.lg. 24 febbraio 1998, n. 58. Gli intermediari finanziari iscritti nell'elenco previsto dall'art. 107 del d.lg. 1° settembre 1993, n. 385, al ricorrere delle medesime condizioni, si intendono autorizzati alla prestazione dei servizi e delle attività di cui all'art. 1, comma 5, lett. *a*) e *b*), del d.lg. 24 febbraio 1998, n. 58, limitatamente agli strumenti finanziari derivati».

(7) L'art. 19.3, d.lg. 17 settembre 2007, n. 164 così dispone: «Le SIM e le banche autorizzate in Italia alla data del 31 ottobre 2007 alla prestazione del servizio di negoziazione per conto terzi si intendono autorizzate alla prestazione del servizio di cui all'art. 1, comma 5, lett. *b*), del d.lg. 24 febbraio 1998, n. 58».

(8) Lettera così sostituita dall'art. 1.1, lett. s, n. 1, d.lg. 3 agosto 2017, n. 129.

(9) Le parole «impegno irrevocabile» sono state così sostituite alle precedenti «assunzione a fermo né assunzione di garanzia» dall'art. 1.1, lett. s, n. 2, d.lg. 3 agosto 2017, n. 129.

(10) L'art. 19.5, d.lg. 17 settembre 2007, n. 164 così dispone: «Le SIM, gli intermediari finanziari iscritti nell'elenco previsto dall'art. 107 del d.lg. 1° settembre 1993, n. 385, e le banche autorizzate in Italia alla data del 31 ottobre 2007 alla prestazione del servizio di collocamento, senza preventiva sottoscrizione o acquisto a fermo, ovvero assunzione di garanzia nei confronti dell'emittente, si intendono autorizzate alla prestazione del servizio di cui all'art. 1, comma 5, lett. *c-bis*), del d.lg. 24 febbraio 1998, n. 58».

(11) L'art. 19.6, d.lg. 17 settembre 2007, n. 164 così dispone: «Le SIM e le banche autorizzate in Italia alla data del 31 ottobre 2007 alla prestazione del servizio di gestione su base individuale di portafogli di investimento per conto terzi si intendono autorizzate alla prestazione del servizio di cui all'art. 1, comma 5, lett. *d*), del d.lg. 24 febbraio 1998, n. 58».

(12) L'art. 19.7, d.lg. 17 settembre 2007, n. 164 così dispone: «Le SIM e le banche autorizzate in Italia alla data del 31 ottobre 2007 alla prestazione del servizio di ricezione e trasmissione di ordini nonché mediazione si intendono autorizzate alla prestazione del servizio di cui all'art. 1, comma 5, lett. *e*), del d.lg. 24 febbraio 1998, n. 58».

f) consulenza in materia di investimenti (1);

g) gestione di sistemi multilaterali di negoziazione (2);

g-bis) gestione di sistemi organizzati di negoziazione (3).

5-*bis.* Per «negoziazione per conto proprio» si intende l'attività di acquisto e vendita di strumenti finanziari, in contropartita diretta [...] (4).

5-*bis*.1. Per «sistema multilaterale» si intende un sistema che consente l'interazione tra interessi multipli di acquisto e di vendita di terzi relativi a strumenti finanziari (5).

5-*ter.* Per «internalizzatore sistematico» si intende l'impresa di investimento che in modo organizzato, frequente, sistematico e sostanziale negozia per conto proprio eseguendo gli ordini dei clienti al di fuori di un mercato regolamentato, di un sistema multilaterale di negoziazione o di un sistema organizzato di negoziazione senza gestire un sistema multilaterale. Il modo frequente e sistematico si misura per numero di negoziazioni fuori listino (OTC) su strumenti finanziari effettuate per conto proprio eseguendo gli ordini dei clienti. Il modo sostanziale si misura per dimensioni delle negoziazioni OTC effettuate dal soggetto su uno specifico strumento finanziario in relazione al totale delle negoziazioni effettuate sullo strumento finanziario dal soggetto medesimo o all'interno dell'Unione europea (6).

5-*quater.* Per «market maker» si intende una persona che si propone, nelle sedi di negoziazione e/o al di fuori delle stesse, su base continuativa, come disposta a negoziare per conto proprio acquistando e vendendo strumenti finanziari in contropartita diretta ai prezzi dalla medesima definiti (6).

5-*quinquies.* Per «gestione di portafogli» si intende la gestione, su base discrezionale e individualizzata, di portafogli di investimento che includono uno o più strumenti finanziari e nell'ambito di un mandato conferito dai clienti (7).

5-*sexies.* Il servizio di cui al comma 5, lett. *e*), comprende la ricezione e la trasmissione di ordini, nonché l'attività consistente nel mettere in contatto due o più investitori, rendendo così possibile la conclusione di un'operazione fra loro (mediazione) (7).

5-*septies.* Per «consulenza in materia di investimenti» si intende la prestazione di raccomandazioni personalizzate a un cliente, dietro sua richiesta o per iniziativa del prestatore del servizio, riguardo a una o più operazioni relative a strumenti finanziari (8).

5-*septies*.1. Per «esecuzione di ordini per conto dei clienti» si intende la conclusione di accordi di acquisto o di vendita di uno o più strumenti finanziari per conto dei clienti, compresa la conclusione di accordi per la sottoscrizione o la compravendita di strumenti finanziari emessi da un'impresa di investimento o da una banca al momento della loro emissione (9).

5-*septies*.2. Per «agente collegato» si intende la persona fisica o giuridica che, sotto la piena e incondizionata responsabilità di una sola impresa di investimento per conto della quale opera, promuove servizi di investimento e/o servizi accessori presso clienti o potenziali clienti, riceve e trasmette le istruzioni o gli ordini dei clienti riguardanti servizi di investimento o strumenti finanziari, colloca strumenti finanziari o presta consulenza ai clienti o potenziali clienti rispetto a detti strumenti o servizi finanziari (9).

5-*septies*.3. Per «consulente finanziario abilitato all'offerta fuori sede» si intende la perso-

(1) L'art. 19.8-10, d.lg. 17 settembre 2007, n. 164 così dispone: «8. Le SIM e le banche autorizzate in Italia alla prestazione di uno o più servizi di investimento alla data del 31 ottobre 2007 si intendono autorizzate alla prestazione del servizio di cui all'art. 1, comma 5, lett. *f*), del d.lg. 24 febbraio 1998, n. 58. || 9. Le Sgr autorizzate in Italia alla data del 31 ottobre 2007 si intendono autorizzate alla prestazione del servizio di cui all'art. 1, comma 5, lett. *f*), del d.lg. 24 febbraio 1998, n. 58. || 10. Le Sim, le Sgr e le banche autorizzate in Italia alla data del 31 ottobre 2007 comunicano alle autorità competenti alla tenuta dei rispettivi albi entro il 30 novembre 2007 se non intendono avvalersi della disposizione di cui al comma 9».

(2) Comma così sostituito dall'art. 1.1, lett. m, d.lg. 17 settembre 2007, n. 164.

(3) Lettera aggiunta dall'art. 1.1, lett. s, n. 3, d.lg. 3 agosto 2017, n. 129.

(4) Comma inserito dall'art. 1.1, lett. n, d.lg. 17 settembre 2007, n. 164. Le parole «e in relazione a ordini dei clienti, nonché l'attività di market maker» sono state soppresse successivamente dall'art. 1.1, lett. t, d.lg. 3 agosto 2017, n. 129.

(5) Comma inserito dall'art. 1.1, lett. u, d.lg. 3 agosto 2017, n. 129.

(6) Comma inserito dall'art. 1.1, lett. n, d.lg. 17 settembre 2007, n. 164, e successivamente così sostituito dall'art. 1.1, lett. v, d.lg. 3 agosto 2017, n. 129.

(7) Comma inserito dall'art. 1.1, lett. n, d.lg. 17 settembre 2007, n. 164.

(8) Comma inserito dall'art. 1.1, lett. n, d.lg. 17 settembre 2007, n. 164, e successivamente così sostituito dall'art. 1.1, lett. z, d.lg. 3 agosto 2017, n. 129.

(9) Comma inserito dall'art. 1.1, lett. aa, d.lg. 3 agosto 2017, n. 129.

na fisica iscritta nell'apposita sezione dell'albo previsto dall'art. 31, comma 4, del presente decreto che, in qualità di agente collegato, esercita professionalmente l'offerta fuori sede come dipendente, agente o mandatario (1).

5-*octies*. Nel presente decreto legislativo si intendono per:

a) «sistema multilaterale di negoziazione»: un sistema multilaterale gestito da un'impresa di investimento o da un gestore del mercato che consente l'incontro, al suo interno e in base a regole non discrezionali, di interessi multipli di acquisto e di vendita di terzi relativi a strumenti finanziari, in modo da dare luogo a contratti conformemente alla parte II e alla parte III;

b) «sistema organizzato di negoziazione»: un sistema multilaterale diverso da un mercato regolamentato o da un sistema multilaterale di negoziazione che consente l'interazione tra interessi multipli di acquisto e di vendita di terzi relativi a obbligazioni, strumenti finanziari strutturati, quote di emissioni e strumenti derivati, in modo da dare luogo a contratti conformemente alla parte II e alla parte III;

c) «sede di negoziazione»: un mercato regolamentato, un sistema multilaterale di negoziazione o un sistema organizzato di negoziazione (2).

5-*octies*.1. Per «ordine con limite di prezzo» si intende un ordine di acquisto o di vendita di uno strumento finanziario al prezzo limite fissato o a un prezzo più vantaggioso e per un quantitativo fissato (3).

5-*novies*. Per «portale per la raccolta di capitali per le piccole e medie imprese e per le imprese sociali» si intende una piattaforma on line che abbia come finalità esclusiva la facilitazione della raccolta di capitale di rischio da parte delle piccole e medie imprese, come definite dall'art. 2, par. 1, lett. *f*), primo alinea, del reg. (UE) 2017/1129, delle imprese sociali e degli organismi di investimento collettivo del risparmio o di altre società che investono prevalentemente in piccole e medie imprese nonché della raccolta di finanziamenti tramite obbligazioni o strumenti finanziari di debito da parte delle piccole e medie imprese (4).

5-*decies*. .... (5).

5-*undecies*. .... (6).

5-*duodecies*. Per «imprese sociali» si intendono le imprese sociali ai sensi del d.lg. 3 luglio 2017, n. 112 (7) (8), costituite in forma di società di capitali o di società cooperativa (9).

6. Per «servizio accessorio» si intende qualsiasi servizio riportato nella sezione B dell'Allegato I (10).

6-*bis*. Per «partecipazioni» si intendono le azioni, le quote e gli altri strumenti finanziari che attribuiscono diritti amministrativi o comunque quelli previsti dall'art. 2351, ultimo comma, del codice civile (11).

6-*bis*.1. Per «controllante» si intende un'impresa controllante ai sensi degli artt. 2, par. 9, e 22 della dir. 2013/34/UE (12).

6-*bis*.2. Per «controllata» si intende un'impresa controllata ai sensi degli artt. 2, par. 10, e 22 della dir. 2013/34/UE; l'impresa controllata di un'impresa controllata è parimenti considerata impresa controllata dell'impresa controllante che è a capo di tali imprese (12).

6-*bis*.3. Per «stretti legami» si intende la situazione nella quale due o più persone fisiche o giuridiche sono legate:

a) da una «partecipazione», ossia dal fatto di detenere, direttamente o tramite un legame di controllo, il 20 per cento o più dei diritti di voto o del capitale di un'impresa;

b) da un legame di «controllo», ossia dalla relazione esistente tra un'impresa controllante

(1) Comma inserito dall'art. 1.1, lett. aa, d.lg. 3 agosto 2017, n. 129.

(2) Comma inserito dall'art. 1.1, lett. n, d.lg. 17 settembre 2007, n. 164, e successivamente così sostituito dall'art. 1.1, lett. bb, d.lg. 3 agosto 2017, n. 129.

(3) Comma inserito dall'art. 1.1, lett. cc, d.lg. 3 agosto 2017, n. 129.

(4) Comma inserito dall'art. 30.1, d.l. 18 ottobre 2012, n. 179, conv. in l. 17 dicembre 2012, n. 221, e così sostituito, da ultimo, dall'art. 1.1, lett. dd, d.lg. 3 agosto 2017, n. 129. Le parole «nonché della raccolta di finanziamenti tramite obbligazioni o strumenti finanziari di debito da parte delle piccole e medie imprese» sono state aggiunte successivamente dall'art. 1, comma 236, l. 30 dicembre 2018, n. 145.

(5) Comma inserito dall'art. 30.1, d.l. 18 ottobre 2012, n. 179, conv. in l. 17 dicembre 2012, n. 221, e successivamente abrogato dall'art. 1.1, lett. ee, d.lg. 3 agosto 2017, n. 129.

(6) Comma inserito dall'art. 4.10, lett. 0a, n. 2, d.l. 24 gennaio 2015, n. 3, conv. in l. 24 marzo 2015, n. 33, e successivamente abrogato dall'art. 1.1, lett. ee, d.lg. 3 agosto 2017, n. 129.

(7) In *Leggi coll. XVI, 2*.

(8) Le parole «del d.lg. 3 luglio 2017, n. 112» sono state così sostituite alle precedenti «del decreto legislativo di cui all'art. 1, comma 2, lett. *c*), della l. 6 giugno 2016, n. 106» dall'art. 8.3, d.lg. 20 luglio 2018, n. 95.

(9) Comma inserito dall'art. 18.8, lett. a, n. 2, d.lg. 3 luglio 2017, n. 112.

(10) Comma così sostituito dall'art. 1.1, lett. ff, d.lg. 3 agosto 2017, n. 129.

(11) Comma aggiunto dall'art. 9.48, comma 1, lett. b, d.lg. n. 6/2003, come modificato dall'art. 3.1, d.lg. n. 37/2004.

(12) Comma inserito dall'art. 1.1, lett. gg, d.lg. 3 agosto 2017, n. 129.

e un'impresa controllata, in tutti i casi di cui all'art. 22, parr. 1 e 2, della dir. 2013/34/UE, o relazione analoga esistente tra persone fisiche e giuridiche e un'impresa, nel qual caso ogni impresa controllata di un'impresa controllata è considerata impresa controllata dell'impresa controllante che è a capo di tali imprese;

c) da un legame duraturo tra due o tutte le suddette persone e uno stesso soggetto che sia una relazione di controllo (1).

6-*ter.* Se non diversamente disposto, le norme del presente decreto legislativo che fanno riferimento al consiglio di amministrazione, all'organo amministrativo ed agli amministratori si applicano anche al consiglio di gestione e ai suoi componenti (2).

6-*quater.* Se non diversamente disposto, le norme del presente decreto legislativo che fanno riferimento al collegio sindacale, ai sindaci e all'organo che svolge la funzione di controllo si applicano anche al consiglio di sorveglianza e al comitato per il controllo sulla gestione e ai loro componenti (2).

6-*quinquies.* Per «negoziazione algoritmica» si intende la negoziazione di strumenti finanziari in cui un algoritmo informatizzato determina automaticamente i parametri individuali degli ordini, come ad esempio l'avvio dell'ordine, la relativa tempistica, il prezzo, la quantità o le modalità di gestione dell'ordine dopo l'invio, con intervento umano minimo o assente, ad esclusione dei sistemi utilizzati unicamente per trasmettere ordini a una o più sedi di negoziazione, per trattare ordini che non comportano la determinazione di parametri di negoziazione, per confermare ordini o per eseguire il regolamento delle operazioni (3).

6-*sexies.* Per «accesso elettronico diretto» si intende un accordo in base al quale un membro o un partecipante o un cliente di una sede di negoziazione consente a un terzo l'utilizzo del proprio codice identificativo di negoziazione per la trasmissione in via elettronica direttamente alla sede di negoziazione di ordini relativi a uno strumento finanziario, sia nel caso in cui l'accordo comporti l'utilizzo da parte del terzo dell'infrastruttura del membro, del partecipante o del cliente, o di qualsiasi sistema di collegamento fornito dal membro, partecipante o cliente per trasmettere gli ordini (accesso diretto al mercato) sia nel caso in cui non vi sia tale utilizzo (accesso sponsorizzato) (3).

6-*septies.* Per «tecnica di negoziazione algoritmica ad alta frequenza» si intende qualsiasi tecnica di negoziazione algoritmica caratterizzata da:

a) infrastrutture volte a ridurre al minimo le latenze di rete e di altro genere, compresa almeno una delle strutture per l'inserimento algoritmico dell'ordine: co-ubicazione, hosting di prossimità o accesso elettronico diretto a velocità elevata;

b) determinazione da parte del sistema dell'inizializzazione, generazione, trasmissione o esecuzione dell'ordine senza intervento umano per il singolo ordine o negoziazione, e

c) elevato traffico infra-giornaliero di messaggi consistenti in ordini, quotazioni o cancellazioni (3).

6-*octies.* Per «negoziazione matched principal» si intende una negoziazione in cui il soggetto che si interpone tra l'acquirente e il venditore non è mai esposto al rischio di mercato durante l'intera esecuzione dell'operazione, con l'acquisto e la vendita eseguiti simultaneamente ad un prezzo che non permette a tale soggetto di realizzare utili o perdite, fatta eccezione per le commissioni, gli onorari o le spese dell'operazione previamente comunicati (3).

6-*novies.* Per «pratica di vendita abbinata» si intende l'offerta di un servizio di investimento insieme a un altro servizio o prodotto come parte di un pacchetto o come condizione per l'ottenimento dello stesso accordo o pacchetto (3).

6-*decies.* Per «deposito strutturato» si intende un deposito quale definito all'art. 69-*bis*, comma 1, lett. *c*), del t.u. bancario (4) che è pienamente rimborsabile alla scadenza in base a termini secondo i quali qualsiasi interesse o premio sarà rimborsato (o è a rischio) secondo una formula comprendente fattori quali:

a) un indice o una combinazione di indici, eccetto i depositi a tasso variabile il cui rendimento è direttamente legato a un tasso di interesse quale l'Euribor o il Libor;

b) uno strumento finanziario o una combinazione degli strumenti finanziari;

c) una merce o combinazione di merci o di altri beni infungibili, materiali o immateriali; o

d) un tasso di cambio o una combinazione di tassi di cambio (3).

6-*undecies.* Nel presente decreto legislativo si intendono per:

a) «dispositivo di pubblicazione autorizzato» o «APA»: un soggetto autorizzato ai sen-

(1) Comma inserito dall'art. 1.1, lett. gg, d.lg. 3 agosto 2017, n. 129.
(2) Comma aggiunto dall'art. 9.48, comma 1, lett. b, d.lg. n. 6/2003, come modificato dall'art. 3.1, d.lg. n. 37/2004.
(3) Comma aggiunto dall'art. 1.1, lett. hh, d.lg. 3 agosto 2017, n. 129.
(4) In *Leggi coll. XVII, 1.*

si della dir. 2014/65/UE a pubblicare i report delle operazioni concluse per conto di imprese di investimento ai sensi degli artt. 20 e 21 del reg. (UE) n. 600/2014;

b) «fornitore di un sistema consolidato di pubblicazione» o «CTP»: un soggetto autorizzato ai sensi della dir. 2014/65/UE a fornire il servizio di raccolta presso mercati regolamentati, sistemi multilaterali di negoziazione, sistemi organizzati di negoziazione e APA dei report delle operazioni concluse per gli strumenti finanziari di cui agli artt. 6, 7, 10, 12, 13, 20 e 21 del reg. (UE) n. 600/2014 e di consolidamento delle suddette informazioni in un flusso elettronico di dati attualizzati in continuo, in grado di fornire informazioni sui prezzi e sul volume per ciascuno strumento finanziario;

c) «meccanismo di segnalazione autorizzato» o «ARM»: un soggetto autorizzato ai sensi della dir. 2014/65/UE a segnalare le informazioni di dettaglio sulle operazioni concluse alle autorità competenti o all'AESFEM per conto delle imprese di investimento;

d) «servizi di comunicazione dati»: la gestione di un dispositivo di pubblicazione autorizzato (APA) o di un sistema consolidato di pubblicazione (CTP) o di un meccanismo di segnalazione autorizzato (ARM);

e) «fornitore di servizi di comunicazione dati»: un APA, un CTP o un ARM (1).

6-*duodecies.* Nel presente decreto legislativo si intendono per:

a) «Stato membro d'origine dell'impresa di investimento»:

1) se l'impresa di investimento è una persona fisica, lo Stato membro in cui tale persona ha la propria sede principale;

2) se l'impresa di investimento è una persona giuridica, lo Stato membro in cui si trova la sua sede legale;

3) e, in base al diritto nazionale cui è soggetta, l'impresa di investimento non ha una sede legale, lo Stato membro in cui è situata la sua direzione generale;

b) «Stato membro d'origine del mercato regolamentato»: lo Stato membro in cui è registrato il mercato regolamentato o se, in base al diritto nazionale di tale Stato membro detto mercato non ha una sede legale, lo Stato membro in cui è situata la propria direzione generale;

c) «Stato membro d'origine di un APA, di un sistema consolidato di pubblicazione o di meccanismo di segnalazione autorizzato»:

1) se il dispositivo di pubblicazione autorizzato, il meccanismo di segnalazione autorizzato o il sistema consolidato di pubblicazione è una persona fisica, lo Stato membro in cui tale persona ha la propria direzione generale;

2) se il dispositivo di pubblicazione autorizzato, il meccanismo di segnalazione autorizzato o il sistema consolidato di pubblicazione è una persona giuridica, lo Stato membro in cui si trova la sua sede legale;

3) se, in base al diritto nazionale cui è soggetto, il dispositivo di pubblicazione autorizzato, il meccanismo di segnalazione autorizzato o il sistema consolidato di pubblicazione non ha una sede legale, lo Stato membro in cui è situata la sua direzione generale (1).

6-*terdecies.* Nel presente decreto legislativo si intendono per:

a) «Stato membro ospitante l'impresa di investimento»: lo Stato membro, diverso dallo Stato membro d'origine, in cui un'impresa di investimento ha una succursale o presta servizi di investimento e/o esercita attività di investimento;

b) «Stato membro ospitante il mercato regolamentato»: lo Stato membro in cui un mercato regolamentato adotta opportune misure in modo da facilitare l'accesso alla negoziazione a distanza nel suo sistema da parte di membri o partecipanti stabiliti in tale Stato membro (1).

6-*quaterdecies.* Per «prodotto energetico all'ingrosso» si intende un prodotto energetico all'ingrosso quale definito all'art. 2, punto 4, del reg. (UE) n. 1227/2011 (1).

6-*quinquiesdecies.* Per «derivati su merci agricole» si intendono i contratti derivati connessi a prodotti di cui all'art. 1 e all'all. I, parti da I a XXIV/1 del reg. (UE) n. 1308/2013 (1).

6-*sexiesdecies.* Per «emittente sovrano» si intende uno dei seguenti emittenti di titoli di debito:

a) l'Unione europea;

b) uno Stato membro, ivi inclusi un ministero, un'agenzia o una società veicolo di tale Stato membro;

c) in caso di Stato membro federale, un membro della federazione;

d) una società veicolo per conto di diversi Stati membri;

e) un ente finanziario internazionale costituito da due o più Stati membri con l'obiettivo di mobilitare risorse e fornire assistenza finanziaria a beneficio dei suoi membri che stanno affrontando o sono minacciati da gravi crisi finanziarie; o

(1) Comma aggiunto dall'art. 1.1, lett. hh, d.lg. 3 agosto 2017, n. 129.

f) la Banca europea per gli investimenti (1).

6-*septiesdecies.* Per «debito sovrano» si intende un titolo di debito emesso da un emittente sovrano (1).

6-*octiesdecies.* Per «supporto durevole» si intende qualsiasi strumento che:

a) permetta al cliente di memorizzare informazioni a lui personalmente dirette, in modo che possano essere agevolmente recuperate per un periodo di tempo adeguato ai fini cui sono destinate le informazioni stesse; e

b) che consenta la riproduzione inalterata delle informazioni memorizzate (1).

2. *Rapporti con il diritto dell'Unione europea e integrazione nel SEVIF.* — 1. Il Ministero dell'economia e delle finanze, la Banca d'Italia e la Consob esercitano i poteri loro attribuiti in armonia con le disposizioni dell'Unione europea, applicano i regolamenti e le decisioni dell'Unione europea e provvedono in merito alle raccomandazioni concernenti le materie disciplinate dal presente decreto.

2. La Banca d'Italia e la Consob, nell'esercizio delle rispettive competenze, sono parti del SEVIF e partecipano alle attività che esso svolge, tenendo conto della convergenza in ambito europeo degli strumenti e delle prassi di vigilanza.

2-*bis.* Le Autorità indicate al comma 1 esercitano, ciascuna per quanto di competenza, i poteri d'intervento attribuiti loro dalle parti I e II del presente decreto legislativo anche per assicurare il rispetto del reg. UE n. 575/2013, delle relative norme tecniche di regolamentazione e di attuazione emanate dalla Commissione europea ai sensi degli artt. 10 e 15 del reg. UE n. 1093/2010, ovvero in caso di inosservanza degli atti dell'AESFEM o dell'ABE direttamente applicabili adottati ai sensi di questi ultimi regolamenti (2).

3. La Banca d'Italia e la Consob, nei casi di crisi o di tensioni sui mercati finanziari, tengono conto degli effetti dei propri atti sulla stabilità del sistema finanziario degli altri Stati membri, anche avvalendosi degli opportuni scambi di informazioni con l'AESFEM, il Comitato congiunto, il CERS e le autorità di vigilanza degli altri Stati membri (3).

3. *Provvedimenti.* — 1. I regolamenti ministeriali previsti dal presente decreto sono adottati ai sensi dell'art. 17, comma 3, della l. 23 agosto 1988, n. 400.

2. La Banca d'Italia e la Consob stabiliscono i termini e le procedure per l'adozione degli atti e dei provvedimenti di propria competenza (4).

3. I regolamenti e i provvedimenti di carattere generale della Banca d'Italia e della Consob sono pubblicati nella *Gazzetta Ufficiale*. Gli altri provvedimenti rilevanti relativi ai soggetti sottoposti a vigilanza sono pubblicati nel sito internet della Banca d'Italia o della Consob. Si applicano, in quanto compatibili, le disposizioni dell'art. 195-*bis* (5).

4. Entro il 31 gennaio di ogni anno, tutti i regolamenti e i provvedimenti di carattere generale emanati ai sensi del presente decreto nonché i regolamenti dei mercati sono pubblicati, a cura del Ministero dell'economia e delle finanze (6), in un unico compendio, anche in forma elettronica, ove anche uno solo di essi sia stato modificato nel corso dell'anno precedente.

4. *Collaborazione tra autorità e segreto d'ufficio.* — 1. La Banca d'Italia, la Consob, la COVIP (7) e l'Ivass (8) collaborano tra loro, anche mediante scambio di informazioni, al fine di agevolare le rispettive funzioni. Dette autorità non possono reciprocamente opporsi il segreto d'ufficio.

2. La Banca d'Italia e la Consob collaborano, anche mediante scambio di informazioni, con le autorità e i comitati che compongono il SEVIF e con la Banca Centrale Europea (BCE) (9) al fine di agevolare le rispettive funzioni. Nei casi e nei modi stabiliti dalla normativa europea adempiono agli obblighi di comu-

(1) Comma aggiunto dall'art. 1.1, lett. hh, d.lg. 3 agosto 2017, n. 129.
(2) Comma inserito dall'art. 4.2, d.lg. 12 maggio 2015, n. 72.
(3) Articolo così sostituito dall'art. 2.2, d.lg. 30 luglio 2012, n. 130.
(4) V. provv. Banca d'Italia 14 giugno 2006, in G.U., 19 giugno 2006, n. 140, e provv. Banca d'Italia 27 giugno 2006, in suppl. ord. n. 162 a G.U. 11 luglio 2006, n. 159.
(5) Comma così sostituito dall'art. 1.2, d.lg. 3 agosto 2017, n. 129.
(6) L'espressione «Ministro/Ministero dell'economia e delle finanze» ha sostituito la precedente «Ministro/Ministero del tesoro, del bilancio e della programmazione economica» per effetto dell'art. 1.1, d.lg. 6 febbraio 2004, n. 37.
(7) La parola «COVIP» è stata così sostituita alle precedenti «Commissione di vigilanza sui fondi pensione» dall'art. 1.2, d.lg. 13 febbraio 2019, n. 19.
(8) La parola «Ivass» è stata così sostituita alla precedente «Isvap» dall'art. 1.2, d.lg. 4 marzo 2014, n. 44.
(9) Le parole «e con la Banca Centrale Europea (BCE)» sono state inserite dall'art. 1.3, lett. a, d.lg. 3 agosto 2017, n. 129.

nicazione nei confronti di tali soggetti e delle altre autorità e istituzioni indicate dalle disposizioni dell'Unione europea (1).

2-*bis*. Ai fini indicati al comma 2, la Consob e la Banca d'Italia possono concludere con le autorità competenti degli Stati membri dell'Unione europea, con l'AESFEM e la BCE (2) accordi di collaborazione, che possono prevedere la delega reciproca di compiti di vigilanza. La Consob e la Banca d'Italia possono ricorrere all'AESFEM per la risoluzione delle controversie con le autorità di vigilanza degli altri Stati membri in situazioni transfrontaliere (3).

2-*ter*. La Consob è il punto di contatto per la ricezione delle richieste di informazioni provenienti da autorità competenti di Stati membri dell'Unione europea in materia di servizi e attività di investimento svolti da soggetti abilitati, di sedi di negoziazione e di servizi di comunicazione dati (4). La Consob interessa la Banca d'Italia per gli aspetti di competenza di questa ultima. La Banca d'Italia trasmette le informazioni contestualmente all'autorità competente dello Stato membro dell'Unione europea che le ha richieste e alla Consob (5).

3. [...] (6) La Banca d'Italia e la Consob possono cooperare, anche mediante scambio di informazioni, con le autorità competenti degli Stati extracomunitari.

4. Le informazioni ricevute dalla Banca d'Italia e dalla Consob ai sensi dei commi 1, 2 e 3 non possono essere trasmesse a terzi né ad altre autorità italiane, ivi incluso il Ministro dell'economia e delle finanze, senza il consenso dell'autorità che le ha fornite (7).

5. La Banca d'Italia e la Consob possono scambiare informazioni:

a) con autorità amministrative e giudiziarie nell'ambito di procedimenti di liquidazione o di fallimento, in Italia o all'estero, relativi a soggetti abilitati;

b) con gli organismi preposti all'amministrazione dei sistemi di indennizzo;

c) con le controparti centrali e i depositari centrali (8);

d) con i gestori delle sedi di negoziazione, al fine di garantire il regolare funzionamento delle sedi da essi gestite (9).

5-*bis*. Lo scambio di informazioni con autorità di Paesi extracomunitari è subordinato all'esistenza di norme in materia di segreto di ufficio (10).

6. Le informazioni indicate nel comma 5, lett. *b*), *c*) e *d*), possono essere rivelate a terzi con il consenso del soggetto che le ha fornite. Si può prescindere dal consenso se le informazioni siano fornite in ottemperanza a obblighi di cooperazione e collaborazione internazionale.

7. La Banca d'Italia e la Consob possono esercitare i poteri a esse assegnati dall'ordinamento anche ai fini della cooperazione con altre autorità e su richiesta delle medesime. Le autorità competenti di Stati comunitari o extracomunitari possono chiedere alla Banca d'Italia e alla Consob di effettuare per loro conto, secondo le norme previste nel presente decreto, un'indagine sul territorio dello Stato, nonché di eseguire, per loro conto, notifiche sul territorio dello Stato inerenti ai provvedimenti da esse adottati (11). Le predette autorità possono chiedere che venga consentito ad alcuni membri del loro personale di accompagnare il personale della Banca d'Italia e della Consob durante l'espletamento dell'indagine (12).

8. Restano ferme le norme che disciplinano il segreto d'ufficio sulle notizie, i dati e le informazioni in possesso della Banca d'Italia.

9. Al fine di agevolare l'esercizio della vigilanza su base consolidata nei confronti di gruppi operanti in più Stati comunitari la Banca d'Italia, sulla base di accordi con le autorità competenti, definisce forme di collaborazione

(1) Comma così sostituito dall'art. 2.3, lett. b, d.lg. 30 luglio 2012, n. 130.

(2) Le parole «, con l'AESFEM e la BCE» sono state così sostituite alle precedenti «e con l'AESFEM» dall'art. 1.3, lett. b, d.lg. 3 agosto 2017, n. 129.

(3) Comma inserito dall'art. 1.2, lett. a, d.lg. 17 settembre 2007, n. 164, e successivamente così sostituito dall'art. 2.3, lett. c, d.lg. 30 luglio 2012, n. 130.

(4) Le parole «, di sedi di negoziazione e di servizi di comunicazione dati» sono state così sostituite alle precedenti «e di mercati regolamentati» dall'art. 1.3, lett. c, d.lg. 3 agosto 2017, n. 129.

(5) Comma inserito dall'art. 1.2, lett. a, d.lg. 17 settembre 2007, n. 164.

(6) Le parole «Al medesimo fine,» sono state soppresse dall'art. 1.2, lett. b, d.lg. 17 settembre 2007, n. 164.

(7) Comma così sostituito dall'art. 9.1, lett. a, n. 1, l. 18 aprile 2005, n. 62.

(8) Lettera così sostituita dall'art. 1.2, lett. a, d.lg. 12 agosto 2016, n. 176.

(9) Lettera così sostituita dall'art. 1.3, lett. d, d.lg. 3 agosto 2017, n. 129.

(10) Comma inserito dall'art. 3.2, d.lg. 1° agosto 2003, n. 274. L'art. 9.1, lett. a, n. 2, l. 18 aprile 2005, n. 62, ha soppresse le parole «equivalenti a quelle vigenti in Italia».

(11) Le parole «, nonché di eseguire, per loro conto, notifiche sul territorio dello Stato inerenti ai provvedimenti da esse adottati» sono state inserite dall'art. 1.2, d.lg. 19 novembre 2007, n. 229.

(12) Ultimi due periodi aggiunti dall'art. 9.1, lett. a, n. 3, l. 18 aprile 2005, n. 62.

e coordinamento, istituisce collegi di supervisori e partecipa ai collegi istituiti da altre autorità. In tale ambito, la Banca d'Italia può concordare specifiche ripartizioni di compiti e deleghe di funzioni (1).

10. Tutte le notizie, le informazioni e i dati in possesso della Consob in ragione della sua attività di vigilanza sono coperti dal segreto d'ufficio anche nei confronti delle pubbliche amministrazioni, a eccezione del Ministro dell'economia e delle finanze (2). Sono fatti salvi i casi previsti dalla legge per le indagini relative a violazioni sanzionate penalmente (3).

11. I dipendenti della Consob, nell'esercizio delle funzioni di vigilanza, sono pubblici ufficiali e hanno l'obbligo di riferire esclusivamente alla Commissione tutte le irregolarità constatate, anche quando integrino ipotesi di reato.

12. I dipendenti della Consob, i consulenti e gli esperti dei quali la stessa si avvale sono vincolati dal segreto d'ufficio.

13. Le pubbliche amministrazioni e gli enti pubblici forniscono dati, notizie e documenti e ogni ulteriore collaborazione richiesta dalla Consob, in conformità delle leggi disciplinanti i rispettivi ordinamenti.

13-*bis*. Ai fini della cooperazione, mediante scambio di informazioni, con le autorità competenti di Stati membri dell'Unione europea e con l'AESFEM, la Consob e la Banca d'Italia stabiliscono con il Ministero della giustizia, anche sulla base di un protocollo d'intesa, le modalità di acquisizione delle informazioni relative alle sanzioni penali applicate dall'Autorità giudiziaria, per i reati di cui all'art. 2638 del codice civile e agli artt. 166, 167, 168, 169, 170-*bis* e 173-*bis*, per la successiva comunicazione all'AESFEM, ai sensi dell'art. 195-*ter*, comma 1-*bis* (4).

13-*ter*. Per i medesimi fini di cui al comma 13-*bis* e fermo restando il divieto di cui all'art. 329 del codice di procedura penale, la Consob e la Banca d'Italia possono richiedere informazioni all'autorità giudiziaria procedente in ordine alle indagini e (5) ai procedimenti penali per i reati previsti dal comma 13-*bis* (4).

4-*bis*. *Individuazione dell'autorità competente e delle autorità competenti settoriali ai fini del reg. (CE) n. 1060/2009, e successive modificazioni, relativo alle agenzie di rating del credito*. — 1. La Consob è l'autorità competente ai sensi dell'art. 22 del reg. (CE) n. 1060/2009 del Parlamento europeo e del Consiglio, del 16 settembre 2009, relativo alle agenzie di rating del credito, ed esercita i poteri previsti dal predetto regolamento.

2. La Consob, la Banca d'Italia, l'Ivass e la COVIP sono le autorità settoriali competenti, ai sensi dell'art. 3, par. 1, lett. *r*), del regolamento di cui al comma 1. Le predette autorità collaborano tra loro e si scambiano informazioni, anche sulla base di appositi protocolli d'intesa (6).

4-*ter*. *Individuazione delle autorità nazionali competenti ai sensi del reg. (UE) n. 236/2012 relativo alle vendite allo scoperto e a taluni aspetti dei contratti derivati aventi ad oggetto la copertura del rischio di inadempimento dell'emittente (credit default swap)*. — 1. Il Ministero dell'economia e delle finanze, la Banca d'Italia e la Consob sono le autorità nazionali competenti ai sensi del reg. (UE) n. 236/2012 relativo alle vendite allo scoperto e a taluni aspetti dei contratti derivati aventi ad oggetto la copertura del rischio di inadempimento dell'emittente (*credit default swap*), secondo quanto disposto dai commi seguenti.

2. La Consob è l'autorità competente per ricevere le notifiche, attuare le misure ed esercitare le funzioni e i poteri previsti dal regolamento di cui al comma 1 con riferimento a strumenti finanziari diversi dai titoli del debito sovrano e *credit default swap* su emittenti sovrani.

3. Salvo quanto previsto dal comma 4, la Banca d'Italia e la Consob, nell'ambito delle rispettive attribuzioni, sono le autorità competenti per ricevere le notifiche, attuare le misure e esercitare le funzioni e i poteri previsti dal regolamento di cui al comma 1 con riferimento ai titoli del debito sovrano e ai *credit default*

(1) Comma così sostituito dall'art. 2.1, lett. a, d.lg. 30 dicembre 2010, n. 239.

(2) L'espressione «Ministro/Ministero dell'economia e delle finanze» ha sostituito la precedente «Ministro/Ministero del tesoro, del bilancio e della programmazione economica» per effetto dell'art. 1.1, d.lg. 6 febbraio 2004, n. 37.

(3) La Corte cost., con sentenza 3 novembre 2000, n. 460, ha dichiarato non fondata, nei sensi di cui in motivazione, la questione di legittimità costituzionale di questo comma, interpretato nel senso che gli atti, le notizie e i dati in possesso della Consob posti a fondamento di un procedimento disciplinare sono accessibili all'interessato.

(4) Comma aggiunto dall'art. 1.1, lett. a, d.lg. 18 aprile 2016, n. 71.

(5) Le parole «alle indagini e» sono state inserite dall'art. 1.2, lett. b, d.lg. 12 agosto 2016, n. 176.

(6) Articolo inserito dall'art. 1.1, d.lg. 5 ottobre 2010, n. 176, e successivamente così sostituito dall'art. 1.2, d.lg. 7 maggio 2015, n. 66.

swap su emittenti sovrani.

4. Con riferimento al debito sovrano e ai *credit default swap* su emittenti sovrani, i poteri di temporanea sospensione delle restrizioni e i poteri di intervento in circostanze eccezionali, previsti dal regolamento di cui al comma 1, sono esercitati dal Ministero dell'economia e delle finanze, su proposta della Banca d'Italia, sentita la Consob.

5. La Consob è l'autorità responsabile per coordinare la cooperazione e lo scambio di informazioni con la Commissione dell'Unione europea, l'AESFEM e le autorità competenti degli altri Stati membri, ai sensi dell'art. 32 del regolamento di cui al comma 1.

6. Al fine di coordinare l'esercizio delle funzioni di cui al comma 3 e 4, il Ministero dell'economia e delle finanze, la Banca d'Italia e la Consob stabiliscono mediante un protocollo di intesa le modalità della cooperazione e del reciproco scambio di informazioni rilevanti ai fini dell'esercizio delle predette funzioni, anche con riferimento alle irregolarità rilevate e alle misure adottate nell'esercizio delle rispettive competenze nonché le modalità di ricezione delle predette notifiche, tenuto conto dell'esigenza di ridurre al minimo gli oneri gravanti sugli operatori.

7. La Banca d'Italia e la Consob per adempiere alle rispettive competenze come definite dal presente articolo e assicurare il rispetto delle misure adottate ai sensi del Regolamento di cui al comma 1, ivi comprese quelle demandate al Ministero dell'economia e delle finanze ai sensi del comma 4, dispongono dei poteri previsti dall'art. 187-*octies* (1).

4-*quater*. *Individuazione delle autorità nazionali competenti ai sensi del reg. (UE) n. 648/2012 del Parlamento europeo e del Consiglio, del 4 luglio 2012, e ai sensi del reg. (UE) 2015/2365 del Parlamento europeo e del Consiglio, del 25 novembre 2015* (2). — 1-2. .... (3).

2-*bis*. La Banca d'Italia, la Consob, l'IVASS e la COVIP (4) sono le autorità competenti per il rispetto degli obblighi posti dal regolamento (UE) n. 648/2012 (5) e dal reg. (UE) 2015/2365 (6) a carico dei soggetti vigilati dalle medesime autorità, secondo le rispettive attribuzioni di vigilanza (7).

3. La Consob è l'autorità competente nei confronti delle controparti non finanziarie, come definite rispettivamente dal reg. (UE) n. 648/2012 e dal reg. (UE) 2015/2365, che non siano soggetti vigilati da altra autorità ai sensi del presente articolo, per il rispetto degli obblighi previsti dagli artt. 9, 10 e 11 del reg. (UE) n. 648/2012 e dagli artt. 4 e 15 del reg. (UE) 2015/2365 (8). A tal fine la Consob esercita i poteri previsti dall'art. 187-*octies* del presente decreto legislativo, secondo le modalità ivi stabilite, e può dettare disposizioni inerenti alle modalità di esercizio dei poteri di vigilanza.

4-5. .... (9) (10).

4-*quinquies*. *Individuazione delle autorità nazionali competenti ai sensi del regolamento (UE) n. 345/2013, relativo ai fondi europei per il venture capital (EuVECA), e del reg. (UE) n. 346/2013, relativo ai fondi europei per l'imprenditoria sociale (EuSEF)*. — 1. La Banca d'Italia e la Consob, secondo le rispettive attribuzioni e le finalità indicate dall'art. 5, sono le autorità nazionali competenti ai sensi del reg. (UE) n. 345/2013 e del reg. (UE) n. 346/2013. La Banca d'Italia e la Consob si trasmettono tempestivamente le informazioni che ciascuna di esse è competente a ricevere ai sensi del presente articolo.

2. La Banca d'Italia, sentita la Consob, per i soggetti non iscritti agli albi previsti dagli artt. 35 e 35-*ter* (11), registra e cancella i gestori italiani di EuVECA e di EuSEF ai sensi dell'art. 14 del reg. (UE) n. 345/2013 e dell'art. 15 del reg. (UE) n. 346/2013. Tali gestori sono iscritti in una sezione distinta dell'albo di cui all'art.

(1) Articolo inserito dall'art. 24.1, lett. a, d.l. 18 ottobre 2012, n. 179, conv. in l. 17 dicembre 2012, n. 221.

(2) Rubrica così sostituita alla precedente «Individuazione delle autorità nazionali competenti ai sensi del reg. (UE) n. 648/2012 del Parlamento europeo e del Consiglio, del 4 luglio 2012» dall'art. 1.3, lett. a, d.lg. 13 febbraio 2019, n. 19.

(3) Commi abrogati dall'art. 1.3, lett. a, d.lg. 12 agosto 2016, n. 176.

(4) Le parole «COVIP» sono state così sostituite alle precedenti «Commissione di vigilanza sui fondi pensione (COVIP)» dall'art. 1.3, lett. b, d.lg. 13 febbraio 2019, n. 19.

(5) Le parole «(UE) n. 648/2012» sono state così sostituite alle precedenti «di cui al comma 1» dall'art. 1.3, lett. a, d.lg. 12 agosto 2016, n. 176.

(6) Le parole «e dal reg. (UE) 2015/2365» sono state inserite dall'art. 1.3, lett. b, d.lg. 13 febbraio 2019, n. 19.

(7) Comma inserito dall'art. 11.1, lett. a, l. 30 ottobre 2014, n. 161.

(8) Periodo così sostituito, da ultimo, dall'art. 1.3, lett. c, d.lg. 13 febbraio 2019, n. 19.

(9) Commi abrogati dall'art. 1.3, lett. c, d.lg. 12 agosto 2016, n. 176.

(10) Articolo aggiunto dall'art. 33.1, lett. c, l. 6 agosto 2013, n. 97.

(11) Le parole «per i soggetti non iscritti agli albi previsti dagli artt. 35 e 35-*ter*» sono state così inserite dall'art. 1.2, d.lg. 15 dicembre 2017, n. 233.

35, tenuto dalla Banca d'Italia. Si applicano gli artt. 35, commi 2 e 3, e 35-*undecies* e la relativa disciplina di attuazione in quanto compatibile con il reg. (UE) n. 345/2013 e il reg. (UE) n. 346/2013.

3. La Banca d'Italia è l'autorità competente a ricevere dai gestori italiani di EuVECA e di EuSEF la comunicazione prescritta dall'art. 15 del reg. (UE) n. 345/2013 e dall'art. 16 del reg. (UE) n. 346/2013. Essa riceve inoltre la comunicazione circa l'intenzione di prevedere un nuovo domicilio per lo stabilimento di un Oicr, prevista dall'art. 16 del reg.(UE) n. 345/2013 e dall'art. 17 del reg. (UE) n. 346/2013.

4. La Consob effettua le notifiche previste dall'art. 16 del reg. (UE) n. 345/2013 e dall'art. 17 del reg. (UE) n. 346/2013 nei confronti delle autorità competenti degli Stati membri in cui i gestori italiani di EuVECAe di EuSEF registrati ai sensi del comma 2 intendono commercializzare i relativi Oicr in conformità con la disciplina dei regolamenti stessi.

5. I gestori di EuVECA o di EuSEF stabiliti in uno Stato membro diverso dall'Italia che soddisfano i requisiti previsti nei regolamenti (UE) n. 345/2013 e n. 346/2013 e che intendono commercializzare in Italia gli Oicr dagli stessi gestiti effettuano, per il tramite della competente autorità dello Stato d'origine, la notifica prescritta dall'art. 16 del reg. (UE) n. 345/2013 e dall'art. 17 del reg. (UE) n. 346/2013, una volta ottenuta la registrazione ai sensi di citati regolamenti. La Consob è l'autorità competente a ricevere tale notifica.

6. Nel caso di superamento della soglia di cui all'art. 3, par. 2, lett. *b*), della dir. 2011/61/UE, ai gestori indicati dai commi 2 e 5 si applicano le disposizioni previste per il gestore dal presente decreto legislativo e dalle relative disposizioni di attuazione. In tale ipotesi, la denominazione di EuVECA o EuSEF può essere mantenuta solo ove previsto dai suddetti regolamenti dell'UE.

7. Per assicurare il rispetto del presente articolo nonché dei regolamenti indicati al comma 1, la Banca d'Italia e la Consob dispongono, secondo le rispettive attribuzioni e le finalità dell'art. 5, dei poteri loro attribuiti dal presente decreto legislativo (1).

4-*quinquies*.1. *Individuazione delle autorità nazionali competenti ai sensi del reg. (UE) n. 2015/760 relativo ai fondi di investimento europei a lungo termine (ELTIF)*. — 1. La Banca d'Italia e la Consob, secondo le rispettive attribuzioni e le finalità indicate dall'art. 5, sono le autorità nazionali competenti ai sensi del reg. (UE) n. 2015/760.

2. La Banca d'Italia è l'autorità competente ad autorizzare la gestione di un ELTIF da parte di un gestore e ad approvare il regolamento dell'ELTIF in conformità all'art. 5 del reg. (UE) n. 2015/760. Nel caso di prima istituzione di un ELTIF da parte di un gestore, l'autorizzazione è rilasciata dalla Banca d'Italia, sentita la Consob, sui profili indicati dall'art. 5, par. 1, lett. *d*), del reg. (UE) n. 2015/760. La Banca d'Italia provvede a iscrivere i gestori autorizzati in una sezione distinta degli albi di cui agli artt. 35 e 35-*ter*. Si applicano gli artt. 35, commi 2 e 3, e 35-*ter*, commi 2 e 3.

3. La Banca d'Italia autorizza la proroga prevista dall'art. 17, par. 1, del reg. (UE) n. 2015/760.

4. La Consob è l'autorità competente a:

a) ricevere dalla Sgr e dalla Sicaf che gestiscono l'ELTIF la notifica prevista dall'art. 31, par. 1, del reg. (UE) n. 2015/760, per la commercializzazione in Italia delle quote o delle azioni dell'ELTIF agli investitori professionali e agli investitori al dettaglio;

b) ricevere dalla Sgr e dalla Sicaf che gestiscono l'ELTIF la notifica prevista dall'art. 31, par. 2, del reg. (UE) n. 2015/760 per la commercializzazione in uno Stato dell'UE diverso dall'Italia delle quote o delle azioni dell'ELTIF agli investitori professionali e agli investitori al dettaglio;

c) ricevere dall'autorità dello Stato membro di origine del gestore dell'ELTIF la notifica prevista dall'art. 31, par. 2, del reg. (UE) n. 2015/760 per la commercializzazione in Italia delle quote o delle azioni dell'ELTIF agli investitori professionali e agli investitori al dettaglio;

d) adempiere agli obblighi informativi verso l'ESMA previsti dall'art. 3, par. 3, del reg. (UE) n. 2015/760;

e) ricevere il prospetto, e le relative modifiche, di cui all'art. 24, par. 1, del reg. (UE) n. 2015/760 con le modalità e nei termini stabiliti con proprio regolamento.

5. Alle procedure per la notifica di cui al comma 4, lett. *a*), *b*) e *c*), si applicano, in quanto compatibili, l'art. 43 e le relative disposizioni attuative; non è richiesta l'intesa della Banca d'Italia prevista nei commi 4 e 5 di tale articolo, né l'acquisizione del parere di tale Autorità ai sensi dei commi 6 e 8 del medesimo articolo.

6. La Consob individua con regolamento le eventuali informazioni aggiuntive da inserire

(1) Articolo inserito dall'art. 1.3, d.lg. 4 marzo 2014, n. 44.

nel prospetto rispetto a quelle previste nell'art. 23, parr. 2, 3 e 4, del reg. (UE) n. 2015/760, al fine di permettere agli investitori di effettuare una valutazione informata sull'investimento loro proposto e, in particolare, sui relativi rischi.

7. Per assicurare il rispetto del presente articolo nonché del regolamento indicato dal comma 1, la Banca d'Italia e la Consob dispongono, secondo le rispettive attribuzioni e le finalità dell'art. 5, dei poteri loro attribuiti dal presente decreto in materia di gestione collettiva del risparmio, nonché dei poteri previsti dal reg. (UE) n. 2015/760 (1).

4-*sexies*. *Individuazione delle autorità nazionali competenti ai sensi del reg. (UE) n. 1286/2014, relativo ai documenti contenenti le informazioni chiave per i prodotti d'investimento al dettaglio e assicurativi preassemblati (PRIIP)*. — 1. La Consob e l'IVASS sono le autorità nazionali competenti designate ai sensi dell'art. 4, n. 8), del reg. (UE) n. 1286/2014 ai fini della vigilanza sul rispetto degli obblighi che il medesimo reg. (UE) n. 1286/2014 impone agli ideatori di PRIIP e alle persone che forniscono consulenza sui PRIIP o vendono i PRIIP, anche mediante i rispettivi poteri di vigilanza, d'indagine e sanzionatori, secondo le rispettive attribuzioni e conformemente a quanto disposto dal presente articolo.

2. Ai fini di cui al comma 1, la Consob è l'autorità competente:

a) ad assicurare l'osservanza degli obblighi imposti dal reg. (UE) n. 1286/2014 agli ideatori di un PRIIP e alle persone che forniscono consulenza sui PRIIP o vendono i PRIIP, fatto salvo quanto disposto al comma 3, lett. *a*), per i soggetti (2) ivi indicati;

b) a esercitare, con riferimento ai prodotti di investimento assicurativo commercializzati, distribuiti o venduti in Italia, oppure a partire dall'Italia, l'attività di monitoraggio e i poteri di cui agli artt. 15, parr. 2, 17 e 18, par. 3, del reg. (UE) n. 1286/2014, per quanto riguarda la tutela degli investitori o l'integrità e l'ordinato funzionamento dei mercati, fatto salvo quanto disposto al comma 3, lett. *b*), per gli intermediari assicurativi ivi indicati;

c) a ricevere dall'ideatore di PRIIP, o dalla persona che vende un PRIIP, la notifica preventiva del documento contenente le informazioni chiave conformi ai requisiti stabiliti ai sensi del reg. (UE) n. 1286/2014, prima che i PRIIP siano commercializzati in Italia, nonché la notifica delle versioni riviste del documento stesso ai sensi dell'art. 10 del regolamento medesimo.

3. Ai fini di cui al comma 1, l'IVASS è l'autorità competente:

a) ad assicurare l'osservanza degli obblighi posti dal reg. (UE) n. 1286/2014 agli ideatori di PRIIP e alle persone che forniscono consulenza sui PRIIP, o vendono i PRIIP, nel caso di prodotti distribuiti dagli intermediari assicurativi di cui all'art. 109, comma 2, lett. *a*) e *b*) del d.lg. 7 settembre 2005, n. 209 (3), dagli altri soggetti di cui questi intermediari assicurativi eventualmente si avvalgono iscritti nella sezione del registro di cui alla lett. *e*) dell'art. 109, comma 2, del d.lg. 7 settembre 2005, n. 209 (3), e dai soggetti iscritti nella sezione del registro di cui alla lett. *c*) dell'art. 109, comma 2, del d.lg. 7 settembre 2005, n. 209 (3);

b) a esercitare, con riferimento ai prodotti di investimento assicurativo commercializzati, distribuiti o venduti in Italia, oppure a partire dall'Italia, l'attività di monitoraggio e i poteri di cui agli artt. 15, par. 2, 17 e 18, par. 3, del reg. (UE) n. 1286/2014 [...] (4) nel caso di prodotti distribuiti dalle imprese di assicurazione e (5) dagli intermediari assicurativi di cui all'art. 109, comma 2, lett. *a*) e *b*), del d.lg. 7 settembre 2005, n. 209 (3), dagli altri soggetti di cui questi intermediari assicurativi eventualmente si avvalgono iscritti nella sezione del registro di cui alla lett. *e*) dell'art. 109, comma 2, del d.lg. 7 settembre 2005, n. 209 (3), e dai soggetti iscritti nella sezione del registro di cui alla lett. *c*) dell'art. 109, comma 2, del d.lg. 7 settembre 2005, n. 209 (3);

c) a esercitare con riferimento ai prodotti di investimento assicurativo commercializzati, distribuiti o venduti in Italia, oppure a partire dall'Italia, l'attività di monitoraggio e i poteri di

(1) Articolo aggiunto dall'art. 1.3, d.lg. 15 dicembre 2017, n. 233.

(2) Le parole «i soggetti» sono state così sostituite alle precedenti «gli intermediari assicurativi» dall'art. 2.2, lett. a, d.lg. 21 maggio 2018, n. 68. In base all'art. 4.7, d.lg. cit., tali disposizioni «trovano applicazione dal 1° ottobre 2018».

(3) In *Leggi coll. VIII, 3*.

(4) Le parole «per quanto riguarda la tutela degli investitori o l'integrità e l'ordinato funzionamento dei mercati» sono state soppresse dall'art. 2.2, lett. b, d.lg. 21 maggio 2018, n. 68. In base all'art. 4.7, d.lg. cit., tali disposizioni «trovano applicazione dal 1° ottobre 2018».

(5) Le parole «dalle imprese di assicurazione e» sono state inserite dall'art. 2.2, lett. b, d.lg. 21 maggio 2018, n. 68. In base all'art. 4.7, d.lg. cit., tali disposizioni «trovano applicazione dal 1° ottobre 2018».

cui agli artt. 15, parr. 2, 17 e 18, par. 3, del reg. (UE) n. 1286/2014 con riguardo ai profili attinenti alla stabilità del sistema finanziario e assicurativo o di una sua parte [...] (1).

4. La Consob e l'IVASS, nel rispetto della reciproca indipendenza, individuano forme di coordinamento operativo, anche ai sensi dell'art. 20 della l. 28 dicembre 2005, n. 262, per l'esercizio delle competenze e dei poteri loro attribuiti ai sensi del presente articolo e dell'art. 4-*septies* (2), anche attraverso protocolli d'intesa, senza nuovi o maggiori oneri a carico della finanza pubblica, perseguendo l'obiettivo di semplificare, ove possibile, gli oneri per i soggetti vigilati. La Consob e l'IVASS collaborano tra loro, anche ai sensi dell'art. 21 della l. 28 dicembre 2005, n. 262, per agevolare l'esercizio delle competenze e dei poteri loro attribuiti ai sensi del presente articolo e si danno reciproca comunicazione dei provvedimenti adottati ai sensi degli artt. 17 e 18, par. 3, del reg. (UE) n. 1286/2014.

5. La Consob, sentita l'IVASS, adotta con proprio regolamento le disposizioni attuative del comma 2, stabilendo in ogni caso una disciplina delle modalità di assolvimento degli obblighi di notifica preventiva del documento contenente le informazioni chiave di cui al comma 2, lett. *c*) e all'art. 4-*decies*, in conformità agli atti delegati e alle norme tecniche di regolamentazione adottate dalla Commissione europea ai sensi del reg. (UE) n. 1286/2014.

6. L'IVASS, sentita la Consob, adotta con proprio regolamento le disposizioni attuative del comma 3.

7. La Consob e l'IVASS adottano le disposizioni di cui ai commi 5 e 6 avuto riguardo all'esigenza di semplificare, ove possibile, gli oneri per i soggetti vigilati e alla ripartizione delle competenze secondo i principi indicati ai commi 2 e 3 (3).

4-*septies*. *Poteri d'intervento relativi alla violazione delle disposizioni previste dal reg. (UE) n. 1286/2014*. — 1. Fermi restando le attribuzioni e i poteri di cui agli artt. 15, par. 2, 17 e 18, par. 3, del reg. (UE) n. 1286/2014, in caso di violazione delle disposizioni previste dall'art. 5, par. 1, dagli artt. 6 e 7, dall'art. 8, paragrafi da 1 a 3, dall'art. 9 e dall'art. 10 (4), par. 1, [...] (5) del reg. (UE) n. 1286/2014, o in caso di mancata notifica alla Consob del documento concernente le informazioni chiave o delle versioni riviste dello stesso ai sensi dell'art. 4-*decies* e delle relative disposizioni attuative, la Consob può (6), tenuto conto, in quanto compatibili, dei criteri stabiliti dall'art. 194-*bis*:

a) sospendere, per un periodo non superiore a 60 giorni [...] (7) per ciascuna volta, la commercializzazione di un PRIIP;

b) vietare l'offerta;

c) vietare la fornitura di un documento contenente le informazioni chiave che non rispetti i requisiti di cui agli artt. 6, 7, 8 o 10 del reg. (UE) n. 1286/2014 e imporre la pubblicazione di una nuova versione di un documento contenente le informazioni chiave.

1-*bis*. Fermo restando quanto previsto dal comma 1, in caso di violazione degli art. 13, parr. 1, 3 e 4, 14 e 19 del reg. (UE) n. 1286/2014, la Consob o l'IVASS, secondo le rispettive competenze definite ai sensi dell'art. 4-*sexies*, possono, tenuto conto, in quanto compatibili, dei criteri stabiliti dall'art. 194-*bis*, esercitare i poteri di cui al comma 1 (8).

2. La Consob e l'IVASS possono imporre, secondo le rispettive competenze definite ai sensi dell'art. 4-*sexies*, agli ideatori di PRIIP o ai soggetti che forniscono consulenza sui PRIIP o vendono tali prodotti, di trasmettere una comunicazione diretta all'investitore al dettaglio in PRIIP interessato, fornendogli informazioni circa le misure amministrative

(1) Le parole «, nonché per quanto riguarda i rischi inerenti alla stabilità delle imprese di assicurazione nei confronti delle imprese di assicurazione medesime» sono state soppresse dall'art. 2.2, lett. c, d.lg. 21 maggio 2018, n. 68. In base all'art. 4.7, d.lg. cit., tali disposizioni «trovano applicazione dal 1° ottobre 2018».

(2) Le parole «e dell'art. 4-*septies*» sono state inserite dall'art. 2.2, lett. d, d.lg. 21 maggio 2018, n. 68. In base all'art. 4.7, d.lg. cit., tali disposizioni «trovano applicazione dal 1° ottobre 2018».

(3) Articolo inserito dall'art. 1.2, d.lg. 14 novembre 2016, n. 224. In base all'art. 3, d.lg. cit., tali disposizioni «si applicano a decorrere dalla data di applicazione del reg. (UE) n. 1286/2014».

(4) Le parole «e dall'art. 10,» sono state così sostituite alle precedenti «, dall'art. 10,» dall'art. 2.3, lett. a, d.lg. 21 maggio 2018, n. 68. In base all'art. 4.7, d.lg. cit., tali disposizioni «trovano applicazione dal 1° ottobre 2018».

(5) Le parole «dall'art. 13, par. 1, 3 e 4, e dagli artt. 14 e 19» sono state soppresse dall'art. 2.3, lett. a, d.lg. 21 maggio 2018, n. 68. In base all'art. 4.7, d.lg. cit., tali disposizioni «trovano applicazione dal 1° ottobre 2018».

(6) La parole «può,» sono state così sostituite alle precedenti «o l'IVASS, secondo le rispettive competenze definite ai sensi dell'art. 4-*sexies*, possono,» dall'art. 2.3, lett. a, d.lg. 21 maggio 2018, n. 68. In base all'art. 4.7, d.lg. cit., tali disposizioni «trovano applicazione dal 1° ottobre 2018».

(7) Le parole «lavorativi consecutivi» sono state soppresse dall'art. 1.4, d.lg. 3 agosto 2017, n. 129.

(8) Comma aggiunto dall'art. 2.3, lett. b, d.lg. 21 maggio 2018, n. 68. In base all'art. 4.7, d.lg. cit., tali disposizioni «trovano applicazione dal 1° ottobre 2018».

adottate e comunicando le modalità per la presentazione di eventuali reclami o domande di risarcimento anche mediante il ricorso ai meccanismi di risoluzione stragiudiziale delle controversie previsti dal d.lg. 8 ottobre 2007, n. 179.

3. I provvedimenti adottati dalla Consob ai sensi del presente articolo sono pubblicati in conformità alle disposizioni sulla pubblicazione dei provvedimenti sanzionatori di cui all'art. 195-*bis*.

4. Ai provvedimenti adottati dall'IVASS ai sensi del presente articolo si applicano, in quanto compatibili, le disposizioni del Titolo XVIII del d.lg. 7 settembre 2005, n. 209 (1).

5. . . . . (2) (3).

4-*septies*.1. *Individuazione delle autorità nazionali competenti ai sensi del reg. (UE) 2016/1011 sugli indici usati come parametri di riferimento negli strumenti finanziari e nei contratti finanziari o per misurare la performance di fondi di investimento*. — 1. Ai sensi dell'art. 40, par. 1, del reg. (UE) 2016/1011, la Consob è l'autorità competente sugli amministratori di indici di riferimento e sui contributori di dati sottoposti a vigilanza, come definiti dall'art. 3, par. 1, punto 10), del citato regolamento, stabiliti nel territorio della Repubblica.

2. Fermo restando quanto previsto al comma 1, la Banca d'Italia è autorità competente sui contributori di dati sottoposti alla propria vigilanza, ai fini della partecipazione ai collegi prevista dall'art. 46, par. 2 e 3, del reg. (UE) 2016/1011, e collabora con l'autorità competente sugli amministratori di indici di riferimento come previsto dall'art. 23 del medesimo regolamento. Per assolvere a questi compiti la Consob e la Banca d'Italia stabiliscono, mediante un protocollo d'intesa, le modalità della collaborazione e del reciproco scambio di informazioni.

3. Ai sensi dell'art. 40, par. 1, del reg. (UE) 2016/1011, la Consob, la Banca d'Italia, l'IVASS e la COVIP sono le autorità competenti, secondo le rispettive attribuzioni di vigilanza, sui soggetti dalle medesime vigilati che fanno uso di un indice di riferimento, secondo quanto disposto dall'art. 3, par. 1, punto 7), del regolamento citato.

4. Ai sensi dell'art. 40, par. 2, del reg. (UE) 2016/1011, la Consob è l'autorità competente responsabile del coordinamento, della cooperazione, dello scambio di informazioni con la Commissione dell'Unione europea, l'AESFEM e le autorità competenti degli altri Stati membri.

5. Ai fini dello svolgimento dei compiti previsti dal reg. (UE) 2016/1011, la Consob, la Banca d'Italia, l'IVASS e la COVIP esercitano i poteri di vigilanza e di indagine loro rispettivamente attribuiti dalla normativa di settore. La Consob può esercitare, altresì, gli ulteriori poteri previsti dall'art. 187-*octies*, secondo le modalità ivi stabilite (4).

4-*octies*-**4**-*novies*. . . . . (5).

4-*decies*. *Obbligo di notifica preventiva del documento contenente le informazioni chiave sui PRIIP*. — 1. L'ideatore di PRIIP, o la persona che vende PRIIP, notificano alla Consob il documento contenente le informazioni chiave redatto in conformità a quanto stabilito ai sensi del reg. (UE) n. 1286/2014, prima che i PRIIP in questione siano commercializzati in Italia.

2. L'obbligo di notifica di cui al comma 1 si applica anche alle versioni riviste del documento contenente le informazioni chiave da predisporre in ottemperanza all'art. 10 del reg. (UE) n. 1286/2014 (3).

4-*undecies*. *Sistemi interni di segnalazione delle violazioni*. — 1. I soggetti di cui alle parti II e III e [...] (6) adottano procedure specifiche per la segnalazione al proprio interno, da parte del personale, di atti o fatti che possano costituire violazioni delle norme disciplinanti l'attività svolta, nonché del reg. (UE) n. 596/2014.

2. Le procedure previste al comma 1 sono idonee a garantire:

a) la riservatezza dei dati personali del segnalante e del presunto responsabile della violazione, ferme restando le regole che disciplinano le indagini o i procedimenti avviati dall'autorità giudiziaria in relazione ai fatti oggetto della segnalazione; l'identità del segnalante è sottratta all'applicazione dell'art. 7, comma 2,

(1) In *Leggi coll. VIII, 3*.

(2) Comma abrogato dall'art. 2.3, lett. c, d.lg. 21 maggio 2018, n. 68. In base all'art. 4.7, d.lg. cit., tali disposizioni «trovano applicazione dal 1° ottobre 2018».

(3) Articolo inserito dall'art. 1.2, d.lg. 14 novembre 2016, n. 224. In base all'art. 3, d.lg. cit., tali disposizioni «si applicano a decorrere dalla data di applicazione del reg. (UE) n. 1286/2014».

(4) Articolo inserito dall'art. 1.4, d.lg. 13 febbraio 2019, n. 19.

(5) Articoli inseriti dall'art. 1.2, d.lg. 14 novembre 2016, n. 224, e successivamente abrogati dall'art. 1.5, d.lg. 3 agosto 2017, n. 129.

(6) Le parole «le imprese di assicurazione» sono state soppresse dall'art. 2.4, lett. a, d.lg. 21 maggio 2018, n. 68. In base all'art. 4.7, d.lg. cit., tali disposizioni «trovano applicazione dal 1° ottobre 2018.

del d.lg. 30 giugno 2003, n. 196 (1), e non può essere rivelata per tutte le fasi della procedura, salvo suo consenso o quando la conoscenza sia indispensabile per la difesa del segnalato;

b) la tutela adeguata del soggetto segnalante contro condotte ritorsive, discriminatorie o comunque sleali conseguenti la segnalazione;

c) un canale specifico, indipendente e autonomo per la segnalazione.

3. Fuori dei casi di responsabilità a titolo di calunnia o diffamazione, ovvero per lo stesso titolo ai sensi dell'art. 2043 del codice civile, la presentazione di una segnalazione nell'ambito della procedura di cui al comma 1 non costituisce violazione degli obblighi derivanti dal rapporto di lavoro.

4. La Banca d'Italia e la Consob adottano, secondo le rispettive competenze, le disposizioni attuative del presente articolo, avuto riguardo all'esigenza di coordinare le funzioni di vigilanza e ridurre al minimo gli oneri gravanti sui soggetti destinatari. [...] (2) (3).

4-*duodecies*. *Procedura di segnalazione alle Autorità di Vigilanza*. — 1. La Banca d'Italia e la Consob (4):

a) ricevono, ciascuna per le materie di propria competenza, da parte del personale dei soggetti indicati dall'art. 4-*undecies*, segnalazioni che si riferiscono a violazioni delle norme del presente decreto, nonché di atti dell'Unione europea direttamente applicabili nelle stesse materie;

b) tengono conto dei criteri previsti all'art. 4-*undecies*, comma 2, lett. *a*) e *b*), e possono stabilire condizioni, limiti e procedure per la ricezione delle segnalazioni;

c) si avvalgono delle informazioni contenute nelle segnalazioni, ove rilevanti, esclusivamente nell'esercizio delle funzioni di vigilanza;

d) prevedono, mediante protocollo d'intesa, le opportune misure di coordinamento nello svolgimento delle attività di rispettiva competenza, ivi compresa l'applicazione delle relative sanzioni, in modo da coordinare l'esercizio delle funzioni di vigilanza e ridurre al minimo gli oneri gravanti sui soggetti vigilati.

1-*bis*. Il comma 1 si applica alle segnalazioni alla Consob, da chiunque effettuate, di violazioni del reg. (UE) n. 596/2014. Le procedure sono adottate dalla Consob conformemente a quanto previsto dalla direttiva di esecuzione (UE) 2015/2392 (5).

2. Gli atti relativi alle segnalazioni di cui ai commi 1 e 1-*bis* (6) sono sottratti all'accesso previsto dagli artt. 22 e seguenti della l. 7 agosto 1990, n. 241, e successive modificazioni (3).

4-*terdecies*. *Esenzioni*. — 1. Le disposizioni contenute nella parte II non si applicano:

a) alle imprese di assicurazione né alle imprese che svolgono le attività di riassicurazione e di retrocessione di cui al d.lg. 7 settembre 2005, n. 209 (7) [...] (8);

b) ai soggetti che prestano servizi di investimento esclusivamente nei confronti di soggetti controllanti, controllati o sottoposti a comune controllo;

c) ai soggetti che prestano servizi di investimento a titolo accessorio nell'ambito di un'attività professionale disciplinata da disposizioni legislative o regolamentari o da un codice di deontologia professionale che ammettano la prestazione di detti servizi, fermo restando quanto previsto dal presente decreto per gli intermediari iscritti nell'albo previsto dall'art. 106 del t.u. bancario (9);

d) ai soggetti che negoziano per conto proprio in strumenti finanziari diversi dagli strumenti derivati su merci o dalle quote di emissione o relativi strumenti derivati e che non prestano altri servizi di investimento o non esercitano altre attività di investimento in strumenti finanziari diversi dagli strumenti derivati su merci, dalle quote di emissione o relativi derivati, salvo che tali soggetti:

1) siano market maker;

2) siano membri o partecipanti di un mercato regolamentato o sistema multilaterale di negoziazione o abbiano accesso elettronico diretto a una sede di negoziazione, secondo quanto previsto dal regolamento delegato

(1) In *Leggi coll. II, 3*.

(2) Le parole «Le imprese di assicurazione osservano le disposizioni attuative adottate dall'IVASS, sentita la Consob.» sono state soppresse dall'art. 2.4, lett. b, d.lg. 21 maggio 2018, n. 68. In base all'art. 4.7, d.lg. cit., tali disposizioni «trovano applicazione dal 1° ottobre 2018».

(3) Articolo inserito dall'art. 1.6, d.lg. 3 agosto 2017, n. 129.

(4) Alinea così sostituito dall'art. 1.1, lett. a, d.lg. 10 agosto 2018, n. 107.

(5) Comma inserito dall'art. 1.1, lett. b, d.lg. 10 agosto 2018, n. 107.

(6) Le parole «ai commi 1 e 1-*bis*» sono state così sostituite alle precedenti «al comma 1» dall'art. 1.1, lett. c, d.lg. 10 agosto 2018, n. 107.

(7) In *Leggi coll. VIII, 3*.

(8) Le parole «, ad eccezione dell'art. 25-*ter*» sono state soppresse dall'art. 2.5, d.lg. 21 maggio 2018, n. 68. In base all'art. 4.7, d.lg. cit., tali disposizioni «trovano applicazione dal 1° ottobre 2018».

(9) In *Leggi coll. XVII, 1*.

(UE) 2017/565, ad eccezione dei soggetti non finanziari che eseguono in una sede di negoziazione operazioni di cui è oggettivamente possibile misurare la capacità di ridurre i rischi direttamente connessi all'attività commerciale o all'attività di finanziamento della tesoreria propria o del gruppo di appartenenza;

3) applichino una tecnica di negoziazione algoritmica ad alta frequenza, o

4) negozino per conto proprio quando eseguono gli ordini dei clienti.

I gestori di Oicr, le Sicav, le Sicaf e i relativi depositari, le controparti centrali e i soggetti esentati a norma delle lett. *a*), *h*), *i*) e *l*), non sono tenuti, ai fini dell'esenzione, a soddisfare le condizioni enunciate nella presente lettera.

e) agli operatori soggetti agli obblighi previsti dal d.lg. 30 maggio 2005, n. 142, che, quando trattano quote di emissione, non eseguono ordini di clienti e non prestano servizi o attività di investimento diversi dalla negoziazione per conto proprio, a condizione che non applichino tecniche di negoziazione algoritmica ad alta frequenza;

f) ai soggetti che prestano servizi di investimento consistenti esclusivamente nella gestione di sistemi di partecipazione dei lavoratori;

g) ai soggetti che prestano servizi di investimento consistenti esclusivamente nel gestire sistemi di partecipazione dei lavoratori e nel prestare servizi di investimento esclusivamente per la propria controllante, le proprie controllate o altre controllate della propria controllante;

h) alla Banca centrale europea, alla Banca d'Italia, ad altri membri del SEBC e ad altri organismi nazionali che svolgono funzioni analoghe nell'Unione europea, al Ministero dell'economia e delle finanze e ad altri organismi pubblici che sono incaricati o che intervengono nella gestione del debito pubblico nell'Unione europea e ad istituzioni finanziarie internazionali create da due o più Stati membri allo scopo di mobilitare risorse e fornire assistenza finanziaria a quelli, tra i loro membri, che stiano affrontando o siano minacciati da gravi difficoltà finanziarie;

i) ai fondi pensione, siano essi armonizzati o meno dal diritto dell'Unione europea, nonché ai loro soggetti depositari;

l) ai soggetti:

i) compresi i market maker, che negoziano per conto proprio strumenti derivati su merci o quote di emissione o derivati dalle stesse, esclusi quelli che negoziano per conto proprio eseguendo ordini di clienti; o

ii) che prestano servizi di investimento diversi dalla negoziazione per conto proprio, in strumenti derivati su merci o quote di emissione o strumenti derivati dalle stesse ai clienti o ai fornitori della loro attività principale;

purché:

1) per ciascuno di tali casi, considerati sia singolarmente che in forma aggregata, si tratti di un'attività accessoria alla loro attività principale considerata nell'ambito del gruppo, purché tale attività principale non consista nella prestazione di servizi di investimento ai sensi del presente decreto, di attività bancarie ai sensi t.u. bancario o in attività di market making in relazione agli strumenti derivati su merci;

2) tali soggetti non applichino una tecnica di negoziazione algoritmica ad alta frequenza; e

3) detti soggetti comunichino formalmente, entro il 31 dicembre di ogni anno alla Consob, se si servono di tale esenzione e, su richiesta della Consob, su quale base ritengono che la loro attività ai sensi dei punti *i*) e *ii*) sia accessoria all'attività principale.

La data di avvenuta perdita dei requisiti previsti per l'esenzione di cui alla presente lettera deve essere comunicata senza indugio alla Consob dai soggetti interessati che possono continuare ad esercitare l'attività di negoziazione per conto proprio di strumenti derivati su merci o di quote di emissione o di derivati dalle stesse purché, entro sei mesi dalla suddetta data, presentino domanda di autorizzazione secondo le norme previste dal presente decreto;

m) ai soggetti che forniscono consulenza in materia di investimenti nell'esercizio di un'altra attività professionale non contemplata dalla dir. 2014/65/UE, purché tale consulenza non sia specificamente remunerata;

n) agli agenti di cambio le cui attività e funzioni sono disciplinate dall'art. 201 del presente decreto;

o) ai gestori del sistema di trasmissione quali definiti all'art. 2, par. 4, della dir. 2009/72/CE o all'art. 2, par. 4, della dir. 2009/73/CE, quando svolgono le loro funzioni in conformità delle suddette direttive o del reg. (CE) n. 714/2009 o del reg. (CE) n. 715/2009 o dei codici di rete o degli orientamenti adottati a norma di tali regolamenti, alle persone che agiscono in qualità di prestatori di servizi per loro conto per espletare i loro compiti ai sensi di tali atti legislativi o dei codici di rete o degli orientamenti adottati a norma di tali regolamenti, o a qualsiasi gestore o amministratore di un meccanismo di bilanciamento dell'energia, di una rete o sistema di condotte per bilanciare le forniture e i consumi di energia quando svolgono detti compiti. Tale esenzione si applica alle persone che esercitano le attività menzionate nella presente lettera solo quando effettuano attività di investimento o prestano servizi di investimento relativi ai derivati su merci al fine di svolgere tali attività. Tale esenzione non si applica in relazione alla gestione di un mercato secondario, incluse le piattaforme per la negoziazione secondaria di diritti di trasmissione finanziari;

p) ai depositari centrali autorizzati ai sensi del reg. (UE) n. 909/2014, salvo quanto previsto dall'art. 79-*noviesdecies*.1 del presente decreto (1).

PARTE II

DISCIPLINA DEGLI INTERMEDIARI

TITOLO I

Disposizioni generali e poteri di vigilanza (2)

CAPO I

VIGILANZA

5. *Finalità e destinatari della vigilanza*. — 1. La vigilanza sulle attività disciplinate dalla presente parte ha per obiettivi:

a) la salvaguardia della fiducia nel sistema finanziario;

b) la tutela degli investitori;

c) la stabilità e il buon funzionamento del sistema finanziario;

d) la competitività del sistema finanziario;

e) l'osservanza delle disposizioni in materia finanziaria (3).

2. Per il perseguimento degli obiettivi di cui al comma 1, la Banca d'Italia è competente per quanto riguarda il contenimento del rischio, la stabilità patrimoniale e la sana e prudente gestione degli intermediari (3).

3. Per il perseguimento degli obiettivi di cui al comma 1, la Consob è competente per quanto riguarda la trasparenza e la correttezza dei comportamenti (3).

4. La Banca d'Italia e la Consob esercitano i poteri di vigilanza nei confronti dei soggetti abilitati; ciascuna vigila sull'osservanza delle disposizioni legislative e regolamentari secondo le competenze definite dai commi 2 e 3 (3).

5. La Banca d'Italia e la Consob operano in modo coordinato anche al fine di ridurre al minimo gli oneri gravanti sui soggetti abilitati e si danno reciproca comunicazione dei provvedimenti assunti e delle irregolarità rilevate nell'esercizio dell'attività di vigilanza.

5-*bis*. La Banca d'Italia e la Consob, al fine di coordinare l'esercizio delle proprie funzioni di vigilanza e di ridurre al minimo gli oneri gravanti sui soggetti abilitati, stipulano un protocollo d'intesa, avente ad oggetto:

a) i compiti di ciascuna e le modalità del loro svolgimento, secondo il criterio della prevalenza delle funzioni di cui ai commi 2 e 3;

b) lo scambio di informazioni, anche con riferimento alle irregolarità rilevate e ai provvedimenti assunti nell'esercizio dell'attività di vigilanza (4).

5-*ter*. Il protocollo d'intesa di cui al comma 5-*bis* è reso pubblico dalla Banca d'Italia e dalla Consob con le modalità da esse stabilite[...] (5) (4).

6. *Poteri regolamentari* (6). — 01. Nell'esercizio dei poteri regolamentari (7), la Banca d'Italia e la Consob osservano i seguenti principi:

a) valorizzazione dell'autonomia decisionale dei soggetti abilitati, nonché l'informativa da rendere al pubblico sulle stesse materie e sul governo societario, l'organizzazione amministrativa e contabile, i controlli interni e i sistemi di remunerazione e di incentivazione (8);

b) proporzionalità, intesa come criterio di esercizio del potere adeguato al raggiungimento del fine, con il minore sacrificio degli interessi dei destinatari;

c) riconoscimento del carattere internazionale del mercato finanziario e salvaguardia

(1) Articolo inserito dall'art. 1.6, d.lg. 3 agosto 2017, n. 129.

(2) Rubrica così sostituita alla precedente «Disposizioni generali» dall'art. 2.1, d.lg. 3 agosto 2017, n. 129.

(3) Comma così sostituito dall'art. 2.1, lett. a, d.lg. 17 settembre 2007, n. 164.

(4) Comma inserito dall'art. 2.1, lett. b, d.lg. 17 settembre 2007, n. 164. Per il protocollo d'intesa v. provv. Banca d'Italia e Consob 31 ottobre 2007, in G.U., 20 novembre 2007, n. 270.

(5) Le parole «ed è allegato al regolamento di cui all'art. 6, comma 2-*bis*» sono state soppresse dall'art. 2.2, d.lg. 3 agosto 2017, n. 129.

(6) Rubrica così sostituita alla precedente «Vigilanza regolamentare» dall'art. 2.3, lett. a, d.lg. 3 agosto 2017, n. 129.

(7) Le parole «dei poteri regolamentari» sono state così sostituite alle precedenti «delle funzioni di vigilanza regolamentare» dall'art. 2.3, lett. b, d.lg. 3 agosto 2017, n. 129.

(8) Le parole da «, nonché l'informativa» fino a «incentivazione» sono state aggiunte dall'art. 4.4, lett. a, d.lg. 12 maggio 2015, n. 72.

della posizione competitiva dell'industria italiana;

d) agevolazione dell'innovazione e della concorrenza (1) (2).

02. La Banca d'Italia e la Consob possono mantenere o imporre nei regolamenti obblighi aggiuntivi rispetto a quelli previsti dall'art. 16, parr. 8, 9 e 10, della dir. 2014/65/UE e dai relativi atti delegati, nonché dall'art. 24 della direttiva medesima, solo nei casi eccezionali in cui tali obblighi sono obiettivamente giustificati e proporzionati, tenuto conto della necessità di fare fronte a rischi specifici per la protezione degli investitori o l'integrità del mercato che presentano particolare rilevanza nel contesto della struttura del mercato italiano (3).

03. La Banca d'Italia e la Consob comunicano al Ministero dell'economia e delle finanze le disposizioni regolamentari recanti gli obblighi aggiuntivi di cui al comma 02 ai fini della loro notifica alla Commissione europea (1).

1. La Banca d'Italia, sentita la Consob, disciplina con regolamento:

a) gli obblighi delle Sim e delle Sgr in materia di adeguatezza patrimoniale, contenimento del rischio nelle sue diverse configurazioni e partecipazioni detenibili (4) (5);

b) gli obblighi delle Sim, delle imprese di Paesi terzi, delle Sgr, nonché degli intermediari finanziari iscritti nell'albo previsto dall'art. 107 del t.u. bancario (6), delle banche italiane autorizzate all'esercizio dei servizi o delle attività di investimento, in materia di modalità di deposito e di sub-deposito degli strumenti finanziari e del denaro di pertinenza della clientela (7);

c) le regole applicabili agli Oicr italiani aventi a oggetto:

1) i criteri e i divieti relativi all'attività di investimento, avuto riguardo anche ai rapporti di gruppo;

2) le norme prudenziali di contenimento e frazionamento del rischio, limitatamente agli Oicr diversi dai FIA riservati. La Banca d'Italia può prevedere l'applicazione ai FIA italiani riservati di limiti di leva finanziaria massima e di norme prudenziali per assicurare la stabilità e l'integrità del mercato finanziario;

3) gli schemi tipo e le modalità di redazione dei prospetti contabili che le società di gestione del risparmio, le Sicav e le Sicaf redigono periodicamente;

4) i metodi di calcolo del valore delle quote o azioni di Oicr;

5) i criteri e le modalità da adottare per la valutazione dei beni e dei valori in cui è investito il patrimonio e la periodicità della valutazione. Per la valutazione di beni non negoziati in mercati regolamentati, la Banca d'Italia può prevedere il ricorso a esperti indipendenti e richiederne l'intervento anche in sede di acquisto e vendita dei beni da parte del gestore;

6) le condizioni per la delega a terzi della valutazione dei beni in cui è investito il patrimonio dell'Oicr e del calcolo del valore delle relative quote o azioni (8) (9);

c-bis) gli obblighi dei soggetti abilitati relativi alla prestazione dei servizi e delle attività di investimento e alla gestione collettiva del risparmio, in materia di:

1) governo societario e requisiti generali di organizzazione, compresa l'attuazione dell'art. 4-*undecies*;

2) sistemi di remunerazione e di incentivazione;

3) continuità dell'attività;

4) organizzazione amministrativa e contabile, compresa l'istituzione della funzione di controllo della conformità alle norme;

5) gestione del rischio dell'impresa;

6) audit interno;

7) responsabilità dell'alta dirigenza;

8) esternalizzazione di funzioni operative essenziali o importanti o di servizi o di attività (10).

(1) Comma inserito dall'art. 2.2, lett. a, d.lg. 17 settembre 2007, n. 164.

(2) V. provv. Banca d'Italia 22 dicembre 2017, in G.U., 8 gennaio 2018, n. 5.

(3) Comma inserito dall'art. 2.2, lett. a, d.lg. 17 settembre 2007, n. 164, e successivamente così sostituito dall'art. 2.3, lett. c, d.lg. 3 agosto 2017, n. 129.

(4) Lettera così sostituita dall'art. 2.2, lett. b, d.lg. 17 settembre 2007, n. 164.

(5) Provv. Banca d'Italia 4 agosto 2000, in suppl. ord. n. 54 a G.U., 18 settembre 2000, n. 154, provv. Banca d'Italia 17 giugno 2002, in G.U., 18 luglio 2002, n. 167, provv. Banca d'Italia 14 aprile 2005, in suppl. ord. n. 88 a G.U., 12 maggio 2005, n. 109; Comunicato Banca d'Italia del 31 marzo 2014, pubblicata nel *Bollettino di vigilanza* n. 3/2014, come modificata e integrata con Comunicato Banca d'Italia in G.U., 8 febbraio 2018, n. 32.

(6) In *Leggi coll. XVII, 1*.

(7) Lettera così sostituita, da ultimo, dall'art. 2.3, lett. d, d.lg. 3 agosto 2017, n. 129.

(8) Lettera così sostituita dall'art. 2.1, lett. a, d.lg. 4 marzo 2014, n. 44.

(9) Per il regolamento sulla gestione collettiva del risparmio v. provv. Banca d'Italia 19 gennaio 2015, in suppl. ord. n. 11 a G.U., 19 marzo 2015, n. 65, come modificato dal provvedimento Banca d'Italia 23 dicembre 2016, in G.U., 4 gennaio 2017, n. 3.

(10) Lettera inserita dall'art. 2.3, lett. e, d.lg. 3 agosto 2017, n. 129.

1-*bis*. Le disposizioni di cui al comma 1, lett. *a*), prevedono la possibilità di adottare sistemi interni di misurazione dei rischi per la determinazione dei requisiti patrimoniali, previa autorizzazione della Banca d'Italia, nonché di utilizzare valutazioni del rischio di credito rilasciate da società o enti esterni (1).

2. La Consob, sentita la Banca d'Italia, tenuto conto delle differenti esigenze di tutela degli investitori connesse con la qualità e l'esperienza professionale dei medesimi, disciplina con regolamento (2) gli obblighi dei soggetti abilitati in materia di:

a) trasparenza, ivi inclusi:

1) gli obblighi informativi nella prestazione dei servizi e delle attività di investimento, nonché della gestione collettiva del risparmio, con particolare riferimento al grado di rischiosità di ciascun tipo specifico di prodotto finanziario e delle gestioni di portafogli offerti, all'impresa e ai servizi prestati, alla salvaguardia degli strumenti finanziari o delle disponibilità liquide detenuti dall'impresa, ai costi, agli incentivi, alle strategie di esecuzione degli ordini e alle pratiche di vendita abbinata (3);

2) le modalità e i criteri da adottare nella diffusione di comunicazioni pubblicitarie e promozionali e di ricerche in materia di investimenti;

3) gli obblighi di comunicazione ai clienti relativi all'esecuzione degli ordini, alla gestione di portafogli, alle operazioni con passività potenziali e ai rendiconti di strumenti finanziari o delle disponibilità liquide dei clienti detenuti dall'impresa;

3-*bis*) gli obblighi informativi nei confronti degli investitori dei FIA italiani, dei FIA UE e dei FIA non UE (4).

b) correttezza dei comportamenti, ivi inclusi:

1) gli obblighi di acquisizione di informazioni dai clienti o dai potenziali clienti ai fini della valutazione di adeguatezza o di appropriatezza delle operazioni o dei servizi forniti, ivi inclusi i casi di pratiche di vendita abbinata (5);

2) le misure per eseguire gli ordini alle condizioni più favorevoli per i clienti;

3) gli obblighi in materia di gestione degli ordini;

4) l'obbligo di assicurare che la gestione di portafogli si svolga con modalità aderenti alle specifiche esigenze dei singoli investitori e che quella su base collettiva avvenga nel rispetto degli obiettivi di investimento dell'Oicr;

5) le condizioni alle quali possono essere corrisposti o percepiti incentivi (6);

b-bis) prestazione dei servizi e delle attività di investimento e di gestione collettiva del risparmio, relativi:

1) alle procedure, anche di controllo interno, per la corretta e trasparente prestazione dei servizi e delle attività di investimento, ivi incluse quelle per:

a) il governo degli strumenti finanziari e dei depositi strutturati;

b) la percezione o la corresponsione di incentivi;

2) alle procedure, anche di controllo interno, per la corretta e trasparente prestazione della gestione collettiva del risparmio, ivi incluse quelle per la percezione o la corresponsione di incentivi;

3) alle modalità di esercizio della funzione di controllo della conformità alle norme;

4) al trattamento dei reclami;

5) alle operazioni personali;

6) alla gestione dei conflitti di interesse potenzialmente pregiudizievoli per i clienti, ivi inclusi quelli derivanti dai sistemi di remunerazione e di incentivazione;

7) alla conservazione delle registrazioni;

8) alla conoscenza e competenza delle persone fisiche che forniscono consulenza alla clientela in materia di investimenti o informazioni su strumenti finanziari, servizi di investimento o accessori per conto dei soggetti abilitati (7).

2-*bis*. Con riferimento alle materie indicate al comma 1, lett. *c-bis*), nn. 1), 2), 3), 7) e 8), la Banca d'Italia acquisisce l'intesa della Consob sugli aspetti di disciplina rilevanti per le finalità di cui all'art. 5, comma 3. Con riferimento alle

(1) Comma inserito dall'art. 2.1, lett. a, n. 2, d.l. 27 dicembre 2006, n. 297, conv. in l. 23 febbraio 2007, n. 15.

(2) Deliberazione Consob 29 ottobre 2007, n. 16190, in suppl. ord. n. 222 a G.U., 2 novembre 2007, n. 255, modificata, da ultimo, con deliberazione Consob 15 febbraio 2018, n. 20307, in suppl. ord. n. 7 a G.U., 19 febbraio 2018, n. 41.

(3) Le parole «, alle strategie di esecuzione degli ordini e alle pratiche di vendita abbinata» sono state così sostituite alle precedenti «e alle strategie di esecuzione degli ordini» dall'art. 2.3, lett. f, d.lg. 3 agosto 2017, n. 129.

(4) Numero inserito dall'art. 2.1, lett. b, d.lg. 4 marzo 2014, n. 44.

(5) Le parole «, ivi inclusi i casi di pratiche di vendita abbinata» sono state aggiunte dall'art. 2.3, lett. g, d.lg. 3 agosto 2017, n. 129.

(6) Comma così sostituito dall'art. 2.2, lett. d, d.lg. 17 settembre 2007, n. 164.

(7) Lettera inserita dall'art. 2.3, lett. h, d.lg. 3 agosto 2017, n. 129.

materie indicate al comma 2, lett. *b-bis*), n. 6), la Consob acquisisce l'intesa della Banca d'Italia sugli aspetti di disciplina rilevanti per le finalità di cui all'art. 5, comma 2. Gli aspetti di disciplina rilevanti per le finalità di competenza della Banca d'Italia e della Consob sono specificati nel protocollo previsto all'art. 5, comma 5-*bis*. Per l'esercizio della vigilanza ai sensi della presente parte, sono competenti la Banca d'Italia per il rispetto delle disposizioni adottate ai sensi del comma 1, lett. *c-bis*), nn. 1), 2), 3), 7) e 8), e la Consob per il rispetto delle disposizioni adottate ai sensi del comma 2, lett. *b-bis*), n. 6); inoltre, la Banca d'Italia e la Consob, in relazione agli aspetti sui quali hanno fornito l'intesa e per le finalità di cui all'art. 5, commi 2 e 3, possono:

a) esercitare i poteri di vigilanza informativa e di indagine loro attribuiti dal presente capo, anche al fine di adottare i provvedimenti di intervento di propria competenza, secondo le modalità previste nel protocollo;

b) comunicare le irregolarità riscontrate all'altra Autorità ai fini dell'adozione dei provvedimenti di competenza (1).

2-*ter*. .... (2).

2-*quater*. La Consob, sentita la Banca d'Italia, individua con regolamento (3):

a) .... (4);

b) le condizioni alle quali i soggetti abilitati non sono obbligati a osservare le disposizioni regolamentari di cui al comma 2, lett. *b*), n. 1), quando prestano i servizi di cui all'art. 1, comma 5, lett. *b*) ed *e*);

c) la disciplina specifica di condotta applicabile ai rapporti tra soggetti abilitati e clienti professionali;

d) le norme di condotta che non si applicano ai rapporti fra soggetti abilitati che prestano i servizi di cui all'art. 1, comma 5, lett. *a*), *b*) ed *e*), e controparti qualificate, intendendosi per tali:

1) le Sim, le imprese di investimento UE, le banche, le imprese di assicurazione, gli Oicr, i gestori, i fondi pensione, gli intermediari finanziari iscritti nell'albo previsto dall'art. 106 del t.u. bancario (5), le società di cui all'art. 18 del t.u. bancario (5), gli istituti di moneta elettronica, le fondazioni bancarie, i Governi nazionali e i loro corrispondenti uffici, compresi gli organismi pubblici incaricati di gestire il debito pubblico, le banche centrali e le organizzazioni sovranazionali a carattere pubblico;

2) le altre categorie di soggetti privati individuati con regolamento dalla Consob, sentita Banca d'Italia, nel rispetto dei criteri di cui alla dir. 2014/65/UE e alle relative misure di esecuzione;

3) le categorie corrispondenti a quelle dei nn. 1) e 2) di soggetti di paesi non appartenenti all'Unione europea (6) (7).

2-*quinquies*. La Consob, sentita la Banca d'Italia, individua con regolamento (3):

a) i clienti professionali privati;

b) i criteri di identificazione dei soggetti privati che su richiesta possono essere trattati come clienti professionali e la relativa procedura di richiesta (8).

2-*sexies*. Il Ministro dell'economia e delle finanze, sentite la Banca d'Italia e la Consob, individua con regolamento:

a) i clienti professionali pubblici;

b) i criteri di identificazione dei soggetti pubblici che su richiesta possono essere trattati come clienti professionali e la relativa procedura di richiesta (8).

2-*septies*. Le disposizioni in materia di sistemi di remunerazione e di incentivazione emanate ai sensi del comma 1, lett. *c-bis*), n. 2) (9), possono prevedere che determinate decisioni in materia di remunerazione e di incentivazione siano rimesse alla competenza dell'assemblea dei soci, anche nel modello dualistico di amministrazione e controllo, stabilendo quorum costitutivi e deliberativi anche in deroga a norme di legge (10).

(1) Comma inserito dall'art. 2.2, lett. e, d.lg. 17 settembre 2007, n. 164, e successivamente così sostituito dall'art. 2.3, lett. i, d.lg. 3 agosto 2017, n. 129.

(2) Comma inserito dall'art. 2.2, lett. e, d.lg. 17 settembre 2007, n. 164, e successivamente abrogato dall'art. 2.3, lett. l, d.lg. 3 agosto 2017, n. 129.

(3) Deliberazione Consob 29 ottobre 2007, n. 16190, in suppl. ord. n. 222 a G.U., 2 novembre 2007, n. 255, modificata, da ultimo, con deliberazione Consob 15 febbraio 2018, n. 20307, in suppl. ord. n. 7 a G.U., 19 febbraio 2018, n. 41.

(4) Lettera abrogata dall'art. 2.3, lett. m, d.lg. 3 agosto 2017, n. 129.

(5) In *Leggi coll. XVII, 1*.

(6) Lettera così sostituita dall'art. 2.3, lett. m, d.lg. 3 agosto 2017, n. 129.

(7) Comma inserito dall'art. 2.2, lett. e, d.lg. 17 settembre 2007, n. 164.

(8) Comma inserito dall'art. 2.2, lett. e, d.lg. 17 settembre 2007, n. 164, e successivamente così sostituito dall'art. 2.3, lett. n, d.lg. 3 agosto 2017, n. 129.

(9) Le parole «comma 1, lett. *c-bis*), n. 2)» sono state così sostituite alle precedenti «comma 2-*bis*, lett. *a*)» dall'art. 2.3, lett. o, d.lg. 3 agosto 2017, n. 129.

(10) Comma aggiunto dall'art. 4.4, lett. b, d.lg. 12 maggio 2015, n. 72.

2-*octies.* È nullo qualunque patto o clausola non conforme alle disposizioni in materia di sistemi di remunerazione e di incentivazione emanate ai sensi del comma 2-*bis*, lett. *a*), o contenute in atti dell'Unione europea direttamente applicabili. La nullità della clausola non comporta la nullità del contratto. Le previsioni contenute nelle clausole nulle sono sostituite di diritto, ove possibile, con i parametri indicati nelle disposizioni suddette nei valori più prossimi alla pattuizione originaria (1).

2-*novies.* I soci e gli amministratori dei soggetti abilitati, fermi restando gli obblighi previsti dall'art. 2391, primo comma, del codice civile, si astengono dalle deliberazioni in cui abbiano un interesse in conflitto, per conto proprio o di terzi (1).

6-*bis*. *Poteri informativi e di indagine*. — 1. La Banca d'Italia può chiedere, nell'ambito delle sue competenze, ai soggetti abilitati la comunicazione di dati e notizie e la trasmissione di atti e documenti con le modalità e nei termini dalla stessa stabiliti. La Banca d'Italia, nell'ambito delle sue competenze, può chiedere informazioni al personale dei soggetti abilitati, anche per il tramite di questi ultimi.

2. Gli obblighi previsti dal comma 1 si applicano anche a coloro ai quali i soggetti abilitati abbiano esternalizzato funzioni aziendali essenziali o importanti e al loro personale.

3. I poteri previsti dal comma 1 possono essere esercitati anche nei confronti del soggetto incaricato della revisione legale dei conti.

4. La Consob, nell'ambito delle sue competenze, può:

a) chiedere a chiunque la comunicazione di dati e notizie e la trasmissione di atti e documenti con le modalità e nei termini dalla stessa stabiliti, che possano essere pertinenti ai fini dell'esercizio della propria funzione di vigilanza;

b) procedere ad audizione personale nei confronti di chiunque possa essere in possesso di informazioni pertinenti.

5. La Consob, nell'ambito delle sue competenze, può altresì, nei confronti dei soggetti abilitati:

a) procedere a perquisizioni nei modi previsti dall'art. 33 del d.p.r. 29 settembre 1973, n. 600, e dall'art. 52 del d.p.r. 26 ottobre 1972, n. 633;

b) richiedere le registrazioni esistenti relative a conversazioni telefoniche, comunicazioni elettroniche o scambi di dati conservate da un soggetto abilitato;

c) richiedere le registrazioni detenute da un operatore di telecomunicazioni riguardanti le comunicazioni telefoniche e gli scambi di dati di un soggetto abilitato;

d) avvalersi della collaborazione delle pubbliche amministrazioni, richiedendo la comunicazione di dati ed informazioni anche in deroga ai divieti di cui all'art. 25, comma 1, del d.lg. 30 giugno 2003, n. 196, ed accedere al sistema informativo dell'anagrafe tributaria secondo le modalità previste dagli artt. 2 e 3, comma 1, del d.lg. 12 luglio 1991, n. 212;

e) richiedere la comunicazione di dati personali anche in deroga ai divieti di cui all'art. 25, comma 1, del d.lg. 30 giugno 2003, n. 196;

f) avvalersi, ove necessario, dei dati contenuti nell'anagrafe dei conti e dei depositi di cui all'art. 20, comma 4, della l. 30 dicembre 1991, n. 413, nonché acquisire, anche mediante accesso diretto, i dati contenuti nell'archivio indicato all'art. 13 del d.l. 15 dicembre 1979, n. 625, convertito, con modificazioni, dalla l. 6 febbraio 1980, n. 15;

g) accedere direttamente, mediante apposita connessione telematica, ai dati contenuti nella Centrale dei rischi della Banca d'Italia;

h) avvalersi, ove necessario, anche mediante connessione telematica, dei dati contenuti nell'apposita sezione dell'anagrafe tributaria di cui all'art. 7, comma sesto, del d.p.r. 29 settembre 1973, n. 605;

i) procedere al sequestro dei beni che possono formare oggetto di confisca ai sensi dell'art. 187-*sexies* del presente decreto. Si applicano i commi 9, 10 e 11 dell'art. 187-*octies* del presente decreto.

6. È fatta salva l'applicazione delle disposizioni degli artt. 199, 200, 201, 202 e 203 del codice di procedura penale, in quanto compatibili.

7. I poteri di cui al comma 5, lett. *a*), *c*) ed *i*), sono esercitati previa autorizzazione del procuratore della Repubblica.

8. Nei casi previsti dal comma 4, lett. *b*), dal comma 5, lett. *a*) ed *i*), e dal comma 9 viene redatto processo verbale dei dati e delle informazioni acquisite o dei fatti accertati, dei sequestri eseguiti, e delle dichiarazioni rese dagli interessati, i quali sono invitati a firmare il processo verbale e hanno diritto di averne copia.

9. Nell'esercizio dei poteri previsti dai commi 4 e 5 la Consob può avvalersi della Guardia di Finanza che esegue gli accertamenti richiesti agendo con i poteri di indagine ad essa attribuiti ai fini dell'accertamento dell'imposta sul

(1) Comma aggiunto dall'art. 4.4, lett. b, d.lg. 12 maggio 2015, n. 72.

valore aggiunto e delle imposte sui redditi.

10. Tutte le notizie, le informazioni e i dati acquisiti dalla Guardia di Finanza nell'assolvimento dei compiti previsti dal comma 9 sono coperti dal segreto d'ufficio e vengono, senza indugio, comunicati esclusivamente alla Consob.

11. La Banca d'Italia, nell'ambito delle sue competenze, può esercitare il potere previsto dal comma 4, lett. *b*), nei confronti degli esponenti e del personale dei soggetti abilitati. In tale caso si applica il comma 8 (1).

6-*ter*. *Poteri ispettivi*. — 1. La Banca d'Italia e la Consob possono, nell'ambito delle rispettive competenze e nel rispetto delle disposizioni normative europee, effettuare ispezioni e richiedere l'esibizione dei documenti e il compimento degli atti ritenuti necessari nei confronti dei soggetti abilitati e di coloro ai quali i soggetti abilitati abbiano esternalizzato funzioni aziendali essenziali o importanti e al loro personale. Si applicano i commi 9 e 10 dell'art. 6-*bis*.

2. Al fine di verificare l'osservanza da parte di un soggetto abilitato delle disposizioni di cui alla presente parte, la Consob, previa autorizzazione del procuratore della Repubblica, può esercitare il potere di cui al comma 1 anche nei confronti di soggetti, diversi da quelli ivi indicati, che abbiano intrattenuto rapporti di natura patrimoniale o professionale con il soggetto abilitato.

3. La Consob può richiedere ai soggetti incaricati della revisione legale dei conti dei soggetti abilitati di fornire informazioni. Quando sussistono particolari necessità e non sia possibile provvedere con risorse proprie, la Consob può altresì autorizzare revisori legali o società di revisione legale a procedere a verifiche o ispezioni per suo conto. Il soggetto autorizzato a procedere alle predette verifiche ed ispezioni agisce in veste di Pubblico Ufficiale.

4. Nei casi previsti dal comma 2 la Consob redige processo verbale dei dati e delle informazioni acquisite o dei fatti accertati e delle dichiarazioni rese dagli interessati, i quali sono invitati a firmare il processo verbale e hanno diritto di averne copia.

5. Ciascuna autorità comunica le ispezioni disposte all'altra autorità, la quale può chiedere accertamenti su profili di propria competenza.

6. La Banca d'Italia e la Consob possono chiedere alle autorità competenti di uno Stato UE di effettuare accertamenti presso succursali di Sim, di Sgr e di banche stabilite sul territorio di detto Stato ovvero concordare altre modalità per le verifiche.

7. Le autorità competenti di uno Stato UE, dopo aver informato la Banca d'Italia e la Consob, possono ispezionare, anche tramite loro incaricati, le succursali di imprese di investimento UE, di banche UE, di società di gestione UE e di GEFIA UE dalle stesse autorizzate, stabilite nel territorio della Repubblica. Se le autorità di uno Stato dell'Unione europea lo richiedono, la Banca d'Italia e la Consob, nell'ambito delle rispettive competenze, procedono direttamente agli accertamenti ovvero concordano altre modalità per le verifiche.

8. La Banca d'Italia e la Consob possono concordare, nell'ambito delle rispettive competenze, con le autorità competenti degli Stati non UE modalità per l'ispezione di succursali di Sim, banche italiane, e imprese di paesi terzi insediate nei rispettivi territori (1).

7. *Poteri di intervento sui soggetti abilitati* (2). — 1. La Banca d'Italia e la Consob, nell'ambito delle rispettive competenze, possono, con riguardo ai soggetti abilitati:

a) convocare gli amministratori, i sindaci e il personale (3);

b) ordinare la convocazione degli organi collegiali, fissandone l'ordine dei giorno;

c) procedere direttamente alla convocazione degli organi collegiali quando gli organi competenti non abbiano ottemperato a quanto previsto dalla lett. *b*).

1-*bis*. La Banca d'Italia e la Consob, nell'ambito delle rispettive competenze, possono altresì convocare gli amministratori, i sindaci e il personale di coloro ai quali i soggetti abilitati abbiano esternalizzato funzioni aziendali essenziali o importanti (4).

1-*ter*. La Banca d'Italia e la Consob, nell'ambito delle rispettive competenze, possono pubblicare avvertimenti al pubblico (5).

1-*quater*. La Consob intima ai soggetti abilitati di non avvalersi, nell'esercizio della propria attività e per un periodo non superiore a tre

(1) Articolo inserito dall'art. 2.4, d.lg. 3 agosto 2017, n. 129.
(2) Rubrica così sostituita alla precedente «Interventi sui soggetti abilitati» dall'art. 2.5, lett. a, d.lg. 3 agosto 2017, n. 129.
(3) Le parole «il personale» sono state così sostituite alle precedenti «i dirigenti» dall'art. 4.5, lett. a, d.lg. 12 maggio 2015, n. 72.
(4) Comma inserito dall'art. 4.5, lett. b, d.lg. 12 maggio 2015, n. 72.
(5) Comma inserito dall'art. 2.5, lett. b, d.lg. 3 agosto 2017, n. 129.

anni, dell'attività professionale di un soggetto ove possa essere di pregiudizio per la trasparenza e la correttezza dei comportamenti (1).

2. La Banca d'Italia può adottare, a fini di stabilità, provvedimenti specifici aventi a oggetto le materie disciplinate dall'art. 6, comma 1, lett. *a*), e, ove la situazione lo richieda: adottare, sentita la Consob, provvedimenti restrittivi o limitativi concernenti i servizi, le attività, le operazioni e la struttura territoriale; vietare la distribuzione di utili o di altri elementi del patrimonio; con riferimento a strumenti finanziari computabili nel patrimonio a fini di vigilanza, vietare il pagamento di interessi; fissare limiti all'importo totale della parte variabile delle remunerazioni nei soggetti abilitati, quando sia necessario per il mantenimento di una solida base patrimoniale. I provvedimenti possono essere emanati nei confronti di uno o più soggetti abilitati, nonché di una o più categorie di essi (2).

2-*bis*. La Banca d'Italia, nell'ambito delle sue competenze (3), può disporre, sentita la Consob (4), la rimozione di uno o più esponenti aziendali di Sim, società di gestione del risparmio, Sicav e Sicaf, qualora la loro permanenza in carica sia di pregiudizio per la sana e prudente gestione del soggetto abilitato; la rimozione non è disposta ove ricorrano gli estremi per pronunciare la decadenza ai sensi dell'art. 13, salvo che sussista urgenza di provvedere (5).

2-*ter*. La Consob, nell'ambito delle sue competenze, dispone, sentita la Banca d'Italia, la rimozione di uno o più esponenti aziendali di Sim, banche italiane, società di gestione del risparmio, Sicav e Sicaf, qualora la loro permanenza in carica sia di pregiudizio alla trasparenza e correttezza dei comportamenti dei soggetti abilitati; la rimozione non è disposta ove ricorrano gli estremi per pronunciare la decadenza ai sensi dell'art. 13, salvo che sussista urgenza di provvedere (6).

3. Nell'interesse pubblico o dei partecipanti la Banca d'Italia e la Consob, ciascuna per quanto di competenza, possono ordinare la sospensione o la limitazione temporanea dell'emissione o del rimborso delle quote o azioni di Oicr.

3-*bis*. La Consob ordina la sospensione per un periodo non superiore a 60 giorni per ciascuna volta della commercializzazione o della vendita di strumenti finanziari in caso di violazione delle disposizioni di attuazione dell'art. 6, comma 2, lett. *b-bis*), n. 1), lett. *a*), e di esistenza di un pregiudizio per la tutela degli investitori (7).

7-*bis*. *Poteri di intervento di cui al Titolo VII, Capo I, del reg. (UE) n. 600/2014*. — 1. La Banca d'Italia e la Consob sono le autorità nazionali competenti ai fini dell'applicazione delle disposizioni di cui al Titolo VII, Capo I, del reg. (UE) n. 600/2014. Esse esercitano i poteri e adottano le misure di vigilanza previsti dall'art. 39, par. 3, dall'art. 42 e dall'art. 43, par. 3, del reg. (UE) n. 600/2014, in conformità anche a quanto stabilito dagli atti delegati emanati ai sensi dell'art. 42, par. 7, del predetto regolamento.

2. Ai fini di cui al comma 1, la Consob è competente per quanto riguarda la protezione degli investitori, l'ordinato funzionamento e integrità dei mercati finanziari o dei mercati delle merci, nonché per le finalità di cui all'art. 42, par. 2, lett. *a*), punto *ii*), del reg. (UE) n. 600/2014.

3. Ai fini di cui al comma 1, la Banca d'Italia è competente per quanto riguarda la stabilità dell'insieme o di una parte del sistema finanziario.

4. Al fine di coordinare l'esercizio delle funzioni di cui al comma 1, la Banca d'Italia e la Consob stabiliscono, anche sulla base di un apposito protocollo d'intesa, le modalità della cooperazione e del reciproco scambio di informazioni rilevanti ai fini dell'esercizio delle predette funzioni e dell'esercizio da parte della Consob delle funzioni di punto di contatto ai sensi dell'articolo 4 del presente decreto.

5. Fermi restando i poteri previsti dall'art. 39, par. 3, dall'art. 42 e dall'art. 43, par. 3, del reg. (UE) n. 600/2014, la Banca d'Italia e la Consob, nell'ambito delle rispettive competenze, possono altresì ordinare la sospensione per un periodo non superiore a 60 giorni per ciascuna volta della commercializzazione o della vendita di strumenti finanziari o di depositi strutturati qualora le condizioni di cui agli artt.

(1) Comma inserito dall'art. 2.5, lett. b, d.lg. 3 agosto 2017, n. 129.
(2) Comma così sostituito, da ultimo, dall'art. 4.5, lett. c, d.lg. 12 maggio 2015, n. 72.
(3) Le parole «, nell'ambito delle sue competenze,» sono state inserite dall'art. 2.5, lett. c, d.lg. 3 agosto 2017, n. 129.
(4) Le parole «, sentita la Consob,» sono state inserite dall'art. 2.5, lett. c, d.lg. 3 agosto 2017, n. 129.
(5) Comma inserito dall'art. 4.5, lett. d, d.lg. 12 maggio 2015, n. 72.
(6) Comma inserito dall'art. 2.5, lett. d, d.lg. 3 agosto 2017, n. 129.
(7) Comma inserito dall'art. 2.5, lett. e, d.lg. 3 agosto 2017, n. 129.

40, 41 o 42 del reg. (UE) n. 600/2014 risultino soddisfatte.

6. Ciascuna autorità esercita i poteri e adotta le misure di vigilanza in conformità ai commi 1 e 5 del presente articolo sentita l'altra autorità (1).

7-*ter*. *Poteri ingiuntivi nei confronti degli intermediari nazionali e non UE*. — 1. In caso di violazione da parte di Sim, di imprese di paesi terzi e di società di gestione del risparmio, di Sicav, di Sicaf, di GEFIA non UE autorizzati in Italia e di banche autorizzate alla prestazione di servizi e attività di investimento aventi sede in Italia di obblighi derivanti da disposizioni dell'ordinamento italiano e dell'Unione europea loro applicabili nelle materie del presente decreto, la Banca d'Italia o la Consob, nell'ambito delle rispettive competenze, possono ordinare alle stesse, anche in via cautelare, la cessazione temporanea o permanente di tali irregolarità.

2. L'autorità di vigilanza che procede, sentita l'altra autorità, vieta ai soggetti indicati nel comma 1 di intraprendere nuove operazioni, nonché imporre ogni altra limitazione riguardante singole tipologie di operazioni, singoli servizi o attività, anche limitatamente a singole succursali o dipendenze dell'intermediario, quando:

a) le violazioni commesse possono pregiudicare gli interessi inerenti agli obiettivi di carattere generale elencati nell'art. 5, comma 1;

b) nei casi di urgenza per la tutela degli interessi degli investitori (2).

7-*quater*. *Poteri ingiuntivi nei confronti di intermediari UE*. — 1. In caso di violazione da parte di imprese di investimento UE con succursale in Italia, di società di gestione UE, di GEFIA UE e non UE autorizzati in uno Stato dell'UE diverso dall'Italia, di banche UE con succursale in Italia e di società finanziarie previste dall'art. 18, comma 2, del t.u. bancario, di obblighi derivanti da disposizioni dell'ordinamento italiano e dell'Unione europea loro applicabili nelle materie del presente decreto, la Banca d'Italia o la Consob, nell'ambito delle rispettive competenze, possono ordinare alle stesse di porre termine a tali irregolarità, dandone comunicazione anche all'Autorità di vigilanza dello Stato membro in cui l'intermediario ha sede legale per i provvedimenti eventualmente necessari.

2. L'autorità di vigilanza che procede adotta i provvedimenti necessari, sentita l'altra autorità, compresa l'imposizione del divieto di intraprendere nuove operazioni, nonché ogni altra limitazione riguardante singole tipologie di operazioni, singoli servizi o attività anche limitatamente a singole succursali o dipendenze dell'intermediario, ovvero ordinare la chiusura della succursale, quando:

a) mancano o risultano inadeguati i provvedimenti dell'autorità competente dello Stato in cui l'intermediario ha sede legale;

b) risultano violazioni delle norme di comportamento;

c) le irregolarità commesse possono pregiudicare gli interessi inerenti agli obiettivi di carattere generale elencati nell'art. 5, comma 1;

d) nei casi di urgenza per la tutela degli interessi degli investitori.

3. I provvedimenti previsti dal comma 2 sono comunicati dall'autorità che li ha adottati all'autorità competente dello Stato UE in cui l'intermediario ha sede legale.

4. Se vi è fondato sospetto che un'impresa di investimento UE o una banca UE, operanti in regime di libera prestazione di servizi in Italia, non ottemperano agli obblighi derivanti dalle disposizioni dell'Unione europea, la Banca d'Italia o la Consob informano l'autorità competente dello Stato membro in cui l'intermediario ha sede legale per i provvedimenti necessari. Se, nonostante le misure adottate dall'autorità competente, l'intermediario persiste nell'agire in modo tale da pregiudicare gli interessi degli investitori o il buon funzionamento dei mercati, la Banca d'Italia o la Consob, dopo avere informato l'autorità competente dello Stato membro in cui l'intermediario ha sede legale, adottano tutte le misure necessarie compresa l'imposizione del divieto di intraprendere nuove operazioni in Italia. La Banca d'Italia o la Consob procedono sentita l'altra autorità, e informano la Commissione europea delle misure adottate.

5. Il comma 4 si applica anche nel caso di violazioni, da parte di imprese di investimento UE o banche UE, con succursale in Italia, ovvero società di gestione UE, GEFIA UE e non UE autorizzati in uno Stato dell'UE diverso dall'Italia, di obblighi derivanti da disposizioni dell'Unione europea per le quali è competente lo Stato membro in cui l'intermediario ha sede legale.

6. Se la violazione riguarda disposizioni re-

(1) Articolo inserito dall'art. 4.6, d.lg. 12 maggio 2015, n. 72, e successivamente così sostituito dall'art. 2.6, d.lg. 3 agosto 2017, n. 129.

(2) Articolo inserito dall'art. 2.7, d.lg. 3 agosto 2017, n. 129.

lative alla liquidità dell'impresa d'investimento UE o in ogni altro caso di deterioramento della situazione di liquidità della stessa, la Banca d'Italia può adottare le misure necessarie per la stabilità finanziaria o per la tutela delle ragioni dei soggetti ai quali sono prestati i servizi, se quelle prese dall'autorità competente dello Stato d'origine mancano o risultano inadeguate; le misure da adottare sono comunicate all'autorità competente dello Stato d'origine (1).

7-*quinquies*. *Poteri ingiuntivi nei confronti degli OICVM UE, FIA UE e non UE con quote o azioni offerte in Italia*. — 1. Quando sussistono elementi che fanno presumere l'inosservanza da parte degli OICVM UE, dei FIA UE e non UE di obblighi derivanti da disposizioni dell'ordinamento italiano e dell'Unione europea loro applicabili nelle materie del presente decreto, la Banca d'Italia o la Consob, nell'ambito delle rispettive competenze, possono sospendere in via cautelare, per un periodo non superiore a sessanta giorni, l'offerta delle relative quote o azioni. In caso di accertata violazione, le autorità di vigilanza, nell'ambito delle rispettive competenze, possono sospendere temporaneamente ovvero vietare l'offerta delle quote o delle azioni degli Oicr.

2. Se vi è fondato sospetto che un OICVM UE, un FIA UE e non UE le cui quote o azioni sono offerte in Italia, ovvero il gestore di tale Oicr, non ottemperi agli obblighi derivanti da disposizioni dell'Unione europea per le quali sia competente lo Stato di origine dell'Oicr, la Banca d'Italia o la Consob informano l'autorità competente di tale Stato affinché assuma i provvedimenti necessari. Se, nonostante le misure adottate dall'autorità competente, l'Oicr, ovvero il suo gestore, persiste nell'agire in modo tale da pregiudicare gli interessi degli investitori o il buon funzionamento dei mercati, la Banca d'Italia o la Consob, dopo aver informato l'autorità dello Stato di origine, adottano le misure necessarie per proteggere gli investitori o assicurare il buon funzionamento dei mercati, ivi compreso il divieto di offerta delle quote o azioni dell'Oicr (1).

7-*sexies*. *Sospensione degli organi amministrativi*. — 1. Il Presidente della Consob dispone, in via d'urgenza, ove ricorrano situazioni di pericolo per i clienti o per i mercati, la sospensione degli organi di amministrazione delle Sim e la nomina di un commissario che ne assume la gestione quando risultino gravi irregolarità nell'amministrazione ovvero gravi violazioni delle disposizioni legislative, amministrative o statutarie. Il provvedimento assunto dal Presidente della Consob è sottoposto all'approvazione della Commissione.

2. Il commissario dura in carica per un periodo massimo di sessanta giorni. Il commissario, nell'esercizio delle sue funzioni, è pubblico ufficiale. Il Presidente dalla Consob può stabilire speciali cautele e limitazioni per la gestione della Sim.

3. L'indennità spettante al commissario è determinata dalla Consob in base a criteri dalla stessa stabiliti ed è a carico della società commissariata. Si applica l'art. 91, comma 1, ultimo periodo, del t.u. bancario.

4. Le azioni civili contro il commissario, per atti compiuti nell'espletamento dell'incarico, sono promosse previa autorizzazione della Consob.

5. Il presente articolo si applica anche alle succursali italiane di imprese di paesi terzi diverse dalle banche. Il commissario assume nei confronti delle succursali i poteri degli organi di amministrazione dell'impresa.

6. Il presente articolo si applica anche alle società di gestione del risparmio e alle Sicav. Il Presidente della Consob dispone il provvedimento, sentito il Governatore della Banca d'Italia (1).

7-*septies*. *Poteri cautelari applicabili ai consulenti finanziari autonomi, alle società di consulenza finanziaria ed ai consulenti finanziari abilitati all'offerta fuori sede*. — 1. L'Organismo di vigilanza e tenuta dell'albo unico dei consulenti finanziari, in caso di necessità e urgenza, dispone in via cautelare la sospensione del consulente finanziario autonomo, della società di consulenza finanziaria e del consulente finanziario abilitato all'offerta fuori sede dall'esercizio dell'attività per un periodo massimo di centottanta giorni, qualora sussistano elementi che facciano presumere l'esistenza di gravi violazioni di legge ovvero di disposizioni generali o particolari emanate in forza del presente decreto.

2. L'Organismo di cui al comma 1 dispone in via cautelare, per un periodo massimo di un anno, la sospensione dall'esercizio dell'attività qualora il soggetto iscritto all'albo sia sottoposto a una delle misure cautelari personali del libro IV, titolo I, capo II, del codice di procedura penale o assuma la qualità di imputato ai sensi dell'art. 60 dello stesso codice in relazione ai seguenti reati:

a) delitti previsti nel titolo XI del libro V del codice civile e nella legge fallimentare;

(1) Articolo inserito dall'art. 2.7, d.lg. 3 agosto 2017, n. 129.

b) delitti contro la pubblica amministrazione, contro la fede pubblica, contro il patrimonio, contro l'ordine pubblico, contro l'economia pubblica, ovvero delitti in materia tributaria;

c) reati previsti dal titolo VIII del t.u. bancario;

d) reati previsti dal presente decreto (1).

7-*octies*. *Poteri di contrasto all'abusivismo*. — 1. La Consob può, nei confronti di chiunque offre o svolge servizi o attività di investimento tramite la rete internet senza esservi abilitato ai sensi del presente decreto:

a) rendere pubblica, anche in via cautelare, la circostanza che il soggetto non è autorizzato allo svolgimento delle attività indicate dall'art. 1, comma 5;

b) ordinare di porre termine alla violazione (1).

7-*novies*. *Riserve di capitale*. — 1. La Banca d'Italia adotta le misure sulle riserve di capitale previste dal Capo IV del Titolo VII della dir. 2013/36/UE, nonché quelle di natura macroprudenziale previste dal reg. (UE) n. 575/2013, quale autorità designata ai sensi di tali normative europee nei confronti delle Sim e delle succursali di imprese di paesi terzi diverse dalle banche (1).

7-*decies*. *Vigilanza sul rispetto di disposizioni dell'Unione europea direttamente applicabili*. — 1. La Banca d'Italia e la Consob vigilano, ciascuna per quanto di competenza, ai sensi della presente parte, sul rispetto delle disposizioni dettate dal reg. (UE) n. 600/2014, nonché dagli atti delegati e dalle norme tecniche di regolamentazione e di attuazione del citato regolamento e della dir. 2014/65/UE (1).

8. *Doveri informativi* (2). — 1. .... (3).

1-*bis*. Gli Oicr che investono in crediti partecipano alla Centrale dei Rischi della Banca d'Italia, secondo quanto stabilito dalla Banca d'Italia. La Banca d'Italia può prevedere che la partecipazione alla centrale dei rischi avvenga per il tramite di banche e intermediari iscritti all'albo di cui all'art. 106 (4).

1-*ter*. .... (5).

2. .... (3).

3. Il collegio sindacale informa senza indugio la Banca d'Italia e la Consob di tutti gli atti o i fatti, di cui venga a conoscenza nell'esercizio dei propri compiti, che possano costituire un'irregolarità nella gestione ovvero una violazione delle norme che disciplinano l'attività delle Sim, delle società di gestione del risparmio, delle Sicav o delle Sicaf (6). A tali fini lo statuto delle Sim, delle società di gestione del risparmio, delle Sicav o delle Sicaf (6), indipendentemente dal sistema di amministrazione e controllo adottato, assegna all'organo che svolge la funzione di controllo i relativi compiti e poteri (7).

4. I soggetti incaricati della revisione legale dei conti (8) delle Sim, delle società di gestione del risparmio, delle Sicav o delle Sicaf (9) comunicano senza indugio alla Banca d'Italia e alla Consob gli atti o i fatti, rilevati nello svolgimento dell'incarico, che possano costituire una grave violazione delle norme disciplinanti l'attività delle società sottoposte a revisione ovvero che possano pregiudicare la continuità dell'impresa o comportare un giudizio negativo, un giudizio con rilievi o una dichiarazione di impossibilità di esprimere un giudizio sui bilanci o sui prospetti periodici degli Oicr.

5. I commi 3, primo periodo, e 4 si applicano anche all'organo che svolge funzioni di controllo ed ai soggetti incaricati della revisione legale dei conti (10) presso le società che controllano le Sim, le società di gestione del risparmio, le Sicav o le Sicaf (11) o che sono da queste controllate ai

(1) Articolo inserito dall'art. 2.7, d.lg. 3 agosto 2017, n. 129.

(2) Rubrica così sostituita alla precedente «Vigilanza informativa» dall'art. 2.8, lett. a, d.lg. 3 agosto 2017, n. 129.

(3) Comma abrogato dall'art. 2.8, lett. b, d.lg. 3 agosto 2017, n. 129.

(4) Comma inserito dall'art. 22.5, lett. b, d.l. 24 giugno 2014, n. 91, conv. in l. 11 agosto 2014, n. 116.

(5) Comma inserito dall'art. 4.7, lett. b, d.lg. 12 maggio 2015, n. 72, e successivamente abrogato dall'art. 2.8, lett. b, d.lg. 3 agosto 2017, n. 129.

(6) Le parole «, delle Sicav o delle Sicaf» sono state così sostituite alle precedenti «o delle Sicav» dall'art. 2.2, lett. a, d.lg. 4 marzo 2014, n. 44.

(7) Ultimo periodo aggiunto dall'art. 9.49, comma 1, lett. a, d.lg. n. 6/2003, come modificato dall'art. 3.1, d.lg. n. 37/2004.

(8) Le parole «I soggetti incaricati della revisione legale dei conti» sono state così sostituite alle precedenti «Le società incaricate della revisione contabile» dall'art. 40.1, lett. b, d.lg. 27 gennaio 2010, n. 39.

(9) Le parole «, delle Sicav o delle Sicaf» sono state così sostituite alle precedenti «o delle Sicav» dall'art. 2.2, lett. b, d.lg. 4 marzo 2014, n. 44.

(10) Le parole «ai soggetti incaricati della revisione legale dei conti» sono state così sostituite alle precedenti «alle società incaricate della revisione contabile» dall'art. 40.1, lett. c, d.lg. 27 gennaio 2010, n. 39.

(11) Le parole «, le Sicav o le Sicaf» sono state così sostituite alle precedenti «o le Sicav» dall'art. 2.2, lett. c, d.lg. 4 marzo 2014, n. 44.

sensi dell'art. 23 del t.u. bancario (1) (2).

5-*bis*. .... (3).

6. I commi 3, 4, 5 [...] (4) si applicano alle banche limitatamente alla prestazione dei servizi e delle attività di investimento (5).

8-*bis*-8-*ter*. .... (6).

9. *Revisione legale*. — 1. Alle Sim, alle società di gestione del risparmio, alle Sicav e alle Sicaf (7) si applica l'art. 159, comma 1.

2. Per le società di gestione del risparmio, il revisore legale o la società di revisione legale incaricati della revisione provvedono con apposita relazione di revisione a rilasciare un giudizio sul rendiconto del fondo comune (8).

10. .... (9).

11. *Composizione del gruppo*. — 1. La Banca d'Italia, sentita la Consob:

a) determina la nozione di gruppo rilevante ai fini della verifica dei requisiti previsti dagli artt. 19, comma 1, lett. *h*), e 34, comma 1, lett. *f*) (10);

a-bis) individua le disposizioni di cui al Capo II del presente Titolo applicabili alle società che controllano una Sim o una società di gestione del risparmio, individuate ai sensi della lett. *b*) (11);

b) emana disposizioni volte a individuare l'insieme dei soggetti da sottoporre a vigilanza su base consolidata tra quelli esercenti attività bancaria e servizi di investimento o di gestione collettiva del risparmio, nonché attività connesse e strumentali o altre attività finanziarie, come individuate ai sensi dell'art. 59, comma 1, lett. *b*) e lett. *b-bis*) (12) del t.u. bancario (1). Tali soggetti sono individuati tra quelli che, non sottoposti a vigilanza consolidata ai sensi del medesimo testo unico:

1) sono controllati, direttamente o indirettamente, da una Sim o da una società di gestione dei risparmio;

2) controllano, direttamente o indirettamente, una Sim o una società di gestione del risparmio (13).

1-*bis*. Il gruppo individuato ai sensi del comma 1, lett. *b*), è iscritto in un apposito albo tenuto dalla Banca d'Italia. La capogruppo comunica tempestivamente alla Banca d'Italia l'esistenza del gruppo e la sua composizione aggiornata. Copia della predetta comunicazione è trasmessa dalla Banca d'Italia alla Consob (14) (15).

12. *Vigilanza sul gruppo*. — 1. La Banca d'Italia impartisce alla società posta al vertice del gruppo individuato ai sensi dell'art. 11, comma 1, lett. *b*), disposizioni riferite al complesso dei soggetti individuati ai sensi del medesimo articolo, aventi ad oggetto le materie dell'art. 6, comma 1, lett. *a*), e lett. *c-bis*), nn. 1), 2), 3), 4) e 6), e comma 1-*bis*. Ove lo richiedano esigenze di stabilità, la Banca d'Italia può emanare nelle stesse materie disposizioni di carattere particolare (16).

1-*bis*. In armonia con la disciplina comunitaria, la Banca d'Italia individua le ipotesi di esenzione dall'applicazione delle disposizioni adottate ai sensi del comma 1 (17).

(1) In *Leggi coll. XVII, 1*.
(2) Comma così sostituito dall'art. 9.49, comma 1, lett. b, d.lg. n. 6/2003, come modificato dall'art. 3.1, d.lg. n. 37/2004.
(3) Comma inserito dall'art. 2.3, lett. b, d.lg. 17 settembre 2007, n. 164, e successivamente abrogato dall'art. 2.8, lett. b, d.lg. 3 agosto 2017, n. 129.
(4) Le parole «e 5-*bis*» sono state soppresse dall'art. 2.8, lett. c, d.lg. 3 agosto 2017, n. 129.
(5) Comma così sostituito dall'art. 2.3, lett. c, d.lg. 17 settembre 2007, n. 164.
(6) Articoli inseriti dall'art. 4.8, d.lg. 12 maggio 2015, n. 72, e successivamente abrogati dall'art. 2.9, d.lg. 3 agosto 2017, n. 129.
(7) Le parole «, alle Sicav e alle Sicaf» sono state così sostituite alle precedenti «e alle Sicav» dall'art. 2.3, d.lg. 4 marzo 2014, n. 44.
(8) Articolo così sostituito dall'art. 40.2, d.lg. 27 gennaio 2010, n. 39.
(9) Articolo abrogato dall'art. 2.9, d.lg. 3 agosto 2017, n. 129.
(10) Provv. Banca d'Italia 4 agosto 2000, in suppl. ord. n. 154 a G.U., 18 settembre 2000, n. 218; provv. Banca d'Italia 14 aprile 2005, in suppl. ord. n. 88 a G.U., 12 maggio 2005, n. 109.
(11) Lettera inserita dall'art. 4.1, lett. a, d.lg. 4 marzo 2014, n. 53.
(12) Le parole «e lett. *b-bis*)» sono state inserite dall'art. 4.1, lett. b, d.lg. 4 marzo 2014, n. 53.
(13) Comma così sostituito dall'art. 2.1, lett. c, n. 1, d.l. 27 dicembre 2006, n. 297, conv. in l. 23 febbraio 2007, n. 15. Per il regolamento in materia di vigilanza prudenziale per le SIM v. provv. Banca d'Italia 24 ottobre 2007, in suppl. ord. n. 247 a G.U., 28 novembre 2007, n. 277.
(14) Comma inserito dall'art. 2.1, lett. c, n. 2, d.l. 27 dicembre 2006, n. 297, conv. in l. 23 febbraio 2007, n. 15.
(15) Per il regolamento sulla gestione collettiva del risparmio v. provv. Banca d'Italia 19 gennaio 2015, in suppl. ord. n. 11 a G.U., 19 marzo 2015, n. 65, come modificato dal provvedimento Banca d'Italia 23 dicembre 2016, in G.U., 4 gennaio 2017, n. 3.
(16) Comma così sostituito, da ultimo, dall'art. 2.10, d.lg. 3 agosto 2017, n. 129.
(17) Comma inserito dall'art. 2.1, lett. d, n. 2, d.l. 27 dicembre 2006, n. 297, conv. in l. 23 febbraio 2007, n. 15.

2. La società capogruppo, nell'esercizio dell'attività di direzione e coordinamento, emana disposizioni alle singole componenti del gruppo individuato ai sensi dell'art. 11, comma 1, lett. *b*), per l'esecuzione delle istruzioni impartite dalla Banca d'Italia. Gli organi amministrativi delle società del gruppo sono tenuti a fornire ogni dato e informazione per l'emanazione delle disposizioni e la necessaria collaborazione per il rispetto delle norme sulla vigilanza consolidata (1).

3. La Banca d'Italia e la Consob possono chiedere, nell'ambito delle rispettive competenze (2), ai soggetti individuati ai sensi dell'art. 11, comma 1, lett. *b*), al soggetto che controlla la società capogruppo di cui all'art. 11, comma 1-*bis*, la Sim o la società di gestione del risparmio, nonché a quelli che sono controllati, direttamente o indirettamente, ovvero partecipati almeno per il venti per cento da uno dei soggetti individuati ai sensi dell'art. 11, comma 1, lett. *b*), la trasmissione, anche periodica, di dati e informazioni (3).

3-*bis*. Nell'esercizio della vigilanza su base consolidata, la Banca d'Italia può impartire disposizioni, ai sensi del presente articolo, nei confronti di tutti i soggetti inclusi nel gruppo individuato ai sensi dell'art. 11, comma 1, lett. *b*) (4).

4. .... (5).

5. La Banca d'Italia e la Consob possono, nell'ambito delle rispettive competenze (2):

a) effettuare ispezioni presso i soggetti individuati ai sensi dell'art. 11, comma 1, lett. *b*);

b) al fine esclusivo di verificare l'esattezza dei dati e delle informazioni forniti, effettuare ispezioni presso i soggetti controllati, direttamente o indirettamente, ovvero partecipati almeno per il venti per cento da uno dei soggetti individuati ai sensi dell'art. 11, comma 1, lett. *b*) (6);

b-bis) effettuare ispezioni presso soggetti ai quali siano state esternalizzate funzioni aziendali essenziali o importanti da parte dei soggetti indicati dalle lett. *a*) e *b*), limitatamente alle finalità ivi richiamate (7).

5-*bis*. Nell'esercizio della vigilanza su base consolidata, la Banca d'Italia può adottare i provvedimenti previsti dall'art. 7, comma 2, nei confronti dei soggetti di cui all'art. 11, comma 1, lett. *b*) (8).

5-*ter*. La Banca d'Italia può disporre, qualora la loro permanenza in carica sia di pregiudizio per la sana e prudente gestione del gruppo, la rimozione di uno o più esponenti aziendali della capogruppo; la rimozione non è disposta ove ricorrano gli estremi per pronunciare la decadenza ai sensi dell'art. 13, salvo che sussista urgenza di provvedere (9).

5-*quater*. La Banca d'Italia e la Consob possono chiedere, nell'ambito delle rispettive competenze, informazioni anche al personale dei soggetti indicati al comma 3, anche per il tramite di questi ultimi (9).

5-*quinquies*. Gli obblighi previsti dai commi 2 e 3 si applicano anche ai soggetti ai quali siano state esternalizzate funzioni aziendali essenziali o importanti e al loro personale (9).

5-*sexies*. Alla società capogruppo si applicano gli artt. 6, commi 2-*septies* e 2-*octies*, e 7, commi 1 e 1-*bis* (9).

CAPO II

Esponenti aziendali e partecipanti al capitale

13. *Esponenti aziendali*. — 1. I soggetti che svolgono funzioni di amministrazione, direzione e controllo presso Sim, società di gestione del risparmio, Sicav e Sicaf devono essere idonei allo svolgimento dell'incarico.

2. Ai fini del comma 1, gli esponenti possiedono requisiti di professionalità, onorabilità e indipendenza, soddisfano criteri di competenza e correttezza, dedicano il tempo necessario all'efficace espletamento dell'incarico.

3. Il Ministro dell'economia e delle finanze, con regolamento adottato sentite la Banca d'Italia e la Consob, individua:

a) requisiti di onorabilità omogenei per tutti gli esponenti;

b) i requisiti di professionalità e indipendenza, graduati secondo principi di proporzionalità;

(1) Comma così sostituito dall'art. 2.1, lett. d, n. 3, d.l. 27 dicembre 2006, n. 297, conv. in l. 23 febbraio 2007, n. 15.
(2) Le parole «nell'ambito delle rispettive competenze» sono state così sostituite alle precedenti «per le materie di rispettiva competenza» dall'art. 2.5, lett. b, d.lg. 17 settembre 2007, n. 164.
(3) Comma così sostituito dall'art. 2.1, lett. d, n. 4, d.l. 27 dicembre 2006, n. 297, conv. in l. 23 febbraio 2007, n. 15.
(4) Comma inserito dall'art. 2.1, lett. d, n. 5, d.l. 27 dicembre 2006, n. 297, conv. in l. 23 febbraio 2007, n. 15.
(5) Comma abrogato dall'art. 40.21, d.lg. 27 gennaio 2010, n. 39.
(6) Comma così sostituito dall'art. 2.1, lett. d, n. 6, d.l. 27 dicembre 2006, n. 297, conv. in l. 23 febbraio 2007, n. 15.
(7) Lettera aggiunta dall'art. 4.10, lett. a, d.lg. 12 maggio 2015, n. 72.
(8) Comma aggiunto dall'art. 2.1, lett. d, n. 7, d.l. 27 dicembre 2006, n. 297, conv. in l. 23 febbraio 2007, n. 15.
(9) Comma aggiunto dall'art. 4.10, lett. b, d.lg. 12 maggio 2015, n. 72.

c) i criteri di competenza, coerenti con la carica da ricoprire e con le caratteristiche del soggetto abilitato, e di adeguata composizione dell'organo;

d) i criteri di correttezza per gli esponenti delle Sim, con riguardo, tra l'altro, alle relazioni d'affari dell'esponente, alle condotte tenute nei confronti delle autorità di vigilanza e alle sanzioni o misure correttive da queste irrogate, a provvedimenti restrittivi inerenti ad attività professionali svolte, nonché a ogni altro elemento suscettibile di incidere sulla correttezza dell'esponente;

e) i limiti al cumulo di incarichi per gli esponenti delle Sim, graduati secondo principi di proporzionalità e tenendo conto delle dimensioni dell'intermediario;

f) le cause che comportano la sospensione temporanea dalla carica e la sua durata.

4. Con il regolamento previsto dal comma 3 possono essere determinati i casi in cui i requisiti e criteri di idoneità si applicano anche ai responsabili delle principali funzioni aziendali nei soggetti indicati al comma 1 di maggiore rilevanza.

5. Gli organi di amministrazione e controllo dei soggetti indicati al comma 1 valutano l'idoneità dei propri componenti e l'adeguatezza complessiva dell'organo, documentando il processo di analisi e motivando opportunamente l'esito della valutazione. In caso di specifiche e limitate carenze riferite ai criteri previsti ai sensi del comma 3, lett. *c*), i medesimi organi possono adottare misure necessarie a colmarle. In ogni altro caso il difetto di idoneità o la violazione dei limiti al cumulo degli incarichi determina la decadenza dall'ufficio; questa è pronunciata dall'organo di appartenenza entro trenta giorni dalla nomina o dalla conoscenza del difetto o della violazione sopravvenuti. Per i soggetti che non sono componenti di un organo la valutazione e la pronuncia della decadenza sono effettuate dall'organo che li ha nominati.

6. La Banca d'Italia e la Consob, nell'ambito delle rispettive competenze, secondo modalità e tempi stabiliti con regolamento congiunto, anche al fine di ridurre al minimo gli oneri gravanti sui soggetti abilitati: valutano l'idoneità degli esponenti e il rispetto dei limiti al cumulo degli incarichi, anche sulla base dell'analisi compiuta e delle eventuali misure adottate ai sensi del comma 5; in caso di difetto o violazione, pronunciano la decadenza dalla carica (1).

14. *Partecipanti al capitale*. — 1. I titolari delle partecipazioni indicate all'art. 15 possiedono requisiti di onorabilità e soddisfano criteri di competenza e correttezza in modo da garantire la sana e prudente gestione della società partecipata.

2. Il Ministro dell'economia e delle finanze, con regolamento adottato sentite la Banca d'Italia e la Consob, individua:

a) i requisiti di onorabilità;

b) i criteri di competenza, graduati in relazione all'influenza sulla gestione della società che il titolare della partecipazione può esercitare;

c) i criteri di correttezza, con riguardo, tra l'altro, alle relazioni d'affari del titolare della partecipazione, alle condotte tenute nei confronti delle autorità di vigilanza e alle sanzioni o misure correttive da queste irrogate, a provvedimenti restrittivi inerenti ad attività professionali svolte, nonché a ogni altro elemento suscettibile di incidere sulla correttezza del titolare della partecipazione.

3. Ai fini dell'applicazione del presente articolo e dell'art. 15, per le Sicav e le Sicaf si fa riferimento alle sole azioni nominative e le disposizioni di cui al comma 2 stabiliscono le ipotesi in cui, al fine dell'attribuzione del diritto di voto, tali azioni sono considerate come azioni al portatore, con riguardo alla data di acquisto.

4. Ai fini dei commi 1 e 2 si considerano anche le partecipazioni possedute per il tramite di società controllate, di società fiduciarie o per interposta persona, nonché i casi in cui i diritti derivanti dalle partecipazioni spettano o sono attribuiti ad un soggetto diverso dal titolare delle partecipazioni stesse od esistono accordi concernenti l'esercizio dei diritti di voto.

5. Fermo restando quanto previsto dall'art. 16, qualora non siano soddisfatti i requisiti e i criteri di cui ai commi 1 e 2 non possono essere esercitati i diritti di voto e gli altri diritti che consentono di influire sulla società, inerenti alle partecipazioni eccedenti le soglie previste dall'art. 15, comma 1.

6. In caso di inosservanza del divieto, la deliberazione od il diverso atto, adottati con il voto o, comunque, il contributo determinanti delle partecipazioni di cui al comma 1, sono impugnabili secondo le previsioni del codice civile. Le partecipazioni per le quali non può essere esercitato il diritto di voto sono computate ai fini della regolare costituzione della relativa assemblea.

7. L'impugnazione può essere proposta anche dalla Banca d'Italia o dalla Consob entro centottanta giorni dalla data della deliberazione ovvero, se questa è soggetta a iscrizione nel

(1) Articolo così sostituito dall'art. 4.11, d.lg. 12 maggio 2015, n. 72.

registro delle imprese, entro centottanta giorni dall'iscrizione o, se è soggetta solo a deposito presso l'ufficio del registro delle imprese, entro centottanta giorni dalla data di questo.

8. Le partecipazioni, eccedenti le soglie previste dall'art. 15, comma 1, dei soggetti privi dei requisiti di onorabilità devono essere alienate entro i termini stabiliti dalla Banca d'Italia o dalla Consob (1).

15. *Acquisizione e cessione di partecipazioni* (2). — 1. Chiunque, a qualsiasi titolo, intenda acquisire o cedere, direttamente od indirettamente, in una Sim, società di gestione del risparmio, Sicav o Sicaf (3) una partecipazione che comporta il controllo o la possibilità di esercitare un'influenza notevole sulla società o che attribuisce una quota dei diritti di voto o del capitale almeno pari al 10 per cento, tenuto conto delle azioni o quote già possedute, deve darne preventiva comunicazione alla Banca d'Italia. La comunicazione preventiva è dovuta anche per le variazioni delle partecipazioni quando la quota dei diritti di voto o del capitale raggiunga o superi, in aumento o in diminuzione, il 20 per cento, 30 per cento o 50 per cento e, in ogni caso, quando le variazioni comportano l'acquisizione o la perdita del controllo della società (4).

2. La Banca d'Italia può vietare entro il termine stabilito ai sensi del comma 5, lett. *c*), l'acquisizione della partecipazione quando ritenga che non ricorrono condizioni atte a garantire una gestione sana e prudente dell'intermediario, valutando la qualità del potenziale acquirente e la solidità finanziaria del progetto di acquisizione in base ai seguenti criteri: la reputazione del potenziale acquirente ai sensi dell'art. 14; l'idoneità, ai sensi dell'art. 13, da parte di coloro che, in esito all'acquisizione, svolgeranno funzioni di amministrazione, direzione e controllo; la solidità finanziaria del potenziale acquirente; la capacità dell'intermediario di rispettare a seguito dell'acquisizione le disposizioni che ne regolano l'attività; l'idoneità della struttura del gruppo del potenziale acquirente a consentire l'esercizio efficace della vigilanza; l'assenza di fondato sospetto che l'acquisizione sia connessa a operazioni di riciclaggio o di finanziamento del terrorismo. La Banca d'Italia può fissare un termine massimo per l'acquisizione nonché comunicare, anche prima della scadenza del termine, che nulla osta all'operazione (5).

3. Gli acquisti e le cessioni indicati nel comma 1 sono comunicati, una volta avvenuti, alla Banca d'Italia, alla Consob e alla società. [...] (6).

4. Le partecipazioni si considerano acquisite o cedute indirettamente quando l'acquisto o la cessione avvengano per il tramite di società controllate, di società fiduciarie o per interposta persona. Il controllo sussiste nei casi previsti dall'art. 23 del t.u. bancario (7).

5. La Banca d'Italia determina con regolamento (8):

a) i criteri di calcolo dei diritti di voto rilevanti ai fini dell'applicazione delle soglie previste al comma 1, ivi inclusi i casi in cui i diritti di voto non sono computati ai fini dell'applicazione del medesimo comma, nonché i criteri per l'individuazione dei casi di influenza notevole (9);

b) i soggetti tenuti ad effettuare le comunicazioni quando i diritti derivanti dalle partecipazioni spettano o sono attribuiti a un soggetto diverso dal titolare delle partecipazioni stesse, nonché quando esistono accordi concernenti l'esercizio del diritto di voto;

c) le procedure ed i termini per l'effettuazione delle comunicazioni, nonché per condurre la valutazione prevista al comma 2 (10) (11) (12).

(1) Articolo così sostituito, da ultimo, dall'art. 4.12, d.lg. 12 maggio 2015, n. 72.

(2) Rubrica così sostituita, da ultimo, alla precedente «Partecipazioni» dall'art. 4.13, lett. a, d.lg. 12 maggio 2015, n. 72.

(3) Le parole «o Sicaf» sono state inserite dall'art. 2.7, d.lg. 4 marzo 2014, n. 44.

(4) Comma così sostituito, da ultimo, dall'art. 2.1, lett. b, n. 2, d.lg. 27 gennaio 2010, n. 21.

(5) Comma così sostituito dall'art. 4.13, lett. b, d.lg. 12 maggio 2015, n. 72.

(6) Periodo soppresso dall'art. 2.1, lett. b, n. 4, d.lg. 27 gennaio 2010, n. 21.

(7) In *Leggi coll. XVII, 1*.

(8) Provv. Banca d'Italia 4 agosto 2000, in suppl. ord. n. 154 a G.U., 18 settembre 2000, n. 218; provv. Banca d'Italia 14 aprile 2005, in suppl. ord. n. 88 a G.U., 12 maggio 2005, n. 109.

(9) Lettera così sostituita dall'art. 2.1, lett. b, n. 5, d.lg. 27 gennaio 2010, n. 21.

(10) Le parole «, nonché per condurre la valutazione prevista al comma 2» sono state aggiunte dall'art. 2.1, lett. b, n. 5, d.lg. 27 gennaio 2010, n. 21.

(11) Comma così sostituito dall'art. 9.52, comma 1, lett. b, d.lg. n. 6/2003, come modificato dall'art. 3.1, d.lg. n. 37/2004.

(12) Per il regolamento sulla gestione collettiva del risparmio v. provv. Banca d'Italia 19 gennaio 2015, in suppl. ord. n. 11 a G.U., 19 marzo 2015, n. 65, come modificato dal provvedimento Banca d'Italia 23 dicembre 2016, in G.U., 4 gennaio 2017, n. 3.

16. *Sospensione del diritto di voto, obbligo di alienazione* (1). — 1. Il diritto di voto e gli altri diritti, che consentono di influire sulla società, inerenti alle partecipazioni eccedenti le soglie stabilite ai sensi dell'art. 15, comma 5, non possono essere esercitati quando non siano state effettuate le comunicazioni previste dall'art. 15, commi 1 e 3, quando sia intervenuto il divieto della Banca d'Italia o non sia ancora decorso il termine entro il quale la Banca d'Italia può vietare l'acquisizione o quando sia scaduto il termine massimo eventualmente fissato ai sensi dell'art. 15, comma 2 (2).

2. La Banca d'Italia, anche su proposta della Consob, può in ogni momento sospendere il diritto di voto e gli altri diritti, che consentono di influire sulla società, inerenti a una partecipazione qualificata in una Sim, in una società di gestione del risparmio, in una Sicav o in una Sicaf (3), quando l'influenza esercitata dal titolare della partecipazione possa pregiudicarne la gestione sana e prudente o l'effettivo esercizio della vigilanza (4).

3. In caso di inosservanza dei divieti previsti dai commi 1 e 2, si applica l'art. 14, commi 5 e 6.

4. La Banca d'Italia può fissare un termine entro il quale devono essere alienate le partecipazioni eccedenti i limiti stabiliti ai sensi dell'art. 15, comma 5, quando non siano state effettuate le comunicazioni preventive previste dall'art. 15, comma 1, ovvero quando, ai sensi dell'art. 15, comma 2, sia intervenuto il divieto della Banca d'Italia all'acquisto o sia scaduto il termine massimo per l'acquisizione eventualmente fissato (5).

17. *Richiesta di informazioni sulle partecipazioni*. — 1. La Banca d'Italia e la Consob, indicando il termine per la risposta, possono richiedere:

a) alle Sim, alle società di gestione del risparmio, alle Sicav e alle Sicaf (6), l'indicazione nominativa dei titolari delle partecipazioni secondo quanto risulta dal libro dei soci, dalle comunicazioni ricevute e da altri dati a loro disposizione (7);

b) alle società ed agli enti di qualsiasi natura che possiedono partecipazioni nei soggetti indicati nella lett. *a*), l'indicazione nominativa dei titolari delle partecipazioni secondo quanto risulta dal libro dei soci, dalle comunicazioni ricevute e da altri dati a loro disposizione;

c) agli amministratori delle società e degli enti titolari di partecipazioni nelle Sim, nelle società di gestione del risparmio, nelle Sicav e nelle Sicaf (8), l'indicazione dei soggetti controllanti;

d) alle società fiduciarie che abbiano intestato a proprio nome partecipazioni in società indicate nella lett. *c*), le generalità dei fiducianti (9).

TITOLO II

Servizi e attività (10) di investimento

CAPO I

SOGGETTI E AUTORIZZAZIONE

18. *Soggetti*. — 1. L'esercizio professionale nei confronti del pubblico dei servizi e delle attività di investimento è riservato alle Sim, alle imprese di investimento UE, alle banche italiane, alle banche UE e alle imprese di paesi terzi (11).

2. Le Sgr possono prestare professionalmente nei confronti del pubblico i servizi previsti

(1) Rubrica così sostituita dall'art. 9.53, comma 1, lett. a, d.lg. n. 6/2003, come modificato dall'art. 3.1, d.lg. n. 37/2004.

(2) Comma così sostituito dall'art. 9.53, comma 1, lett. b, d.lg. n. 6/2003, come modificato dall'art. 3.1, d.lg. n. 37/2004.

(3) Le parole «, in una Sicav o in una Sicaf» sono state così sostituite alle precedenti «o in una Sicav» dall'art. 2.8, d.lg. 4 marzo 2014, n. 44.

(4) Comma così sostituito dall'art. 9.53, comma 1, lett. c, d.lg. n. 6/2003, come modificato dall'art. 3.1, d.lg. n. 37/2004.

(5) Comma aggiunto dall'art. 9.53, comma 1, lett. d, d.lg. n. 6/2003, come modificato dall'art. 3.1, d.lg. n. 37/2004.

(6) Le parole «, alle Sicav e alle Sicaf» sono state così sostituite alle precedenti «ed alle Sicav» dall'art. 2.9, lett. a, d.lg. 4 marzo 2014, n. 44.

(7) Deliberazione Consob 10 novembre 1999, n. 12191, in suppl. ord. G.U., 26 novembre 1999, n. 278, modificata con deliberazione Consob 9 marzo 2004, n. 14462, in G.U., 17 marzo 2004, n. 64; deliberazione Consob 28 aprile 2010, n. 17297, in G.U., 25 maggio 2010, n. 120, modificata, da ultimo, con deliberazione Consob 7 marzo 2019, n. 20841, in G.U., 14 marzo 2019, n. 62.

(8) Le parole «, nelle Sicav e nelle Sicaf» sono state così sostituite alle precedenti «e nelle Sicav» dall'art. 2.9, lett. b, d.lg. 4 marzo 2014, n. 44.

(9) Articolo così sostituito dall'art. 9.54, comma 1, d.lg. n. 6/2003, come modificato dall'art. 3.1, d.lg. n. 37/2004.

(10) Le parole «e attività» sono state inserite dall'art. 3.1, d.lg. 17 settembre 2007, n. 164.

(11) Comma così sostituito dall'art. 2.11, lett. a, d.lg. 3 agosto 2017, n. 129.

dall'art. 1, comma 5, lett. *d*) ed *f*). Le Sgr possono, altresì, prestare professionalmente nei confronti del pubblico il servizio previsto dall'art. 1, comma 5, lett. *e*), qualora autorizzate a prestare il servizio di gestione di FIA. Le società di gestione UE possono prestare professionalmente nei confronti del pubblico i servizi previsti dall'art. 1, comma 5, lett. *d*) ed *f*), qualora autorizzate nello Stato membro d'origine (1).

3. Gli intermediari finanziari iscritti nell'albo previsto dall'art. 106 (2) del t.u. bancario (3) possono esercitare professionalmente nei confronti del pubblico, nei casi e alle condizioni stabilite dalla Banca d'Italia, sentita la Consob, i servizi e le attività previsti dall'art. 1, comma 5, lett. *a*) e *b*), limitatamente agli strumenti finanziari derivati, nonché il servizio previsto dall'art. 1, comma 5, lett. *c*) e *c-bis*) (4).

3-*bis*. .... (5).

4. Le Sim possono prestare professionalmente nei confronti del pubblico i servizi accessori e altre attività finanziarie, nonché attività connesse o strumentali. Sono salve le riserve di attività previste dalla legge.

5. Il Ministro dell'economia e delle finanze (6), con regolamento adottato sentite la Banca d'Italia e la Consob:

a) può individuare, al fine di tener conto dell'evoluzione dei mercati finanziari e delle norme di adattamento stabilite dalle autorità comunitarie, nuove categorie di strumenti finanziari (7), nuovi servizi e attività di investimento e nuovi servizi accessori, indicando quali soggetti sottoposti a forme di vigilanza prudenziale possono esercitare i nuovi servizi e attività (8);

b) adotta le norme di attuazione e di integrazione delle riserve di attività previste dal presente articolo, nel rispetto delle disposizioni europee (9) (10).

18-*bis*. *Consulenti finanziari autonomi*. — 1. La riserva di attività di cui all'art. 18 non pregiudica la possibilità per le persone fisiche, in possesso dei requisiti di professionalità, onorabilità, indipendenza e patrimoniali stabiliti con regolamento adottato dal Ministro dell'economia e delle finanze, sentita la Consob, ed iscritte in una sezione apposita dell'albo di cui all'art. 31, comma 4, di prestare la consulenza in materia di investimenti, relativamente a valori mobiliari e a quote di organismi di investimento collettivo, senza detenere fondi o titoli appartenenti ai clienti. I requisiti di professionalità per l'iscrizione nell'albo sono accertati sulla base di rigorosi criteri valutativi che tengono conto della pregressa esperienza professionale, validamente documentata, ovvero sulla base di prove valutative.

2. Ai consulenti finanziari autonomi si applicano le disposizioni stabilite dalla Consob con il regolamento di cui all'art. 31, comma 6 (11) (12).

(1) Comma così sostituito dall'art. 2.10, d.lg. 4 marzo 2014, n. 44.

(2) Le parole «nell'albo previsto dall'art. 106» sono state così sostituite alle precedenti «nell'elenco previsto dall'art. 107» dall'art. 2.11, lett. b, d.lg. 3 agosto 2017, n. 129.

(3) In *Leggi coll. XVII, 1*.

(4) Comma così sostituito dall'art. 3.2, lett. b, d.lg. 17 settembre 2007, n. 164.

(5) Comma inserito dall'art. 3.2, lett. c, d.lg. 17 settembre 2007, n. 164, e successivamente abrogato dall'art. 2.11, lett. c, d.lg. 3 agosto 2017, n. 129.

(6) L'espressione «Ministro/Ministero dell'economia e delle finanze» ha sostituito la precedente «Ministro/Ministero del tesoro, del bilancio e della programmazione economica» per effetto dell'art. 1.1, d.lg. 6 febbraio 2004, n. 37.

(7) Per l'individuazione di nuove categorie di strumenti finanziari v. d.m. Economia e Finanze 2 marzo 2007, n. 44, in G.U., 6 aprile 2007, n. 81.

(8) Lettera così sostituita dall'art. 3.2, lett. d, d.lg. 17 settembre 2007, n. 164.

(9) La parola «europee» è stata così sostituita alla precedente «comunitarie» dall'art. 2.11, lett. d, d.lg. 3 agosto 2017, n. 129.

(10) L'art. 19.14, d.lg. 17 settembre 2007, n. 164 così dispone: «Fino alla data di entrata in vigore dei provvedimenti di cui all'art. 18-*bis* del d.lg. 24 febbraio 1998, n. 58, e comunque non oltre il 30 giugno 2008, la riserva di attività di cui all'art. 18 del medesimo decreto non pregiudica la possibilità per i soggetti che, alla data del 31 ottobre 2007, prestano la consulenza in materia di investimenti, di continuare a svolgere il servizio di cui all'art. 1, comma 5, lett. *f*), del d.lg. 24 febbraio 1998, n. 58, senza detenere somme di denaro o strumenti finanziari di pertinenza dei clienti». L'art. 19.14-*bis*, d.lg. cit., aggiunto dall'art. 2, d.lg. 17 luglio 2009, n. 101, così dispone: «Il Ministro dell'economia e delle finanze con proprio decreto, adottato sentite la Banca d'Italia e la Consob, nomina, in sede di prima applicazione, i membri dell'organismo di cui all'art. 18-*bis* del d.lg. 24 febbraio 1998, n. 58, fissando la durata in carica, i compensi e le attribuzioni. Alle relative spese provvede l'organismo mediante le risorse derivanti dai contributi e dalle altre somme versati dagli iscritti».

(11) Articolo inserito dall'art. 3.3, d.lg. 17 settembre 2007, n. 164, e successivamente così sostituito, da ultimo, dall'art. 2.12, d.lg. 3 agosto 2017, n. 129.

(12) Per il regolamento di attuazione di questo articolo v. deliberazione Consob 12 gennaio 2010, n. 17130, in G.U., 26 gennaio 2010, n. 20, abrogata dall'art. 2.2, deliberazione Consob 15 febbraio 2018, n. 20307, in suppl.

18-*ter*. *Società di consulenza finanziaria*. — 1. La riserva di attività di cui all'art. 18 non pregiudica la possibilità per le società costituite in forma di società per azioni o società a responsabilità limitata, in possesso dei requisiti patrimoniali e di indipendenza stabiliti con regolamento adottato dal Ministro dell'economia e delle finanze, sentita la Consob, ed iscritte in una sezione apposita dell'albo di cui all'art. 31, comma 4, di prestare la consulenza in materia di investimenti relativamente a valori mobiliari e a quote di organismi d'investimento collettivo, senza detenere fondi o titoli appartenenti ai clienti (1).

2. Il Ministro dell'economia e delle finanze, sentita la Consob, stabilisce con regolamento i requisiti di professionalità, onorabilità e indipendenza che gli esponenti aziendali devono possedere (1).

3. . . . . (2) (3) (4).

3-*bis*. Alle società di consulenza finanziaria si applicano le disposizioni stabilite dalla Consob con il regolamento di cui all'art. 31, comma 6 (5).

3-*ter*. Le società di consulenza finanziaria rispondono in solido dei danni arrecati a terzi dai consulenti finanziari autonomi di cui esse si avvalgono nell'esercizio dell'attività, anche se tali danni siano conseguenti a responsabilità accertata in sede penale (5).

19. *Autorizzazione*. — 1. La Consob, sentita la Banca d'Italia, autorizza, entro sei mesi dalla presentazione della domanda completa, l'esercizio dei servizi e delle attività di investimento da parte delle Sim, quando, in conformità a quanto specificato dalle pertinenti norme tecniche di regolamentazione e di attuazione emanate dalla Commissione europea ai sensi della dir. 2014/65/UE, ricorrono le seguenti condizioni:

a) sia adottata la forma di società per azioni;

b) la denominazione sociale comprenda le parole «società di intermediazione mobiliare»;

c) la sede legale e la direzione generale della società siano situate nel territorio della Repubblica;

d) il capitale versato sia di ammontare non inferiore a quello determinato in via generale dalla Banca d'Italia;

e) vengano fornite tutte le informazioni, compreso un programma di attività, che indichi in particolare i tipi di operazioni previste e la struttura organizzativa;

f) i soggetti che svolgono funzioni di amministrazione, direzione e controllo siano idonei ai sensi dell'art. 13;

g) i titolari delle partecipazioni indicate nell'art. 15, comma 1, abbiano i requisiti e soddisfino i criteri stabiliti ai sensi dell'art. 14 e non ricorrano le condizioni per il divieto previsto dall'art. 15, comma 2;

h) la struttura del gruppo di cui è parte la società non sia tale da pregiudicare l'effettivo esercizio della vigilanza sulla società stessa e siano fornite almeno le informazioni richieste ai sensi dell'art. 15, comma 5;

i) siano rispettati, per la gestione di sistemi multilaterali di negoziazione o di sistemi organizzati di negoziazione, gli ulteriori requisiti dettati nella parte III (6).

2. L'autorizzazione è negata quando dalla verifica delle condizioni indicate nel comma 1 non risulta garantita la sana e prudente gestione, e assicurata la capacità dell'impresa di esercitare correttamente i servizi o le attività di investimento (7).

3. La Consob disciplina la procedura di autorizzazione delle Sim (8).

3-*bis*. Le Sim comunicano alla Consob e alla

ord. n. 7 a G.U., 19 febbraio 2018, n. 41. L'art. 4.5, deliberazione Consob n. 20307/2018 cit., così dispone: «Fino alle date di avvio di operatività dell'albo unico dei consulenti finanziari e dell'organismo di vigilanza e tenuta dello stesso albo resta in vigore il regolamento adottato dalla Consob con propria delibera n. 17130 del 12 gennaio 2010, e successive modificazioni».

(1) Comma così sostituito dall'art. 2.13, lett. a, d.lg. 3 agosto 2017, n. 129.

(2) Comma abrogato dall'art. 2.13, lett. b, d.lg. 3 agosto 2017, n. 129.

(3) Articolo inserito dall'art. 2, l. 18 giugno 2009, n. 69.

(4) Per il regolamento di attuazione di questo articolo v. deliberazione Consob 12 gennaio 2010, n. 17130, in G.U., 26 gennaio 2010, n. 20, abrogata dall'art. 2.2, deliberazione Consob 15 febbraio 2018, n. 20307, in suppl. ord. n. 7 a G.U., 19 febbraio 2018, n. 41. L'art. 4.5, deliberazione Consob n. 20307/2018 cit., così dispone: «Fino alle date di avvio di operatività dell'albo unico dei consulenti finanziari e dell'organismo di vigilanza e tenuta dello stesso albo resta in vigore il regolamento adottato dalla Consob con propria delibera n. 17130 del 12 gennaio 2010, e successive modificazioni».

(5) Comma aggiunto dall'art. 2.13, lett. c, d.lg. 3 agosto 2017, n. 129.

(6) Comma così sostituito dall'art. 2.14, lett. a, d.lg. 3 agosto 2017, n. 129.

(7) Le parole «, e assicurata la capacità dell'impresa di esercitare correttamente i servizi o le attività di investimento» sono state aggiunte dall'art. 3.4, lett. c, d.lg. 17 settembre 2007, n. 164.

(8) Comma così sostituito dall'art. 2.14, lett. b, d.lg. 3 agosto 2017, n. 129.

Banca d'Italia ogni modifica rilevante, intervenuta successivamente all'autorizzazione, alle condizioni di cui al comma 1 (1).

3-*ter*. La Consob, sentita la Banca d'Italia, disciplina le ipotesi di decadenza dall'autorizzazione di una Sim. La Consob, sentita la Banca d'Italia, pronuncia la decadenza dall'autorizzazione qualora la Sim non abbia iniziato lo svolgimento dei servizi e delle attività entro il termine di un anno dal rilascio dall'autorizzazione oppure vi rinunci espressamente (2) (3).

4. La Banca d'Italia, sentita la Consob, autorizza l'esercizio dei servizi e delle attività d'investimento da parte delle banche italiane e delle succursali italiane di banche di paesi terzi, nonché l'esercizio dei servizi e delle attività indicati nell'art. 18, comma 3, da parte di intermediari finanziari iscritti nell'albo previsto dall'art. 106 del t.u. bancario (4) (5).

4-*bis*. La Banca d'Italia, sentita la Consob, pronuncia la decadenza dall'autorizzazione qualora la banca non abbia iniziato lo svolgimento dei servizi e delle attività entro il termine di un anno dal rilascio dall'autorizzazione oppure vi rinunci espressamente (6).

4-*ter*. I commi 3-*ter* e 4-*bis* si applicano anche alle imprese di paesi terzi autorizzate ai sensi degli artt. 28 e 29-*ter* (6) (3).

20. *Albo*. — 1. Ferme restando le disposizioni del Titolo VIII del reg. (UE) n. 600/2014, la Consob iscrive in un apposito albo le Sim e le imprese di paesi terzi diverse dalle banche. Le imprese di investimento UE sono iscritte in un apposito elenco allegato all'albo (7).

2. La Consob comunica alla Banca d'Italia le iscrizioni all'albo.

3. I soggetti indicati nel comma 1 indicano negli atti e nella corrispondenza gli estremi dell'iscrizione all'albo o all'elenco.

20-*bis*. *Revoca dell'autorizzazione*. — 1. Le disposizioni del presente articolo trovano applicazione nei casi in cui non ricorrano i presupposti per l'applicazione degli artt. 57, comma 1, e 60-*bis*.4, del presente decreto, nonché degli artt. 17 e 20 del d.lg. 16 novembre 2015, n. 180, e dell'art. 80 del t.u. bancario (4).

2. La Consob, sentita la Banca d'Italia, revoca l'autorizzazione all'esercizio dei servizi e delle attività d'investimento delle Sim quando:

a) l'esercizio dei servizi e delle attività di investimento è interrotto da più di sei mesi;

b) l'autorizzazione è stata ottenuta presentando false dichiarazioni o con qualsiasi altro mezzo irregolare;

c) vengono meno le condizioni cui è subordinata l'autorizzazione.

3. La revoca dell'autorizzazione ai sensi del comma 2 costituisce causa di scioglimento della società quando riguarda tutti i servizi e attività di investimento al cui esercizio la Sim è autorizzata. Entro sessanta giorni dalla comunicazione del provvedimento di revoca, la Sim comunica alla Banca d'Italia e alla Consob il programma di liquidazione della società. La Consob, sentita la Banca d'Italia, può autorizzare, anche contestualmente alla revoca, l'esercizio provvisorio di attività ai sensi dell'art. 2487 del codice civile. L'organo liquidatore trasmette riferimenti periodici sullo stato di avanzamento della liquidazione alla Banca d'Italia e, per il periodo di eventuale esercizio provvisorio di attività, alla Consob. La Banca d'Italia vigila sul regolare svolgimento della procedura di liquidazione. Nei confronti delle società in liquidazione restano fermi i poteri del Ministero dell'economia e delle finanze, della Banca d'Italia e della Consob previsti nel presente decreto.

4. La revoca dell'autorizzazione all'esercizio dei servizi e delle attività d'investimento delle banche, nei casi previsti dal comma 2, è disposta dalla Banca d'Italia, sentita la Consob.

5. Il presente articolo si applica anche alle imprese di paesi terzi autorizzate ai sensi degli artt. 28 e 29-*ter* (8).

CAPO II

SVOLGIMENTO DEI SERVIZI E DELLE ATTIVITÀ (9)

21. *Criteri generali*. — 1. Nella prestazione dei servizi e delle attività di investimento e accessori i soggetti abilitati devono:

(1) Comma inserito dall'art. 3.4, lett. e, d.lg. 17 settembre 2007, n. 164.
(2) Comma inserito dall'art. 2.14, lett. c, d.lg. 3 agosto 2017, n. 129.
(3) Deliberazione Consob 29 ottobre 2007, n. 16190, in suppl. ord. n. 222 a G.U., 2 novembre 2007, n. 255, modificata, da ultimo, con deliberazione Consob 15 febbraio 2018, n. 20307, in suppl. ord. n. 7 a G.U., 19 febbraio 2018, n. 41.
(4) In *Leggi coll. XVII, 1*.
(5) Comma così sostituito, da ultimo, dall'art. 2.14, lett. d, d.lg. 3 agosto 2017, n. 129.
(6) Comma aggiunto dall'art. 2.14, lett. e, d.lg. 3 agosto 2017, n. 129.
(7) Comma così sostituito dall'art. 2.15, d.lg. 3 agosto 2017, n. 129.
(8) Articolo inserito dall'art. 2.16, d.lg. 3 agosto 2017, n. 129.
(9) Le parole «e delle attività» sono state aggiunte dall'art. 4.1, d.lg. 17 settembre 2007, n. 164.

a) comportarsi con diligenza, correttezza e trasparenza, per servire al meglio l'interesse dei clienti e per l'integrità dei mercati (1);

b) acquisire le informazioni necessarie dai clienti e operare in modo che essi siano sempre adeguatamente informati;

c) utilizzare comunicazioni pubblicitarie e promozionali corrette, chiare e non fuorvianti;

d) disporre di risorse e procedure, anche di controllo interno, idonee ad assicurare l'efficiente svolgimento dei servizi e delle attività (2).

1-*bis*. Nella prestazione dei servizi e delle attività di investimento e dei servizi accessori, le Sim, le imprese di paesi terzi autorizzate in Italia, le Sgr, i GEFIA non UE autorizzati in Italia, gli intermediari finanziari iscritti nell'albo previsto dall'art. 106 del t.u. bancario (3):

a) adottano ogni misura idonea ad identificare e prevenire o gestire i conflitti di interesse che potrebbero insorgere tra tali soggetti, inclusi i dirigenti, i dipendenti e gli agenti collegati o le persone direttamente o indirettamente connesse e i loro clienti o tra due clienti al momento della prestazione di qualunque servizio di investimento o servizio accessorio o di una combinazione di tali servizi;

b) mantengono e applicano disposizioni organizzative e amministrative efficaci al fine di adottare tutte le misure ragionevoli volte ad evitare che i conflitti di interesse incidano negativamente sugli interessi dei loro clienti

c) quando le disposizioni organizzative e amministrative adottate a norma della lett. *b*) non sono sufficienti ad assicurare, con ragionevole certezza, che il rischio di nuocere agli interessi dei clienti sia evitato, informano chiaramente i clienti, prima di agire per loro conto, della natura generale e/o delle fonti dei conflitti di interesse nonché delle misure adottate per mitigare i rischi connessi;

d) svolgono una gestione indipendente, sana e prudente e adottano misure idonee a salvaguardare i diritti dei clienti sui beni affidati (4).

1-*ter*. Le disposizioni di cui alle lett. *a*), *b*) e *c*) del comma 1-*bis* si applicano anche ai conflitti di interesse determinati dalla percezione da parte di Sim, imprese di paesi terzi autorizzate in Italia, Sgr, GEFIA non UE autorizzati in Italia, intermediari finanziari iscritti nell'albo previsto dall'art. 106 del t.u. bancario (3) e banche italiane di incentivi corrisposti da soggetti terzi o determinati dalle politiche di remunerazione e dalle strutture di incentivazione da loro adottate (5).

2. Nello svolgimento dei servizi e delle attività di investimento è possibile agire in nome proprio e per conto del cliente previo consenso scritto di quest'ultimo (6) (7).

2-*bis*. Quando realizzano strumenti finanziari per la vendita alla clientela, i soggetti abilitati alla prestazione dei servizi e delle attività di investimento fanno sì che tali prodotti siano concepiti per soddisfare le esigenze di un determinato mercato di riferimento di clienti finali individuato all'interno della pertinente categoria di clienti e che la strategia di distribuzione degli strumenti finanziari sia compatibile con i clienti target. I soggetti di cui al presente comma adottano inoltre misure ragionevoli per assicurare che lo strumento finanziario sia distribuito ai clienti all'interno del mercato target (8).

2-*ter*. Il soggetto abilitato deve conoscere gli strumenti finanziari offerti o raccomandati, valutarne la compatibilità con le esigenze della clientela cui fornisce servizi di investimento tenendo conto del mercato di riferimento di clienti finali di cui al comma 2-*bis*, e fare in modo che gli strumenti finanziari siano offerti o raccomandati solo quando ciò sia nell'interesse del cliente (8).

22. *Separazione patrimoniale*. — 1. Nella prestazione dei servizi di investimento e accessori, gli strumenti finanziari e le somme di denaro dei singoli clienti, a qualunque titolo detenuti dalla Sim, dall'impresa di investimento UE, dall'impresa di paesi terzi diversa dalla banca, dalla Sgr, dalla società di gestione UE, dai GEFIA UE o dagli intermediari finanziari iscritti nell'albo previsto dall'art. 106 del t.u. banca-

(1) L'art. 14.1, lett. a, l. 28 dicembre 2005, n. 262, aveva aggiunto un periodo, ma è stato a sua volta successivamente abrogato dall'art. 10.6, l. 6 febbraio 2007, n. 13.

(2) Comma così sostituito dall'art. 4.2, lett. a, d.lg. 17 settembre 2007, n. 164.

(3) In *Leggi coll. XVII, 1*.

(4) Comma inserito dall'art. 4.2, lett. b, d.lg. 17 settembre 2007, n. 164, e successivamente così sostituito dall'art. 2.17, lett. a, d.lg. 3 agosto 2017, n. 129.

(5) Comma inserito dall'art. 2.17, lett. b, d.lg. 3 agosto 2017, n. 129.

(6) Comma così sostituito dall'art. 2.17, lett. c, d.lg. 3 agosto 2017, n. 129.

(7) Sulla istituzione di procedure di conciliazione e di arbitrato v. d.lg. 8 ottobre 2007, n. 179. Per il regolamento di attuazione v. deliberazione Consob 29 dicembre 2008, n. 16763, in G.U., 8 gennaio 2009, n. 5.

(8) Comma aggiunto dall'art. 2.17, lett. d, d.lg. 3 agosto 2017, n. 129.

rio (1), nonché gli strumenti finanziari dei singoli clienti a qualsiasi titolo detenuti dalla banca, costituiscono patrimonio distinto a tutti gli effetti da quello dell'intermediario e da quello degli altri clienti (2). Su tale patrimonio non sono ammesse azioni dei creditori dell'intermediario o nell'interesse degli stessi, né quelle dei creditori dell'eventuale depositario o sub-depositario o nell'interesse degli stessi. Le azioni dei creditori dei singoli clienti sono ammesse nei limiti del patrimonio di proprietà di questi ultimi (3).

2. Per i conti relativi a strumenti finanziari e a somme di denaro depositati presso terzi non operano le compensazioni legale e giudiziale e non può essere pattuita la compensazione convenzionale rispetto ai crediti vantati dal depositario o dal sub-depositario nei confronti dell'intermediario o del depositario.

3. Salvo consenso scritto dei clienti, la Sim, l'impresa di investimento UE, l'impresa di paesi terzi diversa dalla banca, la Sgr, la società di gestione UE, il GEFIA UE, l'intermediario finanziario iscritto nell'albo previsto dall'art. 106 del t.u. bancario (1) e la banca non possono utilizzare, nell'interesse proprio o di terzi, gli strumenti finanziari di pertinenza dei clienti, da essi detenuti a qualsiasi titolo. La Sim, l'impresa di investimento UE, l'impresa di paesi terzi diversa dalla banca, l'intermediario finanziario iscritto nell'albo previsto dall'art. 106 del t.u. bancario (1), la Sgr, la società di gestione UE e il GEFIA UE non possono utilizzare, nell'interesse proprio o di terzi, le disponibilità liquide degli investitori, da esse detenute a qualsiasi titolo (4).

23. *Contratti.* — 1. I contratti relativi alla prestazione dei servizi di investimento, e, se previsto, i contratti relativi alla prestazione dei servizi accessori, sono redatti per iscritto, in conformità a quanto previsto dagli atti delegati della dir. 2014/65/UE, e un esemplare è consegnato ai clienti. La Consob, sentita la Banca d'Italia, può prevedere con regolamento che, per motivate ragioni o in relazione alla natura professionale dei contraenti, particolari tipi di contratto possano o debbano essere stipulati in altra forma, assicurando nei confronti dei clienti al dettaglio appropriato livello di garanzia. Nei casi di inosservanza della forma prescritta, il contratto è nullo (5).

2. È nulla ogni pattuizione di rinvio agli usi per la determinazione del corrispettivo dovuto dal cliente e di ogni altro onere a suo carico. In tali casi nulla è dovuto.

3. Nei casi previsti dai commi 1 e 2 la nullità può essere fatta valere solo dal cliente.

4. Le disposizioni del titolo VI, del t.u. bancario non si applicano:

a) ai servizi e attività di investimento;

b) al collocamento di prodotti finanziari;

c) alle operazioni e ai servizi che siano componenti di prodotti finanziari assoggettati alla disciplina degli artt. 25-*bis* e 25-*ter* ovvero della parte IV, titolo II, capo I. In ogni caso, alle operazioni di credito nonché ai servizi e conti di pagamento disciplinati dai capi I-*bis*, II, II-*bis* e II-*ter* del t.u. bancario si applicano le pertinenti disposizioni del titolo VI del t.u. bancario (1) (6).

4-*bis.* Nella prestazione dei servizi e delle attività di investimento e dei servizi accessori non vengono conclusi contratti di garanzia finanziaria con trasferimento del titolo di proprietà con clienti al dettaglio al fine di assicurare o coprire obbligazioni presenti o future, effettive o condizionate o potenziali dei clienti. Sono nulli i contratti conclusi in violazione della presente disposizione. La Consob disciplina le modalità di svolgimento dell'attività di cui al presente comma in caso di clienti professionali e di controparti qualificate (7).

5. Nell'ambito della prestazione dei servizi e attività (8) di investimento, agli strumenti finanziari derivati nonché a quelli analoghi individuati ai sensi dell'art. 18, comma 5, lett. *a*), non si applica l'art. 1933 del codice civile.

6. Nei giudizi di risarcimento dei danni cagionati al cliente nello svolgimento dei servizi di investimento e di quelli accessori, spetta ai soggetti abilitati l'onere della prova di aver agito con la specifica diligenza richiesta.

24. *Gestione di portafogli* [...] (9). — 1. Al servizio di gestione di portafogli si applicano le seguenti regole:

a) il cliente può impartire istruzioni vincolanti in ordine alle operazioni da compiere;

b) il cliente può recedere in ogni momen-

(1) In *Leggi coll. XVII, 1*.
(2) Periodo così sostituito dall'art. 2.18, lett. a, d.lg. 3 agosto 2017, n. 129.
(3) Comma così sostituito dall'art. 6.1, d.lg. 1° agosto 2003, n. 274.
(4) Comma così sostituito, da ultimo, dall'art. 2.18, lett. b, d.lg. 3 agosto 2017, n. 129.
(5) Comma così sostituito dall'art. 2.19, lett. a, d.lg. 3 agosto 2017, n. 129.
(6) Comma inserito dall'art. 2.19, lett. b, d.lg. 3 agosto 2017, n. 129.
(7) Comma inserito dall'art. 2.19, lett. c, d.lg. 3 agosto 2017, n. 129.
(8) Le parole «e attività» sono state inserite dall'art. 4.3, lett. d, d.lg. 17 settembre 2007, n. 164.
(9) Le parole «di investimento» sono state soppresse dall'art. 4.4, lett. a, d.lg. 17 settembre 2007, n. 164.

to dal contratto, fermo restando il diritto di recesso del prestatore del servizio (1) ai sensi dell'art. 1727 del codice civile;

c) la rappresentanza per l'esercizio dei diritti di voto inerenti agli strumenti finanziari in gestione può essere conferita al prestatore del servizio (2) con procura da rilasciarsi per iscritto e per singola assemblea nel rispetto dei limiti e con le modalità stabiliti con regolamento dal Ministro dell'economia e delle finanze, sentite la Banca d'Italia e la Consob (3) (4).

1-*bis.* Nella prestazione del servizio di gestione di portafogli non devono essere accettati e trattenuti onorari, commissioni o altri benefici monetari o non monetari pagati o forniti da terzi o da una persona che agisce per conto di terzi, ad eccezione dei benefici non monetari di entità minima che possono migliorare la qualità del servizio offerto ai clienti e che, per la loro portata e natura, non possono essere considerati tali da pregiudicare il rispetto del dovere di agire nel migliore interesse dei clienti. Tali benefici non monetari di entità minima devono essere chiaramente comunicati ai clienti (5).

2. Sono nulli i patti contrari alle disposizioni del presente articolo; la nullità può essere fatta valere solo dal cliente.

24-*bis*. *Consulenza in materia di investimenti*. — 1. In caso di esercizio della consulenza in materia di investimenti, il cliente è informato, in tempo utile prima della prestazione del servizio, anche di quanto segue:

a) se la consulenza è fornita su base indipendente o meno;

b) se la consulenza è basata su un'analisi del mercato ampia o più ristretta delle varie tipologie di strumenti finanziari, e in particolare se la gamma è limitata agli strumenti finanziari emessi o forniti da entità che hanno con il prestatore del servizio stretti legami o altro stretto rapporto legale o economico, come un rapporto contrattuale talmente stretto da comportare il rischio di compromettere l'indipendenza della consulenza prestata;

c) se verrà fornita ai clienti la valutazione periodica dell'adeguatezza degli strumenti finanziari raccomandati.

2. Nella prestazione del servizio di consulenza in materia di investimenti su base indipendente, si applicano le seguenti regole:

a) è valutata una congrua gamma di strumenti finanziari disponibili sul mercato, che siano sufficientemente diversificati in termini di tipologia ed emittenti o fornitori di prodotti in modo da garantire che gli obiettivi di investimento del cliente siano opportunamente soddisfatti e non siano limitati agli strumenti finanziari emessi o forniti:

i) dal prestatore del servizio o da entità che hanno con esso stretti legami, o

ii) da altre entità che hanno con il prestatore del servizio stretti legami o rapporti legali o economici, come un rapporto contrattuale talmente stretto da comportare il rischio di compromettere l'indipendenza della consulenza prestata;

b) non sono accettati e trattenuti onorari, commissioni o altri benefici monetari o non monetari pagati o forniti da terzi o da una persona che agisce per conto di terzi, ad eccezione dei benefici non monetari di entità minima che possono migliorare la qualità del servizio offerto ai clienti e che, per la loro portata e natura, non possono essere considerati tali da pregiudicare il rispetto del dovere di agire nel migliore interesse dei clienti. Tali benefici non monetari di entità minima sono chiaramente comunicati ai clienti (6).

25. *Attività di negoziazione nei mercati regolamentati, nei sistemi multilaterali di negoziazione e nei sistemi organizzati di negoziazione*. — 1. Le Sim e le banche italiane autorizzate all'esercizio dei servizi e attività di negoziazione per conto proprio o di esecuzione di ordini per conto dei clienti possono operare nelle sedi di negoziazione italiane o di un altro Stato membro dell'Unione europea e nei mercati extra-UE riconosciuti dalla Consob ai sensi dell'art. 70 (7).

25-*bis*. *Depositi strutturati e prodotti finanziari, diversi dagli strumenti finanziari, emessi da banche*. — 1. Gli artt. 21, 23 e 24-*bis* si applicano all'offerta e alla consulenza aventi ad oggetto depositi strutturati e prodotti finanziari, diversi dagli strumenti finanziari, emessi da banche. Rimane fermo quanto stabilito ai sensi

(1) Le parole «del prestatore del servizio» sono state così sostituite alle precedenti «dell'impresa di investimento, della società di gestione del risparmio o della banca» dall'art. 2.20, lett. a, d.lg. 3 agosto 2017, n. 129.
(2) Le parole «al prestatore del servizio» sono state così sostituite alle precedenti «all'impresa di investimento, alla banca o alla società di gestione del risparmio» dall'art. 2.20, lett. b, d.lg. 3 agosto 2017, n. 129.
(3) D.m. Tesoro 1° novembre 1998, n. 470, in G.U., 11 gennaio 1999, n. 7.
(4) Comma così sostituito dall'art. 4, comma 4, lett. b, d.lg. 17 settembre 2007, n. 164.
(5) Comma inserito dall'art. 2.20, lett. c, d.lg. 3 agosto 2017, n. 129.
(6) Articolo inserito dall'art. 2.21, d.lg. 3 agosto 2017, n. 129.
(7) Articolo così sostituito dall'art. 2.22, d.lg. 3 agosto 2017, n. 129.

dell'art. 3 del d.lg. 15 febbraio 2016, n. 30.

2. In relazione ai prodotti di cui al comma 1 e nel perseguimento delle finalità di cui all'art. 5, comma 3, la Consob esercita sui soggetti abilitati e sulle banche non autorizzate all'esercizio dei servizi o delle attività di investimento, ferme restando le attribuzioni delle autorità competenti degli Stati membri di origine, i poteri di cui all'art. 6, comma 2, ad eccezione, limitatamente ai depositi strutturati, della lett. *b*), n. 2), e dei commi 2-*bis* e 2-*quater*; all'art. 6-*bis*, commi 4, 5, 6, 7, 8, 9 e 10; all'art. 6-*ter*, commi 1, 2, 3 e 4; all'art. 7, ad eccezione dei commi 2, 2-*bis* e 3; all'art. 7-*bis*, fermi restando i poteri della Banca d'Italia previsti dal medesimo articolo (1).

25-*ter*. *Prodotti di investimento assicurativo* (2). — 1. La distribuzione dei prodotti d'investimento assicurativi è disciplinata dalle disposizioni di cui al Titolo IX del d.lg. 7 settembre 2005, n. 209 (3), e dalla normativa europea direttamente applicabile (4).

2. In relazione ai prodotti di cui al comma 1 e nel perseguimento delle finalità di cui all'art. 5, comma 3, la Consob esercita sui soggetti abilitati alla distribuzione assicurativa di cui all'art. 1, comma 1, lett. *w-bis*), i poteri di cui all'art. 6, comma 2, sentito l'IVASS, nonché i poteri di cui all'art. 6-*bis*, commi 4, 5, 6, 7, 8, 9 e 10, all'art. 6-*ter*, commi 1, 2, 3 e 4, all'art. 7, commi 1, 1-*bis*, 1-*ter* e 3-*bis* (5) (6).

2-*bis*. Con riferimento ai prodotti di investimento assicurativo, il potere di cui all'art. 6, comma 2, è esercitato dalla Consob, sentita l'IVASS, in modo da garantire uniformità alla disciplina applicabile alla vendita dei prodotti d'investimento assicurativo a prescindere dal canale distributivo e la coerenza e l'efficacia complessiva del sistema di vigilanza sui prodotti di investimento assicurativi, nonché il rispetto della normativa europea direttamente applicabile (7).

2-*ter*. La Consob e l'IVASS si accordano sulle modalità di esercizio dei poteri di vigilanza, secondo le rispettive competenze, in modo da ridurre gli oneri a carico dei soggetti vigilati (7).

3-6. .... (8) (9).

CAPO III

OPERATIVITÀ TRANSFRONTALIERA

26. *Succursali e libera prestazione di servizi di Sim*. — 1. Le Sim, previa comunicazione alla Consob e in conformità a quanto previsto dal comma 4, possono prestare servizi e attività di investimento, con o senza servizi accessori, in altri Stati dell'Unione europea, nell'esercizio del diritto di stabilimento, mediante succursali o agenti collegati stabiliti nel territorio dello Stato membro ospitante.

2. La Consob, sentita la Banca d'Italia, procede, in conformità a quanto previsto dal comma 4, a comunicare all'autorità competente dello Stato membro ospitante le informazioni oggetto della comunicazione di cui al comma 1, a meno di avere motivi di dubitare dell'adeguatezza della struttura organizzativa o della situazione finanziaria, economica o patrimoniale della Sim interessata.

3. Le Sim, previa comunicazione alla Consob e in conformità a quanto previsto dal comma 4, possono prestare servizi e attività di investimento, con o senza servizi accessori, in altri Stati dell'Unione europea in regime di libera prestazione di servizi, anche mediante l'impiego di agenti collegati stabiliti nel territorio della Repubblica. La Consob, sentita la Banca d'I-

(1) Articolo aggiunto dall'art. 11.3, l. 28 dicembre 2005, n. 262, e successivamente così sostituito dall'art. 2.23, d.lg. 3 agosto 2017, n. 129.

(2) Rubrica così sostituita alla precedente «Prodotti finanziari emessi da imprese di assicurazione» dall'art. 2.6, lett. a, d.lg. 21 maggio 2018, n. 68. In base all'art. 4.7, d.lg. cit., tali disposizioni «trovano applicazione dal 1° ottobre 2018».

(3) In *Leggi coll. VIII, 3*.

(4) Comma così sostituito dall'art. 2.6, lett. b, d.lg. 21 maggio 2018, n. 68. In base all'art. 4.7, d.lg. cit., tali disposizioni «trovano applicazione dal 1° ottobre 2018».

(5) Comma così sostituito dall'art. 2.6, lett. c, d.lg. 21 maggio 2018, n. 68. In base all'art. 4.7, d.lg. cit., tali disposizioni «trovano applicazione dal 1° ottobre 2018».

(6) Deliberazione Consob 29 ottobre 2007, n. 16190, in suppl. ord. n. 222 a G.U., 2 novembre 2007, n. 255, modificata, da ultimo, con deliberazione Consob 15 febbraio 2018, n. 20307, in suppl. ord. n. 7 a G.U., 19 febbraio 2018, n. 41.

(7) Comma inserito dall'art. 2.6, lett. d, d.lg. 21 maggio 2018, n. 68. In base all'art. 4.7, d.lg. cit., tali disposizioni «trovano applicazione dal 1° ottobre 2018».

(8) Commi abrogati dall'art. 2.6, lett. e, d.lg. 21 maggio 2018, n. 68. In base all'art. 4.7, d.lg. cit., tali disposizioni «trovano applicazione dal 1° ottobre 2018».

(9) Articolo inserito dall'art. 2.24, d.lg. 3 agosto 2017, n. 129.

talia, comunica all'autorità competente dello Stato membro ospitante l'impiego di agenti collegati in conformità a quanto previsto dal comma 4.

4. Le condizioni necessarie e le procedure che devono essere rispettate perché le Sim possano prestare negli altri Stati UE i servizi ammessi al mutuo riconoscimento mediante il diritto di stabilimento ovvero attraverso la libera prestazione di servizi sono disciplinate dalla Consob, in conformità alle relative norme tecniche di regolamentazione e di attuazione emanate dalla Commissione europea ai sensi della dir. 2014/65/UE.

5. Le Sim possono prestare negli altri Stati dell'UE le attività non ammesse al mutuo riconoscimento, previa autorizzazione della Consob, sentita la Banca d'Italia.

6. Le Sim, possono operare in uno Stato non UE, anche senza stabilirvi succursali, previa autorizzazione della Consob, sentita la Banca d'Italia.

7. Costituiscono in ogni caso condizioni per il rilascio delle autorizzazioni di cui ai commi 5 e 6 l'esistenza di apposite intese di collaborazione con le competenti autorità dello Stato ospitante.

8. La Consob, sentita la Banca d'Italia, stabilisce con regolamento:

a) le procedure previste nel caso in cui non intenda procedere alla comunicazione di cui al comma 2, qualora vi siano motivi di dubitare dell'adeguatezza della struttura organizzativa o della situazione finanziaria, economica o patrimoniale della Sim interessata;

b) le condizioni e le procedure per il rilascio alle Sim dell'autorizzazione a prestare negli altri Stati dell'UE le attività non ammesse al mutuo riconoscimento e negli Stati non UE i propri servizi (1) (2).

27. *Imprese di investimento dell'Unione europea.* — 1. Le imprese di investimento dell'UE possono prestare servizi e attività di investimento, con o senza servizi accessori, nell'esercizio del diritto di stabilimento mediante succursali o agenti collegati stabiliti nel territorio della Repubblica. Il primo insediamento è preceduto da una comunicazione alla Consob da parte dell'autorità competente dello Stato di origine, in conformità a quanto previsto dalle relative norme tecniche di regolamentazione e di attuazione emanate dalla Commissione europea ai sensi della dir. 2014/65/UE. La succursale o l'agente collegato iniziano l'attività dal momento in cui ricevono apposita comunicazione dalla Consob ovvero, in caso di silenzio, decorsi due mesi dalla comunicazione alla Consob da parte dell'autorità dello Stato membro di origine.

2. Le imprese di investimento dell'UE possono prestare servizi e attività di investimento, con o senza servizi accessori, nel territorio della Repubblica in regime di libera prestazione di servizi, anche avvalendosi di agenti collegati stabiliti nello Stato membro d'origine, i quali non possono detenere denaro e/o strumenti finanziari dei clienti o potenziali clienti del soggetto per cui operano, a condizione che la Consob sia stata informata dall'autorità competente dello Stato d'origine, in conformità a quanto previsto dalle relative norme tecniche di regolamentazione e di attuazione indicate nel comma 1.

3. La Consob, sentita la Banca d'Italia, disciplina con regolamento (1) le procedure relative alle eventuali richieste di modifica da parte della Consob delle disposizioni riguardanti le succursali da stabilire nel territorio della Repubblica.

4. La Consob, sentita la Banca d'Italia, disciplina con regolamento (1) l'autorizzazione all'esercizio di attività non ammesse al mutuo riconoscimento comunque effettuato da parte delle imprese di investimento dell'UE nel territorio della Repubblica (2).

28. *Imprese di paesi terzi diverse dalle banche.* — 1. Lo stabilimento in Italia di succursali da parte di imprese di paesi terzi diverse dalle banche è autorizzato dalla Consob, sentita la Banca d'Italia. L'autorizzazione è subordinata:

a) alla sussistenza, in capo alla succursale, di requisiti corrispondenti a quelli previsti dall'art. 19, comma 1, lett. *d*) ed *f*);

b) alla trasmissione di tutte le informazioni, compresi un programma di attività, che illustri in particolare i tipi di operazioni previste e la struttura organizzativa della succursale, specificate ai sensi del comma 4;

c) all'autorizzazione, alla vigilanza e all'effettivo svolgimento nello Stato d'origine dei servizi o attività di investimento e dei servizi accessori che l'impresa istante intende prestare in Italia, nonché alla circostanza che l'autorità competente dello Stato d'origine presti debita attenzione alle raccomandazioni del GAFI nel contesto delle azioni contro il riciclaggio di de-

(1) Deliberazione Consob 29 ottobre 2007, n. 16190, in suppl. ord. n. 222 a G.U., 2 novembre 2007, n. 255, modificata, da ultimo, con deliberazione Consob 15 febbraio 2018, n. 20307, in suppl. ord. n. 7 a G.U., 19 febbraio 2018, n. 41.

(2) Articolo così sostituito dall'art. 2.25, d.lg. 3 agosto 2017, n. 129.

naro e del contrasto al finanziamento del terrorismo;

d) all'esistenza di accordi di collaborazione tra la Banca d'Italia, la Consob e le competenti autorità dello Stato d'origine, comprendenti disposizioni disciplinanti lo scambio di informazioni, allo scopo di preservare l'integrità del mercato e garantire la protezione degli investitori;

e) all'esistenza di un accordo tra l'Italia e lo Stato d'origine che rispetta pienamente le norme di cui all'articolo 26 del Modello di Convenzione fiscale sul reddito e il patrimonio dell'OCSE e assicura un efficace scambio di informazioni in materia fiscale, compresi eventuali accordi fiscali multilaterali;

f) all'adesione da parte dell'impresa istante ad un sistema di indennizzo a tutela degli investitori riconosciuto ai sensi dell'art. 60, comma 2.

2. L'autorizzazione di cui al comma 1 è negata se non risulta garantita la capacità della succursale dell'impresa di paesi terzi diversa dalla banca di rispettare gli obblighi alla stessa applicabili ai sensi del presente decreto o contenuti in atti dell'Unione europea direttamente applicabili.

3. Le imprese di paesi terzi diverse dalle banche possono prestare servizi e attività di investimento, con o senza servizi accessori, a clienti al dettaglio o a clienti professionali su richiesta come individuati ai sensi dell'art. 6, comma 2-*quinquies*, lett. *b*), e comma 2-*sexies*, lett. *b*), del presente decreto esclusivamente mediante stabilimento di succursali nel territorio della Repubblica, in conformità al comma 1.

4. La Consob, sentita la Banca d'Italia, può disciplinare le condizioni per il rilascio dell'autorizzazione allo svolgimento dei servizi e delle attività di cui ai commi 1 e 6 (1).

5. Alla prestazione in Italia di servizi e attività di investimento, con o senza servizi accessori, in regime di libera prestazione di servizi, nei confronti di controparti qualificate o di clienti professionali come individuati ai sensi dell'articolo 6, comma 2-*quinquies*, lett. *a*), e comma 2-*sexies*, lett. *a*), del presente decreto, da parte di imprese di paesi terzi diverse dalle banche, si applica il Titolo VIII del reg. (UE) n. 600/2014.

6. Le imprese di paesi terzi diverse dalle banche possono prestare servizi e attività di investimento, con o senza servizi accessori, a controparti qualificate o a clienti professionali come individuati ai sensi dell'art. 6, comma 2-*quinquies*, lett. *a*), e comma 2-*sexies*, lett. *a*), del presente decreto, anche senza stabilimento di succursali nel territorio della Repubblica, in mancanza di una decisione della Commissione europea a norma dell'art. 47, par. 1, del reg. (UE) n. 600/2014 oppure ove tale decisione non sia più vigente, sempreché ricorrano le condizioni previste dal comma 1, lett. *b*), *c*), *d*) ed *e*), e venga presentato un programma concernente l'attività che si intende svolgere nel territorio della Repubblica. L'autorizzazione è rilasciata dalla Consob, sentita la Banca d'Italia.

7. La Consob, sentita la Banca d'Italia, può indicare, in via generale, i servizi e le attività che, ai sensi del comma 6, le imprese di paesi terzi diverse dalle banche non possono prestare nel territorio della Repubblica senza stabilimento di succursali (2).

29. *Banche italiane.* — 1. Le banche italiane possono prestare servizi o attività di investimento, con o senza servizi accessori, in altri Stati dell'Unione europea, nell'esercizio del diritto di stabilimento, mediante succursali o agenti collegati stabiliti nel territorio dello Stato membro ospitante. Lo stabilimento di succursali è disciplinato dall'art. 15 del t.u. bancario (3). La Banca d'Italia può vietare, sentita la Consob, l'impiego di agenti collegati per motivi attinenti all'adeguatezza delle strutture organizzative o della situazione finanziaria, economica o patrimoniale della banca. La Banca d'Italia, sentita la Consob, comunica l'impiego di agenti collegati all'autorità competente dello Stato membro ospitante in conformità a quanto previsto dalle disposizioni del comma 4.

2. Le banche italiane possono prestare servizi e attività di investimento, con o senza servizi accessori, in altri Stati dell'Unione europea, in regime di libera prestazione di servizi, anche mediante l'impiego di agenti collegati stabiliti nel territorio della Repubblica, secondo quanto previsto dalle disposizioni di cui al comma 4.

3. Alla prestazione di servizi e attività di investimento, con o senza servizi accessori, da parte di banche italiane in Stati non UE si applicano gli artt. 15 e 16 del t.u. bancario (3).

4. La Banca d'Italia disciplina le modalità e le procedure per la prestazione dei servizi di

(1) Deliberazione Consob 29 ottobre 2007, n. 16190, in suppl. ord. n. 222 a G.U., 2 novembre 2007, n. 255, modificata, da ultimo, con deliberazione Consob 15 febbraio 2018, n. 20307, in suppl. ord. n. 7 a G.U., 19 febbraio 2018, n. 41.

(2) Articolo così sostituito dall'art. 2.25, d.lg. 3 agosto 2017, n. 129.

(3) In *Leggi coll. XVII, 1.*

investimento ai sensi dei commi 1, 2 e 3, in conformità con le disposizioni previste dal Meccanismo di Vigilanza Unico istituito ai sensi del reg. (UE) n. 1024/2013 (1).

29-*bis*. *Banche dell'Unione europe*. — 1. Le banche dell'Unione europea possono prestare servizi o attività di investimento, con o senza servizi accessori, nell'esercizio del diritto di stabilimento, mediante succursali o agenti collegati stabiliti nel territorio della Repubblica. Lo stabilimento di succursali è disciplinato dall'art. 15 del t.u. bancario (2). La prestazione di servizi di investimento mediante agenti collegati è preceduta da una comunicazione alla Consob, in conformità alle norme tecniche di regolamentazione e di attuazione indicate all'art. 27, comma 1.

2. Le banche dell'Unione europea possono prestare servizi e attività di investimento, con o senza servizi accessori, nel territorio della Repubblica in regime di libera prestazione di servizi ai sensi dell'art. 16, comma 3, del t.u. bancario (2), anche avvalendosi di agenti collegati stabiliti nello Stato membro d'origine, i quali non possono detenere denaro e/o strumenti finanziari dei clienti o potenziali clienti del soggetto per cui operano. La prestazione di servizi di investimento mediante agenti collegati è preceduta da una comunicazione alla Consob, in conformità alle norme tecniche di regolamentazione e di attuazione indicate all'art. 27, comma 1 (3).

29-*ter*. *Banche di paesi terzi*. — 1. Nel caso in cui sia previsto lo svolgimento di servizi o attività di investimento, con o senza servizi accessori, lo stabilimento in Italia di succursali da parte di banche di paesi terzi è autorizzato dalla Banca d'Italia, sentita la Consob, al ricorrere delle condizioni di cui all'art. 28, comma 1. Resta ferma l'applicazione degli artt. 13, 14, comma 4, e 15, comma 4, del t.u. bancario (2).

2. L'autorizzazione è negata se non risulta garantita la capacità della succursale della banca di paesi terzi di rispettare gli obblighi alla stessa applicabili ai sensi del presente decreto o contenuti in atti dell'Unione europea direttamente applicabili.

3. Le banche di paesi terzi possono prestare servizi e attività di investimento, con o senza servizi accessori, a clienti al dettaglio o a clienti professionali su richiesta come individuati ai sensi dell'art. 6, comma 2-*quinquies*, lett. *b*), e comma 2-*sexies*, lett. *b*), esclusivamente mediante stabilimento di succursali nel territorio della Repubblica.

4. La Banca d'Italia, sentita la Consob, può disciplinare le condizioni per il rilascio dell'autorizzazione allo svolgimento dei servizi e delle attività di cui ai commi 1 e 6.

5. Alla prestazione in Italia di servizi e attività di investimento, con o senza servizi accessori, in regime di libera prestazione di servizi nei confronti di controparti qualificate o di clienti professionali come individuati ai sensi dell'art. 6, comma 2-*quinquies*, lett. *a*), e comma 2-*sexies*, lett. *a*), del presente decreto da parte di banche di paesi terzi si applicano le disposizioni del Titolo VIII del reg. (UE) n. 600/2014.

6. Le banche di paesi terzi possono prestare servizi e attività di investimento, con o senza servizi accessori, a controparti qualificate o a clienti professionali come individuati ai sensi dell'art. 6, comma 2-*quinquies*, lett. *a*), e comma 2-*sexies*, lett. *a*), del presente decreto anche senza stabilimento di succursali nel territorio della Repubblica, in mancanza di una decisione della Commissione europea a norma dell'art. 47, par. 1, del reg. (UE) n. 600/2014, oppure ove tale decisione non sia più vigente, sempreché ricorrano le condizioni previste dall'art. 28, comma 1, lett. *b*), *c*), *d*) ed *e*), e venga presentato un programma concernente l'attività che si intende svolgere nel territorio della Repubblica. L'autorizzazione è rilasciata dalla Banca d'Italia, sentita la Consob.

7. La Banca d'Italia, sentita la Consob, può indicare, in via generale, i servizi e le attività che le banche di paesi terzi, ai sensi del comma 6, non possono prestare nel territorio della Repubblica senza stabilimento di succursali (3).

CAPO IV

DISCIPLINA DELL'OFFERTA FUORI SEDE E DELLA VIGILANZA SUI CONSULENTI FINANZIARI (4)

30. *Offerta fuori sede*. — 1. Per offerta fuori sede si intendono la promozione e il collocamento presso il pubblico:

a) di strumenti finanziari in luogo diverso dalla sede legale o dalle dipendenze dell'emittente, del proponente l'investimento o del soggetto incaricato della promozione o del collocamento;

(1) Articolo così sostituito dall'art. 2.25, d.lg. 3 agosto 2017, n. 129.
(2) In *Leggi coll. XVII, 1*.
(3) Articolo inserito dall'art. 2.26, d.lg. 3 agosto 2017, n. 129.
(4) Rubrica così sostituita alla precedente «Offerta fuori sede» dall'art. 2.27, d.lg. 3 agosto 2017, n. 129.

b) di servizi e attività di investimento in luogo diverso dalla sede legale o dalle dipendenze di chi presta, promuove o colloca il servizio o l'attività (1).

2. Non costituisce offerta fuori sede:

a) l'offerta effettuata nei confronti di clienti professionali, come individuati ai sensi dell'art. 6, commi 2-*quinquies* e 2-*sexies*;

b) l'offerta di propri strumenti finanziari rivolta ai componenti del consiglio di amministrazione ovvero del consiglio di gestione, ai dipendenti, nonché ai collaboratori non subordinati dell'emittente, della controllante ovvero delle sue controllate, effettuata presso le rispettive sedi o dipendenze (2).

3. L'offerta fuori sede di strumenti finanziari può essere effettuata:

a) dai soggetti autorizzati allo svolgimento dei servizi previsti dall'art. 1, comma 5, lett. *c* e *c-bis*) (3);

b) dalle Sgr, dalle società di gestione UE, dalle Sicav, dalle Sicaf, dai GEFIA UE e non UE, limitatamente alle quote o azioni di Oicr (4).

4. Le Sim, le imprese di investimento UE, le imprese di paesi terzi, le banche, gli intermediari finanziari iscritti nell'albo previsto dall'art. 106 del t.u. bancario (5), le Sgr, le società di gestione UE, i GEFIA UE e non UE possono effettuare l'offerta fuori sede dei propri servizi e attività di investimento. Ove l'offerta abbia per oggetto servizi e attività prestati da altri intermediari, le Sim, le imprese di investimento UE, le imprese di paesi terzi e le banche devono essere autorizzate allo svolgimento dei servizi previsti dall'art. 1, comma 5, lett. *c*) o *c-bis*) (6).

5. Le Sim, le imprese di investimento UE, le imprese di paesi terzi diverse dalle banche (7) possono procedere all'offerta fuori sede di prodotti diversi dagli strumenti finanziari e dai servizi e attività (8) d'investimento, le cui caratteristiche sono stabilite con regolamento dalla Consob, sentita la Banca d'Italia (9).

6. L'efficacia dei contratti di collocamento di strumenti finanziari o di gestione di portafogli individuali conclusi fuori sede [...] (10) è sospesa per la durata di sette giorni decorrenti dalla data di sottoscrizione da parte dell'investitore. Entro detto termine l'investitore può comunicare il proprio recesso senza spese né corrispettivo al consulente finanziario abilitato all'offerta fuori sede (11) o al soggetto abilitato; tale facoltà è indicata nei moduli o formulari consegnati all'investitore. Ferma restando l'applicazione della disciplina di cui al primo e al secondo periodo ai servizi di investimento di cui all'art. 1, comma 5, lett. *c*), *c-bis*) e *d*), per i contratti sottoscritti a decorrere dal 1° settembre 2013 la medesima disciplina si applica anche ai servizi di investimento di cui all'art. 1, comma 5, lett. *a*) (12). La medesima disciplina si applica alle proposte contrattuali effettuate fuori sede [...] (13).

7. L'omessa indicazione della facoltà di recesso nei moduli o formulari comporta la nullità dei relativi contratti, che può essere fatta valere solo dal cliente.

8. Il comma 6 non si applica alle offerte pubbliche di vendita o di sottoscrizione di azioni con diritto di voto o di altri strumenti finanziari che permettano di acquisire o sottoscrivere tali azioni, purché le azioni o gli strumenti finanziari siano negoziati in mercati regolamentati italiani o di paesi dell'Unione europea.

9. Il presente articolo si applica anche ai depositi strutturati e (14) ai prodotti finanziari diversi dagli strumenti finanziari emessi da

(1) Lettera così sostituita dall'art. 6.1, lett. a, d.lg. 17 settembre 2007, n. 164.
(2) Comma così sostituito, da ultimo, dall'art. 1.1, d.lg. 11 ottobre 2012, n. 184.
(3) Lettera così sostituita dall'art. 6.1, lett. c, d.lg. 17 settembre 2007, n. 164.
(4) Lettera così sostituita, da ultimo, dall'art. 3.2, lett. a, d.lg. 4 marzo 2014, n. 44.
(5) In *Leggi coll. XVII, 1*.
(6) Comma così sostituito, da ultimo, dall'art. 2.28, lett. a, d.lg. 3 agosto 2017, n. 129.
(7) Le parole «Le Sim, le imprese di investimento UE, le imprese di paesi terzi diverse dalle banche» sono state così sostituite alle precedenti «Le imprese di investimento» dall'art. 2.28, lett. b, d.lg. 3 agosto 2017, n. 129.
(8) Le parole «e attività» sono state inserite dall'art. 6.1, lett. e, d.lg. 17 settembre 2007, n. 164.
(9) Deliberazione Consob 29 ottobre 2007, n. 16190, in suppl. ord. n. 222 a G.U., 2 novembre 2007, n. 255, modificata, da ultimo, con deliberazione Consob 15 febbraio 2018, n. 20307, in suppl. ord. n. 7 a G.U., 19 febbraio 2018, n. 41.
(10) Le parole «ovvero collocati a distanza ai sensi dell'art. 32» sono state soppresse dall'art. 6.1, lett. f, d.lg. 17 settembre 2007, n. 164.
(11) Le parole «consulente finanziario abilitato all'offerta fuori sede» sono state così sostituite alle precedenti «promotore finanziario» dall'art. 1.39, l. 28 dicembre 2015, n. 208.
(12) Periodo inserito dall'art. 56-*quater*, d.l. 21 giugno 2013, n. 69, conv. in l. 9 agosto 2013, n. 98.
(13) Le parole «ovvero a distanza ai sensi dell'art. 32» sono state soppresse dall'art. 6.1, lett. g, d.lg. 17 settembre 2007, n. 164.
(14) Le parole «ai depositi strutturati e» sono state inserite dall'art. 2.28, lett. c, d.lg. 3 agosto 2017, n. 129.

banche (1) [...] (2) (3).

30-*bis*. *Modalità di prestazione del servizio di consulenza in materia di investimenti da parte dei consulenti finanziari autonomi e delle società di consulenza finanziaria*. — 1. I consulenti finanziari autonomi, iscritti nell'albo di cui all'art. 31, comma 4, possono promuovere e prestare il servizio di consulenza in materia di investimenti anche in luogo diverso dal domicilio eletto. Le società di consulenza finanziaria, iscritte nell'albo di cui all'art. 31, comma 4, possono promuovere e prestare il servizio di consulenza in materia di investimenti anche in luogo diverso dalla sede legale mediante consulenti finanziari autonomi.

2. L'efficacia del contratto di consulenza concluso in luogo diverso dal domicilio eletto o dalla sede legale è sospesa per la durata di sette giorni decorrenti dalla data di sottoscrizione da parte del cliente al dettaglio. Entro detto termine il cliente può comunicare il proprio recesso senza spese, né corrispettivo al consulente finanziario autonomo o alla società di consulenza finanziaria; tale facoltà è indicata nei moduli o formulari consegnati al cliente al dettaglio.

3. L'omessa indicazione della facoltà di recesso nei moduli o formulari comporta la nullità dei relativi contratti, che può essere fatta valere solo dal cliente dal dettaglio (4).

31. *Consulenti finanziari abilitati all'offerta fuori sede e Organismo di vigilanza e tenuta dell'albo unico dei consulenti finanziari* (5). — 1. Per l'offerta fuori sede i soggetti abilitati si avvalgono di consulenti finanziari abilitati all'offerta fuori sede. I consulenti finanziari abilitati all'offerta fuori sede stabiliti sul territorio della Repubblica di cui si avvalgono le imprese di investimento UE e le banche UE sono equiparati, ai fini dell'applicazione delle regole di condotta, a una succursale costituita nel territorio della Repubblica (6).

2. L'attività di consulente finanziario abilitato all'offerta fuori sede è svolta esclusivamente nell'interesse di un solo soggetto abilitato. Il consulente finanziario abilitato all'offerta fuori sede promuove e colloca i servizi d'investimento e/o i servizi accessori presso clienti o potenziali clienti, riceve e trasmette le istruzioni o gli ordini dei clienti riguardanti servizi d'investimento o prodotti finanziari, promuove e colloca prodotti finanziari, presta consulenza in materia di investimenti ai clienti o potenziali clienti rispetto a detti prodotti o servizi finanziari. Il consulente finanziario abilitato all'offerta fuori sede può promuovere e collocare contratti relativi alla concessione di finanziamenti o alla prestazione di servizi di pagamento per conto del soggetto abilitato nell'interesse del quale esercita l'attività di offerta fuori sede (6).

2-*bis*. I consulenti finanziari abilitati all'offerta fuori sede non possono detenere denaro e/o strumenti finanziari dei clienti o potenziali clienti del soggetto per cui operano (7).

3. Il soggetto abilitato che conferisce l'incarico è responsabile in solido dei danni arrecati a terzi dal consulente finanziario abilitato all'offerta fuori sede (8), anche se tali danni siano conseguenti a responsabilità accertata in sede penale.

3-*bis*. I soggetti abilitati garantiscono che i consulenti finanziari abilitati all'offerta fuori sede comunichino immediatamente a qualsiasi cliente o potenziale cliente in che veste operano e quale soggetto abilitato rappresentano. I soggetti abilitati adottano tutti i necessari controlli sulle attività esercitate dai consulenti finanziari abilitati all'offerta fuori sede in modo che i soggetti abilitati stessi continuino a rispettare le disposizioni del presente decreto e delle

(1) Le parole «emessi da banche» sono state inserite dall'art. 2.28, lett. b, d.lg. 3 agosto 2017, n. 129.

(2) Comma così sostituito dall'art. 11.2, lett. a, l. 28 dicembre 2005, n. 262. Le parole «e, limitatamente ai soggetti abilitati, ai prodotti finanziari emessi da imprese di assicurazione» sono state sostituite successivamente alle precedenti «e dai prodotti finanziari emessi dalle imprese di assicurazione, fermo restando l'obbligo di consegna del prospetto informativo» dall'art. 3.5, d.lg. 29 dicembre 2006, n. 303. Da ultimo le parole «e, limitatamente ai soggetti abilitati, ai prodotti finanziari emessi da imprese di assicurazione» sono state soppresse dall'art. 2.7, d.lg. 21 maggio 2018, n. 68. In base all'art. 4.7, d.lg. cit., tali disposizioni «trovano applicazione dal 1° ottobre 2018».

(3) L'art. 8.4, d.lg. 29 dicembre 2006, n. 303, così dispone: «In deroga alle modifiche apportate dall'art. 3, comma 5, l'art. 30 del d.lg. 24 febbraio 1998, n. 58, si applica ai prodotti finanziari emessi dalle imprese di assicurazione a partire dal 1° luglio 2007».

(4) Articolo inserito dall'art. 2.29, d.lg. 3 agosto 2017, n. 129.

(5) Rubrica così sostituita alla precedente «Consulenti finanziari abilitati all'offerta fuori sede» dall'art. 2.30, lett. a, d.lg. 3 agosto 2017, n. 129.

(6) Comma così sostituito, da ultimo, dall'art. 2.30, lett. b, d.lg. 3 agosto 2017, n. 129.

(7) Comma inserito dall'art. 2.30, lett. c, d.lg. 3 agosto 2017, n. 129.

(8) Le parole «consulente finanziario abilitato all'offerta fuori sede» sono state così sostituite alle precedenti «promotore finanziario» dall'art. 1.39, l. 28 dicembre 2015, n. 208.

relative norme di attuazione. I soggetti abilitati che si avvalgono di consulenti finanziari abilitati all'offerta fuori sede verificano che i medesimi possiedano le conoscenze e la competenza adeguate per essere in grado di prestare i servizi d'investimento o i servizi accessori e di comunicare accuratamente tutte le informazioni riguardanti i servizi proposti al cliente o potenziale cliente. I soggetti abilitati che nominano consulenti finanziari abilitati all'offerta fuori sede adottano misure adeguate per evitare qualsiasi eventuale impatto negativo delle attività di questi ultimi che non rientrano nell'ambito di applicazione della dir. 2014/65/UE del Parlamento europeo e del Consiglio sulle attività esercitate dagli stessi per conto del soggetto abilitato (1).

4. È istituito l'albo unico dei consulenti finanziari, nel quale sono iscritti in tre distinte sezioni i consulenti finanziari abilitati all'offerta fuori sede, i consulenti finanziari autonomi e le società di consulenza finanziaria. Alla tenuta dell'albo provvede l'Organismo di vigilanza e tenuta dell'albo unico dei consulenti finanziari che è costituito dalle associazioni professionali rappresentative dei consulenti finanziari abilitati all'offerta fuori sede, dei consulenti finanziari autonomi, delle società di consulenza finanziaria e dei soggetti abilitati. Alle riunioni dell'assemblea dell'Organismo può assistere un rappresentante della Consob. L'Organismo ha personalità giuridica ed è ordinato in forma di associazione, con autonomia organizzativa e statutaria, nel rispetto del principio di articolazione territoriale delle proprie strutture e attività. L'Organismo esercita i poteri cautelari di cui all'art. 7-*septies* e i poteri sanzionatori di cui all'art. 196. I provvedimenti dell'Organismo sono pubblicati sul proprio sito internet. Lo statuto e il regolamento interno dell'Organismo, e le loro successive modifiche, sono trasmessi al Ministero dell'economia e delle finanze per l'approvazione, sentita la Consob. Il Ministero dell'economia e delle finanze nomina il Presidente del collegio sindacale dell'Organismo. Nell'ambito della propria autonomia finanziaria l'Organismo determina e riscuote i contributi e le altre somme dovute dagli iscritti, dai richiedenti l'iscrizione e da coloro che intendono sostenere la prova valutativa di cui al comma 5, nella misura necessaria per garantire lo svolgimento delle proprie attività. Il provvedimento con cui l'Organismo ingiunge il pagamento dei contributi dovuti ha efficacia di titolo esecutivo. Decorso inutilmente il termine fissato per il pagamento, l'Organismo procede alla esazione delle somme dovute in base alle norme previste per la riscossione, mediante ruolo, delle entrate dello Stato, degli enti territoriali, degli enti pubblici e previdenziali. Esso provvede all'iscrizione all'albo, previa verifica dei necessari requisiti, alla cancellazione dall'albo nelle ipotesi stabilite dalla Consob con il regolamento di cui al comma 6, e svolge ogni altra attività necessaria per la tenuta dell'albo. L'Organismo opera nel rispetto dei principi e dei criteri stabiliti con regolamento della Consob, e sotto la vigilanza della medesima. All'Organismo, nell'esercizio dell'attività di vigilanza sui soggetti iscritti all'albo, si applica il regime di responsabilità previsto per l'esercizio delle funzioni di controllo da parte della Consob ai sensi dell'art. 24, comma 6-*bis*, della l. 28 dicembre 2005, n. 262 (2) (3).

5. Il Ministro dell'economia e delle finanze (4), con regolamento adottato sentita la

(1) Comma inserito dall'art. 2.30, lett. d, d.lg. 3 agosto 2017, n. 129.

(2) Comma così sostituito, da ultimo, dall'art. 2.30, lett. e, d.lg. 3 agosto 2017, n. 129.

(3) Per l'inizio dell'operatività dell'Organismo in data 1° gennaio 2009 v. deliberazione Consob 18 dicembre 2008, n. 16737, in G.U., 30 dicembre 2008, n. 303. Per l'avvio delle attività istruttorie per l'iscrizione all'albo unico dei consulenti finanziari autonomi e delle società di consulenza finanziaria v. deliberazione Consob 28 giugno 2018, n. 20503, in G.U., 10 luglio 2018, n. 158. Per l'avvio definitivo dell'Albo unico dei consulenti finanziari v. deliberazione Consob 15 novembre 2018, n. 20704, in G.U., 23 novembre 2018, n. 273.

L'art. 1.36, l. 28 dicembre 2015, n. 208, così dispone: «Le funzioni di vigilanza sui promotori finanziari attribuite alla Consob dal t.u. delle disposizioni in materia di intermediazione finanziaria, di cui al d.lg. 24 febbraio 1998, n. 58, di seguito denominato "d.lg. n. 58 del 1998", sono trasferite all'organismo di cui all'art. 31, comma 4, del predetto decreto legislativo, che assume anche le funzioni dell'organismo di cui agli artt. 18-*bis*, comma 6, e 18-*ter*, comma 3, del medesimo decreto legislativo nonché la denominazione di "organismo di vigilanza e tenuta dell'albo unico dei consulenti finanziari". Tale organismo opera nel rispetto dei principi e dei criteri stabiliti dalla Consob con proprio regolamento e sotto la vigilanza della medesima. I riferimenti all'organismo di tenuta dell'albo dei consulenti finanziari nonché alla Consob, contenuti negli artt. 18-*bis*, comma 6, 31, comma 7, 55 e 196, comma 2, del d.lg. n. 58 del 1998, si intendono sostituiti da riferimenti all'organismo di cui al primo periodo del presente comma. (...) Resta ferma la vigente regolamentazione degli obblighi previdenziali degli iscritti all'albo di cui al citato art. 31, comma 4, del d.lg. n. 58 del 1998».

(4) L'espressione «Ministro/Ministero dell'economia e delle finanze» ha sostituito la precedente «Ministro/ Ministero del tesoro, del bilancio e della programmazione economica» per effetto dell'art. 1.1, d.lg. 6 febbraio 2004, n. 37.

Consob (1), determina i requisiti di onorabilità e di professionalità per l'iscrizione dei consulenti finanziari abilitati all'offerta fuori sede (2) all'albo previsto dal comma 4. I requisiti di professionalità per l'iscrizione all'albo sono accertati sulla base di rigorosi criteri valutativi che tengano conto della pregressa esperienza professionale, validamente documentata, ovvero sulla base di prove valutative (3) (4).

6. La Consob determina, con regolamento (5), i principi e i criteri relativi:

a) alla formazione dell'albo previsto dal comma 4 e alle relative forme di pubblicità (6);

b) ai requisiti di rappresentatività delle associazioni professionali dei consulenti finanziari abilitati all'offerta fuori sede (7), dei consulenti finanziari autonomi, delle società di consulenza finanziaria (8) e dei soggetti abilitati;

c) all'iscrizione, alla cancellazione e alle cause di riammissione all'albo previsto dal comma 4 (9);

d) alle cause di incompatibilità;

d-bis) all'attività di vigilanza svolta dall'Organismo (10);

e) ai provvedimenti cautelari e alle sanzioni disciplinati, rispettivamente, dagli artt. 7-*septies* (11) e 196 e alle violazioni cui si applicano le sanzioni previste dallo stesso art. 196, comma 1;

f) all'esame, da parte della stessa Consob, dei reclami contro le delibere dell'Organismo (12) di cui al comma 4, relative ai provvedimenti indicati alla lett. *c*);

g) alle regole di presentazione e di comportamento che i consulenti finanziari abilitati all'offerta fuori sede (7), i consulenti finanziari autonomi e le società di consulenza finanziaria (13) devono osservare nei rapporti con la clientela;

h) alle modalità di tenuta della documentazione concernente l'attività svolta dai consulenti finanziari abilitati all'offerta fuori sede (7), dai consulenti finanziari autonomi e dalle società di consulenza finanziaria (14);

i) all'attività dell'Organismo di cui al comma 4 (15);

l) alle modalità di aggiornamento professionale dei consulenti finanziari abilitati all'offerta fuori sede, dei consulenti finanziari autonomi e dei soggetti che svolgono, per conto delle società di cui all'art. 18-*ter*, attività di con-

(1) D.m. Tesoro 11 novembre 1998, n. 472, in G.U., 11 gennaio 1999, n. 7, modificato con d.m. Tesoro 12 aprile 2000, n. 140, in G.U., 2 giugno 2000, n. 127.

(2) Le parole «dei consulenti finanziari abilitati all'offerta fuori sede» sono state inserite dall'art. 2.30, lett. f, d.lg. 3 agosto 2017, n. 129.

(3) Le parole «indette dalla Consob» sono state soppresse dall'art. 14.1, lett. b, n. 2, l. 28 dicembre 2005, n. 262. In base all'art. 42.2, l. cit.: «Fino alla costituzione dell'albo unico dei promotori finanziari ai sensi dell'art. 31 del t.u. di cui al d.lg. 24 febbraio 1998, n. 58, come modificato dall'art. 14, comma 1, lett. *b*), della presente legge, continuano ad applicarsi le disposizioni in materia di albo unico nazionale dei promotori finanziari recate dal citato art. 31 del t.u. di cui al d.lg. n. 58 del 1998, nel testo vigente prima della data di entrata in vigore della presente legge».

(4) Per il regolamento recante norme per l'individuazione dei requisiti di onorabilità e di professionalità per l'iscrizione all'Albo unico dei promotori finanziari v. il d.m. Tesoro, Bilancio e Programmazione economica 11 novembre 1998, n. 472, in G.U., 11 gennaio 1999, n. 7, come modificato con d.m. Tesoro, Bilancio e Programmazione economica 12 aprile 2000, n. 140, in G.U., 2 giugno 2000, n. 127, e con d.m. Economia e Finanze 8 luglio 2010, n. 140, in G.U., 27 agosto 2010, n. 200.

(5) Deliberazione Consob 29 ottobre 2007, n. 16190, in suppl. ord. n. 222 a G.U., 2 novembre 2007, n. 255, modificata, da ultimo, con deliberazione Consob 15 febbraio 2018, n. 20307, in suppl. ord. n. 7 a G.U., 19 febbraio 2018, n. 41.

(6) Deliberazione Consob 28 giugno 2000, n. 12636, in G.U., 13 luglio 2000, n. 162.

(7) Le parole «consulenti finanziari abilitati all'offerta fuori sede» sono state così sostituite alle precedenti «promotori finanziari» dall'art. 1.39, l. 28 dicembre 2015, n. 208.

(8) Le parole «, dei consulenti finanziari autonomi, delle società di consulenza finanziaria» sono state inserite dall'art. 2.30, lett. g, n. 1, d.lg. 3 agosto 2017, n. 129.

(9) Lettera così sostituita dall'art. 2.30, lett. g, n. 2, d.lg. 3 agosto 2017, n. 129.

(10) Lettera inserita dall'art. 2.30, lett. g, n. 3, d.lg. 3 agosto 2017, n. 129.

(11) La parola «7-*septies*» è stata così sostituita alla precedente «55» dall'art. 2.30, lett. g, n. 4, d.lg. 3 agosto 2017, n. 129.

(12) La parola «Organismo» è stata così sostituita alla precedente «organismo» dall'art. 2.30, lett. g, n. 5, d.lg. 3 agosto 2017, n. 129.

(13) Le parole «, i consulenti finanziari autonomi e le società di consulenza finanziaria» sono state inserite dall'art. 2.30, lett. g, n. 6, d.lg. 3 agosto 2017, n. 129.

(14) Le parole «, dai consulenti finanziari autonomi e dalle società di consulenza finanziaria» sono state inserite dall'art. 2.30, lett. g, n. 7, d.lg. 3 agosto 2017, n. 129.

(15) Lettera così sostituita dall'art. 2.30, lett. g, n. 8, d.lg. 3 agosto 2017, n. 129.

sulenza in materia di investimenti nei confronti della clientela (1) (2).

6-*bis*. Per le società di consulenza finanziaria di cui all'art. 18-*ter*, la Consob adotta le disposizioni attuative dell'art. 4-*undecies* (3).

7. L'Organismo può chiedere ai consulenti finanziari abilitati all'offerta fuori sede o ai soggetti che si avvalgono dei medesimi, ai consulenti finanziari autonomi ed alle società di consulenza finanziaria la comunicazione di dati e notizie e la trasmissione di atti e documenti fissando i relativi termini. Esso può inoltre effettuare ispezioni e richiedere l'esibizione di documenti e il compimento degli atti ritenuti necessari nonché procedere ad audizione personale. Nell'esercizio dell'attività ispettiva, l'Organismo può avvalersi, previa comunicazione alla Consob, della Guardia di Finanza che agisce con i poteri ad essa attribuiti per l'accertamento dell'imposta sul valore aggiunto e delle imposte sui redditi, utilizzando strutture e personale esistenti in modo da non determinare oneri aggiuntivi. I contenuti e le modalità di collaborazione tra l'Organismo e la Guardia di finanza sono definite in apposito protocollo d'intesa (4).

31-*bis*. *Vigilanza della Consob sull'Organismo*. — 1. La Consob vigila sull'Organismo secondo modalità, dalla stessa stabilite, improntate a criteri di proporzionalità ed economicità dell'azione di controllo e con la finalità di verificare l'adeguatezza delle procedure interne adottate dall'Organismo per lo svolgimento dei compiti a questo affidati.

2. Per le finalità indicate al comma 1, la Consob può accedere al sistema informativo che gestisce l'albo, richiedere all'Organismo la comunicazione periodica di dati e notizie e la trasmissione di atti e documenti con le modalità e nei termini dalla stessa stabiliti, effettuare ispezioni, richiedere l'esibizione dei documenti e il compimento degli atti ritenuti necessari, nonché convocare i componenti dell'Organismo.

3. L'Organismo informa tempestivamente la Consob degli atti e degli eventi di maggior rilievo relativi all'esercizio delle proprie funzioni e trasmette, entro il 31 gennaio di ogni anno, una relazione dettagliata sull'attività svolta nell'anno precedente e sul piano delle attività predisposto per l'anno in corso.

4. La Consob e l'Organismo collaborano tra loro, anche mediante scambio di informazioni, al fine di agevolare lo svolgimento delle rispettive funzioni.

5. Tutte le notizie, le informazioni e i dati in possesso dell'Organismo in ragione della sua attività di vigilanza sono coperti dal segreto d'ufficio. Sono fatti salvi i casi previsti dalla legge per le indagini relative a violazioni sanzionate penalmente. L'Organismo non può opporre il segreto d'ufficio alla Banca d'Italia, all'IVASS, alla Covip e al Ministro dell'economia e delle finanze.

6. Il Ministero dell'economia e delle finanze, su proposta della Consob, può disporre con decreto lo scioglimento degli organi di gestione e di controllo dell'organismo di cui all'art. 31 qualora risultino gravi irregolarità nell'amministrazione, ovvero gravi violazioni delle disposizioni legislative, amministrative o statutarie che regolano l'attività dello stesso. Il Ministero dell'economia e delle finanze provvede agli adempimenti necessari alla ricostituzione degli

(1) Lettera così sostituita dall'art. 2.30, lett. g, n. 8, d.lg. 3 agosto 2017, n. 129.

(2) Comma così sostituito dall'art. 14.1, lett. b, n. 3, l. 28 dicembre 2005, n. 262.

In base all'art. 42.2, l. cit.: «Fino alla costituzione dell'albo unico dei promotori finanziari ai sensi dell'art. 31 del t.u. di cui al d.lg. 24 febbraio 1998, n. 58, come modificato dall'art. 14, comma 1, lett. *b*), della presente legge, continuano ad applicarsi le disposizioni in materia di albo unico nazionale dei promotori finanziari recate dal citato art. 31 del t.u. di cui al d.lg. n. 58 del 1998, nel testo vigente prima della data di entrata in vigore della presente legge».

Si riporta pertanto il testo del comma 6 come precedentemente formulato:

«La Consob disciplina, con regolamento: *a*) l'istituzione e il funzionamento su base territoriale di commissioni per l'albo dei promotori finanziari. Le commissioni si avvalgono per il proprio funzionamento delle strutture delle Camere di commercio, industria e artigianato. Le commissioni deliberano le iscrizioni negli elenchi territoriali dei soggetti iscritti all'albo previsto dal comma 4, curano i relativi aggiornamenti, esercitano compiti di natura disciplinare e assolvono le altre funzioni a esse affidate; *b*) le modalità di formazione dell'albo previsto dal comma 4 e le relative forme di pubblicità; *c*) i compiti dell'organismo indicato nel comma 4 e gli obblighi cui lo stesso è soggetto; *d*) le attività incompatibili con l'esercizio dell'attività di promotore finanziario; *e*) le modalità per l'iscrizione all'albo previsto dal comma 4 dei soggetti che, alla data di entrata in vigore del presente decreto, sono iscritti all'albo previsto dall'art. 23, comma 4, del d.lg. 23 luglio 1996, n. 415; *f*) le regole di presentazione e di comportamento che i promotori finanziari devono osservare nei rapporti con la clientela; *g*) le modalità di tenuta della documentazione concernente l'attività svolta; *h*) le violazioni alle quali si applicano le sanzioni previste dall'art. 196, comma 1».

(3) Comma inserito dall'art. 2.30, lett. h, d.lg. 3 agosto 2017, n. 129.

(4) Comma così sostituito dall'art. 2.30, lett. i, d.lg. 3 agosto 2017, n. 129.

organi di gestione e controllo dell'organismo, assicurandone la continuità operativa, se necessario anche attraverso la nomina di un commissario. La Consob può disporre la rimozione di uno o più componenti degli organi di gestione e controllo in caso di grave inosservanza dei doveri ad essi assegnati dalla legge, dallo statuto o dalle disposizioni di vigilanza, nonché dei provvedimenti specifici e di altre istruzioni impartite dalla Consob, ovvero in caso di comprovata inadeguatezza, accertata dalla Consob, all'esercizio delle funzioni cui sono preposti (1).

32. *Promozione e collocamento a distanza di servizi e attività* (2) *di investimento e strumenti finanziari*. — 1. Per tecniche di comunicazione a distanza si intendono le tecniche di contatto con la clientela, diverse dalla pubblicità, che non comportano la presenza fisica e simultanea del cliente e del soggetto offerente o di un suo incaricato.

2. La Consob, sentita la Banca d'Italia, può disciplinare con regolamento (3), in conformità ai principi stabiliti nell'art. 30 e nel d.lg. 19 agosto 2005, n. 190, la promozione e il collocamento mediante tecniche di comunicazione a distanza di servizi e attività di investimento e di prodotti finanziari (4).

CAPO IV-*bis*

TUTELA DEGLI INVESTITORI (5)

32-*bis*. *Tutela degli interessi collettivi degli investitori*. — 1. Le associazioni dei consumatori inserite nell'elenco di cui all'art. 137 del d.lg. 6 settembre 2005, n. 206 (6), sono legittimate ad agire per la tutela degli interessi collettivi degli investitori, connessi alla prestazione di servizi e attività di investimento e di servizi accessori e di gestione collettiva del risparmio, nelle forme previste dagli artt. 139 e 140 del predetto decreto legislativo (6).

32-*ter*. *Risoluzione stragiudiziale di controversie*. — 1. I soggetti nei cui confronti la Consob esercita la propria attività di vigilanza, da individuarsi con il regolamento di cui al comma 2, devono aderire a sistemi di risoluzione stragiudiziale delle controversie con gli investitori diversi dai clienti professionali di cui all'art. 6, commi 2-*quinquies* e 2-*sexies*, del presente decreto. In caso di mancata adesione, alle società e agli enti si applicano le sanzioni di cui all'art. 190, comma 1, e alle persone fisiche di cui all'art. 18-*bis* si applicano le sanzioni di cui all'art. 187-*quinquiesdecies*, comma 1-*bis*, del presente decreto.

2. La Consob determina, con proprio regolamento, nel rispetto dei principi, delle procedure e dei requisiti di cui alla parte V, titolo II-*bis*, del d.lg. 6 settembre 2005, n. 206, e successive modificazioni (6), i criteri di svolgimento delle procedure di risoluzione delle controversie di cui al comma 1 nonché i criteri di composizione dell'organo decidente, in modo che risulti assicurata l'imparzialità dello stesso e la rappresentatività dei soggetti interessati.

3. Alla copertura delle relative spese di funzionamento si provvede, senza nuovi o maggiori oneri per la finanza pubblica, con le risorse di cui all'art. 40, comma 3, della l. 23 dicembre 1994, n. 724, e successive modificazioni, oltre che con gli importi posti a carico degli utenti delle procedure medesime (7) (8).

32-*ter*.1. *Fondo per la tutela stragiudiziale dei risparmiatori e degli investitori*. — 1. Al fine di agevolare l'accesso dei risparmiatori e degli investitori alla più ampia tutela nell'ambito delle procedure di risoluzione stragiudiziale delle controversie di cui all'art. 32-*ter*, la Consob istituisce presso il proprio bilancio il Fondo per la tutela stragiudiziale dei risparmiatori e degli investitori, di seguito denominato «Fondo». Il Fondo è destinato a garantire ai risparmiatori e agli investitori, diversi dai clienti professionali di cui all'art. 6, commi 2-*quinquies* e 2-*sexies*, del presente decreto, nei limiti delle disponibilità del Fondo medesimo, la gratuità dell'acces-

(1) Articolo inserito dall'art. 2.31, d.lg. 3 agosto 2017, n. 129.
(2) Le parole «e attività» sono state inserite dall'art. 6.3, lett. a, d.lg. 17 settembre 2007, n. 164.
(3) Deliberazione Consob 29 ottobre 2007, n. 16190, in suppl. ord. n. 222 a G.U., 2 novembre 2007, n. 255, modificata, da ultimo, con deliberazione Consob 15 febbraio 2018, n. 20307, in suppl. ord. n. 7 a G.U., 19 febbraio 2018, n. 41.
(4) Comma così sostituito dall'art. 6.3, lett. b, d.lg. 17 settembre 2007, n. 164.
(5) Capo inserito dall'art. 7, d.lg. 17 settembre 2007, n. 164.
(6) In *Leggi coll. XI, 6*.
(7) Articolo inserito dall'art. 7, d.lg. 17 settembre 2007, n. 164, e successivamente così sostituito dall'art. 2.32, d.lg. 3 agosto 2017, n. 129.
(8) Sulla istituzione della Camera di conciliazione e arbitrato presso la Consob v. art. 2.1 e 5, d.lg. 8 ottobre 2007, n. 179; per il regolamento di attuazione v. deliberazione Consob 18 luglio 2012, n. 18275, in G.U., 30 luglio 2012, n. 176; per l'approvazione del Codice deontologico dei conciliatori e degli arbitri v. deliberazione Consob 4 marzo 2010, n. 17205, in G.U., 22 marzo 2010, n. 67.

so alla procedura di risoluzione stragiudiziale delle controversie di cui all'art. 32-*ter* del presente decreto, mediante esonero dal versamento della relativa quota concernente le spese amministrative per l'avvio della procedura, nonché, per l'eventuale parte residua, a consentire l'adozione di ulteriori misure a favore dei risparmiatori e degli investitori, da parte della Consob, anche con riguardo alla tematica dell'educazione finanziaria.

2. Il Fondo è finanziato con il versamento della metà degli importi delle sanzioni amministrative pecuniarie riscosse per la violazione delle norme che disciplinano le attività di cui alla parte II del presente decreto, nonché, nel limite di 250.000 euro annui a decorrere dall'anno 2016, con le risorse iscritte in un apposito capitolo dello stato di previsione del Ministero dell'economia e delle finanze in relazione ai versamenti effettuati all'entrata del bilancio dello Stato per il pagamento della tassa sulle concessioni governative di cui al d.p.r. 26 ottobre 1972, n. 641, per l'iscrizione nell'albo di cui all'art. 31, comma 4, del presente decreto. L'impiego delle somme affluite al Fondo, con riguardo a quelle relative alla violazione delle norme che disciplinano le attività di cui alla parte II del presente decreto, è condizionato all'accertamento, con sentenza passata in giudicato o con lodo arbitrale non più impugnabile, della violazione sanzionata. Nel caso di incapienza del Fondo resta fermo quanto previsto dal comma 3 dell'art. 32-*ter* del presente decreto. La Consob adotta le occorrenti misure affinché gli importi delle sanzioni amministrative pecuniarie di cui al primo periodo affluiscano, nella misura spettante, contestualmente al versamento da parte del soggetto obbligato, direttamente al bilancio della Consob, per essere destinate al Fondo (1).

TITOLO III

Gestione collettiva del risparmio (2)

CAPO I

Soggetti autorizzati e attività esercitabili (3)

32-*quater*. *Riserva di attività.* — 1. L'esercizio in via professionale del servizio di gestione collettiva del risparmio è riservato alle Sgr, alle Sicav, alle Sicaf, alle società di gestione UE che gestiscono OICVM italiani, ai GEFIA UE e ai GEFIA non UE che gestiscono un FIA italiano, secondo le disposizioni del presente titolo.

2. Le disposizioni del presente titolo non si applicano:

a) alle istituzioni sovranazionali, quali la Banca centrale europea, la Banca europea per gli investimenti, il Fondo europeo per gli investimenti, le istituzioni europee di finanziamento allo sviluppo e le banche sviluppo bilaterali, la Banca Mondiale, il Fondo Monetario Internazionale, e le altre istituzioni sovranazionali e organizzazioni internazionali analoghe, quando tali istituzioni o organizzazioni gestiscono FIA per finalità di interesse pubblico;

b) alle Banche centrali nazionali;

c) agli Stati, agli enti pubblici territoriali e agli altri enti che gestiscono fondi destinati al finanziamento dei regimi di sicurezza sociale e dei sistemi pensionistici;

d) alle società di partecipazione finanziaria, intese come società che detengono partecipazioni in una o più imprese, con lo scopo di realizzare strategie imprenditoriali per contribuire all'aumento del valore nel lungo termine delle stesse, attraverso l'esercizio del controllo, dell'influenza notevole o dei diritti derivanti da partecipazioni e che:

1) operano per proprio conto e le cui azioni sono ammesse alla negoziazione in un mercato regolamentato dell'Unione europea; oppure

2) non sono costituite con lo scopo principale di generare utili per i propri investitori mediante disinvestimenti delle partecipazioni nelle società controllate, sottoposte a influenza notevole o partecipate, come comprovato dal loro bilancio e da altri documenti societari;

e) ai regimi di partecipazione dei lavoratori all'impresa o ai regimi di risparmio dei lavoratori;

f) alle società di cartolarizzazione dei crediti;

g) alle forme pensionistiche previste dal d.lg. 5 dicembre 2005, n. 252.

3. La Banca d'Italia, sentita la Consob, adotta con proprio regolamento le disposizioni at-

(1) Articolo inserito dall'art. 2.33, d.lg. 3 agosto 2017, n. 129.

(2) Per il regolamento sulla gestione collettiva del risparmio v. provv. Banca d'Italia 19 gennaio 2015, in suppl. ord. n. 11 a G.U., 19 marzo 2015, n. 65, come modificato dal provvedimento Banca d'Italia 23 dicembre 2016, in G.U., 4 gennaio 2017, n. 3.

(3) Capo così sostituito dall'art. 4.1, d.lg. 4 marzo 2014, n. 44.

tuative del presente articolo, nel rispetto delle disposizioni dell'Unione europea.

33. *Attività esercitabili*. — 1. Le Sgr gestiscono il patrimonio e i rischi degli Oicr nonché amministrano e commercializzano gli Oicr gestiti.

2. Le Sgr possono altresì:

a) prestare il servizio di gestione di portafogli;

b) istituire e gestire fondi pensione;

c) svolgere le attività connesse o strumentali;

d) prestare i servizi accessori di cui all'Allegato I, Sezione B, n. 1) (1), limitatamente alle quote di Oicr gestiti;

e) prestare il servizio di consulenza in materia di investimenti;

f) commercializzare quote o azioni di Oicr gestiti da terzi, in conformità alle regole di condotta stabilite dalla Consob, sentita la Banca d'Italia (2);

g) prestare il servizio di ricezione e trasmissione di ordini, qualora autorizzate a prestare il servizio di gestione di FIA.

3. Le Sicav e le Sicaf prestano il servizio di gestione collettiva del risparmio e le attività previste dal comma 1 in relazione al patrimonio raccolto mediante l'offerta di azioni proprie; esse possono altresì svolgere le attività connesse e strumentali.

4. Le Sgr, le Sicav e le Sicaf possono delegare a soggetti terzi specifiche funzioni inerenti alla prestazione dei servizi di cui al presente capo. La delega è effettuata con modalità tali da evitare lo svuotamento di attività della società stessa ed è esercitata nel rispetto delle disposizioni in materia di esternalizzazione di funzioni previste in attuazione dell'art. 6, comma 1, lett. *c-bis*), n. 8), e comma 2-*bis* (3), ferma restando la responsabilità della Sgr, della Sicav e della Sicaf nei confronti degli investitori per l'operato dei soggetti delegati.

5. La Banca d'Italia, sentita la Consob, detta, con proprio regolamento, disposizioni attuative del presente articolo, nel rispetto delle disposizioni dell'Unione europea.

CAPO I-*bis*

DISCIPLINA DEI SOGGETTI AUTORIZZATI (4)

Sezione I. — *Società di gestione del risparmio*

34. *Autorizzazione della società di gestione del risparmio*. — 1. La Banca d'Italia, sentita la Consob (5), autorizza le Sgr all'esercizio del servizio di gestione collettiva del risparmio con riferimento sia agli OICVM sia ai FIA, nonché all'esercizio del servizio di gestione di portafogli, del servizio di consulenza in materia di investimenti e del servizio di ricezione e trasmissione di ordini, quando ricorrono le seguenti condizioni (6):

a) sia adottata la forma di società per azioni;

b) la sede legale e la direzione generale della società siano situate nel territorio della Repubblica;

c) il capitale sociale versato sia di ammontare non inferiore a quello determinato in via generale dalla Banca d'Italia (5);

d) i soggetti che svolgono funzioni di amministrazione, direzione e controllo siano idonei, secondo quanto previsto dall'art. 13 (7);

e) i titolari delle partecipazioni indicate all'art. 15, comma 1, hanno i requisiti e soddisfano i criteri stabiliti ai sensi dell'art. 14 e non ricorrono le condizioni per il divieto previsto dall'art. 15, comma 2 (8);

f) la struttura del gruppo di cui è parte la società non sia tale da pregiudicare l'effettivo esercizio della vigilanza sulla società stessa e siano fornite almeno le informazioni richieste ai sensi dell'art. 15, comma 5;

g) venga presentato, unitamente all'atto costitutivo e allo statuto, un programma concernente l'attività iniziale nonché una relazio-

(1) Le parole «Allegato I, Sezione B, n. 1)» sono state così sostituite alle precedenti «art. 1, comma 6, lett. *a*)» dall'art. 2.34, lett. a, d.lg. 3 agosto 2017, n. 129.

(2) Deliberazione Consob 29 ottobre 2007, n. 16190, in suppl. ord. n. 222 a G.U., 2 novembre 2007, n. 255, modificata, da ultimo, con deliberazione Consob 15 febbraio 2018, n. 20307, in suppl. ord. n. 7 a G.U., 19 febbraio 2018, n. 41.

(3) Le parole «6, comma 1, lett. *c-bis*), n. 8), e comma 2-*bis*» sono state così sostituite alle precedenti «6, comma 2-*bis*» dall'art. 2.34, lett. b, d.lg. 3 agosto 2017, n. 129.

(4) Capo inserito dall'art. 4.2, d.lg. 4 marzo 2014, n. 44.

(5) Deliberazione Banca d'Italia 29 ottobre 2007, n. 1097, in G.U., 2 novembre 2007, n. 255.

(6) Alinea così sostituito dall'art. 4.3, d.lg. 4 marzo 2014, n. 44.

(7) Lettera così sostituita, da ultimo, dall'art. 4.15, lett. a, d.lg. 12 maggio 2015, n. 72.

(8) Lettera così sostituita, da ultimo, dall'art. 4.15, lett. b, d.lg. 12 maggio 2015, n. 72.

ne sulla struttura organizzativa;

h) la denominazione sociale contenga le parole «società di gestione del risparmio» (1).

2. L'autorizzazione è negata quando dalla verifica delle condizioni indicate nel comma 1 non risulta garantita la sana e prudente gestione.

3. La Banca d'Italia, sentita la Consob, disciplina la procedura di autorizzazione e le ipotesi di decadenza dall'autorizzazione quando la società di gestione del risparmio non abbia iniziato o abbia interrotto lo svolgimento dei servizi autorizzati (2) (1).

4. La Banca d'Italia, sentita la Consob, autorizza le operazioni di fusione o di scissione di società di gestione del risparmio (3) (1).

35. *Albo*. — 1. Le Sgr sono iscritte in un apposito albo tenuto dalla Banca d'Italia distinto in due sezioni per la gestione di OICVM e di FIA. Le società di gestione UE e i GEFIA UE e non UE che hanno effettuato le comunicazioni ai sensi degli artt. 41-*bis*, 41-*ter* e 41-*quater*, sono iscritte in sezioni distinte di un apposito elenco allegato all'albo (4).

2. La Banca d'Italia comunica alla Consob le iscrizioni all'albo di cui al comma 1 (5).

3. I soggetti indicati nel comma 1 indicano negli atti e nella corrispondenza gli estremi dell'iscrizione all'albo (2) (1).

Sezione II. — *Sicav e Sicaf* (6)

35-*bis*. *Costituzione*. — 1. La Banca d'Italia, sentita la Consob, autorizza la costituzione delle Sicav e delle Sicaf se ricorrono le seguenti condizioni:

a) è adottata la forma di società per azioni nel rispetto delle disposizioni del presente capo;

b) la sede legale e la direzione generale della società sono situate nel territorio della Repubblica;

c) il capitale sociale è di ammontare non inferiore a quello determinato in via generale dalla Banca d'Italia;

d) i soggetti che svolgono funzioni di amministrazione, direzione e controllo siano idonei secondo quanto previsto dall'art. 13 (7);

e) i titolari delle partecipazioni indicate all'art. 15, comma 1, hanno i requisiti e soddisfano i criteri stabiliti ai sensi dell'art. 14 e non ricorrono le condizioni per il divieto previsto dall'art. 15, comma 2 (8);

f) per le Sicav lo statuto prevede come oggetto esclusivo l'investimento collettivo del patrimonio raccolto mediante offerta delle proprie azioni; per le Sicaf lo statuto prevede come oggetto esclusivo l'investimento collettivo del patrimonio raccolto mediante offerta delle proprie azioni e degli strumenti finanziari partecipativi indicati nello statuto stesso;

g) la struttura del gruppo di cui è parte la società non è tale da pregiudicare l'effettivo esercizio della vigilanza sulla società e sono fornite almeno le informazioni richieste ai sensi dell'art. 15, comma 5;

h) è presentato, unitamente all'atto costitutivo e allo statuto, un programma concernente l'attività iniziale nonché una relazione sulla struttura organizzativa.

2. La Banca d'Italia, sentita la Consob, con regolamento:

a) disciplina la procedura di autorizzazione prevista dal comma 1 e le ipotesi di decadenza dalla stessa;

b) individua la documentazione che i soci fondatori sono tenuti a presentare unitamente alla richiesta di autorizzazione e al contenuto del progetto di atto costitutivo e di statuto.

3. La Banca d'Italia attesta la conformità del progetto di atto costitutivo e di statuto alle prescrizioni di legge e di regolamento e, con riferimento alle Sicav e alle Sicaf diverse dai FIA riservati, ai criteri generali dalla stessa predeterminati.

4. I soci fondatori della Sicav o della Sicaf procedono alla costituzione della società ed ad effettuare i versamenti relativi al capitale iniziale sottoscritto entro trenta giorni dalla data di rilascio dell'autorizzazione. Il capitale iniziale deve essere interamente versato.

(1) Per il regolamento sulla gestione collettiva del risparmio v. provv. Banca d'Italia 19 gennaio 2015, in suppl. ord. n. 11 a G.U., 19 marzo 2015, n. 65, come modificato dal provvedimento Banca d'Italia 23 dicembre 2016, in G.U., 4 gennaio 2017, n. 3.

(2) Deliberazione Banca d'Italia 29 ottobre 2007, n. 1097, in G.U., 2 novembre 2007, n. 255.

(3) Provv. Banca d'Italia 14 aprile 2005, in suppl. ord. n. 88 a G.U., 12 maggio 2005, n. 109; per il settore della ricerca provv. Banca d'Italia 18 luglio 2001, in G.U., 17 agosto 2001, n. 190.

(4) Comma così sostituito, da ultimo, dall'art. 4.4, d.lg. 4 marzo 2014, n. 44.

(5) Comma così sostituito dall'art. 9.1, d.lg. 1° agosto 2003, n. 274.

(6) Sezione inserita dall'art. 4.5, d.lg. 4 marzo 2014, n. 44.

(7) Lettera così sostituita dall'art. 4.16, lett. a, d.lg. 12 maggio 2015, n. 72.

(8) Lettera così sostituita dall'art. 4.16, lett. b, d.lg. 12 maggio 2015, n. 72.

5. La denominazione sociale della Sicav contiene l'indicazione di società di investimento per azioni a capitale variabile. La denominazione sociale della Sicaf contiene l'indicazione di società di investimento per azioni a capitale fisso. Tali denominazioni risultano in tutti i documenti delle società. Alla Sicav e alla Sicaf non si applicano gli artt. 2333, 2334, 2335 e 2336 del codice civile; per le Sicav non sono ammessi i conferimenti in natura.

6. Nel caso di Sicav e Sicaf multicomparto, ciascun comparto costituisce patrimonio autonomo, distinto a tutti gli effetti da quello degli altri comparti. Il patrimonio di una medesima Sicav può essere suddiviso in comparti costituiti esclusivamente da FIA o da OICVM.

35-*ter*. *Albi*. — 1. Le Sicav e le Sicaf autorizzate in Italia sono iscritte in appositi albi tenuti dalla Banca d'Italia. L'albo delle Sicav è articolato in due sezioni distinte a seconda che le Sicav siano costituite in forma di OICVM o FIA.

2. La Banca d'Italia comunica alla Consob le iscrizioni all'albo di cui al comma 1.

3. I soggetti previsti dal comma 1 indicano negli atti e nella corrispondenza gli estremi dell'iscrizione all'albo.

35-*quater*. *Capitale e azioni della Sicav*. — 1. Il capitale della Sicav è sempre uguale al patrimonio netto detenuto dalla società, così come determinato ai sensi dell'art. 6, comma 1, lett. *c*), n. 5).

2. Alla Sicav non si applicano gli articoli da 2438 a 2447-*decies* del codice civile.

3. Le azioni rappresentative del capitale della Sicav devono essere interamente liberate al momento della loro emissione.

4. Le azioni della Sicav possono essere nominative o al portatore secondo quanto stabilito dallo statuto. Le azioni al portatore attribuiscono un solo voto per ogni socio indipendentemente dal numero di azioni di tale categoria possedute.

5. Lo statuto della Sicav indica le modalità di determinazione del valore delle azioni e del prezzo di emissione e di rimborso nonché la periodicità con cui le azioni possono essere emesse e rimborsate.

6. Lo statuto della Sicav può prevedere:

a) limiti all'emissione di azioni nominative;

b) particolari vincoli di trasferibilità delle azioni nominative;

c) l'esistenza di più comparti di investimento per ognuno dei quali può essere emessa una particolare categoria di azioni; in tal caso sono stabiliti i criteri di ripartizione delle spese generali tra i vari comparti;

d) la possibilità di emettere frazioni di azioni, fermo restando che l'attribuzione e l'esercizio dei diritti sociali sono comunque subordinati al possesso di almeno un'azione, secondo la disciplina del presente capo.

7. Alla Sicav non si applicano gli artt. 2346, comma sesto, 2348, commi secondo e terzo, 2349, 2350, commi secondo e terzo, 2351, 2352, comma terzo, 2353, 2354, comma terzo, nn. 3) e 4), 2355-*bis* e 2356 del codice civile.

8. La Sicav non può emettere obbligazioni o azioni di risparmio né acquistare o comunque detenere azioni proprie.

35-*quinquies*. *Capitale e azioni della Sicaf*. — 1. Alla Sicaf non si applicano gli articoli da 2447-*bis* a 2447-*decies* del codice civile.

2. Le azioni della Sicaf possono essere nominative o al portatore secondo quanto stabilito dallo statuto. Le azioni al portatore attribuiscono un solo voto per ogni socio indipendentemente dal numero di azioni di tale categoria possedute.

3. Lo statuto della Sicaf indica le modalità di determinazione del valore delle azioni e degli eventuali strumenti finanziari partecipativi emessi.

4. Lo statuto della Sicaf può prevedere:

a) limiti all'emissione di azioni nominative;

b) particolari vincoli di trasferibilità delle azioni nominative;

c) l'esistenza di più comparti di investimento per ognuno dei quali può essere emessa una particolare categoria di azioni; in tal caso sono stabiliti i criteri di ripartizione delle spese generali tra i vari comparti;

d) la possibilità di emettere frazioni di azioni, fermo restando che l'attribuzione e l'esercizio dei diritti sociali sono comunque subordinati al possesso di almeno un'azione, secondo la disciplina del presente capo;

e) nel caso di Sicaf riservata e fermo restando quanto previsto dall'art. 35-*bis*, comma 4, la possibilità di effettuare i versamenti relativi alle azioni sottoscritte in più soluzioni, a seguito dell'impegno dell'azionista a effettuare il versamento a richiesta della Sicaf stessa in base alle esigenze di investimento.

5. Alle Sicaf non si applicano gli artt. 2349, 2350, commi secondo e terzo, e 2353 del codice civile. Alle Sicaf non riservate a investitori professionali e alle categorie di investitori individuate dal regolamento di cui all'art. 39 non si applica, altresì, l'art. 2356 del codice civile.

6. Le Sicaf non possono emettere obbligazioni.

35-*sexies*. *Assemblea della Sicav*. — 1. L'assemblea ordinaria e l'assemblea straordinaria in seconda convocazione della Sicav sono regolarmente costituite e possono validamente deliberare qualunque sia la parte del capitale sociale intervenuta.

2. Il voto può essere dato per corrispondenza se ciò è ammesso dallo statuto. In tal caso l'avviso di convocazione deve contenere per esteso la deliberazione proposta. Non si tiene conto del voto in tal modo espresso se la delibera sottoposta a votazione dall'assemblea non è conforme a quella contenuta nell'avviso di convocazione, ma le azioni relative sono computate ai fini della regolare costituzione dell'assemblea straordinaria. Con regolamento del Ministro dell'economia e delle finanze, sentite la Banca d'Italia e la Consob, sono stabilite le modalità operative per l'esercizio del voto per corrispondenza.

3. L'avviso previsto dall'art. 2366, comma secondo, del codice civile è pubblicato anche con le modalità previste dallo statuto per la pubblicazione del valore patrimoniale della società e il valore unitario delle azioni; il termine indicato nello stesso art. 2366, comma secondo, è fissato in trenta giorni.

35-*septies*. *Modifiche dello statuto*. — 1. La Banca d'Italia approva le modifiche dello statuto della Sicav e della Sicaf non riservate.

2. Le deliberazioni comportanti modifiche allo statuto della Sicav e della Sicaf non riservate non possono essere iscritte ai sensi e per gli effetti previsti dall'art. 2436 del codice civile, se non hanno ottenuto l'approvazione nei termini e con le modalità previste dal comma 1. La delibera è inviata alla Banca d'Italia entro quindici giorni dalla data di svolgimento dell'assemblea; il deposito previsto dall'art. 2436 del codice civile deve essere effettuato entro quindici giorni dalla data di ricezione del provvedimento di approvazione della Banca d'Italia. Non si applica l'art. 2376 del codice civile.

35-*octies*. *Scioglimento e liquidazione volontaria*. — 1. Alle Sicav non si applica l'art. 2484, primo comma, nn. 4) e 5), del codice civile. Quando il capitale della Sicav si riduce al di sotto della misura determinata ai sensi dell'art. 35-*bis*, comma 1, lett. *c*), e permane tale per un periodo di sessanta giorni, la società si scioglie. Il termine è sospeso qualora sia iniziata una procedura di fusione con altra Sicav o una Sicaf.

2. Per le Sicav e le Sicaf, gli atti per i quali è prevista la pubblicità dall'art. 2484, terzo e quarto comma, del codice civile, sono pubblicati anche con le modalità previste dallo statuto per la pubblicazione del valore patrimoniale della società e comunicati alla Banca d'Italia nel termine di dieci giorni dall'avvenuta iscrizione nel registro delle imprese. L'emissione ed il rimborso di azioni sono sospesi, nel caso previsto dall'art. 2484, primo comma, n. 6), del codice civile, dalla data di assunzione della delibera, nei casi previsti dall'art. 2484 del codice civile e, per le Sicav, dal comma 1 del presente articolo, dal momento dell'assunzione della delibera del consiglio di amministrazione ovvero dal momento dell'iscrizione presso il registro delle imprese del decreto del presidente del tribunale. La delibera del consiglio di amministrazione è trasmessa anche alla Consob nel medesimo termine.

3. La nomina, la revoca e la sostituzione dei liquidatori spetta all'assemblea straordinaria. Si applicano l'art. 2487 del codice civile, ad eccezione del comma 1, lett. *c*), e l'art. 97 del t.u. bancario (1).

4. Alla Banca d'Italia sono preventivamente comunicati il piano di smobilizzo e quello di riparto. I liquidatori provvedono a liquidare l'attivo della società nel rispetto delle disposizioni stabilite dalla Banca d'Italia.

5. Il bilancio di liquidazione è sottoposto al giudizio del soggetto incaricato della revisione legale dei conti ed è pubblicato sui quotidiani indicati nello statuto.

6. Il depositario procede, su istruzione dei liquidatori, al rimborso delle azioni nella misura prevista dal bilancio finale di liquidazione.

7. Per quanto non previsto dal presente articolo alla Sicav e alla Sicaf si applicano, in quanto compatibili, le disposizioni del libro V, titolo V, capo VIII, del codice civile.

35-*novies*. *Trasformazione*. — 1. Le Sicav che hanno la forma di OICVM non possono trasformarsi in un organismo diverso da un OICVM italiano. Le Sicav che hanno la forma di FIA e le Sicaf non possono trasformarsi in un organismo diverso da un Oicr italiano.

Sezione III. — *Disposizioni comuni e deroghe* (2)

35-*decies*. *Regole di comportamento e diritto di voto*. — 1. Le Sgr, le Sicav e le Sicaf che gestiscono i propri patrimoni:

a) operano con diligenza, correttezza e trasparenza nel miglior interesse degli Oicr gestiti, dei relativi partecipanti e dell'integrità del mercato;

(1) In *Leggi coll. XVII, 1*.
(2) Sezione inserita dall'art. 4.5, d.lg. 4 marzo 2014, n. 44.

b) si organizzano in modo tale da ridurre al minimo il rischio di conflitti di interesse anche tra i patrimoni gestiti e, in situazioni di conflitto, agiscono in modo da assicurare comunque un equo trattamento degli Oicr gestiti;

c) adottano misure idonee a salvaguardare i diritti dei partecipanti agli Oicr gestiti e dispongono di adeguate risorse e procedure idonee ad assicurare l'efficiente svolgimento dei servizi;

d) assicurano la parità di trattamento nei confronti di tutti i partecipanti a uno stesso Oicr gestito nel rispetto delle condizioni stabilite dalla Consob, sentita la Banca d'Italia, in conformità al diritto dell'Unione europea. In relazione ai FIA riservati, trattamenti preferenziali nei confronti di uno o più investitori o categorie di investitori sono consentiti nel rispetto della dir. 2011/61/UE e delle relative disposizioni attuative;

e) provvedono, nell'interesse dei partecipanti, all'esercizio dei diritti di voto inerenti agli strumenti finanziari di pertinenza degli Oicr gestiti, salvo diversa disposizione di legge.

35-*undecies*. *Deroghe per i GEFIA italiani*. — 1. Per le finalità indicate dall'art. 6, comma 01, la Banca d'Italia e la Consob, nell'ambito delle rispettive competenze, possono esentare i gestori autorizzati che gestiscono FIA italiani riservati il cui valore totale dei beni gestiti non supera 100 milioni di euro ovvero 500 milioni se gli Oicr gestiti non fanno ricorso alla leva finanziaria e non consentono agli investitori di esercitare il diritto di rimborso per 5 anni dopo l'investimento iniziale, dall'applicazione delle disposizioni attuative dell'art. 6, commi 1, 2 e 2-*bis*. →

35-*duodecies*. *Valutazione del merito di credito*. — 1. I gestori, per la valutazione del merito di credito dei beni in cui investono gli Oicr, adottano sistemi e procedure che non prevedono l'affidamento esclusivo o meccanico alle valutazioni emesse da agenzie di rating del credito.

2. Tenendo conto della natura, della portata e della complessità delle attività degli Oicr, la Banca d'Italia e la Consob, nell'ambito delle rispettive competenze, verificano l'adeguatezza dei sistemi e delle procedure adottati dai gestori ai sensi del comma 1 e valutano che l'utilizzo, nell'ambito delle politiche di investimento degli Oicr, dei riferimenti ai rating del credito emessi da agenzie di rating del credito, sia effettuato in modo da ridurre l'affidamento esclusivo o meccanico agli stessi (1).

CAPO II

OICR ITALIANI (2)

Sezione I. — *Fondi comuni di investimento*

36. *Fondi comuni di investimento*. — 1. Il fondo comune di investimento è gestito dalla società di gestione del risparmio che lo ha istituito o dalla società di gestione subentrata nella gestione, in conformità alla legge e al regolamento.

2. Il rapporto di partecipazione al fondo comune di investimento è disciplinato dal regolamento del fondo. La Banca d'Italia, sentita la Consob, determina i criteri generali di redazione del regolamento del fondo diverso dal FIA riservato e il suo contenuto minimo, a integrazione di quanto previsto dall'art. 39.

3. La Sgr che ha istituito il fondo o la società di gestione che è subentrata nella gestione agiscono in modo indipendente e nell'interesse dei partecipanti al fondo, assumendo verso questi ultimi gli obblighi e le responsabilità del mandatario.

4. Ciascun fondo comune di investimento, o ciascun comparto di uno stesso fondo, costituisce patrimonio autonomo, distinto a tutti gli effetti dal patrimonio della società di gestione del risparmio e da quello di ciascun partecipante, nonché da ogni altro patrimonio gestito dalla medesima società; delle obbligazioni contratte per conto del fondo, la Sgr risponde esclusivamente con il patrimonio del fondo medesimo. Su tale patrimonio non sono ammesse azioni dei creditori della società di gestione del risparmio o nell'interesse della stessa, né quelle dei creditori del depositario o del sub depositario o nell'interesse degli stessi. Le azioni dei creditori dei singoli investitori sono ammesse soltanto sulle quote di partecipazione dei medesimi. La società di gestione del risparmio non può in alcun caso utilizzare, nell'interesse proprio o di terzi, i beni di pertinenza dei fondi gestiti.

5. Le quote di partecipazione ai fondi comuni, sono nominative o al portatore, secondo quanto previsto nel regolamento del fondo. La Banca d'Italia può stabilire in via generale,

(1) Articolo aggiunto dall'art. 1.3, d.lg. 7 maggio 2015, n. 66.

(2) Gli attuali capi II, II-*bis*, II-*ter*, II-*quater* e III sono stati così sostituiti ai capi II, II-*bis* e III dall'art. 4.6, d.lg. 4 marzo 2014, n. 44.

sentita la Consob, le caratteristiche dei certificati e il valore nominale unitario iniziale delle quote, tenendo conto anche dell'esigenza di assicurare la portabilità delle quote.

37. *Regolamento del fondo*. — 1. Il regolamento di ciascun fondo comune di investimento definisce le caratteristiche del fondo, ne disciplina il funzionamento, indica il gestore e il depositario, definisce la ripartizione dei compiti tra tali soggetti, regola i rapporti intercorrenti tra tali soggetti e i partecipanti al fondo.

2. Il regolamento stabilisce in particolare:

a) la denominazione e la durata del fondo;

b) le modalità di partecipazione al fondo, i termini e le modalità dell'emissione ed estinzione dei certificati e della sottoscrizione e del rimborso delle quote nonché le modalità di liquidazione del fondo;

c) gli organi competenti per la scelta degli investimenti e i criteri di ripartizione degli investimenti medesimi;

d) il tipo di beni, di strumenti finanziari e di altri valori in cui è possibile investire il patrimonio del fondo;

e) i criteri relativi alla determinazione dei proventi e dei risultati della gestione nonché le eventuali modalità di ripartizione e distribuzione dei medesimi;

f) le spese a carico del fondo e quelle a carico della società di gestione del risparmio;

g) la misura o i criteri di determinazione delle provvigioni spettanti alla società di gestione del risparmio e degli oneri a carico dei partecipanti;

h) le modalità di pubblicità del valore delle quote di partecipazione;

i) se il fondo è un fondo feeder.

3. Il regolamento dei fondi chiusi diversi dai FIA riservati prevede che i partecipanti possono riunirsi in assemblea esclusivamente per deliberare sulla sostituzione del gestore. L'assemblea è convocata dal consiglio di amministrazione della società di gestione anche su richiesta dei partecipanti che rappresentano almeno il 5 per cento del valore delle quote in circolazione e le deliberazioni sono approvate con il voto favorevole della maggioranza assoluta delle quote degli intervenuti all'assemblea. Il quorum deliberativo non può in ogni caso essere inferiore al 10 per cento del valore di tutte le quote in circolazione.

4. La Banca d'Italia approva il regolamento dei fondi diversi dai FIA riservati e le relative modificazioni, valutandone in particolare la completezza e la compatibilità con i criteri generali determinati ai sensi degli artt. 36 e 37.

5. La Banca d'Italia individua le ipotesi in cui, in base all'oggetto dell'investimento, alla categoria di investitori o alle regole di funzionamento del fondo, il regolamento e le sue modificazioni si intendono approvati in via generale. Negli altri casi il regolamento si intende approvato quando la Banca d'Italia non adotta un provvedimento di diniego nel termine dalla medesima preventivamente stabilito.

Sezione II. — *Sicav e Sicaf in gestione esterna*

38. *Sicav e Sicaf che designano un gestore esterno*. — 1. La Banca d'Italia, sentita la Consob, autorizza la costituzione di Sicav e di Sicaf che designano per la gestione del proprio patrimonio un gestore esterno quando ricorrono le seguenti condizioni:

a) è adottata la forma di società per azioni nel rispetto delle disposizioni del presente capo;

b) la sede legale e la direzione generale della società sono situate nel territorio della Repubblica;

c) il capitale sociale è di ammontare non inferiore a quello determinato in via generale dalla Banca d'Italia;

d) i soggetti che svolgono funzioni di amministrazione, direzione e controllo siano idonei secondo quanto previsto dall'art. 13 (1);

e) i titolari delle partecipazioni indicate all'art. 15, comma 1, posseggono i requisiti di onorabilitàe soddisfano i criteri (2) stabiliti ai sensi dell'art. 14 e non ricorrono le condizioni per l'adozione del divieto previsto dall'art. 15, comma 2;

f) nello statuto è previsto:

1) per le Sicav, come oggetto sociale esclusivo, l'investimento collettivo del patrimonio raccolto mediante offerta al pubblico delle proprie azioni; per le Sicaf, come oggetto sociale esclusivo, l'investimento collettivo del patrimonio raccolto mediante offerta al pubblico delle proprie azioni e degli altri strumenti finanziari partecipativi previsti dallo statuto stesso;

2) l'affidamento della gestione dell'intero patrimonio a un gestore esterno e l'indicazione della società designata;

g) la stipula di un accordo tra il gestore, se

(1) Lettera così sostituita dall'art. 4.17, lett. a, d.lg. 12 maggio 2015, n. 72.
(2) Le parole «e soddisfano i criteri» sono state inserite dall'art. 4.17, lett. b, d.lg. 12 maggio 2015, n. 72.

diverso da una Sgr, e il depositario che assicura a quest'ultimo la disponibilità delle informazioni necessarie per lo svolgimento delle proprie funzioni, secondo quanto previsto nell'art. 41-*bis*, comma 2-*bis*.

2. Si applica l'art. 35-*bis*, commi 3, 4, 5 e 6.

Sezione III. — *Disposizioni comuni*

39. *Struttura degli Oicr italiani*. — 1. Il Ministro dell'economia e delle finanze, con regolamento adottato sentite la Banca d'Italia e la Consob, determina i criteri generali cui devono uniformarsi gli Oicr italiani con riguardo:

a) all'oggetto dell'investimento;

b) alle categorie di investitori cui è destinata l'offerta delle quote o azioni;

c) alla forma aperta o chiusa e alle modalità di partecipazione, con particolare riferimento alla frequenza di emissione e rimborso delle quote, all'eventuale ammontare minimo delle sottoscrizioni e alle procedure da seguire;

d) all'eventuale durata minima e massima;

e) alle condizioni e alle modalità con le quali devono essere effettuati gli acquisti o i conferimenti dei beni, sia in fase costitutiva che in fase successiva alla costituzione del fondo.

2. Il regolamento previsto dal comma 1 stabilisce inoltre:

a) le categorie di investitori non professionali nei cui confronti è possibile commercializzare quote di FIA italiani riservati, secondo le modalità previste dall'art. 43;

b) le scritture contabili, il rendiconto e i prospetti periodici che le società di gestione del risparmio redigono, in aggiunta a quanto prescritto per le imprese commerciali, nonché gli obblighi di pubblicità del rendiconto e dei prospetti periodici;

c) le ipotesi nelle quali la società di gestione del risparmio deve chiedere l'ammissione alla negoziazione in un mercato regolamentato delle quote dei fondi;

d) i requisiti e i compensi degli esperti indipendenti indicati nell'art. 6, comma 1, lett. *c*), n. 5) (1).

Sezione IV. — *Strutture master-feeder*

40. *Autorizzazione e regole di funzionamento delle strutture master-feeder*. — 1. La Banca d'Italia autorizza l'investimento dell'Oicr italiano feeder nell'Oicr master, quando ricorrono le seguenti condizioni:

a) sussistono accordi, rispettivamente, tra i gestori, i depositari e i revisori legali o le società di revisione legale degli Oicr master e degli Oicr feeder, che consentono la disponibilità dei documenti e delle informazioni necessari a svolgere i rispettivi compiti;

b) nel caso in cui l'Oicr master e l'Oicr feeder hanno lo stesso gestore, quest'ultimo adotta norme interne di comportamento che assicurano la medesima disponibilità di documenti e informazioni di cui alla lett. *a*);

c) l'Oicr master e l'Oicr feeder possiedono le caratteristiche previste dal regolamento di cui al comma 2.

2. La Banca d'Italia, sentita la Consob, disciplina con regolamento:

a) la procedura di autorizzazione dell'investimento dell'Oicr feeder nell'Oicr master, nonché le informazioni e i documenti da fornire con l'istanza di autorizzazione;

b) il contenuto degli accordi e delle norme interne di comportamento di cui al comma 1;

c) i requisiti dell'Oicr master e dell'Oicr feeder, nonché le regole ad essi applicabili;

d) le regole applicabili all'Oicr feeder nel caso di liquidazione, fusione, scissione, sospensione temporanea del riacquisto, del rimborso o della sottoscrizione delle quote dell'Oicr master, nonché le regole applicabili all'Oicr feeder e all'Oicr master per coordinare la tempistica del calcolo e della pubblicazione del loro valore patrimoniale netto;

e) gli obblighi di comunicazione e lo scambio di informazioni e documenti tra il gestore, il depositario, il revisore legale o la società di revisione legale, rispettivamente dell'Oicr master e dell'Oicr feeder, nonché tra tali soggetti e la Banca d'Italia, la Consob e le autorità competenti dell'Oicr master e dell'Oicr feeder UE e non UE.

3. Agli Oicr master e agli Oicr feeder si applicano, in quanto compatibili, le disposizioni delle sezioni I, II, III e V del presente capo.

4. Agli OICVM UE master, che non commercializzano in Italia le proprie quote nei confronti di soggetti diversi dagli Oicr feeder, non si applica l'art. 42, commi 1, 2, 3 e 4. Ai FIA master UE e non UE si applicano le disposizioni del capo II-*ter*.

5. Fermo restando quanto previsto nell'art. 9, il revisore legale o la società di revisione legale incaricati della revisione dell'Oicr feeder indicano nella relativa relazione sulla revisione le irregolarità evidenziate nella relazione di re-

(1) V. d.m. Economia e Finanze 5 marzo 2015, n. 30, in G.U., 19 marzo 2015, n. 65.

visione dell'Oicr master nonché l'impatto delle irregolarità riscontrate nell'Oicr feeder. Nel caso in cui gli esercizi sociali dell'Oicr master e dell'Oicr feeder si chiudano in date diverse, il revisore legale o la società di revisione legale incaricati della revisione dell'Oicr master redigono una specifica relazione di revisione con riferimento alla data di chiusura dell'esercizio dell'Oicr feeder.

6. La Banca d'Italia e la Consob, in conformità alle disposizioni dell'UE, comunicano al gestore dell'Oicr feeder ovvero all'autorità competente dell'OICVM feeder UE i provvedimenti assunti per il mancato rispetto delle disposizioni contenute nel presente capo nei confronti dei soggetti individuati dal presente articolo, nonché le informazioni ricevute ai sensi dell'art. 8, comma 4, relative al gestore dell'Oicr master e all'Oicr master.

7. Le norme del presente articolo non si applicano ai FIA italiani riservati.

Sezione V. — *Fusione e scissione di organismi di investimento del risparmio*

40-*bis*. *Fusione e scissione di Oicr*. — 1. La Banca d'Italia autorizza, dandone comunicazione alla Consob, la fusione o la scissione di Oicr italiani sulla base dei relativi progetti, delle attestazioni di conformità rese dai depositari dei fondi coinvolti e dell'informativa ai partecipanti che deve essere idonea a consentire di pervenire ad un fondato giudizio sull'impatto della fusione sull'investimento. La Banca d'Italia può individuare le ipotesi, in base alle caratteristiche degli Oicr oggetto dell'operazione o al contenuto dell'informativa ai partecipanti, in cui l'autorizzazione alla fusione o alla scissione di Oicr è rilasciata in via generale.

2. Le Sgr mettono a disposizione dei partecipanti ai fondi e della Banca d'Italia una relazione, redatta dal depositario ovvero da un revisore legale o da una società di revisione legale, che attesta la correttezza dei criteri adottati per la valutazione delle attività e delle passività del fondo, dell'eventuale conguaglio in denaro, del metodo di calcolo e del livello effettivo del rapporto di cambio alla data di riferimento di tale rapporto.

3. Le Sicav e le Sicaf coinvolte in operazioni di fusione o scissione applicano gli articoli contenuti nel libro V, titolo V, capo X, sezioni II e III del codice civile, in quanto compatibili. Il progetto di fusione o quello di scissione, redatti sulla base di quanto richiesto dal regolamento della Banca d'Italia di cui al comma 4, e le eventuali deliberazioni assembleari di modifica dei medesimi progetti sono preventivamente autorizzati dalla Banca d'Italia. In assenza dell'autorizzazione prevista dal comma 1, non è possibile dare corso alle iscrizioni nel registro delle imprese.

4. La Banca d'Italia, sentita la Consob, disciplina con regolamento:

a) la procedura di autorizzazione e le relative condizioni;

b) l'individuazione della data di efficacia dell'operazione e i criteri di imputazione dei costi dell'operazione;

c) l'informativa da rendere ai partecipanti;

d) le forme ammesse per le fusioni e le scissioni;

e) l'oggetto delle attestazioni di conformità e della relazione previste dai commi 1 e 2;

f) i diritti dei partecipanti.

5. Le norme del presente articolo non si applicano ai FIA italiani riservati.

40-*ter*. *Fusione transfrontaliera di OICVM*. — 1. Alle fusioni tra OICVM UE e OICVM italiani e a quelle che coinvolgono OICVM italiani le cui quote sono commercializzate in un altro Stato dell'UE ai sensi dell'art. 41, comma 2, lett. *a*), si applicano, oltre all'art. 40-*bis*, le disposizioni contenute nel presente articolo.

2. Nel caso in cui l'OICVM risultante dalla fusione o incorporante non sia un OICVM italiano, l'autorizzazione alla fusione è rilasciata dalla Banca d'Italia, secondo quanto previsto dalle disposizioni dell'Unione europea.

3. Nel caso in cui l'OICVM risultante dalla fusione o incorporante sia un OICVM italiano, la Banca d'Italia può richiedere per tale OICVM la modifica dell'informativa ai partecipanti, secondo quanto previsto dalle disposizioni dell'Unione europea.

4. La Banca d'Italia, sentita la Consob, definisce con regolamento le disposizioni di attuazione del presente articolo, nel rispetto delle disposizioni dell'Unione europea.

CAPO II-*bis*

OPERATIVITÀ TRANSFRONTALIERA DEI GESTORI (1)

41. *Operatività transfrontaliera delle Sgr*. — 1. Le Sgr possono operare, anche senza stabilirvi

(1) Gli attuali capi II, II-*bis*, II-*ter*, II-*quater* e III sono stati così sostituiti ai capi II, II-*bis* e III dall'art. 4.6, d.lg. 4 marzo 2014, n. 44.

succursali, in uno Stato UE e non UE, in conformità al regolamento previsto dal comma 2.

2. La Banca d'Italia, sentita la Consob, stabilisce con regolamento le norme di attuazione delle disposizioni dell'UE concernenti le condizioni e le procedure che le Sgr rispettano per:

a) la prestazione negli Stati dell'UE delle attività per le quali sono autorizzate ai sensi della dir. 2009/65/CE e delle relative disposizioni attuative, ivi inclusa l'istituzione di OICVM;

b) l'operatività in via transfrontaliera negli Stati UE e non UE, in conformità alle previsioni della dir. 2011/61/UE e delle relative disposizioni attuative, fermo restando quanto previsto nel capo II-*ter*.

3. La Banca d'Italia, nel regolamento previsto dal comma 2, definisce altresì le condizioni e le procedure in base alle quali le Sgr sono autorizzate dalla Banca d'Italia, d'intesa con la Consob, per operare in via transfrontaliera negli Stati UE e non UE nei casi esclusi dall'ambito di applicazione delle direttive 2009/65/CE e 2011/61/UE. Ai fini dell'operatività delle Sgr in uno Stato non UE è necessaria la sussistenza di apposite intese di collaborazione con le competenti autorità dello Stato ospitante.

4. Le disposizioni del presente articolo si applicano anche alle Sicav e alle Sicaf che gestiscono i propri patrimoni.

41-*bis*. *Società di gestione UE*. — 1. Per l'esercizio delle attività per le quali sono autorizzate ai sensi delle disposizioni dell'Unione europea, le società di gestione UE possono stabilire succursali nel territorio della Repubblica. Il primo insediamento è preceduto da una comunicazione alla Banca d'Italia e alla Consob da parte dell'autorità competente dello Stato di origine. La succursale inizia l'attività decorsi due mesi dalla comunicazione.

2. Salvo quanto previsto dall'art. 42, le società di gestione UE possono svolgere le attività per le quali sono autorizzate ai sensi delle disposizioni dell'Unione europea nel territorio della Repubblica senza stabilirvi succursali, a condizione che la Banca d'Italia e la Consob siano informate dall'autorità competente dello Stato di origine.

3. Le società di gestione UE che intendono gestire un OICVM italiano rispettano le disposizioni previste nel capo II, nonché le disposizioni di attuazione dell'art. 6, comma 1, lett. *c*). La Banca d'Italia approva il regolamento del fondo ai sensi dell'art. 37 o autorizza la Sicav a condizione che:

a) il fondo o la Sicav rispetti le norme richiamate nel presente comma;

b) la società di gestione UE sia autorizzata a gestire nello Stato di origine un OICVM con caratteristiche analoghe a quello oggetto di approvazione;

c) la società di gestione UE abbia stipulato con il depositario un accordo che assicura al depositario la disponibilità delle informazioni necessarie per lo svolgimento dei propri compiti.

4. Qualora la Banca d'Italia intenda rifiutare l'approvazione del regolamento del fondo o l'autorizzazione della Sicav di cui al comma 3, consulta l'autorità competente dello Stato di origine della società di gestione UE.

5. La Banca d'Italia, sentita la Consob, disciplina con regolamento le condizioni e le procedure che le società di gestione UE devono rispettare per svolgere nel territorio della Repubblica le attività richiamate ai commi 1, 2 e 3 mediante stabilimento di succursali o in regime di libera prestazione di servizi, nonché il contenuto dell'accordo tra la società di gestione UE e il depositario previsto nel comma 3, lett. *c*).

6. Le società di gestione UE che svolgono le attività di cui ai commi 1 e 3 nel territorio della Repubblica, mediante stabilimento di succursali, sono tenute a rispettare le norme di condotta previste all'art. 35-*decies*. La Banca d'Italia e la Consob possono chiedere, nell'ambito delle rispettive competenze, alle società di gestione UE la comunicazione di dati e notizie e la trasmissione di atti e documenti con le modalità e nei termini dalle stesse stabiliti. La Banca d'Italia e la Consob, nell'ambito delle rispettive competenze, possono chiedere informazioni al personale delle società di gestione UE, anche per il tramite di queste ultime (1).

41-*ter*. *GEFIA UE*. — 1. Fermo restando quanto previsto nel capo II-*ter*, i GEFIA UE possono svolgere l'attività di gestione collettiva del risparmio per la quale sono autorizzati ai sensi delle disposizioni dell'UE nel territorio della Repubblica in libera prestazione di servizi o mediante stabilimento di succursali, a condizione che la Banca d'Italia sia informata dall'autorità competente dello Stato di origine. La Banca d'Italia trasmette tempestivamente copia di tale comunicazione alla Consob.

2. I GEFIA UE che intendono gestire un FIA italiano rispettano le disposizioni previste nel capo II, le disposizioni di attuazione dell'art. 6, comma 1, lett. *c*), e le seguenti condizioni:

(1) Comma così sostituito dall'art. 2.35, d.lg. 3 agosto 2017, n. 129.

a) sono autorizzati a gestire nello Stato di origine FIA con caratteristiche analoghe a quelli che intendono istituire e gestire in Italia;

b) hanno stipulato con il depositario un accordo idoneo ad assicurare a quest'ultimo la disponibilità delle informazioni necessarie per lo svolgimento dei propri compiti.

3. La Banca d'Italia, sentita la Consob, disciplina con regolamento il contenuto dell'accordo tra la società di gestione e il depositario previsto dal comma 2, lett. *b*).

4. I GEFIA UE che svolgono le attività previste dal comma 1 e dal capo II-*ter* nel territorio della Repubblica mediante stabilimento di succursali, sono tenute a rispettare le norme di condotta previste dall'art. 35-*decies* e dalle relative disposizioni di attuazione e gli obblighi in materia di gestione dei conflitti di interessi adottati in attuazione dell'art. 6, comma 2, lett. *b-bis*), n. 6), e comma 2-*bis*. La Banca d'Italia e la Consob possono chiedere, nell'ambito delle rispettive competenze, ai GEFIA UE la comunicazione di dati e notizie e la trasmissione di atti e documenti con le modalità e nei termini dalle stesse stabiliti. La Banca d'Italia e la Consob, nell'ambito delle rispettive competenze, possono chiedere informazioni al personale dei GEFIA UE, anche per il tramite di questi ultimi (1).

41-*quater*. *GEFIA non UE*. — 1. La Banca d'Italia, d'intesa con la Consob, autorizza i GEFIA non UE alla gestione di FIA italiani e FIA UE o alla commercializzazione nel territorio dell'UE dei FIA gestiti, quando l'Italia è, ai sensi della dir. 2011/61/UE, lo Stato di riferimento. La Banca d'Italia trasmette tempestivamente alla Consob copia della richiesta di autorizzazione delle suddette società. La Banca d'Italia iscrive i GEFIA non UE autorizzati in un'apposita sezione dell'albo previsto dall'art. 35. La Banca d'Italia comunica alla Consob le avvenute iscrizioni.

2. Ai GEFIA non UE autorizzati in un altro Stato dell'UE che intendono gestire un FIA italiano in libera prestazione di servizi o mediante stabilimento di succursali si applica, in quanto compatibile, l'art. 41-*ter*.

3. I GEFIA non UE che svolgono le attività previste dal comma 1 nel territorio della Repubblica mediante stabilimento di succursali, rispettano le norme di condotta previste dall'art. 35-*decies* e dalle relative disposizioni di attuazione e gli obblighi in materia di gestione dei conflitti di interessi adottate in attuazione dell'art. 6, comma 2, lett. *b-bis*), n. 6), e comma 2-*bis*. La Banca d'Italia e la Consob possono chiedere, nell'ambito delle rispettive competenze, alle succursali italiane di GEFIA non UE la comunicazione di dati e notizie e la trasmissione di atti e documenti con le modalità e nei termini dalle stesse stabiliti. La Banca d'Italia e la Consob, nell'ambito delle rispettive competenze, possono chiedere informazioni al personale delle succursali italiane di GEFIA non UE, anche per il tramite di queste ultime (2).

4. La Banca d'Italia, sentita la Consob, stabilisce con regolamento:

a) le condizioni e la procedura per il rilascio dell'autorizzazione di cui al comma 1;

b) le norme di attuazione delle disposizioni dell'UE concernenti le condizioni e le procedure che i GEFIA non UE autorizzati in Italia rispettano per operare in via transfrontaliera negli Stati dell'UE in conformità alle previsioni della dir. 2011/61/UE e delle relative disposizioni attuative, fermo restando quanto previsto dal capo II-*ter*.

CAPO II-*ter*

Commercializzazione di Oicr (3)

42. *Commercializzazione in Italia di quote o di azioni di OICVM UE*. — 1. La commercializzazione in Italia di quote o di azioni di OICVM UE è preceduta da una notifica alla Consob da parte dell'autorità dello Stato di origine dell'OICVM, secondo le procedure previste dalle disposizioni dell'UE e nel rispetto delle relative norme di attuazione adottate con regolamento dalla Consob, sentita la Banca d'Italia. Con il medesimo regolamento la Consob determina le modalità di esercizio in Italia dei diritti degli investitori, avuto riguardo alle attività concernenti i pagamenti, il riacquisto e il rimborso delle quote.

2. Alle società di gestione UE che intendono offrire in Italia, senza stabilimento di succursali, quote di OICVM dalle stesse gestiti non si applicano le disposizioni dell'art. 41-*bis*.

3. La Consob, sentita la Banca d'Italia, con regolamento:

(1) Comma così sostituito dall'art. 2.36, d.lg. 3 agosto 2017, n. 129.
(2) Comma così sostituito dall'art. 2.37, d.lg. 3 agosto 2017, n. 129.
(3) Gli attuali capi II, II-*bis*, II-*ter*, II-*quater* e III sono stati così sostituiti ai capi II, II-*bis* e III dall'art. 4.6, d.lg. 4 marzo 2014, n. 44.

a) individua le informazioni da fornire al pubblico nell'ambito della commercializzazione delle quote o delle azioni nel territorio della Repubblica nonché le modalità con cui tali informazioni devono essere fornite;

b) determina le modalità con cui devono essere resi pubblici il prezzo di emissione o di vendita, di riacquisto o di rimborso delle quote o delle azioni.

4. La Banca d'Italia e la Consob possono richiedere, nell'ambito delle rispettive competenze, agli emittenti e a coloro che curano la commercializzazione delle quote o delle azioni indicate nel comma 1 la comunicazione, anche periodica, di dati e notizie e la trasmissione di atti e documenti.

43. *Commercializzazione di FIA riservati*. — 1. La commercializzazione di FIA è l'offerta, anche indiretta, su iniziativa o per conto del gestore, delle quote o azioni del FIA gestito rivolta ad investitori residenti o aventi sede legale nel territorio dell'UE.

2. La commercializzazione in Italia delle quote o delle azioni di FIA italiani riservati, FIA UE e FIA non UE gestiti da una Sgr o da un GEFIA non UE autorizzato in Italia e la commercializzazione in uno Stato dell'UE diverso dall'Italia, nei confronti di investitori professionali, delle quote o azioni di FIA italiani, FIA UE e FIA non UE gestiti da una Sgr o da un GEFIA non UE autorizzato in Italia, sono precedute da una notifica alla Consob. La Consob trasmette tempestivamente alla Banca d'Italia le informazioni contenute nella notifica e i documenti ivi allegati.

3. La notifica contiene:

a) la lettera di notifica, corredata del programma di attività che individua il FIA oggetto della commercializzazione e lo Stato di origine del FIA;

b) il regolamento o lo statuto del FIA;

c) l'identità del depositario del FIA;

d) la descrizione del FIA e le altre informazioni messe a disposizione degli investitori ai sensi dell'art. 6, comma 2, lett. *a*), n. 3-*bis*), e della relativa disciplina attuativa;

e) l'indicazione dello Stato d'origine dell'Oicr master se l'Oicr oggetto di commercializzazione è un Oicr feeder;

f) se rilevante, l'indicazione dello Stato dell'UE diverso dall'Italia in cui le quote o azioni del FIA saranno commercializzate;

g) le informazioni sulle modalità stabilite per impedire la commercializzazione delle quote o azioni del FIA nei confronti di investitori al dettaglio. A tal fine, il regolamento o lo statuto e la documentazione messa a disposizione degli investitori prevedono che le quote o le azioni dei FIA possono essere commercializzate solo nei confronti di investitori professionali.

4. La Consob, d'intesa con la Banca d'Italia, se non sussistono motivi ostativi, entro 20 giorni lavorativi dal ricevimento della notifica:

a) comunica alla Sgr o al GEFIA non UE che può avviare la commercializzazione in Italia delle quote o azioni del FIA oggetto della notifica. Nel caso di commercializzazione in Italia di un FIA UE, la comunicazione è effettuata anche nei confronti dell'autorità competente dello Stato d'origine del FIA;

b) trasmette all'autorità competente dello Stato dell'UE diverso dall'Italia in cui la Sgr o il GEFIA non UE intende commercializzare il FIA il fascicolo di notifica che include la documentazione prevista dal comma 3 e l'attestato di cui al comma 5. La Consob informa tempestivamente il gestore dell'avvenuta trasmissione del fascicolo di notifica.

Il gestore non può avviare la commercializzazione prima della ricezione di tale comunicazione.

5. La Banca d'Italia esprime la propria intesa sui profili indicati dalle lett. *a*), *b*), *c*) ed *e*) del comma 3, e in ordine all'adeguatezza del gestore a gestire il FIA oggetto di notifica. Nel caso di commercializzazione in uno Stato membro dell'UE diverso dall'Italia, la Banca d'Italia, ove rilasci la propria intesa, attesta che il gestore è autorizzato a gestire il FIA oggetto di notifica.

6. La Consob, sentita la Banca d'Italia, definisce con regolamento le procedure per la notifica prevista dal comma 2.

7. Nel caso di modifiche rilevanti delle informazioni e dei documenti indicati nel comma 3, il gestore comunica tali modifiche alla Consob almeno trenta giorni prima della relativa vigenza o, nel caso di modifiche che non è possibile pianificare, non appena esse intervengono. La Consob trasmette tempestivamente alla Banca d'Italia le informazioni contenute nella notifica ed i documenti alla stessa allegati. Entro trenta giorni dal ricevimento della comunicazione la Consob e la Banca d'Italia, nell'ambito delle rispettive competenze, possono disporre il divieto della modifica.

8. La commercializzazione in Italia, a investitori professionali e alle categorie di investitori individuate dal regolamento di cui all'art. 39, delle quote o azioni di FIA italiani riservati, FIA UE e non UE gestiti da un GEFIA UE o da un GEFIA non UE autorizzato in uno Stato dell'UE diverso dall'Italia, è preceduta da una notifica alla Consob da parte dell'autorità dello Stato membro di origine per ciascun

FIA oggetto di commercializzazione. La Consob trasmette tempestivamente alla Banca d'Italia le informazioni contenute nella notifica e i documenti alla stessa allegati. Nel caso di commercializzazione di quote o azioni di FIA italiani resta fermo quanto previsto nell'art. 41-*ter*, commi 2 e 3. La Consob, sentita la Banca d'Italia, definisce con regolamento la procedura per la notifica prevista dal presente comma.

9. Le disposizioni del presente articolo relative alle Sgr, ai GEFIA UE e ai GEFIA non UE si applicano anche ai FIA italiani, ai FIA UE e ai FIA non UE che gestiscono i propri patrimoni.

44. *Commercializzazione di FIA non riservati.* — 1. Fermo restando quanto previsto dagli artt. 35-*bis*, 37, 38 e 39, la commercializzazione in Italia di quote o azioni di FIA italiani non riservati alle categorie di investitori di cui all'art. 43, è preceduta da una notifica inoltrata dal gestore alla Consob per ciascun FIA oggetto di commercializzazione.

2. Alla lettera di notifica è allegata la seguente documentazione:

a) il prospetto destinato alla pubblicazione;

b) il regolamento o lo statuto del FIA oggetto di commercializzazione;

c) il documento contenente le ulteriori informazioni da mettere a disposizione prima dell'investimento ai sensi dell'art. 6, comma 2, lett. *a*), n. 3-*bis*), e delle relative disposizioni di attuazione, da cui risulta l'assenza di trattamenti preferenziali nei confronti di uno o più investitori o categorie di investitori.

3. La Consob comunica al gestore che può iniziare a commercializzare agli investitori al dettaglio non rientranti nelle categorie di investitori cui possono essere commercializzati i FIA italiani riservati, i FIA indicati nella notifica entro 10 giorni lavorativi dal ricevimento della medesima quando è verificata la completezza, la coerenza e la comprensibilità delle informazioni contenute nella documentazione allegata alla lettera di notifica. Il gestore non può avviare la commercializzazione agli investitori al dettaglio non rientranti nelle categorie di investitori cui possono essere commercializzati i FIA italiani riservati, prima della ricezione della comunicazione.

4. La Consob, sentita la Banca d'Italia, disciplina la procedura per la notifica prevista dal comma 1.

5. I gestori di FIA UE e FIA non UE che commercializzano nello Stato di origine dei FIA medesimi le relative azioni o quote nei confronti di investitori al dettaglio ed intendono commercializzare tali FIA in Italia nei confronti di investitori al dettaglio non rientranti nelle categorie di investitori cui possono essere commercializzati i FIA italiani riservati, presentano istanza di autorizzazione alla Consob. La Consob, d'intesa con la Banca d'Italia sui profili di cui alle lett. *b*) e *c*), autorizza la commercializzazione se sono rispettate le seguenti condizioni:

a) i gestori hanno completato le procedure previste dall'art. 43;

b) gli schemi di funzionamento e le norme di contenimento e di frazionamento del rischio di tali FIA sono compatibili con quelli previsti per i FIA italiani;

c) la disciplina del depositario di FIA è equivalente a quella applicabile ai FIA italiani non riservati;

d) il regolamento o lo statuto del FIA non consente trattamenti preferenziali nei confronti di uno o più investitori o categorie di investitori ai sensi dell'art. 35-*decies*, comma 1, lett. *d*), e delle disposizioni dell'UE vigenti che disciplinano la materia;

e) il modulo organizzativo adottato assicura in Italia l'esercizio dei diritti patrimoniali degli investitori in conformità alle disposizioni regolamentari dettate dalla Consob, sentita la Banca d'Italia;

f) le informazioni da mettere a disposizione degli investitori al dettaglio prima dell'investimento risultano complete, coerenti e comprensibili.

6. La Consob, sentita la Banca d'Italia, disciplina con regolamento le procedure per il rilascio dell'autorizzazione prevista dal comma 5.

7. All'offerta al pubblico e all'ammissione alle negoziazioni delle quote o azioni dei FIA commercializzati ai sensi del presente articolo si applicano le disposizioni previste dalla parte IV, titolo II, capo I e titolo III, capo I, e le relative norme di attuazione.

8. Nel caso di FIA soggetti alla disciplina prevista dalla parte IV, titolo II, capo I, sezione I, per la cui offerta l'Italia è lo Stato membro d'origine, la notifica prevista dal comma 1 si considera effettuata anche ai fini e per gli effetti dell'art. 94, comma 1, e la verifica della completezza, coerenza e comprensibilità delle informazioni contenute nel documento di cui al comma 2, lett. *c*), è effettuata nel corso della procedura prevista dall'art. 94-*bis*, comma 2. La comunicazione prevista dal comma 3 è effettuata con il provvedimento di approvazione del prospetto.

9. La Consob e la Banca d'Italia esercitano i poteri previsti dagli artt. 6-*bis* e 6-*ter* nei confronti degli organismi esteri indicati al comma

5 e dei relativi gestori. A tali soggetti si applica altresì l'art. 8 (1).

CAPO II-*quater*

OBBLIGHI DELLE SGR I CUI FIA ACQUISISCONO PARTECIPAZIONI RILEVANTI E DI CONTROLLO DI SOCIETÀ NON QUOTATE E DI EMITTENTI (2)

45. *Obblighi relativi all'acquisizione di partecipazioni rilevanti o di controllo di società non quotate*. — 1. Le Sgr comunicano alla Consob il raggiungimento, il superamento o la riduzione al di sotto delle soglie del 10%, 20%, 30%, 50% e 75% dei diritti di voto in una società non quotata in conseguenza dell'acquisto, della detenzione o della cessione di partecipazioni al capitale sociale da parte del FIA italiano, del FIA UE o non UE da esse gestito. Tale comunicazione è effettuata entro dieci giorni lavorativi dalla data dell'operazione.

2. Le Sgr i cui FIA italiani, FIA UE o non UE acquisiscono o detengono, anche indirettamente per il tramite di fiduciari o per interposta persona, la maggioranza assoluta dei diritti di voto esercitabili nell'assemblea di una società non quotata, comunicano l'acquisizione del controllo, entro dieci giorni lavorativi:

a) alla società;

b) agli azionisti le cui identità e i cui indirizzi sono a disposizione della Sgr ovvero possono essere messi a disposizione tramite la società non quotata ovvero tramite un registro a cui la Sgr può avere accesso;

c) alla Consob.

3. Le disposizioni contenute nei commi 1 e 2 si applicano anche:

a) alle Sgr i cui FIA acquisiscono, anche congiuntamente, una partecipazione rilevante in una società non quotata;

b) alle Sgr che gestiscono uno o più FIA che, individualmente o congiuntamente in base a un accordo, acquisiscono il controllo di una società non quotata;

c) alle Sgr che cooperano con altre Sgr ovvero con GEFIA UE o non UE, in base ad un accordo in virtù del quale i FIA dalle stesse gestiti acquisiscono congiuntamente il controllo di una società non quotata;

d) alle Sicav e alle Sicaf che gestiscono direttamente i propri patrimoni che si trovano nelle situazioni previste dalle lett. *a*), *b*) e *c*).

4. Ai fini del presente articolo, sono considerate società non quotate le società aventi sede legale nell'Unione europea non aventi azioni ammesse alle negoziazioni in un mercato regolamentato, diverse dalle:

a) microimprese, piccole imprese e medie imprese, come definite dall'art. 2, par. 1, dell'allegato alla racc. 2003/361/CE della Commissione europea, del 6 maggio 2003;

b) società veicolo finalizzate all'acquisto, alla detenzione o all'amministrazione di beni immobili.

5. La Consob, nel rispetto delle disposizioni della dir. 2011/61/UE, stabilisce con regolamento:

a) le modalità di effettuazione delle comunicazioni previste dal comma 1;

b) il contenuto e le modalità di adempimento degli obblighi informativi nei confronti dei soggetti indicati al comma 2, nonché dei rappresentanti dei lavoratori della società non quotata ovvero, in loro mancanza, dei lavoratori stessi;

c) il contenuto delle informazioni ulteriori da inserire nella relazione annuale della società non quotata controllata, nonché le modalità e i termini con cui la stessa è messa a disposizione dall'organo amministrativo ai rappresentanti dei lavoratori o, in loro mancanza, ai lavoratori stessi;

d) gli obblighi che le Sgr sono tenute ad osservare al fine di garantire la tutela del capitale ed impedire lo scorporo delle attività della società non quotata per un periodo di ventiquattro mesi dall'acquisizione del controllo da parte degli Oicr gestiti.

46. *Obblighi relativi all'acquisizione di partecipazioni di controllo di un emittente*. — 1. Le Sgr i cui FIA italiani, FIA UE e non UE acquisiscono una partecipazione di controllo al capitale di un emittente comunicano le informazioni stabilite dalla Consob con proprio regolamento, secondo le modalità e nei termini ivi stabiliti, nei confronti:

a) dell'emittente;

b) degli azionisti le cui identità e i cui indirizzi sono a disposizione della Sgr ovvero possono essere messi a disposizione tramite l'emittente ovvero tramite un registro a cui la Sgr può avere accesso;

c) della Consob.

(1) Comma così sostituito dall'art. 2.38, d.lg. 3 agosto 2017, n. 129.

(2) Gli attuali capi II, II-*bis*, II-*ter*, II-*quater* e III sono stati così sostituiti ai capi II, II-*bis* e III dall'art. 4.6, d.lg. 4 marzo 2014, n. 44.

2. Ai fini di quanto previsto dal comma 1, per acquisto di una partecipazione di controllo si intende l'acquisto da parte di una Sgr, individualmente o in accordo con altre Sgr, anche indirettamente per il tramite di fiduciari o per interposta persona, di una partecipazione che attribuisca diritti di voto in misura pari o superiore alla soglia del trenta per cento del capitale di un'emittente avente sede legale in Italia, ovvero alla diversa soglia determinata ai sensi dell'art. 5, par. 3, della dir. 2004/25/CE, concernente le offerte pubbliche d'acquisto, secondo l'ordinamento dello Stato membro ove ha sede l'emittente.

3. Il presente articolo si applica anche:

a) alle Sgr che gestiscono uno o più FIA italiani, FIA UE o non UE che, individualmente o congiuntamente in base a un accordo, acquisiscono il controllo di un emittente;

b) alle Sgr che cooperano con altre Sgr ovvero con GEFIA UE o non UE, in base ad un accordo in virtù del quale i FIA italiani, i FIA UE o non UE dalle stesse gestiti acquisiscono congiuntamente il controllo di un emittente;

c) alle Sicav e alle Sicaf che gestiscono direttamente i propri patrimoni che si trovano nelle situazioni previste dalle lett. *a*) e *b*).

4. La Consob, nel rispetto delle disposizioni della dir. 2011/61/UE, stabilisce con regolamento:

a) il contenuto e le modalità di adempimento degli obblighi informativi nei confronti dei soggetti indicati al comma 1, nonché dei rappresentanti dei lavoratori dell'emittente;

b) ovvero, in loro mancanza, dei lavoratori stessi;

c) gli obblighi che le Sgr sono tenute ad osservare al fine di garantire la tutela del capitale ed impedire lo scorporo delle attività dell'emittente per un periodo di ventiquattro mesi dall'acquisizione del controllo da parte degli Oicr gestiti.

5. Ai fini del presente articolo, sono considerate emittenti le società aventi azioni ammesse alle negoziazioni in un mercato regolamentato, diverse dalle:

a) microimprese, piccole imprese e medie imprese, come definite dall'art. 2, par. 1, dell'allegato alla racc. 2003/361/CE della Commissione europea, del 6 maggio 2003;

b) società veicolo finalizzate all'acquisto, alla detenzione o all'amministrazione di beni immobili.

CAPO II-*quinquies*

OICR DI CREDITO (1)

46-*bis*. *Erogazione diretta di crediti da parte di FIA italiani*. — 1. I FIA italiani possono investire in crediti, a valere sul proprio patrimonio, a favore di soggetti diversi da consumatori, nel rispetto delle norme del presente decreto e delle relative disposizioni attuative adottate ai sensi degli artt. 6, comma 1, e 39.

46-*ter*. *Erogazione diretta di crediti da parte di FIA UE in Italia*. — 1. I FIA UE possono investire in crediti, a valere sul proprio patrimonio, a favore di soggetti diversi da consumatori, in Italia nel rispetto delle seguenti condizioni:

a) il FIA UE è autorizzato dall'autorità competente dello stato membro d'origine a investire in crediti, inclusi quelli erogati a valere sul proprio patrimonio, nel paese di origine;

b) il FIA UE ha forma chiusa e lo schema di funzionamento dello stesso, in particolare per quanto riguarda le modalità di partecipazione, è analogo a quello dei FIA italiani che investono in crediti;

c) le norme del paese d'origine del FIA UE in materia di contenimento e di frazionamento del rischio, inclusi i limiti di leva finanziaria, sono equivalenti alle norme stabilite per i FIA italiani che investono in crediti. L'equivalenza rispetto alle norme italiane può essere verificata con riferimento anche alle sole disposizioni statutarie o regolamentari del FIA UE, a condizione che l'autorità competente dello stato membro di origine ne assicuri l'osservanza.

2. I gestori che gestiscono FIA UE che intendono investire in crediti a valere sul proprio patrimonio in Italia comunicano tale intenzione alla Banca d'Italia. Il FIA UE non può iniziare ad operare prima che siano trascorsi sessanta giorni dalla comunicazione, entro i quali la Banca d'Italia può vietare l'investimento in crediti a valere sul proprio patrimonio in Italia.

3. La Banca d'Italia e la Consob possono chiedere, nell'ambito delle rispettive competenze, ai gestori, la comunicazione di dati e notizie e la trasmissione di atti e documenti con le modalità e nei termini dalle stesse stabiliti. La Banca d'Italia e la Consob, nell'ambito delle rispettive competenze, possono chiedere informazioni al personale dei gestori, anche per il tramite di questi ultimi (2). La Banca d'Italia può prevedere la partecipazione dei FIA

(1) Capo inserito dall'art. 17.1, lett. b, d.l. 14 febbraio 2016, n. 18, conv. in l. 8 aprile 2016, n. 49.
(2) Periodo così sostituito dall'art. 2.39, d.lg. 3 agosto 2017, n. 129.

UE di cui al comma 1 alla centrale dei rischi e può prevedere altresì che la partecipazione avvenga per il tramite di banche e intermediari iscritti all'albo di cui all'art. 106 del d.lg. 1° settembre 1993, n. 385 (1).

4. Restano ferme le disposizioni italiane applicabili ai FIA UE sulla commercializzazione di azioni o quote e in ogni altra materia non espressamente regolata dal presente articolo.

5. La Banca d'Italia detta le disposizioni attuative del presente articolo.

46-*quater*. *Altre disposizioni applicabili*. — 1. Ai crediti erogati in Italia da parte di FIA italiani e FIA UE, a valere sul proprio patrimonio, si applicano le disposizioni sulla trasparenza delle condizioni contrattuali e dei rapporti con i clienti di cui al Titolo VI, Capi I e III, con esclusione dell'art. 128-*bis*, e le disposizioni sulle sanzioni amministrative di cui al Titolo VIII, Capi V e VI, del d.lg. 1° settembre 1993, n. 385 (1), fermo restando quanto previsto dall'art. 23, comma 4 del presente decreto.

2. Al rispetto degli obblighi previsti dalle disposizioni indicate al comma 1 è tenuto il gestore del FIA.

CAPO III

DEPOSITARIO (2)

47. *Incarico di depositario*. — 1. Per ciascun Oicr il gestore conferisce l'incarico di depositario a un unico soggetto, cui sono affidati i beni dell'Oicr secondo quanto previsto nel presente capo.

2. L'incarico di depositario può essere assunto da banche italiane, succursali italiane di banche UE e di banche di paesi terzi, Sim e succursali italiane di imprese di investimento UE e di imprese di paesi terzi diverse dalle banche (3).

3. La Banca d'Italia autorizza l'esercizio delle funzioni di depositario e disciplina, sentita la Consob, le condizioni per l'assunzione dell'incarico.

4. Gli amministratori e i sindaci del depositario riferiscono senza ritardo alla Banca d'Italia e alla Consob, ciascuna per le proprie competenze, sulle irregolarità riscontrate nell'amministrazione del gestore e nella gestione degli Oicr e forniscono, su richiesta della Banca d'Italia e della Consob, informazioni su atti o fatti di cui sono venuti a conoscenza nell'esercizio delle funzioni di depositario.

48. *Compiti del depositario*. — 1. Il depositario agisce in modo indipendente e nell'interesse dei partecipanti all'Oicr. Esso adotta ogni misura idonea a prevenire potenziali conflitti di interesse tra l'esercizio delle funzioni di depositario e le altre attività svolte.

2. Il depositario adempie agli obblighi di custodia degli strumenti finanziari ad esso affidati e alla verifica della proprietà nonché alla tenuta delle registrazioni degli altri beni. Se non sono affidate a soggetti diversi, detiene altresì le disponibilità liquide degli Oicr.

3. Il depositario, nell'esercizio delle proprie funzioni:

a) accerta la legittimità delle operazioni di vendita, emissione, riacquisto, rimborso e annullamento delle quote del fondo, nonché la destinazione dei redditi dell'Oicr;

b) accerta la correttezza del calcolo del valore delle parti dell'Oicr [...] (4);

c) accerta che nelle operazioni relative all'Oicr la controprestazione sia rimessa nei termini d'uso;

d) esegue le istruzioni del gestore se non sono contrarie alla legge, al regolamento o alle prescrizioni degli organi di vigilanza;

e) monitora i flussi di liquidità dell'Oicr, nel caso in cui la liquidità non sia affidata al medesimo.

3-*bis*. Il depositario può svolgere altre attività nei confronti del gestore, incluso il calcolo del valore delle parti dell'OICVM, ferma restando l'applicazione della disciplina in materia di esternalizzazione ai sensi dell'art. 6, comma 1, lett. *c-bis*), n. 8), e comma 2-*bis* (5) e a condizione che separi, sotto il profilo gerarchico e funzionale, l'espletamento delle funzioni di depositario dagli altri suoi compiti potenzialmente confliggenti e che i potenziali conflitti di interesse siano identificati, gestiti, monitorati e comunicati agli investitori dell'Oicr (6).

4. La Banca d'Italia, sentita la Consob, ema-

(1) In *Leggi coll. XVII, 1*.
(2) Gli attuali capi II, II-*bis*, II-*ter*, II-*quater* e III sono stati così sostituiti ai capi II, II-*bis* e III dall'art. 4.6, d.lg. 4 marzo 2014, n. 44.
(3) Comma così sostituito dall'art. 2.40, d.lg. 3 agosto 2017, n. 129.
(4) Le parole «o, nel caso di OICVM italiani, su incarico del gestore, provvede esso stesso a tale calcolo» sono state soppresse dall'art. 1.1, lett. b, n. 1, d.lg. 18 aprile 2016, n. 71.
(5) Le parole «art. 6, comma 1, lett. *c-bis*), n. 8), e comma 2-*bis*» sono state così sostituite alle precedenti «art. 6, comma 2-*bis*, lett. *k*)» dall'art. 2.41, d.lg. 3 agosto 2017, n. 129.
(6) Comma inserito dall'art. 1.1, lett. b, n. 2,, d.lg. 18 aprile 2016, n. 71.

na disposizioni di attuazione del presente articolo, anche con riferimento all'individuazione dei soggetti diversi dal depositario cui possono essere affidate le disponibilità liquide, alle modalità di deposito di tali disponibilità liquide, nonché alle condizioni per la delega della custodia e il riuso dei beni dell'Oicr da parte del depositario.

49. *Responsabilità del depositario*. — 1. Il depositario è responsabile nei confronti del gestore e dei partecipanti all'Oicr di ogni pregiudizio da essi subito in conseguenza dell'inadempimento dei propri obblighi.

2. In caso di perdita di strumenti finanziari detenuti in custodia, il depositario, se non prova che l'inadempimento è stato determinato da caso fortuito o forza maggiore, è tenuto a restituire senza indebito ritardo strumenti finanziari della stessa specie o una somma di importo corrispondente, salva la responsabilità per ogni altra perdita subita dall'Oicr o dagli investitori in conseguenza del mancato rispetto, intenzionale o dovuto a negligenza, dei propri obblighi.

3. In caso di perdita di strumenti finanziari da parte del terzo al quale è stata delegata la custodia, resta impregiudicata la responsabilità del depositario, fatta salva l'eventuale stipula di accordi scritti tra il gestore, il depositario e il terzo al quale è stata delegata la custodia, volti a determinare l'assunzione in via esclusiva della responsabilità da parte del terzo. Per l'eventuale stipula di tali accordi il gestore, il depositario e il terzo si attengono alla disciplina, stabilita dalla Banca d'Italia, sentita la Consob, che individua i casi in cui tali accordi sono consentiti e il loro contenuto minimo.

4. In caso di assunzione in via esclusiva della responsabilità da parte del terzo ai sensi del comma 3, esso risponde ai sensi del comma 2. Resta impregiudicata la responsabilità del terzo, qualora deleghi a sua volta la custodia degli strumenti finanziari a un altro soggetto, fatta salva la possibilità di accordi secondo quanto previsto dal comma 3.

50. .... (1).

CAPI III-*bis*-III-*ter* (2)

....

CAPO III-*quater*

GESTIONE DI PORTALI PER LA RACCOLTA DI CAPITALI PER LE PICCOLE E MEDIE IMPRESE E PER LE IMPRESE SOCIALI (3)

50-*quinquies*. *Gestione di portali per la raccolta di capitali per le piccole e medie imprese e per le imprese sociali* (4). — 1. È gestore di portali il soggetto che esercita professionalmente il servizio di gestione di portali per la raccolta di capitali per le piccole e medie imprese e per le imprese sociali ed è iscritto nel registro di cui al comma 2 (5).

2. L'attività di gestione di portali per la raccolta di capitali per le piccole e medie imprese e per le imprese sociali è riservata alle Sim, alle imprese di investimento UE, alle imprese di paesi terzi diverse dalle banche autorizzate in Italia, ai gestori di cui all'art. 1, comma 1, lett. *q-bis*), limitatamente all'offerta di quote o azioni di Oicr che investono prevalentemente in piccole e medie imprese e alle banche, autorizzati ai relativi servizi di investimento, nonché ai soggetti iscritti in un apposito registro tenuto dalla Consob, a condizione che questi ultimi trasmettano gli ordini riguardanti la sottoscrizione e la compravendita di strumenti finanziari rappresentativi di capitale esclusivamente a banche, Sim, imprese di investimento UE e imprese di paesi terzi diverse dalla banche, e gli ordini riguardanti azioni o quote degli Oicr ai relativi gestori. Ai soggetti iscritti in tale registro non si applicano le disposizioni della parte II, titolo II, capo II e dell'art. 32 (5).

3. L'iscrizione nel registro di cui al comma 2 è subordinata al ricorrere dei seguenti requisiti:

a) forma di società per azioni, di società in accomandita per azioni, di società a responsabilità limitata o di società cooperativa;

(1) Articolo abrogato dall'art. 4.7, d.lg. 4 marzo 2014, n. 44.
(2) Capi aggiunti dall'art. 1.14, d.lg. 16 aprile 2012, n. 47, e successivamente abrogati dall'art. 4.8, d.lg. 4 marzo 2014, n. 44.
(3) Capo inserito dall'art. 30.2, d.l. 18 ottobre 2012, n. 179, conv. in l. 17 dicembre 2012, n. 221. La rubrica è stata così sostituita alla precedente «Gestione di portali per la raccolta di capitali per le PMI e per le imprese sociali» dall'art. 2.42, d.lg. 3 agosto 2017, n. 129.
(4) Rubrica così sostituita alla precedente «Gestione di portali per la raccolta di PMI e per le imprese sociali» dall'art. 2.43, lett. a, d.lg. 3 agosto 2017, n. 129.
(5) Comma così sostituito dall'art. 2.43, lett. b, d.lg. 3 agosto 2017, n. 129.

b) sede legale e amministrativa o, per i soggetti comunitari, stabile organizzazione nel territorio della Repubblica;

c) oggetto sociale conforme con quanto previsto dal comma 1;

d) possesso da parte di coloro che detengono il controllo e dei soggetti che svolgono funzioni di amministrazione, direzione e controllo dei requisiti di onorabilità stabiliti dalla Consob;

e) possesso da parte dei soggetti che svolgono funzioni di amministrazione, direzione e controllo, di requisiti di professionalità stabiliti dalla Consob;

e-bis) adesione a un sistema di indennizzo a tutela degli investitori o stipula di un'assicurazione di responsabilità professionale che garantisca una protezione equivalente alla clientela, secondo i criteri stabiliti dalla Consob con regolamento (1).

4. I soggetti iscritti nel registro di cui al comma 2 non possono detenere somme di denaro o strumenti finanziari di pertinenza di terzi.

5. La Consob determina, con regolamento (2), i principi e i criteri relativi:

a) alla formazione del registro e alle relative forme di pubblicità;

b) alle eventuali ulteriori condizioni per l'iscrizione nel registro, alle cause di sospensione, radiazione e riammissione e alle misure applicabili nei confronti degli iscritti nel registro;

c) alle eventuali ulteriori cause di incompatibilità;

d) alle regole di condotta che i gestori di portali devono rispettare nel rapporto con gli investitori, prevedendo un regime semplificato per i clienti professionali.

6. La Consob esercita la vigilanza sui gestori di portali per verificare l'osservanza delle disposizioni di cui al presente articolo e della relativa disciplina di attuazione. A questo fine la Consob può convocare gli amministratori, i sindaci e il personale dei gestori (3), chiedere la comunicazione di dati e di notizie e la trasmissione di atti e di documenti, fissando i relativi termini, nonché effettuare ispezioni.

6-*bis*. La Consob adotta le disposizioni attuative dell'art. 4-*undecies* (4).

7. .... (5).

TITOLO IV

Provvedimenti ingiuntivi e crisi

CAPO I (6)

51-55. ....

CAPO I-*bis*

PIANI DI RISANAMENTO, SOSTEGNO FINANZIARIO DI GRUPPO E INTERVENTO PRECOCE (7)

55-*bis*. *Ambito di applicazione*. — 1. Il presente Capo si applica alle Sim aventi sede legale in Italia che prestano uno o più dei seguenti servizi o attività di investimento:

a) negoziazione per conto proprio;

b) sottoscrizione e/o collocamento con assunzione a fermo o assunzione di garanzia nei confronti dell'emittente;

c) gestione di sistemi multilaterali di negoziazione.

2. Ai fini del presente Capo si applicano le definizioni contenute nell'art. 69-*bis* del t.u. bancario (8).

3. La Banca d'Italia adotta disposizioni attuative del presente Capo, anche per tenere conto di orientamenti dell'ABE.

55-*ter*. *Piani di risanamento*. — 1. Le Sim si dotano di un piano di risanamento individuale secondo quanto previsto dall'art. 69-*quater* del t.u. bancario (8). Non sono tenute a dotarsi di piani di risanamento individuali le Sim appartenenti a un gruppo bancario o a un gruppo individuato ai sensi dell'art. 11, salvo che ciò non sia loro specificamente richiesto dalla Banca d'Italia. Per le Sim sottoposte a vigilanza consolidata in un altro Stato comunitario, la richiesta di piani individuali è effettuata in con-

(1) Lettera aggiunta dall'art. 2.43, lett. c, d.lg. 3 agosto 2017, n. 129.

(2) Deliberazione Consob 26 giugno 2013, n. 18592, in G.U., 12 luglio 2013, n. 162, modificata, da ultimo, con deliberazione Consob 17 gennaio 2018, n. 20264, in G.U., 30 gennaio 2018, n. 24.

(3) Le parole «convocare gli amministratori, i sindaci e il personale dei gestori,» sono state inserite dall'art. 2.43, lett. d, d.lg. 3 agosto 2017, n. 129.

(4) Comma inserito dall'art. 2.43, lett. e, d.lg. 3 agosto 2017, n. 129.

(5) Comma abrogato dall'art. 2.43, lett. f, d.lg. 3 agosto 2017, n. 129.

(6) Capo abrogato dall'art. 2.44, d.lg. 3 agosto 2017, n. 129.

(7) Capo inserito dall'art. 2.2, d.lg. 16 novembre 2015, n. 181. In base all'art. 3.2, d.lg. cit., tali disposizioni si applicano «alle procedure di amministrazione straordinaria e di liquidazione coatta amministrativa avviate successivamente alla sua entrata in vigore».

(8) In *Leggi coll. XVII, 1*.

formità dell'art. 69-*septies* del t.u. bancario (1).

2. La società posta al vertice di un gruppo ai sensi dell'art. 11 si dota di un piano di risanamento di gruppo nei casi e secondo quanto previsto dall'art. 69-*quinquies* del t.u. bancario (1).

3. La Banca d'Italia, sentita la Consob per i profili di competenza, valuta i piani di risanamento indicati ai commi 1 e 2 secondo quanto previsto dagli artt. 69-*sexies* e 69-*septies* del t.u. bancario (1). Essa può prevedere modalità semplificate di adempimento degli obblighi stabiliti dal presente articolo secondo quanto previsto dall'art. 69-*decies* del t.u. bancario (1).

4. Si applicano gli artt. 69-*octies* e 69-*novies* del t.u. bancario (1).

55-*quater*. *Sostegno finanziario di gruppo*. — 1. Le Sim appartenenti a un gruppo ai sensi dell'art. 11 possono concludere con altre componenti del gruppo accordi per fornirsi sostegno finanziario per il caso in cui per una di esse si realizzino i presupposti dell'intervento precoce ai sensi dell'art. 55-*quinquies*. Agli accordi si applicano, in quanto compatibili, gli artt. 69-*duodecies*, 69-*terdecies*, 69-*quaterdecies*, 69-*quinquiesdecies*, 69-*sexiesdecies* e 69-*septiesdecies* del t.u. bancario (1).

55-*quinquies*. *Intervento precoce*. — 1. La Banca d'Italia può, sentita la Consob per i profili di competenza, disporre le misure indicate agli artt. 69-*noviesdecies* e 69-*vicies-semel* del t.u. bancario (1) nei confronti di una Sim o di una società posta al vertice di un gruppo ai sensi dell'art. 11 al ricorrere dei presupposti indicati dall'art. 69-*octiesdecies* del t.u. bancario (1). A tal fine la Banca d'Italia esercita i poteri indicati dagli artt. 6-*bis*, commi 1, 2, 3, 11; 6-*ter*, commi 1, 5, 6, 7, 8; e 12, comma 5. Le misure sono adottate su proposta della Consob quando le violazioni riguardano disposizioni sul cui rispetto questa vigila (2). Le misure sono adottate su proposta della Consob quando le violazioni riguardano disposizioni sul cui rispetto questa vigila.

2. Alle Sim disciplinate dal presente Capo non si applica l'art. 56-*bis*.

CAPO II

DISCIPLINA DELLE CRISI

56. *Amministrazione straordinaria*. — 1. La Banca d'Italia, di propria iniziativa o su proposta formulata dalla Consob nell'ambito delle sue competenze, può disporre lo scioglimento degli organi con funzione di amministrazione e di controllo delle Sim, delle società di gestione del risparmio, delle Sicav e delle Sicaf quando:

a) risultino gravi irregolarità nell'amministrazione ovvero gravi violazioni delle disposizioni legislative, amministrative o statutarie che ne regolano l'attività, sempre che gli interventi indicati dagli artt. 55-*quinquies* o 56-*bis*, ove applicabili, non siano sufficienti per porre rimedio alla situazione;

b) siano previste gravi perdite del patrimonio della società;

c) lo scioglimento sia richiesto con istanza motivata dagli organi amministrativi o dall'assemblea straordinaria ovvero dal commissario nominato ai sensi dell'art. 7-*sexies* (3) (4).

2. Il provvedimento previsto dal comma 1 può essere adottato anche nei confronti delle succursali italiane di imprese di paesi terzi diverse dalle banche (5) e di GEFIA non UE autorizzati in Italia (6): in tale ipotesi i commissari straordinari e il comitato di sorveglianza assumono nei confronti delle succursali stesse i poteri degli organi di amministrazione e di controllo dell'impresa (7).

3. La direzione della procedura e tutti gli adempimenti a essa connessi spettano alla Banca d'Italia. Si applicano, in quanto compa-

(1) In *Leggi coll. XVII, 1*.

(2) Periodo così sostituito dall'art. 2.45, d.lg. 3 agosto 2017, n. 129.

(3) Le parole «art. 7-*sexies*» sono state così sostituite alle precedenti «art. 53» dall'art. 2.46, lett. a, d.lg. 3 agosto 2017, n. 129.

(4) Comma così sostituito dall'art. 2.3, lett. a, d.lg. 16 novembre 2015, n. 181. In base all'art. 3.2, d.lg. cit., tali disposizioni si applicano «alle procedure di amministrazione straordinaria e di liquidazione coatta amministrativa avviate successivamente alla sua entrata in vigore».

(5) Le parole «paesi terzi diverse dalle banche» sono state così sostituite alle precedenti «investimento extracomunitarie» dall'art. 2.46, lett. b, d.lg. 3 agosto 2017, n. 129.

(6) Le parole «e di GEFIA non UE autorizzati in Italia» sono state inserite dall'art. 5.4, lett. b, d.lg. 4 marzo 2014, n. 44.

(7) Le parole «dell'impresa» sono state così sostituite alle precedenti «dell'impresa di investimento» dall'art. 2.46, lett. b, d.lg. 3 agosto 2017, n. 129.

tibili, gli artt. 70, commi 2, 3, 4 e 5, 71, 72, 73, 74, 75, 75-*bis* e 77-*bis* del t.u. bancario (1) (2), intendendosi le suddette disposizioni riferite agli investitori in luogo dei depositanti, alle Sim, alle imprese di paesi terzi diverse dalle banche (3), alle società di gestione del risparmio, alle Sicav, alle Sicaf e ai GEFIA non UE autorizzati in Italia (4) in luogo delle banche, e l'espressione «strumenti finanziari» riferita agli strumenti finanziari e al denaro.

4. Alle Sim, alle società di gestione del risparmio e alle Sicav (5) non si applica il titolo IV della legge fallimentare (6).

4-*bis*. La procedura disciplinata dal presente art. trova applicazione anche nei confronti della società posta al vertice del gruppo di Sim ai sensi dell'art. 11 e delle altre componenti del gruppo. Si applicano gli artt. 98, 100, 102, 103, 104, 105 del d.lg. 1° settembre 1993, n. 385 (1), intendendosi le suddette disposizioni riferite alle Sim in luogo delle banche, nonché alla società posta al vertice del gruppo ai sensi dell'art. 11 in luogo della capogruppo. Il riferimento all'art. 64 del d.lg. 1° settembre 1993, n. 385, contenuto nell'art. 105 del d.lg. 1° settembre 1993, n. 385, si intende effettuato all'art. 11 del presente decreto (7).

56-*bis*. *Rimozione collettiva dei componenti degli organi di amministrazione e controllo*. — 1. La Banca d'Italia, sentita la Consob (8) può disporre la rimozione di tutti i componenti degli organi con funzione di amministrazione e di controllo delle Sim, delle società di gestione del risparmio, delle Sicav e delle relative società capogruppo, al ricorrere dei presupposti indicati all'art. 56, comma 1, lett. *a*). Il provvedimento è pubblicato per estratto nella *Gazzetta Ufficiale* della Repubblica italiana.

2. Il provvedimento fissa la data da cui decorre la rimozione dei componenti degli organi. La Banca d'Italia convoca l'assemblea della Sim, della società di gestione del risparmio, della Sicav o della società capogruppo con all'ordine del giorno il rinnovo degli organi con funzioni di amministrazione e controllo.

3. Resta salva la possibilità di disporre in ogni momento l'amministrazione straordinaria nei casi previsti dall'art. 56, secondo le modalità e con gli effetti previsti dal presente Titolo (9).

57. *Liquidazione coatta amministrativa*. — 1. Il Ministero dell'economia e delle finanze (10), su proposta della Banca d'Italia o della Consob, nell'ambito delle rispettive competenze (11), può disporre con decreto la revoca dell'autorizzazione all'esercizio dell'attività e la liquidazione coatta amministrativa delle Sim, delle società di gestione del risparmio, delle Sicav e delle Sicaf (12), anche quando ne sia in corso l'amministrazione straordinaria ovvero la liquidazione secondo le norme ordinarie, qualora le irregolarità nell'amministrazione ovvero le violazioni delle disposizioni legislative, amministrative o statutarie o le perdite previste dall'art. 56 siano di eccezionale gravità. Nei confronti delle Sim indicate all'art. 55-*bis*, comma 1, la liquidazione è disposta se ricorrono i presupposti indicati all'art. 17 del d.lg. 16

(1) In *Leggi coll. XVII, 1*.

(2) Le parole «gli artt. 70, commi 2, 3, 4 e 5, 71, 72, 73, 74, 75, 75-*bis* e 77-*bis* del t.u. bancario,» sono state così sostituite alle precedenti «gli artt. 70, commi da 2 a 6, 71, 72, 73, 74, 75 del t.u. bancario,» dall'art. 2.3, lett. b, d.lg. 16 novembre 2015, n. 181. In base all'art. 3.2, d.lg. cit., tali disposizioni si applicano «alle procedure di amministrazione straordinaria e di liquidazione coatta amministrativa avviate successivamente alla sua entrata in vigore».

(3) Le parole «paesi terzi diverse dalle banche» sono state così sostituite alle precedenti «investimento extracomunitarie» dall'art. 2.46, lett. c, d.lg. 3 agosto 2017, n. 129.

(4) Le parole «, alle Sicav, alle Sicaf e ai GEFIA non UE autorizzati in Italia» sono state così sostituite alle precedenti «e alle Sicav» dall'art. 5.4, lett. c, d.lg. 4 marzo 2014, n. 44.

(5) Le parole «, alle Sicav e alle Sicaf» sono state così sostituite alle precedenti «e alle Sicav» dall'art. 5.4, lett. d, d.lg. 4 marzo 2014, n. 44.

(6) In *Leggi coll. XXII, 1*.

(7) Comma aggiunto dall'art. 2.3, lett. c, d.lg. 16 novembre 2015, n. 181. In base all'art. 3.2, d.lg. cit., tali disposizioni si applicano «alle procedure di amministrazione straordinaria e di liquidazione coatta amministrativa avviate successivamente alla sua entrata in vigore».

(8) Le parole «, sentita la Consob» sono state inserite dall'art. 2.47, d.lg. 3 agosto 2017, n. 129.

(9) Articolo inserito dall'art. 4.19, d.lg. 12 maggio 2015, n. 72.

(10) L'espressione «Ministro/Ministero dell'economia e delle finanze» ha sostituito la precedente «Ministro/Ministero del tesoro, del bilancio e della programmazione economica» per effetto dell'art. 1.1, d.lg. 6 febbraio 2004, n. 37.

(11) Le parole «nell'ambito delle rispettive competenze» sono state così sostituite alle precedenti «ciascuna per le materie di propria competenza» dall'art. 9.4, lett. a, d.lg. 17 settembre 2007, n. 164.

(12) Le parole «, delle Sicav e delle Sicaf» sono state così sostituite alle precedenti «e delle Sicav» dall'art. 5.5, lett. a, d.lg. 4 marzo 2014, n. 44.

novembre 2015, n. 180 (1), ma non sussiste quella indicata all'art. 20 del medesimo decreto per disporre la risoluzione (2).

2. La liquidazione coatta può essere disposta con il medesimo procedimento previsto dal comma 1, su istanza motivata degli organi amministrativi, dell'assemblea straordinaria, del commissario nominato ai sensi dell'art. 7-*sexies* (3), dei commissari straordinari o dei liquidatori.

3. La direzione della procedura e tutti gli adempimenti a essa connessi spettano alla Banca d'Italia. Si applicano, in quanto compatibili, l'art. 80, comma da 3 a 6, e gli artt. 81, 82, 83, 84, 85, 86, a eccezione dei commi 6 e 7, 87, commi 2 e 3, 88, 89, 90, 91, a eccezione dei commi 1-*bis* e 11-*bis*, 92, 92-*bis*, 93, 94 e 97 del t.u. bancario (4), intendendosi le suddette disposizioni riferite alle Sim, alle società di gestione del risparmio, alle Sicav, alle Sicaf in luogo delle banche, e l'espressione «strumenti finanziari» riferita agli strumenti finanziari e al denaro. Ai fini dell'applicazione dell'art. 92-*bis* del t.u. bancario (4) alle società di gestione del risparmio, le disposizioni ivi contenute relative ai clienti iscritti nella sezione separata si intendono riferite ai fondi o ai comparti gestiti dalla società (5).

3-*bis*. Se è disposta la liquidazione coatta di una società di gestione del risparmio, i commissari liquidatori provvedono alla liquidazione o alla cessione dei fondi da questa gestiti e dei relativi comparti, esercitando a tali fini i poteri di amministrazione degli stessi. Si applicano, in quanto compatibili, gli artt. 83, 86, ad eccezione dei commi 6 e 7, 87, commi 2 e 3, 88, 89, 90, 91 ad eccezione dei commi 1-*bis*, 2, 3 e 11-*bis*, 92, 92-*bis*, 93 e 94 del t.u. bancario (4) (6), nonché i commi 4 e 5 del presente articolo. I partecipanti ai fondi o ai comparti hanno diritto esclusivamente alla ripartizione del residuo netto di liquidazione in misura proporzionale alle rispettive quote di partecipazione; dalla data dell'emanazione del decreto di liquidazione coatta amministrativa cessano le funzioni degli organi del fondo (7).

4. I commissari, trascorso il termine previsto dall'art. 86, comma 5, del t.u. bancario (4) e non oltre i trenta giorni successivi, sentiti i cessati amministratori, depositano presso la Banca d'Italia e, a disposizione degli aventi diritto, nella cancelleria del tribunale del luogo dove la Sim, la società di gestione del risparmio, la Sicav e la Sicaf (8) hanno la sede legale, gli elenchi dei creditori ammessi, indicando i diritti di prelazione e l'ordine degli stessi, dei titolari dei diritti indicati nel comma 2 del predetto articolo, nonché dei soggetti appartenenti alle medesime categorie cui è stato negato il riconoscimento delle pretese. I clienti aventi diritto alla restituzione degli strumenti finanziari e del denaro relativi ai servizi e alle attività (9) previsti dal presente decreto sono iscritti in apposita e separata sezione dello stato passivo. Il presente comma si applica in luogo dell'art. 86, commi 6 e 7 del t.u. bancario (4).

5. Possono proporre opposizione allo stato passivo, relativamente alla propria posizione e contro il riconoscimento dei diritti in favore dei soggetti inclusi negli elenchi indicati nella disposizione del comma 4, i soggetti le cui pretese non siano state accolte, in tutto o in parte,

(1) Le parole «d.lg. 16 novembre 2015, n. 180» sono state così sostituite alle precedenti «decreto di recepimento della dir. 2014/59/UE» dall'art. 2.48, lett. a, d.lg. 3 agosto 2017, n. 129.

(2) Ultimo periodo aggiunto dall'art. 2.4, lett. a, d.lg. 16 novembre 2015, n. 181. In base all'art. 3.2, d.lg. cit., tali disposizioni si applicano «alle procedure di amministrazione straordinaria e di liquidazione coatta amministrativa avviate successivamente alla sua entrata in vigore».

(3) Le parole «art. 7-*sexies*» sono state così sostituite alle precedenti «art. 53» dall'art. 2.48, lett. b, d.lg. 3 agosto 2017, n. 129.

(4) In *Leggi coll. XVII, 1*.

(5) Comma così sostituito dall'art. 2.4, lett. b, d.lg. 16 novembre 2015, n. 181. In base all'art. 3.2, d.lg. cit., tali disposizioni si applicano «alle procedure di amministrazione straordinaria e di liquidazione coatta amministrativa avviate successivamente alla sua entrata in vigore».

(6) Le parole «Si applicano, in quanto compatibili, gli artt. 83, 86, ad eccezione dei commi 6 e 7, 87, commi 2 e 3, 88, 89, 90, 91 ad eccezione dei commi 1-*bis*, 2, 3 e 11-*bis*, 92, 92-*bis*, 93 e 94 del t.u. bancario,» sono state così sostituite alle precedenti «Si applicano, in quanto compatibili, gli artt. 83, 86, ad eccezione dei commi 6 e 7, 87, commi 2, 3 e 4, 88, 89, 90, 91 ad eccezione dei commi 2 e 3, 92, 93 e 94 del t.u. bancario,» dall'art. 2.4, lett. c, d.lg. 16 novembre 2015, n. 181. In base all'art. 3.2, d.lg. cit., tali disposizioni si applicano «alle procedure di amministrazione straordinaria e di liquidazione coatta amministrativa avviate successivamente alla sua entrata in vigore».

(7) Comma inserito dall'art. 1.17, lett. a, d.lg. 16 aprile 2012, n. 47.

(8) Le parole «, la Sicav e la Sicaf» sono state così sostituite alle precedenti «e la Sicav» dall'art. 5.5, lett. c, d.lg. 4 marzo 2014, n. 44.

(9) Le parole «e alle attività» sono state inserite dall'art. 9.4, lett. b, d.lg. 17 settembre 2007, n. 164.

entro 15 giorni dal ricevimento della comunicazione (1) prevista dall'art. 86, comma 8, del t.u. bancario (2) e i soggetti ammessi entro lo stesso termine decorrente dalla data di pubblicazione dell'avviso previsto dal medesimo comma 8. Il presente comma si applica in luogo dell'art. 87, comma 1, del t.u. bancario (2).

6. Se il provvedimento di liquidazione coatta amministrativa riguarda una Sicav o una Sicaf (3), i commissari, entro trenta giorni dalla nomina, comunicano ai soci il numero e la specie delle azioni risultanti di pertinenza di ciascuno secondo le scritture e i documenti della società.

6-*bis*. Qualora le attività del fondo o del comparto non consentano di soddisfare le obbligazioni dello stesso e non sussistano ragionevoli prospettive che tale situazione possa essere superata, uno o più creditori o la Sgr possono chiedere la liquidazione del fondo al tribunale del luogo in cui la Sgr ha la sede legale. Il tribunale, sentiti la Banca d'Italia e i rappresentanti legali della Sgr, quando ritenga fondato il pericolo di pregiudizio, dispone la liquidazione del fondo con sentenza deliberata in camera di consiglio. In tale ipotesi, la Banca d'Italia nomina uno o più liquidatori che provvedono secondo quanto disposto dal comma 3-*bis*; possono essere nominati liquidatori anche Sgr o enti. Il provvedimento della Banca d'Italia è pubblicato per estratto nella *Gazzetta Ufficiale* della Repubblica italiana. Si applica ai liquidatori, in quanto compatibile, l'art. 84, ad eccezione dei commi 2 e 5, del t.u. bancario (2). Se la Sgr che gestisce il fondo è successivamente sottoposta a liquidazione coatta amministrativa, i commissari liquidatori della Sgr assumono l'amministrazione del fondo sulla base di una situazione dei conti predisposta dai liquidatori del fondo stesso. Quando il fondo o il comparto sia privo di risorse liquide o queste siano stimate dai liquidatori insufficienti a soddisfare i crediti in prededuzione fino alla chiusura della liquidazione, i liquidatori pagano, con priorità rispetto a tutti gli altri crediti prededucibili, le spese necessarie per il funzionamento della liquidazione, le indennità e le spese per lo svolgimento dell'incarico dei liquidatori, le spese per l'accertamento del passivo, per la conservazione e il realizzo dell'attivo, per l'esecuzione di riparti e restituzioni e per la chiusura della liquidazione stessa, utilizzando dapprima le risorse liquide eventualmente disponibili della liquidazione, e poi le somme messe a disposizione dalla società di gestione del risparmio che gestisce il fondo o il comparto, somme che restano a carico della società stessa. Non si applica l'art. 92-*bis*, commi 1, 2, 3, 4 e 5, del t.u. bancario (2); il comma 6 del medesimo articolo si applica nel caso in cui non vi siano prospettive di utile realizzo dei beni del fondo o del comparto (4).

6-*ter*. La procedura disciplinata dal presente art. trova applicazione anche nei confronti della società posta al vertice del gruppo di Sim ai sensi dell'art. 11 e delle altre componenti del gruppo. Si applicano gli artt. 99, 101, 102, 103, 104, 105 del d.lg. 1° settembre 1993, n. 385 (2), intendendosi le suddette disposizioni riferite alle Sim in luogo delle banche, nonché alla società posta al vertice del gruppo ai sensi dell'art. 11 in luogo della capogruppo. Il riferimento all'art. 64 del d.lg. 1° settembre 1993, n. 385, contenuto nell'art. 105 del d.lg. 1° settembre 1993, n. 385 (2), si intende effettuato all'art. 11 del presente decreto (5).

58. *Succursali in Italia di imprese di investimento e di gestori esteri.* — 1. Quando a una impresa di investimento UE (6), a una società di gestione UE, a un GEFIA UE o a un GEFIA non UE autorizzato in uno Stato membro dell'UE diverso dall'Italia è revocata l'autorizzazione all'attività da parte dell'autorità competente, le succursali italiane possono essere sottoposte alla procedura di liquidazione coatta amministrativa secondo le disposizioni dell'art. 57, in quanto compatibili.

2. Alle succursali italiane di imprese di paesi

(1) La parola «comunicazione» è stata così sostituita alla precedente «raccomandata» dall'art. 2.4, lett. d, d.lg. 16 novembre 2015, n. 181. In base all'art. 3.2, d.lg. cit., tali disposizioni si applicano «alle procedure di amministrazione straordinaria e di liquidazione coatta amministrativa avviate successivamente alla sua entrata in vigore».

(2) In *Leggi coll. XVII, 1*.

(3) Le parole «o una Sicaf» sono state inserite dall'art. 5.5, lett. d, d.lg. 4 marzo 2014, n. 44.

(4) Comma aggiunto dall'art. 1.17, lett. b, d.lg. 16 aprile 2012, n. 47. L'ultimo periodo è stato aggiunto successivamente dall'art. 2.4, lett. e, d.lg. 16 novembre 2015, n. 181. In base all'art. 3.4, d.lg. n. 181/2015 cit., tali disposizioni «si applicano anche alle procedure di liquidazione coatta amministrativa in corso alla data di entrata in vigore del presente decreto e per le quali non sia stato già autorizzato il deposito della documentazione finale».

(5) Comma aggiunto dall'art. 2.4, lett. f, d.lg. 16 novembre 2015, n. 181. In base all'art. 3.2, d.lg. cit., tali disposizioni si applicano «alle procedure di amministrazione straordinaria e di liquidazione coatta amministrativa avviate successivamente alla sua entrata in vigore».

(6) La parola «UE» è stata così sostituita alla precedente «comunitaria» dall'art. 2.49, lett. a, d.lg. 3 agosto 2017, n. 129.

terzi diverse dalle banche (1) e di GEFIA non UE autorizzati in Italia si applicano le disposizioni dell'art. 57, in quanto compatibili (2).

58-*bis*. *Imprese di investimento operanti nell'Unione europea* (3). — 1. Ai provvedimenti di risanamento e alle procedure di liquidazione delle Sim indicate all'art. 55-*bis*, comma 1, e delle imprese di investimento UE (4) che svolgono le attività indicate dal medesimo articolo si applicano gli artt. 95-*bis*, 95-*ter*, 95-*quater*, 95-*quinquies* e 95-*septies* del t.u. bancario (5), intendendosi suddette disposizioni riferite alle Sim o alle imprese di investimento comunitarie in luogo delle banche.

2. Ai fini del comma 1:

a) il riferimento all'art. 79, comma 1, del t.u. bancario contenuto nell'art. 95-*bis*, comma 1-*bis*, del medesimo decreto (5) si intende riferito all'art. 7-*quater* (6), comma 1, del presente decreto;

b) la richiesta di cui all'art. 95-*quater*, comma 2, del t.u. bancario (5) può essere effettuata anche a seguito di una segnalazione della Consob al ricorrere dei presupposti previsti dall'art. 56, comma 1, lett. *a*);

c) la Banca d'Italia può emanare disposizioni di attuazione del presente art. ai sensi dell'art. 95-*sexies* del t.u. bancario (7).

59. *Sistemi d'indennizzo*. — 1. Il rilascio dell'autorizzazione alla prestazione di servizi e attività di investimento (8) è subordinato all'adesione a un sistema di indennizzo a tutela degli investitori riconosciuto dal Ministro dell'economia e delle finanze (9), sentite la Banca d'Italia e la Consob.

2. Il Ministro dell'economia e delle finanze (9), sentite la Banca d'Italia e la Consob, disciplina con regolamento l'organizzazione e il funzionamento dei sistemi di indennizzo.

3. La Banca d'Italia, sentita la Consob, coordina con regolamento l'operatività dei sistemi d'indennizzo con la procedura di liquidazione coatta amministrativa e, in generale, con l'attività di vigilanza.

4. I sistemi di indennizzo sono surrogati nei diritti degli investitori fino alla concorrenza dei pagamenti effettuati a loro favore.

5. Gli organi della procedura concorsuale verificano e attestano se i crediti ammessi allo stato passivo derivano dall'esercizio dei servizi e delle attività (10) di investimento tutelati dai sistemi di indennizzo.

6. Per le cause relative alle richieste di indennizzo è competente il giudice del luogo ove ha sede legale il sistema di indennizzo.

60. *Adesione ai sistemi d'indennizzo da parte di intermediari esteri*. — 1. Le succursali di imprese di investimento UE (11), di società di gestione UE, di GEFIA UE e di GEFIA non UE autorizzati in uno Stato membro dell'UE diverso dall'Italia (12) o di banche UE (13) insediate in Italia possono aderire, al fine di integrare la tutela offerta dal sistema di indennizzo del Paese di origine, a un sistema di indennizzo riconosciuto, limitatamente all'attività svolta in Italia (14).

(1) Le parole «paesi terzi diverse dalle banche» sono state così sostituite alle precedenti «investimento extracomunitarie» dall'art. 2.49, lett. b, d.lg. 3 agosto 2017, n. 129.

(2) Articolo così sostituito dall'art. 5.6, d.lg. 4 marzo 2014, n. 44.

(3) Rubrica così sostituita alla precedente «Imprese di investimento operanti in ambito comunitario» dall'art. 2.50, lett. a, d.lg. 3 agosto 2017, n. 129.

(4) La parola «UE» è stata così sostituita alla precedente «comunitaria» dall'art. 2.50, lett. b, d.lg. 3 agosto 2017, n. 129.

(5) In *Leggi coll. XVII, 1*.

(6) Le parole «art. 7-*quater*» sono state così sostituite alle precedenti «art. 52» dall'art. 2.50, lett. c, d.lg. 3 agosto 2017, n. 129.

(7) Articolo inserito dall'art. 2.5, d.lg. 16 novembre 2015, n. 181. In base all'art. 3.2, d.lg. cit., tali disposizioni si applicano «alle procedure di amministrazione straordinaria e di liquidazione coatta amministrativa avviate successivamente alla sua entrata in vigore».

(8) Le parole «Il rilascio dell'autorizzazione alla prestazione di servizi e attività di investimento» sono state così sostituite alle precedenti «L'esercizio dei servizi d'investimento» dall'art. 9.5, lett. a, d.lg. 17 settembre 2007, n. 164.

(9) L'espressione «Ministro/Ministero dell'economia e delle finanze» ha sostituito la precedente «Ministro/Ministero del tesoro, del bilancio e della programmazione economica» per effetto dell'art. 1.1, d.lg. 6 febbraio 2004, n. 37.

(10) Le parole «e delle attività» sono state inserite dall'art. 9.5, lett. b, d.lg. 17 settembre 2007, n. 164.

(11) La parola «UE» è stata inserita dall'art. 2.51, lett. a, d.lg. 3 agosto 2017, n. 129.

(12) Le parole «di società di gestione UE, di GEFIA UE e di GEFIA non UE autorizzati in uno Stato membro dell'UE diverso dall'Italia» sono state così sostituite alle precedenti «di società di gestione armonizzate» dall'art. 5.7, d.lg. 4 marzo 2014, n. 44.

(13) La parola «UE» è stata così sostituita alla precedente «comunitarie» dall'art. 2.51, lett. a, d.lg. 3 agosto 2017, n. 129.

(14) Comma così sostituito dall'art. 23.1, d.lg. 1° agosto 2003, n. 274.

2. Salvo che aderiscano a un sistema di indennizzo estero equivalente, le succursali di imprese di paesi terzi (1) insediate in Italia devono aderire a un sistema di indennizzo riconosciuto, limitatamente all'attività svolta in Italia. La Banca d'Italia verifica che la copertura offerta dai sistemi di indennizzo esteri cui aderiscono le succursali di imprese di paesi terzi (1) operanti in Italia possa considerarsi equivalente a quella offerta dai sistemi di indennizzo riconosciuti.

60-*bis*. *Responsabilità delle Sim, delle Sgr, delle Sicav e delle Sicaf per illecito amministrativo dipendente da reato* (2). — 1. Il pubblico ministero che iscrive, ai sensi dell'art. 55 del d.lg. 8 giugno 2001, n. 231, nel registro delle notizie di reato un illecito amministrativo a carico di una Sim, di una Sgr, di una Sicav o di una Sicaf (3), ne dà comunicazione alla Banca d'Italia e alla Consob. Nel corso del procedimento, ove il pubblico ministero ne faccia richiesta, vengono sentite la Banca d'Italia e la Consob, le quali hanno, in ogni caso, facoltà di presentare relazioni scritte.

2. In ogni grado del giudizio di merito, prima della sentenza, il giudice dispone, anche d'ufficio, l'acquisizione dalla Banca d'Italia e dalla Consob di aggiornate informazioni sulla situazione dell'intermediario, con particolare riguardo alla struttura organizzativa e di controllo.

3. La sentenza irrevocabile che irroga nei confronti di una Sim, di una Sgr, di una Sicav, o di una Sicaf (4) le sanzioni interdittive di cui all'art. 9, comma 2, lett. *a*) e *b*), del d.lg. 8 giugno 2001, n. 231, decorsi i termini per la conversione delle sanzioni medesime, è trasmessa per l'esecuzione dall'Autorità giudiziaria alla Banca d'Italia e alla Consob; a tal fine, la Consob o la Banca d'Italia, ciascuna nell'ambito delle rispettive competenze, possono proporre o adottare gli atti previsti dagli artt. 7-*ter*, 7-*quater*, 7-*quinquies*, 7-*sexies* e (5) dal titolo IV della parte II, avendo presenti le caratteristiche della sanzione irrogata e le preminenti finalità di salvaguardia della stabilità e di tutela dei diritti degli investitori.

4. Le sanzioni interdittive indicate nell'art. 9, comma 2, lett. *a*) e *b*), del d.lg. 8 giugno 2001, n. 231, non possono essere applicate in via cautelare alle Sim, Sgr, Sicav e Sicaf (6). Ai medesimi intermediari non si applica, altresì, l'art. 15 del d.lg. 8 giugno 2001, n. 231.

5. Il presente articolo si applica, in quanto compatibile, alle succursali italiane di imprese di investimento UE o di imprese di paesi terzi diverse dalle banche (7), di società di gestione UE, di GEFIA UE, di GEFIA non UE autorizzati in Italia e di GEFIA non UE autorizzati in uno Stato membro dell'UE diverso dall'Italia (8) (9).

CAPO II-*bis*

Risoluzione delle Sim (10)

60-*bis*.1. *Ambito di applicazione*. — 1. Il presente Capo si applica alle Sim indicate all'art. 55-*bis*, comma 1, e alle succursali italiane di imprese di paesi terzi diverse dalle banche (11) che svolgono le attività indicate dal medesimo

(1) Le parole «paesi terzi» sono state così sostituite alle precedenti «investimento e di banche extracomunitarie» dall'art. 2.51, lett. b, d.lg. 3 agosto 2017, n. 129.

(2) Rubrica così sostituita alla precedente «Responsabilità delle Sim, delle Sgr e delle Sicav per illecito amministrativo dipendente da reato» dall'art. 5.8, lett. a, d.lg. 4 marzo 2014, n. 44.

(3) Le parole «, di una Sicav o di una Sicaf» sono state così sostituite alle precedenti «o di una Sicav» dall'art. 5.8, lett. b, d.lg. 4 marzo 2014, n. 44.

(4) Le parole «, di una Sicav, o di una Sicaf» sono state così sostituite alle precedenti «o di una Sicav» dall'art. 5.8, lett. c, d.lg. 4 marzo 2014, n. 44.

(5) Le parole «dagli artt. 7-*ter*, 7-*quater*, 7-*quinquies*, 7-*sexies* e» sono state inserite dall'art. 2.52, lett. a, d.lg. 3 agosto 2017, n. 129.

(6) Le parole «, Sicav e Sicaf» sono state così sostituite alle precedenti «e Sicav» dall'art. 5.8, lett. d, d.lg. 4 marzo 2014, n. 44.

(7) Le parole «UE o di imprese di paesi terzi diverse dalle banche» sono state così sostituite alle precedenti «comunitarie o extracomunitarie» dall'art. 2.52, lett. b, d.lg. 3 agosto 2017, n. 129.

(8) Le parole «, di società di gestione UE, di GEFIA UE, di GEFIA non UE autorizzati in Italia e di GEFIA non UE autorizzati in uno Stato membro dell'UE diverso dall'Italia» sono state inserite dall'art. 5.8, lett. e, d.lg. 4 marzo 2014, n. 44.

(9) Articolo inserito dall'art. 10, d.lg. 9 luglio 2004, n. 197.

(10) Capo inserito dall'art. 2.6, d.lg. 16 novembre 2015, n. 181. In base all'art. 3.2, d.lg. cit., tali disposizioni si applicano «alle procedure di amministrazione straordinaria e di liquidazione coatta amministrativa avviate successivamente alla sua entrata in vigore».

(11) Le parole «paesi terzi diverse dalle banche» sono state così sostituite alle precedenti «investimento extracomunitarie» dall'art. 2.53, lett. a, d.lg. 3 agosto 2017, n. 129.

articolo, se non rientrano nel campo di applicazione del d.lg. 16 novembre 2015, n. 180 (1).

2. Le Sim che rientrano nel campo di applicazione previsto dall'art. 2 del d.lg. 16 novembre 2015, n. 180 (1) sono equiparate alle banche ai fini dell'applicazione del decreto medesimo.

3. In relazione a quanto disciplinato dal presente Capo, e anche in deroga agli artt. 1, 2, 3, 4, 4-*bis* e 4-*ter*, si applicano gli artt. 3, 4, 5 e 6 del d.lg. 16 novembre 2015, n. 180 (1), nonché le definizioni contenute nell'art. 1 del medesimo decreto.

4. Quando nel presente capo si fa rinvio a disposizioni del d.lg. 16 novembre 2015, n. 180 (1), le disposizioni riferite alle banche si intendono riferite alle Sim e quelle riferite alla capogruppo si intendono riferite alla società posta al vertice del gruppo ai sensi dell'art. 11.

60-*bis*.2. *Piani di risoluzione*. — 1. La Banca d'Italia predispone, sentita la Consob per i profili di competenza:

a) un piano di risoluzione individuale per ciascuna Sim non sottoposta a vigilanza su base consolidata secondo quanto previsto dall'art. 7 del decreto [di recepimento della dir. 2014/59/UE]; ovvero

b) un piano di risoluzione di gruppo per i gruppi indicati dall'art. 11, secondo quanto previsto dagli artt. 8, 9 e 10 del decreto [di recepimento della dir. 2014/59/UE].

2. I piani di risoluzione sono comunicati alla Consob.

3. Si applicano, in quanto compatibili, il Titolo III, Capo I, del decreto [di recepimento della direttiva 2014/59/UE] e le disposizioni da esso richiamate.

60-*bis*.3. *Risolvibilità*. — 1. La Banca d'Italia valuta se una Sim non facente parte di un gruppo è risolvibile secondo quanto previsto dall'art. 12 del decreto [di recepimento della dir. 2014/59/UE] e dalle disposizioni da esso richiamate.

2. La Banca d'Italia valuta se un gruppo individuato ai sensi dell'art. 11 è risolvibile, quando ne è l'autorità di risoluzione di gruppo, nei casi e secondo quanto previsto dall'art. 13 del decreto [di recepimento della dir. 2014/59/UE] e dalle disposizioni da esso richiamate.

3. Se, a seguito della valutazione effettuata ai sensi dei commi 1 e 2, risultano impedimenti sostanziali alla risolvibilità di una Sim o di un gruppo, la Banca d'Italia procede secondo quanto previsto dagli artt. 14, 15 e 16 del decreto [di recepimento della dir. 2014/59/UE], adottando, ove opportuno, le misure ivi disciplinate, sentita la Consob per i profili di competenza.

60-*bis*.4. *Risoluzione e altre procedure di gestione delle crisi*. — 1. Alle Sim si applicano i Titoli IV e VI nonché gli artt. 99, 102, 103, 104 e 105 del decreto [di recepimento della dir. 2014/59/UE]. I provvedimenti, indicati all'art. 20 del medesimo decreto legislativo, con cui è disposta la riduzione o la conversione di azioni, di altre partecipazione e di strumenti di capitale, o l'avvio della risoluzione o della liquidazione coatta amministrativa sono adottati sentita la Consob per i profili di competenza.

2. Ai fini del comma 1, i riferimenti contenuti nel decreto [di recepimento della dir. 2014/59/UE] alla disciplina in materia di acquisto di partecipazioni qualificate, amministrazione straordinaria e liquidazione coatta amministrativa prevista ai sensi del Testo unico bancario si intendono effettuati alle corrispondenti disposizioni del presente decreto legislativo.

60-*bis*.4-*bis*. *Strumenti di debito chirografario di secondo livello*. — 1. Le Sim indicate all'art. 55-*bis*, comma 1, possono emettere gli strumenti di debito chirografario di secondo livello ai sensi dell'art. 12-*bis* del t.u. bancario. Si applica l'art. 91, comma 1-*bis*, lett. *c-bis*), del t.u. bancario (2).

PARTE III

DISCIPLINA DEI MERCATI (3)

TITOLO I

Disposizioni comuni (4)

61. *Definizioni*. — 1. Nella presente parte si intendono per:

a) «strategia di market making»: ai fini

(1) Le parole «lg. 16 novembre 2015, n. 180» sono state così sostituite alle precedenti «[di recepimento della dir. 2014/59/UE]» dall'art. 2.53, lett. a, d.lg. 3 agosto 2017, n. 129.

(2) Articolo aggiunto dall'art. 1.1104, l. 27 dicembre 2017, n. 205.

(3) Rubrica così sostituita alla precedente «Disciplina dei mercati e della gestione accentrata di strumenti finanziari» dall'art. 2.1, d.lg. 12 agosto 2016, n. 176. Per le istruzioni di vigilanza relative alla disciplina dei mercati e della gestione accentrata di strumenti finanziari v. provv. Consob e Banca d'Italia 24 gennaio 2002, in suppl. ord. G.U., 16 febbraio 2002, n. 40.

(4) Titolo così sostituito dall'art. 3.1, d.lg. 3 agosto 2017, n. 129.

degli artt. 65-*sexies* e 67-*ter*, la strategia perseguita da chi svolge negoziazioni algoritmiche quando, operando per conto proprio in qualità di membro o partecipante di una o più sedi di negoziazione, la strategia comporta l'immissione di quotazioni irrevocabili e simultanee di acquisto e di vendita, di misura comparabile e a prezzi competitivi, relative a uno o più strumenti finanziari su un'unica sede di negoziazione o su diverse sedi di negoziazione, con il risultato di fornire liquidità in modo regolare e frequente al mercato;

b) «fondi indicizzati quotati» (exchange-traded funds – ETF): gli Oicr con almeno una particolare categoria di azioni o quote negoziata per tutta la giornata in almeno una sede di negoziazione, nell'ambito della quale almeno un market-maker interviene per assicurare che il prezzo delle sue azioni o quote nella sede di negoziazione non si discosti in maniera significativa dal rispettivo valore netto di inventario né, se del caso, da quello indicativo calcolato in tempo reale (indicative net asset value);

c) «certificates»: i titoli negoziabili quali definiti all'art. 2, par. 1, punto 27), del reg. (UE) n. 600/2014;

d) «strumenti finanziari strutturati»: gli strumenti finanziari strutturati quali definiti all'art. 2, par. 1, punto 28), del reg. (UE) n. 600/2014;

e) «sedi di negoziazione all'ingrosso»: le sedi di negoziazione di titoli di Stato o di titoli obbligazionari privati e pubblici, diversi da titoli di Stato, nonché di strumenti del mercato monetario e di strumenti finanziari derivati su titoli pubblici, su tassi di interesse e su valute che, in base alle regole adottate dal gestore della sede, consentono esclusivamente le negoziazioni tra operatori che impegnano posizioni proprie ovvero, nel caso dei soggetti abilitati, quelle nelle quali gli operatori eseguono in contropartita diretta, con posizioni proprie, ordini di clienti professionali;

f) «operatore principale»: i soggetti indicati nell'art. 2, par. 1, lett. *n*), del reg. (UE) n. 236/2012, relativo alle vendite allo scoperto e a taluni aspetti dei contratti derivati aventi ad oggetto la copertura del rischio di inadempimento dell'emittente (credit default swap);

g) «mercato di crescita per le PMI»: un sistema multilaterale di negoziazione registrato come un mercato di crescita per le PMI in conformità all'art. 69;

h) «piccola o media impresa»: un'impresa come definita dall'art. 2, par. 1, lett. *f*), del reg. (UE) 2017/1129.

61-*bis*. *Principi di regolamentazione*. — 1. La Banca d'Italia e la Consob esercitano i poteri regolamentari previsti dalla presente parte nell'osservanza dei principi di cui all'art. 6, comma 01.

TITOLO I-*bis*

Disciplina delle sedi di negoziazione e internalizzatori sistematici

CAPO I

FINALITÀ E DESTINATARI DELLA VIGILANZA

62. *Vigilanza sulle sedi di negoziazione*. — 1. La Consob vigila sulle sedi di negoziazione e, fermi restando i poteri e le attribuzioni della Consob e della Banca d'Italia ai sensi della parte II del presente decreto, sui relativi gestori, al fine di assicurare la trasparenza, l'ordinato svolgimento delle negoziazioni e la tutela degli investitori.

2. La Consob vigila affinché la regolamentazione del mercato regolamentato e le regole delle altre sedi di negoziazione, adottate dai relativi gestori, siano idonee ad assicurare l'effettivo conseguimento della trasparenza del mercato, l'ordinato svolgimento delle negoziazioni e la tutela degli investitori e può richiedere ai gestori delle sedi di negoziazione le opportune modifiche idonee a eliminare le disfunzioni riscontrate.

3. In caso di necessità e urgenza, la Consob adotta nei confronti dei mercati regolamentati e per le finalità indicate al comma 1 i provvedimenti necessari, anche sostituendosi al gestore del mercato regolamentato.

4. I provvedimenti previsti dal comma 3 possono essere adottati dal Presidente della Consob o da chi lo sostituisce in caso di sua assenza o impedimento. Essi sono immediatamente esecutivi e sono sottoposti all'approvazione della Commissione che delibera nel termine di cinque giorni; i provvedimenti perdono efficacia se non approvati entro tale termine.

62-*bis*. *Sedi di negoziazione all'ingrosso di titoli di Stato e operatori principali*. — 1. Il Ministro dell'economia e delle finanze, sentite la Banca d'Italia e la Consob, con regolamento può stabilire requisiti specifici per le sedi di negoziazione all'ingrosso di titoli di Stato e per i relativi gestori, individuare ulteriori modalità di negoziazione e/o tipologie di operatori ammessi su tali sedi, nonché definire criteri per attribuire la qualifica di operatore principale ai soggetti operanti sulle sedi di negoziazione di titoli di Stato.

62-*ter*. *Vigilanza sulle sedi di negoziazione al-*

l'ingrosso. — 1. Ferme restando le competenze e i poteri della Consob ai sensi del presente decreto, la Banca d'Italia vigila sulle sedi di negoziazione all'ingrosso di titoli di Stato e, fermi restando i poteri e le attribuzioni della Consob e della Banca d'Italia ai sensi della parte II del presente decreto, sui relativi gestori, avendo riguardo all'efficienza complessiva del mercato e all'ordinato svolgimento delle negoziazioni.

2. La Banca d'Italia vigila affinché la regolamentazione del mercato regolamentato all'ingrosso di titoli di Stato e le regole delle altre sedi di negoziazione all'ingrosso di titoli di Stato, adottate dai relativi gestori, siano idonee ad assicurare una negoziazione corretta e ordinata e un'esecuzione efficiente degli ordini e può richiedere ai gestori delle sedi di negoziazione le opportune modifiche idonee a eliminare le disfunzioni riscontrate.

3. In caso di necessità e urgenza, la Banca d'Italia adotta, nei confronti dei mercati regolamentati e per le finalità indicate al comma 1, i provvedimenti necessari, anche sostituendosi al gestore del mercato regolamentato.

4. La Banca d'Italia e la Consob, al fine di coordinare l'esercizio delle proprie funzioni di vigilanza e di ridurre al minimo gli oneri gravanti sulle sedi di negoziazione all'ingrosso, stipulano un protocollo d'intesa avente ad oggetto i compiti di ciascuna e le modalità della cooperazione e dello scambio di informazioni nello svolgimento delle rispettive competenze, anche con riferimento all'operatività in Italia di sedi di negoziazione di altri Stati membri che scambiano all'ingrosso titoli di Stato, nonché alle irregolarità rilevate e ai provvedimenti assunti nell'esercizio dell'attività di vigilanza. Il protocollo d'intesa è reso pubblico dalla Banca d'Italia e dalla Consob con le modalità da esse stabilite (1).

62-*quater*. *Vigilanza regolamentare e informativa sulle sedi di negoziazione all'ingrosso*. — 1. La Banca d'Italia con proprio provvedimento individua gli obblighi informativi e di comunicazione dei gestori delle sedi di negoziazione all'ingrosso dei titoli di Stato nei propri confronti, indicando anche contenuto, termini e modalità di comunicazione.

2. Per le sedi di negoziazione all'ingrosso di titoli di Stato:

a) i poteri regolamentari previsti negli artt. 64, comma 4; 64-*bis*, comma 6; 64-*ter*, comma 9; 65, comma 2; 65-*quater*, comma 5; 65-*sexies*, comma 7; 74, comma 2 e 76, comma 2, sono esercitati dalla Consob, d'intesa con la Banca d'Italia (2);

b) le attribuzioni della Consob di cui agli artt. 64, comma 5; 64-*quater*, commi 1, 6, 7 e 9 e 64-*quinquies*, comma 1, sono esercitate dal Ministero dell'economia e delle finanze, sentite la Banca d'Italia e la Consob;

c) le attribuzioni della Consob di cui agli artt. 64, comma 7; 64-*bis*, commi 5, 8 e 9; 64-*ter*, comma 7; 64-*quinquies*, commi 2, 4, 5 e 6; 65-*sexies*, comma 6; 67, commi 8 e 11 e 67-*bis*, comma 2, spettano alla Banca d'Italia; il diritto di accesso al book di negoziazione, ai sensi dell'art. 65-*septies*, comma 2, è attribuito, oltre che alla Consob, anche alla Banca d'Italia;

d) le informazioni, le comunicazioni e le segnalazioni previste dagli artt. 64-*bis*, commi 3 e 4; 64-*ter*, comma 8; 64-*quater*, comma 8; 65-*bis*, comma 3; 65-*septies*, comma 3; e 66-*ter*, comma 3, sono trasmesse al Ministero dell'economia e delle finanze, alla Banca d'Italia e alla Consob;

e) le informazioni e le comunicazioni previste dalle disposizioni incluse nel capo II sono trasmesse alla Banca d'Italia in luogo della Consob, ad eccezione delle comunicazioni previste dall'art. 65-*septies*, commi 4 e 5.

3. Per le sedi di negoziazione all'ingrosso di titoli obbligazionari privati e pubblici, diversi da titoli di Stato, nonché di strumenti del mercato monetario e di strumenti finanziari derivati su titoli pubblici, su tassi di interesse e su valute, i poteri e le attribuzioni di cui agli artt. 64, commi 4, 5 e 7; 64-*bis*, commi 5, 6, 8 e 9; 64-*ter*, commi 7 e 9; 64-*quater*, commi 1, 6, 7 e 9; 64-*quinquies*, comma 1, 2, 4, 5 e 6; 65, comma 2; 65-*quater*, comma 5; 65-*sexies*, comma 7, sono esercitati dalla Consob, sentita la Banca d'Italia.

4. La Banca d'Italia e la Consob si scambiano reciprocamente le informazioni e le comunicazioni acquisite con riguardo alle sedi di negoziazione all'ingrosso di titoli obbligazionari privati e pubblici, inclusi i titoli di Stato, nonché di strumenti di mercato monetario e di strumenti finanziari derivati su titoli pubblici, su tassi di interesse e su valute secondo le mo-

(1) V. provv. Banca d'Italia 22 dicembre 2017, in G.U., 8 gennaio 2018, n. 5.

(2) Deliberazione Consob 29 ottobre 2007, n. 16191, in suppl. ord. n. 222 a G.U., 2 novembre 2007, n. 255, che all'art. 51.5 abroga le disposizioni del regolamento adottato con delibera n. 11768 del 23 dicembre 1998 e successive modifiche, fatte salve quelle contenute nel Titolo II, Capo IV, nel Titolo III e nel Titolo IV, nonché gli allegati 1, 2 e 4 al medesimo regolamento, deliberazione modificata da ultimo con deliberazione Consob 28 dicembre 2017, n. 20249, in G.U., 2 gennaio 2018, n. 1.

dalità stabilite nel protocollo di intesa di cui all'art. 62-*ter*, comma 4 (1).

62-*quinquies*. *Vigilanza sul rispetto di disposizioni dell'Unione europea direttamente applicabili*. — 1. La Consob e la Banca d'Italia vigilano, ciascuna per quanto di competenza, ai sensi della presente parte, sul rispetto delle disposizioni dettate dal reg. (UE) n. 600/2014 nonché dagli atti delegati, dalle norme tecniche di regolamentazione e di attuazione del citato regolamento e della dir. 2014/65/UE.

62-*sexies*. *Vigilanza sulle sedi di negoziazione di strumenti finanziari sull'energia e il gas*. — 1. Ai mercati regolamentati per la negoziazione di strumenti finanziari derivati sull'energia elettrica e il gas e alle società che organizzano e gestiscono tali mercati si applicano le disposizioni del presente titolo, fatto salvo quanto indicato ai commi 2, 3, 4, 5 e 6.

2. I provvedimenti di cui agli artt. 62, comma 2; 64-*bis*, commi 5 e 8; 64-*quater*, commi 1, 2 e 6; 64-*quinquies*, commi 1 e 5; 67, comma 9; 70, commi 1 e 2; 90-*quinquies*, comma 2, lett. *b*), e 90-*sexies*, comma 2, sono adottati dalla Consob, d'intesa con l'Autorità per l'energia elettrica, il gas e il sistema idrico.

3. I poteri e le attribuzioni della Consob previsti dall'articolo 67, comma 10, sono esercitati dalla Consob, sentita l'Autorità per l'energia elettrica, il gas e il sistema idrico.

4. L'Autorità per l'energia elettrica, il gas e il sistema idrico esercita le attribuzioni previste nel presente articolo in funzione delle generali esigenze di stabilità, economicità e concorrenzialità dei mercati dell'energia elettrica e del gas, nonché di sicurezza e efficiente funzionamento delle reti nazionali di trasporto dell'energia elettrica e del gas.

5. Nell'esercizio delle funzioni previste dal presente articolo, la Consob e l'Autorità per l'energia elettrica, il gas e il sistema idrico si prestano reciproca assistenza e collaborano tra loro anche mediante scambio di informazioni, senza che sia opponibile il segreto d'ufficio. La Consob e l'Autorità per l'energia elettrica, il gas e il sistema idrico agiscono in modo coordinato, a tal fine stipulando appositi protocolli di intesa.

6. L'Autorità per l'energia elettrica, il gas e il sistema idrico informa il Ministero dello sviluppo economico sull'attività di vigilanza svolta e sulle irregolarità riscontrate che possono incidere sul funzionamento dei mercati fisici dei prodotti sottesi nonché sulla sicurezza e sull'efficiente funzionamento delle reti nazionali di trasporto dell'energia elettrica e del gas.

62-*septies*. *Vigilanza sui sistemi multilaterali di scambio di depositi monetari in euro*. — 1. La Banca d'Italia vigila sull'efficienza e sul buon funzionamento dei sistemi multilaterali di scambio di depositi monetari in euro, nonché sui soggetti gestori, e può richiedere le opportune modifiche alle regole del sistema idonee a eliminare le disfunzioni riscontrate.

2. La Banca d'Italia, con le modalità e nei termini da essa stabiliti, può richiedere la comunicazione anche periodica di dati, notizie, atti e documenti ai soggetti gestori dei sistemi multilaterali di scambio di depositi monetari in euro e agli operatori che vi partecipano. La Banca d'Italia può eseguire ispezioni presso i medesimi soggetti gestori e richiedere l'esibizione di documenti e il compimento degli atti ritenuti necessari. Gli stessi poteri possono essere esercitati anche nei confronti di altri soggetti coinvolti nell'attività del soggetto gestore. A tale fine, la Banca d'Italia può procedere anche ad audizioni personali. La Banca d'Italia può autorizzare i revisori dei conti o gli esperti a procedere a verifiche presso i soggetti gestori; le relative spese sono poste a carico del soggetto ispezionato.

3. La Banca d'Italia con proprio provvedimento individua gli obblighi informativi e di comunicazione dei gestori nei propri confronti, indicando anche contenuto, termini e modalità di comunicazione.

4. Agli scambi previsti dal comma 1 non si applicano le disposizioni dettate nella presente parte per i sistemi multilaterali di negoziazione (1).

62-*octies*. *Poteri informativi e di indagine*. — 1. La Consob e la Banca d'Italia, nell'ambito delle rispettive competenze e nel perseguimento delle finalità previste dagli artt. 62, comma 1, e 62-*ter*, comma 1, possono:

a) chiedere a chiunque la comunicazione, anche periodica, di dati e notizie e la trasmissione di atti e documenti con le modalità e nei termini da esse stabiliti;

b) procedere ad audizione personale nei confronti di chiunque possa essere in possesso di informazioni pertinenti;

c) richiedere ai revisori legali o alle società di revisione delle sedi di negoziazione di fornire informazioni.

2. Nel caso previsto dalla lett. *b*) del comma 1, viene redatto processo verbale dei dati, delle informazioni acquisite e delle dichiarazioni rese dagli interessati, i quali sono invitati a firma-

(1) V. provv. Banca d'Italia 22 dicembre 2017, in G.U., 8 gennaio 2018, n. 5.

re il processo verbale e hanno diritto di averne copia.

3. La Consob, nell'ambito delle sue competenze e nel perseguimento delle finalità previste dall'art. 62, comma 1, può esercitare nei confronti di chiunque gli ulteriori poteri previsti dall'art. 187-*octies* secondo le modalità ivi previste.

4. Per le finalità di cui agli artt. 62, comma 1, e 62-*ter*, comma 1, la Consob e la Banca d'Italia possono esercitare nei confronti degli operatori ammessi alle sedi di negoziazione, diversi dai soggetti abilitati, e dei partecipanti remoti, i poteri di cui al comma 1. In caso di partecipanti remoti, l'autorità competente dello Stato membro d'origine del partecipante remoto è informata.

62-*novies*. *Poteri ispettivi*. — 1. Nell'ambito delle rispettive competenze e nel perseguimento delle finalità previste dagli art. 62, comma 1, e 62-*ter*, comma 1, la Consob e la Banca d'Italia possono effettuare ispezioni e richiedere l'esibizione di documenti e il compimento degli atti ritenuti necessari nei confronti dei gestori delle sedi di negoziazione e di coloro ai quali i gestori medesimi abbiano esternalizzato funzioni operative essenziali o importanti e al loro personale. Nell'esercizio di tali poteri da parte della Consob si applicano i commi 12 e 13 dell'art. 187-*octies*.

2. La Consob può richiedere ai soggetti incaricati della revisione legale dei conti dei mercati regolamentati di fornire informazioni. Quando sussistono particolari necessità e non sia possibile provvedere con risorse proprie, la Consob può altresì autorizzare revisori legali o società di revisione legale a procedere a verifiche o ispezioni per suo conto. Il soggetto autorizzato a procedere a verifiche o ispezioni agisce in veste di Pubblico Ufficiale.

3. La Banca d'Italia può richiedere ai soggetti incaricati della revisione legale dei conti delle sedi di negoziazione all'ingrosso dei titoli di Stato di fornire informazioni. Quando sussistono particolari necessità e non sia possibile provvedere con risorse proprie, la Banca d'Italia può altresì autorizzare revisori legali o società di revisione legale a procedere a verifiche o ispezioni per suo conto. Il soggetto autorizzato a procedere a verifiche o ispezioni agisce in veste di pubblico ufficiale.

4. Per le finalità di cui agli artt. 62, comma 1, e 62-*ter*, comma 1, la Consob e la Banca d'Italia possono esercitare nei confronti degli operatori ammessi alle sedi di negoziazione, diversi dai soggetti abilitati, e dei partecipanti remoti, i rispettivi poteri di cui ai commi 1, 2 e 3. In caso di partecipanti remoti, l'autorità competente dello Stato membro d'origine del partecipante remoto è informata.

5. Nei casi previsti dal presente articolo, la Consob redige processo verbale dei dati, delle informazioni acquisite e delle dichiarazioni rese dagli interessati, i quali sono invitati a firmare il processo verbale e hanno diritto di averne copia. Gli esiti degli accertamenti ispettivi effettuati dalla Banca d'Italia ai sensi del presente articolo sono comunicati per iscritto agli interessati con le modalità stabilite dalla Banca d'Italia con proprio provvedimento.

62-*decies*. *Poteri di intervento*. — 1. Al fine di garantire il rispetto delle disposizioni della presente parte, la Consob e la Banca d'Italia, nell'ambito delle rispettive competenze e nel perseguimento delle finalità previste dagli artt. 62, comma 1, e 62-*ter*, comma 1, possono:

a) pubblicare avvertimenti al pubblico nel sito internet della Consob o della Banca d'Italia;

b) intimare ai gestori delle sedi di negoziazione di non avvalersi, nell'esercizio della propria attività e per un periodo non superiore a tre anni, dell'attività professionale di un soggetto ove possa essere di pregiudizio per la trasparenza, l'ordinato svolgimento delle negoziazioni, la tutela degli investitori e l'efficienza complessiva del mercato;

c) disporre la rimozione di uno o più esponenti aziendali del gestore di un mercato regolamentato ovvero, sentita l'altra autorità, della Sim o della banca italiana che gestisce un sistema multilaterale di negoziazione o un sistema organizzato di negoziazione, qualora la loro permanenza in carica sia di pregiudizio al perseguimento delle finalità previste dagli artt. 62, comma 1 e 62-*ter*, comma 1; la rimozione non è disposta ove ricorrano gli estremi per pronunciare la decadenza ai sensi dell'art. 64-*ter*, salvo che sussista urgenza di provvedere;

d) nei confronti di chiunque, ivi inclusi gli operatori, diversi dai soggetti abilitati, ammessi alle sedi di negoziazione, anche come partecipanti remoti, ordinare, anche in via cautelare, la cessazione temporanea o permanente di pratiche o condotte contrarie alle disposizioni della presente parte.

In caso di intervento nei confronti dei partecipanti remoti, l'autorità competente dello Stato membro d'origine del partecipante remoto è informata.

2. In caso di necessità e urgenza, la Consob e la Banca d'Italia possono altresì adottare, nell'ambito delle rispettive competenze e nel perseguimento delle finalità previste dagli artt. 62, comma 1, e 62-*ter*, comma 1, ogni misura idonea al mantenimento di ordinate condizioni di

negoziazione sui mercati regolamentati, sui sistemi multilaterali di negoziazione e sui sistemi organizzati di negoziazione.

CAPO II

LE SEDI DI NEGOZIAZIONE

63. *Sistemi multilaterali per la negoziazione di strumenti finanziari*. — 1. Ciascun sistema multilaterale per la negoziazione di strumenti finanziari opera come mercato regolamentato, sistema multilaterale di negoziazione o sistema organizzato di negoziazione, nel rispetto delle relative disposizioni della presente parte.

Sezione I. — *Autorizzazione del mercato regolamentato e requisiti del gestore*

64. *L'attività di organizzazione e gestione di mercati regolamentati*. — 1. L'attività di organizzazione e gestione di mercati regolamentati di strumenti finanziari è esercitata da società per azioni anche senza scopo di lucro (gestore del mercato regolamentato).

2. Il gestore del mercato regolamentato:

a) predispone le strutture, fornisce i servizi del mercato e determina i corrispettivi a esso dovuti;

b) assicura e verifica il rispetto dei requisiti del mercato regolamentato previsti nel presente titolo;

c) dispone l'ammissione, l'esclusione e la sospensione degli strumenti finanziari dalla quotazione e dalle negoziazioni e degli operatori dalle negoziazioni;

d) adotta tutti gli atti necessari per l'ordinato funzionamento del mercato regolamentato;

e) adotta le disposizioni e gli atti necessari a prevenire e identificare abusi di informazioni privilegiate e manipolazioni del mercato;

f) provvede agli altri compiti a esso eventualmente affidati dalle autorità competenti.

3. Il gestore del mercato regolamentato esercita i diritti che corrispondono al mercato regolamentato e ha la responsabilità di garantire che il mercato gestito soddisfi, al momento dell'autorizzazione e continuativamente, i requisiti stabiliti dalla presente parte, anche qualora l'esecuzione di funzioni operative essenziali sia affidata a terzi.

4. La Consob, con regolamento (1):

a) individua le attività connesse e strumentali che possono essere svolte dal gestore del mercato regolamentato;

b) stabilisce i requisiti generali di organizzazione del gestore del mercato regolamentato;

c) adotta le disposizioni attuative dell'art. 4-*undecies*.

5. La Consob verifica che le modificazioni statutarie dei gestori dei mercati regolamentati non contrastino con i requisiti previsti dal presente capo. Non si può dare corso al procedimento per l'iscrizione nel registro delle imprese se non consti tale verifica.

6. Ai gestori dei mercati regolamentati si applicano le disposizioni della parte IV, titolo III, capo II, sezione VI, a eccezione degli artt. 157 e 158.

7. Il gestore del mercato regolamentato può gestire un sistema multilaterale di negoziazione o un sistema organizzato di negoziazione, previa verifica da parte della Consob che esso rispetti le pertinenti disposizioni contenute nella parte III.

64-*bis*. *Obblighi riguardanti le persone che esercitano un'influenza significativa sulla gestione del mercato regolamentato*. — 1. Le persone che sono nella posizione di esercitare, direttamente o indirettamente, un'influenza significativa sulla gestione del mercato regolamentato devono rispettare i requisiti di onorabilità determinati con regolamento dal Ministro dell'economia e delle finanze, sentita la Consob e la Banca d'Italia.

2. Gli acquisti delle partecipazioni nel capitale del gestore del mercato regolamentato e le successive variazioni, effettuati direttamente o indirettamente, anche per il tramite di società controllate, di società fiduciarie o per interposta persona, devono essere comunicati dal soggetto acquirente entro ventiquattro ore al gestore del mercato. Nel caso in cui l'acquisto determini la possibilità di esercitare un'influenza significativa l'acquirente trasmette, altresì, al gestore del mercato regolamentato, la documentazione attestante il possesso dei requisiti individuati al sensi del comma 1.

3. I gestori dei mercati regolamentati:

a) trasmettono alla Consob e rendono

(1) Deliberazione Consob 29 ottobre 2007, n. 16191, in suppl. ord. n. 222 a G.U., 2 novembre 2007, n. 255, che all'art. 51.5 abroga le disposizioni del regolamento adottato con delibera n. 11768 del 23 dicembre 1998 e successive modifiche, fatte salve quelle contenute nel Titolo II, Capo IV, nel Titolo III e nel Titolo IV, nonché gli allegati 1, 2 e 4 al medesimo regolamento, deliberazione modificata da ultimo con deliberazione Consob 28 dicembre 2017, n. 20249, in G.U., 2 gennaio 2018, n. 1.

pubbliche le informazioni sulla proprietà del gestore del mercato regolamentato, e in particolare l'identità delle parti che sono in grado di esercitare un'influenza significativa sulla sua gestione e l'entità dei loro interessi;

b) comunicano alla Consob e rendono pubblico qualsiasi trasferimento di proprietà che determini un cambiamento dell'identità delle persone che esercitano un'influenza significativa sul funzionamento del mercato regolamentato.

4. Chiunque, a qualsiasi titolo, intenda acquisire o cedere, direttamente o indirettamente, una partecipazione nel capitale del gestore del mercato che ne comporti il controllo ne dà preventiva comunicazione alla Consob.

5. Entro 90 giorni dalla comunicazione prevista dal comma 4, la Consob può opporsi ai cambiamenti negli assetti di controllo quando vi siano ragioni obiettive e dimostrabili per ritenere che tali cambiamenti mettono a repentaglio la gestione sana e prudente del mercato.

6. La Consob disciplina con regolamento (1):

a) i criteri per l'individuazione dei casi e delle soglie di partecipazione che determinano un'influenza significativa ai sensi del comma 1;

b) contenuto, termini e modalità delle comunicazioni previste dai commi 3 e 4;

c) contenuto, termini e modalità di pubblicazione da parte del gestore del mercato regolamentato delle informazioni relative ai partecipanti al capitale e di ogni successivo cambiamento nell'identità delle persone che possiedono una partecipazione che comporta la possibilità di esercitare un'influenza significativa.

7. In assenza dei requisiti di onorabilità o in mancanza delle comunicazioni previste dai commi 2 e 4, nonché in caso di opposizione ai sensi del comma 5, non può essere esercitato il diritto di voto inerente alle azioni eccedenti le soglie individuate ai sensi del comma 6, lett. *a*), o alla partecipazione acquisita in violazione dei commi 4 e 5.

8. In caso di inosservanza del divieto previsto dal comma 7, si applica l'art. 14, comma 6. L'impugnazione può essere proposta anche dalla Consob entro il termine previsto dall'art. 14, comma 7.

9. La Consob può imporre che le azioni per le quali non può essere esercitato il diritto di voto a norma del comma 7 siano alienate, fissando un termine.

64-*ter*. *Requisiti degli esponenti aziendali del gestore del mercato regolamentato*. — 1. I soggetti che svolgono funzioni di amministrazione, direzione e controllo nel gestore del mercato regolamentato possiedono i requisiti di onorabilità, professionalità e indipendenza previsti con regolamento dal Ministero dell'economia e delle finanze, sentita la Consob e la Banca d'Italia. Con il medesimo regolamento, il Ministero dell'economia e delle finanze, sentita la Consob e la Banca d'Italia, individua le cause che comportano il venir meno dei requisiti previsti nel presente articolo e che determinano la sospensione temporanea o la decadenza dall'incarico.

2. L'organo di amministrazione possiede conoscenze, competenze ed esperienze adeguate, ha una composizione tale da garantire un apporto sufficientemente ampio di esperienze e i relativi membri dedicano tempo sufficiente all'esercizio delle proprie funzioni.

3. Il gestore del mercato regolamentato destina risorse umane e finanziarie adeguate alla preparazione e alla formazione dei membri dell'organo di amministrazione.

4. I gestori di mercati regolamentati significativi in base alle dimensioni, organizzazione interna, e tipologia, portata e complessità delle attività, istituiscono un comitato per le nomine composto dai membri dell'organo di amministrazione che non esercitano funzioni esecutive presso il gestore del mercato regolamentato interessato.

5. L'organo di amministrazione di un gestore del mercato regolamentato definisce e vigila sull'applicazione di misure di governo societario, anche in materia di separazione delle funzioni aziendali e prevenzione dei conflitti di interesse, che garantiscono la sana e prudente gestione e promuovono l'integrità del mercato. L'organo di amministrazione controlla e valuta periodicamente l'efficacia delle misure di governo societario del gestore del mercato regolamentato e adotta misure opportune per rimediare a eventuali carenze.

6. I soggetti che svolgono funzioni di amministrazione e controllo hanno accesso adeguato alle informazioni e ai documenti necessari per vigilare e valutare periodicamente il processo decisionale della dirigenza.

(1) Deliberazione Consob 29 ottobre 2007, n. 16191, in suppl. ord. n. 222 a G.U., 2 novembre 2007, n. 255, che all'art. 51.5 abroga le disposizioni del regolamento adottato con delibera n. 11768 del 23 dicembre 1998 e successive modifiche, fatte salve quelle contenute nel Titolo II, Capo IV, nel Titolo III e nel Titolo IV, nonché gli allegati 1, 2 e 4 al medesimo regolamento, deliberazione modificata da ultimo con deliberazione Consob 28 dicembre 2017, n. 20249, in G.U., 2 gennaio 2018, n. 1.

7. La sospensione o la decadenza degli esponenti aziendali per le cause individuate dal regolamento di cui al comma 1 sono dichiarate dall'organo di appartenenza entro 30 giorni dalla nomina o dalla conoscenza della causa sopravvenuta. Per i soggetti che non sono componenti di un organo la dichiarazione della sospensione o della decadenza è effettuata dall'organo che li ha nominati. In caso di inerzia vi provvede la Consob.

8. Ai fini della verifica del rispetto dei requisiti previsti nel presente articolo, il gestore del mercato regolamentato trasmette alla Consob le informazioni relative agli esponenti aziendali e ai soggetti che dirigono effettivamente l'attività e le operazioni del mercato regolamentato e di ogni successivo cambiamento.

9. La Consob, con proprio regolamento (1):

a) specifica i requisiti previsti dai commi 2, 3 e 4, anche con riferimento al numero di incarichi assumibili dai membri dell'organo di amministrazione e alle funzioni svolte dal comitato per le nomine;

b) stabilisce contenuto, termini e modalità delle comunicazioni previste dal comma 8.

64-*quater*. *Autorizzazione dei mercati regolamentati*. — 1. La Consob rilascia l'autorizzazione a operare in qualità di mercato regolamentato ai sistemi che ottemperano alle disposizioni del presente titolo.

2. La Consob iscrive i mercati regolamentati in un elenco, curando l'adempimento delle disposizioni dell'Unione europea in materia.

3. L'autorizzazione è altresì subordinata all'accertamento che:

a) il gestore del mercato rispetta i requisiti previsti dal presente titolo;

b) il regolamento del mercato è conforme alla disciplina dell'Unione europea e idoneo ad assicurare la trasparenza del mercato, l'ordinato svolgimento delle negoziazioni e la tutela degli investitori.

4. Il regolamento del mercato determina quantomeno:

a) le condizioni e le modalità di ammissione alle negoziazioni e di esclusione e sospensione dalle negoziazioni degli operatori;

b) le condizioni e le modalità di ammissione alla quotazione e alle negoziazioni e di esclusione e sospensione dalla quotazione e dalle negoziazioni degli strumenti finanziari;

c) le condizioni e le modalità per lo svolgimento delle negoziazioni e gli eventuali obblighi degli operatori e degli emittenti;

d) le modalità di accertamento, pubblicazione e diffusione dei prezzi;

e) i tipi di contratti ammessi alle negoziazioni nonché i criteri per la determinazione dei quantitativi minimi negoziabili;

f) le condizioni e le modalità per la compensazione e il regolamento delle operazioni concluse sui mercati;

g) le modalità di emanazione delle disposizioni di attuazione del regolamento da parte del gestore.

5. Il regolamento del mercato è deliberato dall'assemblea ordinaria o dal consiglio di sorveglianza del gestore del mercato regolamentato ovvero, ove così previsto dallo statuto, dall'organo di amministrazione. Qualora le azioni del gestore del mercato regolamentato siano quotate in un mercato regolamentato, il regolamento del mercato è deliberato dal consiglio di amministrazione o dal consiglio di gestione della società medesima.

6. La Consob approva le modificazioni al regolamento del mercato regolamentato.

7. Fermo restando quanto previsto dai commi 1 e 3, la Consob rifiuta l'autorizzazione anche se:

a) i soggetti che svolgono funzioni di amministrazione, direzione e controllo nel gestore del mercato non rispettano i requisiti previsti dall'art. 64-*ter*; o

b) esistano ragioni obiettive e dimostrabili per ritenere che l'organo di amministrazione del gestore del mercato può metterne a repentaglio la gestione efficace, sana e prudente e l'integrità del mercato.

8. Il gestore del mercato fornisce alla Consob tutte le informazioni, fra cui un programma di attività che illustri i tipi di attività previsti e la struttura organizzativa, necessarie per accertare che il mercato regolamentato abbia instaurato tutti i dispositivi necessari per rispettare gli obblighi stabiliti dal presente titolo.

9. La Consob pronuncia la decadenza dell'autorizzazione rilasciata a un mercato regolamentato allorché questo non si avvale dell'autorizzazione entro dodici mesi.

64-*quinquies*. *Revoca dell'autorizzazione, provvedimenti straordinari a tutela del mercato e crisi del gestore del mercato regolamentato*. — 1. La Consob può revocare l'autorizzazione del

(1) Deliberazione Consob 29 ottobre 2007, n. 16191, in suppl. ord. n. 222 a G.U., 2 novembre 2007, n. 255, che all'art. 51.5 abroga le disposizioni del regolamento adottato con delibera n. 11768 del 23 dicembre 1998 e successive modifiche, fatte salve quelle contenute nel Titolo II, Capo IV, nel Titolo III e nel Titolo IV, nonché gli allegati 1, 2 e 4 al medesimo regolamento, deliberazione modificata da ultimo con deliberazione Consob 28 dicembre 2017, n. 20249, in G.U., 2 gennaio 2018, n. 1.

mercato regolamentato quando:

a) l'autorizzazione è stata ottenuta presentando false dichiarazioni o con qualsiasi altro mezzo irregolare;

b) non sono più soddisfatte le condizioni cui è subordinata l'autorizzazione;

c) sono state violate in modo grave e sistematico le disposizioni del presente titolo relative al mercato regolamentato o al gestore del mercato;

d) abbia cessato di funzionare da più di sei mesi o rinunci espressamente all'autorizzazione.

2. In caso di gravi irregolarità nella gestione del mercato regolamentato ovvero nell'amministrazione del gestore del mercato regolamentato e comunque quando lo richiede la tutela degli investitori, il Ministero dell'economia e delle finanze, su proposta della Consob, dispone lo scioglimento degli organi amministrativi e di controllo del gestore del mercato. I poteri dei disciolti organi amministrativi sono attribuiti a un commissario nominato con il medesimo provvedimento, che li esercita, sulla base delle direttive e sotto il controllo della Consob, sino alla ricostituzione degli organi. L'indennità spettante al commissario è determinata con decreto del Ministero ed è a carico del gestore del mercato regolamentato. Si applicano, per quanto compatibili, gli artt. 70, commi 2, 3, 4 e 5, 72, a eccezione dei commi 2, 2-*bis* e 8, e 75 del t.u. bancario, intendendosi le suddette disposizioni riferite alla Consob in luogo della Banca d'Italia, ai partecipanti in luogo dei depositanti e al gestore del mercato regolamentato in luogo delle banche.

3. La procedura indicata al comma 2 può determinare la revoca dell'autorizzazione prevista dal comma 1.

4. Entro trenta giorni dalla comunicazione del provvedimento di revoca dell'autorizzazione del mercato, gli amministratori del gestore del mercato o il commissario nominato ai sensi del comma 2 convocano l'assemblea per modificare l'oggetto sociale ovvero per deliberare la liquidazione volontaria del gestore del mercato. Qualora non si provveda alla convocazione entro detto termine ovvero l'assemblea non deliberi entro tre mesi dalla data della comunicazione del provvedimento di revoca, il Ministero dell'economia e delle finanze, su proposta della Consob, può disporre lo scioglimento del gestore del mercato regolamentato nominando i liquidatori. Si applicano le disposizioni sulla liquidazione delle società per azioni, di cui al libro V, titolo V, capo VIII, del codice civile, a eccezione di quelle concernenti la revoca dei liquidatori

5. Nei casi previsti dai commi 1 e 2, la Consob promuove gli accordi necessari ad assicurare la continuità delle negoziazioni. A tal fine può disporre il trasferimento temporaneo della gestione del mercato ad altro gestore, previo consenso di quest'ultimo. Il trasferimento definitivo della gestione del mercato può avvenire anche in deroga alle disposizioni del titolo II, capo VI, della legge fallimentare.

6. Le iniziative per la dichiarazione di fallimento o per l'ammissione alle procedure di concordato preventivo o amministrazione controllata e i relativi provvedimenti del tribunale sono comunicati entro tre giorni alla Consob a cura del cancelliere.

Sezione II. — *Organizzazione e funzionamento delle sedi di negoziazione.*

65. *Requisiti organizzativi dei mercati regolamentati*. — 1. Il mercato regolamentato dispone di:

a) misure per identificare chiaramente e gestire le potenziali conseguenze negative, per il funzionamento del mercato regolamentato o per i suoi membri o partecipanti, di qualsiasi conflitto tra gli interessi del mercato regolamentato, dei suoi proprietari o del gestore del mercato e il suo ordinato funzionamento, in particolare quando tali conflitti possono risultare pregiudizievoli per l'assolvimento di qualsiasi funzione delegata al mercato regolamentato dall'autorità competente;

b) procedure per gestire i rischi ai quali sono esposti, dispositivi e sistemi adeguati per identificare tutti i rischi che possono comprometterne il funzionamento e misure efficaci per attenuare tali rischi;

c) misure per garantire una gestione sana delle operazioni tecniche del sistema, comprese misure di emergenza efficaci per far fronte ai rischi di disfunzione del sistema;

d) regole e procedure trasparenti e non discrezionali che garantiscono un processo di negoziazione corretto e ordinato nonché di criteri obiettivi che consentono l'esecuzione efficiente degli ordini;

e) misure efficaci atte ad agevolare il regolamento efficiente delle operazioni eseguite nell'ambito del sistema;

f) risorse finanziarie sufficienti per rendere possibile il funzionamento ordinato, tenendo conto della natura e dell'entità delle operazioni concluse nel mercato, nonché della portata e del grado dei rischi ai quali esso è esposto.

2. La Consob può ulteriormente dettagliare,

con regolamento (1), i requisiti organizzativi del mercato regolamentato e può dettare la metodologia di determinazione dell'entità delle risorse finanziarie previste nel comma 1, lett. *f*).

3. Per le operazioni concluse su un mercato regolamentato, i membri e i partecipanti non sono tenuti ad applicarsi reciprocamente gli obblighi specificamente individuati ai sensi dell'art. 6, comma 2. I membri o i partecipanti di un mercato regolamentato applicano detti obblighi per quanto concerne i loro clienti quando, operando per conto di questi ultimi, ne eseguono gli ordini su un mercato regolamentato.

65-*bis*. *Requisiti dei sistemi multilaterali di negoziazione e dei sistemi organizzati di negoziazione*. — 1. Il gestore di un sistema multilaterale di negoziazione o di un sistema organizzato di negoziazione dispone di:

a) regole e procedure trasparenti che garantiscono un processo di negoziazione corretto e ordinato nonché di criteri obiettivi che consentono l'esecuzione efficiente degli ordini;

b) misure per garantire una gestione sana dell'operatività del sistema, compresi dispositivi di emergenza efficaci per far fronte ai rischi di disfunzione del sistema;

c) misure atte ad individuare puntualmente e a gestire le potenziali conseguenze negative per l'operatività dei sistemi da essi gestiti o per i loro membri o partecipanti e clienti di eventuali conflitti tra gli interessi del sistema multilaterale di negoziazione, del sistema organizzato di negoziazione, dei loro proprietari, del gestore del sistema multilaterale di negoziazione o del sistema organizzato di negoziazione e il sano funzionamento dei sistemi;

d) almeno tre membri o partecipanti o clienti concretamente attivi, ciascuno dei quali con la possibilità di interagire con tutti gli altri per quanto concerne la formazione dei prezzi.

2. Il gestore di un sistema multilaterale di negoziazione o di un sistema organizzato di negoziazione adotta altresì le misure necessarie per favorire il regolamento efficiente delle operazioni concluse nel sistema multilaterale di negoziazione o sistema organizzato di negoziazione e informa chiaramente i membri o partecipanti o clienti delle rispettive responsabilità per quanto concerne il regolamento delle operazioni effettuate nel sistema.

3. Il gestore di un sistema multilaterale di negoziazione o di un sistema organizzato di negoziazione fornisce alla Consob:

a) una descrizione dettagliata del funzionamento del sistema tra cui, fatto salvo quanto previsto dall'art. 65-*quater*, commi 2, 3 e 4, gli eventuali legami o la partecipazione di un mercato regolamentato, un sistema multilaterale di negoziazione, un sistema organizzato di negoziazione o un internalizzatore sistematico di proprietà dello stesso gestore;

b) un elenco dei membri, partecipanti o clienti.

65-*ter*. *Requisiti specifici per i sistemi multilaterali di negoziazione*. — 1. Il gestore di un sistema multilaterale di negoziazione, oltre a soddisfare i requisiti di cui all'art. 65-*bis*, dispone di:

a) regole non discrezionali per l'esecuzione degli ordini nel sistema;

b) procedure per gestire i rischi ai quali è esposto il sistema, meccanismi e sistemi adeguati ad identificare tutti i rischi che possano compromettere il funzionamento del sistema e misure efficaci per attenuare tali rischi;

c) risorse finanziarie sufficienti ad assicurare il funzionamento ordinato, tenuto conto della tipologia di operazioni concluse sul mercato e dei relativi volumi, nonché della portata e del grado di rischio al quale il sistema è esposto.

2. Gli obblighi individuati ai sensi dell'art. 6, comma 2, non si applicano alle operazioni concluse in base alle norme che disciplinano un sistema multilaterale di negoziazione tra i membri del medesimo o i suoi partecipanti ovvero tra il sistema multilaterale di negoziazione e i suoi membri o i suoi partecipanti in relazione all'impiego del sistema multilaterale di negoziazione. I membri del sistema multilaterale di negoziazione o i suoi partecipanti rispettano detti obblighi nei confronti dei loro clienti quando, agendo per conto di questi ultimi, eseguono i loro ordini tramite i sistemi di un sistema multilaterale di negoziazione.

65-*quater*. *Requisiti specifici per i sistemi organizzati di negoziazione*. — 1. Fatto salvo quanto disposto dall'art. 65-*bis* e nel rispetto degli obblighi individuati ai sensi dell'art. 6, comma 2, lett. *b*), n. 2), in un sistema organizzato di negoziazione l'esecuzione degli ordini è svolta su base discrezionale. Il gestore di un

(1) Deliberazione Consob 29 ottobre 2007, n. 16191, in suppl. ord. n. 222 a G.U., 2 novembre 2007, n. 255, che all'art. 51.5 abroga le disposizioni del regolamento adottato con delibera n. 11768 del 23 dicembre 1998 e successive modifiche, fatte salve quelle contenute nel Titolo II, Capo IV, nel Titolo III e nel Titolo IV, nonché gli allegati 1, 2 e 4 al medesimo regolamento, deliberazione modificata da ultimo con deliberazione Consob 28 dicembre 2017, n. 20249, in G.U., 2 gennaio 2018, n. 1.

sistema organizzato di negoziazione esercita la propria discrezionalità quando decide di:

a) collocare o ritirare un ordine sul proprio sistema;

b) non abbinare lo specifico ordine di un cliente con gli altri ordini disponibili nel sistema in un determinato momento, purché ciò avvenga nel rispetto delle specifiche istruzioni ricevute dal cliente, nonché degli obblighi individuati ai sensi dell'art. 6, comma 2, lett. *b*), n. 2).

1-*bis.* Il gestore di un sistema organizzato di negoziazione che abbina gli ordini dei clienti può decidere se, quando e in che misura abbinare due o più ordini all'interno del sistema. Fatto salvo il rispetto di quanto previsto dal presente articolo e dall'art. 65-*quinquies*, il gestore di un sistema organizzato di negoziazione può facilitare la negoziazione tra clienti, in modo da far incrociare due o più interessi di negoziazione potenzialmente compatibili in un'operazione.

2. Il gestore di un sistema organizzato di negoziazione non può operare anche come internalizzatore sistematico. Un sistema organizzato di negoziazione non si collega a un internalizzatore sistematico in modo tale da consentire l'interazione tra i propri ordini e gli ordini o quotazioni in un internalizzatore sistematico, né si collega a un altro sistema organizzato di negoziazione in modo tale da consentire l'interazione tra gli ordini dei diversi sistemi.

3. Il gestore di un sistema organizzato di negoziazione può impiegare un'impresa di investimento per svolgere l'attività di market maker in tale sistema su base indipendente, a condizione che non vi siano stretti legami con il gestore medesimo.

4. Il gestore di un sistema organizzato di negoziazione stabilisce meccanismi volti a impedire che siano eseguiti ordini di clienti nel sistema in contropartita diretta con il gestore o con un'entità dello stesso gruppo del gestore.

5. La Consob stabilisce con regolamento (1) le informazioni che una Sim o una banca italiana o un gestore del mercato regolamentato devono fornire, per dimostrare il rispetto dei requisiti specifici dettati dal presente articolo, in sede di autorizzazione alla gestione di un sistema organizzato di negoziazione o ai fini della verifica richiesta dall'art. 64, comma 7.

6. Alle operazioni concluse in un sistema organizzato di negoziazione si applicano i pertinenti obblighi individuati ai sensi dell'art. 6, comma 2.

65-*quinquies*. *Negoziazione «matched principal»*. — 1. Il gestore di un sistema organizzato di negoziazione può svolgere negoziazione «matched principal» esclusivamente nel caso in cui:

a) il cliente vi abbia acconsentito; e

b) la negoziazione interviene su obbligazioni, strumenti finanziari strutturati, quote di emissione e strumenti derivati non appartenenti a una categoria di derivati dichiarata soggetta all'obbligo di compensazione in conformità dell'art. 5 del reg. (UE) n. 648/2012.

2. Lo svolgimento di negoziazione «matched principal» non deve generare conflitti di interesse tra il gestore e la sua clientela.

3. Il gestore di un sistema organizzato di negoziazione può effettuare negoziazione per conto proprio diversa dalla negoziazione «matched principal» in relazione a titoli di debito sovrano privi di un mercato liquido.

4. Ai fini del comma 3, per mercato liquido si intende il mercato di uno strumento finanziario o di una categoria di strumenti finanziari in cui vi siano venditori e compratori pronti e disponibili su base continua, valutato conformemente ai criteri sottoelencati, tenendo conto delle specifiche strutture di mercato del particolare strumento finanziario o della particolare categoria di strumenti finanziari:

a) la frequenza e le dimensioni medie delle operazioni in una serie di condizioni di mercato, tenendo conto della natura e del ciclo di vita dei prodotti della categoria di strumenti finanziari;

b) il numero e il tipo di partecipanti al mercato, compreso il rapporto tra i partecipanti al mercato e gli strumenti negoziati in relazione a un determinato prodotto;

c) le dimensioni medie dei differenziali tra le quotazioni in acquisto e vendita, ove disponibili.

5. Il gestore di un mercato regolamentato o di un sistema multilaterale di negoziazione non può eseguire gli ordini in contropartita diretta all'interno del sistema, né svolgere negoziazione «matched principal».

65-*sexies*. *Requisiti operativi delle sedi di negoziazione*. — 1. I mercati regolamentati e i gestori di un sistema multilaterale di negozia-

(1) Deliberazione Consob 29 ottobre 2007, n. 16191, in suppl. ord. n. 222 a G.U., 2 novembre 2007, n. 255, che all'art. 51.5 abroga le disposizioni del regolamento adottato con delibera n. 11768 del 23 dicembre 1998 e successive modifiche, fatte salve quelle contenute nel Titolo II, Capo IV, nel Titolo III e nel Titolo IV, nonché gli allegati 1, 2 e 4 al medesimo regolamento, deliberazione modificata da ultimo con deliberazione Consob 28 dicembre 2017, n. 20249, in G.U., 2 gennaio 2018, n. 1.

zione o di un sistema organizzato di negoziazione dispongono di sistemi, procedure e meccanismi efficaci atti ad assicurare che i sistemi di negoziazione:

a) siano resilienti e abbiano capacità sufficiente a gestire i picchi di volume di ordini e messaggi;

b) siano in grado di garantire negoziazioni ordinate in condizioni di mercato critiche;

c) siano pienamente testati per garantire il rispetto delle condizioni di cui alle lett. *a*) e *b*);

d) siano soggetti a efficaci disposizioni in materia di continuità operativa per garantire la continuità dei servizi in caso di malfunzionamento.

2. I mercati regolamentati e i gestori di un sistema multilaterale di negoziazione o di un sistema organizzato di negoziazione dispongono di sistemi, procedure e meccanismi efficaci:

a) per garantire che i sistemi algoritmici di negoziazione utilizzati dai membri o partecipanti o clienti non possano creare o contribuire a creare condizioni di negoziazione anormali sulla sede di negoziazione e per gestire qualsiasi condizione di negoziazione anormale causata dagli stessi;

b) per identificare, attraverso la segnalazione di membri o partecipanti o clienti, gli ordini generati mediante negoziazione algoritmica, i diversi algoritmi utilizzati per la creazione degli ordini e le corrispondenti persone che avviano tali ordini;

c) per rifiutare gli ordini che eccedono soglie predeterminate di prezzo e volume o sono chiaramente errati;

d) per sospendere o limitare temporaneamente le negoziazioni qualora si registri un'oscillazione significativa nel prezzo di uno strumento finanziario nel mercato gestito o in un mercato correlato in un breve lasso di tempo;

e) in casi eccezionali, per cancellare, modificare o correggere qualsiasi operazione;

f) per controllare gli ordini inseriti, incluse le cancellazioni e le operazioni eseguite dai loro membri o partecipanti o clienti, per identificare le violazioni delle regole del sistema, le condizioni di negoziazione anormali o gli atti che possono indicare comportamenti vietati dal reg. (UE) n. 596/2014 o le disfunzioni del sistema in relazione a uno strumento finanziario.

3. I mercati regolamentati e i gestori di un sistema multilaterale di negoziazione o di un sistema organizzato di negoziazione sottoscrivono accordi scritti vincolanti con i membri o partecipanti o clienti che perseguono strategie di market making sul sistema, e si adoperano affinché un numero sufficiente di soggetti aderisca a tali accordi, in virtù dei quali sono tenuti a trasmettere quotazioni irrevocabili a prezzi concorrenziali, con il risultato di fornire liquidità al mercato su base regolare e prevedibile, qualora tale requisito sia adeguato alla natura e alle dimensioni delle negoziazioni nelle sedi di negoziazione in questione.

4. I mercati regolamentati e i gestori di un sistema multilaterale di negoziazione o di un sistema organizzato di negoziazione dispongono di misure e procedure efficaci, tra cui le necessarie risorse, per il controllo regolare dell'ottemperanza alle proprie regole.

5. I mercati regolamentati e i gestori di un sistema multilaterale di negoziazione o di un sistema organizzato di negoziazione:

a) sincronizzano, unitamente ai loro membri o partecipanti o clienti, gli orologi utilizzati per registrare la data e l'ora degli eventi che possono essere oggetto di negoziazione;

b) adottano regole trasparenti, eque e non discriminatorie in materia di servizi di co-ubicazione;

c) adottano una struttura delle commissioni, incluse le commissioni di esecuzione delle operazioni, le commissioni accessorie e i rimborsi, trasparente, equa e non discriminatoria;

d) adottano regimi in materia di dimensioni dei tick di negoziazione per azioni, ricevute di deposito, fondi indicizzati quotati, certificates e altri strumenti finanziari analoghi.

6. La Consob approva gli accordi che il gestore di una sede di negoziazione intende concludere per l'esternalizzazione a soggetti terzi di tutte o parte delle funzioni operative critiche relative ai sistemi della sede da esso gestita che consentono la negoziazione algoritmica, intendendosi come funzioni operative critiche quelle indicate dall'art. 65, comma 1, lett. *b*), *c*) ed *e*).

7. La Consob individua con regolamento (1) i requisiti operativi specifici di cui le sedi di negoziazione devono dotarsi con riguardo a:

a) il contenuto minimo degli accordi scrit-

(1) Deliberazione Consob 29 ottobre 2007, n. 16191, in suppl. ord. n. 222 a G.U., 2 novembre 2007, n. 255, che all'art. 51.5 abroga le disposizioni del regolamento adottato con delibera n. 11768 del 23 dicembre 1998 e successive modifiche, fatte salve quelle contenute nel Titolo II, Capo IV, nel Titolo III e nel Titolo IV, nonché gli allegati 1, 2 e 4 al medesimo regolamento, deliberazione modificata da ultimo con deliberazione Consob 28 dicembre 2017, n. 20249, in G.U., 2 gennaio 2018, n. 1.

ti richiesti ai sensi del comma 3 e gli obblighi di controllo del gestore della sede di negoziazione in merito ai medesimi;

b) i sistemi, le procedure e i dispositivi in materia di sistemi algoritmici di negoziazione previsti dal comma 2, lett. *a*) e *b*);

c) i criteri in base ai quali fissare i parametri per la sospensione delle negoziazioni e le relative modalità di gestione;

d) i requisiti per l'accesso elettronico diretto alle sedi di negoziazione;

e) i requisiti della struttura delle commissioni di cui al comma 5, lett. *c*);

f) i parametri per calibrare i regimi in materia di dimensioni dei tick di negoziazione indicati nel comma 5, lett. *d*).

8. Le disposizioni di cui al comma 7, lett. *b*), sono adottate dalla Consob, sentita la Banca d'Italia, per i sistemi multilaterali di negoziazione e i sistemi organizzati di negoziazione che siano gestiti da Sim e banche italiane (1).

65-*septies*. *Obblighi informativi e di comunicazione*. — 1. La Consob, con proprio regolamento (1), individua gli obblighi informativi e di comunicazione nei propri confronti dei gestori delle sedi di negoziazione, indicandone contenuto, termini e modalità di adempimento.

2. Le sedi di negoziazione mettono a disposizione della Consob, su richiesta, i dati relativi al book di negoziazione, anche mediante accesso allo stesso.

3. Fermi restando gli obblighi previsti dal comma 1, i gestori delle sedi di negoziazione segnalano senza indugio alla Consob le violazioni significative delle regole del mercato o le condizioni di negoziazione anormali o disfunzioni del sistema in relazione a uno strumento finanziario, nonché le conseguenti iniziative assunte.

4. I gestori delle sedi di negoziazione segnalano altresì senza indugio alla Consob gli atti che possono indicare un comportamento vietato ai sensi del reg. (UE) n. 596/2014.

5. I gestori delle sedi di negoziazione comunicano senza indugio alla Consob le informazioni pertinenti per le indagini e per l'accertamento degli abusi di mercato nei sistemi gestiti, e offrono piena assistenza in relazione agli abusi di mercato commessi nei loro sistemi o per loro tramite.

6. I gestori delle sedi di negoziazione mettono a disposizione del pubblico, con frequenza almeno annuale e senza oneri, i dati relativi alla qualità dell'esecuzione delle operazioni, ivi inclusi i dati sul prezzo, i costi, la velocità e la probabilità dell'esecuzione per singoli strumenti finanziari.

Sezione III. — *Ammissione, sospensione ed esclusione di strumenti finanziari dalla quotazione e dalle negoziazioni*

66. *Criteri generali di ammissione alla quotazione e alle negoziazioni*. — 1. I mercati regolamentati:

a) si dotano di regole chiare e trasparenti riguardanti l'ammissione degli strumenti finanziari alla quotazione e alla negoziazione;

b) adottano e mantengono meccanismi efficaci per verificare che gli emittenti dei valori mobiliari ammessi alla negoziazione nel mercato regolamentato rispettino gli obblighi cui sono soggetti ai sensi del diritto dell'Unione europea in materia di informativa iniziale, continuativa e ad hoc;

c) si dotano di meccanismi atti ad agevolare ai loro membri e ai loro partecipanti l'accesso alle informazioni che sono state pubblicate in base al diritto dell'Unione europea.

2. Le regole di cui al comma 1, lett. *a*), assicurano che gli strumenti finanziari ammessi alla negoziazione in un mercato regolamentato possano essere negoziati in modo corretto, ordinato ed efficiente e, nel caso dei valori mobiliari, siano liberamente negoziabili. Nel caso degli strumenti derivati, tali regole assicurano in particolare che le caratteristiche del contratto derivato siano compatibili con un processo ordinato di formazione del suo prezzo, nonché con l'esistenza di condizioni efficaci di regolamento.

3. I gestori di un sistema multilaterale di negoziazione o di un sistema organizzato di negoziazione:

a) instaurano regole trasparenti concernenti i criteri per la determinazione degli strumenti finanziari che possono essere negoziati nell'ambito del proprio sistema;

b) forniscono o si accertano che siano accessibili al pubblico informazioni sufficienti per permettere ai loro clienti di emettere un giudizio in materia di investimenti, tenuto con-

(1) Deliberazione Consob 29 ottobre 2007, n. 16191, in suppl. ord. n. 222 a G.U., 2 novembre 2007, n. 255, che all'art. 51.5 abroga le disposizioni del regolamento adottato con delibera n. 11768 del 23 dicembre 1998 e successive modifiche, fatte salve quelle contenute nel Titolo II, Capo IV, nel Titolo III e nel Titolo IV, nonché gli allegati 1, 2 e 4 al medesimo regolamento, deliberazione modificata da ultimo con deliberazione Consob 28 dicembre 2017, n. 20249, in G.U., 2 gennaio 2018, n. 1.

to sia della categoria dei clienti che delle tipologie di strumenti negoziati.

4. Le sedi di negoziazione si dotano dei meccanismi necessari a controllare regolarmente l'osservanza dei requisiti di ammissione per gli strumenti finanziari ammessi alla quotazione e alla negoziazione.

5. Un valore mobiliare, una volta ammesso alla negoziazione in un mercato regolamentato e in ottemperanza alle pertinenti disposizioni del reg. 2017/1129/UE può essere ammesso alla negoziazione, anche senza il consenso dell'emittente, in altri mercati regolamentati, i quali ne informano l'emittente.

6. Quando uno strumento finanziario che è stato ammesso alla negoziazione in un mercato regolamentato è negoziato anche in un sistema multilaterale di negoziazione o in un sistema organizzato di negoziazione senza il consenso dell'emittente, quest'ultimo non è soggetto ad alcun obbligo nei confronti di tale sistema per quanto riguarda la divulgazione iniziale, continuativa o ad hoc di informazioni finanziarie.

66-*bis*. *Condizioni per la quotazione di determinate società*. — 1. Il regolamento del mercato regolamentato può stabilire che le azioni di società controllanti, il cui attivo sia prevalentemente composto dalla partecipazione, diretta o indiretta, in una o più società con azioni quotate in mercati regolamentati, vengano negoziate in un segmento distinto del mercato.

2. La Consob determina con proprio regolamento (1):

a) i criteri di trasparenza contabile e di adeguatezza della struttura organizzativa e del sistema dei controlli interni che le società controllate, costituite e regolate dalla legge di Stati non appartenenti all'Unione europea, devono rispettare affinché le azioni della società controllante possano essere quotate in un mercato regolamentato italiano. Si applica la nozione di controllo di cui all'art. 93;

b) le condizioni in presenza delle quali non possono essere quotate le azioni di società controllate sottoposte all'attività di direzione e coordinamento di altra società;

c) i criteri di trasparenza e i limiti per l'ammissione alla quotazione sul mercato mobiliare italiano delle società finanziarie, il cui patrimonio è costituito esclusivamente da partecipazioni.

66-*ter*. *Provvedimenti di ammissione, sospensione ed esclusione di strumenti finanziari dalla quotazione e dalle negoziazioni adottati dal gestore della sede di negoziazione*. — 1. Fatto salvo il potere della Consob di cui all'art. 66-*quater*, comma 1, di richiedere la sospensione o l'esclusione di uno strumento finanziario dalle negoziazioni, il gestore di una sede di negoziazione può sospendere o escludere dalle negoziazioni gli strumenti finanziari che cessano di rispettare le regole del sistema, a meno che tale sospensione o esclusione non rischi di causare un danno rilevante agli interessi degli investitori o al funzionamento ordinato del mercato.

2. Il gestore di una sede di negoziazione che sospende o esclude dalle negoziazioni uno strumento finanziario, sospende o esclude anche gli strumenti finanziari derivati di cui all'Allegato I, sezione C, punti da 4 a 10, relativi o riferiti a detto strumento finanziario, qualora necessario per sostenere le finalità della sospensione o dell'esclusione dello strumento finanziario sottostante.

3. Il gestore di una sede di negoziazione rende pubbliche le decisioni di ammissione alla quotazione e alle negoziazioni, nonché di sospensione ed esclusione dalla quotazione e dalle negoziazioni, di strumenti finanziari e le comunica immediatamente alla Consob.

4. Nel caso di mercati regolamentati, l'esecuzione delle decisioni di ammissione alla quotazione di azioni ordinarie, di obbligazioni e di altri strumenti finanziari emessi da soggetti diversi dagli Stati membri dell'Unione europea, dalle banche UE e dalle società con azioni quotate in un mercato regolamentato, nonché delle decisioni di esclusione di azioni dalle negoziazioni, è sospesa finché non sia decorso il termine indicato al comma 6.

5. La sospensione indicata al comma 4 non si applica nel caso di ammissione alla quotazione di strumenti finanziari in regime di esenzione dall'obbligo di pubblicare il prospetto o sulla base di un prospetto per il quale l'Italia risulta Stato membro ospitante, nonché per l'ammissione di lotti supplementari di azioni già ammesse alle negoziazioni.

6. La Consob:

a) può vietare l'esecuzione delle decisioni di ammissione alla quotazione e di esclusione dalle negoziazioni di cui al comma 4, ovvero ordinare la revoca di una decisione di sospensione degli strumenti finanziari dalle negozia-

(1) Deliberazione Consob 29 ottobre 2007, n. 16191, in suppl. ord. n. 222 a G.U., 2 novembre 2007, n. 255, che all'art. 51.5 abroga le disposizioni del regolamento adottato con delibera n. 11768 del 23 dicembre 1998 e successive modifiche, fatte salve quelle contenute nel Titolo II, Capo IV, nel Titolo III e nel Titolo IV, nonché gli allegati 1, 2 e 4 al medesimo regolamento, deliberazione modificata da ultimo con deliberazione Consob 28 dicembre 2017, n. 20249, in G.U., 2 gennaio 2018, n. 1.

zioni, entro cinque giorni di mercato aperto dal ricevimento della comunicazione di cui al comma 3 se, sulla base degli elementi informativi diversi da quelli valutati, ai sensi del regolamento del mercato, dal gestore del mercato nel corso della propria istruttoria, ritiene la decisione contraria alle finalità di cui all'art. 62, comma 1;

b) può chiedere al gestore del mercato regolamentato tutte le informazioni che ritenga utili per i fini di cui alla lett. *a*).

66-*quater*. *Provvedimenti di sospensione ed esclusione di strumenti finanziari dalle negoziazioni su iniziativa della Consob*. — 1. La Consob può sospendere o escludere uno strumento finanziario dalle negoziazioni o richiedere che vi provveda il gestore di una sede di negoziazione. A tal fine la Consob può chiedere al gestore medesimo tutte le informazioni che ritenga utili. Per le sedi di negoziazione all'ingrosso di titoli di Stato, i poteri di cui al presente comma sono esercitati dalla Banca d'Italia, che ne dà tempestiva comunicazione alla Consob, ai fini delle comunicazioni previste dal comma 3.

2. Nel caso in cui un gestore di una sede di negoziazione sospenda o escluda, ai sensi dell'art. 66-*ter*, commi 1 e 2, uno strumento finanziario dalle negoziazioni, la Consob prescrive che le altre sedi di negoziazione e gli internalizzatori sistematici che negoziano lo stesso strumento finanziario o gli strumenti finanziari derivati di cui all'Allegato I, Sezione C, punti da 4 a 10, relativi o riferiti a detto strumento finanziario, sospendano o escludano anch'essi tale strumento finanziario o tali strumenti derivati dalla negoziazione, se la sospensione o l'esclusione è dovuta a presunti abusi di mercato, a un'offerta pubblica di acquisto o alla mancata divulgazione di informazioni privilegiate riguardanti l'emittente o lo strumento finanziario in violazione degli artt. 7 e 17 del reg. (UE) n. 596/2014, tranne qualora tale sospensione o esclusione possa causare un danno rilevante agli interessi dell'investitore o all'ordinato funzionamento del mercato.

3. Salvo quando ciò possa causare danni agli interessi degli investitori o all'ordinato funzionamento del mercato, la Consob prescrive alle sedi di negoziazione e agli internalizzatori sistematici di sospendere o escludere uno strumento finanziario dalle negoziazioni nei casi in cui tale strumento finanziario sia stato oggetto di provvedimento di sospensione o esclusione da parte di autorità competenti di altri Stati membri ovvero di una decisione assunta da parte di autorità competenti di altri Stati membri in relazione alle decisioni di sospensione ed esclusione adottate dai gestori delle sedi di negoziazione da esse vigilate, se la sospensione o l'esclusione è dovuta a presunti abusi di mercato, a un'offerta d'acquisto o alla mancata divulgazione di informazioni privilegiate riguardanti l'emittente o lo strumento finanziario in violazione degli artt. 7 e 17 del reg. (UE) n. 596/2014.

4. Qualora la sospensione o l'esclusione ai sensi del comma 3 debba essere disposta con riferimento a una sede di negoziazione all'ingrosso di titoli obbligazionari privati e pubblici, diversi da titoli di Stato, nonché di strumenti del mercato monetario e di strumenti finanziari derivati su titoli pubblici, su tassi di interesse e su valute, la decisione della Consob è adottata sentita la Banca d'Italia. Qualora la sospensione o l'esclusione ai sensi del comma 3 debba essere disposta con riferimento ad una sede di negoziazione all'ingrosso di titoli di Stato, la decisione è adottata dalla Banca d'Italia; a tal fine, la Consob informa la Banca d'Italia delle decisioni assunte dalle autorità competenti degli altri Stati membri.

5. I commi 2, 3 e 4 si applicano anche in caso di revoca della sospensione dalla negoziazione di uno strumento finanziario o degli strumenti finanziari derivati di cui all'Allegato I, Sezione C, punti da 4 a 10, relativi o riferiti a detto strumento finanziario.

6. La procedura di notifica di cui al presente articolo si applica anche nel caso in cui la decisione di sospendere o escludere dalla negoziazione lo strumento finanziario o gli strumenti finanziari derivati di cui all'Allegato I, Sezione C, punti da 4 a 10 relativi o riferiti a detto strumento finanziario sia adottata dalla Consob ai sensi del comma 1.

66-*quinquies*. *Negoziazione di strumenti finanziari emessi dal gestore del mercato regolamentato*. — 1. La Consob dispone l'ammissione, l'esclusione e la sospensione dalla quotazione e dalle negoziazioni degli strumenti finanziari emessi da un gestore del mercato in un mercato regolamentato da esso gestito.

2. La Consob determina le modificazioni da apportare al regolamento del mercato regolamentato per assicurare la trasparenza, l'ordinato svolgimento delle negoziazioni e la tutela degli investitori, nonché per regolare le ipotesi di conflitto d'interessi. L'ammissione a quotazione e a negoziazione è subordinata all'adeguamento del regolamento del mercato regolamentato.

3. La Consob vigila sul rispetto da parte del gestore del mercato delle disposizioni del regolamento del mercato relative agli strumenti finanziari di cui al comma 1.

Sezione IV. — *Accesso alle sedi di negoziazione*

67. *Criteri generali di accesso degli operatori*. — 1. Il gestore di un mercato regolamentato o di un sistema multilaterale di negoziazione o di un sistema organizzato di negoziazione stabilisce, attua e mantiene regole trasparenti e non discriminatorie, basate su criteri oggettivi, che disciplinano l'accesso in qualità di membri o partecipanti o clienti.

2. Ai mercati regolamentati e ai sistemi multilaterali di negoziazione possono accedere in qualità di membri o partecipanti le Sim, le banche italiane, le imprese di investimento UE, le banche UE e le imprese di paesi terzi autorizzate all'esercizio dei servizi o attività di negoziazione per conto proprio o di esecuzione di ordini per conto dei clienti ai sensi degli artt. 28 e 29-*ter*.

3. Le imprese di investimento UE, le banche UE e le imprese di paesi terzi autorizzate all'esercizio dei servizi o attività di negoziazione per conto proprio o di esecuzione di ordini per conto dei clienti ai sensi degli artt. 28 e 29-*ter*, possono essere ammesse in qualità di membri o partecipanti dei mercati regolamentati o sistemi multilaterali di negoziazione stabiliti sul territorio della Repubblica secondo una delle seguenti modalità:

a) direttamente, stabilendo una succursale;

b) diventando membri remoti o avendo accesso remoto al mercato regolamentato o al sistema multilaterale di negoziazione, quando le procedure e i sistemi di negoziazione della sede in questione non richiedono una presenza fisica per la conclusione delle operazioni.

4. Possono altresì accedere ai mercati regolamentati e ai sistemi multilaterali di negoziazione, tenuto conto delle regole adottate dal gestore della sede di negoziazione, i soggetti che:

a) godono di sufficiente buona reputazione;

b) dispongono di un livello sufficiente di capacità di negoziazione, di competenza ed esperienza;

c) dispongono di adeguati dispositivi organizzativi;

d) dispongono di risorse sufficienti per il ruolo che devono svolgere, tenendo conto delle varie disposizioni finanziarie eventualmente fissate dal mercato regolamentato per garantire l'adeguato regolamento delle operazioni.

5. Il gestore di un mercato regolamentato o di un sistema multilaterale di negoziazione specifica, nell'ambito delle regole previste dal comma 1, i criteri per la partecipazione diretta o remota al mercato regolamentato e gli obblighi imposti ai membri o partecipanti derivanti:

a) dall'istituzione e dalla gestione della sede di negoziazione;

b) dalle disposizioni riguardanti le operazioni eseguite nella sede di negoziazione;

c) dagli standard professionali imposti al personale di membri o partecipanti che operano sulla sede di negoziazione;

d) dalle condizioni stabilite, a norma del comma 4, per i membri o partecipanti diversi da Sim, banche italiane, imprese di investimento UE, banche UE e imprese di paesi terzi autorizzate all'esercizio dei servizi o attività di negoziazione per conto proprio o di esecuzione di ordini per conto dei clienti ai sensi degli artt. 28 e 29-*ter*;

e) dalle norme e procedure per la compensazione e il regolamento delle operazioni concluse nel mercato regolamentato.

6. I membri o partecipanti ai mercati regolamentati e ai sistemi multilaterali di negoziazione e i clienti dei sistemi organizzati di negoziazione si comportano con diligenza, correttezza e trasparenza al fine di non compromettere l'integrità dei mercati.

7. Il Ministero dell'economia e delle finanze e la Banca d'Italia sono ammessi alle negoziazioni sulle sedi di negoziazione all'ingrosso di titoli di Stato.

8. Il gestore di una sede di negoziazione comunica alla Consob lo Stato membro in cui intende predisporre dispositivi appropriati per facilitare l'accesso e la negoziazione ai membri, partecipanti o clienti remoti ivi stabiliti. La Consob trasmette, entro un mese, detta informazione allo Stato membro in cui si intende predisporre tali dispositivi. Su richiesta dell'autorità competente dello Stato membro ospitante, la Consob comunica tempestivamente l'identità dei membri o dei partecipanti o dei clienti della sede di negoziazione che ha stabilito i propri dispositivi nel territorio dell'altro Stato membro.

9. Il gestore di una sede di negoziazione di un altro Stato membro può dotarsi di dispositivi appropriati, nel territorio della Repubblica, per facilitare l'accesso e la negoziazione ai suoi membri, partecipanti o clienti remoti ivi stabiliti, a condizione che la Consob ne abbia ricevuto preventiva comunicazione da parte dell'autorità competente dello Stato membro d'origine della sede di negoziazione. La Consob può chiedere all'autorità competente dello Stato membro d'origine di comunicare l'identità dei membri, partecipanti o clienti delle sedi di negoziazione che hanno stabilito i propri dispositivi sul territorio della Repubblica.

10. La Consob, al fine di assicurare la trasparenza, l'ordinato svolgimento delle negoziazioni e la tutela degli investitori, stipula accordi con le autorità di vigilanza dello Stato membro di origine delle sedi di negoziazione di altri Stati membri di cui al comma 9 che abbiano acquisito un'importanza sostanziale per il funzionamento del mercato finanziario italiano e la tutela degli investitori in Italia, idonei ad assicurare il coordinamento della cooperazione in materia di vigilanza e dello scambio di informazioni su base transfrontaliera. Tali accordi sono stipulati dalla Consob congiuntamente con Banca d'Italia, previa informativa al Ministero dell'economia e delle finanze, qualora le sedi di negoziazione di altri Stati membri abbiano acquisito un'importanza sostanziale per il funzionamento del mercato finanziario italiano nonché per l'ordinato svolgimento delle negoziazioni e l'efficienza complessiva delle sedi di negoziazione all'ingrosso di titoli di Stato. Il Ministero dell'economia e delle finanze può richiedere alla Banca d'Italia le informazioni acquisite ai sensi degli accordi anzidetti.

11. La Consob stipula altresì i citati accordi di cooperazione con le autorità di vigilanza dello Stato membro ospitante di sedi di negoziazione italiane che abbiano acquisito un'importanza sostanziale per il funzionamento del mercato finanziario di tale Stato membro e la tutela degli investitori nello stesso.

12. Quando ha motivi chiari e dimostrabili di ritenere che un mercato regolamentato, un sistema multilaterale di negoziazione o un sistema organizzato di negoziazione che si siano dotati di dispositivi nel territorio della Repubblica, ai sensi del comma 9, violino gli obblighi derivanti dalle disposizioni della presente parte, la Consob ne informa l'autorità competente dello Stato membro d'origine della sede di negoziazione. Se, nonostante le misure adottate dall'autorità competente dello Stato membro d'origine o per via dell'inadeguatezza di tali misure, la sede di negoziazione persiste nell'agire in un modo che mette chiaramente a repentaglio gli interessi degli investitori domestici o il buon funzionamento dei mercati, la Consob, dopo avere informato l'autorità competente dello Stato membro d'origine, adotta tutte le misure adeguate e necessarie per tutelare gli investitori e assicurare il buon funzionamento dei mercati, che comprendono la possibilità di impedire a tale sede di negoziazione di rendere accessibili i loro dispositivi ai membri o partecipanti a distanza stabiliti nel territorio della Repubblica. Le misure adottate ai sensi del presente comma, che comportano sanzioni o restrizioni delle attività di un'impresa di investimento o di un mercato regolamentato sono opportunamente giustificate e comunicate all'impresa di investimento o al mercato regolamentato interessato.

67-*bis*. *Ammissione, sospensione ed esclusione degli operatori da un mercato regolamentato*. — 1. Il gestore del mercato regolamentato comunica immediatamente alla Consob le proprie decisioni di ammissione, esclusione e sospensione degli operatori dalle negoziazioni.

2. La Consob può:

a) ordinare la revoca di una decisione di sospensione degli operatori dalle negoziazioni, entro cinque giorni dal ricevimento della comunicazione di cui al comma 1 se, sulla base degli elementi informativi diversi da quelli valutati, ai sensi del regolamento del mercato, dal gestore del mercato regolamentato nel corso della propria istruttoria, ritiene la decisione contraria alle finalità di assicurare la trasparenza, l'ordinato svolgimento delle negoziazioni e la tutela degli investitori;

b) chiedere al gestore del mercato regolamentato tutte le informazioni che ritenga utili per i fini di cui alla lett. *a*);

c) chiedere al gestore del mercato regolamentato l'esclusione o la sospensione degli operatori dalle negoziazioni.

67-*ter*. *Negoziazione algoritmica, accesso elettronico diretto, partecipazione a controparti centrali*. — 1. Le Sim e le banche italiane che svolgono negoziazione algoritmica:

a) pongono in essere controlli dei sistemi e del rischio efficaci e idonei alla luce dell'attività esercitata sulle sedi di negoziazione, volti a garantire che i propri sistemi di negoziazione algoritmica siano resilienti e dispongano di sufficiente capacità, siano soggetti a soglie e limiti di negoziazione appropriati, impediscano di inviare ordini erronei o comunque recare pregiudizio all'ordinato svolgimento delle negoziazioni;

b) pongono in essere controlli efficaci dei sistemi e del rischio per garantire che i sistemi di negoziazione algoritmica non possano essere utilizzati per finalità contrarie al reg. (UE) n. 596/2014 o alle regole della sede di negoziazione;

c) dispongono di meccanismi efficaci di continuità operativa per rimediare a malfunzionamenti dei sistemi di negoziazione algoritmica e provvedono affinché i loro sistemi siano soggetti a verifica e monitoraggio in modo adeguato per garantirne la conformità ai requisiti del presente comma.

2. Le Sim e le banche italiane che effettuano negoziazioni algoritmiche lo notificano alla Consob e, se diversa, all'autorità competente

dello Stato membro della sede di negoziazione in cui effettuano la negoziazione algoritmica quali membri o partecipanti o clienti della sede di negoziazione. La notifica è altresì effettuata alla Banca d'Italia per le sedi di negoziazione all'ingrosso di titoli di Stato.

3. Ferme restando le competenze di vigilanza prudenziale della Banca d'Italia, la Consob vigila sul rispetto dei requisiti previsti nel presente articolo da parte di Sim e banche italiane che svolgono negoziazione algoritmica. A tale fine la Consob può chiedere, su base regolare o ad hoc, ai soggetti sopra indicati:

a) una descrizione della natura delle strategie di negoziazione algoritmica;

b) i dettagli sui parametri o sui limiti di negoziazione a cui il sistema è soggetto;

c) i controlli di conformità e di rischio attuati per assicurare che le condizioni stabilite al comma 1 siano soddisfatte;

d) i dettagli sulla verifica dei sistemi;

e) ulteriori informazioni sulla negoziazione algoritmica effettuata e sui sistemi utilizzati (1).

4. La Consob comunica alla Banca d'Italia le informazioni che riceve ai sensi del comma 3 o dall'autorità competente dello Stato membro d'origine della banca UE o dell'impresa di investimento UE, quando dette informazioni si riferiscono a membri o partecipanti o clienti che effettuano negoziazione algoritmica nelle sedi di negoziazioni all'ingrosso di titoli di Stato.

5. Le Sim e le banche italiane possono fornire accesso elettronico diretto a una sede di negoziazione a condizione che esse pongano in essere efficaci controlli dei sistemi e del rischio.

6. La Consob, sentita la Banca d'Italia, disciplina con regolamento (1):

a) gli obblighi di registrazione cui sono tenuti i soggetti di cui al comma 1 che pongono in essere tecniche di negoziazione algoritmica;

b) le condizioni in base alle quali le Sim e le banche italiane possono fornire accesso elettronico diretto a una sede di negoziazione e le caratteristiche dei controlli di conformità e di rischio attuati per assicurare che le condizioni stabilite al comma 1 siano soddisfatte;

c) gli obblighi di notifica, di informazione e di registrazione cui sono tenuti le Sim e le banche italiane che forniscono un accesso elettronico diretto a una sede di negoziazione;

d) gli obblighi delle Sim e delle banche italiane che effettuano negoziazione algoritmica per perseguire una strategia di market making.

7. La Consob, su richiesta dell'autorità competente della sede di negoziazione di un altro Stato membro nella quale una Sim o una banca italiana svolgono negoziazione algoritmica o forniscono accesso elettronico diretto, comunica tempestivamente alla stessa le informazioni ricevute ai sensi del comma 3.

8. Le disposizioni di cui al presente articolo si applicano anche:

a) ai membri o partecipanti di mercati regolamentati e sistemi multilaterali di negoziazione che non sono tenuti a essere autorizzati a norma dell'art. 4-*terdecies*, comma 1, lett. *a*), *e*), *g*), *i*) e *l*) o che sono gestori di Oicr, Sicav o Sicaf;

b) alle imprese di paesi terzi autorizzate all'esercizio dei servizi o attività di negoziazione per conto proprio o di esecuzione di ordini per conto dei clienti ai sensi degli artt. 28 e 29-*ter*.

8-*bis*. La Consob detta con regolamento (1) i requisiti di cui al comma 6 applicabili ai soggetti di cui al comma 8 quando effettuano negoziazione algoritmica e/o forniscono accesso elettronico diretto a una sede di negoziazione.

9. Le Sim e le banche italiane e le imprese di paesi terzi autorizzate all'esercizio dei servizi e attività di investimento, con o senza servizi accessori, ai sensi degli artt. 28 e 29-*ter*, che agiscono in qualità di partecipanti alle controparti centrali per conto di propri clienti:

a) pongono in essere controlli e sistemi efficaci per garantire che possano fruire dei servizi di compensazione solo persone idonee e che a tali persone siano imposti requisiti appropriati per ridurre i rischi per la Sim o per la banca e per il mercato;

b) assicurano che vi sia un accordo scritto vincolante tra gli stessi e la persona per la quale agiscono per quanto riguarda i diritti e gli obblighi essenziali derivanti dalla prestazione del servizio.

Sezione V. — *Limiti di posizione e controlli sulla gestione delle posizioni in strumenti derivati su merci*

68. *Limiti alle posizioni in strumenti derivati*

(1) Deliberazione Consob 29 ottobre 2007, n. 16191, in suppl. ord. n. 222 a G.U., 2 novembre 2007, n. 255, che all'art. 51.5 abroga le disposizioni del regolamento adottato con delibera n. 11768 del 23 dicembre 1998 e successive modifiche, fatte salve quelle contenute nel Titolo II, Capo IV, nel Titolo III e nel Titolo IV, nonché gli allegati 1, 2 e 4 al medesimo regolamento, deliberazione modificata da ultimo con deliberazione Consob 28 dicembre 2017, n. 20249, in G.U., 2 gennaio 2018, n. 1.

su merci. — 1. Al fine di prevenire abusi di mercato e favorire condizioni ordinate di formazione dei prezzi e di regolamento delle operazioni, la Consob stabilisce e vigila sull'applicazione dei limiti di posizione sull'entità di una posizione netta che può essere detenuta da una persona in qualsiasi momento per ciascun contratto di strumenti derivati su merci negoziati in sedi di negoziazione, e contratti negoziati fuori listino (OTC) economicamente equivalenti, secondo quanto previsto con proprio regolamento, conformemente alla metodologia di calcolo determinata dall'AESFEM (1).

2. La Consob approva le richieste di esenzione dall'applicazione dei limiti di posizione stabiliti ai sensi del comma 1, che possono essere presentate da entità non finanziarie con riferimento alle posizioni dalle stesse detenute, direttamente o indirettamente, che abbiano la capacità oggettivamente misurabile di ridurre i rischi direttamente legati all'attività commerciale di tali entità non finanziarie.

3. La Consob comunica all'AESFEM i limiti di posizione che intende stabilire al fine di ricevere il parere dell'autorità in merito alla compatibilità dei limiti di posizione con le finalità enunciate al comma 1 e con la metodologia di calcolo determinata dall'AESFEM. Se necessario la Consob modifica i limiti di posizione in conformità al parere dell'AESFEM o fornisce a quest'ultima le ragioni per cui non ritiene necessario modificarli, rendendo pubbliche tempestivamente le motivazioni di tale decisione sul proprio sito internet.

4. Qualora siano negoziati quantitativi rilevanti del medesimo strumento derivato su merci presso sedi di negoziazione di più Stati membri, la Consob, nel caso in cui sia l'autorità competente della sede in cui è negoziato il quantitativo più elevato (autorità competente centrale) stabilisce, secondo quanto previsto con il regolamento di cui al comma 1, il limite di posizione unico da applicare a tutte le negoziazioni relative a tale contratto di strumento derivato su merci. In tale caso la Consob consulta le autorità competenti di altre sedi in cui è negoziato un ingente quantitativo del derivato in questione, in merito al limite di posizione unico da applicare e all'eventuale riesame di tale limite.

5. A seguito di ricezione, da parte della Consob, della comunicazione di un'autorità competente centrale, dei limiti di posizione applicabili ad un contratto di strumento derivato su merci negoziato per quantitativi ingenti in sedi di negoziazione soggette alla sua vigilanza, la Consob, in caso di disaccordo, espone per iscritto le ragioni complete e dettagliate per cui non considera soddisfatti i requisiti enunciati al comma 1.

6. La Consob conclude accordi di cooperazione con le altre autorità competenti delle sedi in cui è negoziato il medesimo strumento derivato su merci negoziato su una sede soggetta alla sua vigilanza, e con le autorità competenti dei titolari di posizioni in tale strumento derivato, al fine di prevedere lo scambio reciproco di dati pertinenti e al fine di verificare e far rispettare il limite di posizione unico.

7. In casi eccezionali, la Consob può imporre limiti più restrittivi di quelli adottati a norma del comma 1 che siano debitamente giustificati e proporzionati, tenendo conto della liquidità e dell'ordinato funzionamento del mercato specifico. La decisione di imporre limiti di posizione più restrittivi è valida per un periodo che non può superare i sei mesi a decorrere dalla data della relativa pubblicazione sul sito internet della Consob e può essere prorogata di sei mesi in sei mesi, se continuano a sussistere i motivi che hanno determinato la restrizione. In assenza di una proroga espressa, al decorrere del periodo di sei mesi i limiti più restrittivi decadono automaticamente.

8. La Consob pubblica sul proprio sito internet le decisioni adottate ai sensi del comma 7, incluse informazioni sui limiti di posizione più restrittivi e le comunica all'AESFEM, unitamente alle ragioni che hanno portato all'adozione delle decisioni medesime affinché tale autorità possa pronunciarsi sulla necessità dei limiti di posizione più restrittivi alla luce dell'eccezionalità del caso. Qualora la Consob imponga limiti in contrasto con il parere dell'AESFEM, pubblica immediatamente sul proprio sito internet una comunicazione in cui spiega le ragioni che l'hanno indotta a prendere tale decisione.

68-*bis*. *Controlli del gestore della sede di negoziazione sulle posizioni in strumenti derivati su merci*. — 1. Il gestore di una sede di negoziazione che negozia derivati su merci si dota di un sistema di controlli sulla gestione delle posizioni che includono almeno la facoltà del gestore di:

(1) Deliberazione Consob 29 ottobre 2007, n. 16191, in suppl. ord. n. 222 a G.U., 2 novembre 2007, n. 255, che all'art. 51.5 abroga le disposizioni del regolamento adottato con delibera n. 11768 del 23 dicembre 1998 e successive modifiche, fatte salve quelle contenute nel Titolo II, Capo IV, nel Titolo III e nel Titolo IV, nonché gli allegati 1, 2 e 4 al medesimo regolamento, deliberazione modificata da ultimo con deliberazione Consob 28 dicembre 2017, n. 20249, in G.U., 2 gennaio 2018, n. 1.

a) controllare le posizioni aperte delle persone;

b) ottenere dalle persone accesso alle informazioni, compresa tutta la documentazione pertinente, in relazione all'entità e alle finalità di una posizione o esposizione assunta, alle informazioni sui titolari effettivi o sottostanti, a qualsiasi misura concertata e alle eventuali attività e passività nel mercato sottostante;

c) imporre a una persona di chiudere o ridurre una posizione in via temporanea o permanente a seconda del caso specifico e di adottare unilateralmente le misure appropriate per la chiusura o la riduzione nel caso in cui la persona non ottemperi; e

d) se del caso, esigere che la persona reimmetta temporaneamente liquidità nel mercato a un prezzo e un volume convenuti, con l'esplicito intento di lenire gli effetti di una posizione elevata o dominante.

68-*ter*. *Caratteristiche dei limiti e dei controlli sulla gestione delle posizioni e obblighi di informazione*. — 1. I limiti di posizione e i controlli sulla gestione delle posizioni sono trasparenti e non discriminatori, specificano come si applicano alle persone e tengono conto della natura e della composizione dei membri e partecipanti al mercato e dell'utilizzo che essi fanno dei contratti presentati alla negoziazione.

2. Il gestore della sede di negoziazione informa dettagliatamente la Consob circa i controlli sulla gestione delle posizioni, secondo le modalità e i termini da quest'ultima stabiliti con regolamento (1).

68-*quater*. *Notifica dei titolari di posizioni in base alle categorie*. — 1. Il gestore di una sede di negoziazione nella quale sono negoziati derivati su merci o quote di emissione o strumenti derivati sulle stesse pubblica una relazione settimanale indicante le posizioni aggregate detenute dalle differenti categorie di persone per i differenti strumenti finanziari derivati su merci o quote di emissione o strumenti derivati sulle stesse, negoziati sulla sede di negoziazione, quando sia il numero delle persone sia le loro posizioni aperte superano soglie minime, distinguendo fra le posizioni identificate come atte a ridurre, in una maniera oggettivamente misurabile, i rischi direttamente connessi alle attività commerciali e le altre posizioni. Tale relazione è trasmessa alla Consob e all'AESFEM.

2. Le Sim e le banche italiane che negoziano derivati su merci o quote di emissione o loro prodotti derivati al di fuori di una sede di negoziazione forniscono alla Consob o all'autorità competente centrale, se diversa dalla Consob, nel caso in cui gli strumenti menzionati siano scambiati in più di una giurisdizione, i dati disaggregati delle loro posizioni assunte in derivati su merci o quote di emissione o strumenti derivati sulle stesse negoziati in una sede di negoziazione e i contratti OTC economicamente equivalenti, distinguendo fra le posizioni identificate come atte a ridurre, in una maniera oggettivamente misurabile, i rischi direttamente connessi alle attività commerciali e le altre posizioni.

3. I membri o partecipanti ai mercati regolamentati e ai sistemi multilaterali di negoziazione e i clienti dei sistemi organizzati di negoziazione comunicano al gestore della sede di negoziazione informazioni dettagliate sulle loro posizioni detenute mediante contratti negoziati nella sede di negoziazione in oggetto, almeno su base giornaliera, comprese le posizioni dei loro clienti, e dei clienti di detti clienti, fino a raggiungere il cliente finale.

4. La Consob prevede con regolamento (1):

a) i tempi e le modalità di invio da parte del gestore della sede di negoziazione, dei dati disaggregati inerenti alle posizioni di tutte le persone, compresi i membri o partecipanti e i relativi clienti nella sede di negoziazione;

b) le modalità di classificazione, da parte dei gestori delle sedi di negoziazione, ai fini dell'informativa da rendere ai sensi del presente articolo, delle persone che detengono posizioni in strumenti derivati su merci ovvero quote di emissione o strumenti derivati delle stesse.

68-*quinquies*. *Poteri della Consob e obblighi di collaborazione*. — 1. Nello svolgimento dei compiti di vigilanza ai sensi della presente sezione, la Consob esercita i poteri previsti dagli artt. 62-*octies*, 62-*novies*, 62-*decies* e può altresì:

a) richiedere a chiunque informazioni, notizie, dati o l'esibizione di documenti, in originale o in copia, in relazione all'entità e alla finalità di una posizione o esposizione aperta mediante uno strumento derivato su merci e alle eventuali attività e passività nel mercato sottostante;

b) limitare la possibilità di chiunque di

(1) Deliberazione Consob 29 ottobre 2007, n. 16191, in suppl. ord. n. 222 a G.U., 2 novembre 2007, n. 255, che all'art. 51.5 abroga le disposizioni del regolamento adottato con delibera n. 11768 del 23 dicembre 1998 e successive modifiche, fatte salve quelle contenute nel Titolo II, Capo IV, nel Titolo III e nel Titolo IV, nonché gli allegati 1, 2 e 4 al medesimo regolamento, deliberazione modificata da ultimo con deliberazione Consob 28 dicembre 2017, n. 20249, in G.U., 2 gennaio 2018, n. 1.

concludere un contratto derivato su merci, anche introducendo limiti sull'entità di una posizione che detto soggetto può detenere in ogni momento a norma dell'art. 68;

c) richiedere a chiunque di adottare misure per ridurre l'entità di una posizione o esposizione in strumenti derivati su merci.

2. La Consob comunica alle autorità competenti degli altri Stati membri le informazioni relative a:

a) eventuali richieste di riduzione dell'entità di una posizione o esposizione, ai sensi del comma 1, lett. *c*);

b) eventuali limitazioni alla possibilità delle persone di aprire una posizione in un derivato su merci, ai sensi del comma 1, lett. *b*).

2-*bis*. La notifica, se del caso, include informazioni dettagliate sulla richiesta o sulla domanda, ai sensi del comma 1, lett. *a*), compresa l'identità della o delle persone cui è stata indirizzata e le ragioni addotte, come pure la portata delle limitazioni introdotte a norma del comma 1, lett. *b*), compresa la persona interessata, gli strumenti finanziari applicabili, eventuali limiti all'entità delle posizioni che qualsiasi persona può detenere in qualsiasi momento, le eventuali esenzioni concesse ai sensi del comma 2 e le ragioni addotte. La notifica è fatta almeno 24 ore prima dell'entrata in vigore prevista degli interventi o delle misure. In circostanze eccezionali, la notifica può essere effettuata meno di 24 ore prima dell'entrata in vigore della misura quando non sia possibile rispettare tale termine. Se le misure adottate ai sensi del comma 1, lett. *b*) o *c*) sono relative a prodotti energetici all'ingrosso, la Consob ne informa anche l'Agenzia per la collaborazione fra i regolatori nazionali dell'energia (ACER) istituita a norma del reg. (CE) n. 713/2009. La Consob invia una notifica in conformità del presente comma anche quando ha intenzione di adottare le misure di cui alle lett. *b*) e *c*) del comma 1.

3. La Consob, a seguito della ricezione di una notifica, da parte di autorità competenti di altri Stati membri, di misure di riduzione dell'entità di una posizione o esposizione o di limitazione alla possibilità delle persone di aprire una posizione in un derivato su merci, può adottare misure in conformità del comma 1, lett. *b*) o *c*), quando tali misure sono necessarie per conseguire l'obiettivo dell'autorità competente di altro Stato membro che ha effettuato la notifica.

Sezione VI. — *Mercati di crescita per le PMI*

69. *Mercati di crescita per le PMI.* — 1. La Consob, su domanda del gestore di un sistema multilaterale di negoziazione, registra un sistema come mercato di crescita per le PMI se sono soddisfatti i requisiti di cui al comma 2.

2. Fermo restando il rispetto degli altri obblighi del presente decreto relativi alla gestione di un sistema multilaterale di negoziazione, ai fini della registrazione di cui al comma 1, il sistema multilaterale di negoziazione dispone di regole, sistemi e procedure efficaci, atti a garantire che siano soddisfatte le seguenti condizioni:

a) almeno il 50 per cento degli emittenti i cui strumenti finanziari sono ammessi alla negoziazione sul sistema sono PMI, sia al momento della registrazione come mercato di crescita per le PMI sia successivamente, con riferimento a ciascun anno civile;

b) sono stabiliti criteri appropriati per l'ammissione e la permanenza alla negoziazione degli strumenti finanziari sul sistema;

c) al momento dell'ammissione alla negoziazione di uno strumento finanziario sul mercato sono state pubblicate informazioni sufficienti per permettere agli investitori di effettuare una scelta consapevole in merito all'investimento. Tali informazioni possono consistere in un appropriato documento di ammissione o in un prospetto se i requisiti di cui al reg. 2017/1129/UE sono applicabili con riguardo a un'offerta pubblica presentata insieme all'ammissione alla negoziazione dello strumento finanziario sul sistema multilaterale di negoziazione;

d) sul mercato esiste un'adeguata informativa finanziaria periodica, messa a disposizione dall'emittente o da altri per suo conto, che comprenda quantomeno la relazione finanziaria annuale sottoposta a revisione;

e) gli emittenti, le persone che esercitano responsabilità di direzione e le persone ad esse strettamente legate, come individuati rispettivamente dai punti 21), 25) e 26) dell'art. 3, par. 1, del reg. (UE) n. 596/2014, rispettano i requisiti loro applicabili dettati dal citato regolamento;

f) le informazioni regolamentate riguardanti gli emittenti sono conservate e divulgate pubblicamente;

g) esistono sistemi e controlli efficaci tesi a prevenire e individuare gli abusi di mercato secondo quanto prescritto dal reg. (UE) n. 596/2014.

3. Il gestore di un mercato di crescita per le PMI può prevedere requisiti aggiuntivi a quelli previsti dal comma 2.

4. La Consob può revocare la registrazione di un sistema multilaterale di negoziazione co-

me mercato di crescita per le PMI su richiesta del gestore ovvero quando il sistema non rispetta i requisiti previsti dal comma 2.

5. Uno strumento finanziario di un emittente ammesso alla negoziazione su un mercato di crescita per le PMI può essere negoziato anche su un altro mercato di crescita per le PMI solo se l'emittente è stato preventivamente informato e non ha sollevato obiezioni alla negoziazione su un altro mercato. In tal caso l'emittente non è soggetto ad alcun obbligo relativo al governo societario o all'informativa iniziale, continuativa o ad hoc con riguardo a quest'ultimo mercato di crescita per le PMI.

Sezione VII. — *Riconoscimento dei mercati*

70. *Riconoscimento dei mercati.* — 1. La Consob, previa stipula di accordi con le corrispondenti autorità, può riconoscere mercati extra-UE di strumenti finanziari, al fine di estenderne l'operatività sul territorio della Repubblica.

2. I gestori dei mercati regolamentati che intendano estendere in Stati non UE l'operatività dei mercati da essi gestiti, ne danno comunicazione alla Consob, che rilascia il proprio nulla-osta previa stipula di accordi con le corrispondenti autorità estere. Per i mercati regolamentati all'ingrosso di titoli di Stato la comunicazione è data alla Banca d'Italia, che rilascia il proprio nulla-osta previa stipula di accordi con le competenti autorità estere e ne informa la Consob.

3. Nei casi di cui ai commi 1 e 2, la Consob o la Banca d'Italia, secondo le rispettive competenze, accertano che le informazioni sugli strumenti finanziari e sugli emittenti, le modalità di formazione dei prezzi, le modalità di liquidazione dei contratti, le norme di vigilanza sui mercati e sugli intermediari siano equivalenti a quanto disposto dalla normativa vigente in Italia con riferimento ai mercati regolamentati, e comunque in grado di assicurare adeguata tutela degli investitori.

4. La Consob può specificare, con regolamento (1), le modalità e le condizioni per riconoscere mercati extra-UE di strumenti finanziari.

CAPO III

GLI INTERNALIZZATORI SISTEMATICI

71. *Obblighi dell'internalizzatore sistematico.* — 1. L'impresa di investimento che supera i limiti stabiliti nel regolamento delegato (UE) 2017/565, in relazione al modo frequente, sistematico e sostanziale, per l'applicazione del regime degli internalizzatori sistematici o che sceglie comunque di assoggettarsi a tale regime, ne informa la Consob.

2. Ai fini della verifica della permanenza delle caratteristiche richieste dalla definizione di internalizzatore sistematico, la Consob può chiedere agli internalizzatori sistematici, con le modalità e nei termini da essa stabiliti, la comunicazione anche periodica di dati, notizie, atti e documenti (1).

3. Agli internalizzatori sistematici si applica l'art. 65-*septies*, comma 6.

CAPO IV

OBBLIGHI DI NEGOZIAZIONE, DI TRASPARENZA E DI SEGNALAZIONE DI OPERAZIONI IN STRUMENTI FINANZIARI

72. *Individuazione dell'autorità competente.* — 1. Il Ministero dell'economia e delle finanze, la Consob e la Banca d'Italia sono le autorità nazionali competenti ai sensi dell'art. 2, par. 1, punto 18), del reg. (UE) n. 600/2014, secondo quanto disposto dal presente capo.

73. *Vigilanza.* — 1. La Consob vigila sull'osservanza delle disposizioni di cui ai Titoli II, III e IV del reg. (UE) n. 600/2014, sugli obblighi di negoziazione previsti dagli artt. 23 e 28 del reg. (UE) n. 600/2014, nonché sull'accesso non discriminatorio agli indici di riferimento e sull'obbligo di concedere una licenza per gli stessi, secondo quanto previsto dall'art. 37 del medesimo regolamento, nonché sul rispetto delle inerenti norme tecniche di regolamentazione e di attuazione. A tali fini si avvale dei poteri previsti dagli artt. 62-*octies*, 62-*novies* e 62-*decies*.

74. *Esenzioni dai requisiti di trasparenza pre-negoziazione delle sedi di negoziazione.* — 1.

(1) Deliberazione Consob 29 ottobre 2007, n. 16191, in suppl. ord. n. 222 a G.U., 2 novembre 2007, n. 255, che all'art. 51.5 abroga le disposizioni del regolamento adottato con delibera n. 11768 del 23 dicembre 1998 e successive modifiche, fatte salve quelle contenute nel Titolo II, Capo IV, nel Titolo III e nel Titolo IV, nonché gli allegati 1, 2 e 4 al medesimo regolamento, deliberazione modificata da ultimo con deliberazione Consob 28 dicembre 2017, n. 20249, in G.U., 2 gennaio 2018, n. 1.

Fermo restando quanto previsto dal comma 4 e in conformità a quanto previsto dagli artt. 4, par. 1, e 9, parr. 1 e 2, del reg. (UE) n. 600/2014, la Consob può esentare il gestore di una sede di negoziazione dagli obblighi di pubblicare le informazioni pre-negoziazione stabiliti dagli artt. 3 e 8 del citato regolamento nonché revocare le esenzioni concesse.

2. La Consob disciplina con regolamento (1) il contenuto e le modalità di presentazione della domanda di esenzione da parte del gestore di una sede di negoziazione.

3. La Consob adotta i provvedimenti di sospensione delle esenzioni concesse, ai sensi dell'art. 5, parr. 2 e 3, del regolamento indicato al primo comma.

4. I provvedimenti di esenzione dagli obblighi di trasparenza pre-negoziazione sono adottati dalla Consob, d'intesa con la Banca d'Italia, nei confronti dei gestori delle sedi di negoziazione all'ingrosso di titoli di Stato. Gli stessi provvedimenti sono adottati dalla Consob, sentita la Banca d'Italia, nei confronti dei gestori delle sedi di negoziazione all'ingrosso di titoli obbligazionari privati e pubblici, diversi dai titoli di Stato, nonché di titoli normalmente negoziati sul mercato monetario e di strumenti finanziari derivati su titoli pubblici, su tassi di interesse e su valute.

5. Il Ministero dell'economia e delle finanze e la Banca d'Italia sono informati dalla Consob delle domande di esenzione dagli obblighi di trasparenza pre-negoziazione su titoli di Stato ricevute, nonché dell'adozione dei provvedimenti di esenzione dagli obblighi di trasparenza pre-negoziazione aventi ad oggetto titoli di Stato.

75. *Provvedimenti di temporanea sospensione degli obblighi di trasparenza pre-negoziazione*. — 1. Al ricorrere delle condizioni previste dall'art. 9, par. 4, del reg. (UE) n. 600/2014 la Consob adotta i provvedimenti di temporanea sospensione degli obblighi di pubblicare le informazioni pre-negoziazione stabiliti, dall'art. 8 del regolamento citato, per gli strumenti finanziari non rappresentativi di capitale.

2. I provvedimenti di cui al comma 1 sono adottati dal Ministero dell'economia e delle finanze, su proposta della Banca d'Italia d'intesa con la Consob, relativamente agli obblighi di pubblicazione riguardanti i titoli di Stato. Gli stessi provvedimenti sono adottati dalla Consob, sentita la Banca d'Italia, relativamente agli obblighi di pubblicazione riguardanti i titoli obbligazionari privati e pubblici, diversi dai titoli di Stato, nonché i titoli normalmente negoziati sul mercato monetario e gli strumenti finanziari derivati su titoli pubblici, su tassi di interesse e su valute.

76. *Autorizzazioni alla pubblicazione differita*. — 1. Fermo restando quanto previsto dal comma 3 e in conformità a quanto previsto dagli artt. 7, 11, 20 e 21 del reg. (UE) n. 600/2014, la Consob ha il potere di:

a) autorizzare il gestore di una sede di negoziazione o un'impresa di investimento che concluda, anche come internalizzatore sistematico, per proprio conto o per conto dei clienti, operazioni in strumenti finanziari, a differire la pubblicazione delle informazioni post-negoziazione sulle operazioni, stabilite dagli artt. 6 e 10 del citato regolamento;

b) applicare le misure previste dall'art. 11, par. 3, del medesimo regolamento;

c) revocare l'autorizzazione concessa ai sensi del presente comma.

2. La Consob disciplina con regolamento (1) il contenuto e le modalità di presentazione della domanda di autorizzazione alla pubblicazione differita.

3. I provvedimenti di autorizzazione alla pubblicazione differita delle informazioni post-negoziazione sono adottati dalla Consob, d'intesa con la Banca d'Italia, nei confronti dei gestori delle sedi di negoziazione all'ingrosso di titoli di Stato. Gli stessi provvedimenti sono adottati dalla Consob, sentita la Banca d'Italia, nei confronti dei gestori delle sedi di negoziazione all'ingrosso di titoli obbligazionari privati e pubblici, diversi dai titoli di Stato, nonché di titoli normalmente negoziati sul mercato monetario e di strumenti finanziari derivati su titoli pubblici, su tassi di interesse e su valute.

4. Il Ministero dell'economia e delle finanze e la Banca d'Italia vengono informati dalla Consob delle domande di autorizzazione alla pubblicazione differita delle informazioni post-negoziazione su operazioni in titoli di Stato ricevute, nonché dell'adozione dei provvedimenti di autorizzazione alla pubblicazione differita delle informazioni post-negoziazione aventi ad oggetto titoli di Stato.

77. *Provvedimenti di temporanea sospensione degli obblighi di trasparenza post-negoziazione*.

(1) Deliberazione Consob 29 ottobre 2007, n. 16191, in suppl. ord. n. 222 a G.U., 2 novembre 2007, n. 255, che all'art. 51.5 abroga le disposizioni del regolamento adottato con delibera n. 11768 del 23 dicembre 1998 e successive modifiche, fatte salve quelle contenute nel Titolo II, Capo IV, nel Titolo III e nel Titolo IV, nonché gli allegati 1, 2 e 4 al medesimo regolamento, deliberazione modificata da ultimo con deliberazione Consob 28 dicembre 2017, n. 20249, in G.U., 2 gennaio 2018, n. 1.

— 1. Al ricorrere delle condizioni previste dall'art. 11, par. 2, del reg. (UE) n. 600/2014 la Consob adotta i provvedimenti di temporanea sospensione degli obblighi di pubblicare le informazioni post-negoziazione stabiliti, dall'art. 10 del regolamento citato, per gli strumenti finanziari non rappresentativi di capitale.

2. I provvedimenti di cui al comma 1 sono adottati dal Ministero dell'economia e delle finanze, su proposta della Banca d'Italia d'intesa con la Consob, relativamente agli obblighi di pubblicazione delle informazioni post-negoziazione riguardanti i titoli di Stato. Gli stessi provvedimenti sono adottati dalla Consob, sentita la Banca d'Italia, relativamente agli obblighi di pubblicazione delle informazioni post-negoziazione riguardanti i titoli obbligazionari privati e pubblici, diversi dai titoli di Stato, nonché i titoli normalmente negoziati sul mercato monetario e gli strumenti finanziari derivati su titoli pubblici, su tassi di interesse e su valute.

78. *Informazioni da fornire ai fini della trasparenza e dell'effettuazione degli altri calcoli e obblighi di pubblicazione*. — 1. Al fine dell'applicazione dei requisiti di trasparenza pre e post-negoziazione imposti dagli articoli da 3 a 11 e da 14 a 21 del reg. (UE) n. 600/2014 e dell'implementazione del regime previsto dall'art. 32 del medesimo regolamento in connessione con l'obbligo di negoziazione su strumenti derivati, nonché per determinare se un'impresa di investimento è un internalizzatore sistematico, la Consob, secondo le modalità e i termini dalla stessa determinati con regolamento, può chiedere informazioni:

a) alle sedi di negoziazione;

b) ai dispositivi di pubblicazione autorizzati; e

c) ai fornitori di un sistema consolidato di pubblicazione (1).

2. Gli obblighi di pubblicazione imposti dalle disposizioni contenute nei Titoli II e III del reg. (UE) n. 600/2014 e dalle inerenti norme tecniche di regolamentazione e di attuazione sono assolti dalla Consob attraverso la messa a disposizione dei dati e delle informazioni sul proprio sito internet.

3. Le informazioni necessarie allo svolgimento delle funzioni assegnate alla Banca d'Italia nel presente capo, ottenute ai sensi del comma 1, sono trasmesse dalla Consob alla Banca d'Italia secondo il contenuto, le modalità e i tempi stabiliti nel protocollo di intesa previsto dall'art. 62-*ter*, comma 4.

TITOLO I-*ter*

Servizi di comunicazione dati

79. *Individuazione dell'autorità competente*. — 1. La fornitura di servizi di comunicazione dati è soggetta ad autorizzazione preventiva da parte della Consob.

2. La Consob vigila sui fornitori di servizi di comunicazione dati e controlla regolarmente che essi rispettino le disposizioni contenute nel presente titolo. A tali fini la Consob esercita i poteri previsti dagli artt. 62-*octies*, 62-*novies* e 62-*decies*, comma 1, lett. *a*), *b*) e *d*).

79-*bis*. *Autorizzazione e revoca*. — 1. L'autorizzazione è rilasciata a condizione che il richiedente soddisfi tutti i requisiti derivanti dal presente titolo. Il gestore di una sede di negoziazione può gestire i servizi di comunicazione dati previa verifica che esso rispetti le disposizioni del presente titolo. Il servizio è inserito nell'autorizzazione del gestore della sede di negoziazione.

2. Fermo restando quanto previsto dal comma 1, la Consob rifiuta l'autorizzazione anche se ritiene che le persone che dirigeranno effettivamente l'attività del fornitore di servizi di comunicazione dati non possiedono i requisiti di onorabilità e professionalità o laddove esistono ragioni obiettive e dimostrabili per ritenere che le stesse possano mettere a repentaglio la gestione sana e prudente e non consentano di tenere adeguatamente conto degli interessi dei clienti e dell'integrità del mercato.

3. Il fornitore di servizi di comunicazione dati fornisce tutte le informazioni, compreso un programma di attività che includa i tipi di servizi previsti e la struttura organizzativa, necessarie per permettere alla Consob di accertarsi che tale fornitore abbia adottato, al momento dell'autorizzazione iniziale, tutte le misure per adempiere agli obblighi derivanti dalle disposizioni del presente titolo.

4. La Consob disciplina con regolamento (1) il contenuto e le modalità di presentazione della domanda di autorizzazione e iscrive i sogget-

(1) Deliberazione Consob 29 ottobre 2007, n. 16191, in suppl. ord. n. 222 a G.U., 2 novembre 2007, n. 255, che all'art. 51.5 abroga le disposizioni del regolamento adottato con delibera n. 11768 del 23 dicembre 1998 e successive modifiche, fatte salve quelle contenute nel Titolo II, Capo IV, nel Titolo III e nel Titolo IV, nonché gli allegati 1, 2 e 4 al medesimo regolamento, deliberazione modificata da ultimo con deliberazione Consob 28 dicembre 2017, n. 20249, in G.U., 2 gennaio 2018, n. 1.

ti autorizzati ai servizi di comunicazione dati in un registro, accessibile al pubblico e regolarmente aggiornato.

5. L'autorizzazione specifica i servizi che i fornitori di servizi di comunicazione dati sono autorizzati a prestare. Un soggetto autorizzato che intende ampliare la propria attività aggiungendovi altri servizi di comunicazione dati presenta una richiesta di estensione dell'autorizzazione.

6. L'autorizzazione rilasciata ai sensi del presente articolo è valida in tutta l'Unione europea.

7. La Consob pronuncia la decadenza dell'autorizzazione rilasciata a un fornitore di servizi di comunicazione dati allorché questo non si avvale dell'autorizzazione entro dodici mesi.

8. La Consob può revocare l'autorizzazione prevista dal comma 1 quando:

a) il fornitore di servizi di comunicazione dati ha ottenuto l'autorizzazione presentando false dichiarazioni o con qualsiasi altro mezzo irregolare;

b) il fornitore di servizi di comunicazione dati non soddisfa più le condizioni cui è subordinata l'autorizzazione;

c) il fornitore di servizi di comunicazione dati ha violato in modo grave e sistematico le disposizioni del presente titolo;

d) il servizio di comunicazione dati è interrotto da più di sei mesi o il fornitore rinunci espressamente all'autorizzazione.

79-*ter*. *Requisiti dei soggetti che svolgono funzioni di amministrazione presso il fornitore di servizi di comunicazione dati*. — 1. I membri dell'organo di amministrazione di un fornitore di servizi di comunicazione dati soddisfano requisiti di onorabilità, professionalità e indipendenza, possiedono conoscenze, competenze ed esperienze adeguate e dedicano tempo sufficiente all'esercizio delle proprie funzioni.

2. Se un gestore del mercato chiede l'autorizzazione per gestire un APA, un CTP o un ARM e i soggetti che svolgono funzioni di amministrazione, direzione e controllo nell'APA, CTP o ARM sono gli stessi che svolgono le medesime funzioni nel mercato regolamentato, tali soggetti sono tenuti al rispetto dei requisiti previsti al comma 1.

3. L'organo di amministrazione di un fornitore di servizi di comunicazione dati:

a) possiede collettivamente conoscenze, competenze ed esperienze adeguate per essere in grado di comprendere le attività del fornitore di servizi di comunicazione dati;

b) definisce dispositivi di governo societario che garantiscono un'efficace e prudente gestione, compresa la separazione delle funzioni aziendali sotto un profilo organizzativo e la prevenzione dei conflitti di interesse, in modo tale da promuovere l'integrità del mercato e gli interessi dei propri clienti.

4. La Consob, con proprio regolamento (1):

a) specifica i requisiti dell'organo di amministrazione del fornitore di servizi di comunicazione dati e dei relativi membri, previsti dal comma 1;

b) stabilisce contenuto, termini e modalità di comunicazione alla Consob, da parte del fornitore di servizi di comunicazione dati, delle informazioni relative ai soggetti che svolgono funzioni di amministrazione, direzione e controllo e ai soggetti che dirigono effettivamente l'attività e le operazioni del servizio e di ogni successivo cambiamento.

79-*ter*.1. *Requisiti organizzativi dei fornitori di servizi di comunicazione dati*. — 1. I fornitori di servizi di comunicazione dati dispongono, al momento dell'autorizzazione e continuativamente, di:

a) dispositivi efficaci al fine di evitare conflitti di interesse con i clienti. In particolare, un APA o un ARM che opera anche come gestore del mercato regolamentato o come impresa di investimento ovvero un gestore del mercato regolamentato o un APA che gestisce anche un CTP tratta tutte le informazioni raccolte in modo non discriminatorio e applica e mantiene dispositivi adeguati per tenere separate le differenti aree di attività;

b) risorse adeguate e dispositivi di back-up al fine di poter offrire e mantenere i propri servizi in ogni momento.

2. La Consob detta con regolamento (1):

a) i requisiti organizzativi specifici dei meccanismi di pubblicazione (APA), dei sistemi consolidati di pubblicazione (CTP) e dei meccanismi di segnalazione (ARM);

b) gli elementi minimi che le informazioni rese pubbliche dall'APA e le informazioni consolidate dal CTP devono riportare;

c) le disposizioni attuative dell'art. 4-*undecies*.

3. Qualora una sede di negoziazione effettui

(1) Deliberazione Consob 29 ottobre 2007, n. 16191, in suppl. ord. n. 222 a G.U., 2 novembre 2007, n. 255, che all'art. 51.5 abroga le disposizioni del regolamento adottato con delibera n. 11768 del 23 dicembre 1998 e successive modifiche, fatte salve quelle contenute nel Titolo II, Capo IV, nel Titolo III e nel Titolo IV, nonché gli allegati 1, 2 e 4 al medesimo regolamento, deliberazione modificata da ultimo con deliberazione Consob 28 dicembre 2017, n. 20249, in G.U., 2 gennaio 2018, n. 1.

segnalazioni di operazioni in strumenti finanziari per conto di un'impresa di investimento, ai sensi di quanto previsto dall'art. 26 del reg. (UE) n. 600/2014, essa rispetta le disposizioni previste al comma 1, lett. *b*), nonché le disposizioni emanate dalla Consob ai sensi del comma 2, lett. *a*).

TITOLO II

Disciplina delle controparti centrali (1) (2)

79-*quater*. .... (3).

CAPO I

LE CONTROPARTI CENTRALI (4)

79-*quinquies*. *Individuazione delle autorità nazionali competenti sulle controparti centrali*. — 1. La Banca d'Italia e la Consob sono le autorità competenti per l'autorizzazione e la vigilanza delle controparti centrali, ai sensi dell'art. 22, par. 1, del reg. (UE) n. 648/2012, secondo quanto disposto dai commi seguenti e dall'art. 79-*sexies*.

2. La Consob è l'autorità competente, ai sensi dell'art. 22, par. 1, del regolamento di cui al comma 1, per il coordinamento della cooperazione e dello scambio di informazioni con la Commissione europea, l'AESFEM, le autorità competenti degli altri Stati membri, l'ABE e i membri interessati del Sistema europeo delle Banche centrali, conformemente agli artt. 23, 24, 83 e 84 del regolamento di cui al comma 1.

3. La Banca d'Italia istituisce, gestisce e presiede il collegio di autorità previsto dall'art. 18 del regolamento di cui al comma 1.

4. La Banca d'Italia è l'autorità competente ai sensi dell'art. 25, par. 3, lett. *a*), del regolamento di cui al comma 1, nell'ambito della procedura per il riconoscimento delle controparti centrali dei Paesi terzi. Il parere è reso all'AESFEM dalla Banca d'Italia, d'intesa con la Consob.

79-*sexies*. *Autorizzazione e vigilanza delle controparti centrali*. — 1. La Banca d'Italia autorizza lo svolgimento dei servizi di compensazione in qualità di controparte centrale da parte di persone giuridiche stabilite nel territorio nazionale, ai sensi degli artt. 14 e 15 e secondo la procedura prevista dall'art. 17 del reg. (UE) n. 648/2012. La medesima autorità revoca l'autorizzazione allo svolgimento di servizi da parte di una controparte centrale quando ricorrono i presupposti di cui all'art. 20 del medesimo regolamento. Si applicano l'art. 79-*octiesdecies* e l'art. 79-*bisdecies*.

2. La Banca d'Italia, in qualità di presidente del collegio di autorità previsto dall'art. 18 del regolamento di cui al comma 1, può rinviare la questione dell'adozione di un parere comune negativo sull'autorizzazione di una controparte centrale all'AESFEM, come disposto dall'art. 17, par. 4, del medesimo regolamento, interrompendo i termini del procedimento di autorizzazione.

3. La vigilanza sulle controparti centrali è esercitata dalla Banca d'Italia, avendo riguardo alla stabilità e al contenimento del rischio sistemico, e dalla Consob, avendo riguardo alla trasparenza e alla tutela degli investitori. A tale fine la Banca d'Italia e la Consob, nell'ambito delle rispettive competenze, possono nei confronti delle controparti centrali e dei partecipanti:

a) chiedere la comunicazione anche periodica di dati e notizie e la trasmissione di atti e documenti, con le modalità e nei termini da esse stabiliti;

b) procedere ad audizione personale;

c) eseguire ispezioni;

d) richiedere l'esibizione di documenti e il compimento degli atti ritenuti necessari.

Nel caso previsto alla lett. *b*) del presente comma, la Banca d'Italia e la Consob redigono processo verbale dei dati, delle informazioni acquisite e delle dichiarazioni rese dagli interessati, i quali sono invitati a firmare il processo verbale e hanno diritto di averne copia. La Consob redige il processo verbale anche nel

(1) Rubrica così sostituita alla precedente «Gestione accentrata di strumenti finanziari» dall'art. 2.6, d.lg. 12 agosto 2016, n. 176.

(2) Titolo così sostituito dall'art. 2, d.lg. 27 gennaio 2010, n. 27. L'art. 7.3, d.lg. cit., così dispone: «In sede di prima applicazione delle disposizioni di cui all'art. 2 del presente decreto legislativo continuano ad applicarsi, in quanto compatibili, le disposizioni di attuazione, attualmente vigenti e corrispondenti per materia, del d.lg. 24 febbraio 1998, n. 58, e del d.lg. 24 giugno 1998, n. 213 (in *Leggi coll. IV, 8*). Fino all'emanazione del regolamento previsto dall'art. 83-*duodecies*, comma 3, i costi relativi alla richiesta di identificazione degli azionisti su istanza dei soci sono sostenuti dai soci richiedenti».

(3) Il Titolo II, di cui fa parte questo articolo, era stato interamente sostituito dall'art. 2, d.lg. 27 gennaio 2010, n. 27. L'art. 79-*quater* è stato successivamente abrogato dall'art. 2.7, d.lg. 12 agosto 2016, n. 176.

(4) Capo così sostituito dall'art. 2.8, d.lg. 12 agosto 2016, n. 176.

caso previsto dalla lett. *c*) del presente comma. Le modalità di esercizio dei poteri di vigilanza informativa sono disciplinate con regolamento adottato dalla Banca d'Italia, d'intesa con la Consob; con il medesimo regolamento possono essere stabiliti requisiti supplementari per lo svolgimento dei servizi di controparte centrale, in conformità al regolamento di cui al comma 1. La Banca d'Italia e la Consob, nell'ambito delle rispettive competenze e nel perseguimento delle finalità previste nel presente comma, possono imporre alle controparti centrali di adottare le azioni e le misure necessarie per assicurare il rispetto del regolamento di cui al comma 1, dei relativi atti delegati, delle norme tecniche di regolamentazione e di attuazione, nonché del presente titolo.

4. In caso di necessità e urgenza, la Banca d'Italia adotta, per le finalità attribuite ai sensi del comma 3, i provvedimenti necessari anche sostituendosi alle controparti centrali. Dei provvedimenti adottati la Banca d'Italia dà tempestiva comunicazione alla Consob, all'AESFEM, al collegio di autorità di cui al comma 2, alle rilevanti autorità del Sistema europeo delle Banche centrali e alle altre autorità interessate, ai sensi dell'art. 24 del regolamento di cui al comma 1.

5. La Banca d'Italia esercita le competenze specificamente indicate dagli artt. 41, par. 2, 49, par. 1, e 54, par. 1, del regolamento di cui al comma 1 e adotta, d'intesa con la Consob, i provvedimenti richiesti ai sensi degli artt. 31, parr. 1 e 2, e 35, par. 1, del medesimo regolamento.

6. Ai sensi dell'art. 32, par. 4, del regolamento di cui al comma 1, la Banca d'Italia e la Consob individuano e rendono pubbliche le informazioni necessarie per effettuare la valutazione prevista dal medesimo articolo.

7. Il Ministro dell'economia e delle finanze, sentite la Banca d'Italia e la Consob, determina con regolamento i requisiti di onorabilità, professionalità e indipendenza dei soggetti che svolgono funzioni di amministrazione, direzione e controllo nella controparte centrale, in conformità a quanto previsto dall'art. 13. Il difetto dei requisiti determina la decadenza dalla carica. Essa è dichiarata dal consiglio di amministrazione, dal consiglio di sorveglianza o dal consiglio di gestione entro trenta giorni dalla nomina o dalla conoscenza del difetto sopravvenuto. In caso di inerzia, la decadenza è pronunciata dalla Banca d'Italia o dalla Consob.

8. Il regolamento previsto dal comma 7 stabilisce le cause che comportano la sospensione temporanea dalla carica e la sua durata. Si applica il comma 7, terzo e quarto periodo.

9. In caso di violazione delle disposizioni previste dall'art. 31 del regolamento di cui al comma 1 per il trasferimento di partecipazioni qualificate nelle controparti centrali, non possono essere esercitati i diritti di voto inerenti alle partecipazioni detenute.

10. In caso di inosservanza del divieto di cui al comma precedente, la deliberazione o il diverso atto, adottati con il voto o, comunque, il contributo determinanti delle partecipazioni di cui al medesimo comma, sono impugnabili secondo le previsioni del codice civile. Le partecipazioni per le quali non può essere esercitato il diritto di voto sono computate ai fini della regolare costituzione della relativa assemblea.

11. L'impugnazione può essere proposta anche dalla Banca d'Italia o dalla Consob entro centottanta giorni dalla data della deliberazione ovvero, se questa è soggetta a iscrizione nel registro delle imprese, entro centottanta giorni dall'iscrizione o, se è soggetta solo a deposito presso l'ufficio del registro delle imprese, entro centottanta giorni dalla data di questo.

11-*bis*. La Banca d'Italia può adottare, d'intesa con la Consob, le disposizioni previste dall'art. 4-*undecies*, comma 4 (1).

12. Ove non diversamente specificato dal presente decreto, le competenze previste dal regolamento di cui al comma 1 in materia di vigilanza delle controparti centrali sono esercitate dalla Banca d'Italia e dalla Consob, ciascuna nell'ambito delle rispettive attribuzioni.

13. La Banca d'Italia e la Consob stabiliscono, mediante un protocollo di intesa, le modalità della cooperazione nello svolgimento delle rispettive competenze, con particolare riferimento alle posizioni rappresentate nell'ambito dei collegi e alla gestione delle situazioni di emergenza, nonché le modalità del reciproco scambio di informazioni rilevanti, anche con riferimento alle irregolarità rilevate e ai provvedimenti assunti nell'esercizio delle rispettive funzioni, tenuto conto dell'esigenza di ridurre al minimo gli oneri gravanti sugli operatori e dell'economicità dell'azione delle autorità di vigilanza. Il protocollo d'intesa è reso pubblico dalla Banca d'Italia e dalla Consob con le modalità da esse stabilite.

79-*septies*. *Garanzie acquisite nell'esercizio dell'attività di controparte centrale e prevalenza delle disposizioni in materia di segregazione e portabilità delle posizioni e delle garanzie della*

(1) Comma inserito dall'art. 3.2, d.lg. 3 agosto 2017, n. 129.

clientela. — 1. I margini e le altre prestazioni acquisite da una controparte centrale a titolo di garanzia dell'adempimento degli obblighi derivanti dall'attività di compensazione svolta in favore dei propri partecipanti non possono essere soggetti ad azioni esecutive o cautelari da parte dei creditori del singolo partecipante o della controparte centrale, anche in caso di apertura di procedure concorsuali. Le garanzie acquisite possono essere utilizzate esclusivamente secondo quanto previsto dal reg. (UE) n. 648/2012. L'apertura di una procedura di insolvenza nei confronti di un partecipante non pregiudica l'adozione e l'efficacia delle misure previste dall'art. 48 del predetto regolamento da parte della controparte centrale, in conformità al medesimo articolo, finalizzate alla gestione delle posizioni del partecipante insolvente e funzionali alla portabilità delle medesime e delle relative garanzie o alla restituzione di queste ultime ai clienti, secondo quanto previsto dal predetto regolamento. Tali misure non possono essere dichiarate inefficaci in virtù dell'applicazione di altre norme dell'ordinamento.

2. In caso di apertura di una procedura di insolvenza nei confronti di un partecipante italiano ad una controparte centrale autorizzata ai sensi del regolamento di cui al comma 1 ma stabilita in un altro Stato membro, l'opponibilità alla procedura delle misure adottate dalla controparte centrale ai sensi dell'art. 48 del regolamento di cui al comma 1 è disciplinata dalla legge regolatrice del sistema, secondo quanto previsto dall'art. 7 del d.lg. 12 aprile 2001, n. 210.

3. In caso di apertura di una procedura di insolvenza nei confronti di un partecipante italiano ad una controparte centrale stabilita in un Paese terzo ma riconosciuta ai sensi del reg. (UE) n. 648/2012, si applicano le tutele previste al comma 1.

CAPO II

Autorità nazionali competenti per l'esercizio di ulteriori poteri di vigilanza (1)

79-*octies*. *Individuazione delle autorità nazionali competenti per l'esercizio di ulteriori poteri di vigilanza ai sensi del reg. (UE) n. 648/2012*. — 1. La Consob è l'autorità nazionale competente per il rispetto degli obblighi di cui all'art. 4, par. 3, del reg. n. 648/2012 e delle relative norme tecniche di regolamentazione da parte dei soggetti che agiscono in qualità di partecipanti alle controparti centrali o in qualità di clienti di questi ultimi, come definiti dall'art. 2, punto 15), del citato regolamento, nonché degli obblighi di cui all'art. 38, par. 1, e all'art. 39, parr. 4, 5, 6 e 7 del medesimo regolamento, da parte dei soggetti che agiscono in qualità di partecipanti alle controparti centrali.

79-*octies*.1. *Individuazione delle autorità nazionali competenti per l'esercizio di ulteriori poteri di vigilanza ai sensi del reg. (UE) n. 600/2014*. — 1. La Consob è l'autorità competente per il rispetto degli obblighi di cui all'art. 29, parr. 1 e 2, del reg. (UE) n. 600/2014 da parte delle sedi di negoziazione, delle Sim, delle banche italiane, nonché delle imprese dei paesi terzi autorizzate ai sensi dell'art. 28 o dell'art. 29-*ter* del presente decreto, che operano in qualità di partecipanti alle controparti centrali.

2. La Consob è l'autorità competente per il rispetto degli obblighi connessi agli accordi stipulati ai sensi dell'art. 30 del regolamento di cui al comma 1 da parte dei soggetti che agiscono in qualità di partecipanti alle controparti centrali o in qualità di clienti di questi ultimi, come definiti dall'art. 2, punto 15), del reg. (UE) n. 648/2012.

3. La Consob è l'autorità competente per il rispetto degli obblighi di cui all'art. 31, parr. 2 e 3, del regolamento di cui al comma 1 da parte delle Sim, delle banche italiane, nonché delle imprese dei paesi terzi autorizzate ai sensi dell'art. 28 o dell'art. 29-*ter* del presente decreto e dei gestori dei mercati regolamentati.

4. La Banca d'Italia è l'autorità competente per il rispetto degli obblighi di cui al comma 3 per i mercati all'ingrosso di titoli di Stato (2).

79-*novies*. *Poteri di vigilanza*. — 1. Ai fini dello svolgimento delle funzioni attribuite dal presente titolo, nei confronti dei soggetti che agiscono in qualità di partecipanti alle controparti centrali o in qualità di clienti di questi ultimi, la Consob dispone dei poteri previsti dagli artt. 6-*bis*, 6-*ter* e 7. Nei confronti dei gestori delle sedi di negoziazione la Consob e la Banca d'Italia dispongono dei poteri previsti dagli artt. 62-*octies*, 62-*novies* e 62-*decies* (3).

(1) Capo così sostituito dall'art. 2.8, d.lg. 12 agosto 2016, n. 176.
(2) Articolo inserito dall'art. 3.3, d.lg. 3 agosto 2017, n. 129.
(3) Comma così sostituito dall'art. 3.4, d.lg. 3 agosto 2017, n. 129.

TITOLO II-*bis*

Disciplina dei depositari centrali e delle attività di regolamento e di gestione accentrata (1)

79-*decies*. *Definizioni*. — 1. Nel presente titolo si intendono per:

a) «autorità rilevanti»: le autorità indicate nell'art. 12, par. 1, del reg. (UE) n. 909/2014;

b) «intermediari»: i soggetti abilitati alla tenuta dei conti sui quali sono registrati gli strumenti finanziari e i relativi trasferimenti.

CAPO I

AUTORITÀ NAZIONALI COMPETENTI E RILEVANTI

79-*undecies*. *Individuazione delle autorità nazionali competenti sui depositari centrali*. — 1. La Consob e la Banca d'Italia sono le autorità nazionali competenti per l'autorizzazione e la vigilanza dei depositari centrali stabiliti nel territorio della Repubblica, ai sensi dell'art. 11, par. 1, del reg. (UE) n. 909/2014, secondo quanto disposto dai capi I e II.

2. La Consob, d'intesa con la Banca d'Italia, autorizza la prestazione dei servizi in qualità di depositario centrale di titoli da parte di persone giuridiche stabilite nel territorio della Repubblica, nonché l'estensione delle attività o l'esternalizzazione a terzi dei servizi, ai sensi degli artt. 16 e 19 del reg. n. 909/2014 e secondo la procedura prevista dall'art. 17 del medesimo regolamento. La Consob, d'intesa con la Banca d'Italia, revoca l'autorizzazione quando ricorrono i presupposti di cui all'art. 20 del regolamento di cui al comma 1.

3. La Consob, d'intesa con la Banca d'Italia, autorizza i depositari centrali stabiliti nel territorio della Repubblica a prestare in proprio i servizi accessori di tipo bancario, nonché a designare uno o più banche italiane o UE (2) e a estendere i menzionati servizi, ai sensi degli artt. 54 e 56 e secondo la procedura prevista dall'art. 55 del regolamento di cui al comma 1. La Consob, d'intesa con la Banca d'Italia, revoca l'autorizzazione quando ricorrono i presupposti di cui all'art. 57 dell'indicato regolamento.

4. La Consob comunica al soggetto richiedente l'esito del procedimento di autorizzazione di cui ai commi 2 e 3.

5. La Consob è l'autorità responsabile della cooperazione con le autorità competenti e le autorità rilevanti degli altri Stati membri, l'AESFEM e l'ABE. La medesima autorità è il punto di contatto nello scambio di informazioni e interessa la Banca d'Italia per gli aspetti di competenza di questa ultima.

6. La Consob adotta, d'intesa con la Banca d'Italia, i provvedimenti richiesti ai sensi degli artt. 18, par. 3, e 27, par. 8, del regolamento di cui al comma 1.

7. La Consob esercita, d'intesa con la Banca d'Italia, le competenze indicate dall'art. 23 del regolamento di cui al comma 1 in qualità di autorità competente dello Stato membro d'origine e in qualità di autorità competente dello Stato membro ospitante.

8. Fermo restando quanto previsto dal comma 5, la Consob e la Banca d'Italia, nell'ambito delle rispettive attribuzioni, collaborano con le autorità dello Stato membro d'origine o di quello ospitante, scambiano informazioni, concludono gli accordi di cooperazione previsti dall'art. 24, par. 4, del regolamento di cui al comma 1. Le predette autorità, nell'ambito delle rispettive attribuzioni, adottano le misure previste dal par. 5 del medesimo articolo e possono effettuare ispezioni presso le succursali. Ciascuna autorità comunica le ispezioni disposte all'altra autorità, la quale può chiedere di svolgere accertamenti su aspetti di propria competenza.

9. La Consob esercita, d'intesa con la Banca d'Italia, le competenze indicate dall'art. 25, parr. 6 e 7, del regolamento di cui al comma 1.

9-*bis*. La Consob può adottare, d'intesa con la Banca d'Italia, le disposizioni previste dall'art. 4-*undecies*, comma 4 (3).

10. La Consob adotta, d'intesa con la Banca d'Italia, le ulteriori misure previste dagli atti delegati e dalle norme tecniche di regolamentazione e di attuazione del regolamento di cui al comma 1.

79-*duodecies*. *Individuazione delle autorità nazionali competenti a svolgere le ulteriori funzioni previste dal reg. (UE) n. 909/2014*. — 1. Le autorità competenti a vigilare sull'applicazione della disciplina in materia di scritture contabili, prevista dall'art. 3 del reg. (UE) n. 909/2014, sono:

a) la Banca d'Italia, per quanto riguarda gli obblighi a carico delle controparti di un con-

(1) Titolo inserito dall'art. 2.9, d.lg. 12 agosto 2016, n. 176.
(2) La parola «UE» è stata così sostituita alla precedente «comunitarie» dall'art. 3.5, lett. a, d.lg. 3 agosto 2017, n. 129.
(3) Comma inserito dall'art. 3.5, lett. b, d.lg. 3 agosto 2017, n. 129.

tratto di garanzia finanziaria e delle sedi di negoziazione all'ingrosso dei titoli di Stato;

b) la Consob, per quanto riguarda gli obblighi a carico delle altre sedi di negoziazione e degli emittenti.

2. Le autorità competenti a vigilare sull'applicazione della disciplina in materia di data fissata per il regolamento titoli prevista dall'art. 5 del reg. (UE) n. 909/2014 sono:

a) la Consob e la Banca d'Italia, per quanto riguarda gli obblighi a carico dei partecipanti a un sistema di regolamento titoli;

b) la Banca d'Italia, per quanto riguarda gli obblighi a carico delle sedi di negoziazione all'ingrosso dei titoli di Stato;

c) la Consob, per quanto riguarda gli obblighi a carico delle altre sedi di negoziazione.

3. La Consob è l'autorità competente a vigilare sull'adempimento degli obblighi previsti dall'art. 6, par. 2, del regolamento di cui al comma 1 da parte delle Sim e delle banche italiane autorizzate all'esercizio dei servizi o delle attività di investimento.

4. Le autorità competenti a vigilare sull'applicazione della disciplina degli acquisti forzosi, prevista dall'art. 7 del regolamento di cui al comma 1, sono:

a) la Banca d'Italia e la Consob, per gli obblighi relativi alle operazioni compensate mediante controparte centrale, di cui all'art. 7, par. 10, lett. *a*), del regolamento di cui al comma 1;

b) la Banca d'Italia, per gli obblighi relativi alle operazioni non compensate mediante controparte centrale ma eseguite in una sede di negoziazione all'ingrosso di titoli di Stato, e la Consob, per le operazioni eseguite nelle altre sedi di negoziazione, di cui all'art. 7, par. 10, lett. *b*), del regolamento di cui al comma 1;

c) la Banca d'Italia, per gli obblighi relativi alle operazioni su titoli di Stato non compensate mediante controparte centrale ed eseguite al di fuori di una sede di negoziazione, e la Consob, per gli obblighi relativi alle operazioni eseguite su altri strumenti finanziari, di cui all'art. 7, par. 10, lett. *c*), del regolamento di cui al comma 1.

5. La Consob e la Banca d'Italia ricevono i dati trasmessi dagli internalizzatori di regolamento ai sensi dell'art. 9, par. 1, primo comma, del regolamento di cui al comma 1

6. La Consob è l'autorità competente per vigilare sull'adempimento degli obblighi previsti dall'art. 38, parr. 5 e 6, del regolamento di cui al comma 1 da parte dei partecipanti a un sistema di regolamento titoli.

79-*terdecies*. *Individuazione delle autorità nazionali rilevanti*. — 1. La Banca d'Italia e la Consob sono le autorità rilevanti ai sensi dell'art. 12, par. 1, lett. *a*), del reg. (UE) n. 909/2014.

CAPO II

FINALITÀ E DESTINATARI DELLA VIGILANZA

79-*quaterdecies*. *Finalità e poteri di vigilanza*. — 1. La vigilanza sui depositari centrali è esercitata dalla Consob, avendo riguardo alla trasparenza, all'ordinata prestazione dei servizi svolti dai depositari centrali, all'integrità dei mercati e alla tutela degli investitori, e dalla Banca d'Italia, avendo riguardo alla stabilità e al contenimento del rischio sistemico.

2. Ove non diversamente specificato nel presente decreto, le competenze previste dal reg. (UE) n. 909/2014 in materia di vigilanza sono esercitate dalla Consob e dalla Banca d'Italia, ciascuna nell'ambito delle rispettive attribuzioni.

3. La Consob e la Banca d'Italia, nell'ambito delle rispettive competenze e nel perseguimento delle finalità previste nel comma 1, possono, nei confronti dei depositari centrali, degli intermediari e degli altri soggetti tenuti all'applicazione del regolamento di cui al comma 2:

a) chiedere la comunicazione anche periodica di dati e notizie e la trasmissione di atti e documenti, con le modalità e nei termini da esse stabiliti;

b) procedere ad audizione personale;

c) eseguire ispezioni;

d) richiedere l'esibizione di documenti e il compimento degli atti ritenuti necessari.

4. Nel caso previsto dal comma 3, lett. *b*), la Banca d'Italia e la Consob redigono processo verbale dei dati e delle informazioni acquisite e delle dichiarazioni rese dagli interessati, i quali sono invitati a firmare il processo verbale e hanno diritto di averne copia. La Consob redige il processo verbale anche nel caso previsto dalla lett. *c*) del comma 3.

5. La Consob e la Banca d'Italia, nell'ambito delle rispettive competenze e nel perseguimento delle finalità previste nel comma 1, possono imporre ai depositari centrali di adottare le azioni e le misure necessarie per assicurare il rispetto del regolamento di cui al comma 2, dei relativi atti delegati, delle norme tecniche di regolamentazione e di attuazione, nonché del presente titolo.

6. La Consob può esercitare gli ulteriori poteri previsti dall'art. 187-*octies*, comma 4, lett. *a*), *c*), *d*) ed *e-bis*), e comma 6.

7. In caso di necessità e urgenza, la Banca

d'Italia adotta, per le finalità indicate al comma 1, i provvedimenti necessari, anche sostituendosi ai depositari centrali.

8. La Consob e la Banca d'Italia possono dettare disposizioni inerenti alle modalità di esercizio dei poteri di vigilanza.

9. Al fine di coordinare l'esercizio delle funzioni di cui al presente titolo, la Consob e la Banca d'Italia stabiliscono, mediante un protocollo di intesa, le modalità della cooperazione e del reciproco scambio delle informazioni rilevanti, tenuto conto dell'esigenza di ridurre al minimo gli oneri gravanti sui soggetti vigilati e di assicurare l'economicità dell'azione delle autorità di vigilanza. Il protocollo d'intesa è reso pubblico dalla Consob e dalla Banca d'Italia con le modalità da esse stabilite.

79-*quinquiesdecies*. *Regolamento dei servizi*. — 1. I depositari centrali disciplinano con regolamento i servizi da essi prestati, le relative modalità di svolgimento e i criteri di ammissione dei partecipanti.

2. La Consob, d'intesa con la Banca d'Italia, approva in sede di autorizzazione iniziale i regolamenti di cui al comma 1, ogni successiva modificazione e può richiedere di apportare modificazioni idonee a eliminare le disfunzioni riscontrate nei servizi prestati.

79-*sexiesdecies*-**79**-*septiesdecies*. . . . . (1).

CAPO III

I DEPOSITARI CENTRALI

Sezione I. — *Disciplina dei depositari centrali*

79-*octiesdecies*. *Revisione legale dei conti*. — 1. Ai depositari centrali stabiliti nel territorio della Repubblica si applicano gli artt. 155, comma 2, 156, comma 4 e 159, comma 1.

79-*noviesdecies*. *Modifiche all'assetto di controllo*. — 1. In caso di violazione delle disposizioni previste dall'art. 27, parr. 7 e 8, del reg. (UE) n. 909/2014 per il trasferimento delle partecipazioni che danno origine a cambiamenti dell'identità delle persone che esercitano il controllo sul funzionamento del depositario centrale di titoli, non possono essere esercitati i diritti di voto inerenti alle partecipazioni detenute. In caso di inosservanza del divieto, la deliberazione o il diverso atto, adottati con il voto o, comunque, il contributo determinanti delle medesime partecipazioni, sono impugnabili secondo le previsioni del codice civile. Le partecipazioni per le quali non può essere esercitato il diritto di voto sono computate ai fini della regolare costituzione della relativa assemblea.

2. L'impugnazione può essere proposta anche dalla Consob o dalla Banca d'Italia entro centottanta giorni dalla data della deliberazione ovvero, se questa è soggetta a iscrizione nel registro delle imprese, entro centottanta giorni dall'iscrizione o, se è soggetta solo a deposito presso l'ufficio del registro delle imprese, entro centottanta giorni dalla data di questo.

79 -*noviesdecies*.1. *Disposizioni applicabili allo svolgimento di servizi e attività di investimento da parte dei depositari centrali*. — 1. Fermo restando quanto previsto dal presente titolo e dal titolo II-*ter*, ai depositari centrali autorizzati ai sensi del reg. (UE) n. 909/2014 e stabiliti nel territorio della Repubblica o stabiliti in un altro Stato membro aventi succursale in Italia, che svolgono servizi e attività di investimento in aggiunta alla prestazione dei servizi esplicitamente elencati alle sezioni A e B dell'allegato all'indicato regolamento, si applicano le disposizioni del presente decreto disciplinanti la prestazione di tali servizi e attività, ad eccezione degli artt. 13, 14, 15, 16, 17, 18, 19, 20 e 20-*bis*, in conformità a quanto previsto dall'art. 73 del predetto regolamento (2).

Sezione II. — *Crisi dei depositari centrali*

79-*bis decies*. *Crisi*. — 1. Nel caso di accertate gravi irregolarità, il Ministero dell'economia e delle finanze, su proposta della Consob o della Banca d'Italia, può disporre lo scioglimento degli organi amministrativi dei depositari centrali stabiliti nel territorio della Repubblica, con decreto pubblicato nella *Gazzetta Ufficiale* della Repubblica Italiana. Con tale decreto sono nominati uno o più commissari straordinari per l'amministrazione del depositario centrale di titoli e sono determinate le indennità spettanti ai commissari, a carico della società stessa. Si applicano gli artt. 70, commi da 2 a 5, 72, ad eccezione dei commi 2 e 8, e 75 del d.lg. 1° settembre 1993, n. 385 (3), intendendosi attribuiti all'autorità che ha proposto il provvedimento i poteri della Banca d'Italia.

2. Se è dichiarato lo stato di insolvenza di un

(1) Articoli inseriti dall'art. 2.9, d.lg. 12 agosto 2016, n. 176, e successivamente abrogati dall'art. 3.6, d.lg. 3 agosto 2017, n. 129.
(2) Articolo inserito dall'art. 3.7 d.lg. 3 agosto 2017, n. 129.
(3) In *Leggi coll. XVII, 1*.

depositario centrale ai sensi dell'art. 195 della legge fallimentare ovvero sia disposta la revoca dell'autorizzazione ai sensi del reg. (UE) n. 909/2014, il Ministero dell'economia e delle finanze dispone con decreto la liquidazione coatta amministrativa con esclusione del fallimento, secondo le disposizioni degli artt. 80, commi 3, 4, 5 e 6, 81, 82, 83, 84, ad eccezione del comma 2, da 85 a 90, 91 ad eccezione dei commi 1-*bis* e 11-*bis*, 92, 93 e 94 del d.lg. 1° settembre 1993, n. 385 (1), in quanto compatibili.

80-81-*bis*. .... (2).

CAPO IV

Gestione accentrata di strumenti finanziari (3) (4)

82. *Attività e regolamento della gestione accentrata*. — 1. L'attività di gestione accentrata è esercitata da depositari centrali autorizzati ai sensi del reg. (UE) n. 909/2014 alla prestazione dei servizi di cui alla Sezione A, punti 1) e 2), dell'Allegato al medesimo regolamento e relativi servizi accessori.

2. Al fine di assicurare il perseguimento delle finalità di cui all'art. 79-*quaterdecies*, comma 1, la Consob, d'intesa con la Banca d'Italia, può individuare con regolamento nel rispetto delle disposizioni del regolamento di cui al comma 1:

a) le modalità di svolgimento e le caratteristiche del servizio di cui alla Sezione A, punto 1), e dei servizi accessori di tipo non bancario elencati nella Sezione B, punti 2) e 3), dell'Allegato al regolamento di cui al comma 1, nonché di ogni ulteriore servizio di tipo non bancario, accessorio ai servizi di cui alla Sezione A, punti 1) e 2), consentito ma non esplicitamente elencato nella sezione B dell'Allegato al regolamento di cui al comma 1;

b) le categorie di intermediari che possono detenere conti titoli presso il depositario centrale e le attività, previste dal presente capo, che gli intermediari sono abilitati a svolgere;

c) le caratteristiche degli strumenti finanziari indicati all'art. 83-*bis*, comma 2, ai fini dell'assoggettamento dei medesimi alle disposizioni della sezione I del presente capo;

d) fatto salvo quanto previsto dall'art. 83-*sexies*, comma 4, i modelli, le modalità, i termini e l'intermediario responsabile per il rilascio e la revoca delle certificazioni nonché per l'effettuazione e la rettifica delle comunicazioni;

e) i criteri e le modalità di svolgimento dell'attività indicata nell'art. 83-*octies*;

f) i termini entro i quali gli intermediari e i depositari centrali adempiono, ai sensi dell'art. 83-*novies*, comma 1, lett. *d*), *e*), *f*) e *g*), e dell'art. 89, rispettivamente, agli obblighi di segnalazione agli emittenti dei dati identificativi degli aventi diritti sulle azioni e delle registrazioni effettuate ai sensi dell'art. 83-*octies*;

g) le modalità e i termini di comunicazione, su richiesta, nei casi e ai soggetti individuati dal regolamento stesso, dei dati identificativi dei titolari degli strumenti finanziari e degli intermediari che li detengono, fatta salva la possibilità per i titolari degli strumenti finanziari di vietare espressamente la comunicazione dei propri dati identificativi e fatto altresì salvo quanto previsto dall'art. 83-*duodecies* per gli strumenti finanziari ivi previsti;

h) i requisiti che i corrispettivi indicati al comma 3 e i corrispettivi richiesti dagli intermediari per la tenuta dei conti devono rispettare;

i) le altre modalità operative per la gestione delle operazioni societarie da parte degli intermediari e le ulteriori disposizioni necessarie per l'attuazione di quanto previsto nel presente capo e quelle comunque dirette a perseguire le finalità indicate nella prima parte del presente comma.

3. La Consob, sentita la Banca d'Italia, può stabilire che i corrispettivi per i servizi di cui alla Sezione A, punti 1), 2) e 3), dell'Allegato al regolamento di cui al comma 1, svolti dai depositari centrali, nonché i corrispettivi richiesti dagli intermediari per le certificazioni, comunicazioni e segnalazioni previste dal presente

(1) In *Leggi coll. XVII, 1*.

(2) Articoli abrogati dall'art. 2.9, d.lg. 12 agosto 2016, n. 176.

(3) Capo inserito dall'art. 2.10, d.lg. 12 agosto 2016, n. 176. L'art. 5.1, d.lg. cit., così dispone: «La disciplina in materia di liquidazione di operazioni in strumenti finanziari non derivati e di società di gestione accentrata oggetto di modifica o abrogazione da parte del presente decreto, e le relative disposizioni attuative contenute nel provvedimento adottato dalla Banca d'Italia e dalla Consob il 22 febbraio 2008, recante disciplina dei servizi di gestione accentrata, di liquidazione, dei sistemi di garanzia e delle relative società di gestione, pubblicato nella *Gazzetta Ufficiale* della Repubblica Italiana n. 54 del 4 marzo 2008, come successivamente modificato, nonché la relativa disciplina sanzionatoria, continuano ad applicarsi in conformità alle disposizioni transitorie previste dall'art. 69, par. 4, del reg. (UE) n. 909/2014».

(4) Per la disciplina delle controparti centrali, dei depositari centrali e dell'attività di gestione accentrata (Provvedimento unico sul Post-Trading) v. provv Consob 13 agosto 2018, in G.U., 30 agosto 2018, n. 201.

capo siano soggetti ad approvazione da parte della medesima autorità.

4. Il regolamento previsto nel comma 2 può demandare al regolamento previsto dall'art. 79-*quinquiesdecies*, comma 1, la disciplina di alcune delle materie delegate, ai sensi del medesimo comma o di altre disposizioni del presente capo, alla potestà regolamentare della Consob esercitata d'intesa con la Banca d'Italia (1).

Sezione I. — *Gestione accentrata in regime di dematerializzazione* (2)

83. .... (3).

83-*bis*. *Ambito di applicazione*. — 1. I valori mobiliari regolati dalla legge italiana ammessi alla negoziazione o negoziati in una sede di negoziazione italiana o di altro Paese dell'Unione europea con il consenso dell'emittente possono esistere solo in forma scritturale (4) (5).

1-*bis*. L'obbligo di cui al comma 1 può essere assolto tramite emissione diretta o immissione, in regime di dematerializzazione, presso un depositario centrale stabilito nel territorio della Repubblica, o presso un depositario centrale autorizzato alla prestazione transfrontaliera dei servizi nel territorio della Repubblica, ai sensi dell'art. 23 del reg. (UE) n. 909/2014 (6).

2. [...] (7) Il regolamento indicato dall'art. 82, comma 2 (8), può prevedere che siano assoggettati alla disciplina della presente sezione anche strumenti finanziari non aventi le caratteristiche indicate al comma 1 (9), al fine di agevolarne la circolazione (10) (11).

3. L'emittente strumenti finanziari diversi da quelli di cui al comma 1 può volontariamente assoggettarli al regime di dematerializzazione presso un depositario centrale stabilito nel territorio della Repubblica, secondo la disciplina della presente sezione (12).

83-*ter*. .... (13).

83-*quater*. *Attribuzioni dei depositari centrali e degli intermediari* (14). — 1. Il trasferimento degli strumenti finanziari soggetti alla disciplina della presente sezione nonché l'esercizio dei relativi diritti patrimoniali possono effettuarsi soltanto tramite gli intermediari.

2. A nome e su richiesta degli intermediari, i depositari centrali accendono (15) per ogni in-

(1) Articolo così sostituito, da ultimo, dall'art. 2.11, d.lg. 12 agosto 2016, n. 176.

(2) Sezione inserita dall'art. 2.12, d.lg. 12 agosto 2016, n. 176.

(3) Articolo abrogato dall'art. 2.13, d.lg. 12 agosto 2016, n. 176.

(4) L'art. 5.3, d.lg. 12 agosto 2016, n. 176, così dispone: «Il comma 1 dell'art. 83-*bis* si applica fino alla data di applicazione dell'art. 3, par. 1, del reg. (UE) n. 909/2014. A decorrere dalla medesima data, il comma 1 è abrogato e il comma 1-*bis* è sostituito dal seguente e rinumerato come comma 1:

1. L'obbligo di rappresentazione in forma scritturale previsto dall'art. 3, par. 1, del reg. (UE) n. 909/2014 può essere assolto tramite emissione diretta, o immissione, in regime di dematerializzazione, presso un depositario centrale di titoli stabilito nel territorio della Repubblica, o presso un depositario centrale di titoli autorizzato alla prestazione transfrontaliera dei servizi nel territorio della Repubblica, ai sensi dell'art. 23 del medesimo regolamento».

(5) Comma così sostituito dall'art. 2.14, lett. a, d.lg. 12 agosto 2016, n. 176. L'art. 5.3, d.lg. cit., così dispone: «Il comma 1 dell'art. 83-*bis* si applica fino alla data di applicazione dell'art. 3, par. 1, del reg. (UE) n. 909/2014. A decorrere dalla medesima data, il comma 1 è abrogato e il comma 1-*bis* è sostituito e rinumerato come comma 1».

(6) Comma inserito dall'art. 2.14, lett. b, d.lg. 12 agosto 2016, n. 176.

(7) Le parole «In funzione della loro diffusione tra il pubblico» sono state soppresse dall'art. 2.14, lett. c, n. 1, d.lg. 12 agosto 2016, n. 176.

(8) Le parole «regolamento indicato dall'art. 81» sono state così sostituite alle precedenti «regolamento di cui all'art. 81» dall'art. 1.4, lett. b, d.lg. 18 giugno 2012, n. 91. Successivamente le parole «82, comma 2» sono state così sostituite alle precedenti «81, comma 1» dall'art. 2.14, lett. c, n. 2, d.lg. 12 agosto 2016, n. 176.

(9) Le parole «le caratteristiche indicate al comma 1» sono state così sostituite alle precedenti «le caratteristiche di cui al comma 1» dall'art. 1.4, lett. b, d.lg. 18 giugno 2012, n. 91.

(10) Le parole «, al fine di agevolarne la circolazione» sono state aggiunte dall'art. 2.14, lett. c, n. 3, d.lg. 12 agosto 2016, n. 176.

(11) L'art. 5.4, d.lg. 12 agosto 2016, n. 176, così dispone: «A decorrere dalla data indicata dal comma 3 il comma 2 dell'art. 83-*bis* è sostituito dal seguente:

2. Il regolamento indicato dall'art. 82 può prevedere che siano assoggettati alla disciplina della presente sezione anche strumenti finanziari non soggetti all'applicazione dell'art. 3, par. 1, del reg. (UE) n. 909/2014, al fine di agevolarne la circolazione».

(12) Comma così sostituito dall'art. 2.14, lett. d, d.lg. 12 agosto 2016, n. 176.

(13) Articolo abrogato dall'art. 2.15, d.lg. 12 agosto 2016, n. 176.

(14) Rubrica così sostituita alla precedente «Attribuzioni della società di gestione e dell'intermediario» dall'art. 2.16, lett. a, d.lg. 12 agosto 2016, n. 176.

(15) Le parole «i depositari centrali accendono» sono state così sostituite alle precedenti «la società di gestione accentrata accende» dall'art. 2.16, lett. b, d.lg. 12 agosto 2016, n. 176.

termediario conti destinati a registrare i movimenti degli strumenti finanziari disposti tramite lo stesso.

3. L'intermediario, qualora incaricato dello svolgimento del servizio, registra per ogni titolare di conto gli strumenti finanziari di sua pertinenza nonché il trasferimento, gli atti di esercizio ed i vincoli di cui all'art. 83-*octies*, disposti dal titolare o a carico del medesimo, in conti distinti e separati sia tra loro sia rispetto agli eventuali conti di pertinenza dell'intermediario stesso. In ogni altro caso l'intermediario fornisce comunicazione dell'avvenuta operazione all'intermediario presso cui il titolare ha aperto il conto, per i successivi adempimenti. La registrazione dei trasferimenti è effettuata dagli intermediari all'esito del regolamento delle relative operazioni.

4. Le rilevazioni e le comunicazioni prescritte dalle norme vigenti che prevedono la individuazione numerica dei certificati sono effettuate mediante l'indicazione della specie e della quantità degli strumenti finanziari cui esse si riferiscono.

83-*quinquies*. *Diritti del titolare del conto*. — 1. Effettuata la registrazione, il titolare del conto indicato nell'art. 83-*quater*, comma 3, ha la legittimazione piena ed esclusiva all'esercizio dei diritti relativi agli strumenti finanziari in esso registrati, secondo la disciplina propria di ciascuno di essi e le norme del presente titolo. Il titolare può disporre degli strumenti finanziari registrati nel conto in conformità con quanto previsto dalle norme vigenti in materia.

2. Colui il quale ha ottenuto la registrazione in suo favore, in base a titolo idoneo e in buona fede, non è soggetto a pretese o azioni da parte di precedenti titolari.

3. Salvo quanto previsto all'art. 83-*sexies*, la legittimazione all'esercizio dei diritti indicati nel comma 1 è attestata dall'esibizione di certificazioni o da comunicazioni all'emittente (1), rilasciate o effettuate dagli intermediari, in conformità alla proprie scritture contabili, in favore del soggetto a cui spetta il diritto e recanti l'indicazione del diritto sociale esercitabile, secondo quanto previsto dal regolamento di cui all'art. 82, comma 2 (2).

4. Le certificazioni e le comunicazioni non conferiscono altri diritti oltre alla legittimazione sopra indicata. Sono nulli gli atti di disposizione aventi a oggetto le certificazioni suddette (2).

4-*bis*. Fuori dai casi previsti dall'art. 2352, ultimo comma, del codice civile non può esservi, per gli stessi strumenti finanziari, più di una certificazione o comunicazione ai fini della legittimazione all'esercizio degli stessi diritti (3).

83-*sexies*. *Diritto d'intervento in assemblea ed esercizio del voto*. — 1. La legittimazione all'intervento in assemblea e all'esercizio del diritto di voto è attestata da una comunicazione all'emittente, effettuata dall'intermediario, in conformità alle proprie scritture contabili, in favore del soggetto a cui spetta il diritto di voto.

2. Per le assemblee dei portatori di strumenti finanziari ammessi alla negoziazione con il consenso dell'emittente nei mercati regolamentati o nei sistemi multilaterali di negoziazione italiani o di altri Paesi dell'Unione europea, la comunicazione prevista al comma 1 è effettuata dall'intermediario sulla base delle evidenze dei conti indicati all'art. 83-*quater*, comma 3, relative al termine della giornata contabile del settimo giorno di mercato aperto precedente la data fissata per l'assemblea. Le registrazioni in accredito o in addebito compiute sui conti successivamente a tale termine non rilevano ai fini della legittimazione all'esercizio del diritto di voto nell'assemblea. Ai fini della presente disposizione si ha riguardo alla data della prima convocazione purché le date delle eventuali convocazioni successive siano indicate nell'unico avviso di convocazione; in caso contrario si ha riguardo alla data di ciascuna convocazione (4).

3. Per le assemblee diverse da quelle indicate al comma 2, lo statuto può richiedere che gli strumenti finanziari oggetto di comunicazione siano registrati nel conto del soggetto a cui spetta il diritto di voto a partire da un termine prestabilito, eventualmente prevedendo che essi non possano essere ceduti fino alla chiusura dell'assemblea. Con riferimento alle assemblee dei portatori di azioni diffuse tra il pubblico in misura rilevante il termine non può essere superiore a due giorni non festivi. Qualora lo statuto non impedisca la cessione degli strumenti finanziari, l'eventuale cessione degli stessi comporta l'obbligo per l'intermediario

(1) Le parole «all'emittente» sono state così sostituite alle precedenti «dell'emittente» dall'art. 3.8, d.lg. 3 agosto 2017, n. 129.

(2) Comma così sostituito dall'art. 2.17, lett. a, d.lg. 12 agosto 2016, n. 176.

(3) Comma aggiunto dall'art. 2.17, lett. b, d.lg. 12 agosto 2016, n. 176.

(4) Comma così sostituito dall'art. 1.7, lett. a, d.lg. 18 giugno 2012, n. 91. L'art. 5.1, d.lg. cit., così dispone: «Le disposizioni recate dall'art. 1 e dall'art. 2, limitatamente al comma 7, e dall'art. 3, limitatamente ai commi 1, 2, 9, 10 e 11 si applicano alle assemblee il cui avviso di convocazione sia pubblicato dopo il 1° gennaio 2013».

di rettificare la comunicazione precedentemente inviata (1).

4. Le comunicazioni indicate nel comma 1 devono pervenire all'emittente entro la fine del terzo giorno di mercato aperto precedente la data indicata nel comma 2, ultimo periodo (2) ovvero il diverso termine stabilito dalla Consob, d'intesa con la Banca d'Italia con regolamento, oppure entro il successivo termine indicato nello statuto ai sensi del comma 3 e del comma 5 (3). Resta ferma la legittimazione all'intervento e al voto qualora le comunicazioni siano pervenute all'emittente oltre i termini indicati nel presente comma, purché entro l'inizio dei lavori assembleari della singola convocazione.

5. Alle assemblee dei portatori di strumenti finanziari emessi dalle società cooperative si applicano i commi 1, 3 e 4. Con riferimento alle assemblee dei portatori di strumenti finanziari ammessi alla negoziazione con il consenso dell'emittente nei mercati regolamentati o nei sistemi multilaterali di negoziazione italiani o di altri Paesi dell'Unione europea, il termine indicato al comma 3 non può essere superiore a due giorni non festivi (4) (5).

83-*septies*. *Eccezioni opponibili*. — 1. All'esercizio dei diritti inerenti agli strumenti finanziari da parte del soggetto in favore del quale è avvenuta la registrazione l'emittente può opporre soltanto le eccezioni personali al soggetto stesso e quelle comuni a tutti gli altri titolari degli stessi diritti.

83-*octies*. *Costituzione di vincoli*. — 1. I vincoli di ogni genere sugli strumenti finanziari disciplinati dalla presente sezione, ivi compresi quelli previsti dalla normativa speciale sui titoli di debito pubblico, si costituiscono unicamente con le registrazioni in apposito conto tenuto dall'intermediario.

2. Possono essere accesi specifici conti destinati a consentire la costituzione di vincoli sull'insieme degli strumenti finanziari in essi registrati; in tal caso l'intermediario è responsabile dell'osservanza delle istruzioni ricevute all'atto di costituzione del vincolo in ordine alla conservazione dell'integrità del valore del vincolo ed all'esercizio dei diritti relativi agli strumenti finanziari.

83-*novies*. *Compiti dell'intermediario*. — 1. L'intermediario:

a) esercita, in nome e per conto del titolare del conto i diritti inerenti agli strumenti finanziari, qualora quest'ultimo gli abbia conferito il relativo mandato;

b) a richiesta dell'interessato, effettua le comunicazioni e rilascia le certificazioni di cui all'art. 83-*quinquies*, comma 3, quando necessarie per l'esercizio dei diritti relativi agli strumenti finanziari (6);

c) effettua, a richiesta dell'interessato, le comunicazioni previste dall'art. 83-*sexies*; la richiesta può essere effettuata con riferimento a tutte le assemblee di uno o più emittenti, fino a diversa indicazione; in tal caso, l'intermediario provvede senza necessità di ulteriori richieste all'invio delle comunicazioni;

d) segnala all'emittente i dati identificativi dei soggetti che hanno richiesto la certificazione prevista dall'art. 83-*quinquies*, comma 3, nonché di coloro ai quali sono stati pagati dividendi e di coloro che, esercitando il diritto di opzione o altro diritto, hanno acquisito la titolarità di strumenti finanziari nominativi, specificandone le relative quantità ai fini degli adempimenti a carico dell'emittente; salvo

(1) Comma così sostituito dall'art. 1.7, lett. b, d.lg. 18 giugno 2012, n. 91. L'art. 5.1, d.lg. cit., così dispone: «Le disposizioni recate dall'art. 1 e dall'art. 2, limitatamente al comma 7, e dall'art. 3, limitatamente ai commi 1, 2, 9, 10 e 11 si applicano alle assemblee il cui avviso di convocazione sia pubblicato dopo il 1° gennaio 2013».

(2) Le parole «indicata nel comma 2, ultimo periodo» sono state così sostituite alle precedenti «fissata per l'assemblea in prima convocazione» dall'art. 1.7, lett. c, d.lg. 18 giugno 2012, n. 91. L'art. 5.1, d.lg. cit., così dispone: «Le disposizioni recate dall'art. 1 e dall'art. 2, limitatamente al comma 7, e dall'art. 3, limitatamente ai commi 1, 2, 9, 10 e 11 si applicano alle assemblee il cui avviso di convocazione sia pubblicato dopo il 1° gennaio 2013».

(3) Le parole «entro il successivo termine indicato nello statuto ai sensi del comma 3 e del comma 5» sono state così sostituite alle precedenti «entro il successivo termine stabilito nello statuto delle società indicate nel comma 3» dall'art. 1.7, lett. c, d.lg. 18 giugno 2012, n. 91. L'art. 5.1, d.lg. cit., così dispone: «Le disposizioni recate dall'art. 1 e dall'art. 2, limitatamente al comma 7, e dall'art. 3, limitatamente ai commi 1, 2, 9, 10 e 11 si applicano alle assemblee il cui avviso di convocazione sia pubblicato dopo il 1° gennaio 2013».

(4) Comma così sostituito dall'art. 1.7, lett. d, d.lg. 18 giugno 2012, n. 91. L'art. 5.1, d.lg. cit., così dispone: «Le disposizioni recate dall'art. 1 e dall'art. 2, limitatamente al comma 7, e dall'art. 3, limitatamente ai commi 1, 2, 9, 10 e 11 si applicano alle assemblee il cui avviso di convocazione sia pubblicato dopo il 1° gennaio 2013».

(5) L'art. 7.1, d.lg. 27 gennaio 2010, n. 27, così dispone: «Gli artt. 1, 2, limitatamente all'art. 83-*sexies* dallo stesso introdotto nel d.lg. 24 febbraio 1998, n. 58, nonché gli artt. 3 e 6 del presente decreto legislativo si applicano alle assemblee il cui avviso di convocazione sia pubblicato dopo il 31 ottobre 2010. Fino a tale data continuano ad applicarsi le disposizioni sostituite od abrogate dalle corrispondenti disposizioni del presente decreto legislativo».

(6) Lettera così sostituita dall'art. 2.18, lett. a, d.lg. 12 agosto 2016, n. 176.

quanto previsto dalla lett. *f*), nei casi in cui si dà luogo alla comunicazione, essa soddisfa gli obblighi di segnalazione (1);

e) segnala altresì all'emittente, a richiesta dell'interessato ovvero quando previsto dalle disposizioni vigenti i dati identificativi (2) degli aventi diritti sugli strumenti finanziari ai fini degli adempimenti a carico dell'emittente;

f) nei casi in cui siano diversi dai soggetti richiedenti le certificazioni o a cui favore siano state effettuate le comunicazioni [...] (3), segnala all'emittente i dati identificativi (2) degli aventi diritti sugli strumenti finanziari ai fini degli adempimenti a carico dell'emittente;

g) nei casi in cui effettua le comunicazioni di cui alle lett. *b*) e *c*) (4) e le segnalazioni di cui alle lett. *d*), *e*) ed *f*), segnala all'emittente i vincoli sugli strumenti finanziari iscritti ai sensi dell'art. 83-*octies* (5).

2. Il deposito delle certificazioni rilasciate dall'intermediario e la ricezione delle comunicazioni da parte dell'emittente sostituiscono, ad ogni effetto di legge, il deposito del titolo previsto da disposizioni vigenti (6).

3. .... (7).

83-*decies*. *Responsabilità dell'intermediario*. — 1. L'intermediario è responsabile:

a) verso il titolare del conto, per i danni derivanti dall'esercizio dell'attività di trasferimento suo tramite degli strumenti finanziari, di tenuta dei conti, e per il puntuale adempimento degli obblighi posti dal presente decreto e dal regolamento di cui all'art. 82, comma 2 (8);

b) verso l'emittente, per l'adempimento degli obblighi di comunicazione e segnalazione imposti dal presente decreto e dal regolamento di cui all'art. 81, comma 1.

83-*undecies*. *Obblighi degli emittenti azioni*. — 1. Gli emittenti azioni aggiornano il libro dei soci in conformità alle comunicazioni e alle segnalazioni effettuate dagli intermediari ai sensi dell'art. 83-*novies*, comma 1, lett. *b*), *c*), *d*), *e*), *f*), e *g*) (9), dell'art. 83-*duodecies* nonché, nell'ipotesi di sollecitazione di deleghe promossa dall'emittente stesso, in conformità alle comunicazioni effettuate dagli intermediari ai sensi dell'art. 144, comma 1, (10) entro trenta giorni dal ricevimento delle medesime.

2. Fermo restando l'art. 2421 del codice civile, anche qualora il libro soci non sia formato o tenuto con strumenti informatici, le risultanze del medesimo libro sono messe a disposizione dei soci, a loro richiesta, anche su supporto informatico in un formato comunemente utilizzato (11).

3. Alle società cooperative non si applica il comma 1 (12).

4. Resta fermo quanto previsto dall'art. 7 della l. 29 dicembre 1962, n. 1745.

83-*duodecies*. *Identificazione degli azionisti*. — 1. Ove previsto dallo statuto, le società italiane con azioni ammesse alla negoziazione con il consenso dell'emittente nei mercati regolamentati o nei sistemi multilaterali di negoziazione italiani o di altri Paesi dell'Unione europea (13) possono chiedere, in qualsiasi mo-

(1) Lettera così sostituita dall'art. 2.18, lett. b, d.lg. 12 agosto 2016, n. 176.

(2) Le parole «dati identificativi» sono state così sostituite alla precedente «nominativi» dall'art. 2.18, lett. c, d.lg. 12 agosto 2016, n. 176.

(3) Le parole «per l'intervento in assemblea» sono state soppresse dall'art. 3.9, d.lg. 3 agosto 2017, n. 129.

(4) Le parole «alle lett. *b*) e *c*)» sono state così sostituite alle precedenti «alla lett. *c*)» dall'art. 2.18, lett. d, d.lg. 12 agosto 2016, n. 176.

(5) Le parole «i vincoli sugli strumenti finanziari iscritti ai sensi dell'art. 83-*octies*» sono state così sostituite alle precedenti «le registrazioni di cui all'art. 83-*octies*» dall'art. 1.8, d.lg. 18 giugno 2012, n. 91.

(6) Comma così sostituito dall'art. 2.18, lett. e, d.lg. 12 agosto 2016, n. 176.

(7) Comma abrogato dall'art. 2.18, lett. f, d.lg. 12 agosto 2016, n. 176.

(8) Le parole «82, comma 2» sono state così sostituite alle precedenti «81, comma 1» dall'art. 2.19, d.lg. 12 agosto 2016, n. 176.

(9) Le parole «, *f*), e *g*),» sono state così sostituite alle precedenti «ed *f*), e» dall'art. 1.9, lett. a, d.lg. 18 giugno 2012, n. 91.

(10) Le parole «nonché, nell'ipotesi di sollecitazione di deleghe promossa dall'emittente stesso, in conformità alle comunicazioni effettuate dagli intermediari ai sensi dell'art. 144, comma 1,» sono state inserite dall'art. 1.9, lett. a, d.lg. 18 giugno 2012, n. 91.

(11) Le parole «in un formato comunemente utilizzato» sono state aggiunte dall'art. 1.9, lett. b, d.lg. 18 giugno 2012, n. 91.

(12) Comma così sostituito dall'art. 1.9, lett. c, d.lg. 18 giugno 2012, n. 91.

(13) Le parole «azioni ammesse alla negoziazione con il consenso dell'emittente nei mercati regolamentati o nei sistemi multilaterali di negoziazione italiani o di altri Paesi dell'Unione europea» sono state così sostituite alle precedenti «azioni ammesse alla negoziazione nei mercati regolamentati o nei sistemi multilaterali di negoziazione italiani o di altri Paesi dell'Unione Europea con il consenso dell'emittente» dall'art. 2.10, lett. a, d.lg. 18 giugno 2012, n. 91.

mento e con oneri a proprio carico, agli intermediari, tramite un depositario centrale (1), i dati identificativi degli azionisti che non abbiano espressamente vietato la comunicazione degli stessi, unitamente al numero di azioni registrate sui conti ad essi intestati.

2. Le segnalazioni indicate nel comma 1 pervengono (2) all'emittente entro dieci giorni di mercato aperto dal giorno della richiesta, ovvero il diverso termine stabilito dalla Consob, d'intesa con la Banca d'Italia, con regolamento.

3. Nel caso in cui lo statuto preveda la facoltà di cui al comma 1, la società è tenuta ad effettuare la medesima richiesta su istanza di tanti soci che rappresentino almeno (3) la metà della quota minima di partecipazione stabilita dalla Consob ai sensi dell'art. 147-*ter*, comma 1. I relativi costi sono ripartiti tra la società ed i soci richiedenti secondo i criteri stabiliti dalla Consob con regolamento, avendo riguardo all'esigenza di non incentivare l'uso dello strumento da parte dei soci per finalità non coerenti con l'obiettivo di facilitare il coordinamento tra i soci stessi al fine di esercitare i diritti che richiedono una partecipazione qualificata.

4. Le società pubblicano tempestivamente, secondo le modalità previste dalla Consob con regolamento (4), un comunicato con cui danno notizia dell'avvenuta presentazione dell'istanza di identificazione, rendendo note le relative motivazioni nel caso di richiesta ai sensi del comma 1, o l'identità e la partecipazione complessiva dei soci istanti nel caso di richiesta ai sensi del comma 3. I dati ricevuti sono messi a disposizione dei soci su supporto informatico in un formato comunemente utilizzato (5) senza oneri a loro carico, fermo restando l'obbligo di aggiornamento del libro soci.

5. Il presente articolo non si applica alle società cooperative.

83-*terdecies*. *Pagamento dei dividendi*. — 1. In deroga all'art. 4 della l. 29 dicembre 1962, n. 1745, la legittimazione al pagamento degli utili e delle altre distribuzioni afferenti gli strumenti finanziari registrati nei conti indicati all'art. 83-*quater*, comma 3, è determinata con riferimento alle evidenze dei conti relative al termine della giornata contabile individuata dall'emittente che stabilisce altresì le modalità del relativo pagamento (6).

83-*quaterdecies*. *Accesso degli emittenti ad un depositario centrale stabilito in un altro Stato membro*. — 1. Le disposizioni contenute nella presente sezione costituiscono disciplina applicabile, ai sensi dell'art. 49, par. 1, secondo e terzo comma, del reg. (UE) n. 909/2014, anche nel caso di emissione diretta o immissione di valori mobiliari regolati dalla legge italiana in un sistema di scritture contabili gestito da un depositario centrale stabilito in un altro Stato membro (7).

Sezione II. — *Gestione accentrata di strumenti finanziari cartolari* (8)

85 (9). *Deposito accentrato*. — 1. Nei casi in cui gli strumenti finanziari immessi nel sistema di gestione accentrata siano rappresentati da documenti (10), lo svolgimento e gli effetti dell'attività di gestione accentrata sono disciplinati dalla presente sezione. Si applicano, ove non altrimenti previsto dalla presente sezione, gli articoli da 83-*quater* (11) a 83-*undecies*.

2. La clausola del contratto di deposito stipulato con i soggetti individuati nel regolamento previsto dall'art. 82, comma 2 (12), avente a

(1) Le parole «un depositario centrale» sono state così sostituite alle precedenti «una società di gestione accentrata» dall'art. 2.20, d.lg. 12 agosto 2016, n. 176.

(2) La parola «pervengono» è stata così sostituita alle precedenti «devono pervenire» dall'art. 2.10, lett. b, d.lg. 18 giugno 2012, n. 91.

(3) La parola «almeno» è stata inserita dall'art. 2.10, lett. c, d.lg. 18 giugno 2012, n. 91.

(4) Le parole «tempestivamente, secondo le modalità previste dalla Consob con regolamento» sono state così sostituite alle precedenti «, con le modalità e nei termini indicati nell'art. 114, comma 1» dall'art. 2, d.lg. 10 agosto 2018, n. 107.

(5) Le parole «su supporto informatico in un formato comunemente utilizzato» sono state inserite dall'art. 2.10, lett. d, d.lg. 18 giugno 2012, n. 91.

(6) Articolo inserito dall'art. 2.11, d.lg. 18 giugno 2012, n. 91, così corretto con *Avviso di rettifica* in G.U., 5 luglio 2012, n. 155.

(7) Articolo inserito dall'art. 2.21, d.lg. 12 agosto 2016, n. 176.

(8) La parola «cartolari» è stata così sostituita alle precedenti «rappresentati da titoli» dall'art. 2.12, d.lg. 18 giugno 2012, n. 91.

(9) In G.U. manca l'art. 84.

(10) La parola «documenti» è stata così sostituita alla precedente «titoli» dall'art. 2.13, d.lg. 18 giugno 2012, n. 91.

(11) Le parole «83-*quater*» sono state così sostituite alle precedenti «83-*ter*» dall'art. 2.22, lett. a, d.lg. 12 agosto 2016, n. 176.

(12) Le parole «82, comma e» sono state così sostituite alle precedenti «81, comma 1» dall'art. 2.22, lett. b, d.lg. 12 agosto 2016, n. 176.

oggetto gli strumenti finanziari individuati nel medesimo regolamento, che attribuisce al depositario la facoltà di procedere al subdeposito degli strumenti finanziari stessi presso un depositario centrale di titoli (1) deve essere approvata per iscritto. Nell'esercizio di tale facoltà il depositario ha tutti i poteri necessari, compreso quello di apporre la girata a favore del depositario centrale di titoli (2), quando si tratta di strumenti finanziari nominativi. Il deposito può essere effettuato direttamente dall'emittente.

3. Gli strumenti finanziari sono immessi nel sistema in deposito regolare. Il depositario centrale di titoli (3) è legittimato (4) a compiere tutte le operazioni inerenti alla gestione in conformità al regolamento dei servizi previsto dall'art. 79-*quinquiesdecies*, comma 1 (5), nonché le azioni conseguenti alla distruzione, allo smarrimento e alla sottrazione degli strumenti finanziari.

86. *Trasferimento dei diritti inerenti agli strumenti finanziari depositati.* — 1. Il depositante degli strumenti finanziari immessi nel sistema può, tramite il depositario e secondo le modalità indicate nel regolamento dei servizi previsto dall'art. 79-*quinquiesdecies*, comma 1 (6), chiedere la consegna di un corrispondente quantitativo di strumenti finanziari della stessa specie in deposito presso il depositario centrale di titoli (7).

2. Il proprietario degli strumenti finanziari immessi nel sistema assume tutti i diritti e gli obblighi conseguenti al deposito quando provi che il depositante non aveva titolo per effettuarlo.

87. *Vincoli sugli strumenti finanziari accentrati.* — 1. I vincoli gravanti sugli strumenti finanziari immessi nel sistema si trasferiscono, senza effetti novativi, sui diritti del depositante con la girata al depositario centrale di titoli (8); le annotazioni dei vincoli sui certificati si hanno per non apposte; di ciò è fatta menzione sul titolo.

2. Nel caso di ritiro di strumenti finanziari dal sistema, il depositario fa annotazione dei vincoli sui relativi certificati con l'indicazione della data della loro costituzione.

3. Nel caso di pignoramento di strumenti finanziari immessi nel sistema gli adempimenti nei confronti dei comproprietari previsti dagli artt. 599 e 600 del codice di procedura civile sono eseguiti nei confronti dei depositari.

88. *Ritiro degli strumenti finanziari accentrati.* — 1. Il depositario centrale di titoli (9) mette a disposizione del depositario gli strumenti finanziari di cui è chiesto il ritiro. Gli strumenti finanziari nominativi sono girati al nome del depositario che completa la girata con il nome del giratario. Il completamento della girata è convalidato con timbro, data e firma del depositario.

2. Il depositario centrale di titoli (10) può autenticare la sottoscrizione del girante anche quando la girata è fatta a proprio favore. La sottoscrizione da esse apposta sul titolo in qualità di girante non ha bisogno di autenticazione. La girata e la intestazione a favore del depositario centrale di titoli (11) di strumenti finanziari da immettere nel sistema fanno esplicita menzione del presente decreto.

89. *Aggiornamento del libro soci.* — 1. Il depositario centrale di titoli (12) comunica agli

(1) Le parole «un depositario centrale di titoli» sono state così sostituite alle precedenti «la società di gestione accentrata» dall'art. 2.22, lett. b, d.lg. 12 agosto 2016, n. 176.

(2) Le parole «del depositario centrale di titoli» sono state così sostituite alle precedenti «della società di gestione accentrata» dall'art. 2.22, lett. b, d.lg. 12 agosto 2016, n. 176.

(3) Le parole «Il depositario centrale di titoli» sono state così sostituite alle precedenti «La società di gestione accentrata» dall'art. 2.22, lett. c, d.lg. 12 agosto 2016, n. 176.

(4) La parola «legittimato» è stata così sostituita alla precedente «legittimata» dall'art. 2.22, lett. c, d.lg. 12 agosto 2016, n. 176.

(5) Le parole «79-*quinquiesdecies*, comma 1» sono state così sostituite alle precedenti «81, comma 2» dall'art. 2.22, lett. c, d.lg. 12 agosto 2016, n. 176.

(6) Le parole «79-*quinquiesdecies*, comma 1» sono state così sostituite alle precedenti «81, comma 2» dall'art. 2.23, d.lg. 12 agosto 2016, n. 176.

(7) Le parole «il depositario centrale di titoli» sono state così sostituite alle precedenti «la società di gestione accentrata» dall'art. 2.23, d.lg. 12 agosto 2016, n. 176.

(8) Le parole «al depositario centrale di titoli» sono state così sostituite alle precedenti «alla società di gestione accentrata» dall'art. 2.24, d.lg. 12 agosto 2016, n. 176.

(9) Le parole «Il depositario centrale di titoli» sono state così sostituite alle precedenti «La società di gestione accentrata» dall'art. 2.25, lett. a, d.lg. 12 agosto 2016, n. 176.

(10) Le parole «Il depositario centrale di titoli» sono state così sostituite alle precedenti «La società di gestione accentrata» dall'art. 2.25, lett. b, d.lg. 12 agosto 2016, n. 176.

(11) Le parole «del depositario centrale di titoli» sono state così sostituite alle precedenti «della società di gestione accentrata» dall'art. 2.25, lett. b, d.lg. 12 agosto 2016, n. 176.

(12) Le parole «Il depositario centrale di titoli» sono state così sostituite alle precedenti «La società di gestione accentrata» dall'art. 2.26, d.lg. 12 agosto 2016, n. 176.

emittenti le azioni nominative ad essa girate ai fini dell'aggiornamento del libro dei soci.

Sezione III. — *Gestione accentrata dei titoli di Stato* (1)

90. *Gestione accentrata dei titoli di Stato*. — 1. Il Ministro dell'economia e delle finanze stabilisce con regolamento le modalità di individuazione dei depositari centrali dei titoli di Stato nonché i criteri per la fornitura dei relativi servizi.

TITOLO II-*ter*

Accesso alle infrastrutture di post-trading e tra sedi di negoziazione e infrastrutture di post-trading (2)

CAPO I

AUTORITÀ NAZIONALI COMPETENTI

90-*bis*. *Individuazione delle autorità nazionali competenti in materia di accesso ai depositari centrali stabiliti sul territorio della Repubblica*. — 1. La Consob è l'autorità competente a ricevere i reclami ed esercitare, d'intesa con la Banca d'Italia, le competenze in materia di accesso ai depositari centrali stabiliti nel territorio della Repubblica da parte di:

a) partecipanti, ai sensi dell'art. 33, par. 3, del reg. (UE) n. 909/2014;

b) emittenti, ai sensi dell'art. 49, par. 4, del medesimo regolamento;

c) depositari centrali, ai sensi dell'art. 52, par. 2, del medesimo regolamento.

90-*ter*. *Individuazione delle autorità nazionali competenti in materia di accesso tra sedi di negoziazione e infrastrutture di post-trading*. — 1. La Consob è l'autorità competente a ricevere i reclami e svolgere, d'intesa con la Banca d'Italia, le funzioni in materia di accesso di controparti centrali e sedi di negoziazione ai servizi di regolamento gestiti da depositari centrali, ai sensi dell'art. 53, par. 1, secondo comma, e par. 3, del reg. (UE) n. 909/2014.

2. In materia di accesso alle sedi di negoziazione, la Consob è l'autorità competente a:

a) svolgere le funzioni previste dall'art. 8, par. 4, del reg. (UE) n. 648/2012 e dall'art. 36, par. 4, del reg. (UE) n. 600/2014 (3), quando le richieste di accesso sono presentate da controparti centrali;

b) ricevere i reclami e svolgere le funzioni indicate all'art. 53, par. 1, primo comma, e par. 3, del reg. (UE) n. 909/2014, quando le richieste di accesso sono presentate da depositari centrali.

3. Le competenze di cui al comma 2 sono esercitate dalla Banca d'Italia con riguardo alle sedi di negoziazione all'ingrosso dei titoli di Stato.

4. In materia di accesso alle controparti centrali, la Banca d'Italia, d'intesa con la Consob, è l'autorità competente a:

a) svolgere le funzioni previste dall'art. 7, par. 4, del reg. (UE) n. 648/2012 e dall'art. 35, par. 4, del reg. (UE) n. 600/2014 (4), quando le richieste di accesso sono presentate da sedi di negoziazione;

b) ricevere i reclami e svolgere le funzioni indicate all'art. 53, par. 1, primo comma, e par. 3, del reg. (UE) n. 909/2014, quando le richieste di accesso sono presentate da depositari centrali.

CAPO II

DIRITTO DI ACCESSO E ACCORDI

90-*quater*. *Accesso alle controparti centrali su base transfrontaliera*. — 1. Fatti salvi i titoli III, IV e V del reg. (UE) n. 648/2012, le imprese di investimento UE e le banche UE (5) autorizzate all'esercizio dei servizi o delle attività di investimento hanno diritto di accedere direttamente e indirettamente alle controparti centrali stabilite nel territorio della Repubblica, per finalizzare o per disporre la finalizzazione delle operazioni su strumenti finanziari.

90-*quinquies*. *Accesso ai servizi di regolamento delle operazioni su strumenti finanziari su base transfrontaliera*. — 1. Fatto salvo l'art. 33 del reg. (UE) n. 909/2014, le imprese di investi-

(1) Il Capo III è stato così sostituito dall'art. 2.27, d.lg. 12 agosto 2016, n. 176.

(2) Titolo inserito dall'art. 2.28, d.lg. 12 agosto 2016, n. 176.

(3) Le parole «e dall'art. 36, par. 4, del reg. (UE) n. 600/2014» sono state inserite dall'art. 3.10, lett. a, d.lg. 3 agosto 2017, n. 129.

(4) Le parole «e dall'art. 35, par. 4, del reg. (UE) n. 600/2014» sono state inserite dall'art. 3.10, lett. b, d.lg. 3 agosto 2017, n. 129.

(5) Le parole «le imprese di investimento UE e le banche UE» sono state così sostituite alle precedenti «le imprese di investimento e le banche comunitarie» dall'art. 3.11, d.lg. 3 agosto 2017, n. 129.

mento UE e le banche UE (1) autorizzate all'esercizio dei servizi o delle attività di investimento hanno il diritto di accedere direttamente e indirettamente ai servizi di regolamento gestiti da depositari centrali stabiliti nel territorio della Repubblica, per finalizzare o per disporre la finalizzazione delle operazioni su strumenti finanziari.

2. Le società di gestione assicurano ai partecipanti ai mercati da esse gestiti il diritto di designare un sistema di regolamento delle operazioni su strumenti finanziari effettuate su tali mercati, diverso da quello designato dal mercato stesso, qualora risultino rispettate le seguenti condizioni:

a) la presenza di collegamenti e dispositivi fra il sistema di regolamento designato e i sistemi e la struttura del mercato regolamentato per garantire il regolamento efficace ed economico delle operazioni;

b) il riconoscimento da parte della Consob che le condizioni tecniche di regolamento delle operazioni concluse nel mercato regolamentato tramite un sistema diverso da quello designato dal mercato stesso siano tali da consentire il regolare e ordinato funzionamento dei mercati. Nei casi di società di gestione di mercati regolamentati all'ingrosso di titoli di Stato il riconoscimento è effettuato dalla Banca d'Italia.

3. Le società di gestione comunicano alla Consob le designazioni effettuate dai partecipanti al mercato ai sensi del comma 2. Tali comunicazioni sono effettuate alla Banca d'Italia nel caso dei mercati all'ingrosso dei titoli di Stato.

4. Il riconoscimento di cui al comma 2, lett. *b*), è effettuato sentita la Banca d'Italia, nei casi di società di gestione di mercati regolamentati all'ingrosso di titoli obbligazionari privati e pubblici, diversi da titoli di Stato, nonché di società di gestione di mercati regolamentati di strumenti previsti dall'art. 1, comma 2, lett. *d*), e di strumenti finanziari derivati su titoli pubblici, su tassi di interesse e su valute.

90-*sexies*. *Accordi conclusi dai gestori dei mercati regolamentati e dei sistemi multilaterali di negoziazione con controparti centrali o con depositari centrali che gestiscono servizi di regolamento*. — 1. Fatti salvi gli artt. 7 e 8 e il Titolo V del reg. (UE) n. 648/2012, l'art. 53 del reg. (UE) n. 909/2014, nonché gli artt. 35 e 36 del reg. (UE) n. 600/2014 (2), i gestori di un mercato regolamentato o di un sistema multilaterale di negoziazione possono concludere accordi con le controparti centrali o con i depositari centrali stabiliti in un altro Stato membro al fine di disporre la compensazione o il regolamento di alcune o tutte le operazioni concluse dai partecipanti al mercato regolamentato o al sistema multilaterale di negoziazione (3).

2. La Consob può opporsi agli accordi di cui al comma 1 qualora, tenuto anche conto delle condizioni previste all'art. 90-*quinquies*, comma 2, ciò si renda necessario per preservare l'ordinato funzionamento dei mercati regolamentati e dei sistemi multilaterali di negoziazione.

3. I provvedimenti di cui al comma 2 sono adottati dalla Banca d'Italia per i mercati regolamentati e i sistemi multilaterali di negoziazione all'ingrosso dei titoli di Stato.

4. La Consob e Banca d'Italia possono disciplinare con regolamento (4) gli adempimenti informativi dei gestori in occasione degli accordi di cui al comma 1.

CAPO III

VIGILANZA

90-*septies*. *Poteri di vigilanza*. — 1. Ai fini dello svolgimento delle funzioni attribuite dal presente Titolo, la Consob e la Banca d'Italia dispongono, nei confronti dei gestori delle sedi di negoziazione, delle controparti centrali e dei depositari centrali, dei poteri rispettivamente previsti dagli artt. 62-*octies*, 62-*novies*, 62-*decies* (5), 79-*sexies* e 79-*quaterdecies*.

(1) Le parole «le imprese di investimento UE e le banche UE» sono state così sostituite alle precedenti «le imprese di investimento e le banche comunitarie» dall'art. 3.12, d.lg. 3 agosto 2017, n. 129.

(2) Le parole «, nonché gli artt. 35 e 36 del reg. (UE) n. 600/2014» sono state inserite dall'art. 3.13, d.lg. 3 agosto 2017, n. 129.

(3) Le parole «o al sistema multilaterale di negoziazione» sono state aggiunte dall'art. 3.13, d.lg. 3 agosto 2017, n. 129.

(4) Deliberazione Consob 29 ottobre 2007, n. 16191, in suppl. ord. n. 222 a G.U., 2 novembre 2007, n. 255, che all'art. 51.5 abroga le disposizioni del regolamento adottato con delibera n. 11768 del 23 dicembre 1998 e successive modifiche, fatte salve quelle contenute nel Titolo II, Capo IV, nel Titolo III e nel Titolo IV, nonché gli allegati 1, 2 e 4 al medesimo regolamento, deliberazione modificata da ultimo con deliberazione Consob 28 dicembre 2017, n. 20249, in G.U., 2 gennaio 2018, n. 1.

(5) Le parole «62-*octies*, 62-*novies*, 62-*decies*,» sono state così sostituite alle precedenti «7, 8, 10, 74,» dall'art. 3.14, d.lg. 3 agosto 2017, n. 129.

PARTE IV
DISCIPLINA DEGLI EMITTENTI

TITOLO I

Disposizioni generali

91. *Poteri della Consob*. — 1. La Consob esercita i poteri previsti dalla presente parte avendo riguardo alla tutela degli investitori nonché all'efficienza e alla trasparenza del mercato del controllo societario e del mercato dei capitali.

91-*bis*. *Comunicazione dello Stato membro d'origine*. — 1. Nei casi previsti dall'art. 1, comma 1, lett. *w-quater*), gli emittenti comunicano lo Stato membro d'origine in conformità all'art. 113-*ter* e alle disposizioni adottate dalla Consob con regolamento. La medesima comunicazione è effettuata alle autorità competenti dello Stato membro in cui l'emittente ha la sede legale, ove applicabile, nonché alle autorità competenti dello Stato membro d'origine e degli Stati membri ospitanti.

2. Per gli emittenti indicati all'art. 1, comma 1, lett. *w-quater*), nn. 3), 4) e 4-*bis*), che non hanno effettuato la comunicazione dello Stato membro d'origine entro tre mesi dalla data in cui i valori mobiliari sono stati ammessi alla negoziazione, per la prima volta nell'Unione europea, unicamente in un mercato regolamentato italiano, lo Stato membro d'origine è l'Italia. Per gli emittenti valori mobiliari ammessi alla negoziazione in mercati regolamentati di più Stati membri, inclusa l'Italia, in assenza della comunicazione richiesta dal comma 1, sia l'Italia che tali altri Stati membri sono considerati Stato membro d'origine, fino alla successiva scelta e relativa comunicazione (1).

92. *Parità di trattamento*. — 1. Gli emittenti quotati e gli emittenti quotati aventi l'Italia come Stato membro d'origine assicurano il medesimo trattamento a tutti i portatori degli strumenti finanziari quotati che si trovino in identiche condizioni.

2. Gli emittenti quotati e gli emittenti quotati aventi l'Italia come Stato membro d'origine garantiscono a tutti i portatori degli strumenti finanziari quotati gli strumenti e le informazioni necessari per l'esercizio dei loro diritti.

3. La Consob detta con regolamento, in conformità alla normativa comunitaria, disposizioni di attuazione del comma 2, prevedendo anche la possibilità dell'utilizzo di mezzi elettronici per la trasmissione delle informazioni (2).

93. *Definizione di controllo*. — 1. Nella presente parte sono considerate imprese controllate, oltre a quelle indicate nell'art. 2359, primo comma, nn. 1 e 2, del codice civile, anche:

a) le imprese, italiane o estere, su cui un soggetto ha il diritto, in virtù di un contratto o di una clausola statutaria, di esercitare un'influenza dominante, quando la legge applicabile consenta tali contratti o clausole;

b) le imprese, italiane o estere, su cui un socio, in base ad accordi con altri soci, dispone da solo di voti sufficienti a esercitare un'influenza dominante nell'assemblea ordinaria.

2. Ai fini del comma 1 si considerano anche i diritti spettanti a società controllate o esercitati per il tramite di fiduciari o di interposte persone; non si considerano quelli spettanti per conto di terzi.

TITOLO II

Appello al pubblico risparmio

CAPO I

Offerta al pubblico di sottoscrizione e di vendita (3)

93-*bis*. *Definizioni*. — 1. Nel presente Capo si intendono per:

a) «strumenti finanziari comunitari»: i valori (4) mobiliari e le quote di Oicr (5) chiusi (6);

b) «titoli di capitale»: le azioni e altri strumenti negoziabili equivalenti ad azioni di società nonché qualsiasi altro tipo di strumento finanziario comunitario negoziabile che attribuisca il diritto di acquisire i summenzionati strumenti mediante conversione o esercizio di diritti che essi conferiscono, purché gli strumenti di quest'ultimo tipo siano emessi dall'emittente delle azioni sottostanti o da un'entità appartenente al gruppo di detto emittente;

(1) Articolo inserito dall'art. 1.4, d.lg. 15 febbraio 2016, n. 25.
(2) Articolo così sostituito dall'art. 1.3, d.lg. 6 novembre 2007, n. 195.
(3) Capo così sostituito, da ultimo, dall'art. 3, d.lg. 28 marzo 2007, n. 51.
(4) Il termine «valori» è sostituito al termine «valuti» che compare in suppl. ord. n. 200/L a G.U., 8 ottobre 2007, n. 234.
(5) La parola «Oicr» è stata così sostituita alla precedente «fondi» dall'art. 6.1, lett. a, d.lg. 4 marzo 2014, n. 44.
(6) Lettera così sostituita dall'art. 15.1, d.lg. 17 settembre 2007, n. 164.

c) «strumenti diversi dai titoli di capitale»: tutti gli strumenti finanziari comunitari che non sono titoli di capitale;

d) .... (1);

e) «responsabile del collocamento»: il soggetto che organizza e costituisce il consorzio di collocamento, il coordinatore del collocamento o il collocatore unico;

f) «Stato membro d'origine»:

1) per tutti gli emittenti comunitari di strumenti finanziari comunitari che non sono menzionati nel successivo punto 2), lo Stato membro della UE in cui l'emittente ha la sua sede sociale;

2) per l'emissione di strumenti finanziari comunitari diversi dai titoli di capitale il cui valore nominale unitario è di almeno 1.000 euro e per l'emissione di strumenti finanziari comunitari diversi dai titoli di capitale che conferiscono il diritto di acquisire titoli negoziabili o di ricevere un importo in contanti mediante conversione o esercizio dei diritti che essi conferiscono, purché l'emittente degli strumenti finanziari comunitari diversi dai titoli di capitale non sia l'emittente degli strumenti finanziari comunitari sottostanti o un'entità appartenente al gruppo di quest'ultimo emittente, lo Stato membro della UE in cui l'emittente ha la sua sede sociale, o nel quale gli strumenti finanziari comunitari sono stati o sono destinati ad essere ammessi alla negoziazione in un mercato regolamentato o nel quale gli strumenti finanziari comunitari sono offerti al pubblico, a scelta dell'emittente, dell'offerente o della persona che chiede l'ammissione, secondo il caso. Lo stesso regime è applicabile a strumenti finanziari comunitari diversi dai titoli di capitale in una valuta diversa dall'euro, a condizione che il valore di una tale denominazione minima sia pressoché equivalente a 1.000 euro;

3) per tutti gli emittenti di strumenti finanziari comunitari che non sono menzionati nel punto 2) aventi sede in un paese terzo, lo Stato membro della UE nel quale gli strumenti finanziari comunitari sono destinati ad essere offerti al pubblico per la prima volta dopo la data di entrata in vigore della dir. 2013/50/UE (2) o nel quale è stata presentata la prima domanda di ammissione alla negoziazione in un mercato regolamentato a scelta dell'emittente, dell'offerente o della persona che chiede l'ammissione, secondo il caso, salvo scelta successiva da parte degli emittenti aventi sede in un paese terzo, nelle seguenti circostanze:

3.1 qualora lo Stato membro d'origine non fosse stato determinato da una loro scelta,

o 3.2 ai sensi dell'art. 2, par. 1, lett. *i*), punto *iii*), della dir. 2004/109/CE (3);

3-*bis*) in relazione all'offerta di quote o azioni di Oicr armonizzati, lo Stato membro della UE in cui l'Oicr è stato costituito (4);

g) «Stato membro ospitante»: lo Stato membro della UE in cui viene effettuata un'offerta al pubblico o viene richiesta l'ammissione alla negoziazione di strumenti finanziari comunitari, qualora sia diverso dallo Stato membro d'origine.

Sezione I. — *Offerta al pubblico di strumenti finanziari comunitari e di prodotti finanziari diversi dalle quote o azioni di Oicr aperti*

94. *Prospetto d'offerta*. — 1. Coloro che intendono effettuare un'offerta al pubblico pubblicano preventivamente un prospetto. A tal fine, per le offerte aventi ad oggetto strumenti finanziari comunitari nelle quali l'Italia è Stato membro d'origine e per le offerte aventi ad oggetto prodotti finanziari diversi dagli strumenti finanziari comunitari, ne danno preventiva comunicazione alla Consob allegando il prospetto destinato alla pubblicazione. Il prospetto non può essere pubblicato finché non è approvato dalla Consob. Nel caso di offerta al pubblico di quote o azioni di Oicr chiusi per le quali l'Italia è lo Stato membro d'origine, il prospetto è pubblicato quando si è conclusa la procedura prevista dall'art. 43 o dall'art. 44 e dalle relative disposizioni di attuazione (5).

2. Il prospetto contiene, in una forma facilmente analizzabile e comprensibile, tutte le informazioni che, a seconda delle caratteristiche dell'emittente e dei prodotti finanziari offerti, sono necessarie affinché gli investitori possano pervenire ad un fondato giudizio sulla situazione patrimoniale e finanziaria, sui risultati economici e sulle prospettive dell'emittente e degli

(1) Lettera abrogata dall'art. 6.1, lett. b, d.lg. 4 marzo 2014, n. 44.

(2) Le parole «2013/50/UE» sono state così sostituite alle precedenti «2003/71/CE» dall'art. 1.5, d.lg. 15 febbraio 2016, n. 25.

(3) Le parole da «nelle seguenti circostanze» fino a «2004/109/CE» sono state così sostituite alle precedenti «qualora lo Stato membro d'origine non fosse stato determinato da una loro scelta» dall'art. 1.5, d.lg. 15 febbraio 2016, n. 25.

(4) Numero aggiunto dall'art. 1.18, d.lg. 16 aprile 2012, n. 47.

(5) Ultimo periodo aggiunto dall'art. 6.2, d.lg. 4 marzo 2014, n. 44.

eventuali garanti, nonché sui prodotti finanziari e sui relativi diritti. Il prospetto contiene altresì una nota di sintesi la quale, concisamente e con linguaggio non tecnico, fornisce le informazioni chiave nella lingua in cui il prospetto è stato in origine redatto. Il formato e il contenuto della nota di sintesi forniscono, unitamente al prospetto, informazioni adeguate circa le caratteristiche fondamentali dei prodotti finanziari che aiutino gli investitori al momento di valutare se investire in tali prodotti (1).

3. Il prospetto per l'offerta di strumenti finanziari comunitari è redatto in conformità agli schemi previsti dai regolamenti comunitari che disciplinano la materia.

4. L'emittente o l'offerente può redigere il prospetto nella forma di un unico documento o di documenti distinti. Nel prospetto composto di documenti distinti, le informazioni richieste sono suddivise in un documento di registrazione, una nota informativa sugli strumenti e i prodotti offerti e una nota di sintesi.

5. Se è necessario per la tutela degli investitori, la Consob può esigere che l'emittente o l'offerente includa nel prospetto informazioni supplementari.

6. Se l'offerta ha ad oggetto prodotti finanziari diversi dagli strumenti finanziari comunitari il cui prospetto non è disciplinato ai sensi dell'art. 95, comma 1, lett. *b*), la Consob stabilisce, su richiesta dell'emittente o dell'offerente, il contenuto del prospetto.

7. Qualunque fatto nuovo significativo, errore materiale o imprecisione relativi alle informazioni contenute nel prospetto che sia atto ad influire sulla valutazione dei prodotti finanziari e che sopravvenga o sia rilevato tra il momento in cui è approvato il prospetto e quello in cui è definitivamente chiusa l'offerta al pubblico deve essere menzionato in un supplemento del prospetto.

8. L'emittente, l'offerente e l'eventuale garante, a seconda dei casi, nonché le persone responsabili delle informazioni contenute nel prospetto rispondono, ciascuno in relazione alle parti di propria competenza, dei danni subiti dall'investitore che abbia fatto ragionevole affidamento sulla veridicità e completezza delle informazioni contenute nel prospetto, a meno che non provi di aver adottato ogni diligenza allo scopo di assicurare che le informazioni in questione fossero conformi ai fatti e non presentassero omissioni tali da alterarne il senso.

9. La responsabilità per informazioni false o per omissioni idonee ad influenzare le decisioni di un investitore ragionevole grava sull'intermediario responsabile del collocamento, a meno che non provi di aver adottato la diligenza prevista dal comma precedente.

10. Nessuno può essere ritenuto civilmente responsabile esclusivamente in base alla nota di sintesi, comprese le eventuali traduzioni, salvo che la nota di sintesi risulti fuorviante, imprecisa o incoerente se letta insieme ad altre parti del prospetto oppure che essa, quando viene letta insieme con altre parti del prospetto, non contenga informazioni chiave che aiutino gli investitori nel valutare se investire nei prodotti finanziari offerti. La nota di sintesi contiene inoltre una chiara avvertenza a tale riguardo (2).

11. Le azioni risarcitorie sono esercitate entro cinque anni dalla pubblicazione del prospetto, salvo che l'investitore provi di avere scoperto le falsità delle informazioni o le omissioni nei due anni precedenti l'esercizio dell'azione.

94-*bis*. *Approvazione del prospetto*. — 1. Ai fini dell'approvazione, la Consob verifica la completezza del prospetto ivi incluse (3) la coerenza e la comprensibilità delle informazioni fornite.

2. La Consob approva il prospetto nei termini e secondo le modalità e le procedure (4) da essa stabiliti con regolamento conformemente alle disposizioni comunitarie. La mancata decisione da parte della Consob nei termini previsti non costituisce approvazione del prospetto.

3. .... (5).

4. Al fine di assicurare l'efficienza del procedimento di approvazione del prospetto avente ad oggetto titoli di debito bancari non destinati alla negoziazione in un mercato regolamentato, la Consob stipula accordi di collaborazione con la Banca d'Italia.

5. La Consob può trasferire l'approvazione di un prospetto in caso di offerta avente ad

(1) I periodi da «Il prospetto contiene altresì» fino alla fine del comma sono stati così sostituiti all'originario ultimo periodo dall'art. 1.3, lett. a, d.lg. 11 ottobre 2012, n. 184.

(2) Comma così sostituito dall'art. 1.3, lett. b, d.lg. 11 ottobre 2012, n. 184.

(3) Le parole «ivi incluse» sono state così sostituite alla precedente «nonché» dall'art. 1.3, d.lg. 17 luglio 2009, n. 101.

(4) Le parole «e secondo le modalità e le procedure» sono state inserite dall'art. 1.4, lett. a, d.lg. 11 ottobre 2012, n. 184.

(5) Comma abrogato dall'art. 1.4, lett. b, d.lg. 11 ottobre 2012, n. 184.

oggetto strumenti finanziari comunitari all'autorità competente di un altro Stato membro, previa accettazione di quest'ultima autorità. Tale trasferimento è comunicato all'emittente e all'offerente entro tre giorni lavorativi dalla data della decisione assunta dalla Consob. I termini per l'approvazione decorrono da tale data.

95. *Disposizioni di attuazione*. — 1. La Consob detta con regolamento (1) disposizioni di attuazione della presente Sezione anche differenziate in relazione alle caratteristiche dei prodotti finanziari, degli emittenti e dei mercati. Il regolamento stabilisce in particolare:

a) il contenuto della comunicazione alla Consob, [...] (2) le modalità e i termini per la pubblicazione del prospetto e dell'avviso nonché per l'aggiornamento del prospetto, conformemente alle disposizioni comunitarie;

b) il contenuto del prospetto nei casi consentiti dalla normativa comunitaria;

c) le modalità da osservare per diffondere notizie, per svolgere indagini di mercato ovvero per raccogliere intenzioni di acquisto o di sottoscrizione;

d) le modalità di svolgimento dell'offerta anche al fine di assicurare la parità di trattamento tra i destinatari;

e) la lingua da utilizzare nel prospetto;

f) le condizioni per il trasferimento dell'approvazione di un prospetto all'autorità competente di un altro Stato membro;

f-bis) le procedure organizzative e decisionali interne per l'adozione dell'atto finale di approvazione del prospetto, anche mediante attribuzione della competenza a personale con qualifica dirigenziale (3).

2. La Consob individua con regolamento (1) le norme di correttezza che sono tenuti a osservare l'emittente, l'offerente e chi colloca i prodotti finanziari nonché coloro che si trovano in rapporto di controllo o di collegamento con tali soggetti.

3. La Consob pubblica nel proprio sito internet almeno un elenco dei prospetti approvati ai sensi dell'art. 94-*bis*.

4. La Consob determina quali strumenti o prodotti finanziari, ammessi alle negoziazioni in mercati regolamentati ovvero diffusi tra il pubblico ai sensi dell'art. 116 e individuati attraverso una particolare denominazione o sulla base di specifici criteri qualificativi, devono avere un contenuto tipico determinato.

95-*bis*. *Revoca dell'acquisto o della sottoscrizione*. — 1. Ove il prospetto non indichi le condizioni o i criteri in base ai quali il prezzo di offerta definitivo e la quantità dei prodotti da offrirsi al pubblico sono determinati o, nel caso del prezzo, il prezzo massimo, l'accettazione dell'acquisto o della sottoscrizione di prodotti finanziari può essere revocata entro il termine indicato nel prospetto e comunque entro un termine non inferiore a due giorni lavorativi calcolati a decorrere dal momento in cui vengono depositati il prezzo d'offerta definitivo e la quantità dei prodotti finanziari offerti al pubblico.

2. Gli investitori che hanno già accettato di acquistare o sottoscrivere i prodotti finanziari prima della pubblicazione di un supplemento hanno il diritto, esercitabile entro due giorni lavorativi dopo tale pubblicazione, di revocare la loro accettazione, sempre che i nuovi fatti, errori o imprecisioni previsti dall'art. 94, comma 7, siano intervenuti prima della chiusura definitiva dell'offerta al pubblico o della consegna dei prodotti finanziari. Tale termine può essere prorogato dall'emittente o dall'offerente. La data ultima entro la quale il diritto di revoca è esercitabile è indicata nel supplemento (4).

96. *Bilanci dell'emittente*. — 1. L'ultimo bilancio e il bilancio consolidato eventualmente redatto dall'emittente sono corredati delle relazioni di revisione nelle quali un revisore legale o una società di revisione legale iscritti nel registro tenuto dal Ministero dell'economia e delle finanze esprimono il proprio giudizio. L'offerta avente ad oggetto prodotti finanziari diversi dagli strumenti finanziari comunitari non può essere effettuata se il revisore legale o la società di revisione legale hanno espresso un giudizio negativo ovvero si sono dichiarati impossibilitati ad esprimere un giudizio (5).

97. *Obblighi informativi*. — 1. Fermo quanto previsto dal Titolo III, Capo I, agli emittenti, agli offerenti, ai revisori contabili e ai componenti degli organi sociali degli emittenti e degli offerenti, nonché agli intermediari incaricati del collocamento si applicano, in relazione al-

(1) Deliberazione Consob 14 maggio 1999, n. 11971, in suppl. ord. a G.U., 28 maggio 1999, n. 123, modificata, da ultimo, con deliberazione Consob 21 novembre 2018, n. 20710, in G.U., 3 dicembre 2018, n. 281.

(2) Le parole «le caratteristiche della nota di sintesi,» sono state soppresse dall'art. 1.5, lett. a, d.lg. 11 ottobre 2012, n. 184.

(3) Lettera aggiunta dall'art. 1.5, lett. b, d.lg. 11 ottobre 2012, n. 184.

(4) Comma così sostituito dall'art. 1.6, d.lg. 11 ottobre 2012, n. 184.

(5) Articolo così sostituito, da ultimo, dall'art. 40.7, d.lg. 27 gennaio 2010, n. 39.

l'offerta, l'art. 114, commi 5 e 6, e l'art. 115 dalla data della comunicazione, prevista dall'art. 94, comma 1.

2. La Consob individua con regolamento (1) quali delle disposizioni richiamate nel comma 1 si applicano, nei medesimi periodi, agli altri soggetti indicati nell'art. 95, comma 2, nonché ai soggetti che prestano i servizi indicati nell'art. 1, comma 6, lett. *e*).

3. Gli emittenti sottopongono il bilancio d'esercizio e quello consolidato, eventualmente approvati o redatti nel periodo dell'offerta, al giudizio di un revisore legale o di una società di revisione legale iscritti nell'apposito registro (2).

4. Qualora sussista fondato sospetto di violazione delle disposizioni contenute nel presente Capo o delle relative norme di attuazione, la Consob, allo scopo di acquisire elementi conoscitivi, può richiedere, entro un anno dall'acquisto o dalla sottoscrizione, la comunicazione di dati e notizie e la trasmissione di atti e documenti agli acquirenti o sottoscrittori dei prodotti finanziari di cui alla presente Sezione, fissando i relativi termini. Il potere di richiesta può essere esercitato anche nei confronti di coloro per i quali vi è fondato sospetto che svolgano, o abbiano svolto (3), un'offerta al pubblico in violazione delle disposizioni previste dall'art. 94.

98. *Validità comunitaria del prospetto*. — 1. Il prospetto nonché gli eventuali supplementi approvati dalla Consob sono validi ai fini dell'offerta degli strumenti finanziari comunitari negli altri Stati membri della UE. A tal fine la Consob effettua la notifica secondo la procedura prevista dalle disposizioni dell'Unione europea (4).

2. Ove l'offerta di strumenti finanziari comunitari sia prevista in Italia, quale Stato membro ospitante, il prospetto e gli eventuali supplementi approvati dall'autorità dello Stato membro d'origine sono validi, purché siano rispettate le procedure di notifica previste dalle disposizioni dell'Unione europea. Nel caso di offerta al pubblico di quote o azioni di FIA UE chiusi, il prospetto è pubblicato quando si è conclusa la procedura prevista dall'art. 44 e dalle relative disposizioni di attuazione (5).

3. La Consob può informare l'autorità competente dello Stato membro d'origine della necessità di fornire nuove informazioni.

98-*bis*. *Emittenti di Paesi extracomunitari*. — 1. Nel caso di emittenti aventi la loro sede legale in un Paese extracomunitario, per i quali l'Italia sia lo Stato membro d'origine, la Consob può approvare il prospetto redatto secondo la legislazione del Paese extracomunitario, ove ricorrano le seguenti condizioni:

a) il prospetto sia stato redatto conformemente a standard internazionali definiti dagli organismi internazionali delle Commissioni di vigilanza dei mercati, compresi i Disclosure Standards della IOSCO e

b) le informazioni richieste, incluse le informazioni di natura finanziaria, siano equivalenti alle prescrizioni previste dalle disposizioni comunitarie.

2. Ove l'offerta sia prevista in Italia quale Stato membro ospitante si applica l'art. 98, commi 2 e 3.

Sezione II. — *Offerta al pubblico di quote o azioni di Oicr aperti*

98-*ter*. *Documento contenente le informazioni chiave per gli investitori e prospetto*. — 1. L'offerta al pubblico di quote o azioni di Oicr aperti italiani, FIA UE e non UE è preceduta da una comunicazione alla Consob. Nel caso di offerta di OICVM italiani, alla comunicazione sono allegati il documento contenente le informazioni chiave per gli investitori e il prospetto destinati alla pubblicazione. Nel caso di offerta di FIA italiani aperti, FIA UE e non UE, alla comunicazione è allegata la documentazione d'offerta individuata dalla Consob ai sensi dell'art. 98-*quater*, lett. *a-bis*) (6).

2. Il documento contenente le informazioni chiave per gli investitori è redatto in conformità ai regolamenti comunitari che disciplinano la materia e alle relative disposizioni attuative adottate in sede comunitaria.

3. Il documento contenente le informazioni chiave per gli investitori e il prospetto devono consentire agli investitori di poter ragionevolmente comprendere la natura e i rischi dell'in-

(1) Deliberazione Consob 14 maggio 1999, n. 11971, in suppl. ord. a G.U., 28 maggio 1999, n. 123, modificata, da ultimo, con deliberazione Consob 21 novembre 2018, n. 20710, in G.U., 3 dicembre 2018, n. 281.

(2) Comma così sostituito dall'art. 40.8, d.lg. 27 gennaio 2010, n. 39.

(3) Le parole «, o abbiano svolto,» sono state inserite dall'art. 1.4, d.lg. 17 luglio 2009, n. 101.

(4) Le parole «disposizioni dell'Unione europea» sono state così sostituite alle precedenti «disposizioni comunitarie» dall'art. 6.3, lett. a, d.lg. 4 marzo 2014, n. 44.

(5) Comma così sostituito dall'art. 6.3, lett. b, d.lg. 4 marzo 2014, n. 44.

(6) Comma così sostituito dall'art. 6.4, lett. a, d.lg. 4 marzo 2014, n. 44.

vestimento proposto e, di conseguenza, effettuare una scelta consapevole in merito all'investimento. Il documento contenente le informazioni chiave per gli investitori e il prospetto hanno natura precontrattuale. Le informazioni chiave per gli investitori sono corrette, chiare, non fuorvianti e coerenti con le corrispondenti parti del prospetto.

4. Si applica l'art. 94, commi 8, 9 e 11. Nessuno può essere chiamato a rispondere esclusivamente sulla base del documento contenente le informazioni chiave per gli investitori, ivi compresa la relativa traduzione, a meno che esse possano risultare fuorvianti, imprecise o non coerenti con le corrispondenti parti del prospetto.

5. Nel caso di offerta di quote o azioni di OICVM comunitari (1), il documento contenente le informazioni chiave per gli investitori e il prospetto possono essere pubblicati in Italia una volta espletata la procedura di notifica prevista dall'art. 42 (2).

5-*bis.* Nel caso di offerta al pubblico di quote o azioni di FIA italiani, di FIA UE e non UE aperti, la documentazione d'offerta è pubblicata quando si è conclusa la procedura prevista dall'art. 43 o dall'art. 44 e dalle relative disposizioni di attuazione 99.

98-*quater*. *Disposizioni di attuazione*. — 1. La Consob detta con regolamento disposizioni di attuazione della presente sezione anche differenziate in relazione alle caratteristiche degli Oicr aperti, degli emittenti e dei mercati. In armonia con le disposizioni dell'Unione europea (3), il regolamento stabilisce in particolare:

a) il contenuto della comunicazione alla Consob e del prospetto relativo all'offerta di quote o azioni di OICVM italiani, nonché le modalità e i termini di pubblicazione del documento contenente le informazioni chiave per gli investitori e del prospetto, il relativo regime di consegna ed il loro eventuale aggiornamento (4);

a-bis) il contenuto della documentazione d'offerta di quote o azioni di FIA italiani, FIA UE e non UE, il relativo regime di consegna e di pubblicazione (4);

a-ter) il regime linguistico del documento contenente le informazioni chiave per gli investitori e del prospetto;

b) le modalità da osservare per diffondere notizie, svolgere indagini di mercato ovvero raccogliere intenzioni di acquisto o di sottoscrizione;

c) le modalità di svolgimento dell'offerta anche al fine di assicurare la parità di trattamento tra i destinatari.

2. Ove le caratteristiche degli Oicr lo richiedano la Consob può consentire, su istanza degli offerenti, l'inserimento nella documentazione d'offerta di informazioni ulteriori o equivalenti a quelle previste dal regolamento di cui al comma 1 (5).

98-*quinquies*. *Obblighi informativi*. — 1. Fermo quanto previsto dal Titolo III, Capo I, agli offerenti quote o azioni di Oicr aperti si applicano:

a) l'art. 114, commi 5 e 6, dalla data di pubblicazione dei prospetti fino alla conclusione dell'offerta;

b) l'art. 115, dalla data della comunicazione prevista dall'art. 98-*ter* fino a un anno dalla conclusione dell'offerta.

2. .... (6).

3. Qualora sussista fondato sospetto di violazione delle disposizioni contenute nel presente Capo o delle relative norme di attuazione, la Consob, allo scopo di acquisire elementi conoscitivi, può richiedere, entro un anno dall'acquisto o dalla sottoscrizione, la comunicazione di dati e notizie e la trasmissione di atti e documenti agli acquirenti o sottoscrittori delle quote o azioni di Oicr aperti, fissando i relativi termini. Il potere di richiesta può essere esercitato anche nei confronti di coloro per i quali vi è fondato sospetto che svolgano un'offerta al pubblico in violazione delle disposizioni previste dall'art. 98-*ter*.

98-*sexies*. .... (7).

Sezione III. — *Disposizioni comuni*

99. *Poteri della Consob*. — 1. La Consob può:

a) sospendere in via cautelare, per un periodo non superiore a dieci giorni lavorativi

(1) Le parole «OICVM comunitari» sono state così sostituite alle precedenti «Oicr comunitari armonizzati» dall'art. 6.4, lett. b, d.lg. 4 marzo 2014, n. 44.
(2) Articolo così sostituito dall'art. 1.19, d.lg. 16 aprile 2012, n. 47.
(3) Le parole «disposizioni dell'Unione europea» sono state così sostituite alle precedenti «disposizioni comunitarie» dall'art. 6.5, lett. a, d.lg. 4 marzo 2014, n. 44.
(4) Lettera così sostituita dall'art. 6.5, lett. b, d.lg. 4 marzo 2014, n. 44.
(5) Articolo così sostituito dall'art. 1.20, d.lg. 16 aprile 2012, n. 47.
(6) Comma abrogato dall'art. 6.6, d.lg. 4 marzo 2014, n. 44.
(7) Articolo inserito dall'art. 1.1, lett. c, d.lg. 18 aprile 2016, n. 71, e successivamente abrogato dall'art. 4.1, d.lg. 3 agosto 2017, n. 129.

consecutivi per ciascuna volta, l'offerta avente ad oggetto strumenti finanziari comunitari, in caso di fondato sospetto di violazione delle disposizioni del presente Capo o delle relative norme di attuazione;

b) sospendere in via cautelare, per un periodo non superiore a novanta giorni, l'offerta avente ad oggetto prodotti diversi da quelli di cui alla lett. *a*), in caso di fondato sospetto di violazione delle disposizioni del presente Capo o delle relative norme di attuazione;

c) vietare l'offerta nel caso in cui abbia fondato sospetto che potrebbero essere violate le disposizioni del presente Capo o le relative norme di attuazione;

d) vietare l'offerta in caso di accertata violazione delle disposizioni o delle norme indicate nelle lett. *a*) o *b*);

e) rendere pubblico il fatto che l'offerente o l'emittente non ottempera ai propri obblighi;

f) fermo restando il potere previsto nell'art. 66-*quater*, comma 1 (1), può chiedere alla società di gestione del mercato la sospensione in via cautelare, per un periodo non superiore a dieci giorni lavorativi consecutivi per ciascuna volta, delle negoziazioni in un mercato regolamentato in caso di fondato sospetto di violazione delle disposizioni del presente Capo e delle relative norme di attuazione;

g) fermo restando il potere previsto nell'art. 66-*quater*, comma 1 (1), può chiedere alla società di gestione di vietare le negoziazioni in un mercato regolamentato in caso di accertata violazione delle disposizioni del presente Capo e delle relative norme di attuazione.

2. Qualora la Consob, quale autorità competente dello Stato membro ospitante, rilevi irregolarità commesse dall'emittente o dai soggetti abilitati incaricati dell'offerta degli strumenti finanziari comunitari, essa ne informa l'autorità competente dello Stato membro d'origine.

3. Se, nonostante le misure adottate dall'autorità competente dello Stato membro d'origine o perché tali misure si rivelano inadeguate, l'emittente o il soggetto abilitato incaricato dell'offerta perseverano nella violazione delle disposizioni legislative o regolamentari pertinenti, la Consob, dopo averne informato l'autorità competente dello Stato membro d'origine, adotta tutte le misure opportune per tutelare gli investitori. Dell'adozione di tali misure la Consob informa al più presto la Commissione europea.

100. *Casi di inapplicabilità*. — 1. Le disposizioni del presente Capo non si applicano alle offerte:

a) rivolte ai soli investitori qualificati, [...] (2) come definiti dalla Consob con regolamento in base ai criteri fissati dalle disposizioni comunitarie;

b) rivolte a un numero di soggetti non superiore a quello indicato dalla Consob con regolamento (3);

c) di ammontare complessivo non superiore a quello indicato dalla Consob con regolamento (3);

d) aventi a oggetto strumenti finanziari diversi dai titoli di capitale emessi da o che beneficiano della garanzia incondizionata e irrevocabile di uno Stato membro dell'Unione europea o emessi da organismi internazionali a carattere pubblico di cui facciano parte uno o più Stati membri dell'Unione europea;

e) aventi a oggetto strumenti finanziari emessi dalla Banca Centrale Europea o dalle banche centrali nazionali degli Stati membri dell'Unione europea;

f) aventi ad oggetto strumenti diversi dai titoli di capitale emessi in modo continuo o ripetuto da banche a condizione che tali strumenti:

1) non siano subordinati, convertibili o scambiabili;

2) non conferiscano il diritto di sottoscrivere o acquisire altri tipi di strumenti finanziari e non siano collegati ad uno strumento derivato;

3) diano veste materiale al ricevimento di depositi rimborsabili;

4) siano coperti da un sistema di garanzia dei depositi a norma degli artt. da 96 a 96-*quater* del d.lg. 1° settembre 1993, n. 385 (4);

g) aventi ad oggetto strumenti del mercato monetario emessi da banche con una scadenza inferiore a 12 mesi.

2. La Consob può individuare con regolamento (3) le offerte al pubblico di prodotti finanziari alle quali le disposizioni del presente Capo non si applicano in tutto o in parte.

3. L'emittente o l'offerente ha diritto di re-

(1) Le parole «66-*quater*, comma 1» sono state così sostituite alle precedenti «64, comma 1-*bis*, lett. *c*)» dall'art. 4.2, d.lg. 3 agosto 2017, n. 129.

(2) Le parole «comprese le persone fisiche e le piccole e medie imprese,» sono state soppresse dall'art. 1.8, d.lg. 11 ottobre 2012, n. 184.

(3) Deliberazione Consob 14 maggio 1999, n. 11971, in suppl. ord. a G.U., 28 maggio 1999, n. 123, modificata, da ultimo, con deliberazione Consob 21 novembre 2018, n. 20710, in G.U., 3 dicembre 2018, n. 281.

(4) In *Leggi coll. XVII, 1.*

digere un prospetto ai sensi e per gli effetti delle disposizioni comunitarie in occasione dell'offerta degli strumenti di cui alle lett. *c*), *d*) ed *e*) del comma 1.

3-*bis.* Restano fermi gli obblighi di cui al reg. (UE) n. 1286/2014 nel caso di offerta di un PRIIP a investitori al dettaglio come ivi definiti (1).

100-*bis*. *Circolazione dei prodotti finanziari.* — 1. La successiva rivendita di prodotti finanziari che hanno costituito oggetto di un'offerta al pubblico (2) esente dall'obbligo di pubblicare un prospetto costituisce ad ogni effetto una distinta e autonoma offerta al pubblico nel caso in cui ricorrano le condizioni indicate nella definizione prevista all'art. 1, comma 1, lett. *t*), e non ricorra alcuno dei casi di inapplicabilità previsti dall'art. 100.

2. Si realizza una offerta al pubblico anche qualora i prodotti finanziari che abbiano costituito oggetto in Italia o all'estero di un collocamento riservato a investitori qualificati (3) siano, nei dodici mesi successivi, sistematicamente rivenduti a soggetti diversi da investitori qualificati (3) e tale rivendita non ricada in alcuno dei casi di inapplicabilità previsti dall'art. 100.

2-*bis.* L'intermediario, nelle rivendite successive di prodotti finanziari, può avvalersi di un prospetto già disponibile e ancora valido, purché l'emittente o la persona responsabile della redazione del prospetto abbiano dato il loro consenso a tale utilizzo mediante accordo scritto (4).

3. Nell'ipotesi di cui al comma 2, qualora non sia stato pubblicato un prospetto [...] (5), l'acquirente, che agisce per scopi estranei all'attività imprenditoriale o professionale, può far valere la nullità del contratto e i soggetti abilitati presso i quali è avvenuta la rivendita dei prodotti finanziari rispondono del danno arrecato. Resta ferma l'applicazione delle sanzioni dall'art. 191 e quanto stabilito dagli artt. 2412, secondo comma, 2483, secondo comma, e 2526, quarto comma, del codice civile.

4. Il comma 2 non si applica alla rivendita di titoli di debito emessi da Stati membri dell'Organizzazione per la cooperazione e lo sviluppo economico (OCSE) con classamento creditizio di qualità bancaria (*rating investment grade*) assegnato da almeno due agenzie di rating del credito, registrate ai sensi del reg. (CE) n. 1060/2009 o i cui rating sono avallati da agenzie di rating registrate ai sensi del regolamento anzidetto (6), fermo restando l'esercizio delle altre azioni civili, penali e amministrative previste a tutela del risparmiatore.

4-*bis.* La Consob può dettare disposizioni di attuazione del presente articolo (7).

100-*ter*. *Offerte attraverso portali per la raccolta di capitali.* — 1. Le offerte al pubblico condotte attraverso uno o più portali per la raccolta di capitali possono avere ad oggetto soltanto la sottoscrizione di strumenti finanziari emessi dalle piccole e medie imprese, dalle imprese sociali e dagli organismi di investimento collettivo del risparmio o altre società di capitali che investono prevalentemente in piccole e medie imprese. Le offerte relative a strumenti finanziari emessi da piccole e medie imprese devono avere un corrispettivo totale inferiore a quello determinato dalla Consob ai sensi dell'art. 100, comma 1, lett. *c*) (8).

1-*bis.* In deroga a quanto previsto dall'art. 2468, primo comma, del codice civile, le quote di partecipazione in piccole e medie imprese costituite in forma di società a responsabilità limitata possono costituire oggetto di offerta al pubblico di prodotti finanziari, anche attraverso i portali per la raccolta di capitali, nei limiti previsti dal presente decreto (9).

1-*ter.* La sottoscrizione di obbligazioni o di titoli di debito è riservata, nei limiti stabiliti dal codice civile, agli investitori professionali e a particolari categorie di investitori eventualmente individuate dalla Consob ed è effettuata in una sezione del portale diversa da quella in cui si svolge la raccolta del capitale di rischio (10).

(1) Comma inserito dall'art. 1.3, d.lg. 14 novembre 2016, n. 224. In base all'art. 3, d.lg. cit., tali disposizioni «si applicano a decorrere dalla data di applicazione del reg. (UE) n. 1286/2014».

(2) Le parole «un'offerta al pubblico» sono state così sostituite alle precedenti «una sollecitazione» dall'art. 15.2, lett. a, d.lg. 17 settembre 2007, n. 164.

(3) Le parole «investitori qualificati» sono state così sostituite a quelle «investitori professionali» dall'art. 15.2, lett. b, d.lg. 17 settembre 2007, n. 164.

(4) Comma inserito dall'art. 1.9, lett. a, d.lg. 11 ottobre 2012, n. 184.

(5) La parola «informativo» è stata soppressa dall'art. 15.2, lett. c, d.lg. 17 settembre 2007, n. 164.

(6) Le parole «agenzie di rating del credito, registrate ai sensi del reg. (CE) n. 1060/2009 o i cui rating sono avallati da agenzie di rating registrate ai sensi del regolamento anzidetto» sono state così sostituite alle precedenti «primarie agenzie internazionali di classamento creditizio (*rating*)» dall'art. 1.9, lett. b, d.lg. 11 ottobre 2012, n. 184.

(7) Comma aggiunto dall'art. 1.5, d.lg. 17 luglio 2009, n. 101.

(8) Comma così sostituito dall'art. 4.3, lett. a, d.lg. 3 agosto 2017, n. 129.

(9) Comma inserito dall'art. 4.3, lett. c, d.lg. 3 agosto 2017, n. 129.

(10) Comma inserito dall'art. 1.238, l. 30 dicembre 2018, n. 145.

2. La Consob determina la disciplina applicabile alle offerte di cui al comma 1 (1), al fine di assicurare la sottoscrizione da parte di investitori professionali o particolari categorie di investitori dalla stessa individuate di una quota degli strumenti finanziari offerti, quando l'offerta non sia riservata esclusivamente a clienti professionali, e di tutelare gli investitori diversi dai clienti professionali nel caso in cui i soci di controllo della piccola e media impresa o dell'impresa sociale (2) cedano le proprie partecipazioni a terzi successivamente all'offerta (3).

2-*bis.* In alternativa a quanto stabilito dall'art. 2470, secondo comma, del codice civile e dall'art. 36, comma 1-*bis*, del d.l. 25 giugno 2008, n. 112, convertito, con modificazioni, dalla l. 6 agosto 2008, n. 133, e successive modificazioni, per la sottoscrizione e per la successiva alienazione di quote rappresentative del capitale di piccole e medie imprese e di imprese sociali costituite in forma di società a responsabilità limitata:

a) la sottoscrizione può essere effettuata per il tramite di intermediari abilitati alla prestazione di uno o più dei servizi di investimento previsti dall'art. 1, comma 5, lett. *a*), *b*), *c*), *c-bis*), ed *e*); gli intermediari abilitati effettuano la sottoscrizione delle quote in nome proprio e per conto dei sottoscrittori o degli acquirenti che abbiano aderito all'offerta tramite portale;

b) entro i trenta giorni successivi alla chiusura dell'offerta, gli intermediari abilitati depositano al registro delle imprese una certificazione attestante la loro titolarità di soci per conto di terzi, sopportandone il relativo costo; a tale fine, le condizioni di adesione pubblicate nel portale devono espressamente prevedere che l'adesione all'offerta, in caso di buon fine della stessa e qualora l'investitore decida di avvalersi del regime alternativo di cui al presente comma, comporta il contestuale e obbligatorio conferimento di mandato agli intermediari incaricati affinché i medesimi:

1) effettuino l'intestazione delle quote in nome proprio e per conto dei sottoscrittori, tenendo adeguata evidenza dell'identità degli stessi e delle quote possedute;

2) rilascino, a richiesta del sottoscrittore o del successivo acquirente, una certificazione comprovante la titolarità delle quote; tale certificazione ha natura di puro titolo di legittimazione per l'esercizio dei diritti sociali, è nominativamente riferita al sottoscrittore, non è trasferibile, neppure in via temporanea né a qualsiasi titolo, a terzi e non costituisce valido strumento per il trasferimento della proprietà delle quote;

3) consentano ai sottoscrittori che ne facciano richiesta di alienare le quote secondo quanto previsto alla lett. *c*) del presente comma;

4) accordino ai sottoscrittori e ai successivi acquirenti la facoltà di richiedere, in ogni momento, l'intestazione diretta a se stessi delle quote di loro pertinenza;

c) l'alienazione delle quote da parte di un sottoscrittore o del successivo acquirente avviene mediante semplice annotazione del trasferimento nei registri tenuti dall'intermediario; la scritturazione e il trasferimento non comportano costi o oneri né per l'acquirente né per l'alienante; la successiva certificazione effettuata dall'intermediario, ai fini dell'esercizio dei diritti sociali, sostituisce ed esaurisce le formalità di cui all'art. 2470, secondo comma, del codice civile (4).

2-*ter.* Il regime alternativo di trasferimento delle quote di cui al comma 2-*bis* deve essere chiaramente indicato nel portale, ove sono altresì predisposte apposite idonee modalità per consentire all'investitore di (5) esercitare l'opzione ovvero indicare l'intenzione di applicare il regime ordinario di cui all'art. 2470, secondo comma, del codice civile e all'art. 36, comma 1-*bis*, del d.l. 25 giugno 2008, n. 112, convertito, con modificazioni, dalla l. 6 agosto 2008, n. 133, e successive modificazioni (6).

2-*quater.* L'esecuzione di sottoscrizioni, acquisti e alienazioni di strumenti finanziari emessi da piccole e medie imprese e da impre-

(1) Le parole «comma 1» sono state così sostituite alle precedenti «comma precedente» dall'art. 4.3, lett. d, d.lg. 3 agosto 2017, n. 129.

(2) Le parole «, della PMI innovativa o dell'impresa sociale» erano state sostituite alle precedenti «o della PMI innovativa» dall'art. 18.8, lett. e, d.lg. 3 luglio 2017, n. 112. Successivamente le parole «della piccola e media impresa o dell'impresa sociale» sono state così sostituite alle precedenti «della start-up innovativa, della PMI innovativa o dell'impresa sociale» dall'art. 4.3, lett. d, d.lg. 3 agosto 2017, n. 129.

(3) Articolo inserito dall'art. 30.3, d.l. 18 ottobre 2012, n. 179, conv. in l. 17 dicembre 2012, n. 221.

(4) Comma aggiunto dall'art. 4.10, lett. c-*ter*, d.l. 24 gennaio 2015, n. 3, conv. in l. 24 marzo 2015, n. 33, e successivamente così sostituito dall'art. 4.3, lett. e, d.lg. 3 agosto 2017, n. 129.

(5) Le parole «sono altresì predisposte apposite idonee modalità per consentire all'investitore di» sono state così sostituite alle precedenti «è altresì prevista apposita casella o altra idonea modalità per» dall'art. 4.3, lett. f, d.lg. 3 agosto 2017, n. 129.

(6) Comma aggiunto dall'art. 4.10, lett. c-*ter*, d.l. 24 gennaio 2015, n. 3, conv. in l. 24 marzo 2015, n. 33.

se sociali ovvero di quote rappresentative del capitale delle medesime, effettuati secondo le modalità previste alle lett. *b*) e *c*) del comma 2-*bis* del presente articolo, non necessita della stipulazione di un contratto scritto (1). Ogni corrispettivo, spesa o onere gravante sul sottoscrittore, acquirente o alienante deve essere indicato nel portale dell'offerta, con separata e chiara evidenziazione delle condizioni praticate da ciascuno degli intermediari coinvolti, nonché in apposita sezione del sito internet di ciascun intermediario. In difetto, nulla è dovuto agli intermediari (2).

2-*quinquies*. .... (3).

101. *Attività pubblicitaria*. — 1. La documentazione relativa a qualsiasi tipo di pubblicità concernente un'offerta è trasmessa alla Consob contestualmente alla sua diffusione.

2. Prima della pubblicazione del prospetto è vietata la diffusione di qualsiasi annuncio pubblicitario riguardante offerte al pubblico di prodotti finanziari diversi dagli strumenti finanziari comunitari.

3. La pubblicità è effettuata secondo i criteri stabiliti dalla Consob con regolamento (4) in conformità alle disposizioni comunitarie e, in ogni caso, avendo riguardo alla correttezza dell'informazione e alla sua coerenza con quella contenuta nel prospetto, se è già stato pubblicato, o con quella che deve figurare nel prospetto da pubblicare.

4. La Consob può:

a) sospendere in via cautelare, per un periodo non superiore a dieci giorni lavorativi consecutivi, l'ulteriore diffusione dell'annuncio pubblicitario relativo ad un'offerta avente ad oggetto strumenti finanziari comunitari, in caso di fondato sospetto di violazione delle disposizioni previste nei precedenti commi o delle relative norme di attuazione;

b) sospendere in via cautelare, per un periodo non superiore a novanta giorni, l'ulteriore diffusione dell'annuncio pubblicitario relativo ad un'offerta avente ad oggetto prodotti diversi da quelli di cui alla lett. *a*), in caso di fondato sospetto di violazione delle disposizioni previste nei precedenti commi o delle relative norme di attuazione;

c) vietare l'ulteriore diffusione dell'annuncio pubblicitario, in caso di accertata violazione delle disposizioni o delle norme indicate nelle lett. *a*) o *b*);

d) vietare l'esecuzione dell'offerta, in caso di mancata ottemperanza ai provvedimenti previsti dalle lett. *a*), *b*) o *c*).

5. A prescindere dall'obbligo di pubblicazione di un prospetto, le informazioni rilevanti fornite dall'emittente o dall'offerente agli investitori qualificati o a categorie speciali di investitori, comprese le informazioni comunicate nel corso di riunioni riguardanti offerte di prodotti finanziari, devono essere divulgate a tutti gli investitori qualificati o a tutte le categorie speciali di investitori a cui l'offerta è diretta in esclusiva.

CAPO II

OFFERTE PUBBLICHE DI ACQUISTO O DI SCAMBIO

Sezione I. — *Disposizioni generali*

101-*bis*. *Definizioni e ambito applicativo*. — 1. Ai fini del presente capo si intendono per «società italiane quotate» le società con sede legale nel territorio italiano e con titoli ammessi alla negoziazione in un mercato regolamentato di uno Stato comunitario.

2. Ai fini del presente capo e dell'art. 123-*bis*, per «titoli» si intendono gli strumenti finanziari che attribuiscono il diritto di voto, anche limitatamente a specifici argomenti, nell'assemblea ordinaria o straordinaria.

3. Gli artt. 102, commi 2 e 5, l'art. 103, comma 3-*bis*, ogni altra disposizione del presente decreto che pone a carico dell'offerente o della società emittente specifici obblighi informativi nei confronti dei dipendenti o dei loro rappresentanti, nonché gli artt. 104, 104-*bis* e 104-*ter*, non si applicano alle:

a) offerte pubbliche di acquisto o di scambio aventi ad oggetto prodotti finanziari diversi dai titoli;

b) offerte pubbliche di acquisto o scambio che non hanno ad oggetto titoli che attribuiscono il diritto di voto sugli argomenti di cui all'art. 105, commi 2 e 3;

c) offerte pubbliche di acquisto o di scambio promosse da chi detiene (5) individualmen-

(1) Periodo così sostituito dall'art. 4.3, lett. g, d.lg. 3 agosto 2017, n. 129.

(2) Comma aggiunto dall'art. 4.10, lett. c-*ter*, d.l. 24 gennaio 2015, n. 3, conv. in l. 24 marzo 2015, n. 33.

(3) Comma aggiunto dall'art. 4.10, lett. c-*ter*, d.l. 24 gennaio 2015, n. 3, conv. in l. 24 marzo 2015, n. 33, e successivamente abrogato dall'art. 4.3, lett. h, d.lg. 3 agosto 2017, n. 129.

(4) Deliberazione Consob 14 maggio 1999, n. 11971, in suppl. ord. a G.U., 28 maggio 1999, n. 123, modificata, da ultimo, con deliberazione Consob 21 novembre 2018, n. 20710, in G.U., 3 dicembre 2018, n. 281.

(5) La parola «detiene» è stata così sostituita alle precedente «dispone» dall'art. 1.1, lett. a, d.lg. 25 settembre 2009, n. 146.

te, direttamente o indirettamente, la maggioranza (1) dei diritti di voto esercitabili nell'assemblea ordinaria della società;

d) offerte pubbliche di acquisto aventi ad oggetto azioni proprie.

3-*bis*. Salvo quanto previsto dal comma 3, la Consob può individuare con regolamento le offerte pubbliche di acquisto o di scambio, aventi ad oggetto prodotti finanziari diversi dai titoli, alle quali le disposizioni della presente Sezione non si applicano in tutto o in parte, ove ciò non contrasti con le finalità indicate all'art. 91 (2).

4. Per «persone che agiscono di concerto» si intendono i soggetti che cooperano tra di loro sulla base di un accordo, espresso o tacito, verbale o scritto, ancorché invalido o inefficace, volto ad acquisire, mantenere o rafforzare il controllo della società emittente o a contrastare il conseguimento degli obiettivi di un'offerta pubblica di acquisto o di scambio (3).

4-*bis*. Sono, in ogni caso, persone che agiscono di concerto:

a) gli aderenti a un patto, anche nullo, previsto dall'art. 122, comma 1 e comma 5, lett. *a*), *b*), *c*) e *d*);

b) un soggetto, il suo controllante, e le società da esso controllate;

c) le società sottoposte a comune controllo;

d) una società e i suoi amministratori, componenti del consiglio di gestione, o di sorveglianza o direttori generali (4).

4-*ter*. Fermo restando il comma 4-*bis*, la Consob individua con regolamento:

a) i casi per i quali si presume che i soggetti coinvolti siano persone che agiscono di concerto ai sensi del comma 4, salvo che provino che non ricorrono le condizioni di cui al medesimo comma;

b) i casi nei quali la cooperazione tra più soggetti non configura un'azione di concerto ai sensi del comma 4 (4).

101-*ter*. *Autorità di vigilanza e diritto applicabile*. — 1. La Consob vigila sulle offerte pubbliche di acquisto o di scambio in conformità alle disposizioni del presente capo.

2. Ai fini del riparto delle competenze tra la Consob e le autorità degli altri Stati comunitari con riguardo alle offerte pubbliche di acquisto o di scambio, aventi ad oggetto titoli di società regolate dal diritto di uno Stato comunitario, e strumentali o successive all'acquisizione del controllo secondo il diritto nazionale della società emittente, si osservano le disposizioni seguenti.

3. La Consob vigila sullo svolgimento delle offerte pubbliche:

a) aventi a oggetto titoli emessi da una società la cui sede legale è situata nel territorio italiano e ammessi alla negoziazione su uno o più mercati regolamentati italiani;

b) aventi ad oggetto titoli emessi da una società la cui sede legale è situata in uno Stato comunitario diverso dall'Italia e ammessi alla negoziazione esclusivamente su mercati regolamentati italiani;

c) aventi ad oggetto titoli emessi da una società la cui sede legale è situata in uno Stato comunitario diverso dall'Italia e ammessi alla negoziazione su mercati regolamentati italiani e di altri Stati comunitari diversi da quello dove la società ha la propria sede legale, qualora siano stati ammessi per la prima volta alla negoziazione su un mercato regolamentato italiano ovvero, qualora i titoli siano stati ammessi per la prima volta alla negoziazione contemporaneamente sui mercati regolamentati italiani e di altri Stati comunitari, nel caso in cui la società emittente scelga la Consob quale autorità di vigilanza, informandone i suddetti mercati e le loro autorità di vigilanza il primo giorno della negoziazione. La Consob stabilisce con regolamento le modalità e i termini per la comunicazione al pubblico della decisione della società emittente relativa alla scelta dell'autorità competente per la vigilanza sull'offerta.

4. Nei casi in cui la Consob sia l'autorità di vigilanza competente ai sensi del comma 3, lett. *b*) e *c*), sono disciplinate dal diritto italiano le questioni inerenti al corrispettivo dell'offerta, alla procedura, con particolare riguardo agli obblighi di informazione sulla decisione dell'offerente di procedere all'offerta, al contenuto del documento di offerta e alla divulgazione dell'offerta. Per le questioni riguardanti l'informazione che deve essere fornita ai dipendenti della società emittente, per le questioni di diritto societario con particolare riguardo a quelle relative alla soglia al cui superamento consegue l'obbligo di offerta pubblica di acquisto, alle deroghe a tale obbligo e alle condizioni in presenza delle quali l'organo di amministrazione della società emittente può compiere atti

(1) Le parole «la maggioranza» sono state così sostituite alle precedenti «della maggioranza» dall'art. 1.1, lett. a, d.lg. 25 settembre 2009, n. 146.
(2) Comma aggiunto dall'art. 1.1, lett. b, d.lg. 25 settembre 2009, n. 146.
(3) Comma così sostituito dall'art. 1.1, lett. c, d.lg. 25 settembre 2009, n. 146.
(4) Comma aggiunto dall'art. 1.1, lett. d, d.lg. 25 settembre 2009, n. 146.

od operazioni che possano contrastare il conseguimento degli obiettivi dell'offerta, le norme applicabili e l'autorità competente sono quelle dello Stato membro in cui la società emittente ha la propria sede legale.

5. Nei casi in cui l'offerta abbia ad oggetto titoli emessi da società la cui sede legale è situata nel territorio italiano e ammessi alla negoziazione esclusivamente su uno o più mercati regolamentati di altri Stati comunitari, sono disciplinate dal diritto italiano le materie indicate nel comma 4, secondo periodo e l'autorità competente in relazione ad esse è la Consob (1).

102. *Obblighi degli offerenti e poteri interdittivi.* — 1. La decisione ovvero il sorgere dell'obbligo di promuovere un'offerta pubblica di acquisto o di scambio sono senza indugio comunicati alla Consob e contestualmente resi pubblici. La Consob stabilisce con regolamento i contenuti e le modalità di pubblicazione della comunicazione.

2. Non appena l'offerta sia stata resa pubblica, il consiglio di amministrazione o di gestione della società emittente e dell'offerente ne informano i rispettivi rappresentanti dei lavoratori o, in mancanza di rappresentanti, i lavoratori stessi.

3. Salvo quanto previsto dall'art. 106, comma 2, l'offerente promuove l'offerta tempestivamente, e comunque non oltre venti giorni dalla comunicazione di cui al comma 1, presentando alla Consob il documento d'offerta destinato alla pubblicazione. In caso di mancato rispetto del termine il documento d'offerta è dichiarato irricevibile e l'offerente non può promuovere un'ulteriore offerta avente a oggetto prodotti finanziari del medesimo emittente nei successivi dodici mesi.

4. Entro quindici giorni dalla presentazione del documento d'offerta, la Consob lo approva se esso è idoneo a consentire ai destinatari di pervenire ad un fondato giudizio sull'offerta. Con l'approvazione la Consob può indicare all'offerente informazioni integrative da fornire, specifiche modalità di pubblicazione del documento d'offerta nonché particolari garanzie da prestare. Il termine è di trenta giorni per le offerte aventi ad oggetto o corrispettivo prodotti finanziari non quotati o diffusi tra il pubblico ai sensi dell'art. 116. Qualora si renda necessario richiedere all'offerente informazioni supplementari, tali termini sono sospesi, per una sola volta, fino alla ricezione delle stesse. Tali informazioni sono fornite entro il termine fissato dalla Consob, comunque non superiore a quindici giorni. Nell'ipotesi in cui, per lo svolgimento dell'offerta, la normativa di settore richieda autorizzazioni di altre autorità, la Consob approva il documento d'offerta entro cinque giorni dalla comunicazione delle autorizzazioni stesse. Decorsi i termini di cui al presente comma, il documento d'offerta si considera approvato.

4-*bis*. Limitatamente alle offerte pubbliche di scambio che abbiano ad oggetto obbligazioni e altri titoli di debito, l'offerente può richiedere alla Consob che l'offerta sia soggetta, anche in deroga alle disposizioni del presente capo, alla disciplina delle offerte al pubblico di vendita e di sottoscrizione, di cui al capo I del presente titolo. La Consob, entro quindici giorni dalla presentazione della richiesta, accoglie la medesima, ove ciò non contrasti con le finalità indicate nell'art. 91 (2).

5. Non appena il documento sia stato reso pubblico, il consiglio di amministrazione o di gestione della società emittente e dell'offerente lo trasmettono ai rispettivi rappresentanti dei lavoratori o, in mancanza di rappresentanti, ai lavoratori stessi.

6. In pendenza dell'offerta la Consob può:

a) sospenderla in via cautelare, in caso di fondato sospetto di violazione delle disposizioni del presente capo o delle norme regolamentari;

b) sospenderla, per un termine non superiore a trenta giorni, nel caso intervengano fatti nuovi o non resi noti in precedenza tali da non consentire ai destinatari di pervenire ad un fondato giudizio sull'offerta;

c) dichiararla decaduta, in caso di accertata violazione delle disposizioni o delle norme indicate nella lett. *a*).

7. Ai fini dell'esercizio delle proprie funzioni di vigilanza sul rispetto delle disposizioni del presente capo, la Consob esercita i poteri previsti dall'art. 115, comma 1, lett. *a*) e *b*), nei confronti di chiunque appaia informato dei fatti. In caso di fondato sospetto di violazione delle disposizioni del presente capo o delle norme regolamentari si applica l'art. 187-*octies*.

8. In presenza di indiscrezioni comunque diffuse tra il pubblico in merito ad una possibile offerta pubblica di acquisto o scambio e di irregolarità nell'andamento del mercato dei titoli interessati, ai potenziali offerenti si applica l'art. 114, commi 5 e 6 (3).

(1) Articolo inserito dall'art. 2.1, d.lg. 19 novembre 2007, n. 229.
(2) Comma aggiunto dall'art. 1.2, d.lg. 25 settembre 2009, n. 146.
(3) Articolo così sostituito dall'art. 2.2, d.lg. 19 novembre 2007, n. 229.

103. *Svolgimento dell'offerta*. — 1. L'offerta è irrevocabile. Ogni clausola contraria è nulla. L'offerta è rivolta a parità di condizioni a tutti i titolari dei prodotti finanziari che ne formano oggetto.

2. Fermo quanto previsto dal titolo III, capo I, agli emittenti, agli offerenti, alle persone che agiscono di concerto con essi, nonché agli intermediari incaricati di raccogliere le adesioni si applicano gli artt. 114, commi 5 e 6, e 115 dalla data della comunicazione prevista dall'art. 102, comma 1, e fino ad un anno dalla chiusura dell'offerta (1).

3. Il consiglio di amministrazione dell'emittente diffonde un comunicato contenente ogni dato utile per l'apprezzamento dell'offerta e la propria valutazione sulla medesima. Per le società organizzate secondo il modello dualistico il comunicato, eventualmente congiunto, è approvato dal consiglio di gestione e dal consiglio di sorveglianza (2).

3-*bis*. Il comunicato contiene altresì una valutazione degli effetti che l'eventuale successo dell'offerta avrà sugli interessi dell'impresa, nonché sull'occupazione e la localizzazione dei siti produttivi. Contestualmente alla sua diffusione, il comunicato è trasmesso ai rappresentanti dei lavoratori della società o, in loro mancanza, ai lavoratori direttamente. Se ricevuto in tempo utile, al comunicato è allegato il parere dei rappresentanti dei lavoratori quanto alle ripercussioni sull'occupazione (3).

4. La Consob detta con regolamento (4) disposizioni di attuazione della presente sezione e, in particolare, disciplina:

a) il contenuto del documento d'offerta, nonché le modalità per la pubblicazione del documento e per lo svolgimento dell'offerta;

b) la correttezza e la trasparenza delle operazioni sui prodotti finanziari oggetto dell'offerta;

c) gli effetti sul corrispettivo dell'offerta degli acquisti di prodotti finanziari che ne sono oggetto, effettuati dagli offerenti o dalle persone che agiscono di concerto con essi dopo la comunicazione di cui all'art. 102, comma 1, in pendenza dell'offerta o nei sei mesi successivi alla chiusura di questa;

d) le modifiche all'offerta, le offerte di aumento e quelle concorrenti, senza limitare il numero dei rilanci, effettuabili fino alla scadenza di un termine massimo;

e) il riconoscimento dei documenti d'offerta approvati da autorità di vigilanza di altri Stati comunitari o da autorità di vigilanza di Stati extracomunitari con le quali vi siano accordi di cooperazione;

f) le modalità di pubblicazione dei provvedimenti da essa adottati ai sensi della presente sezione (5).

5. .... (6).

104. *Difese*. — 1. Salvo autorizzazione dell'assemblea ordinaria o di quella straordinaria per le delibere di competenza, le società italiane quotate i cui titoli sono oggetto dell'offerta si astengono dal compiere atti od operazioni che possono contrastare il conseguimento degli obiettivi dell'offerta. L'obbligo di astensione si applica dalla comunicazione di cui all'art. 102, comma 1, e fino alla chiusura dell'offerta ovvero fino a quando l'offerta stessa non decada. La mera ricerca di altre offerte non costituisce atto od operazione in contrasto con gli obiettivi dell'offerta. Resta ferma la responsabilità degli amministratori, dei componenti del consiglio di gestione e di sorveglianza e dei direttori generali per gli atti e le operazioni compiuti (7).

1-*bis*. L'autorizzazione assembleare prevista dal comma 1 è richiesta anche per l'attuazione di ogni decisione presa prima dell'inizio del periodo indicato nel comma 1, che non sia ancora stata attuata in tutto o in parte, che non rientri nel corso normale delle attività della società e la cui attuazione possa contrastare il conseguimento degli obiettivi dell'offerta (8).

1-*ter*. Gli statuti possono derogare, in tutto o in parte, alle disposizioni dei commi 1 e 1-*bis*. Le società comunicano le deroghe approvate ai sensi del presente comma alla Consob e alle autorità di vigilanza in materia di offerte pubbliche di acquisto degli Stati membri in cui i loro titoli sono ammessi alla negoziazione su un mercato regolamentato o in cui è stata chiesta tale ammissione. Tali deroghe sono altresì tempestivamente comunicate al pubblico se-

(1) Comma così sostituito dall'art. 2.3, lett. a, d.lg. 19 novembre 2007, n. 229.
(2) Comma così sostituito dall'art. 2.3, lett. b, d.lg. 19 novembre 2007, n. 229.
(3) Comma aggiunto dall'art. 2.3, lett. c, d.lg. 19 novembre 2007, n. 229.
(4) Deliberazione Consob 14 maggio 1999, n. 11971, in suppl. ord. a G.U., 28 maggio 1999, n. 123, modificata, da ultimo, con deliberazione Consob 21 novembre 2018, n. 20710, in G.U., 3 dicembre 2018, n. 281.
(5) Comma così sostituito dall'art. 2.3, lett. d, d.lg. 19 novembre 2007, n. 229.
(6) Comma abrogato dall'art. 2.3, lett. e, d.lg. 19 novembre 2007, n. 229.
(7) Comma così sostituito, con effetto dal 1° luglio 2010, dall'art. 1.3, lett. a, d.lg. 25 settembre 2009, n. 146.
(8) Comma così sostituito, con effetto dal 1° luglio 2010, dall'art. 1.3, lett. b, d.lg. 25 settembre 2009, n. 146.

condo le modalità previste dalla Consob con regolamento (1).

2. L'avviso di convocazione relativo alle assemblee di cui al presente articolo è pubblicato con le modalità di cui all'art. 125-*bis* entro il quindicesimo giorno precedente la data fissata per l'assemblea (2) (3).

104-*bis*. *Regola di neutralizzazione*. — 1. Fermo quanto previsto dall'art. 123, comma 3, gli statuti delle società italiane quotate, diverse dalle società cooperative, possono prevedere che, quando sia promossa un'offerta pubblica di acquisto o di scambio avente ad oggetto i titoli da loro emessi si applichino le regole previste dai commi 2 e 3 (4).

2. Nel periodo di adesione all'offerta non hanno effetto nei confronti dell'offerente le limitazioni al trasferimento di titoli previste nello statuto né hanno effetto, nelle assemblee chiamate a decidere sugli atti e le operazioni previsti dall'art. 104, le limitazioni al diritto di voto previste nello statuto o da patti parasociali. Nelle medesime assemblee le azioni a voto plurimo conferiscono soltanto un voto e non si computano i diritti di voto assegnati ai sensi dell'art. 127-*quinquies* (5) (6).

3. Quando, a seguito di un'offerta di cui al comma 1, l'offerente venga a detenere almeno il settantacinque per cento del capitale con diritto di voto nelle deliberazioni riguardanti la nomina o la revoca degli amministratori o dei componenti del consiglio di gestione o di sorveglianza, nella prima assemblea che segue la chiusura dell'offerta, convocata per modificare lo statuto o per revocare o nominare gli amministratori o i componenti del consiglio di gestione o di sorveglianza, le azioni a voto plurimo conferiscono soltanto un voto e (7) non hanno effetto:

a) le limitazioni al diritto di voto previste nello statuto o da patti parasociali;

b) qualsiasi diritto speciale in materia di nomina o revoca degli amministratori o dei componenti del consiglio di gestione o di sorveglianza previsto nello statuto (6);

b-bis) le maggiorazioni di voto spettanti ai sensi dell'art. 127-*quinquies* (8).

4. Le disposizioni di cui ai commi 2 e 3 non si applicano alle limitazioni statutarie al diritto di voto attribuito da titoli dotati di privilegi di natura patrimoniale.

5. Qualora l'offerta di cui al comma 1 abbia avuto esito positivo, l'offerente è tenuto a corrispondere un equo indennizzo per l'eventuale pregiudizio patrimoniale subito dai titolari dei diritti che l'applicazione delle disposizioni di cui ai commi 2 e 3 abbia reso non esercitabili, purché le disposizioni statutarie o contrattuali che costituiscono tali diritti fossero efficaci anteriormente alla comunicazione di cui all'art. 102, comma 1. La richiesta di indennizzo deve essere presentata all'offerente, a pena di decadenza, entro novanta giorni dalla chiusura dell'offerta ovvero, nel caso di cui al comma 3, entro novanta giorni dalla data dell'assemblea. In mancanza di accordo, l'ammontare dell'indennizzo eventualmente dovuto è fissato dal giudice in via equitativa, avendo riguardo, tra l'altro, al raffronto tra la media dei prezzi di mercato del titolo nei dodici mesi antecedenti la prima diffusione della notizia dell'offerta e l'andamento dei prezzi successivamente all'esito positivo dell'offerta.

6. L'indennizzo di cui al comma 5 non è dovuto per l'eventuale pregiudizio patrimoniale derivante dall'esercizio del diritto di voto in contrasto con un patto parasociale, se al momento dell'esercizio del diritto di voto è già

(1) Comma sostituito, con effetto dal 1° luglio 2010, dall'art. 1.3, lett. c, d.lg. 25 settembre 2009, n. 146. L'ultimo periodo è stato così sostituito successivamente dall'art. 3.1, d.lg. 10 agosto 2018, n. 107.

(2) Comma così sostituito dall'art. 3.1, d.lg. 27 gennaio 2010, n. 27. In base all'art. 7.1, d.lg. cit., tali disposizioni «si applicano alle assemblee il cui avviso di convocazione sia pubblicato dopo il 31 ottobre 2010. Fino a tale data continuano ad applicarsi le disposizioni sostituite od abrogate dalle corrispondenti disposizioni del presente decreto legislativo».

Si riporta pertanto il testo del comma 2 come precedentemente formulato:

«I termini e le modalità di convocazione delle assemblee di cui al comma 1-*bis* sono disciplinati, anche in deroga alle vigenti disposizioni di legge, con regolamento emanato dal Ministro della giustizia, sentita la Consob».

(3) Articolo già sostituito dall'art. 13.1, d.l. 29 novembre 2008, n. 185, conv. in l. 28 gennaio 2009, n. 2.

(4) Comma così sostituito dall'art. 13.2, lett. a, d.l. 29 novembre 2008, n. 185, conv. in l. 28 gennaio 2009, n. 2.

(5) Le parole «Nelle medesime assemblee le azioni a voto plurimo conferiscono soltanto un voto e non si computano i diritti di voto assegnati ai sensi dell'art. 127-*quinquies*» sono state aggiunte dall'art. 20.1, lett. b, d.l. 24 giugno 2014, n. 91, conv. in l. 11 agosto 2014, n. 116.

(6) L'art. 8.2, d.lg. 19 novembre 2007, n. 229, così dispone: «Le disposizioni di cui all'art. 104-*bis*, commi 2 e 3, del t.u. delle disposizioni in materia di intermediazione finanziaria, di cui al d.lg. 24 febbraio 1998, n. 58, introdotto dal presente decreto, si applicano ai patti parasociali conclusi dopo l'entrata in vigore del presente decreto».

(7) Le parole «, le azioni a voto plurimo conferiscono soltanto un voto e» sono state inserite dall'art. 20.1, lett. b, d.l. 24 giugno 2014, n. 91, conv. in l. 11 agosto 2014, n. 116.

(8) Lettera aggiunta dall'art. 20.1, lett. b, d.l. 24 giugno 2014, n. 91, conv. in l. 11 agosto 2014, n. 116.

stata presentata la dichiarazione di recesso di cui all'art. 123, comma 3.

7. Restano ferme le disposizioni in materia di poteri speciali di cui all'art. 2 del d.l. 31 maggio 1994, n. 332, convertito, con modificazioni, dalla l. 30 luglio 1994, n. 474 (1), e successive modificazioni, e in materia di limiti di possesso azionario e al diritto di voto (2) di cui all'art. 3 del medesimo decreto-legge (1) (3).

104-*ter*. *Clausola di reciprocità*. — 1. Le disposizioni di cui all'art. 104, commi 1 e 1-*bis*, e, qualora previste negli statuti, le disposizioni di cui all'art. 104-*bis*, commi 2 e 3 (4), non si applicano in caso di offerta pubblica promossa da chi non sia soggetto a tali disposizioni ovvero a disposizioni equivalenti, ovvero da una società o ente da questi controllata. In caso di offerta promossa di concerto, è sufficiente che a tali disposizioni non sia soggetto anche uno solo fra gli offerenti.

2. .... (5).

3. La Consob, su istanza dell'offerente o della società emittente ed entro venti giorni dalla presentazione di questa, determina se le disposizioni applicabili ai soggetti di cui al comma 1 siano equivalenti a quelle cui è soggetta la società emittente. La Consob stabilisce con regolamento i contenuti e le modalità di presentazione di tale istanza.

4. Qualsiasi misura idonea a contrastare il conseguimento degli obiettivi dell'offerta adottata dalla società emittente in virtù di quanto disposto al comma 1 deve essere espressamente autorizzata dall'assemblea in vista di una eventuale offerta pubblica, nei diciotto mesi anteriori alla comunicazione della decisione di promuovere l'offerta ai sensi dell'art. 102, comma 1. L'autorizzazione prevista dal presente comma è tempestivamente comunicata al mercato secondo le modalità previste dalla Consob con regolamento (6) (3).

Sezione II. — *Offerte pubbliche di acquisto obbligatorie*

105. *Disposizioni generali*. — 1. Salvo quanto previsto dall'art. 101-*ter*, commi 4 e 5, le disposizioni (7) della presente sezione si applicano alle società italiane con titoli ammessi alla negoziazione (8) in mercati regolamentati italiani.

2. Ai fini della presente sezione, per partecipazione si intende una quota, detenuta anche indirettamente per il tramite di fiduciari o per interposta persona, dei titoli emessi da una società di cui al comma 1 (9) che attribuiscono diritti di voto nelle deliberazioni assembleari riguardanti nomina o revoca [...] (10) degli amministratori o del consiglio di sorveglianza.

3. La Consob può con regolamento includere nella partecipazione categorie di titoli (11) che attribuiscono diritti di voto su uno o più argomenti diversi tenuto conto della natura e del tipo di influenza sulla gestione della società che può avere il loro esercizio anche congiunto (12). La Consob determina, altresì, con regolamento i criteri di calcolo della partecipazione di cui al comma 2 nelle ipotesi in cui i titoli di cui al medesimo comma, risultino privati, per effetto di disposizioni legislative o regolamentari, del diritto di voto (13) ovvero nel-

(1) In *Leggi coll. XIV, 7*.

(2) Le parole «e al diritto di voto» sono state inserite dall'art. 13.2, lett. b, d.l. 29 novembre 2008, n. 185, conv. in l. 28 gennaio 2009, n. 2.

(3) Articolo inserito dall'art. 2.5, d.lg. 19 novembre 2007, n. 229.

(4) Con effetto dal 1° luglio 2010, le parole «Le disposizioni di cui all'art. 104, commi 1 e 1-*bis*, e, qualora previste negli statuti, le disposizioni di cui all'104-*bis*, commi 2 e 3,» sono sostituite alle precedenti «Qualora previste dagli statuti, le disposizioni di cui agli artt. 104, commi 1-*bis* e 1-*ter* e 104-*bis*, commi 2 e 3,» dall'art. 1.3, lett. c, d.lg. 25 settembre 2009, n. 146.

(5) Comma soppresso dall'art. 13.3, lett. b, d.l. 29 novembre 2008, n. 185, conv. in l. 28 gennaio 2009, n. 2.

(6) Comma sostituito dall'art. 13.3, lett. c, d.l. 29 novembre 2008, n. 185, conv. in l. 28 gennaio 2009, n. 2. L'ultimo periodo è stato così sostituito successivamente dall'art. 3.2, d.lg. 10 agosto 2018, n. 107.

(7) Le parole «Salvo quanto previsto dall'art. 101-*ter*, commi 4 e 5, le disposizioni» sono state così sostituite alle precedenti «Le disposizioni» dall'art. 3.1, lett. a, d.lg. 19 novembre 2007, n. 229.

(8) Le parole «con titoli ammessi alla negoziazione» sono state così sostituite alle precedenti «con azioni ordinarie quotate» dall'art. 3.1, lett. a, d.lg. 19 novembre 2007, n. 229.

(9) Le parole «dei titoli emessi da una società di cui al comma 1» sono state così sostituite alle precedenti «del capitale rappresentato da azioni» dall'art. 3.1, lett. b, d.lg. 19 novembre 2007, n. 229.

(10) Le parole «o responsabilità» sono state soppresse dall'art. 3.1, lett. b, d.lg. 19 novembre 2007, n. 229.

(11) Le parole «nella partecipazione categorie di titoli» sono state così sostituite alle precedenti «nel capitale rilevante categorie di azioni» dall'art. 3.1, lett. c, d.lg. 19 novembre 2007, n. 229.

(12) Articolo così sostituito dall'art. 9.63, comma 1, d.lg. n. 6/2003, come modificato dall'art. 3.1, d.lg. n. 37/2004.

(13) Periodo aggiunto dall'art. 3.1, lett. c, d.lg. 19 novembre 2007, n. 229.

le ipotesi in cui lo statuto preveda la maggiorazione del diritto di voto (1).

3-*bis*. La Consob stabilisce con regolamento i casi e le modalità con cui gli strumenti finanziari derivati detenuti sono computati nella partecipazione di cui al comma 2 (2).

106. *Offerta pubblica di acquisto totalitaria*. — 1. Chiunque, a seguito di acquisti ovvero di maggiorazione dei diritti di voto, venga a detenere una partecipazione superiore alla soglia del trenta per cento ovvero a disporre di diritti di voto in misura superiore al trenta per cento dei medesimi promuove un'offerta pubblica di acquisto rivolta a tutti i possessori di titoli sulla totalità dei titoli ammessi alla negoziazione in un mercato regolamentato in loro possesso (3).

1-*bis*. Nelle società diverse dalle PMI l'offerta di cui al comma 1 è promossa anche da chiunque, a seguito di acquisti, venga a detenere una partecipazione superiore alla soglia del venticinque per cento in assenza di altro socio che detenga una partecipazione più elevata (4).

1-*ter*. Gli statuti delle PMI possono prevedere una soglia diversa da quella indicata nel comma 1, comunque non inferiore al venticinque per cento né superiore al quaranta per cento. Se la modifica dello statuto interviene dopo l'inizio delle negoziazioni dei titoli in un mercato regolamentato, i soci che non hanno concorso alla relativa deliberazione hanno diritto di recedere per tutti o parte dei loro titoli; si applicano gli artt. 2437-*bis*, 2437-*ter* e 2437-*quater* del codice civile (4).

2. Per ciascuna categoria di titoli, l'offerta è promossa entro venti giorni a un prezzo non inferiore a quello più elevato pagato dall'offerente e da persone che agiscono di concerto con il medesimo, nei dodici mesi anteriori alla comunicazione di cui all'art. 102, comma 1, per acquisti di titoli della medesima categoria. Qualora non siano stati effettuati acquisti a titolo oneroso di titoli della medesima categoria nel periodo indicato, l'offerta è promossa per tale categoria di titoli ad un prezzo non inferiore a quello medio ponderato di mercato degli ultimi dodici mesi o del minor periodo disponibile. Il medesimo prezzo si applica, in mancanza di acquisti a un prezzo più elevato, in caso di superamento della soglia relativa ai diritti di voto per effetto della maggiorazione ai sensi dell'art. 127-*quinquies* (5).

2-*bis*. Il corrispettivo dell'offerta può essere costituito in tutto o in parte da titoli. Nel caso in cui i titoli offerti quale corrispettivo dell'offerta non siano ammessi alla negoziazione su di un mercato regolamentato in uno Stato comunitario ovvero l'offerente o le persone che agiscono di concerto con questi, abbia acquistato verso un corrispettivo in denaro, nel periodo di cui al comma 2 e fino alla chiusura dell'offerta, titoli che conferiscono almeno il cinque per cento dei diritti di voto esercitabili nell'assemblea della società i cui titoli sono oggetto di offerta, l'offerente deve proporre ai destinatari dell'offerta, almeno in alternativa al corrispettivo in titoli, un corrispettivo in contanti.

3. La Consob disciplina con regolamento (6) le ipotesi in cui:

a) la partecipazione indicata nei commi 1, 1-*bis* e 1-*ter* (7) è acquisita mediante l'acquisto di partecipazioni o la maggiorazione dei diritti di voto (8), in società il cui patrimonio è prevalentemente costituito da titoli emessi da altra società di cui all'art. 105, comma 1;

b) l'obbligo di offerta consegue ad acquisti superiori al cinque per cento o alla maggiorazione dei diritti di voto in misura superiore al cinque per cento dei medesimi (9), da parte di coloro che già detengono la partecipazione indicata nei commi 1 e 1-*ter* (10) senza detenere la (11) maggioranza dei diritti di voto nell'as-

(1) Le parole «ovvero nelle ipotesi in cui lo statuto preveda la maggiorazione del diritto di voto» sono state aggiunte dall'art. 20.1, lett. c, d.l. 24 giugno 2014, n. 91, conv. in l. 11 agosto 2014, n. 116.

(2) Comma aggiunto dall'art. 2.1, d.lg. 25 settembre 2009, n. 146.

(3) Comma così sostituito dall'art. 20.1, lett. d, d.l. 24 giugno 2014, n. 91, conv. in l. 11 agosto 2014, n. 116.

(4) Comma inserito dall'art. 20.1, lett. e, d.l. 24 giugno 2014, n. 91, conv. in l. 11 agosto 2014, n. 116.

(5) Ultimo periodo aggiunto dall'art. 20.1, lett. f, d.l. 24 giugno 2014, n. 91, conv. in l. 11 agosto 2014, n. 116.

(6) Deliberazione Consob 14 maggio 1999, n. 11971, in suppl. ord. a G.U., 28 maggio 1999, n. 123, modificata, da ultimo, con deliberazione Consob 21 novembre 2018, n. 20710, in G.U., 3 dicembre 2018, n. 281.

(7) Le parole «nei commi 1, 1-*bis* e 1-*ter*» sono state così sostituite alle precedenti «nel comma 1» dall'art. 20.1, lett. g, d.l. 24 giugno 2014, n. 91, conv. in l. 11 agosto 2014, n. 116.

(8) Le parole «o la maggiorazione dei diritti di voto,» sono state inserite dall'art. 20.1, lett. h, d.l. 24 giugno 2014, n. 91, conv. in l. 11 agosto 2014, n. 116.

(9) Le parole «o alla maggiorazione dei diritti di voto in misura superiore al cinque per cento dei medesimi,» sono state inserite dall'art. 20.1, lett. i, d.l. 24 giugno 2014, n. 91, conv. in l. 11 agosto 2014, n. 116.

(10) Le parole «nei commi 1 e 1-*ter*» sono state così sostituite alle precedenti «nel comma 1» dall'art. 20.1, lett. g, d.l. 24 giugno 2014, n. 91, conv. in l. 11 agosto 2014, n. 116.

(11) Le parole «detenere la» sono state così sostituite alle precedenti «disporre della» dall'art. 2.2, lett. a, d.lg. 25 settembre 2009, n. 146.

semblea ordinaria (1);

c) l'offerta, previo provvedimento motivato della Consob, è promossa ad un prezzo inferiore a quello più elevato pagato, fissando i criteri per determinare tale prezzo e purché ricorra una delle seguenti circostanze:

1) i prezzi di mercato siano stati influenzati da eventi eccezionali o vi sia il fondato sospetto che siano stati oggetto di manipolazione;

2) il prezzo più elevato pagato dall'offerente o dalle persone che agiscono di concerto con il medesimo nel periodo di cui al comma 2 sia il prezzo (2) di operazioni di compravendita sui titoli oggetto dell'offerta effettuate a condizioni di mercato e nell'ambito della gestione ordinaria della propria attività caratteristica ovvero sia il prezzo (3) di operazioni di compravendita che avrebbero beneficiato di una delle esenzioni di cui al comma 5 (4);

d) l'offerta, previo provvedimento motivato della Consob, è promossa ad un prezzo superiore a quello più elevato pagato purché ciò sia necessario per la tutela degli investitori e ricorra almeno una delle seguenti circostanze:

1) l'offerente o le persone che agiscono di concerto con il medesimo abbiano pattuito l'acquisto di titoli ad un prezzo più elevato di quello pagato per l'acquisto di titoli della medesima categoria;

2) vi sia stata collusione tra l'offerente o le persone che agiscono di concerto con il medesimo e uno o più venditori;

3)........................... (5);

4) vi sia il fondato sospetto che i prezzi di mercato siano stati oggetto di manipolazione (4).

3-*bis*. La Consob, tenuto conto delle caratteristiche degli strumenti finanziari emessi, può stabilire con regolamento le ipotesi in cui l'obbligo di offerta consegue ad acquisti che determinino la detenzione congiunta di titoli e altri strumenti finanziari con diritto di voto sugli argomenti indicati nell'art. 105, in misura tale da attribuire un potere complessivo di voto equivalente a quella di chi detenga la partecipazione indicata nei commi 1, 1-*bis* e 1-*ter* (6).

3-*ter*. I provvedimenti di cui alle lett. *c*) e *d*) del comma 3 sono resi pubblici con le modalità indicate nel regolamento di cui all'art. 103, comma 4, lett. *f*).

3-*quater*. L'obbligo di offerta previsto dal comma 3, lett. *b*), non si applica alle PMI, a condizione che ciò sia previsto dallo statuto, sino alla data dell'assemblea convocata per approvare il bilancio relativo al quinto esercizio successivo alla quotazione (7).

4. L'obbligo di offerta non sussiste se la partecipazione indicata nei commi 1, 1-*bis* e 1-*ter* (6) è detenuta a seguito di un'offerta pubblica di acquisto o di scambio rivolta a tutti i possessori di titoli per la totalità dei titoli in loro possesso, purché, nel caso di offerta pubblica di scambio, siano offerti titoli quotati in un mercato regolamentato di uno Stato comunitario o sia offerto come alternativa un corrispettivo in contanti.

5. La Consob stabilisce con regolamento (8) i casi in cui il superamento della partecipazione indicata nei commi 1, 1-*bis* e 1-*ter* (6) o nel comma 3, lett. *b*), non comporta l'obbligo di offerta ove sia realizzato in presenza di uno o più soci che detengono il controllo o sia determinato da:

a) operazioni dirette al salvataggio di società in crisi;

b) trasferimento dei titoli previsti dall'art. 105 tra soggetti legati da rilevanti rapporti di partecipazione;

c) cause indipendenti dalla volontà dell'acquirente;

d) operazioni ovvero superamenti della soglia di carattere temporaneo (9);

e) operazioni di fusione o di scissione;

(1) Lettera così sostituita dall'art. 7.3-*quater*, d.l. 10 febbraio 2009, n. 5, conv. in l. 9 aprile 2009, n. 33.

(2) Le parole «sia il prezzo» sono state così sostituite alle precedenti «è il prezzo» dall'art. 2.2, lett. b, d.lg. 25 settembre 2009, n. 146.

(3) Le parole «ovvero sia il prezzo» sono state così sostituite alle precedenti «ovvero è il prezzo» dall'art. 2.2, lett. b, d.lg. 25 settembre 2009, n. 146.

(4) L'art. 8.6, d.lg. 19 novembre 2007, n. 229, così dispone: «Le disposizioni di cui all'art. 106, comma 3, lett. *c*) e *d*), del t.u. delle disposizioni in materia di intermediazione finanziaria, di cui al d.lg. 24 febbraio 1998, n. 58, come modificato dal presente decreto, si applicano a decorrere dalla data di entrata in vigore delle norme di attuazione ivi previste».

(5) Numero abrogato dall'art. 2.2, lett. c, d.lg. 25 settembre 2009, n. 146.

(6) Le parole «nei commi 1, 1-*bis* e 1-*ter*» sono state così sostituite alle precedenti «nel comma 1» dall'art. 20.1, lett. g, d.l. 24 giugno 2014, n. 91, conv. in l. 11 agosto 2014, n. 116.

(7) Comma inserito dall'art. 20.1, lett. l, d.l. 24 giugno 2014, n. 91, conv. in l. 11 agosto 2014, n. 116.

(8) Deliberazione Consob 14 maggio 1999, n. 11971, in suppl. ord. a G.U., 28 maggio 1999, n. 123, modificata, da ultimo, con deliberazione Consob 21 novembre 2018, n. 20710, in G.U., 3 dicembre 2018, n. 281.

(9) Lettera così sostituita alla precedente «operazioni di carattere temporaneo» dall'art. 20.1, lett. m, d.l. 24 giugno 2014, n. 91, conv. in l. 11 agosto 2014, n. 116.

f) acquisti a titolo gratuito.

6. La Consob può con provvedimento motivato, disporre che il superamento della partecipazione indicata nei commi 1, 1-*bis* e 1-*ter* (1) o nel comma 3, lett. *b*), non comporta obbligo di offerta con riguardo a casi riconducibili alle ipotesi di cui al comma 5, ma non espressamente previsti nel regolamento approvato ai sensi del medesimo comma (2).

107. *Offerta pubblica di acquisto preventiva*. — 1. Oltre che nei casi indicati nell'art. 106, commi 4 e 5, l'obbligo di offerta pubblica previsto dal medesimo articolo, commi 1 e 3, non sussiste, se la partecipazione viene a essere detenuta a seguito di un'offerta pubblica di acquisto o di scambio avente a oggetto almeno il sessanta per cento dei titoli di ciascuna categoria (3), ove ricorrano congiuntamente le seguenti condizioni:

a) l'offerente e le persone che agiscono di concerto con lui (4), non abbiano acquistato partecipazioni in misura superiore all'uno per cento, anche mediante contratti a termine con scadenza successiva, nei dodici mesi precedenti la comunicazione alla Consob prevista dall'art. 102, comma 1, né durante l'offerta;

b) l'efficacia dell'offerta sia stata condizionata all'approvazione di tanti possessori di titoli che possiedano la maggioranza dei titoli stessi, escluse dal computo i titoli detenuti, in conformità dei criteri stabiliti ai sensi dell'art. 120, comma 4, lett. *b*), dall'offerente, dal socio di maggioranza, anche relativa, se la sua partecipazione sia superiore al dieci per cento, e dalle persone che agiscono di concerto con lui (5);

c) la Consob accordi l'esenzione, previa verifica della sussistenza delle condizioni indicate nelle lett. *a*) e *b*).

2. Le modalità di approvazione sono stabilite dalla Consob con regolamento (6). Possono esprimere il proprio giudizio sull'offerta ai sensi del comma 1, lett. *b*), anche i soci che non vi aderiscono.

3. L'offerente è tenuto a promuovere l'offerta pubblica prevista dall'art. 106 se, nei dodici mesi successivi alla chiusura dell'offerta preventiva:

a) l'offerente medesimo o persone che agiscono di concerto con esso (7), abbiano effettuato acquisti di partecipazioni in misura superiore all'uno per cento, anche mediante contratti a termine con scadenza successiva;

b) la società emittente abbia deliberato operazioni di fusione o di scissione (8).

108. *Obbligo di acquisto*. — 1. L'offerente che venga a detenere, a seguito di un'offerta pubblica totalitaria, una partecipazione almeno pari al novantacinque per cento del capitale rappresentato da titoli in una società italiana quotata (9) ha l'obbligo di acquistare i restanti titoli da chi ne faccia richiesta. Qualora siano emesse più categorie di titoli, l'obbligo sussiste solo per le categorie di titoli per le quali sia stata raggiunta la soglia del novantacinque per cento.

2. Salvo quanto previsto al comma 1, chiunque venga a detenere una partecipazione superiore al novanta per cento del capitale rappresentato da titoli ammessi alla negoziazione in un mercato regolamentato, ha l'obbligo di acquistare i restanti titoli ammessi alla negozia-

(1) Le parole «nei commi 1, 1-*bis* e 1-*ter*» sono state così sostituite alle precedenti «nel comma 1» dall'art. 20.1, lett. g, d.l. 24 giugno 2014, n. 91, conv. in l. 11 agosto 2014, n. 116.

(2) Articolo così sostituito dall'art. 3.2, d.lg. 19 novembre 2007, n. 229.

(3) Le parole «avente a oggetto almeno il sessanta per cento delle azioni quotate in mercati regolamentati italiani che attribuiscono diritti di voto sugli 2argomenti indicati nell'art. 105» avevano sostituito le precedenti «avente a oggetto almeno il sessanta per cento delle azioni ordinarie» per effetto dell'art. 9.65, comma 1, lett. a, n. 1, d.lg. n. 6/2003, come modificato dall'art. 3.1, d.lg. n. 37/2004. Successivamente le parole «dei titoli di ciascuna categoria» sono state così sostituite alle precedenti «delle azioni quotate in mercati regolamentati italiani che attribuiscono diritti di voto sugli argomenti indicati nell'art. 105» dall'art. 3.3, lett. a, d.lg. 19 novembre 2007, n. 229.

(4) Le parole «l'offerente e le persone che agiscono di concerto con lui,» sono state così sostituite alle precedenti «l'offerente e i soggetti a esso legati da uno dei rapporti indicati nell'art. 101-*bis*, comma 4,» dall'art. 2.3, lett. a, d.lg. 25 settembre 2009, n. 146.

(5) Lettera già modificata dall'art. 3.3, lett. c, d.lg. 19 novembre 2007, n. 229. Successivamente le parole «dalle persone che agiscono di concerto con lui» sono state così sostituite alle precedenti «dai soggetti a essi legati da uno dei rapporti indicati nell'art. 101-*bis*, comma 4» dall'art. 2.3, lett. b, d.lg. 25 settembre 2009, n. 146.

(6) Deliberazione Consob 14 maggio 1999, n. 11971, in suppl. ord. a G.U., 28 maggio 1999, n. 123, modificata, da ultimo, con deliberazione Consob 21 novembre 2018, n. 20710, in G.U., 3 dicembre 2018, n. 281.

(7) Le parole «l'offerente medesimo o persone che agiscono di concerto con esso,» sono state così sostituite alle precedenti «l'offerente medesimo o soggetti ad esso legati da uno dei rapporti indicati nell'art. 109, comma 1,» dall'art. 2.3, lett. c, d.lg. 25 settembre 2009, n. 146.

(8) Lettera così sostituita dall'art. 9.65, comma 1, lett. b, d.lg. n. 6/2003, come modificato dall'art. 3.1, d.lg. n. 37/2004.

(9) Le parole «in una società italiana quotata» sono state aggiunte dall'art. 2.4, lett. a, d.lg. 25 settembre 2009, n. 146.

zione in un mercato regolamentato da chi ne faccia richiesta se non ripristina entro novanta giorni un flottante sufficiente ad assicurare il regolare andamento delle negoziazioni. Qualora siano emesse più categorie di titoli, l'obbligo sussiste soltanto in relazione alle categorie di titoli per le quali sia stata raggiunta la soglia del novanta per cento.

3. Nell'ipotesi di cui al comma 1, nonché nei casi di cui al comma 2 in cui la partecipazione ivi indicata sia raggiunta esclusivamente a seguito di offerta pubblica totalitaria, il corrispettivo è pari a quello dell'offerta pubblica totalitaria precedente, sempre che, in caso di offerta volontaria, l'offerente abbia acquistato a seguito dell'offerta stessa, titoli che rappresentano non meno del novanta per cento del capitale con diritto di voto compreso nell'offerta.

4. Al di fuori dei casi di cui al comma 3, il corrispettivo è determinato dalla Consob, tenendo conto anche del corrispettivo dell'eventuale offerta precedente o del prezzo di mercato del semestre anteriore all'annuncio dell'offerta effettuato ai sensi dell'art. 102, comma 1, o dell'art. 17 del reg. (UE) n. 596/2014 (1), ovvero antecedente l'acquisto che ha determinato il sorgere dell'obbligo (2).

5. Nell'ipotesi di cui al comma 1, nonché nei casi di cui al comma 2 in cui la partecipazione ivi indicata siaraggiunta esclusivamente a seguito di offerta pubblica totalitaria, il corrispettivo assume la stessa forma di quello dell'offerta, ma il possessore dei titoli può sempre esigere che gli sia corrisposto in misura integrale un corrispettivo in contanti, determinato in base a criteri generali definiti dalla Consob con regolamento (3) (4).

6. Se il corrispettivo offerto è pari a quello proposto nell'offerta precedente l'obbligo può essere adempiuto attraverso una riapertura dei termini della stessa.

7. La Consob detta con regolamento norme di attuazione del presente articolo riguardanti in particolare:

a) gli obblighi informativi connessi all'attuazione del presente articolo;

b) i termini entro i quali i possessori dei titoli residui possono richiedere di cedere i suddetti titoli;

c) la procedura da seguire per la determinazione del prezzo (5).

109. *Acquisto di concerto*. — 1. Sono solidalmente tenuti agli obblighi previsti dagli artt. 106 e 108 le persone che agiscono di concerto quando vengano a detenere, a seguito di acquisti effettuati anche da uno solo di essi, una partecipazione complessiva superiore alle percentuali indicate nei predetti articoli. I medesimi obblighi sussistono in capo a coloro che agiscono di concerto, a seguito di maggiorazione, anche a favore di uno solo di essi, dei diritti di voto, qualora essi vengano a disporre di diritti di voto in misura superiore alle percentuali indicate nell'art. 106 (6).

2. Il comma 1, primo periodo (7), non si applica quando la detenzione di una partecipazione complessiva superiore alle percentuali indicate agli artt. 106 e 108 costituisce effetto della stipula di un patto, anche nullo, di cui all'art. 122, salvo che gli aderenti siano venuti a detenere una partecipazione complessiva superiore alle predette percentuali nei dodici mesi precedenti la stipulazione del patto.

3. Ai fini dell'applicazione del comma 1, le fattispecie di cui all'art. 101-*bis*, comma 4-*bis* (8), assumono rilievo anche congiuntamente, limitatamente ai soggetti che detengono partecipazioni (9).

(1) Le parole «17 del reg. (UE) n. 596/2014» sono state così sostituite alla precedente «114» dall'art. 3.3, d.lg. 10 agosto 2018, n. 107.

(2) Comma così sostituito dall'art. 2.4, lett. b, d.lg. 25 settembre 2009, n. 146.

(3) Le parole «corrisposto in misura integrale un corrispettivo in contanti, determinato in base a criteri generali definiti dalla Consob con regolamento» sono state così sostituite alle precedenti «corrisposto un corrispettivo in contanti, nella misura determinata dalla Consob, in base a criteri generali definiti da questa con regolamento» dall'art. 2.4, lett. c, d.lg. 25 settembre 2009, n. 146.

(4) L'art. 8.7, d.lg. 19 novembre 2007, n. 229, così dispone: «In sede di prima applicazione della disposizione di cui all'art. 108, comma 5, del t.u. delle disposizioni in materia di intermediazione finanziaria di cui al d.lg. 24 febbraio 1998, n. 58, come modificato dal presente decreto, e sino all'entrata in vigore delle relative norme di attuazione il possessore dei titoli può esigere il corrispettivo in contanti in misura integrale».

(5) Articolo così sostituito dall'art. 3.4, d.lg. 19 novembre 2007, n. 229.

(6) Ultimo periodo aggiunto dall'art. 20.1, lett. n, d.l. 24 giugno 2014, n. 91, conv. in l. 11 agosto 2014, n. 116.

(7) Le parole «, primo periodo,» sono state inserite dall'art. 20.1, lett. o, d.l. 24 giugno 2014, n. 91, conv. in l. 11 agosto 2014, n. 116.

(8) Le parole «di cui all'art. 101-*bis*, comma 4-*bis*» sono state così sostituite alle precedenti «di cui all'art. 101-*bis*, comma 4» dall'art. 2.5, d.lg. 25 settembre 2009, n. 146.

(9) Articolo così sostituito dall'art. 3.5, d.lg. 19 novembre 2007, n. 229.

110. *Inadempimento degli obblighi* (1). — 1. In caso di violazione degli obblighi previsti dalla presente sezione, il diritto di voto inerente all'intera partecipazione detenuta non può essere esercitato e i titoli (2) eccedenti le percentuali indicate negli artt. 106 e 108 devono essere alienata (3) entro dodici mesi. Nel caso in cui il diritto di voto venga esercitato, si applica l'art. 14, comma 5. L'impugnazione può essere proposta anche dalla Consob entro il termine indicato nell'art. 14, comma 6.

1-*bis*. Fermo restando quanto stabilito dall'art. 192, comma 1, la Consob, in alternativa all'alienazione di cui al comma 1, con provvedimento motivato, avuto riguardo tra l'altro alle ragioni del mancato adempimento, agli effetti che conseguirebbero all'alienazione e alle modifiche intervenute nella compagine azionaria, può imporre la promozione dell'offerta totalitaria al prezzo da essa stabilito, anche tenendo conto del prezzo di mercato dei titoli (4).

1-*ter*. L'alienazione prevista dal comma 1 o la promozione dell'offerta prevista dal comma 1-*bis* fanno venire meno la sospensione del diritto di voto di cui al comma 1 (4).

111. *Diritto di acquisto*. — 1. L'offerente che venga a detenere a seguito di offerta pubblica totalitaria una partecipazione almeno pari al novantacinque per cento del capitale rappresentato da titoli in una società italiana quotata (5) ha diritto di acquistare i titoli residui entro tre mesi dalla scadenza del termine per l'accettazione dell'offerta, se ha dichiarato nel documento d'offerta l'intenzione di avvalersi di tale diritto. Qualora siano emesse più categorie di titoli, il diritto di acquisto può essere esercitato soltanto per le categorie di titoli per le quali sia stata raggiunta la soglia del novantacinque per cento (6).

2. Il corrispettivo e la forma che esso deve assumere sono determinati ai sensi dell'art. 108, commi 3, 4 e 5 (6).

3. Il trasferimento ha efficacia dal momento della comunicazione dell'avvenuto deposito del prezzo di acquisto presso una banca alla società emittente, che provvede alle conseguenti annotazioni nel libro dei soci.

112. *Disposizioni di attuazione*. — 1. La Consob detta con regolamento (7) disposizioni di attuazione della presente sezione; con provvedimento da pubblicare nella *Gazzetta Ufficiale*, essa può, sentita la società di gestione del mercato, elevare per singole società la percentuale prevista dall'art. 108.

TITOLO III

Emittenti

CAPO I

INFORMAZIONE SOCIETARIA

113. *Ammissione alle negoziazioni di strumenti finanziari comunitari*. — 1. Prima della data stabilita per l'inizio delle negoziazioni degli strumenti finanziari comunitari in un mercato regolamentato l'emittente o la persona che chiede l'ammissione alle negoziazioni pubblica un prospetto. Si applicano gli artt. 94, commi 1, 2, 3, 4, 5, 8, 10 e 11 e 94-*bis*, commi 1, 2, 3 e 5 anche nei confronti della persona che chiede l'ammissione alle negoziazioni.

2. Qualunque fatto nuovo significativo, errore materiale o imprecisione relativi alle informazioni contenute nel prospetto che sia atto ad influire sulla valutazione degli strumenti finanziari e che sopravvenga o sia rilevato tra il momento in cui è approvato il prospetto e quello in cui inizia la negoziazione in un mercato regolamentato deve essere menzionato in un supplemento del prospetto.

3. La Consob:

a) determina con regolamento (7) le modalità e i termini di pubblicazione del prospetto e di eventuali supplementi dettando specifiche disposizioni per i casi in cui l'ammissione alle negoziazioni in un mercato regolamentato sia preceduta da un'offerta al pubblico;

b) determina con regolamento la lingua da utilizzare nel prospetto per l'ammissione alle negoziazioni di strumenti finanziari;

c) può individuare con regolamento in quali casi non si applica l'obbligo di pubblicazione del prospetto previsto al comma 1;

(1) Rubrica così sostituita dall'art. 3.6, lett. a, d.lg. 19 novembre 2007, n. 229.

(2) Le parole «i titoli» sono state così sostituite alle precedenti «le azioni» dall'art. 3.6, lett. b, d.lg. 19 novembre 2007, n. 229.

(3) La parola «alienata» è stata così sostituita alla precedente «alienate» dall'art. 3.6, lett. b, d.lg. 19 novembre 2007, n. 229.

(4) Comma inserito dall'art. 3.6, lett. c, d.lg. 19 novembre 2007, n. 229.

(5) Le parole «in una società italiana quotata» sono state aggiunte dall'art. 2.6, d.lg. 25 settembre 2009, n. 146.

(6) Comma così sostituito dall'art. 3.7, d.lg. 19 novembre 2007, n. 229.

(7) Deliberazione Consob 14 maggio 1999, n. 11971, in suppl. ord. a G.U., 28 maggio 1999, n. 123, modificata, da ultimo, con deliberazione Consob 21 novembre 2018, n. 20710, in G.U., 3 dicembre 2018, n. 281.

d) disciplina l'obbligo di depositare presso la Consob un documento concernente le informazioni che gli emittenti hanno pubblicato o reso disponibili al pubblico nel corso di un anno;

e) stabilisce le condizioni per il trasferimento dell'approvazione di un prospetto all'autorità competente di un altro Stato membro;

f) esercita i poteri previsti negli artt. 114, commi 5 e 6, e 115 nei confronti dell'emittente, della persona che chiede l'ammissione alle negoziazioni e degli altri soggetti indicati in tali disposizioni;

g) può sospendere l'ammissione alle negoziazioni in un mercato regolamentato per un massimo di dieci giorni lavorativi consecutivi per ciascuna volta se ha ragionevole motivo di sospettare che le disposizioni del presente articolo e delle relative norme di attuazione sono state violate;

h) fermo restando il potere previsto nell'art. 66-*quater*, comma 1, può chiedere al gestore (1) del mercato la sospensione in via cautelare, per un periodo non superiore a dieci giorni lavorativi consecutivi, delle negoziazioni in un mercato regolamentato in caso di fondato sospetto di violazione delle disposizioni del presente articolo e delle relative norme di attuazione;

i) fermo restando il potere previsto nell'art. 66-*quater*, comma 1, può chiedere al gestore (1) del mercato di vietare le negoziazioni in un mercato regolamentato in caso di accertata violazione delle disposizioni del presente articolo e delle relative norme di attuazione;

l) informa l'autorità competente dello Stato membro d'origine, qualora, quale autorità competente dello Stato membro ospitante, rilevi che siano state commesse violazioni degli obblighi incombenti all'emittente in virtù dell'ammissione degli strumenti finanziari alle negoziazioni in un mercato regolamentato;

m) adotta, dopo averne informato l'autorità competente dello Stato membro d'origine, le misure opportune per tutelare gli investitori, se, nonostante le misure adottate dall'autorità competente dello Stato membro d'origine o perché tali misure si rivelano inadeguate, l'emittente persevera nella violazione delle disposizioni legislative o regolamentari pertinenti. Dell'adozione di tali misure ne informa al più presto la Commissione europea;

n) rende pubblico il fatto che l'emittente o la persona che chiede l'ammissione alle negoziazioni non ottempera ai propri obblighi.

4. Alla pubblicità relativa ad un'ammissione di strumenti finanziari alla negoziazione in un mercato regolamentato si applica l'art. 101.

5. Al prospetto di ammissione alle negoziazioni in un mercato regolamentato si applicano gli artt. 98 e 98-*bis* (2).

113-*bis*. *Ammissione alle negoziazioni di quote o azioni di Oicr aperti*. — 1. Prima della data stabilita per l'inizio delle negoziazioni delle quote o azioni di Oicr aperti in un mercato regolamentato l'emittente pubblica un prospetto contenente le informazioni indicate nell'art. 98-*ter*, comma 2.

2. La Consob:

a) determina con regolamento (3) i contenuti del prospetto e le relative modalità di pubblicazione ferma restando la necessità di pubblicazione tramite mezzi di informazione su giornali quotidiani nazionali (4), e di aggiornamento del prospetto dettando specifiche disposizioni per i casi in cui l'ammissione alla quotazione in un mercato regolamentato avvenga simultaneamente ad un'offerta al pubblico;

b) può indicare all'emittente informazioni integrative da inserire nel prospetto e specifiche modalità di pubblicazione;

c) detta disposizioni per coordinare le funzioni della società di gestione del mercato con quelle proprie e, su richiesta di questa, può affidarle compiti inerenti al controllo del prospetto tenuto anche conto delle caratteristiche dei singoli mercati.

3. Il prospetto approvato dall'autorità competente di un altro Stato membro dell'Unione europea è riconosciuto dalla Consob, con le modalità e alle condizioni stabilite nel regolamento previsto dal comma 2, quale prospetto per l'ammissione alle negoziazioni in un mercato regolamentato. La Consob può richiedere, con il regolamento previsto dal comma 2, la pubblicazione di un documento per la quotazione.

(1) Le parole «66-*quater*, comma 1, può chiedere al gestore» sono state così sostituite alle precedenti «4, comma 1-*bis*, lett. *c*), può chiedere alla società di gestione» dall'art. 3.4, d.lg. 10 agosto 2018, n. 107.

(2) Articolo così sostituito dall'art. 4.1, lett. a, d.lg. 28 marzo 2007, n. 51.

(3) Deliberazione Consob 14 maggio 1999, n. 11971, in suppl. ord. a G.U., 28 maggio 1999, n. 123, modificata, da ultimo, con deliberazione Consob 21 novembre 2018, n. 20710, in G.U., 3 dicembre 2018, n. 281.

(4) Le parole «ferma restando la necessità di pubblicazione tramite mezzi di informazione su giornali quotidiani nazionali,» sono state inserite dall'art. 1.6, d.lg. 17 luglio 2009, n. 101. V. deliberazione Consob 17 agosto 2009, n. 17002, in G.U., 20 agosto 2009, n. 192.

4. Alla pubblicità relativa ad un'ammissione di quote o azioni di Oicr aperti alla negoziazione in un mercato regolamentato si applica l'art. 101 (1).

113-*ter*. *Disposizioni generali in materia di informazioni regolamentate*. — 1. Per informazioni regolamentate si intendono quelle che devono essere pubblicate dagli emittenti quotati, dagli emittenti quotati aventi l'Italia come Stato membro d'origine o dai soggetti che li controllano, ai sensi delle disposizioni contenute nel Capo 3 del reg. (UE) n. 596/2014, (2) nel presente Titolo, Capo I e Capo II, Sezioni I, I-*bis* [...] (3) e V-*bis*, e nei relativi regolamenti di attuazione ovvero delle disposizioni previste da Paesi extracomunitari ritenute equivalenti dalla Consob.

2. Le informazioni regolamentate sono depositate presso la Consob e il gestore del mercato per il quale l'emittente ha richiesto o ha approvato l'ammissione alla negoziazione dei propri valori mobiliari o quote di fondi chiusi, al fine di assicurare l'esercizio delle funzioni attribuite a detto gestore ai sensi della Parte III, Titolo I-*bis*, del presente decreto (4).

3. La Consob, nell'esercizio dei poteri ad essa attribuiti dal presente Titolo, stabilisce modalità e termini di diffusione al pubblico delle informazioni regolamentate, ferma restando la necessità di pubblicazione tramite mezzi di informazione su giornali quotidiani nazionali (5), tenuto conto della natura di tali informazioni, al fine di assicurarne un accesso rapido, non discriminatorio e ragionevolmente idoneo a garantirne l'effettiva diffusione in tutta la Comunità europea.

4. La Consob:

a) autorizza soggetti terzi rispetto all'emittente all'esercizio dei servizi di diffusione delle informazioni regolamentate;

b) autorizza il servizio di stoccaggio centralizzato delle informazioni regolamentate;

c) organizza e gestisce il servizio di stoccaggio centralizzato delle informazioni in assenza di soggetti autorizzati ai sensi della lett. *b*).

5. La Consob, in relazione alle informazioni regolamentate, stabilisce con regolamento:

a) modalità e termini per il deposito di cui al comma 2;

b) requisiti e condizioni per il rilascio dell'autorizzazione all'esercizio del servizio di diffusione, nonché disposizioni per lo svolgimento di tale attività, avendo riguardo agli obiettivi di cui al comma 3;

c) requisiti e condizioni per il rilascio dell'autorizzazione all'esercizio del servizio di stoccaggio, nonché disposizioni per lo svolgimento di tale attività che garantiscano sicurezza, certezza delle fonti d'informazione, registrazione dell'ora e della data della ricezione delle informazioni regolamentate, agevole accesso per gli utenti finali, procedure allineate con quelle previste per il deposito presso la Consob;

d) la lingua in cui devono essere comunicate;

e) eventuali esenzioni dagli obblighi di deposito, diffusione e stoccaggio in conformità alla disciplina comunitaria.

6. Se un soggetto ha chiesto, senza il consenso dell'emittente, l'ammissione alla negoziazione in un mercato regolamentato di valori mobiliari o quote di fondi chiusi, gli obblighi di comunicazione delle informazioni regolamentate sono osservati da tale soggetto, salvo il caso in cui l'emittente comunica al pubblico, ai sensi delle disposizioni del proprio Stato di origine, le informazioni regolamentate richieste dalla normativa comunitaria.

7. I soggetti tenuti alla comunicazione al pubblico delle informazioni regolamentate non possono esigere corrispettivi per tale comunicazione.

8. La Consob può rendere pubblico il fatto che i soggetti tenuti alla comunicazione delle informazioni regolamentate non ottemperano ai loro obblighi.

9. Fermo restando quanto previsto dall'art. 66-*quater*, comma 1 (6), la Consob può:

a) sospendere o richiedere che il mercato regolamentato interessato sospenda la nego-

(1) Articolo inserito dall'art. 4.1, lett. b, d.lg. 28 marzo 2007, n. 51.

(2) Le parole «nel Capo 3 del reg. (UE) n. 596/2014,» sono state inserite dall'art. 3.5, lett. a, d.lg. 10 agosto 2018, n. 107.

(3) Le parole «, II» sono state soppresse dall'art. 3.2, d.lg. 27 gennaio 2010, n. 27. In base all'art. 7.1, d.lg. cit., tali disposizioni «si applicano alle assemblee il cui avviso di convocazione sia pubblicato dopo il 31 ottobre 2010. Fino a tale data continuano ad applicarsi le disposizioni sostituite od abrogate dalle corrispondenti disposizioni del presente decreto legislativo».

(4) Comma così sostituito dall'art. 3.5, lett. b, d.lg. 10 agosto 2018, n. 107.

(5) Le parole «ferma restando la necessità di pubblicazione tramite mezzi di informazione su giornali quotidiani nazionali,» sono state inserite dall'art. 1.7, d.lg. 17 luglio 2009, n. 101.

(6) Le parole «66-*quater*, comma 1» sono state così sostituite alle precedenti «64, comma 1-*bis*» dall'art. 3.5, lett. c, d.lg. 10 agosto 2018, n. 107.

ziazione dei valori mobiliari o quote di fondi chiusi per un massimo di dieci giorni per volta, se ha motivi ragionevoli di sospettare che le disposizioni relative alle informazioni regolamentate siano state violate dal soggetto obbligato, ai sensi del presente articolo, alla comunicazione delle informazioni regolamentate;

b) proibire la negoziazione in un mercato regolamentato se accerta che le disposizioni indicate alla lett. *a*) sono state violate (1).

114. *Comunicazioni al pubblico.* — 1. Gli emittenti quotati comunicano al pubblico le informazioni privilegiate ai sensi dell'art. 17 del reg. (UE) n. 596/2014, secondo le modalità stabilite dalle norme tecniche di attuazione adottate dalla Commissione europea ai sensi del medesimo art. 17, par. 10 (2). La Consob detta disposizioni per coordinare le funzioni attribuite al gestore del mercato con le proprie e può individuare compiti da affidargli per il corretto svolgimento delle funzioni previste dall'art. 64, comma 2, lett. *d*) (3).

2. Gli emittenti quotati impartiscono le disposizioni occorrenti affinché le società controllate forniscano tutte le notizie necessarie per adempiere gli obblighi di comunicazione previsti dalla legge e dal reg. (UE) n. 596/2014. Le società controllate trasmettono tempestivamente le notizie richieste (4).

3. Gli emittenti quotati, in caso di ritardo nella comunicazione al pubblico di informazioni privilegiate, trasmettono su successiva richiesta della Consob la documentazione comprovante l'assolvimento dell'obbligo previsto dall'art. 17, par. 4, del reg. (UE) n. 596/2014 e dalle relative norme tecniche di attuazione (4).

4. .... (5).

5. La Consob può, anche in via generale (6), richiedere agli emittenti, ai soggetti che li controllano (7), agli emittenti quotati aventi l'Italia come Stato membro d'origine (8), ai componenti degli organi di amministrazione e controllo e ai dirigenti, nonché ai soggetti che detengono una partecipazione rilevante ai sensi dell'art. 120 o che partecipano a un patto previsto dall'art. 122 che siano resi pubblici, con le modalità da essa stabilite, notizie e documenti necessari per l'informazione del pubblico. In caso di inottemperanza, la Consob provvede direttamente a spese del soggetto inadempiente (9).

6. Qualora gli emittenti, i soggetti che li controllano (10) e gli emittenti quotati aventi l'Italia come Stato membro d'origine (11) oppongano, con reclamo motivato, che dalla comunicazione al pubblico delle informazioni, richiesta ai sensi del comma 5, possa derivare loro grave danno, gli obblighi di comunicazione sono sospesi. La Consob, entro sette giorni, può escludere anche parzialmente o temporaneamente la comunicazione delle informazioni, sempre che ciò non possa indurre in errore il pubblico su fatti e circostanze essenziali. Trascorso tale termine, il reclamo si intende accolto.

7. Chiunque detenga azioni in misura almeno pari al dieci per cento del capitale sociale, nonché ogni altro soggetto che controlla l'emittente quotato, comunicano alla Consob e al pubblico le operazioni, aventi ad oggetto azioni emesse dall'emittente o altri strumenti finanziari ad esse collegati, da loro effettuate, anche per interposta persona. Tale comunicazione è effettuata anche dalle persone strettamente legate ai soggetti sopra indicati, individuati dalla Consob con regolamento. La Consob individua con lo stesso regolamento le operazioni, le mo-

(1) Articolo così sostituito dall'art. 1.4, d.lg. 6 novembre 2007, n. 195. L'art. 2.4, d.lg. cit., così dispone: «Fino all'attuazione dell'art. 113-*ter* del d.lg. 24 febbraio 1998, n. 58, si applicano le disposizioni legislative e regolamentari vigenti in materia di modalità di diffusione delle informazioni regolamentate».

(2) Le parole da «Gli emittenti quotati» fino a «10.» sono state così sostituite alle precedenti «Fermi gli obblighi di pubblicità previsti da specifiche disposizioni di legge, gli emittenti quotati comunicano al pubblico, senza indugio, le informazioni privilegiate di cui all'art. 181 che riguardano direttamente detti emittenti e le società controllate.» dall'art. 3.6, lett. a, d.lg. 10 agosto 2018, n. 107.

(3) Periodo così sostituito dall'art. 3.6, lett. b, d.lg. 10 agosto 2018, n. 107.

(4) Comma così sostituito dall'art. 3.6, lett. c, d.lg. 10 agosto 2018, n. 107.

(5) Comma abrogato dall'art. 3.6, lett. d, d.lg. 10 agosto 2018, n. 107.

(6) Deliberazione Consob 14 maggio 1999, n. 11971, in suppl. ord. a G.U., 28 maggio 1999, n. 123, modificata, da ultimo, con deliberazione Consob 21 novembre 2018, n. 20710, in G.U., 3 dicembre 2018, n. 281.

(7) Le parole «agli emittenti, ai soggetti che li controllano» sono state così sostituite alle precedenti «ai soggetti indicati nel comma 1» dall'art. 1.10, lett. c, d.lg. 11 ottobre 2012, n. 184.

(8) Le parole «agli emittenti quotati aventi l'Italia come Stato membro d'origine,» sono state inserite dall'art. 1.5, d.lg. 6 novembre 2007, n. 195.

(9) Comma così sostituito dall'art. 14.1, lett. g, n. 1, l. 28 dicembre 2005, n. 262.

(10) Le parole «gli emittenti, i soggetti che li controllano» sono state così sostituite alle precedenti «i soggetti indicati nel comma 1» dall'art. 1.10, lett. d, d.lg. 11 ottobre 2012, n. 184.

(11) Le parole «e gli emittenti quotati aventi l'Italia come Stato membro d'origine» sono state inserite dall'art. 1.9, d.lg. 17 luglio 2009, n. 101.

dalità e i termini delle comunicazioni, le modalità e i termini di diffusione al pubblico delle informazioni, nonché i casi in cui detti obblighi si applicano anche con riferimento alle società in rapporto di controllo con l'emittente (1).

8. .... (2).

9. Al fine di garantire che il pubblico sia correttamente informato, la Consob può richiedere la pubblicazione delle raccomandazioni in materia di investimenti e delle altre informazioni che raccomandano o consigliano una strategia di investimento da parte degli emittenti quotati, dei soggetti abilitati, nonché dei soggetti in rapporto di controllo con essi, secondo le modalità stabilite con regolamento (3).

10. La Consob valuta, preventivamente e in via generale, con le modalità da essa stabilite, la sussistenza delle condizioni indicate dall'art. 20, par. 3, quarto comma, del reg. (UE) n. 596/2014, con riguardo alle norme di autoregolamentazione dei soggetti che esercitano l'attività giornalistica, e comunica il relativo esito, nonché le medesime norme di autoregolamentazione, al Ministero dell'economia e delle finanze (3) (4).

11. .... (5).

12. . Le disposizioni del presente articolo si applicano anche ai soggetti italiani ed esteri che:

a) hanno chiesto o autorizzato l'ammissione di strumenti finanziari di propria emissione alla negoziazione su un mercato regolamentato italiano;

b) hanno chiesto o autorizzato la negoziazione degli strumenti finanziari di propria emissione su un sistema multilaterale di negoziazione italiano;

c) hanno autorizzato la negoziazione degli strumenti finanziari di propria emissione su un sistema organizzato di negoziazione italiano (6) (7) (8).

114-*bis*. *Informazione al mercato in materia di attribuzione di strumenti finanziari* (9) *a esponenti aziendali, dipendenti o collaboratori*. — 1. I piani di compensi basati su (10) strumenti finanziari a favore di componenti del consiglio di amministrazione ovvero del consiglio di gestione, di dipendenti o di collaboratori non legati alla società da rapporti di lavoro subordinato, ovvero di componenti del consiglio di amministrazione ovvero del consiglio di gestione, di dipendenti o di collaboratori di altre società controllanti o controllate sono approvati dall'assemblea ordinaria (11) dei soci. Nei termini e con le modalità previsti dall'art. 125-*ter*, comma 1 (12), l'emittente mette a disposizione del pubblico la relazione con le informazioni concernenti (13):

a) le ragioni che motivano l'adozione del piano;

b) i componenti del consiglio di ammini-

(1) Comma così sostituito dall'art. 3.6, lett. e, d.lg. 10 agosto 2018, n. 107.

(2) Comma abrogato dall'art. 3.6, lett. f, d.lg. 10 agosto 2018, n. 107.

(3) Comma così sostituito dall'art. 3.6, lett. g, d.lg. 10 agosto 2018, n. 107.

(4) Per norme di autoregolamentazione dei giornalisti v. deliberazione Consob 28 giugno 2018, n. 20508, in G.U., 10 luglio 2018, n. 158.

(5) Comma abrogato dall'art. 3.6, lett. h, d.lg. 10 agosto 2018, n. 107.

(6) Comma così sostituito dall'art. 3.6, lett. i, d.lg. 10 agosto 2018, n. 107.

(7) Articolo così sostituito dall'art. 9.1, lett. e, l. 18 aprile 2005, n. 62.

(8) L'art. 6, d.lg. 10 agosto 2018, n. 107, così dispone: «Fino alla data di entrata in vigore della disciplina emanata dalla Consob ai sensi dell'art. 116, comma 1-*bis*, del d.lg. 24 febbraio 1998, n. 58, come modificato dal presente decreto, gli emittenti strumenti finanziari diffusi comunicano al pubblico, senza indugio, le informazioni indicate nel medesimo art. 116, comma 1-*bis*, come modificato dal presente decreto, secondo le modalità e i termini stabiliti, per tali emittenti, dalle disposizioni emanate dalla Consob, prima dell'entrata in vigore del presente decreto, in attuazione dell'art. 114 del citato d.lg. n. 58 del 1998».

(9) Le parole «strumenti finanziari» sono state così sostituite alla precedente «azioni» dall'art. 3.9, lett. a, d.lg. 29 dicembre 2006, n. 303.

(10) Le parole «azioni o» sono state soppresse dall'art. 3.9, lett. b, d.lg. 29 dicembre 2006, n. 303.

(11) La parola «ordinaria» è stata inserita dall'art. 3.9, lett. c, d.lg. 29 dicembre 2006, n. 303.

(12) Le parole «Nei termini e con le modalità previsti dall'art. 125-*ter*, comma 1,» sono state così sostituite alle precedenti «Almeno quindici giorni prima del termine fissato per l'assemblea, convocata per le deliberazioni di cui al presente comma,» dall'art. 3.3, d.lg. 27 gennaio 2010, n. 27. In base all'art. 7.1, d.lg. cit., tali disposizioni «si applicano alle assemblee il cui avviso di convocazione sia pubblicato dopo il 31 ottobre 2010. Fino a tale data continuano ad applicarsi le disposizioni sostituite od abrogate dalle corrispondenti disposizioni del presente decreto legislativo».

(13) Le parole «Almeno quindici giorni prima del termine fissato per l'assemblea, convocata per le deliberazioni di cui al presente comma, l'emittente mette a disposizione del pubblico la relazione con le informazioni concernenti» sono state così sostituite alle precedenti «Almeno quindici giorni prima dell'esecuzione dei piani sono rese pubbliche, mediante invio di un comunicato alla Consob, alla società di gestione del mercato, che lo mette immediatamente a disposizione del pubblico, e ad almeno due agenzie di stampa, le informazioni concernenti» dall'art. 3.9, lett. d, d.lg. 29 dicembre 2006, n. 303.

strazione ovvero del consiglio di gestione della società, delle controllanti o controllate, che beneficiano del piano (1);

b-bis) le categorie di dipendenti, o di collaboratori della società e delle società controllanti o controllate della società, che beneficiano del piano (2);

c) le modalità e le clausole di attuazione del piano, specificando se la sua attuazione è subordinata al verificarsi di condizioni e, in particolare, al conseguimento di risultati determinati;

d) l'eventuale sostegno del piano da parte del Fondo speciale per l'incentivazione della partecipazione dei lavoratori nelle imprese, di cui all'art. 4, comma 112, della l. 24 dicembre 2003, n. 350 (3);

e) le modalità per la determinazione dei prezzi o dei criteri per la determinazione dei prezzi per la sottoscrizione o per l'acquisto delle azioni;

f) i vincoli di disponibilità gravanti sulle azioni ovvero sui diritti di opzione attribuiti, con particolare riferimento ai termini entro i quali sia consentito o vietato il successivo trasferimento alla stessa società o a terzi.

2. Le disposizioni del presente articolo si applicano agli emittenti quotati e (4) agli emittenti strumenti finanziari diffusi fra il pubblico in misura rilevante ai sensi dell'art. 116.

3. La Consob definisce con proprio regolamento (5) le informazioni, relative agli elementi indicati nel comma 1, che devono essere fornite in relazione alle varie modalità di realizzazione del piano, prevedendo informazioni più dettagliate per piani di particolare rilevanza (6) (7) (8).

115. *Comunicazioni alla Consob.* — 1. La Consob, al fine di vigilare sulla correttezza delle informazioni fornite al pubblico può, anche in via generale (5):

a) richiedere agli emittenti quotati, agli emittenti quotati aventi l'Italia come Stato membro d'origine (9), ai soggetti che li controllano e alle società dagli stessi controllate, la comunicazione di notizie e documenti, fissandone le relative modalità;

b) assumere notizie, anche mediante la loro audizione, dai componenti degli organi sociali, dai direttori generali, dai dirigenti preposti alla redazione dei documenti contabili societari e dagli altri dirigenti, dai revisori legali e dalle società di revisione legale (10), dalle società e dai soggetti indicati nella lett. *a*) (11);

c) eseguire ispezioni presso i soggetti indicati nelle lett. *a*) e *b*), al fine di controllare i documenti aziendali e di acquisirne copia (12);

c-bis) esercitare gli ulteriori poteri previsti dall'art. 187-*octies* (13).

2. I poteri previsti dalle lett. *a*), *b*) e *c*) (14) possono essere esercitati nei confronti dei soggetti che detengono una partecipazione rilevante ai sensi dell'art. 120 o che partecipano a un patto previsto dall'art. 122.

2-*bis*. Le disposizioni del comma 1 si applicano anche nei confronti degli emittenti che hanno chiesto o autorizzato la negoziazione degli strumenti finanziari di propria emissione su un sistema multilaterale di negoziazione italiano, nonché degli emittenti che hanno autorizzato la negoziazione degli strumenti finanziari di propria emissione su un sistema organizzato di negoziazione italiano (15).

3. La Consob può altresì richiedere alle so-

(1) Lettera così sostituita dall'art. 3.9, lett. e, d.lg. 29 dicembre 2006, n. 303.

(2) Lettera inserita dall'art. 3.9, lett. f, d.lg. 29 dicembre 2006, n. 303.

(3) In *Leggi coll. XX, 2.*

(4) Le parole «agli emittenti quotati e» sono state così sostituite alla precedente «anche» dall'art. 3.9, lett. g, d.lg. 29 dicembre 2006, n. 303.

(5) Deliberazione Consob 14 maggio 1999, n. 11971, in suppl. ord. a G.U., 28 maggio 1999, n. 123, modificata, da ultimo, con deliberazione Consob 21 novembre 2018, n. 20710, in G.U., 3 dicembre 2018, n. 281.

(6) Comma così sostituito dall'art. 3.9, lett. h, d.lg. 29 dicembre 2006, n. 303.

(7) Articolo inserito dall'art. 16, l. 28 dicembre 2005, n. 262.

(8) Per la pubblicazione dell'elenco degli emittenti strumenti finanziari diffusi tra il pubblico in misura rilevante aggiornato al 1° febbraio 2010, v. deliberazione Consob 10 febbraio 2010, n. 17173, in G.U., 20 febbraio 2010, n. 42.

(9) Le parole «agli emittenti quotati aventi l'Italia come Stato membro d'origine,» sono state inserite dall'art. 1.6, d.lg. 6 novembre 2007, n. 195.

(10) Le parole «dai revisori legali e dalle società di revisione legale» sono state così sostituite alle precedenti «dalle società di revisione» dall'art. 40.9, d.lg. 27 gennaio 2010, n. 39.

(11) Lettera sostituita dall'art. 14.1, lett. h, n. 1, l. 28 dicembre 2005, n. 262.

(12) Le parole «nelle lett. *a*) e *b*), al fine di controllare i documenti aziendali e di acquisirne copia» sono state così sostituite alle precedenti «nella lett. *a*)» dall'art. 14.1, lett. h, n. 2, l. 28 dicembre 2005, n. 262.

(13) Lettera aggiunta dall'art. 9.1, lett. f, l. 18 aprile 2005, n. 62.

(14) Le parole «dalle lett. *a*), *b*) e *c*)» sono state così sostituite alle precedenti «dalle lett. *a*) e *b*)» dall'art. 14.1, lett. h, n. 3, l. 28 dicembre 2005, n. 262.

(15) Comma inserito dall'art. 3.7, d.lg. 10 agosto 2018, n. 107.

cietà o agli enti che partecipano direttamente o indirettamente a società con azioni quotate l'indicazione nominativa, in base ai dati disponibili, dei soci e, nel caso di società fiduciarie, dei fiducianti (1).

115-*bis*. .... (2).

115-*ter*. *Comunicazioni relative alle quote di emissioni*. — 1. Ai partecipanti al mercato delle quote di emissioni, come definiti dall'art. 3, par. 1, n. 20, del reg. (UE) n. 596/2014, si applicano gli artt. 114 e 115, comma 1.

2. Ai fini di quanto previsto dagli artt. 18, par. 8, e 19, par. 10, del reg. (UE) n. 596/2014, gli artt. 114, commi 5 e 6, e 115, comma 1, si applicano altresì nei confronti delle piattaforme d'asta, dei commissari d'asta e dei sorveglianti d'asta, in relazione alle aste di quote di emissioni o di altri prodotti correlati messi all'asta tenute ai sensi del reg. (UE) n. 1031/2010 (3).

116. *Strumenti finanziari diffusi tra il pubblico*. — 1. La Consob stabilisce con regolamento (1) i criteri per l'individuazione degli emittenti strumenti finanziari che, ancorché non quotati in mercati regolamentati italiani, siano diffusi tra il pubblico in misura rilevante (4) (5).

1-*bis*. Gli emittenti indicati al comma 1 informano, quanto prima possibile, il pubblico dei fatti non di pubblico dominio concernenti direttamente detti emittenti e che, se resi pubblici, potrebbero avere un effetto significativo sul valore degli strumenti finanziari di propria emissione. Con il medesimo regolamento di cui al comma 1, la Consob stabilisce le modalità di informazione del pubblico e i casi di esenzione dall'osservanza dei predetti obblighi informativi, qualora gli emittenti siano comunque tenuti agli obblighi previsti dal reg. (UE) n. 596/2014 (6) (7).

2. Agli emittenti indicati al comma 1 si applicano gli artt. 114, commi 5 e 6, e 115, nonché (8) le disposizioni della parte IV, titolo III, capo II, sezione VI, ad eccezione degli artt. 157 e 158 (9) (10).

2-*bis*. .... (11).

2-*ter*. .... (12).

117. *Informazione contabile*. — 1. Alle società italiane con azioni quotate in mercati regolamentati italiani o di altri paesi dell'Unione europea non si applicano i casi di esonero dall'obbligo di redazione del bilancio consolidato previsti dall'art. 27 del d.lg. 9 aprile 1991, n. 127, dall'art. 27 del d.lg. 27 gennaio 1992, n. 87 e dall'art. 61 del d.lg. 26 maggio 1997, n. 173.

2. Il Ministro della giustizia, di concerto con il Ministro dell'economia e delle finanze (13), individua con regolamento tra i principi contabili riconosciuti in ambito internazionale e compatibili con quelli delle direttive emanate

(1) Deliberazione Consob 14 maggio 1999, n. 11971, in suppl. ord. a G.U., 28 maggio 1999, n. 123, modificata, da ultimo, con deliberazione Consob 21 novembre 2018, n. 20710, in G.U., 3 dicembre 2018, n. 281.

(2) Articolo inserito dall'art. 9.1, lett. g, l. 18 aprile 2005, n. 62, e successivamente abrogato dall'art. 3.8, d.lg. 10 agosto 2018, n. 107.

(3) Articolo inserito dall'art. 3.9, d.lg. 10 agosto 2018, n. 107.

(4) Comma così sostituito dall'art. 3.10, lett. a, d.lg. 10 agosto 2018, n. 107.

(5) Per la pubblicazione dell'elenco emittenti strumenti finanziari diffusi tra il pubblico in misura rilevante aggiornato al 28 febbraio 2013 v. deliberazione Consob 13 marzo 2013, n. 18493, in G.U., 22 marzo 2013, n. 69.

(6) Comma inserito dall'art. 3.10, lett. b, d.lg. 10 agosto 2018, n. 107.

(7) L'art. 6, d.lg. 10 agosto 2018, n. 107, così dispone: «Fino alla data di entrata in vigore della disciplina emanata dalla Consob ai sensi dell'art. 116, comma 1-*bis*, del d.lg. 24 febbraio 1998, n. 58, come modificato dal presente decreto, gli emittenti strumenti finanziari diffusi comunicano al pubblico, senza indugio, le informazioni indicate nel medesimo art. 116, comma 1-*bis*, come modificato dal presente decreto, secondo le modalità e i termini stabiliti, per tali emittenti, dalle disposizioni emanate dalla Consob, prima dell'entrata in vigore del presente decreto, in attuazione dell'art. 114 del citato d.lg. n. 58 del 1998».

(8) Le parole «gli artt. 114, commi 5 e 6, e 115, nonché» sono state inserite dall'art. 3.10, lett. c, d.lg. 10 agosto 2018, n. 107.

(9) Comma così sostituito dall'art. 40.10, d.lg. 27 gennaio 2010, n. 39.

(10) Per la pubblicazione dell'elenco degli emittenti strumenti finanziari diffusi tra il pubblico in misura rilevante aggiornato al 1° febbraio 2010, v. deliberazione Consob 10 febbraio 2010, n. 17173, in G.U., 20 febbraio 2010, n. 42.

(11) Comma aggiunto dall'art. 1.10, d.lg. 17 luglio 2009, n. 101, e successivamente abrogato dall'art. 3.10, lett. d, d.lg. 10 agosto 2018, n. 107.

(12) Comma aggiunto dall'art. 3.4, d.lg. 27 gennaio 2010, n. 27, e successivamente abrogato dall'art. 3.1, d.lg. 18 giugno 2012, n. 91. L'art. 5.1, d.lg. cit., così dispone: «Le disposizioni recate dall'art. 1 e dall'art. 2, limitatamente al comma 7, e dall'art. 3, limitatamente ai commi 1, 2, 9, 10 e 11 si applicano alle assemblee il cui avviso di convocazione sia pubblicato dopo il 1° gennaio 2013».

(13) L'espressione «Ministro/Ministero dell'economia e delle finanze» ha sostituito la precedente «Ministro/Ministero del tesoro, del bilancio e della programmazione economica» per effetto dell'art. 1.1, d.lg. 6 febbraio 2004, n. 37.

in materia dall'Unione europea quelli sulla base dei quali gli emittenti strumenti finanziari quotati sia in mercati regolamentati italiani o di altri paesi dell'Unione sia in mercati di paesi extracomunitari possono, in deroga alle vigenti disposizioni in materia, redigere il bilancio consolidato, sempre che i suddetti principi siano accettati nei mercati di paesi extracomunitari. L'individuazione dei principi ha luogo su proposta della Consob, da formularsi d'intesa con la Banca d'Italia per le banche e per le società finanziarie previste dall'art. 1, comma 1, del d.lg. 27 gennaio 1992, n. 87 e con l'Ivass (1) per le imprese di assicurazione e di riassicurazione previste dall'art. 1 del d.lg. 26 maggio 1997, n. 173.

117-*bis*. *Fusioni fra società con azioni quotate e società con azioni non quotate*. — 1. Sono assoggettate alle disposizioni dell'art. 113 le operazioni di fusione nelle quali una società con azioni non quotate viene incorporata in una società con azioni quotate, quando l'entità degli attivi di quest'ultima, diversi dalle disponibilità liquide e dalle attività finanziarie che non costituiscono immobilizzazioni, sia significativamente inferiore alle attività della società incorporata.

2. Fermi restando i poteri previsti dall'art. 113, comma 2, la Consob, con proprio regolamento, stabilisce disposizioni specifiche relative alle operazioni di cui al comma 1 del presente articolo (2).

117-*ter*. *Disposizioni in materia di finanza etica*. — 1. La Consob, previa consultazione con tutti i soggetti interessati e sentite le Autorità di vigilanza competenti, determina con proprio regolamento (3) gli specifici obblighi di informazione e di rendicontazione cui sono tenuti i soggetti abilitati [...] (4) che promuovono prodotti e servizi qualificati come etici o socialmente responsabili (2).

118. *Casi di inapplicabilità*. — 1. Le disposizioni della presente sezione (5) non si applicano agli strumenti finanziari previsti dall'art. 100, comma 1, lett. *d*) ed *e*).

2. I commi 1 e 2 dell'art. 116 non si applicano (6) agli strumenti finanziari emessi dalle banche, diversi dalle azioni o dagli strumenti finanziari che permettono di acquisire o sottoscrivere azioni (7).

118-*bis*. *Controllo sulle* (8) *informazioni fornite al pubblico*. — 1. La Consob stabilisce con regolamento, tenuto conto dei principi internazionali in materia di vigilanza sull'informazione societaria (9), le modalità e i termini per il controllo dalla stessa effettuato sulle (10) informazioni comunicate al pubblico ai sensi di legge, comprese le informazioni contenute nei documenti contabili, dagli emittenti quotati e dagli emittenti quotati aventi l'Italia come Stato membro d'origine (11) (12).

CAPO II

DISCIPLINA DELLE SOCIETÀ CON AZIONI QUOTATE

119. *Ambito di applicazione*. — 1. Le disposizioni del presente capo si applicano, salvo che sia diversamente specificato, alle società italiane con azioni quotate in mercati regolamentati italiani o di altri paesi dell'Unione europea (società con azioni quotate).

(1) La parola «Ivass» è stata così sostituita alla precedente «Isvap» dall'art. 4.22, d.lg. 12 maggio 2015, n. 72.

(2) Articolo inserito dall'art. 14.1, lett. i, l. 28 dicembre 2005, n. 262.

(3) Deliberazione Consob 29 ottobre 2007, n. 16190, in suppl. ord. n. 222 a G.U., 2 novembre 2007, n. 255, modificata, da ultimo, con deliberazione Consob 15 febbraio 2018, n. 20307, in suppl. ord. n. 7 a G.U., 19 febbraio 2018, n. 41.

(4) Le parole «e le imprese di assicurazione» sono state soppresse dall'art. 2.8, d.lg. 21 maggio 2018, n. 68. In base all'art. 4.7, d.lg. cit., tali disposizioni «trovano applicazione dal 1° ottobre 2018».

(5) *Recte*: del presente capo.

(6) Le parole «I commi 1 e 2 dell'art. 116 non si applicano» sono state così sostituite alle precedenti «L'art. 116 non si applica» dall'art. 1.11, d.lg. 17 luglio 2009, n. 101.

(7) Comma così sostituito dall'art. 11.2, lett. d, l. 28 dicembre 2005, n. 262.

(8) Le parole «Controllo sulle» sono state così sostituite alle precedenti «Riesame delle» dall'art. 3.10, lett. a, d.lg. 29 dicembre 2006, n. 303.

(9) Le parole «, tenuto conto dei principi internazionali in materia di vigilanza sull'informazione societaria,» sono state inserite dall'art. 3.10, lett. b, d.lg. 29 dicembre 2006, n. 303.

(10) Le parole «controllo dalla stessa effettuato sulle» sono state così sostituite alle precedenti «riesame periodico delle» dall'art. 3.10, lett. b, d.lg. 29 dicembre 2006, n. 303.

(11) Le parole «e dagli emittenti quotati aventi l'Italia come Stato membro d'origine» sono state inserite dall'art. 1.12, d.lg. 17 luglio 2009, n. 101.

(12) Articolo inserito dall'art. 14.1, lett. l, l. 28 dicembre 2005, n. 262.

Sezione I. — *Assetti proprietari*

120. *Obblighi di comunicazione delle partecipazioni rilevanti.* — 1. Ai fini della presente sezione, per capitale di società per azioni si intende quello rappresentato da azioni con diritto di voto. Nelle società i cui statuti consentono la maggiorazione del diritto di voto o hanno previsto l'emissione di azioni a voto plurimo, per capitale si intende il numero complessivo dei diritti di voto (1).

2. Coloro che partecipano in un emittente azioni quotate avente l'Italia come Stato membro d'origine (2) in misura superiore al tre (3) per cento del capitale ne danno comunicazione alla società partecipata e alla Consob. Nel caso in cui l'emittente sia una PMI, tale soglia è pari al cinque per cento (4).

2-*bis*. La Consob può, con provvedimento motivato da esigenze di tutela degli investitori nonché di efficienza e trasparenza del mercato del controllo societario e del mercato dei capitali, prevedere, per un limitato periodo di tempo, soglie inferiori a quella indicata nel comma 2 per società ad elevato valore corrente di mercato e ad azionariato particolarmente diffuso (5).

3. .... (6).

4. La Consob, tenuto anche conto delle caratteristiche degli investitori, stabilisce con regolamento (7):

a) le variazioni delle partecipazioni indicate nel comma 2 (8) che comportano obbligo di comunicazione;

b) i criteri per il calcolo delle partecipazioni, avendo riguardo anche alle partecipazioni indirettamente detenute, alle ipotesi in cui il diritto di voto spetta o è attribuito a soggetto diverso dal socio nonché a quelle di maggiorazione dei diritti di voto (9);

c) il contenuto e le modalità delle comunicazioni e dell'informazione del pubblico, nonché le eventuali deroghe per quest'ultima;

d) i termini per la comunicazione e per l'informazione del pubblico [...] (10);

d-bis) i casi in cui le comunicazioni sono dovute dai possessori di strumenti finanziari dotati dei diritti previsti dall'art. 2351, ultimo comma, del codice civile (11);

d-ter) i casi in cui la detenzione di strumenti finanziari derivati determina obblighi di comunicazione (12);

d-quater) le ipotesi di esenzione dall'applicazione delle presenti disposizioni (12).

4-*bis*. In occasione dell'acquisto di una partecipazione in emittenti quotati pari o superiore alle soglie del 10 per cento, 20 per cento e 25 per cento del relativo capitale, salvo quanto previsto dall'art. 106, comma 1-*bis*, il soggetto che effettua le comunicazioni di cui ai commi 2 e seguenti del presente articolo deve dichiarare gli obiettivi che ha intenzione di perseguire nel corso dei sei mesi successivi. Nella dichiarazione sono indicati sotto la responsabilità del dichiarante:

a) i modi di finanziamento dell'acquisizione;

b) se agisce solo o in concerto;

c) se intende fermare i suoi acquisti o proseguirli nonché se intende acquisire il controllo dell'emittente o comunque esercitare un'influenza sulla gestione della società e, in tali casi, la strategia che intende adottare e le operazioni per metterla in opera;

d) le sue intenzioni per quanto riguarda eventuali accordi e patti parasociali di cui è parte;

e) se intende proporre l'integrazione o la revoca degli organi amministrativi o di controllo dell'emittente.

(1) Ultimo periodo aggiunto dall'art. 20.1, lett. q, d.l. 24 giugno 2014, n. 91, conv. in l. 11 agosto 2014, n. 116.

(2) Le parole «un emittente azioni quotate avente l'Italia come Stato membro d'origine» sono state così sostituite a quelle «una società con azioni quotate» dall'art. 1.7, lett. a, d.lg. 6 novembre 2007, n. 195.

(3) La parola «tre» è stata così sostituita alla precedente «due» dall'art. 1.6, d.lg. 15 febbraio 2016, n. 25.

(4) Ultimo periodo aggiunto dall'art. 20.1, lett. r, d.l. 24 giugno 2014, n. 91, conv. in l. 11 agosto 2014, n. 116.

(5) Comma inserito dall'art. 7.3-*quinquies*, lett. a, d.l. 10 febbraio 2009, n. 5, conv. in l. 9 aprile 2009, n. 33.

(6) Comma abrogato dall'art. 1.12, lett. a, d.lg. 11 ottobre 2012, n. 184.

(7) Deliberazione Consob 14 maggio 1999, n. 11971, in suppl. ord. a G.U., 28 maggio 1999, n. 123, modificata, da ultimo, con deliberazione Consob 21 novembre 2018, n. 20710, in G.U., 3 dicembre 2018, n. 281.

(8) Le parole «nel comma 2» sono state così sostituite alle precedenti «nei commi 2 e 3» dall'art. 1.12, lett. b, d.lg. 11 ottobre 2012, n. 184.

(9) Lettera così sostituita alla precedente «i criteri per il calcolo delle partecipazioni, avendo riguardo anche alle partecipazioni indirettamente detenute e alle ipotesi in cui il diritto di voto spetta o è attribuito a soggetto diverso dal socio» dall'art. 20.1, lett. s, d.l. 24 giugno 2014, n. 91, conv. in l. 11 agosto 2014, n. 116.

(10) Le parole «, che nel caso previsto dal comma 3 possono avere carattere periodico» sono state soppresse dall'art. 1.12, lett. c, d.lg. 11 ottobre 2012, n. 184.

(11) Lettera aggiunta dall'art. 9.68, comma 1, lett. a, d.lg. n. 6/2003, come modificato dall'art. 3.1, d.lg. n. 37/2004.

(12) Lettera aggiunta dall'art. 1.7, lett. c, d.lg. 6 novembre 2007, n. 195.

La Consob può individuare con proprio regolamento i casi in cui la suddetta dichiarazione non è dovuta, tenendo conto delle caratteristiche del soggetto che effettua la dichiarazione o della società di cui sono state acquistate le azioni.

La dichiarazione è trasmessa alla società di cui sono state acquistate le azioni e alla Consob, nonché è oggetto di comunicazione al pubblico secondo le modalità e i termini stabiliti con il regolamento della Consob emanato in attuazione del comma 4, lett. *c*) e *d*).

Fermo restando quanto previsto ai sensi dell'art. 185, se nel termine di sei mesi dalla comunicazione della dichiarazione intervengono cambiamenti delle intenzioni sulla base di circostanze oggettive sopravvenute, una nuova dichiarazione motivata deve essere senza ritardo indirizzata alla società e alla Consob e portata alla conoscenza del pubblico secondo le medesime modalità. La nuova dichiarazione fa decorrere nuovamente il termine di sei mesi citato nel primo periodo del presente comma (1).

5. Il diritto di voto inerente alle azioni quotate od agli strumenti finanziari per i quali sono state omesse le comunicazioni previste dal comma 2 o la dichiarazione prevista dal comma 4-*bis* (2) non può essere esercitato. In caso di inosservanza, si applica l'art. 14, comma 5. L'impugnazione può essere proposta anche dalla Consob entro il termine indicato nell'art. 14, comma 6 (3).

6. Il comma 2 non si applica alle partecipazioni detenute, per il tramite di società controllate, dal Ministero dell'economia e delle finanze (4). I relativi obblighi di comunicazione sono adempiuti dalle società controllate.

121. *Disciplina delle partecipazioni reciproche*. — 1. Fuori dai casi previsti dall'art. 2359-*bis* del codice civile, in caso di partecipazioni reciproche eccedenti i limiti indicati nell'art. 120, comma 2, la società che ha superato il limite successivamente non può esercitare il diritto di voto inerente alle azioni eccedenti e deve alienarle entro dodici mesi dalla data in cui ha superato il limite (5). In caso di mancata alienazione entro il termine previsto la sospensione del diritto di voto si estende all'intera partecipazione. Se non è possibile accertare quale delle due società ha superato il limite successivamente, la sospensione del diritto di voto e l'obbligo di alienazione si applicano a entrambe, salvo loro diverso accordo.

2. Il limite richiamato nel comma 1 è elevato al cinque per cento, ovvero, nei casi previsti dall'art. 120, comma 2, secondo periodo, al dieci per cento, a condizione che il superamento della soglia da parte di entrambe le società abbia luogo a seguito di un accordo preventivamente autorizzato dall'assemblea ordinaria delle società interessate (6).

3. Se un soggetto detiene una partecipazione in misura superiore alla soglia indicata nel comma 2 (7) in una società con azioni quotate, questa o il soggetto che la controlla non possono acquisire una partecipazione superiore a tale limite in una società con azioni quotate controllata dal primo. In caso di inosservanza, il diritto di voto inerente alle azioni eccedenti il limite indicato è sospeso. Se non è possibile accertare quale dei due soggetti ha superato il limite successivamente, la sospensione del diritto di voto si applica a entrambi, salvo loro diverso accordo.

4. Per il calcolo delle partecipazioni si applicano i criteri stabiliti ai sensi dell'art. 120, comma 4, lett. *b*).

5. I commi 1, 2 e 3 non si applicano quando i limiti ivi indicati sono superati a seguito di un'offerta pubblica di acquisto o di scambio (8) diretta a conseguire almeno il sessanta per cento delle azioni ordinarie.

6. In caso di inosservanza dei divieti di esercizio del voto previsti dai commi 1 e 3, si applica l'art. 14, comma 5. L'impugnazione può essere proposta anche dalla Consob entro il termine indicato nell'art. 14, comma 6.

122. *Patti parasociali*. — 1. I patti, in qualun-

(1) Comma aggiunto dall'art. 13.1, lett. a, n. 1, d.l. 16 ottobre 2017, n. 148, conv. in l. 4 dicembre 2017, n. 172.

(2) Le parole «o la dichiarazione prevista dal comma 4-*bis*» sono state inserite dall'art. 13.1, lett. a, n. 2, d.l. 16 ottobre 2017, n. 148, conv. in l. 4 dicembre 2017, n. 172.

(3) Comma così sostituito dall'art. 9.68, comma 1, lett. b, d.lg. n. 6/2003, come modificato dall'art. 3.1, d.lg. n. 37/2004.

(4) L'espressione «Ministro/Ministero dell'economia e delle finanze» ha sostituito la precedente «Ministro/Ministero del tesoro, del bilancio e della programmazione economica» per effetto dell'art. 1.1, d.lg. 6 febbraio 2004, n. 37.

(5) Periodo così sostituito dall'art. 1.13, d.lg. 11 ottobre 2012, n. 184.

(6) Comma così sostituito dall'art. 20.1, lett. t, d.l. 24 giugno 2014, n. 91, conv. in l. 11 agosto 2014, n. 116.

(7) Le parole «in misura superiore alla soglia indicata nel comma 2» sono state così sostituite alle precedenti «superiore al due per cento del capitale» dall'art. 20.1, lett. u, d.l. 24 giugno 2014, n. 91, conv. in l. 11 agosto 2014, n. 116.

(8) Le parole «o di scambio» sono state aggiunte dall'art. 3.1, d.lg. 25 settembre 2009, n. 146.

que forma stipulati, aventi per oggetto l'esercizio del diritto di voto nelle società con azioni quotate e nelle società che le controllano entro cinque giorni dalla stipulazione sono:

a) comunicati alla Consob;

b) pubblicati per estratto sulla stampa quotidiana;

c) depositati presso il registro delle imprese del luogo ove la società ha la sua sede legale;

d) comunicati alle società con azioni quotate (1).

2. La Consob stabilisce con regolamento (2) le modalità e i contenuti della comunicazione, dell'estratto e della pubblicazione.

3. In caso di inosservanza degli obblighi previsti dal comma 1 i patti sono nulli.

4. Il diritto di voto inerente alle azioni quotate per le quali non sono stati adempiuti gli obblighi previsti dal comma 1 non può essere esercitato. In caso di inosservanza, si applica l'art. 14, comma 5. L'impugnazione può essere proposta anche dalla Consob entro il termine indicato nell'art. 14, comma 6.

5. Il presente articolo si applica anche ai patti, in qualunque forma stipulati:

a) che istituiscono obblighi di preventiva consultazione per l'esercizio del diritto di voto nelle società con azioni quotate e nelle società che le controllano;

b) che pongono limiti al trasferimento delle relative azioni o di strumenti finanziari che attribuiscono diritti di acquisto o di sottoscrizione delle stesse;

c) che prevedono l'acquisto delle azioni o degli strumenti finanziari previsti dalla lett. *b*);

d) aventi per oggetto o per effetto l'esercizio anche congiunto di un'influenza dominante su tali società;

d-bis) volti a favorire o a contrastare il conseguimento degli obiettivi di un'offerta pubblica di acquisto o di scambio, ivi inclusi gli impegni a non aderire ad un'offerta (3).

5-*bis*. Ai patti di cui al presente articolo non si applicano gli artt. 2341-*bis* e 2341-*ter* del codice civile (4).

5-*ter*. Gli obblighi di comunicazione di cui al comma 1 del presente articolo non si applicano ai patti, in qualunque forma stipulati, aventi ad oggetto partecipazioni complessivamente inferiori alla soglia indicata all'art. 120, comma 2 (5).

123. *Durata dei patti e diritto di recesso*. — 1. I patti indicati nell'art. 122, se a tempo determinato, non possono avere durata superiore a tre anni e si intendono stipulati per tale durata anche se le parti hanno previsto un termine maggiore; i patti sono rinnovabili alla scadenza.

2. I patti possono essere stipulati anche a tempo indeterminato; in tal caso ciascun contraente ha diritto di recedere con un preavviso di sei mesi. Al recesso si applica l'art. 122, commi 1 e 2.

3. Gli azionisti che intendano aderire a un'offerta pubblica di acquisto o di scambio promossa ai sensi degli artt. 106 o 107 possono recedere senza preavviso dai patti indicati nell'art. 122. La dichiarazione di recesso non produce effetto se non si è perfezionato il trasferimento delle azioni.

123-*bis*. *Relazione sul governo societario e gli assetti proprietari*. — 1. La relazione sulla gestione delle società emittenti valori mobiliari ammessi alle negoziazioni in mercati regolamentati contiene in una specifica sezione, denominata: «Relazione sul governo societario e gli assetti proprietari», informazioni dettagliate riguardanti:

a) la struttura del capitale sociale, compresi i titoli che non sono negoziati su un mercato regolamentato di uno Stato comunitario, con l'indicazione delle varie categorie di azioni e, per ogni categoria di azioni, i diritti e gli obblighi connessi, nonché la percentuale del capitale sociale che esse rappresentano;

b) qualsiasi restrizione al trasferimento di titoli, quali ad esempio limiti al possesso di titoli o la necessità di ottenere il gradimento da parte della società o di altri possessori di titoli;

c) le partecipazioni rilevanti nel capitale, dirette o indirette, ad esempio tramite strutture piramidali o di partecipazione incrociata, secondo quanto risulta dalle comunicazioni effettuate ai sensi dell'art. 120;

d) se noti, i possessori di ogni titolo che conferisce diritti speciali di controllo e una descrizione di questi diritti;

e) il meccanismo di esercizio dei diritti di voto previsto in un eventuale sistema di partecipazione azionaria dei dipendenti, quando il diritto di voto non è esercitato direttamente da questi ultimi;

(1) Comma così sostituito dall'art. 3.2, lett. a, d.lg. 25 settembre 2009, n. 146.
(2) Deliberazione Consob 14 maggio 1999, n. 11971, in suppl. ord. a G.U., 28 maggio 1999, n. 123, modificata, da ultimo, con deliberazione Consob 21 novembre 2018, n. 20710, in G.U., 3 dicembre 2018, n. 281.
(3) Lettera aggiunta dall'art. 4.1, d.lg. 19 novembre 2007, n. 229.
(4) Comma aggiunto dall'art. 9.69, comma 1, d.lg. n. 6/2003, come modificato dall'art. 3.1, d.lg. n. 37/2004.
(5) Comma aggiunto dall'art. 3.2, lett. b, d.lg. 25 settembre 2009, n. 146.

f) qualsiasi restrizione al diritto di voto, ad esempio limitazioni dei diritti di voto ad una determinata percentuale o ad un certo numero di voti, termini imposti per l'esercizio del diritto di voto o sistemi in cui, con la cooperazione della società, i diritti finanziari connessi ai titoli sono separati dal possesso dei titoli;

g) gli accordi che sono noti alla società ai sensi dell'art. 122;

h) gli accordi significativi dei quali la società o sue controllate siano parti e che acquistano efficacia, sono modificati o si estinguono in caso di cambiamento di controllo della società, e i loro effetti, tranne quando sono di natura tale per cui la loro divulgazione arrecherebbe grave pregiudizio alla società; tale deroga non si applica quando la società ha l'obbligo specifico di divulgare tali informazioni sulla base di altre disposizioni di legge;

i) gli accordi tra la società e gli amministratori, i componenti del consiglio di gestione o di sorveglianza, che prevedono indennità in caso di dimissioni o licenziamento senza giusta causa o se il loro rapporto di lavoro cessa a seguito di un'offerta pubblica di acquisto;

l) le norme applicabili alla nomina e alla sostituzione degli amministratori e dei componenti del consiglio di gestione e di sorveglianza, nonché alla modifica dello statuto, se diverse da quelle legislative e regolamentari applicabili in via suppletiva;

m) l'esistenza di deleghe per gli aumenti di capitale ai sensi dell'art. 2443 del codice civile ovvero del potere in capo agli amministratori o ai componenti del consiglio di gestione di emettere strumenti finanziari partecipativi nonché di autorizzazioni all'acquisto di azioni proprie.

2. Nella medesima sezione della relazione sulla gestione di cui al comma 1 sono riportate le informazioni riguardanti:

a) l'adesione ad un codice di comportamento in materia di governo societario promosso da società di gestione di mercati regolamentati o da associazioni di categoria, motivando le ragioni dell'eventuale mancata adesione ad una o più disposizioni, nonché le pratiche di governo societario effettivamente applicate dalla società al di là degli obblighi previsti dalle norme legislative o regolamentari. La società indica altresì dove il codice di comportamento in materia governo societario al quale aderisce è accessibile al pubblico;

b) le principali caratteristiche dei sistemi di gestione dei rischi e di controllo interno esistenti in relazione al processo di informativa finanziaria, anche consolidata, ove applicabile;

c) i meccanismi di funzionamento dell'assemblea degli azionisti, i suoi principali poteri, i diritti degli azionisti e le modalità del loro esercizio, se diversi da quelli previsti dalle disposizioni legislative e regolamentari applicabili in via suppletiva;

d) la composizione e il funzionamento degli organi di amministrazione e controllo e dei loro comitati;

d-bis) una descrizione delle politiche in materia di diversità applicate in relazione alla composizione degli organi di amministrazione, gestione e controllo relativamente ad aspetti quali l'età, la composizione di genere e il percorso formativo e professionale, nonché una descrizione degli obiettivi, delle modalità di attuazione e dei risultati di tali politiche. Nel caso in cui nessuna politica sia applicata, la società motiva in maniera chiara e articolata le ragioni di tale scelta (1).

3. Le informazioni di cui ai commi 1 e 2 possono figurare in una relazione distinta dalla relazione sulla gestione, approvata dall'organo di amministrazione, e pubblicata congiuntamente alla relazione sulla gestione. In alternativa, la relazione sulla gestione può indicare la sezione del sito internet dell'emittente dove è pubblicato tale documento.

4. La società di revisione esprime il giudizio di cui all'art. 14, comma 2, lett. *e*), del d.lg. 27 gennaio 2010, n. 39 (2) (3), sulle informazioni di cui al comma 1, lett. *c*), *d*), *f*), *l*) e *m*), e al comma 2, lett. *b*), e verifica che siano state for-

(1) Lettera aggiunta dall'art. 10.1, lett. a, d.lg. 30 dicembre 2016, n. 254. In base all'art. 12.1, d.lg. cit., tali disposizioni: «si applicano, con riferimento alle dichiarazioni e relazioni relative, agli esercizi finanziari aventi inizio a partire dal 1° gennaio 2017». Sulla comunicazione di informazioni di carattere non finanziario e di informazioni sulla diversità v. d.lg. 30 dicembre 2016, n. 254, e deliberazione Consob 18 gennaio 2018, n. 20267, in G.U., 26 gennaio 2018, n. 21, per il regolamento di attuazione.

(2) In *Leggi coll. XIV, 11*.

(3) Le parole «di cui all'art. 14, comma 2, lett. *e*), del d.lg. 27 gennaio 2010, n. 39» sono state così sostituite alle precedenti «di cui all'art. 156, comma 4-*bis*, lett. *d*)» dall'art. 10.1, lett. b, d.lg. 30 dicembre 2016, n. 254. In base all'art. 12.1, d.lg. cit., tali disposizioni: «si applicano, con riferimento alle dichiarazioni e relazioni relative, agli esercizi finanziari aventi inizio a partire dal 1° gennaio 2017».

nite le informazioni di cui al comma 2, lett. *a*), *c*), *d*) e *d-bis*), del presente articolo (1).

5. Le società che non emettono azioni ammesse alle negoziazioni in mercati regolamentati o in sistemi multilaterali di negoziazione, possono omettere la pubblicazione delle informazioni di cui ai commi 1 e 2, salvo quelle di cui al comma 2, lett. *b*) (2).

5-*bis*. Possono omettere la pubblicazione delle informazioni di cui al comma 2, lett. *d-bis*), le società che alla data di chiusura dell'esercizio di riferimento non superino almeno due dei seguenti parametri:

a) totale dello stato patrimoniale: 20.000.000 di euro;

b) totale dei ricavi netti delle vendite e delle prestazioni: 40.000.000 di euro;

c) numero medio di dipendenti durante l'esercizio finanziario pari a duecentocinquanta (3).

123-*ter*. *Relazione sulla remunerazione*. — 1. Almeno ventuno giorni prima della data dell'assemblea prevista dall'art. 2364, secondo comma, o dell'assemblea prevista dall'art. 2364-*bis*, secondo comma, del codice civile, le società con azioni quotate mettono a disposizione del pubblico una relazione sulla remunerazione, presso la sede sociale, sul proprio sito Internet e con le altre modalità stabilite dalla Consob con regolamento.

2. La relazione sulla remunerazione è articolata nelle due sezioni previste ai commi 3 e 4 ed è approvata dal consiglio di amministrazione. Nelle società che adottano il sistema dualistico la relazione è approvata dal consiglio di sorveglianza, su proposta, limitatamente alla sezione prevista dal comma 4, lett. *b*), del consiglio di gestione.

3. La prima sezione della relazione sulla remunerazione illustra:

a) la politica della società in materia di remunerazione dei componenti degli organi di amministrazione, dei direttori generali e dei dirigenti con responsabilità strategiche con riferimento almeno all'esercizio successivo;

b) le procedure utilizzate per l'adozione e l'attuazione di tale politica.

4. La seconda sezione, nominativamente per i componenti degli organi di amministrazione e di controllo, i direttori generali e in forma aggregata, salvo quanto previsto dal regolamento emanato ai sensi del comma 8, per i dirigenti con responsabilità strategiche:

a) fornisce un'adeguata rappresentazione di ciascuna delle voci che compongono la remunerazione, compresi i trattamenti previsti in caso di cessazione dalla carica o di risoluzione del rapporto di lavoro, evidenziandone la coerenza con la politica della società in materia di remunerazione approvata nell'esercizio precedente;

b) illustra analiticamente i compensi corrisposti nell'esercizio di riferimento a qualsiasi titolo e in qualsiasi forma dalla società e da società controllate o collegate, segnalando le eventuali componenti dei suddetti compensi che sono riferibili ad attività svolte in esercizi precedenti a quello di riferimento ed evidenziando, altresì, i compensi da corrispondere in uno o più esercizi successivi a fronte dell'attività svolta nell'esercizio di riferimento, eventualmente indicando un valore di stima per le componenti non oggettivamente quantificabili nell'esercizio di riferimento.

5. Alla relazione sono allegati i piani di compensi previsti dall'art. 114-*bis* ovvero è indicata nella relazione la sezione del sito Internet della società dove tali documenti sono reperibili.

6. Fermo restando quanto previsto dagli artt. 2389 e 2409-*terdecies*, primo comma, lett. *a*), del codice civile, e dall'art. 114-*bis*, l'assemblea convocata ai sensi dell'art. 2364, secondo comma, ovvero dell'art. 2364-*bis*, secondo comma, del codice civile, delibera in senso favorevole o contrario sulla sezione della relazione sulla remunerazione prevista dal comma 3. La deliberazione non è vincolante. L'esito del voto è posto a disposizione del pubblico ai sensi dell'art. 125-*quater*, comma 2.

7. La Consob con regolamento, adottato sentite Banca d'Italia e Ivass (4) per quanto

(1) Le parole «siano state fornite le informazioni di cui al comma 2, lett. *a*), *c*), *d*) e *d-bis*), del presente articolo» sono state così sostituite alle precedenti «sia stata elaborata una relazione sul governo societario e gli assetti proprietari» dall'art. 10.1, lett. b, d.lg. 30 dicembre 2016, n. 254. In base all'art. 12.1, d.lg. cit., tali disposizioni «si applicano, con riferimento alle dichiarazioni e relazioni relative, agli esercizi finanziari aventi inizio a partire dal 1° gennaio 2017».

(2) Articolo inserito dall'art. 4.2, d.lg. 19 novembre 2007, n. 229, e così sostituito dall'art. 5.1, d.lg. 3 novembre 2008, n. 173, di cui v. art. 6: «Le disposizioni del presente decreto si applicano ai bilanci e alle relazioni relativi agli esercizi aventi inizio da data successiva a quella della sua entrata in vigore».

(3) Comma aggiunto dall'art. 10.1, lett. c, d.lg. 30 dicembre 2016, n. 254. In base all'art. 12.1, d.lg. cit., tali disposizioni: «si applicano, con riferimento alle dichiarazioni e relazioni relative, agli esercizi finanziari aventi inizio a partire dal 1° gennaio 2017».

(4) La parola «Ivass» è stata così sostituita alla precedente «Isvap» dall'art. 4.22, d.lg. 12 maggio 2015, n. 72.

concerne i soggetti rispettivamente vigilati e tenuto conto della normativa comunitaria di settore, indica le informazioni da includere nella sezione della relazione sulla remunerazione prevista dal comma 3, comprese le informazioni volte ad evidenziare la coerenza della politica delle remunerazioni con il perseguimento degli interessi a lungo termine della società e con la politica di gestione del rischio, secondo quanto previsto dal par. 3 della raccomandazione 2004/913/CE e dal par. 5 della raccomandazione 2009/385/CE.

8. La Consob, con il regolamento adottato ai sensi del comma 7, indica altresì le informazioni da includere nella sezione della relazione sulla remunerazione prevista dal comma 4. La Consob può:

a) individuare i dirigenti con responsabilità strategiche per i quali le informazioni sono fornite in forma nominativa;

b) differenziare il livello di dettaglio delle informazioni in funzione della dimensione della società (1).

124. *Casi di inapplicabilità*. — 1. La Consob può dichiarare inapplicabili gli artt. 120, 121, 122 e 123, comma 2, secondo periodo, alle società italiane con azioni quotate solo in mercati regolamentati di altri paesi dell'Unione europea, in considerazione della normativa applicabile a tali società in forza della quotazione.

Sezione I-*bis*. — *Informazioni sull'adesione a codici di comportamento* (2)

124-*bis*. .... (3).

124-*ter*. *Informazione relativa ai codici di comportamento*. — La Consob, negli ambiti di propria competenza, stabilisce le forme di pubblicità cui sono sottoposti i codici di comportamento in materia di governo societario promossi da società di gestione del mercato o da associazioni di categoria (4).

Sezione II. — *Diritti dei soci* (5)

125. .... (6).

125-*bis*. *Avviso di convocazione dell'assemblea*. — 1. L'assemblea è convocata mediante avviso pubblicato sul sito Internet della società entro il trentesimo giorno precedente la data dell'assemblea, nonché con le altre modalità ed entro i termini previsti dalla Consob con regolamento emanato ai sensi dell'art. 113-*ter*, comma 3, ivi inclusa la pubblicazione per estratto sui giornali quotidiani (7).

2. Nel caso di assemblea convocata per l'elezione mediante voto di lista (8) dei componenti degli organi di amministrazione e controllo, il termine per la pubblicazione dell'avviso di convocazione è anticipato al quarantesi-

(1) Articolo inserito dall'art. 1, d.lg. 30 dicembre 2010, n. 259. L'art. 2, d.lg. cit., così dispone: «La relazione sulla remunerazione prevista dall'art. 123-*ter* del d.lg. 24 febbraio 1998, n. 58, introdotto dall'art. 1, è presentata all'assemblea prevista dall'art. 2364, secondo comma, o dall'art. 2364-*bis*, secondo comma, del codice civile, convocata nell'esercizio successivo a quello nel corso del quale entra in vigore il regolamento previsto dai commi 7 e 8 dello stesso art. 123-*ter*».

(2) Sezione inserita dall'art. 14.1, lett. m, l. 28 dicembre 2005, n. 262.

(3) Articolo inserito dall'art. 14.1, lett. m, l. 28 dicembre 2005, n. 262, e abrogato dall'art. 5.2, d.lg. 3 novembre 2008, n. 173, di cui v. art. 6: «Le disposizioni del presente decreto si applicano ai bilanci e alle relazioni relativi agli esercizi aventi inizio da data successiva a quella della sua entrata in vigore». V. ora art. 123-*bis*.2.

(4) Articolo inserito dall'art. 14.1, lett. m, l. 28 dicembre 2005, n. 262, e così sostituito dall'art. 5.3, d.lg. 3 novembre 2008, n. 173, di cui v. art. 6: «Le disposizioni del presente decreto si applicano ai bilanci e alle relazioni relativi agli esercizi aventi inizio da data successiva a quella della sua entrata in vigore».

Il testo dell'art. 124-*ter* era:

«Art. 124-*ter*. *Informazione relativa ai codici di comportamento*. — 1. La Consob, negli ambiti di propria competenza, stabilisce le forme di pubblicità cui sono sottoposti i codici di comportamento promossi da società di gestione di mercati regolamentati o da associazioni di categoria degli operatori».

(5) Rubrica così sostituita alla precedente «Tutela delle minoranze» dall'art. 3.5, d.lg. 27 gennaio 2010, n. 27. In base all'art. 7.1, d.lg. cit., tali disposizioni «si applicano alle assemblee il cui avviso di convocazione sia pubblicato dopo il 31 ottobre 2010. Fino a tale data continuano ad applicarsi le disposizioni sostituite od abrogate dalle corrispondenti disposizioni del presente decreto legislativo».

(6) Articolo abrogato dall'art. 9.1, lett. a, d.lg. 6 febbraio 2004, n. 37.

(7) Comma sostituito dall'art. 3.2, lett. a, d.lg. 18 giugno 2012, n. 91. L'art. 5.1, d.lg. cit., così dispone: «Le disposizioni recate dall'art. 1 e dall'art. 2, limitatamente al comma 7, e dall'art. 3, limitatamente ai commi 1, 2, 9, 10 e 11 si applicano alle assemblee il cui avviso di convocazione sia pubblicato dopo il 1° gennaio 2013».

(8) Le parole «mediante voto di lista» sono state inserite dall'art. 3.2, lett. b, d.lg. 18 giugno 2012, n. 91. L'art. 5.1, d.lg. cit., così dispone: «Le disposizioni recate dall'art. 1 e dall'art. 2, limitatamente al comma 7, e dall'art. 3, limitatamente ai commi 1, 2, 9, 10 e 11 si applicano alle assemblee il cui avviso di convocazione sia pubblicato dopo il 1° gennaio 2013».

mo giorno precedente la data dell'assemblea.

3. Per le assemblee previste dagli artt. 2446, 2447 e 2487 del codice civile, il termine indicato nel comma 1 è posticipato al ventunesimo giorno precedente la data dell'assemblea.

4. L'avviso di convocazione reca:

a) l'indicazione del giorno, dell'ora e del luogo dell'adunanza nonché l'elenco delle materie da trattare;

b) una descrizione chiara e precisa delle procedure da rispettare per poter partecipare e votare in assemblea, ivi comprese le informazioni riguardanti:

1) i termini per l'esercizio del diritto di porre domande prima dell'assemblea e del diritto di integrare l'ordine del giorno o di presentare ulteriori proposte su materie già all'ordine del giorno, nonché, anche mediante riferimento al sito Internet della società, le eventuali ulteriori modalità per l'esercizio di tali diritti;

2) la procedura per l'esercizio del voto per delega e, in particolare, le modalità per il reperimento dei moduli utilizzabili in via facoltativa per il voto per delega nonché le modalità per l'eventuale notifica, anche elettronica, delle deleghe di voto;

3) la procedura per il conferimento delle deleghe al soggetto eventualmente designato dalla società ai sensi dell'art. 135-*undecies*, con la precisazione che la delega non ha effetto con riguardo alle proposte per le quali non siano state conferite istruzioni di voto;

4) le procedure di voto per corrispondenza o con mezzi elettronici, se previsto dallo statuto;

c) la data indicata nell'art. 83-*sexies*, comma 2, con la precisazione che coloro che diventeranno titolari delle azioni solo successivamente a tale data non avranno il diritto di intervenire e votare in assemblea;

d) le modalità e i termini di reperibilità del testo integrale delle proposte di deliberazione, unitamente alle relazioni illustrative, e dei documenti che saranno sottoposti all'assemblea;

d-bis) le modalità e i termini di presentazione delle liste per l'elezione dei componenti del consiglio di amministrazione e del componente di minoranza del collegio sindacale o del consiglio di sorveglianza;

e) l'indirizzo del sito Internet indicato nell'art. 125-*quater*;

f) le altre informazioni la cui indicazione nell'avviso di convocazione è richiesta da altre disposizioni (1) (2).

125-*ter*. *Relazioni sulle materie all'ordine del giorno*. — 1. Ove già non richiesto da altre disposizioni di legge, l'organo di amministrazione entro il termine di pubblicazione dell'avviso di convocazione dell'assemblea previsto in ragione di ciascuna delle materie all'ordine del giorno (3), mette a disposizione del pubblico presso la sede sociale, sul sito Internet della società, e con le altre modalità previste dalla Consob con regolamento, una relazione su ciascuna delle materie (4) all'ordine del giorno.

2. Le relazioni predisposte ai sensi di altre norme di legge sono messe a disposizione del pubblico nei termini indicati dalle medesime norme, con le modalità previste dal comma 1. La relazione di cui all'art. 2446, primo comma, del codice civile è messa a disposizione del pubblico almeno ventuno giorni prima dell'assemblea. Resta fermo quanto previsto dall'art. 154-*ter*, commi 1, 1-*bis* e 1-*ter*.

3. Nel caso di convocazione dell'assemblea ai sensi dell'art. 2367 del codice civile, la relazione sulle [...] (5) materie da trattare è predisposta dai soci che richiedono la convocazione dell'assemblea. L'organo di amministrazione ovvero i sindaci o il consiglio di sorveglianza o il comitato per il controllo sulla gestione, ove abbiano provveduto alla convocazione ai sensi dell'art. 2367, secondo comma, primo periodo, del codice civile, mettono a disposizione del pubblico (6) la relazione, accompagnata dalle proprie eventuali valutazioni, contestualmente alla pubblicazione dell'avviso di convo-

(1) Comma così sostituito dall'art. 3.2, lett. c, d.lg. 18 giugno 2012, n. 91. L'art. 5.1, d.lg. cit., così dispone: «Le disposizioni recate dall'art. 1 e dall'art. 2, limitatamente al comma 7, e dall'art. 3, limitatamente ai commi 1, 2, 9, 10 e 11 si applicano alle assemblee il cui avviso di convocazione sia pubblicato dopo il 1° gennaio 2013».

(2) Articolo inserito dall'art. 3.6, d.lg. 27 gennaio 2010, n. 27. In base all'art. 7.1, d.lg. cit., tali disposizioni «si applicano alle assemblee il cui avviso di convocazione sia pubblicato dopo il 31 ottobre 2010. Fino a tale data continuano ad applicarsi le disposizioni sostituite od abrogate dalle corrispondenti disposizioni del presente decreto legislativo».

(3) Le parole «previsto in ragione di ciascuna delle materie all'ordine del giorno,» sono state inserite dall'art. 3.3, lett. a, d.lg. 18 giugno 2012, n. 91.

(4) Le parole «su ciascuna delle materie» sono state così sostituite alle precedenti «sulle materie» dall'art. 3.3, lett. a, d.lg. 18 giugno 2012, n. 91.

(5) Le parole «proposte concernenti le» sono state soppresse dall'art. 3.3, lett. b, d.lg. 18 giugno 2012, n. 91.

(6) Le parole da «L'organo» fino a «pubblico» sono state così sostituite alle precedenti «L'organo di amministrazione mette a disposizione del pubblico» dall'art. 3.3, lett. b, d.lg. 18 giugno 2012, n. 91.

cazione dell'assemblea con le modalità di cui al comma 1 (1).

125-*quater*. *Sito Internet*. — 1. Fermo restando quanto previsto negli artt. 125-*bis* e 125-*ter*, sono messi a disposizione sul sito Internet della società:

a) entro il termine di pubblicazione dell'avviso di convocazione previsto per ciascuna delle materie all'ordine del giorno a cui si riferiscono, ovvero il successivo termine previsto dalla legge per la loro pubblicazione, i documenti che saranno sottoposti all'assemblea;

b) entro il termine di pubblicazione dell'avviso di convocazione, i moduli utilizzabili in via facoltativa per il voto per delega e, qualora previsto dallo statuto, per il voto per corrispondenza; qualora i moduli non possono essere resi disponibili in forma elettronica per motivi tecnici, sul medesimo sito sono indicate le modalità per ottenerli in forma cartacea e, in tal caso, la società è tenuta a trasmetterli gratuitamente, previa richiesta, per corrispondenza, anche per il tramite degli intermediari;

c) entro il termine di pubblicazione dell'avviso di convocazione, informazioni sull'ammontare del capitale sociale con l'indicazione del numero e delle categorie di azioni in cui è suddiviso (2).

2. Un rendiconto sintetico delle votazioni contenente il numero di azioni rappresentate in assemblea e delle azioni per le quali è stato espresso il voto, la percentuale di capitale che tali azioni rappresentano, nonché il numero di voti favorevoli e contrari alla delibera e il numero di astensioni, è reso disponibile sul sito Internet della società entro cinque giorni dalla data dell'assemblea. Il verbale dell'assemblea di cui all'art. 2375 del codice civile è comunque reso disponibile sul sito Internet entro trenta giorni dalla data dell'assemblea (1).

126. *Convocazioni successive alla prima* (3). — 1. .... (4).

2. Qualora lo statuto preveda la possibilità di convocazioni successive alla prima, se il giorno per la seconda convocazione o per quelle successive non è indicato nell'avviso di convocazione, l'assemblea in seconda o successiva convocazione è tenuta entro trenta giorni. In tal caso i termini previsti dall'art. 125-*bis*, commi 1 e 2, sono ridotti a ventuno giorni purché l'elenco delle materie da trattare non venga modificato. Nel caso di assemblea convocata ai sensi dell'art. 125-*bis*, comma 2, le liste per l'elezione dei componenti del consiglio di amministrazione e del componente di minoranza del collegio sindacale o del consiglio di sorveglianza già depositate presso l'emittente sono considerate valide anche in relazione alla nuova convocazione. È consentita la presentazione di nuove liste e i termini previsti dall'art. 147-*ter*, comma 1-*bis*, sono ridotti rispettivamente a quindici e dieci giorni (5).

3-5. .... (6).

126-*bis*. *Integrazione dell'ordine del giorno dell'assemblea e presentazione di nuove proposte di delibera*. — 1. I soci che, anche congiuntamente, rappresentino almeno un quarantesimo del capitale sociale possono chiedere, entro dieci giorni dalla pubblicazione dell'avviso di convocazione dell'assemblea, ovvero entro cinque giorni nel caso di convocazione ai sensi dell'art. 125-*bis*, comma 3, o dell'art. 104, comma 2, l'integrazione dell'elenco delle materie da trattare, indicando nella domanda gli ulteriori argomenti da essi proposti ovvero presentare proposte di deliberazione su materie già all'ordine del giorno. Le domande, unitamente alla certificazione attestante la titolarità della partecipazione, sono presentate per iscritto, anche per corrispondenza ovvero in via elettronica, nel rispetto degli eventuali requisiti strettamente necessari per l'identificazione dei richiedenti indicati dalla società. Colui al quale spetta il diritto di voto può presentare individualmente proposte di deliberazione in assemblea.

2. Delle integrazioni all'ordine del giorno o della presentazione di ulteriori proposte di deliberazione su materie già all'ordine del giorno, ai sensi del comma 1, è data notizia, nelle stesse forme prescritte per la pubblicazione dell'avviso di convocazione, almeno quindici giorni pri-

(1) Articolo inserito dall'art. 3.6, d.lg. 27 gennaio 2010, n. 27. In base all'art. 7.1, d.lg. cit., tali disposizioni «si applicano alle assemblee il cui avviso di convocazione sia pubblicato dopo il 31 ottobre 2010. Fino a tale data continuano ad applicarsi le disposizioni sostituite od abrogate dalle corrispondenti disposizioni del presente decreto legislativo».

(2) Comma così sostituito dall'art. 3.4, d.lg. 18 giugno 2012, n. 91.

(3) Rubrica così sostituita alla precedente «Assemblea straordinaria» dall'art. 3.7, n. 1, d.lg. 27 gennaio 2010, n. 27. In base all'art. 7.1, d.lg. cit., tali disposizioni «si applicano alle assemblee il cui avviso di convocazione sia pubblicato dopo il 31 ottobre 2010. Fino a tale data continuano ad applicarsi le disposizioni sostituite od abrogate dalle corrispondenti disposizioni del presente decreto legislativo».

(4) Comma abrogato dall'art. 9.1, lett. b, d.lg. 6 febbraio 2004, n. 37.

(5) Comma così sostituito, da ultimo, dall'art. 3.5, d.lg. 18 giugno 2012, n. 91.

(6) Commi abrogati dall'art. 9.1, lett. b, d.lg. 6 febbraio 2004, n. 37.

ma di quello fissato per l'assemblea. Le ulteriori proposte di deliberazione su materie già all'ordine del giorno sono messe a disposizione del pubblico con le modalità di cui all'art. 125-*ter*, comma 1, contestualmente alla pubblicazione della notizia della presentazione. Il termine è ridotto a sette giorni nel caso di assemblea convocata ai sensi dell'art. 104, comma 2, ovvero nel caso di assemblea convocata ai sensi dell'art. 125-*bis*, comma 3. Per le società cooperative la misura del capitale è determinata dagli statuti anche in deroga all'art. 135 (1).

3. L'integrazione dell'ordine del giorno non è ammessa per gli argomenti sui quali l'assemblea delibera, a norma di legge, su proposta dell'organo di amministrazione o sulla base di un progetto o di una relazione da essi predisposta, diversa da quelle indicate all'art. 125-*ter*, comma 1.

4. I soci che richiedono l'integrazione ai sensi del comma 1 predispongono una relazione che riporti la motivazione delle proposte di deliberazione sulle nuove materie di cui essi propongono la trattazione ovvero la motivazione relativa alle ulteriori proposte di deliberazione presentate su materie già all'ordine del giorno. La relazione è trasmessa all'organo di amministrazione entro il termine ultimo per la presentazione della richiesta di integrazione. L'organo di amministrazione mette a disposizione del pubblico la relazione, accompagnata dalle proprie eventuali valutazioni, contestualmente alla pubblicazione della notizia dell'integrazione o della presentazione, con le modalità indicate all'art. 125-*ter*, comma 1.

5. Se l'organo di amministrazione, ovvero, in caso di inerzia di questo, il collegio sindacale, o il consiglio di sorveglianza o il comitato per il controllo sulla gestione, non provvedono all'integrazione dell'ordine del giorno con le nuove materie o proposte presentate ai sensi del comma 1, il tribunale, sentiti i componenti degli organi di amministrazione e di controllo, ove il rifiuto di provvedere risulti ingiustificato, ordina con decreto l'integrazione. Il decreto è pubblicato con le modalità previste dall'art. 125-*ter*, comma 1 (2).

127. *Voto per corrispondenza o in via elettronica.* — 1. La Consob stabilisce con regolamento (3) le modalità di esercizio del voto e di svolgimento dell'assemblea nei casi previsti dall'art. 2370, comma quarto, del codice civile (4).

127-*bis*. *Annullabilità delle deliberazioni e diritto di recesso.* — 1. Ai fini dell'art. 2377 del codice civile colui a cui favore sia effettuata la registrazione delle azioni successivamente alla data indicata nell'art. 83-*sexies*, comma 2 e prima dell'apertura dei lavori dell'assemblea, è considerato assente all'assemblea.

2. Ai fini dell'esercizio del diritto di recesso previsto dall'art. 2437 del codice civile, colui a cui favore sia effettuata, successivamente alla data di cui all'art. 83-*sexies*, comma 2, e prima dell'apertura dei lavori dell'assemblea, la registrazione in conto delle azioni è considerato non aver concorso all'approvazione delle deliberazioni.

3. La presente disposizione si applica anche alle società italiane con azioni ammesse nei sistemi multilaterali di negoziazione italiani o di altri paesi dell'Unione europea con il consenso dell'emittente (5).

127-*ter*. *Diritto di porre domande prima dell'assemblea.* — 1. Coloro ai quali spetta il diritto di voto possono porre domande sulle materie all'ordine del giorno anche prima dell'assemblea. Alle domande pervenute prima dell'assemblea è data risposta al più tardi durante la stessa. La società può fornire una risposta unitaria alle domande aventi lo stesso contenuto.

1-*bis*. L'avviso di convocazione indica il termine entro il quale le domande poste prima dell'assemblea devono pervenire alla società. Il termine non può essere anteriore a tre giorni precedenti la data dell'assemblea in prima o

(1) Le parole «Per le società cooperative la misura del capitale è determinata dagli statuti anche in deroga all'art. 135.» sono state aggiunte dall'art. 23-*quater*.2, lett. *a*), d.l. 18 ottobre 2012, n. 179, conv. in l. 17 dicembre 2012, n. 221.

(2) Articolo inserito dall'art. 5, l. 28 dicembre 2005, n. 262, e così sostituito, da ultimo, dall'art. 3.6, d.lg. 18 giugno 2012, n. 91.

(3) Deliberazione Consob 14 maggio 1999, n. 11971, in suppl. ord. a G.U., 28 maggio 1999, n. 123, modificata, da ultimo, con deliberazione Consob 21 novembre 2018, n. 20710, in G.U., 3 dicembre 2018, n. 281.

(4) Articolo così sostituito dall'art. 3.9, d.lg. 27 gennaio 2010, n. 27. In base all'art. 7.1, d.lg. cit., tali disposizioni «si applicano alle assemblee il cui avviso di convocazione sia pubblicato dopo il 31 ottobre 2010. Fino a tale data continuano ad applicarsi le disposizioni sostituite od abrogate dalle corrispondenti disposizioni del presente decreto legislativo».

(5) Articolo inserito dall'art. 3.10, d.lg. 27 gennaio 2010, n. 27. In base all'art. 7.1, d.lg. cit., tali disposizioni «si applicano alle assemblee il cui avviso di convocazione sia pubblicato dopo il 31 ottobre 2010. Fino a tale data continuano ad applicarsi le disposizioni sostituite od abrogate dalle corrispondenti disposizioni del presente decreto legislativo».

unica convocazione, ovvero a cinque giorni qualora l'avviso di convocazione preveda che la società fornisca, prima dell'assemblea, una risposta alle domande pervenute. In tal caso le risposte sono fornite almeno due giorni prima dell'assemblea anche mediante pubblicazione in una apposita sezione del sito Internet della società.

2. Non è dovuta una risposta, neppure in assemblea, alle domande poste prima della stessa, quando le informazioni richieste siano già disponibili in formato «domanda e risposta» nella sezione del sito Internet della società indicata nel comma 1-*bis* ovvero quando la risposta sia stata pubblicata ai sensi del medesimo comma.

3. Si considera fornita in assemblea la risposta in formato cartaceo messa a disposizione, all'inizio dell'adunanza, di ciascuno degli aventi diritto al voto (1).

127-*quater*. *Maggiorazione del dividendo*. — 1. In deroga all'art. 2350, comma 1, del codice civile, gli statuti possono disporre che ciascuna azione detenuta dal medesimo azionista per un periodo continuativo indicato nella statuto, comunque non inferiore ad un anno o al minor periodo intercorrente tra due date consecutive di pagamento del dividendo annuale (2), attribuisca il diritto ad una maggiorazione non superiore al 10 per cento del dividendo distribuito alle altre azioni. Gli statuti possono subordinare l'assegnazione della maggiorazione a condizioni ulteriori. Il beneficio può estendersi anche alle azioni assegnate ai sensi dell'art. 2442 del codice civile a un azionista che abbia diritto alla maggiorazione indicata nel primo periodo.

2. Qualora il medesimo soggetto, durante la maturazione del periodo indicato nel comma 1, abbia detenuto (3), direttamente, o indirettamente per il tramite di fiduciari, di società controllate o per interposta persona, una partecipazione superiore allo 0,5 per cento del capitale della società o la minore percentuale indicata nello statuto, la maggiorazione può essere attribuita solo per le azioni che rappresentino complessivamente tale partecipazione massima. La maggiorazione non può altresì essere attribuita alle azioni detenute da chi durante il suddetto periodo abbia esercitato, anche temporaneamente, un'influenza dominante, individuale o congiunta con altri soci tramite un patto parasociale previsto dall'art. 122, ovvero un'influenza notevole sulla società (4). In ogni caso la maggiorazione non può essere attribuita alle azioni che durante il periodo indicato nel comma 1 siano state conferite, anche temporaneamente, ad un patto parasociale previsto dall'art. 122 che nel medesimo periodo o parte di esso abbia avuto ad oggetto una partecipazione complessiva. superiore a quella indicata nell'art. 106, comma 1.

3. La cessione dell'azione a titolo oneroso o gratuito comporta la perdita dei benefici previsti nel comma 1. I benefici sono conservati in caso di successione universale, nonché in caso di fusione e scissione del titolare delle azioni. In caso di fusione o scissione della società che abbia emesso le azioni indicate nel comma 1, i benefici si trasferiscono sulle azioni emesse dalle società risultanti, ferma l'applicazione del comma 2 con riferimento a tali società.

4. Le azioni a cui si applicano i benefici indicati nel comma 1 non costituiscono una categoria speciale di azioni ai sensi dell'art. 2348 del codice civile (5).

4-*bis*. Colui che ha ottenuto l'assegnazione della maggiorazione dichiara, su richiesta della società, l'insussistenza delle condizioni ostative previste dal comma 2 ed esibisce la certificazione prevista dall'art. 83-*quinquies* attestante la durata della detenzione delle azioni per le quali è richiesto il beneficio nonché le attestazioni relative alla sussistenza delle eventuali ulteriori condizioni alle quali lo statuto subordina l'assegnazione del beneficio (6).

4-*ter*. La deliberazione di modifica dello sta-

(1) Articolo inserito dall'art. 3.10, d.lg. 27 gennaio 2010, n. 27, e successivamente così sostituito dall'art. 3.7, d.lg. 18 giugno 2012, n. 91, così corretto con *Avviso di rettifica* in G.U., 5 luglio 2012, n. 155.

(2) Le parole «comunque non inferiore ad un anno o al minor periodo intercorrente tra due date consecutive di pagamento del dividendo annuale» sono state così sostituite alle precedenti «e comunque non inferiore ad un anno» dall'art. 3.8, lett. a, d.lg. 18 giugno 2012, n. 91.

(3) Le parole «abbia detenuto» sono state così sostituite alle precedenti «abbia anche temporaneamente detenuto» dall'art. 3.8, lett. b, d.lg. 18 giugno 2012, n. 91.

(4) Le parole da «esercitato» fino a «società» sono state così sostituite alle precedenti «esercitato, anche temporaneamente o congiuntamente con altri soci tramite un patto parasociale previsto dall'art. 122, un'influenza dominante ovvero un'influenza notevole sulla società» dall'art. 3.8, lett. b, d.lg. 18 giugno 2012, n. 91.

(5) Articolo inserito dall'art. 3.10, d.lg. 27 gennaio 2010, n. 27. In base all'art. 7.1, d.lg. cit., tali disposizioni «si applicano alle assemblee il cui avviso di convocazione sia pubblicato dopo il 31 ottobre 2010. Fino a tale data continuano ad applicarsi le disposizioni sostituite od abrogate dalle corrispondenti disposizioni del presente decreto legislativo».

(6) Comma aggiunto dall'art. 3.8, lett. c, d.lg. 18 giugno 2012, n. 91.

tuto prevista al comma 1 non attribuisce il diritto di recesso ai sensi dell'art. 2437 del codice civile (1).

127-*quinquies*. *Maggiorazione del voto*. — 1. Gli statuti possono disporre che sia attribuito voto maggiorato, fino a un massimo di due voti, per ciascuna azione appartenuta al medesimo soggetto per un periodo continuativo non inferiore a ventiquattro mesi a decorrere dalla data di iscrizione nell'elenco previsto dal comma 2. In tal caso, gli statuti possono altresì prevedere che colui al quale spetta il diritto di voto possa irrevocabilmente rinunciare, in tutto o in parte, al voto maggiorato.

2. Gli statuti stabiliscono le modalità per l'attribuzione del voto maggiorato e per l'accertamento dei relativi presupposti, prevedendo in ogni caso un apposito elenco. La Consob stabilisce con proprio regolamento le disposizioni di attuazione del presente articolo al fine di assicurare la trasparenza degli assetti proprietari e l'osservanza delle disposizioni del titolo II, capo II, sezione II (2). Restano fermi gli obblighi di comunicazione previsti in capo ai titolari di partecipazioni rilevanti.

3. La cessione dell'azione a titolo oneroso o gratuito, ovvero la cessione diretta o indiretta di partecipazioni di controllo in società o enti che detengono azioni a voto maggiorato in misura superiore alla soglia prevista dall'art. 120, comma 2, comporta la perdita della maggiorazione del voto. Se lo statuto non dispone diversamente, il diritto di voto maggiorato:

a) è conservato in caso di successione per causa di morte nonché in caso di fusione e scissione del titolare delle azioni;

b) si estende alle azioni di nuova emissione in caso di aumento di capitale ai sensi dell'art. 2442 del codice civile.

4. Il progetto di fusione o di scissione di una società il cui statuto prevede la maggiorazione del voto può prevedere che il diritto di voto maggiorato spetti anche alle azioni spettanti in cambio di quelle a cui è attribuito voto maggiorato. Lo statuto può prevedere che la maggiorazione del voto si estenda proporzionalmente alle azioni emesse in esecuzione di un aumento di capitale mediante nuovi conferimenti.

5. Le azioni cui si applica il beneficio previsto dal comma 1 non costituiscono una categoria speciale di azioni ai sensi dell'art. 2348 del codice civile.

6. La deliberazione di modifica dello statuto con cui viene prevista la maggiorazione del voto non attribuisce il diritto di recesso ai sensi dell'art. 2437 del codice civile.

7. Qualora la deliberazione di modifica dello statuto di cui al comma 6 sia adottata nel corso del procedimento di quotazione in un mercato regolamentato delle azioni di una società non risultante da una fusione che coinvolga una società con azioni quotate, la relativa clausola può prevedere che ai fini del possesso continuativo previsto dal comma 1 sia computato anche il possesso anteriore alla data di iscrizione nell'elenco previsto dal comma 2.

8. Se lo statuto non dispone diversamente, la maggiorazione del diritto di voto si computa anche per la determinazione dei quorum costitutivi e deliberativi che fanno riferimento ad aliquote del capitale sociale. La maggiorazione non ha effetto sui diritti, diversi dal voto, spettanti in forza del possesso di determinate aliquote di capitale (3).

127-*sexies*. *Azioni a voto plurimo*. — 1. In deroga all'art. 2351, quarto comma, del codice civile, gli statuti non possono prevedere l'emissione di azioni a voto plurimo.

2. Le azioni a voto plurimo emesse anteriormente all'inizio delle negoziazioni in un mercato regolamentato mantengono le loro caratteristiche e diritti. Se lo statuto non dispone diversamente, al fine di mantenere inalterato il rapporto tra le varie categorie di azioni, le società che hanno emesso azioni a voto plurimo ovvero le società risultanti dalla fusione o dalla scissione di tali società possono procedere all'emissione di azioni a voto plurimo con le medesime caratteristiche e diritti di quelle già emesse limitatamente ai casi di:

a) aumento di capitale ai sensi dell'art.

(1) Comma aggiunto dall'art. 3.8, lett. c, d.lg. 18 giugno 2012, n. 91.

(2) L'art. 20.8-*quater*, d.l. 24 giugno 2014, n. 91, conv. in l. 11 agosto 2014, n. 116, così dispone: «Il regolamento previsto dall'art. 127-*quinquies*, comma 2, del d.lg. 24 febbraio 1998, n. 58, è adottato dalla Consob entro il 31 dicembre 2014».

(3) Articolo inserito dall'art. 20.1, lett. aa, d.l. 24 giugno 2014, n. 91, conv. in l. 11 agosto 2014, n. 116. L'art. 20.1-*bis*, d.l. cit., così dispone: «In sede di prima applicazione, le deliberazioni di modifica dello statuto assunte entro il 31 gennaio 2015 da società aventi titoli quotati nel mercato regolamentato italiano iscritte nel registro delle imprese alla data di entrata in vigore della legge di conversione del presente decreto, con cui viene prevista la creazione di azioni a voto maggiorato ai sensi dell'art. 127-*quinquies* del d.lg. 24 febbraio 1998, n. 58, sono prese, anche in prima convocazione, con il voto favorevole di almeno la maggioranza del capitale rappresentato in assemblea».

2442 del codice civile ovvero mediante nuovi conferimenti senza esclusione o limitazione del diritto d'opzione;

b) fusione o scissione.

3. Nel caso previsto dal comma 2 gli statuti non possono prevedere ulteriori maggiorazioni del diritto di voto a favore di singole categorie di azioni né ai sensi dell'art. 127-*quinquies*.

4. Ove la società non si avvalga della facoltà di emettere nuove azioni a voto plurimo ai sensi del comma 2, secondo periodo, è esclusa in ogni caso la necessità di approvazione delle deliberazioni, ai sensi dell'art. 2376 del codice civile, da parte dell'assemblea speciale degli appartenenti alla categoria delle azioni a voto plurimo (1).

128-129. . . . . (2).

130. *Informazione dei soci*. — 1. I soci hanno diritto di prendere visione di tutti gli atti depositati presso la sede sociale per assemblee già convocate e di ottenerne copia a proprie spese.

131. . . . . (3).

132. *Acquisto di azioni proprie e della società controllante*. — 1. Gli acquisti di azioni proprie, operati ai sensi degli artt. 2357 e 2357-*bis*, primo comma, n. 1), del codice civile, da società con azioni quotate, devono essere effettuati in modo da assicurare la parità di trattamento tra gli azionisti, secondo modalità stabilite dalla Consob con proprio regolamento (4).

2. Il comma 1 si applica anche agli acquisti di azioni quotate effettuati ai sensi dell'art. 2359-*bis* del codice civile da parte di una società controllata.

3. I commi 1 e 2 non si applicano agli acquisti di azioni proprie o della società controllante possedute da dipendenti della società emittente, di società controllate o della società controllante e assegnate o sottoscritte a norma degli artt. 2349 e 2441, ottavo comma, del codice civile, ovvero rivenienti da piani di compenso approvati ai sensi dell'art. 114-*bis* (5).

3-*bis*. Le disposizioni del presente articolo si applicano anche agli acquisti di azioni proprie effettuati da emittenti che hanno richiesto o autorizzato la negoziazione di azioni di propria emissione su un sistema multilaterale di negoziazione italiano, o da società controllate (6).

133. *Esclusione su richiesta dalle negoziazioni*. — 1. Le società italiane con azioni quotate nei mercati regolamentati italiani, previa deliberazione dell'assemblea straordinaria, possono richiedere l'esclusione dalle negoziazioni dei propri strumenti finanziari, secondo quanto previsto dal regolamento del mercato, se ottengono l'ammissione su altro mercato regolamentato italiano o di altro paese dell'Unione europea, purché sia garantita una tutela equivalente degli investitori, secondo i criteri stabiliti dalla Consob con regolamento (7).

134. *Aumenti di capitale*. — 1. . . . . (8).

2. . . . . (9).

3. . . . . (10).

Sezione II-*bis*. — *Società cooperative* (11)

135. *Percentuali di capitale*. — 1. Per le società cooperative le percentuali di capitale individuate nel codice civile e nel presente decreto (12) per l'esercizio di diritti da parte dei soci sono rapportate al numero complessivo dei soci stessi.

135-*bis*. *Disciplina delle società cooperative*. — 1. Alle società cooperative non si applica il comma 2 dell'art. 125-*bis*, nonché il comma 4, lett. *b*), n. 1), limitatamente alle parole: «del diritto di porre domande prima dell'assem-

(1) Articolo inserito dall'art. 20.1, lett. aa-*bis*, d.l. 24 giugno 2014, n. 91, conv. in l. 11 agosto 2014, n. 116.
(2) Articoli abrogati dall'art. 9.1, lett. a, d.lg. 6 febbraio 2004, n. 37.
(3) Articolo abrogato dall'art. 9.1, lett. a, d.lg. 6 febbraio 2004, n. 37.
(4) Comma così sostituito dall'art. 9.1, lett. i, l. 18 aprile 2005, n. 62.
(5) Le parole «codice civile, ovvero rivenienti da piani di compenso approvati ai sensi dell'art. 114-*bis*» sono state così sostituite alle precedenti «codice civile» dall'art. 2.1, d.lg. 29 novembre 2010, n. 224.
(6) Comma aggiunto dall'art. 3.11, d.lg. 10 agosto 2018, n. 107.
(7) Deliberazione Consob 14 maggio 1999, n. 11971, in suppl. ord. a G.U., 28 maggio 1999, n. 123, modificata, da ultimo, con deliberazione Consob 21 novembre 2018, n. 20710, in G.U., 3 dicembre 2018, n. 281.
(8) Comma soppresso dall'art. 20.1, lett. bb, d.l. 24 giugno 2014, n. 91, conv. in l. 11 agosto 2014, n. 116.
(9) Comma abrogato dall'art. 1.14, d.lg. 11 ottobre 2012, n. 184.
(10) Comma abrogato dall'art. 9.1, lett. c, d.lg. 6 febbraio 2004, n. 37.
(11) Sezione aggiunta dall'art. 3.11, d.lg. 27 gennaio 2010, n. 27. In base all'art. 7.1, d.lg. cit., tali disposizioni «si applicano alle assemblee il cui avviso di convocazione sia pubblicato dopo il 31 ottobre 2010. Fino a tale data continuano ad applicarsi le disposizioni sostituite od abrogate dalle corrispondenti disposizioni del presente decreto legislativo».
(12) Le parole «e nel presente decreto» sono state inserite dall'art. 3.9, d.lg. 18 giugno 2012, n. 91. L'art. 5.1, d.lg. cit., così dispone: «Le disposizioni recate dall'art. 1 e dall'art. 2, limitatamente al comma 7, e dall'art. 3, limitatamente ai commi 1, 2, 9, 10 e 11 si applicano alle assemblee il cui avviso di convocazione sia pubblicato dopo il 1° gennaio 2013».

blea» e n. 3, e lett. *c*), del medesimo articolo. Non si applicano altresì gli artt. 127-*bis*, 127-*ter* e 127-*quater*.

2. Restano ferme le altre esclusioni espressamente previste dal presente decreto.

3. Il termine previsto dall'art. 126-*bis*, comma 2, primo periodo, è ridotto a dieci giorni (1).

135-*ter*-**135**-*octies*. (2).

Sezione II-*ter*. — *Deleghe di voto* (3)

135-*novies*. *Rappresentanza nell'assemblea*. — 1. Colui al quale spetta il diritto di voto può indicare un unico rappresentante per ciascuna assemblea, salva la facoltà di indicare uno o più (4) sostituti.

2. In deroga al comma 1, colui al quale spetta il diritto di voto può delegare un rappresentante diverso per ciascuno dei conti, destinati a registrare i movimenti degli strumenti finanziari, a valere sui quali sia stata effettuata la comunicazione prevista dall'art. 83-*sexies*.

3. In deroga al comma 1, qualora il soggetto indicato come titolare delle azioni nella comunicazione prevista dall'art. 83-*sexies* agisca, anche mediante intestazioni fiduciarie, per conto di propri clienti, questi può indicare come rappresentante i soggetti per conto dei quali esso agisce ovvero uno o più terzi designati da tali soggetti.

4. Se la delega prevede tale facoltà, il delegato può farsi sostituire da un soggetto di propria scelta, fermo il rispetto dell'art. 135-*decies*, comma 3 (5), e ferma la facoltà del rappresentato di indicare uno o più sostituti.

5. Il rappresentante può, in luogo dell'originale, consegnare o trasmettere una copia, anche su supporto informatico, della delega, attestando sotto la propria responsabilità la conformità della delega all'originale e l'identità del delegante. Il rappresentante conserva l'originale della delega e tiene traccia delle istruzioni di voto eventualmente ricevute per un anno a decorrere dalla conclusione dei lavori assembleari.

6. La delega può essere conferita con documento informatico sottoscritto in forma elettronica ai sensi dell'art. 21, comma 2, del d.lg. 7 marzo 2005, n. 82 (6). Le società indicano nello statuto almeno una modalità di notifica elettronica della delega (7).

7. I commi 1, 2, 3 e 4 si applicano anche nel caso di trasferimento delle azioni per procura.

8. Resta fermo quanto previsto dall'art. 2372 del codice civile. In deroga all'art. 2372, secondo comma, del codice civile, le Sgr, le Sicav, le società di gestione armonizzate, nonché i soggetti extracomunitari che svolgono attività di gestione collettiva del risparmio, possono conferire la rappresentanza per più assemblee (8).

135-*decies*. *Conflitto di interessi del rappresentante e dei sostituti*. — 1. Il conferimento di una delega ad un rappresentante in conflitto di interessi è consentito purché il rappresentante comunichi per iscritto al socio le circostanze da cui deriva tale conflitto e purché vi siano specifiche istruzioni di voto per ciascuna delibera in relazione alla quale il rappresentante dovrà votare per conto del socio. Spetta al rappresentante l'onere della prova di aver comunicato al socio le circostanze che danno luogo al conflitto d'interessi. Non si applica l'art. 1711, secondo comma, del codice civile (9).

2. Ai fini del presente articolo, sussiste in ogni caso un conflitto di interessi ove il rappresentante o il sostituto:

a) controlli, anche congiuntamente, la società o ne sia controllato, anche congiuntamen-

(1) Articolo aggiunto dall'art. 3.11, d.lg. 27 gennaio 2010, n. 27, e successivamente così sostituito dall'art. 3.10, d.lg. 18 giugno 2012, n. 91. L'art. 5.1, d.lg. n. 91/2012 cit., così dispone: «Le disposizioni recate dall'art. 1 e dall'art. 2, limitatamente al comma 7, e dall'art. 3, limitatamente ai commi 1, 2, 9, 10 e 11 si applicano alle assemblee il cui avviso di convocazione sia pubblicato dopo il 1° gennaio 2013».

(2) Articoli aggiunti dall'art. 3.11, d.lg. 27 gennaio 2010, n. 27, e successivamente abrogati dall'art. 3.11, d.lg. 18 giugno 2012, n. 91. L'art. 5.1, d.lg. n. 91/2012 cit., così dispone: «Le disposizioni recate dall'art. 1 e dall'art. 2, limitatamente al comma 7, e dall'art. 3, limitatamente ai commi 1, 2, 9, 10 e 11 si applicano alle assemblee il cui avviso di convocazione sia pubblicato dopo il 1° gennaio 2013».

(3) Sezione aggiunta dall'art. 3.11, d.lg. 27 gennaio 2010, n. 27. In base all'art. 7.1, d.lg. cit., tali disposizioni «si applicano alle assemblee il cui avviso di convocazione sia pubblicato dopo il 31 ottobre 2010. Fino a tale data continuano ad applicarsi le disposizioni sostituite od abrogate dalle corrispondenti disposizioni del presente decreto legislativo».

(4) Le parole «uno o più» sono state inserite dall'art. 3.12, lett. a, d.lg. 18 giugno 2012, n. 91.

(5) Le parole «comma 3» sono state così sostituite alle precedenti «comma 4» dall'art. 3.12, lett. b, d.lg. 18 giugno 2012, n. 91.

(6) In *Leggi coll. IV, 4*.

(7) Comma così sostituito dall'art. 3.12, lett. c, d.lg. 18 giugno 2012, n. 91.

(8) Ultimo periodo aggiunto dall'art. 3.12, lett. d, d.lg. 18 giugno 2012, n. 91.

(9) Ultimo periodo aggiunto dall'art. 3.13, lett. a, d.lg. 18 giugno 2012, n. 91.

te, ovvero sia sottoposto a comune controllo con la società;

b) sia collegato alla società o eserciti un'influenza notevole su di essa ovvero quest'ultima eserciti sul rappresentante stesso un'influenza notevole (1);

c) sia un componente dell'organo di amministrazione o di controllo della società o dei soggetti indicati alle lett. *a*) e *b*);

d) sia un dipendente o un revisore della società o dei soggetti indicati alla lett. *a*);

e) sia coniuge, parente o affine entro quarto grado dei soggetti indicati alle lettere da *a*) a *c*);

f) sia legato alla società o ai soggetti indicati alle lett. *a*), *b*), *c*) ed *e*) da rapporti di lavoro autonomo o subordinato ovvero da altri rapporti di natura patrimoniale che ne compromettano l'indipendenza.

3. La sostituzione del rappresentante con un sostituto in conflitto di interessi è consentita solo qualora il sostituto sia stato indicato dal socio. Si applica in tal caso il comma 1. Gli obblighi di comunicazione e il relativo onere della prova rimangono in capo al rappresentante.

4. Il presente articolo si applica anche nel caso di trasferimento delle azioni per procura.

135-*undecies*. *Rappresentante designato dalla società con azioni quotate*. — 1. Salvo che lo statuto disponga diversamente, le società con azioni quotate designano per ciascuna assemblea un soggetto al quale i soci possono conferire, entro la fine del secondo giorno di mercato aperto precedente la data fissata per l'assemblea, anche in convocazione successiva alla prima (2), una delega con istruzioni di voto su tutte o alcune delle proposte all'ordine del giorno. La delega ha effetto per le sole proposte in relazione alle quali siano conferite istruzioni di voto.

2. La delega è conferita mediante la sottoscrizione di un modulo di delega il cui contenuto è disciplinato dalla Consob con regolamento. Il conferimento della delega non comporta spese per il socio. La delega e le istruzioni di voto sono sempre revocabili entro il termine indicato nel comma 1.

3. Le azioni per le quali è stata conferita la delega, anche parziale, sono computate ai fini della regolare costituzione dell'assemblea. In relazione alle proposte per le quali non siano state conferite istruzioni di voto, le azioni [...] (3) non sono computate ai fini del calcolo della maggioranza e della quota di capitale richiesta per l'approvazione delle delibere.

4. Il soggetto designato come rappresentante è tenuto a comunicare eventuali interessi che per conto proprio o di terzi abbia rispetto alle proposte di delibera all'ordine del giorno. Mantiene altresì la riservatezza sul contenuto delle istruzioni di voto ricevute fino all'inizio dello scrutinio, salva la possibilità di comunicare tali informazioni ai propri dipendenti e ausiliari, i quali sono soggetti al medesimo dovere di riservatezza. Al soggetto designato come rappresentante non possono essere conferite deleghe se non nel rispetto del presente articolo (4).

5. Con il regolamento di cui al comma 2, la Consob può stabilire i casi in cui il rappresentante che non si trovi in alcuna delle condizioni indicate (5) all'art. 135-*decies* può esprimere un voto difforme da quello indicato nelle istruzioni.

135-*duodecies*. *Società cooperative*. — 1. Le disposizioni della presente sezione non si applicano alle società cooperative.

Sezione III. — *Sollecitazione di deleghe* (6)

136. *Definizioni*. — 1. Ai fini della presente sezione, si intendono per:

a) «delega di voto», il conferimento della rappresentanza per l'esercizio del voto nelle assemblee;

b) «sollecitazione», la richiesta di conferimento di deleghe di voto rivolta a più di duecento azionisti su specifiche proposte di voto

(1) Le parole «ovvero quest'ultima eserciti sul rappresentante stesso un'influenza notevole» sono state aggiunte dall'art. 3.13, lett. b, d.lg. 18 giugno 2012, n. 91.

(2) Le parole «la data fissata per l'assemblea, anche in convocazione successiva alla prima,» sono state così sostituite alle precedenti «la data fissata per l'assemblea in prima o unica convocazione,» dall'art. 3.14, lett. a, d.lg. 18 giugno 2012, n. 91.

(3) Le parole «del socio» sono state soppresse dall'art. 3.14, lett. b, d.lg. 18 giugno 2012, n. 91.

(4) Ultimo periodo aggiunto dall'art. 3.14, lett. c, d.lg. 18 giugno 2012, n. 91.

(5) Le parole «delle condizioni indicate» sono state così sostituite alle precedenti «delle condizioni di cui» dall'art. 3.14, lett. a, d.lg. 18 giugno 2012, n. 91.

(6) Rubrica così sostituita alla precedente «Deleghe di voto» dall'art. 3.12, d.lg. 27 gennaio 2010, n. 27. In base all'art. 7.1, d.lg. cit., tali disposizioni «si applicano alle assemblee il cui avviso di convocazione sia pubblicato dopo il 31 ottobre 2010. Fino a tale data continuano ad applicarsi le disposizioni sostituite od abrogate dalle corrispondenti disposizioni del presente decreto legislativo».

ovvero accompagnata da raccomandazioni, dichiarazioni o altre indicazioni idonee a influenzare il voto;

c) «promotore», il soggetto, compreso l'emittente, (1) o i soggetti che congiuntamente promuovono la sollecitazione (2).

137. *Disposizioni generali*. — 1. Al conferimento di deleghe di voto ai sensi della presente sezione si applicano gli artt. 135-*novies* e 135-*decies* (3).

2. Le clausole statutarie che limitano in qualsiasi modo la rappresentanza nelle assemblee non si applicano alle deleghe di voto conferite in conformità delle disposizioni della presente sezione.

3. Lo statuto può prevedere disposizioni dirette a facilitare l'espressione del voto tramite delega da parte degli azionisti dipendenti (4).

4. Le disposizioni della presente sezione non si applicano alle società cooperative.

4-*bis*. Le disposizioni della presente sezione si applicano anche alle società italiane con strumenti finanziari diversi dalle azioni ammessi con il consenso dell'emittente alla negoziazione sui mercati regolamentati italiani o di altri Paesi dell'Unione europea, con riguardo al conferimento della rappresentanza per l'esercizio del diritto di voto nelle assemblee dei titolari di tali strumenti finanziari (5).

138. *Sollecitazione*. — 1. La sollecitazione è effettuata dal promotore mediante la diffusione di un prospetto e di un modulo di delega.

2. Il voto relativo alle azioni per le quali è stata rilasciata la delega è esercitato dal promotore. Il promotore può farsi sostituire solo da chi sia espressamente indicato nel modulo di delega e nel prospetto di sollecitazione (6).

[**139.** *Requisiti del committente*. — 1. Il committente deve possedere azioni che gli consentano l'esercizio del diritto di voto nell'assemblea per la quale è richiesta la delega in misura almeno pari all'uno per cento del capitale sociale rappresentato da azioni con diritto di voto nella stessa [...] (7). La Consob stabilisce (8) per società a elevata capitalizzazione e ad azionariato particolarmente diffuso percentuali di capitale inferiori.

2. Ai fini previsti dal comma 1, per le società di gestione del risparmio e per i soggetti abilitati alla istituzione di fondi pensione si tiene conto anche delle azioni di pertinenza dei fondi per conto dei quali essi esercitano il diritto di voto] (9).

[**140.** *Soggetti abilitati alla sollecitazione*. — 1. La sollecitazione è riservata alle imprese di investimento, alle banche, alle società di gestione del risparmio, alle società di investimento a capitale variabile e alle società di capitali aventi

(1) Le parole «, compreso l'emittente,» sono state inserite dall'art. 3.15, d.lg. 18 giugno 2012, n. 91.

(2) Articolo così sostituito dall'art. 3.13, d.lg. 27 gennaio 2010, n. 27. In base all'art. 7.1, d.lg. cit., tali disposizioni «si applicano alle assemblee il cui avviso di convocazione sia pubblicato dopo il 31 ottobre 2010. Fino a tale data continuano ad applicarsi le disposizioni sostituite od abrogate dalle corrispondenti disposizioni del presente decreto legislativo».

(3) Comma così sostituito dall'art. 3.14, n. 1, d.lg. 27 gennaio 2010, n. 27. In base all'art. 7.1, d.lg. cit., tali disposizioni «si applicano alle assemblee il cui avviso di convocazione sia pubblicato dopo il 31 ottobre 2010. Fino a tale data continuano ad applicarsi le disposizioni sostituite od abrogate dalle corrispondenti disposizioni del presente decreto legislativo».

(4) Le parole «l'espressione del voto tramite delega da parte degli azionisti dipendenti» sono state così sostituite alle precedenti «la raccolta delle deleghe di voto presso gli azionisti dipendenti» dall'art. 3.14, n. 2, d.lg. 27 gennaio 2010, n. 27. In base all'art. 7.1, d.lg. cit., tali disposizioni «si applicano alle assemblee il cui avviso di convocazione sia pubblicato dopo il 31 ottobre 2010. Fino a tale data continuano ad applicarsi le disposizioni sostituite od abrogate dalle corrispondenti disposizioni del presente decreto legislativo».

(5) Comma aggiunto dall'art. 3.16, d.lg. 18 giugno 2012, n. 91.

(6) Articolo così sostituito dall'art. 3.15, d.lg. 27 gennaio 2010, n. 27. In base all'art. 7.1, d.lg. cit., tali disposizioni «si applicano alle assemblee il cui avviso di convocazione sia pubblicato dopo il 31 ottobre 2010. Fino a tale data continuano ad applicarsi le disposizioni sostituite od abrogate dalle corrispondenti disposizioni del presente decreto legislativo».

Si riporta pertanto il testo dell'art. 138 come precedentemente formulato:

«138. *Sollecitazione*. — 1. La sollecitazione è effettuata dall'intermediario, su incarico del committente, mediante la diffusione di un prospetto e di un modulo di delega. || 2. Il voto relativo alle azioni per le quali è stata rilasciata la delega è esercitato dal committente o, su incarico di questo, dall'intermediario che ha effettuato la sollecitazione. L'intermediario non può affidare a terzi l'esecuzione dell'incarico ricevuto».

(7) Le parole «e deve risultare iscritto da almeno sei mesi nel libro dei soci per la medesima quantità di azioni» sono state soppresse dall'art. 3.12, d.lg. 29 dicembre 2006, n. 303.

(8) Le parole «La Consob stabilisce» hanno sostituito le precedenti «La Consob può stabilire» per effetto dell'art. 4, l. 28 dicembre 2005, n. 262.

(9) Articolo abrogato dall'art. 3.16, d.lg. 27 gennaio 2010, n. 27. In base all'art. 7.1, d.lg. cit., tali disposizioni «si applicano alle assemblee il cui avviso di convocazione sia pubblicato dopo il 31 ottobre 2010. Fino a tale data continuano ad applicarsi le disposizioni sostituite od abrogate dalle corrispondenti disposizioni del presente decreto legislativo».

per oggetto esclusivo l'attività di sollecitazione e la rappresentanza di soci in assemblea. Per tali ultime società, gli esponenti aziendali devono possedere i requisiti di onorabilità previsti per le Sim] (1).

141. *Associazioni di azionisti.* — 1. Non costituisce sollecitazione ai sensi dell'art. 136, comma 1, lett. *b*), la richiesta di conferimento di deleghe di voto accompagnata da raccomandazioni, dichiarazioni o altre indicazioni idonee a influenzare il voto rivolta ai propri associati dalle associazioni di azionisti che:

a) sono costituite con scrittura privata autenticata;

b) non esercitano attività di impresa, salvo quelle direttamente strumentali al raggiungimento dello scopo associativo;

c) sono composte da almeno cinquanta persone fisiche ciascuna delle quali è proprietaria di un quantitativo di azioni non superiore allo 0,1 per cento del capitale sociale rappresentato da azioni con diritto di voto.

2. Le deleghe conferite all'associazione di azionisti ai sensi del comma 1 non sono computate ai fini del calcolo del limite di duecento azionisti previsto dall'art. 136, comma 1, lett. *b*) (2).

142. *Delega di voto.* — 1. La delega di voto è sottoscritta dal delegante, è revocabile e può essere conferita soltanto per singole assemblee già convocate, con effetto per le eventuali convocazioni successive; essa non può essere rilasciata in bianco e indica la data, il nome del delegato e le istruzioni di voto.

2. La delega può essere conferita anche solo per alcune delle proposte di voto indicate nel modulo di delega o solo per alcune materie all'ordine del giorno. Il rappresentante è tenuto a votare per conto del delegante anche sulle materie iscritte all'ordine del giorno, sulle quali abbia ricevuto istruzioni, non oggetto della sollecitazione (3). Le azioni per le quali è stata conferita la delega, anche parziale, sono computate ai fini della regolare costituzione dell'assemblea.

143. *Responsabilità.* — 1. Le informazioni contenute nel prospetto o nel modulo di delega e quelle eventualmente diffuse nel corso della sollecitazione [...] (4) devono essere idonee a consentire all'azionista di assumere una decisione consapevole; dell'idoneità risponde il promotore (5).

2. Il promotore (6) è responsabile della completezza delle informazioni diffuse nel corso della sollecitazione.

3. Nei giudizi di risarcimento dei danni derivanti da violazione delle disposizioni della presente sezione e delle relative norme regola-

(1) Articolo abrogato dall'art. 3.16, d.lg. 27 gennaio 2010, n. 27. In base all'art. 7.1, d.lg. cit., tali disposizioni «si applicano alle assemblee il cui avviso di convocazione sia pubblicato dopo il 31 ottobre 2010. Fino a tale data continuano ad applicarsi le disposizioni sostituite od abrogate dalle corrispondenti disposizioni del presente decreto legislativo».

(2) Articolo così sostituito dall'art. 3.17, d.lg. 27 gennaio 2010, n. 27. Tali disposizioni «si applicano alle assemblee il cui avviso di convocazione sia pubblicato dopo il 31 ottobre 2010. Fino a tale data continuano ad applicarsi le disposizioni sostituite od abrogate dalle corrispondenti disposizioni del presente decreto legislativo».

Si riporta pertanto il testo dell'art. 141 come precedentemente formulato:

«141. *Associazione di azionisti.* — 1. La raccolta di deleghe è consentita alle associazioni di azionisti che: *a*) sono costituite con scrittura privata autenticata; *b*) non esercitano attività di impresa, salvo quelle direttamente strumentali al raggiungimento dello scopo associativo; *c*) sono composte da almeno cinquanta persone fisiche ciascuna delle quali è proprietaria di un quantitativo di azioni non superiore allo 0,1 per cento del capitale sociale rappresentato da azioni con diritto di voto. || 2. Alle associazioni di azionisti previste dal comma 1 non si applica l'art. 122, commi 3 e 4. || 3. La raccolta di deleghe è esercitata mediante la diffusione del modulo previsto dall'art. 142. La delega è rilasciata ai legali rappresentanti dell'associazione. || 4. L'associazione vota, anche in modo divergente, in conformità delle indicazioni espresse da ciascun associato nel modulo di delega. L'associato non è tenuto a conferire la delega».

(3) Le parole da «o solo» fino a «sollecitazione» sono state inserite dall'art. 3.18, d.lg. 27 gennaio 2010, n. 27. In base all'art. 7.1, d.lg. cit., tali disposizioni «si applicano alle assemblee il cui avviso di convocazione sia pubblicato dopo il 31 ottobre 2010. Fino a tale data continuano ad applicarsi le disposizioni sostituite od abrogate dalle corrispondenti disposizioni del presente decreto legislativo».

(4) Le parole «o della raccolta di deleghe» sono state soppresse dall'art. 3.19, lett. a, d.lg. 27 gennaio 2010, n. 27.

(5) Le parole «risponde il promotore» sono state così sostituite alle precedenti «rispondono il committente e i rappresentanti delle associazioni di azionisti» dall'art. 3.19, lett. a, d.lg. 27 gennaio 2010, n. 27. In base all'art. 7.1, d.lg. cit., tali disposizioni «si applicano alle assemblee il cui avviso di convocazione sia pubblicato dopo il 31 ottobre 2010. Fino a tale data continuano ad applicarsi le disposizioni sostituite od abrogate dalle corrispondenti disposizioni del presente decreto legislativo».

(6) Le parole «Il promotore» sono state così sostituite alle precedenti «L'intermediario» dall'art. 3.19, lett. b, d.lg. 27 gennaio 2010, n. 27. In base all'art. 7.1, d.lg. cit., tali disposizioni «si applicano alle assemblee il cui avviso di convocazione sia pubblicato dopo il 31 ottobre 2010. Fino a tale data continuano ad applicarsi le disposizioni sostituite od abrogate dalle corrispondenti disposizioni del presente decreto legislativo».

mentari spetta al promotore (1) l'onere della prova di avere agito con la diligenza richiesta.

144. *Svolgimento della sollecitazione e della raccolta.* — 1. La Consob (2) stabilisce con regolamento (3) regole di trasparenza e correttezza per lo svolgimento della sollecitazione e della raccolta di deleghe. Il regolamento, in particolare, disciplina:

a) il contenuto del prospetto e del modulo di delega, nonché le relative modalità di diffusione;

b) le procedure di sollecitazione e di raccolta di deleghe, nonché le condizioni e le modalità da seguire per l'esercizio e la revoca delle stesse;

c) le forme di collaborazione tra il promotore (4) o i soggetti in possesso delle informazioni relative all'identità dei soci, al fine di consentire lo svolgimento della sollecitazione.

2. La Consob può:

a) richiedere che il prospetto e il modulo di delega contengano informazioni integrative e stabilire particolari modalità di diffusione degli stessi;

b) sospendere l'attività di sollecitazione in caso di fondato sospetto di violazione delle disposizioni della presente sezione ovvero vietarla in caso di accertata violazione delle predette disposizioni (5);

c) confronti dei promotori i poteri previsti dagli artt. 114, comma 5, e 115, comma 1 (6).

3. .... (7).

4. Nei casi in cui la legge preveda forme di controllo sulle partecipazioni al capitale delle società, copia del prospetto e del modulo di delega deve essere inviata alle autorità di vigilanza competenti prima della sollecitazione. Le autorità vietano la sollecitazione quando pregiudica il perseguimento delle finalità inerenti ai controlli sulle partecipazioni al capitale (8).

Sezione IV. — *Azioni di risparmio ed altre categorie di azioni* (9)

145. *Emissione delle azioni.* — 1. Le società italiane con azioni ordinarie quotate in mercati regolamentati italiani o di altri paesi dell'Unione europea possono emettere azioni prive del diritto di voto, dotate di particolari privilegi di natura patrimoniale.

2. L'atto costitutivo determina il contenuto del privilegio, le condizioni, i limiti, le modalità e i termini per il suo esercizio; stabilisce altresì i diritti spettanti agli azionisti di risparmio in caso di esclusione dalle negoziazioni delle azioni ordinarie o di risparmio.

3. Le azioni devono contenere, in aggiunta alle indicazioni prescritte dall'art. 2354 del codice civile, la denominazione di «azioni di ri-

(1) La parola «promotore» è stata così sostituita alle precedenti «committente, alle associazioni di azionisti e all'intermediario» dall'art. 3.19, lett. c, d.lg. 27 gennaio 2010, n. 27. In base all'art. 7.1, d.lg. cit., tali disposizioni «si applicano alle assemblee il cui avviso di convocazione sia pubblicato dopo il 31 ottobre 2010. Fino a tale data continuano ad applicarsi le disposizioni sostituite od abrogate dalle corrispondenti disposizioni del presente decreto legislativo».

(2) La parola «Consob» è stata così sostituita alla precedente «CONSOB» dall'art. 3.17, lett. a, d.lg. 18 giugno 2012, n. 91.

(3) Deliberazione Consob 14 maggio 1999, n. 11971, in suppl. ord. a G.U., 28 maggio 1999, n. 123, modificata, da ultimo, con deliberazione Consob 21 novembre 2018, n. 20710, in G.U., 3 dicembre 2018, n. 281.

(4) Le parole «il promotore» sono state così sostituite alle precedenti «gli intermediari» dall'art. 3.20, lett. a, d.lg. 27 gennaio 2010, n. 27. In base all'art. 7.1, d.lg. cit., tali disposizioni «si applicano alle assemblee il cui avviso di convocazione sia pubblicato dopo il 31 ottobre 2010. Fino a tale data continuano ad applicarsi le disposizioni sostituite od abrogate dalle corrispondenti disposizioni del presente decreto legislativo».

(5) Lettera così sostituita dall'art. 3.17, lett. b, d.lg. 18 giugno 2012, n. 91.

(6) Comma così sostituito dall'art. 3.20, lett. b, d.lg. 27 gennaio 2010, n. 27. In base all'art. 7.1, d.lg. cit., tali disposizioni «si applicano alle assemblee il cui avviso di convocazione sia pubblicato dopo il 31 ottobre 2010. Fino a tale data continuano ad applicarsi le disposizioni sostituite od abrogate dalle corrispondenti disposizioni del presente decreto legislativo».

Si riporta pertanto il testo del comma 2 come precedentemente formulato:

«La Consob può: *a*) richiedere che il prospetto e il modulo di delega contengano informazioni integrative e stabilire particolari modalità di diffusione degli stessi; *b*) vietare l'attività di sollecitazione e di raccolta delle deleghe quando riscontri una violazione delle disposizioni della presente sezione; *c*) esercitare nei confronti dei committenti e delle associazioni di azionisti i poteri previsti dall'art. 115, comma 1, lett. *a*) e *b*); *d*) esercitare nei confronti dei soggetti abilitati alla sollecitazione i poteri previsti dall'art. 115, comma 1».

(7) Comma abrogato dall'art. 3.20, lett. c, d.lg. 27 gennaio 2010, n. 27.

(8) Comma così sostituito dall'art. 3.20, lett. d, d.lg. 27 gennaio 2010, n. 27. In base all'art. 7.1, d.lg. cit., tali disposizioni «si applicano alle assemblee il cui avviso di convocazione sia pubblicato dopo il 31 ottobre 2010. Fino a tale data continuano ad applicarsi le disposizioni sostituite od abrogate dalle corrispondenti disposizioni del presente decreto legislativo».

(9) Rubrica così sostituita dall'art. 9.74, comma 1, d.lg. n. 6/2003, come modificato dall'art. 3.1, d.lg. n. 37/2004.

sparmio» e l'indicazione dei privilegi che le assistono; le azioni possono essere al portatore, salvo il disposto dell'art. 2354, secondo comma, del codice civile (1). Le azioni appartenenti agli amministratori, ai sindaci e ai direttori generali devono essere nominative.

4. .... (2).

5. Se, in conseguenza della riduzione del capitale per perdite, l'ammontare delle azioni di risparmio e delle azioni a voto limitato supera la metà del capitale sociale, il rapporto indicato nel comma 4 deve essere ristabilito entro due anni mediante emissione di azioni ordinarie da attribuire in opzione ai possessori di azioni ordinarie. Tuttavia, se la parte di capitale rappresentata da azioni ordinarie si è ridotta al di sotto del quarto del capitale sociale, deve essere riportata almeno al quarto entro sei mesi. La società si scioglie se il rapporto tra azioni ordinarie e azioni di risparmio e con voto limitato non è ristabilito entro i termini predetti.

6. Della parte di capitale sociale rappresentata da azioni di risparmio non si tiene conto ai fini della costituzione dell'assemblea e della validità delle deliberazioni, né per il calcolo delle aliquote stabilite dagli artt. 2367, 2393, quinto e sesto comma (3), 2393-*bis*, 2408, secondo comma e 2409, primo comma, del codice civile (4).

7. Le azioni di risparmio possono essere emesse sia in sede di aumento del capitale sociale, osservando le disposizioni dell'art. 2441 del codice civile, sia in sede di conversione di azioni già emesse, ordinarie o di altra categoria; il diritto di conversione è attribuito ai soci con deliberazione dell'assemblea straordinaria.

8. Salvo diversa disposizione dell'atto costitutivo, in caso di aumento di capitale a pagamento per il quale non sia stato escluso o limitato il diritto di opzione, i possessori di azioni di risparmio hanno diritto di opzione su azioni di risparmio della stessa categoria ovvero, in mancanza o per la differenza, nell'ordine, su azioni di risparmio di altra categoria, su azioni privilegiate ovvero su azioni ordinarie.

146. *Assemblea speciale*. — 1. L'assemblea speciale dei possessori di azioni di risparmio delibera:

a) sulla nomina e sulla revoca del rappresentante comune e sull'azione di responsabilità nei suoi confronti;

b) sull'approvazione delle deliberazioni dell'assemblea della società che pregiudicano i diritti della categoria, con il voto favorevole di tante azioni che rappresentino almeno il venti per cento delle azioni della categoria;

c) sulla costituzione di un fondo per le spese necessarie alla tutela dei comuni interessi e sul rendiconto relativo; il fondo è anticipato dalla società, che può rivalersi sugli utili spettanti agli azionisti di risparmio in eccedenza al minimo eventualmente garantito;

d) sulla transazione delle controversie con la società, con il voto favorevole di tante azioni che rappresentino almeno il venti per cento delle azioni della categoria;

e) sugli altri oggetti d'interesse comune.

2. L'assemblea speciale dei possessori di azioni di risparmio è convocata dal rappresentante comune degli azionisti di risparmio, ovvero dal consiglio di amministrazione o dal consiglio di gestione (5), entro sessanta giorni dall'emissione o dalla conversione delle azioni e quando lo ritengano necessario o ne sia fatta richiesta da tanti possessori di azioni di risparmio che rappresentino almeno l'uno per cento delle azioni di risparmio della categoria (6).

2-*bis*. In caso di omissione o di ingiustificato ritardo da parte del consiglio di amministrazione o del consiglio di gestione (7) l'assemblea speciale è convocata dal collegio sindacale o dal consiglio di sorveglianza o, nel caso di richiesta da parte degli azionisti ai sensi del comma precedente, dal comitato per il controllo sulla gestione (8).

3. In deroga all'art. 2376, secondo comma, del codice civile l'assemblea, salvo i casi previsti

(1) La parola «2354» ha sostituito la precedente «2355» per effetto dell'art. 9.72, comma 1, lett. a, d.lg. n. 6/2003, come modificato dall'art. 3.1, d.lg. n. 37/2004.

(2) Comma abrogato dall'art. 9.72, comma 1, lett. b, d.lg. n. 6/2003, come modificato dall'art. 3.1, d.lg. n. 37/2004.

(3) Le parole «2393, quinto e sesto comma» hanno sostituito le precedenti «2393, quarto e quinto comma» per effetto dell'art. 3.2, l. 28 dicembre 2005, n. 262.

(4) Comma così sostituito dall'art. 9.72, comma 1, lett. c, d.lg. n. 6/2003, come modificato dall'art. 3.1, d.lg. n. 37/2004.

(5) Le parole «ovvero dal consiglio di amministrazione o dal consiglio di gestione» sono state così sostituite alle precedenti «ovvero dagli amministratori della società» dall'art. 3.18, lett. a, d.lg. 18 giugno 2012, n. 91.

(6) Comma così sostituito dall'art. 9.73, comma 1, lett. a, d.lg. n. 6/2003, come modificato dall'art. 3.1, d.lg. n. 37/2004.

(7) Le parole «da parte del consiglio di amministrazione o del consiglio di gestione» sono state così sostituite alle precedenti «da parte degli amministratori» dall'art. 3.18, lett. b, d.lg. 18 giugno 2012, n. 91.

(8) Comma inserito dall'art. 9.73, comma 1, lett. b, d.lg. n. 6/2003, come modificato dall'art. 3.1, d.lg. n. 37/2004.

dal comma 1, lett. *b*) e *d*), delibera in prima e in seconda convocazione col voto favorevole di tante azioni che rappresentino rispettivamente almeno il venti e il dieci per cento delle azioni in circolazione; in terza o unica convocazione (1) l'assemblea delibera a maggioranza dei presenti, qualunque sia la parte di capitale rappresentata dai soci intervenuti. Si applica l'art. 2416 del codice civile.

147. *Rappresentante comune*. — 1. Al rappresentante comune degli azionisti di risparmio si applica l'art. 2417 del codice civile, intendendosi l'espressione obbligazionisti riferita ai possessori di azioni di risparmio.

2. .... (2).

3. Il rappresentante comune ha gli obblighi e i poteri previsti dall'art. 2418 del codice civile, intendendosi l'espressione obbligazionisti riferita ai possessori di azioni di risparmio; egli inoltre ha diritto di esaminare i libri indicati nell'art. 2421, nn. 1 e 3, del codice civile e di ottenerne estratti, di assistere all'assemblea della società e di impugnarne le deliberazioni. Le spese sono imputate al fondo previsto dall'art. 146, comma 1, lett. *c*).

4. L'atto costituivo può attribuire al rappresentante comune e all'assemblea ulteriori poteri a tutela degli interessi dei possessori di azioni di risparmio e deve prevedere le modalità per assicurare un'adeguata informazione al rappresentante comune sulle operazioni societarie che possano influenzare l'andamento delle quotazioni delle azioni della categoria.

147-*bis*. *Assemblee di categoria*. — 1. Gli artt. 146 e 147 si applicano alle assemblee speciali previste dall'art. 2376, comma 1, del codice civile, qualora le azioni siano quotate in mercati regolamentati italiani o di altri Paesi dell'Unione europea (3).

Sezione IV-*bis*. — *Organi di amministrazione* (4)

147-*ter*. *Elezione e composizione del consiglio di amministrazione*. — 1. Lo statuto prevede che i componenti (5) del consiglio di amministrazione siano eletti sulla base di liste di candidati e determina la quota minima di partecipazione richiesta per la presentazione di esse, in misura non superiore a un quarantesimo del capitale sociale o alla diversa misura stabilita dalla Consob con regolamento (6) tenendo conto della capitalizzazione, del flottante e degli assetti proprietari delle società quotate; per le società cooperative la misura è stabilita dagli statuti anche in deroga all'art. 135 (7). Le liste indicano quali sono gli amministratori in possesso dei requisiti di indipendenza stabiliti dalla legge e dallo statuto. Lo statuto può prevedere che, ai fini del riparto degli amministratori da eleggere, non si tenga conto delle liste che non hanno conseguito una percentuale di voti almeno pari alla metà di quella richiesta dallo statuto per la presentazione delle stesse (8).

1-*bis*. Le liste sono depositate presso l'emittente, anche tramite un mezzo di comunicazione a distanza, nel rispetto degli eventuali requisiti strettamente necessari per l'identificazione dei richiedenti indicati dalla società (9), entro il venticinquesimo giorno precedente la data dell'assemblea convocata per (10) deliberare sulla nomina dei componenti del consiglio di amministrazione e messe a disposizione del pubblico presso la sede sociale, sul sito Internet e con le altre modalità previste dalla Consob con regolamento almeno ventuno giorni prima della data dell'assemblea. La titolarità della quota minima di partecipazione prevista dal comma 1 è determinata avendo riguardo alle azioni che

(1) Le parole «in terza o unica convocazione» sono state così sostituite alle precedenti «in terza convocazione» dall'art. 3.18, lett. c, d.lg. 18 giugno 2012, n. 91.

(2) Comma abrogato dall'art. 9.1, lett. d, d.lg. 6 febbraio 2004, n. 37.

(3) Articolo inserito dall'art. 9.75, comma 1, d.lg. n. 6/2003, come modificato dall'art. 3.1, d.lg. n. 37/2004.

(4) Sezione inserita dall'art. 1, l. 28 dicembre 2005, n. 262.

(5) La parola «componenti» è stata così sostituita alla precedente «membri» dall'art. 3.13, lett. a, d.lg. 29 dicembre 2006, n. 303.

(6) L'art. 8.5, d.lg. 29 dicembre 2006, n. 303, così dispone: «In sede di prima applicazione, la Consob emana il regolamento di cui all'art. 3, comma 13, lett. *b*), entro il 31 marzo 2007».

(7) Le parole «; per le società cooperative la misura è stabilita dagli statuti anche in deroga all'art. 135» sono state aggiunte dall'art. 23-*quater*.2, lett. *b*), d.l. 18 ottobre 2012, n. 179, conv. in l. 17 dicembre 2012, n. 221.

(8) Le parole da «o alla diversa misura stabilita dalla Consob con regolamento» fino alla fine del comma sono state aggiunte dall'art. 3.13, lett. b, d.lg. 29 dicembre 2006, n. 303.

(9) Le parole da «Le liste» fino a «società» sono state così sostituite alle precedenti «Le liste sono depositate presso l'emittente» dall'art. 3.19, lett. a, d.lg. 18 giugno 2012, n. 91.

(10) Le parole «convocata per» sono state così sostituite alle precedenti «chiamata a» dall'art. 3.19, lett. b, d.lg. 18 giugno 2012, n. 91.

risultano registrate a favore del socio nel giorno in cui le liste sono depositate presso l'emittente. La relativa certificazione può essere prodotta anche successivamente al deposito purché entro il termine previsto per la pubblicazione delle liste da parte dell'emittente (1).

1-*ter*. Lo statuto prevede, inoltre, che il riparto degli amministratori da eleggere sia effettuato in base a un criterio che assicuri l'equilibrio tra i generi. Il genere meno rappresentato deve ottenere almeno un terzo degli amministratori eletti. Tale criterio di riparto si applica per tre mandati consecutivi. Qualora la composizione del consiglio di amministrazione risultante dall'elezione non rispetti il criterio di riparto previsto dal presente comma, la Consob diffida la società interessata affinché si adegui a tale criterio entro il termine massimo di quattro mesi dalla diffida. In caso di inottemperanza alla diffida, la Consob applica una sanzione amministrativa pecuniaria da euro 100.000 a euro 1.000.000, secondo criteri e modalità stabiliti con proprio regolamento e fissa un nuovo termine di tre mesi ad adempiere. In caso di ulteriore inottemperanza rispetto a tale nuova diffida, i componenti eletti decadono dalla carica. Lo statuto provvede a disciplinare le modalità di formazione delle liste ed i casi di sostituzione in corso di mandato al fine di garantire il rispetto del criterio di riparto previsto dal presente comma. La Consob statuisce in ordine alla violazione, all'applicazione ed al rispetto delle disposizioni in materia di quota di genere, anche con riferimento alla fase istruttoria e alle procedure da adottare, in base a proprio regolamento da adottare entro sei mesi dalla data di entrata in vigore delle disposizioni recate dal presente comma. Le disposizioni del presente comma si applicano anche alle società organizzate secondo il sistema monistico (2).

2. .... (3).

3. Salvo quanto previsto dall'art. 2409-*septiesdecies* del codice civile, almeno uno dei componenti (4) del consiglio di amministrazione è espresso dalla lista di minoranza che abbia ottenuto il maggior numero di voti e non sia collegata in alcun modo, neppure indirettamente, con i soci che hanno presentato o votato la lista risultata prima per numero di voti (5). Nelle società organizzate secondo il sistema monistico, il componente (6) espresso dalla lista di minoranza deve essere in possesso dei requisiti di onorabilità, professionalità e indipendenza determinati ai sensi dell'art. 148, commi 3 e 4. Il difetto dei requisiti determina la decadenza dalla carica.

4. In aggiunta a quanto disposto dal comma 3, almeno uno dei componenti del consiglio di amministrazione, ovvero due se il consiglio di amministrazione sia composto da più di sette componenti, devono (7) possedere i requisiti di indipendenza stabiliti per i sindaci dall'art. 148, comma 3, nonché, se lo statuto lo prevede, gli ulteriori requisiti previsti da codici di comportamento redatti da società di gestione di mercati regolamentati o da associazioni di categoria. Il presente comma non si applica al consiglio di amministrazione delle società organizzate secondo il sistema monistico, per le quali

(1) Comma inserito dall'art. 3.21, d.lg. 27 gennaio 2010, n. 27. In base all'art. 7.1, d.lg. cit., tali disposizioni «si applicano alle assemblee il cui avviso di convocazione sia pubblicato dopo il 31 ottobre 2010. Fino a tale data continuano ad applicarsi le disposizioni sostituite od abrogate dalle corrispondenti disposizioni del presente decreto legislativo».

(2) Comma inserito dall'art. 1.1, l. 12 luglio 2011, n. 120. Gli artt. 2 e 3, l. cit., così dispongono: «2. *Decorrenza*. — 1. Le disposizioni della presente legge si applicano a decorrere dal primo rinnovo degli organi di amministrazione e degli organi di controllo delle società quotate in mercati regolamentati successivo ad un anno dalla data di entrata in vigore della presente legge, riservando al genere meno rappresentato, per il primo mandato in applicazione della legge, una quota pari almeno a un quinto degli amministratori e dei sindaci eletti. || || 3. *Società a controllo pubblico*. — 1. Le disposizioni della presente legge si applicano anche alle società, costituite in Italia, controllate da pubbliche amministrazioni ai sensi dell'art. 2359, commi primo e secondo, del codice civile, non quotate in mercati regolamentati. || 2...... (*omissis*)».

(3) Comma abrogato dall'art. 3.13, lett. c, d.lg. 29 dicembre 2006, n. 303.

(4) La parola «componenti» è stata così sostituita alla precedente «membri» dall'art. 3.13, lett. d, d.lg. 29 dicembre 2006, n. 303.

(5) Le parole «i soci che hanno presentato o votato la lista risultata prima per numero di voti» sono state così sostituite alle precedenti «la lista risultata prima per numero di voti» dall'art. 3.13, lett. e, d.lg. 29 dicembre 2006, n. 303.

(6) La parola «componente» è stata così sostituita alla precedente «membro» dall'art. 3.13, lett. f, d.lg. 29 dicembre 2006, n. 303.

(7) Le parole «almeno uno dei componenti del consiglio di amministrazione, ovvero due se il consiglio di amministrazione sia composto da più di sette componenti, devono» sono state così sostituite alle precedenti «qualora il consiglio di amministrazione sia composto da più di sette membri, almeno uno di essi deve» dall'art. 3.13, lett. g, d.lg. 29 dicembre 2006, n. 303.

rimane fermo il disposto dell'art. 2409-*septiesdecies*, secondo comma, del codice civile. L'amministratore indipendente che, successivamente alla nomina, perda i requisiti di indipendenza deve darne immediata comunicazione al consiglio di amministrazione e, in ogni caso, decade dalla carica (1).

147-*quater*. *Composizione del consiglio di gestione*. — 1. Qualora il consiglio di gestione sia composto da più di quattro membri, almeno uno di essi deve possedere i requisiti di indipendenza stabiliti per i sindaci dall'art. 148, comma 3, nonché, se lo statuto lo prevede, gli ulteriori requisiti previsti da codici di comportamento redatti da società di gestione di mercati regolamentati o da associazioni di categoria.

1-*bis*. Qualora il consiglio di gestione sia costituito da un numero di componenti non inferiore a tre, ad esso si applicano le disposizioni dell'art. 147-*ter*, comma 1-*ter* (2).

147-*quinquies*. *Requisiti di onorabilità*. — 1. I soggetti che svolgono funzioni di amministrazione e direzione devono possedere i requisiti di onorabilità stabiliti per i membri degli organi di controllo con il regolamento emanato dal Ministro della giustizia ai sensi dell'art. 148, comma 4.

2. Il difetto dei requisiti determina la decadenza dalla carica.

Sezione V. — *Organi di controllo* (3) (4)

148. *Composizione*. — 1. L'atto costitutivo della società stabilisce per il collegio sindacale:
a) il numero, non inferiore a tre, dei membri effettivi;
b) il numero, non inferiore a due, dei membri supplenti;
c) .... (5);
d) .... (5).

1-*bis*. L'atto costitutivo della società stabilisce, inoltre, che il riparto dei membri di cui al comma 1 sia effettuato in modo che il genere meno rappresentato ottenga almeno un terzo dei membri effettivi del collegio sindacale. Tale criterio di riparto si applica per tre mandati consecutivi. Qualora la composizione del collegio sindacale risultante dall'elezione non rispetti il criterio di riparto previsto dal presente comma, la Consob diffida la società interessata affinché si adegui a tale criterio entro il termine massimo di quattro mesi dalla diffida. In caso di inottemperanza alla diffida, la Consob applica una sanzione amministrativa pecuniaria da euro 20.000 a euro 200.000 e fissa un nuovo termine di tre mesi ad adempiere. In caso di ulteriore inottemperanza rispetto a tale nuova diffida, i componenti eletti decadono dalla carica. La Consob statuisce in ordine alla violazione, all'applicazione ed al rispetto delle disposizioni in materia di quota di genere, anche con riferimento alla fase istruttoria e alle procedure da adottare, in base a proprio regolamento da adottare entro sei mesi dalla data di entrata in vigore delle disposizioni recate dal presente comma (6).

2. La Consob stabilisce con regolamento

(1) L'ultimo periodo è stato aggiunto dall'art. 3.13, lett. h, d.lg. 29 dicembre 2006, n. 303.

(2) Comma aggiunto dall'art. 1.2, l. 12 luglio 2011, n. 120. Gli artt. 2 e 3, l. cit., così dispongono: «2. *Decorrenza*. — 1. Le disposizioni della presente legge si applicano a decorrere dal primo rinnovo degli organi di amministrazione e degli organi di controllo delle società quotate in mercati regolamentati successivo ad un anno dalla data di entrata in vigore della presente legge, riservando al genere meno rappresentato, per il primo mandato in applicazione della legge, una quota pari almeno a un quinto degli amministratori e dei sindaci eletti. || || 3. *Società a controllo pubblico*. — 1. Le disposizioni della presente legge si applicano anche alle società, costituite in Italia, controllate da pubbliche amministrazioni ai sensi dell'art. 2359, commi primo e secondo, del codice civile, non quotate in mercati regolamentati. || 2...... (*omissis*)».

(3) L'art. 4, d.lg. 4 agosto 1999, n. 343 così dispone: «1. Al collegio sindacale delle imprese di assicurazione con azioni non quotate si applicano le disposizioni contenute nella parte IV, titolo III, capo II, sezione V, del d.lg. 24 febbraio 1998, n. 58, ad eccezione dell'art. 148, comma 2, dell'art. 149, commi 1, lett. *d*), 3 e 4 e dell'art. 152, commi 2, 3 e 4. || 2. Le imprese di cui al comma 1 applicano le disposizioni in materia di nomina del collegio sindacale a partire dal primo rinnovo successivo all'entrata in vigore del presente decreto. Fino all'emanazione del regolamento previsto dall'art. 148, comma 4, del d.lg. 24 febbraio 1998, n. 58, si applica l'art. 2397, comma 2, del codice civile».

(4) Rubrica così sostituita dall'art. 9.76, comma 1, d.lg. n. 6/2003, come modificato dall'art. 3.1, d.lg. n. 37/2004.

(5) Lettera abrogata dall'art. 2.1, lett. a, n. 1, l. 28 dicembre 2005, n. 262.

(6) Comma inserito dall'art. 1.3, lett. a, l. 12 luglio 2011, n. 120. Gli artt. 2 e 3, l. cit., così dispongono: «2. *Decorrenza*. — 1. Le disposizioni della presente legge si applicano a decorrere dal primo rinnovo degli organi di amministrazione e degli organi di controllo delle società quotate in mercati regolamentati successivo ad un anno dalla data di entrata in vigore della presente legge, riservando al genere meno rappresentato, per il primo mandato in applicazione della legge, una quota pari almeno a un quinto degli amministratori e dei sindaci eletti. || || 3. *Società a controllo pubblico*. — 1. Le disposizioni della presente legge si applicano anche alle società, costituite in Italia, controllate da pubbliche amministrazioni ai sensi dell'art. 2359, commi primo e secondo, del codice civile, non quotate in mercati regolamentati. || 2...... (*omissis*)».

modalità per l'elezione, con voto di lista (1), di un membro effettivo del collegio sindacale da parte dei soci di minoranza che non siano collegati, neppure indirettamente, con i soci che hanno presentato o votato la lista risultata prima per numero di voti (2). Si applica l'art. 147-*ter*, comma 1-*bis* (3).

2-*bis*. Il presidente del collegio sindacale è nominato dall'assemblea tra i sindaci eletti dalla minoranza (4).

3. Non possono essere eletti sindaci e, se eletti, decadono dall'ufficio:

a) coloro che si trovano nelle condizioni previste dall'art. 2382 del codice civile;

b) il coniuge, i parenti e gli affini entro il quarto grado degli amministratori della società, gli amministratori, il coniuge, i parenti e gli affini entro il quarto grado degli amministratori delle società da questa controllate, delle società che la controllano e di quelle sottoposte a comune controllo (5);

c) coloro che sono legati alla società od alle società da questa controllate od alle società che la controllano od a quelle sottoposte a comune controllo ovvero agli amministratori della società e ai soggetti di cui alla lett. *b*) da rapporti di lavoro autonomo o subordinato ovvero da altri rapporti di natura patrimoniale o professionale che ne compromettano l'indipendenza (6).

4. Con regolamento (7) adottato ai sensi dell'art. 17, comma 3, della l. 23 agosto 1988, n. 400, dal Ministro della giustizia, di concerto con il Ministro dell'economia e delle finanze, sentiti la Consob, la Banca d'Italia e l'Ivass (8), sono stabiliti i requisiti di onorabilità e di professionalità dei membri del collegio sindacale, del consiglio di sorveglianza e del comitato per il controllo sulla gestione. Il difetto dei requisiti determina la decadenza dalla carica (9).

4-*bis*. Al consiglio di sorveglianza si applicano le disposizioni di cui ai commi 1-*bis* (10), 2 e 3 (11).

4-*ter*. Al comitato per il controllo sulla gestione si applicano le disposizioni dei commi 2-*bis* e 3. Il rappresentante della minoranza è il membro del consiglio di amministrazione eletto ai sensi dell'art. 147-*ter*, comma 3 (11).

4-*quater*. Nei casi previsti dal presente articolo, la decadenza è dichiarata dal consiglio di amministrazione o, nelle società organizzate secondo i sistemi dualistico e monistico, dall'assemblea entro trenta giorni dalla nomina o dalla conoscenza del difetto sopravvenuto. In caso di inerzia, vi provvede la Consob, su richiesta di qualsiasi soggetto interessato o qualora abbia avuto comunque notizia dell'esistenza della causa di decadenza (11).

148-*bis*. *Limiti al cumulo degli incarichi*. — 1. Con regolamento della Consob sono stabiliti limiti al cumulo degli incarichi di amministrazione e controllo che i componenti degli organi di controllo delle società di cui al presente capo, nonché delle società emittenti strumenti

(1) Le parole «, con voto di lista,» sono state inserite dall'art. 3.14, lett. a, d.lg. 29 dicembre 2006, n. 303.

(2) Le parole «che non siano collegati, neppure indirettamente, con i soci che hanno presentato o votato la lista risultata prima per numero di voti» sono state aggiunte dall'art. 3.14, lett. b, d.lg. 29 dicembre 2006, n. 303.

(3) L'originario comma 2 è stato così sostituito con gli attuali commi 2 e 2-*bis* dall'art. 2.1, lett. a, n. 2, l. 28 dicembre 2005, n. 262. L'ultimo periodo è stato aggiunto dall'art. 3.22, d.lg. 27 gennaio 2010, n. 27. In base all'art. 7.1, d.lg. cit., tali disposizioni «si applicano alle assemblee il cui avviso di convocazione sia pubblicato dopo il 31 ottobre 2010. Fino a tale data continuano ad applicarsi le disposizioni sostituite od abrogate dalle corrispondenti disposizioni del presente decreto legislativo».

(4) L'originario comma 2 è stato così sostituito con gli attuali commi 2 e 2-*bis* dall'art. 2.1, lett. a, n. 2, l. 28 dicembre 2005, n. 262.

(5) Lettera così sostituita dall'art. 9.77, comma 1, lett. a, d.lg. n. 6/2003, come modificato dall'art. 3.1, d.lg. n. 37/2004.

(6) Lettera già sostituita dall'art. 9.77, comma 1, lett. a, d.lg. n. 6/2003, come modificato dall'art. 3.1, d.lg. n. 37/2004, e successivamente così modificata dall'art. 2.1, lett. a, n. 3, l. 28 dicembre 2005, n. 262, che ha inserito le parole «ovvero agli amministratori della società e ai soggetti di cui alla lett. *b*)» e le parole «o professionale».

(7) D.m. Giustizia 30 marzo 2000, n. 162, in G.U., 19 giugno 2000, n. 141.

(8) La parola «Ivass» è stata così sostituita alla precedente «Isvap» dall'art. 4.22, d.lg. 12 maggio 2015, n. 72.

(9) Comma così sostituito dall'art. 2.1, lett. a, n. 4, l. 28 dicembre 2005, n. 262.

(10) Le parole «1-*bis*,» sono state inserite dall'art. 1.3, lett. b, l. 12 luglio 2011, n. 120. Gli artt. 2 e 3, l. cit., così dispongono: «2. *Decorrenza*. — 1. Le disposizioni della presente legge si applicano a decorrere dal primo rinnovo degli organi di amministrazione e degli organi di controllo delle società quotate in mercati regolamentati successivo ad un anno dalla data di entrata in vigore della presente legge, riservando al genere meno rappresentato, per il primo mandato in applicazione della legge, una quota pari almeno a un quinto degli amministratori e dei sindaci eletti. || || 3. *Società a controllo pubblico*. — 1. Le disposizioni della presente legge si applicano anche alle società, costituite in Italia, controllate da pubbliche amministrazioni ai sensi dell'art. 2359, commi primo e secondo, del codice civile, non quotate in mercati regolamentati. || 2...... (*omissis*)».

(11) Comma aggiunto dall'art. 9.77, comma 1, lett. b, d.lg. n. 6/2003, come modificato dall'art. 3.1, d.lg. n. 37/2004, e successivamente così sostituito dall'art. 2.1, lett. a, n. 4, l. 28 dicembre 2005, n. 262.

finanziari diffusi fra il pubblico in misura rilevante ai sensi dell'art. 116, possono assumere presso tutte le società di cui al libro V, titolo V, capi V, VI e VII, del codice civile. La Consob stabilisce tali limiti avendo riguardo all'onerosità e alla complessità di ciascun tipo di incarico, anche in rapporto alla dimensione della società, al numero e alla dimensione delle imprese incluse nel consolidamento, nonché all'estensione e all'articolazione della sua struttura organizzativa.

2. Fermo restando quanto previsto dall'art. 2400, quarto comma, del codice civile, i componenti degli organi di controllo delle società di cui al presente capo, nonché delle società emittenti strumenti finanziari diffusi fra il pubblico in misura rilevante ai sensi dell'art. 116, informano la Consob e il pubblico, nei termini e modi prescritti dalla stessa Consob con il regolamento di cui al comma 1, circa gli incarichi di amministrazione e controllo da essi rivestiti presso tutte le società di cui al libro V, titolo V, capi V, VI e VII, del codice civile. La Consob dichiara la decadenza dagli incarichi assunti dopo il raggiungimento del numero massimo previsto dal regolamento di cui al primo periodo (1).

149. *Doveri*. — 1. Il collegio sindacale vigila:

a) sull'osservanza della legge e dell'atto costitutivo;

b) sul rispetto dei principi di corretta amministrazione;

c) sull'adeguatezza della struttura organizzativa della società per gli aspetti di competenza, del sistema di controllo interno e del sistema amministrativo-contabile nonché sull'affidabilità di quest'ultimo nel rappresentare correttamente i fatti di gestione;

c-bis) sulle modalità di concreta attuazione delle regole di governo societario previste da codici di comportamento redatti da società di gestione di mercati regolamentati o da associazioni di categoria, cui la società, mediante informativa al pubblico, dichiara di attenersi (2);

d) sull'adeguatezza delle disposizioni impartite dalla società alle società controllate ai sensi dell'art. 114, comma 2.

2. I membri del collegio sindacale assistono alle assemblee ed alle riunioni del consiglio di amministrazione e del comitato esecutivo. I sindaci, che non assistono senza giustificato motivo alle assemblee o, durante un esercizio sociale, a due adunanze del consiglio d'amministrazione o del comitato esecutivo, decadono dall'ufficio (3).

3. Il collegio sindacale comunica senza indugio alla Consob le irregolarità riscontrate nell'attività di vigilanza e trasmette i relativi verbali delle riunioni e degli accertamenti svolti e ogni altra utile documentazione.

4. Il comma 3 non si applica alle società con azioni quotate solo in mercati regolamentati di altri paesi dell'Unione Europea.

4-*bis.* Al consiglio di sorveglianza si applicano i commi 1, 3 e 4. Almeno un componente del consiglio di sorveglianza partecipa alle riunioni del consiglio di gestione (4).

4-*ter.* Al comitato per il controllo sulla gestione si applicano i commi 1, limitatamente alle lett. *c-bis*) e *d*) (5), 3 e 4 (4).

150. *Informazione*. — 1. Gli amministratori riferiscono tempestivamente, secondo le modalità stabilite dallo statuto e con periodicità almeno trimestrale, al collegio sindacale sull'attività svolta e sulle operazioni di maggior rilievo economico, finanziario e patrimoniale, effettuate dalla società o dalle società controllate; in particolare, riferiscono sulle operazioni nelle quali essi abbiano un interesse, per conto proprio o di terzi, o che siano influenzate dal soggetto che esercita l'attività di direzione e coordinamento.

2. L'obbligo previsto dal comma precedente è adempiuto, nel sistema dualistico, dal consiglio di gestione nei confronti del consiglio di sorveglianza e, in quello monistico, dagli organi delegati nei confronti del comitato per il controllo sulla gestione.

3. Il collegio sindacale e il revisore legale o la società di revisione legale (6) si scambiano tempestivamente i dati e le informazioni rilevanti per l'espletamento dei rispettivi compiti.

4. Coloro che sono preposti al controllo interno riferiscono anche al collegio sindacale di propria iniziativa o su richiesta anche di uno solo dei sindaci.

5. Le disposizioni previste dai commi 3 e 4 si

(1) Articolo inserito dall'art. 2.1, lett. b, l. 28 dicembre 2005, n. 262.

(2) Lettera inserita dall'art. 2.1, lett. c, n. 1, l. 28 dicembre 2005, n. 262.

(3) Comma così sostituito dall'art. 9.78, comma 1, lett. a, d.lg. n. 6/2003, come modificato dall'art. 3.1, d.lg. n. 37/2004.

(4) Comma aggiunto dall'art. 9.78, comma 1, lett. b, d.lg. n. 6/2003, come modificato dall'art. 3.1, d.lg. n. 37/2004.

(5) Le parole «limitatamente alle lett. *c-bis*) e *d*)» hanno sostituito le precedenti «limitatamente alla lett. *d*)» per effetto dell'art. 2.1, lett. c, n. 2, l. 28 dicembre 2005, n. 262.

(6) Le parole «e il revisore legale o la società di revisione legale» sono state così sostituite alle precedenti «e la società di revisione» dall'art. 40.11, d.lg. 27 gennaio 2010, n. 39.

applicano anche al consiglio di sorveglianza ed al comitato per il controllo sulla gestione (1).

151. *Poteri*. — 1. I sindaci possono, anche individualmente, procedere in qualsiasi momento ad atti di ispezione e di controllo, nonché chiedere agli amministratori notizie, anche con riferimento a società controllate, sull'andamento delle operazioni sociali o su determinati affari, ovvero rivolgere le medesime richieste di informazione direttamente agli organi di amministrazione e di controllo delle società controllate (2).

2. Il collegio sindacale può scambiare informazioni con i corrispondenti organi delle società controllate in merito ai sistemi di amministrazione e controllo ed all'andamento generale dell'attività sociale. Può altresì, previa comunicazione al presidente del consiglio di amministrazione, convocare l'assemblea dei soci, il consiglio di amministrazione od il comitato esecutivo ed avvalersi di dipendenti della società per l'espletamento delle proprie funzioni. I poteri di convocazione e di richiesta di collaborazione possono essere esercitati anche individualmente da ciascun membro del collegio, ad eccezione del potere di convocare l'assemblea dei soci, che può essere esercitato da almeno due membri (3).

3. Al fine di valutare l'adeguatezza e l'affidabilità del sistema amministrativo-contabile, i sindaci, sotto la propria responsabilità e a proprie spese, possono avvalersi, anche individualmente, di propri dipendenti e ausiliari che non si trovino in una delle condizioni previste dall'art. 148, comma 3. La società può rifiutare agli ausiliari l'accesso a informazioni riservate.

4. Gli accertamenti eseguiti devono risultare dal libro delle adunanze e delle deliberazioni del collegio sindacale da tenersi, a cura del collegio, nella sede della società. Si applicano le disposizioni dell'art. 2421, ultimo comma, del codice civile.

151-*bis*. *Poteri del consiglio di sorveglianza*. — 1. I componenti del consiglio di sorveglianza possono, anche individualmente, chiedere notizie ai consiglieri di gestione, anche con riferimento a società controllate, sull'andamento delle operazioni sociali o su determinati affari, ovvero rivolgere le medesime richieste di informazione direttamente agli organi di amministrazione e di controllo delle società controllate (4). Le notizie sono fornite a tutti i componenti del consiglio di sorveglianza.

2. I componenti del consiglio di sorveglianza possono, anche individualmente, chiedere al presidente la convocazione dell'organo, indicando gli argomenti da trattare. La riunione deve essere convocata senza ritardo, salvo che vi ostino ragioni tempestivamente comunicate al richiedente ed illustrate al consiglio alla prima riunione successiva.

3. Il consiglio di sorveglianza può, previa comunicazione al presidente del consiglio di gestione, convocare l'assemblea dei soci, il consiglio di gestione ed avvalersi di dipendenti della società per l'espletamento delle proprie funzioni. I poteri di convocazione e di richiesta di collaborazione possono essere esercitati anche individualmente da ciascun membro del consiglio, ad eccezione del potere di convocare l'assemblea dei soci, che può essere esercitato da almeno due membri (5).

4. Il consiglio di sorveglianza, od un componente dello stesso appositamente delegato, può procedere in qualsiasi momento ad atti d'ispezione e di controllo nonché scambiare informazioni con i corrispondenti organi delle società controllate in merito ai sistemi di amministrazione e controllo ed all'andamento generale dell'attività sociale (6).

151-*ter*. *Poteri del comitato per il controllo sulla gestione*. — 1. I componenti del comitato per il controllo sulla gestione possono, anche individualmente, chiedere agli altri amministratori notizie, anche con riferimento a società controllate, sull'andamento delle operazioni sociali o su determinati affari, ovvero rivolgere le medesime richieste di informazione diretta-

(1) Articolo così sostituito dall'art. 9.79, comma 1, d.lg. n. 6/2003, come modificato dall'art. 3.1, d.lg. n. 37/2004.

(2) Comma così sostituito dall'art. 9.80, comma 1, lett. a, d.lg. n. 6/2003, come modificato dall'art. 3.1, d.lg. n. 37/2004. Successivamente l'art. 2.1, lett. d, n. 1, l. 28 dicembre 2005, n. 262, ha aggiunto le parole da «, ovvero» fino alla fine.

(3) Comma così sostituito dall'art. 9.80, comma 1, lett. b, d.lg. n. 6/2003, come modificato dall'art. 3.1, d.lg. n. 37/2004. Successivamente l'art. 2.1, lett. d, n. 2, l. 28 dicembre 2005, n. 262, ha sostituito le parole da «individualmente» fino alla fine alle precedenti «da almeno due membri del collegio».

(4) Le parole da «, ovvero» fino a «società controllate» sono state aggiunte dall'art. 2.1, lett. e, n. 1, l. 28 dicembre 2005, n. 262.

(5) Le parole da «individualmente» fino alla fine hanno sostituito le precedenti «da almeno due membri del consiglio» per effetto dell'art. 2.1, lett. e, n. 2, l. 28 dicembre 2005, n. 262.

(6) Articolo inserito dall'art. 9.81, comma 1, d.lg. n. 6/2003, come modificato dall'art. 3.1, d.lg. n. 37/2004.

mente agli organi di amministrazione e di controllo delle società controllate (1). Le notizie sono fornite a tutti i componenti del comitato per il controllo sulla gestione.

2. I componenti del comitato per il controllo sulla gestione possono, anche individualmente, chiedere al presidente la convocazione del comitato, indicando gli argomenti da trattare. La riunione deve essere convocata senza ritardo, salvo che vi ostino ragioni tempestivamente comunicate al richiedente ed illustrate al comitato alla prima riunione successiva.

3. Il comitato per il controllo sulla gestione può, previa comunicazione al presidente del consiglio di amministrazione, convocare il consiglio di amministrazione od il comitato esecutivo ed avvalersi di dipendenti della società per l'espletamento delle proprie funzioni. I poteri di convocazione e di richiesta di collaborazione possono essere esercitati anche individualmente da ciascun membro del comitato (2).

4. Il comitato per il controllo sulla gestione, od un componente dello stesso appositamente delegato, può procedere in qualsiasi momento ad atti d'ispezione e di controllo nonché scambiare informazioni con i corrispondenti organi delle società controllate in merito ai sistemi di amministrazione e controllo ed all'andamento generale dell'attività sociale (3).

152. *Denunzia al tribunale*. — 1. Il collegio sindacale o il consiglio di sorveglianza o il comitato per il controllo sulla gestione, se ha fondato sospetto che gli amministratori, in violazione dei loro doveri, abbiano compiuto gravi irregolarità nella gestione che possono recare danno alla società o ad una o più società controllate, possono denunziare i fatti al tribunale ai sensi dell'art. 2409 del codice civile. In tale ipotesi le spese per l'ispezione sono a carico della società ed il tribunale può revocare anche i soli amministratori (4).

2. La Consob, se ha fondato sospetto di gravi irregolarità nell'adempimento dei doveri di vigilanza del collegio sindacale, del consiglio di sorveglianza o del comitato per il controllo sulla gestione, può denunziare i fatti al tribunale ai sensi dell'art. 2409 del codice civile; le spese per l'ispezione sono a carico della società (5).

3. Il comma 2 non si applica alle società con azioni quotate solo in mercati regolamentati di altri paesi dell'Unione europea.

4. Resta fermo quanto previsto dall'art. 70, comma 7, del t.u. bancario (6).

153. *Obbligo di riferire all'assemblea*. — 1. Il collegio sindacale, il consiglio di sorveglianza ed il comitato per il controllo sulla gestione riferiscono sull'attività di vigilanza svolta e sulle omissioni e sui fatti censurabili rilevati all'assemblea convocata per l'approvazione del bilancio di esercizio ovvero ai sensi dell'art. 2364-*bis*, comma 2, del codice civile (7).

2. Il collegio sindacale può fare proposte all'assemblea in ordine al bilancio e alla sua approvazione nonché alle materie di propria competenza.

154. *Disposizioni non applicabili*. — 1. Al collegio sindacale delle società con azioni quotate non si applicano gli artt. 2397, 2398, 2399, 2403, 2403-*bis*, 2405, 2426, nn. 5 e 6, 2429, secondo comma, e 2441, sesto comma del codice civile.

2. Al consiglio di sorveglianza delle società con azioni quotate non si applicano gli artt. 2409-*septies*, 2409-*duodecies*, decimo comma, 2409-*terdecies*, primo comma, lett. *c*), *e*) ed *f*), del codice civile.

3. Al comitato per il controllo sulla gestione delle società con azioni quotate non si applicano gli artt. 2399, primo comma, e 2409-*septies* del codice civile (8).

Sezione V-*bis* (9). — *Informazione finanziaria* (10)

154-*bis*. *Dirigente preposto alla redazione dei documenti contabili societari*. — 1. Lo statuto

(1) Le parole da «, ovvero» fino a «società controllate» sono state aggiunte dall'art. 2.1, lett. f, n. 1, l. 28 dicembre 2005, n. 262.

(2) Le parole «individualmente da ciascun membro del comitato» hanno sostituito le precedenti «da almeno due membri del comitato» per effetto dell'art. 2.1, lett. f, n. 2, l. 28 dicembre 2005, n. 262.

(3) Articolo inserito dall'art. 9.81, comma 1, d.lg. n. 6/2003, come modificato dall'art. 3.1, d.lg. n. 37/2004.

(4) Comma così sostituito dall'art. 9.82, comma 1, lett. a, d.lg. n. 6/2003, come modificato dall'art. 3.1, d.lg. n. 37/2004.

(5) Comma così sostituito dall'art. 9.82, comma 1, lett. b, d.lg. n. 6/2003, come modificato dall'art. 3.1, d.lg. n. 37/2004.

(6) In *Leggi coll. XVII, 1*.

(7) Comma così sostituito dall'art. 9.83, comma 1, d.lg. n. 6/2003, come modificato dall'art. 3.1, d.lg. n. 37/2004.

(8) Articolo così sostituito dall'art. 9.84, comma 1, d.lg. n. 6/2003, come modificato dall'art. 3.1, d.lg. n. 37/2004.

(9) Sezione inserita dall'art. 14.1, lett. n, l. 28 dicembre 2005, n. 262.

(10) Rubrica così sostituita dall'art. 1.8, d.lg. 6 novembre 2007, n. 195.

degli emittenti quotati aventi l'Italia come Stato membro d'origine (1) prevede i requisiti di professionalità e (2) le modalità di nomina di un dirigente preposto alla redazione dei documenti contabili societari, previo parere obbligatorio dell'organo di controllo.

2. Gli atti e le comunicazioni della società diffusi al mercato, e relativi all'informativa contabile anche infrannuale (3) della stessa società, sono accompagnati da una dichiarazione scritta (4) del dirigente preposto alla redazione dei documenti contabili societari, che ne attestano la corrispondenza alle risultanze documentali, ai libri e alle scritture contabili (5).

3. Il dirigente preposto alla redazione dei documenti contabili societari predispone adeguate procedure amministrative e contabili per la formazione (6) del bilancio di esercizio e, ove previsto, del bilancio consolidato nonché di ogni altra comunicazione di carattere finanziario.

4. Il consiglio di amministrazione vigila affinché il dirigente preposto alla redazione dei documenti contabili societari disponga di adeguati poteri e mezzi per l'esercizio dei compiti a lui attribuiti ai sensi del presente articolo, nonché sul rispetto effettivo delle procedure amministrative e contabili (7).

5. Gli organi amministrativi delegati e il dirigente preposto alla redazione dei documenti contabili societari attestano con apposita relazione sul bilancio di esercizio, sul bilancio semestrale abbreviato e, ove redatto, sul bilancio consolidato:

a) l'adeguatezza e l'effettiva applicazione delle procedure di cui al comma 3 nel corso del periodo cui si riferiscono i documenti;

b) che i documenti sono redatti in conformità ai principi contabili internazionali applicabili riconosciuti nella Comunità europea ai sensi del reg. (CE) n. 1606/2002 del Parlamento europeo e del Consiglio, del 19 luglio 2002;

c) la corrispondenza dei documenti alle risultanze dei libri e delle scritture contabili;

d) l'idoneità dei documenti a fornire una rappresentazione veritiera e corretta della situazione patrimoniale, economica e finanziaria dell'emittente e dell'insieme delle imprese incluse nel consolidamento;

e) per il bilancio d'esercizio e per quello consolidato, che la relazione sulla gestione comprende un'analisi attendibile dell'andamento e del risultato della gestione, nonché della situazione dell'emittente e dell'insieme delle imprese incluse nel consolidamento, unitamente alla descrizione dei principali rischi e incertezze cui sono esposti;

f) per il bilancio semestrale abbreviato, che la relazione intermedia sulla gestione contiene un'analisi attendibile delle informazioni di cui al comma 4 dell'art. 154-*ter* (8).

5-*bis*. L'attestazione di cui al comma 5 è resa secondo il modello stabilito con regolamento dalla Consob (9).

6. Le disposizioni che regolano la responsabilità degli amministratori si applicano anche ai dirigenti preposti alla redazione dei documenti contabili societari, in relazione ai compiti loro spettanti, salve le azioni esercitabili in base al rapporto di lavoro con la società (10).

154-*ter*. *Relazioni finanziarie*. — 1. Fermo restando quanto previsto dagli artt. 2364, secon-

(1) Le parole «degli emittenti quotati aventi l'Italia come Stato membro d'origine» sono state inserite dall'art. 1.9, lett. a, d.lg. 6 novembre 2007, n. 195. In base all'art. 2.2, d.lg. cit., tali disposizioni: «si applicano nella redazione delle relazioni finanziarie relative a esercizi, semestri e periodi aventi inizio dalla data successiva a quella di entrata in vigore del presente decreto».

(2) Le parole «i requisiti di professionalità e» sono state inserite dall'art. 3.15, lett. a, d.lg. 29 dicembre 2006, n. 303.

(3) Le parole «diffusi al mercato, e relativi all'informativa contabile anche infrannuale» sono state così sostituite a lle precedenti «previste dalla legge o diffuse al mercato, contenenti informazioni e dati sulla situazione economica, patrimoniale o finanziaria» dall'art. 3.15, lett. b, d.lg. 29 dicembre 2006, n. 303.

(4) Le parole «del direttore generale e» sono state soppresse dall'art. 3.15, lett. c, d.lg. 29 dicembre 2006, n. 303.

(5) Le parole «alle risultanze documentali, ai libri e alle scritture contabili» sono state così sostituite alle precedenti «al vero» dall'art. 3.15, lett. d, d.lg. 29 dicembre 2006, n. 303.

(6) La parola «formazione» è stata così sostituita alla precedente «predisposizione» dall'art. 3.15, lett. e, d.lg. 29 dicembre 2006, n. 303.

(7) Comma così sostituito dall'art. 3.15, lett. f, d.lg. 29 dicembre 2006, n. 303.

(8) Comma così sostituito, da ultimo, dall'art. 1.9, lett. b, d.lg. 6 novembre 2007, n. 195.

(9) Comma inserito dall'art. 1.9, lett. c, d.lg. 6 novembre 2007, n. 195. In base all'art. 2.2, d.lg. cit., tali disposizioni: «si applicano nella redazione delle relazioni finanziarie relative a esercizi, semestri e periodi aventi inizio dalla data successiva a quella di entrata in vigore del presente decreto».

(10) Le disposizioni del presente articolo «si applicano nella redazione delle relazioni finanziarie relative a esercizi, semestri e periodi aventi inizio dalla data successiva a quella di entrata in vigore del presente decreto»: art. 2.2, d.lg. 6 novembre 2007, n. 195.

do comma, e 2364-*bis*, secondo comma, del codice civile, entro quattro mesi (1) dalla chiusura dell'esercizio, gli emittenti quotati aventi l'Italia come Stato membro d'origine mettono a disposizione del pubblico presso la sede sociale, sul sito Internet e con le altre modalità previste dalla Consob con regolamento, la relazione finanziaria annuale, comprendente il progetto di bilancio di esercizio o, per le società che abbiano adottato il sistema di amministrazione e controllo dualistico, il bilancio di esercizio, nonché il bilancio consolidato, ove redatto, la relazione sulla gestione e l'attestazione prevista all'art. 154-*bis*, comma 5. Nelle ipotesi previste dall'art. 2409-*terdecies*, secondo comma, del codice civile, in luogo del bilancio di esercizio, è pubblicato, ai sensi del presente comma, il progetto di bilancio di esercizio. La relazione di revisione redatta dal revisore legale o dalla società di revisione legale nonché la relazione indicata nell'art. 153 sono messe integralmente a disposizione del pubblico entro il medesimo termine (2).

1-*bis*. Tra la pubblicazione di cui al comma 1 e la data dell'assemblea convocata ai sensi degli artt. 2364, secondo comma, e 2364-*bis*, secondo comma, del codice civile (3), intercorrono non meno di ventuno giorni (4).

1-*ter*. In deroga all'art. 2429, primo comma, del codice civile il progetto di bilancio di esercizio è comunicato dagli amministratori al collegio sindacale, al revisore legale o alla società di revisione legale (5), con la relazione sulla gestione, almeno quindici giorni prima della pubblicazione di cui al comma 1 (4).

2. Gli (6) emittenti quotati aventi l'Italia come Stato membro d'origine pubblicano, quanto prima possibile e comunque entro tre mesi dalla chiusura del primo semestre dell'esercizio (7), una relazione finanziaria semestrale comprendente il bilancio semestrale abbreviato, la relazione intermedia sulla gestione e l'attestazione prevista dall'art. 154-*bis*, comma 5. La relazione sul bilancio semestrale abbreviato del revisore legale o della società di revisione legale (8), ove redatta, è pubblicata integralmente entro il medesimo termine.

3. Il bilancio semestrale abbreviato di cui al comma 2, è redatto in conformità ai principi contabili internazionali applicabili riconosciuti nella Comunità europea ai sensi del reg. (CE) n. 1606/2002. Tale bilancio è redatto in forma consolidata se l'emittente quotato avente l'Italia come Stato membro d'origine è obbligato a redigere il bilancio consolidato.

4. La relazione intermedia sulla gestione contiene almeno riferimenti agli eventi importanti che si sono verificati nei primi sei mesi dell'esercizio e alla loro incidenza sul bilancio semestrale abbreviato, unitamente a una descrizione dei principali rischi e incertezze per i sei mesi restanti dell'esercizio. Per gli emittenti azioni quotate aventi l'Italia come Stato membro d'origine, la relazione intermedia sulla gestione contiene, altresì, informazioni sulle operazioni rilevanti con parti correlate.

5. Con il regolamento di cui al comma 6, la Consob può disporre, nei confronti di emittenti aventi l'Italia come Stato membro d'origine, inclusi gli enti finanziari, l'obbligo di pubblicare informazioni finanziarie periodiche aggiuntive consistenti al più in:

a) una descrizione generale della situazione patrimoniale e dell'andamento economico dell'emittente e delle sue imprese controllate nel periodo di riferimento;

b) una illustrazione degli eventi rilevanti e delle operazioni che hanno avuto luogo nel periodo di riferimento e la loro incidenza sulla situazione patrimoniale dell'emittente e delle sue imprese controllate (9).

5-*bis*. Prima dell'eventuale introduzione de-

(1) Le parole «quattro mesi» sono state così sostituite alle precedenti «centoventi giorni» dall'art. 1.7, lett. a, d.lg. 15 febbraio 2016, n. 25.

(2) Comma così sostituito, da ultimo, dall'art. 3.20, lett. a, d.lg. 18 giugno 2012, n. 91.

(3) Le parole «convocata ai sensi degli artt. 2364, secondo comma, e 2364-*bis*, secondo comma, del codice civile,» sono state inserite dall'art. 3.20, lett. b, d.lg. 18 giugno 2012, n. 91.

(4) Comma inserito dall'art. 3.23, lett. b, d.lg. 27 gennaio 2010, n. 27. In base all'art. 7.1, d.lg. cit., tali disposizioni «si applicano alle assemblee il cui avviso di convocazione sia pubblicato dopo il 31 ottobre 2010. Fino a tale data continuano ad applicarsi le disposizioni sostituite od abrogate dalle corrispondenti disposizioni del presente decreto legislativo».

(5) Le parole «, al revisore legale o alla società di revisione legale» sono state così sostituite alle precedenti «e alla società di revisione» dall'art. 1.7, lett. b, d.lg. 15 febbraio 2016, n. 25.

(6) La parola «Gli» è stata così sostituita alle precedenti «Entro sessanta giorni dalla chiusura del primo semestre dell'esercizio, gli» dall'art. 1.7, lett. c, d.lg. 15 febbraio 2016, n. 25.

(7) Le parole «, quanto prima possibile e comunque entro tre mesi dalla chiusura del primo semestre dell'esercizio,» sono state inserite dall'art. 1.7, lett. c, d.lg. 15 febbraio 2016, n. 25.

(8) Le parole «del revisore legale o della società di revisione legale» sono state così sostituite alle precedenti «della società di revisione» dall'art. 40.12, lett. b, d.lg. 27 gennaio 2010, n. 39.

(9) Comma così sostituito dall'art. 1.7, lett. d, d.lg. 15 febbraio 2016, n. 25.

gli obblighi di cui al comma 5, la Consob rende pubblica l'analisi di impatto effettuata ai sensi dell'art. 14, comma 24-*quater*, della l. 28 novembre 2005, n. 246. Quest'ultima, in conformità alla disciplina comunitaria di riferimento, esamina, anche in chiave comparatistica, la sussistenza delle seguenti condizioni:

a) le informazioni finanziarie periodiche aggiuntive non comportano oneri sproporzionati, in particolare per i piccoli e medi emittenti interessati;

b) il contenuto delle informazioni finanziarie periodiche aggiuntive richieste è proporzionato ai fattori che contribuiscono alle decisioni di investimento assunte dagli investitori;

c) le informazioni finanziarie periodiche aggiuntive richieste non favoriscono un'attenzione eccessiva ai risultati e al rendimento a breve termine degli emittenti e non incidono negativamente sulle possibilità di accesso dei piccoli e medi emittenti ai mercati regolamentati (1).

6. La Consob, in conformità alla disciplina europea (2), stabilisce con regolamento:

a) i termini e le modalità di pubblicazione dei documenti di cui ai commi 1 e 2 e delle eventuali informazioni aggiuntive di cui al comma 5 (3);

b) i casi di esenzione dall'obbligo di pubblicazione delle relazioni finanziarie (4);

c) il contenuto delle informazioni sulle operazioni rilevanti con parti correlate di cui al comma 4;

d) le modalità di applicazione del presente articolo per gli emittenti quote di fondi chiusi.

7. Fermi restando i poteri previsti dall'art. 157, comma 2, la Consob, nel caso in cui abbia accertato che i documenti che compongono le relazioni finanziarie di cui al presente articolo non sono conformi alle norme che ne disciplinano la redazione, può chiedere all'emittente di rendere pubblica tale circostanza e di provvedere alla pubblicazione delle informazioni supplementari necessarie a ripristinare una corretta informazione del mercato (5).

154-*quater*. *Trasparenza dei pagamenti ai governi*. — 1. Gli emittenti quotati aventi l'Italia come Stato membro d'origine, operanti in uno dei settori di cui all'art. 1, comma 1, lett. *h*) ed *i*), del d.lg. 18 agosto 2015, n. 139, pubblicano, nel proprio sito internet e con le altre modalità previste dalla Consob con regolamento, la relazione sui pagamenti ai governi redatta in conformità alle disposizioni contenute nel Capo I del medesimo decreto, entro sei mesi dalla data di chiusura dell'esercizio. ....

2. La medesima relazione resta a disposizione del pubblico per un periodo di dieci anni dalla prima pubblicazione.

3. I pagamenti ai governi sono riportati a livello consolidato (6).

Sezione VI. — *Revisione legale dei conti* (7)

155. *Attività di revisione contabile*. — 1. (8).

(1) Comma inserito dall'art. 1.7, lett. e, d.lg. 15 febbraio 2016, n. 25.

(2) La parola «europea» è stata così sostituita alla precedente «comunitaria» dall'art. 1.7, lett. f, d.lg. 15 febbraio 2016, n. 25.

(3) Lettera così sostituita dall'art. 1.7, lett. f, d.lg. 15 febbraio 2016, n. 25.

(4) Le parole «delle relazioni finanziarie» sono state così sostituite alle precedenti «della relazione finanziaria semestrale» dall'art. 1.15, d.lg. 11 ottobre 2012, n. 184.

(5) Articolo inserito dall'art. 1.10, d.lg. 6 novembre 2007, n. 195. In base all'art. 2.2, d.lg. cit., le disposizioni del presente articolo «si applicano nella redazione delle relazioni finanziarie relative a esercizi, semestri e periodi aventi inizio dalla data successiva a quella di entrata in vigore del presente decreto».

L'art. 1, d.l. 25 marzo 2011, n. 26, conv. in l. 23 maggio 2011, n. 73, così dispone: «1. In sede di prima applicazione del d.lg. 27 gennaio 2010, n. 27, è consentito alle società alle quali si applica l'art. 154-*ter* del t.u. delle disposizioni in materia di intermediazione finanziaria, di cui al d.lg. 24 febbraio 1998, n. 58, convocare l'assemblea di cui all'art. 2364, secondo comma, e 2364-*bis*, secondo comma, del codice civile, nel termine di centottanta giorni dalla chiusura dell'esercizio 2010, anche qualora tale possibilità non sia prevista dallo statuto della società. || 2. È altresì consentito alle società alle quali si applica l'art. 154-*ter*, che alla data di entrata in vigore del presente decreto abbiano già pubblicato l'avviso di convocazione dell'assemblea annuale, di convocare l'assemblea, in prima o unica convocazione, a nuova data, nel rispetto dei termini e delle modalità di cui all'art. 125-*bis* del d.lg. 24 febbraio 1998, n. 58, purché non sia ancora decorso, con riferimento alla assemblea originariamente convocata, il termine indicato all'art. 83-*sexies*, comma 2, del d.lg. 24 febbraio 1998, n. 58. Qualora l'assemblea sia stata convocata anche per la nomina dei componenti degli organi societari, le liste eventualmente già depositate presso l'emittente sono considerate valide anche in relazione alla nuova convocazione. È consentita la presentazione di nuove liste nel rispetto dei termini previsti dall'art. 147-*ter*, comma 1-*bis*, del d.lg. 24 febbraio 1998, n. 58, e dalla normativa di attuazione dell'art. 148, comma 2, del d.lg. 24 febbraio 1998, n. 58. Qualora sia stata convocata con il medesimo avviso anche l'assemblea straordinaria, questa può essere parimenti rinviata alla nuova data».

(6) Articolo inserito dall'art. 1.8, d.lg. 15 febbraio 2016, n. 25.

(7) Rubrica così sostituita dall'art. 40.13, d.lg. 27 gennaio 2010, n. 39.

(8) Comma abrogato dall'art. 40.21, d.lg. 27 gennaio 2010, n. 39.

2. Il revisore legale o la società di revisione legale informano senza indugio la Consob e l'organo di controllo dei fatti ritenuti censurabili rilevati nello svolgimento dell'attività di revisione legale sul bilancio d'esercizio e consolidato (1).

3. . . . . (2).

156. *Relazioni di revisione* (3). — 1-3. . . (4).

4. In caso di giudizio negativo o di dichiarazione di impossibilità di esprimere un giudizio o in presenza di richiami di informativa relativi a dubbi significativi sulla continuità aziendale il revisore legale o la società di revisione legale informano tempestivamente la Consob (5).

4-*bis*. . . . . (6).

5. . . . . (2).

157. *Effetti dei giudizi sui bilanci*. — 1. Salvi i casi previsti dall'art. 156, comma 4, la deliberazione dell'assemblea o del consiglio di sorveglianza che approva il bilancio d'esercizio può essere impugnata, per mancata conformità del bilancio alle norme che ne disciplinano i criteri di redazione, da tanti soci che rappresentano almeno il cinque per cento del capitale sociale. Tanti soci che rappresentano la medesima quota di capitale della società con azioni quotate possono richiedere al tribunale di accertare la conformità del bilancio consolidato alle norme che ne disciplinano i criteri di redazione (7).

2. La Consob può esercitare in ogni caso le azioni previste dal comma 1 entro sei mesi dalla data di deposito del bilancio d'esercizio e del bilancio consolidato presso l'ufficio del registro delle imprese.

3. Il presente articolo non si applica alle società con azioni quotate solo in mercati regolamentati di altri paesi dell'Unione europea.

4. Per le società cooperative, la percentuale di capitale indicata nel comma 1 è rapportata al numero complessivo dei soci.

158. *Proposte di aumento di capitale* [...] (8). — 1. In caso di aumento di capitale con esclusione o limitazione del diritto di opzione, il parere sulla congruità del prezzo di emissione delle azioni è rilasciato da un revisore legale o da una società di revisione legale (9). Le proposte di aumento del capitale sociale sono comunicate al revisore legale o alla società di revisione legale (10), unitamente alla relazione illustrativa degli amministratori prevista dall'art. 2441, sesto comma, del codice civile, almeno quarantacinque giorni prima di quello fissato per l'assemblea che deve esaminarle. [...] (11).

2. La relazione degli amministratori e il parere del revisore legale o della società di revisione legale (12) sono messe a disposizione del pubblico con le modalità di cui all'art. 125-*ter*, comma 1, almeno ventuno giorni prima dell'assemblea (13) e finché questa abbia deliberato. Tali documenti devono essere allegati agli altri

(1) Comma così sostituito dall'art. 40.14, d.lg. 27 gennaio 2010, n. 39.

(2) Comma abrogato dall'art. 40.21, d.lg. 27 gennaio 2010, n. 39.

(3) Rubrica così sostituita dall'art. 2.4, d.lg. 2 febbraio 2007, n. 32. L'art. 5, d.lg. cit., così dispone: «Le disposizioni del presente decreto si applicano ai bilanci relativi agli esercizi aventi inizio dalla data successiva a quella della sua entrata in vigore».

(4) Commi abrogati dall'art. 40.21, d.lg. 27 gennaio 2010, n. 39.

(5) Comma così sostituito dall'art. 40.15, d.lg. 27 gennaio 2010, n. 39.

(6) Comma inserito dall'art. 2.7, d.lg. 2 febbraio 2007, n. 32, e successivamente abrogato dall'art. 40.21, d.lg. 27 gennaio 2010, n. 39.

(7) Comma così sostituito dall'art. 9.86, comma 1, d.lg. n. 6/2003, come modificato dall'art. 3.1, d.lg. n. 37/2004.

(8) Le parole «, di fusione, di scissione e di distribuzione di acconti sui dividendi» sono state soppresse dall'art. 3.25, lett. a, d.lg. 27 gennaio 2010, n. 27. In base all'art. 7.1, d.lg. n. 27/2010 cit., tali disposizioni «si applicano alle assemblee il cui avviso di convocazione sia pubblicato dopo il 31 ottobre 2010. Fino a tale data continuano ad applicarsi le disposizioni sostituite od abrogate dalle corrispondenti disposizioni del presente decreto legislativo».

(9) Le parole «da un revisore legale o da una società di revisione legale» sono state così sostituite alle precedenti «dal soggetto incaricato della revisione legale dei conti» dall'art. 1.16, d.lg. 11 ottobre 2012, n. 184.

(10) Le parole «al revisore legale o alla società di revisione legale» sono state così sostituite alle precedenti «alla società di revisione» dall'art. 40.16, lett. b, d.lg. 27 gennaio 2010, n. 39.

(11) Le parole «La società di revisione esprime il proprio parere entro trenta giorni.» sono state soppresse dall'art. 3.25, lett. b, d.lg. 27 gennaio 2010, n. 27. In base all'art. 7.1, d.lg. n. 27/2010 cit., tali disposizioni «si applicano alle assemblee il cui avviso di convocazione sia pubblicato dopo il 31 ottobre 2010. Fino a tale data continuano ad applicarsi le disposizioni sostituite od abrogate dalle corrispondenti disposizioni del presente decreto legislativo».

(12) Le parole «del revisore legale o della società di revisione legale» sono state così sostituite alle precedenti «della società di revisione» dall'art. 40.16, lett. c, d.lg. 27 gennaio 2010, n. 39.

(13) Le parole da «sono messe» fino a «assemblea» sono state così sostituite alle precedenti «devono restare depositati nella sede della società durante i quindici giorni che precedono l'assemblea» dall'art. 3.25, lett. c, d.lg. 27 gennaio 2010, n. 27. In base all'art. 7.1, d.lg. n. 27/2010 cit., tali disposizioni «si applicano alle assemblee il cui avviso di convocazione sia pubblicato dopo il 31 ottobre 2010. Fino a tale data continuano ad applicarsi le disposizioni sostituite od abrogate dalle corrispondenti disposizioni del presente decreto legislativo».

documenti richiesti per l'iscrizione della deliberazione nel registro delle imprese.

3. La disposizione del comma precedente si applica anche alla relazione del revisore legale o della società di revisione legale (1) prevista dall'art. 2441, comma 4, seconda parte, del codice civile (2).

3-*bis.* La relazione giurata dell'esperto designato dal tribunale ai sensi dell'art. 2343 del codice civile ovvero la documentazione indicata dall'art. 2343-*ter*, terzo comma, del codice civile, sono messe a disposizione del pubblico con le modalità previste all'art. 125-*ter*, comma 1, almeno ventuno giorni prima dell'assemblea e finché questa non abbia deliberato (3).

4. .... (4).

5. .... (4).

159. *Conferimento e revoca dell'incarico.* — 1. In caso di mancata nomina del revisore legale o della società di revisione legale, la società che deve conferire l'incarico informa tempestivamente la Consob, esponendo le cause che hanno determinato il ritardo nell'affidamento dell'incarico (5).

2-8. .... (6).

160. .... (7).

[**161.** *Albo speciale delle società di revisione.* — 1. La Consob provvede alla tenuta di un albo speciale delle società di revisione abilitate all'esercizio delle attività previste dagli artt. 155 e 158.

2. La Consob iscrive le società di revisione nell'albo speciale previo accertamento dei requisiti previsti dall'art. 6, comma 1, del d.lg. 27 gennaio 1992, n. 88, e del requisito di idoneità tecnica. Non può essere iscritta nell'albo speciale la società di revisione il cui amministratore si trovi in una delle situazioni previste dall'art. 8, comma 1, del d.lg. 27 gennaio 1992, n. 88.

3. Le società di revisione costituite all'estero possono essere iscritte nell'albo se in possesso dei requisiti previsti dal comma 2. Tali società trasmettono alla Consob una situazione contabile annuale riferita all'attività di revisione e organizzazione contabile esercitata in Italia.

4. Per l'iscrizione nell'albo le società di revisione devono essere munite di idonea garanzia prestata da banche, assicurazioni o intermediari iscritti nell'elenco speciale previsto dall'art. 107 del d.lg. 1° settembre 1993, n. 385, o avere stipulato una polizza di assicurazione della responsabilità civile per negligenze o errori professionali, comprensiva della garanzia per infedeltà dei dipendenti, per la copertura dei rischi derivanti dall'esercizio dell'attività di revisione contabile. L'ammontare della garanzia o della copertura assicurativa è stabilito annualmente dalla Consob per classi di volume d'affari e in base agli ulteriori parametri da essa eventualmente individuati con regolamento] (8) (9).

[**162.** *Vigilanza sulle società di revisione.* — 1.

(1) Le parole «del revisore legale o della società di revisione legale» sono state così sostituite alle precedenti «della società di revisione» dall'art. 40.16, lett. c, d.lg. 27 gennaio 2010, n. 39.

(2) Comma così sostituito dall'art. 9.87, comma 1, lett. a, d.lg. n. 6/2003, come modificato dall'art. 3.1, d.lg. n. 37/2004.

(3) Comma inserito dall'art. 3.21, d.lg. 18 giugno 2012, n. 91.

(4) Comma soppresso dall'art. 9.87, comma 1, lett. b, d.lg. n. 6/2003, come modificato dall'art. 3.1, d.lg. n. 37/2004.

(5) Comma così sostituito dall'art. 40.17, d.lg. 27 gennaio 2010, n. 39.

(6) Commi abrogati dall'art. 40.21, d.lg. 27 gennaio 2010, n. 39.

(7) Articolo abrogato dall'art. 40.21, d.lg. 27 gennaio 2010, n. 39.

(8) Le parole da «o avere stipulato» fino alla fine del comma sono state così sostituite alle precedenti «a copertura dei rischi derivanti dall'esercizio dell'attività di revisione contabile» dall'art. 18, comma 1, lett. d, l. 28 dicembre 2005, n. 262. In base all'art. 42, comma 4, l. cit.: «La disposizione di cui all'art. 161, comma 4, del t.u. di cui al d.lg. 24 febbraio 1998, n. 58, come modificato dall'art. 18, comma 1, lett. *d*), della presente legge, si applica a decorrere dal 1° gennaio dell'anno successivo a quello in corso alla data di entrata in vigore della presente legge. Fino a tale data, continuano ad applicarsi le disposizioni del medesimo art. 161, comma 4, nel testo vigente prima della data di entrata in vigore della presente legge».

(9) Articolo abrogato dall'art. 40.21, d.lg. 27 gennaio 2010, n. 39. In base all'art. 43.1, lett. i, d.lg. cit., l'articolo è abrogato, ma continua ad essere applicato «fino alla data di entrata in vigore dei regolamenti del Ministro dell'economia e delle finanze emanati ai sensi del presente decreto legislativo».

L'art. 43.4-9, d.lg. cit., così dispone: «4. Fino all'emanazione dei provvedimenti previsti dagli artt. 2, 3, 4, 5, 6, 7, 8, 9, 10, 11, 12, 13, 17, 20, per revisore legale si intende il soggetto iscritto nel Registro dei revisori contabili ai sensi del d.lg. 27 gennaio 1992, n. 88, e per società di revisione legale la società di revisione iscritta nell'Albo speciale delle società di revisione previsto dall'artt. 161 del d.lg. 24 febbraio 1998, n. 58, o nel Registro di cui al d.lg. 27 gennaio 1992, n. 88. || 5. Fino all'emanazione dei provvedimenti di cui al comma 1 i revisori legali e le società di revisione diverse da quelle iscritte nell'Albo di cui all'art. 161 del d.lg. 24 febbraio 1998, n. 58, non possono effettuare la revisione legale dei conti degli enti di interesse pubblico. || 6. In deroga al comma 5, gli incarichi che "nell'esercizio in corso" alla data di entrata in vigore del presente decreto risultano già conferiti ai sensi dell'art. 2409-*quater* del codice civile proseguono fino alla prima scadenza del mandato successiva all'emanazione dei

La Consob vigila sull'organizzazione e (1) sull'attività delle società iscritte nell'albo speciale per controllarne l'indipendenza e l'idoneità tecnica. Nello svolgimento di tale attività, la Consob provvede periodicamente, e comunque almeno ogni tre anni, a effettuare controlli di qualità sulle società di revisione iscritte nell'albo speciale tenuto dalla Consob. La Consob redige una relazione contenente le principali conclusioni del controllo eseguito ed eventuali raccomandazioni alla società di revisione di effettuare specifici interventi entro un termine prefissato. In caso di mancata, incompleta o tardiva effettuazione di tali interventi la Consob può applicare nei confronti della società di revisione i provvedimenti di cui all'art. 163. I risultati complessivi dei controlli di qualità sono illustrati dalla Consob nella relazione di cui all'art. 1, comma 13, del d.l. 8 aprile 1974, n. 95, convertito, con modificazioni, dalla l. 7 giugno 1974, n. 216 (2) (3).

2. Nell'esercizio della vigilanza, la Consob:

a) stabilisce, sentito il parere del Consiglio nazionale dell'Ordine dei dottori commercialisti e degli esperti contabili, i principi e i criteri da adottare per la revisione contabile, anche in relazione alla tipologia delle strutture societarie, amministrative e contabili delle società sottoposte a revisione;

b) può richiedere la comunicazione, anche periodica, di dati e notizie e la trasmissione di atti e documenti, fissando i relativi termini;

c) può eseguire ispezioni e assumere notizie e chiarimenti dai soci, dagli amministratori, dai membri degli organi di controllo e dai dirigenti della società di revisione (4).

3. Le società di revisione iscritte nell'albo speciale comunicano alla Consob entro trenta giorni la sostituzione degli amministratori, dei soci che rappresentano la società nella revisione contabile e dei direttori generali, nonché il trasferimento delle quote e delle azioni; entro lo stesso termine comunicano ogni altra modificazione della compagine sociale, dell'organo amministrativo e dei patti sociali, che incide sui requisiti indicati nell'art. 161, comma 2.

3-*bis*. Le società di revisione, in relazione a ciascun incarico di revisione loro conferito, comunicano alla Consob i nomi dei responsabili della revisione entro dieci giorni dalla data in cui essi sono stati designati] (5) (6).

[**163.** *Provvedimenti della Consob*. — 1. La Consob, quando accerta irregolarità nello svolgimento dell'attività di revisione, tenendo conto della loro gravità, può:

a) applicare alla società di revisione una sanzione amministrativa pecuniaria da diecimila a cinquecentomila euro;

b) intimare alle società di revisione di non avvalersi nell'attività di revisione contabile, per un periodo non superiore a cinque anni, del responsabile di una revisione contabile al quale sono ascrivibili le irregolarità;

c) revocare gli incarichi di revisione contabile ai sensi dell'art. 159, comma 6;

d) vietare alla società di accettare nuovi incarichi di revisione contabile per un periodo non superiore a tre anni (7).

provvedimenti di cui al comma 1. || 7. Fino all'emanazione dei provvedimenti di cui al comma 1, la Consob svolge l'attività di vigilanza di cui all'art. 22, comma 1, con riferimento ai soggetti iscritti nell'Albo di cui all'art. 161 del d.lg. 24 febbraio 1998, n. 58. || 8. Hanno diritto all'iscrizione nel Registro di cui all'art. 2 le persone fisiche e le società che, al momento dell'entrata in vigore del Registro di cui al Capo III, sono già iscritti al Registro dei revisori contabili di cui all'art. 1 del d.lg. 27 gennaio 1992, n. 88, e all'Albo speciale delle società di revisione di cui all'art. 161 del d.lg. 24 febbraio 1998, n. 58. || 9. Fino alla data di entrata in vigore dei provvedimenti di cui al comma 1, la Consob provvede all'iscrizione dei revisori e degli enti di revisione contabile di Paesi terzi di cui all'art. 34, comma 1, in un'apposita sezione dell'albo speciale delle società di revisione previsto dall'art. 161 del d.lg. 24 febbraio 1998, n. 58, secondo i termini e le modalità dalla stessa stabiliti».

(1) Le parole «sull'organizzazione e» sono state inserite dall'art. 3.18, lett. a, d.lg. 29 dicembre 2006, n. 303.

(2) In *Leggi coll. XIV, 5*.

(3) L'ultimo periodo era stato aggiunto dall'art. 18, comma 1, lett. e, n. 1, l. 28 dicembre 2005, n. 262. Successivamente è stato così sostituito dagli ultimi tre periodi dall'art. 3.18, lett. b, d.lg. 29 dicembre 2006, n. 303.

(4) Comma così sostituito dall'art. 18, comma 1, lett. e, n. 2, l. 28 dicembre 2005, n. 262.

(5) Comma aggiunto dall'art. 18, comma 1, lett. e, n. 3, l. 28 dicembre 2005, n. 262.

(6) Articolo abrogato dall'art. 40.21, d.lg. 27 gennaio 2010, n. 39. In base all'art. 43.1, lett. j, d.lg. cit., l'articolo è abrogato, ma i commi 3 e 3-*bis* continuano ad essere applicati «fino alla data di entrata in vigore dei regolamenti del Ministro dell'economia e delle finanze emanati ai sensi del presente decreto legislativo».

L'art. 43.3, d.lg. cit., così dispone: «I principi di revisione che alla data di entrata in vigore del presente decreto risultano emanati ai sensi dell'art. 162, comma 2, lett. *a*), del d.lg. 24 febbraio 1998, n. 58, continuano ad essere applicati fino alla data di entrata in vigore dei principi di revisione emanati ai sensi dell'art. 11 del presente decreto. Fino alla sottoscrizione della convenzione di cui all'art. 12, comma 1, i principi di revisione sono emanati ai sensi dell'art. 162, comma 2, lett. *a*), del d.lg. 24 febbraio 1998, n. 58».

(7) L'originario comma 1 è stato così sostituito con gli attuali commi 1 e 1-*bis* dall'art. 18, comma 1, lett. f, n. 1, l. 28 dicembre 2005, n. 262.

1-*bis*. Quando l'irregolarità consista nella violazione delle disposizioni dell'art. 160, l'irrogazione della sanzione prevista dal comma 1-*octies* del medesimo articolo non pregiudica l'applicabilità dei provvedimenti indicati nel comma 1 del presente articolo nei riguardi della società di revisione (1).

2. La Consob dispone la cancellazione dall'albo speciale quando:

a) le irregolarità sono di particolare gravità;

b) vengono meno i requisiti previsti per l'iscrizione nell'albo speciale e la società non provvede a ripristinarli entro il termine, non superiore a sei mesi, assegnato dalla Consob;

c) la società non ottempera ai provvedimenti indicati nel comma 1;

c-bis) la violazione attiene al divieto previsto dall'art. 160, qualora risulti la responsabilità della società. In tutti i casi, la Consob comunica i nomi dei soci o dei dipendenti personalmente responsabili della violazione al Ministro della giustizia, il quale ne dispone la cancellazione dal registro dei revisori contabili con il procedimento previsto dall'art. 10 del d.lg. 27 gennaio 1992, n. 88 (2).

3. La Consob può altresì disporre la cancellazione dall'albo speciale delle società di revisione che per un periodo continuativo di cinque anni non abbiano svolto incarichi di revisione comunicati alla Consob ai sensi dell'art. 159.

4. I provvedimenti di cancellazione dall'albo speciale e quelli previsti dal comma 1 sono comunicati agli interessati e al Ministero della giustizia; quest'ultimo comunica alla Consob i provvedimenti adottati nei confronti dei soggetti iscritti nel registro dei revisori contabili.

5. Il provvedimento di cancellazione dall'albo speciale è comunicato immediatamente alle società che hanno conferito l'incarico di revisione. Si applicano le disposizioni dell'art. 159, comma 6] (3).

164. .... (4).

[**165.** *Revisione contabile dei gruppi*. — 1. Le disposizioni della presente sezione, a eccezione dell'art. 157, si applicano anche alle società controllate da società con azioni quotate [...] (5) (6).

1-*bis*. La società incaricata della revisione contabile della società capogruppo quotata è interamente responsabile per la revisione del bilancio consolidato del gruppo. A questo fine, essa riceve i documenti di revisione dalle società incaricate della revisione contabile delle altre società appartenenti al gruppo; può chiedere alle suddette società di revisione o agli amministratori delle società appartenenti al gruppo ulteriori documenti e notizie utili alla revisione, nonché procedere direttamente ad accertamenti, ispezioni e controlli presso le medesime società. Ove ravvisi fatti censurabili, ne informa senza indugio la Consob e gli organi di controllo della società capogruppo e della società interessata (7).

2. La Consob detta con regolamento (8) disposizioni attuative del presente articolo stabilendo, in particolare, criteri di esenzione per le società controllate che non rivestono significativa rilevanza ai fini del consolidamento. Il regolamento è emanato d'intesa con le competenti autorità di vigilanza per la disciplina relativa ai soggetti da esse vigilati] (6) (4).

[**165**-*bis*. *Società che controllano società con azioni quotate*. — 1. Le disposizioni della presente sezione, ad eccezione dell'art. 157, si applicano altresì alle società che controllano società con azioni quotate e alle società sottopo-

(1) L'originario comma 1 è stato così sostituito con gli attuali commi 1 e 1-*bis* dall'art. 18, comma 1, lett. f, n. 1, l. 28 dicembre 2005, n. 262.

(2) Lettera aggiunta dall'art. 18, comma 1, lett. f, n. 2, l. 28 dicembre 2005, n. 262.

(3) Articolo abrogato dall'art. 40.21, d.lg. 27 gennaio 2010, n. 39. In base all'art. 43.1, lett. k, d.lg. cit., l'articolo è abrogato, ma i commi 1, lett. b, 2, lett. a, b e c, 4 e 5 continuano ad essere applicati «fino alla data di entrata in vigore dei regolamenti del Ministro dell'economia e delle finanze emanati ai sensi del presente decreto legislativo».

(4) Articolo abrogato dall'art. 40.21, d.lg. 27 gennaio 2010, n. 39.

(5) Periodo soppresso dall'art. 9.2, d.lg. 6 febbraio 2004, n. 37.

(6) L'art. 43.2, d.lg. 27 gennaio 2010, n. 39, così dispone: «Le disposizioni emanate dalla Consob ai sensi delle norme abrogate o sostituite dal presente decreto continuano ad essere applicate, in quanto compatibili, fino alla data di entrata in vigore dei provvedimenti emanati dalla Consob ai sensi del presente decreto nelle corrispondenti materie. In particolare, fino alla data di entrata in vigore dei regolamenti di cui all'art. 16, il conferimento e la durata degli incarichi di revisione delle società controllate da società con azioni quotate, delle società che controllano società con azioni quotate e delle società sottoposte con queste ultime a comune controllo, continuano a essere disciplinati dagli artt. 165, commi 1 e 2, 165-*bis*, commi 1 e 2, del d.lg. 24 febbraio 1998, n. 58, e dalle relative disposizioni attuative emanate dalla Consob».

(7) Comma inserito dall'art. 18, comma 1, lett. g, l. 28 dicembre 2005, n. 262.

(8) Deliberazione Consob 14 maggio 1999, n. 11971, in suppl. ord. a G.U., 28 maggio 1999, n. 123, modificata, da ultimo, con deliberazione Consob 21 novembre 2018, n. 20710, in G.U., 3 dicembre 2018, n. 281.

ste con queste ultime a comune controllo (1).

2. Alla società incaricata della revisione contabile della società capogruppo si applicano le disposizioni dell'art. 165, comma 1-*bis* (1).

3. La Consob detta con regolamento disposizioni attuative del presente articolo, stabilendo, in particolare, criteri di esenzione per le società sottoposte a comune controllo, di cui al comma 1, che non rivestono significativa rilevanza ai fini del consolidamento, tenuto conto anche dei criteri indicati dall'art. 28 del d.lg. 9 aprile 1991, n. 127] (2) (3).

Sezione VI-*bis*. — *Rapporti con società estere aventi sede legale in Stati che non garantiscono la trasparenza societaria* (4).

165-*ter*. *Ambito di applicazione*. — 1. Sono soggette alle disposizioni contenute nella presente sezione le società italiane con azioni quotate in mercati regolamentati, di cui all'art. 119, e le società italiane emittenti strumenti finanziari diffusi fra il pubblico in misura rilevante, ai sensi dell'art. 116, le quali controllino società aventi sede legale in Stati i cui ordinamenti non garantiscono la trasparenza della costituzione, della situazione patrimoniale e finanziaria e della gestione delle società, nonché le società italiane con azioni quotate in mercati regolamentati o emittenti strumenti finanziari diffusi fra il pubblico in misura rilevante, le quali siano collegate alle suddette società estere o siano da queste controllate.

2. Si applicano le nozioni di controllo previste dall'art. 93 e quelle di collegamento previste dall'art. 2359, terzo comma, del codice civile.

3. Gli Stati di cui al comma 1 sono individuati con decreti del Ministro della giustizia, di concerto con il Ministro dell'economia e delle finanze, sulla base dei seguenti criteri:

a) per quanto riguarda le forme e le condizioni per la costituzione delle società:

1) mancanza di forme di pubblicità dell'atto costitutivo e dello statuto, nonché delle successive modificazioni di esso;

2) mancanza del requisito di un capitale sociale minimo, idoneo a garantire i terzi creditori, per la costituzione delle società, nonché della previsione di scioglimento in caso di riduzione del capitale al di sotto del minimo legale, salvo il caso di reintegrazione entro un termine definito;

3) mancanza di norme che garantiscano l'effettività e l'integrità del capitale sociale sottoscritto, in particolare con la sottoposizione dei conferimenti costituiti da beni in natura o crediti alla valutazione da parte di un esperto appositamente nominato;

4) mancanza di forme di controllo, da parte di soggetti o organismi a ciò abilitati da specifiche disposizioni di legge, circa la conformità degli atti di cui al n. 1) alle condizioni richieste per la costituzione delle società;

b) per quanto riguarda la struttura delle società, mancanza della previsione di un organo di controllo distinto dall'organo di amministrazione, o di un comitato di controllo interno all'organo amministrativo, dotato di adeguati poteri di ispezione, controllo e autorizzazione sulla contabilità, sul bilancio e sull'assetto organizzativo della società, e composto da soggetti forniti di adeguati requisiti di onorabilità, professionalità e indipendenza;

c) per quanto riguarda il bilancio di esercizio:

1) mancanza della previsione dell'obbligo di redigere tale bilancio, comprendente almeno il conto economico e lo stato patrimoniale, con l'osservanza dei seguenti principi:

1.1) rappresentazione chiara, veritiera e corretta della situazione patrimoniale e finanziaria della società e del risultato economico dell'esercizio;

1.2) illustrazione chiara dei criteri di valutazione adottati nella redazione del conto economico e dello stato patrimoniale;

2) mancanza dell'obbligo di deposito, presso un organo amministrativo o giudiziario, del bilancio, redatto secondo i principi di cui al n. 1);

3) mancanza dell'obbligo di sottoporre

(1) L'art. 43.2, d.lg. 27 gennaio 2010, n. 39, così dispone: «Le disposizioni emanate dalla Consob ai sensi delle norme abrogate o sostituite dal presente decreto continuano ad essere applicate, in quanto compatibili, fino alla data di entrata in vigore dei provvedimenti emanati dalla Consob ai sensi del presente decreto nelle corrispondenti materie. In particolare, fino alla data di entrata in vigore dei regolamenti di cui all'art. 16, il conferimento e la durata degli incarichi di revisione delle società controllate da società con azioni quotate, delle società che controllano società con azioni quotate e delle società sottoposte con queste ultime a comune controllo, continuano a essere disciplinati dagli artt. 165, commi 1 e 2, 165-*bis*, commi 1 e 2, del d.lg. 24 febbraio 1998, n. 58, e dalle relative disposizioni attuative emanate dalla Consob».

(2) In *Leggi coll. XIV, 6*.

(3) Articolo aggiunto dall'art. 18, comma 1, lett. h, l. 28 dicembre 2005, n. 262, e successivamente abrogato dall'art. 40.21, d.lg. 27 gennaio 2010, n. 39.

(4) Sezione inserita dall'art. 6.1, l. 28 dicembre 2005, n. 262.

la contabilità e il bilancio delle società a verifica da parte dell'organo o del comitato di controllo di cui alla lett. *b*) ovvero di un revisore legale dei conti;

d) la legislazione del Paese ove la società ha sede legale impedisce o limita l'operatività della società stessa sul proprio territorio;

e) la legislazione del Paese ove la società ha sede legale esclude il risarcimento dei danni arrecati agli amministratori rimossi senza una giusta causa, ovvero consente che tale clausola sia contenuta negli atti costitutivi delle società o in altri strumenti negoziali;

f) mancata previsione di un'adeguata disciplina che impedisca la continuazione dell'attività sociale dopo l'insolvenza, senza ricapitalizzazione o prospettive di risanamento;

g) mancanza di adeguate sanzioni penali nei confronti degli esponenti aziendali che falsificano la contabilità e i bilanci.

4. Con i decreti del Ministro della giustizia, di cui al comma 3, possono essere individuati, in relazione alle forme e alle discipline societarie previste in ordinamenti stranieri, criteri equivalenti in base ai quali possano considerarsi soddisfatti i requisiti di trasparenza e di idoneità patrimoniale e organizzativa determinati nel presente articolo.

5. I decreti di cui al comma 3 possono individuare Stati i cui ordinamenti presentino carenze particolarmente gravi con riguardo ai profili indicati alle lett. *b*), *c*) e *g*) del medesimo comma 3.

6. Con proprio regolamento la Consob detta criteri in base ai quali è consentito alle società italiane di cui all'art. 119 e alle società italiane emittenti strumenti finanziari diffusi tra il pubblico in misura rilevante ai sensi dell'art. 116 di controllare imprese aventi sede in uno degli Stati di cui al comma 5. A tal fine sono prese in considerazione le ragioni di carattere imprenditoriale che motivano il controllo e l'esigenza di assicurare la completa e corretta informazione societaria.

7. In caso di inottemperanza alle disposizioni emanate ai sensi dei commi 5 e 6, la Consob può denunziare i fatti al tribunale ai fini dell'adozione delle misure previste dall'art. 2409 del codice civile (1).

165-*quater*. *Obblighi delle società italiane controllanti*. — 1. Le società italiane con azioni quotate in mercati regolamentati, di cui all'art. 119, e le società italiane emittenti strumenti finanziari diffusi fra il pubblico in misura rilevante, ai sensi dell'art. 116, le quali controllano società aventi sede legale in uno degli Stati determinati con i decreti di cui all'art. 165-*ter*, comma 3, allegano al proprio bilancio di esercizio o bilancio consolidato, qualora siano tenute a predisporlo, il bilancio della società estera controllata, redatto secondo i principi e le regole applicabili ai bilanci delle società italiane o secondo i principi contabili internazionalmente riconosciuti.

2. Il bilancio della società estera controllata, allegato al bilancio della società italiana ai sensi del comma 1, è sottoscritto dagli organi di amministrazione, dal direttore generale e dal dirigente preposto alla redazione dei documenti contabili societari di quest'ultima, che attestano la veridicità e la correttezza della rappresentazione della situazione patrimoniale e finanziaria e del risultato economico dell'esercizio. Al bilancio della società italiana è altresì allegato il parere espresso dall'organo di controllo della medesima sul bilancio della società estera controllata.

3. Il bilancio della società italiana controllante è corredato da una relazione degli amministratori sui rapporti intercorrenti fra la società italiana e la società estera controllata, con particolare riguardo alle reciproche situazioni debitorie e creditorie, e sulle operazioni compiute tra loro nel corso dell'esercizio cui il bilancio si riferisce, compresa la prestazione di garanzie per gli strumenti finanziari emessi in Italia o all'estero dai predetti soggetti. La relazione è altresì sottoscritta dal direttore generale e dal dirigente preposto alla redazione dei documenti contabili societari. È allegato ad essa il parere espresso dall'organo di controllo.

4. Il bilancio della società estera controllata, allegato al bilancio della società italiana ai sensi del comma 1, è sottoposto a revisione da parte del revisore legale o della società di revisione legale incaricata della revisione del bilancio della società italiana; ove tale soggetto non operi nello Stato in cui ha sede la società estera controllata, deve avvalersi di altro idoneo revisore o società di revisione, assumendo la responsabilità dell'operato di quest'ultimo. Ove la società italiana, non avendone l'obbligo, non abbia incaricato della revisione legale dei conti un revisore legale o una società di revisione

(1) L'art. 42.3, l. 28 dicembre 2005, n. 262 così dispone: «Le disposizioni contenute negli artt. 165-*ter*, 165-*quater* e 165-*quinquies* del t.u. di cui al d.lg. 24 febbraio 1998, n. 58, introdotti dall'art. 6, comma 1, della presente legge, si applicano alle società che vi sono soggette, a decorrere dall'esercizio successivo a quello in corso alla data di entrata in vigore della presente legge».

legale, deve comunque conferire tale incarico relativamente al bilancio della società estera controllata (1).

5. Il bilancio della società estera controllata, sottoscritto ai sensi del comma 2, con la relazione, i pareri ad esso allegati e il giudizio espresso dal soggetto (2) responsabile della revisione ai sensi del comma 4, sono trasmessi alla Consob (3).

165-*quinquies*. *Obblighi delle società italiane collegate*. — 1. Il bilancio delle società italiane con azioni quotate in mercati regolamentati, di cui all'art. 119, e delle società italiane emittenti strumenti finanziari diffusi fra il pubblico in misura rilevante, ai sensi dell'art. 116, le quali siano collegate a società aventi sede legale in uno degli Stati determinati con i decreti di cui all'art. 165-*ter*, comma 3, è corredato da una relazione degli amministratori sui rapporti intercorrenti fra la società italiana e la società estera collegata, con particolare riguardo alle reciproche situazioni debitorie e creditorie, e sulle operazioni compiute tra loro nel corso dell'esercizio cui il bilancio si riferisce, compresa la prestazione di garanzie per gli strumenti finanziari emessi in Italia o all'estero dai predetti soggetti. La relazione è altresì sottoscritta dal direttore generale e dal dirigente preposto alla redazione dei documenti contabili societari. È allegato ad essa il parere espresso dall'organo di controllo (3).

165-*sexies*. *Obblighi delle società italiane controllate*. — 1. Il bilancio delle società italiane con azioni quotate in mercati regolamentati, di cui all'art. 119, e delle società italiane emittenti strumenti finanziari diffusi fra il pubblico in misura rilevante, ai sensi dell'art. 116, ovvero che hanno ottenuto rilevanti concessioni di credito, le quali siano controllate da società aventi sede legale in uno degli Stati determinati con i decreti di cui all'art. 165-*ter*, comma 3, è corredato da una relazione degli amministratori sui rapporti intercorrenti fra la società italiana e la società estera controllante, nonché le società da essa controllate o ad essa collegate o sottoposte a comune controllo, con particolare riguardo alle reciproche situazioni debitorie e creditorie, e sulle operazioni compiute tra loro nel corso dell'esercizio cui il bilancio si riferisce, compresa la prestazione di garanzie per gli strumenti finanziari emessi in Italia o all'estero dai predetti soggetti. La relazione è altresì sottoscritta dal direttore generale e dal dirigente preposto alla redazione dei documenti contabili societari. È allegato ad essa il parere espresso dall'organo di controllo.

165-*septies*. *Poteri della Consob e disposizioni di attuazione*. — 1. La Consob esercita i poteri previsti dagli artt. 114 e 115, con le finalità indicate dall'art. 91, nei riguardi delle società italiane di cui alla presente sezione. Per accertare l'osservanza degli obblighi di cui alla presente sezione da parte delle società italiane, può esercitare i medesimi poteri nei riguardi delle società estere, previo consenso delle competenti autorità straniere, o chiedere l'assistenza o la collaborazione di queste ultime, anche sulla base di accordi di cooperazione con esse.

2. La Consob emana, con proprio regolamento, le disposizioni per l'attuazione della presente sezione.

PARTE V

SANZIONI

TITOLO I

Sanzioni penali

CAPO I

INTERMEDIARI E MERCATI

166. *Abusivismo*. — 1. È punito con la reclusione da uno a otto anni e con la multa da euro quattromila a euro diecimila chiunque, senza esservi abilitato ai sensi del presente decreto (4):

a) svolge servizi o attività (5) di investimento o di gestione collettiva del risparmio;

b) offre in Italia quote o azioni di Oicr;

c) offre fuori sede, ovvero promuove o colloca mediante tecniche di comunicazione a distanza, prodotti finanziari o (6) strumenti fi-

(1) Comma così sostituito dall'art. 40.18, d.lg. 27 gennaio 2010, n. 39.

(2) Le parole «dal soggetto» sono state così sostituite alle precedenti «dalla società» dall'art. 40.19, d.lg. 27 gennaio 2010, n. 39.

(3) L'art. 42.3, l. 28 dicembre 2005, n. 262 così dispone: «Le disposizioni contenute negli artt. 165-*ter*, 165-*quater* e 165-*quinquies* del t.u. di cui al d.lg. 24 febbraio 1998, n. 58, introdotti dall'art. 6, comma 1, della presente legge, si applicano alle società che vi sono soggette, a decorrere dall'esercizio successivo a quello in corso alla data di entrata in vigore della presente legge».

(4) Alinea così sostituito dall'art. 5.1, lett. a, d.lg. 3 agosto 2017, n. 129.

(5) Le parole «o attività» sono state inserite dall'art. 16.1, lett. a, d.lg. 17 settembre 2007, n. 164.

(6) Le parole «prodotti finanziari o» sono state inserite dall'art. 5.1, lett. b, d.lg. 3 agosto 2017, n. 129.

nanziari o servizi o attività (1) di investimento; *c-bis*) svolge servizi di comunicazione dati (2).

2. Con la stessa pena è punito chiunque esercita l'attività di consulente finanziario abilitato all'offerta fuori sede (3) senza essere iscritto nell'albo indicato dall'art. 31.

2-*bis*. Con la stessa pena è punito chiunque esercita l'attività di controparte centrale di cui al reg. (UE) n. 648/2012 del Parlamento europeo e del Consiglio, del 4 luglio 2012, senza aver ottenuto la preventiva autorizzazione ivi prevista (4).

3. Se vi è fondato sospetto che una società svolga servizi o attività (5) di investimento o il servizio di gestione collettiva del risparmio o i servizi di comunicazione dati (6) ovvero l'attività di cui al comma 2-*bis* (7) senza esservi abilitata ai sensi del presente decreto, la Banca d'Italia o la Consob denunziano i fatti al pubblico ministero ai fini dell'adozione dei provvedimenti previsti dall'art. 2409 del codice civile ovvero possono richiedere al tribunale l'adozione dei medesimi provvedimenti. Le spese per l'ispezione sono a carico della società (8).

167. *Gestione infedele*. — 1. Salvo che il fatto costituisca reato più grave, chi, nella prestazione del servizio di gestione di portafogli [...] (9) o del servizio di gestione collettiva del risparmio, in violazione delle disposizioni regolanti i conflitti di interesse, pone in essere operazioni che arrecano danno agli investitori, al fine di procurare a sé o ad altri un ingiusto profitto, è punito con l'arresto da sei mesi a tre anni (10) e con l'ammenda da lire dieci milioni [euro 5.164] a lire duecento milioni [euro 103.291] (11).

168. *Confusione di patrimoni*. — 1. Salvo che il fatto costituisca reato più grave, chi, nell'esercizio di servizi o attività (12) di investimento o di gestione collettiva del risparmio, ovvero nella custodia degli strumenti finanziari e delle disponibilità liquide di un Oicr, al fine di procurare a sé o ad altri un ingiusto profitto, viola le disposizioni concernenti la separazione patrimoniale arrecando danno agli investitori, è punito con l'arresto da sei mesi a tre anni (10) e con l'ammenda da lire dieci milioni [euro 5.164] a lire duecento milioni [euro 103.291] (11).

169. *Partecipazioni al capitale*. — 1. Salvo che il fatto costituisca reato più grave, chiunque fornisce informazioni false nelle comunicazioni previste dagli artt. 15, commi 1 e 3, 64-*bis*, comma 2 (13), o in quelle richieste ai sensi dell'art. 17, o in quelle previste dall'art. 31, par. 2, del reg. (UE) n. 648/2012 e dall'art. 27, par. 7, secondo periodo, del reg. (UE) n. 909/2014 è punito con l'arresto da un anno a tre anni e con l'ammenda da euro cinquemilacentosessantacinque a euro cinquantunomilaseicentoquarantasei (14).

170. *Gestione accentrata di strumenti finanziari*. — 1. Chiunque, nelle registrazioni o nelle certificazioni effettuate o rilasciate nell'ambito della gestione accentrata, attesta falsamente fatti di cui la registrazione o la certificazione è destinata a provare la verità ovvero dà corso al trasferimento o alla consegna degli strumenti finanziari o al trasferimento dei relativi diritti senza aver ottenuto in restituzione le certificazioni, è punito con la reclusione da tre mesi a due anni (10).

170-*bis*. *Ostacolo alle funzioni di vigilanza*

(1) Le parole «o attività» sono state inserite dall'art. 16.1, lett. b, d.lg. 17 settembre 2007, n. 164.

(2) Lettera aggiunta dall'art. 5.1, lett. c, d.lg. 3 agosto 2017, n. 129.

(3) Le parole «consulente finanziario abilitato all'offerta fuori sede» sono state così sostituite alle precedenti «promotore finanziario» dall'art. 1.39, l. 28 dicembre 2015, n. 208.

(4) Comma inserito dall'art. 1.1, lett. p, n. 1, l. 6 agosto 2013, n. 97.

(5) Le parole «o attività» sono state inserite dall'art. 16.1, lett. c, d.lg. 17 settembre 2007, n. 164.

(6) Le parole «o i servizi di comunicazione dati» sono state inserite dall'art. 5.1, lett. d, d.lg. 3 agosto 2017, n. 129.

(7) Le parole «ovvero l'attività di cui al comma 2-*bis*» sono state inserite dall'art. 33.1, lett. p, n. 2, l. 6 agosto 2013, n. 97.

(8) Comma così sostituito dall'art. 9.91, comma 1, d.lg. n. 6/2003, come modificato dall'art. 3.1, d.lg. n. 37/2004.

(9) Le parole «di investimento su base individuale» sono state soppresse dall'art. 16.2, d.lg. 17 settembre 2007, n. 164.

(10) In base all'art. 39.1, l. 28 dicembre 2005, n. 262, le pene previste da questo provvedimento «sono raddoppiate entro i limiti posti per ciascun tipo di pena dal libro I, titolo II, capo II, del codice penale».

(11) In base all'art. 39.3, l. 28 dicembre 2005, n. 262, le sanzioni pecuniarie previste da questo provvedimento «che non sono state modificate dalla presente legge, sono quintuplicate».

(12) Le parole «o attività» sono state inserite dall'art. 16.3, d.lg. 17 settembre 2007, n. 164.

(13) Le parole «64-*bis*, comma 2» sono state così sostituite alle precedenti «61, comma 6,» dall'art. 5.2, d.lg. 3 agosto 2017, n. 129.

(14) Comma così sostituito dall'art. 3.1, d.lg. 12 agosto 2016, n. 176.

della Banca d'Italia e della Consob (1). — 1. Fuori dai casi previsti dall'art. 2638 del codice civile, chiunque ostacola le funzioni di vigilanza attribuite alla Banca d'Italia e (2) alla Consob è punito con la reclusione fino a due anni (3) e con la multa da euro diecimila ad euro duecentomila (4) (5).

171. .... (6).

CAPO II

EMITTENTI

172. *Irregolare acquisto di azioni*. — 1. Gli amministratori di società con azioni quotate o di società da queste controllate che acquistano azioni proprie o della società controllante in violazione delle disposizioni dell'art. 132 sono puniti con la reclusione da sei mesi a tre anni (3) e con la multa da lire quattrocentomila [euro 206] a lire due milioni [euro 1.032] (4).

2. La disposizione prevista dal comma 1 non si applica se l'acquisto è operato [...] (7) secondo modalità diverse da quelle stabilite dalla Consob con regolamento, ma comunque idonee ad assicurare la parità di trattamento tra gli azionisti (8).

2-*bis*. La disposizione prevista dal comma 1 si applica agli amministratori di società con azioni negoziate su un sistema multilaterale di negoziazione italiano (9).

173. *Omessa alienazione di partecipazioni*. — 1. Gli amministratori di società con azioni quotate, o di società che partecipano al capitale di società con azioni quotate, i quali violano gli obblighi di alienazione delle partecipazioni previsti dagli artt. 110 e 121 sono puniti con la reclusione fino ad un anno (3) e con la multa da euro venticinquemila a euro duemilionicinquecentomila (10).

173-*bis*. *Falso in prospetto*. — 1. Chiunque, allo scopo di conseguire per sé o per altri un ingiusto profitto, nei prospetti richiesti per la offerta al pubblico di prodotti finanziari (11) o l'ammissione alla quotazione nei mercati regolamentati, ovvero nei documenti da pubblicare in occasione delle offerte pubbliche di acquisto o di scambio, con l'intenzione di ingannare i destinatari del prospetto, espone false informazioni od occulta dati o notizie in modo idoneo a indurre in errore i suddetti destinatari, è punito con la reclusione da uno a cinque anni (12).

174. .... (6).

CAPO III

REVISIONE CONTABILE

174-*bis*-174-*ter*. .... (13).

175-176. .... (14).

177-179. .... (15).

TITOLO I-*bis*

Abusi di mercato (16)

(1) Rubrica così sostituita alla precedente «Ostacolo alle funzioni di vigilanza della Consob» dall'art. 24.1, lett. b, n. 1, d.l. 18 ottobre 2012, n. 179, conv. in l. 17 dicembre 2012, n. 221.

(2) Le parole «alla Banca d'Italia e» sono state inserite dall'art. 24.1, lett. b, n. 2, d.l. 18 ottobre 2012, n. 179, conv. in l. 17 dicembre 2012, n. 221.

(3) In base all'art. 39.1, l. 28 dicembre 2005, n. 262, le pene previste da questo provvedimento «sono raddoppiate entro i limiti posti per ciascun tipo di pena dal libro I, titolo II, capo II, del codice penale».

(4) In base all'art. 39.3, l. 28 dicembre 2005, n. 262, le sanzioni pecuniarie previste da questo provvedimento «che non sono state modificate dalla presente legge, sono quintuplicate».

(5) Articolo inserito dall'art. 9.1, lett. l, l. 18 aprile 2005, n. 62.

(6) Articolo abrogato dall'art. 8, d.lg. 11 aprile 2002, n. 61.

(7) Le parole «sul mercato regolamentato» sono state soppresse dall'art. 4.1, lett. a, d.lg. 10 agosto 2018, n. 107.

(8) Comma così sostituito dall'art. 2.2, d.lg. 29 novembre 2010, n. 224.

(9) Comma aggiunto dall'art. 4.1, lett. b, d.lg. 10 agosto 2018, n. 107.

(10) Le parole «da euro venticinquemila a euro duemilionicinquecentomila» sono state così sostituite alle precedenti «da lire duecentomila a lire due milioni» dall'art. 5.1, d.lg. 19 novembre 2007, n. 229.

(11) Le parole «offerta al pubblico di prodotti finanziari» sono state così sostituite alle precedenti «sollecitazione all'investimento» dall'art. 4.1, lett. c, d.lg. 28 marzo 2007, n. 51.

(12) Articolo inserito dall'art. 34, l. 28 dicembre 2005, n. 262.

(13) Articolo premesso dall'art. 35, l. 28 dicembre 2005, n. 262, e successivamente abrogato dall'art. 40.21, d.lg. 27 gennaio 2010, n. 39.

(14) Articoli abrogati dall'art. 8, d.lg. 11 aprile 2002, n. 61.

(15) Articoli abrogati dall'art. 40.21, d.lg. 27 gennaio 2010, n. 39.

(16) Il Titolo I-*bis* ha sostituito l'originario Capo IV (*Abuso di informazioni privilegiate e aggiotaggio su strumenti finanziari*) per effetto dall'art. 9.2, lett. a, l. 18 aprile 2005, n. 62. In base all'art. 9.6, della medesima l. n. 62/2005: «Le disposizioni previste dalla parte V, titolo I-*bis*, del t.u. di cui al d.lg. 28 febbraio 1998, n. 58, si applicano anche alle violazioni commesse anteriormente alla data di entrata in vigore della presente legge che le ha de-

CAPO I

Disposizioni generali

180. *Definizioni*. — 1. Ai fini del presente titolo si intendono per:

a) «strumenti finanziari»:

1) gli strumenti finanziari di cui all'art. 1, comma 2, ammessi alla negoziazione o per i quali è stata presentata una richiesta di ammissione alle negoziazioni in un mercato regolamentato italiano o di altro Paese dell'Unione europea [...] (1);

2) gli strumenti finanziari di cui all'art. 1, comma 2, ammessi alla negoziazione o per i quali è stata presentata una richiesta di ammissione alle negoziazioni in un sistema multilaterale di negoziazione italiano o di altro Paese dell'Unione europea (2);

2-*bis*) gli strumenti finanziari negoziati su un sistema organizzato di negoziazione italiano o di altro Paese dell'Unione europea (3);

2-*ter*) gli strumenti finanziari non contemplati dai precedenti numeri, il cui prezzo o valore dipende dal prezzo o dal valore di uno strumento finanziario ivi menzionato, ovvero ha un effetto su tale prezzo o valore, compresi, non in via esclusiva, i *credit default swap* e i contratti differenziali (3);

b) «contratto a pronti su merci»: un contratto a pronti su merci quale definito nell'art. 3, par. 1, punto 15), del reg. (UE) n. 596/2014 (4);

b-bis) «programma di riacquisto di azioni proprie»: la negoziazione di azioni proprie ai sensi dell'art. 132 (5);

b-ter) «informazione privilegiata»: l'informazione contemplata dall'art. 7, paragrafi da 1 a 4, del reg. (UE) n. 596/2014 (5);

b-quater) «indice di riferimento (*benchmark*)»: l'indice di riferimento (*benchmark*), quale definito nell'art. 3, par. 1, punto 29), del reg. (UE) n. 596/2014 (5);

c) «prassi di mercato ammessa»: prassi ammessa dalla Consob conformemente all'art. 13 del reg. (UE) n. 596/2014 (6) (7);

c-bis) «stabilizzazione»: la stabilizzazione quale definita nell'art. 3, par. 2, lett. *d*), del reg. (UE) n. 596/2014 (8);

c-ter) «emittente»: l'emittente quale definito nell'art. 3, par. 1, punto 21), del reg. (UE) n. 596/2014 (8);

d) «ente»: uno dei soggetti indicati nell'art. 1 del d.lg. 8 giugno 2001, n. 231.

181. . . . . (9).

182. *Ambito di applicazione*. — 1. I reati e gli illeciti previsti dal presente titolo sono puniti secondo la legge italiana anche se commessi all'estero, qualora attengano a strumenti finanziari ammessi o per i quali è stata presentata una richiesta di ammissione alla negoziazione in un mercato regolamentato italiano o in un

penalizzate, quando il relativo procedimento penale non sia stato definito. Per ogni altro effetto si applica l'art. 2 del codice penale. L'autorità giudiziaria, in relazione ai procedimenti penali per le violazioni non costituenti più reato, pendenti alla data di entrata in vigore della presente legge, se non deve pronunciare decreto di archiviazione o sentenza di assoluzione o di proscioglimento con formula che esclude la rilevanza penale del fatto, dispone la trasmissione degli atti alla Consob. Da tale momento decorre il termine di centottanta giorni per la notifica dell'atto di contestazione delle violazioni». La Corte cost., con sentenza 5 dicembre 2018, n. 223, ha dichiarato successivamente l'illegittimità costituzionale dell'art. 9.6, l. n. 62/2005 cit., «nella parte in cui stabilisce che la confisca per equivalente prevista dall'art. 187-*sexies* del d.lg. 24 febbraio 1998, n. 58, si applica, allorché il procedimento penale non sia stato definito, anche alle violazioni commesse anteriormente alla data di entrata in vigore della stessa l. n. 62 del 2005, quando il complessivo trattamento sanzionatorio conseguente all'intervento di depenalizzazione risulti in concreto più sfavorevole di quello applicabile in base alla disciplina previgente».

La rubrica del Titolo I-*bis* è stata così sostituita alla precedente «Abuso di informazioni privilegiate e manipolazione del mercato» dall'art. 4.2, d.lg. 10 agosto 2018, n. 107.

(1) Le parole «, nonché qualsiasi altro strumento ammesso o per il quale è stata presentata una richiesta di ammissione alle negoziazioni in un mercato regolamentato di un Paese dell'Unione europea» sono state soppresse dall'art. 4.3, lett. a, d.lg. 10 agosto 2018, n. 107.

(2) Lettera sostituita dall'art. 1.13, d.lg. 17 luglio 2009, n. 101. Il n. 2) è stato così sostituito successivamente dall'art. 4.3, lett. b, d.lg. 10 agosto 2018, n. 107.

(3) Numero aggiunto dall'art. 4.3, lett. c, d.lg. 10 agosto 2018, n. 107.

(4) Lettera così sostituita dall'art. 4.1, lett. d, d.lg. 10 agosto 2018, n. 107.

(5) Lettera inserita dall'art. 4.1, lett. e, d.lg. 10 agosto 2018, n. 107.

(6) Lettera così sostituita dall'art. 4.1, lett. f, d.lg. 10 agosto 2018, n. 107.

(7) Deliberazione Consob 29 ottobre 2007, n. 16191, in suppl. ord. n. 222 a G.U., 2 novembre 2007, n. 255, che all'art. 51.5 abroga le disposizioni del regolamento adottato con delibera n. 11768 del 23 dicembre 1998 e successive modifiche, fatte salve quelle contenute nel Titolo II, Capo IV, nel Titolo III e nel Titolo IV, nonché gli allegati 1, 2 e 4 al medesimo regolamento, deliberazione modificata da ultimo con deliberazione Consob 28 dicembre 2017, n. 20249, in G.U., 2 gennaio 2018, n. 1. V. anche deliberazione Consob 3 aprile 2019, n. 20876, in G.U., 16 aprile 2019, n. 90.

(8) Lettera inserita dall'art. 4.1, lett. g, d.lg. 10 agosto 2018, n. 107.

(9) Articolo abrogato dall'art. 4.4, d.lg. 10 agosto 2018, n. 107.

sistema multilaterale di negoziazione italiano (1), o a strumenti finanziari negoziati su un sistema organizzato di negoziazione italiano (2).

2. Salvo quanto previsto dal comma 1, le disposizioni degli artt. 184, 185, 187-*bis* e 187-*ter* si applicano ai fatti concernenti strumenti finanziari ammessi alla negoziazione o per i quali è stata presentata una richiesta di ammissione alla negoziazione in un mercato regolamentato italiano o di altri Paesi dell'Unione europea.

2-*bis*. Le disposizioni degli artt. 184, 185, 187-*bis* e 187-*ter* si applicano anche alle condotte o alle operazioni, comprese le offerte, relative alle aste su una piattaforma d'asta autorizzata come un mercato regolamentato di quote di emissioni o di altri prodotti oggetto d'asta correlati, anche quando i prodotti oggetto d'asta non sono strumenti finanziari, ai sensi del reg. (UE) n. 1031/2010 (3).

183. *Esenzioni.* — 1. Le disposizioni di cui al presente titolo non si applicano:

a) alle operazioni, agli ordini o alle condotte previsti dall'art. 6 del reg. (UE) n. 596/2014, dai soggetti ivi indicati, nell'ambito della politica monetaria, della politica dei cambi o nella gestione del debito pubblico, nonché nell'ambito delle attività della politica climatica dell'Unione o nell'ambito della politica agricola comune o della politica comune della pesca dell'Unione;

b) alle negoziazioni di azioni proprie effettuate ai sensi dell'art. 5 del reg. (UE) n. 596/2014 (4).

CAPO II

SANZIONI PENALI

184. *Abuso di informazioni privilegiate.* — 1. È punito con la reclusione da uno a sei anni (5) e con la multa da euro ventimila a euro tre milioni (6) chiunque, essendo in possesso di informazioni privilegiate in ragione della sua qualità di membro di organi di amministrazione, direzione o controllo dell'emittente, della partecipazione al capitale dell'emittente, ovvero dell'esercizio di un'attività lavorativa, di una professione o di una funzione, anche pubblica, o di un ufficio:

a) acquista, vende o compie altre operazioni, direttamente o indirettamente, per conto proprio o per conto di terzi, su strumenti finanziari utilizzando le informazioni medesime;

b) comunica tali informazioni ad altri, al di fuori del normale esercizio del lavoro, della professione, della funzione o dell'ufficio o di un sondaggio di mercato effettuato ai sensi dell'art. 11 del reg. (UE) n. 596/2014 (7);

c) raccomanda o induce altri, sulla base di esse, al compimento di taluna delle operazioni indicate nella lett. *a*).

2. La stessa pena di cui al comma 1 si applica a chiunque essendo in possesso di informazioni privilegiate a motivo della preparazione o esecuzione di attività delittuose compie taluna delle azioni di cui al medesimo comma 1.

3. Il giudice può aumentare la multa fino al triplo (6) o fino al maggiore importo di dieci volte (6) il prodotto o il profitto conseguito dal reato quando, per la rilevante offensività del fatto, per le qualità personali del colpevole o per l'entità del prodotto o del profitto conseguito dal reato, essa appare inadeguata anche se applicata nel massimo.

3-*bis*. Nel caso di operazioni relative agli strumenti finanziari di cui all'art. 180, comma 1, lett. *a*), nn. 2), 2-*bis*) e 2-*ter*), limitatamente agli strumenti finanziari il cui prezzo o valore dipende dal prezzo o dal valore di uno strumento finanziario di cui ai nn. 2) e 2-*bis*) ovvero ha un effetto su tale prezzo o valore, o relative alle aste su una piattaforma d'asta autorizzata come un mercato regolamentato di quote di

(1) Le parole «o in un sistema multilaterale di negoziazione italiano» sono state aggiunte dall'art. 1.14, d.lg. 17 luglio 2009, n. 101.

(2) Le parole «, o a strumenti finanziari negoziati su un sistema organizzato di negoziazione italiano» sono state aggiunte dall'art. 4.5, lett. a, d.lg. 10 agosto 2018, n. 107.

(3) Comma aggiunto dall'art. 1.15, d.lg. 17 luglio 2009, n. 101, e successivamente così sostituito dall'art. 4.5, lett. b, d.lg. 10 agosto 2018, n. 107.

(4) Articolo così sostituito dall'art. 4.6, d.lg. 10 agosto 2018, n. 107.

(5) In base all'art. 39.1, l. 28 dicembre 2005, n. 262, le pene previste da questo provvedimento «sono raddoppiate entro i limiti posti per ciascun tipo di pena dal libro I, titolo II, capo II, del codice penale».

(6) In base all'art. 39.3, l. 28 dicembre 2005, n. 262, le sanzioni pecuniarie previste da questo provvedimento «che non sono state modificate dalla presente legge, sono quintuplicate».

(7) Le parole «o di un sondaggio di mercato effettuato ai sensi dell'art. 11 del reg. (UE) n. 596/2014» sono state aggiunte dall'art. 4.7, lett. a, d.lg. 10 agosto 2018, n. 107.

emissioni (1), la sanzione penale è quella dell'ammenda fino a euro centotremila e duecentonovantuno e dell'arresto fino a tre anni (2).

4. .... (3).

185. *Manipolazione del mercato*. — 1. Chiunque diffonde notizie false o pone in essere operazioni simulate o altri artifizi concretamente idonei a provocare una sensibile alterazione del prezzo di strumenti finanziari, è punito con la reclusione da uno a sei anni (4) e con la multa da euro ventimila a euro cinque milioni (5).

1-*bis*. Non è punibile chi ha commesso il fatto per il tramite di ordini di compravendita o operazioni effettuate per motivi legittimi e in conformità a prassi di mercato ammesse, ai sensi dell'art. 13 del reg. (UE) n. 596/2014 (6).

2. Il giudice può aumentare la multa fino al triplo (5) o fino al maggiore importo di dieci volte (5) il prodotto o il profitto conseguito dal reato quando, per la rilevante offensività del fatto, per le qualità personali del colpevole o per l'entità del prodotto o del profitto conseguito dal reato, essa appare inadeguata anche se applicata nel massimo.

2-*bis*. Nel caso di operazioni relative agli strumenti finanziari di cui all'art. 180, comma 1, lett. *a*), nn. 2), 2-*bis*) e 2-*ter*), limitatamente agli strumenti finanziari il cui prezzo o valore dipende dal prezzo o dal valore di uno strumento finanziario di cui ai nn. 2) e 2-*bis*) ovvero ha un effetto su tale prezzo o valore, o relative alle aste su una piattaforma d'asta autorizzata come un mercato regolamentato di quote di emissioni (7), la sanzione penale è quella dell'ammenda fino a euro centotremila e duecentonovantuno e dell'arresto fino a tre anni (8).

2-*ter*. Le disposizioni del presente articolo si applicano anche:

a) ai fatti concernenti i contratti a pronti su merci che non sono prodotti energetici all'ingrosso, idonei a provocare una sensibile alterazione del prezzo o del valore degli strumenti finanziari di cui all'art. 180, comma 1, lett. *a*);

b) ai fatti concernenti gli strumenti finanziari, compresi i contratti derivati o gli strumenti derivati per il trasferimento del rischio di credito, idonei a provocare una sensibile alterazione del prezzo o del valore di un contratto a pronti su merci, qualora il prezzo o il valore dipendano dal prezzo o dal valore di tali strumenti finanziari;

c) ai fatti concernenti gli indici di riferimento (*benchmark*) (9).

186. *Pene accessorie*. — 1. La condanna per taluno dei delitti previsti dal presente capo importa l'applicazione delle pene accessorie previste dagli artt. 28, 30, 32-*bis* e 32-*ter* del codice penale per una durata non inferiore a sei mesi e non superiore a due anni, nonché la pubblicazione della sentenza su almeno due quotidiani, di cui uno economico, a diffusione nazionale.

187. *Confisca*. — 1. In caso di condanna per uno dei reati previsti dal presente capo è disposta la confisca del prodotto o del profitto conseguito dal reato e dei beni utilizzati per commetterlo.

2. Qualora non sia possibile eseguire la confisca a norma del comma 1, la stessa può avere ad oggetto una somma di denaro o beni di valore equivalente.

3. Per quanto non stabilito nei commi 1 e 2 si applicano le disposizioni dell'art. 240 del codice penale.

CAPO III

SANZIONI AMMINISTRATIVE

187-*bis*. *Abuso e comunicazione illecita di informazioni privilegiate* (10). — 1. Salve le sanzioni penali quando il fatto costituisce reato, è punito con la sanzione amministrativa pecuniaria da ventimila euro a cinque milioni di euro

(1) Le parole da «nn. 2),» fino a «emissioni» sono state così sostituite alle precedenti «n. 2)» dall'art. 4.7, lett. b, d.lg. 10 agosto 2018, n. 107.

(2) Comma inserito dall'art. 1.17, d.lg. 17 luglio 2009, n. 101.

(3) Comma abrogato dall'art. 4.7, lett. c, d.lg. 10 agosto 2018, n. 107.

(4) In base all'art. 39.1, l. 28 dicembre 2005, n. 262, le pene previste da questo provvedimento «sono raddoppiate entro i limiti posti per ciascun tipo di pena dal libro I, titolo II, capo II, del codice penale».

(5) In base all'art. 39.3, l. 28 dicembre 2005, n. 262, le sanzioni pecuniarie previste da questo provvedimento «che non sono state modificate dalla presente legge, sono quintuplicate».

(6) Comma inserito dall'art. 4.8, lett. a, d.lg. 10 agosto 2018, n. 107.

(7) Le parole da «nn. 2),» fino a «emissioni» sono state così sostituite alle precedenti «n. 2)» dall'art. 4.8, lett. b, d.lg. 10 agosto 2018, n. 107.

(8) Comma aggiunto dall'art. 1.18, d.lg. 17 luglio 2009, n. 101.

(9) Comma aggiunto dall'art. 4.8, lett. c, d.lg. 10 agosto 2018, n. 107.

(10) Rubrica così sostituita alla precedente «Abuso di informazioni privilegiate» dall'art. 4.9, lett. a, d.lg. 10 agosto 2018, n. 107.

chiunque viola il divieto di abuso di informazioni privilegiate e di comunicazione illecita di informazioni privilegiate di cui all'art. 14 del reg. (UE) n. 596/2014 (1).

2-4. .... (2).

5. Le sanzioni amministrative pecuniarie previste dal presente articolo sono aumentate fino al triplo o fino al maggiore importo di dieci volte il profitto conseguito ovvero le perdite evitate per effetto dell'illecito quando, tenuto conto dei criteri elencati all'art. 194-*bis* e della entità del prodotto o del profitto dell'illecito, esse appaiono inadeguate anche se applicate nel massimo (3).

6. Per le fattispecie previste dal presente articolo il tentativo è equiparato alla consumazione.

187-*ter*. *Manipolazione del mercato*. — 1. Salve le sanzioni penali quando il fatto costituisce reato, è punito con la sanzione amministrativa pecuniaria da ventimila euro a cinque milioni di euro chiunque viola il divieto di manipolazione del mercato di cui all'art. 15 del reg. (UE) n. 596/2014 (4).

2. Si applica la disposizione dell'art. 187-*bis*, comma 5 (4).

3. .... (5).

4. Non può essere assoggettato a sanzione amministrativa ai sensi del presente articolo chi dimostri di avere agito per motivi legittimi e in conformità alle prassi di mercato ammesse nel mercato interessato (6).

5-7. .... (7).

187-*ter*.1. *Sanzioni relative alle violazioni delle disposizioni del reg. (UE) n. 596/2014 del Parlamento europeo e del Consiglio, del 16 aprile 2014*. — 1. Nei confronti di un ente o di una società, in caso di violazione degli obblighi previsti dall'art. 16, paragrafi 1 e 2, dall'art. 17, paragrafi 1, 2, 4, 5 e 8, del reg. (UE) n. 596/2014, dagli atti delegati e dalle relative norme tecniche di regolamentazione e di attuazione, nonché dall'art. 114, comma 3, del presente decreto, si applica una sanzione amministrativa pecuniaria da cinquemila euro fino a duemilionicinquecentomila euro, ovvero al due per cento del fatturato, quando tale importo è superiore a duemilionicinquecentomila euro e il fatturato è determinabile ai sensi dell'art. 195, comma 1-*bis*.

2. Se le violazioni indicate dal comma 1 sono commesse da una persona fisica, si applica nei confronti di quest'ultima una sanzione amministrativa pecuniaria da cinquemila euro fino a un milione di euro.

3. Fermo quanto previsto dal comma 1, la sanzione indicata dal comma 2 si applica nei confronti degli esponenti aziendali e del personale della società o dell'ente responsabile della violazione, nei casi previsti dall'art. 190-*bis*, comma 1, lett. *a*).

4. Nei confronti di un ente o di una società, in caso di violazione degli obblighi previsti dall'art. 18, paragrafi da 1 a 6, dall'art. 19, parr. 1, 2, 3, 5, 6, 7 e 11, dall'art. 20, par. 1, del reg. (UE) n. 596/2014, dagli atti delegati e dalle relative norme tecniche di regolamentazione e di attuazione, si applica una sanzione amministrativa pecuniaria da cinquemila euro fino a un milione di euro.

5. Se le violazioni indicate dal comma 4 sono commesse da una persona fisica, si applica nei confronti di quest'ultima una sanzione amministrativa pecuniaria da cinquemila euro fino a cinquecentomila euro.

6. Fermo quanto previsto dal comma 4, la sanzione indicata dal comma 5 si applica nei confronti degli esponenti aziendali e del personale della società o dell'ente responsabile della violazione, nei casi previsti dall'art. 190-*bis*, comma 1, lett. *a*).

7. Se il vantaggio ottenuto dall'autore della violazione come conseguenza della violazione stessa è superiore ai limiti massimi indicati nel presente articolo, la sanzione amministrativa pecuniaria è elevata fino al triplo dell'ammontare del vantaggio ottenuto, purché tale ammontare sia determinabile.

8. La Consob, anche unitamente alle sanzioni amministrative pecuniarie previste dal presente articolo, può applicare una o più delle misure amministrative previste dall'art. 30, par. 2, lettere da *a*) a *g*), del reg. (UE) n. 596/2014.

9. Quando le infrazioni sono connotate da scarsa offensività o pericolosità, in luogo delle sanzioni pecuniarie previste dal presente articolo, la Consob, ferma la facoltà di disporre la confisca di cui all'art. 187-*sexies*, può applicare una delle seguenti misure amministrative:

(1) Comma così sostituito dall'art. 4.9, lett. b, d.lg. 10 agosto 2018, n. 107.
(2) Commi abrogati dall'art. 4.9, lett. c, d.lg. 10 agosto 2018, n. 107.
(3) Comma così sostituito dall'art. 4.9, lett. d, d.lg. 10 agosto 2018, n. 107.
(4) Comma così sostituito dall'art. 4.10, lett. a, d.lg. 10 agosto 2018, n. 107.
(5) Comma abrogato dall'art. 4.10, lett. b, d.lg. 10 agosto 2018, n. 107.
(6) Comma così sostituito dall'art. 4.10, lett. c, d.lg. 10 agosto 2018, n. 107.
(7) Commi abrogati dall'art. 4.10, lett. d, d.lg. 10 agosto 2018, n. 107.

a) un ordine di eliminare le infrazioni contestate, con eventuale indicazione delle misure da adottare e del termine per l'adempimento, e di astenersi dal ripeterle;

b) una dichiarazione pubblica avente ad oggetto la violazione commessa e il soggetto responsabile, quando l'infrazione contestata è cessata.

10. L'inosservanza degli obblighi prescritti con le misure di cui all'art. 30, par. 2, del reg. (UE) n. 596/2014, entro il termine stabilito, importa l'aumento fino ad un terzo della sanzione amministrativa pecuniaria irrogata ovvero l'applicazione della sanzione amministrativa pecuniaria prevista per la violazione originariamente contestata aumentata fino ad un terzo.

11. Alle sanzioni amministrative pecuniarie previste dal presente articolo non si applicano gli artt. 6, 10, 11 e 16 della l. 24 novembre 1981, n. 689 (1).

187-*quater*. *Sanzioni amministrative accessorie*. — 1. L'applicazione delle sanzioni amministrative pecuniarie previste dagli artt. 187-*bis* e 187-*ter* importa:

a) l'interdizione temporanea dallo svolgimento di funzioni di amministrazione, direzione e controllo presso soggetti autorizzati ai sensi del presente decreto, del d.lg. 1º settembre 1993, n. 385 (2), del d.lg. 7 settembre 2005, n. 209 (3), o presso fondi pensione;

b) l'interdizione temporanea dallo svolgimento di funzioni di amministrazione, direzione e controllo di società quotate e di società appartenenti al medesimo gruppo di società quotate;

c) la sospensione dal Registro, ai sensi dell'art. 26, commi 1, lett. *d*), e 1-*bis*, del d.lg. 27 gennaio 2010, n. 39 (4), del revisore legale, della società di revisione legale o del responsabile dell'incarico;

d) la sospensione dall'albo di cui all'art. 31, comma 4, per i consulenti finanziari abilitati all'offerta fuori sede;

e) la perdita temporanea dei requisiti di onorabilità per i partecipanti al capitale dei soggetti indicati alla lett. *a*) (5).

1-*bis*. Fermo quanto previsto dal comma 1, la Consob, con il provvedimento di applicazione delle sanzioni amministrative pecuniarie previste dall'art. 187-*ter*.1, può applicare le sanzioni amministrative accessorie indicate dal comma 1, lett. *a*) e *b*) (6).

2. Le sanzioni amministrative accessorie di cui ai commi 1 e 1-*bis* hanno una durata non inferiore a due mesi e non superiore a tre anni (7).

2-*bis*. Quando l'autore dell'illecito ha già commesso, due o più volte negli ultimi dieci anni, uno dei reati previsti nel Capo II ovvero una violazione, con dolo o colpa grave, delle disposizioni previste dagli artt. 187-*bis* e 187-*ter*, si applica la sanzione amministrativa accessoria dell'interdizione permanente dallo svolgimento delle funzioni di amministrazione, direzione e controllo all'interno dei soggetti indicati nel comma 1, lett. *a*) e *b*), nel caso in cui al medesimo soggetto sia stata già applicata l'interdizione per un periodo complessivo non inferiore a cinque anni (8).

3. Con il provvedimento di applicazione delle sanzioni amministrative pecuniarie previste dal presente capo la Consob, tenuto conto della gravità della violazione e del grado della colpa, può intimare ai soggetti abilitati, ai gestori (9) del mercato, agli emittenti quotati e alle società di revisione di non avvalersi, nell'esercizio della propria attività e per un periodo non superiore a tre anni, dell'autore della violazione, e richiedere ai competenti ordini professionali la temporanea sospensione del soggetto iscritto all'ordine dall'esercizio dell'attività professionale, nonché applicare nei confronti dell'autore della violazione l'interdizione temporanea dalla conclusione di operazioni, ovvero alla immissione di ordini di compravendita in contropartita diretta di strumenti finanziari, per un periodo non superiore a tre anni (10).

187-*quinquies*. *Responsabilità dell'ente*. — 1.

(1) Articolo inserito dall'art. 4.11, d.lg. 10 agosto 2018, n. 107.
(2) In *Leggi coll. XVII, 1.*
(3) In *Leggi coll. VIII, 3.*
(4) In *Leggi coll. XIV, 11.*
(5) Comma così sostituito dall'art. 4.12, lett. a, d.lg. 10 agosto 2018, n. 107.
(6) Comma inserito dall'art. 4.12, lett. b, d.lg. 10 agosto 2018, n. 107.
(7) Comma così sostituito dall'art. 4.12, lett. c, d.lg. 10 agosto 2018, n. 107.
(8) Comma inserito dall'art. 4.12, lett. d, d.lg. 10 agosto 2018, n. 107.
(9) Le parole «ai gestori» sono state così sostituite alle precedenti «alle società di gestione» dall'art. 4.12, lett. e, d.lg. 10 agosto 2018, n. 107.
(10) Le parole «, nonché applicare nei confronti dell'autore della violazione l'interdizione temporanea dalla conclusione di operazioni, ovvero alla immissione di ordini di compravendita in contropartita diretta di strumenti finanziari, per un periodo non superiore a tre anni» sono state aggiunte dall'art. 4.12, lett. f, d.lg. 10 agosto 2018, n. 107.

L'ente è punito con la sanzione amministrativa pecuniaria da ventimila euro fino a quindici milioni di euro, ovvero fino al quindici per cento del fatturato, quando tale importo è superiore a quindici milioni di euro e il fatturato è determinabile ai sensi dell'art. 195, comma 1-*bis*, nel caso in cui sia commessa nel suo interesse o a suo vantaggio una violazione del divieto di cui all'art. 14 o del divieto di cui all'art. 15 del reg. (UE) n. 596/2014 (1):

a) da persone che rivestono funzioni di rappresentanza, di amministrazione o di direzione dell'ente o di una sua unità organizzativa dotata di autonomia finanziaria o funzionale nonché da persone che esercitano, anche di fatto, la gestione e il controllo dello stesso;

b) da persone sottoposte alla direzione o alla vigilanza di uno dei soggetti di cui alla lett. *a*).

2. Se, in seguito alla commissione degli illeciti di cui al comma 1, il prodotto o il profitto conseguito dall'ente è di rilevante entità, la sanzione è aumentata fino a dieci volte tale prodotto o profitto.

3. L'ente non è responsabile se dimostra che le persone indicate nel comma 1 hanno agito esclusivamente nell'interesse proprio o di terzi.

4. In relazione agli illeciti di cui al comma 1 si applicano, in quanto compatibili, gli artt. 6, 7, 8 e 12 del d.lg. 8 giugno 2001, n. 231. Il Ministero della giustizia formula le osservazioni di cui all'art. 6 del d.lg. 8 giugno 2001, n. 231, sentita la Consob, con riguardo agli illeciti previsti dal presente titolo.

187-*sexies*. *Confisca*. — 1. L'applicazione delle sanzioni amministrative pecuniarie previste dal presente capo importa la confisca del prodotto o del profitto dell'illecito (2).

2. Qualora non sia possibile eseguire la confisca a norma del comma 1, la stessa può avere ad oggetto somme di denaro, beni o altre utilità di valore equivalente.

3. In nessun caso può essere disposta la confisca di beni che non appartengono ad una delle persone cui è applicata la sanzione amministrativa pecuniaria.

187-*septies*. *Procedura sanzionatoria*. — 1. Le sanzioni amministrative previste dal presente capo sono applicate dalla Consob con provvedimento motivato, previa contestazione degli addebiti agli interessati, da effettuarsi entro centottanta giorni dall'accertamento ovvero entro trecentosessanta giorni se l'interessato risiede o ha la sede all'estero. I soggetti interessati possono, entro trenta giorni dalla contestazione, presentare deduzioni e chiedere un'audizione personale in sede di istruttoria, cui possono partecipare anche con l'assistenza di un avvocato (3).

2. Il procedimento sanzionatorio è retto dai princìpi del contraddittorio, della conoscenza degli atti istruttori, della verbalizzazione nonché della distinzione tra funzioni istruttorie e funzioni decisorie.

3. .... (4).

4. Avverso il provvedimento che applica la sanzione è ammesso ricorso alla corte d'appello nella cui circoscrizione è la sede legale o la residenza dell'opponente. Se l'opponente non ha la sede legale o la residenza nello Stato, è competente la corte d'appello del luogo in cui è stata commessa la violazione. Quando tali criteri non risultano applicabili, è competente la corte d'appello di Roma. Il ricorso è notificato, a pena di decadenza, all'Autorità che ha emesso il provvedimento nel termine di trenta giorni dalla comunicazione del provvedimento impugnato, ovvero sessanta giorni se il ricorrente risiede all'estero, ed è depositato in cancelleria, unitamente ai documenti offerti in comunicazione, nel termine perentorio di trenta giorni dalla notifica (5).

5. L'opposizione non sospende l'esecuzione del provvedimento. La corte d'appello, se ricorrono gravi motivi, può disporre la sospensione con ordinanza non impugnabile (6) (7).

6. Il Presidente della corte d'appello designa il giudice relatore e fissa con decreto l'udienza pubblica per la discussione dell'opposizione. Il decreto è notificato alle parti a cura della cancelleria almeno sessanta giorni prima dell'udienza. L'Autorità deposita memorie e docu-

(1) Alinea così sostituito dall'art. 4.13, d.lg. 10 agosto 2018, n. 107.
(2) Comma così sostituito dall'art. 4.14, d.lg. 10 agosto 2018, n. 107.
(3) Comma così sostituito dall'art. 5.1, lett. a, d.lg. 12 maggio 2015, n. 72.
(4) Comma abrogato dall'art. 5.1, lett. b, d.lg. 12 maggio 2015, n. 72.
(5) Comma così sostituito dall'art. 5.1, lett. c, d.lg. 12 maggio 2015, n. 72.
(6) Le parole «ordinanza non impugnabile» sono state così sostituite alle precedenti «decreto motivato» dall'art. 5.1, lett. d, d.lg. 12 maggio 2015, n. 72.
(7) Comma abrogato dall'art. 4.1, n. 19), dell'Allegato 4, d.lg. 2 luglio 2010, n. 104.
Successivamente la Corte cost., con sentenza 15 aprile 2014, n. 94, n. 3), ha dichiarato l'llegittimità costituzionale dell'art. 4.1, n. 19), dell'Allegato 4 al medesimo d.lg. n. 104/2010 cit., «nella parte in cui abroga gli artt. 187-*septies*, commi da 4 a 8, e 195, commi da 4 a 8, del d.lg. 24 febbraio 1998, n. 58».

menti nel termine di dieci giorni prima dell'udienza. Se alla prima udienza l'opponente non si presenta senza addurre alcun legittimo impedimento, il giudice, con ordinanza ricorribile per Cassazione, dichiara il ricorso improcedibile, ponendo a carico dell'opponente le spese del procedimento (1).

6-*bis*. All'udienza la corte d'appello dispone, anche d'ufficio, i mezzi di prova che ritiene necessari, nonché l'audizione personale delle parti che ne abbiano fatto richiesta. Successivamente le parti procedono alla discussione orale della causa. La sentenza è depositata in cancelleria entro sessanta giorni. Quando almeno una delle parti manifesta l'interesse alla pubblicazione anticipata del dispositivo rispetto alla sentenza, il dispositivo è pubblicato mediante deposito in cancelleria non oltre sette giorni dall'udienza di discussione (2).

6-*ter*. Con la sentenza la corte d'appello può rigettare l'opposizione, ponendo a carico dell'opponente le spese del procedimento o accoglierla, annullando in tutto o in parte il provvedimento o riducendo l'ammontare o la durata della sanzione (2).

7. Copia della sentenza è trasmessa, a cura della cancelleria della corte d'appello, all'Autorità che ha emesso il provvedimento, anche ai fini della pubblicazione prevista dall'art. 195-*bis* (3).

8. Alle sanzioni amministrative pecuniarie previste dal presente capo non si applica l'art. 16 della l. 24 novembre 1981, n. 689 (4).

CAPO IV

POTERI DELLA CONSOB

187-*octies*. *Poteri della Consob*. — 1. La Consob è l'autorità nazionale competente ai sensi dell'art. 22 del reg. (UE) n. 596/2014, relativo agli abusi di mercato (5).

2. La Consob compie tutti gli atti necessari all'accertamento delle violazioni delle disposizioni contenute nel reg. (UE) n. 596/2014 e nel (6) presente titolo, utilizzando i poteri ad essa attribuiti dal presente decreto.

3. La Consob può nei confronti di chiunque possa essere informato sui fatti:

a) richiedere notizie, dati o documenti sotto qualsiasi forma stabilendo il termine per la relativa comunicazione;

b) richiedere le registrazioni esistenti relative a conversazioni telefoniche, a comunicazioni elettroniche e allo scambio di dati, stabilendo il termine per la relativa trasmissione (7);

c) procedere ad audizione personale;

c-bis) in relazione a strumenti derivati su merci, richiedere dati sulle operazioni e accedere direttamente ai sistemi dei partecipanti al mercato (8);

d) procedere al sequestro dei beni che possono formare oggetto di confisca ai sensi dell'art. 187-*sexies*;

e) procedere ad ispezioni, anche mediante autorizzazione di revisori legali o società di revisione legale a procedere a verifiche o ispezioni per suo conto quando sussistono particolari necessità e non sia possibile provvedere con risorse proprie; il soggetto autorizzato a procedere alle predette verifiche ed ispezioni agisce in veste di pubblico ufficiale (9);

e-bis) avvalersi, ove necessario, anche mediante connessione telematica, dei dati contenuti nell'apposita sezione dell'anagrafe tributaria di cui all'art. 7, sesto comma, del d.p.r. 29 settembre 1973, n. 605 (10);

f) procedere a perquisizioni nei modi previsti dall'art. 33 del d.p.r. 29 settembre 1973, n. 600, e dall'art. 52 del d.p.r. 26 ottobre 1972, n. 633.

4. La Consob può altresì:

a) avvalersi della collaborazione delle pubbliche amministrazioni, richiedendo la comunicazione di dati ed informazioni anche in

(1) Comma così sostituito dall'art. 5.1, lett. e, d.lg. 12 maggio 2015, n. 72.

(2) Comma inserito dall'art. 5.1, lett. f, d.lg. 12 maggio 2015, n. 72.

(3) Comma così sostituito dall'art. 5.1, lett. g, d.lg. 12 maggio 2015, n. 72.

(4) Comma abrogato dall'art. 4.1, n. 19), dell'Allegato 4, d.lg. 2 luglio 2010, n. 104.

Successivamente la Corte cost., con sentenza 15 aprile 2014, n. 94, n. 3), ha dichiarato l'llegittimità costituzionale dell'art. 4.1, n. 19), dell'Allegato 4 al medesimo d.lg. n. 104/2010 cit., «nella parte in cui abroga gli artt. 187-*septies*, commi da 4 a 8, e 195, commi da 4 a 8, del d.lg. 24 febbraio 1998, n. 58».

(5) Comma così sostituito dall'art. 4.15, lett. a, d.lg. 10 agosto 2018, n. 107.

(6) Le parole «contenute nel reg. (UE) n. 596/2014 e nel» sono state così sostituite alle precedenti «di cui al» dall'art. 4.15, lett. b, d.lg. 10 agosto 2018, n. 107.

(7) Lettera così sostituita dall'art. 4.15, lett. c, d.lg. 10 agosto 2018, n. 107.

(8) Lettera inserita dall'art. 4.15, lett. d, d.lg. 10 agosto 2018, n. 107.

(9) Le parole da «, anche mediante autorizzazione» fino a «ufficiale» sono state aggiunte dall'art. 4.15, lett. e, d.lg. 10 agosto 2018, n. 107.

(10) Lettera aggiunta dall'art. 1.20, d.lg. 17 luglio 2009, n. 101.

deroga ai divieti di cui all'art. 25, comma 1, del d.lg. 30 giugno 2003, n. 196 (1), ed accedere al sistema informativo dell'anagrafe tributaria secondo le modalità previste dagli artt. 2 e 3, comma 1, del d.lg. 12 luglio 1991, n. 212;

a-bis) accedere direttamente, mediante apposita connessione telematica, ai dati contenuti negli elenchi di cui all'art. 55, comma 7, del d.lg. 1° agosto 2003, n. 259 (2);

b) chiedere l'acquisizione presso il fornitore dei dati relativi al traffico di cui al d.lg. 30 giugno 2003, n. 196 (1), o acquisire direttamente tali dati mediante connessione telematica (3);

c) richiedere la comunicazione di dati personali anche in deroga ai divieti di cui all'art. 25, comma 1, del d.lg. 30 giugno 2003, n. 196 (1);

d) avvalersi, ove necessario, dei dati contenuti nell'anagrafe dei conti e dei depositi di cui all'art. 20, comma 4, della l. 30 dicembre 1991, n. 413, secondo le modalità indicate dall'art. 3, comma 4, lett. *b*), del d.l. 3 maggio 1991, n. 143, convertito, con modificazioni, dalla l. 5 luglio 1991, n. 197, nonché acquisire anche mediante accesso diretto i dati contenuti nell'archivio indicato all'art. 13 del d.l. 15 dicembre 1979, n. 625, convertito, con modificazioni, dalla l. 6 febbraio 1980, n. 15;

e) accedere direttamente, mediante apposita connessione telematica, ai dati contenuti nella Centrale dei rischi della Banca d'Italia, di cui alla deliberazione del Comitato interministeriale per il credito e il risparmio del 29 marzo 1994, pubblicata nella *Gazzetta Ufficiale* n. 91 del 20 aprile 1994.

5. I poteri di cui al comma 3, lett. *d*) e *f*), e al comma 4, lett. *b*), sono esercitati previa autorizzazione del procuratore della Repubblica. Detta autorizzazione è necessaria anche in caso di esercizio dei poteri di cui al comma 3, lett. *b*) ed *e*), e al comma 4, lett. *c*), nei confronti di soggetti diversi dai soggetti abilitati e dagli altri soggetti vigilati ai sensi del reg. (UE) n. 596/2014 e del presente decreto (4).

6. Qualora sussistano elementi che facciano presumere l'esistenza di violazioni delle norme del reg. (UE) n. 596/2014 e del presente titolo, la Consob può anche in via cautelare:

a) ordinare la cessazione temporanea o permanente di qualunque pratica o condotta;

b) salvo quanto previsto dall'art. 114, comma 5, adottare tutte le misure necessarie a garantire che il pubblico sia correttamente informato con riguardo, tra l'altro, alla correzione di informazioni false o fuorvianti precedentemente divulgate, anche imponendo ai soggetti interessati di pubblicare una dichiarazione di rettifica (5).

7. È fatta salva l'applicazione delle disposizioni degli artt. 199, 200, 201, 202 e 203 del codice di procedura penale, in quanto compatibili.

8. Nei casi previsti dai commi 3, lett. *c*), *d*), *e*) e *f*), e 12 viene redatto processo verbale dei dati e delle informazioni acquisite o dei fatti accertati, dei sequestri eseguiti e delle dichiarazioni rese dagli interessati, i quali sono invitati a firmare il processo verbale e hanno diritto di averne copia.

9. Quando si è proceduto a sequestro ai sensi del comma 3, lett. *d*), gli interessati possono proporre opposizione alla Consob.

10. Sull'opposizione la decisione è adottata con provvedimento motivato emesso entro il trentesimo giorno successivo alla sua proposizione.

11. I valori sequestrati devono essere restituiti agli aventi diritto quando:

a) è deceduto l'autore della violazione;

b) viene provato che gli aventi diritto sono terzi estranei all'illecito;

c) l'atto di contestazione degli addebiti non è notificato nei termini prescritti dall'art. 187-*septies*, comma 1 (6);

d) la sanzione amministrativa pecuniaria non è stata applicata entro il termine di due anni dall'accertamento della violazione.

12. Nell'esercizio dei poteri previsti dai commi 2, 3 e 4 la Consob può avvalersi della Guardia di finanza che esegue gli accertamenti richiesti agendo con i poteri di indagine ad essa attribuiti ai fini dell'accertamento dell'imposta sul valore aggiunto e delle imposte sui redditi.

(1) In *Leggi coll. II, 3*.

(2) Lettera inserita dall'art. 4.15, lett. f, d.lg. 10 agosto 2018, n. 107.

(3) Le parole «, o acquisire direttamente tali dati mediante connessione telematica» sono state aggiunte dall'art. 4.15, lett. g, d.lg. 10 agosto 2018, n. 107.

(4) Le parole «e dagli altri soggetti vigilati ai sensi del reg. (UE) n. 596/2014 e del presente decreto» sono state così sostituite alle precedenti «, dai soggetti indicati nell'art. 114, commi 1, 2 e 8, e dagli altri soggetti vigilati ai sensi del presente decreto» dall'art. 4.15, lett. h, d.lg. 10 agosto 2018, n. 107.

(5) Comma così sostituito dall'art. 4.15, lett. i, d.lg. 10 agosto 2018, n. 107.

(6) Le parole «187-*septies*, comma 1» sono state così sostituite alle precedenti «14 della l. 24 novembre 1981, n. 689» dall'art. 4.15, lett. l, d.lg. 10 agosto 2018, n. 107.

13. Tutte le notizie, le informazioni e i dati acquisiti dalla Guardia di finanza nell'assolvimento dei compiti previsti dal comma 12 sono coperti dal segreto d'ufficio e vengono, senza indugio, comunicati esclusivamente alla Consob.

14. Il provvedimento della Consob che infligge la sanzione pecuniaria ha efficacia di titolo esecutivo. Decorso inutilmente il termine fissato per il pagamento, la Consob procede alla esazione delle somme dovute in base alle norme previste per la riscossione, mediante ruolo, delle entrate dello Stato, degli enti territoriali, degli enti pubblici e previdenziali.

15. Quando l'autore della violazione esercita un'attività professionale, il provvedimento che infligge la sanzione è trasmesso al competente ordine professionale.

187-*nonies*. . . . . (1).

CAPO V

Rapporti tra procedimenti

187-*decies*. *Rapporti con la magistratura*. — 1. Quando ha notizia di uno dei reati previsti dal capo II il pubblico ministero ne informa senza ritardo il Presidente della Consob.

2. Il Presidente della Consob trasmette al pubblico ministero, con una relazione motivata, la documentazione raccolta nello svolgimento dell'attività di accertamento nel caso in cui emergano elementi che facciano presumere la esistenza di un reato. La trasmissione degli atti al pubblico ministero avviene al più tardi al termine dell'attività di accertamento delle violazioni delle disposizioni di cui al presente titolo, capo III.

3. La Consob e l'autorità giudiziaria collaborano tra loro, anche mediante scambio di informazioni, al fine di agevolare l'accertamento delle violazioni di cui al presente titolo anche quando queste non costituiscono reato. A tale fine la Consob può utilizzare i documenti, i dati e le notizie acquisiti dalla Guardia di finanza nei modi e con le forme previsti dall'art. 63, primo comma, del d.p.r. 26 ottobre 1972, n. 633, e dall'art. 33, terzo comma, del d.p.r. 29 settembre 1973, n. 600.

187-*undecies*. *Facoltà della Consob nel procedimento penale*. — 1. Nei procedimenti per i reati previsti dagli artt. 184 e 185, la Consob esercita i diritti e le facoltà attribuiti dal codice di procedura penale agli enti e alle associazioni rappresentativi di interessi lesi dal reato.

2. La Consob può costituirsi parte civile e richiedere, a titolo di riparazione dei danni cagionati dal reato all'integrità del mercato, una somma determinata dal giudice, anche in via equitativa, tenendo comunque conto dell'offensività del fatto, delle qualità personali del colpevole e dell'entità del prodotto o del profitto conseguito dal reato.

187-*duodecies*. *Rapporti tra procedimento penale e procedimento amministrativo e di opposizione*. — 1. Il procedimento amministrativo di accertamento e il procedimento di opposizione di cui all'art. 187-*septies* non possono essere sospesi per la pendenza del procedimento penale avente ad oggetto i medesimi fatti o fatti dal cui accertamento dipende la relativa definizione.

187-*terdecies*. *Applicazione ed esecuzione delle sanzioni penali ed amministrative*. — 1. Quando per lo stesso fatto è stata applicata, a carico del reo, dell'autore della violazione o dell'ente una sanzione amministrativa pecuniaria ai sensi dell'art. 187-*septies* ovvero una sanzione penale o una sanzione amministrativa dipendente da reato:

a) l'autorità giudiziaria o la Consob tengono conto, al momento dell'irrogazione delle sanzioni di propria competenza, delle misure punitive già irrogate;

b) l'esazione della pena pecuniaria, della sanzione pecuniaria dipendente da reato ovvero della sanzione pecuniaria amministrativa è limitata alla parte eccedente quella riscossa, rispettivamente, dall'autorità amministrativa ovvero da quella giudiziaria (2).

187-*quaterdecies*. *Procedure consultive*. — 1. La Consob definisce entro dodici mesi dalla data di entrata in vigore della presente disposizione, con proprio regolamento, le modalità e i tempi delle procedure consultive da attivare, mediante costituzione di un Comitato, con organismi rappresentativi dei consumatori e dei prestatori di servizi finanziari e degli altri soggetti vigilati, in occasione delle modifiche regolamentari in materia di abusi di mercato e in altre materie rientranti nelle proprie competenze istituzionali.

TITOLO II

Sanzioni amministrative

187-*quinquiesdecies*. *Tutela dell'attività di vi-*

(1) Articolo abrogato dall'art. 4.16, d.lg. 10 agosto 2018, n. 107.
(2) Articolo così sostituito dall'art. 4.17, d.lg. 10 agosto 2018, n. 107.

gilanza della Banca d'Italia e della Consob (1). — 1. Fuori dai casi previsti dall'art. 2638 del codice civile, è punito ai sensi del presente articolo chiunque non ottempera nei termini alle richieste della Banca d'Italia e della Consob, ovvero non coopera con le medesime autorità al fine dell'espletamento delle relative funzioni di vigilanza, ovvero ritarda l'esercizio delle stesse (2) (3).

1-*bis*. Se la violazione è commessa da una persona fisica, si applica nei confronti di quest'ultima la sanzione amministrativa pecuniaria da euro diecimila fino a euro cinque milioni (4).

1-*ter*. Se la violazione è commessa da una società o un ente, si applica nei confronti di questi ultimi la sanzione amministrativa pecuniaria da euro diecimila fino a euro cinque milioni, ovvero fino al dieci per cento del fatturato, quando tale importo è superiore a euro cinque milioni e il fatturato è determinabile ai sensi dell'art. 195, comma 1-*bis*. Fermo restando quanto previsto per le società e gli enti nei confronti dei quali sono accertate le violazioni, si applica la sanzione amministrativa pecuniaria prevista dal comma 1-*bis* nei confronti degli esponenti aziendali e del personale della società o dell'ente nei casi previsti dall'art. 190-*bis*, comma 1, lett. *a*) (4).

1-*quater*. Se il vantaggio ottenuto dall'autore della violazione come conseguenza della violazione stessa è superiore ai limiti massimi indicati nel presente articolo, la sanzione amministrativa pecuniaria è elevata fino al doppio dell'ammontare del vantaggio ottenuto, purché tale ammontare sia determinabile (4).

188. *Abuso di denominazione*. — 1. L'uso, nella denominazione o in qualsivoglia segno distintivo o comunicazione rivolta al pubblico, delle parole: «Sim» o «società di intermediazione mobiliare» o «impresa di investimento»; «Sgr» o «società di gestione del risparmio»; «Sicav» o «società di investimento a capitale variabile»; «Sicaf» o «società di investimento a capitale fisso»; «EuVECA» o «fondo europeo per il venture capital»; «EuSEF» o «fondo europeo per l'imprenditoria sociale»; «ELTIF» o «fondo di investimento europeo a lungo termine» (5); «APA» o «dispositivo di pubblicazione autorizzato»; «CTP» o «fornitore di un sistema consolidato di pubblicazione»; «ARM» o «meccanismo di segnalazione autorizzato»; «mercato regolamentato»; «mercato di crescita per le PMI»; ovvero di altre parole o locuzioni, anche in lingua straniera, idonee a trarre in inganno sulla legittimazione allo svolgimento dei servizi o delle attività di investimento o del servizio di gestione collettiva del risparmio o dei servizi di comunicazione dati o dell'attività di gestione di mercati regolamentati è vietato a soggetti diversi, rispettivamente, dalle imprese di investimento, dalle società di gestione del risparmio, dalle Sicav, dalle Sicaf, dai soggetti abilitati a tenore dei reg. (UE) n. 345/2013, relativo ai fondi europei per il venture capital (EuVECA), e n. 346/2013, relativo ai fondi europei per l'imprenditoria sociale (EuSEF) e n. 2015/760, relativo ai fondi di investimento europei a lungo termine (6), dai fornitori autorizzati allo svolgimento dei servizi di comunicazione dati, dai mercati regolamentati e dai sistemi registrati come un mercato di crescita per le PMI, ai sensi del presente decreto. Chiunque contravviene al divieto previsto dal presente articolo è punito con la sanzione amministrativa pecuniaria da euro cinquemila fino a euro cinque milioni. Se la violazione è commessa da una società o un ente, è applicata la sanzione amministrativa pecuniaria da euro trentamila fino a euro cinque milioni, ovvero fino al dieci per cento del fatturato, quando tale importo è superiore a euro cinque milioni e il fatturato è determinabile ai sensi dell'art. 195, comma 1-*bis*.

2. Si applica l'art. 187-*quinquiesdecies*, comma 1-*quater* (7).

189. *Partecipazioni al capitale*. — 1. La violazione degli obblighi di comunicazione previsti dagli artt. 15, commi 1 e 3, 64-*bis*, comma 2, e delle relative disposizioni attuative, e di quelli richiesti ai sensi dell'art. 17, nonché di quelli previsti dall'art. 31, par. 2, del reg. (UE) n. 648/

(1) Rubrica così sostituita alla precedente «Tutela dell'attività di vigilanza della Consob» dall'art. 24.1, lett. c, n. 1, d.l. 18 ottobre 2012, n. 179, conv. in l. 17 dicembre 2012, n. 221.

(2) Comma così sostituito dall'art. 5.3, lett. a, d.lg. 3 agosto 2017, n. 129.

(3) Articolo inserito dall'art. 9.2, lett. b, l. 18 aprile 2005, n. 62.

(4) Comma aggiunto dall'art. 5.3, lett. b, d.lg. 3 agosto 2017, n. 129.

(5) Le parole «"ELTIF" o "fondo di investimento europeo a lungo termine"» sono state inserite dall'art. 2.1, d.lg. 15 dicembre 2017, n. 233.

(6) Le parole «n. 346/2013, relativo ai fondi europei per l'imprenditoria sociale (EuSEF) e n. 2015/760, relativo ai fondi di investimento europei a lungo termine» sono state così sostituite alle precedenti «n. 346/2013, relativo ai fondi europei per l'imprenditoria sociale (EuSEF)» dall'art. 2.1, d.lg. 15 dicembre 2017, n. 233.

(7) Articolo così sostituito dall'art. 5.4, d.lg. 3 agosto 2017, n. 129.

2012 e dall'art. 27, par. 7, secondo periodo, del reg. (UE) n. 909/2014, è punita con la sanzione amministrativa pecuniaria da euro cinquemila fino a euro cinque milioni. Se la violazione è commessa da una società o un ente, è applicata la sanzione amministrativa pecuniaria da euro trentamila fino a euro cinque milioni, ovvero fino al dieci per cento del fatturato, quando tale importo è superiore a euro cinque milioni e il fatturato è determinabile ai sensi dell'art. 195, comma 1-*bis*.

2. La stessa sanzione si applica in caso di violazione dei divieti di esercizio dei diritti e in caso di inadempimento degli obblighi di alienazione previsti dagli artt. 14, commi 4 e 7; 16, commi 1, 2 e 4; 64-*bis*, comma 5; 79-*sexies*, comma 9; e 79-*noviesdecies*, comma 1.

3. Si applica l'art. 187-*quinquiesdecies*, comma 1-*quater* (1).

190. *Sanzioni amministrative pecuniarie in tema di disciplina degli intermediari* (2). — 1. Salvo che il fatto costituisca reato ai sensi dell'art. 166, nei confronti dei soggetti abilitati, dei depositari e dei soggetti ai quali sono state esternalizzate funzioni operative essenziali o importanti si applica la sanzione amministrativa pecuniaria da euro trentamila fino a euro cinque milioni, ovvero fino al dieci per cento del fatturato, quando tale importo è superiore a euro cinque milioni e il fatturato è determinabile ai sensi dell'art. 195, comma 1-*bis*, per la mancata osservanza degli artt. 6; 6-*bis*; 6-*ter*; 7, commi 2, 2-*bis*, 2-*ter*, 3 e 3-*bis*; 7-*bis*, comma 5; 7-*ter*; 9; 12; 13, comma 3; 21; 22; 23, commi 1 e 4-*bis*; 24, commi 1 e 1-*bis*; 24-*bis*; 25; 25-*bis*; [...] (3); 26, commi 1, 3 e 4; 27, commi 1 e 3; 28, comma 4; 29; 29-*bis*, comma 1; 29-*ter*, comma 4; 30, comma 5; 31, commi 1, 2, 2-*bis*, 3-*bis*, 5, 6 e 7; 32, comma 2; 33, comma 4; 35-*bis*, comma 6; 35-*novies*; 35-*decies*; 36, commi 2, 3 e 4; 37, commi 1, 2 e 3; 39; 40, commi 2, 4 e 5; 40-*bis*, comma 4; 40-*ter*, comma 4; 41, commi 2, 3 e 4; 41-*bis*; 41-*ter*; 41-*quater*; 42, commi 1, 3 e 4; 43, commi 2, 3, 4, 7, 8 e 9; 44, commi 1, 2, 3 e 5; 45; 46, commi 1, 3 e 4; 47; 48; 49, commi 3 e 4; 55-*ter*; 55-*quater*; 55-*quinquies*; ovvero delle disposizioni generali o particolari emanate in base ai medesimi articoli (4).

1-*bis*. .... (5).

1-*bis*.1. Chiunque eserciti l'attività di gestore di portale in assenza dell'iscrizione nel registro previsto dall'art. 50-*quinquies* è punito con la sanzione amministrativa pecuniaria da euro cinquemila fino a euro cinque milioni. Se la violazione è commessa da una società o un ente, si applica nei confronti di questi ultimi la sanzione amministrativa pecuniaria da euro trentamila fino a euro cinque milioni, ovvero fino al dieci per cento del fatturato, quando tale importo è superiore a euro cinque milioni e il fatturato è determinabile ai sensi dell'art. 195, comma 1-*bis* (6).

2. La stessa sanzione prevista dal comma 1 si applica:

a) alle banche non autorizzate alla prestazione di servizi o di attività di investimento, nel caso in cui non osservino le disposizioni dell'art. 25-*bis* e di quelle emanate in base ad esse;

b) ai soggetti abilitati alla distribuzione assicurativa (7), nel caso in cui non osservino le disposizioni previste dall'art. 25-*ter*, comma 2 (8), e quelle emanate in base ad esse;

c) ai depositari centrali che prestano servizi o attività di investimento per la violazione delle disposizioni del presente decreto richiamate dall'art. 79 -*noviesdecies*.1 (9).

2-*bis*. La medesima sanzione prevista dal comma 1 si applica:

a) ai gestori dei fondi europei per il *venture capital* (EuVECA), in caso di violazione delle disposizioni previste dagli artt. 2, 5, 6, 7, 8, 9, 10, 11, 12 e 13 del reg. (UE) n. 345/2013 e delle relative disposizioni attuative;

b) ai gestori dei fondi europei per l'imprenditoria sociale (EuSEF), in caso di violazione delle disposizioni previste dagli artt. 2, 5,

(1) Articolo così sostituito dall'art. 5.5, d.lg. 3 agosto 2017, n. 129.

(2) Rubrica così sostituita alla precedente «Altre sanzioni amministrative pecuniarie in tema di disciplina degli intermediari e dei mercati» dall'art. 5.6, lett. a, d.lg. 3 agosto 2017, n. 129.

(3) Le parole «25-*ter*, commi 1 e 2» sono state soppresse dall'art. 2.9, lett. a, d.lg. 21 maggio 2018, n. 68. In base all'art. 4.7, d.lg. cit., tali disposizioni «trovano applicazione dal 1° ottobre 2018».

(4) Comma così sostituito, da ultimo, dall'art. 5.6, lett. b, d.lg. 3 agosto 2017, n. 129.

(5) Comma inserito dall'art. 7.2, lett. b, d.lg. 4 marzo 2014, n. 44, e successivamente abrogato dall'art. 5.4, lett. b, d.lg. 12 maggio 2015, n. 72.

(6) Comma inserito dall'art. 5.6, lett. c, d.lg. 3 agosto 2017, n. 129.

(7) Le parole «ai soggetti abilitati alla distribuzione assicurativa» sono state così sostituite alle precedenti «alle imprese di assicurazione» dall'art. 2.9, lett. b, d.lg. 21 maggio 2018, n. 68. In base all'art. 4.7, d.lg. cit., tali disposizioni «trovano applicazione dal 1° ottobre 2018».

(8) Le parole «comma 2» sono state così sostituite alle precedenti «commi 1 e 2» dall'art. 2.9, lett. b, d.lg. 21 maggio 2018, n. 68. In base all'art. 4.7, d.lg. cit., tali disposizioni «trovano applicazione dal 1° ottobre 2018».

(9) Comma così sostituito, da ultimo, dall'art. 5.6, lett. d, d.lg. 3 agosto 2017, n. 129.

6, 7, 8, 9, 10, 11, 12, 13, 14, del reg. (UE) n. 346/2013 e delle relative disposizioni attuative (1);

b-bis) ai gestori e ai depositari di FIA, in caso di violazione delle disposizioni del regolamento delegato (UE) n. 231/2013 della Commissione, del reg. (UE) n. 2015/760, (2) e delle relative disposizioni attuative (3);

b-ter) ai gestori e ai depositari di OICVM, in caso di violazione delle disposizioni del regolamento delegato (UE) n. 438/2016 della Commissione e delle relative disposizioni attuative (3);

b-quater) ai gestori di OICVM e di FIA, in caso di violazione delle disposizioni dell'art. 13 del reg. (UE) 2015/2365 e delle relative disposizioni attuative (4).

2-*ter*. La medesima sanzione prevista dal comma 1 si applica anche in caso di inosservanza delle norme tecniche di regolamentazione e di attuazione relative ai regolamenti di cui al comma 2-*bis*, lett. *a*), *b*), *b-bis*) e *b-ter*), emanate dalla Commissione europea ai sensi degli artt. 10 e 15 del reg. (CE) n. 1095/2010 (5).

2-*ter*. .... (6).

3. Si applica l'art. 187-*quinquiesdecies*, comma 1-*quater* (7).

4. .... (8).

190.1. *Sanzioni amministrative pecuniarie in tema di disciplina della gestione accentrata di strumenti finanziari*. — 1. Nei confronti dei depositari centrali di titoli, nel caso di inosservanza delle disposizioni previste dal Capo IV del titolo II-*bis* della parte III e di quelle emanate dalla Consob, d'intesa o sentita la Banca d'Italia, ai sensi dell'art. 82, si applica la sanzione amministrativa pecuniaria da euro trentamila fino a euro cinque milioni, ovvero fino al dieci per cento del fatturato, quando tale importo è superiore a euro cinque milioni e il fatturato è determinabile ai sensi dell'art. 195, comma 1-*bis* (9).

2. La stessa sanzione prevista dal comma 1 si applica:

a) agli intermediari indicati nell'art. 79-*decies*, comma 1, lett. *b*), per inosservanza delle disposizioni di cui all'art. 83-*novies*, comma 1, lett. *c*), *d*), *e*) ed *f*), 83-*duodecies*, e di quelle emanate in base ad esse;

b) agli emittenti azioni in caso di inosservanza di quanto previsto dall'art. 83-*undecies*, comma 1.

3. Si applica l'art. 187-*quinquiesdecies*, comma 1-*quater* (10) (11).

190.2. *Sanzioni amministrative pecuniarie relative alla violazione delle disposizioni previste dal reg. (UE) n. 909/2014*. — 1. Nei confronti dei depositari centrali e delle banche designate ai sensi dell'art. 54 del reg. (UE) n. 909/2014, in caso di inosservanza delle disposizioni richiamate dall'art. 63, par. 1, del medesimo regolamento si applica la sanzione amministrativa pecuniaria da euro trentamila fino a euro venti milioni, ovvero fino al dieci per cento del fatturato, quando tale importo è superiore a euro venti milioni e il fatturato è determinabile ai sensi dell'art. 195, comma 1-*bis* (12). La medesima sanzione si applica altresì in caso di inosservanza delle norme tecniche di regolamentazione e di attuazione emanate dalla Commissione europea ai sensi del predetto regolamento.

2. Chiunque presti i servizi elencati nell'Allegato al reg. (UE) n. 909/2014 e quelli consentiti, ma non esplicitamente elencati dal medesimo Allegato, in violazione degli artt. 16, 25 e 54 del predetto regolamento, è punito con la sanzione amministrativa pecuniaria da euro cinquemila fino a euro cinque milioni. Se la

(1) Comma inserito dall'art. 7.2, lett. c, d.lg. 4 marzo 2014, n. 44, e successivamente così sostituito dall'art. 5.4, lett. d, d.lg. 12 maggio 2015, n. 72.

(2) Le parole «, del reg. (UE) n. 2015/760,» sono state inserite dall'art. 2.2, lett. a, d.lg. 15 dicembre 2017, n. 233.

(3) Lettera aggiunta dall'art. 1.1, lett. f, n. 3, d.lg. 18 aprile 2016, n. 71.

(4) Lettera aggiunta dall'art. 2.1, d.lg. 13 febbraio 2019, n. 19.

(5) Comma inserito dall'art. 2.2, lett. ba, d.lg. 15 dicembre 2017, n. 233.

(6) Comma inserito dall'art. 1.4, d.lg. 7 maggio 2015, n. 66, e successivamente abrogato dall'art. 5.6, lett. e, d.lg. 3 agosto 2017, n. 129.

(7) Comma sostituito dall'art. 5.4, lett. e, d.lg. 12 maggio 2015, n. 72. Le parole «187-*quinquiesdecies*, comma 1-*quater*» sono state successivamente così sostituite alle precedenti «188, comma 2-*bis*» dall'art. 5.6, lett. f, d.lg. 3 agosto 2017, n. 129.

(8) Comma abrogato dall'art. 5.6, lett. g, d.lg. 3 agosto 2017, n. 129.

(9) Le parole «determinabile ai sensi dell'art. 195, comma 1-*bis*» sono state così sostituite alle precedenti «disponibile e determinabile» dall'art. 5.7, lett. a, d.lg. 3 agosto 2017, n. 129.

(10) Le parole «187-*quinquiesdecies*, comma 1-*quater*» sono state così sostituite alle precedenti «188, commi 2 e 2-*bis*» dall'art. 5.7, lett. b, d.lg. 3 agosto 2017, n. 129.

(11) Articolo inserito dall'art. 3.4, d.lg. 12 agosto 2016, n. 176.

(12) Le parole «determinabile ai sensi dell'art. 195, comma 1-*bis*» sono state così sostituite alle precedenti «disponibile e determinabile» dall'art. 5.8, lett. a, d.lg. 3 agosto 2017, n. 129.

violazione è commessa da una società o un ente, è applicata la sanzione amministrativa pecuniaria da euro trentamila fino a euro venti milioni, ovvero fino al dieci per cento del fatturato, quando tale importo è superiore a euro venti milioni e il fatturato è determinabile ai sensi dell'art. 195, comma 1-*bis* (1).

3. Si applica la sanzione amministrativa pecuniaria da euro duemilacinquecento fino a euro centocinquantamila:

a) ai gestori delle sedi di negoziazione, in caso di inosservanza delle disposizioni previste dall'art. 3, par. 2, comma 1, del regolamento di cui al comma 1;

b) alle controparti di un contratto di garanzia finanziaria, in caso di violazione delle disposizioni previste dall'art. 3, par. 2, comma 2, del regolamento di cui al comma 1;

c) alle imprese di investimento, in caso di inosservanza delle disposizioni previste dall'art. 6, par. 2, del regolamento di cui al comma 1 e delle relative disposizioni attuative;

d) ai depositari centrali, in caso di inosservanza delle disposizioni previste dall'art. 6, parr. 3 e 4, e dall'art. 7, parr. 1 e 2, del regolamento di cui al comma 1, e delle relative disposizioni attuative;

e) ai depositari centrali, alle controparti centrali e alle sedi di negoziazione, in caso di inosservanza delle disposizioni previste dall'art. 7, parr. 9 e 10, del regolamento di cui al comma 1, e delle relative disposizioni attuative;

f) ai partecipanti, in caso di inosservanza delle disposizioni previste dall'art. 38, parr. 5 e 6, del regolamento di cui al comma 1;

g) a chiunque non osservi le disposizioni previste dall'art. 7, parr. 3, 6, 7 e 8, e dall'art. 9, par. 1, del regolamento di cui al comma 1 e dalle relative disposizioni attuative.

4. Alle fattispecie disciplinate dai commi 1 e 2 si applica l'art. 187-*quinquiesdecies*, comma 1-*quater* (2).

5. .... (3) (4).

190.3. *Sanzioni amministrative in tema di disciplina dei mercati e dei servizi di comunicazione dati.* — 1. Salvo che il fatto costituisca reato ai sensi dell'art. 166, si applica la sanzione amministrativa pecuniaria da euro trentamila fino a euro cinque milioni ovvero fino al dieci per cento del fatturato, quando tale importo è superiore a euro cinque milioni e il fatturato è determinabile ai sensi dell'art. 195, comma 1-*bis*:

a) ai gestori delle sedi negoziazione, nel caso di inosservanza delle disposizioni previste dal capo II del titolo I-*bis* della parte III e di quelle emanate in base ad esse;

b) agli internalizzatori sistematici, nel caso di inosservanza delle disposizioni previste dal capo III del titolo I-*bis* della parte III e di quelle emanate in base ad esse;

c) agli organizzatori e agli operatori dei sistemi multilaterali di depositi in euro, nel caso di inosservanza delle disposizioni previste dall'art. 62-*septies* e di quelle emanate in base ad esse;

d) ai membri e ai partecipanti ammessi ai mercati regolamentati e ai sistemi multilaterali di negoziazione nonché ai clienti di sistemi organizzati di negoziazione, nel caso di inosservanza delle disposizioni previste dal capo II del titolo I-bis della parte III e di quelle emanate in base ad esse;

e) .... (5);

f) ai fornitori di servizi di comunicazione dati, nel caso di inosservanza delle disposizioni previste dagli artt. 79-*bis*, 79-*ter* e 79-*ter*.1 e di quelle emanate in base ad esse.

2. Chiunque viola le disposizioni previste dall'articolo 68, comma 1, e dalle relative norme attuative, ovvero viola le misure adottate in base alle medesime disposizioni è punito con la sanzione amministrativa pecuniaria da euro cinquemila fino a euro cinque milioni. Se la violazione è commessa da una società o un ente, si applica nei confronti di questi ultimi la sanzione amministrativa pecuniaria da euro trentamila fino a euro cinque milioni, ovvero fino al dieci per cento del fatturato, quando tale importo è superiore a euro cinque milioni e il fatturato è determinabile ai sensi dell'art. 195, comma 1-*bis*.

3. Per la violazione delle disposizioni previste dagli artt. 67-*ter*, 68, comma 1, e 68-*quater*, commi 2 e 3, in ragione della gravità della violazione accertata e tenuto conto dei criteri stabiliti dall'art. 194-*bis*, può essere applicata anche la sanzione amministrativa accessoria dell'interdizione temporanea, per un periodo non inferiore a sei mesi e non superiore a tre anni, a

(1) Le parole «determinabile ai sensi dell'art. 195, comma 1-*bis*» sono state così sostituite alle precedenti «disponibile e determinabile» dall'art. 5.8, lett. a, d.lg. 3 agosto 2017, n. 129.

(2) Le parole «187-*quinquiesdecies*, comma 1-*quater*» sono state così sostituite alle precedenti «188, commi 2 e 2-*bis*» dall'art. 5.8, lett. b, d.lg. 3 agosto 2017, n. 129.

(3) Comma abrogato dall'art. 5.8, lett. c, d.lg. 3 agosto 2017, n. 129.

(4) Articolo inserito dall'art. 3.4, d.lg. 12 agosto 2016, n. 176.

(5) Lettera soppressa dall'art. 4.18, d.lg. 10 agosto 2018, n. 107.

essere membro o partecipante di un mercato regolamentato, di un sistema multilaterale di negoziazione o a essere cliente di un sistema organizzato di negoziazione.

4. Si applica l'art. 187-*quinquiesdecies*, comma 1-*quater* (1).

190.4. *Sanzioni amministrative pecuniarie relative alle violazioni delle disposizioni previste dal reg. (UE) n. 600/2014, dagli atti delegati e dalle norme tecniche di regolamentazione e di attuazione della dir. 2014/65/UE e del reg. (UE) n. 600/2014.* — 1. La violazione delle norme del reg. (UE) n. 600/2014 richiamate dall'art. 70, par. 3, lett. *b*), e 4, lett. *b*), della dir. 2014/65/UE e dell'art. 22, par. 1, del medesimo regolamento, nonché delle relative disposizioni attuative, ovvero la mancata osservanza delle misure adottate ai sensi dell'art. 42 del reg. (UE) n. 600/2014, è punita con la sanzione amministrativa pecuniaria da euro cinquemila fino a euro cinque milioni. Se la violazione è commessa da una società o un ente, è applicata la sanzione amministrativa pecuniaria da euro trentamila fino a euro cinque milioni, ovvero fino al dieci per cento del fatturato, quando tale importo è superiore a euro cinque milioni e il fatturato è determinabile ai sensi dell'art. 195, comma 1-*bis*.

2. La stessa sanzione prevista dal comma 1 si applica anche in caso di violazione delle disposizioni contenute negli atti delegati e nelle norme tecniche di regolamentazione e di attuazione della dir. 2014/65/UE e del reg. (UE) n. 600/2014, nelle materie a cui si riferiscono le disposizioni richiamate al comma 1 e agli artt. 190 e 190.3.

3. Si applica l'art. 187-*quinquiesdecies*, comma 1-*quater* (1).

190.5. *Sanzioni amministrative pecuniarie in tema di agenzie di rating del credito relative alle violazioni delle disposizioni previste dal reg. (CE) n. 1060/2009.* — 1. Si applica la sanzione amministrativa pecuniaria da euro duemilacinquecento a euro centocinquantamila:

a) nei confronti di Sim, imprese di investimento UE con succursale in Italia, imprese di paesi terzi autorizzate in Italia, intermediari finanziari iscritti nell'albo previsto dall'art. 106 del t.u. bancario, banche italiane e banche UE con succursale in Italia autorizzate alla prestazione di servizi e attività di investimento, nonché nei confronti dei soggetti che svolgono funzioni di amministrazione o di direzione delle controparti centrali, in caso di violazione delle disposizioni previste dagli artt. 4, par. 1, comma 1, e 5-*bis* del reg. (CE) n. 1060/2009 del Parlamento europeo e del Consiglio, del 16 settembre 2009, relativo alle agenzie di rating del credito, e delle relative disposizioni attuative;

b) nei confronti dei gestori, in caso di violazione dell'art. 35-*duodecies* del presente decreto e dell'art. 4, par. 1, comma 1, del regolamento di cui alla lett. *a*), e delle relative disposizioni attuative;

c) nei confronti degli emittenti, degli offerenti o delle persone che chiedono l'ammissione alla negoziazione sui mercati regolamentati italiani, in caso di violazione dell'art. 4, par. 1, comma 2, del regolamento di cui alla lett. *a*);

d) nei confronti degli emittenti, cedenti o promotori di strumenti di finanza strutturata, in caso di violazione dell'art. 8-*ter* del regolamento di cui alla lett. *a*);

e) nei confronti degli emittenti o terzi collegati come definiti dall'art. 3, par. 1, lett. *i*), del regolamento di cui alla lett. *a*), in caso di violazione degli artt. 8-*quater* e 8-*quinquies* del predetto regolamento.

2. Si applica l'art. 187-*quinquiesdecies*, comma 1-*quater* (1).

190-*bis*. *Responsabilità degli esponenti aziendali e del personale per le violazioni in tema di disciplina degli intermediari, dei mercati, dei depositari centrali e della gestione accentrata di strumenti finanziari e dei servizi di comunicazione dati* (2). — 1. Fermo restando quanto previsto per le società e gli enti nei confronti dei quali sono accertate le violazioni, per l'inosservanza delle disposizioni richiamate dagli artt. 188, 189, 190, 190.1 e 190.2, commi 1 e 2, 190.3, 190.4 e 190.5 (3), si applica la sanzione amministrativa pecuniaria da euro cinquemila fino a euro cinque milioni (4) nei confronti dei sog-

(1) Articolo inserito dall'art. 5.9, d.lg. 3 agosto 2017, n. 129.

(2) Rubrica così sostituita alla precedente «Responsabilità degli esponenti aziendali e del personale per le violazioni in tema di disciplina degli intermediari, dei mercati e della gestione accentrata di strumenti finanziari» dall'art. 3.5, lett. a, d.lg. 12 agosto 2016, n. 176, Le parole «e dei servizi di comunicazione dati» sono state aggiunte successivamente dall'art. 5.10, lett. a, d.lg. 3 agosto 2017, n. 129.

(3) Le parole «188, 189, 190, 190.1 e 190.2, commi 1 e 2,» sono state così sostituite alle precedenti «188, 189 e 190» dall'art. 3.5, lett. b, d.lg. 12 agosto 2016, n. 176. Successivamente le parole «, 190.2, commi 1 e 2, 190.3, 190.4, e 190.5» sono state così sostituite alle precedenti «190.2, commi 1 e 2» dall'art. 5.10, lett. b, d.lg. 3 agosto 2017, n. 129.

(4) Le parole «euro cinque milioni» sono state così sostituite alle precedenti «cinque milioni di euro» dall'art. 5.10, lett. b, d.lg. 3 agosto 2017, n. 129.

getti che svolgono funzioni di amministrazione, di direzione o di controllo, nonché nei confronti del personale, quando l'inosservanza è conseguenza della violazione di doveri propri o dell'organo di appartenenza e ricorrono una o più delle seguenti condizioni:

a) la condotta ha inciso in modo rilevante sulla complessiva organizzazione o sui profili di rischio aziendali, ovvero ha provocato un grave pregiudizio per la tutela degli investitori o per la trasparenza, l'integrità e (1) il corretto funzionamento del mercato;

b) la condotta ha contribuito a determinare la mancata ottemperanza della società o dell'ente a provvedimenti specifici adottati ai sensi degli artt. 7, comma 2, e 12, comma 5-*bis*;

c) le violazioni riguardano obblighi imposti ai sensi dell'art. 6, commi, 2-*septies*, 2-*octies*, 2-*novies*, o dell'art. 13, ovvero obblighi in materia di remunerazione e incentivazione, quando l'esponente o il personale è la parte interessata.

2. Nei confronti dei soggetti che svolgono funzioni di amministrazione, di direzione o di controllo, nonché del personale, nei casi in cui la loro condotta abbia contribuito a determinare l'inosservanza dell'ordine di cui all'art. 194-*quater* da parte della società o dell'ente, si applica la sanzione amministrativa pecuniaria da euro cinquemila fino a euro cinque milioni (2).

3. Con il provvedimento di applicazione della sanzione, in ragione della gravità della violazione accertata e tenuto conto dei criteri stabiliti dall'art. 194-*bis*, la Banca d'Italia o la Consob possono applicare la sanzione amministrativa accessoria dell'interdizione, per un periodo non inferiore a sei mesi e non superiore a tre anni, dallo svolgimento di funzioni di amministrazione, direzione e controllo presso soggetti (3) autorizzati ai sensi del presente decreto legislativo, del d.lg. 1° settembre 1993, n. 385 (4), del d.lg. 7 settembre 2005, n. 209 (5), o presso fondi pensione.

3-*bis*. La Banca d'Italia o la Consob, in ragione della gravità della violazione accertata e tenuto conto dei criteri stabiliti dall'art. 194-*bis*, possono applicare (6) la sanzione amministrativa accessoria dell'interdizione permanente dallo svolgimento delle funzioni richiamate al comma 3, nel caso in cui al medesimo soggetto sia stata già applicata, due o più volte negli ultimi dieci anni, sempre per le violazioni commesse con dolo o colpa grave (7), l'interdizione di cui al comma 3, per un periodo complessivo non inferiore a cinque anni (8).

4. Si applica l'art. 187-*quinquiesdecies*, comma 1-*quater* (9) (10).

190-*bis*.1. *Sanzioni amministrative relative alle violazioni delle disposizioni del reg. (UE) 2016/1011*. — 1. Per le violazioni degli artt. 4, 5, 6, 7, 8, 9, 10, dell'art. 11, par. 1, lett. *a*), *b*), *c*) ed *e*), dell'art. 11, parr. 2 e 3, degli artt. 12, 13, 14, 15, 16, 21, 23, 24, 25, 26, 27, 28, 29 e 34 del reg. (UE) 2016/1011 e delle norme tecniche di regolamentazione e attuazione previste dal medesimo regolamento, si applica:

a) nei confronti delle persone giuridiche, la sanzione amministrativa pecuniaria da euro diecimila fino a euro un milione, ovvero fino al dieci per cento del fatturato totale annuo, quando tale importo è superiore a euro un milione e il fatturato è determinabile ai sensi dell'art. 195, comma 1-*bis*, del presente decreto e ai sensi dell'art. 325-*bis* del d.lg. 7 settembre 2005, n. 209 (5);

b) nei confronti delle persone fisiche, la sanzione amministrativa pecuniaria da euro cinquemila fino a euro cinquecentomila.

2. Fermo quanto previsto dal comma 1, lett. *a*), la sanzione indicata dal comma 1, lett. *b*) si applica nei confronti dei soggetti che svolgono funzioni di amministrazione, di direzione o controllo e del personale delle società e degli enti nei confronti dei quali sono accertate le violazioni, nei casi previsti dall'art. 190-*bis*, comma 1, lett. *a*).

(1) Le parole «o per la trasparenza, l'integrità e» sono state così sostituite alle precedenti «o per l'integrità ed» dall'art. 5.10, lett. c, d.lg. 3 agosto 2017, n. 129.

(2) Le parole «euro cinque milioni» sono state così sostituite alle precedenti «cinque milioni di euro» dall'art. 5.10, lett. d, d.lg. 3 agosto 2017, n. 129.

(3) La parola «soggetti» è stata così sostituita alla precedente «intermediari» dall'art. 5.10, lett. e, d.lg. 3 agosto 2017, n. 129.

(4) In *Leggi coll. XVII, 1*.

(5) In *Leggi coll. VIII, 3*.

(6) Le parole «possono applicare» sono state così sostituite alla precedente «applicano» dall'art. 5.10, lett. f, d.lg. 3 agosto 2017, n. 129.

(7) Le parole «sempre per le violazioni commesse con dolo o colpa grave,» sono state inserite dall'art. 5.10, lett. f, d.lg. 3 agosto 2017, n. 129.

(8) Comma inserito dall'art. 1.1, lett. g, d.lg. 18 aprile 2016, n. 71.

(9) Le parole «187-*quinquiesdecies*, comma 1-*quater*» sono state così sostituite alle precedenti «188, commi 2 e 2-*bis*» dall'art. 5.10, lett. g, d.lg. 3 agosto 2017, n. 129.

(10) Articolo inserito dall'art. 5.5, d.lg. 12 maggio 2015, n. 72.

3. Per le violazioni dell'art. 11, parr. 1, lett. *d*), e 4, del reg. (UE) 2016/1011, si applica:

a) nei confronti delle persone giuridiche, la sanzione amministrativa pecuniaria da euro diecimila fino a euro duecentocinquantamila ovvero fino al due per cento del fatturato, quando tale importo è superiore a euro duecentocinquantamila e il fatturato è determinabile ai sensi dell'art. 195, comma 1-*bis*, del presente decreto e ai sensi dell'art. 325-*bis* del d.lg. 7 settembre 2005, n. 209 (1);

b) nei confronti delle persone fisiche, la sanzione amministrativa pecuniaria da euro cinquemila fino a euro centomila.

4. Fermo quanto previsto dal comma 3, lett. *a*), la sanzione indicata dal comma 3, lett. *b*) si applica nei confronti dei soggetti che svolgono funzioni di amministrazione, di direzione o controllo e del personale delle società e degli enti nei confronti dei quali sono accertate le violazioni, nei casi previsti dall'art. 190-*bis*, comma 1, lett. *a*).

5. Se il vantaggio ottenuto dall'autore della violazione, come conseguenza della violazione stessa, è superiore ai limiti massimi indicati nel presente articolo, la sanzione amministrativa pecuniaria è elevata fino al triplo dell'ammontare del vantaggio ottenuto, purché tale ammontare sia determinabile.

6. Con il provvedimento di applicazione della sanzione amministrativa pecuniaria, in ragione della gravità della violazione accertata e tenuto conto dei criteri stabiliti dall'art. 194-*bis*, può essere applicata nei confronti della persona fisica ritenuta responsabile della violazione la sanzione amministrativa accessoria dell'interdizione, per un periodo non inferiore a sei mesi e non superiore a tre anni, dallo svolgimento di funzioni di amministrazione, direzione e controllo presso amministratori di indici di riferimento o contributori di dati sottoposti a vigilanza.

7. L'applicazione della sanzione amministrativa pecuniaria comporta la confisca del prodotto o del profitto dell'illecito. Si applica, in tal caso, l'art. 187-*sexies*, commi 2 e 3.

8. Le sanzioni amministrative previste dal presente articolo sono applicate dalla Banca d'Italia, dalla Consob, dall'IVASS e dalla COVIP, sui soggetti dalle medesime vigilati e secondo le attribuzioni di vigilanza specificate all'art. 4-*septies*.1 e le rispettive procedure sanzionatorie. Nei riguardi dell'IVASS e della COVIP trovano comunque applicazione, per quanto di rispettiva competenza e ai fini del presente articolo, gli artt. 194-*bis*, 194-*quater*, 194-*septies* e 195-*ter*, comma 1-*bis*, IVASS e COVIP pubblicano le sanzioni irrogate secondo le procedure di settore (2).

190-*ter*. .... (3).

190-*quater*. *Sanzioni amministrative in tema di gestione di portali*. — 1. I gestori di portali per la raccolta di capitali per le piccole e medie imprese che violano le norme degli artt. 50-*quinquies* e 100-*ter* o le relative disposizioni attuative sono puniti con una sanzione amministrativa pecuniaria da euro cinquecento a euro venticinquemila. Per i soggetti iscritti nel registro di cui al comma 2 dell'art. 50-*quinquies*, può altresì essere disposta la sospensione da uno a quattro mesi o la radiazione dal registro (4).

191. *Offerta al pubblico di sottoscrizione e di vendita*. — 1. Chiunque effettua un'offerta al pubblico in violazione dell'art. 94, comma 1, è punito con la sanzione amministrativa pecuniaria da euro venticinquemila fino a euro cinque milioni (5).

2. Chiunque viola gli artt. 94, commi 2, 3, 5, 6 e 7, 96, 97 e 101, salvo il caso specifico di cui al comma 4, ovvero le relative disposizioni generali o particolari emanate dalla Consob ai sensi degli artt. 95, commi 1, 2 e 4, 97, comma 2, 99, comma 1, lett. *a*), *b*), *c*) e *d*), è punito con la sanzione amministrativa pecuniaria da euro cinquemila fino (6) a euro settecentocinquantamila.

3. Chiunque effettua un'offerta al pubblico in violazione dell'art. 98-*ter*, comma 1, è punito con la sanzione amministrativa pecuniaria da euro venticinquemila fino a euro cinque milioni. Se la violazione è commessa da una società o un ente, è applicata la sanzione amministrativa pecuniaria da euro venticinquemila fino a euro cinque milioni, ovvero fino al dieci per cento del fatturato, quando tale importo è superiore a euro cinque milioni e il fatturato è determinabile ai sensi dell'art. 195, comma 1-*bis* (7).

(1) In *Leggi coll. VIII, 3*.
(2) Articolo inserito dall'art. 2.2, d.lg. 13 febbraio 2019, n. 19.
(3) Articolo inserito dall'art. 5.5, d.lg. 12 maggio 2015, n. 72, e successivamente abrogato dall'art. 5.11, d.lg. 3 agosto 2017, n. 129.
(4) Articolo inserito dall'art. 5.12, d.lg. 3 agosto 2017, n. 129.
(5) Le parole «euro cinque milioni» sono state così sostituite alle precedenti «cinque milioni di euro» dall'art. 5.13, lett. a, d.lg. 3 agosto 2017, n. 129.
(6) La parola «fino» è stata inserita dall'art. 5.13, lett. b, d.lg. 3 agosto 2017, n. 129.
(7) Comma così sostituito dall'art. 5.13, lett. c, d.lg. 3 agosto 2017, n. 129.

4. Chiunque viola l'art. 98-*ter*, commi 2 e 3, ovvero le relative disposizioni generali o particolari emanate dalla Consob ai sensi dell'art. 98-*quater*, è punito con la sanzione amministrativa pecuniaria da euro cinquemila fino a cinque milioni di euro. Se la violazione è commessa da una società o un ente, è applicata la sanzione amministrativa pecuniaria da euro cinquemila fino a cinque milioni di euro, ovvero fino al dieci per cento del fatturato, quando tale importo è superiore a euro cinque milioni e il fatturato è determinabile ai sensi dell'art. 195, comma 1-*bis* (1). Le medesime sanzioni si applicano alla violazione dell'art. 101 commessa nell'ambito di un'offerta di OICVM.

5. Fermo restando quanto previsto dai commi 3 e 4, se all'osservanza delle disposizioni previste dai commi 1, 2, 3 e 4 è tenuta una società o un ente, le sanzioni ivi previste si applicano nei confronti di questi ultimi; la stessa sanzione si applica nei confronti degli esponenti aziendali e del personale della società o dell'ente nei casi previsti dall'art. 190-*bis*, comma 1, lett. *a*). Se all'osservanza delle medesime disposizioni è tenuta una persona fisica, in caso di violazione, la sanzione si applica nei confronti di quest'ultima.

6. Alle violazioni previste dai commi 3 e 4 si applicano gli artt. 187-*quinquiesdecies*, comma 1-*quater* (2), e 190-*bis*, commi 2, 3 e 3-*bis*.

7. Fermo restando quanto previsto dal comma 6, l'applicazione delle sanzioni amministrative pecuniarie previste dai commi 1 e 3, importa la perdita temporanea dei requisiti di idoneità previsti dal presente decreto per gli esponenti aziendali dei soggetti abilitati e dei requisiti previsti per i consulenti finanziari abilitati all'offerta fuori sede, per i consulenti finanziari autonomi e per gli esponenti aziendali delle società di consulenza finanziaria (3) nonché l'incapacità temporanea ad assumere incarichi di amministrazione, direzione e controllo nell'ambito di società aventi titoli quotati nei mercati regolamentati o diffusi tra il pubblico in maniera rilevante e di società appartenenti al medesimo gruppo. La sanzione amministrativa accessoria ha durata non inferiore a due mesi e non superiore a tre anni.

8. .... (4) (5).

192. *Offerte pubbliche di acquisto o di scambio*. — 1. Chiunque viola l'obbligo di promuovere un'offerta pubblica di acquisto o di scambio ovvero effettua un'offerta pubblica di acquisto o di scambio in violazione delle disposizioni dell'art. 102, commi 1, 3 e 6 (6), è punito con la sanzione amministrativa pecuniaria di importo non inferiore ad euro venticinquemila e non superiore al corrispettivo complessivamente dovuto dall'offerente ovvero che sarebbe stato complessivamente dovuto dall'offerente se l'offerta fosse stata promossa (7).

2. La sanzione indicata nel comma 1 si applica a chi:

a) non rispetta le indicazioni fornite dalla Consob ai sensi dell'art. 102, comma 4 (8), ovvero viola le disposizioni dei regolamenti emanati a norma dell'art. 102, comma 1 e dell'art. 103, comma 4 (9);

a-bis) viola le disposizioni di cui all'art. 103, commi 3 e 3-*bis* (10);

a-ter) viola le disposizioni relative all'obbligo di acquisto di cui all'art. 108, commi 1 e 2 e le disposizioni del regolamento emanato a norma dell'art. 108, comma 7 (10);

(1) Le parole «ovvero fino al dieci per cento del fatturato, quando tale importo è superiore a euro cinque milioni e il fatturato è determinabile ai sensi dell'art. 195, comma 1-*bis*» sono state così sostituite alle precedenti «ovvero al dieci per cento del fatturato, quando tale importo è superiore a 5 milioni di euro e il fatturato è disponibile e determinabile» dall'art. 5.13, lett. d, d.lg. 3 agosto 2017, n. 129.

(2) Le parole «187-*quinquiesdecies*, comma 1-*quater*» sono state così sostituite alle precedenti «188, commi 2 e 2-*bis*» dall'art. 5.13, lett. e, d.lg. 3 agosto 2017, n. 129.

(3) Le parole «per i consulenti finanziari abilitati all'offerta fuori sede, per i consulenti finanziari autonomi e per gli esponenti aziendali delle società di consulenza finanziaria» sono state così sostituite alle precedenti «per i promotori finanziari» dall'art. 5.13, lett. f, d.lg. 3 agosto 2017, n. 129.

(4) Comma abrogato dall'art. 5.13, lett. g, d.lg. 3 agosto 2017, n. 129.

(5) Articolo così sostituito, da ultimo, dall'art. 1.1, lett. h, d.lg. 18 aprile 2016, n. 71.

(6) Le parole «dell'art. 102, commi 1, 3 e 6» sono state così sostituite alle precedenti «dell'art. 102, commi 1 e 3» dall'art. 5.2, lett. a, d.lg. 19 novembre 2007, n. 229.

(7) Le parole «di importo non inferiore ad euro venticinquemila e non superiore al corrispettivo complessivamente dovuto dall'offerente ovvero che sarebbe stato complessivamente dovuto dall'offerente se l'offerta fosse stata promossa» sono state così sostituite alle precedenti «da lire dieci milioni a lire duecento milioni» dall'art. 5.2, lett. a, d.lg. 19 novembre 2007, n. 229.

(8) Le parole «dell'art. 102, comma 4» sono state così sostituite alle precedenti «dell'art. 102, comma 2» dall'art. 5.2, lett. b, d.lg. 19 novembre 2007, n. 229.

(9) Le parole «a norma dell'art. 102, comma 1 e dell'art. 103, comma 4» sono state così sostituite alle precedenti «a norma dell'art. 103, commi 4 e 5» dall'art. 5.2, lett. b, d.lg. 19 novembre 2007, n. 229.

(10) Lettera aggiunta dall'art. 4.1, lett. a, d.lg. 25 settembre 2009, n. 146.

b) esercita il diritto di voto in violazione delle disposizioni dell'art. 110;

b-bis) viola l'obbligo di cui all'art. 110, comma 1-*bis* (1).

2-*bis*. Se all'osservanza delle disposizioni previste dai commi 1 e 2 è tenuta una società o un ente, le sanzioni ivi previste si applicano nei confronti di questi ultimi; la stessa sanzione si applica nei confronti degli esponenti aziendali e del personale della società o dell'ente nei casi previsti dall'art. 190-*bis*, comma 1, lett. *a*). Se all'osservanza delle medesime disposizioni è tenuta una persona fisica, in caso di violazione, la sanzione si applica nei confronti di quest'ultima. La sanzione massima applicabile ad una persona fisica per le violazioni previste ai commi 1 e 2 non può essere superiore a euro cinque milioni (2).

2-*ter*. Si applica l'art. 187-*quinquiesdecies*, comma 1-*quater* (3).

3. .... (4).

192-*bis*. *Informazioni sul governo societario* (5). — 1. Salvo che il fatto costituisca reato, nei confronti delle società quotate nei mercati regolamentati che omettono le comunicazioni prescritte dall'art. 123-*bis*, comma 2, lett. *a*), si applica una delle seguenti sanzioni amministrative (6):

a) una dichiarazione pubblica indicante la persona giuridica responsabile della violazione e la natura della stessa, quando questa sia connotata da scarsa offensività o pericolosità e l'infrazione contestata sia cessata (7);

b) un ordine di eliminare le infrazioni contestate, con eventuale indicazione delle misure da adottare e del termine per l'adempimento, e di astenersi dal ripeterle, quando le infrazioni stesse siano connotate da scarsa offensività o pericolosità;

c) una sanzione amministrativa pecuniaria da euro diecimila a euro dieci milioni, ovvero, fino al cinque per cento del fatturato quando tale importo è superiore a euro dieci milioni e il fatturato è determinabile ai sensi dell'art. 195, comma 1-*bis* (8) (9).

1-*bis*. Per l'omissione delle comunicazioni indicate al comma 1, nei casi previsti dall'art. 190-*bis*, comma 1, lett. *a*), salvo che il fatto costituisca reato, nei confronti dei soggetti che svolgono funzioni di amministrazione, di direzione o di controllo, nonché del personale, qualora la loro condotta abbia contribuito a determinare l'omissione delle comunicazioni da parte della società o dell'ente, si applica una delle seguenti sanzioni amministrative (10):

a) una dichiarazione pubblica indicante la persona responsabile della violazione e la natura della stessa, quando questa sia connotata da scarsa offensività o pericolosità e l'infrazione contestata sia cessata (11);

b) un ordine di eliminare le infrazioni contestate, con eventuale indicazione delle misure da adottare e del termine per l'adempimento, e di astenersi dal ripeterle, quando le infrazioni stesse siano connotate da scarsa offensività o pericolosità;

c) una sanzione amministrativa pecuniaria da euro diecimila a euro due milioni (12).

(1) Lettera aggiunta dall'art. 5.2, lett. b, d.lg. 19 novembre 2007, n. 229.

(2) Comma aggiunto dall'art. 5.7, d.lg. 12 maggio 2015, n. 72. Le parole «euro cinque milioni» sono state successivamente così sostituite alle precedenti «cinque milioni di euro» dall'art. 5.14, lett. a, d.lg. 3 agosto 2017, n. 129.

(3) Comma aggiunto dall'art. 5.7, d.lg. 12 maggio 2015, n. 72. Le parole «187-*quinquiesdecies*, comma 1-*quater*» sono state successivamente così sostituite alle precedenti «188, commi 2 e 2-*bis*» dall'art. 5.14, lett. b, d.lg. 3 agosto 2017, n. 129.

(4) Comma abrogato dall'art. 4.1, lett. b, d.lg. 25 settembre 2009, n. 146.

(5) Rubrica così sostituita alla precedente «False comunicazioni circa l'applicazione delle regole previste nei codici di comportamento delle società quotate» dall'art. 5.4, lett. a, d.lg. 3 novembre 2008, n. 173, di cui v. art. 6: «Le disposizioni del presente decreto si applicano ai bilanci e alle relazioni relativi agli esercizi aventi inizio da data successiva a quella della sua entrata in vigore».

(6) Le parole «si applica una delle seguenti sanzioni amministrative» sono state così sostituite alle precedenti «si applicano le seguenti misure e sanzioni amministrative» dall'art. 5.15, lett. a, d.lg. 3 agosto 2017, n. 129.

(7) Le parole «, quando questa sia connotata da scarsa offensività o pericolosità e l'infrazione contestata sia cessata» sono state aggiunte dall'art. 5.15, lett. b, d.lg. 3 agosto 2017, n. 129.

(8) Le parole «fino al cinque per cento del fatturato quando tale importo è superiore a euro dieci milioni e il fatturato è determinabile ai sensi dell'art. 195, comma 1-*bis*.» sono state così sostituite alle precedenti «se superiore, fino al cinque per cento del fatturato complessivo annuo.» dall'art. 5.15, lett. c, d.lg. 3 agosto 2017, n. 129.

(9) Comma così sostituito, da ultimo, dall'art. 1.9, lett. a, d.lg. 15 febbraio 2016, n. 25.

(10) Le parole «si applica una delle seguenti sanzioni amministrative» sono state così sostituite alle precedenti «si applicano le seguenti misure e sanzioni amministrative» dall'art. 5.15, lett. d, d.lg. 3 agosto 2017, n. 129.

(11) Le parole «, quando questa sia connotata da scarsa offensività o pericolosità e l'infrazione contestata sia cessata» sono state aggiunte dall'art. 5.15, lett. e, d.lg. 3 agosto 2017, n. 129.

(12) Comma aggiunto dall'art. 5.8, lett. b, d.lg. 12 maggio 2015, n. 72, e successivamente così sostituito dall'art. 1.9, lett. b, d.lg. 15 febbraio 2016, n. 25.

1-*ter.* Si applica l'art. 187-*quinquiesdecies*, comma 1-*quater* (1) (2).

1-*quater.* Nei casi di inosservanza dell'ordine di eliminare le infrazioni contestate e di astenersi dal ripeterle, si applica la sanzione amministrativa pecuniaria prevista per la violazione originariamente contestata aumentata fino ad un terzo. Fermo restando quanto previsto per le persone giuridiche nei confronti delle quali è accertata l'inosservanza dell'ordine, si applica la sanzione amministrativa pecuniaria da euro diecimila a euro due milioni nei confronti dei soggetti che svolgono funzioni di amministrazione, di direzione o di controllo, nonché del personale, qualora la loro condotta abbia contribuito a determinare l'inosservanza dell'ordine da parte della persona giuridica (3).

192-*ter*. *Ammissione alle negoziazioni*. — 1. Nei confronti dell'emittente o della persona che chiede l'ammissione alle negoziazioni che viola le disposizioni contenute negli artt. 113, commi 2, 3, lett. *a*), *d*) *f*), e 4, e 113-*bis*, commi 1, 2, lett. *a*) e *b*), e 4, ovvero le disposizioni generali o particolari emanate dalla Consob in base ai medesimi articoli, si applica la sanzione amministrativa pecuniaria da euro cinquemila a euro settecentocinquantamila (4).

2. .... (5).

2-*bis.* La sanzione prevista al comma 1 si applica [...] (6) nei confronti degli esponenti aziendali e del personale della società o dell'ente nei casi previsti dall'art. 190-*bis*, comma 1, lett. *a*) (7).

3. .... (8).

3-*bis.* Si applica l'art. 187-*quinquiesdecies*, comma 1-*quater* (9) (10).

192-*quater*. *Obbligo di astensione*. — 1. I soci e gli amministratori che violano l'obbligo di astensione di cui all'art. 6, comma 2-*novies*, sono puniti con una sanzione amministrativa pecuniaria da euro cinquantamila a euro centocinquantamila (11).

193. *Informazione societaria e doveri dei sindaci, dei revisori legali e delle società di revisione legale* (12). — 1. Salvo che il fatto costituisca reato, nei confronti di società, enti o associazioni tenuti a effettuare le comunicazioni previste dagli artt. 114, commi 5, 7 e 9, 114-*bis*, 115, 116, comma 1-*bis*, 154-*bis*, 154-*ter* e 154-*quater* (13), per l'inosservanza delle disposizioni degli articoli medesimi o delle relative disposizioni attuative, si applica una delle seguenti sanzioni amministrative (14):

a) una dichiarazione pubblica indicante la persona giuridica responsabile della violazione e la natura della stessa, quando questa sia connotata da scarsa offensività o pericolosità e l'infrazione contestata sia cessata (15);

b) un ordine di eliminare le infrazioni contestate, con eventuale indicazione delle misure da adottare e del termine per l'adempimento, e di astenersi dal ripeterle, quando le infrazioni stesse siano connotate da scarsa offensività o pericolosità;

c) una sanzione amministrativa pecuniaria da euro cinquemila a euro dieci milioni, ovvero fino al cinque per cento del fatturato quando tale importo è superiore a euro dieci

(1) Comma aggiunto dall'art. 5.8, lett. b, d.lg. 12 maggio 2015, n. 72. Le parole «187-*quinquiesdecies*, comma 1-*quater*» sono state successivamente così sostituite alle precedenti «188, commi 2 e 2-*bis*» dall'art. 5.15, lett. f, d.lg. 3 agosto 2017, n. 129.

(2) Articolo inserito dall'art. 36, l. 28 dicembre 2005, n. 262.

(3) Comma aggiunto dall'art. 1.9, lett. c, d.lg. 15 febbraio 2016, n. 25.

(4) Comma così sostituito dall'art. 5.9, lett. a, d.lg. 12 maggio 2015, n. 72.

(5) Comma abrogato dall'art. 5.9, lett. b, d.lg. 12 maggio 2015, n. 72.

(6) La parola «anche» è stata soppressa dall'art. 5.16, lett. a, d.lg. 3 agosto 2017, n. 129.

(7) Comma inserito dall'art. 5.9, lett. c, d.lg. 12 maggio 2015, n. 72.

(8) Comma abrogato dall'art. 5.9, lett. d, d.lg. 12 maggio 2015, n. 72.

(9) Comma aggiunto dall'art. 5.9, lett. e, d.lg. 12 maggio 2015, n. 72. Le parole «187-*quinquiesdecies*, comma 1-*quater*» sono state successivamente così sostituite alle precedenti «188, commi 2 e 2-*bis*» dall'art. 5.16, lett. b, d.lg. 3 agosto 2017, n. 129.

(10) Articolo inserito dall'art. 4.1, lett. e, d.lg. 28 marzo 2007, n. 51.

(11) Articolo inserito dall'art. 5.10, d.lg. 12 maggio 2015, n. 72.

(12) Rubrica così sostituita dall'art. 40.20, d.lg. 27 gennaio 2010, n. 39.

(13) Le parole «114, commi 5, 7 e 9, 114-*bis*, 115, 116, comma 1-*bis*, 154-*bis*, 154-*ter* e 154-*quater*,» sono state così sostituite alle precedenti «114, 114-*bis*, 115, 154-*bis*, 154-*ter* e 154-*quater*, o soggetti agli obblighi di cui all'art. 115-*bis*» dall'art. 4.19, lett. a, d.lg. 10 agosto 2018, n. 107.

(14) Le parole «si applica una delle seguenti sanzioni amministrative» sono state così sostituite alle precedenti «si applicano le seguenti misure e sanzioni amministrative» dall'art. 5.17, lett. a, d.lg. 3 agosto 2017, n. 129.

(15) Le parole «, quando questa sia connotata da scarsa offensività o pericolosità e l'infrazione contestata sia cessata» sono state aggiunte dall'art. 5.17, lett. b, d.lg. 3 agosto 2017, n. 129.

milioni e il fatturato è determinabile ai sensi dell'art. 195, comma 1-*bis* (1) (2).

1.1. Se le comunicazioni indicate nel comma 1 sono dovute da una persona fisica, salvo che il fatto costituisca reato, in caso di violazione si applicano nei confronti di quest'ultima, [...] (3) una delle seguenti sanzioni amministrative (4):

a) una dichiarazione pubblica indicante la persona responsabile della violazione e la natura della stessa, quando questa sia connotata da scarsa offensività o pericolosità e l'infrazione contestata sia cessata (5);

b) un ordine di eliminare le infrazioni contestate, con eventuale indicazione delle misure da adottare e del termine per l'adempimento, e di astenersi dal ripeterle, quando le infrazioni stesse siano connotate da scarsa offensività o pericolosità;

c) una sanzione amministrativa pecuniaria da euro cinquemila a euro due milioni (6).

1.2. Per le violazioni indicate nel comma 1, nei confronti dei soggetti che svolgono funzioni di amministrazione, di direzione o di controllo, nonché del personale, qualora la loro condotta abbia contribuito a determinare dette violazioni da parte della persona giuridica si applicano, nei casi previsti dall'art. 190-*bis*, comma 1, lett. *a*), le sanzioni amministrative previste dal comma 1.1 (6).

1-*bis*. . . . . (7).

1-*ter*. . . . . (8).

1-*quater*. Le stesse sanzioni indicate ai commi 1, 1.1 e 1.2 si applicano (9), in caso di inosservanza delle disposizioni di attuazione emanate dalla Consob ai sensi dell'art. 113-*ter*, comma 5, lett. *b*) e *c*), nei confronti dei soggetti autorizzati dalla Consob all'esercizio del servizio di diffusione e di stoccaggio delle informazioni regolamentate (10).

1-*quinquies*. . . . . (11).

2. Salvo che il fatto costituisca reato, nei casi di omissione delle comunicazioni delle partecipazioni rilevanti e dei patti parasociali previste, rispettivamente dagli artt. 120, commi 2, 2-*bis*, 4 e 4-*bis* (12), e 122, commi 1, 2 e 5, nonché di violazione dei divieti previsti dagli artt. 120, comma 5, 121, commi 1 e 3, e 122, comma 4, nei confronti di società, enti o associazioni, si applica una delle seguenti sanzioni amministrative (13):

a) una dichiarazione pubblica indicante il soggetto responsabile della violazione e la natura della stessa, quando questa sia connotata da scarsa offensività o pericolosità e l'infrazione contestata sia cessata (14);

b) un ordine di eliminare le infrazioni contestate, con eventuale indicazione delle misure da adottare e del termine per l'adempimento, e di astenersi dal ripeterle, quando le infrazioni stesse siano connotate da scarsa offensività o pericolosità;

c) una sanzione amministrativa pecuniaria da euro diecimila a euro dieci milioni, ovvero fino al cinque per cento del fatturato quando

(1) Le parole «ovvero fino al cinque per cento del fatturato quando tale importo è superiore a euro dieci milioni e il fatturato è determinabile ai sensi dell'art. 195, comma 1-*bis*.» sono state così sostituite alle precedenti «o se superiore fino al cinque per cento del fatturato complessivo annuo.» dall'art. 5.17, lett. c, d.lg. 3 agosto 2017, n. 129.

(2) Comma così sostituito, da ultimo, dall'art. 1.10, lett. a, d.lg. 15 febbraio 2016, n. 25.

(3) Le parole «salvo che ricorra la causa di esenzione prevista dall'art. 114, comma 10,» sono state soppresse dall'art. 4.19, lett. b, d.lg. 10 agosto 2018, n. 107.

(4) Le parole «una delle seguenti sanzioni amministrative» sono state così sostituite alle precedenti «le seguenti misure e sanzioni amministrative» dall'art. 5.17, lett. d, d.lg. 3 agosto 2017, n. 129.

(5) Le parole «, quando questa sia connotata da scarsa offensività o pericolosità e l'infrazione contestata sia cessata» sono state aggiunte dall'art. 5.17, lett. e, d.lg. 3 agosto 2017, n. 129.

(6) Comma inserito dall'art. 1.10, lett. b, d.lg. 15 febbraio 2016, n. 25.

(7) Comma inserito dall'art. 9.1, lett. n, n. 2, l. 18 aprile 2005, n. 62, e successivamente abrogato dall'art. 5.11, lett. b, d.lg. 12 maggio 2015, n. 72.

(8) Comma inserito dall'art. 9.1, lett. n, n. 2, l. 18 aprile 2005, n. 62, e successivamente abrogato dall'art. 5.11, lett. c, d.lg. 12 maggio 2015, n. 72.

(9) Le parole «Le stesse sanzioni indicate ai commi 1, 1.1 e 1.2 si applicano» sono state così sostituite alle precedenti «La stessa sanzione di cui al comma 1 è applicabile» dall'art. 1.10, lett. c, d.lg. 15 febbraio 2016, n. 25.

(10) Comma inserito dall'art. 1.11, lett. b, d.lg. 6 novembre 2007, n. 195.

(11) Comma inserito dall'art. 1.2, d.lg. 5 ottobre 2010, n. 176, e successivamente abrogato dall'art. 5.17, lett. f, d.lg. 3 agosto 2017, n. 129.

(12) Le parole «rispettivamente dagli artt. 120, commi 2, 2-*bis*, 4 e 4-*bis*» sono state così sostituite alle precedenti «rispettivamente dagli artt. 120, commi 2, 2-*bis* e 4» dall'art. 13.1, lett. b, d.l. 16 ottobre 2017, n. 148, conv. in l. 4 dicembre 2017, n. 172.

(13) Le parole «si applica una delle seguenti sanzioni amministrative» sono state così sostituite alle precedenti «si applicano le seguenti misure e sanzioni amministrative» dall'art. 5.17, lett. g, d.lg. 3 agosto 2017, n. 129.

(14) Le parole «, quando questa sia connotata da scarsa offensività o pericolosità e l'infrazione contestata sia cessata» sono state aggiunte dall'art. 5.17, lett. h, d.lg. 3 agosto 2017, n. 129.

tale importo è superiore a euro dieci milioni e il fatturato è determinabile ai sensi dell'art. 195, comma 1-*bis* (1) (2).

2.1. Salvo che il fatto costituisca reato, ove le comunicazioni indicate nel comma 2 sono dovute da una persona fisica, in caso di violazione si applica una delle seguenti sanzioni amministrative (3):

a) una dichiarazione pubblica indicante la persona responsabile della violazione e la natura della stessa, quando questa sia connotata da scarsa offensività o pericolosità e l'infrazione contestata sia cessata (4);

b) un ordine di eliminare le infrazioni contestate, con eventuale indicazione delle misure da adottare e del termine per l'adempimento, e di astenersi dal ripeterle, quando le infrazioni stesse siano connotate da scarsa offensività o pericolosità;

c) una sanzione amministrativa pecuniaria da euro diecimila a euro due milioni (5).

2.2. Per le violazioni indicate nel comma 2, nei confronti dei soggetti che svolgono funzioni di amministrazione, di direzione o di controllo, nonché del personale, qualora la loro condotta abbia contribuito a determinare dette violazioni da parte della persona giuridica si applicano, nei casi previsti dall'art. 190-*bis*, comma 1, lett. *a*), le sanzioni amministrative previste dal comma 2.1 (5).

2.3. Nei casi di ritardo delle comunicazioni previste dall'art. 120, commi 2, 2-*bis* e 4, non superiore a due mesi, l'importo minimo edittale delle sanzioni amministrative pecuniarie indicate nei commi 2 e 2.1 è pari a euro cinquemila (5).

2.4. Se il vantaggio ottenuto dall'autore della violazione come conseguenza della violazione stessa è superiore ai limiti massimi edittali indicati nei commi 1, 1.1, 2 e 2.1, del presente articolo, la sanzione amministrativa pecuniaria è elevata fino al doppio dell'ammontare del vantaggio ottenuto, purché tale ammontare sia determinabile (5).

2-*bis*. .... (6).

3. Si applica la sanzione amministrativa pecuniaria da euro diecimila a euro un milione e cinquecentomila (7):

a) ai componenti del collegio sindacale, del consiglio di sorveglianza e del comitato per il controllo sulla gestione che commettono irregolarità nell'adempimento dei doveri previsti dall'art. 149, commi 1, 4-*bis*, primo periodo, e 4-*ter*, ovvero omettono le comunicazioni previste dall'art. 149, comma 3 (8);

b) .... (9).

3-*bis*. Salvo che il fatto costituisca reato, i componenti degli organi di controllo, i quali omettano di eseguire nei termini prescritti le comunicazioni di cui all'art. 148-*bis*, comma 2, sono puniti con la sanzione amministrativa in misura pari al doppio della retribuzione annuale prevista per l'incarico relativamente al quale è stata omessa la comunicazione. Con il provvedimento sanzionatorio è dichiarata altresì la decadenza dall'incarico (10).

3-*ter*. .... (11).

3-*quater*. Nel caso di violazione degli ordini previsti dal presente articolo si applica l'art. 192-*bis*, comma 1-*quater* (12).

193-*bis*. *Rapporti con società estere aventi sede legale in Stati che non garantiscono la trasparenza societaria*. — 1. Coloro che sottoscrivono il bilancio della società estera di cui all'art. 165-

(1) Le parole «ovvero fino al cinque per cento del fatturato quando tale importo è superiore a euro dieci milioni e il fatturato è determinabile ai sensi dell'art. 195, comma 1-*bis*» sono state così sostituite alle precedenti «o, se superiore, fino al cinque per cento del fatturato complessivo annuo» dall'art. 5.17, lett. i, d.lg. 3 agosto 2017, n. 129.

(2) Comma così sostituito, da ultimo, dall'art. 1.10, lett. d, d.lg. 15 febbraio 2016, n. 25.

(3) Le parole «si applica una delle seguenti sanzioni amministrative» sono state così sostituite alle precedenti «si applicano le seguenti misure e sanzioni amministrative» dall'art. 5.17, lett. l, d.lg. 3 agosto 2017, n. 129.

(4) Le parole «, quando questa sia connotata da scarsa offensività o pericolosità e l'infrazione contestata sia cessata» sono state aggiunte dall'art. 5.17, lett. m, d.lg. 3 agosto 2017, n. 129.

(5) Comma inserito dall'art. 1.10, lett. e, d.lg. 15 febbraio 2016, n. 25.

(6) Comma inserito dall'art. 5.11, lett. e, d.lg. 12 maggio 2015, n. 72, e successivamente soppresso dall'art. 1.10, lett. f, d.lg. 15 febbraio 2016, n. 25.

(7) Le parole «Si applica la sanzione amministrativa pecuniaria da euro diecimila a euro un milione e cinquecentomila» sono state così sostituite alle precedenti «La sanzione indicata nel comma 2, primo periodo, si applica» dall'art. 1.10, lett. g, d.lg. 15 febbraio 2016, n. 25.

(8) Lettera così sostituita dall'art. 2.1, lett. g, l. 28 dicembre 2005, n. 262.

(9) Lettera abrogata dall'art. 40.21, d.lg. 27 gennaio 2010, n. 39.

(10) Comma aggiunto dall'art. 9.1, lett. n, n. 4, l. 18 aprile 2005, n. 62, e successivamente così sostituito dall'art. 37, l. 28 dicembre 2005, n. 262.

(11) Comma aggiunto dall'art. 5.11, lett. g, d.lg. 12 maggio 2015, n. 72, e successivamente abrogato dall'art. 5.17, lett. n, d.lg. 3 agosto 2017, n. 129.

(12) Comma aggiunto dall'art. 1.10, lett. h, d.lg. 15 febbraio 2016, n. 25.

quater, comma 2, le relazioni e i pareri di cui agli artt. 165-*quater*, commi 2 e 3, 165-*quinquies*, comma 1, e 165-*sexies*, comma 1, e coloro che esercitano la revisione ai sensi dell'art. 165-*quater*, comma 4, sono soggetti a responsabilità civile, penale e amministrativa secondo quanto previsto in relazione al bilancio delle società italiane.

2. Salvo che il fatto costituisca reato, la violazione degli obblighi derivanti dall'esercizio dei poteri attribuiti alla Consob dall'art. 165-*septies*, comma 1, è punita con la sanzione amministrativa pecuniaria prevista dall'art. 193, comma 1 (1).

193-*ter*. *Sanzioni amministrative pecuniarie relative alle violazioni delle prescrizioni di cui al reg. (UE) n. 236/2012*. — 1. Chiunque non osservi le disposizioni previste dagli artt. 5, 6, 7, 8, 9, 15, 17, 18 e 19 del reg. (UE) n. 236/2012 e relative disposizioni attuative, è soggetto alla sanzione amministrativa del pagamento di una somma da euro venticinquemila a euro duemilionicinquecentomila.

2. La stessa sanzione del comma 1 è applicabile a chi:

a) violi le disposizioni di cui agli artt. 12, 13 e 14 del regolamento (2) indicato al comma 1 e relative disposizioni attuative;

b) violi le misure adottate dall'autorità competente di cui all'art. 4-*ter* ai sensi degli artt. 20, 21 e 23 del medesimo regolamento.

3. Le sanzioni amministrative pecuniarie previste al comma 2, lett. *a*) e *b*), sono aumentate fino al triplo o fino al maggiore importo di dieci volte il prodotto o il profitto conseguito dall'illecito quando, per le qualità personali del colpevole, per l'entità del prodotto o del profitto conseguito dall'illecito ovvero per gli effetti prodotti sul mercato, esse appaiono inadeguate anche se applicate nel massimo.

4. L'applicazione delle sanzioni amministrative pecuniarie previste dal presente articolo comporta sempre la confisca del prodotto o del profitto dell'illecito. Qualora non sia possibile eseguire la confisca, la stessa può avere ad oggetto somme di denaro, beni o altre utilità di valore equivalente.

5. .... (3) (4).

193-*quater*. *Sanzioni amministrative relative alla violazione delle disposizioni previste dal reg. (UE) n. 648/2012 del Parlamento europeo e del Consiglio, del 4 luglio 2012, e dal reg. (UE) 2015/2365 del Parlamento europeo e del Consiglio, del 25 novembre 2015* (5). — 1. Le controparti centrali, i gestori delle sedi di negoziazione, le controparti finanziarie e le controparti non finanziarie, come definite dall'art. 2, punti 1), 4), 8) e 9), del reg. (UE) n. 648/2012 del Parlamento europeo e del Consiglio, del 4 luglio 2012, i soggetti che agiscono in qualità di partecipanti alle controparti centrali o in qualità di clienti di questi ultimi, come definiti dall'art. 2, punto 15), del citato regolamento, i quali non osservano le disposizioni previste dai titoli II, III, IV e V del medesimo regolamento e le relative disposizioni attuative, sono puniti (6) con la sanzione amministrativa pecuniaria da euro cinquemila fino a euro cinque milioni, se sono persone fisiche. Se la violazione è commessa da una società o da un ente, si applica nei confronti di questi ultimi la sanzione amministrativa pecuniaria da euro trentamila fino a euro cinque milioni, ovvero fino al dieci per cento del fatturato, quando tale importo è superiore a euro cinque milioni e il fatturato è determinabile ai sensi dell'art. 195, comma 1-*bis* (7), del presente decreto e ai sensi dell'art. 325-*bis* del d.lg. 7 settembre 2005, n. 209 (8) (9) (10).

1-*bis*. Le controparti finanziarie e le controparti non finanziarie, come definite dall'art. 3, punti 3) e 4), del reg. (UE) 2015/2365 del Par-

(1) Articolo inserito dall'art. 6.2, l. 28 dicembre 2005, n. 262.

(2) La parola «regolamento» è stata così sostituita alla precedente «Regolamento» dall'art. 5.18, lett. a, d.lg. 3 agosto 2017, n. 129.

(3) Comma abrogato dall'art. 5.18, lett. b, d.lg. 3 agosto 2017, n. 129.

(4) Articolo inserito dall'art. 24.1, lett. d, d.l. 18 ottobre 2012, n. 179, conv. in l. 17 dicembre 2012, n. 221.

(5) Rubrica così sostituita alla precedente «Sanzioni amministrative pecuniarie relative alla violazione delle disposizioni previste dal reg. (UE) n. 648/2012 del Parlamento europeo e del Consiglio, del 4 luglio 2012» dall'art. 2.3, lett. a, d.lg. 13 febbraio 2019, n. 19.

(6) Le parole «sono puniti» sono state così sostituite alle precedenti «sono punite» dall'art. 5.19, lett. a, d.lg. 3 agosto 2017, n. 129.

(7) Le parole da «ovvero fino al dieci per cento del fatturato,» fino a «comma 1-*bis*.» sono state così sostituite alle precedenti «ovvero al dieci per cento del fatturato, quando tale importo è superiore a euro cinque milioni e il fatturato è disponibile e determinabile.» dall'art. 5.19, lett. a, d.lg. 3 agosto 2017, n. 129.

(8) In *Leggi coll. VIII, 3*.

(9) Le parole «, del presente decreto e ai sensi dell'art. 325-*bis* del d.lg. 7 settembre 2005, n. 209» sono state aggiunte dall'art. 2.3, lett. b, d.lg. 13 febbraio 2019, n. 19.

(10) Comma sostituito dall'art. 3.6, lett. a, d.lg. 12 agosto 2016, n. 176.

lamento europeo e del Consiglio, del 25 novembre 2015, le quali non osservano le disposizioni previste dall'art. 4 del medesimo regolamento e le norme tecniche di regolamentazione e attuazione previste dal medesimo regolamento, sono punite con la sanzione amministrativa pecuniaria da euro cinquemila fino a euro cinque milioni, se sono persone fisiche. Se la violazione è commessa da una società o da un ente, si applica nei confronti di questi ultimi la sanzione amministrativa pecuniaria da euro trentamila fino a euro cinque milioni, ovvero fino al dieci per cento del fatturato complessivo annuo, quando tale importo è superiore a euro cinque milioni e il fatturato è determinabile ai sensi dell'art. 195, comma 1-*bis*, del presente decreto e ai sensi dell'art. 325-*bis* del d.lg. 7 settembre 2005, n. 209 (1) (2).

1-*ter*. Nei confronti delle controparti indicate al comma 1-*bis*, le quali non osservano le disposizioni previste dall'art. 15 del reg. (UE) 2015/2365 si applica la sanzione amministrativa pecuniaria da euro cinquemila fino a euro cinque milioni, se sono persone fisiche. Se la violazione è commessa da una società o da un ente, si applica nei confronti di questi ultimi la sanzione amministrativa pecuniaria da euro trentamila fino a euro quindici milioni, ovvero fino al dieci per cento del fatturato, quando tale importo è superiore a euro quindici milioni e il fatturato è determinabile ai sensi dell'art. 195, comma 1-*bis*, del presente decreto e ai sensi dell'art. 325-*bis* del d.lg. 7 settembre 2005, n. 209 (1) (2).

2. .... (3).

2-*bis*. Fermo quanto previsto per le società e per gli enti nei confronti dei quali sono accertate le violazioni, nei confronti dei soggetti che svolgono funzioni di amministrazione, di direzione o controllo e del personale si applicano le sanzioni previste per le persone fisiche dai commi 1, 1-*bis* e 1-*ter*, nei casi previsti dall'art. 190-*bis*, comma 1, lett. *a*) (4).

2-*ter*. Con il provvedimento di applicazione della sanzione amministrativa pecuniaria prevista dal comma 2-*bis*, in ragione della gravità della violazione accertata e tenuto conto dei criteri stabiliti dall'art. 194-*bis*, può essere applicata la sanzione amministrativa accessoria dell'interdizione, per un periodo non inferiore a sei mesi e non superiore a tre anni, dallo svolgimento di funzioni di amministrazione, direzione e controllo presso le controparti centrali, i gestori delle sedi di negoziazione e le controparti finanziarie, come definite rispettivamente dagli artt. 2, punto 8), del reg. (UE) n. 648/2012 e 3, punto 3), del reg. (UE) 2015/2365 (4).

2-*quater*. Se il vantaggio ottenuto dall'autore della violazione come conseguenza della violazione stessa è superiore ai limiti massimi indicati nel presente articolo, la sanzione amministrativa pecuniaria è elevata fino al triplo dell'ammontare del vantaggio ottenuto, purché tale ammontare sia determinabile (4).

3. Le sanzioni previste dal presente articolo sono applicate dalla Banca d'Italia, dalla Consob, dall'IVASS e dalla COVIP, sui soggetti dalle medesime vigilati e secondo le attribuzioni di vigilanza specificate all'art. 4-*quater* e le rispettive procedure sanzionatorie. Nei riguardi dell'IVASS e della COVIP trovano comunque applicazione, per quanto di rispettiva competenza e ai fini del presente articolo, gli artt. 194-*bis*, 194-*quater*, 194-*septies* e 195-*ter*, comma 1-*bis*. IVASS e COVIP pubblicano le sanzioni irrogate secondo le procedure di settore (5).

4. .... (6) (7).

193-*quinquies*. *Sanzioni amministrative pecuniarie relative alle violazioni delle disposizioni previste dal reg. (UE) n. 1286/2014*. — 1. La violazione delle disposizioni richiamate dall'art. 24, par. 1, del reg. (UE) n. 1286/2014, ovvero la mancata osservanza delle misure adottate ai sensi dell'art. 4-*septies*, comma 1, è punita con la sanzione amministrativa pecuniaria da euro cinquemila fino a euro settecentomila con provvedimento adottato dalla Consob o dall'IVASS secondo le rispettive competenze definite ai sensi dell'art. 4-*sexies*. Se la violazione è commessa da una società o un ente, è applicata la sanzione amministrativa pecuniaria da euro trentamila fino a euro cinque mi-

(1) In *Leggi coll. VIII, 3*.
(2) Comma inserito dall'art. 2.3, lett. c, d.lg. 13 febbraio 2019, n. 19.
(3) Comma abrogato dall'art. 5.12, lett. b, d.lg. 12 maggio 2015, n. 72.
(4) Comma inserito dall'art. 2.3, lett. d, d.lg. 13 febbraio 2019, n. 19.
(5) Comma così sostituito, da ultimo, dall'art. 2.3, lett. e, d.lg. 13 febbraio 2019, n. 19.
(6) Comma abrogato dall'art. 2.3, lett. f, d.lg. 13 febbraio 2019, n. 19.
(7) Articolo inserito dall'art. 33.1, lett. r, l. 6 agosto 2013, n. 97.

lioni, ovvero fino al tre per cento del relativo fatturato [...] (1) quando tale importo è superiore a euro cinque milioni e il fatturato è determinabile ai sensi dell'art. 195, comma 1-*bis* (2).

2. La violazione degli obblighi di notifica di cui all'art. 4-*decies* e delle relative disposizioni attuative è punita con le sanzioni previste dal comma 1.

3. Le sanzioni previste ai commi 1 e 2 per le persone fisiche si applicano nei confronti degli esponenti aziendali e del personale della società o dell'ente nei casi previsti dall'art. 190-*bis*, comma 1, lett. *a*).

4. Se il profitto ottenuto dall'autore della violazione come conseguenza della violazione stessa o la perdita evitata grazie alla violazione sono superiori ai limiti massimi indicati nel comma 1, la sanzione amministrativa pecuniaria è elevata fino al doppio dell'ammontare dei profitti ottenuti o delle perdite evitate, purché tale ammontare sia determinabile.

5. La Consob e l'IVASS possono imporre, secondo le rispettive competenze definite ai sensi dell'art. 4-*sexies*, agli ideatori di PRIIP o ai soggetti che forniscono consulenza sui PRIIP o vendono tali prodotti, di trasmettere una comunicazione diretta all'investitore al dettaglio in PRIIP interessato, fornendogli informazioni circa le sanzioni adottate e comunicando le modalità per la presentazione di eventuali reclami o domande di risarcimento anche mediante il ricorso ai meccanismi di risoluzione stragiudiziale delle controversie previsti dal d.lg. 8 ottobre 2007, n. 179 (3).

193-*sexies*. *Sistemi interni di segnalazione*. — 1. In caso di inosservanza delle disposizioni previste dall'art. 4-*undecies* e dalle relative disposizioni attuative, si applica la sanzione amministrativa pecuniaria da euro trentamila fino a euro cinque milioni, ovvero fino al dieci per cento del fatturato, quando tale importo è superiore a euro cinque milioni e il fatturato è determinabile ai sensi dell'art. 195, comma 1-*bis*. In tal caso, fermo restando quanto previsto per le società e gli enti nei confronti dei quali sono accertate le violazioni, si applica anche la sanzione amministrativa pecuniaria da euro cinquemila fino a euro cinque milioni nei confronti degli esponenti aziendali e del personale della società o dell'ente nei casi previsti dall'art. 190-*bis*, comma 1, lett. *a*) (4).

194. *Deleghe di voto*. — 1. . . . . (5).

2. Il soggetto che promuove una sollecitazione di deleghe di voto che viola le norme degli artt. 138, 142, commi 1 e 2, 144, comma 4, e del regolamento emanato a norma dell'art. 144, comma 1, è punito con la sanzione amministrativa pecuniaria da euro cinquemila a euro settecentocinquantamila (6).

2-*bis*. La sanzione prevista al comma 2 si applica al rappresentante designato dalla società con azioni quotate che viola l'art. 135-*undecies*, comma 4 (7).

2-*ter*. Se all'osservanza delle disposizioni previste dal comma 2 è tenuta una società o un ente le sanzioni ivi previste si applicano nei confronti di questi; la stessa sanzione si applica nei confronti degli esponenti aziendali e del personale della società o dell'ente nei casi previsti dall'art. 190-*bis*, comma 1, lett. *a*). Se all'osservanza delle medesime disposizioni è tenuta una persona fisica, in caso di violazione, la sanzione si applica nei confronti di quest'ultima (8).

2-*quater*. . . . . (9).

194-*bis*. *Criteri per la determinazione delle sanzioni*. — 1. Nella determinazione del tipo, della durata e dell'ammontare delle sanzioni (10) previste dal presente decreto, la Banca

(1) Le parole «totale annuo determinato in conformità all'art. 24 del reg. (UE) n. 1286/2014» sono state soppresse dall'art. 5.20, d.lg. 3 agosto 2017, n. 129.

(2) Le parole «e il fatturato è determinabile ai sensi dell'art. 195, comma 1-*bis*» sono state aggiunte dall'art. 5.20, d.lg. 3 agosto 2017, n. 129.

(3) Articolo inserito dall'art. 1.4, d.lg. 14 novembre 2016, n. 224. In base all'art. 3, d.lg. cit., tali disposizioni «si applicano a decorrere dalla data di applicazione del reg. (UE) n. 1286/2014».

(4) Articolo inserito dall'art. 5.21, d.lg. 3 agosto 2017, n. 129.

(5) Comma abrogato dall'art. 4.2, lett. a, d.lg. 27 gennaio 2010, n. 27.

(6) Comma così sostituito dall'art. 5.13, lett. a, d.lg. 12 maggio 2015, n. 72.

(7) Comma aggiunto dall'art. 4.2, lett. c, d.lg. 27 gennaio 2010, n. 27.

(8) Comma aggiunto dall'art. 5.13, lett. b, d.lg. 12 maggio 2015, n. 72.

(9) Comma aggiunto dall'art. 5.13, lett. b, d.lg. 12 maggio 2015, n. 72, e successivamente abrogato dall'art. 5.22, d.lg. 3 agosto 2017, n. 129.

(10) Le parole «del tipo e» erano state inserite dall'art. 1.11, d.lg. 15 febbraio 2016, n. 25. Successivamente le parole «Nella determinazione del tipo, della durata e dell'ammontare delle sanzioni» sono state così sostituite alle precedenti «Nella determinazione del tipo e dell'ammontare delle sanzioni amministrative pecuniarie o della durata delle sanzioni accessorie» dall'art. 1.1, lett. i, n. 1, d.lg. 18 aprile 2016, n. 71.

d'Italia o la Consob considerano ogni circostanza rilevante e, in particolare, tenuto conto del fatto che il destinatario della sanzione sia persona fisica o giuridica, le seguenti, ove pertinenti:

a) gravità e durata della violazione;

b) grado di responsabilità;

c) capacità finanziaria del responsabile della violazione;

d) entità del vantaggio ottenuto o delle perdite evitate attraverso la violazione, nella misura in cui essa sia determinabile;

e) pregiudizi cagionati a terzi attraverso la violazione, nella misura in cui il loro ammontare sia determinabile;

f) livello di cooperazione del responsabile della violazione con la Banca d'Italia o la Consob;

g) precedenti violazioni in materia bancaria o finanziaria commesse da parte del medesimo soggetto;

g-bis) la criticità dell'indice di riferimento per la stabilità finanziaria (1);

h) potenziali conseguenze sistemiche della violazione;

h-bis) misure adottate dal responsabile della violazione, successivamente alla violazione stessa, al fine di evitare, in futuro, il suo ripetersi (2).

194-*ter*. *Sanzioni amministrative pecuniarie relative alle violazioni delle disposizioni previste dal reg. (UE) n. 575/2013 e delle relative norme tecniche di regolamentazione e di attuazione* (3). — 1. Nelle materie a cui si riferiscono le disposizioni richiamate agli artt. 189, 190, 190.3 (4) e 190-*bis*, le sanzioni ivi previste si applicano, nella misura, secondo la ripartizione di competenze e con le modalità ivi stabilite, anche in caso di inosservanza del reg. UE n. 575/2013, delle relative norme tecniche di regolamentazione e di attuazione emanate dalla Commissione europea ai sensi degli artt. 10 e 15 del reg. UE n. 1093/2010, ovvero in caso di inosservanza degli atti dell'AESFEM o dell'ABE direttamente applicabili ai soggetti vigilati adottati ai sensi di questo ultimo regolamento o del reg. UE n. 1095/2010 (5).

194-*quater*. *Ordine di porre termine alle violazioni*. — 1. Quando le violazioni sono connotate da scarsa offensività o pericolosità, nei confronti delle società o degli enti interessati, può essere applicata, in alternativa alle sanzioni amministrative pecuniarie, una sanzione consistente nell'ordine di eliminare le infrazioni contestate, anche indicando le misure da adottare e il termine per l'adempimento, nel caso di inosservanza:

a) delle norme previste dagli artt. 4-*undecies*, 6, 12, 21, 33, comma 4, 35-*decies*, 67-*ter*, 68, commi 1 e 2, 68-*quater*, commi 2 e 3, 98-*ter*, commi 2 e 3, e delle relative disposizioni attuative (6);

b) delle disposizioni generali o particolari emanate dalla Consob ai sensi dell'art. 98-*quater*;

c) delle norme richiamate dall'art. 63, par. 1, del reg. (UE) n. 909/2014 e delle relative disposizioni attuative;

c-bis) delle norme del reg. (UE) n. 600/2014 richiamate dall'art. 70, par. 3, lett. *b*), della dir. 2014/65/UE e delle relative disposizioni attuative (7);

c-ter) delle norme del reg. (UE) n. 648/2012 e del reg. (UE) 2015/2365 richiamate dall'art. 193-*quater*, commi 1, 1-*bis* e 1-*ter* (8);

c-quater) delle norme del reg. (UE) 2016/1011 richiamate dall'art. 190-*bis*.1, commi 1 e 3 (8).

2. Per l'inosservanza dell'ordine entro il termine stabilito si applica la sanzione amministrativa pecuniaria prevista per la violazione originariamente contestata aumentata fino ad un terzo (9).

194-*quinquies*. *Pagamento in misura ridotta*. — 1. Possono essere estinte mediante pagamento, nel termine di trenta giorni dalla noti-

(1) Lettera inserita dall'art. 2.4, d.lg. 13 febbraio 2019, n. 19.
(2) Articolo inserito dall'art. 5.14, d.lg. 12 maggio 2015, n. 72. La lett. *h-bis*) è stata aggiunta successivamente dall'art. 1.1, lett. i, n. 2, d.lg. 18 aprile 2016, n. 71.
(3) Rubrica così sostituita alla precedente «Sanzioni per violazioni di disposizioni dell'Unione europea direttamente applicabili» dall'art. 5.23, lett. a, d.lg. 3 agosto 2017, n. 129.
(4) Le parole «, 190.3» sono state inserite dall'art. 5.23, lett. b, d.lg. 3 agosto 2017, n. 129.
(5) Articolo inserito dall'art. 5.14, d.lg. 12 maggio 2015, n. 72.
(6) Lettera così sostituita dall'art. 5.24, lett. a, d.lg. 3 agosto 2017, n. 129.
(7) Lettera aggiunta dall'art. 5.24, lett. b, d.lg. 3 agosto 2017, n. 129.
(8) Lettera aggiunta dall'art. 2.5, d.lg. 13 febbraio 2019, n. 19.
(9) Articolo inserito dall'art. 5.14, d.lg. 12 maggio 2015, n. 72, e così sostituito, da ultimo, dall'art. 3.7, d.lg. 12 agosto 2016, n. 176.

ficazione della lettera di contestazione, di una somma pari al doppio del minimo della sanzione edittale, quando non sussistano le circostanze previste dal comma 2, le violazioni previste:

a) dall'art. 190, per la violazione degli artt. 45, comma 1, 46, comma 1, 65, [...] (1) e delle relative disposizioni attuative [...] (2);

a-bis) dall'art. 190.1, per la violazione degli artt. 83-*novies*, comma 1, lett. *c*), *d*), *e*) ed *f*), 83-*duodecies*, e delle relative disposizioni attuative (3);

a-ter) dall'art. 190.3, per la violazione degli artt. 64-*ter*, commi 2, 3 e 4, e 79-*ter*.1, e delle relative disposizioni attuative (4);

a-quater) dall'art. 190.4, per la violazione dell'art. 3, par. 1; dell'art. 6, par. 1; dell'art. 8, par. 1; dell'art. 10, par. 1; dell'art. 12, par. 1; dell'art. 15, par. 1, primo comma, par. 2 e par. 4, seconda frase; dell'art. 18, par. 6, primo comma; dell'art. 20, parr. 1 e 2, prima frase; dell'art. 21, parr. 1, 2 e 3; dell'art. 26, par. 1, primo comma, paragrafi da 2 a 5 e 6, primo comma, e par. 7, commi dal primo al terzo, del reg. (UE) n. 600/2014, e delle relative disposizioni attuative (4);

b) dall'art. 191, commi 2 e 4 (5), per la violazione degli artt. 96 e 101, commi 1, 2 e 3 e delle relative disposizioni attuative (6);

c) dall'art. 193, commi 1, 1.1 e 1.2 (7), per la violazione degli artt. 113-*ter*, comma 5, lett. *b*), 114, commi 2 e 7, e dall'art. 193, commi 2, 2.1, 2.2 e 2.3 (8), per la violazione dell'art. 120;

d) dall'art. 194, comma 2, per la violazione dell'art. 142, e dell'art. 194, comma 2-*bis* e delle relative disposizioni attuative (6).

2. Il pagamento in misura ridotta non può essere effettuato nel caso in cui il soggetto interessato abbia già usufruito di tale misura nei dodici mesi precedenti alla violazione contestata (9).

194-*sexies*. *Condotte inoffensive*. — 1. Nei casi previsti dall'art. 194-*quinquies*, la Consob non procede alla contestazione delle violazioni nei casi di assoluta mancanza di pregiudizio per la tutela degli investitori e per la trasparenza del mercato del controllo societario e del mercato dei capitali, ovvero per il tempestivo esercizio delle funzioni di vigilanza (9).

194-*septies*. *Dichiarazione pubblica*. — 1. Quando le violazioni sono connotate da scarsa offensività o pericolosità e l'infrazione contestata sia cessata, può essere applicata, in alternativa alle sanzioni amministrative pecuniarie, una sanzione consistente nella dichiarazione pubblica avente ad oggetto la violazione commessa e il soggetto responsabile, nel caso di inosservanza:

a) delle norme previste dagli artt. 4-*undecies*; 6; 12; 21; 22; 24, comma 1-*bis*; 24-*bis*; 29; 33, comma 4; 35-*decies*; 67-*ter*; 68, commi 1 e 2; 68-*quater*, commi 2 e 3; 98-*ter*, commi 2 e 3; e 187-*quinquiesdecies*, comma 1, e delle relative disposizioni attuative;

b) delle disposizioni generali o particolari emanate dalla Consob ai sensi dell'art. 98-*quater*;

c) delle norme richiamate dall'art. 63, par. 1, del reg. (UE) n. 909/2014 e delle relative disposizioni attuative;

d) delle norme richiamate dall'art. 24, par. 1, del reg. (UE) n. 1286/2014, dell'obbligo di notifica di cui all'art. 4-*decies* e delle relative disposizioni attuative, nonché per la mancata osservanza delle misure adottate ai sensi dell'art. 4-*septies*, comma 1;

e) delle norme del reg. (UE) n. 600/2014 richiamate dall'art. 70, par. 3, lett. *b*), della dir. 2014/65/UE e delle relative disposizioni attuative e delle misure adottate dalla Consob ai sensi dell'art. 42 del medesimo regolamento (10);

e-bis) delle norme del reg. (UE) n. 648/2012 e del reg. (UE) 2015/2365 richiamate dall'art. 193-*quater*, commi 1, 1-*bis* e 1-*ter* (11);

(1) Le parole «83-*novies*, comma 1, lett. *c*), *d*), *e*) ed *f*), 83-*duodecies*,» sono state soppresse dall'art. 3.8, lett. a, d.lg. 12 agosto 2016, n. 176.

(2) Le parole «adottate dalla Consob» sono state soppresse dall'art. 5.25, lett. a, d.lg. 3 agosto 2017, n. 129.

(3) Lettera inserita dall'art. 3.8, lett. b, d.lg. 12 agosto 2016, n. 176.

(4) Lettera inserita dall'art. 5.25, lett. b, d.lg. 3 agosto 2017, n. 129.

(5) Le parole «commi 2 e 4» sono state così sostituite alle precedenti «comma 2» dall'art. 3.8, lett. c, d.lg. 12 agosto 2016, n. 176.

(6) Le parole «e delle relative disposizioni attuative» sono state aggiunte dall'art. 5.25, lett. c, d.lg. 3 agosto 2017, n. 129.

(7) Le parole «commi 1, 1.1 e 1.2,» sono state così sostituite alle precedenti «comma 1,» dall'art. 1.13, d.lg. 15 febbraio 2016, n. 25.

(8) Le parole «commi 2, 2.1, 2.2 e 2.3,» sono state così sostituite alle precedenti «comma 2,» dall'art. 1.13, d.lg. 15 febbraio 2016, n. 25.

(9) Articolo inserito dall'art. 5.14, d.lg. 12 maggio 2015, n. 72.

(10) Articolo inserito dall'art. 1.1, lett. m, d.lg. 18 aprile 2016, n. 71, e successivamente così sostituito dall'art. 5.26, d.lg. 3 agosto 2017, n. 129.

(11) Lettera aggiunta dall'art. 2.6, d.lg. 13 febbraio 2019, n. 19.

e-ter) delle norme del reg. (UE) 2016/1011 richiamate dall'art. 190-*bis*.1, commi 1 e 3 (1).

195. *Procedura sanzionatoria*. — 1. Le sanzioni amministrative previste nel presente titolo sono applicate dalla Banca d'Italia o dalla Consob, secondo le rispettive competenze (2), con provvedimento motivato, previa contestazione degli addebiti agli interessati, da effettuarsi entro centottanta giorni dall'accertamento ovvero entro trecentosessanta giorni se l'interessato risiede o ha la sede all'estero. I soggetti interessati possono, entro trenta giorni dalla contestazione, presentare deduzioni e chiedere un'audizione personale in sede di istruttoria, cui possono partecipare anche con l'assistenza di un avvocato (3).

1-*bis*. Ai fini dell'applicazione delle sanzioni amministrative pecuniarie previste dal presente titolo, per fatturato si intende il fatturato totale annuo della società o dell'ente, risultante dall'ultimo bilancio disponibile approvato dall'organo competente, così come definito dalle disposizioni attuative di cui all'art. 196-*bis* (4).

2. Il procedimento sanzionatorio è retto dai princìpi del contraddittorio, della conoscenza degli atti istruttori, della verbalizzazione nonché della distinzione tra funzioni istruttorie e funzioni decisorie.

3. .... (5).

4. Avverso il provvedimento che applica la sanzione è ammesso ricorso alla corte d'appello del luogo in cui ha sede la società o l'ente cui appartiene l'autore della violazione ovvero, nei casi in cui tale criterio non sia applicabile, del luogo in cui la violazione è stata commessa. Il ricorso è notificato, a pena di decadenza, all'Autorità che ha emesso il provvedimento nel termine di trenta giorni dalla comunicazione del provvedimento impugnato, ovvero sessanta giorni se il ricorrente risiede all'estero, ed è depositato in cancelleria, unitamente ai documenti offerti in comunicazione, nel termine perentorio di trenta giorni dalla notifica (6).

5. L'opposizione non sospende l'esecuzione del provvedimento. La corte d'appello, se ricorrono gravi motivi, può disporre la sospensione con ordinanza non impugnabile (7).

6. Il Presidente della corte d'appello designa il giudice relatore e fissa con decreto l'udienza pubblica per la discussione dell'opposizione. Il decreto è notificato alle parti a cura della cancelleria almeno sessanta giorni prima dell'udienza. L'Autorità deposita memorie e documenti nel termine di dieci giorni prima dell'udienza. Se alla prima udienza l'opponente non si presenta senza addurre alcun legittimo impedimento, il giudice, con ordinanza ricorribile per Cassazione, dichiara il ricorso improcedibile, ponendo a carico dell'opponente le spese del procedimento (8).

7. All'udienza la corte d'appello dispone, anche d'ufficio, i mezzi di prova che ritiene necessari, nonché l'audizione personale delle parti che ne abbiano fatto richiesta. Successivamente le parti procedono alla discussione orale della causa. La sentenza è depositata in cancelleria entro sessanta giorni. Quando almeno una delle parti manifesta l'interesse alla pubblicazione anticipata del dispositivo rispetto alla sentenza, il dispositivo è pubblicato mediante deposito in cancelleria non oltre sette giorni dall'udienza di discussione (9).

7-*bis*. Con la sentenza la corte d'appello può rigettare l'opposizione, ponendo a carico dell'opponente le spese del procedimento o accoglierla, annullando in tutto o in parte il provvedimento o riducendo l'ammontare o la durata della sanzione (10).

8. Copia della sentenza è trasmessa, a cura della cancelleria della corte d'appello, all'Autorità che ha emesso il provvedimento, anche ai fini della pubblicazione prevista dall'art. 195-*bis* (11).

(1) Lettera aggiunta dall'art. 2.6, d.lg. 13 febbraio 2019, n. 19.

(2) Per la procedura v. provv. Banca d'Italia 3 settembre 2003, in G.U., 22 settembre 2003, n. 220; per il regolamento sul procedimento sanzionatorio della Consob, v. deliberazione Consob 19 dicembre 2013, n. 18750, in G.U., 8 gennaio 2014, n. 5, modificata da ultimo con deliberazione Consob 24 febbraio 2016, n. 19521, in G.U., 7 marzo 2016, n. 55.

(3) Comma così sostituito dall'art. 5.15, lett. a, d.lg. 12 maggio 2015, n. 72.

(4) Comma inserito dall'art. 5.27, d.lg. 3 agosto 2017, n. 129.

(5) Comma abrogato dall'art. 5.15, lett. b, d.lg. 12 maggio 2015, n. 72.

(6) Comma così sostituito dall'art. 5.15, lett. c, d.lg. 12 maggio 2015, n. 72.

(7) Comma così sostituito dall'art. 5.15, lett. d, d.lg. 12 maggio 2015, n. 72.

(8) Comma così sostituito dall'art. 5.15, lett. e, d.lg. 12 maggio 2015, n. 72.

(9) Comma così sostituito dall'art. 5.15, lett. f, d.lg. 12 maggio 2015, n. 72.

(10) Comma inserito dall'art. 5.15, lett. g, d.lg. 12 maggio 2015, n. 72.

(11) Comma così sostituito dall'art. 5.15, lett. h, d.lg. 12 maggio 2015, n. 72.

9. . . . . (1) (2) (3) (4) (5).

195-*bis*. *Pubblicazione delle sanzioni*. — 1. Il provvedimento di applicazione delle sanzioni previste dal presente decreto è pubblicato senza ritardo e per estratto nel sito internet della Banca d'Italia o [...] (6) della Consob, in conformità alla normativa europea di riferimento (7). Nel caso in cui avverso il provvedimento di applicazione della sanzione sia adita l'autorità giudiziaria, la Banca d'Italia o la Consob menzionano l'avvio dell'azione giudiziaria e l'esito della stessa a margine della pubblicazione. La Banca d'Italia o la Consob, tenuto conto della natura della violazione e degli interessi coinvolti, possono stabilire modalità ulteriori per dare pubblicità al provvedimento, ponendo le relative spese a carico dell'autore della violazione [...] (8).

2. Nel provvedimento di applicazione della sanzione, la Banca d'Italia o la Consob dispongono la pubblicazione in forma anonima del provvedimento sanzionatorio quando quella ordinaria:

a) abbia ad oggetto dati personali ai sensi del d.lg. 30 giugno 2003, n. 196 (9), la cui pubblicazione appaia sproporzionata rispetto alla violazione sanzionata;

b) possa comportare rischi per la stabilità dei mercati finanziari o pregiudicare lo svolgimento di un'indagine penale in corso;

c) possa causare un danno sproporzionato ai soggetti coinvolti, purché tale danno sia determinabile.

3. Se le situazioni descritte nel comma 2 hanno carattere temporaneo, la pubblicazione può essere rimandata ed effettuata quando dette esigenze sono venute meno (10).

3-*bis*. La Banca d'Italia o la Consob possono escludere (11) la pubblicità del provvedimento sanzionatorio, se consentito dal diritto dell'Unione europea, nel caso in cui le opzioni stabilite dai commi 2 e 3 siano ritenute insufficienti ad assicurare:

a) che la stabilità dei mercati finanziari non sia messa a rischio;

b) la proporzionalità della pubblicazione delle decisioni rispetto all'irrogazione della sanzione prevista dall'art. 194-*quater* (12) (13).

195-*ter*. *Comunicazione all'ABE e all'AESFEM sulle sanzioni applicate* (14). — 1. La Banca d'Italia comunica all'ABE le sanzioni amministrative applicate alle banche alle Sim, alle imprese di investimento UE e alle imprese di paesi terzi diverse dalle banche (15) ai sensi degli artt. 189, 190, 190.3 (16), 190-*bis*, 194-*ter*, 194-*quater* e 194-*septies*, ivi comprese quelle

(1) Comma abrogato dall'art. 5.15, lett. i, d.lg. 12 maggio 2015, n. 72.

(2) Articolo sostituito dall'art. 9.2, lett. c, l. 18 aprile 2005, n. 62. L'art. 9.7, della medesima l. n. 62/2005 così dispone: «Le disposizioni recate dall'art. 195 del t.u. di cui al d.lg. 24 febbraio 1998, n. 58, come sostituito dal comma 2, lett. *c*), del presente articolo, si applicano ai procedimenti sanzionatori avviati con lettere di contestazione inoltrate successivamente alla data di entrata in vigore della presente legge. Le disposizioni del citato art. 195 nel testo vigente alla data di entrata in vigore della presente legge continuano ad essere applicate ai procedimenti sanzionatori avviati prima della suddetta data».

(3) Deliberazione Banca d'Italia 29 ottobre 2007, n. 1097, in G.U., 2 novembre 2007, n. 255.

(4) V. provv. Banca d'Italia 14 giugno 2006, in G.U., 19 giugno 2006, n. 140. Per disposizioni di vigilanza in materia di sanzioni e procedura sanzionatoria amministrativa v. provv. Banca d'Italia 18 dicembre 2012, in G.U., 10 gennaio 2013, n. 8, modificato, da ultimo, con Comunicato Banca d'Italia, in G.U. 7 febbraio 2019, n. 32.

(5) Per il regolamento sulla gestione collettiva del risparmio v. provv. Banca d'Italia 19 gennaio 2015, in suppl. ord. n. 11 a G.U., 19 marzo 2015, n. 65, come modificato dal provvedimento Banca d'Italia 23 dicembre 2016, in G.U., 4 gennaio 2017, n. 3.

(6) Le parole «nel Bollettino» sono state soppresse dall'art. 1.14, d.lg. 15 febbraio 2016, n. 25.

(7) Le parole «, in conformità alla normativa europea di riferimento» sono state inserite dall'art. 1.14, d.lg. 15 febbraio 2016, n. 25.

(8) Le parole «, ovvero escludere la pubblicità del provvedimento, quando la stessa possa mettere gravemente a rischio i mercati finanziari o arrecare un danno sproporzionato alle parti» sono state soppresse dall'art. 1.1, lett. n, n. 1, d.lg. 18 aprile 2016, n. 71.

(9) In *Leggi coll. II, 3*.

(10) Articolo inserito dall'art. 5.16, d.lg. 12 maggio 2015, n. 72.

(11) Le parole «possono escludere» sono state così sostituite alla precedente «escludono» dall'art. 3.10, lett. a, d.lg. 12 agosto 2016, n. 176.

(12) Le parole «all'irrogazione della sanzione prevista dall'art. 194-*quater*» sono state così sostituite alle precedenti «alle misure ritenute di natura minore» dall'art. 3.10, lett. b, d.lg. 12 agosto 2016, n. 176.

(13) Comma aggiunto dall'art. 1.1, lett. n, n. 2, d.lg. 18 aprile 2016, n. 71.

(14) Rubrica così sostituita alla precedente «Comunicazione all'ABE sulle sanzioni applicate» dall'art. 1.1, lett. o, n. 1, d.lg. 18 aprile 2016, n. 71.

(15) Le parole «alle Sim, alle imprese di investimento UE e alle imprese di paesi terzi diverse dalle banche» sono state così sostituite alle precedenti «o alle imprese di investimento» dall'art. 5.28, d.lg. 3 agosto 2017, n. 129.

(16) La parola «190.3,» è stata inserita dall'art. 5.28, d.lg. 3 agosto 2017, n. 129.

pubblicate in forma anonima, nonché le informazioni ricevute dai soggetti interessati sulle azioni da essi avviate avverso i provvedimenti sanzionatori e sull'esito delle stesse (1) (2).

1-*bis*. La Consob e la Banca d'Italia, secondo le rispettive competenze, comunicano all'AESFEM le informazioni relative alle sanzioni amministrative da esse applicate, nonché alle sanzioni penali applicate dall'Autorità giudiziaria, necessarie ai fini dell'adempimento degli obblighi informativi previsti dalla normativa europea nei confronti dell'AESFEM (3).

195-*quater*. *Sanzioni in caso di risoluzione*. — 1. Nei confronti delle Sim disciplinate dal Capo II-*bis* della Parte II, Titolo IV e delle succursali stabilite in Italia delle imprese di paesi terzi diverse dalle banche (4) che svolgono le attività indicate all'art. 55-*bis* la Banca d'Italia applica la sanzione amministrativa pecuniaria prevista dall'art. 190, comma 1, per l'inosservanza degli artt. 9, 15, 16, 19, comma 1, 33, comma 6, 50, 58, 59, 60, comma 1, lett. *a*) ed *h*), 70, commi 2 e 3, 80, comma 1, 82 e 83 del d.lg. 16 novembre 2015, n. 180 (5), in quanto applicabili ai sensi del presente decreto legislativo, o delle relative disposizioni generali o particolari emanate dalla Banca d'Italia.

2. Per l'inosservanza delle norme richiamate al comma 1, si applica l'art. 194-*quater*, al ricorrere delle condizioni e secondo le modalità da esso stabilite. In caso di inosservanza dell'ordine di porre termine alle violazioni ivi previsto, si applicano le sanzioni stabilite dagli artt. 194-*quater*, comma 2, e 190-*bis*, comma 2, nei confronti dei soggetti e al ricorrere delle condizioni ivi previsti.

3. Fermo restando quanto previsto dai commi 1 e 2, per l'inosservanza delle norme richiamate dai medesimi commi si applicano le sanzioni amministrative previste dall'art. 190-*bis* nei confronti dei soggetti che svolgono funzioni di amministrazione, di direzione o di controllo, nonché del personale, al ricorrere delle condizioni e secondo le modalità previste dall'art. 190-*bis*.

4. Alle sanzioni amministrative disciplinate dal presente art. si applicano gli artt. 194-*bis*, 195 e 196-*bis*.

5. Nelle materie a cui si riferiscono le disposizioni richiamate al comma 1, le sanzioni ivi previste si applicano, nella medesima misura e con le stesse modalità, anche in caso di inosservanza degli atti delegati o delle norme tecniche di regolamentazione e di attuazione emanati dalla Commissione europea ai sensi della dir. 2014/59/UE o degli artt. 10 e 15 del reg. (UE) n. 1093/2010, o in caso di inosservanza degli atti dell'ABE direttamente applicabili ai soggetti vigilati adottati ai sensi di quest'ultimo regolamento.

6. La Banca d'Italia comunica all'ABE le sanzioni amministrative applicate ai sensi del presente art., ivi comprese quelle pubblicate in forma anonima, nonché le informazioni ricevute dai soggetti interessati sulle azioni da essi avviate avverso i provvedimenti sanzionatori e sull'esito delle stesse (6).

195-*quinquies*. *Inapplicabilità di specifiche disposizioni della l. 24 novembre 1981, n. 689*. — 1. Alle sanzioni amministrative pecuniarie previste dal presente titolo non si applicano gli artt. 6, 10, 11 e 16 della l. 24 novembre 1981, n. 689.

2. In deroga a quanto previsto dal comma 1, alle sanzioni amministrative previste dall'art. 196 si applicano le disposizioni contenute nella l. 24 novembre 1981, n. 689, ad eccezione dell'art. 16 (7).

196. *Sanzioni applicabili ai consulenti finanziari* (8). — 1. I soggetti iscritti all'albo di cui all'art. 31, comma 4 (9) che violano le norme del presente decreto o le disposizioni generali o particolari emanate [...] (10) in forza di esso, sono puniti, in base alla gravità della violazione e tenuto conto dell'eventuale recidiva, con una delle seguenti sanzioni:

(1) Comma così sostituito dall'art. 3.11, d.lg. 12 agosto 2016, n. 176.
(2) Articolo inserito dall'art. 5.16, d.lg. 12 maggio 2015, n. 72.
(3) Comma aggiunto dall'art. 1.1, lett. o, n. 2, d.lg. 18 aprile 2016, n. 71.
(4) Le parole «paesi terzi diverse dalle banche» sono state così sostituite alle precedenti «investimento extracomunitarie» dall'art. 5.29, d.lg. 3 agosto 2017, n. 129.
(5) Le parole «lg. 16 novembre 2015, n. 180» sono state così sostituite alle precedenti «[di recepimento della dir. 2014/59/UE]» dall'art. 5.29, d.lg. 3 agosto 2017, n. 129.
(6) Articolo inserito dall'art. 2.8, d.lg. 16 novembre 2015, n. 181. In base all'art. 3.2, d.lg. cit., tali disposizioni si applicano «alle procedure di amministrazione straordinaria e di liquidazione coatta amministrativa avviate successivamente alla sua entrata in vigore».
(7) Articolo inserito dall'art. 5.30, d.lg. 3 agosto 2017, n. 129.
(8) Rubrica così sostituita alla precedente «Sanzioni applicabili ai consulenti finanziari abilitati all'offerta fuori sede» dall'art. 5.31, lett. a, d.lg. 3 agosto 2017, n. 129.
(9) Le parole «soggetti iscritti all'albo di cui all'art. 31, comma 4» sono state così sostituite alle precedenti «consulenti finanziari abilitati all'offerta fuori sede» dall'art. 5.31, lett. b, d.lg. 3 agosto 2017, n. 129.
(10) Le parole «dalla Consob» sono state soppresse dall'art. 5.31, lett. b, d.lg. 3 agosto 2017, n. 129.

a) richiamo scritto;

b) sanzione amministrativa pecuniaria da lire un milione [euro 516] a lire cinquanta milioni [euro 25.822] (1);

c) sospensione da uno a quattro mesi dall'albo;

d) radiazione dall'albo.

2. Il procedimento sanzionatorio è retto dai principi del contraddittorio, della conoscenza degli atti istruttori, della verbalizzazione nonché della distinzione tra funzioni istruttorie e funzioni decisorie. Le sanzioni sono applicate dall'Organismo di vigilanza e tenuta dell'albo unico dei consulenti finanziari previsto dall'art. 31, comma 4, con provvedimento motivato, previa contestazione degli addebiti agli interessati, da effettuarsi entro centottanta giorni dall'accertamento ovvero entro trecentossessanta giorni se l'interessato risiede o ha la sede all'estero, e valutate le deduzioni da essi presentate nei successivi trenta giorni. Nello stesso termine gli interessati possono altresì chiedere di essere sentiti personalmente (2).

3. .... (3).

4. Le società che si avvalgono dei responsabili delle violazioni rispondono, in solido con essi, del pagamento delle sanzioni pecuniarie e sono tenute ad esercitare il regresso verso i responsabili.

4-*bis.* Avverso le decisioni adottate ai sensi del comma 1 dall'Organismo di vigilanza e tenuta dell'albo unico dei consulenti finanziari è ammesso ricorso dinanzi alla Corte d'Appello. Si applicano i commi 4, 5, 6, 7, 7-*bis* e 8 dell'art. 195 (4).

196-*bis*. *Disposizioni di attuazione*. — 1. La Consob e la Banca d'Italia, secondo le rispettive competenze, emanano disposizioni di attuazione del presente titolo (5) (6).

PARTE VI

DISPOSIZIONI TRANSITORIE E FINALI

197. *Personale della Consob*. — 1. Al fine di assicurare il pieno e tempestivo esercizio delle funzioni di controllo previste dall'art. 62 della l. 27 dicembre 1997, n. 449, la Consob provvede direttamente a tutte le procedure necessarie per l'immediata copertura dei posti di organico secondo i criteri concorsuali ivi previsti, nei limiti delle autonome risorse finanziarie e senza oneri per la finanza pubblica.

198. *Girata di titoli azionari*. — 1. Il potere di autenticare le girate dei titoli azionari previsto dall'art. 12 del r.d. 29 marzo 1942, n. 239 (7), può essere esercitato anche da SIM.

199. *Società fiduciarie*. — 1. Fino alla riforma organica della disciplina delle società fiduciarie e di revisione conservano vigore le disposizioni previste dalla l. 23 novembre 1939, n. 1966 (8), e dell'art. 60, comma 4, del d.lg. 23 luglio 1996, n. 415.

2. Le società fiduciarie di cui alla l. 23 novembre 1939, n. 1966 (8), che svolgono attività di custodia e amministrazione di valori mobiliari e che, alternativamente, sono controllate direttamente o indirettamente da una banca o da un intermediario finanziario o hanno adottato la forma di società per azioni ed hanno capitale versato di ammontare non inferiore al doppio di quello richiesto dall'art. 2327 del codice civile, sono autorizzate e iscritte in una sezione separata dell'albo previsto dall'art. 106 del d.lg. 1° settembre 1993, n. 385 (9), ma non possono esercitare le attività elencate nel comma 1 del medesimo articolo. All'istanza si applica l'art. 107 del d.lg. 1° settembre 1993, n. 385 (9), in quanto compatibile. Il diniego dell'autorizzazione, con la relativa motivazione, è comunicato al Ministero dello sviluppo economico e comporta la revoca dell'autorizzazione di cui all'art. 2 della l. 23 novembre 1939, n. 1966 (8), ove non vengano meno, nel termine di novanta giorni dalla notifica del provvedimento di diniego, le condizioni che comportano l'obbligo di iscrizione. La Banca d'Italia esercita i poteri indicati all'art. 108 del d.lg. 1° settembre 1993, n. 385 (9), al fine di assicurare il rispetto da parte delle società fiduciarie iscritte nella sezione separata delle disposizioni contenute nel d.lg. 21 novembre 2007, n.

(1) In base all'art. 39.3, l. 28 dicembre 2005, n. 262, le sanzioni pecuniarie previste da questo provvedimento «che non sono state modificate dalla presente legge, sono quintuplicate».
(2) Comma così sostituito dall'art. 5.31, lett. c, d.lg. 3 agosto 2017, n. 129.
(3) Comma abrogato dall'art. 5.31, lett. d, d.lg. 3 agosto 2017, n. 129.
(4) Comma aggiunto dall'art. 5.31, lett. e, d.lg. 3 agosto 2017, n. 129.
(5) Articolo inserito dall'art. 5.17, d.lg. 12 maggio 2015, n. 72.
(6) V. provv. Banca d'Italia 22 dicembre 2017, in G.U., 8 gennaio 2018, n. 5.
(7) In *Leggi coll. XIV, 4*.
(8) In *Leggi coll. XIV, 1*.
(9) In *Leggi coll. XVII, 1*.

231 (1). Alle società fiduciarie iscritte si applicano gli artt. 110, 113-*bis*, 113-*ter* del d.lg. 1° settembre 1993, n. 385 (2), in quanto compatibili.

3. Il Ministero dello sviluppo economico e la Banca d'Italia, per quanto concerne le società di cui al comma 2, si danno reciproca comunicazione dei provvedimenti adottati ai fini dell'adozione dei rispettivi provvedimenti di competenza (3).

200. *Intermediari già autorizzati*. — 1. Le imprese di investimento che alla data di entrata in vigore del presente decreto sono iscritte nell'albo previsto dall'art. 9 del d.lg. 23 luglio 1996, n. 415 sono iscritte di diritto nell'albo previsto dall'art. 20.

2. Le società di gestione che alla data di entrata in vigore del presente decreto sono iscritte nell'albo previsto dall'art. 7, comma 1, della l. 23 marzo 1983, n. 77, nell'albo previsto dall'art. 3, comma 1, della l. 14 agosto 1993, n. 344, e nell'albo previsto dall'art. 3, comma 1, della l. 25 gennaio 1994, n. 86, vengono iscritte di diritto nell'albo previsto dall'art. 35 e si intendono autorizzate ai sensi dell'art. 34.

3. Le SICAV che alla data di entrata in vigore del presente decreto sono iscritte nell'albo previsto dall'art. 9, comma 1, del d.lg. 25 gennaio 1992, n. 84, vengono iscritte di diritto nell'albo previsto dall'art. 44.

4. Le banche che alla data di entrata in vigore del presente decreto sono autorizzate a prestare servizi di investimento restano autorizzate a prestare i servizi medesimi.

201. *Agenti di cambio*. — 1. Sono sciolti, a cura del Consiglio Nazionale degli Ordini degli agenti di cambio, gli Ordini professionali previsti dall'art. 3 della l. 29 maggio 1967, n. 402, a eccezione degli Ordini professionali di Milano e di Roma.

2. Gli agenti di cambio sono iscritti all'Albo professionale tenuto da uno degli Ordini indicati nel comma 1, al quale affluiscono i pagamenti della tassa annuale fissata dall'Ordine medesimo, avuto riguardo all'iscrizione al ruolo speciale o al ruolo nazionale previsti dai commi 5 e 6. L'Ordine è tenuto a conservare i libri degli agenti di cambio defunti o cancellati dal ruolo unico nazionale.

3. Restano ferme le altre disposizioni previste dalla l. 29 maggio 1967, n. 402. Non possono essere banditi concorsi per la nomina di agenti di cambio. Gli agenti di cambio cessano di appartenere ai ruoli previsti dai commi 5 e 6 al compimento del settantesimo anno di età. Gli agenti di cambio nominati prima dell'entrata in vigore della l. 23 maggio 1956, n. 515, sono collocati nella posizione di fuori ruolo al compimento del settantesimo anno di età conservando i diritti e gli obblighi inerenti alla carica.

4. Le disponibilità del Fondo comune degli agenti di cambio e delle cauzioni esistenti alla data di entrata in vigore del presente decreto sono restituite agli aventi diritto.

5. Gli agenti di cambio in carica che siano soci, amministratori, dirigenti, dipendenti o collaboratori di SIM, di banche o di società di gestione del risparmio sono iscritti in un ruolo speciale tenuto dal Ministero dell'economia e delle finanze (4). Essi non possono prestare servizi di investimento e possono essere dirigenti, dipendenti o collaboratori soltanto di uno dei predetti intermediari. Essi restano individualmente assoggettati alle incompatibilità previste dal comma 11.

6. Gli agenti di cambio in carica che non siano iscritti nel ruolo speciale previsto dal comma 5 sono iscritti nel ruolo unico nazionale tenuto dal Ministero dell'economia e delle finanze (4).

7. Gli agenti di cambio iscritti nel ruolo unico nazionale possono svolgere i servizi di investimento indicati nell'art. 1, comma 5, lett. *b*), *c-bis*), *d*), *e*) ed *f*). Essi possono svolgere altresì l'offerta fuori sede dei propri servizi di investimento e i servizi accessori indicati nell'Allegato I, Sezione B, n. 2), limitatamente alla conclusione di contratti di riporto e altre operazioni in uso sui mercati, e n. 4) (5), nonché attività connesse e strumentali, ferme restando le riserve di attività previste dalla legge (6).

8. Gli agenti di cambio iscritti nel ruolo uni-

(1) In *Leggi coll. XVII, 12*.
(2) In *Leggi coll. XVII, 1*.
(3) Articolo così sostituito dall'art. 9.8, d.lg. 13 agosto 2010, n. 141, come modificato dall'art. 4.1, lett. b, d.lg. 19 settembre 2012, n. 169.
(4) L'espressione «Ministro/Ministero dell'economia e delle finanze» ha sostituito la precedente «Ministro/Ministero del tesoro, del bilancio e della programmazione economica» per effetto dell'art. 1.1, d.lg. 6 febbraio 2004, n. 37.
(5) Le parole «nell'Allegato I, Sezione B, n. 2), limitatamente alla conclusione di contratti di riporto e altre operazioni in uso sui mercati, e n. 4)» sono state così sostituite alle precedenti «nell'art. 1, comma 6, lett. *c*), limitatamente alla conclusione di contratti di riporto e altre operazioni in uso sui mercati, e *g*)» dall'art. 6.1, lett. a, d.lg. 3 agosto 2017, n. 129.
(6) Comma così sostituito dall'art. 17.1, lett. a, d.lg. 17 settembre 2007, n. 164.

co nazionale devono tenere le scritture contabili previste dagli artt. 2214 e seguenti del codice civile; la Consob, con proprio regolamento (1), stabilisce le modalità del controllo contabile da parte di società di revisione iscritte nell'albo speciale previsto dall'art. 161 (2).

9. Il mancato esercizio del servizio di esecuzione di ordini per conto dei clienti (3) per un periodo di tempo superiore a sei mesi comporta la decadenza dalla carica; il Ministero dell'economia e delle finanze (4), in presenza di comprovati motivi di salute, può prorogare, sentita la Consob, detto termine fino a un periodo massimo di 18 mesi.

10. Per l'esercizio dei servizi di investimento gli agenti di cambio aderiscono ai sistemi di indennizzo previsti dall'art. 59. Il coordinamento dell'operatività dei sistemi di indennizzo con la procedura di fallimento dell'agente di cambio è disciplinato dal regolamento previsto dall'art. 59, comma 3.

11. La posizione di agente di cambio iscritto nel ruolo unico nazionale è incompatibile con l'esercizio di qualsiasi attività commerciale, con la partecipazione in qualità di soci illimitatamente responsabili in società di qualsiasi natura, con la qualità di amministratore o dirigente di società che esercitano attività commerciale e, in particolare, con la qualità di socio, amministratore, dirigente, dipendente o collaboratore di banche, Sim, società di gestione del risparmio e di ogni altro intermediario finanziario.

12. Agli agenti di cambio iscritti nel ruolo unico nazionale si applicano gli artt. 6, commi 1, lett. *b*) e lett. *c-bis*), 2 e 2-*bis*; 6-*bis* e 6-*ter*, in quanto compatibili; 7-*bis*; 21; 22; 23; 24; 24-*bis*; 25; 25-*bis*; 31; 32; 167; 187-*quinquiesdecies*; 190; 190.4; 193-*sexies*; 194-*bis*; 194-*quater*; 194-*septies*; 195; 195-*bis* e 196-*bis* (5) (6) (1).

13. È vietato agli agenti di cambio, compiere anche per interposta persona qualsiasi negoziazione in proprio di strumenti finanziari, salvo i casi di investimento del patrimonio personale; tali investimenti sono immediatamente comunicati alla Consob.

14. Il Presidente della Consob può disporre in via d'urgenza, ove ricorrano situazioni di pericolo per i clienti o per i mercati, la sospensione dell'agente di cambio iscritto nel ruolo unico nazionale dall'esercizio delle attività svolte e la nomina di un commissario che assume la gestione delle attività stesse quando risultino gravi violazioni delle disposizioni legislative o amministrative. Si applicano i commi 2, 3 e 4 dell'art. 7-*sexies* (7).

15. Il Ministero dell'economia e delle finanze (4), su proposta della Consob, può disporre con decreto la cancellazione dell'agente di cambio dal ruolo unico nazionale qualora le irregolarità o le violazioni delle disposizioni legislative o amministrative siano di eccezionale gravità. Il provvedimento può essere adottato anche su proposta del commissario previsto dal comma 14 o su richiesta dell'agente di cambio.

16. Nel caso previsto dal comma 15, il Ministero dell'economia e delle finanze (4) nomina un commissario preposto alla tutela e alla restituzione dei patrimoni di proprietà dei clienti. Il commissario nell'esercizio delle sue funzioni è pubblico ufficiale; egli si affianca agli organi delle procedure concorsuali, ove disposte. Il Ministero può prevedere speciali cautele e limitazioni all'attività del commissario e procedere alla sua revoca o sostituzione. L'indennità spettante al commissario è determinata dal Ministero ed è a carico dell'agente di cambio. I provvedimenti previsti dal presente comma possono essere assunti anche successivamente alla morte dell'agente di cambio, su pro-

(1) Deliberazione Consob 29 ottobre 2007, n. 16190, in suppl. ord. n. 222 a G.U., 2 novembre 2007, n. 255, modificata, da ultimo, con deliberazione Consob 15 febbraio 2018, n. 20307, in suppl. ord. n. 7 a G.U., 19 febbraio 2018, n. 41.

(2) Deliberazione Consob 1° marzo 2000, n. 12409, in G.U., 10 marzo 2000, n. 58, modificata con deliberazione Consob 6 settembre 2000, n. 12716, in G.U., 19 settembre 2000, n. 219.

(3) Le parole «esecuzione di ordini per conto dei clienti» sono state così sostituite alle precedenti «negoziazione per conto terzi» dall'art. 6.1, lett. b, d.lg. 3 agosto 2017, n. 129.

(4) L'espressione «Ministro/Ministero dell'economia e delle finanze» ha sostituito la precedente «Ministro/Ministero del tesoro, del bilancio e della programmazione economica» per effetto dell'art. 1.1, d.lg. 6 febbraio 2004, n. 37.

(5) Comma così sostituito dall'art. 6.1, lett. c, d.lg. 3 agosto 2017, n. 129.

(6) Per il regolamento in materia di organizzazione e procedure degli intermediari v. provv. Banca d'Italia e Consob 29 ottobre 2007, in G.U., 2 novembre 2007, n. 255, come modificato con provv. Banca d'Italia e Consob 9 maggio 2012, in suppl. ord. n. 99 a G.U., 15 maggio 2012, n. 112, con provv. Banca d'Italia e Consob 19 gennaio 2015, in suppl. ord. n. 11 a G.U., 19 marzo 2015, n. 65, con provv. Banca d'Italia e Consob 19 gennaio 2015, in suppl. ord. n. 11 a G.U., 19 marzo 2015, n. 65, e con provv. Banca d'Italia e Consob 27 aprile 2017, in G.U., 9 maggio 2017, n. 106.

(7) La parola «7-*sexies*» è stata così sostituita alla precedente «53» dall'art. 6.1, lett. d, d.lg. 3 agosto 2017, n. 129.

posta della Consob o del commissario nominato ai sensi del comma 14, ovvero su richiesta dei clienti.

17. La cancellazione dell'agente di cambio dal ruolo unico nazionale consegue di diritto all'accertamento giudiziale dello stato di insolvenza. La Consob denuncia al tribunale civile l'insolvenza dichiarata ai sensi dell'art. 72.

18. Per la violazione dei commi 8, 11 e 13, si applica l'art. 190.

[**202.** *Disposizioni in tema di liquidazione coattiva di borsa*. — 1. Salvo quanto previsto dall'art. 72, le disposizioni relative alla liquidazione coattiva dei contratti conclusi dagli agenti di cambio si applicano, in quanto compatibili, alle imprese di investimento e alle banche autorizzate all'esercizio delle attività previste dall'art. 1, comma 5, lett. *a*) e *b*).

2. Le competenze in materia di liquidazione coattiva dei contratti spettano alla Consob, la quale può coordinare con regolamento tale procedura con quella prevista dall'art. 72] (1).

203. *Contratti a termine*. — 1. Fermi restando la decorrenza degli effetti della liquidazione coatta amministrativa ai sensi dell'art. 83 del t.u. bancario (2), e quanto previsto dall'art. 90, comma 3, del medesimo t.u. bancario (2), l'art. 76 della legge fallimentare (3) si applica agli strumenti finanziari derivati, a quelli analoghi individuati ai sensi dell'art. 18, comma 5, lett. *a*), alle operazioni a termine su valute nonché alle operazioni di prestito titoli, di pronti contro termine e di riporto. Ai fini del presente articolo sono ricompresi tutti i contratti conclusi, ancorché non ancora eseguiti in tutto o in parte, entro la data di dichiarazione del fallimento o di efficacia del provvedimento di liquidazione coatta amministrativa.

2. Per l'applicazione dell'art. 76 della legge fallimentare (3) agli strumenti finanziari e alle operazioni indicati nel comma 1, può farsi riferimento anche al costo di sostituzione dei medesimi, calcolato secondo i valori di mercato alla data di dichiarazione di fallimento o di efficacia del provvedimento di liquidazione coatta amministrativa (4).

204. *Gestione accentrata*. — 1. Entro ventiquattro mesi dalla data di entrata in vigore del presente decreto, la Banca d'Italia promuove la vendita della partecipazione al capitale della «Monte Titoli S.p.A. Istituto per la custodia e l'amministrazione accentrata di valori mobiliari» dalla stessa detenuta.

2. Fino all'emanazione dei decreti previsti dall'art. 90, la gestione accentrata dei titoli di Stato presso la Banca d'Italia resta disciplinata dalle previgenti disposizioni.

205. *Quotazioni di prezzi*. — 1. Le offerte di acquisto e di vendita di prodotti finanziari effettuate in mercati regolamentati, nei sistemi multilaterali di negoziazione e, se ricorrono le condizioni indicate dalla Consob con regolamento, da internalizzatori sistematici non costituiscono offerta al pubblico di prodotti finanziari né offerta pubblica di acquisto o di scambio ai sensi della parte IV, titolo II (5).

206. *Disposizioni applicabili alle società quotate in mercati diversi dalla borsa*. — 1. Le disposizioni dettate dal codice civile per le società con azioni quotate in borsa si applicano a tutte le società con azioni quotate in mercati regolamentati italiani o di altri paesi dell'Unione europea.

207. *Patti parasociali*. — 1. I patti parasociali previsti dall'art. 122 ed esistenti alla data di entrata in vigore del medesimo articolo sono depositati presso il registro delle imprese entro un mese da tale data.

2. I patti parasociali a tempo determinato esistenti alla data di entrata in vigore del presente decreto restano efficaci fino al termine finale pattuito, ma comunque non oltre il 1° luglio 2001.

3. Salvo quanto previsto dal comma 2, l'art. 123 si applica ai patti anche a tempo indeterminato esistenti alla data di entrata in vigore del presente decreto.

208. *Deleghe di voto, azioni di risparmio, collegio sindacale e revisione contabile*. — 1. Le disposizioni in materia di deleghe di voto si applicano alle assemblee convocate a partire dal sessantesimo giorno successivo all'emanazione dei regolamenti previsti dall'art. 144.

2. Le disposizioni in materia di azioni di risparmio si applicano anche alle azioni di risparmio già emesse alla data di entrata in vigore del presente decreto.

3. Le società con azioni quotate applicano le disposizioni in materia di nomina del collegio sindacale a partire dal primo rinnovo successi-

(1) Articolo abrogato dall'art. 4.1, lett. b, d.lg. 24 marzo 2011, n. 48. In base all'art. 5.1, d.lg. cit., tali disposizioni «si applicano a decorrere dal 30 giugno 2011».

(2) In *Leggi coll. XVII, 1.*

(3) In *Leggi coll. XXII, 1.*

(4) Sui contratti e gli strumenti finanziari derivati per il trasferimento del rischio di credito v. d.m. Economia e Finanze 2 marzo 2007, n. 44, in G.U., 6 aprile 2007, n. 81.

(5) Comma così sostituito dall'art. 1.17, d.lg. 11 ottobre 2012, n. 184.

vo all'entrata in vigore del presente decreto. Fino all'emanazione del regolamento previsto dall'art. 148, comma 4, si applica l'art. 2397, secondo comma, del codice civile.

4. I collegi sindacali nominati prima dell'entrata in vigore del presente decreto ma successivamente alla sua pubblicazione nella *Gazzetta Ufficiale* restano in carica per un solo esercizio.

5. Le altre disposizioni in materia di collegio sindacale e quelle in materia di società di revisione si applicano a partire dall'esercizio sociale che inizia il 1° luglio 1998 o successivamente a tale data.

209. *Società di revisione*. — 1. Le società di revisione che alla data di entrata in vigore del presente decreto sono iscritte nell'albo previsto dall'art. 8 del d.p.r. 31 marzo 1975, n. 136, sono iscritte di diritto nell'albo previsto dall'art. 161.

2. Ai fini dell'iscrizione nel registro dei revisori contabili istituito presso il Ministero della giustizia il termine previsto dall'art. 13, comma 1, della l. 13 maggio 1997, n. 132, è prorogato fino a sessanta giorni successivi alla data di entrata in vigore del presente decreto.

3. Le società con azioni quotate conservano copia della relazione della società di revisione sul bilancio d'esercizio, ai fini degli eventuali accertamenti dell'amministrazione finanziaria sulle corrispondenti dichiarazioni dei redditi. In caso di omissione si applicano le disposizioni dell'art. 39, secondo comma, del d.p.r. 29 settembre 1973, n. 600.

210. *Modifiche al codice civile*. — (*omissis*).

211. *Modifiche al t.u. bancario* (1). — .... (*omissis*).

212. *Disposizioni in materia di privatizzazioni*. — .... (*omissis*).

213. *Conversione del fallimento in liquidazione coatta amministrativa*. — 1. Dalla data di entrata in vigore del presente decreto le procedure di fallimento degli intermediari previsti dall'art. 107 del t.u. bancario (1), per i quali ricorrano i presupposti indicati nel comma 6 del medesimo articolo e non sia ancora stata dichiarata l'esecutività dello stato passivo, sono convertite in procedure di liquidazione coatta amministrativa.

2. Fermo restando l'accertamento dello stato di insolvenza già dichiarato, il tribunale, anche d'ufficio, dichiara con sentenza in camera di consiglio che la società è soggetta alla procedura di liquidazione coatta e ordina la trasmissione degli atti al Ministero dell'economia e delle finanze (2), per l'emanazione del relativo decreto, e alla Banca d'Italia.

3. Gli organi del cessato fallimento e quelli della liquidazione coatta provvedono con urgenza al passaggio delle consegne, dandone notizia con le forme di pubblicità stabilite dalla Banca d'Italia. Restano salvi gli effetti degli atti legalmente compiuti.

214. *Abrogazioni*. — 1. Sono o restano abrogati, salvo quanto previsto dai commi 2 e 3:

a) gli artt. 11, comma 1, da 12 a 17, 22, 25, 26, 28, 31, da 45 a 52, da 58 a 60 della l. 20 marzo 1913, n. 272 e successive modificazioni;

b) gli articoli da 26 a 43, 44, comma 2, 46, comma 2, 47, 49, 51, 54, ultimo periodo, 56, 61, comma 2, 97, da 106 a 108 del r.d. 4 agosto 1913, n. 1068;

c) gli articoli da 2 a 10 del r.d.l. 7 marzo 1925, n. 222, convertito dalla l. 21 marzo 1926, n. 597;

d) il r.d.l. 9 aprile 1925, n. 375, convertito dalla l. 21 marzo 1926, n. 597;

e) il r.d. 9 aprile 1925, n. 376;

f) gli artt. 4, 6 e 7 del r.d.l. 14 maggio 1925, n. 601, convertito dalla l. 18 marzo 1926, n. 562;

g) il r.d.l. 26 giugno 1925, n. 1047, convertito dalla l. 18 marzo 1926, n. 562;

h) il r.d.l. 29 luglio 1925, n. 1261, convertito dalla l. 18 marzo 1926, n. 562;

i) il r.d.l. 11 ottobre 1925, n. 1748, convertito dalla l. 18 marzo 1926, n. 562;

j) il r.d.l. 19 febbraio 1931, n. 950, convertito dalla l. 31 dicembre 1931, n. 1657;

k) gli articoli da 1 a 11 e da 14 a 18 del r.d.l. 30 giugno 1932, n. 815, convertito dalla l. 5 gennaio 1933, n. 118;

l) il r.d.l. 20 dicembre 1932, n. 1607, convertito dalla l. 20 aprile 1932, n. 291 (3);

m) la l. 4 dicembre 1939, n. 1913;

n) l'art. 2369-*bis* del codice civile, approvato con r.d. 16 marzo 1942, n. 262;

o) il d.lg.lgt. 18 settembre 1944, n. 250;

p) il d.lg.lgt. 19 aprile 1946, n. 321;

q) la l. 23 maggio 1956, n. 515;

r) la l. 31 dicembre 1962, n. 1778;

s) gli artt. 1, undicesimo comma, 2, decimo comma, primo e secondo periodo, 3, 4, 4-*bis*, 4-*ter*, 5-*quinquies*, 5-*sexies*, 9, secondo comma, 13, secondo comma, 14, 15, 16, 17, 18, sesto comma, 18-*ter*, 18-*quinquies*, quinto comma,

(1) In *Leggi coll. XVII, 1*.

(2) L'espressione «Ministro/Ministero dell'economia e delle finanze» ha sostituito la precedente «Ministro/Ministero del tesoro, del bilancio e della programmazione economica» per effetto dell'art. 1.1, d.lg. 6 febbraio 2004, n. 37.

(3) *Recte*: il r.d.l. 20 dicembre 1932, n. 1607, conv. dalla l. 20 aprile 1933, n. 504.

18-*septies*, secondo periodo, del d.l. 8 aprile 1974, n. 95, convertito, con modificazioni, dalla l. 7 giugno 1974, n. 216, e successive modificazioni e integrazioni;

t) il d.p.r. 31 marzo 1975, n. 136;

u) il d.p.r. 31 marzo 1975, n. 137;

v) il d.p.r. 31 marzo 1975, n. 138, a eccezione degli artt. 16 e 18;

w) la l. 23 febbraio 1977, n. 49;

x) la l. 23 marzo 1983, n. 77, a eccezione degli artt. 9 e 10-*ter*;

y) la l. 19 giugno 1986, n. 289;

z) il d.p.r. 12 dicembre 1987, n. 556;

aa) la l. 2 gennaio 1991, n. 1;

bb) la l. 17 maggio 1991, n. 157, a eccezione dell'art. 10;

cc) il d.lg. 25 gennaio 1992, n. 84, a eccezione dell'art. 14;

dd) il d.lg. 27 gennaio 1992, n. 86, a eccezione dell'art. 4;

ee) la l. 18 febbraio 1992, n. 149;

ff) la l. 14 agosto 1993, n. 344, a eccezione dell'art. 11;

gg) l'art. 1, comma 1, lett. *m*), e l'art. 2, comma 1, lett. *f*), della l. 28 dicembre 1993, n. 561 (1);

hh) la l. 25 gennaio 1994, n. 86, a eccezione degli artt. 14-*bis* e 15;

ii) l'art. 5, commi 3, 4 e 5, e l'art. 8 del d.l. 31 maggio 1994, n. 332, convertito, con modificazioni, dalla l. 30 luglio 1994, n. 474;

jj) il d.lg. 23 luglio 1996, n. 415, a eccezione degli artt. 60, comma 4, 62, 63, 64 e 65.

2. Sono abrogati, ma continuano a essere applicati fino alla data di entrata in vigore dei provvedimenti emanati ai sensi del presente decreto:

a) gli artt. 5, 5-*bis*, 5-*ter*, 5-*quater*, del d.l. 8 aprile 1974, n. 95, convertito, con modificazioni, dalla l. 7 giugno 1974, n. 216, e successive modificazioni e integrazioni; le relative violazioni sono punite ai sensi degli artt. 173 e 174 o sanzionate ai sensi dell'art. 193, comma 2;

b) 18, a eccezione del sesto comma, 18-*bis*, 18-*quater*, 18-*quinquies*, a eccezione del quinto comma, 18-*sexies* e 18-*septies*, a eccezione del secondo periodo, del d.l. 8 aprile 1974, n. 95, convertito, con modificazioni, dalla l. 7 giugno 1974, n. 216, e successive modificazioni e integrazioni; le relative violazioni sono sanzionate ai sensi dell'art. 191;

c) l'art. 3 del d.p.r. 31 marzo 1975, n. 136;

d) gli artt. 1, commi 1, 2, 3, 4, 5, 6, 7, 8, 9 e 11; 2, commi 2 e 3; 2-*bis*, commi 3, 4, 5 e 7; 2-*ter*; 3, commi 3 e 4; 4, commi 2, 3, 4, 5, 6, 7, 8, 9, 10, 11, 12, 13 e 14; 5; 7, commi 3, 5 e 6; 10-*bis*, della l. 23 marzo 1983, n. 77; le relative violazioni sono sanzionate ai sensi dell'art. 190;

e) gli artt. 3, comma 2, lett. *b*), *c*), *d*) ed *e*); 4, comma 2; 9, commi 12, 13, 14; 15 della l. 2 gennaio 1991, n. 1; le relative violazioni sono punite ai sensi dell'art. 169 o sanzionate ai sensi degli artt. 189 e 190;

f) l'art. 6 della l. 17 maggio 1991, n. 157; le relative violazioni sono punite ai sensi dell'art. 174 o sanzionate ai sensi dell'art. 193;

g) gli artt. 2; 3; 4; 6; 7 della l. 18 febbraio 1992, n. 149; le relative violazioni sono sanzionate ai sensi dell'art. 191;

h) gli artt. 10; 14; 15; 16, comma 1; 20, commi 1 e 4; 22; 23; 24; 25; 27; 28 della l. 18 febbraio 1992, n. 149; le relative violazioni sono sanzionate ai sensi dell'art. 192;

i) gli artt. 1; 2, commi 3 e 4; 4, commi 1 e 4; 5, commi 3, 6, 7, 8, 9, 10 e 11; 6, comma 2; 7, commi 1, 2, 3, 4, 5 e 6; 8; 9, commi 2 e 3, del d.lg. 25 gennaio 1992, n. 84; le relative violazioni sono sanzionate ai sensi dell'art. 190;

j) gli artt. 1 e 2, comma 2, lett. *a*), del d.lg. 27 gennaio 1992, n. 86;

k) gli artt. 1, commi 1, 2, 3, 4, 5, 6 e 7; 3, comma 2, ultimo periodo; 4, commi 1, 2, 3, 4, 5; 5, commi 1, 2, 3 e 4; 8, commi 2, 4 e 5; 9; 10 della l. 14 agosto 1993, n. 344; le relative violazioni sono sanzionate ai sensi dell'art. 190;

l) gli artt. 1, commi 1, 2, 3, 4, 5 e 6; 3, comma 2, ultimo periodo; 4, commi 1, 2, 3, 4, 5 e 6; 5, commi 1, 2, 3 e 4; 7; 8; 9; 12, commi 2 e 5; 13; 14 della l. 25 gennaio 1994, n. 86; le relative violazioni sono sanzionate ai sensi dell'art. 190;

m) gli artt. 2, comma 4; 6, commi 3 e 4; 7; 8; 10; 13; 14; 15; 18, commi 1 e 3; 20, comma 1, lett. *e*); 21, commi 2 e 3; 22, comma 2; 23, commi 5 e 6; 24; 25; 35, commi 2 e 3; 66, comma 1, lett. *b*), *c*) ed *e*), del d.lg. 23 luglio 1996, n. 415; le relative violazioni sono punite ai sensi dell'art. 169 o sanzionate ai sensi degli artt. 189 e 190.

3. Fino all'emanazione dei regolamenti previsti dall'art. 80, commi 4, 5 e 6, e comunque fino al completamento della vendita prevista dall'art. 204, comma 1, si applicano gli artt. 1, 10, 11, 12, 13 e 14 della l. 19 giugno 1986, n. 289.

4. È abrogata ogni altra disposizione incompatibile con il presente decreto. Il rinvio alle disposizioni abrogate fatto da leggi, da regolamenti o da altre norme si intende riferito alle corrispondenti disposizioni del presente decreto e dei provvedimenti ivi previsti.

(1) Lettera così sostituita dall'art. 15.1, l. 25 giugno 1999, n. 205.

5. Le disposizioni emanate ai sensi delle norme abrogate o sostituite continuano a essere applicate, in quanto compatibili, fino alla data di entrata in vigore dei provvedimenti emanati ai sensi del presente decreto legislativo nelle corrispondenti materie. In caso di violazione, si applicano, con la procedura prevista dall'art. 195, gli artt. 190, 191, 192 e 193, in relazione alle materie rispettivamente disciplinate.

215. *Disposizioni di attuazione*. — 1. In sede di prima applicazione i regolamenti e i provvedimenti di carattere generale da emanarsi ai sensi del presente decreto sono adottati entro sei mesi dalla data di entrata in vigore del medesimo.

216. *Entrata in vigore*. — 1. Il presente decreto entra in vigore il 1° luglio 1998 (1).

(1) L'art. 10, d.lg. 3 agosto 2017, n. 129, così dispone: «1. Il presente decreto entra in vigore il giorno successivo a quello della sua pubblicazione nella *Gazzetta Ufficiale* della Repubblica italiana. || 2. Le disposizioni del d.lg. 24 febbraio 1998, n. 58, modificate dal presente decreto, si applicano dal 3 gennaio 2018, fatto salvo quanto diversamente previsto dall'art. 93 della dir. 2014/65/UE, con riferimento dell'art. 65, par. 2, della direttiva medesima, le cui disposizioni attuative si applicano dal 3 settembre 2019, e dall'art. 55 del reg. (UE) n. 600/2014, e successive modificazioni, nonché dal comma 3. Fino alle predette date continuano ad applicarsi le disposizioni in vigore il giorno precedente alla data di entrata in vigore del presente decreto legislativo. Fermo restando quanto previsto dalle disposizioni dell'Unione europea direttamente applicabili, le disposizioni emanate dalla Banca d'Italia e dalla Consob, anche congiuntamente, ai sensi di disposizioni del d.lg. 24 febbraio 1998, n. 58, abrogate o modificate dal presente decreto, continuano a essere applicate fino alla data di entrata in vigore dei provvedimenti emanati dalla Banca d'Italia o dalla Consob nelle corrispondenti materie. La Banca d'Italia e la Consob adottano tali provvedimenti entro centottanta giorni dalla data di entrata in vigore del presente decreto. Al fine di garantire il coordinamento dell'esercizio delle funzioni di vigilanza nell'ambito delle rispettive competenze, continua ad applicarsi, fino alla data della sua revisione, il protocollo d'intesa stipulato dalla Consob e dalla Banca d'Italia in data 31 ottobre 2007 ai sensi dell'art. 5, comma 5-*bis*, del d.lg. 24 febbraio 1998, n. 58, nel testo vigente prima della data di entrata in vigore del presente decreto. Al fine di assicurare il rispetto delle disposizioni attuative, emanate ai sensi delle norme abrogate o sostituite dal presente decreto, che continuano ad applicarsi, ai sensi del periodo precedente, la Banca d'Italia e la Consob, per la fase transitoria, conservano tutti i poteri previsti dal d.lg. 24 febbraio 1998, n. 58, previgente alla data di entrata in vigore del presente decreto. || 3. La data di avvio dell'operatività dell'Albo unico dei consulenti finanziari e la data di avvio dell'operatività dell'Organismo di vigilanza e tenuta dell'Albo unico dei consulenti finanziari, di cui all'art. 31, comma 4, del d.lg. 24 febbraio 1998, n. 58, sono stabilite dalla Consob con proprie delibere ai sensi dell'art. 1, comma 41, ultimo periodo, della l. 28 dicembre 2015, n. 208 (legge di stabilità 2016). || 4. A decorrere dalla data di avvio di operatività dell'Albo unico dei consulenti finanziari, stabilita ai sensi del comma 3: *a*) nel decreto del Ministro del tesoro, del bilancio e della programmazione economica 11 novembre 1998, n. 472, per "Albo unico dei promotori finanziari" e per "Albo" deve intendersi la sezione dell'Albo di cui all'art. 31, comma 4, del d.lg. 24 febbraio 1998, n. 58, dedicata ai consulenti finanziari abilitati all'offerta fuori sede; *b*) nel decreto del Ministro dell'economia e delle finanze 24 dicembre 2008, n. 206, per "Albo" deve intendersi la sezione dell'Albo di cui all'art. 31, comma 4, del d.lg. 24 febbraio 1998, n. 58, dedicata ai consulenti finanziari autonomi e per "Organismo" deve intendersi l'Organismo di vigilanza e tenuta dell'albo unico dei consulenti finanziari di cui all'art. 31, comma 4, anzidetto; *c*) nel decreto del Ministro dell'economia e delle finanze 5 aprile 2012, n. 66, per "Albo" deve intendersi la sezione dell'Albo di cui all'art. 31, comma 4, del d.lg. 24 febbraio 1998, n. 58, dedicata alle società di consulenza finanziaria e per "Organismo" deve intendersi l'Organismo di vigilanza e tenuta dell'albo unico dei consulenti finanziari di cui all'art. 31, comma 4, anzidetto. || 5. Fino dalla data di avvio di operatività dell'Albo unico dei consulenti finanziari, stabilita ai sensi del comma 3, la riserva di attività di cui all'art. 18 del d.lg. 24 febbraio 1998, n. 58 non pregiudica la possibilità per i soggetti che, alla data del 31 ottobre 2007, prestano la consulenza in materia di investimenti, di continuare a svolgere il servizio di cui all'art. 1, comma 5, lett. *f*), del citato decreto legislativo, senza detenere somme di denaro o strumenti finanziari di pertinenza dei clienti. || 6. Ai fini dell'iscrizione all'Albo di cui all'art. 31, comma 4, ai consulenti finanziari autonomi, alle società di consulenza finanziaria e al personale delle società di consulenza finanziaria che svolgono le attività previste dell'art. 25, par. 1, della dir. 2014/65/UE si applicano i requisiti di esperienza professionale ivi stabiliti e le relative disposizioni attuative adottate anche dalla Consob. || 7. Si intendono autorizzate al servizio di cui all'art. 1, comma 5, lett. *b*), del d.lg. 24 febbraio 1998, n. 58, limitatamente alla sottoscrizione e compravendita di strumenti finanziari di propria emissione, dal 3 gennaio 2018: *a*) le banche italiane e le succursali italiane di banche di paesi terzi (già denominate banche extracomunitarie) iscritte nell'albo previsto dall'articolo 13 del decreto legislativo 1° settembre 1993, n. 385, al giorno dell'entrata in vigore del presente decreto legislativo; e *b*) le Sim e le imprese di paesi terzi (già denominate imprese di investimento extracomunitarie) con succursale in Italia iscritte nell'albo previsto dall'art. 20 del d.lg. 24 febbraio 1998, n. 58, al giorno dell'entrata in vigore del presente decreto legislativo. I soggetti di cui alle lett. *a*) e *b*) comunicano, rispettivamente alla Banca d'Italia e alla Consob, entro il 30 novembre 2017, se non intendono avvalersi dell'autorizzazione al predetto servizio. La cancellazione dall'albo comporta la decadenza dell'autorizzazione. || 8. A partire dal 3 gennaio 2018, l'autorizzazione rilasciata per la prestazione del servizio di sottoscrizione e/o collocamento con assunzione a fermo, ovvero con assunzione di garanzia nei confronti dell'emittente, si intende riferita al servizio di cui all'art. 1, comma 5, lett. *c*), del d.lg. 24 febbraio 1998, n. 58. || 9. A partire dal 3 gennaio 2018, l'autorizzazione rilasciata per la prestazione del servizio di collocamento senza assunzione a fermo né assunzione di garanzia nei confronti dell'emittente, si intende riferita al servizio di cui all'art. 1, comma 5, lett. *c-bis*), del d.lg. 24 febbraio 1998, n. 58. || 10. I soggetti aventi sede nel territorio della Repubblica,

ALLEGATO (1)

Elenco dei servizi, delle attività e degli strumenti finanziari

Sezione A. – *Attività e servizi di investimento.*

1) Ricezione e trasmissione di ordini riguardanti uno o più strumenti finanziari.

2) Esecuzione di ordini per conto dei clienti.

3) Negoziazione per conto proprio.

4) Gestione di portafogli.

5) Consulenza in materia di investimenti.

6) Assunzione a fermo di strumenti finanziari e/o collocamento di strumenti finanziari sulla base di un impegno irrevocabile nei confronti dell'emittente.

7) Collocamento di strumenti finanziari senza impegno irrevocabile nei confronti dell'emittente.

8) Gestione di sistemi multilaterali di negoziazione.

9) Gestione di sistemi organizzati di negoziazione.

Sezione B. – *Servizi accessori.*

1) Custodia e amministrazione di strumenti finanziari per conto dei clienti, inclusi la custodia e i servizi connessi come la gestione di contante/garanzie reali ed esclusa la funzione di gestione dei conti titoli al livello più elevato.

2) Concessione di crediti o prestiti agli investitori per consentire loro di effettuare un'operazione relativa a uno o più strumenti finanziari, nella quale interviene l'impresa che concede il credito o il prestito.

3) Consulenza alle imprese in materia di struttura del capitale, di strategia industriale e di questioni connesse, nonché consulenza e servizi concernenti le concentrazioni e l'acquisto di imprese.

4) Servizio di cambio quando detto servizio è legato alla fornitura di servizi di investimento.

5) Ricerca in materia di investimenti e analisi finanziaria o altre forme di raccomandazione generale riguardanti le operazioni relative a strumenti finanziari.

6) Servizi connessi con l'assunzione a fermo.

7) Servizi e attività di investimento, nonché servizi accessori del tipo di cui alle sezioni A o B, collegati agli strumenti derivati di cui alla sezione C, punti 5), 6), 7) e 10), se legati alla prestazione di servizi di investimento o accessori.

diversi da quelli di cui all'art. 4-*terdecies*, comma 1, lett. *l*), del d.lg. 24 febbraio 1998, n. 58, che al 2 gennaio 2018 negoziano per conto proprio strumenti derivati su merci o quote di emissione o derivati dalle stesse, possono continuare ad esercitare tale attività purché, entro un anno da tale data, presentino domanda di autorizzazione secondo le norme previste dal d.lg. 24 febbraio 1998, n. 58, salvo e fino a che tale autorizzazione sia rifiutata. || 11. Resta fermo quanto previsto dall'art. 5 del d.lg. 12 agosto 2016, n. 176. || 12. Il d.lg. 8 ottobre 2007, n. 179, è abrogato ma continua a essere applicato fino al 3 gennaio 2018. A partire da tale data i riferimenti ai commi 5-*bis* e 5-*ter* dell'art. 2, e al comma 2 dell'art. 9, del d.lg. 8 ottobre 2007, n. 179, si intendono effettuati, rispettivamente, ai commi 1, 2 e 3 dell'articolo 32-ter del d.lg. 24 febbraio 1998, n. 58; i riferimenti all'art. 8 del d.lg. 8 ottobre 2007, n. 179, si intendono effettuati all'art. 32-*ter*.1 del d.lg. 24 febbraio 1998, n. 58. || 13. Le modifiche apportate dal presente decreto alla parte V del d.lg. 24 febbraio 1998, n. 58, si applicano alle violazioni commesse a partire dal 3 gennaio 2018. || 14. Alle violazioni commesse prima del 3 gennaio 2018 continuano ad applicarsi le norme della parte V del d.lg. 24 febbraio 1998, n. 58, in vigore il giorno precedente alla data di entrata in vigore del presente decreto. || 15. Il regolamento ministeriale del 26 giugno 1997, n. 329, recante "Norme di attuazione e di integrazione della riserva di attività prevista in favore delle imprese di investimento e delle banche circa l'esercizio professionale nei confronti del pubblico dei servizi di investimento" è abrogato ma continua a essere applicato fino al 3 gennaio 2018. A partire da tale data i riferimenti al citato regolamento ministeriale si intendono effettuati all'art. 4-*terdecies* del d.lg. 24 febbraio 1998, n. 58. || 16. Fermo restando quanto previsto dall'art. 54, par. 1, del reg. (UE) n. 600/2014, le imprese di paesi terzi (già denominate imprese di investimento extracomunitarie) e le banche di paesi terzi (già denominate banche extracomunitarie) che alla data del 2 gennaio 2018 risultino autorizzate alla libera prestazione di servizi e attività di investimento nel territorio della Repubblica e che abbiano la propria sede legale in paesi per i quali, alla medesima data, la Commissione europea non abbia adottato una decisione a norma dell'art. 47, par. 1, del medesimo regolamento, possono continuare ad avvalersi dell'autorizzazione a prestare tali servizi e attività, limitatamente all'attività svolta nei confronti di controparti qualificate o clienti professionali come individuati ai sensi dell'art. 6, comma 2-*quinquies*, lett. *a*), e comma 2-*sexies*, lett. *a*), del d.lg. 24 febbraio 1998, n. 58, fino all'adozione di detta decisione e comunque non oltre il 3 gennaio 2021. || 17. Le imprese di paesi terzi (già denominate imprese di investimento extracomunitarie) e le banche di paesi terzi (già denominate banche extracomunitarie) che alla data del 2 gennaio 2018 risultino autorizzate alla prestazione di servizi e attività di investimento nel territorio della Repubblica tramite succursale, possono continuare ad avvalersi dell'autorizzazione a prestare tali servizi e attività tramite la succursale fino al 3 gennaio 2021, anche se non risultino ancora verificate le condizioni previste dall'art. 28, comma 1, lett. *d*) ed *e*), del d.lg. 24 febbraio 1998, n. 58, come modificato dal presente decreto legislativo».

(1) Allegato così sostituito, da ultimo, dall'art. 7, d.lg. 3 agosto 2017, n. 129.

Sezione C. – *Strumenti finanziari*.

1) Valori mobiliari.

2) Strumenti del mercato monetario.

3) Quote di un organismo di investimento collettivo.

4) Contratti di opzione, contratti finanziari a termine standardizzati («future»), «swap», accordi per scambi futuri di tassi di interesse e altri contratti derivati connessi a valori mobiliari, valute, tassi di interesse o rendimenti, quote di emissione o altri strumenti finanziari derivati, indici finanziari o misure finanziarie che possono essere regolati con consegna fisica del sottostante o attraverso il pagamento di differenziali in contanti.

5) Contratti di opzione, contratti finanziari a termine standardizzati («future»), «swap», contratti a termine («forward»), e altri contratti su strumenti derivati connessi a merci quando l'esecuzione deve avvenire attraverso il pagamento di differenziali in contanti o può avvenire in contanti a discrezione di una delle parti, con esclusione dei casi in cui tale facoltà consegue a inadempimento o ad altro evento che determina la risoluzione del contratto.

6) Contratti di opzione, contratti finanziari a termine standardizzati («future»), «swap» ed altri contratti su strumenti derivati connessi a merci che possono essere regolati con consegna fisica purché negoziati su un mercato regolamentato, un sistema multilaterale di negoziazione o un sistema organizzato di negoziazione, eccettuati i prodotti energetici all'ingrosso negoziati in un sistema organizzato di negoziazione che devono essere regolati con consegna fisica.

7) Contratti di opzione, contratti finanziari a termine standardizzati («future»), «swap», contratti a termine («forward») e altri contratti su strumenti derivati connessi a merci che non possono essere eseguiti in modi diversi da quelli indicati al n. 6, che non hanno scopi commerciali, e aventi le caratteristiche di altri strumenti finanziari derivati.

8) Strumenti finanziari derivati per il trasferimento del rischio di credito.

9) Contratti finanziari differenziali.

10) Contratti di opzione, contratti finanziari a termine standardizzati («future»), «swap», contratti a termine sui tassi d'interesse e altri contratti su strumenti derivati connessi a variabili climatiche, tariffe di trasporto, tassi di inflazione o altre statistiche economiche ufficiali, quando l'esecuzione avviene attraverso il pagamento di differenziali in contanti o può avvenire in tal modo a discrezione di una delle parti, con esclusione dei casi in cui tale facoltà consegue a inadempimento o ad altro evento che determina la risoluzione del contratto, nonché altri contratti su strumenti derivati connessi a beni, diritti, obblighi, indici e misure, non altrimenti indicati nella presente sezione, aventi le caratteristiche di altri strumenti finanziari derivati, considerando, tra l'altro, se sono negoziati su un mercato regolamentato, un sistema multilaterale di negoziazione o un sistema organizzato di negoziazione.

11) Quote di emissioni che consistono di qualsiasi unità riconosciuta conforme ai requisiti della dir. 2003/87/CE (sistema per lo scambio di emissioni).

XVIII. 2.

DECRETO LEGISLATIVO 21 maggio 2004, n. 170. — *Attuazione della direttiva 2002/47/CE, in materia di contratti di garanzia finanziaria* (1).

1. *Definizioni*. — 1. Nel presente decreto legislativo si intendono per:

a) testo unico bancario: il d.lg. 1° settembre 1993, n. 385, e successive modificazioni (2);

b) testo unico della finanza: il d.lg. 24 febbraio 1998, n. 58, e successive modificazioni (3);

c) attività finanziarie: il contante, gli strumenti finanziari, i crediti e con riferimento alle operazioni connesse con le funzioni del sistema delle banche centrali europee e dei sistemi di cui all'art. 1, comma 1, lett. *r*), del d.lg. 12 aprile 2001, n. 210 (4), le altre attività accettate a garanzia di tali operazioni (5);

c-bis) crediti: crediti in denaro derivanti da un contratto con il quale un ente creditizio, secondo la definizione dell'art. 4, punto 1), della dir. 2006/48/CE, compresi gli enti elencati all'art. 2 della stessa direttiva, concede un credito in forma di prestito (6);

d) contratto di garanzia finanziaria: il con-

(1) G.U. 15 luglio 2004, n. 164.
(2) In *Leggi coll. XVII, 1.*
(3) In *Leggi coll. XVIII, 1.*
(4) In *Leggi coll. XVII, 9.*
(5) Lettera così sostituita dall'art. 2.1, lett. a, d.lg. 24 marzo 2011, n. 48.
(6) Lettera inserita dall'art. 2.1, lett. b, d.lg. 24 marzo 2011, n. 48.

tratto di pegno o il contratto di cessione del credito o di trasferimento della proprietà di attività finanziarie con funzione di garanzia, ivi compreso il contratto di pronti contro termine, e qualsiasi altro contratto di garanzia reale avente ad oggetto attività finanziarie e volto a garantire l'adempimento di obbligazioni finanziarie, allorché le parti contraenti rientrino in una delle seguenti categorie:

1) autorità pubbliche, inclusi gli organismi del settore pubblico degli Stati membri incaricati della gestione del debito pubblico o che intervengano in tale gestione o che siano autorizzati a detenere conti dei clienti, con l'esclusione delle imprese assistite da garanzia pubblica;

2) banche centrali, la Banca centrale europea, la Banca dei regolamenti internazionali, le banche multilaterali di sviluppo, come definite dall'allegato VI, parte 1, sezione 4, della dir. 2006/48/CE (1), il Fondo monetario internazionale e la Banca europea per gli investimenti;

3) enti finanziari sottoposti a vigilanza prudenziale, inclusi:

a) enti creditizi, come definiti dall'art. 4, punto 1), della dir. 2006/48/CE, inclusi gli enti elencati all'art. 2 (2), inclusi gli enti elencati all'art. 2, par. 3, della medesima direttiva;

b) imprese di investimento, come definite dall'art. 4, par. 1, punto 1), della dir. 2004/39/CE (3);

c) enti finanziari, come definiti dall'art. 4, punto 5), della dir. 2006/48/CE (4);

d) imprese di assicurazione, come definite dall'art. 1, lett. *a*), della dir. 92/49/CEE del Consiglio, del 18 giugno 1992, e dall'art. 1, par. 1, lett. *a*), della dir. 2002/83/CE (5);

e) organismi di investimento collettivo in valori mobiliari, quali definiti dall'art. 1, par. 2, della dir. 85/611/CEE del Consiglio, del 20 dicembre 1985;

f) società di gestione, quali definite dall'art. 1-*bis*, par. 2, della dir. 85/611/CEE del Consiglio, del 20 dicembre 1985;

4) controparti centrali, agenti di regolamento o stanze di compensazione, quali definiti dalla dir. 98/26/CE, del Parlamento europeo e del Consiglio, del 19 maggio 1998, art. 2, rispettivamente alle lett. *c*), *d*) ed *e*), inclusi enti analoghi che operano sui mercati dei contratti futures, come definiti dall'art. 1, comma 2, lett. *f*), del testo unico della finanza (6), delle opzioni e dei prodotti finanziari derivati non sottoposti a tale direttiva;

5) persone diverse dalle persone fisiche, incluse imprese e associazioni prive di personalità giuridica, purché la controparte sia un ente definito ai numeri da 1) a 4);

e) clausola di integrazione: la clausola del contratto di garanzia finanziaria che prevede l'obbligo di prestare una garanzia finanziaria o di integrare la garanzia finanziaria già prestata:

1) in caso di variazione dell'importo dell'obbligazione finanziaria garantita, a seguito di variazione dei valori di mercato correnti, o del valore della garanzia originariamente prestata;

2) in caso di variazione dell'importo dell'obbligazione finanziaria garantita per causa diversa da quella di cui al n. 1);

f) clausola di interruzione dei rapporti e pagamento del saldo netto, clausola di «close-out netting»: la clausola di un contratto di garanzia finanziaria o di un contratto che comprende un contratto di garanziafinanziaria oppure, in mancanza di una previsione contrattuale, una norma di legge in base alla quale, in caso di evento determinante l'escussione della garanzia finanziaria:

1) le obbligazioni diventano immediatamente esigibili e vengono convertite nell'obbligazione di versare un importo pari al loro valore corrente stimato, oppure esse sono estinte e sostituite dall'obbligazione di versare tale importo, ovvero

(1) Le parole «dall'allegato VI, parte 1, sezione 4, della dir. 2006/48/CE» sono state così sostituite alle precedenti «all'art. 1, punto 19, della dir. 2000/12/CE del Parlamento europeo e del Consiglio, del 20 marzo 2000» dall'art. 2.1, lett. c, d.lg. 24 marzo 2011, n. 48.

(2) Le parole «dall'art. 4, punto 1), della dir. 2006/48/CE, inclusi gli enti elencati all'art. 2» sono state così sostituite alle precedenti «dall'art. 1, punto 1, della dir. 2000/12/CE» dall'art. 2.1, lett. d, d.lg. 24 marzo 2011, n. 48.

(3) Le parole «dall'art. 4, par. 1, punto 1), della dir. 2004/39/CE» sono state così sostituite alle precedenti «dall'art. 1, punto 2, della dir. 93/22/CE del Consiglio, del 10 maggio 1993» dall'art. 2.1, lett. e, d.lg. 24 marzo 2011, n. 48.

(4) Le parole «dall'art. 4, punto 5), della dir. 2006/48/CE» sono state così sostituite alle precedenti «dall'art. 1, punto 5, della dir. 2000/12/CE» dall'art. 2.1, lett. f, d.lg. 24 marzo 2011, n. 48.

(5) Le parole «dall'art. 1, par. 1, lett. *a*), della dir. 2002/83/CE» sono state così sostituite alle precedenti «dall'art. 1, lett. *a*), della dir. 92/96/CEE del Consiglio, del 10 novembre 1992» dall'art. 2.1, lett. g, d.lg. 24 marzo 2011, n. 48.

(6) In *Leggi coll. XVIII, 1.*

2) viene calcolato il debito di ciascuna parte nei confronti dell'altra con riguardo alle singole obbligazioni e viene determinata la somma netta globale risultante dal saldo e dovuta dalla parte il cui debito è più elevato, ad estinzione dei reciproci rapporti;

g) clausola di sostituzione: la clausola del contratto di garanzia finanziaria che prevede la possibilità di sostituire in tutto o in parte l'oggetto, nei limiti di valore dei beni originariamente costituiti in garanzia;

h) contante: denaro accreditato su un conto od analoghi crediti alla restituzione di denaro, quali i depositi sul mercato monetario;

i) evento determinante l'escussione della garanzia: l'inadempimento o qualsiasi altro evento analogo convenuto fra le parti il cui verificarsi dà diritto al beneficiario della garanzia, in base al contratto o per effetto di legge, di procedere all'escussione della garanzia finanziaria o di attivare la clausola di «close-outnetting»;

l) garanzia equivalente: quando la garanzia ha ad oggetto il contante, un ammontare dello stesso importo e nella stessa valuta; quando la garanzia ha ad oggetto strumenti finanziari, strumenti finanziari del medesimo emittente o debitore, appartenenti alla medesima emissione o classe e con stesso importo nominale, stessa valuta e stessa descrizione o, quando il contratto di garanzia finanziaria prevede il trasferimento di altre attività al verificarsi di un evento che riguardi o influenzi strumenti finanziari forniti come garanzia finanziaria, queste altre attività;

m) legge fallimentare: il r.d. 16 marzo 1942, n. 267 (1);

n) giorno e momento di apertura di una procedura di risanamento o di liquidazione: il giorno e il momento in cui si producono gli effetti di sospensione dei pagamenti delle passività o di restituzione dei beni ai terzi secondo le disposizioni dell'art. 3, commi 1, 2 e 3, del d.lg. 12 aprile 2001, n. 210 (2);

o) obbligazioni finanziarie: le obbligazioni, anche condizionali ovvero future, al pagamento di una somma di denaro ovvero alla consegna di strumenti finanziari, anche qualora il debitore sia persona diversa dal datore della garanzia;

p) obbligazioni finanziarie garantite: le obbligazioni finanziarie assistite da un contratto di garanzia finanziaria;

q) prestazione della garanzia: l'avvenuto compimento degli atti, quali la consegna, il trasferimento, la registrazione delle attività finanziarie, in esito ai quali le attività finanziarie stesse risultino nel possesso o sotto il controllo del beneficiario della garanzia o di persona che agisce per conto di quest'ultimo o, nel caso di pegno o di cessione del credito, la consegna per iscritto di un atto al beneficiario della garanzia contenente l'individuazione del credito (3);

r) procedure di liquidazione: il fallimento, la liquidazione coatta amministrativa, nonché ogni altra misura destinata alla liquidazione delle imprese e che comportano l'intervento delle autorità amministrative o giudiziarie;

s) procedure di risanamento: l'amministrazione controllata, il concordato preventivo, il provvedimento di sospensione dei pagamenti delle passività e delle restituzioni dei beni ai terzi ai sensi degli artt. 74, 77, comma 2, 107, comma 6, del testo unico bancario (4), e dell'art. 56, comma 3, del testo unico della finanza (5), nonché ogni altra misura destinata al risanamento delle imprese e che incide sui diritti dei terzi;

t) strumenti finanziari: gli strumenti finanziati di cui all'art. 1, comma 2, lettere da *a*) ad *e*), del testo unico della finanza (5) e gli altri individuati con decreto del Ministro dell'economia e delle finanze, su proposta della Banca d'Italia e della Commissione nazionale per le società e la Borsa, in relazione alle previsioni della dir. 2002/47/CE del Parlamento europeo e del Consiglio, del 6 giugno 2002.

2. *Ambito di applicazione*. — 1. Il presente decreto legislativo si applica ai contratti di garanzia finanziaria a condizione che:

a) il contratto di garanzia finanziaria sia provato per iscritto;

b) la garanzia finanziaria sia stata prestata e tale prestazione sia provata per iscritto. La prova deve consentire l'individuazione della data di costituzione e delle attività finanziarie costituite in garanzia. A tale fine è sufficiente la registrazione degli strumenti finanziari sui conti degli intermediari ai sensi degli artt. 83-*bis* e seguenti del d.lg. 24 febbraio 1998, n. 58 (5), e

(1) In *Leggi coll. XXII, 1.*

(2) In *Leggi coll. XVII, 9.*

(3) Le parole «la consegna per iscritto di un atto al beneficiario della garanzia contenente l'individuazione del credito» sono state così sostituite alle precedenti «la notificazione al debitore della costituzione del pegno stesso o della cessione, o la loro accettazione da parte del debitore» dall'art. 2.1, lett. h, d.lg. 24 marzo 2011, n. 48.

(4) In *Leggi coll. XVII, 1.*

(5) In *Leggi coll. XVIII, 1.*

l'annotazione del contante sul conti di pertinenza. Per i crediti, la consegna per iscritto di un atto al beneficiario della garanzia contenente l'individuazione del credito è sufficiente a provare la fornitura del credito costituito in garanzia finanziaria tra le parti (1).

2. Nel presente decreto legislativo, l'espressione: «per iscritto» si intende riferita anche alla forma elettronica e a qualsiasi altro supporto durevole, secondo la normativa vigente in materia.

2-*bis.* Le disposizioni del presente decreto non si applicano ai crediti per i quali il debitore è un consumatore quale definito dall'art. 3, lett. *a*), della dir. 2008/48/CE, salvo i casi in cui il beneficiario della garanzia o il datore della garanzia di tali crediti sia uno degli enti di cui all'art. 1, comma 1, lett. *d*), n. 2) (2).

2-*ter.* Fatto salvo il divieto di clausole abusive nei contratti stipulati con i consumatori previsto dalla dir. 93/13/CEE, e dal d.lg. 6 settembre 2005, n. 206 (3), i debitori dei crediti possono rinunciare per iscritto:

a) ai diritti di compensazione nei confronti dei creditori del credito e nei confronti delle persone a cui il creditore ha ceduto, impegnato o altrimenti mobilizzato il credito come garanzia;

b) ai diritti derivanti da norme sul segreto bancario che impedirebbero o limiterebbero la capacità del creditore del credito di fornire informazioni sul credito o sul debitore ai fini dell'utilizzo del credito come garanzia (2).

3. *Efficacia della garanzia finanziaria*. — 1. L'attribuzione dei diritti previsti dal presente decreto legislativo al beneficiario della garanzia e la loro opponibilità ai terzi non richiedono requisiti ulteriori rispetto a quelli indicati nell'art. 2, anche se previsti da vigenti disposizioni di legge.

1-*bis.* Nel caso di pegno o di cessione del credito la garanzia che rispetti i requisiti di cui all'art. 2 è efficace fra le parti del contratto di garanzia finanziaria. Salvo quanto previsto dal comma seguente, ai fini dell'opponibilità ai terzi e al debitore ceduto o debitore del credito dato in pegno restano fermi i requisiti di notificazione al debitore o di accettazione da parte del debitore previsti dal codice civile (4).

1-*ter.* Qualora, al fine di soddisfare anche in modo indiretto esigenze di liquidità, la Banca d'Italia effettui operazioni di finanziamento o di altra natura che siano garantite mediante pegno o cessione di credito, la garanzia ha effetto nei confronti dei terzi dal momento della sua prestazione, ai sensi degli artt. 1, comma 1, lett. *q*), e 2, comma 1, lett. *b*), e in deroga agli artt. 1265, 2800 e 2914 n. 2), del codice civile. In deroga agli artt. 1248 e 2805 del codice civile, il debitore ceduto o il debitore del credito dato in pegno non possono opporre in compensazione alla Banca d'Italia eventuali crediti vantati nei confronti del soggetto rispettivamente cedente o datore di pegno, indipendentemente dal fatto che tali crediti siano sorti, acquisiti o divenuti esigibili prima della prestazione della garanzia a favore della Banca d'Italia o dopo la stessa. Agli altri effetti di legge, ai fini dell'opponibilità della garanzia al debitore ceduto o al debitore del credito dato in pegno restano fermi i requisiti di notificazione o di accettazione previsti dal codice civile (5).

1-*quater.* Quando le garanzie indicate nel comma 1-*ter* sono costituite da crediti ipotecari, non è richiesta l'annotazione prevista all'art. 2843 del codice civile. Alle operazioni della Banca d'Italia indicate al comma 1-*ter* si applica l'art. 67, comma 4, del r.d. 16 marzo 1942, n. 267 (6) (5).

4. *Escussione del pegno*. — 1. Al verificarsi di un evento determinante l'escussione della garanzia, il creditore pignoratizio ha facoltà, anche in caso di apertura di una procedura di risanamento o di liquidazione, di procedere osservando le formalità previste nel contratto:

a) alla vendita delle attività finanziarie oggetto del pegno, trattenendo il corrispettivo a soddisfacimento del proprio credito, fino a concorrenza del valore dell'obbligazione finanziaria garantita;

b) all'appropriazione delle attività finanziarie oggetto del pegno, diverse dal contante, fino a concorrenza del valore dell'obbligazione finanziaria garantita, a condizione che tale facoltà sia prevista nel contratto di garanzia finanziaria e che lo stesso ne preveda i criteri di valutazione;

c) all'utilizzo del contante oggetto della garanzia per estinguere l'obbligazione finanziaria garantita.

(1) Lettera così sostituita dall'art. 2.2, lett. a, d.lg. 24 marzo 2011, n. 48.
(2) Comma aggiunto dall'art. 2.2, lett. b, d.lg. 24 marzo 2011, n. 48.
(3) In *Leggi coll. XI, 6.*
(4) Comma aggiunto dall'art. 2.3, d.lg. 24 marzo 2011, n. 48. L'ultimo periodo è stato successivamente così sostituito dall'art. 26.1, lett. a, d.l. 23 dicembre 2016, n. 237, conv. in l. 17 febbraio 2017, n. 15.
(5) Comma aggiunto dall'art. 26.1, lett. b, d.l. 23 dicembre 2016, n. 237, conv. in l. 17 febbraio 2017, n. 15.
(6) In *Leggi coll. XXII, 1.*

2. Nei casi previsti dal comma 1 il creditore pignoratizio informa immediatamente per iscritto il datore della garanzia stessa o, se del caso, gli organi della procedura di risanamento o di liquidazione in merito alle modalità di escussione adottate e all'importo ricavato e restituisce contestualmente l'eccedenza.

5. *Potere di disposizione delle attività finanziarie oggetto del pegno*. — 1. Il creditore pignoratizio può disporre, anche mediante alienazione, delle attività finanziarie oggetto del pegno, se previsto nel contratto di garanzia finanziaria e conformemente alle pattuizioni in esso contenute.

2. Il creditore pignoratizio che si sia avvalso della facoltà indicata nel comma 1 ha l'obbligo di ricostituire la garanzia equivalente in sostituzione della garanzia originaria entro la data di scadenza dell'obbligazione finanziaria garantita.

3. La ricostituzione della garanzia equivalente non comporta costituzione di una nuova garanzia e si considera effettuata alla data di prestazione della garanzia originaria.

4. Qualora, prima dell'adempimento dell'obbligo indicato nel comma 2, si verifichi un evento determinante l'escussione della garanzia, tale obbligo può essere oggetto della clausola di «close-out netting». In mancanza di tale clausola, il creditore pignoratizio procede all'escussione della garanzia equivalente in conformità a quanto previsto nell'art. 4.

4-*bis*. Il presente articolo non si applica ai crediti (1).

6. *Cessione del credito o trasferimento della proprietà con funzione di garanzia*. — 1. I contratti di garanzia finanziaria che prevedono il trasferimento della proprietà con funzione di garanzia, compresi i contratti di pronti contro termine, hanno effetto in conformità ai termini in essi stabiliti, indipendentemente dalla loro qualificazione.

2. Ai contratti di garanzia finanziaria che prevedono il trasferimento della proprietà con funzione di garanzia, compresi i contratti di pronti contro termine, non si applica l'art. 2744 del codice civile.

3. Ai contratti di cessione del credito o di trasferimento della proprietà con funzione di garanzia si applica quanto previsto dall'art. 5, commi da 2 a 4.

7. *Clausola di «close-out netting»*. — 1. La clausola di «close-out netting» è valida ed ha effetto in conformità di quanto dalla stessa previsto, anche in caso di apertura di una procedura di risanamento o di liquidazione nei confronti di una delle parti.

8. *Condizioni di realizzo e criteri di valutazione*. — 1. Le condizioni di realizzo delle attività finanziarie ed i criteri di valutazione delle stesse e delle obbligazioni finanziarie garantite devono essere ragionevoli sotto il profilo commerciale. Detta ragionevolezza si presume nel caso in cui le clausole contrattuali concernenti le condizioni di realizzo, nonché i criteri di valutazione, siano conformi agli schemi contrattuali individuati dalla Banca d'Italia, d'intesa con la Consob, in relazione alle clausole di garanzia elaborate nell'ambito della prassi internazionale.

2. La violazione della ragionevolezza sotto il profilo commerciale delle condizioni di realizzo delle attività finanziarie può essere fatta valere in giudizio entro tre mesi dalla comunicazione indicata nell'art. 4, comma 2, qualora non siano state previamente concordate tra le parti, ai fini della rideterminazione di quanto dovuto ai sensi del medesimo articolo.

3. Gli organi della procedura di liquidazione, entro sei mesi dal momento di apertura della procedura stessa, possono far valere, agli stessi fini indicati nel comma 2, anche la violazione della ragionevolezza sotto il profilo commerciale nella determinazione tra le parti delle condizioni di realizzo delle attività finanziarie, nonché dei criteri di valutazione delle stesse e delle obbligazioni finanziarie garantite, qualora la determinazione sia intervenuta entro l'anno che precede l'apertura della procedura di liquidazione stessa.

9. *Effetti delle procedure di liquidazione sulle garanzie finanziarie*. — 1. La garanzia finanziaria prestata, anche in conformità ad una clausola di integrazione o di sostituzione, ed il contratto relativo alla garanzia stessa non possono essere dichiarati inefficaci nei confronti dei creditori soltanto in base al fatto che la prestazione della garanzia finanziaria o il sorgere dell'obbligazione finanziaria garantita siano avvenuti:

a) il giorno di apertura della procedura medesima e prima del momento di apertura di detta procedura;

b) il giorno di apertura della procedura medesima e dopo il momento di apertura di detta procedura, qualora il beneficiario della garanzia possa dimostrare di non essere stato, né di aver potuto essere, a conoscenza dell'apertura della procedura.

2. Agli effetti di cui agli artt. 66 e 67 della legge fallimentare (2):

(1) Comma aggiunto dall'art. 2.4, d.lg. 24 marzo 2011, n. 48.
(2) In *Leggi coll. XXII, 1.*

a) il contratto di cessione del credito o di trasferimento della proprietà con funzione di garanzia e la prestazione della medesima sono equiparati al pegno;

b) la prestazione della garanzia in conformità ad una clausola di sostituzione non comporta costituzione di una nuova garanzia e si considera effettuata alla data della prestazione della garanzia originaria;

c) la prestazione della garanzia in conformità ad una clausola di integrazione si considera effettuata contestualmente al debito garantito e, nel caso indicato nell'art. 1, lett. *e*), n. 1), al momento della prestazione della garanzia originaria o, in assenza di garanzia originaria, al momento della stipula del contratto di garanzia finanziaria; nel caso indicato nell'art. 1, lett. *e*), n. 2), nel momento in cui la garanzia integrativa è stata prestata.

3. Salvi gli effetti degli accordi tra le parti, ai contratti di garanzia finanziaria e alle garanzie finanziarie prestate in conformità al presente decreto legislativo non si applicano l'art. 203 del testo unico della finanza (1), né l'art. 76 della legge fallimentare (2).

10. *Legge regolante i diritti su strumenti finanziari in forma scritturale.* — 1. Quando i diritti, che hanno ad oggetto o sono relativi a strumenti finanziari, risultino da registrazioni o annotazioni in un libro contabile, conto o sistema di gestione o di deposito accentrato, le modalità di trasferimento di tali diritti, nonché di costituzione e di realizzazione delle garanzie e degli altri vincoli sugli stessi, sono disciplinati esclusivamente dalla legge dell'ordinamento dello Stato in cui è situato il libro contabile, il conto o il sistema di gestione o di deposito accentrato in cui vengono effettuate le registrazioni o annotazioni direttamente a favore del titolare del diritto, con esclusione del rinvio alla legge di un altro Stato.

2. Gli eventuali patti in deroga al comma 1 sono nulli.

3. Qualora il libro contabile, il conto o il sistema di gestione o deposito accentrato sia situato in Italia e gli strumenti finanziari non siano immessi in un sistema italiano in regime di dematerializzazione ai sensi del d.lg. 24 giugno 1998, n. 213 (3), le modalità di trasferimento dei diritti, nonché di costituzione e realizzazione delle garanzie e degli altri vincoli sugli stessi sono regolate dalle disposizioni del d.lg. 24 febbraio 1998, n. 58 (1) (4).

11. *Abrogazioni e modifiche.* — 1. All'art. 87, comma 1, del testo unico della finanza (1), il secondo periodo è sostituito dal seguente:

. . . . (*omissis*).

2. All'art. 87, comma 2, del testo unico della finanza (1), il primo periodo è abrogato.

3. L'art. 6, comma 3, l'art. 8, commi 2, 3, 4, 5 e 7, e l'art. 9 del d.lg. 12 aprile 2001, n. 210, sono abrogati.

4. All'art. 70 del testo unico della finanza (1) sono apportate le seguenti modificazioni:

a) la rubrica è sostituita dalla seguente:

. . . . (*omissis*);

b) il comma 1 è sostituito dal seguente:

. . . . (*omissis*).

5. Le disposizioni di cui all'art. 3 si applicano solo alle garanzie costituite successivamente alla data di entrata in vigore del presente decreto legislativo.

XVIII. 3.

LEGGE 25 gennaio 1994, n. 86. — *Istituzione e disciplina dei fondi comuni di investimento immobiliare chiusi* (5).

CAPO I

SOCIETÀ DI GESTIONE DI FONDI COMUNI DI INVESTIMENTO IMMOBILIARE CHIUSI

1-11. . . . . (6).

CAPO II

FONDI COMUNI DI INVESTIMENTO IMMOBILIARE CHIUSI

12-14. . . . . (6).

14-*bis*. *Fondi istituiti con apporto di beni immobili.* — 1. In alternativa alle modalità operative indicate negli artt. 12, 13 e 14, le quote del fondo possono essere sottoscritte, entro un anno dalla sua costituzione, con apporto di beni immobili o di diritti reali su immobili, qualora l'apporto sia costituito per oltre il 51 per cento

(1) In *Leggi coll. XVIII, 1.*
(2) In *Leggi coll. XXII, 1.*
(3) In *Leggi coll. IV, 8.*
(4) Comma aggiunto dall'art. 2.5, d.lg. 24 marzo 2011, n. 48.
(5) Suppl. ord. n. 22 a G.U., 5 febbraio 1994, n. 29.
(6) Articoli abrogati dall'art. 214.1, lett. hh, d.lg. 24 febbraio 1998, n. 58, in *Leggi coll. XVIII, 1.*

da beni e diritti apportati esclusivamente dallo Stato, da enti previdenziali pubblici, da regioni, da enti locali e loro consorzi, nonché da società interamente possedute, anche indirettamente, dagli stessi soggetti. Alla istituzione del fondo con apporto in natura si applicano l'art. 12, commi 1, 2, lett. *a*), *d*), *e*), *l*), *m*), *o*), *p*), *r*), *s-bis*), e 6, e l'art. 14, commi 7 e 8. Si applicano altresì, in quanto compatibili, le disposizioni dell'art. 12, commi 4 e 5.

2. Ai fini del presente articolo la società di gestione non deve essere controllata, ai sensi dell'art. 2359 del codice civile, neanche indirettamente, da alcuno dei soggetti che procedono all'apporto. Tuttavia, ai fini della presente disposizione, nell'individuazione del soggetto controllante non si tiene conto delle partecipazioni detenute dal Ministero del tesoro. La misura dell'investimento minimo obbligatorio nel fondo di cui all'art. 13, comma 8, è determinata dal Ministro del tesoro (1) nel limite massimo dell'uno per cento dell'ammontare del fondo.

3. Il regolamento del fondo deve prevedere l'obbligo, per i soggetti che effettuano conferimenti in natura, di integrare gli stessi con un apporto in denaro non inferiore al 5 per cento del valore del fondo. Detto obbligo non sussiste qualora partecipino al fondo, esclusivamente con apporti in denaro, anche soggetti diversi da quelli che hanno effettuato apporti in natura ai sensi del comma 1 e sempreché il relativo apporto in denaro non sia inferiore al 10 per cento del valore del fondo. La liquidità derivata dagli apporti in denaro non può essere utilizzata per l'acquisto di beni immobili o diritti reali immobiliari; fanno eccezione gli acquisti di beni immobili e diritti reali immobiliari strettamente necessari ad integrare i progetti di utilizzo di beni e diritti apportati ai sensi del comma 1 e sempreché detti acquisti comportino un investimento non superiore al 30 per cento dell'apporto complessivo in denaro.

4. Gli immobili apportati al fondo ai sensi del comma 1 sono sottoposti alle procedure di stima previste dall'art. 8 anche al momento dell'apporto; la relazione deve essere redatta e depositata al momento dell'apporto con le modalità e le forme indicate nell'art. 2343 del codice civile e deve contenere i dati e le notizie richiesti dai commi 1 e 4 dell'art. 8.

5. Agli immobili apportati al fondo da soggetti diversi da quelli indicati al comma 1, si applicano le disposizioni di cui all'art. 14, commi 6 e 6-*ter*.

6. Con modalità analoghe a quelle previste dall'art. 12, comma 3, la società di gestione procede all'offerta al pubblico delle quote derivate dall'istituzione del fondo ai sensi del comma 1. A tal fine, le quote sono tenute in deposito presso la banca depositaria. L'offerta al pubblico deve essere corredata dalla relazione dei periti di cui al comma 4 e, ove esistente, dal certificato attestante l'avvenuta approvazione dei progetti di utilizzo dei beni e dei diritti da parte della conferenza di servizi di cui al comma 12. L'offerta al pubblico deve concludersi entro diciotto mesi dalla data dell'ultimo apporto in natura e comportare collocamento di quote per un numero non inferiore al 60 per cento del loro numero originario presso investitori diversi dai soggetti conferenti. Il regolamento del fondo prevede le modalità di esecuzione del collocamento, il termine per il versamento dei corrispettivi da parte degli acquirenti delle quote, le modalità con cui la società di gestione procede alla consegna delle quote agli acquirenti, riconosce i corrispettivi ai soggetti conferenti e restituisce ai medesimi le quote non collocate.

7. Gli interessati all'acquisto delle quote offerte ai sensi del comma 6 sono tenuti a fornire alla società di gestione, su richiesta della medesima, garanzie per il buon esito dell'impegno di sottoscrizione assunto. Le possibili forme di garanzia sono indicate nel regolamento del fondo.

8. Entro sei mesi dalla consegna delle quote agli acquirenti, la società di gestione richiede alla Consob l'ammissione dei relativi certificati alla negoziazione in un mercato regolamentato, salvo il caso in cui le quote siano destinate esclusivamente ad investitori istituzionali ai sensi dell'art. 12, comma 2, lett. *a*).

9. Qualora, decorso il termine di diciotto mesi dalla data dell'ultimo apporto in natura, risulti collocato un numero di quote inferiore a quello indicato nel comma 6, la società di gestione dichiara il mancato raggiungimento dell'obiettivo minimo di collocamento, dichiara caducate le prenotazioni ricevute per l'acquisto delle quote e delibera la liquidazione del fondo, che viene effettuata da un commissario nominato dal Ministro del tesoro e operante secondo le direttive impartite dal Ministro medesimo, il quale provvederà a retrocedere i beni immobili e i diritti reali immobiliari apportati ai soggetti conferenti.

10. Gli apporti al fondo istituiti a norma del comma 1 non danno luogo a redditi imponibili ovvero a perdite deducibili per l'apportante al

(1) D.m. Tesoro 24 maggio 1999, n. 228, in G.U., 15 luglio 1999, n. 164.

momento dell'apporto. Le quote ricevute in cambio dell'immobile o del diritto oggetto di apporto mantengono, ai fini delle imposte sui redditi, il medesimo valore fiscalmente riconosciuto anteriormente all'apporto. La cessione di quote da parte di organi dello Stato per importi superiori ovvero anche inferiori a quelli attribuiti agli immobili o ai diritti reali immobiliari al momento del conferimento ai sensi del comma 4 comporta una corrispondente proporzionale rettifica del valore fiscalmente riconosciuto dei beni e dei diritti medesimi rilevante ai fini dell'art. 15.

11. Per l'insieme degli apporti di cui al comma 1 e delle eventuali successive retrocessioni di cui al comma 9, è dovuto in luogo delle ordinarie imposte di registro, ipotecaria e catastale e dell'imposta comunale sull'incremento di valore degli immobili, un'imposta sostitutiva di lire 1 milione [euro 516,46] che è liquidata dall'ufficio del registro a seguito di denuncia del primo apporto in natura e che deve essere presentata dalla società di gestione entro sei mesi dalla data in cui l'apporto stesso è stato effettuato.

12. I progetti di utilizzo degli immobili e dei diritti apportati a norma del comma 1 di importo complessivo superiore a 2 miliardi di lire [euro 1.032.913,80], risultante dalla relazione di cui al comma 4, sono sottoposti all'approvazione della conferenza di servizi di cui all'art. 14 della l. 7 agosto 1990, n. 241, e successive modificazioni. Ai sensi dell'art. 2, comma 12, della l. 24 dicembre 1993, n. 537, le determinazioni concordate nelle conferenze di servizi sostituiscono a tutti gli effetti i concerti, le intese, i nulla osta e gli assensi comunque denominati. Qualora nelle conferenze non si pervenga alle determinazioni conclusive entro novanta giorni dalla convocazione ovvero non si raggiunga l'unanimità, anche in conseguenza della mancata partecipazione ovvero della mancata comunicazione entro venti giorni delle valutazioni delle amministrazioni e dei soggetti regolarmente convocati, le relative determinazioni sono assunte ad ogni effetto dal Presidente del Consiglio dei ministri, previa deliberazione del Consiglio dei ministri; il suddetto termine può essere prorogato una sola volta per non più di sessanta giorni. I termini stabiliti da altre disposizioni di legge e regolamentari per la formazione degli atti facenti capo alle amministrazioni e soggetti chiamati a determinarsi nelle conferenze di servizi, ove non risultino compatibili con il termine di cui al precedente periodo, possono essere ridotti con decreto del Presidente del Consiglio dei ministri per poter consentire di assumere le determinazioni delle conferenze di servizi nel rispetto del termine stabilito nel periodo precedente. Eventuali carenze, manchevolezze, errori od omissioni della conferenza nel procedimento di approvazione del progetto non sono opponibili alla società di gestione, al fondo, né ai soggetti cui sono stati trasmessi, in tutto ovvero anche solo in parte, i relativi diritti.

13. Il Ministro del tesoro può emettere titoli speciali che prevedono diritti di conversione in quote dei fondi istituiti ai sensi del comma 1. Le modalità e le condizioni di tali emissioni sono fissate con decreto dello stesso Ministro. In alternativa alla procedura prevista al comma 6, per le quote di propria pertinenza, il Ministro del tesoro può emettere titoli speciali che prevedano diritti di conversione in quote dei fondi istituiti ai sensi del comma 1. Le modalità e le condizioni di tali emissioni sono fissate con decreto dello stesso Ministro.

14. Le somme derivanti dal collocamento dei titoli speciali emessi ai sensi del comma 13 o dalla cessione delle quote dei fondi sottoscritte ai sensi del comma 1 con apporti dello Stato o di enti previdenziali pubblici, nonché i proventi distribuiti dagli stessi fondi per dette quote, affluiscono agli enti titolari (1).

15. Gli enti locali territoriali sono autorizzati, fino a concorrenza del valore dei beni conferiti, ad emettere prestiti obbligazionari convertibili in quote dei fondi istituiti ai sensi del comma 1, secondo le modalità di cui all'art. 35 della l. 23 dicembre 1994, n. 724. In alternativa alla procedura prevista al comma 6, per le quote di propria pertinenza, gli enti locali territoriali possono emettere titoli speciali che prevedano diritti di conversione in quote di fondi istituiti o da istituirsi ai sensi del comma 1, secondo le modalità di cui all'art. 35 della predetta l. n. 724 del 1994.

16. Le somme derivanti dal collocamento dei titoli emessi ai sensi del comma 15 o dalla cessione delle quote nonché dai proventi distribuiti dai fondi sono destinate al finanziamento degli investimenti secondo le norme previste dal d.lg. 25 febbraio 1995, n. 77, nonché alla riduzione del debito complessivo.

17. Qualora per l'utilizzazione o la valorizzazione dei beni e dei diritti da conferire ai sensi del comma 1 da parte degli enti locali territoriali sia prevista dal regolamento del fondo l'esecuzione di lavori su beni immobili

(1) Comma così sostituito dall'art. 3, l. 23 dicembre 1999, n. 488.

di pertinenza del fondo stesso, gli enti locali territoriali conferenti dovranno effettuare anche i conferimenti in denaro necessari nel rispetto dei limiti previsti al comma 1. A tal fine gli enti conferenti sono autorizzati ad emettere prestiti obbligazionari convertibili in quote del fondo fino a concorrenza dell'ammontare sottoscritto in denaro. Le quote del fondo spettanti agli enti locali territoriali a seguito dei conferimenti in denaro saranno tenute in deposito presso la banca depositaria fino alla conversione (1).

15. *Disposizioni tributarie.* — . . . . (*omissis*).

XVIII. 4.

REGIO DECRETO LEGGE 30 giugno 1932, n. 815. — *Modifiche di alcune disposizioni inerenti alle borse valori ed agli agenti di cambio, convertito in l. 9 gennaio 1933, n. 118)* (2).

1-11. . . . . (3).

12. *1.* L'art. 44 della l. 20 marzo 1913, n. 272, è sostituito dal seguente:

«*1.* Per i soli contratti conclusi con l'intervento degli agenti di cambio o fra essi ed altre persone, quando la tassa sia stata debitamente soddisfatta, se una delle parti non esegue il contratto nel tempo stabilito, l'altra, entro il quarto giorno non festivo successivo alla scadenza, può richiedere al comitato degli agenti di cambio (4) la liquidazione coattiva delle operazioni, purché il contratto porti la firma della parte inadempiente e risulti stipulato con regolare foglietto bollato.

2. Il comitato procede alla liquidazione eseguendo le necessarie operazioni di compra e vendita, e rilascia successivamente, su richiesta della parte interessata, un certificato per il credito che risulta dalla liquidazione, inclusivo delle spese e dei diritti dovuti al comitato.

3. Ove il contraente inadempiente non abbia consegnato o spedito all'agente di cambio per un determinato contratto o per tutti o per alcuni dei contratti oggetto del conto di liquidazione, la parte dei foglietti bollati da conservarsi dall'agente di cambio, il comitato, in seguito a presentazione delle lettere o dei telegrammi, se ve ne sono, e previa esibizione dei registri del richiedente, inviterà il contraente moroso, mediante lettera raccomandata con ricevuta di ritorno, a restituire muniti di firma i foglietti mancanti.

4. Nel caso che il contraente moroso non aderisca all'invito nel termine di quattro giorni successivi a quello della data della lettera di invito, se nel distretto postale, e di sei se fuori del distretto, il comitato procederà egualmente alla liquidazione coattiva delle operazioni ed al conseguente rilascio del certificato di credito nei modi previsti dal presente articolo, salvo che, nei termini sopra indicati, il contraente al quale è fatta la richiesta abbia notificato un'opposizione, con citazione nelle forme legali, al contraente che ha fatto la denunzia, notificandone in pari tempo, per notizia, un esemplare al comitato.

5. In tal caso il denunziante avrà diritto di far procedere alla liquidazione sotto la propria responsabilità a mezzo del comitato, il quale lo informerà dei risultati, senza il rilascio del certificato di credito. Ove l'opposizione venga riconosciuta infondata dal magistrato, egli avrà anche diritto al risarcimento dei danni ed interessi da liquidarsi giudizialmente.

6. Per i contratti di cui al primo comma del presente articolo, qualora la liquidazione sia stata già effettuata consensualmente, la parte creditrice, nel termine di giorni trenta dalla liquidazione, potrà chiedere che il comitato degli agenti di cambio accerti il saldo dovuto e ne rilasci il relativo certificato di credito.

7. Alle liquidazioni dei contratti contemplati dal presente articolo non si applicano le disposizioni contenute negli artt. 67, 68 e 69 del codice di commercio (5)».

13. *1.* La liquidazione contemplata dall'art. 17 della l. 20 marzo 1913, n. 272, di tutti i contratti di borsa stipulati a mezzo di agenti di cambio, inclusi quelli di cui all'art. 31 del codice di commercio (6), ha effetto definitivo. Ai detti contratti non si applica, in caso di fallimento, la presunzione di frode, di cui all'art. 709 n. 1), del codice di commercio (7).

(1) Articolo così sostituito dall'art. 3.111, l. 23 dicembre 1996, n. 662. Sulla sottoscrizione di quote da parte del Ministro del tesoro, al fine di attivare il processo di dismissione del patrimonio immobiliare dello Stato, v. art. 3.86 ss., l. n. 662/1996, art. 19.5, l. 3 dicembre 1998, n. 448.

(2) G.U., 18 luglio 1932, n. 164; LEX, 1932, 751. Per il coordinamento fra le attribuzioni della Consob e l'organizzazione della borsa, v. d.p.r. 31 marzo 1975, n. 138, in *Leggi coll. XVIII, 5.*

(3) Articoli abrogati dall'art. 214.1, lett. k, d.lg. 24 febbraio 1998, n. 58, in *Leggi coll. XVIII, 1.*

(4) V. art. 4, d.p.r. 31 marzo 1975, n. 138, in *Leggi coll. XVIII, 5.*

(5) V. ora artt. 1515, 1516, 1457.1 cod. civ.

(6) V. ora art. 1762 cod. civ.

(7) V. ora art. 67, l. fall.

14-18. .... (1).
19. .... (*omissis*).

XVIII. 5.

DECRETO DEL PRESIDENTE DELLA REPUBBLICA 31 marzo 1975, n. 138. — *Attuazione della delega di cui all'art. 2, lett. c) e d), della l. 7 giugno 1974, n. 216, concernente disposizioni dirette a coordinare, con le attribuzioni della Commissione nazionale per le società e la borsa, le norme concernenti la organizzazione e il funzionamento delle borse valori e l'ammissione dei titoli a quotazione, nonché le forme di controllo ed ispezione previste dalla legislazione vigente nel settore dell'attività creditizia e delle partecipazioni statali* (2).

1-15. .... (3).
16. *Pubblicità e comunicazioni. — 1.* Nelle materie non comprese fra quelle indicate al l'art. 15 la Commissione nazionale per le società e la borsa, con i regolamenti previsti dall'art. 1, sesto comma, *sub* art. 1 della l. 7 giugno 1974, n. 216 (4), determina le forme di pubblicità e di comunicazione agli interessati delle proprie deliberazioni in relazione alla natura e all'oggetto delle stesse.

2. Per l'attività delegata a norma dell'art. 1 la Commissione determina con il provvedimento di delega i modi e le forme di pubblicità e di comunicazione che devono essere osservati dagli organi delegati.

17. .... (5).
18. *Coordinamento tra forme di controllo ed ispezione. — 1.* Al di fuori dell'ipotesi disciplinata dall'art. 10, secondo comma, nell'esercizio dei poteri di controllo ed ispezione nei confronti dei soggetti indicati dall'art. 3, *sub* art. 1 della l. 7 giugno 1974, n. 216 (4), la Commissione nazionale per le società e la borsa:

a) può effettuare direttamente le ispezioni ed assumere le notizie ed i chiarimenti previsti dall'art. 3, lett. *c*), *sub* art. 1 della l. 7 giugno 1974, n. 216 (4), anche presso le aziende e gli istituti di credito di cui agli artt. 5 e 6 del r.d.l. 12 marzo 1936, n. 375, e successive modificazioni, ovvero presso gli enti pubblici dipendenti dal Ministero delle partecipazioni statali, di cui all'art. 8, terzo comma, del d.p.r. 31 marzo 1971, n. 282, informandone la Banca d'Italia-Vigilanza sulle aziende di credito, ed il Ministero delle partecipazioni statali, i quali hanno facoltà di far partecipare alle operazioni relative un proprio funzionario;

b) può richiedere alla Banca d'Italia-Vigilanza sulle aziende di credito, ed al Ministero delle partecipazioni statali, che hanno facoltà di non accettare l'incarico, di effettuare le ispezioni ed assumere le notizie e i chiarimenti di cui alla lett. *a*) presso aziende o istituti di credito o enti pubblici dipendenti dal Ministero delle partecipazioni statali;

c) può chiedere alla Banca d'Italia-Vigilanza sulle aziende di credito, e al Ministero delle partecipazioni statali, che sono tenuti a prestare ogni collaborazione, la comunicazione di dati e notizie nonché la trasmissione di atti e documenti dei quali i detti organi siano venuti in possesso nell'esercizio della loro attività istituzionale. Alla Commissione non è opponibile il segreto d'ufficio;

d) comunica alla Banca d'Italia-Vigilanza sulle aziende di credito, o al Ministero delle partecipazioni statali ogni irregolarità comunque riscontrata nell'esercizio delle funzioni di propria competenza che richieda l'intervento delle dette amministrazioni. Le stesse amministrazioni, ove, nell'esercizio delle funzioni di controllo di rispettiva competenza, riscontrino irregolarità che richiedano l'intervento della Commissione sono tenute a darne immediata comunicazione alla stessa.

19-20. .... (3).

(1) Articoli abrogati dall'art. 214.1, lett. k, d.lg. 24 febbraio 1998, n. 58, in *Leggi coll. XVIII, 1*.
(2) G.U., 7 maggio 1975, n. 119; LEX, 1975, I, 749. Oltre alla sede di Roma, l'art. 2, l. 30 aprile 1981, n. 175 ha istituito una sede secondaria operativa della Consob in Milano.
(3) Articoli abrogati dall'art. 214.1, lett. v, d.lg. 24 febbraio 1998, n. 58, in *Leggi coll. XVIII, 1*.
(4) In *Leggi coll. XIV, 5*.
(5) Articolo abrogato dall'art. 214.1, lett. v, d.lg. 24 febbraio 1998, n. 58, in *Leggi coll. XVIII, 1*.

XIX. DIRITTO D'AUTORE

XIX. 1.

LEGGE 22 aprile 1941, n. 633. — *Protezione del diritto d'autore e di altri diritti connessi al suo esercizio* (1). *Testo aggiornato dal d.lg. 26 maggio 1997, n. 154 (G.U., 13 giugno 1997, n. 136), dal d.lg. 6 maggio 1999, n. 169 (G.U., 15 giugno 1999, n. 138), dalla l. 18 agosto 2000, n. 248 (G.U., 4 settembre 2000, n. 206) e dal d.lg. 9 aprile 2003, n. 68 (G.U., 14 aprile 2003, n. 87)* (2).

TITOLO I

Disposizioni sul diritto d'autore (3)

CAPO I

OPERE PROTETTE

1. *1.* Sono protette ai sensi di questa legge le opere dell'ingegno di carattere creativo che appartengono alla letteratura, alla musica, alle

(1) G.U., 16 luglio 1941, n. 166; LEX, 1941, 1160. Sulla comunicazione via satellite, l'art. 12, d.lg. 23 ottobre 1996, n. 581, così dispone: «12. 1. Ai fini della comunicazione al pubblico via satellite, i diritti relativi agli artisti interpreti ed esecutori, ai produttori di fonogrammi ed agli organismi di radiodiffusione sorti da contratti stipulati anteriormente alla data del 1° gennaio 1995 sono regolati dalle disposizioni vigenti prima della data di entrata in vigore del presente decreto. || 2. Ai fini della comunicazione al pubblico via satellite, ai contratti relativi all'utilizzazione di opere e di altri elementi protetti dal diritto d'autore, in vigore al 1° gennaio 1995, si applicano a partire dal 1° gennaio 2000 le disposizioni contenute nel presente decreto, se tali contratti scadono oltre quest'ultima data. || 3. In un contratto di coproduzione internazionale, concluso prima del 1° gennaio 1995 tra un coproduttore di uno Stato membro ed uno o più coproduttori di altri Stati membri o di Stati terzi, l'autorizzazione alla comunicazione al pubblico via satellite, da parte di uno dei coproduttori o dei suoi cessionari, richiede il consenso preventivo del detentore dell'esclusività territoriale o linguistica, sia esso un coproduttore o un cessionario, qualora in detto contratto coesistano le seguenti condizioni: *a*) sia previsto espressamente un regime di ripartizione dei diritti di utilizzazione tra i coproduttori in base alla zona geografica per tutti i mezzi di comunicazione al pubblico; *b*) non vi sia distinzione tra gli accordi applicabili alla comunicazione al pubblico via satellite e le disposizioni applicabili agli altri modi di comunicazione; *c*) la comunicazione al pubblico via satellite delle coproduzioni pregiudichi l'esclusività, ed in particolare quella linguistica, di uno dei coproduttori o dei suoi cessionari in un dato territorio. || 4. Con decreto del Presidente del Consiglio dei Ministri saranno apportate le eventuali modifiche al regolamento di esecuzione della l. 22 aprile 1941, n. 633, approvato con r.d. 18 maggio 1942, n. 1369, relativamente agli artt. 3 e 6». L'art. 27.2, l. 7 agosto 1997, n. 266, dispone: «La durata della protezione giuridica del diritto di autore per opere del disegno e del modello industriale, ai sensi del r.d. 25 agosto 1940, n. 1411, non può essere superiore a quindici anni, fino al recepimento della direttiva comunitaria in materia di brevettabilità dei disegni e modelli industriali».

L'art. 38, d.lg. 9 aprile 2003, n. 68, così dispone: «1. Le disposizioni del presente decreto si applicano a tutte le opere e agli altri materiali in esso contemplati, protetti alla data del 22 dicembre 2002. || 2. Restano salvi gli atti conclusi ed i diritti acquisiti prima della stessa data. || 3. I diritti del produttore di un fonogramma il cui termine di protezione previsto dall'art. 75 della l. 22 aprile 1941, n. 633, e successive modificazioni, sia scaduto alla data del 22 dicembre 2002, non sono nuovamente protetti».

(2) La legge n. 633/1941 fa parte dell'«Elenco delle leggi contenenti reati puniti con la sola pena pecuniaria esclusi dalla depenalizzazione a norma dell'art. 2 della legge n. 67/2014», allegato al d.lg. 15 gennaio 2016, n. 8.

(3) L'art. 7.1, d.lg. 6 maggio 1999, n. 169, in *Leggi coll. XIX, 4*, dispone che «Le disposizioni del titolo I della l. 22 aprile 1941, n. 633, si applicano anche alle banche di dati create prima del 1° gennaio 1998 e che entro la data di entrata in vigore del presente decreto soddisfino i requisiti di cui all'art. 2 del decreto medesimo, fatti salvi gli eventuali atti conclusi e i diritti acquisiti anteriormente. La stessa disposizione si applica anche alle banche di dati create dal 1° gennaio 1998 fino alla data di entrata in vigore del presente decreto».

L'art. 39.2-3, d.l. 24 gennaio 2012, n. 1, conv. in l. 24 marzo 2012, n. 27, così dispone: «2. Al fine di favorire la creazione di nuove imprese nel settore della tutela dei diritti degli artisti interpreti ed esecutori, mediante lo sviluppo del pluralismo competitivo e consentendo maggiori economicità di gestione nonché l'effettiva partecipazione e controllo da parte dei titolari dei diritti, l'attività di amministrazione e intermediazione dei diritti connessi al diritto d'autore di cui alla l. 22 aprile 1941, n. 633, in qualunque forma attuata, è libera. || 3. Con decreto del Presidente del Consiglio dei ministri da adottare entro tre mesi dalla data di entrata in vigore del presente decreto e previo parere dell'Autorità garante della concorrenza e del mercato, sono individuati, nel-

arti figurative, all'architettura, al teatro ed alla cinematografia, qualunque ne sia il modo o la forma di espressione [c. 2575].

2. Sono altresì protetti i programmi per elaboratore come opere letterarie ai sensi della Convenzione di Berna sulla protezione delle opere letterarie ed artistiche ratificata e resa esecutiva con l. 20 giugno 1978, n. 399, nonché le banche di dati che per la scelta o la disposizione del materiale costituiscono una creazione intellettuale dell'autore (1).

2. *1.* In particolare sono comprese nella protezione:

1) le opere letterarie, drammatiche, scientifiche, didattiche, religiose, tanto se in forma scritta quanto se orale;

2) le opere e le composizioni musicali, con o senza parole, le opere drammatico-musicali e le variazioni musicali costituenti di per sé opera originale;

3) le opere coreografiche e pantomimiche, delle quali sia fissata la traccia per iscritto o altrimenti;

4) le opere della scultura, della pittura, dell'arte del disegno, della incisione e delle arti figurative similari, compresa la scenografia (2);

5) i disegni e le opere dell'architettura;

6) le opere dell'arte cinematografica, muta o sonora, sempreché non si tratti di semplice documentazione protetta ai sensi delle norme del capo quinto del titolo secondo;

7) le opere fotografiche e quelle espresse con procedimento analogo a quello della fotografia sempre che non si tratti di semplice fotografia protetta ai sensi delle norme del capo V del titolo II (3);

8) i programmi per elaboratore, in qualsiasi forma espressi purché originali quale risultato di creazione intellettuale dell'autore. Restano esclusi dalla tutela accordata dalla presente legge le idee e i principi che stanno alla base di qualsiasi elemento di un programma, compresi quelli alla base delle sue interfacce. Il termine programma comprende anche il materiale preparatorio per la progettazione del programma stesso (4);

9) le banche di dati di cui al secondo comma dell'art. 1, intese come raccolte di opere, dati o altri elementi indipendenti sistematicamente o metodicamente disposti ed individualmente accessibili mediante mezzi elettronici o in altro modo. La tutela delle banche di dati non si estende al loro contenuto e lascia impregiudicati diritti esistenti su tale contenuto (5);

10) le opere del disegno industriale che presentino di per sé carattere creativo e valore artistico (6).

3. *1.* Le opere collettive, costituite dalla riunione di opere o di parti di opere, che hanno carattere di creazione autonoma, come risultato della scelta e del coordinamento ad un determinato fine letterario, scientifico, didattico, religioso, politico od artistico, quali le enciclopedie, i dizionari, le antologie, le riviste e i giornali, sono protette come opere originali indipendentemente e senza pregiudizio dei diritti di autore sulle opere o sulle parti di opere di cui sono composte.

4. *1.* Senza pregiudizio dei diritti esistenti sull'opera originaria, sono altresì protette le elaborazioni di carattere creativo dell'opera stessa, quali le traduzioni in altra lingua, le tra-

l'interesse dei titolari aventi diritto, i requisiti minimi necessari ad un razionale e corretto sviluppo del mercato degli intermediari di tali diritti connessi».

Sulla gestione collettiva dei diritti d'autore e dei diritti connessi e sulla concessione di licenze multiterritoriali per i diritti su opere musicali per l'uso online nel mercato interno v. d.lg. 15 marzo 2017, n. 35.

L'art. 4, l. 22 maggio 2017, n. 81, così dispone: «Salvo il caso in cui l'attività inventiva sia prevista come oggetto del contratto di lavoro e a tale scopo compensata, i diritti di utilizzazione economica relativi ad apporti originali e a invenzioni realizzati nell'esecuzione del contratto stesso spettano al lavoratore autonomo, secondo le disposizioni di cui alla l. 22 aprile 1941, n. 633, e al codice della proprietà industriale, di cui al d.lg. 10 febbraio 2005, n. 30».

(1) Comma aggiunto dall'art. 1, d.lg. 29 dicembre 1992, n. 518, ed ultimo periodo aggiunto dall'art. 1, d.lg. 6 maggio 1999, n. 169, in *Leggi coll. XIX, 4*.

(2) Le parole «, anche se applicata all'industria, sempreché il loro valore artistico sia scindibile dal carattere industriale del prodotto al quale sono associate» sono state soppresse dall'art. 22.1, lett. a, d.lg. 2 febbraio 2001, n. 95.

(3) Numero aggiunto dall'art. 1, d.p.r. 8 gennaio 1979, n. 19. Sulla tutela di fonogrammi, opere audiovisive e videogrammi v. l. 5 febbraio 1992, n. 93.

(4) Numero aggiunto dall'art. 2, d.lg. n. 518/1992.

(5) Numero aggiunto dall'art. 2, d.lg. 6 maggio 1999, n. 169, in *Leggi coll. XIX, 4*.

(6) Numero aggiunto dall'art. 22.1, lett. b, d.lg. 2 febbraio 2001, n. 95. L'art. 17, l. 12 dicembre 2002, n. 273, così dispone: «*Operabilità del diritto d'autore sui disegni e modelli industriali*. — 1. Ai fini dell'applicazione dell'art. 2, n. 10), della l. 22 aprile 1941, n. 633, la denuncia di cui all'art. 28 della medesima legge n. 633 del 1941 deve essere effettuata contestualmente alla domanda di registrazione del disegno o modello, o comunque prima del rilascio della registrazione. || 2. Per le registrazioni già concesse e non ancora scadute, la denuncia di cui al comma 1 deve essere effettuata entro tre mesi dalla data di entrata in vigore della presente legge. || 3. I diritti di utilizzazione economica del disegno o modello protetto dal diritto d'autore durano fino al termine del venticinquesimo anno dopo la morte dell'autore».

sformazioni da una in altra forma letteraria od artistica, le modificazioni ed aggiunte che costituiscano un rifacimento sostanziale dell'opera originaria, gli adattamenti, le riduzioni, i compendi, le variazioni non costituenti opera originale.

5. *1.* Le disposizioni di questa legge non si applicano ai testi degli atti ufficiali dello Stato e delle amministrazioni pubbliche, sia italiane che straniere.

CAPO II

SOGGETTI DEL DIRITTO

6. *1.* Il titolo originario dell'acquisto del diritto di autore, è costituito dalla creazione dell'opera, quale particolare espressione del lavoro intellettuale [c. 2576].

7. *1.* È considerato autore dell'opera collettiva chi organizza e dirige la creazione dell'opera stessa.

2. È considerato autore delle elaborazioni l'elaboratore, nei limiti del suo lavoro.

8. *1.* È reputato autore dell'opera, salvo prova contraria, chi è in essa indicato come tale, nelle forme d'uso, ovvero è annunciato come tale nella recitazione, esecuzione, rappresentazione o radiodiffusione, dell'opera stessa.

2. Valgono come nome lo pseudonimo [c. 9], il nome d'arte, la sigla o il segno convenzionale, che siano notoriamente conosciuti come equivalenti al nome vero.

9. *1.* Chi abbia rappresentato, eseguito o comunque pubblicato un'opera anonima o pseudonima, è ammesso a far valere i diritti dell'autore, finché questi non sia rivelato.

2. Questa disposizione non si applica allorché si tratti degli pseudonimi indicati nel secondo comma dell'articolo precedente.

10. *1.* Se l'opera è stata creata con il contributo indistinguibile ed inscindibile di più persone, il diritto di autore appartiene in comune a tutti i coautori.

2. Le parti indivise si presumono di valore eguale, salvo la prova per iscritto di diverso accordo.

3. Sono applicabili le disposizioni che regolano la comunione [c. 1100 ss.]. La difesa del diritto morale può peraltro essere sempre esercitata individualmente da ciascun coautore e l'opera non può essere pubblicata, se inedita, né può essere modificata o utilizzata in forma diversa da quella della prima pubblicazione, senza l'accordo di tutti i coautori. Tuttavia in caso di ingiustificato rifiuto di uno o più coautori, la pubblicazione, la modificazione o la nuova utilizzazione dell'opera può essere autorizzata dall'autorità giudiziaria, alle condizioni e con le modalità da essa stabilite.

11. *1.* Alle amministrazioni dello Stato, alle province ed ai comuni (1), spetta il diritto di autore sulle opere create e pubblicate sotto il loro nome ed a loro conto e spese.

2. Lo stesso diritto spetta agli enti privati che non perseguano scopi di lucro, salvo diverso accordo con gli autori delle opere pubblicate, nonché alle accademie e agli altri enti pubblici culturali sulla raccolta dei loro atti e sulle loro pubblicazioni.

CAPO III

CONTENUTO E DURATA DEL DIRITTO DI AUTORE

Sezione I. — *Protezione della utilizzazione economica dell'opera*

12. *1.* L'autore ha il diritto esclusivo di pubblicare l'opera [c. 2577[1]].

2. Ha altresì il diritto esclusivo di utilizzare economicamente l'opera in ogni forma e modo, originale o derivato, nei limiti fissati da questa legge, ed in particolare con l'esercizio dei diritti esclusivi indicati negli articoli seguenti.

3. È considerata come prima pubblicazione la prima forma di esercizio del diritto di utilizzazione.

12-*bis*. *1.* Salvo patto contrario, il datore di lavoro è titolare del diritto esclusivo di utilizzazione economica del programma per elaboratore o della banca di dati creati dal lavoratore dipendente nell'esecuzione delle sue mansioni o su istruzioni impartite dallo stesso datore di lavoro [c.p.i. 64] (2).

12-*ter*. *1.* Salvo patto contrario, qualora l'opera di disegno industriale sia creata dal lavoratore dipendente nell'esercizio delle sue mansioni, il datore di lavoro è titolare dei diritti esclusivi di utilizzazione economica dell'opera (3).

13. *1.* Il diritto esclusivo di riprodurre ha per oggetto la moltiplicazione in copie diretta o indiretta, temporanea o permanente, in tutto o in parte dell'opera, in qualunque modo o

(1) Il testo originario aggiungeva P.N.F., soppresso con r.d.l. 2 agosto 1943, n. 704.
(2) Articolo così sostituito dall'art. 3, d.lg. 6 maggio 1999, n. 169, in *Leggi coll. XIX, 4.*
(3) Articolo inserito dall'art. 23, d.lg. 2 febbraio 2001, n. 95.

forma, come la copiatura a mano, la stampa, la litografia, l'incisione, la fotografia, la fonografia, la cinematografia ed ogni altro procedimento di riproduzione (1).

14. *1.* Il diritto esclusivo di trascrivere ha per oggetto l'uso dei mezzi atti a trasformare l'opera orale in opera scritta o riprodotta con uno dei mezzi indicati nell'articolo precedente.

15. *1.* Il diritto esclusivo di eseguire, rappresentare o recitare in pubblico ha per oggetto la esecuzione, la rappresentazione o la recitazione, comunque effettuate, sia gratuitamente che a pagamento, dell'opera musicale, dell'opera drammatica, dell'opera cinematografica, di qualsiasi altra opera di pubblico spettacolo e dell'opera orale.

2. Non è considerata pubblica la esecuzione, rappresentazione o recitazione dell'opera entro la cerchia ordinaria della famiglia, del convitto, della scuola o dell'istituto di ricovero, purché non effettuata a scopo di lucro.

3. Non è considerata pubblica la recitazione di opere letterarie effettuata, senza scopo di lucro, all'interno di musei, archivi e biblioteche pubblici ai fini esclusivi di promozione culturale e di valorizzazione delle opere stesse individuati in base a protocolli di intesa tra la SIAE e il Ministero per i beni e le attività culturali (2) (3).

15-*bis*. 1. Agli autori spetta un compenso ridotto quando l'esecuzione, rappresentazione o recitazione dell'opera avvengono nella sede dei centri o degli istituti di assistenza, formalmente istituiti nonché delle associazioni di volontariato, purché destinate ai soli soci ed invitati e sempre che non vengano effettuate a scopo di lucro. In mancanza di accordi fra la Società italiana degli autori ed editori (SIAE) e le associazioni di categoria interessate, la misura del compenso sarà determinata con decreto del Presidente del Consiglio dei ministri, da emanare sentito il Ministro dell'interno.

2. Con decreto del Presidente del Consiglio dei ministri da emanare ai sensi dell'art. 17, comma 3, della l. 23 agosto 1988, n. 400, sentite le competenti Commissioni parlamentari, sono stabiliti i criteri e le modalità per l'individuazione delle circostanze soggettive ed oggettive che devono dar luogo alla applicazione della disposizione di cui al primo periodo del comma 1. In particolare occorre prescrivere:

a) l'accertamento dell'iscrizione da almeno due anni dei soggetti ivi indicati ai registri istituiti dall'art. 6 della l. 11 agosto 1991, n. 266;

b) le modalità per l'identificazione della sede dei soggetti e per l'accertamento della quantità dei soci ed invitati, da contenere in un numero limitato e predeterminato;

c) che la condizione di socio sia conseguita in forma documentabile e con largo anticipo rispetto alla data della manifestazione di spettacolo;

d) la verifica che la manifestazione di spettacolo avvenga esclusivamente a titolo gratuito da parte degli artisti, interpreti o esecutori, ed a soli fini di solidarietà nell'esplicazione di finalità di volontariato (4).

2-*bis.* Agli organizzatori di spettacoli dal vivo allestiti in luoghi con capienza massima di cento partecipanti, ovvero con rappresentazione di opere di giovani esordienti al di sotto dei trentacinque anni, titolari dell'intera quota dei relativi diritti d'autore, sono riconosciute forme di esenzione o di riduzione dalla corresponsione dei diritti d'autore (5).

2-*ter.* Con decreto del Ministero per i beni e le attività culturali (2), da emanare entro novanta giorni dalla data di entrata in vigore del presente decreto, sono definiti i criteri e le modalità delle forme di esenzione o di riduzione di cui al comma 2-*bis*, prevedendo adeguati meccanismi di controllo, anche attraverso forme di responsabilizzazione degli organizzatori, che assicurino il rispetto delle condizioni che legittimano la riduzione o l'esenzione. Con il decreto di cui al presente comma possono altresì essere individuati ulteriori eventi o ricorrenze particolari che permettano l'applicazione di forme di esenzione o di riduzione dalla corresponsione dei diritti d'autore. Il decreto di cui al presente comma prevede misure atte a garantire che, nelle fattispecie previste, la Società italiana degli autori ed editori e gli altri organismi di gestione collettiva (6), in coerenza con le

(1) Articolo così sostituito dall'art. 1, d.lg. 9 aprile 2003, n. 68.

(2) La denominazione «Ministero/Ministro per i beni e le attività culturali» è stata così sostituita alla precedente «Ministero/Ministro dei beni e delle attività culturali e del turismo» dall'art. 1.5, d.l. 12 luglio 2018, n. 86, conv. in l. 9 agosto 2018, n. 97.

(3) Comma aggiunto dall'art. 4.1, d.l. 8 agosto 2013, n. 91, conv. in l. 7 ottobre 2013, n 112.

(4) Articolo inserito dall'art. 1.48, d.l. 23 ottobre 1996, n. 545, conv. in l. 23 dicembre 1996, n. 650. Per l'applicazione agli organismi di volontariato v. d.p.c.m. 16 settembre 1999, n. 504, in G.U., 30 dicembre 1999, n. 305.

(5) Comma inserito dall'art. 45, d.lg. 15 marzo 2017, n. 35. V. d.m. Beni e Attività culturali 5 settembre 2018, in G.U., 18 ottobre 2018, n. 243.

(6) Le parole «e gli altri organismi di gestione collettiva» sono state inserite dall'art. 19.1, lett. a, d.l. 16 ottobre 2017, n. 148, conv. in l. 4 dicembre 2017, n. 172.

risultanze di bilancio, remunerino (1) in forma compensativa i titolari dei diritti d'autore. Il decreto di cui al presente comma può essere sottoposto a revisione triennale (2).

16. 1. Il diritto esclusivo di comunicazione al pubblico su filo o senza filo dell'opera ha per oggetto l'impiego di uno dei mezzi di diffusione a distanza, quali il telegrafo, il telefono, la radio, la televisione ed altri mezzi analoghi e comprende la comunicazione al pubblico via satellite, la ritrasmissione via cavo, nonché le comunicazioni al pubblico codificate con condizioni particolari di accesso; comprende, altresì, la messa a disposizione del pubblico dell'opera in maniera che ciascuno possa avervi accesso dal luogo e nel momento scelti individualmente [l. aut. 171-*ter*.2, lett. *a-bis*].

2. Il diritto di cui al comma 1 non si esaurisce con alcun atto di comunicazione al pubblico, ivi compresi gli atti di messa a disposizione del pubblico (3).

16-*bis*. 1. Ai fini della presente legge si intende per:

a) satellite: qualsiasi satellite operante su bande di frequenza che, a norma della legislazione sulle telecomunicazioni, sono riservate alla trasmissione di segnali destinati alla ricezione diretta del pubblico o riservati alla comunicazione individuale privata purché la ricezione di questa avvenga in condizioni comparabili a quelle applicabili alla ricezione da parte del pubblico;

b) comunicazione al pubblico via satellite: l'atto di inserire sotto il controllo e la responsabilità dell'organismo di radiodiffusione operante sul territorio nazionale i segnali portatori di programmi destinati ad essere ricevuti dal pubblico in una sequenza ininterrotta di comunicazione diretta al satellite e poi a terra. Qualora i segnali portatori di programmi siano diffusi in forma codificata, vi è comunicazione al pubblico via satellite a condizione che i mezzi per la decodificazione della trasmissione siano messi a disposizione del pubblico a cura dell'organismo di radiodiffusione stesso o di terzi con il suo consenso. Qualora la comunicazione al pubblico via satellite abbia luogo nel territorio di uno stato non comunitario nel quale non esista il livello di protezione che per il detto sistema di comunicazione al pubblico stabilisce la presente legge:

1) se i segnali ascendenti portatori di programmi sono trasmessi al satellite da una stazione situata nel territorio nazionale, la comunicazione al pubblico via satellite si considera avvenuta in Italia. I diritti riconosciuti dalla presente legge, relativi alla radiodiffusione via satellite, sono esercitati nei confronti del soggetto che gestisce la stazione;

2) se i segnali ascendenti sono trasmessi da una stazione non situata in uno Stato membro dell'Unione europea, ma la comunicazione al pubblico via satellite avviene su incarico di un organismo di radiodiffusione situato in Italia, la comunicazione al pubblico si considera avvenuta nel territorio nazionale purché l'organismo di radiodiffusione vi abbia la sua sede principale. I diritti stabiliti dalla presente legge, relativi alla radiodiffusione via satellite, sono esercitati nei confronti del soggetto che gestisce l'organismo di radiodiffusione;

c) ritrasmissione via cavo: la ritrasmissione simultanea, invariata ed integrale, per il tramite di un sistema di ridistribuzione via cavo o sù frequenze molto elevate, destinata al pubblico, di un'emissione primaria radiofonica o televisiva comunque diffusa, proveniente da un altro Stato membro dell'Unione europea e destinata alla ricezione del pubblico (4).

17. 1. Il diritto esclusivo di distribuzione ha per oggetto la messa in commercio o in circolazione, o comunque a disposizione, del pubblico, con qualsiasi mezzo ed a qualsiasi titolo, dell'originale dell'opera o degli esemplari di essa e comprende, altresì, il diritto esclusivo di introdurre nel territorio degli Stati della Comunità europea, a fini di distribuzione, le riproduzioni fatte negli Stati extracomunitari.

2. Il diritto di distribuzione dell'originale o di copie dell'opera non si esaurisce nella Comunità europea, se non nel caso in cui la prima vendita o il primo atto di trasferimento della proprietà nella Comunità sia effettuato dal titolare del diritto o con il suo consenso.

3. Quanto disposto dal comma 2 non si applica alla messa a disposizione del pubblico di opere in modo che ciascuno possa avervi accesso dal luogo e nel momento scelti individualmente, anche nel caso in cui sia consentita la realizzazione di copie dell'opera.

4. Ai fini dell'esaurimento di cui al comma 2,

(1) La parola «remunerino» è stata così sostituita alla precedente «remuneri» dall'art. 19.1, lett. a, d.l. 16 ottobre 2017, n. 148, conv. in l. 4 dicembre 2017, n. 172.

(2) Comma inserito dall'art. 45, d.lg. 15 marzo 2017, n. 35. V. d.m. Beni e Attività culturali 5 settembre 2018, in G.U., 18 ottobre 2018, n. 243.

(3) Articolo così sostituito dall'art. 2, d.lg. 9 aprile 2003, n. 68.

(4) Articolo inserito dall'art. 2, d.lg. n. 581/1996.

non costituisce esercizio del diritto esclusivo di distribuzione la consegna gratuita di esemplari delle opere, effettuata o consentita dal titolare a fini promozionali, ovvero di insegnamento o di ricerca scientifica (1).

18. *1.* Il diritto esclusivo di tradurre ha per oggetto la traduzione dell'opera in altra lingua o dialetto.

2. Il diritto esclusivo di elaborare comprende tutte le forme di modificazione, di elaborazione e di trasformazione dell'opera previste nell'art. 4.

3. L'autore ha altresì il diritto di pubblicare le sue opere in raccolta.

4. Ha infine il diritto esclusivo di introdurre nell'opera qualsiasi modificazione.

18-*bis*. 1. Il diritto esclusivo di noleggiare ha per oggetto la cessione in uso degli originali, di copie o di supporti di opere, tutelate dal diritto d'autore, fatta per un periodo limitato di tempo ed ai fini del conseguimento di un beneficio economico o commerciale diretto o indiretto.

2. Il diritto esclusivo di dare in prestito ha per oggetto la cessione in uso degli originali, di copie o di supporti di opere, tutelate dal diritto d'autore, fatta da istituzioni aperte al pubblico, per un periodo di tempo limitato, a fini diversi da quelli di cui al comma 1.

3. L'autore ha il potere esclusivo di autorizzare il noleggio o il prestito da parte di terzi.

4. I suddetti diritti e poteri non si esauriscono con la vendita o con la distribuzione in qualsiasi forma degli originali, di copie o di supporti delle opere.

5. L'autore, anche in caso di cessione del diritto di noleggio ad un produttore di fonogrammi o di opere cinematografiche o audiovisive o sequenze di immagini in movimento, conserva il diritto di ottenere un'equa remunerazione per il noleggio da questi a sua volta concluso con terzi. Ogni patto contrario è nullo. In difetto di accordo da concludersi fra le categorie interessate quali individuate dall'art. 16, primo comma, del regolamento detto compenso è stabilito con la procedura di cui all'art. 4 del d.lg.lgt. 20 luglio 1945, n. 440 (2).

6. I commi da 1 a 4 non si applicano in relazione a progetti o disegni di edifici e ad opere di arte applicata (3).

19. *1.* I diritti esclusivi previsti dagli articoli precedenti sono fra loro indipendenti. L'esercizio di uno di essi non esclude l'esercizio esclusivo di ciascuno degli altri diritti.

2. Essi hanno per oggetto l'opera nel suo insieme ed in ciascuna delle sue parti.

Sezione II. — *Protezione dei diritti sull'opera a difesa della personalità dell'autore (Diritto morale dell'autore)*

20. *1.* Indipendentemente dai diritti esclusivi di utilizzazione economica dell'opera, previsti nelle disposizioni della sezione precedente, ed anche dopo la cessione dei diritti stessi, l'autore conserva il diritto di rivendicare la paternità dell'opera e di opporsi a qualsiasi deformazione, mutilazione od altra modificazione, e ad ogni atto a danno dell'opera stessa, che possano essere di pregiudizio al suo onore od alla sua reputazione [c. 2577^2] (4).

2. Tuttavia nelle opere dell'architettura l'autore non può opporsi alle modificazioni che si rendessero necessarie nel corso della realizzazione. Del pari non potrà opporsi a quelle altre modificazioni che si rendesse necessario apportare all'opera già realizzata. Però se all'opera sia riconosciuta dalla competente autorità statale importante carattere artistico (5) spetteranno all'autore lo studio e l'attuazione di tali modificazioni.

21. *1.* L'autore di un'opera anonima o pseu-

(1) Articolo così sostituito dall'art. 3, d.lg. 9 aprile 2003, n. 68.

(2) L'ultimo periodo del quinto comma è stato aggiunto dall'art. 1. d.lg. 26 maggio 1997, n. 154.

(3) Articolo aggiunto dall'art. 2, d.lg. 16 novembre 1994, n. 685. Il citato decreto all'art. 21 così prevede: «1. Le disposizioni del presente decreto relative al diritto di noleggio e al diritto di prestito, nonché al potere di autorizzare a noleggiare o a dare in prestito, non si applicano ad altre forme di cessione di fonogrammi o di opere cinematografiche o audiovisive o di sequenze di immagini in movimento ai fini della loro proiezione in pubblico, radiodiffusione, messa a disposizione a scopo di consultazione sul posto o alla cessione di opere o di esemplari di opere a fini di esposizione; il prestito non comprende la messa a disposizione tra istituzioni aperte al pubblico. Tali utilizzazioni restano disciplinate dalle disposizioni della l. 22 aprile 1941, n. 633, in quanto applicabili».

L'art. 22 prevede la seguente norma transitoria: «1. I rapporti sorti da contratti stipulati anteriormente alla data del 1° luglio 1994 e le utilizzazioni fatte anteriormente alla stessa data sono regolate dalle disposizioni vigenti prima della data di entrata in vigore del presente decreto. || 2. In deroga al comma 1, in relazione a contratti di cessione del diritto di noleggio conclusi anteriormente al 1° luglio 1994, agli autori e agli artisti esecutori e interpreti che ne facciano richiesta anteriormente al 1° gennaio 1997 spetta il diritto ad un'equa remunerazione. In caso di mancato accordo tra le parti la remunerazione è determinata con decreto del Presidente del Consiglio dei Ministri, su proposta del Comitato consultivo permanente per il diritto d'autore, resa in adunanza generale».

(4) Comma così sostituito dall'art. 2, d.p.r. 8 gennaio 1979, n. 19.

(5) V. art. 15, r.d. 18 maggio 1942, n. 1369, in *Leggi coll. XIX, 2.*

donima ha sempre il diritto di rivelarsi e di far conoscere in giudizio la sua qualità di autore (1).

2. Nonostante qualunque precedente patto contrario, gli aventi causa dell'autore che si sia rivelato ne dovranno indicare il nome nelle pubblicazioni, riproduzioni, trascrizioni, esecuzioni, rappresentazioni, recitazioni e diffusioni o in qualsiasi altra forma di manifestazione o annuncio al pubblico.

22. *1.* I diritti indicati nei precedenti articoli sono inalienabili.

2. Tuttavia l'autore che abbia conosciute ed accettate le modificazioni della propria opera non è più ammesso ad agire per impedirne l'esecuzione o per chiederne la soppressione.

23. *1.* Dopo la morte dell'autore il diritto previsto nell'art. 20 può essere fatto valere, senza limite di tempo, dal coniuge e dai figli e, in loro mancanza, dai genitori e dagli altri ascendenti e dai discendenti diretti; mancando gli ascendenti ed i discendenti, dai fratelli e dalle sorelle e dai loro discendenti.

2. L'azione, qualora finalità pubbliche lo esigano, può altresì essere esercitata dal Ministro per i beni e le attività culturali (2) sentita l'associazione sindacale competente (3).

24. *1.* Il diritto di pubblicare le opere inedite spetta agli eredi dell'autore o ai legatari delle opere stesse, salvo che l'autore abbia espressamente vietata la pubblicazione o l'abbia affidata ad altri.

2. Qualora l'autore abbia fissato un termine per la pubblicazione, le opere inedite non possono essere pubblicate prima della sua scadenza.

3. Quando le persone indicate nel primo comma siano più e vi sia tra loro dissenso, decide l'autorità giudiziaria, sentito il pubblico ministero. È rispettata, in ogni caso, la volontà del defunto, quando risulti da scritto.

4. Sono applicabili a queste opere le disposizioni contenute nella sezione seconda del capo secondo del titolo terzo.

Sezione III. — *Durata dei diritti di utilizzazione economica dell'opera*

25. *1.* I diritti di utilizzazione economica dell'opera durano tutta la vita dell'autore e sino al termine del settantesimo (4) anno solare dopo la sua morte.

26. *1.* Nelle opere indicate nell'art. 10, nonché in quelle drammatico-musicali, coreografiche e pantomimiche, la durata dei diritti di utilizzazione economica spettanti a ciascuno dei coautori o dei collaboratori si determina sulla vita del coautore che muore per ultimo.

2. Nelle opere collettive la durata dei diritti di utilizzazione economica spettante ad ogni collaboratore si determina sulla vita di ciascuno. La durata dei diritti di utilizzazione economica dell'opera come un tutto è di settant'anni (4) dalla prima pubblicazione, qualunque sia la forma nella quale la pubblicazione è stata effettuata, salve le disposizioni dell'art. 30 per le riviste, i giornali e le altre opere periodiche.

27. *1.* Nelle opere anonime o pseudonime, fuori del caso previsto nel capoverso dell'art. 8, la durata dei diritti di utilizzazione economica è di settant'anni (4) a partire dalla prima pubblicazione, qualunque sia la forma nella quale essa è stata effettuata.

2. Se prima della scadenza di detto termine l'autore si è rivelato o la rivelazione è fatta dalle persone indicate dall'art. 23 o da persone autorizzate dall'autore nelle forme stabilite dall'articolo seguente, si applica il termine di durata determinato nell'art. 25.

27-*bis*. . . . . (5).

28. *1.* Per acquistare il beneficio della durata normale dei diritti esclusivi di utilizzazione economica, la rivelazione deve essere fatta mediante denuncia all'ufficio della proprietà letteraria, scientifica ed artistica presso la presidenza del Consiglio (6), secondo le disposizioni stabilite nel regolamento (7).

2. La denuncia di rivelazione è pubblicata

(1) V. art. 1, r.d. n. 1369/1942.

(2) Le attribuzioni del ministero per la cultura popolare già assegnate alla Presidenza del Consiglio dei Ministri sono state trasferite al Ministero per i beni e le attività culturali dall'art. 52.2, d.lg. 30 luglio 1999, n. 300, e, per alcune materie, al ministero del turismo e dello spettacolo (d.lg. 8 aprile 1948, n. 274, l. 31 luglio 1959, n. 617). La competenza interna di diritto d'autore è del Dipartimento per l'informazione e l'editoria, di cui all'art. 9, d.p.c.m. 27 dicembre 1988.

(3) Soppressa con d.lg.lgt. 23 novembre 1944, n. 369.

(4) Il precedente termine di 50 anni è stato così elevato dall'art. 17.1, l. 6 febbraio 1996, n. 52, in *Leggi coll. XIX, 3*.

(5) Articolo così inserito dall'art. 4, d.lg. n. 518/1992 e successivamente abrogato dall'art. 17, d.lg. 26 maggio 1997, n. 154.

(6) V. nota 2 all'art. 23. L'art. 1.3, l. 9 gennaio 2008, n. 2 ribadisce l'attribuzione alla Presidenza del Consiglio dei Ministri dei compiti di vigilanza sulla SIAE. L'art. 1, d.p.c.m. 10 luglio 2008, in G.U., 21 agosto 2008, n. 195, così dispone: «Le attività inerenti i compiti che l'art. 1, comma 3, della l. 9 gennaio 2008, n. 2, attribuisce al Presidente del Consiglio dei Ministri, sono svolte dal Dipartimento per l'informazione e l'editoria».

(7) V. art. 3, r.d. n. 1369/1942.

nelle forme stabilite da dette disposizioni ed ha effetto a partire dalla data del deposito della denuncia di fronte ai terzi che abbiano acquistati diritti sull'opera come anonima o pseudonima.

29. *1.* La durata dei diritti esclusivi di utilizzazione economica spettanti, a termini dell'art. 11, alle amministrazioni dello Stato (1), alle province, ai comuni, alle accademie, agli enti pubblici culturali nonché agli enti privati che non perseguano scopi di lucro è di vent'anni a partire dalla prima pubblicazione, qualunque sia la forma nella quale la pubblicazione è stata effettuata. Per le comunicazioni e le memorie pubblicate dalle accademie e dagli altri centri pubblici culturali tale durata è ridotta a due anni; trascorsi i quali, l'autore riprende integralmente la libera disponibilità dei suoi scritti.

30. *1.* Quando le parti o i volumi di una stessa opera siano pubblicati separatamente, in tempi diversi, la durata dei diritti di utilizzazione economica, che sia fissata da anni, decorre per ciascuna parte o per ciascun volume dall'anno della pubblicazione. Le frazioni di anno giovano all'autore.

2. Se si tratta di opera collettiva periodica, quale la rivista o il giornale, la durata dei diritti è calcolata egualmente a partire dalla fine di ogni anno dalla pubblicazione dei singoli fascicoli o numeri.

31. *1.* Nelle opere pubblicate per la prima volta dopo la morte dell'autore, che non ricadono nella previsione dell'art. 85-*ter*, la durata dei diritti esclusivi di utilizzazione economica è di settant'anni a partire dalla morte dell'autore (2).

32. *1.* Fermo restando quanto stabilito dall'art. 44, i diritti di utilizzazione economica dell'opera cinematografica o assimilata durano sino al termine del settantesimo anno dopo la morte dell'ultima persona sopravvissuta fra le seguenti persone: il direttore artistico, gli autori della sceneggiatura, ivi compreso l'autore del dialogo, e l'autore della musica specificamente creata per essere utilizzata nell'opera cinematografica o assimilata (3).

32-*bis*. *1.* I diritti di utilizzazione economica dell'opera fotografica durano sino al termine del settantesimo anno dopo la morte dell'autore (4).

32-*ter*. *1.* I termini finali di durata dei diritti di utilizzazione economica previsti dalle disposizioni della presente sezione si computano, nei rispettivi casi, a decorrere dal 1° gennaio dell'anno successivo a quello in cui si verifica la morte dell'autore o altro evento considerato dalla norma (5).

CAPO IV

NORME PARTICOLARI AI DIRITTI DI UTILIZZAZIONE ECONOMICA PER TALUNE CATEGORIE DI OPERE

Sezione I. — *Opere drammatico-musicali, composizioni musicali con parole, opere coreografiche e pantomimiche*

33. *1.* In difetto di particolari convenzioni tra i collaboratori, rispetto alle opere liriche, alle operette, ai melologhi, alle composizioni musicali con parole, ai balli e balletti musicali, si applicano le disposizioni dei tre successivi articoli.

34. *1.* L'esercizio dei diritti di utilizzazione economica spetta all'autore della parte musicale, salvi tra le parti i diritti derivanti dalla comunione.

2. Il profitto della utilizzazione economica è ripartito in proporzione del valore del rispettivo contributo letterario o musicale.

3. Nelle opere liriche si considera che il valore della parte musicale rappresenti la frazione di tre quarti del valore complessivo dell'opera.

4. Nelle operette, nei melologhi, nelle composizioni musicali con parole, nei balli e balletti musicali, il valore dei due contributi si considera uguale.

5. Ciascuno dei collaboratori ha diritto di utilizzare separatamente e indipendentemente la propria opera, salvo il disposto degli articoli seguenti.

35. *1.* L'autore della parte letteraria non può disporne, per congiungerla ad altro testo musicale, all'infuori dei casi seguenti:

1) allorché, dopo che egli ha consegnato come testo definitivo il manoscritto della parte letteraria al compositore, questi non lo ponga

(1) V. nota 1 all'art. 11.

(2) Articolo così sostituito dall'art. 2, d.lg. 26 maggio 1997, n. 154 e, in precedenza, modificato dall'art. 17.1, l. 6 febbraio 1996, n. 52, in *Leggi coll. XIX, 3.*

(3) Articolo così sostituito dall'art. 3, d.lg. 26 maggio 1997, n. 154.

(4) Articolo aggiunto dall'art. 4, d.p.r. 8 gennaio 1979, n. 19 e così sostituito dall'art. 4, d.lg. 26 maggio 1997, n. 154.

(5) Articolo aggiunto dall'art. 5, d.lg. 26 maggio 1997, n. 154.

in musica nel termine di cinque anni, se si tratta di libretto per opera lirica o per operetta, e nel termine di un anno, se si tratta di ogni altra opera letteraria da mettere in musica;

2) allorché, dopo che l'opera è stata musicata e considerata dalle parti come pronta per essere eseguita o rappresentata, essa non è rappresentata o eseguita nei termini indicati nel numero precedente, salvo i maggiori termini che possono essere stati accordati per la esecuzione o rappresentazione ai sensi degli artt. 139 e 141;

3) allorché, dopo una prima rappresentazione od esecuzione, l'opera cessi di essere rappresentata od eseguita per il periodo di dieci anni, se si tratta di opera lirica, oratorio, poema sinfonico od operetta o per il periodo di due anni, se si tratta di altra composizione.

2. Il compositore nei casi previsti ai nn. 2 e 3 può altrimenti utilizzare la musica.

36. *1.* Nel caso previsto dal n. 1 dell'articolo precedente l'autore della parte letteraria ne riacquista la libera disponibilità senza pregiudizio dell'eventuale azione di danni a carico del compositore.

2. Nei casi previsti dai nn. 2 e 3, e senza pregiudizio dell'azione di danni prevista nel comma precedente, il rapporto di comunione formatosi sull'opera già musicata rimane fermo, ma l'opera stessa non può essere rappresentata od eseguita che con il consenso di entrambi i collaboratori.

37. *1.* Nelle opere coreografiche o pantomimiche e nelle altre composte di musica, di parole e di danze o di mimica, quali le riviste musicali ed opere simili, in cui la parte musicale non ha funzione o valore principale, l'esercizio dei diritti di utilizzazione economica, salvo patto contrario, spetta all'autore della parte coreografica o pantomimica, e, nelle riviste musicali, all'autore della parte letteraria.

2. Con le modificazioni richieste dalle norme del comma precedente sono applicabili a queste opere le disposizioni degli artt. 35 e 36.

Sezione II. — *Opere collettive, riviste e giornali*

38. *1.* Nell'opera collettiva, salvo patto in contrario, il diritto di utilizzazione economica spetta all'editore dell'opera stessa, senza pregiudizio del diritto derivante dall'applicazione dell'art. 7.

2. Ai singoli collaboratori dell'opera collettiva è riservato il diritto di utilizzare la propria opera separatamente, con l'osservanza dei patti convenuti, e, in difetto, delle norme seguenti.

39. *1.* Se un articolo è inviato alla rivista o giornale, per essere riprodotto, da persona estranea alla redazione del giornale o della rivista e senza precedenti accordi contrattuali, l'autore riprende il diritto di disporne liberamente quando non abbia ricevuto notizia dell'accettazione nel termine di un mese dall'invio o quando la riproduzione non avvenga nel termine di sei mesi dalla notizia dell'accettazione.

2. Trattandosi di articolo fornito da un redattore, il direttore della rivista o giornale ne può differire la riproduzione anche al di là dei termini indicati nel comma precedente. Decorso però il termine di sei mesi dalla consegna del manoscritto, l'autore può utilizzare l'articolo per riprodurlo in volume o per estratto separato, se si tratta di giornale, ed anche in altro periodico, se si tratta di rivista.

40. *1.* Il collaboratore di opera collettiva che non sia rivista o giornale ha diritto, salvo patto contrario, che il suo nome figuri nella riproduzione della sua opera nelle forme d'uso.

2. Nei giornali questo diritto non compete, salvo patto contrario, al personale della redazione.

41. *1.* Senza pregiudizio della applicazione della disposizione contenuta nell'art. 20, il direttore del giornale ha diritto, salvo patto contrario, di introdurre nell'articolo da riprodurre quelle modificazioni di forma che sono richieste dalla natura e dai fini del giornale.

2. Negli articoli da riprodursi senza indicazione del nome dell'autore, questa facoltà si estende alla soppressione o riduzione di parti di detto articolo.

42. *1.* L'autore dell'articolo o altra opera che sia stato riprodotto in un'opera collettiva ha diritto di riprodurlo in estratti separati o raccolti in volume, purché indichi l'opera collettiva dalla quale è tratto e la data di pubblicazione.

2. Trattandosi di articoli apparsi in riviste o giornali, l'autore, salvo patto contrario, ha altresì il diritto di riprodurli in altre riviste o giornali.

43. *1.* L'editore o direttore della rivista o del giornale non ha obbligo di conservare o di restituire i manoscritti degli articoli non riprodotti, che gli siano pervenuti senza sua richiesta.

Sezione III. — *Opere cinematografiche*

44. *1.* Si considerano coautori dell'opera cinematografica l'autore del soggetto, l'autore della sceneggiatura, l'autore della musica ed il direttore artistico.

45. *1.* L'esercizio dei diritti di utilizzazione

economica dell'opera cinematografica spetta a chi ha organizzato la produzione dell'opera stessa, nei limiti indicati dai successivi articoli.

2. Si presume produttore dell'opera cinematografica chi è indicato come tale sulla pellicola cinematografica (1). Se l'opera è registrata ai sensi del secondo comma dell'art. 103, prevale la presunzione stabilita dall'art. medesimo.

46. *1.* L'esercizio dei diritti di utilizzazione economica, spettante al produttore, ha per oggetto lo sfruttamento cinematografico dell'opera prodotta.

2. Salvo patto contrario, il produttore non può eseguire o proiettare elaborazioni, trasformazioni o traduzioni dell'opera prodotta senza il consenso degli autori indicati nell'art. 44.

3. Gli autori della musica, delle composizioni musicali e delle parole che accompagnano la musica hanno diritto di percepire direttamente da coloro che proiettano pubblicamente l'opera un compenso separato per la proiezione. Il compenso è stabilito, in difetto di accordo fra le parti, secondo le norme del regolamento (2).

4. Gli autori del soggetto e della sceneggiatura e il direttore artistico, qualora non vengano retribuiti mediante una percentuale sulle proiezioni pubbliche dell'opera cinematografica, hanno diritto, salvo patto contrario, quando gli incassi abbiano raggiunto una cifra da stabilirsi contrattualmente col produttore, a ricevere un ulteriore compenso, le cui forme e la cui entità saranno stabilite con accordi da concludersi tra le categorie interessate.

46-*bis*. 1. Fermo restando quanto stabilito dall'art. 46, in caso di cessione del diritto di diffusione al produttore, spetta agli autori di opere cinematografiche e assimilate un equo compenso a carico degli organismi di emissione per ciascuna utilizzazione delle opere stesse a mezzo della comunicazione al pubblico via etere, via cavo e via satellite.

2. Per ciascuna utilizzazione di opere cinematografiche e assimilate diversa da quella prevista nel comma 1 e nell'art. 18-*bis*, comma 5, agli autori delle opere stesse spetta un equo compenso a carico di coloro che esercitano i diritti di sfruttamento per ogni distinta utilizzazione economica.

3. Per ciascuna utilizzazione di opere cinematografiche ed assimilate espresse originariamente in lingua straniera spetta, altresì, un equo compenso agli autori delle elaborazioni costituenti traduzione o adattamento della versione in lingua italiana dei dialoghi.

4. Ciascun compenso tra quelli previsti dai commi 1, 2 e 3 non è rinunciabile e, in difetto di accordo da concludersi tra le categorie interessate quali individuate dall'art. 16, primo comma, del regolamento, è stabilito con la procedura di cui all'art. 4 del d.lg.lgt. 20 luglio 1945, n. 440 (3).

47. *1.* Il produttore ha facoltà di apportare alle opere utilizzate nell'opera cinematografica le modifiche necessarie per il loro adattamento cinematografico.

2. L'accertamento delle necessità o meno delle modifiche apportate o da apportarsi all'opera cinematografica, quando manchi l'accordo tra il produttore e uno o più degli autori menzionati nell'art. 44 della presente legge, è fatto da un collegio di tecnici nominato dal presidente del Consiglio (4) secondo le norme fissate dal regolamento (5).

3. Gli accertamenti fatti da tale collegio hanno carattere definitivo.

48. *1.* Gli autori dell'opera cinematografica hanno diritto che i loro nomi, con l'indicazione della loro qualità professionale e del loro contributo nell'opera, siano menzionati nella proiezione della pellicola cinematografica.

49. *1.* Gli autori delle parti letterarie o musicali dell'opera cinematografica possono riprodurle o comunque utilizzarle separatamente, purché non ne risulti pregiudizio ai diritti di utilizzazione il cui esercizio spetta al produttore.

50. *1.* Se il produttore non porta a compimento l'opera cinematografica nel termine di tre anni dal giorno della consegna della parte letteraria o musicale, o non fa proiettare l'opera compiuta entro i tre anni dal compimento, gli autori di dette parti hanno diritto di disporre liberamente dell'opera stessa (6).

(1) V. art. 3, r.d. n. 1369/1942.
(2) V. art. 16, r.d. n. 1369/1942.
(3) Articolo inserito dall'art. 3, d.lg. n. 581/1996 e così sostituito dall'art. 6, d.lg. 26 maggio 1997, n. 154. L'art. 17 del d.lg. n. 154/1997, dispone che l'equo compenso di cui ai commi 1, 2, 3 di questo articolo sono riconosciuti a decorrere dal 17 gennaio 1998.
(4) V. nota 2 all'art. 23. L'art. 1.3, l. 9 gennaio 2008, n. 2 ribadisce l'attribuzione alla Presidenza del Consiglio dei Ministri dei compiti di vigilanza sulla SIAE. L'art. 1, d.p.c.m. 10 luglio 2008, in G.U., 21 agosto 2008, n. 195, così dispone: «Le attività inerenti i compiti che l'art. 1, comma 3, della l. 9 gennaio 2008, n. 2, attribuisce al Presidente del Consiglio dei Ministri, sono svolte dal Dipartimento per l'informazione e l'editoria».
(5) V. art. 17, r.d. n. 1369/1942.
(6) V. art. 4, r.d. n. 1369/1942.

Sezione IV. — *Opere radiodiffuse*

51. *1.* In ragione della natura e dei fini della radiodiffusione, come servizio riservato allo Stato, che lo esercita direttamente o per mezzo di concessioni, il diritto esclusivo di radiodiffusione, direttamente o con qualsiasi mezzo intermediario, è regolato dalle norme particolari seguenti.

52. *1.* L'ente esercente il servizio della radiodiffusione ha la facoltà di eseguire la radiodiffusione di opere dell'ingegno dai teatri, dalle sale di concerto e da ogni altro luogo pubblico, alle condizioni e nei limiti indicati nel presente articolo e nei seguenti.

2. I proprietari, gli impresari e quanti concorrono allo spettacolo sono tenuti a permettere gli impianti e le prove tecniche necessarie per preparare la radiodiffusione.

3. È necessario il consenso dell'autore, per radiodiffondere le opere nuove e le prime rappresentazioni stagionali delle opere non nuove.

4. Non è considerata nuova l'opera teatrale rappresentata pubblicamente in tre diversi teatri, o altro luogo pubblico.

53. *1.* Nelle stagioni di rappresentazioni o di concerti di durata non inferiore a due mesi, il diritto dell'ente indicato nel precedente articolo può essere esercitato per le rappresentazioni una volta la settimana e per i concerti ogni cinque o frazione di cinque concerti.

2. Per durata della stagione teatrale o di concerto s'intende quella risultante dai manifesti o dai programmi pubblicati prima dell'inizio della stagione.

54. *1.* L'accertamento della conformità delle radiodiffusioni alle buone norme tecniche, è di esclusiva spettanza degli organi dello Stato predisposti alla vigilanza delle radiodiffusioni, con i poteri stabiliti dall'art. 2, capoverso, della l. 14 giugno 1928, n. 1352, e dell'art. 2 del r.d.l. 3 febbraio 1936, n. 654, convertito nella l. 4 giugno 1936, n. 1552 (1).

2. Il nome dell'autore ed il titolo dell'opera devono essere radiodiffusi contemporaneamente all'opera.

55. 1. Senza pregiudizio dei diritti dell'autore sulla radiodiffusione della sua opera, l'ente esercente è autorizzato a registrare su disco, o su altro supporto, l'opera stessa, al fine della sua radiodiffusione differita per necessità, orarie o tecniche, purché la registrazione suddetta sia, dopo l'uso, distrutta o resa inservibile (2).

2. È consentita la conservazione in archivi ufficiali delle registrazioni di cui al comma 1 che abbiano un eccezionale carattere documentario, senza possibilità di ulteriore utilizzazione a fini economici o commerciali salva, per quest'ultima, l'autorizzazione dell'autore dell'opera e dei titolari di diritti connessi (3).

56. *1.* L'autore dell'opera radiodiffusa, a termini degli articoli precedenti, ha il diritto di ottenere dall'ente esercente il servizio della radiodiffusione il pagamento di un compenso da liquidarsi, nel caso di disaccordo tra le parti, dall'autorità giudiziaria.

2. La domanda non può essere promossa dinanzi l'autorità giudiziaria prima che sia esperito il tentativo di conciliazione nei modi e nelle forme che saranno stabiliti nel regolamento (4).

57. *1.* Il compenso è liquidato in base al numero delle trasmissioni.

2. Il regolamento determina i criteri per stabilire il numero e le modalità delle trasmissioni differite o ripetute (5).

58. *1.* Per l'esecuzione in pubblici esercizi a mezzo di apparecchi radioriceventi sonori, muniti di altoparlante, di opere radiodiffuse, è dovuto all'autore un equo compenso, che è determinato periodicamente d'accordo fra la Società italiana degli autori ed editori (SIAE) (6) e la rappresentanza della associazione sindacale competente (7).

59. *1.* La radiodiffusione delle opere dell'ingegno dai locali dell'ente esercente il servizio della radiodiffusione è sottoposta al consenso dell'autore a norma delle disposizioni contenute nel capo terzo di questo titolo; ad essa non sono applicabili le disposizioni degli articoli precedenti, salvo quelle dell'art. 55.

60. *1.* Qualora la presidenza del Consiglio (8) lo disponga, l'ente esercente effettua trasmissioni speciali di propaganda culturale ed artistica destinate all'estero, contro paga-

(1) V. d.lg.c.p.s. 3 aprile 1947, n. 428.
(2) V. art. 5 ss., r.d. n. 1369/1942.
(3) Articolo così sostituito dall'art. 4, d.lg. 9 aprile 2003, n. 68.
(4) V. art. 18, r.d. n. 1369/1942.
(5) V. art. 5, r.d. n. 1369/1942.
(6) L'EIDA, cui faceva riferimento il testo originario, ha assunto la denominazione attuale con d.lg.lgt. 20 luglio 1945, n. 433. V. ora art. 9.1, l. 18 agosto 2000, n. 248.
(7) V. art. 19, r.d. n. 1369/1942.
(8) V. nota 2 all'art. 23.

mento di un compenso da liquidarsi a termini del regolamento (1).

Sezione V. — *Opere registrate su supporti* (2)

61. 1. L'autore ha il diritto esclusivo, ai sensi delle disposizioni contenute nella sezione prima del capo terzo di questo titolo:

1) di adattare e di registrare l'opera su qualunque supporto riproduttore di suoni, di voci o di immagini, qualunque sia la tecnologia utilizzata;

2) di riprodurre, di distribuire, di noleggiare e di dare in prestito gli esemplari dell'opera così adattata o registrata;

3) di eseguire pubblicamente e di comunicare l'opera al pubblico mediante l'impiego di qualunque supporto.

2. La cessione del diritto di riproduzione o del diritto di distribuzione non comprende, salvo patto contrario, la cessione del diritto di esecuzione pubblica o di comunicazione al pubblico.

3. Per quanto riguarda la radiodiffusione, il diritto d'autore resta regolato dalle norme contenute nella precedente sezione (3).

62. 1. I supporti fonografici, nei quali l'opera dell'ingegno è riprodotta, non possono essere distribuiti se non portino stabilmente apposte le indicazioni seguenti:

a) titolo dell'opera riprodotta;

b) nome dell'autore;

c) nome dell'artista interprete od esecutore. I complessi orchestrali o corali sono indicati col nome d'uso;

d) data della fabbricazione (4).

63. 1. I supporti devono essere fabbricati od utilizzati in modo che venga rispettato il diritto morale dell'autore, ai termini degli artt. 20 e 21.

2. Si considerano lecite le modificazioni dell'opera richieste dalle necessità tecniche della registrazione (5).

64. *1.* La concessione in uso a case editrici fonografiche nazionali delle matrici dei dischi della discoteca di Stato, per trarne dischi da diffondere mediante vendita sia in Italia che all'estero, a termini dell'art. 5 della l. 2 febbraio 1939, n. 467, contenente norme per il riordinamento della discoteca di Stato, allorché siano registrate opere tutelate, è sottoposta al pagamento dei diritti di autore, secondo le norme contenute nel regolamento (6).

Sezione VI. — *Programmi per elaboratore* (7)

64-*bis*. 1. Fatte salve le disposizioni dei successivi artt. 64-*ter* e 64-*quater*, i diritti esclusivi conferiti dalla presente legge sui programmi per elaboratore comprendono il diritto di effettuare o autorizzare:

a) la riproduzione, permanente o temporanea, totale o parziale, del programma per elaboratore con qualsiasi mezzo o in qualsiasi forma. Nella misura in cui operazioni quali il caricamento, la visualizzazione, l'esecuzione, la trasmissione o la memorizzazione del programma per elaboratore richiedano una riproduzione, anche tali operazioni sono soggette all'autorizzazione del titolare dei diritti;

b) la traduzione, l'adattamento, la trasformazione e ogni altra modificazione del programma per elaboratore, nonché la riproduzione dell'opera che ne risulti, senza pregiudizio dei diritti di chi modifica il programma;

c) qualsiasi forma di distribuzione al pubblico, compresa la locazione del programma per elaboratore originale o di copie dello stesso. La prima vendita di una copia del programma nella Comunità Economica Europea da parte del titolare dei diritti, o con il suo consenso, esaurisce il diritto di distribuzione di detta copia all'interno della Comunità, ad eccezione del diritto di controllare l'ulteriore locazione del programma o di una copia dello stesso.

64-*ter*. 1. Salvo patto contrario, non sono soggette all'autorizzazione del titolare dei diritti le attività indicate nell'art. 64-*bis*, lett. *a*) e *b*), allorché tali attività sono necessarie per l'uso del programma per elaboratore conformemente alla sua destinazione da parte del legittimo acquirente, inclusa la correzione degli errori.

2. Non può essere impedito per contratto, a chi ha il diritto di usare una copia del program-

(1) V. art. 20, r.d. n. 1369/1942.
(2) Il titolo della sezione è stato così sostituito dall'art. 5, d.lg. 9 aprile 2003, n. 68.
(3) Articolo così sostituito dall'art. 6, d.lg. 9 aprile 2003, n. 68.
(4) Articolo così sostituito dall'art. 7, d.lg. 9 aprile 2003, n. 68.
(5) Articolo così sostituito dall'art. 8, d.lg. 9 aprile 2003, n. 68.
(6) V. art. 21, r.d. n. 1369/1942.
(7) Sezione aggiunta dall'art. 5, d.lg. n. 518/1992.

ma per elaboratore di effettuare una copia di riserva del programma, qualora tale copia sia necessaria per l'uso.

3. Chi ha il diritto di usare una copia del programma per elaboratore può, senza l'autorizzazione del titolare dei diritti, osservare, studiare o sottoporre a prova il funzionamento del programma, allo scopo di determinare le idee ed i principi su cui è basato ogni elemento del programma stesso, qualora egli compia tali atti durante operazioni di caricamento, visualizzazione, esecuzione, trasmissione o memorizzazione del programma che egli ha il diritto di eseguire. Le clausole contrattuali pattuite in violazione del presente comma e del comma 2 sono nulle (1).

64-*quater*. 1. L'autorizzazione del titolare dei diritti non è richiesta qualora la riproduzione del codice del programma di elaboratore e la traduzione della sua forma ai sensi dell'art. 64-*bis*, lett. *a*) e *b*), compiute al fine di modificare la forma del codice, siano indispensabili per ottenere le informazioni necessarie per conseguire l'interoperabilità, con altri programmi, di un programma per elaboratore creato autonomamente purché siano soddisfatte le seguenti condizioni:

a) le predette attività siano eseguite dal licenziatario o da altri che abbia il diritto di usare una copia del programma oppure, per loro conto, da chi è autorizzato a tal fine;

b) le informazioni necessarie per conseguire l'interoperabilità non siano già facilmente e rapidamente accessibili ai soggetti indicati alla lett. *a*);

c) le predette attività siano limitate alle parti del programma originale necessarie per conseguire l'interoperabilità.

2. Le disposizioni di cui al comma 1 non consentono che le informazioni ottenute in virtù della loro applicazione:

a) siano utilizzate a fini diversi dal conseguimento dell'interoperabilità del programma creato autonomamente;

b) siano comunicate a terzi, fatta salva la necessità di consentire l'interoperabilità del programma creato autonomamente;

c) siano utilizzate per lo sviluppo, la produzione o la commercializzazione di un programma per elaboratore sostanzialmente simile nella sua forma espressiva, o per ogni altra attività che violi il diritto di autore.

3. Le clausole contrattuali pattuite in violazione dei commi 1 e 2 sono nulle (2).

4. Conformemente alla convenzione di Berna sulla tutela delle opere letterarie ed artistiche ratificata e resa esecutiva con l. 20 giugno 1978, n. 399, le disposizioni del presente articolo non possono essere interpretate in modo da consentire che la loro applicazione arrechi indebitamente pregiudizio agli interessi legittimi del titolare dei diritti o sia in conflitto con il normale sfruttamento del programma.

Sezione VII. — *Banche di dati* (3)

64-*quinquies*. 1. L'autore di una banca di dati ha il diritto esclusivo di eseguire o autorizzare:

a) la riproduzione permanente o temporanea, totale o parziale, con qualsiasi mezzo e in qualsiasi forma;

b) la traduzione, l'adattamento, una diversa disposizione e ogni altra modifica;

c) qualsiasi forma di distribuzione al pubblico dell'originale o di copie della banca di dati; la prima vendita di una copia nel territorio dell'Unione europea da parte del titolare del diritto o con il suo consenso esaurisce il diritto di controllare, all'interno dell'Unione stessa, le vendite successive della copia;

d) qualsiasi presentazione, dimostrazione o comunicazione in pubblico, ivi compresa la trasmissione effettuata con qualsiasi mezzo e in qualsiasi forma;

e) qualsiasi riproduzione, distribuzione, comunicazione, presentazione o dimostrazione in pubblico dei risultati delle operazioni di cui alla lett. *b*).

64-*sexies*. 1. Non sono soggetti all'autorizzazione di cui all'art. 64-*quinquies* da parte del titolare del diritto:

a) l'accesso o la consultazione della banca di dati quando abbiano esclusivamente finalità didattiche o di ricerca scientifica, non svolta nell'ambito di un'impresa, purché si indichi la fonte e nei limiti di quanto giustificato dallo scopo non commerciale perseguito. Nell'ambito di tali attività di accesso e consultazione, le eventuali operazioni di riproduzione permanente della totalità o di parte sostanziale del contenuto su altro supporto sono comunque soggette all'autorizzazione del titolare del diritto;

b) l'impiego di una banca di dati per fini di sicurezza pubblica o per effetto di una procedura amministrativa o giurisdizionale.

2. Non sono soggette all'autorizzazione del-

(1) L'ultimo periodo è stato così sostituito dall'art. 1, d.lg. 15 marzo 1996, n. 205.
(2) Comma così sostituito dall'art. 2, d.lg. 15 marzo 1996, n. 205.
(3) Sezione inserita dall'art. 4, d.lg. 6 maggio 1999, n. 169, in *Leggi coll. XIX, 4*.

l'autore le attività indicate nell'art. 64-*quinquies* poste in essere da parte dell'utente legittimo della banca di dati o di una sua copia, se tali attività sono necessarie per l'accesso al contenuto della stessa banca di dati e per il suo normale impiego; se l'utente legittimo è autorizzato ad utilizzare solo una parte della banca di dati, il presente comma si applica unicamente a tale parte.

3. Le clausole contrattuali pattuite in violazione del comma 2 sono nulle ai sensi dell'art. 1418 del codice civile.

4. Conformemente alla Convenzione di Berna per la protezione delle opere letterarie e artistiche, ratificata e resa esecutiva con l. 20 giugno 1978, n. 399, le disposizioni di cui ai commi 1 e 2 non possono essere interpretate in modo da consentire che la loro applicazione arrechi indebitamente pregiudizio al titolare del diritto o entri in conflitto con il normale impiego della banca di dati.

CAPO V

ECCEZIONI E LIMITAZIONI (1)

Sezione I. — *Reprografia ed altre eccezioni e limitazioni*

65. 1. Gli articoli di attualità di carattere economico, politico o religioso, pubblicati nelle riviste o nei giornali, oppure radiodiffusi o messi a disposizione del pubblico, e gli altri materiali dello stesso carattere possono essere liberamente riprodotti o comunicati al pubblico in altre riviste o giornali, anche radiotelevisivi, se la riproduzione o l'utilizzazione non è stata espressamente riservata, purché si indichino la fonte da cui sono tratti, la data e il nome dell'autore, se riportato (2).

2. La riproduzione o comunicazione al pubblico di opere o materiali protetti utilizzati in occasione di avvenimenti di attualità è consentita ai fini dell'esercizio del diritto di cronaca e nei limiti dello scopo informativo, sempre che si indichi, salvo caso di impossibilità, la fonte, incluso il nome dell'autore, se riportato.

66. 1. I discorsi su argomenti di interesse politico o amministrativo tenuti in pubbliche assemblee o comunque in pubblico, nonché gli estratti di conferenze aperte al pubblico, possono essere liberamente riprodotti o comunicati al pubblico, nei limiti giustificati dallo scopo informativo, nelle riviste o nei giornali anche radiotelevisivi o telematici, purché indichino la fonte, il nome dell'autore, la data e il luogo in cui il discorso fu tenuto.

67. 1. Opere o brani di opere possono essere riprodotti a fini di pubblica sicurezza, nelle procedure parlamentari, giudiziarie o amministrative, purché si indichino la fonte e, ove possibile, il nome dell'autore.

68. 1. È libera la riproduzione di singole opere o brani di opere per uso personale dei lettori, fatta a mano o con mezzi di riproduzione non idonei a spaccio o diffusione dell'opera nel pubblico.

2. È libera la fotocopia di opere esistenti nelle biblioteche accessibili al pubblico o in quelle scolastiche, nei musei pubblici o negli archivi pubblici, effettuata dai predetti organismi per i propri servizi, senza alcun vantaggio economico o commerciale diretto o indiretto.

3. Fermo restando il divieto di riproduzione di spartiti e partiture musicali, è consentita, nei limiti del quindici per cento di ciascun volume o fascicolo di periodico, escluse le pagine di pubblicità, la riproduzione per uso personale di opere dell'ingegno effettuata mediante fotocopia, xerocopia o sistema analogo.

4. I responsabili dei punti o centri di riproduzione, i quali utilizzino nel proprio ambito o mettano a disposizione di terzi, anche gratuitamente, apparecchi per fotocopia, xerocopia o analogo sistema di riproduzione, devono corrispondere un compenso agli autori ed agli editori delle opere dell'ingegno pubblicate per le stampe che, mediante tali apparecchi, vengono riprodotte per gli usi previsti nel comma 3. La misura di detto compenso e le modalità per la riscossione e la ripartizione sono determinate secondo i criteri posti all'art. 181-*ter* della presente legge. Salvo diverso accordo tra la SIAE e le associazioni delle categorie interessate, tale compenso non può essere inferiore per ciascuna pagina riprodotta al prezzo medio a pagina rilevato annualmente dall'ISTAT per i libri.

5. Le riproduzioni per uso personale delle opere esistenti nelle biblioteche pubbliche, fatte all'interno delle stesse con i mezzi di cui al comma 3, possono essere effettuate liberamente nei limiti stabiliti dal medesimo comma 3 con corresponsione di un compenso in forma forfetaria a favore degli aventi diritto di cui al comma 2 dell'art. 181-*ter*, determinato ai sensi del secondo periodo del comma 1 del medesimo art. 181-*ter*. Tale compenso è versato direttamente ogni anno dalle biblioteche, nei limiti

(1) L'intero Capo V è stato così sostituito dall'art. 9, d.lg. 9 aprile 2003, n. 68.
(2) V. art. 7, r.d. n. 1369/1942.

degli introiti riscossi per il servizio, senza oneri aggiuntivi a carico del bilancio dello Stato o degli enti dai quali le biblioteche dipendono. I limiti di cui al comma 3 non si applicano alle opere fuori dai cataloghi editoriali e rare in quanto di difficile reperibilità sul mercato.

6. È vietato lo spaccio al pubblico delle copie di cui ai commi precedenti e, in genere, ogni utilizzazione in concorrenza con i diritti di utilizzazione economica spettanti all'autore.

68-*bis*. 1. Salvo quanto disposto in ordine alla responsabilità dei prestatori intermediari dalla normativa in materia di commercio elettronico, sono esentati dal diritto di riproduzione gli atti di riproduzione temporanea privi di rilievo economico proprio che sono transitori o accessori e parte integrante ed essenziale di un procedimento tecnologico, eseguiti all'unico scopo di consentire la trasmissione in rete tra terzi con l'intervento di un intermediario, o un utilizzo legittimo di un'opera o di altri materiali.

69. 1. Il prestito eseguito dalle biblioteche e discoteche dello Stato e degli enti pubblici, ai fini esclusivi di promozione culturale e studio personale, non è soggetto ad autorizzazione da parte del titolare del relativo diritto (1) e ha ad oggetto esclusivamente:

a) gli esemplari a stampa delle opere, eccettuati gli spartiti e le partiture musicali;

b) i fonogrammi ed i videogrammi contenenti opere cinematografiche o audiovisive o sequenze d'immagini in movimento, siano esse sonore o meno, decorsi almeno diciotto mesi dal primo atto di esercizio del diritto di distribuzione, ovvero, non essendo stato esercitato il diritto di distribuzione, decorsi almeno ventiquattro mesi dalla realizzazione delle dette opere e sequenze di immagini.

2. Per i servizi delle biblioteche, discoteche e cineteche dello Stato e degli enti pubblici è consentita la riproduzione, senza alcun vantaggio economico o commerciale diretto o indiretto, in un unico esemplare, dei fonogrammi e dei videogrammi contenenti opere cinematografiche o audiovisive o sequenze di immagini in movimento, siano esse sonore o meno, esistenti presso le medesime biblioteche, cineteche e discoteche dello Stato e degli enti pubblici.

69-*bis*. 1. Le biblioteche, gli istituti di istruzione e i musei, accessibili al pubblico, nonché gli archivi, gli istituti per il patrimonio cinematografico o sonoro e le emittenti di servizio pubblico hanno la facoltà di utilizzare le opere orfane di cui all'art. 69-*quater*, contenute nelle loro collezioni, con le seguenti modalità:

a) riproduzione dell'opera orfana ai fini di digitalizzazione, indicizzazione, catalogazione, conservazione o restauro;

b) messa disposizione del pubblico dell'opera in maniera che ciascuno possa avervi accesso dal luogo e nel momento scelti individualmente.

2. Le opere orfane possono essere utilizzate dalle organizzazioni di cui al comma 1 unicamente per scopi connessi alla loro missione di interesse pubblico, in particolare la conservazione, il restauro e la concessione dell'accesso a fini culturali e formativi di opere e fonogrammi contenuti nelle proprie collezioni.

3. I ricavi eventualmente generati nel corso degli utilizzi di cui al comma 2 sono impiegati per coprire i costi per la digitalizzazione delle opere orfane e per la messa a disposizione del pubblico delle stesse.

4. Le organizzazioni di cui al comma 1 devono indicare, in qualsiasi utilizzo dell'opera orfana, nelle formule d'uso, il nome degli autori e degli altri titolari dei diritti che sono stati individuati.

5. Le organizzazioni di cui al comma 1, nell'adempimento della propria missione di interesse pubblico, hanno la facoltà di concludere accordi volti alla valorizzazione e fruizione delle opere orfane attraverso gli utilizzi di cui al comma 1. Tali accordi non possono imporre ai beneficiari dell'eccezione di cui al presente articolo alcuna restrizione sull'utilizzo di opere orfane e non possono conferire alla controparte contrattuale alcun diritto di utilizzazione delle opere orfane o di controllo dell'utilizzo da parte dei beneficiari. Gli accordi non devono essere in contrasto con lo sfruttamento normale delle opere, né arrecare un ingiustificato pregiudizio agli interessi dei titolari dei diritti (2).

69-*ter*. 1. Gli utilizzi di cui all'art. 69-*bis* si applicano alle seguenti opere protette ai sensi della presente legge, di prima pubblicazione in

(1) Le parole «, al quale non è dovuta alcuna remunerazione» sono state soppresse dall'art. 2.132, d.l. 3 ottobre 2006, n. 262, conv. in l. 24 novembre 2006, n. 286.

(2) Articolo inserito dall'art. 1, d.lg. 10 novembre 2014, n. 163. In base all'art. 2, d.lg. cit.: «Le disposizioni di cui all'art. 1 si applicano alle opere e ai fonogrammi di cui all'art. 69-*ter*, comma 1, della l. 22 aprile 1941, n. 633, inserito dal presente decreto, che sono tutelate ai sensi della normativa sul diritto d'autore alla data del 29 ottobre 2014 e successivamente. Le predette disposizioni non si applicano agli atti conclusi e ai diritti acquisiti prima del 29 ottobre 2014».

uno Stato membro dell'Unione europea o, in caso di mancata pubblicazione, di prima diffusione dell'emissione in uno Stato membro dell'Unione europea e considerate orfane ai sensi dell'art. 69-*quater*:

a) opere pubblicate sotto forma di libri, riviste, quotidiani, rotocalchi o altre pubblicazioni conservati nelle collezioni di biblioteche, istituti di istruzione o musei, accessibili al pubblico, nonché nelle collezioni di archivi o di istituti per il patrimonio cinematografico o sonoro;

b) opere cinematografiche o audiovisive e fonogrammi conservati nelle collezioni di biblioteche, istituti di istruzione o musei, accessibili al pubblico, nonché nelle collezioni di archivi o di istituti per il patrimonio cinematografico o sonoro;

c) opere cinematografiche o audiovisive e fonogrammi prodotti da emittenti di servizio pubblico fino al 31 dicembre 2002 e che siano conservati nei loro archivi. Per opere prodotte fino al 31 dicembre 2002 si intendono anche quelle commissionate da emittenti di servizio pubblico per un uso proprio esclusivo o per uso esclusivo di altre emittenti di servizio pubblico coproduttrici. Le opere cinematografiche e audiovisive e i fonogrammi contenuti negli archivi di emittenti di servizio pubblico che non sono stati prodotti o commissionati da tali emittenti ma che queste sono state autorizzate a utilizzare mediante un accordo di licenza non possono essere considerate orfane.

2. Gli utilizzi di cui all'art. 69-*bis* si applicano altresì alle opere e ai fonogrammi in qualsiasi forma che rientrano nelle categorie di opere o materiali di cui al comma 1, depositati presso le organizzazioni di cui all'art. 69-*bis*, comma 1, entro il 29 ottobre 2014, che non sono mai stati pubblicati ovvero diffusi, ma che siano stati resi pubblicamente accessibili dalle predette organizzazioni con il consenso dei titolari dei diritti. Le utilizzazioni sono consentite solo se è ragionevole presumere, sulla base di documentate espressioni di volontà, che i titolari dei diritti non si opporrebbero a tale utilizzo.

3. Gli utilizzi di cui all'art. 69-*bis* si applicano altresì alle opere e agli altri contenuti protetti che sono inclusi, incorporati o che formano parte integrante delle opere o dei fonogrammi di cui al comma 1 (1).

69-*quater*. 1. Un'opera o un fonogramma, come individuati dall'art. 69-*ter*, sono considerati orfani se nessuno dei titolari dei diritti su tale opera o fonogramma è stato individuato oppure, anche se uno o più di loro siano stati individuati, nessuno di loro è stato rintracciato, al termine di una ricerca diligente svolta e registrata conformemente al presente articolo.

2. La ricerca diligente è svolta anteriormente all'utilizzo dell'opera o del fonogramma dalle organizzazioni di cui all'art. 69-*bis*, comma 1, o da soggetto da loro incaricato, secondo i principi di buona fede e correttezza professionale. La ricerca è svolta consultando fonti di informazione appropriate e comunque quelle previste dall'art. 69-*septies* per ciascuna categoria di opere o di fonogrammi. Con decreto del Ministro dei beni e delle attività culturali e del turismo, sentite le associazioni dei titolari dei diritti e degli utilizzatori maggiormente rappresentative, possono essere individuate ulteriori fonti di informazione che devono essere consultate, per ciascuna categoria di opere o fonogrammi, nel corso della ricerca diligente.

3. Se, nel corso di una ricerca svolta in Italia, emergono motivi per ritenere che informazioni pertinenti sui titolari dei diritti debbano essere recuperate in altri Paesi, si procede alla consultazione anche delle fonti di informazioni disponibili in tali Paesi.

4. Le organizzazioni di cui all'art. 69-*bis*, comma 1, comunicano al Ministero dei beni e delle attività culturali e del turismo, Direzione generale per le biblioteche, gli istituti culturali e il diritto d'autore, l'inizio della ricerca diligente e gli esiti delle ricerche che hanno indotto a ritenere che un'opera o un fonogramma possano essere considerati orfani, nonché gli esiti delle ricerche che hanno indotto a ritenere che un'opera o un fonogramma non possano essere considerati orfani. Tali informazioni devono includere gli estremi identificativi delle opere o dei fonogrammi e i riferimenti per contattare l'organizzazione interessata. Le organizzazioni di cui all'art. 69-*bis*, comma 1, comunicano, altresì, qualsiasi modifica dello status di opera orfana delle opere e dei fonogrammi da loro utilizzati. Presso il Ministero dei beni e delle attività culturali e del turismo, Direzione generale per le biblioteche, gli istituti culturali e il diritto d'autore, è costituita una banca dati delle ricerche condotte dalle organizzazioni di cui all'art. 69-*bis*, comma 1.

(1) Articolo inserito dall'art. 1, d.lg. 10 novembre 2014, n. 163. In base all'art. 2, d.lg. cit.: «Le disposizioni di cui all'art. 1 si applicano alle opere e ai fonogrammi di cui all'art. 69-*ter*, comma 1, della l. 22 aprile 1941, n. 633, inserito dal presente decreto, che sono tutelate ai sensi della normativa sul diritto d'autore alla data del 29 ottobre 2014 e successivamente. Le predette disposizioni non si applicano agli atti conclusi e ai diritti acquisiti prima del 29 ottobre 2014».

5. Le opere e i fonogrammi sono considerate orfane e la ricerca diligente, svolta dalle organizzazioni di cui all'art. 69-*bis*, comma 1, o da soggetto da loro incaricato, è conclusa decorso il termine di novanta giorni dalla data di pubblicazione, su un'apposita pagina del sito del Ministero dei beni e delle attività culturali e del turismo, dell'esito della consultazione delle fonti senza che la titolarità sia stata rivendicata da alcuno. Il Ministero dei beni e delle attività culturali e del turismo comunica all'organizzazione che ha effettuato la ricerca l'eventuale rivendicazione dell'opera da parte di uno o più titolari.

6. Le organizzazioni di cui all'art. 69-*bis*, comma 1, comunicano al Ministero dei beni e delle attività culturali e del turismo gli utilizzi delle opere orfane, anche laddove la ricerca sia stata effettuata da altri. Il decreto di cui al comma 2 può prevedere l'obbligo di comunicazione di ulteriori informazioni a carico delle organizzazioni.

7. Ove vi sia più di un titolare dei diritti su un'opera o su un fonogramma e non tutti i titolari siano stati individuati oppure, anche quando individuati, non siano stati rintracciati, al termine di una ricerca diligente svolta ai sensi del presente articolo, l'opera o il fonogramma possono essere utilizzati secondo i termini e nei limiti delle autorizzazioni concesse dai titolari dei diritti identificati e rintracciati.

8. La ricerca diligente è svolta nello Stato membro dell'Unione europea di prima pubblicazione o, in caso di mancata pubblicazione, di prima diffusione dell'emissione. Per le opere cinematografiche o audiovisive il cui produttore ha sede o risiede abitualmente in uno Stato membro dell'Unione europea, la ricerca diligente è svolta nello Stato membro dell'Unione europea in cui sia stabilita la sua sede principale o la sua abituale residenza. Nel caso di opere cinematografiche o audiovisive coprodotte da produttori aventi sedi in Stati membri dell'Unione europea diversi, la ricerca diligente deve essere svolta in ciascuno degli Stati membri in questione.

9. Nel caso di cui all'art. 69-*ter*, comma 2, la ricerca diligente è effettuata nello Stato membro dell'Unione europea in cui è stabilita l'organizzazione che ha reso l'opera o il fonogramma pubblicamente accessibile.

10. In tutti casi in cui la ricerca è effettuata in Italia, si applicano le procedure di cui al presente articolo. Laddove la ricerca è effettuata da titolati soggetti italiani in un altro Stato membro dell'Unione europea, la ricerca diligente è svolta seguendo le procedure e consultando le fonti di informazione prescritte dalla legislazione nazionale di tale Stato membro.

11. Sono considerate orfane le opere e i fonogrammi già considerati opere orfane, ai sensi della dir. 2012/28/UE, in un altro Stato membro dell'Unione europea.

12. Non possono essere considerate orfane le opere in commercio.

13. Restano impregiudicate le disposizioni in materia di opere anonime o pseudonime.

14. Le organizzazioni di cui all'art. 69-*bis*, comma 1, conservano la documentazione relativa alle loro ricerche diligenti in modo che sia disponibile a richiesta degli interessati.

15. Il Ministero per i beni e le attività culturali (1) trasmette senza indugio all'Ufficio per l'armonizzazione nel mercato interno per la registrazione nella banca dati online pubblicamente accessibile:

a) gli esiti delle ricerche diligenti effettuate ai sensi del presente articolo che hanno permesso di concludere che un'opera o un fonogramma sono considerati un'opera orfana;

b) l'utilizzo che le organizzazioni fanno delle opere orfane conformemente alla presente legge;

c) qualsiasi modifica dello status di opera orfana delle opere e dei fonogrammi utilizzati dalle organizzazioni;

d) le pertinenti informazioni di contatto dell'organizzazione interessata (2).

69-*quinquies*. 1. Il titolare dei diritti su un'opera o su un fonogramma considerati opere orfane ha, in qualunque momento, la possibilità di porre fine a tale status in relazione ai diritti a lui spettanti. Gli utilizzi delle opere non più orfane possono proseguire solo se autorizzati dai titolari dei relativi diritti. Gli accordi di cui all'art. 69-*bis*, comma 5, cessano di avere efficacia.

2. Ai titolari dei diritti che pongono fine allo

(1) La denominazione «Ministero/Ministro per i beni e le attività culturali» è stata così sostituita alla precedente «Ministero/Ministro dei beni e delle attività culturali e del turismo» dall'art. 1.5, d.l. 12 luglio 2018, n. 86, conv. in l. 9 agosto 2018, n. 97.

(2) Articolo inserito dall'art. 1, d.lg. 10 novembre 2014, n. 163. In base all'art. 2, d.lg. cit.: «Le disposizioni di cui all'art. 1 si applicano alle opere e ai fonogrammi di cui all'art. 69-*ter*, comma 1, della l. 22 aprile 1941, n. 633, inserito dal presente decreto, che sono tutelate ai sensi della normativa sul diritto d'autore alla data del 29 ottobre 2014 e successivamente. Le predette disposizioni non si applicano agli atti conclusi e ai diritti acquisiti prima del 29 ottobre 2014».

status di opera orfana spetta un equo compenso per l'utilizzo di cui all'art. 69-*bis*.

3. La misura e le modalità di determinazione e corresponsione dell'equo compenso di cui al comma 2 sono stabilite mediante accordi stipulati fra le associazioni di categoria maggiormente rappresentative dei titolari dei diritti di cui alla presente legge e le associazioni delle categorie interessate di cui all'art. 69-*bis*, comma 1. Nella stipula dei predetti accordi le parti tengono in debito conto gli obiettivi di promozione culturale correlati all'uso effettuato dell'opera, la natura non commerciale dell'utilizzo fatto dalle organizzazioni per conseguire gli obiettivi connessi alla loro missione di interesse pubblico, quali la promozione dell'apprendimento e la diffusione della cultura, nonché l'eventuale danno arrecato ai titolari dei diritti.

4. I titolari dei diritti o il soggetto utilizzatore, rientrante fra quelli previsti dall'art. 69-*bis*, comma 1, nel caso in cui non vi sia l'accordo di cui al comma 3 o nel caso in cui non ritengano di aderirvi, possono esperire il tentativo di conciliazione di cui all'art. 194-*bis*, al fine di determinare la misura dell'equo compenso. In difetto di accordo, i predetti soggetti possono adire la competente Autorità giudiziaria, affinché, secondo i criteri di cui al comma 3, determini la misura e la modalità di determinazione dell'equo compenso.

5. Il compenso di cui al comma 2 è dovuto dalle organizzazioni che hanno utilizzato l'opera o il fonogramma (1).

69-*sexies*. 1. I titolari dei diritti possono richiedere di porre fine allo status di opera orfana in relazione ai diritti loro spettanti rivendicando la titolarità presso le organizzazioni di cui all'art. 69-*bis*, comma 1.

2. In caso di controversia sulla titolarità dei diritti si applica il tentativo obbligatorio di conciliazione previsto dall'art. 194-*bis*.

3. Il Ministero per i beni e le attività culturali (2) comunica prontamente all'Ufficio per l'armonizzazione nel mercato interno, per la registrazione nella banca dati online pubblicamente accessibile, qualsiasi modifica dello status di opera orfana (1).

69-*septies*. 1. Le fonti di cui all'art. 69-*quater*, comma 2, comprendono le seguenti:

a) per tutte le categorie di opere: il Registro Pubblico Generale delle Opere Protette presso il Ministero per i beni e le attività culturali (2);

b) per i libri pubblicati:

1) il Sistema Bibliotecario Nazionale, inclusi i registri d'autorità per gli autori;

2) le associazioni nazionali degli editori e degli autori, gli editori che hanno pubblicato le opere, se noti, e gli agenti letterari operanti in Italia;

3) il deposito legale;

4) la banca dati dell'agenzia italiana ISBN, per i libri pubblicati e per gli editori;

5) la banca dati WATCH (Writers, Artists and their Copyright Holders);

6) le banche dati della SIAE e del servizio Clearedi;

7) le banche dati dei libri in commercio ALICE ed ESAIE (per i titoli scolastici);

8) l'Anagrafe Nazionale Nominativa dei Professori e dei Ricercatori e delle Pubblicazioni Scientifiche (ANPRePS); Le fonti sopra riportate possono essere consultate o direttamente o attraverso sistemi che ne consentono l'interrogazione integrata quali VIAF (Virtual International Authority Files) e ARROW (Accessible Registries of Rights Information and Orphan Works).

c) per i quotidiani, i rotocalchi e le riviste:

1) l'ISSN (International Standard Serial Number) per i periodici;

2) gli indici e i cataloghi di raccolte storiche e collezioni di biblioteche;

3) il deposito legale;

4) le associazioni italiane degli editori e le associazioni italiane degli autori e dei giornalisti;

5) le banche dati delle società di gestione collettiva, inclusi gli organismi che gestiscono i diritti di riproduzione.

d) per le opere visive, inclusi gli oggetti d'arte, la fotografia, le illustrazioni, il design, l'architettura, le bozze di tali opere e di altro materiale riprodotto in libri, riviste, quotidiani e rotocalchi o altre opere:

1) le fonti di cui alle lett. *a*), *b*) e *c*);

2) le banche dati delle società di gestione collettiva, in particolare riguardanti le arti

(1) Articolo inserito dall'art. 1, d.lg. 10 novembre 2014, n. 163. In base all'art. 2, d.lg. cit.: «Le disposizioni di cui all'art. 1 si applicano alle opere e ai fonogrammi di cui all'art. 69-*ter*, comma 1, della l. 22 aprile 1941, n. 633, inserito dal presente decreto, che sono tutelate ai sensi della normativa sul diritto d'autore alla data del 29 ottobre 2014 e successivamente. Le predette disposizioni non si applicano agli atti conclusi e ai diritti acquisiti prima del 29 ottobre 2014».

(2) La denominazione «Ministero/Ministro per i beni e le attività culturali» è stata così sostituita alla precedente «Ministero/Ministro dei beni e delle attività culturali e del turismo» dall'art. 1.5, d.l. 12 luglio 2018, n. 86, conv. in l. 9 agosto 2018, n. 97.

visive e incluse le organizzazioni che gestiscono i diritti di riproduzione;

3) se del caso, le banche dati di agenzie fotografiche.

e) per le opere audiovisive e i fonogrammi:

1) il deposito legale;

2) le associazioni italiane dei produttori;

3) le banche dati di istituti per il patrimonio cinematografico o sonoro e le biblioteche nazionali;

4) le banche dati con i relativi standard e identificatori, come ISAN (International Standard Audiovisual Number) per il materiale audiovisivo, ISWC (International Standard Music Work Code) per le composizioni musicali e ISRC (International Standard Recording Code) per i fonogrammi;

5) le banche dati delle società di gestione collettiva, in particolare per autori, interpreti o esecutori, produttori di fonogrammi e produttori di opere audiovisive;

6) l'elenco di quanti hanno partecipato alla realizzazione e altre informazioni riportate sulla confezione dell'opera;

7) le banche dati di altre associazioni pertinenti che rappresentano una categoria specifica di titolari dei diritti (1).

70. 1. Il riassunto, la citazione o la riproduzione di brani o di parti di opera e la loro comunicazione al pubblico sono liberi se effettuati per uso di critica o di discussione, nei limiti giustificati da tali fini e purché non costituiscano concorrenza all'utilizzazione economica dell'opera; se effettuati a fini di insegnamento o di ricerca scientifica l'utilizzo deve inoltre avvenire per finalità illustrative e per fini non commerciali.

1-*bis*. È consentita la libera pubblicazione attraverso la rete *internet*, a titolo gratuito, di immagini e musiche a bassa risoluzione o degradate, per uso didattico o scientifico e solo nel caso in cui tale utilizzo non sia a scopo di lucro. Con decreto del Ministro per i beni e le attività culturali, sentiti il Ministro della pubblica istruzione e il Ministro dell'università e della ricerca, previo parere delle Commissioni parlamentari competenti, sono definiti i limiti all'uso didattico o scientifico di cui al presente comma (2).

2. Nelle antologie ad uso scolastico la riproduzione non può superare la misura determinata dal regolamento, il quale fissa la modalità per la determinazione dell'equo compenso (3).

3. Il riassunto, la citazione o la riproduzione debbono essere sempre accompagnati dalla menzione del titolo dell'opera, dei nomi dell'autore, dell'editore e, se si tratti di traduzione, del traduttore, qualora tali indicazioni figurino sull'opera riprodotta.

71. *1.* Le bande musicali e le fanfare dei corpi armati dello Stato possono eseguire in pubblico brani musicali o parti di opere in musica, senza pagamento di alcun compenso per diritti di autore, purché l'esecuzione sia effettuata senza scopo di lucro.

71-*bis*. 1. Ai portatori di particolari handicap sono consentite, per uso personale, la riproduzione di opere e materiali protetti o l'utilizzazione della comunicazione al pubblico degli stessi, purché siano direttamente collegate all'handicap, non abbiano carattere commerciale e si limitino a quanto richiesto dall'handicap.

2. Con decreto del Ministro per i beni e le attività culturali, di concerto con il Ministro del lavoro e delle politiche sociali, sentito il comitato di cui all'art. 190, sono individuate le categorie di portatori di handicap di cui al comma 1 e i criteri per l'individuazione dei singoli beneficiari nonché, ove necessario, le modalità di fruizione dell'eccezione (4).

71-*ter*. 1. È libera la comunicazione o la messa a disposizione destinata a singoli individui, a scopo di ricerca o di attività privata di studio, su terminali aventi tale unica funzione situati nei locali delle biblioteche accessibili al pubblico, degli istituti di istruzione, nei musei e negli archivi, limitatamente alle opere o ad altri materiali contenuti nelle loro collezioni e non soggetti a vincoli derivanti da atti di cessione o da licenza.

71-*quater*. 1. È consentita la riproduzione di emissioni radiotelevisive effettuate da ospedali pubblici e da istituti di prevenzione e pena, per un utilizzo esclusivamente interno, purché i titolari dei diritti ricevano un equo compenso

(1) Articolo inserito dall'art. 1, d.lg. 10 novembre 2014, n. 163. In base all'art. 2, d.lg. cit.: «Le disposizioni di cui all'art. 1 si applicano alle opere e ai fonogrammi di cui all'art. 69-*ter*, comma 1, della l. 22 aprile 1941, n. 633, inserito dal presente decreto, che sono tutelate ai sensi della normativa sul diritto d'autore alla data del 29 ottobre 2014 e successivamente. Le predette disposizioni non si applicano agli atti conclusi e ai diritti acquisiti prima del 29 ottobre 2014».

(2) Comma inserito dall'art. 2, l. 9 gennaio 2008, n. 2.

(3) V. art. 22, r.d. n. 1369/1942. Per la misura del compenso, v. d.p.c.m. 22 febbraio 1988, in G.U., 11 marzo 1988, n. 59, anche per le opere fotografiche.

(4) D.m. Beni e Attività culturali 14 novembre 2007, n. 239, in G.U., 20 dicembre 2007, n. 295.

determinato con decreto del Ministro per i beni e le attività culturali, sentito il comitato di cui all'art. 190.

71-*quinquies*. 1. I titolari di diritti che abbiano apposto le misure tecnologiche di cui all'art. 102-*quater* sono tenuti alla rimozione delle stesse, per consentire l'utilizzo delle opere o dei materiali protetti, dietro richiesta dell'autorità competente, per fini di sicurezza pubblica o per assicurare il corretto svolgimento di un procedimento amministrativo, parlamentare o giudiziario.

2. I titolari dei diritti sono tenuti ad adottare idonee soluzioni, anche mediante la stipula di appositi accordi con le associazioni di categoria rappresentative dei beneficiari, per consentire l'esercizio delle eccezioni di cui agli artt. 55, 68, commi 1 e 2, 69, comma 2, 70, comma 1, 71-*bis* e 71-*quater*, su espressa richiesta dei beneficiari ed a condizione che i beneficiari stessi abbiano acquisito il possesso legittimo degli esemplari dell'opera o del materiale protetto, o vi abbiano avuto accesso legittimo ai fini del loro utilizzo, nel rispetto e nei limiti delle disposizioni di cui ai citati articoli, ivi compresa la corresponsione dell'equo compenso, ove previsto.

3. I titolari dei diritti non sono tenuti agli adempimenti di cui al comma 2 in relazione alle opere o ai materiali messi a disposizione del pubblico in modo che ciascuno vi possa avere accesso dal luogo o nel momento scelto individualmente, quando l'accesso avvenga sulla base di accordi contrattuali.

4. Le associazioni di categoria dei titolari dei diritti e gli enti o le associazioni rappresentative dei beneficiari delle eccezioni di cui al comma 2 possono svolgere trattative volte a consentire l'esercizio di dette eccezioni. In mancanza di accordo, ciascuna delle parti può rivolgersi al comitato di cui all'art. 190 perché esperisca un tentativo obbligatorio di conciliazione, secondo le modalità di cui all'art. 194-*bis*.

5. Dall'applicazione della presente disposizione non derivano nuovi o maggiori oneri a carico della finanza pubblica.

Sezione II. — *Riproduzione privata ad uso personale*

71-*sexies*. 1. È consentita la riproduzione privata di fonogrammi e videogrammi su qualsiasi supporto, effettuata da una persona fisica per uso esclusivamente personale, purché senza scopo di lucro e senza fini direttamente o indirettamente commerciali, nel rispetto delle misure tecnologiche di cui all'art. 102-*quater*.

2. La riproduzione di cui al comma 1 non può essere effettuata da terzi. La prestazione di servizi finalizzata a consentire la riproduzione di fonogrammi e videogrammi da parte di persona fisica per uso personale costituisce attività di riproduzione soggetta alle disposizioni di cui agli artt. 13, 72, 78-*bis*, 79 e 80.

3. La disposizione di cui al comma 1 non si applica alle opere o ai materiali protetti messi a disposizione del pubblico in modo che ciascuno possa avervi accesso dal luogo e nel momento scelti individualmente, quando l'opera è protetta dalle misure tecnologiche di cui all'art. 102-*quater* ovvero quando l'accesso è consentito sulla base di accordi contrattuali.

4. Fatto salvo quanto disposto dal comma 3, i titolari dei diritti sono tenuti a consentire che, nonostante l'applicazione delle misure tecnologiche di cui all'art. 102-*quater*, la persona fisica che abbia acquisito il possesso legittimo di esemplari dell'opera o del materiale protetto, ovvero vi abbia avuto accesso legittimo, possa effettuare una copia privata, anche solo analogica, per uso personale, a condizione che tale possibilità non sia in contrasto con lo sfruttamento normale dell'opera o degli altri materiali e non arrechi ingiustificato pregiudizio ai titolari dei diritti.

71-*septies*. 1. Gli autori ed i produttori di fonogrammi, nonché i produttori originari di opere audiovisive, gli artisti interpreti ed esecutori ed i produttori di videogrammi, e i loro aventi causa, hanno diritto ad un compenso (1) per la riproduzione privata di fonogrammi e di videogrammi di cui all'art. 71-*sexies*. Detto

(1) Sulla misura del corrispettivo l'art. 39, d.lg. 9 aprile 2003, n. 68, così dispone: «1. Il compenso di cui all'art. 71-*septies* della l. 22 aprile 1941, n. 633, è fissato fino al 31 dicembre 2005, e comunque fino all'emanazione del decreto di cui allo stesso art. 71-*septies*, nelle seguenti misure: *a*) supporti audio analogici: 0,23 euro per ogni ora di registrazione; *b*) supporti audio digitali dedicati, quali minidisc, CD-R audio e CD-RW audio: 0,29 euro per ora di registrazione. Il compenso è aumentato proporzionalmente per i supporti di durata superiore; *c*) supporti digitali non dedicati, idonei alla registrazione di fonogrammi, quali CD-R dati e CD-RW dati: 0,23 euro per 650 megabyte; *d*) [...]; *e*) supporti video analogici: 0,29 euro per ciascuna ora di registrazione; *f*) supporti video digitali dedicati quali DVHS, DVD-R video e DVD-RW video: 0,29 euro per ora, pari a 0,87 euro per un supporto con una capacità di registrazione di 180 minuti. Il compenso è aumentato proporzionalmente per i supporti di durata superiore; *g*) supporti digitali idonei alla registrazione di fonogrammi e videogrammi, quali DVD Ram, DVD-R e DVD-RW: 0,87 euro per 4,7 gigabyte. Il compenso è aumentato proporzionalmente per i supporti di durata superiore; *h*) apparecchi esclusivamente destinati alla registrazione analogica o digitale audio o video: 3 per cento dei relativi prezzi di listino al rivenditore; *h-bis*) [...]».

compenso è costituito, per gli apparecchi esclusivamente destinati alla registrazione analogica o digitale di fonogrammi o videogrammi, da una quota del prezzo pagato dall'acquirente finale al rivenditore, che per gli apparecchi polifunzionali è calcolata sul prezzo di un apparecchio avente caratteristiche equivalenti a quelle della componente interna destinata alla registrazione, ovvero, qualora ciò non fosse possibile, da un importo fisso per apparecchio. Per i supporti di registrazione audio e video, quali supporti analogici, supporti digitali, memorie fisse o trasferibili destinate alla registrazione di fonogrammi o videogrammi, il compenso è costituito da una somma commisurata alla capacità di registrazione resa dai medesimi supporti. Per i sistemi di videoregistrazione da remoto il compenso di cui al presente comma è dovuto dal soggetto che presta il servizio ed è commisurato alla remunerazione ottenuta per la prestazione del servizio stesso (1).

2. Il compenso di cui al comma 1 è determinato, nel rispetto della normativa comunitaria e comunque tenendo conto dei diritti di riproduzione (2), con decreto del Ministro per i beni e le attività culturali, da adottare entro il 31 dicembre 2009 (3) sentito il comitato di cui all'art. 190 e le associazioni di categoria maggiormente rappresentative dei produttori degli apparecchi e dei supporti di cui al comma 1. Per la determinazione del compenso si tiene conto dell'apposizione o meno delle misure tecnologiche di cui all'art. 102-*quater*, nonché della diversa incidenza della copia digitale rispetto alla copia analogica. Il decreto è sottoposto ad aggiornamento triennale.

3. Il compenso è dovuto da chi fabbrica o importa nel territorio dello Stato allo scopo di trarne profitto gli apparecchi e i supporti indicati nel comma 1. I predetti soggetti devono presentare alla Società italiana degli autori ed editori (SIAE), ogni tre mesi, una dichiarazione dalla quale risultino le cessioni effettuate e i compensi dovuti, che devono essere contestualmente corrisposti. In caso di mancata corresponsione del compenso, è responsabile in solido per il pagamento il distributore degli apparecchi o dei supporti di registrazione (4).

4. La violazione degli obblighi di cui al comma 3, è punita con la sanzione amministrativa pecuniaria pari al doppio del compenso dovuto, nonché, nei casi più gravi o di recidiva, con la sospensione della licenza o autorizzazione all'esercizio dell'attività commerciale o industriale da quindici giorni a tre mesi ovvero con la revoca della licenza o autorizzazione stessa (4) (5).

71-*octies*. 1. Il compenso di cui all'art. 71-*septies* per apparecchi e supporti di registrazione audio è corrisposto alla Società italiana degli autori ed editori (SIAE), la quale provvede a ripartirlo al netto delle spese, per il cinquanta per cento agli autori e loro aventi causa e per il cinquanta per cento ai produttori di fonogrammi, anche tramite le loro associazioni di categoria maggiormente rappresentative.

2. I produttori di fonogrammi devono corrispondere senza ritardo, e comunque entro sei mesi, il cinquanta per cento del compenso loro attribuito ai sensi del comma 1 agli artisti interpreti o esecutori interessati.

3. Il compenso di cui all'art. 71-*septies* per gli apparecchi e i supporti di registrazione video è corrisposto alla Società italiana degli autori ed editori (SIAE), la quale provvede a ripartirlo al netto delle spese, anche tramite le loro associazioni di categoria maggiormente rappresentative, per il trenta per cento a li autori, per il restante settanta per cento in parti uguali tra i produttori originari di opere audiovisive, i produttori di videogrammi e gli artisti interpreti o esecutori. La quota spettante agli artisti interpreti o esecutori è destinata per il cinquanta per cento alle attività e finalità di cui all'art. 7, comma 2, della l. 5 febbraio 1992, n. 93.

3-*bis*. Al fine di favorire la creatività dei giovani autori, il 10 per cento di tutti i compensi incassati ai sensi dell'art. 71-*septies*, calcolato prima delle ripartizioni effettuate dalla Società italiana degli autori ed editori (SIAE) ai sensi dei commi 1 e 3 del presente articolo, è destinato dalla Società, sulla base di apposito atto di indirizzo annuale del Ministro per i beni e le

(1) Ultimo periodo aggiunto dall'art. 5.2-*ter*, d.l. 31 dicembre 2007, n. 248, conv. in l. 28 febbraio 2008, n. 31.

(2) Le parole «, nel rispetto della normativa comunitaria e comunque tenendo conto dei diritti di riproduzione,» sono state inserite dall'art. 5.2-*quater*, d.l. 31 dicembre 2007, n. 248, conv. in l. 28 febbraio 2008, n. 31.

(3) Le parole «entro il 31 dicembre 2009» sono state così sostituite alle precedenti «entro il 31 dicembre 2008» dall'art. 39, d.l. 30 dicembre 2008, n. 207, conv. in l. 27 febbraio 2009, n. 14.

(4) Comma così sostituito dall'art. 1.9, d.l. 22 marzo 2004, n. 72, conv. in l. 21 maggio 2004, n. 128.

(5) Per la determinazione del compenso per la riproduzione privata di fonogrammi e di videogrammi ai sensi di questo articolo v. d.m. Beni e Attività culturali e Turismo 20 giugno 2014, in G.U., 7 luglio 2014, n. 155, e *Comunicato*, in G.U., 8 luglio 2014, n. 156.

attività culturali (1), ad attività di promozione culturale nazionale e internazionale (2).

Sezione III. — *Disposizioni comuni*

71-*nonies*. 1. Le eccezioni e limitazioni disciplinate dal presente capo e da ogni altra disposizione della presente legge, quando sono applicate ad opere o ad altri materiali protetti messi a disposizione del pubblico in modo che ciascuno possa avervi accesso dal luogo e nel momento scelto individualmente, non devono essere in contrasto con lo sfruttamento normale delle opere o degli altri materiali, né arrecare un ingiustificato pregiudizio agli interessi dei titolari.

71-*decies*. 1. Le eccezioni e limitazioni al diritto d'autore contenute nel presente capo si applicano anche ai diritti connessi di cui ai capi I, I-*bis*, II e III e, in quanto applicabili, agli altri capi del titolo II, nonché al capo I del titolo II-*bis*.

TITOLO II

Disposizioni sui diritti connessi all'esercizio del diritto di autore

CAPO I

DIRITTI DEL PRODUTTORE DI FONOGRAMMI (3)

72. 1. Salvi i diritti spettanti all'autore a termini del titolo I, il produttore di fonogrammi ha il diritto esclusivo, per la durata e alle condizioni stabilite dagli articoli che seguono:

a) di autorizzare la riproduzione diretta o indiretta, temporanea o permanente, dei suoi fonogrammi in qualunque modo o forma, in tutto o in parte e con qualsiasi processo di duplicazione;

b) di autorizzare la distribuzione degli esemplari dei suoi fonogrammi. Il diritto di distribuzione non si esaurisce nel territorio della Comunità europea, se non nel caso di prima vendita del supporto contenente il fonogramma effettuata o consentita dal produttore in uno Stato membro;

c) di autorizzare il noleggio ed il prestito degli esemplari dei suoi fonogrammi. Tale diritto non si esaurisce con la vendita o con la distribuzione in qualsiasi forma degli esemplari;

d) di autorizzare la messa a disposizione del pubblico dei suoi fonogrammi in maniera tale che ciascuno possa avervi accesso dal luogo e nel momento scelti individualmente. Tale diritto non si esaurisce con alcun atto di messa a disposizione del pubblico (4).

73. 1. Il produttore di fonogrammi, nonché gli artisti interpreti e gli artisti esecutori che abbiano compiuto l'interpretazione o l'esecuzione fissata o riprodotta nei fonogrammi, indipendentemente dai diritti di distribuzione, noleggio e prestito loro spettanti, hanno diritto ad un compenso per l'utilizzazione a scopo di lucro dei fonogrammi a mezzo della cinematografia, della diffusione radiofonica e televisiva, ivi compresa la comunicazione al pubblico via satellite, nelle pubbliche feste danzanti, nei pubblici esercizi ed in occasione di qualsiasi altra pubblica utilizzazione dei fonogrammi stessi. Il compenso è riconosciuto, per ciascun fonogramma utilizzato, distintamente al produttore di fonogrammi ed agli artisti interpreti o esecutori. L'esercizio di tale diritto spetta a ciascuna delle imprese che svolgono attività di intermediazione dei diritti connessi al diritto d'autore, di cui all'art. 3, comma 2, del d.p.c.m. 19 dicembre 2012, pubblicato nella

(1) La denominazione «Ministero/Ministro per i beni e le attività culturali» è stata così sostituita alla precedente «Ministero/Ministro dei beni e delle attività culturali e del turismo» dall'art. 1.5, d.l. 12 luglio 2018, n. 86, conv. in l. 9 agosto 2018, n. 97.

(2) Comma aggiunto dall'art. 1.335, l. 28 dicembre 2015, n. 208.

(3) Titolo così sostituito dall'art. 10, d.lg. 9 aprile 2003, n. 68.

L'art. 5, d.lg. 21 febbraio 2014, n. 22, così dispone: «Art. 5. *Misure transitorie sui contratti di trasferimento o cessione dei diritti sul fonogramma*. — 1. Salvo che il contratto disponga diversamente, un contratto di trasferimento o cessione dei diritti sul fonogramma, concluso anteriormente alla data di entrata in vigore del presente decreto, continua a produrre i suoi effetti oltre la data alla quale, in base alla normativa vigente alla data del 31 ottobre 2013, l'artista, interprete o esecutore non sarebbe più protetto. || 2. I contratti di trasferimento o cessione che autorizzano un artista, interprete o esecutore, a ricevere pagamenti ricorrenti e che sono stati conclusi anteriormente alla data di entrata in vigore del presente decreto, possono essere rinegoziati dalle Parti a vantaggio dell'artista, interprete o esecutore, dopo il cinquantesimo anno dalla pubblicazione lecita del fonogramma o, in mancanza di tale pubblicazione, dopo il cinquantesimo anno dalla sua lecita comunicazione al pubblico. Se la rinegoziazione non raggiunge il buon fine, può promuoversi la procedura di conciliazione di cui all'art. 194-*bis* della l. 22 aprile 1941, n. 633».

(4) Articolo così sostituito dall'art. 11, d.lg. 9 aprile 2003, n. 68.

Gazzetta Ufficiale n. 59 dell'11 marzo 2013, alle quali il produttore di fonogrammi e gli artisti interpreti o esecutori hanno conferito per iscritto il rispettivo mandato (1).

2. La misura del compenso e le quote di ripartizione, nonché le relative modalità, sono determinate secondo le norme del regolamento (2).

2-*bis.* Il compenso dovuto agli artisti interpreti o esecutori ai sensi dei commi 1 e 2 non è da essi rinunciabile né può in alcun modo formare oggetto di cessione (3).

3. Nessun compenso è dovuto per l'utilizzazione ai fini dell'insegnamento e della comunicazione istituzionale fatta dall'Amministrazione dello Stato o da enti a ciò autorizzati dallo Stato (4).

73-*bis*. 1. Gli artisti interpreti o esecutori e il produttore del fonogramma utilizzato hanno diritto ad un equo compenso anche quando l'utilizzazione di cui all'art. 73 è effettuata a scopo non di lucro.

2. Salvo diverso accordo tra le parti, tale compenso è determinato, riscosso e ripartito secondo le norme del regolamento (5).

74. *1.* Il produttore ha il diritto di opporsi a che l'utilizzazione dei fonogrammi, prevista negli artt. 73 e 73-*bis*, sia effettuata in condizioni tali da arrecare un grave pregiudizio ai suoi interessi industriali.

2. Su richiesta dell'interessato, il Ministero per i beni e le attività culturali, in attesa della decisione dell'autorità giudiziaria, può nondimeno autorizzare l'utilizzazione dei fonogrammi previi accertamenti tecnici e disponendo, se occorra, quanto è necessario per eliminare le cause che turbano la regolarità dell'utilizzazione (6).

75. *1.* La durata dei diritti previsti nel presente capo è di cinquanta anni dalla fissazione. Tuttavia se durante tale periodo il fonogramma è lecitamente pubblicato, i diritti scadono settanta anni dopo la data della prima pubblicazione lecita.

2. Se nel periodo di tempo indicato nel primo comma non sono effettuate pubblicazioni lecite e se il fonogramma è lecitamente comunicato al pubblico durante detto periodo, i diritti scadono settanta anni dopo la data di tale prima comunicazione al pubblico (7).

76. *1.* I supporti contenenti fonogrammi non possono essere distribuiti se non portano stabilmente apposte le indicazioni di cui all'art. 62, in quanto applicabili (8).

77. . . . . (9).

78. *1.* Il produttore di fonogrammi è la persona fisica o giuridica che assume l'iniziativa e la responsabilità della prima fissazione dei suoni provenienti da una interpretazione o esecuzione o di altri suoni o di rappresentazioni di suoni.

2. È considerato come luogo della produzione quello nel quale avviene la diretta registrazione originale (10).

CAPO I-*bis*

DIRITTI DEI PRODUTTORI DI OPERE CINEMATOGRAFICHE O AUDIOVISIVE O SEQUENZE DI IMMAGINI IN MOVIMENTO (11)

78-*bis*. 1. L'utilizzazione dei fonogrammi da parte di emittenti radiotelevisive è soggetta alle disposizioni di cui al presente capo (12).

78-*ter*. 1. Il produttore di opere cinematografiche o audiovisive e di sequenze di immagini in movimento è titolare del diritto esclusivo:

a) di autorizzare la riproduzione diretta o indiretta, temporanea o permanente, in qualunque modo o forma, in tutto o in parte, degli ori-

(1) I periodi da «Il compenso» fino a «mandato» sono state così sostituiti all'originario ultimo periodo dall'art. 1.56, lett. a, l. 4 agosto 2017, n. 124.

(2) V. d.p.c.m. 2 febbraio 2015, in G.U., 10 marzo 2015, n. 57.

(3) Comma inserito dall'art. 1.56, lett. b, l. 4 agosto 2017, n. 124.

(4) Articolo così sostituito dall'art. 12, d.lg. 9 aprile 2003, n. 68.

(5) Articolo aggiunto dall'art. 9, d.lg. 16 novembre 1994, n. 685. V. d.p.c.m. 2 febbraio 2015, in G.U., 10 marzo 2015, n. 57.

(6) Articolo così sostituito dall'art. 13, d.lg. 9 aprile 2003, n. 68.

(7) Articolo così sostituito, da ultimo, dall'art. 1, d.lg. 21 febbraio 2014, n. 22. L'art. 4, d.lg. cit., così dispone: «Le disposizioni di cui agli artt. 75 e 85 della l. 22 aprile 1941, n. 633, come modificati dal presente decreto, nonché gli artt. 84-*bis* e 84-*ter* della predetta legge, introdotti dal presente decreto, si applicano alle fissazioni di esecuzioni e ai fonogrammi per i quali l'artista, interprete o esecutore, e il produttore di fonogrammi erano ancora protetti, in virtù delle disposizioni in vigore prima dell'entrata in vigore del presente decreto legislativo, alla data del 1° novembre 2013 e alle fissazioni di esecuzioni e ai fonogrammi successivi a tale data».

(8) Articolo così sostituito dall'art. 15, d.lg. 9 aprile 2003, n. 68.

(9) Articolo abrogato dall'art. 41.2, d.lg. 9 aprile 2003, n. 68.

(10) Articolo così sostituito dall'art. 16, d.lg. 9 aprile 2003, n. 68.

(11) Capo inserito dall'art. 10, d.lg. 16 novembre 1994, n. 685.

(12) Articolo così sostituito dall'art. 17, d.lg. 9 aprile 2003, n. 68.

ginali e delle copie delle proprie realizzazioni;

b) di autorizzare la distribuzione con qualsiasi mezzo, compresa la vendita, dell'originale e delle copie di tali realizzazioni. Il diritto di distribuzione non si esaurisce nel territorio della Comunità europea se non nel caso di prima vendita effettuata o consentita dal produttore in uno Stato membro;

c) di autorizzare il noleggio ed il prestito dell'originale e delle copie delle sue realizzazioni. La vendita o la distribuzione, sotto qualsiasi forma, non esauriscono il diritto di noleggio e di prestito;

d) di autorizzare la messa a disposizione del pubblico dell'originale e delle copie delle proprie realizzazioni, in maniera tale che ciascuno possa avervi accesso dal luogo e nel momento scelti individualmente. Tale diritto non si esaurisce con alcun atto di messa a disposizione del pubblico.

2. La durata dei diritti di cui al comma 1 è di cinquanta anni dalla fissazione. Se l'opera cinematografica o audiovisiva o la sequenza di immagini in movimento è pubblicata o comunicata al pubblico durante tale termine, la durata è di cinquanta anni dalla prima pubblicazione o, se anteriore, dalla prima comunicazione al pubblico dell'opera cinematografica o audiovisiva o della sequenza di immagini in movimento (1) (2).

CAPO I-*ter*

DIRITTI AUDIOVISIVI SPORTIVI (3)

78-*quater*. 1. Ai diritti audiovisivi sportivi di cui alla l. 19 luglio 2007, n. 106, e relativi decreti legislativi attuativi si applicano le disposizioni della presente legge, in quanto compatibili.

CAPO II

DIRITTI RELATIVI ALL'EMISSIONE RADIOFONICA E TELEVISIVA (4)

79. 1. Senza pregiudizio dei diritti sanciti da questa legge a favore degli autori, dei produttori di fonogrammi, dei produttori di opere cinematografiche o audiovisive o di sequenze di immagini in movimento, degli artisti interpreti e degli artisti esecutori, coloro che esercitano l'attività di emissione radiofonica o televisiva hanno il diritto esclusivo:

a) di autorizzare la fissazione delle proprie emissioni effettuate su filo o via etere: il diritto non spetta al distributore via cavo qualora ritrasmetta semplicemente via cavo le emissioni di altri organismi di radiodiffusione;

b) di autorizzare la riproduzione diretta o indiretta, temporanea o permanente, in qualunque modo o forma, in tutto o in parte, delle fissazioni delle proprie emissioni;

c) di autorizzare la ritrasmissione su filo o via etere delle proprie emissioni, nonché la loro comunicazione al pubblico, se questa avviene in luoghi accessibili mediante pagamento di un diritto di ingresso;

d) di autorizzare la messa a disposizione del pubblico in maniera tale che ciascuno possa avervi accesso nel luogo o nel momento scelti individualmente, delle fissazioni delle proprie emissioni, siano esse effettuate su filo o via etere;

e) di autorizzare la distribuzione delle fissazioni delle proprie emissioni. Il diritto di distribuzione non si esaurisce nel territorio della Comunità europea, se non nel caso di prima vendita effettuata o consentita dal titolare in uno Stato membro;

f) i diritti di cui alle lett. *c*) e *d*) non si esauriscono con alcun atto di comunicazione al pubblico o di messa a disposizione del pubblico.

2. I soggetti di cui al comma 1 hanno altresì il diritto esclusivo di utilizzare la fissazione delle proprie emissioni per nuove trasmissioni o ritrasmissioni o per nuove registrazioni.

3. L'espressione radio-diffusione ha riguardo all'emissione radiofonica e televisiva.

4. L'espressione su filo o via etere include le emissioni via cavo e via satellite.

5. La durata dei diritti di cui al comma 1 è di cinquanta anni dalla prima diffusione di una emissione (5).

(1) Articolo inserito dall'art. 18, d.lg. 9 aprile 2003, n. 68.

(2) In tema di eventi sportivi, l'art. 4.6, d.lg. 9 gennaio 2008, n. 9, così dispone: «La proprietà delle riprese, quale risultato delle produzioni audiovisive di cui ai commi 4 e 5, anche in deroga a quanto previsto all'art. 78-*ter* della l. 22 aprile 1941, n. 633, spetta all'organizzatore dell'evento, fermo restando il diritto dell'organizzatore della competizione di farne uso per tutti i fini di cui al presente decreto».

(3) Capo inserito dall'art. 28, d.lg. 9 gennaio 2008, n. 9. Per la commercializzazione dei diritti audiovisivi sportivi v. deliberazione AGCOM 18 marzo 2009, n. 120/09/CONS, in G.U., 15 aprile 2009, n. 87.

(4) Capo così sostituito dall'art. 11, d.lg. 16 novembre 1994, n. 685.

(5) Articolo così sostituito dall'art. 19, d.lg. 9 aprile 2003, n. 68.

CAPO III

DIRITTI DEGLI ARTISTI INTERPRETI E DEGLI ARTISTI ESECUTORI (1)

80. 1. Si considerano artisti interpreti ed artisti esecutori gli attori, i cantanti, i musicisti, i ballerini e le altre persone che rappresentano, cantano, recitano, declamano o eseguono in qualunque modo opere dell'ingegno, siano esse tutelate o di dominio pubblico.

2. Gli artisti interpreti e gli artisti esecutori hanno, indipendentemente dall'eventuale retribuzione loro spettante per le prestazioni artistiche dal vivo, il diritto esclusivo di:

a) autorizzare la fissazione delle loro prestazioni artistiche;

b) autorizzare la riproduzione diretta o indiretta, temporanea o permanente, in qualunque modo o forma, in tutto o in parte, della fissazione delle loro prestazioni artistiche;

c) autorizzare la comunicazione al pubblico, in qualsivoglia forma e modo, ivi compresa la messa a disposizione del pubblico in maniera tale che ciascuno possa avervi accesso dal luogo e nel momento scelti individualmente, delle proprie prestazioni artistiche dal vivo, nonché la diffusione via etere e la comunicazione via satellite delle prestazioni artistiche dal vivo, a meno che le stesse siano rese in funzione di una loro radiodiffusione o siano già oggetto di una fissazione utilizzata per la diffusione. Se la fissazione consiste in un supporto fonografico, qualora essa sia utilizzata a scopo di lucro, è riconosciuto a favore degli artisti interpreti o esecutori il compenso di cui all'art. 73; qualora non sia utilizzata a scopo di lucro, è riconosciuto a favore degli artisti interpreti o esecutori interessati l'equo compenso di cui all'art. 73-*bis*;

d) autorizzare la messa a disposizione del pubblico in maniera tale che ciascuno possa avervi accesso dal luogo e nel momento scelti individualmente, delle fissazioni delle proprie prestazioni artistiche e delle relative riproduzioni;

e) autorizzare la distribuzione delle fissazioni delle loro prestazioni artistiche. Il diritto non si esaurisce nel territorio della Comunità europea se non nel caso di prima vendita da parte del titolare del diritto o con il suo consenso in uno Stato membro;

f) autorizzare il noleggio o il prestito delle fissazioni delle loro prestazioni artistiche e delle relative riproduzioni: l'artista interprete o esecutore, anche in caso di cessione del diritto di noleggio ad un produttore di fonogrammi o di opere cinematografiche o audiovisive o di sequenze di immagini in movimento, conserva il diritto di ottenere un'equa remunerazione per il noleggio concluso dal produttore con terzi. Ogni patto contrario è nullo. In difetto di accordo da concludersi tra l'IMAIE e le associazioni sindacali competenti della confederazione degli industriali, detto compenso è stabilito con la procedura di cui all'art. 4 del d.lg.lgt. 20 luglio 1945, n. 440.

3. I diritti di cui al comma 2, lett. *c*), non si esauriscono con alcun atto di comunicazione al pubblico, ivi compresi gli atti di messa a disposizione del pubblico (2).

81. *1.* Gli artisti interpreti e gli artisti esecutori hanno il diritto di opporsi alla comunicazione al pubblico o alla riproduzione della loro recitazione, rappresentazione o esecuzione che possa essere di pregiudizio al loro onore o alla loro reputazione [c. 2579[2]] (3).

2. Sono applicabili le disposizioni del comma secondo dell'art. 74 (4).

3. Per quanto attiene alla radiodiffusione, le controversie nascenti dall'applicazione del presente art. sono regolate dalle norme contenute nel comma primo dell'art. 54.

82. *1.* Agli effetti dell'applicazione delle disposizioni che precedono, si comprendono nella denominazione di artisti interpreti (5) e di artisti esecutori:

1) coloro che sostengono nell'opera o composizione drammatica, letteraria o musicale, una parte di notevole importanza artistica, anche se di artista esecutore comprimario;

2) i direttori dell'orchestra o del coro;

3) i complessi orchestrali o corali, a condizione che la parte orchestrale o corale abbia valore artistico di per sé stante e non di semplice accompagnamento.

83. *1.* Gli artisti interpreti e gli artisti esecutori che sostengono le prime parti nell'opera o composizione drammatica, letteraria o musicale, hanno diritto che il loro nome sia indicato nella comunicazione al pubblico della loro recitazione, esecuzione o rappresentazione e venga stabilmente apposto sui supporti contenenti la relativa fissazione, quali fonogrammi,

(1) Rubrica così sostituita dall'art. 12, d.lg. 16 novembre 1994, n. 685.
(2) Articolo così sostituito dall'art. 20, d.lg. 9 aprile 2003, n. 68.
(3) Comma così sostituito dall'art. 21, d.lg. 9 aprile 2003, n. 68.
(4) V. art. 26, r.d. n. 1369/1942.
(5) Espressione così modificata dall'art. 14, d.lg. 16 novembre 1994, n. 685.

videogrammi o pellicole cinematografiche (1).

84. 1. Salva diversa volontà delle parti, si presume che gli artisti interpreti e esecutori abbiano ceduto i diritti di fissazione, riproduzione, radiodiffusione, ivi compresa la comunicazione al pubblico via satellite, distribuzione, nonché il diritto di autorizzare il noleggio contestualmente alla stipula del contratto per la produzione di un'opera cinematografica o audiovisiva o sequenza di immagini in movimento.

2. Agli artisti interpreti ed esecutori che nell'opera cinematografica e assimilata sostengono una parte di notevole importanza artistica, anche se di artista comprimario, spetta, per ciascuna utilizzazione dell'opera cinematografica e assimilata a mezzo della comunicazione al pubblico via etere, via cavo e via satellite un equo compenso a carico degli organismi di emissione.

3. Per ciascuna utilizzazione di opere cinematografiche e assimilate diversa da quella prevista nel comma 2 e nell'art. 80, comma 2, lett. *e*), agli artisti interpreti ed esecutori, quali individuati nel comma 2, spetta un equo compenso a carico di coloro che esercitano i diritti di sfuttamento per ogni distinta utilizzazione economica.

4. Il compenso previsto dai commi 2 e 3 non è rinunciabile e, in difetto di accordo da concludersi tra l'istituto mutualistico artisti interpreti esecutori e le associazioni sindacali competenti della confederazione degli industriali, è stabilito con la procedura di cui all'art. 4 del d.lg.lgt. 20 luglio 1945, n. 440 (2).

84-*bis*. *1.* Qualora un contratto di trasferimento o cessione conferisca all'artista, interprete o esecutore, il diritto a esigere una remunerazione non ricorrente, l'artista, interprete o esecutore, ha il diritto di ottenere una remunerazione annua supplementare da parte del produttore di fonogrammi per ogni anno completo immediatamente successivo al cinquantesimo anno dalla pubblicazione lecita del fonogramma o, in mancanza di tale pubblicazione, al cinquantesimo anno dalla sua lecita comunicazione al pubblico. La rinuncia al diritto di ottenere tale remunerazione non produce effetti.

2. L'importo complessivo, che il produttore di fonogrammi deve riservare al pagamento della remunerazione annua supplementare di cui al primo comma, corrisponde al 20 per cento del ricavo che il produttore di fonogrammi ha percepito, nel corso dell'anno che precede quello in cui è versata detta remunerazione, dalla riproduzione, distribuzione e messa a disposizione del fonogramma in questione, dopo il cinquantesimo anno dalla pubblicazione lecita del fonogramma o, in mancanza di tale pubblicazione, dopo il cinquantesimo anno dalla sua lecita comunicazione al pubblico. Per ricavo si intende il ricavo che deriva al produttore di fonogrammi prima della detrazione delle spese.

3. Le società di gestione collettiva, in possesso dei requisiti di cui al decreto adottato ai sensi dell'art. 39, comma 3, del d.l. 24 gennaio 2012, n. 1, convertito, con modificazioni, dalla l. 24 marzo 2012, n. 27, amministrano il diritto ad ottenere la remunerazione annua supplementare spettante agli artisti, interpreti o esecutori, di cui al primo comma.

4. I produttori di fonogrammi sono tenuti, su richiesta degli artisti, interpreti o esecutori, o delle società di gestione collettiva di cui al terzo comma cui gli artisti, interpreti o esecutori, hanno concesso mandato, a fornire ogni informazione necessaria a garantire il pagamento della remunerazione annua supplementare di cui al primo comma.

5. Qualora un artista, interprete o esecutore, abbia diritto a pagamenti ricorrenti, dai pagamenti ad esso effettuati non è detratto alcun pagamento anticipato né alcuna deduzione prevista contrattualmente dopo il cinquantesimo anno dalla pubblicazione lecita del fonogramma o, in mancanza di tale pubblicazione, dopo il cinquantesimo anno dalla sua lecita comunicazione al pubblico (3).

84-*ter*. *1.* Se, decorsi cinquanta anni dalla

(1) Articolo così sostituito dall'art. 22, d.lg. 9 aprile 2003, n. 68.

(2) Articolo così sostituito dall'art. 12, d.lg. 26 maggio 1997, n. 154 e, in precedenza, modificato dall'art. 7, d.lg. n. 581/1996. L'art. 17 del d.lg. n. 154/1997, dispone che l'equo compenso di cui ai commi 2 e 3 di questo articolo sono riconosciuti a decorrere dal 1º gennaio 1998.

(3) Articolo così sostituito, da ultimo, dall'art. 2, d.lg. 21 febbraio 2014, n. 22. In base all'art. 4, d.lg. cit.: «Le disposizioni di cui agli artt. 75 e 85 della l. 22 aprile 1941, n. 633, come modificati dal presente decreto, nonché gli artt. 84-*bis* e 84-*ter* della predetta legge, introdotti dal presente decreto, si applicano alle fissazioni di esecuzioni e ai fonogrammi per i quali l'artista, interprete o esecutore, e il produttore di fonogrammi erano ancora protetti, in virtù delle disposizioni in vigore prima dell'entrata in vigore del presente decreto legislativo, alla data del 1º novembre 2013 e alle fissazioni di esecuzioni e ai fonogrammi successivi a tale data».

L'art. 5, d.lg. cit., così dispone: «Art. 5. *Misure transitorie sui contratti di trasferimento o cessione dei diritti sul fonogramma*. — 1. Salvo che il contratto disponga diversamente, un contratto di trasferimento o cessione dei diritti sul fonogramma, concluso anteriormente alla data di entrata in vigore del presente decreto, continua a produrre i

prima pubblicazione lecita del fonogramma o, in mancanza di tale pubblicazione, decorsi cinquanta anni dalla sua prima lecita comunicazione al pubblico, il produttore del fonogramma non mette in vendita un numero sufficiente di copie del fonogramma o non lo mette a disposizione del pubblico, su filo o senza filo, in maniera tale che ciascun membro del pubblico possa accedervi dal luogo e nel momento da esso scelti, l'artista, interprete o esecutore, può recedere dal contratto con cui l'artista ha trasferito o ceduto i suoi diritti di fissazione dell'esecuzione al produttore di fonogrammi. La rinuncia al diritto di recesso non produce effetti.

2. Il diritto di recedere dal contratto di trasferimento o cessione di cui al primo comma può essere esercitato, se il produttore di fonogrammi, entro un anno dalla comunicazione dell'artista, interprete o esecutore, dell'intenzione di recedere dal contratto di trasferimento o cessione ai sensi del primo comma, non realizza entrambe le forme di utilizzazione di cui al medesimo comma.

3. Qualora un fonogramma contenga la fissazione delle esecuzioni di una pluralità di artisti, interpreti o esecutori, essi possono recedere dai loro contratti di trasferimento o cessione con il consenso di tutti gli artisti, interpreti o esecutori, in conformità a quanto disposto dall'art. 10. In caso di ingiustificato rifiuto di uno o più degli artisti, interpreti o esecutori, l'Autorità giudiziaria accerta il diritto di recesso da tutti i contratti di trasferimento o cessione da parte dei soggetti istanti.

4. In caso di recesso dal contratto di trasferimento o cessione, decadono i diritti del produttore di fonogrammi sul fonogramma (1).

85. *1.* I diritti di cui al presente capo durano cinquanta anni a partire dalla esecuzione, rappresentazione o recitazione. Tuttavia:

a) se una fissazione dell'esecuzione, rappresentazione o recitazione, con un mezzo diverso dal fonogramma, è lecitamente pubblicata o lecitamente comunicata al pubblico durante tale termine, i diritti durano cinquanta anni a partire dalla prima pubblicazione, o, se anteriore, dalla prima comunicazione al pubblico;

b) se una fissazione dell'esecuzione in un fonogramma è lecitamente pubblicata o lecitamente comunicata al pubblico durante detto periodo, i diritti durano settanta anni dalla data della prima pubblicazione o, se anteriore, da quella della prima comunicazione al pubblico (2).

85-*bis*. 1. In aggiunta ai diritti già disciplinati nel presente capo e nei capi precedenti, ai detentori dei diritti connessi è riconosciuto il diritto di autorizzare la ritrasmissione via cavo secondo le disposizioni di cui all'art. 110-*bis* (3).

CAPO III-*bis*

Diritti relativi ad opere pubblicate o comunicate al pubblico per la prima volta successivamente alla estinzione dei diritti patrimoniali d'autore (4)

85-*ter*. 1. Senza pregiudizio dei diritti morali dell'autore, a chi, dopo la scadenza dei termini di protezione del diritto d'autore, lecitamente pubblica o comunica al pubblico per la prima volta un'opera non pubblicata anteriormente spettano i diritti di utilizzazione economica ri-

suoi effetti oltre la data alla quale, in base alla normativa vigente alla data del 31 ottobre 2013, l'artista, interprete o esecutore non sarebbe più protetto. || 2. I contratti di trasferimento o cessione che autorizzano un artista, interprete o esecutore, a ricevere pagamenti ricorrenti e che sono stati conclusi anteriormente alla data di entrata in vigore del presente decreto, possono essere rinegoziati dalle Parti a vantaggio dell'artista, interprete o esecutore, dopo il cinquantesimo anno dalla pubblicazione lecita del fonogramma o, in mancanza di tale pubblicazione, dopo il cinquantesimo anno dalla sua lecita comunicazione al pubblico. Se la rinegoziazione non raggiunge il buon fine, può promuoversi la procedura di conciliazione di cui all'art. 194-*bis* della l. 22 aprile 1941, n. 633».

(1) Articolo così sostituito, da ultimo, dall'art. 2, d.lg. 21 febbraio 2014, n. 22. L'art. 4, d.lg. cit., così dispone: «Le disposizioni di cui agli artt. 75 e 85 della l. 22 aprile 1941, n. 633, come modificati dal presente decreto, nonché gli artt. 84-*bis* e 84-*ter* della predetta legge, introdotti dal presente decreto, si applicano alle fissazioni di esecuzioni e ai fonogrammi per i quali l'artista, interprete o esecutore, e il produttore di fonogrammi erano ancora protetti, in virtù delle disposizioni in vigore prima dell'entrata in vigore del presente decreto legislativo, alla data del 1° novembre 2013 e alle fissazioni di esecuzioni e ai fonogrammi successivi a tale data».

(2) Articolo così sostituito, da ultimo, dall'art. 3, d.lg. 21 febbraio 2014, n. 22. L'art. 4, d.lg. cit., così dispone: «Le disposizioni di cui agli artt. 75 e 85 della l. 22 aprile 1941, n. 633, come modificati dal presente decreto, nonché gli artt. 84-*bis* e 84-*ter* della predetta legge, introdotti dal presente decreto, si applicano alle fissazioni di esecuzioni e ai fonogrammi per i quali l'artista, interprete o esecutore, e il produttore di fonogrammi erano ancora protetti, in virtù delle disposizioni in vigore prima dell'entrata in vigore del presente decreto legislativo, alla data del 1° novembre 2013 e alle fissazioni di esecuzioni e ai fonogrammi successivi a tale data».

(3) Articolo inserito dall'art. 8, d.lg. n. 581/1996.

(4) Capo inserito dall'art. 14, d.lg. 26 maggio 1997, n. 154.

conosciuti dalle disposizioni contenute nella sezione I del capo III, del titolo I della presente legge, in quanto applicabili.

2. La durata dei diritti esclusivi di utilizzazione economica di cui al comma 1 è di venticinque anni a partire dalla prima lecita pubblicazione o comunicazione al pubblico (1).

CAPO III-*ter*

DIRITTI RELATIVI AD EDIZIONI CRITICHE E SCIENTIFICHE DI OPERE DI PUBBLICO DOMINIO (2)

85-*quater*. 1. Senza pregiudizio dei diritti morali dell'autore, a colui il quale pubblica, in qualunque modo o con qualsiasi mezzo, edizioni critiche e scientifiche di opere di pubblico dominio spettano i diritti esclusivi di utilizzazione economica dell'opera, quale risulta dall'attività di revisione critica e scientifica.

2. Fermi restando i rapporti contrattuali con il titolare dei diritti di utilizzazione economica di cui al comma 1, spetta al curatore della edizione critica e scientifica il diritto alla indicazione del nome.

3. La durata dei diritti esclusivi di cui al comma 1 è di venti anni a partire dalla prima lecita pubblicazione, in qualunque modo e con qualsiasi mezzo effettuata (3).

85-*quinquies*. *1.* I termini finali di durata dei diritti previsti dai capi I, I-*bis*, II, III, III-*bis*, e dal presente capo del titolo II si computano, nei rispettivi casi, a decorrere dal 1° gennaio dell'anno successivo a quello in cui si verifica l'evento considerato dalla norma (4).

CAPO IV

DIRITTI RELATIVI A BOZZETTI DI SCENE TEATRALI

86. *1.* All'autore di bozzetti di scene teatrali che non costituiscono opera dell'ingegno coperta dal diritto di autore ai sensi delle disposizioni del titolo I, compete un diritto a compenso quando il bozzetto è usato ulteriormente in altri teatri, oltre quello per il quale è stato composto.

2. Questo diritto dura cinque anni a partire dalla prima rappresentazione nella quale il bozzetto è stato adoperato.

CAPO V

DIRITTI RELATIVI ALLE FOTOGRAFIE (5)

87. *1.* Sono considerate fotografie ai fini dell'applicazione delle disposizioni di questo capo, le immagini di persone o di aspetti, elementi o fatti della vita naturale e sociale, ottenute col processo fotografico o con processo analogo, comprese le riproduzioni di opere dell'arte figurativa e i fotogrammi delle pellicole cinematografiche. Non sono comprese le fotografie di scritti, documenti, carte di affari, oggetti materiali, disegni tecnici e prodotti simili.

88. *1.* Spetta al fotografo il diritto esclusivo di riproduzione, diffusione e spaccio della fotografia, salve le disposizioni stabilite dalla sezione seconda del capo sesto di questo titolo, per ciò che riguarda il ritratto e senza pregiudizio, riguardo alle fotografie riproducenti opere dell'arte figurativa, dei diritti di autore sull'opera riprodotta.

2. Tuttavia se l'opera è stata ottenuta nel corso e nell'adempimento di un contratto di impiego o di lavoro, entro i limiti dell'oggetto e delle finalità del contratto, il diritto esclusivo compete al datore di lavoro.

3. La stessa norma si applica, salvo patto contrario, a favore del committente quando si tratti di fotografia di cose in possesso del committente medesimo e salvo pagamento a favore del fotografo, da parte di chi utilizza commercialmente la riproduzione, di un equo corrispettivo.

4. Il presidente del Consiglio (6), con le norme stabilite dal regolamento (7), può fissare

(1) Articolo inserito dall'art. 14, d.lg. 26 maggio 1997, n. 154.
(2) Capo inserito dall'art. 15, d.lg. 26 maggio 1997, n. 154.
(3) Articolo inserito dall'art. 15, d.lg. 26 maggio 1997, n. 154.
(4) Articolo inserito dall'art. 16, d.lg. 26 maggio 1997, n. 154.
(5) Per le opere fotografiche v. l'art. 2 della convenzione di Berna del 9 settembre 1886, nel testo riveduto con la convenzione di Bruxelles del 26 giugno 1948, resa esecutiva in Italia con l. 16 febbraio 1953, n. 247.
(6) V. nota 2 all'art. 23. L'art. 1.3, l. 9 gennaio 2008, n. 2 ribadisce l'attribuzione alla Presidenza del Consiglio dei Ministri dei compiti di vigilanza sulla SIAE. L'art. 1, d.p.c.m. 10 luglio 2008, in G.U., 21 agosto 2008, n. 195, così dispone: «Le attività inerenti i compiti che l'art. 1, comma 3, della l. 9 gennaio 2008, n. 2, attribuisce al Presidente del Consiglio dei Ministri, sono svolte dal Dipartimento per l'informazione e l'editoria».
(7) V. art. 27, r.d. n. 1369/1942.

apposite tariffe per determinare il compenso dovuto da chi utilizza la fotografia.

89. *1.* La cessione del negativo o di analogo mezzo di riproduzione della fotografia comprende, salvo patto contrario, la cessione dei diritti previsti nell'articolo precedente, sempreché tali diritti spettino al cedente.

90. *1.* Gli esemplari della fotografia devono portare le seguenti indicazioni:

1) il nome del fotografo, o, nel caso previsto nel primo capoverso dell'art. 88 della ditta da cui il fotografo dipende o del committente;

2) la data dell'anno di produzione della fotografia;

3) il nome dell'autore dell'opera d'arte fotografata.

2. Qualora gli esemplari non portino le suddette indicazioni, la loro riproduzione non è considerata abusiva e non sono dovuti i compensi indicati agli artt. 91 e 98, a meno che il fotografo non provi la malafede del riproduttore (1).

91. *1.* La riproduzione di fotografie nelle antologie ad uso scolastico ed in generale nelle opere scientifiche o didattiche è lecita, contro pagamento di un equo compenso, che è determinato nelle forme previste dal regolamento (2).

2. Nella riproduzione deve indicarsi il nome del fotografo e la data dell'anno della fabbricazione, se risultano dalla fotografia riprodotta.

3. La riproduzione di fotografie pubblicate su giornali od altri periodici, concernenti persone o fatti di attualità od aventi comunque pubblico interesse, è lecita contro pagamento di un equo compenso.

4. Sono applicabili le disposizioni dell'ultimo comma dell'art. 88.

92. *1.* Il diritto esclusivo sulle fotografie dura vent'anni dalla produzione della fotografia.

. . . . (3).

CAPO VI

DIRITTI RELATIVI ALLA CORRISPONDENZA EPISTOLARE ED AL RITRATTO

Sezione I. — *Diritti relativi alla corrispondenza epistolare*

93. *1.* Le corrispondenze epistolari, gli epistolari, le memorie familiari e personali e gli altri scritti della medesima natura, allorché abbiano carattere confidenziale o si riferiscano alla intimità della vita privata, non possono essere pubblicati, riprodotti od in qualunque modo portati alla conoscenza del pubblico senza il consenso dell'autore, e, trattandosi di corrispondenze epistolari e di epistolari, anche del destinatario.

2. Dopo la morte dell'autore o del destinatario occorre il consenso del coniuge o dei figli, o, in loro mancanza, dei genitori; mancando il coniuge, i figli e i genitori, dei fratelli e delle sorelle, e, in loro mancanza, degli ascendenti e dei discendenti fino al quarto grado.

3. Quando le persone indicate nel comma precedente siano più e vi sia tra loro dissenso, decide l'autorità giudiziaria, sentito il pubblico ministero.

4. È rispettata, in ogni caso, la volontà del defunto quando risulti da scritto.

94. *1.* Il consenso indicato all'articolo precedente non è necessario quando la conoscenza dello scritto è richiesta ai fini di un giudizio civile o penale o per esigenze di difesa dell'onore o della reputazione personale o familiare.

95. *1.* Le disposizioni degli articoli precedenti si applicano anche alle corrispondenze epistolari che costituiscono opere tutelate dal diritto di autore ed anche se cadute in dominio pubblico. Non si applicano agli atti e corrispondenze ufficiali o agli atti e corrispondenze che presentano interesse di Stato.

Sezione II. — *Diritti relativi al ritratto*

96. *1.* Il ritratto di una persona non può essere esposto, riprodotto o messo in commercio senza il consenso di questa, salve le disposizioni dell'articolo seguente.

2. Dopo la morte della persona ritratta si applicano le disposizioni del secondo, terzo e quarto comma dell'art. 93 [c. 10].

97. *1.* Non occorre il consenso della persona ritratta quando la riproduzione dell'immagine è giustificata dalla notorietà o dall'ufficio pubblico coperto, da necessità di giustizia o di polizia, da scopi scientifici, didattici o culturali, o quando la riproduzione è collegata a fatti, avvenimenti, cerimonie di interesse pubblico o svoltisi in pubblico.

2. Il ritratto non può tuttavia essere esposto o messo in commercio, quando l'esposizione o

(1) V. art. 9, r.d. n. 1369/1942.

(2) Sui criteri e i compensi, v. d.p.c.m. 6 febbraio 1988, in G.U., 26 febbraio 1988, n. 47 e d.p.c.m. 22 febbraio 1988, in G.U., 11 marzo 1988, n. 59.

(3) Commi soppressi dall'art. 5, d.p.r. 8 gennaio 1979, n. 19.

messa in commercio rechi pregiudizio all'onore, alla reputazione od anche al decoro della persona ritratta.

98. *1.* Salvo patto contrario, il ritratto fotografico eseguito su commissione può dalla persona fotografata o dai suoi successori o aventi causa essere pubblicato, riprodotto o fatto riprodurre senza il consenso del fotografo, salvo pagamento a favore di quest'ultimo, da parte di chi utilizza commercialmente la riproduzione, di un equo corrispettivo.

2. Il nome del fotografo, allorché figuri sulla fotografia originaria, deve essere indicato.

3. Sono applicabili le disposizioni dell'ultimo comma dell'art. 88.

CAPO VII

Diritti relativi ai progetti di lavori dell'ingegneria

99. *1.* All'autore di progetti di lavori di ingegneria, o di altri lavori analoghi, che costituiscano soluzioni originali di problemi tecnici, compete, oltre al diritto esclusivo di riproduzione dei piani e disegni dei progetti medesimi, il diritto ad un equo compenso a carico di coloro che realizzano il progetto tecnico a scopo di lucro senza il suo consenso [c. 2578].

2. Per esercitare il diritto al compenso l'autore deve inserire sopra il piano o disegno una dichiarazione di riserva ed eseguire il deposito del piano o disegno presso la presidenza del Consiglio (1), secondo le norme stabilite dal regolamento (2).

3. Il diritto a compenso previsto in questo art. dura venti anni dal giorno del deposito prescritto nel secondo comma.

CAPO VII-*bis*

Titolarità dei diritti connessi (3).

99-*bis*. 1. È reputato titolare di un diritto connesso, salvo prova contraria, chi, nelle forme d'uso, è individuato come tale nei materiali protetti, ovvero è annunciato come tale nella recitazione, esecuzione, rappresentazione o comunicazione al pubblico.

CAPO VIII

Protezione del titolo, delle rubriche, dell'aspetto esterno dell'opera, degli articoli e di notizie-divieto di taluni atti di concorrenza sleale

100. *1.* Il titolo dell'opera, quando individui l'opera stessa, non può essere riprodotto sopra altra opera senza il consenso dell'autore.

2. Il divieto non si estende ad opere che siano di specie o carattere così diverso da risultare esclusa ogni possibilità di confusione.

3. È vietata egualmente, nelle stesse condizioni, la riproduzione delle rubriche che siano adoperate nella pubblicazione periodica in modo così costante da individuare l'abituale e caratteristico contenuto della rubrica.

4. Il titolo del giornale, delle riviste o di altre pubblicazioni periodiche non può essere riprodotto in altre opere della stessa specie o carattere, se non siano decorsi due anni da quando è cessata la pubblicazione del giornale.

101. *1.* La riproduzione di informazioni e notizie è lecita purché non sia effettuata con l'impiego di atti contrari agli usi onesti in materia giornalistica e purché se ne citi la fonte.

2. Sono considerati atti illeciti:

a) la riproduzione o la radiodiffusione, senza autorizzazione, dei bollettini di informazioni distribuiti dalle agenzie giornalistiche o di informazioni, prima che siano trascorse sedici ore dalla diramazione del bollettino stesso e, comunque, prima della loro pubblicazione in un giornale o altro periodico che ne abbia ricevuto la facoltà da parte dell'agenzia. A tal fine, affinché le agenzie abbiano azione contro coloro che li abbiano illecitamente utilizzati, occorre che i bollettini siano muniti dell'esatta indicazione del giorno e dell'ora di diramazione;

b) la riproduzione sistematica di informazioni o notizie, pubblicate o radiodiffuse, a fine di lucro, sia da parte di giornali o altri periodici, sia da parte di imprese di radiodiffusione.

(1) V. nota 2 all'art. 23. L'art. 1.3, l. 9 gennaio 2008, n. 2 ribadisce l'attribuzione alla Presidenza del Consiglio dei Ministri dei compiti di vigilanza sulla SIAE. L'art. 1, d.p.c.m. 10 luglio 2008, in G.U., 21 agosto 2008, n. 195, così dispone: «Le attività inerenti i compiti che l'art. 1, comma 3, della l. 9 gennaio 2008, n. 2, attribuisce al Presidente del Consiglio dei Ministri, sono svolte dal Dipartimento per l'informazione e l'editoria».

(2) V. art. 11, r.d. n. 1369/1942.

(3) Capo inserito dall'art. 1, d.lg. 16 marzo 2006, n. 140. Sulla intermediazione dei diritti connessi v. art. 39.2, d.l. 24 gennaio 2012, n. 1, conv. in l. 24 marzo 2012, n. 27; d.p.c.m. 19 dicembre 2012, in G.U., 11 marzo 2013, n. 59; d.p.c.m. 17 gennaio 2014, in G.U., 5 maggio 2014, n. 102.

102. *1.* È vietata come atto di concorrenza sleale, la riproduzione o imitazione sopra altre opere della medesima specie, delle testate, degli emblemi, dei fregi, delle disposizioni di segni o caratteri di stampa e di ogni altra particolarità di forma o di colore nell'aspetto esterno dell'opera dell'ingegno, quando detta riproduzione o imitazione sia atta a creare confusione di opera o di autore [c. 2598 n. 1].

TITOLO II-*bis*

Disposizioni sui diritti del costitutore di una banca di dati. Diritti e obblighi dell'utente (1)

CAPO I

DIRITTI DEL COSTITUTORE DI UNA BANCA DI DATI (2)

102-*bis*. 1. Ai fini del presente titolo si intende per:

a) costitutore di una banca di dati: chi effettua investimenti rilevanti per la costituzione di una banca di dati o per la sua verifica o la sua presentazione, impegnando, a tal fine, mezzi finanziari, tempo o lavoro;

b) estrazione: il trasferimento permanente o temporaneo della totalità o di una parte sostanziale del contenuto di una banca di dati su un altro supporto con qualsiasi mezzo o in qualsivoglia forma. L'attività di prestito dei soggetti di cui all'art. 69, comma 1, non costituisce atto di estrazione;

c) reimpiego: qualsiasi forma di messa a disposizione del pubblico della totalità o di una parte sostanziale del contenuto della banca di dati mediante distribuzione di copie, noleggio, trasmissione effettuata con qualsiasi mezzo e in qualsiasi forma. L'attività di prestito dei soggetti di cui all'art. 69, comma 1, non costituisce atto di reimpiego.

2. La prima vendita di una copia della banca di dati effettuata o consentita dal titolare in uno Stato membro dell'Unione europea esaurisce il diritto di controllare la rivendita della copia nel territorio dell'Unione europea.

3. Indipendentemente dalla tutelabilità della banca di dati a norma del diritto d'autore o di altri diritti e senza pregiudizio dei diritti sul contenuto o parti di esso, il costitutore di una banca di dati ha il diritto, per la durata e alle condizioni stabilite dal presente Capo, di vietare le operazioni di estrazione ovvero reimpiego della totalità o di una parte sostanziale della stessa.

4. Il diritto di cui al comma 3 si applica alle banche di dati i cui costitutori o titolari di diritti sono cittadini di uno Stato membro dell'Unione europea o residenti abituali nel territorio dell'Unione europea.

5. La disposizione di cui al comma 3 si applica altresì alle imprese e società costituite secondo la normativa di uno Stato membro dell'Unione europea ed aventi la sede sociale, l'amministrazione centrale o il centro d'attività principale all'interno dell'Unione europea; tuttavia, qualora la società o l'impresa abbia all'interno dell'Unione europea soltanto la propria sede sociale, deve sussistere un legame effettivo e continuo tra l'attività della medesima e l'economia di uno degli Stati membri dell'Unione europea.

6. Il diritto esclusivo del costitutore sorge al momento del completamento della banca di dati e si estingue trascorsi quindici anni dal 1° gennaio dell'anno successivo alla data del completamento stesso.

7. Per le banche di dati in qualunque modo messe a disposizione del pubblico prima dello scadere del periodo di cui al comma 6, il diritto di cui allo stesso comma 6 si estingue trascorsi quindici anni dal 1° gennaio dell'anno successivo alla data della prima messa a disposizione del pubblico.

8. Se vengono apportate al contenuto della banca di dati modifiche o integrazioni sostanziali comportanti nuovi investimenti rilevanti ai sensi del comma 1, lett. *a*), dal momento del completamento o della prima messa a disposizione del pubblico della banca di dati così modificata o integrata, e come tale espressamente identificata, decorre un autonomo termine di durata della protezione, pari a quello di cui ai commi 6 e 7.

9. Non sono consentiti l'estrazione o il reimpiego ripetuti e sistematici di parti non sostanziali del contenuto della banca di dati, qualora presuppongano operazioni contrarie alla nor-

(1) Titolo inserito dall'art. 5, d.lg. 6 maggio 1999, n. 169, in *Leggi coll. XIX, 4*.

(2) L'art. 7.2, d.lg. 6 maggio 1999, n. 169, in *Leggi coll. XIX, 4*, dispone che «Le disposizioni del capo I del titolo II-*bis* della legge 22 aprile 1941, n. 633, si applicano anche alle banche di dati costituite completamente nei 15 anni precedenti il 1° gennaio 1998 e che alla data di entrata in vigore del presente decreto soddisfino i requisiti di cui all'art. 5 del decreto medesimo, fatti salvi gli eventuali atti conclusi e i diritti acquisiti anteriormente. La stessa disposizione si applica anche alle banche di dati costituite completamente dal 1° gennaio 1998 fino alla data di entrata in vigore del presente decreto».

male gestione della banca di dati o arrechino un pregiudizio ingiustificato al costitutore della banca di dati.

10. Il diritto di cui al comma 3 può essere acquistato o trasmesso in tutti i modi e forme consentiti dalla legge.

CAPO II

DIRITTI E OBBLIGHI DELL'UTENTE

102-*ter*. 1. L'utente legittimo della banca di dati messa a disposizione del pubblico non può arrecare pregiudizio al titolare del diritto d'autore o di un altro diritto connesso relativo a opere o prestazioni contenute in tale banca.

2. L'utente legittimo di una banca di dati messa in qualsiasi modo a disposizione del pubblico non può eseguire operazioni che siano in contrasto con la normale gestione della banca di dati o che arrechino un ingiustificato pregiudizio al costitutore della banca di dati.

3. Non sono soggette all'autorizzazione del costitutore della banca di dati messa per qualsiasi motivo a disposizione del pubblico le attività di estrazione o reimpiego di parti non sostanziali, valutate in termini qualitativi e quantitativi, del contenuto della banca di dati per qualsivoglia fine effettuate dall'utente legittimo. Se l'utente legittimo è autorizzato a effettuare l'estrazione o il reimpiego solo di una parte della banca di dati, il presente comma si applica unicamente a tale parte.

4. Le clausole contrattuali pattuite in violazione dei commi 1, 2 e 3 sono nulle.

TITOLO II-*ter*

Misure tecnologiche di protezione. Informazioni sul regime dei diritti (1)

102-*quater*. 1. I titolari di diritti d'autore e di diritti connessi nonché del diritto di cui all'art. 102-*bis*, comma 3, possono apporre sulle opere o sui materiali protetti misure tecnologiche di protezione efficaci che comprendono tutte le tecnologie, i dispositivi o i componenti che, nel normale corso del loro funzionamento, sono destinati a impedire o limitare atti non autorizzati dai titolari dei diritti.

2. Le misure tecnologiche di protezione sono considerate efficaci nel caso in cui l'uso dell'opera o del materiale protetto sia controllato dai titolari tramite l'applicazione di un dispositivo di accesso o di un procedimento di protezione, quale la cifratura, la distorsione o qualsiasi altra trasformazione dell'opera o del materiale protetto, ovvero sia limitato mediante un meccanismo di controllo delle copie che realizzi l'obiettivo di protezione.

3. Resta salva l'applicazione delle disposizioni relative ai programmi per elaboratore di cui al capo IV sezione VI del titolo I (2).

102-*quinquies*. 1. Informazioni elettroniche sul regime dei diritti possono essere inserite dai titolari di diritti d'autore e di diritti connessi nonché del diritto di cui all'art. 102-*bis*, comma 3, sulle opere o sui materiali protetti o possono essere fatte apparire nella comunicazione al pubblico degli stessi.

2. Le informazioni elettroniche sul regime dei diritti identificano l'opera o il materiale protetto, nonché l'autore o qualsiasi altro titolare dei diritti. Tali informazioni possono altresì contenere indicazioni circa i termini o le condizioni d'uso dell'opera o dei materiali, nonché qualunque numero o codice che rappresenti le informazioni stesse o altri elementi di identificazione (2).

TITOLO III

Disposizioni comuni

CAPO I

REGISTRI DI PUBBLICITÀ E DEPOSITO DELLE OPERE

103. *1.* È istituito presso il Ministero dei beni e delle attività culturali (3) un registro pubblico generale delle opere protette (4) ai sensi di questa legge.

(1) L'intero titolo è stato inserito dall'art. 23, d.lg. 9 aprile 2003, n. 68.

(2) Articolo inserito dall'art. 23, d.lg. 9 aprile 2003, n. 68.

(3) V. nota 2 all'art. 23. L'art. 1.3, l. 9 gennaio 2008, n. 2 ribadisce l'attribuzione alla Presidenza del Consiglio dei Ministri dei compiti di vigilanza sulla SIAE. L'art. 1, d.p.c.m. 10 luglio 2008, in G.U., 21 agosto 2008, n. 195, così dispone: «Le attività inerenti i compiti che l'art. 1, comma 3, della l. 9 gennaio 2008, n. 2, attribuisce al Presidente del Consiglio dei Ministri, sono svolte dal Dipartimento per l'informazione e l'editoria».

(4) Per le disposizioni relative al deposito delle opere protette v. circolare 16 maggio 2005, in G.U., 30 giugno 2005, n. 150. L'art. 32, l. 14 novembre 2016, n. 220, ha istituito presso il Ministero dei beni e delle attività culturali il registro pubblico delle opere cinematografiche e audiovisive.

2. .... (*omissis*) (1).

3. Nel registro di cui al primo comma (2) sono registrate le opere soggette all'obbligo del deposito con la indicazione del nome dell'autore, del produttore, della data della pubblicazione e con le altre indicazioni stabilite dal regolamento.

4. Alla Società italiana degli autori ed editori è affidata, altresì, la tenuta di un registro pubblico speciale per i programmi per elaboratore. In tale registro viene registrato il nome del titolare dei diritti esclusivi di utilizzazione economica e la data di pubblicazione del programma, intendendosi per pubblicazione il primo atto di esercizio dei diritti esclusivi (3).

5. La registrazione fa fede, sino a prova contraria, della esistenza dell'opera e del fatto della sua pubblicazione. Gli autori e i produttori indicati nel registro sono reputati, sino a prova contraria, autori o produttori delle opere che sono loro attribuite. [...] (4).

6. La tenuta dei registri di pubblicità è disciplinata nel regolamento (5).

7. I registri di cui al presente articolo possono essere tenuti utilizzando mezzi e strumenti informatici (3).

104. *1.* Possono, altresì, essere registrati nel registro, sulla istanza della parte interessata, con le forme stabilite dal regolamento, gli atti tra vivi che trasferiscono in tutto o in parte i diritti riconosciuti da questa legge, o costituiscono sopra di essi diritti di godimento o di garanzia, come pure gli atti di divisione o di società relativi ai diritti medesimi.

2. Le registrazioni hanno anche altri effetti di carattere giuridico od amministrativo in base alle disposizioni contenute in questa legge o in altre leggi speciali.

105. *1.* Gli autori e i produttori delle opere e dei prodotti protetti ai sensi di questa legge o i loro aventi causa devono depositare presso la presidenza del Consiglio (6) un esemplare o copia dell'opera o del prodotto, nei termini e nelle forme stabilite dal regolamento (7).

2. Qualora si tratti di opera drammatico-musicale o sinfonica di cui non sia stampata la partitura d'orchestra, basterà una copia o un esemplare della riduzione per canto e pianoforte o per pianoforte solo.

3. Per i programmi per elaboratore la registrazione è facoltativa ed onerosa (8).

4. Per le fotografie è escluso l'obbligo del deposito, salvo il disposto del secondo comma dell'art. 92.

106. *1.* L'omissione del deposito non pregiudica l'acquisto e l'esercizio del diritto di autore sulle opere protette a termini delle disposizioni del titolo I di questa legge e delle disposizioni delle convenzioni internazionali, salva, per le opere straniere, l'applicazione dell'art. 188 di questa legge.

2. .... (9).

3. Il presidente del Consiglio (6) può far procedere al sequestro di un esemplare o di una copia dell'opera di cui fu omesso il deposito, nelle forme stabilite dal regolamento (10).

CAPO II

Trasmissione dei diritti di utilizzazione

Sezione I. — *Norme generali*

107. *1.* I diritti di utilizzazione spettanti agli autori delle opere dell'ingegno, nonché i diritti connessi aventi carattere patrimoniale, possono essere acquistati, alienati o trasmessi in tutti i modi e forme consentiti dalla legge, salva l'applicazione delle norme contenute in questo capo [c. 2581[1]].

108. *1.* L'autore che abbia compiuto sedici anni di età ha la capacità di compiere tutti gli atti giuridici relativi alle opere da lui create e di esercitare le azioni che ne derivano (11).

109. *1.* La cessione di uno o più esemplari

(1) Comma abrogato dall'art. 32.8, lett. a, l. 14 novembre 2016, n. 220.

(2) Le parole «Nel registro di cui al primo comma» sono state così sostituite alle precedenti «In detti registri» dall'art. 32.8, lett. b, l. 14 novembre 2016, n. 220.

(3) Comma inserito dall'art. 6, d.lg. n. 518/1992. Per il regolamento v. d.p.c.m. 3 gennaio 1994, n. 244, in G.U., 22 aprile 1994, n. 93.

(4) Ultimo periodo soppresso dall'art. 32.8, lett. c, l. 14 novembre 2016, n. 220.

(5) V. art. 30, r.d. n. 1369/1942.

(6) V. nota 2 all'art. 23. L'art. 1.3, l. 9 gennaio 2008, n. 2 ribadisce l'attribuzione alla Presidenza del Consiglio dei Ministri dei compiti di vigilanza sulla SIAE. L'art. 1, d.p.c.m. 10 luglio 2008, in G.U., 21 agosto 2008, n. 195, così dispone: «Le attività inerenti i compiti che l'art. 1, comma 3, della l. 9 gennaio 2008, n. 2, attribuisce al Presidente del Consiglio dei Ministri, sono svolte dal Dipartimento per l'informazione e l'editoria».

(7) V. art. 31 ss., r.d. n. 1369/1942.

(8) Comma inserito dall'art. 7, d.lg. n. 518/1992.

(9) Comma abrogato dall'art. 41.2, d.lg. 9 aprile 2003, n. 68.

(10) V. art. 36 ss., r.d. n. 1369/1942.

(11) Articolo così sostituito dall'art. 13, l. 8 marzo 1975, n. 39.

dell'opera non importa, salvo patto contrario, la trasmissione dei diritti di utilizzazione, regolati da questa legge.

2. Tuttavia la cessione di uno stampo, di un rame inciso o di altro simile mezzo usato per riprodurre un'opera d'arte, comprende, salvo patto contrario, la facoltà di riprodurre l'opera stessa, sempreché tale facoltà spetti al cedente.

110. *1.* La trasmissione dei diritti di utilizzazione deve essere provata per iscritto.

110-*bis*. 1. L'autorizzazione alla ritrasmissione via cavo delle emissioni di radiodiffusione è concessa mediante contratto tra i titolari dei diritti d'autore, i detentori di diritti connessi ed i cablodistributori.

2. In caso di mancata autorizzazione per la ritrasmissione via cavo di un'emissione di radiodiffusione, le parti interessate possono far ricorso ad un terzo, scelto di comune accordo, per la formulazione di una proposta di contratto. In caso di mancato accordo la scelta viene effettuata dal presidente del tribunale ove ha la residenza o la sede una delle parti interessate.

3. La proposta del terzo si ritiene accettata se nessuna delle parti interessate vi si oppone entro novanta giorni dalla notifica (1).

111. *1.* I diritti di pubblicazione dell'opera dell'ingegno e di utilizzazione dell'opera pubblicata non possono formare oggetto di pegno [c. 2784 ss.], pignoramento [p.c. 491 ss.] e sequestro [p.c. 670 ss.], né per atto contrattuale, né per via di esecuzione forzata, finché spettano personalmente all'autore.

2. Possono invece essere dati in pegno o essere pignorati o sequestrati i proventi dell'utilizzazione e gli esemplari dell'opera, secondo le norme del codice di procedura civile.

112. *1.* I diritti spettanti all'autore, ad eccezione di quelli di pubblicare un'opera durante la vita di lui, possono essere espropriati per ragioni di interesse dello Stato.

113. *1.* L'espropriazione è disposta per decreto del presidente della Repubblica, su proposta del presidente del Consiglio (2), di concerto con il ministro per la pubblica istruzione (3), sentito il Consiglio di Stato.

2. Nel decreto di espropriazione od in altro successivo è stabilita l'indennità spettante all'espropriato.

3. Il decreto ha forza di titolo esecutivo nei riguardi sia degli aventi diritto, che dei terzi detentori delle cose materiali necessarie per l'esercizio dei diritti espropriati (4).

114. *1.* Contro il decreto di espropriazione per ragioni di interesse dello Stato, è ammesso ricorso in sede giurisdizionale al Consiglio di Stato, tranne per le controversie riguardanti l'ammontare delle indennità, le quali rimangono di competenza dell'autorità giudiziaria.

Sezione II. — *Trasmissione a causa di morte*

115. *1.* Dopo la morte dell'autore, il diritto di utilizzazione dell'opera, quando l'autore stesso non abbia altrimenti disposto, deve rimanere indiviso fra gli eredi per il periodo di tre anni dalla morte medesima, salvo che l'autorità giudiziaria, sopra istanza di uno o più coeredi, consenta, per gravi ragioni, che la divisione si effettui senza indugio.

2. Decorso il detto periodo, gli eredi possono stabilire, per comune accordo, che il diritto rimanga ancora in comunione per la durata che sarà da essi fissata, entro i limiti indicati nelle disposizioni contenute nei codici [c. 1111].

3. La comunione è regolata dalle disposizioni del codice civile [c. 1100 ss.] e da quelle che seguono.

116. *1.* L'amministrazione e la rappresentanza degli interessi della comunione è conferita a uno dei coeredi od a persona estranea alla successione.

2. Se i coeredi trascurano la nomina dell'amministratore o se non si accordano sulla nomina medesima, entro l'anno dall'apertura della successione l'amministrazione è conferita alla SIAE (5) con decreto del tribunale del luogo dell'aperta successione, emanato su ricorso di uno dei coeredi o della Società medesima.

3. La stessa procedura è seguita quando si tratti di provvedere alla nomina di un nuovo amministratore.

117. *1.* L'amministratore cura la gestione dei

(1) Articolo inserito dall'art. 9, d.lg. n. 581/1996.

(2) V. nota 2 all'art. 23. L'art. 1.3, l. 9 gennaio 2008, n. 2 ribadisce l'attribuzione alla Presidenza del Consiglio dei Ministri dei compiti di vigilanza sulla SIAE. L'art. 1, d.p.c.m. 10 luglio 2008, in G.U., 21 agosto 2008, n. 195, così dispone: «Le attività inerenti i compiti che l'art. 1, comma 3, della l. 9 gennaio 2008, n. 2, attribuisce al Presidente del Consiglio dei Ministri, sono svolte dal Dipartimento per l'informazione e l'editoria».

(3) Nel testo originale, ministro per l'educazione nazionale (v. r.d. 29 maggio 1944, n. 142).

(4) V. art. 38, r.d. n. 1369/1942.

(5) V. nota 6 all'art. 58.

diritti di utilizzazione dell'opera.

2. Non può però autorizzare nuove edizioni, traduzioni o altre elaborazioni, nonché l'adattamento dell'opera alla cinematografia, alla radiodiffusione ed alla incisione su apparecchi meccanici, senza il consenso degli eredi rappresentanti la maggioranza per valore delle quote ereditarie, salvi i provvedimenti dell'autorità giudiziaria a tutela della minoranza, secondo le norme del codice civile in materia di comunione [c. 1109].

Sezione III. — *Contratto di edizione*

118. *1.* Il contratto con il quale l'autore concede ad un editore l'esercizio del diritto di pubblicare per le stampe, per conto e a spese dell'editore stesso, l'opera dell'ingegno, è regolato, oltreché dalle disposizioni contenute nei codici, dalle disposizioni generali di questo capo e dalle disposizioni particolari che seguono.

119. *1.* Il contratto può avere per oggetto tutti i diritti di utilizzazione che spettano all'autore nel campo dell'edizione, o taluni di essi, con il contenuto e per la durata che sono determinati dalla legge vigente al momento del contratto.

2. Salvo patto contrario, si presume che siano stati trasferiti i diritti esclusivi.

3. Non possono essere compresi i futuri diritti eventualmente attribuiti da leggi posteriori, che comportino una protezione del diritto di autore più larga nel suo contenuto o di maggiore durata.

4. Salvo pattuizione espressa, l'alienazione non si estende ai diritti di utilizzazione dipendenti dalle eventuali elaborazioni e trasformazioni di cui l'opera è suscettibile, compresi gli adattamenti alla cinematografia, alla radiodiffusione ed alla registrazione su apparecchi meccanici.

5. L'alienazione di uno o più diritti di utilizzazione non implica, salvo patto contrario, il trasferimento di altri diritti che non siano necessariamente dipendenti dal diritto trasferito, anche se compresi, secondo le disposizioni del titolo I, nella stessa categoria di facoltà esclusive.

120. *1.* Se il contratto ha per oggetto opere che non sono state ancora create si devono osservare le norme seguenti:

1) è nullo il contratto che abbia per oggetto tutte le opere o categorie di opere che l'autore possa creare, senza limite di tempo;

2) senza pregiudizio delle norme regolanti i contratti di lavoro o di impiego [c. 2096 ss.], i contratti concernenti l'alienazione dei diritti esclusivi di autore per opere da crearsi non possono avere una durata superiore ai dieci anni;

3) se fu determinata l'opera da creare, ma non fu fissato il termine nel quale l'opera deve essere consegnata, l'editore ha sempre il diritto di ricorrere all'autorità giudiziaria per la fissazione di un termine. Se il termine fu fissato, l'autorità giudiziaria ha facoltà di prorogarlo.

121. *1.* Se l'autore muore o si trova nell'impossibilità di condurre l'opera a termine, dopo che una parte notevole ed a sé stante è stata compiuta e consegnata, l'editore ha la scelta di considerare risoluto il contratto, oppure di considerarlo compiuto per la parte consegnata, pagando un compenso proporzionato, salvo che l'autore abbia manifestato o manifesti la volontà che l'opera non sia pubblicata se non compiuta interamente, o uguale volontà sia manifestata dalle persone indicate nell'art. 23.

2. Se la risoluzione ha luogo a richiesta dell'autore o dei suoi eredi, l'opera incompiuta non può essere ceduta ad altri, sotto pena del risarcimento del danno.

122. *1.* Il contratto di edizione può essere «per edizione» o «a termine».

2. Il contratto «per edizione» conferisce all'editore il diritto di eseguire una o più edizioni entro vent'anni dalla consegna del manoscritto completo.

3. Nel contratto devono essere indicati il numero delle edizioni e il numero degli esemplari di ogni edizione. Possono tuttavia essere previste più ipotesi, sia nei riguardi del numero delle edizioni e del numero degli esemplari, sia nei riguardi del compenso relativo.

4. Se mancano tali indicazioni si intende che il contratto ha per oggetto una sola edizione per il numero massimo di duemila esemplari.

5. Il contratto di edizione «a termine» conferisce all'editore il diritto di eseguire quel numero di edizioni che stima necessario durante il termine, che non può eccedere venti anni, e per il numero minimo di esemplari per edizione, che deve essere indicato nel contratto, a pena di nullità del contratto medesimo. Tale termine di venti anni non si applica ai contratti di edizione riguardanti:

enciclopedie, dizionari;

schizzi, disegni, vignette, illustrazioni, fotografie e simili, ad uso industriale;

lavori di cartografia;

opere drammatico-musicali e sinfoniche.

6. In entrambe le forme di contratto l'editore è libero di distribuire le edizioni nel numero di ristampe che stimi conveniente.

123. *1.* Gli esemplari dell'opera sono contrassegnati in conformità delle norme stabilite dal regolamento (1).

124. *1.* Se più edizioni sono prevedute nel contratto, l'editore è obbligato ad avvisare l'autore dell'epoca presumibile dell'esaurimento dell'edizione in corso, entro un congruo termine, prima dell'epoca stessa.

2. Egli deve contemporaneamente dichiarare all'autore se intende o no procedere ad una nuova edizione.

3. Se l'editore ha dichiarato di rinunciare ad una nuova edizione o se, avendo dichiarato di voler procedere ad una nuova edizione, non vi procede nel termine di due anni dalla notifica di detta dichiarazione, il contratto si intende risoluto.

4. L'autore ha diritto al risarcimento dei danni per la mancata nuova edizione se non sussistono giusti motivi da parte dell'editore.

125. *1.* L'autore è obbligato:

1) a consegnare l'opera nelle condizioni stabilite dal contratto e in forma che non ne renda troppo difficile o costosa la stampa;

2) a garantire il pacifico godimento dei diritti ceduti per tutta la durata del contratto.

2. L'autore ha altresì l'obbligo e il diritto di correggere le bozze di stampa secondo le modalità fissate dall'uso.

126. *1.* L'editore è obbligato:

1) a riprodurre e porre in vendita l'opera col nome dell'autore, ovvero anonima o pseudonima, se ciò è previsto nel contratto, in conformità dell'originale e secondo le buone norme della tecnica editoriale;

2) a pagare all'autore i compensi pattuiti.

127. *1.* La pubblicazione o la riproduzione dell'opera deve aver luogo entro il termine fissato dal contratto; tale termine non può essere superiore a due anni, decorrenti dal giorno della effettiva consegna all'editore dell'esemplare completo e definitivo dell'opera.

2. In mancanza di termini contrattuali, la pubblicazione o la riproduzione dell'opera deve aver luogo non oltre due anni dalla richiesta scritta fattane all'editore. L'autorità giudiziaria può peraltro fissare un termine più breve quando sia giustificato dalla natura dell'opera e da ogni altra circostanza del caso.

3. È nullo ogni patto che contenga rinuncia alla fissazione di un termine o che contenga fissazione di un termine superiore al termine massimo sopra stabilito.

4. Il termine di due anni non si applica alle opere collettive.

128. *1.* Se l'acquirente del diritto di pubblicazione o riproduzione non fa pubblicare o riprodurre l'opera nel termine concordato o in quello stabilito dal giudice, l'autore ha diritto di domandare la risoluzione del contratto.

2. L'autorità giudiziaria può accordare all'acquirente una dilazione, non superiore alla metà del termine predetto, subordinandola, ove occorra, alla prestazione di idonea garanzia. Può altresì limitare la pronuncia di risoluzione soltanto ad una parte del contenuto del contratto.

3. Nel caso di risoluzione totale l'acquirente deve restituire l'originale dell'opera ed è obbligato al risarcimento dei danni a meno che provi che la pubblicazione o riproduzione è mancata malgrado la dovuta diligenza.

129. *1.* L'autore può introdurre nell'opera tutte le modificazioni che crede, purché non ne alterino il carattere e la destinazione, fino a che l'opera non sia stata pubblicata per la stampa, salvo a sopportare le maggiori spese derivanti dalla modificazione.

2. L'autore ha il medesimo diritto nei riguardi delle nuove edizioni. L'editore deve interpellarlo in proposito prima di procedere alle nuove edizioni. In difetto di accordo tra le parti il termine per eseguire le modificazioni è fissato dall'autorità giudiziaria.

3. Se la natura dell'opera esige che essa sia aggiornata prima di una nuova edizione e l'autore rifiuti di aggiornarla, l'editore può farla aggiornare da altri, avendo cura, nella nuova edizione, di segnalare e distinguere l'opera dell'aggiornatore.

130. *1.* Il compenso spettante all'autore è costituito da una partecipazione, calcolata, salvo patto in contrario, in base ad una percentuale sul prezzo di copertina degli esemplari venduti. Tuttavia il compenso può essere rappresentato da una somma a stralcio per le edizioni di:

dizionari, enciclopedie, antologie, ed altre opere di collaborazione;

traduzioni, articoli di giornali o di riviste;

discorsi o conferenze;

opere scientifiche;

lavori di cartografia;

opere musicali o drammatico-musicali;

opere delle arti figurative.

2. Nei contratti a partecipazione l'editore è obbligato a rendere conto annualmente delle copie vendute.

131. *1.* Nel contratto di edizione il prezzo di copertina è fissato dall'editore, previo tempestivo avviso all'autore. Questi può opporsi al prezzo fissato o modificato dall'editore, se sia tale da pregiudicare gravemente i suoi interessi e la diffusione dell'opera.

(1) Art. 12, r.d. n. 1369/1942.

132. *1.* L'editore non può trasferire ad altri, senza il consenso dell'autore, i diritti acquistati, salvo pattuizione contraria oppure nel caso di cessione dell'azienda [c. 2558 ss.]. Tuttavia, in questo ultimo caso i diritti dell'editore cedente non possono essere trasferiti se vi sia pregiudizio alla reputazione o alla diffusione dell'opera.

133. *1.* Se l'opera non trova smercio sul mercato al prezzo fissato, l'editore prima di svendere gli esemplari stessi a sottoprezzo o di mandarli al macero, deve interpellare l'autore se intende acquistarli per un prezzo calcolato su quello ricavabile dalla vendita sottoprezzo o ad uso di macero.

134. *1.* I contratti di edizione si estinguono:

1) per il decorso del termine contrattuale;

2) per l'impossibilità di portarli a compimento a cagione dell'insuccesso dell'opera;

3) per la morte dell'autore, prima che l'opera sia compiuta, salva l'applicazione delle norme dell'art. 121;

4) perché l'opera non può essere pubblicata, riprodotta o messa in commercio per effetto di una decisione giudiziaria o di una disposizione di legge;

5) nei casi di risoluzione contemplati dall'art. 128 o nel caso previsto dall'art. 133;

6) nel caso di ritiro dell'opera dal commercio, ai sensi delle disposizioni della sezione quinta di questo capo.

135. *1.* Il fallimento dell'editore non determina la risoluzione del contratto di edizione.

2. Il contratto di edizione è tuttavia risolto se il curatore, entro un anno dalla dichiarazione del fallimento, non continua l'esercizio dell'azienda editoriale o non la cede ad un altro editore nelle condizioni indicate nell'art. 132.

Sezione IV. — *Contratti di rappresentazione e di esecuzione*

136. *1.* Il contratto con il quale l'autore concede la facoltà di rappresentare in pubblico un'opera drammatica, drammatico-musicale, coreografica, pantomimica o qualunque altra opera destinata alla rappresentazione, è regolato, oltreché dalle disposizioni contenute nei codici, dalle disposizioni generali di questo capo e dalle disposizioni particolari che seguono.

2. Salvo patto contrario, la concessione di detta facoltà non è esclusiva e non è trasferibile ad altri.

137. *1.* L'autore è obbligato:

1) a consegnare il testo dell'opera qualora questa non sia stata pubblicata per le stampe;

2) a garantire il pacifico godimento dei diritti ceduti per tutta la durata del contratto.

138. *1.* Il concessionario è obbligato:

1) a rappresentare l'opera senza apportarvi aggiunte, tagli o variazioni non consentite dall'autore, e previo annuncio al pubblico, nelle forme d'uso, del titolo dell'opera, del nome dell'autore e del nome dell'eventuale traduttore o riduttore;

2) a lasciare invigilare la rappresentazione dall'autore;

3) a non mutare, senza gravi motivi, i principali interpreti dell'opera e i direttori dell'orchestra e dei cori, se furono designati d'accordo con l'autore.

139. *1.* Per la rappresentazione dell'opera si applicano le norme degli artt. 127 e 128, meno per quanto riguarda il termine fissato al secondo comma dell'art. 127 che viene elevato a cinque anni, quando si tratti di opere drammatico-musicali.

140. *1.* Se il cessionario del diritto di rappresentazione trascura, nonostante la richiesta dell'autore, di ulteriormente rappresentare l'opera dopo una prima rappresentazione, od un primo ciclo di rappresentazioni, l'autore della parte musicale o letteraria che dimostri la colpa del cessionario, ha diritto di chiedere la risoluzione del contratto, con le conseguenze stabilite nel terzo comma dell'art. 128.

141. *1.* Il contratto che ha per oggetto l'esecuzione di una composizione musicale è regolato dalle disposizioni di questa sezione in quanto siano applicabili alla natura ed all'oggetto del contratto medesimo.

Sezione V. — *Ritiro dell'opera dal commercio*

142. *1.* L'autore, qualora concorrano gravi ragioni morali, ha diritto di ritirare l'opera dal commercio, salvo l'obbligo di indennizzare coloro che hanno acquistati i diritti di riprodurre, diffondere, eseguire, rappresentare o spacciare l'opera medesima.

2. Questo diritto è personale e non è trasmissibile [c. 2582].

3. Agli effetti dell'esercizio di questo diritto l'autore deve notificare il suo intendimento alle persone alle quali ha ceduto i diritti ed alla presidenza del Consiglio (1), la quale dà pub-

(1) V. nota 2 all'art. 23. L'art. 1.3, l. 9 gennaio 2008, n. 2 ribadisce l'attribuzione alla Presidenza del Consiglio dei Ministri dei compiti di vigilanza sulla SIAE. L'art. 1, d.p.c.m. 10 luglio 2008, in G.U., 21 agosto 2008, n. 195, così dispone: «Le attività inerenti i compiti che l'art. 1, comma 3, della l. 9 gennaio 2008, n. 2, attribuisce al Presidente del Consiglio dei Ministri, sono svolte dal Dipartimento per l'informazione e l'editoria».

blica notizia dell'intendimento medesimo nelle forme stabilite dal regolamento (1).

4. Entro il termine di un anno a decorrere dall'ultima data delle notifiche e pubblicazioni, gli interessati possono ricorrere all'autorità giudiziaria per opporsi all'esercizio della pretesa dell'autore, o per ottenere la liquidazione ed il risarcimento del danno.

143. *1.* L'autorità giudiziaria, se riconosce che sussistono gravi ragioni morali invocate dall'autore, ordina il divieto della riproduzione, diffusione, esecuzione, rappresentazione o spaccio dell'opera, a condizione del pagamento di una indennità a favore degli interessati, fissando la somma dell'indennizzo e il termine per il pagamento.

2. L'autorità giudiziaria può anche pronunciare provvisoriamente il divieto con decreto su ricorso, se sussistono ragioni di urgenza, prima della decadenza del termine indicato nell'ultimo comma dell'articolo precedente, previo, occorrendo, il pagamento di una idonea cauzione.

3. Se l'indennità non è pagata nel termine fissato dall'autorità giudiziaria cessa di pieno diritto l'efficacia della sentenza.

4. La continuazione della riproduzione, diffusione, esecuzione, rappresentazione o spaccio dell'opera, dopo trascorso il termine per ricorrere all'autorità giudiziaria, previsto nell'ultimo comma dell'articolo precedente, dopo dichiarato sospeso il commercio dell'opera, è soggetta alle sanzioni civili e penali comminate da questa legge per le violazioni del diritto di autore.

Sezione VI. — *Diritti dell'autore sulle vendite successive di opere d'arte e di manoscritti* (2)

144. 1. Gli autori delle opere d'arte e di manoscritti hanno diritto ad un compenso sul prezzo di ogni vendita successiva alla prima cessione delle opere stesse da parte dell'autore.

2. Ai fini del primo comma si intende come vendita successiva quella comunque effettuata che comporta l'intervento, in qualità di venditori, acquirenti o intermediari, di soggetti che operano professionalmente nel mercato dell'arte, come le case d'asta, le gallerie d'arte e, in generale, qualsiasi commerciante di opere d'arte.

3. Il diritto di cui al comma 1 non si applica alle vendite quando il venditore abbia acquistato l'opera direttamente dall'autore meno di tre anni prima di tali vendite e il prezzo di vendita non sia superiore a 10.000,00 euro. La vendita si presume effettuata oltre i tre anni dall'acquisto salva prova contraria fornita dal venditore (3).

145. 1. Ai fini dell'art. 144, per opere si intendono gli originali delle opere delle arti figurative, comprese nell'art. 2, come i quadri, i «collages», i dipinti, i disegni, le incisioni, le stampe, le litografie, le sculture, gli arazzi, le ceramiche, le opere in vetro e le fotografie, nonché gli originali dei manoscritti, purché si tratti di creazioni eseguite dall'autore stesso o di esemplari considerati come opere d'arte e originali.

2. Le copie delle opere delle arti figurative prodotte in numero limitato dall'autore stesso o sotto la sua autorità, sono considerate come originali purché siano numerate, firmate o altrimenti debitamente autorizzate dall'autore (4).

146. 1. Il diritto di cui all'art. 144 è riconosciuto anche agli autori e ai loro aventi causa di paesi non facenti parte dell'Unione europea, solo ove la legislazione di tali paesi preveda lo stesso diritto a favore degli autori che siano cittadini italiani e dei loro aventi causa.

2. Agli autori di paesi non facenti parte dell'Unione europea non in possesso della cittadinanza italiana, ma abitualmente residenti in Italia, è riservato lo stesso trattamento previsto dalla presente sezione per i cittadini italiani (5).

147. 1. Il diritto di cui all'art. 144 non può formare oggetto di alienazione o di rinuncia, nemmeno preventivamente (6).

148. 1. Il diritto di cui all'art. 144 dura per tutta la vita dell'autore e per settant'anni dopo la sua morte (7).

149. 1. Il diritto di cui all'art. 144 spetta dopo la morte dell'autore agli eredi, secondo le norme del codice civile; in difetto di successori entro il sesto grado, il diritto è devoluto all'Ente nazionale di previdenza e assistenza per i

(1) V. art. 13, r.d. n. 1369/1942.
(2) Denominazione così sostituita dall'art. 1, d.lg. 13 febbraio 2006, n. 118.
(3) Articolo così sostituito dall'art. 2, d.lg. n. 118/2006.
(4) Articolo così sostituito dall'art. 3, d.lg. n. 118/2006.
(5) Articolo così sostituito dall'art. 4, d.lg. n. 118/2006.
(6) Articolo così sostituito dall'art. 5, d.lg. n. 118/2006.
(7) Articolo così sostituito dall'art. 6, d.lg. n. 118/2006.

pittori e scultori, musicisti, scrittori ed autori drammatici (ENAP) per i propri fini istituzionali (1).

150. 1. Il compenso previsto dall'art. 144 è dovuto solo se il prezzo della vendita non è inferiore a 3.000,00 euro.

2. Fatto salvo quanto disposto dal comma 1, i compensi dovuti ai sensi dell'art. 144 sono così determinati:

a) 4 per cento per la parte del prezzo di vendita fino 50.000 euro (2);

b) 3 per cento per la parte del prezzo di vendita compresa tra euro 50.000,01 e 200.000,00 euro;

c) 1 per cento per la parte del prezzo di vendita compresa tra euro 200.000,01 e 350.000,00 euro;

d) 0,5 per cento per la parte del prezzo di vendita compresa tra euro 350.000,01 e 500.000,00 euro;

e) 0,25 per cento per la parte del prezzo di vendita superiore a 500.000,00 euro.

3. L'importo totale del compenso non può essere comunque superiore a 12.500,00 euro (3).

151. 1. Il prezzo della vendita, ai fini dell'applicazione delle percentuali di cui all'art. 150, è calcolato al netto dell'imposta (4).

152. 1. Il compenso di cui agli artt. 144 e 150 è a carico del venditore.

2. Fermo restando quanto disposto nel comma 1, l'obbligo di prelevare e di trattenere dal prezzo di vendita il compenso dovuto e di versarne, nel termine stabilito dal regolamento, il relativo importo alla Società italiana degli autori ed editori (SIAE), è a carico dei soggetti di cui all'art. 144, comma 2.

3. Fino al momento in cui il versamento alla Società italiana degli autori ed editori (SIAE) non sia stato effettuato, i soggetti di cui al comma 2 sono costituiti depositari, ad ogni effetto di legge, delle somme prelevate.

4. I soggetti di cui al comma 2, intervenuti nella vendita quali acquirenti o intermediari, rispondono solidalmente con il venditore del pagamento del compenso da questi dovuto (5).

153. 1. Le vendite delle opere e dei manoscritti di cui alla presente sezione, il cui prezzo minimo sia quello indicato al comma 1 dell'art. 150, debbono essere denunciate, a cura del professionista intervenuto quale venditore acquirente o intermediario, mediante dichiarazione alla Società italiana degli autori ed editori (SIAE) (6), nel termine e con le modalità stabilite nel regolamento (7).

2. Il soggetto di cui al comma 1 ha, altresì, l'obbligo di fornire alla Società italiana degli autori ed editori (SIAE), su richiesta di quest'ultima, per un periodo di tre anni successivi alla vendita, tutte le informazioni atte ad assicurare il pagamento dei compensi previsti dagli articoli precedenti, anche tramite l'esibizione della documentazione relativa alla vendita stessa (8).

154. 1. La Società italiana degli autori ed editori (SIAE) provvede, secondo quanto disposto dal regolamento, a comunicare agli aventi diritto l'avvenuta vendita e la percezione del compenso ed a rendere pubblico, anche tramite il proprio sito informatico istituzionale, per tutto il periodo di cui al comma 2, l'elenco degli aventi diritto che non abbiano ancora rivendicato il compenso. Provvede, altresì, al successivo pagamento del compenso al netto della provvigione, comprensiva delle spese, la cui misura è determinata con decreto del Ministro per i beni e le attività culturali, sentita la Società italiana degli autori ed editori (SIAE) (6). Il decreto è sottoposto ad aggiornamento triennale.

2. Presso la Società italiana degli autori ed editori (SIAE) (6) sono tenuti a disposizione i compensi di cui al comma 1, che non sia stato possibile versare agli aventi diritto, per un periodo di cinque anni, decorrente dalla data a decorrere dalla quale gli stessi sono divenuti esigibili secondo quanto disposto dal regolamento. Decorso tale periodo senza che sia intervenuta alcuna rivendicazione dei compensi, questi ultimi sono devoluti all'Ente nazionale di previdenza e assistenza per i pittori e scultori, musicisti scrittori ed autori drammatici

(1) Articolo così sostituito dall'art. 7, d.lg. n. 118/2006.
(2) Le parole «fino a 50.000 euro» sono state così sostituite alle precedenti «compresa tra 3.000,00 euro e 50.000,00 euro» dall'art. 11, l. 25 febbraio 2008, n. 34.
(3) Articolo così sostituito dall'art. 8, d.lg. n. 118/2006.
(4) Articolo così sostituito dall'art. 9, d.lg. n. 118/2006.
(5) Articolo così sostituito dall'art. 10, d.lg. n. 118/2006.
(6) V. nota 6 all'art. 58. Con d.m. Beni e attività culturali 1° dicembre 2015, in G.U., 26 gennaio 2016, n. 20, la provvigione è fissata al 19% dal 9 aprile 2015 all'8 aprile 2016, al 18% dal 9 aprile 2016 all'8 aprile 2017, al 17% dal 9 aprile 2017 all'8 aprile 2018.
(7) V. art. 43 ss., r.d. n. 1369/1942.
(8) Articolo così sostituito dall'art. 11, d.lg. n. 118/2006.

(ENAP) per i propri fini istituzionali, con gli interessi legali dalla data di percezione delle somme fino a quella del pagamento al netto della provvigione di cui al comma 1 (1).

155. 1. Le disposizioni di cui alla presente Sezione si applicano anche alle opere anonime e pseudonime (2).

CAPO III

DIFESE E SANZIONI GIUDIZIARIE

Sezione I. — *Difese e sanzioni civili* (3)

§ 1. — *Norme relative ai diritti di utilizzazione economica*

156. 1. Chi ha ragione di temere la violazione di un diritto di utilizzazione economica a lui spettante in virtù di questa legge oppure intende impedire la continuazione o la ripetizione di una violazione già avvenuta sia da parte dell'autore della violazione che di un intermediario i cui servizi sono utilizzati per tale violazione può agire in giudizio per ottenere che il suo diritto sia accertato e sia vietato il proseguimento della violazione. Pronunciando l'inibitoria, il giudice può fissare una somma dovuta per ogni violazione o inosservanza successivamente constatata o per ogni ritardo nell'esecuzione del provvedimento.

2. Sono fatte salve le disposizioni di cui al d.lg. 9 aprile 2003, n. 70 (4).

3. L'azione è regolata dalle norme di questa sezione e dalle disposizioni del codice di procedura civile (5).

156-*bis*. 1. Qualora una parte abbia fornito seri elementi dai quali si possa ragionevolmente desumere la fondatezza delle proprie domande ed abbia individuato documenti, elementi o informazioni detenuti dalla controparte che confermino tali indizi, essa può ottenere che il giudice ne disponga l'esibizione oppure che richieda le informazioni alla controparte. Può ottenere altresì, che il giudice ordini alla controparte di fornire gli elementi per l'identificazione dei soggetti implicati nella produzione e distribuzione dei prodotti o dei servizi che costituiscono violazione dei diritti di cui alla presente legge.

2. In caso di violazione commessa su scala commerciale il giudice può anche disporre, su richiesta di parte, l'esibizione della documentazione bancaria, finanziaria e commerciale che si trovi in possesso della controparte.

3. Il giudice, nell'assumere i provvedimenti di cui ai commi 1 e 2, adotta le misure idonee a garantire la tutela delle informazioni riservate, sentita la controparte.

4. Il giudice desume argomenti di prova dalle risposte che le parti danno e dal rifiuto ingiustificato di ottemperare agli ordini (6).

156-*ter*. 1. L'autorità giudiziaria sia nei giudizi cautelari che di merito può ordinare, su istanza giustificata e proporzionata del richiedente, che vengano fornite informazioni sull'origine e sulle reti di distribuzione di merci o di prestazione di servizi che violano un diritto di cui alla presente legge da parte dell'autore della violazione e da ogni altra persona che:

a) sia stata trovata in possesso di merci oggetto di violazione di un diritto, su scala commerciale; sia stata sorpresa a utilizzare servizi oggetto di violazione di un diritto, su scala commerciale;

b) sia stata sorpresa a fornire su scala commerciale servizi utilizzati in attività di violazione di un diritto;

c) sia stata indicata dai soggetti di cui alle lett. *a*) o *b*) come persona implicata nella produzione, fabbricazione o distribuzione di tali prodotti o nella fornitura di tali servizi.

2. Le informazioni di cui al comma 1 posso-

(1) Articolo così sostituito dall'art. 12, d.lg. n. 118/2006.
(2) Articolo così sostituito dall'art. 13, d.lg. n. 118/2006.
(3) Sulla tutela cautelare nei confronti di prestatori di servizi della società dell'informazione, v. art. 2.1-2, l. 20 novembre 2017, n. 167: «1. Ai fini dell'attuazione di quanto previsto dall'art. 8 della dir. 2001/29/CE del Parlamento europeo e del Consiglio, del 22 maggio 2001, e dagli artt. 3 e 9 della dir. 2004/48/CE del Parlamento europeo e del Consiglio, del 29 aprile 2004, l'Autorità per le garanzie nelle comunicazioni, su istanza dei titolari dei diritti, può ordinare in via cautelare ai prestatori di servizi della società dell'informazione di porre fine immediatamente alle violazioni del diritto d'autore e dei diritti connessi, qualora le violazioni medesime risultino manifeste sulla base di un sommario apprezzamento dei fatti e sussista la minaccia di un pregiudizio imminente, e irreparabile per i titolari dei diritti. || 2. L'Autorità disciplina con proprio regolamento le modalità con le quali il provvedimento cautelare di cui al comma 1 è adottato e comunicato ai soggetti interessati, nonché i soggetti legittimati a proporre reclamo avverso il provvedimento medesimo, i termini entro quali il reclamo deve essere proposto e la procedura attraverso la quale è adottata la decisione definitiva dell'Autorità».
(4) In *Leggi coll. IV, 6.*
(5) Articolo così sostituito dall'art. 2, d.lg. 16 marzo 2006, n. 140.
(6) Articolo inserito dall'art. 3, d.lg. n. 140/2006.

no tra l'altro comprendere il nome e indirizzo dei produttori, dei fabbricanti, dei distributori, dei fornitori e degli altri precedenti detentori dei prodotti o dei servizi, nonché dei grossisti e dei dettaglianti, nonché informazioni sulle quantità prodotte, fabbricate, consegnate, ricevute o ordinate, nonché sul prezzo dei prodotti o servizi in questione.

3. Le informazioni vengono acquisite tramite interrogatorio dei soggetti di cui al comma 1.

4. Il richiedente deve fornire l'indicazione specifica delle persone da interrogare e dei fatti sui quali ognuna di esse deve essere interrogata.

5. Il giudice, ammesso l'interrogatorio, richiede ai soggetti di cui al comma 1 le informazioni indicate dalla parte; può altresì rivolgere loro, d'ufficio o su istanza di parte, tutte le domande che ritiene utili per chiarire le circostanze sulle quali si svolge l'interrogatorio.

6. Si applicano gli artt. 249, 250, 252, 255 e 257, primo comma, del codice di procedura civile (1).

157. *1.* Chi si trova nell'esercizio dei diritti di rappresentazione o di esecuzione di un'opera adatta a pubblico spettacolo, compresa l'opera cinematografica, o di un'opera o composizione musicale, può richiedere al prefetto della provincia, secondo le norme stabilite dal regolamento, la proibizione della rappresentazione, o della esecuzione, ogni qualvolta manchi la prova scritta del consenso da esso prestato (2).

2. Il prefetto provvede sulla richiesta, in base alle notizie e a documenti a lui sottoposti, permettendo o vietando la rappresentazione o l'esecuzione, salvo alla parte interessata di adire l'autorità giudiziaria, per i definitivi provvedimenti di sua competenza.

158. 1. Chi venga leso nell'esercizio di un diritto di utilizzazione economica a lui spettante può agire in giudizio per ottenere, oltre al risarcimento del danno che, a spese dell'autore della violazione, sia distrutto o rimosso lo stato di fatto da cui risulta la violazione.

2. Il risarcimento dovuto al danneggiato è liquidato secondo le disposizioni degli artt. 1223, 1226 e 1227 del codice civile. Il lucro cessante è valutato dal giudice ai sensi dell'art. 2056, secondo comma, del codice civile, anche tenuto conto degli utili realizzati in violazione del diritto. Il giudice può altresì liquidare il danno in via forfettaria sulla base quanto meno dell'importo dei diritti che avrebbero dovuto essere riconosciuti, qualora l'autore della violazione avesse chiesto al titolare l'autorizzazione per l'utilizzazione del diritto.

3. Sono altresì dovuti i danni non patrimoniali ai sensi dell'art. 2059 del codice civile (3).

159. 1. La rimozione o la distruzione prevista nell'art. 158 non può avere per oggetto che gli esemplari o copie illecitamente riprodotte o diffuse, nonché gli apparecchi impiegati per la riproduzione o diffusione che non sono prevalentemente adoperati per diversa riproduzione o diffusione.

2. Se gli esemplari, le copie e gli apparecchi di cui al comma 1 sono suscettibili, previa adeguata modifica, di una utilizzazione legittima da parte dell'autore della violazione, può essere disposto dal giudice il loro ritiro temporaneo dal commercio con possibilità di un loro reinserimento a seguito degli adeguamenti imposti a garanzia del rispetto del diritto.

3. Se una parte dell'esemplare, della copia o dell'apparecchio di cui al comma 1 può essere impiegata per una diversa riproduzione o diffusione, l'interessato può chiedere, a sue spese, la separazione di questa parte nel proprio interesse.

4. Se l'esemplare o la copia dell'opera o l'apparecchio di cui si chiede la rimozione o la distruzione hanno singolare pregio artistico o scientifico, il giudice ne può ordinare di ufficio il deposito in un pubblico museo.

5. Il danneggiato può sempre chiedere che gli esemplari, le copie e gli apparecchi soggetti alla distruzione gli siano aggiudicati per un determinato prezzo in conto del risarcimento dovutogli.

6. I provvedimenti della distruzione e della aggiudicazione non colpiscono gli esemplari o le copie contraffatte acquistati in buona fede per uso personale.

7. L'applicazione delle misure di cui al presente articolo deve essere proporzionata alla gravità della violazione e tenere conto degli interessi dei terzi (4).

160. *1.* La rimozione o la distruzione non può essere domandata nell'ultimo anno della durata del diritto. In tal caso, deve essere ordinato il sequestro dell'opera o del prodotto sino alla scadenza della durata medesima. Qualora siano stati risarciti i danni derivati dalla violazione del diritto, il sequestro può essere autorizzato anche ad una data anteriore a quella sopraindicata.

(1) Articolo inserito dall'art. 4, d.lg. n. 140/2006.
(2) V. art. 14, r.d. n. 1369/1942.
(3) Articolo così sostituito dall'art. 5, d.lg. n. 140/2006.
(4) Articolo così sostituito dall'art. 6, d.lg. n. 140/2006.

161. 1. Agli effetti dell'esercizio delle azioni previste negli articoli precedenti, nonché della salvaguardia delle prove relative alla contraffazione, possono essere ordinati dall'Autorità giudiziaria la descrizione, l'accertamento, la perizia od il sequestro di ciò che si ritenga costituire violazione del diritto di utilizzazione; può inoltre farsi ricorso ai procedimenti d'istruzione preventiva.

2. Il sequestro non può essere concesso nelle opere che risultano dal contributo di più persone, salvo i casi di particolare gravità o quando la violazione del diritto di autore è imputabile a tutti i coautori.

3. L'Autorità giudiziaria può anche ordinare, in casi particolarmente gravi, il sequestro dei proventi dovuti all'autore dell'opera o del prodotto contestato.

4. Le disposizioni della presente sezione si applicano a chi mette in circolazione in qualsiasi modo o detiene per scopi commerciali copie non autorizzate di programmi e qualsiasi mezzo inteso unicamente a consentire o facilitare la rimozione arbitraria o l'elusione funzionale dei dispositivi applicati a protezione di un programma per elaboratore (1).

162. 1. Salvo quanto diversamente disposto dalla presente legge, i procedimenti di cui all'art. 161 sono disciplinati dalle norme del codice di procedura civile concernenti i procedimenti cautelari di sequestro e di istruzione preventiva per quanto riguarda la descrizione, l'accertamento e la perizia.

2. La descrizione e il sequestro vengono eseguiti a mezzo di ufficiale giudiziario, con l'assistenza, ove occorra, di uno o più periti ed anche con l'impiego di mezzi tecnici di accertamento, fotografici o di altra natura. Nel caso di pubblici spettacoli non si applicano le limitazioni di giorni e di ore previste per atti di questa natura dal codice di procedura civile.

3. Gli interessati possono essere autorizzati ad assistere alle operazioni anche a mezzo di propri rappresentanti e ad essere assistiti da tecnici di loro fiducia.

4. Alla descrizione non si applicano i commi secondo e terzo dell'art. 693 del codice di procedura civile. Ai fini dell'art. 697 del codice di procedura civile, il carattere dell'eccezionale urgenza deve valutarsi anche alla stregua dell'esigenza di non pregiudicare l'attuazione del provvedimento. Si applica anche alla descrizione il disposto degli artt. 669-*octies*, 669-*undecies* e 675 del codice di procedura civile.

5. Decorso il termine di cui all'art. 675 del codice di procedura civile, possono essere completate le operazioni di descrizione e di sequestro già iniziate, ma non possono esserne iniziate altre fondate sullo stesso provvedimento; resta salva la facoltà di chiedere al giudice di disporre ulteriori provvedimenti di descrizione o sequestro nel corso del procedimento di merito.

6. Descrizione e sequestro possono concernere oggetti appartenenti a soggetti anche non identificati nel ricorso, purché si tratti di oggetti prodotti, offerti, importati o distribuiti dalla parte nei cui confronti siano stati emessi i suddetti provvedimenti e purché tali oggetti non siano adibiti ad uso personale, ovvero si tratti di opere diffuse con qualunque mezzo. Il verbale delle operazioni di sequestro e di descrizione, con il ricorso ed il provvedimento, deve essere notificato al terzo cui appartengono gli oggetti sui quali descrizione o sequestro sono stati eseguiti entro quindici giorni dalla conclusione delle operazioni stesse a pena di inefficacia (2).

162-*bis*. 1. Se il giudice, nel rilasciare il provvedimento cautelare, non stabilisce il termine entro cui le parti devono iniziare il giudizio di merito, quest'ultimo deve essere iniziato entro il termine di venti giorni lavorativi o di trentuno giorni di calendario, qualora questi rappresentino un periodo più lungo.

2. Il termine di cui al comma 1 decorre dalla pronuncia dell'ordinanza se avvenuta in udienza o, altrimenti, dalla sua comunicazione.

3. Se il giudizio di merito non è iniziato nel termine perentorio di cui al comma 1 ovvero se successivamente al suo inizio si estingue, il provvedimento cautelare perde la sua efficacia.

4. Le disposizioni di cui al comma 3 non si applicano ai provvedimenti di urgenza emessi ai sensi dell'art. 700 del codice di procedura civile ed agli altri provvedimenti cautelari idonei ad anticipare gli effetti della sentenza di merito. In tali casi ciascuna parte può iniziare il giudizio di merito (3).

162-*ter*. 1. Quando la parte lesa faccia valere l'esistenza di circostanze atte a pregiudicare il pagamento del risarcimento del danno, l'autorità giudiziaria può disporre ai sensi dell'art. 671 del codice di procedura civile il sequestro conservativo di beni mobili e immobili del presunto autore della violazione fino alla concor-

(1) Articolo così sostituito dall'art. 7, d.lg. n. 140/2006.
(2) Articolo così sostituito dall'art. 5.1, l. 18 agosto 2000, n. 248.
(3) Articolo inserito dall'art. 8, d.lg. n. 140/2006.

renza del presumibile ammontare del danno, compreso il blocco dei suoi conti bancari e di altri beni. A tale fine, nei casi di violazioni commesse su scala commerciale, l'Autorità giudiziaria può disporre la comunicazione delle documentazioni bancarie, finanziarie o commerciali, o l'appropriato accesso alle pertinenti informazioni (1).

163. 1. Il titolare di un diritto di utilizzazione economica può chiedere che sia disposta l'inibitoria di qualsiasi attività, ivi comprese quelle costituenti servizi prestati da intermediari, che costituisca violazione del diritto stesso secondo le norme del codice di procedura civile concernenti i procedimenti cautelari (2).

2. Pronunciando l'inibitoria, il giudice può fissare una somma dovuta per ogni violazione o inosservanza successivamente constatata o per ogni ritardo nell'esecuzione del provvedimento.

3. Ove in sede giudiziaria si accerti la mancata corresponsione del compenso relativo ai diritti di cui agli artt. 73 e 73-*bis*, oltre alla liquidazione dello stesso può essere disposta l'interdizione dall'utilizzo dei fonogrammi per un periodo da un minimo di quindici giorni ad un massimo di centottanta giorni.

4. Ove in sede giudiziaria si accerti l'utilizzazione di fonogrammi che, ai sensi dell'art. 74, arrecano pregiudizio al produttore fonografico, oltre alla interdizione definitiva dal loro utilizzo, può essere comminata una sanzione amministrativa da un minimo di euro 260,00 ad un massimo di euro 5.200,00 (3).

164. *1.* Se le azioni previste in questa sezione e nella seguente sono promosse dall'ente di diritto pubblico indicato nell'art. 180 si osservano le regole seguenti (4):

1) i funzionari appartenenti agli enti sopramenzionati possono esercitare le azioni di cui sopra nell'interesse degli aventi diritto senza bisogno di mandato, bastando che consti della loro qualità;

2) l'ente di diritto pubblico è dispensato dall'obbligo di prestare cauzione per la esecuzione degli atti per i quali questa cautela è prescritta o autorizzata;

3) l'ente di diritto pubblico designa i funzionari autorizzati a compiere attestazioni di credito per diritto d'autore nonché in relazione ad altre funzioni attribuite all'ente; dette attestazioni sono atti aventi efficacia di titolo esecutivo a norma dell'art. 474 del codice di procedura civile (5).

165. *1.* L'autore dell'opera oggetto del diritto di utilizzazione, anche dopo la cessione di tale diritto, ha sempre la facoltà di intervenire nei giudizi promossi dal cessionario a tutela dei suoi interessi.

166. *1.* Sull'istanza della parte interessata, o di ufficio, il giudice può ordinare che la sentenza venga pubblicata per la sola parte dispositiva in uno o più giornali ed anche ripetutamente a spese della parte soccombente.

167. 1. I diritti di utilizzazione economica riconosciuti da questa legge possono anche essere fatti valere giudizialmente:

a) da chi si trovi nel possesso legittimo dei diritti stessi;

b) da chi possa agire in rappresentanza del titolare dei diritti (6).

§ 2. — *Norme particolari ai giudizi concernenti l'esercizio del diritto morale*

168. *1.* Nei giudizi concernenti l'esercizio del diritto morale sono applicabili, in quanto lo consente la natura di questo diritto, le norme contenute nella sezione (7) precedente, salva l'applicazione delle disposizioni dei seguenti articoli.

169. *1.* L'azione a difesa dell'esercizio dei diritti che si riferiscono alla paternità dell'opera può dar luogo alla sanzione della rimozione e distruzione solo quando la violazione non possa essere convenientemente riparata mediante aggiunte o soppressioni sull'opera delle indicazioni che si riferiscono alla paternità dell'opera stessa o con altri mezzi di pubblicità.

170. *1.* L'azione a difesa dei diritti che si riferiscono all'integrità dell'opera può condurre alla rimozione o distruzione dell'esemplare deformato, mutilato o comunque modificato dell'opera, solo quando non sia possibile ripristinare detto esemplare nella forma primitiva a spese della parte interessata ad evitare la rimozione o la distruzione.

(1) Articolo inserito dall'art. 9, d.lg. n. 140/2006.
(2) Comma così sostituito dall'art. 10, d.lg. n. 140/2006.
(3) Articolo così sostituito dall'art. 24, d.lg. 9 aprile 2003, n. 68.
(4) Alinea così sostituita dall'art. 11, d.lg. n. 140/2006.
(5) Numero così sostituito dall'art. 25, d.lg. 9 aprile 2003, n. 68.
(6) Articolo così sostituito dall'art. 12, d.lg. n. 140/2006.
(7) *Recte*: paragrafo.

Sezione II. — *Difese e sanzioni penali*

171. *1.* Salvo quanto previsto dall'art. 171-*bis* e dall'art. 171-*ter* (1), è punito con la multa da lire 100.000 [euro 51] a lire 4.000.000 [euro 2.065] (2) chiunque, senza averne diritto, a qualsiasi scopo e in qualsiasi forma (3):

a) riproduce, trascrive, recita in pubblico, diffonde, vende o mette in vendita o pone altrimenti in commercio un'opera altrui o ne rivela il contenuto prima che sia reso pubblico, o introduce e mette in circolazione nello Stato esemplari prodotti all'estero contrariamente alla legge italiana;

a-bis) mette a disposizione del pubblico, immettendola in un sistema di reti telematiche, mediante connessioni di qualsiasi genere, un'opera dell'ingegno protetta, o parte di essa (4);

b) rappresenta, esegue o recita in pubblico o diffonde, con o senza variazioni od aggiunte, un'opera altrui adatta a pubblico spettacolo od una composizione musicale. La rappresentazione o esecuzione comprende la proiezione pubblica dell'opera cinematografica, l'esecuzione in pubblico delle composizioni musicali inserite nelle opere cinematografiche e la radiodiffusione mediante altoparlante azionato in pubblico;

c) compie i fatti indicati nelle precedenti lettere mediante una delle forme di elaborazione previste da questa legge;

d) riproduce un numero di esemplari o esegue o rappresenta un numero di esecuzioni o di rappresentazioni maggiore di quello che aveva il diritto rispettivamente di produrre o di rappresentare;

e) .... (5);

f) in violazione dell'art. 79 ritrasmette su filo o per radio o registra in dischi fonografici o altri apparecchi analoghi le trasmissioni o ritrasmissioni radiofoniche o smercia i dischi fonografici o altri apparecchi indebitamente registrati.

2. Chiunque commette la violazione di cui al primo comma, lett. *a-bis*), è ammesso a pagare, prima dell'apertura del dibattimento, ovvero prima dell'emissione del decreto penale di condanna, una somma corrispondente alla metà del massimo della pena stabilita dal primo comma per il reato commesso, oltre le spese del procedimento. Il pagamento estingue il reato (6).

3. La pena è della reclusione fino ad un anno o della multa non inferiore a lire 1.000.000 [euro 516] (2), se i reati di cui sopra sono commessi sopra un'opera altrui non destinata alla pubblicità, ovvero con usurpazione della paternità dell'opera, ovvero con deformazione, mutilazione o altra modificazione dell'opera medesima, qualora ne risulti offesa all'onore od alla reputazione dell'autore.

4. La violazione delle disposizioni di cui al terzo ed al quarto comma dell'art. 68 comporta la sospensione della attività di fotocopia, xerocopia o analogo sistema di riproduzione da sei mesi ad un anno nonché la sanzione amministrativa pecuniaria da due [euro 1.032] a dieci milioni [euro 5.164] di lire (7).

171-*bis*. 1. Chiunque abusivamente duplica, per trarne profitto, programmi per elaboratore o ai medesimi fini importa, distribuisce, vende, detiene a scopo commerciale o imprenditoriale o concede in locazione programmi contenuti in supporti non contrassegnati dalla Società italiana degli autori ed editori (SIAE), è soggetto alla pena della reclusione da sei mesi a tre anni e della multa da lire cinque milioni [euro 2.582] a lire trenta milioni [euro 15.493]. La stessa pena si applica se il fatto concerne qualsiasi mezzo inteso unicamente a consentire o facilitare la rimozione arbitraria o l'elusione funzionale di dispositivi applicati a protezione di un programma per elaboratori. La pena non è inferiore nel minimo a due anni di reclusione e la multa a lire trenta milioni [euro 15.493] se il fatto è di rilevante gravità.

2. Chiunque, al fine di trarne profitto, su supporti non contrassegnati SIAE riproduce, trasferisce su altro supporto, distribuisce, comunica, presenta o dimostra in pubblico il contenuto di una banca di dati in violazione delle disposizioni di cui agli artt. 64-*quinquies* e 64-*sexies*, ovvero esegue l'estrazione o il reimpiego della banca di dati in violazione delle disposizioni di cui agli artt. 102-*bis* e 102-*ter*, ovvero distribuisce, vende o concede in locazione una banca di dati, è soggetto alla pena della reclusione da sei mesi a tre anni e della multa da lire cinque milioni [euro 2.582] a lire trenta milioni [euro 15.493]. La pena non è inferiore nel mi-

(1) Le parole «e dall'art. 171-*ter*» sono state inserite dall'art. 2.3, l. 18 agosto 2000, n. 248.
(2) Così determinata dall'art. 113.1, l. 24 novembre 1981, n. 689.
(3) Comma così sostituito dall'art. 9, d.lg. n. 518/1992.
(4) Lettera inserita dall'art. 3.3-*ter*, d.l. 31 gennaio 2005, n. 7, conv. in l. 31 marzo 2005, n. 43.
(5) Lettera soppressa dall'art. 3, l. 29 luglio 1981, n. 406.
(6) Comma aggiunto dall'art. 3.3-*quater*, d.l. 31 gennaio 2005, n. 7, conv. in l. 31 marzo 2005, n. 43.
(7) Comma aggiunto dall'art. 2.4, l. 18 agosto 2000, n. 248.

nimo a due anni di reclusione e la multa a lire trenta milioni [euro 15.493] se il fatto è di rilevante gravità (1).

171-*ter*. 1. È punito, se il fatto è commesso per uso non personale, con la reclusione da sei mesi a tre anni e con la multa da cinque [euro 2.582] a trenta milioni di lire [euro 15.493] chiunque a fini di lucro (2):

a) abusivamente duplica, riproduce, trasmette o diffonde in pubblico con qualsiasi procedimento, in tutto o in parte, un'opera dell'ingegno destinata al circuito televisivo, cinematografico, della vendita o del noleggio, dischi, nastri o supporti analoghi ovvero ogni altro supporto contenente fonogrammi o videogrammi di opere musicali, cinematografiche o audiovisive assimilate o sequenze di immagini in movimento;

b) abusivamente riproduce, trasmette o diffonde in pubblico, con qualsiasi procedimento, opere o parti di opere letterarie, drammatiche, scientifiche o didattiche, musicali o drammatico-musicali, ovvero multimediali, anche se inserite in opere collettive o composite o banche dati;

c) pur non avendo concorso alla duplicazione o riproduzione, introduce nel territorio dello Stato, detiene per la vendita o la distribuzione, distribuisce, pone in commercio, concede in noleggio o comunque cede a qualsiasi titolo, proietta in pubblico, trasmette a mezzo della televisione con qualsiasi procedimento, trasmette a mezzo della radio, fa ascoltare in pubblico le duplicazioni o riproduzioni abusive di cui alle lett. *a*) e *b*);

d) detiene per la vendita o la distribuzione, pone in commercio, vende, noleggia, cede a qualsiasi titolo, proietta in pubblico, trasmette a mezzo della radio o della televisione con qualsiasi procedimento, videocassette, musicassette, qualsiasi supporto contenente fonogrammi o videogrammi di opere musicali, cinematografiche o audiovisive o sequenze di immagini in movimento, od altro supporto per il quale è prescritta, ai sensi della presente legge, l'apposizione di contrassegno da parte della Società italiana degli autori ed editori (SIAE), privi del contrassegno medesimo o dotati di contrassegno contraffatto o alterato (3);

e) in assenza di accordo con il legittimo distributore, ritrasmette o diffonde con qualsiasi mezzo un servizio criptato ricevuto per mezzo di apparati o parti di apparati atti alla decodificazione di trasmissioni ad accesso condizionato;

f) introduce nel territorio dello Stato, detiene per la vendita o la distribuzione, distribuisce, vende, concede in noleggio, cede a qualsiasi titolo, promuove commercialmente, installa dispositivi o elementi di decodificazione speciale che consentono l'accesso ad un servizio criptato senza il pagamento del canone dovuto;

f-bis) fabbrica, importa, distribuisce, vende, noleggia, cede a qualsiasi titolo, pubblicizza per la vendita o il noleggio, o detiene per scopi commerciali, attrezzature, prodotti o componenti ovvero presta servizi che abbiano la prevalente finalità o l'uso commerciale di eludere efficaci misure tecnologiche di cui all'art. 102-*quater* ovvero siano principalmente progettati, prodotti, adattati o realizzati con la finalità di rendere possibile o facilitare l'elusione di predette misure. Fra le misure tecnologiche sono comprese quelle applicate, o che residuano, a seguito della rimozione delle misure medesime conseguentemente a iniziativa volontaria dei titolari dei diritti o ad accordi tra questi ultimi e i beneficiari di eccezioni, ovvero a seguito di esecuzione di provvedimenti dell'autorità amministrativa o giurisdizionale (4) (5);

h) abusivamente rimuove o altera le informazioni elettroniche di cui all'art. 102-*quinquies*, ovvero distribuisce, importa a fini di distribuzione, diffonde per radio o per televisione, comunica o mette a disposizione del pubblico opere o altri materiali protetti dai quali siano state rimosse o alterate le informazioni elettroniche stesse (4).

2. È punito con la reclusione da uno a quattro anni e con la multa da cinque [euro 2.582] a trenta milioni di lire [euro 15.493] chiunque:

a) riproduce, duplica, trasmette o diffonde abusivamente, vende o pone altrimenti in commercio, cede a qualsiasi titolo o importa abusivamente oltre cinquanta copie o esemplari di opere tutelate dal diritto d'autore e da diritti connessi;

a-bis) in violazione dell'art. 16, a fini di lucro (2), comunica al pubblico immettendola in un sistema di reti telematiche, mediante con-

(1) Articolo così sostituito dall'art. 13.1, l. 18 agosto 2000, n. 248.
(2) Le parole «a fini di lucro» sono state sostituite alle precedenti «per trarne profitto» dall'art. 3.3-*quinquies*, d.l. 31 gennaio 2005, n. 7, conv. in l. 31 marzo 2005, n. 43.
(3) Numero così sostituito dall'art. 26.1, d.lg. 9 aprile 2003, n. 68.
(4) Lettera inserita dall'art. 26.2, d.lg. 9 aprile 2003, n. 68.
(5) In mancanza di una precedente lett. g, la lett. f-*bis* va intesa come g.

nessioni di qualsiasi genere, un'opera dell'ingegno protetta dal diritto d'autore, o parte di essa (1);

b) esercitando in forma imprenditoriale attività di riproduzione, distribuzione, vendita o commercializzazione, importazione di opere tutelate dal diritto d'autore e da diritti connessi, si rende colpevole dei fatti previsti dal comma 1;

c) promuove o organizza le attività illecite di cui al comma 1.

3. La pena è diminuita se il fatto è di particolare tenuità.

4. La condanna per uno dei reati previsti nel comma 1 comporta:

a) l'applicazione delle pene accessorie di cui agli artt. 30 e 32-*bis* del codice penale;

b) la pubblicazione della sentenza ai sensi dell'art. 36 del codice penale (2);

c) la sospensione per un periodo di un anno della concessione o autorizzazione di diffusione radiotelevisiva per l'esercizio dell'attività produttiva o commerciale.

5. Gli importi derivanti dall'applicazione delle sanzioni pecuniarie previste dai precedenti commi sono versati all'Ente nazionale di previdenza ed assistenza per i pittori e scultori, musicisti, scrittori ed autori drammatici (3).

171-*quater*. 1. Salvo che il fatto costituisca reato, è soggetto alla sanzione amministrativa pecuniaria da euro 5.000 a euro 30.000 (4) chiunque, abusivamente ed a fini di lucro:

a) concede in noleggio o comunque concede in uso a qualunque titolo, originali, copie o supporti lecitamente ottenuti di opere tutelate dal diritto di autore;

b) esegue la fissazione su supporto audio, video o audiovideo delle prestazioni artistiche di cui all'art. 80 (5) (6).

171-*quinquies*. 1. Ai fini delle disposizioni di cui alla presente legge è equiparata alla concessione in noleggio la vendita con patto di riscatto ovvero sotto condizione risolutiva quando sia previsto che nel caso di riscatto o di avveramento della condizione il venditore restituisca una somma comunque inferiore a quella pagata oppure quando sia previsto da parte dell'acquirente, al momento della consegna, il pagamento di una somma a titolo di acconto o ad altro titolo comunque inferiore al prezzo di vendita (7).

171-*sexies*. 1. Quando il materiale sequestrato è, per entità, di difficile custodia, l'autorità giudiziaria può ordinarne la distruzione, osservate le disposizioni di cui all'art. 83 delle norme di attuazione, di coordinamento e transitorie del codice di procedura penale, approvate con d.lg. 28 luglio 1989, n. 271.

2. È sempre ordinata la confisca degli strumenti e dei materiali serviti o destinati a commettere i reati di cui agli artt. 171-*bis*, 171-*ter* e l'illecito amministrativo di cui all'art. 171-*quater* (8) nonché delle videocassette, degli altri supporti audiovisivi o fonografici o informatici o multimediali abusivamente duplicati, riprodotti, ceduti, commerciati, detenuti o introdotti sul territorio nazionale, ovvero non provvisti di contrassegno SIAE, ove richiesto, o provvisti di contrassegno SIAE contraffatto o alterato, o destinato ad opera diversa. La confisca è ordinata anche nel caso di applicazione della pena su richiesta delle parti a norma dell'art. 444 del codice di procedura penale.

3. Le disposizioni di cui ai precedenti commi si applicano anche se i beni appartengono ad un soggetto giuridico diverso, nel cui interesse abbia agito uno dei partecipanti al reato (9).

171-*septies*. 1. La pena di cui all'art. 171-*ter*,

(1) Lettera inserita dall'art. 1.3, d.l. 22 marzo 2004, n. 72, conv. in l. 21 maggio 2004, n. 128.

(2) Lettera così sostituita dall'art. 2.217, l. 23 dicembre 2009, n. 191.

(3) Articolo così sostituito dall'art. 14.1, l. 18 agosto 2000, n. 248.

(4) Le parole «reato, è soggetto alla sanzione amministrativa pecuniaria da euro 5.000 a euro 30.000» sono state così sostituite alle precedenti «più grave reato, è punito con l'arresto sino ad un anno o con l'ammenda da lire un milione [euro 516] a lire dieci milioni [euro 5.164]» dall'art. 3.2, lett. a, d.lg. 15 gennaio 2016, n. 8.

(5) Articolo così inserito dall'art. 18, d.lg. 16 novembre 1994, n. 685.

(6) L'art. 4, d.lg. 15 gennaio 2016, n. 8, così dispone: «*Sanzioni amministrative accessorie*. — 1. In caso di reiterazione specifica di una delle violazioni di seguito indicate, l'autorità amministrativa competente, con l'ordinanza ingiunzione, applica la sanzione amministrativa accessoria della sospensione della concessione, della licenza, dell'autorizzazione o di altro provvedimento amministrativo che consente l'esercizio dell'attività da un minimo di dieci giorni a un massimo di tre mesi: *a*)..... (*omissis*); b) art. 171-*quater* della l. 22 aprile 1941, n. 633; *c*)..... (*omissis*). || 2. Allo stesso modo provvede il giudice con la sentenza di condanna qualora sia competente, ai sensi dell'art. 24 della l. 24 novembre 1981, n. 689, a decidere su una delle violazioni indicate nel comma 1. || 3. Per gli illeciti amministrativi di cui al comma 1, in caso di reiterazione specifica, non è ammesso il pagamento in misura ridotta ai sensi dell'art. 16 della l. 24 novembre 1981, n. 689».

(7) Articolo inserito dall'art. 15.1, l. 18 agosto 2000, n. 248.

(8) Le parole «171-*ter* e l'illecito amministrativo di cui all'art. 171-*quater*» sono state così sostituite alle precedenti «171-*ter* e 171-*quater*» dall'art. 3.2, lett. b, d.lg. 15 gennaio 2016, n. 8.

(9) Articolo inserito dall'art. 17.1, l. 18 agosto 2000, n. 248.

comma 1, si applica anche:

a) ai produttori o importatori dei supporti non soggetti al contrassegno di cui all'art. 181-*bis*, i quali non comunicano alla SIAE entro trenta giorni dalla data di immissione in commercio sul territorio nazionale o di importazione i dati necessari alla univoca identificazione dei supporti medesimi;

b) salvo che il fatto non costituisca più grave reato, a chiunque dichiari falsamente l'avvenuto assolvimento degli obblighi di cui all'art. 181-*bis*, comma 2, della presente legge (1).

171-*octies*. 1. Qualora il fatto non costituisca più grave reato, è punito con la reclusione da sei mesi a tre anni e con la multa da lire cinque milioni [euro 2.582] a lire cinquanta milioni [euro 25.822] chiunque a fini fraudolenti produce, pone in vendita, importa, promuove, installa, modifica, utilizza per uso pubblico e privato apparati o parti di apparati atti alla decodificazione di trasmissioni audiovisive ad accesso condizionato effettuate via etere, via satellite, via cavo, in forma sia analogica sia digitale. Si intendono ad accesso condizionato tutti i segnali audiovisivi trasmessi da emittenti italiane o estere in forma tale da rendere gli stessi visibili esclusivamente a gruppi chiusi di utenti selezionati dal soggetto che effettua l'emissione del segnale, indipendentemente dalla imposizione di un canone per la fruizione di tale servizio.

2. La pena non è inferiore a due anni di reclusione e la multa a lire trenta milioni [euro 15.493] se il fatto è di rilevante gravità (1) (2).

171-*octies*.1. 1. Chiunque si rifiuti senza giustificato motivo di rispondere alle domande del giudice ai sensi dell'art. 156-*ter* ovvero fornisce allo stesso false informazioni è punito con le pene previste dall'art. 372 del codice penale, ridotte della metà (3).

171-*nonies*. 1. La pena principale per i reati di cui agli artt. 171-*bis*, 171-*ter* e 171-*quater* è diminuita da un terzo alla metà e non si applicano le pene accessorie a colui che, prima che la violazione gli sia stata specificatamente contestata in un atto dell'autorità giudiziaria, la denuncia spontaneamente o, fornendo tutte le informazioni in suo possesso, consente l'individuazione del promotore o organizzatore dell'attività illecita di cui agli artt. 171-*ter* e 171-*quater*, di altro duplicatore o di altro distributore, ovvero il sequestro di notevoli quantità di supporti audiovisivi e fonografici o di strumenti o materiali serviti o destinati alla commissione dei reati.

2. Le disposizioni del presente articolo non si applicano al promotore o organizzatore delle attività illecite previste dall'art. 171-*bis*, comma 1, e dall'art. 171-*ter*, comma 1 (1).

172. 1. Se i fatti preveduti nell'art. 171 sono commessi per colpa la pena è della sanzione amministrativa fino a 1.032,00 euro (4).

2. Con la stessa pena è punito chiunque esercita l'attività di intermediario in violazione del disposto degli artt. 180 e 183.

3. La violazione delle disposizioni di cui al comma 2 dell'art. 152 e all'art. 153 comporta la sospensione dell'attività professionale o commerciale da sei mesi ad un anno, nonché la sanzione amministrativa da 1.034,00 euro a 5.165,00 euro (5).

173. *1.* Le sanzioni previste negli articoli precedenti si applicano quando il fatto non costituisce reato più grave previsto dal codice penale o da altre leggi.

174. *1.* Nei giudizi penali regolati da questa sezione la persona offesa, costituitasi parte civile, può sempre chiedere al giudice penale l'applicazione dei provvedimenti e delle sanzioni previsti dagli artt. 159 e 160.

174-*bis*. 1. Ferme le sanzioni penali applicabili, la violazione delle disposizioni previste nella presente sezione è punita con la sanzione amministrativa pecuniaria pari al doppio del prezzo di mercato dell'opera o del supporto oggetto della violazione, in misura comunque non inferiore a euro 103,00. Se il prezzo non è facilmente determinabile, la violazione è punita con la sanzione amministrativa da euro 103,00 a euro 1.032,00. La sanzione amministrativa si applica nella misura stabilita per ogni

(1) Articolo inserito dall'art. 17.1, l. 18 agosto 2000, n. 248.

(2) La Corte cost., con sentenza 29 dicembre 2004, n. 426, ha dichiarato costituzionalmente illegittimo questo articolo «nella parte in cui, limitatamente ai fatti commessi dall'entrata in vigore di detto art. 171-*octies* fino all'entrata in vigore della l. 7 febbraio 2003, n. 22 (*Modifica al d.lg. 15 novembre 2000, n. 373, in tema di tutela del diritto d'autore*), punisce con sanzione penale, anziché con la sanzione amministrativa prevista dall'art. 6 del d.lg. 15 novembre 2000, n. 373 (*Attuazione della direttiva 98/84/CE sulla tutela dei servizi ad accesso condizionato e dei servizi di accesso condizionato*), l'utilizzazione per uso privato di apparati o parti di apparati atti alla decodificazione di trasmissioni audiovisive ad accesso condizionato effettuate via etere, via satellite, via cavo, in forma sia analogica sia digitale».

(3) Articolo inserito dall'art. 13, d.lg. n. 140/2006.

(4) L'ammenda è stata sostituita dalla sanzione amministrativa: art. 1, l. 24 dicembre 1975, n. 706.

(5) Articolo così sostituito dall'art. 14, d.lg. n. 118/2006.

violazione e per ogni esemplare abusivamente duplicato o riprodotto (1) (2).

174-*ter*. 1. Chiunque abusivamente utilizza, anche via etere o via cavo, duplica, riproduce, in tutto o in parte, con qualsiasi procedimento, anche avvalendosi di strumenti atti ad eludere le misure tecnologiche di protezione opere o materiali protetti, oppure acquista o noleggia supporti audiovisivi, fonografici, informatici o multimediali non conformi alle prescrizioni della presente legge, ovvero attrezzature, prodotti o componenti atti ad eludere misure di protezione tecnologiche è punito, purché il fatto non concorra con i reati di cui agli artt. 171, 171-*bis*, 171-*ter*, 171-*quater*, 171-*quinquies*, 171-*septies* e 171-*octies*, con la sanzione amministrativa pecuniaria di euro 154 e con le sanzioni accessorie della confisca del materiale e della pubblicazione del provvedimento su un giornale quotidiano a diffusione nazionale.

2. In caso di recidiva o di fatto grave per la quantità delle violazioni o delle copie acquistate o noleggiate, la sanzione amministrativa è aumentata sino ad euro 1.032,00 ed il fatto è punito con la confisca degli strumenti e del materiale, con la pubblicazione del provvedimento su due o più giornali quotidiani a diffusione nazionale o su uno o più periodici specializzati nel settore dello spettacolo e, se si tratta di attività imprenditoriale, con la revoca della concessione o dell'autorizzazione di diffusione radiotelevisiva o dell'autorizzazione per l'esercizio dell'attività produttiva o commerciale (3).

174-*quater*. 1. I proventi derivanti dalle sanzioni amministrative, applicati ai sensi degli artt. 174-*bis* e 174-*ter*, affluiscono all'entrata del bilancio dello Stato per essere riassegnati, con decreto del Ministro dell'economia e delle finanze:

a) in misura pari al cinquanta per cento ad un Fondo iscritto allo stato di previsione del Ministero della giustizia destinato al potenziamento delle strutture e degli strumenti impiegati nella prevenzione e nell'accertamento dei reati previsti dalla presente legge. Il Fondo è istituito con decreto adottato dal Ministro della giustizia, di concerto con il Ministro dell'interno, ai sensi dell'art. 17, comma 3, della l. 23 agosto 1988, n. 400 (4);

b) nella restante misura, ad apposito capitolo dello stato di previsione del Ministero dell'economia e delle finanze per la promozione delle campagne informative di cui al comma 3-*bis* dell'art. 26 della l. 23 agosto 1988, n. 400, e successive modificazioni (5).

174-*quinquies*. 1. Quando esercita l'azione penale per taluno dei reati non colposi previsti dalla presente sezione commessi nell'ambito di un esercizio commerciale o di un'attività soggetta ad autorizzazione, il pubblico ministero ne dà comunicazione al questore, indicando gli elementi utili per l'adozione del provvedimento di cui al comma 2.

2. Valutati gli elementi indicati nella comunicazione di cui al comma 1, il questore, sentiti gli interessati, può disporre, con provvedimento motivato, la sospensione dell'esercizio o dell'attività per un periodo non inferiore a quindici giorni e non superiore a tre mesi, senza pregiudizio del sequestro penale eventualmente adottato.

3. In caso di condanna per taluno dei reati di cui al comma 1, è sempre disposta, a titolo di sanzione amministrativa accessoria, la cessazione temporanea dell'esercizio o dell'attività per un periodo da tre mesi ad un anno, computata la durata della sospensione disposta a norma del comma 2. Si applica l'art. 24 della l. 24 novembre 1981, n. 689. In caso di recidiva specifica è disposta la revoca della licenza di esercizio o dell'autorizzazione allo svolgimento dell'attività.

4. Le disposizioni di cui al presente articolo si applicano anche nei confronti degli stabilimenti di sviluppo e di stampa, di sincronizzazione e postproduzione, nonché di masterizzazione, tipografia e che comunque esercitino

(1) Articolo così sostituito dall'art. 27, d.lg. 9 aprile 2003, n. 68.

(2) Art. 7.17, l. 3 maggio 2004, n. 112: «17. Le sanzioni amministrative irrogate a imprese radiofoniche o televisive locali ai sensi dell'art. 174-*bis* della l. 22 aprile 1941, n. 633, come modificato dall'art. 27 del d.lg. 9 aprile 2003, n. 68, vengono ridotte come segue, qualora l'impresa radiofonica o televisiva locale abbia provveduto a regolarizzare entro la data di entrata in vigore della presente legge la propria posizione relativamente alla violazione contestata: riduzione a un decimo dell'importo minimo qualora le sanzioni amministrative contestate siano di importo inferiore o pari a 50.000 euro; riduzione a un ventesimo dell'importo minimo qualora le sanzioni amministrative contestate siano di importo eccedente 50.000 euro. Il pagamento delle sanzioni amministrative così ridotte dovrà avvenire entro i trenta giorni successivi alla data di entrata in vigore della presente legge. Qualora l'importo dovuto sia superiore a 5.000 euro, potrà essere corrisposto in tre rate bimestrali, la prima delle quali con scadenza nel termine di trenta giorni dalla data di entrata in vigore della presente legge».

(3) Articolo così sostituito dall'art. 28, d.lg. 9 aprile 2003, n. 68.

(4) D.m. Giustizia 14 novembre 2005, n. 261, in G.U., 27 dicembre 2005, n. 300.

(5) Articolo inserito dall'art. 29, d.lg. 9 aprile 2003, n. 68.

attività di produzione industriale connesse alla realizzazione dei supporti contraffatti e nei confronti dei centri di emissione o ricezione di programmi televisivi. Le agevolazioni di cui all'art. 45 della l. 4 novembre 1965, n. 1213, e successive modificazioni, sono sospese in caso di esercizio dell'azione penale; se vi è condanna, sono revocate e non possono essere nuovamente concesse per almeno un biennio (1).

TITOLO IV

Diritto demaniale

175-176. .... (2).
177-179. .... (3).

TITOLO V

Enti di diritto pubblico per la protezione e l'esercizio dei diritti di autore (4)

180. *1.* L'attività di intermediario comunque attuata, sotto ogni forma diretta o indiretta di intervento, mediazione, mandato, rappresentanza ed anche di cessione per l'esercizio dei diritti di rappresentazione, di esecuzione, di recitazione, di radiodiffusione ivi compresa la comunicazione al pubblico via satellite (5) e di riproduzione meccanica e cinematografica di opere tutelate, è riservata in via esclusiva alla società italiana degli autori ed editori (SIAE) (6) ed agli altri organismi di gestione collettiva di cui al d.lg. 15 marzo 2017, n. 35 (7).

2. Tale attività è esercitata per effettuare:

1) la concessione, per conto e nell'interesse degli aventi diritto, di licenze e autorizzazioni per l'utilizzazione economica di opere tutelate;

2) la percezione dei proventi derivanti da dette licenze ed autorizzazioni;

3) la ripartizione dei proventi medesimi tra gli aventi diritto.

3. L'attività della Società italiana degli autori ed editori (SIAE) (8) si esercita altresì secondo le norme stabilite dal regolamento (9) in quei paesi stranieri nei quali essa (10) ha una rappresentanza organizzata.

4. La suddetta esclusività di poteri non pregiudica la facoltà spettante all'autore, ai suoi successori o agli aventi causa, di esercitare direttamente i diritti loro riconosciuti da questa legge.

5. Nella ripartizione dei proventi prevista al n. 3 del secondo comma una quota parte deve essere in ogni caso riservata all'autore. I limiti e le modalità della ripartizione sono determinati dal regolamento (11).

6. Quando, però, i diritti di utilizzazione economica dell'opera possono dar luogo a percezione di proventi in paesi stranieri in favore di cittadini italiani domiciliati o residenti nella Repubblica, ed i titolari di tali diritti non provvedono per qualsiasi motivo alla percezione dei proventi, trascorso un anno dalla loro esigibilità, è conferito alla SIAE (12) il potere di esercitare i diritti medesimi per conto e nell'interesse dell'autore o dei suoi successori o aventi causa.

7. I proventi di cui al precedente comma, riscossi dalla SIAE (12), detratte le spese di riscossione, saranno tenuti a disposizione degli aventi diritto, per un periodo di tre anni; trascorso questo termine senza che siano stati re-

(1) Articolo inserito dall'art. 30, d.lg. 9 aprile 2003, n. 68.
(2) Articoli abrogati dall'art. 6.4, d.l. 31 dicembre 1996, n. 669, conv. in l. 28 febbraio 1997, n. 30.
(3) Articoli abrogati dall'art. 3.1, l. 22 maggio 1993, n. 159.
(4) Sulla gestione collettiva dei diritti d'autore v. d.lg. 15 marzo 2017, n. 35.
(5) Parole aggiunte dall'art. 10, d.lg. n. 581/1996.
(6) V. nota 6 all'art. 58. Sulle funzioni svolte dalla SIAE v. art. 7, d.lg. 29 ottobre 1999, n. 419, come modificato dall'art. 40, d.lg. 9 aprile 2003, n. 68, e d.m. 7 giugno 2000, in G.U., 22 agosto 2000, n. 195. Sullo statuto della SIAE v. d.p.c.m. 9 novembre 2012 e *Comunicato*, in G.U., 2 ottobre 2013, n. 231. Per disposizioni concernenti la SIAE v. inoltre l. 9 gennaio 2008, n. 2.
(7) Le parole «ed agli altri organismi di gestione collettiva di cui al d.lg. 15 marzo 2017, n. 35» sono state aggiunte dall'art. 19.1, lett. b. n. 1, d.l. 16 ottobre 2017, n. 148, conv. in l. 4 dicembre 2017, n. 172. L'art. 19.2, d.l. cit., così dispone: «Per gli organismi di gestione collettiva di cui all'art. 180, comma 1, della l. 22 aprile 1941, n. 633, stabiliti in Italia, l'esercizio dell'attività di intermediazione è in ogni caso subordinata alla verifica del rispetto dei requisiti da parte dell'Autorità per le garanzie nelle comunicazioni, ai sensi del d.lg. 15 marzo 2017, n. 35».
(8) Le parole «della Società italiana degli autori ed editori (SIAE)» sono state così sostituite alle precedenti «dell'ente» dall'art. 19.1, lett. b. n. 2, d.l. 16 ottobre 2017, n. 148, conv. in l. 4 dicembre 2017, n. 172.
(9) V. art. 58, r.d. n. 1369/1942.
(10) La parola «essa» è stata così sostituita alla precedente «esso» dall'art. 19., lett. b. n. 2, d.l. 16 ottobre 2017, n. 148, conv. in l. 4 dicembre 2017, n. 172.
(11) V. art. 59, r.d. n. 1369/1942.
(12) V. nota 6 all'art. 58.

clamati dagli aventi diritto, saranno versati alla confederazione nazionale professionisti ed artisti (1), per scopi di assistenza alle categorie degli autori, scrittori e musicisti.

180-*bis*. 1. Il diritto esclusivo di autorizzare la ritrasmissione via cavo è esercitato dai titolari dei diritti d'autore e dai detentori dei diritti connessi esclusivamente attraverso la Società italiana degli autori ed editori. Per i detentori dei diritti connessi la Società italiana degli autori ed editori agisce sulla base di apposite convenzioni da stipulare con l'Istituto mutualistico artisti interpreti esecutori per i diritti degli artisti interpreti esecutori ed eventualmente con altre società di gestione collettiva appositamente costituite per amministrare, quale loro unica o principale attività, gli altri diritti connessi.

2. Dette società operano anche nei confronti dei titolari non associati della stessa categoria di diritti con gli stessi criteri impiegati nei confronti dei propri associati.

3. I titolari non associati possono far valere i propri diritti entro il termine di tre anni dalla data della ritrasmissione via cavo che comprende la loro opera o altro elemento protetto.

4. Gli organismi di radiodiffusione sono esentati dall'obbligo di cui al comma 1 per la gestione dei diritti delle proprie emissioni sia che si tratti di diritti propri sia che si tratti di titolarità acquisita (2).

181. *1.* Oltre alle funzioni indicate nell'articolo precedente ed a quelle demandatele da questa legge o da altre disposizioni la SIAE (3) può esercitare altri compiti connessi con la protezione delle opere dell'ingegno, in base al suo statuto.

2. La società può assumere per conto dello Stato o di enti pubblici o privati servizi di accertamento e di percezione di tasse, contributi, diritti.

181-*bis*. 1. Ai sensi dell'art. 181 e agli effetti di cui agli artt. 171-*bis* e 171-*ter*, la Società italiana degli autori ed editori (SIAE) appone un contrassegno su ogni supporto contenente programmi per elaboratore o multimediali nonché su ogni supporto contenente suoni, voci o immagini in movimento, che reca la fissazione di opere o di parti di opere tra quelle indicate nell'art. 1, primo comma, destinati ad essere posti comunque in commercio o ceduti in uso a qualunque titolo a fine di lucro. Analogo sistema tecnico per il controllo delle riproduzioni di cui all'art. 68 potrà essere adottato con decreto del Presidente del Consiglio dei ministri, sulla base di accordi tra la SIAE e le associazioni delle categorie interessate.

2. Il contrassegno è apposto sui supporti di cui al comma 1 ai soli fini della tutela dei diritti relativi alle opere dell'ingegno, previa attestazione da parte del richiedente dell'assolvimento degli obblighi derivanti dalla normativa sul diritto d'autore e sui diritti connessi. In presenza di seri indizi, la SIAE verifica, anche successivamente, circostanze ed elementi rilevanti ai fini dell'apposizione.

3. Fermo restando l'assolvimento degli obblighi relativi ai diritti di cui alla presente legge, il contrassegno, secondo modalità e nelle ipotesi previste nel regolamento di cui al comma 4, che tiene conto di apposite convenzioni stipulate tra la SIAE e le categorie interessate, può non essere apposto sui supporti contenenti programmi per elaboratore disciplinati dal d.lg. 29 dicembre 1992, n. 518, utilizzati esclusivamente mediante elaboratore elettronico, sempre che tali programmi non contengano suoni, voci o sequenze di immagini in movimento tali da costituire opere fonografiche, cinematografiche o audiovisive intere, non realizzate espressamente per il programma per elaboratore, ovvero loro brani o parti eccedenti il cinquanta per cento dell'opera intera da cui sono tratti, che diano luogo a concorrenza all'utilizzazione economica delle opere medesime. In tali ipotesi la legittimità dei prodotti, anche ai fini della tutela penale di cui all'art. 171-*bis*, è comprovata da apposite dichiarazioni identificative che produttori e importatori preventivamente rendono alla SIAE (4).

4. I tempi, le caratteristiche e la collocazione del contrassegno sono individuati da un regolamento di esecuzione da emanare con decreto del Presidente del Consiglio dei ministri entro centottanta giorni dalla data di entrata in vigore della presente disposizione, sentite la SIAE e le associazioni di categoria interessate, nei termini più idonei a consentirne la agevole applicabilità, la facile visibilità e a prevenire l'alterazione e la falsificazione delle opere. Fino alla data di entrata in vigore del predetto regolamento, resta operativo il sistema di individuazione dei tempi, delle caratteristiche e della collocazione del contrassegno determinatosi

(1) Soppressa con d.lg.lgt. 23 novembre 1944, n. 369.
(2) Articolo inserito dall'art. 11, d.lg. n. 581/1996.
(3) V. nota 6 all'art. 58.
(4) Per il regolamento di disciplina del contrassegno v. d.p.c.m. 23 febbraio 2009, n. 31, in G.U., 6 aprile 2009, n. 80.

sotto la disciplina previgente. Le spese e gli oneri, anche per il controllo, sono a carico dei richiedenti e la loro misura, in assenza di accordo tra la SIAE e le categorie interessate, è determinata con decreto del Presidente del Consiglio dei ministri, sentito il comitato consultivo permanente per il diritto di autore (1) (2).

5. Il contrassegno deve avere, comunque, caratteristiche tali da non poter essere trasferito su altro supporto. Deve contenere elementi tali da permettere la identificazione del titolo dell'opera per la quale è stato richiesto, del nome dell'autore, del produttore o del titolare del diritto d'autore. Deve contenere altresì l'indicazione di un numero progressivo per ogni singola opera riprodotta o registrata nonché della sua destinazione alla vendita, al noleggio e a qualsiasi altra forma di distribuzione.

6. L'apposizione materiale del contrassegno può essere affidata anche in parte al richiedente o ad un terzo da questi delegato, i quali assumono le conseguenti responsabilità a termini di legge. I medesimi soggetti informano almeno trimestralmente la SIAE circa l'attività svolta e lo stadio di utilizzo del materiale consegnato. Ai fini della tempestiva apposizione del contrassegno, fuori dei casi in cui esista apposita convenzione tra il produttore e la SIAE, l'importatore ha l'obbligo di dare alla SIAE preventiva notizia dell'ingresso nel territorio nazionale dei prodotti. Si osservano le disposizioni di cui al comma 4 (2).

7. Nei casi di cui al comma 6, la SIAE e il richiedente possono concordare che l'apposizione del contrassegno sia sostituita da attestazione temporanea resa ai sensi del comma 2, corredata dalla presa d'atto della SIAE.

8. Agli effetti dell'applicazione della legge penale, il contrassegno è considerato segno distintivo di opera dell'ingegno (3).

181-*ter*. 1. I compensi per le riproduzioni di cui al quarto e quinto comma dell'art. 68 sono riscossi e ripartiti, al netto di una provvigione, dalla Società italiana degli autori ed editori (SIAE). In mancanza di accordi tra la SIAE e le associazioni delle categorie interessate, la misura e le modalità di pagamento dei detti compensi, nonché la misura della provvigione spettante alla Società, sono determinate con decreto del Presidente del Consiglio dei ministri, sentite le parti interessate e il comitato consultivo di cui all'art. 190. L'efficacia delle disposizioni di cui ai commi quarto e quinto dell'art. 68 decorre dalla data di stipulazione dei detti accordi ovvero dalla data di entrata in vigore del decreto del Presidente del Consiglio dei ministri.

2. La ripartizione fra gli aventi diritto, per i quali la SIAE non svolga già attività di intermediazione ai sensi dell'art. 180, può avvenire anche tramite le principali associazioni delle categorie interessate, individuate con proprio decreto dal Presidente del Consiglio dei ministri, sentito il comitato consultivo di cui all'art. 190, in base ad apposite convenzioni (4).

182. *1.* La SIAE (5) è sottoposta alla vigilanza della presidenza del Consiglio (6), secondo le norme del regolamento (7).

2. Il suo statuto è approvato con decreto del Presidente della Repubblica, su proposta del presidente del Consiglio, di concerto con i ministri per gli affari esteri, della giustizia, per le finanze e per la pubblica istruzione (8).

182-*bis*. 1. All'Autorità per le garanzie nelle comunicazioni ed alla Società italiana degli autori ed editori (SIAE) è attribuita, nell'ambito delle rispettive competenze previste dalla legge, al fine di prevenire ed accertare le violazioni della presente legge, la vigilanza:

a) sull'attività di riproduzione e duplicazione con qualsiasi procedimento, su supporto

(1) V. d.p.r. 11 luglio 2001, n. 338, d.p.c.m. 21 dicembre 2001, in G.U., 21 gennaio 2002, n. 17 e d.p.c.m. 25 ottobre 2002, n. 296, in G.U., 10 gennaio 2003, n. 7, che all'art. 6.1 così dispone: «Nei casi indicati dal comma 3 dell'art. 181-*bis* della l. 22 aprile 1941, n. 633, il titolare dei diritti, o un suo delegato, può rendere alla SIAE, in sostituzione del contrassegno, l'apposita dichiarazione identificativa. Tale dichiarazione non comporta oneri per il richiedente».

(2) Per il regolamento di disciplina del contrassegno v. d.p.c.m. 23 febbraio 2009, n. 31, in G.U., 6 aprile 2009, n. 80.

(3) Articolo inserito dall'art. 10.1, l. 18 agosto 2000, n. 248.

(4) Articolo inserito dall'art. 2.5, l. 18 agosto 2000, n. 248.

(5) V. nota 6 all'art. 58.

(6) V. nota 2 all'art. 23. L'art. 1.3, l. 9 gennaio 2008, n. 2 ribadisce l'attribuzione alla Presidenza del Consiglio dei Ministri dei compiti di vigilanza sulla SIAE. L'art. 1, d.p.c.m. 10 luglio 2008, in G.U., 21 agosto 2008, n. 195, così dispone: «Le attività inerenti i compiti che l'art. 1, comma 3, della l. 9 gennaio 2008, n. 2, attribuisce al Presidente del Consiglio dei Ministri, sono svolte dal Dipartimento per l'informazione e l'editoria».

(7) V. art. 57, r.d. n. 1369/1942.

(8) Nel testo originale, ministro per l'educazione nazionale (v. r.d. 29 maggio 1944, n. 142). Lo Statuto è stato approvato con d.p.r. 20 ottobre 1962, n. 1842, da ultimo modificato con d.p.r. 19 maggio 1995, n. 223.

audiovisivo, fonografico e qualsiasi altro supporto nonché su impianti di utilizzazione in pubblico, via etere e via cavo, nonché sull'attività di diffusione radiotelevisiva con qualsiasi mezzo effettuata;

b) sulla proiezione in sale cinematografiche di opere e registrazioni tutelate dalla normativa sul diritto d'autore e sui diritti connessi al suo esercizio;

c) sulla distribuzione, la vendita, il noleggio, l'emissione e l'utilizzazione in qualsiasi forma dei supporti di cui alla lett. *a*);

d) sui centri di riproduzione pubblici o privati, i quali utilizzano nel proprio ambito o mettono a disposizione di terzi, anche gratuitamente, apparecchi per fotocopia, xerocopia o analogo sistema di riproduzione;

d-bis) sull'attività di fabbricazione, importazione e distribuzione degli apparecchi e dei supporti di cui all'art. 71-*septies* (1);

d-ter) sulle case d'asta, le gallerie e in genere qualsiasi soggetto che eserciti professionalmente il commercio di opere d'arte o di manoscritti (2).

2. La SIAE, nei limiti dei propri compiti istituzionali, si coordina, a norma del comma 1, con l'Autorità per le garanzie nelle comunicazioni.

3. Per lo svolgimento dei compiti indicati nel comma 1, l'Autorità per le garanzie nelle comunicazioni può conferire funzioni ispettive a propri funzionari ed agire in coordinamento con gli ispettori della SIAE. Gli ispettori possono accedere ai locali dove vengono svolte le attività di riproduzione, duplicazione, vendita, emissione via etere e via cavo o proiezione cinematografica, nonché le attività ad esse connesse; possono altresì accedere ai locali dove vengono svolte le attività di cui alla lett. *e*) (3) del comma 1. Possono richiedere l'esibizione della documentazione relativa all'attività svolta, agli strumenti e al materiale in lavorazione, in distribuzione, in fase di utilizzazione attraverso l'emissione o la ricezione via etere e via cavo o la proiezione cinematografica, nonché quella relativa agli apparecchi e supporti di registrazione di cui all'art. 71-*septies*. Nel caso in cui i suddetti locali non siano luoghi aperti al pubblico, stabilimenti industriali o esercizi commerciali o emittenti radiotelevisive, l'accesso degli ispettori deve essere autorizzato dall'autorità giudiziaria (4) (5).

182-*ter*. 1. Gli ispettori, in caso di accertamento di violazione delle norme di legge, compilano processo verbale, da trasmettere immediatamente agli organi di polizia giudiziaria per il compimento degli atti previsti dagli artt. 347 e seguenti del codice di procedura penale (5).

183. *1.* L'esercizio delle attività per il collocamento presso le compagnie e le imprese teatrali di opere drammatiche, non musicali, italiane, è sottoposto alla preventiva autorizzazione del ministero del turismo e dello spettacolo, secondo le norme del regolamento.

2. A tale autorizzazione non è sottoposto l'autore ed i suoi successori per causa di morte.

3. Vi sono peraltro soggetti i traduttori di opere straniere.

4. L'esercizio delle attività di collocamento è soggetto alla vigilanza del ministero del turismo e dello spettacolo (6), secondo le norme del regolamento (7).

184. *1.* Chiunque collochi in paesi stranieri opere italiane drammatiche, non musicali, deve farne denuncia entro tre giorni all'ente italiano per gli scambi teatrali (8), il quale trasmette mensilmente l'elenco delle denunce ricevute al ministero del turismo e dello spettacolo con le sue eventuali osservazioni e proposte.

2. L'ente italiano per gli scambi teatrali (8) esercita inoltre altre funzioni che gli sono demandate dal suo statuto.

3. All'ente italiano per gli scambi teatrali (8) si applicano le disposizioni dell'art. 182.

TITOLO VI

Sfera di applicazione della legge

185. *1.* Questa legge si applica a tutte le opere di autori italiani, dovunque pubblicate per la prima volta, salve le disposizioni dell'art. 189.

(1) Lettera inserita dall'art. 31.1, d.lg. 9 aprile 2003, n. 68.
(2) Lettera aggiunta dall'art. 15, d.lg. n. 118/2006.
(3) *Recte*: *d-bis*).
(4) Comma così sostituito dall'art. 31.2, d.lg. 9 aprile 2003, n. 68.
(5) Articolo inserito dall'art. 11.1, l. 18 agosto 2000, n. 248.
(6) V. nota 2 all'art. 23. L'art. 1.3, l. 9 gennaio 2008, n. 2 ribadisce l'attribuzione alla Presidenza del Consiglio dei Ministri dei compiti di vigilanza sulla SIAE. L'art. 1, d.p.c.m. 10 luglio 2008, in G.U., 21 agosto 2008, n. 195, così dispone: «Le attività inerenti i compiti che l'art. 1, comma 3, della l. 9 gennaio 2008, n. 2, attribuisce al Presidente del Consiglio dei Ministri, sono svolte dal Dipartimento per l'informazione e l'editoria».
(7) V. art. 60 ss., r.d. n. 1369/1942.
(8) Ora incorporato nell'Ente teatrale italiano, con d.m. 5 luglio 1968, in G.U., 28 settembre 1968, n. 247.

2. Si applica egualmente alle opere di autori stranieri domiciliati in Italia, che siano state pubblicate per la prima volta in Italia.

3. Può essere applicata ad opere di autori stranieri, fuori delle condizioni di protezione indicate nel comma precedente, quando sussistano le condizioni previste negli articoli seguenti.

186. *1.* Le convenzioni internazionali per la protezione delle opere dell'ingegno regolano la sfera di applicazione di questa legge alle opere di autori stranieri.

2. Se le convenzioni contengono un patto generico di reciprocità o di parità di trattamento, detto patto è interpretato secondo le norme di equivalenza di fatto delle due protezioni stabilite negli articoli seguenti (1).

3. Salve le convenzioni internazionali per la protezione dei fonogrammi, la formalità prevista quale condizione dell'esercizio dei diritti spettanti al produttore di fonogrammi che non possono essere considerati nazionali, si riterrà soddisfatta qualora su tutti gli esemplari del supporto fonografico sia apposto in modo stabile il simbolo (P) accompagnato dall'indicazione dell'anno di prima pubblicazione (2).

187. *1.* In difetto di convenzioni internazionali, le opere di autori stranieri che non rientrano nelle condizioni previste nel secondo comma dell'art. 185 godono della protezione sancita da questa legge a condizione che lo Stato di cui è cittadino l'autore straniero conceda alle opere di autori italiani una protezione effettivamente equivalente e nei limiti di detta equivalenza.

2. Se lo straniero è apolide o di nazionalità controversa, la norma del comma precedente è riferita allo Stato nel quale l'opera è stata pubblicata per la prima volta (1).

188. *1.* L'equivalenza di fatto, osservate le norme che seguono, è accertata e regolata con decreto del Presidente della Repubblica.

2. La durata della protezione dell'opera straniera non può in nessun caso eccedere quella di cui l'opera gode nello Stato di cui è cittadino l'autore straniero.

3. Se la legge di detto Stato abbraccia nella durata della protezione un periodo di licenza obbligatoria, l'opera straniera è sottoposta in Italia ad una norma equivalente.

4. Se la legge di detto Stato sottopone la protezione alla condizione dell'adempimento di formalità, di dichiarazioni di riserva o di depositi di copie dell'opera o ad altre formalità qualsiasi, l'opera straniera è sottoposta in Italia a formalità equivalenti determinate col decreto del Presidente della Repubblica.

5. Il decreto del presidente della Repubblica può altresì sottoporre la protezione dell'opera straniera all'adempimento di altre particolari formalità o condizioni (1).

189. *1.* Le disposizioni dell'art. 185 si applicano all'opera cinematografica, al disco fonografico o apparecchio analogo, ai diritti degli interpreti, attori o artisti esecutori, alla fotografia ed alle opere dell'ingegneria, in quanto si tratti di opere o prodotti realizzati in Italia o che possano considerarsi nazionali a termini di questa legge o di altra legge speciale.

2. In difetto della condizione sopraindicata sono applicabili a dette opere, diritti o prodotti, le disposizioni degli artt. 186, 187 e 188 (1).

TITOLO VII

Comitato consultivo permanente per il diritto di autore

190. *1.* È istituito presso la presidenza del Consiglio (3) un comitato consultivo permanente per il diritto di autore.

2. Il comitato provvede allo studio delle materie attinenti al diritto di autore o ad esso connesse e dà pareri sulle questioni relative quando ne sia richiesto dal presidente del Consiglio (3) o quando sia prescritto da speciali disposizioni.

3. Il Comitato esperisce il tentativo di conciliazione di cui all'art. 71-*quinquies*, comma 4 (4).

191. *1.* Il comitato è composto:

(1) Con d.lg.c.p.s. 23 agosto 1946, n. 82, è stata sospesa l'applicazione delle disposizioni contenute negli artt. 186, comma secondo, 187, 188, 189, comma secondo.

Lo stesso decreto ha disposto la protezione delle opere di autori stranieri a condizione di reciprocità, salva l'applicazione delle convenzioni internazionali qualora non sussistano le condizioni di cui agli artt. 185, secondo comma, e 189, primo comma.

(2) Comma aggiunto dall'art. 32, d.lg. 9 aprile 2003, n. 68.

(3) V. nota 2 all'art. 23. L'art. 1.3, l. 9 gennaio 2008, n. 2 ribadisce l'attribuzione alla Presidenza del Consiglio dei Ministri dei compiti di vigilanza sulla SIAE. L'art. 1, d.p.c.m. 10 luglio 2008, in G.U., 21 agosto 2008, n. 195, così dispone: «Le attività inerenti i compiti che l'art. 1, comma 3, della l. 9 gennaio 2008, n. 2, attribuisce al Presidente del Consiglio dei Ministri, sono svolte dal Dipartimento per l'informazione e l'editoria».

(4) Comma aggiunto dall'art. 33, d.lg. 9 aprile 2003, n. 68.

a) di un presidente designato dal presidente del Consiglio (1);

b) dei vice presidenti delle corporazioni delle professioni e delle arti, dello spettacolo e della carta e stampa (2);

c) di un rappresentante del P.N.F. (3);

d) di un rappresentante dei ministeri degli affari esteri (4), della giustizia, delle finanze, dell'industria e del commercio (5), e di due rappresentanti del ministero della pubblica istruzione (6);

e) del direttore generale dello spettacolo del ministero del turismo e dello spettacolo e dei capi del servizio delle informazioni e dell'ufficio della proprietà letteraria, artistica e scientifica della presidenza del Consiglio (1);

f) dei presidenti delle confederazioni dei professionisti ed artisti e degli industriali, e di tre rappresentanti per ciascuna delle confederazioni suddette particolarmente competenti in materia di diritto di autore, nonché di un rappresentante della confederazione dei lavoratori dell'industria, designato dalla federazione nazionale dei lavoratori dello spettacolo (7);

g) del presidente della SIAE (8);

h) di tre esperti in materia di diritto di autore designati dal presidente del Consiglio (1).

2. I membri del comitato sono nominati con decreto del presidente del Consiglio (1) e durano in carica un quadriennio.

192. *1.* Il comitato si riunisce in sessione ordinaria ogni anno alla data stabilita dal presidente del Consiglio (1) ed in via straordinaria tutte le volte che ne sarà richiesto dal presidente stesso.

193. *1.* Il comitato può essere convocato: *a*) in adunanza generale; *b*) in commissioni speciali.

2. Partecipano all'adunanza generale tutti i membri del comitato. Le commissioni speciali sono costituite per lo studio di determinate questioni, di volta in volta, con provvedimento del presidente ovvero per l'effettuazione del tentativo di conciliazione di cui all'art. 71-*quinquies*, comma 4. In tale caso la commissione speciale è composta da tre membri, scelti tra gli esperti in materia di diritto d'autore di cui all'art. 191, primo comma, lett. *h*), ed i rappresentanti dei Ministeri. Il presidente della commissione è comunque scelto tra i rappresentanti dei Ministeri (9).

3. Il presidente del Consiglio (1), su proposta del presidente del comitato, può invitare alle riunioni anche persone estranee al comitato, particolarmente competenti nelle questioni da esaminare, senza diritto a voto.

194. *1.* La segreteria è affidata al capo dell'ufficio della proprietà letteraria, scientifica e artistica presso la presidenza del Consiglio (1).

194-*bis*. 1. La richiesta di conciliazione di cui all'art. 71-*quinquies*, comma 4, sottoscritta dall'associazione o dall'ente proponente, è consegnata al comitato di cui all'art. 190 o spedita mediante raccomandata con avviso di ricevimento. Entro dieci giorni dal ricevimento della richiesta, il presidente del comitato nomina la commissione speciale di cui all'art. 193, comma secondo. Copia della richiesta deve essere consegnata o spedita a cura dello stesso proponente alla controparte.

2. La richiesta deve precisare:

a) il luogo dove devono essere fatte al richiedente le comunicazioni inerenti alla procedura;

b) l'indicazione delle ragioni poste a fondamento della richiesta.

3. Entro trenta giorni dal ricevimento della richiesta la parte convenuta, qualora non accolga la richiesta della controparte, deposita presso la commissione predetta osservazioni scritte. Entro i dieci giorni successivi al deposito, il presidente della commissione fissa la data per il tentativo di conciliazione.

4. Se la conciliazione riesce, viene redatto separato processo verbale sottoscritto dalle parti e dal presidente della commissione. Il verbale costituisce titolo esecutivo.

5. Se non si raggiunge l'accordo tra le parti, la commissione formula una proposta per la definizione della controversia. Se la proposta non è accettata, i termini di essa sono riassunti

(1) V. nota 2 all'art. 23. L'art. 1.3, l. 9 gennaio 2008, n. 2 ribadisce l'attribuzione alla Presidenza del Consiglio dei Ministri dei compiti di vigilanza sulla SIAE. L'art. 1, d.p.c.m. 10 luglio 2008, in G.U., 21 agosto 2008, n. 195, così dispone: «Le attività inerenti i compiti che l'art. 1, comma 3, della l. 9 gennaio 2008, n. 2, attribuisce al Presidente del Consiglio dei Ministri, sono svolte dal Dipartimento per l'informazione e l'editoria».

(2) Soppressi con r.d.l. 9 agosto 1943, n. 721.

(3) V. nota 1 all'art. 11.

(4) Il riferimento al Ministero dell'Africa italiana è soppresso in forza della l. 29 aprile 1953, n. 430.

(5) Sostituisce il Ministero delle corporazioni.

(6) Nel testo originale, ministro per l'educazione nazionale (v. r.d. 29 maggio 1944, n. 142).

(7) Sciolte con d.lg.lgt. 23 novembre 1944, n. 869.

(8) V. nota 6 all'art. 58.

(9) Comma così sostituito dall'art. 34, d.lg. 9 aprile 2003, n. 68.

nel verbale con l'indicazione delle valutazioni espresse dalle parti.

6. Nel successivo giudizio sono acquisiti, anche d'ufficio, i verbali concernenti il tentativo di conciliazione non riuscito. Il giudice valuta il comportamento tenuto dalle parti nella fase conciliativa ai fini del regolamento delle spese.

7. La domanda giudiziale diventa procedibile trascorsi novanta giorni dalla promozione del tentativo di conciliazione.

8. Il giudice che rileva che non è stato promosso il tentativo di conciliazione secondo le disposizioni di cui ai precedenti commi o che la domanda giudiziale è stata promossa prima della scadenza del termine di 90 giorni dalla promozione del tentativo, sospende il giudizio e fissa alle parti il termine perentorio di 60 giorni per promuovere il tentativo di conciliazione. Espletato quest'ultimo o decorso il termine di 90 giorni, il processo può essere riassunto entro il termine perentorio di 180 giorni. Ove il processo non sia stato tempestivamente riassunto, il giudice dichiara d'ufficio l'estinzione del processo con decreto cui si applica la disposizione di cui all'art. 308 del codice di procedura civile (1).

195. *1.* Ai membri del comitato sono corrisposti gettoni di presenza per ogni giornata di adunanza ai sensi delle disposizioni in vigore.

TITOLO VIII

Disposizioni generali transitorie e finali

196. *1.* È considerato come luogo di prima pubblicazione, il luogo dove sono esercitati per la prima volta i diritti di utilizzazione previsti negli artt. 12 e seguenti di questa legge.

2. Nei riguardi delle opere dell'arte figurativa, del cinema, del disco fonografico o di altro apparecchio analogo riproduttore di suoni o di voci, della fotografia o di ogni altra opera identificata dalla sua forma materiale, si considera come equivalente al luogo della prima pubblicazione il luogo della fabbricazione.

197. *1.* I contratti di edizione, di rappresentazione e di esecuzione sono sottoposti alla tassa graduale di registro dello 0,50 per cento (2).

198. *1.* Nel bilancio di previsione del ministero del tesoro è stanziata, in apposito capitolo della parte ordinaria, a cominciare dall'esercizio in cui questa legge andrà in vigore, una somma di lire centosessanta milioni [euro 82.633,10] (3), sui proventi del diritto previsto dagli artt. 175 e 176, da erogarsi, con le modalità stabilite dal regolamento, in favore delle casse di assistenza e di previdenza degli autori e scrittori e dei musicisti.

199. *1.* La presente legge si applica anche alle opere comunque pubblicate prima e dopo l'entrata in vigore della legge medesima.

2. Rimangono pienamente salvi e impregiudicati gli effetti legali degli atti e contratti fatti o stipulati prima di detta entrata in vigore in conformità delle disposizioni vigenti.

199-*bis*. 1. Le disposizioni della presente legge si applicano anche ai programmi creati prima della sua entrata in vigore, fatti salvi gli eventuali atti conclusi e i diritti acquisiti anteriormente a tale data (4).

200. .... (*omissis*).

201. *1.* Riguardo alle opere pubblicate ed ai prodotti già fabbricati prima della entrata in vigore di questa legge che vengono sottoposti per la prima volta all'obbligo del deposito o di altre formalità, detto deposito e dette formalità devono essere adempiute nei termini e secondo le norme stabilite dal regolamento (5).

202. *1.* Agli effetti dell'art. 147 non sono presi in considerazione i prezzi conseguiti nelle vendite effettuate anteriormente alla entrata in vigore di questa legge.

203. *1.* Con decreto del Presidente della Repubblica potranno essere emanate norme particolari per regolare il diritto esclusivo di televisione.

2. Finché non saranno emanate le disposizioni previste nel precedente comma, la televisione è regolata dai princìpi generali di questa legge in quanto applicabili.

204. *1.* A decorrere dall'entrata in vigore di questa legge, la società italiana autori ed editori assume la denominazione di «Società italiana degli autori ed editori (SIAE)» (6).

205. *1.* Sono abrogate la l. 18 marzo 1926, n. 256, di conversione in legge del r.d.l. 7 novembre 1925, n. 1950, contenente disposizioni sul diritto di autore e le successive leggi di modificazione della suddetta legge.

(1) Articolo inserito dall'art. 35, d.lg. 9 aprile 2003, n. 68.
(2) Ora: imposta proporzionale dell'1% per l'art. 3 della tariffa, parte prima, allegata al d.p.r. 26 aprile 1986, n. 131.
(3) Così fissata dall'art. 1, l. 16 aprile 1973, n. 198.
(4) Articolo così inserito dall'art. 11, d.lg. n. 518/1992.
(5) V. art. 65, r.d. n. 1369/1942.
(6) V. nota 6 all'art. 58.

2. Sono altresì abrogate la l. 17 giugno 1937, n. 1251, di conversione in legge del r.d.l. 18 febbraio 1937, contenente norme relative alla protezione dei prodotti dell'industria fonografica e la l. 2 giugno 1939, n. 739, di conversione del r.d.l. 5 dicembre 1938, n. 2115, contenente provvedimenti per la radiodiffusione differita di esecuzioni artistiche, nonché ogni altra legge o disposizione di legge contraria ed incompatibile con le disposizioni di questa legge.

206. *1.* Il regolamento per la esecuzione della presente legge determina le sanzioni per la violazione delle norme del regolamento stesso.

2. Dette sanzioni potranno comportare l'ammenda non superiore alle lire 40.000 [euro 20] (1).

3. La presente legge entra in vigore contemporaneamente al regolamento, il quale dovrà essere emanato entro sei mesi dalla pubblicazione di essa.

4. Entro lo stesso termine sarà altresì emanato un nuovo statuto della Società italiana degli autori ed editori (SIAE) (2).

XIX. 2.

REGIO DECRETO 18 maggio 1942, n. 1369. — *Regolamento per l'esecuzione della legge per la protezione del diritto di autore* (3).

CAPO I

DISPOSIZIONI GENERALI SULL'ESERCIZIO DI DIRITTI REGOLATI DALLA LEGGE

1. (art. 21 della legge). — *1.* La rivelazione del nome dell'autore, agli effetti degli artt. 21 e 23 della legge, deve essere comunicata agli aventi causa dell'autore a mezzo di raccomandata con avviso di ricevimento, a meno che essa non sia stata già effettuata ai sensi dell'art. 28 della legge e con le modalità stabilite nel successivo art. 2 di questo regolamento.

2. (art. 28 della legge). — *1.* La rivelazione del nome, agli effetti dell'acquisto del beneficio della durata normale dei diritti su un'opera anonima o pseudonima, ai sensi dell'art. 28 della legge, deve essere fatta con una dichiarazione, in doppio esemplare, inviata all'ufficio della proprietà letteraria, artistica e scientifica presso la presidenza del Consiglio (4).

2. La dichiarazione, redatta in conformità dell'allegato modulo *A*, deve essere sottoscritta dall'autore o dalle persone indicate nel primo comma dell'art. 23 della legge o da un procuratore speciale e deve contenere la indicazione:

a) dello pseudonimo, se fu usato;

b) del titolo dell'opera;

c) dell'editore o di chi abbia comunque resa pubblica l'opera;

d) della data di pubblicazione;

e) di ogni altro elemento atto a identificare l'opera.

3. L'Ufficio restituisce al dichiarante un esemplare della dichiarazione con il visto che attesta l'avvenuta presentazione. La dichiarazione è annotata nel registro pubblico generale previsto dall'art. 103 della legge, dopoché l'opera sia stata depositata e di essa è inserita notizia nel bollettino dell'ufficio.

3. (art. 45 della legge). — *1.* Il nome o la denominazione sociale del produttore, agli effetti del secondo comma dell'art. 45 della legge, deve essere apposto, con la indicazione della sede dell'impresa produttrice, sulla pellicola cinematografica originale e sulle copie destinate alla pubblica proiezione.

4. (art. 50 della legge). — *1.* Il giorno della consegna completa e definitiva della parte letteraria o musicale dell'opera, ai sensi e per gli effetti dell'art. 50 della legge, è accertato d'accordo tra le parti interessate. In difetto di accordo è stabilito con mezzi di prova ordinari.

5. (art. 55 della legge). — *1.* La radiodiffusione differita di un'opera registrata a termini dell'art. 55 della legge, deve intendersi consentita per un periodo di quindici giorni, decorrenti, nel caso di recitazione, rappresentazione od esecuzione pubblica, dalla data in cui essa abbia avuto luogo, o, nel caso di recitazione, rappresentazione od esecuzione effettuata negli studi dell'ente esercente, dalla prima radiodiffusione.

2. Per quanto riguarda le trasmissioni di propaganda dirette all'estero il termine predetto è di tre mesi.

3. Nei suddetti periodi di quindici giorni e di tre mesi la radiodiffusione differita può effettuarsi anche più volte per una medesima registrazione, sempre che sussistano necessità ora-

(1) V. nota 4 all'art. 172.
(2) V. nota 6 all'art. 58.
(3) G.U., 3 dicembre 1942, n. 286; LEX, 1942, 1845.
(4) Le attribuzioni del ministero per la cultura popolare sono assegnate ora alla presidenza del Consiglio, e, per alcune materie, al ministero del turismo e dello spettacolo (d.lg. 8 aprile 1948, n. 274, l. 31 luglio 1959, n. 617).

rie o tecniche, ai termini dell'art. 55 della legge.

4. L'ente esercente, comunicando agli organi competenti i programmi delle opere radiodiffuse, ai fini del controllo del numero delle radiodiffusioni differite, specificherà quali di dette radiodiffusioni debbano considerarsi differite.

6. (art. 55 della legge). — *1.* L'ente esercente il servizio della radiodiffusione, trascorsi i periodi indicati nell'articolo precedente e qualora non intervenga un diverso accordo con l'autore, ha l'obbligo di distruggere o, comunque, di rendere inservibili le registrazioni a termini dell'art. 55 della legge.

2. Il controllo sull'adempimento di tale obbligo spetta alla presidenza del Consiglio.

3. L'ente esercente è tenuto, su richiesta dell'interessato, a dare comunicazione dell'effettuata distruzione o degli altri modi usati per rendere inservibile la registrazione.

7. (art. 65 della legge). — *1.* La dichiarazione di riserva per la riproduzione in altre riviste o in altri giornali, anche radiofonici, di articoli di attualità di carattere economico, politico, religioso, pubblicati nelle riviste e giornali, ai sensi dell'art. 65 della legge, si effettua mediante l'indicazione, anche in forma abbreviata, delle parole «riproduzione riservata» o altre analoghe, all'inizio o alla fine dell'articolo.

8. (art. 77 della legge). — *1.* Chi intende riservarsi i diritti previsti nel capo primo del titolo secondo della legge sui dischi fonografici o altri apparecchi analoghi riproduttori di suoni o di voci, deve presentare all'ufficio della proprietà letteraria, artistica e scientifica una dichiarazione in doppio originale per i dischi o apparecchi, per i quali egli intende fare la detta riserva. Questa dichiarazione deve essere formulata secondo l'allegato modulo *B*.

2. Alla dichiarazione deve essere unito un esemplare di ciascun disco o apparecchio.

3. L'ufficio restituisce al dichiarante un esemplare della dichiarazione con il visto dell'eseguito deposito.

4. Gli esemplari dei suddetti dischi o apparecchi debbono portare l'indicazione, anche in forma abbreviata, dell'effettuato deposito.

9. (art. 90 della legge). — *1.* Le indicazioni richieste dall'art. 90 della legge possono essere apposte sugli esemplari delle fotografie, anche in forma abbreviata, purché i nomi e la data siano identificabili.

10. (art. 92, secondo comma, della legge). — *1.* Chi intende riservarsi i diritti previsti dall'art. 92, secondo comma, della legge, sulle fotografie riproducenti opere dell'arte figurativa e architettonica o di spiccato valore artistico o aventi carattere tecnico-scientifico, deve presentare all'ufficio della proprietà letteraria, artistica e scientifica, una dichiarazione in doppio originale, sottoscritta da lui o da un suo procuratore, per le fotografie per le quali egli intende fare la detta riserva. Questa dichiarazione deve essere formulata secondo l'allegato modulo *C*.

2. Lo stesso obbligo incombe a chi intenda riservarsi analoghi diritti sui semplici documentari cinematografici che rispondono ai requisiti di cui all'art. 92, secondo comma, della legge. Per ogni documentario deve essere presentata una dichiarazione conforme all'allegato modulo *D*.

3. Alla dichiarazione di cui al primo e secondo comma di questo articolo deve essere unito un esemplare di ciascuna fotografia e, per i documentari di cui sopra, una sommaria descrizione del film accompagnata da fotografia o diapositive, conformemente all'art. 32 del presente regolamento.

4. È applicabile la disposizione del terzo comma del precedente art. 8.

11. (art. 99 della legge). — *1.* Chi, ai sensi dell'art. 99 della legge, intende riservarsi il diritto ad un equo compenso a carico di coloro che realizzano il progetto tecnico a scopo di lucro, deve presentare all'ufficio della proprietà letteraria, artistica e scientifica, una dichiarazione, in doppio originale, sottoscritta da lui o da un suo procuratore, per ciascun progetto tecnico per il quale intende fare la riserva. Questa dichiarazione deve essere formulata secondo il modulo *E* allegato a questo regolamento.

2. Alla dichiarazione deve essere unita per il deposito una copia del piano o disegno del progetto.

3. È applicabile la disposizione del terzo comma del precedente art. 8.

12. (art. 123 della legge). — *1.* L'obbligo di far contrassegnare gli esemplari dell'opera, a norma dell'art. 123 della legge, spetta all'editore.

2. Il contrassegno è apposto sugli esemplari dell'opera dalle associazioni sindacali interessate a mezzo della società italiana degli autori ed editori (SIAE) (1), salvo che l'autore non vi provveda direttamente contrassegnando ciascun esemplare con la propria firma autografa. In tal caso, l'autore direttamente o per mezzo dell'editore deve darne comunicazione alla propria associazione sindacale di categoria, prima della messa in circolazione dell'opera.

(1) Il testo originale faceva riferimento all'E.I.D.A., che ha mutato denominazione in SIAE.

3. Le categorie di opere che devono essere oggetto del contrassegno in applicazione delle disposizioni della legge e in ispecie degli artt. 122 e 130, nonché le modalità del contrassegno medesimo e l'indicazione di chi debba sopportare la relativa spesa, possono essere stabilite anche da accordi economici collettivi tra le associazioni sindacali interessate, salvo in ogni caso il diritto dell'autore di contrassegnare con la propria firma autografa ciascun esemplare dell'opera ai sensi del comma precedente.

13. (art. 142 della legge). — *1.* La notificazione da parte dell'autore del suo intendimento di ritirare l'opera dal commercio, ai sensi e per gli effetti dell'art. 142 della legge, è fatta nei riguardi delle persone alle quali egli ha ceduto i diritti sull'opera, mediante comunicazione a mezzo di raccomandata con avviso di ricevimento. Nei confronti della Presidenza del Consiglio la notificazione è costituita da una dichiarazione, in doppio originale, presentata all'ufficio della proprietà letteraria, artistica e scientifica, personalmente o per mezzo di procuratore munito di procura speciale.

2. Nella dichiarazione debbono indicarsi:

a) il nome e la residenza dell'autore;

b) lo pseudonimo, nel caso di opera pseudonima;

c) il nome e la sede della impresa stampatrice, editrice o produttrice;

d) la data di pubblicazione dell'opera;

e) il numero d'ordine del deposito eseguito;

f) ogni altro elemento atto ad identificare l'opera.

3. Alla dichiarazione deve unirsi la prova della notificazione effettuata ai cessionari.

4. L'ufficio registra nella parte quarta del registro generale pubblico previsto dall'art. 103 della legge e dall'art. 30 di questo regolamento il contenuto della dichiarazione, indicando il giorno della sua presentazione e il numero di ordine assegnatole e restituisce il secondo esemplare, in cui è certificata l'eseguita registrazione con le indicazioni suddette. La dichiarazione è anche annotata nella parte prima e nella parte terza del registro, qualora l'opera risulti depositata. Notizia della dichiarazione è pubblicata nel bollettino dell'ufficio.

14. (art. 157 della legge). — *1.* La richiesta di proibizione della rappresentazione o della esecuzione dell'opera, ai sensi dell'art. 157 della legge, deve essere presentata, per iscritto, al prefetto della provincia, in cui la rappresentazione o la esecuzione deve aver luogo, almeno otto ore prima di quella annunciata per il suo inizio.

CAPO II

Determinazione dei compensi e accertamenti tecnici

15. (art. 20, secondo comma, della legge). — *1.* L'importanza del carattere artistico, ai sensi e per gli effetti del secondo comma dell'art. 20 della legge, è riconosciuta con decreto del ministro per la pubblica istruzione (1).

2. Il Ministro procede all'accertamento su domanda dell'autore, entro il più breve termine possibile.

16. (art. 46 della legge). — *1.* La misura del compenso separato per la esecuzione pubblica, a mezzo della proiezione della pellicola sonora, delle composizioni musicali o delle parole che le accompagnano, inserite nelle opere cinematografiche, ai sensi dell'art. 46 della legge, è determinata con accordi generali e periodici tra la SIAE e le associazioni sindacali competenti della confederazione dei professionisti e artisti e della confederazione degli industriali (2).

2. In caso di dissenso provvede il presidente del Consiglio con suo decreto.

3. Gli accordi, salvo che non sia diversamente stabilito, hanno la durata di un anno dalla data della loro stipulazione. Qualora tre mesi prima della scadenza dell'anno non ne sia stata chiesta la revisione, s'intendono rinnovati per eguale periodo. La revisione può essere chiesta da uno degli enti indicati nel primo comma.

4. Salvo il caso previsto nel secondo comma, gli accordi continuano ad aver vigore, anche se ne sia stata chiesta la revisione, fino a che non siano sostituiti da nuovi accordi.

17. (art. 47 della legge). — *1.* Il collegio dei tecnici indicato nel secondo comma dell'art. 47 della legge è costituito in conformità delle disposizioni contenute nei successivi artt. 28 e 29.

18. (art. 56 della legge). — *1.* Il tentativo di conciliazione previsto dall'art. 56 della legge, relativo ai giudizi per la determinazione del compenso all'autore dell'opera radiodiffusa, è esperito dalle associazioni sindacali che rappresentano le categorie cui appartengono gli interessati. Si applicano, in tale caso, le norme

(1) Il testo originale faceva riferimento al ministro per l'educazione nazionale (v. r.d. 5 maggio 1944, n. 142).
(2) Soppressa con d.lg.lgt. 23 novembre 1944, n. 369.

contenute negli artt. 430 e 433 del codice di procedura civile, approvato con r.d. 28 ottobre 1940, n. 1443.

19. (art. 58 della legge). — *1.* La misura del compenso dovuto ai sensi dell'art. 58 della legge per la esecuzione nei pubblici esercizi a mezzo di apparecchi radioriceventi muniti di altoparlante è determinata con accordi fra la SIAE e, rispettivamente, le competenti federazioni nazionali degli alberghi e turismo e dei pubblici esercizi o degli industriali dello spettacolo.

2. In caso di dissenso provvede il presidente del Consiglio con suo decreto.

3. Riguardo alla durata, alla rinnovazione, alla revisione e alla validità dell'accordo, fino alla stipulazione di nuovi accordi, si applicano le norme dei commi terzo e quarto dell'art. 16 di questo regolamento.

4. Le modalità per la riscossione del compenso saranno concordate tra la SIAE e le associazioni sindacali competenti ai sensi del primo comma, previa autorizzazione dei Ministri competenti.

20. (art. 60 della legge). — *1.* La misura del compenso per le radiotrasmissioni speciali di propaganda culturale e artistica destinate all'estero, ai sensi dell'art. 60 della legge, è determinata fra l'ente esercente la radiodiffusione e il titolare del diritto di radiotrasmissione.

2. In caso di disaccordo decide il presidente del Consiglio con suo decreto.

3. Il presidente del Consiglio può stabilire apposite tariffe, sentito il comitato consultivo permanente per il diritto di autore.

21. (art. 64 della legge). — *1.* Le condizioni per le concessioni in uso a case editrici fonografiche nazionali delle matrici dei dischi della discoteca di Stato, per trarne dischi da diffondere mediante vendita sia in Italia che all'estero, compresa la misura dei compensi per diritti di autore, sono stabilite dal presidente del Consiglio, su conforme parere della commissione costituita a termini dell'art. 3 della l. 2 febbraio 1939, n. 467, contenente norme per il riordinamento della discoteca di Stato.

2. Il parere della commissione deve essere trasmesso, prima della decisione, al comitato consultivo permanente per il diritto di autore.

22. (art. 70 della legge). — *1.* La misura della riproduzione di brani di opere letterarie o scientifiche in antologie ad uso scolastico, ai sensi del secondo comma dell'art. 70 della legge, non può superare, per ciascuna antologia e nei confronti dell'opera dalla quale i brani sono riprodotti, se si tratta di prosa, dodicimila lettere, se si tratta di poesie, centottanta versi, con un ulteriore margine di altri trenta versi ove ciò si renda necessario per assicurare al brano riprodotto un senso compiuto. La misura della riproduzione in antologie, qualora si tratti di opera musicale, non può superare venti battute.

2. Trattandosi di antologie cinematografiche costituite da parti di opere cinematografiche diverse, la misura della riproduzione non può superare cinquanta metri di pellicola.

3. L'equo compenso per tale riproduzione, salvo diretto accordo tra le parti, è determinato secondo criteri stabiliti dal presidente del Consiglio (1), di concerto con il ministro per la pubblica istruzione, su proposta del comitato consultivo permanente per il diritto di autore, in adunanza generale.

23. (art. 73 della legge). — *1.* La misura del compenso dovuto, ai sensi dell'art. 73 della legge, da chi utilizza a scopo di lucro il disco o altro apparecchio analogo riproduttore di suoni o di voci è determinata con decreto del presidente del Consiglio dei ministri, su proposta del comitato consultivo permanente per il diritto d'autore, in adunanza generale (2).

2. Con la stessa procedura sono determinate le quote e le modalità di ripartizione con gli artisti interpreti o esecutori del suddetto compenso.

3. Le norme di cui sopra sono applicabili in quanto non diversamente stabilito tra le parti (3).

24. (art. 74 della legge). — *1.* L'accertamento tecnico relativo alla autorizzazione della utilizzazione del disco o apparecchio analogo, ai sensi del secondo comma dell'art. 74 della legge, è fatto dal collegio tecnico previsto dall'art. 28 con la procedura prevista all'art. 29 di questo regolamento.

2. Il collegio suddetto, ove occorra, propone al presidente del Consiglio provvedimenti da adottare per eliminare le cause che turbano la regolarità della utilizzazione.

25. (artt. 80 e 84 della legge). — *1.* La misura e i criteri di determinazione e di ripartizione dei compensi dovuti agli artisti attori o interpreti di opere o composizioni drammatico-letterarie e agli artisti esecutori di opere e composizioni musicali, ai sensi degli artt. 80 e 84 della legge, nonché le modalità della loro esa-

(1) V. d.p.c.m. 22 febbraio 1988, in G.U., 11 marzo 1988, n. 59, anche per opere fotografiche.
(2) V. d.p.c.m. 1º settembre 1975, in G.U., 20 settembre 1975, n. 252.
(3) Articolo così sostituito dall'art. 4, d.p.r. 14 maggio 1974, n. 490.

zione e del pagamento agli aventi diritto, sono stabiliti dal presidente del Consiglio, su proposta del comitato consultivo permanente per il diritto di autore, in adunanza generale.

2. Con provvedimento del presidente del Consiglio, l'accertamento e la riscossione dei compensi potranno essere affidati alla SIAE o ad altro ente pubblico appositamente costituito.

3. I compensi vengono stabiliti come sopra in quanto non sia diversamente pattuito tra le parti ovvero stabilito con norme economiche corporative o da contratti collettivi di lavoro.

4. Restano ferme, per quanto concerne la radiodiffusione da luoghi pubblici, le disposizioni della l. 14 giugno 1928, n. 1352.

26. (art. 81 della legge). — *1.* L'accertamento tecnico, relativo all'autorizzazione della riproduzione dell'opera dell'attore, interprete o artista esecutore, ai sensi del comma secondo dell'art. 81 della legge, è fatto in conformità delle norme contenute negli artt. 28 e 29 di questo regolamento.

27. (artt. 88 e 91 della legge). — *1.* Le tariffe previste dagli artt. 88 e 91 della legge, per determinare il compenso a favore del fotografo da parte di chi utilizza la fotografia, nel caso di fotografia su commissione e di fotografie riprodotte nelle antologie ad uso scolastico, sono stabilite dal presidente del Consiglio, su proposta del comitato consultivo permanente per il diritto di autore, in adunanza generale.

28. *1.* I collegi tecnici indicati negli artt. 17, 24 e 26 sono costituiti ogni triennio con decreto del presidente del Consiglio. Ciascuno di essi è composto di un presidente e di quattro o sei membri.

2. I membri sono nominati pariteticamente tra le persone comprese negli elenchi a tale scopo presentati dalle competenti associazioni sindacali.

3. Il presidente è scelto tra i membri del comitato consultivo permanente per il diritto di autore.

4. Un funzionario designato dal presidente del Consiglio adempie le funzioni di segretario del collegio.

29. *1.* Gli accertamenti dei collegi tecnici sono promossi su istanza dell'interessato al presidente del Consiglio. L'istanza deve contenere, oltre all'esposizione dei fatti, la formulazione dei quesiti sui quali si richiede l'accertamento ed è comunicata d'ufficio agli interessati.

2. Il collegio, udite, qualora ne facciano richiesta, le parti interessate, e adempiuti gli altri mezzi istruttori che ritenga necessari, procede all'accertamento tecnico, facendolo constare in un processo verbale, che è sottoscritto dal presidente e dal segretario del collegio.

3. Il segretario comunica agli interessati le conclusioni del collegio relative all'accertamento tecnico e può rilasciare alle parti, a loro richiesta, copia autentica del processo verbale.

4. Ai componenti del collegio tecnico sono corrisposti gettoni di presenza per ogni giornata di adunanza ai sensi delle disposizioni in vigore.

5. Le spese relative agli accertamenti sono a carico della parte richiedente.

CAPO III

REGISTRI DI PUBBLICITÀ E DEPOSITO DI ESEMPLARI DELLE OPERE

30. (art. 103 della legge). — *1.* Il registro pubblico generale delle opere protette, previsto dall'art. 103 della legge, è tenuto dall'ufficio della proprietà letteraria, artistica e scientifica, istituito presso la presidenza del Consiglio.

2. Il registro è composto di quattro parti.

3. La *prima parte* riguarda le opere contemplate nel titolo primo della legge.

4. La *seconda parte* riguarda le opere contemplate nel titolo secondo della legge.

5. La *-terza parte* riguarda le opere straniere le quali, ai sensi dell'art. 188 della legge, sono sottoposte a formalità equivalenti a quelle cui sono sottoposte le opere italiane nello Stato straniero.

6. La *quarta parte* contiene le registrazioni degli atti indicati nell'art. 104 della legge, dei provvedimenti di espropriazione dei diritti spettanti all'autore, ai sensi dell'art. 113 della legge, e delle dichiarazioni di ritiro dell'opera dal commercio.

7. Le registrazioni sono progressive per ognuna delle quattro parti sopraindicate e per ciascuna delle opere o degli atti o dei provvedimenti ivi registrati.

8. L'ufficio cura la tenuta di schedari per genere di opere sulla base delle registrazioni effettuate. Le schede sono classificate per nome di autore o di produttore e per titoli di opere.

31. (art. 105 della legge). — *1.* Il deposito delle opere, ai sensi dell'art. 105 della legge o per gli effetti del successivo art. 106 della legge, si effettua per tutte le opere, ad eccezione di quelle contemplate nell'art. 32 di questo regolamento, con la presentazione all'ufficio della proprietà letteraria, artistica e scientifica di un esemplare dell'opera, accompagnato da una dichiarazione, in doppio originale, nei modi indicati nel successivo art. 34.

2. L'ufficio inserisce nel registro generale,

previsto nell'art. 103 della legge, il contenuto della dichiarazione, indicando il giorno della sua presentazione e il numero d'ordine assegnatole nella relativa parte del registro, ai sensi dell'art. 30 di questo regolamento, e conserva nei suoi archivi gli esemplari delle opere, apponendovi il numero di registrazione. Restituisce, quindi, a chi effettua il deposito, un originale della dichiarazione, certificando in esso la eseguita registrazione, con le indicazioni suddette.

32. (artt. 103, 104 e 105 della legge) *1.* La presentazione all'ufficio della proprietà letteraria, artistica e scientifica dell'esemplare dell'opera per il deposito stabilito dall'art. 105 della legge, si effettua come segue per le seguenti categorie di opere.

Per tutti i giornali quotidiani e per le riviste, con la presentazione di almeno un numero di essi ogni anno.

Per le opere di scultura, pittura, delle arti del disegno, della incisione e delle arti figurative similari, per i disegni e per le opere dell'architettura, con la presentazione di un esemplare della riproduzione fotografica dell'opera, atta ad individuarla.

Per le opere cinematografiche, con la presentazione di un esemplare della sceneggiatura corrispondente al film prodotto e di fotografie o diapositive sufficienti ad individuare l'opera.

Per le opere di pubblico spettacolo e per le opere musicali quando non siano pubblicate per le stampe, con la presentazione di un esemplare dell'opera.

Per le opere drammatico-musicali e sinfoniche di cui non sia stampata la partitura per orchestra, con la presentazione di una riduzione per canto e pianoforte o per pianoforte solo.

Per le opere registrate su apparecchi meccanici, ai termini della sezione quinta del capo quarto del titolo primo della legge, con la presentazione del catalogo del produttore.

Per i dischi fonografici ed altri mezzi analoghi, sui quali si intenda esercitare i diritti previsti nel capo primo del titolo secondo della legge, con presentazione di un esemplare conforme alla matrice originale.

Per le fotografie indicate nel secondo comma dell'art. 92 della legge, con la presentazione di un esemplare della fotografia stessa.

Per i semplici documentari di cui all'art. 10, secondo comma, di questo regolamento, con la presentazione di una sommaria descrizione del film, accompagnata da fotografie o diapositive sufficienti ad individuarlo.

Per i progetti di lavori di ingegneria o di altri analoghi al fine previsto nel primo comma dell'art. 99 della legge, con la presentazione del piano o disegno e della descrizione del lavoro, da cui risulti la soluzione originale costituita dal progetto.

Per i bozzetti di scene teatrali indicati nell'art. 86 della legge, con la presentazione di fotografie o di disegni in modo che se ne possa ricostruire l'immagine completa.

33. *1.* Le opere a stampa non sono ammesse al deposito se non portano impresse, oltre il nome e cognome dell'autore ed il titolo dell'opera, anche l'indicazione dello stabilimento tipografico e dell'anno di pubblicazione. Le opere anonime o pubblicate con uno pseudonimo, devono sempre portare impressa la indicazione della impresa editrice.

2. Per le opere tradotte, sulla copertina o sul frontespizio dell'esemplare devono essere impressi, oltre il nome e cognome del traduttore, il titolo dell'opera e la indicazione della lingua da cui è stata fatta la traduzione.

34. (artt. 103 e seguenti della legge) *1.* La dichiarazione che accompagna l'esemplare dell'opera da depositare presso l'ufficio della proprietà letteraria, artistica e scientifica ai sensi del precedente art. 31 deve contenere le seguenti indicazioni per le particolari categorie di opere sottoelencate:

a) *Riviste e giornali*:

1° titolo della rivista o giornale; 2° carattere e periodicità della pubblicazione; 3° nome, domicilio e nazionalità del direttore, dell'editore e dello stampatore; 4° luogo della pubblicazione; 5° nome e domicilio di chi effettua il deposito.

b) *Opere di scultura, pittura, delle arti del disegno, della incisione e delle arti figurative e similari, disegni ed opere dell'architettura*:

1° titolo dell'opera; 2° nome dell'autore o suo pseudonimo e sua nazionalità; 3° data di pubblicazione dell'opera; 4° nome e domicilio di chi effettua il deposito.

c) *Opere cinematografiche*:

1° titolo dell'opera; 2° nome degli autori o loro pseudonimi; 3° nome o pseudonimo dei principali interpreti; 4° nome, domicilio e nazionalità del produttore; 5° data e luogo della produzione e della prima proiezione pubblica; 6° metraggio della pellicola; 7° nome e domicilio di chi effettua il deposito.

d) *Per i dischi fonografici o apparecchi analoghi* sui quali si intende esercitare i diritti previsti nel capo primo del titolo secondo della legge, per le *fotografie* indicate nel secondo comma dell'art. 92 della legge, per i *semplici documentari cinematografici*, per *i lavori dell'ingegneria od altri lavori analoghi* indicati nell'art. 99 della legge, la dichiarazione deve essere effettuata, rispettivamente, a norma degli artt. 8, 10 e 11 di questo regolamento.

2. La dichiarazione, per ogni altra categoria di opere, deve contenere le indicazioni seguenti:

1° titolo dell'opera; 2° nome e nazionalità dell'autore o suo pseudonimo; 3° nome, nazionalità e domicilio del pubblicatore, dello stampatore e del produttore; 4° anno e luogo di edizione o di fabbricazione; 5° nome e domicilio di chi effettua il deposito.

3. Per le *opere di pubblico spettacolo* o per le *opere musicali* occorre indicare anche la data e il luogo della prima pubblica esecuzione o rappresentazione.

4. Le indicazioni suddette debbono essere completate, trattandosi di deposito di opere di elaborazione, ai sensi dell'art. 4 della legge, con i dati riguardanti l'opera originale. In particolare, per le traduzioni da altra lingua o dialetto, debbono essere anche indicate la lingua o dialetto dell'opera originale.

5. Le indicazioni contenute nella dichiarazione non debbono essere difformi da quelle apposte sugli esemplari dell'opera cui esse si riferiscono.

6. La dichiarazione può essere contenuta in uno stesso foglio per serie di opere dello stesso genere.

35. (artt. 105 e 106 della legge). — *1.* I depositi prescritti dall'art. 105 della legge devono essere fatti entro il termine di novanta giorni dalla pubblicazione dell'opera o dalla messa in commercio del prodotto.

2. Per le opere di pubblico spettacolo, ivi comprese quelle musicali, e per le opere divulgate a mezzo della recitazione, qualora non siano pubblicate per le stampe, il deposito, per gli effetti stabiliti al comma primo dell'art. 106 della legge, deve essere fatto entro il termine di sessanta giorni dalla prima rappresentazione o proiezione od esecuzione pubblica o comunque dalla divulgazione dell'opera.

3. L'obbligo spetta a colui che abbia provveduto alla pubblicazione, rappresentazione od esecuzione pubblica o che abbia messo in circolazione l'opera per la prima volta.

4. Per le opere delle arti figurative di cui alla lett. *b*) dell'art. 34 di questo regolamento e delle quali non sia stato effettuato ancora il deposito, la esposizione pubblica o l'alienazione non costituiscono pubblicazione agli effetti del termine stabilito nel primo comma di questo articolo.

36. (artt. 103, 104, 105 e 106 della legge). — *1.* Il sequestro di un esemplare o di una copia dell'opera previsto dall'ultimo comma dell'art. 106 della legge è eseguito in via amministrativa, con l'assistenza, ove occorra, della forza pubblica.

2. Il sequestro si effettua a carico di colui che, ai sensi dell'art. 35 di questo regolamento, è obbligato al deposito, e può eseguirsi presso i tipografi, i librai, gli editori o i produttori e, in genere, presso coloro che si trovano, comunque, in possesso di esemplari o di copie dell'opera per destinarli al commercio. Il sequestro non può essere eseguito presso chi sia in possesso dell'esemplare o della copia per uso personale.

3. L'esemplare o la copia sequestrata è trasmessa all'ufficio della proprietà letteraria, artistica e scientifica.

4. Qualora sia omesso il deposito di una fotografia dell'opera, la fotografia di questa è effettuata di ufficio, a spese dell'inadempiente.

37. (artt. 103, 104, 105 e 106 della legge). — *1.* Chi ha interesse a registrare un atto fra quelli indicati nell'art. 104 della legge, deve presentare all'ufficio della proprietà letteraria, artistica e scientifica copia autentica dell'atto, o l'originale della scrittura privata, con firme autenticate, accompagnato da una copia dell'atto.

2. Deve altresì presentare all'ufficio, insieme col titolo, una dichiarazione, in doppio originale, contenente le seguenti indicazioni:

1) nome, cognome e domicilio del richiedente;

2) natura e data del titolo di cui si domanda la registrazione;

3) nome del pubblico ufficiale che ha ricevuto l'atto o autenticate le firme;

4) il numero di registrazione dell'eseguito deposito dell'opera oggetto dell'atto.

3. L'ufficio custodisce negli archivi, in appositi volumi, le copie degli atti che gli vengono consegnati e registra nella parte quarta del registro generale il contenuto della dichiarazione, indicando il giorno della consegna del titolo, il numero d'ordine assegnatogli nel registro progressivo e il numero del volume in cui ha collocato il titolo stesso.

4. L'ufficio restituisce al richiedente l'originale dell'atto e uno dei due originali della dichiarazione, nella quale certifica l'eseguita registrazione con le indicazioni sopra accennate.

38. (art. 113 della legge). — *1.* Il decreto di espropriazione, previsto nell'art. 113 della legge, è registrato nella parte quarta del registro generale pubblico, a cura dell'ufficio della proprietà letteraria, artistica e scientifica. Il decreto, qualora l'opera risulti registrata, deve essere anche annotato in margine alla registrazione.

2. Il presidente del Consiglio provvede a pubblicare notizia del decreto di espropriazione nel bollettino dell'ufficio della proprietà letteraria, artistica e scientifica.

39. (artt. 103, 104, 105 e 106 della legge). — *1.* Il registro pubblico speciale per le opere cinematografiche è tenuto dalla SIAE per gli effetti e con le modalità del r.d.l. 16 giugno 1938, n. 1061, convertito nella l. 18 gennaio 1939, n. 458.

2. La registrazione delle opere cinematografiche in tale registro speciale non esonera dall'obbligo del deposito dell'opera nei modi stabiliti nell'art. 31 di questo regolamento, per la conseguente registrazione dell'opera cinematografica nel registro pubblico generale.

40. (artt. 103, 104, 105 e 106 della legge). — *1.* La presentazione all'ufficio della proprietà letteraria, artistica e scientifica di domande, dichiarazioni ed esemplari di opere o prodotti per il deposito, ovvero ai sensi di altre disposizioni della legge o di questo regolamento, può aver luogo direttamente o per mezzo del servizio postale in pacco postale, busta o plico raccomandati.

41. (artt. 103, 104, 105 e 106 della legge). — *1.* Il registro pubblico generale contemplato nell'art. 103 della legge, le istanze, le dichiarazioni e i documenti allegati sono pubblici. Chiunque può prenderne visione e ottenere, per certificato o per estratto, notizia delle registrazioni o delle annotazioni che si trovano nel registro, nonché copia delle istanze, delle dichiarazioni e dei documenti allegati.

2. L'ufficio della proprietà letteraria, artistica e scientifica può anche, a domanda, e senza che l'amministrazione incorra in responsabilità alcuna, effettuare ricerche sul registro per fornire informazioni sui dati ivi esistenti. A tal fine il richiedente deve indicare chiaramente, nella sua domanda, la natura dell'opera, il titolo e l'autore di essa e la data probabile del deposito; allorché si tratti di cessione, o, in generale, di contratti per l'utilizzazione dell'opera, debbono essere anche indicati i nomi dei contraenti.

42. *1.* L'ufficio della proprietà letteraria, artistica e scientifica provvede a dar notizia nel suo bollettino delle opere depositate, nonché degli atti registrati ai sensi degli artt. 37 e 39 di questo regolamento.

2. Nel bollettino dell'ufficio è anche inserita l'indicazione dei decreti di espropriazione emanati ai sensi dell'art. 113 della legge, e ogni altro annunzio o notizia da pubblicarsi a norma di legge.

43. .... (1).

CAPO IV

DIRITTI SULLE VENDITE SUCCESSIVE (2)

44. 1. Entro il termine di novanta giorni dall'effettuazione della vendita dell'opera d'arte o del manoscritto, i soggetti di cui al primo comma dell'art. 153 della l. 22 aprile 1941, n. 633, d'ora in avanti denominata: «Legge», nell'ordine di venditore, acquirente o intermediario, presentano alla Società italiana degli autori ed editori (SIAE) la dichiarazione prevista dallo stesso articolo e provvedono al versamento ad essa del compenso di cui all'art. 144 della legge (3).

45. 1. La dichiarazione di cui all'art. 44 contiene il nome e il domicilio del dichiarante, il nome dell'autore del manoscritto o dell'opera venduta e, se conosciuto, anche il domicilio, il prezzo raggiunto nella vendita al netto dell'imposta e, ove identificabile, il genere artistico a cui appartiene l'opera (quale la pittura, la scultura, il disegno, la stampa), nonché, qualora indicati nell'esemplare dell'opera o, comunque, a conoscenza del dichiarante, il titolo dell'opera e la data di creazione.

2. La dichiarazione di cui all'art. 44 può essere redatta anche per via telematica secondo il modello che verrà predisposto dalla SIAE.

3. Qualora si tratti delle copie di cui all'art. 145, comma 2, della Legge, la dichiarazione indica se l'opera abbia o meno dei segni distintivi particolari (quali il numero di stampa, la data, la firma).

4. Se l'opera è pseudonima o anonima, se ne fa menzione nella dichiarazione. In tal caso la dichiarazione contiene anche le misure dell'esemplare dell'opera, una sua succinta descrizione e ogni altro elemento necessario per la sua individuazione. La dichiarazione può, inoltre, essere accompagnata da fotografie dell'opera dichiarata o da altra documentazione atta a meglio identificarla (3).

46. 1. La SIAE, ricevuta la dichiarazione di cui all'art. 44, ne restituisce copia al dichiarante con l'indicazione della data di ricezione.

2. La SIAE, avvalendosi anche della collaborazione dell'Ente nazionale di previdenza e assistenza per i pittori e scultori, musicisti, scrittori ed autori drammatici (ENAP), cura la tenuta di un separato elenco contenente le generalità degli autori e dei loro aventi causa ed il

(1) Articolo abrogato dall'art. 3, d.p.r. 29 dicembre 2007, n. 275.
(2) Rubrica così sostituita dall'art. 1, d.p.r. 29 dicembre 2007, n. 275.
(3) Articolo così sostituito dall'art. 2, d.p.r. 29 dicembre 2007, n. 275.

relativo domicilio, ove conosciuti. A tale fine, gli autori o i loro aventi causa comunicano alla SIAE le proprie generalità, il domicilio e le eventuali variazioni di quest'ultimo (1).

47. 1. Entro il primo mese di ciascun trimestre la SIAE comunica per iscritto agli aventi diritto, ove noti, o ai loro aventi causa, l'ammontare dei compensi resisi disponibili nel trimestre precedente, nonché l'avvenuta vendita e pubblica sul proprio sito internet istituzionale l'elenco in formato elettronico delle dichiarazioni di cui all'art. 44 e delle vendite effettuate nel trimestre precedente, con l'indicazione dell'ammontare dei compensi resisi disponibili nel medesimo periodo.

2. La SIAE pubblica, inoltre, nel proprio sito internet istituzionale l'elenco in formato elettronico degli aventi diritto che non abbiano ancora rivendicato il compenso per tutto il periodo di cui all'art. 154, comma 2, della Legge, che decorre dalla scadenza del sessantesimo giorno dalla comunicazione di cui al comma 1, ovvero, nei casi in cui gli autori o i loro aventi causa non siano noti, dalla data di pubblicazione di cui al medesimo comma. Detto elenco è, altresì, pubblicato, con cadenza semestrale, nella *Gazzetta Ufficiale* (1).

48. 1. Entro sessanta giorni dalla comunicazione di cui all'art. 47, comma 1, ovvero, nei casi in cui gli autori o i loro aventi causa non risultino noti, dalla data di pubblicazione prevista dal medesimo comma dell'art. 47, gli interessati possono segnalare alla SIAE errori materiali od omissioni ai fini della loro correzione. Decorso il termine medesimo, la SIAE versa all'avente diritto i compensi dovuti, detratta la provvigione di cui all'art. 154 della Legge.

2. Per gli aventi diritto che non siano cittadini italiani la SIAE potrà versare le somme dovute anche tramite le società di gestione collettiva dei relativi Paesi (1).

CAPO V

DIRITTO DEMANIALE

49. (art. 175 della legge). — *1.* Le disposizioni contenute nel r.d. 30 dicembre 1923, n. 3276, sull'incasso dei diritti erariali sugli spettacoli e quelle contenute nel r.d. 2 ottobre 1924, n. 1589, sull'incasso dei diritti erariali sui cinematografi e successive modificazioni, sono applicabili, secondo i casi, per l'accertamento dell'incasso lordo sul quale si determina il diritto demaniale, previsto dall'art. 175 della legge, per la compilazione delle relative distinte di incasso e di ogni altro documento, ai fini dell'esazione di tale diritto.

50. (art. 175 della legge, ultimo comma) *1.* L'ammontare del diritto demaniale sulla esecuzione di pezzi staccati di opere musicali o di brevi composizioni non può essere inferiore alla metà dell'ammontare del compenso normalmente riscosso dalla SIAE per le opere tutelate, eseguite in analoghe condizioni.

2. Tale ammontare e le modalità d'incasso del diritto sono determinate dalla SIAE ai sensi dell'art. 175 della legge, ultimo comma, su proposta di un comitato costituito presso la SIAE medesima a norma del suo statuto.

3. Speciali accordi saranno presi tra la SIAE e l'ente esercente per quanto riguarda la radiodiffusione.

51. (art. 175 della legge). — *1.* Chi dirige l'esecuzione di opere musicali di qualsiasi natura ha l'obbligo anche ai fini del controllo sulle esecuzioni di opere soggette al pagamento del diritto demaniale di redigere per iscritto, prima della esecuzione o immediatamente dopo, il programma di tutte le opere o dei brani staccati di opere musicali o delle brevi composizioni effettivamente eseguite o rappresentate e di consegnarlo o di trasmetterlo all'ufficio incaricato dell'esazione del diritto o a persona da tale ufficio incaricata, al più tardi entro il giorno successivo allo spettacolo o trattenimento.

2. Per quanto riguarda i programmi radiofonici, il termine di presentazione è determinato mediante accordi fra l'ente esercente e l'ufficio incaricato della esazione del diritto demaniale.

3. Agli effetti del controllo sulle esecuzioni pubbliche delle opere suddette registrate sulle pellicole in programmazione in spettacoli cinematografici, il produttore o il concessionario per le pellicole originariamente di produzione straniera, ha l'obbligo di comunicare all'ente incaricato dell'esazione del diritto, al momento della prima programmazione, l'elenco di ogni composizione musicale registrata sulla pellicola. Gli esercenti di spettacoli cinematografici hanno poi l'obbligo di comunicare al detto ente il programma con la semplice indicazione del titolo del film e della ditta produttrice o concessionaria.

52-56. .... (2).

(1) Articolo così sostituito dall'art. 2, d.p.r. 29 dicembre 2007, n. 275.
(2) Articoli abrogati dall'art. 3.2, l. 22 maggio 1993, n. 159.

CAPO VI

Regolamento degli intermediari

57. (art. 180 della legge). — *1.* Il presidente della SIAE è nominato con decreto del Capo dello Stato, su proposta del presidente del Consiglio dei ministri, previa designazione dell'assemblea delle commissioni di sezione (1).

2. Il bilancio preventivo ed il conto consuntivo sono trasmessi, dopo l'approvazione, alla presidenza del consiglio dei ministri, con una relazione illustrativa alla quale va allegata la relazione del collegio dei revisori (2).

58. (art. 180 della legge). — *1.* La SIAE che, ai sensi e per gli effetti dell'art. 180 della legge, esercita in via esclusiva, sia in Italia che all'estero, l'attività di intermediaria per l'esercizio dei diritti di rappresentazione, di esecuzione, di recitazione, di radiodiffusione e di riproduzione meccanica e cinematografica di opere letterarie, teatrali e musicali, deve pubblicare nel suo bollettino l'elenco dei paesi stranieri nei quali essa svolge la sua attività ai sensi del terzo comma del suddetto art. 180 della legge, e le limitazioni e le condizioni alle quali tale attività di rappresentanza è sottoposta.

2. La pubblicazione suddetta è comunicata alla presidenza del Consiglio.

59. (art. 180 della legge, comma quinto) *1.* La SIAE non può accettare dichiarazione di opere per l'esercizio della tutela attribuitale dalla legge se una quota parte dei proventi derivanti dalle licenze ed autorizzazioni indicate nel n. 1 dell'art. 180 della legge non è riservata all'autore.

2. Quote fisse di ripartizione tra gli aventi diritto dei proventi suddetti per una o più facoltà di autore fra quelle indicate nel primo comma dell'art. 180 della legge possono essere stabilite dalla SIAE solo mediante accordi di carattere generale fra la SIAE stessa e le associazioni sindacali interessate.

3. L'accordo è approvato dal presidente del Consiglio, sentito il parere del comitato consultivo permanente per il diritto di autore.

60. (art. 183 della legge). — *1.* L'autorizzazione ad esercitare l'attività per il collocamento delle opere drammatiche, non musicali, italiane e delle traduzioni delle opere straniere presso le compagnie e le imprese teatrali, e la vigilanza su tale esercizio ai sensi dell'art. 183 della legge, sono regolate dalla l. 22 gennaio 1942, n. 103, contenente le norme per la disciplina del suddetto collocamento.

61. (artt. 183 e 184 della legge). — *1.* Il consiglio direttivo dell'ente italiano per gli scambi teatrali (E.I.S.T.) è nominato dal ministro del turismo e dello spettacolo che provvede altresì con suo decreto alla nomina del presidente del consiglio stesso.

2. I bilanci preventivi e i conti consuntivi dell'ente sono trasmessi annualmente, dopo l'approvazione del consiglio direttivo, al ministero del turismo e dello spettacolo per l'approvazione definitiva.

3. L'ente italiano per gli scambi teatrali (E.I.S.T.) deve mensilmente trasmettere al ministero del turismo e dello spettacolo l'elenco delle opere drammatiche, non musicali, collocate in Italia, nonché l'elenco delle opere drammatiche italiane, non musicali, collocate all'estero, ai sensi dell'art. 184 della legge, fornendo altresì per ciascuna opera le dichiarazioni richieste dal ministero del turismo e dello spettacolo.

62. (artt. 183 e 184 della legge). — *1.* Il servizio di esazione dei diritti di rappresentazione sulle opere collocate, ai sensi dell'art. 193 della legge, è attribuito, in via esclusiva, alla SIAE

2. La Società stessa, a mezzo delle proprie rappresentanze all'estero o attraverso le società estere provvede alla esazione dei diritti riflettenti le opere collocate, ai sensi dell'art. 184 della legge.

63. *1.* Il pubblico ufficiale e il funzionario autorizzato a compiere le attestazioni e a ricevere gli atti previsti nell'art. 164, n. 3, della legge, sono il presidente dell'ente di diritto pubblico e i funzionari all'uopo designati, secondo le norme statutarie dell'ente.

CAPO VII

Disposizioni penali

64. (art. 206 della legge). — *1.* Salvo che il fatto costituisca reato più grave, è punito con l'ammenda da lire diecimila [euro 5] a lire quarantamila [euro 20] (3) chiunque:

a) non provvede, entro il termine, e nelle

(1) Così modificato per effetto dell'art. 32 del nuovo statuto della SIAE, approvato con d.p.r. 20 ottobre 1962, n. 1842.

(2) Così modificato per effetto dell'art. 57 del nuovo statuto della SIAE, citato.

(3) L'ammenda è stata sostituita dalla sanzione amministrativa: art. 1, l. 24 dicembre 1975, n. 706. L'importo è così elevato dall'art. 114.1, l. 24 novembre 1981, n. 689.

forme stabilite ai sensi delle disposizioni contenute nel capo III di questo regolamento, al deposito e alla denuncia dell'opera, o inserisce nella denuncia indicazioni non rispondenti a verità;

b) non consegna il programma fedele delle pubbliche esecuzioni all'ufficio incaricato dell'esazione del diritto demaniale, ai sensi dell'art. 51;

c) non presenti alla SIAE il rendiconto dell'edizione dell'opera di pubblico dominio, ai sensi dell'art. 53;

d) ometta di denunciare allo E.I.S.T. le opere drammatiche non musicali collocate in paesi stranieri.

CAPO VIII

Disposizioni transitorie

65. (art. 201 della legge). — *1.* Le opere pubblicate e i prodotti fabbricati prima della data di entrata in vigore della legge, per i quali la omissione del deposito, ai sensi del secondo comma dell'art. 106 della legge, impedisce l'acquisto o l'esercizio dei relativi diritti, possono, ai sensi dell'art. 105 della legge stessa, essere depositati, con gli effetti delle disposizioni contenute negli artt. 77 e 92 comma secondo e 99 comma secondo della legge, entro il termine di sei mesi dalla data della suddetta, purché non sia decorso il termine stabilito dalla legge per la tutelabilità dell'opera o del prodotto.

66. (art. 198 della legge). — *1.* Il ministero del tesoro ripartisce annualmente la somma di lire 60 milioni [euro 30.987,41] (1), stanziata a norma dell'art. 198 della legge, fra le casse di assistenza e di previdenza degli autori e scrittori e dei musicisti sulla base delle proposte della confederazione dei professionisti ed artisti.

67. (art. 199, secondo comma, della legge). — *1.* Gli enti intermediari di diritto privato, che esercitano, sotto ogni forma diretta o indiretta di intervento, diritti relativi alle facoltà esclusive di autore elencate nel primo comma dell'art. 180 della legge, hanno facoltà di regolare con la SIAE attraverso diretti accordi le modalità per l'ulteriore funzionamento degli enti intermediari suddetti e per la cessazione della loro attività.

XIX. 3.

Legge 6 febbraio 1996, n. 52. — *Disposizioni per l'adempimento di obblighi derivanti dall'appartenenza dell'Italia alle Comunità europee – Legge comunitaria 1994* (2).

1-15. . . . . (*omissis*).

16. *Diritto d'autore e diritti connessi nella radiodiffusione via satellite e ritrasmissione via cavo: criteri di delega.* — 1. L'attuazione della direttiva 93/83/CEE del Consiglio sarà informata ai seguenti princìpi e criteri direttivi:

a) sarà disciplinato l'esercizio del diritto esclusivo dell'autore di autorizzare mediante contratto la comunicazione al pubblico via satellite o via cavo delle opere protette;

b) saranno emanate disposizioni per estendere nei casi di comunicazione al pubblico via satellite la protezione prevista dalla l. 22 aprile 1941, n. 633, ai diritti degli artisti interpreti ed esecutori, nonché dei produttori di fonogrammi e degli organismi di radiodiffusione;

c) saranno emanate disposizioni che prevedano un equo compenso a favore degli artisti interpreti ed esecutori che abbiano svolto le loro interpretazioni in opere cinematografiche e audiovisive per l'utilizzazione delle stesse nelle emittenti televisive che trasmettono via etere, via cavo e via satellite;

d) l'equo compenso di cui alla lett. *c*) è riconosciuto anche agli autori delle opere cinematografiche e audiovisive in caso di cessione al produttore dei diritti esclusivi e qualora vi sia utilizzazione delle stesse nelle emittenti televisive che trasmettono via etere, via cavo e via satellite;

e) dovranno essere introdotte disposizioni tese ad assicurare che il diritto dell'autore e dei titolari dei diritti connessi di autorizzare un cablodistributore alla ritrasmissione via cavo sia esercitato esclusivamente per il tramite di una società di gestione collettiva. Da tali disposizioni saranno esonerati gli organismi di radiodiffusione per le proprie emissioni;

f) dovranno essere previste disposizioni transitorie in conformità dell'art. 7 della direttiva 93/83/CEE.

17. *Durata di protezione del diritto d'autore e di alcuni diritti connessi: disposizioni dirette e criteri di delega.* — 1. I termini di durata di protezione dei diritti di utilizzazione economi-

(1) Somma così elevata dall'art. 3, l. 20 luglio 1961, n. 603.
(2) Suppl. ord. G.U., 10 febbraio 1996, n. 34. La legge è entrata in vigore il 25 febbraio 1996.

ca delle opere dell'ingegno di cui al titolo I della l. 22 aprile 1941, n. 633, e successive modificazioni, previsti dagli artt. 25, 26, 27, 27-*bis*, 31, 32 e 32-*bis* della legge medesima, sono elevati a 70 anni. Del pari il termine di durata di protezione dei diritti dei produttori di dischi fonografici e di apparecchi analoghi di cui al titolo II, capo I, della suindicata legge, previsto all'art. 75 della legge stessa, è elevato a 50 anni. È inoltre elevato a 50 anni il termine di durata di protezione dei diritti di coloro che esercitano l'attività di emissione radiofonica o televisiva di cui al titolo II, capo II, della legge citata, previsto all'art. 79 della legge stessa. È altresì elevato a 50 anni il termine di durata di protezione dei diritti degli artisti interpreti e degli artisti esecutori di cui al titolo II, capo III, della legge citata, previsto dall'art. 85 della legge medesima. È abrogato il termine di proroga di protezione previsto dal decreto legislativo luogotenenziale 20 luglio 1945, n. 440. È altresì elevato a cinquanta anni il termine di durata di protezione dei diritti dei produttori di opere cinematografiche o audiovisive o sequenze di immagini in movimento di cui al titolo II, capo I-*bis*, previsto dall'art. 78-*bis* della l. 22 aprile 1941, n. 633 (1). In nessun caso l'elevazione della durata di protezione dei diritti dei produttori di opere cinematografiche o audiovisive o di sequenze di immagini in movimento, nonché dei produttori di opere fonografiche, potrà comportare l'automatica estensione dei termini di cessione dei diritti di utilizzo economico delle opere dell'ingegno effettuata dai loro autori. Nel rispetto dell'autonomia contrattuale delle parti, tale estensione dovrà risultare da una esplicita pattuizione tra di esse (2).

2. I termini di durata di protezione disciplinati nel comma 1 si applicano anche alle opere ed ai diritti non più protetti sulla base dei termini previgenti, sempreché, per effetto dell'applicazione di tali termini, detti opere e diritti ricadano in protezione alla data del 29 giugno 1995 (3).

3. Ai fini del prolungamento della durata di protezione di cui al comma 1 si applicano, salvo diverso accordo tra gli autori, loro eredi e legatari ed i rispettivi cessionari, le norme contenute negli articoli da 2 a 5 del d.lg.lgt. 20 luglio 1945, n. 440.

4. Restano pienamente salvi e impregiudicati gli atti e contratti fatti o stipulati anteriormente al 29 giugno 1995 (4), anche in deroga, per i contratti stipulati dopo il 30 giugno 1990, all'art. 119, terzo comma, della l. 22 aprile 1941, n. 633, nonché i diritti legittimamente acquisiti ed esercitati dai terzi in conseguenza dei medesimi. In particolare sono fatte salve:

a) la distribuzione e la riproduzione delle edizioni di opere cadute in pubblico dominio secondo la disciplina previgente, limitatamente alla composizione grafica ed alla veste editoriale con le quali la pubblicazione è avvenuta, effettuata da coloro che avevano intrapreso detta distribuzione e riproduzione prima della data di entrata in vigore della presente legge. Tale distribuzione e riproduzione consentita senza corrispettivi si estende anche agli aggiornamenti futuri che la natura delle opere richiede;

b) la distribuzione, limitatamente al periodo di tre mesi successivo alla data di entrata in vigore della presente legge, dei dischi fonografici ed apparecchi analoghi, i cui diritti di utilizzazione siano scaduti secondo la disciplina previgente, effettuata da coloro che hanno riprodotto e messo in commercio i predetti supporti prima della data di entrata in vigore della presente legge.

5. Per quanto non disciplinato dai commi da 1 a 4, l'attuazione della direttiva 93/98/CEE del Consiglio sarà informata ai seguenti princìpi e criteri direttivi:

a) saranno modificati, ove occorra, i termini iniziali di computo della protezione;

b) saranno riconosciuti e disciplinati i diritti relativi ad opere lecitamente pubblicate o comunicate per la prima volta dopo la scadenza di protezione del diritto d'autore, nonché alle edizioni critiche e scientifiche di opere in pubblico dominio, in conformità alle disposizioni degli artt. 4 e 5 della direttiva, nel quadro dei diritti tutelati dalla l. 22 aprile 1941, n. 633, e successive modificazioni;

(1) Periodo aggiunto dall'art. 1.52, d.l. 23 ottobre 1996, n. 545, conv. in l. 23 dicembre 1996, n. 650. L'art. 1.6, l. n. 650/1996 così dispone: «Restano validi gli atti e i provvedimenti adottati e sono fatti salvi gli effetti prodottisi e i rapporti giuridici sorti sulla base del d.l. 23 febbraio 1994, n. 129, e delle sue successive reiterazioni, compreso il d.l. 23 ottobre 1996, n. 541, concernenti disposizioni urgenti in materia di bilancio per le imprese operanti nel settore dell'editoria e di protezione del diritto d'autore».

(2) Periodi aggiunti dall'art. 1.53, d.l. 23 ottobre 1996, n. 545, conv. in l. 23 dicembre 1996, n. 650. L'art. 1.55 decreto cit. statuisce che le disposizioni di questo comma si applicano a decorrere dal 29 giugno 1995.

(3) Parole aggiunte dall'art. 1.54, d.l. 23 ottobre 1996, n. 545, conv. in l. 23 dicembre 1996, n. 650. L'art. 1.55 decreto cit. statuisce che le disposizioni di questo comma si applicano a decorrere dal 29 giugno 1995.

(4) Parole così sostituite dall'art. 1.56, d.l. 23 ottobre 1996, n. 545, conv. in l. 23 dicembre 1996, n. 650.

c) saranno previste disposizioni transitorie in relazione ai rapporti giuridici sorti anteriormente al 1° luglio 1995, al fine di salvaguardare i diritti acquisiti dai terzi;

d) per le opere cinematografiche e assimilate, tenuto conto del notevole prolungamento del termine di durata di protezione rispetto alle altre categorie di opere, sarà introdotta in via permanente una previsione di compenso non rinunciabile legata alla utilizzazione dell'opera stessa stabilita, in difetto di accordo fra le parti, con la procedura di cui all'art. 4 del d.lg.lgt. 20 luglio 1945, n. 440.

6. È comunque consentita la prosecuzione dello sfruttamento, senza corrispettivo alcuno, dei diritti relativi alle opere per l'emissione radiofonica e televisiva, da parte dei concessionari del servizio di radiodiffusione che ne hanno intrapreso lo sfruttamento, ovvero iniziata la realizzazione, anteriormente al 1° luglio 1995.

18-59. .... (*omissis*).

XIX. 4.

DECRETO LEGISLATIVO 6 maggio 1999, n. 169. — *Attuazione della direttiva 96/9/CE relativa alla tutela giuridica delle banche di dati* (1).

1-6. .... (*omissis*) (2).

7. *Disposizioni finali e transitorie*. — 1. Le disposizioni del titolo I della l. 22 aprile 1941, n. 633, si applicano anche alle banche di dati create prima del 1° gennaio 1998 e che entro la data di entrata in vigore del presente decreto soddisfino i requisiti di cui all'art. 2 del decreto medesimo, fatti salvi gli eventuali atti conclusi e i diritti acquisiti anteriormente. La stessa disposizione si applica anche alle banche di dati create dal 1° gennaio 1998 fino alla data di entrata in vigore del presente decreto.

2. Le disposizioni del capo I del titolo II-*bis* della l. 22 aprile 1941, n. 633, si applicano anche alle banche di dati costituite completamente nei 15 anni precedenti il 1° gennaio 1998 e che alla data di entrata in vigore del presente decreto soddisfino i requisiti di cui all'art. 5 del decreto medesimo, fatti salvi gli eventuali atti conclusi e i diritti acquisiti anteriormente. La stessa disposizione si applica anche alle banche di dati costituite completamente dal 1° gennaio 1998 fino alla data di entrata in vigore del presente decreto.

3. Per le banche di dati di cui al comma 2, primo periodo, il termine di cui all'art. 102-*bis*, comma 5, della l. 22 aprile 1941, n. 633, decorre dal 1° gennaio 1998.

4. Il presente decreto non osta all'applicazione delle disposizioni concernenti, in particolar modo, il diritto d'autore, i diritti connessi o altri diritti od obblighi preesistenti su dati, opere o altri elementi inseriti in una banca di dati, brevetti, marchi commerciali, disegni e modelli industriali, la protezione dei beni appartenenti al patrimonio nazionale, le norme sulle intese e sulla concorrenza sleale, il segreto industriale, la sicurezza, la riservatezza, la tutela dei dati di carattere personale ed il rispetto della vita privata, l'accesso ai documenti pubblici o il diritto dei contratti.

8. 1. Il presente decreto entra in vigore il giorno successivo a quello della sua pubblicazione nella *Gazzetta Ufficiale* della Repubblica italiana.

XIX. 5.

LEGGE 18 agosto 2000, n. 248. — *Nuove norme di tutela del diritto d'autore* (3).

CAPO I

DISPOSIZIONI GENERALI

1-7. .... (*omissis*).

8. 1. .... (*omissis*).

2. Dopo l'art. 75 del testo unico delle leggi di pubblica sicurezza, approvato con r.d. 18 giugno 1931, n. 773, è inserito il seguente:

«Art. 75-*bis*. *1.* Chiunque intenda esercitare, a fini di lucro, attività di produzione, di duplicazione, di riproduzione, di vendita, di noleggio o di cessione a qualsiasi titolo di nastri, dischi, videocassette, musicassette o altro supporto contenente fonogrammi o videogrammi di opere cinematografiche o audiovisive o sequenze di immagini in movimento, ovvero intenda detenere tali oggetti ai fini dello svolgimento delle attività anzidette, deve darne preventivo avviso al questore che ne rilascia ricevuta, attestando l'eseguita iscrizione in apposito registro. L'iscrizione deve essere rinnovata ogni anno».

3. Al comma 1 dell'art. 17-*bis* del testo unico delle leggi di pubblica sicurezza, approvato con

(1) G.U., 15 giugno 1999, n. 138.
(2) Le disposizioni omesse sono inserite nel testo della legge 22 aprile 1941, n. 633, in *Leggi coll. XIX, 1*.
(3) G.U., 4 settembre 2000, n. 206.

r.d. 18 giugno 1931, n. 773, introdotto dall'art. 3 del d.lg. 13 luglio 1994, n. 480, dopo le parole: «artt. 59, 60, 75,» sono inserite le seguenti: «75-*bis*,».

9. 1. Nel testo della l. 22 aprile 1941, n. 633, l'espressione «Ente italiano per il diritto d'autore» ovunque ricorra è sostituita dall'espressione «Società italiana degli autori ed editori (SIAE)».

10. .... (*omissis*).

11. 1. .... (*omissis*).

2. Alla lett. *b*) del comma 6 dell'art. 1 della l. 31 luglio 1997, n. 249, dopo il numero 4) è inserito il seguente:

«4-*bis*) svolge i compiti attribuiti dall'art. 182-*bis* della l. 22 aprile 1941, n. 633, e successive modificazioni;».

12. 1. All'art. 26 della l. 23 agosto 1988, n. 400, sono aggiunti i seguenti commi:

«*3-bis.* Il dipartimento, nei limiti delle disponibilità derivanti dall'applicazione del comma 3-*ter*, realizza e promuove campagne informative attraverso la televisione, la radio, il cinema e la stampa quotidiana e periodica, volte a sensibilizzare l'opinione pubblica sulla illiceità dell'acquisto di prodotti delle opere dell'ingegno abusivi o contraffatti.

3-ter. Per le finalità di cui al comma 3-*bis* sono utilizzate le somme affluite nel capitolo di cui all'art. 174-*bis*, comma 2, lett. *b*), della l. 22 aprile 1941, n. 633, e successive modificazioni».

CAPO II

DISPOSIZIONI PENALI

13-15. .... (*omissis*).

16. .... (1).

17. .... (*omissis*).

18. 1. All'art. 3 della l. 5 febbraio 1992, n. 93, dopo il comma 6 sono aggiunti i seguenti:

«*6-bis.* I soggetti indicati nel comma 3 devono presentare alla SIAE, ogni tre mesi, una dichiarazione dalla quale risultino le vendite effettuate ai sensi del comma 1 ed il compenso conseguentemente dovuto ai sensi del medesimo comma 1 e, contestualmente, devono corrispondere il compenso dovuto a norma dei commi 1 e 3.

6-ter. Nel caso di inadempimento dell'obbligo di cui al comma 6-*bis*, ovvero se sussistono seri indizi che la dichiarazione presentata non corrisponda alla realtà, la SIAE può ottenere che il giudice disponga l'esibizione delle scritture contabili del soggetto obbligato oppure che acquisisca da questi le necessarie informazioni».

19. 1. Presso la Presidenza del Consiglio dei ministri è istituito il Comitato per la tutela della proprietà intellettuale, di seguito denominato «Comitato».

2. Il Comitato è composto dal Sottosegretario di Stato alla Presidenza del Consiglio dei ministri avente delega, che lo presiede, e da quattro esperti di riconosciuta competenza di cui uno indicato dall'Autorità per le garanzie nelle comunicazioni e uno dalla Società italiana degli autori ed editori (SIAE), nominati con decreto del Presidente del Consiglio dei ministri. Gli esperti, il cui mandato è a titolo gratuito, restano in carica per due anni e possono essere confermati una sola volta.

3. Il Comitato è organo di consulenza tecnica e documentale della Presidenza del Consiglio dei ministri e, in tale veste, può elaborare proposte per rendere più efficace l'attività di contrasto delle attività illecite lesive della proprietà intellettuale.

4. Ai fini dell'esercizio dei propri compiti, il Comitato può richiedere copie di atti e informazioni utili alle pubbliche amministrazioni, alle imprese e alle associazioni di categoria, che le forniscono, salvo che siano coperti dal segreto industriale ed aziendale; può richiedere, altresì, all'autorità giudiziaria il rilascio di copie, estratti o certificati, che sono rilasciati, senza spese, ai sensi e nei limiti dell'art. 116 del codice di procedura penale.

5. Gli atti e le informazioni acquisiti ai sensi del comma 4 sono coperti dal segreto d'ufficio. I dati possono essere elaborati in forma anonima per mezzo di un apposito sistema informatico e telematico.

6. Fermo restando l'obbligo di denuncia di reato, il Comitato segnala all'autorità giudiziaria e agli organi che svolgono funzioni di vigilanza in materia i fatti e le circostanze comunque utili ai fini dell'attività di prevenzione e di repressione degli illeciti.

7. L'Ufficio per il diritto d'autore e la promozione delle attività culturali provvede alle funzioni di assistenza tecnico-amministrativa e di segreteria del Comitato, avvalendosi del servizio per l'antipirateria. L'istituzione e il funzionamento del Comitato non comportano oneri finanziari aggiuntivi a carico del bilancio dello Stato.

(1) Articolo abrogato dall'art. 41.4, d.lg. 9 aprile 2003, n. 68.

XX. BREVETTI E MARCHI

XX. 1.

DECRETO LEGISLATIVO 10 febbraio 2005, n. 30. — *Codice della proprietà industriale, a norma dell'art. 15 della l. 12 dicembre 2002, n. 273* (1).

CAPO I

DISPOSIZIONI GENERALI E PRINCIPI FONDAMENTALI

1. *Diritti di proprietà industriale*. — 1. Ai fini del (2) presente codice, l'espressione proprietà industriale comprende marchi ed altri segni distintivi, indicazioni geografiche, denominazioni di origine, disegni e modelli, invenzioni, modelli di utilità, topografie dei prodotti a semiconduttori, segreti commerciali (3) e nuove varietà vegetali.

2. *Costituzione ed acquisto dei diritti*. — 1. I diritti di proprietà industriale si acquistano mediante brevettazione, mediante registrazione o negli altri modi previsti dal presente codice. La brevettazione e la registrazione danno luogo ai titoli di proprietà industriale.

2. Sono oggetto di brevettazione le invenzioni, i modelli di utilità, le nuove varietà vegetali.

(1) Suppl. ord. n. 28 a G.U., 4 marzo 2005, n. 52. Sul marchio comunitario v. Regolamento (CE) n. 207/2009 del Consiglio 26 febbraio 2009 (versione codificata). Per il regolamento di attuazione v. d.m. Sviluppo economico 13 gennaio 2010, n. 33, in suppl. ord. n. 48/L a G.U., 9 marzo 2010, n. 56.

L'art. 128.1, d.lg. 13 agosto 2010, n. 131, così dispone: «Le domande di brevetto o di registrazione, quelle di trascrizione e annotazione e le istanze, anche se già depositate al momento della data di entrata in vigore del presente decreto legislativo, sono trattate secondo le disposizioni in esso contenute».

Sul tribunale unificato dei brevetti per la composizione delle controversie relative ai brevetti europei v. l. 3 novembre 2016, n. 216, di ratifica ed esecuzione dell'Accordo di Bruxelles del 19 febbraio 2016.

L'art. 4, l. 22 maggio 2017, n. 81, così dispone: «Salvo il caso in cui l'attività inventiva sia prevista come oggetto del contratto di lavoro e a tale scopo compensata, i diritti di utilizzazione economica relativi ad apporti originali e a invenzioni realizzati nell'esecuzione del contratto stesso spettano al lavoratore autonomo, secondo le disposizioni di cui alla l. 22 aprile 1941, n. 633, e al codice della proprietà industriale, di cui al d.lg. 10 febbraio 2005, n. 30».

L'art. 33, d.lg. 20 febbraio 2019, n. 15, così dispone: «33. *Disposizione transitoria in materia di conversione del segno in marchio collettivo o in marchio di certificazione*. — 1. Entro un anno dalla data di entrata in vigore del presente decreto, i titolari di marchi collettivi nazionali registrati ai sensi della normativa previgente possono formulare domanda all'Ufficio italiano brevetti e marchi per la conversione del segno in marchio collettivo o in marchio di certificazione, ai sensi della nuova disciplina. || 2. La domanda di cui al comma 1 deve essere corredata dal testo del regolamento d'uso del segno, aggiornato in coerenza alla disciplina in vigore e alla scelta di conversione formulata dall'istante. || 3. Alle istanze di cui al comma 1 si applicano le disposizioni previste dal codice della proprietà industriale in materia di domande di marchi di certificazione o marchi collettivi, comprese le disposizioni di cui all'art. 11 della tariffa allegata al d.p.r. 26 ottobre 1972, n. 641. || 4. Ferma restando la continuità con il marchio collettivo registrato, ai sensi della normativa previgente, gli effetti della registrazione del nuovo marchio decorrono, ai fini della determinazione della durata di cui all'art. 15 del codice della proprietà industriale, dalla data di deposito della domanda di cui al comma 1. || 5. In caso di mancata presentazione della domanda di cui al comma 1, il marchio decade a decorrere dalla data di scadenza del termine ivi previsto. || 6. I procedimenti istruttori in corso su domande di registrazione di marchi collettivi nazionali, ai sensi della normativa previgente, sono sospesi alla data di entrata in vigore del presente decreto. I soggetti che hanno presentato la domanda possono riavviare l'istruttoria presentando istanza di conversione della stessa, in domanda di registrazione di marchio collettivo o marchio di certificazione, ai sensi della nuova disciplina. In tal caso, gli effetti della registrazione del marchio risultante dalla domanda di conversione decorrono dalla data di deposito della domanda di registrazione convertita. In caso di mancata presentazione della domanda di conversione entro il termine di cui al comma 1, le domande di registrazione di marchi collettivi nazionali ai sensi della normativa previgente si considerano ritirate».

(2) Le parole «Ai fini del» sono state così sostituite alle precedenti «Ai fini dei» dall'art. 1, d.lg. 13 agosto 2010, n. 131.

(3) Le parole «segreti commerciali» sono state così sostituite alle precedenti «informazioni aziendali riservate» dall'art. 1, d.lg. 11 maggio 2018, n. 63.

3. Sono oggetto di registrazione i marchi, i disegni e modelli, le topografie dei prodotti a semiconduttori (1).

4. Sono protetti, ricorrendone i presupposti di legge, i segni distintivi diversi dal marchio registrato, i segreti commerciali (2), le indicazioni geografiche e le denominazioni di origine.

5. L'attività amministrativa di brevettazione e di registrazione ha natura di accertamento costitutivo e dà luogo a titoli soggetti ad un regime speciale di nullità e decadenza sulla base delle norme contenute nel presente codice.

3. *Trattamento dello straniero*. — 1. Ai cittadini di ciascuno Stato facente parte della Convenzione di Parigi per la protezione della proprietà industriale, testo di Stoccolma del 14 luglio 1967, ratificato con l. 28 aprile 1976, n. 424, ovvero della Organizzazione mondiale del commercio ed ai cittadini di Stati non facenti parte delle suddette Convenzioni, ma che siano domiciliati o abbiano uno stabilimento industriale o commerciale effettivo sul territorio di uno Stato facente parte della Convenzione di Unione di Parigi per la protezione della proprietà industriale, è accordato, per le materie di cui al presente codice, lo stesso trattamento accordato ai cittadini italiani. In materia di nuove varietà vegetali, il trattamento accordato ai cittadini italiani è accordato ai cittadini di uno Stato facente parte della Convenzione internazionale per la protezione delle novità vegetali UPOV, testo di Ginevra del 19 marzo 1991, ratificato con l. 23 marzo 1998, n. 110. In materia di topografie dei prodotti a semiconduttori (3), il trattamento accordato ai cittadini italiani è accordato ai cittadini di un altro Stato solo se la protezione accordata da quello Stato ai cittadini italiani è analoga a quella prevista dal presente codice.

2. Ai cittadini di Stati non facenti parte né della Convenzione di Unione di Parigi per la protezione della proprietà industriale, né della Organizzazione mondiale del commercio, né, per quanto attiene alle nuove varietà vegetali, della Convenzione internazionale per la protezione delle novità vegetali, è accordato, per le materie di cui al presente codice, il trattamento accordato ai cittadini italiani, se lo Stato al quale il cittadino appartiene accorda ai cittadini italiani reciprocità di trattamento.

3. Tutti i benefici che le convenzioni internazionali sottoscritte e ratificate dall'Italia (4) riconoscono allo straniero nel territorio dello Stato, per le materie di cui al presente codice, si intendono automaticamente estese ai cittadini italiani.

4. Il diritto di ottenere ai sensi delle convenzioni internazionali la registrazione in Italia di un marchio registrato precedentemente all'estero, al quale si fa riferimento nella domanda di registrazione, spetta al titolare del marchio all'estero, o al suo avente causa.

5. Ai cittadini sono equiparate le persone giuridiche di corrispondente nazionalità.

4. *Priorità*. — 1. Chiunque abbia regolarmente depositato, in o per uno Stato facente parte di una convenzione internazionale ratificata dall'Italia che riconosce il diritto di priorità, una domanda diretta ad ottenere un titolo di proprietà industriale o il suo avente causa, fruisce di un diritto di priorità a decorrere dalla prima domanda per effettuare il deposito di una domanda di brevetto d'invenzione, di modello di utilità, di privativa di nuova varietà vegetale, di registrazione di disegno o modello e di registrazione di marchio, secondo le disposizioni dell'art. 4 della Convenzione di Unione di Parigi.

2. Il termine di priorità è di dodici mesi per i brevetti d'invenzione ed i modelli di utilità e le varietà vegetali, di sei mesi per i disegni o modelli ed i marchi.

3. È riconosciuto come idoneo a far nascere il diritto di priorità qualsiasi deposito avente valore di deposito nazionale regolare, cioè idoneo a stabilire la data alla quale la prima domanda è stata depositata, a norma della legislazione nazionale dello Stato nel quale è stato effettuato, o di accordi bilaterali o plurilaterali, qualunque sia la sorte ulteriore di tale domanda.

5. *Esaurimento*. — 1. Le facoltà esclusive attribuite dal presente codice al titolare di un diritto di proprietà industriale si esauriscono una volta che i prodotti protetti da un diritto di proprietà industriale siano stati messi in commercio dal titolare o con il suo consenso nel territorio dello Stato o nel territorio di uno Stato membro della Comunità europea o dello Spazio economico europeo.

(1) La parola «semiconduttori» è stata così sostituita alla precedente «seminconduttori» dall'art. 2, d.lg. 13 agosto 2010, n. 131.

(2) Le parole «i segreti commerciali» sono state così sostituite alle precedenti «le informazioni aziendali riservate» dall'art. 2, d.lg. 11 maggio 2018, n. 63.

(3) La parola «semiconduttori» è stata così sostituita alla precedente «seminconduttori» dall'art. 3.1, d.lg. 13 agosto 2010, n. 131.

(4) La parola «Italia» è stata così sostituita alla precedente «italia» dall'art. 3.2, d.lg. 13 agosto 2010, n. 131.

2. Questa limitazione dei poteri del titolare tuttavia non si applica [...] (1) quando sussistano motivi legittimi perché il titolare stesso si opponga all'ulteriore commercializzazione dei prodotti, in particolare quando lo stato di questi è modificato o alterato dopo la loro immissione in commercio.

3. Le facoltà esclusive attribuite dalla privativa su una varietà protetta, sulle varietà essenzialmente derivate dalla varietà protetta quando questa non sia, a sua volta, una varietà essenzialmente derivata, sulle varietà che non si distinguono nettamente dalla varietà protetta e sulle varietà la cui produzione necessita del ripetuto impiego della varietà protetta, non si estendono agli atti riguardanti:

a) il materiale di riproduzione o di moltiplicazione vegetativa, quale che ne sia la forma;

b) il prodotto della raccolta, comprese piante intere e parti di esse quando tale materiale o prodotto sia stato ceduto o commercializzato dallo stesso costitutore o con il suo consenso nel territorio dello Stato o di uno Stato membro della Comunità europea o dello Spazio economico europeo, a meno che si tratti di atti che implicano una nuova riproduzione o moltiplicazione della varietà protetta oppure un'esportazione del materiale della varietà stessa che consenta di riprodurla in uno Stato che non protegge la varietà del genere o della specie vegetale a cui appartiene, salvo che il materiale esportato sia destinato al consumo finale (2).

6. *Comunione*. — 1. Se un diritto di proprietà industriale appartiene a più soggetti, le facoltà relative sono regolate, salvo convenzioni in contrario, dalle disposizioni del codice civile relative alla comunione in quanto compatibili.

1-*bis*. In caso di diritto appartenente a più soggetti, la presentazione della domanda di brevetto o di registrazione, la prosecuzione del procedimento di brevettazione o registrazione, la presentazione della domanda di rinnovo, ove prevista, il pagamento dei diritti di mantenimento in vita, la presentazione della traduzione in lingua italiana delle rivendicazioni di una domanda di brevetto europeo o del testo del brevetto europeo concesso o mantenuto in forma modificata o limitata e gli altri procedimenti di fronte all'Ufficio italiano brevetti e marchi possono essere effettuati da ciascuno di tali soggetti nell'interesse di tutti (3).

CAPO II

Norme relative all'esistenza, all'ambito e all'esercizio dei diritti di proprietà industriale

Sezione I. — *Marchi*

7. *Oggetto della registrazione*. — 1. Possono costituire oggetto di registrazione come marchio d'impresa tutti i segni [...] (4), in particolare le parole, compresi i nomi di persone, i disegni, le lettere, le cifre, i suoni, la forma del prodotto o della confezione di esso, le combinazioni o le tonalità cromatiche, purché siano atti:

a) a distinguere i prodotti o i servizi di un'impresa da quelli di altre imprese; e

b) ad essere rappresentati nel registro in modo tale da consentire alle autorità competenti ed al pubblico di determinare con chiarezza e precisione l'oggetto della protezione conferita al titolare (5).

8. *Ritratti di persone, nomi e segni notori*. — 1. I ritratti di persone non possono essere registrati come marchi senza il consenso delle medesime e, dopo la loro morte, senza il consenso del coniuge e dei figli; in loro mancanza o dopo la loro morte, dei genitori e degli altri ascendenti, e, in mancanza o dopo la morte anche di questi ultimi, dei parenti fino al quarto grado incluso.

2. I nomi di persona diversi da quelli di chi chiede la registrazione possono essere registrati come marchi, purché il loro uso non sia tale da ledere la fama, il credito o il decoro di chi ha diritto di portare tali nomi. L'Ufficio italiano brevetti e marchi ha tuttavia la facoltà di subordinare la registrazione al consenso stabilito al comma 1. In ogni caso, la registrazione non impedirà a chi abbia diritto al nome di farne uso nella ditta da lui prescelta, sussistendo i presupposti di cui all'art. 21, comma 1 (6).

3. Se notori, possono essere registrati o usa-

(1) Le parole «, con riferimento al marchio,» sono state soppresse dall'art. 4.1, d.lg. 13 agosto 2010, n. 131.

(2) Comma così sostituito dall'art. 4.2, d.lg. 13 agosto 2010, n. 131.

(3) Comma aggiunto dall'art. 5, d.lg. 13 agosto 2010, n. 131.

(4) Le parole «suscettibili di essere rappresentati graficamente» sono state soppresse dall'art. 1, d.lg. 20 febbraio 2019, n. 15.

(5) Le parole da «purché siano atti:» fino a «titolare.» sono state così sostituite alle precedenti «purché siano atti a distinguere i prodotti o i servizi di un'impresa da quelli di altre imprese.» dall'art. 1, d.lg. 20 febbraio 2019, n. 15.

(6) Le parole «, sussistendo i presupposti di cui all'art. 21, comma 1» sono state aggiunte dall'art. 6.1, d.lg. 13 agosto 2010, n. 131.

ti (1) come marchio solo dall'avente diritto, o con il consenso di questi, o dei soggetti di cui al comma 1: i nomi di persona, i segni usati in campo artistico, letterario, scientifico, politico o sportivo, le denominazioni e sigle di manifestazioni e quelli di enti ed associazioni non aventi finalità economiche, nonché gli emblemi caratteristici di questi.

9. *Marchi di forma e altri segni non registrabili* (2). — 1. Non possono costituire oggetto di registrazione come marchio d'impresa i segni costituiti esclusivamente:

a) dalla forma, o altra caratteristica, imposta dalla natura stessa del prodotto;

b) dalla forma, o altra caratteristica, del prodotto necessaria per ottenere un risultato tecnico;

c) dalla forma, o altra caratteristica, che dà un valore sostanziale al prodotto (3).

10. *Stemmi*. — → 1. Gli stemmi e gli altri segni considerati nelle convenzioni internazionali vigenti in materia, nei casi e alle condizioni menzionati nelle convenzioni stesse, nonché i segni contenenti simboli, emblemi e stemmi che rivestano un interesse pubblico non possono costituire oggetto di registrazione come marchio d'impresa, a meno che l'autorità competente non ne abbia autorizzato la registrazione. →

2. Trattandosi di marchio contenente parole, figure o segni con significazione politica o di alto valore simbolico, o contenente elementi araldici, l'Ufficio italiano brevetti e marchi, prima della registrazione, invia l'esemplare del marchio e quantaltro possa occorrere alle amministrazioni pubbliche interessate, o competenti, per sentirne l'avviso, in conformità a quanto è disposto nel comma 4.

3. L'Ufficio italiano brevetti e marchi ha la facoltà di provvedere ai termini del comma 2 in ogni caso in cui sussista dubbio che il marchio possa essere contrario alla legge (4), all'ordine pubblico o al buon costume.

4. Se l'amministrazione interessata, o competente, di cui ai commi 2 e 3, esprime avviso contrario alla registrazione del marchio, l'Ufficio italiano brevetti e marchi respinge la domanda.

11. *Marchio collettivo*. — 1. Le persone giuridiche di diritto pubblico e le associazioni di categoria di fabbricanti, produttori, prestatori di servizi o commercianti, escluse le società di cui al libro quinto, titolo quinto, capi quinto, sesto e settimo, del codice civile, possono ottenere la registrazione di marchi collettivi che hanno la facoltà di concedere in uso a produttori o commercianti (5).

2. I regolamenti concernenti l'uso dei marchi collettivi, i controlli e le relative sanzioni devono essere allegati alla domanda di registrazione in conformità ai requisiti di cui all'art. 157, comma 1-*bis* (6); le modificazioni regolamentari devono essere comunicate a cura dei titolari all'Ufficio italiano brevetti e marchi per essere incluse nella raccolta di cui all'art. 185 (7).

3. Le disposizioni dei commi 1 e 2 sono applicabili anche ai marchi collettivi stranieri registrati nel Paese di origine.

4. In deroga all'art. 13, comma 1, un marchio collettivo può consistere in segni o indicazioni che nel commercio possono servire per designare la provenienza geografica dei prodotti o servizi. Qualsiasi soggetto i cui prodotti o servizi provengano dalla zona geografica in questione ha diritto sia a fare uso del marchio, sia a diventare membro della associazione di categoria titolare del marchio, purché siano soddisfatti tutti i requisiti di cui al regolamento (8). In tal caso, peraltro, l'Ufficio italiano brevetti e marchi può rifiutare, con provvedimento motivato, la registrazione quando i marchi richiesti possano creare situazioni di ingiustificato privilegio o comunque recare pregiudizio allo sviluppo di altre analoghe iniziative nella regione. L'Ufficio italiano brevetti e marchi ha facoltà di chiedere al riguardo l'avviso delle amministrazioni pubbliche, categorie e organi interessati o competenti. L'avvenuta registrazione del marchio collettivo costituito da nome geografico non autorizza il titolare a vie-

(1) Le parole «o usati» sono state aggiunte dall'art. 6.2, d.lg. 13 agosto 2010, n. 131.

(2) Le parole «e altri segni non registrabili» sono state aggiunte dall'art. 2.1, lett. a, d.lg. 20 febbraio 2019, n. 15.

(3) Le parole da «esclusivamente:» fino a «prodotto.» sono state così sostituite alle precedenti «esclusivamente dalla forma imposta dalla natura stessa del prodotto, dalla forma del prodotto necessaria per ottenere un risultato tecnico, o dalla forma che dà un valore sostanziale al prodotto.» dall'art. 2.1, lett. b, d.lg. 20 febbraio 2019, n. 15.

(4) Le parole «alla legge,» sono state inserite dall'art. 7, d.lg. 13 agosto 2010, n. 131.

(5) Comma così sostituito dall'art. 3.1, lett. a, d.lg. 20 febbraio 2019, n. 15.

(6) Le parole «in conformità ai requisiti di cui all'art. 157, comma 1-*bis*» sono state inserite dall'art. 3.1, lett. b, d.lg. 20 febbraio 2019, n. 15.

(7) Le parole «nella raccolta di cui all'art. 185» sono state così sostituite alle precedenti «tra i documenti allegati alla domanda» dall'art. 3.1, lett. b, d.lg. 20 febbraio 2019, n. 15.

(8) Periodo inserito dall'art. 3.1, lett. c, d.lg. 20 febbraio 2019, n. 15.

tare a terzi l'uso nel commercio del nome stesso, purché quest'uso sia conforme ai principi della correttezza professionale [...] (1).

5. I marchi collettivi sono soggetti a tutte le altre disposizioni del presente codice in quanto non contrastino con la natura di essi.

11-*bis*. *Marchio di certificazione*. — 1. Le persone fisiche o giuridiche, tra cui istituzioni, autorità ed organismi accreditati ai sensi della vigente normativa in materia di certificazione, a garantire l'origine, la natura o la qualità di determinati prodotti o servizi, possono ottenere la registrazione per appositi marchi come marchi di certificazione, a condizione che non svolgano un'attività che comporta la fornitura di prodotti o servizi del tipo certificato.

2. I regolamenti concernenti l'uso dei marchi di certificazione, i controlli e le relative sanzioni devono essere allegati alla domanda di registrazione in conformità ai requisiti di cui all'art. 157, comma 1-*ter*; le modificazioni regolamentari devono essere comunicate a cura dei titolari all'Ufficio italiano brevetti e marchi per essere incluse nella raccolta di cui all'art. 185.

3. Le disposizioni dei commi 1 e 2 sono applicabili anche ai marchi di certificazione o di garanzia stranieri registrati nel Paese di origine.

4. In deroga all'art. 13, comma 1, un marchio di certificazione può consistere in segni o indicazioni che nel commercio possono servire per designare la provenienza geografica dei prodotti o servizi. In tal caso, peraltro, l'Ufficio italiano brevetti e marchi può rifiutare, con provvedimento motivato, la registrazione quando i marchi richiesti possano creare situazioni di ingiustificato privilegio o comunque recare pregiudizio allo sviluppo di altre analoghe iniziative nella regione. L'Ufficio italiano brevetti e marchi ha facoltà di chiedere al riguardo l'avviso delle amministrazioni pubbliche, categorie e organi interessati o competenti. L'avvenuta registrazione del marchio di certificazione costituito da nome geografico non autorizza il titolare a vietare a terzi l'uso nel commercio del nome stesso, purché quest'uso sia conforme ai principi della correttezza professionale.

5. I marchi di certificazione sono soggetti a tutte le altre disposizioni del presente codice in quanto non contrastino con la natura di essi (2). →

12. *Novità*. — 1. Non possono costituire oggetto di registrazione come marchio d'impresa i segni che alla data del deposito della domanda:

a) siano identici o simili ad un segno già noto come marchio o segno distintivo di prodotti o servizi fabbricati, messi in commercio o prestati da altri per prodotti o servizi identici o affini, se a causa dell'identità o somiglianza tra i segni e dell'identità o affinità fra i prodotti o i servizi possa determinarsi un rischio di confusione per il pubblico, che può consistere anche in un rischio di associazione fra i due segni. Si considera altresì noto il marchio che ai sensi dell'art. 6-*bis* della Convenzione di Unione di Parigi per la proprietà industriale, testo riveduto a Stoccolma il 14 luglio 1967, ratificato con l. 28 aprile 1976, n. 424, sia notoriamente conosciuto presso il pubblico interessato, anche in forza della notorietà acquisita nello Stato attraverso la promozione del marchio. L'uso precedente del segno, quando non importi notorietà di esso, o importi notorietà puramente locale, non toglie la novità, ma il terzo preutente ha diritto di continuare nell'uso del marchio, anche ai fini della pubblicità, nei limiti della diffusione locale, nonostante la registrazione del marchio stesso. L'uso precedente del segno da parte del richiedente o del suo dante causa non è di ostacolo alla registrazione;

b) siano identici o simili a un segno già noto come ditta, denominazione o ragione sociale, insegna e nome a dominio usato nell'attività economica, o altro segno distintivo adottato da altri, se a causa della identità o somiglianza fra i segni e dell'identità o affinità fra l'attività d'impresa da questi esercitata ed i prodotti o servizi per i quali il marchio è registrato possa determinarsi un rischio di confusione per il pubblico, che può consistere anche in un rischio di associazione fra i due segni. L'uso precedente del segno, quando non importi notorietà di esso, o importi notorietà puramente locale, non toglie la novità. L'uso precedente del segno da parte del richiedente o del suo dante causa non è di ostacolo alla registrazione;

c) siano identici ad un marchio già da altri registrato nello Stato o con efficacia nello Stato in seguito a domanda depositata in data anteriore o avente effetto da data anteriore in forza di un diritto di priorità o di una valida rivendicazione di preesistenza per prodotti o servizi identici;

(1) Le parole «e quindi limitato alla funzione di indicazione di provenienza» sono state soppresse dall'art. 8, d.lg. 13 agosto 2010, n. 131.

(2) Articolo inserito dall'art. 4, d.lg. 20 febbraio 2019, n. 15.

d) siano identici o simili ad un marchio già da altri registrato nello Stato o con efficacia nello Stato, in seguito a domanda depositata in data anteriore o avente effetto da data anteriore in forza di un diritto di priorità o di una valida rivendicazione di preesistenza per prodotti o servizi identici o affini, se a causa dell'identità o somiglianza fra i segni e dell'identità o affinità fra i prodotti o i servizi possa determinarsi un rischio di confusione per il pubblico, che può consistere anche in un rischio di associazione fra i due segni;

e) siano identici o simili ad un marchio già da altri registrato nello Stato o con efficacia nello Stato, in seguito a domanda depositata in data anteriore o avente effetto da data anteriore in forza di un diritto di priorità o di una valida rivendicazione di preesistenza per prodotti o servizi identici, affini o non affini, quando il marchio anteriore goda nell'Unione europea (1) o nello Stato, di rinomanza e quando l'uso di quello successivo senza giusto motivo trarrebbe indebitamente vantaggio dal carattere distintivo o dalla rinomanza del segno anteriore o recherebbe pregiudizio agli stessi;

f) siano identici o simili ad un marchio già notoriamente conosciuto ai sensi dell'art. 6-*bis* della Convenzione di Parigi per la protezione della proprietà industriale, per prodotti o servizi identici, affini o (2) non affini, quando ricorrono le condizioni di cui alla lett. *e*).

2. Nei casi di cui alle lett. *e*), *d*) ed *e*), non toglie la novità il marchio anteriore che sia scaduto da oltre due anni ovvero tre se si tratta di un marchio collettivo o di certificazione (3) o possa considerarsi decaduto per non uso ai sensi dell'art. 24 al momento della proposizione della domanda o dell'eccezione di nullità.

3. Ai fini previsti al comma 1, lett. *e*), *d*) ed *e*), le domande anteriori sono assimilate ai marchi anteriori registrati, sotto riserva della conseguente registrazione (4).

13. *Capacità distintiva*. — 1. Non possono costituire oggetto di registrazione come marchio d'impresa i segni privi di carattere distintivo e in particolare:

a) quelli che consistono esclusivamente in segni divenuti di uso comune nel linguaggio corrente o negli usi costanti del commercio;

b) quelli costituiti esclusivamente dalle denominazioni generiche di prodotti o servizi o da indicazioni descrittive che ad essi si riferiscono, come i segni che in commercio possono servire a designare la specie, la qualità, la quantità, la destinazione, il valore, la provenienza geografica ovvero l'epoca di fabbricazione del prodotto o della prestazione del servizio o altre caratteristiche del prodotto o servizio (5).

2. In deroga al comma 1 [...] (6) possono costituire oggetto di registrazione come marchio d'impresa i segni che prima della domanda di registrazione, a seguito dell'uso che ne sia stato fatto, abbiano acquistato carattere distintivo.

3. Il marchio non può essere dichiarato o considerato nullo se prima della proposizione della domanda o dell'eccezione di nullità, il segno che ne forma oggetto, a seguito dell'uso che ne è stato fatto, ha acquistato carattere distintivo.

4. Il marchio decade se, per il fatto dell'attività o dell'inattività del suo titolare, sia divenuto nel commercio denominazione generica del prodotto o servizio o abbia comunque (7) perduto la sua capacità distintiva.

14. *Liceità e diritti di terzi* (8). — 1. Non possono costituire oggetto di registrazione come marchio d'impresa:

a) i segni contrari alla legge, all'ordine pubblico o al buon costume;

b) i segni idonei ad ingannare il pubblico, in particolare sulla provenienza geografica, sulla natura o sulla qualità dei prodotti o servizi, ovvero sulla tipologia di marchio (9);

c) i segni il cui uso costituirebbe violazione di un altrui diritto di autore, di proprietà industriale o altro diritto esclusivo di terzi; (10)

(1) Le parole «identici, affini o non affini, quando il marchio anteriore goda nell'Unione europea» sono state così sostituite alle precedenti «anche non affini, quando il marchio anteriore goda nella Comunità, se comunitario,» dall'art. 5.1, lett. a, d.lg. 20 febbraio 2019, n. 15.

(2) Le parole «identici, affini o» sono state così sostituite alla precedente «anche» dall'art. 5.1, lett. b, d.lg. 20 febbraio 2019, n. 15.

(3) Le parole «o di certificazione» sono state inserite dall'art. 5.1, lett. c, d.lg. 20 febbraio 2019, n. 15.

(4) Articolo così sostituito dall'art. 9, d.lg. 13 agosto 2010, n. 131.

(5) Comma così sostituito dall'art. 10.1, d.lg. 13 agosto 2010, n. 131.

(6) Le parole «e all'art. 12, comma 1, lett. *a*),» sono state soppresse dall'art. 10.2, d.lg. 13 agosto 2010, n. 131.

(7) Le parole «servizio o abbia comunque» sono state così sostituite alle precedenti «comunque servizio o abbia» dall'art. 10.3, d.lg. 13 agosto 2010, n. 131.

(8) Rubrica così sostituita alla precedente «Liceità» dall'art. 11, d.lg. 13 agosto 2010, n. 131.

(9) Le parole «, ovvero sulla tipologia di marchio» sono state aggiunte dall'art. 6.1, lett. a, d.lg. 20 febbraio 2019, n. 15.

(10) Il «;» è stato così sostituito al precedente «.» dall'art. 6.1, lett. b, d.lg. 20 febbraio 2019, n. 15.

c-bis) i segni esclusi dalla registrazione, conformemente alla legislazione dell'Unione europea o dello Stato o ad accordi internazionali in materia di cui l'Unione europea o lo Stato è parte, relativi alla protezione delle denominazioni d'origine e delle indicazioni geografiche (1);

c-ter) i segni esclusi dalla registrazione conformemente alla normativa dell'Unione europea o ad accordi internazionali in materia di cui l'Unione è parte, relativi alla protezione delle menzioni tradizionali per i vini (1);

c-quater) i segni esclusi dalla registrazione conformemente alla normativa dell'Unione europea relativa alla protezione delle specialità tradizionali garantite o ad accordi internazionali in materia di cui l'Unione europea è parte (1);

c-quinquies) i segni che contengono o riproducono nei loro elementi essenziali una denominazione di varietà vegetale precedentemente registrata conformemente alla legislazione dell'Unione europea o dello Stato o ad accordi internazionali di cui l'Unione europea o lo Stato sono parte, in materia di tutela dei diritti relativi alle varietà vegetali e che, in relazione a queste ultime, sono della stessa specie o di specie apparentate (1).

1-*bis*. Ai fini del comma 1, lett. *c-bis*), le domande anteriori di protezione di denominazione di origine o di indicazione geografica, sono assimilate alle denominazioni di origine o di indicazioni geografiche protette, sotto riserva della successiva protezione ed a condizione che la legislazione dell'Unione europea o dello Stato conferisca alla persona autorizzata ad esercitare i diritti da essa derivanti il diritto di vietare l'uso di un marchio d'impresa posteriore (2).

2. Il marchio d'impresa decade:

a) se sia divenuto idoneo ad indurre in inganno il pubblico, in particolare circa la natura, qualità o provenienza dei prodotti o servizi, a causa di modo e del contesto in cui viene utilizzato dal titolare o con il suo consenso, per i prodotti o servizi per i quali è registrato;

b) se sia divenuto contrario alla legge, all'ordine pubblico o al buon costume;

c) per l'omessa adozione da parte del titolare delle misure ragionevolmente idonee a prevenire un uso del marchio non conforme alle condizioni del regolamento d'uso del marchio collettivo o del marchio di certificazione e, in particolare, dei controlli previsti dalle disposizioni regolamentari sull'uso del marchio collettivo o del marchio di certificazione (3) (4).

15. *Effetti della registrazione*. — 1. I diritti esclusivi considerati da questo codice sono conferiti con la registrazione.

2. Gli effetti della prima registrazione decorrono dalla data di deposito della domanda. Trattandosi di rinnovazione gli effetti di essa decorrono dal giorno successivo alla (5) data di scadenza della registrazione precedente.

3. Salvo il disposto dell'art. 20, comma 1, lett. *c*), la registrazione esplica effetto limitatamente ai prodotti o servizi indicati nella registrazione stessa ed ai prodotti o servizi affini.

4. La registrazione dura dieci anni a partire dalla data di deposito della domanda, salvo il caso di rinuncia del titolare.

5. La rinuncia diviene efficace con la sua annotazione nel registro dei marchi di impresa e di essa deve essere data notizia nel Bollettino ufficiale.

16. *Rinnovazione*. — 1. La registrazione può essere rinnovata per lo stesso marchio precedente, con riguardo allo stesso genere di prodotti o di servizi secondo la classificazione internazionale dei prodotti e dei servizi risultante dall'Accordo di Nizza, testo di Ginevra del 13 maggio 1977, ratificato con l. 27 aprile 1982, n. 243.

2. La rinnovazione si effettua per periodi di dieci anni.

3. La rinnovazione della registrazione di un marchio che è stato oggetto di trasferimento per una parte dei prodotti o servizi è effettuata separatamente dai rispettivi titolari.

4. Restano immutate la decorrenza e la durata degli effetti della registrazione per i marchi registrati presso l'Organizzazione mondiale della proprietà intellettuale di Ginevra.

17. *Registrazione internazionale*. — 1. Rimangono ferme, per la registrazione dei marchi presso l'Organizzazione mondiale della proprietà intellettuale di Ginevra (OMPI), le disposizioni vigenti ai sensi delle convenzioni internazionali.

2. I marchi internazionali registrati presso

(1) Lettera aggiunta dall'art. 6.1, lett. b, d.lg. 20 febbraio 2019, n. 15.
(2) Comma inserito dall'art. 6.1, lett. c, d.lg. 20 febbraio 2019, n. 15.
(3) Lettera così sostituita dall'art. 6.1, lett. d, d.lg. 20 febbraio 2019, n. 15.
(4) L'art. 5.1, l. 14 gennaio 2013, n. 9, così dispone: «Non possono costituire oggetto di registrazione come marchio d'impresa i segni idonei ad ingannare il pubblico sulla provenienza geografica delle materie prime degli oli di oliva vergini».
(5) Le parole «dal giorno successivo alla» sono state così sostituite alla precedente «dalla» dall'art. 7, d.lg. 20 febbraio 2019, n. 15.

l'Organizzazione mondiale della proprietà intellettuale (OMPI) di Ginevra, in base all'Accordo di Madrid, concernente la registrazione internazionale dei marchi, testo di Stoccolma del 14 luglio 1967, ratificato con l. 28 aprile 1976, n. 424, ed al relativo Protocollo, adottato a Madrid il 27 giugno 1989, ratificato con l. 12 marzo 1996, n. 169, recanti la designazione dell'Italia quale Paese in cui si chiede la protezione, devono rispondere ai requisiti previsti per i marchi nazionali dal presente codice.

3. L'Ufficio italiano brevetti e marchi effettua l'esame dei marchi internazionali designanti l'Italia conformemente alle disposizioni applicabili alle domande di marchi nazionali.

18. *Protezione temporanea*. — 1. Entro i limiti ed alle condizioni indicate nel comma 2, può essere accordata, mediante decreto del Ministro dello sviluppo economico (1), una protezione temporanea ai nuovi marchi apposti sui prodotti o sui materiali inerenti alla prestazione dei servizi che figurano in esposizioni nazionali o internazionali, ufficiali od ufficialmente riconosciute, tenute nel territorio dello Stato o in uno Stato estero che accordi reciprocità di trattamento.

2. La protezione temporanea fa risalire la priorità della registrazione, a favore del titolare o del suo avente causa, al giorno della consegna del prodotto o del materiale inerente alla prestazione del servizio per l'esposizione, ed ha effetto sempre che la domanda di registrazione sia depositata entro sei mesi dalla data della consegna ed, in ogni caso, non oltre sei mesi dalla data di apertura dell'esposizione.

3. Nel caso di esposizione tenuta in uno Stato estero, se ivi è stabilito un termine più breve, la domanda di registrazione deve essere depositata entro questo termine.

4. Tra più marchi identici o simili per prodotti o servizi identici o affini presentati per l'esposizione nello stesso giorno, la priorità spetta al marchio per il quale è stata depositata prima la domanda di registrazione.

5. Le date di cui ai commi 2, 3 e 4 devono essere indicate dall'interessato e menzionate nell'attestato di registrazione, previa la loro verifica da parte dell'Ufficio italiano brevetti e marchi.

19. *Diritto alla registrazione*. — 1. Può ottenere una registrazione per marchio d'impresa chi lo utilizzi o si proponga di utilizzarlo, nella fabbricazione o commercio di prodotti o nella prestazione di servizi della propria impresa o di imprese di cui abbia il controllo o che ne facciano uso con il suo consenso.

2. Non può ottenere una registrazione per marchio di impresa chi abbia fatto la domanda in mala fede.

3. Anche le amministrazioni dello Stato, delle regioni, delle province e dei comuni possono ottenere registrazioni di marchio, anche aventi ad oggetto elementi grafici distintivi tratti dal patrimonio culturale, storico, architettonico o ambientale del relativo territorio; in quest'ultimo caso, i proventi derivanti dallo sfruttamento del marchio a fini commerciali, compreso quello effettuato mediante la concessione di licenze e per attività di merchandising, dovranno essere destinati al finanziamento delle attività istituzionali o alla copertura degli eventuali disavanzi pregressi dell'ente (2).

20. *Diritti conferiti dalla registrazione*. — 1. I diritti del titolare del marchio d'impresa registrato consistono nella facoltà di fare uso esclusivo del marchio. Il titolare ha il diritto di vietare ai terzi, salvo proprio consenso, di usare nell'attività economica:

a) un segno identico al marchio per prodotti o servizi identici a quelli per cui esso è stato registrato;

b) un segno identico o simile al marchio registrato, per prodotti o servizi identici o affini, se a causa dell'identità o somiglianza fra i segni e dell'identità o affinità fra i prodotti o servizi, possa determinarsi un rischio di confusione per il pubblico, che può consistere anche in un rischio di associazione fra i due segni;

c) un segno identico o simile al marchio registrato per prodotti o servizi anche non affini, se il marchio registrato goda nello stato di rinomanza e se l'uso del segno, anche a fini diversi da quello di contraddistinguere i prodotti e servizi (3), senza giusto motivo consente di trarre indebitamente vantaggio dal carattere distintivo o dalla rinomanza del marchio o reca pregiudizio agli stessi.

2. Nei casi menzionati al comma 1 il titolare del marchio può in particolare vietare ai terzi di apporre il segno sui prodotti o sulle loro confezioni o sugli imballaggi (4); di offrire i prodotti, di immetterli in commercio o di detenerli

(1) Le parole «decreto del Ministro dello sviluppo economico» sono state così sostituite alle precedenti «decreto del Ministro delle attività produttive» dall'art. 8, d.lg. 20 febbraio 2019, n. 15.

(2) Comma così sostituito dall'art. 12, d.lg. 13 agosto 2010, n. 131.

(3) Le parole «, anche a fini diversi da quello di contraddistinguere i prodotti e servizi,» sono state inserite dall'art. 9.1, lett. a, d.lg. 20 febbraio 2019, n. 15.

(4) Le parole «o sugli imballaggi» sono state inserite dall'art. 9.1, lett. b, d.lg. 20 febbraio 2019, n. 15.

a tali fini, oppure di offrire o fornire i servizi contraddistinti dal segno; di importare o esportare prodotti contraddistinti dal segno stesso; di utilizzare il segno nella corrispondenza commerciale e nella pubblicità; di apporre il segno su confezioni, imballaggi, etichette, cartellini, dispositivi di sicurezza o autenticazione o componenti degli stessi o su altri mezzi su cui il marchio può essere apposto ovvero di offrire, immettere in commercio, detenere a tali fini, importare o esportare tali mezzi recanti il marchio, quando vi sia il rischio che gli stessi possano essere usati in attività costituenti violazione del diritto del titolare (1).

2-*bis*. Il titolare del marchio può inoltre vietare ai terzi di introdurre in Italia, in ambito commerciale, prodotti che non siano stati immessi in libera pratica, quando detti prodotti oppure il relativo imballaggio provengono da Paesi terzi rispetto all'Unione europea e recano senza autorizzazione un segno identico al marchio o che non può essere distinto nei suoi aspetti essenziali da detto marchio, qualora i prodotti in questione rientrino nell'ambito di protezione del marchio, a meno che durante il procedimento per determinare l'eventuale violazione del marchio, instaurato conformemente al reg. (UE) 608/2013 del Parlamento europeo e del Consiglio, del 12 giugno 2013, il dichiarante o il detentore dei prodotti fornisca la prova del fatto che il titolare del marchio non ha il diritto di vietare l'immissione in commercio dei prodotti nel Paese di destinazione finale (2).

3. Il commerciante può apporre il proprio marchio alle merci che mette in vendita, ma non può sopprimere il marchio del produttore o del commerciante da cui abbia ricevuto i prodotti o le merci.

3-*bis*. Se la riproduzione di un marchio in un dizionario, in un'enciclopedia o in un'analoga opera di consultazione in formato cartaceo o elettronico dà l'impressione che esso costituisca il nome generico dei prodotti o dei servizi per i quali il marchio è registrato, su richiesta del titolare del marchio d'impresa l'editore dell'opera provvede affinché la riproduzione del marchio sia, tempestivamente e al più tardi nell'edizione successiva in caso di opere in formato cartaceo, corredata dell'indicazione che si tratta di un marchio registrato (3).

21. *Limitazioni del diritto di marchio*. — 1. I diritti di marchio d'impresa registrato non permettono al titolare di vietare ai terzi l'uso nell'attività economica, purché l'uso sia conforme ai principi della correttezza professionale:

a) del loro nome o (4) indirizzo, qualora si tratti di una persona fisica (5);

b) di segni o indicazioni che non sono distintivi o che riguardano la specie, la qualità, la quantità, la destinazione, il valore, la provenienza geografica, l'epoca (6) di fabbricazione del prodotto o di prestazione del servizio o ad altre caratteristiche del prodotto o del servizio;

c) del marchio d'impresa per identificare o fare riferimento a prodotti o servizi del titolare di tale marchio, in specie se l'uso del marchio (7) è necessario per indicare la destinazione di un prodotto o servizio, in particolare come accessori o pezzi di ricambio (8).

2. Non è consentito usare il marchio in modo contrario alla legge, né, in specie, in modo da ingenerare un rischio di confusione sul mercato con altri segni conosciuti come distintivi di imprese, prodotti o servizi altrui, o da indurre comunque in inganno il pubblico, in particolare circa la natura, qualità o provenienza dei prodotti o servizi, a causa del modo e del contesto in cui viene utilizzato, o da ledere un altrui diritto di autore, di proprietà industriale, o altro diritto esclusivo di terzi.

3. È vietato a chiunque di fare uso di un marchio registrato dopo che la relativa registrazione è stata dichiarata nulla, quando la causa di nullità comporta la illiceità dell'uso del marchio.

22. *Unitarietà dei segni distintivi*. — 1. È vietato adottare come ditta, denominazione o ra-

(1) Le parole da «; di apporre il segno su confezioni,» fino a «titolare» sono state aggiunte dall'art. 9.1, lett. b, d.lg. 20 febbraio 2019, n. 15.

(2) Comma inserito dall'art. 9.1, lett. c, d.lg. 20 febbraio 2019, n. 15.

(3) Comma aggiunto dall'art. 9.1, lett. d, d.lg. 20 febbraio 2019, n. 15.

(4) La parola «o» è stata così sostituita alla precedente «e» dall'art. 10.1, lett. a, d.lg. 20 febbraio 2019, n. 15.

(5) Le parole «, qualora si tratti di una persona fisica» sono state aggiunte dall'art. 10.1, lett. a, d.lg. 20 febbraio 2019, n. 15.

(6) Le parole «segni o indicazioni che non sono distintivi o che riguardano la specie, la qualità, la quantità, la destinazione, il valore, la provenienza geografica, l'epoca» sono state così sostituite alle precedenti «indicazioni relative alla specie, alla qualità, alla quantità, alla destinazione, al valore, alla provenienza geografica, all'epoca» dall'art. 10.1, lett. b, d.lg. 20 febbraio 2019, n. 15.

(7) Le parole «per identificare o fare riferimento a prodotti o servizi del titolare di tale marchio, in specie se l'uso del marchio» sono state così sostituite alle precedenti «se esso» dall'art. 10.1, lett. c, d.lg. 20 febbraio 2019, n. 15.

(8) Comma così sostituito dall'art. 13, d.lg. 13 agosto 2010, n. 131.

gione sociale, insegna e nome a dominio di un sito usato nell'attività economica o altro segno distintivo (1) un segno uguale o simile all'altrui marchio se, a causa dell'identità o dell'affinità tra l'attività di impresa dei titolari di quei segni ed i prodotti o servizi per i quali il marchio è adottato, possa determinarsi un rischio di confusione per il pubblico che può consistere anche in un rischio di associazione fra i due segni.

2. Il divieto di cui al comma 1 si estende all'adozione come ditta, denominazione o ragione sociale, insegna e nome a dominio di un sito usato nell'attività economica o altro segno distintivo (1) di un segno uguale o simile ad un marchio registrato per prodotti o servizi anche non affini, che goda nello Stato di rinomanza se l'uso del segno senza giusto motivo consente di trarre indebitamente vantaggio dal carattere distintivo o dalla rinomanza del marchio o reca pregiudizio agli stessi.

23. *Trasferimento del marchio*. — 1. Il marchio può essere trasferito per la totalità o per una parte dei prodotti o servizi per i quali è stato registrato.

2. Il marchio può essere oggetto di licenza anche non esclusiva per la totalità o per parte dei prodotti o dei servizi per i quali è stato registrato e per la totalità o per parte del territorio dello Stato, a condizione che, in caso di licenza non esclusiva, il licenziatario si obblighi espressamente ad usare il marchio per contraddistinguere prodotti o servizi eguali a quelli corrispondenti messi in commercio o prestati nel territorio dello Stato con lo stesso marchio dal titolare o da altri licenziatari.

3. Il titolare del marchio d'impresa può far valere il diritto all'uso esclusivo del marchio stesso contro il licenziatario che violi le disposizioni del contratto di licenza relativamente alla durata; al modo di utilizzazione del marchio, alla natura dei prodotti o servizi per i quali la licenza è concessa, al territorio in cui il marchio può essere usato o alla qualità dei prodotti fabbricati e dei servizi prestati dal licenziatario.

4. In ogni caso, dal trasferimento e dalla licenza del marchio non deve derivare inganno in quei caratteri dei prodotti o servizi che sono essenziali nell'apprezzamento del pubblico.

24. *Uso del marchio*. — 1. A pena di decadenza il marchio deve formare oggetto di uso effettivo da parte del titolare o con il suo consenso, per i prodotti o servizi per i quali è stato registrato, entro cinque anni dalla registrazione, e tale uso non deve essere sospeso per un periodo ininterrotto di cinque anni, salvo che il mancato uso non sia giustificato da un motivo legittimo.

1-*bis.* Nel caso di un marchio internazionale designante l'Italia e registrato ai sensi dell'accordo di Madrid per la registrazione internazionale dei marchi, testo di Stoccolma del 14 luglio 1967, ratificato con l. 28 aprile 1976, n. 424, o del relativo protocollo del 27 giugno 1989, ratificato con l. 12 marzo 1996, n. 169, il termine indicato al comma 1 decorre dalla data in cui scade il termine per l'Ufficio italiano brevetti e marchi per formulare il rifiuto provvisorio di cui all'art. 171 o, qualora la registrazione sia stata oggetto di rifiuto provvisorio, dalla data in cui l'Ufficio italiano brevetti e marchi conferma la tutela in Italia della registrazione internazionale in modo definitivo (2).

1-*ter.* Nel caso di marchi collettivi o di certificazione, i requisiti di cui al comma 1 sono soddisfatti quando l'uso effettivo è effettuato da un soggetto legittimato all'uso (3).

2. Ai fini di cui al presente articolo sono equiparati all'uso del marchio l'uso dello stesso in forma modificata ancorché non registrata (4), che non ne alteri il carattere distintivo, nonché l'apposizione nello Stato del marchio sui prodotti o sulle loro confezioni o imballaggi (5) ai fini dell'esportazione di essi.

3. Salvo il caso di diritti acquistati sul marchio da terzi con il deposito o con l'uso, la decadenza non può essere fatta valere qualora fra la scadenza del quinquennio di non uso e la proposizione della domanda o dell'eccezione di decadenza sia iniziato o ripreso l'uso effettivo del marchio. Tuttavia se il titolare effettua i preparativi per l'inizio o per la ripresa dell'uso del marchio solo dopo aver saputo che sta per essere proposta la domanda o eccezione di decadenza, tale inizio o ripresa non vengono presi in considerazione se non effettuati almeno tre mesi prima della proposizione della domanda o eccezione di decadenza; tale periodo assume peraltro rilievo solo se decorso successivamente alla scadenza del quinquennio di mancato uso.

(1) Le parole «di un sito usato nell'attività economica o altro segno distintivo» sono state così sostituite alla precedente «aziendale» dall'art. 14, d.lg. 13 agosto 2010, n. 131.
(2) Comma inserito dall'art. 15, d.lg. 13 agosto 2010, n. 131.
(3) Comma inserito dall'art. 11.1, lett. a, d.lg. 20 febbraio 2019, n. 15.
(4) Le parole «ancorché non registrata,» sono state inserite dall'art. 11.1, lett. b, d.lg. 20 febbraio 2019, n. 15.
(5) Le parole «o imballaggi» sono state inserite dall'art. 11.1, lett. b, d.lg. 20 febbraio 2019, n. 15.

4. Inoltre, neppure avrà luogo la decadenza per non uso se il titolare del marchio non utilizzato sia titolare, in pari tempo, di altro o altri marchi simili tuttora in vigore di almeno uno dei quali faccia effettiva utilizzazione per contraddistinguere gli stessi prodotti o servizi.

25. *Nullità*. — 1. Il marchio è nullo:

a) se manca di uno dei requisiti previsti nell'art. 7 o se sussista uno degli impedimenti previsti dall'art. 12;

b) se è in contrasto con il disposto degli artt. 9, 10, 11, 11-*bis*, (1) 13, 14, comma 1, e 19, comma 2;

c) se è in contrasto con il disposto dell'art. 8;

d) nel caso dell'art. 118, comma 3, lett. *b*).

1-*bis*. Nel caso di contrasto con le disposizioni in materia di marchi collettivi di cui all'art. 11, commi 1 e 2, o di marchi di certificazione di cui all'art. 11-*bis*, commi 1 e 2, la nullità non può essere dichiarata qualora il titolare del marchio si conformi a dette disposizioni modificando il regolamento d'uso ai sensi degli artt. 11 ed 11-*bis*, comma 2 (2).

26. *Decadenza*. — 1. Il marchio decade:

a) per volgarizzazione ai sensi dell'art. 13, comma 4;

b) per illiceità sopravvenuta ai sensi dell'art. 14, comma 2;

c) per non uso ai sensi dell'art. 24.

27. *Decadenza e nullità parziale*. — 1. Se i motivi di decadenza o di nullità di un marchio d'impresa sussistono soltanto per una parte dei prodotti o servizi per i quali il marchio è registrato, la decadenza o nullità riguardano solo questa parte dei prodotti o servizi.

28. *Convalidazione*. — 1. Il titolare di un marchio d'impresa anteriore ai sensi dell'art. 12 e il titolare di un diritto di preuso che importi notorietà non puramente locale, i quali abbiano, durante cinque anni consecutivi, tollerato, essendone a conoscenza, l'uso di un marchio posteriore registrato uguale o simile, non possono domandare la dichiarazione di nullità del marchio posteriore né opporsi all'uso dello stesso per i prodotti o servizi in relazione ai quali il detto marchio è stato usato sulla base del proprio marchio anteriore o del proprio preuso, salvo il caso in cui il marchio posteriore sia stato domandato in mala fede. Il titolare del marchio posteriore non può opporsi all'uso di quello anteriore o alla continuazione del preuso.

2. La disciplina del comma 1 si applica anche al caso di marchio registrato in violazione degli artt. 8 e 14, comma 1, lett. *c*).

Sezione II. — *Indicazioni geografiche*

29. *Oggetto della tutela*. — 1. Sono protette le indicazioni geografiche e le denominazioni di origine che identificano un paese, una regione o una località, quando siano adottate per designare un prodotto che ne è originario e le cui qualità, reputazione o caratteristiche sono dovute esclusivamente o essenzialmente all'ambiente geografico d'origine, comprensivo dei fattori naturali, umani e di tradizione.

30. *Tutela*. — 1. Salva la disciplina della concorrenza sleale, salve le convenzioni internazionali in materia e salvi i diritti di marchio anteriormente acquisiti in buona fede, è vietato, quando sia idoneo ad ingannare il pubblico o quando comporti uno sfruttamento indebito della reputazione della denominazione protetta (3), l'uso di indicazioni geografiche e di denominazioni di origine, nonché l'uso di qualsiasi mezzo nella designazione o presentazione di un prodotto che indichino o suggeriscano che il prodotto stesso proviene da una località diversa dal vero luogo di origine, oppure che il prodotto presenta le qualità che sono proprie dei prodotti che provengono da una località designata da un indicazione geografica.

2. La tutela di cui al comma 1 non permette di vietare ai terzi l'uso nell'attività economica del proprio nome o del nome del proprio dante causa nell'attività medesima, salvo che tale nome sia usato in modo da ingannare il pubblico.

Sezione III. — *Disegni e modelli*

31. *Oggetto della registrazione*. — 1. Possono costituire oggetto di registrazione come disegni e modelli l'aspetto dell'intero prodotto o di una sua parte quale risulta, in particolare, dalle caratteristiche delle linee, dei contorni, dei colori, della forma, della struttura superficiale ovvero dei materiali del prodotto stesso ovvero del suo ornamento, a condizione che siano nuovi ed abbiano carattere individuale.

2. Per prodotto si intende qualsiasi oggetto industriale o artigianale, compresi tra l'altro i componenti che devono essere assemblati per

(1) Le parole «11, 11-*bis*,» sono state inserite dall'art. 12.1, lett. a, d.lg. 20 febbraio 2019, n. 15.
(2) Comma aggiunto dall'art. 12.1, lett. b, d.lg. 20 febbraio 2019, n. 15.
(3) Le parole «o quando comporti uno sfruttamento indebito della reputazione della denominazione protetta» sono state inserite dall'art. 16, d.lg. 13 agosto 2010, n. 131.

formare un prodotto complesso, gli imballaggi, le presentazioni, i simboli grafici e caratteri tipografici, esclusi i programmi per elaboratore.

3. Per prodotto complesso si intende un prodotto formato da più componenti che possono essere sostituiti, consentendo lo smontaggio e un nuovo montaggio del prodotto.

32. *Novità* (1). — 1. Un disegno o modello è nuovo se nessun disegno o modello identico è stato divulgato anteriormente alla data di presentazione della domanda di registrazione, ovvero, qualora si rivendichi la priorità, anteriormente alla data di quest'ultima. I disegni o modelli si reputano identici quando le loro caratteristiche differiscono soltanto per dettagli irrilevanti.

33. *Carattere individuale*. — 1. Un disegno o modello ha carattere individuale se l'impressione generale che suscita nell'utilizzatore informato differisce dall'impressione generale suscitata in tale utilizzatore da qualsiasi disegno o modello che sia stato divulgato prima della data di presentazione della domanda di registrazione o, qualora si rivendichi la priorità, prima della data di quest'ultima.

2. Nell'accertare il carattere individuale di cui al comma 1, si prende in considerazione il margine di libertà di cui l'autore ha beneficiato nel realizzare il disegno o modello.

33-*bis*. *Liceità*. — 1. Non può costituire oggetto di registrazione il disegno o modello contrario all'ordine pubblico o al buon costume; il disegno o modello non può essere considerato contrario all'ordine pubblico o al buon costume per il solo fatto di essere vietato da una disposizione di legge o amministrativa.

2. Non può costituire oggetto di registrazione il disegno o modello che costituisce utilizzazione impropria di uno degli elementi elencati nell'art. 6-*ter* della Convenzione di Parigi per la protezione della proprietà industriale, testo di Stoccolma del 14 luglio 1967, ratificato con l. 28 aprile 1976, n. 424, ovvero di segni, emblemi e stemmi diversi da quelli contemplati da detto articolo e che rivestono un particolare interesse pubblico nello Stato (2).

34. *Divulgazione*. — 1. Ai fini dell'applicazione degli artt. 32 e 33, il disegno o modello si considera divulgato se è stato reso accessibile al pubblico per effetto di registrazione o in altro modo, ovvero se è stato esposto, messo in commercio o altrimenti reso pubblico, a meno che tali eventi non potessero ragionevolmente essere conosciuti dagli ambienti specializzati del settore interessato, operanti nella Comunità, nel corso della normale attività commerciale, prima della data di presentazione della domanda di registrazione o, qualora si rivendichi la priorità, prima della data di quest'ultima.

2. Il disegno o modello non si considera reso accessibile al pubblico per il solo fatto di essere stato rivelato ad un terzo sotto vincolo esplicito o implicito di riservatezza.

3. Ai fini dell'applicazione degli artt. 32 e 33, non si considera reso accessibile al pubblico il disegno o modello divulgato dall'autore o dal suo avente causa oppure da un qualsiasi terzo in virtù di informazioni o di atti compiuti dall'autore o dal suo avente causa nei dodici mesi precedenti la data di presentazione della domanda di registrazione ovvero, quando si rivendichi la priorità, nei dodici mesi precedenti la data di quest'ultima.

4. Non costituisce altresì divulgazione, ai fini dell'applicazione degli artt. 32 e 33, il fatto che il disegno o modello sia stato reso accessibile al pubblico nei dodici mesi precedenti la data di presentazione della domanda o la data di priorità, se ciò risulti, direttamente o indirettamente, da un abuso commesso nei confronti dell'autore o del suo avente causa.

5. .... (3).

35. *Prodotto complesso*. — 1. Il disegno o modello applicato od incorporato nel componente di un prodotto complesso possiede i requisiti della novità e del carattere individuale soltanto:

a) se il componente, una volta incorporato nel prodotto complesso, rimane visibile durante la normale utilizzazione e cioè durante l'utilizzazione da parte del consumatore finale, esclusi gli interventi di manutenzione, assistenza e riparazione;

b) se le caratteristiche visibili del componente possiedono di per sé i requisiti di novità e di individualità.

36. *Funzione tecnica*. — 1. Non possono costituire oggetto di registrazione come disegni o modelli quelle caratteristiche dell'aspetto del prodotto che sono determinate unicamente dalla funzione tecnica del prodotto stesso.

2. Non possono formare oggetto di registrazione per disegno o modello le caratteristiche dell'aspetto del prodotto che devono essere necessariamente riprodotte nelle loro esatte forme e dimensioni per potere consentire al pro-

(1) Rubrica così sostituita alla precedente «La novità» dall'art. 17, d.lg. 13 agosto 2010, n. 131.
(2) Articolo inserito dall'art. 18, d.lg. 13 agosto 2010, n. 131.
(3) Comma abrogato dall'art. 19, d.lg. 13 agosto 2010, n. 131.

dotto in cui il disegno o modello è incorporato o al quale è applicato di essere unito o connesso meccanicamente con altro prodotto, ovvero di essere incorporato in esso oppure intorno o a contatto con esso, in modo che ciascun prodotto possa svolgere la propria funzione (1). Tuttavia possono costituire oggetto di registrazione i disegni o modelli che possiedono i requisiti della novità e del carattere individuale quando hanno lo scopo di consentire l'unione o la connessione multipla di prodotti intercambiabili in un sistema modulare.

37. *Durata della protezione*. — 1. La registrazione del disegno o modello dura cinque anni a decorrere dalla data di presentazione della domanda. Il titolare può ottenere la proroga della durata per uno o più periodi di cinque anni fino ad un massimo di venticinque anni dalla data di presentazione della domanda di registrazione.

38. *Diritto alla registrazione ed effetti*. — 1. I diritti esclusivi sui disegni e modelli sono attribuiti con la registrazione.

2. Il diritto alla registrazione spetta all'autore del disegno o modello ed ai suoi aventi causa.

3. Salvo patto contrario, la registrazione per disegni e modelli, che siano opera di dipendenti, in quanto tale opera rientri tra le loro mansioni, spetta al datore di lavoro, fermo restando il diritto del dipendente di essere riconosciuto come autore del disegno o modello e di fare inserire il suo nome nell'attestato di registrazione.

4. Gli effetti della registrazione decorrono dalla data in cui la domanda con la relativa documentazione è resa accessibile al pubblico.

5. L'Ufficio italiano brevetti e marchi pone a disposizione del pubblico la domanda di registrazione con le riproduzioni grafiche o i campioni e le eventuali descrizioni dopo il deposito, purché il richiedente non abbia escluso nella domanda l'accessibilità per un periodo che non può essere superiore a trenta mesi dalla data di deposito o da quella di priorità.

6. Nei confronti delle persone alle quali la domanda con la riproduzione del disegno o modello e l'eventuale descrizione è stata notificata a cura del richiedente, gli effetti della registrazione decorrono dalla data di tale notifica (2).

39. *Registrazione multipla*. — 1. Con una sola domanda può essere chiesta la registrazione per più (3) disegni e modelli, purché destinati ad essere attuati o incorporati in oggetti inseriti nella medesima classe della classificazione internazionale dei disegni e modelli, formata ai sensi delle disposizioni di cui all'Accordo di Locarno dell'8 ottobre 1968, e successive modificazioni, ratificato con l. 22 maggio 1974, n. 348.

2. Salvo il disposto del comma 1 e dell'art. 40, non è ammessa la domanda concernente più registrazioni ovvero una sola registrazione per più disegni e modelli. Se la domanda non è ammissibile l'Ufficio italiano brevetti e marchi invita l'interessato, assegnandogli un termine, a limitare la domanda alla parte ammissibile, con facoltà di presentare, per i rimanenti disegni e modelli, altrettante domande che avranno effetto dalla data della prima domanda.

3. La registrazione concernente più modelli o disegni può essere limitata su istanza del titolare ad uno o più di essi.

4. La domanda o la registrazione concernente un disegno o modello che non presenta i requisiti di validità, su istanza del titolare, può essere mantenuta in forma modificata, se l'Ufficio italiano brevetti e marchi verifica che in tale forma il disegno o modello conserva la sua identità. La modificazione può risultare altresì da parziale rinuncia da parte del titolare o dalla annotazione sull'attestato di registrazione di una sentenza che dichiari la parziale nullità della registrazione stessa.

40. *Registrazione contemporanea*. — 1. Se un disegno o modello possiede i requisiti di registrabilità ed al tempo stesso accresce l'utilità dell'oggetto al quale si riferisce, possono essere chiesti contemporaneamente il brevetto per modello di utilità e la registrazione per disegno o modello, ma l'una e l'altra protezione non possono venire cumulate in un solo titolo.

2. Se la domanda di registrazione comprende un oggetto la cui forma o disegno gli conferisca carattere nuovo e individuale e nello stesso tempo ne accresca l'utilità, è applicabile la procedura di limitazione di cui all'art. 39, comma 2, apportando le necessarie modifiche.

41. *Diritti conferiti dal disegno o modello*. — 1. La registrazione di un disegno o modello conferisce al titolare il diritto esclusivo di utilizzarlo e di vietare a terzi di utilizzarlo senza il suo consenso.

2. Costituiscono in particolare atti di utilizzazione la fabbricazione, l'offerta, la commercializzazione, l'importazione, l'esportazione o

(1) La parola «funzione» è stata così sostituita alla precedente «finzione» dall'art. 20, d.lg. 13 agosto 2010, n. 131.

(2) Sulla registrazione internazionale dei disegni e modelli industriali v. l'atto di Ginevra dell'accordo dell'Aia, adottato a Ginevra il 2 luglio 1999, in vigore per la Comunità europea il 1° gennaio 2008.

(3) La parola «più» è stata così sostituita alla precedente «piu» dall'art. 21, d.lg. 13 agosto 2010, n. 131.

l'impiego di un prodotto in cui il disegno o modello è incorporato o al quale è applicato, ovvero la detenzione di tale prodotto per tali fini.

3. I diritti esclusivi conferiti dalla registrazione di un disegno o modello si estendono a qualunque disegno o modello che non produca nell'utilizzatore informato una impressione generale diversa.

4. Nel determinare l'estensione della protezione si tiene conto del margine di libertà dell'autore nella realizzazione del disegno o modello.

42. *Limitazioni del diritto su disegno o modello* (1). — 1. I diritti conferiti dalla registrazione del disegno o modello non si estendono:

a) agli atti compiuti in ambito privato e per fini non commerciali;

b) agli atti compiuti a fini di sperimentazione;

c) agli atti di riproduzione necessari per le citazioni o per fini didattici, purché siano compatibili con i principi della correttezza professionale, non pregiudichino indebitamente l'utilizzazione normale del disegno o modello e sia indicata la fonte.

2. I diritti esclusivi conferiti dalla registrazione del disegno o modello non sono esercitabili riguardo:

a) all'arredo e alle installazioni dei mezzi di locomozione navale e aerea immatricolati in altri Paesi che entrano temporaneamente nel territorio dello Stato;

b) all'importazione nello Stato di pezzi di ricambio e accessori destinati alla riparazione dei mezzi di trasporto di cui alla lett. *a*);

c) all'esecuzione delle riparazioni sui mezzi di trasporto predetti.

43. *Nullità*. — 1. La registrazione è nulla:

a) se il disegno o modello non è registrabile ai sensi degli artt. 31, 32, 33, 34, 35 e 36;

b) se il disegno o modello è contrario all'ordine pubblico o al buon costume; il disegno o modello non può essere considerato contrario all'ordine pubblico o al buon costume per il solo fatto di essere vietato da una disposizione di legge o amministrativa;

c) se il titolare della registrazione non aveva diritto di ottenerla e l'autore non si sia avvalso delle facoltà accordategli dall'art. 118;

d) se il disegno o modello è in conflitto con un disegno o modello precedente che sia stato reso noto dopo la data di presentazione della domanda o, quando si rivendichi la priorità, dopo la data di quest'ultima, ma il cui diritto esclusivo decorre da una data precedente per effetto di registrazione comunitaria, nazionale o internazionale ovvero per effetto della relativa domanda;

e) se il disegno o modello è tale che il suo uso costituirebbe violazione di un segno distintivo ovvero di un'opera dell'ingegno protetta dal diritto d'autore;

f) se il disegno o modello costituisce utilizzazione impropria di uno degli elementi elencati nell'art. 6-*ter* della Convenzione di Unione di Parigi per la protezione della proprietà industriale testo di Stoccolma del 14 luglio 1967, ratificato con l. 28 aprile 1976, n. 424, ovvero di segni, emblemi e stemmi diversi da quelli contemplati da detto articolo e che rivestono un particolare interesse pubblico nello Stato.

2. La nullità della registrazione del disegno o modello che forma oggetto di diritti anteriori ai sensi del comma 1, lett. *d*) ed *e*), può essere promossa (2) unicamente dal titolare di tali diritti o dai suoi aventi causa.

3. La nullità della registrazione del disegno o modello che costituisce utilizzazione impropria di uno degli elementi elencati nell'art. 6-*ter* della Convenzione di Unione di Parigi per la protezione industriale ovvero di segni, emblemi e stemmi che rivestono un particolare interesse pubblico nello Stato, può essere fatta valere unicamente dall'interessato alla utilizzazione.

44. *Durata del diritto di utilizzazione economica per diritto d'autore*. — 1. I diritti di utilizzazione economica dei disegni e modelli industriali protetti ai sensi dell'art. 2, primo comma, n. 10, della l. 22 aprile 1941, n. 633 (3), durano tutta la vita dell'autore e sino al termine del settantesimo (4) anno solare dopo la sua morte o dopo la morte dell'ultimo dei coautori.

2-3. .... (5).

(1) Rubrica così sostituita alla precedente «Le limitazioni del diritto su disegno o modello» dall'art. 22, d.lg. 13 agosto 2010, n. 131.

(2) La parola «promossa» è stata così sostituita alla precedente «promosa» dall'art. 23, d.lg. 13 agosto 2010, n. 131.

(3) In *Leggi coll. XIX, 1*.

(4) La parola «settantesimo» è stata così sostituita alla precedente «venticinquesimo» dall'art. 4.4, lett. a, d.l. 15 febbraio 2007, n. 10, conv. in l. 6 aprile 2007, n. 46.

(5) Commi abrogati dall'art. 24, d.lg. 13 agosto 2010, n. 131.

Sezione IV. — *Invenzioni*

45. *Oggetto del brevetto*. — 1. Possono costituire oggetto di brevetto per invenzione le invenzioni, di ogni settore della tecnica, che sono nuove e (1) che implicano un'attività inventiva e sono atte ad avere un'applicazione industriale.

2. Non sono considerate come invenzioni ai sensi del comma 1 in particolare:

a) le scoperte, le teorie scientifiche e i metodi matematici;

b) i piani, i principi ed i metodi per attività intellettuali, per gioco o per attività commerciale ed i programmi di elaboratore;

c) le presentazioni di informazioni.

3. Le disposizioni del comma 2 escludono la brevettabilità di ciò che in esse è nominato solo nella misura in cui la domanda di brevetto o il brevetto concerne (2) scoperte, teorie, piani, principi, metodi, programmi e presentazioni di informazioni considerati in quanto tali.

4. Non possono costituire oggetto di brevetto:

a) i metodi per il trattamento chirurgico o terapeutico del corpo umano o animale e i metodi di diagnosi applicati al corpo umano o animale;

b) le varietà vegetali e le razze animali ed i procedimenti essenzialmente biologici di produzione di animali o vegetali, comprese le nuove varietà vegetali rispetto alle quali l'invenzione consista esclusivamente nella modifica genetica di altra varietà vegetale, anche se detta modifica è il frutto di un procedimento di ingegneria genetica (3);

b-bis) le varietà vegetali iscritte nell'Anagrafe nazionale della biodiversità di interesse agricolo e alimentare nonché le varietà dalle quali derivano produzioni contraddistinte dai marchi di denominazione di origine protetta, di indicazione geografica protetta o di specialità tradizionali garantite e da cui derivano i prodotti agroalimentari tradizionali (4).

5. La disposizione del comma 4 non si applica ai procedimenti microbiologici ed ai prodotti ottenuti mediante questi procedimenti, nonché ai prodotti, in particolare alle sostanze o composizioni, per l'uso di uno dei metodi nominati (3).

5-*bis*. Non possono costituire oggetto di brevetto le invenzioni biotecnologiche di cui all'art. 81-*quinquies* (5).

46. *Novità* (6). — 1. Un'invenzione è considerata nuova se non è compresa nello stato della tecnica.

2. Lo stato della tecnica è costituito da tutto ciò che è stato reso accessibile al pubblico nel territorio dello Stato o all'estero prima della data del deposito della domanda di brevetto, mediante una descrizione scritta od orale, una utilizzazione o un qualsiasi altro mezzo.

3. È pure considerato come compreso nello stato della tecnica il contenuto di domande di brevetto italiano (7) o di domande di brevetto europeo [...] (8) designanti [...] (9) l'Italia, così come sono state depositate, che abbiano una data di deposito anteriore a quella menzionata nel comma 2 e che siano state pubblicate o rese accessibili al pubblico anche in questa data o più tardi.

4. Le disposizioni dei commi 1, 2 e 3 non escludono la brevettabilità di una sostanza o di una composizione di sostanze già compresa nello stato della tecnica, purché in funzione di una nuova utilizzazione.

47. *Divulgazioni non opponibili e priorità interna* (10). — 1. Per l'applicazione dell'art. 46, una divulgazione dell'invenzione non è presa in considerazione se si è verificata nei sei mesi che precedono la data di deposito della domanda di brevetto e risulta direttamente o indirettamente da un abuso evidente ai danni del richiedente o del suo dante causa.

2. Non è presa altresì in considerazione la divulgazione avvenuta in esposizioni ufficiali o ufficialmente riconosciute ai sensi della Convenzione concernente le esposizioni interna-

(1) Le parole «invenzioni, di ogni settore della tecnica, che sono nuove e» sono state così sostituite alle precedenti «invenzioni nuove» dall'art. 25.1, d.lg. 13 agosto 2010, n. 131.

(2) La parola «concerne» è stata così sostituita alla precedente «concerna» dall'art. 25.2, d.lg. 13 agosto 2010, n. 131.

(3) Comma così sostituito dall'art. 25.3, d.lg. 13 agosto 2010, n. 131.

(4) Lettera aggiunta dall'art. 9, l. 1° dicembre 2015, n. 194.

(5) Comma aggiunto dall'art. 25.4, d.lg. 13 agosto 2010, n. 131.

(6) Rubrica così sostituita alla precedente «La novità» dall'art. 26.1, d.lg. 13 agosto 2010, n. 131.

(7) Le parole «di brevetto italiano» sono state così sostituite alle precedenti «di brevetto nazionale» dall'art. 26.2, d.lg. 13 agosto 2010, n. 131.

(8) Le parole «o internazionali» sono state soppresse dall'art. 26.2, d.lg. 13 agosto 2010, n. 131.

(9) Le parole «e aventi effetto per» sono state soppresse dall'art. 26.2, d.lg. 13 agosto 2010, n. 131.

(10) Rubrica così sostituita alla precedente «Divulgazioni non opponibili» dall'art. 27.1, d.lg. 13 agosto 2010, n. 131.

zionali, firmata a Parigi il 22 novembre 1928, e successive modificazioni.

3. Per le invenzioni per le quali si è rivendicata la priorità ai sensi delle convenzioni internazionali, lo stato della tecnica rilevante ai sensi degli artt. 46 e 48 (1) deve valutarsi con riferimento alla data alla quale risale la priorità.

3-*bis*. Per i brevetti di invenzione e per i modelli di utilità, il deposito nazionale in Italia dà luogo al diritto di priorità anche rispetto a una successiva domanda nazionale depositata in Italia, in relazione a elementi già contenuti nella domanda di cui si rivendica la priorità (2).

48. *Attività inventiva*. — 1. Un'invenzione è considerata come implicante un'attività inventiva se, per una persona esperta del ramo, essa non risulta in modo evidente dallo stato della tecnica. Se lo stato della tecnica comprende documenti di cui al comma 3, dell'art. 46, questi documenti non sono presi in considerazione per l'apprezzamento dell'attività inventiva.

49. *Industrialità*. — 1. Un'invenzione è considerata atta ad avere un'applicazione industriale se il suo oggetto può essere fabbricato o utilizzato in qualsiasi genere di industria, compresa quella agricola.

50. *Liceità*. — 1. Non possono costituire oggetto di brevetto le invenzioni la cui attuazione è contraria all'ordine pubblico o al buon costume.

2. L'attuazione di un'invenzione non può essere considerata contraria all'ordine pubblico o al buon costume per il solo fatto di essere vietata da una disposizione di legge o amministrativa.

51. *Sufficiente descrizione*. — 1. Alla domanda di concessione di brevetto per invenzione industriale debbono unirsi la descrizione, le rivendicazioni e (3) i disegni necessari alla sua intelligenza.

2. L'invenzione deve essere descritta in modo sufficientemente chiaro e completo perché ogni persona esperta del ramo possa attuarla e deve essere contraddistinta da un titolo corrispondente al suo oggetto.

3. Se un'invenzione riguarda un procedimento microbiologico o un prodotto ottenuto mediante tale procedimento e implica l'utilizzazione di un microrganismo non accessibile al pubblico e che non può essere descritto in modo tale da permettere ad ogni persona esperta del ramo di attuare l'invenzione, nella domanda di brevetto si dovranno osservare, quanto alla descrizione, le norme previste dall'art. 162 (4).

52. *Rivendicazioni*. — 1. Nelle rivendicazioni è indicato, specificamente, ciò che si intende debba formare oggetto del brevetto (5).

2. I limiti della protezione sono determinati dalle (6) rivendicazioni; tuttavia, la descrizione e i disegni servono ad interpretare le rivendicazioni.

3. La disposizione del comma 2 deve essere intesa in modo da garantire nel contempo un'equa protezione al titolare ed una ragionevole sicurezza giuridica ai terzi.

3-*bis*. Per determinare l'ambito della protezione conferita dal brevetto, si tiene nel dovuto conto ogni elemento equivalente ad un elemento indicato nelle rivendicazioni (7).

53. *Effetti della brevettazione*. — 1. I diritti esclusivi considerati da questo codice sono conferiti con la concessione del brevetto.

2. Gli effetti del brevetto decorrono dalla data in cui la domanda con la descrizione, le rivendicazioni (8) e gli eventuali disegni è resa accessibile al pubblico.

3. Decorso il termine di diciotto mesi dalla data di deposito della domanda oppure dalla data di priorità, ovvero dopo novanta giorni dalla data di deposito della domanda se il richiedente ha dichiarato nella domanda stessa di volerla rendere immediatamente accessibile al pubblico, l'Ufficio italiano brevetti e marchi pone a disposizione del pubblico la domanda con gli allegati.

4. Nei confronti delle persone alle quali la domanda con la descrizione, le rivendicazioni (9) e gli eventuali disegni è stata notificata a cura del richiedente, gli effetti del brevetto

(1) Le parole «lo stato della tecnica rilevante ai sensi degli artt. 46 e 48» sono state così sostituite alle precedenti «la sussistenza del requisito della novità» dall'art. 27.2, d.lg. 13 agosto 2010, n. 131.

(2) Comma aggiunto dall'art. 19.1, l. 23 luglio 2009, n. 99.

(3) Le parole «la descrizione, le rivendicazioni e» sono state così sostituite alle precedenti «la descrizione e» dall'art. 28.1, d.lg. 13 agosto 2010, n. 131.

(4) Le parole «le norme previste dall'art. 162» sono state così sostituite alle precedenti «le norme previste nel regolamento» dall'art. 28.2, d.lg. 13 agosto 2010, n. 131.

(5) Comma così sostituito dall'art. 29.1, d.lg. 13 agosto 2010, n. 131.

(6) La parola «dalle» è stata così sostituita alle precedenti «dal tenore delle» dall'art. 29.2, d.lg. 13 agosto 2010, n. 131.

(7) Comma aggiunto dall'art. 29.3, d.lg. 13 agosto 2010, n. 131.

(8) Le parole «, le rivendicazioni» sono state inserite dall'art. 30.1, d.lg. 13 agosto 2010, n. 131.

(9) Le parole «, le rivendicazioni» sono state inserite dall'art. 30.2, d.lg. 13 agosto 2010, n. 131.

per invenzione industriale decorrono dalla data di tale notifica.

54. *Effetti della domanda di brevetto europeo.* — 1. La protezione conferita dalla domanda di brevetto europeo ai sensi dell'art. 67, par. 1, della Convenzione sul brevetto europeo del 5 ottobre 1973, ratificata con l. 26 maggio 1978, n. 260, decorre dalla data in cui il titolare medesimo abbia resa accessibile al pubblico, tramite l'Ufficio italiano brevetti e marchi, una traduzione in lingua italiana delle rivendicazioni ovvero l'abbia notificata direttamente al presunto contraffattore. Salvo per quanto disposto dall'art. 46, comma 3 (1), gli effetti della domanda di brevetto europeo sono considerati nulli dall'origine quando la domanda stessa sia stata ritirata o respinta ovvero quando la designazione dell'Italia sia stata ritirata (2).

55. *Effetti della designazione o dell'elezione dell'Italia.* — → 1. La domanda internazionale depositata ai sensi del Trattato di cooperazione in materia di brevetti, ratificato con l. 26 maggio 1978, n. 260, e contenente la designazione o l'elezione dell'Italia, equivale ad una domanda di brevetto europeo nella quale sia stata designata l'Italia e ne produce gli effetti ai sensi e alle condizioni previste per le domande Euro-PCT dalla Convenzione (3) sul brevetto europeo del 5 ottobre 1973, ratificata con l. 26 maggio 1978, n. 260 e delle norme di attuazione dello stesso. →

56. *Diritti conferiti dal brevetto europeo.* — 1. Il brevetto europeo rilasciato per l'Italia ed il brevetto europeo con effetto unitario conferiscono al titolare i diritti di cui agli artt. 25 e 26 dell'Accordo su un tribunale unificato dei brevetti, ratificato e reso esecutivo ai sensi della l. 3 novembre 2016, n. 214, e impongono i limiti di cui all'art. 27 dello stesso Accordo. Il brevetto europeo rilasciato per l'Italia ed il brevetto europeo con effetto unitario producono effetto a decorrere dalla data in cui è pubblicata nel Bollettino europeo dei brevetti la menzione della concessione del brevetto (4). Qualora il brevetto sia soggetto a procedura di opposizione ovvero di limitazione, l'ambito della protezione stabilito con la concessione o con la decisione di mantenimento in forma modificata o con la decisione di limitazione è confermato a decorrere dalla data in cui è pubblicata la menzione della decisione concernente l'opposizione o la limitazione (5).

2. . . . . (6).

3. Il titolare di un brevetto europeo rilasciato per l'Italia (7) deve fornire all'Ufficio italiano brevetti e marchi una traduzione in lingua italiana del testo del brevetto concesso dall'Ufficio europeo nonché del testo del brevetto mantenuto in forma modificata a seguito della procedura di opposizione o limitato a seguito della procedura di limitazione (8).

4. La traduzione, dichiarata perfettamente conforme al testo originale dal titolare del brevetto ovvero dal suo mandatario, deve essere depositata entro tre mesi dalla data di ciascuna delle pubblicazioni di cui al comma 1.

4-*bis.* Per i brevetti europei, per i quali è stata presentata una richiesta di effetto unitario nei termini previsti dall'art. 9, par. 1, lett. *g*), del reg. (UE) n. 1257/2012, il termine di cui al comma 4 decorre dalla data di ricezione della comunicazione dell'atto definitivo di rigetto o revoca dell'effetto unitario ovvero dalla data di ricezione dell'istanza di ritiro da parte dell'Ufficio europeo (9).

5. In caso di inosservanza alle disposizioni di cui ai commi 3, 4 e 4-*bis* (10), il brevetto europeo è considerato, fin dall'origine, senza effetto in Italia (2).

57. *Testo della domanda o del brevetto europeo che fa fede.* — 1. Il testo della domanda di brevetto europeo o del brevetto europeo, redatto nella lingua di procedura davanti l'Ufficio europeo dei brevetti, fa fede per quanto

(1) Le parole «Salvo per quanto disposto dall'art. 46, comma 3,» sono state inserite dall'art. 31, d.lg. 13 agosto 2010, n. 131.

(2) Sui criteri e le modalità per il deposito per via telematica della traduzione in italiano v. d.m. Sviluppo economico 11 luglio 2014, in G.U., 21 luglio 2014, n. 167.

(3) Le parole «ne produce gli effetti ai sensi e alle condizioni previste per le domande Euro-PCT dalla Convenzione» sono state così sostituite alle precedenti «ne produce gli effetti ai sensi della Convenzione» dall'art. 31.1, d.lg. 13 agosto 2010, n. 131.

(4) Periodo così sostituito dall'art. 1.1, lett. a, n. 1, d.lg. 19 febbraio 2019, n. 18.

(5) Comma così sostituito dall'art. 33.1, d.lg. 13 agosto 2010, n. 131.

(6) Comma abrogato dall'art. 1.1, lett. a, n. 2, d.lg. 19 febbraio 2019, n. 18.

(7) Le parole «di un brevetto europeo rilasciato per l'Italia» sono state inserite dall'art. 1.1, lett. a, n. 3, d.lg. 19 febbraio 2019, n. 18.

(8) Le parole «o limitato a seguito della procedura di limitazione» sono state aggiunte dall'art. 31.2, d.lg. 13 agosto 2010, n. 131.

(9) Comma inserito dall'art. 1.1, lett. a, n. 4, d.lg. 19 febbraio 2019, n. 18.

(10) Le parole «3, 4 e 4-*bis*» sono state così sostituite alle precedenti «3 e 4» dall'art. 1.1, lett. a, n. 5, d.lg. 19 febbraio 2019, n. 18.

concerne l'estensione della protezione, salvo il disposto dell'art. 70, par. 2, della Convenzione sul brevetto europeo del 5 ottobre 1973, ratificata con l. 26 maggio 1978, n. 260.

2. Tuttavia la traduzione in lingua italiana degli atti relativi alla domanda depositata o al brevetto europeo concesso (1) è considerata facente fede nel territorio dello Stato, qualora conferisca una protezione meno estesa di quella conferita dal testo redatto nella lingua di procedura dell'Ufficio europeo dei brevetti.

3. La disposizione di cui al comma 2 non si applica nel caso di azione di nullità.

4. Una traduzione rettificata può essere presentata, in qualsiasi momento, dal titolare della domanda o del brevetto; essa esplica i suoi effetti solo dopo che sia stata resa accessibile al pubblico presso l'Ufficio italiano brevetti e marchi ovvero notificata al presunto contraffattore.

5. Chiunque, in buona fede, abbia cominciato ad attuare in Italia un'invenzione ovvero (2) abbia fatto effettivi preparativi a questo scopo senza che detta attuazione costituisca contraffazione della domanda o del brevetto nel testo della traduzione inizialmente presentata, può proseguire a titolo gratuito lo sfruttamento dell'invenzione nella sua azienda o per i bisogni di essa anche dopo che la traduzione rettificata ha preso effetto.

58. *Trasformazione della domanda di brevetto europeo.* — 1. La domanda di brevetto europeo, nella quale sia stata designata l'Italia (3), può essere trasformata in domanda di brevetto italiano per invenzione industriale:

a) nei casi previsti dall'art. 135, par. 1, lett. *a*), della Convenzione sul brevetto europeo del 5 ottobre 1973, ratificata con l. 26 maggio 1978, n. 260;

b) in caso di inosservanza del termine di cui all'art. 14, par. 2, della Convenzione sul brevetto europeo, quando la domanda sia stata originariamente depositata in lingua italiana.

2. È consentita la trasformazione in domanda nazionale per modello di utilità di una domanda di brevetto europeo respinta, ritirata o considerata ritirata o del brevetto europeo anche con effetto unitario (4) revocato il cui oggetto abbia i requisiti di brevettabilità, previsti dalla legislazione italiana per i modelli di utilità.

3. A coloro che richiedano la trasformazione di cui al comma 1 è consentito chiedere contemporaneamente l'eventuale trasformazione in domanda di modello di utilità ai sensi dell'art. 84.

4. Se una regolare richiesta di trasformazione ai sensi dei commi 1, 2 e 3 è stata trasmessa all'Ufficio italiano brevetti e marchi, la domanda di brevetto è considerata come depositata in Italia alla stessa data di deposito della domanda di brevetto europeo; gli atti annessi a detta domanda che sono stati presentati all'Ufficio europeo dei brevetti sono considerati come depositati in Italia alla stessa data.

59. *Preminenza del brevetto europeo in caso di cumulo delle protezioni.* — 1. Qualora, per la medesima invenzione un brevetto italiano ed un brevetto europeo valido in Italia o un brevetto europeo con effetto unitario (5), siano stati concessi allo stesso inventore o al suo avente causa con la medesima data di deposito o di priorità, il brevetto italiano, nella misura in cui esso tutela la stessa invenzione del brevetto europeo o del brevetto europeo con effetto unitario (6), cessa di produrre i suoi effetti alla data in cui:

a) il termine per promuovere l'opposizione al brevetto europeo o al brevetto europeo con effetto unitario (7) è scaduto senza che sia stata fatta opposizione;

b) la procedura di opposizione si è definitivamente conclusa con il mantenimento in vigore del brevetto europeo o del brevetto europeo con effetto unitario (8);

c) il brevetto italiano è stato rilasciato, se

(1) Le parole «alla domanda depositata o al brevetto europeo concesso» sono state così sostituite alle precedenti «al deposito della domanda ed alla concessione del brevetto europeo» dall'art. 34.1, d.lg. 13 agosto 2010, n. 131.

(2) Le parole «un'invenzione ovvero» sono state così sostituite alle precedenti «un'invezione ovvero» dall'art. 34.2, d.lg. 13 agosto 2010, n. 131.

(3) La parola «Italia» è stata così sostituita alla precedente «italia» dall'art. 35, d.lg. 13 agosto 2010, n. 131.

(4) Le parole «anche con effetto unitario» sono state inserite dall'art. 1.1, lett. b, d.lg. 19 febbraio 2019, n. 18.

(5) Le parole «o un brevetto europeo con effetto unitario,» sono state inserite dall'art. 1.1, lett. c, n. 1.1.1, d.lg. 19 febbraio 2019, n. 18.

(6) Le parole «o del brevetto europeo con effetto unitario» sono state inserite dall'art. 1.1, lett. c, n. 1.1.1, d.lg. 19 febbraio 2019, n. 18.

(7) Le parole «o al brevetto europeo con effetto unitario» sono state inserite dall'art. 1.1, lett. c, n. 1.1.2, d.lg. 19 febbraio 2019, n. 18.

(8) Le parole «o del brevetto europeo con effetto unitario» sono state inserite dall'art. 1.1, lett. c, n. 1.1.3, d.lg. 19 febbraio 2019, n. 18.

tale data è posteriore a quella di cui alle lett. *a*) o *b*).

2. Le disposizioni del comma 1 rimangono valide anche se, successivamente, il brevetto europeo, o il brevetto europeo con effetto unitario (1), venga annullato o decada.

3. Alla scadenza dei termini di cui al comma 1, colui che ha promosso un azione a tutela del brevetto italiano può chiederne la conversione nella corrispondente azione a tutela del brevetto europeo o del brevetto europeo con effetto unitario (2), fatti salvi i diritti che scaturiscono dal brevetto italiano per il periodo anteriore.

60. *Durata*. — 1. Il brevetto per invenzione industriale dura venti anni a decorrere dalla data di deposito della domanda e non può essere rinnovato, né può esserne prorogata la durata.

61. *Certificato complementare per prodotti medicinali e per prodotti fitosanitari*. — 1. Fatto salvo quanto previsto per i certificati complementari di cui all'art. 81, commi da 1 a 4, i certificati complementari per prodotti medicinali e i certificati complementari per prodotti fitosanitari, sono concessi dall'Ufficio italiano brevetti e marchi sulla base dei regolamenti (CE) n. 469/2009, (CE) n. 1901/2006 e (CE) n. 1610/96 e producono gli effetti previsti da tali regolamenti (3).

62. *Diritto morale*. — 1. Il diritto di essere riconosciuto autore dell'invenzione può essere fatto valere dall'inventore e, dopo la sua morte, dal coniuge e dai discendenti fino al secondo grado; in loro mancanza o dopo la loro morte, dai genitori e dagli altri ascendenti ed in mancanza, o dopo la morte anche di questi, dai parenti fino al quarto grado incluso.

63. *Diritti patrimoniali*. — 1. I diritti nascenti dalle invenzioni industriali, tranne il diritto di essere riconosciuto autore, sono alienabili e trasmissibili.

2. Il diritto al brevetto per invenzione industriale spetta all'autore dell'invenzione e ai suoi aventi causa.

64. *Invenzioni dei dipendenti*. — 1. Quando l'invenzione industriale è fatta nell'esecuzione o nell'adempimento di un contratto o di un rapporto di lavoro o d'impiego, in cui l'attività inventiva è prevista come oggetto del contratto o del rapporto e a tale scopo retribuita, i diritti derivanti dall'invenzione stessa appartengono al datore di lavoro, salvo il diritto spettante all'inventore di esserne riconosciuto autore.

2. Se non è prevista e stabilita una retribuzione, in compenso dell'attività inventiva, e l'invenzione è fatta nell'esecuzione o nell'adempimento di un contratto o di un rapporto di lavoro o di impiego, i diritti derivanti dall'invenzione appartengono al datore di lavoro, ma all'inventore, salvo sempre il diritto di essere riconosciuto autore, spetta, qualora il datore di lavoro o suoi aventi causa ottengano il brevetto o utilizzino l'invenzione in regime di segretezza industriale, un equo premio per la determinazione del quale si terrà conto dell'importanza dell'invenzione, delle mansioni svolte e della retribuzione percepita dall'inventore, nonché del contributo che questi ha ricevuto dall'organizzazione del datore di lavoro. Al fine di assicurare la tempestiva conclusione del procedimento di acquisizione del brevetto e la conseguente attribuzione dell'equo premio all'inventore, può essere concesso, su richiesta dell'organizzazione del datore di lavoro interessata, l'esame anticipato della domanda volta al rilascio del brevetto (4).

3. Qualora non ricorrano le condizioni previste nei commi 1 e 2 e si tratti di invenzione industriale che rientri nel campo di attività del datore di lavoro, quest'ultimo ha il diritto di opzione per l'uso, esclusivo o non esclusivo dell'invenzione o per l'acquisto del brevetto, nonché per la facoltà di chiedere od acquisire (5), per la medesima invenzione, brevetti all'estero verso corresponsione del canone o (6) del prezzo, da fissarsi con deduzione di una somma corrispondente agli aiuti che l'inventore abbia comunque ricevuti dal datore di lavoro per pervenire all'invenzione. Il datore di lavoro potrà esercitare il diritto di opzione entro tre mesi dalla data di ricevimento della comunicazione dell'avvenuto deposito della domanda di brevetto. I rapporti costituiti con l'esercizio dell'opzione si risolvono di diritto, ove non venga integralmente pagato alla scadenza il corrispettivo dovuto.

(1) Le parole «, o il brevetto europeo con effetto unitario,» sono state inserite dall'art. 1.1, lett. c, n. 2, d.lg. 19 febbraio 2019, n. 18.
(2) Le parole «o del brevetto europeo con effetto unitario» sono state inserite dall'art. 1.1, lett. c, n. 3, d.lg. 19 febbraio 2019, n. 18.
(3) Articolo così sostituito dall'art. 36, d.lg. 13 agosto 2010, n. 131.
(4) Comma così sostituito dall'art. 37.1, d.lg. 13 agosto 2010, n. 131.
(5) Le parole «od acquisire» sono state così sostituite alle precedenti «od acquistare» dall'art. 37.2, d.lg. 13 agosto 2010, n. 131.
(6) La parola «o» è stata inserita dall'art. 37.2, d.lg. 13 agosto 2010, n. 131.

4. Ferma la competenza del giudice ordinario relativa all'accertamento della sussistenza del diritto all'equo premio, al canone o al prezzo, se non si raggiunga l'accordo circa l'ammontare degli stessi, anche se l'inventore è un dipendente di amministrazione (1) statale, alla determinazione dell'ammontare provvede un collegio di arbitratori, composto di tre membri, nominati uno da ciascuna delle parti ed il terzo nominato dai primi due, o, in caso di disaccordo, dal Presidente della sezione specializzata del Tribunale competente dove il prestatore d'opera esercita abitualmente le sue mansioni. Si applicano in quanto compatibili le norme degli artt. 806, e seguenti, del codice di procedura civile.

5. Il collegio degli arbitratori può essere adito anche in pendenza del giudizio di accertamento della sussistenza del diritto all'equo premio, al canone o al prezzo, ma, in tal caso, l'esecutività della sua decisione è subordinata a quella della sentenza sull'accertamento del diritto. Il collegio degli arbitratori deve procedere con equo apprezzamento. Se la determinazione è manifestamente iniqua od erronea la determinazione è fatta dal giudice.

6. Agli effetti dei commi 1, 2 e 3, si considera fatta durante l'esecuzione del contratto o del rapporto di lavoro o d'impiego l'invenzione industriale per la quale sia chiesto il brevetto entro un anno da quando l'inventore ha lasciato l'azienda privata o l'amministrazione pubblica nel cui campo di attività l'invenzione rientra.

65. *Invenzioni dei ricercatori delle università e degli enti pubblici di ricerca*. — 1. In deroga all'art. 64, quando il rapporto di lavoro intercorre con un università o con una pubblica amministrazione avente tra i suoi scopi istituzionali finalità di ricerca, il ricercatore è titolare esclusivo dei diritti derivanti dall'invenzione brevettabile di cui è autore. In caso di più autori, dipendenti delle università, delle pubbliche amministrazioni predette ovvero di altre pubbliche amministrazioni, i diritti derivanti dall'invenzione appartengono a tutti in parti uguali, salvo diversa pattuizione. L'inventore presenta la domanda di brevetto e ne dà comunicazione all'amministrazione.

2. Le Università e le pubbliche amministrazioni, nell'ambito della loro autonomia, stabiliscono l'importo massimo del canone, relativo a licenze a terzi per l'uso dell'invenzione, spettante alla stessa università o alla pubblica amministrazione ovvero a privati finanziatori della ricerca, nonché ogni ulteriore aspetto dei rapporti reciproci.

3. In ogni caso, l'inventore ha diritto a non meno del cinquanta per cento dei proventi o dei canoni di sfruttamento dell'invenzione. Nel caso in cui le università o le amministrazioni pubbliche non provvedano alle determinazioni di cui al comma 2, alle stesse compete il trenta per cento dei proventi o canoni.

4. Trascorsi cinque anni dalla data di rilascio del brevetto, qualora l'inventore o i suoi aventi causa non ne abbiano iniziato lo sfruttamento industriale, a meno che ciò non derivi da cause indipendenti dalla loro volontà, la pubblica amministrazione di cui l'inventore era dipendente al momento dell'invenzione acquisisce automaticamente un diritto gratuito, non esclusivo, di sfruttare l'invenzione e i diritti patrimoniali ad essa connessi o di farli sfruttare da terzi, salvo il diritto spettante all'inventore di esserne riconosciuto autore.

5. Le disposizioni del presente articolo non si applicano nelle ipotesi di ricerche finanziate, in tutto o in parte, da soggetti privati ovvero realizzate nell'ambito di specifici progetti di ricerca finanziati da soggetti pubblici diversi dall'università, ente o amministrazione di appartenenza del ricercatore.

66. *Diritto di brevetto*. — 1. I diritti di brevetto per invenzione industriale consistono nella facoltà esclusiva di attuare l'invenzione e di trarne profitto nel territorio dello Stato, entro i limiti ed alle condizioni previste dal presente codice.

2. In particolare, il brevetto conferisce al titolare i seguenti diritti esclusivi:

a) se oggetto del brevetto è un prodotto, il diritto di vietare ai terzi, salvo consenso del titolare, di produrre, usare, mettere in commercio, vendere o importare a tali fini il prodotto in questione;

b) se oggetto del brevetto è un procedimento, il diritto di vietare ai terzi, salvo consenso del titolare, di applicare il procedimento, nonché di usare, mettere in commercio, vendere o importare a tali fini il prodotto direttamente ottenuto con il procedimento in questione.

2-*bis*. Il brevetto conferisce al titolare anche il diritto esclusivo di vietare ai terzi, salvo proprio consenso, di fornire o di offrire di fornire a soggetti diversi dagli aventi diritto all'utilizzazione dell'invenzione brevettata i mezzi relativi a un elemento indispensabile di tale invenzione e necessari per la sua attuazione nel territorio

(1) La parola «amministrazione» è stata così sostituita alla precedente «amminisirazione» dall'art. 37.1, d.lg. 13 agosto 2010, n. 131.

di uno Stato in cui la medesima sia protetta, qualora il terzo abbia conoscenza dell'idoneità e della destinazione di detti mezzi ad attuare l'invenzione o sia in grado di averla con l'ordinaria diligenza (1).

2-*ter*. Il comma 2-*bis* non si applica quando i mezzi sono costituiti da prodotti che si trovano correntemente in commercio, a meno che il terzo non induca il soggetto a cui sono forniti a compiere gli atti vietati ai sensi del comma 2 (1).

2-*quater*. Ai fini di cui al comma 2-*bis* non si considerano aventi diritto all'utilizzazione dell'invenzione i soggetti che compiono gli atti di cui all'art. 68, comma 1 (1).

67. *Brevetto di procedimento*. — 1. Nel caso di brevetto di procedimento, ogni prodotto identico a quello ottenuto mediante il procedimento brevettato si presume ottenuto, salvo prova contraria, mediante tale procedimento, alternativamente:

a) se il prodotto ottenuto mediante il procedimento è nuovo;

b) se risulta una sostanziale probabilità che il prodotto identico sia stato fabbricato mediante il procedimento e se il titolare del brevetto non è riuscito attraverso ragionevoli sforzi a determinare il procedimento effettivamente attuato.

2. Ai fini della prova contraria, deve tenersi conto del legittimo interesse del convenuto in contraffazione alla protezione dei suoi segreti di fabbricazione e commerciali.

3. Quando il titolare di un brevetto concernente un nuovo metodo o processo industriale somministra ad altri i mezzi univocamente destinati ad attuare l'oggetto del brevetto, si presume che abbia anche dato licenza di fare uso di tale metodo o processo, purché non esistano patti contrari.

68. *Limitazioni del diritto di brevetto*. — 1. La facoltà esclusiva attribuita dal diritto di brevetto non si estende, quale che sia l'oggetto dell'invenzione:

a) agli atti compiuti in ambito privato ed a fini non commerciali [...] (2);

a-bis) agli atti compiuti a titolo sperimentale relativi all'oggetto dell'invenzione brevettata, ovvero all'utilizzazione di materiale biologico a fini di coltivazione, o alla scoperta e allo sviluppo di altre varietà vegetali (3);

b) agli studi e sperimentazioni diretti all'ottenimento, anche in paesi esteri, di un'autorizzazione all'immissione in commercio di un farmaco ed ai conseguenti adempimenti pratici ivi compresi la preparazione e l'utilizzazione delle materie prime farmacologicamente attive a ciò strettamente necessarie;

c) alla preparazione estemporanea, e per unità, di medicinali nelle farmacie su ricetta medica, e ai medicinali così preparati, purché non si utilizzino principi attivi realizzati industrialmente (4);

c-bis) all'utilizzazione dell'invenzione brevettata a bordo di navi di altri Paesi dell'Unione internazionale per la protezione della proprietà industriale (Unione di Parigi) o di membri dell'Organizzazione mondiale del commercio, diversi dall'Italia, nel corpo della nave in questione, nelle macchine, nel sartiame, nell'attrezzatura e negli altri accessori, quando tali navi entrino temporaneamente o accidentalmente nelle acque italiane, purché l'invenzione sia utilizzata esclusivamente per le esigenze della nave, ovvero all'utilizzazione dell'invenzione brevettata nella costruzione o ai fini del funzionamento di aeromobili o di veicoli terrestri o altri mezzi di trasporto di altri Paesi dell'Unione internazionale per la protezione della proprietà industriale (Unione di Parigi) o di membri dell'Organizzazione mondiale del commercio, diversi dall'Italia, oppure degli accessori di tali aeromobili o veicoli terrestri, quando questi entrino temporaneamente o accidentalmente nel territorio italiano, ferme restando le disposizioni del codice della navigazione e quelle della Convenzione internazionale per l'aviazione civile, stipulata a Chicago il 7 dicembre 1944, resa esecutiva ai sensi del d.lg. 6 marzo 1948, n. 616, ratificato con l. 17 aprile 1956, n. 561 (5);

c-ter) agli atti consentiti ai sensi degli artt. 64-*ter* e 64-*quater* della l. 22 aprile 1941, n. 633 (6), e alle utilizzazioni ivi consentite delle informazioni così legittimamente ottenute (5);

1-*bis*. .... (7).

(1) Comma aggiunto dall'art. 4, l. 3 novembre 2016, n. 214.

(2) Le parole «, ovvero in via sperimentale» sono state soppresse dall'art. 1.1, lett. d, n. 1.1.1, d.lg. 19 febbraio 2019, n. 18.

(3) Lettera inserita dall'art. 1.1, lett. d, n. 1.1.2, d.lg. 19 febbraio 2019, n. 18.

(4) Comma così sostituito dall'art. 38.1, d.lg. 13 agosto 2010, n. 131.

(5) Lettera aggiunta dall'art. 1.1, lett. d, n. 1.1.3, d.lg. 19 febbraio 2019, n. 18.

(6) In *Leggi coll. XIX, 1*.

(7) Comma inserito dall'art. 38.2, d.lg. 13 agosto 2010, n. 131, e successivamente soppresso dall'art. 83, d.l. 24 gennaio 2012, n. 1, conv. in l. 24 marzo 2012, n. 27.

2. Il brevetto per invenzione industriale, la cui attuazione implichi quella di invenzioni protette da precedenti brevetti per invenzioni industriali ancora in vigore, non può essere attuato, né utilizzato, senza il consenso dei titolari di questi ultimi.

3. Chiunque, nel corso dei dodici mesi anteriori alla data di deposito della domanda di brevetto o alla data di priorità, abbia fatto uso nella propria azienda dell'invenzione può continuare ad usarne nei limiti del preuso. Tale facoltà è trasferibile soltanto insieme all'azienda in cui l'invenzione viene utilizzata. La prova del preuso e della sua estensione è a carico del preutente.

69. *Onere di attuazione*. — 1. L'invenzione industriale che costituisce oggetto di brevetto deve essere attuata nel territorio dello Stato in misura tale da non risultare in grave sproporzione con i bisogni del Paese.

2. Le invenzioni riguardanti oggetti che per la prima volta figurano in una esposizione ufficiale o ufficialmente riconosciuta, tenuta nel territorio dello Stato, si considerano attuate da quando gli oggetti vi sono introdotti fino alla chiusura della medesima, purché siano stati esposti almeno per dieci giorni o, in caso di esposizione di più breve durata, per tutto il periodo di essa.

3. L'introduzione o la vendita nel territorio dello Stato di oggetti prodotti in Stati diversi da quelli membri della Unione europea o dello Spazio economico europeo ovvero da quelli membri dell'Organizzazione mondiale del commercio non costituisce attuazione dell'invenzione.

70. *Licenza obbligatoria per mancata attuazione*. — 1. Trascorsi tre anni dalla data di rilascio del brevetto o quattro anni dalla data di deposito della domanda se questo termine scade successivamente al precedente, qualora il titolare del brevetto o il suo avente causa, direttamente o a mezzo di uno o più licenziatari, non abbia attuato l'invenzione brevettata, producendo nel territorio dello Stato o importando oggetti prodotti in uno Stato membro della Unione europea o dello Spazio economico europeo ovvero in uno Stato membro dell'Organizzazione mondiale del commercio, ovvero l'abbia attuata in misura tale da risultare in grave sproporzione con i bisogni del Paese, può essere concessa licenza obbligatoria per l'uso non esclusivo dell'invenzione medesima, a favore di ogni interessato che ne faccia richiesta.

2. La licenza obbligatoria di cui al comma 1 può ugualmente venire concessa, qualora l'attuazione dell'invenzione sia stata, per oltre tre anni, sospesa o ridotta in misura tale da risultare in grave sproporzione con i bisogni del Paese.

3. La licenza obbligatoria non viene concessa se la mancata o insufficiente attuazione è dovuta a cause indipendenti dalla volontà del titolare del brevetto o del suo avente causa. Non sono comprese fra tali cause la mancanza di mezzi finanziari e, qualora il prodotto stesso sia diffuso all'estero, la mancanza di richiesta nel mercato interno del prodotto brevettato od ottenuto con il procedimento brevettato.

4. La concessione della licenza obbligatoria non esonera il titolare del brevetto o il suo avente causa dall'onere di attuare l'invenzione. Il brevetto decade, qualora l'invenzione non sia stata attuata entro due anni dalla data di concessione della prima licenza obbligatoria o lo sia stata in misura tale da risultare in grave sproporzione con i bisogni del Paese.

4-*bis*. Le disposizioni del presente articolo e degli articoli da 71 a 74 e 81-*octies* si applicano anche ai diritti sul brevetto europeo con effetto unitario relativamente al territorio nazionale (1).

71. *Brevetto dipendente*. — 1. Può essere concessa licenza obbligatoria se l'invenzione protetta dal brevetto non possa essere utilizzata senza pregiudizio dei diritti relativi ad un brevetto concesso in base a domanda precedente. In tale caso, la licenza può essere concessa al titolare del brevetto posteriore nella misura necessaria a sfruttare l'invenzione, purché questa rappresenti, rispetto all'oggetto del precedente brevetto, un importante progresso tecnico di considerevole rilevanza economica.

2. La licenza così ottenuta non è cedibile se non unitamente al brevetto sull'invenzione dipendente. Il titolare del brevetto sull'invenzione principale ha diritto, a sua volta, alla concessione di una licenza obbligatoria a condizioni ragionevoli sul brevetto dell'invenzione dipendente.

72. *Disposizioni comuni*. — 1. Chiunque domandi la concessione di una licenza obbligatoria ai sensi degli artt. 70 e 71, deve provare di essersi preventivamente rivolto al titolare del brevetto e di non avere potuto ottenere da questi una licenza contrattuale ad eque condizioni.

2. La licenza obbligatoria può essere concessa soltanto contro corresponsione, da parte del licenziatario ed a favore del titolare del brevet-

(1) Comma aggiunto dall'art. 1.1, lett. e, d.lg. 19 febbraio 2019, n. 18.

to o dei suoi aventi causa, di un equo compenso e purché il richiedente la licenza fornisca le necessarie garanzie in ordine ad una soddisfacente attuazione dell'invenzione a norma delle condizioni fissate nella licenza medesima.

3. La licenza obbligatoria non può essere concessa quando risulti che il richiedente abbia contraffatto il brevetto, a meno che non dimostri la sua buona fede.

4. La licenza obbligatoria può essere concessa per uno sfruttamento dell'invenzione diretto prevalentemente all'approvvigionamento del mercato interno.

5. La licenza obbligatoria è concessa per durata non superiore alla rimanente durata del brevetto e, salvo che vi sia il consenso del titolare del brevetto o del suo avente causa, può essere trasferita soltanto con l'azienda del licenziatario o con il ramo particolare di questa nel quale la licenza stessa viene utilizzata.

6. La concessione della licenza obbligatoria non pregiudica l'esercizio, anche da parte del licenziatario, dell'azione giudiziaria circa la validità del brevetto o l'estensione dei diritti che ne derivano.

7. Nel decreto di concessione della licenza vengono determinati l'ambito la durata, le modalità per l'attuazione, le garanzie e le altre condizioni alle quali è subordinata la concessione in relazione allo scopo della stessa, la misura e le modalità di pagamento del compenso. In caso di opposizione, la misura e le modalità di pagamento del compenso sono determinate a norma dell'art. 80.

8. Le condizioni della licenza possono, con decreto del Ministero dello sviluppo economico (1), essere variate su richiesta di ognuna delle parti interessate, qualora sussistano validi motivi al riguardo.

9. Per la modificazione del compenso si applica l'art. 80.

10. Nel caso in cui il titolare del brevetto per il quale sia stata concessa licenza obbligatoria o il suo avente causa conceda a terzi l'uso del brevetto medesimo a condizioni più vantaggiose di quelle stabilite per la licenza obbligatoria, le condizioni stesse sono estese alla licenza obbligatoria, su istanza del licenziatario.

73. *Revoca della licenza obbligatoria*. — 1. La licenza obbligatoria è revocata con decreto del Ministero dello sviluppo economico (1), qualora non risultino adempiute le condizioni stabilite per l'attuazione dell'invenzione oppure qualora il titolare della licenza non abbia provveduto al pagamento del compenso nella misura e con le modalità prescritte.

2. La licenza obbligatoria è altresì revocata con decreto del Ministero dello sviluppo economico (1) se e quando le circostanze che hanno determinato la concessione cessino di esistere ed è improbabile che tornino a verificarsi oppure su istanza concorde delle parti.

3. La revoca può essere richiesta dal titolare del brevetto con istanza presentata all'Ufficio italiano brevetti e marchi, che ne dà pronta notizia mediante lettera raccomandata con avviso di ricevimento al titolare della licenza obbligatoria, il quale, entro sessanta giorni dalla data di ricevimento della raccomandata, può opporsi motivatamente alla revoca, con istanza presentata all'Ufficio italiano brevetti e marchi. Si applicano le disposizioni dell'art. 199, commi 3, 4, 5, 6 e 7.

4. In caso di revoca, colui che aveva ottenuto la licenza può attuare l'invenzione alle stesse condizioni, nei limiti del preuso o in quelli che risultano da preparativi seri ed effettivi.

74. *Invenzioni militari*. — 1. Le disposizioni relative alla concessione di licenza obbligatoria per mancata o insufficiente attuazione delle invenzioni, oppure su brevetto dipendente, non si applicano alle invenzioni brevettate appartenenti all'amministrazione militare o a quelle sottoposte dall'amministrazione militare al vincolo del segreto.

75. *Decadenza per mancato pagamento dei diritti*. — 1. Il brevetto per invenzione decade per mancato pagamento entro sei mesi dalla data di scadenza del diritto annuale dovuto, subordinatamente all'osservanza delle disposizioni dei commi 2, 3 e 4.

2. Trascorso il mese di scadenza del diritto annuale e trascorsi altresì inutilmente i successivi sei mesi nei quali il pagamento è ammesso con l'applicazione di un diritto di mora, e comunque scaduto il termine utile per il pagamento del diritto, l'Ufficio italiano brevetti e marchi notifica all'interessato, con comunicazione raccomandata, che non risulta effettuato nel termine prescritto il pagamento del diritto dovuto. L'Ufficio italiano brevetti e marchi, dopo trenta giorni dalla data di comunicazione anzidetta, dà atto nel registro dei brevetti, con apposita annotazione, della avvenuta decadenza del brevetto per mancato pagamento del diritto annuale, pubblicando poi nel Bollettino ufficiale la notizia della decadenza stessa.

3. Il titolare del brevetto, ove provi di avere

(1) L'art. 127.1, d.lg. 13 agosto 2010, n. 131, così dispone: «Ogni riferimento nel Codice al Ministero o Ministro delle attività produttive si intende riferito al Ministero o al Ministro dello sviluppo economico».

tempestivamente effettuato il pagamento, può chiedere, con ricorso alla Commissione dei ricorsi, entro sei mesi dalla data di pubblicazione del Bollettino ufficiale, l'annullamento della anzidetta annotazione di decadenza e la rettifica della pubblicazione. La Commissione procede, udita la parte interessata o i suoi incaricati e tenute presenti le loro eventuali osservazioni scritte. Tanto della presentazione del ricorso, quanto del dispositivo della sentenza, deve essere presa nota nel registro dei brevetti e pubblicata notizia nel Bollettino ufficiale.

4. Intervenuta la pubblicazione di cui al comma 2 e trascorsi sei mesi dalla data di tale pubblicazione, ovvero se il ricorso sia stato respinto, il brevetto si intende decaduto nei confronti di chiunque dal compimento dell'ultimo anno per il quale sia stato pagato utilmente il diritto.

76. *Nullità*. — 1. Il brevetto è nullo:

a) se l'invenzione non è brevettabile ai sensi degli artt. 45, 46, 48, 49, e 50;

b) se, ai sensi dell'art. 51, l'invenzione non è descritta in modo sufficientemente chiaro e completo da consentire a persona esperta di attuarla;

c) se l'oggetto del brevetto si estende oltre il contenuto della domanda iniziale o la protezione del brevetto è stata estesa (1);

d) se il titolare del brevetto non aveva diritto di ottenerlo e l'avente diritto non si sia valso delle facoltà accordategli dall'art. 118.

2. Se le cause di nullità colpiscono solo parzialmente il brevetto, la relativa sentenza di nullità parziale comporta una corrispondente limitazione del brevetto stesso, e nel caso previsto dall'art. 79, comma 3, stabilisce le nuove rivendicazioni conseguenti alla limitazione (2).

3. Il brevetto nullo può produrre gli effetti di un diverso brevetto del quale contenga i requisiti di validità e che sarebbe stato voluto dal richiedente, qualora questi ne avesse conosciuto la nullità. La domanda di conversione può essere proposta in ogni stato e grado del giudizio. La sentenza che accerta i requisiti per la validità del diverso brevetto (3) dispone la conversione del brevetto nullo. Il titolare del brevetto convertito, entro sei mesi dal passaggio in giudicato della sentenza di conversione, presenta domanda di correzione del testo del brevetto. L'Ufficio, verificata la corrispondenza del testo alla sentenza, lo rende accessibile al pubblico.

4. Qualora la conversione comporti il prolungamento della durata originaria del brevetto nullo, i licenziatari e coloro che in vista della prossima scadenza avevano compiuto investimenti seri ed effettivi per utilizzare l'oggetto del brevetto hanno diritto di ottenere licenza obbligatoria e gratuita non esclusiva per il periodo di maggior durata.

5. Il brevetto europeo può essere dichiarato nullo per l'Italia ai sensi del presente articolo ed, altresì, quando la protezione conferita dal brevetto è stata estesa.

77. *Effetti della nullità*. — 1. La declaratoria di nullità del brevetto ha effetto retroattivo, ma non pregiudica:

a) gli atti di esecuzione di sentenze di contraffazione passate in giudicato già compiuti;

b) i contratti aventi ad oggetto l'invenzione conclusi anteriormente al passaggio in giudicato della sentenza che ha dichiarato la nullità nella misura in cui siano già stati eseguiti. In questo caso, tuttavia, il giudice, tenuto conto delle circostanze, può accordare un equo rimborso di importi già versati in esecuzione del contratto;

c) i pagamenti già effettuati ai sensi degli artt. 64 e 65, a titolo di equo premio, canone o prezzo.

78. *Rinuncia*. — 1. Il titolare può rinunciare al brevetto con atto ricevuto dall'Ufficio italiano brevetti e marchi, da annotare sul registro dei brevetti.

2. Qualora in relazione al brevetto siano trascritti atti o sentenze che attribuiscano o accertino diritti patrimoniali di terzi sul brevetto ovvero domande giudiziali con le quali si chiede l'attribuzione o l'accertamento di tali diritti, la rinuncia è senza effetto se non accompagnata dal consenso scritto dei terzi medesimi.

79. *Limitazione*. — 1. Il brevetto può essere limitato su istanza del titolare, alla quale devono unirsi la descrizione, le rivendicazioni e i disegni modificati.

2. Ove l'Ufficio italiano brevetti e marchi accolga l'istanza, il richiedente dovrà conformarsi alle disposizioni regolamentari relative alla ripubblicazione del brevetto e al pagamento dei relativi diritti, ove previsti (4).

(1) Le parole «o la protezione del brevetto è stata estesa» sono state inserite dall'art. 39.1, d.lg. 13 agosto 2010, n. 131.

(2) Le parole «, e nel caso previsto dall'art. 79, comma 3, stabilisce le nuove rivendicazioni conseguenti alla limitazione» sono state aggiunte dall'art. 39.2, d.lg. 13 agosto 2010, n. 131.

(3) Le parole «del diverso brevetto» sono state così sostituite alle precedenti «dei diverso brevetto» dall'art. 39.3, d.lg. 13 agosto 2010, n. 131.

(4) Comma così sostituito dall'art. 40.1, d.lg. 13 agosto 2010, n. 131.

3. In un giudizio di nullità, il titolare del brevetto ha facoltà di sottoporre al giudice, in ogni stato e grado del giudizio, una riformulazione delle rivendicazioni che rimanga entro i limiti del contenuto della domanda di brevetto quale inizialmente depositata e non estenda la protezione conferita dal brevetto concesso (1).

3-*bis*. Ove intervenga sia una limitazione del brevetto europeo a seguito di una procedura di limitazione di cui alla Convenzione sul brevetto europeo, sia una limitazione dello stesso brevetto europeo con effetto in Italia a seguito di una procedura nazionale, l'ambito di protezione conferito dal brevetto è determinato tenuto conto di ciascuna delle limitazioni intervenute (2).

4. L'Ufficio italiano brevetti e marchi pubblica sul Bollettino la notizia della limitazione del brevetto.

80. *Licenza di diritto*. — 1. Il richiedente o il titolare del brevetto nella domanda o con istanza anche del mandatario che pervenga all'Ufficio italiano brevetti e marchi, se non è trascritta licenza esclusiva, può offrire al pubblico licenza per l'uso non esclusivo dell'invenzione.

2. Gli effetti della licenza decorrono dalla notificazione al titolare dell'accettazione dell'offerta, anche se non è accettato il compenso.

3. In quest'ultimo caso alla determinazione della misura e delle modalità di pagamento del compenso provvede un collegio di arbitratori, composto di tre membri, nominati uno da ciascuno delle parti ed il terzo nominato dai primi due o, in caso di disaccordo, dal presidente della commissione dei ricorsi. Il collegio degli arbitratori deve procedere con equo apprezzamento. Se la determinazione è manifestamente iniqua od erronea oppure se una delle parti rifiuta di nominare il proprio arbitratore, la determinazione è fatta dal giudice.

4. Il compenso può essere modificato negli stessi modi prescritti nella determinazione di quello originario, qualora si siano prodotti o rivelati fatti che fanno apparire manifestamente inadeguato il compenso già fissato.

5. Il richiedente o titolare del brevetto che abbia offerto al pubblico licenza sul brevetto ha diritto alla riduzione alla metà dei diritti annuali.

6. La riduzione di cui al comma 5 è concessa (3) dall'Ufficio italiano brevetti e marchi. La dichiarazione di offerta viene annotata nel registro dei brevetti, pubblicata nel Bollettino e gli effetti di essa perdurano finché non è revocata.

81. *Certificato complementare ai sensi della l. 19 ottobre 1991, n. 349 e licenza volontaria sui principi attivi mediata dal Ministro*. — 1. Ai certificati complementari di protezione concessi ai sensi della l. 19 ottobre 1991, n. 349, si applica regime giuridico, con gli stessi diritti esclusivi ed obblighi, del brevetto. Il certificato complementare di protezione, produce gli stessi effetti del brevetto al quale si riferisce, limitatamente alla parte o alle parti di esso oggetto dell'autorizzazione all'immissione in commercio.

2. Gli effetti del certificato complementare di protezione decorrono dal momento in cui il brevetto perviene al termine della sua durata legale e si estendono per una durata pari al periodo intercorso tra la data del deposito della domanda di brevetto e la data del decreto con cui viene concessa la prima autorizzazione all'immissione in commercio del medicamento.

3. La durata del certificato complementare di protezione non può in ogni caso essere superiore a diciotto anni a decorrere dalla data in cui il brevetto perviene a termine della sua durata legale.

4. Al fine di adeguare progressivamente la durata della copertura complementare e brevettuale a quella prevista dalla normativa comunitaria, le disposizioni di cui alla l. 19 ottobre 1991, n. 349, e da reg. (CEE) n. 1768/1992 del Consiglio, del 18 giugno 1992, trovano attuazione attraverso una riduzione della protezione complementare pari a sei mesi per ogni anno solare, a decorrere dal 1° gennaio 2004, fino al completo allineamento alla normativa europea.

5. È consentito a soggetti terzi che intendano produrre per l'esportazione principi attivi coperti da certificati complementari di protezione concessi ai sensi della l. 19 ottobre 1991, n. 349, di avviare con i titolari dei certificati suddetti, presso il Ministero dello sviluppo economico, una procedura per il rilascio di licenze volontarie non esclusive a titolo oneroso nel rispetto della legislazione vigente in materia.

6. Le licenze di cui al comma 5 sono comunque valide unicamente per l'esportazione verso Paesi nei quali la protezione brevettuale e del certificato complementare di protezione non esiste, è scaduta ovvero nei quali l'esportazione del principio attivo non costituisce contraffa-

(1) Comma così sostituito dall'art. 40.1, d.lg. 13 agosto 2010, n. 131.
(2) Comma aggiunto dall'art. 40.2, d.lg. 13 agosto 2010, n. 131.
(3) Le parole «al comma 5 è concessa» sono state così sostituite alle precedenti «al comma è concessa» dall'art. 41, d.lg. 13 agosto 2010, n. 131.

zione del relativo brevetto in conformità alle normative vigenti nei Paesi di destinazione.

7. La licenza cessa di avere effetto allo scadere del certificato complementare a cui fa riferimento (1).

Sezione IV-*bis*. — *Invenzioni biotecnologiche* (2)

81-*bis*. *Rinvio*. — 1. Le disposizioni della sezione IV sulle invenzioni industriali spiegano effetto anche nella materia delle invenzioni biotecnologiche, in quanto non siano derogate dalle norme di cui alla Sezione IV-*bis*.

81-*ter*. *Definizioni*. — 1. Ai fini del presente codice si intende per:

a) materiale biologico: un materiale contenente informazioni genetiche, autoriproducibile o capace di riprodursi in un sistema biologico;

b) procedimento microbiologico: qualsiasi procedimento nel quale si utilizzi un materiale microbiologico, che comporta un intervento su materiale microbiologico o che produce un materiale microbiologico.

2. Un procedimento di produzione di vegetali o di animali è essenzialmente biologico quando consiste integralmente in fenomeni naturali quali l'incrocio o la selezione.

3. La nozione di varietà vegetale è definita dall'art. 5 del reg. (CE) n. 2100/94 del Consiglio, del 27 luglio 1994.

81-*quater*. *Brevettabilità*. — 1. Sono brevettabili purché abbiano i requisiti di novità e attività inventiva e siano suscettibili di applicazione industriale:

a) un materiale biologico, isolato dal suo ambiente naturale o prodotto tramite un procedimento tecnico, anche se preesistente allo stato naturale;

b) un procedimento tecnico attraverso il quale viene prodotto, lavorato o impiegato materiale biologico, anche se preesistente allo stato naturale;

c) qualsiasi nuova utilizzazione di un materiale biologico o di un procedimento tecnico relativo a materiale biologico;

d) un'invenzione relativa ad un elemento isolato dal corpo umano o diversamente prodotto, mediante un procedimento tecnico, anche se la sua struttura è identica a quella di un elemento naturale, a condizione che la sua funzione e applicazione industriale siano concretamente indicate e descritte. Per procedimento tecnico si intende quello che soltanto l'uomo è capace di mettere in atto e che la natura di per se stessa non è in grado di compiere;

e) un'invenzione riguardante piante o animali ovvero un insieme vegetale, caratterizzato dall'espressione di un determinato gene e non dal suo intero genoma, se la loro applicazione non è limitata, dal punto di vista tecnico, all'ottenimento di una determinata varietà vegetale o specie animale e non siano impiegati, per il loro ottenimento, soltanto procedimenti essenzialmente biologici, secondo le modalità previste dall'art. 170-*bis*, comma 6.

81-*quinquies*. *Esclusioni*. — 1. Ferme le esclusioni di cui all'art. 45, comma 4, sono esclusi dalla brevettabilità:

a) il corpo umano, sin dal momento del concepimento e nei vari stadi del suo sviluppo, nonché la mera scoperta di uno degli elementi del corpo stesso, ivi compresa la sequenza o la sequenza parziale di un gene, al fine di garantire che il diritto brevettuale sia esercitato nel rispetto dei diritti fondamentali sulla dignità e l'integrità dell'uomo e dell'ambiente;

b) le invenzioni il cui sfruttamento commerciale è contrario alla dignità umana, all'ordine pubblico e al buon costume, alla tutela della salute, dell'ambiente e della vita delle persone e degli animali, alla preservazione dei vegetali e della biodiversità ed alla prevenzione di gravi danni ambientali, in conformità ai principi contenuti nell'art. 27, par. 2, dell'Accordo sugli aspetti dei diritti di proprietà intellettuale attinenti al commercio (TRIPS). Tale esclusione riguarda, in particolare:

1) ogni procedimento tecnologico di clonazione umana, qualunque sia la tecnica impiegata, il massimo stadio di sviluppo programmato dell'organismo donato e la finalità della clonazione;

2) i procedimenti di modificazione dell'identità genetica germinale dell'essere umano;

3) ogni utilizzazione di embrioni umani, ivi incluse le linee di cellule staminali embrionali umane;

4) i procedimenti di modificazione dell'identità genetica degli animali, atti a provocare su questi ultimi sofferenze senza utilità medica sostanziale per l'essere umano o l'animale, nonché gli animali risultanti da tali procedimenti;

5) le invenzioni riguardanti protocolli

(1) Articolo così sostituito dall'art. 42, d.lg. 13 agosto 2010, n. 131.
(2) Sezione inserita dall'art. 43, d.lg. 13 agosto 2010, n. 131.

di screening genetico, il, cui sfruttamento conduca ad una discriminazione o stigmatizzazione dei soggetti umani su basi genetiche, patologiche, razziali, etniche, sociali ed economiche, ovvero aventi finalità eugenetiche e non diagnostiche;

c) una semplice sequenza di DNA, una sequenza parziale di un gene, utilizzata per produrre una proteina o una proteina parziale, salvo che venga fornita l'indicazione e la descrizione di una funzione utile alla valutazione del requisito dell'applicazione industriale e che la funzione corrispondente sia specificatamente rivendicata; ciascuna sequenza è considerata autonoma ai fini brevettuali nel caso di sequenze sovrapposte solamente nelle parti non essenziali all'invenzione.

2. È, comunque, escluso dalla brevettabilità ogni procedimento tecnico che utilizzi cellule embrionali umane.

81-*sexies*. *Estensione della tutela*. — 1. La protezione attribuita da un brevetto relativo ad un materiale biologico dotato, in seguito all'invenzione, di determinate proprietà si estende a tutti i materiali biologici da esso derivati mediante riproduzione o moltiplicazione in forma identica o differenziata e dotati delle stesse proprietà.

2. La protezione attribuita da un brevetto relativo ad un procedimento che consente di produrre un materiale biologico dotato, per effetto dell'invenzione, di determinate proprietà si estende al materiale biologico direttamente ottenuto da tale procedimento ed a qualsiasi altro materiale biologico derivato dal materiale biologico direttamente ottenuto mediante riproduzione o moltiplicazione in forma identica o differenziata e dotato delle stesse proprietà.

3. Fatto salvo quanto disposto dall'art. 81-*quinquies*, comma 1, lett. *a*), la protezione attribuita da un brevetto ad un prodotto contenente o consistente in un'informazione genetica si estende a qualsiasi materiale nel quale il prodotto è incorporato e nel quale l'informazione genetica è contenuta e svolge la sua funzione.

81-*septies*. *Limiti all'estensione della tutela*. — 1. La protezione di cui all'art. 81-*sexies* non si estende al materiale biologico ottenuto mediante riproduzione o moltiplicazione di materiale biologico commercializzato nel territorio dello Stato dal titolare del brevetto o con il suo consenso, qualora la riproduzione o la moltiplicazione derivi necessariamente dall'utilizzazione per la quale il materiale biologico è stato commercializzato, purché il materiale ottenuto non venga utilizzato successivamente per altre riproduzioni o moltiplicazioni.

81-*octies*. *Licenza obbligatoria*. — 1. L'Ufficio italiano brevetti e marchi rilascia una licenza obbligatoria anche a favore:

a) del costitutore, per lo sfruttamento non esclusivo dell'invenzione protetta dal brevetto, qualora tale licenza sia necessaria allo sfruttamento di una varietà vegetale;

b) del titolare di un brevetto riguardante un'invenzione biotecnologica per l'uso della privativa su un ritrovato vegetale.

2. Il rilascio della licenza di cui al comma 1 avviene secondo le procedure e alle condizioni di cui agli artt. 71 e 72, in quanto compatibili.

3. In caso di concessione della licenza obbligatoria il titolare del brevetto ed il titolare della privativa per ritrovati vegetali hanno diritto, reciprocamente, ad una licenza secondo condizioni che, in mancanza di accordo tra le parti, sono determinate dall'Ufficio italiano brevetti e marchi.

4. Il rilascio della licenza di cui al comma 1 è subordinato alla dimostrazione, da parte del richiedente:

a) che si è rivolto invano al titolare del brevetto o della privativa sui ritrovati vegetali per ottenere una licenza contrattuale;

b) che la varietà vegetale o l'invenzione costituisce un progresso tecnico significativo, di notevole interesse economico rispetto all'invenzione indicata nel brevetto o alla varietà vegetale protetta.

Sezione V. — *I modelli di utilità*

82. *Oggetto del brevetto*. — 1. Possono costituire oggetto di brevetto per modello di utilità i nuovi modelli atti a conferire particolare efficacia o comodità di applicazione o di impiego a macchine, o parti di esse, strumenti, utensili od oggetti di uso in genere, quali i nuovi modelli consistenti in particolari conformazioni, disposizioni, configurazioni o combinazioni di parti.

2. Il brevetto per le macchine nel loro complesso non comprende la protezione delle singole parti.

3. Gli effetti del brevetto per modello di utilità si estendono ai modelli che conseguono pari utilità, purché utilizzino lo stesso concetto innovativo.

83. *Il diritto alla brevettazione*. — 1. Il diritto al brevetto spetta all'autore del nuovo modello di utilità ed ai suoi aventi causa.

84. *Brevettazione alternativa*. — 1. È consentito a chi chiede il brevetto per invenzione industriale, ai sensi del presente codice, di presentare contemporaneamente domanda di brevetto per modello di utilità, da valere nel caso che la prima non sia accolta o sia accolta solo in parte.

2. Se la domanda ha per oggetto un modello anziché un'invenzione o viceversa, l'Ufficio italiano brevetti e marchi invita l'interessato, assegnandogli un termine, a modificare la domanda stessa, la quale tuttavia ha effetto dalla data di presentazione originaria.

3. Se la domanda di brevetto per modello di utilità contiene anche un'invenzione (1) o viceversa, è applicabile l'art. 161.

85. *Durata ed effetti della brevettazione* (2). — 1. Il brevetto per modello di utilità dura dieci anni dalla data di presentazione della domanda.

2. I diritti conferiti e la decorrenza degli effetti del brevetto sono regolati conformemente all'art. 53.

86. *Rinvio*. — 1. Le disposizioni della sezione IV, sulle invenzioni industriali, oltre che a tali invenzioni, spiegano effetto anche nella materia dei modelli di utilità, in quanto applicabili.

2. In particolare sono estese ai brevetti per modello di utilità le disposizioni in materia di invenzioni dei dipendenti e licenze obbligatorie.

Sezione VI. — *Topografie dei prodotti a semiconduttori*

87. *Oggetto della tutela*. — 1. È prodotto a semiconduttori ogni prodotto finito o intermedio:

a) consistente in un insieme di materiali che comprende uno strato di materiale semiconduttore;

b) che contiene uno o più strati composti di materiale conduttore, isolante o semiconduttore, disposti secondo uno schema tridimensionale prestabilito;

c) destinato a svolgere, esclusivamente o insieme ad altre funzioni, una funzione elettronica.

2. La topografia di un prodotto a semiconduttori è una serie di disegni correlati, comunque fissati o codificati:

a) rappresentanti lo schema tridimensionale degli strati di cui si compone un prodotto a semiconduttori;

b) nella qual serie ciascuna immagine riproduce in tutto o in parte una superficie del prodotto a semiconduttori in uno stadio qualsiasi della sua fabbricazione.

88. *Requisiti della tutela*. — 1. Possono costituire oggetto di diritti esclusivi le topografie risultanti dallo sforzo intellettuale creativo del loro autore che non siano comuni o familiari nell'ambito dell'industria dei prodotti a semiconduttori.

2. Possono costituire oggetto di diritti esclusivi anche le topografie risultanti dalla combinazione di elementi comuni o familiari, purché nell'insieme soddisfino ai requisiti di cui al comma 1.

89. *Diritto alla tutela*. — 1. I diritti esclusivi sulle topografie dei prodotti a semiconduttori che presentano i requisiti di proteggibilità spettano all'autore e ai suoi aventi causa.

2. Qualora la topografia venga creata nell'ambito di un rapporto di lavoro dipendente o di impiego, si applica l'art. 64.

3. Qualora la topografia venga creata nell'esecuzione o nell'adempimento di un contratto diverso da un contratto di lavoro, il diritto alla tutela spetta, salvo che il contratto stesso disponga diversamente, al committente la topografia.

90. *Contenuto dei diritti*. — 1. I diritti esclusivi sulle topografie dei prodotti a semiconduttori consistono nella facoltà di:

a) riprodurre in qualsiasi modo o forma, totalmente o parzialmente, la topografia;

b) sfruttare commercialmente, ovvero detenere o distribuire a scopo di commercializzazione, ovvero importare una topografia o un prodotto a semiconduttori in cui è fissata la topografia.

2. Lo sfruttamento commerciale è costituito dalla vendita, l'affitto, il leasing o qualsiasi altro metodo di distribuzione commerciale o l'offerta per tali scopi.

91. *Limitazione dei diritti esclusivi*. — 1. La tutela concessa alle topografie dei prodotti a semiconduttori non si estende ai concetti, processi, sistemi, tecniche o informazioni codificate, incorporati nelle topografie stesse.

2. I diritti esclusivi di cui all'art. 90 non si estendono alle riproduzioni compiute in ambito privato, in via sperimentale, a scopo di insegnamento, di analisi o di valutazione della topografia e dei concetti, delle procedure, dei sistemi o delle tecniche incluse nella topografia stessa.

3. I diritti esclusivi non possono essere eser-

(1) La parola «invenzione» è stata così sostituita alla precedente «inverzione» dall'art. 44, d.lg. 13 agosto 2010, n. 131.

(2) La parola «brevettazione» è stata così sostituita alla precedente «brevettazzione» dall'art. 45, d.lg. 13 agosto 2010, n. 131.

citati nei confronti di topografie create da terzi sulla base di un'analisi o valutazione effettuata in conformità al comma 2, qualora tali topografie rispondano ai requisiti di proteggibilità.

92. *Registrazione*. — 1. La topografia dei prodotti a semiconduttori è proteggibile a condizione che:

a) ne sia richiesta la registrazione in Italia ovvero, qualora la topografia sia stata oggetto di precedente sfruttamento commerciale ovunque nel mondo, ne sia richiesta la registrazione entro il termine di due anni dalla data di tale primo sfruttamento, purché tale data sia precisata in apposita dichiarazione scritta. A tali effetti lo sfruttamento commerciale non comprende lo sfruttamento in condizioni di riservatezza nel quale non vi sia stata alcuna ulteriore distribuzione ai terzi, a meno che lo sfruttamento della topografia non avvenga secondo le condizioni di riservatezza imposte dall'adozione di misure ritenute necessarie alla tutela degli interessi essenziali della sicurezza nazionale e che si riferiscono alla produzione o al commercio di armi, munizioni e materiale bellico;

b) al momento del primo sfruttamento commerciale o della richiesta di registrazione, il proprietario della topografia sia cittadino o persona giuridica italiana o, se straniero, sia rispondente ai requisiti indicati nell'art. 3 del capo I.

2. Il diritto di richiedere la registrazione si estingue con il decorso di quindici anni dalla data della prima fissazione o codificazione della topografia, ove essa non abbia formato oggetto di sfruttamento commerciale in una qualsiasi parte del mondo per lo stesso periodo. A tali effetti per sfruttamento commerciale si intende quello non comprensivo dello sfruttamento in condizione di riservatezza secondo le indicazioni contenute nel comma 1, lett. *a*).

93. *Decorrenza e durata della tutela*. — 1. I diritti esclusivi di cui all'art. 90 sorgono alla prima, in ordine di tempo, delle date seguenti:

a) alla data del primo sfruttamento commerciale della topografia in una qualsiasi parte del mondo;

b) alla data in cui è stata presentata nella debita forma la domanda di registrazione.

2. I diritti esclusivi di cui al comma 1 si estinguono dieci anni dopo la prima, in ordine di tempo, delle seguenti date:

a) la fine dell'anno civile in cui la topografia è stata per la prima volta sfruttata commercialmente in una qualsiasi parte del mondo;

b) la fine dell'anno civile in cui è stata presentata nella debita forma la domanda di registrazione.

3. Agli effetti del presente articolo, per sfruttamento commerciale si intende quello non comprensivo dello sfruttamento in condizioni di riservatezza secondo le indicazioni contenute nell'art. 92, comma 1, lett. *a*).

94. *Menzione di riserva*. — 1. La topografia, il prodotto a semiconduttori ed il suo involucro esterno possono recare una menzione costituita da:

a) il segno T racchiuso da un cerchio;

b) la data in cui per la prima volta la topografia è stata oggetto di sfruttamento commerciale;

c) il nome, la denominazione o la sigla del titolare dei diritti sulla topografia.

2. Tale menzione prova l'avvenuta registrazione della topografia, ovvero la rivendicazione della titolarità sulla topografia o l'intenzione di chiedere la registrazione entro il termine di due anni dalla data del primo sfruttamento commerciale.

3. La menzione non può essere riportata su prodotti per i quali la domanda di registrazione non sia stata presentata entro i due anni dalla data del primo sfruttamento commerciale ovunque nel mondo o sia stata rifiutata definitivamente.

95. *Contraffazione*. — 1. Costituisce atto di contraffazione e di violazione dei diritti esclusivi sulle topografie dei prodotti a semiconduttori l'esercizio, senza il consenso del titolare, delle seguenti attività, anche per interposta persona:

a) la riproduzione in qualsiasi modo e con qualsiasi mezzo della topografia;

b) la fissazione con qualsiasi mezzo della topografia in un prodotto a semiconduttori;

c) l'utilizzazione, l'importazione e la detenzione a fini di commercializzazione, nonché la commercializzazione o distribuzione del prodotto a semiconduttori in cui è fissata la topografia.

2. Non costituiscono atti di contraffazione l'importazione, la distribuzione, la commercializzazione o l'utilizzazione di prodotti a semiconduttori contraffatti, effettuati senza sapere o senza avere una ragione valida di ritenere l'esistenza dei diritti esclusivi di cui all'art. 90.

3. Nell'ipotesi di cui al comma 2 è consentita la prosecuzione dell'attività intrapresa, nei limiti dei contratti già stipulati e delle scorte esistenti, ma il titolare dei diritti esclusivi ha diritto alla corresponsione di un equo corrispettivo, a partire dal momento in cui abbia adeguatamente avvisato l'acquirente in buona fede che la topografia è stata riprodotta illegalmente. In mancanza di accordo tra le parti, per la determinazione e le modalità di pagamento dell'e-

quo corrispettivo ragguagliato al prezzo di mercato si applicano le disposizioni previste alla sezione IV per la licenza di diritto.

96. *Risarcimento del danno ed equo compenso*. — 1. Chiunque, dopo la registrazione della topografia o dopo la diffida di colui che ha presentato la domanda di registrazione, ove accolta, pone in essere gli atti di cui all'art. 95, è tenuto al risarcimento dei danni ai sensi delle disposizioni del capo III.

2. Se gli atti di cui al comma 1 avvengono tra il primo atto di sfruttamento commerciale del prodotto a semiconduttori con menzione di riserva e la registrazione della topografia, il responsabile è tenuto a corrispondere solo un equo compenso al titolare della topografia registrata.

3. Se gli atti indicati alle lett. *a*) e *b*) del comma 1 dell'art. 95 avvengono dopo il primo atto di sfruttamento commerciale di un prodotto a semiconduttori senza menzione di riserva, il titolare della topografia registrata ha diritto ad un equo compenso e l'autore della contraffazione ha diritto di ottenere una licenza ad eque condizioni per continuare a sfruttare la topografia nei limiti dell'uso fatto prima che essa fosse registrata. Qualora il titolare della registrazione si rifiuti di rilasciare una licenza contrattuale, si applicano, in quanto compatibili, le disposizioni in materia di concessione di licenza obbligatoria di cui alla sezione IV, incluse quelle relative alla determinazione della misura e delle modalità di pagamento del compenso in caso di opposizione.

4. Chi ha acquistato un prodotto a semiconduttori senza sapere o senza avere una ragione valida di ritenere che il prodotto è tutelato da registrazione, ha diritto a continuare lo sfruttamento commerciale del prodotto. Tuttavia, per gli atti compiuti dopo avere saputo o avere avuto valide ragioni per ritenere che il prodotto a semiconduttori è tutelato, è dovuto il pagamento di un equo compenso. L'avente causa dell'acquirente di cui al presente comma conserva gli stessi diritti ed obblighi.

5. Agli effetti del presente articolo per sfruttamento commerciale si intende quello non comprensivo dello sfruttamento in condizione di riservatezza, secondo le indicazioni di cui all'art. 92, comma 1, lett. *a*) (1).

97. *Nullità della registrazione*. — 1. La domanda diretta ad ottenere la dichiarazione giudiziale di nullità della registrazione della topografia può essere promossa in qualsiasi momento e da chiunque vi abbia interesse, se è omesso, non sussiste o risulta assolutamente incerto uno dei seguenti requisiti:

a) i requisiti di proteggibilità di cui all'art. 88;

b) il proprietario della topografia non sia alcuno dei soggetti indicati all'art. 92, comma 1, lett. *b*);

c) non sia stata chiesta la registrazione in Italia entro il termine previsto all'art. 92, comma 1, lett. *a*) e, qualora trattasi (2) di topografie il cui sfruttamento commerciale sia iniziato nel biennio precedente il 18 marzo 1989, la registrazione non sia stata richiesta entro il 18 marzo 1990;

d) non sia stata precisata la data del primo atto di sfruttamento in apposita dichiarazione scritta;

e) la domanda di registrazione e i relativi allegati non consentano l'identificazione della topografia e la valutazione dei requisiti di cui alla lett. *a*) (3).

Sezione VII. — *Segreti commerciali* (4)

98. *Oggetto della tutela*. — 1. Costituiscono oggetto di tutela i segreti commerciali. Per segreti commerciali si intendono le informazioni aziendali e le esperienze tecnico-industriali, comprese quelle commerciali, soggette al legittimo controllo del detentore, ove tali informazioni:

a) siano segrete, nel senso che non siano nel loro insieme o nella precisa configurazione e combinazione dei loro elementi generalmente note o facilmente accessibili agli esperti ed agli operatori del settore;

b) abbiano valore economico in quanto segrete;

c) siano sottoposte, da parte delle persone al cui legittimo controllo sono soggette, a misure da ritenersi ragionevolmente adeguate a mantenerle segrete (5).

2. Costituiscono altresì oggetto di protezione i dati relativi a prove o altri dati segreti, la

(1) Le parole «, lett. *a*)» sono state inserite dall'art. 46, d.lg. 13 agosto 2010, n. 131.
(2) La parola «trattasi» è stata così sostituita alla precedente «trattisi» dall'art. 47.1.1, d.lg. 13 agosto 2010, n. 131.
(3) Le parole «e i relativi allegati non consentano l'identificazione della topografia e la valutazione dei requisiti di cui alla lett. *a*)» sono state così sostituite alle precedenti «non presenta i requisiti richiesti» dall'art. 47.2.1, d.lg. 13 agosto 2010, n. 131.
(4) Rubrica così sostituita alla precedente «Informazioni segrete» dall'art. 3.1, d.lg. 11 maggio 2018, n. 63.
(5) Comma così sostituito dall'art. 3.2, d.lg. 11 maggio 2018, n. 63.

cui elaborazione comporti un considerevole impegno ed alla cui presentazione sia subordinata l'autorizzazione dell'immissione in commercio di prodotti chimici, farmaceutici o agricoli implicanti l'uso di nuove sostanze chimiche.

99. *Tutela*. — 1. Ferma la disciplina della concorrenza sleale, il legittimo detentore dei segreti commerciali di cui all'art. 98, ha il diritto di vietare ai terzi, salvo proprio consenso, di acquisire, rivelare a terzi od utilizzare, in modo abusivo, tali segreti, salvo il caso in cui essi siano stati conseguiti in modo indipendente dal terzo (1).

1-*bis*. L'acquisizione, l'utilizzazione o la rivelazione dei segreti commerciali di cui all'art. 98 si considerano illecite anche quando il soggetto, al momento dell'acquisizione, dell'utilizzazione o della rivelazione, era a conoscenza o, secondo le circostanze, avrebbe dovuto essere a conoscenza del fatto che i segreti commerciali erano stati ottenuti direttamente o indirettamente da un terzo che li utilizzava o rivelava illecitamente ai sensi del comma 1 (2).

1-*ter*. La produzione, l'offerta, la commercializzazione di merci costituenti violazione, oppure l'importazione, l'esportazione o lo stoccaggio delle medesime merci costituiscono un utilizzo illecito dei segreti commerciali di cui all'art. 98, quando il soggetto che svolgeva tali condotte era a conoscenza o, secondo le circostanze, avrebbe dovuto essere a conoscenza del fatto che i segreti commerciali erano stati utilizzati illecitamente ai sensi del comma 1. Per merci costituenti violazione si intendono le merci delle quali la progettazione, le caratteristiche, la funzione, la produzione o la commercializzazione beneficiano in maniera significativa dei suddetti segreti commerciali acquisiti, utilizzati o rivelati illecitamente (2).

1-*quater*. I diritti e le azioni derivanti dalle condotte illecite di cui ai commi 1, 1-*bis* e 1-*ter* si prescrivono in cinque anni (2).

Sezione VIII. — *Nuove varietà vegetali*

100. *Oggetto del diritto*. — 1. Può costituire oggetto del diritto su una nuova varietà vegetale un insieme vegetale di un taxon botanico del grado più basso conosciuto che, conformandosi integralmente o meno alle condizioni previste per il conferimento (3) del diritto di costitutore, può essere:

a) definito in base ai caratteri risultanti da un certo genotipo o da una certa combinazione di genotipi;

b) distinto da ogni altro insieme vegetale in base all'espressione di almeno uno dei suddetti caratteri;

c) considerato come un'entità (4) rispetto alla sua idoneità a essere riprodotto in modo conforme.

101. *Costitutore*. — 1. Ai fini del presente codice si intende per costitutore:

a) la persona che ha creato o che ha scoperto e messo a punto una varietà;

b) la persona che è il datore di lavoro della persona sopraindicata o che ne ha commissionato il lavoro;

c) l'avente diritto o avente causa dai soggetti indicati nelle lett. *a*) e *b*).

102. *Requisiti*. — 1. Il diritto di costitutore è conferito quando la varietà è nuova, distinta, omogenea e stabile.

103. *Novità*. — 1. La varietà si reputa nuova quando, alla data di deposito della domanda di costitutore, il materiale di riproduzione o di moltiplicazione vegetativa o un prodotto di raccolta della varietà non è stato venduto, né altrimenti ceduto a terzi, dal costitutore o con il suo consenso, ai fini dello sfruttamento della varietà:

a) sul territorio italiano da oltre un anno dalla data di deposito della domanda;

b) in qualsiasi altro Stato da oltre quattro anni o, nel caso di alberi e viti, da oltre sei anni.

104. *Distinzione*. — 1. La varietà si reputa distinta quando si contraddistingue nettamente da ogni altra varietà la cui esistenza, alla data del deposito della domanda, è notoriamente conosciuta.

2. In particolare un'altra varietà si reputa notoriamente conosciuta quando:

a) per essa è stata depositata, in qualsiasi Paese, una domanda per il conferimento del diritto di costitutore o l'iscrizione in un registro ufficiale, purché detta domanda abbia come effetto il conferimento del diritto di costitutore o l'iscrizione nel registro ufficiale delle varietà;

b) è presente in collezioni pubbliche.

105. *Omogeneità*. — 1. La varietà si reputa omogenea quando è sufficientemente uniforme nei suoi caratteri pertinenti e rilevanti ai

(1) Comma così sostituito, da ultimo, dall'art. 4.1, d.lg. 11 maggio 2018, n. 63.
(2) Comma aggiunto dall'art. 4.2, d.lg. 11 maggio 2018, n. 63.
(3) La parola «conferimento» è stata così sostituita alla precedente «conferiniento» dall'art. 49.1, d.lg. 13 agosto 2010, n. 131.
(4) La parola «entità» è stata così sostituita alla precedente «entita» dall'art. 49.2, d.lg. 13 agosto 2010, n. 131.

fini della protezione, con riserva della variazione prevedibile in conseguenza delle particolarità attinenti alla sua riproduzione sessuata e alla sua moltiplicazione vegetativa.

106. *Stabilità*. — 1. La varietà si reputa stabile quando i caratteri pertinenti e rilevanti ai fini della protezione rimangono invariati in seguito alle successive riproduzioni o moltiplicazioni o, in caso di un particolare ciclo di riproduzione o moltiplicazione, alla fine di ogni ciclo.

107. *Contenuto del diritto del costitutore*. — 1. È richiesta l'autorizzazione del costitutore per i seguenti atti compiuti in relazione al materiale di riproduzione o di moltiplicazione della varietà protetta:

a) produzione o riproduzione;

b) condizionamento a scopo di riproduzione o moltiplicazione;

c) offerta in vendita, vendita o qualsiasi altra forma di commercializzazione;

d) esportazione o importazione;

e) detenzione per uno degli scopi sopra elencati.

2. L'autorizzazione del costitutore è richiesta per gli atti menzionati al comma 1 compiuti in relazione al prodotto della raccolta, comprese piante intere e parti di piante, ottenuto mediante utilizzazione non autorizzata di materiali di riproduzione o di moltiplicazione della varietà protetta, a meno che il costitutore non abbia potuto esercitare ragionevolmente il proprio diritto in relazione al suddetto materiale di riproduzione o di moltiplicazione. L'utilizzazione si presume non autorizzata salvo prova contraria.

3. Le disposizioni dei commi 1 e 2 si applicano anche:

a) alle varietà essenzialmente derivate dalla varietà protetta, quando questa non sia, a sua volta, una varietà essenzialmente derivata;

b) alle varietà che non si distinguono nettamente dalla varietà protetta conformemente al requisito della distinzione;

c) alle varietà la cui produzione necessita del ripetuto impiego della varietà protetta.

4. Ai fini del comma 3, lett. *a*), si considera che una varietà è essenzialmente derivata da un'altra varietà, definita varietà iniziale, quando:

a) deriva prevalentemente dalla varietà iniziale o da una varietà che a sua volta è prevalentemente derivata dalla varietà iniziale, pur conservando le espressioni dei caratteri essenziali che risultano dal genotipo o dalla combinazione dei genotipi della varietà iniziale;

b) si distingue nettamente dalla varietà iniziale e, salvo per quanto concerne le differenze generate dalla derivazione, risulta conforme alla varietà iniziale nell'espressione dei caratteri essenziali che risultano dal genotipo o dalla combinazione dei genotipi della varietà iniziale.

5. Le varietà essenzialmente derivate possono essere ottenute, tra l'altro, mediante selezione di un mutante naturale o indotto o da una variante somaclonale, mediante selezione di una variante individuale fra piante della varietà iniziale, mediante retroincroci o mediante trasformazione attraverso l'ingegneria genetica.

6. Durante il periodo compreso tra la pubblicazione della domanda e la concessione della privativa il costitutore ha diritto ad una equa remunerazione da parte di colui che, nel periodo suddetto, ha compiuto gli atti che, una volta conferito il diritto, richiedono l'autorizzazione del costitutore.

108. *Limitazioni del diritto del costitutore*. — 1. Il diritto di costitutore non si estende ad atti compiuti in ambito privato, a scopi non commerciali; ad atti compiuti a titolo sperimentale; ad atti compiuti allo scopo di creare altre varietà, nonché, ove non siano applicabili le disposizioni dell'art. 107, comma 3, ad atti di cui allo stesso art. 107, commi 1 e 2, compiuti rispetto a tali altre varietà.

2. Fermo quanto disposto dall'art. 107, comma 1, chiunque intende procedere alla moltiplicazione, in vista della certificazione, di materiale proveniente da varietà oggetto di privativa per nuova varietà vegetale, è tenuto a darne preventiva comunicazione al titolare del diritto.

109. *Durata della protezione*. — 1. Il diritto di costitutore, concesso a norma di questo codice, dura venti anni a decorrere dalla data della sua concessione. Per gli alberi e le viti tale diritto dura trent'anni dalla data della sua concessione.

2. Gli effetti della privativa decorrono dalla data in cui la domanda, corredata degli elementi descrittivi, è resa accessibile al pubblico.

3. Nei confronti delle persone alle quali la domanda, corredata degli elementi descrittivi, è stata notificata a cura del costitutore, gli effetti della privativa decorrono dalla data di tale notifica.

110. *Diritto morale*. — 1. Il diritto di essere considerato autore della nuova varietà vegetale può essere fatto valere dall'autore stesso e, dopo la sua morte, dal coniuge e dai discendenti fino al secondo grado; in loro mancanza o dopo la loro morte, dai genitori e dagli altri ascendenti ed in mancanza, o dopo la morte anche di questi, dai parenti fino al quarto grado incluso.

111. *Diritti patrimoniali.* — 1. I diritti nascenti dalla costituzione di nuove varietà vegetali, tranne il diritto di esserne riconosciuto autore, sono alienabili e trasmissibili.

2. Qualora la nuova varietà vegetale venga creata nell'ambito di un rapporto di lavoro dipendente o di impiego, si applica l'art. 64.

112. *Nullità del diritto.* — 1. Il diritto di costitutore è nullo se è accertato che:

a) le condizioni fissate dalle norme sulla novità e sulla distinzione non erano effettivamente soddisfatte al momento del conferimento del diritto di costitutore;

b) le condizioni fissate dalle norme sulla omogeneità e sulla stabilità non sono state effettivamente soddisfatte al momento del conferimento del diritto di costitutore, ove il diritto di costitutore è stato conferito essenzialmente sulla base di informazioni o documenti forniti dal costitutore;

c) il diritto di costitutore è stato conferito a chi non aveva diritto e l'avente diritto non si sia valso delle facoltà accordategli dall'art. 118.

113. *Decadenza del diritto.* — 1. Il diritto di costitutore decade quando viene accertato che le condizioni relative alla omogeneità e alla stabilità non sono più effettivamente soddisfatte.

2. Il diritto decade inoltre se il costitutore, previa messa in mora da parte dell'amministrazione competente:

a) non presenta, entro il termine di trenta giorni le informazioni, i documenti o il materiale ritenuti necessari al controllo del mantenimento della varietà;

b) non ha pagato i diritti dovuti per il mantenimento del proprio diritto;

c) non propone, in caso di cancellazione della denominazione della varietà successivamente al conferimento del diritto, un'altra denominazione adeguata.

3. Nei casi previsti nel comma 2, lett. *a*) e *c*), la decadenza è dichiarata dall'Ufficio italiano brevetti e marchi, su proposta del Ministero delle politiche agricole alimentari, forestali e del turismo (1).

114. *Denominazione della varietà.* — 1. La varietà deve essere designata con una denominazione destinata ad essere la sua designazione generica.

2. La denominazione deve permettere di identificare la varietà. Essa non può consistere unicamente di cifre, a meno che non si tratti di una prassi stabilita per designare talune varietà. Essa non deve essere suscettibile di indurre in errore o di creare confusione quanto alle sue caratteristiche, al valore o alla identità della varietà o alla identità del costitutore. In particolare, essa deve essere diversa da ogni altra denominazione che designi, sul territorio di uno Stato aderente all'Unione per la protezione delle nuove varietà vegetali (UPOV), una varietà preesistente della stessa specie vegetale o di una specie simile, a meno che quest'altra varietà non esista più e la sua denominazione non abbia assunto alcuna importanza particolare.

3. I diritti acquisiti anteriormente da terzi non sono pregiudicati.

4. La denominazione deve essere uguale a quella già registrata in uno degli Stati aderenti all'Unione per la protezione delle nuove varietà vegetali (UPOV) per designare la stessa varietà.

5. La denominazione depositata che risponde ai requisiti dei commi 1, 2, 3 e 4 è registrata.

6. La denominazione depositata e registrata, nonché le relative variazioni sono comunicate alle autorità competenti degli Stati aderenti all'UPOV.

7. La denominazione registrata deve essere utilizzata per la varietà anche dopo l'estinzione del diritto di costitutore, nella misura in cui, conformemente alle disposizioni di cui al comma 3, diritti acquisiti anteriormente non si oppongano a tale utilizzazione.

8. È consentito associare alla denominazione varietale un marchio d'impresa, un nome commerciale o una simile indicazione, purché la denominazione varietale risulti, in ogni caso, facilmente riconoscibile.

115. *Licenze obbligatorie ed espropriazioni.* — 1. Il diritto di costitutore può formare oggetto di licenze obbligatorie non esclusive soltanto per motivi di interesse pubblico, di cui al comma 3.

2. Alle licenze obbligatorie si applicano, in quanto compatibili con le disposizioni contenute in questa sezione, le norme in materia di licenza obbligatoria di cui alla sezione IV, incluse quelle relative alla determinazione della misura e delle modalità di pagamento del compenso in caso di opposizione.

3. Con decreto ministeriale possono essere concesse, in qualunque momento, mediante

(1) La denominazione «Ministero delle politiche agricole alimentari, forestali e del turismo» è stata così sostituita alla precedente «Ministero delle politiche agricole alimentari e forestali» dall'art. 1.4, d.l. 12 luglio 2018, n. 86, conv. in l. 9 agosto 2018, n. 97.

pagamento di equo compenso al titolare del diritto di costitutore, licenze obbligatorie speciali, non esclusive, per l'utilizzazione di nuove varietà vegetali protette che possono servire all'alimentazione umana o del bestiame, nonché per usi terapeutici o per la produzione di medicinali.

4. Le licenze previste al comma 3 sono concesse su conforme parere del Ministero delle politiche agricole alimentari e forestali che si pronuncia sulle condizioni prescritte per la concessione delle licenze.

5. Il decreto di concessione della licenza può prevedere l'obbligo per il titolare del diritto di mettere a disposizione del licenziatario il materiale di propagazione ovvero di moltiplicazione necessario.

6. L'espropriazione ha luogo, per le nuove varietà vegetali, sentito il Ministero delle politiche agricole alimentari e forestali (1).

116. *Rinvio*. — 1. Sono applicabili alle nuove varietà vegetali le disposizioni della sezione IV, in quanto non contrastino con le disposizioni della presente sezione.

CAPO III

TUTELA GIURISDIZIONALE DEI DIRITTI DI PROPRIETÀ INDUSTRIALE

Sezione I. — *Disposizioni processuali*

117. *Validità ed appartenenza*. — 1. La registrazione e la brevettazione non pregiudicano l'esercizio delle azioni circa la validità e l'appartenenza dei diritti di proprietà industriale.

118. *Rivendica*. — 1. Chiunque ne abbia diritto ai sensi del presente codice può presentare una domanda di registrazione oppure una domanda di brevetto.

2. Qualora con sentenza passata in giudicato si accerti che il diritto alla registrazione oppure al brevetto spetta ad un soggetto diverso da chi abbia depositato la domanda, questi può, se il titolo di proprietà industriale non è stato ancora rilasciato ed entro tre mesi dal passaggio in giudicato della sentenza:

a) assumere a proprio nome la domanda di brevetto o la domanda di registrazione, rivestendo a tutti gli effetti la qualità di richiedente;

b) depositare una nuova domanda di brevetto oppure di registrazione la cui decorrenza, nei limiti in cui il contenuto di essa non ecceda quello della prima domanda o si riferisca ad un oggetto sostanzialmente identico a quello della prima domanda, risale alla data di deposito o di priorità della domanda iniziale, la quale cessa comunque di avere effetti; depositare, nel caso del marchio, una nuova domanda di registrazione la cui decorrenza, nei limiti in cui il marchio contenuto in essa sia sostanzialmente identico a quello della prima domanda, risale alla data di deposito o di priorità della domanda iniziale, la quale cessa comunque di avere effetti;

c) ottenere il rigetto della domanda.

3. Se il brevetto è stato rilasciato oppure la registrazione è stata effettuata a nome di persona diversa dall'avente diritto, questi può in alternativa:

a) ottenere con sentenza il trasferimento a suo nome del brevetto oppure dell'attestato di registrazione a far data dal momento del deposito;

b) far valere la nullità del brevetto o della registrazione concessi a nome di chi non ne aveva diritto.

4. Decorso il termine di due anni dalla data di pubblicazione della concessione del brevetto per invenzione, per modello di utilità, per una nuova varietà vegetale, oppure dalla pubblicazione della concessione della registrazione della topografia dei prodotti a semiconduttori, senza che l'avente diritto si sia valso di una delle facoltà di cui al comma 3, la nullità può essere fatta valere da chiunque ne abbia interesse.

5. La norma del comma 4 non si applica alle registrazioni di marchio e di disegni e modelli.

6. Salvo l'applicazione di ogni altra tutela, la registrazione di nome a dominio aziendale concessa in violazione dell'art. 22 o richiesta in mala fede, può essere, su domanda dell'avente diritto, revocata oppure a lui trasferita da parte dell'autorità di registrazione.

119. *Paternità*. — 1. L'Ufficio italiano brevetti e marchi non verifica l'esattezza della designazione dell'inventore o dell'autore, né la legittimazione del richiedente, fatte salve le verifiche previste dalla legge o dalle convenzioni internazionali. Dinnanzi l'Ufficio italiano brevetti e marchi si presume che il richiedente sia titolare del diritto alla registrazione oppure al brevetto e sia legittimato ad esercitarlo.

2. Una designazione incompleta od errata può essere rettificata soltanto (2) su istanza corredata da una dichiarazione di consenso

(1) Articolo così sostituito dall'art. 50, d.lg. 13 agosto 2010, n. 131.
(2) La parola «soltanto» è stata così sostituita alla precedente «solanto» dall'art. 51, d.lg. 13 agosto 2010, n. 131.

della persona precedentemente designata e, qualora l'istanza non sia presentata dal richiedente o dal titolare del brevetto o della registrazione, anche da una dichiarazione di consenso di quest'ultimo.

3. Se un terzo presenta all'Ufficio italiano brevetti e marchi una sentenza esecutiva in base alla quale il richiedente o il titolare del brevetto o della registrazione è tenuto a designarlo come inventore o come autore l'Ufficio, lo annota sul registro e ne dà notizia nel Bollettino Ufficiale.

120. *Giurisdizione e competenza*. — 1. Le azioni in materia di proprietà industriale i cui titoli sono concessi o in corso di concessione si propongono avanti l'autorità giudiziaria dello Stato, qualunque sia la cittadinanza, il domicilio o la residenza delle parti. Se l'azione di nullità o quella di contraffazione sono proposte quando il titolo non è stato ancora concesso, la sentenza può essere pronunciata solo dopo che l'Ufficio italiano brevetti e marchi ha provveduto sulla domanda di concessione, esaminandola con precedenza rispetto a domande presentate in data anteriore. Il giudice, tenuto conto delle circostanze, dispone la sospensione del processo, per una o più volte, fissando con il medesimo provvedimento l'udienza in cui il processo deve proseguire (1).

2. Le azioni previste al comma 1 si propongono davanti all'autorità giudiziaria del luogo in cui il convenuto ha la residenza o il domicilio e, se questi sono sconosciuti, del luogo in cui il convenuto ha la dimora, salvo quanto previsto nel comma 3. Quando il convenuto non ha residenza, né domicilio né dimora nel territorio dello Stato, le azioni sono proposte davanti all'autorità giudiziaria del luogo in cui l'attore ha la residenza o il domicilio. Qualora né l'attore, né il convenuto abbiano nel territorio dello Stato residenza, domicilio o dimora è competente l'autorità giudiziaria di Roma.

3. L'indicazione di domicilio effettuata con la domanda di registrazione o di brevettazione e annotata nel registro vale come elezione di domicilio esclusivo, ai fini della determinazione della competenza e di ogni notificazione di atti di procedimenti davanti ad autorità giurisdizionali ordinarie o amministrative. Il domicilio così eletto può essere modificato soltanto con apposita istanza di sostituzione da annotarsi sul registro a cura dell'Ufficio italiano brevetti e marchi.

4. La competenza in materia di diritti di proprietà industriale appartiene ai tribunali espressamente indicati a tale scopo dal d.lg. 27 giugno 2003, n. 168.

5. Per tribunali dei marchi e dei disegni e modelli comunitari ai sensi dell'art. 91 del reg. (CE) n. 40/94 e dell'art. 80 del regolamento (CE) n. 2002/6 si intendono quelli di cui al comma 4.

6. Le azioni fondate su fatti che si assumono lesivi del diritto dell'attore possono essere proposte anche dinanzi all'autorità giudiziaria dotata di (2) sezione specializzata nella cui circoscrizione i fatti sono stati commessi.

6-*bis*. Le regole di giurisdizione e competenza di cui al presente articolo si applicano altresì alle azioni di accertamento negativo anche proposte in via cautelare (3) (4).

121. *Ripartizione dell'onere della prova*. — 1. Salvo il caso di decadenza per non uso, l'onere (5) di provare la nullità o la decadenza del titolo di proprietà industriale incombe in ogni caso a chi impugna il titolo. Salvo il disposto dell'art. 67 l'onere di provare la contraffazione incombe al titolare. In ogni caso in cui sia domandata o eccepita la decadenza per non uso, il titolare fornisce la prova dell'uso del marchio a norma dell'art. 24 (6).

2. Qualora una parte abbia fornito seri indizi della fondatezza delle proprie domande ed abbia individuato documenti, elementi o informazioni detenuti dalla controparte che confermino tali indizi, essa può ottenere che il giudice ne disponga l'esibizione oppure che richieda le informazioni alla controparte. Può ottenere altresì che il giudice ordini alla controparte (7) di fornire gli elementi per l'identificazione dei soggetti implicati nella produzione e distribuzione dei prodotti o dei servizi che costituiscono violazione dei diritti di proprietà industriale.

(1) Comma aggiunto dall'art. 19.2, l. 23 luglio 2009, n. 99. L'art. 19.8, l. cit., così dispone: «La disposizione di cui all'art. 120, comma 1, del citato codice di cui al d.lg. 10 febbraio 2005, n. 30, come sostituito dal comma 2 del presente articolo, si applica anche ai procedimenti in corso alla data di entrata in vigore della presente legge».

(2) La parola «di» è stata così sostituita alla precedente «si» dall'art. 52.1, d.lg. 13 agosto 2010, n. 131.

(3) Comma aggiunto dall'art. 52.2, d.lg. 13 agosto 2010, n. 131.

(4) L'art. 128.2, d.lg. 13 agosto 2010, n. 131, così dispone: «Gli artt. 120 e 122 del Codice si applicano anche ai procedimenti in corso alla data dell'entrata in vigore del presente decreto legislativo».

(5) Le parole «Salvo il caso di decadenza per non uso, l'onere» sono state così sostituite alle precedenti «L'onere» dall'art. 13.1, lett. a, d.lg. 20 febbraio 2019, n. 15.

(6) Periodo così sostituito dall'art. 13.1, lett. b, d.lg. 20 febbraio 2019, n. 15.

(7) Le parole «alla controparte» sono state inserite dall'art. 14.1, lett. a, d.lg. 16 marzo 2006, n. 140.

2-*bis*. In caso di violazione commessa su scala commerciale mediante atti di pirateria di cui all'art. 144 (1), il giudice può anche disporre, su richiesta di parte, l'esibizione della documentazione bancaria, finanziaria e commerciale che si trovi in possesso della controparte (2).

3. Il giudice, nell'assumere i provvedimenti di cui sopra, adotta le misure idonee a garantire la tutela delle informazioni riservate, sentita la controparte.

4. Il giudice desume argomenti di prova dalle risposte che le parti danno e di rifiuto ingiustificato di ottemperare agli ordini.

5. Nella materia di cui al presente codice il consulente tecnico d'ufficio può ricevere i documenti inerenti ai quesiti posti dal giudice anche se non ancora prodotti in causa, rendendoli noti a tutte le parti. Ciascuna parte può nominare più di un consulente.

121-*bis*. *Diritto d'informazione*. — 1. L'Autorità giudiziaria sia nei giudizi cautelari che di merito può ordinare, su istanza giustificata e proporzionata del richiedente, che vengano fornite informazioni sull'origine e sulle reti di distribuzione di merci o di prestazione di servizi che violano un diritto di cui alla presente legge da parte dell'autore della violazione e da ogni altra persona che:

a) sia stata trovata in possesso di merci oggetto di violazione di un diritto, su scala commerciale; sia stata sorpresa a utilizzare servizi oggetto di violazione di un diritto, su scala commerciale;

b) sia stata sorpresa a fornire su scala commerciale servizi utilizzati in attività di violazione di un diritto;

c) sia stata indicata dai soggetti di cui alle lett. *a*) o *b*) come persona implicata nella produzione, fabbricazione o distribuzione di tali prodotti o nella fornitura di tali servizi.

2. Le informazioni di cui al comma 1 possono tra l'altro comprendere il nome e indirizzo dei produttori, dei fabbricanti, dei distributori, dei fornitori e degli altri precedenti detentori dei prodotti o dei servizi, nonché dei grossisti e dei dettaglianti, nonché informazioni sulle quantità prodotte, fabbricate, consegnate, ricevute o ordinate, nonché sul prezzo dei prodotti o servizi in questione.

3. Le informazioni vengono acquisite tramite interrogatorio dei soggetti di cui al comma 1.

4. Il richiedente deve fornire l'indicazione specifica delle persone da interrogare e dei fatti sui quali ognuna di esse deve essere interrogata.

5. Il giudice, ammesso l'interrogatorio, richiede ai soggetti di cui al comma 1 le informazioni indicate dalla parte; può altresì rivolgere loro, d'ufficio o su istanza di parte, tutte le domande che ritiene utili per chiarire le circostanze sulle quali si svolge l'interrogatorio.

6. Si applicano gli artt. 249, 250, 252, 255 e 257, primo comma, del codice di procedura civile (3).

121-*ter*. *Tutela della riservatezza dei segreti commerciali nel corso dei procedimenti giudiziari*. — 1. Nei procedimenti giudiziari relativi all'acquisizione, all'utilizzazione o alla rivelazione illecite dei segreti commerciali di cui all'art. 98, il giudice può vietare ai soggetti da lui nominati o delegati, alle parti e ai loro rappresentanti e consulenti, ai difensori, al personale amministrativo, ai testimoni, e agli altri soggetti che a qualunque titolo hanno accesso ai provvedimenti, agli atti e ai documenti presenti nel fascicolo d'ufficio, l'utilizzo o la rivelazione dei segreti commerciali oggetto del procedimento che ritenga riservati. Il provvedimento di divieto di cui al primo periodo è pronunciato su istanza di parte e mantiene efficacia anche successivamente alla conclusione del procedimento nel corso del quale è stato emesso.

2. Il provvedimento di cui al comma 1 perde la sua efficacia:

a) se con sentenza, passata in giudicato, è accertato che i segreti commerciali oggetto di causa erano privi dei requisiti di cui all'art. 98;

b) se i segreti commerciali diventano generalmente noti o facilmente accessibili agli esperti e agli operatori del settore.

3. Nei procedimenti giudiziari di cui al comma 1 il giudice, su istanza di parte, può adottare i provvedimenti che, nel rispetto dei principi regolatori del giusto processo, appaiano più idonei a tutelare la riservatezza dei segreti commerciali oggetto di causa, ed in particolare:

a) limitare ad un numero ristretto di soggetti l'accesso alle udienze e agli atti e ai documenti presenti nel fascicolo d'ufficio;

b) disporre, nei provvedimenti che definiscono i procedimenti di cui al comma 1, resi disponibili anche a soggetti diversi dalle parti, l'oscuramento o l'omissione delle parti contenenti i segreti commerciali.

4. Ai fini di cui al comma 3, lett. *b*), il giudice, con il provvedimento, indica le parti dello stes-

(1) Le parole «art. 144» sono state così sostituite alle precedenti «art. 114» dall'art. 53, d.lg. 13 agosto 2010, n. 131.

(2) Comma inserito dall'art. 14.1, lett. b, 16 marzo 2006, n. 140.

(3) Articolo inserito dall'art. 15, 16 marzo 2006, n. 140.

so che il cancelliere è tenuto ad oscurare o omettere all'atto del rilascio di copia a soggetti diversi dalle parti. Agli stessi fini il giudice ordina che, all'atto del deposito del provvedimento, la cancelleria vi apponga un'annotazione dalla quale risulti il divieto per le parti di diffondere il provvedimento in versione integrale (1).

122. *Legittimazione all'azione di nullità e di decadenza*. — 1. Fatto salvo il disposto dell'art. 118, comma 4, l'azione diretta ad ottenere la dichiarazione di decadenza o di nullità di un titolo di proprietà industriale può essere esercitata da chiunque vi abbia interesse e promossa d'ufficio dal pubblico ministero. In deroga all'art. 70 del codice di procedura civile l'intervento del pubblico ministero non è obbligatorio (2).

2. L'azione diretta ad ottenere la dichiarazione di nullità di un marchio per la sussistenza di diritti anteriori oppure perché l'uso del marchio costituirebbe violazione di un altrui diritto di autore, di proprietà industriale o altro diritto esclusivo di terzi, oppure perché il marchio costituisce violazione del diritto al nome oppure al ritratto oppure perché la registrazione del marchio è stata effettuata a nome del non avente diritto, può essere esercitata soltanto dal titolare dei diritti anteriori e dal suo avente causa o dall'avente diritto.

3. L'azione diretta ad ottenere la dichiarazione di nullità di un disegno o modello per la sussistenza dei diritti anteriori di cui all'art. 43, comma 1, lett. *d*) ed *e*), oppure perché la registrazione è stata effettuata a nome del non avente diritto oppure perché il disegno o modello costituisce utilizzazione impropria di uno degli elementi elencati nell'art. 6-*ter* della Convenzione di Unione di Parigi per la protezione della proprietà industriale – testo di Stoccolma del 14 luglio 1967, ratificata con l. 28 aprile 1976, n. 424, o di disegni, emblemi e stemmi che rivestano un particolare interesse pubblico nello Stato, può essere rispettivamente esercitata soltanto dal titolare dei diritti anteriori e dal suo avente causa o dall'avente diritto oppure da chi abbia interesse all'utilizzazione.

4. L'azione di decadenza o di nullità di un titolo di proprietà industriale è esercitata in contraddittorio di tutti coloro che risultano annotati nel registro quali aventi diritto in quanto titolari di esso (3).

4-*bis*. L'azione di nullità o decadenza di un marchio registrato è improcedibile qualora, su una domanda con il medesimo oggetto, i medesimi fatti costitutivi e fra le stesse parti, sia stata pronunciata una decisione dall'Ufficio italiano brevetti e marchi ai sensi dell'art. 184-*quater* o sia pendente un procedimento dinanzi all'Ufficio italiano brevetti e marchi, ai sensi dell'art. 184-*bis* (4).

4-*ter*. Fuori dal caso di cui al comma 4-*bis*, qualora l'azione di nullità o decadenza di un marchio registrato sia esercitata in pendenza di un procedimento amministrativo, connesso per il suo oggetto, il giudice può sospendere il relativo processo. La parte che vi abbia interesse deve chiedere la fissazione della nuova udienza entro il termine perentorio di tre mesi dalla definizione del procedimento amministrativo connesso, ai sensi dell'art. 297, terzo comma, del codice di procedura civile (4).

5. Le sentenze che dichiarano la nullità o la decadenza di un titolo di proprietà industriale sono annotate nel registro a cura dell'Ufficio italiano brevetti e marchi.

6. Una copia dell'atto introduttivo di ogni giudizio civile in materia di titoli (5) di proprietà industriale deve essere comunicata all'Ufficio italiano brevetti e marchi, a cura di chi promuove il giudizio.

7. Ove alla comunicazione anzidetta non si sia provveduto, l'autorità giudiziaria, in qualunque grado del giudizio, prima di decidere nel merito, dispone che tale comunicazione venga effettuata.

8. Il cancelliere deve trasmettere all'Ufficio italiano brevetti e marchi copia di ogni sentenza in materia di titoli (5) di proprietà industriale (6).

122-*bis*. *Legittimazione all'azione di contraffazione del licenziatario*. — 1. Fatte salve le

(1) Articolo inserito dall'art. 5, d.lg. 11 maggio 2018, n. 63.

(2) Comma così sostituito dall'art. 19.3, lett. a, l. 23 luglio 2009, n. 99. L'art. 19.4, l. cit., così dispone: «Le disposizioni di cui al comma 3 si applicano anche ai procedimenti in corso alla data di entrata in vigore della presente legge».

(3) Le parole «in quanto titolari di esso» sono state aggiunte dall'art. 54, d.lg. 13 agosto 2010, n. 131.

(4) Comma inserito dall'art. 14, d.lg. 20 febbraio 2019, n. 15.

(5) La parola «titoli» è stata così sostituita alla precedente «diritti» dall'art. 19.3, lett. b, l. 23 luglio 2009, n. 99. L'art. 19.4, l. cit., così dispone: «Le disposizioni di cui al comma 3 si applicano anche ai procedimenti in corso alla data di entrata in vigore della presente legge».

(6) L'art. 128.2, d.lg. 13 agosto 2010, n. 131, così dispone: «Gli artt. 120 e 122 del Codice si applicano anche ai procedimenti in corso alla data dell'entrata in vigore del presente decreto legislativo».

clausole del contratto di licenza, il licenziatario può avviare un'azione per contraffazione di un marchio d'impresa soltanto con il consenso del titolare del medesimo. Il titolare di una licenza esclusiva può tuttavia avviare una siffatta azione se il titolare del marchio, previa messa in mora, non avvia un'azione per contraffazione entro termini appropriati.

2. Il licenziatario può intervenire nell'azione per contraffazione avviata dal titolare del marchio per ottenere il risarcimento del danno da lui subito.

3. Le disposizioni di cui ai commi 1 e 2, si applicano ai soggetti abilitati all'uso di marchi collettivi, di cui all'art. 11 (1).

123. *Efficacia erga omnes*. — 1. Le decadenze o le nullità anche parziali di un titolo di proprietà industriale hanno efficacia nei confronti di tutti quando siano dichiarate con sentenza passata in giudicato.

124. *Misure correttive e sanzioni civili* (2). — 1. Con la sentenza che accerta la violazione di un diritto di proprietà industriale possono essere disposti l'inibitoria della fabbricazione, del commercio e dell'uso delle cose costituenti violazione del diritto, e l'ordine di ritiro definitivo dal commercio delle medesime cose nei confronti di chi ne sia proprietario o ne abbia comunque la disponibilità. L'inibitoria e l'ordine di ritiro definitivo dal commercio possono essere emessi anche contro ogni intermediario, che sia parte del giudizio ed i cui servizi siano utilizzati per violare un diritto di proprietà industriale (3).

2. Pronunciando l'inibitoria, il giudice può fissare una somma dovuta per ogni violazione o inosservanza successivamente constatata e per ogni ritardo nell'esecuzione del provvedimento.

3. Con la sentenza che accerta la violazione di un diritto di proprietà industriale può essere ordinata la distruzione di tutte le cose costituenti la violazione, se non vi si oppongono motivi particolari, a spese dell'autore della violazione. Non può essere ordinata la distruzione della cosa e l'avente diritto può conseguire solo il risarcimento dei danni, se la distruzione della cosa è di pregiudizio all'economia nazionale. Se i prodotti costituenti violazione dei diritti di proprietà industriale sono suscettibili, previa adeguata modifica, di una utilizzazione legittima, può essere disposto dal giudice, in luogo del ritiro definitivo o della loro distruzione, il loro ritiro temporaneo dal commercio, con possibilità di reinserimento a seguito degli adeguamenti imposti a garanzia del rispetto del diritto (4).

4. Con la sentenza che accerta la violazione dei diritti di proprietà industriale, può essere ordinato che gli oggetti prodotti importati o venduti in violazione del diritto e i mezzi specifici che servono univocamente a produrli o ad attuare il metodo o processo tutelato siano assegnati in proprietà al titolare del diritto stesso, fermo restando il diritto al risarcimento del danno.

5. È altresì in facoltà del giudice, su richiesta del proprietario degli oggetti o dei mezzi di produzione di cui al comma 4, tenuto conto della residua durata del titolo di proprietà industriale o delle particolari circostanze del caso, ordinare il sequestro, a spese dell'autore della violazione, fino all'estinzione del titolo, degli oggetti e dei mezzi di produzione. In quest'ultimo caso, il titolare del diritto di proprietà industriale può chiedere che gli oggetti sequestrati gli siano aggiudicati al prezzo che, in mancanza di accordo tra le parti, verrà stabilito dal giudice dell'esecuzione, sentito, occorrendo, un perito.

6. Delle cose costituenti violazione del diritto di proprietà industriale non si può disporre la rimozione o la distruzione, né può esserne interdetto l'uso quando appartengono a chi ne fa uso personale o domestico. Nell'applicazione delle sanzioni l'autorità giudiziaria tiene conto della necessaria proporzione tra la gravità delle violazioni e le sanzioni, nonché dell'interesse dei terzi (5).

6-*bis*. Nei procedimenti relativi all'acquisizione, all'utilizzazione o alla rivelazione illecite dei segreti commerciali di cui all'art. 98, il giudice, nel disporre le misure di cui al presente articolo e nel valutarne la proporzionalità, considera le circostanze del caso concreto, tra le quali:

a) il valore e le altre caratteristiche specifiche dei segreti commerciali;

b) le misure adottate dal legittimo detentore per proteggere i segreti commerciali;

c) la condotta dell'autore della violazione nell'acquisire, utilizzare o rivelare i segreti commerciali;

d) l'impatto dell'utilizzazione o della rive-

(1) Articolo inserito dall'art. 15, d.lg. 20 febbraio 2019, n. 15.
(2) Rubrica così sostituita dall'art. 16.1, lett. a, d.lg. n. 140/2006.
(3) Comma così sostituito dall'art. 16.1, lett. b, 16 marzo 2006, n. 140.
(4) Comma così sostituito dall'art. 16.1, lett. c, 16 marzo 2006, n. 140.
(5) Ultimo periodo aggiunto dall'art. 16.1, lett. d, 16 marzo 2006, n. 140.

lazione illecite dei segreti commerciali;

e) i legittimi interessi delle parti e l'impatto che l'accoglimento o il rigetto delle misure potrebbe avere per le stesse;

f) i legittimi interessi dei terzi;

g) l'interesse pubblico generale;

h) le esigenze di tutela dei diritti fondamentali (1).

6-*ter*. Nei procedimenti relativi all'acquisizione, all'utilizzazione o alla rivelazione illecite dei segreti commerciali di cui all'art. 98, il giudice può disporre, in alternativa all'applicazione delle misure di cui al presente articolo e su istanza della parte interessata, il pagamento di un indennizzo, qualora ricorrano congiuntamente le seguenti condizioni:

a) la parte istante, al momento dell'utilizzazione o della rivelazione, non conosceva né, secondo le circostanze, avrebbe dovuto conoscere, del fatto che i segreti commerciali erano stati ottenuti da un terzo che li stava utilizzando o rivelando illecitamente;

b) l'esecuzione di tali misure può essere eccessivamente onerosa per la parte istante;

c) l'indennizzo risulti adeguato in relazione al pregiudizio subito dalla parte che ha chiesto l'applicazione delle misure (1).

6-*quater*. L'indennizzo liquidato a norma del comma 6-*ter* non può, in ogni caso, superare l'importo dei diritti dovuti qualora la parte istante avesse richiesto l'autorizzazione ad utilizzare i segreti commerciali per il periodo di tempo per il quale l'utilizzo degli stessi avrebbe potuto essere vietato (1).

7. Sulle contestazioni che sorgono nell'eseguire le misure menzionate in questo articolo decide, con ordinanza non soggetta a gravame, sentite le parti, assunte informazioni sommarie, il giudice che ha emesso la sentenza recante le misure anzidette.

125. *Risarcimento del danno e restituzione dei profitti dell'autore della violazione*. — 1. Il risarcimento dovuto al danneggiato è liquidato secondo le disposizioni degli artt. 1223, 1226 e 1227 del codice civile, tenuto conto di tutti gli aspetti pertinenti, quali le conseguenze economiche negative, compreso il mancato guadagno, del titolare del diritto leso, i benefici realizzati dall'autore della violazione e, nei casi appropriati, elementi diversi da quelli economici, come il danno morale arrecato al titolare del diritto dalla violazione.

2. La sentenza che provvede sul risarcimento dei danni può farne la liquidazione in una somma globale stabilita in base agli atti della causa e alle presunzioni che ne derivano. In questo caso il lucro cessante è comunque determinato in un importo non inferiore a quello dei canoni che l'autore della violazione avrebbe dovuto pagare, qualora avesse ottenuto una licenza dal titolare del diritto leso.

3. In ogni caso il titolare del diritto leso può chiedere la restituzione degli utili realizzati dall'autore della violazione, in alternativa al risarcimento del lucro cessante o nella misura in cui essi eccedono tale risarcimento (2).

126. *Pubblicazione della sentenza*. — 1. L'autorità giudiziaria può ordinare che l'ordinanza cautelare o la sentenza che accerta la violazione dei diritti di proprietà industriale sia pubblicata integralmente o in sunto o nella sola parte dispositiva, tenuto conto della gravità dei fatti, in uno o più giornali da essa indicati, a spese del soccombente. In ogni caso, sono adottate le misure idonee a garantire la tutela della riservatezza dei segreti commerciali di cui all'art. 98 (3).

1-*bis*. Nei procedimenti relativi all'acquisizione, all'utilizzazione o alla rivelazione illecite dei segreti commerciali di cui all'art. 98, il giudice, nel decidere se adottare una delle misure di cui al comma 1 e nel valutarne la proporzionalità, considera le circostanze del caso concreto e, in particolare:

a) il valore dei segreti commerciali;

b) la condotta dell'autore della violazione nell'acquisire, utilizzare o rivelare i segreti commerciali;

c) l'impatto dell'utilizzazione o della rivelazione illecite dei segreti commerciali;

d) il pericolo di ulteriore utilizzazione o rivelazione illecite dei segreti commerciali da parte dell'autore della violazione (4).

1-*ter*. Ai fini di cui al comma 1-*bis*, il giudice considera altresì se le informazioni sull'autore della violazione siano tali da consentire l'identificazione di una persona fisica e, in tal caso, se la pubblicazione di tali informazioni sia giustificata anche in considerazione degli eventuali danni che la misura può provocare alla vita privata e alla reputazione del medesimo autore (4).

127. *Sanzioni penali e amministrative*. — 1. . . . . (5).

(1) Comma inserito dall'art. 6, d.lg. 11 maggio 2018, n. 63.
(2) Articolo così sostituito dall'art. 17, 16 marzo 2006, n. 140.
(3) Ultimo periodo aggiunto dall'art. 7.1, lett. a, d.lg. 11 maggio 2018, n. 63.
(4) Comma aggiunto dall'art. 7.1, lett. b, d.lg. 11 maggio 2018, n. 63.
(5) Comma abrogato dall'art. 15.2, l. 23 luglio 2009, n. 99.

1-*bis*. Chiunque si rifiuti senza giustificato motivo di rispondere alle domande del giudice ai sensi dell'art. 121-*bis* ovvero fornisce allo stesso false informazioni è punito con le pene previste dall'art. 372 del codice penale, ridotte della metà (1).

2. Chiunque appone, su un oggetto, parole o indicazioni non corrispondenti al vero, tendenti a far credere che l'oggetto sia protetto da brevetto, disegno o modello oppure topografia o a far credere che il marchio che lo contraddistingue sia stato registrato, è punito con la sanzione amministrativa da 51,65 euro a 516,46 euro.

3. Salvo che il fatto costituisca reato, è punito con la sanzione amministrativa fino a 2.065,83 euro, anche quando non vi sia danno al terzo, chiunque faccia uso di un marchio registrato, dopo che la relativa registrazione è stata dichiarata nulla, quando la causa di nullità comporta la illiceità dell'uso del marchio, oppure sopprima il marchio del produttore o del commerciante da cui abbia ricevuto i prodotti o le merci a fini commerciali.

128. *Consulenza tecnica preventiva*. — 1. Le istanze per l'espletamento della consulenza tecnica preventiva prevista dall'art. 696-*bis* del codice di procedura civile, si propongono al Presidente della sezione specializzata del tribunale competente per il giudizio di merito, secondo le disposizioni del medesimo articolo, in quanto compatibili (2).

129. *Descrizione e sequestro*. — 1. Il titolare di un diritto di proprietà industriale può chiedere la descrizione o il sequestro, ed anche il sequestro subordinatamente alla descrizione, di alcuni o di tutti gli oggetti costituenti violazione di tale diritto, nonché dei mezzi adibiti alla produzione dei medesimi e degli elementi di prova concernenti la denunciata violazione e la sua entità. Sono adottate le misure idonee a garantire la tutela delle informazioni riservate.

2. Il giudice, sentite le parti e assunte, quando occorre, sommarie informazioni, provvede con ordinanza e, se dispone la descrizione, autorizza l'eventuale prelevamento di campioni degli oggetti di cui al comma 1. In casi di speciale urgenza, e in particolare quando eventuali ritardi potrebbero causare un danno irreparabile al titolare dei diritti o quando la convocazione della controparte potrebbe pregiudicare l'attuazione del provvedimento di descrizione o di sequestro, provvede sull'istanza con decreto motivato.

3. Salve le esigenze della giustizia penale non possono essere sequestrati, ma soltanto descritti, gli oggetti nei quali si ravvisi la violazione di un diritto di proprietà industriale, finché figurino nel recinto di un'esposizione, ufficiale o ufficialmente riconosciuta, tenuta nel territorio dello Stato, o siano in transito da o per la medesima.

4. I procedimenti di descrizione e di sequestro sono disciplinati dalle norme del codice di procedura civile concernenti i procedimenti cautelari, in quanto compatibili e non derogate dal presente codice. Ai fini della conferma, modifica o revoca della descrizione e dell'eventuale concessione delle misure cautelari chieste unitamente o subordinatamente alla descrizione, il giudice fissa l'udienza di discussione tenendo conto della descrizione allo scopo di valutarne il risultato (3).

130. *Esecuzione di descrizione e sequestro* (4). — 1. La descrizione e il sequestro vengono eseguiti a mezzo di ufficiale giudiziario, con l'assistenza, ove occorra, di uno o più periti ed anche con l'impiego di mezzi tecnici di accertamento, fotografici o di altra natura.

2. Gli interessati possono essere autorizzati ad assistere alle operazioni anche a mezzo di loro rappresentanti e ad essere assistiti da tecnici di loro fiducia.

3. Decorso il termine dell'art. 675 del codice di procedura civile, possono essere completate le operazioni di descrizione e di sequestro già iniziate, ma non possono esserne iniziate altre fondate sullo stesso provvedimento. Resta salva la facoltà di chiedere al giudice di disporre ulteriori provvedimenti di descrizione o sequestro nel corso del procedimento di merito.

4. La descrizione e il sequestro possono concernere oggetti appartenenti a soggetti anche non identificati nel ricorso, purché si tratti di oggetti prodotti, offerti, importati, esportati o messi in commercio dalla parte nei cui confronti siano stati emessi i suddetti provvedimenti e purché tali oggetti non siano adibiti ad uso personale.

5. Il verbale delle operazioni di sequestro e di descrizione, con il ricorso ed il provvedimento, deve essere notificato al terzo cui appartengono gli oggetti sui quali descrizione o sequestro sono stati eseguiti, entro quindici giorni dalla data di conclusione delle operazioni stesse a pena di inefficacia.

(1) Comma inserito dall'art. 18, 16 marzo 2006, n. 140.
(2) Articolo così sostituito dall'art. 55, d.lg. 13 agosto 2010, n. 131.
(3) Articolo così sostituito dall'art. 56, d.lg. 13 agosto 2010, n. 131.
(4) Rubrica così sostituita alla precedente «Disposizioni comuni» dall'art. 57, d.lg. 13 agosto 2010, n. 131.

131. *Inibitoria.* — 1. Il titolare di un diritto di proprietà industriale può chiedere che sia disposta l'inibitoria di qualsiasi violazione imminente del suo diritto e del proseguimento o della ripetizione delle violazioni in atto, ed in particolare può chiedere che siano disposti l'inibitoria della fabbricazione, del commercio e dell'uso delle cose costituenti violazione del diritto, e l'ordine di ritiro dal commercio delle medesime cose nei confronti di chi ne sia proprietario o ne abbia comunque la disponibilità, secondo le norme del codice di procedura civile concernenti i procedimenti cautelari. L'inibitoria e l'ordine di ritiro dal commercio possono essere chiesti, sugli stessi presupposti, contro ogni soggetto i cui servizi siano utilizzati per violare un diritto di proprietà industriale (1).

1-*bis*-1-*quater*. .... (2).

2. Pronunciando l'inibitoria, il giudice può fissare una somma dovuta per ogni violazione o inosservanza successivamente constatata e per ogni ritardo nell'esecuzione del provvedimento.

132. *Anticipazione della tutela cautelare e rapporti tra il giudizio cautelare e il giudizio di merito.* — 1. I provvedimenti di cui agli artt. 126, 128, 129, 131 e 133 possono essere concessi anche in corso di brevettazione o di registrazione, purché la domanda sia stata resa accessibile al pubblico oppure nei confronti delle persone a cui la domanda sia stata notificata.

2. Se il giudice nel rilasciare il provvedimento cautelare non stabilisce il termine entro cui le parti devono iniziare il giudizio di merito, quest'ultimo deve essere iniziato entro il termine di venti giorni lavorativi o di trentuno giorni di calendario qualora questi rappresentino un periodo più lungo. Il termine decorre dalla pronuncia dell'ordinanza se avvenuta in udienza o, altrimenti, dalla sua comunicazione. Se sono state chieste misure cautelari ulteriori alla descrizione unitamente o subordinatamente a quest'ultima, ai fini del computo del termine si fa riferimento all'ordinanza del giudice designato che si pronuncia anche su tali ulteriori misure.

3. Se il giudizio di merito non è iniziato nel termine perentorio di cui al comma 2, ovvero se successivamente al suo inizio si estingue, il provvedimento cautelare perde la sua efficacia.

4. Le disposizioni di cui al comma 3 non si applicano ai provvedimenti di urgenza emessi ai sensi dell'art. 700 del codice di procedura civile ed agli altri provvedimenti cautelari idonei ad anticipare gli effetti della sentenza di merito. In tali casi ciascuna parte può iniziare il giudizio di merito.

5. In tutti i procedimenti cautelari il giudice, ai fini dell'ottenimento di sommarie indicazioni tecniche, può disporre una consulenza tecnica (3).

5-*bis*. In tutti i procedimenti cautelari relativi all'acquisizione, all'utilizzazione o alla rivelazione illecite dei segreti commerciali di cui all'art. 98, il giudice può, su istanza di parte, in alternativa all'applicazione delle misure cautelari, autorizzare la parte interessata a continuare ad utilizzare i segreti commerciali prestando idonea cauzione per l'eventuale risarcimento dei danni subiti dal legittimo detentore. È vietata la rivelazione a terzi dei segreti commerciali di cui è autorizzata l'utilizzazione a norma del primo periodo (4).

5-*ter*. Nel provvedere sulle domande cautelari in materia di acquisizione, utilizzazione o rivelazione illecite dei segreti commerciali di cui all'art. 98, il giudice considera le circostanze di cui all'art. 124, comma 6-*bis*. Delle medesime circostanze il giudice tiene conto ai fini della valutazione di proporzionalità delle misure (4).

5-*quater*. Fermo quanto previsto dal comma 4, se le misure cautelari adottate a tutela dei segreti commerciali di cui all'art. 98 divengono inefficaci, ai sensi del comma 3, per mancato inizio del giudizio di merito nel termine perentorio di cui al comma 2 ovvero perdono efficacia a causa di un'azione o di un'omissione del ricorrente, ovvero se viene successivamente accertato che l'acquisizione, l'utilizzo o la rivelazione illeciti dei predetti segreti commerciali non sussisteva, il ricorrente è tenuto a risarcire il danno cagionato dalle misure adottate (4).

133. *Tutela cautelare dei nomi a dominio.* — 1. L'Autorità giudiziaria può disporre, in via cautelare, oltre all'inibitoria dell'uso nell'attività economica del nome a dominio (5) illegittimamente registrato, anche il suo trasferimento provvisorio, subordinandolo, se ritenuto op-

(1) Comma così sostituito dall'art. 19.1, lett. a, 16 marzo 2006, n. 140.
(2) Commi inseriti dall'art. 19.1, lett. b, 16 marzo 2006, n. 140, e successivamente abrogati dall'art. 58, d.lg. 13 agosto 2010, n. 131.
(3) Articolo così sostituito dall'art. 59, d.lg. 13 agosto 2010, n. 131.
(4) Comma aggiunto dall'art. 8, d.lg. 11 maggio 2018, n. 63.
(5) Le parole «dell'uso nell'attività economica del nome a dominio» sono state così sostituite alle precedenti «dell'uso del nome a dominio aziendale» dall'art. 60, d.lg. 13 agosto 2010, n. 131.

portuno, alla prestazione di idonea cauzione da parte del beneficiario del provvedimento.

134. *Norme in materia di competenza.* — 1. Sono devoluti alla cognizione delle sezioni specializzate previste dal d.lg. 27 giugno 2003, n. 168:

a) i procedimenti giudiziari in materia di proprietà industriale e di concorrenza sleale, con esclusione delle sole fattispecie che non interferiscono, neppure indirettamente, con l'esercizio dei diritti di proprietà industriale, nonché in materia di illeciti afferenti all'esercizio dei diritti di proprietà industriale ai sensi della l. 10 ottobre 1990, n. 287 (1), e degli artt. 81 e 82 del Trattato che istituisce la Comunità europea, la cui cognizione è del giudice ordinario, e in generale in materie che presentano ragioni di connessione, anche impropria, con quelle di competenza delle sezioni specializzate;

b) le controversie nelle materie disciplinate dagli artt. 64, 65, 98 e 99 del presente codice;

c) le controversie in materia di indennità di espropriazione dei diritti di proprietà industriale, di cui conosce il giudice ordinario;

d) le controversie che abbiano ad oggetto i provvedimenti del Consiglio dell'ordine di cui al capo VI di cui conosce il giudice ordinario (2).

135. *Commissione dei ricorsi.* — 1. Contro i provvedimenti dell'Ufficio italiano brevetti e marchi che respingono totalmente o parzialmente una domanda o istanza che rifiutano la trascrizione oppure che impediscono il riconoscimento di un diritto e negli altri (3) casi previsti dal presente codice, è ammesso ricorso [...] (4) alla Commissione dei ricorsi.

2. La Commissione dei ricorsi [...] (5) è composta di un presidente, un presidente aggiunto e di otto membri scelti fra i magistrati di grado non inferiore a quello di consigliere d'appello, sentito il Consiglio superiore della magistratura, o tra i professori di materie giuridiche delle università o degli istituti superiori dello Stato.

3. La Commissione si articola in due sezioni, presiedute dal presidente e dal presidente (6) aggiunto. Il presidente, il presidente aggiunto ed i membri della Commissione sono nominati con decreto del Ministro dello sviluppo economico (7), durano in carica due anni. L'incarico è rinnovabile.

4. Alla Commissione di cui al comma 2 possono essere aggregati tecnici scelti dal presidente tra i professori delle università e degli istituti superiori e tra i consulenti in proprietà industriale, iscritti all'Ordine aventi una comprovata esperienza come consulenti tecnici d'ufficio, per riferire su singole questioni ad essa sottoposte. I tecnici aggregati non hanno voto deliberativo.

5. La scelta dei componenti la Commissione anzidetta, nonché dei tecnici, può cadere sia su funzionari in attività di servizio, sia su funzionari a riposo, ferme le categorie di funzionari entro le quali la scelta deve essere effettuata.

6. La Commissione dei ricorsi è assistita da una segreteria i cui componenti sono nominati con lo stesso decreto di costituzione della Commissione, o con decreto a parte. I componenti della segreteria debbono essere scelti fra i funzionari dell'Ufficio italiano brevetti e marchi ed il trattamento economico è quello stabilito dalla vigente normativa legislativa, regolamentare o contrattuale.

7. La Commissione dei ricorsi ha funzione consultiva del Ministero dello sviluppo economico (7) nella materia della proprietà industriale. Tale funzione viene esercitata su richiesta del Ministero dello sviluppo economico (7). Le sedute della Commissione in sede consultiva non sono valide se non sia presente la maggioranza assoluta dei suoi membri aventi voto deliberativo.

8. I compensi per i componenti la Commissione, i componenti la segreteria della Commissione ed i tecnici aggregati alla Commissione, sono determinati con decreto del Ministro dello sviluppo economico (7), di concerto con il

(1) In *Leggi coll. XXI, 1*.

(2) Articolo così sostituito dall'art. 19.5, l. 23 luglio 2009, n. 99. L'art. 19.8, l. cit., così dispone: «La disposizione di cui all'art. 134 del citato codice di cui al d.g. 10 febbraio 2005, n. 30, come sostituito dal comma 5 del presente articolo, si applica anche ai procedimenti in corso alla data di entrata in vigore della presente legge, a meno che non sia già intervenuta nell'ambito di essi una pronuncia sulla competenza».

(3) La parola «altri» è stata così sostituita alla precedente «alti» dall'art. 61.1, d.lg. 13 agosto 2010, n. 131.

(4) Le parole «entro il termine perentorio di sessanta giorni dalla data di ricevimento della comunicazione del provvedimento» sono state soppresse dall'art. 16, d.lg. 20 febbraio 2019, n. 15.

(5) Le parole «, istituita con r.d. 29 giugno 1939, n. 1127,» sono state soppresse dall'art. 61.2, d.lg. 13 agosto 2010, n. 131.

(6) La parola «presidente» è stata così sostituita alla precedente «preidente» dall'art. 61.3, d.lg. 13 agosto 2010, n. 131.

(7) Le parole «dello sviluppo economico» sono state così sostituite alle precedenti «delle attività produttive» dall'art. 16, d.lg. 20 febbraio 2019, n. 15.

Ministro dell'economia e delle finanze.

136. *Presentazione dei ricorsi.* — 1. Il ricorso deve essere notificato, a pena di inammissibilità, all'Ufficio italiano brevetti e marchi e ad almeno uno dei controinteressati ai quali l'atto direttamente si riferisce entro il termine perentorio di sessanta giorni da quello in cui l'interessato abbia ricevuto la comunicazione o abbia avuto conoscenza dell'atto impugnato o, per gli atti per cui non sia richiesta la comunicazione individuale, dal giorno in cui sia scaduto il termine per la pubblicazione, se questa sia prevista da disposizioni di legge o di regolamento, salvo l'obbligo di integrazione con ulteriori notifiche agli altri controinteressati, ove ordinate dalla Commissione dei ricorsi.

2. La notifica del ricorso è fatta secondo le norme degli artt. 137 e seguenti del codice di procedura civile.

3. L'indirizzo di posta elettronica certificata del difensore o della parte è indicato nel ricorso o nel primo atto difensivo.

4. L'indicazione dell'indirizzo di posta elettronica certificata valevole per le comunicazioni e le notificazioni equivale alla comunicazione del domicilio eletto.

5. Il ricorso deve essere indirizzato alla Commissione dei ricorsi e deve contenere:

a) gli elementi identificativi del ricorrente, del suo difensore, ove nominato, e delle parti nei cui confronti il ricorso è proposto;

b) l'indicazione del provvedimento impugnato con la data della sua notificazione o avvenuta conoscenza e dell'oggetto della domanda;

c) l'esposizione sommaria dei fatti;

d) i motivi specifici sui quali il ricorso si fonda;

e) l'indicazione dei documenti offerti in comunicazione e degli altri mezzi di prova di cui il ricorrente intende valersi;

f) la sottoscrizione del ricorrente, se sta in giudizio personalmente, o del difensore, con indicazione, in tal caso, della procura speciale.

6. Il ricorso è inammissibile se manca o è assolutamente incerta una delle indicazioni di cui alle lett. *a*), *b*), *c*), *d*) e *f*) del comma 5.

7. La parte resistente che, in sede amministrativa, sia rimasta parzialmente soccombente, può proporre, nel rispetto di quanto indicato dai commi 1, 2, 3, 4 e 5, ricorso incidentale avverso il provvedimento decisorio entro il termine di decadenza di trenta giorni decorrente dal deposito del ricorso principale.

8. Si applica, per quanto compatibile, l'art. 334 del codice di procedura civile (1).

136-*bis*. *Deposito del ricorso.* — 1. Il ricorrente, entro il termine perentorio di trenta giorni dall'ultima notifica del ricorso, deposita presso gli uffici di cui all'art. 147, e secondo le modalità ivi previste, o tramite invio alla segreteria della Commissione dei ricorsi presso l'Ufficio italiano brevetti e marchi, il ricorso con la prova delle avvenute notifiche, copia del provvedimento impugnato, ove in possesso del ricorrente, e i documenti di cui intende avvalersi in giudizio.

2. Insieme al ricorso deve presentarsi la prova del pagamento del contributo unificato di cui all'art. 9 del d.p.r. 30 maggio 2002, n. 115.

3. All'originale del ricorso devono essere unite tante copie quanti sono i componenti della Commissione e le controparti, salva tuttavia la facoltà del Presidente della Commissione di richiedere agli interessati un numero maggiore di copie.

4. La mancata produzione della copia del provvedimento impugnato e della documentazione a sostegno del ricorso non implica decadenza.

5. In caso di mancato deposito dei documenti indicati nel ricorso, con decreto del Presidente della Commissione è dato al ricorrente un termine perentorio, in ogni caso non superiore a sessanta giorni, per il deposito della documentazione di cui intende avvalersi.

6. L'Ufficio italiano brevetti e marchi deve produrre, mediante inserimento in apposito fascicolo tenuto dalla segreteria della Commissione, l'eventuale provvedimento impugnato, nonché gli atti ed i documenti in base ai quali l'atto è stato emanato, quelli in esso citati e quelli che ritiene utili per il giudizio.

7. Se il ricorso non è stato notificato a una o più delle parti nei cui confronti la sentenza deve essere pronunciata, queste possono intervenire in giudizio, costituendosi in udienza (2).

136-*ter*. *Formazione del fascicolo del processo e comunicazioni alle parti.* — 1. La segreteria della Commissione iscrive il ricorso nel registro generale e forma il fascicolo d'ufficio del processo, inserendovi i fascicoli del ricorrente e delle altre parti, con gli atti ed i documenti prodotti, nonché, successivamente, gli originali dei verbali di udienza, delle ordinanze e dei decreti e copia delle sentenze.

2. I fascicoli delle parti restano acquisiti al fascicolo d'ufficio e sono ad esse restituiti, su richiesta, al termine del processo.

(1) Articolo così sostituito dall'art. 17, d.lg. 20 febbraio 2019, n. 15.
(2) Articolo inserito dall'art. 18, d.lg. 20 febbraio 2019, n. 15.

3. La segreteria sottopone al Presidente della Commissione il fascicolo del processo appena formato.

4. Le comunicazioni sono effettuate mediante l'utilizzo della posta elettronica certificata, ai sensi del d.lg. 7 marzo 2005, n. 82 (1).

5. In caso di mancata indicazione dell'indirizzo di posta elettronica certificata ovvero di mancata consegna della comunicazione per cause imputabili al destinatario, le comunicazioni sono eseguite esclusivamente mediante deposito presso la segreteria della Commissione (2).

136-*quater*. *Esame preliminare del ricorso e provvedimenti presidenziali*. — 1. Il Presidente della Commissione esamina preliminarmente il ricorso e, quando è manifestamente inammissibile, lo dichiara con decreto.

2. Il Presidente, ove ne sussistano i presupposti, dichiara inoltre la sospensione, l'interruzione e l'estinzione del processo.

3. I provvedimenti di cui ai commi 1 e 2 hanno forma di decreto e sono soggetti a reclamo innanzi alla Commissione. Il reclamo si propone con ricorso ed è notificato alle altre parti nelle forme di cui all'art. 136, entro il termine perentorio di trenta giorni dalla comunicazione del decreto da parte della segreteria.

4. Il reclamante, nel termine perentorio di quindici giorni dall'ultima notificazione, deposita il ricorso notificato presso la segreteria della Commissione dei ricorsi.

5. Nei quindici giorni successivi alla notifica del reclamo, le altre parti possono presentare memorie.

6. Scaduti i termini, la Commissione decide immediatamente il reclamo in Camera di consiglio.

7. La Commissione pronuncia sentenza se dichiara l'inammissibilità del ricorso o l'estinzione del processo; negli altri casi pronuncia ordinanza non impugnabile nella quale sono dati i provvedimenti per la prosecuzione del processo.

8. In qualunque momento il Presidente della Commissione, d'ufficio o su istanza di parte o su segnalazione dei membri della Commissione, dispone con decreto la riunione dei ricorsi che hanno lo stesso oggetto o sono fra loro connessi.

9. Il collegio, se rileva che la riunione dei processi connessi ritarda o rende più gravosa la loro trattazione, può, con ordinanza, disporne la separazione.

10. Se non ritiene di adottare preliminarmente i provvedimenti di cui ai commi 1, 2 e 3, il Presidente fissa l'udienza per la trattazione della controversia e nomina il relatore. Nel caso in cui la controversia richieda la trattazione di questioni di natura tecnica, può nominare uno o più tecnici aggregati, ai sensi dell'art. 135, comma 4 (2).

136-*quinquies*. *Fase preliminare all'udienza di trattazione*. — 1. La segreteria dà comunicazione alle parti costituite della data dell'udienza di trattazione almeno quaranta giorni liberi prima della stessa.

2. Uguale avviso deve essere dato quando la trattazione sia stata rinviata dal Presidente in caso di giustificato impedimento del relatore, che non possa essere sostituito, o di alcuna delle parti.

3. Le parti possono depositare memorie e documenti fino a venti giorni liberi prima della data dell'udienza di trattazione.

4. Fino a dieci giorni liberi prima della data di cui al comma 3 ciascuna delle parti può depositare memorie di replica (2).

136-*sexies*. *Trattazione della controversia*. — 1. La Commissione giudica con l'intervento del Presidente e di due componenti. In caso di assenza o impedimento del Presidente titolare, la Commissione è presieduta dal componente più anziano.

2. Il relatore espone al collegio i fatti e le questioni della controversia.

3. Se durante la discussione emergono fatti nuovi influenti sulla decisione, essi devono essere contestati alle parti.

4. La Commissione, dopo che le parti si sono allontanate, delibera in Camera di consiglio.

5. Dell'udienza è redatto processo verbale dal segretario.

6. Fermo restando l'onere della prova a carico delle parti, la Commissione può chiedere alle parti stesse, anche d'ufficio, chiarimenti.

7. La Commissione ha facoltà di disporre i mezzi istruttori che ritenga opportuni ed ha altresì facoltà di ordinare rinvio della decisione, o anche della discussione, ad altra seduta.

8. Il Presidente, o il relatore da lui delegato, durante il corso dell'istruttoria, può inoltre sentire le parti per eventuali chiarimenti (2).

136-*septies*. *Deliberazioni del collegio giudicante*. — 1. Quando ricorrono giusti motivi, la deliberazione in Camera di consiglio può essere rinviata di non oltre trenta giorni.

2. Alle deliberazioni del collegio si applicano

(1) In *Leggi coll. IV, 4.*
(2) Articolo inserito dall'art. 18, d.lg. 20 febbraio 2019, n. 15.

le disposizioni di cui agli artt. 276 e 277 del codice di procedura civile. Non sono tuttavia ammesse sentenze non definitive o limitate solo ad alcune domande.

3. Il relatore, o un altro membro della Commissione, è incaricato di redigere la sentenza esponendo i motivi della decisione.

4. La sentenza deve contenere:

a) l'indicazione della composizione del collegio, delle parti e dei loro difensori, se vi sono;

b) la sintetica esposizione dello svolgimento del processo;

c) le richieste delle parti;

d) la concisa esposizione dei motivi in fatto e diritto che stanno a fondamento della decisione;

e) il dispositivo.

5. La sentenza deve inoltre contenere la data della deliberazione ed è sottoscritta dal Presidente e dall'estensore.

6. La sentenza, se accoglie il ricorso, annulla l'atto in tutto o in parte e dispone i provvedimenti conseguenti.

7. La sentenza è resa pubblica, nel testo integrale originale, mediante deposito presso la segreteria della Commissione entro sessanta giorni dalla data della deliberazione. Il segretario fa risultare l'avvenuto deposito apponendo sulla sentenza la propria firma e la data.

8. La sentenza è notificata alle parti costituite, all'indirizzo di posta certificata di cui all'art. 136, comma 3, a cura della segreteria, ed è pubblicata nel *Bollettino Ufficiale*.

9. Dalla data della notificazione della sentenza di cui al comma 8 decorrono i termini per le impugnazioni di cui all'art. 136-*terdecies*.

10. Qualora la parte costituita dimostri di non aver ricevuto, senza propria colpa, la notificazione della sentenza, ai sensi del comma 8, si applicano i termini di impugnazione di cui all'art. 327, primo comma, del codice di procedura civile.

11. Ciascuna parte può richiedere alla segreteria copie autentiche della sentenza, previa corresponsione delle spese (1).

136-*octies*. *Sospensione e interruzione del processo*. — 1. Il processo è sospeso quando è presentata querela di falso o deve essere decisa in via pregiudiziale una questione sullo stato o la capacità delle persone, salvo che si tratti della capacità di stare in giudizio.

2. La Commissione dispone la sospensione del processo in ogni altro caso in cui essa stessa o altro giudice deve risolvere una controversia dalla cui definizione dipende la decisione della causa.

3. Il processo è interrotto se, dopo la proposizione del ricorso, si verifica:

a) il venir meno, per morte o altre cause, o la perdita della capacità di stare in giudizio di una delle parti o del suo legale rappresentante o la cessazione di tale rappresentanza;

b) la morte, la radiazione o sospensione dall'albo di uno dei difensori incaricati a sensi dell'art. 201.

4. L'interruzione si ha al momento dell'evento nei casi di cui al comma 3, lett. *b*). In ogni altro caso l'interruzione si ha al momento in cui l'evento è dichiarato o in pubblica udienza o per iscritto con apposita comunicazione del difensore della parte a cui l'evento si riferisce.

5. Se, durante la decorrenza del termine per la proposizione del ricorso di cui all'art. 136, comma 1, si verifica uno degli eventi previsti al comma 3, lett. *a*), il termine è prorogato di sei mesi dal giorno dell'evento.

6. La sospensione è disposta e l'interruzione è dichiarata dal Presidente della Commissione con decreto o dalla Commissione con ordinanza.

7. Avverso il decreto del Presidente è ammesso reclamo ai sensi dell'art. 136-*quater*.

8. Durante la sospensione e l'interruzione non possono essere compiuti atti del processo.

9. I termini in corso sono interrotti e ricominciano a decorrere dalla presentazione dell'istanza di cui al comma 11.

10. Dopo che è cessata la causa che ne ha determinato la sospensione, il processo prosegue se entro novanta giorni da tale data viene presentata da una delle parti istanza di trattazione al Presidente della Commissione, che provvede a norma dell'art. 136-*quater*.

11. Se entro novanta giorni da quando è stata dichiarata l'interruzione del processo la parte colpita dall'evento o i suoi successori o qualsiasi altra parte presentano istanza di trattazione al Presidente della Commissione, quest'ultimo provvede a norma dell'art. 136-*quater* (1).

136-*nonies*. *Estinzione del processo*. — 1. Il processo si estingue per rinuncia al ricorso.

2. Il ricorrente che rinuncia deve rimborsare le spese alle altre parti, salvo diverso accordo fra loro. La liquidazione è fatta dalla Commissione con ordinanza non impugnabile.

3. La rinuncia non produce effetto se non è accettata dalle parti costituite che abbiano effettivo interesse alla prosecuzione del processo.

(1) Articolo inserito dall'art. 18, d.lg. 20 febbraio 2019, n. 15.

4. La rinuncia e l'accettazione, ove necessaria, sono sottoscritte dalle parti personalmente o da loro procuratori speciali, nonché dai rispettivi difensori e si depositano nella segreteria della Commissione. La regolarità dei predetti atti è accertata dalla Commissione.

5. Il processo si estingue nei casi in cui le parti alle quali spetta di proseguire, riassumere o integrare il giudizio non vi abbiano provveduto entro il termine perentorio stabilito dalla legge o dalla Commissione, nei casi in cui dalla legge sia autorizzata a fissarlo.

6. L'estinzione del processo per inattività delle parti è rilevata anche d'ufficio e rende inefficaci gli atti compiuti.

7. Il giudizio si estingue, in tutto o in parte, in caso di sopravvenuta carenza di interesse ad agire.

8. L'estinzione del giudizio, in ognuna delle ipotesi previste dal presente articolo, è dichiarata con decreto del Presidente o con sentenza della Commissione. Il provvedimento presidenziale è reclamabile a norma dell'art. 136-*quater* (1).

136-*decies*. *Procedimento di correzione*. — 1. Ove occorra correggere omissioni o errori materiali, la Commissione può procedere d'ufficio o su istanza di parte e provvede con ordinanza in Camera di consiglio.

2. La correzione si effettua a margine o in calce al provvedimento originale, con indicazione dell'ordinanza che l'ha disposta (1).

136-*undecies*. *Provvedimenti cautelari*. — 1. Se il ricorrente, allegando con istanza motivata un pregiudizio grave ed irreparabile, chiede l'emanazione di misure cautelari che appaiono, secondo le circostanze, idonee ad assicurare interinalmente gli effetti della decisione sul ricorso, la Commissione si pronuncia sull'istanza con ordinanza emessa in Camera di consiglio.

2. Prima della trattazione della domanda cautelare, in caso di estrema gravità e urgenza, tale da non consentire neppure la dilazione fino alla data della Camera di consiglio, il ricorrente può, contestualmente alla domanda cautelare o con separata istanza notificata alle controparti, chiedere al Presidente della Commissione dei ricorsi di disporre misure cautelari provvisorie. Il Presidente provvede con decreto motivato, anche in assenza di contraddittorio. Il decreto è efficace sino alla pronuncia del Collegio, a cui l'istanza cautelare è sottoposta nella prima Camera di consiglio utile.

3. In sede di decisione della domanda cautelare, la Commissione, accertata la completezza del contraddittorio e dell'istruttoria e, dove ne ricorrono i presupposti, sentite sul punto le parti costituite, può definire il giudizio nel merito.

4. L'ordinanza cautelare non è soggetta a reclamo. La domanda di revoca o modificazione delle misure cautelari concesse e la riproposizione della domanda cautelare respinta sono ammissibili solo se motivate con riferimento a fatti sopravvenuti (1).

136-*duodecies*. *Ottemperanza*. — 1. Nel caso in cui l'amministrazione non abbia prestato ottemperanza alle misure cautelari concesse, o abbia ottemperato solo parzialmente, la parte interessata può, con istanza motivata e notificata alle altre parti, chiedere alla Commissione dei ricorsi le opportune disposizioni attuative. La Commissione dei ricorsi esercita i poteri inerenti al giudizio di ottemperanza al giudicato, di cui agli artt. 112 e seguenti del codice del processo amministrativo.

2. La Commissione dispone l'esecuzione dell'ordinanza cautelare indicandone le modalità e, ove occorra, il soggetto che deve provvedere (1).

136-*terdecies*. *Impugnazioni*. — 1. Avverso la sentenza della Commissione dei ricorsi può essere proposto ricorso per cassazione, entro il termine di cui all'art. 325 del codice di procedura civile, per i motivi di cui ai numeri da 1 a 5 dell'art. 360, primo comma, del codice di procedura civile.

2. Si applica l'art. 373 del codice di procedura civile.

3. La sentenza della Commissione è impugnabile per revocazione ai sensi dell'art. 395 e seguenti del codice di procedura civile.

4. Il termine per il ricorso per revocazione è di trenta giorni dalla data della notificazione della sentenza, nei casi di cui ai nn. 4 e 5 dell'art. 395 del codice di procedura civile, e di trenta giorni dalla data di conoscenza dell'evento, nei casi di cui ai nn. 1, 2, 3 e 6 dell'art. 395 del codice di procedura civile (1).

137. *Esecuzione forzata e sequestro dei titoli di proprietà industriale*. — 1. I diritti patrimoniali di proprietà industriale possono formare oggetto di esecuzione forzata.

2. All'esecuzione si applicano le norme stabilite dal codice di procedura civile per l'esecuzione sui beni mobili.

3. Il pignoramento del titolo di proprietà industriale si esegue con atto notificato al debitore, a mezzo di ufficiale giudiziario. L'atto deve contenere:

(1) Articolo inserito dall'art. 18, d.lg. 20 febbraio 2019, n. 15.

a) la dichiarazione di pignoramento del titolo di proprietà industriale, previa menzione degli elementi atti ad identificarlo;

b) la data del titolo e della sua spedizione in forma esecutiva;

c) la somma per cui si procede all'esecuzione;

d) il cognome, nome e domicilio, o residenza, del creditore e del debitore;

e) il cognome e nome dell'ufficiale giudiziario.

4. Il debitore, dalla data della notificazione, assume gli obblighi del sequestratario giudiziale del titolo di proprietà industriale, anche per quanto riguarda gli eventuali frutti. I frutti, maturati dopo la data della notificazione, derivanti dalla concessione d'uso del diritto di proprietà industriale, si cumulano con il ricavato della vendita, ai fini della successiva attribuzione.

5. Si osservano, nei riguardi della notificazione dell'atto di pignoramento, le norme contenute nel codice di procedura civile per la notificazione delle citazioni. Se colui al quale l'atto di pignoramento deve essere notificato non abbia domicilio o residenza nello Stato, né abbia in questo eletto domicilio, la notificazione è eseguita presso l'Ufficio italiano brevetti e marchi. In quest'ultimo caso, copia dell'atto è affissa nell'Albo dell'Ufficio ed inserita nel Bollettino ufficiale.

6. L'atto di pignoramento del diritto di proprietà industriale deve essere trascritto, a pena di inefficacia, entro otto giorni dalla notifica. Avvenuta la trascrizione dell'atto di pignoramento del diritto di proprietà industriale, e finché il pignoramento stesso spiega effetto, i pignoramenti successivamente trascritti valgono come opposizione sul prezzo di vendita, quando siano notificati al creditore procedente.

7. La vendita e l'aggiudicazione dei diritti di proprietà industriale pignorati sono fatte con le corrispondenti norme stabilite dal codice di procedura civile in quanto applicabili, salve le disposizioni particolari del presente codice.

8. La vendita del diritto di proprietà industriale non può farsi se non siano trascorsi almeno trenta giorni dal pignoramento. Un termine di venti giorni deve decorrere, per la vendita, dal decreto di fissazione del giorno della vendita stessa. Il giudice, per la vendita e l'aggiudicazione dei diritti di proprietà industriale, dispone le forme speciali che ritiene opportune nei singoli casi, provvedendo altresì per l'annunzio della vendita al pubblico, anche in deroga alle norme del codice di procedura civile. All'uopo il giudice può stabilire che l'annunzio sia affisso nei locali della Camera di commercio ed in quelli dell'Ufficio italiano brevetti e marchi e pubblicato nel Bollettino dei diritti di proprietà industriale.

9. Il verbale di aggiudicazione deve contenere gli estremi del diritto di proprietà industriale giuste le risultanze dei relativi titoli.

10. Il creditore istante, nell'esecuzione forzata sui diritti di proprietà industriale, deve notificare almeno dieci giorni prima della vendita, ai creditori titolari dei diritti di garanzia, trascritti, l'atto di pignoramento e il decreto di fissazione del giorno della vendita. Questi ultimi creditori devono depositare, nella cancelleria dell'autorità giudiziaria competente, le loro domande di collocazione con i documenti giustificativi entro quindici giorni dalla vendita. Chiunque vi abbia interesse può esaminare dette domande e i documenti.

11. Trascorso il termine di quindici giorni, previsto nel comma 10 (1), il giudice, su istanza di una delle parti, fissa l'udienza nella quale proporrà lo stato di graduazione e di ripartizione del prezzo ricavato dalla vendita e dagli eventuali frutti. Il giudice, nell'udienza, accertata l'osservanza delle disposizioni del comma 8, ove le parti non si siano accordate sulla distribuzione del ricavato dei frutti, procede alla graduazione fra i creditori ed alla distribuzione di tale ricavato (2) dei frutti stessi, secondo le relative norme stabilite nel codice di procedura civile per l'esecuzione mobiliare. I crediti con mora, eventuali o condizionati, diventano esigibili secondo le norme del codice civile.

12. L'aggiudicatario del diritto di proprietà industriale ha diritto di ottenere che siano cancellate le trascrizioni dei diritti di garanzia sul titolo corrispondente, depositando, presso l'Ufficio italiano brevetti e marchi, copia del verbale di aggiudicazione e attestato del cancelliere dell'avvenuto versamento del prezzo di aggiudicazione, osservate le norme per la cancellazione delle trascrizioni.

13. I diritti di proprietà industriale, ancorché in corso di concessione o di registrazione, possono essere oggetto di sequestro. Alla procedura del sequestro si applicano le disposizioni in materia di esecuzione forzata stabilite dal presente articolo ed altresì quelle sul sequestro, stabilite dal codice di procedura civile.

(1) Le parole «comma 10» sono state così sostituite alle precedenti «comma 8» dall'art. 63, d.lg. 13 agosto 2010, n. 131.

(2) Le parole «alla distribuzione di tale ricavato» sono state così sostituite alle precedenti «alla destribuzione di tale ricavato» dall'art. 63, d.lg. 13 agosto 2010, n. 131.

14. Le controversie in materia di esecuzione forzata e di sequestro dei diritti di proprietà industriale si propongono davanti all'autorità giudiziaria dello Stato competente a norma dell'art. 120.

138. *Trascrizione*. — 1. Debbono essere resi pubblici mediante trascrizione presso l'Ufficio italiano brevetti e marchi:

a) gli atti fra vivi, a titolo oneroso o gratuito, che trasferiscono in tutto o in parte, i diritti su titoli di proprietà industriale;

b) gli atti fra vivi, a titolo oneroso o gratuito, che costituiscono, modificano o trasferiscono diritti personali o reali di godimento privilegi speciali o diritti di garanzia, costituiti ai sensi dell'art. 140 concernenti i titoli anzidetti;

c) gli atti di divisione, di società, di transazione, di rinuncia, relativi ai diritti enunciati nelle lett. *a*) e *b*);

d) il verbale di pignoramento;

e) il verbale di aggiudicazione in seguito a vendita forzata;

f) il verbale di sospensione della vendita di parte dei diritti di proprietà industriale pignorati per essere restituiti al debitore, a norma del codice di procedura civile;

g) i decreti di espropriazione per causa di pubblica utilità;

h) le sentenze che dichiarano l'esistenza degli atti indicati nelle lett. *a*), *b*) e *c*), quando tali atti non siano stati precedentemente trascritti. Le sentenze che pronunciano la nullità, l'annullamento, la risoluzione, la rescissione, la revocazione di un atto trascritto devono essere annotate in margine alla trascrizione dell'atto al quale si riferiscono. Possono inoltre essere trascritte le domande giudiziali dirette ad ottenere le sentenze di cui al presente articolo. In tale caso gli effetti della trascrizione della sentenza risalgono alla data della trascrizione della domanda giudiziale;

i) i testamenti e gli atti che provano l'avvenuta successione legittima e le sentenze relative;

l) le sentenze di rivendicazione di diritti di proprietà industriale e le relative domande giudiziali;

m) le sentenze che dispongono la conversione di titoli di proprietà industriale nulli e le relative domande giudiziali;

n) le domande giudiziali dirette ad ottenere le sentenze di cui al presente articolo. In tal caso gli effetti della trascrizione della sentenza risalgono alla data della trascrizione della domanda giudiziale.

2. La trascrizione è soggetta al pagamento del diritto prescritto.

3. Per ottenere la trascrizione, il richiedente deve presentare apposita nota di trascrizione, sotto forma di domanda, allegando copia autentica dell'atto pubblico ovvero l'originale o la copia autentica della scrittura privata autenticata ovvero qualsiasi altra documentazione prevista dall'art. 196 (1).

4. L'Ufficio italiano brevetti e marchi, esaminata la regolarità formale degli atti, procede, senza ritardo, alla trascrizione con la data di presentazione della domanda.

5. L'ordine delle trascrizioni è determinato dall'ordine di presentazione delle domande.

6. Le omissioni o le inesattezze che non inducano incertezza assoluta sull'atto che si intende trascrivere o sul titolo di proprietà industriale a cui l'atto si riferisce non comportano l'invalidità della trascrizione.

139. *Effetti della trascrizione*. — 1. Gli atti e le sentenze, tranne i testamenti e gli altri atti e sentenze indicati alle lett. *d*), *i*) ed *l*) dell'art. 138, finché non siano trascritti, non hanno effetto di fronte ai terzi che a qualunque titolo hanno acquistato e legalmente conservato diritti sul titolo di proprietà industriale.

2. Nel conflitto di più acquirenti dello stesso diritto di proprietà industriale dal medesimo titolare, è preferito chi ha trascritto per primo il suo titolo di acquisto.

3. La trascrizione del verbale di pignoramento, finché dura la sua efficacia, sospende gli effetti delle trascrizioni ulteriori degli atti e delle sentenze anzidetti. Gli effetti di tali trascrizioni vengono meno dopo la trascrizione del verbale di aggiudicazione, purché avvenga entro tre mesi dalla data della aggiudicazione stessa.

4. I testamenti e gli atti che provano l'avvenuta legittima successione e le sentenze relative sono trascritti solo per stabilire la continuità dei trasferimenti.

5. Sono opponibili ai terzi gli atti che trasferiscono, in tutto o in parte, ovvero modificano i diritti inerenti ad una domanda o ad un brevetto europeo, a condizione che siano stati iscritti nel registro dei brevetti europei o trascritti (2) nel Registro italiano dei brevetti europei.

140. *Diritti di garanzia*. — 1. I diritti di garanzia sui titoli di proprietà industriale devono es-

(1) Le parole «art. 196» sono state così sostituite alle precedenti «art. 195» dall'art. 64, d.lg. 13 agosto 2010, n. 131.

(2) Le parole «iscritti nel registro dei brevetti europei o trascritti» sono state così sostituite alla precedente «trascritti» dall'art. 65, d.lg. 13 agosto 2010, n. 131.

sere costituiti per crediti di denaro.

2. Nel concorso di più diritti di garanzia, il grado è determinato dall'ordine delle trascrizioni.

3. La cancellazione delle trascrizioni dei diritti di garanzia è eseguita in seguito alla produzione dell'atto di consenso del creditore con sottoscrizione autenticata ovvero quando la cancellazione sia ordinata con sentenza passata in giudicato ovvero in seguito al soddisfacimento dei diritti assistiti da garanzia a seguito di esecuzione forzata.

4. Per la cancellazione è dovuto lo stesso diritto prescritto per la trascrizione.

141. *Espropriazione*. — 1. Con esclusione dei diritti sui marchi, i diritti di proprietà industriale, ancorché in corso di registrazione o di brevettazione, possono essere espropriati dallo Stato nell'interesse della difesa militare del Paese o per altre ragioni di pubblica utilità.

2. L'espropriazione può essere limitata al diritto di uso per i bisogni dello Stato, fatte salve le previsioni in materia di licenze obbligatorie in quanto compatibili.

3. Con l'espropriazione anzidetta, quando sia effettuata nell'interesse della difesa militare del Paese e riguardi titoli di proprietà industriale di titolari italiani, è trasferito all'amministrazione espropriante anche il diritto di chiedere titoli di proprietà industriale all'estero.

142. *Decreto di espropriazione*. — 1. L'espropriazione viene disposta per decreto del Presidente della Repubblica, su proposta del Ministro competente, di concerto con il Ministro dello sviluppo economico (1) e dell'economia e delle finanze, sentito il Consiglio dei ministri, se il provvedimento interessa la difesa militare del Paese o, negli altri casi, la Commissione dei ricorsi.

2. Il decreto di espropriazione nell'interesse della difesa militare del Paese, quando viene emanato prima della stampa dell'attestato di brevettazione o di registrazione, può contenere l'obbligo e stabilire la durata del segreto sull'oggetto del titolo di proprietà industriale.

3. La violazione del segreto è punita ai sensi dell'art. 262 del codice penale.

4. Nel decreto di espropriazione è fissata l'indennità spettante al titolare del diritto di proprietà industriale, determinata sulla base del valore di mercato di esso (2), sentita la Commissione dei ricorsi.

5. La tutela giurisdizionale davanti al giudice amministrativo è disciplinata dal codice del processo amministrativo (3).

143. *Indennità di espropriazione*. — 1. Ove il titolare del diritto espropriato non accetti l'indennità fissata ai sensi dell'art. 142 ed in mancanza di accordo fra il titolare e l'amministrazione procedente, l'indennità è determinata da un collegio di arbitratori.

2. All'inventore o all'autore, il quale provi di avere perduto il diritto di priorità all'estero per il ritardo della decisione negativa del Ministero in merito all'espropriazione, è concesso un equo indennizzo, osservate le norme relative all'indennità di espropriazione.

3. I decreti di espropriazione devono essere annotati nel Registro dei titoli di proprietà industriale a cura dell'Ufficio italiano brevetti e marchi.

Sezione II. — *Misure contro la pirateria*

144. → *Atti di pirateria*. — 1. Agli effetti delle norme contenute nella presente sezione sono atti di pirateria le contraffazioni evidenti dei marchi, disegni e modelli registrati e le violazioni di altrui diritti di proprietà industriale realizzate dolosamente in modo sistematico (4). →

144-*bis*. *Sequestro conservativo*. — 1. Quando la parte lesa faccia valere l'esistenza di circostanze atte a pregiudicare il soddisfacimento del risarcimento del danno, l'autorità giudiziaria può disporre, ai sensi dell'art. 671 del codice di procedura civile, il sequestro conservativo dei beni mobili ed immobili del preteso autore della violazione, compreso il blocco dei suoi conti bancari e di altri beni fino alla concorrenza del presumibile ammontare del danno. A tale fine l'autorità giudiziaria può disporre la comunicazione della documentazione bancaria, finanziaria o commerciale oppure autorizzare l'accesso alle pertinenti informazioni (5).

145. → *Consiglio nazionale anticontraffazione*. — → 1. Presso il Ministero dello sviluppo economico è istituito il Consiglio nazio-

(1) L'art. 127.1, d.lg. 13 agosto 2010, n. 131, così dispone: «Ogni riferimento nel Codice al Ministero o Ministro delle attività produttive si intende riferito al Ministero o al Ministro dello sviluppo economico».

(2) Le parole «di esso» sono state così sostituite alle precedenti «dell'invenzione» dall'art. 66, d.lg. 13 agosto 2010, n. 131.

(3) Comma così sostituito dall'art. 3.16, dell'Allegato 4, d.lg. 2 luglio 2010, n. 104.

(4) Comma così sostituito dall'art. 67, d.lg. 13 agosto 2010, n. 131.

(5) Articolo inserito dall'art. 20, d.lg. 16 marzo 2006, n. 140.

nale anticontraffazione, con funzioni di indirizzo, impulso e coordinamento delle azioni strategiche intraprese da ogni amministrazione, al fine di migliorare l'insieme dell'azione di contrasto della contraffazione a livello nazionale.

→ 2. Il Consiglio nazionale anticontraffazione è presieduto dal Ministro dello sviluppo economico o da un rappresentante da lui designato. Al fine di garantire la rappresentanza degli interessi pubblici e privati e assicurare le necessarie sinergie tra amministrazione pubblica e imprese, il Consiglio è composto da un rappresentante del Ministero dello sviluppo economico, da un rappresentante del Ministero dell'economia e delle finanze, da un rappresentante del Ministero degli affari esteri, da un rappresentante del Ministero della difesa, da un rappresentante del Ministero delle politiche agricole alimentari e forestali, da un rappresentante del Ministero dell'interno, da un rappresentante del Ministero della giustizia, da un rappresentante del Ministero per i beni e le attività culturali, da un rappresentante del Ministero del lavoro e delle politiche sociali, da un rappresentante del Ministero della salute, e da un rappresentante del Dipartimento della funzione pubblica e da un rappresentante designato dall'ANCI. Il Consiglio può invitare a partecipare ai propri lavori, in ragione dei temi trattati, rappresentanti di altre amministrazioni pubbliche nonché delle categorie di imprese, lavoratori e consumatori.

→ 3. Le modalità di funzionamento del Consiglio nazionale anticontraffazione sono definite con decreto del Ministro dello sviluppo economico, di concerto con i Ministri dell'economia e delle finanze, degli affari esteri, della difesa, delle politiche agricole alimentari e forestali, dell'interno, della giustizia, per i beni e le attività culturali, del lavoro e delle politiche sociali e della salute. Le attività di segreteria sono svolte dalla Direzione generale per la lotta alla contraffazione – Ufficio italiano brevetti e marchi.

→ 4. La partecipazione al Consiglio nazionale anticontraffazione non dà luogo alla corresponsione di compensi, emolumenti, indennità o rimborsi spese. All'attuazione dei commi 1, 2 e 3 si provvede nell'ambito delle risorse umane, finanziarie e strumentali disponibili a legislazione vigente (1).

146. *Interventi contro la pirateria.* — 1. Qualora ne abbia notizia, il Ministero dello sviluppo economico (2) segnala alla Procura della Repubblica, competente per territorio, per le iniziative di sua competenza, i casi di pirateria.

2. Fatta salva la repressione dei reati e l'applicazione della normativa nazionale e comunitaria vigente in materia, di competenza dell'autorità doganale, il Ministero dello sviluppo economico (2), per il tramite del Prefetto della provincia interessata e i sindaci, limitatamente al territorio comunale, possono disporre anche d'ufficio, il sequestro amministrativo della merce contraffatta e, decorsi tre mesi, previa autorizzazione dell'autorità giudiziaria di cui al comma 3, procedere alla sua distruzione, a spese del contravventore. è fatta salva la facoltà di conservare i campioni da utilizzare a fini giudiziari.

3. Competente ad autorizzare la distruzione è il presidente della sezione specializzata di cui all'art. 120, nel cui territorio è compiuto l'atto di pirateria, su richiesta dell'amministrazione statale o comunale che ha disposto il sequestro.

4. L'opposizione avverso il provvedimento di distruzione di cui al comma 2 è proposta davanti alla sezione specializzata del Tribunale competente per territorio (3) nelle forme di cui agli artt. 22 e 23 della l. 24 novembre 1981, n. 689, e successive modificazioni. Il termine per ricorrere decorre dalla data di notificazione del provvedimento o da quella della sua pubblicazione, per estratto, nella *Gazzetta Ufficiale* della Repubblica italiana.

CAPO IV

Acquisto e mantenimento dei diritti di proprietà industriale e relative procedure

Sezione I. — *Domande in generale*

147. *Deposito delle domande e delle istanze.* — 1. Tutte le domande, le istanze, gli atti, i documenti e i ricorsi notificati menzionati nel presente codice, ad eccezione di quanto previsto da convenzioni ed accordi internazionali, sono depositati, presso l'Ufficio italiano brevetti e marchi, presso le Camere di commercio, industria e artigianato e presso gli uffici o enti pubblici determinati con decreto del Ministro

(1) Articolo così sostituito dall'art. 68, d.lg. 13 agosto 2010, n. 131.

(2) L'art. 127.1, d.lg. 13 agosto 2010, n. 131, così dispone: «Ogni riferimento nel Codice al Ministero o Ministro delle attività produttive si intende riferito al Ministero o al Ministro dello sviluppo economico».

(3) Le parole «davanti alla sezione specializzata del Tribunale competente per territorio» sono state inserite dall'art. 69, d.lg. 13 agosto 2010, n. 131.

dello sviluppo economico. Con decreto dello stesso Ministro, con rispetto delle previsioni contenute nel d.lg. 7 marzo 2005, n. 82 (1), sono determinate le modalità di deposito, quivi comprese quelle da attuare mediante ricorso ad altri mezzi di comunicazione. Gli uffici o enti anzidetti, all'atto del ricevimento rilasciano l'attestazione dell'avvenuto deposito ed entro i successivi dieci giorni trasmettono all'Ufficio italiano brevetti e marchi, nelle forme indicate nel decreto, gli atti depositati e la relativa attestazione (2).

2. Gli uffici o enti abilitati a ricevere i depositi sono tenuti ad adottare le misure necessarie per assicurare l'osservanza del segreto d'ufficio.

3. Non possono, né direttamente, né per interposta persona, chiedere brevetti per invenzioni industriali o divenire cessionari gli impiegati addetti all'Ufficio italiano brevetti e marchi, se non dopo due anni da quando abbiano cessato di appartenere al loro ufficio.

3-*bis*. In ciascuna domanda il richiedente deve indicare o eleggere domicilio in uno Stato membro dell'Unione europea o dello Spazio economico europeo per ricevervi tutte le comunicazioni e notificazioni da farsi a norma del presente codice. Qualora il richiedente si avvalga delle prestazioni di un mandatario, si applicano le disposizioni dell'art. 201 (3) (4).

3-*ter*. Salvo quanto previsto dall'art. 16 del d.l. 29 novembre 2008, n. 185, convertito, con modificazioni, dalla l. 28 gennaio 2009, n. 2, e successive modificazioni, nei casi in cui le disposizioni del presente codice prevedono l'obbligo di indicare o eleggere domicilio, le imprese, i professionisti o i loro mandatari, se vi siano, devono anche indicare il proprio indirizzo di posta elettronica certificata o analogo indirizzo di posta elettronica basato su tecnologie che certifichino la data e l'ora dell'invio e della ricezione delle comunicazioni e l'integrità del contenuto delle stesse, garantendo l'interoperabilità con analoghi sistemi internazionali. Gli oneri delle comunicazioni a cui l'Ufficio italiano brevetti e marchi è tenuto a norma del presente codice sono a carico dell'interessato, anche se persona fisica, qualora sia stata omessa l'indicazione dell'indirizzo di posta elettronica certificata o di analoga modalità di comunicazione (5).

3-*quater*. Ove manchi l'indicazione o l'elezione del domicilio ai sensi dei commi 3-*bis* e 3-*ter*, nonché in tutti gli altri casi di irreperibilità, le comunicazioni e le notificazioni sono eseguite mediante affissione di copia dell'atto o di avviso del contenuto di esso nell'albo dell'Ufficio italiano brevetti e marchi (5).

3-*quinquies*. Nei casi previsti al comma 3-*quater*, la comunicazione si ha per eseguita lo stesso giorno in cui è stata effettuata l'affissione nell'Albo (6).

148. *Ricevibilità ed integrazione delle domande e data di deposito* (7). — 1. Le domande di brevetto, di registrazione e di rinnovazione (8) di cui all'art. 147, comma 1, non sono ricevibili se il richiedente non è identificabile o non è raggiungibile e, nel caso dei marchi di primo deposito (9), anche quando la domanda non contiene la riproduzione del marchio o l'elenco dei prodotti ovvero dei servizi. L'irricevibilità (10), salvo quanto stabilito nel comma 3, è dichiarata dall'Ufficio italiano brevetti e marchi.

2. L'Ufficio italiano brevetti e marchi invita il richiedente a fare le necessarie integrazioni, soggette ad un diritto di mora in caso di pagamento tardivo, entro il termine di due mesi dalla data della comunicazione se constata che:

a) alla domanda di invenzioni industriali e modelli di utilità non è allegato un documento che possa essere assimilato ad una descrizione ovvero manchi parte della descrizione o un disegno in essa richiamato ovvero la domanda contiene, in sostituzione della descrizione, il riferimento ad una domanda anteriore di cui

(1) In *Leggi coll. IV, 4*.
(2) Comma così sostituito dall'art. 70.1, d.lg. 13 agosto 2010, n. 131.
(3) Comma aggiunto dall'art. 70.2, d.lg. 13 agosto 2010, n. 131, e successivamente così sostituito dall'art. 7.1, lett. a, l. 29 luglio 2015, n. 115.
(4) Sulle modalità di deposito delle domande per via telematica v. d.m. Sviluppo economico 21 marzo 2013, in G.U., 2 luglio 2013, n. 153.
(5) Comma aggiunto dall'art. 7.1, lett. b, l. 29 luglio 2015, n. 115.
(6) Comma aggiunto dall'art. 19, d.lg. 20 febbraio 2019, n. 15.
(7) Rubrica così sostituita alla precedente «Ricevibilità ed integrazione delle domande» dall'art. 71.1, d.lg. 13 agosto 2010, n. 131.
(8) Le parole «Le domande di brevetto, di registrazione e di rinnovazione» sono state così sostituite alle precedenti «Le domande di brevetto e di registrazione» dall'art. 71.2, d.lg. 13 agosto 2010, n. 131.
(9) Le parole «di primo deposito» sono state inserite dall'art. 71.2, d.lg. 13 agosto 2010, n. 131.
(10) Le parole «L'irricevibilità» sono state così sostituite alle precedenti «L'irricevitilità» dall'art. 71.2, d.lg. 13 agosto 2010, n. 131.

non sono forniti il numero, la data di deposito, lo stato in cui è avvenuto il deposito ed i dati identificativi del richiedente;

b) alla domanda di varietà vegetale non è allegato almeno un esemplare della descrizione con almeno un esemplare delle fotografie in essa richiamate;

c) alla domanda di modelli e disegni non è allegata la riproduzione grafica o fotografica;

d) alla domanda di topografie non è allegato un documento che ne consenta l'identificazione;

e) non sono consegnati i documenti comprovanti il pagamento dei diritti prescritti entro il termine di cui all'art. 226;

e-bis) non è indicato un domicilio [...] (1) ovvero un mandatario abilitato (2).

3. Se il richiedente ottempera all'invito dell'ufficio entro il termine di cui al comma 2 o provvede spontaneamente alla relativa integrazione, l'Ufficio riconosce quale data del deposito, da valere a tutti gli effetti, quella di ricevimento della integrazione richiesta e ne dà comunicazione al richiedente. Se il richiedente non ottempera all'invito dell'ufficio entro il termine di cui al comma 2, salvo il caso in cui, entro tale termine, abbia fatto espressa rinuncia alla parte della descrizione o disegno mancanti di cui al comma 2, lett. *a*), l'Ufficio dichiara l'irricevibilità della domanda ai sensi del comma 1.

4. Se tuttavia l'integrazione concerne solo la prova dell'avvenuto pagamento dei diritti nel termine prescritto ovvero l'indicazione del domicilio o del mandatario [...] (1) e tale prova o indicazione è consegnata entro il termine di cui al comma 2, l'Ufficio riconosce quale data di deposito quella del ricevimento della domanda (3).

5. Tutte le domande, le istanze ed i ricorsi di cui all'art. 147, con gli atti allegati, devono essere redatti in lingua italiana. Degli atti in lingua diversa dall'italiana, deve essere fornita la traduzione in lingua italiana. La traduzione può essere dichiarata conforme al testo originale dal richiedente o da un mandatario abilitato (4). Se la descrizione è presentata in lingua diversa da quella italiana, la traduzione in lingua italiana deve essere depositata entro il termine fissato dall'Ufficio.

5-*bis*. L'Ufficio, su istanza, rilascia copia o copia autentica dei documenti o dei riferimenti prodotti all'atto del deposito. La traduzione italiana, ove presentata successivamente, viene allegata su richiesta (5).

149. *Deposito delle domande di brevetto europeo*. — 1. Le domande di brevetto europeo possono essere depositate presso l'Ufficio italiano brevetti e marchi secondo le modalità previste dal regolamento di attuazione (6).

2. Si applicano le disposizioni dell'art. 198, commi 1 e 2. Ai fini dell'applicazione di tali disposizioni, la domanda deve essere corredata da un riassunto in lingua italiana che definisca in modo esauriente le caratteristiche dell'invenzione, nonché da una copia degli eventuali disegni (7).

3. L'Ufficio italiano brevetti e marchi informa immediatamente l'Ufficio europeo dei brevetti dell'avvenuto deposito della domanda.

150. *Trasmissione della domanda di brevetto europeo*. — 1. Le domande di brevetto europeo il cui oggetto, ad avviso del servizio militare brevetti del Ministero della difesa, è manifestamente non suscettibile di essere vincolato al segreto per motivi di difesa militare, sono trasmesse, a cura dell'Ufficio italiano brevetti e marchi, all'Ufficio europeo dei brevetti nel più breve termine possibile e, comunque, entro sei settimane dalla data del loro deposito.

2. Nel caso in cui le domande di brevetto europeo si considerano ritirate a norma dell'art. 77, par. 5, della Convenzione sul brevetto europeo, il richiedente, entro tre mesi dalla data di ricezione della comunicazione, ha facoltà di chiedere la trasformazione della domanda in domanda di brevetto italiano per invenzione industriale.

3. Fatte salve le disposizioni a tutela del segreto sulle invenzioni interessanti la difesa militare del Paese, l'Ufficio italiano brevetti e marchi qualora non siano ancora trascorsi venti mesi dalla data di deposito o di priorità, trasmette copia della richiesta di trasformazione

(1) Le parole «in Italia» sono state soppresse dall'art. 7.2, l. 29 luglio 2015, n. 115.
(2) Lettera aggiunta dall'art. 71.3, d.lg. 13 agosto 2010, n. 131.
(3) Comma così sostituito dall'art. 71.4, d.lg. 13 agosto 2010, n. 131.
(4) Periodo inserito dall'art. 71.5, d.lg. 13 agosto 2010, n. 131.
(5) Comma aggiunto dall'art. 71.6, d.lg. 13 agosto 2010, n. 131.
(6) D.m. Sviluppo economico 13 gennaio 2010, n. 33, in suppl. ord. n. 48/L a G.U., 9 marzo 2010, n. 56.
(7) Le parole «un riassunto in lingua italiana che definisca in modo esauriente le caratteristiche dell'invenzione, nonché da una copia degli eventuali disegni» sono state così sostituite alle precedenti «una copia delle descrizioni e delle rivendicazioni redatte in lingua italiana, nonché degli eventuali disegni» dall'art. 72, d.lg. 13 agosto 2010, n. 131.

di cui al comma 2 ai servizi centrali degli altri Stati indicati nella richiesta medesima, allegando una copia della domanda di brevetto europeo prodotta dall'istante.

151. *Deposito della domanda internazionale.* — 1. Le persone fisiche e giuridiche italiane e quelle che abbiano il domicilio o la sede in Italia possono depositare le domande internazionali per la protezione delle invenzioni presso l'Ufficio italiano brevetti e marchi, il quale agisce in qualità di ufficio ricevente ai sensi dell'art. 10 del Trattato di cooperazione in materia di brevetti del 19 giugno 1970, ratificato con l. 26 maggio 1978, n. 260.

2. La domanda può essere presentata presso l'Ufficio italiano brevetti e marchi secondo quanto previsto dal regolamento di attuazione (1); la data di deposito della domanda viene determinata a norma dell'art. 11 del Trattato di cooperazione in materia di brevetti.

3. La domanda internazionale può essere depositata anche presso l'Ufficio europeo dei brevetti, nella sua qualità di ufficio ricevente, ai sensi dell'art. 151 della Convenzione sul brevetto europeo del 5 ottobre 1973, ratificata con l. 26 maggio 1978, n. 260, e presso l'Organizzazione mondiale della proprietà intellettuale di Ginevra quale ufficio ricevente, osservate le disposizioni dell'art. 198, commi 1 e 2.

152. *Requisiti della domanda internazionale.* — 1. La domanda internazionale deve essere conforme alle disposizioni del Trattato di cooperazione in materia di brevetti del 19 giugno 1970, ratificato con l. 26 maggio 1978, n. 260, e del suo regolamento di esecuzione.

2. Ai soli fini dell'applicazione dell'art. 198, commi 1 e 2, la domanda deve essere corredata da un riassunto in lingua italiana che definisca in modo esauriente le caratteristiche dell'invenzione, nonché da una copia degli eventuali disegni (2).

3. La domanda internazionale e ciascuno dei documenti allegati, ad eccezione di quelli comprovanti il pagamento delle tasse, devono essere depositati in un originale e due copie. Le copie mancanti sono approntate dall'Ufficio italiano brevetti e marchi a spese del richiedente.

153. *Segretezza della domanda internazionale.* — 1. L'Ufficio italiano brevetti e marchi, salvo consenso del richiedente, rende accessibile al pubblico la domanda solo dopo che abbia avuto luogo la pubblicazione internazionale o sia pervenuta all'ufficio designato la comunicazione di cui all'art. 20 del Trattato di cooperazione in materia di brevetti del 19 giugno 1970, ratificato con l. 26 maggio 1978, n. 260, o la copia di cui all'art. 22 del medesimo Trattato o, comunque, decorsi venti mesi dalla data di priorità.

2. L'Ufficio italiano brevetti e marchi può dare comunicazione di essere stato designato, rivelando unicamente il nome del richiedente, il titolo dell'invenzione, la data del deposito e il numero della domanda internazionale.

154. *Trasmissione della domanda internazionale.* — 1. L'Ufficio italiano brevetti e marchi trasmette all'Ufficio internazionale e all'amministrazione che viene incaricata della ricerca la domanda internazionale entro i termini previsti dalle regole 22 e 23 del regolamento di esecuzione del Trattato di cooperazione in materia di brevetti.

2. Se quindici giorni prima della data di scadenza del termine per la trasmissione dell'esemplare originale della domanda internazionale, fissato dalla regola 22 del regolamento di esecuzione del Trattato di cooperazione in materia di brevetti, è pervenuta dal Ministero della difesa l'imposizione del vincolo del segreto, l'Ufficio ne dà comunicazione al richiedente, diffidandolo ad osservare l'obbligo del segreto.

3. Entro novanta giorni dalla data di comunicazione di cui al comma 2, può essere chiesta la trasformazione della domanda internazionale in una domanda nazionale che assume la stessa data di quella internazionale; se la trasformazione non viene richiesta, la domanda si intende ritirata.

155. *Deposito di domande internazionali di disegni e modelli.* — 1. Le persone fisiche e giuridiche italiane o quelle che abbiano il domicilio o una effettiva organizzazione in Italia possono depositare le domande internazionali per la protezione dei disegni o modelli direttamente presso (3) l'Ufficio internazionale oppure presso l'Ufficio italiano brevetti e marchi, ai sensi dell'art. 4, comma 1, dell'Accordo dell'Aja relativo al deposito internazionale dei disegni o modelli industriali del 6 novembre 1925, e successive revisioni, ratificato con l. 24 ottobre 1980, n. 744, e di seguito chiamato: Accordo.

2. La domanda presso l'Ufficio italiano bre-

(1) D.m. Sviluppo economico 13 gennaio 2010, n. 33, in suppl. ord. n. 48/L a G.U., 9 marzo 2010, n. 56.

(2) Le parole da «un riassunto» fino alla fine del comma sono state così sostituite alle precedenti «una copia della descrizione e delle rivendicazioni in lingua italiana, nonché degli eventuali disegni» dall'art. 73, d.lg. 13 agosto 2010, n. 131.

(3) La parola «presso» è stata così sostituita alla precedente «prezzo» dall'art. 74, d.lg. 13 agosto 2010, n. 131.

vetti e marchi può anche essere inviata in plico raccomandato con avviso di ricevimento.

3. La data di deposito della domanda è quella dell'art. 6, comma 2, dell'Accordo.

4. La domanda internazionale deve essere conforme alle disposizioni dell'Accordo e del relativo regolamento di esecuzione, oltre che alle istruzioni amministrative emanate dall'Ufficio internazionale, ed essere redatta in lingua francese o inglese su formulari predisposti dall'Ufficio internazionale.

156. *Domanda di registrazione di marchio*. — 1. La domanda di registrazione di marchio deve contenere:

a) l'identificazione del richiedente ed anche del mandatario, se vi sia;

b) la eventuale rivendicazione della priorità ovvero della data da cui decorrono gli effetti della domanda in seguito ad accoglimento di conversione di precedente domanda comunitaria o di registrazione internazionale ai sensi del protocollo relativo all'Accordo di Madrid per la registrazione internazionale dei marchi del 27 giugno 1989, ratificato con l. 12 marzo 1996, n. 169;

c) la rappresentazione del marchio, che soddisfa i requisiti di cui all'art. 7, comma 1, lett. *b*) (1);

d) l'elenco dei prodotti o dei servizi che il marchio è destinato a contraddistinguere, raggruppati secondo le classi della classificazione di cui all'Accordo di Nizza sulla classificazione internazionale dei prodotti e dei servizi ai fini della registrazione dei marchi, testo di Ginevra del 13 maggio 1977 (2), ratificato con l. 27 aprile 1982, n. 243. I prodotti e i servizi per i quali è chiesta la protezione sono identificati dal richiedente con chiarezza e precisione sufficienti a consentire alle autorità competenti e agli operatori economici di determinare, esclusivamente su tale base, l'ambito della protezione richiesta (3).

2. Quando vi sia mandatario, alla domanda deve essere unito l'atto di nomina ai sensi dell'art. 201.

157. *Domanda di registrazione di marchio collettivo o di certificazione* (4). — 1. Alla domanda di registrazione per marchio collettivo o di certificazione (5) è allegata (6) oltre ai documenti di cui all'art. 156, commi 1 e 2 (7), anche copia dei regolamenti di cui all'art. 11 e all'art. 11-*bis* (8).

1-*bis*. Il regolamento d'uso dei marchi collettivi di cui all'art. 11 contiene le seguenti indicazioni:

a) il nome del richiedente;

b) lo scopo dell'associazione di categoria o lo scopo per il quale è stata costituita la persona giuridica di diritto pubblico;

c) i soggetti legittimati a rappresentare l'associazione di categoria o la persona giuridica di diritto pubblico;

d) nel caso di associazione di categoria, le condizioni di ammissione dei membri;

e) la rappresentazione del marchio collettivo;

f) i soggetti legittimati ad usare il marchio collettivo;

g) le eventuali condizioni d'uso del marchio collettivo, nonché le sanzioni per le infrazioni regolamentari;

h) i prodotti o i servizi contemplati dal marchio collettivo, ivi comprese, se del caso, le eventuali limitazioni introdotte a seguito dell'applicazione della normativa in materia di denominazioni di origine, indicazioni geografiche, specialità tradizionali garantite, menzioni tradizionali per vini;

i) se del caso, l'autorizzazione a diventare membri dell'associazione titolare del marchio di cui all'art. 11, comma 4 (9).

1-*ter*. Il regolamento d'uso dei marchi di certificazione di cui all'art. 11-*bis* contiene le seguenti indicazioni:

a) il nome del richiedente;

b) una dichiarazione attestante che il richiedente soddisfa le condizioni di cui all'art. 11-*bis*;

c) la rappresentazione del marchio di certificazione;

d) i prodotti o i servizi contemplati dal marchio di certificazione;

(1) Lettera così sostituita dall'art. 20.1, lett. a, d.lg. 20 febbraio 2019, n. 15.
(2) Le parole «13 maggio 1977» sono state così sostituite alle precedenti «13 maggio 1997» dall'art. 75, d.lg. 13 agosto 2010, n. 131.
(3) Ultimo periodo aggiunto dall'art. 20.1, lett. b, d.lg. 20 febbraio 2019, n. 15.
(4) Le parole «o di certificazione» sono state aggiunte dall'art. 21.1, lett. a, d.lg. 20 febbraio 2019, n. 15.
(5) Le parole «o di certificazione» sono state inserite dall'art. 21.1, lett. b, d.lg. 20 febbraio 2019, n. 15.
(6) Le parole «è allegata» sono state così sostituite alle precedenti «deve unirsi» dall'art. 21.1, lett. b, d.lg. 20 febbraio 2019, n. 15.
(7) Le parole «commi 1 e 2» sono state così sostituite alle precedenti «comma 1» dall'art. 76, d.lg. 13 agosto 2010, n. 131.
(8) Le parole «e all'art. 11-*bis*» sono state aggiunte dall'art. 21.1, lett. b, d.lg. 20 febbraio 2019, n. 15.
(9) Comma aggiunto dall'art. 21.1, lett. c, d.lg. 20 febbraio 2019, n. 15.

e) le caratteristiche dei prodotti o dei servizi che devono essere certificate dal marchio di certificazione;

f) le condizioni d'uso del marchio di certificazione, nonché le sanzioni previste per i casi di infrazione alle norme regolamentari;

g) le persone legittimate ad usare il marchio di certificazione;

h) le modalità di verifica delle caratteristiche e di sorveglianza dell'uso del marchio di certificazione da parte dell'organismo di certificazione (1).

158. *Divisione della domanda di registrazione di marchio*. — 1. Ogni domanda deve aver per oggetto un solo marchio.

2. Se la domanda riguarda più marchi, l'Ufficio italiano brevetti e marchi inviterà l'interessato, assegnandogli un termine, a limitare la domanda ad un solo marchio, con facoltà di presentare, per i rimanenti marchi, altrettante domande, che avranno effetto dalla data della domanda primitiva.

3. Ogni domanda di registrazione, avente per oggetto più prodotti o servizi, può essere divisa dal richiedente in più domande parziali, nelle quali sono ripartiti i prodotti o i servizi della domanda iniziale, nei seguenti casi:

a) prima della decisione dell'ufficio relativo alla registrazione del marchio;

b) durante ogni procedura di opposizione alla decisione dell'ufficio di registrazione del marchio;

c) durante ogni procedura di ricorso contro la decisione relativa alla registrazione del marchio (2).

4. Le domande parziali conservano la data di deposito della domanda iniziale e, se del caso, il beneficio del diritto di priorità.

5. Il ricorso alla Commissione dei ricorsi sospende il termine assegnato dall'ufficio.

159. *Domanda di rinnovazione di marchio*. — 1. La domanda di rinnovazione di marchio di impresa deve essere fatta dal titolare o dal suo avente causa.

2. .... (3).

3. Quando vi sia mandatario, alla domanda deve essere unito l'atto di nomina ai sensi dell'art. 201.

4. Per i marchi registrati sulla base di una domanda di trasformazione di una domanda di marchio dell'Unione europea (4) o di un marchio dell'Unione europea (4), presentata ai sensi del regolamento (CE) n. 40/94 del Consiglio, del 20 dicembre 1993, sul marchio dell'Unione europea (4) e successive modificazioni, ovvero sulla base di una domanda di trasformazione di una registrazione internazionale, presentata ai sensi dell'art. 9-*quinquies* del Protocollo relativo all'Accordo di Madrid sulla registrazione internazionale dei marchi del 27 giugno 1989, ratificato con l. 12 marzo 1996, n. 169, gli effetti della prima registrazione, ai fini della rinnovazione, decorrono rispettivamente dalla data di deposito della domanda di marchio dell'Unione europea (4) o dalla data di registrazione internazionale.

5. .... (3).

6. Se la domanda di rinnovazione o le tasse pagate si riferiscono soltanto ad una parte dei prodotti o dei servizi per i quali il marchio è stato registrato, la registrazione viene rinnovata soltanto per i prodotti o i servizi di cui trattasi.

160. *Domanda di brevetto per invenzione e per modello di utilità*. — 1. La domanda deve contenere:

a) l'identificazione del richiedente e del mandatario, se vi sia;

b) l'indicazione dell'invenzione o del modello, in forma di titolo, che ne esprima (5) brevemente, ma con precisione, i caratteri e lo scopo.

2. Una medesima domanda non può contenere la richiesta di più brevetti, né di un solo brevetto per più invenzioni o modelli.

3. Alla domanda devono essere uniti:

a) la descrizione e le rivendicazioni di cui all'art. 51 (6);

b) i disegni dell'invenzione, ove sia possibile;

c) la designazione dell'inventore;

d) quando vi sia mandatario, anche l'atto di nomina ai sensi dell'art. 201;

e) in caso di rivendicazione di priorità i documenti relativi.

4. La descrizione dell'invenzione o del mo-

(1) Comma aggiunto dall'art. 21.1, lett. c, d.lg. 20 febbraio 2019, n. 15.

(2) Le parole «contro la decisione relativa alla registrazione del marchio» sono state così sostituite alle precedenti «contro la decisione di registrare il marchio» dall'art. 77, d.lg. 13 agosto 2010, n. 131.

(3) Comma abrogato dall'art. 78, d.lg. 13 agosto 2010, n. 131.

(4) Le parole «dell'Unione europea» sono state così sostituite alla precedente «comunitario» dall'art. 22, d.lg. 20 febbraio 2019, n. 15.

(5) La parola «esprima» è stata così sostituita alla precedente «esprinia» dall'art. 79.1, d.lg. 13 agosto 2010, n. 131.

(6) Lettera così sostituita dall'art. 79.2, d.lg. 13 agosto 2010, n. 131.

dello deve iniziare con un riassunto che ha solo fini di informazione tecnica e deve essere seguita da una o più rivendicazioni. Queste ultime devono essere presentate, ove non siano state accluse alla descrizione al momento del deposito, entro il termine di due mesi dalla data della domanda. In tale caso resta ferma la data di deposito già riconosciuta (1). ⟶

161. *Unicità dell'invenzione e divisione della domanda*. — 1. Ogni domanda deve avere per oggetto una sola invenzione.

2. Se la domanda comprende più invenzioni, l'Ufficio italiano brevetti e marchi inviterà l'interessato, assegnandogli un termine, a limitare tale domanda ad una sola invenzione, con facoltà di presentare, per le rimanenti invenzioni, altrettante domande, che avranno effetto dalla data della domanda primitiva. Tale facoltà può essere esercitata dal richiedente, anche in mancanza dell'invito dell'Ufficio italiano brevetti e marchi, prima che quest'ultimo abbia provveduto alla concessione del brevetto (2).

3. Il ricorso alla Commissione dei ricorsi sospende il termine assegnato dall'Ufficio.

162. *Deposito, accesso e nuovo deposito di materiale biologico*. — 1. Se un'invenzione riguarda un materiale biologico non accessibile al pubblico e che non può essere descritto nella domanda di brevetto in maniera tale da consentire ad un esperto in materia di attuare l'invenzione stessa oppure implica l'uso di tale materiale, la descrizione è ritenuta sufficiente, ai sensi dell'art. 51, comma 3, soltanto se:

a) il materiale biologico è stato depositato presso un ente di deposito riconosciuto non oltre la data di presentazione della domanda di brevetto. Sono riconosciuti almeno gli enti di deposito internazionali che abbiano acquisito tale qualificazione ai sensi dell'art. 7 del Trattato di Budapest, del 28 aprile 1977, ratificato con l. 14 ottobre 1985, n. 610, sul riconoscimento internazionale del deposito dei microrganismi ai fini della procedura in materia di brevetti, di seguito denominato: «Trattato di Budapest»;

b) sulle caratteristiche del materiale biologico depositato la domanda depositata fornisce tutte le informazioni rilevanti di cui dispone il depositante;

c) nella domanda di brevetto sono precisati il nome dell'ente di deposito e il numero di registrazione del deposito.

2. Le indicazioni di cui al comma 1, lett. *c*), possono essere comunicate entro un termine di 16 mesi a decorrere dalla data di deposito della domanda o precedentemente nel caso di anticipata accessibilità al pubblico o notifica a terzi ai sensi dell'art. 53, commi 3 e 4.

3. Fermo restando il disposto dell'art. 53, commi 2, 3 e 4, l'accesso al materiale biologico depositato è garantito mediante il rilascio di un campione. Su richiesta del depositante, il campione è rilasciato solo ad un esperto indipendente:

a) a partire dalla data di accessibilità al pubblico ai sensi dell'art. 53, comma 3, fino alla concessione del brevetto;

b) per un periodo di 20 anni a decorrere dalla data del deposito della domanda di brevetto, in caso di rifiuto o di ritiro di quest'ultima.

4. La consegna ha luogo esclusivamente se il richiedente si impegna per la durata degli effetti del brevetto:

a) a non rendere accessibile a terzi campioni del materiale biologico depositato o di materiali da esso derivati;

b) ad utilizzare campioni del materiale biologico depositato o di materiali da esso derivati esclusivamente a fini sperimentali, a meno che il richiedente o il titolare del brevetto non rinunci esplicitamente a tale impegno.

5. L'esperto designato è responsabile solidalmente per gli abusi commessi dal richiedente.

6. Se il materiale biologico depositato ai sensi del presente articolo non è più disponibile presso l'ente di deposito riconosciuto, è consentito un nuovo deposito del materiale alle stesse condizioni previste dal Trattato di Budapest.

7. Ogni nuovo deposito deve essere accompagnato da una dichiarazione firmata dal depositante attestante che il materiale biologico che è oggetto del nuovo deposito è identico a quello oggetto del deposito iniziale (3).

163. *Domanda di certificato complementare per i medicinali e per i prodotti fitosanitari*. — 1. La domanda di certificato deve essere depositata presso l'Ufficio italiano brevetti e marchi [...] (4) con riferimento alla autorizzazione di immissione in commercio del prodotto.

2. L'Ufficio italiano brevetti e marchi pubblica almeno i seguenti dati concernenti la domanda di certificato:

a) nome e indirizzo del richiedente;

(1) Comma così sostituito dall'art. 79.3, d.lg. 13 agosto 2010, n. 131.
(2) Ultimo periodo aggiunto dall'art. 80, d.lg. 13 agosto 2010, n. 131.
(3) Articolo così sostituito dall'art. 81, d.lg. 13 agosto 2010, n. 131.
(4) Le parole «che ha rilasciato il brevetto di base» sono state soppresse dall'art. 82.1, d.lg. 13 agosto 2010, n. 131.

b) numero del brevetto di base;

c) titolo dell'invenzione;

d) numero e data (1) dell'autorizzazione di immissione in commercio nonché indicazione del prodotto la cui identità risulta dall'autorizzazione stessa;

e) se del caso, numero e data della prima autorizzazione di immissione in commercio nella comunità.

2-*bis*. Fatto salvo il periodo transitorio di cui all'art. 83 dell'Accordo su un tribunale unificato dei brevetti, ratificato e reso esecutivo ai sensi della l. 3 novembre 2016, n. 214, i diritti conferiti da un certificato complementare di protezione basato su un brevetto europeo di cui all'art. 56 sono quelli previsti dall'art. 30 dell'Accordo medesimo (2).

164. *Domanda di privativa per varietà vegetale*. — 1. La domanda di privativa per varietà vegetale deve contenere:

a) l'identificazione del richiedente ed anche del mandatario, se vi sia;

b) l'indicazione in italiano ed in latino del genere o della specie cui la varietà appartiene;

c) la denominazione proposta, specificando se trattasi di codice o di nome di fantasia;

d) il nome e la nazionalità dell'autore della varietà vegetale;

e) l'eventuale rivendicazione della priorità;

f) l'elenco dei documenti allegati.

2. Alla domanda devono essere uniti:

a) la descrizione della varietà vegetale. In caso di varietà ibrida, a richiesta del costitutore, le informazioni relative ai componenti genealogici non sono messi a disposizione del pubblico dall'ufficio ricevente;

b) la riproduzione fotografica della varietà vegetale e delle sue caratteristiche (3) specifiche;

c) ogni informazione e documentazione ritenuta utile ai fini dell'esame della domanda, e, in particolare, i risultati degli esami in coltura eventualmente già intrapresi in Italia o all'estero. La documentazione redatta in lingua straniera è corredata da una traduzione in lingua italiana, dichiarata conforme dal richiedente o dal suo mandatario;

d) la dichiarazione di cui all'art. 165;

e) i documenti comprovanti le priorità eventualmente rivendicate;

f) quando vi sia mandatario, l'atto di nomina ai sensi dell'art. 201;

g) ....(4).

3. I documenti indicati al comma 2, lett. *d*) ed *e*) (5), possono essere depositati successivamente, ma non oltre il termine di sei mesi dal deposito della domanda. I documenti indicati al comma 2, lett. *c*) (6), possono essere presentate successivamente ma non oltre la data d'inizio delle prove di coltivazione della varietà.

4. La varietà è descritta in modo da mettere chiaramente in evidenza in quale maniera essa è stata ottenuta e quali sono i caratteri di natura morfologica o fisiologica che la differenziano da altre varietà similari conosciute.

5. Nella descrizione è indicata anche la denominazione proposta dal costitutore.

6. Se trattasi di varietà essenzialmente derivata ai sensi del comma 4 dell'art. 107, è indicata la varietà iniziale. Se trattasi di varietà geneticamente modificata sono indicati l'origine e la natura della modifica genetica.

165. *Dichiarazione del costitutore*. — 1. Il costitutore dichiara che:

a) la varietà di cui chiede la protezione costituisce, a sua conoscenza, una nuova, varietà vegetale ai sensi dell'art. 103 e presenta i requisiti della suddetta norma;

b) ha ottenuto l'autorizzazione dei titolari di altre nuove varietà vegetali eventualmente occorrenti per la produzione di quella richiesta;

c) s'impegna a fornire, a richiesta dei competenti organi del Ministero delle politiche agricole alimentari, forestali e del turismo (7), di seguito indicato con la sigla MIPAF, e nei termini da essi stabiliti, il materiale di riproduzione o di moltiplicazione vegetativa della varietà destinato a consentire l'esame della stessa;

(1) Le parole «numero e data» sono state così sostituite alle precedenti «numero o data» dall'art. 82.2, d.lg. 13 agosto 2010, n. 131.

(2) Comma aggiunto dall'art. 1.1, lett. f, d.lg. 19 febbraio 2019, n. 18.

(3) La parola «caratteristiche» è stata così sostituita alla precedente «cartteristiche» dall'art. 83.1, d.lg. 13 agosto 2010, n. 131.

(4) Lettera soppressa dall'art. 83.2, d.lg. 13 agosto 2010, n. 131.

(5) Le parole «al comma 2, lett. *d*) ed *e*)» sono state così sostituite alle precedenti «al comma 2, lett. *b*), *d*), ed *e*)» dall'art. 83.3, d.lg. 13 agosto 2010, n. 131.

(6) Le parole «comma 2, lett. *c*)» sono state così sostituite alle precedenti «comma 2, lett. *c*) e *g*)» dall'art. 83.3, d.lg. 13 agosto 2010, n. 131.

(7) La denominazione «Ministero delle politiche agricole alimentari, forestali e del turismo» è stata così sostituita alla precedente «Ministero delle politiche agricole alimentari e forestali» dall'art. 1.4, d.l. 12 luglio 2018, n. 86, conv. in l. 9 agosto 2018, n. 97.

d) è stata depositata per la stessa varietà domanda di protezione in altri Stati e quale ne sia stato l'esito;

e) rinuncia al marchio d'impresa eventualmente utilizzato, qualora sia identico alla denominazione proposta per la varietà.

166. *Domanda di denominazione varietale*. — 1. La denominazione proposta per la nuova varietà:

a) deve rispettare le disposizioni di cui all'art. 63 del reg. (CE) n. 2100/94, del reg. (CE) n. 637/2009 e occorrendo le linee guida del Consiglio di amministrazione dell'Ufficio comunitario delle varietà vegetali (1);

b) non deve risultare contraria alla legge, all'ordine pubblico e al buon costume;

c) non deve contenere nomi geografici.

167. *Domanda di registrazione di disegni e modelli*. — 1. La domanda deve contenere:

a) l'identificazione del richiedente ed anche del mandatario, se vi sia;

b) l'indicazione del disegno o modello, in forma di titolo ed eventualmente l'indicazione delle caratteristiche dei prodotti che si intendono rivendicare.

2. Alla domanda devono essere uniti:

a) la riproduzione grafica del disegno o modello, o la riproduzione grafica dei prodotti industriali la cui fabbricazione deve formare oggetto del diritto esclusivo, o un campione dei prodotti stessi quando trattasi di prodotti industriali aventi fondamentalmente due sole dimensioni;

b) la descrizione del disegno o modello, se necessaria per l'intelligenza del disegno o modello medesimo;

c) quando vi sia mandatario, l'atto di nomina ai sensi dell'art. 201;

d) in caso di rivendicazione di priorità i documenti relativi.

168. *Domanda di registrazione delle topografie*. — 1. Ogni domanda deve avere per oggetto una sola topografia di un prodotto a semiconduttori e, qualora indichi una data di primo sfruttamento commerciale, corrispondere alla topografia esistente in detta data.

2. Alla domanda di registrazione debbono essere allegati:

a) una documentazione che consenta l'identificazione della topografia, in conformità alle prescrizioni del regolamento;

b) una dichiarazione attestante la data del primo atto di sfruttamento commerciale della topografia qualora questa data sia anteriore a quella della domanda di registrazione. Se il richiedente è persona diversa da chi ha effettuato il primo atto di sfruttamento commerciale, deve dichiarare il rapporto giuridico intercorso con quest'ultimo;

c) quando vi sia un mandatario l'atto di nomina ai sensi dell'art. 201;

d) l'eventuale designazione dell'autore o degli autori della topografia.

3. È consentita l'utilizzazione di termini tecnici stranieri divenuti di uso corrente nel settore specifico.

169. *Rivendicazione di priorità*. — 1. Quando si rivendichi la priorità di un deposito ai sensi dell'art. 4 si deve unire copia della domanda prioritaria da cui si rilevino il nome del richiedente, l'entità e l'estensione del diritto di proprietà industriale e la data in cui il deposito è avvenuto.

2. Se il deposito è stato eseguito da altri, il richiedente deve anche dare la prova di essere successore o avente causa del primo depositante. Il documento di cessione del diritto di priorità può consistere in una dichiarazione di cessione o avvenuta cessione ai sensi dell'art. 196, comma 1, lett. *a*) (2).

3. Quando all'estero siano state depositate separate domande, in date diverse, per le varie parti di uno stesso marchio e di tali parti si voglia rivendicare il diritto di priorità, per ognuna di esse, ancorché costituiscano un tutto unico, deve depositarsi separata domanda. Ove con una sola domanda siano rivendicate più registrazioni o più depositi delle dette diverse parti di uno stesso marchio, alle nuove domande separate si applica l'art. 158, commi 1, e 2.

4. Quando siano state depositate separate domande, in date diverse, per le varie parti di una stessa invenzione, il diritto di priorità può essere rivendicato con una unica domanda se vi sia unità di invenzione. Nel caso che con una sola domanda siano rivendicati più depositi e non si riscontri l'unità inventiva, alle nuove domande separate è applicabile l'art. 161.

5. Quando sia intervenuto il decreto ministeriale per la protezione temporanea dei nuovi marchi apposti su prodotti o su materiali inerenti alla prestazione del servizio, che hanno figurato in una esposizione e si rivendichino i diritti di priorità per tale protezione temporanea, il richiedente deve allegare alla domanda di registrazione un certificato del comitato esecutivo o direttivo o della presidenza dell'espo-

(1) Lettera così sostituita dall'art. 84, d.lg. 13 agosto 2010, n. 131.
(2) Ultimo periodo aggiunto dall'art. 85.1, d.lg. 13 agosto 2010, n. 131.

sizione, avente il contenuto prescritto nel relativo regolamento.

5-*bis*. La rivendicazione di priorità che non sia stata presentata al momento del deposito della domanda di brevetto o modello di utilità può essere presentata anche successivamente entro il termine di 16 mesi dalla data della prima priorità rivendicata. Entro lo stesso termine il richiedente può correggere i dati di una precedente dichiarazione di priorità, fermo restando che, ove tale correzione modifichi la data della prima priorità rivendicata, e questa data sia anteriore a quella originariamente indicata, il termine decorre dalla data effettiva di tale priorità, anziché da quella originariamente indicata. La rivendicazione di priorità che non sia stata presentata al momento della presentazione della domanda di disegno e modello o di marchio, può essere presentata entro il successivo termine di un mese per i disegni e modelli e di due mesi per i marchi dalla data di presentazione di detta domanda (1).

5-*ter*. L'istanza di correzione di cui al comma 5-*bis* relativa ad una precedente dichiarazione di priorità deve essere comunque depositata nel termine di quattro mesi dalla data di deposito della domanda di brevetto per invenzione industriale o per modello di utilità (1).

6. La brevettazione o la registrazione vengono effettuate senza menzione della priorità, qualora entro sei mesi dalla data di deposito della domanda non vengano prodotti, nelle forme dovute, i documenti di cui al comma 1. Per le invenzioni e i modelli di utilità il termine per deposito di tali documenti è di sedici mesi dalla data della domanda anteriore, di cui si rivendica la priorità, se tale termine è più favorevole al richiedente.

7. Qualora la priorità di un deposito compiuta agli effetti delle convenzioni internazionali vigenti venga comunque rifiutata, nel titolo di proprietà industriale deve farsi analoga annotazione del rifiuto.

8. La rivendicazione di priorità nella domanda di privativa per nuova varietà vegetale è rifiutata se è effettuata dopo il termine di dodici mesi dalla data di deposito della prima domanda e se il richiedente non ne ha diritto. Qualora priorità sia rifiutata non se ne fa menzione nella privativa.

170. *Esame delle domande*. — 1. L'esame delle domande, delle quali sia stata riconosciuta la regolarità formale, è rivolto ad accertare:

a) per i marchi: se può trovare applicazione l'art. 11 quando si tratta di marchi collettivi o l'art. 11-*bis* quando si tratta di marchi di certificazione (2); se la parola, figura o segno possono essere registrati come marchio a norma degli artt. 7, 8, 9, 10, [...] (3) 13, comma 1, e 14, comma 1, lett. *a*) e *b*), *c-bis*), *c-ter*), *c-quater*) e *c-quinquies*) (4); se concorrono le condizioni di cui all'art. 3;

b) per le invenzioni ed i modelli di utilità che l'oggetto della domanda sia conforme a quanto previsto dagli artt. 45, 50 e 82, inclusi i requisiti di validità, ove sia disciplinata con decreto ministeriale la ricerca delle anteriorità e in ogni caso qualora l'assenza di essi risulti assolutamente evidente sulla base delle stesse dichiarazioni ed allegazioni del richiedente oppure sia certa alla stregua del notorio (5);

c) per i disegni e modelli che l'oggetto della domanda sia conforme alle prescrizioni dell'art. 31 e dell'art. 33-*bis* (6);

d) per le varietà vegetali, i requisiti di validità previsti nella sezione VIII del capo II del codice, nonché l'osservanza delle disposizioni di cui all'art. 114 della stessa sezione. L'esame di tali requisiti è compiuto dal Ministero delle politiche agricole alimentari, forestali e del turismo (7), il quale formula parere vincolante, avvalendosi della commissione di cui ai commi 3-*bis* e seguenti (8). La Commissione opera osservando le norme di procedura dettate con apposito regolamento di funzionamento. Al fine di accertare la permanenza dei requisiti, il Ministero delle politiche agricole alimentari, forestali e del turismo (7) può chiedere al titolare o al suo avente causa il materiale di riproduzione o di moltiplicazione necessario per ef-

(1) Comma inserito dall'art. 85.2, d.lg. 13 agosto 2010, n. 131.

(2) Le parole «o l'art. 11-*bis* quando si tratta di marchi di certificazione» sono state inserite dall'art. 23.1, lett. a, d.lg. 20 febbraio 2019, n. 15.

(3) Le parole «12, comma 1, lett. *a*),» sono state soppresse dall'art. 86.1, d.lg. 13 agosto 2010, n. 131.

(4) Le parole «lett. *a*) e *b*), *c-bis*), *c-ter*), *c-quater*) e *c-quinquies*)» sono state così sostituite alle precedenti «lett. *a*) e *b*)» dall'art. 23.1, lett. a, d.lg. 20 febbraio 2019, n. 15.

(5) Lettera così sostituita dall'art. 86.2, d.lg. 13 agosto 2010, n. 131.

(6) Le parole «e dell'art. 33-*bis*» sono state aggiunte dall'art. 86.3, d.lg. 13 agosto 2010, n. 131.

(7) La denominazione «Ministero delle politiche agricole alimentari, forestali e del turismo» è stata così sostituita alla precedente «Ministero delle politiche agricole alimentari e forestali» dall'art. 1.4, d.l. 12 luglio 2018, n. 86, conv. in l. 9 agosto 2018, n. 97.

(8) Le parole «di cui ai commi 3-*bis* e seguenti» sono state così sostituite alle precedenti «consultiva istituita dall'art. 18 del d.p.r. 12 agosto 1975, n. 974» dall'art. 86.4, d.lg. 13 agosto 2010, n. 131.

fettuare il controllo;

e) per le topografie dei prodotti a semiconduttori, che l'oggetto della domanda sia conforme a quello previsto dall'art. 87, esclusi i requisiti di validità fino a quando non si sia provveduto a disciplinare l'esame con decreto ministeriale.

2. Per i marchi relativi a prodotti agricoli ed a quelli agroalimentari di prima trasformazione, che utilizzano denominazioni geografiche, l'Ufficio trasmette l'esemplare del marchio ed ogni altra documentazione al Ministero delle politiche agricole alimentari, forestali e del turismo (1), che esprime il parere di competenza entro dieci giorni dalla data di ricevimento della relativa richiesta.

2-*bis.* L'esame delle modifiche al regolamento d'uso di marchi collettivi o di marchi di certificazione è rivolto ad accertare se possono trovare applicazione le disposizioni previste rispettivamente all'art. 11 e all'art. 11-*bis*. Le modifiche del regolamento d'uso acquistano efficacia soltanto a decorrere dalla data di iscrizione di tali modifiche nel registro (2).

2-*ter.* L'Ufficio italiano brevetti e marchi esamina con precedenza la domanda di marchio ove questa risulti essere il motivo in base al quale è stata proposta:

a) un'opposizione ad una domanda di registrazione di marchio dell'Unione europea;

b) un'azione di revoca di una registrazione dell'Unione europea;

c) un'istanza di decadenza o nullità ad una domanda di marchio dell'Unione europea;

d) un'azione di decadenza di una registrazione dell'Unione europea (2).

3. Qualora non si riscontrino le condizioni sopra indicate, l'Ufficio italiano brevetti e marchi provvede ai sensi dell'art. 173, comma 7.

3-*bis.* Il parere vincolante sui requisiti di validità previsti nella sezione VIII del capo II del Codice, nonché sulla osservanza delle disposizioni di cui all'art. 114 è espresso dal Ministero delle politiche agricole alimentari e forestali per mezzo di una Commissione consultiva composta da:

a) direttore generale della competitività per lo sviluppo rurale del Ministero delle politiche agricole alimentari e forestali, che la presiede;

b) responsabile dell'Ufficio biotecnologie, sementi e registri di varietà del Ministero delle politiche agricole alimentari e forestali che, in caso di impedimento del presidente, ne fa le veci;

c) responsabile dell'Ufficio italiano brevetti e marchi, competente in materia di privative per nuove varietà vegetali;

d) esaminatore tecnico dell'Ufficio italiano brevetti e marchi;

e) funzionario dell'Ufficio biotecnologie, sementi e registri di varietà del Ministero delle politiche agricole alimentari e forestali;

f) direttore di un Istituto di ricerca e sperimentazione agraria, designato dal Ministro delle politiche agricole alimentari e forestali (3).

3-*ter.* Per i membri di cui al comma 3-*bis*, lettere da *b*) ad *f*), è richiesta la designazione di un supplente (3).

3-*quater.* Le funzioni di segretario della commissione sono esercitate dal funzionario del Ministero delle politiche agricole alimentari e forestali di cui al comma 1, lett. *e*) (3).

3-*quinquies.* La commissione, senza nuovi o maggiori oneri a carico del bilancio dello Stato, dura in carica 3 anni e i suoi componenti possono essere confermati; la partecipazione avviene a titolo gratuito senza corresponsione di emolumenti e al suo funzionamento si provvede nell'ambito delle risorse umane, finanziarie e strumentali disponibili a legislazione vigente (3).

3-*sexies.* Su richiesta motivata del presidente possono essere chiamati a fare parte della commissione, di volta in volta e per l'esame di specifiche questioni, esperti qualificati nella materia (3).

3-*septies.* La commissione, prima di esprimere il proprio parere, può sentire, di propria iniziativa o su loro richiesta, gli interessati o i loro rappresentanti (3).

3-*octies.* Il parere è corredato con la indicazione delle sperimentazioni, delle metodologie e delle ispezioni eseguite nonché dei risultati acquisiti e degli eventuali rilievi ed osservazioni del richiedente (3).

3-*nonies.* Con decreto del Ministro dello sviluppo economico, di concerto con il Ministro delle politiche agricole alimentari e forestali, sono definite le disposizioni attuative del Codice della proprietà industriale in materia di nuove varietà vegetali, comprensive delle disposizioni relative alla nomina ed al funziona-

(1) La denominazione «Ministero delle politiche agricole alimentari, forestali e del turismo» è stata così sostituita alla precedente «Ministero delle politiche agricole alimentari e forestali» dall'art. 1.4, d.l. 12 luglio 2018, n. 86, conv. in l. 9 agosto 2018, n. 97.

(2) Comma inserito dall'art. 23.1, lett. b, d.lg. 20 febbraio 2019, n. 15.

(3) Comma aggiunto dall'art. 86.5, d.lg. 13 agosto 2010, n. 131.

mento della commissione di cui al comma 3-*bis* (1).

170-*bis*. *Adempimenti in materia di invenzioni biotecnologiche*. — 1. L'Ufficio italiano brevetti e marchi, in sede di valutazione della brevettabilità di invenzioni biotecnologiche, al fine di garantire quanto previsto dall'art. 81-*quinquies*, comma 1, lett. *b*), può richiedere il parere del Comitato nazionale per la biosicurezza e le biotecnologie.

2. La provenienza del materiale biologico di origine animale o vegetale, che sta alla base dell'invenzione, è dichiarata all'atto della richiesta di brevetto sia in riferimento al Paese di origine, consentendo di accertare il rispetto della legislazione in materia di importazione e di esportazione, sia in relazione all'organismo biologico dal quale è stato isolato.

3. La domanda di brevetto relativa ad una invenzione che ha per oggetto o utilizza materiale biologico di origine umana deve essere corredata dell'espresso consenso, libero e informato, a tale prelievo e utilizzazione, della persona da cui è stato prelevato tale materiale, in base alla normativa vigente.

4. La domanda di brevetto relativa ad una invenzione, che ha per oggetto o utilizza materiale biologico contenente microrganismi o organismi geneticamente modificati, deve essere corredata da una dichiarazione che garantisca l'avvenuto rispetto degli obblighi riguardanti tali modificazioni, derivanti dalle normative nazionali o comunitarie, ed in particolare dalle disposizioni di cui al comma 6 e di cui ai decreti legislativi 12 aprile 2001, n. 206, e 8 luglio 2003, n. 224.

5. In materia di invenzioni biotecnologiche l'utilizzazione da parte dell'agricoltore, per la riproduzione o la moltiplicazione in proprio nella sua azienda, di materiale brevettato di origine vegetale, avviene nel rispetto di quanto previsto dall'art. 14 del reg. (CE) n. 2100/94 del Consiglio, del 27 luglio 1994.

6. Con decreto del Ministro delle politiche agricole alimentari e forestali, di concerto con i Ministri della salute e dello sviluppo economico, sono disciplinati l'ambito e le modalità per l'esercizio della deroga di cui al par. 2 dell'art. 11 della dir. 98/44/CE del Parlamento europeo e del Consiglio, del 6 luglio 1998, riguardante la vendita o altra forma di commercializzazione di bestiame di allevamento o di altro materiale di riproduzione di origine animale, da parte del titolare del brevetto o con il suo consenso. In particolare, il decreto prevede il divieto della ulteriore vendita del bestiame in funzione di un'attività di produzione commerciale, a meno che gli animali dotati delle stesse proprietà siano stati ottenuti mediante mezzi esclusivamente biologici e ferma restando la possibilità di vendita diretta da parte dell'allevatore per soggetti da vita rientranti nella normale attività agricola.

7. Qualora rilevi l'assenza delle condizioni di brevettabilità dell'invenzione biotecnologica o il mancato deposito delle dichiarazioni di cui ai commi 2, 3 e 4, l'Ufficio italiano brevetti e marchi provvede ai sensi dell'art. 173, comma 7, e, nel caso di riscontrata assenza delle condizioni di brevettabilità di cui agli artt. 81-*quater*, 81-*quinquies* ed all'art. 162, respinge la domanda (2).

170-*ter*. *Sanzioni*. — 1. Salvo che il fatto costituisca reato, chiunque, al fine di brevettare una invenzione, utilizza materiale biologico di origine umana, essendo a conoscenza del fatto che esso è stato prelevato ovvero utilizzato per tali fini senza il consenso espresso di chi ne può disporre, è punito è punito con la sanzione amministrativa pecuniaria da 100.000 a 1.000.000 di euro.

2. Salvo che il fatto costituisca reato, chiunque, nella dichiarazione di cui all'art. 170-*bis*, comma 2, attesta falsamente la provenienza del materiale biologico di origine animale o vegetale, è punito con la sanzione amministrativa pecuniaria da 10.000 a 100.000 di euro.

3. Chiunque, nella domanda di brevetto di una invenzione che utilizza materiale biologico contenente microrganismi o organismi geneticamente modificati, attesta, contrariamente al vero, il rispetto degli obblighi di legge riguardanti tali modificazioni, è punito con la sanzione amministrativa pecuniaria da 10.000 a 100.000 di euro.

4. Nell'ambito dei limiti minimi e massimi previsti dal presente articolo, le sanzioni amministrative pecuniarie sono determinate nella loro entità, tenendo conto, oltre che dei criteri di cui all'art. 11 della l. 24 novembre 1981, n. 689, della diversa potenzialità lesiva dell'interesse protetto che ciascuna infrazione presenta in astratto, delle specifiche qualità personali nonché del vantaggio patrimoniale che l'infrazione può recare al colpevole ovvero alla persona o all'ente nel cui interesse egli agisce.

5. Alle sanzioni amministrative pecuniarie previste dal presente articolo non si applica il

(1) Comma aggiunto dall'art. 86.5, d.lg. 13 agosto 2010, n. 131.
(2) Articolo inserito dall'art. 87, d.lg. 13 agosto 2010, n. 131.

pagamento in misura ridotta di cui all'art. 16 della l. 24 novembre 1981, n. 689 (1).

171. *Esame dei marchi internazionali.* — 1. L'Ufficio italiano brevetti e marchi effettua l'esame dei marchi internazionali designanti l'Italia conformemente alle norme relative ai marchi nazionali, ai sensi dell'art. 170, comma 1, lett. *a*).

2. L'Ufficio italiano brevetti e marchi, se ritiene che il marchio non possa essere registrato in tutto o in parte, ovvero se è stata presentata opposizione da parte di terzi ai sensi dell'art. 176, provvede, ai sensi dell'art. 5 dell'accordo di Madrid per la registrazione internazionale dei marchi, testo di Stoccolma del 14 luglio 1967, ratificato con l. 28 aprile 1976, n. 424 o del relativo protocollo del 27 giugno 1989, ratificato con l. 12 marzo 1996, n. 169, all'emissione di un rifiuto provvisorio della registrazione internazionale e ne dà comunicazione all'Organizzazione mondiale della proprietà intellettuale.

3. Il rifiuto provvisorio ai sensi del comma 2 è emesso entro un anno per le registrazioni internazionali basate sull'Accordo di Madrid per la registrazione internazionale dei marchi e diciotto mesi per quelle basate sul relativo Protocollo. I termini decorrono dalle date rispettivamente indicate nelle citate Convenzioni internazionali.

4. In caso di rifiuto provvisorio, la protezione del marchio è la medesima di quella di una domanda di marchio depositata presso l'Ufficio italiano brevetti e marchi.

5. Entro il termine perentorio all'uopo fissato dall'Ufficio italiano brevetti e marchi, il titolare di una registrazione internazionale, per la quale sia stato comunicato all'Organizzazione mondiale della proprietà intellettuale un rifiuto provvisorio, tramite un mandatario nominato ai sensi dell'art. 201, può presentare le proprie deduzioni, ovvero richiedere copia dell'atto di opposizione sulla base del quale è stato emesso il rifiuto provvisorio. In tale ultimo caso, se il titolare della registrazione internazionale richiede la copia nel termine prescritto, l'Ufficio comunica alle parti l'avviso di cui all'art. 178, comma 1, e applica le altre norme sulla procedura di opposizione di cui agli artt. 178 e seguenti.

6. Qualora entro il termine di cui al comma 5, il titolare della registrazione internazionale non presenti le proprie deduzioni, ovvero non richieda copia dell'atto di opposizione secondo le modalità prescritte, l'Ufficio italiano brevetti e marchi emette il rifiuto definitivo.

7. L'Ufficio italiano brevetti e marchi comunica all'Organizzazione mondiale della proprietà intellettuale le decisioni definitive relative ai marchi internazionali designanti l'Italia.

8. Nel caso che il marchio designante l'Italia in base al protocollo di Madrid sia successivamente radiato in tutto o in parte su richiesta dell'ufficio di proprietà industriale d'origine, il suo titolare può depositare una domanda di registrazione per lo stesso segno presso l'Ufficio italiano brevetti e marchi. Tale domanda ha effetto dalla data di registrazione internazionale, con l'eventuale priorità riconosciuta, o da quella dell'iscrizione dell'estensione territoriale concernente l'Italia.

9. La domanda è depositata nel termine perentorio di tre mesi a decorrere dalla data di radiazione della registrazione internazionale e può riguardare solo i prodotti e servizi in essa compresi relativamente all'Italia.

10. Alla domanda si applicano le disposizioni vigenti per le domande nazionali.

172. *Ritiro, rettifiche, integrazioni della domanda.* — 1. Il richiedente può sempre ritirare la domanda durante la procedura di esame e nel caso dei marchi, anche durante la procedura di opposizione, prima che l'Ufficio italiano brevetti e marchi abbia provveduto alla concessione del titolo.

2. Il richiedente, prima che l'Ufficio italiano brevetti e marchi abbia provveduto alla concessione del titolo o deciso in merito ad una istanza o ad una opposizione, o comunque prima che la Commissione dei ricorsi, nei casi in cui sia stato interposto ricorso abbia provveduto, ha facoltà di correggere, negli aspetti non sostanziali, la domanda originariamente depositata o ogni altra istanza ad essa relativa, nonché, nel caso di domanda di brevetto per invenzione o modello di utilità, di integrare anche con nuovi esempi o limitare la descrizione, le rivendicazioni o i disegni originariamente depositati e, nel caso di domanda di marchio, di limitare o precisare i prodotti e i servizi originariamente elencati.

3. Il richiedente, su invito dell'Ufficio italiano brevetti e marchi, deve completare o rettificare la documentazione ove sia necessario per l'intelligenza del diritto di proprietà industriale o per meglio determinare l'ambito della tutela richiesta.

4. Qualora siano necessari gli accertamenti di cui all'art. 170, comma 1, lett. *d*), il Ministero delle politiche agricole alimentari, forestali e

(1) Articolo inserito dall'art. 88, d.lg. 13 agosto 2010, n. 131.

del turismo (1) invita il richiedente a presentare il materiale di riproduzione o di moltiplicazione della varietà e, nel caso di varietà ibride, può richiedere, ove necessario, anche la consegna del materiale dei componenti genealogici. Gli istituti e gli enti designati per gli accertamenti rilasciano ricevuta del materiale loro consegnato. Se il materiale è consegnato in quantità insufficiente o qualitativamente non idoneo, gli istituti e gli enti anzidetti redigono apposito processo verbale da trasmettere al Ministero delle politiche agricole alimentari, forestali e del turismo (1).

5. Il Ministero delle politiche agricole alimentari, forestali e del turismo (1), di concerto con gli enti e gli organismi responsabili delle prove, può, anche su richiesta del titolare della domanda o di terzi, disporre che siano effettuate visite presso i campi per fare prendere visione delle prove agli interessati. Gli enti e gli organismi responsabili delle prove, ove lo ritengano necessario, invitano il titolare della domanda a visitare i campi prova. L'ente o l'organismo designato trasmette, al termine delle prove, un rapporto sui risultati ottenuti al Ministero delle politiche agricole alimentari, forestali e del turismo (1), il quale, in caso di dubbi sui risultati medesimi, può disporre la ripetizione delle prove. Il Ministero delle politiche agricole alimentari, forestali e del turismo (1), sulla base del rapporto d'esame, redige la descrizione ufficiale della varietà. L'Ufficio, ricevuta dal Ministero delle politiche agricole alimentari, forestali e del turismo (1) la descrizione ufficiale, la trasmette al costitutore, assegnandogli un termine per le osservazioni.

6. L'Ufficio italiano brevetti e marchi deve conservare la documentazione relativa alla domanda iniziale, fare risultare la data di ricezione delle modifiche o integrazioni ed adottare ogni altra opportuna modalità cautelare.

173. *Rilievi*. — 1. I rilievi ai quali dia luogo l'esame delle domande e delle istanze devono essere comunicati all'interessato con l'assegnazione di un termine per la risposta non inferiore a due mesi dalla data di ricezione della comunicazione.

2. Le osservazioni dei terzi ed i rilievi ai quali dia luogo l'esame della domanda di privativa per nuova varietà vegetale sono comunicati all'interessato con l'assegnazione di un termine, non superiore a sei mesi, per la risposta. Nel caso in cui il rilievo riguardi la denominazione, la nuova proposta è corredata da una dichiarazione integrativa includente anche la dichiarazione di cui alla lett. *e*), del comma 1, dell'art. 165. L'ufficio ed il Ministero delle politiche agricole alimentari, forestali e del turismo (1) si comunicano reciprocamente le osservazioni ed i rilievi trasmessi al richiedente e le risposte ricevute.

3. Quando, a causa di irregolarità nel conferimento del mandato, di cui all'art. 201, il mancato adempimento ai rilievi comporta il rigetto delle domande e delle istanze connesse, il rilievo deve essere comunicato al richiedente.

4. Quando il termine sia decorso senza che sia pervenuta risposta ai rilievi, la domanda o l'istanza è respinta con provvedimento, da notificare al titolare della domanda stessa o dell'istanza con raccomandata con avviso di ricevimento. Tuttavia, se il rilievo concerne la rivendicazione di un diritto di priorità, la mancata risposta comporta esclusivamente la perdita di tale diritto.

5. La domanda di privativa per nuova varietà vegetale è rifiutata:

a) in caso di mancata risposta ai rilievi dell'ufficio e del Ministero delle politiche agricole alimentari, forestali e del turismo (1) nei termini stabiliti;

b) in caso di mancata consegna dei materiali per le prove varietali ai sensi dell'art. 165, comma 1, lett. *c*), salvo che la mancata consegna sia dipesa da causa di forza maggiore;

c) in caso di assenza di uno dei requisiti previsti dall'art. 170, comma 1, lett. *d*).

6. Se la domanda di privativa per nuova varietà vegetale non è accolta o se essa è ritirata, il compenso dovuto per i controlli tecnici è rimborsato solo quando non siano già stati avviati i controlli tecnici suddetti.

7. Prima di respingere in tutto o in parte una domanda o una istanza ad essa connessa, per motivi che non siano stati oggetto di rilievi ai sensi del comma 1, l'Ufficio italiano brevetti e marchi assegna al richiedente il termine di due mesi per formulare osservazioni. Scaduto detto termine, se non sono state presentate osservazioni o l'Ufficio ritiene di non potere accogliere quelle presentate, la domanda o l'istanza è respinta in tutto o in parte.

8. Per le domande di brevetto internazionale l'Ufficio italiano brevetti e marchi, compiuto l'accertamento di cui all'art. 14 del Trattato di

(1) La denominazione «Ministero delle politiche agricole alimentari, forestali e del turismo» è stata così sostituita alla precedente «Ministero delle politiche agricole alimentari e forestali» dall'art. 1.4, d.l. 12 luglio 2018, n. 86, conv. in l. 9 agosto 2018, n. 97.

cooperazione in materia di brevetti del 19 giugno 1970, ratificato con l. 26 maggio 1978, n. 260, invita il richiedente ad effettuare le eventuali correzioni (1), fissando all'uopo un termine non superiore a mesi tre, ferma restando l'osservanza del termine per la trasmissione dell'esemplare originale della domanda internazionale, previsto dalla regola 22 del regolamento di esecuzione del Trattato di cooperazione in materia di brevetti. L'Ufficio italiano brevetti e marchi dichiara che la domanda s'intende ritirata nelle ipotesi previste dall'art. 14 del Trattato di cooperazione in materia di brevetti.

9. Qualora la domanda sia accolta, l'Ufficio italiano brevetti e marchi provvede alla concessione del titolo.

10. I fascicoli degli atti e dei documenti relativi alle domande di brevettazione o di registrazione, nonché le raccolte dei titoli di proprietà industriale e le raccolte delle domande (2) sono conservati dall'Ufficio italiano brevetti e marchi fino a dieci anni dopo l'estinzione dei diritti corrispondenti. Dopo la scadenza di tale termine l'Ufficio può distruggere i fascicoli anche senza il parere dell'Archivio centrale di Stato, previa acquisizione informatica su dispositivi non alterabili degli originali, degli atti e dei documenti in essi contenuti (3).

Sezione II. — *Osservazioni sui marchi d'impresa e opposizioni alla registrazione dei marchi*

174. *Osservazioni e opposizioni alla registrazione del marchio*. — 1. Le domande di marchio ritenute registrabili ai sensi dell'art. 170, comma 1, lett. *a*), le registrazioni di marchio effettuate secondo la procedura di cui all'art. 179, comma 2, ed i marchi internazionali, designanti l'Italia, possono essere oggetto di osservazioni e di opposizioni in conformità alle norme di cui ai successivi articoli.

175. *Deposito delle osservazioni dei terzi*. — 1. Qualsiasi interessato può, senza con ciò assumere la qualità di parte nella procedura di registrazione, indirizzare all'Ufficio italiano brevetti e marchi osservazioni scritte, specificando i motivi per i quali un marchio deve essere escluso d'ufficio dalla registrazione (4).

2. Le osservazioni, se ritenute pertinenti e rilevanti, sono dall'Ufficio italiano brevetti e marchi comunicate al richiedente che può presentare le proprie deduzioni entro il termine di trenta giorni dalla data della comunicazione.

3. Nel caso di marchio internazionale, le osservazioni sono considerate dall'Ufficio italiano brevetti e marchi solo al fine dell'esame di cui all'art. 170, comma 1, lett. *a*).

176. *Deposito dell'opposizione*. — 1. I soggetti legittimati ai sensi dell'art. 177 possono presentare all'Ufficio italiano brevetti e marchi opposizione avverso gli atti di cui alle lett. *a*), *b*) e *c*), la quale, a pena di inammissibilità, deve essere scritta, motivata e documentata entro il termine perentorio di tre mesi:

a) dalla data di pubblicazione di una domanda di registrazione, ritenuta registrabile ai sensi dell'art. 170, comma 1, lett. *a*), ovvero ritenuta registrabile in base a sentenza di accoglimento passata in giudicato;

b) dalla data di pubblicazione della registrazione di un marchio, la cui domanda non è stata pubblicata ai sensi dell'art. 179, comma 2;

c) dal primo giorno del mese successivo a quello in cui è avvenuta la pubblicazione del marchio internazionale nella *Gazette de l'Organisation Mondiale de la Propriètè Intellectuelle des Marques Internationales* (5).

2. L'opposizione, che può riguardare una sola domanda o (6) registrazione di marchio, è ricevibile solo se redatta in lingua italiana e deve contenere a pena di inammissibilità (7):

a) in relazione al marchio oggetto dell'opposizione, l'identificazione del richiedente, il numero e la data della domanda della registrazione e i prodotti ed i servizi contro cui è proposta l'opposizione;

b) in relazione al marchio o diritto dell'opponente, l'identificazione del marchio o dei marchi anteriori di cui all'art. 12, comma

(1) Le parole «e a depositare i disegni non acclusi» sono state soppresse dall'art. 89.1, d.lg. 13 agosto 2010, n. 131.

(2) Le parole «, nonché le raccolte dei titoli di proprietà industriale e le raccolte delle domande» sono state inserite dall'art. 89.2 d.lg. 13 agosto 2010, n. 131.

(3) Le parole «degli atti e dei documenti in essi contenuti» sono state così sostituite alle precedenti «delle domande, delle descrizioni e dei singoli disegni ad esse allegati» dall'art. 89.3 d.lg. 13 agosto 2010, n. 131.

(4) Comma così sostituito dall'art. 90, d.lg. 13 agosto 2010, n. 131.

(5) Comma così sostituito dall'art. 91.1, d.lg. 13 agosto 2010, n. 131.

(6) La parola «o» è stata inserita dall'art. 24.1, lett. a, n. 1, d.lg. 20 febbraio 2019, n. 15.

(7) Le parole «è ricevibile solo se redatta in lingua italiana e deve contenere a pena di inammissibilità» sono state così sostituite alle precedenti «deve contenere a pena di inammissibilità» dall'art. 91.2, d.lg. 13 agosto 2010, n. 131.

1, lett. *c*) (1), *d*) ed *e*), nonché dei prodotti e servizi sui quali è basata l'opposizione oppure del diritto di cui all'art. 8;

c) i motivi su cui si fonda l'opposizione;

c-bis) se è stato nominato un mandatario, l'atto di nomina, ai sensi dell'art. 201, o la dichiarazione di riserva di deposito ad esso relativa. Se è formulata riserva, l'atto di nomina è depositato entro il termine perentorio di due mesi dalla data del deposito dell'opposizione (2).

3. L'opposizione si considera ritirata se non è comprovato il pagamento dei diritti di opposizione entro i termini e con le modalità stabiliti dal decreto di cui all'art. 226.

4. Chi presenta l'opposizione deve depositare entro il termine perentorio di due mesi dalla data di scadenza del termine per il raggiungimento di un accordo di conciliazione di cui all'art. 178, comma 1:

a) copia della domanda o del certificato di registrazione del marchio, della denominazione di origine o della indicazione geografica (3) su cui è basata l'opposizione, ove non si tratti di domande o di certificati nazionali e, se del caso, la documentazione relativa al diritto di priorità o di preesistenza di cui esso beneficia, nonché la loro traduzione in lingua italiana; nel caso della preesistenza, questa deve essere già stata rivendicata in relazione a domanda od a registrazione di marchio dell'Unione europea (4);

b) ogni altra documentazione a prova dei fatti addotti;

c) la documentazione necessaria a dimostrare la legittimazione a presentare opposizione, qualora il marchio anteriore non risulti a suo nome dal Registro tenuto dall'Ufficio italiano brevetti e marchi, ovvero nei casi di cui all'art. 177, comma 1, lett. *d-bis*) e *d-ter*) (5);

d) .... (6).

5. Con l'opposizione possono farsi valere gli impedimenti alla registrazione del marchio previsti dall'art. 12, comma 1, lett. *c*) e *d*), *e*) ed *f*), e dall'art. 14, comma 1, lett. *c-bis*) (7), per tutti o per una parte dei prodotti o servizi per i quali è stata chiesta la registrazione, e la mancanza del consenso alla registrazione da parte degli aventi diritto di cui all'art. 8.

177. *Legittimazione all'opposizione*. — 1. Sono legittimati all'opposizione:

a) il titolare di un marchio già registrato nello Stato o con efficacia nello Stato da data anteriore;

b) il soggetto che ha depositato nello Stato domanda di registrazione di un marchio in data anteriore o avente effetto nello Stato da data anteriore in forza di un diritto di priorità o di una valida rivendicazione di preesistenza;

c) il licenziatario dell'uso esclusivo del marchio;

d) le persone, gli enti e le associazioni di cui all'art. 8;

d-bis) i soggetti legittimati a tutelare i diritti conferiti da una denominazione di origine ovvero da una indicazione geografica (8);

d-ter) il soggetto che ha depositato la domanda di protezione di una denominazione di origine ovvero di una indicazione geografica, non ancora concessa al momento della presentazione dell'opposizione (8).

178. *Esame dell'opposizione e decisioni*. — 1. Entro due mesi dalla scadenza del termine di cui all'art. 176, comma 1, l'Ufficio italiano brevetti e marchi, verificate la ricevibilità e l'ammissibilità dell'opposizione ai sensi degli artt. 148, comma 1, e 176, comma 2, comunica detta opposizione al richiedente la registrazione con l'avviso, anche all'opponente, della facoltà di raggiungere un accordo di conciliazione entro due mesi dalla data della comunicazione, prorogabili su istanza comune delle parti fino al termine massimo previsto dal regolamento di attuazione del presente Codice (9).

2. In assenza di accordo ai sensi del comma 1, il richiedente che abbia ricevuto la documentazione di cui all'art. 176, commi 2 e 4, lett. *a*), *b*) e *c*), può presentare per iscritto le proprie

(1) La parola « *c*),» è stata inserita dall'art. 24.1, lett. a, n. 2, d.lg. 20 febbraio 2019, n. 15.

(2) Lettera aggiunta dall'art. 24.1, lett. a, d.lg. 20 febbraio 2019, n. 15.

(3) Le parole «, della denominazione di origine o della indicazione geografica» sono state inserite dall'art. 24.1, lett. b, n. 1, d.lg. 20 febbraio 2019, n. 15.

(4) Le parole «dell'Unione europea» sono state così sostituite alla precedente «comunitario» dall'art. 24.1, lett. b, n. 1, d.lg. 20 febbraio 2019, n. 15.

(5) Le parole «, ovvero nei casi di cui all'art. 177, comma 1, lett. *d-bis*) e *d-ter*)» sono state aggiunte dall'art. 24.1, lett. b, n. 2, d.lg. 20 febbraio 2019, n. 15.

(6) Lettera abrogata dall'art. 24.1, lett. b, n. 3, d.lg. 20 febbraio 2019, n. 15.

(7) Le parole « *c*) e *d*), *e*) ed *f*), e dall'art. 14, comma 1, lett. *c-bis*)» sono state così sostituite alle precedenti «*c*) e *d*)» dall'art. 24.1, lett. c, d.lg. 20 febbraio 2019, n. 15.

(8) Lettera aggiunta dall'art. 25, d.lg. 20 febbraio 2019, n. 15.

(9) Comma così sostituito dall'art. 92.1, d.lg. 13 agosto 2010, n. 131.

deduzioni entro il termine all'uopo fissato dall'Ufficio e contestualmente presentare istanza di cui al comma 4 (1).

3. Nel corso del procedimento di opposizione, l'Ufficio italiano brevetti e marchi può, in ogni momento, invitare le parti a presentare nel termine da esso fissato, in ogni caso non superiore a trenta giorni e non prorogabile, (2) ulteriori documenti, deduzioni od osservazioni in funzione delle allegazioni, deduzioni ed osservazioni delle altre parti.

4. Su istanza del richiedente, l'opponente che fondi l'opposizione su un (3) marchio anteriore registrato da almeno cinque anni dalla data di deposito o di priorità del marchio oggetto dell'opposizione (4), fornisce i documenti idonei a provare che tale marchio è stato oggetto di uso effettivo, da parte sua o con il suo consenso, per i prodotti e servizi per i quali è stato registrato e sui quali si fonda l'opposizione, nel corso del quinquennio precedente la data di deposito o priorità del marchio opposto (5), o che vi siano i motivi legittimi per la mancata utilizzazione. In mancanza di tale prova, da fornire entro sessanta giorni (6) dalla data di comunicazione dell'istanza da parte dell'Ufficio italiano brevetti e marchi, l'opposizione è respinta. Se l'uso effettivo è provato solo per una parte dei prodotti o servizi per i quali il marchio anteriore è stato registrato, esso, ai soli fini dell'esame dell'opposizione, si considera registrato solo per quella parte di prodotti o servizi.

4-*bis*. Il comma 4 si applica anche nel caso in cui il marchio d'impresa anteriore sia un marchio dell'Unione europea. In tal caso l'uso effettivo del marchio dell'Unione europea è determinato a norma dell'art. 18 del reg. (UE) 2017/1001 del Parlamento e del Consiglio, del 14 giugno 2017, sul marchio dell'Unione europea (7).

5. . . . . (8).

6. In caso di opposizioni relative allo stesso marchio, le opposizioni successive alla prima sono riunite a questa.

7. Al termine del procedimento di opposizione, l'Ufficio italiano brevetti e marchi accoglie l'opposizione stessa respingendo la domanda di registrazione in tutto o in parte se risulta che il marchio non può essere registrato per la totalità o per una parte soltanto dei prodotti e servizi indicati nella domanda; in caso contrario respinge l'opposizione. Nel caso di registrazione internazionale, l'Ufficio italiano brevetti e marchi emette rifiuto definitivo parziale o totale ovvero respinge l'opposizione, dandone comunicazione all'Organizzazione mondiale della proprietà intellettuale (OMPI).

7-*bis*. L'Ufficio italiano brevetti e marchi, con il provvedimento di cui al comma 7, pone a carico del richiedente, se soccombente, il rimborso dei diritti di opposizione. Le spese di rappresentanza professionale nel procedimento sono liquidate a carico della parte soccombente, a domanda, nella misura massima individuata con decreto del Ministero dello sviluppo economico (9).

179. *Estensione della protezione*. — 1. Se il richiedente intende estendere la protezione del marchio all'estero ai sensi dell'Accordo di Madrid per la registrazione internazionale dei marchi, testo di Stoccolma del 14 luglio 1967, ratificato con l. 28 aprile 1976, n. 424, oppure in uno Stato estero che esige la preventiva registrazione del marchio italiano (10), l'Ufficio italiano brevetti e marchi, anche se è già stata proposta un'opposizione, procede alla registrazione ed effettua le relative annotazioni.

2. Se la domanda di marchio, di cui al comma 1, non è già stata pubblicata, la pubblicazione della registrazione è accompagnata, in tale caso, dall'avviso che tale pubblicazione è

(1) Comma così sostituito dall'art. 92.2, d.lg. 13 agosto 2010, n. 131. Le parole «e contestualmente presentare istanza di cui al comma 4» sono state aggiunte successivamente dall'art. 26.1, lett. a, d.lg. 20 febbraio 2019, n. 15

(2) Le parole «, in ogni caso non superiore a trenta giorni e non prorogabile,» sono state inserite dall'art. 26.1, lett. b, d.lg. 20 febbraio 2019, n. 15.

(3) Le parole «fondi l'opposizione su un» sono state così sostituite alle precedenti «sia titolare di» dall'art. 26.1, lett. c, d.lg. 20 febbraio 2019, n. 15.

(4) Le parole «dalla data di deposito o di priorità del marchio oggetto dell'opposizione,» sono state inserite dall'art. 26.1, lett. c, d.lg. 20 febbraio 2019, n. 15.

(5) Le parole «nel corso del quinquennio precedente la data di deposito o priorità del marchio opposto,» sono state inserite dall'art. 26.1, lett. c, d.lg. 20 febbraio 2019, n. 15.

(6) Le parole «sessanta giorni» sono state così sostituite alle precedenti «trenta giorni» dall'art. 92.1, d.lg. 13 agosto 2010, n. 131.

(7) Comma inserito dall'art. 26.1, lett. d, d.lg. 20 febbraio 2019, n. 15.

(8) Comma abrogato dall'art. 26.1, lett. e, d.lg. 20 febbraio 2019, n. 15.

(9) Comma aggiunto dall'art. 26.1, lett. f, d.lg. 20 febbraio 2019, n. 15.

(10) Le parole «oppure in uno Stato estero che esige la preventiva registrazione del marchio italiano,» sono state inserite dall'art. 93, d.lg. 13 agosto 2010, n. 131.

termine iniziale per l'opposizione. L'accoglimento dell'opposizione determina la radiazione totale o parziale del marchio.

180. *Sospensione della procedura di opposizione*. — 1. Il procedimento di opposizione è sospeso:

a) durante il periodo concesso alle parti, al fine di pervenire ad un accordo di conciliazione, ai sensi dell'art. 178, comma 1;

b) se l'opposizione è basata su una domanda di marchio, fino alla registrazione di tale marchio;

c) se l'opposizione è basata su un marchio internazionale, fino a quando non siano scaduti i termini per il rifiuto o la presentazione di un opposizione avverso la registrazione di tale marchio, ovvero si siano conclusi i relativi procedimenti di esame o di opposizione;

d) se l'opposizione è proposta avverso un marchio nazionale oggetto di riesame in seguito ad osservazioni di cui all'art. 175, comma 2, fino a quando si sia concluso il relativo procedimento di riesame;

d-bis) se l'opposizione è basata su una domanda di protezione di una denominazione di origine ovvero di una indicazione geografica, fino alla protezione (1);

e) se è pendente un giudizio di nullità o di decadenza del marchio sul quale si fonda l'opposizione o relativo alla spettanza del diritto alla registrazione a norma dell'art. 118, fino al passaggio in giudicato della sentenza, laddove il richiedente la registrazione depositi apposita istanza;

e-bis) negli altri casi previsti dal regolamento di attuazione del presente codice (2);

e-ter) se è pendente un procedimento di cancellazione della denominazione di origine protetta ovvero della indicazione geografica protetta, fino al termine in cui la decisione della Commissione europea diviene definitiva (3).

2. Su istanza del richiedente la registrazione, la sospensione di cui al comma 1, lett. *e*), può essere successivamente revocata.

3. Se l'opposizione è sospesa ai sensi del comma 1, lett. *b*), *c*) *d*) ed *e-bis*) (4), l'Ufficio italiano brevetti e marchi esamina con precedenza la domanda di marchio o la registrazione del marchio internazionale.

3-*bis*. .... (5).

181. *Estinzione della procedura di opposizione*. — 1. La procedura di opposizione si estingue se:

a) il marchio sul quale si fonda l'opposizione è stato dichiarato nullo o decaduto con sentenza passata in giudicato;

a-bis) la domanda di protezione della denominazione di origine o della indicazione geografica sulla quale si fonda l'opposizione è ritirata o rigettata (6);

a-ter) la denominazione di origine protetta o l'indicazione geografica protetta sulla quale si fonda l'opposizione è cancellata (6);

b) le parti hanno raggiunto l'accordo di cui all'art. 178, comma 1;

c) l'opposizione è ritirata;

d) la domanda o la registrazione (7), oggetto di opposizione, è ritirata o rigettata con decisione definitiva;

e) chi ha presentato opposizione cessa di essere legittimato a norma dell'art. 177;

e-bis) la domanda o la registrazione, oggetto di opposizione, è stata limitata cancellando i prodotti o servizi contro cui è stata fatta opposizione (8);

e-ter) è venuto meno l'interesse ad agire (8).

182. *Ricorso*. — 1. Il provvedimento con il quale l'Ufficio italiano brevetti e marchi dichiara irricevibile, inammissibile o estinta la procedura di opposizione ovvero accoglie, anche parzialmente, o respinge l'opposizione, è comunicato alle parti, le quali, entro il termine di cui all'art. 135, comma 1, hanno facoltà di presentare ricorso alla Commissione dei ricorsi, di cui all'art. 135 (9).

183. *Nomina degli esaminatori*. — 1. Le opposizioni sono decise da funzionari nominati per un periodo di due anni con decreto del direttore generale tra gli appartenenti alla carriera direttiva o dirigenziale dell'Ufficio italiano brevetti e marchi e muniti di laurea in giuri-

(1) Lettera inserita dall'art. 27.1, lett. a, n. 1, d.lg. 20 febbraio 2019, n. 15.
(2) Lettera aggiunta dall'art. 94.1, d.lg. 13 agosto 2010, n. 131.
(3) Lettera aggiunta dall'art. 27.1, lett. a, n. 2, d.lg. 20 febbraio 2019, n. 15.
(4) Le parole «lett. *b*), *c*) *d*) ed *f*)» sono state così sostituite alle precedenti «lett. *c*) e *d*)» dall'art. 94.2, d.lg. 13 agosto 2010, n. 131. Successivamente la parola «*e-bis*)» è stata così sostituita alla precedente «*f*)» dall'art. 27.1, lett. b, d.lg. 20 febbraio 2019, n. 15.
(5) Comma aggiunto dall'art. 94.3, d.lg. 13 agosto 2010, n. 131, e successivamente abrogato dall'art. 27.1, lett. c, d.lg. 20 febbraio 2019, n. 15.
(6) Lettera inserita dall'art. 28.1, lett. a, n. 1, d.lg. 20 febbraio 2019, n. 15.
(7) Le parole «o la registrazione» sono state inserite dall'art. 95, d.lg. 13 agosto 2010, n. 131.
(8) Lettera inserita dall'art. 28.1, lett. a, n. 2, d.lg. 20 febbraio 2019, n. 15.
(9) Articolo così sostituito dall'art. 96, d.lg. 13 agosto 2010, n. 131.

sprudenza. Gli esaminatori che hanno partecipato all'esame delle domande o delle registrazioni di marchi, oggetto di opposizione non possono decidere sulle opposizioni suddette (1).

2. La nomina all'incarico di esaminatore giudicante, di cui al comma 1, rinnovabile e retribuita con compenso da stabilirsi con decreto del Ministro dello sviluppo economico (2), di concerto con il Ministro dell'economia e delle finanze, è riservata a coloro che, in possesso dei requisiti di cui al comma 1, hanno frequentato con esito favorevole, apposito corso di formazione da organizzarsi da parte dell'Ufficio italiano brevetti e marchi.

3. Se il numero dei funzionari nominati ai sensi dei commi 1 e 2 è inadeguato in relazione alle opposizioni depositate, possono essere nominati anche funzionari scelti fra il personale del Ministero dello sviluppo economico (2), a parità di requisiti e formazione, oppure esperti con notoria conoscenza della materia.

4. Il numero complessivo dei funzionari designati per l'esame delle opposizioni non può superare le trenta unità.

184. *Entrata in vigore della procedura di opposizione*. — 1. Le norme sul procedimento di opposizione entrano in vigore con il successivo decreto del Ministro dello sviluppo economico (2) che ne stabilisce le modalità di applicazione (3).

Sezione II-*bis*. — *Decadenza e nullità dei marchi d'impresa registrati* (4)

184-*bis*. *Deposito dell'istanza di decadenza o nullità*. — 1. Fatta salva la proponibilità dell'azione davanti all'autorità giudiziaria ai sensi dell'art. 120, i soggetti legittimati ai sensi dell'art. 184-*ter* possono presentare istanza, scritta e motivata, all'Ufficio italiano brevetti e marchi per l'accertamento della decadenza o la dichiarazione di nullità di un marchio d'impresa registrato.

2. Nei casi di cui al comma 1, la decadenza può essere fatta valere per i motivi di cui agli artt. 13, comma 4, 14, comma 2, lett. *a*) e 24.

3. Nei casi di cui al comma 1, la nullità del marchio può essere chiesta per i seguenti motivi:

a) il marchio d'impresa non avrebbe dovuto essere registrato in quanto non soddisfa i requisiti di cui agli artt. 7, 9, 10, comma 1, 13, commi 1, 2 e 3, 14, comma 1, lett. *a*), *b*), *c-bis*), *c-ter*), *c-quater*), *c-quinquies*) e *d*);

b) il marchio d'impresa non avrebbe dovuto essere registrato a causa dell'esistenza di un diritto anteriore ai sensi dell'art. 12, comma 1, lett. *c*), *d*), *e*) ed *f*);

c) la domanda di registrazione del marchio d'impresa è stata presentata dall'agente o dal rappresentante senza il consenso del titolare o un giustificato motivo.

4. L'istanza di decadenza o di nullità, che può riguardare una sola registrazione di marchio, è ricevibile se redatta in lingua italiana e contiene a pena di inammissibilità:

a) in relazione al marchio di cui si chiede la dichiarazione di decadenza o di nullità, l'identificazione del titolare, il numero e la data di registrazione;

b) in relazione al diritto dell'istante, quando tale diritto sia requisito di legittimazione attiva ai sensi dell'art. 184-*ter*, l'identificazione del marchio, della denominazione di origine, della indicazione geografica, della menzione tradizionale per vino, della specialità tradizionale garantita, della denominazione di varietà vegetale o di altro diritto esclusivo anteriore;

c) i motivi su cui si fonda la domanda e, nel caso di cui al comma 3, lett. *c*), l'eventuale istanza di trasferimento a proprio nome dell'attestato di registrazione del marchio a far data dal momento del deposito.

5. L'istanza di decadenza o di nullità contiene altresì, in relazione al marchio di cui si chiede la dichiarazione di decadenza o di nullità, l'indicazione dei prodotti ed i servizi contro cui è proposta l'istanza di decadenza o la nullità; in mancanza di tale indicazione l'istanza è considerata diretta contro tutti i prodotti o i servizi contemplati dal marchio impugnato.

6. L'istanza di decadenza o di nullità si considera ritirata se non è comprovato il pagamento dei diritti di deposito delle domande di decadenza o nullità entro i termini e con le modalità stabiliti dal decreto di cui all'art. 226.

7. All'istanza di decadenza o di nullità sono allegati:

a) i documenti a prova dei fatti addotti;

b) la documentazione volta a dimostrare la legittimazione a presentare la domanda di decadenza o di nullità, ove necessaria;

(1) Ultimo periodo aggiunto dall'art. 97, d.lg. 13 agosto 2010, n. 131.

(2) L'art. 127.1, d.lg. 13 agosto 2010, n. 131, così dispone: «Ogni riferimento nel Codice al Ministero o Ministro delle attività produttive si intende riferito al Ministero o al Ministro dello sviluppo economico».

(3) D.m. Sviluppo economico 13 gennaio 2010, n. 33, in suppl. ord. n. 48/L a G.U., 9 marzo 2010, n. 56.

(4) Sezione inserita dall'art. 29.1, lett. a, d.lg. 20 febbraio 2019, n. 15.

c) l'atto di nomina ai sensi dell'art. 201, se è stato nominato un mandatario.

8. L'istanza di decadenza o di nullità può essere presentata sulla base di uno o più diritti anteriori, a condizione che appartengano tutti allo stesso titolare.

9. L'istanza di decadenza o di nullità è improcedibile qualora, su una domanda con il medesimo oggetto, i medesimi fatti costitutivi e fra le stesse parti, sia stata pronunciata una decisione o sia pendente un procedimento dinanzi all'Ufficio italiano brevetti e marchi o all'autorità giudiziaria adita ai sensi dell'art. 122.

10. Fuori dal caso di cui al comma 9, qualora un'istanza di decadenza o di nullità sia presentata all'Ufficio italiano brevetti e marchi in pendenza di un procedimento, amministrativo o giudiziario, connesso per l'oggetto, la trattazione dell'istanza può essere sospesa fino a che il procedimento pendente sia definito con provvedimento amministrativo inoppugnabile o con sentenza passata in cosa giudicata. In tal caso l'istante può chiedere la prosecuzione del procedimento sospeso, con istanza da presentare all'Ufficio italiano brevetti e marchi entro il termine perentorio di tre mesi dalla inoppugnabilità del provvedimento adottato nel procedimento amministrativo connesso o dal passaggio in giudicato della sentenza che definisce il processo connesso. In caso contrario, il procedimento sull'istanza di decadenza o di nullità si estingue.

11. L'istanza di decadenza o di nullità è altresì improcedibile qualora sia stata presentata contestualmente ad una domanda, con il medesimo oggetto, i medesimi fatti costitutivi e fra le stesse parti, proposta davanti all'autorità giudiziaria adita ai sensi dell'art. 122 (1).

184-*ter. Legittimazione all'istanza di decadenza o nullità*. — 1. Sono legittimati a presentare un'istanza di decadenza o di nullità:

a) nei casi di cui ai commi 2 e 3, lett. *a*), dell'art. 184-*bis*, qualunque interessato;

b) nel caso di cui al comma 3, lett. *b*), dell'art. 184-*bis*, il titolare di un marchio d'impresa anteriore o la persona autorizzata dalla legge a esercitare i diritti conferiti da una denominazione di origine o un'indicazione geografica protetta;

c) nel caso di cui al comma 3, lett. *c*), dell'art. 184-*bis*, il titolare di marchio d'impresa interessato (1).

184-*quater. Esame della domanda di decadenza o di nullità e decisioni*. — 1. Se la domanda di decadenza o di nullità è ricevibile e ammissibile l'Ufficio italiano brevetti e marchi invia una comunicazione alle parti informandole dell'inizio della fase in contraddittorio del procedimento di decadenza o nullità e invitando il titolare del marchio a depositare osservazioni entro un termine stabilito. Le osservazioni depositate dalle parti sono comunicate all'altra parte dall'Ufficio italiano brevetti e marchi.

2. Alla comunicazione di cui al comma 1 indirizzata al titolare del marchio è allegata copia dell'istanza di decadenza o nullità e qualsiasi documento presentato dal richiedente.

3. Nel corso del procedimento di decadenza o nullità l'Ufficio italiano brevetti e marchi può, in ogni momento, assegnare alle parti un termine per produrre ulteriori documenti o svolgere deduzioni od osservazioni in funzione delle allegazioni, deduzioni ed osservazioni delle altre parti.

4. In caso di più istanze di decadenza o nullità relative allo stesso marchio, le domande successive alla prima sono riunite a questa.

5. Al termine del procedimento di decadenza o nullità, l'Ufficio italiano brevetti e marchi se accoglie la domanda, accerta la decadenza o dichiara la nullità della registrazione del marchio in tutto o in parte o dispone il trasferimento della titolarità della registrazione nel caso in cui sia stata presentata l'istanza di cui all'art. 184-*bis*, comma 4, lett. *c*). Nel caso di registrazione internazionale, l'Ufficio italiano brevetti e marchi dà comunicazione della decisione all'Organizzazione mondiale della proprietà intellettuale (OMPI).

6. L'Ufficio italiano brevetti e marchi, con il provvedimento di cui al comma 5, pone a carico della parte soccombente il rimborso delle spese a favore dell'altra parte e ne liquida l'ammontare insieme alle spese di rappresentanza professionale nel procedimento, nella misura massima individuata con decreto del Ministero dello sviluppo economico.

7. I provvedimenti che accertano la decadenza o dichiarano la nullità della registrazione o trasferiscono la titolarità della registrazione di un marchio sono annotati nel registro (1).

184-*quinquies. Prova d'uso*. — 1. Nei procedimenti per la dichiarazione di nullità basata su un marchio d'impresa registrato con una data di deposito o di priorità anteriore ai sensi dell'art. 184-*bis*, comma 3, lett. *b*), su istanza del titolare del marchio d'impresa posteriore, il titolare del marchio d'impresa anteriore fornisce la prova che, nel corso dei cinque anni prece-

(1) Articolo inserito dall'art. 29.1, lett. b, d.lg. 20 febbraio 2019, n. 15.

denti la data di presentazione della domanda di dichiarazione di nullità, il marchio d'impresa anteriore è stato oggetto di uso effettivo a norma dell'art. 24 per i prodotti o i servizi per i quali è stato registrato e su cui si fonda la domanda, o che sussistono motivi legittimi per il suo mancato uso, a condizione che la procedura di registrazione del marchio anteriore, alla data di presentazione della domanda di dichiarazione di nullità, fosse conclusa da almeno cinque anni.

2. Qualora, alla data di deposito o di priorità del marchio d'impresa posteriore, il termine di cinque anni durante il quale il marchio d'impresa anteriore doveva essere oggetto di uso effettivo, sia scaduto, il titolare del marchio d'impresa anteriore, oltre alla prova a norma del comma 1, fornisce la prova che il marchio è stato oggetto di uso effettivo nel corso del termine dei cinque anni precedenti la data di deposito o di priorità, o che sussistevano motivi legittimi per il suo mancato uso.

3. In mancanza delle prove di cui ai commi 1 e 2, da fornire entro sessanta giorni dalla data di comunicazione dell'istanza da parte dell'Ufficio italiano brevetti e marchi, la domanda di nullità sulla base di un marchio anteriore è respinta.

4. Se il marchio d'impresa anteriore è stato usato conformemente all'art. 24 solo per una parte dei prodotti o dei servizi per i quali è stato registrato, ai fini dell'esame della domanda di nullità si intende registrato soltanto per tale parte dei prodotti o servizi.

5. I commi da 1 a 4 del presente articolo si applicano anche nel caso in cui il marchio d'impresa anteriore sia un marchio UE. In tal caso, l'uso effettivo del marchio UE è determinato a norma dell'art. 18 del reg. (UE) 2017/1001, del Parlamento europeo e del Consiglio, del 14 giugno 2017.

6. L'istanza del titolare del marchio d'impresa posteriore per ottenere la prova dell'uso effettivo del marchio anteriore, di cui al comma 1, deve essere presentata entro il termine assegnato dall'Ufficio italiano brevetti e marchi ai sensi dell'art. 184-*quater*, comma 1 (1).

184-*sexies*. *Efficacia erga omnes e decorrenza degli effetti della decadenza e della nullità*. — 1. La decadenza o la nullità, anche parziale, di una registrazione di marchio ha efficacia nei confronti di tutti quando sia dichiarata con provvedimento dell'Ufficio italiano brevetti e marchi divenuto inoppugnabile.

2. La decadenza della registrazione di un marchio d'impresa, per tutti o per una parte di prodotti o servizi, produce effetti a decorrere dalla data di deposito della domanda di decadenza o, su istanza del richiedente, di quella anteriore in cui è maturata una delle cause di decadenza.

3. La nullità della registrazione di un marchio di impresa, per tutti o per una parte di prodotti o servizi, produce effetti fin dalla data della registrazione (1).

184-*septies*. *Sospensione della procedura di nullità o decadenza*. — 1. Oltre che nel caso di cui all'art. 184-*bis*, comma 10, il procedimento di decadenza o di nullità è sospeso:

a) se l'istanza di nullità è basata su una domanda anteriore di registrazione di marchio d'impresa, su una domanda di registrazione di denominazione di origine ovvero su una domanda di registrazione di indicazione geografica, fino a quando su tali domande non sia adottato un provvedimento inoppugnabile;

b) se l'istanza di nullità è basata su un marchio internazionale, fino a quando non siano scaduti i termini per il rifiuto o la presentazione di un'opposizione avverso la registrazione di tale marchio;

c) se l'istanza di nullità è basata su un marchio internazionale e si siano conclusi i relativi procedimenti di esame o di opposizione;

d) a domanda del titolare del marchio posteriore, se è pendente un giudizio di nullità o di decadenza del marchio anteriore sul quale si fonda la domanda di nullità o relativo alla spettanza del diritto alla registrazione, fino al passaggio in giudicato della decisione;

e) a domanda del titolare del marchio posteriore, se è pendente, dinanzi all'Ufficio italiano brevetti e marchi, un procedimento di nullità o di decadenza del marchio anteriore sul quale si fonda l'istanza o relativo alla spettanza del diritto di registrazione, fino a che il relativo provvedimento sia inoppugnabile;

f) a domanda del titolare del marchio posteriore, se è pendente un procedimento di cancellazione della denominazione di origine ovvero della indicazione geografica protetta sulla quale si fonda la domanda di nullità, fino al termine in cui la decisione della Commissione europea diviene inoppugnabile;

g) negli altri casi previsti dal regolamento di attuazione del presente codice.

2. L'istante può chiedere la prosecuzione del procedimento sospeso, con istanza da presentare all'Ufficio italiano brevetti e marchi entro il termine perentorio di tre mesi dalla inoppu-

(1) Articolo inserito dall'art. 29.1, lett. b, d.lg. 20 febbraio 2019, n. 15.

gnabilità del provvedimento adottato nei casi di cui al comma 1, lett. *a*), *c*), *e*) ed *f*), dalla scadenza dei termini di cui alla lett. *b*), del medesimo comma, o dal passaggio in giudicato della sentenza che definisce il processo nel caso di cui alla lett. *d*) del medesimo comma. In caso contrario, il procedimento sull'istanza di decadenza o di nullità si estingue.

3. Se il procedimento è sospeso ai sensi del comma 1, lett. *a*), *b*) e *c*), l'Ufficio italiano brevetti e marchi esamina con precedenza la domanda di marchio o la registrazione del marchio internazionale su cui si basa l'istanza di nullità (1).

184-*octies*. *Estinzione della procedura di decadenza o nullità*. — 1. La procedura di decadenza o nullità si estingue:

a) se il marchio sul quale si fonda l'istanza è stato dichiarato nullo o decaduto con sentenza passata in giudicato o con un provvedimento inoppugnabile;

b) se la rinuncia all'istanza di decadenza o nullità è accettata, senza riserve o condizioni, dalle parti costituite che potrebbero avere interesse alla prosecuzione;

c) se la domanda o la registrazione, oggetto dell'istanza di decadenza o nullità, è ritirata o rigettata con provvedimento inoppugnabile per i prodotti e servizi controversi;

d) se non è presentata istanza di prosecuzione nei casi di cui all'art. 184-*bis*, comma 10, ultimo periodo, e di cui all'art. 184-*septies*, comma 2, secondo periodo;

e) se la domanda di protezione della denominazione di origine o della indicazione geografica sulla quale si fonda l'istanza di nullità è ritirata o rigettata;

f) se la denominazione di origine protetta o l'indicazione geografica protetta o la specialità tradizionale garantita, sulla quale si fonda la domanda di nullità, è cancellata;

g) se è venuto meno l'interesse ad agire (1).

184-*nonies*. *Attuazione ed entrata in vigore della procedura di decadenza o nullità*. — 1. Le norme sul procedimento di decadenza o nullità entrano in vigore trenta giorni dopo la data di pubblicazione del decreto del Ministro dello sviluppo economico che ne stabilisce le modalità di applicazione (1).

184-*decies*. *Ricorso*. — 1. Il provvedimento con il quale l'Ufficio italiano brevetti e marchi dichiara irricevibile, inammissibile o estinta la procedura di decadenza o nullità ovvero accoglie, anche parzialmente, o respinge l'istanza, è comunicato alle parti.

2. Contro i provvedimenti di cui al comma 1, è ammesso il ricorso davanti alla Commissione dei ricorsi, ai sensi dell'art. 135 (1).

Sezione III. — *Pubblicità*

185. *Raccolta dei titoli di proprietà industriale*. — 1. I titoli originali di proprietà industriale devono essere firmati dal dirigente dell'ufficio competente o da un funzionario da lui delegato.

2. I titoli di proprietà industriale sono contrassegnati, a seconda della tipologia, da un numero progressivo, secondo la data di concessione, e contengono (2):

a) la data e il numero della domanda;

b) il cognome, il nome, il domicilio del titolare e, nel caso delle varietà vegetali, del costitutore, la ragione ovvero la denominazione sociale e la sede, se trattasi di persona giuridica;

c) il cognome, il nome, il domicilio del mandatario, se vi sia;

d) il cognome ed il nome dell'inventore o (3) dell'autore;

e) gli estremi della priorità rivendicata;

f) nel caso delle varietà vegetali, il genere o la specie di appartenenza della nuova varietà vegetale e la relativa denominazione.

3. Gli originali dei titoli di proprietà industriale sono riuniti in apposite raccolte (4). Tutti i riferimenti al registro dei marchi o dei brevetti contenuti nel Codice devono intendersi effettuati agli originali, in forma cartacea od informatica, dei corrispondenti titoli riuniti nelle raccolte (5).

4. Una copia certificata conforme del titolo di proprietà industriale è trasmessa al titolare. Nel caso delle privative per varietà vegetali l'ufficio informa il MIPAF della concessione. →

186. *Visioni e pubblicazioni*. — 1. La raccolta dei titoli di proprietà industriale e la raccolta delle domande possono essere consultate dal

(1) Articolo inserito dall'art. 29.1, lett. b, d.lg. 20 febbraio 2019, n. 15.
(2) Alinea così sostituita dall'art. 98.1, d.lg. 13 agosto 2010, n. 131.
(3) Le parole «dell'inventore o» sono state inserite dall'art. 98.2, d.lg. 13 agosto 2010, n. 131.
(4) Le parole «riuniti in apposite raccolte» sono state così sostituite alle precedenti «raccolti in registri» dall'art. 98.3, d.lg. 13 agosto 2010, n. 131.
(5) Ultimo periodo aggiunto dall'art. 98.3, d.lg. 13 agosto 2010, n. 131.

pubblico, dietro autorizzazione dell'Ufficio italiano brevetti e marchi, in seguito a domanda.

2. L'Ufficio italiano brevetti e marchi, fermi i termini stabiliti per l'accessibilità al pubblico delle domande, tiene a disposizione gratuita del pubblico, perché possano essere consultati, i fascicoli inerenti una domanda, un brevetto, una registrazione o un'istanza, salve le limitazioni previste dal regolamento di attuazione (1).

3. L'Ufficio italiano brevetti e marchi può consentire che si estragga copia delle domande, delle descrizioni, delle rivendicazioni (2) e dei disegni, nonché degli altri documenti di cui è consentita la visione al pubblico, a chi ne faccia domanda subordinatamente a quelle cautele che siano ritenute necessarie per evitare ogni guasto o deterioramento dei documenti a disposizione del pubblico.

4. Le copie per le quali si chiede l'autenticazione di conformità all'esemplare messo a disposizione del pubblico devono essere in regola con l'imposta di bollo. Il Ministero dello sviluppo economico (3) può tuttavia stabilire che alla copiatura o comunque alla riproduzione, anche fotografica, degli atti e dei documenti anzidetti provveda esclusivamente l'Ufficio, previo pagamento dei diritti di segreteria.

5. Le copie di estratti dei titoli di proprietà industriale e di certificati relativi a notizie da estrarsi dalla relativa documentazione, nonché i duplicati degli originali, sono fatti esclusivamente dall'Ufficio italiano brevetti e marchi in seguito ad istanza nella quale sia indicato il numero d'ordine del titolo del quale si chiede la copia o l'estratto.

6. La certificazione di autenticità delle copie è soggetta all'imposta di bollo e al pagamento dei diritti di segreteria da corrispondersi all'Ufficio italiano brevetti e marchi per ogni foglio e per ogni tavola di disegno.

7. La misura dei diritti previsti dal presente codice è stabilita con decreto del Ministro dello sviluppo economico (3), di concerto con il Ministro dell'economia e delle finanze. Sono determinate, nello stesso modo, le tariffe per i lavori di copiatura e quelli di riproduzione fotografica, ai quali provvede l'Ufficio italiano brevetti e marchi (4).

8. I titoli di proprietà industriale, distinti per classi, le trascrizioni avvenute e le sentenze di cui all'art. 197, comma 6 (5), sono pubblicati, almeno mensilmente, nel Bollettino ufficiale previsto per ciascun tipo di titoli dagli artt. 187, 188, 189 e 190. La pubblicazione conterrà le indicazioni fondamentali comprese in ciascun titolo e, rispettivamente, nelle domande di trascrizione. Il Bollettino potrà contenere, inoltre, sia gli indici analitici dei diritti di proprietà industriale, sia gli indici alfabetici dei titolari ed in esso potranno pure pubblicarsi i riassunti delle descrizioni.

9. Il Bollettino è reso disponibile in forma telematica e (6) può essere distribuito gratuitamente alle Camere di commercio, nonché agli enti indicati in un elenco da compilarsi a cura del Ministro dello sviluppo economico (3).

187. *Bollettino ufficiale dei marchi d'impresa.* — 1. Il Bollettino ufficiale dei marchi d'impresa, da pubblicarsi con cadenza almeno mensile da parte dell'Ufficio italiano brevetti e marchi, contiene almeno le seguenti notizie relative a:

a) domande ritenute registrabili ai sensi dell'art. 170, comma 1, lett. *a*), con l'indicazione dell'eventuale priorità;

b) domande conseguenti alla richiesta di trasformazione di marchio comunitario con l'indicazione della data di deposito della relativa domanda;

c) registrazioni;

d) registrazioni accompagnate dall'avviso di cui all'art. 179, comma 2;

e) rinnovazioni;

f) domande di trascrizione degli atti indicati da questo codice e trascrizioni avvenute;

f-bis) domande soggette ad opposizione e domande rifiutate a seguito di opposizione (7);

f-ter) sentenze di cui all'art. 197, comma 6 (7);

f-quater) le domande di modifica al regolamento d'uso di marchi collettivi o di marchi

(1) Comma così sostituito dall'art. 99.1, d.lg. 13 agosto 2010, n. 131.

(2) Le parole «, delle rivendicazioni» sono state inserite dall'art. 99.2, d.lg. 13 agosto 2010, n. 131.

(3) L'art. 127.1, d.lg. 13 agosto 2010, n. 131, così dispone: «Ogni riferimento nel Codice al Ministero o Ministro delle attività produttive si intende riferito al Ministero o al Ministro dello sviluppo economico».

(4) Sulla misura dei diritti e sulle modalità di pagamento dei diritti relativi ai titoli di proprietà industriale v. d.m. Sviluppo economico 2 aprile 2007, in G.U., 6 aprile 20017, n. 81; 1° ottobre 2012, in G.U., 15 novembre 2012, n. 267; 22 marzo 2013, in G.U., 2 luglio 2013, n. 153; 3 ottobre 2014, in G.U., 31 ottobre 2014, n. 254.

(5) Le parole «le trascrizioni avvenute e le sentenze di cui all'art. 197, comma 6,» sono state così sostituite alle precedenti «e le trascrizioni avvenute,» dall'art. 99.3, d.lg. 13 agosto 2010, n. 131.

(6) Le parole «è reso disponibile in forma telematica e» sono state inserite dall'art. 99.4, d.lg. 13 agosto 2010, n. 131.

(7) Lettera aggiunta dall'art. 100, d.lg. 13 agosto 2010, n. 131.

di certificazione e le modifiche avvenute (1).

2. I dati identificativi delle domande e delle registrazioni, oltre quelli specifici indicati al comma 1, lett. *a*), *b*), e *d*), ed ai relativi numeri e date, sono quelli di cui all'art. 156.

3. Il Bollettino ufficiale è corredato da indici analitici, almeno alfabetici per titolari, numerici e per classi (2).

188. *Bollettino ufficiale delle nuove varietà vegetali*. — 1. La comunicazione al pubblico prevista dall'art. 30 della Convenzione internazionale per la protezione delle novità vegetali (UPOV) - testo di Ginevra del 19 marzo 1991, ratificata con l. 23 marzo 1998, n. 110, si effettua mediante pubblicazione di un «Bollettino ufficiale delle nuove varietà vegetali» edito a cura dell'Ufficio.

2. Il Bollettino ha frequenza almeno semestrale e contiene:

a) l'elenco delle domande di privative, distinte per specie, indicante, oltre il numero e la data di deposito della domanda, il nome e l'indirizzo del richiedente ed il nome dell'autore se persona diversa dal richiedente, la denominazione proposta ed una descrizione succinta della varietà vegetale della quale è richiesta la protezione;

b) l'elenco delle privative concesse, per genere e specie, indicante il numero e la data di deposito della corrispondente domanda, il nome e l'indirizzo del titolare e la denominazione varietale definitivamente attribuita;

b-bis) sentenze di cui all'art. 197, comma 6 (3);

c) ogni altra informazione di pubblico interesse.

3. Il Bollettino è inviato gratuitamente, in scambio, ai competenti uffici degli altri Stati membri dell'Union pour la protection des obtentions vegetales (U.P.O.V.).

189. *Bollettino ufficiale di brevetti d'invenzione e modelli d'utilità, registrazioni di disegni e modelli, topografie di prodotti a semiconduttori*. — 1. Il Bollettino ufficiale di brevetti d'invenzione e modelli d'utilità, registrazioni di disegni e modelli, topografie di prodotti a semiconduttori, da pubblicarsi con cadenza almeno mensile da parte dell'Ufficio italiano brevetti e marchi, contiene almeno le seguenti notizie relative a:

a) domande di brevetto o di registrazione con l'indicazione dell'eventuale priorità o richiesta di differimento dell'accessibilità al pubblico;

b) brevetti e registrazioni concessi;

c) brevetti e registrazioni decaduti per mancato pagamento delle tasse previste per il mantenimento annuale;

d) brevetti e registrazioni offerti in licenza al pubblico;

e) brevetti e registrazioni oggetto di decreto di espropriazione o di licenza obbligatoria;

f) brevetti e registrazioni oggetto di conversione;

g) domande di trascrizione degli atti di cui all'art. 138 e trascrizioni avvenute;

g-bis) sentenze di cui all'art. 197, comma 6 (4);

2. I dati identificativi di domande, brevetti e registrazioni, oltre quelli specifici indicati al comma 1, lett. *a*), *d*), ed *e*), ed ai relativi numeri e date, sono quelli di cui agli artt. 160, comma 1, 167, comma 1, 168, commi 1 e 2, lett. *b*) e *d*).

3. Il Bollettino ufficiale è corredato da indici analitici, almeno alfabetici per titolari, numerici e per classi.

190. *Bollettino ufficiale dei certificati complementari per i medicinali e per i prodotti fitosanitari*. — 1. Il Bollettino ufficiale delle domande e dei certificati complementari per i medicinali e per i prodotti fitosanitari, da pubblicarsi con cadenza almeno mensile da parte dell'Ufficio italiano brevetti e marchi, contiene almeno le notizie previste dall'art. 11 dei regolamenti CEE n. 1768/92 del Consiglio, del 18 giugno 1992 e (CE) n. 1610/96 del Parlamento europeo e del Consiglio, del 23 luglio 1996.

Sezione IV. — *Termini*

191. *Scadenza dei termini*. — 1. I termini previsti nel presente codice sono prorogabili su istanza presentata prima della loro scadenza all'Ufficio italiano brevetti e marchi, salvo che il termine sia indicato come improrogabile.

2. Salva diversa previsione del regolamento di attuazione del presente Codice, su richiesta (5) motivata la proroga può essere concessa

(1) Lettera aggiunta dall'art. 30, d.lg. 20 febbraio 2019, n. 15.

(2) Il Bollettino è pubblicato, con cadenza mensile, sul sito Web www.uibm.gov.it: art. 1.2, d.m. Sviluppo economico 11 maggio 2011, in G.U., 8 luglio 2011, n. 157.

(3) Lettera inserita dall'art. 101, d.lg. 13 agosto 2010, n. 131.

(4) Lettera aggiunta dall'art. 102, d.lg. 13 agosto 2010, n. 131.

(5) Le parole «Salva diversa previsione del regolamento di attuazione del presente Codice, su richiesta» sono state così sostituite alle precedenti «Su richiesta» dall'art. 103, d.lg. 13 agosto 2010, n. 131.

fino ad un massimo di sei mesi dalla data di scadenza o di comunicazione con cui l'Ufficio italiano brevetti e marchi ha fissato il termine ovvero due mesi dalla data di ricezione da parte dell'istante della comunicazione con cui l'Ufficio concede la proroga, se tale termine scade successivamente, ovvero la rifiuta (1).

192. *Continuazione della procedura*. — 1. Quando il richiedente di un diritto di proprietà industriale non abbia osservato un termine relativamente ad una procedura di fronte all'Ufficio italiano brevetti e marchi, la procedura è ripresa su richiesta del richiedente senza che la non osservanza del termine comporti la perdita del diritto di proprietà industriale o altra conseguenza.

2. La richiesta di continuazione della procedura deve essere presentata entro due mesi dalla scadenza del termine non osservato o dal termine di proroga previsto all'art. 191, comma 2, ove sia stata richiesta la proroga, e deve essere accompagnata dalla prova di aver compiuto entro lo stesso termine quanto omesso entro il termine precedentemente scaduto. Con la richiesta deve essere comprovato il pagamento del diritto previsto per la continuazione della procedura nella tabella A allegata al decreto del Ministro dello sviluppo economico in data 2 aprile 2007, pubblicato nella *Gazzetta Ufficiale* n. 81 del 6 aprile 2007.

3. La disposizione di cui al presente articolo non è applicabile al termine per la rivendicazione del diritto di priorità, ai termini riguardanti la procedura di opposizione, al termine per la presentazione di un ricorso alla Commissione dei ricorsi, al periodo per la presentazione del documento di priorità, al periodo per l'integrazione della domanda o la produzione della traduzione ai sensi dell'art. 148, al termine per il pagamento dei diritti di mantenimento dei titoli di proprietà industriale con mora, ai termini previsti per la reintegrazione del diritto di cui all'art. 193 e al termine per la presentazione della traduzione in inglese delle rivendicazioni della domanda di brevetto di cui all'articolo 8 del decreto del Ministro dello sviluppo economico in data 27 giugno 2008 sulla ricerca di anteriorità, pubblicato nella *Gazzetta Ufficiale* n. 153 del 2 luglio 2008 (2).

193. *Reintegrazione*. — 1. Il richiedente o il titolare di un titolo di proprietà industriale che, pur avendo usato la diligenza richiesta dalle circostanze, non ha potuto osservare un termine nei confronti dell'Ufficio italiano brevetti e marchi o della Commissione dei ricorsi, è reintegrato nei suoi diritti se l'inosservanza (3) ha per conseguenza diretta il rigetto della domanda o di una istanza ad essa relativa, ovvero la decadenza del titolo di proprietà industriale o la perdita di qualsiasi altro diritto o di una facoltà di ricorso.

2. Nel termine di due mesi dalla cessazione della causa giustificativa dell'inosservanza (4) deve essere compiuto l'atto omesso e deve essere presentata l'istanza di reintegrazione con l'indicazione dei fatti e delle giustificazioni e con la documentazione idonea. L'istanza non è ricevibile se sia trascorso un anno dalla data di scadenza del termine non osservato. Nel caso di mancato pagamento di un diritto di mantenimento o rinnovo, detto periodo di un anno decorre dal giorno di scadenza del termine comunque utile stabilito per il versamento del diritto. In questo caso deve anche allegarsi l'attestazione comprovante il pagamento del diritto dovuto, comprensivo del diritto di mora.

3. Prima del rigetto della istanza il richiedente o il titolare del diritto di proprietà industriale può, entro il termine fissato dall'Ufficio, presentare proprie argomentazioni o deduzioni.

4. Le disposizioni di questo articolo non sono applicabili ai termini di cui al comma 2, al termine assegnato per la divisione delle domande di brevettazione e di registrazione, nonché per la presentazione della domanda divisionale e per la presentazione degli atti di opposizione alla registrazione dei marchi.

5. Se il richiedente la registrazione o il brevetto, pur avendo usato la diligenza richiesta dalle circostanze, non ha potuto osservare il termine [...] (5) di priorità, è reintegrato nel suo diritto se la priorità è rivendicata entro due mesi dalla data di scadenza di tale termine. Questa disposizione si applica, altresì, in caso di mancato rispetto del termine per produrre il documento di priorità.

6. Chiunque in buona fede abbia fatto preparativi seri ed effettivi od abbia iniziato ad

(1) Le parole «ovvero due mesi dalla data di ricezione da parte dell'istante della comunicazione con cui l'Ufficio concede la proroga, se tale termine scade successivamente, ovvero la rifiuta» sono state aggiunte dall'art. 103, d.lg. 13 agosto 2010, n. 131.

(2) Articolo così sostituito dall'art. 104, d.lg. 13 agosto 2010, n. 131.

(3) La parola «inosservanza» è stata così sostituita alla precedente «impedimento» dall'art. 105.1, d.lg. 13 agosto 2010, n. 131.

(4) Le parole «dalla cessazione della causa giustificativa dell'inosservanza» sono state così sostituite alle precedenti «dalla data di cessazione dell'impedimento» dall'art. 105.2, d.lg. 13 agosto 2010, n. 131.

(5) Le parole «per la rivendicazione del diritto» sono state soppresse dall'art. 105.3, d.lg. 13 agosto 2010, n. 131.

utilizzare l'oggetto dell'altrui diritto di proprietà industriale nel periodo compreso fra la perdita dell'esclusiva o del diritto di acquistarla e la reintegrazione ai sensi del comma 1, può:

a) se si tratta di invenzione, modello di utilità, disegno o modello, nuova varietà vegetale o topografia di prodotti a semiconduttori, attuarli a titolo gratuito nei limiti del preuso o quale risultano dai preparativi;

b) se si tratta di marchio chiedere di essere reintegrato delle spese sostenute.

CAPO V

PROCEDURE SPECIALI

194. *Procedura di espropriazione*. — 1. Il decreto di espropriazione è trasmesso in copia all'Ufficio italiano brevetti e marchi e notificato, nelle forme previste per la notificazione degli atti processuali civili, agli interessati. Avvenuta la notifica, i diritti che hanno formato oggetto della espropriazione vengono acquisiti dall'amministrazione espropriante, che ha, senz'altro, facoltà di avvalersene. All'amministrazione stessa è anche trasferito l'eventuale onere del pagamento dei diritti prescritti per il mantenimento in vigore del diritto di proprietà industriale. Salvo il caso che la pubblicazione possa recare pregiudizio, dei decreti di espropriazione e di quelli che modificano o revocano i precedenti decreti, l'Ufficio italiano brevetti e marchi dà notizia nel Bollettino ufficiale e fa annotazione nel titolo o nella domanda.

2. Nel decreto di espropriazione della sola utilizzazione del diritto di proprietà industriale deve essere indicata la durata dell'utilizzazione espropriata. Nel caso in cui sia stata espropriata la sola utilizzazione del diritto di proprietà industriale, la brevettazione e la registrazione, nonché la pubblicazione dei relativi titoli si effettuano secondo la procedura ordinaria.

3. Ai soli fini della determinazione dell'indennità da corrispondersi per l'espropriazione, se non si raggiunge l'accordo circa l'ammontare della stessa, provvede un Collegio di arbitratori composto di tre membri, nominati uno da ciascuna delle parti ed il terzo nominato dai primi due, o, in caso di disaccordo, dal presidente della sezione specializzata del Tribunale di Roma. Gli arbitratori devono essere scelti fra coloro che abbiano acquisito professionalità ed esperienza nel settore della proprietà industriale. Si applicano in quanto compatibili le norme dell'art. 806 e seguenti del codice di procedura civile.

4. Il Collegio degli arbitratori deve procedere con equo apprezzamento tenendo conto della perdita del vantaggio competitivo che sarebbe derivato dal brevetto espropriato.

5. Le spese dell'arbitraggio, gli onorari dovuti agli arbitri e le spese e gli onorari di difesa sono liquidati nel lodo, che stabilisce altresì su chi ed in quale misura debba gravare l'onere relativo. Tale onere grava, in ogni caso, sull'espropriato quando l'indennità venga liquidata in misura inferiore a quella offerta inizialmente dall'amministrazione.

6. La determinazione degli arbitri può essere impugnata davanti alla sezione specializzata del Tribunale di Roma che provvede alla quantificazione dell'indennità. Il termine dell'impugnazione è di sessanta giorni a decorrere dal momento in cui la determinazione dell'indennità viene comunicata alle parti.

195. *Domande di trascrizione*. — 1. Le domande di trascrizione devono essere redatte [...] (1) secondo le prescrizioni di cui al decreto del Ministro dello sviluppo economico (2) (3).

2. La domanda deve contenere:

a) il cognome, nome e domicilio del beneficiario della trascrizione richiesta e del mandatario, se vi sia;

b) il cognome e nome del titolare del diritto di proprietà industriale;

c) la natura dell'atto o il motivo che giustifica la trascrizione richiesta;

d) l'elencazione dei diritti di proprietà industriale oggetto della trascrizione richiesta;

e) nel caso di cambiamento di titolarità, il nome dello Stato di cui il nuovo richiedente o il nuovo titolare ha la cittadinanza, il nome dello Stato di cui il nuovo richiedente o il nuovo titolare ha il domicilio, ovvero il nome dello Stato nel quale il nuovo richiedente o il nuovo titolare ha uno stabilimento industriale o commerciale effettivo e serio.

196. *Procedura di trascrizione*. — 1. Alla domanda di trascrizione, di cui al comma 2 dell'art. 195 (4), debbono essere uniti:

a) copia dell'atto da cui risulta il cambia-

(1) Le parole «in duplice esemplare, di cui uno viene restituito al richiedente con la dichiarazione dell'avvenuta trascrizione,» sono state soppresse dall'art. 106, d.lg. 13 agosto 2010, n. 131.

(2) L'art. 127.1, d.lg. 13 agosto 2010, n. 131, così dispone: «Ogni riferimento nel Codice al Ministero o Ministro delle attività produttive si intende riferito al Ministero o al Ministro dello sviluppo economico».

(3) D.m. Sviluppo economico 13 gennaio 2010, n. 33, in suppl. ord. n. 48/L a G.U., 9 marzo 2010, n. 56.

(4) Le parole «dell'art. 195» sono state inserite dall'art. 107.1, d.lg. 13 agosto 2010, n. 131.

mento di titolarità o dell'atto che costituisce o modifica o estingue i diritti personali o reali di godimento o di garanzia di cui al comma 1, lett. *a*), *b*), *c*) ed *i*) dell'art. 138, ovvero copia dei verbali e sentenze di cui al comma 1, lett. *d*), *e*), *f*), *g*) ed *h*) dell'art. 138, osservate le norme della legge sul registro ove occorra, oppure un estratto dell'atto stesso oppure nel caso di fusione una certificazione rilasciata dal Registro delle imprese o da altra autorità competente, oppure, nel caso di cessione o di concessione di licenza, una dichiarazione di cessione, di avvenuta cessione o di avvenuta concessione di licenza firmata dal cedente e dal cessionario con l'elencazione dei diritti oggetto della cessione o concessione. L'Ufficio italiano brevetti e marchi può richiedere che la copia dell'atto o dell'estratto sia certificata conforme all'originale da un pubblico ufficiale o da ogni altra autorità pubblica competente (1);

b) il documento comprovante il pagamento dei diritti prescritti.

2. È sufficiente una sola richiesta quando la trascrizione riguarda più diritti di proprietà industriale sia allo stato di domanda che concessi alla stessa persona, a condizione che il beneficiario del cambiamento di titolarità o dei diritti di godimento o garanzia o dell'atto da trascrivere sia lo stesso per tutti i titoli e che i numeri di tutte le domande e di tutti i titoli in questione siano indicati nella richiesta medesima.

3. Quando vi sia mandatario, si dovrà unire anche l'atto di nomina ai sensi dell'art. 201.

4. Sul registro per ogni trascrizione si deve indicare:

a) la data di presentazione della domanda, che è quella della trascrizione;

b) il cognome, nome e domicilio dell'avente causa, o la denominazione e la sede, se trattasi di società o di ente morale, nonché il cognome, nome e domicilio del mandatario, quando vi sia;

c) la natura dei diritti ai quali la trascrizione si riferisce.

5. I documenti e le sentenze, presentati per la trascrizione, vengono conservati dall'Ufficio italiano brevetti e marchi.

6. Le richieste di cancellazione delle trascrizioni debbono essere fatte nelle stesse forme e con le stesse modalità stabilite per le domande di trascrizione. Le cancellazioni devono essere eseguite mediante annotazione a margine.

7. Qualora, per la trascrizione dei diritti di garanzia, sia necessario convertire l'ammontare del credito in moneta nazionale, tale conversione sarà fatta in base al corso del cambio del giorno in cui la garanzia è stata concessa.

197. *Annotazioni*. — 1. . . . . (2).

2. I mutamenti del nome o del domicilio del titolare del diritto di proprietà industriale o del suo mandatario, se vi sia, devono essere portati a conoscenza dell'Ufficio per l'annotazione sul registro di cui all'art. 185.

3. La domanda di annotazione di cambiamento di nome o indirizzo deve essere redatta in unico esemplare secondo le prescrizioni di cui al regolamento di attuazione (3).

4. È sufficiente una sola richiesta quando la modifica riguarda più diritti di proprietà industriale sia allo stato di domanda che concessi.

5. Le disposizioni di cui ai commi 1, 2 e 3 si applicano al cambiamento di nome o di indirizzo del mandatario di cui all'art. 201.

6. Le dichiarazioni di rinuncia, anche parziale, ad un diritto di proprietà industriale sottoscritte dal titolare e le sentenze che pronunciano la nullità o la decadenza dei titoli di proprietà industriale pervenute all'Ufficio italiano brevetti e marchi devono essere annotate sulla raccolta degli originali e di esse deve essere data notizia nel Bollettino ufficiale (4).

198. *Procedure di segretazione militare*. — 1. Coloro che risiedono nel territorio dello Stato non possono, senza autorizzazione del Ministero dello sviluppo economico (5), depositare esclusivamente presso uffici di Stati esteri o l'Ufficio brevetti europeo o l'Ufficio internazionale dell'organizzazione mondiale della proprietà intellettuale in qualità di ufficio ricevente, le loro domande di concessione di brevetto per invenzione, modello di utilità o di topografia, qualora dette domande riguardino oggetti che potrebbero essere utili per la difesa del Paese (6), né depositarle presso tali uffici prima che siano trascorsi novanta giorni dalla data del deposito in Italia, o da quella di presentazione dell'istanza di autorizzazione. Il Ministero predetto provvede sulle istanze di auto-

(1) Lettera così sostituita dall'art. 107.2, d.lg. 13 agosto 2010, n. 131.
(2) Comma abrogato dall'art. 108.1, d.lg. 13 agosto 2010, n. 131.
(3) D.m. Sviluppo economico 13 gennaio 2010, n. 33, in suppl. ord. n. 48/L a G.U., 9 marzo 2010, n. 56.
(4) Comma così sostituito dall'art. 108.2, d.lg. 13 agosto 2010, n. 131.
(5) L'art. 127.1, d.lg. 13 agosto 2010, n. 131, così dispone: «Ogni riferimento nel Codice al Ministero o Ministro delle attività produttive si intende riferito al Ministero o al Ministro dello sviluppo economico».
(6) Le parole «, qualora dette domande riguardino oggetti che potrebbero essere utili per la difesa del Paese» sono state inserite dall'art. 109.1, d.lg. 13 agosto 2010, n. 131.

rizzazione, previo nulla osta del Ministero della difesa. Trascorso il termine di novanta giorni senza che sia intervenuto un provvedimento di rifiuto, l'autorizzazione deve intendersi concessa. Le disposizioni previste dal presente comma non si applicano alle invenzioni realizzate a seguito di accordi internazionali ratificati con legge nazionale (1).

2. Salvo che il fatto costituisca più grave reato, la violazione delle disposizioni del comma 1 è punita con l'ammenda non inferiore a 77,47 euro o con l'arresto. Se la violazione è commessa quando l'autorizzazione sia stata negata, si applica l'arresto in misura non inferiore ad un anno.

3. L'Ufficio italiano brevetti e marchi mette con immediatezza a disposizione del Servizio brevetti e proprietà intellettuale (2) del Ministero della difesa le domande di brevetto per invenzioni industriali, per modelli di utilità e per topografie di prodotti a semiconduttori ad esso pervenute.

4. Qualora il Servizio predetto ritenga che le domande riguardino invenzioni, modelli o topografie utili alla difesa del Paese, anche ufficiali o funzionari estranei al Servizio stesso espressamente delegati dal Ministro della difesa possono prendere visione, nella sede dell'Ufficio, delle descrizioni, delle rivendicazioni e dei disegni allegati alle domande (3).

5. Tutti coloro che hanno preso visione di domande e di documenti relativi a brevetti o che ne hanno avuto notizia per ragioni di ufficio sono tenuti all'obbligo del segreto.

6. Entro novanta giorni successivi alla data del deposito delle domande, il Ministero della difesa può chiedere all'Ufficio italiano brevetti e marchi il differimento della concessione del titolo di proprietà industriale e di ogni pubblicazione relativa. L'Ufficio dà comunicazione della richiesta all'interessato, diffidandolo ad osservare l'obbligo del segreto.

7. Se, entro otto mesi dalla data del deposito della domanda, il Ministero competente non ha inviato all'Ufficio e al richiedente, in quanto questi abbia indicato il proprio domicilio nello Stato, la notizia di voler procedere all'espropriazione, si dà seguito alla procedura ordinaria per la concessione del titolo di proprietà industriale. Nel termine predetto, il Ministero della difesa può chiedere che sia ulteriormente differito, per un tempo non superiore a tre anni dalla data di deposito della domanda, la concessione del titolo di proprietà industriale ed ogni pubblicazione relativa. In tal caso l'inventore o il suo avente causa ha diritto ad un'indennità per la determinazione della quale si applicano le disposizioni in materia di espropriazione.

8. Per i modelli di utilità l'ulteriore differimento previsto nel comma 7 può essere chiesto per un tempo non superiore a un anno dalla data di deposito della domanda.

9. A richiesta di Stati esteri che accordino il trattamento di reciprocità, il Ministero della difesa può richiedere, per un tempo anche superiore a tre anni, il differimento della concessione del brevetto e di ogni pubblicazione relativa all'invenzione per domande di brevetto già depositate all'estero e ivi assoggettate a vincolo di segreto.

10. Le indennità eventuali sono a carico dello Stato estero richiedente.

11. L'invenzione deve essere tenuta segreta dopo la comunicazione della richiesta di differimento e per tutta la durata del differimento stesso, nonché durante lo svolgimento della espropriazione e dopo il relativo decreto se questo porti l'obbligo del segreto.

12. L'invenzione deve essere, altresì, tenuta segreta nel caso previsto dal comma 6, dopo che sia stata comunicata all'interessato la determinazione di promuovere l'espropriazione con imposizione del segreto.

13. L'obbligo del segreto cessa qualora il Ministero della difesa lo consenta.

14. La violazione del segreto è punita ai termini dell'art. 262 del codice penale.

15. Il Ministero della difesa può chiedere che le domande di brevetto per le invenzioni industriali di organismi dipendenti o vigilati siano mantenute segrete.

16. Qualora, per invenzione interessante la difesa militare del Paese, il Ministero della difesa richieda o, nell'ipotesi di differimento di cui al comma 6, consenta la concessione del brevetto, la procedura relativa si svolge, su domanda dello stesso Ministero, in forma segreta. In tale caso non si effettua alcuna pubblicazione e non si consentono le visioni nel presente codice.

17. In caso di esposizioni da tenersi nel territorio dello Stato, il Ministero della difesa ha facoltà, mediante propri funzionari od ufficiali, di procedere a particolareggiato esame degli oggetti e dei trovati consegnati per l'esposizio-

(1) Ultimo periodo aggiunto dall'art. 109.2, d.lg. 13 agosto 2010, n. 131.

(2) Le parole «del Servizio brevetti e proprietà intellettuale» sono state così sostituite alle precedenti «del servizio militare brevetti» dall'art. 109.3, d.lg. 13 agosto 2010, n. 131.

(3) Comma così sostituito dall'art. 109.4, d.lg. 13 agosto 2010, n. 131.

ne che possano ritenersi utili alla difesa militare del Paese ed ha facoltà altresì di assumere notizie e chiedere chiarimenti sugli oggetti e trovati stessi.

18. Gli enti organizzatori di esposizioni devono consegnare ai suddetti funzionari o ufficiali gli elenchi completi degli oggetti da esporre riferentisi ad invenzioni industriali non protette ai sensi del presente codice.

19. I funzionari e gli ufficiali di cui al comma 17 possono imporre all'ente stesso il divieto di esposizione degli oggetti utili alla difesa militare del Paese.

20. Il Ministero della difesa, a mezzo raccomandata con avviso di ricevimento, deve dare notizia alla presidenza dell'esposizione e agli interessati del divieto di esposizione, diffidandoli circa l'obbligo del segreto. La presidenza dell'esposizione deve conservare gli oggetti sottoposti al divieto di esposizione con il vincolo di segreto sulla loro natura.

21. Nel caso che il divieto di esposizione venga imposto dopo che gli oggetti siano stati esposti, gli oggetti stessi devono essere subito ritirati senza, peraltro, imposizione del vincolo del segreto.

22. È fatta salva, in ogni caso, la facoltà del Ministero della difesa, per gli oggetti che si riferiscono ad invenzioni riconosciute utili alla difesa militare del Paese, di procedere all'espropriazione dei diritti derivanti dall'invenzione, modello o topografia (1) ai sensi delle norme relative all'espropriazione contenute nel presente codice.

23. Qualora non sia rispettato il divieto di esposizione, i responsabili dell'abusiva esposizione sono puniti con la sanzione amministrativa da 25,00 euro a 13.000,00 euro.

199. *Procedura di licenza obbligatoria*. — 1. Chiunque voglia ottenere la licenza obbligatoria di cui agli artt. 70 e 71 del capo II, sezione IV, per l'uso non esclusivo di invenzione industriale o di modello di utilità deve presentare istanza motivata all'Ufficio italiano brevetti e marchi, indicando la misura e le modalità di pagamento del compenso offerto. L'Ufficio dà pronta notizia dell'istanza, mediante raccomandata con avviso di ricevimento, al titolare del brevetto ed a coloro che abbiano acquistato diritti sul brevetto in base ad atti trascritti o annotati.

2. Entro sessanta giorni dalla data di ricevimento della raccomandata, il titolare del brevetto e tutti coloro che ne hanno diritto in base ad atti trascritti o annotati possono opporsi all'accoglimento dell'istanza ovvero dichiarare di non accettare la misura e le modalità di pagamento del compenso. L'opposizione deve essere motivata.

3. In caso di opposizioni, entro quarantacinque giorni dalla data di scadenza del termine per la presentazione delle stesse, l'Ufficio italiano brevetti e marchi convoca per un tentativo di conciliazione l'istante, il titolare del brevetto e tutti coloro che hanno diritti in base ad atti trascritti o annotati. L'atto di convocazione è inviato ai soggetti suddetti mediante raccomandata con avviso di ricevimento o tramite altri mezzi, anche informatici, purché siffatte modalità garantiscano una sufficiente certezza dell'avvenuto ricevimento della comunicazione.

4. Nell'atto di convocazione l'Ufficio italiano brevetti e marchi deve comunicare e trasmettere all'istante copia delle opposizioni presentate.

5. L'istante può presentare controdeduzioni scritte all'Ufficio italiano brevetti e marchi entro il quinto giorno antecedente alla data di svolgimento della riunione.

6. Nei quarantacinque giorni successivi alla data della riunione per il tentativo di conciliazione, il Ministero dello sviluppo economico (2) concede la licenza o respinge l'istanza.

7. Il termine per la conclusione del procedimento è di centottanta giorni, decorrenti dalla data di presentazione della domanda.

200. *Procedura di licenza volontaria sui principi attivi*. — 1. La domanda di richiesta di licenza volontaria sui principi attivi, corredata dell'attestazione comprovante l'avvenuto pagamento dei diritti nella misura stabilita dal decreto del Ministro dello sviluppo economico (2) di cui all'art. 226, deve contenere le seguenti informazioni:

a) nome o ragione sociale e domicilio o sede sociale del richiedente la licenza volontaria;

b) nome del principio attivo;

c) estremi di protezione, numero del brevetto e del certificato complementare di protezione;

d) indicazione dell'officina farmaceutica italiana, regolarmente autorizzata dal Ministero della salute ai sensi di legge, ove si intende produrre il principio attivo.

(1) Le parole «invenzione, modello o topografia» sono state così sostituite alla precedente «invenzione» dall'art. 109.5, d.lg. 13 agosto 2010, n. 131.

(2) L'art. 127.1, d.lg. 13 agosto 2010, n. 131, così dispone: «Ogni riferimento nel Codice al Ministero o Ministro delle attività produttive si intende riferito al Ministero o al Ministro dello sviluppo economico».

2. Il richiedente deve inoltrare, a mezzo raccomandata con ricevuta di ritorno o tramite altri mezzi che garantiscano l'avvenuto ricevimento della comunicazione, all'Ufficio italiano brevetti e marchi (UIBM) domanda, con allegata traduzione in lingua inglese, corredata dagli elementi previsti dal comma 1 (1).

3. L'UIBM dà pronta notizia, mediante raccomandata con ricevuta di ritorno o tramite altri mezzi che garantiscano l'avvenuto ricevimento della comunicazione, dell'istanza alle parti interessate e a coloro che abbiano acquisito diritti sul brevetto ovvero sul certificato complementare di protezione in base ad atti trascritti o annotati.

4. Qualora entro novanta giorni dalla data di ricevimento della domanda, prorogabili d'intesa tra le parti, le stesse raggiungano un accordo sulla base di una *royalty* contenuta, copia dello stesso deve essere trasmessa, con analoghe modalità, al Ministero dello sviluppo economico (2)-UIBM. Se nei trenta giorni successivi l'Ufficio non comunica rilievi alle parti, l'accordo di licenza volontaria si intende perfezionato.

5. Nel caso in cui le parti comunichino all'UIBM che non è stato possibile raggiungere un accordo, l'Ufficio dà inizio alla procedura di conciliazione di cui ai commi 6 e seguenti (3).

6. Il Ministero dello sviluppo economico (2), nomina, con proprio decreto, una commissione avente il compito di valutare le richieste di licenza volontaria per le quali non è stato possibile raggiungere un accordo tra parti.

7. La commissione è composta da sei componenti e da altrettanti supplenti di cui:

a) due rappresentanti del Ministero dello sviluppo economico (2);

b) un rappresentante del Ministero della salute;

c) un rappresentante della Agenzia italiana del farmaco;

d) un rappresentante dei detentori di CCP, su proposta delle associazioni di categoria maggiormente rappresentative;

e) un rappresentante dei produttori di principi attivi farmaceutici, su proposta delle associazioni di categoria maggiormente rappresentative.

8. La commissione di cui ai commi 6 e 7 (4), entro trenta giorni dalla data di comunicazione ricevuta dall'UIBM del mancato accordo raggiunto tra le parti, procede alla loro convocazione, al fine di individuare un'ipotesi di accordo finalizzato a contemperare le esigenze delle parti medesime, garantendo, comunque, un'equa remunerazione del soggetto che rilascia la licenza volontaria, mediante indicazione di una *royalty* contenuta, stabilita con criteri che tengono conto delle necessità di competizione internazionale dei produttori di principi attivi.

9. Qualora, nonostante la mediazione ministeriale, l'accordo di licenza non venga concluso, il Ministero dello sviluppo economico (2), ove ne ravvisi i presupposti giuridici, dispone la trasmissione degli atti del procedimento all'Autorità garante della concorrenza e del mercato.

CAPO VI

ORDINAMENTO PROFESSIONALE

201. *Rappresentanza*. — 1. Nessuno è tenuto a farsi rappresentare da un mandatario abilitato nelle procedure di fronte all'Ufficio italiano brevetti e marchi; le persone fisiche e giuridiche possono agire per mezzo di un loro dipendente anche se non abilitato o per mezzo di un dipendente di altra società collegata ai sensi dell'art. 205, comma 3.

2. La nomina di uno o più mandatari, qualora non sia fatta nella domanda, oppure con separato atto, autentico o autenticato, può farsi con apposita lett. d'incarico, soggetta al pagamento della tassa prescritta.

3. L'atto di nomina o la lettera d'incarico può riguardare una o più domande o in generale la rappresentanza professionale per ogni procedura di fronte all'Ufficio italiano brevetti e marchi ed alla commissione dei ricorsi [...] (5). In tale caso, in ogni successiva domanda, istanza e ricorso, il mandatario dovrà fare

(1) Le parole «comma 1» sono state così sostituite alle precedenti «comma 8» dall'art. 110.1, d.lg. 13 agosto 2010, n. 131.

(2) L'art. 127.1, d.lg. 13 agosto 2010, n. 131, così dispone: «Ogni riferimento nel Codice al Ministero o Ministro delle attività produttive si intende riferito al Ministero o al Ministro dello sviluppo economico».

(3) Le parole «ai commi 6 e seguenti» sono state così sostituite alle precedenti «al comma 15» dall'art. 110.2, d.lg. 13 agosto 2010, n. 131.

(4) Le parole «ai commi 6 e 7» sono state così sostituite alle precedenti «al comma 14» dall'art. 110.3, d.lg. 13 agosto 2010, n. 131.

(5) Le parole «con esclusione delle procedure aventi carattere giurisdizionale» sono state soppresse dall'art. 111, d.lg. 13 agosto 2010, n. 131.

riferimento alla procura o lettera d'incarico.

4. Il mandato può essere conferito soltanto a mandatari iscritti in un albo all'uopo istituito presso il Consiglio dell'ordine dei consulenti in proprietà industriale.

4-*bis*. I cittadini dell'Unione europea abilitati all'esercizio della medesima professione in un altro Stato membro possono essere iscritti all'albo secondo le procedure di cui al d.lg. 9 novembre 2007, n. 206 (1).

5. ....(2).

6. Il mandato può essere anche conferito ad un avvocato iscritto nel suo albo professionale.

202. *Albo dei consulenti*. — 1. Fermo quanto disposto dall'art. 201, la rappresentanza di persone fisiche o giuridiche nelle procedure di fronte all'Ufficio italiano brevetti e marchi ed alla commissione dei ricorsi può essere assunta unicamente da consulenti abilitati iscritti in un albo istituito presso il Consiglio dell'ordine e denominato Albo dei consulenti in proprietà industriale abilitati nonché da coloro che siano iscritti negli albi degli avvocati.

2. L'Albo è costituito da due sezioni denominate rispettivamente sezione brevetti e sezione marchi, riservate, la prima, ai consulenti agenti in materia di brevetti per invenzioni, modelli di utilità, disegni e modelli, nuove varietà vegetali, topografie dei prodotti a semiconduttori e la seconda ai consulenti abilitati agenti in materia di disegni e modelli, marchi ed altri segni distintivi e indicazioni geografiche.

3. Gli iscritti all'Albo costituiscono l'ordine dei consulenti in proprietà industriale.

4. La vigilanza sull'esercizio della professione viene esercitata dal Ministero dello sviluppo economico (3), tramite l'Ufficio italiano brevetti e marchi.

203. *Requisiti per l'iscrizione*. — 1. Può essere iscritta all'Albo dei consulenti in proprietà industriale abilitati qualsiasi persona fisica che:

a) abbia il godimento dei diritti civili nell'ordinamento nazionale e sia persona di buona condotta civile e morale;

b) sia cittadino italiano ovvero cittadino degli Stati membri dell'Unione europea ovvero cittadino di Stati esteri nei cui confronti vige un regime di reciprocità;

c) abbia [...] (4) un domicilio professionale in Italia o nell'Unione europea se si tratta di cittadino di uno Stato membro di essa, il requisito del domicilio professionale in Italia non è richiesto se (5) si tratti di un cittadino di Stati extra comunitari che consentano ai cittadini italiani l'iscrizione a corrispondenti albi senza tale requisito;

d) abbia superato l'esame di abilitazione, di cui all'art. 207 o abbia superato la prova attitudinale prevista per i consulenti in proprietà industriale al comma 2 dell'art. 6 del d.lg. 27 gennaio 1992, n. 115 (6).

2. L'iscrizione è effettuata dal Consiglio dell'ordine su presentazione di una istanza accompagnata dai documenti comprovanti il possesso dei requisiti di cui al comma 1 ovvero includente le autocertificazioni previste per legge. L'avvenuta iscrizione è prontamente comunicata dal Consiglio all'Ufficio italiano brevetti e marchi.

3. I soggetti di cui all'art. 201, comma 4-*bis*, che intendono esercitare l'attività di rappresentanza in Italia a titolo occasionale e temporaneo si considerano automaticamente iscritti all'albo dei consulenti in proprietà industriale, previa trasmissione da parte dell'autorità competente della dichiarazione preventiva di cui all'art. 10, del d.lg. 9 novembre 2007, n. 206. L'iscrizione rileva ai soli fini dell'applicazione delle norme professionali, di carattere professionale, legale o amministrativo, direttamente connesse alla qualifica professionale (7).

4. ....(8).

204. *Titolo professionale oggetto dell'attività*. — 1. Il titolo di consulente in proprietà industriale è riservato alle persone iscritte nell'albo dei consulenti abilitati. Le persone iscritte solo nella sezione brevetti devono utilizzare il titolo nella forma di consulente in brevetti e le persone iscritte solo nella sezione marchi devono utilizzare il titolo nella forma di consulente in marchi. Le persone iscritte in entrambe le se-

(1) Comma inserito dall'art. 87.1, d.l. 24 gennaio 2012, n. 1, conv. in l. 24 marzo 2012, n. 27.

(2) Comma abrogato dall'art. 60.1, d.lg. 9 novembre 2007, n. 206.

(3) L'art. 127.1, d.lg. 13 agosto 2010, n. 131, così dispone: «Ogni riferimento nel Codice al Ministero o Ministro delle attività produttive si intende riferito al Ministero o al Ministro dello sviluppo economico».

(4) Le parole «la residenza ovvero» sono state soppresse dall'art. 112.1, d.lg. 13 agosto 2010, n. 131.

(5) Le parole «il requisito del domicilio professionale in Italia non è richiesto se» sono state così sostituite alle precedenti «il requisito della residenza in Italia non è richiesto se» dall'art. 112.1, d.lg. 13 agosto 2010, n. 131.

(6) Provvedimento abrogato dall'art. 60.2, d.lg. 9 novembre 2007, n. 206. L'art. 60.4, d.lg. cit., così dispone: «Ogni riferimento contenuto in vigenti disposizioni di legge ai decreti legislativi 27 gennaio 1992, n. 115, e 2 maggio 1994, n. 319, si intende fatto alle corrispondenti disposizioni del presente decreto».

(7) Comma così sostituito dall'art. 87.2, d.l. 24 gennaio 2012, n. 1, conv. in l. 24 marzo 2012, n. 27.

(8) Comma abrogato dall'art. 2, l. 6 agosto 2013, n. 97.

zioni possono utilizzare il titolo di consulente in proprietà industriale senza ulteriori specificazioni.

2. Le persone indicate nell'art. 202 svolgono per conto di qualsiasi persona fisica o giuridica tutti gli adempimenti previsti dalle norme che regolano i servizi attinenti rispettivamente alla materia dei brevetti per invenzioni, per modelli di utilità, per disegni e modelli per nuove varietà vegetali, per topografie dei prodotti a semiconduttori ovvero alla materia dei marchi, dei disegni e modelli e delle indicazioni geografiche, a seconda della sezione in cui sono iscritte. Esse possono certificare la conformità delle traduzioni in lingua italiana e di ogni atto e documento proveniente dall'estero da prodursi all'Ufficio italiano brevetti e marchi (1).

3. Essi inoltre, su mandato ed in rappresentanza degli interessati, possono svolgere ogni altra funzione che sia affine, connessa, conseguente a quanto previsto nel comma 2.

4. Se l'incarico è conferito a più consulenti abilitati, essi, salva diversa disposizione, possono agire anche separatamente. Se l'incarico è conferito a più consulenti abilitati, costituiti in associazione o società, l'incarico si considera conferito ad ognuno di essi in quanto agisca in seno a detta associazione o società.

205. *Incompatibilità*. — 1. L'iscrizione all'albo dei consulenti in proprietà industriale abilitati e l'esercizio della professione di consulente in proprietà industriale sono incompatibili con qualsiasi impiego od ufficio pubblico o privato ad eccezione del rapporto di impiego o di cariche rivestite presso società, uffici o servizi specializzati in materia, sia autonomi che organizzati nell'ambito di enti o imprese, e dell'attività di insegnamento in qualsiasi forma esercitata; con l'esercizio del commercio, con la professione di notaio, di giornalista professionista, di mediatore, di agente di cambio o di esattore dei tributi.

2. L'iscrizione all'Albo dei consulenti in proprietà industriale abilitati e l'esercizio della professione di consulente in proprietà industriale è compatibile, se non previsto altrimenti e fermo restando il disposto del comma 1, con l'iscrizione in altri albi professionali e con l'esercizio della relativa professione.

3. I consulenti in proprietà industriale abilitati, che esercitano la loro attività in uffici o servizi organizzati nell'ambito di enti o di imprese, ovvero nell'ambito di consorzi o gruppi di imprese, possono operare esclusivamente in nome e per conto:

a) dell'ente o impresa da cui dipendono;

b) delle imprese appartenenti al consorzio, o gruppo nella cui organizzazione essi sono stabilmente inseriti;

c) di imprese o persone che siano con enti o imprese o gruppi o consorzi, in cui è inserito il consulente abilitato, in rapporti sistematici di collaborazione, ivi compresi quelli di ricerca, di produzione o scambi tecnologici.

206. *Obbligo del segreto professionale*. — 1. Il consulente in proprietà industriale ha l'obbligo del segreto professionale e nei suoi confronti si applica l'art. 200 del codice di procedura penale.

207. *Esame di abilitazione*. — 1. L'abilitazione è concessa previo superamento di un esame sostenuto davanti ad una commissione composta per ciascuna sessione:

a) dal direttore dell'Ufficio italiano brevetti e marchi o da un suo delegato con funzione di presidente;

b) da un membro della commissione dei ricorsi, designato dal presidente della stessa con funzione di vice-presidente;

c) da due professori universitari, rispettivamente, di materie giuridiche e tecniche, designati dal Ministro dello sviluppo economico (2);

d) da quattro consulenti in proprietà industriale abilitati, designati dal consiglio di cui all'art. 215, di cui due scelti fra i dipendenti di enti o imprese e due che esercitano la professione in modo autonomo;

e) da membri supplenti che possono sostituire quelli di cui alle (3) lett. *b*), *c*) e *d*), se impossibilitati.

2. È ammessa all'esame di abilitazione qualsiasi persona che:

a) abbia conseguito:

1) la laurea o un titolo universitario equipollente in qualsiasi Paese estero;

2) un diploma o un titolo rilasciato da un Paese membro dell'Unione europea includenti l'attestazione che il candidato abbia seguito con successo un ciclo di studi post-secondari di durata minima di tre anni o di durata equivalente a tempo parziale, in un'università o in un istituto d'istruzione superiore o in un altro istituto dello stesso livello di formazione, a condizione che il ciclo di studi abbia indirizzo tecnico-professionale attinente all'attività di

(1) Ultimo periodo aggiunto dall'art. 113, d.lg. 13 agosto 2010, n. 131.

(2) L'art. 127.1, d.lg. 13 agosto 2010, n. 131, così dispone: «Ogni riferimento nel Codice al Ministero o Ministro delle attività produttive si intende riferito al Ministero o al Ministro dello sviluppo economico».

(3) La parola «alle» è stata così sostituita alla precedente «alla» dall'art. 114, d.lg. 13 agosto 2010, n. 131.

consulente in proprietà industriale in materia di brevetti d'invenzione e modelli ovvero in materia di marchi e disegni e modelli a seconda dell'abilitazione richiesta;

b) abbia compiuto presso società, uffici o servizi specializzati in proprietà industriale almeno due anni di tirocinio professionale effettivo, documentato in modo idoneo.

3. È ammessa all'esame di abilitazione per l'iscrizione nella sezione brevetti qualsiasi persona che abbia superato l'esame di qualificazione come consulente abilitato presso l'Ufficio europeo dei brevetti.

4. Il periodo di tirocinio è limitato a diciotto mesi se il candidato all'esame di abilitazione dimostri di aver frequentato con profitto un corso qualificato di formazione per consulenti abilitati in materia di brevetti ovvero di marchi, a seconda dell'abilitazione richiesta.

5. L'esame di abilitazione per l'iscrizione nella sezione brevetti e rispettivamente nella sezione marchi consiste in prove scritte ed orali, tendenti ad accertare la preparazione teorico-pratica del candidato nel campo specifico dei diritti di proprietà industriale, così come a livello della cultura tecnica, giuridica, e linguistica, conformemente alla sezione interessata, secondo le modalità stabilite nel regolamento da emanarsi con decreto.

6. L'esame di abilitazione per l'iscrizione nella sezione brevetti ovvero quello per l'iscrizione nella sezione marchi è indetto ogni due anni con decreto del Ministero dello sviluppo economico (1).

208. *Esonero dall'esame di abilitazione*. — 1. Sono esonerati dall'esame di abilitazione coloro che, già dipendenti del Ministero dello sviluppo economico ovvero del Ministero della difesa, abbiano prestato servizio, per almeno cinque anni, con mansioni direttive rispettivamente presso l'Ufficio italiano brevetti e marchi ovvero il Servizio brevetti e proprietà intellettuale (2).

2. Sono anche esonerati, ai fini dell'iscrizione nella sezione brevetti, i cittadini italiani che abbiano prestato servizio per almeno cinque anni con mansioni di esaminatori presso l'Ufficio europeo dei brevetti.

209. *Albo dei consulenti in proprietà industriale abilitati*. — 1. L'albo istituito ai sensi dell'art. 202 deve contenere per ciascun iscritto il cognome, il nome, il luogo e la data di nascita, il titolo di studio, la data di iscrizione, il domicilio professionale in Italia che può consistere anche nella sede (3) dell'ente o impresa da cui dipende.

2. La data di iscrizione determina l'anzianità. Coloro che dopo la cancellazione sono di nuovo iscritti all'albo hanno l'anzianità derivante dalla prima iscrizione dedotta la durata dell'interruzione.

210. *Cancellazione dall'albo e sospensione di diritto*. — 1. Il consulente abilitato è cancellato dall'albo:

a) quando è venuto meno uno dei requisiti dell'iscrizione, di cui all'art. 203;

b) quando ricorre uno dei casi di incompatibilità previsti dall'art. 205;

c) quando ne è fatta richiesta dall'interessato.

2. Il consulente abilitato può chiedere la reiscrizione nell'albo quando sono cessate le cause della cancellazione senza necessità di nuovo esame.

3. Il consulente abilitato è dichiarato sospeso di diritto dall'esercizio professionale dal momento della sottoposizione alle misure coercitive o interdittive previste dai capi II e III del capo IV, titolo I, del codice di procedura penale sino a quello della revoca delle misure stesse, nonché in caso di mancato pagamento entro il termine fissato, del contributo annuo, fino alla data dell'accertato adempimento.

211. *Sanzioni disciplinari*. — 1. I consulenti abilitati sono soggetti a censura in caso di abusi e mancanze di lieve entità, alla sospensione per non più di due anni in caso di abusi gravi; alla radiazione in caso di condotta che abbia compromesso gravemente la reputazione e la dignità professionale.

212. *Assemblea degli iscritti all'Albo*. — 1. L'assemblea è convocata dal presidente, su delibera del Consiglio dell'ordine. Essa è regolarmente costituita in prima convocazione con la presenza di almeno la metà degli iscritti ed in seconda convocazione, che non può aver luogo lo stesso giorno fissato per la prima, con la presenza di almeno un sesto degli iscritti se gli iscritti presenti e rappresentati raggiungono la presenza di almeno un quinto degli iscritti. Essa delibera a maggioranza assoluta dei voti.

2. Ogni consulente abilitato iscritto all'albo può farsi rappresentare da un altro consulente abilitato iscritto all'albo con delega scritta. Un

(1) L'art. 127.1, d.lg. 13 agosto 2010, n. 131, così dispone: «Ogni riferimento nel Codice al Ministero o Ministro delle attività produttive si intende riferito al Ministero o al Ministro dello sviluppo economico».

(2) Comma così sostituito dall'art. 115, d.lg. 13 agosto 2010, n. 131.

(3) Le parole «in Italia che può consistere anche nella sede» sono state così sostituite alle precedenti «o i domicili professionali oppure la sede» dall'art. 116, d.lg. 13 agosto 2010, n. 131.

medesimo partecipante non può rappresentare più di cinque iscritti.

3. Le modalità di convocazione e di svolgimento dell'assemblea sono determinate con decreto del Ministro dello sviluppo economico (1) (2).

213. *Compiti dell'assemblea*. — 1. L'assemblea si riunisce almeno una volta all'anno entro il mese di marzo, per l'approvazione del conto preventivo e di quello consuntivo, per la determinazione dell'ammontare del contributo annuo che deve essere uguale per tutti gli iscritti e, occorrendo, per l'elezione del Consiglio dell'ordine, nel qual caso la convocazione deve avvenire almeno un mese prima della data della sua scadenza.

2. L'assemblea si riunisce inoltre ogni volta il Consiglio dell'ordine lo reputi necessario, nonché quando ne sia fatta domanda per iscritto con indicazione degli argomenti da trattare da almeno un decimo degli iscritti all'albo.

214. *Assemblea per l'elezione del Consiglio dell'ordine*. — 1. I componenti del Consiglio dell'ordine di cui all'art. 215 sono eletti a maggioranza semplice dei voti segreti validamente espressi per mezzo di schede contenenti un numero di nomi non superiore alla metà più uno dei componenti da eleggere. Vengono eletti i dieci candidati che hanno riportato il maggior numero di voti. In caso di parità è preferito il candidato più anziano per iscrizione e, tra coloro che abbiano uguale anzianità di iscrizione, il più anziano di età.

2. Ciascuna categoria dei consulenti che esercitano la professione in forma autonoma, sia individualmente che nell'ambito di società, uffici o servizi autonomi, da una parte, e dei consulenti che esercitano in uffici e servizi specializzati nell'ambito di enti o imprese di cui all'art. 205, comma 3, dall'altra, non può essere rappresentata in seno al Consiglio dell'ordine con più di otto componenti. Parimenti ciascuna sezione dell'albo non può essere rappresentata in seno al Consiglio dell'ordine con più di sette componenti, ad essa iscritti in via esclusiva.

3. Non sono ammesse le partecipazioni e votazioni per delega. È ammessa la votazione mediante lettera.

4. Le modalità di svolgimento delle votazioni, delle operazioni di scrutinio e di proclamazione degli eletti sono stabilite con decreto del Ministro dello sviluppo economico (1) (2).

215. *Consiglio dell'ordine dei consulenti in proprietà industriale*. — 1. L'ordine dei consulenti in proprietà industriale è retto da un Consiglio che dura in carica tre anni ed è composto da dieci membri con non meno di tre anni di anzianità eletti dall'assemblea. A sostituire i componenti cessati per qualsiasi causa prima della scadenza sono chiamati i candidati compresi nella graduatoria che, dopo quelli eletti, hanno ottenuto il maggior numero di voti, ferme restando le disposizioni di cui al comma 2 dell'art. 214.

2. In caso di mancato tempestivo rinnovo, il Consiglio dell'ordine continua a funzionare sino alla nomina del nuovo Consiglio.

3. Il Consiglio dell'ordine si riunisce validamente con la presenza della maggioranza dei componenti e delibera a maggioranza assoluta. In caso di parità prevale il voto del presidente. In materia disciplinare il Consiglio dell'ordine delibera con la presenza di almeno tre quarti dei componenti.

216. *Attribuzioni del presidente del Consiglio dell'ordine*. — 1. Il Consiglio dell'ordine nomina tra i suoi componenti un presidente, il quale ne ha la rappresentanza: adotta in casi urgenti i provvedimenti necessari, salva ratifica del Consiglio nella prima seduta successiva, ed esercita le rimanenti attribuzioni a lui conferite dal presente codice.

2. Il presidente può delegare a componenti il Consiglio attribuzioni di segreteria o di tesoreria.

3. Il Consiglio nomina altresì fra i suoi componenti un vice presidente, il quale sostituisce il presidente in sua assenza o impedimento oppure su delega dello stesso per singoli atti.

217. *Attribuzioni del Consiglio dell'ordine*. — 1. Il Consiglio dell'ordine:

a) provvede tempestivamente agli adempimenti relativi alle iscrizioni, alle sospensioni ed alle cancellazioni da eseguire nell'albo, dandone immediata comunicazione all'Ufficio italiano brevetti e marchi;

b) vigila per la tutela del titolo professionale di consulente in proprietà industriale e propone all'assemblea le iniziative all'uopo necessarie;

c) interviene, su concorde richiesta delle parti, per comporre le contestazioni che sorgono fra gli iscritti all'albo in dipendenza dell'esercizio della professione;

d) propone modifiche ed aggiornamenti della tariffa professionale;

(1) L'art. 127.1, d.lg. 13 agosto 2010, n. 131, così dispone: «Ogni riferimento nel Codice al Ministero o Ministro delle attività produttive si intende riferito al Ministero o al Ministro dello sviluppo economico».

(2) D.m. Sviluppo economico 13 gennaio 2010, n. 33, in suppl. ord. n. 48/L a G.U., 9 marzo 2010, n. 56.

e) su richiesta del cliente o dello stesso consulente abilitato, esprime parere sulla misura delle spettanze dovute ai consulenti in proprietà industriale per le prestazioni inerenti all'esercizio della professione;

f) adotta i provvedimenti disciplinari;

g) designa i quattro consulenti in proprietà industriale abilitati che concorrono a formare la commissione di esame di cui all'art. 207;

h) adotta le iniziative più opportune per conseguire il miglioramento ed il perfezionamento degli iscritti nello svolgimento dell'attività professionale;

i) stabilisce la propria sede e predispone i mezzi necessari al suo funzionamento;

l) riscuote ed amministra il contributo annuo degli iscritti;

m) predispone il conto preventivo e redige il conto consuntivo della gestione;

n) riceve le domande di ammissione all'esame di abilitazione di cui all'art. 207 e ne verifica la rispondenza alle condizioni per l'ammissione;

o) mantiene i rapporti e collabora con gli organismi e le istituzioni che operano nel settore della proprietà industriale o che svolgono attività aventi attinenza con essa, formulando ove opportuno proposte o pareri;

p) svolge gli altri compiti definiti con decreto del Ministro dello sviluppo economico (1) che abbiano carattere di strumentalità necessaria rispetto a quelli previsti dal presente codice;

p-bis) provvede alle iscrizioni nell'albo dei tirocinanti e ai relativi aggiornamenti (2).

218. *Decadenza dalla carica di componente il Consiglio dell'ordine, scioglimento e mancata costituzione del Consiglio dell'ordine*. — 1. I componenti che, senza giustificati motivi, non intervengono per tre volte consecutive alle sedute del Consiglio dell'ordine sono da questo dichiarati decaduti dalla carica.

2. Il Consiglio può essere sciolto dal Ministro dello sviluppo economico (1), se non è in grado di funzionare ed in ogni caso se sono cessati o decaduti più di quattro degli originari componenti ovvero nel caso che siano accertate gravi irregolarità.

3. In caso di scioglimento del Consiglio, le sue funzioni sono assunte da un commissario nominato dal Ministro dello sviluppo economico (1). Il commissario provvede, entro sessanta giorni, ad indire nuove elezioni, per lo svolgimento delle quali l'assemblea deve riunirsi non prima di trenta giorni e non oltre sessanta giorni dalla data dell'atto di convocazione.

219. *Sedute del Consiglio dell'ordine*. — 1. Il Consiglio dell'ordine è convocato dal presidente almeno una volta ogni sei mesi o quando lo ritiene opportuno, ovvero quando ne sia fatta richiesta dalla maggioranza dei componenti. Le deliberazioni del Consiglio sono verbalizzate da un componente nominato segretario all'inizio di ogni seduta.

220. *Procedimento disciplinare*. — 1. Quando perviene notizia di fatti che possono condurre all'applicazione di una delle sanzioni disciplinari di cui all'art. 211, il presidente nomina tra i membri del Consiglio un relatore.

2. Il Consiglio, previa contestazione dei fatti che preceda almeno di 10 giorni l'audizione dell'interessato, esaminate le eventuali memorie e documenti, delibera a maggioranza assoluta dei presenti; in caso di parità di voti prevale la decisione più favorevole all'incolpato.

3. Se l'interessato non si presenta o non fa pervenire alcuna memoria difensiva si procede in sua assenza a meno che non sia dimostrato un legittimo impedimento.

4. La deliberazione deve contenere l'indicazione dei fatti, i motivi e l'enunciazione sintetica della decisione.

5. I membri del Consiglio devono astenersi quando ricorrano i motivi indicati dall'art. 51, primo comma, del codice di procedura civile in quanto applicabili, e possono essere ricusati per gli stessi motivi con istanza depositata presso la segreteria del Consiglio prima della discussione.

6. In ogni altro caso in cui esistano gravi ragioni di convenienza i membri possono richiedere al presidente del Consiglio dell'ordine l'autorizzazione ad astenersi.

7. Sulla ricusazione decide la commissione dei ricorsi.

221. *Ricorso contro i provvedimenti del Consiglio dell'ordine*. — 1. Contro tutti i provvedimenti del Consiglio dell'ordine è esperibile ricorso davanti alla commissione dei ricorsi entro il termine di prescrizione di un anno dalla comunicazione del provvedimento all'interessato (3).

2. Il direttore dell'Ufficio italiano brevetti e marchi assicura la regolarità dell'operato e la funzionalità del Consiglio e può ricorrere, per ogni irregolarità constatata, alla commissione

(1) L'art. 127.1, d.lg. 13 agosto 2010, n. 131, così dispone: «Ogni riferimento nel Codice al Ministero o Ministro delle attività produttive si intende riferito al Ministero o al Ministro dello sviluppo economico».

(2) Lettera aggiunta dall'art. 117, d.lg. 13 agosto 2010, n. 131.

(3) Comma così sostituito dall'art. 118, d.lg. 13 agosto 2010, n. 131.

dei ricorsi entro trenta giorni dalla data di comunicazione della delibera. Il ricorso non ha effetto sospensivo.

222. *Tariffa professionale*. — 1. Il Ministro dello sviluppo economico (1) approva, con proprio decreto, le modifiche e gli aggiornamenti della tariffa professionale proposti dal Consiglio dell'ordine, ai sensi dell'art. 217, comma 1, lett. *d*).

2. Lo svolgimento delle attività relative all'ordinamento professionale non comportano oneri aggiuntivi a carico del bilancio statale.

CAPO VII

Gestione dei servizi e diritti

223. *Compiti*. — 1. Ai servizi attinenti alla materia regolata dal presente codice provvede l'Ufficio italiano brevetti e marchi.

2. Fatte salve le competenze istituzionali del Ministero degli affari esteri in materia di proprietà industriale e l'attività di coordinamento del Presidente del Consiglio dei Ministri, l'Ufficio italiano brevetti e marchi del Ministero dello sviluppo economico (1) promuove e mantiene relazioni con le istituzioni e gli organismi comunitari ed internazionali competenti in materia, nonché con gli uffici nazionali della proprietà industriale degli altri Stati, e provvede alla trattazione delle relative questioni assicurando la partecipazione negli organi e nei gruppi di lavoro.

3. L'Ufficio italiano brevetti e marchi provvede altresì ai seguenti ulteriori compiti:

a) creazione e gestione di banche dati e diffusione delle informazioni brevettuali con particolare riferimento all'aggiornamento sullo stato della tecnica;

b) promozione della preparazione tecnico-giuridica del personale della pubblica amministrazione operante nel campo della proprietà industriale e della innovazione tecnologica e di coloro che svolgono o intendono svolgere la professione di consulente in proprietà industriale;

c) promozione della cultura e dell'uso della proprietà industriale presso i potenziali utenti, in particolare presso le piccole medie imprese e le zone in ritardo di sviluppo;

d) effettuazione di studi, ricerche, indagini e pubblicazioni correlate alla materia della proprietà industriale e sviluppo di indicatori brevettuali per l'analisi competitiva dell'Italia, in proprio o in collaborazione con amministrazioni pubbliche, istituti di ricerca, associazioni, organismi internazionali;

e) effettuazione di prestazioni a titolo oneroso di servizi non istituzionali a richiesta di privati, a condizione che siano compatibili con la funzione e il ruolo istituzionale ad essa attribuito.

4. L'Ufficio italiano brevetti e marchi può stipulare convenzioni con regioni, camere di commercio, industria, artigianato ed agricoltura, enti pubblici e privati finalizzati allo svolgimento dei propri compiti (2).

224. *Risorse finanziarie*. — 1. L'Ufficio italiano brevetti e marchi provvede all'assolvimento dei propri compiti ed al finanziamento della ricerca di anteriorità con le risorse di bilancio iscritte allo stato di previsione della spesa del Ministero dello sviluppo economico (1), con i corrispettivi direttamente riscossi per i servizi resi in materia di proprietà industriale.

2. Il Ministero dello sviluppo economico (1) provvede a corrispondere annualmente il cinquanta per cento dell'ammontare delle tasse di cui al comma 1 all'Ufficio europeo dei brevetti, così come previsto dall'art. 39 (3) della convenzione di Monaco del 5 ottobre 1973, ratificata dalla l. 25 maggio 1978, n. 260.

3. L'Ufficio italiano brevetti e marchi provvede all'assolvimento dei propri compiti anche con i versamenti ed i rimborsi eventualmente effettuati da organismi internazionali di proprietà industriale ai quali l'Italia partecipa e con ogni altro provento derivante dalla sua attività.

225. *Diritti di concessione e di mantenimento*. — 1. Per le domande presentate al Ministero dello sviluppo economico (4) al fine dell'ottenimento di titoli di proprietà industriale, per le

(1) L'art. 127.1, d.lg. 13 agosto 2010, n. 131, così dispone: «Ogni riferimento nel Codice al Ministero o Ministro delle attività produttive si intende riferito al Ministero o al Ministro dello sviluppo economico».

(2) L'art. unico, d.p.c.m. 25 settembre 2006, in G.U., 9 ottobre 2006, n. 235, così dispone: «L'Ufficio italiano brevetti e marchi è l'autorità italiana competente a ricevere le rogatorie dell'Ufficio europeo dei brevetti e a trasmetterle alle competenti sezioni specializzate in materia di proprietà industriale ed intellettuale per l'esecuzione».

(3) Le parole «dall'art. 39» sono state così sostituite alle precedenti «dall'art. 30» dall'art. 119, d.lg. 13 agosto 2010, n. 131.

(4) Le parole «dello sviluppo economico» sono state così sostituite alle precedenti «delle attività produttive» dall'art. 31, d.lg. 20 febbraio 2019, n. 15.

concessioni, le opposizioni, le decadenze e nullità (1), le trascrizioni, il rinnovo è dovuto il pagamento dell'imposta di bollo, nonché delle tasse di concessione governativa e dei diritti la cui determinazione, in relazione a ciascun titolo o domanda ed all'intervallo di tempo al quale si riferiscono, viene effettuata con apposito decreto dal Ministro dello sviluppo economico (2), di concerto con il Ministro dell'economia e delle finanze.

2. La tassa individuale di designazione dell'Italia nella domanda di registrazione internazionale di marchio, nella designazione posteriore o nell'istanza di rinnovo applicabile ai marchi internazionali esteri che chiedono la protezione sul territorio italiano tramite l'Organizzazione mondiale della proprietà intellettuale di Ginevra, ai sensi del Protocollo relativo all'Accordo di Madrid per la registrazione internazionale dei marchi del 27 giugno 1989, ratificato con l. 12 marzo 1996, n. 169, è fissata nella misura del novanta per cento dei diritti previsti per il deposito della concessione di un marchio nazionale ovvero della rinnovazione.

226. *Termini e modalità di pagamento*. — 1. Il pagamento dei diritti e delle tasse di concessione governativa di cui al presente codice è effettuato nei termini e nelle modalità fissati dal Ministro dello sviluppo economico (3), con proprio decreto (4).

227. *Diritti per il mantenimento in vita dei titoli di proprietà industriale*. — 1. Tutti i diritti previsti per il mantenimento in vita dei titoli di proprietà industriale devono essere pagati anticipatamente, entro il mese corrispondente a quello in cui è stata depositata la domanda, trascorso il periodo coperto dal precedente pagamento. [...] (5).

1-*bis*. La domanda di rinnovazione di marchio deve essere depositata entro i dodici mesi precedenti l'ultimo giorno del mese di scadenza del decennio in corso (6).

2. I diritti di mantenimento in vita per i brevetti d'invenzione, i modelli di utilità e i disegni e modelli, ove già maturati alla fine del mese in cui è rilasciato l'attestato di concessione oppure maturati entro la fine del terzo mese successivo, sono pagabili entro quattro mesi dalla fine del mese di detto rilascio.

3. I diritti di mantenimento in vita per le privative di varietà vegetali sono dovuti, per la durata della privativa di cui all'art. 109, comma 1, a partire dalla concessione della privativa medesima e devono essere pagati anticipatamente entro il mese corrispondente a quello della concessione.

4. Trascorso il termine di scadenza di cui ai commi 1 e 2, il pagamento è ammesso nei sei mesi successivi con l'applicazione di un diritto di mora, il cui ammontare è determinato per ciascun diritto di proprietà industriale dal Ministero dello sviluppo economico, di concerto con il Ministero dell'economia e delle finanze.

5. Il ritardo nel pagamento che sia superiore a sei mesi comporta la decadenza del diritto di proprietà industriale.

6. Possono pagarsi anticipatamente più diritti annuali.

7. Nel caso di cui all'art. 6, comma 1, tutti i soggetti sono tenuti solidalmente al pagamento dei diritti di mantenimento.

8. Al pagamento dei diritti di mantenimento dei brevetti europei validi in Italia dovuti a partire dall'anno successivo a quello in cui la concessione del brevetto europeo è pubblicata nel Bollettino dei brevetti europei, si applicano gli stessi termini di pagamento previsti per i brevetti nazionali e le norme di cui all'art. 230 sulla regolarizzazione (7).

8-*bis*. Se la domanda di rinnovazione del marchio o le relative tasse pagate si riferiscono soltanto a una parte dei prodotti o dei servizi per i quali il marchio è registrato, questa è rinnovata soltanto per i prodotti o servizi di cui trattasi, fatto salvo quanto previsto all'art. 230. Qualora le tasse versate non siano sufficienti per tutte le classi di prodotti e servizi per le quali viene richiesto il rinnovo, la registrazione viene rinnovata se risulta chiaramente quali sono le classi cui si riferisce l'importo versato. In mancanza di altri criteri, l'Ufficio prende in considerazione le classi nell'ordine di classificazione (8).

(1) Le parole «le decadenze e nullità,» sono state inserite dall'art. 31, d.lg. 20 febbraio 2019, n. 15.
(2) Le parole «dello sviluppo economico» sono state così sostituite alle precedenti «delle attività produttive» dall'art. 31, d.lg. 20 febbraio 2019, n. 15.
(3) L'art. 127.1, d.lg. 13 agosto 2010, n. 131, così dispone: «Ogni riferimento nel Codice al Ministero o Ministro delle attività produttive si intende riferito al Ministero o al Ministro dello sviluppo economico».
(4) V. d.m. Sviluppo economico 11 maggio 2011, in G.U., 8 luglio 2011, n. 157.
(5) Periodo soppresso dall'art. 32.1, lett. a, d.lg. 20 febbraio 2019, n. 15.
(6) Comma inserito dall'art. 32.1, lett. b, d.lg. 20 febbraio 2019, n. 15.
(7) Articolo così sostituito dall'art. 120, d.lg. 13 agosto 2010, n. 131.
(8) Comma aggiunto dall'art. 32.1, lett. c, d.lg. 20 febbraio 2019, n. 15.

228. *Esenzione e sospensione del pagamento dei diritti*. — 1. All'inventore, il quale dimostri di essere in condizioni di indigenza, il Ministro dello sviluppo economico (1) può concedere l'esenzione dai diritti di concessione e la sospensione dal pagamento dei diritti annuali per i primi cinque anni. Allo scadere del quinto anno l'inventore che intende mantenere in vigore il brevetto deve pagare, oltre il diritto annuale per il sesto anno anche quelli arretrati. In caso contrario il brevetto decade e l'inventore non è tenuto al pagamento dei diritti degli anni anteriori.

229. *Diritti rimborsabili*. — 1. In caso di rigetto della domanda o di rinuncia alla medesima, prima che la registrazione sia stata effettuata o il brevetto sia stato concesso, sono rimborsati i diritti versati, ad eccezione del diritto di domanda. Il diritto previsto (2) per il deposito di opposizione è rimborsato in caso di estinzione dell'opposizione ai sensi dell'art. 181, comma 1, lett. *b*).

2. I rimborsi dei diritti sono autorizzati dal Ministero dello sviluppo economico (1). L'autorizzazione viene disposta d'ufficio quando i diritti da rimborsare si riferiscono ad una domanda di registrazione o di brevetto definitivamente respinta [...] (3). In ogni altro caso, il rimborso viene effettuato su richiesta dell'avente diritto, con istanza diretta al Ministero dello sviluppo economico (1).

3. I rimborsi devono essere annotati nel registro dei brevetti e, ove si riferiscano a domande ritirate o respinte, vengono annotati nel registro delle domande.

230. *Pagamento incompleto od irregolare*. — 1. Se per evidente errore, o per altri scusabili motivi, un diritto venga pagato incompletamente o comunque irregolarmente, l'Ufficio italiano brevetti e marchi [...] (4) può ammettere come utile l'integrazione o la regolarizzazione anche tardiva del pagamento.

2. Se si tratta di un diritto annuale, l'Ufficio italiano brevetti e marchi provvede solo su istanza dell'interessato. Se l'istanza viene respinta, l'interessato può ricorrere alla commissione dei ricorsi di cui all'art. 135, comma 1 (5).

3. .... (6).

CAPO VIII

DISPOSIZIONI TRANSITORIE E FINALI

Sezione I. — *Marchi*

231. *Domande anteriori*. — 1. Le domande di registrazione di marchio e le domande di trascrizione depositate prima della data di entrata in vigore del d.lg. 4 dicembre 1992, n. 480, sono trattate secondo le disposizioni in esso contenute. Tuttavia, per quanto riguarda la regolarità formale, sono soggette alle norme preesistenti.

232. *Limiti al diritto esclusivo sul marchio rinomato*. — 1. Il diritto di fare uso esclusivo di un marchio registrato prima della data di entrata in vigore del d.lg. 4 dicembre 1992, n. 480, e che goda di rinomanza, non consente al titolare di opporsi all'ulteriore uso nel commercio di un segno identico o simile al marchio per prodotti o servizi non affini a quelli per cui esso è stato registrato.

233. *Nullità*. — 1. I marchi di impresa registrati prima della data di entrata in vigore del d.lg. 4 dicembre 1992, n. 480, sono soggetti, in quanto alle cause di nullità, alle norme di legge anteriori.

2. Non può essere dichiarata la nullità del marchio se anteriormente alla proposizione della domanda principale o riconvenzionale di nullità, il segno, a seguito dell'uso che ne sia stato fatto, abbia acquistato carattere distintivo.

3. Non può essere dichiarata la nullità del marchio se il marchio anteriore sia scaduto da oltre due anni ovvero tre se si tratta di marchio collettivo o possa considerarsi decaduto per non uso anteriormente alla proposizione della domanda principale o riconvenzionale di nullità.

4. Ai fini dell'applicazione dell'art. 48 del r.d. 29 giugno 1942, n. 929, come sostituito dal d.lg. 4 dicembre 1992, n. 480, il termine di cinque anni decorre dalla data di entrata in vigore dello stesso.

234. *Trasferimento e licenza del marchio*. — 1. Le norme del d.lg. 4 dicembre 1992, n. 480,

(1) L'art. 127.1, d.lg. 13 agosto 2010, n. 131, così dispone: «Ogni riferimento nel Codice al Ministero o Ministro delle attività produttive si intende riferito al Ministero o al Ministro dello sviluppo economico».

(2) Le parole «Il diritto previsto» sono state così sostituite alle precedenti «Il diritto previste» dall'art. 121.1, d.lg. 13 agosto 2010, n. 131.

(3) Le parole «o ad un ricorso accolto» sono state soppresse dall'art. 121.2, d.lg. 13 agosto 2010, n. 131.

(4) Le parole «di cui all'art. 223» sono state soppresse dall'art. 122.1, d.lg. 13 agosto 2010, n. 131.

(5) Le parole «di cui all'art. 135, comma 1» sono state così sostituite alle precedenti «entro il termine perentorio di trenta giorni dalla data della comunicazione» dall'art. 122.2, d.lg. 13 agosto 2010, n. 131.

(6) Comma abrogato dall'art. 122.3, d.lg. 13 agosto 2010, n. 131.

che disciplinano il trasferimento e la licenza del marchio si applicano anche ai marchi già concessi, ma non ai contratti conclusi prima della data di entrata in vigore del d.lg. 4 dicembre 1992, n. 480.

235. *Decadenza per non uso*. — 1. Le norme del d.lg. 4 dicembre 1992, n. 480, che disciplinano la decadenza per non uso si applicano ai marchi già concessi alla data di entrata in vigore dello stesso decreto legislativo, purché non ancora decaduti a tale data.

236. *Decadenza per uso ingannevole*. — 1. Le norme del d.lg. 4 dicembre 1992, n. 480, che disciplinano la decadenza del marchio per uso ingannevole dello stesso si applicano ai marchi già concessi alla data di entrata in vigore del medesimo decreto legislativo, in relazione ad un uso ingannevole posto in essere dopo la sua entrata in vigore.

Sezione II. — *Disegni e modelli*

237. *Domande anteriori*. — 1. Le domande di brevetto per disegno o modello ornamentale e le domande di trascrizione depositate prima della data di entrata in vigore del d.lg. 2 febbraio 2001, n. 95, sono trattate secondo le disposizioni in esso contenute. Le stesse domande sono soggette alle norme precedenti relativamente alla regolarità formale.

238. *Proroga della privativa*. — 1. I brevetti per disegno o modello ornamentale concessi prima della data di entrata in vigore del d.lg. 2 febbraio 2001, n. 95, purché non scaduti, né decaduti alla data di entrata in vigore del decreto legislativo citato, possono essere prorogati fino al termine massimo di venticinque anni dalla data di deposito della domanda di brevetto. I licenziatari e coloro che in vista della prossima scadenza avevano compiuto investimenti seri ed effettivi per utilizzare il disegno o modello hanno diritto di ottenere licenza obbligatoria gratuita e non esclusiva per il periodo di maggior durata. Questa facoltà non si applica ai contraffattori dei brevetti non ancora scaduti.

2. Le tasse di concessione corrisposte in un'unica soluzione valgono per le prime due proroghe. Le tasse sulle concessioni governative relative al quarto e quinto quinquennio, a far data dal 19 aprile 2001, sono di importo corrispondente alla rata del terzo quinquennio prevista dall'art. 10, titolo IV, n. 2, lett. *c*) ed *f*), della tariffa indicata nella tabella allegata al d.p.r. 26 ottobre 1972, n. 641.

239. *Limiti alla protezione accordata dal diritto d'autore*. — 1. La protezione accordata ai disegni e modelli ai sensi dell'art. 2, n. 10, della l. 22 aprile 1941, n. 633 (1), comprende anche le opere del disegno industriale che, anteriormente alla data del 19 aprile 2001, erano, oppure erano divenute, di pubblico dominio. Tuttavia i terzi che avevano fabbricato o commercializzato, nei dodici mesi anteriori al 19 aprile 2001, prodotti realizzati in conformità con le opere del disegno industriale allora in pubblico dominio non rispondono della violazione del diritto d'autore compiuta proseguendo questa attività anche dopo tale data, limitatamente ai prodotti da essi fabbricati o acquistati prima del 19 aprile 2001 e a quelli da essi fabbricati nei tredici anni successivi a tale data (2) e purché detta attività si sia mantenuta nei limiti anche quantitativi del preuso (3).

240. *Nullità*. — 1. I brevetti per disegni e modelli ornamentali concessi prima della data di entrata in vigore del d.lg. 2 febbraio 2001, n. 95, sono soggetti, in quanto alle cause di nullità, alle norme di legge anteriori e, quanto agli effetti della declaratoria di nullità, alla norma di cui all'art. 77 del presente codice.

241. *Diritti esclusivi sulle componenti di un prodotto complesso*. — 1. Fino a che la direttiva 98/71/CE del parlamento europeo e del Consiglio, del 13 ottobre 1998, sulla protezione giuridica dei disegni e modelli non sarà modificata su proposta della commissione a norma dell'art. 18 della direttiva medesima, i diritti esclusivi sui componenti di un prodotto complesso non possono essere fatti valere per impedire la fabbricazione e la vendita dei componenti stessi per la riparazione del prodotto complesso, al fine di ripristinarne l'aspetto originario.

Sezione III. — *Nuove varietà vegetali*

242. *Durata della privativa*. — 1. Le disposizioni dell'art. 109 del presente codice si applicano ai brevetti per nuove varietà vegetali concessi conformemente al d.p.r. 12 agosto 1975, n. 974, non scaduti o decaduti alla data di entrata in vigore del d.lg. 3 novembre 1998, n. 455.

2. I licenziatari e coloro che, alla data di en-

(1) In *Leggi coll. XIX, 1*.

(2) Le parole «e a quelli da essi fabbricati nei tredici anni successivi a tale data» sono state così sostituite alle precedenti «e a quelli da essi fabbricati nei cinque anni successivi a tale data» dall'art. 22-*bis*, d.l. 29 dicembre 2011, n. 216, conv. in l. 24 febbraio 2012, n. 14.

(3) Articolo così sostituito, da ultimo, dall'art. 123, d.lg. 13 agosto 2010, n. 131.

trata in vigore del d.lg. 3 novembre 1998, n. 455, hanno compiuto seri ed effettivi investimenti per l'utilizzo delle nuove varietà vegetali coperte dal diritto di costitutore hanno diritto di ottenere licenza obbligatoria gratuita e non esclusiva per il periodo di maggior durata. Questa facoltà non si applica ai contraffattori dei diritti non ancora scaduti.

2-*bis.* I diritti annuali versati dalla data di deposito per il mantenimento in vita delle domande e delle privative per novità vegetali già depositate o concesse alla data del 29 marzo 1999 sono considerati valido pagamento dei corrispondenti diritti annuali dovuti dalla concessione della privativa in conformità all'art. 25 del d.lg. 3 novembre 1998, n. 455 (1).

Sezione IV. — *Invenzioni*

243. *Invenzioni dei ricercatori delle università e degli enti pubblici di ricerca.* — 1. Le invenzioni dei dipendenti il cui rapporto di lavoro intercorre con un'università o con una pubblica Amministrazione avente tra i suoi compiti istituzionali finalità di ricerca sono soggette alla disciplina, dettata rispettivamente dall'art. 24-*bis* del r.d. 29 giugno 1939, n. 1127 (2), introdotto con l. 18 ottobre 2001, n. 383, dal testo originario dell'art. 65 del presente Codice (3) e dal testo attuale del medesimo articolo, in vigore al momento in cui le invenzioni sono state conseguite, ancorché in dipendenza di ricerche cominciate anteriormente (4).

243-*bis*. *Relazione al Parlamento in materia di protezione giuridica delle invenzioni biotecnologiche.* — 1. Il Ministro dello sviluppo economico, di concerto con i Ministri della salute, delle politiche agricole alimentari e forestali, dell'ambiente e della tutela del territorio e del mare, dell'istruzione, dell'università e della ricerca e del lavoro e delle politiche sociali presenta al Parlamento ogni anno una relazione sull'applicazione delle norme previste dal Capo II, sezione IV-*bis*, del presente Codice (5).

Sezione V. — *Domande anteriori*

244. *Trattamento delle domande.* — 1. Le domande di brevetto o di registrazione e quelle di trascrizione e annotazione, anche se già depositate al momento della data di entrata in vigore del presente codice, sono trattate secondo le disposizioni in esso contenute. Le domande di cui al capo IV, sezione I, sono soggette alle norme preesistenti relativamente alle condizioni di ricevibilità (6).

Sezione VI. — *Norme di procedura*

245. *Disposizioni procedurali.* — 1. Le norme dei capi I e IV del titolo II quelle del titolo III e

(1) Comma aggiunto dall'art. 124, d.lg. 13 agosto 2010, n. 131.
(2) Ora abrogato dall'art. 246.1, lett. a, di questo provvedimento.
(3) Questo ne era il testo: «Art. 65. *Invenzioni dei ricercatori delle università e degli enti pubblici di ricerca.* — 1. In deroga all'art. 64, quando il rapporto di lavoro intercorre con un università o con una pubblica amministrazione avente tra i suoi scopi istituzionali finalità di ricerca, il ricercatore è titolare esclusivo dei diritti derivanti dall'invenzione brevettabile di cui è autore. In caso di più autori, dipendenti delle università, delle pubbliche amministrazioni predette ovvero di altre pubbliche amministrazioni, i diritti derivanti dall'invenzione appartengono a tutti in parti uguali, salvo diversa pattuizione. L'inventore presenta la domanda di brevetto e ne dà comunicazione all'amministrazione. || 2. Le Università e le pubbliche amministrazioni, nell'ambito della loro autonomia, stabiliscono l'importo massimo del canone, relativo a licenze a terzi per l'uso dell'invenzione, spettante alla stessa università o alla pubblica amministrazione ovvero a privati finanziatori della ricerca, nonché ogni ulteriore aspetto dei rapporti reciproci. || 3. In ogni caso, l'inventore ha diritto a non meno del cinquanta per cento dei proventi o dei canoni di sfruttamento dell'invenzione. Nel caso in cui le università o le amministrazioni pubbliche non provvedano alle determinazioni di cui al comma 2, alle stesse compete il trenta per cento dei proventi o canoni. || 4. Trascorsi cinque anni dalla data di rilascio del brevetto, qualora l'inventore o i suoi aventi causa non ne abbiano iniziato lo sfruttamento industriale, a meno che ciò non derivi da cause indipendenti dalla loro volontà, la pubblica amministrazione di cui l'inventore era dipendente al momento dell'invenzione acquisisce automaticamente un diritto gratuito, non esclusivo, di sfruttare l'invenzione e i diritti patrimoniali ad essa connessi o di farli sfruttare da terzi, salvo il diritto spettante all'inventore di esserne riconosciuto autore. || 5. Le disposizioni del presente articolo non si applicano nelle ipotesi di ricerche finanziate, in tutto o in parte, da soggetti privati ovvero realizzate nell'ambito di specifici progetti di ricerca finanziati da soggetti pubblici diversi dall'università, ente o amministrazione di appartenenza del ricercatore».
(4) Articolo così sostituito dall'art. 125, d.lg. 13 agosto 2010, n. 131.
(5) Articolo inserito dall'art. 126, d.lg. 13 agosto 2010, n. 131.
(6) L'art. 128, d.lg. 13 agosto 2010, n. 137, così dispone: «1. Le domande di brevetto o di registrazione, quelle di trascrizione e annotazione e le istanze, anche se già depositate al momento della data di entrata in vigore del presente decreto legislativo, sono trattate secondo le disposizioni in esso contenute. || 2. Gli artt. 120 e 122 del Codice si applicano anche ai procedimenti in corso alla data dell'entrata in vigore del presente decreto legislativo».

le norme degli artt. 35 e 36 del titolo V del d.lg. 17 gennaio 2003, n. 5, si applicano ai procedimenti giudiziari ed agli arbitrati che siano iniziati con atto notificato oppure con deposito del ricorso sei mesi dopo l'entrata in vigore del codice.

2. Le controversie in grado d'appello nelle materie di cui all'art. 134, iniziate dopo la data di entrata in vigore del presente codice, restano devolute alla cognizione delle sezioni specializzate di cui al d.lg. 27 giugno 2003, n. 168, anche se il giudizio di primo grado o il giudizio arbitrale sono iniziati o si sono svolti secondo le norme precedentemente in vigore, a meno che non sia già intervenuta nell'ambito di essi una pronuncia sulla competenza (1).

3. Le procedure di reclamo e le cause di merito nelle materie di cui all'art. 134, iniziate dopo la data di entrata in vigore del presente codice, restano devolute alla cognizione delle sezioni specializzate di cui al d.lg. 27 giugno 2003, n. 168, anche se riguardano misure cautelari concesse secondo le norme precedentemente in vigore (1).

4. Le norme di procedura di cui all'art. 136 concernenti la funzione giurisdizionale della commissione dei ricorsi si applicano a partire da un anno dopo l'entrata in vigore del codice.

5. Le norme di procedura di cui agli artt. 137, 146, 194, 195, 196, 198, 199 e 200 si applicano con l'entrata in vigore del codice.

Sezione VI-*bis*. — *Brevetto europeo* (2)

245-*bis*. *Regime transitorio*. — 1. Le cause riguardanti il brevetto europeo rilasciato per l'Italia, pendenti fino alla data di entrata in vigore dell'Accordo su un tribunale unificato dei brevetti, ratificato e reso esecutivo ai sensi della l. 3 novembre 2016, n. 214, e quelle promosse dopo l'entrata in vigore dell'Accordo davanti all'autorità giudiziaria italiana per effetto del regime transitorio di cui all'art. 83, par. 3, dell'Accordo medesimo, sono decise in conformità alla legislazione italiana in materia.

Sezione VII. — *Abrogazioni*

246. *Disposizioni abrogative*. — 1. Sono abrogate le seguenti disposizioni:

a) il r.d. 29 giugno 1939, n. 1127;
b) il r.d. 5 febbraio 1940, n. 244;
c) il r.d. 25 agosto 1940, n. 1411;
d) il r.d. 31 ottobre 1941, n. 1354;
e) il r.d. 21 giugno 1942, n. 929;
f) il d.p.r. 8 maggio 1948, n. 795;
g) l'art. 34 del d.p.r. 10 gennaio 1957, n. 3;
h) il d.p.r. 30 giugno 1972, n. 540;
i) il decreto del Ministro dell'industria, del commercio e dell'artigianato 22 febbraio 1973, pubblicato nella *Gazzetta Ufficiale* della Repubblica italiana n. 69 del 15 marzo 1973;
l) il d.p.r. 12 agosto 1975, n. 974, fatto salvo l'art. 18;
m) il decreto del Ministro dell'industria, del commercio e dell'artigianato 22 ottobre 1976, pubblicato nella *Gazzetta Ufficiale* della Repubblica italiana n. 15 del 18 febbraio 1977;
n) il d.p.r. 8 gennaio 1979, n. 32;
o) il d.p.r. 22 giugno 1979, n. 338;
p) la l. 3 maggio 1985, n. 194;
q) la l. 14 ottobre 1985, n. 620;
r) il decreto del Ministro dell'industria, del commercio e dell'artigianato 26 febbraio 1986, pubblicato nella *Gazzetta Ufficiale* della Repubblica italiana n. 104 del 7 maggio 1986;
s) la l. 14 febbraio 1987, n. 60;
t) la l. 21 febbraio 1989, n. 70;
u) il decreto del Ministro dell'industria, del commercio e dell'artigianato 19 luglio 1989, n. 320, pubblicato nella *Gazzetta Ufficiale* della Repubblica italiana n. 220 del 20 settembre 1989;
v) il decreto del Ministro dell'industria, del commercio e dell'artigianato 11 gennaio 1991, n. 122, pubblicato nella *Gazzetta Ufficiale*

(1) Comma così sostituito dall'art. 19.7, l. 23 luglio 2009, n. 99. L'art. 245.2-3 così disponeva: «2. Sono devolute alla cognizione delle sezioni specializzate di cui all'art. 134, comma 3, le controversie in grado d'appello iniziate dopo l'entrata in vigore del codice anche se il giudizio di primo grado o il giudizio arbitrale sono iniziati e si sono svolti secondo le norme precedentemente in vigore. || 3. Sono devolute alla cognizione delle sezioni specializzate le procedure di reclamo e le cause di merito iniziate dopo l'entrata in vigore del codice anche se riguardano misure cautelari concesse secondo le norme precedentemente in vigore». La Corte cost., con sentenza 24 aprile 2008, n. 112, aveva dichiarato l'illegittimità costituzionale del secondo comma «nella parte in cui stabilisce che sono devolute alla cognizione delle sezioni specializzate le controversie in grado d'appello iniziate dopo l'entrata in vigore del codice, anche se il giudizio di primo grado è iniziato e si è svolto secondo le norme precedentemente in vigore»; la Corte cost., con sentenza 30 aprile 2009, n. 123, aveva dichiarato l'illegittimità costituzionale del terzo comma «nella parte in cui stabilisce che sono devolute alla cognizione delle sezioni specializzate le procedure di reclamo iniziate dopo l'entrata in vigore del codice, anche se riguardano misure cautelari concesse secondo le norme precedentemente in vigore».

(2) Sezione inserita dall'art. 1.1, lett. g, d.lg. 19 febbraio 2019, n. 18.

della Repubblica italiana n. 85 dell'11 aprile 1991;

z) la l. 19 ottobre 1991, n. 349; il d.lg. 4 dicembre 1992, n. 480; la l. 26 luglio 1993, n. 302;

aa) il d.p.r. 1° dicembre 1993, n. 595;

bb) il d.p.r. 18 aprile 1994, n. 360;

cc) il d.p.r. 18 aprile 1994, n. 391;

dd) la l. 21 dicembre 1984, n. 890;

ee) il decreto del Ministro dell'industria, del commercio e dell'artigianato 30 maggio 1995, n. 342, pubblicato nella *Gazzetta Ufficiale* della Repubblica italiana n. 192 del 18 agosto 1995;

ff) il d.lg. 19 marzo 1996, n. 198; il d.lg. 3 novembre 1998, n. 455; il d.lg. 8 ottobre 1999, n. 447;

gg) il d.lg. 2 febbraio 2001, n. 95;

hh) il d.lg. 12 aprile 2001, n. 164;

ii) l'art. 7 della l. 18 ottobre 2001, n. 383;

ll) il d.lg. 2 febbraio 2002, n. 26;

mm) i commi 8, 8-*bis*, 8-*ter* ed 8-*quater* dell'art. 3 della l. 15 giugno 2002, n. 112, di conversione, con modificazioni, del d.l. 15 aprile 2002, n. 63;

nn) il decreto del Ministro delle attività produttive 17 ottobre 2002, pubblicato nella *Gazzetta Ufficiale* n. 253 del 28 ottobre 2002;

oo) l'art. 17 della l. 12 dicembre 2002, n. 273;

pp) i commi 72, 73, 79, 80 e 81 dell'art. 4 della l. 24 dicembre 2003, n. 350.

XX. 2.

LEGGE 24 dicembre 2003, n. 350. — *Disposizioni per la formazione del bilancio annuale e pluriennale dello Stato (legge finanziaria 2004)* (1).

1-3. . . . . (*omissis*).

4. *Finanziamento degli investimenti*. — 1-48. . . . . (*omissis*).

49. L'importazione e l'esportazione a fini di commercializzazione ovvero la commercializzazione o la commissione di atti diretti in modo non equivoco alla commercializzazione (2) di prodotti recanti false o fallaci indicazioni di provenienza o di origine (3) costituisce reato ed è punita ai sensi dell'art. 517 del codice penale. Costituisce falsa indicazione la stampigliatura «made in Italy» su prodotti e merci non originari dall'Italia ai sensi della normativa europea sull'origine; costituisce fallace indicazione, anche qualora sia indicata l'origine e la provenienza estera dei prodotti o delle merci, l'uso di segni, figure, o quant'altro possa indurre il consumatore a ritenere che il prodotto o la merce sia di origine italiana incluso l'uso fallace o fuorviante di marchi aziendali ai sensi della disciplina sulle pratiche commerciali ingannevoli (4), fatto salvo quanto previsto dal comma 49-*bis* (5). Le fattispecie sono commesse sin dalla presentazione dei prodotti o delle merci in dogana per l'immissione in consumo o in libera pratica e sino alla vendita al dettaglio. La fallace indicazione delle merci può essere sanata sul piano amministrativo con l'asportazione a cura ed a spese del contravventore dei segni o delle figure o di quant'altro induca a ritenere che si tratti di un prodotto di origine italiana. La falsa indicazione sull'origine o sulla provenienza di prodotti o merci può essere sanata sul piano amministrativo attraverso l'esatta indicazione dell'origine o l'asportazione della stampigliatura «made in Italy» (6).

49-*bis*. Costituisce fallace indicazione l'uso del marchio, da parte del titolare o del licenziatario, con modalità tali da indurre il consumatore a ritenere che il prodotto o la merce sia di origine italiana ai sensi della normativa europea sull'origine, senza che gli stessi siano accompagnati da indicazioni precise ed evidenti sull'origine o provenienza estera o comunque sufficienti ad evitare qualsiasi fraintendimento del consumatore sull'effettiva origine del prodotto, ovvero senza essere accompagnati da attestazione, resa da parte del titolare o del

(1) Suppl. ord. G.U., 27 dicembre 2003, n. 299.

(2) Le parole «o la commissione di atti diretti in modo non equivoco alla commercializzazione» sono state inserite dall'art. 2-*ter*, d.l. 30 settembre 2005, n. 203, conv. in l. 2 dicembre 2005, n. 248.

(3) Le parole «o di origine» sono state inserite dall'art. 1.9, d.l. 14 marzo 2005, n. 35, conv. in l. 14 maggio 2005, n. 80.

(4) Le parole «incluso l'uso fallace o fuorviante di marchi aziendali ai sensi della disciplina sulle pratiche commerciali ingannevoli» sono state aggiunte dall'art. 1.941, l. 27 dicembre 2006, n. 296.

(5) Le parole «, fatto salvo quanto previsto dal comma 49-*bis*,» sono state inserite dall'art. 16.5, d.l. 25 settembre 2009, n. 135, conv. in l. 20 novembre 2009, n. 166.

(6) Sul «made in Italy» v. art. 16.1-4, d.l. 25 settembre 2009, n. 135, conv. in l. 20 novembre 2009, n. 166; art. 16, l. 11 novembre 2011, n. 180; art. 3, d.l. 24 giugno 2014, n. 91, conv. in l. 11 agosto 2014, n. 116; art. 30, d.l. 12 settembre 2014, n. 133, conv. in l. 11 novembre 2014, n. 164; art. 8, d.l. 25 novembre 2015, n. 185, conv. in l. 22 gennaio 2016, n. 9.

licenziatario del marchio, circa le informazioni che, a sua cura, verranno rese in fase di commercializzazione sulla effettiva origine estera del prodotto. Per i prodotti alimentari, per effettiva origine si intende il luogo di coltivazione o di allevamento della materia prima agricola utilizzata nella produzione e nella preparazione dei prodotti e il luogo in cui è avvenuta la trasformazione sostanziale (1). Il contravventore è punito con la sanzione amministrativa pecuniaria da euro 10.000 ad euro 250.000 (2) (3).

49-*ter.* È sempre disposta la confisca amministrativa del prodotto o della merce di cui al comma 49-*bis*, salvo che le indicazioni ivi previste siano apposte, a cura e spese del titolare o del licenziatario responsabile dell'illecito, sul prodotto o sulla confezione o sui documenti di corredo per il consumatore (2) (3).

49-*quater.* Fatto salvo quanto disposto dal comma 49-*ter* e fatte salve le sanzioni di cui all'art. 16, comma 4, del d.l. 25 settembre 2009, n. 135, convertito, con modificazioni, dalla l. 20 novembre 2009, n. 166, la fallace indicazione nell'uso del marchio, di cui al comma 49-*bis*, è punita, quando abbia per oggetto oli di oliva vergini, ai sensi dell'art. 517 del codice penale (4).

49-*quater.* Le Camere di commercio industria artigianato ed agricoltura territorialmente competenti ricevono il rapporto di cui all'art. 17 della l. 24 novembre 1981, n. 689, ai fini dell'irrogazione delle sanzioni pecuniarie amministrative di cui al precedente comma 49-*bis* (5).

50-71. . . . . (*omissis*).

72-73. . . . . (6).

74. Con decreto del Ministro delle attività produttive, di concerto con i Ministri dell'economia e delle finanze, delle politiche agricole e forestali e degli affari esteri, presso gli uffici dell'Istituto per il commercio con l'estero o presso gli uffici delle rappresentanze diplomatiche e consolari, sono istituiti uffici di consulenza e di monitoraggio per la tutela del marchio e delle indicazioni di origine, e per l'assistenza legale alle imprese nella registrazione dei marchi e brevetti e nel contrasto alla contraffazione e alla concorrenza sleale.

75. Per l'attuazione del comma 74 è autorizzata la spesa di 5 milioni di euro per ciascuno degli anni del triennio 2004-2006.

76. Presso il Ministero delle attività produttive è istituito un fondo destinato all'assistenza legale internazionale alle imprese per la tutela contro le violazioni dei diritti relativi alla proprietà industriale e intellettuale, nonché contro le pratiche commerciali sleali e i fenomeni legati agli obiettivi di cui al comma 61.

77. Le modalità di gestione del fondo di cui al comma 76 sono stabilite dal decreto di cui al comma 73.

78. Per l'attuazione dei commi 76 e 77 è autorizzata una spesa pari a 2 milioni di euro per l'anno 2004, 4 milioni di euro per l'anno 2005 e 2 milioni di euro per l'anno 2006, a valere sulle dotazioni del fondo di cui al comma 61.

79-81. . . . . (6).

82-252. . . . . (*omissis*).

(1) Periodo inserito dall'art. 43.1-*quater*, d.l. 22 giugno 2012, n. 83, conv. in l. 7 agosto 2012, n. 134.
(2) Comma inserito dall'art. 16.6, d.l. 25 settembre 2009, n. 135, conv. in l. 20 novembre 2009, n. 166.
(3) Sul «made in Italy» v. art. 16.1-4, d.l. 25 settembre 2009, n. 135, conv. in l. 20 novembre 2009, n. 166; art. 16, l. 11 novembre 2011, n. 180; art. 3, d.l. 24 giugno 2014, n. 91, conv. in l. 11 agosto 2014, n. 116; art. 30, d.l. 12 settembre 2014, n. 133, conv. in l. 11 novembre 2014, n. 164; art. 8, d.l. 25 novembre 2015, n. 185, conv. in l. 22 gennaio 2016, n. 9.
(4) Comma aggiunto dall'art. 6, l. 14 gennaio 2013, n. 9 (senza considerare che già esiste un comma 49-*quater*).
(5) Comma aggiunto dall'art. 43.1, d.l. 22 giugno 2012, n. 83, conv. in l. 7 agosto 2012, n. 134.
(6) Commi abrogati dall'art. 246.1, lett. pp, d.lg. 10 febbraio 2005, n. 30, in *Leggi coll. XX, 1*.

XXI. CONCORRENZA

XXI. 1.

LEGGE 10 ottobre 1990, n. 287. — *Norme per la tutela della concorrenza e del mercato* (1).

TITOLO I

Norme sulle intese, sull'abuso di posizione dominante e sulle operazioni di concentrazione

1. *Ambito di applicazione e rapporti con l'ordinamento comunitario*. — 1. Le disposizioni della presente legge in attuazione dell'art. 41 della Costituzione a tutela e garanzia del diritto di iniziativa economica, si applicano alle intese, agli abusi di posizione dominante e alle concentrazioni di imprese [...] (2).

2. L'Autorità garante della concorrenza e del mercato di cui all'art. 10, di seguito denominata «Autorità», applica anche parallelamente in relazione a uno stesso caso gli artt. 101 e 102 del Trattato sul funzionamento dell'Unione europea e gli artt. 2 e 3 della presente legge in materia di intese restrittive della libertà di concorrenza e di abuso di posizione dominante (3).

3. .... (4).

4. L'interpretazione delle norme contenute nel presente titolo è effettuata in base ai principi dell'ordinamento delle Comunità europee in materia di disciplina della concorrenza.

2. *Intese restrittive della libertà di concorrenza*. — 1. Sono considerati intese gli accordi e/o le pratiche concordati tra imprese nonché le deliberazioni, anche se adottate ai sensi di disposizioni statutarie o regolamentari, di consorzi, associazioni di imprese ed altri organismi similari.

2. Sono vietate le intese tra imprese che abbiano per oggetto o per effetto di impedire, restringere o falsare in maniera consistente il gioco della concorrenza all'interno del mercato nazionale o in una sua parte rilevante, anche attraverso attività consistenti nel:

a) fissare direttamente o indirettamente i prezzi d'acquisto o di vendita ovvero altre condizioni contrattuali;

b) impedire o limitare la produzione, gli sbocchi o gli accessi al mercato, gli investimenti, lo sviluppo tecnico o il progresso tecnologico;

c) ripartire i mercati o le fonti di approvvigionamento;

d) applicare, nei rapporti commerciali con altri contraenti, condizioni oggettivamente diverse per prestazioni equivalenti, così da determinare per essi ingiustificati svantaggi nella concorrenza;

e) subordinare la conclusione di contratti all'accettazione da parte degli altri contraenti di prestazioni supplementari che, per loro natura o secondo gli usi commerciali, non abbiano alcun rapporto con l'oggetto dei contratti stessi.

3. Le intese vietate sono nulle ad ogni effetto (5).

3. *Abuso di posizione dominante*. — 1. È vietato l'abuso da parte di una o più imprese di una posizione dominante all'interno del mer-

(1) G.U., 13 ottobre 1990, n. 240. V. art. 43 ss., d.lg. 31 luglio 2005, n. 177, testo unico della radiotelevisione, come modificato dal d.lg. 15 marzo 2010, n. 44; sulle attribuzioni dell'Autorità in materia di pubblicità ingannevole e comparativa v. art. 26, d.lg. 6 settembre 2005, n. 206, in *Leggi coll. XI, 6*.

(2) Le parole «che non ricadono nell'ambito di applicazione degli artt. 65 e/o 66 del Trattato istitutivo della Comunità europea del carbone e dell'acciaio, degli artt. 85 e/o 86 del Trattato istitutivo della Comunità economica europea (CEE), dei regolamenti della CEE o di atti comunitari con efficacia normativa equiparata» sono state soppresse dall'art. 17[1, lett. *a*)], d.lg. 19 gennaio 2017, n. 3.

(3) Comma così sostituito dall'art. 17[1, lett. *b*)], d.lg. 19 gennaio 2017, n. 3.

(4) Comma abrogato dall'art. 17[1, lett. *c*)], d.lg. 19 gennaio 2017, n. 3.

(5) L'art. 8.3, d.l. 4 luglio 2006, n. 223, conv. in l. 4 agosto 2006, n. 248, così dispone: «(...) costituiscono intesa restrittiva ai sensi dell'art. 2 della l. 10 ottobre 1990, n. 287, l'imposizione di un mandato di distribuzione esclusiva o del rispetto di prezzi minimi o di sconti massimi al consumatore finale nell'adempimento dei contratti che regolano il rapporto di assicurazione relativamente all'assicurazione obbligatoria per responsabilità civile auto».

cato nazionale o in una sua parte rilevante, ed inoltre è vietato:

a) imporre direttamente o indirettamente prezzi di acquisto, di vendita o altre condizioni contrattuali ingiustificatamente gravose;

b) impedire o limitare la produzione, gli sbocchi o gli accessi al mercato, lo sviluppo tecnico o il progresso tecnologico, a danno dei consumatori;

c) applicare nei rapporti commerciali con altri contraenti condizioni oggettivamente diverse per prestazioni equivalenti, così da determinare per essi ingiustificati svantaggi nella concorrenza;

d) subordinare la conclusione dei contratti all'accettazione da parte degli altri contraenti di prestazioni supplementari che, per loro natura e secondo gli usi commerciali, non abbiano alcuna connessione con l'oggetto dei contratti stessi.

4. *Deroghe al divieto di intese restrittive della libertà di concorrenza.* — 1. L'Autorità può autorizzare, con proprio provvedimento, per un periodo limitato, intese o categorie di intese vietate ai sensi dell'art. 2, che diano luogo a miglioramenti nelle condizioni di offerta sul mercato i quali abbiano effetti tali da comportare un sostanziale beneficio per i consumatori e che siano individuati anche tenendo conto della necessità di assicurare alle imprese la necessaria concorrenzialità sul piano internazionale e connessi in particolare con l'aumento della produzione, o con il miglioramento qualitativo della produzione stessa o della distribuzione ovvero con il progresso tecnico o tecnologico. L'autorizzazione non può comunque consentire restrizioni non strettamente necessarie al raggiungimento delle finalità di cui al presente comma né può consentire che risulti eliminata la concorrenza da una parte sostanziale del mercato.

2. L'Autorità può revocare il provvedimento di autorizzazione in deroga di cui al comma 1, previa diffida, qualora l'interessato abusi dell'autorizzazione ovvero quando venga meno alcuno dei presupposti per l'autorizzazione.

3. La richiesta di autorizzazione è presentata all'Autorità, che si avvale dei poteri di istruttoria di cui all'art. 14 e provvede entro centoventi giorni dalla presentazione della richiesta stessa.

5. *Operazioni di concentrazione.* — 1. L'operazione di concentrazione si realizza:

a) quando due o più imprese procedono a fusione;

b) quando uno o più soggetti in posizione di controllo di almeno un'impresa ovvero una o più imprese acquisiscono direttamente od indirettamente, sia mediante acquisto di azioni o di elementi del patrimonio, sia mediante contratto o qualsiasi altro mezzo, il controllo dell'insieme o di parti di una o più imprese;

c) quando due o più imprese procedono, attraverso la costituzione di una nuova società, alla costituzione di un'impresa comune.

2. L'assunzione del controllo di un'impresa non si verifica nel caso in cui una banca o un istituto finanziario acquisti, all'atto della costituzione di un'impresa o dell'aumento del suo capitale, partecipazioni in tale impresa al fine di rivenderle sul mercato, a condizione che durante il periodo di possesso di dette partecipazioni, comunque non superiore a ventiquattro mesi, non eserciti i diritti di voto inerenti alle partecipazioni stesse.

3. Le operazioni aventi quale oggetto o effetto principale il coordinamento del comportamento di imprese indipendenti non danno luogo ad una concentrazione.

6. *Divieto delle operazioni di concentrazione restrittive della libertà di concorrenza.* — 1. Nei riguardi delle operazioni di concentrazione soggette a comunicazione ai sensi dell'art. 16, l'Autorità valuta se comportino la costituzione o il rafforzamento di una posizione dominante sul mercato nazionale in modo da eliminare o ridurre in modo sostanziale e durevole la concorrenza. Tale situazione deve essere valutata tenendo conto delle possibilità di scelta dei fornitori e degli utilizzatori, della posizione sul mercato delle imprese interessate, del loro accesso alle fonti di approvvigionamento o agli sbocchi di mercato, della struttura dei mercati, della situazione competitiva dell'industria nazionale, delle barriere all'entrata sul mercato di imprese concorrenti, nonché dell'andamento della domanda e dell'offerta dei prodotti o servizi in questione.

2. L'Autorità, al termine dell'istruttoria di cui all'art. 16, comma 4, quando accerti che l'operazione comporta le conseguenze di cui al comma 1, vieta la concentrazione ovvero l'autorizza prescrivendo le misure necessarie ad impedire tali conseguenze (1).

(1) In base ai commi 12 e 13 dell'art. 19, l. 28 dicembre 2005, n. 262: «12. Per le operazioni di acquisizione di cui all'art. 19 del testo unico di cui al d.lg. 1° settembre 1993, n. 385, e per le operazioni di concentrazione ai sensi dell'art. 6 della l. 10 ottobre 1990, n. 287, che riguardano banche sono necessarie sia l'autorizzazione della Banca d'Italia, ai sensi del citato art. 19 del testo unico di cui al d.lg. 1° settembre 1993, n. 385, per le valutazioni di sana e prudente gestione, sia l'autorizzazione dell'Autorità garante della concorrenza e del mercato di cui all'art. 10

7. *Controllo*. — 1. Ai fini del presente titolo si ha controllo nei casi contemplati dall'art. 2359 del codice civile ed inoltre in presenza di diritti, contratti o altri rapporti giuridici che conferiscono, da soli o congiuntamente, e tenuto conto delle circostanze di fatto e di diritto, la possibilità di esercitare un'influenza determinante sulle attività di un'impresa, anche attraverso:

a) diritti di proprietà o di godimento sulla totalità o su parti del patrimonio di un'impresa;

b) diritti, contratti o altri rapporti giuridici che conferiscono un'influenza determinante sulla composizione, sulle deliberazioni o sulle decisioni degli organi di un'impresa.

2. Il controllo è acquisito dalla persona o dalla impresa o dal gruppo di persone o di imprese:

a) che siano titolari dei diritti o beneficiari dei contratti o soggetti degli altri rapporti giuridici suddetti;

b) che, pur non essendo titolari di tali diritti o beneficiari di tali contratti o soggetti di tali rapporti giuridici, abbiano il potere di esercitare i diritti che ne derivano.

8. *Imprese pubbliche e in monopolio legale*. — 1. Le disposizioni contenute nei precedenti articoli si applicano sia alle imprese private che a quelle pubbliche o a prevalente partecipazione statale.

2. Le disposizioni di cui ai precedenti articoli non si applicano alle imprese che, per disposizioni di legge, esercitano la gestione di servizi di interesse economico generale ovvero operano in regime di monopolio sul mercato, per tutto quanto strettamente connesso all'adempimento degli specifici compiti loro affidati.

2-*bis*. Le imprese di cui al comma 2 qualora intendano svolgere attività in mercati diversi da quelli in cui agiscono ai sensi del medesimo comma 2, operano mediante società separate (1).

2-*ter*. La costituzione di società e l'acquisizione di posizioni di controllo in società operanti nei mercati diversi di cui al comma 2-*bis* sono soggette a preventiva comunicazione all'Autorità (1).

2-*quater*. Al fine di garantire pari opportunità di iniziativa economica, qualora le imprese di cui al comma 2 rendano disponibili a società da esse partecipate o controllate nei mercati diversi di cui al comma 2-*bis* beni o servizi, anche informativi, di cui abbiano la disponibilità esclusiva in dipendenza delle attività svolte ai sensi del medesimo comma 2, esse sono tenute a rendere accessibili tali beni o servizi, a condizioni equivalenti, alle altre imprese direttamente concorrenti (1).

2-*quinquies*. Nei casi di cui ai commi 2-*bis*, 2-*ter* e 2-*quater*, l'Autorità esercita i poteri di cui all'art. 14. Nei casi di accertata infrazione agli artt. 2 e 3, le imprese sono soggette alle disposizioni e alle sanzioni di cui all'art. 15 (1).

2-*sexies*. In caso di violazione degli obblighi di comunicazione di cui al comma 2-*ter*, l'Autorità applica la sanzione amministrativa pecuniaria fino a lire 100 milioni [euro 51.645] (1).

9. *Autoproduzione*. — 1. La riserva per legge allo Stato ovvero a un ente pubblico del monopolio su un mercato, nonché la riserva per legge ad un'impresa incaricata della gestione di attività di prestazione al pubblico di beni o di servizi contro corrispettivo, non comporta per i terzi il divieto di produzione di tali beni o servizi per uso proprio, della società controllante e delle società controllate.

2. L'autoproduzione non è consentita nei casi in cui in base alle disposizioni che prevedono la riserva risulti che la stessa è stabilita per motivi di ordine pubblico, sicurezza pubblica e difesa nazionale, nonché, salvo concessione, per quanto concerne il settore delle telecomunicazioni.

TITOLO II

Istituzione e compiti dell'Autorità garante della concorrenza e del mercato

CAPO I

ISTITUZIONE DELL'AUTORITÀ

10. *Autorità garante della concorrenza e del mercato*. — 1. È istituita l'Autorità garante della concorrenza e del mercato, denominata ai fini della presente legge Autorità, con sede in Roma.

2. L'Autorità opera in piena autonomia e con indipendenza di giudizio e di valutazione ed è organo collegiale costituito dal presidente e da quattro membri, nominati con determina-

della citata l. n. 287 del 1990, ai sensi dell'art. 6, comma 2, della medesima legge, ovvero il nulla osta della stessa a seguito delle valutazioni relative all'assetto concorrenziale del mercato. || 13. I provvedimenti delle Autorità di cui al comma 12 sono emanati con un unico atto, entro sessanta giorni dalla presentazione dell'istanza completa della documentazione occorrente. L'atto deve contenere le specifiche motivazioni relative alle finalità attribuite alle due Autorità».

(1) Comma aggiunto dall'art. 11.3, l. 5 marzo 2001, n. 57.

zione adottata d'intesa dai Presidenti della Camera dei deputati e del Senato della Repubblica. Il presidente è scelto tra persone di notoria indipendenza che abbiano ricoperto incarichi istituzionali di grande responsabilità e rilievo. I quattro membri sono scelti tra persone di notoria indipendenza da individuarsi tra magistrati del Consiglio di Stato, della Corte dei conti o della Corte di cassazione, professori universitari ordinari di materie economiche o giuridiche, e personalità provenienti da settori economici dotate di alta e riconosciuta professionalità.

3. I membri dell'Autorità sono nominati per sette anni e non possono essere confermati. Essi non possono esercitare, a pena di decadenza, alcuna attività professionale o di consulenza, né possono essere amministratori o dipendenti di enti pubblici o privati, né ricoprire altri uffici pubblici di qualsiasi natura. I dipendenti statali sono collocati fuori ruolo per l'intera durata del mandato.

4. L'Autorità ha diritto di corrispondere con tutte le pubbliche amministrazioni e con gli enti di diritto pubblico, e di chiedere ad essi, oltre a notizie ed informazioni, la collaborazione per l'adempimento delle sue funzioni. L'Autorità, in quanto autorità nazionale competente per la tutela della concorrenza e del mercato, intrattiene con gli organi delle Comunità europee i rapporti previsti dalla normativa comunitaria in materia.

5. Entro novanta giorni dalla data di entrata in vigore della presente legge, con decreto del presidente della Repubblica, su proposta del Ministro dell'industria, del commercio e dell'artigianato, sentito il Ministro del tesoro, previa deliberazione del Consiglio dei Ministri, sono stabilite procedure istruttorie che garantiscono agli interessati la piena conoscenza degli atti istruttori, il contraddittorio e la verbalizzazione (1).

6. L'Autorità delibera le norme concernenti la propria organizzazione e il proprio funzionamento, quelle concernenti il trattamento giuridico ed economico del personale e l'ordinamento delle carriere, nonché quelle dirette a disciplinare la gestione delle spese nei limiti previsti dalla presente legge, anche in deroga alle disposizioni sulla contabilità generale dello Stato.

7. L'Autorità provvede all'autonoma gestione delle spese per il proprio funzionamento nei limiti del contributo di cui al comma 7-*ter* (2). La gestione finanziaria si svolge in base al bilancio di previsione approvato dall'Autorità entro il 31 dicembre dell'anno precedente a quello cui il bilancio si riferisce. Il contenuto e la struttura del bilancio di previsione, il quale deve comunque contenere le spese indicate entro i limiti delle entrate previste, sono stabiliti dal regolamento di cui al comma 6, che disciplina anche le modalità per le eventuali variazioni. Il rendiconto della gestione finanziaria, approvato entro il 30 aprile dell'anno successivo, è soggetto al controllo della Corte dei conti. Il bilancio preventivo e il rendiconto della gestione finanziaria sono pubblicati nella *Gazzetta Ufficiale* della Repubblica italiana.

[7-*bis*. L'Autorità, ai fini della copertura dei costi relativi al controllo delle operazioni di concentrazione, determina annualmente le contribuzioni dovute dalle imprese tenute all'obbligo di comunicazione ai sensi dell'art. 16, comma 1. A tal fine, l'Autorità adotta criteri di parametrazione dei contributi commisurati ai costi complessivi relativi all'attività di controllo delle concentrazioni, tenuto conto della rilevanza economica dell'operazione sulla base del valore della transazione interessata e comunque in misura non superiore all'1,2 per cento del valore stesso, stabilendo soglie minime e massime della contribuzione] (3) (4).

7-*ter*. All'onere derivante dal funzionamento dell'Autorità garante della concorrenza e del mercato si provvede mediante un contributo di importo pari allo 0,08 per mille del fatturato risultante dall'ultimo bilancio approvato dalle società di capitale, con ricavi totali superiori a 50 milioni di euro, fermi restando i criteri stabiliti dal comma 2 dell'art. 16 della presente legge. La soglia massima di contribuzione a carico di ciascuna impresa non può essere superiore a cento volte la misura minima (5).

7-*quater*. Ferme restando, per l'anno 2012, tutte le attuali forme di finanziamento, ivi com-

(1) V. d.p.r. 30 aprile 1998, n. 217, in G.U., 9 luglio 1998, n. 158.

(2) A far data dal 1° gennaio 2013, le parole «nei limiti del contributo di cui al comma 7-*ter*» saranno così sostituite alle precedenti «nei limiti del fondo stanziato a tale scopo nel bilancio dello Stato e iscritto, con unico capitolo, nello stato di previsione della spesa del Ministero dell'industria, del commercio e dell'artigianato» dall'art. 5-*bis*.2, lett. a, d.l. 24 gennaio 2012, n. 1, conv. in l. 24 marzo 2012, n. 27.

(3) V. provvedimento AGCM 27 dicembre 2007, in G.U., 2 gennaio 2008, n. 1.

(4) Comma inserito dall'art. 1.69, l. 23 dicembre 2005, n. 266. Successivamente, a far data dal 1° gennaio 2013, il comma sarà abrogato dall'art. 5-*bis*.2, lett. b, d.l. 24 gennaio 2012, n. 1, conv. in l. 24 marzo 2012, n. 27.

(5) Comma inserito dall'art. 5-*bis*.1, d.l. 24 gennaio 2012, n. 1, conv. in l. 24 marzo 2012, n. 27.

presa l'applicazione dell'art. 2, comma 241, della l. 23 dicembre 2009, n. 191, in sede di prima applicazione, per l'anno 2013, il contributo di cui al comma 7-*ter* è versato direttamente all'Autorità con le modalità determinate dall'Autorità medesima con propria deliberazione, entro il 30 ottobre 2012. Per gli anni successivi, a decorrere dall'anno 2014, il contributo è versato, entro il 31 luglio di ogni anno, direttamente all'Autorità con le modalità determinate dall'Autorità medesima con propria deliberazione. Eventuali variazioni della misura e delle modalità di contribuzione possono essere adottate dall'Autorità medesima con propria deliberazione, nel limite massimo dello 0,5 per mille del fatturato risultante dal bilancio approvato precedentemente all'adozione della delibera, ferma restando la soglia massima di contribuzione di cui al comma 7-*ter* (1).

8. Con decreto del Presidente del Consiglio dei Ministri, su proposta del Ministro dell'industria, del commercio e dell'artigianato, d'intesa con il Ministro del tesoro, sono determinate le indennità spettanti al presidente e ai membri dell'Autorità.

11. *Personale della Autorità*. — 1. Con decreto del Presidente del Consiglio dei Ministri è istituito un apposito ruolo del personale dipendente dell'Autorità. Il numero dei posti previsti dalla pianta organica non può eccedere le centocinquanta unità (2). L'assunzione del personale avviene per pubblico concorso ad eccezione delle categorie per le quali sono previste assunzioni in base all'art. 16 della l. 28 febbraio 1987, n. 56.

2. Il trattamento giuridico ed economico del personale e l'ordinamento delle carriere sono stabiliti in base ai criteri fissati dal contratto collettivo di lavoro in vigore per la Banca d'Italia, tenuto conto delle specifiche esigenze funzionali ed organizzative dell'Autorità.

3. Al personale in servizio presso l'Autorità è in ogni caso fatto divieto di assumere altro impiego o incarico o esercitare attività professionali, commerciali e industriali.

4. L'Autorità può assumere direttamente dipendenti con contratto a tempo determinato, disciplinato dalle norme di diritto privato, in numero di cinquantaquattro (3) unità. L'Autorità può inoltre avvalersi, quando necessario, di esperti da consultare su specifici temi e problemi.

5. Al funzionamento dei servizi e degli uffici dell'Autorità sovraintende il segretario generale, che ne risponde al presidente, e che è nominato dal Ministro dell'industria, del commercio e dell'artigianato, su proposta del presidente dell'Autorità.

CAPO II

Poteri dell'Autorità in materia di intese restrittive della libertà di concorrenza e di abuso di posizione dominante

12. *Poteri di indagine*. — 1. L'Autorità, valutati gli elementi comunque in suo possesso e quelli portati a sua conoscenza da pubbliche amministrazioni o da chiunque vi abbia interesse, ivi comprese le associazioni rappresentative dei consumatori, procede ad istruttoria per verificare l'esistenza di infrazioni ai divieti stabiliti negli artt. 2 e 3.

2. L'Autorità può, inoltre, procedere, d'ufficio o su richiesta del Ministro dell'industria, del commercio e dell'artigianato o del Ministro delle partecipazioni statali, ad indagini conoscitive di natura generale nei settori economici nei quali l'evoluzione degli scambi, il comportamento dei prezzi, o altre circostanze facciano presumere che la concorrenza sia impedita, ristretta o falsata.

13. *Comunicazione delle intese*. — 1. Le imprese possono comunicare all'Autorità le intese intercorse. Se l'Autorità non avvia l'istruttoria di cui all'art. 14 entro centoventi giorni dalla comunicazione non può più procedere a detta istruttoria, fatto salvo il caso di comunicazioni incomplete o non veritiere.

14. *Istruttoria*. — 1. L'Autorità, nei casi di presunta infrazione agli artt. 2 o 3, notifica l'apertura dell'istruttoria alle imprese e agli enti interessati. I titolari o legali rappresentanti delle imprese ed enti hanno diritto di essere sentiti, personalmente o a mezzo di procuratore speciale, nel termine fissato contestualmente alla notifica ed hanno facoltà di presentare deduzioni e pareri in ogni stadio dell'istruttoria, nonché di essere nuovamente sentiti prima della chiusura di questa.

2. L'Autorità può in ogni momento dell'istruttoria richiedere alle imprese, enti o persone che ne siano in possesso, di fornire informa-

(1) Comma inserito dall'art. 5-*bis*.1, d.l. 24 gennaio 2012, n. 1, conv. in l. 24 marzo 2012, n. 27.

(2) Sull'incremento dei posti per l'esercizio delle attribuzioni in materia di pubblicità ingannevole e comparativa v. art. 5.2, d.lg. 25 febbraio 2000, n. 67.

(3) Il precedente numero di «cinquanta» è stato così aumentato dall'art. 5, d.l. 6 marzo 2006, n. 68, conv. in l. 24 marzo 2006, n. 127.

zioni e di esibire documenti utili ai fini dell'istruttoria; disporre ispezioni al fine di controllare i documenti aziendali e di prenderne copia, anche avvalendosi della collaborazione di altri organi dello Stato; disporre perizie e analisi economiche e statistiche nonché la consultazione di esperti in ordine a qualsiasi elemento rilevante ai fini dell'istruttoria.

3. Tutte le notizie, le informazioni o i dati riguardanti le imprese oggetto di istruttoria da parte dell'Autorità sono tutelati dal segreto d'ufficio anche nei riguardi delle pubbliche amministrazioni.

4. I funzionari dell'Autorità nell'esercizio delle loro funzioni sono pubblici ufficiali. Essi sono vincolati dal segreto d'ufficio.

5. Con provvedimento dell'Autorità, i soggetti richiesti di fornire gli elementi di cui al comma 2 sono sottoposti alla sanzione amministrativa pecuniaria fino a cinquanta milioni di lire [euro 25.822] se rifiutano od omettono, senza giustificato motivo, di fornire le informazioni o di esibire i documenti ovvero alla sanzione amministrativa pecuniaria fino a cento milioni di lire [euro 51.645] se forniscono informazioni od esibiscono documenti non veritieri. Sono salve le diverse sanzioni previste dall'ordinamento vigente.

14-*bis*. *Misure cautelari*. — 1. Nei casi di urgenza dovuta al rischio di un danno grave e irreparabile per la concorrenza, l'Autorità può, d'ufficio, ove constati ad un sommario esame la sussistenza di un'infrazione, deliberare l'adozione di misure cautelari.

2. Le decisioni adottate ai sensi del comma 1 non possono essere in ogni caso rinnovate o prorogate.

3. L'Autorità, quando le imprese non adempiano a una decisione che dispone misure cautelari, può infliggere sanzioni amministrative pecuniarie fino al 3 per cento del fatturato (1).

14-*ter*. *Impegni*. — 1. Entro tre mesi dalla notifica dell'apertura di un'istruttoria per l'accertamento della violazione degli artt. 2 o 3 della presente legge o degli artt. 81 o 82 del Trattato CE, le imprese possono presentare impegni tali da far venire meno i profili anticoncorrenziali oggetto dell'istruttoria. L'Autorità, valutata l'idoneità di tali impegni, può, nei limiti previsti dall'ordinamento comunitario, renderli obbligatori per le imprese e chiudere il procedimento senza accertare l'infrazione.

2. L'Autorità in caso di mancato rispetto degli impegni resi obbligatori ai sensi del comma 1 può irrogare una sanzione amministrativa pecuniaria fino al 10 per cento del fatturato.

3. L'Autorità può d'ufficio riaprire il procedimento se:

a) si modifica la situazione di fatto rispetto ad un elemento su cui si fonda la decisione;

b) le imprese interessate contravvengono agli impegni assunti;

c) la decisione si fonda su informazioni trasmesse dalle parti che sono incomplete inesatte o fuorvianti (1).

15. *Diffide e sanzioni*. — 1. Se a seguito dell'istruttoria di cui all'art. 14 l'Autorità ravvisa infrazioni agli artt. 2 o 3, fissa alle imprese e agli enti interessati il termine per l'eliminazione delle infrazioni stesse. Nei casi di infrazioni gravi, tenuto conto della gravità e della durata dell'infrazione, dispone inoltre l'applicazione di una sanzione amministrativa pecuniaria fino al dieci per cento (2) del fatturato realizzato in ciascuna impresa o ente nell'ultimo esercizio chiuso anteriormente alla notificazione della diffida (3), determinando i termini entro i quali l'impresa deve procedere al pagamento della sanzione.

2. In caso di inottemperanza alla diffida di cui al comma 1, l'Autorità applica la sanzione amministrativa pecuniaria fino al dieci per cento del fatturato ovvero, nei casi in cui sia stata applicata la sanzione di cui al comma 1, di importo minimo non inferiore al doppio della sanzione già applicata con un limite massimo del dieci per cento del fatturato come individuato al comma 1, determinando altresì il termine entro il quale il pagamento della sanzione deve essere effettuato. Nei casi di reiterata inottemperanza l'Autorità può disporre la sospensione dell'attività d'impresa fino a trenta giorni.

2-*bis*. L'Autorità, in conformità all'ordinamento comunitario, definisce con proprio provvedimento generale i casi in cui, in virtù della qualificata collaborazione prestata dalle imprese nell'accertamento di infrazioni alle regole di concorrenza, la sanzione amministrativa pecuniaria può essere non applicata ovvero ridotta nelle fattispecie previste dal diritto comunitario (4).

(1) Articolo inserito dall'art. 14.1, d.l. 4 luglio 2006, n. 223, conv. in l. 4 agosto 2006, n. 248.
(2) Parole così sostituite dall'art. 11.4, l. 5 marzo 2001, n. 57.
(3) Le parole «relativamente ai prodotti oggetto dell'intesa o dell'abuso di posizione dominante» soppresse dall'art. 11.4, l. 5 marzo 2001, n. 57.
(4) Comma aggiunto dall'art. 14.2, d.l. 4 luglio 2006, n. 223, conv. in l. 4 agosto 2006, n. 248.

CAPO III

Poteri dell'Autorità in materia di divieto delle operazioni di concentrazione

16. *Comunicazione delle concentrazioni.* — 1. Le operazioni di concentrazione di cui all'art. 5 devono essere preventivamente comunicate all'Autorità qualora il fatturato totale realizzato a livello nazionale dall'insieme delle imprese interessate sia superiore a quattrocentonovantadue milioni di euro e qualora il fatturato totale realizzato individualmente a livello nazionale da almeno due delle imprese interessate sia superiore a trenta milioni di euro. Tali valori sono incrementati ogni anno di un ammontare equivalente all'aumento dell'indice del deflatore dei prezzi del prodotto interno lordo (1) (2).

2. Per gli istituti bancari e finanziari il fatturato è considerato pari al valore di un decimo del totale dell'attivo dello stato patrimoniale, esclusi i conti d'ordine, e per le compagnie di assicurazione pari al valore dei premi incassati.

3. Entro cinque giorni dalla comunicazione di una operazione di concentrazione l'Autorità ne dà notizia al Presidente del Consiglio dei Ministri ed al Ministro dell'industria, del commercio e dell'artigianato.

4. Se l'Autorità ritiene che un'operazione di concentrazione sia suscettibile di essere vietata ai sensi dell'art. 6, avvia entro trenta giorni dal ricevimento della notifica, o dal momento in cui ne abbia comunque avuto conoscenza, l'istruttoria attenendosi alle norme dell'art. 14. L'Autorità, a fronte di un'operazione di concentrazione ritualmente comunicata, qualora non ritenga necessario avviare l'istruttoria deve dare comunicazione alle imprese interessate ed al Ministro dell'industria, del commercio e dell'artigianato delle proprie conclusioni nel merito, entro trenta giorni dal ricevimento della notifica.

5. L'offerta pubblica di acquisto che possa dar luogo ad operazione di concentrazione soggetta alla comunicazione di cui al comma 1 deve essere comunicata all'Autorità contestualmente alla sua comunicazione alla Commissione nazionale per le società e la borsa.

6. Nel caso di offerta pubblica di acquisto comunicata all'Autorità ai sensi del comma 5, l'Autorità deve notificare l'avvio dell'istruttoria entro quindici giorni dal ricevimento della comunicazione e contestualmente darne comunicazione alla Commissione nazionale per le società e la borsa.

7. L'Autorità può avviare l'istruttoria dopo la scadenza dei termini di cui al presente articolo, nel caso in cui le informazioni fornite dalle imprese con la comunicazione risultino gravemente inesatte, incomplete o non veritiere.

8. L'Autorità, entro il termine perentorio di quarantacinque giorni dall'inizio dell'istruttoria di cui al presente articolo, deve dare comunicazione alle imprese interessate ed al Ministro dell'industria, del commercio e dell'artigianato, delle proprie conclusioni nel merito. Tale termine può essere prorogato nel corso dell'istruttoria per un periodo non superiore a trenta giorni, qualora le imprese non forniscano informazioni e dati a loro richiesti che siano nella loro disponibilità (3).

17. *Sospensione temporanea dell'operazione di concentrazione.* — 1. L'Autorità, nel far luogo all'istruttoria di cui all'art. 16, può ordinare alle imprese interessate di sospendere la realizzazione della concentrazione fino alla conclusione dell'istruttoria.

2. La disposizione del comma 1 non impedisce la realizzazione di un'offerta pubblica di acquisto che sia stata comunicata all'Autorità ai sensi dell'art. 16, comma 5, sempre che l'acquirente non eserciti i diritti di voto inerenti ai titoli in questione.

(1) Comma così sostituito dall'art. 1, comma 177, l. 4 agosto 2017, n. 124.

(2) L'Autorità Garante della Concorrenza e del Mercato, con provvedimento n. 27591, deliberato nell'adunanza del 20 marzo 2019 (*Bollettino* n. 12 del 25 marzo 2019), ha elevato l'ammontare di fatturato rispettivamente a quattrocentonovantotto milioni di euro e a trenta milioni di euro.

(3) L'art. 13, d.l. 14 gennaio 1994, n. 26, conv. in l. 1° marzo 1994, n. 153, in tema di cinema, così dispone: «Art. 55-*bis*. *Norme sulle operazioni di concentrazione*. — 1. In materia di tutela della concorrenza si applicano, in quanto compatibili, le disposizioni di cui alla l. 10 ottobre 1990, n. 287. Le operazioni di concentrazione di cui all'art. 16 della medesima legge debbono essere preventivamente comunicate all'autorità garante della concorrenza e del mercato di cui all'art. 10 della legge stessa qualora attraverso la concentrazione si venga a detenere o controllare direttamente o indirettamente, anche in una sola delle dodici città capozona della distribuzione cinematografica (Roma, Milano, Torino, Genova, Padova, Bologna, Firenze, Napoli, Bari, Catania, Cagliari e Ancona), una quota di mercato superiore al 25 per cento del fatturato della distribuzione cinematografica e, contemporaneamente, del numero delle sale cinematografiche ivi in attività. || 2. L'autorità destinataria delle comunicazioni ai sensi del comma 1 opera nei modi e nei termini di cui all'art. 16 della l. 10 ottobre 1993, n. 287, valutando, nell'esercizio del proprio potere discrezionale, i casi nei quali l'operazione comunicatale sia da vietare in quanto suscettibile di eliminare o ridurre in modo sostanziale e durevole la concorrenza nel settore».

18. *Conclusione dell'istruttoria sulle concentrazioni*. — 1. L'Autorità, se in esito all'istruttoria di cui all'art. 16 accerta che una concentrazione rientra tra quelle contemplate dall'art. 6, ne vieta l'esecuzione.

2. L'Autorità, ove nel corso dell'istruttoria non emergano elementi tali da consentire un intervento nei confronti di un'operazione di concentrazione, provvede a chiudere l'istruttoria, e deve dare immediata comunicazione alle imprese interessate ed al Ministro dell'industria, del commercio e dell'artigianato delle proprie conclusioni in merito. Tale provvedimento può essere adottato a richiesta delle imprese interessate che comprovino di avere eliminato dall'originario progetto di concentrazione gli elementi eventualmente distorsivi della concorrenza.

3. L'Autorità, se l'operazione di concentrazione è già stata realizzata, può prescrivere le misure necessarie a ripristinare condizioni di concorrenza effettiva, eliminando gli effetti distorsivi.

19. *Sanzioni amministrative pecuniarie per inottemperanza al divieto di concentrazione o all'obbligo di notifica*. — 1. Qualora le imprese realizzino un'operazione di concentrazione in violazione del divieto di cui all'art. 18, comma 1, o non ottemperino alle prescrizioni di cui al comma 3 del medesimo articolo, l'Autorità infligge sanzioni amministrative pecuniarie non inferiori all'uno per cento e non superiori al dieci per cento del fatturato delle attività di impresa oggetto della concentrazione.

2. Nel caso di imprese che non abbiano ottemperato agli obblighi di comunicazione preventiva di cui al comma 1 dell'art. 16, l'Autorità può infliggere alle imprese stesse sanzioni amministrative pecuniarie fino all'uno per cento del fatturato dell'anno precedente a quello in cui è effettuata la contestazione in aggiunta alle sanzioni eventualmente applicabili in base a quanto previsto dal comma 1, a seguito delle conclusioni dell'istruttoria prevista dal presente capo III, il cui inizio decorre dalla data di notifica della sanzione di cui al presente comma.

CAPO IV

Disposizioni speciali

20. *Aziende ed istituti di credito, imprese assicurative e dei settori della radiodiffusione e dell'editoria*. — 1. .... (1).

2-3. .... (2).

04. Nel caso in cui l'intesa, l'abuso di posizione dominante o la concentrazione riguardino imprese operanti in settori sottoposti alla vigilanza di più autorità, ciascuna di esse può adottare i provvedimenti di propria competenza (3).

4. Nel caso di operazioni che coinvolgano imprese assicurative, i provvedimenti dell'Autorità di cui all'art. 10 sono adottati sentito il parere dell'Istituto per la vigilanza sulle assicurazioni private e d'interesse collettivo (ISVAP), che si pronuncia entro trenta giorni dal ricevimento della documentazione posta a fondamento del provvedimento. Decorso inutilmente tale termine l'Autorità di cui all'art. 10 può adottare il provvedimento di sua competenza. Il decorso del termine del procedimento per il quale il parere viene richiesto è sospeso fino al ricevimento, da parte dell'Autorità garante della concorrenza e del mercato, del parere dell'ISVAP o comunque fino allo spirare del termine previsto per la pronuncia di tale parere (4).

5. Per le operazioni di acquisizione del controllo di banche che costituiscono concentrazione soggetta a comunicazione preventiva ai sensi dell'art. 16, i provvedimenti della Banca d'Italia, previsti dall'art. 19 del testo unico di cui al d.lg. 1° settembre 1993, n. 385 (5), per le valutazioni di sana e prudente gestione, e dell'Autorità di cui all'art. 10, ai sensi dell'art. 6, per le valutazioni relative all'assetto concorrenziale del mercato, sono adottati entro sessanta giorni lavorativi (6) dalla presentazione dell'istanza completa della documentazione occorrente (7).

5-*bis*. L'Autorità garante della concorrenza e del mercato, su richiesta della Banca d'Italia, può autorizzare:

(1) Comma abrogato dall'art. 1.6, lett. c, n. 9, l. 31 luglio 1997, n. 249.
(2) Commi abrogati dall'art. 19, comma 11, l. 28 dicembre 2005, n. 262.
(3) Comma inserito dall'art. 2.1, lett. a, d.lg. 29 dicembre 2006, n. 303.
(4) L'ultimo periodo è stato aggiunto dall'art. 2.1, lett. b, d.lg. 29 dicembre 2006, n. 303.
(5) In *Leggi coll. XVII, 1*.
(6) Le parole «sessanta giorni lavorativi» sono state così sostituite alle precedenti «sessanta giorni» dall'art. 3, d.lg. 27 gennaio 2010, n. 21, come corretto con *Comunicato*, in G.U., 25 febbraio 2010, n. 46.
(7) Comma così sostituito dall'art. 2.1, lett. c, d.lg. 29 dicembre 2006, n. 303.

a) un'intesa, in deroga al divieto dell'art. 2, per esigenze di funzionalità del sistema dei pagamenti, per un tempo limitato e tenendo conto dei criteri di cui all'art. 4, comma 1;

b) un'operazione di concentrazione riguardante banche o gruppi bancari che determini o rafforzi una posizione dominante, per esigenze di stabilità di uno o più dei soggetti coinvolti (1).

5-*ter*. Le autorizzazioni previste dal comma 5-*bis* non possono comunque consentire restrizioni della concorrenza non strettamente necessarie al perseguimento della finalità indicate (1).

6. . . . . (2).

7-8. . . . . (3).

9. Le disposizioni della presente legge in materia di concentrazione non costituiscono deroga alle norme vigenti nei settori bancario, assicurativo, della radiodiffusione e dell'editoria.

TITOLO III

Poteri conoscitivi e consultivi dell'Autorità

21. *Potere di segnalazione al Parlamento ed al Governo*. — 1. Allo scopo di contribuire ad una più completa tutela della concorrenza e del mercato, l'Autorità individua i casi di particolare rilevanza nei quali norme di legge o di regolamento o provvedimenti amministrativi di carattere generale determinano distorsioni della concorrenza o del corretto funzionamento del mercato che non siano giustificate da esigenze di interesse generale.

2. L'Autorità segnala le situazioni distorsive derivanti da provvedimenti legislativi al Parlamento e al Presidente del Consiglio dei Ministri e, negli altri casi, al Presidente del Consiglio dei Ministri, ai Ministri competenti e agli enti locali e territoriali interessati.

3. L'Autorità, ove ne ravvisi l'opportunità, esprime parere circa le iniziative necessarie per rimuovere o prevenire le distorsioni e può pubblicare le segnalazioni ed i pareri nei modi più congrui in relazione alla natura e all'importanza delle situazioni distorsive.

21-*bis*. *Poteri dell'Autorità Garante della concorrenza e del mercato sugli atti amministrativi che determinano distorsioni della concorrenza*. — 1. L'Autorità garante della concorrenza e del mercato è legittimata ad agire in giudizio contro gli atti amministrativi generali, i regolamenti ed i provvedimenti di qualsiasi amministrazione pubblica che violino le norme a tutela della concorrenza e del mercato.

2. L'Autorità garante della concorrenza e del mercato, se ritiene che una pubblica amministrazione abbia emanato un atto in violazione delle norme a tutela della concorrenza e del mercato, emette, entro sessanta giorni, un parere motivato, nel quale indica gli specifici profili delle violazioni riscontrate. Se la pubblica amministrazione non si conforma nei sessanta giorni successivi alla comunicazione del parere, l'Autorità può presentare, tramite l'Avvocatura dello Stato, il ricorso, entro i successivi trenta giorni.

3. Ai giudizi instaurati ai sensi del comma 1 si applica la disciplina di cui al Libro IV, Titolo V, del d.lg. 2 luglio 2010, n. 104 (4).

22. *Attività consultiva*. — 1. L'Autorità può esprimere pareri sulle iniziative legislative o regolamentari e sui problemi riguardanti la concorrenza ed il mercato quando lo ritenga opportuno, o su richiesta di amministrazioni ed enti pubblici interessati. Il Presidente del Consiglio dei Ministri può chiedere il parere dell'Autorità sulle iniziative legislative o regolamentari che abbiano direttamente per effetto:

a) di sottomettere l'esercizio di una attività o l'accesso ad un mercato a restrizioni quantitative;

b) di stabilire diritti esclusivi in certe aree;

c) di imporre pratiche generalizzate in materia di prezzi e di condizioni di vendita.

23. *Relazione annuale*. — 1. L'Autorità presenta al Presidente del Consiglio dei Ministri, entro il 31 marzo di ogni anno (5), una relazione sull'attività svolta nell'anno precedente. Il Presidente del Consiglio dei Ministri trasmette entro trenta giorni la relazione al Parlamento.

24. *Relazione al Governo su alcuni settori*. — 1. L'Autorità, sentite le amministrazioni interessate, entro diciotto mesi dalla sua costituzione presenta al Presidente del Consiglio dei Ministri un rapporto circa le azioni da promuovere per adeguare ai principi della concorrenza la normativa relativa ai settori degli appalti pub-

(1) Comma inserito dall'art. 2.1, lett. d, d.lg. 29 dicembre 2006, n. 303.
(2) Comma abrogato dall'art. 19, comma 11, l. 28 dicembre 2005, n. 262.
(3) Commi abrogati dall'art. 2.1, lett. e, d.lg. 29 dicembre 2006, n. 303.
(4) Articolo inserito dall'art. 35, d.l. 6 dicembre 2011, n. 201, conv. in l. 22 dicembre 2011, n. 214.
(5) Le parole «entro il 31 marzo di ogni anno» sono state così sostituite alle precedenti «entro il 30 aprile di ogni anno» dall'art. 47.5, lett. a, l. 23 luglio 2009, n. 99.

blici, delle imprese concessionarie e della distribuzione commerciale.

TITOLO IV

Norme sui poteri del Governo in materia di operazioni di concentrazione

25. *Poteri del Governo in materia di operazioni di concentrazione*. — 1. Il Consiglio dei Ministri, su proposta del Ministro dell'industria, del commercio e dell'artigianato, determina in linea generale e preventiva i criteri sulla base dei quali l'Autorità può eccezionalmente autorizzare, per rilevanti interessi generali dell'economia nazionale nell'ambito dell'integrazione europea, operazioni di concentrazione vietate ai sensi dell'art. 6, sempreché esse non comportino la eliminazione della concorrenza dal mercato o restrizioni alla concorrenza non strettamente giustificate dagli interessi generali predetti. In tali casi l'Autorità prescrive comunque le misure necessarie per il ristabilimento di condizioni di piena concorrenza entro un termine prefissato.

2. Nel caso delle operazioni di cui all'art. 16 alle quali partecipano enti o imprese di Stati che non tutelano l'indipendenza degli enti o delle imprese con norme di effetto equivalente a quello dei precedenti titoli o applicano disposizioni discriminatorie o impongono clausole aventi effetti analoghi nei confronti di acquisizioni da parte di imprese o enti italiani, il Presidente del Consiglio dei Ministri, previa deliberazione del Consiglio dei Ministri, su proposta del Ministro dell'industria, del commercio e dell'artigianato, può, entro trenta giorni dalla comunicazione di cui all'art. 16, comma 3, vietare l'operazione per ragioni essenziali di economia nazionale.

26. *Pubblicità delle decisioni*. — 1. Le decisioni di cui agli artt. 15, 16, 18, 19 e 25 sono pubblicate entro venti giorni in un apposito bollettino, a cura della Presidenza del Consiglio dei Ministri. Nello stesso bollettino sono pubblicate, ove l'Autorità lo ritenga opportuno, le conclusioni delle indagini di cui all'art. 12, comma 2.

TITOLO V

Norme in materia di partecipazione al capitale di enti creditizi (1)

27-30. . . . . (1).

TITOLO VI

Disposizioni finali

31. *Sanzioni*. — 1. Per le sanzioni amministrative pecuniarie conseguenti alla violazione della presente legge si osservano, in quanto applicabili, le disposizioni contenute nel capo I, sezioni I e II, della l. 24 novembre 1981, n. 689.

32. *Copertura finanziaria*. — . . . . (*omissis*).

33. *Competenza giurisdizionale*. — 1. La tutela giurisdizionale davanti al giudice amministrativo è disciplinata dal codice del processo amministrativo (2).

2. Le azioni di nullità e di risarcimento del danno, nonché i ricorsi intesi ad ottenere provvedimenti di urgenza in relazione alla violazione delle disposizioni di cui ai titoli dal I al IV sono promossi davanti al tribunale competente per territorio presso cui è istituita la sezione specializzata di cui all'art. 1 del d.lg. 26 giugno 2003, n. 168, e successive modificazioni (3).

34. *Entrata in vigore*. — 1. La presente legge entra in vigore il giorno successivo a quello della sua pubblicazione sulla *Gazzetta Ufficiale* della Repubblica italiana.

XXI. 2.

LEGGE 6 febbraio 1996, n. 52. — *Disposizioni per l'adempimento di obblighi derivanti dall'appartenenza dell'Italia alle Comunità europee – Legge comunitaria 1994* (4).

1-53. . . . . (*omissis*).

54. *Cooperazione con la Commissione delle Comunità europee in materia di concorrenza*. — 1. Ai sensi dell'art. 10, comma 4, della l. 10

(1) Titolo abrogato dall'art. 161.1, d.lg. 1° settembre 1993, n. 385, in *Leggi coll. XVII, 1*.

(2) Comma così sostituito dall'art. 3.3 dell'Allegato 4, d.lg. 2 luglio 2010, n. 104.

(3) Le parole «al tribunale competente per territorio presso cui è istituita la sezione specializzata di cui all'art. 1 del d.lg. 26 giugno 2003, n. 168, e successive modificazioni» sono state così sostituite alle precedenti «alla corte d'appello competente per territorio» dall'art. 2.2, d.l. 24 gennaio 2012, n. 1, conv. in l. 24 marzo 2012, n. 27.

(4) Suppl. ord. G.U., 10 febbraio 1996, n. 34.

ottobre 1990, n. 287, l'Autorità garante della concorrenza e del mercato, in applicazione dei regolamenti (CEE) del Consiglio n. 17/62, n. 1017/68, n. 4056/86, n. 3975/87 e n. 4064/89, in materia di concorrenza, è competente a provvedere:

a) alla esecuzione degli accertamenti richiesti dalla Commissione delle Comunità europee;

b) alla assistenza da prestare agli agenti della Commissione delle Comunità europee in relazione all'assolvimento dei loro compiti e all'esecuzione di accertamenti nel territorio dello Stato.

2. Per l'assolvimento dell'incarico di cui al comma 1, da espletare con le modalità previste dalla normativa comunitaria, l'Autorità garante della concorrenza e del mercato dispone dei poteri di cui al Titolo II della l. 10 ottobre 1990, n. 287, e, in caso di opposizione dell'impresa interessata e su richiesta della Commissione delle Comunità europee, può chiedere l'intervento della Guardia di finanza che esegue gli accertamenti richiesti avvalendosi dei poteri di indagine ad essa attribuiti ai fini dell'accertamento dell'imposta sul valore aggiunto e delle imposte sui redditi (1).

3. Gli esiti degli accertamenti eseguiti a norma dei commi 1 e 2 sono destinati esclusivamente alla Commissione delle Comunità europee e non possono essere utilizzati ad altri fini.

4. L'Autorità garante della concorrenza e del mercato, nell'espletamento delle istruttorie di cui al titolo II della l. 10 ottobre 1990, n. 287, si avvale della collaborazione dei militari della Guardia di finanza che agiscono con i poteri e con le facoltà indicati al comma 2 utilizzando strutture e personale esistenti e in modo da non determinare oneri aggiuntivi.

5. L'Autorità garante della concorrenza e del mercato, in quanto autorità nazionale competente in materia di concorrenza, applica, fatto salvo quanto disposto dall'art. 20 della l. 10 ottobre 1990, n. 287, gli artt. 85, paragrafo 1, ed 86 del Trattato istitutivo della Comunità europea, utilizzando i poteri ed agendo secondo le procedure di cui al titolo II, capo II, della medesima l. n. 287 del 1990. L'Autorità informa la Commissione delle Comunità europee e sospende lo svolgimento del procedimento qualora la Commissione inizi, con riguardo alla medesima fattispecie, una procedura a norma dei regolamenti comunitari.

55-59. . . . . (*omissis*).

XXI. 3.

LEGGE 14 novembre 1995, n. 481. — *Norme per la concorrenza e la regolazione dei servizi di pubblica utilità. Istituzione delle Autorità di regolazione dei servizi di pubblica utilità* (2).

1. *Finalità*. — 1. Le disposizioni della presente legge hanno la finalità di garantire la promozione della concorrenza e dell'efficienza nel settore dei servizi di pubblica utilità, di seguito denominati «servizi», nonché adeguati livelli di qualità nei servizi medesimi in condizioni di economicità e di redditività, assicurandone la fruibilità e la diffusione in modo omogeneo sull'intero territorio nazionale, definendo un sistema tariffario certo, trasparente e basato su criteri predefiniti, promuovendo la tutela degli interessi di utenti e consumatori, tenuto conto della normativa comunitaria in materia e degli indirizzi di politica generale formulati dal Governo. Il sistema tariffario deve altresì armonizzare gli obiettivi economico-finanziari dei soggetti esercenti il servizio con gli obiettivi generali di carattere sociale, di tutela ambientale e di uso efficiente delle risorse.

2. Per la privatizzazione dei servizi di pubblica utilità (3) il Governo definisce i criteri per la privatizzazione di ciascuna impresa e le relative modalità di dismissione e li trasmette al Parlamento ai fini dell'espressione del parere da parte delle competenti Commissioni parlamentari.

(1) Comma così sostituito dall'art. 29, l. 21 dicembre 1999, n. 526, in suppl. ord. G.U., 18 gennaio 2000, n. 13.

(2) Suppl. ord. n. 136 alla G.U., 18 novembre 1995, n. 270. V. il d.lg. 16 marzo 1999, n. 79, di attuazione della dir. 96/92/CE sul mercato interno dell'energia elettrica, e il d.lg. 23 maggio 2000, n. 164, di attuazione della dir. 98/30/CE sul mercato interno del gas naturale, come modificati dal d.lg. 1° giugno 2011, n. 93; la l. 23 agosto 2004, n. 239, di riordino del settore energetico.

L'art. 1, d.l. 4 settembre 2002, n. 193, conv. in l. 28 ottobre 2002, n. 238, così dispone: «1. Fermo quanto disposto dalla normativa vigente, con decreto del Presidente del Consiglio dei Ministri, previa deliberazione del Consiglio dei Ministri adottata su proposta del Ministro competente, sono stabiliti criteri generali integrativi per la determinazione delle tariffe dei servizi pubblici di cui alla legge 14 novembre 1995, n. 481. || 2. In attesa dell'adozione dei provvedimenti previsti dal comma 1, e comunque fino al 30 novembre 2002, si applicano le tariffe determinate anteriormente al 1° agosto 2002».

(3) Le parole «ivi compreso ai soli fini del presente comma l'esercizio del credito» sono state soppresse dall'art. 3.15, l. 31 luglio 1997, n. 249.

2. *Istituzione delle Autorità per i servizi di pubblica utilità*. — 1. Sono istituite le Autorità di regolazione di servizi di pubblica utilità, competenti, rispettivamente, per l'energia elettrica, il gas ed il sistema idrico (1) [...] (2) e per le telecomunicazioni. Tenuto conto del quadro complessivo del sistema delle comunicazioni, all'Autorità per le telecomunicazioni potranno essere attribuite competenze su altri aspetti di tale sistema.

2. Le disposizioni del presente articolo costituiscono principi generali cui si ispira la normativa relativa alle Autorità.

3. . . . . (3).

4. La disciplina e la composizione di ciascuna Autorità sono definite da normative particolari che tengono conto delle specificità di ciascun settore sulla base dei princìpi generali del presente articolo. La presente legge disciplina nell'art. 3 il settore dell'energia elettrica e del gas. Gli altri settori saranno disciplinati con appositi provvedimenti legislativi.

5. Le Autorità operano in piena autonomia e con indipendenza di giudizio e di valutazione; esse sono preposte alla regolazione e al controllo del settore di propria competenza. Per i settori dell'energia elettrica e del gas, al fine di tutelare i clienti finali e di garantire mercati effettivamente concorrenziali, le competenze ricomprendono tutte le attività della relativa filiera (4).

6. Le Autorità, in quanto autorità nazionali competenti per la regolazione e il controllo, svolgono attività consultiva e di segnalazione al Governo nelle materie di propria competenza anche ai fini della definizione, del recepimento e della attuazione della normativa comunitaria.

7. Ciascuna Autorità è organo collegiale costituito dal presidente e da due membri, nominati con decreto del Presidente della Repubblica, previa deliberazione del Consiglio dei ministri su proposta del Ministro competente. Le designazioni effettuate dal Governo sono previamente sottoposte al parere delle competenti Commissioni parlamentari. In nessun caso le nomine possono essere effettuate in mancanza del parere favorevole espresso dalle predette Commissioni a maggioranza dei due terzi dei componenti. Le medesime Commissioni possono procedere all'audizione delle persone designate. In sede di prima attuazione della presente legge le Commissioni parlamentari si pronunciano entro trenta giorni dalla richiesta del parere; decorso tale termine il parere viene espresso a maggioranza assoluta.

8. I componenti di ciascuna Autorità sono scelti fra persone dotate di alta e riconosciuta professionalità e competenza nel settore; durano in carica sette anni e non possono essere confermati. A pena di decadenza essi non possono esercitare, direttamente o indirettamente, alcuna attività professionale o di consulenza, essere amministratori o dipendenti di soggetti pubblici o privati né ricoprire altri uffici pubblici di qualsiasi natura, ivi compresi gli incarichi elettivi o di rappresentanza nei partiti politici né avere interessi diretti o indiretti nelle imprese operanti nel settore di competenza della medesima Autorità. I dipendenti delle amministrazioni pubbliche sono collocati fuori ruolo per l'intera durata dell'incarico.

9. Per almeno due (5) anni dalla cessazione dell'incarico i componenti e i dirigenti (6) delle Autorità non possono intrattenere, direttamente o indirettamente, rapporti di collaborazione, di consulenza o di impiego con le imprese operanti nel settore di competenza; la violazione di tale divieto è punita, salvo che il fatto costituisca reato, con una sanzione pecuniaria pari, nel minimo, alla maggiore somma tra 50 milioni di lire [euro 25.822,84] e l'importo del corrispettivo percepito e, nel massimo, alla maggiore somma tra 500 milioni di lire [euro 258.228,45] e l'importo del corrispettivo percepito. All'imprenditore che abbia violato tale divieto si applica la sanzione amministrativa pecuniaria pari allo 0,5 per cento del fatturato e, comunque, non inferiore a 300 milioni di lire [euro 154.937] e non superiore a 200 miliardi di lire [euro 103.291.379], e, nei casi più gravi o quando il comportamento illecito sia stato reiterato, la revoca dell'atto concessivo o autorizzativo. I valori di tali sanzioni sono rivalutati secondo il tasso di variazione annuo dei prezzi al consumo per le famiglie di operai e impiegati

(1) Le parole «, il gas ed il sistema idrico» sono state inserite dall'art. 13.13, d.l. 23 dicembre 2013, n. 145, conv. in l. 21 febbraio 2014, n. 9.

(2) Le parole «e il gas» sono state soppresse dall'art. 13.13, d.l. 23 dicembre 2013, n. 145, conv. in l. 21 febbraio 2014, n. 9.

(3) Comma abrogato dall'art. 22.10, d.l. 24 giugno 2014, n. 90, conv. in l. 11 agosto 2014, n. 114.

(4) Ultimo periodo aggiunto dall'art. 28.1, l. 23 luglio 2009, n. 99.

(5) La parola «due» è stata così sostituita a quella «quattro» dall'art. 22.3, lett. 0a, d.l. 24 giugno 2014, n. 90, conv. in l. 11 agosto 2014, n. 114.

(6) Le parole «e i dirigenti» sono state inserite dall'art. 22.3, lett. a, d.l. 24 giugno 2014, n. 90, conv. in l. 11 agosto 2014, n. 114.

rilevato dall'ISTAT. Le disposizioni del presente comma non si applicano ai dirigenti che negli ultimi quattro anni di servizio sono stati responsabili esclusivamente di uffici di supporto (1).

10. I componenti e i funzionari delle Autorità, nell'esercizio delle funzioni, sono pubblici ufficiali e sono tenuti al segreto d'ufficio. Fatta salva la riserva all'organo collegiale di adottare i provvedimenti nelle materie di cui al comma 12, per garantire la responsabilità e l'autonomia nello svolgimento delle procedure istruttorie, ai sensi della l. 7 agosto 1990, n. 241, e successive modificazioni, e del d.lg. 3 febbraio 1993, n. 29, e successive modificazioni, si applicano i principi riguardanti l'individuazione e le funzioni del responsabile del procedimento, nonché quelli relativi alla distinzione tra funzioni di indirizzo e controllo, attribuite agli organi di vertice, e quelli concernenti le funzioni di gestione attribuite ai dirigenti.

11. Le indennità spettanti ai componenti le Autorità sono determinate con decreto del Presidente del Consiglio dei ministri, su proposta del Ministro del tesoro.

12. Ciascuna Autorità nel perseguire le finalità di cui all'art. 1 svolge le seguenti funzioni:

a) formula osservazioni e proposte da trasmettere al Governo e al Parlamento sui servizi da assoggettare a regime di concessione o di autorizzazione e sulle relative forme di mercato, nei limiti delle leggi esistenti, proponendo al Governo le modifiche normative e regolamentari necessarie in relazione alle dinamiche tecnologiche, alle condizioni di mercato ed all'evoluzione delle normative comunitarie;

b) propone ai Ministri competenti gli schemi per il rinnovo nonché per eventuali variazioni dei singoli atti di concessione o di autorizzazione, delle convenzioni e dei contratti di programma;

c) controlla che le condizioni e le modalità di accesso per i soggetti esercenti i servizi, comunque stabilite, siano attuate nel rispetto dei principi della concorrenza e della trasparenza, anche in riferimento alle singole voci di costo, anche al fine di prevedere l'obbligo di prestare il servizio in condizioni di eguaglianza, in modo che tutte le ragionevoli esigenze degli utenti siano soddisfatte, ivi comprese quelle degli anziani e dei disabili, garantendo altresì il rispetto dell'ambiente, la sicurezza degli impianti e la salute degli addetti;

d) propone la modifica delle clausole delle concessioni e delle convenzioni, ivi comprese quelle relative all'esercizio in esclusiva, delle autorizzazioni, dei contratti di programma in essere e delle condizioni di svolgimento dei servizi, ove ciò sia richiesto dall'andamento del mercato o dalle ragionevoli esigenze degli utenti, definendo altresì le condizioni tecnico-economiche di accesso e di interconnessione alle reti, ove previsti dalla normativa vigente;

e) stabilisce e aggiorna, in relazione all'andamento del mercato, la tariffa base, i parametri e gli altri elementi di riferimento per determinare le tariffe di cui ai commi 17, 18 e 19, nonché le modalità per il recupero dei costi eventualmente sostenuti nell'interesse generale in modo da assicurare la qualità, l'efficienza del servizio e l'adeguata diffusione del medesimo sul territorio nazionale, nonché la realizzazione degli obiettivi generali di carattere sociale, di tutela ambientale e di uso efficiente delle risorse di cui al comma 1 dell'art. 1, tenendo separato dalla tariffa qualsiasi tributo od onere improprio; verifica la conformità ai criteri di cui alla presente lettera delle proposte di aggiornamento delle tariffe annualmente presentate e si pronuncia, sentiti eventualmente i soggetti esercenti il servizio, entro novanta giorni dal ricevimento della proposta; qualora la pronuncia non intervenga entro tale termine, le tariffe si intendono verificate positivamente;

f) emana le direttive per la separazione contabile e amministrativa e verifica i costi delle singole prestazioni per assicurare, tra l'altro, la loro corretta disaggregazione e imputazione per funzione svolta, per area geografica e per categoria di utenza evidenziando separatamente gli oneri conseguenti alla fornitura del servizio universale definito dalla convenzione, provvedendo quindi al confronto tra essi e i costi analoghi in altri Paesi, assicurando la pubblicizzazione dei dati;

g) controlla lo svolgimento dei servizi con poteri di ispezione, di accesso, di acquisizione della documentazione e delle notizie utili, determinando altresì i casi di indennizzo automatico da parte del soggetto esercente il servizio nei confronti dell'utente ove il medesimo soggetto non rispetti le clausole contrattuali o eroghi il servizio con livelli qualitativi inferiori a quelli stabiliti nel regolamento di servizio di cui al comma 37, nel contratto di programma ovvero ai sensi della lett. *h*);

(1) Ultimo periodo aggiunto dall'art. 22.3, lett. b, d.l. 24 giugno 2014, n. 90, conv. in l. 11 agosto 2014, n. 114.

h) emana le direttive (1) concernenti la produzione e l'erogazione dei servizi da parte dei soggetti esercenti i servizi medesimi, definendo in particolare i livelli generali di qualità riferiti al complesso delle prestazioni e i livelli specifici di qualità riferiti alla singola prestazione da garantire all'utente, sentiti i soggetti esercenti il servizio e i rappresentanti degli utenti e dei consumatori, eventualmente differenziandoli per settore e tipo di prestazione; tali determinazioni producono gli effetti di cui al comma 37;

i) assicura la più ampia pubblicità delle condizioni dei servizi; studia l'evoluzione del settore e dei singoli servizi, anche per modificare condizioni tecniche, giuridiche ed economiche relative allo svolgimento o all'erogazione dei medesimi; promuove iniziative volte a migliorare le modalità di erogazione dei servizi; presenta annualmente al Parlamento e al Presidente del Consiglio dei ministri una relazione sullo stato dei servizi e sull'attività svolta;

l) pubblicizza e diffonde la conoscenza delle condizioni di svolgimento dei servizi al fine di garantire la massima trasparenza, la concorrenzialità dell'offerta e la possibilità di migliori scelte da parte degli utenti intermedi o finali;

m) valuta reclami, istanze e segnalazioni presentate dagli utenti o dai consumatori, singoli o associati, in ordine al rispetto dei livelli qualitativi e tariffari da parte dei soggetti esercenti il servizio nei confronti dei quali interviene imponendo, ove opportuno, modifiche alle modalità di esercizio degli stessi ovvero procedendo alla revisione del regolamento di servizio di cui al comma 37;

n) verifica la congruità delle misure adottate dai soggetti esercenti il servizio al fine di assicurare la parità di trattamento tra gli utenti, garantire la continuità della prestazione dei servizi, verificare periodicamente la qualità e l'efficacia delle prestazioni all'uopo acquisendo anche la valutazione degli utenti, garantire ogni informazione circa le modalità di prestazione dei servizi e i relativi livelli qualitativi, consentire a utenti e consumatori il più agevole accesso agli uffici aperti al pubblico, ridurre il numero degli adempimenti richiesti agli utenti semplificando le procedure per l'erogazione del servizio, assicurare la sollecita risposta a reclami, istanze e segnalazioni nel rispetto dei livelli qualitativi e tariffari;

o) propone al Ministro competente la sospensione o la decadenza della concessione per i casi in cui tali provvedimenti siano consentiti dall'ordinamento;

p) controlla che ciascun soggetto esercente il servizio adotti, in base alla direttiva sui principi dell'erogazione dei servizi pubblici del Presidente del Consiglio dei ministri del 27 gennaio 1994, pubblicata nella *Gazzetta Ufficiale* n. 43 del 22 febbraio 1994, una carta di servizio pubblico con indicazione di standards dei singoli servizi e ne verifica il rispetto.

13. Il Ministro competente, se respinge le proposte di cui alle lett. *b*), *d*) e *o*) del comma 12, chiede all'Autorità una nuova proposta e indica esplicitamente i principi e i criteri previsti dalla presente legge ai quali attenersi. Il Ministro competente, qualora non intenda accogliere la seconda proposta dell'Autorità, propone al Presidente del Consiglio dei ministri di decidere, previa deliberazione del Consiglio dei ministri, in difformità esclusivamente per gravi e rilevanti motivi di utilità generale.

14. A ciascuna Autorità sono trasferite tutte le funzioni amministrative esercitate da organi statali e da altri enti e amministrazioni pubblici, anche a ordinamento autonomo, relative alle sue attribuzioni. Fino alla data di entrata in vigore dei regolamenti di cui al comma 28, il Ministro competente continua comunque ad esercitare le funzioni in precedenza ad esso attribuite dalla normativa vigente. Sono fatte salve le funzioni di indirizzo nel settore spettanti al Governo e le attribuzioni riservate alle autonomie locali.

15. Nelle province autonome di Trento e di Bolzano si applicano gli artt. 12 e 13 del testo unico approvato con d.p.r. 31 agosto 1972, n. 670, e le relative norme di attuazione contenute nel d.p.r. 22 marzo 1974, n. 381, e nel d.p.r. 26 marzo 1977, n. 235.

16. Nella regione Valle d'Aosta si applicano le norme contenute negli artt. 7, 8, 9 e 10 dello statuto speciale, approvato con l. cost. 26 febbraio 1948, n. 4.

17. Ai fini della presente legge si intendono per tariffe i prezzi massimi unitari dei servizi al netto delle imposte.

18. Salvo quanto previsto dall'art. 3 e unitamente ad altri criteri di analisi e valutazioni, i parametri di cui al comma 12, lett. *e*), che l'Autorità fissa per la determinazione della tariffa con il metodo del *pricecap*, inteso come limite

(1) Deliberazione Autorità per l'energia elettrica e il gas 23 settembre 1998, n. 120/98, in G.U., 1° ottobre 1998, n. 229; Deliberazione Autorità per l'energia elettrica e il gas 18 ottobre 2001, n. 229/01, in G.U., 11 dicembre 2001, n. 287; Deliberazione Autorità per l'energia elettrica e il gas 12 dicembre 2002, n. 207/02, in G.U., 7 gennaio 2003, n. 4.

massimo della variazione di prezzo vincolata per un periodo pluriennale, sono i seguenti:

a) tasso di variazione medio annuo riferito ai dodici mesi precedenti dei prezzi al consumo per le famiglie di operai e impiegati rilevato dall'ISTAT;

b) obiettivo di variazione del tasso annuale di produttività, prefissato per un periodo almeno triennale.

19. Ai fini di cui al comma 18 si fa altresì riferimento ai seguenti elementi:

a) recupero di qualità del servizio rispetto a *standards* prefissati per un periodo almeno triennale;

b) costi derivanti da eventi imprevedibili ed eccezionali, da mutamenti del quadro normativo o dalla variazione degli obblighi relativi al servizio universale;

c) costi derivanti dall'adozione di interventi volti al controllo e alla gestione della domanda attraverso l'uso efficiente delle risorse.

20. Per lo svolgimento delle proprie funzioni, ciascuna Autorità:

a) richiede, ai soggetti esercenti il servizio, informazioni e documenti sulle loro attività;

b) effettua controlli in ordine al rispetto degli atti di cui ai commi 36 e 37;

c) irroga, salvo che il fatto costituisca reato, in caso di inosservanza dei propri provvedimenti o in caso di mancata ottemperanza da parte dei soggetti esercenti il servizio, alle richieste di informazioni o a quelle connesse all'effettuazione dei controlli, ovvero nel caso in cui le informazioni e i documenti acquisiti non siano veritieri, sanzioni amministrative pecuniarie non inferiori nel minimo a euro 2.500 (1) e non superiori nel massimo a lire 300 miliardi [euro 154.937.069]; in caso di reiterazione delle violazioni ha la facoltà, qualora ciò non comprometta la fruibilità del servizio da parte degli utenti, di sospendere l'attività di impresa fino a 6 mesi ovvero proporre al Ministro competente la sospensione o la decadenza della concessione;

d) ordina al soggetto esercente il servizio la cessazione di comportamenti lesivi dei diritti degli utenti, imponendo, ai sensi del comma 12, lett. *g*), l'obbligo di corrispondere un indennizzo;

e) può adottare, nell'ambito della procedura di conciliazione o di arbitrato, provvedimenti temporanei diretti a garantire la continuità dell'erogazione del servizio ovvero a far cessare forme di abuso o di scorretto funzionamento da parte del soggetto esercente il servizio.

21. Il Governo, nell'ambito del documento di programmazione economico-finanziaria, indica alle Autorità il quadro di esigenze di sviluppo dei servizi di pubblica utilità che corrispondono agli interessi generali del Paese.

22. Le pubbliche amministrazioni e le imprese sono tenute a fornire alle Autorità, oltre a notizie e informazioni, la collaborazione per l'adempimento delle loro funzioni.

23. Le Autorità disciplinano, ai sensi del capo III della l. 7 agosto 1990, n. 241, con proprio regolamento, da adottare entro novanta giorni dall'avvenuta nomina, audizioni periodiche delle formazioni associative nelle quali i consumatori e gli utenti siano organizzati. Nel medesimo regolamento sono altresì disciplinati audizioni periodiche delle associazioni ambientaliste, delle associazioni sindacali delle imprese e dei lavoratori e lo svolgimento di rilevazioni sulla soddisfazione degli utenti e sull'efficacia dei servizi.

24. Entro sessanta giorni dalla data di entrata in vigore della presente legge, con uno o più regolamenti emanati ai sensi dell'art. 17, comma 1, della l. 23 agosto 1988, n. 400, sono definiti:

a) le procedure relative alle attività svolte dalle Autorità idonee a garantire agli interessati la piena coscienza degli atti istruttori, il contraddittorio, in forma scritta e orale, e la verbalizzazione;

b) i criteri, le condizioni, i termini e le modalità per l'esperimento di procedure di conciliazione o di arbitrato in contraddittorio presso le Autorià nei casi di controversie insorte tra utenti e soggetti esercenti il servizio, prevedendo altresì i casi in cui tali procedure di conciliazione o di arbitrato possano essere rimesse in prima istanza alle commissioni arbitrali e conciliative istituite presso le camere di commercio, industria, artigianato e agricoltura [...] (2). Fino alla scadenza del termine fissato per la presentazione delle istanze di conciliazione o di deferimento agli arbitri, sono sospesi i termini per il ricorso in sede giurisdizionale che, se proposto, è improcedibile. Il verbale di conciliazione o la decisione arbitrale costituiscono titolo esecutivo.

(1) Le parole «euro 2.500» sono state così sostituite alle precedenti «lire 50 milioni [euro 25.822]» dall'art. 28.3, l. 23 luglio 2009, n. 99.

(2) Le parole «, ai sensi dell'art. 2, comma 4, lett. *a*), della l. 29 dicembre 1993, n. 580» sono state soppresse dall'art. 5.1, lett. a, d.lg. 25 novembre 2016, n. 219.

25. La tutela giurisdizionale davanti al giudice amministrativo è disciplinata dal codice del processo amministrativo (1).

26. La pubblicità di atti e procedimenti delle Autorità è assicurata anche attraverso un apposito bollettino pubblicato dalla Presidenza del Consiglio dei ministri.

27. Ciascuna Autorità ha autonomia organizzativa, contabile e amministrativa. Il bilancio preventivo e il rendiconto della gestione, soggetto al controllo della Corte dei conti, sono pubblicati nella *Gazzetta Ufficiale*.

28. Ciascuna Autorità, con propri regolamenti, definisce, entro trenta giorni dalla sua costituzione, le norme concernenti l'organizzazione interna e il funzionamento, la pianta organica del personale di ruolo, che non può eccedere le centoventi (2) unità, l'ordinamento delle carriere, nonché, in base ai criteri fissati dal contratto collettivo di lavoro in vigore per l'Autorità garante della concorrenza e del mercato e tenuto conto delle specifiche esigenze funzionali e organizzative, il trattamento giuridico ed economico del personale (3). Alle Autorità non si applicano le disposizioni di cui al d.lg. 3 febbraio 1993, n. 29, e successive modificazioni, fatto salvo quanto previsto dal comma 10 del presente articolo.

29. Il reclutamento del personale di ruolo previsto nella pianta organica di ciascuna Autorità avviene mediante pubblico concorso, ad eccezione delle categorie per le quali sono previste assunzioni in base all'art. 16 della l. 28 febbraio 1987, n. 56, e successive modificazioni. In sede di prima attuazione della presente legge ciascuna Autorità provvede mediante apposita selezione anche nell'ambito del personale dipendente da pubbliche amministrazioni in possesso delle competenze e dei requisiti di professionalità ed esperienza richiesti per l'espletamento delle singole funzioni e tale da garantire la massima neutralità e imparzialità comunque nella misura massima del 50 per cento dei posti previsti nella pianta organica.

30. Ciascuna Autorità può assumere, in numero non superiore a sessanta (4) unità, dipendenti con contratto a tempo determinato di durata non superiore a due anni, nonché esperti e collaboratori esterni, in numero non superiore a dieci, per specifici obiettivi e contenuti professionali, con contratti a tempo determinato di durata non superiore a due anni che possono essere rinnovati per non più di due volte.

31. Il personale dipendente in servizio anche in forza di contratto a tempo determinato presso le Autorità non può assumere altro impiego o incarico né esercitare altra attività professionale, anche se a carattere occasionale. Esso, inoltre, non può avere interessi diretti o indiretti nelle imprese del settore. La violazione di tali divieti costituisce causa di decadenza dall'impiego ed è punita, ove il fatto non costituisca reato, con una sanzione amministrativa pecuniaria pari, nel minimo, a 5 milioni di lire [euro 2.582], e, nel massimo, alla maggior somma tra 50 milioni di lire [euro 25.822,84] e l'importo del corrispettivo percepito.

32. Entro novanta giorni dalla data di entrata in vigore della presente legge, sono emanati, ai sensi dell'art. 17, comma 2, della l. 23 agosto 1988, n. 400, uno o più regolamenti volti a trasferire le ulteriori competenze connesse a quelle attribuite alle Autorità dalla presente legge nonché a riorganizzare o a sopprimere gli uffici e a rivedere le piante organiche delle amministrazioni pubbliche interessate dalla applicazione della presente legge e cessano le competenze esercitate in materia dal Comitato interministeriale per la programmazione economica. A decorrere dalla data di entrata in vigore dei regolamenti di cui al presente comma sono abrogate le disposizioni legislative e regolamentari che disciplinano gli uffici soppressi riorganizzati. I regolamenti indicano le disposizioni abrogate ai sensi del precedente periodo.

33. Le Autorità, con riferimento agli atti e ai comportamenti delle imprese operanti nei settori sottoposti al loro controllo, segnalano all'Autorità garante della concorrenza e del mercato la sussistenza di ipotesi di violazione delle disposizioni della l. 10 ottobre 1990, n. 287.

34. Per le materie attinenti alla tutela della concorrenza, l'Autorità garante della concorrenza e del mercato esprime parere obbligatorio entro il termine di 30 giorni alle amministrazioni pubbliche competenti in ordine alla definizione delle concessioni, dei contratti di servizio e degli altri strumenti di regolazione dell'esercizio dei servizi nazionali.

35. Le concessioni rilasciate nei settori di cui al comma 1, la cui durata non può essere supe-

(1) Comma così sostituito dall'art. 3.6, dell'Allegato 4, d.lg. 2 luglio 2010, n. 104.

(2) La parola «centoventi» è stata sostituita alla precedente «ottanta» dall'art. 1.118, lett. a, l. 23 agosto 2004, n. 239.

(3) Deliberazione Autorità per l'energia elettrica e il gas, 11 dicembre 1996, n. 5/96, in G.U., 22 aprile 1997, n. 93.

(4) La parola «sessanta» è stata sostituita alla precedente «quaranta» dall'art. 1.118, lett. b, l. 23 agosto 2004, n. 239.

riore ad anni quaranta, possono essere onerose, con le eccezioni previste dalla normativa vigente.

36. L'esercizio del servizio in concessione è disciplinato da convenzioni ed eventuali contratti di programma stipulati tra l'amministrazione concedente e il soggetto esercente il servizio, nei quali sono definiti, in particolare, l'indicazione degli obiettivi generali, degli scopi specifici e degli obblighi reciproci da perseguire nello svolgimento del servizio; le procedure di controllo e le sanzioni in caso di inadempimento; le modalità e le procedure di indennizzo automatico nonché le modalità di aggiornamento, revisione e rinnovo del contratto di programma o della convenzione.

37. Il soggetto esercente il servizio predispone un regolamento di servizio nel rispetto dei principi di cui alla presente legge e di quanto stabilito negli atti di cui al comma 36. Le determinazioni delle Autorità di cui al comma 12, lett. *h*), costituiscono modifica o integrazione del regolamento di servizio.

38. All'onere derivante dall'istituzione e dal funzionamento delle Autorità, determinato in lire 3 miliardi [euro 1.549.370,70] per il 1995 e in lire 20 miliardi [euro 10.329.137,98], per ciascuna Autorità, a decorrere dal 1996, si provvede:

a) per il 1995, mediante corrispondente riduzione dello stanziamento iscritto, ai fini del bilancio triennale 1995-1997, al capitolo 6856 dello stato di previsione del Ministero del tesoro per l'anno 1995, all'uopo parzialmente utilizzando l'accantonamento relativo al Ministero dell'industria, del commercio e dell'artigianato;

b) .... (1).

39. .... (2).

40. Le somme di cui al comma 38, lett. *b*), sono versate allo stato di previsione dell'entrata del bilancio dello Stato per essere riassegnate ad un unico capitolo dello stato di previsione della Presidenza del Consiglio dei ministri.

41. Il Ministro del tesoro è autorizzato ad apportare, con propri decreti, le occorrenti variazioni di bilancio.

3. *Disposizioni relative all'Autorità per l'energia elettrica e il gas e altre disposizioni concernenti il settore elettrico*. — 1. In relazione a quanto previsto dall'art. 2, comma 14, della presente legge, sono trasferite all'Autorità per l'energia elettrica e il gas le funzioni in materia di energia elettrica e gas attribuite dall'art. 5, comma 2, lett. *b*), del d.p.r. 20 aprile 1994, n. 373, al Ministro dell'industria, del commercio e dell'artigianato, che le esercita, a norma del predetto art. 5, sino alla emanazione del regolamento di organizzazione e funzionamento dell'Autorità di cui all'art. 2, comma 28, della presente legge.

2. Per le tariffe relative ai servizi di fornitura dell'energia elettrica i prezzi unitari da applicare per tipologia di utenza sono identici sull'intero territorio nazionale. Tali tariffe comprendono anche le voci derivanti dai costi connessi all'utilizzazione dei combustibili fossili e agli acquisti di energia da produttori nazionali e agli acquisti di energia importata nonché le voci derivanti dagli oneri connessi all'incentivazione della nuova energia elettrica prodotta con fonti rinnovabili ed assimilate. L'Autorità accerta, inoltre, la sussistenza di presupposti delle voci derivanti dalla reintegrazione degli oneri connessi alla sospensione e alla interruzione dei lavori per la realizzazione di centrali nucleari ed alla chiusura definitiva delle centrali nucleari, nonché dalla copertura finanziaria delle minori entrate connesse alle disposizioni fiscali introdotte in attuazione del piano energetico nazionale, secondo quanto previsto dall'art. 33 della l. 9 gennaio 1991, n. 9. Tali voci vengono specificate nella tariffa. L'Autorità verifica la congruità dei criteri adottati per determinare i rimborsi degli oneri connessi alla sospensione e alla interruzione dei lavori per la realizzazione di centrali nucleari nonché alla loro chiusura, anche per l'esercizio delle competenze di cui al comma 7 del presente articolo.

3. L'Autorità, nell'esercizio delle funzioni e dei poteri di cui all'art. 2, comma 12, lett. *c*), e commi 20 e 22, emana direttive per assicurare l'individuazione delle diverse componenti le tariffe di cui al comma 2, nonché dei tributi (3).

4. Per l'aggiornamento delle tariffe per la parte al netto delle voci di costo di cui al comma 2, i soggetti esercenti il servizio, sulla base delle variazioni dei parametri di cui all'art. 2, comma 18, stabiliti dall'Autorità ai sensi dell'art. 2, comma 12, lett. *e*), nonché degli even-

(1) Lettera abrogata dall'art. 1.68, l. 23 dicembre 2005, n. 266.

(2) Comma abrogato dall'art. 1.68-*bis*, l. 23 dicembre 2005, n. 266, come introdotto dall'art. 39-*quinquies*, d.l. 30 dicembre 2005, n. 273, conv. in l. 23 febbraio 2006, n. 51.

(3) Comma così sostituito dall'art. 2-*bis*, d.l. 13 settembre 1996, n. 473, conv. in l. 14 novembre 1996, n. 577, che all'art. 4 così dispone: «L'autorità per l'energia elettrica e il gas, al fine di eliminare progressivamente i fattori distorsivi della concorrenza e di garantire sia la trasparenza delle tariffe che i diritti degli utenti, dispone la graduale semplificazione delle tariffe elettriche di cui all'art. 20, comma 4, della l. 9 gennaio 1991, n. 9».

tuali elementi di cui all'art. 2, comma 19, predispongono la proposta di aggiornamento delle tariffe da sottoporre entro il 30 settembre di ogni anno alla verifica da parte dell'Autorità nell'esercizio delle funzioni di cui all'art. 2, comma 12. Trascorsi quarantacinque giorni dalla comunicazione della proposta di aggiornamento senza che l'Autorità abbia verificato la proposta la stessa si intende positivamente verificata. Ove l'Autorità ritenga necessario richiedere notizie o effettuare approfondimenti, il suddetto termine è prorogato di 15 giorni. Le tariffe relative ai servizi di fornitura dell'energia elettrica, aggiornate entro il 31 dicembre di ogni anno, entrano in vigore dal 1° gennaio dell'anno successivo. Contestualmente l'Autorità provvede a definire eventuali aggiornamenti delle perequazioni.

5. L'aggiornamento delle tariffe in relazione ai costi relativi ai combustibili fossili, all'energia elettrica acquistata da produttori nazionali e importata avviene per effetto di meccanismi di calcolo automatici sulla base di criteri predefiniti dall'Autorità e correlati all'andamento del mercato. L'aggiornamento delle tariffe viene effettuato a cura dei soggetti esercenti il servizio ed è sottoposto a successiva verifica da parte dell'Autorità.

6. I sistemi di perequazione tra i diversi soggetti esercenti il servizio sono disciplinati sulla base dei provvedimenti generali emanati in materia dal Ministro competente o, dopo l'entrata in vigore dei regolamenti di cui all'art. 2, comma 28, dall'Autorità.

7. I provvedimenti già adottati dal Comitato interministeriale prezzi e dal Ministero dell'industria, del commercio e dell'artigianato in materia di energia elettrica e di gas conservano piena validità ed efficacia, salvo modifica o abrogazione disposta dal Ministro, anche nell'atto di concessione, o dalla Autorità competente. Il provvedimento CIP n. 6 del 29 aprile 1992, pubblicato nella *Gazzetta Ufficiale* n. 109 del 12 maggio 1992, come integrato e modificato dal decreto del Ministro dell'industria, del commercio e dell'artigianato del 4 agosto 1994, pubblicato nella *Gazzetta Ufficiale* n. 186 del 10 agosto 1994, si applica, per tutta la durata del contratto, alle iniziative prescelte, alla data di entrata in vigore della presente legge, ai fini della stipula delle convenzioni, anche preliminari, previste dal decreto del Ministro dell'industria, del commercio e dell'artigianato del 25 settembre 1992, pubblicato nella *Gazzetta Ufficiale* n. 235 del 6 ottobre 1992, nonché alle proposte di cessione dell'energia elettrica prodotta da fonti rinnovabili propriamente dette, presentate all'ENEL spa entro il 31 dicembre 1994 ed alle proposte di cessione di energia elettrica che utilizzano gas d'altoforno o di cokeria presentate alla medesima data, a condizione che in tali ultimi casi permanga la necessaria attività primaria dell'azienda. Conservano altresì efficacia le disposizioni di cui al d.p.r. del 28 gennaio 1994, pubblicato nella *Gazzetta Ufficiale* n. 56 del 9 marzo 1994. Per le altre iniziative continua ad applicarsi la normativa vigente, ivi compreso il citato provvedimento CIP n. 6 del 1992 ed i relativi aggiornamenti previsti dall'art. 22, comma 5, della l. 9 gennaio 1991, n. 9, che terranno conto dei principi di cui all'art. 1 della presente legge.

8. Per i soggetti esercenti il servizio nel settore elettrico la separazione contabile di cui all'art. 2, comma 12, lett. *f*), deve essere attuata nel termine di due anni dalla data di entrata in vigore della presente legge, e concerne, in particolare, le diverse fasi di generazione, di trasmissione e di distribuzione come se le stesse fossero gestite da imprese separate. Tali soggetti pubblicano nella relazione annuale sulla gestione uno stato patrimoniale e un conto profitti e perdite distinti per ogni fase. Fermo restando quanto previsto dall'art. 20, primo comma, della l. 29 maggio 1982, n. 308, le attività elettriche già esercitate dalle imprese elettriche degli enti locali restano affidate in concessione da parte del Ministro dell'industria, del commercio e dell'artigianato. I rapporti tra le imprese elettriche degli enti locali e l'ENEL spa restano regolati da convenzioni stipulate ai sensi dell'art. 21 della l. 9 gennaio 1991, n. 9.

9. La presente legge entra in vigore il giorno successivo a quello della sua pubblicazione nella *Gazzetta Ufficiale*.

XXI. 4.

DECRETO LEGGE 31 gennaio 2007, n. 7. — *Misure urgenti per la tutela dei consumatori, la promozione della concorrenza, lo sviluppo di attività economiche e la nascita di nuove imprese, la valorizzazione dell'istruzione tecnico-professionale e la rottamazione di autoveicoli* (1), *convertito, con modificazioni, in l. 2 aprile 2007, n. 40* (2).

(1) G.U., 1° febbraio 2007, n. 26.
(2) Suppl. ord. n. 91 a G.U., 2 aprile 2007, n. 77.

CAPO I

MISURE URGENTI PER LA TUTELA DEI CONSUMATORI

1. *Ricarica nei servizi di telefonia mobile, trasparenza e libertà di recesso dai contratti con operatori telefonici, televisivi e di servizi internet.* — 1. Al fine di favorire la concorrenza e la trasparenza delle tariffe, di garantire ai consumatori finali un adeguato livello di conoscenza sugli effettivi prezzi del servizio, nonché di facilitare il confronto tra le offerte presenti sul mercato, è vietata, da parte degli operatori di telefonia, di reti televisive e di comunicazioni elettroniche, l'applicazione di costi fissi e di contributi per la ricarica di carte prepagate, anche via bancomat o in forma telematica, aggiuntivi rispetto al costo del traffico telefonico o del servizio richiesto. È altresì vietata la previsione di termini temporali massimi di utilizzo del traffico o del servizio acquistato. Ogni eventuale clausola difforme è nulla e non comporta la nullità del contratto, fatti salvi i vincoli di durata di eventuali offerte promozionali comportanti prezzi più favorevoli per il consumatore. Gli operatori di telefonia mobile adeguano la propria offerta commerciale alle predette disposizioni entro il termine di trenta giorni dalla data di entrata in vigore del presente decreto.

1-*bis.* I contratti di fornitura nei servizi di comunicazione elettronica disciplinati dal codice di cui al d.lg. 1° agosto 2003, n. 259, prevedono la cadenza di rinnovo delle offerte e della fatturazione dei servizi, ad esclusione di quelli promozionali a carattere temporaneo di durata inferiore a un mese e non rinnovabile, su base mensile o di multipli del mese (1).

1-*ter.* Gli operatori di telefonia, di reti televisive e di comunicazioni elettroniche, indipendentemente dalla tecnologia utilizzata, si adeguano alle disposizioni di cui al comma 1-*bis* entro il termine di centoventi giorni dalla data di entrata in vigore della presente disposizione (1).

1-*quater.* L'Autorità per le garanzie nelle comunicazioni garantisce la pubblicazione dei servizi offerti e delle tariffe generali di cui al comma 1-*bis*, in modo da assicurare che i consumatori possano compiere scelte informate (1).

1-*quinquies.* In caso di violazione del comma 1-*bis* l'Autorità per le garanzie nelle comunicazioni ordina all'operatore la cessazione della condotta e il rimborso delle eventuali somme indebitamente percepite o comunque ingiustificatamente addebitate agli utenti, indicando il termine entro cui adempiere, in ogni caso non inferiore a trenta giorni (1).

2. L'offerta commerciale dei prezzi dei differenti operatori della telefonia deve evidenziare tutte le voci che compongono l'offerta, al fine di consentire ai singoli consumatori un adeguato confronto.

2-*bis.* L'Autorità per le garanzie nelle comunicazioni determina le modalità per consentire all'utente, a sua richiesta, al momento della chiamata da un numero fisso o cellulare e senza alcun addebito, di conoscere l'indicazione dell'operatore che gestisce il numero chiamato.

3. I contratti per adesione stipulati con operatori di telefonia e di reti televisive e di comunicazione elettronica, indipendentemente dalla tecnologia utilizzata, devono prevedere la facoltà del contraente di recedere dal contratto o di trasferire le utenze presso altro operatore senza vincoli temporali o ritardi non giustificati e senza spese non giustificate da costi dell'operatore e non possono imporre un obbligo di preavviso superiore a trenta giorni. Le clausole difformi sono nulle, fatta salva la facoltà degli operatori di adeguare alle disposizioni del presente comma i rapporti contrattuali già stipulati alla data di entrata in vigore del presente decreto entro i successivi sessanta giorni. In ogni caso, le spese relative al recesso o al trasferimento dell'utenza ad altro operatore sono commisurate al valore del contratto e ai costi reali sopportati dall'azienda, ovvero ai costi sostenuti per dismettere la linea telefonica o trasferire il servizio, e comunque rese note al consumatore al momento della pubblicizzazione dell'offerta e in fase di sottoscrizione del contratto, nonché comunicate, in via generale, all'Autorità per le garanzie nelle comunicazioni, esplicitando analiticamente la composizione di ciascuna voce e la rispettiva giustificazione economica (2).

3-*bis.* Le modalità utilizzabili dal soggetto contraente che intenda recedere da un contratto stipulato con operatori di telefonia e di reti televisive e di comunicazione elettronica, nonché in caso di cambio di gestore, devono essere semplici e di immediata attivazione e devono seguire le medesime forme utilizzabili al mo-

(1) Comma inserito dall'art. 19-*quinquiesdecies*.1, lett. a, d.l. 16 ottobre 2017, n. 148, conv. in l. 4 dicembre 2017, n. 172

(2) Periodo aggiunto dall'art. 1.41, lett. a, l. 4 agosto 2017, n. 124.

mento dell'attivazione o dell'adesione al contratto. In ogni caso, gli operatori di telefonia, di reti televisive e di comunicazioni elettroniche devono consentire la possibilità per consumatori e utenti di comunicare il recesso o il cambio di gestore con modalità telematiche (1).

3-*ter*. Il contratto stipulato con operatori di telefonia e di reti televisive e di comunicazione elettronica, ove comprenda offerte promozionali aventi ad oggetto la fornitura sia di servizi che di beni, non può avere durata superiore a ventiquattro mesi. Nel caso di risoluzione anticipata si applicano i medesimi obblighi informativi e i medesimi limiti agli oneri per il consumatore di cui al comma 3, terzo periodo, e comunque gli eventuali relativi costi devono essere equi e proporzionati al valore del contratto e alla durata residua della promozione offerta (1).

3-*quater*. È fatto obbligo ai soggetti gestori dei servizi di telefonia e di comunicazioni elettroniche, ai fini dell'eventuale addebito al cliente del costo di servizi in abbonamento offerti da terzi, di acquisire la prova del previo consenso espresso del medesimo. In ogni caso, è fatto divieto agli operatori di telefonia e di comunicazioni elettroniche di prevedere la possibilità per il consumatore o per l'utente di ricevere servizi in abbonamento da parte dello stesso operatore, o di terzi, senza il previo consenso espresso e documentato all'attivazione di tale tipologia di servizi (1).

4. L'Autorità per le garanzie nelle comunicazioni vigila sull'attuazione delle disposizioni di cui al presente articolo e stabilisce le modalità attuative delle disposizioni di cui al comma 2 e al comma 3-*quater* (2). La violazione delle disposizioni di cui ai commi 1, 1-*bis*, 1-*ter*, 2, 3, 3-*bis*, 3-*ter* e 3-*quater* è sanzionata dall'Autorità per le garanzie nelle comunicazioni applicando l'art. 98 del codice delle comunicazioni elettroniche, di cui al d.lg. 1° agosto 2003, n. 259, e successive modificazioni. L'inottemperanza agli ordini impartiti ai sensi del comma 1-*quinquies* è sanzionata applicando l'art. 98, comma 11, del medesimo codice (3).

4-*bis*. Il periodo mensile o suoi multipli di cui al comma 1-*bis* costituisce standard minimo nelle condizioni generali di contratto e nella Carta dei servizi. Nel caso di variazione dello standard da parte dell'operatore e tenendo conto delle tempistiche di cui al comma 1-*ter*, si applica un indennizzo forfetario pari ad euro 50, in favore di ciascun utente interessato dalla illegittima fatturazione, maggiorato di euro 1 per ogni giorno successivo alla scadenza del termine assegnato dall'Autorità ai sensi del comma 1-*quinquies*. L'Autorità vigila sul rispetto della presente disposizione nell'ambito delle competenze di cui all'art. 1, comma 6, lett. *a*), n. 14, e commi 11 e 12, della l. 31 luglio 1997, n. 249 (4).

1-*bis*. *Misure per il mercato delle telecomunicazioni*. — . . . . (*omissis*).

2. *Informazione sui prezzi dei carburanti e sul traffico lungo la rete autostradale e stradale*. — 1. Al fine di favorire la concorrenza e la trasparenza dei prezzi nel settore della distribuzione dei carburanti, di garantire ai consumatori un adeguato livello di conoscenza sugli effettivi costi del servizio, nonché di facilitare il confronto tra le offerte presenti sul mercato, il gestore della rete stradale di interesse nazionale e autostradale deve utilizzare i dispositivi di informazione di pubblica utilità esistenti lungo la rete e le convenzioni con emittenti radiofoniche, nonché gli strumenti di informazione di cui al comma 3 per informare gli utenti, anche in forma comparata, dei prezzi di vendita dei carburanti praticati negli impianti di distribuzione dei carburanti presenti lungo le singole tratte della rete autostradale e delle strade statali extraurbane principali, con conseguente onere informativo dei gestori degli impianti ai concessionari circa i prezzi praticati. La violazione di tale obbligo comporta l'applicazione delle sanzioni previste dalla disciplina del commercio per la mancata esposizione dei prezzi.

2. Il gestore della rete stradale di interesse nazionale e autostradale deve utilizzare i medesimi strumenti di informazione per avvertire, in tempo reale, delle condizioni di grave limitazione del traffico che gli utenti potrebbero subire accedendo alla rete di competenza.

3. Il Ministero dei trasporti sottopone, entro trenta giorni dalla data di entrata in vigore della legge di conversione del presente decreto, al Comitato interministeriale per la programmazione economica (CIPE) una proposta intesa a disciplinare, senza oneri aggiuntivi per il bilancio pubblico, nell'ambito delle concessioni autostradali e stradali, l'installazione di stru-

(1) Comma inserito dall'art. 1.41, lett. b, l. 4 agosto 2017, n. 124.

(2) Le parole «e al comma 3-*quater*» sono state aggiunte dall'art. 1.41, lett. c, n. 1, l. 4 agosto 2017, n. 124.

(3) Gli attuali secondo e terzo periodo sono stati così sostituiti all'originario secondo periodo dall'art. 19-*quinquiesdecies*.1, lett. b, d.l. 16 ottobre 2017, n. 148, conv. in l. 4 dicembre 2017, n. 172.

(4) Comma inserito dall'art. 19-*quinquiesdecies*.1, lett. c, d.l. 16 ottobre 2017, n. 148, conv. in l. 4 dicembre 2017, n. 172.

menti di informazione di pubblica utilità e la sottoscrizione di convenzioni con organi di informazione e gestori di telefonia per facilitare la diffusione delle informazioni di cui ai commi 1 e 2.

3. *Trasparenza delle tariffe aeree*. — 1. Al fine di favorire la concorrenza e la trasparenza delle tariffe aeree, di garantire ai consumatori un adeguato livello di conoscenza sugli effettivi costi del servizio, nonché di facilitare il confronto tra le offerte presenti sul mercato, sono vietati le offerte e i messaggi pubblicitari di voli aerei recanti l'indicazione del prezzo al netto di spese, tasse e altri oneri aggiuntivi, ovvero riferiti a una singola tratta di andata e ritorno, a un numero limitato di titoli di viaggio o a periodi di tempo delimitati o a modalità di prenotazione, se non chiaramente indicati nell'offerta.

2. A decorrere dal trentesimo giorno successivo alla data di entrata in vigore del presente decreto, le offerte e i messaggi pubblicitari di cui al comma 1 sono sanzionati quali pubblicità ingannevole.

4. *Data di scadenza dei prodotti alimentari*. —

5. *Misure per la concorrenza e per la tutela del consumatore nei servizi assicurativi*. — 1. I divieti di cui all'art. 8 del d.l. 4 luglio 2006, n. 223, convertito, con modificazioni, dalla l. 4 agosto 2006, n. 248, si applicano alle clausole contrattuali di distribuzione esclusiva di polizze relative a tutti i rami danni, a decorrere dalla data di entrata in vigore della legge di conversione del presente decreto, fatta salva la facoltà di adeguare i contratti già stipulati alla medesima data entro il 1º gennaio 2008.

1-*bis*. .... (*omissis*) (1).

2. .... (*omissis*) (2).

3. .... (*omissis*) (3).

4. .... (*omissis*) (4).

Tali disposizioni entrano in vigore per i contratti stipulati dalla data di entrata in vigore della legge di conversione del presente decreto. Per i contratti stipulati antecedentemente alla data di entrata in vigore della legge di conversione del presente decreto, la facoltà di cui al primo periodo può essere esercitata a condizione che il contratto di assicurazione sia stato in vita per almeno tre anni (5).

5. Le clausole in contrasto con le prescrizioni del presente articolo sono nulle e non comportano la nullità del contratto, fatta salva la facoltà degli operatori di adeguare le clausole vigenti alla data di entrata in vigore del presente decreto entro i successivi sessanta giorni, ovvero, limitatamente al comma 4, entro i successivi centottanta giorni.

6. (*Soppresso*).

7. .... (6).

8. *Portabilità del mutuo; surrogazione*. — 1-4. .... (7).

4-*bis*. Nell'ipotesi di cui ai commi 2 e 3, ultimo periodo, dell'art. 120-*quater* del d.lg. 1º settembre 1993, n. 385, e successive modificazioni (8) (9) non si applicano l'imposta sostitutiva di cui all'art. 17 del d.p.r. 29 settembre 1973, n. 601, né le imposte indicate nell'art. 15 del medesimo decreto.

4-*ter*. All'onere derivante dall'attuazione del comma 4-*bis*, valutato in 2,5 milioni di euro annui a decorrere dall'anno 2007, si provvede mediante corrispondente riduzione dello stanziamento iscritto, ai fini del bilancio triennale 2007-2009, nell'ambito dell'unità previsionale di base di parte corrente «Fondo speciale» dello stato di previsione del Ministero dell'economia e delle finanze per l'anno 2007, allo scopo parzialmente utilizzando, quanto a 2,5 milioni di euro per l'anno 2007 e a decorrere dall'anno 2009, l'accantonamento relativo al medesimo Ministero e, quanto a 2,5 milioni di euro per l'anno 2008, l'accantonamento relativo al Ministero della solidarietà sociale.

4-*quater*. Il Ministro dell'economia e delle finanze provvede al monitoraggio degli oneri derivanti dall'applicazione del comma 4-*bis*, anche ai fini dell'applicazione dell'art. 11-*ter*, comma 7, della l. 5 agosto 1978, n. 468, e successive modificazioni, e trasmette alle Camere, corredati da apposite relazioni, gli eventuali decreti emanati ai sensi dell'art. 7, secondo

(1) Modifica il comma 3 dell'art. 134, d.lg. 7 settembre 2005, n. 209, in *Leggi coll. VIII, 3.*

(2) Aggiunge i commi 4-*bis*, 4-*ter* e 4-*quater* nell'art. 134, d.lg. 7 settembre 2005, n. 209, in *Leggi coll. VIII, 3.*

(3) Aggiunge il comma 3-*bis* nell'art. 136, d.lg. 7 settembre 2005, n. 209, in *Leggi coll. VIII, 3.*

(4) Si omette la parte di testo che modifica il comma 1 dell'art. 1899 c.c.

(5) Così corretto con *Errata corrige* in G.U., 7 aprile 2007, n. 82.

(6) Articolo abrogato dall'art. 6.1-*bis*, lett. b, d.lg. 13 agosto 2010, n. 141, come inserito dall'art. 4.1, d.lg. 14 dicembre 2010, n. 218.

(7) Commi abrogati dall'art. 6.1-*bis*, lett. b, d.lg. 13 agosto 2010, n. 141, come inserito dall'art. 4.1, d.lg. 14 dicembre 2010, n. 218.

(8) In *Leggi coll. XVII, 1.*

(9) Le parole «ai commi 2 e 3, ultimo periodo, dell'art. 120-*quater* del d.lg. 1º settembre 1993, n. 385, e successive modificazioni» sono state così sostituite alle precedenti «al comma 2» dall'art. 6.1-*ter*, lett. a, d.lg. 13 agosto 2010, n. 141, come inserito dall'art. 4.1, d.lg. 14 dicembre 2010, n. 218.

comma, n. 2), della citata legge n. 468 del 1978. Il Ministro dell'economia e delle finanze è autorizzato ad apportare, con propri decreti, le occorrenti variazioni di bilancio.

8-*bis*. *Disposizioni a tutela dei cittadini utenti*. — 1. Nell'ambito dei rapporti assicurativi e bancari è fatto assoluto divieto di addebitare al cliente spese relative alla predisposizione, produzione, spedizione, o altre spese comunque denominate, relative alle comunicazioni di cui all'art. 5 [...] (1) del presente decreto e agli artt. 40-*bis*, 120-*ter* e 120-*quater* del d.lg. 1° settembre 1993, n. 385, e successive modificazioni (2) (3).

CAPO II

MISURE URGENTI PER LO SVILUPPO IMPRENDITORIALE E LA PROMOZIONE DELLA CONCORRENZA

9. *Comunicazione unica per la nascita dell'impresa*. — 1. Ai fini dell'avvio dell'attività d'impresa, l'interessato presenta all'ufficio del registro delle imprese, per via telematica o su supporto informatico, la comunicazione unica per gli adempimenti di cui al presente articolo.

2. La comunicazione unica vale quale assolvimento di tutti gli adempimenti amministrativi previsti per l'iscrizione al registro delle imprese ed ha effetto, sussistendo i presupposti di legge, ai fini previdenziali, assistenziali, fiscali individuati con il decreto di cui al comma 7, secondo periodo, nonché per l'ottenimento del codice fiscale e della partita IVA.

3. L'ufficio del registro delle imprese contestualmente rilascia la ricevuta, che costituisce titolo per l'immediato avvio dell'attività imprenditoriale, ove sussistano i presupposti di legge, e dà notizia alle Amministrazioni competenti dell'avvenuta presentazione della comunicazione unica.

4. Le Amministrazioni competenti comunicano all'interessato e all'ufficio del registro delle imprese, per via telematica, immediatamente il codice fiscale e la partita IVA ed entro i successivi sette giorni gli ulteriori dati definitivi relativi alle posizioni registrate.

5. La procedura di cui al presente articolo si applica anche in caso di modifiche o cessazione dell'attività d'impresa.

6. La comunicazione, la ricevuta e gli atti amministrativi di cui al presente articolo sono adottati in formato elettronico e trasmessi per via telematica. A tale fine le Camere di commercio, industria, artigianato e agricoltura assicurano, gratuitamente, previa intesa con le associazioni imprenditoriali, il necessario supporto tecnico ai soggetti privati interessati.

7. Con decreto adottato dal Ministro dello sviluppo economico, entro quarantacinque giorni dalla data di entrata in vigore della legge di conversione del presente decreto, di concerto con i Ministri per le riforme e le innovazioni nella pubblica amministrazione, dell'economia e delle finanze, e del lavoro e della previdenza sociale, è individuato il modello di comunicazione unica di cui al presente articolo (4). Con decreto del Presidente del Consiglio dei Ministri o del Ministro per le riforme e le innovazioni nella pubblica amministrazione, di concerto con i Ministri dello sviluppo economico, dell'economia e delle finanze, e del lavoro e della previdenza sociale, ai sensi dell'art. 71 del codice dell'amministrazione digitale di cui al d.lg. 7 marzo 2005, n. 82 (5), e successive modificazioni, entro quarantacinque giorni dalla data di entrata in vigore della legge di conversione del presente decreto, sono individuate le regole tecniche per l'attuazione delle disposizioni di cui al presente articolo, le modalità di presentazione da parte degli interessati e quelle per l'immediato trasferimento telematico dei dati tra le Amministrazioni interessate, anche ai fini dei necessari controlli.

8. La disciplina di cui al presente articolo trova applicazione a decorrere dal 1° ottobre 2009 (6).

9. . . . . (*omissis*).

10. Al fine di incentivare l'utilizzo del mezzo telematico da parte delle imprese individuali,

(1) Le parole «7, 8 e 13, commi da 8-*sexies* a 8-*terdecies*» sono state soppresse dall'art. 6.1-*ter*, lett. b, d.lg. 13 agosto 2010, n. 141, come inserito dall'art. 4.1, d.lg. 14 dicembre 2010, n. 218.

(2) In *Leggi coll. XVII, 1.*

(3) Le parole «e agli artt. 40-*bis*, 120-*ter* e 120-*quater* del d.lg. 1° settembre 1993, n. 385, e successive modificazioni» sono state aggiunte dall'art. 6.1-*ter*, lett. b, d.lg. 13 agosto 2010, n. 141, come inserito dall'art. 4.1, d.lg. 14 dicembre 2010, n. 218.

(4) V. d.m. Sviluppo economico 2 novembre 2007, in G.U., 21 dicembre 2007, n. 296, come modificato con d.m. Sviluppo economico 19 novembre 2009, in G.U., 3 dicembre 2009, n. 282.

(5) In *Leggi coll. IV, 4.*

(6) Le parole «dal 1° ottobre 2009» sono state così sostituite alle precedenti «dal sessantesimo giorno successivo dalla data di entrata in vigore del decreto di cui al comma 7, primo periodo» dall'art. 23.13, d.l. 1° luglio 2009, n. 78, conv. in l. 3 agosto 2009, n. 102.

relativamente agli atti di cui al presente articolo, la misura dell'imposta di bollo di cui all'art. 1, comma 1-*ter*, della tariffa annessa al d.p.r. 26 ottobre 1972, n. 642, come sostituita dal decreto del Ministro delle finanze 20 agosto 1992, e successive modificazioni, è rideterminata, garantendo comunque l'invarianza del gettito, con decreto del Ministero dell'economia e delle finanze, di concerto con il Ministero dello sviluppo economico, da adottarsi entro quarantacinque giorni dalla data di entrata in vigore della legge di conversione del presente decreto.

9-*bis*. *all'albo provinciale delle imprese artigiane mediante comunicazione unica al registro delle imprese*. — 1. Ai fini dell'avvio dell'attività d'impresa in conformità ai requisiti di qualifica artigiana, disciplinati ai sensi delle disposizioni vigenti, l'interessato presenta una dichiarazione attestante il possesso di tali requisiti mediante la comunicazione unica per la nascita dell'impresa, di cui all'art. 9, secondo le regole tecniche individuate dal d.p.c.m. 6 maggio 2009, pubblicato nella *Gazzetta Ufficiale* n. 152 del 3 luglio 2009.

2. La dichiarazione di cui al comma 1 determina l'iscrizione all'albo provinciale delle imprese artigiane, ove previsto e disciplinato dalla legislazione regionale, con la decorrenza ivi prevista, e l'annotazione nella sezione speciale del registro delle imprese. Restano ferme le altre disposizioni vigenti recanti obblighi di iscrizione nel registro delle imprese.

3. Le regioni disciplinano le procedure per gli accertamenti e i controlli e per gli eventuali provvedimenti in caso di carenza dei requisiti dichiarati, ai sensi del comma 1, nonché le modalità per la comunicazione delle cancellazioni e delle variazioni ai soggetti interessati, assegnando termini congrui per la presentazione di proprie deduzioni o per conformarsi ai requisiti di legge, nonché ai fini della presentazione dei ricorsi ai sensi delle disposizioni vigenti.

4. Qualora, a seguito di accertamento o verifica ispettiva, emergano gli elementi per l'iscrizione alla gestione di cui all'art. 3 della l. 4 luglio 1959, n. 463, e all'art. 31 della l. 9 marzo 1989, n. 88, l'ente accertatore comunica all'ufficio del registro delle imprese gli elementi per l'iscrizione all'albo provinciale delle imprese artigiane. La comunicazione, ove previsto e disciplinato dalla normativa regionale, determina l'iscrizione all'albo provinciale delle imprese artigiane con decorrenza immediata, fatto salvo quanto previsto dal comma 3 del presente articolo. I provvedimenti di variazione o di cancellazione adottati, ai sensi del citato comma 3, per mancanza dei requisiti tecnico-professionali non pregiudicano l'obbligo contributivo per il periodo di esercizio effettivo dell'attività.

5. All'attuazione del presente articolo le amministrazioni interessate provvedono nell'ambito delle risorse umane, strumentali e finanziarie disponibili a legislazione vigente e, comunque, senza nuovi o maggiori oneri a carico della finanza pubblica (1).

10. *Misure urgenti per la liberalizzazione di alcune attività economiche*. — 1. Le disposizioni del presente articolo sono volte a garantire la libertà di concorrenza secondo condizioni di pari opportunità sul territorio nazionale e il corretto ed uniforme funzionamento del mercato, nonché ad assicurare ai consumatori finali migliori condizioni di accessibilità all'acquisto di prodotti e servizi sul territorio nazionale, in conformità al principio comunitario della concorrenza e alle regole sancite dagli artt. 81, 82 e 86 del Trattato istitutivo della Comunità europea.

2. Le attività di acconciatore di cui alle leggi 14 febbraio 1963, n. 161, e successive modificazioni, e 17 agosto 2005, n. 174, e l'attività di estetista di cui alla l. 4 gennaio 1990, n. 1, sono soggette alla sola segnalazione certificata di inizio attività (2), da presentare allo sportello unico del comune, laddove esiste, o al comune territorialmente competente ai sensi della normativa vigente, e non possono essere subordinate al rispetto del criterio della distanza minima o di parametri numerici prestabiliti, riferiti alla presenza di altri soggetti svolgenti la medesima attività, e al rispetto dell'obbligo di chiusura infrasettimanale. Sono fatti salvi il possesso dei requisiti di qualificazione professionale, ove prescritti, e la conformità dei locali ai requisiti urbanistici ed igienico-sanitari.

3. Le attività di pulizia e disinfezione, di cui al decreto del Ministro dell'industria, del commercio e dell'artigianato 7 luglio 1997, n. 274, e successive modificazioni, e di facchinaggio di cui al decreto del Ministro delle attività produttive 30 giugno 2003, n. 221, sono soggette alla

(1) Articolo inserito dall'art. 6.2, lett. f-*sexies*, d.l. 13 maggio 2011, n. 70, conv. in l. 12 luglio 2011, n. 106.

(2) L'art. 49.4-*ter*, d.l. 31 maggio 2010, n. 78, conv. in l. 30 luglio 2010, n. 122, così dispone: «Le espressioni "segnalazione certificata di inizio attività" e "Scia" sostituiscono, rispettivamente, quelle di "dichiarazione di inizio attività" e "Dia", ovunque ricorrano, anche come parte di una espressione più ampia, e la disciplina di cui al comma 4-*bis* sostituisce direttamente, dalla data di entrata in vigore della legge di conversione del presente decreto, quella della dichiarazione di inizio attività recata da ogni normativa statale e regionale».

sola dichiarazione di inizio attività ai sensi della normativa vigente, da presentare alla Camera di commercio, industria, artigianato e agricoltura competente, e non possono essere subordinate a particolari requisiti professionali, culturali e di esperienza professionale. Sono fatti salvi, ove richiesti dalla normativa vigente, i requisiti di onorabilità e capacità economico-finanziaria. Per l'esercizio delle sole attività di facchinaggio non sono necessari i requisiti di capacità economico-finanziaria di cui alla lett. *b*) del comma 1 dell'art. 5 del regolamento di cui al decreto del Ministro delle attività produttive 30 giugno 2003, n. 221. Resta salva la disciplina vigente per le attività di disinfestazione, derattizzazione e sanificazione ed in ogni caso le attività professionali di cui al presente comma possono essere esercitate solo nel pieno rispetto della normativa vigente in materia di tutela del lavoro e della salute ed in particolare del d.lg. 19 settembre 1994, n. 626, e successive modificazioni, e della normativa in materia di smaltimento dei rifiuti speciali o tossici.

4. . . . . (1).

5. L'attività di autoscuola è soggetta alla sola dichiarazione di inizio attività da presentare all'amministrazione provinciale territorialmente competente ai sensi della normativa vigente, fatto salvo il rispetto dei requisiti morali e professionali, della capacità finanziaria e degli standard tecnico-organizzativi previsti dalla stessa normativa. . . . . (*omissis*) (2).

5-*bis*-5-*octies*. . . . . (*omissis*) (2).

5-*novies*. Entro sei mesi dalla data di entrata in vigore della legge di conversione del presente decreto, il Ministro dei trasporti emana una o più direttive di revisione dell'esercizio dell'attività di autoscuola, con riguardo alle prescrizioni su locali e orari.

5-*decies*. Al fine di assicurare la trasparenza e il confronto dei corrispettivi richiesti dalle autoscuole per l'educazione stradale, l'istruzione e la formazione dei conducenti, il Ministro dei trasporti, con proprio decreto, da adottare entro novanta giorni dalla data di entrata in vigore della legge di conversione del presente decreto, stabilisce un modello unificato nel quale ciascun esercizio riporta le tariffe praticate, depositandone copia presso la competente amministrazione provinciale, nonché le modalità di esposizione e informazione per l'utenza.

6. A decorrere dalla data di entrata in vigore del presente decreto sono abrogate le disposizioni legislative e regolamentari statali incompatibili con le disposizioni di cui ai commi da 2 a 5.

7. Entro tre mesi dalla data di entrata in vigore del presente decreto le regioni, le province ed i comuni adeguano le disposizioni normative e regolamentari ai principi di cui ai commi da 2 a 5.

8-9. . . . . (*omissis*).

11. *Misure per il mercato del gas*. — 1. Al fine di accrescere gli scambi sul mercato nazionale del gas naturale, nonché di facilitare l'accesso dei piccoli e medi operatori, fino al completo recepimento della dir. 2003/55/CE del Parlamento europeo e del Consiglio, del 26 giugno 2003, con decreto del Ministro dello sviluppo economico, sentita l'Autorità per l'energia elettrica e il gas, da emanare entro tre mesi dalla data di entrata in vigore del presente decreto, sono determinate le modalità con cui le aliquote del prodotto della coltivazione di giacimenti di gas dovute allo Stato, a decorrere da quelle dovute per l'anno 2006, sono cedute dai titolari delle concessioni di coltivazione presso il mercato regolamentato delle capacità di cui all'art. 13 della deliberazione n. 137/02 del 17 luglio 2002, pubblicata nella *Gazzetta Ufficiale* n. 190 del 14 agosto 2002, e secondo le modalità di cui all'articolo 1 della deliberazione n. 22/04 del 26 febbraio 2004, pubblicata nella *Gazzetta Ufficiale* n. 66 del 19 marzo 2004, adottate dall'Autorità per l'energia elettrica e il gas. Con decreto del Ministro dell'economia e delle finanze, di concerto con il Ministro dello sviluppo economico, sono disciplinate le modalità di versamento delle relative entrate al bilancio dello Stato.

2. A decorrere dalla data di entrata in vigore del decreto di cui al primo periodo del comma 1, le autorizzazioni all'importazione di gas rilasciate dal Ministero dello sviluppo economico ai sensi dell'art. 3 del d.lg. 23 maggio 2000, n. 164 (3), sono subordinate all'obbligo di offerta presso il mercato regolamentato di cui al comma 1 di una quota del gas importato, definita con decreto dello stesso Ministero in misura rapportata ai volumi complessivamente importati. Le modalità di offerta, secondo principi trasparenti e non discriminatori, sono determinate dall'Autorità per l'energia elettrica e il gas.

12. (*Soppresso*).

(1) Comma abrogato dall'art. 3.1, lett. n, d.lg. 23 maggio 2011, n. 79.
(2) Si omettono le modifiche all'art. 123, d.lg. 30 aprile 1992, n. 285.
(3) Modificato dall'art. 28, d.lg. 1° giugno 2011, n. 93.

13. *Disposizioni urgenti in materia di istruzione tecnico-professionale e di valorizzazione dell'autonomia scolastica. Misure in materia di rottamazione di autoveicoli. Semplificazione del procedimento di cancellazione dell'ipoteca per i mutui immobiliari. Revoca delle concessioni per la progettazione e la costruzione di linee ad alta velocità e nuova disciplina degli affidamenti contrattuali nella revoca di atti amministrativi. Clausola di salvaguardia. Entrata in vigore*. — 1-8-*quinquies*. . . . . (*omissis*).

8-*sexies*-8-*undecies*. . . . . (1).

8-*duodecies*. Le disposizioni di cui ai commi da 8-*sexies* a 8-*terdecies* trovano applicazione a decorrere dal sessantesimo giorno successivo alla data di entrata in vigore della legge di conversione del presente decreto. Dalla medesima data decorrono i termini di cui ai commi 8-*septies* e 8-*novies* per i mutui immobiliari estinti a decorrere dalla data di entrata in vigore della stessa legge di conversione e sono abrogate le disposizioni legislative e regolamentari statali incompatibili con le disposizioni di cui ai commi da 8-*sexies* a 8-*undecies* e le clausole in contrasto con le prescrizioni di cui ai commi da 8-*sexies* a 8-*terdecies* sono nulle e non comportano la nullità del contratto.

8-*terdecies*. Per i mutui di cui ai commi da 8-*sexies* a 8-*duodecies* estinti prima della data di entrata in vigore della legge di conversione del presente decreto e la cui ipoteca non sia stata ancora cancellata alla medesima data, il termine di cui al comma 8-*septies* decorre dalla data della richiesta della quietanza da parte del debitore, da effettuarsi mediante lettera raccomandata con avviso di ricevimento.

8-*quaterdecies*. . . . . (2).

8-*quinquiesdecies*-8-*undevicies*. . . (*omissis*).

8-*vicies*. Le disposizioni del presente decreto sono applicabili nelle regioni a statuto speciale e nelle province autonome di Trento e di Bolzano compatibilmente con i rispettivi statuti e le relative norme di attuazione, anche con riferimento alle disposizioni del titolo V della parte seconda della Costituzione per le parti in cui prevedono forme di autonomia più ampie rispetto a quelle già attribuite.

8-*vicies semel*. Il presente decreto entra in vigore il giorno successivo a quello della sua pubblicazione nella *Gazzetta Ufficiale* della Repubblica italiana e sarà presentato alle Camere per la conversione in legge.

14-15. (*Soppressi*).

XXI. 5.

DECRETO LEGISLATIVO 19 gennaio 2017, n. 3. — *Attuazione della direttiva 2014/104/UE del Parlamento europeo e del Consiglio, del 26 novembre 2014, relativa a determinate norme che regolano le azioni per il risarcimento del danno ai sensi del diritto nazionale per violazioni delle disposizioni del diritto della concorrenza degli Stati membri e dell'Unione europea* (3).

CAPO I

DISPOSIZIONI GENERALI

1. *Ambito di applicazione e oggetto*. — → 1. Il presente decreto disciplina, anche con riferimento alle azioni collettive di cui all'art. 140-*bis* del codice del consumo di cui al d.lg. 6 settembre 2005, n. 206 (4), il diritto al risarcimento in favore di chiunque ha subito un danno a causa di una violazione del diritto della concorrenza da parte di un'impresa o di un'associazione di imprese.

2. Il risarcimento comprende il danno emergente, il lucro cessante e gli interessi e non determina sovracompensazioni.

2. *Definizioni*. — 1. Ai fini del presente decreto si intende per:

a) «autore della violazione»: l'impresa o l'associazione di imprese che ha commesso la violazione del diritto della concorrenza;

b) «diritto della concorrenza»: le disposizioni di cui agli artt. 101 o 102 del trattato sul funzionamento dell'Unione europea, le disposizioni di cui agli artt. 2, 3 e 4 della l. 10 ottobre 1990, n. 287 (5), applicate autonomamente, nonché le disposizioni di altro Stato membro che perseguono principalmente lo stesso obiettivo degli artt. 101 e 102 del Trattato sul funzionamento dell'Unione europea e le predette disposizioni di cui agli artt. 2, 3 e 4 della l. 10 ottobre 1990, n. 287 (5), applicate nello stesso

(1) Commi abrogati dall'art. 6.1-*bis*, lett. b, d.lg. 13 agosto 2010, n. 141, come inserito dall'art. 4.1, d.lg. 14 dicembre 2010, n. 218.

(2) Comma abrogato dall'art. 6.1-*bis*, lett. b, d.lg. 13 agosto 2010, n. 141, come inserito dall'art. 4.1, d.lg. 14 dicembre 2010, n. 218.

(3) G.U., 19 gennaio 2017, n. 15.

(4) In *Leggi coll. XI, 6.*

(5) In *Leggi coll. XXI, 1.*

caso e parallelamente al diritto della concorrenza dell'Unione ai sensi dell'art. 3, par. 1, del reg. (CE) n. 1/2003, escluse le disposizioni che impongono sanzioni penali a persone fisiche, salvo qualora tali sanzioni penali costituiscano gli strumenti tramite i quali sono attuate le regole di concorrenza applicabili alle imprese;

c) «soggetto danneggiato»: una persona, fisica o giuridica, o un ente privo di personalità giuridica, che ha subito un danno causato da una violazione del diritto della concorrenza;

d) «autorità nazionale garante della concorrenza»: un'autorità designata da altro Stato membro dell'Unione europea a norma dell'art. 35 del reg. (CE) n. 1/2003 come responsabile dell'applicazione degli artt. 101 e 102 del Trattato sul funzionamento dell'Unione europea;

e) «autorità garante della concorrenza»: la Commissione o l'autorità garante della concorrenza e del mercato di cui all'art. 10 della l. 10 ottobre 1990, n. 287 (1), o l'autorità nazionale garante della concorrenza di cui alla lett. *d*), ovvero, a seconda del contesto, le predette autorità garanti della concorrenza disgiuntamente o congiuntamente alla Commissione;

f) «giudice del ricorso»: il giudice competente ai sensi dell'art. 33, comma 1, della l. 10 ottobre 1990, n. 287 (1), ovvero un giudice di altro Stato membro che ha il potere, in seguito alla proposizione di mezzi di impugnazione ordinari, di rivedere le decisioni emesse da un'autorità nazionale garante della concorrenza o le pronunce giurisdizionali formulate su tali decisioni, indipendentemente dal fatto che tale giudice abbia il potere di constatare una violazione del diritto della concorrenza;

g) «decisione relativa a una violazione»: la decisione di un'autorità garante della concorrenza ovvero di un giudice del ricorso che constata una violazione del diritto della concorrenza;

h) «decisione definitiva relativa a una violazione»: la decisione relativa a una violazione che non può o non può più essere impugnata con mezzi ordinari;

i) «prove»: tutti i mezzi di prova ammissibili dinanzi al giudice adito, in particolare documenti e tutti gli altri oggetti contenenti informazioni, indipendentemente dal supporto sul quale le informazioni sono registrate;

l) «cartello»: un accordo, una intesa ai sensi dell'art. 2 della l. 10 ottobre 1990, n. 287 (1), o una pratica concordata fra due o più concorrenti, volta a coordinare il loro comportamento concorrenziale sul mercato o a influire sui pertinenti parametri di concorrenza mediante pratiche consistenti, tra l'altro, nel fissare o coordinare i prezzi di acquisto o di vendita o altre condizioni di transazione, anche in relazione a diritti di proprietà intellettuale, nell'allocare quote di produzione o di vendita, nel ripartire i mercati e i clienti, tra l'altro mediante manipolazione delle gare d'appalto, restrizioni delle importazioni o delle esportazioni o azioni anticoncorrenziali dirette contro altre imprese concorrenti;

m) «programma di clemenza»: il programma adottato dall'autorità garante della concorrenza e del mercato ai sensi dell'art. 15, comma 2-*bis*, della l. 10 ottobre 1990, n. 287 (1), o altro programma della Commissione europea o di uno Stato membro relativo all'applicazione dell'art. 101 del Trattato sul funzionamento dell'Unione europea o di una disposizione corrispondente del diritto nazionale in base alla quale un partecipante a un cartello segreto, indipendentemente dalle altre imprese coinvolte nel cartello, collabora a un'indagine dell'autorità garante della concorrenza fornendo volontariamente gli elementi di cui è a conoscenza circa il cartello e il ruolo svolto al suo interno, ricevendo in cambio, per decisione o con la chiusura del procedimento, l'immunità dalle ammende per il suo coinvolgimento nel cartello o una loro riduzione;

n) «dichiarazione legata a un programma di clemenza»: una dichiarazione orale o scritta presentata volontariamente da parte o per conto di un'impresa o di una persona fisica a un'autorità garante della concorrenza, ovvero una registrazione di una tale dichiarazione, che descrive la conoscenza dell'impresa o della persona fisica in merito a un cartello e descrive il ruolo da essa svolto al suo interno, predisposta specificamente per essere presentata alla medesima autorità garante allo scopo di ottenere la non applicazione o una riduzione delle sanzioni ai sensi di un programma di clemenza e che non comprende le informazioni preesistenti;

o) «informazioni preesistenti»: le prove esistenti indipendentemente dal procedimento di un'autorità garante della concorrenza a prescindere dalla presenza o meno delle suddette informazioni nel fascicolo della predetta autorità;

p) «proposta di transazione»: la dichiarazione volontaria da parte o per conto di un'impresa a un'autorità garante della concorrenza, in cui l'impresa riconosce o rinuncia a conte-

(1) In *Leggi coll. XXI, 1.*

stare la sua partecipazione a una violazione del diritto della concorrenza e la propria responsabilità in detta violazione del diritto della concorrenza, predisposta specificamente per consentire all'autorità garante della concorrenza di applicare una procedura semplificata o accelerata;

q) «beneficiario dell'immunità»: un'impresa o una persona fisica che ha ottenuto l'immunità dalle ammende da un'autorità garante della concorrenza nell'ambito di un programma di clemenza;

r) «sovrapprezzo»: la differenza tra il prezzo effettivamente pagato e il prezzo che sarebbe altrimenti prevalso in assenza di una violazione del diritto della concorrenza;

s) «composizione consensuale delle controversie»: i procedimenti di risoluzione stragiudiziale di una controversia, riguardanti una richiesta di risarcimento del danno subito a causa di una violazione del diritto della concorrenza, di cui al d.lg. 4 marzo 2010, n. 28, al capo II del d.l. 12 settembre 2014, n. 132, convertito, con modificazioni, dalla l. 10 novembre 2014, n. 162, e al titolo II-*bis* della parte V del codice del consumo di cui al d.lg. 6 settembre 2005, n. 206 (1), nonché i procedimenti di arbitrato di cui al titolo VIII del libro IV del codice di procedura civile;

t) «accordo che compone la controversia»: l'accordo amichevole di definizione della controversia raggiunto mediante il procedimento di cui al d.lg. 4 marzo 2010, n. 28; l'accordo raggiunto a seguito di convenzione di negoziazione assistita di cui al capo II del d.l. 12 settembre 2014, n. 132, convertito, con modificazioni, dalla l. 10 novembre 2014, n. 162; l'accordo amichevole raggiunto mediante il procedimento di cui al titolo II-*bis* del codice del consumo di cui al d.lg. 6 settembre 2005, n. 206 (1); la determinazione contrattuale con cui è definita la controversia nell'arbitrato irrituale di cui all'art. 808-*ter* del codice di procedura civile;

u) «acquirente diretto»: una persona fisica, una persona giuridica o un ente privo di personalità giuridica che ha acquistato direttamente da un autore della violazione beni o servizi oggetto di una violazione del diritto della concorrenza;

v) «acquirente indiretto»: una persona fisica, una persona giuridica o un ente privo di personalità giuridica che ha acquistato non direttamente da un autore della violazione, ma da un acquirente diretto o da un acquirente successivo beni o servizi oggetto di una violazione del diritto della concorrenza, oppure beni o servizi che li incorporano o che derivano dagli stessi.

CAPO II

Esibizione delle prove

3. *Ordine di esibizione*. — 1. Nelle azioni per il risarcimento del danno a causa di una violazione del diritto della concorrenza, su istanza motivata della parte, contenente l'indicazione di fatti e prove ragionevolmente disponibili dalla controparte o dal terzo, sufficienti a sostenere la plausibilità della domanda di risarcimento del danno o della difesa, il giudice può ordinare alle parti o al terzo l'esibizione delle prove rilevanti che rientrano nella loro disponibilità a norma delle disposizioni del presente capo.

2. Il giudice dispone a norma del comma 1 individuando specificatamente e in modo circoscritto gli elementi di prova o le rilevanti categorie di prove oggetto della richiesta o dell'ordine di esibizione. La categoria di prove è individuata mediante il riferimento a caratteristiche comuni dei suoi elementi costitutivi come la natura, il periodo durante il quale sono stati formati, l'oggetto o il contenuto degli elementi di prova di cui è richiesta l'esibizione e che rientrano nella stessa categoria.

3. Il giudice ordina l'esibizione, nei limiti di quanto è proporzionato alla decisione e, in particolare:

a) esamina in quale misura la domanda di risarcimento o la difesa sono sostenute da fatti e prove disponibili che giustificano l'ordine di esibizione;

b) esamina la portata e i costi dell'esibizione, in specie per i terzi interessati;

c) valuta se le prove di cui è richiesta l'esibizione contengono informazioni riservate, in specie se riguardanti terzi.

4. Quando la richiesta o l'ordine di esibizione hanno per oggetto informazioni riservate, il giudice dispone specifiche misure di tutela tra le quali l'obbligo del segreto, la possibilità di non rendere visibili le parti riservate di un documento, la conduzione di audizioni a porte chiuse, la limitazione del numero di persone autorizzate a prendere visione delle prove, il conferimento ad esperti dell'incarico di redigere sintesi delle informazioni in forma aggregata

(1) In *Leggi coll. XI, 6.*

o in altra forma non riservata. Si considerano informazioni riservate i documenti che contengono informazioni riservate di carattere personale, commerciale, industriale e finanziario relative a persone ed imprese, nonché i segreti commerciali.

5. La parte o il terzo nei cui confronti è rivolta la istanza di esibizione hanno diritto di essere sentiti prima che il giudice provveda a norma del presente articolo.

6. Resta ferma la riservatezza delle comunicazioni tra avvocati incaricati di assistere la parte e il cliente stesso.

4. *Esibizione delle prove contenute nel fascicolo di un'autorità garante della concorrenza.* — 1. Il giudice ordina l'esibizione di prove contenute nel fascicolo di un'autorità garante della concorrenza quando né le parti né i terzi sono ragionevolmente in grado di fornire tale prova.

2. Il giudice ordina l'esibizione di prove contenute nel fascicolo di un'autorità garante della concorrenza a norma dell'art. 3 e secondo quanto disposto dal presente articolo.

3. Quando il giudice valuta la proporzionalità dell'ordine di esibizione considera altresì:

a) se la richiesta è stata formulata in modo specifico quanto alla natura, all'oggetto o al contenuto dei documenti presentati a un'autorità garante della concorrenza o contenuti nel fascicolo di tale autorità o con una domanda generica attinente a documenti presentati a un'autorità garante della concorrenza;

b) se la parte richiede l'esibizione in relazione all'azione per il risarcimento del danno a causa di una violazione del diritto della concorrenza;

c) se sia necessario salvaguardare l'efficacia dell'applicazione a livello pubblicistico del diritto della concorrenza in relazione a quanto previsto dalle disposizioni di cui ai commi 1 e 4, o nel caso di richiesta di un'autorità garante della concorrenza ai sensi del comma 7.

4. Il giudice, solo dopo la conclusione del procedimento da parte dell'autorità garante della concorrenza, può ordinare l'esibizione delle seguenti categorie di prove:

a) informazioni rese nell'ambito di un procedimento di un'autorità garante della concorrenza;

b) informazioni che l'autorità garante della concorrenza ha redatto e comunicato alle parti nel corso del suo procedimento;

c) proposte di transazione, ove specificamente disciplinate, che sono state revocate.

5. Il giudice non può ordinare a una parte o a un terzo di esibire prove aventi ad oggetto dichiarazioni legate a un programma di clemenza o proposte di transazione, ove specificamente disciplinate. In ogni caso l'attore può proporre istanza motivata perché il giudice, che può chiedere assistenza solo all'autorità garante della concorrenza, acceda alle prove di cui al periodo precedente al solo scopo di garantire che il loro contenuto corrisponda alle definizioni di cui all'art. 2, comma 1, lett. *n*) e *p*). Gli autori dei documenti interessati possono chiedere al giudice di essere sentiti. In nessun caso il giudice consente alle altre parti o a terzi l'accesso a tali prove. Quando il giudice accerta che il contenuto delle prove non corrisponde alle definizioni di cui all'art. 2, comma 1, lett. *n*) e *p*), ne ordina l'esibizione secondo le disposizioni di cui ai commi 4 e 6.

6. Il giudice può ordinare l'esibizione delle prove che non rientrano nelle categorie di cui ai commi 4 e 5, primo periodo, anche prima della conclusione del procedimento da parte dell'autorità garante della concorrenza.

7. Quando l'autorità garante della concorrenza intende fornire il proprio parere sulla proporzionalità della richiesta di esibizione può presentare osservazioni al giudice. Al fine di consentire all'autorità garante della concorrenza di esercitare la facoltà di cui al periodo precedente, il giudice informa la medesima autorità delle richieste di esibizione, disponendo la trasmissione degli atti che ritiene a tal fine rilevanti. Le osservazioni dell'autorità sono inserite nel fascicolo d'ufficio a norma dell'art. 96 delle disposizioni di attuazione del codice di procedura civile.

8. Nei casi di cui al comma 4, quando sui fatti rilevanti ai fini del decidere è in corso un procedimento davanti a un'autorità garante della concorrenza ed è necessario salvaguardare l'efficacia dell'applicazione a livello pubblicistico del diritto della concorrenza, il giudice può sospendere il giudizio fino alla chiusura del predetto procedimento con una decisione dell'autorità o in altro modo.

9. Sono fatte salve le norme e prassi previste dal diritto dell'Unione o le specifiche disposizioni nazionali sulla protezione dei documenti interni delle autorità garanti della concorrenza e della corrispondenza tra tali autorità.

5. *Limiti nell'uso delle prove ottenute solo grazie all'accesso al fascicolo di un'autorità garante della concorrenza.* — 1. Le prove che rientrano in una delle categorie di cui all'art. 4, commi 4 e 5, primo periodo, comunque ottenute dalle parti anche mediante l'accesso al fascicolo sono ammesse negli stessi limiti di cui all'art. 4, commi 4 e 5.

2. Le prove che rientrano nella categoria di cui all'art. 4, comma 6, comunque ottenute dalle parti solo mediante l'accesso al fascicolo pos-

sono essere utilizzate nell'azione per il risarcimento del danno solo dalla parte che le ha ottenute o dal suo successore nel diritto.

6. *Sanzioni*. — 1. Alla parte o al terzo che rifiuta senza giustificato motivo di rispettare l'ordine di esibizione del giudice a norma dell'art. 3 o non adempie allo stesso il giudice applica una sanzione amministrativa pecuniaria da euro 15.000 a euro 150.000 che è devoluta a favore della Cassa delle ammende.

2. Salvo che il fatto costituisca reato, alla parte o al terzo che distrugge prove rilevanti ai fini del giudizio di risarcimento il giudice applica una sanzione amministrativa pecuniaria da euro 15.000 a euro 150.000 che è devoluta a favore della Cassa delle ammende.

3. Alla parte o al terzo che non rispetta o rifiuta di rispettare gli obblighi imposti dall'ordine del giudice a tutela di informazioni riservate a norma dell'art. 3, comma 4, il giudice applica una sanzione amministrativa pecuniaria da euro 15.000 a euro 150.000 che è devoluta a favore della Cassa delle ammende.

4. Alla parte che utilizza le prove in violazione dei limiti di cui all'art. 5 il giudice applica una sanzione amministrativa pecuniaria da euro 15.000 a euro 150.000 che è devoluta a favore della Cassa delle ammende.

5. Le sanzioni di cui ai commi 1, 2, 3 e 4 si applicano anche ai rappresentanti legali della parte o del terzo autori delle violazioni.

6. Ferma l'applicazione delle sanzioni amministrative pecuniarie di cui ai commi 1 e 2, se la parte rifiuta senza giustificato motivo di rispettare l'ordine di esibizione del giudice a norma dell'art. 3 o non adempie allo stesso, ovvero distrugge prove rilevanti ai fini del giudizio di risarcimento, il giudice, valutato ogni elemento di prova, può ritenere provato il fatto al quale la prova si riferisce.

7. Ferma l'applicazione della sanzione amministrativa pecuniaria di cui al comma 4, se la parte utilizza prove in violazione dei limiti di cui all'art. 5, il giudice può respingere in tutto o in parte le domande e le eccezioni alle quali le prove si riferiscono.

CAPO III

Effetto delle decisioni dell'Autorità, termini di prescrizione delle azioni e responsabilità in solido

7. *Effetti delle decisioni dell'autorità garante della concorrenza*. — 1. Ai fini dell'azione per il risarcimento del danno si ritiene definitivamente accertata, nei confronti dell'autore, la violazione del diritto della concorrenza constatata da una decisione dell'autorità garante della concorrenza e del mercato di cui all'art. 10 della l. 10 ottobre 1990, n. 287 (1), non più soggetta ad impugnazione davanti al giudice del ricorso, o da una sentenza del giudice del ricorso passata in giudicato. Il sindacato del giudice del ricorso comporta la verifica diretta dei fatti posti a fondamento della decisione impugnata e si estende anche ai profili tecnici che non presentano un oggettivo margine di opinabilità, il cui esame sia necessario per giudicare la legittimità della decisione medesima. Quanto previsto al primo periodo riguarda la natura della violazione e la sua portata materiale, personale, temporale e territoriale, ma non il nesso di causalità e l'esistenza del danno.

2. La decisione definitiva con cui una autorità nazionale garante della concorrenza o il giudice del ricorso di altro Stato membro accerta una violazione del diritto della concorrenza costituisce prova, nei confronti dell'autore, della natura della violazione e della sua portata materiale, personale, temporale e territoriale, valutabile insieme ad altre prove.

3. Le disposizioni del presente articolo lasciano impregiudicati le facoltà e gli obblighi del giudice ai sensi dell'art. 267 del trattato sul funzionamento dell'Unione europea.

8. *Termine di prescrizione*. — 1. Il diritto al risarcimento del danno derivante da una violazione del diritto della concorrenza si prescrive in cinque anni. Il termine di prescrizione non inizia a decorrere prima che la violazione del diritto della concorrenza sia cessata e prima che l'attore sia a conoscenza o si possa ragionevolmente presumere che sia a conoscenza di tutti i seguenti elementi:

a) della condotta e del fatto che tale condotta costituisce una violazione del diritto della concorrenza;

b) del fatto che la violazione del diritto della concorrenza gli ha cagionato un danno;

c) dell'identità dell'autore della violazione.

2. La prescrizione rimane sospesa quando l'autorità garante della concorrenza avvia un'indagine o un'istruttoria in relazione alla violazione del diritto della concorrenza cui si riferisce l'azione per il diritto al risarcimento del danno. La sospensione si protrae per un anno dal momento in cui la decisione relativa

(1) In *Leggi coll. XXI, 1*.

alla violazione del diritto della concorrenza è divenuta definitiva o dopo che il procedimento si è chiuso in altro modo.

9. *Responsabilità in solido*. — 1. In deroga a quanto previsto dall'art. 2055, primo comma, del codice civile, fatto salvo il diritto al pieno risarcimento del danno di cui all'art. 1, comma 2, la piccola o media impresa (PMI), come definita nella racc. 2003/361/CE della Commissione, che viola il diritto della concorrenza è responsabile in solido solo nei confronti dei propri acquirenti diretti ed indiretti quando la sua quota nel mercato rilevante è rimasta inferiore al cinque per cento per il tempo in cui si è protratta la violazione del diritto della concorrenza e quando l'applicazione delle ordinarie regole in materia di responsabilità solidale determinerebbe un pregiudizio irreparabile per la sua solidità economica e la totale perdita di valore delle sue attività. La PMI è responsabile in solido anche nei confronti di soggetti danneggiati diversi da quelli di cui al periodo precedente solo quando questi non possono ottenere l'integrale risarcimento del danno dalle altre imprese coinvolte nella stessa violazione del diritto della concorrenza.

2. La deroga di cui al comma 1, primo periodo, non si applica quando la PMI ha svolto un ruolo di guida nella violazione del diritto della concorrenza o costretto altre imprese a parteciparvi ovvero quando risulta accertato che la PMI ha commesso in precedenza una violazione del diritto della concorrenza.

3. In deroga a quanto previsto dall'art. 2055, primo comma, del codice civile il beneficiario dell'immunità è responsabile in solido:

a) nei confronti dei suoi acquirenti o fornitori diretti o indiretti;

b) nei confronti di altri soggetti danneggiati, solo quando questi non possono ottenere l'integrale risarcimento del danno dalle altre imprese coinvolte nella stessa violazione del diritto della concorrenza.

4. Il termine di prescrizione del diritto al risarcimento del danno dei soggetti danneggiati di cui ai commi 1, secondo periodo, e 3, lett. *b*), inizia a decorrere da quando risulta accertato che gli stessi non possono ottenere l'integrale risarcimento del danno dalle altre imprese coinvolte nella stessa violazione del diritto della concorrenza.

5. Il regresso contro il beneficiario dell'immunità da parte di colui che ha risarcito il danno non può superare la misura del danno che lo stesso beneficiario dell'immunità ha causato ai propri acquirenti o fornitori diretti o indiretti ed è comunque determinato ai sensi dell'art. 2055, secondo comma, del codice civile.

CAPO IV

TRASFERIMENTO DEL SOVRAPPREZZO

10. *Risarcimento del danno e trasferimento del sovrapprezzo*. — 1. Il risarcimento del danno da violazione del diritto della concorrenza può essere chiesto da chiunque lo ha subito, indipendentemente dal fatto che si tratti di acquirente diretto o indiretto dell'autore della violazione.

2. Il risarcimento del danno emergente cagionato dall'autore della violazione ad un dato livello della catena di approvvigionamento non supera il danno da sovrapprezzo subito a tale livello, fermo il diritto del soggetto danneggiato di chiedere il risarcimento per il lucro cessante derivante dal trasferimento integrale o parziale del sovrapprezzo.

3. Le disposizioni del Capo IV del presente decreto si applicano anche quando la violazione del diritto della concorrenza riguarda una fornitura all'autore della violazione.

11. *Eccezione di trasferimento*. — 1. Nelle azioni per il risarcimento del danno, il convenuto che eccepisce il fatto che l'attore ha trasferito in tutto o in parte il sovrapprezzo derivante dalla violazione del diritto della concorrenza ha l'onere di provarlo anche chiedendo l'esibizione di prove all'attore o a terzi.

12. *Acquirenti indiretti*. — 1. Nelle azioni di risarcimento del danno per trasferimento in tutto o in parte del sovrapprezzo, l'attore deve dimostrare l'esistenza e la portata del trasferimento anche chiedendo l'esibizione di prove al convenuto o a terzi.

2. Nel caso di cui al comma 1, il trasferimento del sovrapprezzo si presume quando l'acquirente indiretto dimostra che:

a) il convenuto ha commesso una violazione del diritto della concorrenza;

b) la violazione del diritto della concorrenza ha determinato un sovrapprezzo per l'acquirente diretto del convenuto;

c) l'acquirente indiretto ha acquistato beni o servizi oggetto della violazione del diritto della concorrenza o ha acquistato beni o servizi che derivano dagli stessi o che li incorporano.

3. Il convenuto può dimostrare che il sovrapprezzo di cui al comma 2 non è stato trasferito interamente o in parte sull'acquirente indiretto.

13. *Pluralità di azioni*. — 1. Ferma la applicazione degli artt. 39 e 40 del codice di procedura civilee dell'art. 30 del reg. (UE) n. 1215/2012, nelle azioni di risarcimento del danno da trasferimento in tutto o in parte del sovrapprezzo derivante dalla violazione del diritto della concorrenza, il giudice, nel valutare se l'onere della prova previsto dagli artt. 11 e 12 è assolto, può tenere conto delle azioni di risarcimento del danno, anche proposte in altri Stati membri, relative alla medesima violazione del diritto della concorrenza ma promosse da attori che si trovano a un altro livello della catena di approvvigionamento e delle decisioni assunte in tali cause. Può, altresì, tenere conto delle informazioni di dominio pubblico risultanti dall'applicazione a livello pubblicistico del diritto della concorrenza riguardanti il caso specifico.

CAPO V

Quantificazione del danno

14. *Valutazione del danno.* — 1. Il risarcimento del danno causato da una violazione del diritto della concorrenza dovuto al soggetto danneggiato si deve determinare secondo le disposizioni degli artt. 1223, 1226 e 1227 del codice civile.

2. L'esistenza del danno cagionato da una violazione del diritto alla concorrenza consistente in un cartello si presume, salva prova contraria dell'autore della violazione.

3. Il giudice può chiedere assistenza all'autorità garante della concorrenza formulando specifiche richieste sugli orientamenti che riguardano la quantificazione del danno. Salvo che l'assistenza risulti non appropriata in relazione alle esigenze di salvaguardare l'efficacia dell'applicazione a livello pubblicistico del diritto della concorrenza, l'autorità garante presta l'assistenza richiesta nelle forme e con le modalità che il giudice indica sentita l'autorità medesima.

CAPO VI

Composizione consensuale delle controversie

15. *Effetti della composizione consensuale delle controversie.* — 1. Alla prescrizione del diritto per il risarcimento del danno da violazione del diritto della concorrenza si applicano l'art. 5, comma 6, del d.lg. 4 marzo 2010, n. 28, l'art. 8 del d.l. 12 settembre 2014, n. 132, convertito, con modificazioni, dalla l. 10 novembre 2014, n. 162, l'art. 141-*quinquies* del codice del consumo di cui al d.lg. 6 settembre 2005, n. 206 (1), e l'art. 2943, quarto comma, del codice civile.

2. Fatte salve le disposizioni in materia di arbitrato, il giudice, su istanza delle parti, può sospendere sino a due anni il processo pendente per il risarcimento del danno da violazione del diritto della concorrenza quando le medesime parti hanno fatto ricorso ad una procedura di composizione consensuale della controversia. Quando la conciliazione non riesce il processo deve essere riassunto nel termine perentorio di trenta giorni dalla formalizzazione della mancata conciliazione.

3. Il periodo di sospensione di cui al comma 2 non si computa ai fini dell'art. 2 della l. 24 marzo 2001, n. 89.

4. L'autorità garante della concorrenza e del mercato di cui all'art. 10 della l. 10 ottobre 1990, n. 287 (2), può considerare, ai fini della irrogazione della sanzione di cui all'art. 15 della medesima legge, il risarcimento del danno effettuato dall'autore della violazione a seguito di una procedura di composizione consensuale della controversia e prima della decisione dell'autorità.

16. *Effetti della composizione consensuale delle controversie sulle successive azioni per il risarcimento del danno.* — 1. Nelle azioni per il risarcimento del danno da violazione del diritto della concorrenza, il soggetto danneggiato che ha partecipato ad un accordo che compone la controversia non può chiedere la parte di danno imputabile al coautore della violazione che vi ha partecipato ai coautori che non vi hanno partecipato.

2. I coautori della violazione che non hanno partecipato ad un accordo che compone la controversia non hanno regresso nei confronti dei coautori della violazione che vi hanno partecipato per la parte del danno a questi imputabile.

3. Quando i coautori della violazione che non hanno partecipato all'accordo che compone la controversia sono insolventi, detratta la parte di danno imputabile al coautore che ha partecipato all'accordo, il soggetto danneggiato può chiedere il risarcimento ai coautori della violazione che hanno partecipato all'accordo, salvo che le parti che hanno partecipato all'accordo che compone la con-

(1) In *Leggi coll. XI, 6.*
(2) In *Leggi coll. XXI, 1.*

troversia lo abbiano espressamente escluso.

4. Fermo il disposto dell'art. 2055, secondo comma, del codice civile, nel determinare la misura del regresso dovuto dal coautore della violazione a ciascuno degli altri coautori della violazione responsabili per il danno cagionato dalla violazione del diritto della concorrenza, il giudice tiene conto del risarcimento corrisposto dal predetto coautore interessato nell'ambito di un accordo che compone la controversia concluso in precedenza.

5. Le disposizioni del presente articolo si applicano anche quando il procedimento di composizione consensuale della controversia è definito con la pronuncia del lodo di cui al capo IV del Titolo VIII del libro IV del codice di procedura civile.

CAPO VII

DISPOSIZIONI ULTERIORI, TRANSITORIE E FINALI

17. *Modificazioni alla l. 10 ottobre 1990, n. 287.* — 1. . . . . (*omissis*) (1).

18. *Competenza dei tribunali per le imprese.* — 1. . . . . (*omissis*) (2).

19. *Disposizione transitoria.* — 1. Ai fini dell'applicazione temporale del presente decreto, gli artt. 3, 4, 5, 15, comma 2, quali disposizioni procedurali, si applicano ai giudizi di risarcimento del danno da violazione del diritto della concorrenza promossi successivamente al 26 dicembre 2014.

20. *Clausola di invarianza finanziaria.* — . . . . (*omissis*).

(1) Modifica i commi 1 e 2 e abroga il comma 3 dell'art. 1, l. 10 ottobre 1990, n. 287, in *Leggi coll. XXI, 1.*

(2) Modifica l'art. 4, d.lg. 27 giugno 2003, n. 168.

XXII. FALLIMENTO

XXII. 1.

REGIO DECRETO 16 marzo 1942, n. 267. — *Disciplina del fallimento, del concordato preventivo* (1) *e della liquidazione coatta amministrativa* (2).

TITOLO I
Disposizioni generali

1. *Imprese soggette al fallimento e al concordato preventivo*. — *1.* Sono soggetti alle disposizioni sul fallimento e sul concordato preventivo gli imprenditori che esercitano una attività commerciale [c. 2195], esclusi gli enti pubblici [c. 2093, 2201].

2. Non sono soggetti alle disposizioni sul fallimento e sul concordato preventivo gli imprenditori di cui al primo comma, i quali dimostrino il possesso congiunto dei seguenti requisiti:

a) aver avuto, nei tre esercizi antecedenti la data di deposito della istanza di fallimento o dall'inizio dell'attività se di durata inferiore, un attivo patrimoniale di ammontare complessivo annuo non superiore ad euro trecentomila;

b) aver realizzato, in qualunque modo risulti, nei tre esercizi antecedenti la data di deposito dell'istanza di fallimento o dall'inizio dell'attività se di durata inferiore, ricavi lordi per un ammontare complessivo annuo non superiore ad euro duecentomila;

c) avere un ammontare di debiti anche non scaduti non superiore ad euro cinquecentomila.

3. I limiti di cui alle lett. *a*) *b*) *c*) del secondo comma possono essere aggiornati ogni tre anni con decreto del Ministro della giustizia, sulla base della media delle variazioni degli indici ISTAT dei prezzi al consumo per le famiglie di operai ed impiegati intervenute nel periodo di riferimento (3) (4).

2. *Liquidazione coatta amministrativa e fallimento*. — *1.* La legge determina le imprese soggette a liquidazione coatta amministrativa, i casi per i quali la liquidazione coatta amministrativa può essere disposta e l'autorità competente a disporla (5).

2. Le imprese soggette a liquidazione coatta amministrativa non sono soggette al fallimento, salvo che la legge diversamente disponga.

3. Nel caso in cui la legge ammette la procedura di liquidazione coatta amministrativa e quella di fallimento si osservano le disposizioni dell'art. 196.

3. *Liquidazione coatta amministrativa e concordato preventivo* (1). — *1.* Se la legge non dispone diversamente, le imprese soggette a liquidazione coatta amministrativa possono essere ammesse alla procedura di concordato preventivo (1), osservate per le imprese escluse dal fallimento le norme del settimo comma dell'art. 195.

2. .... (6).

4. .... (7).

TITOLO II
Del fallimento

(1) Per espressa previsione dell'art. 147.2, d.lg. 9 gennaio 2006, n. 5: «Sono soppressi tutti i riferimenti all'amministrazione controllata contenuti nel r.d. 16 marzo 1942, n. 267».

(2) G.U., 6 aprile 1942, n. 81; LEX 1942, 567. V. la Convenzione tra Italia e Austria in materia di fallimento e di concordato, firmata a Roma il 12 luglio 1977 (l. 14 ottobre 1985, n. 612), in vigore dal 20 marzo 1990.

(3) Articolo così sostituito dall'art. 1, d.lg. 12 settembre 2007, n. 169.

(4) Cfr. anche la l. 8 agosto 1985, n. 443, legge quadro per l'artigianato.

(5) V., per le banche, gli artt. 80-95, 98, 99 e 101 del d.lg. 1° settembre 1993, n. 385, in *Leggi coll. XVII, 1*; per le assicurazioni, gli artt. 245-265 del d.lg. 7 settembre 2005, n. 209, in *Leggi coll. VIII, 3*; per le società cooperative, consorzi e associazioni tra cooperative la l. 17 luglio 1975, n. 400.

(6) Comma abrogato dall'art. 2, d.lg. 9 gennaio 2006, n. 5.

(7) Articolo abrogato dall'art. 3, d.lg. 9 gennaio 2006, n. 5.

CAPO I

DELLA DICHIARAZIONE DI FALLIMENTO

5. *Stato d'insolvenza*. — *1.* L'imprenditore che si trova in stato di insolvenza è dichiarato fallito.

2. Lo stato d'insolvenza si manifesta con inadempimenti od altri fatti esteriori, i quali dimostrino che il debitore non è più in grado di soddisfare regolarmente le proprie obbligazioni.

6. *Iniziativa per la dichiarazione di fallimento*. — *1.* Il fallimento è dichiarato su ricorso del debitore, di uno o più creditori o su richiesta del pubblico ministero.

2. Nel ricorso di cui al primo comma l'istante può indicare il recapito telefax o l'indirizzo di posta elettronica presso cui dichiara di voler ricevere le comunicazioni e gli avvisi previsti dalla presente legge (1).

7. *Iniziativa del pubblico ministero*. — *1.* Il pubblico ministero presenta la richiesta di cui al primo comma dell'art. 6:

1) quando l'insolvenza risulta nel corso di un procedimento penale, ovvero dalla fuga, dalla irreperibilità o dalla latitanza dell'imprenditore, dalla chiusura dei locali dell'impresa, dal trafugamento, dalla sostituzione o dalla diminuzione fraudolenta dell'attivo da parte dell'imprenditore;

2) quando l'insolvenza risulta dalla segnalazione proveniente dal giudice che l'abbia rilevata nel corso di un procedimento civile (2).

8. .... (3).

9. *Competenza*. — *1.* Il fallimento è dichiarato dal tribunale del luogo dove l'imprenditore ha la sede principale dell'impresa [c. 46^2, 2196^1 n. 4].

2. Il trasferimento della sede intervenuto nell'anno antecedente all'esercizio dell'iniziativa per la dichiarazione di fallimento non rileva ai fini della competenza (4).

3. L'imprenditore, che ha all'estero la sede principale dell'impresa, può essere dichiarato fallito nella Repubblica italiana anche se è stata pronunciata dichiarazione di fallimento all'estero (4).

4. Sono fatte salve le convenzioni internazionali e la normativa dell'Unione europea (4).

5. Il trasferimento della sede dell'impresa all'estero non esclude la sussistenza della giurisdizione italiana, se è avvenuto dopo il deposito del ricorso di cui all'art. 6 o la presentazione della richiesta di cui all'art. 7 (4).

9-*bis*. *Disposizioni in materia di incompetenza*. — *1.* Il provvedimento che dichiara l'incompetenza è trasmesso (5) in copia al tribunale dichiarato incompetente, il quale dispone con decreto l'immediata trasmissione degli atti a quello competente. Allo stesso modo provvede il tribunale che dichiara la propria incompetenza.

2. Il tribunale dichiarato competente, entro venti giorni dal ricevimento degli atti, se non richiede d'ufficio il regolamento di competenza ai sensi dell'art. 45 del codice di procedura civile, dispone la prosecuzione della procedura fallimentare, provvedendo alla nomina del giudice delegato e del curatore.

3. Restano salvi gli effetti degli atti precedentemente compiuti.

4. Qualora l'incompetenza sia dichiarata all'esito del giudizio di cui all'art. 18, l'appello, per le questioni diverse dalla competenza, è riassunto, a norma dell'art. 50 del codice di procedura civile, dinanzi alla corte di appello competente.

5. Nei giudizi promossi ai sensi dell'art. 24 dinanzi al tribunale dichiarato incompetente, il giudice assegna alle parti un termine per la riassunzione della causa davanti al giudice competente ai sensi dell'art. 50 del codice di procedura civile e ordina la cancellazione della causa dal ruolo (6).

9-*ter*. *Conflitto positivo di competenza*. — *1.* Quando il fallimento è stato dichiarato da più tribunali, il procedimento prosegue avanti al tribunale competente che si è pronunciato per primo.

2. Il tribunale che si è pronunciato successivamente, se non richiede d'ufficio il regolamento di competenza ai sensi dell'art. 45 del codice di procedura civile, dispone la trasmissione degli atti al tribunale che si è pronunziato per primo. Si applica l'art. 9-*bis*, in quanto compatibile (6).

10. *Fallimento dell'imprenditore che ha cessa-*

(1) Articolo così sostituito dall'art. 4, d.lg. 9 gennaio 2006, n. 5.

(2) Articolo così sostituito dall'art. 5, d.lg. 9 gennaio 2006, n. 5.

(3) Articolo abrogato dall'art. 6, d.lg. 9 gennaio 2006, n. 5.

(4) Gli originari secondo e terzo comma sono stati così sostituiti con gli attuali commi secondo, terzo, quarto e quinto dall'art. 7, d.lg. 9 gennaio 2006, n. 5.

(5) Le parole «Il provvedimento che dichiara l'incompetenza è trasmesso» sono state così sostituite alle precedenti «La sentenza che dichiara l'incompetenza è trasmessa» dall'art. 2.1, d.lg. 12 settembre 2007, n. 169.

(6) Articolo inserito dall'art. 8, d.lg. 9 gennaio 2006, n. 5.

to l'esercizio dell'impresa. — *1.* Gli imprenditori individuali e collettivi possono essere dichiarati falliti entro un anno dalla cancellazione dal registro delle imprese [c. 2196[3]], se l'insolvenza si è manifestata anteriormente alla medesima o entro l'anno successivo.

2. In caso di impresa individuale o di cancellazione di ufficio degli imprenditori collettivi, è fatta salva la facoltà per il creditore o per il pubblico ministero (1) di dimostrare il momento dell'effettiva cessazione dell'attività da cui decorre il termine del primo comma (2).

11. *Fallimento dell'imprenditore defunto*. — *1.* L'imprenditore defunto può essere dichiarato fallito quando ricorrono le condizioni stabilite nell'articolo precedente.

2. L'erede può chiedere il fallimento del defunto, purché l'eredità non sia già confusa con il suo patrimonio [c. 484 ss.]; l'erede che chiede il fallimento del defunto non è soggetto agli obblighi di deposito di cui agli artt. 14 e 16, secondo comma, n. 3) (3).

3. Con la dichiarazione di fallimento cessano di diritto gli effetti della separazione dei beni ottenuta dai creditori del defunto a norma del codice civile [c. 512 ss.].

12. *Morte del fallito*. — *1.* Se l'imprenditore muore dopo la dichiarazione di fallimento la procedura prosegue nei confronti degli eredi, anche se hanno accettato con beneficio d'inventario [c. 484 ss.].

2. Se ci sono più eredi, la procedura prosegue in confronto di quello che è designato come rappresentante. In mancanza di accordo nella designazione del rappresentante entro quindici giorni dalla morte del fallito, la designazione è fatta dal giudice delegato.

3. Nel caso previsto dall'art. 528 del codice civile, la procedura prosegue in confronto del curatore dell'eredità giacente e nel caso previsto dall'art. 641 del codice civile nei confronti dell'amministratore nominato a norma dell'art. 642 dello stesso codice.

13. .... (4).

14. *Obbligo dell'imprenditore che chiede il proprio fallimento*. — *1.* L'imprenditore che chiede il proprio fallimento deve depositare presso la cancelleria del tribunale le scritture contabili e fiscali obbligatorie concernenti i tre esercizi precedenti ovvero l'intera esistenza dell'impresa, se questa ha avuto una minore durata. Deve inoltre depositare uno stato particolareggiato ed estimativo delle sue attività, l'elenco nominativo dei creditori e l'indicazione dei rispettivi crediti, l'indicazione dei ricavi lordi per ciascuno degli ultimi tre esercizi (5), l'elenco nominativo di coloro che vantano diritti reali e personali su cose in suo possesso e l'indicazione delle cose stesse e del titolo da cui sorge il diritto (6).

15. *Procedimento per la dichiarazione di fallimento*. — *1.* Il procedimento per la dichiarazione di fallimento si svolge dinanzi al tribunale in composizione collegiale con le modalità dei procedimenti in camera di consiglio.

2. Il tribunale convoca, con decreto apposto in calce al ricorso, il debitore ed i creditori istanti per il fallimento; nel procedimento interviene il pubblico ministero che ha assunto l'iniziativa per la dichiarazione di fallimento.

3. Il decreto di convocazione è sottoscritto dal presidente del tribunale o dal giudice relatore se vi è delega alla trattazione del procedimento ai sensi del sesto comma. Il ricorso e il decreto devono essere notificati, a cura della cancelleria, all'indirizzo di posta elettronica certificata del debitore risultante dal registro delle imprese ovvero dall'Indice nazionale degli indirizzi di posta elettronica certificata delle imprese e dei professionisti. L'esito della comunicazione è trasmesso, con modalità automatica, all'indirizzo di posta elettronica certificata del ricorrente. Quando, per qualsiasi ragione, la notificazione non risulta possibile o non ha esito positivo, la notifica, a cura del ricorrente, del ricorso e del decreto si esegue esclusivamente di persona a norma dell'art. 107, primo comma, del d.p.r. 15 dicembre 1959, n. 1229, presso la sede risultante dal registro delle imprese. Quando la notificazione non può essere compiuta con queste modalità, si esegue con il deposito dell'atto nella casa comunale della sede che risulta iscritta nel registro delle imprese e si perfeziona nel momento del deposito stesso. L'udienza è fissata non oltre quarantacinque giorni dal deposito del ricorso e tra la data della comunicazione o notificazione e quella dell'udienza deve intercor-

(1) Le parole «per il creditore o per il pubblico ministero» sono state inserite dall'art. 2.2, d.lg. 12 settembre 2007, n. 169.

(2) Articolo così sostituito dall'art. 9, d.lg. 9 gennaio 2006, n. 5.

(3) Comma così sostituito dall'art. 10, d.lg. 9 gennaio 2006, n. 5.

(4) Articolo abrogato dall'art. 11, d.lg. 9 gennaio 2006, n. 5.

(5) Le parole «tre esercizi» sono state così sostituite alle precedenti «tre anni» dall'art. 2.3, d.lg. 12 settembre 2007, n. 169.

(6) Articolo così sostituito dall'art. 12, d.lg. 9 gennaio 2006, n. 5.

rere un termine non inferiore a quindici giorni (1).

4. Il decreto contiene l'indicazione che il procedimento è volto all'accertamento dei presupposti per la dichiarazione di fallimento e fissa un termine non inferiore a sette giorni prima dell'udienza per la presentazione di memorie e il deposito di documenti e relazioni tecniche. In ogni caso, il tribunale dispone che l'imprenditore depositi i bilanci relativi agli ultimi tre esercizi, nonché una situazione patrimoniale, economica e finanziaria aggiornata; può richiedere eventuali informazioni urgenti.

5. I termini di cui al terzo e quarto comma possono essere abbreviati dal presidente del tribunale, con decreto motivato, se ricorrono particolari ragioni di urgenza. In tali casi, il presidente del tribunale può disporre che il ricorso e il decreto di fissazione dell'udienza siano portati a conoscenza delle parti con ogni mezzo idoneo, omessa ogni formalità non indispensabile alla conoscibilità degli stessi.

6. Il tribunale può delegare al giudice relatore l'audizione delle parti. In tal caso, il giudice delegato provvede all'ammissione ed all'espletamento dei mezzi istruttori richiesti dalle parti o disposti d'ufficio.

7. Le parti possono nominare consulenti tecnici.

8. Il tribunale, ad istanza di parte, può emettere i provvedimenti cautelari o conservativi a tutela del patrimonio o dell'impresa oggetto del provvedimento, che hanno efficacia limitata alla durata del procedimento e vengono confermati o revocati dalla sentenza che dichiara il fallimento, ovvero revocati con il decreto che rigetta l'istanza.

9. Non si fa luogo alla dichiarazione di fallimento se l'ammontare dei debiti scaduti e non pagati risultanti dagli atti dell'istruttoria prefallimentare è complessivamente inferiore a euro trentamila. Tale importo è periodicamente aggiornato con le modalità di cui al terzo comma dell'art. 1 (2).

16. *Sentenza dichiarativa di fallimento*. — *1.* Il tribunale dichiara il fallimento con sentenza, con la quale:

1) nomina il giudice delegato per la procedura;

2) nomina il curatore;

3) ordina al fallito il deposito dei bilanci e delle scritture contabili [c. 2214] e fiscali obbligatorie, nonché dell'elenco dei creditori, entro tre giorni, se non è stato ancora eseguito a norma dell'art. 14;

4) stabilisce il luogo, il giorno e l'ora dell'adunanza in cui si procederà all'esame dello stato passivo, entro il termine perentorio di non oltre centoventi giorni dal deposito della sentenza, ovvero centottanta giorni in caso di particolare complessità della procedura;

5) assegna ai creditori e ai terzi, che vantano diritti reali o personali su cose in possesso del fallito, il termine perentorio di trenta giorni prima dell'adunanza di cui al n. 4) per la presentazione in cancelleria delle domande di insinuazione;

2. La sentenza produce i suoi effetti dalla data della pubblicazione ai sensi dell'art. 133, primo comma, del codice di procedura civile. Gli effetti nei riguardi dei terzi si producono dalla data di iscrizione della sentenza nel registro delle imprese ai sensi dell'art. 17, secondo comma (3).

17. *Comunicazione e pubblicazione della sentenza dichiarativa di fallimento*. — *1.* Entro il giorno successivo al deposito in cancelleria, la sentenza che dichiara il fallimento è notificata, su richiesta del cancelliere, ai sensi dell'art. 137 del codice di procedura civile al debitore, eventualmente presso il domicilio eletto nel corso del procedimento previsto dall'art. 15, ed è comunicata per estratto, ai sensi dell'art. 136 del codice di procedura civile, al pubblico ministero (4), al curatore ed al richiedente il fallimento. L'estratto deve contenere il nome del debitore, il nome del curatore, il dispositivo e la data del deposito della sentenza.

2. La sentenza è altresì annotata presso l'ufficio del registro delle imprese ove l'imprenditore ha la sede legale e, se questa differisce dalla sede effettiva, anche presso quello corrispondente al luogo ove la procedura è stata aperta.

3. A tale fine, il cancelliere, entro il termine di cui al primo comma, trasmette, anche per via telematica, l'estratto della sentenza all'ufficio del registro delle imprese indicato nel comma precedente (5).

18. *Reclamo*. — *1.* Contro la sentenza che dichiara il fallimento può essere proposto reclamo dal debitore e da qualunque interessato con ricorso da depositarsi nella cancelleria del-

(1) Comma così sostituito dall'art. 17.1, lett. a, d.l. 18 ottobre 2012, n. 179, conv. in l. 17 dicembre 2012, n. 221.
(2) Articolo così sostituito dall'art. 2.4, d.lg. 12 settembre 2007, n. 169.
(3) Articolo così sostituito dall'art. 2.5, d.lg. 12 settembre 2007, n. 169.
(4) Le parole «al pubblico ministero,» sono state inserite dall'art. 2.6, d.lg. 12 settembre 2007, n. 169.
(5) Articolo così sostituito dall'art. 15, d.lg. 9 gennaio 2006, n. 5.

la corte d'appello nel termine perentorio di trenta giorni.

2. Il ricorso deve contenere:

1) l'indicazione della corte d'appello competente;

2) le generalità dell'impugnante e l'elezione del domicilio nel comune in cui ha sede la corte d'appello;

3) l'esposizione dei fatti e degli elementi di diritto su cui si basa l'impugnazione, con le relative conclusioni;

4) l'indicazione dei mezzi di prova di cui il ricorrente intende avvalersi e dei documenti prodotti.

3. Il reclamo non sospende gli effetti della sentenza impugnata, salvo quanto previsto dall'art. 19, primo comma.

4. Il termine per il reclamo decorre per il debitore dalla data della notificazione della sentenza a norma dell'art. 17 e per tutti gli altri interessati dalla data della iscrizione nel registro delle imprese ai sensi del medesimo articolo. In ogni caso, si applica la disposizione di cui all'art. 327, primo comma, del codice di procedura civile.

5. Il presidente, nei cinque giorni successivi al deposito del ricorso, designa il relatore, e fissa con decreto l'udienza di comparizione entro sessanta giorni dal deposito del ricorso.

6. Il ricorso, unitamente al decreto di fissazione dell'udienza, deve essere notificato, a cura del reclamante, al curatore e alle altre parti entro dieci giorni dalla comunicazione del decreto.

7. Tra la data della notificazione e quella dell'udienza deve intercorrere un termine non minore di trenta giorni. Le parti resistenti devono costituirsi almeno dieci giorni prima della udienza, eleggendo il domicilio nel comune in cui ha sede la corte d'appello.

8. La costituzione si effettua mediante il deposito in cancelleria di una memoria contenente l'esposizione delle difese in fatto e in diritto, nonché l'indicazione dei mezzi di prova e dei documenti prodotti.

9. L'intervento di qualunque interessato non può avere luogo oltre il termine stabilito per la costituzione delle parti resistenti con le modalità per queste previste.

10. All'udienza, il collegio, sentite le parti, assume, anche d'ufficio, nel rispetto del contraddittorio,tutti i mezzi di prova che ritiene necessari, eventualmente delegando un suo componente.

11. La corte provvede sul ricorso con sentenza.

12. La sentenza che revoca il fallimento è notificata, a cura della cancelleria, al curatore, al creditore che ha chiesto il fallimento e al debitore, se non reclamante, e deve essere pubblicata a norma dell'art. 17.

13. La sentenza che rigetta il reclamo è notificata al reclamante a cura della cancelleria.

14. Il termine per proporre il ricorso per cassazione è di trenta giorni dalla notificazione.

15. Se il fallimento è revocato, restano salvi gli effetti degli atti legalmente compiuti dagli organi della procedura.

16. Le spese della procedura ed il compenso al curatore sono liquidati dal tribunale, su relazione del giudice delegato, con decreto reclamabile ai sensi dell'art. 26 (1).

19. *Sospensione della liquidazione dell'attivo.* — *1.* Proposto il reclamo (2), la corte d'appello (3), su richiesta di parte, ovvero del curatore, può, quando ricorrono gravi motivi, sospendere, in tutto o in parte, ovvero temporaneamente, la liquidazione dell'attivo.

2. .... (4).

3. L'istanza si propone con ricorso. Il presidente, con decreto in calce al ricorso, ordina la comparizione delle parti dinanzi al collegio in camera di consiglio. Copia del ricorso e del decreto sono notificate alle altre parti ed al curatore (5).

20. .... (6).

21. .... (7).

22. *Gravami contro il provvedimento che respinge l'istanza di fallimento.* — *1.* Il tribunale, che respinge il ricorso per la dichiarazione di fallimento, provvede con decreto motivato, comunicato a cura del cancelliere alle parti.

2. Entro trenta giorni (8) dalla comunicazio-

(1) Articolo così sostituito dall'art. 2.7, d.lg. 12 settembre 2007, n. 169.

(2) Le parole «il reclamo» sono state così sostituite alle precedenti «l'appello» dall'art. 2.8, lett. a, d.lg. 12 settembre 2007, n. 169.

(3) Le parole «la corte d'appello» sono state così sostituite alle precedenti «il collegio» dall'art. 2.8, lett. a, d.lg. 12 settembre 2007, n. 169.

(4) Comma abrogato dall'art. 2.8, lett. b, d.lg. 12 settembre 2007, n. 169.

(5) Articolo così sostituito dall'art. 17, d.lg. 9 gennaio 2006, n. 5.

(6) Articolo abrogato dall'art. 2.9, d.lg. 12 settembre 2007, n. 169.

(7) Articolo abrogato dall'art. 18, d.lg. 9 gennaio 2006, n. 5.

(8) Le parole «trenta giorni» sono state sostituite a quelle «quindici giorni» dall'art. 2.10, lett. b, d.lg. 12 settembre 2007, n. 169.

ne, il creditore ricorrente o il pubblico ministero richiedente possono proporre reclamo contro il decreto alla corte d'appello (1) che, sentite le parti, provvede in camera di consiglio con decreto motivato. Il debitore non può chiedere in separato giudizio la condanna del creditore istante alla rifusione delle spese ovvero al risarcimento del danno per responsabilità aggravata ai sensi dell'art. 96 del codice di procedura civile.

3. Il decreto della corte d'appello (1) è comunicato a cura del cancelliere alle parti del procedimento di cui all'art. 15.

4. Se la corte d'appello (1) accoglie il reclamo del creditore ricorrente o del pubblico ministero richiedente, rimette d'ufficio gli atti al tribunale, per la dichiarazione di fallimento, salvo che, anche su segnalazione di parte, accerti che sia venuto meno alcuno dei presupposti necessari.

5. I termini di cui agli artt. 10 e 11 si computano con riferimento al decreto della corte d'appello (1) (2).

CAPO II

Degli organi preposti al fallimento

Sezione I. — *Del tribunale fallimentare*

23. *Poteri del tribunale fallimentare*. — *1.* Il tribunale che ha dichiarato il fallimento è investito dell'intera procedura fallimentare; provvede alla nomina ed alla revoca o sostituzione, per giustificati motivi, degli organi della procedura, quando non è prevista la competenza del giudice delegato; può in ogni tempo sentire in camera di consiglio il curatore, il fallito e il comitato dei creditori; decide le controversie relative alla procedura stessa che non sono di competenza del giudice delegato, nonché i reclami contro i provvedimenti del giudice delegato.

2. I provvedimenti del tribunale nelle materie previste da questo articolo sono pronunciate con decreto, salvo che non sia diversamente disposto (3).

24. *Competenza del tribunale fallimentare*. — *1.* Il tribunale che ha dichiarato il fallimento è competente a conoscere di tutte le azioni che ne derivano, qualunque ne sia il valore.

2. .... (4) (5).

Sezione II. — *Del giudice delegato*

25. *Poteri del giudice delegato*. — *1.* Il giudice delegato esercita funzioni di vigilanza e di controllo sulla regolarità della procedura e:

1) riferisce al tribunale su ogni affare per il quale è richiesto un provvedimento del collegio;

2) emette o provoca dalle competenti autorità i provvedimenti urgenti per la conservazione del patrimonio, ad esclusione di quelli che incidono su diritti di terzi che rivendichino un proprio diritto incompatibile con l'acquisizione;

3) convoca il curatore e il comitato dei creditori nei casi prescritti dalla legge e ogni qualvolta lo ravvisi opportuno per il corretto e sollecito svolgimento della procedura;

4) su proposta del curatore, liquida i compensi e dispone l'eventuale revoca dell'incarico conferito alle persone la cui opera è stata richiesta dal medesimo curatore nell'interesse del fallimento;

5) provvede, nel termine di quindici giorni, sui reclami proposti contro gli atti del curatore [l. fall. 36] e del comitato dei creditori;

6) autorizza per iscritto il curatore a stare in giudizio come attore o come convenuto. L'autorizzazione deve essere sempre data per atti determinati e per i giudizi deve essere rilasciata per ogni grado di essi. Su proposta del curatore, liquida i compensi e dispone l'eventuale revoca dell'incarico conferito ai difensori (6) nominati dal medesimo curatore;

7) su proposta del curatore, nomina gli arbitri, verificata la sussistenza dei requisiti previsti dalla legge;

8) procede all'accertamento dei crediti e dei diritti reali e personali vantati dai terzi, a norma del capo V.

2. Il giudice delegato non può trattare i giu-

(1) Le parole «corte d'appello» sono state sostituite a quelle «Corte di appello» e «Corte d'appello» dall'art. 2.10, lett. a, d.lg. 12 settembre 2007, n. 169.
(2) Articolo così sostituito dall'art. 19, d.lg. 9 gennaio 2006, n. 5.
(3) Articolo così sostituito dall'art. 20, d.lg. 9 gennaio 2006, n. 5.
(4) Articolo così sostituito dall'art. 21, d.lg. 9 gennaio 2006, n. 5.
(5) Comma abrogato dall'art. 3.1, d.lg. 12 settembre 2007, n. 169.
(6) Le parole «ai difensori» sono state così sostituite alle precedenti «agli avvocati» dall'art. 3.2, d.lg. 12 settembre 2007, n. 169.

dizi che abbia autorizzato, né può far parte del collegio investito del reclamo proposto contro i suoi atti.

3. I provvedimenti del giudice delegato sono pronunciati con decreto motivato (1).

26. *Reclamo contro i decreti del giudice delegato e del tribunale.* — *1.* Salvo che sia diversamente disposto, contro i decreti del giudice delegato e del tribunale, può essere proposto reclamo al tribunale o alla corte di appello, che provvedono in camera di consiglio.

2. Il reclamo è proposto dal curatore, dal fallito, dal comitato dei creditori e da chiunque vi abbia interesse.

3. Il reclamo è proposto nel termine perentorio di dieci giorni, decorrente dalla comunicazione o dalla notificazione del provvedimento per il curatore, per il fallito, per il comitato dei creditori e per chi ha chiesto o nei cui confronti è stato chiesto il provvedimento; per gli altri interessati, il termine decorre dall'esecuzione delle formalità pubblicitarie disposte dal giudice delegato o dal tribunale, se quest'ultimo ha emesso il provvedimento. La comunicazione integrale del provvedimento fatta dal curatore mediante lettera raccomandata con avviso di ricevimento, telefax o posta elettronica con garanzia dell'avvenuta ricezione in base al testo unico delle disposizioni legislative e regolamentari in materia di documentazione amministrativa, di cui al d.p.r. 28 dicembre 2000, n. 445, equivale a notificazione.

4. Indipendentemente dalla previsione di cui al terzo comma, il reclamo non può più proporsi decorso il termine perentorio di novanta giorni dal deposito del provvedimento in cancelleria.

5. Il reclamo non sospende l'esecuzione del provvedimento.

6. Il reclamo si propone con ricorso che deve contenere:

1) l'indicazione del tribunale o della corte di appello competente, del giudice delegato e della procedura fallimentare;

2) le generalità del ricorrente e l'elezione del domicilio nel comune in cui ha sede il giudice adito;

3) l'esposizione dei fatti e degli elementi di diritto su cui si basa il reclamo, con le relative conclusioni;

4) l'indicazione dei mezzi di prova di cui il ricorrente intende avvalersi e dei documenti prodotti.

7. Il presidente, nei cinque giorni successivi al deposito del ricorso, designa il relatore, e fissa con decreto l'udienza di comparizione entro quaranta giorni dal deposito del ricorso.

8. Il ricorso, unitamente al decreto di fissazione dell'udienza, deve essere notificato, a cura del reclamante, al curatore ed ai controinteressati entro cinque giorni dalla comunicazione del decreto.

9. Tra la data della notificazione e quella dell'udienza deve intercorrere un termine non minore di quindici giorni.

10. Il resistente deve costituirsi almeno cinque giorni prima dell'udienza, eleggendo il domicilio nel comune in cui ha sede il tribunale o la corte d'appello, e depositando una memoria contenente l'esposizione delle difese in fatto e in diritto, nonché l'indicazione dei mezzi di prova e dei documenti prodotti.

11. L'intervento di qualunque interessato non può avere luogo oltre il termine stabilito per la costituzione della parte resistente, con le modalità per questa previste.

12. All'udienza il collegio, sentite le parti, assume anche d'ufficio i mezzi di prova, eventualmente delegando un suo componente.

13. Entro trenta giorni dall'udienza di comparizione delle parti, il collegio provvede con decreto motivato, con il quale conferma, modifica o revoca il provvedimento reclamato (2).

Sezione III. — *Del curatore*

27. *Nomina del curatore.* — *1.* Il curatore è nominato con la sentenza di fallimento, o in caso di sostituzione o di revoca, con decreto del tribunale (3).

28. *Requisiti per la nomina a curatore.* — *1.* Possono essere chiamati a svolgere le funzioni di curatore:

a) avvocati, dottori commercialisti, ragionieri e ragionieri commercialisti;

b) studi professionali associati o società tra professionisti, sempre che i soci delle stesse abbiano i requisiti professionali di cui alla lett. *a*). In tale caso, all'atto dell'accettazione dell'incarico, deve essere designata la persona fisica responsabile della procedura;

c) coloro che abbiano svolto funzioni di amministrazione, direzione e controllo in società per azioni, dando prova di adeguate capacità imprenditoriali e purché non sia inter-

(1) Articolo così sostituito dall'art. 22, d.lg. 9 gennaio 2006, n. 5.

(2) Articolo così sostituito dall'art. 3.3, d.lg. 12 settembre 2007, n. 169.

(3) Articolo così sostituito dall'art. 24, d.lg. 9 gennaio 2006, n. 5. L'art. 27 trattava del «Ruolo degli amministratori giudiziari», soppresso dall'art. 1, d.lg.c.p.s. 23 agosto 1946, n. 153.

venuta nei loro confronti dichiarazione di fallimento.

. . . . (1).

2. Non possono essere nominati curatore il coniuge, i parenti e gli affini entro il quarto grado del fallito, i creditori di questo e chi ha concorso al dissesto dell'impresa [...] (2), nonché chiunque si trovi in conflitto di interessi con il fallimento (3).

3. Il curatore è nominato tenuto conto delle risultanze dei rapporti riepilogativi di cui all'art. 33, quinto comma (4).

4. È istituito presso il Ministero della giustizia un registro nazionale nel quale confluiscono i provvedimenti di nomina dei curatori, dei commissari giudiziali e dei liquidatori giudiziali. Nel registro vengono altresì annotati i provvedimenti di chiusura del fallimento e di omologazione del concordato, nonché l'ammontare dell'attivo e del passivo delle procedure chiuse. Il registro è tenuto con modalità informatiche ed è accessibile al pubblico (4).

5. Al curatore fallimentare ed al coadiutore nominato a norma dell'art. 32, secondo comma, si applicano le disposizioni di cui agli artt. 35, comma 4-*bis*, e 35.1 del d.lg. 6 settembre 2011, n. 159; si osservano altresì le disposizioni di cui all'art. 35.2 del predetto decreto (5).

29. *Accettazione del curatore*. — *1.* Il curatore deve, entro i due giorni successivi alla partecipazione della sua nomina, far pervenire (6) al giudice delegato la propria accettazione.

2. Se il curatore non osserva questo obbligo, il tribunale, in camera di consiglio, provvede d'urgenza alla nomina di altro curatore (7).

30. *Qualità di pubblico ufficiale*. — *1.* Il curatore, per quanto attiene all'esercizio delle sue funzioni, è pubblico ufficiale.

31. *Gestione della procedura*. — *1.* Il curatore ha l'amministrazione del patrimonio fallimentare e compie tutte le operazioni della procedura sotto la vigilanza del giudice delegato e del comitato dei creditori, nell'ambito delle funzioni ad esso attribuite.

2. Egli non può stare in giudizio senza l'autorizzazione del giudice delegato, salvo che in materia di contestazioni e di tardive dichiarazioni di crediti e di diritti di terzi sui beni acquisiti al fallimento, e salvo che nei procedimenti promossi per impugnare atti del giudice delegato o del tribunale e in ogni altro caso in cui non occorra ministero di difensore.

3. Il curatore non può assumere la veste di avvocato nei giudizi che riguardano il fallimento (8).

31-*bis*. *Comunicazioni del curatore*. — *1.* Le comunicazioni ai creditori e ai titolari di diritti sui beni che la legge o il giudice delegato pone a carico del curatore sono effettuate all'indirizzo di posta elettronica certificata da loro indicato nei casi previsti dalla legge.

2. Quando è omessa l'indicazione di cui al comma precedente, nonché nei casi di mancata consegna del messaggio di posta elettronica certificata per cause imputabili al destinatario, tutte le comunicazioni sono eseguite esclusivamente mediante deposito in cancelleria.

3. In pendenza della procedura e per il periodo di due anni dalla chiusura della stessa, il curatore è tenuto a conservare i messaggi di posta elettronica certificata inviati e ricevuti (9).

(1) Comma abrogato dall'art. 3.4, d.lg. 12 settembre 2007, n. 169.

(2) Le parole «durante i due anni anteriori alla dichiarazione di fallimento» sono state soppresse dall'art. 5.1, lett. a, d.l. 27 giugno 2015, n. 83, conv. in l. 6 agosto 2015, n. 132. In base all'art. 23.3, d.l. cit., tali disposizioni «si applicano ai fallimenti dichiarati successivamente alla data di entrata in vigore del presente decreto».

(3) Articolo sostituito dall'art. 25, d.lg. 9 gennaio 2006, n. 5.

(4) Comma aggiunto dall'art. 5.1, lett. b, d.l. 27 giugno 2015, n. 83, conv. in l. 6 agosto 2015, n. 132. In base all'art. 23.3-4, d.l. cit.: «3. Le disposizioni di cui all'art. 5, comma 1, lett. *a*) e *b*), primo e secondo capoverso si applicano ai fallimenti dichiarati successivamente alla data di entrata in vigore del presente decreto. || 4. Le disposizioni di cui all'art. 5, comma 1, lett. *b*), terzo capoverso, acquistano efficacia decorsi sessanta giorni dalla pubblicazione sul sito internet del Ministero della giustizia delle specifiche tecniche previste dall'art. 16-*bis*, comma 9-*septies*, del d.l. 18 ottobre 2012, n. 179, convertito, con modificazioni, dalla l. 17 dicembre 2012, n. 221, da adottarsi entro sei mesi dalla data di entrata in vigore del presente decreto».

(5) Comma aggiunto dall'art. 2, d.lg. 18 maggio 2018, n. 54. L'art. 6, d.lg. cit., così dispone: «Il presente decreto entra in vigore a decorrere dal trentesimo giorno successivo a quello della sua pubblicazione nella *Gazzetta Ufficiale* della Repubblica italiana».

(6) Le parole «far pervenire» sono state così sostituite a quella «comunicare» dall'art. 26, d.lg. 9 gennaio 2006, n. 5.

(7) L'art. 29.6, d.l. 31 maggio 2010, n. 78, conv. in l. 30 luglio 2010, n. 122, così dispone: «In caso di fallimento, il curatore, entro i quindici giorni successivi all'accettazione a norma dell'art. 29 del r.d. 16 marzo 1942, n. 267, comunica ai sensi dell'art. 9 del d.l. 31 gennaio 2007, n. 7, convertito, con modificazioni, dalla l. 2 aprile 2007, n. 40, i dati necessari ai fini dell'eventuale insinuazione al passivo della procedura concorsuale. Per la violazione dell'obbligo di comunicazione sono raddoppiate le sanzioni applicabili».

(8) Articolo così sostituito dall'art. 27, d.lg. 9 gennaio 2006, n. 5.

(9) Articolo inserito dall'art. 17.1, lett. b, d.l. 18 ottobre 2012, n. 179, conv. in l. 17 dicembre 2012, n. 221.

32. *Esercizio delle attribuzioni del curatore*. — *1.* Il curatore esercita personalmente le funzioni del proprio ufficio e può delegare ad altri specifiche operazioni, previa autorizzazione del comitato dei creditori, con esclusione degli adempimenti di cui agli artt. 89, 92, 95, 97 e 104-*ter* (1). L'onere per il compenso del delegato, liquidato dal giudice, è detratto dal compenso del curatore.

2. Il curatore può essere autorizzato dal comitato dei creditori, a farsi coadiuvare da tecnici o da altre persone retribuite, compreso il fallito, sotto la sua responsabilità [c. 379[2]]. Del compenso riconosciuto a tali soggetti si tiene conto ai fini della liquidazione del compenso finale del curatore (2).

33. *Relazione al giudice e rapporti riepilogativi* (3). — *1.* Il curatore, entro sessanta giorni (4) dalla dichiarazione di fallimento, deve presentare al giudice delegato una relazione particolareggiata sulle cause e circostanze del fallimento, sulla diligenza spiegata dal fallito nell'esercizio dell'impresa, (5) sulla responsabilità del fallito o di altri e su quanto può interessare anche ai fini delle indagini preliminari in sede penale (6).

2. Il curatore deve inoltre indicare gli atti del fallito già impugnati dai creditori, nonché quelli che egli intende impugnare. Il giudice delegato può chiedere al curatore una relazione sommaria anche prima del termine suddetto (7).

3. Se si tratta di società, la relazione deve esporre i fatti accertati e le informazioni raccolte sulla responsabilità degli amministratori e degli organi di controllo, dei soci e, eventualmente, di estranei alla società (7).

4. Il giudice delegato ordina il deposito della relazione in cancelleria, disponendo la segretazione delle parti relative alla responsabilità penale del fallito e di terzi ed alle azioni che il curatore intende proporre qualora possano comportare l'adozione di provvedimenti cautelari, nonché alle circostanze estranee agli interessi della procedura e che investano la sfera personale del fallito. Copia della relazione, nel suo testo integrale, è trasmessa al pubblico ministero (7).

5. Il curatore, ogni sei mesi successivi alla presentazione della relazione di cui al primo comma, redige altresì un rapporto riepilogativo delle attività svolte, con indicazione di tutte le informazioni raccolte dopo la prima relazione, accompagnato dal conto della sua gestione. Copia del rapporto è trasmessa al comitato dei creditori, unitamente agli estratti conto dei depositi postali o bancari relativi al periodo. Il comitato dei creditori o ciascuno dei suoi componenti possono formulare osservazioni scritte. Altra copia del rapporto è trasmessa, assieme alle eventuali osservazioni, per via telematica all'ufficio del registro delle imprese, nei quindici giorni successivi alla scadenza del termine per il deposito delle osservazioni nella cancelleria del tribunale. Nello stesso termine altra copia del rapporto, assieme alle eventuali osservazioni, è trasmessa a mezzo posta elettronica certificata ai creditori e ai titolari di diritti sui beni (8) (7).

34. *Deposito delle somme riscosse*. — *1.* Le somme riscosse a qualunque titolo dal curatore sono depositate entro il termine massimo di dieci giorni dalla corresponsione sul conto corrente intestato alla procedura fallimentare aperto presso un ufficio postale o presso una banca scelti dal curatore. Su proposta del curatore il comitato dei creditori può autorizzare che le somme riscosse vengano in tutto o in parte investite con strumenti diversi dal deposito in conto corrente, purché sia garantita l'integrità del capitale (9).

2. La mancata costituzione del deposito nel termine prescritto è valutata dal tribunale ai fini della revoca del curatore.

(1) Le parole «comitato dei creditori, con esclusione degli adempimenti di cui agli artt. 89, 92, 95, 97 e 104-*ter*» sono state così sostituite alle precedenti «giudice delegato» dall'art. 3.5, d.lg. 12 settembre 2007, n. 169.

(2) Articolo così sostituito dall'art. 28, d.lg. 9 gennaio 2006, n. 5.

(3) Le parole «e rapporti riepilogativi» sono state aggiunte dall'art. 3.6, lett. a, d.lg. 12 settembre 2007, n. 169.

(4) Le parole «entro sessanta giorni» sono state così sostituite a quelle «entro un mese» dall'art. 29.1, lett. a, d.lg. 9 gennaio 2006, n. 5.

(5) Le parole «sul tenore della vita privata di lui e della famiglia,» sono state soppresse dall'art. 29.1, lett. a, d.lg. 9 gennaio 2006, n. 5.

(6) Le parole «delle indagini preliminari in sede penale» sono state così sostituite alle precedenti «dell'istruttoria penale» dall'art. 3.6, lett. b, d.lg. 12 settembre 2007, n. 169.

(7) Gli originari secondo, terzo e quarto comma sono stati così sostituiti con gli attuali commi secondo, terzo, quarto e quinto dall'art. 29.1, lett. b, d.lg. 9 gennaio 2006, n. 5.

(8) Le parole «Nello stesso termine altra copia del rapporto, assieme alle eventuali osservazioni, è trasmessa a mezzo posta elettronica certificata ai creditori e ai titolari di diritti sui beni» sono state inserite dall'art. 17.1, lett. c, d.l. 18 ottobre 2012, n. 179, conv. in l. 17 dicembre 2012, n. 221.

(9) Ultimo periodo aggiunto dall'art. 3.7, lett. a, d.lg. 12 settembre 2007, n. 169.

3. .... (1).

4. Il prelievo delle somme è eseguito su copia conforme del mandato di pagamento del giudice delegato (2).

35. *Integrazione dei poteri del curatore.* — *1.* Le riduzioni di crediti, le transazioni, i compromessi, le rinunzie alle liti, le ricognizioni di diritti di terzi, la cancellazione di ipoteche, la restituzione di pegni, lo svincolo delle cauzioni, l'accettazione di eredità e donazioni e gli atti di straordinaria amministrazione sono effettuate dal curatore, previa autorizzazione del comitato dei creditori.

2. Nel richiedere l'autorizzazione del comitato dei creditori, il curatore formula le proprie conclusioni anche sulla convenienza della proposta (3).

3. Se gli atti suddetti sono di valore superiore a cinquantamila euro e in ogni caso per le transazioni, il curatore ne informa previamente il giudice delegato, salvo che gli stessi siano già stati autorizzati dal medesimo ai sensi dell'art. 104-*ter* comma ottavo (4).

4. Il limite di cui al secondo comma può essere adeguato con decreto del Ministro della giustizia (5).

36. *Reclamo contro gli atti del curatore e del comitato dei creditori.* — *1.* Contro gli atti di amministrazione del curatore, contro le autorizzazioni o i dinieghi del comitato dei creditori e i relativi comportamenti omissivi, il fallito e ogni altro interessato possono proporre reclamo al giudice delegato per violazione di legge, entro otto giorni dalla conoscenza dell'atto o, in caso di omissione, dalla scadenza del termine indicato nella diffida a provvedere. Il giudice delegato, sentite le parti, decide con decreto motivato, omessa ogni formalità non indispensabile al contraddittorio.

2. Contro il decreto del giudice delegato è ammesso ricorso al tribunale entro otto giorni dalla data della comunicazione del decreto medesimo. Il tribunale decide entro trenta giorni, sentito il curatore e il reclamante, omessa ogni formalità non essenziale al contraddittorio, con decreto motivato non soggetto a gravame.

3. Se è accolto il reclamo concernente un comportamento omissivo del curatore, questi è tenuto a dare esecuzione al provvedimento della autorità giudiziaria. Se è accolto il reclamo concernente un comportamento omissivo del comitato dei creditori, il giudice delegato provvede in sostituzione di quest'ultimo con l'accoglimento del reclamo (6).

36-*bis*. *Termini processuali.* — *1.* Tutti i termini processuali previsti negli artt. 26 e 36 non sono soggetti alla sospensione feriale (7).

37. *Revoca del curatore.* — *1.* Il tribunale può in ogni tempo, su proposta del giudice delegato o su richiesta del comitato dei creditori o d'ufficio, revocare il curatore.

2. Il tribunale provvede con decreto motivato, sentiti il curatore e il comitato dei creditori (8).

3. Contro il decreto di revoca o di rigetto dell'istanza di revoca, è ammesso reclamo alla corte di appello ai sensi dell'art. 26; il reclamo non sospende l'efficacia del decreto (9).

37-*bis*. *Sostituzione del curatore e dei componenti del comitato dei creditori.* — *1.* Conclusa l'adunanza per l'esame dello stato passivo e prima della dichiarazione di esecutività dello stesso, i creditori presenti, personalmente o per delega, che rappresentano la maggioranza dei crediti ammessi, possono effettuare nuove designazioni in ordine ai componenti del comitato dei creditori nel rispetto dei criteri di cui all'art. 40; possono chiedere la sostituzione del curatore indicando al tribunale le ragioni della richiesta e un nuovo nominativo. Il tribunale, valutate le ragioni della richiesta di sostituzione del curatore, provvede alla nomina dei soggetti designati dai creditori salvo che non siano rispettati i criteri di cui agli artt. 28 e 40 (10).

2. Dal computo dei crediti, su istanza di uno o più creditori, sono esclusi quelli che si trovino in conflitto di interessi.

3. Nella stessa adunanza, i creditori che rappresentano la maggioranza di quelli [...] (11) ammessi, indipendentemente dall'entità dei crediti vantati, possono stabilire che ai componenti del comitato dei creditori sia attribuito,

(1) Comma abrogato dall'art. 3.7, lett. b, d.lg. 12 settembre 2007, n. 169.
(2) Articolo così sostituito dall'art. 30, d.lg. 9 gennaio 2006, n. 5.
(3) Comma inserito dall'art. 3.8, lett. a, d.lg. 12 settembre 2007, n. 169.
(4) Le parole «autorizzati dal medesimo ai sensi dell'art. 104-*ter* comma ottavo» sono state così sostituite alle precedenti «approvati dal medesimo ai sensi dell'art. 104-*ter*» dall'art. 3.8, lett. b, d.lg. 12 settembre 2007, n. 169.
(5) Articolo così sostituito dall'art. 31, d.lg. 9 gennaio 2006, n. 5.
(6) Articolo così sostituito dall'art. 32, d.lg. 9 gennaio 2006, n. 5.
(7) Articolo inserito dall'art. 33, d.lg. 9 gennaio 2006, n. 5.
(8) Comma così sostituito dall'art. 34.1, lett. a, d.lg. 9 gennaio 2006, n. 5.
(9) Comma aggiunto dall'art. 34.1, lett. b, d.lg. 9 gennaio 2006, n. 5.
(10) Comma così sostituito dall'art. 3.9, lett. a, d.lg. 12 settembre 2007, n. 169.
(11) Le parole «allo stato» sono state soppresse dall'art. 3.9, lett. b, d.lg. 12 settembre 2007, n. 169.

oltre al rimborso delle spese di cui all'art. 41, un compenso per la loro attività, in misura non superiore al dieci per cento di quello liquidato al curatore (1).

38. *Responsabilità del curatore*. — *1.* Il curatore adempie ai doveri del proprio ufficio, imposti dalla legge o derivanti dal piano di liquidazione approvato, con la diligenza richiesta dalla natura dell'incarico. Egli deve tenere un registro preventivamente vidimato da almeno un componente del comitato dei creditori, e annotarvi giorno per giorno le operazioni relative alla sua amministrazione (2).

2. Durante il fallimento l'azione di responsabilità contro il curatore revocato è proposta dal nuovo curatore, previa autorizzazione del giudice delegato, ovvero del comitato dei creditori (3).

3. Il curatore che cessa dal suo ufficio, anche durante il fallimento, deve rendere il conto della gestione a norma dell'art. 116.

39. *Compenso del curatore*. — *1.* Il compenso e le spese dovuti al curatore, anche se il fallimento si chiude con concordato, sono liquidati ad istanza del curatore con decreto del tribunale non soggetto a reclamo, su relazione del giudice delegato, secondo le norme stabilite con decreto del Ministro della giustizia (4) (5).

2. La liquidazione del compenso è fatta dopo l'approvazione del rendiconto e, se del caso, dopo l'esecuzione del concordato. È in facoltà del tribunale di accordare al curatore acconti sul compenso per giustificati motivi.

3. Se nell'incarico si sono succeduti più curatori, il compenso è stabilito secondo criteri di proporzionalità ed è liquidato, in ogni caso, al termine della procedura, salvi eventuali acconti. Salvo che non ricorrano giustificati motivi, ogni acconto liquidato dal tribunale deve essere preceduto dalla presentazione di un progetto di ripartizione parziale (6).

4. Nessun compenso, oltre quello liquidato dal tribunale, può essere preteso dal curatore, nemmeno per rimborso di spese. Le promesse e i pagamenti fatti contro questo divieto sono nulli, ed è sempre ammessa la ripetizione di ciò che è stato pagato, indipendentemente dall'esercizio dell'azione penale (7).

Sezione IV. — *Del comitato dei creditori*

40. *Nomina del comitato*. — *1.* Il comitato dei creditori è nominato dal giudice delegato entro trenta giorni dalla sentenza di fallimento sulla base delle risultanze documentali, sentiti il curatore e i creditori che, con la domanda di ammissione al passivo o precedentemente, hanno dato la disponibilità ad assumere l'incarico ovvero hanno segnalato altri nominativi aventi i requisiti previsti. Salvo quanto previsto dall'art. 37-*bis*, la composizione del comitato può essere modificata dal giudice delegato in relazione alle variazioni dello stato passivo o per altro giustificato motivo.

2. Il comitato è composto di tre o cinque membri scelti tra i creditori, in modo da rappresentare in misura equilibrata quantità e qualità dei crediti ed avuto riguardo alla possibilità di soddisfacimento dei crediti stessi.

3. Il comitato, entro dieci giorni dalla nomina, provvede, su convocazione del curatore, a nominare a maggioranza il proprio presidente.

4. La sostituzione dei membri del comitato avviene secondo le modalità stabilite nel secondo comma.

5. Il comitato dei creditori si considera costituito con l'accettazione, anche per via telematica, della nomina da parte dei suoi componenti, senza necessità di convocazione dinanzi al curatore ed anche prima della elezione del suo presidente (8).

6. Il componente del comitato che si trova in conflitto di interessi si astiene dalla votazione.

(1) Articolo inserito dall'art. 35, d.lg. 9 gennaio 2006, n. 5.

(2) Comma così sostituito dall'art. 36.1, lett. a.1, lett. a, d.lg. 9 gennaio 2006, n. 5. L'ultimo comma dell'art. 1, l. 17 luglio 1975, n. 400, introdotto dall'art. 10.7, l. 23 luglio 2009, n. 99, così dispone: «La vidimazione del registro di cui all'art. 38, primo comma, del r.d. 16 marzo 1942, n. 267, e successive modificazioni, è effettuata in forma semplificata dalla camera di commercio, industria, artigianato e agricoltura territorialmente competente».

(3) Le parole «, ovvero del comitato dei creditori» sono state aggiunte dall'art. 36.1, lett. b.1, lett. a, d.lg. 9 gennaio 2006, n. 5.

(4) V., da ultimo, d.m. Giustizia 25 gennaio 2012, n. 30, in G.U., 26 marzo 2012, n. 72.

(5) Le parole «Ministro della giustizia» sono state così sostituite alle precedenti «Ministro per la grazia e giustizia» dall'art. 37.1, lett. a, d.lg. 9 gennaio 2006, n. 5.

(6) Comma inserito dall'art. 37.1, lett. b, d.lg. 9 gennaio 2006, n. 5. L'ultimo periodo è stato aggiunto successivamente dall'art. 7.1, lett. 0a, d.l. 27 giugno 2015, n. 83, conv. in l. 6 agosto 2015, n. 132. In base all'art. 23.7, d.l. cit., tali disposizioni «si applicano a decorrere dalla data di entrata in vigore della legge di conversione del presente decreto».

(7) Le parole «, se vi è luogo» sono state soppresse dall'art. 37.1, lett. c, d.lg. 9 gennaio 2006, n. 5.

(8) Comma inserito dall'art. 6.1, lett. a, d.l. 3 maggio 2016, n. 59, conv. in l. 30 giugno 2016, n. 119.

7. Ciascun componente del comitato dei creditori può delegare in tutto o in parte l'espletamento delle proprie funzioni ad uno dei soggetti aventi i requisiti indicati nell'art. 28, previa comunicazione al giudice delegato (1).

41. *Funzioni del comitato*. — *1.* Il comitato dei creditori vigila sull'operato del curatore, ne autorizza gli atti ed esprime pareri nei casi previsti dalla legge, ovvero su richiesta del tribunale o del giudice delegato, succintamente motivando le proprie deliberazioni.

2. Il presidente convoca il comitato per le deliberazioni di competenza o quando sia richiesto da un terzo dei suoi componenti.

3. Le deliberazioni del comitato sono prese a maggioranza dei votanti, nel termine massimo di quindici giorni successivi a quello in cui la richiesta è pervenuta al presidente. Il voto può essere espresso in riunioni collegiali ovvero per mezzo telefax o con altro mezzo elettronico o telematico, purché sia possibile conservare la prova della manifestazione di voto.

4. In caso di inerzia, di impossibilità di costituzione per insufficienza di numero o indisponibilità dei creditori, o (2) di funzionamento del comitato o di urgenza, provvede il giudice delegato.

5. Il comitato ed ogni componente possono ispezionare in qualunque tempo le scritture contabili e i documenti della procedura ed hanno diritto di chiedere notizie e chiarimenti al curatore e al fallito [c. 2403-*II*[1]].

6. I componenti del comitato hanno diritto al rimborso delle spese, oltre all'eventuale compenso riconosciuto ai sensi e nelle forme di cui all'art. 37-*bis*, terzo comma (3).

7. Ai componenti del comitato dei creditori si applica, in quanto compatibile, l'art. 2407, primo e terzo comma, del codice civile (4) (5).

8. L'azione di responsabilità può essere proposta dal curatore durante lo svolgimento della procedura. Con il decreto di autorizzazione il giudice delegato sostituisce i componenti del comitato dei creditori nei confronti dei quali ha autorizzato l'azione (4).

CAPO III

Degli effetti del fallimento

Sezione I. — *Degli effetti del fallimento per il fallito*

42. *Beni del fallito*. — *1.* La sentenza che dichiara il fallimento priva dalla sua data il fallito dell'amministrazione e della disponibilità dei suoi beni esistenti alla data di dichiarazione di fallimento.

2. Sono compresi nel fallimento anche i beni che pervengono al fallito durante il fallimento, dedotte le passività incontrate per l'acquisto e la conservazione dei beni medesimi.

3. Il curatore, previa autorizzazione del comitato dei creditori, può rinunciare ad acquisire i beni che pervengono al fallito durante la procedura fallimentare qualora i costi da sostenere per il loro acquisto e la loro conservazione risultino superiori al presumibile valore di realizzo dei beni stessi (6).

43. *Rapporti processuali*. — *1.* Nelle controversie, anche in corso, relative a rapporti di diritto patrimoniale del fallito compresi nel fallimento sta in giudizio il curatore.

2. Il fallito può intervenire nel giudizio solo per le questioni dalle quali può dipendere un'imputazione di bancarotta a suo carico o se l'intervento è previsto dalla legge.

3. L'apertura del fallimento determina l'interruzione del processo (7).

4. Le controversie in cui è parte un fallimento sono trattate con priorità. Il capo dell'ufficio trasmette annualmente al presidente della corte di appello i dati relativi al numero di procedimenti in cui è parte un fallimento e alla loro durata, nonché le disposizioni adottate per la finalità di cui al periodo precedente. Il presidente della corte di appello ne dà atto nella relazione sull'amministrazione della giustizia (8).

44. *Atti compiuti dal fallito dopo la dichiarazione di fallimento*. — *1.* Tutti gli atti compiuti

(1) Articolo così sostituito dall'art. 38, d.lg. 9 gennaio 2006, n. 5.

(2) Le parole «di costituzione per insufficienza di numero o indisponibilità dei creditori, o» sono state inserite dall'art. 3.10, lett. a, d.lg. 12 settembre 2007, n. 169.

(3) Così corretto con Comunicato in G.U., 20 marzo 2006, n. 66.

(4) Gli attuali settimo e ottavo comma sono stati così sostituiti al precedente comma 7 dall'art. 3.10, lett. b, d.lg. 12 settembre 2007, n. 169.

(5) Articolo così sostituito dall'art. 39, d.lg. 9 gennaio 2006, n. 5.

(6) Comma aggiunto dall'art. 40, d.lg. 9 gennaio 2006, n. 5.

(7) Comma aggiunto dall'art. 41, d.lg. 9 gennaio 2006, n. 5.

(8) Comma aggiunto dall'art. 7.1, lett. 0b, d.l. 27 giugno 2015, n. 83, conv. in l. 6 agosto 2015, n. 132. In base all'art. 23.7, d.l. cit., tali disposizioni «si applicano a decorrere dalla data di entrata in vigore della legge di conversione del presente decreto».

dal fallito e i pagamenti da lui eseguiti dopo la dichiarazione di fallimento sono inefficaci rispetto ai creditori.

2. Sono egualmente inefficaci i pagamenti ricevuti dal fallito dopo la sentenza dichiarativa di fallimento.

3. Fermo quanto previsto dall'art. 42, secondo comma, sono acquisite al fallimento tutte le utilità che il fallito consegue nel corso della procedura per effetto degli atti di cui al primo e secondo comma (1).

45. *Formalità eseguite dopo la dichiarazione di fallimento*. — *1.* Le formalità necessarie per rendere opponibili gli atti ai terzi [c. 2643 ss.], se compiute dopo la data della dichiarazione di fallimento, sono senza effetto rispetto ai creditori [c. 2914 ss.].

46. *Beni non compresi nel fallimento*. — *1.* Non sono compresi nel fallimento:

1) i beni ed i diritti di natura strettamente personale;

2) gli assegni aventi carattere alimentare, gli stipendi, pensioni, salari e ciò che il fallito guadagna con la sua attività, entro i limiti di quanto occorre per il mantenimento suo e della famiglia;

3) i frutti derivanti dall'usufrutto legale sui beni dei figli [c. 324 ss.], i beni costituiti in fondo patrimoniale e i frutti di essi, salvo quanto è disposto dall'art. 170 del codice civile (2);

4) .... (3);

5) le cose che non possono essere pignorate per disposizione di legge.

2. I limiti previsti nel primo comma, n. 2), sono fissati con decreto motivato del giudice delegato che deve tener conto della condizione personale del fallito e di quella della sua famiglia (4).

47. *Alimenti al fallito e alla famiglia*. — *1.* Se al fallito vengono a mancare i mezzi di sussistenza, il giudice delegato, sentiti il curatore e il comitato dei creditori, (5) può concedergli un sussidio a titolo di alimenti per lui e per la famiglia [c. 433 ss.].

2. La casa di proprietà del fallito, nei limiti in cui è necessaria all'abitazione di lui e della sua famiglia, non può essere distratta da tale uso fino alla liquidazione delle attività.

48. *Corrispondenza diretta al fallito*. — *1.* Il fallito persona fisica è tenuto (6) a consegnare al curatore la propria corrispondenza di ogni genere, inclusa quella elettronica, riguardante i rapporti compresi nel fallimento (7).

2. La corrispondenza diretta al fallito che non sia persona fisica è consegnata al curatore (8).

49. *Obblighi del fallito*. — *1.* L'imprenditore del quale sia stato dichiarato il fallimento, nonché gli amministratori o i liquidatori di società o enti soggetti alla procedura di fallimento sono tenuti a comunicare al curatore ogni cambiamento della propria residenza o del proprio domicilio.

2. Se occorrono informazioni o chiarimenti ai fini della gestione della procedura, i soggetti di cui al primo comma devono presentarsi personalmente al giudice delegato, al curatore o al comitato dei creditori.

3. In caso di legittimo impedimento o di altro giustificato motivo, il giudice può autorizzare l'imprenditore o il legale rappresentante della società o enti soggetti alla procedura di fallimento a comparire per mezzo di mandatario (9).

50. .... (10).

Sezione II. — *Degli effetti del fallimento per i creditori*

51. *Divieto di azioni esecutive e cautelari individuali*. — *1.* Salvo diversa disposizione della legge (11) dal giorno della dichiarazione di fallimento nessuna azione individuale esecutiva o

(1) Comma aggiunto dall'art. 42, d.lg. 9 gennaio 2006, n. 5.
(2) Numero così sostituito dall'art. 43.1, lett. a, d.lg. 9 gennaio 2006, n. 5.
(3) Numero abrogato dall'art. 43.1, lett. b, d.lg. 9 gennaio 2006, n. 5.
(4) Comma così sostituito dall'art. 43.1, lett. c, d.lg. 9 gennaio 2006, n. 5.
(5) Le parole «se è stato nominato,» sono state soppresse dall'art. 44, d.lg. 9 gennaio 2006, n. 5.
(6) Le parole «Il fallito persona fisica è tenuto» sono state così sostituite alle precedenti «L'imprenditore del quale sia stato dichiarato il fallimento, nonché gli amministratori o i liquidatori di società o enti soggetti alla procedura di fallimento sono tenuti» dall'art. 4.1, lett. a, d.lg. 12 settembre 2007, n. 169.
(7) Articolo così sostituito dall'art. 45, d.lg. 9 gennaio 2006, n. 5.
(8) Comma aggiunto dall'art. 4.1, lett. b, d.lg. 12 settembre 2007, n. 169.
(9) Articolo così sostituito dall'art. 46, d.lg. 9 gennaio 2006, n. 5.
(10) Articolo abrogato dall'art. 47, d.lg. 9 gennaio 2006, n. 5.
La Corte cost., con sentenza 27 febbraio 2008, n. 39, ha dichiarato l'illegittimità costituzionale degli artt. 50 e 142 «nel testo anteriore all'entrata in vigore del d.lg. 9 gennaio 2006, n. 5, in quanto stabiliscono che le incapacità personali derivanti al fallito dalla dichiarazione di fallimento perdurano oltre la chiusura della procedura concorsuale».
(11) V. art. 41.2, d.lg. 1° settembre 1993, n. 385, in *Leggi coll. XVII, 1*, per il credito fondiario.

cautelare, anche per crediti maturati durante il fallimento, può essere iniziata o proseguita sui beni compresi nel fallimento (1).

52. *Concorso dei creditori*. — *1.* Il fallimento apre il concorso dei creditori sul patrimonio del fallito.

2. Ogni credito, anche se munito di diritto di prelazione [c. 2741[2]] o trattato ai sensi dell'art. 111, primo comma, n. 1), nonché ogni diritto reale o personale, mobiliare o immobiliare, deve essere accertato secondo le norme stabilite dal capo V, salvo diverse disposizioni della legge (2).

3. Le disposizioni del secondo comma si applicano anche ai crediti esentati dal divieto di cui all'art. 51 (3).

53. *Creditori muniti di pegno o privilegio su mobili*. — *1.* I crediti garantiti da pegno o assistiti da privilegio a norma degli artt. 2756 e 2761 del codice civile possono essere realizzati anche durante il fallimento, dopo che sono stati ammessi al passivo con prelazione.

2. Per essere autorizzato alla vendita il creditore fa istanza al giudice delegato, il quale, sentiti il curatore e il comitato dei creditori, stabilisce con decreto il tempo della vendita, determinandone le modalità a norma dell'art. 107 (4).

3. Il giudice delegato, sentito il comitato dei creditori, se è stato nominato, può anche autorizzare il curatore a riprendere le cose sottoposte a pegno o a privilegio, pagando il creditore, o ad eseguire la vendita nei modi stabiliti dal comma precedente.

54. *Diritto dei creditori privilegiati nella ripartizione dell'attivo*. — *1.* I creditori garantiti da ipoteca [c. 2808 ss.], pegno [c. 2784 ss.] o privilegio [c. 2745 ss.] fanno valere il loro diritto di prelazione sul prezzo dei beni vincolati per il capitale, gli interessi e le spese; se non sono soddisfatti integralmente concorrono, per quanto è ancora loro dovuto, con i creditori chirografari nelle ripartizioni del resto dell'attivo.

2. Essi hanno diritto di concorrere anche nelle ripartizioni che si eseguono prima della distribuzione del prezzo dei beni vincolati a loro garanzia. In tal caso, se ottengono un'utile collocazione definitiva su questo prezzo per la totalità del loro credito, computati in primo luogo gli interessi, l'importo ricevuto nelle ripartizioni anteriori viene detratto dalla somma loro assegnata per essere attribuito ai creditori chirografari. Se la collocazione utile ha luogo per una parte del credito garantito, per il capitale non soddisfatto essi hanno diritto di trattenere solo la percentuale definitiva assegnata ai creditori chirografari.

3. L'estensione del diritto di prelazione agli interessi è regolata dagli artt. 2749, 2788 e 2855, commi secondo e terzo, del codice civile, intendendosi equiparata la dichiarazione di fallimento all'atto di pignoramento [c. 2912 ss.]. Per i crediti assistiti da privilegio generale, il decorso degli interessi cessa alla data del deposito del progetto di riparto nel quale il credito è soddisfatto anche se parzialmente (5) (6).

(1) Articolo così sostituito dall'art. 48, d.lg. 9 gennaio 2006, n. 5.

(2) Comma così sostituito dall'art. 49, d.lg. 9 gennaio 2006, n. 5.

(3) Comma aggiunto dall'art. 4.2, d.lg. 12 settembre 2007, n. 169.

(4) Le parole «determinandone le modalità a norma dell'art. 107» sono state così sostituite alle precedenti «disponendo se questa debba essere fatta ad offerte private o all'incanto, e determinando le modalità relative» dall'art. 4.3, d.lg. 12 settembre 2007, n. 169.

(5) Comma così sostituito dall'art. 50, d.lg. 9 gennaio 2006, n. 5.

(6) La Corte cost., con sentenza 31 dicembre 1986, n. 300, ha dichiarato l'illegittimità costituzionale degli artt. 55, comma 1 richiamato dall'art. 169 e 54, comma 3, l. fall. «nella parte in cui non estendono il privilegio agli interessi dovuti sui crediti privilegiati di lavoro nella procedura di concordato preventivo del datore di lavoro».

La Corte cost., con sentenza 20 aprile 1989, n. 204, ha dichiarato l'illegittimità costituzionale di questo comma e dell'art. 55, comma 1, «nella parte in cui non estendono la prelazione agli interessi dovuti sui crediti privilegiati da lavoro nella procedura di fallimento del datore di lavoro».

La Corte cost., con sentenza 18 luglio 1989, n. 408, ha dichiarato l'illegittimità costituzionale di questo comma e dell'art. 55, 1° comma, nonché dell'art. 169 là dove richiama l'art. 55, «nella parte in cui, nelle procedure di fallimento del debitore e di concordato preventivo, non estendono la prelazione agli interessi dovuti sui crediti privilegiati delle società o enti cooperativi di produzione e di lavoro, di cui all'art. 2751-*bis*, n. 5, del c.c., che rispondono ai requisiti prescritti dalla legislazione in tema di cooperazione».

La Corte cost., con sentenza 22 dicembre 1989, n. 567, ha dichiarato l'illegittimità costituzionale di questo comma e dell'art. 55, 1° comma, in relazione all'art. 1, d.l. 30 gennaio 1979, n. 26, conv. in l. 3 aprile 1979, n. 95, in *Leggi coll. XXII, 2*, «nella parte in cui non estendono la prelazione agli interessi dovuti sui crediti privilegiati da lavoro nella procedura di amministrazione straordinaria».

La Corte cost., con sentenza 28 maggio 2001, n. 162, ha dichiarato l'illegittimità costituzionale di questo comma «nella parte in cui non richiama, ai fini dell'estensione del diritto di prelazione agli interessi, l'art. 2749 del codice civile».

55. *Effetti del fallimento sui debiti pecuniari.* — *1.* La dichiarazione di fallimento sospende il corso degli interessi convenzionali o legali [c. 1282 ss.], agli effetti del concorso, fino alla chiusura del fallimento, a meno che i crediti non siano garantiti da ipoteca [c. 2808 ss.], da pegno [c. 2784 ss.] o privilegio [c. 2745 ss.], salvo quanto è disposto dal terzo comma dell'articolo precedente (1).

2. I debiti pecuniari [c. 1277 ss.] del fallito si considerano scaduti agli effetti del concorso, alla data di dichiarazione del fallimento [c. 1186].

3. I crediti condizionali [c. 1353 ss.] partecipano al concorso, a norma degli artt. 95, 113 e 113-*bis* (2). Sono compresi tra i crediti condizionali quelli che non possono farsi valere contro il fallito, se non previa escussione di un obbligato principale.

56. *Compensazione in sede di fallimento.* — *1.* I creditori hanno diritto di compensare [c. 1241 ss.] coi loro debiti verso il fallito i crediti che essi vantano verso lo stesso, ancorché non scaduti prima della dichiarazione di fallimento [c. 1243].

2. Per i crediti non scaduti la compensazione tuttavia non ha luogo se il creditore ha acquistato il credito per atto tra vivi dopo la dichiarazione di fallimento o nell'anno anteriore.

57. *Crediti infruttiferi.* — *1.* I crediti infruttiferi non ancora scaduti alla data della dichiarazione di fallimento sono ammessi al passivo per l'intera somma. Tuttavia ad ogni singola ripartizione saranno detratti gli interessi composti, in ragione del cinque per cento all'anno, per il tempo che resta a decorrere dalla data del mandato di pagamento sino al giorno della scadenza del credito.

58. *Obbligazioni e titoli di debito.* — *1.* I crediti derivanti da obbligazioni e da altri titoli di debito sono ammessi al passivo per il loro valore nominale detratti i rimborsi già effettuati; se è previsto un premio da estrarre a sorte, il suo valore attualizzato viene distribuito tra tutti i titoli che hanno diritto al sorteggio (3).

59. *Crediti non pecuniari.* — *1.* I crediti non scaduti, aventi per oggetto una prestazione in danaro determinata con riferimento ad altri valori o aventi per oggetto una prestazione diversa dal danaro, concorrono secondo il loro valore alla data della dichiarazione di fallimento (4).

60. *Rendita perpetua e rendita vitalizia.* — *1.* Se nel passivo del fallimento sono compresi crediti per rendita perpetua, questa è riscattata a norma dell'art. 1866 del codice civile.

2. Il creditore di una rendita vitalizia è ammesso al passivo per una somma equivalente al valore capitale della rendita stessa al momento della dichiarazione di fallimento.

(1) La Corte cost., con sentenza 31 dicembre 1986, n. 300, ha dichiarato l'illegittimità costituzionale degli artt. 55 comma 1 richiamato dall'art. 169 e 54 comma 3 l. fall. «nella parte in cui non estendono il privilegio agli interessi dovuti sui crediti privilegiati di lavoro nella procedura di concordato preventivo del datore di lavoro».

La Corte cost., con sentenza 20 aprile 1989, n. 204, ha dichiarato l'illegittimità costituzionale di questo comma e dell'art. 54, comma 3, «nella parte in cui non estendono la prelazione agli interessi dovuti sui crediti privilegiati da lavoro nella procedura di fallimento del datore di lavoro».

La Corte cost., con sentenza 18 luglio 1989, n. 408, ha dichiarato l'illegittimità costituzionale di questo comma e dell'art. 54, 3° comma, nonché dell'art. 169 là dove richiama l'art. 55, «nella parte in cui, nelle procedure di fallimento del debitore e di concordato preventivo, non estendono la prelazione agli interessi dovuti sui crediti privilegiati delle società o enti cooperativi di produzione e di lavoro, di cui all'art. 2751-*bis*, n. 5, del c.c., che rispondono ai requisiti prescritti dalla legislazione in tema di cooperazione».

La Corte cost., con sentenza 22 dicembre 1989, n. 567, ha dichiarato l'illegittimità costituzionale di questo comma e dell'art. 54, 3° comma, in relazione all'art. 1, d.l. 30 gennaio 1979, n. 26, conv. in l. 3 aprile 1979, n. 95, in *Leggi coll. XXII, 2*, «nella parte in cui non estendono la prelazione agli interessi dovuti sui crediti privilegiati da lavoro nella procedura di amministrazione straordinaria».

(2) Le parole «a norma degli artt. 95, 113 e 113-*bis*» sono state così sostituite a quelle «a norma degli artt. 95 e 113» dall'art. 51, d.lg. 9 gennaio 2006, n. 5.

(3) Articolo così sostituito dall'art. 52, d.lg. 9 gennaio 2006, n. 5.

(4) La Corte cost., con sentenza 31 dicembre 1986, n. 300, ha dichiarato l'illegittimità costituzionale del combinato disposto degli artt. 59 richiamato dall'art. 169, l. fall. e 429, terzo comma, c.p.c. «nella parte in cui esclude la rivalutazione dei crediti di lavoro per il periodo successivo alla domanda di concordato preventivo».

La Corte cost., con sentenza 20 aprile 1989, n. 204, ha dichiarato l'illegittimità costituzionale di questo articolo «anche in relazione all'art. 429, terzo comma, c.p.c., nella parte in cui non prevede la rivalutazione dei crediti da lavoro con riguardo al periodo successivo all'apertura del fallimento fino al momento in cui lo stato passivo diviene definitivo».

La Corte cost., con sentenza 22 dicembre 1989, n. 567, ha dichiarato l'illegittimità costituzionale di questo articolo, in relazione all'art. 1 d.l. 30 gennaio 1979, n. 26, conv. in l. 3 aprile 1979, n. 95, in *Leggi coll. XXII, 2*, «nella parte in cui non prevede la rivalutazione dei crediti di lavoro con riguardo al periodo successivo al decreto ministeriale con cui si dispone la procedura di amministrazione straordinaria fino al momento in cui la verifica del passivo diviene definitiva».

61. *Creditore di più coobbligati solidali. — 1.* Il creditore di più coobbligati in solido [c. 1292 ss.] concorre nel fallimento di quelli tra essi che sono falliti, per l'intero credito in capitale e accessori, sino al totale pagamento.

2. Il regresso tra i coobbligati falliti [c. 1299] può essere esercitato solo dopo che il creditore sia stato soddisfatto per l'intero credito.

62. *Creditore di più coobbligati solidali parzialmente soddisfatto. — 1.* Il creditore che, prima della dichiarazione di fallimento, ha ricevuto da un coobbligato in solido col fallito [c. 1292 s.] o da un fideiussore [c. 1936 ss.] una parte del proprio credito, ha diritto di concorrere nel fallimento per la parte non riscossa.

2. Il coobbligato che ha diritto di regresso [c. 1299] verso il fallito ha diritto di concorrere nel fallimento di questo per la somma pagata.

3. Tuttavia il creditore ha diritto di farsi assegnare la quota di riparto spettante al coobbligato fino a concorrenza di quanto ancora dovutogli. Resta impregiudicato il diritto verso il coobbligato se il creditore rimane parzialmente insoddisfatto.

63. *Coobbligato o fideiussore del fallito con diritto di garanzia. — 1.* Il coobbligato [c. 1292 ss.] o fideiussore [c. 1936 ss.] del fallito, che ha un diritto di pegno [c. 2784 ss.] o d'ipoteca [c. 2868 ss.] sui beni di lui a garanzia della sua azione di regresso, concorre nel fallimento per la somma per la quale ha ipoteca o pegno.

2. Il ricavato della vendita dei beni ipotecati o delle cose date in pegno spetta al creditore in deduzione della somma dovuta.

Sezione III. — *Degli effetti del fallimento sugli atti pregiudizievoli ai creditori*

64. *Atti a titolo gratuito. — 1.* Sono privi di effetto rispetto ai creditori, se compiuti dal fallito nei due anni anteriori alla dichiarazione di fallimento, gli atti a titolo gratuito, esclusi i regali d'uso [c. 770[2]] e gli atti compiuti in adempimento di un dovere morale [c. 2034[1]] o a scopo di pubblica utilità, in quanto la liberalità sia proporzionata al patrimonio del donante.

2. I beni oggetto degli atti di cui al primo comma sono acquisiti al patrimonio del fallimento mediante trascrizione della sentenza dichiarativa di fallimento. Nel caso di cui al presente articolo ogni interessato può proporre reclamo avverso la trascrizione a norma dell'art. 36 (1).

65. *Pagamenti. — 1.* Sono privi di effetto rispetto ai creditori i pagamenti di crediti che scadono nel giorno della dichiarazione di fallimento o posteriormente, se tali pagamenti sono stati eseguiti dal fallito nei due anni anteriori alla dichiarazione di fallimento.

66. *Azione revocatoria ordinaria. — 1.* Il curatore può domandare che siano dichiarati inefficaci gli atti compiuti dal debitore in pregiudizio dei creditori, secondo le norme del codice civile [c. 2901 ss.].

2. L'azione si propone dinanzi al tribunale fallimentare, sia in confronto del contraente immediato, sia in confronto dei suoi aventi causa nei casi in cui sia proponibile contro costoro.

67. *Atti a titolo oneroso, pagamenti, garanzie. — 1.* Sono revocati, salvo che l'altra parte provi che non conosceva lo stato d'insolvenza del debitore:

1) gli atti a titolo oneroso compiuti nell'anno anteriore alla dichiarazione di fallimento, in cui le prestazioni eseguite o le obbligazioni assunte dal fallito sorpassano di oltre un quarto ciò che a lui è stato dato o promesso;

2) gli atti estintivi di debiti pecuniari scaduti ed esigibili non effettuati con danaro o con altri mezzi normali di pagamento, se compiuti nell'anno anteriore alla dichiarazione di fallimento;

3) i pegni [c. 2784 ss.], le anticresi [c. 1960 s.] e le ipoteche volontarie [c. 2821 ss.] costituiti nell'anno anteriore alla dichiarazione di fallimento per debiti preesistenti non scaduti;

4) i pegni, le anticresi e le ipoteche giudiziali [c. 2818 ss.] o volontarie costituiti entro sei mesi anteriori alla dichiarazione di fallimento per debiti scaduti.

2. Sono altresì revocati, se il curatore prova che l'altra parte conosceva lo stato d'insolvenza del debitore, i pagamenti di debiti liquidi ed esigibili [c. 2901[3]], gli atti a titolo oneroso e quelli costitutivi di un diritto di prelazione [c. 2741[2]] per debiti, anche di terzi, contestualmente creati, se compiuti entro sei mesi anteriori alla dichiarazione di fallimento.

3. Non sono soggetti all'azione revocatoria:

a) i pagamenti di beni e servizi effettuati nell'esercizio dell'attività d'impresa nei termini d'uso;

b) le rimesse effettuate su un conto corrente bancario, purché non abbiano ridotto in maniera consistente e durevole l'esposizione debitoria del fallito nei confronti della banca;

c) le vendite ed i preliminari di vendita

(1) Comma aggiunto dall'art. 6.1-*bis*, d.l. 27 giugno 2015, n. 83, conv. in l. 6 agosto 2015, n. 132. In base all'art. 23.3, d.l. cit., tali disposizioni «si applicano ai fallimenti dichiarati successivamente alla data di entrata in vigore del presente decreto».

trascritti ai sensi dell'art. 2645-*bis* del codice civile, i cui effetti non siano cessati ai sensi del comma terzo della suddetta disposizione, conclusi a giusto prezzo ed aventi ad oggetto immobili ad uso abitativo, destinati a costituire l'abitazione principale dell'acquirente o di suoi parenti e affini entro il terzo grado, ovvero immobili ad uso non abitativo destinati a costituire la sede principale dell'attività di impresa dell'acquirente, purché alla data di dichiarazione di fallimento tale attività sia effettivamente esercitata ovvero siano stati compiuti investimenti per darvi inizio (1);

d) gli atti, i pagamenti e le garanzie concesse su beni del debitore purché posti in essere in esecuzione di un piano che appaia idoneo a consentire il risanamento della esposizione debitoria dell'impresa e ad assicurare il riequilibrio della sua situazione finanziaria; un professionista indipendente designato dal debitore, iscritto nel registro dei revisori legali ed in possesso dei requisiti previsti dall'art. 28, lett. *a*) e *b*) deve attestare la veridicità dei dati aziendali e la fattibilità del piano; il professionista è indipendente quando non è legato all'impresa e a coloro che hanno interesse all'operazione di risanamento da rapporti di natura personale o professionale tali da comprometterne l'indipendenza di giudizio; in ogni caso, il professionista deve essere in possesso dei requisiti previsti dall'art. 2399 del codice civile e non deve, neanche per il tramite di soggetti con i quali è unito in associazione professionale, avere prestato negli ultimi cinque anni attività di lavoro subordinato o autonomo in favore del debitore ovvero partecipato agli organi di amministrazione o di controllo; il piano può essere pubblicato nel registro delle imprese su richiesta del debitore (2);

e) gli atti, i pagamenti e le garanzie posti in essere in esecuzione del concordato preventivo (3), nonché dell'accordo omologato ai sensi dell'art. 182-*bis*, nonché gli atti, i pagamenti e le garanzie legalmente posti in essere dopo il deposito del ricorso di cui all'art. 161 (4);

f) i pagamenti dei corrispettivi per prestazioni di lavoro effettuate da dipendenti ed altri collaboratori, anche non subordinati, del fallito;

g) i pagamenti di debiti liquidi ed esigibili eseguiti alla scadenza per ottenere la prestazione di servizi strumentali all'accesso alle procedure concorsuali (3) di concordato preventivo.

4. Le disposizioni di questo articolo non si applicano all'istituto di emissione, alle operazioni di credito su pegno e di credito fondiario; sono salve le disposizioni delle leggi speciali (5) (6).

(1) Lettera sostituita dall'art. 4.4, lett. a, d.lg. 12 settembre 2007, n. 169. Successivamente le parole da «, ovvero immobili ad uso non abitativo» fino alla fine della lettera sono state aggiunte dall'art. 33.1, lett. a, n. 01, d.l. 22 giugno 2012, n. 83, conv. in l. 7 agosto 2012, n. 134.

(2) Lettera così sostituita dall'art. 33.1, lett. a, n. 1, d.l. 22 giugno 2012, n. 83, conv. in l. 7 agosto 2012, n. 134.

(3) Per espressa previsione dell'art. 147.2, d.lg. 9 gennaio 2006, n. 5: «Sono soppressi tutti i riferimenti all'amministrazione controllata contenuti nel r.d. 16 marzo 1942, n. 267».

(4) Le parole «, nonché gli atti, i pagamenti e le garanzie legalmente posti in essere dopo il deposito del ricorso di cui all'art. 161» sono state inserite dall'art. 33.1, lett. a, n. 2, d.l. 22 giugno 2012, n. 83, conv. in l. 7 agosto 2012, n. 134.

(5) A norma dell'art. 89, comma 1, del d.p.r. 29 settembre 1973, n. 602, sulla riscossione delle imposte sui redditi, «i pagamenti di imposte scadute non sono soggetti alla revocatoria prevista dall'art. 67 del r.d. 16 marzo 1942, n. 267»; v. poi l'art. 20, l. 30 luglio 1959, n. 623: «Le disposizioni di cui all'art. 67 del r.d. 16 marzo 1942, n. 267, non si applicano, dopo che siano decorsi 10 giorni dalla stipulazione del mutuo, agli Istituti autorizzati ad esercitare il credito a medio termine, nonché a tutti gli altri istituti di credito, limitatamente alle operazioni dagli stessi effettuate con fondi statali o con l'assistenza della garanzia dello Stato»; l'art. 40, comma 1°, l. 25 luglio 1952, n. 949 (così come sostituito dall'art. 4, l. 24 dicembre 1974, n. 713): «Ai prestiti accordati alle imprese artigiane dagli istituti ed aziende di credito di cui all'art. 35 non si applicano le disposizioni di cui all'art. 67 del r.d. 16 marzo 1942, n. 267, dopo che siano trascorsi dieci giorni dalla stipulazione del contratto di finanziamento»; l'art. 4, l. 29 dicembre 1948, n. 1482: «Le disposizioni dell'art. 67 del r.d. 16 marzo 1942, n. 267, non si applicano alle Sezioni di credito industriale del Banco di Napoli, del Banco di Sicilia e del Banco di Sardegna per tutte le operazioni di credito compiute dalle Sezioni stesse»; l'art. 4.4, d.l. 30 dicembre 1987, n. 536, conv. in l. 29 febbraio 1988, n. 48: «i pagamenti effettuati per contributi sociali obbligatori ed accessori a favore degli enti gestori di forme obbligatorie di previdenza ed assistenza, non sono soggetti all'azione revocatoria di cui all'art. 67 del r.d. 16 marzo 1942, n. 267».

Sull'azione revocatoria nei confronti delle società fiduciarie, delle società fiduciarie e di revisione, degli enti di gestione fiduciaria v. art. 2.4, d.l. 5 giugno 1986, n. 233, conv. in l. 1° agosto 1986, n. 430, in *Leggi coll. XXII, 5*.

Sull'azione revocatoria nei confronti di altre società del gruppo bancario per la cui capogruppo è stata disposta la liquidazione coatta amministrativa v. art. 99.5, d.lg. 1° settembre 1993, n. 385, in *Leggi coll. XVII, 1*.

Sull'azione revocatoria dei pagamenti del debitore ceduto nella cessione dei crediti di impresa v. art. 6, l. 21 febbraio 1991, n. 52, in *Leggi coll. IV, 1*.

Su esenzioni e limiti alla esperibilità della revocatoria in relazione agli immobili da costruire v. art. 10, d.lg. 20 giugno 2005, n. 122, in *Leggi coll. V, 2*.

(6) Articolo così sostituito dall'art. 2.1, lett. a, d.l. 14 marzo 2005, n. 35, conv. in l. 14 maggio 2005, n. 80. Le

67-*bis*. *Patrimoni destinati ad uno specifico affare*. — *1.* Gli atti che incidono su un patrimonio destinato ad uno specifico affare previsto dall'art. 2447-*bis*, primo comma, lett. *a*) del codice civile, sono revocabili quando pregiudicano il patrimonio della società. Il presupposto soggettivo dell'azione è costituito dalla conoscenza dello stato d'insolvenza della società (1).

68. *Pagamento di cambiale scaduta*. — *1.* In deroga a quanto disposto dall'art. 67, secondo comma, non può essere revocato il pagamento di una cambiale, se il possessore di questa doveva accettarlo per non perdere l'azione cambiaria di regresso [l. camb. 50 ss.]. In tal caso, l'ultimo obbligato in via di regresso [l. camb. 49], in confronto del quale il curatore provi che conosceva lo stato d'insolvenza del principale obbligato quando ha tratto o girato la cambiale, deve versare la somma riscossa al curatore.

69. *Atti compiuti tra coniugi*. — *1.* Gli atti previsti dall'art. 67, compiuti tra coniugi nel tempo in cui il fallito esercitava un'impresa commerciale [c. 2195] e quelli a titolo gratuito compiuti tra coniugi più di due anni prima della dichiarazione di fallimento, ma nel tempo in cui il fallito esercitava un'impresa commerciale sono revocati se il coniuge non prova che ignorava lo stato d'insolvenza del coniuge fallito (2).

69-*bis*. *Decadenza dall'azione e computo dei termini* (3). — *1.* Le azioni revocatorie disciplinate nella presente sezione non possono essere promosse decorsi tre anni dalla dichiarazione di fallimento e comunque decorsi cinque anni dal compimento dell'atto (4).

2. Nel caso in cui alla domanda di concordato preventivo segua la dichiarazione di fallimento, i termini di cui agli artt. 64, 65, 67, primo e secondo comma, e 69 decorrono dalla data di pubblicazione della domanda di concordato nel registro delle imprese (5).

70. *Effetti della revocazione*. — *1.* La revocatoria dei pagamenti avvenuti tramite intermediari specializzati, procedure di compensazione multilaterale o dalle società previste dall'art. 1 della l. 23 novembre 1939, n. 1966, si esercita e produce effetti nei confronti del destinatario della prestazione.

2. Colui che, per effetto della revoca prevista dalle disposizioni precedenti, ha restituito quanto aveva ricevuto è ammesso al passivo fallimentare per il suo eventuale credito.

3. Qualora la revoca abbia ad oggetto atti estintivi di posizioni passive derivanti da rapporti di conto corrente bancario o comunque (6) rapporti continuativi o reiterati, il terzo deve restituire una somma pari alla differenza tra l'ammontare massimo raggiunto dalle sue pretese, nel periodo per il quale è provata la conoscenza dello stato d'insolvenza, e l'ammontare residuo delle stesse, alla data in cui si è aperto il concorso. Resta salvo il diritto del convenuto d'insinuare al passivo un credito d'importo corrispondente a quanto restituito (7).

71. .... (8).

Sezione IV. — *Degli effetti del fallimento sui rapporti giuridici preesistenti*

72. *Rapporti pendenti*. — *1.* Se un contratto [c. 1470 ss.] è ancora ineseguito o non compiutamente eseguito da entrambe le parti quando, nei confronti di una di esse, è dichiarato il fallimento, l'esecuzione del contratto, fatte salve le diverse disposizioni della presente Sezione, rimane sospesa fino a quando il curatore, con l'autorizzazione del comitato dei creditori, dichiara di subentrare nel contratto in luogo del fallito, assumendo tutti i relativi obblighi, ovvero di sciogliersi dal medesimo, salvo che, nei contratti ad effetti reali, sia già avvenuto il trasferimento del diritto (9).

disposizioni di questo articolo «si applicano alle azioni revocatorie proposte nell'ambito di procedure iniziate dopo la data di entrata in vigore del presente decreto»: v. art. 2.2 del medesimo d.l. n. 35/2005.

(1) Articolo inserito dall'art. 53, d.lg. 9 gennaio 2006, n. 5.

(2) Articolo così sostituito dall'art. 54, d.lg. 9 gennaio 2006, n. 5.

(3) Rubrica così sostituita alla precedente «Decadenza dall'azione» dall'art. 33.1, lett. a-*bis*, n. 1, d.l. 22 giugno 2012, n. 83, conv. in l. 7 agosto 2012, n. 134.

(4) Articolo inserito dall'art. 55, d.lg. 9 gennaio 2006, n. 5.

(5) Comma aggiunto dall'art. 33.1, lett. a-*bis*, n. 2, d.l. 22 giugno 2012, n. 83, conv. in l. 7 agosto 2012, n. 134.

(6) Le parole «posizioni passive derivanti da rapporti di conto corrente bancario o comunque» sono state inserite dall'art. 4.5, d.lg. 12 settembre 2007, n. 169.

(7) Articolo così sostituito dall'art. 2.1, lett. b, d.l. 14 marzo 2005, n. 35, conv. in l. 14 maggio 2005, n. 80. Le disposizioni di questo articolo «si applicano alle azioni revocatorie proposte nell'ambito di procedure iniziate dopo la data di entrata in vigore del presente decreto»: v. art. 2.2 del medesimo d.l. n. 35/2005.

(8) Articolo abrogato dall'art. 56, d.lg. 9 gennaio 2006, n. 5.

(9) Le parole «, salvo che, nei contratti ad effetti reali, sia già avvenuto il trasferimento del diritto» sono state aggiunte dall'art. 4.6, lett. a, d.lg. 12 settembre 2007, n. 169.

2. Il contraente può mettere in mora [c. 1206 ss.] il curatore, facendogli assegnare dal giudice delegato un termine non superiore a sessanta giorni, decorso il quale il contratto si intende sciolto.

3. La disposizione di cui al primo comma si applica anche al contratto preliminare salvo quanto previsto nell'art. 72-*bis*.

4. In caso di scioglimento, il contraente ha diritto di far valere nel passivo il credito conseguente al mancato adempimento, senza che gli sia dovuto risarcimento del danno (1).

5. L'azione di risoluzione del contratto promossa prima del fallimento nei confronti della parte inadempiente spiega i suoi effetti nei confronti del curatore, fatta salva, nei casi previsti, l'efficacia della trascrizione della domanda; se il contraente intende ottenere con la pronuncia di risoluzione la restituzione di una somma o di un bene, ovvero il risarcimento del danno, deve proporre la domanda secondo le disposizioni di cui al Capo V.

6. Sono inefficaci le clausole negoziali che fanno dipendere la risoluzione del contratto dal fallimento.

7. In caso di scioglimento del contratto preliminare di vendita immobiliare trascritto ai sensi dell'art. 2645-*bis* del codice civile, l'acquirente ha diritto di far valere il proprio credito nel passivo, senza che gli sia dovuto il risarcimento del danno e gode del privilegio di cui all'art. 2775-*bis* del codice civile a condizione che gli effetti della trascrizione del contratto preliminare non siano cessati anteriormente alla data della dichiarazione di fallimento (2) (3).

8. Le disposizioni di cui al primo comma non si applicano al contratto preliminare di vendita trascritto ai sensi dell'art. 2645-*bis* del codice civile avente ad oggetto un immobile ad uso abitativo destinato a costituire l'abitazione principale dell'acquirente o di suoi parenti ed affini entro il terzo grado ovvero un immobile ad uso non abitativo destinato a costituire la sede principale dell'attività di impresa dell'acquirente (4).

72-*bis*. *Contratti relativi ad immobili da costruire*. — *1.* I contratti di cui all'art. 5 del d.lg. 20 giugno 2005, n. 122 (5) si sciolgono se, prima che il curatore comunichi la scelta tra esecuzione o scioglimento, l'acquirente abbia escusso la fideiussione a garanzia della restituzione di quanto versato al costruttore, dandone altresì comunicazione al curatore. In ogni caso, la fideiussione non può essere escussa dopo che il curatore ha comunicato di voler dare esecuzione al contratto (6).

72-*ter*. *Effetti sui finanziamenti destinati ad uno specifico affare*. — *1.* Il fallimento della società determina lo scioglimento del contratto di finanziamento di cui all'art. 2447-*bis*, primo comma, lett. *b*), del codice civile quando impedisce la realizzazione o la continuazione dell'operazione.

2. In caso contrario, il curatore, sentito il parere del comitato dei creditori, può decidere di subentrare nel contratto in luogo della società assumendone gli oneri relativi.

3. Ove il curatore non subentri nel contratto, il finanziatore può chiedere al giudice delegato, sentito il comitato dei creditori, di realizzare o di continuare l'operazione, in proprio o affidandola a terzi; in tale ipotesi il finanziatore può trattenere i proventi dell'affare e può insinuarsi al passivo del fallimento in via chirografaria per l'eventuale credito residuo.

4. Nelle ipotesi previste nel secondo e terzo comma, resta ferma la disciplina prevista dall'art. 2447-*decies*, terzo, quarto e quinto comma, del codice civile.

5. Qualora, nel caso di cui al primo comma, non si verifichi alcuna delle ipotesi previste nel secondo e nel terzo comma, si applica l'art. 2447-*decies*, sesto comma, del codice civile (7).

72-*quater*. *Locazione finanziaria*. — *1.* Al contratto di locazione finanziaria si applica, in caso di fallimento dell'utilizzatore, l'art. 72. Se è disposto l'esercizio provvisorio dell'impre-

(1) Le parole «, senza che gli sia dovuto risarcimento del danno» sono state aggiunte dall'art. 4.6, lett. b, d.lg. 12 settembre 2007, n. 169.

(2) Gli attuali settimo e ottavo comma sono stati così sostituiti al precedente comma 7 dall'art. 4.6, lett. c, d.lg. 12 settembre 2007, n. 169.

(3) Articolo così sostituito dall'art. 57, d.lg. 9 gennaio 2006, n. 5.

(4) Gli attuali settimo e ottavo comma sono stati così sostituiti al precedente comma 7 dall'art. 4.6, lett. c, d.lg. 12 settembre 2007, n. 169. Successivamente le parole «ovvero un immobile ad uso non abitativo destinato a costituire la sede principale dell'attività di impresa dell'acquirente» sono state aggiunte dall'art. 33.1, lett. a-*ter*, d.l. 22 giugno 2012, n. 83, conv. in l. 7 agosto 2012, n. 134.

(5) In *Leggi coll. V, 2*.

(6) Articolo inserito dall'art. 11, d.lg. 20 giugno 2005, n. 122, e da ultimo così sostituito dall'art. 4.7, d.lg. 12 settembre 2007, n. 169.

(7) Articolo inserito dall'art. 59, d.lg. 9 gennaio 2006, n. 5.

sa il contratto continua ad avere esecuzione salvo che il curatore dichiari di volersi sciogliere dal contratto.

2. In caso di scioglimento del contratto, il concedente ha diritto alla restituzione del bene ed è tenuto a versare alla curatela l'eventuale differenza fra la maggiore somma ricavata dalla vendita o da altra collocazione del bene stesso avvenute a valori di mercato (1) rispetto al credito residuo in linea capitale; per le somme già riscosse si applica l'art. 67, terzo comma, lett. *a*).

3. Il concedente ha diritto ad insinuarsi nello stato passivo per la differenza fra il credito vantato alla data del fallimento e quanto ricavato dalla nuova allocazione del bene.

4. In caso di fallimento delle società autorizzate alla concessione di finanziamenti sotto forma di locazione finanziaria, il contratto prosegue; l'utilizzatore conserva la facoltà di acquistare, alla scadenza del contratto, la proprietà del bene, previo pagamento dei canoni e del prezzo pattuito (2).

73. *Vendita con riserva di proprietà*. — *1.* Nella vendita con riserva di proprietà, in caso di fallimento del compratore, se il prezzo deve essere pagato a termine [c. 1531 ss.] o a rate [c. 1523 ss.], il curatore può subentrare nel contratto con l'autorizzazione del comitato dei creditori; il venditore può chiedere cauzione a meno che il curatore paghi immediatamente il prezzo con lo sconto dell'interesse legale [c. 1284]. Qualora il curatore si sciolga dal contratto, il venditore deve restituire le rate di prezzo già riscosse, salvo il diritto ad un equo compenso per l'uso della cosa.

2. Il fallimento del venditore non è causa di scioglimento del contratto [c. 1526] (3).

74. *Contratti ad esecuzione continuata o periodica*. — *1.* Se il curatore subentra in un contratto ad esecuzione continuata o periodica deve pagare integralmente il prezzo anche delle consegne già avvenute o dei servizi già erogati (4).

75. *Restituzione di cose non pagate*. — *1.* Se la cosa mobile oggetto della vendita è già stata spedita al compratore prima della dichiarazione di fallimento di questo, ma non è ancora a sua disposizione nel luogo di destinazione, né altri ha acquistato diritti sulla medesima, il venditore può riprenderne il possesso [c. 1519], assumendo a suo carico le spese e restituendo gli acconti ricevuti, sempreché egli non preferisca dar corso al contratto facendo valere nel passivo il credito per il prezzo, o il curatore non intenda farsi consegnare la cosa pagandone il prezzo integrale [c. 1461].

76. *Contratto di borsa a termine*. — *1.* Il contratto di borsa a termine [c. 1548], se il termine scade dopo la dichiarazione di fallimento di uno dei contraenti, si scioglie (5) alla data della dichiarazione di fallimento. La differenza fra il prezzo contrattuale e il valore delle cose o dei titoli alla data della dichiarazione di fallimento è versata nel fallimento se il fallito risulta in credito, o è ammessa al passivo del fallimento nel caso contrario.

77. *Associazione in partecipazione*. — *1.* L'associazione in partecipazione [c. 2549 ss.] si scioglie per il fallimento dell'associante. L'associato ha diritto di far valere nel passivo il credito per quella parte dei conferimenti, la quale non è assorbita dalle perdite che sono a suo carico.

2. L'associato (6) è tenuto al versamento della parte ancora dovuta nei limiti delle perdite che sono a suo carico.

3. Nei suoi confronti è applicata la procedura prevista dall'art. 150.

78. *Conto corrente, mandato, commissione*. — *1.* I contratti di conto corrente, anche bancario [c. 1823 ss.], e di commissione [c. 1731 ss.] si sciolgono per il fallimento di una delle parti.

2. Il contratto di mandato [c. 1703 ss.] si scioglie per il fallimento del mandatario.

3. Se il curatore del fallimento del mandante subentra nel contratto, il credito del mandatario è trattato a norma dell'art. 111, primo comma, n. 1), per l'attività compiuta dopo il fallimento (7).

79. *Contratto di affitto d'azienda*. — *1.* Il fallimento non è causa di scioglimento del contratto di affitto d'azienda, ma entrambe le parti possono recedere entro sessanta giorni, corrispondendo alla controparte un equo indennizzo, che, nel dissenso tra le parti, è determinato dal giudice delegato, sentiti gli interessati. L'indennizzo dovuto dalla curatela è regolato dall'art. 111, n. 1) (8).

80. *Contratto di locazione di immobili*. — *1.* Il

(1) Le parole «avvenute a valori di mercato» sono state inserite dall'art. 4.8, d.lg. 12 settembre 2007, n. 169.
(2) Articolo inserito dall'art. 59, d.lg. 9 gennaio 2006, n. 5.
(3) Articolo così sostituito dall'art. 4.9, d.lg. 12 settembre 2007, n. 169.
(4) Articolo così sostituito dall'art. 4.10, d.lg. 12 settembre 2007, n. 169.
(5) Le parole «si scioglie» sono state così sostituite a quelle «è risolto» dall'art. 62, d.lg. 9 gennaio 2006, n. 5.
(6) La parola «L'associato» è stata così sostituita a quella «Egli» dall'art. 62, d.lg. 9 gennaio 2006, n. 5.
(7) Articolo così sostituito dall'art. 64, d.lg. 9 gennaio 2006, n. 5.
(8) Articolo così sostituito dall'art. 4.11, d.lg. 12 settembre 2007, n. 169.

fallimento del locatore [c. 1751 ss.] non scioglie il contratto di locazione d'immobili e il curatore subentra nel contratto.

2. Qualora la durata del contratto sia complessivamente superiore a quattro anni dalla dichiarazione di fallimento, il curatore ha, entro un anno dalla dichiarazione di fallimento, la facoltà di recedere dal contratto corrispondendo al conduttore un equo indennizzo per l'anticipato recesso, che nel dissenso fra le parti, è determinato dal giudice delegato, sentiti gli interessati [c. 1613]. Il recesso ha effetto decorsi quattro anni dalla dichiarazione di fallimento.

3. In caso di fallimento del conduttore, il curatore può in qualunque tempo recedere dal contratto, corrispondendo al locatore un equo indennizzo per l'anticipato recesso, che nel dissenso fra le parti, è determinato dal giudice delegato, sentiti gli interessati.

4. Il credito per l'indennizzo è soddisfatto in prededuzione ai sensi dell'art. 111, primo comma, n. 1) con il privilegio dell'art. 2764 del codice civile (1).

80-*bis*. . . . . (2).

81. *Contratto di appalto*. — *1.* Il contratto di appalto [c. 1674] si scioglie per il fallimento di una delle parti, se il curatore, previa autorizzazione del comitato dei creditori non dichiara di voler subentrare nel rapporto dandone comunicazione all'altra parte nel termine di giorni sessanta dalla dichiarazione di fallimento ed offrendo idonee garanzie.

2. Nel caso di fallimento dell'appaltatore, il rapporto contrattuale si scioglie se la considerazione della qualità soggettiva è stata un motivo determinante del contratto [c. 1674], salvo che il committente non consenta, comunque, la prosecuzione del rapporto. Sono salve le norme relative al contratto di appalto per le opere pubbliche (3).

82. *Contratto di assicurazione*. — *1.* Il fallimento dell'assicurato [c. 1882 ss.] non scioglie il contratto di assicurazione contro i danni, salvo patto contrario, e salva l'applicazione dell'art. 1898 del codice civile se ne deriva un aggravamento del rischio.

2. Se il contratto continua, il credito dell'assicuratore per i premi non pagati deve essere soddisfatto integralmente, anche se la scadenza del premio è anteriore alla dichiarazione di fallimento.

83. *Contratto di edizione*. — *1.* Gli effetti del fallimento dell'editore sul contratto di edizione sono regolati dalla legge speciale [l. aut. 135].

83-*bis*. *Clausola arbitrale*. — *1.* Se il contratto in cui è contenuta una clausola compromissoria è sciolto a norma delle disposizioni della presente sezione, il procedimento arbitrale pendente non può essere proseguito (4).

CAPO IV

DELLA CUSTODIA E DELL'AMMINISTRAZIONE DELLE ATTIVITÀ FALLIMENTARI

84. *Dei sigilli*. — *1.* Dichiarato il fallimento, il curatore procede, secondo le norme stabilite dal codice di procedura civile, all'apposizione dei sigilli sui beni che si trovano nella sede principale dell'impresa e sugli altri beni del debitore.

2. Il curatore può richiedere l'assistenza della forza pubblica.

3. Se i beni o le cose si trovano in più luoghi e non è agevole l'immediato completamento delle operazioni, l'apposizione dei sigilli può essere delegata a uno o più coadiutori designati dal giudice delegato.

4. Per i beni e le cose sulle quali non è possibile apporre i sigilli si procede a norma dell'art. 758 del codice di procedura civile (5).

85. . . . . (6).

86. *Consegna del denaro, titoli, scritture contabili e di altra documentazione*. — *1.* Devono essere consegnate al curatore:

a) il denaro contante per essere dal medesimo depositato a norma dell'art. 34;

b) le cambiali e gli altri titoli compresi quelli scaduti;

c) le scritture contabili [c. 2214 ss.] e ogni altra documentazione dal medesimo richiesta o acquisita se non ancora depositate in cancelleria.

2. Il giudice delegato può autorizzarne il deposito in luogo idoneo, anche presso terzi. In ogni caso, il curatore deve esibire le scritture contabili a richiesta del fallito o di chi ne abbia diritto. Nel caso in cui il curatore non ritenga di

(1) Articolo così sostituito dall'art. 4.12, d.lg. 12 settembre 2007, n. 169.
(2) Articolo inserito dall'art. 67, d.lg. 9 gennaio 2006, n. 5, e successivamente abrogato dall'art. 4.13, d.lg. 12 settembre 2007, n. 169.
(3) Articolo così sostituito dall'art. 68, d.lg. 9 gennaio 2006, n. 5.
(4) Articolo inserito dall'art. 69, d.lg. 9 gennaio 2006, n. 5.
(5) Articolo inserito dall'art. 70, d.lg. 9 gennaio 2006, n. 5.
(6) Articolo abrogato dall'art. 71, d.lg. 9 gennaio 2006, n. 5.

dover esibire la documentazione richiesta, l'interessato può proporre ricorso al giudice delegato che provvede con decreto motivato.

3. Può essere richiesto il rilascio di copia, previa autorizzazione del giudice delegato, a cura e spese del richiedente (1).

87. *Inventario*. — *1.* Il curatore, rimossi i sigilli, redige l'inventario nel più breve termine possibile secondo le norme stabilite dal codice di procedura civile, presenti o avvisati il fallito e il comitato dei creditori, se nominato, formando, con l'assistenza del cancelliere, processo verbale delle attività compiute. Possono intervenire i creditori.

2. Il curatore, quando occorre, nomina uno stimatore.

3. Prima di chiudere l'inventario il curatore invita il fallito o, se si tratta di società, gli amministratori a dichiarare se hanno notizia che esistano altre attività da comprendere nell'inventario, avvertendoli delle pene stabilite dall'art. 220 in caso di falsa o omessa dichiarazione.

4. L'inventario è redatto in doppio originale e sottoscritto da tutti gli intervenuti. Uno degli originali deve essere depositato nella cancelleria del tribunale (2).

87-*bis*. *Inventario su altri beni*. — *1.* In deroga a quanto previsto dagli artt. 52 e 103, i beni mobili sui quali i terzi vantano diritti reali o personali chiaramente riconoscibili possono essere restituiti con decreto del giudice delegato, su istanza della parte interessata e con il consenso del curatore e del comitato dei creditori, anche provvisoriamente nominato.

2. I beni di cui al primo comma possono non essere inclusi nell'inventario.

3. Sono inventariati i beni di proprietà del fallito per i quali il terzo detentore ha diritto di rimanere nel godimento in virtù di un titolo negoziale opponibile al curatore. Tali beni non sono soggetti alla presa in consegna a norma dell'art. 88 (3).

88. *Presa in consegna dei beni del fallito da parte del curatore*. — *1.* Il curatore prende in consegna i beni di mano in mano che ne fa l'inventario insieme con le scritture contabili e i documenti del fallito.

2. Se il fallito possiede immobili o altri beni soggetti a pubblica registrazione, il curatore notifica un estratto della sentenza dichiarativa di fallimento ai competenti uffici, perché sia trascritto (4) nei pubblici registri.

89. *Elenchi dei creditori e dei titolari di diritti reali mobiliari e bilancio*. — *1.* Il curatore, in base alle scritture contabili del fallito e alle (5) altre notizie che può raccogliere, deve compilare l'elenco dei creditori, con l'indicazione dei rispettivi crediti e diritti di prelazione [c. 2741^2], nonché l'elenco di tutti coloro che vantano diritti reali e personali, mobiliari e immobiliari, su cose in possesso o nella disponibilità del fallito, con l'indicazione dei titoli relativi. Gli elenchi sono depositati in cancelleria (6).

2. Il curatore deve inoltre redigere il bilancio dell'ultimo esercizio, se non è stato presentato dal fallito nel termine stabilito, ed apportare le rettifiche necessarie e le eventuali aggiunte ai bilanci e agli elenchi presentati dal fallito a norma dell'art. 14.

90. *Fascicolo della procedura*. — *1.* Immediatamente dopo la pubblicazione della sentenza di fallimento, il cancelliere forma un fascicolo, anche in modalità informatica, munito di indice, nel quale devono essere contenuti tutti gli atti, i provvedimenti ed i ricorsi attinenti al procedimento, opportunamente suddivisi in sezioni, esclusi quelli che, per ragioni di riservatezza, debbono essere custoditi separatamente.

2. Il comitato dei creditori e ciascun suo componente hanno diritto di prendere visione di qualunque atto o documento contenuti nel fascicolo. Analogo diritto, con la sola eccezione della relazione del curatore e degli atti eventualmente riservati su disposizione del giudice delegato, spetta anche al fallito.

3. Gli altri creditori ed i terzi hanno diritto di prendere visione e di estrarre copia degli atti e dei documenti per i quali sussiste un loro specifico ed attuale interesse, previa autorizzazione del giudice delegato, sentito il curatore (7).

91. .... (8).

(1) Articolo così sostituito dall'art. 72, d.lg. 9 gennaio 2006, n. 5.
(2) Articolo così sostituito dall'art. 73, d.lg. 9 gennaio 2006, n. 5.
(3) Articolo inserito dall'art. 74, d.lg. 9 gennaio 2006, n. 5.
(4) La parola «trascritto» è stata così sostituita alla precedente «annotato» dall'art. 5.1, d.lg. 12 settembre 2007, n. 169.
(5) Le parole «e alle» sono state così sostituite alle precedenti «e delle» dall'art. 5.2, d.lg. 12 settembre 2007, n. 169.
(6) Comma così sostituito dall'art. 75, d.lg. 9 gennaio 2006, n. 5.
(7) Articolo così sostituito dall'art. 76, d.lg. 9 gennaio 2006, n. 5.
(8) Articolo abrogato dall'art. 299 (L), d.p.r. 30 maggio 2002, n. 115.

CAPO V

DELL'ACCERTAMENTO DEL PASSIVO E DEI DIRITTI REALI MOBILIARI DEI TERZI

92. *Avviso ai creditori ed agli altri interessati.* — *1.* Il curatore, esaminate le scritture dell'imprenditore ed altre fonti di informazione, comunica senza indugio ai creditori e ai titolari di diritti reali o personali su beni mobili e immobili di proprietà o in possesso del fallito, a mezzo posta elettronica certificata se il relativo indirizzo del destinatario risulta dal registro delle imprese ovvero dall'Indice nazionale degli indirizzi di posta elettronica certificata delle imprese e dei professionisti e, in ogni altro caso, a mezzo lettera raccomandata o telefax presso la sede dell'impresa o la residenza del creditore:

1) che possono partecipare al concorso trasmettendo domanda con le modalità indicate nell'articolo seguente;

2) la data fissata per l'esame dello stato passivo e quella entro cui vanno presentate le domande;

3) ogni utile informazione per agevolare la presentazione della domanda, con l'avvertimento delle conseguenze di cui all'art. 31-*bis*, secondo comma, nonché della sussistenza dell'onere previsto dall'art. 93, terzo comma, n. 5);

4) il suo indirizzo di posta elettronica certificata (1).

2. Se il creditore ha sede o risiede all'estero, la comunicazione può essere effettuata al suo rappresentante in Italia, se esistente (2).

93. *Domanda di ammissione al passivo.* — *1.* La domanda di ammissione al passivo di un credito, di restituzione o rivendicazione di beni mobili e immobili, si propone con ricorso da trasmettere a norma del comma seguente almeno trenta giorni prima dell'udienza fissata per l'esame dello stato passivo (3).

2. Il ricorso può essere sottoscritto anche personalmente dalla parte ed è formato ai sensi degli artt. 21, comma 2, ovvero 22, comma 3, del d.lg. 7 marzo 2005 n. 82, e successive modificazioni, e nel termine stabilito dal primo comma, è trasmesso all'indirizzo di posta elettronica certificata del curatore indicato nell'avviso di cui all'art. 92, unitamente ai documenti di cui al successivo sesto comma. L'originale del titolo di credito allegato al ricorso è depositato presso la cancelleria del tribunale (4).

3. Il ricorso contiene:

1) l'indicazione della procedura cui si intende partecipare e le generalità del creditore;

2) la determinazione della somma che si intende insinuare al passivo, ovvero la descrizione del bene di cui si chiede la restituzione o la rivendicazione;

3) la succinta esposizione dei fatti e degli elementi di diritto che costituiscono la ragione della domanda;

4) l'eventuale indicazione di un titolo di prelazione, [...] (5) nonché la descrizione del bene sul quale la prelazione si esercita, se questa ha carattere speciale;

5) l'indicazione dell'indirizzo di posta elettronica certificata, al quale ricevere tutte le comunicazioni relative alla procedura, le cui variazioni è onere comunicare al curatore (6).

4. Il ricorso è inammissibile se è omesso o assolutamente incerto uno dei requisiti di cui ai nn. 1), 2) o 3) del precedente comma. Se è omesso o assolutamente incerto il requisito di cui al n. 4), il credito è considerato chirografario.

5. Se è omessa l'indicazione di cui al terzo comma, n. 5), nonché nei casi di mancata consegna del messaggio di posta elettronica certificata per cause imputabili al destinatario si applica l'art. 31-*bis*, secondo comma (7).

6. Al ricorso sono allegati i documenti dimostrativi del diritto del creditore ovvero del diritto del terzo che chiede la restituzione o rivendica il bene.

7. .... (8).

8. Con la domanda di restituzione o rivendicazione, il terzo può chiedere la sospensione della liquidazione dei beni oggetto della domanda.

9. Il ricorso può essere presentato dal rap-

(1) Comma così sostituito dall'art. 17.1, lett. d, d.l. 18 ottobre 2012, n. 179, conv. in l. 17 dicembre 2012, n. 221.
(2) Articolo così sostituito dall'art. 77, d.lg. 9 gennaio 2006, n. 5.
(3) Comma così sostituito dall'art. 17.1, lett. e, n. 1, d.l. 18 ottobre 2012, n. 179, conv. in l. 17 dicembre 2012, n. 221.
(4) Comma così sostituito dall'art. 17.1, lett. e, n. 2, d.l. 18 ottobre 2012, n. 179, conv. in l. 17 dicembre 2012, n. 221, come sostituito dall'art. 1.19, n. 3, lett. a, l. 24 dicembre 2012, n. 228.
(5) Le parole «anche in relazione alla graduazione del credito,» sono state soppresse dall'art. 6.1, lett. a, d.lg. 12 settembre 2007, n. 169.
(6) Numero così sostituito dall'art. 17.1, lett. e, n. 3, d.l. 18 ottobre 2012, n. 179, conv. in l. 17 dicembre 2012, n. 221.
(7) Comma così sostituito dall'art. 17.1, lett. e, n. 4, d.l. 18 ottobre 2012, n. 179, conv. in l. 17 dicembre 2012, n. 221.
(8) Comma abrogato dall'art. 6.1, lett. b, d.lg. 12 settembre 2007, n. 169.

presentante comune degli obbligazionisti ai sensi dell'art. 2418, secondo comma, del codice civile, anche per singoli gruppi di creditori.

10. Il giudice ad istanza della parte può disporre che il cancelliere prenda copia dei titoli al portatore o all'ordine presentati e li restituisca con l'annotazione dell'avvenuta domanda di ammissione al passivo (1).

94. *Effetti della domanda*. — *1.* La domanda di cui all'art. 93 produce gli effetti della domanda giudiziale [c. 2943] per tutto il corso del fallimento (2).

95. *Progetto di stato passivo e udienza di discussione*. — *1.* Il curatore esamina le domande di cui all'art. 93 e predispone elenchi separati dei creditori e dei titolari di diritti su beni mobili e immobili di proprietà o in possesso del fallito, rassegnando per ciascuno le sue motivate conclusioni. Il curatore può eccepire i fatti estintivi, modificativi o impeditivi del diritto fatto valere, nonché l'inefficacia del titolo su cui sono fondati il credito o la prelazione, anche se è prescritta la relativa azione.

2. Il curatore deposita il progetto di stato passivo corredato dalle relative domande nella cancelleria del tribunale almeno quindici giorni prima dell'udienza fissata per l'esame dello stato passivo e nello stesso termine lo trasmette ai creditori e ai titolari di diritti sui beni all'indirizzo indicato nella domanda di ammissione al passivo. I creditori, i titolari di diritti sui beni ed il fallito possono esaminare il progetto e presentare al curatore, con le modalità indicate dall'art. 93, secondo comma, osservazioni scritte e documenti integrativi fino a cinque giorni prima dell'udienza (3).

3. All'udienza fissata per l'esame dello stato passivo, il giudice delegato, anche in assenza delle parti, decide su ciascuna domanda, nei limiti delle conclusioni formulate ed avuto riguardo alle eccezioni del curatore, a quelle rilevabili d'ufficio ed a quelle formulate dagli altri interessati. Il giudice delegato può procedere ad atti di istruzione su richiesta delle parti, compatibilmente con le esigenze di speditezza del procedimento. In relazione al numero dei creditori e alla entità del passivo, il giudice delegato può stabilire che l'udienza sia svolta in via telematica con modalità idonee a salvaguardare il contraddittorio e l'effettiva partecipazione dei creditori, anche utilizzando le strutture informatiche messe a disposizione della procedura da soggetti terzi (4).

4. Il fallito può chiedere di essere sentito.

5. Delle operazioni si redige processo verbale (5).

96. *Formazione ed esecutività dello stato passivo*. — *1.* Il giudice delegato, con decreto succintamente motivato (6), accoglie in tutto o in parte ovvero respinge o dichiara inammissibile la domanda proposta ai sensi dell'art. 93. [...] (7). La dichiarazione di inammissibilità della domanda non ne preclude la successiva riproposizione.

2. .... (8).

3. Oltre che nei casi stabiliti dalla legge, sono ammessi al passivo con riserva:

1) i crediti condizionati e quelli indicati nell'ultimo comma dell'art. 55;

2) i crediti per i quali la mancata produzione del titolo dipende da fatto non riferibile al creditore, salvo che la produzione avvenga nel termine assegnato dal giudice;

3) i crediti accertati con sentenza del giudice ordinario o speciale non passata in giudicato, pronunziata prima della dichiarazione di fallimento. Il curatore può proporre o proseguire il giudizio di impugnazione.

4. Se le operazioni non possono esaurirsi in una sola udienza; il giudice ne rinvia la prosecuzione a non più di otto giorni, senza altro avviso per gli intervenuti e per gli assenti.

5. Terminato l'esame di tutte le domande, il giudice delegato forma lo stato passivo e lo rende esecutivo con decreto depositato in cancelleria.

6. Il decreto che rende esecutivo lo stato passivo e le decisioni assunte dal tribunale all'esito dei giudizi di cui all'art. 99, producono effetti soltanto ai fini del concorso (9).

97. *Comunicazione dell'esito del procedimento di accertamento del passivo*. — *1.* Il curatore,

(1) Articolo così sostituito dall'art. 78, d.lg. 9 gennaio 2006, n. 5.
(2) Articolo così sostituito dall'art. 79, d.lg. 9 gennaio 2006, n. 5.
(3) Comma così sostituito, da ultimo, dall'art. 17.1, lett. f, d.l. 18 ottobre 2012, n. 179, conv. in l. 17 dicembre 2012, n. 221.
(4) Ultimo periodo aggiunto dall'art. 6.1, lett. b, d.l. 3 maggio 2016, n. 59, conv. in l. 30 giugno 2016, n. 119.
(5) Articolo così sostituito dall'art. 80, d.lg. 9 gennaio 2006, n. 5.
(6) Le parole «succintamente motivato» sono state inserite dall'art. 6.3, lett. a, n. 1, d.lg. 12 settembre 2007, n. 169.
(7) Il periodo «Il decreto è succintamente motivato se sussiste contestazione da parte del curatore sulla domanda proposta.» è stato soppresso dall'art. 6.3, lett. a, n. 2, d.lg. 12 settembre 2007, n. 169.
(8) Comma abrogato dall'art. 6.3, lett. b, d.lg. 12 settembre 2007, n. 169.
(9) Articolo così sostituito dall'art. 81, d.lg. 9 gennaio 2006, n. 5.

immediatamente dopo la dichiarazione di esecutività dello stato passivo, ne dà comunicazione trasmettendo una copia a tutti i ricorrenti, informandoli del diritto di proporre opposizione in caso di mancato accoglimento della domanda (1).

98. *Impugnazioni*. — *1.* Contro il decreto che rende esecutivo lo stato passivo può essere proposta opposizione, impugnazione dei crediti ammessi o revocazione.

2. Con l'opposizione il creditore o il titolare di diritti su beni mobili o immobili contestano che la propria domanda sia stata accolta in parte o sia stata respinta; l'opposizione è proposta nei confronti del curatore.

3. Con l'impugnazione il curatore, il creditore o il titolare di diritti su beni mobili o immobili contestano che la domanda di un creditore o di altro concorrente sia stata accolta; l'impugnazione è rivolta nei confronti del creditore concorrente, la cui domanda è stata accolta. Al procedimento partecipa anche il curatore (2).

4. Con la revocazione il curatore, il creditore o il titolare di diritti su beni mobili o immobili, decorsi i termini per la proposizione della opposizione o della impugnazione, possono chiedere che il provvedimento di accoglimento o di rigetto vengano revocati se si scopre che essi sono stati determinati da falsità, dolo, errore essenziale di fatto o dalla mancata conoscenza di documenti decisivi che non sono stati prodotti tempestivamente per causa non imputabile. La revocazione è proposta nei confronti del creditore concorrente, la cui domanda è stata accolta, ovvero nei confronti del curatore quando la domanda è stata respinta. Nel primo caso, al procedimento partecipa il curatore.

5. Gli errori materiali contenuti nello stato passivo sono corretti con decreto del giudice delegato su istanza del creditore o del curatore, sentito il curatore o la parte interessata (3).

99. *Procedimento*. — *1.* Le impugnazioni di cui all'articolo precedente si propongono con ricorso depositato presso la cancelleria del tribunale entro trenta giorni dalla comunicazione di cui all'art. 97 ovvero in caso di revocazione dalla scoperta del fatto o del documento.

2. Il ricorso deve contenere:

1) l'indicazione del tribunale, del giudice delegato e del fallimento;

2) le generalità dell'impugnante e l'elezione del domicilio nel comune ove ha sede il tribunale che ha dichiarato il fallimento;

3) l'esposizione dei fatti e degli elementi di diritto su cui si basa l'impugnazione e le relative conclusioni;

4) a pena di decadenza, le eccezioni processuali e di merito non rilevabili d'ufficio, nonché l'indicazione specifica dei mezzi di prova di cui il ricorrente intende avvalersi e dei documenti prodotti.

3. Il presidente, nei cinque giorni successivi al deposito del ricorso, designa il relatore, al quale può delegare la trattazione del procedimento e fissa con decreto l'udienza di comparizione entro sessanta giorni dal deposito del ricorso.

4. Il ricorso, unitamente al decreto di fissazione dell'udienza, deve essere notificato, a cura del ricorrente, al curatore ed all'eventuale controinteressato entro dieci giorni dalla comunicazione del decreto.

5. Tra la data della notificazione e quella dell'udienza deve intercorrere un termine non minore di trenta giorni.

6. Le parti resistenti devono costituirsi almeno dieci giorni prima dell'udienza, eleggendo il domicilio nel comune in cui ha sede il tribunale.

7. La costituzione si effettua mediante il deposito in cancelleria di una memoria difensiva contenente, a pena di decadenza, le eccezioni processuali e di merito non rilevabili d'ufficio, nonché l'indicazione specifica dei mezzi di prova e dei documenti prodotti.

8. L'intervento di qualunque interessato non può avere luogo oltre il termine stabilito per la costituzione delle parti resistenti con le modalità per queste previste.

9. Il giudice provvede, anche ai sensi del terzo comma, all'ammissione ed all'espletamento dei mezzi istruttori.

10. Il giudice delegato al fallimento non può far parte del collegio.

11. Il collegio provvede in via definitiva sull'opposizione, impugnazione o revocazione con

(1) Articolo così sostituito, da ultimo, dall'art. 17.1, lett. g, d.l. 18 ottobre 2012, n. 179, conv. in l. 17 dicembre 2012, n. 221.

(2) L'art. 23.40, d.l. 6 luglio 2011, n. 98, conv. in l. 15 luglio 2011, n. 111, così dispone: «I titolari di crediti privilegiati, intervenuti nell'esecuzione o ammessi al passivo fallimentare in data anteriore alla data di entrata in vigore del presente decreto, possono contestare i crediti che, per effetto delle nuove norme di cui ai precedenti commi, sono stati anteposti ai loro crediti nel grado del privilegio, valendosi, in sede di distribuzione della somma ricavata, del rimedio di cui all'art. 512 del codice di procedura civile, oppure proponendo l'impugnazione prevista dall'art. 98, comma 3, del r.d. 16 marzo 1942, n. 267, nel termine di cui all'art. 99 dello stesso decreto».

(3) Articolo così sostituito dall'art. 83, d.lg. 9 gennaio 2006, n. 5.

decreto motivato entro sessanta giorni dall'udienza o dalla scadenza del termine eventualmente assegnato per il deposito di memorie.

12. Il decreto è comunicato dalla cancelleria alle parti che, nei successivi trenta giorni, possono proporre ricorso per cassazione (1).

100. .... (2).

101. *Domande tardive di crediti.* — *1.* Le domande di ammissione al passivo di un credito, di restituzione o rivendicazione di beni mobili e immobili, trasmesse al curatore (3) oltre il termine di trenta giorni prima dell'udienza fissata per la verifica del passivo e non oltre quello di dodici mesi dal deposito del decreto di esecutività dello stato passivo sono considerate tardive; in caso di particolare complessità della procedura, il tribunale, con la sentenza che dichiara il fallimento, può prorogare quest'ultimo termine fino a diciotto mesi.

2. Il procedimento di accertamento delle domande tardive si svolge nelle stesse forme di cui all'art. 95. Il giudice delegato fissa per l'esame delle domande tardive un'udienza ogni quattro mesi, salvo che sussistano motivi d'urgenza (4). Il curatore dà avviso a coloro che hanno presentato la domanda, della data dell'udienza. Si applicano le disposizioni di cui agli artticoli da 93 a 99.

3. Il creditore ha diritto di concorrere sulle somme già distribuite nei limiti di quanto stabilito nell'art. 112. Il titolare di diritti su beni mobili o immobili, se prova che il ritardo è dipeso da causa non imputabile, può chiedere che siano sospese le attività di liquidazione del bene sino all'accertamento del diritto.

4. Decorso il termine di cui al primo comma, e comunque fino a quando non siano esaurite tutte le ripartizioni dell'attivo fallimentare, le domande tardive sono ammissibili se l'istante prova che il ritardo è dipeso da causa a lui non imputabile (5).

102. *Previsione di insufficiente realizzo.* — *1.* Il tribunale, con decreto motivato da adottarsi prima dell'udienza per l'esame dello stato passivo, su istanza del curatore depositata almeno venti giorni prima dell'udienza stessa, corredata da una relazione sulle prospettive della liquidazione, e dal parere del comitato dei creditori, sentito il fallito (6), dispone non farsi luogo al procedimento di accertamento del passivo relativamente ai crediti concorsuali se risulta che non può essere acquisito attivo da distribuire ad alcuno dei creditori che abbiano chiesto l'ammissione al passivo, salva la soddisfazione dei crediti prededucibili e delle spese di procedura.

2. Le disposizioni di cui al primo comma si applicano, in quanto compatibili, ove la condizione di insufficiente realizzo emerge successivamente alla verifica dello stato passivo (7).

3. Il curatore comunica il decreto di cui al primo comma trasmettendone copia (8) ai creditori che abbiano presentato domanda di ammissione al passivo ai sensi degli artt. 93 e 101, i quali, nei quindici giorni successivi, possono presentare reclamo alla corte di appello, che provvede con decreto in camera di consiglio, sentito il reclamante, il curatore, il comitato dei creditori ed il fallito (9).

103. *Procedimenti relativi a domande di rivendica e restituzione.* — *1.* Ai procedimenti che hanno ad oggetto domande di restituzione o di rivendicazione, si applica il regime probatorio previsto nell'art. 621 del codice di procedura civile. Se il bene non è stato acquisito all'attivo della procedura, il titolare del diritto, anche nel corso dell'udienza di cui all'art. 95, può modificare l'originaria domanda e chiedere l'ammissione al passivo del controvalore del bene alla data di apertura del concorso. Se il curatore perde il possesso della cosa dopo averla acquisita, il titolare del diritto può chiedere che il controvalore del bene sia corrisposto in prededuzione (10).

2. Sono salve le disposizioni dell'art. 1706 del codice civile (11).

(1) Articolo così sostituito dall'art. 6.4, d.lg. 12 settembre 2007, n. 169.
(2) Articolo abrogato dall'art. 85, d.lg. 9 gennaio 2006, n. 5.
(3) Le parole «trasmesse al curatore» sono state così sostituite alle precedenti «depositate in cancelleria» dall'art. 17.1, lett. h, d.l. 18 ottobre 2012, n. 179, conv. in l. 17 dicembre 2012, n. 221.
(4) Periodo inserito dall'art. 6.5, d.lg. 12 settembre 2007, n. 169.
(5) Articolo così sostituito dall'art. 86, d.lg. 9 gennaio 2006, n. 5.
(6) Le parole «e dal parere del comitato dei creditori, sentito il fallito» sono state così sostituite alle precedenti «e sentiti il comitato dei creditori ed il fallito» dall'art. 6.6, lett. a, d.lg. 12 settembre 2007, n. 169.
(7) Comma così sostituito dall'art. 6.6, lett. b, d.lg. 12 settembre 2007, n. 169.
(8) Le parole «trasmettendone copia» sono state inserite dall'art. 17.1, lett. i, d.l. 18 ottobre 2012, n. 179, conv. in l. 17 dicembre 2012, n. 221.
(9) Articolo così sostituito dall'art. 87, d.lg. 9 gennaio 2006, n. 5.
(10) Articolo così sostituito dall'art. 88, d.lg. 9 gennaio 2006, n. 5.
(11) Comma aggiunto dall'art. 6.7, d.lg. 12 settembre 2007, n. 169.

CAPO VI

DELL'ESERCIZIO PROVVISORIO E DELLA LIQUIDAZIONE DELL'ATTIVO (1)

Sezione I. — *Disposizioni generali*

104. *Esercizio provvisorio dell'impresa del fallito.* — *1.* Con la sentenza dichiarativa del fallimento, il tribunale può disporre l'esercizio provvisorio dell'impresa, anche limitatamente a specifici rami dell'azienda, se dalla interruzione può derivare un danno grave, purché non arrechi pregiudizio ai creditori.

2. Successivamente, su proposta del curatore, il giudice delegato, previo parere favorevole del comitato dei creditori, autorizza, con decreto motivato, la continuazione temporanea dell'esercizio dell'impresa, anche limitatamente a specifici rami dell'azienda, fissandone la durata.

3. Durante il periodo di esercizio provvisorio, il comitato dei creditori è convocato dal curatore, almeno ogni tre mesi, per essere informato sull'andamento della gestione e per pronunciarsi sull'opportunità di continuare l'esercizio.

4. Se il comitato dei creditori non ravvisa l'opportunità di continuare l'esercizio provvisorio, il giudice delegato ne ordina la cessazione.

5. Ogni semestre, o comunque alla conclusione del periodo di esercizio provvisorio, il curatore deve presentare un rendiconto dell'attività mediante deposito in cancelleria. In ogni caso il curatore informa senza indugio il giudice delegato e il comitato dei creditori di circostanze sopravvenute che possono influire sulla prosecuzione dell'esercizio provvisorio.

6. Il tribunale può ordinare la cessazione dell'esercizio provvisorio in qualsiasi momento laddove ne ravvisi l'opportunità, con decreto in camera di consiglio non soggetto a reclamo sentiti il curatore ed il comitato dei creditori.

→ *7.* Durante l'esercizio provvisorio i contratti pendenti proseguono, salvo che il curatore non intenda sospenderne l'esecuzione o scioglierli.

8. I crediti sorti nel corso dell'esercizio provvisorio sono soddisfatti in prededuzione ai sensi dell'art. 111, primo comma, n. 1).

9. Al momento della cessazione dell'esercizio provvisorio si applicano le disposizioni di cui alla sezione IV del capo III del titolo II (2).

104-*bis*. *Affitto dell'azienda o di rami dell'azienda.* — *1.* Anche prima della presentazione del programma di liquidazione di cui all'art. 104-*ter* su proposta del curatore, il giudice delegato, previo parere favorevole del comitato dei creditori, autorizza l'affitto dell'azienda del fallito a terzi anche limitatamente a specifici rami quando appaia utile al fine della più proficua vendita dell'azienda o di parti della stessa.

2. La scelta dell'affittuario è effettuata dal curatore a norma dell'art. 107, sulla base di stima, assicurando, con adeguate forme di pubblicità, la massima informazione e partecipazione degli interessati. La scelta dell'affittuario deve tenere conto, oltre che dell'ammontare del canone offerto, delle garanzie prestate e della attendibilità del piano di prosecuzione delle attività imprenditoriali, avuto riguardo alla conservazione dei livelli occupazionali.

3. Il contratto di affitto stipulato dal curatore nelle forme previste dall'art. 2556 del codice civile deve prevedere il diritto del curatore di procedere alla ispezione della azienda, la prestazione di idonee garanzie per tutte le obbligazioni dell'affittuario derivanti dal contratto e dalla legge, il diritto di recesso del curatore dal contratto che può essere esercitato, sentito il comitato dei creditori, con la corresponsione all'affittuario di un giusto indennizzo da corrispondere ai sensi dell'art. 111, primo comma, n. 1).

4. La durata dell'affitto deve essere compatibile con le esigenze della liquidazione dei beni.

5. Il diritto di prelazione a favore dell'affittuario può essere concesso convenzionalmente, previa espressa autorizzazione del giudice delegato e previo parere favorevole del comitato dei creditori. In tale caso, esaurito il procedimento di determinazione del prezzo di vendita dell'azienda o del singolo ramo, il curatore, entro dieci giorni, lo comunica all'affittuario, il quale può esercitare il diritto di prelazione entro cinque giorni dal ricevimento della comunicazione.

6. La retrocessione al fallimento di aziende, o rami di aziende, non comporta la responsabilità della procedura per i debiti maturati sino alla retrocessione, in deroga a quanto previsto dagli artt. 2112 e 2560 del codice civile. Ai rapporti pendenti al momento della retrocessione si applicano le disposizioni di cui alla sezione

(1) Rubrica così sostituita dall'art. 89, d.lg. 9 gennaio 2006, n. 5.
(2) Articolo così sostituito dall'art. 90, d.lg. 9 gennaio 2006, n. 5.

IV del Capo III del titolo II (1).

104-*ter*. *Programma di liquidazione*. — *1*. Entro sessanta giorni dalla redazione dell'inventario, e in ogni caso non oltre centottanta giorni dalla sentenza dichiarativa di fallimento (2), il curatore predispone un programma di liquidazione da sottoporre all'approvazione del comitato dei creditori. Il mancato rispetto del termine di centottanta giorni di cui al primo periodo senza giustificato motivo è giusta causa di revoca del curatore (3) (4).

2. Il programma costituisce l'atto di pianificazione e di indirizzo in ordine alle modalità e ai termini previsti per la realizzazione dell'attivo, e deve specificare:

a) l'opportunità di disporre l'esercizio provvisorio dell'impresa, o di singoli rami di azienda, ai sensi dell'art. 104, ovvero l'opportunità di autorizzare l'affitto dell'azienda, o di rami, a terzi ai sensi dell'art. 104-*bis*;

b) la sussistenza di proposte di concordato ed il loro contenuto;

c) le azioni risarcitorie, recuperatorie o revocatorie da esercitare ed il loro possibile esito;

d) le possibilità di cessione unitaria dell'azienda, di singoli rami, di beni o di rapporti giuridici individuabili in blocco;

e) le condizioni della vendita dei singoli cespiti (4);

f) il termine entro il quale sarà completata la liquidazione dell'attivo (5).

3. Il termine di cui alla lett. *f*) del precedente comma non può eccedere due anni dal deposito della sentenza di fallimento. Nel caso in cui, limitatamente a determinati cespiti dell'attivo, il curatore ritenga necessario un termine maggiore, egli è tenuto a motivare specificamente in ordine alle ragioni che giustificano tale maggior termine (6).

4. Il curatore, fermo restando quanto disposto dall'art. 107 (7), può essere autorizzato dal giudice delegato ad affidare ad altri professionisti o società specializzate (8) alcune incombenze della procedura di liquidazione dell'attivo.

5. Il comitato dei creditori può proporre al curatore modifiche al programma presentato. [...] (9).

6. Per sopravvenute esigenze, il curatore può presentare, con le modalità di cui ai commi primo, secondo e terzo, un supplemento del piano di liquidazione.

7. Prima della approvazione del programma, il curatore può procedere alla liquidazione di beni, previa autorizzazione del giudice delegato, sentito il comitato dei creditori se già nominato, solo quando dal ritardo può derivare pregiudizio all'interesse dei creditori.

8. Il curatore, previa autorizzazione del comitato dei creditori, può non acquisire all'attivo o rinunciare a liquidare uno o più beni, se l'attività di liquidazione appaia manifestamente non conveniente. In questo caso, il curatore ne dà comunicazione ai creditori i quali, in deroga a quanto previsto nell'art. 51, possono ini-

(1) Articolo inserito dall'art. 91, d.lg. 9 gennaio 2006, n. 5. Sul diritto di prelazione delle società cooperative costituite da lavoratori dipendenti dell'impresa sottoposta a fallimento, concordato preventivo, amministrazione straordinaria o liquidazione coatta amministrativa v. art. 11.2-3, d.l. 23 dicembre 2013, n. 145, conv. in l. 21 febbraio 2014, n. 9.

(2) Le parole «e in ogni caso non oltre centottanta giorni dalla sentenza dichiarativa di fallimento,» sono state inserite dall'art. 6.1, lett. a, d.l. 27 giugno 2015, n. 83, conv. in l. 6 agosto 2015, n. 132. In base all'art. 23.3, d.l. cit., tali disposizioni «si applicano ai fallimenti dichiarati successivamente alla data di entrata in vigore del presente decreto».

(3) Ultimo periodo aggiunto dall'art. 6.1, lett. a, d.l. 27 giugno 2015, n. 83, conv. in l. 6 agosto 2015, n. 132. In base all'art. 23.3, d.l. cit., tali disposizioni «si applicano ai fallimenti dichiarati successivamente alla data di entrata in vigore del presente decreto».

(4) Comma sostituito dall'art. 7.1, lett. a, d.lg. 12 settembre 2007, n. 169.

(5) Lettera aggiunta dall'art. 6.1, lett. b, d.l. 27 giugno 2015, n. 83, conv. in l. 6 agosto 2015, n. 132. In base all'art. 23.3, d.l. cit., tali disposizioni «si applicano ai fallimenti dichiarati successivamente alla data di entrata in vigore del presente decreto».

(6) Comma inserito dall'art. 6.1, lett. c, d.l. 27 giugno 2015, n. 83, conv. in l. 6 agosto 2015, n. 132. In base all'art. 23.3, d.l. cit., tali disposizioni «si applicano ai fallimenti dichiarati successivamente alla data di entrata in vigore del presente decreto».

(7) Le parole «, fermo restando quanto disposto dall'art. 107,» sono state inserite dall'art. 6.1, lett. d, d.l. 27 giugno 2015, n. 83, conv. in l. 6 agosto 2015, n. 132. In base all'art. 23.3, d.l. cit., tali disposizioni «si applicano ai fallimenti dichiarati successivamente alla data di entrata in vigore del presente decreto».

(8) Le parole «o società specializzate» sono state inserite dall'art. 6.1, lett. d, d.l. 27 giugno 2015, n. 83, conv. in l. 6 agosto 2015, n. 132. In base all'art. 23.3, d.l. cit., tali disposizioni «si applicano ai fallimenti dichiarati successivamente alla data di entrata in vigore del presente decreto».

(9) Il periodo «L'approvazione del programma di liquidazione tiene luogo delle singole autorizzazioni eventualmente necessarie ai sensi della presente legge per l'adozione di atti o l'effettuazione di operazioni inclusi nel programma» è stato soppresso dall'art. 7.1, lett. b, d.lg. 12 settembre 2007, n. 169.

ziare azioni esecutive o cautelari sui beni rimessi nella disponibilità del debitore (1).

9. Il programma approvato è comunicato al giudice delegato che autorizza l'esecuzione degli atti a esso conformi (2).

10. Il mancato rispetto dei termini previsti dal programma di liquidazione senza giustificato motivo è giusta causa di revoca del curatore. È altresì giusta causa di revoca, in presenza di somme disponibili per la ripartizione, il mancato rispetto dell'obbligo di cui all'art. 110 primo comma (3).

Sezione II. — *Della vendita dei beni* (4)

105. *Vendita dell'azienda, di rami, di beni e rapporti in blocco.* — *1.* La liquidazione dei singoli beni ai sensi degli articoli seguenti del presente capo è disposta quando risulta prevedibile che la vendita dell'intero complesso aziendale, di suoi rami, di beni o rapporti giuridici individuabili in blocco non consenta una maggiore soddisfazione dei creditori.

2. La vendita del complesso aziendale o di rami dello stesso è effettuata con le modalità di cui all'art. 107, in conformità a quanto disposto dall'art. 2556 del codice civile.

3. Nell'ambito delle consultazioni sindacali relative al trasferimento d'azienda, il curatore, l'acquirente e i rappresentanti dei lavoratori possono convenire il trasferimento solo parziale dei lavoratori alle dipendenze dell'acquirente e le ulteriori modifiche del rapporto di lavoro consentite dalle norme vigenti.

4. Salva diversa convenzione, è esclusa la responsabilità dell'acquirente per i debiti relativi all'esercizio delle aziende cedute, sorti prima del trasferimento.

5. Il curatore può procedere altresì alla cessione delle attività e delle passività dell'azienda o dei suoi rami, nonché di beni o rapporti giuridici individuabili in blocco, esclusa comunque la responsabilità dell'alienante prevista dall'art. 2560 del codice civile.

6. La cessione dei crediti relativi alle aziende cedute, anche in mancanza di notifica al debitore o di sua accettazione, ha effetto, nei confronti dei terzi, dal momento dell'iscrizione del trasferimento nel registro delle imprese. Tuttavia il debitore ceduto è liberato se paga in buona fede al cedente.

7. I privilegi e le garanzie di qualsiasi tipo, da chiunque prestate o comunque esistenti a favore del cedente, conservano la loro validità e il loro grado a favore del cessionario.

8. Il curatore può procedere alla liquidazione anche mediante il conferimento in una o più società, eventualmente di nuova costituzione, dell'azienda o di rami della stessa, ovvero di beni o crediti, con i relativi rapporti contrattuali in corso, esclusa la responsabilità dell'alienante ai sensi dell'art. 2560 del codice civile ed osservate le disposizioni inderogabili contenute nella presente sezione. Sono salve le diverse disposizioni previste in leggi speciali.

9. Il pagamento del prezzo può essere effettuato mediante accollo di debiti da parte dell'acquirente solo se non viene alterata la graduazione dei crediti (5) (6).

106. *Cessione* (7) *dei crediti, dei diritti e delle quote, delle azioni, mandato a riscuotere.* — *1.* Il curatore può cedere i crediti, compresi quelli di natura fiscale o futuri, anche se oggetto di contestazione; può altresì cedere le azioni revocatorie concorsuali, se i relativi giudizi sono già pendenti.

2. Per la vendita della quota di società a responsabilità limitata si applica l'art. 2471 del codice civile.

3. In alternativa alla cessione di cui al primo comma, il curatore può stipulare contratti di mandato per la riscossione dei crediti (8) (9).

107. *Modalità delle vendite.* — *1.* Le vendite e gli altri atti di liquidazione posti in essere in esecuzione del programma di liquidazione so-

(1) Articolo inserito dall'art. 91, d.lg. 9 gennaio 2006, n. 5.

(2) Comma aggiunto dall'art. 7.1, lett. c, d.lg. 12 settembre 2007, n. 169.

(3) Comma aggiunto dall'art. 6.1, lett. e, d.l. 27 giugno 2015, n. 83, conv. in l. 6 agosto 2015, n. 132. In base all'art. 23.3, d.l. cit., tali disposizioni «si applicano ai fallimenti dichiarati successivamente alla data di entrata in vigore del presente decreto». L'ultimo periodo è stato aggiunto successivamente dall'art. 6.1, lett. c, d.l. 3 maggio 2016, n. 59, conv. in l. 30 giugno 2016, n. 119.

(4) Le parole «Sezione II. Della vendita dei beni» sono state inserite dall'art. 7.2, d.lg. 12 settembre 2007, n. 169.

(5) Articolo così sostituito dall'art. 92, d.lg. 9 gennaio 2006, n. 5.

(6) Sul diritto di prelazione dell'imprenditore che, a titolo di affitto, abbia assunto la gestione, anche parziale, di azienda appartenente ad impresa assoggettata a fallimento v. art. 3.4, l. 23 luglio 1991, n. 223.

(7) La parola «Cessione» è stata così sostituita alla precedente «Vendita» dall'art. 7.4, d.lg. 12 settembre 2007, n. 169.

(8) Articolo così sostituito dall'art. 93, d.lg. 9 gennaio 2006, n. 5.

(9) Prima dell'art. 106 le parole «Sezione II. Della vendita dei beni mobili» sono state soppresse dall'art. 7.3, d.lg. 12 settembre 2007, n. 169.

no effettuati dal curatore tramite procedure competitive anche avvalendosi di soggetti specializzati, sulla base di stime effettuate, salvo il caso di beni di modesto valore, da parte di operatori esperti, assicurando, con adeguate forme di pubblicità, la massima informazione e partecipazione degli interessati. Le vendite e gli atti di liquidazione possono prevedere che il versamento del prezzo abbia luogo ratealmente; si applicano, in quanto compatibili, le disposizioni di cui agli artt. 569, terzo comma, terzo periodo, 574, primo comma, secondo periodo e 587, primo comma, secondo periodo, del codice di procedura civile. In ogni caso, al fine di assicurare la massima informazione e partecipazione degli interessati, il curatore effettua la pubblicità prevista dall'art. 490, primo comma, del codice di procedura civile, almeno trenta giorni prima dell'inizio della procedura competitiva (1).

2. Il curatore può prevedere nel programma di liquidazione che le vendite dei beni mobili, immobili e mobili registrati vengano effettuate dal giudice delegato secondo le disposizioni del codice di procedura civile in quanto compatibili (2).

3. Per i beni immobili e gli altri beni iscritti nei pubblici registri (3), prima del completamento delle operazioni di vendita, è data notizia mediante notificazione da parte del curatore, a ciascuno dei creditori ipotecari o comunque muniti di privilegio.

4. Il curatore può sospendere la vendita ove pervenga offerta irrevocabile d'acquisto migliorativa per un importo non inferiore al dieci per cento del prezzo offerto.

5. Degli esiti delle procedure, il curatore informa il giudice delegato ed il comitato dei creditori, depositando in cancelleria la relativa documentazione.

6. Se alla data di dichiarazione di fallimento sono pendenti procedure esecutive, il curatore può subentrarvi; in tale caso si applicano le disposizione del codice di procedura civile; altrimenti su istanza del curatore il giudice dell'esecuzione dichiara l'improcedibilità dell'esecuzione, salvi i casi di deroga di cui all'art. 51.

7. Con regolamento del Ministro della giustizia, da adottare ai sensi dell'art. 17, comma 3, della l. 23 agosto 1988, n. 400, sono stabiliti requisiti di onorabilità e professionalità dei soggetti specializzati e degli operatori esperti dei quali il curatore può avvalersi ai sensi del primo comma, nonché i mezzi di pubblicità e trasparenza delle operazioni di vendita (4) (5).

108. *Poteri del giudice delegato*. — *1.* Il giudice delegato, su istanza del fallito, del comitato dei creditori o di altri interessati, previo parere dello stesso comitato dei creditori, può sospendere, con decreto motivato, le operazioni di

(1) Comma sostituito dall'art. 7.6, lett. a, d.lg. 12 settembre 2007, n. 169. I periodi da «Le vendite e gli atti di liquidazione» fino a «competitiva» sono stati aggiunti successivamente dall'art. 11.1, d.l. 27 giugno 2015, n. 83, conv. in l. 6 agosto 2015, n. 132. In base all'art. 23.2, d.l. cit.: «Le disposizioni di cui (...) all'art. 11, nella parte in cui introduce l'ultimo periodo dell'art. 107, primo comma, del r.d. 16 marzo 1942, n. 267, (...) si applicano decorsi trenta giorni dalla pubblicazione in *Gazzetta Ufficiale* delle specifiche tecniche previste dall'art. 161-*quater* delle disposizioni per l'attuazione del codice di procedura civile». Inoltre, in base all'art. 23.5, d.l. cit.: «Le disposizioni di cui all'art. 11 (...) si applicano anche ai fallimenti e ai procedimenti di concordato preventivo pendenti alla data di entrata in vigore del presente decreto».

(2) Comma inserito dall'art. 7.6, lett. b, d.lg. 12 settembre 2007, n. 169.

(3) Le parole «e gli altri beni iscritti nei pubblici registri» sono state inserite dall'art. 7.6, lett. c, d.lg. 12 settembre 2007, n. 169.

(4) Articolo così sostituito dall'art. 94, d.lg. 9 gennaio 2006, n. 5.

L'art. 16.1-3, d.l. 14 febbraio 2016, n. 18, conv. in l. 8 aprile 2016, n. 49, così dispone: «1. Gli atti e i provvedimenti recanti il trasferimento della proprietà o di diritti reali su beni immobili emessi, a favore di soggetti che svolgono attività d'impresa, nell'ambito di una procedura giudiziaria di espropriazione immobiliare di cui al libro III, titolo II, capo IV, del codice di procedura civile, ovvero di una procedura di vendita di cui all'art. 107 del r.d. 16 marzo 1942, n. 267, sono assoggettati alle imposte di registro, ipotecaria e catastale nella misura fissa di 200 euro ciascuna a condizione che l'acquirente dichiari che intende trasferirli entro due anni. || 2. Ove non si realizzi la condizione del ritrasferimento entro il biennio, le imposte di registro, ipotecaria e catastale sono dovute nella misura ordinaria e si applica una sanzione amministrativa del 30 per cento oltre agli interessi di mora di cui all'art. 55, comma 4, del t.u. delle disposizioni concernenti l'imposta di registro, di cui al d.p.r. 26 aprile 1986, n. 131. Dalla scadenza del biennio decorre il termine per il recupero delle imposte ordinarie da parte dell'amministrazione finanziaria. || 2-*bis*. Gli atti e i provvedimenti di cui al comma 1 emessi a favore di soggetti che non svolgono attività d'impresa sono assoggettati alle imposte di registro, ipotecaria e catastale nella misura fissa di 200 euro ciascuna sempre che in capo all'acquirente ricorrano le condizioni di cui alla nota II-*bis*) all'art. 1 della tariffa, parte prima, allegata al t.u. delle disposizioni concernenti l'imposta di registro, di cui al d.p.r. 26 aprile 1986, n. 131. In caso di dichiarazione mendace nell'atto di acquisto, ovvero di rivendita nel quinquiennio dalla data dell'atto, si applicano le disposizioni indicate nella predetta nota. || 3. Le disposizioni del presente articolo hanno effetto per gli atti emessi dalla data di entrata in vigore del presente decreto fino al 31 dicembre 2016».

(5) Prima dell'art. 107 le parole «Sezione III. Della vendita dei beni immobili» sono state soppresse dall'art. 7.5, d.lg. 12 settembre 2007, n. 169.

vendita, qualora ricorrano gravi e giustificati motivi ovvero, su istanza presentata dagli stessi soggetti entro dieci giorni dal deposito di cui al quarto comma dell'art. 107, impedire il perfezionamento della vendita quando il prezzo offerto risulti notevolmente inferiore a quello giusto, tenuto conto delle condizioni di mercato.

2. Per i beni immobili e gli altri beni iscritti in pubblici registri (1), una volta eseguita la vendita e riscosso interamente il prezzo, il giudice delegato ordina, con decreto, la cancellazione delle iscrizioni relative ai diritti di prelazione, nonché delle trascrizioni dei pignoramenti e dei sequestri conservativi e di ogni altro vincolo (2).

108-*bis*. .... (3).

108-*ter*. *Modalità della vendita di diritti sulle opere dell'ingegno; sulle invenzioni industriali; sui marchi*. — *1.* Il trasferimento dei diritti di utilizzazione economica delle opere dell'ingegno, il trasferimento dei diritti nascenti delle invenzioni industriali, il trasferimento dei marchi e la cessione di banche di dati sono fatte a norma delle rispettive leggi speciali (4).

109. *Procedimento di distribuzione della somma ricavata*. — *1.* Il giudice delegato provvede alla distribuzione della somma ricavata dalla vendita secondo le disposizioni del capo seguente.

2. Il tribunale (5) stabilisce con decreto la somma da attribuire, se del caso, al curatore in conto del compenso finale da liquidarsi a norma dell'art. 39. Tale somma è prelevata sul prezzo insieme alle spese di procedura e di amministrazione.

CAPO VII

DELLA RIPARTIZIONE DELL'ATTIVO

110. *Procedimento di ripartizione*. — *1.* Il curatore, ogni quattro mesi a partire dalla data del decreto previsto dall'art. 97 o nel diverso termine stabilito dal giudice delegato, presenta un prospetto delle somme disponibili ed un progetto di ripartizione delle medesime, riservate quelle occorrenti per la procedura. Nel progetto sono collocati anche i crediti per i quali non si applica il divieto di azioni esecutive e cautelari di cui all'art. 51 (6). Nel caso in cui siano in corso giudizi di cui all'art. 98, il curatore, nel progetto di ripartizione di cui al presente comma, indica, per ciascun creditore, le somme immediatamente ripartibili nonché le somme ripartibili soltanto previo rilascio in favore della procedura di una fideiussione autonoma, irrevocabile e a prima richiesta, rilasciata da uno dei soggetti di cui all'art. 574, primo comma, secondo periodo, del codice di procedura civile, idonea a garantire la restituzione alla procedura delle somme che risultino ripartite in eccesso, anche in forza di provvedimenti provvisoriamente esecutivi resi nell'ambito dei giudizi di cui all'art. 98, oltre agli interessi, al tasso applicato dalla Banca centrale europea alle sue più recenti operazioni di rifinanziamento principali, a decorrere dal pagamento e sino all'effettiva restituzione. Le disposizioni del periodo precedente si applicano anche ai creditori che avrebbero diritto alla ripartizione delle somme ricavate nel caso in cui risulti insussistente, in tutto o in parte, il credito avente diritto all'accantonamento ovvero oggetto di controversia a norma dell'art. 98 (7).

2. Il giudice ordina il deposito del progetto di ripartizione in cancelleria, disponendo che a tutti i creditori, compresi quelli per i quali è in corso uno dei giudizi di cui all'art. 98, ne sia data comunicazione mediante l'invio di copia a mezzo posta elettronica certificata (8).

3. I creditori, entro il termine perentorio di quindici giorni dalla ricezione della comunicazione di cui al secondo comma, possono proporre reclamo al giudice delegato (9) contro il progetto di riparto ai sensi dell'art. 36 (10).

(1) Le parole «Per i beni immobili e gli altri beni iscritti in pubblici registri,» sono state così sostituite alle precedenti «Per i veicoli iscritti nel pubblico registro automobilistico e per i beni immobili» dall'art. 7.7, d.lg. 12 settembre 2007, n. 169.

(2) Articolo così sostituito dall'art. 95, d.lg. 9 gennaio 2006, n. 5.

(3) Articolo inserito dall'art. 96, d.lg. 9 gennaio 2006, n. 5, e successivamente abrogato dall'art. 7.8, d.lg. 12 settembre 2007, n. 169.

(4) Articolo inserito dall'art. 96, d.lg. 9 gennaio 2006, n. 5.

(5) Le parole «Il tribunale» sono state così sostituite a quelle «Il giudice delegato» dall'art. 97, d.lg. 9 gennaio 2006, n. 5.

(6) Periodo aggiunto dall'art. 8.1, lett. a, d.lg. 12 settembre 2007, n. 169.

(7) I periodi da «Nel caso in cui siano in corso» fino a «98» sono stati aggiunti dall'art. 6.1, lett. c-*bis*, n. 1, d.l. 3 maggio 2016, n. 59, conv. in l. 30 giugno 2016, n. 119.

(8) Comma così sostituito dall'art. 17.1, lett. l, d.l. 18 ottobre 2012, n. 179, conv. in l. 17 dicembre 2012, n. 221.

(9) Le parole «al giudice delegato» sono state inserite dall'art. 8.1, lett. c, d.lg. 12 settembre 2007, n. 169.

(10) Le parole «ai sensi dell'art. 36» sono state così sostituite alle precedenti «nelle forme di cui all'art. 26» dall'art. 8.1, lett. c, d.lg. 12 settembre 2007, n. 169.

4. Decorso tale termine, il giudice delegato, su richiesta del curatore, dichiara esecutivo il progetto di ripartizione. Se sono proposti reclami, il progetto di ripartizione è dichiarato esecutivo con accantonamento delle somme corrispondenti ai crediti oggetto di contestazione; non si fa luogo ad accantonamento qualora sia presentata in favore della procedura una fideiussione a norma del terzo periodo del primo comma, idonea a garantire la restituzione di somme che, in forza del provvedimento che decide il reclamo, risultino ripartite in eccesso, oltre agli interessi nella misura prevista dal predetto terzo periodo del primo comma (1). Il provvedimento che decide sul reclamo dispone in ordine alla destinazione delle somme accantonate (2).

111. *Ordine di distribuzione delle somme.* — *1.* Le somme ricavate dalla liquidazione dell'attivo sono erogate nel seguente ordine:

1) per il pagamento dei crediti prededucibili (3);

2) per il pagamento dei crediti ammessi con prelazione sulle cose vendute secondo l'ordine assegnato dalla legge [c. 2745 ss.];

3) per il pagamento dei creditori chirografari, in proporzione dell'ammontare del credito per cui ciascuno di essi fu ammesso, compresi i creditori indicati al n. 2), qualora non sia stata ancora realizzata la garanzia, ovvero per la parte per cui rimasero non soddisfatti da questa.

2. Sono considerati crediti (4) prededucibili quelli così qualificati da una specifica disposizione di legge, e quelli sorti in occasione o in funzione delle procedure concorsuali di cui alla presente legge; tali crediti (4) sono soddisfatti con preferenza ai sensi del primo comma n. 1) (5).

111-*bis*. *Disciplina dei crediti prededucibili.* — *1.* I crediti prededucibili devono essere accertati con le modalità di cui al capo V, con esclusione di quelli non contestati per collocazione e ammontare, anche se sorti durante l'esercizio provvisorio, e di quelli sorti a seguito di provvedimenti di liquidazione di compensi dei soggetti nominati ai sensi dell'art. 25; in questo ultimo caso, se contestati, devono essere accertati con il procedimento di cui all'art. 26.

2. .... (6).

3. I crediti prededucibili vanno soddisfatti per il capitale, le spese e gli interessi con il ricavato della liquidazione del patrimonio mobiliare e immobiliare, tenuto conto delle rispettive cause di prelazione (7), con esclusione di quanto ricavato dalla liquidazione dei beni oggetto di pegno ed ipoteca per la parte destinata ai creditori garantiti. Il corso degli interessi cessa al momento del pagamento.

4. I crediti prededucibili sorti nel corso del fallimento che sono liquidi, esigibili e non contestati per collocazione e per ammontare, possono essere soddisfatti ai di fuori del procedimento di riparto se l'attivo è presumibilmente sufficiente a soddisfare tutti i titolari di tali crediti. Il pagamento deve essere autorizzato dal comitato dei creditori ovvero dal giudice delegato [...] (8).

5. Se l'attivo è insufficiente, la distribuzione deve avvenire secondo i criteri della graduazione e della proporzionalità, conformemente all'ordine assegnato dalla legge (9).

111-*ter*. *Conti speciali.* — *1.* La massa liquida attiva immobiliare è costituita dalle somme ricavate dalla liquidazione dei beni immobili, come definiti dall'art. 812 del codice civile, e dei loro frutti e pertinenze, nonché dalla quota proporzionale di interessi attivi liquidati sui depositi delle relative somme.

2. La massa liquida attiva mobiliare è costituita da tutte le altre entrate.

3. Il curatore deve tenere un conto autonomo delle vendite dei singoli beni immobili oggetto di privilegio speciale e di ipoteca e dei singoli beni mobili o gruppo di mobili oggetto di pegno e privilegio speciale, con analitica indicazione delle entrate e delle uscite di carattere specifico e della quota di quelle di carattere generale imputabili a ciascun bene o gruppo di beni secondo un criterio proporzionale (9).

(1) Le parole da «; non si fa luogo ad accantonamento» fino a «comma» sono state aggiunte dall'art. 6.1, lett. c-*bis*, n. 2, d.l. 3 maggio 2016, n. 59, conv. in l. 30 giugno 2016, n. 119.

(2) Articolo così sostituito dall'art. 98, d.lg. 9 gennaio 2006, n. 5.

(3) Numero così sostituito dall'art. 99.1, lett. a, d.lg. 9 gennaio 2006, n. 5.

(4) La parola «crediti» è stata così sostituita alla precedente «debiti» dall'art. 8.2, d.lg. 12 settembre 2007, n. 169.

(5) Comma così sostituito dall'art. 99.1, lett. b, d.lg. 9 gennaio 2006, n. 5.

(6) Comma abrogato dall'art. 8.3, lett. a, d.lg. 12 settembre 2007, n. 169.

(7) Le parole «tenuto conto delle rispettive cause di prelazione» sono state così sostituite alle precedenti «secondo un criterio proporzionale» dall'art. 8.3, lett. b, d.lg. 12 settembre 2007, n. 169.

(8) Le parole «se l'importo è superiore a euro 25.000,00; l'importo può essere aggiornato ogni cinque anni con decreto del Ministro della giustizia in base agli indici ISTAT sul costo della vita» sono state soppresse dall'art. 8.3, lett. c, d.lg. 12 settembre 2007, n. 169.

(9) Articolo inserito dall'art. 100, d.lg. 9 gennaio 2006, n. 5.

111-*quater. Crediti assistiti da prelazione.* — *1.* I crediti assistiti da privilegio generale hanno diritto di prelazione per il capitale, le spese e gli interessi, nei limiti di cui agli artt. 54 e 55, sul prezzo ricavato dalla liquidazione del patrimonio mobiliare, sul quale concorrono in un'unica graduatoria con i crediti garantiti da privilegio speciale mobiliare, secondo il grado previsto dalla legge.

2. I crediti garantiti da ipoteca e pegno e quelli assistiti da privilegio speciale hanno diritto di prelazione per il capitale, le spese e gli interessi, nei limiti di cui agli artt. 54 e 55, sul prezzo ricavato dai beni vincolati alla loro garanzia (1).

112. *Partecipazione dei creditori ammessi tardivamente.* — *1.* I creditori ammessi a norma dell'art. 101 concorrono soltanto alle ripartizioni posteriori alla loro ammissione in proporzione del rispettivo credito, salvo il diritto di prelevare le quote che sarebbero loro spettate nelle precedenti ripartizioni se assistiti da cause di prelazione o se il ritardo è dipeso da cause ad essi non imputabili (2).

113. *Ripartizioni parziali.* — *1.* Nelle ripartizioni parziali, che non possono superare l'ottanta per cento delle somme da ripartire, devono essere trattenute e depositate, nei modi stabiliti dal giudice delegato, le quote assegnate:

1) ai creditori ammessi con riserva;

2) ai creditori opponenti a favore dei quali sono state disposte misure cautelari;

3) ai creditori opponenti la cui domanda è stata accolta ma la sentenza non è passata in giudicato;

4) ai creditori nei cui confronti sono stati proposti i giudizi di impugnazione e di revocazione.

2. Le somme ritenute necessarie per spese future, per soddisfare il compenso al curatore e ogni altro debito prededucibile devono essere trattenute; in questo caso, l'ammontare della quota da ripartire indicata nel primo comma del presente articolo deve essere ridotta se la misura dell'ottanta per cento appare insufficiente.

3. Devono essere altresì trattenute e depositate nei modi stabiliti dal giudice delegato le somme ricevute dalla procedura per effetto di provvedimenti provvisoriamente esecutivi e non ancora passati in giudicato (3).

113-*bis. Scioglimento delle ammissioni con riserva.* — *1.* Quando si verifica l'evento che ha determinato l'accoglimento di una domanda con riserva, su istanza del curatore o della parte interessata, il giudice delegato modifica lo stato passivo, con decreto, disponendo che la domanda deve intendersi accolta definitivamente (4).

114. *Restituzione di somme riscosse.* — *1.* I pagamenti effettuati in esecuzione dei piani di riparto non possono essere ripetuti, salvo il caso dell'accoglimento di domande di revocazione.

1. I creditori che hanno percepito pagamenti non dovuti, devono restituire le somme riscosse, oltre agli interessi legali dal momento del pagamento effettuato a loro favore (5).

115. *Pagamento ai creditori.* — *1.* Il curatore provvede al pagamento delle somme assegnate ai creditori nel piano di ripartizione nei modi stabiliti dal giudice delegato, purché tali da assicurare la prova del pagamento stesso.

2. Se prima della ripartizione i crediti ammessi sono stati ceduti, il curatore attribuisce le quote di riparto ai cessionari, qualora la cessione sia stata tempestivamente comunicata, unitamente alla documentazione che attesti, con atto recante le sottoscrizioni autenticate di cedente e cessionario, l'intervenuta cessione. In questo caso, il curatore provvede alla rettifica formale dello stato passivo. Le stesse disposizioni si applicano in caso di surrogazione del creditore (6) (7).

116. *Rendiconto del curatore.* — *1.* Compiuta la liquidazione dell'attivo e prima del riparto finale, nonché in ogni caso in cui cessa dalle funzioni, il curatore presenta al giudice delegato l'esposizione analitica delle operazioni contabili e della attività di gestione della procedura.

2. Il giudice ordina il deposito del conto in cancelleria e fissa l'udienza che non può essere tenuta prima che siano decorsi quindici giorni dalla comunicazione del rendiconto a tutti i creditori (8).

3. Dell'avvenuto deposito e della fissazione

(1) Articolo inserito dall'art. 100, d.lg. 9 gennaio 2006, n. 5.
(2) Articolo così sostituito dall'art. 101, d.lg. 9 gennaio 2006, n. 5.
(3) Articolo così sostituito dall'art. 102, d.lg. 9 gennaio 2006, n. 5.
(4) Articolo inserito dall'art. 103, d.lg. 9 gennaio 2006, n. 5.
(5) Articolo così sostituito dall'art. 104, d.lg. 9 gennaio 2006, n. 5.
(6) Ultimo periodo aggiunto dall'art. 8.4, d.lg. 12 settembre 2007, n. 169.
(7) Articolo così sostituito dall'art. 105, d.lg. 9 gennaio 2006, n. 5.
(8) Comma così sostituito dall'art. 17.1, lett. m, n. 1, d.l. 18 ottobre 2012, n. 179, conv. in l. 17 dicembre 2012, n. 221.

dell'udienza il curatore dà immediata comunicazione ai creditori ammessi al passivo, a coloro che hanno proposto opposizione, ai creditori in prededuzione non soddisfatti, con posta elettronica certificata, inviando loro copia del rendiconto ed avvisandoli che possono presentare eventuali osservazioni o contestazioni fino a cinque giorni prima dell'udienza con le modalità di cui all'art. 93, secondo comma. Al fallito, se non è possibile procedere alla comunicazione con modalità telematica, il rendiconto e la data dell'udienza sono comunicati mediante lettera raccomandata con avviso di ricevimento (1).

4. Se all'udienza stabilita non sorgono contestazioni o su queste viene raggiunto un accordo, il giudice approva il conto con decreto; altrimenti, fissa l'udienza innanzi al collegio che provvede in camera di consiglio (2).

117. *Ripartizione finale*. — *1.* Approvato il conto e liquidato il compenso del curatore, il giudice delegato, sentite le proposte del curatore, ordina il riparto finale secondo le norme precedenti.

2. Nel riparto finale vengono distribuiti anche gli accantonamenti precedentemente fatti. Tuttavia, se la condizione non si è ancora verificata ovvero se il provvedimento non è ancora passato in giudicato, la somma è depositata nei modi stabiliti dal giudice delegato, perché, verificatisi gli eventi indicati, possa essere versata ai creditori cui spetta o fatta oggetto di riparto supplementare fra gli altri creditori. Gli accantonamenti non impediscono la chiusura della procedura.

3. Il giudice delegato, nel rispetto delle cause di prelazione, può disporre che a singoli creditori che vi consentono siano assegnati, in luogo delle somme agli stessi spettanti, crediti di imposta del fallito non ancora rimborsati.

4. Per i creditori che non si presentano o sono irreperibili le somme dovute sono nuovamente depositate presso l'ufficio postale o la banca (3) già indicati ai sensi dell'art. 34. Decorsi cinque anni dal deposito, le somme non riscosse dagli aventi diritto e i relativi interessi, se non richieste da altri creditori, rimasti insoddisfatti, sono versate a cura del depositario all'entrata del bilancio dello Stato per essere riassegnate, con decreti del Ministro dell'economia e delle finanze, ad apposita unità previsionale di base dello stato di previsione del Ministero della giustizia.

5. Il giudice, anche se è intervenuta l'esdebitazione del fallito, omessa ogni formalità non essenziale al contraddittorio, su ricorso dei creditori rimasti insoddisfatti che abbiano presentato la richiesta di cui al quarto comma, dispone la distribuzione delle somme non riscosse in base all'art. 111 fra i soli richiedenti (4).

CAPO VIII

Della cessazione della procedura fallimentare

Sezione I. — *Della chiusura del fallimento*

118. *Casi di chiusura*. — *1.* Salvo quanto disposto nella sezione seguente per il caso di concordato, la procedura di fallimento si chiude:

1) se nel termine stabilito (5) nella sentenza dichiarativa di fallimento non sono state proposte domande di ammissione al passivo;

2) quando, anche prima che sia compiuta la ripartizione finale dell'attivo, le ripartizioni ai creditori raggiungono l'intero ammontare dei crediti ammessi, o questi sono in altro modo estinti e sono pagati tutti i debiti e le spese da soddisfare in prededuzione (6);

3) quando è compiuta la ripartizione finale dell'attivo;

4) quando nel corso della procedura si accerta che la sua prosecuzione non consente di soddisfare, neppure in parte, i creditori concorsuali, né i crediti prededucibili e le spese di procedura. Tale circostanza può essere, accertata con la relazione o con i successivi rapporti riepilogativi di cui all'art. 33 (7).

2. Nei casi di chiusura di cui ai nn. 3) e 4), ove si tratti di fallimento di società il curatore ne

(1) Comma così sostituito dall'art. 17.1, lett. m, n. 2, d.l. 18 ottobre 2012, n. 179, conv. in l. 17 dicembre 2012, n. 221.

(2) Articolo così sostituito dall'art. 106, d.lg. 9 gennaio 2006, n. 5.

(3) Per gli enti cooperativi, sulla devoluzione di tali somme, in caso di mancata riscossione entro cinque anni, v. art. 8, l. 17 luglio 1975, n. 400.

(4) Articolo così sostituito dall'art. 107, d.lg. 9 gennaio 2006, n. 5.

(5) Le parole «nel termine stabilito» sono state così sostituite a quelle «nei termini stabiliti» dall'art. 108.1, lett. a, d.lg. 9 gennaio 2006, n. 5.

(6) Le parole «tutti i debiti e le spese da soddisfare in prededuzione» sono state così sostituite a quelle «il compenso del curatore e le spese di procedura» dall'art. 108.1, lett. b, d.lg. 9 gennaio 2006, n. 5.

(7) Numero così sostituito dall'art. 108.1, lett. c, d.lg. 9 gennaio 2006, n. 5.

chiede la cancellazione dal registro delle imprese (1). La chiusura della procedura di fallimento della società nei casi di cui ai nn. 1) e 2) (2) determina anche la chiusura della procedura estesa ai soci ai sensi dell'art. 147, salvo che nei confronti del socio non sia stata aperta una procedura di fallimento come imprenditore individuale. La chiusura della procedura di fallimento nel caso di cui al n. 3) non è impedita dalla pendenza di giudizi, rispetto ai quali il curatore può mantenere la legittimazione processuale, anche nei successivi stati e gradi del giudizio, ai sensi dell'art. 43. In deroga all'art. 35, anche le rinunzie alle liti e le transazioni sono autorizzate dal giudice delegato. Le somme necessarie per spese future ed eventuali oneri relativi ai giudizi pendenti, nonché le somme ricevute dal curatore per effetto di provvedimenti provvisoriamente esecutivi e non ancora passati in giudicato, sono trattenute dal curatore secondo quanto previsto dall'art. 117, comma secondo. Dopo la chiusura della procedura di fallimento, le somme ricevute dal curatore per effetto di provvedimenti definitivi e gli eventuali residui degli accantonamenti sono fatti oggetto di riparto supplementare fra i creditori secondo le modalità disposte dal tribunale con il decreto di cui all'art. 119. In relazione alle eventuali sopravvenienze attive derivanti dai giudizi pendenti non si fa luogo a riapertura del fallimento. Qualora alla conclusione dei giudizi pendenti consegua, per effetto di riparti, il venir meno dell'impedimento all'esdebitazione di cui al comma secondo dell'art. 142, il debitore può chiedere l'esdebitazione nell'anno successivo al riparto che lo ha determinato (3).

119. *Decreto di chiusura*. — *1.* La chiusura del fallimento è dichiarata con decreto motivato del tribunale su istanza del curatore o del debitore ovvero di ufficio, pubblicato nelle forme prescritte nell'art. 17.

2. Quando la chiusura del fallimento è dichiarata ai sensi dell'art. 118, primo comma, n. 4), prima dell'approvazione del programma di liquidazione, il tribunale decide sentiti il comitato dei creditori ed il fallito (4).

3. Contro il decreto che dichiara la chiusura o ne respinge la richiesta è ammesso reclamo a norma dell'art. 26. Contro il decreto della corte d'appello il ricorso per cassazione è proposto nel termine perentorio di trenta giorni, decorrente dalla notificazione o comunicazione del provvedimento per il curatore, per il fallito, per il comitato dei creditori e per chi ha proposto il reclamo o è intervenuto nel procedimento; dal compimento della pubblicità di cui all'art. 17 per ogni altro interessato (5) (4).

4. Il decreto di chiusura acquista efficacia quando è decorso il termine per il reclamo, senza che questo sia stato proposto, ovvero quando il reclamo è definitivamente rigettato (6).

5. Con i decreti emessi ai sensi del primo e del terzo comma del presente articolo, sono impartite le disposizioni esecutive volte ad attuare gli effetti della decisione. Allo stesso modo si provvede a seguito del passaggio in giudicato della sentenza di revoca del fallimento o della definitività del decreto di omologazione del concordato fallimentare (4).

120. *Effetti della chiusura*. — *1.* Con la chiusura cessano gli effetti del fallimento sul patrimonio del fallito e le conseguenti incapacità personali e decadono gli organi preposti al fallimento (7).

2. Le azioni esperite dal curatore per l'esercizio di diritti derivanti dal fallimento non possono essere proseguite (8).

3. I creditori riacquistano il libero esercizio delle azioni verso il debitore per la parte non soddisfatta dei loro crediti per capitale e interessi, salvo quanto previsto dagli artt. 142 e seguenti (8).

4. Il decreto o la sentenza con la quale il credito è stato ammesso al passivo costituisce

(1) Le parole da «Nei casi» fino a «imprese» sono state così sostituite alle precedenti «Ove si tratti di fallimento di società il curatore ne chiede la cancellazione dal registro delle imprese» dall'art. 9.1, lett. a, d.lg. 12 settembre 2007, n. 169.

(2) Le parole «nei casi di cui ai nn. 1) e 2)» sono state inserite dall'art. 9.1, lett. b, d.lg. 12 settembre 2007, n. 169.

(3) Comma aggiunto dall'art. 108.1, lett. d, d.lg. 9 gennaio 2006, n. 5. I periodi da «La chiusura della procedura di fallimento» fino a «determinato» sono stati aggiunti successivamente dall'art. 7.1, lett. a, d.l. 27 giugno 2015, n. 83, conv. in l. 6 agosto 2015, n. 132. In base all'art. 23.7, d.l. cit., tali disposizioni «si applicano a decorrere dalla data di entrata in vigore della legge di conversione del presente decreto».

(4) L'originario secondo comma è stato così sostituito con gli attuali secondo, terzo e quarto comma dall'art. 109, d.lg. 9 gennaio 2006, n. 5.

(5) Ultimo periodo aggiunto dall'art. 9.2, lett. a, d.lg. 12 settembre 2007, n. 169.

(6) Comma inserito dall'art. 9.2, lett. b, d.lg. 12 settembre 2007, n. 169.

(7) Comma così sostituito dall'art. 9.3, d.lg. 12 settembre 2007, n. 169.

(8) L'originario secondo comma è stato così sostituito con gli attuali secondo, terzo e quarto comma dall'art. 110, d.lg. 9 gennaio 2006, n. 5.

prova scritta per gli effetti di cui all'art. 634 del codice di procedura civile (1).

5. Nell'ipotesi di chiusura in pendenza di giudizi ai sensi dell'art. 118, secondo comma, terzo periodo e seguenti, il giudice delegato e il curatore restano in carica ai soli fini di quanto ivi previsto. In nessun caso i creditori possono agire su quanto è oggetto dei giudizi medesimi (2).

121. *Casi di riapertura del fallimento.* — *1.* Nei casi preveduti dai n. 3 e 4 dell'art. 118, il tribunale, entro cinque anni dal decreto di chiusura, su istanza del debitore o di qualunque creditore, può ordinare che il fallimento già chiuso sia riaperto quando risulta che nel patrimonio del fallito esistano attività in misura tale da rendere utile il provvedimento o quando il fallito offre garanzia di pagare almeno il dieci per cento ai creditori vecchi e nuovi.

2. Il tribunale, con sentenza in camera di consiglio [cost. 111] (3), se accoglie l'istanza:

1) richiama in ufficio il giudice delegato ed il curatore o li nomina di nuovo;

2) stabilisce i termini previsti dai nn. 4) e 5) del secondo comma dell'art. 16, eventualmente abbreviandoli non oltre la metà; i creditori già ammessi al passivo nel fallimento chiuso possono chiedere la conferma del provvedimento di ammissione salvo che intendano insinuare al passivo ulteriori interessi (4).

3. La sentenza può essere reclamata (5) a norma dell'art. 18 (6).

4. La sentenza è pubblicata a norma dell'art. 17.

5. Il giudice delegato nomina il comitato dei creditori, tenendo conto nella scelta anche dei nuovi creditori.

6. Per le altre operazioni si seguono le norme stabilite nei capi precedenti.

122. *Concorso dei vecchi e nuovi creditori.* — *1.* I creditori concorrono alle nuove ripartizioni per le somme loro dovute al momento della riapertura, dedotto quanto hanno percepito nelle precedenti ripartizioni, salve in ogni caso le cause legittime di prelazione.

2. Restano ferme le precedenti statuizioni a norma del capo V (7).

123. *Effetti della riapertura sugli atti pregiudizievoli ai creditori.* — *1.* In caso di riapertura del fallimento, per le azioni revocatorie relative agli atti del fallito compiuti dopo la chiusura del fallimento, i termini stabiliti dagli artt. 65, 67 e 67-*bis* (8) sono computati dalla data della sentenza di riapertura.

2. Sono privi di effetto nei confronti dei creditori gli atti a titolo gratuito e quelli di cui all'art. 69, posteriori alla chiusura e anteriori alla riapertura del fallimento (9).

Sezione II. — *Del concordato*

124. *Proposta di concordato.* — *1.* La proposta di concordato può essere presentata da uno o più creditori o da un terzo, anche prima del decreto che rende esecutivo lo stato passivo, purché sia stata tenuta la contabilità ed i dati risultanti da essa e le altre notizie disponibili consentano al curatore di predisporre un elenco provvisorio dei creditori del fallito da sottoporre all'approvazione del giudice delegato. Essa non può essere presentata dal fallito, da società cui egli partecipi o da società sottoposte a comune controllo se non dopo il decorso di un anno dalla dichiarazione di fallimento e purché non siano decorsi due anni dal decreto che rende esecutivo lo stato passivo (10).

2. La proposta può prevedere:

a) la suddivisione dei creditori in classi, secondo posizione giuridica ed interessi economici omogenei;

b) trattamenti differenziati fra creditori appartenenti a classi diverse, indicando le ragioni dei trattamenti differenziati dei medesimi;

c) la ristrutturazione dei debiti e la soddisfazione dei crediti attraverso qualsiasi forma, anche mediante cessione dei beni, accollo o

(1) L'originario secondo comma è stato così sostituito con gli attuali secondo, terzo e quarto comma dall'art. 110, d.lg. 9 gennaio 2006, n. 5.

(2) Comma aggiunto dall'art. 7.1, lett. b, d.l. 27 giugno 2015, n. 83, conv. in l. 6 agosto 2015, n. 132. In base all'art. 23.7, d.l. cit., tali disposizioni «si applicano a decorrere dalla data di entrata in vigore della legge di conversione del presente decreto».

(3) Le parole «non soggetta a gravame» sono state soppresse dall'art. 111.1, lett. a, d.lg. 9 gennaio 2006, n. 5.

(4) Numero così sostituito dall'art. 111.1, lett. b, d.lg. 9 gennaio 2006, n. 5.

(5) La parola «reclamata» è stata così sostituita alla precedente «appellata» dall'art. 9.4, d.lg. 12 settembre 2007, n. 169.

(6) Comma aggiunto dall'art. 111.1, lett. c, d.lg. 9 gennaio 2006, n. 5.

(7) Comma così sostituito dall'art. 112, d.lg. 9 gennaio 2006, n. 5.

(8) La parola «67-*bis*» è stata così sostituita a quella «70» dall'art. 113.1, lett. a, d.lg. 9 gennaio 2006, n. 5.

(9) Comma così sostituito dall'art. 113.1, lett. b, d.lg. 9 gennaio 2006, n. 5.

(10) Comma così sostituito dall'art. 9.5, lett. a, d.lg. 12 settembre 2007, n. 169.

altre operazioni straordinarie, ivi compresa l'attribuzione ai creditori, nonché a società da questi partecipate, di azioni, quote ovvero obbligazioni, anche convertibili in azioni o altri strumenti finanziari e titoli di debito.

3. La proposta può prevedere che i creditori muniti di privilegio, pegno o ipoteca, non vengano soddisfatti integralmente, purché il piano ne preveda la soddisfazione in misura non inferiore a quella realizzabile, in ragione della collocazione preferenziale, sul ricavato in caso di liquidazione, avuto riguardo al valore di mercato attribuibile ai beni o diritti sui quali sussiste la causa di prelazione indicato nella relazione giurata di un professionista in possesso dei requisiti di cui all'art. 67, terzo comma, lett. *d*) designato dal tribunale. Il trattamento stabilito per ciascuna classe non può avere l'effetto di alterare l'ordine delle cause legittime di prelazione (1).

4. La proposta presentata da uno o più creditori o (2) da un terzo può prevedere la cessione, oltre che dei beni compresi nell'attivo fallimentare, anche delle azioni di pertinenza della massa, purché autorizzate dal giudice delegato, con specifica indicazione dell'oggetto e del fondamento della pretesa. Il proponente (3) può limitare gli impegni assunti con il concordato ai soli creditori ammessi al passivo, anche provvisoriamente, e a quelli che hanno proposto opposizione allo stato passivo o domanda di ammissione tardiva al tempo della proposta. In tale caso, verso gli altri creditori continua a rispondere il fallito, fermo quanto disposto dagli artt. 142 e seguenti in caso di esdebitazione (4).

125. *Esame della proposta e comunicazione ai creditori*. — *1.* La proposta di concordato è presentata con ricorso al giudice delegato, il quale chiede il parere [...] (5) del curatore, con specifico riferimento ai presumibili risultati della liquidazione ed alle garanzie offerte (6). Quando il ricorso è proposto da un terzo, esso deve contenere l'indicazione dell'indirizzo di posta elettronica certificata al quale ricevere le comunicazioni. Si applica l'art. 31-*bis*, secondo comma (7).

2. Una volta espletato tale adempimento preliminare il giudice delegato, acquisito il parere favorevole del comitato dei creditori, valutata la ritualità della proposta, ordina che la stessa, unitamente al parere del comitato dei creditori e del curatore, venga comunicata a cura di quest'ultimo ai creditori a mezzo posta elettronica certificata, specificando dove possono essere reperiti i dati per la sua valutazione ed informandoli che la mancata risposta sarà considerata come voto favorevole (8). Nel medesimo provvedimento il giudice delegato fissa un termine non inferiore a venti giorni né superiore a trenta, entro il quale i creditori devono far pervenire nella cancelleria del tribunale eventuali dichiarazioni di dissenso. In caso di presentazione di più proposte o se comunque ne sopraggiunge una nuova, prima che il giudice delegato ordini la comunicazione, il comitato dei creditori sceglie quella da sottoporre all'approvazione dei creditori; su richiesta del curatore, il giudice delegato può ordinare la comunicazione ai creditori di una o di altre proposte, tra quelle non scelte, ritenute parimenti convenienti. Si applica l'art. 41, quarto comma (9).

3. Qualora la proposta contenga condizioni differenziate per singole classi di creditori essa, prima di essere comunicata ai creditori, deve essere sottoposta, con i pareri di cui al primo e secondo comma, al giudizio del tribunale che verifica il corretto utilizzo dei criteri di cui all'art. 124, secondo comma, lett. *a*) e *b*) tenendo conto della relazione resa ai sensi dell'art. 124, terzo comma (10).

4. Se la società fallita ha emesso obbligazioni o strumenti finanziari oggetto della proposta di concordato, la comunicazione è inviata agli organi che hanno il potere di convocare le rispettive assemblee, affinché possano esprimere il loro eventuale dissenso. Il termine previsto dal

(1) Comma così sostituito dall'art. 9.5, lett. b, d.lg. 12 settembre 2007, n. 169.
(2) Le parole «da uno o più creditori o» sono state inserite dall'art. 9.5, lett. c, n. 1, d.lg. 12 settembre 2007, n. 169.
(3) Le parole «Il proponente» sono state così sostituite alle precedenti «Il terzo» dall'art. 9.5, lett. c, n. 2, d.lg. 12 settembre 2007, n. 169.
(4) Articolo così sostituito dall'art. 114, d.lg. 9 gennaio 2006, n. 5.
(5) Le parole «del comitato dei creditori e» sono state soppresse dall'art. 9.6, lett. a, d.lg. 12 settembre 2007, n. 169.
(6) Le parole «ed alle garanzie offerte» sono state aggiunte dall'art. 9.6, lett. a, d.lg. 12 settembre 2007, n. 169.
(7) I periodi da «Quando il ricorso» fino alla fine del comma sono stati aggiunti dall'art. 17.1, lett. n, n. 1, d.l. 18 ottobre 2012, n. 179, conv. in l. 17 dicembre 2012, n. 221.
(8) Periodo così sostituito dall'art. 17.1, lett. n, n. 2, d.l. 18 ottobre 2012, n. 179, conv. in l. 17 dicembre 2012, n. 221.
(9) Comma così sostituito dall'art. 9.6, lett. b, d.lg. 12 settembre 2007, n. 169. Successivamente i periodi da «In caso di presentazione» fino alla fine del comma sono stati aggiunti dall'art. 61.1, l. 18 giugno 2009, n. 69.
(10) Comma così sostituito dall'art. 9.6, lett. b, d.lg. 12 settembre 2007, n. 169.

terzo comma è prolungato per consentire l'espletamento delle predette assemblee (1).

126. *Concordato nel caso di numerosi creditori.* — *1.* Ove le comunicazioni siano dirette ad un rilevante numero di destinatari, il giudice delegato può autorizzare il curatore a dare notizia della proposta di concordato, anziché con comunicazione ai singoli creditori, mediante pubblicazione del testo integrale della medesima su uno o più quotidiani a diffusione nazionale o locale (2).

127. *Voto nel concordato.* — *1.* Se la proposta è presentata prima che lo stato passivo venga reso esecutivo, hanno diritto al voto i creditori che risultano dall'elenco provvisorio predisposto dal curatore e approvato dal giudice delegato; altrimenti, gli aventi diritto al voto sono quelli indicati nello stato passivo reso esecutivo ai sensi dell'art. 97. In quest'ultimo caso, hanno diritto al voto anche i creditori ammessi provvisoriamente e con riserva.

2. I creditori muniti di privilegio [c. 2745[1]], pegno [c. 2784 ss.] o ipoteca [c. 2808 ss.], ancorché la garanzia sia contestata, dei quali la proposta di concordato prevede l'integrale pagamento, non hanno diritto al voto se non rinunciano al diritto di prelazione, salvo quanto previsto dal terzo comma. La rinuncia può essere anche parziale, purché non inferiore alla terza parte dell'intero credito fra capitale ed accessori.

3. Qualora i creditori muniti di privilegio, pegno o ipoteca rinuncino in tutto o in parte alla prelazione, per la parte del credito non coperta dalla garanzia sono assimilati ai creditori chirografari; la rinuncia ha effetto ai soli fini del concordato.

4. I creditori muniti di diritto di prelazione di cui la proposta di concordato prevede, ai sensi dell'art. 124, terzo comma, la soddisfazione non integrale, sono considerati chirografari per la parte residua del credito.

5. Sono esclusi dal voto e dal computo delle maggioranze il coniuge del debitore, i suoi parenti ed affini fino al quarto grado e coloro che sono diventati cessionari o aggiudicatari dei crediti di dette persone da meno di un anno prima della dichiarazione di fallimento.

6. La stessa disciplina si applica ai crediti delle società controllanti o controllate o sottoposte a comune controllo.

7. I trasferimenti di crediti avvenuti dopo la dichiarazione di fallimento non attribuiscono diritto di voto, salvo che siano effettuati a favore di banche o altri intermediari finanziari (3).

128. *Approvazione del concordato.* — *1.* Il concordato è approvato dai creditori che rappresentano la maggioranza dei crediti ammessi al voto. Ove siano previste diverse classi di creditori, il concordato è approvato se tale maggioranza si verifica inoltre nel maggior numero di classi (4).

2. I creditori che non fanno pervenire il loro dissenso nel termine fissato dal giudice delegato si ritengono consenzienti.

3. La variazione del numero dei creditori ammessi o dell'ammontare dei singoli crediti, che avvenga per effetto di un provvedimento emesso (5) successivamente alla scadenza del termine fissato dal giudice delegato per le votazioni, non influisce sul calcolo della maggioranza (6).

4. Quando il giudice delegato dispone il voto su più proposte di concordato ai sensi dell'art. 125, secondo comma, terzo periodo, ultima parte, si considera approvata quella tra esse che ha conseguito il maggior numero di consensi a norma dei commi precedenti e, in caso di parità, la proposta presentata per prima (7).

129. *Giudizio di omologazione.* — *1.* Decorso il termine stabilito per le votazioni, il curatore presenta al giudice delegato una relazione sul loro esito.

2. Se la proposta è stata approvata, il giudice delegato dispone che il curatore ne dia immediata comunicazione a mezzo posta elettronica certificata al proponente, affinché richieda l'omologazione del concordato e ai creditori dissenzienti. Al fallito, se non è possibile procedere alla comunicazione con modalità telematica, la notizia dell'approvazione è comunicata mediante lettera raccomandata con avviso di ricevimento. Con decreto da pubblicarsi a norma dell'art. 17, fissa un termine non inferiore a quindici giorni e non superiore a trenta giorni per la proposizione di eventuali opposizioni,

(1) Articolo così sostituito dall'art. 115, d.lg. 9 gennaio 2006, n. 5.
(2) Articolo così sostituito dall'art. 116, d.lg. 9 gennaio 2006, n. 5.
(3) Articolo così sostituito dall'art. 117, d.lg. 9 gennaio 2006, n. 5.
(4) L'attuale primo comma è stato così sostituito ai precedenti primo e secondo comma dall'art. 9.7, lett. a, d.lg. 12 settembre 2007, n. 169.
(5) Le parole «un provvedimento emesso» sono state così sostituite alle precedenti «una sentenza emessa» dall'art. 9.7, lett. b, d.lg. 12 settembre 2007, n. 169.
(6) Articolo così sostituito dall'art. 118, d.lg. 9 gennaio 2006, n. 5.
(7) Comma aggiunto dall'art. 61.2, l. 18 giugno 2009, n. 69.

anche da parte di qualsiasi altro interessato, e per il deposito da parte del comitato dei creditori di una relazione motivata col suo parere definitivo. Se il comitato dei creditori non provvede nel termine, la relazione è redatta e depositata dal curatore nei sette giorni successivi (1).

3. L'opposizione e la richiesta di omologazione si propongono con ricorso a norma dell'art. 26.

4. Se nel termine fissato non vengono proposte opposizioni, il tribunale, verificata la regolarità della procedura e l'esito della votazione, omologa il concordato con decreto motivato non soggetto a gravame.

5. Se sono state proposte opposizioni, il Tribunale assume i mezzi istruttori richiesti dalle parti o disposti di ufficio, anche delegando uno dei componenti del collegio. Nell'ipotesi di cui al secondo periodo del primo comma dell'art. 128, se un creditore appartenente ad una classe dissenziente contesta la convenienza della proposta, il tribunale può omologare il concordato qualora ritenga che il credito possa risultare soddisfatto dal concordato in misura non inferiore rispetto alle alternative concretamente praticabili.

6. Il tribunale provvede con decreto motivato pubblicato a norma dell'art. 17 (2).

130. *Efficacia del decreto*. — *1.* La proposta di concordato diventa efficace dal momento in cui scadono i termini per opporsi all'omologazione, o dal momento in cui si esauriscono le impugnazioni previste dall'art. 129.

2. Quando il decreto di omologazione diventa definitivo, il curatore rende conto della gestione ai sensi dell'art. 116 ed il tribunale dichiara chiuso il fallimento (3).

131. *Reclamo*. — *1.* Il decreto del tribunale è reclamabile dinanzi alla corte di appello che pronuncia in camera di consiglio.

2. Il reclamo è proposto con ricorso da depositarsi nella cancelleria della corte d'appello nel termine perentorio di trenta giorni dalla notificazione del decreto fatta dalla cancelleria del tribunale.

3. Esso deve contenere i requisiti prescritti dall'art. 18, secondo comma, nn. 1), 2), 3) e 4).

4. Il presidente, nei cinque giorni successivi al deposito del ricorso, designa il relatore, e fissa con decreto l'udienza di comparizione entro sessanta giorni dal deposito del ricorso.

5. Il ricorso, unitamente al decreto di fissazione dell'udienza, deve essere notificato, a cura del reclamante, entro dieci giorni dalla comunicazione del decreto, al curatore e alle altre parti, che si identificano, se non sono reclamanti, nel fallito, nel proponente e negli opponenti.

6. Tra la data della notificazione e quella dell'udienza deve intercorrere un termine non minore di trenta giorni.

7. Le parti resistenti devono costituirsi almeno dieci giorni prima della udienza, eleggendo il domicilio nel comune in cui ha sede la corte d'appello.

8. La costituzione si effettua mediante il deposito in cancelleria di una memoria contenente l'esposizione delle difese in fatto e in diritto, nonché l'indicazione dei mezzi di prova e dei documenti prodotti.

9. L'intervento di qualunque interessato non può aver luogo oltre il termine stabilito per la costituzione delle parti resistenti, con le modalità per queste previste.

10. All'udienza, il collegio, sentite le parti, assume, anche d'ufficio, i mezzi di prova, eventualmente delegando un suo componente.

11. La corte provvede con decreto motivato.

12. Il decreto è pubblicato a norma dell'art. 17 e notificato alle parti, a cura della cancelleria, ed è impugnabile con ricorso per cassazione entro trenta giorni dalla notificazione (4).

132-134. . . . . (5).

135. *Effetti del concordato*. — *1.* Il concordato omologato è obbligatorio per tutti i creditori anteriori all'apertura del fallimento, compresi quelli che non hanno presentato domanda di ammissione al passivo. A questi però non si estendono le garanzie date nel concordato da terzi.

2. I creditori conservano la loro azione per l'intero credito contro i coobbligati [c. 1292[1]], i fideiussori [c. 1936 ss.] del fallito e gli obbligati in via di regresso [l. camb. 49].

136. *Esecuzione del concordato*. — *1.* Dopo l'omologazione del concordato il giudice delegato, il curatore e il comitato dei creditori ne sorvegliano l'adempimento, secondo le modalità stabilite nel decreto (6) di omologazione.

(1) Comma così sostituito dall'art. 17.1, lett. o, d.l. 18 ottobre 2012, n. 179, conv. in l. 17 dicembre 2012, n. 221.
(2) Articolo così sostituito dall'art. 9.8, d.lg. 12 settembre 2007, n. 169.
(3) Articolo così sostituito dall'art. 120, d.lg. 9 gennaio 2006, n. 5.
(4) Articolo così sostituito dall'art. 9.9, d.lg. 12 settembre 2007, n. 169.
(5) Articoli abrogati dall'art. 122, d.lg. 9 gennaio 2006, n. 5.
(6) Le parole «nel decreto» sono state così sostituite a quelle «nella sentenza» dall'art. 123.1, lett. a, d.lg. 9 gennaio 2006, n. 5.

2. Le somme spettanti ai creditori contestati, condizionali o irreperibili sono depositate nei modi stabiliti dal giudice delegato.

3. Accertata la completa esecuzione del concordato, il giudice delegato ordina lo svincolo delle cauzioni e la cancellazione delle ipoteche iscritte a garanzia [c. 2884] e adotta ogni misura idonea per il conseguimento delle finalità del concordato (1).

4. Il provvedimento è pubblicato ed affisso ai sensi dell'art. 17. Le spese sono a carico del debitore.

137. *Risoluzione del concordato*. — *1.* Se le garanzie promesse non vengono costituite o se il proponente non adempie regolarmente gli obblighi derivanti dal concordato, ciascun creditore può chiederne la risoluzione.

2. Si applicano le disposizioni dell'art. 15 in quanto compatibili.

3. Al procedimento è chiamato a partecipare anche l'eventuale garante.

4. La sentenza che risolve il concordato riapre la procedura di fallimento ed è provvisoriamente esecutiva.

5. La sentenza è reclamabile ai sensi dell'art. 18.

6. Il ricorso per la risoluzione deve proporsi entro un anno dalla scadenza del termine fissato per l'ultimo adempimento previsto nel concordato.

7. Le disposizioni di questo articolo non si applicano quando gli obblighi derivanti dal concordato sono stati assunti dal proponente o da uno o più creditori con liberazione immediata del debitore.

8. Non possono proporre istanza di risoluzione i creditori del fallito verso cui il terzo, ai sensi dell'art. 124, non abbia assunto responsabilità per effetto del concordato (2).

138. *Annullamento del concordato*. — *1.* Il concordato omologato può essere annullato dal tribunale, su istanza del curatore o di qualunque creditore, in contraddittorio con il debitore, quando si scopre che è stato dolosamente esagerato il passivo, ovvero sottratta o dissimulata una parte rilevante dell'attivo. Non è ammessa alcuna altra azione di nullità. Si procede a norma dell'art. 137.

2. La sentenza che annulla il concordato riapre la procedura di fallimento ed è provvisoriamente esecutiva. Essa è reclamabile ai sensi dell'art. 18.

3. Il ricorso per l'annullamento deve proporsi nel termine di sei mesi dalla scoperta del dolo e, in ogni caso, non oltre due anni dalla scadenza del termine fissato per l'ultimo adempimento previsto nel concordato (3).

139. *Provvedimenti conseguenti alla riapertura*. — *1.* La sentenza che riapre la procedura a norma degli artt. 137 e 138 provvede ai sensi dell'art. 121 (4).

140. *Effetti della riapertura*. — *1.* Gli effetti della riapertura sono regolati dagli artt. 122 e 123.

2. Possono essere riproposte le azioni revocatorie già iniziate e interrotte per effetto del concordato.

3. I creditori anteriori conservano le garanzie per le somme tuttora ad essi dovute in base al concordato risolto o annullato e non sono tenuti a restituire quanto hanno già riscosso.

4. Essi concorrono per l'importo del primitivo credito, detratta la parte riscossa in parziale esecuzione del concordato.

141. *Nuova proposta di concordato*. — *1.* Reso esecutivo il nuovo stato passivo, il proponente è ammesso a presentare una nuova proposta di concordato. Questo non può tuttavia essere omologato se prima dell'udienza a ciò destinata non sono depositate, nei modi stabiliti del giudice delegato, le somme occorrenti per il suo integrale adempimento o non sono prestate garanzie equivalenti (5).

CAPO IX

Della esdebitazione (6) (7)

142. *Esdebitazione*. — *1.* Il fallito persona

(1) Comma così sostituito dall'art. 123.1, lett. b, d.lg. 9 gennaio 2006, n. 5.
(2) Articolo così sostituito dall'art. 9.10, d.lg. 12 settembre 2007, n. 169.
(3) Articolo così sostituito dall'art. 9.11, d.lg. 12 settembre 2007, n. 169.
(4) Articolo così sostituito dall'art. 126, d.lg. 9 gennaio 2006, n. 5.
(5) Articolo così sostituito dall'art. 127, d.lg. 9 gennaio 2006, n. 5.
(6) Capo così sostituito dall'art. 128, d.lg. 9 gennaio 2006, n. 5.
(7) L'art. 19, d.lg. 12 settembre 2007, n. 169, così dispone: «1. Le disposizioni di cui al Capo IX "della esdebitazione" del Titolo II del r.d. 16 marzo 1942, n. 267 e successive modificazioni, si applicano anche alle procedure di fallimento pendenti alla data di entrata in vigore del d.lg. 9 gennaio 2006, n. 5. || 2. Qualora le procedure fallimentari di cui al comma 1 risultino chiuse alla data di entrata in vigore del presente decreto, la domanda di esdebitazione può essere presentata nel termine di un anno dalla medesima data». Inoltre, in base all'art. 22.4, d.lg. cit.: «L'art. 19 si applica alle procedure di fallimento pendenti alla data di entrata in vigore del d.lg. 9 gennaio 2006, n. 5, pendenti o chiuse alla data di entrata in vigore del presente decreto».

fisica è ammesso al beneficio della liberazione dai debiti residui nei confronti dei creditori concorsuali non soddisfatti a condizione che:

1) abbia cooperato con gli organi della procedura, fornendo tutte le informazioni e la documentazione utile all'accertamento del passivo e adoperandosi per il proficuo svolgimento delle operazioni;

2) non abbia in alcun modo ritardato o contribuito a ritardare lo svolgimento della procedura;

3) non abbia violato le disposizioni di cui all'art. 48;

4) non abbia beneficiato di altra esdebitazione nei dieci anni precedenti la richiesta;

5) non abbia distratto l'attivo o esposto passività insussistenti, cagionato o aggravato il dissesto rendendo gravemente difficoltosa la ricostruzione del patrimonio e del movimento degli affari o fatto ricorso abusivo al credito;

6) non sia stato condannato con sentenza passata in giudicato per bancarotta fraudolenta o per delitti contro l'economia pubblica, l'industria e il commercio, e altri delitti compiuti in connessione con l'esercizio dell'attività d'impresa, salvo che per tali reati sia intervenuta la riabilitazione. Se è in corso il procedimento penale per uno di tali reati, il tribunale sospende il procedimento fino all'esito di quello penale.

2. L'esdebitazione non può essere concessa qualora non siano stati soddisfatti, neppure in parte, i creditori concorsuali.

3. Restano esclusi dall'esdebitazione:

a) gli obblighi di mantenimento e alimentari e comunque le obbligazioni derivanti da rapporti estranei all'esercizio dell'impresa (1);

b) i debiti per il risarcimento dei danni da fatto illecito extracontrattuale nonché le sanzioni penali ed amministrative di carattere pecuniario che non siano accessorie a debiti estinti.

4. Sono salvi i diritti vantati dai creditori nei confronti di coobbligati, dei fideiussori del debitore e degli obbligati in via di regresso (2).

143. *Procedimento di esdebitazione*. — *1.* Il tribunale, con il decreto di chiusura del fallimento o su ricorso del debitore presentato entro l'anno successivo, verificate le condizioni di cui all'art. 142 e tenuto altresì conto dei comportamenti collaborativi del medesimo, sentito il curatore ed il comitato dei creditori, dichiara inesigibili nei confronti del debitore già dichiarato fallito i debiti concorsuali non soddisfatti integralmente. Il ricorso e il decreto del tribunale sono comunicati dal curatore ai creditori a mezzo posta elettronica certificata (3).

2. Contro il decreto che provvede sul ricorso, il debitore, i creditori non integralmente soddisfatti, il pubblico ministero e qualunque interessato possono proporre reclamo a norma dell'art. 26 (4) (5).

144. *Esdebitazione per i crediti concorsuali non concorrenti*. — *1.* Il decreto di accoglimento della domanda di esdebitazione produce effetti anche nei confronti dei creditori anteriori alla apertura della procedura di liquidazione che non hanno presentato la domanda di ammissione al passivo; in tale caso, l'esdebitazione opera per la sola eccedenza alla percentuale attribuita nel concorso ai creditori di pari grado (6) (7).

145. .... (8).

(1) Le parole «estranei all'esercizio dell'impresa» sono state così sostituite alle precedenti «non compresi nel fallimento ai sensi dell'art. 46» dall'art. 10.1, d.lg. 12 settembre 2007, n. 169.

(2) Articolo così sostituito, unitamente all'intero capo IX, dall'art. 128, d.lg. 9 gennaio 2006, n. 5.

La Corte cost., con sentenza 27 febbraio 2008, n. 39, ha dichiarato l'illegittimità costituzionale degli artt. 50 e 142 «nel testo anteriore all'entrata in vigore del d.lg. 9 gennaio 2006, n. 5, in quanto stabiliscono che le incapacità personali derivanti al fallito dalla dichiarazione di fallimento perdurano oltre la chiusura della procedura concorsuale».

(3) Ultimo periodo aggiunto dall'art. 17.1, lett. p, d.l. 18 ottobre 2012, n. 179, conv. in l. 17 dicembre 2012, n. 221.

(4) Articolo così sostituito, unitamente all'intero capo IX, dall'art. 128, d.lg. 9 gennaio 2006, n. 5.

(5) La Corte cost., con sentenza 30 maggio 2008, n. 181, ha dichiarato l'illegittimità costituzionale di questo articolo «limitatamente alla parte in cui esso, in caso di procedimento di esdebitazione attivato, ad istanza del debitore già dichiarato fallito, nell'anno successivo al decreto di chiusura del fallimento, non prevede la notificazione, a cura del ricorrente e nelle forme previste dagli artt. 137 e seguenti del codice di procedura civile, ai creditori concorrenti non integralmente soddisfatti, del ricorso col quale il debitore chiede di essere ammesso al beneficio della liberazione dai debiti residui nei confronti dei medesimi creditori, nonché del decreto col quale il giudice fissa l'udienza in camera di consiglio».

(6) Le parole «alla percentuale attribuita nel concorso ai creditori di pari grado» sono state così sostituite alle precedenti «rispetto a quanto i creditori avrebbero avuto diritto di percepire nel concorso» dall'art. 10.2, d.lg. 12 settembre 2007, n. 169.

(7) Articolo così sostituito, unitamente all'intero capo IX, dall'art. 128, d.lg. 9 gennaio 2006, n. 5.

(8) Articolo abrogato dall'art. 129, d.lg. 9 gennaio 2006, n. 5.

CAPO X

DEL FALLIMENTO DELLE SOCIETÀ

146. *Amministratori, direttori generali, componenti degli organi di controllo, liquidatori e soci di società a responsabilità limitata*. — *1.* Gli amministratori e i liquidatori della società sono tenuti agli obblighi imposti al fallito dall'art. 49. Essi devono essere sentiti in tutti i casi in cui la legge richiede che sia sentito il fallito.

2. Sono esercitate dal curatore previa autorizzazione del giudice delegato, sentito il comitato dei creditori:

a) le azioni di responsabilità contro gli amministratori, i componenti degli organi di controllo, i direttori generali e i liquidatori;

b) l'azione di responsabilità contro i soci della società a responsabilità limitata, nei casi previsti dall'art. 2476, comma settimo, del codice civile (1).

147. *Società con soci a responsabilità illimitata*. — *1.* La sentenza che dichiara il fallimento di una società appartenente ad uno dei tipi regolati nei capi III, IV e VI del titolo V del libro quinto del codice civile [c. 2291, 2313, 2452], produce anche il fallimento dei soci, pur se non persone fisiche, illimitatamente responsabili.

2. Il fallimento dei soci di cui al comma primo non può essere dichiarato decorso un anno dallo scioglimento del rapporto sociale o dalla cessazione della responsabilità illimitata anche in caso di trasformazione, fusione o scissione, se sono state osservate le formalità per rendere noti ai terzi i fatti indicati. La dichiarazione di fallimento è possibile solo se l'insolvenza della società attenga, in tutto o in parte, a debiti esistenti alla data della cessazione della responsabilità illimitata.

3. Il tribunale, prima di dichiarare il fallimento dei soci illimitatamente responsabili, deve disporne la convocazione a norma dell'art. 15.

4. Se dopo la dichiarazione di fallimento della società risulta l'esistenza di altri soci illimitatamente responsabili, il tribunale, su istanza del curatore, di un creditore, di un socio fallito, dichiara il fallimento dei medesimi.

5. Allo stesso modo si procede, qualora dopo la dichiarazione di fallimento di un imprenditore individuale risulti che l'impresa è riferibile ad una società di cui il fallito è socio illimitatamente responsabile.

6. Contro la sentenza del tribunale è ammesso reclamo (2) a norma dell'art. 18.

7. In caso di rigetto della domanda, contro il decreto del tribunale l'istante può proporre reclamo alla corte d'appello a norma dell'art. 22 (3).

148. *Fallimento della società e dei soci*. — *1.* Nei casi previsti dall'art. 147, il tribunale nomina, sia per il fallimento della società, sia per quello dei soci un solo giudice delegato e un solo curatore, pur rimanendo distinte le diverse procedure. Possono essere nominati più comitati dei creditori.

2. Il patrimonio della società e quello dei singoli soci sono tenuti distinti.

3. Il credito dichiarato dai creditori sociali nel fallimento della società si intende dichiarato per l'intero e con il medesimo eventuale privilegio generale anche nel fallimento dei singoli soci. Il creditore sociale ha diritto di partecipare a tutte le ripartizioni fino all'integrale pagamento, salvo il regresso fra i fallimenti dei soci per la parte pagata in più della quota rispettiva.

4. I creditori particolari partecipano soltanto al fallimento dei soci loro debitori [c. 2305].

5. Ciascun creditore può contestare i crediti dei creditori con i quali si trova in concorso (4).

149. *Fallimento dei soci*. — *1.* Il fallimento di uno o più soci illimitatamente responsabili [c. 2291 ss., 2313 ss., 2518] non produce il fallimento della società [c. 2228[1]].

150. *Versamenti dei soci a responsabilità limitata*. — *1.* Nei fallimenti delle società con soci a responsabilità limitata [c. 2313[1], 2325 ss., 2352[3], 2452, 2462, 2466, 2484] il giudice delegato può, su proposta del curatore, ingiungere con decreto ai soci a responsabilità limitata e ai precedenti titolari delle quote [c. 2472] o delle azioni [c. 2356] di eseguire i versamenti ancora dovuti [c. 2280], quantunque non sia scaduto il termine stabilito per il pagamento [c. 1186].

2. Contro il decreto emesso a norma del primo comma può essere proposta opposizione ai sensi dell'art. 645 del codice di procedura civile (5).

151. *Fallimento di società a responsabilità limitata: polizza assicurativa e fideiussione bancaria*. — *1.* Nei fallimenti di società a responsabi-

(1) Articolo così sostituito dall'art. 130, d.lg. 9 gennaio 2006, n. 5.
(2) La parola «reclamo» è stata così sostituita alla precedente «appello» dall'art. 11, d.lg. 12 settembre 2007, n. 169.
(3) Articolo così sostituito dall'art. 131, d.lg. 9 gennaio 2006, n. 5.
(4) Articolo così sostituito dall'art. 132, d.lg. 9 gennaio 2006, n. 5.
(5) Comma aggiunto dall'art. 133, d.lg. 9 gennaio 2006, n. 5.

lità limitata il giudice, ricorrendone i presupposti, può autorizzare il curatore ad escutere la polizza assicurativa o la fideiussione bancaria rilasciata ai sensi dell'art. 2464, quarto e sesto comma, del codice civile (1).

152. *Proposta di concordato*. — *1.* La proposta di concordato per la società fallita è sottoscritta da coloro che ne hanno la rappresentanza sociale [c. 2298, 2318, 2384, 2455, 2475, 2542].

2. La proposta e le condizioni del concordato, salva diversa disposizione dell'atto costitutivo o dello statuto:

a) nelle società di persone, sono approvate dai soci che rappresentano la maggioranza assoluta del capitale;

b) nelle società per azioni, in accomandita per azioni e a responsabilità limitata, nonché nelle società cooperative, sono deliberate dagli amministratori (2).

3. In ogni caso, la decisione o la deliberazione di cui alla lett. *b*), del secondo comma deve risultare da verbale redatto da notaio ed è depositata ed iscritta nel registro delle imprese a norma dell'art. 2436 del codice civile (2).

153. *Effetti del concordato della società*. — *1.* Salvo patto contrario, il concordato fatto da una società con soci a responsabilità illimitata ha efficacia anche di fronte ai soci e fa cessare il loro fallimento (3).

2. Contro il decreto di chiusura del fallimento del socio è ammesso reclamo a norma dell'art. 26 (4).

154. *Concordato particolare del socio*. — *1.* Nel fallimento di una società con soci a responsabilità illimitata, ciascuno dei soci dichiarato fallito può proporre un concordato ai creditori sociali e particolari concorrenti nel proprio fallimento.

CAPO XI

Dei patrimoni destinati ad uno specifico affare (5)

155. *Patrimoni destinati ad uno specifico affare*. — *1.* Se è dichiarato il fallimento della società, l'amministrazione del patrimonio destinato previsto dall'art. 2447-*bis*, primo comma, lett. *a*), del codice civile è attribuita al curatore che vi provvede con gestione separata.

2. Il curatore provvede a norma dell'art. 107 alla cessione a terzi del patrimonio, al fine di conservarne la funzione produttiva. Se la cessione non è possibile, il curatore provvede alla liquidazione del patrimonio secondo le regole della liquidazione della società in quanto compatibili.

3. Il corrispettivo della cessione al netto dei debiti del patrimonio o il residuo attivo della liquidazione sono acquisiti dal curatore nell'attivo fallimentare, detratto quanto spettante ai terzi che vi abbiano effettuato apporti, ai sensi dell'art. 2447-*ter*, primo comma, lett. *d*), del codice civile (6).

156. *Patrimonio destinato incapiente; violazione delle regole di separatezza*. — *1.* Se a seguito del fallimento della società o nel corso della gestione il curatore rileva che il patrimonio destinato è incapiente provvede, previa autorizzazione del giudice delegato, alla sua liquidazione secondo le regole della liquidazione della società in quanto compatibili.

2. I creditori particolari del patrimonio destinato possono presentare domanda di insinuazione al passivo del fallimento della società nei casi di responsabilità sussidiaria o illimitata previsti dall'art. 2447-*quinquies*, terzo e quarto comma, del codice civile.

3. Se risultano violate le regole di separatezza fra uno o più patrimoni destinati costituiti dalla società e il patrimonio della società medesima, il curatore può agire in responsabilità contro gli amministratori e i componenti degli organi di controllo della società ai sensi dell'art. 146 (7).

157-159. .... (8).

TITOLO III

Del concordato preventivo

(1) Articolo così sostituito dall'art. 134, d.lg. 9 gennaio 2006, n. 5.
(2) L'originario secondo comma è stato così sostituito con gli attuali secondo e terzo comma dall'art. 135, d.lg. 9 gennaio 2006, n. 5.
(3) Le parole «Tuttavia i creditori particolari possono opporsi a norma dell'art. 129, secondo comma, alla chiusura del fallimento del socio loro debitore.» sono state soppresse dall'art. 136.1, lett. a, d.lg. 9 gennaio 2006, n. 5.
(4) Comma così sostituito dall'art. 136.1, lett. b, d.lg. 9 gennaio 2006, n. 5.
(5) Rubrica così sostituita dall'art. 137, d.lg. 9 gennaio 2006, n. 5.
(6) Articolo così sostituito dall'art. 138, d.lg. 9 gennaio 2006, n. 5.
(7) Articolo così sostituito dall'art. 139, d.lg. 9 gennaio 2006, n. 5.
(8) Articoli abrogati dall'art. 140, d.lg. 9 gennaio 2006, n. 5.

CAPO I

DELL'AMMISSIONE ALLA PROCEDURA DI CONCORDATO PREVENTIVO E DEGLI ACCORDI DI RISTRUTTURAZIONE (1)

160. *Presupposti* (2) *per l'ammissione alla procedura*. — *1.* L'imprenditore che si trova in stato di crisi può proporre ai creditori un concordato preventivo sulla base di un piano che può prevedere:

a) la ristrutturazione dei debiti e la soddisfazione dei crediti attraverso qualsiasi forma, anche mediante cessione dei beni, accollo, o altre operazioni straordinarie, ivi compresa l'attribuzione ai creditori, nonché a società da questi partecipate, di azioni, quote, ovvero obbligazioni, anche convertibili in azioni, o altri strumenti finanziari e titoli di debito;

b) l'attribuzione delle attività delle imprese interessate dalla proposta di concordato ad un assuntore; possono costituirsi come assuntori anche i creditori o società da questi partecipate o da costituire nel corso della procedura, le azioni delle quali siano destinate ad essere attribuite ai creditori per effetto del concordato;

c) la suddivisione dei creditori in classi secondo posizione giuridica e interessi economici omogenei;

d) trattamenti differenziati tra creditori appartenenti a classi diverse (3).

2. La proposta può prevedere che i creditori muniti di privilegio, pegno o ipoteca, non vengano soddisfatti integralmente, purché il piano ne preveda la soddisfazione in misura non inferiore a quella realizzabile, in ragione della collocazione preferenziale, sul ricavato in caso di liquidazione, avuto riguardo al valore di mercato attribuibile ai beni o diritti sui quali sussiste la causa di prelazione indicato nella relazione giurata di un professionista in possesso dei requisiti di cui all'art. 67, terzo comma, lett. *d*). Il trattamento stabilito per ciascuna classe non può avere l'effetto di alterare l'ordine delle cause legittime di prelazione (4).

3. Ai fini di cui al primo comma per stato di crisi si intende anche lo stato di insolvenza (5).

4. In ogni caso la proposta di concordato deve assicurare il pagamento di almeno il venti per cento dell'ammontare dei crediti chirografari. La disposizione di cui al presente comma non si applica al concordato con continuità aziendale di cui all'art. 186-*bis* (6).

161. *Domanda di concordato*. — *1.* La domanda per l'ammissione alla procedura di concordato preventivo è proposta con ricorso, sottoscritto dal debitore, al tribunale del luogo in cui l'impresa ha la propria sede principale; il trasferimento della stessa intervenuto nell'anno antecedente al deposito del ricorso non rileva ai fini della individuazione della competenza.

2. Il debitore deve presentare con il ricorso:

a) una aggiornata relazione sulla situazione patrimoniale, economica e finanziaria dell'impresa;

b) uno stato analitico ed estimativo delle attività e l'elenco nominativo dei creditori, con l'indicazione dei rispettivi crediti e delle cause di prelazione;

c) l'elenco dei titolari dei diritti reali o personali su beni di proprietà o in possesso del debitore;

d) il valore dei beni e i creditori particolari degli eventuali soci illimitatamente responsabili;

e) un piano contenente la descrizione analitica delle modalità e dei tempi di adempimento della proposta; in ogni caso, la proposta deve indicare l'utilità specificamente individuata ed economicamente valutabile che il proponente si obbliga ad assicurare a ciascun creditore (7).

(1) Le parole «e degli accordi di ristrutturazione» sono state aggiunte dall'art. 2.1, lett. c, d.l. 14 marzo 2005, n. 35, conv. in l. 14 maggio 2005, n. 80.

(2) La parola «Presupposti» è stata così sostituita alla precedente «Condizioni» dall'art. 12.1, d.lg. 12 settembre 2007, n. 169.

(3) Articolo così sostituito dall'art. 2.1, lett. d, d.l. 14 marzo 2005, n. 35, conv. in l. 14 maggio 2005, n. 80. Le disposizioni di questo articolo si applicano «ai procedimenti di concordato preventivo pendenti e non ancora omologati alla data di entrata in vigore del presente decreto»: v. art. 2.2-*bis* del medesimo d.l. n. 35/2005.

(4) Comma inserito dall'art. 12.2, d.lg. 12 settembre 2007, n. 169.

(5) Comma aggiunto dall'art. 36, d.l. 30 dicembre 2005, n. 273, conv. in l. 23 febbraio 2006, n. 51.

(6) Comma aggiunto dall'art. 4.1, lett. a, d.l. 27 giugno 2015, n. 83, conv. in l. 6 agosto 2015, n. 132. In base all'art. 23.1, d.l. cit., tali disposizioni «(...) si applicano ai procedimenti di concordato preventivo introdotti successivamente all'entrata in vigore della legge di conversione del presente decreto».

(7) Lettera aggiunta dall'art. 33.1, lett. b, n. 1, d.l. 22 giugno 2012, n. 83, conv. in l. 7 agosto 2012, n. 134. Le parole «; in ogni caso, la proposta deve indicare l'utilità specificamente individuata ed economicamente valutabile che il proponente si obbliga ad assicurare a ciascun creditore» sono state aggiunte successivamente dall'art. 4.1, lett. b, n. 1, d.l. 27 giugno 2015, n. 83, conv. in l. 6 agosto 2015, n. 132. In base all'art. 23.1, d.l. cit., tali disposizioni «(...) si applicano ai procedimenti di concordato preventivo introdotti successivamente all'entrata in vigore della legge di conversione del presente decreto».

3. Il piano e la documentazione di cui ai commi precedenti devono essere accompagnati dalla relazione di un professionista, designato dal debitore (1), in possesso dei requisiti di cui all'art. 67, terzo comma, lett. *d*), che attesti la veridicità dei dati aziendali e la fattibilità del piano medesimo (2). Analoga relazione deve essere presentata nel caso di modifiche sostanziali della proposta o del piano (3).

4. Per la società la domanda deve essere approvata e sottoscritta a norma dell'art. 152 (4).

5. La domanda di concordato è comunicata al pubblico ministero ed è pubblicata, a cura del cancelliere, nel registro delle imprese entro il giorno successivo al deposito in cancelleria (5). Al pubblico ministero è trasmessa altresì copia degli atti e documenti depositati a norma del secondo e del terzo comma, nonché copia della relazione del commissario giudiziale prevista dall'art. 172 (6).

6. L'imprenditore può depositare il ricorso contenente la domanda di concordato unitamente ai bilanci relativi agli ultimi tre esercizi e all'elenco nominativo dei creditori con l'indicazione dei rispettivi crediti (7), riservandosi di presentare la proposta, il piano e la documentazione di cui ai commi secondo e terzo entro un termine fissato dal giudice, compreso fra sessanta e centoventi giorni e prorogabile, in presenza di giustificati motivi, di non oltre sessanta giorni. Nello stesso termine, in alternativa e con conservazione sino all'omologazione degli effetti prodotti dal ricorso, il debitore può depositare domanda ai sensi dell'art. 182-*bis*, primo comma. In mancanza, si applica l'art. 162, commi secondo e terzo. Con decreto motivato che fissa il termine di cui al primo periodo, il tribunale può nominare il commissario giudiziale di cui all'art. 163, secondo comma, n. 3; e si applica l'art. 170, secondo comma. Il commissario giudiziale, quando accerta che il debitore ha posto in essere una delle condotte previste dall'art. 173, deve riferirne immediatamente al tribunale che, nelle forme del procedimento di cui all'art. 15 e verificata la sussistenza delle condotte stesse, può, con decreto, dichiarare improcedibile la domanda e, su istanza del creditore o su richiesta del pubblico ministero, accertati i presupposti di cui agli artt. 1 e 5, dichiara il fallimento del debitore con contestuale sentenza reclamabile a norma dell'art. 18 (8).

7. Dopo il deposito del ricorso e fino al decreto di cui all'art. 163 il debitore può compiere gli atti urgenti di straordinaria amministrazione previa autorizzazione del tribunale, il quale può assumere sommarie informazioni e deve acquisire il parere del commissario giudiziale, se nominato (9). Nello stesso periodo e a decorrere dallo stesso termine il debitore può altresì compiere gli atti di ordinaria amministrazione. I crediti di terzi eventualmente sorti per effetto degli atti legalmente compiuti dal debitore sono prededucibili ai sensi dell'art. 111 (10).

8. Con il decreto che fissa il termine di cui al sesto comma, primo periodo, il tribunale deve disporre gli obblighi informativi periodici, anche relativi alla gestione finanziaria dell'impresa e all'attività compiuta ai fini della predisposizione della proposta e del piano, che il debitore deve assolvere, con periodicità almeno mensile e sotto la vigilanza del commissario giudiziale se nominato, sino alla scadenza del termine fissato. Il debitore, con periodicità mensile, deposita una situazione finanziaria

(1) Le parole «, designato dal debitore,» sono state inserite dall'art. 33.1, lett. b, n. 2, lett. a, d.l. 22 giugno 2012, n. 83, conv. in l. 7 agosto 2012, n. 134.

(2) Comma così sostituito dall'art. 12.3, lett. a, d.lg. 12 settembre 2007, n. 169.

(3) Periodo aggiunto dall'art. 33.1, lett. b, n. 2, lett. b, d.l. 22 giugno 2012, n. 83, conv. in l. 7 agosto 2012, n. 134.

(4) Articolo così sostituito dall'art. 2.1, lett. e, d.l. 14 marzo 2005, n. 35, conv. in l. 14 maggio 2005, n. 80. Le disposizioni di questo articolo si applicano «ai procedimenti di concordato preventivo pendenti e non ancora omologati alla data di entrata in vigore del presente decreto»: v. art. 2.2-*bis* del medesimo d.l. n. 35/2005.

(5) Comma aggiunto dall'art. 12.3, lett. b, d.lg. 12 settembre 2007, n. 169. Le parole «ed è pubblicata, a cura del cancelliere, nel registro delle imprese entro il giorno successivo al deposito in cancelleria» sono state aggiunte successivamente dall'art. 33.1, lett. b, n. 3, d.l. 22 giugno 2012, n. 83, conv. in l. 7 agosto 2012, n. 134.

(6) Ultimo periodo aggiunto dall'art. 4.1, lett. b, n. 2, d.l. 27 giugno 2015, n. 83, conv. in l. 6 agosto 2015, n. 132. In base all'art. 23.1, d.l. cit., tali disposizioni «(...) si applicano ai procedimenti di concordato preventivo introdotti successivamente all'entrata in vigore della legge di conversione del presente decreto».

(7) Le parole «e all'elenco nominativo dei creditori con l'indicazione dei rispettivi crediti» sono state inserite dall'art. 82.1, lett. a, d.l. 21 giugno 2013, n. 69, conv. in l. 9 agosto 2013, n. 98.

(8) Comma aggiunto dall'art. 33.1, lett. b, n. 4, d.l. 22 giugno 2012, n. 83, conv. in l. 7 agosto 2012, n. 134. Successivamente i periodi da «Con decreto motivato» fino alla fine del comma sono stati aggiunti dall'art. 82.1, lett. b, d.l. 21 giugno 2013, n. 69, conv. in l. 9 agosto 2013, n. 98.

(9) Le parole «e deve acquisire il parere del commissario giudiziale, se nominato» sono state inserite dall'art. 82.2, d.l. 21 giugno 2013, n. 69, conv. in l. 9 agosto 2013, n. 98.

(10) Comma aggiunto dall'art. 33.1, lett. b, n. 4, d.l. 22 giugno 2012, n. 83, conv. in l. 7 agosto 2012, n. 134.

dell'impresa che, entro il giorno successivo, è pubblicata nel registro delle imprese a cura del cancelliere. In caso di violazione di tali obblighi, si applica l'art. 162, commi secondo e terzo. Quando risulta che l'attività compiuta dal debitore è manifestamente inidonea alla predisposizione della proposta e del piano, il tribunale, anche d'ufficio, sentito il debitore e il commissario giudiziale se nominato, abbrevia il termine fissato con il decreto di cui al sesto comma, primo periodo. Il tribunale può in ogni momento sentire i creditori (1).

9. La domanda di cui al sesto comma è inammissibile quando il debitore, nei due anni precedenti, ha presentato altra domanda ai sensi del medesimo comma alla quale non abbia fatto seguito l'ammissione alla procedura di concordato preventivo o l'omologazione dell'accordo di ristrutturazione dei debiti (2).

10. Fermo restando quanto disposto dall'art. 22, primo comma, quando pende il procedimento per la dichiarazione di fallimento il termine di cui al sesto comma del presente articolo è di sessanta giorni, prorogabili, in presenza di giustificati motivi, di non oltre sessanta giorni (2).

162. *Inammissibilità della proposta*. — *1.* Il Tribunale può concedere al debitore un termine non superiore a quindici giorni per apportare integrazioni al piano e produrre nuovi documenti.

2. Il Tribunale, se all'esito del procedimento verifica che non ricorrono i presupposti di cui agli artt. 160, commi primo e secondo, e 161, sentito il debitore in camera di consiglio, con decreto non soggetto a reclamo dichiara inammissibile la proposta di concordato. In tali casi il Tribunale, su istanza del creditore o su richiesta del pubblico ministero, accertati i presupposti di cui agli artt. 1 e 5 dichiara il fallimento del debitore.

3. Contro la sentenza che dichiara il fallimento è proponibile reclamo a norma dell'art. 18. Con il reclamo possono farsi valere anche motivi attinenti all'ammissibilità della proposta di concordato (3).

163. *Ammissione alla procedura e proposte concorrenti* (4). — *1.* Il tribunale, ove non abbia provveduto a norma dell'art. 162, commi primo e secondo (5), con decreto non soggetto a reclamo, dichiara aperta la procedura di concordato preventivo; ove siano previste diverse classi di creditori, il tribunale provvede analogamente previa valutazione della correttezza dei criteri di formazione delle diverse classi.

2. Con il provvedimento di cui al primo comma, il tribunale:

1) delega un giudice alla procedura di concordato;

2) ordina la convocazione dei creditori non oltre centoventi (6) giorni dalla data del provvedimento e stabilisce il termine per la comunicazione di questo ai creditori;

2-*bis*) in relazione al numero dei creditori e alla entità del passivo, può stabilire che l'adunanza sia svolta in via telematica con modalità idonee a salvaguardare il contraddittorio e l'effettiva partecipazione dei creditori, anche utilizzando le strutture informatiche messe a disposizione della procedura da soggetti terzi (7);

3) nomina il commissario giudiziale osservate le disposizioni degli artt. 28 e 29;

4) stabilisce il termine non superiore a quindici giorni entro il quale il ricorrente deve depositare nella cancelleria del tribunale la somma pari al 50 per cento delle spese che si presumono necessarie per l'intera procedura, ovvero la diversa minor somma, non inferiore al 20 per cento di tali spese, che sia determinata dal giudice. Su proposta del commissario giudiziale, il giudice delegato può disporre che le

(1) Comma aggiunto dall'art. 33.1, lett. b, n. 4, d.l. 22 giugno 2012, n. 83, conv. in l. 7 agosto 2012, n. 134, e successivamente così sostituito dall'art. 82.3, d.l. 21 giugno 2013, n. 69, conv. in l. 9 agosto 2013, n. 98.

(2) Comma aggiunto dall'art. 33.1, lett. b, n. 4, d.l. 22 giugno 2012, n. 83, conv. in l. 7 agosto 2012, n. 134.

(3) Articolo così sostituito dall'art. 12.4, d.lg. 12 settembre 2007, n. 169.

(4) Le parole «e proposte concorrenti» sono state aggiunte dall'art. 3.1, lett. a, d.l. 27 giugno 2015, n. 83, conv. in l. 6 agosto 2015, n. 132. In base all'art. 23.1, d.l. cit., tali disposizioni «(...) si applicano ai procedimenti di concordato preventivo introdotti successivamente all'entrata in vigore della legge di conversione del presente decreto».

(5) Le parole «ove non abbia provveduto a norma dell'art. 162, commi primo e secondo,» sono state così sostituite alle precedenti «verificata la completezza e la regolarità della documentazione» dall'art. 12.5, lett. a, d.lg. 12 settembre 2007, n. 169.

(6) La parola «centoventi» è stata così sostituita alla precedente «trenta» dall'art. 3.1, lett. b, d.l. 27 giugno 2015, n. 83, conv. in l. 6 agosto 2015, n. 132. In base all'art. 23.1, d.l. cit., tali disposizioni «(...) si applicano ai procedimenti di concordato preventivo introdotti successivamente all'entrata in vigore della legge di conversione del presente decreto».

(7) Numero inserito dall'art. 6.1, lett. d, d.l. 3 maggio 2016, n. 59, conv. in l. 30 giugno 2016, n. 119.

somme riscosse vengano investite secondo quanto previsto dall'art. 34, primo comma (1);

4-*bis*) ordina al ricorrente di consegnare al commissario giudiziale entro sette giorni copia informatica o su supporto analogico delle scritture contabili e fiscali obbligatorie (2).

3. Qualora non sia eseguito il deposito prescritto, il commissario giudiziale provvede a norma dell'art. 173, primo comma (3) (4).

4. Uno o più creditori che, anche per effetto di acquisti successivi alla presentazione della domanda di cui all'art. 161, rappresentano almeno il dieci per cento dei crediti risultanti dalla situazione patrimoniale depositata ai sensi dell'art. 161, secondo comma, lett. *a*), possono presentare una proposta concorrente di concordato preventivo e il relativo piano non oltre trenta giorni prima dell'adunanza dei creditori. Ai fini del computo della percentuale del dieci per cento, non si considerano i crediti della società che controlla la società debitrice, delle società da questa controllate e di quelle sottoposte a comune controllo. La relazione di cui al comma terzo dell'art. 161 può essere limitata alla fattibilità del piano per gli aspetti che non siano già oggetto di verifica da parte del commissario giudiziale, e può essere omessa qualora non ve ne siano (5).

5. Le proposte di concordato concorrenti non sono ammissibili se nella relazione di cui all'art. 161, terzo comma, il professionista attesta che la proposta di concordato del debitore assicura il pagamento di almeno il quaranta per cento dell'ammontare dei crediti chirografari o, nel caso di concordato con continuità aziendale di cui all'art. 186-*bis*, di almeno il trenta per cento dell'ammontare dei crediti chirografari. La proposta può prevedere l'intervento di terzi e, se il debitore ha la forma di società per azioni o a responsabilità limitata, può prevedere un aumento di capitale della società con esclusione o limitazione del diritto d'opzione (5).

6. I creditori che presentano una proposta di concordato concorrente hanno diritto di voto sulla medesima solo se collocati in una autonoma classe (5).

7. Qualora la proposta concorrente preveda diverse classi di creditori essa, prima di essere comunicata ai creditori ai sensi del secondo comma dell'art. 171, deve essere sottoposta al giudizio del tribunale che verifica la correttezza dei criteri di formazione delle diverse classi (5).

163-*bis*. *Offerte concorrenti*. — *1.* Quando il piano di concordato di cui all'art. 161, secondo comma, lett. *e*) comprende una offerta da parte di un soggetto già individuato avente ad oggetto il trasferimento in suo favore, anche prima dell'omologazione, verso un corrispettivo in denaro o comunque a titolo oneroso dell'azienda o di uno o più rami d'azienda o di specifici beni, il tribunale dispone la ricerca di interessati all'acquisto disponendo l'apertura di un procedimento competitivo a norma delle disposizioni previste dal secondo comma del presente articolo. Le disposizioni del presente articolo si applicano anche quando il debitore ha stipulato un contratto che comunque abbia la finalità del trasferimento non immediato dell'azienda, del ramo d'azienda o di specifici beni.

2. Il decreto che dispone l'apertura del procedimento competitivo stabilisce le modalità di presentazione di offerte irrevocabili, prevedendo che ne sia assicurata in ogni caso la comparabilità, i requisiti di partecipazione degli offerenti, le forme e i tempi di accesso alle informazioni rilevanti, gli eventuali limiti al loro utilizzo e le modalità con cui il commissario deve fornirle a coloro che ne fanno richiesta, la data dell'udienza per l'esame delle offerte, le moda-

(1) Le parole da «pari al 50 per cento» fino alla fine del numero sono state così sostituite alle precedenti «che si presume necessaria per l'intera procedura» dall'art. 12.5, lett. b, d.lg. 12 settembre 2007, n. 169.

(2) Numero aggiunto dall'art. 4.1, lett. c, d.l. 27 giugno 2015, n. 83, conv. in l. 6 agosto 2015, n. 132. In base all'art. 23.1, d.l. cit., tali disposizioni «(...) si applicano ai procedimenti di concordato preventivo introdotti successivamente all'entrata in vigore della legge di conversione del presente decreto».

(3) Le parole «primo comma» sono state così sostituite alle precedenti «quarto comma» dall'art. 12.5, lett. c, d.lg. 12 settembre 2007, n. 169.

(4) Articolo così sostituito dall'art. 2.1, lett. f, d.l. 14 marzo 2005, n. 35, conv. in l. 14 maggio 2005, n. 80. Le disposizioni di questo articolo si applicano «ai procedimenti di concordato preventivo pendenti e non ancora omologati alla data di entrata in vigore del presente decreto»: v. art. 2.2-*bis* del medesimo d.l. n. 35/2005.

L'art. 17.2-*bis*, d.l. 18 ottobre 2012, n. 179, conv. in l. 17 dicembre 2012, n. 221, come introdotto dall'art. 1.19, n. 3, lett. b, l. 24 dicembre 2012, n. 228, così dispone: «Il curatore, il commissario giudiziale nominato a norma dell'art. 163 del r.d. 16 marzo 1942, n. 267, il commissario liquidatore e il commissario giudiziale nominato a norma dell'art. 8 del d.lg. 8 luglio 1999, n. 270, entro dieci giorni dalla nomina, comunicano al registro delle imprese, ai fini dell'iscrizione, il proprio indirizzo di posta elettronica certificata».

(5) Comma aggiunto dall'art. 3.1, lett. c, d.l. 27 giugno 2015, n. 83, conv. in l. 6 agosto 2015, n. 132. In base all'art. 23.1, d.l. cit., tali disposizioni «(...) si applicano ai procedimenti di concordato preventivo introdotti successivamente all'entrata in vigore della legge di conversione del presente decreto».

lità di svolgimento della procedura competitiva, le garanzie che devono essere prestate dagli offerenti e le forme di pubblicità del decreto. Con il medesimo decreto è in ogni caso disposta la pubblicità sul portale delle vendite pubbliche di cui all'art. 490 del codice di procedura civile ed è stabilito l'aumento minimo del corrispettivo di cui al primo comma del presente articolo che le offerte devono prevedere. L'offerta di cui al primo comma diviene irrevocabile dal momento in cui viene modificata l'offerta in conformità a quanto previsto dal decreto di cui al presente comma e viene prestata la garanzia stabilita con il medesimo decreto. Le offerte, da presentarsi in forma segreta, non sono efficaci se non conformi a quanto previsto dal decreto e, in ogni caso, quando sottoposte a condizione.

3. Le offerte sono rese pubbliche all'udienza fissata per l'esame delle stesse, alla presenza degli offerenti e di qualunque interessato. Se sono state presentate più offerte migliorative, il giudice dispone la gara tra gli offerenti. La gara può avere luogo alla stessa udienza o ad un'udienza immediatamente successiva e deve concludersi prima dell'adunanza dei creditori, anche quando il piano prevede che la vendita o l'aggiudicazione abbia luogo dopo l'omologazione. In ogni caso, con la vendita o con l'aggiudicazione, se precedente, a soggetto diverso da colui che ha presentato l'offerta di cui al primo comma, quest'ultimo è liberato dalle obbligazioni eventualmente assunte nei confronti del debitore e in suo favore il commissario dispone il rimborso delle spese e dei costi sostenuti per la formulazione dell'offerta entro il limite massimo del tre per cento del prezzo in essa indicato.

4. Il debitore deve modificare la proposta e il piano di concordato in conformità all'esito della gara.

5. La disciplina del presente articolo si applica, in quanto compatibile, anche agli atti da autorizzare ai sensi dell'art. 161, settimo comma, nonché all'affitto di azienda o di uno o più rami di azienda (1).

164. *Decreti del giudice delegato.* — *1.* I decreti del giudice delegato sono soggetti a reclamo a norma dell'art. 26 (2).

165. *Commissario giudiziale.* — *1.* Il commissario giudiziale è, per quanto attiene all'esercizio delle sue funzioni, pubblico ufficiale.

2. Si applicano al commissario giudiziale gli artt. 36, 37, 38 e 39.

3. Il commissario giudiziale fornisce ai creditori che ne fanno richiesta, valutata la congruità della richiesta medesima e previa assunzione di opportuni obblighi di riservatezza, le informazioni utili per la presentazione di proposte concorrenti, sulla base delle scritture contabili e fiscali obbligatorie del debitore, nonché ogni altra informazione rilevante in suo possesso. In ogni caso si applica il divieto di cui all'art. 124, comma primo, ultimo periodo (3).

4. La disciplina di cui al terzo comma si applica anche in caso di richieste, da parte di creditori o di terzi, di informazioni utili per la presentazione di offerte ai sensi dell'art. 163-*bis* (3).

5. Il commissario giudiziale comunica senza ritardo al pubblico ministero i fatti che possono interessare ai fini delle indagini preliminari in sede penale e dei quali viene a conoscenza nello svolgimento delle sue funzioni (4).

166. *Pubblicità del decreto.* — *1.* Il decreto è pubblicato, a cura del cancelliere, a norma dell'art. 17 (5). Il tribunale può, inoltre, disporne la pubblicazione in uno o più giornali, da esso indicati.

2. Se il debitore possiede beni immobili o altri beni soggetti a pubblica registrazione, si applica la disposizione dell'art. 88, secondo comma (6).

CAPO II

Degli effetti dell'ammissione al concordato preventivo

167. *Amministrazione dei beni durante la procedura.* — *1.* Durante la procedura di concor-

(1) Articolo inserito dall'art. 2.1, d.l. 27 giugno 2015, n. 83, conv. in l. 6 agosto 2015, n. 132. In base all'art. 23.1, d.l. cit., tali disposizioni «(...) si applicano ai procedimenti di concordato preventivo introdotti successivamente all'entrata in vigore del presente decreto. (...)».

(2) Articolo così sostituito dall'art. 141, d.lg. 9 gennaio 2006, n. 5.

(3) Comma aggiunto dall'art. 3.2, d.l. 27 giugno 2015, n. 83, conv. in l. 6 agosto 2015, n. 132. In base all'art. 23.1, d.l. cit., tali disposizioni «(...) si applicano ai procedimenti di concordato preventivo introdotti successivamente all'entrata in vigore della legge di conversione del presente decreto».

(4) Comma aggiunto dall'art. 4.1, lett. d, d.l. 27 giugno 2015, n. 83, conv. in l. 6 agosto 2015, n. 132. In base all'art. 23.1, d.l. cit., tali disposizioni «(...) si applicano ai procedimenti di concordato preventivo introdotti successivamente all'entrata in vigore della legge di conversione del presente decreto».

(5) Periodo così sostituito dall'art. 12.6, d.lg. 12 settembre 2007, n. 169.

(6) Articolo così sostituito dall'art. 142, d.lg. 9 gennaio 2006, n. 5.

dato, il debitore conserva l'amministrazione dei suoi beni e l'esercizio dell'impresa, sotto la vigilanza del commissario giudiziale (1).

2. I mutui [c. 1813 ss.], anche sotto forma cambiaria, le transazioni [c. 1965 ss.], i compromessi, le alienazioni di beni immobili [c. 1470 ss.], le concessioni di ipoteche [c. 2821 ss.] o di pegno [c. 2784 ss.], le fideiussioni [c. 1936 ss.], le rinunzie alle liti, le ricognizioni di diritti di terzi [c. 969, 1870, 1988, 2944], le cancellazioni di ipoteche [c. 2882], le restituzioni di pegni [c. 2794], le accettazioni di eredità [c. 470] e di donazioni [c. 782²] e in genere gli atti eccedenti la ordinaria amministrazione [c. 320, 374 ss., 1572], compiuti senza l'autorizzazione scritta del giudice delegato, sono inefficaci rispetto ai creditori anteriori al concordato.

3. Con il decreto previsto dall'art. 163 o con successivo decreto, il tribunale può stabilire un limite di valore al di sotto del quale non è dovuta l'autorizzazione di cui al secondo comma (2).

168. *Effetti della presentazione del ricorso.* — *1.* Dalla data della pubblicazione del ricorso nel registro delle imprese (3) e fino al momento in cui il decreto di omologazione del concordato preventivo diventa definitivo (4), i creditori per titolo o causa anteriore [...] (5) non possono, sotto pena di nullità, iniziare o proseguire azioni esecutive e cautelari (6) sul patrimonio del debitore.

2. Le prescrizioni che sarebbero state interrotte [c. 2943 ss.] dagli atti predetti rimangono sospese [c. 2941 ss.] e le decadenze non si verificano [c. 2964].

3. I creditori non possono acquistare diritti di prelazione [c. 2741²] con efficacia rispetto ai creditori concorrenti, salvo che vi sia autorizzazione del giudice nei casi previsti dall'articolo precedente. Le ipoteche giudiziali iscritte nei novanta giorni che precedono la data della pubblicazione del ricorso nel registro delle imprese sono inefficaci rispetto ai creditori anteriori al concordato (7).

169. *Norme applicabili.* — *1.* Si applicano, con riferimento alla data di presentazione della domanda di concordato, le disposizioni degli artt. 45 (8), 55, 56, 57, 58, 59, 60, 61, 62, 63 (9).

2. Si applica l'art. 43, quarto comma, sostituendo al fallimento l'impresa ammessa al concordato preventivo (10).

169-*bis*. *Contratti pendenti* (11). — *1.* Il debitore con il ricorso di cui all'art. 161 o successivamente può chiedere che il Tribunale o, dopo il decreto di ammissione, il giudice delegato con decreto motivato sentito l'altro contraente, assunte, ove occorra, sommarie informazioni, lo autorizzi a sciogliersi dai contratti ancora ineseguiti o non compiutamente eseguiti alla data della presentazione del ricorso. Su richiesta del debitore può essere autorizzata la sospensione del contratto per non più di sessanta giorni, prorogabili una sola volta. Lo scioglimento o la sospensione del contratto hanno effetto dalla comunicazione del provvedimento autorizzativo all'altro contraente (12).

2. In tali casi, il contraente ha diritto ad un indennizzo equivalente al risarcimento del danno conseguente al mancato adempimento. Tale credito è soddisfatto come credito ante-

(1) Le parole «e la direzione del giudice delegato» sono state soppresse dall'art. 143.1, lett. a, d.lg. 9 gennaio 2006, n. 5.

(2) Comma aggiunto dall'art. 143.1, lett. b, d.lg. 9 gennaio 2006, n. 5.

(3) Le parole «pubblicazione del ricorso nel registro delle imprese» sono state così sostituite alle precedenti «presentazione del ricorso» dall'art. 33.1, lett. c, n. 1, lett. a, d.l. 22 giugno 2012, n. 83, conv. in l. 7 agosto 2012, n. 134.

(4) Le parole «fino al momento in cui il decreto di omologazione del concordato preventivo diventa definitivo» sono state così sostituite alle precedenti «fino al passaggio in giudicato della sentenza di omologazione del concordato» dall'art. 13, d.lg. 12 settembre 2007, n. 169.

(5) Le parole «al decreto» sono state soppresse dall'art. 33.1, lett. c, n. 1, lett. c, d.l. 22 giugno 2012, n. 83, conv. in l. 7 agosto 2012, n. 134.

(6) Le parole «e cautelari» sono state inserite dall'art. 33.1, lett. c, n. 1, lett. b, d.l. 22 giugno 2012, n. 83, conv. in l. 7 agosto 2012, n. 134.

(7) Ultimo periodo aggiunto dall'art. 33.1, lett. c, n. 2, d.l. 22 giugno 2012, n. 83, conv. in l. 7 agosto 2012, n. 134.

(8) La parola «45» è stata inserita dall'art. 144, d.lg. 9 gennaio 2006, n. 5.

(9) V. nota 1 all'art. 55 e nota 4 all'art. 59.

(10) Comma aggiunto dall'art. 7.1, lett. b-*bis*, d.l. 27 giugno 2015, n. 83, conv. in l. 6 agosto 2015, n. 132. In base all'art. 23.7, d.l. cit., tali disposizioni «si applicano a decorrere dalla data di entrata in vigore della legge di conversione del presente decreto».

(11) La parola «pendenti» è stata così sostituita alle precedenti «in corso di esecuzione» dall'art. 8.1, lett. a, d.l. 27 giugno 2015, n. 83, conv. in l. 6 agosto 2015, n. 132. In base all'art. 23.8, d.l. cit., tali disposizioni «si applicano alle istanze di scioglimento depositate successivamente alla data di entrata in vigore del presente decreto».

(12) Comma così sostituito dall'art. 8.1, lett. b, d.l. 27 giugno 2015, n. 83, conv. in l. 6 agosto 2015, n. 132. In base all'art. 23.8, d.l. cit., tali disposizioni «si applicano alle istanze di scioglimento depositate successivamente alla data di entrata in vigore del presente decreto».

riore al concordato, ferma restando la prededuzione del credito conseguente ad eventuali prestazioni eseguite legalmente e in conformità agli accordi o agli usi negoziali, dopo la pubblicazione della domanda ai sensi dell'art. 161 (1).

3. Lo scioglimento del contratto non si estende alla clausola compromissoria in esso contenuta.

4. Le disposizioni di questo articolo non si applicano ai rapporti di lavoro subordinato nonché ai contratti di cui agli artt. 72, ottavo comma, 72-*ter* e 80, primo comma (2).

5. In caso di scioglimento del contratto di locazione finanziaria, il concedente ha diritto alla restituzione del bene ed è tenuto a versare al debitore l'eventuale differenza fra la maggiore somma ricavata dalla vendita o da altra collocazione del bene stesso avvenute a valori di mercato rispetto al credito residuo in linea capitale. La somma versata al debitore a norma del periodo precedente è acquisita alla procedura. Il concedente ha diritto di far valere verso il debitore un credito determinato nella differenza tra il credito vantato alla data del deposito della domanda e quanto ricavato dalla nuova allocazione del bene. Tale credito è soddisfatto come credito anteriore al concordato (3).

CAPO III

DEI PROVVEDIMENTI IMMEDIATI

170. *Scritture contabili.* — *1.* Il giudice delegato, immediatamente dopo il decreto di ammissione al concordato, ne fa annotazione sotto l'ultima scrittura dei libri presentati.

2. I libri sono restituiti al debitore, che deve tenerli a disposizione del giudice delegato e del commissario giudiziale.

171. *Convocazione dei creditori.* — *1.* Il commissario giudiziale deve procedere alla verifica dell'elenco dei creditori e dei debitori con la scorta delle scritture contabili presentate a norma dell'art. 161, apportando le necessarie rettifiche.

2. Il commissario giudiziale provvede a comunicare ai creditori a mezzo posta elettronica certificata, se il relativo indirizzo del destinatario risulta dal registro delle imprese ovvero dall'Indice nazionale degli indirizzi di posta elettronica certificata delle imprese e dei professionisti e, in ogni altro caso, a mezzo lettera raccomandata o telefax presso la sede dell'impresa o la residenza del creditore, un avviso contenente la data di convocazione dei creditori, la proposta del debitore, il decreto di ammissione, il suo indirizzo di posta elettronica certificata, l'invito ad indicare un indirizzo di posta elettronica certificata, le cui variazioni è onere comunicare al commissario. Nello stesso avviso è contenuto l'avvertimento di cui all'art. 92, primo comma, n. 3). Tutte le successive comunicazioni ai creditori sono effettuate dal commissario a mezzo posta elettronica certificata. Quando, nel termine di quindici giorni dalla comunicazione dell'avviso, non è comunicato l'indirizzo di cui all'invito previsto dal primo periodo e nei casi di mancata consegna del messaggio di posta elettronica certificata per cause imputabili al destinatario, esse si eseguono esclusivamente mediante deposito in cancelleria. Si applica l'art. 31-*bis*, terzo comma, sostituendo al curatore il commissario giudiziale (4).

3. Quando la comunicazione prevista dal comma precedente è sommamente difficile per il rilevante numero dei creditori o per la difficoltà di identificarli tutti, il tribunale, sentito il commissario giudiziale, può dare l'autorizzazione prevista dall'art. 126.

4. Se vi sono obbligazionisti [c. 2410 ss.], il termine previsto dall'art. 163, primo comma, n. 2, deve essere raddoppiato.

5. In ogni caso l'avviso di convocazione per gli obbligazionisti è comunicato al loro rappresentante comune [c. 2417].

6. Sono salve per le imprese esercenti il credito le disposizioni del r.d.l. 12 marzo 1936, n. 375, convertito in l. 7 marzo 1938, n. 141.

172. *Operazioni e relazione del commissario.* — *1.* Il commissario giudiziale redige l'inventario del patrimonio del debitore e una relazione particolareggiata sulle cause del dissesto,

(1) Le parole da «, ferma restando la prededuzione del credito» fino a «161» sono state aggiunte dall'art. 8.1, lett. c, d.l. 27 giugno 2015, n. 83, conv. in l. 6 agosto 2015, n. 132. In base all'art. 23.8, d.l. cit., tali disposizioni «si applicano alle istanze di scioglimento depositate successivamente alla data di entrata in vigore del presente decreto».

(2) Articolo inserito dall'art. 33.1, lett. d, d.l. 22 giugno 2012, n. 83, conv. in l. 7 agosto 2012, n. 134.

(3) Comma aggiunto dall'art. 8.1, lett. d, d.l. 27 giugno 2015, n. 83, conv. in l. 6 agosto 2015, n. 132. In base all'art. 23.8, d.l. cit., tali disposizioni «si applicano alle istanze di scioglimento depositate successivamente alla data di entrata in vigore del presente decreto».

(4) Comma così sostituito dall'art. 17.1, lett. q, d.l. 18 ottobre 2012, n. 179, conv. in l. 17 dicembre 2012, n. 221.

sulla condotta del debitore, sulle proposte di concordato e sulle garanzie offerte ai creditori, e la deposita in cancelleria almeno quarantacinque (1) giorni prima dell'adunanza dei creditori. Nella relazione il commissario deve illustrare le utilità che, in caso di fallimento, possono essere apportate dalle azioni risarcitorie, recuperatorie o revocatorie che potrebbero essere promosse nei confronti di terzi (2). Nello stesso termine la comunica a mezzo posta elettronica certificata a norma dell'art. 171, secondo comma (3).

2. Qualora nel termine di cui al quarto comma dell'art. 163 siano depositate proposte concorrenti, il commissario giudiziale riferisce in merito ad esse con relazione integrativa da depositare in cancelleria e comunicare ai creditori, con le modalità di cui all'art. 171, secondo comma, almeno dieci giorni prima dell'adunanza dei creditori. La relazione integrativa contiene, di regola, una particolareggiata comparazione tra tutte le proposte depositate. Le proposte di concordato, ivi compresa quella presentata dal debitore, possono essere modificate fino a quindici giorni prima dell'adunanza dei creditori. Analoga relazione integrativa viene redatta qualora emergano informazioni che i creditori devono conoscere ai fini dell'espressione del voto (4).

3. Su richiesta del commissario il giudice può nominare uno stimatore che lo assista nella valutazione dei beni.

173. *Revoca dell'ammissione al concordato e dichiarazione del fallimento nel corso della procedura*. — *1.* Il commissario giudiziale, se accerta che il debitore ha occultato o dissimulato parte dell'attivo, dolosamente omesso di denunciare uno o più crediti, esposto passività insussistenti o commesso altri atti di frode, deve riferirne immediatamente al tribunale, il quale apre d'ufficio il procedimento per la revoca dell'ammissione al concordato, dandone comunicazione al pubblico ministero e ai creditori. La comunicazione ai creditori è eseguita dal commissario giudiziale a mezzo posta elettronica certificata ai sensi dell'art. 171, secondo comma (5).

2. All'esito del procedimento, che si svolge nelle forme di cui all'art. 15, il tribunale provvede con decreto e, su istanza del creditore o su richiesta del pubblico ministero, accertati i presupposti di cui agli artt. 1 e 5, dichiara il fallimento del debitore con contestuale sentenza, reclamabile a norma dell'art. 18.

3. Le disposizioni di cui al secondo comma si applicano anche se il debitore durante la procedura di concordato compie atti non autorizzati a norma dell'art. 167 o comunque diretti a frodare le ragioni dei creditori, o se in qualunque momento risulta che mancano le condizioni prescritte per l'ammissibilità del concordato (6).

CAPO IV

Della deliberazione del concordato preventivo

174. *Adunanza dei creditori*. — *1.* L'adunanza dei creditori è presieduta dal giudice delegato.

2. Ogni creditore può farsi rappresentare da un mandatario speciale, con procura che può essere scritta senza formalità sull'avviso di convocazione.

3. Il debitore o chi ne ha la legale rappresentanza deve intervenire personalmente. Solo in caso di assoluto impedimento, accertato dal giudice delegato, può farsi rappresentare da un mandatario speciale.

4. Possono intervenire anche i coobbligati [c. 1292 ss.], i fideiussori [c. 1936 ss.] del debitore e gli obbligati in via di regresso [l. camb. 49].

175. *Discussione della proposta di concordato*. — *1.* Nell'adunanza dei creditori il commissario giudiziale illustra la sua relazione e le proposte definitive del debitore e quelle even-

(1) La parola «quarantacinque» è stata così sostituita alla precedente «dieci» dall'art. 3.3, lett. a, d.l. 27 giugno 2015, n. 83, conv. in l. 6 agosto 2015, n. 132. In base all'art. 23.1, d.l. cit., tali disposizioni «(...) si applicano ai procedimenti di concordato preventivo introdotti successivamente all'entrata in vigore della legge di conversione del presente decreto».

(2) Periodo inserito dall'art. 4.1, lett. e, d.l. 27 giugno 2015, n. 83, conv. in l. 6 agosto 2015, n. 132. In base all'art. 23.1, d.l. cit., tali disposizioni «(...) si applicano ai procedimenti di concordato preventivo introdotti successivamente all'entrata in vigore della legge di conversione del presente decreto».

(3) Comma così sostituito dall'art. 17.1, lett. r, d.l. 18 ottobre 2012, n. 179, conv. in l. 17 dicembre 2012, n. 221.

(4) Comma inserito dall'art. 3.3, lett. b, d.l. 27 giugno 2015, n. 83, conv. in l. 6 agosto 2015, n. 132. In base all'art. 23.1, d.l. cit., tali disposizioni «(...) si applicano ai procedimenti di concordato preventivo introdotti successivamente all'entrata in vigore della legge di conversione del presente decreto».

(5) Ultimo periodo aggiunto dall'art. 17.1, lett. s, d.l. 18 ottobre 2012, n. 179, conv. in l. 17 dicembre 2012, n. 221.

(6) Articolo così sostituito dall'art. 14, d.lg. 12 settembre 2007, n. 169.

tualmente presentate dai creditori ai sensi dell'art. 163, comma quarto (1).

2. [La proposta di concordato non può essere modificata dopo l'inizio delle operazioni di voto] (2). Quando il tribunale ha disposto che l'adunanza sia svolta in via telematica, la discussione sulla proposta del debitore e sulle eventuali proposte concorrenti è disciplinata con decreto, non soggetto a reclamo, reso dal giudice delegato almeno dieci giorni prima dell'adunanza (3).

3. Ciascun creditore può esporre le ragioni per le quali non ritiene ammissibili o convenienti le proposte di concordato e sollevare contestazioni sui crediti concorrenti. Il debitore può esporre le ragioni per le quali non ritiene ammissibili o fattibili le eventuali proposte concorrenti (4).

4. Il debitore ha facoltà di rispondere e contestare a sua volta i crediti, e ha il dovere di fornire al giudice gli opportuni chiarimenti.

5. Sono sottoposte alla votazione dei creditori tutte le proposte presentate dal debitore e dai creditori, seguendo, per queste ultime, l'ordine temporale del loro deposito (5).

176. *Ammissione provvisoria dei crediti contestati.* — *1.* Il giudice delegato può ammettere provvisoriamente in tutto o in parte i crediti contestati ai soli fini del voto e del calcolo delle maggioranze, senza che ciò pregiudichi le pronunzie definitive sulla sussistenza dei crediti stessi.

2. I creditori esclusi possono opporsi all'esclusione in sede di omologazione del concordato nel caso in cui la loro ammissione avrebbe avuto influenza sulla formazione delle maggioranze.

177. *Maggioranza per l'approvazione del concordato.* — *1.* Il concordato è approvato dai creditori che rappresentano la maggioranza dei crediti ammessi al voto. Ove siano previste diverse classi di creditori, il concordato è approvato se tale maggioranza si verifica inoltre nel maggior numero di classi. Quando sono poste al voto più proposte di concordato ai sensi dell'art. 175, quinto comma, si considera approvata la proposta che ha conseguito la maggioranza più elevata dei crediti ammessi al voto; in caso di parità, prevale quella del debitore o, in caso di parità fra proposte di creditori, quella presentata per prima. Quando nessuna delle proposte concorrenti poste al voto sia stata approvata con le maggioranze di cui al primo e secondo periodo del presente comma, il giudice delegato, con decreto da adottare entro trenta giorni dal termine di cui al quarto comma dell'art. 178, rimette al voto la sola proposta che ha conseguito la maggioranza relativa dei crediti ammessi al voto, fissando il termine per la comunicazione ai creditori e il termine a partire dal quale i creditori, nei venti giorni successivi, possono far pervenire il proprio voto con le modalità previste dal predetto articolo. In ogni caso si applicano il primo e secondo periodo del presente comma (6).

2. I creditori muniti di privilegio, pegno o ipoteca, ancorché la garanzia sia contestata, dei quali la proposta di concordato prevede l'integrale pagamento, non hanno diritto al voto se non rinunciano in tutto od in parte al diritto di prelazione. Qualora i creditori muniti di privilegio, pegno o ipoteca rinuncino in tutto o in parte alla prelazione, per la parte del credito non coperta dalla garanzia sono equiparati ai creditori chirografari; la rinuncia ha effetto ai soli fini del concordato.

3. I creditori muniti di diritto di prelazione di cui la proposta di concordato prevede, ai sensi dell'art. 160, la soddisfazione non integrale, sono equiparati ai chirografari per la parte residua del credito.

4. Sono esclusi dal voto e dal computo delle

(1) Le parole «e quelle eventualmente presentate dai creditori ai sensi dell'art. 163, comma quarto» sono state aggiunte dall'art. 3.4, lett. a, d.l. 27 giugno 2015, n. 83, conv. in l. 6 agosto 2015, n. 132. In base all'art. 23.1, d.l. cit., tali disposizioni «(...) si applicano ai procedimenti di concordato preventivo introdotti successivamente all'entrata in vigore della legge di conversione del presente decreto».

(2) Comma inserito dall'art. 15.1, d.lg. 12 settembre 2007, n. 169 e successivamente soppresso dall'art. 3.4, lett. b, d.l. 27 giugno 2015, n. 83, conv. in l. 6 agosto 2015, n. 132.

(3) Periodo inserito dall'art. 6.1, lett. e, d.l. 3 maggio 2016, n. 59, conv. in l. 30 giugno 2016, n. 119.

(4) Comma così sostituito dall'art. 3.4, lett. c, d.l. 27 giugno 2015, n. 83, conv. in l. 6 agosto 2015, n. 132. In base all'art. 23.1, d.l. cit., tali disposizioni «(...) si applicano ai procedimenti di concordato preventivo introdotti successivamente all'entrata in vigore della legge di conversione del presente decreto».

(5) Comma aggiunto dall'art. 3.4, lett. d, d.l. 27 giugno 2015, n. 83, conv. in l. 6 agosto 2015, n. 132. In base all'art. 23.1, d.l. cit., tali disposizioni «(...) si applicano ai procedimenti di concordato preventivo introdotti successivamente all'entrata in vigore della legge di conversione del presente decreto».

(6) I periodi da «Quando sono poste al voto» fino a «comma» sono stati aggiunti dall'art. 3.5, lett. a, d.l. 27 giugno 2015, n. 83, conv. in l. 6 agosto 2015, n. 132. In base all'art. 23.1, d.l. cit., tali disposizioni «(...) si applicano ai procedimenti di concordato preventivo introdotti successivamente all'entrata in vigore della legge di conversione del presente decreto».

maggioranze il coniuge del debitore, i suoi parenti e affini fino al quarto grado, la società che controlla la società debitrice, le società da questa controllate e quelle sottoposte a comune controllo, nonché (1) i cessionari o aggiudicatari dei loro crediti da meno di un anno prima della proposta di concordato (2).

178. *Adesioni alla proposta di concordato*. — *1.* Nel processo verbale dell'adunanza dei creditori sono inseriti i voti favorevoli e contrari dei creditori con l'indicazione nominativa dei votanti e dell'ammontare dei rispettivi crediti. È altresì inserita l'indicazione nominativa dei creditori che non hanno esercitato il voto e dell'ammontare dei loro crediti (3).

2. Il processo verbale è sottoscritto dal giudice delegato, dal commissario e dal cancelliere.

3. Se nel giorno stabilito non è possibile compiere tutte le operazioni, la loro continuazione viene rimessa dal giudice ad una udienza prossima, non oltre otto giorni, dandone comunicazione (4) agli assenti.

4. I creditori che non hanno esercitato il voto possono far pervenire lo stesso per telegramma o per lettera o per telefax o per posta elettronica nei venti giorni successivi alla chiusura del verbale. Le manifestazioni di voto sono annotate dal cancelliere in calce al verbale (5).

CAPO V

DELL'OMOLOGAZIONE E DELL'ESECUZIONE DEL CONCORDATO PREVENTIVO. DEGLI ACCORDI DI RISTRUTTURAZIONE DI DEBITI (6)

179. *Mancata approvazione del concordato*. — *1.* Se nei termini stabiliti non si raggiungono le maggioranze richieste dal primo comma dell'art. 177 (7), il giudice delegato ne riferisce immediatamente al tribunale, che deve provvedere a norma dell'art. 162, secondo comma.

2. Quando il commissario giudiziario rileva, dopo l'approvazione del concordato, che sono mutate le condizioni di fattibilità del piano, ne dà avviso ai creditori, i quali possono costituirsi nel giudizio di omologazione fino all'udienza di cui all'art. 180 per modificare il voto (8).

180. *Giudizio di omologazione*. — *1.* Se il concordato è stato approvato a norma del primo comma dell'art. 177, il giudice delegato riferisce al tribunale il quale fissa un'udienza in camera di consiglio per la comparizione delle parti e del commissario giudiziale, disponendo che il provvedimento venga pubblicato a norma dell'art. 17 e notificato, a cura del debitore, al commissario giudiziale e agli eventuali creditori dissenzienti.

2. Il debitore, il commissario giudiziale, gli eventuali creditori dissenzienti e qualsiasi interessato devono costituirsi almeno dieci giorni prima dell'udienza fissata. Nel medesimo termine il commissario giudiziale deve depositare il proprio motivato parere.

3. Se non sono proposte opposizioni, il tribunale, verificata la regolarità della procedura e l'esito della votazione, omologa il concordato con decreto motivato non soggetto a gravame.

4. Se sono state proposte opposizioni, il Tribunale assume i mezzi istruttori richiesti dalle parti o disposti di ufficio, anche delegando uno dei componenti del collegio. Nell'ipotesi di cui al secondo periodo del primo comma dell'art. 177 se un creditore appartenente ad una classe dissenziente ovvero, nell'ipotesi di mancata formazione delle classi, i creditori dissenzienti che rappresentano il 20 per cento dei crediti ammessi al voto, contestano (9) la convenienza

(1) Le parole «la società che controlla la società debitrice, le società da questa controllate e quelle sottoposte a comune controllo, nonché» sono state inserite dall'art. 3.5, lett. b, d.l. 27 giugno 2015, n. 83, conv. in l. 6 agosto 2015, n. 132. In base all'art. 23.1, d.l. cit., tali disposizioni «(...) si applicano ai procedimenti di concordato preventivo introdotti successivamente all'entrata in vigore della legge di conversione del presente decreto».

(2) Articolo così sostituito dall'art. 15.2, d.lg. 12 settembre 2007, n. 169.

(3) Ultimo periodo aggiunto dall'art. 33.1, lett. d-*bis*, n. 1, d.l. 22 giugno 2012, n. 83, conv. in l. 7 agosto 2012, n. 134.

(4) Le parole «dandone comunicazione» sono state così sostituite alle precedenti «senza bisogno di avviso» dall'art. 33.1, lett. d-*bis*, n. 2, d.l. 22 giugno 2012, n. 83, conv. in l. 7 agosto 2012, n. 134.

(5) Comma così sostituito, da ultimo, dall'art. 4.1, lett. f, d.l. 27 giugno 2015, n. 83, conv. in l. 6 agosto 2015, n. 132. In base all'art. 23.1, d.l. cit., tali disposizioni «(...) si applicano ai procedimenti di concordato preventivo introdotti successivamente all'entrata in vigore della legge di conversione del presente decreto».

(6) Rubrica così sostituita dall'art. 145, d.lg. 9 gennaio 2006, n. 5.

(7) Le parole «raggiungono le maggioranze richieste dal primo comma dell'art. 177» sono state così sostituite alle precedenti «raggiungono le maggioranze richieste negli artt. 177 e 178» dall'art. 16.1, d.lg. 12 settembre 2007, n. 169.

(8) Ultimo comma aggiunto dall'art. 33.1, lett. d-*ter*, d.l. 22 giugno 2012, n. 83, conv. in l. 7 agosto 2012, n. 134.

(9) Le parole «ovvero, nell'ipotesi di mancata formazione delle classi, i creditori dissenzienti che rappresentano il 20 per cento dei crediti ammessi al voto, contestano» sono state così sostituite a quella «contesta» dall'art. 33.1, lett. d-*quater*, d.l. 22 giugno 2012, n. 83, conv. in l. 7 agosto 2012, n. 134.

della proposta, il tribunale può omologare il concordato qualora ritenga che il credito possa risultare soddisfatto dal concordato in misura non inferiore rispetto alle alternative concretamente praticabili.

5. Il tribunale provvede con decreto motivato comunicato al debitore e al commissario giudiziale, che provvede a darne notizia ai creditori. Il decreto è pubblicato a norma dell'art. 17 ed è provvisoriamente esecutivo.

6. Le somme spettanti ai creditori contestati, condizionali o irreperibili sono depositate nei modi stabiliti dal tribunale, che fissa altresì le condizioni e le modalità per lo svincolo.

7. Il tribunale, se respinge il concordato, su istanza del creditore o su richiesta del pubblico ministero, accertati i presupposti di cui gli artt. 1 e 5, dichiara il fallimento del debitore, con separata sentenza, emessa contestualmente al decreto (1).

181. *Chiusura della procedura*. — *1.* La procedura di concordato preventivo si chiude con il decreto di omologazione ai sensi dell'art. 180. L'omologazione deve intervenire nel termine di nove mesi (2) dalla presentazione del ricorso ai sensi dell'art. 161; il termine può essere prorogato per una sola volta dal tribunale di sessanta giorni (3).

182. *Cessioni* (4). — *1.* Se il concordato consiste nella cessione dei beni e non dispone diversamente, il tribunale nomina nel decreto (5) di omologazione uno o più liquidatori e un comitato di tre o cinque creditori per assistere alla liquidazione e determina le altre modalità della liquidazione (6). In tal caso, il tribunale dispone che il liquidatore effettui la pubblicità prevista dall'art. 490, primo comma, del codice di procedura civile e fissa il termine entro cui la stessa deve essere eseguita (7).

2. Si applicano ai liquidatori gli artt. 28, 29, 37, 38, 39 e 116 in quanto compatibili (8).

3. Si applicano al comitato dei creditori gli artt. 40 e 41 in quanto compatibili. Alla sostituzione dei membri del comitato provvede in ogni caso il tribunale (8).

4. Le vendite di aziende e rami di aziende, beni immobili e altri beni iscritti in pubblici registri, nonché le cessioni di attività e passività dell'azienda e di beni o rapporti giuridici individuali in blocco devono essere autorizzate dal comitato dei creditori (8).

5. Alle vendite, alle cessioni e ai trasferimenti legalmente posti in essere dopo il deposito della domanda di concordato o in esecuzione di questo, si applicano gli articoli da 105 a 108-*ter* in quanto compatibili. La cancellazione delle iscrizioni relative ai diritti di prelazione, nonché delle trascrizioni dei pignoramenti e dei sequestri conservativi e di ogni altro vincolo, sono effettuati su ordine del giudice, salvo diversa disposizione contenuta nel decreto di omologazione per gli atti a questa successivi (9).

6. Si applica l'art. 33, quinto comma, primo,

(1) Articolo così sostituito dall'art. 16.2, d.lg. 12 settembre 2007, n. 169.

(2) Le parole «nove mesi» sono state così sostituite alle precedenti «sei mesi» dall'art. 3.5-*bis*, d.l. 27 giugno 2015, n. 83, conv. in l. 6 agosto 2015, n. 132. In base all'art. 23.1, d.l. cit., tali disposizioni «(...) si applicano ai procedimenti di concordato preventivo introdotti successivamente all'entrata in vigore della legge di conversione del presente decreto».

(3) Articolo così sostituito dall'art. 2.1, lett. i, d.l. 14 marzo 2005, n. 35, conv. in l. 14 maggio 2005, n. 80. Le disposizioni di questo articolo si applicano «ai procedimenti di concordato preventivo pendenti e non ancora omologati alla data di entrata in vigore del presente decreto»: v. art. 2.2-*bis* del medesimo d.l. n. 35/2005.

(4) Rubrica così sostituita alla precedente «Provvedimenti in caso di cessione dei beni» dall'art. 2.2, lett. a, d.l. 27 giugno 2015, n. 83, conv. in l. 6 agosto 2015, n. 132. In base all'art. 23.5, d.l. cit., tali disposizioni «si applicano anche ai fallimenti e ai procedimenti di concordato preventivo pendenti alla data di entrata in vigore del presente decreto».

(5) Le parole «nel decreto» sono state così sostituite alle precedenti «nella sentenza» dall'art. 16.3, lett. a, d.lg. 12 settembre 2007, n. 169.

(6) Sul diritto di prelazione dell'imprenditore che, a titolo di affitto, abbia assunto la gestione, anche parziale, di azienda appartenente ad impresa ammessa a concordato preventivo per cessione dei beni v. art. 3.4, l. 23 luglio 1991, n. 223.

(7) Ultimo periodo aggiunto dall'art. 2.2, lett. b, d.l. 27 giugno 2015, n. 83, conv. in l. 6 agosto 2015, n. 132. In base all'art. 23.2, d.l. cit., tali disposizioni «si applicano decorsi trenta giorni dalla pubblicazione in *Gazzetta Ufficiale* delle specifiche tecniche previste dall'art. 161-*quater* delle disposizioni per l'attuazione del codice di procedura civile». Inoltre, in base all'art. 23.5, d.l. cit., le disposizioni di cui all'art. 2, comma 2, lett. *a*), *b*), primo periodo e lett. *c*) «si applicano anche ai fallimenti e ai procedimenti di concordato preventivo pendenti alla data di entrata in vigore del presente decreto».

(8) Comma aggiunto dall'art. 16.3, lett. b, d.lg. 12 settembre 2007, n. 169.

(9) Comma aggiunto dall'art. 16.3, lett. b, d.lg. 12 settembre 2007, n. 169, e successivamente così sostituito dall'art. 2.2, lett. c, d.l. 27 giugno 2015, n. 83, conv. in l. 6 agosto 2015, n. 132. In base all'art. 23.5, d.l. cit., tali disposizioni «si applicano anche ai fallimenti e ai procedimenti di concordato preventivo pendenti alla data di entrata in vigore del presente decreto».

secondo e terzo periodo, sostituendo al curatore il liquidatore, che provvede con periodicità semestrale dalla nomina. Quest'ultimo comunica a mezzo di posta elettronica certificata altra copia del rapporto al commissario giudiziale, che a sua volta lo comunica ai creditori a norma dell'art. 171, secondo comma (1).

182-*bis*. *Accordi di ristrutturazione dei debiti*. — *1.* L'imprenditore in stato di crisi può domandare, depositando la documentazione di cui all'art. 161, l'omologazione di un accordo di ristrutturazione dei debiti stipulato con i creditori rappresentanti almeno il sessanta per cento dei crediti, unitamente ad una relazione redatta da un professionista, designato dal debitore, in possesso dei requisiti di cui all'art. 67, terzo comma, lett. *d*) sulla veridicità dei dati aziendali e sull'attuabilità dell'accordo stesso con particolare riferimento alla sua idoneità ad assicurare l'integrale pagamento dei creditori estranei nel rispetto dei seguenti termini:

a) entro centoventi giorni dall'omologazione, in caso di crediti già scaduti a quella data;

b) entro centoventi giorni dalla scadenza, in caso di crediti non ancora scaduti alla data dell'omologazione (2).

2. L'accordo è pubblicato nel registro delle imprese e acquista efficacia dal giorno della sua pubblicazione.

3. Dalla data della pubblicazione e per sessanta giorni i creditori per titolo e causa anteriore a tale data non possono iniziare o proseguire azioni cautelari o esecutive sul patrimonio del debitore, né acquisire titoli di prelazione se non concordati (3). Si applica l'art. 168, secondo comma.

4. Entro trenta giorni dalla pubblicazione i creditori e ogni altro interessato possono proporre opposizione. Il tribunale, decise le opposizioni, procede all'omologazione in camera di consiglio con decreto motivato.

5. Il decreto del tribunale è reclamabile alla corte di appello ai sensi dell'art. 183, in quanto applicabile, entro quindici giorni dalla sua pubblicazione nel registro delle imprese (4).

6. Il divieto di iniziare o proseguire le azioni cautelari o esecutive di cui al terzo comma può essere richiesto dall'imprenditore anche nel corso delle trattative e prima della formalizzazione dell'accordo di cui al presente articolo, depositando presso il tribunale competente ai sensi dell'art. 9 la documentazione di cui all'art. 161, primo e secondo comma, lett. *a*), *b*), *c*) e *d*) (5) e una proposta di accordo corredata da una dichiarazione dell'imprenditore, avente valore di autocertificazione, attestante che sulla proposta sono in corso trattative con i creditori che rappresentano almeno il sessanta per cento dei crediti e da una dichiarazione del professionista avente i requisiti di cui all'art. 67, terzo comma, lett. *d*), circa la idoneità della proposta, se accettata. ad assicurare l'integrale (6) pagamento dei creditori con i quali non sono in corso trattative o che hanno comunque negato la propria disponibilità a trattare. L'istanza di sospensione di cui al presente comma è pubblicata nel registro delle imprese e produce l'effetto del divieto di inizio o prosecuzione delle azioni esecutive e cautelari, nonché del divieto di acquisire titoli di prelazione, se non concordati, dalla pubblicazione (7).

7. Il tribunale, verificata la completezza della documentazione depositata, fissa con decreto l'udienza entro il termine di trenta giorni dal deposito dell'istanza di cui al sesto comma, disponendo la comunicazione ai creditori della documentazione stessa. Nel corso dell'udienza, riscontrata la sussistenza dei presupposti per pervenire a un accordo di ristrutturazione dei debiti con le maggioranze di cui al primo comma e delle condizioni per l'integrale (8) pagamento dei creditori con i quali non sono in corso trattative o che hanno comunque negato la propria disponibilità a trattare, dispone con decreto motivato il divieto di iniziare o proseguire le azioni cautelari o esecutive e di acquisire titoli di prelazione se non concordati assegnando il termine di non oltre sessanta giorni per il deposito dell'accordo di ristrutturazione

(1) Comma aggiunto dall'art. 17.1, lett. t, d.l. 18 ottobre 2012, n. 179, conv. in l. 17 dicembre 2012, n. 221.

(2) Comma così sostituito dall'art. 33.1, lett. e, n. 1, d.l. 22 giugno 2012, n. 83, conv. in l. 7 agosto 2012, n. 134.

(3) Le parole «, né acquisire titoli di prelazione se non concordati» sono state aggiunte dall'art. 33.1, lett. e, n. 2, d.l. 22 giugno 2012, n. 83, conv. in l. 7 agosto 2012, n. 134.

(4) Articolo inserito dall'art. 2.1, lett. l, d.l. 14 marzo 2005, n. 35, conv. in l. 14 maggio 2005, n. 80 e successivamente così sostituito dall'art. 16.4, d.lg. 12 settembre 2007, n. 169.

(5) Le parole «lett. *a*), *b*), *c*) e *d*)» sono state inserite dall'art. 33.1, lett. e, n. 3, lett. a, d.l. 22 giugno 2012, n. 83, conv. in l. 7 agosto 2012, n. 134.

(6) Le parole «l'integrale» sono state così sostituite alle precedenti «il regolare» dall'art. 33.1, lett. e, n. 3, lett. b, d.l. 22 giugno 2012, n. 83, conv. in l. 7 agosto 2012, n. 134.

(7) Comma aggiunto dall'art. 48.2, d.l. 31 maggio 2010, n. 78, conv. in l. 30 luglio 2010, n. 122.

(8) Le parole «l'integrale» sono state così sostituite alle precedenti «il regolare» dall'art. 33.1, lett. e, n. 4, d.l. 22 giugno 2012, n. 83, conv. in l. 7 agosto 2012, n. 134.

e della relazione redatta dal professionista a norma del primo comma. Il decreto del precedente periodo è reclamabile a norma del quinto comma in quanto applicabile (1).

8. A seguito del deposito di un accordo di ristrutturazione dei debiti nei termini assegnati dal tribunale trovano applicazione le disposizioni di cui al secondo, terzo, quarto e quinto comma. Se nel medesimo termine è depositata una domanda di concordato preventivo, si conservano gli effetti di cui ai commi sesto e settimo (2) (3).

182-*ter*. *Trattamento dei crediti tributari e contributivi*. — *1.* Con il piano di cui all'art. 160 il debitore, esclusivamente mediante proposta presentata ai sensi del presente articolo, può proporre il pagamento, parziale o anche dilazionato, dei tributi e dei relativi accessori amministrati dalle agenzie fiscali, nonché dei contributi amministrati dagli enti gestori di forme di previdenza e assistenza obbligatorie e dei relativi accessori, se il piano ne prevede la soddisfazione in misura non inferiore a quella realizzabile, in ragione della collocazione preferenziale, sul ricavato in caso di liquidazione, avuto riguardo al valore di mercato attribuibile ai beni o ai diritti sui quali sussiste la causa di prelazione, indicato nella relazione di un professionista in possesso dei requisiti di cui all'art. 67, terzo comma, lett. *d*). Se il credito tributario o contributivo è assistito da privilegio, la percentuale, i tempi di pagamento e le eventuali garanzie non possono essere inferiori o meno vantaggiosi rispetto a quelli offerti ai creditori che hanno un grado di privilegio inferiore o a quelli che hanno una posizione giuridica e interessi economici omogenei a quelli delle agenzie e degli enti gestori di forme di previdenza e assistenza obbligatorie; se il credito tributario o contributivo ha natura chirografaria, il trattamento non può essere differenziato rispetto a quello degli altri creditori chirografari ovvero, nel caso di suddivisione in classi, dei creditori rispetto ai quali è previsto un trattamento più favorevole. Nel caso in cui sia proposto il pagamento parziale di un credito tributario o contributivo privilegiato, la quota di credito degradata al chirografo deve essere inserita in un'apposita classe.

2. Ai fini della proposta di accordo sui crediti di natura fiscale, copia della domanda e della relativa documentazione, contestualmente al deposito presso il tribunale, deve essere presentata al competente agente della riscossione e all'ufficio competente sulla base dell'ultimo domicilio fiscale del debitore, unitamente alla copia delle dichiarazioni fiscali per le quali non è pervenuto l'esito dei controlli automatici nonché delle dichiarazioni integrative relative al periodo fino alla data di presentazione della domanda. L'agente della riscossione, non oltre trenta giorni dalla data della presentazione, deve trasmettere al debitore una certificazione attestante l'entità del debito iscritto a ruolo scaduto o sospeso. L'ufficio, nello stesso termine, deve procedere alla liquidazione dei tributi risultanti dalle dichiarazioni e alla notifica dei relativi avvisi di irregolarità, unitamente a una certificazione attestante l'entità del debito derivante da atti di accertamento, ancorché non definitivi, per la parte non iscritta a ruolo, nonché dai ruoli vistati, ma non ancora consegnati all'agente della riscossione. Dopo l'emissione del decreto di cui all'art. 163, copia dell'avviso di irregolarità e delle certificazioni deve essere trasmessa al commissario giudiziale per gli adempimenti previsti dagli artt. 171, primo comma, e 172. In particolare, per i tributi amministrati dall'Agenzia delle dogane e dei monopoli, l'ufficio competente a ricevere copia della domanda con la relativa documentazione prevista al primo periodo, nonché a rilasciare la certificazione di cui al terzo periodo, si identifica con l'ufficio che ha notificato al debitore gli atti di accertamento.

3. Relativamente al credito tributario complessivo, il voto sulla proposta concordataria è espresso dall'ufficio, previo parere conforme della competente direzione regionale, in sede di adunanza dei creditori, ovvero nei modi previsti dall'art. 178, quarto comma.

4. Il voto è espresso dall'agente della riscossione limitatamente agli oneri di riscossione di cui all'art. 17 del d.lg. 13 aprile 1999, n. 112.

5. Il debitore può effettuare la proposta di cui al comma 1 anche nell'ambito delle trattative che precedono la stipulazione dell'accordo di ristrutturazione di cui all'art. 182-*bis*. In tali

(1) Comma aggiunto dall'art. 48.2, d.l. 31 maggio 2010, n. 78, conv. in l. 30 luglio 2010, n. 122.

(2) Comma aggiunto dall'art. 48.2, d.l. 31 maggio 2010, n. 78, conv. in l. 30 luglio 2010, n. 122, e successivamente così sostituito dall'art. 33.1, lett. e, n. 5, d.l. 22 giugno 2012, n. 83, conv. in l. 7 agosto 2012, n. 134.

(3) L'art. 23.43, d.l. 6 luglio 2011, n. 98, conv. in l. 15 luglio 2011, n. 111, così dispone: «In attesa di una revisione complessiva della disciplina dell'imprenditore agricolo in crisi e del coordinamento delle disposizioni in materia, gli imprenditori agricoli in stato di crisi o di insolvenza possono accedere alle procedure di cui agli artt. 182-*bis* e 182-*ter* del r.d. 16 marzo 1942, n. 267, come modificato da ultimo dall'art. 32, commi 5 e 6, del d.l. 29 novembre 2008, n. 185, convertito, con modificazioni, dalla l. 28 gennaio 2009, n. 2».

casi l'attestazione di cui al citato art. 182-*bis*, primo comma, relativamente ai crediti fiscali deve inerire anche alla convenienza del trattamento proposto rispetto alle alternative concretamente praticabili; tale punto costituisce oggetto di specifica valutazione da parte del tribunale. La proposta di transazione fiscale, unitamente alla documentazione di cui all'art. 161, è depositata presso gli uffici indicati al comma 2 del presente articolo. Alla proposta di transazione deve altresì essere allegata la dichiarazione sostitutiva, resa dal debitore o dal suo legale rappresentante ai sensi dell'art. 47 del t.u. delle disposizioni legislative e regolamentari in materia di documentazione amministrativa, di cui al d.p.r. 28 dicembre 2000, n. 445, che la documentazione di cui al periodo precedente rappresenta fedelmente e integralmente la situazione dell'impresa, con particolare riguardo alle poste attive del patrimonio. L'adesione alla proposta è espressa, su parere conforme della competente direzione regionale, con la sottoscrizione dell'atto negoziale da parte del direttore dell'ufficio. L'atto è sottoscritto anche dall'agente della riscossione in ordine al trattamento degli oneri di riscossione di cui all'art. 17 del d.lg. 13 aprile 1999, n. 112. L'assenso così espresso equivale a sottoscrizione dell'accordo di ristrutturazione.

6. La transazione fiscale conclusa nell'ambito dell'accordo di ristrutturazione di cui all'art. 182-*bis* è risolta di diritto se il debitore non esegue integralmente, entro novanta giorni dalle scadenze previste, i pagamenti dovuti alle Agenzie fiscali e agli enti gestori di forme di previdenza e assistenza obbligatorie (1).

182-*quater*. *Disposizioni in tema di prededucibilità dei crediti nel concordato preventivo, negli accordi di ristrutturazione dei debiti.* — *1.* I crediti derivanti da finanziamenti in qualsiasi forma effettuati [...] (2) in esecuzione di un concordato preventivo di cui agli artt. 160 e seguenti ovvero di un accordo di ristrutturazione dei debiti omologato ai sensi dell'art. 182-*bis* sono prededucibili ai sensi e per gli effetti dell'art. 111.

2. Sono parificati ai crediti di cui al primo comma i crediti derivanti da finanziamenti erogati in funzione della presentazione della domanda di ammissione alla procedura di concordato preventivo o della domanda di omologazione dell'accordo di ristrutturazione dei debiti, qualora i finanziamenti siano previsti dal piano di cui all'art. 160 o dall'accordo di ristrutturazione e purché la prededuzione sia espressamente disposta nel provvedimento con cui il tribunale accoglie la domanda di ammissione al concordato preventivo ovvero l'accordo sia omologato (3).

3. In deroga agli artt. 2467 e 2497-*quinquies* del codice civile, il primo e il secondo comma del presente articolo si applicano anche ai finanziamenti effettuati dai soci fino alla concorrenza dell'80 per cento del loro ammontare. Si applicano i commi primo e secondo quando il finanziatore ha acquisito la qualità di socio in esecuzione dell'accordo di ristrutturazione dei debiti o del concordato preventivo (4).

4. .... (5).

5. Con riferimento ai crediti indicati al secondo comma, i creditori, anche se soci (6), sono esclusi dal voto e dal computo delle maggioranze per l'approvazione del concordato ai sensi dell'art. 177 e dal computo della percentuale dei crediti prevista all'art. 182-*bis*, primo e sesto comma (7).

182-*quinquies*. *Disposizioni in tema di finanziamento e di continuità aziendale nel concordato preventivo e negli accordi di ristrutturazione dei debiti.* — *1.* Il debitore che presenta, anche ai sensi dell'art. 161 sesto comma, una domanda di ammissione al concordato preventivo o una domanda di omologazione di un accordo di ristrutturazione dei debiti ai sensi dell'art. 182-*bis*, primo comma, o una proposta di accordo ai sensi dell'art. 182-*bis*, sesto comma, può chiedere al tribunale di essere autorizzato, anche prima del deposito della documentazio-

(1) Articolo inserito dall'art. 146, d.lg. 9 gennaio 2006, n. 5, e successivamente così sostituito dall'art. 1.81, l. 11 dicembre 2016, n. 232.

(2) Le parole «da banche e intermediari finanziari iscritti negli elenchi di cui agli artt. 106 e 107 del d.lg. 1° settembre 1993, n. 385,» sono state soppresse dall'art. 33.1, lett. *e-bis*, n. 1, d.l. 22 giugno 2012, n. 83, conv. in l. 7 agosto 2012, n. 134.

(3) Comma così sostituito dall'art. 33.1, lett. *e-bis*, n. 2, d.l. 22 giugno 2012, n. 83, conv. in l. 7 agosto 2012, n. 134.

(4) Comma così sostituito dall'art. 33.1, lett. *e-bis*, n. 3, d.l. 22 giugno 2012, n. 83, conv. in l. 7 agosto 2012, n. 134.

(5) Comma abrogato dall'art. 33.1, lett. *e-bis*, n. 4, d.l. 22 giugno 2012, n. 83, conv. in l. 7 agosto 2012, n. 134.

(6) Le parole «al secondo comma, i creditori, anche se soci,» sono state così sostituite alle precedenti «ai commi secondo, terzo e quarto, i creditori» dall'art. 33.1, lett. *e-bis*, n. 5, d.l. 22 giugno 2012, n. 83, conv. in l. 7 agosto 2012, n. 134.

(7) Articolo inserito dall'art. 48.1, d.l. 31 maggio 2010, n. 78, conv. in l. 30 luglio 2010, n. 122.

ne di cui all'art. 161, commi secondo e terzo (1) assunte se del caso sommarie informazioni, a contrarre finanziamenti, prededucibili ai sensi dell'art. 111, se un professionista designato dal debitore in possesso dei requisiti di cui all'art. 67, terzo comma, lett. *d*), verificato il complessivo fabbisogno finanziario dell'impresa sino all'omologazione, attesta che tali finanziamenti sono funzionali alla migliore soddisfazione dei creditori.

2. L'autorizzazione di cui al primo comma può riguardare anche finanziamenti individuati soltanto per tipologia ed entità, e non ancora oggetto di trattative.

3. Il debitore che presenta una domanda di ammissione al concordato preventivo ai sensi dell'art. 161, sesto comma, anche in assenza del piano di cui all'art. 161, secondo comma, lett. *e*), o una domanda di omologazione di un accordo di ristrutturazione dei debiti ai sensi dell'art. 182-*bis*, primo comma, o una proposta di accordo ai sensi dell'art. 182-*bis*, sesto comma, può chiedere al tribunale di essere autorizzato in via d'urgenza a contrarre finanziamenti, prededucibili ai sensi dell'art. 111, funzionali a urgenti necessità relative all'esercizio dell'attività aziendale fino alla scadenza del termine fissato dal tribunale ai sensi dell'art. 161, sesto comma, o all'udienza di omologazione di cui all'art. 182-*bis*, quarto comma, o alla scadenza del termine di cui all'art. 182-*bis*, settimo comma. Il ricorso deve specificare la destinazione dei finanziamenti, che il debitore non è in grado di reperire altrimenti tali finanziamenti e che, in assenza di tali finanziamenti, deriverebbe un pregiudizio imminente ed irreparabile all'azienda. Il tribunale, assunte sommarie informazioni sul piano e sulla proposta in corso di elaborazione, sentito il commissario giudiziale se nominato, e, se del caso, sentiti senza formalità i principali creditori, decide in camera di consiglio con decreto motivato, entro dieci giorni dal deposito dell'istanza di autorizzazione. La richiesta può avere ad oggetto anche il mantenimento di linee di credito autoliquidanti in essere al momento del deposito della domanda (2).

4. Il tribunale può autorizzare il debitore a concedere pegno o ipoteca o a cedere crediti (3) a garanzia dei medesimi finanziamenti.

5. Il debitore che presenta domanda di ammissione al concordato preventivo con continuità aziendale, anche ai sensi dell'art. 161, sesto comma, può chiedere al tribunale di essere autorizzato, assunte se del caso sommarie informazioni, a pagare crediti anteriori per prestazioni di beni o servizi, se un professionista in possesso dei requisiti di cui all'art. 67, terzo comma, lett. *d*), attesta che tali prestazioni sono essenziali per la prosecuzione della attività di impresa e funzionali ad assicurare la migliore soddisfazione dei creditori. L'attestazione del professionista non è necessaria per pagamenti effettuati fino a concorrenza dell'ammontare di nuove risorse finanziarie che vengano apportate al debitore senza obbligo di restituzione o con obbligo di restituzione postergato alla soddisfazione dei creditori.

6. Il debitore che presenta una domanda di omologazione di un accordo di ristrutturazione dei debiti ai sensi dell'art. 182-*bis*, primo comma, o una proposta di accordo ai sensi dell'art. 182-*bis*, sesto comma, può chiedere al Tribunale di essere autorizzato, in presenza dei presupposti di cui al quinto comma del presente articolo (4), a pagare crediti anche anteriori per prestazioni di beni o servizi. In tal caso i pagamenti effettuati non sono soggetti all'azione revocatoria di cui all'art. 67 (5).

182-*sexies*. *Riduzione o perdita del capitale della società in crisi.* — *1.* Dalla data del deposito della domanda per l'ammissione al concordato preventivo, anche a norma dell'art. 161, sesto comma, della domanda per l'omologazione dell'accordo di ristrutturazione di cui all'art. 182-*bis* ovvero della proposta di accordo a nor-

(1) Le parole «, anche prima del deposito della documentazione di cui all'art. 161, commi secondo e terzo» sono state inserite dall'art. 1.1, lett. a, d.l. 27 giugno 2015, n. 83, conv. in l. 6 agosto 2015, n. 132. In base all'art. 23.1, d.l. cit., tali disposizioni «si applicano ai procedimenti di concordato preventivo introdotti anche anteriormente alla data di entrata in vigore del presente decreto. (...)».

(2) Comma inserito dall'art. 1.1, lett. b, d.l. 27 giugno 2015, n. 83, conv. in l. 6 agosto 2015, n. 132. In base all'art. 23.1, d.l. cit., tali disposizioni «si applicano ai procedimenti di concordato preventivo introdotti anche anteriormente alla data di entrata in vigore del presente decreto. (...)».

(3) Le parole «o a cedere crediti» sono state inserite dall'art. 1.1, lett. c, d.l. 27 giugno 2015, n. 83, conv. in l. 6 agosto 2015, n. 132. In base all'art. 23.1, d.l. cit., tali disposizioni «si applicano ai procedimenti di concordato preventivo introdotti anche anteriormente alla data di entrata in vigore del presente decreto. (...)».

(4) Le parole «quinto comma del presente articolo» sono state così sostituite alle precedenti «quarto comma» dall'art. 1.1, lett. c-*bis*, d.l. 27 giugno 2015, n. 83, conv. in l. 6 agosto 2015, n. 132. In base all'art. 23^1, d.l. cit., tali disposizioni «si applicano ai procedimenti di concordato preventivo introdotti anche anteriormente alla data di entrata in vigore del presente decreto (...)».

(5) Articolo inserito dall'art. 33.1, lett. f, d.l. 22 giugno 2012, n. 83, conv. in l. 7 agosto 2012, n. 134.

ma del sesto comma dello stesso articolo e sino all'omologazione non si applicano gli artt. 2446, commi secondo e terzo, 2447, 2482-*bis*, commi quarto, quinto e sesto, e 2482-*ter* del codice civile. Per lo stesso periodo non opera la causa di scioglimento della società per riduzione o perdita del capitale sociale di cui agli artt. 2484, n. 4), e 2545-*duodecies* del codice civile.

2. Resta ferma, per il periodo anteriore al deposito delle domande e della proposta di cui al primo comma, l'applicazione dell'art. 2486 del codice civile (1).

182-*septies*. *Accordo di ristrutturazione con intermediari finanziari e convenzione di moratoria*. — *1.* Quando un'impresa ha debiti verso banche e intermediari finanziari in misura non inferiore alla metà dell'indebitamento complessivo, la disciplina di cui all'art. 182-*bis*, in deroga agli artt. 1372 e 1411 del codice civile, è integrata dalle disposizioni contenute nei commi secondo, terzo e quarto. Restano fermi i diritti dei creditori diversi da banche e intermediari finanziari.

2. L'accordo di ristrutturazione dei debiti di cui all'art. 182-*bis* può individuare una o più categorie tra i creditori di cui al primo comma che abbiano fra loro posizione giuridica e interessi economici omogenei. In tal caso, con il ricorso di cui al primo comma di tale articolo, il debitore può chiedere che gli effetti dell'accordo vengano estesi anche ai creditori non aderenti che appartengano alla medesima categoria, quando tutti i creditori della categoria siano stati informati dell'avvio delle trattative e siano stati messi in condizione di parteciparvi in buona fede e i crediti delle banche e degli intermediari finanziari aderenti rappresentino il settantacinque per cento dei crediti della categoria. Una banca o un intermediario finanziario può essere titolare di crediti inseriti in più di una categoria.

3. Ai fini di cui al precedente comma non si tiene conto delle ipoteche giudiziali iscritte dalle banche o dagli intermediari finanziari nei novanta giorni che precedono la data di pubblicazione del ricorso nel registro delle imprese.

4. Il debitore, oltre agli adempimenti pubblicitari già previsti, deve notificare il ricorso e la documentazione di cui al primo comma dell'art. 182-*bis* alle banche e agli intermediari finanziari ai quali chiede di estendere gli effetti dell'accordo. Per costoro il termine per proporre l'opposizione di cui al quarto comma del medesimo articolo decorre dalla data della notificazione del ricorso. Il tribunale procede all'omologazione previo accertamento, avvalendosi ove occorra di un ausiliario, che le trattative si siano svolte in buona fede e che le banche e gli intermediari finanziari ai quali il debitore chiede di estendere gli effetti dell'accordo:

a) abbiano posizione giuridica e interessi economici omogenei rispetto a quelli delle banche e degli intermediari finanziari aderenti;

b) abbiano ricevuto complete ed aggiornate informazioni sulla situazione patrimoniale, economica e finanziaria del debitore nonché sull'accordo e sui suoi effetti, e siano stati messi in condizione di partecipare alle trattative;

c) possano risultare soddisfatti, in base all'accordo, in misura non inferiore rispetto alle alternative concretamente praticabili.

5. Quando fra l'impresa debitrice e una o più banche o intermediari finanziari viene stipulata una convenzione diretta a disciplinare in via provvisoria gli effetti della crisi attraverso una moratoria temporanea dei crediti nei confronti di una o più banche o intermediari finanziari e sia raggiunta la maggioranza di cui al secondo comma, la convenzione di moratoria, in deroga agli artt. 1372 e 1411 del codice civile, produce effetti anche nei confronti delle banche e degli intermediari finanziari non aderenti se questi siano stati informati dell'avvio delle trattative e siano stati messi in condizione di parteciparvi in buona fede, e un professionista in possesso dei requisiti di cui all'art. 67, terzo comma, lett. *d*), attesti l'omogeneità della posizione giuridica e degli interessi economici fra i creditori interessati dalla moratoria.

6. Nel caso previsto dal comma precedente, le banche e gli intermediari finanziari non aderenti alla convenzione possono proporre opposizione entro trenta giorni dalla comunicazione della convenzione stipulata, accompagnata dalla relazione del professionista designato a norma dell'art. 67, terzo comma, lett. *d*). La comunicazione deve essere effettuata, alternativamente, mediante lettera raccomandata o posta elettronica certificata. Con l'opposizione, la banca o l'intermediario finanziario può chiedere che la convenzione non produca effetti nei suoi confronti. Il tribunale, con decreto motivato, decide sulle opposizioni, verificando la sussistenza delle condizioni di cui al comma quarto, terzo periodo. Nel termine di quindici giorni dalla comunicazione, il decreto del tribunale è reclamabile alla corte di appello, ai sensi dell'art. 183.

7. In nessun caso, per effetto degli accordi e

(1) Articolo inserito dall'art. 33.1, lett. f, d.l. 22 giugno 2012, n. 83, conv. in l. 7 agosto 2012, n. 134.

convenzioni di cui ai commi precedenti, ai creditori non aderenti possono essere imposti il mantenimento della possibilità di utilizzare affidamenti esistenti o l'erogazione di nuovi finanziamenti. Agli effetti del presente articolo non è considerata nuova prestazione la prosecuzione della concessione del godimento di beni oggetto di contratti di locazione finanziaria già stipulati.

8. La relazione dell'ausiliario è trasmessa a norma dell'art. 161, quinto comma (1).

183. *Reclamo*. — *1.* Contro il decreto del tribunale può essere proposto reclamo alla corte di appello, la quale pronuncia in camera di consiglio.

2. Con lo stesso reclamo è impugnabile la sentenza dichiarativa di fallimento, contestualmente emessa a norma dell'art. 180, settimo comma (2).

184. *Effetti del concordato per i creditori*. — *1.* Il concordato omologato è obbligatorio per tutti i creditori anteriori alla pubblicazione nel registro delle imprese del ricorso di cui all'art. 161 (3). Tuttavia essi conservano impregiudicati i diritti contro i coobbligati [c. 1292 ss.], i fideiussori del debitore [c. 1936 ss.] e gli obbligati in via di regresso [l. camb. 49].

2. Salvo patto contrario, il concordato della società ha efficacia nei confronti dei soci illimitatamente responsabili [c. 2291, 2313].

CAPO VI

DELL'ESECUZIONE, DELLA RISOLUZIONE E DELL'ANNULLAMENTO DEL CONCORDATO PREVENTIVO

185. *Esecuzione del concordato*. — *1.* Dopo l'omologazione del concordato, il commissario giudiziale ne sorveglia l'adempimento, secondo le modalità stabilite nella sentenza di omologazione. Egli deve riferire al giudice ogni fatto dal quale possa derivare pregiudizio ai creditori.

2. Si applica il secondo comma dell'art. 136.

3. Il debitore è tenuto a compiere ogni atto necessario a dare esecuzione alla proposta di concordato presentata da uno o più creditori, qualora sia stata approvata e omologata (4).

4. Nel caso in cui il commissario giudiziale rilevi che il debitore non sta provvedendo al compimento degli atti necessari a dare esecuzione alla suddetta proposta o ne sta ritardando il compimento, deve senza indugio riferirne al tribunale. Il tribunale, sentito il debitore, può attribuire al commissario giudiziale i poteri necessari a provvedere in luogo del debitore al compimento degli atti a questo richiesti (4).

5. Il soggetto che ha presentato la proposta di concordato approvata e omologata dai creditori può denunziare al tribunale i ritardi o le omissioni da parte del debitore, mediante ricorso al tribunale notificato al debitore e al commissario giudiziale, con il quale può chiedere al tribunale di attribuire al commissario giudiziale i poteri necessari a provvedere in luogo del debitore al compimento degli atti a questo richiesti (4).

6. Fermo restando il disposto dell'art. 173, il tribunale, sentiti in camera di consiglio il debitore e il commissario giudiziale, può revocare l'organo amministrativo, se si tratta di società, e nominare un amministratore giudiziario stabilendo la durata del suo incarico e attribuendogli il potere di compiere ogni atto necessario a dare esecuzione alla suddetta proposta, ivi incluso, qualora tale proposta preveda un aumento del capitale sociale del debitore, la convocazione dell'assemblea straordinaria dei soci avente ad oggetto la delibera di tale aumento di capitale e l'esercizio del voto nella stessa. Quando è stato nominato il liquidatore a norma dell'art. 182, i compiti di amministratore giudiziario possono essere a lui attribuiti (4).

186. *Risoluzione e annullamento del concordato*. — *1.* Ciascuno dei creditori può richiedere la risoluzione del concordato per inadempimento.

2. Il concordato non si può risolvere se l'inadempimento ha scarsa importanza.

3. Il ricorso per la risoluzione deve proporsi entro un anno dalla scadenza del termine fissato per l'ultimo adempimento previsto dal concordato.

4. Le disposizioni che precedono non si applicano quando gli obblighi derivanti dal concordato sono stati assunti da un terzo con libe-

(1) Articolo inserito dall'art. 9.1, d.l. 27 giugno 2015, n. 83, conv. in l. 6 agosto 2015, n. 132.

(2) Articolo così sostituito dall'art. 16.6, d.lg. 12 settembre 2007, n. 169.

(3) Le parole «alla pubblicazione nel registro delle imprese del ricorso di cui all'art. 161» sono state così sostituite alle precedenti «al decreto di apertura della procedura di concordato» dall'art. 33.1, lett. g, d.l. 22 giugno 2012, n. 83, conv. in l. 7 agosto 2012, n. 134.

(4) Comma aggiunto dall'art. 3.6, d.l. 27 giugno 2015, n. 83, conv. in l. 6 agosto 2015, n. 132. In base all'art. 23.1, d.l. cit., tali disposizioni «(...) si applicano ai procedimenti di concordato preventivo introdotti successivamente all'entrata in vigore della legge di conversione del presente decreto».

razione immediata del debitore.

5. Si applicano le disposizioni degli artt. 137 e 138, in quanto compatibili, intendendosi sostituito al curatore il commissario giudiziale (1).

186-*bis*. *Concordato con continuità aziendale*. — *1.* Quando il piano di concordato di cui all'art. 161, secondo comma, lett. *e*) prevede la prosecuzione dell'attività di impresa da parte del debitore, la cessione dell'azienda in esercizio ovvero il conferimento dell'azienda in esercizio in una o più società, anche di nuova costituzione, si applicano le disposizioni del presente articolo, nonché gli artt. 160 e seguenti, in quanto compatibili. Il piano può prevedere anche la liquidazione di beni non funzionali all'esercizio dell'impresa.

2. Nei casi previsti dal presente articolo:

a) il piano di cui all'art. 161, secondo comma, lett. *e*), deve contenere anche un'analitica indicazione dei costi e dei ricavi attesi dalla prosecuzione dell'attività d'impresa prevista dal piano di concordato, delle risorse finanziarie necessarie e delle relative modalità di copertura;

b) la relazione del professionista di cui all'art. 161, terzo comma, deve attestare che la prosecuzione dell'attività d'impresa prevista dal piano di concordato è funzionale al miglior soddisfacimento dei creditori;

c) il piano può prevedere, fermo quanto disposto dall'art. 160, secondo comma, una moratoria fino a un anno dall'omologazione per il pagamento dei creditori muniti di privilegio, pegno o ipoteca, salvo che sia prevista la liquidazione dei beni o diritti sui quali sussiste la causa di prelazione. In tal caso, i creditori muniti di cause di prelazione di cui al periodo precedente non hanno diritto al voto.

→ *3.* Fermo quanto previsto nell'art. 169-*bis*, i contratti in corso di esecuzione alla data di deposito del ricorso, anche stipulati con pubbliche amministrazioni, non si risolvono per effetto dell'apertura della procedura. Sono inefficaci eventuali patti contrari. L'ammissione al concordato preventivo non impedisce la continuazione di contratti pubblici se il professionista designato dal debitore di cui all'art. 67 ha attestato la conformità al piano e la ragionevole capacità di adempimento. Di tale continuazione può beneficiare, in presenza dei requisiti di legge, anche la società cessionaria o conferitaria d'azienda o di rami d'azienda cui i contratti siano trasferiti. Il giudice delegato, all'atto della cessione o del conferimento, dispone la cancellazione delle iscrizioni e trascrizioni.

→ *4.* Successivamente al deposito del ricorso, la partecipazione a procedure di affidamento di contratti pubblici deve essere autorizzata dal tribunale, acquisito il parere del commissario giudiziale, se nominato; in mancanza di tale nomina, provvede il tribunale (2).

5. L'ammissione al concordato preventivo non impedisce la partecipazione a procedure di assegnazione di contratti pubblici, quando l'impresa presenta in gara:

a) una relazione di un professionista in possesso dei requisiti di cui all'art. 67, terzo comma, lett. *d*) che attesta la conformità al piano e la ragionevole capacità di adempimento del contratto;

b) la dichiarazione di altro operatore in possesso dei requisiti di carattere generale, di capacità finanziaria, tecnica, economica nonché di certificazione, richiesti per l'affidamento dell'appalto, il quale si è impegnato nei confronti del concorrente e della stazione appaltante a mettere a disposizione, per la durata del contratto, le risorse necessarie all'esecuzione dell'appalto e a subentrare all'impresa ausiliata nel caso in cui questa fallisca nel corso della gara ovvero dopo la stipulazione del contratto, ovvero non sia per qualsiasi ragione più in grado di dare regolare esecuzione all'appalto. Si applica l'art. 49 del d.lg. 12 aprile 2006, n. 163.

6. Fermo quanto previsto dal comma precedente, l'impresa in concordato può concorrere anche riunita in raggruppamento temporaneo di imprese, purché non rivesta la qualità di mandataria e sempre che le altre imprese aderenti al raggruppamento non siano assoggettate ad una procedura concorsuale. In tal caso la dichiarazione di cui al quinto comma, lett. *b*), può provenire anche da un operatore facente parte del raggruppamento.

7. Se nel corso di una procedura iniziata ai sensi del presente articolo l'esercizio dell'attività d'impresa cessa o risulta manifestamente dannoso per i creditori, il tribunale provvede ai sensi dell'art. 173. Resta salva la facoltà del debitore di modificare la proposta di concordato (3).

(1) Articolo così sostituito dall'art. 17, d.lg. 12 settembre 2007, n. 169.
(2) Comma inserito dall'art. 13.11-*bis*, d.l. 23 dicembre 2013, n. 145, conv. in l. 21 febbraio 2014, n. 9.
(3) Articolo inserito dall'art. 33.1, lett. h, d.l. 22 giugno 2012, n. 83, conv. in l. 7 agosto 2012, n. 134.

TITOLO IV

Dell'amministrazione controllata (1)

187-193. . . . .

TITOLO V

Della liquidazione coatta amministrativa

194. *Norme applicabili*. — *1.* La liquidazione coatta amministrativa è regolata dalle disposizioni del presente titolo, salvo che le leggi speciali dispongano diversamente (2).

2. Sono abrogate le disposizioni delle leggi speciali, incompatibili con quelle degli artt. 195, 196, 200, 201, 202, 203, 209, 211 e 213.

195. *Accertamento giudiziario dello stato d'insolvenza anteriore alla liquidazione coatta amministrativa*. — *1.* Se un'impresa soggetta a liquidazione coatta amministrativa con esclusione del fallimento si trova in stato di insolvenza, il tribunale del luogo dove l'impresa ha la sede principale, su richiesta di uno o più creditori, ovvero dell'autorità che ha la vigilanza sull'impresa o di questa stessa, dichiara tale stato con sentenza. Il trasferimento della sede principale dell'impresa intervenuto nell'anno antecedente l'apertura del procedimento, non rileva ai fini della competenza.

2. Con la stessa sentenza o con successivo decreto adotta i provvedimenti conservativi che ritenga opportuni nell'interesse dei creditori fino all'inizio della procedura di liquidazione.

3. Prima di provvedere il tribunale deve sentire il debitore, con le modalità di cui all'art. 15, e l'autorità governativa che ha la vigilanza sull'impresa.

4. La sentenza è comunicata entro tre giorni, a norma dell'art. 136 del codice di procedura civile, all'autorità competente perché disponga la liquidazione o, se ne ritiene sussistenti i presupposti, l'avvio della risoluzione ai sensi del decreto di recepimento della dir. 2014/59/UE (3). Essa è inoltre notificata, affissa e resa pubblica nei modi e nei termini stabiliti per la sentenza dichiarativa di fallimento.

5. Contro la sentenza predetta può essere proposto reclamo (4) da qualunque interessato, a norma degli artt. 18 e 19.

6. Il tribunale che respinge il ricorso per la dichiarazione d'insolvenza provvede con decreto motivato. Contro il decreto è ammesso reclamo a norma dell'art. 22.

7. Il tribunale provvede su istanza del commissario giudiziale alla dichiarazione d'insolvenza a norma di questo articolo quando nel corso della procedura di concordato preventivo di un'impresa soggetta a liquidazione coatta amministrativa, con esclusione del fallimento, si verifica la cessazione della procedura e sussiste lo stato di insolvenza. Si applica in ogni caso il procedimento di cui al terzo comma.

8. Le disposizioni di questo articolo non si applicano agli enti pubblici [c. 2093, 2201] (5).

196. *Concorso fra fallimento e liquidazione coatta amministrativa*. — *1.* Per le imprese soggette a liquidazione coatta amministrativa, per le quali la legge non esclude la procedura fallimentare, la dichiarazione di fallimento preclude la liquidazione coatta amministrativa, e il provvedimento di liquidazione coatta amministrativa preclude la dichiarazione di fallimento.

197. *Provvedimento di liquidazione*. — *1.* Il provvedimento che ordina la liquidazione, entro dieci giorni dalla sua data, è pubblicato integralmente, a cura dell'autorità che lo ha emanato, nella *Gazzetta Ufficiale* ed è comunicato per la iscrizione all'ufficio del registro delle imprese [c. 2188], salve le altre forme di pubblicità disposte nel provvedimento.

198. *Organi della liquidazione amministrativa*. — *1.* Con il provvedimento che ordina la liquidazione o con altro successivo viene nominato un commissario liquidatore. È altresì nominato un comitato di sorveglianza di tre o cinque membri scelti fra persone particolar-

(1) Titolo abrogato dall'art. 147.1, d.lg. 9 gennaio 2006, n. 5.

(2) Cfr. nota 5 all'art. 2. Sulla particolare procedura di liquidazione delle «società sportive» v. art. 13, l. 23 marzo 1981, n. 91. Sulla liquidazione delle società fiduciarie, delle società fiduciarie e di revisione e degli enti di gestione fiduciaria v. d.l. 5 giugno 1986, n. 233, conv. in l. 1° agosto 1986, n. 430, in *Leggi coll. XXII, 5*. Sulla liquidazione delle imprese di assicurazione v. art. 3, d.lg. 13 ottobre 1998, n. 373.

(3) Le parole «o, se ne ritiene sussistenti i presupposti, l'avvio della risoluzione ai sensi del decreto di recepimento della dir. 2014/59/UE» sono state inserite dall'art. 100.1, d.lg. 16 novembre 2015, n. 180.

(4) La parola «reclamo» è stata così sostituita alla precedente «appello» dall'art. 18.1, d.lg. 12 settembre 2007, n. 169.

(5) Articolo così sostituito dall'art. 148, d.lg. 9 gennaio 2006, n. 5.

mente esperte nel ramo di attività esercitato dall'impresa, possibilmente fra i creditori (1).

2. Qualora l'importanza dell'impresa lo consigli, possono essere nominati tre commissari liquidatori. In tal caso essi deliberano a maggioranza, e la rappresentanza è esercitata congiuntamente da due di essi. Nella liquidazione delle cooperative [c. 2511 ss.] la nomina del comitato di sorveglianza è facoltativa.

199. *Responsabilità del commissario liquidatore.* — *1.* Il commissario liquidatore è, per quanto attiene all'esercizio delle sue funzioni, pubblico ufficiale.

2. Durante la liquidazione, l'azione di responsabilità contro il commissario liquidatore revocato è proposta dal nuovo liquidatore con l'autorizzazione dell'autorità che vigila sulla liquidazione.

3. Si applicano al commissario liquidatore le disposizioni degli artt. 32, 37 e 38, primo comma, intendendosi sostituiti nei poteri del tribunale e del giudice delegato quelli dell'autorità che vigila sulla liquidazione.

200. *Effetti del provvedimento di liquidazione per l'impresa.* — *1.* Dalla data del provvedimento che ordina la liquidazione si applicano gli artt. 42, 44, 45, 46 e 47 e se l'impresa è una società [c. 2247 ss.] o una persona giuridica [c. 11 ss.] cessano le funzioni delle assemblee e degli organi di amministrazione e di controllo, salvo per il caso previsto dall'art. 214.

2. Nelle controversie anche in corso, relative a rapporti di diritto patrimoniale dell'impresa, sta in giudizio il commissario liquidatore.

201. *Effetti della liquidazione per i creditori e sui rapporti giuridici preesistenti.* — *1.* Dalla data del provvedimento che ordina la liquidazione si applicano le disposizioni del titolo II, capo III, sezione II e sezione IV e le disposizioni dell'art. 66.

2. Si intendono sostituiti nei poteri del tribunale e del giudice delegato l'autorità amministrativa che vigila sulla liquidazione, nei poteri del curatore il commissario liquidatore e in quelli del comitato dei creditori il comitato di sorveglianza.

202. *Accertamento giudiziario dello stato d'insolvenza.* — *1.* Se l'impresa, al tempo in cui è stata ordinata la liquidazione, si trovava in stato d'insolvenza e questa non è stata preventivamente dichiarata a norma dell'art. 195, il tribunale del luogo dove l'impresa ha la sede principale, su ricorso del commissario liquidatore o su istanza del pubblico ministero, accerta tale stato con sentenza in camera di consiglio, anche se la liquidazione è stata disposta per insufficienza di attivo.

2. Si applicano le norme dell'art. 195, commi secondo, terzo, quarto, quinto e sesto.

203. *Effetti dell'accertamento giudiziario dello stato d'insolvenza.* — *1.* Accertato giudizialmente lo stato d'insolvenza a norma degli artt. 195 o 202, sono applicabili con effetto dalla data del provvedimento che ordina la liquidazione le disposizioni del titolo II, capo III, sezione III, anche nei riguardi dei soci a responsabilità illimitata (2).

2. L'esercizio delle azioni di revoca degli atti compiuti in frode dei creditori compete al commissario liquidatore.

3. Il commissario liquidatore presenta al procuratore della Repubblica una relazione in conformità di quanto è disposto dall'art. 33, primo comma.

204. *Commissario liquidatore.* — *1.* Il commissario liquidatore procede a tutte le operazioni della liquidazione secondo le direttive dell'autorità che vigila sulla liquidazione, e sotto il controllo del comitato di sorveglianza.

2. Egli prende in consegna i beni compresi nella liquidazione, le scritture contabili e gli altri documenti dell'impresa, richiedendo, ove occorra, l'assistenza di un notaio.

3. Il commissario liquidatore forma quindi l'inventario, nominando, se necessario, uno o più stimatori per la valutazione dei beni.

205. *Relazione del commissario.* — *1.* L'imprenditore o, se l'impresa è una società [c. 2247 ss.] o una persona giuridica [c. 11 ss.], gli amministratori devono rendere al commissario liquidatore il conto della gestione relativo al tempo posteriore all'ultimo bilancio.

2. Il commissario è dispensato dal formare il bilancio annuale, ma deve presentare alla fine

(1) L'art. 1.9-*bis*, d.l. 18 maggio 2006, n. 181, conv. in l. 17 luglio 2006, n. 233, così dispone fra l'altro: «Per i consorzi agrari attualmente in stato di liquidazione coatta amministrativa, l'autorità di vigilanza provvede alla nomina di un commissario unico, ai sensi dell'art. 198, primo comma, del r.d. 16 marzo 1942, n. 267, in sostituzione dei commissari in carica alla data di entrata in vigore della legge di conversione del presente decreto, con il compito di chiudere la liquidazione entro il 31 dicembre 2007, depositando gli atti di cui all'art. 213 del r.d. 16 marzo 1942, n. 267, salvo che entro detto termine sia stata autorizzata una proposta di concordato ai sensi dell'art. 214 del citato regio decreto. Per tutti gli altri consorzi, i commissari in carica provvedono, entro il 31 dicembre 2006, alla ricostituzione degli organi statutari e cessano, in pari data, dall'incarico. I consorzi agrari adeguano gli statuti alle disposizioni del codice civile entro il 30 giugno 2007».

(2) Ultimo periodo omesso perché abrogato dall'art. 99.1, d.lg. 8 luglio 1999, n. 270, in *Leggi coll. XXII, 3.*

di ogni semestre all'autorità che vigila sulla liquidazione una relazione sulla situazione patrimoniale dell'impresa e sull'andamento della gestione accompagnata da un rapporto del comitato di sorveglianza. Nello stesso termine, copia della relazione è trasmessa al comitato di sorveglianza, unitamente agli estratti conto dei depositi postali o bancari relativi al periodo. Il comitato di sorveglianza o ciascuno dei suoi componenti possono formulare osservazioni scritte. Altra copia della relazione è trasmessa, assieme alle eventuali osservazioni, per via telematica all'ufficio del registro delle imprese ed è trasmessa a mezzo di posta elettronica certificata ai creditori e ai titolari di diritti sui beni (1).

206. *Poteri del commissario.* — *1.* L'azione di responsabilità contro gli amministratori e i componenti degli organi di controllo dell'impresa in liquidazione, a norma degli artt. 2393 e 2394 del codice civile, è esercitata dal commissario liquidatore, previa autorizzazione dell'autorità che vigila sulla liquidazione.

2. Per il compimento degli atti previsti dall'art. 35, in quanto siano di valore indeterminato o di valore superiore a lire duecentomila [euro 103,29] (2), e per la continuazione dell'esercizio dell'impresa il commissario deve essere autorizzato dall'autorità predetta, la quale provvede sentito il comitato di sorveglianza.

207. *Comunicazione ai creditori ed ai terzi.* — *1.* Entro un mese dalla nomina il commissario comunica a ciascun creditore, a mezzo posta elettronica certificata, se il relativo indirizzo del destinatario risulta dal registro delle imprese ovvero dall'Indice nazionale degli indirizzi di posta elettronica certificata delle imprese e dei professionisti e, in ogni altro caso, a mezzo lettera raccomandata o telefax presso la sede dell'impresa o la residenza del creditore, il suo indirizzo di posta elettronica certificata e le somme risultanti a credito di ciascuno secondo le scritture contabili e i documenti dell'impresa. Contestualmente il commissario invita i creditori ad indicare, entro il termine di cui al terzo comma, il loro indirizzo di posta elettronica certificata, con l'avvertimento sulle conseguenze di cui al quarto comma e relativo all'onere del creditore di comunicarne ogni variazione. La comunicazione s'intende fatta con riserva delle eventuali contestazioni (3).

2. Analoga comunicazione è fatta a coloro che possono far valere domande di rivendicazione, restituzione e separazione su cose mobili possedute dall'impresa.

3. Entro quindici giorni dal ricevimento della comunicazione i creditori e le altre persone indicate dal comma precedente possono far pervenire al commissario mediante posta elettronica certificata le loro osservazioni o istanze (4).

4. Tutte le successive comunicazioni sono effettuate dal commissario all'indirizzo di posta elettronica certificata indicato ai sensi del primo comma. In caso di mancata indicazione dell'indirizzo di posta elettronica certificata o di mancata comunicazione della variazione, ovvero nei casi di mancata consegna per cause imputabili al destinatario, esse si eseguono mediante deposito in cancelleria. Si applica l'art. 31-*bis*, terzo comma, sostituendo al curatore il commissario liquidatore (5).

208. *Domande dei creditori e dei terzi.* — *1.* I creditori e le altre persone indicate nell'articolo precedente che non hanno ricevuto la comunicazione prevista dal predetto articolo possono chiedere mediante raccomandata, entro sessanta giorni dalla pubblicazione nella *Gazzetta Ufficiale* del provvedimento di liquidazione, il riconoscimento dei propri crediti e la restituzione dei loro beni, comunicando l'indirizzo di posta elettronica certificata. Si applica l'art. 207, quarto comma (6).

209. *Formazione dello stato passivo.* — *1.* Salvo che le leggi speciali stabiliscano un maggior termine, entro novanta giorni dalla data del provvedimento di liquidazione, il commissario forma l'elenco dei crediti ammessi o respinti e delle domande indicate nel secondo comma dell'art. 207 accolte o respinte, e lo deposita nella cancelleria del luogo dove l'impresa ha la sede principale. Il commissario trasmette l'elenco dei crediti ammessi o respinti a coloro la cui pretesa non sia in tutto o in parte ammessa

(1) Ultimo periodo aggiunto dall'art. 17.1, lett. u, d.l. 18 ottobre 2012, n. 179, conv. in l. 17 dicembre 2012, n. 221.
(2) Così elevato con l. 20 ottobre 1952, n. 1375. Per le società cooperative il limite è elevato a 2 milioni [euro 1.032,91] dall'art. 4, l. 17 luglio 1975, n. 400.
(3) Comma così sostituito dall'art. 17.1, lett. v, n. 1, d.l. 18 ottobre 2012, n. 179, conv. in l. 17 dicembre 2012, n. 221.
(4) Comma così sostituito dall'art. 17.1, lett. v, n. 2, d.l. 18 ottobre 2012, n. 179, conv. in l. 17 dicembre 2012, n. 221.
(5) Comma aggiunto dall'art. 17.1, lett. v, n. 3, d.l. 18 ottobre 2012, n. 179, conv. in l. 17 dicembre 2012, n. 221.
(6) Le parole «, comunicando l'indirizzo di posta elettronica certificata. Si applica l'art. 207, quarto comma» sono state aggiunte dall'art. 17.1, lett. z, d.l. 18 ottobre 2012, n. 179, conv. in l. 17 dicembre 2012, n. 221.

a mezzo posta elettronica certificata ai sensi dell'art. 207, quarto comma. Col deposito in cancelleria l'elenco diventa esecutivo (1).

2. Le impugnazioni, le domande tardive di crediti e le domande di rivendica e di restituzione sono disciplinate dagli artt. 98, 99, 101 e 103, sostituiti al giudice delegato il giudice istruttore ed al curatore il commissario liquidatore (2).

3. Restano salve le disposizioni delle leggi speciali relative all'accertamento dei crediti chirografari nella liquidazione delle imprese che esercitano il credito (3).

210. *Liquidazione dell'attivo.* — *1.* Il commissario ha tutti i poteri necessari per la liquidazione dell'attivo, salve le limitazioni stabilite dall'autorità che vigila sulla liquidazione.

2. In ogni caso per la vendita degli immobili e per la vendita dei mobili in blocco occorrono l'autorizzazione dell'autorità che vigila sulla liquidazione e il parere del comitato di sorveglianza.

3. Nel caso di società con soci a responsabilità limitata [c. 2313, 2325 ss., 2452 ss., 2518, 2546 ss.] il presidente del tribunale può, su proposta del commissario liquidatore, ingiungere con decreto ai soci a responsabilità limitata e ai precedenti titolari delle quote o delle azioni di eseguire i versamenti ancora dovuti, quantunque non sia scaduto il termine stabilito per il pagamento (4).

211. .... (5).

212. *Ripartizione dell'attivo.* — *1.* Le somme ricavate dalla liquidazione dell'attivo sono distribuite secondo l'ordine stabilito nell'art. 111.

2. Previo il parere del comitato di sorveglianza, e con l'autorizzazione dell'autorità che vigila sulla liquidazione, il commissario può distribuire acconti parziali, sia a tutti i creditori, sia ad alcune categorie di essi, anche prima che siano realizzate tutte le attività e accertate tutte le passività.

3. Le domande tardive per l'ammissione di crediti o per il riconoscimento di diritti reali non pregiudicano le ripartizioni già avvenute, e possono essere fatte valere sulle somme non ancora distribuite, osservate le disposizioni dell'art. 112.

4. Alle ripartizioni parziali si applicano le disposizioni dell'art. 113.

213. *Chiusura della liquidazione.* — *1.* Prima dell'ultimo riparto ai creditori, il bilancio finale della liquidazione con il conto della gestione e il piano di riparto tra i creditori, accompagnati da una relazione del comitato di sorveglianza, devono essere sottoposti all'autorità, che vigila sulla liquidazione, la quale ne autorizza il deposito presso la cancelleria del tribunale e liquida il compenso al commissario.

2. Dell'avvenuto deposito, a cura del commissario liquidatore, è data comunicazione ai creditori ammessi al passivo ed ai creditori prededucibili con le modalità di cui all'art. 207, quarto comma (6), ed è data notizia mediante inserzione nella *Gazzetta Ufficiale* e nei giornali designati dall'autorità che vigila sulla liquidazione.

3. Gli interessati possono proporre le loro contestazioni con ricorso al tribunale nel termine perentorio di venti giorni, decorrente dalla comunicazione fatta dal commissario a norma del primo comma per i creditori e dalla inserzione nella *Gazzetta Ufficiale* per ogni altro interessato. Le contestazioni sono comunicate, a cura del cancelliere, all'autorità che vigila sulla liquidazione, al commissario liquidatore e al comitato di sorveglianza, che nel termine di venti giorni possono presentare nella cancelleria del tribunale le loro osservazioni. Il tribunale provvede con decreto in camera di consiglio. Si applicano, in quanto compatibili, le disposizioni dell'art. 26.

4. Decorso il termine senza che siano proposte contestazioni, il bilancio, il conto di gestione e il piano di riparto si intendono approvati, e il commissario provvede alle ripartizioni finali tra i creditori. Si applicano le norme dell'art. 117, e se del caso degli articoli artt. 2494 e 2495

(1) Comma così sostituito dall'art. 17.1, lett. aa, d.l. 18 ottobre 2012, n. 179, conv. in l. 17 dicembre 2012, n. 221.

(2) L'attuale secondo comma è stato così sostituito ai precedenti commi secondo e terzo dall'art. 18.2, d.lg. 12 settembre 2007, n. 169.

(3) Art. 86, d.lg. 1° settembre 1993, n. 385, in *Leggi coll. XVII, 1.*

(4) Sul diritto di prelazione dell'imprenditore che, a titolo di affitto, abbia assunto la gestione, anche parziale, di azienda appartenente ad impresa assoggettata a liquidazione coatta amministrativa v. art. 3.4, l. 23 luglio 1991, n. 223.

(5) Articolo abrogato dall'art. 18.3, d.lg. 12 settembre 2007, n. 169.

(6) Le parole «con le modalità di cui all'art. 207, quarto comma» sono state così sostituite alle precedenti «nelle forme previste dall'art. 26, terzo comma» dall'art. 17.1, lett. bb, d.l. 18 ottobre 2012, n. 179, conv. in l. 17 dicembre 2012, n. 221.

del codice civile (1) (2) (3).

214. *Concordato*. — *1.* L'autorità che vigila sulla liquidazione, su parere del commissario liquidatore, sentito il comitato di sorveglianza, può autorizzare l'impresa in liquidazione, uno o più creditori o un terzo a proporre al tribunale un concordato, a norma dell'art. 124, osservate le disposizioni dell'art. 152, se si tratta di società.

2. La proposta di concordato è depositata nella cancelleria del tribunale col parere del commissario liquidatore e del comitato di sorveglianza, comunicata dal commissario a tutti i creditori ammessi al passivo con le modalità di cui all'art. 207, quarto comma (4), e pubblicata mediante inserzione nella *Gazzetta Ufficiale* e deposito presso l'ufficio del registro delle imprese.

3. I creditori e gli altri interessati possono presentare nella cancelleria le loro opposizioni nel termine perentorio di trenta giorni, decorrente dalla comunicazione fatta dal commissario per i creditori e dall'esecuzione delle formalità pubblicitarie di cui al secondo comma per ogni altro interessato.

4. Il tribunale, sentito il parere dell'autorità che vigila sulla liquidazione, decide sulle opposizioni e sulla proposta di concordato con decreto in camera di consiglio. Si applicano, in quanto compatibili, le disposizioni degli artt. 129, 130 e 131.

5. Gli effetti del concordato sono regolati dall'art. 135. Il commissario liquidatore con l'assistenza del comitato di sorveglianza sorveglia l'esecuzione del concordato (2) (5).

215. *Risoluzione e annullamento del concordato*. — *1.* Se il concordato non è eseguito, il tribunale, su ricorso del commissario liquidatore o di uno o più creditori, pronuncia, con sentenza in camera di consiglio, la risoluzione del concordato. Si applicano le disposizioni dei commi dal secondo al sesto dell'art. 137.

2. Su richiesta del commissario o dei creditori il concordato può essere annullato a norma dell'art. 138.

3. Risolto o annullato il concordato, si riapre la liquidazione amministrativa e l'autorità che vigila sulla liquidazione adotta i provvedimenti che ritiene necessari (6).

TITOLO VI

Disposizioni penali

CAPO I

Reati commessi dal fallito

216. *Bancarotta fraudolenta*. — *1.* È punito con la reclusione da tre a dieci anni, se è dichiarato fallito, l'imprenditore che:

1) ha distratto, occultato, dissimulato, distrutto o dissipato in tutto o in parte i suoi beni ovvero, allo scopo di recare pregiudizio ai creditori, ha esposto o riconosciuto passività inesistenti;

2) ha sottratto, distrutto o falsificato, in tutto o in parte, con lo scopo di procurare a sé o ad altri un ingiusto profitto o di recare pregiudizio ai creditori, i libri o le altre scritture contabili o li ha tenuti in guisa da non rendere possibile la ricostruzione del patrimonio o del movimento degli affari.

2. La stessa pena si applica all'imprenditore, dichiarato fallito, che, durante la procedura fallimentare, commette alcuno dei fatti preveduti al n. 1 del comma precedente ovvero sottrae, distrugge o falsifica i libri o le altre scritture contabili.

3. È punito con la reclusione da uno a cinque anni il fallito, che, prima o durante la procedura fallimentare, a scopo di favorire, a danno dei

(1) V. l. 17 luglio 1975, n. 400 in materia di liquidazione di società cooperative, consorzi e associazioni fra cooperative.

(2) L'art. 1.9-*bis*, d.l. 18 maggio 2006, n. 181, conv. in l. 17 luglio 2006, n. 233, così dispone fra l'altro: «Per i consorzi agrari attualmente in stato di liquidazione coatta amministrativa, l'autorità di vigilanza provvede alla nomina di un commissario unico, ai sensi dell'art. 198, primo comma, del r.d. 16 marzo 1942, n. 267, in sostituzione dei commissari in carica alla data di entrata in vigore della legge di conversione del presente decreto, con il compito di chiudere la liquidazione entro il 31 dicembre 2007, depositando gli atti di cui all'art. 213 del r.d. 16 marzo 1942, n. 267, salvo che entro detto termine sia stata autorizzata una proposta di concordato ai sensi dell'art. 214 del citato regio decreto. Per tutti gli altri consorzi, i commissari in carica provvedono, entro il 31 dicembre 2006, alla ricostituzione degli organi statutari e cessano, in pari data, dall'incarico. I consorzi agrari adeguano gli statuti alle disposizioni del codice civile entro il 30 giugno 2007».

(3) Articolo così sostituito dall'art. 18.4, d.lg. 12 settembre 2007, n. 169.

(4) Le parole «con le modalità di cui all'art. 207, quarto comma» sono state così sostituite alle precedenti «nelle forme previste dall'art. 26, terzo comma» dall'art. 17.1, lett. cc, d.l. 18 ottobre 2012, n. 179, conv. in l. 17 dicembre 2012, n. 221.

(5) Articolo così sostituito dall'art. 18.5, d.lg. 12 settembre 2007, n. 169.

(6) Articolo così sostituito dall'art. 18.6, d.lg. 12 settembre 2007, n. 169.

creditori, taluno di essi, esegue pagamenti o simula titoli di prelazione.

4. Salve le altre pene accessorie, di cui al capo III, titolo II, libro I del codice penale, la condanna per uno dei fatti previsti nel presente articolo importa per la durata di dieci anni l'inabilitazione all'esercizio di un'impresa commerciale e l'incapacità per la stessa durata ad esercitare uffici direttivi presso qualsiasi impresa (1).

217. *Bancarotta semplice.* — *1.* È punito con la reclusione da sei mesi a due anni, se è dichiarato fallito, l'imprenditore che, fuori dai casi preveduti nell'articolo precedente:

1) ha fatto spese personali o per la famiglia eccessive rispetto alla sua condizione economica;

2) ha consumato una notevole parte del suo patrimonio in operazioni di pura sorte o manifestamente imprudenti;

3) ha compiuto operazioni di grave imprudenza per ritardare il fallimento;

4) ha aggravato il proprio dissesto, astenendosi dal richiedere la dichiarazione del proprio fallimento o con altra grave colpa;

5) non ha soddisfatto le obbligazioni assunte in un precedente concordato preventivo o fallimentare.

2. La stessa pena si applica al fallito che, durante i tre anni antecedenti alla dichiarazione di fallimento ovvero dall'inizio dell'impresa, se questa ha avuto una minore durata, non ha tenuto i libri e le altre scritture contabili prescritti dalla legge [c. 2214] o li ha tenuti in maniera irregolare o incompleta.

3. Salve le altre pene accessorie di cui al capo III titolo II libro I del codice penale, la condanna importa l'inabilitazione all'esercizio di un'impresa commerciale e l'incapacità ad esercitare uffici direttivi presso qualsiasi impresa fino a due anni.

217-*bis*. *Esenzione dai reati di bancarotta.* — *1.* Le disposizioni di cui all'art. 216, terzo comma, e 217 non si applicano ai pagamenti e alle operazioni compiuti in esecuzione di un concordato preventivo di cui all'art. 160 o di un accordo di ristrutturazione dei debiti omologato ai sensi dell'art. 182-*bis* o del piano di cui all'art. 67, terzo comma, lett. *d*), ovvero di un accordo di composizione della crisi omologato ai sensi dell'art. 12 della l. 27 gennaio 2012, n. 3 (2), nonché ai pagamenti e alle operazioni di finanziamento autorizzati dal giudice a norma dell'art. 182-*quinquies* (3).

218. *Ricorso abusivo al credito.* — *1.* Gli amministratori, i direttori generali, i liquidatori e gli imprenditori esercenti un'attività commerciale che ricorrono o continuano a ricorrere al credito, anche al di fuori dei casi di cui agli artt. precedenti, dissimulando il dissesto o lo stato d'insolvenza sono puniti con la reclusione da sei mesi a tre anni.

2. La pena è aumentata nel caso di società soggette alle disposizioni di cui al capo II, titolo III, parte IV, del testo unico delle disposizioni in materia di intermediazione finanziaria, di cui al d.lg. 24 febbraio 1998, n. 58 (4), e successive modificazioni.

3. Salve le altre pene accessorie di cui al libro I, titolo II, capo III, del codice penale, la condanna importa l'inabilitazione all'esercizio di un'impresa commerciale e l'incapacità ad esercitare uffici direttivi presso qualsiasi impresa fino a tre anni (5).

219. *Circostanze aggravanti e circostanza attenuante.* — *1.* Nel caso in cui i fatti previsti negli artt. 216, 217 e 218 hanno cagionato un danno patrimoniale di rilevante gravità, le pene da essi stabilite sono aumentate fino alla metà.

2. Le pene stabilite negli articoli suddetti sono aumentate:

1) se il colpevole ha commesso più fatti tra quelli previsti in ciascuno degli articoli indicati;

(1) La Corte cost., con sentenza 5 dicembre 2018, n. 222, ha dichiarato l'illegittimità costituzionale di questo comma nella parte in cui dispone: «la condanna per uno dei fatti previsti dal presente articolo importa per la durata di dieci anni l'inabilitazione all'esercizio di una impresa commerciale e l'incapacità per la stessa durata ad esercitare uffici direttivi presso qualsiasi impresa», anziché: «la condanna per uno dei fatti previsti dal presente articolo importa l'inabilitazione all'esercizio di una impresa commerciale e l'incapacità ad esercitare uffici direttivi presso qualsiasi impresa fino a dieci anni».

(2) Le parole «o del piano di cui all'art. 67, terzo comma, lett. *d*), ovvero di un accordo di composizione della crisi omologato ai sensi dell'art. 12 della l. 27 gennaio 2012, n. 3» sono state così sostituite alle precedenti «ovvero del piano di cui all'art. 67, terzo comma, lett. *d*)» dall'art. 18.2-*bis*, d.l. 18 ottobre 2012, n. 179, conv. in l. 17 dicembre 2012, n. 221.

(3) Articolo inserito dall'art. 48.2-*bis*, d.l. 31 maggio 2010, n. 78, conv. in l. 30 luglio 2010, n. 122. Successivamente le parole «, nonché ai pagamenti e alle operazioni di finanziamento autorizzati dal giudice a norma dell'art. 182-*quinquies*» sono state aggiunte dall'art. 33.1, lett. l-*bis*, d.l. 22 giugno 2012, n. 83, conv. in l. 7 agosto 2012, n. 134.

(4) In *Leggi coll. XVIII, 1.*

(5) Articolo così sostituito dall'art. 32, l. 28 dicembre 2005, n. 262.

2) se il colpevole per divieto di legge non poteva esercitare una impresa commerciale.

3. Nel caso in cui i fatti indicati nel primo comma hanno cagionato un danno patrimoniale di speciale tenuità, le pene sono ridotte fino al terzo.

220. *Denuncia di creditori inesistenti e altre inosservanze da parte del fallito*. — *1.* È punito con la reclusione da sei a diciotto mesi il fallito, il quale, fuori dei casi preveduti dall'art. 216, nell'elenco nominativo dei suoi creditori denuncia creditori inesistenti od omette di dichiarare l'esistenza di altri beni da comprendere nell'inventario, ovvero non osserva gli obblighi imposti dagli artt. 16, n. 3, e 49.

2. Se il fatto è avvenuto per colpa, si applica la reclusione fino a un anno.

221. *Fallimento con procedimento sommario*. — *1.* Se al fallimento si applica il procedimento sommario le pene previste in questo capo sono ridotte fino al terzo.

222. *Fallimento delle società in nome collettivo e in accomandita semplice*. — *1.* Nel fallimento delle società in nome collettivo e in accomandita semplice le disposizioni del presente capo si applicano ai fatti commessi dai soci illimitatamente responsabili.

CAPO II

Reati commessi da persone diverse dal fallito

223. *Fatti di bancarotta fraudolenta*. — *1.* Si applicano le pene stabilite nell'art. 216 agli amministratori, ai direttori generali, ai sindaci e ai liquidatori di società dichiarate fallite, i quali hanno commesso alcuno dei fatti preveduti nel suddetto articolo.

2. Si applica alle persone suddette la pena prevista dal primo comma dell'art. 216 se:

1) hanno cagionato, o concorso a cagionare, il dissesto della società, commettendo alcuno dei fatti previsti dagli artt. 2621, 2622, 2626, 2627, 2628, 2629, 2632, 2633 e 2634 del codice civile (1) (2);

2) hanno cagionato con dolo o per effetto di operazioni dolose il fallimento della società.

3. Si applica altresì in ogni caso la disposizione dell'ultimo comma dell'art. 216.

224. *Fatti di bancarotta semplice*. — *1.* Si applicano le pene stabilite nell'art. 217 agli amministratori, ai direttori generali, ai sindaci e ai liquidatori di società dichiarate fallite, i quali:

1) hanno commesso alcuno dei fatti preveduti nel suddetto articolo;

2) hanno concorso a cagionare od aggravare il dissesto della società con inosservanza degli obblighi ad essi imposti dalla legge.

225. *Ricorso abusivo al credito*. — *1.* Si applicano le pene stabilite nell'art. 218 agli amministratori ed ai direttori generali di società dichiarate fallite, i quali hanno commesso il fatto in esso previsto.

226. *Denuncia di crediti inesistenti*. — *1.* Si applicano le pene stabilite nell'art. 220 agli amministratori, ai direttori generali e ai liquidatori di società dichiarate fallite, che hanno commesso i fatti in esso indicati.

227. *Reati dell'institore*. — *1.* All'institore dell'imprenditore [c. 2203 ss.], dichiarato fallito, il quale nella gestione affidatagli si è reso colpevole dei fatti preveduti negli artt. 216, 217, 218 e 220 si applicano le pene in questi stabilite.

228. *Interesse privato del curatore negli atti del fallimento*. — *1.* Salvo che al fatto non siano applicabili gli artt. 315, 317, 318, 319, 321, 322 e 323 del codice penale, il curatore che prende interesse privato in qualsiasi atto del fallimento direttamente o per interposta persona o con atti simulati è punito con la reclusione da due a sei anni e con la multa non inferiore a lire quattrocentomila [euro 206] (3).

2. La condanna importa l'interdizione dai pubblici uffici (4).

229. *Accettazione di retribuzione non dovuta*. — *1.* Il curatore del fallimento che riceve o pattuisce una retribuzione, in danaro o in altra forma, in aggiunta di quella liquidata in suo favore dal tribunale o dal giudice delegato, è punito con la reclusione da tre mesi a due anni e con la multa da lire duecentomila [euro 103] a lire un milione [euro 516] (3).

2. Nei casi più gravi alla condanna può aggiungersi l'inabilitazione temporanea all'ufficio di amministratore per la durata non inferiore a due anni.

230. *Omessa consegna o deposito di cose del*

(1) Cfr. artt. 2621 ss. a seguito delle modificazioni operate dall'art. 1, d.lg. 11 aprile 2002, n. 61.
(2) Numero così sostituito dall'art. 4, d.lg. 11 aprile 2002, n. 61.
(3) Così elevata dall'art. 113.1, l. 24 novembre 1981, n. 689.
(4) La Corte cost., con sentenza 18 marzo 1999, n. 69, ha dichiarata non fondata, nei sensi di cui in motivazione, la questione di legittimità costituzionale di questo articolo, «interpretato nel senso che la presa di interesse privato del curatore fallimentare (e degli altri soggetti ad esso equiparati) è sanzionata penalmente solamente in quanto sia contrastante con gli interessi tutelati dalla procedura concorrenziale».

fallimento. — *1.* Il curatore che non ottempera all'ordine del giudice di consegnare o depositare somme o altra cosa del fallimento, ch'egli detiene a causa del suo ufficio, è punito con la reclusione fino a due anni e con la multa fino a lire due milioni [euro 1.032] (1).

2. Se il fatto avviene per colpa si applica la reclusione fino a sei mesi o la multa fino a lire seicentomila [euro 309] (1).

231. *Coadiutori del curatore*. — *1.* Le disposizioni degli artt. 228, 229 e 230 si applicano anche alle persone che coadiuvano il curatore nell'amministrazione del fallimento.

232. *Domande di ammissione di crediti simulati o distrazioni senza concorso col fallito*. — *1.* È punito con la reclusione da uno a cinque anni e con la multa da lire centomila [euro 51] a un milione [euro 516] (1) chiunque, fuori dei casi di concorso in bancarotta, anche per interposta persona presenta domanda di ammissione al passivo del fallimento per un credito fraudolentemente simulato.

2. Se la domanda è ritirata prima della verificazione dello stato passivo, la pena è ridotta alla metà.

3. È punito con la reclusione da uno a cinque anni chiunque:

1) dopo la dichiarazione di fallimento, fuori dei casi di concorso in bancarotta o di favoreggiamento, sottrae, distrae, ricetta, ovvero in pubbliche o private dichiarazioni dissimula beni del fallito;

2) essendo consapevole dello stato di dissesto dell'imprenditore distrae o ricetta merci o altri beni dello stesso o li acquista a prezzo notevolmente inferiore al valore corrente, se il fallimento si verifica.

4. La pena, nei casi previsti ai nn. 1 e 2, è aumentata se l'acquirente è un imprenditore che esercita un'attività commerciale.

233. *Mercato di voto*. — *1.* Il creditore che stipula col fallito o con altri nell'interesse del fallito vantaggi a proprio favore per dare il suo voto nel concordato o nelle deliberazioni del comitato dei creditori, è punito con la reclusione da sei mesi a tre anni e con la multa non inferiore a lire duecentomila [euro 103] (1).

2. La somma o le cose ricevute dal creditore sono confiscate.

3. La stessa pena si applica al fallito e a chi ha contrattato col creditore nell'interesse del fallito.

234. *Esercizio abusivo di attività commerciale*. — *1.* Chiunque esercita un'impresa commerciale, sebbene si trovi in stato d'inabilitazione ad esercitarla per effetto di condanna penale, è punito con la reclusione fino a due anni e con la multa non inferiore a lire duecentomila [euro 103] (1).

235. *Omessa trasmissione dell'elenco dei protesti cambiari*. — *1.* Il pubblico ufficiale abilitato a levare protesti cambiari che, senza giustificato motivo, omette d'inviare nel termine prescritto al presidente del tribunale gli elenchi dei protesti cambiari per mancato pagamento, o invia elenchi incompleti, è punito con l'ammenda fino a lire cinquecentomila [euro 258].

2. La stessa pena si applica al procuratore del registro che nel termine prescritto non trasmette l'elenco delle dichiarazioni di rifiuto di pagamento a norma dell'art. 13, secondo comma, o trasmette un elenco incompleto (2).

CAPO III

Disposizioni applicabili nel caso di concordato preventivo, accordi di ristrutturazione dei debiti, piani attestati e liquidazione coatta amministrativa (3)

236. *Concordato preventivo* (4) *e accordo di ristrutturazione con intermediari finanziari, e convenzione di moratoria* (5). — *1.* È punito con la reclusione da uno a cinque anni l'imprenditore, che, al solo scopo di essere ammesso alla procedura di concordato preventivo (4) o di ottenere l'omologazione di un accordo di ristrutturazione con intermediari finanziari o il consenso degli intermediari finanziari alla sottoscrizione della convenzione di moratoria (6), siasi attribuito attività inesistenti, ovvero, per

(1) Così elevata dall'art. 113.1, l. 24 novembre 1981, n. 689.

(2) Articolo così sostituito dall'art. 48, l. 24 novembre 1981, n. 689. Gli artt. 1.1, lett. c e 2.1, lett. b, l. 29 dicembre 1993, n. 561 dispongono che le violazioni previste da questo articolo non costituiscono reato e sono soggette alla sanzione amministrativa da lire cinquecentomila [euro 258] a lire tre milioni [euro 1.549].

(3) Rubrica così sostituita alla precedente «Disposizioni applicabili nel caso di concordato preventivo e di liquidazione coatta amministrativa» dall'art. 33.1, lett. i, d.l. 22 giugno 2012, n. 83, conv. in l. 7 agosto 2012, n. 134.

(4) Per espressa previsione dell'art. 147.2, d.lg. 9 gennaio 2006, n. 5: «Sono soppressi tutti i riferimenti all'amministrazione controllata contenuti nel r.d. 16 marzo 1942, n. 267».

(5) Le parole «e accordo di ristrutturazione con intermediari finanziari, e convenzione di moratoria» sono state aggiunte dall'art. 10.1, lett. a, n. 1, d.l. 27 giugno 2015, n. 83, conv. in l. 6 agosto 2015, n. 132.

(6) Le parole da «o di ottenere l'omologazione» fino a «moratoria» sono state inserite dall'art. 10.1, lett. a, n. 2, d.l. 27 giugno 2015, n. 83, conv. in l. 6 agosto 2015, n. 132.

influire sulla formazione delle maggioranze, abbia simulato crediti in tutto o in parte inesistenti.

2. Nel caso di concordato preventivo (1), si applicano:

1) le disposizioni degli artt. 223 e 224 agli amministratori, direttori generali, sindaci e liquidatori di società;

2) la disposizione dell'art. 227 agli institori dell'imprenditore;

3) le disposizioni degli artt. 228 e 229 al commissario del concordato preventivo (1);

4) le disposizioni degli artt. 232 e 233 ai creditori.

3. Nel caso di accordo di ristrutturazione con intermediari finanziari o di convenzione di moratoria, si applicano le disposizioni previste dal secondo comma, nn. 1), 2) e 4) (2).

236-*bis*. *Falso in attestazioni e relazioni*. — *1.* Il professionista che nelle relazioni o attestazioni di cui agli artt. 67, terzo comma, lett. *d*), 161, terzo comma, 182-*bis*, 182-*quinquies*, 182-*septies* (3) e 186-*bis* espone informazioni false ovvero omette di riferire informazioni rilevanti, è punito con la reclusione da due a cinque anni e con la multa da 50.000 a 100.000 euro.

2. Se il fatto è commesso al fine di conseguire un ingiusto profitto per sé o per altri, la pena è aumentata.

3. Se dal fatto consegue un danno per i creditori la pena è aumentata fino alla metà (4).

237. *Liquidazione coatta amministrativa*. — *1.* L'accertamento giudiziale dello stato di insolvenza a norma degli artt. 195 e 202 è equiparato alla dichiarazione di fallimento ai fini dell'applicazione delle disposizioni del presente titolo.

2. Nel caso di liquidazione coatta amministrativa, si applicano al commissario liquidatore ed alle persone che lo coadiuvano nell'amministrazione della procedura le disposizioni degli artt. 228, 229 e 230 (5).

3. Nel caso di risoluzione, si applicano al commissario speciale di cui all'art. 37 del decreto di recepimento della dir. 2014/59/UE e alle persone che lo coadiuvano nell'amministrazione della procedura le disposizioni degli artt. 228, 229 e 230 (6).

CAPO IV

Disposizioni di procedura

238. *Esercizio dell'azione penale per reati in materia di fallimento*. — *1.* Per i reati previsti negli artt. 216, 217, 223 e 224 l'azione penale è esercitata dopo la comunicazione della sentenza dichiarativa di fallimento di cui all'art. 17.

2. È iniziata anche prima nel caso previsto dall'art. 7 e in ogni altro in cui concorrono gravi motivi e già esista o sia contemporaneamente presentata domanda per ottenere la dichiarazione suddetta.

239. .... (7).

240. *Costituzione di parte civile*. — *1.* Il curatore, il commissario giudiziale, il commissario liquidatore e il commissario speciale di cui all'art. 37 del decreto di recepimento della dir. 2014/59/UE possono costituirsi parte civile nel procedimento penale per i reati preveduti nel presente titolo, anche contro il fallito (p.p. 74 ss.).

2. I creditori possono costituirsi parte civile nel procedimento penale per bancarotta fraudolenta quando manca la costituzione del curatore, del commissario giudiziale, del commissario liquidatore o del commissario speciale di cui all'art. 37 del decreto di recepimento della dir. 2014/59/UE o quando intendono far valere un titolo di azione propria personale (8).

241. *Riabilitazione*. — *1.* La riabilitazione civile del fallito estingue il reato di bancarotta semplice. Se vi è condanna, ne fa cessare l'esecuzione e gli effetti.

TITOLO VII

Disposizioni transitorie

242-255. .... (*omissis*).

(1) Per espressa previsione dell'art. 147.2, d.lg. 9 gennaio 2006, n. 5: «Sono soppressi tutti i riferimenti all'amministrazione controllata contenuti nel r.d. 16 marzo 1942, n. 267».
(2) Comma aggiunto dall'art. 10.1, lett. a, n. 3, d.l. 27 giugno 2015, n. 83, conv. in l. 6 agosto 2015, n. 132.
(3) Le parole «, 182-*septies*» sono state inserite dall'art. 10.1, lett. b, d.l. 27 giugno 2015, n. 83, conv. in l. 6 agosto 2015, n. 132.
(4) Articolo inserito dall'art. 33.1, lett. l, d.l. 22 giugno 2012, n. 83, conv. in l. 7 agosto 2012, n. 134.
(5) Articolo così sostituito dall'art. 99.2, d.lg. 8 luglio 1999, n. 270, in *Leggi coll. XXII, 3*.
(6) Comma aggiunto dall'art. 100.2, d.lg. 16 novembre 2015, n. 180.
(7) Articolo abrogato dall'art. unico l. 18 novembre 1964, n. 1217.
(8) Articolo così sostituito dall'art. 100.3, d.lg. 16 novembre 2015, n. 180.

256. *Riabilitazione civile.* — *1.* Anche per i fallimenti dichiarati anteriormente alla data di entrata in vigore del presente decreto, il fallito che non ha già ottenuto la cancellazione dall'albo dei falliti a norma delle leggi anteriori, può chiedere la riabilitazione civile secondo le norme del presente decreto.

2. La cancellazione dall'albo dei falliti ottenuta a norma delle leggi anteriori produce gli stessi effetti della riabilitazione civile.

257-261. . . . . (*omissis*).

262. *Iscrizione nel registro delle imprese.* — *1.* Fino all'attuazione del registro delle imprese non si fa luogo alle iscrizioni che secondo il presente decreto dovrebbero essere eseguite in detto registro.

2. Tuttavia i provvedimenti relativi alle società, per i quali sia prevista la iscrizione nel registro delle imprese, sono iscritti nei registri di cancelleria presso i tribunali, provvisoriamente mantenuti.

263. . . . . (*omissis*).

264. *Istituto di credito.* — *1.* Quando nel presente decreto si fa riferimento a istituti di credito, in detta espressione s'intendono comprese, oltre l'istituto di emissione, le imprese autorizzate e controllate a norma delle leggi vigenti dall'ispettorato per la difesa del risparmio e per l'esercizio del credito (1).

265-266. . . . . (*omissis*).

→

XXII. 2.

DECRETO LEGGE 30 gennaio 1979, n. 26. — *Provvedimenti urgenti per l'amministrazione straordinaria delle grandi imprese in crisi* (2), *convertito, con modificazioni, in l. 3 aprile 1979, n. 95* (3).

1-2. . . . . (4).

2-bis. *Garanzia dello Stato.* — *1.* Il Tesoro dello Stato può garantire in tutto o in parte i debiti che le imprese in amministrazione straordinaria (5) contraggono con istituzioni creditizie per il finanziamento della gestione corrente e per la riattivazione ed il completamento di impianti, immobili ed attrezzature industriali.

2. L'ammontare complessivo delle garanzie prestate ai sensi del precedente comma non può eccedere, per il totale delle imprese garantite, i cinquecentocinquanta milioni di euro (6) (7).

3. Le condizioni e modalità della prestazione delle garanzie saranno disciplinate con decreto del ministro del tesoro (8) su conforme delibera del CIPI.

4. Gli oneri derivanti dalle garanzie graveranno su apposito capitolo dello stato di previsione del Ministero del tesoro, da classificarsi tra le spese di carattere obbligatorio (9).

(1) Le funzioni dell'ispettorato, soppresso dal d.lg.lgt. 14 settembre 1944, n. 266, sono state devolute alla Banca d'Italia dal d.lg.c.p.s. 17 luglio 1947, n. 691.

(2) G.U., 6 febbraio 1979, n. 36; LEX, 1979, I, 399.

(3) G.U., 4 aprile 1979, n. 94; LEX, 1979, I, 957. Sull'intervento finanziario per le imprese di assicurazione in amministrazione straordinaria v. l. 24 dicembre 1992, n. 506. L'art. 10-*ter*, d.l. 20 maggio 1993, n. 148, conv. in l. 19 luglio 1993, n. 236 così dispone: «Per i dipendenti delle aziende commissariate in base al d.l. 30 gennaio 1979, n. 26, conv. in l. 3 aprile 1979, n. 95, la durata dell'intervento della cassa integrazione straordinaria è equiparata al termine previsto per l'attività del commissario». L'art. 8.3, lett. a-b, d.l. 13 maggio 2011, n. 70, conv. in l. 12 luglio 2011, n. 106, così dispone: «*a*) entro 120 giorni dalla data di entrata in vigore del presente decreto, i commissari liquidatori nominati a norma dell'art. 1, comma 498, della l. 27 dicembre 2006, n. 296, nelle procedure di amministrazione straordinaria disciplinate dal d.l. 30 gennaio 1979, n. 26, convertito, con modificazioni, dalla l. 3 aprile 1979, n. 95, per le quali non risultino avviate le operazioni di chiusura, provvedono a pubblicare un invito per la ricerca di terzi assuntori di concordati da proporre ai creditori, a norma dell'art. 214 del r.d. 16 marzo 1942, n. 267, e secondo gli indirizzi impartiti dal Ministero dello sviluppo economico, dando preferenza alle proposte riguardanti tutte le società del gruppo poste in amministrazione straordinaria; *b*) in caso di mancata individuazione dell'assuntore, entro sei mesi dalla conclusione dei procedimenti di cui alla lett. *a*), il commissario liquidatore avvia la procedura di cui agli articoli da 69 a 77 del d.lg. 8 luglio 1999, n. 270;».

(4) Articoli abrogati dall'art. 109.1, lett. a, d.lg. 8 luglio 1999, n. 270, in *Leggi coll. XXII, 3.*

(5) Parole così sostituite dall'art. 100, d.lg. 8 luglio 1999, n. 270, in *Leggi coll. XXII, 3.*

(6) Le parole «cinquecentocinquanta milioni di euro» sono state così sostituite alle precedenti «cinquecento milioni di euro» dall'art. 7-*bis*.1, d.l. 24 gennaio 2015, n. 3, conv. in l. 24 marzo 2015, n. 33.

(7) Comma così sostituito dall'art. 3, l. 31 marzo 1982, n. 119.

(8) V. d.m. 19 giugno 1979, in G.U., 23 giugno 1979, n. 171, modif. con d.m. 7 febbraio 1980, in G.U., 13 maggio 1980, n. 129, con d.m. 31 luglio 1981, in G.U., 1° settembre 1981, n. 239, con d.m. 21 gennaio 1982, in G.U., 1° marzo 1982, n. 58, e con d.m. 3 novembre 1982, in G.U., 16 dicembre 1982, n. 345.

(9) Sulla garanzia del Tesoro a fronte di cessione di crediti v. d.m. Tesoro 19 ottobre 1999, n. 533, in G.U., 21 gennaio 2000, n. 16, e d.m. Tesoro 3 febbraio 2000, in G.U., 10 febbraio 2000, n. 33.

3-7. .... (1).

XXII. 3.

DECRETO LEGISLATIVO 8 luglio 1999, n. 270. — *Nuova disciplina dell'amministrazione straordinaria delle grandi imprese in stato di insolvenza, a norma dell'art. 1 della l. 30 luglio 1998, n. 274* (2).

TITOLO I

Disposizioni generali

1. *Natura e finalità dell'amministrazione straordinaria*. — 1. L'amministrazione straordinaria è la procedura concorsuale della grande impresa commerciale insolvente, con finalità conservative del patrimonio produttivo, mediante prosecuzione, riattivazione o riconversione delle attività imprenditoriali.

2. *Imprese soggette all'amministrazione straordinaria*. — 1. Possono essere ammesse all'amministrazione straordinaria, alle condizioni e nelle forme previste dal presente decreto, le imprese, anche individuali, soggette alle disposizioni sul fallimento che hanno congiuntamente i seguenti requisiti:

a) un numero di lavoratori subordinati, compresi quelli ammessi al trattamento di integrazione dei guadagni, non inferiore a duecento da almeno un anno;

b) debiti per un ammontare complessivo non inferiore ai due terzi tanto del totale dell'attivo dello stato patrimoniale che dei ricavi provenienti dalle vendite e dalle prestazioni dell'ultimo esercizio.

1-*bis*. Le imprese confiscate ai sensi della l. 31 maggio 1965, n. 575, e successive modificazioni, possono essere ammesse all'amministrazione straordinaria, alle condizioni e nelle forme previste dal presente decreto, anche in mancanza dei requisiti di cui alle lett. *a*) e *b*) del comma 1 (3).

TITOLO II

Dichiarazione dello stato di insolvenza

CAPO I

PROCEDIMENTO

3. *Accertamento dello stato di insolvenza*. — 1. Se un'impresa avente i requisiti previsti dall'art. 2 si trova in stato di insolvenza, il tribunale competente ai sensi dell'art. 27, comma 1, del codice della crisi e dell'insolvenza (4), su ricorso dell'imprenditore, di uno o più creditori, del pubblico ministero, ovvero d'ufficio, dichiara tale stato con sentenza in camera di consiglio.

2. Il tribunale provvede a norma del comma 1 anche quando, in base alle disposizioni contenute nei titoli III e IV del r.d. 16 marzo 1942, n. 267 («legge fallimentare»), si dovrebbe far luogo alla dichiarazione di fallimento di un'impresa ammessa alla procedura di concordato preventivo o di amministrazione controllata.

4. *Dichiarazione dello stato di insolvenza di una impresa individuale*. — 1. La dichiarazione dello stato di insolvenza di una impresa individuale è soggetta alle disposizioni degli artt. 10 e 11 della legge fallimentare.

2. Se l'imprenditore muore dopo la dichiarazione dello stato di insolvenza si applicano le disposizioni dell'art. 12 della legge fallimentare.

5. *Obblighi dell'imprenditore che chiede la dichiarazione del proprio stato di insolvenza*. — 1. L'imprenditore che chiede la dichiarazione del proprio stato di insolvenza deve esporre, nel ricorso, le cause che lo hanno determinato, segnalando ogni elemento utile ai fini della valutazione dell'esistenza dei requisiti e delle condizioni indicati negli artt. 2 e 27.

(1) Articoli abrogati dall'art. 109.1, lett. a, d.lg. 8 luglio 1999, n. 270, in *Leggi coll. XXII, 3*.

(2) G.U., 9 agosto 1999, n. 185. L'art. 1.13-*ter*, d.l. 28 agosto 2008, n. 134, conv. in l. 27 ottobre 2008, n. 166, così dispone: «Le disposizioni del presente decreto nonché quelle del d.l. n. 347 e del d.lg. 8 luglio 1999, n. 270, che si applicano alla cessione di complessi aziendali, aziende o rami di aziende si applicano, altresì, alla cessione dei complessi di beni e contratti». L'art. 3.2-*quater*, d.l. 134/2008, così dispone: «Nella procedura di amministrazione straordinaria, la domanda di ammissione al passivo per conto degli obbligazionisti e dei titolari di strumenti finanziari ammessi alla negoziazione sui mercati regolamentati è presentata dal rappresentante comune delle relative assemblee speciali. I documenti giustificativi sono presentati dai possessori dei titoli di cui al periodo precedente entro il termine indicato dal giudice delegato».

(3) Comma aggiunto dall'art. 1.257, l. 24 dicembre 2007, n. 244.

(4) Le parole «competente ai sensi dell'art. 27, comma 1, del codice della crisi e dell'insolvenza» sono state così sostituite alle precedenti «del luogo in cui essa ha la sede principale» dall'art. 350.1, d.lg. 12 gennaio 2019, n. 14. In base all'art. 389.2, d.lg. cit., tali disposizioni «entrano in vigore il trentesimo giorno successivo alla pubblicazione nella *Gazzetta Ufficiale* del presente decreto».

2. L'imprenditore deve altresì depositare presso la cancelleria del tribunale:

a) le scritture contabili;

b) i bilanci relativi agli ultimi due esercizi, ovvero dall'inizio dell'impresa, se questa ha avuto una minore durata;

c) una situazione patrimoniale aggiornata a non più di trenta giorni anteriori alla data di presentazione del ricorso;

d) l'elenco nominativo dei creditori con l'indicazione dei rispettivi crediti e delle cause di prelazione;

e) l'elenco nominativo di coloro che vantano diritti reali mobiliari su cose in suo possesso e l'indicazione delle cose stesse e del titolo da cui deriva il diritto.

6. *Ricorso dei creditori*. — 1. Il creditore, nel ricorso per la dichiarazione dello stato di insolvenza, deve eleggere domicilio nella circoscrizione del tribunale adito.

2. Se l'elezione di domicilio manca, ovvero è insufficiente o inidonea, le notificazioni e le comunicazioni che debbono effettuarsi al creditore ricorrente nel corso del procedimento sono eseguite presso la cancelleria del tribunale.

7. *Procedimento*. — 1. Prima di provvedere, il tribunale convoca l'imprenditore, il ricorrente e il Ministro dell'industria, del commercio e dell'artigianato («Ministro dell'industria»), il quale può designare un delegato per la comparizione o far pervenire un parere scritto. L'audizione può essere delegata dal tribunale ad uno dei componenti del collegio.

2. Tra la data della comunicazione dell'avviso di convocazione e quella dell'udienza deve intercorrere un termine non inferiore a quindici giorni liberi. Il termine può essere abbreviato dal tribunale, con decreto motivato, se ricorrono particolari ragioni di urgenza.

3. L'avviso di convocazione diretto al Ministro dell'industria contiene l'invito ad indicare, entro la data fissata per l'udienza, uno o tre commissari giudiziali, da nominare nel caso di dichiarazione dello stato di insolvenza. Il numero dei commissari è stabilito dal tribunale.

8. *Sentenza dichiarativa dello stato di insolvenza*. — 1. Con la sentenza dichiarativa dello stato di insolvenza il tribunale:

a) nomina il giudice delegato per la procedura;

b) nomina uno o tre commissari giudiziali, in conformità dell'indicazione del Ministro dell'industria, ovvero autonomamente, se l'indicazione non è pervenuta nel termine stabilito a norma dell'art. 7, comma 3;

c) ordina all'imprenditore di depositare entro due giorni in cancelleria le scritture contabili e i bilanci, se non vi si è provveduto a norma dell'art. 5, comma 2;

d) assegna ai creditori e ai terzi, che vantano diritti reali mobiliari su beni in possesso dell'imprenditore, un termine non inferiore a novanta giorni e non superiore a centoventi giorni dalla data dell'affissione della sentenza per la presentazione in cancelleria delle domande;

e) stabilisce il luogo, il giorno e l'ora dell'adunanza in cui, nel termine di trenta giorni da quello indicato nella lett. *d*), si procederà all'esame dello stato passivo davanti al giudice delegato;

f) stabilisce se la gestione dell'impresa, fino a quando non si provveda a norma dell'art. 30, è lasciata all'imprenditore insolvente o è affidata al commissario giudiziale.

2. La nomina di tre commissari giudiziali è limitata ai casi di eccezionale rilevanza e complessità della procedura.

3. La sentenza è comunicata ed affissa nei modi e nei termini stabiliti dall'art. 17, primo e secondo comma, della legge fallimentare, salvo quanto previsto dall'art. 94 del presente decreto. A cura del cancelliere, essa è altresì comunicata entro tre giorni al Ministro dell'industria (1).

3-*bis*. Al commissario autonomamente nominato ai sensi del comma 1, lett. *b*), ed al coadiutore di cui egli si avvale a norma degli artt. 19, comma 3, del presente decreto e 32 della legge fallimentare, si applicano le disposizioni di cui agli artt. 35, comma 4-*bis*, e 35.1 del d.lg. 6 settembre 2011, n. 159; si osservano altresì le disposizioni di cui all'art. 35.2 del predetto decreto (2).

9. *Opposizione alla dichiarazione dello stato di insolvenza*. — 1. Contro la sentenza dichia-

(1) L'art. 17.2-*bis*, d.l. 18 ottobre 2012, n. 179, conv. in l. 17 dicembre 2012, n. 221, come introdotto dall'art. 1.19, n. 3, lett. b, l. 24 dicembre 2012, n. 228, così dispone: «Il curatore, il commissario giudiziale nominato a norma dell'art. 163 del r.d. 16 marzo 1942, n. 267, il commissario liquidatore e il commissario giudiziale nominato a norma dell'art. 8 del d.lg. 8 luglio 1999, n. 270, entro dieci giorni dalla nomina, comunicano al registro delle imprese, ai fini dell'iscrizione, il proprio indirizzo di posta elettronica certificata».

(2) Comma aggiunto dall'art. 3, d.lg. 18 maggio 2018, n. 54. L'art. 6, d.lg. cit., così dispone: «Il presente decreto entra in vigore a decorrere dal trentesimo giorno successivo a quello della sua pubblicazione nella *Gazzetta Ufficiale* della Repubblica italiana».

rativa dello stato di insolvenza può essere proposta opposizione da qualunque interessato, davanti al tribunale che l'ha pronunciata, nel termine di trenta giorni. Il termine decorre per l'imprenditore dalla data della comunicazione e, per ogni altro interessato, dalla data dell'affissione.

2. L'opposizione è proposta con atto di citazione notificato al commissario giudiziale e a chi ha richiesto la dichiarazione dell'insolvenza, nonché all'imprenditore dichiarato insolvente, se l'opponente è soggetto diverso da quest'ultimo.

3. L'opposizione non sospende l'esecuzione della sentenza.

10. *Revoca della sentenza dichiarativa dello stato di insolvenza.* — 1. La sentenza che revoca la dichiarazione dello stato di insolvenza è comunicata e affissa a norma dell'art. 8, comma 3.

2. Restano salvi gli effetti degli atti legalmente compiuti dagli organi della procedura.

11. *Accoglimento dell'opposizione per mancanza dei requisiti per l'ammissione all'amministrazione straordinaria.* — 1. L'accertamento della mancanza dei requisiti indicati nell'art. 2 non comporta la revoca della dichiarazione dello stato di insolvenza.

2. Quando è passata in giudicato la sentenza che accoglie l'opposizione per tale motivo, il tribunale che ha dichiarato lo stato di insolvenza dispone, con decreto, la conversione della procedura in fallimento, sempre che questo non sia stato già dichiarato a norma degli artt. 30, 69 e 70.

3. Si applicano le disposizioni dell'art. 71, commi 2 e 3.

12. *Rigetto del ricorso.* — 1. Il tribunale che respinge il ricorso per dichiarazione dello stato di insolvenza provvede con decreto motivato.

2. Contro il decreto il ricorrente può, entro quindici giorni dalla comunicazione, proporre reclamo alla corte di appello, la quale provvede in camera di consiglio, sentiti il reclamante e l'imprenditore.

3. La corte di appello, se accoglie il reclamo, rimette d'ufficio gli atti al tribunale per la dichiarazione dello stato di insolvenza.

CAPO II

ORGANI

13. *Competenza del tribunale che ha dichiarato lo stato di insolvenza.* — 1. Il tribunale che ha dichiarato lo stato di insolvenza è competente a conoscere di tutte le azioni che ne derivano, qualunque ne sia il valore, fatta eccezione per le azioni reali immobiliari, per le quali restano ferme le norme ordinarie di competenza.

14. *Giudice delegato.* — 1. Il giudice delegato adotta i provvedimenti di sua competenza con decreto.

2. I decreti sono impugnabili nei modi consentiti per i decreti del giudice delegato al fallimento.

15. *Commissario giudiziale.* — 1. Il commissario giudiziale è, per quanto attiene all'esercizio delle sue funzioni, pubblico ufficiale.

2. In caso di nomina di tre commissari giudiziali, gli stessi deliberano a maggioranza. La rappresentanza è esercitata da almeno due di essi.

3. Si applicano al commissario giudiziale le disposizioni degli artt. 37, 38, primo e secondo comma, e 39 della legge fallimentare, salvo quanto previsto dagli artt. 39, comma 1, e 47 del presente decreto.

16. *Sostituzione del commissario giudiziale.* — 1. Se occorre procedere alla sostituzione del commissario giudiziale il tribunale richiede al Ministro dell'industria di indicare il nuovo commissario, stabilendo il termine entro il quale l'indicazione deve pervenire.

2. Il tribunale nomina il nuovo commissario in conformità dell'indicazione del Ministro, ovvero autonomamente, se l'indicazione stessa non è pervenuta nel termine.

17. *Reclamo contro gli atti del commissario giudiziale.* — 1. Contro gli atti di amministrazione del commissario giudiziale chiunque vi abbia interesse può proporre reclamo al giudice delegato, che decide con decreto motivato.

2. Il decreto del giudice delegato è impugnabile nei modi indicati dall'art. 14, comma 2.

CAPO III

EFFETTI E PROVVEDIMENTI IMMEDIATI

18. *Effetti della dichiarazione dello stato di insolvenza.* — 1. La sentenza che dichiara lo stato di insolvenza determina gli effetti previsti dagli artt. 45, 52, 167, 168 e 169 della legge fallimentare. Si applica, altresì, nei medesimi limiti che nel fallimento, la disposizione dell'art. 54, terzo comma, della legge fallimentare.

2. Sono inefficaci rispetto ai creditori i pagamenti di debiti anteriori alla dichiarazione dello stato di insolvenza eseguiti dall'imprenditore dopo la dichiarazione stessa senza l'autorizzazione del giudice delegato.

19. *Affidamento della gestione dell'impresa al commissario giudiziale.* — 1. L'affidamento della gestione dell'impresa al commissario giudiziale, ove non stabilito con la sentenza dichiarativa dello stato di insolvenza, può essere disposto dal tribunale con successivo decreto.

2. Il decreto è a cura del cancelliere pubblicato mediante affissione e comunicato per l'iscrizione all'ufficio del registro delle imprese.

3. Fermo quanto previsto dall'art. 18, l'affidamento della gestione al commissario giudiziale determina gli effetti stabiliti dagli artt. 42, 43, 44, 46 e 47 della legge fallimentare, sostituito al curatore il commissario giudiziale. Si applicano altresì al commissario giudiziale, in quanto compatibili, le disposizioni degli artt. 31, 32, 34 e 35 della legge fallimentare, salva la facoltà del tribunale di stabilire ulteriori limiti ai suoi poteri.

4. Al termine del proprio ufficio, il commissario giudiziale cui è affidata la gestione dell'impresa deve rendere il conto a norma dell'art. 116 della legge fallimentare. Dell'avvenuto deposito del conto e della fissazione dell'udienza per la presentazione delle osservazioni è data notizia mediante affissione, a cura del cancelliere; tale formalità sostituisce la comunicazione ai singoli creditori prevista dal terzo comma del medesimo art. 116 della legge fallimentare.

20. *Crediti sorti per la continuazione dell'esercizio dell'impresa.* — 1. I crediti sorti per la continuazione dell'esercizio dell'impresa e la gestione del patrimonio del debitore dopo la dichiarazione dello stato di insolvenza sono soddisfatti in prededuzione, a norma dell'art. 111, primo comma, n. 1, della legge fallimentare.

21. *Provvedimenti conservativi.* — 1. Il tribunale, con la sentenza dichiarativa dello stato di insolvenza o con successivo decreto, adotta i provvedimenti conservativi opportuni nell'interesse della procedura.

22. *Avviso ai creditori per l'accertamento del passivo.* — 1. Il commissario giudiziale comunica ai creditori e ai terzi che vantano diritti reali mobiliari sui beni in possesso dell'imprenditore insolvente, a mezzo posta elettronica certificata, se il relativo indirizzo del destinatario risulta dal registro delle imprese ovvero dall'Indice nazionale degli indirizzi di posta elettronica certificata delle imprese e dei professionisti e, in ogni altro caso, a mezzo lettera raccomandata o telefax presso la sede dell'impresa o la residenza del creditore, il proprio indirizzo di posta elettronica certificata e il termine entro il quale devono trasmettergli a tale indirizzo le loro domande, nonché le disposizioni della sentenza dichiarativa dello stato di insolvenza che riguardano l'accertamento del passivo (1).

2. I creditori e i terzi titolari di diritti sui beni sono invitati ad indicare nella domanda l'indirizzo di posta elettronica certificata ed avvertiti delle conseguenze di cui ai periodi seguenti e dell'onere di comunicarne al commissario ogni variazione. Tutte le successive comunicazioni sono effettuate dal commissario all'indirizzo di posta elettronica certificata indicato dal creditore o dal terzo titolare di diritti sui beni. In caso di mancata indicazione dell'indirizzo di posta elettronica certificata o di mancata comunicazione della variazione, ovvero nei casi di mancata consegna per cause imputabili al destinatario, esse si eseguono mediante deposito in cancelleria. Si applica l'art. 31-*bis*, terzo comma, del r.d. 16 marzo 1942, n. 267, sostituendo al curatore il commissario giudiziale (2).

CAPO IV

SOCIETÀ CON SOCI ILLIMITATAMENTE RESPONSABILI

23. *Dichiarazione dello stato di insolvenza di società con soci illimitatamente responsabili.* —

(1) Comma così sostituito dall'art. 17.2, lett. a, d.l. 18 ottobre 2012, n. 179, conv. in l. 17 dicembre 2012, n. 221. L'art. 17.4-5, d.l. cit., così dispone: «4. Salvo quanto previsto dal comma 3, le disposizioni di cui ai comma 1 e 2 del presente articolo si applicano dalla data di entrata in vigore della legge di conversione del presente decreto, anche alle procedure di fallimento, di concordato preventivo, di liquidazione coatta amministrativa e di amministrazione straordinaria pendenti, rispetto alle quali, alla stessa data, non è stata effettuata la comunicazione rispettivamente prevista dagli artt. 92, 171, 207 del r.d. 16 marzo 1942, n. 267 e dall'art. 22 d.lg. 8 luglio 1999, n. 270. || 5. Per le procedure in cui, alla data di entrata in vigore della legge di conversione del presente decreto, sia stata effettuata la comunicazione di cui al comma 4, le disposizioni di cui ai commi 1 e 2 del presente articolo si applicano a decorrere dal 31 ottobre 2013. Il curatore, il commissario giudiziale, il commissario liquidatore e il commissario straordinario entro il 30 giugno 2013 comunicano ai creditori e ai terzi titolari di diritti sui beni il loro indirizzo di posta elettronica certificata e li invitano a comunicare, entro tre mesi, l'indirizzo di posta elettronica certificata al quale ricevere tutte le comunicazioni relative alla procedura, avvertendoli di rendere nota ogni successiva variazione e che in caso di omessa indicazione le comunicazioni sono eseguite esclusivamente mediante deposito in cancelleria».

(2) Comma così sostituito dall'art. 17.2, lett. b, d.l. 18 ottobre 2012, n. 179, conv. in l. 17 dicembre 2012, n. 221. L'art. 17.4-5, d.l. cit., così dispone: «4. Salvo quanto previsto dal comma 3, le disposizioni di cui ai comma 1 e 2 del

1. Gli effetti della dichiarazione dello stato di insolvenza di una società con soci illimitatamente responsabili previsti dagli artt. 18 e 19, comma 3, si estendono ai soci illimitatamente responsabili.

2. Nei confronti del socio receduto o escluso e del socio defunto l'estensione ha luogo se la dichiarazione dello stato di insolvenza è pronunciata entro l'anno successivo, rispettivamente, alla data in cui il recesso o l'esclusione sono divenuti opponibili ai terzi e a quella della morte, sempre che l'insolvenza della società attenga, in tutto o in parte, a debiti contratti anteriormente a tale data.

3. Il tribunale, prima di provvedere, sente i soci illimitatamente responsabili nelle forme previste dall'art. 7, commi 1 e 2.

4. Contro la sentenza il socio può proporre opposizione a norma dell'art. 9 nel termine di trenta giorni dalla comunicazione.

24. *Accertamento successivo dell'esistenza di un socio illimitatamente responsabile*. — 1. Se l'esistenza di un socio illimitatamente responsabile risulta dopo la dichiarazione dello stato di insolvenza della società o di una impresa individuale, il tribunale estende i relativi effetti nei suoi confronti con sentenza in camera di consiglio, che è comunicata ed affissa a norma dell'art. 8, comma 3.

2. Il tribunale provvede su ricorso dei soggetti indicati nell'art. 3, comma 1, di altro socio, del commissario giudiziale, ovvero d'ufficio.

3. Se la società o l'impresa individuale è stata ammessa alla procedura di amministrazione straordinaria, il ricorso può essere proposto anche dal commissario straordinario.

4. Si osservano le disposizioni degli artt. 12 e 23, commi 2, 3 e 4, sostituita alla dichiarazione dello stato di insolvenza la sentenza di estensione.

25. *Estensione dell'amministrazione straordinaria e del fallimento ai soci illimitatamente responsabili*. — 1. I provvedimenti di apertura dell'amministrazione straordinaria, di dichiarazione di fallimento e di conversione delle procedure, previsti dal presente decreto, si estendono ai soci illimitatamente responsabili cui sono estesi gli effetti della dichiarazione dello stato di insolvenza o che, nel caso di conversione del fallimento in amministrazione straordinaria, sono stati dichiarati falliti.

26. *Società cooperative*. — 1. Le disposizioni del presente capo non si applicano alle società cooperative.

TITOLO III

Amministrazione straordinaria

CAPO I

Apertura della procedura

27. *Condizioni per l'ammissione alla procedura*. — 1. Le imprese dichiarate insolventi a norma dell'art. 3 sono ammesse alla procedura di amministrazione straordinaria qualora presentino concrete prospettive di recupero dell'equilibrio economico delle attività imprenditoriali.

2. Tale risultato deve potersi realizzare, in via alternativa:

a) tramite la cessione dei complessi aziendali, sulla base di un programma di prosecuzione dell'esercizio dell'impresa di durata non superiore ad un anno («programma di cessione dei complessi aziendali») (1);

b) tramite la ristrutturazione economica e finanziaria dell'impresa, sulla base di un programma di risanamento di durata non superiore a due anni («programma di ristrutturazione») (1);

b-bis) per le società operanti nel settore dei servizi pubblici essenziali anche tramite la

presente articolo si applicano dalla data di entrata in vigore della legge di conversione del presente decreto, anche alle procedure di fallimento, di concordato preventivo, di liquidazione coatta amministrativa e di amministrazione straordinaria pendenti, rispetto alle quali, alla stessa data, non è stata effettuata la comunicazione rispettivamente prevista dagli artt. 92, 171, 207 del r.d. 16 marzo 1942, n. 267 e dall'art. 22 d.lg. 8 luglio 1999, n. 270. || 5. Per le procedure in cui, alla data di entrata in vigore della legge di conversione del presente decreto, sia stata effettuata la comunicazione di cui al comma 4, le disposizioni di cui ai commi 1 e 2 del presente articolo si applicano a decorrere dal 31 ottobre 2013. Il curatore, il commissario giudiziale, il commissario liquidatore e il commissario straordinario entro il 30 giugno 2013 comunicano ai creditori e ai terzi titolari di diritti sui beni il loro indirizzo di posta elettronica certificata e li invitano a comunicare, entro tre mesi, l'indirizzo di posta elettronica certificata al quale ricevere tutte le comunicazioni relative alla procedura, avvertendoli di rendere nota ogni successiva variazione e che in caso di omessa indicazione le comunicazioni sono eseguite esclusivamente mediante deposito in cancelleria».

(1) L'art. 1.13-*bis*, d.l. 28 agosto 2008, n. 134, conv. in l. 27 ottobre 2008, n. 166, così dispone: «Il rinvio operato dalle disposizioni del presente decreto nonché da quelle del d.l. n. 347 e del d.lg. 8 luglio 1999, n. 270, all'art. 27, comma 2, lett. *a*) ovvero lett. *b*) del medesimo d.lg. n. 270 si intende operato anche alla lett. *b-bis*) del medesimo comma».

cessione di complessi di beni e contratti sulla base di un programma di prosecuzione dell'esercizio dell'impresa di durata non superiore ad un anno («programma di cessione dei complessi di beni e contratti») (1) (2).

2-*bis*. Per le imprese di cui all'art. 2, comma 2, del d.l. 23 dicembre 2003, n. 347, convertito, con modificazioni, dalla l. 18 febbraio 2004, n. 39 (3), la durata dei programmi di cui al comma 2 del presente articolo può essere autorizzata dal Ministro dello sviluppo economico fino ad un massimo di quattro anni (4).

28. *Relazione del commissario giudiziale*. — 1. Entro trenta giorni dalla dichiarazione dello stato di insolvenza, il commissario giudiziale deposita in cancelleria una relazione contenente la descrizione particolareggiata delle cause dello stato di insolvenza e una valutazione motivata circa l'esistenza delle condizioni previste dall'art. 27 ai fini dell'ammissione alla procedura di amministrazione straordinaria.

2. Alla relazione sono allegati lo stato analitico ed estimativo delle attività e l'elenco nominativo dei creditori con l'indicazione dei rispettivi crediti e delle cause di prelazione.

3. Nel medesimo termine indicato nel comma 1, il commissario giudiziale trasmette copia della relazione al Ministero dell'industria, depositando in cancelleria la prova dell'avvenuta ricezione.

4. Un avviso dell'avvenuto deposito della relazione è affisso entro ventiquattro ore, a cura del cancelliere.

5. L'imprenditore insolvente e ogni altro interessato hanno facoltà di prendere visione della relazione e di estrarne copia. La stessa è trasmessa dal commissario giudiziale a tutti i creditori e ai terzi titolari di diritti sui beni all'indirizzo di posta elettronica certificata indicato a norma dell'art. 22, comma 2, entro dieci giorni dal deposito in cancelleria (5).

29. *Parere del Ministero dell'industria e osservazioni*. — 1. Il Ministero dell'industria, nei dieci giorni successivi alla ricezione della relazione del commissario giudiziale, deposita in cancelleria il proprio parere in ordine all'ammissione dell'impresa dichiarata insolvente alla procedura di amministrazione straordinaria. Il tribunale provvede a norma dell'art. 30 anche in mancanza del parere, se lo stesso non è depositato nel termine.

2. L'imprenditore insolvente, i creditori e ogni altro interessato possono depositare in cancelleria osservazioni scritte nel termine di dieci giorni dall'affissione dell'avviso di deposito della relazione.

30. *Apertura della procedura. Dichiarazione di fallimento*. — 1. Il tribunale, entro trenta giorni dal deposito della relazione, tenuto conto del parere e delle osservazioni depositati, nonché degli ulteriori accertamenti eventualmente disposti, dichiara con decreto motivato l'apertura della procedura di amministrazione straordinaria, se sussistono le condizioni indicate dall'art. 27. In caso contrario, dichiara con decreto motivato il fallimento.

2. I decreti previsti dal comma 1 sono comunicati ed affissi a norma dell'art. 8, comma 3. Di essi è data altresì comunicazione, a cura del cancelliere, alla regione ed al comune in cui l'impresa ha la sede principale.

31. *Dichiarazione di fallimento*. — 1. Il decreto che dichiara il fallimento nomina il giudice delegato per la procedura e il curatore. A seguito di esso cessano le funzioni degli organi nominati con la sentenza dichiarativa dello sta-

(1) Lettera aggiunta dall'art. 1.1-*bis*, d.l. 28 agosto 2008, n. 134, conv. in l. 27 ottobre 2008, n. 166.

(2) L'art. 1.13-*bis*, d.l. 28 agosto 2008, n. 134, conv. in l. 27 ottobre 2008, n. 166, così dispone: «Il rinvio operato dalle disposizioni del presente decreto nonché da quelle del d.l. n. 347 e del d.lg. 8 luglio 1999, n. 270, all'art. 27, comma 2, lett. *a*) ovvero lett. *b*) del medesimo d.lg. n. 270 si intende operato anche alla lett. *b-bis*) del medesimo comma».

(3) In *Leggi coll. XXII, 4*.

(4) Comma aggiunto dall'art. 1.841, l. 28 dicembre 2015, n. 208.

(5) Comma così sostituito dall'art. 17.2, lett. c, d.l. 18 ottobre 2012, n. 179, conv. in l. 17 dicembre 2012, n. 221. L'art. 17.4-5, d.l. cit., così dispone: «4. Salvo quanto previsto dal comma 3, le disposizioni di cui ai comma 1 e 2 del presente articolo si applicano dalla data di entrata in vigore della legge di conversione del presente decreto, anche alle procedure di fallimento, di concordato preventivo, di liquidazione coatta amministrativa e di amministrazione straordinaria pendenti, rispetto alle quali, alla stessa data, non è stata effettuata la comunicazione rispettivamente prevista dagli artt. 92, 171, 207 del r.d. 16 marzo 1942, n. 267 e dall'art. 22 d.lg. 8 luglio 1999, n. 270. || 5. Per le procedure in cui, alla data di entrata in vigore della legge di conversione del presente decreto, sia stata effettuata la comunicazione di cui al comma 4, le disposizioni di cui ai commi 1 e 2 del presente articolo si applicano a decorrere dal 31 ottobre 2013. Il curatore, il commissario giudiziale, il commissario liquidatore e il commissario straordinario entro il 30 giugno 2013 comunicano ai creditori e ai terzi titolari di diritti sui beni il loro indirizzo di posta elettronica certificata e li invitano a comunicare, entro tre mesi, l'indirizzo di posta elettronica certificata al quale ricevere tutte le comunicazioni relative alla procedura, avvertendoli di rendere nota ogni successiva variazione e che in caso di omessa indicazione le comunicazioni sono eseguite esclusivamente mediante deposito in cancelleria».

to di insolvenza, salvo quanto previsto dall'art. 34.

2. L'accertamento dello stato passivo nel fallimento prosegue sulla base delle disposizioni della sentenza dichiarativa dello stato di insolvenza.

32. *Provvedimenti per la prosecuzione dell'esercizio dell'impresa.* — 1. Con il decreto che dichiara aperta la procedura di amministrazione straordinaria, il tribunale adotta o conferma i provvedimenti opportuni ai fini della prosecuzione dell'esercizio dell'impresa, sotto la gestione del commissario giudiziale, sino alla nomina del commissario straordinario.

33. *Reclamo avverso il decreto di apertura dell'amministrazione straordinaria o di dichiarazione del fallimento.* — 1. Contro i decreti previsti dall'art. 30, comma 1, chiunque vi abbia interesse può proporre reclamo alla corte di appello nel termine di quindici giorni. Il termine decorre, per il Ministro dell'industria, per l'imprenditore insolvente e per il creditore che ha richiesto la dichiarazione dello stato di insolvenza, dalla data della comunicazione; per ogni altro interessato, dalla data dell'affissione.

2. Il reclamo non sospende l'esecuzione del decreto.

3. Con il reclamo non possono dedursi motivi che avrebbero potuto o che possono farsi valere con l'opposizione alla sentenza dichiarativa dello stato di insolvenza.

4. La corte di appello provvede in camera di consiglio, sentiti i soggetti indicati nel comma 1. Prima di provvedere, la corte sente altresì il commissario giudiziale, anche se cessato dalle funzioni, nonché il commissario straordinario o il curatore, secondo che il reclamo sia proposto avverso il decreto di apertura della procedura di amministrazione straordinaria o il decreto che dichiara il fallimento. Se il commissario straordinario non è stato ancora nominato, è sentito esclusivamente il commissario giudiziale.

5. La pendenza del giudizio di opposizione alla sentenza dichiarativa dello stato di insolvenza non costituisce motivo di sospensione del procedimento di reclamo a norma dell'art. 295 del codice di procedura civile.

6. Se la corte accoglie il reclamo, rimette d'ufficio gli atti al tribunale affinché adotti i provvedimenti previsti dagli artt. 30, 31 e 32, in conformità della decisione della corte stessa. Restano in ogni caso salvi gli effetti degli atti legalmente compiuti dagli organi della procedura.

34. *Giudizi in corso nei confronti del commissario giudiziale.* — 1. Se i decreti previsti dall'art. 30, comma 1, sono emessi mentre è in corso il giudizio di opposizione alla sentenza dichiarativa dello stato di insolvenza, il commissario straordinario o il curatore, secondo che sia stata aperta la procedura di amministrazione straordinaria o dichiarato il fallimento, intervengono nel giudizio in sostituzione del commissario giudiziale.

2. In mancanza dell'intervento, il giudizio prosegue nei confronti del commissario giudiziale, salva la facoltà delle parti di chiamare nel processo il commissario straordinario o il curatore.

3. Se alla data dei decreti previsti dall'art. 30, comma 1, non è ancora scaduto il termine per proporre opposizione alla sentenza dichiarativa dello stato di insolvenza, l'atto di opposizione è notificato al commissario straordinario, ove nominato, o al curatore, in luogo del commissario giudiziale.

4. Le disposizioni dei commi 1 e 2 si applicano anche agli altri giudizi in corso nei quali è parte il commissario giudiziale.

35. *Conversione del fallimento a seguito di accoglimento dell'opposizione.* — 1. L'accertamento del possesso, da parte dell'impresa fallita, dei requisiti indicati dall'art. 2 non comporta la revoca della sentenza dichiarativa di fallimento pronunciata in base alle disposizioni della legge fallimentare.

2. Quando è passata in giudicato la sentenza che accoglie per tale motivo l'opposizione prevista dall'art. 18 della legge fallimentare, il tribunale che ha dichiarato il fallimento, ove non sia esaurita la liquidazione dell'attivo, invita con decreto il curatore a depositare in cancelleria ed a trasmettere al Ministro dell'industria entro trenta giorni una relazione contenente una valutazione motivata circa l'esistenza delle condizioni previste dall'art. 27 ai fini dell'ammissione dell'impresa fallita alla procedura di amministrazione straordinaria.

3. Il tribunale, entro trenta giorni dal deposito della relazione, con decreto motivato dispone la conversione del fallimento in amministrazione straordinaria, ovvero dichiara che non sussistono le condizioni per farvi luogo.

4. Si applicano, in quanto compatibili, le disposizioni degli artt. 28, commi 4 e 5, 29, 30, comma 2, e 33, sostituito al commissario giudiziale il curatore.

36. *Disposizioni applicabili all'amministrazione straordinaria.* — 1. Per quanto non previsto dal presente decreto, si applicano alla procedura di amministrazione straordinaria, in quanto compatibili, le disposizioni sulla liquidazione coatta amministrativa, sostituito al commissario liquidatore il commissario straordinario.

CAPO II

ORGANI

37. *Vigilanza sulla procedura*. — 1. La procedura di amministrazione straordinaria si svolge ad opera di uno o tre commissari straordinari, sotto la vigilanza del Ministero dell'industria, salve le competenze del tribunale e del giudice delegato nelle materie ad essi affidate.

2. Ai fini dell'esercizio delle funzioni previste dal presente decreto il Ministero può avvalersi dell'opera di esperti o di società specializzate, a norma dell'art. 3 della l. 11 maggio 1999, n. 140.

3. Il Ministero dell'industria può altresì avvalersi del personale della Guardia di finanza per le verifiche ed i controlli necessari ai fini dell'espletamento dell'attività di vigilanza e dell'adozione degli atti e dei provvedimenti di propria competenza.

38. *Nomina del commissario straordinario*. — 1. Entro cinque giorni dalla comunicazione del decreto che dichiara aperta la procedura, il Ministro dell'industria nomina con decreto uno o tre commissari straordinari. In quest'ultimo caso, i commissari deliberano a maggioranza e la rappresentanza è esercitata congiuntamente da almeno due di essi.

1-*bis*. Non può essere nominato commissario straordinario e, se nominato, decade dal suo ufficio, l'interdetto, l'inabilitato, chi sia stato dichiarato fallito o chi sia stato condannato ad una pena che importa l'interdizione, anche temporanea, dai pubblici uffici. Non possono inoltre essere nominati commissari straordinari il coniuge, i parenti ed affini entro il quarto grado dell'imprenditore insolvente, ovvero chi, avendo intrattenuto con l'impresa, personalmente o quale socio, amministratore, o dipendente di altra organizzazione imprenditoriale o professionale, rapporti non occasionali di collaborazione o consulenza professionale, abbia preso parte o si sia comunque ingerito nella gestione che ha portato al dissesto dell'impresa. Il commissario straordinario, nell'accettare l'incarico, dichiara sotto la propria responsabilità, che non ricorre alcuna delle ipotesi di incompatibilità di cui al presente comma (1).

2. La nomina di tre commissari è limitata ai casi di eccezionale rilevanza e complessità della procedura.

2-*bis*. Nei casi di cui all'art. 50-*bis*, il Ministro dello sviluppo economico può nominare lo stesso organo commissariale (2).

3. Il decreto di nomina è comunicato al tribunale che ha dichiarato lo stato di insolvenza, all'ufficio del registro delle imprese, nonché alla regione ed al comune in cui l'impresa ha la sede principale. Di esso è data altresì pubblica notizia con mezzi informatici, a cura del Ministero dell'industria, secondo le modalità stabilite con il regolamento previsto dall'art. 94.

4. Con la nomina del commissario straordinario cessano le funzioni del commissario giudiziale, salvo quanto previsto dall'art. 34.

39. *Criteri per la scelta dei commissari e degli esperti*. — 1. Con regolamento del Ministro dell'industria, di concerto con il Ministro della giustizia, sono stabiliti i requisiti di professionalità e di onorabilità dei commissari giudiziali e dei commissari straordinari (3).

2. Il Ministro dell'industria stabilisce altresì preventivamente, con proprio decreto, i criteri per la scelta degli esperti la cui opera è richiesta dalla procedura e gli obblighi da osservare circa la pubblicità degli incarichi conferiti e dei relativi costi, al fine di garantire piena trasparenza alla procedura (4).

40. *Poteri del commissario straordinario*. — 1. Il commissario straordinario ha la gestione dell'impresa e l'amministrazione dei beni dell'imprenditore insolvente e dei soci illimitatamente responsabili ammessi alla procedura, fermo, per questi ultimi, quanto previsto dall'art. 148, secondo comma, della legge fallimentare. Per quanto attiene all'esercizio delle sue funzioni, egli è pubblico ufficiale.

1-*bis*. Il commissario straordinario, redige ogni sei mesi una relazione sulla situazione patrimoniale dell'impresa e sull'andamento della

(1) Comma inserito dall'art. 5, d.l. 3 maggio 2004, n. 119, conv. in l. 5 luglio 2004, n. 166.

(2) Comma inserito dall'art. 8.3, lett. c, n. 01, d.l. 13 maggio 2011, n. 70, conv. in l. 12 luglio 2011, n. 106. L'art. 8.1, lett. c, n. 3, d.l. cit., così dispone: «Gli artt. 38, comma 2-*bis*, 50-*bis* e 55 del d.lg. 8 luglio 1999, n. 270, come modificato dalle precedenti lettere si applicano anche alle procedure di amministrazione straordinaria in corso di svolgimento alla data di entrata in vigore della presente disposizione. In tal caso, il Ministro dello sviluppo economico può, entro trenta giorni dalla data di entrata in vigore della legge di conversione del presente decreto, nominare un nuovo e unico organo commissariale. I commissari in carica cessano dall'incarico alla data della nomina del nuovo organo».

(3) V. d.m. Sviluppo economico 10 aprile 2013, n. 60, in G.U., 31 maggio 2013, n. 126.

(4) Le parole «e gli obblighi da osservare circa la pubblicità degli incarichi conferiti e dei relativi costi, al fine di garantire piena trasparenza alla procedura» sono state aggiunte dall'art. 50.1, lett. a, d.l. 22 giugno 2012, n. 83, conv. in l. 7 agosto 2012, n. 134.

gestione in conformità a modelli standard stabiliti con decreto, avente natura non regolamentare, del Ministero dello sviluppo economico. La relazione di cui al periodo precedente è trasmessa al predetto Ministero con modalità telematiche (1).

41. *Intrasmissibilità delle attribuzioni del commissario straordinario.* — 1. Il commissario esercita personalmente le attribuzioni del proprio ufficio, con facoltà di delegare ad altri, sotto la propria responsabilità, le funzioni inerenti alla gestione corrente dell'impresa. Negli altri casi, la delega può essere conferita soltanto per singole operazioni e con l'autorizzazione del Ministero dell'industria. L'onere per il compenso del delegato, è detratto dal compenso del commissario (2).

2. Il commissario può essere autorizzato dal comitato di sorveglianza a farsi coadiuvare da tecnici o da altre persone retribuite, compreso il fallito, sotto la propria responsabilità e ad attribuire a professionisti ed esperti incarichi di consulenza e collaborazione tecnica e professionale limitatamente ai casi di effettiva necessità e previa verifica circa la insussistenza di adeguate professionalità tra i dipendenti dell'impresa (3).

42. *Controllo preventivo sugli atti del commissario straordinario.* — 1. Sono soggetti ad autorizzazione del Ministero dell'industria, sentito il comitato di sorveglianza:

a) gli atti di alienazione e di affitto di aziende e di rami di aziende;

b) gli atti di alienazione e di locazione di beni immobili e di costituzione di diritti reali sui medesimi, gli atti di alienazione di beni mobili in blocco, di costituzione di pegno e le transazioni, se di valore indeterminato o superiore a lire quattrocento milioni [euro 206.582,76].

43. *Revoca del commissario straordinario.* — 1. Il Ministro dell'industria può in ogni tempo, su proposta del comitato di sorveglianza o d'ufficio, revocare il commissario straordinario. Il Ministro provvede previa comunicazione dei motivi di revoca o contestazione degli eventuali addebiti e dopo aver invitato il commissario ad esporre le proprie deduzioni.

44. *Rendiconto del commissario straordinario.* — 1. Il commissario straordinario che cessa dal suo ufficio, anche durante l'amministrazione straordinaria, deve rendere il conto della gestione a norma dell'art. 75.

45. *Nomina del comitato di sorveglianza.* — 1. Entro quindici giorni dalla nomina del commissario straordinario, il Ministro dell'industria nomina con decreto un comitato di sorveglianza, composto da tre o cinque membri. Uno o due di essi, a seconda che il comitato sia composto da tre o cinque membri, sono scelti tra i creditori chirografari; i membri residui tra persone particolarmente esperte nel ramo di attività esercitata dall'impresa o nella materia concorsuale.

2. Il Ministro nomina, altresì, tra i membri del comitato, il presidente.

3. Il decreto di nomina del comitato è comunicato al tribunale che ha dichiarato lo stato di insolvenza, nonché alla regione ed al comune in cui l'impresa ha la sede principale.

4. I membri del comitato nominati in qualità di esperti hanno diritto a compenso secondo le disposizioni del regolamento previsto dall'art. 47; gli altri membri al solo rimborso delle spese. Il compenso e le spese sono liquidati dal Ministero dell'industria.

46. *Funzioni del comitato di sorveglianza.* — 1. Il comitato di sorveglianza esprime il parere sugli atti del commissario nei casi previsti dal presente decreto e in ogni altro caso in cui il Ministero dell'industria lo ritiene opportuno.

2. Le deliberazioni del comitato sono prese a maggioranza di voti dei suoi componenti.

3. Il comitato esprime il parere entro dieci giorni dalla richiesta, salvo che, per ragioni di urgenza, non sia invitato a pronunciarsi entro un termine più breve, comunque non inferiore a tre giorni.

4. Il comitato ed ogni suo membro possono in qualunque momento ispezionare le scritture contabili e i documenti della procedura e possono chiedere chiarimenti al commissario straordinario e all'imprenditore insolvente.

47. *Compenso dei commissari e dei membri del comitato di sorveglianza.* — 1. L'ammontare del compenso spettante al commissario giudiziale, al commissario straordinario ed ai membri del comitato di sorveglianza ed i relativi criteri di liquidazione sono determinati con decreto non regolamentare del Ministro dello sviluppo economico, di concerto con il Ministro dell'economia e delle finanze, da adottarsi tenuto conto, per quanto applicabili e con gli

(1) Comma aggiunto dall'art. 20.2, lett. a, d.l. 12 settembre 2014, n. 132, conv. in l. 10 novembre 2014, n. 162. Per espressa previsione dell'art. 20.6, d.l. cit., tali disposizioni «si applicano, anche alle procedure di amministrazione straordinaria pendenti, a decorrere dal novantesimo giorno dalla pubblicazione nella *Gazzetta Ufficiale* dei decreti previsti all'art. 40, comma 1-*bis*, e 75, comma 1, secondo periodo, del d.lg. 8 luglio 1999, n. 270».

(2) Ultimo periodo aggiunto dall'art. 50.1, lett. b, d.l. 22 giugno 2012, n. 83, conv. in l. 7 agosto 2012, n. 134.

(3) Comma così sostituito dall'art. 50.1, lett. c, d.l. 22 giugno 2012, n. 83, conv. in l. 7 agosto 2012, n. 134.

adattamenti resi necessari dalla specificità della procedura, delle disposizioni di cui al d.m. 25 gennaio 2012, n. 30, recante «Regolamento concernente l'adeguamento dei compensi spettanti ai curatori fallimentari e la determinazione dei compensi nelle procedure di concordato preventivo» nonché dei seguenti ulteriori criteri:

a) determinazione del compenso del commissario giudiziale in misura fissa, tra un importo minimo e un importo massimo definiti in relazione a parametri dimensionali dell'impresa, tenuto anche conto dell'eventuale affidamento della gestione dell'esercizio;

b) articolazione del compenso del commissario straordinario in: un compenso remunerativo dell'attività gestionale, parametrato al fatturato dell'impresa; un compenso remunerativo dell'attività concorsuale, da liquidarsi in rapporto all'attivo realizzato al netto dei costi sostenuti per l'attività concorsuale e al passivo della procedura, secondo aliquote individuate in misura non superiore all'80% di quelle vigenti per la determinazione dei compensi dei curatori fallimentari e modulate sulla base di criteri predeterminati di apprezzamento della economicità, efficacia ed efficienza della procedura;

c) determinazione del compenso dei membri esperti del Comitato di sorveglianza secondo importi minimi e massimi definiti in relazione al numero degli occupati, al fatturato e al numero delle imprese del gruppo assoggettate alla procedura (1).

CAPO III

EFFETTI

48. *Divieto di azioni esecutive individuali.* — 1. Sui beni dei soggetti ammessi alla procedura di amministrazione straordinaria non possono essere iniziate o proseguite azioni esecutive individuali, anche speciali.

49. *Azioni revocatorie.* — 1. Le azioni per la dichiarazione di inefficacia e la revoca degli atti pregiudizievoli ai creditori previste dalle disposizioni della sezione III del capo III del titolo II della legge fallimentare possono essere proposte dal commissario straordinario soltanto se è stata autorizzata l'esecuzione di un programma di cessione dei complessi aziendali, salvo il caso di conversione della procedura in fallimento.

2. I termini stabiliti dalle disposizioni indicate nel comma 1 si computano a decorrere dalla dichiarazione dello stato di insolvenza. Tale disposizione si applica anche in tutti i casi in cui alla dichiarazione dello stato di insolvenza segua la dichiarazione di fallimento.

50. *Contratti in corso.* — 1. Salvo quanto previsto dal comma 4, il commissario straordinario può sciogliersi dai contratti, anche ad esecuzione continuata o periodica, ancora ineseguiti o non interamente eseguiti da entrambe le parti alla data di apertura dell'amministrazione straordinaria.

2. Fino a quando la facoltà di scioglimento non è esercitata, il contratto continua ad avere esecuzione (2).

3. Dopo che è stata autorizzata l'esecuzione del programma, l'altro contraente può intimare per iscritto al commissario straordinario di far conoscere le proprie determinazioni nel termine di trenta giorni dalla ricezione dell'intimazione, decorso il quale il contratto si intende sciolto.

4. Le disposizioni del presente articolo non si applicano:

a) ai contratti di lavoro subordinato, in rapporto ai quali restano ferme le disposizioni vigenti;

b) se sottoposto ad amministrazione straordinaria è il locatore, ai contratti di locazione di immobili, nei quali il commissario straordinario subentra, salvo patto contrario.

50-*bis*. *Cessione di azienda o ramo d'azienda nell'anno anteriore la dichiarazione di insolvenza.* — 1. Nel caso di cessione di azienda o di ramo d'azienda che costituisca l'attività prevalente dell'impresa cessionaria, in qualsiasi forma attuata, qualora per l'impresa cedente e l'impresa cessionaria sia intervenuta, anche in tempi diversi, la dichiarazione dello stato di insolvenza con conseguente apertura della procedura di amministrazione straordinaria per entrambe, entro un anno dall'avvenuta cessione, l'impresa cedente risponde in solido con

(1) Articolo così sostituito dall'art. 50.1, lett. d, d.l. 22 giugno 2012, n. 83, conv. in l. 7 agosto 2012, n. 134.

(2) L'art. 1-*bis*, d.l. 28 agosto 2008, n. 134, conv. in l. 27 ottobre 2008, n. 166, così dispone: «La disposizione di cui al comma 2 dell'art. 50 del d.lg. 8 luglio 1999, n. 270, va interpretata nel senso che l'esecuzione del contratto, o la richiesta di esecuzione del contratto da parte del commissario straordinario, non fanno venir meno la facoltà di scioglimento dai contratti di cui al medesimo articolo, che rimane impregiudicata, né comportano, fino all'espressa dichiarazione di subentro del commissario straordinario, l'attribuzione all'altro contraente dei diritti previsti in caso di subentro del commissario straordinario dall'art. 51, commi 1 e 2, del d.lg. n. 270 del 1999».

l'impresa cessionaria dei debiti da questa maturati fino alla data dell'insolvenza (1).

51. *Diritti dell'altro contraente*. — 1. I diritti dell'altro contraente, nel caso di scioglimento o di subentro del commissario straordinario nei contratti ancora ineseguiti o non interamente eseguiti alla data di apertura dell'amministrazione straordinaria, sono regolati dalle disposizioni della sezione IV del capo III del titolo II della legge fallimentare.

2. Nel caso di subentro del commissario straordinario nei contratti di somministrazione, la disposizione del secondo comma dell'art. 74 della legge fallimentare non si applica se il somministrante opera in condizione di monopolio.

3. Nei casi in cui le disposizioni indicate nel comma 1 prevedono diritti da far valere mediante ammissione al passivo, il contraente può chiedere l'ammissione sotto condizione dello scioglimento o del subentro del commissario straordinario nel contratto, ove non ancora verificatosi, a norma dell'art. 55, terzo comma, della legge fallimentare.

52. *Crediti sorti per la continuazione dell'esercizio dell'impresa*. — 1. I crediti sorti per la continuazione dell'esercizio dell'impresa e la gestione del patrimonio del debitore sono soddisfatti in prededuzione a norma dell'art. 111, primo comma, n. 1, della legge fallimentare, anche nel fallimento successivo alla procedura di amministrazione straordinaria.

CAPO IV

ACCERTAMENTO DEL PASSIVO

53. *Accertamento del passivo*. — 1. L'accertamento del passivo prosegue sulla base delle disposizioni della sentenza dichiarativa dello stato di insolvenza, secondo il procedimento previsto dagli artt. 93 e seguenti della legge fallimentare, sostituito al curatore il commissario straordinario.

2. Se è ammessa all'amministrazione straordinaria una società con soci illimitatamente responsabili si applicano altresì le disposizioni dell'art. 148, terzo, quarto e quinto comma della legge fallimentare.

CAPO V

DEFINIZIONE ED ESECUZIONE DEL PROGRAMMA

54. *Predisposizione del programma*. — 1. Il commissario straordinario, entro i sessanta giorni successivi al decreto di apertura della procedura, presenta al Ministero dell'industria un programma redatto secondo uno degli indirizzi alternativi indicati nell'art. 27, comma 2.

2. Il termine previsto dal comma 1 può essere prorogato dal Ministero dell'industria, per una sola volta e per non più di sessanta giorni, se la definizione del programma risulta di particolare complessità.

3. Della presentazione del programma e del provvedimento di proroga del relativo termine è data notizia, entro tre giorni, al tribunale che ha dichiarato lo stato di insolvenza, a cura del commissario straordinario.

4. La mancata presentazione del programma nel termine originario o prorogato costituisce causa di revoca del commissario.

55. *Criteri di definizione del programma*. — 1. Il programma è redatto sotto la vigilanza del Ministero dell'industria ed in conformità degli indirizzi di politica industriale dal medesimo adottati, in modo da salvaguardare l'unità operativa dei complessi aziendali, tenuto conto degli interessi dei creditori.

1-*bis*. Ai fini dell'applicazione dell'art. 50-*bis*, il Ministro dello sviluppo economico adotta le direttive idonee ad assicurare che i programmi delle procedure siano coordinati e finalizzati alla salvaguardia dell'unità operativa dei complessi aziendali dell'impresa cedente e dell'impresa cessionaria (2).

(1) Articolo inserito dall'art. 8.1, lett. c, n. 1, d.l. 13 maggio 2011, n. 70, conv. in l. 12 luglio 2011, n. 106. L'art. 8.1, lett. c, n. 3, d.l. cit., così dispone: «Gli artt. 38, comma 2-*bis*, 50-*bis* e 55 del d.lg. 8 luglio 1999, n. 270, come modificato dalle precedenti lettere si applicano anche alle procedure di amministrazione straordinaria in corso di svolgimento alla data di entrata in vigore della presente disposizione. In tal caso, il Ministro dello sviluppo economico può, entro trenta giorni dalla data di entrata in vigore della legge di conversione del presente decreto, nominare un nuovo e unico organo commissariale. I commissari in carica cessano dall'incarico alla data della nomina del nuovo organo».

(2) Comma inserito dall'art. 8.3, lett. c, n. 2, d.l. 13 maggio 2011, n. 70, conv. in l. 12 luglio 2011, n. 106. L'art. 8.3, lett. c, n. 3, d.l. cit., così dispone: «Gli artt. 38, comma 2-*bis*, 50-*bis* e 55 del d.lg. 8 luglio 1999, n. 270, come modificato dalle precedenti lettere si applicano anche alle procedure di amministrazione straordinaria in corso di svolgimento alla data di entrata in vigore della presente disposizione. In tal caso, il Ministro dello sviluppo economico può, entro trenta giorni dalla data di entrata in vigore della legge di conversione del presente decreto, nominare un nuovo e unico organo commissariale. I commissari in carica cessano dall'incarico alla data della nomina del nuovo organo».

2. Se il programma prevede il ricorso alla garanzia del Tesoro dello Stato di cui all'art. 2-*bis* del d.l. 30 gennaio 1979, n. 26, convertito, con modificazioni, dalla l. 3 aprile 1979, n. 95, o ad altre agevolazioni pubbliche non rientranti fra le misure autorizzate dalla Commissione europea, esso deve conformarsi alle disposizioni ed agli orientamenti comunitari sugli aiuti di Stato per il salvataggio e la ristrutturazione di imprese in difficoltà.

56. *Contenuto del programma.* — 1. Il programma deve indicare:

a) le attività imprenditoriali destinate alla prosecuzione e quelle da dismettere;

b) il piano per la eventuale liquidazione dei beni non funzionali all'esercizio dell'impresa;

c) le previsioni economiche e finanziarie connesse alla prosecuzione dell'esercizio dell'impresa;

d) i modi della copertura del fabbisogno finanziario, con specificazione dei finanziamenti o delle altre agevolazioni pubbliche di cui è prevista l'utilizzazione;

d-bis) i costi generali e specifici complessivamente stimati per l'attuazione della procedura, con esclusione del compenso dei commissari e del comitato di sorveglianza (1).

2. Se è adottato l'indirizzo della cessione dei complessi aziendali, il programma deve altresì indicare le modalità della cessione, segnalando le offerte pervenute o acquisite, nonché le previsioni in ordine alla soddisfazione dei creditori.

3. Se è adottato l'indirizzo della ristrutturazione dell'impresa, il programma deve indicare, in aggiunta a quanto stabilito nel comma 1, le eventuali previsioni di ricapitalizzazione dell'impresa e di mutamento degli assetti imprenditoriali, nonché i tempi e le modalità di soddisfazione dei creditori, anche sulla base di piani di modifica convenzionale delle scadenze dei debiti o di definizione mediante concordato.

3-*bis*. Le operazioni di cui ai commi 1 e 2 effettuate in attuazione dell'art. 27, comma secondo, lett. *a*) e *b-bis*), in vista della liquidazione dei beni del cedente, non costituiscono comunque trasferimento di azienda, di ramo o di parti dell'azienda agli effetti previsti dall'art. 2112 del codice civile (2).

57. *Autorizzazione all'esecuzione del programma.* — 1. L'esecuzione del programma è autorizzata dal Ministero dell'industria con decreto, sentito il comitato di sorveglianza, entro trenta giorni dalla sua presentazione.

2. Salvo quanto previsto dall'art. 58, il programma si intende comunque autorizzato se il Ministero non si pronuncia entro novanta giorni dalla presentazione.

3. Il termine previsto dal comma 2 è sospeso se il Ministero chiede chiarimenti, modifiche o integrazioni del programma; ad essi il commissario straordinario provvede entro trenta giorni dalla richiesta, a pena di revoca dall'incarico. Ulteriori richieste di chiarimenti, modifiche o integrazioni non hanno effetto sospensivo.

4. I termini di durata del programma stabiliti a norma dell'art. 27, comma 2, decorrono dalla data dell'autorizzazione.

4-*bis*. Se in prossimità della scadenza del programma, anche in caso di proroga dei termini di cui all'art. 66, la cessione non è ancora intervenuta, in tutto o in parte, il Ministro dello sviluppo economico può disporre, per una sola volta, un'ulteriore proroga del termine di esecuzione del programma per un periodo non superiore a dodici mesi, quando, sulla base di una specifica relazione, predisposta dal Commissario straordinario, sentito il comitato di sorveglianza, l'attuazione del programma richiede la prosecuzione dell'esercizio dell'impresa, senza pregiudizio per i creditori. Il provvedimento ministeriale di proroga è comunicato al Tribunale competente ai fini dell'esercizio delle proprie attribuzioni ai sensi del presente decreto (3).

58. *Autorizzazione all'esecuzione del programma in casi particolari.* — 1. Se il programma prevede il ricorso a finanziamenti o agevolazioni pubbliche soggetti ad autorizzazione della Commissione europea in base alle disposizioni ed agli orientamenti comunitari sugli aiuti di Stato per il salvataggio e la ristrutturazione di imprese in difficoltà, i termini per l'autorizzazione del programma previsti dall'art. 57, commi 1 e 2, decorrono dalla data della decisione della Commissione stessa.

2. Nel caso di diniego dell'autorizzazione della Commissione europea, o se questa non è concessa nei centoventi giorni successivi alla presentazione del programma, il commissario straordinario presenta al Ministero dell'industria un nuovo programma che non preveda il ricorso ai finanziamenti e alle agevolazioni.

3. Il commissario straordinario provvede a norma del comma 2 entro trenta giorni, a pena di revoca dall'incarico. In rapporto al nuovo programma i termini previsti dall'art. 57, com-

(1) Lettera aggiunta dall'art. 8.1, lett. c, n. 5, d.l. 13 maggio 2011, n. 70, conv. in l. 12 luglio 2011, n. 106.
(2) Comma aggiunto dall'art. 14.5, d.l. 29 novembre 2008, n. 185, conv. in l. 28 gennaio 2009, n. 2.
(3) Comma aggiunto dall'art. 2.1, d.l. 1° ottobre 2015, n. 154, conv. in l. 29 novembre 2015, n. 189.

mi 2 e 3, sono ridotti della metà.

59. *Comunicazione al tribunale del programma autorizzato.* — 1. Il commissario straordinario trasmette entro tre giorni copia del programma autorizzato al tribunale, segnalando se esso contenga notizie o previsioni specifiche la cui divulgazione prima della scadenza potrebbe pregiudicarne l'attuazione.

2. Il giudice delegato dispone il deposito in cancelleria del programma, con esclusione delle parti in relazione alle quali siano ravvisabili esigenze di riservatezza a norma del comma 1. L'imprenditore insolvente e ogni altro interessato possono prendere visione ed estrarre copia del programma depositato, che reca l'indicazione della eventuale mancanza di parti per ragioni di riservatezza. La stessa copia è trasmessa entro dieci giorni dal deposito in cancelleria a cura del commissario straordinario a tutti i creditori a mezzo posta elettronica certificata all'indirizzo indicato a norma dell'art. 22, comma 2. Si applica l'art. 31-*bis*, terzo comma, del r.d. 16 marzo 1942, n. 267, sostituendo al curatore il commissario straordinario (1).

60. *Modifica o sostituzione del programma autorizzato.* — 1. Nel corso dell'esecuzione del programma, il commissario straordinario può chiedere al Ministero dell'industria, indicandone le ragioni, la modifica del programma autorizzato o la sua sostituzione con un programma che adotta l'indirizzo alternativo fra quelli previsti nell'art. 27, comma 2.

2. La modifica o la sostituzione è autorizzata a norma degli artt. 57, comma 1, 58, comma 1, e 59. L'autorizzazione è inefficace se interviene dopo la scadenza del termine del primo programma autorizzato, ovvero, nel caso di sostituzione del programma di ristrutturazione con un programma di cessione dei complessi aziendali, se interviene dopo che è trascorso un anno dalla data di autorizzazione del primo programma.

3. Il termine di durata del programma modificativo o sostitutivo stabilito a norma dell'art. 27, comma 2, si computa in ogni caso a decorrere dalla data di autorizzazione del primo programma.

4. Nel caso di sostituzione di un programma di cessione dei complessi aziendali con un programma di ristrutturazione, le azioni proposte dal commissario straordinario in base alle disposizioni della sezione III del capo III del titolo II della legge fallimentare sono sospese sino a quando è in corso l'esecuzione del programma sostitutivo. Ai fini della fissazione dell'udienza per la eventuale prosecuzione del processo dopo la sospensione, l'istanza prevista dall'art. 297 del codice di procedura civile deve essere proposta entro sei mesi dalla cessazione dell'esecuzione del programma stesso.

61. *Esecuzione del programma.* — 1. Il commissario straordinario compie tutte le attività dirette all'esecuzione del programma autorizzato, fermo quanto stabilito dall'art. 42.

2. Il commissario straordinario presenta ogni tre mesi al Ministro dell'industria una relazione sull'andamento dell'esercizio dell'impresa e sulla esecuzione del programma.

3. Nei dieci giorni successivi al termine di scadenza del programma, il commissario presenta una relazione finale, con la quale illustra analiticamente gli esiti della sua esecuzione, specificando se gli obiettivi indicati nell'art. 27 siano stati o meno conseguiti.

4. Le relazioni sono sottoposte al parere del comitato di sorveglianza. Copia delle medesime e del parere del comitato è depositata entro tre giorni dal commissario presso la cancelleria del tribunale, ove qualunque interessato può prenderne visione ed estrarne copia. Il commissario straordinario trasmette una copia di ciascuna relazione periodica e della relazione finale a tutti i creditori a mezzo posta elettronica certificata all'indirizzo indicato a norma

(1) I periodi da «L'imprenditore insolvente» fino alla fine del comma sono stati così sostituiti all'originario ultimo periodo dall'art. 17.2, lett. d, d.l. 18 ottobre 2012, n. 179, conv. in l. 17 dicembre 2012, n. 221. L'art. 17.4-5, d.l. cit., così dispone: «4. Salvo quanto previsto dal comma 3, le disposizioni di cui ai comma 1 e 2 del presente articolo si applicano dalla data di entrata in vigore della legge di conversione del presente decreto, anche alle procedure di fallimento, di concordato preventivo, di liquidazione coatta amministrativa e di amministrazione straordinaria pendenti, rispetto alle quali, alla stessa data, non è stata effettuata la comunicazione rispettivamente prevista dagli artt. 92, 171, 207 del r.d. 16 marzo 1942, n. 267 e dall'art. 22 d.lg. 8 luglio 1999, n. 270. || 5. Per le procedure in cui, alla data di entrata in vigore della legge di conversione del presente decreto, sia stata effettuata la comunicazione di cui al comma 4, le disposizioni di cui ai commi 1 e 2 del presente articolo si applicano a decorrere dal 31 ottobre 2013. Il curatore, il commissario giudiziale, il commissario liquidatore e il commissario straordinario entro il 30 giugno 2013 comunicano ai creditori e ai terzi titolari di diritti sui beni il loro indirizzo di posta elettronica certificata e li invitano a comunicare, entro tre mesi, l'indirizzo di posta elettronica certificata al quale ricevere tutte le comunicazioni relative alla procedura, avvertendoli di rendere nota ogni successiva variazione e che in caso di omessa indicazione le comunicazioni sono eseguite esclusivamente mediante deposito in cancelleria».

dell'art. 22, comma 2, entro dieci giorni dal deposito in cancelleria (1).

62. *Alienazione dei beni.* — 1. L'alienazione dei beni dell'impresa insolvente, in conformità delle previsioni del programma autorizzato, è effettuata con forme adeguate alla natura dei beni e finalizzate al migliore realizzo, in conformità dei criteri generali stabiliti dal Ministro dell'industria.

2. La vendita di beni immobili, aziende e rami d'azienda di valore superiore a lire cento milioni [euro 51.645,69] è effettuata previo espletamento di idonee forme di pubblicità.

3. Il valore dei beni è preventivamente determinato da uno o più esperti nominati dal commissario straordinario.

63. *Vendita di aziende in esercizio.* — 1. Per le aziende e i rami di azienda in esercizio la valutazione effettuata a norma dell'art. 62, comma 3, tiene conto della redditività, anche se negativa, all'epoca della stima e nel biennio successivo.

2. Ai fini della vendita di aziende o di rami di azienda in esercizio, l'acquirente deve obbligarsi a proseguire per almeno un biennio le attività imprenditoriali e a mantenere per il medesimo periodo i livelli occupazionali stabiliti all'atto della vendita.

3. La scelta dell'acquirente è effettuata tenendo conto, oltre che dell'ammontare del prezzo offerto, dell'affidabilità dell'offerente e del piano di prosecuzione delle attività imprenditoriali da questi presentato, anche con riguardo alla garanzia di mantenimento dei livelli occupazionali.

4. Nell'ambito delle consultazioni relative al trasferimento d'azienda previste dall'art. 47 della l. 29 dicembre 1990, n. 428, il commissario straordinario, l'acquirente e i rappresentanti dei lavoratori possono convenire il trasferimento solo parziale dei lavoratori alle dipendenze dell'acquirente e ulteriori modifiche delle condizioni di lavoro consentite dalle norme vigenti in materia (2).

5. Salva diversa convenzione, è esclusa la responsabilità dell'acquirente per i debiti relativi all'esercizio delle aziende cedute, anteriori al trasferimento (3).

64. *Cancellazione delle iscrizioni e trascrizioni.* — 1. La cancellazione delle iscrizioni relative a diritti di prelazione e delle trascrizioni dei pignoramenti e dei sequestri conservativi sui beni trasferiti è ordinata dal Ministero dell'industria con decreto nei quindici giorni successivi al trasferimento.

65. *Impugnazione degli atti di liquidazione.* — 1. Contro gli atti e i provvedimenti lesivi di diritti soggettivi, relativi alla liquidazione dei beni di imprese in amministrazione straordinaria, è ammesso ricorso al tribunale in confronto del commissario straordinario e degli altri eventuali interessati.

2. Il tribunale decide in camera di consiglio con decreto soggetto a reclamo a norma dell'art. 739 del codice di procedura civile.

3. Il ricorso non ha effetto sospensivo.

4. Nel caso di accoglimento dell'impugnazione proposta contro i decreti di cancellazione delle iscrizioni e delle trascrizioni, previsti dall'art. 64, il tribunale ordina al conservatore dei registri le rettifiche e le integrazioni conseguenti alla decisione assunta.

65-*bis*. *Misure per la salvaguardia della continuità aziendale.* — 1. In caso di reclamo previsto dall'art. 65, comma 2, sono prorogati i termini di durata del programma di cui all'art. 54 ed ai commissari straordinari è attribuito il potere di regolare convenzionalmente con l'ac-

(1) Ultimo periodo aggiunto dall'art. 17.2, lett. e, d.l. 18 ottobre 2012, n. 179, conv. in l. 17 dicembre 2012, n. 221. L'art. 17.4-5, d.l. cit., così dispone: «4. Salvo quanto previsto dal comma 3, le disposizioni di cui ai comma 1 e 2 del presente articolo si applicano dalla data di entrata in vigore della legge di conversione del presente decreto, anche alle procedure di fallimento, di concordato preventivo, di liquidazione coatta amministrativa e di amministrazione straordinaria pendenti, rispetto alle quali, alla stessa data, non è stata effettuata la comunicazione rispettivamente prevista dagli artt. 92, 171, 207 del r.d. 16 marzo 1942, n. 267 e dall'art. 22 d.lg. 8 luglio 1999, n. 270. || 5. Per le procedure in cui, alla data di entrata in vigore della legge di conversione del presente decreto, sia stata effettuata la comunicazione di cui al comma 4, le disposizioni di cui ai commi 1 e 2 del presente articolo si applicano a decorrere dal 31 ottobre 2013. Il curatore, il commissario giudiziale, il commissario liquidatore e il commissario straordinario entro il 30 giugno 2013 comunicano ai creditori e ai terzi titolari di diritti sui beni il loro indirizzo di posta elettronica certificata e li invitano a comunicare, entro tre mesi, l'indirizzo di posta elettronica certificata al quale ricevere tutte le comunicazioni relative alla procedura, avvertendoli di rendere nota ogni successiva variazione e che in caso di omessa indicazione le comunicazioni sono eseguite esclusivamente mediante deposito in cancelleria».

(2) V. d.l. 14 febbraio 2003, n. 23, conv. in l. 17 aprile 2003, n. 81.

(3) L'art. 9.2-*bis*, d.l. 10 dicembre 2013, n. 136, conv. in l. 6 febbraio 2014, n. 6, come introdotto dall'art. 11.3-*quinquies*, d.l. 23 dicembre 2013, n. 145, conv. in l. 21 febbraio 2014, n. 9, così dispone: «L'art. 63 del d.lg. 8 luglio 1999, n. 270, si interpreta nel senso che, fermi restando gli obblighi di cui al comma 2 e le valutazioni discrezionali di cui al comma 3, il valore determinato ai sensi del comma 1 non costituisce un limite inderogabile ai fini della legittimità della vendita».

quirente dell'azienda o di rami di azienda, sentito il comitato di sorveglianza e previa autorizzazione ministeriale, modalità di gestione idonee a consentire la salvaguardia della continuità aziendale e dei livelli occupazionali nelle more del passaggio in giudicato del decreto che definisce il giudizio (1).

1-*bis*. Ove in forza o per l'effetto di pronunce giurisdizionali sia dichiarata l'inefficacia della vendita di complessi aziendali, si applicano gli artt. 27 e da 54 a 66 in quanto compatibili; i termini per l'esecuzione del nuovo programma, di cui all'art. 27, comma 2, sono ridotti alla metà e decorrono dalla data di autorizzazione all'esecuzione del programma medesimo. A seguito della predetta autorizzazione il decreto di cui all'art. 73, se adottato, cessa di avere efficacia (2).

66. *Proroga del termine di scadenza del programma di cessione dei complessi aziendali*. — 1. Se alla scadenza del programma di cessione dei complessi aziendali, la cessione non è ancora avvenuta, in tutto o in parte, ma risultano in corso iniziative di imminente definizione, il commissario straordinario può chiedere al tribunale, con l'autorizzazione del Ministero dell'industria, sentito il comitato di sorveglianza, la proroga del termine di scadenza del programma.

2. La proroga può essere concessa una sola volta e per un periodo non superiore a tre mesi.

3. Il tribunale provvede con decreto motivato.

4. Alla scadenza del termine prorogato, il commissario straordinario presenta una ulteriore relazione a norma dell'art. 61, commi 3 e 4.

CAPO VI

Ripartizione dell'attivo

67. *Ripartizione dell'attivo*. — 1. Ogni quattro mesi a partire dalla data di scadenza del programma di cessione dei complessi aziendali, ovvero dalla data di deposito del decreto che dichiara esecutivo lo stato passivo a norma dell'art. 97 della legge fallimentare, se successiva, il commissario straordinario presenta al giudice delegato un prospetto delle somme disponibili ed un progetto di ripartizione delle medesime, corredato dal parere del comitato di sorveglianza.

2. Le ripartizioni hanno luogo secondo le disposizioni degli artt. 110, secondo e terzo comma, 111, 112, 113, 114, 115 e 117, secondo e terzo comma, della legge fallimentare.

3. La ripartizione finale ha luogo dopo l'approvazione del conto della gestione e la liquidazione del compenso al commissario straordinario a norma dell'art. 75.

68. *Acconti ai creditori*. — 1. In qualunque momento nel corso della procedura, tenuto conto delle esigenze connesse all'esercizio dell'impresa, il commissario straordinario, sentito il parere del comitato di sorveglianza e con l'autorizzazione del giudice delegato, può distribuire acconti parziali ai creditori, o ad alcune categorie di essi, sulle somme che saranno prevedibilmente attribuite in via definitiva nel rispetto delle cause legittime di prelazione.

2. Nella distribuzione degli acconti è data preferenza ai crediti dei lavoratori subordinati e ai crediti degli imprenditori per le vendite e somministrazioni di beni e per le prestazioni di servizi effettuate a favore dell'impresa insolvente nei sei mesi precedenti la dichiarazione dello stato di insolvenza.

3. Le disposizioni del presente articolo si applicano indipendentemente dal tipo di programma adottato fra quelli alternativamente previsti dall'art. 27, comma 2.

CAPO VII

Cessazione della procedura

Sezione I. — *Conversione dell'amministrazione straordinaria in fallimento*

69. *Conversione in corso di procedura*. — 1. Qualora, in qualsiasi momento nel corso della procedura di amministrazione straordinaria, risulta che la stessa non può essere utilmente proseguita, il tribunale, su richiesta del com-

(1) Articolo inserito dall'art. 9.1, d.l. 10 dicembre 2013, n. 136, conv. in l. 6 febbraio 2014, n. 6. L'art. 9.2, d.l. cit., così dispone: «Le previsioni di cui al comma 1 si applicano anche alle procedure di amministrazione straordinaria di cui al d.l. 23 dicembre 2003, n. 347, convertito, con modificazioni, dalla l. 18 febbraio 2004, n. 39» (in *Leggi coll. XXII, 4*).

(2) Comma aggiunto dall'art. 2.1-*bis*, d.l. 1° ottobre 2015, n. 154, conv. in l. 29 novembre 2015, n. 189. In base all'art. 2.1-*ter*, d.l. cit., tali disposizioni «si applicano anche alle procedure di amministrazione straordinaria di cui al d.l. 23 dicembre 2003, n. 347, convertito, con modificazioni, dalla l. 18 febbraio 2004, n. 39 (in *Leggi coll. XXII, 4*), in corso alla data di entrata in vigore della legge di conversione del presente decreto».

missario straordinario o d'ufficio, dispone la conversione della procedura in fallimento.

2. Prima di presentare la richiesta di conversione, il commissario straordinario ne riferisce al Ministro dell'industria.

70. *Conversione al termine della procedura*. — 1. Il tribunale, su richiesta del commissario straordinario o d'ufficio, dispone la conversione della procedura di amministrazione straordinaria in fallimento:

a) quando, essendo stato autorizzato un programma di cessione dei complessi aziendali, tale cessione non sia ancora avvenuta, in tutto o in parte, alla scadenza del programma, salvo quanto previsto dall'art. 66;

b) quando, essendo stato autorizzato un programma di ristrutturazione, l'imprenditore non abbia recuperato la capacità di soddisfare regolarmente le proprie obbligazioni alla scadenza del programma.

71. *Decreto di conversione*. — 1. La conversione della procedura di amministrazione straordinaria in fallimento, a norma degli artt. 69 e 70, è disposta dal tribunale con decreto motivato, sentiti il Ministro dell'industria, il commissario straordinario e l'imprenditore dichiarato insolvente.

2. Con il decreto il tribunale nomina il giudice delegato per la procedura e il curatore; a seguito di esso cessano le funzioni del commissario straordinario e del comitato di sorveglianza. L'accertamento dello stato passivo, se non esaurito, prosegue sulla base delle disposizioni della sentenza dichiarativa dello stato di insolvenza.

3. Il decreto è comunicato e affisso a norma dell'art. 8, comma 3.

4. Contro il decreto che dispone la conversione o rigetta la richiesta del commissario straordinario chiunque vi abbia interesse può proporre reclamo alla corte di appello nel termine di quindici giorni. Il termine decorre, per l'imprenditore insolvente ed il commissario straordinario, dalla comunicazione del decreto e, per ogni altro interessato, dalla sua affissione.

5. La corte provvede in camera di consiglio, sentiti il commissario straordinario, l'imprenditore ed il reclamante. Il decreto che accoglie il reclamo è comunicato e affisso a norma del comma 3.

72. *Applicabilità delle disposizioni relative alla chiusura*. — 1. In tutti i casi in cui è disposta la conversione della procedura di amministrazione straordinaria in fallimento, il commissario straordinario presenta il bilancio della procedura con il conto della gestione a norma dell'art. 75.

Sezione II. — *Chiusura della procedura*

73. *Cessazione dell'esercizio dell'impresa*. — 1. Nei casi in cui è stato autorizzato un programma di cessione dei complessi aziendali, se nel termine di scadenza del programma, originario o prorogato a norma dell'art. 66, è avvenuta la integrale cessione dei complessi stessi, il tribunale, su richiesta del commissario straordinario o d'ufficio, dichiara con decreto la cessazione dell'esercizio dell'impresa.

2. Il decreto è affisso e comunicato al Ministero dell'industria e all'ufficio del registro delle imprese a cura del cancelliere. Contro di esso chiunque vi abbia interesse può proporre reclamo alla corte di appello nel termine di dieci giorni dall'affissione; la corte di appello provvede in camera di consiglio, sentito il commissario straordinario. Il reclamo non ha effetto sospensivo.

3. A far data dal decreto previsto dal comma 1 l'amministrazione straordinaria è considerata, ad ogni effetto, come procedura concorsuale liquidatoria.

4. La liquidazione degli eventuali beni residui acquisiti all'attivo è effettuata secondo le disposizioni previste dagli artt. 42, 62, 64 e 65.

74. *Chiusura della procedura*. — 1. La procedura di amministrazione straordinaria si chiude:

a) se, nei termini previsti dalla sentenza dichiarativa dello stato di insolvenza, non sono state proposte domande di ammissione al passivo;

b) se, anche prima del termine di scadenza del programma, l'imprenditore insolvente ha recuperato la capacità di soddisfare regolarmente le proprie obbligazioni;

c) con il passaggio in giudicato della sentenza che approva il concordato.

2. Se è stato autorizzato un programma di cessione dei complessi aziendali, la procedura di amministrazione straordinaria si chiude altresì:

a) quando, anche prima che sia compiuta la ripartizione finale dell'attivo, le ripartizioni ai creditori raggiungono l'intero ammontare dei crediti ammessi, o questi sono in altro modo estinti e sono pagati i compensi agli organi della procedura e le relative spese;

b) quando è compiuta la ripartizione finale dell'attivo.

75. *Bilancio finale della procedura e rendiconto del commissario straordinario*. — 1. Prima della chiusura della procedura, il commissario straordinario sottopone al Ministero dell'industria il bilancio finale della procedura con il conto della gestione, accompagnati da una relazione del comitato di sorveglianza. Il bilancio finale della procedura e il conto della gestione sono redatti in conformità a modelli standard stabiliti con decreto, avente natura non regolamentare, del Ministero di cui al periodo che precede, al quale sono sottoposti con modalità telematiche (1). Il Ministero ne autorizza il deposito presso la cancelleria del tribunale che ha dichiarato lo stato di insolvenza e liquida il compenso al commissario.

2. Un avviso dell'avvenuto deposito è, a cura del cancelliere, comunicato all'imprenditore insolvente e affisso entro tre giorni. Il commissario straordinario trasmette una copia del bilancio finale della procedura e del conto della gestione a tutti i creditori a mezzo posta elettronica certificata all'indirizzo indicato a norma dell'art. 22, comma 2, entro dieci giorni dal deposito in cancelleria (2).

3. Gli interessati possono proporre le loro contestazioni con ricorso al tribunale nel termine di venti giorni. Il termine decorre, per l'imprenditore, dalla comunicazione dell'avviso, per i creditori e i titolari di diritti sui beni, dalla comunicazione a mezzo posta elettronica certificata a norma dell'art. 22, comma 2 e, per ogni altro interessato, dalla sua affissione (3). Si osservano le disposizioni dell'art. 213, secondo comma, secondo e terzo periodo, della legge fallimentare.

4. Decorso il termine indicato nel comma 3 senza che siano proposte osservazioni, il bilancio e il conto della gestione si intendono approvati.

76. *Decreto di chiusura*. — 1. La chiusura della procedura di amministrazione straordinaria è dichiarata con decreto motivato dal tribunale, su istanza del commissario straordinario o dell'imprenditore dichiarato insolvente, ovvero d'ufficio.

2. Si applicano le disposizioni dell'art. 71, commi 3, 4 e 5.

77. *Riapertura della procedura*. — 1. Nel caso previsto dall'art. 74, comma 2, lett. *b*), il tribunale, entro cinque anni dal decreto di chiusura, su istanza dell'imprenditore dichiarato insolvente o di qualunque creditore, può ordinare la riapertura della procedura di amministrazione straordinaria, convertendola in fallimento, quando risulta che nel patrimonio dell'imprenditore esistono attività in misura tale da rendere utile il provvedimento o quando l'imprenditore offre garanzia di pagare almeno il dieci per cento ai creditori vecchi e nuovi.

2. Il tribunale, sentito l'imprenditore, se accoglie l'istanza, pronuncia sentenza in camera

(1) Periodo inserito dall'art. 20.2, lett. b, d.l. 12 settembre 2014, n. 132, conv. in l. 10 novembre 2014, n. 162. Per espressa previsione dell'art. 20.6, d.l. cit., tali disposizioni «si applicano, anche alle procedure di amministrazione straordinaria pendenti, a decorrere dal novantesimo giorno dalla pubblicazione nella *Gazzetta Ufficiale* dei decreti previsti all'art. 40, comma 1-*bis*, e 75, comma 1, secondo periodo, del d.lg. 8 luglio 1999, n. 270».

(2) Ultimo periodo aggiunto dall'art. 17.2, lett. f, n. 1, d.l. 18 ottobre 2012, n. 179, conv. in l. 17 dicembre 2012, n. 221. L'art. 17.4-5, d.l. cit., così dispone: «4. Salvo quanto previsto dal comma 3, le disposizioni di cui ai comma 1 e 2 del presente articolo si applicano dalla data di entrata in vigore della legge di conversione del presente decreto, anche alle procedure di fallimento, di concordato preventivo, di liquidazione coatta amministrativa e di amministrazione straordinaria pendenti, rispetto alle quali, alla stessa data, non è stata effettuata la comunicazione rispettivamente prevista dagli artt. 92, 171, 207 del r.d. 16 marzo 1942, n. 267 e dall'art. 22 d.lg. 8 luglio 1999, n. 270. || 5. Per le procedure in cui, alla data di entrata in vigore della legge di conversione del presente decreto, sia stata effettuata la comunicazione di cui al comma 4, le disposizioni di cui ai commi 1 e 2 del presente articolo si applicano a decorrere dal 31 ottobre 2013. Il curatore, il commissario giudiziale, il commissario liquidatore e il commissario straordinario entro il 30 giugno 2013 comunicano ai creditori e ai terzi titolari di diritti sui beni il loro indirizzo di posta elettronica certificata e li invitano a comunicare, entro tre mesi, l'indirizzo di posta elettronica certificata al quale ricevere tutte le comunicazioni relative alla procedura, avvertendoli di rendere nota ogni successiva variazione e che in caso di omessa indicazione le comunicazioni sono eseguite esclusivamente mediante deposito in cancelleria».

(3) Periodo così sostituito dall'art. 17.2, lett. f, n. 2, d.l. 18 ottobre 2012, n. 179, conv. in l. 17 dicembre 2012, n. 221. L'art. 17.4-5, d.l. cit., così dispone: «4. Salvo quanto previsto dal comma 3, le disposizioni di cui ai comma 1 e 2 del presente articolo si applicano dalla data di entrata in vigore della legge di conversione del presente decreto, anche alle procedure di fallimento, di concordato preventivo, di liquidazione coatta amministrativa e di amministrazione straordinaria pendenti, rispetto alle quali, alla stessa data, non è stata effettuata la comunicazione rispettivamente prevista dagli artt. 92, 171, 207 del r.d. 16 marzo 1942, n. 267 e dall'art. 22 d.lg. 8 luglio 1999, n. 270. || 5. Per le procedure in cui, alla data di entrata in vigore della legge di conversione del presente decreto, sia stata effettuata la comunicazione di cui al comma 4, le disposizioni di cui ai commi 1 e 2 del presente articolo si applicano a decorrere dal 31 ottobre 2013. Il curatore, il commissario giudiziale, il commissario liquidatore e il commissario straordinario entro il 30 giugno 2013 comunicano ai creditori e ai terzi titolari di diritti sui beni il loro indirizzo di posta elettronica certificata e li invitano a comunicare, entro tre mesi, l'indirizzo di posta elettronica certificata al quale ricevere tutte le comunicazioni relative alla procedura, avvertendoli di rendere nota ogni successiva variazione e che in caso di omessa indicazione le comunicazioni sono eseguite esclusivamente mediante deposito in cancelleria».

di consiglio non soggetta ad appello, con la quale:

a) richiama in ufficio il giudice delegato, o lo nomina di nuovo;

b) nomina il curatore;

c) impartisce l'ordine previsto dall'art. 8, comma 1, lett. *c*);

d) stabilisce i termini previsti dall'art. 8, comma 1, lett. *d*) ed *e*), abbreviandoli di non oltre la metà.

3. La sentenza è comunicata e affissa a norma dell'art. 8, comma 3.

Sezione III. — *Concordato*

78. *Concordato*. — 1. Dopo il decreto previsto dall'art. 97 della legge fallimentare, il Ministero dell'industria, su parere del commissario straordinario, sentito il comitato di sorveglianza, può autorizzare l'imprenditore dichiarato insolvente o un terzo a proporre al tribunale un concordato, osservate le disposizioni dell'art. 152 della legge fallimentare, se si tratta di società.

2. L'autorizzazione è concessa tenuto conto della convenienza del concordato e della sua compatibilità con il fine conservativo della procedura.

3. Si applicano le disposizioni dell'art. 214, secondo, terzo, quarto e quinto comma della legge fallimentare, sostituito al commissario liquidatore il commissario straordinario. I termini per proporre l'appello e il ricorso per cassazione previsti dal quarto comma dello stesso art. 214 decorrono dalla comunicazione della sentenza soggetta ad impugnazione.

79. *Concordato particolare del socio*. — 1. Nell'amministrazione straordinaria di una società con soci a responsabilità illimitata, ciascuno dei soci ammessi alla procedura può proporre un concordato ai creditori sociali e particolari che concorrono sul suo patrimonio con l'osservanza delle disposizioni dell'art. 78.

TITOLO IV

Gruppo di imprese

CAPO I

ESTENSIONE DELL'AMMINISTRAZIONE STRAORDINARIA ALLE IMPRESE DEL GRUPPO

80. *Definizioni*. — 1. Ai fini dell'applicazione delle disposizioni del presente capo si intendono:

a) per «procedura madre», la procedura di amministrazione straordinaria di una impresa che ha i requisiti previsti dagli artt. 2 e 27, facente parte di un gruppo;

b) per «imprese del gruppo»:

1) le imprese che controllano direttamente o indirettamente la società sottoposta alla procedura madre;

2) le società direttamente o indirettamente controllate dall'impresa sottoposta alla procedura madre o dall'impresa che la controlla;

3) le imprese che, per la composizione degli organi amministrativi o sulla base di altri concordanti elementi, risultano soggette ad una direzione comune a quella dell'impresa sottoposta alla procedura madre.

2. Agli effetti del comma 1, lett. *b*), nn. 1 e 2, il rapporto di controllo sussiste, anche con riferimento a soggetti diversi dalle società, nei casi previsti dall'art. 2359, primo e secondo comma, del codice civile.

81. *Amministrazione straordinaria delle imprese del gruppo*. — 1. Dalla data del decreto che dichiara aperta la procedura madre, e fino a quando la stessa è in corso, le imprese del gruppo soggette alle disposizioni sul fallimento, che si trovano in stato di insolvenza, possono essere ammesse all'amministrazione straordinaria indipendentemente dal possesso dei requisiti previsti nell'art. 2.

2. Le imprese del gruppo sono ammesse all'amministrazione straordinaria qualora presentino concrete prospettive di recupero dell'equilibrio economico delle attività imprenditoriali, nei modi indicati dall'art. 27, ovvero quando risulti comunque opportuna la gestione unitaria dell'insolvenza nell'ambito del gruppo, in quanto idonea ad agevolare, per i collegamenti di natura economica o produttiva esistenti tra le singole imprese, il raggiungimento degli obiettivi della procedura.

82. *Accertamento dei presupposti per l'ammissione alla procedura*. — 1. L'accertamento dei presupposti e delle condizioni per l'ammissione alla procedura di amministrazione straordinaria dell'impresa del gruppo è effettuato dal tribunale del luogo in cui essa ha la sede principale con l'osservanza delle disposizioni del titolo II e del capo I del titolo III.

2. Il ricorso per la dichiarazione dello stato di insolvenza dell'impresa del gruppo può essere proposto anche dal commissario straordinario della procedura madre.

83. *Informazioni sui rapporti di gruppo*. — 1. Al fine di accertare l'esistenza dei rapporti indicati nell'art. 80, comma 1, lett. *b*), il tribunale, il Ministero dell'industria ed il commissario straordinario possono chiedere informazioni alla Commissione nazionale per le società e la borsa e ad ogni altro pubblico ufficio. Possono chiedere, altresì, alle società fiduciarie previste dalla l. 23 novembre 1939, n. 1966 le generalità degli effettivi titolari di diritti sulle azioni intestate a loro nome.

2. Le informazioni sono fornite entro quindici giorni dalla richiesta.

84. *Conversione del fallimento in amministrazione straordinaria*. — 1. Se il decreto che dichiara aperta la procedura madre è emesso dopo la sentenza di fallimento di una impresa del gruppo, il tribunale che ha dichiarato il fallimento ne dispone la conversione in amministrazione straordinaria, qualora sussistano i presupposti stabiliti dall'art. 81 e sempre che non sia già esaurita la liquidazione dell'attivo. Il tribunale provvede su istanza di chiunque vi abbia interesse o d'ufficio.

2. Ai fini indicati nel comma 1, il tribunale invita con decreto il curatore ed il commissario straordinario a depositare in cancelleria ed a trasmettere al Ministro dell'industria entro trenta giorni una relazione contenente una valutazione motivata circa la sussistenza dei presupposti per la conversione.

3. Si applicano, in quanto compatibili, le disposizioni degli artt. 28, commi 4 e 5, 29, 30 e 33, sostituiti al commissario giudiziale il curatore ed il commissario straordinario.

85. *Organi della procedura e imputazione delle spese*. — 1. Alla procedura di amministrazione straordinaria dell'impresa del gruppo sono preposti gli stessi organi nominati per la procedura madre, salva l'eventuale integrazione del comitato di sorveglianza, anche in eccedenza rispetto al numero massimo dei componenti stabilito dal comma 1 dell'art. 45, al fine di assicurare il rispetto della disposizione prevista dal secondo periodo dello stesso comma 1 dell'art. 45.

2. Le spese generali della procedura sono imputate alle singole imprese del gruppo in proporzione delle rispettive masse attive.

86. *Programma delle imprese del gruppo*. — 1. Se l'impresa del gruppo è stata ammessa alla procedura di amministrazione straordinaria nel concorso delle condizioni indicate nell'art. 27, il commissario straordinario predispone un programma secondo uno degli indirizzi alternativi previsti dal comma 2 del medesimo articolo.

2. Se l'impresa del gruppo è stata ammessa alla procedura in assenza delle condizioni indicate nell'art. 27, ed in considerazione della opportunità della gestione unitaria dell'insolvenza nell'ambito del gruppo, il commissario straordinario predispone un programma integrativo di quello approvato a norma dell'art. 57 nell'ambito della procedura madre o in relazione ad altra impresa del gruppo ammessa alla procedura.

3. Il commissario provvede a norma dei commi 1 e 2 nei termini stabiliti dall'art. 54, ridotti della metà.

87. *Conversione dell'amministrazione straordinaria in fallimento*. — 1. La conversione in fallimento e la chiusura della procedura madre a norma degli artt. 11, 69, 70 e 74, comma 1, determinano la conversione in fallimento della procedura di amministrazione straordinaria delle imprese del gruppo in rapporto alle quali non sussistono le condizioni previste dall'art. 27.

CAPO II

Responsabilità e azioni revocatorie

88. *Definizioni*. — 1. Ai fini dell'applicazione delle disposizioni del presente capo si intendono:

a) per «impresa dichiarata insolvente», l'impresa dichiarata insolvente a norma dell'art. 3, anche se successivamente ammessa alla procedura di amministrazione straordinaria o dichiarata fallita, nonché l'impresa che, nel caso previsto dall'art. 35, avrebbe dovuto essere dichiarata insolvente a norma del medesimo art. 3;

b) per «imprese del gruppo», le imprese, anche non insolventi, che si trovano nei rapporti indicati dall'art. 80, comma 1, lett. *b*), con l'impresa dichiarata insolvente;

c) per «società del gruppo», le imprese del gruppo costituite in forma societaria.

89. *Denuncia al tribunale*. — 1. Il commissario giudiziale, il commissario straordinario e il curatore dell'impresa dichiarata insolvente possono proporre la denuncia prevista dall'art. 2409 del codice civile contro gli amministratori e i sindaci delle società del gruppo.

2. Nel caso di accertamento delle gravi irregolarità denunciate, il commissario o il curatore denunciante può essere nominato amministratore giudiziario della società del gruppo a norma del terzo comma dell'art. 2409 del codice civile.

90. *Responsabilità nei casi di direzione unitaria*. — 1. Nei casi di direzione unitaria delle imprese del gruppo, gli amministratori delle società che hanno abusato di tale direzione rispondono in solido con gli amministratori della società dichiarata insolvente dei danni da questi cagionati alla società stessa in conseguenza delle direttive impartite.

91. *Azioni revocatorie*. — 1. Fermo quanto stabilito dall'art. 49, comma 1, il commissario straordinario ed il curatore dell'impresa dichiarata insolvente possono proporre l'azione revocatoria prevista dall'art. 67 della legge fallimentare nei confronti delle imprese del gruppo relativamente agli atti indicati nei nn. 1, 2 e 3 dello stesso articolo compiuti nei cinque anni anteriori alla dichiarazione dello stato di insolvenza, e relativamente agli atti indicati nel n. 4 e nel secondo comma dello stesso articolo compiuti nei tre anni anteriori.

2. Al fine dell'esperimento dell'azione il commissario straordinario ed il curatore possono chiedere le informazioni previste dall'art. 83.

TITOLO V

Disposizioni comuni di procedura

92. *Composizione collegiale del tribunale*. — 1. Il tribunale dichiara lo stato di insolvenza e adotta gli altri provvedimenti previsti dal presente decreto in composizione collegiale.

2. Nell'ambito della procedura regolata dal presente decreto, il tribunale giudica altresì in composizione collegiale nelle cause relative all'accertamento del passivo previste dagli artt. 98 e seguenti della legge fallimentare e nelle cause di approvazione del concordato previste dall'art. 214, terzo comma, della medesima legge.

93. *Sospensione dei termini processuali*. — 1. La sospensione dei termini processuali, prevista dalla l. 7 ottobre 1969, n. 742, non si applica:

a) ai procedimenti per la dichiarazione dello stato di insolvenza e di opposizione alla medesima;

b) al procedimento per l'apertura della procedura di amministrazione straordinaria o la dichiarazione di fallimento dell'impresa insolvente, previsto dagli artt. 28, 29 e 30, ed al relativo procedimento di reclamo;

c) ai procedimenti di conversione dell'amministrazione straordinaria in fallimento e di conversione del fallimento in amministrazione straordinaria, nonché ai relativi procedimenti di reclamo.

94. *Affissione con mezzi informatici*. — 1. In tutti i casi in cui il presente decreto prevede, anche mediante rinvio a disposizioni della legge fallimentare, l'affissione di atti, provvedimenti, estratti o avvisi, questa è effettuata mediante il loro inserimento in una rete informatica accessibile al pubblico, secondo le modalità stabilite con regolamento del Ministro della giustizia, di concerto con i Ministri dell'industria e del tesoro, del bilancio e della programmazione economica.

2. Il regolamento stabilisce i criteri di imputazione alle imprese sottoposte alle procedure dei costi del servizio.

TITOLO VI

Disposizioni penali

95. *Applicabilità delle disposizioni penali della legge fallimentare*. — 1. La dichiarazione dello stato di insolvenza a norma degli artt. 3 e 82 è equiparata alla dichiarazione di fallimento ai fini dell'applicazione delle disposizioni dei capi I, II e IV del titolo VI della legge fallimentare.

2. Ai fini dell'applicazione dell'art. 220 della legge fallimentare, l'obbligo previsto dall'art. 16, secondo comma, n. 3, della medesima legge si intende sostituito dall'obbligo previsto dall'art. 8, comma 1, lett. *c*), del presente decreto.

96. *Reati del commissario giudiziale e del commissario straordinario*. — 1. Si applicano al commissario giudiziale ed al commissario straordinario le disposizioni degli artt. 228, 229 e 230 della legge fallimentare.

2. Le stesse disposizioni si applicano, altresì, alle persone che coadiuvano il commissario giudiziale o il commissario straordinario nell'amministrazione della procedura.

97. *Costituzione di parte civile*. — 1. La facoltà di costituzione di parte civile prevista dall'art. 240, primo comma, della legge fallimentare è esercitata, dopo la dichiarazione dello stato di insolvenza, dal commissario giudiziale e, dopo l'apertura della procedura di amministrazione straordinaria, dal commissario straordinario.

TITOLO VII

Disposizioni di coordinamento, transitorie e finali

98. *Modifica dell'art. 50-bis del codice di procedura civile*. — 1. . . . . (*omissis*).

99. *Modifica della disciplina penale della liquidazione coatta amministrativa*. — 1. Il secondo periodo del primo comma dell'art. 203 della legge fallimentare è abrogato.

2. L'art. 237 della legge fallimentare è sostituito dal seguente: . . . . (*omissis*).

100. *Modifica dell'art. 2-bis del d.l. 30 gennaio*

1979, n. 26. — 1. . . . . (*omissis*).

101. *Adeguamento delle disposizioni attuative dell'art. 2-bis del d.l. 30 gennaio 1979, n. 26*. — 1. Con regolamento emanato entro centoventi giorni dalla data di entrata in vigore del presente decreto (1), il Ministro del tesoro, del bilancio e della programmazione economica adegua le disposizioni attuative in ordine alle condizioni e modalità di prestazione della garanzia dello Stato per i debiti delle imprese in amministrazione straordinaria, previste dall'art. 2-*bis*, terzo comma, del d.l. 30 giugno (2) 1979, n. 26, convertito, con modificazioni, dalla l. 3 aprile 1979, n. 95, alla disciplina comunitaria in materia di aiuti di Stato per il salvataggio e la ristrutturazione di imprese in difficoltà e alle disposizioni del presente decreto.

102. *Pagamento di crediti di lavoro a carico del Fondo di garanzia*. — 1. Le domande dirette a conseguire il pagamento, a carico del Fondo di garanzia, dei crediti dei prestatori di lavoro subordinato alle dipendenze di imprese in amministrazione straordinaria e dei loro aventi causa, previsti dall'art. 2 della l. 29 maggio 1982, n. 297 e dall'art. 2 del d.lg. 27 gennaio 1992, n. 80, possono essere presentate dopo l'adozione dei provvedimenti indicati nell'art. 2, secondo e terzo comma, della citata l. n. 297 del 1982.

103. *Impiego della Guardia di finanza ai fini dell'espletamento dei compiti di vigilanza*. — 1. Ai fini dell'espletamento dei compiti previsti dall'art. 37, comma 3, il Ministero dell'industria, previa intesa con il Ministero delle finanze, può chiedere il distacco presso di esso di un contingente del personale della Guardia di finanza, nell'ambito delle vigenti strutture e dotazione organica del Corpo.

104. *Termine per l'emanazione dei regolamenti in materia di scelta dei commissari e di compensi*. — 1. I regolamenti previsti dagli artt. 39 e 47 sono emanati entro centoventi giorni dalla data di entrata in vigore del presente decreto.

2. Fino alla data di entrata in vigore del regolamento previsto dall'art. 39 si applicano ai commissari giudiziali ed ai commissari straordinari i requisiti per la nomina dei curatori fallimentari.

105. *Termine per l'emanazione del regolamento in materia di pubblicità con mezzi informatici*. — 1. Il regolamento previsto dall'art. 94 è emanato entro centottanta giorni dalla data di entrata in vigore del presente decreto ed entra in vigore decorsi centottanta giorni dalla pubblicazione del regolamento stesso nella *Gazzetta Ufficiale* della Repubblica.

2. Fino alla data di entrata in vigore del regolamento, nonché nei casi di indisponibilità presso gli uffici giudiziari delle dotazioni necessarie ai fini dell'effettuazione della pubblicità con mezzi informatici, l'affissione di atti, provvedimenti, estratti o avvisi, prevista dal presente decreto, è eseguita con mezzo cartaceo presso la porta esterna del tribunale; nei casi in cui è prevista l'applicazione delle disposizioni dell'art. 8, comma 3, un estratto del provvedimento è inoltre pubblicato nel foglio degli annunzi legali della provincia a cura del cancelliere.

3. Il regolamento stabilisce adeguate modalità di informazione del pubblico in ordine alla mancata effettuazione dell'affissione con mezzi informatici da parte dei singoli tribunali per indisponibilità delle necessarie dotazioni.

4. Fino alla data di entrata in vigore del regolamento, la pubblicità prevista dall'art. 38, comma 3, secondo periodo, è eseguita mediante pubblicazione nella *Gazzetta Ufficiale* della Repubblica.

106. *Procedure di amministrazione straordinaria in corso*. — 1. Salvo quanto previsto dal comma 3, le procedure di amministrazione straordinaria in corso alla data di entrata in vigore del presente decreto continuano ad essere regolate dalle disposizioni anteriormente vigenti, anche per quanto attiene al successivo assoggettamento ad amministrazione straordinaria delle società o imprese controllate, a direzione unica e garanti a norma dell'art. 3 del d.l. 30 gennaio 1979, n. 26, convertito, con modificazioni, dalla l. 3 aprile 1979, n. 95.

2. La procedura di amministrazione straordinaria si considera in corso quando, alla data di entrata in vigore del presente decreto, è stato giudizialmente accertato lo stato di insolvenza dell'impresa, ancorché non sia stato ancora emesso il decreto che dispone l'amministrazione straordinaria a norma dell'art. 1, quinto comma, o dell'art. 3, secondo comma, del citato d.l. n. 26 del 1979.

3. Alle procedure di amministrazione straordinaria in corso si applicano in ogni caso le disposizioni degli artt. 46, comma 3, 77 e 78 del presente decreto.

107. . . . . (3).

108. *Proroga del trattamento di cassa integra-*

(1) D.m. Economia e Finanze 23 dicembre 2004, n. 319, in G.U., 14 gennaio 2005, n. 10.
(2) *Recte*: «gennaio».
(3) Articolo abrogato dall'art. 7.4, l. 12 dicembre 2002, n. 273.

zione guadagni. — 1. Ferma l'applicazione della disciplina vigente in materia di interventi straordinari di integrazione salariale, i trattamenti a favore dei lavoratori dipendenti delle imprese sottoposte ad amministrazione straordinaria alla data di entrata in vigore del presente decreto, previsti dall'art. 3 della l. 23 luglio 1991, n. 223, possono essere ulteriormente prorogati alla scadenza, su proposta del Ministero dell'industria, per un periodo massimo di dodici mesi, nei limiti di disponibilità stabiliti dall'art. 5, comma 1, della l. 30 luglio 1998, n. 274.

2. La proposta del Ministero dell'industria, prevista dal comma 1, costituisce criterio di priorità ai fini della concessione dei trattamenti ivi indicati.

109. *Abrogazioni*. — 1. Sono abrogati:

a) il d.l. 30 giugno (1) 1979, n. 26, convertito, con modificazioni, dalla l. 3 aprile 1979, n. 95, e successive modificazioni, fatta eccezione per l'art. 2-*bis*;

b) l'art. 8, terzo comma, della l. 28 novembre 1980, n. 784;

c) l'art. 4 del d.l. 31 luglio 1981, n. 414, convertito, con modificazioni, dalla l. 2 ottobre 1981, n. 544;

d) il d.l. 28 aprile 1982, n. 185, convertito, con modificazioni, dalla l. 25 giugno 1982, n. 381;

e) l'art. 2 del d.l. 9 aprile 1984, n. 62, convertito, con modificazioni, dalla l. 8 giugno 1984, n. 212;

f) gli artt. 2 e 3 del d.l. 9 dicembre 1986, n. 835, convertito, con modificazioni, dalla l. 6 febbraio 1987, n. 19;

g) l'art. 6, comma 2, del d.l. 4 settembre 1987, n. 366, convertito, con modificazioni, dalla l. 3 novembre 1987, n. 452;

h) la l. 23 agosto 1988, n. 391;

i) l'art. 19 del d.l. 31 dicembre 1996, n. 669, convertito, con modificazioni, dalla l. 28 febbraio 1997, n. 30.

2. È abrogata ogni altra disposizione incompatibile con il presente decreto.

110. *Norma di coordinamento*. — 1. I riferimenti contenuti in norme vigenti, non abrogate esplicitamente o implicitamente dal presente decreto, alle disposizioni del d.l. 30 giugno (1) 1979, n. 26, convertito, con modificazioni, dalla l. 3 aprile 1979, n. 95, si intendono effettuati alle corrispondenti disposizioni del presente decreto.

XXII. 4.

DECRETO LEGGE 23 dicembre 2003, n. 347. — *Misure urgenti per la ristrutturazione industriale di grandi imprese in stato di insolvenza* (2), *convertito, con modificazioni, in l. 18 febbraio 2004, n. 39* (3).

1. *Requisiti per l'ammissione*. — 1. Le disposizioni del presente decreto si applicano alle imprese soggette alle disposizioni sul fallimento in stato di insolvenza che intendono avvalersi della procedura di ristrutturazione economica e finanziaria di cui all'art. 27, comma 2, lett. *b*), del d.lg. 8 luglio 1999, n. 270 di seguito denominato: «d.lg. n. 270» (4) ovvero del programma di cessione dei complessi aziendali, di cui all'art. 27, comma 2, lett. *a*), del medesimo decreto (4) (5), purché abbiano, singolarmente o, come gruppo di imprese costituito da almeno un anno, entrambi i seguenti requisiti:

a) lavoratori subordinati, compresi quelli ammessi al trattamento di integrazione dei guadagni, non inferiori a cinquecento da almeno un anno;

b) debiti, inclusi quelli derivanti da garanzie rilasciate, per un ammontare complessivo non inferiore a trecento milioni di euro (6).

2. *Ammissione immediata all'amministrazione straordinaria*. — 1. L'impresa che si trovi nelle condizioni di cui all'art. 1 può richiedere al Ministro delle attività produttive, con istanza motivata e corredata di adeguata documentazione, presentando contestuale ricorso per la dichiarazione dello stato di insolvenza al tribunale competente ai sensi dell'art. 27, com-

(1) *Recte*: «gennaio».

(2) G.U., 24 dicembre 2003, n. 298.

(3) G.U., 20 febbraio 2004, n. 42. L'art. 1.13-*ter*, d.l. 28 agosto 2008, n. 134, conv. in l. 27 ottobre 2008, n. 166, così dispone: «Le disposizioni del presente decreto nonché quelle del d.l. n. 347 e del d.lg. 8 luglio 1999, n. 270, che si applicano alla cessione di complessi aziendali, aziende o rami di aziende si applicano, altresì, alla cessione dei complessi di beni e contratti».

(4) In *Leggi coll. XXII, 3*.

(5) Le parole «ovvero del programma di cessione dei complessi aziendali, di cui all'art. 27, comma 2, lett. *a*), del medesimo decreto» sono state inserite dall'art. 1.1, d.l. 28 agosto 2008, n. 134, conv. in l. 27 ottobre 2008, n. 166.

(6) Articolo così sostituito dall'art. 1, d.l. 29 novembre 2004, n. 281, conv. in l. 28 gennaio 2005, n. 6.

ma 1, del codice della crisi e dell'insolvenza (1), l'ammissione alla procedura di amministrazione straordinaria, tramite la ristrutturazione economica e finanziaria di cui all'art. 27, comma 2, lett. *b*), del d.lg. n. 270, ovvero tramite la cessione dei complessi aziendali di cui al comma 2, lett. *a*), del medesimo art. 27 (2) (3).

2. Con proprio decreto il Ministro delle attività produttive provvede, valutati i requisiti di cui all'art. 1 all'ammissione immediata dell'impresa alla procedura di amministrazione straordinaria e alla nomina del commissario straordinario, con le modalità di cui all'art. 38 del d.lg. n. 270 (2) in conformità ai criteri fissati dal medesimo Ministro (4). Per le imprese operanti nel settore dei servizi pubblici essenziali ovvero che gestiscono almeno uno stabilimento industriale di interesse strategico nazionale ai sensi dell'art. 1 del d.l. 3 dicembre 2012, n. 207, convertito, con modificazioni, dalla l. 24 dicembre 2012, n. 231 (5), l'ammissione immediata alla procedura di amministrazione straordinaria, la nomina del commissario straordinario e la determinazione del relativo compenso, ivi incluse le altre condizioni dell'incarico anche in deroga alla vigente normativa in materia, sono disposte con decreto del Presidente del Consiglio dei Ministri o del Ministro dello sviluppo economico, con le modalità di cui all'art. 38 del d.lg. n. 270 (2), in quanto compatibili, e in conformità ai criteri fissati dal medesimo decreto. Tale decreto può prescrivere il compimento di atti necessari al conseguimento delle finalità della procedura (6).

2-*bis.* Il decreto di cui al comma 2 determina lo spossessamento del debitore e l'affidamento al commissario straordinario della gestione dell'impresa e dell'amministrazione dei beni dell'imprenditore insolvente. Determina altresì gli effetti di cui all'art. 48 del d.lg. n. 270 (2) e agli artt. 42, 44, 45, 46 e 47 del r.d. 16 marzo 1942, n. 267 (7). Nelle controversie, anche in corso, relative a rapporti di diritto patrimoniale dell'impresa, sta in giudizio il commissario straordinario (8).

2-*ter.* L'istanza per l'ammissione alla procedura di amministrazione straordinaria di imprese che gestiscono almeno uno stabilimento industriale di interesse strategico nazionale ai sensi dell'art. 1 del d.l. 3 dicembre 2012, n. 207, convertito, con modificazioni, dalla l. 24 dicembre 2012, n. 231, che sono soggette al commissariamento straordinario ai sensi del d.l. 4 giugno 2013, n. 61, convertito, con modificazioni, dalla l. 3 agosto 2013, n. 89, è presentata dal commissario straordinario. In tal caso, il commissario straordinario ai sensi del medesimo d.l. n. 61 del 2013 può essere nominato commissario straordinario della procedura di amministrazione straordinaria (9).

3. Il decreto di cui al comma 2 è comunicato immediatamente al competente tribunale (10).

3. *Funzioni del commissario straordinario*. — 1. Il commissario straordinario (11), sino alla dichiarazione dello stato di insolvenza, provvede all'amministrazione dell'impresa, compiendo ogni atto utile all'accertamento dello stato di insolvenza.

1-*bis.* Il giudice delegato, prima dell'autorizzazione del programma [...] (12), può autoriz-

(1) Le parole «competente ai sensi dell'art. 27, comma 1, del codice della crisi e dell'insolvenza» sono state così sostituite alle precedenti «del luogo in cui essa ha la sede principale» dall'art. 350.2, d.lg. 12 gennaio 2019, n. 14. In base all'art. 389.2, d.lg. cit., tali disposizioni «entrano in vigore il trentesimo giorno successivo alla pubblicazione nella *Gazzetta Ufficiale* del presente decreto».

(2) In *Leggi coll. XXII, 3*.

(3) Le parole da «la ristrutturazione economica e finanziaria» fino a «del medesimo art. 27» sono state così sostituite alle precedenti «la ristrutturazione economica e finanziaria di cui all'art. 1» dall'art. 1.2, d.l. 28 agosto 2008, n. 134, conv. in l. 27 ottobre 2008, n. 166.

(4) Per i criteri per la nomina dei commissari straordinari v. provvedimento Attività produttive 24 dicembre 2003, in G.U., 6 aprile 2004, n. 81.

(5) Le parole «ovvero che gestiscono almeno uno stabilimento industriale di interesse strategico nazionale ai sensi dell'art. 1 del d.l. 3 dicembre 2012, n. 207, convertito, con modificazioni, dalla l. 24 dicembre 2012, n. 231» sono state inserite dall'art. 1.1, d.l. 5 gennaio 2015, n. 1, conv. in l. 4 marzo 2015, n. 20.

(6) I periodi da «Per le imprese operanti nel settore dei servizi pubblici essenziali» fino alla fine del comma sono stati aggiunti dall'art. 1.3, d.l. 28 agosto 2008, n. 134, conv. in l. 27 ottobre 2008, n. 166.

(7) In *Leggi coll. XXII, 1*.

(8) Comma inserito dall'art. 4-*bis*, d.l. 3 maggio 2004, n. 119, conv. in l. 5 luglio 2004, n. 166.

(9) Comma inserito dall'art. 1.2, d.l. 5 gennaio 2015, n. 1, conv. in l. 4 marzo 2015, n. 20.

(10) In relazione agli imprenditori agricoli fornitori delle imprese ammesse all'amministrazione straordinaria v. art. 4, d.l. 27 gennaio 2004, n. 16, conv. in l. 27 marzo 2004, n. 77.

(11) Le parole «svolge anche le funzioni attribuite al commissario giudiziale di cui al d.lg. n. 270 e» sono state soppresse dall'art. 1.1, lett. a, d.l. 3 maggio 2004, n. 119, conv. in l. 5 luglio 2004, n. 166.

(12) Le parole «di ristrutturazione» sono state soppresse dall'art. 1.4, d.l. 28 agosto 2008, n. 134, conv. in l. 27 ottobre 2008, n. 166.

zare il commissario straordinario al pagamento di creditori anteriori, quando ciò sia necessario per evitare un grave pregiudizio alla continuazione dell'attività d'impresa o alla consistenza patrimoniale dell'impresa stessa (1).

1-*ter*. Per le imprese che gestiscono almeno uno stabilimento industriale di interesse strategico nazionale ai sensi dell'art. 1 del d.l. 3 dicembre 2012, n. 207, convertito, con modificazioni, dalla l. 24 dicembre 2012, n. 231, e che sono ammesse alla procedura di amministrazione straordinaria di cui al presente decreto, i crediti anteriori all'ammissione alla procedura, vantati da piccole e medie imprese individuate dalla racc. 2003/361/CE della Commissione, del 6 maggio 2003, relativi a prestazioni necessarie al risanamento ambientale, alla sicurezza e alla continuità dell'attività degli impianti produttivi essenziali nonché i crediti anteriori relativi al risanamento ambientale, alla sicurezza e all'attuazione degli interventi in materia di tutela dell'ambiente e della salute previsti dal piano di cui al d.p.c.m. 14 marzo 2014, pubblicato nella *Gazzetta Ufficiale* n. 105 dell'8 maggio 2014, sono prededucibili ai sensi dell'art. 111 del r.d. 16 marzo 1942, n. 267, e successive modificazioni (2) (3) (4).

2. .... (5).

3. Quando ricorrono le condizioni di cui all'art. 81 del d.lg. n. 270 (6), il commissario straordinario (7) può richiedere al Ministro delle attività produttive l'ammissione alla procedura di amministrazione straordinaria di altre imprese del gruppo, presentando contestuale ricorso per la dichiarazione dello stato di insolvenza al tribunale che ha dichiarato l'insolvenza dell'impresa di cui all'art. 2, comma 1 (8). Per «imprese del gruppo» si intendono anche le imprese partecipate che intrattengono, in via sostanzialmente esclusiva, rapporti contrattuali con l'impresa sottoposta alle procedure previste dal presente decreto, per la fornitura di servizi necessari allo svolgimento dell'attività. Alle imprese del gruppo si applica la stessa disciplina prevista dal presente decreto per l'impresa soggetta alle procedure di cui al presente comma (9).

3-*bis*. Le procedure relative alle imprese del gruppo di cui al comma 3 possono attuarsi unitamente a quella relativa alla capogruppo, a norma dell'art. 4, comma 2, ovvero in via autonoma, attraverso un programma di ristrutturazione o mediante un programma di cessione, nel rispetto dei termini di cui all'art. 4, commi 2 e 3 (10).

4. *Accertamento dello stato di insolvenza e programma del commissario straordinario* (11). — 1. Il tribunale, con sentenza pubblicata entro quindici (12) giorni dalla comunicazione del decreto di cui all'art. 2, comma 2, sentiti il commissario straordinario, ove lo ritenga necessario, e il debitore nelle ipotesi di cui all'art. 3, comma 3 (13), dichiara lo stato di insolvenza dell'impresa e assume i provvedimenti di cui all'art. 8, comma 1, lett. *a*), *d*) ed *e*), del d.lg. n. 270 (6). La sentenza determina, con riferimento alla data del decreto di ammissione alla procedura di amministrazione straordinaria,

(1) Comma inserito dall'art. 1.1, lett. b, d.l. 3 maggio 2004, n. 119, conv. in l. 5 luglio 2004, n. 166.

(2) In *Leggi coll. XXII, 1.*

(3) Comma inserito dall'art. 1.2-*bis*, d.l. 5 gennaio 2015, n. 1, conv. in l. 4 marzo 2015, n. 20.

(4) L'art. 8.1-*bis*, d.l. 20 giugno 2017, n. 91, conv. in l. 3 agosto 2017, n. 123, «si interpreta nel senso che nella categoria dei crediti prededucibili ai sensi dell'art. 111 del r.d. 16 marzo 1942, n. 267, e successive modificazioni, rientrano quelli delle imprese di autotrasporto che consentono le attività ivi previste e la funzionalità degli impianti produttivi dell'ILVA».

(5) Comma abrogato dall'art. 1.1, lett. c, d.l. 3 maggio 2004, n. 119, conv. in l. 5 luglio 2004, n. 166.

(6) In *Leggi coll. XXII, 3.*

(7) Le parole «Quando ricorrono le condizioni di cui all'art. 81 del d.lg. n. 270, il commissario straordinario» sono state così sostituite alle precedenti «Il commissario straordinario» dall'art. 1.1, lett. d, d.l. 3 maggio 2004, n. 119, conv. in l. 5 luglio 2004, n. 166.

(8) Le parole «al tribunale che ha dichiarato l'insolvenza dell'impresa di cui all'art. 2, comma 1» sono state così sostituite alle precedenti «al tribunale di cui all'art. 2, comma 1» dall'art. 1.1, lett. d, d.l. 3 maggio 2004, n. 119, conv. in l. 5 luglio 2004, n. 166.

(9) I periodi da «Per "imprese del gruppo"» fino alla fine del comma sono stati aggiunti dall'art. 1.5, d.l. 28 agosto 2008, n. 134, conv. in l. 27 ottobre 2008, n. 166.

(10) Comma aggiunto dall'art. 1.1, lett. e, d.l. 3 maggio 2004, n. 119, conv. in l. 5 luglio 2004, n. 166.

(11) Le parole «del commissario straordinario» sono state così sostituite alle precedenti «di ristrutturazione» dall'art. 1.6, d.l. 28 agosto 2008, n. 134, conv. in l. 27 ottobre 2008, n. 166.

(12) La parola «quindici» è stata sostituita alla precedente «cinque» dall'art. 2.1, lett. 0a, d.l. 3 maggio 2004, n. 119, conv. in l. 5 luglio 2004, n. 166.

(13) Le parole «sentiti il commissario straordinario, ove lo ritenga necessario, e il debitore nelle ipotesi di cui all'art. 3, comma 3» sono state così sostituite alle precedenti «sentito il commissario straordinario» dall'art. 2.1, lett. 0a, d.l. 3 maggio 2004, n. 119, conv. in l. 5 luglio 2004, n. 166.

gli effetti di cui al d.lg. n. 270 (1), in quanto compatibili (2).

1-*bis*. Qualora il tribunale respinga la richiesta di dichiarazione dello stato di insolvenza ovvero accerti l'insussistenza di anche uno solo dei requisiti previsti dall'art. 1 (3), cessano gli effetti del decreto di cui all'art. 2, comma 2. Restano in ogni caso salvi gli effetti degli atti legalmente compiuti dagli organi della procedura.

2. Salvo che per le imprese di cui all'art. 2, comma 2, secondo periodo (4), per le quali sia stato fatto immediato ricorso alla trattativa di cui al comma 4-*quater* del presente articolo, e con esclusivo riferimento ai beni, rami e complessi aziendali oggetto della stessa (5), entro centottanta giorni dalla data del decreto di nomina, il commissario straordinario presenta al Ministro delle attività produttive il programma di cui all'art. 54 del d.lg. n. 270 (1), redatto secondo l'indirizzo di cui all'art. 27, comma 2, lett. *a*), ovvero (6) lett. *b*), del decreto medesimo, considerando specificamente, anche ai fini di cui all'art. 4-*bis*, la posizione dei piccoli risparmiatori persone fisiche, che abbiano investito in obbligazioni, emesse o garantite dall'impresa in amministrazione straordinaria (7). Contestualmente, il commissario presenta al giudice delegato la relazione contenente la descrizione particolareggiata delle cause di insolvenza, prevista dall'art. 28 del d.lg. n. 270 (1), accompagnata dallo stato analitico ed estimativo delle attività e dall'elenco nominativo dei creditori, con l'indicazione dei rispettivi crediti e delle cause di prelazione.

2-*bis*. Un estratto della relazione e del programma è pubblicato, tempestivamente, in almeno due quotidiani a diffusione nazionale o internazionale, ovvero secondo altra modalità ritenuta idonea dal giudice delegato, con l'avvertimento che l'imprenditore insolvente, i creditori e ogni altro interessato hanno facoltà di prenderne visione e di estrarne copia, eventualmente mediante collegamento a rete informatica accessibile al pubblico secondo modalità stabilite dal giudice delegato. Si applica, anche con riferimento alla relazione, la disposizione di cui all'art. 59 del d.lg. n. 270 (1) (8).

3. Su richiesta motivata del commissario, il termine per la presentazione del programma può essere prorogato dal Ministro delle attività produttive, per non più di ulteriori novanta giorni.

3-*bis*. Nel caso in cui al termine di scadenza il programma non risulti completato, anche in ragione del protrarsi delle conseguenze negative di ordine economico e produttivo generate dagli eventi sismici del 2009 nella regione Abruzzo, nonché delle conseguenti difficoltà connesse alla definizione dei problemi occupazionali, il Ministro dello sviluppo economico, su istanza del Commissario straordinario, sentito il Comitato di sorveglianza, può disporre nel limite massimo di 1 milione di euro per il 2010 la proroga del termine di esecuzione del programma per i gruppi industriali con imprese ed unità locali nella regione Abruzzo, fino al 31 dicembre 2010, compatibilmente con il predetto limite di spesa. Agli oneri derivanti dall'attuazione del presente comma si provvede, per l'anno 2010, mediante corrispondente utilizzo di quota parte delle maggiori entrate derivanti dai commi 13-*bis*, 13-*ter* e 13-*quater* dell'art. 38 (9).

4. Qualora non sia possibile adottare, oppure il Ministro non autorizzi il programma di cui all'art. 27, comma 2, lett. *a*), né quello di cui alla lett. *b*), del d.lg. n. 270 (1), il tribunale, sentito il commissario straordinario, dispone la conversione della procedura di amministrazione straordinaria in fallimento, ferma restando la disciplina dell'art. 70 del d.lg. n. 270 (1) (10).

(1) In *Leggi coll. XXII, 3*.

(2) Ultimo periodo aggiunto dall'art. 2.1, lett. 0a, d.l. 3 maggio 2004, n. 119, conv. in l. 5 luglio 2004, n. 166.

(3) Le parole «Qualora il tribunale respinga la richiesta di dichiarazione dello stato di insolvenza ovvero accerti l'insussistenza di anche uno solo dei requisiti previsti dall'art. 1» sono state così sostituite alle precedenti «Qualora il tribunale accerti l'insussistenza dello stato di insolvenza, ovvero anche di uno solo dei requisiti previsti dall'art. 1» dall'art. 2.1, lett. 00a, d.l. 3 maggio 2004, n. 119, conv. in l. 5 luglio 2004, n. 166.

(4) Le parole «di cui all'art. 2, comma 2, secondo periodo,» sono state così sostituite alle precedenti «operanti nel settore dei servizi pubblici essenziali» dall'art. 1.3, d.l. 5 gennaio 2015, n. 1, conv. in l. 4 marzo 2015, n. 20.

(5) Le parole da «Salvo che» fino a «oggetto della stessa,» sono state premesse dall'art. 1.6-*bis*, d.l. 28 agosto 2008, n. 134, conv. in l. 27 ottobre 2008, n. 166.

(6) Le parole «lett. *a*), ovvero» sono state inserite dall'art. 1.7, d.l. 28 agosto 2008, n. 134, conv. in l. 27 ottobre 2008, n. 166.

(7) Le parole da «, considerando» fino a «straordinaria» sono state inserite dall'art. 2.1, lett. a, d.l. 3 maggio 2004, n. 119, conv. in l. 5 luglio 2004, n. 166.

(8) Comma inserito dall'art. 2.1, lett. b, d.l. 3 maggio 2004, n. 119, conv. in l. 5 luglio 2004, n. 166.

(9) Comma inserito dall'art. 39, comma 4-*quater*, d.l. 31 maggio 2010, n. 78, conv. in l. 30 luglio 2010, n. 122.

(10) Comma così sostituito dall'art. 1.8, d.l. 28 agosto 2008, n. 134, conv. in l. 27 ottobre 2008, n. 166.

4-*bis*. Il programma di cessione può anche essere presentato (1) dal commissario straordinario entro sessanta giorni dalla comunicazione della mancata autorizzazione del programma di ristrutturazione. Se il programma di cessione è autorizzato, in deroga a quanto previsto dall'art. 27, comma 2, lett. *a*), del d.lg. n. 270 (2), la prosecuzione dell'esercizio d'impresa può avere una durata non superiore a due anni, decorrenti dalla data dell'autorizzazione (3).

4-*ter*. Nel caso in cui al termine di scadenza il programma risulti eseguito solo in parte, in ragione della particolare complessità delle operazioni attinenti alla ristrutturazione o alla cessione a terzi dei complessi aziendali e delle difficoltà connesse alla definizione dei problemi occupazionali, il Ministro dello sviluppo economico, su istanza del commissario straordinario, sentito il comitato di sorveglianza, può disporre la proroga del termine di esecuzione del programma per un massimo di dodici mesi (4).

4-*ter*.1. Nel caso in cui, al termine di scadenza, il programma non risulti completato, in ragione delle conseguenze negative di ordine economico e produttivo generate dagli eventi sismici del 2009 nella regione Abruzzo, nonché delle conseguenti difficoltà connesse alla definizione dei problemi occupazionali, il Ministro dello sviluppo economico, su istanza del commissario straordinario, sentito il comitato di sorveglianza, può disporre la proroga del termine di esecuzione del programma per le imprese con unità locali nella regione Abruzzo, fino al 30 giugno 2010 (5).

4-*ter*.2. Nel caso in cui al termine di scadenza il programma non risulti completato, in ragione del protrarsi delle conseguenze di ordine economico e produttivo determinate dagli eventi sismici del 2009 nella regione Abruzzo che continuano a generare complessità nelle operazioni attinenti alla ristrutturazione o alla cessione a terzi dei complessi aziendali, il Ministro dello sviluppo economico, su istanza del Commissario straordinario, sentito il Comitato di sorveglianza, può disporre la proroga del termine di esecuzione del programma per i gruppi industriali con imprese o unità locali nella regione Abruzzo, fino al 30 giugno 2011. Agli oneri derivanti dall'attuazione delle disposizioni di cui al presente comma, nel limite massimo di 2.500.000 euro per l'anno 2011, si provvede a valere sulle risorse di cui all'art. 14, comma 1, del d.l. 28 aprile 2009, n. 39, convertito, con modificazioni, dalla l. 24 giugno 2009, n. 77 (6).

4-*quater*. Fermo restando il rispetto dei principi di trasparenza e non discriminazione per ogni operazione disciplinata dal presente decreto, in deroga al disposto dell'art. 62 del d.lg. 8 luglio 1999, n. 270 (2), e con riferimento alle imprese di cui all'art. 2, comma 2, secondo periodo, e alle imprese del gruppo, il commissario straordinario individua l'affittuario o l'acquirente, a trattativa privata, tra i soggetti che garantiscono, a seconda dei casi, la continuità nel medio periodo del relativo servizio pubblico essenziale ovvero la continuità produttiva dello stabilimento industriale di interesse strategico nazionale anche con riferimento alla garanzia di adeguati livelli occupazionali, nonché la rapidità ed efficienza dell'intervento e il rispetto dei requisiti previsti dalla legislazione nazionale e dai Trattati sottoscritti dall'Italia. Il canone di affitto o il prezzo di cessione non sono inferiori a quelli di mercato come risultanti da perizia effettuata da primaria istituzione finanziaria con funzione di esperto indipendente, individuata con decreto del Ministro dello sviluppo economico. Il commissario straordinario richiede al potenziale affittuario o acquirente, contestualmente alla presentazione dell'offerta, la presentazione di un piano industriale e finanziario nel quale devono essere indicati gli investimenti, con le risorse finanziarie necessarie e le relative modalità di copertura, che si intendono effettuare per garantire le predette finalità nonché gli obiettivi strategici della produzione industriale degli stabilimenti del gruppo. Si applicano i commi terzo, quinto e sesto dell'art. 104-*bis* del r.d. 16 marzo 1942, n. 267 (7). L'autorizzazione di cui al quinto comma dell'art. 104-*bis* del r.d. 16 marzo 1942, n. 267 (7), è rilasciata dal Ministro dello sviluppo economico e al comitato dei creditori previsto dal terzo e quinto comma si sostituisce il comitato di sorveglianza. Si applicano i com-

(1) Le parole «può anche essere presentato» sono state così sostituite alle precedenti «è presentato» dall'art. 1.9, d.l. 28 agosto 2008, n. 134, conv. in l. 27 ottobre 2008, n. 166.
(2) In *Leggi coll. XXII, 3.*
(3) Comma aggiunto dall'art. 2.1, lett. c, d.l. 3 maggio 2004, n. 119, conv. in l. 5 luglio 2004, n. 166.
(4) Comma aggiunto dall'art. 8-*bis*.5, d.l. 2 luglio 2007, n. 81, conv. in l. 3 agosto 2007, n. 127.
(5) Comma inserito dall'art. 23.14-*bis*, d.l. 1° luglio 2009, n. 78, conv. in l. 3 agosto 2009, n. 102.
(6) Comma inserito dall'art. 2.3-*quinquies*, d.l. 29 dicembre 2010, n. 225, conv. in l. 26 febbraio 2011, n. 10.
(7) In *Leggi coll. XXII, 1.*

mi dal quarto al nono dell'art. 105 del r.d. 16 marzo 1942, n. 267 (1) (2).

4-*quinquies*. Con riferimento alle imprese di cui all'art. 2, comma 2, secondo periodo, le operazioni di concentrazione connesse o contestuali o comunque previste nel programma debitamente autorizzato di cui al comma 2 del presente articolo, ovvero nel provvedimento di autorizzazione di cui al comma 1 dell'art. 5, rispondono a preminenti interessi generali e sono escluse dalla necessità dell'autorizzazione di cui alla l. 10 ottobre 1990, n. 287, fermo quanto previsto dagli artt. 2 e 3 della stessa legge (3). Fatto salvo quanto previsto dalla normativa comunitaria, qualora le suddette operazioni di concentrazione rientrino nella competenza dell'Autorità garante della concorrenza e del mercato, le parti sono, comunque, tenute a notificare preventivamente le suddette operazioni all'Autorità unitamente alla proposta di misure comportamentali idonee a prevenire il rischio di imposizione di prezzi o altre condizioni contrattuali ingiustificatamente gravose per i consumatori in conseguenza dell'operazione. L'Autorità, con propria deliberazione adottata entro trenta giorni dalla comunicazione dell'operazione, prescrive le suddette misure con le modificazioni e integrazioni ritenute necessarie; definisce altresì il termine, comunque non inferiore a tre anni, entro il quale le posizioni di monopolio eventualmente determinatesi devono cessare. In caso di inottemperanza si applicano le sanzioni di cui all'art. 19 della citata legge n. 287 del 1990 (3). Il presente comma si applica alle operazioni effettuate entri il 30 giugno 2009 (4).

4-*sexies*. L'ammissione delle imprese di cui all'art. 2, comma 2, secondo periodo, alla procedura di amministrazione straordinaria di cui al presente decreto e lo stato economico e finanziario di tali imprese non comportano, per un periodo di diciotto mesi dalla data di ammissione alla procedura prevista dal presente decreto, il venir meno dei requisiti per il mantenimento, in capo alle stesse, delle eventuali autorizzazioni, certificazioni, licenze, concessioni o altri atti o titoli per l'esercizio e la conduzione delle relative attività svolte alla data di sottoposizione delle stesse alla procedura prevista dal presente decreto. In caso di affitto o cessione di aziende e rami di aziende ai sensi del presente decreto, le autorizzazioni, certificazioni, licenze, concessioni o altri atti o titoli sono rispettivamente trasferiti all'affittuario o all'acquirente (5).

4-*septies*. Per le procedure il cui programma risulti già prorogato ai sensi del comma 4-*ter* e che, in ragione della loro particolare complessità, non possano essere definite entro il termine indicato al suddetto comma, il Ministro dello sviluppo economico può disporre con le medesime modalità un'ulteriore proroga del termine di esecuzione del programma per un massimo di 12 mesi, o per un massimo di 24 mesi nel caso in cui, essendo stato autorizzato un programma di cessione dei complessi aziendali, tale cessione non sia ancora realizzata, in tutto o in parte, e risulti, sulla base di una specifica relazione del commissario straordinario, l'utile prosecuzione dell'esercizio d'impresa (6).

4-*bis*. *Concordato*. — 1. Nel programma [...] (7) il commissario straordinario può prevedere la soddisfazione dei creditori attraverso un concordato, di cui deve indicare dettagliatamente le condizioni e le eventuali garanzie. Il concordato può prevedere:

a) la suddivisione dei creditori in classi secondo la posizione giuridica ed interessi economici omogenei (8);

b) trattamenti differenziati fra creditori appartenenti a classi diverse;

c) la ristrutturazione dei debiti e la soddisfazione dei creditori attraverso qualsiasi forma tecnica, o giuridica, anche mediante accollo, fusione o altra operazione societaria (9); in

(1) In *Leggi coll. XXII, 1*.

(2) Comma aggiunto dall'art. 1.10, d.l. 28 agosto 2008, n. 134, conv. in l. 27 ottobre 2008, n. 166, e successivamente così sostituito dall'art. 1.4, d.l. 5 gennaio 2015, n. 1, conv. in l. 4 marzo 2015, n. 20.

(3) In *Leggi coll. XXI, 1*.

(4) Comma aggiunto dall'art. 1.10, d.l. 28 agosto 2008, n. 134, conv. in l. 27 ottobre 2008, n. 166.

(5) Comma aggiunto dall'art. 1.10, d.l. 28 agosto 2008, n. 134, conv. in l. 27 ottobre 2008, n. 166, e successivamente così sostituito dall'art. 1.5, d.l. 5 gennaio 2015, n. 1, conv. in l. 4 marzo 2015, n. 20.

(6) Comma aggiunto dall'art. 1.10, d.l. 28 agosto 2008, n. 134, conv. in l. 27 ottobre 2008, n. 166. Successivamente le parole da «, o per un massimo di 24 mesi» fino alla fine del comma sono state aggiunte dall'art. 11.3-*ter*, d.l. 23 dicembre 2013, n. 145, conv. in l. 21 febbraio 2014, n. 9.

(7) Le parole «di ristrutturazione» sono state soppresse dall'art. 1.6, d.l. 5 gennaio 2015, n. 1, conv. in l. 4 marzo 2015, n. 20.

(8) Lettera così sostituita dall'art. 3.1, lett. a, d.l. 3 maggio 2004, n. 119, conv. in l. 5 luglio 2004, n. 166.

(9) Le parole «o giuridica, anche mediante accollo, fusione o altra operazione societaria» sono state così sostituite alle seguenti «in termini di scadenza, tasso d'interesse e presenza di eventuali garanzie reali e personali» dall'art. 3.1, lett. b, d.l. 3 maggio 2004, n. 119, conv. in l. 5 luglio 2004, n. 166.

particolare, la proposta di concordato può prevedere l'attribuzione ai creditori, o ad alcune categorie di essi nonché a società da questi partecipate (1), di azioni o quote, ovvero obbligazioni, anche convertibili in azioni o altri strumenti finanziari e titoli di debito;

c-bis) l'attribuzione ad un assuntore delle attività delle imprese interessate dalla proposta di concordato. Potranno costituirsi come assuntori anche i creditori o società da questi partecipate o società, costituite dal commissario straordinario, le cui azioni siano destinate ad essere attribuite ai creditori per effetto del concordato. Come patto di concordato, potranno essere trasferite all'assuntore le azioni revocatorie, di cui all'art. 6, promosse dal commissario straordinario fino alla data di pubblicazione della sentenza di approvazione del concordato (2).

1-*bis*. La presentazione della proposta di concordato comporta l'interruzione delle operazioni di accertamento del passivo. Anche prima della presentazione, il commissario straordinario può chiedere al giudice delegato di disporre la sospensione delle operazioni di verifica dello stato passivo, quando vi siano concrete possibilità di proporre il concordato (3).

2. La proposta di concordato può essere unica per più società del gruppo sottoposte alla procedura di amministrazione straordinaria, ferma restando l'autonomia delle rispettive masse attive e passive. Da tale autonomia possono conseguire trattamenti differenziati, pur all'interno della stessa classe di creditori, a seconda delle condizioni patrimoniali di ogni singola società cui la proposta di concordato si riferisce (4).

3. .... (5).

4. Nel caso di cui al comma 1, entro tre giorni dall'autorizzazione del Ministro delle attività produttive, di cui all'art. 57 del d.lg. n. 270 (6), all'esecuzione del programma [...] (7), il commissario straordinario trasmette alla cancelleria del tribunale copia del programma autorizzato, depositando presso il giudice delegato istanza di (8) concordato.

5. La proposta di concordato, quale parte integrante del programma, deve essere pubblicata ai sensi dell'art. 4, comma 2-*bis*, e, in ogni caso, nella *Gazzetta Ufficiale* della Repubblica italiana; unitamente alla proposta di concordato deve essere pubblicato il provvedimento del giudice delegato che fissa il termine entro il quale l'imprenditore insolvente, i creditori ed ogni altro interessato possono depositare presso la cancelleria del tribunale documenti e memorie scritte contenenti le proprie osservazioni sull'elenco dei creditori, sugli importi indicati e sulle relative cause di prelazione (9). Nel medesimo termine i soggetti che non figurano nell'elenco dei creditori possono depositare istanza di ammissione dei propri crediti, corredata dai documenti giustificativi.

6. Nei successivi sessanta giorni il giudice delegato, con la collaborazione del commissario straordinario, forma gli elenchi dei creditori ammessi o ammessi con riserva e di quelli esclusi, con indicazione dei relativi importi e delle cause di prelazione; nel caso di ammissione di strumenti finanziari che non consentano l'individuazione nominativa dei soggetti legittimati, saranno ammessi nell'elenco i crediti relativi all'importo complessivo di ogni singola categoria di strumenti finanziari. Gli elenchi dei creditori ammessi o ammessi con riserva e di quelli esclusi sono quindi depositati presso la cancelleria del tribunale e dichiarati esecutivi con decreto del giudice delegato. Il commissario straordinario comunica senza ritardo ai creditori, tramite lettera raccomandata con avviso di ricevimento, ovvero tramite pubblicazione, a spese della procedura, in due o più quotidiani a diffusione nazionale o internazionale, ovvero altra modalità, anche telematica, determinata dal giudice delegato, e comunque attraverso pubblicazione nella *Gazzetta Ufficiale* della Repubblica italiana, l'avvenuto deposito in cancelleria degli elenchi suddetti, invitando i creditori e l'imprenditore insolvente a prenderne visione. Comunica, inoltre, con le stesse modalità, il provvedimento di cui al comma 7. I creditori esclusi, in tutto o in parte, e quelli am-

(1) Le parole «nonché a società da questi partecipate» sono state inserite dall'art. 3.1, lett. b, d.l. 3 maggio 2004, n. 119, conv. in l. 5 luglio 2004, n. 166.

(2) Lettera aggiunta dall'art. 3.1, lett. c, d.l. 3 maggio 2004, n. 119, conv. in l. 5 luglio 2004, n. 166.

(3) Comma inserito dall'art. 3.1, lett. d, d.l. 3 maggio 2004, n. 119, conv. in l. 5 luglio 2004, n. 166.

(4) Ultimo periodo aggiunto dall'art. 3.1, lett. e, d.l. 3 maggio 2004, n. 119, conv. in l. 5 luglio 2004, n. 166.

(5) Comma soppresso dall'art. 3.1, lett. f, d.l. 3 maggio 2004, n. 119, conv. in l. 5 luglio 2004, n. 166.

(6) In *Leggi coll. XXII, 3*.

(7) Le parole «di ristrutturazione» sono state soppresse dall'art. 1.6, d.l. 5 gennaio 2015, n. 1, conv. in l. 4 marzo 2015, n. 20.

(8) Le parole «definizione della procedura di amministrazione straordinaria tramite» sono state soppresse dall'art. 3.1, lett. g, d.l. 3 maggio 2004, n. 119, conv. in l. 5 luglio 2004, n. 166.

(9) Primo periodo così sostituito dall'art. 3.1, lett. h, d.l. 3 maggio 2004, n. 119, conv. in l. 5 luglio 2004, n. 166.

messi con riserva possono fare opposizione presentando ricorso al giudice delegato secondo la disciplina di cui agli artt. 98 e seguenti del r.d. 16 marzo 1942, n. 267 (1). I creditori ammessi possono impugnare le ammissioni di altri creditori ai sensi dell'art. 100 del r.d. 16 marzo 1942, n. 267 (1). I termini per proporre l'opposizione e l'impugnazione sono determinati in quindici giorni per i creditori residenti in Italia e in trenta giorni per quelli residenti all'estero, decorrenti dalla data di comunicazione del deposito degli elenchi effettuata secondo le modalità di cui al presente comma. Non si applica la disposizione del terzo comma dell'art. 100 del r.d. 16 marzo 1942, n. 267 (1), ma il giudice può, ove riscontri fondati elementi e tenuto anche conto del rapporto tra l'ammontare del credito vantato dall'impugnante e quello del credito contestato, adottare gli opportuni provvedimenti, se del caso, ordinando l'accantonamento delle somme ovvero anche l'intrasferibilità delle azioni eventualmente spettanti ai titolari di crediti contestati, disponendo le opportune annotazioni. Ove sia disposto tale vincolo, i titolari delle azioni possono esercitare i diritti di opzione e partecipare alle assemblee societarie, ma non effettuare atti di disposizione sui titoli. Con il provvedimento che decide sull'opposizione il giudice dispone in merito alle azioni già attribuite al soggetto il credito del quale sia stato ritenuto insussistente, ovvero dispone l'attribuzione delle somme accantonate (2).

7. Contestualmente al deposito degli elenchi di cui al comma 6, il giudice delegato stabilisce le modalità ed il termine entro cui i creditori ammessi e quelli ammessi con riserva sono chiamati a votare sulla proposta di concordato, indicando una data compresa nei sessanta giorni successivi alla data di comunicazione dell'avvenuto deposito degli elenchi di cui al comma 6. Il giudice delegato stabilisce altresì i criteri di legittimazione al voto dei portatori di strumenti finanziari il cui importo complessivo è già stato ammesso al voto (3).

8. Il concordato è approvato se riporta il voto favorevole dei creditori che rappresentino la maggioranza dei crediti ammessi al voto (4). Ove siano previste diverse classi di creditori, il concordato è approvato se riporta il voto favorevole dei creditori che rappresentino la maggioranza dei crediti ammessi al voto nella classe medesima (5). I creditori possono esprimere il loro voto, da fare pervenire presso la cancelleria del tribunale nel termine stabilito dal giudice delegato, tramite telegramma, ovvero lettera raccomandata, ovvero altra modalità ritenuta idonea dal giudice delegato medesimo. I creditori che non fanno pervenire il proprio voto o che non si legittimano al voto (6) o che non si legittimano al voto entro il suddetto termine si ritengono favorevoli all'approvazione del concordato (7). L'eventuale variazione del numero dei creditori ammessi in via provvisoria, ovvero dell'ammontare dei singoli crediti, che avvenga per effetto di provvedimento successivo al deposito dell'elenco provvisorio dei creditori di cui al comma 6, non influisce sul calcolo della suddetta maggioranza. Il concordato approvato dai creditori è obbligatorio per tutti i creditori anteriori all'apertura della procedura di amministrazione straordinaria. I crediti accertati con provvedimento successivo al deposito dell'elenco provvisorio dei creditori, di cui al comma 6, ivi inclusi quelli di cui all'art. 4-*ter* e quelli fatti valere successivamente alla chiusura della procedura di amministrazione straordinaria ai sensi del comma 11, sono soddisfatti nella stessa misura e con le stesse modalità previste dal concordato (8).

9. Se la maggioranza di cui al comma 8 è

(1) In *Leggi coll. XXII, 1*.

(2) Comma già sostituito dall'art. 3.1, lett. i, d.l. 3 maggio 2004, n. 119, conv. in l. 5 luglio 2004, n. 166. Successivamente l'art. 3, d.l. 28 febbraio 2005, n. 22, conv. in l. 29 aprile 2005, n. 71, ha aggiunto i periodi da «Non si applica» fino alla fine.

(3) Comma così sostituito dall'art. 3.1, lett. l, d.l. 3 maggio 2004, n. 119, conv. in l. 5 luglio 2004, n. 166.

(4) Le parole «dei creditori che rappresentino la maggioranza dei crediti ammessi al voto» sono state così sostituite alle precedenti «della maggioranza del valore assoluto dei crediti ammessi» dall'art. 3.1, lett. m, d.l. 3 maggio 2004, n. 119, conv. in l. 5 luglio 2004, n. 166.

(5) Le parole «dei creditori che rappresentino la maggioranza dei crediti ammessi al voto nella classe medesima» sono state così sostituite alle precedenti «della maggioranza dei creditori appartenenti a ciascuna classe, la quale rappresenti la maggioranza dei crediti ammessi alla classe medesima» dall'art. 3.1, lett. m, d.l. 3 maggio 2004, n. 119, conv. in l. 5 luglio 2004, n. 166.

(6) Le parole «o che non si legittimano al voto» sono state inserite dall'art. 3.1, lett. m, d.l. 3 maggio 2004, n. 119, conv. in l. 5 luglio 2004, n. 166.

(7) Le parole «si ritengono favorevoli all'approvazione del concordato» sono state sostituite alle precedenti «si ritengono consenzienti» dall'art. 3.1, lett. m, d.l. 3 maggio 2004, n. 119, conv. in l. 5 luglio 2004, n. 166.

(8) I periodi quinto, sesto e settimo sono stati soppressi dall'art. 3.1, lett. m, d.l. 3 maggio 2004, n. 119, conv. in l. 5 luglio 2004, n. 166.

raggiunta, il tribunale approva il concordato con sentenza in camera di consiglio. Quando sono previste diverse classi di creditori, il tribunale, riscontrata in ogni caso la maggioranza di cui al comma 8, può approvare il concordato nonostante il dissenso di una o più classi di creditori, se la maggioranza delle classi ha approvato la proposta di concordato e qualora ritenga che i creditori appartenenti alle classi dissenzienti possano risultare soddisfatti dal concordato in misura non inferiore rispetto alle altre alternative concretamente praticabili (1).

10. La sentenza che approva o respinge il concordato è pubblicata, oltre che a norma dell'art. 17 del r.d. 16 marzo 1942, n. 267 (2), attraverso la riproduzione di un suo estratto in quotidiani a diffusione nazionale e, se del caso, internazionale, ovvero altra forma ritenuta idonea, secondo le modalità ed entro i termini stabiliti con la sentenza stessa. La sentenza è provvisoriamente esecutiva e produce effetti nei confronti di tutti i creditori per titolo, fatto, ragione o causa anteriore all'apertura della procedura di amministrazione straordinaria; determina altresì, in caso di concordato con assunzione, l'immediato trasferimento all'assuntore dei beni cui si riferisce la proposta di concordato compresi nell'attivo delle società. Il commissario straordinario o, nel caso di concordato per assunzione, l'assuntore, provvedono, anche in pendenza di impugnazione, all'esecuzione del concordato sotto la vigilanza ed il controllo del comitato di sorveglianza e del Ministro delle attività produttive. La sentenza può essere impugnata dall'imprenditore insolvente, dai creditori e dal commissario straordinario, con atto di citazione avanti la corte d'appello, entro il termine di quindici giorni decorrenti dalla pubblicazione della stessa secondo le modalità sopra indicate. L'impugnazione della sentenza non ne può sospendere l'efficacia esecutiva (3).

11. La procedura di amministrazione straordinaria si chiude con il passaggio in giudicato della sentenza che approva il concordato.

11-*bis*. Ferma la prosecuzione dell'attività d'impresa, entro sessanta giorni dalla pubblicazione della sentenza che respinge il concordato, il commissario straordinario può presentare al Ministro delle attività produttive un programma di cessione dei complessi aziendali, ai sensi dell'art. 27, comma 2, lett. *a*), del d.lg. n. 270 (4). Se il programma di cessione è autorizzato, la prosecuzione dell'esercizio d'impresa può avere, in deroga a quanto previsto dalla medesima lett. *a*) del d.lg. n. 270 (4), una durata non superiore a due anni, decorrenti dalla data di autorizzazione del programma di cessione. Se il programma di cessione non è tempestivamente presentato al Ministro, ovvero non è autorizzato, il tribunale, sentito il commissario straordinario, dispone la conversione della procedura di amministrazione straordinaria in fallimento. Restano in ogni caso salvi gli effetti degli atti legalmente compiuti dagli organi della procedura (5) (6).

4-*ter*. *Accertamento del passivo*. — 1. L'accertamento del passivo, improntato a criteri di massima celerità e speditezza, è disciplinato dall'art. 53 del d.lg. n. 270 (4).

2. Nel caso in cui sia stata autorizzata la presentazione di una proposta di concordato, si applicano le disposizioni dell'art. 4-*bis*, anche in caso di mancata approvazione del concordato (7).

5. *Operazioni necessarie per la salvaguardia del gruppo*. — 1. Il Ministero delle attività produttive (8), dopo la dichiarazione dello stato di insolvenza, può autorizzare operazioni di cessione e di utilizzo di beni, di aziende o di rami di aziende dell'impresa richieste dal commissario straordinario qualora siano finalizzate alla ristrutturazione o alla salvaguardia del valore economico e produttivo totale o parziale (9) dell'impresa o del gruppo. Per motivi di urgen-

(1) Comma così sostituito dall'art. 3.1, lett. n, d.l. 3 maggio 2004, n. 119, conv. in l. 5 luglio 2004, n. 166.
(2) In *Leggi coll. XXII, 1.*
(3) Comma così sostituito dall'art. 3.1, lett. o, d.l. 3 maggio 2004, n. 119, conv. in l. 5 luglio 2004, n. 166.
(4) In *Leggi coll. XXII, 3.*
(5) Comma aggiunto dall'art. 3.1, lett. p, d.l. 3 maggio 2004, n. 119, conv. in l. 5 luglio 2004, n. 166.
(6) L'art. 1.2-*septies*, d.l. 29 dicembre 2010, n. 225, conv. in l. 26 febbraio 2011, n. 10, così dispone: «L'art. 4-*bis* del d.l. 23 dicembre 2003, n. 347, convertito, con modificazioni, dalla l. 18 febbraio 2004, n. 39, si interpreta nel senso che le modificazioni degli obblighi assunti attraverso il concordato dall'ente assuntore, ovvero dai suoi successori o aventi causa, sono inefficaci, anche se contenuti in emendamenti statutari, prima della decorrenza dei termini previsti nel concordato».
(7) Articolo così sostituito dall'art. 4, d.l. 3 maggio 2004, n. 119, conv. in l. 5 luglio 2004, n. 166.
(8) Le parole «Il Ministero delle attività produttive» sono state sostituite alle precedenti «Il Ministro delle attività produttive» dall'art. 4-*ter*.1, lett. a, d.l. 3 maggio 2004, n. 119, conv. in l. 5 luglio 2004, n. 166.
(9) Le parole «o alla salvaguardia del valore economico e produttivo totale o parziale» sono state inserite dall'art. 1.11, d.l. 28 agosto 2008, n. 134, conv. in l. 27 ottobre 2008, n. 166.

za le medesime operazioni possono essere autorizzate anche prima della dichiarazione dello stato di insolvenza. Gli atti del Commissario straordinario restano devoluti alla cognizione del giudice di cui all'art. 13 del d.lg. n. 270 del 1999 (1) (2).

2. Fino all'autorizzazione del programma di cui all'art. 4, il commissario straordinario richiede al Ministero delle attività produttive (3) l'autorizzazione al compimento delle operazioni o delle categorie di operazioni necessarie per la salvaguardia della continuità dell'attività aziendale delle imprese del gruppo.

2-*bis.* L'autorizzazione di cui al comma 2 non è necessaria per gli atti non eccedenti l'ordinaria amministrazione o il cui valore individuale sia inferiore a 250.000 euro.

2-*ter.* Nel caso di ammissione alla procedura di amministrazione straordinaria di imprese di cui all'art. 2, comma 2, secondo periodo, e ai fini della concessione degli ammortizzatori sociali di cui all'art. 1-*bis*, comma 1, del d.l. 5 ottobre 2004, n. 249, convertito, con modificazioni, dalla l. 3 dicembre 2004, n. 291, e successive modificazioni, i termini di cui all'art. 4, commi 6 e 7, della l. 23 luglio 1991, n. 223, di cui all'art. 2, comma 6, del d.p.r. 10 giugno 2000, n. 218, e di cui all'art. 47, comma 1, della l. 29 dicembre 1990, n. 428, sono ridotti della metà. Nell'ambito delle consultazioni di cui all'art. 63, comma 4, del d.lg. 8 luglio 1999, n. 270, ovvero esaurite le stesse infruttuosamente, il Commissario e il cessionario possono concordare il trasferimento solo parziale di complessi aziendali o attività produttive in precedenza unitarie e definire i contenuti di uno o più rami d'azienda, anche non preesistenti, con individuazione di quei lavoratori che passano alle dipendenze del cessionario. I passaggi anche solo parziali di lavoratori alle dipendenze del cessionario possono essere effettuati anche previa collocazione in cassa integrazione guadagni straordinaria o cessazione del rapporto di lavoro in essere e assunzione da parte del cessionario (4).

2-*quater.* Nel caso di assunzione o trasferimento di lavoratori dipendenti di imprese ammesse alla procedura di amministrazione straordinaria di cui all'art. 2, comma 2, secondo periodo, destinatari di trattamenti di cassa integrazione guadagni straordinaria e di mobilità, al fine di agevolarne il reimpiego, sono garantiti i benefici di cui all'art. 8, commi 2 e 4, e di cui all'art. 25, comma 9, della l. 23 luglio 1991, n. 223 (4).

6. *Azioni revocatorie*. — 1. Il commissario straordinario può proporre le azioni revocatorie previste dagli artt. 49 e 91 (5) del d.lg. n. 270 (1) anche nel caso di autorizzazione all'esecuzione del programma di ristrutturazione, purché si traducano in un vantaggio per i creditori (6). Non sono in ogni caso soggetti ad azione revocatoria gli atti e i pagamenti compiuti in pendenza del commissariamento straordinario di cui al d.l. 4 giugno 2013, n. 61, convertito, con modificazioni, dalla l. 3 agosto 2013, n. 89, in attuazione della finalità di cui all'art. 1, comma 2, del medesimo d.l. n. 61 del 2013 (7).

1-*bis.* Nel caso in cui la soddisfazione dei creditori avvenga attraverso un concordato, si applica l'art. 4-*bis*, comma 1, lett. *c-bis*) (8).

1-*ter.* I termini stabiliti dalle disposizioni della sezione III del capo III del titolo secondo del r.d. 16 marzo 1942, n. 267 (9), si computano a decorrere dalla data di emanazione del decreto di cui al comma 2 dell'art. 2. Tale disposizione si applica anche in tutti i casi di conversione della procedura in fallimento (8).

7. ***Intesa del Ministero delle politiche agricole e forestali***. — 1. In caso di imprese che operano nella produzione, prima trasformazione e commercializzazione nei settori connessi ai prodotti elencati nell'allegato 1 del trattato istitutivo della comunità europea, negli allegati 1 e 2 del regolamento (CEE) n. 2081/92 come modifica-

(1) In *Leggi coll. XXII, 3.*

(2) I periodi da «Per motivi di urgenza» fino alla fine del comma sono state aggiunti dall'art. 1.12, d.l. 28 agosto 2008, n. 134, conv. in l. 27 ottobre 2008, n. 166.

(3) Le parole «al Ministero delle attività produttive» sono state sostituite alle precedenti «al Ministro delle attività produttive» dall'art. 4-*ter*.1, lett. b, d.l. 3 maggio 2004, n. 119, conv. in l. 5 luglio 2004, n. 166.

(4) Comma aggiunto dall'art. 1.13, d.l. 28 agosto 2008, n. 134, conv. in l. 27 ottobre 2008, n. 166.

(5) Le parole «dagli artt. 49 e 91» sono state così sostituite alle precedenti «dall'art. 49» dall'art. 4-*quater*.1, lett. a, d.l. 3 maggio 2004, n. 119, conv. in l. 5 luglio 2004, n. 166.

(6) Le parole da «anche nel caso» fino a «creditori» sono state così sostituite alle precedenti «anche dopo l'autorizzazione alla esecuzione del programma di ristrutturazione, purché funzionali, nell'interesse dei creditori, al raggiungimento degli obiettivi del programma stesso» dall'art. 4-*quater*.1, lett. a, d.l. 3 maggio 2004, n. 119, conv. in l. 5 luglio 2004, n. 166.

(7) Periodo inserito dall'art. 1.7, d.l. 5 gennaio 2015, n. 1, conv. in l. 4 marzo 2015, n. 20.

(8) Comma aggiunto dall'art. 4-*quater*.1, lett. b, d.l. 3 maggio 2004, n. 119, conv. in l. 5 luglio 2004, n. 166.

(9) In *Leggi coll. XXII, 1.*

to dal regolamento CE n. 692/2003 del Consiglio dell'8 aprile 2003 ed agli altri prodotti qualificati agricoli dal diritto comunitario, il Ministro delle attività produttive autorizza l'esecuzione del programma di ristrutturazione, di intesa con il Ministro delle politiche agricole e forestali.

8. *Disposizioni finali*. — 1. Per quanto non disposto diversamente dal presente decreto, si applicano le norme di cui al d.lg. n. 270 (1), in quanto compatibili.

1-*bis*. La facoltà prevista dall'art. 97 del d.lg. n. 270 (1) è esercitata dal Commissario straordinario nominato ai sensi dell'art. 2, comma 2 del presente decreto. Nel caso di concordato con assunzione, la medesima facoltà è esercitata, dopo la chiusura della procedura a norma dell'art. 4-*bis*, comma 11, del presente decreto dall'assuntore del concordato. Se, al momento della chiusura della procedura, il commissario straordinario è costituito parte civile nel processo penale, l'assuntore subentra nell'azione anche se è scaduto il termine previsto dall'art. 79 del codice di procedura penale (2).

9. *Entrata in vigore*. — 1. Il presente decreto entra in vigore il giorno stesso della sua pubblicazione nella *Gazzetta Ufficiale* della Repubblica italiana e sarà presentato alle Camere per la conversione in legge.

XXII. 5.

DECRETO LEGGE 5 giugno 1986, n. 233. — *Norme urgenti sulla liquidazione coatta amministrativa delle società fiduciarie e delle società fiduciarie e di revisione e disposizioni sugli enti di gestione fiduciaria* (3), *convertito, con modificazioni, in l. 1° agosto 1986, n. 430* (4).

1. *Liquidazione coatta amministrativa*. — 1. Le società fiduciarie e le società fiduciarie e di revisione, di cui alla l. 23 novembre 1939, n. 1966, nei confronti delle quali venga o sia stata pronunciata successivamente al 1° gennaio 1985 la revoca dell'autorizzazione ai sensi dell'art. 2 della legge suindicata o venga dichiarato lo stato di insolvenza con sentenza dell'autorità giudiziaria competente, sono poste in liquidazione coatta amministrativa, con esclusione del fallimento, ai sensi degli artt. 197 e seguenti del r.d. 16 marzo 1942, n. 267, con decreto del Ministro dell'industria, del commercio e dell'artigianato, con il quale sono altresì nominati il commissario o i commissari liquidatori. Con successivo decreto è nominato il comitato di sorveglianza.

2. Nell'esercizio della vigilanza sulle società di cui al comma 1, il Ministero dell'industria, del commercio e dell'artigianato può disporre ispezioni periodiche o straordinarie, avvalendosi, ove occorra, dell'opera di esperti con onere a carico delle società, anche al fine di controllare che siano rimosse situazioni di irregolarità.

2. *Società controllate, a direzione unica e finanziate*. — 1. Dalla data di pubblicazione nella *Gazzetta Ufficiale* del decreto con il quale è stata disposta la liquidazione coatta amministrativa di una società fiduciaria o di una società fiduciaria e di revisione o di un ente di gestione fiduciaria, sono altresì soggette alla liquidazione coatta amministrativa, con esclusione del fallimento, ai sensi degli artt. 197 e seguenti del r.d. 16 marzo 1942, n. 267, quando venga dichiarato lo stato di insolvenza e salvo che per esse sia prevista dalla legge una autonoma procedura di liquidazione coatta amministrativa:

a) la società che controlla direttamente od indirettamente la società posta in liquidazione coatta amministrativa;

b) le società direttamente od indirettamente controllate dalla società posta in liquidazione coatta amministrativa o dalla società che la controlla;

c) le società che, in base alla composizione dei rispettivi organi amministrativi, risultano sottoposte alla stessa direzione della società posta in liquidazione coatta amministrativa;

d) le società finanziate in via continuativa o in misura prevalente dalla società posta in liquidazione coatta amministrativa; si considera finanziamento l'erogazione, anche per conto dei fiducianti, sia di capitale di credito che di capitale di rischio, nonché l'acquisto a qualsiasi titolo di crediti da tali società.

2. L'accertamento giudiziario dello stato di insolvenza delle società di cui al comma 1 è compiuto dal tribunale competente, anche su

(1) In *Leggi coll. XXII, 3.*
(2) Comma aggiunto dall'art. 1, comma 502, l. 27 dicembre 2006, n. 296.
(3) G.U., 5 giugno 1986, n. 128.
(4) G.U., 4 agosto 1986, n. 179. Testo coordinato G.U., 12 agosto 1986, n. 186. Sulla determinazione dei compensi per i commissari liquidatori e per i componenti il comitato di sorveglianza v. d.m. Industria 16 gennaio 1997, in G.U., 16 maggio 1997, n. 112.

iniziativa del commissario.

3. Alla procedura di liquidazione coatta amministrativa, da disporre con separato decreto per ciascuna società, sono preposti gli stessi organi nominati con i decreti di cui all'art. 1, salvo l'eventuale integrazione del comitato di sorveglianza anche in eccedenza al numero massimo previsto nell'art. 198 del r.d. 16 marzo 1942, n. 267.

4. Nei confronti delle società di cui al comma 1, ancorché non ne sia stato accertato lo stato di insolvenza, il commissario delle società poste in liquidazione coatta amministrativa può esperire l'azione revocatoria di cui all'art. 67 del predetto regio decreto relativamente agli atti indicati al primo comma, nn. 1, 2 e 3, dello stesso articolo posti in essere nei cinque anni anteriori alla sentenza dichiarativa dello stato di insolvenza della società posta in liquidazione coatta amministrativa e, relativamente agli atti indicati al n. 4) e al secondo comma del medesimo articolo, posti in essere nei tre anni anteriori.

5. Ai soli fini dell'esperimento dell'azione, il commissario può richiedere informazioni alla Commissione nazionale per le società e la borsa (Consob) e ad ogni altro pubblico ufficio, i quali sono tenuti a fornirle entro trenta giorni. Può altresì chiedere alla Consob di effettuare, allo scopo di accertare tutti i rapporti di carattere giuridico e patrimoniale intercorsi tra le società in liquidazione coatta amministrativa e quelle passivamente legittimate rispetto all'azione revocatoria di cui al comma 4, le indagini consentite dal d.l. 8 aprile 1974, n. 95, convertito, con modificazioni, dalla l. 7 giugno 1974, n. 216, e successive modifiche ed integrazioni (1). L'accertamento deve compiersi entro centoventi giorni dalla data della richiesta. In considerazione delle accresciute esigenze di servizio, la dotazione organica della Consob, determinata dall'art. 2 del d.l. 8 aprile 1974, n. 95, convertito, con modificazioni, dalla l. 7 giugno 1974, n. 216 (1), come sostituito dall'art. 2 della l. 4 giugno 1985, n. 281, è aumentata di quindici unità. Conseguentemente la Consob provvederà a modificare la tabella relativa all'organico del personale di ruolo allegata al proprio regolamento, con deliberazione da assumersi a norma dell'art. 1 del d.l. 8 aprile 1974, n. 95, convertito, con modificazioni, dalla l. 7 giugno 1974, n. 216 (1), come sostituito dall'art. 1 della l. 4 giugno 1985, n. 281, con la procedura stabilita dal nono comma del medesimo art. 1.

6. Il commissario è legittimato a proporre la denuncia prevista dall'art. 2409 del codice civile contro gli amministratori e i sindaci delle società indicate al comma 1 del presente articolo. Ove il tribunale accerti la sussistenza delle più gravi irregolarità di cui al terzo comma del citato art. 2409, il commissario potrà essere nominato amministratore giudiziario della società i cui amministratori hanno compiuto tali irregolarità.

7. Le domande giudiziali previste dai commi precedenti e quelle di responsabilità, cui il commissario è legittimato a norma dell'art. 206, primo comma, del r.d. 16 marzo 1942, n. 267, vanno proposte dinanzi al tribunale del luogo dove la società fiduciaria o la società fiduciaria e di revisione o l'ente di gestione fiduciaria hanno la sede legale con il rito disciplinato dalla l. 11 agosto 1973, n. 533. Le relative sentenze sono provvisoriamente esecutive.

8. Le norme di cui ai commi precedenti sono applicabili anche agli atti ed ai fatti posti in essere anteriormente alla data di entrata in vigore del presente decreto.

9. Il Ministero dell'industria, del commercio e dell'artigianato, l'Istituto per la vigilanza sulle assicurazioni private e di interesse collettivo ed il commissario, allo scopo di accertare l'esistenza di società nelle condizioni di cui al comma 1, possono richiedere informazioni alla Consob e ad ogni altro pubblico ufficio, i quali sono tenuti a fornirle entro quindici giorni.

10. Al medesimo fine possono richiedere alle società fiduciarie e alle società fiduciarie e di revisione, le quali sono parimenti tenute a fornirle entro quindici giorni, le generalità degli effettivi proprietari dei titoli azionari e delle altre partecipazioni sociali intestati al proprio nome.

11. Nei casi di società collegate a norma del comma 1, ove si verifichi l'ipotesi di una direzione unitaria, gli amministratori delle società che hanno esercitato tale direzione rispondono in solido con gli amministratori della società posta in liquidazione coatta amministrativa dei danni da questi cagionati alla società stessa.

12. Le disposizioni di cui al presente articolo si applicano anche alle procedure di liquidazione coatta amministrativa di enti di gestione fiduciaria in corso alla data di entrata in vigore del presente decreto.

3. *Conversione delle procedure di fallimento in procedure di liquidazione coatta amministrativa*. — 1. Dalla data di entrata in vigore del presente decreto, le procedure di fallimento, alle quali siano già assoggettate le società di cui agli

(1) In *Leggi coll. XIV, 5.*

artt. 1 e 2, sono convertite in procedure di liquidazione coatta amministrativa, ferma la dichiarazione di insolvenza adottata dall'autorità giudiziaria (1).

2. Il tribunale dichiara con sentenza in camera di consiglio che la società è soggetta alla procedura della liquidazione coatta amministrativa ed ordina la trasmissione degli atti al Ministero dell'industria, del commercio e dell'artigianato. Restano salvi gli effetti degli atti legalmente compiuti.

3. Il Ministro dell'industria, del commercio e dell'artigianato dispone la liquidazione coatta amministrativa delle società con proprio decreto, con il quale adotta anche gli altri provvedimenti di cui all'art. 1.

4-6. . . . . (*omissis*).

7. 1. Il presente decreto entra in vigore il giorno successivo a quello della sua pubblicazione nella *Gazzetta Ufficiale* della Repubblica italiana e sarà presentato alle Camere per la conversione in legge.

XXII. 6.

DECRETO LEGGE 16 febbraio 1987, n. 27. — *Misure urgenti in materia di enti di gestione fiduciaria* (2)*, convertito, con modificazioni, in l. 13 aprile 1987, n. 148* (3).

1. 1. L'art. 45 del testo unico delle leggi sull'esercizio delle assicurazioni private, approvato con d.p.r. 13 febbraio 1959, n. 449, è abrogato (4).

2. 1. Gli enti che hanno per oggetto la gestione fiduciaria dei beni conferiti da terzi, autorizzati ai sensi dell'art. 45 del testo unico citato all'art. 1, che non svolgono alla data di entrata in vigore del presente decreto operazioni per conto dei fiducianti, devono entro sei mesi modificare l'oggetto sociale ovvero deliberare il proprio scioglimento; in difetto, sono posti in liquidazione coatta amministrativa, ai sensi dell'art. 197 e seguenti del r.d. 16 marzo 1942, n. 267, con decreto del Ministro dell'industria, del commercio e dell'artigianato, con il quale sono altresì nominati il commissario o i commissari liquidatori; con successivo decreto è nominato il comitato di sorveglianza.

3. 1. Gli enti che hanno per oggetto la gestione fiduciaria dei beni conferiti da terzi, autorizzati ai sensi dell'art. 45 del testo unico citato all'art. 1, che svolgono alla data dell'entrata in vigore del presente decreto operazioni per conto dei fiducianti, devono vincolare in favore dei fiducianti stessi, per ammontare corrispondente alla riserva matematica, anche in deroga alle vigenti disposizioni di legge, i beni o i diritti che abbiano in patrimonio, nei tempi e secondo le modalità che saranno determinate con decreto del Ministro dell'industria, del commercio e dell'artigianato, sentito l'Istituto per la vigilanza sulle assicurazioni private e di interesse collettivo (ISVAP).

2. Gli enti di cui al comma 1, nel termine di due anni dalla data di entrata in vigore del pre-

(1) Comma così sostituito dall'art. 4-*bis* d.l. 16 febbraio 1987, n. 27, conv. in l. 13 aprile 1987, n. 148, in *Leggi coll. XXII, 6*.

La Corte cost., con sentenza 18 gennaio 1991, n. 19, ha dichiarato l'illegittimità costituzionale di questo comma «nella parte in cui – per le società indicate nell'art. 2, primo comma, fallite anteriormente alla data di pubblicazione del provvedimento di liquidazione coatta amministrativa della società fiduciaria o della società fiduciaria e di revisione con la quale sono collegate – non prevede la conversione del fallimento dichiarato dopo l'entrata in vigore del citato decreto legge».

(2) G.U., 17 febbraio 1987, n. 39.

(3) G.U., 18 aprile 1987, n. 91.

(4) L'art. 45 del t.u. sulle assicurazioni private così disponeva: «45. *Enti di gestione fiduciaria*. – Gli enti, comunque denominati e costituiti, che hanno per oggetto la gestione fiduciaria dei beni conferiti da terzi, corrispondendo utili sulla gestione, sono soggetti alle disposizioni del presente testo unico e del regolamento che disciplinano le imprese e gli enti di capitalizzazione, eccezione fatta per quelle relative alle riserve tecniche, e devono possedere un capitale o un fondo di garanzia non inferiore a lire cinquanta milioni [euro 25.822,84] versato.

Il capitale o il fondo di garanzia e le riserve patrimoniali debbono essere costituiti ai sensi dell'art. 30 ovvero: *a*) da anticipazioni garantite da delegazioni a riscuotere somme di denaro dallo Stato o da altri enti pubblici; *b*) da anticipazioni su pegno di titoli di Stato o garantiti dallo Stato o di cartelle fondiarie ed obbligazioni a queste assimilate o parificate; *c*) da usufrutti e nude proprietà; *d*) da obbligazioni od azioni di enti similari o di credito, nel limite del dieci per cento del capitale.

Gli enti di cui al primo comma possono ottenere l'autorizzazione a corrispondere per tutte le loro operazioni un interesse anziché una quota di utili. Essi sono in tal caso soggetti alle disposizioni del presente testo unico e del regolamento che disciplinano le imprese e gli enti di capitalizzazione.

Col decreto di autorizzazione sono approvati i tipi dei titoli alla cui emissione gli enti predetti intendano eventualmente procedere».

sente decreto-legge, debbono assumere la forma di società per azioni e modificare l'oggetto sociale ovvero deliberare il proprio scioglimento; in difetto, sono posti in liquidazione coatta amministrativa, ai sensi dell'art. 197 e seguenti del r.d. 16 marzo 1942, n. 267, con decreto del Ministro dell'industria, del commercio e dell'artigianato, con il quale sono altresì nominati il commissario o i commissari liquidatori; con successivo decreto è nominato il comitato di sorveglianza.

2-*bis.* Ove, in conseguenza della modificazione dell'oggetto sociale di cui al comma 2, l'ente debba esercitare attività il cui inizio o il cui esercizio sia soggetto ad autorizzazione o ad altro tipo di controllo, alla stessa autorizzazione o allo stesso tipo di controllo è soggetta la modificazione dell'atto costitutivo. In difetto, si applica la disposizione di cui alla parte seconda del comma 2.

2-*ter.* Le operazioni iniziate, in conformità della legge e degli statuti, anteriormente alla data di entrata in vigore del presente decreto, possono continuare ad avere esecuzione fino alla loro originaria scadenza.

3. Gli enti predetti possono eccezionalmente compiere nuove operazioni, la cui durata comunque non può eccedere i termini di cui al comma 2, esclusivamente per obiettive esigenze di equilibrio della gestione, previa autorizzazione del Ministro dell'industria, del commercio e dell'artigianato, sentito l'ISVAP. Si applica anche in tal caso la disposizione di cui al comma 1, fermi restando le autorizzazioni e gli adempimenti previsti da altre disposizioni di legge.

3-*bis*. 1. Le società e gli enti che, senza essere autorizzati ai sensi della l. 23 novembre 1939, n. 1966 (1), svolgono attività propria di società fiduciaria sono posti, previa contestazione degli addebiti, in liquidazione coatta amministrativa ai sensi degli artt. 197 e seguenti del r.d. 16 marzo 1942, n. 267, con decreto del Ministro dell'industria, del commercio e dell'artigianato; la liquidazione coatta amministrativa è altresì disposta, con esclusione del fallimento, nel caso in cui venga dichiarato lo stato di insolvenza delle società ed enti predetti dalla autorità giudiziaria competente. Si applicano le disposizioni degli artt. 1 e 2 del d.l. 5 giugno 1986, n. 233, convertito, con modificazioni, dalla l. 1° agosto 1986, n. 430.

4. 1. Nell'esercizio della vigilanza sugli enti di cui agli artt. 2 e 3, il Ministro dell'industria, del commercio e dell'artigianato, su proposta dell'ISVAP, nomina un commissario con il compito di verificare l'osservanza da parte degli enti stessi delle norme di legge e delle prescrizioni amministrative, nonché di controllare la regolarità della loro gestione, avvalendosi, ove occorra, dell'opera di esperti con onere a carico dell'ente.

1-*bis.* Alle procedure di liquidazione coatta amministrativa degli enti di cui al comma 1, si applicano le disposizioni di cui agli artt. 2 e 3 del d.l. 5 giugno 1986, n. 233, convertito, con modificazioni, dalla l. 1° agosto 1986, n. 430.

4-*bis*. 1. Il comma 1 dell'art. 3 del d.l. 5 giugno 1986, n. 233, convertito, con modificazioni, dalla l. 1° agosto 1986, n. 430, è sostituito dal seguente:

«*1.* Dalla data di entrata in vigore del presente decreto, le procedure di fallimento alle quali siano già assoggettate le società di cui agli artt. 1 e 2 sono convertite in procedure di liquidazione coatta amministrativa, ferma la dichiarazione di insolvenza adottata dall'autorità giudiziaria».

5. 1. Il presente decreto entra in vigore il giorno successivo a quello della sua pubblicazione nella *Gazzetta Ufficiale* della Repubblica italiana e sarà presentato alle Camere per la conversione in legge (2).

XXII. 7.

LEGGE 27 gennaio 2012, n. 3. — *Disposizioni in materia di usura e di estorsione, nonché di composizione delle crisi da sovraindebitamento* (3).

CAPO I

MODIFICHE ALLA LEGISLAZIONE VIGENTE IN MATERIA DI USURA E DI ESTORSIONE

1-5. . . . . (*omissis*).

(1) In *Leggi coll. XIV, 1*.

(2) L'art. 2 della legge di conversione dispone che quest'ultima entra in vigore il giorno stesso della sua pubblicazione nella *Gazzetta Ufficiale*.

(3) G.U., 30 gennaio 2012, n. 24.

CAPO II

PROCEDIMENTO DI COMPOSIZIONE DELLA CRISI DA SOVRAINDEBITAMENTO E DI LIQUIDAZIONE DEL PATRIMONIO (1)

Sezione I. — *Procedure di composizione della crisi da sovraindebitamento* (2)

§ 1. — *Disposizioni generali* (3)

6. *Finalità e definizioni* (4). — 1. Al fine di porre rimedio alle situazioni di sovraindebitamento non soggette né assoggettabili a procedure concorsuali diverse da quelle regolate dal presente capo (5), è consentito al debitore concludere un accordo con i creditori nell'ambito della procedura di composizione della crisi disciplinata dalla presente sezione (6). Con le medesime finalità, il consumatore può anche proporre un piano fondato sulle previsioni di cui all'art. 7, comma 1, ed avente il contenuto di cui all'art. 8 (7).

2. Ai fini del presente capo, si intende:

a) per «sovraindebitamento»: la situazione di perdurante squilibrio tra le obbligazioni assunte e il patrimonio prontamente liquidabile per farvi fronte, che determina la rilevante difficoltà di adempiere le proprie obbligazioni, ovvero la definitiva incapacità di adempierle regolarmente;

b) per «consumatore»: il debitore persona fisica che ha assunto obbligazioni esclusivamente per scopi estranei all'attività imprenditoriale o professionale eventualmente svolta (8).

7. *Presupposti di ammissibilità*. — 1. Il debitore in stato di sovraindebitamento può proporre ai creditori, con l'ausilio degli organismi di composizione della crisi di cui all'art. 15 con sede nel circondario del tribunale competente ai sensi dell'art. 9, comma 1, un accordo di ristrutturazione dei debiti e di soddisfazione dei crediti sulla base di un piano che, assicurato il regolare pagamento dei titolari di crediti impignorabili ai sensi dell'art. 545 del codice di procedura civile e delle altre disposizioni contenute in leggi speciali, preveda scadenze e modalità di pagamento dei creditori, anche se suddivisi in classi, indichi le eventuali garanzie rilasciate per l'adempimento dei debiti e le modalità per l'eventuale liquidazione dei beni. È possibile prevedere che i crediti muniti di privilegio, pegno o ipoteca possono non essere soddisfatti integralmente, allorché ne sia assicurato il pagamento in misura non inferiore a quella realizzabile, in ragione della collocazione preferenziale sul ricavato in caso di liquidazione, avuto riguardo al valore di mercato attribuibile ai beni o ai diritti sui quali insiste la causa di prelazione, come attestato dagli organismi di composizione della crisi. In ogni caso, con riguardo ai tributi costituenti risorse proprie dell'Unione europea, all'imposta sul valore aggiunto ed alle ritenute operate e non versate, il piano può prevedere esclusivamente la dilazione del pagamento. Fermo restando quanto previsto dall'art. 13, comma 1, il piano può anche prevedere l'affidamento del patrimonio del debitore ad un gestore per la liquidazione, la custodia e la distribuzione del ricavato ai creditori, da individuarsi in un professionista in possesso dei requisiti di cui all'art. 28 del r.d. 16 marzo 1942, n. 267 (9). Il gestore è nominato dal giudice; si applicano gli artt. 35, comma 4-*bis*, 35.1 e 35.2 del d.lg. 6 settembre 2011, n. 159 (10).

1-*bis*. Fermo il diritto di proporre ai creditori

(1) Rubrica così sostituita alla precedente «Procedimento per la composizione della crisi da sovraindebitamento» dall'art. 18.1, lett. a, d.l. 18 ottobre 2012, n. 179, conv. in l. 17 dicembre 2012, n. 221.

(2) Sezione inserita dall'art. 18.1, lett. b, d.l. 18 ottobre 2012, n. 179, conv. in l. 17 dicembre 2012, n. 221.

(3) Paragrafo inserito dall'art. 18.1, lett. c, d.l. 18 ottobre 2012, n. 179, conv. in l. 17 dicembre 2012, n. 221.

(4) Rubrica così sostituita alla precedente «Finalità» dall'art. 18.1, lett. d, n. 1, d.l. 18 ottobre 2012, n. 179, conv. in l. 17 dicembre 2012, n. 221.

(5) Le parole «a procedure concorsuali diverse da quelle regolate dal presente capo» sono state così sostituite alle precedenti «alle vigenti procedure concorsuali» dall'art. 18.1, lett. d, n. 2.a, d.l. 18 ottobre 2012, n. 179, conv. in l. 17 dicembre 2012, n. 221.

(6) Le parole «dalla presente sezione» sono state così sostituite alle precedenti «dal presente capo» dall'art. 18.1, lett. d, n. 2.b, d.l. 18 ottobre 2012, n. 179, conv. in l. 17 dicembre 2012, n. 221.

(7) Ultimo periodo aggiunto dall'art. 18.1, lett. d, n. 2.c, d.l. 18 ottobre 2012, n. 179, conv. in l. 17 dicembre 2012, n. 221.

(8) Comma così sostituito dall'art. 18.1, lett. d, n. 3, d.l. 18 ottobre 2012, n. 179, conv. in l. 17 dicembre 2012, n. 221.

(9) In *Leggi coll. XXII, 1*.

(10) Comma così sostituito dall'art. 18.1, lett. e, n. 1, d.l. 18 ottobre 2012, n. 179, conv. in l. 17 dicembre 2012, n. 221. Le parole «; si applicano gli artt. 35, comma 4-*bis*, 35.1 e 35.2 del d.lg. 6 settembre 2011, n. 159» sono state aggiunte successivamente dall'art. 4.1, lett. a, d.lg. 18 maggio 2018, n. 54. L'art. 6, d.lg. cit., così dispone: «Il presente decreto entra in vigore a decorrere dal trentesimo giorno successivo a quello della sua pubblicazione nella *Gazzetta Ufficiale* della Repubblica italiana».

un accordo ai sensi del comma 1, il consumatore in stato di sovraindebitamento può proporre, con l'ausilio degli organismi di composizione della crisi di cui all'art. 15 con sede nel circondario del tribunale competente ai sensi dell'art. 9, comma 1, un piano contenente le previsioni di cui al comma 1 (1).

2. La proposta non è ammissibile quando il debitore, anche consumatore:

a) è soggetto a procedure concorsuali diverse da quelle regolate dal presente capo;

b) ha fatto ricorso, nei precedenti cinque anni, ai procedimenti di cui al presente capo;

c) ha subito, per cause a lui imputabili, uno dei provvedimenti di cui agli artt. 14 e 14-*bis*;

d) ha fornito documentazione che non consente di ricostruire compiutamente la sua situazione economica e patrimoniale (2).

2-*bis.* Ferma l'applicazione del comma 2, lett. *b*), *c*) e *d*), l'imprenditore agricolo in stato di sovraindebitamento può proporre ai creditori un accordo di composizione della crisi secondo le disposizioni della presente sezione (3).

8. *Contenuto dell'accordo o del piano del consumatore* (4). — 1. La proposta di accordo o di piano del consumatore (5) prevede la ristrutturazione dei debiti e la soddisfazione dei crediti (6) attraverso qualsiasi forma, anche mediante cessione dei crediti futuri.

2. Nei casi in cui i beni e i redditi (7) del debitore non siano sufficienti a garantire la fattibilità dell'accordo o del piano del consumatore (8), la proposta deve essere sottoscritta da uno o più terzi che consentono il conferimento, anche in garanzia, di redditi o beni sufficienti per assicurarne l'attuabilità (9).

3. Nella proposta di accordo sono indicate eventuali limitazioni all'accesso al mercato del credito al consumo, all'utilizzo degli strumenti di pagamento elettronico a credito e alla sottoscrizione di strumenti creditizi e finanziari.

3-*bis.* Con riferimento alla proposta di accordo o di piano del consumatore presentata da parte di chi svolge attività d'impresa, possono prestare le garanzie di cui al comma 2 i consorzi fidi autorizzati dalla Banca d'Italia ai sensi dell'art. 107 del t.u. delle leggi in materia bancaria e creditizia, di cui al d.lg. 1° settembre 1993, n. 385, e successive modificazioni, nonché gli intermediari finanziari iscritti all'albo previsto dall'art. 106 del medesimo t.u. di cui al d.lg. n. 385 del 1993, e successive modificazioni, assoggettati al controllo della Banca d'Italia. Le associazioni antiracket e antiusura iscritte nell'albo tenuto presso il Ministero dell'interno possono destinare contributi per la chiusura di precedenti esposizioni debitorie nel percorso di recupero da sovraindebitamento così come definito e disciplinato dalla presente legge. Il rimborso di tali contributi è regolato all'interno della proposta di accordo o di piano del consumatore (10).

4. La proposta di accordo con continuazione dell'attività d'impresa e il piano del consumatore possono prevedere una moratoria fino ad un anno dall'omologazione per il pagamento dei creditori muniti di privilegio, pegno o ipoteca, salvo che sia prevista la liquidazione dei beni o diritti sui quali sussiste la causa di prelazione (11).

9. *Deposito della proposta* (12). — 1. La proposta di accordo è depositata presso il tribunale del luogo di residenza o sede principale (13) del debitore. Il consumatore deposita la proposta di piano presso il tribunale del luogo ove ha

(1) Comma inserito dall'art. 18.1, lett. e, n. 2, d.l. 18 ottobre 2012, n. 179, conv. in l. 17 dicembre 2012, n. 221.

(2) Comma così sostituito dall'art. 18.1, lett. e, n. 3, d.l. 18 ottobre 2012, n. 179, conv. in l. 17 dicembre 2012, n. 221.

(3) Comma aggiunto dall'art. 18.1, lett. e, n. 4, d.l. 18 ottobre 2012, n. 179, conv. in l. 17 dicembre 2012, n. 221.

(4) Rubrica così sostituita alla precedente «Contenuto dell'accordo» dall'art. 18.1, lett. f, n. 1, d.l. 18 ottobre 2012, n. 179, conv. in l. 17 dicembre 2012, n. 221.

(5) Le parole «o di piano del consumatore» sono state inserite dall'art. 18.1, lett. f, n. 2.a, d.l. 18 ottobre 2012, n. 179, conv. in l. 17 dicembre 2012, n. 221.

(6) La parola «crediti» è stata così sostituita alla precedente «redditi» dall'art. 18.1, lett. f, n. 2.b, d.l. 18 ottobre 2012, n. 179, conv. in l. 17 dicembre 2012, n. 221.

(7) Le parole «i beni e i redditi» sono state così sostituite alle precedenti «i beni o redditi» dall'art. 18.1, lett. f, n. 3.a, d.l. 18 ottobre 2012, n. 179, conv. in l. 17 dicembre 2012, n. 221.

(8) Le parole «dell'accordo o del piano del consumatore» sono state così sostituite alle precedenti «del piano» dall'art. 18.1, lett. f, n. 3.b, d.l. 18 ottobre 2012, n. 179, conv. in l. 17 dicembre 2012, n. 221.

(9) Le parole «assicurarne l'attuabilità» sono state così sostituite alle precedenti «l'attuabilità dell'accordo» dall'art. 18.1, lett. f, n. 3.c, d.l. 18 ottobre 2012, n. 179, conv. in l. 17 dicembre 2012, n. 221.

(10) Comma inserito dall'art. 21-*septies*.1, d.l. 27 giugno 2015, n. 83, conv. in l. 6 agosto 2015, n. 132.

(11) Comma così sostituito dall'art. 18.1, lett. f, n. 4, d.l. 18 ottobre 2012, n. 179, conv. in l. 17 dicembre 2012, n. 221.

(12) Rubrica così sostituita alle precedente «Deposito della proposta di accordo» dall'art. 18.1, lett. g, n. 1, d.l. 18 ottobre 2012, n. 179, conv. in l. 17 dicembre 2012, n. 221.

(13) La parola «principale» è stata inserita dall'art. 18.1, lett. g, n. 2.a, d.l. 18 ottobre 2012, n. 179, conv. in l. 17 dicembre 2012, n. 221.

la residenza. La proposta, contestualmente al deposito presso il tribunale, e comunque non oltre tre giorni, deve essere presentata, a cura dell'organismo di composizione della crisi, all'agente della riscossione e agli uffici fiscali, anche presso gli enti locali, competenti sulla base dell'ultimo domicilio fiscale del proponente e contenere la ricostruzione della sua posizione fiscale e l'indicazione di eventuali contenziosi pendenti (1).

2. Unitamente alla proposta devono essere depositati (2) l'elenco di tutti i creditori, con l'indicazione delle somme dovute, di tutti i beni del debitore (3) e degli eventuali atti di disposizione compiuti negli ultimi cinque anni, corredati delle dichiarazioni dei redditi degli ultimi tre anni e dell'attestazione sulla fattibilità del piano, nonché l'elenco delle spese correnti necessarie al sostentamento suo e della sua famiglia, previa indicazione della composizione del nucleo familiare corredata del certificato dello stato di famiglia.

3. Il debitore che svolge attività d'impresa deposita altresì le scritture contabili degli ultimi tre esercizi, unitamente a dichiarazione che ne attesta la conformità all'originale.

3-*bis*. Alla proposta di piano del consumatore è altresì allegata una relazione particolareggiata dell'organismo di composizione della crisi che deve contenere:

a) l'indicazione delle cause dell'indebitamento e della diligenza impiegata dal consumatore nell'assumere volontariamente le obbligazioni;

b) l'esposizione delle ragioni dell'incapacità del debitore di adempiere le obbligazioni assunte;

c) il resoconto sulla solvibilità del consumatore negli ultimi cinque anni;

d) l'indicazione della eventuale esistenza di atti del debitore impugnati dai creditori;

e) il giudizio sulla completezza e attendibilità della documentazione depositata dal consumatore a corredo della proposta, nonché sulla probabile convenienza del piano rispetto all'alternativa liquidatoria (4).

3-*ter*. Il giudice può concedere un termine perentorio non superiore a quindici giorni per apportare integrazioni alla proposta e produrre nuovi documenti (4).

3-*quater*. Il deposito della proposta di accordo o di piano del consumatore sospende, ai soli effetti del concorso, il corso degli interessi convenzionali o legali, a meno che i crediti non siano garantiti da ipoteca, da pegno o privilegio, salvo quanto previsto dagli artt. 2749, 2788 e 2855, commi secondo e terzo, del codice civile (4).

§ 2. — *Accordo di composizione della crisi* (5)

10. *Procedimento*. — 1. Il giudice, se la proposta soddisfa i requisiti previsti dagli artt. 7, 8 (6) e 9, fissa immediatamente con decreto l'udienza, disponendo la comunicazione, almeno trenta giorni prima del termine di cui all'art. 11, comma 1 (7), ai creditori presso la residenza o la sede legale, anche per telegramma o per lettera raccomandata con avviso di ricevimento o per telefax o per posta elettronica certificata, della proposta e del decreto [...] (8). Tra il giorno del deposito della documentazione di cui all'art. 9 e l'udienza non devono decorrere più di sessanta giorni (9).

2. Con il decreto di cui al comma 1, il giudice:

a) stabilisce idonea forma di pubblicità della proposta e del decreto, oltre, nel caso in cui il proponente svolga attività d'impresa, la pubblicazione degli stessi nel registro delle imprese;

b) ordina, ove il piano preveda la cessione o l'affidamento a terzi di beni immobili o di

(1) I periodi da «Il consumatore» fino a «pendenti» sono stati aggiunti dall'art. 18.1, lett. g, n. 2.b, d.l. 18 ottobre 2012, n. 179, conv. in l. 17 dicembre 2012, n. 221.

(2) Le parole «Unitamente alla proposta devono essere depositati» sono state così sostituite alle precedenti «Il debitore, unitamente alla proposta, deposita» dall'art. 18.1, lett. g, n. 3.1, d.l. 18 ottobre 2012, n. 179, conv. in l. 17 dicembre 2012, n. 221.

(3) Le parole «di tutti i beni del debitore» sono state così sostituite alle precedenti «dei beni» dall'art. 18.1, lett. g, n. 3.2, d.l. 18 ottobre 2012, n. 179, conv. in l. 17 dicembre 2012, n. 221.

(4) Comma aggiunto dall'art. 18.1, lett. g, n. 4, d.l. 18 ottobre 2012, n. 179, conv. in l. 17 dicembre 2012, n. 221.

(5) Paragrafo inserito dall'art. 18.1, lett. h, d.l. 18 ottobre 2012, n. 179, conv. in l. 17 dicembre 2012, n. 221.

(6) La parola «, 8» è stata inserita dall'art. 18.1, lett. i, n. 1.a, d.l. 18 ottobre 2012, n. 179, conv. in l. 17 dicembre 2012, n. 221.

(7) Le parole «, almeno trenta giorni prima del termine di cui all'art. 11, comma 1,» sono state inserite dall'art. 18.1, lett. i, n. 1.b, d.l. 18 ottobre 2012, n. 179, conv. in l. 17 dicembre 2012, n. 221.

(8) Le parole «contenente l'avvertimento dei provvedimenti che egli può adottare ai sensi del comma 3 del presente articolo» sono state soppresse dall'art. 18.1, lett. i, n. 1.c, d.l. 18 ottobre 2012, n. 179, conv. in l. 17 dicembre 2012, n. 221.

(9) Ultimo periodo aggiunto dall'art. 18.1, lett. i, n. 1.d, d.l. 18 ottobre 2012, n. 179, conv. in l. 17 dicembre 2012, n. 221.

beni mobili registrati, la trascrizione del decreto, a cura dell'organismo di composizione della crisi, presso gli uffici competenti;

c) dispone che, sino al momento in cui il provvedimento di omologazione diventa definitivo, non possono, sotto pena di nullità, essere iniziate o proseguite azioni esecutive individuali né disposti sequestri conservativi né acquistati diritti di prelazione sul patrimonio del debitore che ha presentato la proposta di accordo, da parte dei creditori aventi titolo o causa anteriore; la sospensione non opera nei confronti dei titolari di crediti impignorabili (1).

3. All'udienza il giudice, accertata la presenza di iniziative o atti in frode ai creditori, dispone la revoca del decreto di cui al comma 1 e ordina la cancellazione della trascrizione dello stesso, nonché la cessazione di ogni altra forma di pubblicità disposta (2).

3-*bis*. A decorrere dalla data del provvedimento di cui al comma 2 e sino alla data di omologazione dell'accordo gli atti eccedenti l'ordinaria amministrazione compiuti senza l'autorizzazione del giudice sono inefficaci rispetto ai creditori anteriori al momento in cui è stata eseguita la pubblicità del decreto (3).

4. Durante il periodo previsto dal comma 2, lett. *c*) (4), le prescrizioni rimangono sospese e le decadenze non si verificano.

5. Il decreto di cui al comma 1 deve intendersi equiparato all'atto di pignoramento (5).

6. Si applicano, in quanto compatibili, gli artt. 737 e seguenti del codice di procedura civile. Il reclamo si propone al tribunale e del collegio non può far parte il giudice che ha pronunciato il provvedimento.

11. *Raggiungimento dell'accordo*. — 1. I creditori fanno pervenire, anche per telegramma o per lett. raccomandata con avviso di ricevimento o per telefax o per posta elettronica certificata, all'organismo di composizione della crisi, dichiarazione sottoscritta del proprio consenso alla proposta, come eventualmente modificata almeno dieci giorni prima dell'udienza di cui all'art. 10, comma 1. In mancanza, si ritiene che abbiano prestato consenso alla proposta nei termini in cui è stata loro comunicata (6).

2. Ai fini dell'omologazione di cui all'art. 12, è necessario che l'accordo sia raggiunto con i creditori rappresentanti almeno il sessanta per cento dei crediti. I creditori muniti di privilegio, pegno o ipoteca dei quali la proposta prevede l'integrale pagamento non sono computati ai fini del raggiungimento della maggioranza e non hanno diritto di esprimersi sulla proposta, salvo che non rinuncino in tutto o in parte al diritto di prelazione. Non hanno diritto di esprimersi sulla proposta e non sono computati ai fini del raggiungimento della maggioranza il coniuge del debitore, i suoi parenti e affini fino al quarto grado, i cessionari o aggiudicatari dei loro crediti da meno di un anno prima della proposta (7).

3. L'accordo non pregiudica i diritti dei creditori nei confronti dei coobbligati, fideiussori del debitore e obbligati in via di regresso.

4. L'accordo non determina la novazione delle obbligazioni, salvo che sia diversamente stabilito.

5. L'accordo cessa, di diritto, di produrre effetti (8) se il debitore non esegue integralmente, entro novanta giorni dalle scadenze previste, i pagamenti dovuti secondo il piano (9) alle amministrazioni pubbliche (10) e agli enti gestori di forme di previdenza e assistenza obbligatorie. L'accordo è altresì revocato se risultano compiuti durante la procedura atti diretti a frodare le ragioni dei creditori. Il giudice provvede d'ufficio con decreto reclamabile, ai sensi dell'art. 739 del codice di procedura civile, innanzi al tribunale e del collegio non può far parte il giudice che lo ha pronunciato (11).

12. *Omologazione dell'accordo*. — 1. Se l'ac-

(1) Comma così sostituito dall'art. 18.1, lett. i, n. 2, d.l. 18 ottobre 2012, n. 179, conv. in l. 17 dicembre 2012, n. 221.

(2) Comma così sostituito dall'art. 18.1, lett. i, n. 3, d.l. 18 ottobre 2012, n. 179, conv. in l. 17 dicembre 2012, n. 221.

(3) Comma inserito dall'art. 18.1, lett. i, n. 4, d.l. 18 ottobre 2012, n. 179, conv. in l. 17 dicembre 2012, n. 221.

(4) Le parole «dal comma 2, lett. *c*)» sono state così sostituite alle precedenti «dal comma 3» dall'art. 18.1, lett. i, n. 5, d.l. 18 ottobre 2012, n. 179, conv. in l. 17 dicembre 2012, n. 221.

(5) Comma così sostituito dall'art. 18.1, lett. i, n. 6, d.l. 18 ottobre 2012, n. 179, conv. in l. 17 dicembre 2012, n. 221.

(6) Le parole da «almeno» fino a «comunicata» sono state aggiunte dall'art. 18.1, lett. l, n. 1, d.l. 18 ottobre 2012, n. 179, conv. in l. 17 dicembre 2012, n. 221.

(7) Comma così sostituito dall'art. 18.1, lett. l, n. 2, d.l. 18 ottobre 2012, n. 179, conv. in l. 17 dicembre 2012, n. 221.

(8) Le parole «cessa, di diritto, di produrre effetti» sono state così sostituite alle precedenti «è revocato di diritto» dall'art. 18.1, lett. g, n. 3.a, d.l. 18 ottobre 2012, n. 179, conv. in l. 17 dicembre 2012, n. 221.

(9) Le parole «secondo il piano» sono state inserite dall'art. 18.1, lett. g, n. 3.b, d.l. 18 ottobre 2012, n. 179, conv. in l. 17 dicembre 2012, n. 221.

(10) Le parole «amministrazioni pubbliche» sono state così sostituite alle precedenti «Agenzia fiscali» dall'art. 18.1, lett. g, n. 3.c, d.l. 18 ottobre 2012, n. 179, conv. in l. 17 dicembre 2012, n. 221.

(11) I periodi da «L'accordo» fino a «pronunciato» sono stati aggiunti dall'art. 18.1, lett. g, n. 3.d, d.l. 18 ottobre 2012, n. 179, conv. in l. 17 dicembre 2012, n. 221.

cordo è raggiunto, l'organismo di composizione della crisi trasmette a tutti i creditori una relazione sui consensi espressi e sul raggiungimento della percentuale di cui all'art. 11, comma 2, allegando il testo dell'accordo stesso. Nei dieci giorni successivi al ricevimento della relazione, i creditori possono sollevare le eventuali contestazioni. Decorso tale ultimo termine, l'organismo di composizione della crisi trasmette al giudice la relazione, allegando le contestazioni ricevute, nonché un'attestazione definitiva sulla fattibilità del piano.

2. Il giudice omologa l'accordo e ne dispone l'immediata pubblicazione utilizzando tutte le forme di cui all'art. 10, comma 2, quando, risolta ogni altra contestazione, ha verificato il raggiungimento della percentuale di cui all'art. 11, comma 2, e l'idoneità del piano ad assicurare il pagamento integrale dei crediti impignorabili, nonché dei crediti di cui all'art. 7, comma 1, terzo periodo. Quando uno dei creditori che non ha aderito o che risulta escluso o qualunque altro interessato contesta la convenienza dell'accordo, il giudice lo omologa se ritiene che il credito può essere soddisfatto dall'esecuzione dello stesso in misura non inferiore all'alternativa liquidatoria disciplinata dalla sezione seconda (1). Si applicano, in quanto compatibili, gli artt. 737 e seguenti del codice di procedura civile. Il reclamo, anche avverso il provvedimento di diniego, si propone al tribunale e del collegio non può far parte il giudice che ha pronunciato il provvedimento.

3. L'accordo omologato è obbligatorio per tutti i creditori anteriori al momento in cui è stata eseguita la pubblicità di cui all'art. 10, comma 2. I creditori con causa o titolo posteriore non possono procedere esecutivamente sui beni oggetto del piano (2).

3-*bis*. L'omologazione deve intervenire nel termine di sei mesi dalla presentazione della proposta (3).

4. Gli effetti di cui al comma 3 vengono meno in caso di risoluzione dell'accordo o di mancato pagamento dei crediti impignorabili, nonché dei crediti di cui all'art. 7, comma 1, terzo periodo. L'accertamento del mancato pagamento di tali crediti è chiesto al tribunale con ricorso da decidere in camera di consiglio, ai sensi degli artt. 737 e seguenti del codice di procedura civile. Il reclamo, anche avverso il provvedimento di diniego, si propone al tribunale e del collegio non può far parte il giudice che ha pronunciato il provvedimento (4).

5. La sentenza di fallimento pronunciata a carico del debitore risolve l'accordo. Gli atti, i pagamenti e le garanzie posti in essere in esecuzione dell'accordo omologato non sono soggetti all'azione revocatoria di cui all'art. 67 del r.d. 16 marzo 1942, n. 267 (5). A seguito della sentenza che dichiara il fallimento, i crediti derivanti da finanziamenti effettuati in esecuzione o in funzione dell'accordo omologato sono prededucibili a norma dell'art. 111 del r.d. 16 marzo 1942, n. 267 (5) (6).

§ 3. — *Piano del consumatore* (7)

12-*bis*. *Procedimento di omologazione del piano del consumatore*. — 1. Il giudice, se la proposta soddisfa i requisiti previsti dagli artt. 7, 8 e 9 e verificata l'assenza di atti in frode ai creditori, fissa immediatamente con decreto l'udienza, disponendo, a cura dell'organismo di composizione della crisi, la comunicazione, almeno trenta giorni prima, a tutti i creditori della proposta e del decreto. Tra il giorno del deposito della documentazione di cui all'art. 9 e l'udienza non devono decorrere più di sessanta giorni.

2. Quando, nelle more della convocazione dei creditori, la prosecuzione di specifici procedimenti di esecuzione forzata potrebbe pregiudicare la fattibilità del piano, il giudice, con lo stesso decreto, può disporre la sospensione degli stessi sino al momento in cui il provvedimento di omologazione diventa definitivo.

3. Verificata la fattibilità del piano e l'idoneità dello stesso ad assicurare il pagamento dei crediti impignorabili, nonché dei crediti di cui all'art. 7, comma 1, terzo periodo, e risolta ogni altra contestazione anche in ordine all'effettivo ammontare dei crediti, il giudice, quando esclude che il consumatore ha assunto ob-

(1) I periodi da «Il giudice» fino a «seconda» sono stati così sostituiti all'originario primo periodo dall'art. 18.1, lett. m, n. 1, d.l. 18 ottobre 2012, n. 179, conv. in l. 17 dicembre 2012, n. 221.

(2) Comma così sostituito dall'art. 18.1, lett. m, n. 2, d.l. 18 ottobre 2012, n. 179, conv. in l. 17 dicembre 2012, n. 221.

(3) Comma inserito dall'art. 18.1, lett. m, n. 3, d.l. 18 ottobre 2012, n. 179, conv. in l. 17 dicembre 2012, n. 221.

(4) Comma così sostituito dall'art. 18.1, lett. m, n. 4, d.l. 18 ottobre 2012, n. 179, conv. in l. 17 dicembre 2012, n. 221.

(5) In *Leggi coll. XXII, 1*.

(6) I periodi da «Gli atti,» fino a «267» sono stati aggiunti dall'art. 18.1, lett. m, n. 5, d.l. 18 ottobre 2012, n. 179, conv. in l. 17 dicembre 2012, n. 221.

(7) Paragrafo inserito dall'art. 18.1, lett. n, d.l. 18 ottobre 2012, n. 179, conv. in l. 17 dicembre 2012, n. 221.

bligazioni senza la ragionevole prospettiva di poterle adempiere ovvero che ha colposamente determinato il sovraindebitamento, anche per mezzo di un ricorso al credito non proporzionato alle proprie capacità patrimoniali, omologa il piano, disponendo per il relativo provvedimento una forma idonea di pubblicità. Quando il piano prevede la cessione o l'affidamento a terzi di beni immobili o di beni mobili registrati, il decreto deve essere trascritto, a cura dell'organismo di composizione della crisi. Con l'ordinanza di diniego il giudice dichiara l'inefficacia del provvedimento di sospensione di cui al comma 2, ove adottato.

4. Quando uno dei creditori o qualunque altro interessato contesta la convenienza del piano, il giudice lo omologa se ritiene che il credito possa essere soddisfatto dall'esecuzione del piano in misura non inferiore all'alternativa liquidatoria disciplinata dalla sezione seconda del presente capo.

5. Si applica l'art. 12, comma 2, terzo e quarto periodo.

6. L'omologazione deve intervenire nel termine di sei mesi dalla presentazione della proposta.

7. Il decreto di cui al comma 3 deve intendersi equiparato all'atto di pignoramento.

12-*ter*. *Effetti dell'omologazione del piano del consumatore*. — 1. Dalla data dell'omologazione del piano i creditori con causa o titolo anteriore non possono iniziare o proseguire azioni esecutive individuali. Ad iniziativa dei medesimi creditori non possono essere iniziate o proseguite azioni cautelari né acquistati diritti di prelazione sul patrimonio del debitore che ha presentato la proposta di piano.

2. Il piano omologato è obbligatorio per tutti i creditori anteriori al momento in cui è stata eseguita la pubblicità di cui all'art. 12-*bis*, comma 3. I creditori con causa o titolo posteriore non possono procedere esecutivamente sui beni oggetto del piano.

3. L'omologazione del piano non pregiudica i diritti dei creditori nei confronti dei coobbligati, fideiussori del debitore e obbligati in via di regresso.

4. Gli effetti di cui al comma 1 vengono meno in caso di mancato pagamento dei titolari di crediti impignorabili, nonché dei crediti di cui all'art. 7, comma 1, terzo periodo. L'accertamento del mancato pagamento di tali crediti è chiesto al tribunale e si applica l'art. 12, comma 4.

§ 4 — *Esecuzione e cessazione degli effetti dell'accordo di composizione della crisi e del piano del consumatore* (1)

13. *Esecuzione dell'accordo o del piano del consumatore* (2). — 1. Se per la soddisfazione dei crediti sono utilizzati beni sottoposti a pignoramento ovvero se previsto dall'accordo o dal piano del consumatore (3), il giudice, su proposta dell'organismo di composizione della crisi, nomina un liquidatore che dispone in via esclusiva degli stessi e delle somme incassate. Si applica l'art. 28 del r.d. 16 marzo 1942, n. 267 (4).

2. L'organismo di composizione della crisi risolve le eventuali difficoltà insorte nell'esecuzione dell'accordo e vigila sull'esatto adempimento dello stesso, comunicando ai creditori ogni eventuale irregolarità. Sulle contestazioni che hanno ad oggetto la violazione di diritti soggettivi e sulla sostituzione del liquidatore per giustificati motivi decide il giudice investito della procedura.

3. Il giudice, sentito il liquidatore e verificata la conformità dell'atto dispositivo all'accordo o al piano del consumatore (5), anche con riferimento alla possibilità di pagamento dei crediti impignorabili e dei crediti di cui all'art. 7, comma 1, terzo periodo (6), autorizza lo svincolo delle somme e ordina la cancellazione della trascrizione del pignoramento, delle iscrizioni relative ai diritti di prelazione, nonché di ogni altro vincolo, ivi compresa la trascrizione del decreto di cui agli artt. 10, comma 1 e 12-*bis*, comma 3, e la cessazione di ogni altra forma di pubblicità. In ogni caso il giudice può, con decreto motivato, sospendere gli atti di esecuzione dell'accordo qualora ricorrano gravi e giustificati motivi (7).

(1) Paragrafo inserito dall'art. 18.1, lett. g, n. o, d.l. 18 ottobre 2012, n. 179, conv. in l. 17 dicembre 2012, n. 221.

(2) Rubrica così sostituita alla precedente «Esecuzione dell'accordo» dall'art. 18.1, lett. p, n. 1,, d.l. 18 ottobre 2012, n. 179, conv. in l. 17 dicembre 2012, n. 221.

(3) Le parole «o dal piano del consumatore» sono state inserite dall'art. 18.1, lett. p, n. 2, d.l. 18 ottobre 2012, n. 179, conv. in l. 17 dicembre 2012, n. 221.

(4) In *Leggi coll. XXII, 1.*

(5) Le parole «all'accordo o al piano del consumatore» sono state così sostituite alle precedenti «all'accordo o al piano» dall'art. 18.1, lett. p, n. 3.a, d.l. 18 ottobre 2012, n. 179, conv. in l. 17 dicembre 2012, n. 221.

(6) Le parole «crediti impignorabili e dei crediti di cui all'art. 7, comma 1, terzo periodo» sono state così sostituite alle precedenti «creditori estranei» dall'art. 18.1, lett. p, n. 3.b, d.l. 18 ottobre 2012, n. 179, conv. in l. 17 dicembre 2012, n. 221.

(7) Le parole da «, ivi compresa» fino a «motivi» sono state aggiunte dall'art. 18.1, lett. p, n. 3.c, d.l. 18 ottobre 2012, n. 179, conv. in l. 17 dicembre 2012, n. 221.

4. I pagamenti e gli atti dispositivi dei beni posti in essere in violazione dell'accordo o del piano del consumatore sono inefficaci rispetto ai creditori anteriori al momento in cui è stata eseguita la pubblicità di cui agli artt. 10, comma 2, e 12-*bis*, comma 3 (1).

4-*bis*. I crediti sorti in occasione o in funzione di uno dei procedimenti di cui alla presente sezione sono soddisfatti con preferenza rispetto agli altri, con esclusione di quanto ricavato dalla liquidazione dei beni oggetto di pegno ed ipoteca per la parte destinata ai creditori garantiti (2).

4-*ter*. Quando l'esecuzione dell'accordo o del piano del consumatore diviene impossibile per ragioni non imputabili al debitore, quest'ultimo, con l'ausilio dell'organismo di composizione della crisi, può modificare la proposta e si applicano le disposizioni di cui ai parr. 2 e 3 della presente sezione (2).

14. *Impugnazione e risoluzione dell'accordo.* — 1. L'accordo può essere annullato dal tribunale su istanza di ogni creditore, in contraddittorio con il debitore, quando è stato dolosamente o con colpa grave (3) aumentato o diminuito il passivo, ovvero sottratta o dissimulata una parte rilevante dell'attivo ovvero dolosamente simulate attività inesistenti. Non è ammessa alcuna altra azione di annullamento.

1-*bis*. Il ricorso per l'annullamento deve proporsi nel termine di sei mesi dalla scoperta e, in ogni caso, non oltre due anni dalla scadenza del termine fissato per l'ultimo adempimento previsto (4).

2. Se il proponente non adempie [...] (5) agli obblighi derivanti dall'accordo, se le garanzie promesse non vengono costituite o se l'esecuzione dell'accordo diviene impossibile per ragioni non imputabili al debitore, ciascun creditore può chiedere al tribunale la risoluzione dello stesso.

3. Il ricorso per la risoluzione è proposto, a pena di decadenza, entro sei mesi dalla scoperta e, in ogni caso (6), entro un anno dalla scadenza del termine fissato per l'ultimo adempimento previsto dall'accordo.

4. L'annullamento e la risoluzione dell'accordo non pregiudicano i diritti acquistati dai terzi in buona fede.

5. Nei casi previsti dai commi 1 e 2, si applicano, in quanto compatibili, gli artt. 737 e seguenti del codice di procedura civile. Il reclamo si propone al tribunale e del collegio non può far parte il giudice che ha pronunciato il provvedimento (7).

14-*bis*. *Revoca e cessazione degli effetti dell'omologazione del piano del consumatore*. — 1. La revoca e la cessazione di diritto dell'efficacia dell'omologazione del piano del consumatore hanno luogo ai sensi dell'art. 11, comma 5.

2. Il tribunale, su istanza di ogni creditore, in contraddittorio con il debitore, dichiara cessati gli effetti dell'omologazione del piano nelle seguenti ipotesi:

a) quando è stato dolosamente o con colpa grave aumentato o diminuito il passivo, ovvero sottratta o dissimulata una parte rilevante dell'attivo ovvero dolosamente simulate attività inesistenti;

b) se il proponente non adempie agli obblighi derivanti dal piano, se le garanzie promesse non vengono costituite o se l'esecuzione del piano diviene impossibile anche per ragioni non imputabili al debitore.

3. Il ricorso per la dichiarazione di cui al comma 2, lett. *a*), è proposto, a pena di decadenza, entro sei mesi dalla scoperta e, in ogni caso, non oltre due anni dalla scadenza del termine fissato per l'ultimo adempimento previsto.

4. Il ricorso per la dichiarazione di cui al comma 2, lett. *b*), è proposto, a pena di decadenza, entro sei mesi dalla scoperta e, in ogni caso, entro un anno dalla scadenza del termine fissato per l'ultimo adempimento previsto dall'accordo.

5. La dichiarazione di cessazione degli effetti dell'omologazione del piano non pregiudica i diritti acquistati dai terzi in buona fede.

6. Si applica l'art. 14, comma 5 (8).

(1) Le parole da «dell'accordo» fino a «3» sono state così sostituite alle precedenti «dell'accordo e del piano sono nulli» dall'art. 18.1, lett. p, n. 4, d.l. 18 ottobre 2012, n. 179, conv. in l. 17 dicembre 2012, n. 221.

(2) Comma aggiunto dall'art. 18.1, lett. p, n. 5, d.l. 18 ottobre 2012, n. 179, conv. in l. 17 dicembre 2012, n. 221.

(3) Le parole «o con colpa grave» sono state inserite dall'art. 18.1, lett. q, n. 1, d.l. 18 ottobre 2012, n. 179, conv. in l. 17 dicembre 2012, n. 221.

(4) Comma inserito dall'art. 18.1, lett. q, n. 2, d.l. 18 ottobre 2012, n. 179, conv. in l. 17 dicembre 2012, n. 221.

(5) La parola «regolarmente» è stata soppressa dall'art. 18.1, lett. q, n. 3, d.l. 18 ottobre 2012, n. 179, conv. in l. 17 dicembre 2012, n. 221.

(6) Le parole «entro sei mesi dalla scoperta e, in ogni caso,» sono state inserite dall'art. 18.1, lett. q, n. 4, d.l. 18 ottobre 2012, n. 179, conv. in l. 17 dicembre 2012, n. 221.

(7) Ultimo periodo aggiunto dall'art. 18.1, lett. q, n. 5, d.l. 18 ottobre 2012, n. 179, conv. in l. 17 dicembre 2012, n. 221.

(8) Articolo inserito dall'art. 18.1, lett. r, d.l. 18 ottobre 2012, n. 179, conv. in l. 17 dicembre 2012, n. 221.

Sezione II. — *Liquidazione del patrimonio* (1)

14-*ter*. *Liquidazione dei beni*. — 1. In alternativa alla proposta per la composizione della crisi, il debitore, in stato di sovraindebitamento e per il quale non ricorrono le condizioni di inammissibilità di cui all'art. 7, comma 2, lett. *a*) e *b*), può chiedere la liquidazione di tutti i suoi beni.

2. La domanda di liquidazione è proposta al tribunale competente ai sensi dell'art. 9, comma 1, e deve essere corredata dalla documentazione di cui all'art. 9, commi 2 e 3.

3. Alla domanda sono altresì allegati l'inventario di tutti i beni del debitore, recante specifiche indicazioni sul possesso di ciascuno degli immobili e delle cose mobili, nonché una relazione particolareggiata dell'organismo di composizione della crisi che deve contenere:

a) l'indicazione delle cause dell'indebitamento e della diligenza impiegata dal debitore persona fisica nell'assumere volontariamente le obbligazioni;

b) l'esposizione delle ragioni dell'incapacità del debitore persona fisica di adempiere le obbligazioni assunte;

c) il resoconto sulla solvibilità del debitore persona fisica negli ultimi cinque anni;

d) l'indicazione della eventuale esistenza di atti del debitore impugnati dai creditori;

e) il giudizio sulla completezza e attendibilità della documentazione depositata a corredo della domanda.

4. L'organismo di composizione della crisi, entro tre giorni dalla richiesta di relazione di cui al comma 3, ne dà notizia all'agente della riscossione e agli uffici fiscali, anche presso gli enti locali, competenti sulla base dell'ultimo domicilio fiscale dell'istante.

5. La domanda di liquidazione è inammissibile se la documentazione prodotta non consente di ricostruire compiutamente la situazione economica e patrimoniale del debitore.

6. Non sono compresi nella liquidazione:

a) i crediti impignorabili ai sensi dell'art. 545 del codice di procedura civile;

b) i crediti aventi carattere alimentare e di mantenimento, gli stipendi, pensioni, salari e ciò che il debitore guadagna con la sua attività, nei limiti di quanto occorra al mantenimento suo e della sua famiglia indicati dal giudice;

c) i frutti derivanti dall'usufrutto legale sui beni dei figli, i beni costituiti in fondo patrimoniale e i frutti di essi, salvo quanto disposto dall'art. 170 del codice civile;

d) le cose che non possono essere pignorate per disposizione di legge.

7. Il deposito della domanda sospende, ai soli effetti del concorso, il corso degli interessi convenzionali o legali fino alla chiusura della liquidazione, a meno che i crediti non siano garantiti da ipoteca, da pegno o privilegio, salvo quanto previsto dagli artt. 2749, 2788 e 2855, commi secondo e terzo, del codice civile.

14-*quater*. *Conversione della procedura di composizione in liquidazione*. — 1. Il giudice, su istanza del debitore o di uno dei creditori, dispone, col decreto avente il contenuto di cui all'art. 14-*quinquies*, comma 2, la conversione della procedura di composizione della crisi di cui alla sezione prima in quella di liquidazione del patrimonio nell'ipotesi di annullamento dell'accordo o di cessazione degli effetti dell'omologazione del piano del consumatore ai sensi dell'art. 14-*bis*, comma 2, lett. *a*). La conversione è altresì disposta nei casi di cui agli artt. 11, comma 5, e 14-*bis*, comma 1, nonché di risoluzione dell'accordo o di cessazione degli effetti dell'omologazione del piano del consumatore ai sensi dell'art. 14-*bis*, comma 2, lett. *b*), ove determinati da cause imputabili al debitore.

14-*quinquies*. *Decreto di apertura della liquidazione)*. — 1. Il giudice, se la domanda soddisfa i requisiti di cui all'art. 14-*ter*, verificata l'assenza di atti in frode ai creditori negli ultimi cinque anni, dichiara aperta la procedura di liquidazione. Si applica l'art. 10, comma 6.

2. Con il decreto di cui al comma 1 il giudice:

a) ove non sia stato nominato ai sensi dell'art. 13, comma 1, nomina un liquidatore, da individuarsi in un professionista in possesso dei requisiti di cui all'art. 28 del r.d. 16 marzo 1942, n. 267 (2); si applicano gli artt. 35, comma 4-*bis*, 35.1 e 35.2 del d.lg. 6 settembre 2011, n. 159 (3);

b) dispone che, sino al momento in cui il provvedimento di omologazione diventa definitivo, non possono, sotto pena di nullità, essere iniziate o proseguite azioni cautelari o esecutive né acquistati diritti di prelazione sul patrimonio oggetto di liquidazione da parte dei creditori aventi titolo o causa anteriore;

(1) Sezione inserita dall'art. 18.1, lett. s, d.l. 18 ottobre 2012, n. 179, conv. in l. 17 dicembre 2012, n. 221.

(2) In *Leggi coll. XXII, 1*.

(3) Le parole «; si applicano gli artt. 35, comma 4-*bis*, 35.1 e 35.2 del d.lg. 6 settembre 2011, n. 159» sono state aggiunte dall'art. 4.1, lett. b, d.lg. 18 maggio 2018, n. 54. L'art. 6, d.lg. cit., così dispone: «Il presente decreto entra in vigore a decorrere dal trentesimo giorno successivo a quello della sua pubblicazione nella *Gazzetta Ufficiale* della Repubblica italiana».

c) stabilisce idonea forma di pubblicità della domanda e del decreto, nonché, nel caso in cui il debitore svolga attività d'impresa, l'annotazione nel registro delle imprese;

d) ordina, quando il patrimonio comprende beni immobili o beni mobili registrati, la trascrizione del decreto, a cura del liquidatore;

e) ordina la consegna o il rilascio dei beni facenti parte del patrimonio di liquidazione, salvo che non ritenga, in presenza di gravi e specifiche ragioni, di autorizzare il debitore ad utilizzare alcuni di essi. Il provvedimento è titolo esecutivo ed è posto in esecuzione a cura del liquidatore;

f) fissa i limiti di cui all'art. 14-*ter*, comma 5, lett. *b*).

3. Il decreto di cui al comma 2 deve intendersi equiparato all'atto di pignoramento.

4. La procedura rimane aperta sino alla completa esecuzione del programma di liquidazione e, in ogni caso, ai fini di cui all'art. 14-*undecies*, per i quattro anni successivi al deposito della domanda.

14-*sexies*. *(Inventario ed elenco dei creditori)*. — 1. Il liquidatore, verificato l'elenco dei creditori e l'attendibilità della documentazione di cui all'art. 9, commi 2 e 3, forma l'inventario dei beni da liquidare e comunica ai creditori e ai titolari dei diritti reali e personali, mobiliari e immobiliari, su immobili o cose mobili in possesso o nella disponibilità del debitore:

a) che possono partecipare alla liquidazione, depositando o trasmettendo, anche a mezzo di posta elettronica certificata e purché vi sia prova della ricezione, la domanda di partecipazione che abbia il contenuto previsto dall'art. 14-*septies*, con l'avvertimento che in mancanza delle indicazioni di cui alla lett. *e*) del predetto articolo, le successive comunicazioni sono eseguite esclusivamente mediante deposito in cancelleria;

b) la data entro cui vanno presentate le domande;

c) la data entro cui sarà comunicata al debitore e ai creditori lo stato passivo e ogni altra utile informazione.

14-*septies*. *(Domanda di partecipazione alla liquidazione)*. — 1. La domanda di partecipazione alla liquidazione, di restituzione o rivendicazione di beni mobili o immobili è proposta con ricorso che contiene:

a) l'indicazione delle generalità del creditore;

b) la determinazione della somma che si intende far valere nella liquidazione, ovvero la descrizione del bene di cui si chiede la restituzione o la rivendicazione;

c) la succinta esposizione dei fatti e degli elementi di diritto che costituiscono la ragione della domanda;

d) l'eventuale indicazione di un titolo di prelazione;

e) l'indicazione dell'indirizzo di posta elettronica certificata, del numero di telefax o l'elezione di domicilio in un comune del circondario ove ha sede il tribunale competente.

2. Al ricorso sono allegati i documenti dimostrativi dei diritti fatti valere.

14-*octies*. *Formazione del passivo*. — 1. Il liquidatore esamina le domande di cui all'art. 14-*septies* e, predisposto un progetto di stato passivo, comprendente un elenco dei titolari di diritti sui beni mobili e immobili di proprietà o in possesso del debitore, lo comunica agli interessati, assegnando un termine di quindici giorni per le eventuali osservazioni da comunicare con le modalità dell'art. 14-*sexies*, comma 1, lett. *a*).

2. In assenza di osservazioni, il liquidatore approva lo stato passivo dandone comunicazione alle parti.

3. Quando sono formulate osservazioni e il liquidatore le ritiene fondate, entro il termine di quindici giorni dalla ricezione dell'ultima osservazione, predispone un nuovo progetto e lo comunica ai sensi del comma 1.

4. In presenza di contestazioni non superabili ai sensi del comma 3, il liquidatore rimette gli atti al giudice che lo ha nominato, il quale provvede alla definitiva formazione del passivo. Si applica l'art. 10, comma 6.

14-*novies*. *Liquidazione*. — 1. Il liquidatore, entro trenta giorni dalla formazione dell'inventario, elabora un programma di liquidazione, che comunica al debitore ed ai creditori e deposita presso la cancelleria del giudice. Il programma deve assicurare la ragionevole durata della procedura.

2. Il liquidatore ha l'amministrazione dei beni che compongono il patrimonio di liquidazione. Fanno parte del patrimonio di liquidazione anche gli accessori, le pertinenze e i frutti prodotti dai beni del debitore. Il liquidatore cede i crediti, anche se oggetto di contestazione, dei quali non è probabile l'incasso nei quattro anni successivi al deposito della domanda. Le vendite e gli altri atti di liquidazione posti in essere in esecuzione del programma di liquidazione sono effettuati dal liquidatore tramite procedure competitive anche avvalendosi di soggetti specializzati, sulla base di stime effettuate, salvo il caso di beni di modesto valore, da parte di operatori esperti, assicurando, con adeguate forme di pubblicità, la massima informazione e partecipazione degli interessati. Prima del completamento delle operazioni di vendita, il

liquidatore informa degli esiti delle procedure il debitore, i creditori e il giudice. In ogni caso, quando ricorrono gravi e giustificati motivi, il giudice può sospendere con decreto motivato gli atti di esecuzione del programma di liquidazione. Se alla data di apertura della procedura di liquidazione sono pendenti procedure esecutive il liquidatore può subentrarvi.

3. Il giudice, sentito il liquidatore e verificata la conformità degli atti dispositivi al programma di liquidazione, autorizza lo svincolo delle somme, ordina la cancellazione della trascrizione del pignoramento e delle iscrizioni relative ai diritti di prelazione, nonché di ogni altro vincolo, ivi compresa la trascrizione del decreto di cui all'art. 14-*quinquies*, comma 1, dichiara la cessazione di ogni altra forma di pubblicità disposta.

4. I requisiti di onorabilità e professionalità dei soggetti specializzati e degli operatori esperti dei quali il liquidatore può avvalersi ai sensi del comma 1, nonché i mezzi di pubblicità e trasparenza delle operazioni di vendita sono quelli previsti dal regolamento del Ministro della giustizia di cui all'art. 107, settimo comma, del r.d. 16 marzo 1942, n. 267 (1).

5. Accertata la completa esecuzione del programma di liquidazione e, comunque, non prima del decorso del termine di quattro anni dal deposito della domanda, il giudice dispone, con decreto, la chiusura della procedura.

14-*decies*. *Azioni del liquidatore*. — 1. Il liquidatore esercita ogni azione prevista dalla legge finalizzata a conseguire la disponibilità dei beni compresi nel patrimonio da liquidare e comunque correlata con lo svolgimento dell'attività di amministrazione di cui all'art. 14-*novies*, comma 2. Il liquidatore può altresì esercitare le azioni volte al recupero dei crediti compresi nella liquidazione.

14-*undecies*. *Beni e crediti sopravvenuti*. — 1. I beni sopravvenuti nei quattro anni successivi al deposito della domanda di liquidazione di cui all'art. 14-*ter* costituiscono oggetto della stessa, dedotte le passività incontrate per l'acquisto e la conservazione dei beni medesimi. Ai fini di cui al periodo precedente il debitore integra l'inventario di cui all'art. 14-*ter*, comma 3.

14-*duodecies*. *Creditori posteriori*. — 1. I creditori con causa o titolo posteriore al momento dell'esecuzione della pubblicità di cui all'art. 14-*quinquies*, comma 2, lett. *c*) e *d*), non possono procedere esecutivamente sui beni oggetto di liquidazione.

2. I crediti sorti in occasione o in funzione della liquidazione o di uno dei procedimenti di cui alla precedente sezione sono soddisfatti con preferenza rispetto agli altri, con esclusione di quanto ricavato dalla liquidazione dei beni oggetto di pegno ed ipoteca per la parte destinata ai creditori garantiti.

14-*terdecies*. *Esdebitazione*. — 1. Il debitore persona fisica è ammesso al beneficio della liberazione dei debiti residui nei confronti dei creditori concorsuali e non soddisfatti a condizione che:

a) abbia cooperato al regolare ed efficace svolgimento della procedura, fornendo tutte le informazioni e la documentazione utili, nonché adoperandosi per il proficuo svolgimento delle operazioni;

b) non abbia in alcun modo ritardato o contribuito a ritardare lo svolgimento della procedura;

c) non abbia beneficiato di altra esdebitazione negli otto anni precedenti la domanda;

d) non sia stato condannato, con sentenza passata in giudicato, per uno dei reati previsti dall'art. 16;

e) abbia svolto, nei quattro anni di cui all'art. 14-*undecies*, un'attività produttiva di reddito adeguata rispetto alle proprie competenze e alla situazione di mercato o, in ogni caso, abbia cercato un'occupazione e non abbia rifiutato, senza giustificato motivo, proposte di impiego;

f) siano stati soddisfatti, almeno in parte, i creditori per titolo e causa anteriore al decreto di apertura della liquidazione.

2. L'esdebitazione è esclusa:

a) quando il sovraindebitamento del debitore è imputabile ad un ricorso al credito colposo e sproporzionato rispetto alle sue capacità patrimoniali;

b) quando il debitore, nei cinque anni precedenti l'apertura della liquidazione o nel corso della stessa, ha posto in essere atti in frode ai creditori, pagamenti o altri atti dispositivi del proprio patrimonio, ovvero simulazioni di titoli di prelazione, allo scopo di favorire alcuni creditori a danno di altri.

3. L'esdebitazione non opera:

a) per i debiti derivanti da obblighi di mantenimento e alimentari;

b) per i debiti da risarcimento dei danni da fatto illecito extracontrattuale, nonché per le sanzioni penali ed amministrative di carattere pecuniario che non siano accessorie a debiti estinti;

(1) In *Leggi coll. XXII, 1.*

c) per i debiti fiscali che, pur avendo causa anteriore al decreto di apertura delle procedure di cui alle sezioni prima e seconda del presente capo, sono stati successivamente accertati in ragione della sopravvenuta conoscenza di nuovi elementi.

4. Il giudice, con decreto adottato su ricorso del debitore interessato, presentato entro l'anno successivo alla chiusura della liquidazione, sentiti i creditori non integralmente soddisfatti e verificate le condizioni di cui ai commi 1 e 2, dichiara inesigibili nei suoi confronti i crediti non soddisfatti integralmente. I creditori non integralmente soddisfatti possono proporre reclamo ai sensi dell'art. 739 del codice di procedura civile di fronte al tribunale e del collegio non fa parte il giudice che ha emesso il decreto.

5. Il provvedimento di esdebitazione è revocabile in ogni momento, su istanza dei creditori, se risulta:

a) che è stato concesso ricorrendo l'ipotesi del comma 2, lett. *b*);

b) che è stato dolosamente o con colpa grave aumentato o diminuito il passivo, ovvero sottratta o dissimulata una parte rilevante dell'attivo ovvero simulate attività inesistenti.

6. Si applicano, in quanto compatibili, gli artt. 737 e seguenti del codice di procedura civile. Il reclamo si propone al tribunale e del collegio non può far parte il giudice che ha pronunciato il provvedimento.

Sezione III. — *Disposizioni comuni* (1)

15. *Organismi di composizione della crisi*. — 1. Possono costituire organismi per la composizione delle crisi da sovraindebitamento enti pubblici dotati di requisiti di indipendenza e professionalità determinati con il regolamento di cui al comma 3. Gli organismi di conciliazione costituiti presso le camere di commercio, industria, artigianato e agricoltura ai sensi dell'art. 2 della l. 29 dicembre 1993, n. 580, e successive modificazioni, il segretariato sociale costituito ai sensi dell'art. 22, comma 4, lett. *a*), della l. 8 novembre 2000, n. 328, gli ordini professionali degli avvocati, dei commercialisti ed esperti contabili e dei notai sono iscritti di diritto, a semplice domanda, nel registro di cui al comma 2.

2. Gli organismi di cui al comma 1 sono iscritti in un apposito registro tenuto presso il Ministero della giustizia.

3. I requisiti di cui al comma 1 e le modalità di iscrizione nel registro di cui al comma 2, sono stabiliti con regolamento adottato dal Ministro della giustizia, di concerto con il Ministro dello sviluppo economico ed il Ministro dell'economia e delle finanze, ai sensi dell'art. 17, comma 3, della l. 23 agosto 1988, n. 400, entro novanta giorni dalla data di entrata in vigore del presente decreto. Con lo stesso decreto sono disciplinate le condizioni per l'iscrizione, la formazione dell'elenco e la sua revisione, la sospensione e la cancellazione degli iscritti, nonché la determinazione dei compensi e dei rimborsi spese spettanti agli organismi a carico dei soggetti che ricorrono alla procedura.

4. Dalla costituzione e dal funzionamento degli organismi indicati al comma 1 non devono derivare nuovi o maggiori oneri a carico della finanza pubblica, e le attività degli stessi devono essere svolte nell'ambito delle risorse umane, strumentali e finanziarie disponibili a legislazione vigente.

5. L'organismo di composizione della crisi, oltre a quanto previsto dalle sezioni prima e seconda del presente capo, assume ogni iniziativa funzionale alla predisposizione del piano di ristrutturazione e all'esecuzione dello stesso.

6. Lo stesso organismo verifica la veridicità dei dati contenuti nella proposta e nei documenti allegati, attesta la fattibilità del piano ai sensi dell'art. 9, comma 2.

7. L'organismo esegue le pubblicità ed effettua le comunicazioni disposte dal giudice nell'ambito dei procedimenti previsti dalle sezioni prima e seconda del presente capo. Le comunicazioni sono effettuate a mezzo posta elettronica certificata se il relativo indirizzo del destinatario risulta dal registro delle imprese ovvero dall'Indice nazionale degli indirizzi di posta elettronica certificata delle imprese e dei professionisti e, in ogni altro caso, a mezzo telefax o lett. raccomandata.

8. Quando il giudice lo dispone ai sensi degli artt. 13, comma 1, o 14-*quinquies*, comma 2, l'organismo svolge le funzioni di liquidatore stabilite con le disposizioni del presente capo. Ove designato ai sensi dell'art. 7, comma 1, svolge le funzioni di gestore per la liquidazione.

9. I compiti e le funzioni attribuiti agli organismi di composizione della crisi possono essere svolti anche da un professionista o da una società tra professionisti in possesso dei requisiti di cui all'art. 28 del r.d. 16 marzo 1942, n.

(1) L'attuale Sezione III è stata così sostituita agli artt. da 15 a 20 dall'art. 18.1, lett. t, d.l. 18 ottobre 2012, n. 179, conv. in l. 17 dicembre 2012, n. 221.

267 (1), e successive modificazioni, ovvero da un notaio, nominati dal presidente del tribunale o dal giudice da lui delegato. Fino all'entrata in vigore del regolamento di cui al comma 3, i compensi sono determinati secondo i parametri previsti per i commissari giudiziali nelle procedure di concordato preventivo, quanto alle attività di cui alla sezione prima del presente capo, e per i curatori fallimentari, quanto alle attività di cui alla sezione seconda del presente capo. I predetti compensi sono ridotti del quaranta per cento.

10. Per lo svolgimento dei compiti e delle attività previsti dal presente capo, il giudice e, previa autorizzazione di quest'ultimo, gli organismi di composizione della crisi possono accedere ai dati contenuti nell'anagrafe tributaria, compresa la sezione prevista dall'art. 7, sesto comma, del d.p.r. 29 settembre 1973, n. 605, nei sistemi di informazioni creditizie, nelle centrali rischi e nelle altre banche dati pubbliche, ivi compreso l'archivio centrale informatizzato di cui all'art. 30-*ter*, comma 2, del d.lg. 13 agosto 2010, n. 141, nel rispetto delle disposizioni contenute nel codice in materia di protezione dei dati personali, di cui al d.lg. 30 giugno 2003, n. 196, e del codice di deontologia e di buona condotta per i sistemi informativi gestiti da soggetti privati in tema di crediti al consumo, affidabilità e puntualità nei pagamenti, di cui alla deliberazione del Garante per la protezione dei dati personali 16 novembre 2004, n. 8, pubblicata nella *Gazzetta Ufficiale* n. 300 del 23 dicembre 2004.

11. I dati personali acquisiti a norma del presente articolo possono essere trattati e conservati per i soli fini e tempi della procedura e devono essere distrutti contestualmente alla sua conclusione o cessazione. Dell'avvenuta distruzione è data comunicazione al titolare dei suddetti dati, tramite lettera raccomandata con avviso di ricevimento o tramite posta elettronica certificata, non oltre quindici giorni dalla distruzione medesima.

16. *Sanzioni*. — 1. Salvo che il fatto costituisca più grave reato, è punito con la reclusione da sei mesi a due anni e con la multa da 1.000 a 50.000 euro il debitore che:

a) al fine di ottenere l'accesso alla procedura di composizione della crisi di cui alla sezione prima del presente capo aumenta o diminuisce il passivo ovvero sottrae o dissimula una parte rilevante dell'attivo ovvero dolosamente simula attività inesistenti;

b) al fine di ottenere l'accesso alle procedure di cui alle sezioni prima e seconda del presente capo, produce documentazione contraffatta o alterata, ovvero sottrae, occulta o distrugge, in tutto o in parte, la documentazione relativa alla propria situazione debitoria ovvero la propria documentazione contabile;

c) omette l'indicazione di beni nell'inventario di cui all'art. 14-*ter*, comma 3;

d) nel corso della procedura di cui alla sezione prima del presente capo, effettua pagamenti in violazione dell'accordo o del piano del consumatore;

e) dopo il deposito della proposta di accordo o di piano del consumatore, e per tutta la durata della procedura, aggrava la sua posizione debitoria;

f) intenzionalmente non rispetta i contenuti dell'accordo o del piano del consumatore.

2. Il componente dell'organismo di composizione della crisi, ovvero il professionista di cui all'art. 15, comma 9, che rende false attestazioni in ordine alla veridicità dei dati contenuti nella proposta o nei documenti ad essa allegati, alla fattibilità del piano ai sensi dell'art. 9, comma 2, ovvero nella relazione di cui agli artt. 9, comma 3-*bis*, 12, comma 1 e 14-*ter*, comma 3, è punito con la reclusione da uno a tre anni e con la multa da 1.000 a 50.000 euro.

3. La stessa pena di cui al comma 2 si applica al componente dell'organismo di composizione della crisi, ovvero al professionista di cui all'art. 15, comma 9, che cagiona danno ai creditori omettendo o rifiutando senza giustificato motivo un atto del suo ufficio.

17-20. .... (2).

CAPO III

ENTRATA IN VIGORE

21. *Entrata in vigore*. — 1. La presente legge entra in vigore il trentesimo giorno successivo a quello della sua pubblicazione nella *Gazzetta Ufficiale*.

(1) In *Leggi coll. XXII, 1*.
(2) Articoli non più previsti dall'art. 18.1, d.l. 18 ottobre 2012, n. 179, conv. in l. 17 dicembre 2012, n. 221.

XXIII. NOTARIATO

XXIII. 1.

LEGGE 16 febbraio 1913, n. 89. — *Ordinamento del notariato e degli archivi notarili* (1).

TITOLO I

Disposizioni generali

1. *1.* I notari sono ufficiali pubblici istituiti per ricevere gli atti tra vivi e di ultima volontà, attribuire loro pubblica fede, conservarne il deposito, rilasciarne le copie, i certificati e gli estratti.

2. Ai notai è concessa anche la facoltà di:

1) sottoscrivere e presentare ricorsi relativi agli affari di volontaria giurisdizione, riguardanti le stipulazioni a ciascuno di essi affidate dalle parti;

2) ricevere con giuramento atti di notorietà in materia civile e commerciale (2);

3) ricevere le dichiarazioni di accettazione di eredità col beneficio dell'inventario di cui nell'art. 955 del Codice civile (3), nonché gli atti di autorizzazione dei minori al commercio, a mente dell'art. 9 del Codice di commercio (4).

Tali dichiarazioni ed atti non acquisteranno efficacia se non dal giorno in cui verranno trascritti negli appositi registri all'uopo tenuti nelle cancellerie giudiziarie;

4) procedere, in seguito a delegazione della autorità giudiziaria:

a) all'apposizione e rimozione dei sigilli nei casi previsti dalle leggi civili e commerciali;

b) agli inventari in materia civile e commerciale, ai termini dell'art. 866 del Codice di procedura civile (5), salvo che il pretore, sulla istanza e nell'interesse della parte, non creda di delegare il cancelliere;

c) agl'incanti e alle divisioni giudiziali ed a tutte le operazioni all'uopo necessarie;

5) rilasciare i certificati di vita ai pensionati ed agli altri assegnatari dello Stato, giusta l'art. 402 del regolamento sulla contabilità dello Stato 4 maggio 1885, n. 3074 (6).

3. I notari esercitano inoltre, le altre attribuzioni loro deferite dalle leggi (7).

2. *1.* L'ufficio di notaro è incompatibile con qualunque impiego stipendiato o retribuito dallo Stato, dalle Province e dai Comuni aventi una popolazione superiore ai 5.000 abitanti, con la professione di avvocato, di procuratore, di direttore di banca, di commerciante, di mediatore, agente di cambio o sensale, di ricevitore del lotto, di esattore di tributi o incaricato della gestione esattoriale e con la qualità di Ministro di qualunque culto.

2. Sono eccettuati da questa disposizione gl'impieghi puramente letterari o scientifici, dipendenti da accademie, biblioteche, musei ed altri istituti di scienze, lettere ed arti; gl'impieghi ed uffici dipendenti da istituti od opere di beneficenza; quelli relativi a pubblico insegnamento; quelli di subeconomo dei benefici vacanti e l'esercizio del patrocinio legale presso gli uffici di pretura.

3. *1.* .... (8).

2. Il distretto cui siano assegnati meno di 15 notari, sarà con decreto Reale riunito ad altro distretto limitrofo dipendente dalla stessa Corte d'appello.

(1) G.U., 7 marzo 1913, n. 55.

(2) L'art. unico, d.lgt. 26 luglio 1917, n. 1239, così dispone: «A comprovare la qualità di erede testamentario, gli atti di notorietà ricevuti dai notai, ai sensi dell'art. 1, n. 2) della l. 16 febbraio 1913, n. 89, sono riconosciuti validi come le attestazioni giudiziarie di notorietà di cui è cenno nel n. 2) dell'art. 337 del regolamento di contabilità generale di Stato, 4 maggio 1885, n. 3074 (ora, art. 298 n. 2, r.d. 23 maggio 1924, n. 827)».

(3) Ora, art. 484 c.c.

(4) L'ultimo inciso deve ritenersi abrogato per effetto di quanto disposto dall'art. 397 c.c.

(5) Ora, art. 769 c.p.c.

(6) Ora, art. 374, r.d. 23 maggio 1924, n. 827.

(7) V., anche, l'art. 1, r.d.l. 14 luglio 1937, n. 1666.

(8) Comma abrogato dall'art. 9.2, d.lg. 3 dicembre 1999, n. 491.

3. Inoltre, quando le circostanze lo consigliano, può sempre con decreto Reale, previo il parere della Corte d'appello, ordinarsi la riunione di più distretti limitrofi dipendenti dalla stessa Corte d'appello.

4. I distretti riuniti sono considerati come unico distretto (1).

4. 1. Il numero e la residenza dei notai per ciascun distretto sono determinati con decreto del Ministro della giustizia emanato, uditi i Consigli notarili e le Corti d'appello, tenendo conto della popolazione, dell'estensione del territorio e dei mezzi di comunicazione, e procurando che di regola ad ogni posto notarile corrisponda una popolazione di almeno 5.000 abitanti (2).

2. La tabella che determina il numero e la residenza dei notai deve, udite le Corti d'appello e i Consigli notarili, essere rivista ogni sette anni, sulla base dei criteri indicati al comma 1 e tenuto anche conto della variazione statistica tendenziale del numero e della tipologia degli atti ricevuti o autenticati dai notai, e può essere modificata parzialmente anche entro un termine più breve, quando ne sia dimostrata l'opportunità (3) (4).

TITOLO II

Dei notari

CAPO I

Della nomina dei notari

5. *1.* Per ottenere la nomina a notaro è necessario:

1) essere cittadino italiano o di un altro Stato membro dell'Unione europea (5) ed aver compiuto l'età di anni 21 (6);

2) essere di moralità e di condotta sotto ogni rapporto incensurate;

3) non aver subito condanna per un reato non colposo punito con pena non inferiore nel minimo a sei mesi, ancorché sia stata inflitta una pena di durata minore (7);

4) essere fornito della laurea in giurisprudenza o della laurea specialistica o magistrale in giurisprudenza date o confermate da una università italiana o di titolo riconosciuto equipollente ai sensi della l. 11 luglio 2002, n. 148 (8);

(1) Sui distretti notarili v., anche, il r.d.l. 28 dicembre 1924, n. 2124, e l'art. 4, r.d. 14 luglio 1937, n. 1666.

(2) Comma così sostituito dall'art. 1.144, lett. a, l. 4 agosto 2017, n. 124.

(3) Comma così sostituito dall'art. 1, comma 495, lett. a, l. 27 dicembre 2017, n. 205.

(4) Articolo già sostituito dall'art. 2.4-*septies*, d.l. 14 marzo 2005, n. 35, conv. in l. 14 maggio 2005, n. 80. L'art. 2.4-*octies*, d.l. cit., così dispone: «In via transitoria e in sede di prima applicazione: *a*) la prima revisione della tabella di cui all'art. 4, comma 2, della l. 16 febbraio 1913, n. 89, come sostituito dal comma 4-*septies* del presente articolo, ha luogo entro il termine di un anno dalla entrata in vigore della legge di conversione del presente decreto; *b*) è a carico della Cassa nazionale del notariato, con riferimento alle disposizioni contenute nel citato art. 4, comma 1, della l. 16 febbraio 1913, n. 89, l'adozione delle misure che assicurano l'equilibrio economico e finanziario della gestione, senza nuovi o maggiori oneri per la finanza pubblica».

Per la rideterminazione del numero dei notai per ciascun distretto notarile v., da ultimo, d.m. Giustizia 23 dicembre 2009, in G.U., 28 dicembre 2009, n. 300, che sostituisce la corrispondente tabella di cui al d.m. Grazia e Giustizia 30 luglio 1997, in suppl. ord. n. 199 a G.U., 1° ottobre 1997, n. 229. Per l'allocazione delle sedi notarili recate in aumento dal d.m. 23 dicembre 2009 cit. v. d.m. Giustizia 10 novembre 2011, in suppl. ord. n. 262 a G.U., 16 dicembre 2011, n. 292, come modificato con *Comunicato* in G.U., 25 marzo 2014, n. 70. Da ultimo l'art. 12.1, d.l. 24 gennaio 2012, n. 1, conv. in l. 24 marzo 2012, n. 27, così dispone: «La tabella notarile che determina il numero e la residenza dei notai, di cui all'art. 4, comma 2, della l. 16 febbraio 1913, n. 89, come revisionata da ultimo con i decreti del Ministro della giustizia in data 23 dicembre 2009, pubblicato sulla *Gazzetta Ufficiale* del 28 dicembre 2009, n. 300, e in data 10 novembre 2011, pubblicato nel supplemento ordinario n. 262 alla *Gazzetta Ufficiale* n. 292 del 16 dicembre 2011, è aumentata di cinquecento posti». Per la determinazione della residenza dei notai v. d.m. Giustizia 28 febbraio 2013, in suppl. ord. n. 23 a G.U., 29 marzo 2013, n. 75.

(5) Le parole «italiano o di un altro Stato membro dell'Unione europea» sono state così sostituite alle precedenti «del Regno» dall'art. 6.1, lett. a, l. 31 ottobre 2003, n. 306.

(6) Inoltre l'art. 8, r.d. 14 novembre 1926, n. 1953, così dispone: «I posti di notaro, ai quali non abbiano chiesto ed ottenuto il trasferimento notari in esercizio, sono conferiti mediante concorso per esame. || Al concorso per esame non sono ammessi coloro che, alla data di chiusura del concorso medesimo, si trovino iscritti nei ruoli dei notari in servizio o, in seguito a nomina conseguita, abbiano titolo per esservi iscritti. || Non sono parimenti ammessi al concorso coloro che alla data del relativo bando, abbiano compiuto il 50° anno di età».

(7) Numero già sostituito dall'art. 1.1, l. 26 luglio 1995, n. 328, e successivamente abrogato dall'art. 52.1, d.lg. 1° agosto 2006, n. 249, limitatamente alle parole «l'esercizio dell'azione penale per uno dei predetti reati comporta la sospensione della iscrizione nel ruolo dei notai sino al definitivo proscioglimento o sino alla declaratoria di estinzione del reato», dalla data del 1° giugno 2007 (cfr. art. 55.3, d.lg. cit.). In base all'art. 54.1, d.lg. cit., tale disposizione si applica «ai procedimenti disciplinari promossi dal 1° giugno 2007».

(8) Numero così sostituito dall'art. 1.1, lett. a, d.lg. 24 aprile 2006, n. 166. In base all'art. 16.2, d.lg. cit., tali disposizioni «si applicano con decorrenza dalla data di emanazione del prossimo bando di concorso per la nomina a notaio».

5) avere ottenuto l'iscrizione fra i praticanti presso un Consiglio notarile ed aver fatto la pratica per diciotto mesi, di cui almeno per un anno continuativamente dopo la laurea anche dopo la cancellazione dal registro dei praticanti in conformità al regolamento di cui al d.p.r. 7 agosto 2012, n. 137 (1). La pratica si effettua, dopo l'iscrizione nel registro dei praticanti, presso un notaro del distretto, designato dal praticante, col consenso del notaro stesso e con l'approvazione del Consiglio. Su richiesta dell'interessato spetta al Consiglio notarile la designazione del notaio presso cui effettuare la pratica. L'iscrizione nel registro dei praticanti può essere ottenuta dopo l'iscrizione all'ultimo anno del corso di laurea o di laurea specialistica o magistrale in giurisprudenza. Il periodo di pratica si deve comunque completare entro trenta mesi dall'iscrizione nel suddetto registro. In caso di scadenza del suddetto termine il periodo effettuato prima del conseguimento della laurea non è computato. Il periodo anteriore al conseguimento della laurea può essere computato, ai fini del raggiungimento dei diciotto mesi di pratica, per un massimo di sei mesi, indipendentemente dalla sua effettiva durata. Per coloro che sono stati funzionari dell'ordine giudiziario almeno per un anno, per gli avvocati in esercizio da almeno un anno, è richiesta la pratica per un periodo continuativo di otto mesi (2) (3);

6) avere sostenuto con approvazione un esame di idoneità (4), dopo compiuta la pratica notarile;

6-*bis*) aver espletato per almeno centoventi giorni, dopo l'avvenuto superamento della prova orale, un periodo di tirocinio obbligatorio presso uno o più notai, che devono certificarne la durata. Tale periodo deve essere registrato presso i consigli notarili dei distretti in cui viene effettuato. Il candidato notaio può richiedere la designazione del notaio al presidente del Consiglio notarile del distretto nel quale è stato ultimato il periodo di pratica ovvero può espletarlo presso notai dello stesso o di altri distretti, i quali lo abbiano designato direttamente. L'eventuale periodo di coadiutorato è computato quale tirocinio obbligatorio (5).

2. I requisiti di cui ai nn. 4) e 5) del primo comma possono essere sostituiti dal possesso del decreto di riconoscimento professionale emanato in applicazione del d.lg. 27 gennaio 1992, n. 115 (6) (7).

[**5-*bis***. 1. Le prove scritte del concorso per la nomina a notaio, di cui all'art. 1 della l. 6 agosto 1926, n. 1365, sono precedute da una prova di preselezione eseguita con strumenti informatici e con assegnazione ai candidati di domande con risposte multiple prefissate, secondo le modalità stabilite dal regolamento (8).

2. Alla prova di preselezione sono ammessi i candidati aventi i requisiti di cui all'art. 1 della l. 25 maggio 1970, n. 358.

3. L'ammissione è deliberata dal direttore generale degli affari civili e delle libere professioni del Ministero della giustizia (9).

4. La prova di preselezione è sostenuta dai candidati prima delle prove scritte di ciascun concorso.

5. Sono comunque esonerati dalla prova di preselezione informatica coloro che hanno

(1) Le parole «anche dopo la cancellazione dal registro dei praticanti in conformità al regolamento di cui al d.p.r. 7 agosto 2012, n. 137» sono state inserite dall'art. 1, comma 497, l. 27 dicembre 2017, n. 205.

(2) Numero così sostituito dall'art. 1.1, lett. a, d.lg. 24 aprile 2006, n. 166. In base all'art. 16.2, d.lg. cit., tali disposizioni «si applicano con decorrenza dalla data di emanazione del prossimo bando di concorso per la nomina a notaio».

(3) L'art. 6, l. 21 gennaio 1943, n. 102, così dispone: «Il periodo di pratica notarile richiesto dall'art. 5, n. 5), della l. 16 febbraio 1913, n. 89, è ridotto ad un anno continuo per coloro che abbiano partecipato nei reparti delle Forze armate dello Stato alle operazioni di guerra nell'attuale conflitto, e per coloro che abbiano prestato servizio militare durante l'attuale conflitto almeno per un anno. || Il periodo suddetto è ridotto a sei mesi continui per coloro che si trovino nelle condizioni previste dal primo capoverso del n. 5) dello stesso articolo».

(4) L'esame di idoneità è stato sostituito da un esame di concorso dalla l. 6 agosto 1926, n. 1365, e successive modificazioni.

(5) Numero aggiunto dall'art. 1.1, lett. b, d.lg. 24 aprile 2006, n. 166. In base all'art. 16.2, d.lg. cit., tali disposizioni «si applicano con decorrenza dalla data di emanazione del prossimo bando di concorso per la nomina a notaio».

(6) Provvedimento abrogato dall'art. 60.2, d.lg. 9 novembre 2007, n. 206. L'art. 60.4, d.lg. cit., così dispone: «Ogni riferimento contenuto in vigenti disposizioni di legge ai decreti legislativi 27 gennaio 1992, n. 115, e 2 maggio 1994, n. 319, si intende fatto alle corrispondenti disposizioni del presente decreto».

(7) Comma aggiunto dall'art. 11, l. 18 aprile 2005, n. 62.

(8) V. d.m. Grazia e Giustizia 24 febbraio 1997, n. 74, in G.U., 28 marzo 1997, n. 73.

(9) Denominazione così modificata dall'art. 55.2, d.lg. 30 luglio 1999, n. 300.

conseguito l'idoneità in un precedente concorso (1).

5-*bis*. Il superamento della prova di preselezione informatica dà diritto all'espletamento delle prove scritte del concorso al quale si riferisce la prova e dei due successivi (1).

5-*ter*. Prima dell'inizio di ciascuna sessione il candidato può ritirare dei fogli bianchi messi a disposizione dalla commissione per prendere appunti. I fogli non devono essere restituiti] (1) (2).

[**5**-*ter*. 1. La prova di preselezione si svolge, con cadenza annuale, a Roma in sede unica nazionale, anche per gruppi di candidati divisi per lettera.

2. La prova di preselezione è unica per ciascun candidato e verte sulle materie oggetto del concorso. I quesiti, in numero uguale per ciascun candidato, sono circoscritti a dati normativi, con esclusione di argomenti dottrinali e giurisprudenziali, e devono essere formulati in modo da assicurare parità di trattamento per i candidati.

3. Oltre ai candidati di cui ai commi 5 e 5-*bis* dell'art. 5-*bis*, è comunque ammesso a sostenere le prove scritte un numero di candidati pari a tre volte i posti messi a concorso e, comunque, non inferiore a cinquecento secondo la graduatoria formata in base al punteggio conseguito da ciascun candidato nella prova di preselezione (3).

4. Sono comunque ammessi alle prove scritte i candidati classificati ex aequo rispetto all'ultimo che risulterebbe ammesso ai sensi del comma 3] (2).

[**5**-*quater*. 1. Presso il Ministero della giustizia (4) è istituita la Commissione permanente per la conservazione, la gestione e l'aggiornamento del sistema per la prova di preselezione del concorso per la nomina a notaio e del relativo archivio informatico dei quesiti. La Commissione è formata dal direttore generale degli affari civili e delle libere professioni del Ministero o da un suo delegato, dal direttore dell'Ufficio notariato dello stesso Ministero, dal presidente del Consiglio nazionale del notariato o da un suo delegato e da sei notai nominati per non più di cinque anni con le modalità stabilite dal regolamento. La partecipazione alla Commissione non comporta alcuna indennità o retribuzione a carico dello Stato, né alcun tipo di rimborso spese.

2. I contenuti dell'archivio informatico dei quesiti non sono segreti] (2).

6. .... (5).

7. *1.* Chi vuole ottenere la iscrizione fra i praticanti e chi vuole essere ammesso all'esame di idoneità (6), deve presentare la domanda al Consiglio notarile (7) con gli attestati che provino rispettivamente il concorso dei requisiti indicati nei nn. 2), 3) e 4) dell'art. 5 per la iscrizione, e dei nn. 2), 3), 4) e 5) dello stesso articolo, per l'esame d'idoneità (8).

2. Il Consiglio delibera sulla iscrizione e sull'ammissione all'esame (9), e la sua deliberazione deve essere sempre motivata. Tale deliberazione sarà nel termine di dieci giorni comunicata all'interessato ed al procuratore del Re del tribunale civile nella cui giurisdizione è compresa la sede del Consiglio. Tanto l'interessato quanto il procuratore del Re potranno nei dieci giorni successivi alla ricevuta comunicazione, ricorrere al tribunale civile che pronunzierà in Camera di consiglio.

3. Il ricorso del pubblico ministero sarà notificato all'interessato e su quello dell'interessato sarà udito l'avviso del pubblico Ministero.

4. Qualora il Consiglio notarile non si riunisca nel termine di un mese dalla presentazione della domanda, il presidente del Consiglio stes-

(1) Gli attuali commi 5, 5-*bis* e 5-*ter* sono stati così sostituiti all'originario comma 5 dall'art. 2, d.lg. 24 aprile 2006, n. 166. In base all'art: 16.2, d.lg. cit., tali disposizioni «si applicano con decorrenza dalla data di emanazione del prossimo bando di concorso per la nomina a notaio».

(2) Articolo inserito dall'art. 1.3, l. 26 luglio 1995, n. 328, e successivamente abrogato dall'art. 66.6, lett. d, l. 18 giugno 2009, n. 69. L'art. 66, l. 69/2009 cit., contiene norme di semplificazione delle procedure per l'accesso al notariato.

(3) Comma così sostituito dall'art. 3, d.lg. 24 aprile 2006, n. 166. In base all'art. 16.2, d.lg. cit., tali disposizioni «si applicano con decorrenza dalla data di emanazione del prossimo bando di concorso per la nomina a notaio».

(4) Denominazione così modificata dall'art. 55.2, d.lg. 30 luglio 1999, n. 300.

(5) Articolo abrogato dall'art. 1.1, l. 20 gennaio 1994, n. 49.

(6) L'esame di idoneità è stato sostituito da un esame di concorso dalla l. 6 agosto 1926, n. 1365, e successive modificazioni.

(7) In base all'art. 11.1, r.d. 14 novembre 1926, n. 1953, la domanda di ammissione al concorso deve ora essere presentata al Procuratore della Repubblica presso il Tribunale nella cui giurisdizione il candidato risiede.

(8) Per i requisiti necessari per l'ammissione all'esame di concorso e la relativa documentazione v. ora l'art. 10, r.d. 14 novembre 1926, n. 1953.

(9) Per la deliberazione relativa all'ammissione all'esame di concorso vedi, ora, l'art. 12, r.d. 14 novembre 1926, n. 1953.

so potrà ordinare, in via d'urgenza, l'iscrizione fra i praticanti, salvo la notifica del Consiglio nella sua prima adunanza.

8-9. . . . . (*omissis*) (1).

10-15. . . . . (*omissis*) (2).

16. . . . . (*omissis*) (3).

17. *1.* Il cambio di residenza fra due notari può, col loro consenso, essere disposto, purché da non meno di due anni essi abbiano preso possesso dell'ufficio ed esercitato effettivamente le loro funzioni, e purché si tratti di residenze di pressoché uguale importanza e l'età e l'anzianità d'esercizio dei richiedenti siano pressoché uguali.

2. Il relativo provvedimento sarà dato con decreto Reale, uditi i pareri dei Consigli notarili e delle Corti d'appello competenti.

CAPO II

DELL'ESERCIZIO DELLE FUNZIONI NOTARILI

18. *1.* Il notaro, prima di assumere l'esercizio delle proprie funzioni, deve:

1) . . . . (4);

2) prestare giuramento, davanti al tribunale civile nella cui giurisdizione trovasi la sua sede, «di essere fedele al Re, di osservare lealmente lo Statuto e tutte le leggi del Regno e di adempiere da uomo di onore e di coscienza le funzioni che gli sono affidate» (5);

3) fare registrare alla segreteria del Consiglio notarile il decreto di nomina, l'attestato della cauzione data e l'atto di prestazione di giuramento;

4) ricevere il sigillo o segno di tabellionato, che a sue spese gli sarà fornito dal Consiglio notarile;

5) scrivere in un registro apposito, tenuto nella segreteria del Consiglio, la propria firma accompagnata dall'impronta del sigillo anzidetto;

6) . . . . (6);

7) adempiere agli altri obblighi indicati nell'art. 24.

19. 1. Il Consiglio nazionale del notariato provvede a forme collettive di assicurazione per la responsabilità civile derivante dall'esercizio dell'attività notarile, uniformi per tutti i notai, con separata contribuzione obbligatoria a carico di tutti gli iscritti al ruolo, da versare al Consiglio nazionale del notariato. Il contributo è riscosso dal Consiglio nazionale del notariato con le modalità di cui all'art. 21 della l. 27 giugno 1991, n. 220, entro il 26 febbraio di ciascun anno (7). L'impresa assicuratrice è scelta con procedure ad evidenza pubblica nel rispetto della

(1) Si omettono gli artt. 8 e 9 che concernono l'abolito esame di idoneità.

(2) Si omettono gli articoli da 10 a 15 perché riguardanti i concorsi per il trasferimento dei notai in esercizio. Sulle norme per il conferimento dei posti notarili v. la l. 6 agosto 1926, n. 1365, e successive modificazioni, e il r.d. 14 novembre 1926, n. 1953. Per nuove disposizioni in materia di assegnazione di posti nei concorsi notarili v. la l. 18 maggio 1973, n. 239, come modificata dalla l. 30 dicembre 2010, n. 233.

(3) Si omette l'art. 16 perché riguardante il provvedimento di nomina dei notai e la durata dell'esercizio professionale; v., ora, gli artt. 1 (modificato dall'art. 66.2, l. 18 giugno 2009, n. 69) e 7, l. 6 agosto 1926, n. 1365, e gli artt. 37 e 38, r.d. 14 novembre 1926, n. 1953.

(4) Numero abrogato dall'art. 6.1, lett. a, d.lg. 4 maggio 2006, n. 182.

(5) Per la formula del giuramento v., ora, l'art. 4, l. 23 dicembre 1946, n. 478, che così dispone: «La formula di giuramento per i magistrati dell'Ordine giudiziario ed amministrativo, per gli avvocati e procuratori dello Stato, e per i notai è stabilita come segue: "Giuro di essere fedele alla Repubblica italiana ed al suo Capo, di osservare lealmente le leggi dello Stato e di adempiere con coscienza i doveri inerenti al mio ufficio"».

(6) Numero abrogato dall'art. 22, r.d. 31 dicembre 1923, n. 3138, che così dispone: «Sono abrogate le disposizioni degli artt. 18, n. 6), della l. 16 febbraio 1913, n. 89, sull'ordinamento del notariato e degli archivi notarili, 74 e 80 del relativo regolamento 10 settembre 1914, n. 1326, in quanto fanno obbligo ai notari di provvedersi dall'archivio dei fogli dei repertori originali, delle copie mensili dei repertori medesimi, e del registro particolare per gli atti dei protesti cambiari prescritto dall'art. 306 del codice di commercio. || Restano ferme tutte le altre disposizioni della legge e dei regolamenti notarili, che disciplinano l'uso e la tenuta dei repertori e dei registri dei protesti cambiari. || A questo effetto i notari dovranno presentare in archivio, prima di farne uso e perché siano numerati e firmati, i fogli dei detti repertori e registri, ed il conservatore dell'archivio continuerà a tenere il registro prescritto dall'art. 74 del regolamento notarile, in cui dovrà soltanto prendere nota, con le modalità nell'articolo stesso indicate, dei fogli enumerati e firmati. || La presente disposizione avrà effetto dal 1° luglio 1924».

(7) Le parole «con separata contribuzione obbligatoria a carico di tutti gli iscritti al ruolo, da versare al Consiglio nazionale del notariato. Il contributo è riscosso dal Consiglio nazionale del notariato con le modalità di cui all'art. 21 della l. 27 giugno 1991, n. 220, entro il 28 febbraio di ciascun anno» sono state così sostituite alle precedenti «con oneri a carico del proprio bilancio» dall'art. 1.139, lett. e, n. 1, l. 28 dicembre 2015, n. 208. In base all'art. 1.140, l. cit., tali disposizioni «si applicano a decorrere dal 1° gennaio 2016».

Le parole «entro il 26 febbraio di ciascun anno» sono state successivamente così sostituite alle precedenti «entro il 28 febbraio di ciascun anno» dall'art. 1, comma *3-ter*, d.l. 25 luglio 2018, n. 91, conv. in l. 21 settembre 2018, n. 108.

normativa comunitaria e nazionale in materia.

1-*bis.* La misura dei contributi è determinata dal Consiglio nazionale del notariato entro il 31 ottobre di ciascun anno per l'anno successivo in misura corrispondente ai premi ed agli oneri da esso pagati ed è ragguagliata ai parametri soggetti ad annota-mento nei repertori di ciascun notaio secondo quanto stabilito dalla legge e tenuto conto del numero e dell'ammontare dei sinistri liquidati per ciascun notaio a partire dal 1° febbraio 1999 (1).

2. Nell'ipotesi di ricorso a forme collettive di copertura assicurativa, è fatta salva la facoltà di ciascun notaio di stipulare polizza aggiuntiva a proprie spese.

3. Gli estremi della polizza collettiva o di quelle individuali attuative dell'obbligo sono resi disponibili ai terzi senza alcuna formalità presso il consiglio notarile distrettuale al quale il notaio è iscritto.

4. Il Ministro della giustizia, di concerto con il Ministro delle attività produttive, sentito il consiglio nazionale del notariato, individua con decreto il massimale minimo delle polizze assicurative individuali e collettive (2).

20. 1. Se mancano le forme collettive di assicurazione cui all'art. 19, il notaio provvede alla stipula di polizza assicurativa individuale per la responsabilità civile derivante dai danni cagionati nell'esercizio dell'attività professionale.

2. In caso di mancato adempimento dell'obbligo di assicurazione il notaio è soggetto a procedimento disciplinare e può essere sanzionato ai sensi dell'art. 147 (3).

21. 1. Il Consiglio nazionale del notariato istituisce, regolamenta e gestisce, con separata contribuzione obbligatoria a carico di tutti gli iscritti al ruolo, un Fondo di garanzia per il ristoro dei danni derivanti da reato commesso dal notaio nell'esercizio della sua attività professionale, non coperti da polizze assicurative ed accertati ai sensi dell'art. 22, commi 3 e 4.

2. Le delibere del Consiglio nazionale del notariato di istituzione, modificazione e regolamentazione del fondo di cui al comma 1, sono approvate con decreto del Ministero della giustizia.

3. Il Fondo è amministrato dal Consiglio nazionale del notariato.

4. Il contributo è determinato dal Consiglio nazionale del notariato e riscosso secondo le modalità di cui all'art. 21 della l. 27 giugno 1991, n. 220 (4) (5).

22. 1. Il patrimonio del Fondo è costituto dai contributi dei notai, dalla somme ottenute a titolo di rivalsa per i risarcimenti erogati, dalla dotazione residua del fondo volontario temporaneo di solidarietà, già istituito dal Consiglio nazionale del notariato e dagli incrementi conseguenti alla gestione del Fondo.

2. I contributi dei notai sono acquisiti definitivamente al patrimonio del Fondo e non danno diritto a restituzione.

3. L'erogazione dell'indennizzo a favore dei soggetti danneggiati è, comunque, subordinata:

a) al passaggio in giudicato della sentenza che accerta la responsabilità del notaio o della sentenza di cui all'art. 444 del codice di procedura penale;

b) alla surrogazione del Consiglio nazionale del notariato nel credito vantato nei confronti del notaio responsabile del danno, nei limiti dell'importo del contributo erogato, ai sensi dell'art. 1201 del codice civile.

3-*bis.* In caso di mancato versamento da parte del notaio dei tributi riscossi in relazione agli atti da lui rogati o autenticati, se il danno non è coperto da polizza assicurativa, l'agente della riscossione può richiederne il pagamento direttamente al Fondo. L'erogazione è subordinata:

a) all'esercizio dell'azione penale nei confronti del notaio ed alla pronuncia del suo rinvio a giudizio;

b) all'emissione, per il pagamento dei tributi di cui al primo periodo, di un atto esecutivo dell'Agenzia delle entrate, non sospeso dall'autorità giudiziaria o dall'Amministrazione finanziaria, nei confronti del notaio (6).

3-*ter.* Il Fondo, quando provvede al pagamento dei tributi di cui al comma 3-*bis*, è legalmente surrogato nei confronti del notaio in tutte le ragioni, azioni e privilegi spettanti all'Amministrazione finanziaria. Il Fondo può, esibendo il documento attestante la somma pagata, richiedere all'autorità giudiziaria l'ingiunzione di pagamento. L'ingiunzione è provvisoriamente esecutiva a norma dell'art. 642

(1) Comma inserito dall'art. 1.139, lett. e, n. 2, l. 28 dicembre 2015, n. 208. In base all'art. 1.140, l. cit., tali disposizioni «si applicano a decorrere dal 1° gennaio 2016».
(2) Articolo così sostituito dall'art. 1, d.lg. 4 maggio 2006, n. 182.
(3) Articolo così sostituito dall'art. 2, d.lg. 4 maggio 2006, n. 182.
(4) Articolo così sostituito dall'art. 3, d.lg. 4 maggio 2006, n. 182.
(5) V. d.m. Giustizia 27 maggio 2013, in G.U., 10 giugno 2013, n. 134.
(6) Comma inserito dall'art. 1.139, lett. a, l. 28 dicembre 2015, n. 208. In base all'art. 1.140, l. cit., tali disposizioni «si applicano a decorrere dal 1° gennaio 2016».

del codice di procedura civile. Non è ammissibile l'opposizione fondata sul motivo che le imposte pagate non erano dovute o erano dovute in misura minore. Il Fondo può agire esecutivamente sull'indennità dovuta dalla Cassa nazionale del notariato al notaio alla sua cessazione, nel limite di cui al quarto comma dell'art. 545 del codice di procedura civile, e, a tutela del proprio credito, può notificare alla Cassa un atto di opposizione al pagamento diretto al notaio dell'indennità nello stesso limite (1).

3-*quater.* Con decreto non regolamentare del Ministro dell'economia e delle finanze, sentito il Consiglio nazionale del notariato, sono disciplinate le modalità procedurali e l'erogazione delle somme da parte del Fondo all'Amministrazione finanziaria, e per la successiva surroga ad essa del Fondo medesimo (1).

3-*quinquies.* Se è accertato con decisione passata in giudicato che il notaio non ha commesso il fatto ovvero che il fatto non costituisce reato, l'Agenzia delle entrate rimborsa senza indugio le somme pagate al Fondo o, se il Fondo ha recuperato le somme dal notaio, al notaio medesimo (1).

4. Il danno patrimoniale deve risultare da sentenza passata in giudicato ovvero può essere dimostrato con prova scritta da valutare con le procedure definite dal Consiglio nazionale del notariato con il regolamento di cui all'art. 21, fatto salvo il caso di cui al comma 3-*bis*, nel quale il danno è dimostrato con l'esibizione dell'atto esecutivo ed è quantificato sulla base delle risultanze dello stesso atto (2).

5. Il contributo corrisposto dal Fondo copre unicamente i danni relativi a fatti verificatisi successivamente alla data della costituzione del fondo (3).

23. *1.* Il sigillo menzionato nel n. 4) dell'art. 18 deve rappresentare lo stemma nazionale circondato dalla leggenda «N... N... di (o fu) notaro in N...» senza aggiunta di altri titoli o indicazioni.

2. Nel caso di smarrimento, il Consiglio notarile ne fornisce un altro, nel quale, oltre lo stemma, viene inciso un segno speciale.

3. Anche di tale sigillo deve lasciarsi l'impronta nel registro del Consiglio, a termini del n. 5) dell'art. 18.

4. Se il vecchio sigillo si ritrovasse, il notaro non potrà servirsene, ma dovrà invece consegnarlo all'archivio notarile che, previo annullamento, lo conserverà come quelli dei notari che hanno cessato dall'esercizio, a termini dell'art. 40.

23-*bis*. 1. Il notaio per l'esercizio delle sue funzioni deve munirsi della firma digitale di cui all'art. 1, comma 1, lett. *s*), del d.lg. 7 marzo 2005, n. 82 (4), rilasciata dal Consiglio nazionale del notariato.

2. Le disposizioni di cui al comma 1 si applicano anche al coadiutore e al notaio delegato (5).

23-*ter*. 1. Il certificato qualificato, di cui all'art. 1, comma 1, lett. *f*), del d.lg. 7 marzo 2005, n. 82 (4), rilasciato al notaio per l'esercizio delle sue funzioni nel rispetto delle regole tecniche di cui all'art. 34, commi 3 e 4, dello stesso decreto (4), attesta, sulla base delle comunicazioni inviate dai consigli notarili distrettuali, anche la sua iscrizione nel ruolo.

2. Le modalità di gestione del certificato di cui al comma 1 devono comunque garantirne l'immediata sospensione o revoca, a richiesta dello stesso titolare o delle autorità competenti, in tutti i casi previsti dalla normativa vigente in materia di firme elettroniche o quando il notaio è sospeso o cessa dall'esercizio delle sue funzioni per qualsiasi causa, compreso il trasferimento ad altro distretto.

3. Il notaio custodisce ed utilizza personalmente, ai sensi dell'art. 32 del d.lg. 7 marzo 2005, n. 82 (4), il dispositivo di firma collegato al certificato di cui al comma 1 (5).

24. *1.* Il notaro deve, entro novanta giorni dalla data della registrazione del decreto di nomina o di trasferimento (6), compiere le formalità stabilite nell'art. 18, e aprire l'ufficio nel luogo assegnatogli.

2. Tale termine può essere abbreviato dal Ministro della giustizia (7) per ragioni di pub-

(1) Comma inserito dall'art. 1.139, lett. a, l. 28 dicembre 2015, n. 208. In base all'art. 1.140, l. cit., tali disposizioni «si applicano a decorrere dal 1° gennaio 2016».

(2) Le parole da «, fatto salvo» fino a «atto» sono state aggiunte dall'art. 1.139, lett. b, l. 28 dicembre 2015, n. 208. In base all'art. 1.140, l. cit., tali disposizioni «si applicano a decorrere dal 1° gennaio 2016».

(3) Articolo così sostituito dall'art. 4, d.lg. 4 maggio 2006, n. 182.

(4) In *Leggi coll. IV, 4.*

(5) Articolo inserito dall'art. 1.1, lett. a, d.lg. 2 luglio 2010, n. 110.

(6) L'art. 50, r.d. 14 novembre 1926, n. 1953, così dispone: «Il termine stabilito nell'art. 24, commi primo e secondo, della l. 16 febbraio 1913, n. 89, decorre dalla data del Bollettino ufficiale nel quale viene pubblicato il decreto ministeriale di trasferimento o la notizia della registrazione del decreto reale di nomina».

(7) Denominazione così modificata dall'art. 55.2, d.lg. 30 luglio 1999, n. 300.

blico servizio, come può essere dallo stesso Ministro prorogato di altri novanta giorni, per gravi e giustificati motivi (1).

3. Adempiuto quanto è innanzi prescritto, il presidente del Consiglio, sull'istanza che il notaro deve avanzare non oltre i dieci giorni successivi, ordina l'iscrizione di lui nel ruolo dei notari esercenti del collegio, dandone immediato avviso al Ministero, e fa pubblicare gratuitamente nel giornale degli annunzi giudiziari l'ammissione del notaro all'esercizio delle sue funzioni.

4. Nel caso di negata iscrizione nel ruolo, il notaro interessato può reclamare al tribunale, il quale decide in Camera di consiglio.

5. Dal giorno dell'avvenuta iscrizione nel ruolo il notaro è investito nell'esercizio delle sue funzioni.

25. *1.* Le disposizioni degli artt. 18 e 24 si osserveranno anche nel caso di trasferimento del notaro da una ad altra residenza, in quanto siano applicabili.

2. Qualora la nuova sede appartenga ad altro distretto notarile, la pubblicazione di cui nell'articolo precedente, sarà fatta, in entrambi i distretti, a cura dei rispettivi presidenti dei Consigli notarili.

26. *1.* Per assicurare il funzionamento regolare e continuo dell'ufficio, il notaro deve tenere nel Comune o nella frazione di Comune assegnatagli studio aperto con il deposito degli atti, registri e repertori notarili, e deve assistere personalmente allo studio stesso almeno tre giorni a settimana e almeno uno ogni quindici giorni per ciascun Comune o frazione di Comune aggregati (2).

2. Il notaio può recarsi, per ragione delle sue funzioni, in tutto il territorio della regione in cui si trova la propria sede, ovvero in tutto il distretto della Corte d'appello in cui si trova la sede, se tale distretto comprende più regioni. Salve in ogni caso le previsioni dell'art. 82, può aprire un unico ufficio secondario in qualunque comune della regione ovvero in tutto il distretto della Corte d'appello se tale distretto comprende più regioni (3).

3. Il notaro non può assentarsi dal distretto per più di cinque giorni in ciascun bimestre, quando nel Comune assegnatogli non sia che un solo notaro, e per più di dieci giorni, se vi sia altro notaro, salvo per ragioni di pubblico servizio o per adempiere ai suoi obblighi presso i pubblici uffici.

4. Volendo assentarsi per un tempo maggiore deve ottenere il permesso dal presidente del Consiglio notarile, che glielo può concedere per un termine non eccedente un mese. Per i congedi da uno a tre mesi, la facoltà di concederli spetta al Consiglio notarile. Per un termine più lungo, il permesso non può essere concesso che dal Ministro della giustizia (4), udito sempre il parere del Consiglio notarile.

5. Tanto il presidente del Consiglio notarile quanto il Consiglio notarile non possono, per ciascuno, concedere allo stesso notaro che un permesso d'assenza nel periodo di dodici mesi.

6. Nei Comuni dove risiedono più di sei notari effettivamente esercenti, il Consiglio notarile potrà concedere permissioni di assenza fino ad un anno, purché concorrano giustificati motivi e rimanga in esercizio la metà dei notari assegnati al Comune.

7. Tanto il Ministero quanto l'autorità che ha concesso la permissione di assenza potranno in ogni caso revocarla, ove in qualunque modo si dimostrasse l'opportunità di farlo.

8. Nei luoghi dove non esiste altro notaro, il presidente o il Consiglio notarile, secondo i casi, potranno supplire al notaro assente, delegando un notaro viciniore a compierne in tutto o in parte le funzioni, preferendo però fra i viciniori quello proposto dallo stesso notaro assente.

27. *1.* Il notaro è obbligato a prestare il suo ministero ogni volta che ne è richiesto.

2. Egli non può prestarlo fuori del territorio della regione in cui si trova la propria sede ovvero del distretto della Corte d'appello in cui si trova la sede, se tale distretto comprende più regioni (5).

28. *1.* Il notaro non può ricevere o autenticare (6) atti:

1) se essi sono espressamente proibiti dalla legge, o manifestamente contrari al buon costume o all'ordine pubblico;

2) se v'intervengano come parti la sua moglie, i suoi parenti od affini in linea retta, in qualunque grado, ed in linea collaterale, fino

(1) L'art. 50, r.d. 14 novembre 1926, n. 1953, così dispone: «Il termine stabilito nell'art. 24, commi primo e secondo, della l. 16 febbraio 1913, n. 89, decorre dalla data del Bollettino ufficiale nel quale viene pubblicato il decreto ministeriale di trasferimento o la notizia della registrazione del decreto reale di nomina».

(2) Comma così sostituito dall'art. 12.4, d.l. 24 gennaio 2012, n. 1, conv. in l. 24 marzo 2012, n. 27.

(3) Comma così sostituito, da ultimo, dall'art. 1.144, lett. b, l. 4 agosto 2017, n. 124.

(4) Denominazione così modificata dall'art. 55.2, d.lg. 30 luglio 1999, n. 300.

(5) Comma così sostituito, da ultimo, dall'art. 1.144, lett. c, l. 4 agosto 2017, n. 124.

(6) Le parole «o autenticare» sono state inserite dall'art. 12.1, lett. a, l. 28 novembre 2005, n. 246.

al terzo grado inclusivamente, ancorché v'intervengano come procuratori, tutori od amministratori;

3) se contengano disposizioni che interessino lui stesso, la moglie sua, o alcuno de'suoi parenti od affini nei gradi anzidetti, o persone delle quali egli sia procuratore per l'atto, da stipularsi, salvo che la disposizione si trovi in testamento segreto non scritto dal notaro, o da persona in questo numero menzionata, ed a lui consegnato sigillato dal testatore.

2. Le disposizioni contenute nei nn. 2) e 3) non sono applicabili ai casi d'incanto per asta pubblica.

3. Il notaro può ricusare il suo ministero se le parti non depositino presso di lui l'importo delle tasse, degli onorari e delle spese dell'atto, salvo che si tratti di persone ammesse al beneficio del gratuito patrocinio, oppure di testamenti.

29. *1.* È vietato a due notari, parenti od affini tra loro nei gradi contemplati dal n. 2) dell'articolo precedente, di ricevere uno stesso testamento pubblico (1).

CAPO III

Della decadenza della nomina di notaro, della cessazione, sospensione o interruzione dell'esercizio notarile

30. *1.* Il notaio decade dalla nomina se, nel termine di cui all'art. 24, non assume l'esercizio delle sue funzioni e non adempie gli obblighi stabiliti dagli artt. 18 e 24 (2).

2. Nel caso di trasferimento di notaio in esercizio, il mancato adempimento, nel termine prescritto, dei predetti obblighi comporta sia la decadenza della nomina nella nuova sede, sia la perdita del diritto ad esercitare le funzioni nella precedente residenza (2).

3. Tale diritto non si perde se il notaio prova di non aver potuto compiere gli adempimenti suddetti per cause indipendenti dalla sua volontà (2).

4. A seguito della decadenza dalla nomina la sede messa a concorso è assegnata agli altri concorrenti, secondo l'ordine di graduatoria del concorso (2).

5. Il notaio, inoltre, cessa dall'esercizio notarile per dispensa o interdizione dall'ufficio, rimozione, sospensione o destituzione (3) (4).

6. Cessa poi temporaneamente dall'esercizio il notaro che per causa di servizio militare rimanga assente dalla residenza oltre il termine dei permessi da esso ottenuti secondo l'art. 26; ma al termine del servizio militare dovrà essere riammesso all'esercizio del notariato nel posto prima occupato.

31. *1.* La dispensa ha luogo nel caso di rinuncia del notaro, o quando il notaro, per debolezza di mente o per infermità, sia divenuto incapace all'adempimento del suo ufficio, salvo il disposto dell'art. 45 per i casi ivi contemplati.

2. Se la debolezza di mente o la infermità è soltanto temporanea, il notaro può essere interdetto dall'esercizio per un tempo determinato non maggiore di un anno.

3. Se al termine dell'anno la debolezza di mente o la infermità continui, il notaro sarà dispensato.

4. Parimente sarà dispensato qualora venisse interdetto o inabilitato a termini degli artt. 324 e 339 del Codice civile (5).

32. *1.* La rimozione ha luogo:

1) se il notaro accetta un impiego, esercita una professione od assume una qualità incompatibili con l'esercizio del notariato;

2) . . . . (6);

3) se ha cessato, senza giustificato motivo, di comparire da oltre due mesi nel luogo della sua residenza;

4) . . . . (6).

33. *1.* I notari rimossi o dispensati possono essere riammessi all'esercizio, concorrendo nuovamente ad un posto vacante, sempreché siano cessate le cause che hanno dato luogo alla rimozione ed alla dispensa.

2. . . . . (7).

34. 1. La decadenza dalla nomina e la cessa-

(1) Comma da ritenere implicitamente abrogato, perché il codice civile vigente non prevede la possibilità di testamento rogato contemporaneamente da due notai, possibilità prevista dall'art. 777 c.c. 1865.

(2) Il primo comma era stato già sostituito dall'art. 10, l. 30 aprile 1976, n. 197. Successivamente gli attuali commi dal primo al quarto sono stati così sostituiti al comma 1 dall'art. 6, l. 10 maggio 1978, n. 177.

(3) Comma così sostituito dall'art. 1, d.lg. 1° agosto 2006, n. 249, dalla data del 1° giugno 2007 (cfr. art. 55.3, d.lg. cit.). In base all'art. 54.1, d.lg. cit., tale disposizione si applica «ai procedimenti disciplinari promossi dal 1° giugno 2007».

(4) Sulla riammissione all'esercizio professionale dei notai dichiarati decaduti e dispensati v. l. 18 febbraio 1983, n. 45. Sulla dispensa per raggiunti limiti di età vedi v. art. 7, l. 6 agosto 1926, n. 1365; artt. 37-39, 49-52, r.d. 14 novembre 1926, n. 1953.

(5) Ora, artt. 414 e 415 c.c.

(6) Numero abrogato dall'art. 6.1, lett. a, d.lg. 4 maggio 2006, n. 182.

(7) Comma abrogato dall'art. 61, r.d.l. 23 ottobre 1924, n. 1737, conv. in l. 18 marzo 1926, n. 562.

zione dall'esercizio per dispensa, richiesta del notaio, sono dichiarate con decreto dirigenziale.

2. La cessazione dall'esercizio per le altre cause di cui agli artt. 30, 31 e 32 è dichiarata, a richiesta del procuratore della Repubblica presso il Tribunale nel cui circondario ha sede il notaio o del presidente del consiglio notarile del distretto presso il quale il notaio è iscritto, udito sempre l'interessato, ai sensi degli artt. 152 e seguenti, in quanto compatibili.

3. Quando è chiesta la cessazione definitiva dell'esercizio notarile possono essere adottate le misure cautelari di cui all'art. 158-*sexies* (1).

35. 1. Le sanzioni disciplinari della sospensione e della destituzione sono pronunziate nei casi determinati dagli artt. 138, 138-*bis*, 142, 142-*bis* e 147, nonché negli altri casi previsti dalle leggi sul notariato.

2. La sospensione cautelare è pronunciata nei casi di cui agli artt. 34, comma 3, 128, comma 2, e 158-*sexies* (2).

36. .... (3).

37. *1.* La cessazione del notaro dall'esercizio delle sue funzioni, pronunciata in qualunque dei casi determinati dalla legge, sarà prontamente pubblicata a cura del presidente del Consiglio notarile e gratuitamente nella *Gazzetta Ufficiale*, nel giornale degli annunzi giudiziari, e per mezzo di avviso affisso nel capoluogo del collegio notarile.

2. Un esemplare del detto avviso dovrà poi essere trasmesso al presidente del tribunale civile da cui dipende la sede notarile.

38. *1.* L'ufficiale dello stato civile, che riceve la dichiarazione di morte di un notaro, deve informarne immediatamente il Consiglio notarile presso il quale il notaro era iscritto ed il capo dell'archivio notarile del distretto (4) in cui il medesimo aveva la sua residenza.

2. Gli eredi e i detentori degli atti del notaro devono pure informarne il capo dell'archivio notarile del distretto (4) entro dieci giorni dalla morte, o dall'avutane notizia, sotto pena della sanzione amministrativa estensibile a lire 12.000 [euro 6] (5).

3. Il capo dell'archivio notarile, avuta notizia della morte del notaro, richiede al Consiglio nazionale del notariato il trasferimento immediato agli archivi notarili degli atti, dei registri e dei repertori dallo stesso conservati nella struttura di cui all'art. 62-*bis*. Il Consiglio nazionale del notariato, accertato il corretto trasferimento dei dati, provvede alla loro cancellazione (6).

39. *1.* Nel caso di morte o di cessazione definitiva dall'esercizio notarile, il capo dell'archivio notarile del distretto deve procedere all'apposizione dei sigilli sopra tutti gli atti, i repertori e le carte relative all'ufficio notarile ed esistenti nello studio del notaio od indebitamente altrove; e quando sia eseguita la rimozione dei sigilli procederà al ritiro degli atti e dei repertori (7).

2. Nei casi di urgenza potrà essere provveduto dal capo dell'archivio notarile, con l'intervento del presidente del consiglio notarile del distretto o di un membro da lui delegato, alla rimozione dei sigilli, allo scopo di aprire un testamento, rilasciare copie, estratti o certificati, e compiere qualsiasi altra operazione (7).

3. In caso di interdizione temporanea ed in ogni caso di sospensione del notaio dall'esercizio si provvede ai sensi dell'art. 43 (8).

40. 1. Il sigillo del notaio cessato definitivamente dall'esercizio o trasferito ad altra sede è depositato nell'archivio notarile distrettuale. Il sigillo è reso inutilizzabile, in modo da restare comunque riconoscibile, mediante l'apposizio-

(1) Articolo così sostituito dall'art. 2, d.lg. 1° agosto 2006, n. 249, dalla data del 1° giugno 2007 (cfr. art. 55.3, d.lg. cit.). In base all'art. 54.1, d.lg. cit., tale disposizione si applica «ai procedimenti disciplinari promossi dal 1° giugno 2007».

(2) Articolo così sostituito dall'art. 3, d.lg. 1° agosto 2006, n. 249, dalla data del 1° giugno 2007 (cfr. art. 55.3, d.lg. cit.). In base all'art. 54.1, d.lg. cit., tale disposizione si applica «ai procedimenti disciplinari promossi dal 1° giugno 2007».

(3) Articolo abrogato dall'art. 6.1, lett. a, d.lg. 4 maggio 2006, n. 182.

(4) Parole così sostituite dall'art. 233.1, lett. a, d.lg. 19 febbraio 1998, n. 51.

(5) La sanzione originaria dell'ammenda è stata sostituita con la sanzione amministrativa dall'art. 32, l. 24 novembre 1981, n. 689. L'importo della sanzione è stato così elevato dall'art. 114.1, l. cit., in relazione all'art. 113.2 della stessa legge. Per effetto dell'art. 10 della medesima legge, come modificato dall'art. 96, d.lg. 30 dicembre 1999, n. 507: «La sanzione amministrativa pecuniaria consiste nel pagamento di una somma non inferiore a lire dodicimila e non superiore a lire venti milioni. Le sanzioni proporzionali non hanno limite massimo. || Fuori dei casi espressamente stabiliti dalla legge, il limite massimo della sanzione amministrativa pecuniaria non può, per ciascuna violazione superare il decuplo del minimo».

(6) Comma aggiunto dall'art. 1.1, lett. b, d.lg. 2 luglio 2010, n. 110.

(7) Comma così sostituito dall'art. 233.1, lett. b, d.lg. 19 febbraio 1998, n. 51.

(8) Comma così sostituito dall'art. 4, d.lg. 1° agosto 2006, n. 249, dalla data del 1° giugno 2007 (cfr. art. 55.3, d.lg. cit.). In base all'art. 54.1, d.lg. cit., tale disposizione si applica «ai procedimenti disciplinari promossi dal 1° giugno 2007».

ne di un segno sull'incisione a cura del capo dell'archivio.

2. Il sigillo del notaio sospeso o interdetto temporaneamente ovvero nei confronti del quale sono state pronunziate l'interdizione dai pubblici uffici o altro provvedimento comportante sospensione dall'esercizio ai sensi della legge penale è depositato nell'archivio notarile distrettuale fino a quando durano gli effetti di tali provvedimenti.

3. Il capo dell'archivio notarile distrettuale assume tutti i provvedimenti necessari per l'acquisizione del sigillo (1).

41-42. .... (2).

CAPO IV

DEI COADIUTORI E DELEGATI

43. 1. Nei casi di irrogazione della sanzione disciplinare della sospensione o di applicazione della sospensione cautelare di cui all'art. 158-*sexies*, commi 1 e 2, o di interdizione temporanea dall'esercizio del notaio, il consiglio notarile del distretto presso il quale il notaio è iscritto determina se gli atti, i registri ed i repertori devono restare presso lo studio del notaio sospeso o interdetto ovvero se devono essere depositati presso altro notaio.

2. Nel caso previsto dall'art. 158-*sexies*, comma 4, nonché in caso di interdizione temporanea dai pubblici uffici o di altri provvedimenti comportanti sospensione dall'esercizio della professione adottati in sede penale, gli atti sono sempre depositati presso un altro notaio.

3. Il presidente del consiglio notarile del distretto di cui al comma 1 nomina depositario un notaio dello stesso distretto, scelto, di regola, fra quelli esercenti nella stessa sede e, in mancanza, nella sede più vicina.

4. Della consegna degli atti, dei registri e dei repertori al notaio depositario e della loro restituzione è redatto verbale con l'intervento del presidente del consiglio notarile distrettuale o di un suo delegato.

5. Con decreto del Ministro della giustizia, emanato ai sensi dell'art. 17, comma 3, della l. 23 agosto 1988, n. 400, sono determinate idonee forme di pubblicità, anche informatiche, mediante le quali è data notizia al pubblico del deposito di atti presso altro notaio effettuato ai sensi della presente legge (3).

44. *1.* Quando per assenza, per sospensione o interdizione temporanea, per interdizione dai pubblici uffici o per altri provvedimenti comportanti sospensione dall'esercizio della professione ai sensi della legge penale, per malattia o per qualsiasi altro impedimento temporaneo, il notaio non possa esercitare le proprie funzioni, il presidente del consiglio notarile delega d'ufficio un altro notaio esercente, scelto con gli stessi criteri di cui all'art. 43, comma 3, per la pubblicazione dei testamenti e per il rilascio delle copie, degli estratti e dei certificati. Della delega è data idonea pubblicità secondo le modalità indicate dal decreto di cui all'art. 43, comma 5 (4).

2. Tale funzione, quando sia nominato un notaro a ricevere in deposito gli atti e repertori di altro notaro, a sensi dell'articolo precedente, spetterà di diritto al medesimo notaro nominato.

45. 1. Un coadiutore può essere nominato, per un periodo non inferiore ad un mese, in luogo del delegato di cui all'art. 44, in sostituzione del notaio assente in permesso o temporaneamente impedito. Competente per la nomina è il presidente del consiglio notarile ovvero il consigliere anziano, qualora il notaio assente rivesta la qualifica di presidente del consiglio.

2. Il coadiutore esercita tutte le funzioni notarili in nome e nell'interesse del notaio impedito e ne assume tutti gli obblighi, ma non ha alcun diritto di successione.

3. Il notaio coadiuvato ha facoltà di assistere il coadiutore e di concorrere con lui nell'esercizio delle funzioni notarili, ma non può esercitarle da solo.

4. Il notaio che svolge le funzioni di commissario nel concorso notarile ha diritto di chiedere al presidente del consiglio notarile la nomina di un coadiutore limitatamente ai giorni in cui è impegnato nell'espletamento dell'incarico.

(1) Articolo così sostituito dall'art. 5, d.lg. 1° agosto 2006, n. 249, dalla data del 1° giugno 2007 (cfr. art. 55.3, d.lg. cit.). In base all'art. 54.1, d.lg. cit., tale disposizione si applica «ai procedimenti disciplinari promossi dal 1° giugno 2007».

(2) Articoli abrogati dall'art. 6.1, lett. a, d.lg. 4 maggio 2006, n. 182.

(3) Articolo così sostituito dall'art. 6, d.lg. 1° agosto 2006, n. 249, dalla data del 1° giugno 2007 (cfr. art. 55.3, d.lg. cit.). In base all'art. 54.1, d.lg. cit., tale disposizione si applica «ai procedimenti disciplinari promossi dal 1° giugno 2007».

(4) Comma così sostituito dall'art. 7, d.lg. 1° agosto 2006, n. 249, dalla data del 1° giugno 2007 (cfr. art. 55.3, d.lg. cit.). In base all'art. 54.1, d.lg. cit., tale disposizione si applica «ai procedimenti disciplinari promossi dal 1° giugno 2007».

5. La presenza in commissione del notaio coadiuvato, che deve preventivamente avvertire il presidente del consiglio notarile, legittima il coadiutore ad esercitare le funzioni notarili.

6. I periodi durante i quali il coadiutore del notaio componente della commissione di concorso esercita le funzioni, non sono computati in relazione alla nomina del coadiutore ad altri fini (1).

46. *1.* Il notaro depositario, delegato o coadiutore deve in ogni atto, non escluse le autenticazioni delle copie, degli estratti, e dei certificati, far menzione dell'avuta nomina o delegazione, indicandone la data senza esprimerne la causa.

2. Al notaio, quando non può esercitare temporaneamente la propria funzione, spetta la metà degli onorari per le operazioni compiute dal notaio delegato, al quale sono attribuiti i restanti proventi. Quando è nominato un notaio depositario, tali proventi spettano interamente a quest'ultimo (2).

TITOLO III

Degli atti notarili

CAPO I

Della forma degli atti notarili

47. 1. L'atto notarile non può essere ricevuto dal notaio se non in presenza delle parti e, nei casi previsti dall'art. 48, di due testimoni.

2. Il notaio indaga la volontà delle parti e sotto la propria direzione e responsabilità cura la compilazione integrale dell'atto (3).

47-*bis*. 1. All'atto pubblico di cui all'art. 2700 del codice civile, redatto con procedure informatiche si applicano le disposizioni della presente legge e quelle emanate in attuazione della stessa.

2. L'autenticazione di cui all'art. 2703, secondo comma, del codice civile, è regolata, in caso di utilizzo di modalità informatiche, dall'art. 25 del d.lg. 7 marzo 2005, n 82 (4) (5).

47-*ter*. 1. Le disposizioni per la formazione e la conservazione degli atti pubblici e delle scritture private autenticate si applicano, in quanto compatibili, anche ai documenti informatici di cui ai commi 1 e 2 dell'art. 47-*bis*.

2. L'atto pubblico informatico è ricevuto in conformità a quanto previsto dall'art. 47 ed è letto dal notaio mediante l'uso e il controllo personale degli strumenti informatici.

3. Il notaio nell'atto pubblico e nell'autenticazione delle firme deve attestare anche la validità dei certificati di firma eventualmente utilizzati dalle parti (5).

48. 1. Oltre che in altri casi previsti per legge, è necessaria la presenza di due testimoni per gli atti di donazione, per le convenzioni matrimoniali e le loro modificazioni e per le dichiarazioni di scelta del regime di separazione dei beni nonché qualora anche una sola delle parti non sappia o non possa leggere e scrivere ovvero una parte o il notaio ne richieda la presenza. Il notaio deve fare espressa menzione della presenza dei testimoni in principio dell'atto (6).

49. *1.* Il notaio deve essere certo dell'identità personale delle parti e può raggiungere tale certezza, anche al momento della attestazione, valutando tutti gli elementi atti a formare il suo convincimento.

2. In caso contrario il notaio può avvalersi di due fidefacienti da lui conosciuti, che possono essere anche i testimoni (7).

50. *1.* I testimoni debbono essere maggiorenni, cittadini della Repubblica o stranieri in essa residenti che abbiano compiuto il diciottesimo anno di età, avere la capacità di agire e non essere interessati nell'atto (8).

2. Non sono testimoni idonei i ciechi, i sordi, i muti, i parenti e gli affini del notaro e delle parti nei gradi indicati nell'art. 28, il coniuge dell'uno o delle altre e coloro che non sanno o non possono sottoscrivere.

3. I fidefacienti devono avere i requisiti stabiliti per i testimoni, ma non sono loro di osta-

(1) Articolo così sostituito art. 4, d.lg. 24 aprile 2006, n. 166. In base all'art. 16.2, d.lg. cit., tali disposizioni «si applicano con decorrenza dalla data di emanazione del prossimo bando di concorso per la nomina a notaio».

(2) Comma così sostituito dall'art. 8, d.lg. 1° agosto 2006, n. 249, dalla data del 1° giugno 2007 (cfr. art. 55.3, d.lg. cit.). In base all'art. 54.1, d.lg. cit., tale disposizione si applica «ai procedimenti disciplinari promossi dal 1° giugno 2007».

(3) Articolo così sostituito dall'art. 12.1, lett. b, l. 28 novembre 2005, n. 246.

(4) In *Leggi coll. IV, 4*.

(5) Articolo inserito dall'art. 1.1, lett. c, d.lg. 2 luglio 2010, n. 110.

(6) Articolo così sostituito dall'art. 12.1, lett. c, l. 28 novembre 2005, n. 246.

(7) Articolo così sostituito dall'art. 1, l. 10 maggio 1976, n. 333.

(8) Comma così modificato dall'art. 1, l. 10 maggio 1976, n. 334. L'art. 2, l. cit., così dispone: «La norma contenuta nel precedente articolo si applica a tutti gli atti di cui alla l. 16 febbraio 1913, n. 89, ricevuti successivamente alla entrata in vigore della l. 8 marzo 1975, n. 39, e prima dell'entrata in vigore della presente legge».

colo le attinenze e le qualità accennate nel precedente capoverso, né il non sapere o il non poter sottoscrivere.

51. *1.* L'atto notarile reca la intestazione:

REPUBBLICA ITALIANA (1).

2. L'atto deve contenere:

1) l'indicazione in lettere per disteso dell'anno, del mese, del giorno, del Comune e del luogo in cui è ricevuto;

2) il nome, il cognome e l'indicazione della residenza del notaro, e del Collegio notarile presso cui è iscritto;

3) il nome, il cognome, la paternità (2), il luogo di nascita, il domicilio o la residenza delle parti, dei testimoni e dei fidefacenti (3).

Se le parti od alcune di esse intervengono all'atto per mezzo di rappresentante, le precedenti indicazioni si osserveranno, non solo rispetto ad esse, ma anche rispetto al loro rappresentante. La procura deve rimanere annessa all'atto medesimo o in originale o in copia, a meno che l'originale o la copia non si trovi negli atti del notaro rogante ovvero sia iscritto nel registro delle imprese (4);

4) la dichiarazione della certezza dell'identità personale delle parti o la dichiarazione dell'accertamento fattone per mezzo dei fidefacienti (5);

5) l'indicazione, almeno per la prima volta, in lettere per disteso, delle date, delle somme e della quantità delle cose che formano oggetto dell'atto;

6) la designazione precisa delle cose che formano oggetto dell'atto, in modo da non potersi scambiare con altre.

Quando l'atto riguarda beni immobili, questi saranno designati, per quanto sia possibile, con l'indicazione della loro natura, del Comune in cui si trovano, dei numeri catastali, delle mappe censuarie, dove esistono, e dei loro confini in modo da accertare la identità degli immobili stessi;

7) l'indicazione dei titoli e delle scritture che s'inseriscono nell'atto;

8) la menzione che dell'atto, delle scritture, dei titoli inserti nel medesimo, fu data dal notaro, o, presente il notaro, da persona di sua fiducia, lettura alle parti, in presenza dei testimoni, se questi siano intervenuti.

Il notaro non potrà commettere ad altri la lettura dell'atto che non sia stato scritto da lui salvo ciò che dispone il Codice civile in ordine ai testamenti.

La lettura delle scritture e dei titoli inserti può essere omessa per espressa volontà delle parti, purché sappiano leggere e scrivere. Di tale volontà si farà menzione nell'atto;

9) la menzione che l'atto è stato scritto dal notaro o da persona di sua fiducia, con l'indicazione dei fogli di cui consta e delle pagine scritte;

10) la sottoscrizione col nome, cognome delle parti, dei fidefacienti, dell'interprete, dei testimoni e del notaro.

I fidefacienti possono allontanarsi dopo la dichiarazione prescritta al n. 4). In tal caso debbono apporre la loro firma subito dopo quella dichiarazione, e il notaro ne deve fare menzione.

Se alcuna delle parti o alcuno dei fidefacienti non sapesse o non potesse sottoscrivere, deve dichiarare la causa che glielo impedisce e il notaro deve far menzione di questa dichiarazione;

11) per gli atti di ultima volontà, l'indicazione dell'ora in cui la sottoscrizione dell'atto avviene. Tale indicazione sarà pure fatta, quando le parti lo richiedano, o il notaro lo ritenga opportuno, negli altri atti;

12) negli atti contenuti in più fogli, la sottoscrizione in margine di ciascun foglio, anche col solo cognome, delle parti, dell'interprete, dei testimoni e del notaro, eccettuato il foglio contenente le sottoscrizioni finali.

3. Le sottoscrizioni marginali debbono essere apposte anche su ciascun foglio delle scritture e dei titoli inserti nell'atto, eccetto che si tratti di documenti autentici, pubblici o registrati.

4. Se le parti intervenute, che sappiano o possano sottoscrivere, eccedono il numero di sei, invece delle sottoscrizioni loro, si potrà apporre in margine di ciascun foglio la sottoscrizione di alcune di esse, delegate dalle parti rappresentanti i diversi interessi.

5. La firma marginale del notaro nei fogli intermedi non è necessaria, se l'atto è stato scritto tutto di sua mano.

(1) Comma così modificato, da ultimo, dal d.lg.c.p.s. 24 gennaio 1947, n. 33.

(2) Per espressa previsione della l. 31 ottobre 1955, n. 1064 e del relativo regolamento approvato con d.p.r. 2 maggio 1957, n. 432, l'indicazione della paternità è ora sostituita dalla indicazione del luogo e della data di nascita.

(3) Le parole «e la condizione» sono state soppresse dall'art. 12.1, lett. d, l. 28 novembre 2005, n. 246

(4) Le parole «ovvero sia iscritto nel registro delle imprese» sono state aggiunte dall'art. 36.5-*ter*, d.l. 18 ottobre 2012, n. 179, conv. in l. 17 dicembre 2012, n. 221.

(5) Numero così sostituito dall'art. 2, l. 10 maggio 1976, n. 333.

52. *1.* La firma che il notaro appone in fine dell'atto, dev'essere munita dell'impronta del suo sigillo.

52-*bis*. 1. Le parti, i fidefacenti, l'interprete e i testimoni sottoscrivono personalmente l'atto pubblico informatico in presenza del notaio con firma digitale o con firma elettronica, consistente anche nell'acquisizione digitale della sottoscrizione autografa.

2. Il notaio appone personalmente la propria firma digitale dopo le parti, l'interprete e i testimoni e in loro presenza (1).

53. *1.* Gli originali degli atti notarili saranno scritti in carattere chiaro e distinto e facilmente leggibile, senza lacune o spazi vuoti che non siano interlineati, senza abbreviature, correzioni, alterazioni o addizioni nel corpo dell'atto e senza raschiature.

2. Occorrendo di togliere, variare, o aggiungere qualche parola prima della sottoscrizione delle parti, dei fidefacienti, dell'interprete e dei testimoni, il notaro deve:

1) cancellare le parole che si vogliono togliere o variare in modo che si possano sempre leggere;

2) portare le variazioni od aggiunte in fine dell'atto per postilla, prima delle dette sottoscrizioni;

3) fare menzione in fine dell'atto e prima delle stesse sottoscrizioni del numero tanto delle parole cancellate, quanto delle postille, nonché della lettura delle postille stesse se fatte dopo che sia stata data lettura dell'atto.

3. Nel caso che i fidefacienti si siano allontanati prima della fine dell'atto a norma dell'art. 51, n. 10), nessuna variazione o aggiunta può essere fatta senza la loro presenza per ciò che si riferisce alla identità delle persone da essi accertata.

4. Le aggiunte o variazioni che le parti volessero fare dopo le sottoscrizioni loro e dei testimoni, ma prima che il notaro abbia sottoscritto, si debbono eseguire mediante apposita dichiarazione, lettura dell'aggiunta o variazione, menzione di tale lettura e nuova sottoscrizione.

5. Le cancellature, aggiunte e variazioni fatte e non approvate nei modi sopra stabiliti si reputano non avvenute.

54. *1.* Gli atti notarili devono essere scritti in lingua italiana.

2. Quando però le parti dichiarino di non conoscere la lingua italiana, l'atto può essere rogato in lingua straniera, sempre che questa sia conosciuta dai testimoni e dal notaro. In tal caso deve porsi di fronte all'originale o in calce al medesimo la traduzione in lingua italiana, e l'uno e l'altra saranno sottoscritti come è stabilito nell'art. 51.

55. *1.* Qualora il notaro non conosca la lingua straniera, l'atto potrà tuttavia essere ricevuto con l'intervento dell'interprete, che sarà scelto dalle parti.

2. L'interprete deve avere i requisiti necessari per essere testimone e non può essere scelto fra i testimoni ed i fidefacienti. Egli deve prestare giuramento davanti al notaro di adempiere fedelmente il suo ufficio, e di ciò sarà fatta menzione nell'atto.

3. Se le parti non sanno o non possono sottoscrivere, due dei testimoni presenti all'atto dovranno conoscere la lingua straniera. Se sanno o possono sottoscrivere, basterà che uno solo dei testimoni, oltre l'interprete, conosca la lingua straniera.

4. L'atto sarà scritto in lingua italiana, ma di fronte all'originale o in calce al medesimo dovrà porsi anche la traduzione in lingua straniera da farsi dall'interprete, e l'uno e l'altra saranno sottoscritti come è disposto nell'art. 51. L'interprete pure dovrà sottoscrivere alla fine e nel margine di ogni foglio tanto l'originale quanto la traduzione.

56. *1.* Se alcuna delle parti è interamente priva dell'udito, essa deve leggere l'atto e di ciò si farà menzione nel medesimo.

2. Ove il sordo non sappia leggere, deve intervenire all'atto un interprete, che sarà nominato dal presidente del tribunale (2) tra le persone abituate a trattare con esso e che sappia farsi intendere dal medesimo con segni e gesti.

3. L'interprete deve avere i requisiti necessari per essere testimone, e prestare giuramento, giusta il primo capoverso dell'art. 55, può essere scelto fra i parenti e gli affini del sordo, e non può adempiere ad un tempo l'ufficio di testimone o di fidefaciente. Egli deve sottoscrivere l'atto, secondo il disposto dei nn. 10) e 12) dell'art. 51.

57. *1.* Se alcuna delle parti sia un muto o un sordo (3), oltre l'intervento dell'interprete prescritto nell'articolo precedente, si osserveranno le seguenti norme:

— il muto o sordo (3), che sappia leggere e scrivere, deve egli stesso leggere l'atto e scri-

(1) Articolo inserito dall'art. 1.1, lett. d, d.lg. 2 luglio 2010, n. 110.

(2) Le parole «presidente del tribunale» sono state così sostituite alle precedenti «pretore del mandamento» dall'art. 233.1, lett. c, d.lg. 19 febbraio 1998, n. 51.

(3) L'art. 1.1, l. 20 febbraio 2006, n. 95, così dispone: «In tutte le disposizioni legislative vigenti, il termine "sordomuto" è sostituito con l'espressione "sordo"».

vere alla fine del medesimo, prima delle sottoscrizioni, che lo ha letto e riconosciuto conforme alla sua volontà;

— se non sappia o non possa leggere e scrivere, sarà necessario che il linguaggio a segni del medesimo, sia inteso anche da uno dei testimoni, o che altrimenti intervenga all'atto un secondo interprete giusta le norme stabilite nei due capoversi dell'articolo precedente.

57-*bis*. 1. Quando deve essere allegato un documento redatto su supporto cartaceo ad un documento informatico, il notaio ne allega copia informatica, certificata conforme ai sensi dell'art. 22, commi 1 e 3, del d.lg. 7 marzo 2005, n. 82 (1).

2. Quando un documento informatico deve essere allegato ad un atto pubblico o ad una scrittura privata da autenticare, redatti su supporto cartaceo, il notaio ne allega copia conforme ai sensi dell'art. 23 del d.lg. 7 marzo 2005, n. 82 (1), formata sullo stesso supporto (2).

58. *1.* L'atto notarile è nullo, salvo ciò che è disposto dall'art. 1316 del Codice civile (3):

1) se è stato rogato dal notaro prima che sia avvenuta l'iscrizione di lui nel ruolo a norma dell'art. 24;

2) se fu ricevuto da un notaro che abbia cessato dall'esercizio per una delle cause espresse dalla legge, e dopo che la cessazione è stata pubblicata nella *Gazzetta Ufficiale*;

3) se fu ricevuto in contravvenzione agli artt. 28, n. 2) e 29; la contravvenzione al n. 3) dell'art. 29 (4) importa la nullità delle sole disposizioni accennate nello stesso numero;

4) se non furono osservate le disposizioni degli artt. 27, 47, 48, 50, 54, 55, 56, 57 e dei nn. 10) e 11) dell'art. 51;

5) se esso manca della data e non contiene l'indicazione del Comune in cui fu ricevuto;

6) se non fu data lettura dell'atto alle parti, in presenza dei testimoni quando questi siano intervenuti.

2. Fuori di questi casi l'atto notarile non è nullo, ma il notaro che contravviene alle disposizioni della legge va soggetto alle pene dalla medesima sancite.

59. *1.* È vietato al notaro di fare in qualunque tempo annotazioni sopra gli atti, salvo i casi specialmente determinati dalla legge (5). Sono autorizzate le annotazioni riflettenti l'adempimento delle formalità ipotecarie o d'iscrizione e trascrizione demandate al notaro per disposizione di legge, le annotazioni riflettenti le eventuali omologazioni, la dichiarazione di nullità per sentenza della competente autorità giudiziaria, la revocazione espressa del mandato a mente dell'art. 1759 del Codice civile (6) e la revoca dell'autorizzazione maritale (7).

59-*bis*. 1. Il notaio ha facoltà di rettificare, fatti salvi i diritti dei terzi, un atto pubblico o una scrittura privata autenticata, contenente errori od omissioni materiali relativi a dati preesistenti alla sua redazione, provvedendovi, anche ai fini dell'esecuzione della pubblicità, mediante propria certificazione contenuta in atto pubblico da lui formato (8).

60. *1.* Le disposizioni di questo capo si applicano anche ai testamenti ed agli altri atti, in quanto non siano contrarie a quelle contenute nel Codice civile, nel Codice di procedura civile o in qualunque altra legge della Repubblica (9), ma le completino.

CAPO II

DELLA CUSTODIA DEGLI ATTI PRESSO IL NOTARO E DEI REPERTORI

61. *1.* Il notaro deve custodire con esattezza ed in luogo sicuro, con i relativi allegati:

a) gli atti da lui ricevuti compresi gli inventari di tutela ed i verbali delle operazioni di divisione giudiziaria, salvo le eccezioni stabilite dalla legge;

b) gli atti presso di lui depositati per disposizione di legge o a richiesta delle parti.

2. A questo effetto li rilegherà in volumi per ordine cronologico, ponendo sul margine di ciascun atto un numero progressivo. Ciascuno degli allegati avrà lo stesso numero progressivo dell'atto, ed una lettera alfabetica che lo contrōdistingue.

(1) In *Leggi coll. IV, 4*.
(2) Articolo inserito dall'art. 1.1, lett. e, d.lg. 2 luglio 2010, n. 110.
(3) Ora, art. 2701 c.c.
(4) *Recte*: art. 28 [n.d.r.].
(5) L'art. 23, r.d.l. 23 ottobre 1924, n. 1737, conv. in l. 18 marzo 1926, n. 562, come sostituito dall'art. 50, d.lg. 1° agosto 2006, n. 249, così dispone: «1. I notai annotano gli estremi delle formalità di iscrizione e trascrizione, alla cui esecuzione sono obbligati, a margine degli atti. || 2. In caso di omissione, il notaio è punito disciplinarmente con la sanzione pecuniaria da 8 euro a 24 euro per ogni annotazione omessa».
(6) Ora, art. 1723 c.c.
(7) L'espressione «revoca dell'autorizzazione maritale» deve ritenersi soppressa.
(8) Articolo inserito dall'art. 1.1, lett. f, d.lg. 2 luglio 2010, n. 110.
(9) Testo così modificato in seguito alla mutata forma istituzionale dello Stato italiano.

3. I testamenti pubblici prima della morte del testatore, i testamenti segreti e gli olografi depositati presso il notaro, prima della loro apertura e pubblicazione, sono custoditi in fascicoli distinti.

4. I testamenti pubblici dopo la morte del testatore, e su richiesta di chiunque possa avervi interesse, e gli altri dopo la loro apertura o pubblicazione, dovranno far passaggio dal fascicolo e repertorio speciale degli atti di ultima volontà a quello generale degli atti notarili. L'ordine cronologico col quale ciascun testamento dovrà essere collocato nel fascicolo, sarà determinato dalla data dei rispettivi verbali di richiesta, per i testamenti pubblici; di apertura per i testamenti segreti e di pubblicazione per i testamenti olografi.

62. *1.* Il notaro deve tenere, oltre i registri prescritti da altre leggi, due repertori a colonna, uno per gli atti tra vivi, il quale servirà anche agli effetti della legge sulle tasse di registro, e l'altro per gli atti di ultima volontà. In essi deve prender nota entro il giorno successivo (1), senza spazi in bianco ed interlinee, e per ordine di numero di tutti gli atti ricevuti rispettivamente tra vivi e di ultima volontà, compresi tra i primi quelli rilasciati in originale, le autenticazioni apposte agli atti privati, e i protesti cambiari.

2. Il repertorio degli atti tra vivi, per ciascuna colonna, conterrà:

1) il numero progressivo;

2) la data dell'atto e dell'autenticazione e l'indicazione del Comune in cui l'atto fu ricevuto;

3) la natura dell'atto ricevuto o autenticato;

4) i nomi e cognomi delle parti ed il loro domicilio o la residenza;

5) l'indicazione sommaria delle cose costituenti l'obbietto dell'atto, ed il relativo prezzo e valore, ed ove trattisi di atti che abbiano per oggetto la proprietà od altri diritti reali, od il godimento di beni immobili, anche la situazione dei medesimi;

6) l'annotazione della seguìta registrazione e della tassa pagata per gli atti registrati;

7) l'onorario spettante al notaro e la tassa d'archivio dovuta;

8) le eventuali osservazioni.

3. Nel repertorio per gli atti di ultima volontà si scriveranno solamente le indicazioni contenute nelle prime quattro colonne.

4. La serie progressiva dei numeri degli atti e dei repertori, prescritta da questo e dal precedente articolo, viene continuata fino al giorno in cui il notaro avrà cessato dall'esercizio delle sue funzioni nel distretto in cui è iscritto, e, cambiando residenza in un altro distretto, il notaro dovrà cominciare una nuova numerazione.

5. Nel caso di passaggio di un atto dal repertorio speciale degli atti di ultima volontà a quello degli atti tra vivi, si noterà in questo ultimo il numero che l'atto aveva nel primo repertorio e viceversa in questo il numero che l'atto prende nel repertorio degli atti tra vivi.

6. Il notaro deve inoltre firmare ogni foglio dei repertori, e corredare ciascun volume di un indice alfabetico dei nomi e cognomi delle parti desunti dallo stesso (2).

7. Se il testamento per atto pubblico è ricevuto da due notari, sono tenuti ambedue a prenderne nota nel repertorio rispettivo; ma il testamento si conserverà dal notaro destinato dal testatore, ed in mancanza di dichiarazione, dal più anziano di ufficio (3).

8. Il notaro non è tenuto a dar visione del repertorio, né copia, certificato od estratto, se non a chi è autorizzato a chiederli dalla legge, dall'autorità giudiziaria avanti la quale verta un giudizio, o, negli altri casi, dal presidente del tribunale, da cui il notaro dipende.

62-*bis*. 1. Il notaio per la conservazione degli atti di cui agli artt. 61 e 72, terzo comma, se informatici, si avvale della struttura predisposta e gestita dal Consiglio nazionale del notariato nel rispetto dei principi di cui all'art. 60 del d.lg. 7 marzo 2005, n. 82 (4). Gli atti di cui agli artt. 61 e 72, terzo comma conservati nella suddetta struttura costituiscono ad ogni effetto di legge originali informatici da cui possono essere tratti duplicati e copie.

2. Il Consiglio nazionale del notariato svolge

(1) Le parole «entro il giorno successivo» sono state così sostituite alla precedente «giornalmente» dall'art. 1.1, lett. g, d.lg. 2 luglio 2010, n. 110.

(2) V., però, l'art. 21, r.d.l. 23 ottobre 1924, n. 1737, conv. in l. 18 marzo 1926, n. 562, che così dispone: «Gli indici alfabetici dei repertori, prescritti dagli artt. 62 della l. 16 febbraio 1913, n. 89 e 81 del r.d. 10 settembre 1914, n. 1326, sono per ciascuno dei due repertori compilati ad indice unico continuativo e rilegati in volume separatamente dal repertorio corrispondente con effetto dal 1° gennaio 1925. || È abrogata la disposizione dell'art. 72 del r.d. 10 settembre 1914, n. 1326, in quanto stabilisce che gli atti siano forniti di un indice alfabetico delle parti».

(3) Comma da ritenere implicitamente abrogato, perché il codice civile vigente non prevede la possibilità di testamento rogato contemporaneamente da due notai, possibilità prevista dall'art. 777 c.c. 1865.

(4) In *Leggi coll. IV, 4.*

l'attività di cui al comma 1 nel rispetto dei principi di cui agli artt. 12 e 50 del d.lg. 7 marzo 2005, n. 82 (1) e delle regole tecniche di cui all'art. 71 dello stesso decreto (1) e predispone strumenti tecnici idonei a consentire, nei soli casi previsti dalla legge, l'accesso ai documenti conservati nella struttura di cui al comma 1.

3. Le spese per il funzionamento della struttura sono poste a carico dei notai e sono ripartite secondo i criteri determinati dal Consiglio nazionale del notariato, escluso ogni onere per lo Stato (2).

62-*ter*. 1. Nella struttura di cui al comma 1 dell'art. 62-*bis* il notaio conserva anche le copie informatiche degli atti rogati o autenticati su supporto cartaceo, con l'indicazione degli estremi delle annotazioni di cui all'art. 23 del r.d.l. 23 ottobre 1924, n. 1737, convertito dalla l. 18 marzo 1926, n. 562.

2. Il notaio attesta la conformità all'originale delle copie di cui al comma 1 (3).

62-*quater*. 1. In caso di perdita degli atti, dei repertori e dei registri informatici, alla cui conservazione e tenuta è obbligato il notaio, egli provvede a chiederne la ricostruzione con ricorso al presidente del tribunale competente, ai sensi del r.d.l. 15 novembre 1925, n. 2071.

2. La ricostruzione degli atti di cui al comma 1 può essere, altresì, richiesta da chiunque ne ha interesse.

3. Ai fini della ricostruzione possono essere utilizzate anche altre registrazioni informatiche conservate presso lo stesso notaio che ha formato l'atto ovvero presso pubblici registri ovvero, in mancanza, una copia autentica dello stesso da chiunque posseduta.

4. Non si fa luogo al procedimento di ricostruzione se è disponibile una copia di sicurezza eseguita nell'ambito delle procedure di conservazione cui all'art. 68-*bis*, comma 1 (2).

63. *1.* Nei casi in cui il notaro, adempiendo a disposizioni di legge, abbia presentato alla competente autorità il proprio repertorio, egli deve servirsi di un fascicolo supplementare di fogli, esenti da bollo, numerati e firmati dal capo dell'archivio notarile del distretto (4) a mente dell'art. 64, per segnarvi le indicazioni sul repertorio appena gli sarà restituito.

2. Di tale circostanza egli deve far menzione nella colonna «Osservazioni» del repertorio di contro ai numeri riportati e i fogli a parte debbono rimanere allegati al repertorio stesso.

3. Le autorità cui il repertorio sarà presentato debbono sul medesimo indicare, subito dopo l'ultimo atto annotatovi, il giorno della presentazione e quello della restituzione.

64. *1.* Ogni repertorio, prima di essere posto in uso, è numerato e firmato in ciascun foglio dal capo dell'archivio notarile distrettuale, il quale nella prima pagina attesta di quanti fogli è composto il repertorio apponendovi la data in tutte le lettere (5).

65. *1.* Il notaro ha l'obbligo di trasmettere all'archivio notarile distrettuale, ogni mese (6), una copia dei repertori limitatamente alle annotazioni degli atti ricevuti nel mese precedente, con l'importo delle tasse dovute all'archivio, compresa la parte del diritto di iscrizione a repertorio di che all'art. 24 dell'annessa tariffa.

2. Tale copia sarà scritta in carta libera, sottoscritta dal notaro, e munita dell'impronta del suo sigillo.

3. Qualora nel mese il notaro non abbia ricevuto alcun atto, trasmetterà, sempre nel termine suindicato, un certificato negativo (7).

4. A decorrere dalla data stabilita con il decreto di cui al nono comma, il notaio trasmette in via telematica all'Ufficio centrale degli archivi notarili, in formato digitale, per l'inserimento nell'archivio centrale informatico, la co-

(1) In *Leggi coll. IV, 4.*

(2) Articolo inserito dall'art. 1.1, lett. h, d.lg. 2 luglio 2010, n. 110.

(3) Articolo inserito dall'art. 1.1, lett. h, d.lg. 2 luglio 2010, n. 110. L'art. 4, d.lg. cit., così dispone: «Con uno o più decreti del Ministro della giustizia aventi natura non regolamentare sono stabilite la data in cui acquistano efficacia le disposizioni di cui all'art. 66-*bis*, comma 1, della l. 16 febbraio 1913, n. 89, nonché la data di inizio dell'operatività della struttura di cui all'art. 68-*bis*, comma 1, e quella in cui acquista efficacia l'obbligo di conservazione delle copie di cui all'art. 62-*ter* della medesima legge».

(4) Parole così sostituite dall'art. 233.1, lett. a, d.lg. 19 febbraio 1998, n. 51.

(5) Articolo così sostituito dall'art. 19, r.d. 23 ottobre 1924, n. 1737.

(6) L'art. 77, r.d. 10 settembre 1914, n. 1326, così dispone: «Le copie degli annotamenti mensili ai repertori e l'importo delle tasse, che il notaro ha l'obbligo di trasmettere all'archivio notarile ogni mese, ai sensi dell'art. 65 della legge, debbono pervenire in archivio non più tardi del giorno ventisei del mese successivo a quello in cui gli atti furono ricevuti, e sempre prima che l'ufficio venga chiuso al pubblico».

(7) L'art. 19.1, d.lg. 21 aprile 1918, n. 629, così dispone: «L'art. 65 della legge notarile è modificato nel senso che il notaio, nel trasmettere mensilmente all'archivio notarile copia del proprio repertorio, deve aggiungervi soltanto l'importo della parte del diritto di inscrizione a repertorio, da versare alla cassa dell'archivio distrettuale. Però le annotazioni a repertorio degli atti registrati formalmente devono riportare la indicazione della tassa d'archivio liquidata dall'ufficio del registro».

pia mensile dei repertori, di cui al primo comma, nonché la copia trimestrale del registro somme e valori, ovvero la certificazione negativa, ed ogni altra documentazione connessa ed esegue i versamenti ai quali è tenuto, a mezzo degli archivi notarili distrettuali, su conto corrente postale gestito dall'Ufficio centrale (1).

5. L'Amministrazione degli archivi notarili versa, nei termini previsti per gli archivi notarili distrettuali dalla normativa vigente, le somme riscosse per conto del Consiglio nazionale del notariato e della Cassa nazionale del notariato, trattenendo un aggio nella misura del 2 per cento (1).

6. Il controllo della liquidazione delle tasse e dei contributi e degli importi versati dai notai e l'applicazione e la riscossione delle sanzioni previste per tardivo o mancato pagamento spetta all'archivio notarile distrettuale (1).

7. I dati estratti dalle copie dei repertori tenuti nell'archivio centrale informatico sostituiscono l'indice delle parti intervenute negli atti, previsto dall'art. 114 (1).

8. L'Amministrazione degli archivi notarili provvede alla dematerializzazione delle copie mensili di cui al presente articolo conservate su supporto cartaceo dagli archivi notarili (1).

9. Con uno o più decreti del Ministro della giustizia, di concerto con il Ministro dell'economia e delle finanze e il Ministro per la semplificazione e la pubblica amministrazione, sentiti il Consiglio nazionale del notariato, il Garante per la protezione dei dati personali e l'Agenzia per l'Italia digitale, sono determinate, nel rispetto del codice di cui al d.lg. 7 marzo 2005, n. 82 (2), le norme di attuazione delle disposizioni che riguardano le modalità di formazione e trasmissione telematica delle copie di cui al quarto comma, i versamenti di cui al quarto e quinto comma, la conservazione, la ricerca e la consultazione dei documenti e dei dati inseriti nell'archivio centrale informatico. Sono altresì stabilite le date di entrata in vigore delle predette disposizioni e le date della cessazione dell'obbligo di eseguire i corrispondenti adempimenti presso gli archivi notarili distrettuali (1).

66. *1.* Il notaro non può rilasciare ad alcuno gli originali degli atti, fuori dei casi espressi nell'art. 70, e non può essere obbligato a presentarli o depositarli, se non nei casi e nei modi determinati dalla legge.

2. Quando non sia da altre leggi provveduto al modo di presentazione o di deposito dell'atto, il notaro, prima di consegnarlo, dovrà farne una copia esatta, che sarà verificata sull'originale dal capo dell'archivio notarile del distretto (3). Di ciò si formerà processo verbale, copia del quale sarà annessa all'atto di cui si fa la presentazione o il deposito. Di tutto il notaro prenderà nota nel repertorio, alla colonna delle osservazioni in corrispondenza del relativo atto.

3. Il notaro ripone in luogo dell'originale la copia dell'atto, affinché vi resti fino alla restituzione di quello, e, occorrendo darne altre copie, deve fare menzione in esse del detto processo verbale.

4. Nel caso di restituzione o di apertura e pubblicazione del testamento segreto od olografo, le formalità stabilite negli artt. 913, 915 e 922 del Codice civile (4) saranno eseguite nell'ufficio del depositario del testamento.

5. Il notaro dovrà fare una copia in carta libera di ogni testamento pubblico da lui ricevuto e trasmetterla, chiusa e sigillata, all'archivio notarile distrettuale, entro il termine di dieci giorni dalla data dell'atto.

66-*bis*. 1. Tutti i repertori e i registri dei quali è obbligatoria la tenuta per il notaio sono formati e conservati su supporto informatico, nel rispetto dei principi di cui al d.lg. 7 marzo 2005, n. 82 (2).

2. Il notaio provvede alla tenuta dei repertori e dei registri di cui al comma 1 avvalendosi della struttura di cui all'art. 62-*bis*.

3. Con uno o più decreti non aventi natura regolamentare del Ministro della giustizia, di concerto con il Ministro dell'economia e delle finanze, il Ministro per i beni e le attività culturali, il Ministro per la pubblica amministrazione e l'innovazione e il Ministro per la semplificazione normativa, sentiti il Consiglio nazionale del notariato ed il Garante per la protezione dei dati personali e la DigitPA, sono determinate le regole tecniche per la formazione e la conservazione dei repertori, per il controllo periodico del repertorio di cui all'art. 68

(1) Comma aggiunto dall'art. 1, comma 495, lett. b, l. 27 dicembre 2017, n. 205.

(2) In *Leggi coll. IV, 4*. L'art. 4, d.lg. 2 luglio 2010, n. 110, così dispone: «Con uno o più decreti del Ministro della giustizia aventi natura non regolamentare sono stabilite la data in cui acquistano efficacia le disposizioni di cui all'art. 66-*bis*, comma 1, della l. 16 febbraio 1913, n. 89, nonché la data di inizio dell'operatività della struttura di cui all'art. 68-*bis*, comma 1, e quella in cui acquista efficacia l'obbligo di conservazione delle copie di cui all'art. 62-*ter* della medesima legge».

(3) Parole così sostituite dall'art. 233.1, lett. a, d.lg. 19 febbraio 1998, n. 51.

(4) Ora, artt. 620, 621 e 608 c.c.

del d.p.r. 26 aprile 1986, n. 131, e per la ricerca nei repertori stessi delle annotazioni compiute dal notaio (1).

66-*ter*. 1. La tenuta del repertorio informatico, sostituisce gli indici previsti dall'art. 62, comma sesto (1).

CAPO III

DELLE COPIE, DEGLI ESTRATTI E DEI CERTIFICATI

67. *1.* Il notaro, finché risiede nel distretto dello stesso Consiglio notarile, e continua nell'esercizio del notariato, ha egli solo il diritto di permettere l'ispezione e la lettura, di rilasciare le copie, gli estratti e i certificati degli atti da lui ricevuti, o presso di lui depositati, ivi compresi quelli conservati presso la struttura di cui all'art. 62-*bis* (2).

2. Egli non può permettere l'ispezione né la lettura, né dar copia degli atti di ultima volontà, e rilasciarne estratti e certificati, durante la vita del testatore, se non al testatore medesimo od a persona munita di speciale mandato in forma autentica.

3. Nel caso di testamento rogato da due notari di cui all'art. 777 del Codice civile e 62 della presente legge, la facoltà di rilasciarne copia appartiene soltanto al notaro che ne ha il deposito (3).

68. *1.* Le disposizioni dell'art. 53 sul modo in cui debbono essere scritti gli originali e fatte le variazioni aggiunte o cancellature, sono anche applicabili alle copie, agli estratti ed ai certificati.

2. Le variazioni però od aggiunte fatte nell'originale nelle forme stabilite nel detto articolo, saranno copiate di seguito nel corpo dell'atto, e non per postilla.

3. Le copie potranno essere fatte anche colla stampa o con altri mezzi meccanici, come sarà stabilito dal regolamento (4).

68-*bis*. 1. Con uno o più decreti non aventi natura regolamentare del Ministro della giustizia, di concerto con il Ministro dell'economia e delle finanze, il Ministro per la pubblica amministrazione e l'innovazione e il Ministro per la semplificazione normativa sentiti il Consiglio nazionale del notariato ed il Garante per la protezione dei dati personali e la DigitPA, sono determinate, nel rispetto delle disposizioni di cui al d.lg. 7 marzo 2005, n. 82 (5):

a) le tipologie di firma elettronica ulteriori rispetto a quella prevista dall'art. 52-*bis* che possono essere utilizzate per la sottoscrizione dell'atto pubblico, ferma restando l'idoneità dei dispositivi di cui all'art. 1, comma 1, lett. *q*), *r*) e *s*), dello stesso decreto;

b) le regole tecniche per l'organizzazione della struttura di cui al comma 1 dell'art. 62-*bis*;

c) le regole tecniche per la trasmissione telematica, la conservazione e la consultazione degli atti, delle copie e della documentazione di cui agli artt. 62-*bis* e 62-*ter*;

d) le regole tecniche per il rilascio delle copie da parte del notaio di quanto previsto alla lett. *c*);

e) le regole tecniche per l'esecuzione delle annotazioni previste dalla legge sugli atti di cui all'art. 62-*bis*;

f) le regole tecniche per l'esecuzione delle ispezioni di cui agli articoli da 127 a 134, per il trasferimento agli archivi notarili degli atti, dei registri e dei repertori formati su supporto informatico e per la loro conservazione dopo la cessazione del notaio dall'esercizio o il suo trasferimento in altro distretto (6).

2. Con decreto adottato ai sensi del comma 1 sono stabilite, anche al fine di garantire il rispetto della disposizione di cui all'art. 476, primo comma, del codice di procedura civile, le regole tecniche per il rilascio su supporto informatico della copia esecutiva, di cui all'art. 474 del codice di procedura civile.

(1) Articolo inserito dall'art. 1.1, lett. i, d.lg. 2 luglio 2010, n. 110.

(2) Le parole «, ivi compresi quelli conservati presso la struttura di cui all'art. 62-*bis*» sono state aggiunte dall'art. 1.1, lett. l, d.lg. 2 luglio 2010, n. 110.

(3) Comma da ritenere implicitamente abrogato, perché il codice civile vigente non prevede la possibilità di testamento rogato contemporaneamente da due notai, possibilità prevista dall'art. 777 c.c. 1865.

(4) Sulla redazione a macchina di atti pubblici v., anche, l. 14 aprile 1957, n. 251.

(5) In *Leggi coll. IV, 4*.

(6) L'art. 4, d.lg. 2 luglio 2010, n. 110, così dispone: «Con uno o più decreti del Ministro della giustizia aventi natura non regolamentare sono stabilite la data in cui acquistano efficacia le disposizioni di cui all'art. 66-*bis*, comma 1, della l. 16 febbraio 1913, n. 89, nonché la data di inizio dell'operatività della struttura di cui all'art. 68-*bis*, comma 1, e quella in cui acquista efficacia l'obbligo di conservazione delle copie di cui all'art. 62-*ter* della medesima legge».

3. Agli atti e alle copie di cui agli artt. 62-*bis* e 62-*ter* si applicano le disposizioni di cui agli artt. 50-*bis* e 51 del d.lg. 7 marzo 2005, n. 82 (1) (2) (3).

68-*ter*. 1. Il notaio può rilasciare copie su supporto informatico degli atti da lui conservati, anche se l'originale è stato formato su un supporto analogico. Parimenti, può rilasciare copie su supporto cartaceo, degli stessi atti, anche se informatici.

2. Quando l'uso di un determinato supporto non è prescritto dalla legge o non è altrimenti regolato, il notaio rilascia le copie degli atti da lui conservati sul supporto indicato dal richiedente.

3. Il notaio attesta la conformità del documento informatico all'originale o alle copie apponendo la propria firma digitale (2).

69. *1.* Il notaro deve trascrivere alla fine delle copie le procure annesse e tutti gli altri allegati all'originale, salvoché, riguardo a questi ultimi, chi richiede la copia vi abbia rinunziato. In questo caso il notaro deve fare nella copia menzione della rinuncia, indicando la data e la natura degli allegati non copiati.

2. Nel rilascio delle copie degli atti matrimoniali si osserveranno le disposizioni dell'art. 1384 del Codice civile (4).

3. Le copie, gli estratti od i certificati debbono avere alla fine la data del rilascio, essere autenticate dal notaro colla sottoscrizione, col sigillo e con la dichiarazione, quanto alle copie ed agli estratti, in conformità dell'originale. Se la copia, l'estratto od il certificato consta di più fogli, ciascun foglio sarà sottoscritto al margine dal notaro.

4. Oltre le accennate formalità, il notaro deve osservare, nelle copie che rilascia, le altre formalità stabilite dal Codice di procedura civile.

CAPO IV

Degli atti che si rilasciano in originale, dell'autenticazione e del rilascio di copie di documenti (5)

70. *1.* Oltre i casi determinati da altre leggi, il notaro può rilasciare in originale alle parti soltanto gli atti che contengono procure alle liti, o procure o consensi od autorizzazioni riguardanti gli atti necessari alla esecuzione di un solo affare, o delegazioni per l'esercizio del diritto di elettorato, nei casi determinati dalle leggi politiche od amministrative.

2. Rilascerà pure i ricorsi di volontaria giurisdizione, le dichiarazioni e gli atti, i certificati di vita di cui ai nn. 1), 2), 3) e 5) dell'art. 1, e gli atti di autenticazione di cui agli artt. 47 e 72.

71. *1.* Il notaro può trasmettere il sunto o il contenuto degli atti, per telegrafo o per telefono.

2. Nel caso che la trasmissione si limiti ad un sunto dell'atto, il sunto verrà compilato dal notaro che ne redigerà apposito verbale, in presenza della parte o delle parti.

3. Il sunto come sopra redatto, deve essere trascritto sugli appositi moduli per telegrammi, dal notaro, che vi farà precedere l'indicazione in lettere del numero di repertorio dell'atto e vi apporrà la propria firma, munita dell'impronta del sigillo.

4. L'ufficio telegrafico mittente assicurerà quello ricevente che il telegramma è stato spedito realmente dal notaro.

5. Il modulo del telegramma sarà conservato a norma dei regolamenti speciali dall'ufficio telegrafico mittente, per essere da questo depositato, dopo un anno dalla data, nell'archivio notarile distrettuale.

6. Quando si tratti di trasmissione per tele-

(1) In *Leggi coll. IV, 4.*

(2) Articolo inserito dall'art. 1.1, lett. m, d.lg. 2 luglio 2010, n. 110.

(3) L'art. 6.5, d.l. 18 ottobre 2012, n. 179, conv. in l. 17 dicembre 2012, n. 221, così dispone: «Fino all'emanazione dei decreti di cui all'art. 68-*bis* della l. 16 febbraio 1913, n. 89, il notaio, per la conservazione degli atti di cui agli artt. 61 e 72, terzo comma della stessa legge n. 89 del 1913, se informatici, si avvale della struttura predisposta e gestita dal Consiglio nazionale del notariato nel rispetto dei principi di cui all'art. 62-*bis* della medesima legge n. 89 del 1913 e all'art. 60 del d.lg. 7 marzo 2005, n. 82, in conformità alle disposizioni degli artt. 40 e seguenti del medesimo decreto legislativo. Ai fini dell'esecuzione delle ispezioni di cui agli articoli da 127 a 134 della legge n. 89 del 1913 e del trasferimento agli archivi notarili degli atti formati su supporto informatico, nonché per la loro conservazione dopo la cessazione del notaio dall'esercizio o il suo trasferimento in altro distretto, la struttura di cui al presente comma fornisce all'amministrazione degli archivi notarili apposite credenziali di accesso. Con provvedimento del Direttore generale degli archivi notarili viene disciplinato il trasferimento degli atti di cui al presente comma presso le strutture dell'Amministrazione degli archivi notarili».

(4) Ora, artt. 162 e 163 c.c.

(5) Rubrica così sostituita alla precedente «Degli atti che si rilasciano in originale, dell'autenticazione e della legalizzazione delle firme» dall'art. 1.1, lett. n, d.lg. 2 luglio 2010, n. 110.

fono, essa deve essere fatta e ricevuta rispettivamente e personalmente da due notari, i quali dovranno far risultare la loro identità e l'oggetto della comunicazione agli uffici telefonici.

7. Il notaro ricevente tradurrà in iscritto la comunicazione avuta e ne curerà la collazione col notaro trasmittente.

8. Tale atto verrà conservato dal notaro ricevente fra i suoi rogiti e di esso potrà lasciare copie, salva la facoltà di cui all'art. 67 per il notaro trasmittente.

9. Le comunicazioni telegrafiche e telefoniche come sopra accertate, si presumono conformi agli atti originali fino a prova contraria.

72. *1.* L'autenticazione delle firme apposte in fine delle scritture private ed in margine dei loro fogli intermedi è stesa di seguito alle firme medesime e deve contenere la dichiarazione che le firme furono apposte in presenza del notaro e, quando occorrano, dei testi e dei fidefacienti, con la data e l'indicazione del luogo (1).

2. Quanto alle firme dei margini e dei fogli intermedi basterà che di seguito alle medesime il notaro aggiunga la propria firma.

3. Le scritture private autenticate dal notaro, verranno, salvo contrario desiderio delle parti e salvo per quelle soggette a pubblicità immobiliare o commerciale (2), restituite alle medesime. In ogni caso però debbono essere prima, a cura del notaro, registrate a termini delle leggi sulle tasse di registro.

73. 1. Il notaio può attestare la conformità all'originale di copie, eseguite su supporto informatico o cartaceo, di documenti formati su qualsiasi supporto ed a lui esibiti in originale o copia conforme (3).

CAPO V

Degli onorari e degli altri diritti del notaro e delle spese (4)

74. *1.* Il notaro ha diritto per ogni atto, copia, estratto o certificato, e per ogni altra operazione eseguita nell'esercizio della sua professione, ad essere retribuito dalle parti mediante onorario, oltre al rimborso delle spese ed ai diritti accessori.

2. Gli onorari, i diritti accessori e le spese dovute in rimborso al notaro sono determinati dalla tariffa annessa alla presente legge (5).

75. *1.* Se l'atto contiene più convenzioni distinte, sono dovuti tanti onorari quante sono le convenzioni.

2. Quando l'atto comprenda più disposizioni necessariamente connesse e derivanti per intrinseca loro natura le une dalle altre, sarà considerato come se comprendesse la sola disposizione che dà luogo all'onorario più favorevole al notaro, se pure essa possa considerarsi come accessoria alle altre.

76. *1.* Quando l'atto sia nullo per causa imputabile al notaro, o la spedizione della copia dell'estratto o del certificato non faccia fede per essere irregolare, non sarà dovuto alcun onorario, diritto o rimborso di spese.

(1) L'art. 1, l. 2 aprile 1943, n. 226, come sostituito dall'art. 12.3, l. 28 novembre 2005, n. 246, così dispone: «Nell'autenticazione delle sottoscrizioni delle scritture private è necessaria la presenza dei testimoni, qualora lo ritenga il notaio o una parte ne richieda la presenza. In tal caso il notaio deve farne espressa menzione nell'autenticazione». In base all'art. 3, l. 226/1943 cit., tali disposizioni «non si applicano nei casi in cui da leggi speciali è tassativamente richiesto l'intervento dei testimoni».

(2) Le parole «e salvo per quelle soggette a pubblicità immobiliare o commerciale,» sono state inserite dall'art. 12.1, lett. e, l. 28 novembre 2005, n. 246.

(3) Articolo così sostituito dall'art. 1.1, lett. o, d.lg. 2 luglio 2010, n. 110.

(4) L'art. 1.63, l. 27 dicembre 2013, n. 147, come modificato dall'art. 1.142, l. 4 agosto 2017, n. 124, così dispone: «Il notaio o altro pubblico ufficiale e'tenuto a versare su apposito conto corrente dedicato: *a*) tutte le somme dovute a titolo di tributi per i quali il medesimo sia sostituto o responsabile d'imposta, e comunque le spese anticipate di cui all'art. 15, primo comma, n. 3), del d.p.r. 26 ottobre 1972, n. 633, e successive modificazioni, in relazione agli atti a repertorio dallo stesso ricevuti o autenticati e soggetti a pubblicità immobiliare o commerciale *b*) ogni altra somma affidatagli e soggetta ad obbligo di annotazione nel registro delle somme e dei valori di cui allal. 22 gennaio 1934, n. 64; *c*) l'intero prezzo o corrispettivo, ovvero il saldo degli stessi, se determinato in denaro, oltre alle somme destinate ad estinzione di gravami o spese non pagate o di altri oneri dovuti in occasione del ricevimento o dell'autenticazione di atti di trasferimento della proprietà o di trasferimento, costituzione o estinzione di altro diritto reale su immobili o aziende, se in tal senso richiesto da almeno una delle parti e conformemente all'incarico espressamente conferito; nei casi previsti dalla presente lettera, il notaio deve ricusare il suo ministero se le parti non depositano, antecedentemente o contestualmente alla sottoscrizione dell'atto, l'importo dei tributi, degli onorari e delle altre spese dell'atto, salvo che si tratti di persone ammesse al beneficio del gratuito patrocinio».

(5) V. art. 9, d.l. 24 gennaio 2012, n. 1, conv. in l. 24 marzo 2012, n. 27, come modificato dall'art. 1.150, l. 4 agosto 2017, n. 124, che ha abrogato la tariffa in precedenza contenuta nel d.m. Giustizia 27 novembre 2001, in G.U., 17 dicembre 2001, n. 292. V. d.m. Giustizia 20 luglio 2012, n. 140, in G.U., 22 agosto 2012, n. 195, come modificato dal d.m. Giustizia 2 agosto 2013, n. 106, in G.U., 23 settembre 2013, n. 223.

2. Negli accennati casi, oltre il risarcimento dei danni a norma di legge, il notaro deve rimborsare le parti delle somme che gli fossero state pagate.

77. .... (1).

78. *1.* Salvo quanto è disposto dall'art. 28, ultimo capoverso, per le persone ammesse al beneficio del gratuito patrocinio, le parti sono tenute in solido verso il notaro tanto al pagamento degli onorari e diritti accessori quanto al rimborso delle spese.

2. Il notaro può rifiutarsi verso chiunque alla spedizione delle copie, degli estratti e dei certificati, finché l'accennato pagamento o rimborso non sia interamente eseguito.

79. *1.* È in facoltà del notaro di valersi, ove lo creda, del procedimento stabilito dall'art. 379 del Codice di procedura civile (2). In tal caso egli deve presentare la nota degli onorari, dei diritti accessori e delle spese al pretore del mandamento in cui è l'ufficio, o al presidente del tribunale da cui dipende la sede del Consiglio notarile, giusta le norme di competenza per valore. La nota deve essere stata preventivamente liquidata ed approvata dal presidente del Consiglio notarile o da una Commissione delegata dal Consiglio stesso.

80. *1.* Salvo il caso di errore scusabile, il notaio che ha percepito, per onorari, diritti, accessori e spese una somma maggiore di quella dovuta, è punito con una sanzione pecuniaria pari da uno a tre volte la maggior somma percepita, salvo il diritto della parte di ripetere l'indebito (3).

81. *1.* Nelle cause riguardanti persone ammesse al gratuito patrocinio il notaro, per la riscossione degli onorari e degli altri diritti a lui spettanti, potrà valersi dell'art. 12 della l. 7 luglio 1901, n. 283.

82. 1. Sono permesse associazioni di notai aventi sede in qualsiasi comune della regione, ovvero del distretto della Corte d'appello in cui si trova la sede, se tale distretto comprende più regioni, per svolgere la propria attività e per mettere in comune, in tutto o in parte, i proventi delle loro funzioni e ripartirli, poi, in tutto o in parte, in quote uguali o disuguali.

2. Ciascun associato può utilizzare lo studio e l'eventuale ufficio secondario di altro associato.

3. Se un associato si avvale dello studio o ufficio secondario di un altro associato quale proprio ufficio secondario, resta fermo il limite di cui all'ultimo periodo del secondo comma dell'art. 26 (4).

TITOLO IV

Dei collegi e dei Consigli notarili

CAPO I

Dei collegi notarili

83. *1.* I notari residenti in ciascun distretto formano un collegio. In ogni collegio è costituito un Consiglio notarile.

2. La sede del Consiglio è quella medesima del tribunale, e, nel caso di più distretti riuniti, quella del tribunale indicato nel decreto di riunione.

84. *1.* Le adunanze del collegio sono ordinarie e straordinarie, e sono convocate per mezzo di avvisi del presidente del Consiglio notarile, da trasmettersi per ciascuna adunanza ai singoli notari, con l'indicazione degli oggetti da trattare.

2. Salvo giustificati casi di urgenza, l'avviso deve essere trasmesso per le adunanze ordinarie almeno dieci giorni prima.

3. Nelle adunanze non si potrà discutere né deliberare se non su oggetti che interessino direttamente il ceto dei notari e che siano stati indicati nel rispettivo avviso di convocazione.

85. *1.* L'adunanza ordinaria del collegio ha luogo ogni anno, non più tardi del mese di febbraio, all'oggetto di procedere alla nomina dei membri del Consiglio, di discutere il conto consuntivo e il conto preventivo presentati dal Consiglio medesimo, e di approvare la tabella di cui all'art. 93 ultimo capoverso.

2. Le adunanze straordinarie hanno luogo ogni volta che il Consiglio lo reputi conveniente, o che ne faccia istanza un terzo almeno dei notari appartenenti al collegio.

86. *1.* Terranno l'ufficio di presidente e quello di segretario, rispettivamente, il presidente ed il segretario del Consiglio notarile, o, in mancanza, chi ne fa le veci.

2. Per la validità delle deliberazioni è necessario l'intervento almeno della metà dei notari

(1) Articolo abrogato dall'art. 12.1, lett. f, l. 28 novembre 2005, n. 246.
(2) Ora, art. 633 c.p.c.
(3) Articolo così sostituito dall'art. 9, d.lg. 1° agosto 2006, n. 249, dalla data del 1° giugno 2007 (cfr. art. 55.3, d.lg. cit.). In base all'art. 54.1, d.lg. cit., tale disposizione si applica «ai procedimenti disciplinari promossi dal 1° giugno 2007».
(4) Articolo così sostituito dall'art. 1.144, lett. d, l. 4 agosto 2017, n. 124.

appartenenti al collegio; se alla prima convocazione non interviene la metà dei notari, si farà una seconda convocazione, ed in questa seconda il collegio delibera validamente, qualunque sia il numero dei presenti.

3. Le deliberazioni sono prese a maggioranza assoluta di voti dai notari presenti.

CAPO II

DEI CONSIGLI NOTARILI

87. *1.* Il Consiglio notarile è composto di cinque, sette, nove o undici membri per ciascun collegio, secondo che il numero dei notari al medesimo assegnati non superi i trenta o superi rispettivamente i trenta, i cinquanta o i settanta.

2. I parenti e affini sino al terzo grado inclusivamente, non possono essere simultaneamente membri dello stesso Consiglio notarile; e nel caso di simultanea elezione, resta di diritto escluso il meno anziano nell'ufficio di notaro.

88. *1.* I membri del Consiglio sono eletti fra i notari esercenti nel distretto.

2. I membri del Consiglio restano in ufficio tre anni e possono esser rieletti.

3. I membri del Consiglio sono rinnovati per un terzo in ciascun anno, giusta l'ordine di anzianità di nomina.

4. Tra i consiglieri di pari anzianità di nomina il terzo da rinnovarsi sarà estratto a sorte.

5. Chi surroga consiglieri che hanno cessato dalle funzioni anzi tempo o per morte o per altra causa, rimane in ufficio soltanto quel tempo pel quale sarebbe rimasto il consigliere da lui surrogato.

6. Fra più surroganti, colui che ha riportato maggiori voti e, in caso di parità di voti, il più anziano per esercizio, surroga il consigliere che doveva rimanere in ufficio per più lungo tempo.

89. *1.* Le elezioni dei membri del Consiglio si fanno a schede segrete.

2. Nella prima votazione s'intendono eletti coloro che hanno riportato la maggioranza assoluta di voti.

3. Se alcuno non ottenga tale maggioranza, o se gli eletti non raggiungano il numero di membri per cui è indetta l'elezione, si procederà nella stessa adunanza ad una seconda votazione, nella quale s'intenderanno eletti quelli che avranno ottenuto il maggior numero di voti.

4. A parità di voti è preferito il più anziano in esercizio, e fra egualmente anziani, il maggiore di età.

90. *1.* Il Consiglio notarile elegge nel proprio seno il presidente, il segretario ed il tesoriere, osservate le norme stabilite nell'articolo precedente.

2. Essi durano in ufficio per tre anni e possono essere confermati se conservano la qualità di membri del Consiglio.

3. Il presidente e il segretario dovranno essere scelti preferibilmente fra i notari residenti nella città ove ha sede il Consiglio, ed a parità di voti sarà preferito per il presidente il più anziano e per il segretario il più giovane d'età.

4. In mancanza del presidente e del segretario, ne faranno rispettivamente le veci il più anziano ed il meno anziano in ufficio fra i membri del Consiglio.

91. *1.* Il presidente convoca e dirige le adunanze del Consiglio.

2. Il segretario compila i processi verbali delle adunanze, custodisce tutte le carte relative alle medesime, e, su autorizzazione del presidente, rilascia le copie.

3. I processi verbali sono sottoscritti dal presidente e dal segretario.

4. Chiunque può, mediante il pagamento del relativo diritto stabilito dalla tariffa, aver copia delle deliberazioni, tranne che concernano questioni di persone. Contro il rifiuto al rilascio delle copie, è ammesso il ricorso al presidente della Corte d'appello.

92. *1.* Per la validità delle deliberazioni del Consiglio, è necessario l'intervento della maggioranza dei suoi membri.

2. Le deliberazioni sono prese a maggioranza di voti dei presenti. Nel caso di parità di voti, quello del presidente dà la preponderanza.

3. I membri che non intervengono alle adunanze per tre volte consecutive, senza giustificare al Consiglio un legittimo impedimento sono dichiarati dimissionari dal Consiglio; e nel caso che il Consiglio per mancanza di numero non possa validamente deliberare, la dichiarazione sarà fatta con decreto dal presidente del tribunale.

93. *1.* Il Consiglio, oltre quelle altre attribuzioni che gli sono demandate dalla legge:

1) vigila alla conservazione del decoro nell'esercizio della professione, e nella condotta dei notari iscritti presso il medesimo, ed alla esatta osservanza dei loro doveri;

2) vigila alla condotta dei praticanti e sul modo come i medesimi adempiono i loro doveri, e rilascia i relativi certificati;

3) emette, ad ogni richiesta delle autorità competenti, il suo parere sulle materie attinenti al notariato;

4) forma ed autentica ogni anno il ruolo dei notari esercenti e praticanti;

5) s'interpone, richiesto, a comporre le contestazioni tra notari, e tra notari e terzi, sia per la restituzione di carte e documenti, sia per questioni di spese ed onorari, o per qualunque altro oggetto attinente all'esercizio del notariato;

6) riceve dal tesoriere, in principio di ogni anno, il conto delle spese dell'anno decorso e forma quello preventivo dell'anno seguente, salva l'approvazione del collegio.

2. Per supplire alle spese è imposta ai notari, in proporzione dei proventi riscossi da ciascuno di essi nell'anno precedente, quali si desumono dalla tassa d'archivio da loro pagata, una tassa annua non minore di lire dieci né maggiore di lire cento, secondo una tabella di classificazione proposta dal Consiglio ed approvata dal collegio (1).

93-*bis*. 1. Il Consiglio notarile distrettuale vigila sull'osservanza, da parte dei notai iscritti al collegio, dei principi e delle norme di deontologia professionale elaborati dal Consiglio nazionale del notariato secondo quanto previsto dall'art. 2, comma primo, lett. *f*), della l. 3 agosto 1949, n. 577, e successive modificazioni.

2. Al fine di controllare il regolare esercizio dell'attività notarile, i consigli notarili distrettuali, tramite il presidente o un loro componente, delegato dal consiglio, possono:

a) effettuare accessi agli studi ed esaminare atti, repertori, indici, registri, libri e documenti contabili del notaio nonché richiedere, anche periodicamente, informazioni e l'esibizione di documenti, estratti repertoriali, atti, registri e libri anche di natura fiscale (2);

b) esaminare gli estratti repertoriali conservati presso gli archivi notarili distrettuali con facoltà di ottenerne copia, dandone preventivo avviso ai notai interessati;

c) assumere informazioni presso le amministrazioni e gli uffici pubblici.

2-*bis*. L'Agenzia delle entrate trasmette al Consiglio nazionale del notariato, esclusivamente con modalità telematiche entro il secondo mese successivo a quello di scadenza, le informazioni sugli omessi e ritardati versamenti richiesti ai notai con avviso di liquidazione (3).

2-*ter*. Il Consiglio notarile distrettuale procede annualmente al sorteggio di un numero di notai pari almeno a un ventesimo degli iscritti al ruolo, presso i quali sono eseguite ispezioni dirette al controllo della regolare tenuta e dell'impiego dei fondi e dei valori consegnati a ogni titolo al notaio in ragione del suo ufficio, e a tal fine:

a) il notaio mette a disposizione del Consiglio notarile distrettuale, anche in via preventiva all'ispezione presso lo studio e nel più breve tempo possibile, tutta la documentazione contabile in suo possesso che gli è richiesta anche al fine di assicurare il rispetto delle disposizioni di cui all'art. 1, commi da 63 a 67, della l. 27 dicembre 2013, n. 147, e successive modificazioni;

b) il Consiglio notarile distrettuale nomina ogni due anni in numero congruo i notai incaricati di procedere alle ispezioni contabili, scegliendoli preferibilmente tra i notai appartenenti ad altri distretti della medesima Corte d'appello;

c) le ispezioni contabili sono eseguite congiuntamente da tre notai nominati ai sensi della lett. *b*), secondo le modalità previste per le ispezioni presso gli studi notarili e con l'obbligo di astensione in ogni caso di conflitto di interessi (4).

3. Il Consiglio nazionale del notariato vigila sull'applicazione dei suddetti principi e norme da parte dei consigli notarili distrettuali e adotta tutte le iniziative opportune per la loro applicazione (5).

93-*ter*. 1. Se viene rilevata l'inosservanza di leggi, di regolamenti, di principi e norme deontologiche elaborati dal Consiglio nazionale del notariato ovvero la violazione di altri doveri da parte del notaio, il Consiglio notarile del distretto al quale il notaio è iscritto promuove, per il tramite del presidente, procedimento disciplinare ai sensi dell'art. 153 ovvero se, al tempo della commissione del fatto, il notaio era iscritto al collegio di altro distretto, ne dà notizia al consiglio di tale distretto (5).

1-*bis*. Agli atti funzionali al promovimento del procedimento disciplinare si applica l'art. 8, comma 2, della l. 10 ottobre 1990, n. 287 (6).

94. *1.* Il tesoriere del Consiglio discute i diritti e le tasse dovute al Consiglio notarile, a norma della tariffa, nonché le ammende, avva-

(1) V. l'art. 14, r.d.l. 27 maggio 1923, n. 1324, conv. in l. 17 aprile 1925, n. 473.

(2) Le parole da «nonché richiedere,» fino a «fiscale» sono state aggiunte dall'art. 1.139, lett. c, l. 28 dicembre 2015, n. 208. In base all'art. 1.140, l. cit., tali disposizioni «si applicano a decorrere dal 1° gennaio 2016».

(3) Comma inserito dall'art. 1.139, lett. d, l. 28 dicembre 2015, n. 208. In base all'art. 1.140, l. cit., tali disposizioni «si applicano a decorrere dal 1° gennaio 2016».

(4) Comma inserito dall'art. 1.144, lett. e, l. 4 agosto 2017, n. 124.

(5) Articolo inserito dall'art. 10, d.lg. 1° agosto 2006, n. 249, dalla data del 1° giugno 2007 (cfr. art. 55.3, d.lg. cit.). In base all'art. 54.1, d.lg. cit., tale disposizione si applica «ai procedimenti disciplinari promossi dal 1° giugno 2007».

(6) Comma aggiunto dall'art. 1, comma 495, lett. c, l. 27 dicembre 2017, n. 205.

lendosi della procedura speciale, prescritta per la esazione delle tasse, multe e pene pecuniarie di registro.

95. *1.* Il Ministro della giustizia (1), previo il parere della Corte d'appello in Camera di consiglio, può sciogliere il Consiglio notarile quando questo, richiamato alla osservanza degli obblighi ad esso imposti dalla legge, persista a violarli o a non adempierli, o per altri gravi motivi. In tal caso, e sino alla composizione del nuovo Consiglio, le attribuzioni del medesimo sono esercitate dal presidente del tribunale civile o da un giudice da lui delegato, i quali dureranno in ufficio tre mesi. Questo termine potrà essere prorogato dal Ministro di altri tre mesi, in caso di riconosciuto bisogno.

2. Entro i termini sopraindicati, si procederà alla elezione dei nuovi membri, nei modi stabiliti dall'art. 89.

3. Eletti i nuovi membri, il presidente del tribunale civile o il giudice da lui delegato, convoca ed insedia il Consiglio.

TITOLO V

Degli archivi notarili (2)

CAPO I

DEGLI ARCHIVI NOTARILI DISTRETTUALI

96. *1.* In ogni Comune sede di tribunale civile è stabilito un archivio distrettuale.

97. *1.* Gli archivi notarili sono finanziariamente autonomi, e si mantengono coi proventi e coi fondi indicati nella presente legge. Amministrativamente dipendono dal Ministero della giustizia (1).

2. L'amministrazione degli archivi è soggetta al controllo della Corte dei conti e del Parlamento, al quale ogni anno sarà presentato il bilancio come allegato a quello della spesa del Ministero della giustizia (1).

98. *1.* Ogni archivio notarile ha un conservatore, il quale è pure tesoriere dell'archivio.

2. Oltre al conservatore l'archivio ha quegli altri impiegati che sono richiesti dai bisogni del servizio.

3. Questi avranno, in ragione dei rispettivi gradi e delle rispettive funzioni, eguale denominazione in tutto la Repubblica (3), di archivisti, sottoarchivisti e assistenti.

4. Per poter essere nominato impiegato negli archivi notarili occorre, oltre il possesso dei requisiti appresso indicati:

a) essere cittadino italiano, o di altre regioni italiane anche quando manchi la naturalità;

b) essere di moralità e di condotta incensurate.

5. Sono estese a tutti gli impiegati degli archivi notarili le vigenti disposizioni sugli aumenti sessennali e sulla misura dell'imposta di ricchezza mobile, sulla sequestrabilità e cedibilità degli stipendi, le agevolazioni concesse agli impiegati dello Stato, per i trasporti per terra e per mare, nonché le disposizioni della l. 22 novembre 1908, n. 686, sullo stato giuridico degli impiegati civili, in quanto riguardano la disponibilità, le aspettative, i congedi, le dimissioni, la dispensa dal servizio, la riammissione in servizio e le punizioni disciplinari.

6. Le attribuzioni del consiglio di amministrazione e di disciplina, di cui all'art. 47 della detta legge, saranno esercitate per gli impiegati degli archivi notarili da una Commissione nominata al principio di ciascun anno dal Ministro della giustizia (1), e composta di un direttore generale del Ministero, che la presiede, del direttore capo divisione del notariato, funzionante come capo del personale degli archivi, di un ispettore superiore dello stesso Ministero, di un consigliere della Corte di appello di Roma, e di un referendario del Consiglio di Stato.

99. *1.* Gli impieghi d'archivio sono incompatibili con l'esercizio del notariato e con qualunque altra professione, salvo l'insegnamento di materie giuridiche ed archivistiche.

2. Sono pure incompatibili con qualunque altro pubblico impiego, salvo speciale autorizzazione da concedersi, per ogni singolo caso, con decreto Ministeriale.

3. Tanto il conservatore, quanto gli archivisti, sottoarchivisti ed assistenti, debbono fissare la loro residenza nel Comune dove è l'archivio.

100-101. .... (4).

(1) Denominazione così modificata dall'art. 55.2, d.lg. 30 luglio 1999, n. 300.

(2) Sulle norme complementari per l'attuazione del nuovo ordinamento degli archivi notarili v. il r.d.l. 23 ottobre 1924, n. 1737, conv. in. l. 18 marzo 1926, n. 562; sul riordinamento degli archivi notarili e del relativo personale v. il r.d. 27 ottobre 1937, n. 1876 e la l. 17 maggio 1952, n. 629.

(3) Testo così modificato in seguito alla mutata forma istituzionale dello Stato italiano.

(4) Articoli abrogati dall'art. 61, r.d.l. 23 ottobre 1924, n. 1737, conv. in l. 18 marzo 1926, n. 562.

102. .... (1).

103. .... (2).

104. *1.* Gli stipendi degli impiegati addetti ad un archivio saranno corrisposti dalla cassa dell'archivio stesso.

2. La parte dei proventi che in ciascun mese sopravanzi, dopo il pagamento degli stipendi e delle spese, sarà dal conservatore entro i primi dieci giorni del mese successivo, versata nella Cassa depositi e prestiti ed accreditata ad uno speciale conto corrente intestato al Ministero della giustizia (3) col titolo: «Fondo dei sopravanzi degli archivi notarili della Repubblica» (4).

3. Omettendo di eseguire i versamenti alla tesoreria nei termini indicati in questo articolo, i conservatori incorreranno in una penale di lire 10.000 [euro 5] (5) per ogni giorno di ritardo.

4. Il maggiore stipendio ottenuto in seguito alla formazione ed alle modificazioni della pianta organica, assorbe fino alla sua concorrenza gli aumenti sessennali, di cui l'impiegato fosse in godimento.

105. .... (2).

106. *1.* Nell'archivio notarile distrettuale sono depositati e conservati:

1) le copie certificate conformi degli atti notarili che gli uffici del registro devono trasmettere al medesimo decorsi due anni (6) dalla registrazione dell'atto, e che non debbono essere conservati negli archivi mandamentali a norma degli articoli seguenti;

2) i moduli dei telegrammi e i verbali di fonogrammi di cui è parola nell'art. 71;

3) le copie degli annotamenti fatti a repertorio di cui nell'art. 65;

4) gli originali e le copie degli atti pubblici rogati e delle scritture private autenticate in Stato estero prima di farne uso nel territorio dello Stato italiano, sempre che non siano già depositati presso un notaio esercente in Italia; sono esclusi dall'obbligo di deposito gli atti previsti dall'art. 14, comma 2, della convenzione ratificata ai sensi della l. 2 maggio 1977, n. 342, per i quali è previsto l'obbligo della trascrizione tavolare, e in tal caso si applicano le disposizioni di cui all'art. 3, commi 13-*ter*, 13-*quater* e 13-*quinquies*, del d.l. 27 aprile 1990, n. 90, convertito, con modificazioni, dalla l. 26 giugno 1990, n. 165, riguardanti l'obbligo di indicare il reddito fondiario dell'immobile oggetto dell'atto, intendendosi sostituito il giudice tavolare al pubblico ufficiale incaricato della trasmissione dell'atto all'ufficio distrettuale delle imposte dirette (7);

5) i repertori, i registri e gli atti appartenenti ai notari morti o che hanno cessato definitivamente dall'esercizio, ovvero hanno trasferito la loro residenza nel distretto di altro Consiglio notarile;

6) gli atti ricevuti dalle persone autorizzate ad esercitare le funzioni di notaro, giusta l'art. 6, al cessare dell'esercizio stesso;

7) i sigilli dei notari nei casi indicati negli artt. 23 e 40;

8) le copie autentiche, non depositate negli uffici del registro, delle scritture private autenticate che i conservatori delle ipoteche devono trasmettere all'archivio per le disposizioni della l. 28 giugno 1885, n. 3186 (8);

9) i contratti originali di affrancazioni stipulati dagli uffici demaniali, secondo l'art. 8 della l. 19 gennaio 1880, n. 5253;

10) .... (9).

107. *1.* La consegna degli atti, volumi e sigilli indicati nei nn. 5), 6), 7) dell'articolo precedente, è fatta nel termine di un mese dal giorno della cessazione dall'esercizio o del cambiamento di residenza. Nei casi indicati nell'art. 39, il capo dell'archivio notarile del distretto procede alla rimozione dei sigilli ed al ritiro degli atti, volumi e sigilli nella sede dell'ufficio del notaio, con l'intervento del presidente del

(1) Prevedeva l'obbligo di una cauzione per il conservatore dell'archivio. Tale disposizione è stata abrogata dall'art. 26.1, r.d. 31 dicembre 1923, n. 3138.

(2) Articolo abrogato dall'art. 61, r.d.l. 23 ottobre 1924, n. 1737, conv. in l. 18 marzo 1926, n. 562.

(3) Denominazione così modificata dall'art. 55.2, d.lg. 30 luglio 1999, n. 300.

(4) Testo così modificato in seguito alla mutata forma istituzionale dello Stato italiano.

(5) La sanzione pecuniaria è stata elevata prima dall'art. 24, d.lg. 9 aprile 1948, n. 528, e, successivamente, dall'art. 113, commi 2 e 5, l. 24 novembre 1981, n. 689.

(6) Il termine è stato portato a 10 anni dal d.lgt. 21 aprile 1918, n. 629.

(7) Numero così sostituito dall'art. 3.9, d.l. 31 dicembre 1996, n. 669, conv. in l. 28 febbraio 1997, n. 30. L'art. unico, l. 13 marzo 1980, n. 73, come sostituito dall'art. 6, d.lg. 29 dicembre 1992, n. 516, così dispone: «1. Per gli atti ricevuti od autenticati all'estero, i termini di cui all'art. 2671 del codice civile decorrono dalla data del deposito effettuato a norma dell'art. 106, n. 4), della l. 16 febbraio 1913, n. 89. || 2. Per gli atti ricevuti o autenticati all'estero per i quali sia prevista la pubblicità nel registro delle imprese, i termini decorrono dalla data stabilita nel comma 1, ma il deposito per l'iscrizione deve avvenire entro il quarantacinquesimo giorno successivo al compimento dell'atto».

(8) Ora, art. 31.4, l. 25 giugno 1943, n. 540, in vigore in base all'art. 24, d.p.r. 26 ottobre 1972, n. 635.

(9) Numero abrogato dall'art. 61, r.d.l. 23 ottobre 1924, n. 1737, conv. in l. 18 marzo 1926, n. 562.

consiglio notarile del distretto o di un membro da lui delegato (1). Nel caso di dispensa per rinunzia, o di cambiamento di residenza, la consegna si fa dal notaro o da un suo procuratore speciale, nella sede dell'archivio, al conservatore, con l'intervento del presidente del Consiglio notarile del distretto presso il quale era iscritto il notaro, o di un membro da esso delegato.

2. Il capo dell'archivio notarile compila il processo verbale contenente l'inventario delle cose consegnate o ritirate che, sottoscritto da lui, dal presidente del consiglio notarile o dal membro da lui delegato, dal notaio o dal suo procuratore, viene conservato nell'archivio notarile. Nel caso in cui sia il notaio o un suo procuratore ad effettuare la consegna, il processo verbale viene compilato in duplice originale, uno dei quali viene rimesso allo stesso notaio (2).

3. Le spese occorrenti per la apposizione e remozione dei sigilli, per l'inventario, il trasporto e deposito nell'archivio e tutte le altre spese accessorie sono a carico dell'archivio stesso.

4. L'inventario va esente dal pagamento delle tasse di bollo e registro.

108. *1.* Quando sia seguito il deposito degli atti originali, dei repertori e dei registri, si procederà immediatamente alla ispezione e verificazione di tutti i detti atti, repertori e registri, in presenza del conservatore dell'archivio, e se ne farà constare con apposito verbale da redigersi dal conservatore in carta libera.

2. Copia tanto di questo verbale, quanto di quello prescritto nell'articolo precedente, potrà essere rilasciata in carta da bollo di lire 1,20 al notaro, ai suoi eredi o aventi diritto, se la richiedano.

109. *1.* Gli atti originali ed i repertori debbono essere custoditi nell'archivio, in luogo separato da quello in cui sono custodite le copie.

2. Le copie devono rilegarsi in volumi corrispondenti ai volumi degli originali di ciascun notaro.

110. *1.* Il conservatore dell'archivio rappresenta l'archivio, nel cui interesse può compiere, giusta le norme da stabilirsi con regolamento, tutti gli atti conservatori e, previa autorizzazione del Ministero, costituirsi in giudizio sia come attore che come convenuto.

2. Occorrendo, la difesa degli archivi può essere affidata alla Regia avvocatura erariale, la quale provvederà a norma dei propri regolamenti delegando pure per la rappresentanza in giudizio, ove del caso, lo stesso conservatore d'archivio.

3. Il conservatore è responsabile della custodia e conservazione di tutti i documenti, repertori e sigilli depositati nell'archivio. Esso veglia al regolare andamento del medesimo, all'esatto adempimento degli obblighi imposti ai notari verso l'archivio, e denunzia alla competente autorità le contravvenzioni in cui i notari o altre persone fossero incorse per inosservanza delle disposizioni concernenti gli archivi.

4. Ogni anno forma il conto delle spese dell'archivio dell'anno decorso e quello preventivo dell'anno corrente, e li trasmette per l'approvazione al Ministero della giustizia (3).

111. *1.* Il conservatore, nella qualità di tesoriere dell'archivio, riscuote, con la procedura indicata nell'art. 94, i diritti e le tasse spettanti all'archivio a norma della tariffa annessa alla presente legge; provvede alle spese del servizio, e paga gli stipendi secondo le norme da stabilirsi nel regolamento.

2. Per il ricupero dei diritti e delle tasse spettanti all'archivio, ed annotati a debito in applicazione delle leggi sul gratuito patrocinio, il conservatore può avvalersi della disposizione indicata nell'art. 81.

112. *1.* Il conservatore permette l'ispezione e la lettura degli atti depositati in archivio, ne rilascia le copie anche in forma esecutiva, nonché gli estratti ed i certificati positivi o negativi, salvo il disposto dell'art. 67.

2. In ogni archivio si terrà uno speciale registro cronologico (4) in cui il conservatore od un impiegato da lui delegato, annoterà giornalmente tutte le copie, i certificati e gli estratti rilasciati a pagamento o a debito, a termini di legge, indicando da chi fu fatta la richiesta.

3. Nella copia, nel certificato e nell'estratto sarà fatta espressa menzione dell'eseguita annotazione nel registro cronologico, ed indicato il numero progressivo assegnato nel registro medesimo all'atto che si rilascia.

4. Il conservatore che non adempie alle formalità sopra indicate sarà passibile di una penale nella misura da lire 25 a lire 50.

5. Tale registro sarà sottoposto alle formalità stabilite dall'art. 64.

6. Il conservatore procede nel proprio ufficio

(1) Periodo così sostituito dall'art. 233.1, lett. d, d.lg. 19 febbraio 1998, n. 51.
(2) Comma così sostituito dall'art. 233.1, lett. e, d.lg. 19 febbraio 1998, n. 51.
(3) Denominazione così modificata dall'art. 55.2, d.lg. 30 luglio 1999, n. 300.
(4) Il registro cronologico è stato abolito dall'art. 32.2, r.d.l. 23 ottobre 1924, n. 1737, conv. in l. 18 marzo 1926, n. 562.

anche all'apertura, pubblicazione e restituzione dei testamenti olografi o segreti depositati in archivio, osservate le disposizioni contenute negli artt. 913, 915 e 922 del Codice civile (1).

7. Nelle copie, negli estratti e nei certificati da rilasciarsi, dovranno essere osservate le disposizioni degli artt. 68 e 69 della presente legge, e vi si dovrà sempre apporre l'impronta del sigillo d'ufficio.

8. Il conservatore, in caso di assenza o di legittimo impedimento, può delegare tutte o alcune delle sue funzioni ad un impiegato dell'archivio, purché di grado non inferiore a sottoarchivista, o ad un notaro del luogo, e la delegazione deve essere approvata dal presidente del tribunale civile. Se la delegazione non venga fatta dal conservatore, vi provvederà di ufficio il presidente del tribunale (2).

9. Nel caso che l'assenza o l'impedimento del conservatore si prolunghino oltre sei mesi, o in caso di morte, rinunzia, remozione o sospensione del conservatore, provvederà il Ministro della giustizia (3) alla nomina di un reggente (2).

10. È in facoltà del Ministro della giustizia (3) provvedere alla nomina di un reggente anche nel caso di assenza o di impedimento del capo dell'archivio per una durata inferiore a sei mesi (4).

11. Qualora la persona delegata o il reggente non abbia i requisiti necessari per la nomina a notaro, spetterà in tutti i casi al presidente del tribunale di designare il notaro del luogo che dovrà autenticare le copie in forma esecutiva, ed assistere alle operazioni di apertura, pubblicazione e restituzione di testamenti olografi o segreti (2).

113. *1.* .... (5).

2. Il notaro, finché vive, può, senza il pagamento di alcuna tassa, prendere visione degli atti originali e dei repertori da lui depositati.

114. *1.* .... (6).

2. In ogni archivio saranno compilati due indici generali per ordine alfabetico, uno per i notari, e indicherà i cognomi ed i nomi dei notari i cui atti sono depositati, e la data del primo e dell'ultimo atto da ciascuno di essi rogato; e l'altro che indicherà i cognomi ed i nomi delle parti intervenute nell'atto. Nel primo saranno indicati anche gli scaffali ove si custodiscono gli atti di ciascun notaro; nel secondo sarà enunciata la qualità e la data degli atti, ed il nome del notaro rogante.

115. *1.* È vietato di entrare o di rimanere nell'archivio in tempo di notte, di portare, accendere e ritenere in qualunque tempo fuoco o lume, e di fumare nei locali dell'archivio, senza speciale permesso del conservatore, il quale è responsabile delle disposizioni date.

116. *1.* Salvo le maggiori penalità stabilite dal Codice penale, i contravventori all'articolo precedente sono punibili con la sanzione amministrativa di lire 10.000 [euro 5], estensibile a lire 16.000 [euro 8] in caso di recidiva (7); e se il recidivo è un impiegato dell'archivio, potrà essere punito anche con la sospensione e con la destituzione dall'impiego.

117. *1.* Le penalità di cui agli artt. 38, 80, 104, 112 e 116 sono applicate dal tribunale in Camera di consiglio, udito l'interessato. Esse sono devolute a beneficio dell'archivio notarile.

CAPO II

DEGLI ARCHIVI NOTARILI MANDAMENTALI

118. *1.* Gli archivi mandamentali sono isti-

(1) Ora, artt. 620, 621 e 608 c.c.

(2) L'art. 12, l. 17 maggio 1952, n. 629, così dispone: «Il capo dell'Archivio, in caso di assenza o di legittimo impedimento, può delegare tutte o alcune delle sue funzioni ad un impiegato dell'ufficio, con l'approvazione del presidente del Tribunale. || Ove l'assenza o l'impedimento si prolunghino oltre sei mesi, provvederà il Ministro per la grazia e giustizia alla nomina di un reggente. || Qualora la persona delegata o il reggente non sia un funzionario di gruppo A spetterà al presidente del Tribunale di designare il notaro del luogo che dovrà autenticare le copie in forma esecutiva e procedere alle operazioni di apertura, pubblicazione e restituzione di testamenti olografi e segreti».

(3) Denominazione così modificata dall'art. 55.2, d.lg. 30 luglio 1999, n. 300.

(4) Comma aggiunto dall'art. 6, r.d. 12 dicembre 1926, n. 2143.

(5) Comma abrogato dall'art. 16, r.d. 31 dicembre 1923, n. 3138.

(6) Comma abrogato dall'art. 61, r.d.l. 23 ottobre 1924, n. 1737, conv. in l. 18 marzo 1926, n. 562.

(7) La sanzione originaria dell'ammenda è stata sostituita con la sanzione amministrativa dall'art. 32, l. 24 novembre 1981, n. 689. L'importo della sanzione è stato così elevato dall'art. 114.1, l. cit., in relazione all'art. 113.2 della stessa legge. Per effetto dell'art. 10 della medesima legge, come modificato dall'art. 96, d.lg. 30 dicembre 1999, n. 507: «La sanzione amministrativa pecuniaria consiste nel pagamento di una somma non inferiore a lire dodicimila e non superiore a lire venti milioni. Le sanzioni proporzionali non hanno limite massimo. || Fuori dei casi espressamente stabiliti dalla legge, il limite massimo della sanzione amministrativa pecuniaria non può, per ciascuna violazione superare il decuplo del minimo».

tuiti sulla domanda e a spese dei Comuni interessati. In essi vengono depositate le copie certificate conformi degli atti notarili che gli uffici del registro del mandamento dovranno loro trasmettere ai termini della legge sul registro, decorsi dieci anni dalla registrazione dell'atto (1).

119-120. *1.* Il conservatore e tesoriere dell'archivio mandamentale è nominato con decreto del Ministro della giustizia (2), su proposta del conservatore dell'archivio notarile distrettuale e sentite le giunte dei comuni interessati, fra i notari titolari delle sedi notarili assegnate al capoluogo o fra le persone aventi i requisiti per la nomina a notaro (3).

121. *1.* Lo stipendio del conservatore sarà fissato di volta in volta per ciascun conservatore dal Ministro della giustizia (2), sulla proposta dei Comuni interessati, udito il parere del conservatore dell'archivio notarile distrettuale e del pubblico Ministero, e sarà pagato direttamente dai Comuni interessati.

122. *1.* Il conservatore dell'archivio deve fissare la residenza nel Comune dove è l'archivio, ed a lui è applicabile quanto dispone l'art. 102 circa la cauzione, la cui misura però sarà determinata per ogni singolo conservatore dal Ministero della giustizia (2), sentito il parere del conservatore dell'archivio notarile distrettuale, e del pubblico Ministero.

123. *1.* Sono pure applicabili al conservatore dell'archivio mandamentale le disposizioni della legge sullo stato giuridico degli impiegati civili indicate nell'art. 98 e gli ultimi tre capoversi dell'art. 112.

124. *1.* Salvo il disposto degli artt. 67, prima parte, e 78, il conservatore dell'archivio notarile mandamentale permette l'ispezione e la lettura degli atti depositati, e ne rilascia i certificati, gli estratti e le copie a norma dell'art. 1334 del Codice civile (4), osservate le disposizioni degli artt. 68 e 69.

125. *1.* I proventi dell'archivio notarile mandamentale, prelevate le quote di partecipazione a mente dell'art. 113, sono devoluti a vantaggio dei Comuni interessati.

126. *1.* Gli archivi notarili mandamentali sono posti sotto la direzione e sorveglianza del conservatore dell'archivio notarile distrettuale, e sono ad essi applicabili gli artt. 110, 111, 115 e 116.

TITOLO VI

Della vigilanza sui notai, sui consigli e sugli archivi. Delle ispezioni, delle sanzioni disciplinari, delle misure cautelari e dei procedimenti per l'applicazione delle medesime (5)

CAPO I

Della vigilanza e delle ispezioni

127. 1. Il Ministero della giustizia esercita l'alta vigilanza su tutti i notai, i consigli notarili distrettuali e l'Amministrazione degli archivi notarili e può ordinare le ispezioni ritenute opportune.

2. La stessa vigilanza è esercitata dai procuratori della Repubblica presso i tribunali competenti per territorio con riferimento al luogo nel quale il notaio ha la propria sede (6).

128. 1. Nell'anno successivo ad ogni biennio, i notai presentano personalmente, o per mezzo di speciale procuratore, i repertori, i registri e gli atti rogati nell'ultimo biennio all'archivio notarile distrettuale per l'ispezione.

2. Il notaio che non adempie a tale obbligo, fatto salvo l'esercizio dell'azione disciplinare, è sospeso in via cautelare fino a quando non vi abbia ottemperato, con provvedimento della commissione amministrativa regionale di disciplina, adottato senza indugio, a richiesta dell'autorità che procede all'ispezione, ai sensi dell'art. 158-*sexies*, in quanto compatibile.

3. Nel corso di tali ispezioni va accertato, in particolare, se, nella redazione e conservazione degli atti, nella tenuta e nella conservazione dei registri e dei repertori e nei versamenti all'ar-

(1) Il termine è stato portato a 10 anni dal d.lgt. 21 aprile 1918, n. 629.
(2) Denominazione così modificata dall'art. 55.2, d.lg. 30 luglio 1999, n. 300.
(3) Articolo così sostituito agli originari artt. 119-120 dall'art. 8, r.d. 31 dicembre 1923, n. 3138.
(4) Ora, art. 2714 c.c.
(5) Rubrica così sostituita dall'art. 11, d.lg. 1° agosto 2006, n. 249, dalla data del 1° giugno 2007 (cfr. art. 55.3, d.lg. cit.). In base all'art. 54.1, d.lg. cit., tale disposizione si applica «ai procedimenti disciplinari promossi dal 1° giugno 2007».
(6) Articolo così sostituito dall'art. 12, d.lg. 1° agosto 2006, n. 249, dalla data del 1° giugno 2007 (cfr. art. 55.3, d.lg. cit.). In base all'art. 54.1, d.lg. cit., tale disposizione si applica «ai procedimenti disciplinari promossi dal 1° giugno 2007».

chivio, siano state osservate le disposizioni di legge (1) (2).

129. 1. Le ispezioni sono eseguite:

a) agli atti, registri e repertori dei notai, dal presidente del consiglio notarile o da un consigliere da lui delegato e, anche disgiuntamente, dal capo dell'archivio notarile del distretto nel quale il notaio è iscritto. Se colui che temporaneamente svolge le funzioni di capo dell'archivio notarile non ha la qualifica di conservatore e in genere in tutti i casi nei quali ragioni speciali lo consigliano, il direttore dell'ufficio centrale degli archivi notarili può conferire l'incarico al conservatore di altro archivio;

b) agli atti, registri e repertori del presidente del consiglio notarile distrettuale e dei consiglieri da esso delegati per l'ispezione, dal capo della circoscrizione ispettiva.

2. Il presidente del consiglio notarile distrettuale o il consigliere da lui delegato rilevano, in occasione dell'ispezione, anche le violazioni delle norme deontologiche. Nel caso di cui alla lett. *b*) del comma 1, l'ispettore informa il consiglio notarile distrettuale competente per l'azione disciplinare delle violazioni deontologiche riscontrate.

3. Gli archivi notarili forniscono al consiglio notarile distrettuale tutti gli elementi in loro possesso in merito a tali violazioni (3).

130. .... (4).

131. .... (5).

132. 1. Fatte salve le ispezioni ordinarie di cui all'articolo 128, il Ministero della giustizia può disporre ispezioni straordinarie, anche al fine di controllare le operazioni di verifica di cui all'art. 129. Se il notaio impedisce o ritarda l'esecuzione dell'ispezione straordinaria, si provvede ai sensi dell'art. 128, comma 2.

2. Se, in seguito ad ispezione straordinaria, viene accertata una irregolarità punita con una sanzione non inferiore a quelle previste dall'art. 137, comma 2, le spese dell'ispezione sono a carico del notaio. In caso contrario, sono a carico dell'Amministrazione degli archivi notarili.

3. Se a carico del presidente del consiglio notarile distrettuale, del consigliere da lui delegato o del conservatore ispezionanti risultano delle irregolarità commesse nel corso delle ispezioni di cui all'art. 129, i responsabili sono tenuti a rimborsare le spese dell'ispezione, senza pregiudizio dell'applicazione delle sanzioni disciplinari stabilite dalla presente legge e dai contratti collettivi (6).

133. 1. Di ciascuna ispezione sarà steso processo verbale in doppio esemplare in carta libera, da compilarsi e conservarsi secondo le norme che verranno stabilite nel regolamento (7) (2).

134. 1. Tutte le spese per il servizio delle ispezioni e le altre in genere occorrenti per la esecuzione della presente legge sono a carico del bilancio dell'Amministrazione degli archivi notarili (8).

(1) Articolo così sostituito dall'art. 13, d.lg. 1° agosto 2006, n. 249, dalla data del 1° giugno 2007 (cfr. art. 55.3, d.lg. cit.). In base all'art. 54.1, d.lg. cit., tale disposizione si applica «ai procedimenti disciplinari promossi dal 1° giugno 2007».

(2) L'art. 24, r.d.l. 23 ottobre 1924, n. 1737, conv. in l. 18 marzo 1926, n. 562, così dispone: «La presentazione degli atti, repertori e registri dei notai per le ispezioni stabilite dall'art. 128 della l. 16 febbraio 1913, n. 89, si effettua presso l'archivio notarile distrettuale, a cura del quale sono stabiliti i turni e termini di presentazione, d'accordo col presidente del Consiglio notarile, viene redatto e scritto il verbale di ispezione in doppio originale, sono denunciate le contravvenzioni per l'omessa presentazione medesima. || Può rilasciarsi copia del verbale in carta semplice a richiesta del notaio cui l'ispezione, si riferisce, mediante il pagamento dei diritti di richiesta e di scritturazione. || Il presente articolo entrerà in vigore per le ispezioni relative al biennio 1923-1924».

(3) Articolo così sostituito dall'art. 14, d.lg. 1° agosto 2006, n. 249, dalla data del 1° giugno 2007 (cfr. art. 55.3, d.lg. cit.). In base all'art. 54.1, d.lg. cit., tale disposizione si applica «ai procedimenti disciplinari promossi dal 1° giugno 2007».

(4) Disponeva la corresponsione di una indennità per l'ispezione degli atti, ma tale indennità è stata soppressa dall'art. 23, r.d. 31 dicembre 1923, n. 3138.

(5) Articolo abrogato dall'art. 52.1, d.lg. 1° agosto 2006, n. 249, dalla data del 1° giugno 2007 (cfr. art. 55.3, d.lg. cit.). In base all'art. 54.1, d.lg. cit., tale disposizione si applica «ai procedimenti disciplinari promossi dal 1° giugno 2007».

(6) Articolo così sostituito dall'art. 15, d.lg. 1° agosto 2006, n. 249, dalla data del 1° giugno 2007 (cfr. art. 55.3, d.lg. cit.). In base all'art. 54.1, d.lg. cit., tale disposizione si applica «ai procedimenti disciplinari promossi dal 1° giugno 2007».

(7) Articolo così sostituito dall'art. 16, d.lg. 1° agosto 2006, n. 249, dalla data del 1° giugno 2007 (cfr. art. 55.3, d.lg. cit.). In base all'art. 54.1, d.lg. cit., tale disposizione si applica «ai procedimenti disciplinari promossi dal 1° giugno 2007».

(8) Articolo così sostituito dall'art. 17, d.lg. 1° agosto 2006, n. 249, dalla data del 1° giugno 2007 (cfr. art. 55.3, d.lg. cit.). In base all'art. 54.1, d.lg. cit., tale disposizione si applica «ai procedimenti disciplinari promossi dal 1° giugno 2007».

CAPO II

DELLE SANZIONI DISCIPLINARI E DEI PROVVEDIMENTI CAUTELARI (1)

135. 1. Le sanzioni disciplinari per i notai che mancano ai propri doveri sono:

a) l'avvertimento;

b) la censura;

c) la sanzione pecuniaria;

d) la sospensione;

e) la destituzione.

2. Tali sanzioni si applicano indipendentemente da quelle comminate da altre leggi ed anche qualora l'infrazione non comporta la nullità dell'atto o il fatto non costituisce reato.

3. Le sanzioni disciplinari sono inflitte dalla commissione amministrativa regionale di disciplina o dalla corte d'appello, secondo le disposizioni previste dalla presente legge.

4. Se, in occasione della formazione di uno stesso atto, il notaio contravviene più volte alla medesima disposizione, si applica una sola sanzione, determinata fino all'ammontare massimo previsto per tale infrazione, tenuto conto del numero delle violazioni commesse (2).

136. 1. L'avvertimento consiste in un rimprovero al notaio per l'infrazione commessa con esortazione a non reiterarla. L'avvertimento si infligge per le trasgressioni più lievi di quelle sanzionabili con la censura.

2. La censura è una dichiarazione formale di biasimo per l'infrazione commessa. Copia del relativo provvedimento è affissa per quindici giorni alla porta esterna della sala delle riunioni del consiglio notarile distrettuale del collegio al quale è iscritto il notaio (3).

137. 1. È punito con la sanzione pecuniaria da 5 euro a 45 euro il notaio che contravviene alle disposizioni dell'art. 51, secondo comma, nn. 2), 3), 4), 5), 6), 7) e 9) e degli artt. 53, 59, 65, 66, 70, 72 e che, nella conservazione degli atti e nella tenuta del repertorio, contravviene alle disposizioni degli artt. 61 e 62.

2. È punito con la sanzione pecuniaria da 30 euro a 240 euro il notaio che contravviene alle disposizioni dell'art. 26, dell'art. 51, secondo comma, nn. 1), 8), 10), 11), 12) e dell'art. 67, secondo comma.

3. È punito con la sanzione pecuniaria da 200 euro a 900 euro il notaio che, nei casi previsti dall'art. 43, rilascia copie, certificati o estratti (4).

138. 1. È punito con la sospensione da uno a sei mesi il notaio:

a) che è recidivo nella contravvenzione alle disposizioni di cui all'art. 26;

b) che contravviene alle disposizioni degli artt. 54, 55, 56 e 57;

c) che non conserva, per negligenza, gli atti da lui ricevuti o presso lui depositati;

d) che non tiene il repertorio prescritto dall'art. 62 oppure lo pone in uso senza le forme prescritte dall'art. 64;

e) che è recidivo nelle contravvenzioni alle disposizioni dell'art. 51, secondo comma, nn. 1), 8), 10), 11) e 12);

f) che impedisce o ritarda le ispezioni previste dagli artt. 128 e 132.

2. È punito con la sospensione da sei mesi ad un anno il notaio che contravviene alle disposizioni degli artt. 27, 28, 29, 47, 48, 49 e 52-*bis*, comma 2 (5).

3. La sospensione comporta, oltre la decadenza dalla qualità di membro del consiglio notarile distrettuale e del Consiglio nazionale del notariato, l'ineleggibilità a tali cariche per due anni dalla cessazione della sospensione (6).

(1) Rubrica così sostituita dall'art. 18, d.lg. 1° agosto 2006, n. 249, dalla data del 1° giugno 2007 (cfr. art. 55.3, d.lg. cit.). In base all'art. 54.1, d.lg. cit., tale disposizione si applica «ai procedimenti disciplinari promossi dal 1° giugno 2007».

(2) Articolo così sostituito dall'art. 19, d.lg. 1° agosto 2006, n. 249. In base all'art. 55.1, d.lg. cit., le disposizioni dell'art. 135, limitatamente al comma 4, entrano in vigore «il quindicesimo giorno successivo alla data di pubblicazione del presente decreto nella *Gazzetta Ufficiale* della Repubblica Italiana», mentre, per espressa previsione dell'art. 55.3, d.lg. cit., le disposizioni dell'art. 135, commi 1, 2 e 3 entrano in vigore dalla data del 1° giugno 2007. In base all'art. 54.1, d.lg. cit., tali disposizioni si applicano «ai procedimenti disciplinari promossi dal 1° giugno 2007».

(3) Articolo così sostituito dall'art. 20, d.lg. 1° agosto 2006, n. 249. In base all'art. 55.1, d.lg. cit., tale disposizione entra in vigore «il quindicesimo giorno successivo alla data di pubblicazione del presente decreto nella *Gazzetta Ufficiale* della Repubblica Italiana».

(4) Articolo così sostituito dall'art. 21, d.lg. 1° agosto 2006, n. 249. In base all'art. 55.1, d.lg. cit., tale disposizione entra in vigore «il quindicesimo giorno successivo alla data di pubblicazione del presente decreto nella *Gazzetta Ufficiale* della Repubblica Italiana».

(5) Le parole «48, 49 e 52-*bis*, comma 2» sono state così sostituite alle precedenti «48 e 49» dall'art. 1.1, lett. p, d.lg. 2 luglio 2010, n. 110.

(6) Articolo così sostituito dall'art. 22, d.lg. 1° agosto 2006, n. 249. In base all'art. 55.1, d.lg. cit., tale disposizione entra in vigore «il quindicesimo giorno successivo alla data di pubblicazione del presente decreto nella *Gazzetta Ufficiale* della Repubblica Italiana».

138-*bis*. 1. Il notaio che chiede l'iscrizione nel registro delle imprese delle deliberazioni di società di capitali, dallo stesso notaio verbalizzate, quando risultano manifestamente inesistenti le condizioni richieste dalla legge, viola l'art. 28, primo comma, n. 1), ed è punito con la sospensione di cui all'art. 138, comma 2, e con la sanzione pecuniaria da 516 euro a 15.493 euro.

2. Con la stessa sanzione è punito il notaio che chiede l'iscrizione nel registro delle imprese di un atto costitutivo di società di capitali, da lui ricevuto, quando risultino manifestamente inesistenti le condizioni richieste dalla legge (1).

139-141. .... (2).

142. 1. È punito con la destituzione:

a) il notaio che continua nell'esercizio delle funzioni notarili durante la sospensione o durante l'interdizione temporanea, fatta salva l'ipotesi prevista dall'art. 137, comma 3;

b) il notaio che è recidivo nelle contravvenzioni alle disposizioni indicate nell'art. 27 o nell'art. 138, comma 1, lett. *b*), *c*), *d*), o nell'art. 52-*bis*, comma 2 (3), ovvero che è una seconda volta recidivo nelle contravvenzioni alle disposizioni indicate nell'art. 26 o nell'art. 51, secondo comma, nn. 1), 8), 11) e 12);

c) il notaio che abbandona la sede in occasione di malattie epidemiche o contagiose;

d) il notaio che dolosamente non ha conservato i repertori o gli atti da lui ricevuti o presso di lui depositati, fatta salva l'applicazione della legge penale (4).

142-*bis*. 1. Il notaio che ha commesso un fatto che integra gli estremi di uno dei reati previsti dall'art. 5, primo comma, n. 3), è punito disciplinarmente con una delle sanzioni di cui all'art. 147, quando la sua condotta viola quest'ultima disposizione. Il notaio è punito in ogni caso con la destituzione quando commette un reato omettendo o ritardando il versamento di tributi dovuti in relazione agli atti da lui rogati o autenticati (5).

2. Sono fatte salve le disposizioni della legge penale che prevedono pene accessorie comportanti interdizione dai pubblici uffici o sospensione dall'esercizio dell'attività professionale del notaio (6).

143. *1*. Salvo particolari disposizioni diverse, si applicano al notaro, per quanto riguarda gli altri repertori e registri che le leggi gli fanno obbligo di tenere, le stesse pene comminate per l'irregolare tenuta o la mancanza del repertorio.

144. 1. Se nel fatto addebitato al notaio ricorrono circostanze attenuanti ovvero quando il notaio, dopo aver commesso l'infrazione, si è adoperato per eliminare le conseguenze dannose della violazione o ha riparato interamente il danno prodotto, la sanzione pecuniaria è diminuita di un sesto e sono sostituite l'avvertimento alla censura, la sanzione pecuniaria, applicata nella misura prevista dall'art. 138-*bis*, comma 1, alla sospensione e la sospensione alla destituzione.

1-*bis*. Nell'ipotesi di cui all'ultimo periodo del comma 1 dell'art. 142-*bis*, la sospensione per un anno è sostituita alla destituzione solo se il notaio ha riparato interamente il danno e non è recidivo nella stessa infrazione (7).

2. Per le infrazioni di cui all'art. 138-*bis*, se ricorre una delle ipotesi attenuanti di cui al comma 1, del presente articolo, il notaio è assoggettato ad un'unica sanzione pecuniaria, non inferiore ai due terzi della misura massima prevista dallo stesso art. 138-*bis*, comma 1 (8).

145. 1. Si ha recidiva se il notaio commette

(1) Articolo inserito dall'art. 32, l. 24 novembre 2000, n. 340, e successivamente così sostituito dall'art. 23, d.lg. 1° agosto 2006, n. 249. In base all'art. 55.1, d.lg. cit., tale disposizione entra in vigore «il quindicesimo giorno successivo alla data di pubblicazione del presente decreto nella *Gazzetta Ufficiale* della Repubblica Italiana».

(2) Articoli abrogati dall'art. 52.1, d.lg. 1° agosto 2006, n. 249, dalla data del 1° giugno 2007 (cfr. art. 55.3, d.lg. cit.). In base all'art. 54.1, d.lg. cit., tale disposizione si applica «ai procedimenti disciplinari promossi dal 1° giugno 2007».

(3) Le parole «o nell'art. 52-*bis*, comma 2,» sono state inserite dall'art. 1.1, lett. q, d.lg. 2 luglio 2010, n. 110.

(4) Articolo così sostituito dall'art. 24, d.lg. 1° agosto 2006, n. 249. In base all'art. 55.1, d.lg. cit., tale disposizione entra in vigore «il quindicesimo giorno successivo alla data di pubblicazione del presente decreto nella *Gazzetta Ufficiale* della Repubblica Italiana».

(5) Ultimo periodo aggiunto dall'art. 1.139, lett. f, l. 28 dicembre 2015, n. 208. In base all'art. 1.140, l. cit., tali disposizioni «si applicano a decorrere dal 1° gennaio 2016».

(6) Articolo aggiunto dall'art. 25, d.lg. 1° agosto 2006, n. 249. In base all'art. 55.1, d.lg. cit., tale disposizione entra in vigore «il quindicesimo giorno successivo alla data di pubblicazione del presente decreto nella *Gazzetta Ufficiale* della Repubblica Italiana».

(7) Comma inserito dall'art. 1.139, lett. g, l. 28 dicembre 2015, n. 208. In base all'art. 1.140, l. cit., tali disposizioni «si applicano a decorrere dal 1° gennaio 2016».

(8) Articolo così sostituito dall'art. 26, d.lg. 1° agosto 2006, n. 249. In base all'art. 55.1, d.lg. cit., tale disposizione entra in vigore «il quindicesimo giorno successivo alla data di pubblicazione del presente decreto nella *Gazzetta Ufficiale* della Repubblica Italiana».

nuovamente la stessa infrazione entro cinque anni dalla condanna (1).

145-*bis*. 1. In caso di infrazione punibile con la sola sanzione pecuniaria, il notaio, che non sia recidivo nella stessa infrazione, può prevenire il procedimento o interromperne il corso prima della decisione definitiva, pagando una somma corrispondente ad un terzo del massimo previsto per la infrazione contestata, oltre le spese del procedimento.

2. L'estinzione degli illeciti disciplinari rilevati nelle ispezioni previste dagli artt. 128 e 132 è dichiarata, a richiesta del notaio, dal capo dell'archivio notarile del distretto al quale il notaio è iscritto. Negli altri casi o quando sia stato comunque promosso il procedimento disciplinare, l'estinzione è dichiarata, a richiesta del notaio, dall'organo dinanzi al quale si procede.

3. Le sanzioni pecuniarie sono pagate presso l'archivio notarile distrettuale competente per l'ispezione. L'archivio versa al consiglio notarile del proprio distretto, entro il mese successivo al pagamento, il settanta per cento delle somme riscosse (2).

146. 1. L'illecito disciplinare del notaio si prescrive in cinque anni decorrenti dal giorno in cui l'infrazione è stata commessa ovvero, per le infrazioni di cui all'art. 128, comma 3, commesse nel biennio, dal primo giorno dell'anno successivo.

2. La prescrizione è interrotta dalla richiesta di apertura del procedimento disciplinare e dalle decisioni che applicano una sanzione disciplinare. La prescrizione, se interrotta, ricomincia a decorrere dal giorno dell'interruzione. Se più sono gli atti interruttivi, la prescrizione decorre nuovamente dall'ultimo di essi. In nessun caso di interruzione può essere superato il termine di dieci anni.

3. Se per il fatto addebitato è iniziato procedimento penale, il decorso della prescrizione è sospeso fino al passaggio in giudicato della sentenza penale.

4. L'esecuzione della condanna alla sanzione disciplinare si prescrive nel termine di cinque anni dal giorno in cui il provvedimento è divenuto definitivo (3).

147. 1. È punito con la censura o con la sospensione fino ad un anno o, nei casi più gravi, con la destituzione, il notaio che pone in essere una delle seguenti condotte:

a) compromette, in qualunque modo, con la propria condotta, nella vita pubblica o privata, la sua dignità e reputazione o il decoro e prestigio della classe notarile;

b) viola in modo non occasionale le norme deontologiche elaborate dal Consiglio nazionale del notariato;

c) si serve dell'opera di procacciatori di clienti o di pubblicità non conforme ai principi stabiliti dall'art. 4 del regolamento di cui al d.p.r. 7 agosto 2012, n. 137 (4).

2. La destituzione è sempre applicata se il notaio, dopo essere stato condannato per due volte alla sospensione per la violazione del presente articolo, vi contravviene nuovamente nei dieci anni successivi all'ultima violazione (5).

CAPO III

DELL'APPLICAZIONE DELLE SANZIONI DISCIPLINARI, DEI PROVVEDIMENTI CAUTELARI E DELLE RIABILITAZIONI (6)

148. 1. In ogni circoscrizione territoriale è istituita una Commissione amministrativa regionale di disciplina, di seguito denominata: «Commissione», con sede presso il consiglio notarile distrettuale del capoluogo della regione. Formano un'unica circoscrizione territoriale la Valle d'Aosta ed il Piemonte, le Marche e l'Umbria, l'Abruzzo ed il Molise, la Campania

(1) Articolo così sostituito dall'art. 27, d.lg. 1° agosto 2006, n. 249. In base all'art. 55.1, d.lg. cit., tale disposizione entra in vigore «il quindicesimo giorno successivo alla data di pubblicazione del presente decreto nella *Gazzetta Ufficiale* della Repubblica Italiana».

(2) Articolo inserito dall'art. 28, d.lg. 1° agosto 2006, n. 249, dalla data del 1° giugno 2007 (cfr. art. 55.3, d.lg. cit.). In base all'art. 54.1, d.lg. cit., tale disposizione si applica «ai procedimenti disciplinari promossi dal 1° giugno 2007».

(3) Articolo così sostituito dall'art. 29, d.lg. 1° agosto 2006, n. 249. In base all'art. 55.1, d.lg. cit., tale disposizione entra in vigore «il quindicesimo giorno successivo alla data di pubblicazione del presente decreto nella *Gazzetta Ufficiale* della Repubblica Italiana».

(4) Lettera così sostituita dall'art. 1.144, lett. f, l. 4 agosto 2017, n. 124.

(5) Articolo così sostituito dall'art. 30, d.lg. 1° agosto 2006, n. 249. In base all'art. 55.1, d.lg. cit., tale disposizione entra in vigore «il quindicesimo giorno successivo alla data di pubblicazione del presente decreto nella *Gazzetta Ufficiale* della Repubblica Italiana».

(6) Rubrica così sostituita dall'art. 31, d.lg. 1° agosto 2006, n. 249, dalla data del 1° giugno 2007 (cfr. art. 55.3, d.lg. cit.). In base all'art. 54.1, d.lg. cit., tale disposizione si applica «ai procedimenti disciplinari promossi dal 1° giugno 2007».

e la Basilicata, il Trentino-Alto Adige, il Friuli-Venezia Giulia ed il Veneto. Per tali circoscrizioni, la sede è rispettivamente presso il consiglio notarile distrettuale del capoluogo delle regioni Piemonte, Marche, Abruzzo, Campania e Veneto.

2. Quando il territorio di un distretto ricade in quello di due regioni, l'intero territorio è compreso nella circoscrizione nella quale è ubicato il maggior numero di sedi dello stesso distretto. I distretti riuniti di La Spezia e Massa sono compresi nella circoscrizione della Liguria.

3. La Commissione è composta da un magistrato che la presiede e da sei, otto e dodici notai secondo, rispettivamente, che il numero dei notai assegnati a ciascuna circoscrizione non superi i duecentocinquanta o risulti superiore a tale numero, ma inferiore a quattrocento, ovvero sia pari o superiore a quattrocento.

4. I componenti della Commissione sono nominati ed eletti, rispettivamente, ai sensi degli artt. 150 e 150-*bis*. Sono eleggibili, fatto salvo il disposto dell'art. 149, tutti i notai iscritti ai collegi dei distretti compresi in ciascuna circoscrizione.

5. La Commissione dura in carica tre anni. Per lo stesso tempo durano in carica il segretario ed il tesoriere. Le cariche sono prorogate fino all'insediamento dei nuovi componenti.

6. Le spese di elezione dei componenti notai e di funzionamento della Commissione, inclusi le spese ed i gettoni di presenza di cui al comma 7 e quelle per i locali, il personale, l'attrezzatura, e quanto altro necessario, sono sostenute dai consigli notarili dei distretti appartenenti a ciascuna circoscrizione e tra essi ripartite sulla base degli onorari iscritti a repertorio nell'anno precedente dai notai aventi sede nella circoscrizione. Tali spese sono comprese nella tassa annuale di cui al comma secondo dell'art. 93. A tale fine, la Commissione, entro il 30 ottobre di ogni anno, redige il bilancio preventivo per l'anno successivo.

7. I componenti della Commissione hanno diritto al rimborso delle spese sostenute per esercitare il proprio ufficio e ad un gettone di presenza nella misura stabilita con delibera del Consiglio nazionale del notariato (1).

149. 1. Non possono essere chiamati a presiedere la Commissione i magistrati iscritti nel registro dei praticanti notai e quelli che nel triennio precedente abbiano partecipato al concorso per la nomina a notaio.

2. Non sono eleggibili alla Commissione:

a) i componenti del Consiglio nazionale del notariato e dei consigli notarili distrettuali ed i notai che sono iscritti al ruolo da meno di dieci anni;

b) i notai ai quali, nei quattro anni precedenti le elezioni, sono state irrogate con decisione, anche non definitiva, le sanzioni dell'avvertimento, della censura, della sospensione, della destituzione, ovvero quella pecuniaria, quando è applicata in sostituzione della sospensione;

c) i notai che sono stati condannati, anche ai sensi dell'art. 444, codice di procedura penale, per reati non colposi;

d) i notai che sono stati componenti della Commissione per due volte consecutive, salvo che abbiano ricoperto la carica per meno di cinque anni.

3. Sono incompatibili i magistrati ed i notai che sono parenti o affini entro il terzo grado o coniugi di altri componenti della stessa Commissione ed i notai vincolati da rapporti di associazione professionale con altri componenti della stessa Commissione (2).

149-*bis*. 1. Il magistrato che presiede la Commissione decade dall'incarico se si iscrive all'albo dei praticanti notai, anche di altro distretto notarile, se presenta domanda di partecipazione al concorso per la nomina a notaio o se sopravviene una delle cause di incompatibilità previste dall'art. 149, comma 3.

2. La decadenza del magistrato è dichiarata dal presidente della corte d'appello competente per la nomina.

3. I componenti della Commissione decadono quando sopravvengono cause di ineleggibilità o di incompatibilità, ovvero a seguito di cessazione dall'esercizio o di interdizione temporanea o di trasferimento in altra circoscrizione.

4. La Commissione in seduta plenaria decide sulle cause di ineleggibilità e di decadenza dei componenti notai e dispone la sospensione degli stessi componenti dalla carica quando nei loro confronti è iniziato un procedimento disciplinare (3).

149-*ter*. 1. Quando, per qualunque causa,

(1) Articolo così sostituito dall'art. 32, d.lg. 1° agosto 2006, n. 249. In base all'art. 55.2, d.lg. cit., tale disposizione entra in vigore il 1° gennaio 2007.

(2) Articolo così sostituito dall'art. 33, d.lg. 1° agosto 2006, n. 249. In base all'art. 55.2, d.lg. cit., tale disposizione entra in vigore il 1° gennaio 2007.

(3) Articolo inserito dall'art. 34, d.lg. 1° agosto 2006, n. 249. In base all'art. 55.2, d.lg. cit., tale disposizione entra in vigore il 1° gennaio 2007.

viene a mancare un terzo dei notai componenti della Commissione, si procede ad elezioni integrative, che sono indette immediatamente, per la circoscrizione interessata, dal presidente del Consiglio nazionale del notariato. I nuovi eletti durano in carica fino alla scadenza del mandato dei componenti già in carica.

2. Il presidente della Commissione può richiedere al presidente del Consiglio nazionale del notariato che vengano indette elezioni integrative anche quando sia venuto a mancare meno di un terzo dei suoi componenti (1).

150. 1. Ogni tre anni, entro il mese di febbraio successivo, il presidente della corte di appello del distretto in cui ha sede la Commissione nomina, tra i magistrati con qualifica non inferiore a magistrato di appello, in servizio da almeno due anni presso gli uffici giudicanti del distretto, il presidente della Commissione.

2. Il magistrato che presiede la Commissione può essere revocato, se ricorrono giusti motivi, dal presidente della corte d'appello competente per la nomina.

3. Quando, per qualunque causa, viene a mancare il presidente della Commissione, il presidente della corte d'appello competente provvede immediatamente alla sua sostituzione (2).

150-*bis*. 1. Ogni tre anni, entro il mese di febbraio successivo, i notai iscritti ai collegi dei distretti che fanno parte di ciascuna circoscrizione eleggono i componenti della Commissione.

2. Le elezioni sono indette dal presidente del Consiglio nazionale del notariato e si svolgono con le stesse modalità e nello stesso giorno in cui hanno luogo quelle del Consiglio nazionale del notariato.

3. I presidenti dei consigli notarili distrettuali, nei cinque giorni successivi alla votazione, comunicano i risultati al presidente del Consiglio notarile del distretto ove ha sede la Commissione.

4. I notai appartenenti al medesimo distretto non possono essere eletti componenti della Commissione in numero superiore alla metà dei notai che ne fanno parte. Se tale limite viene superato, gli eletti in esubero, appartenenti allo stesso distretto e che hanno ricevuto il minor numero di voti, vengono esclusi e sono dichiarati eletti notai di altri distretti, che seguono immediatamente per numero di voti.

5. Se viene eletto un notaio legato da vincoli che comportano incompatibilità con un componente della Commissione già in carica, l'eletto viene escluso e sostituto con il notaio che segue per numero di voti. Se i notai eletti che risultano incompatibili sono due o più, sono esclusi, qualora non vi sia rinunzia, quelli che hanno ricevuto il minor numero di voti.

6. A tal fine, gli eletti sono tenuti a comunicare, nel termine di cui al comma 3, al presidente del consiglio notarile del distretto nel quale ha sede la Commissione l'esistenza a proprio carico di cause di incompatibilità.

7. In caso di parità di voti tra due o più candidati, è escluso il meno anziano nell'ufficio di notaio. In caso di pari anzianità, è escluso il meno anziano di età.

8. Competente per l'adozione di tutti i provvedimenti di esclusione è il presidente del consiglio notarile del distretto nel quale ha sede la Commissione. Il presidente provvede nei dieci giorni successivi alla votazione.

9. Se i notai eletti non raggiungono il numero necessario per completare la composizione della Commissione, si provvede senza indugio ad elezioni integrative.

10. Il presidente del consiglio notarile del distretto nel quale ha sede la Commissione, nei quindici giorni successivi alla votazione, proclama gli eletti, dandone comunicazione al Ministero della giustizia ed al Consiglio nazionale del notariato nonché alle corti di appello, alle procure della Repubblica, agli archivi notarili ed ai consigli notarili distrettuali, che hanno competenza nel territorio della circoscrizione (3).

150-*ter*. 1. Il consiglio notarile del distretto nel quale ha sede la Commissione provvede nello stesso termine di cui all'art. 150-*bis*, comma 10, a nominare tra i notai della circoscrizione il segretario ed il tesoriere della Commissione. Il segretario ed il tesoriere non possono essere componenti della Commissione e, se eletti, decadono da tali cariche.

2. Nei quindici giorni successivi alla proclamazione degli eletti, il presidente del consiglio notarile del distretto nel quale ha sede la Commissione provvede al suo insediamento, convocando il magistrato nominato per presiederla, i notai eletti, il segretario ed il tesoriere.

(1) Articolo inserito dall'art. 34, d.lg. 1° agosto 2006, n. 249. In base all'art. 55.2, d.lg. cit., tale disposizione entra in vigore il 1° gennaio 2007.

(2) Articolo così sostituito dall'art. 35, d.lg. 1° agosto 2006, n. 249. In base all'art. 55.2, d.lg. cit., tale disposizione entra in vigore il 1° gennaio 2007.

(3) Articolo inserito dall'art. 36, d.lg. 1° agosto 2006, n. 249. In base all'art. 55.2, d.lg. cit., tale disposizione entra in vigore il 1° gennaio 2007.

3. Per l'insediamento della Commissione è necessario che, anche a seguito dei provvedimenti adottati ai sensi dell'art. 150-*bis*, commi 4 e 5, risultino eletti almeno quattro, sei o otto notai, secondo, rispettivamente, che il numero dei componenti notai sia di sei, di otto o di dodici.

4. Il verbale della riunione di insediamento è trasmesso immediatamente alle autorità di cui all'art. 150-*bis*, comma 10 (1).

151. 1. Il presidente della Commissione forma i collegi giudicanti, avendo cura, in quanto possibile, di assegnarvi notai appartenenti a distretti diversi. Ciascun collegio è composto dal presidente della Commissione, che lo presiede, e da due notai.

2. I componenti della Commissione, se necessario, possono essere temporaneamente applicati ad altro collegio con provvedimento del presidente.

3. Con il provvedimento di cui al comma 1 il presidente della Commissione fissa preventivamente i criteri oggettivi per l'assegnazione dei procedimenti ai collegi, per le applicazioni e le sostituzioni dei componenti (2).

152. 1. Competente per gli illeciti disciplinari commessi dai notai è la Commissione della circoscrizione nella quale è compreso il distretto nel cui ruolo era iscritto il notaio quando è stato commesso il fatto per il quale si procede.

2. La competenza per i procedimenti disciplinari iniziati a carico dei componenti della Commissione, durante il periodo in cui ricoprono l'incarico, spetta alla Commissione della circoscrizione confinante alla quale è assegnato il maggior numero di posti di notaio. Per la Sicilia e la Sardegna tale competenza spetta rispettivamente alla Commissione della Calabria ed a quella della Liguria (3).

153. 1. L'iniziativa del procedimento disciplinare spetta:

a) al procuratore della Repubblica presso il Tribunale nel cui circondario ha sede il notaio ovvero nel cui circondario il fatto per il quale si procede è stato commesso (4);

b) al presidente del Consiglio notarile del distretto nel cui ruolo è iscritto il notaio ovvero del distretto nel quale il fatto per il quale si procede è stato commesso. Se l'infrazione è addebitata allo stesso presidente, l'iniziativa spetta a al consigliere che ne fa le veci, previa delibera dello stesso consiglio. La stessa delibera è necessaria in caso di intervento ai sensi dell'art. 156-*bis*, comma 5 (4);

c) al capo dell'archivio notarile territorialmente competente per l'ispezione di cui all'art. 128, limitatamente alle infrazioni rilevate durante le ispezioni di cui agli artt. 128 e 132 o nel corso di altri controlli demandati allo stesso capo dell'archivio dalla legge, nonché al conservatore incaricato ai sensi dell'art. 129, comma 1, lett. *a*), secondo periodo.

2. Il procedimento è promosso senza indugio, se risultano sussistenti gli elementi costitutivi di un fatto disciplinarmente rilevante.

3. Nella richiesta di procedimento l'organo che lo promuove indica il fatto addebitato e le norme che si assumono violate e formula le proprie conclusioni (5).

154. 1. I componenti della Commissione devono astenersi nei casi indicati all'art. 51 del codice di procedura civile. Quando l'astensione riguarda il presidente, su di essa provvede il Presidente della Corte d'appello, designando altro magistrato a presiedere il collegio.

2. I componenti della Commissione possono essere ricusati a norma dell'art. 52 del codice di procedura civile. Sulla ricusazione decide, con provvedimento non impugnabile, altro collegio della Commissione, senza la partecipazione del ricusato, udito quest'ultimo ed assunte, se necessario, le opportune informazioni.

3. Il presidente sostituisce il componente astenuto o ricusato con altro componente della Commissione.

4. In caso di ricusazione del Presidente, provvede il Presidente della Corte d'appello, designando, quando la dichiarazione di ricusa-

(1) Articolo inserito dall'art. 36, d.lg. 1° agosto 2006, n. 249. In base all'art. 55.2, d.lg. cit., tale disposizione entra in vigore il 1° gennaio 2007.

(2) Articolo così sostituito art. 37, d.lg. 1° agosto 2006, n. 249, dalla data del 1° giugno 2007 (cfr. art. 55.3, d.lg. cit.). In base all'art. 54.1, d.lg. cit., tale disposizione si applica «ai procedimenti disciplinari promossi dal 1° giugno 2007».

(3) Articolo così sostituito art. 38, d.lg. 1° agosto 2006, n. 249, dalla data del 1° giugno 2007 (cfr. art. 55.3, d.lg. cit.). In base all'art. 54.1, d.lg. cit., tale disposizione si applica «ai procedimenti disciplinari promossi dal 1° giugno 2007».

(4) Lettera così sostituita dall'art. 12.7, d.l. 24 gennaio 2012, n. 1, conv. in l. 24 marzo 2012, n. 27.

(5) Articolo così sostituito art. 39, d.lg. 1° agosto 2006, n. 249, dalla data del 1° giugno 2007 (cfr. art. 55.3, d.lg. cit.). In base all'art. 54.1, d.lg. cit., tale disposizione si applica «ai procedimenti disciplinari promossi dal 1° giugno 2007».

zione è accolta, altro magistrato a presiedere il collegio (1).

155. 1. Nei cinque giorni successivi al ricevimento della richiesta, il presidente della Commissione assegna il procedimento al collegio, designa il relatore e dà immediato avviso dell'inizio del procedimento all'organo richiedente e, se diverso, al consiglio notarile del distretto in cui il notaio ha sede (2), nonché al notaio incolpato, trasmettendo agli stessi copia degli atti, salvo che la trasmissione risulti oggettivamente difficoltosa. In tale ultimo caso, gli atti sono posti a disposizione dei medesimi soggetti presso la Commissione e nell'avviso è fatta menzione del deposito e della facoltà di consultare gli atti depositati e di estrarne copia.

2. Il notaio nei quindici giorni successivi al ricevimento dell'avviso ha facoltà di presentare una memoria.

3. Entro quindici giorni dalla scadenza del termine per il deposito della memoria, il collegio, se ritiene manifestamente infondato l'addebito, dichiara non luogo a procedere, con provvedimento comunicato al notaio ed agli organi di cui al comma 1.

4. Il provvedimento può essere impugnato ai sensi dell'art. 158, comma 1, dagli organi di cui al comma 1 del presente articolo (3).

156. 1. Il presidente del collegio, entro i quindici giorni successivi alla scadenza del termine per presentare la memoria e sempre che la Commissione non si sia pronunciata ai sensi dell'art. 155, comma 3, fissa la data per la discussione, che deve aver luogo nei successivi trenta giorni, e ne dà avviso alle parti almeno venti giorni prima (4).

156-*bis*. 1. Il notaio può comparire personalmente o a mezzo di procuratore speciale munito di procura rilasciata con atto pubblico o scrittura privata autenticata anche dal difensore.

2. Il notaio può farsi assistere da un notaio, anche in pensione, o da un avvocato nominato anche con dichiarazione consegnata alla Commissione dal difensore. Il presidente del consiglio notarile ed il conservatore dell'archivio notarile possono farsi assistere da un avvocato.

3. La discussione si svolge in camera di consiglio e possono parteciparvi l'organo che ha proposto il procedimento, il notaio e i loro difensori, se nominati.

4. Le parti possono presentare memorie almeno cinque giorni prima della data fissata per la discussione. Nello stesso termine le parti indicano i mezzi di prova dei quali intendono avvalersi. Almeno due giorni prima dell'udienza sono indicate le prove contrarie.

5. I soggetti di cui all'art. 153, comma 1, lett. *a*) e *b*), se non hanno richiesto l'apertura del procedimento, possono intervenire fino a quando non è adottata la decisione finale, presentare memorie e indicare mezzi di prova nel rispetto dei termini di cui al comma 4 e partecipare alla discussione in camera di consiglio.

6. La discussione orale è aperta con la relazione svolta dal relatore.

7. Il collegio assume, anche d'ufficio, tutte le prove ritenute rilevanti ai fini della decisione. Le dichiarazioni delle persone informate dei fatti sono assunte con le modalità previste per i testimoni dal codice di procedura civile, in quanto compatibili.

8. Se, a seguito di diversa qualificazione giuridica, il collegio ritiene che per il fatto addebitato possa essere applicata una sanzione di maggiore gravità, il presidente ne informa le parti, fissando una nuova data per la discussione, che deve avere luogo nei successivi venti giorni. Le parti possono depositare memorie ed indicare mezzi di prova nel rispetto dei termini di cui al comma 4.

9. Se emergono fatti diversi da quello addebitato, il collegio rimette gli atti all'organo che ha promosso il procedimento per le valutazioni di competenza.

10. Il collegio delibera immediatamente dopo l'assunzione delle prove e dopo aver ascoltato, nell'ordine, le conclusioni dell'organo che ha richiesto l'apertura del procedimento, di quello che eventualmente vi è intervenuto, del notaio o, se nominato, del suo difensore.

11. Il notaio, anche a mezzo del procuratore

(1) Articolo così sostituito art. 40, d.lg. 1° agosto 2006, n. 249, dalla data del 1° giugno 2007 (cfr. art. 55.3, d.lg. cit.). In base all'art. 54.1, d.lg. cit., tale disposizione si applica «ai procedimenti disciplinari promossi dal 1° giugno 2007».

(2) Le parole «in cui il notaio ha sede» sono state così sostituite alle precedenti «di cui all'art. 153, comma 1, lett. *b*)» dall'art. 12.6, d.l. 24 gennaio 2012, n. 1, conv. in l. 24 marzo 2012, n. 27.

(3) Articolo così sostituito art. 41, d.lg. 1° agosto 2006, n. 249, dalla data del 1° giugno 2007 (cfr. art. 55.3, d.lg. cit.). In base all'art. 54.1, d.lg. cit., tale disposizione si applica «ai procedimenti disciplinari promossi dal 1° giugno 2007».

(4) Articolo così sostituito art. 42, d.lg. 1° agosto 2006, n. 249, dalla data del 1° giugno 2007 (cfr. art. 55.3, d.lg. cit.). In base all'art. 54.1, d.lg. cit., tale disposizione si applica «ai procedimenti disciplinari promossi dal 1° giugno 2007».

speciale di cui al comma 1, può rendere dichiarazioni spontanee in ogni momento fino alla chiusura della discussione, anche se è assistito da un difensore (1).

157. 1. Il collegio delibera in camera di consiglio senza la presenza delle parti.

2. Il dispositivo viene letto dal presidente immediatamente dopo la decisione.

3. La decisione è depositata non oltre i trenta giorni successivi. Dell'avvenuto deposito è dato tempestivo avviso alle parti (2).

158. 1. Le decisioni della Commissione possono essere impugnate in sede giurisdizionale, anche dalle parti intervenute ai sensi dell'art. 156-*bis*, comma 5, e, in ogni caso, dal procuratore della Repubblica competente per l'esercizio dell'azione disciplinare[, con reclamo alla corte d'appello del distretto nel quale ha sede la Commissione, nel termine di trenta giorni dalla notificazione della decisione, a cura della parte interessata o, in difetto, nel termine di un anno dal suo deposito] (3).

2. Alle controversie previste dal presente articolo si applica l'art. 26 del d.lg. 1° settembre 2011, n. 150 (4).

3. Le decisioni della Commissione diventano esecutive, se non è proposto reclamo nei termini previsti dall'art. 26 del d.lg. 1° settembre 2011, n. 150 (5) (6).

[**158**-*bis*. 1. La corte d'appello decide con sentenza in camera di consiglio, ai sensi degli artt. 737 e seguenti del codice di procedura civile, ed il dispositivo è reso pubblico mediante lettura. La decisione è depositata nei successivi trenta giorni in cancelleria e le parti sono immediatamente avvisate dal cancelliere con biglietto di cancelleria] (7).

[**158**-*ter*. 1. Contro la sentenza della corte d'appello è ammesso ricorso per cassazione nei casi previsti dai nn. 3) e 5) dell'art. 360 del codice di procedura civile. Si applica l'art. 366-*bis* del codice di procedura civile.

2. Il ricorso deve essere proposto nel termine di sessanta giorni dalla notificazione della decisione, ovvero, in difetto di notifica, nel termine di un anno dal deposito.

3. La sentenza della corte d'appello è immediatamente esecutiva, fatta salva l'applicazione dell'art. 373 del codice di procedura civile.

4. La Corte di cassazione pronuncia con sentenza in camera di consiglio, sentite le parti] (7).

158-*quater*. 1. All'esecuzione delle sanzioni e delle misure cautelari provvede il presidente del consiglio notarile del distretto nel cui ruolo il notaio è iscritto, informandone immediatamente il procuratore della Repubblica e il capo dell'archivio notarile competenti per il luogo in cui ha sede il notaio e, se diversi, il procuratore della Repubblica ed il consiglio notarile com-

(1) Articolo inserito art. 43, d.lg. 1° agosto 2006, n. 249, dalla data del 1° giugno 2007 (cfr. art. 55.3, d.lg. cit.). In base all'art. 54.1, d.lg. cit., tale disposizione si applica «ai procedimenti disciplinari promossi dal 1° giugno 2007».

(2) Articolo così sostituito art. 44, d.lg. 1° agosto 2006, n. 249, dalla data del 1° giugno 2007 (cfr. art. 55.3, d.lg. cit.). In base all'art. 54.1, d.lg. cit., tale disposizione si applica «ai procedimenti disciplinari promossi dal 1° giugno 2007».

(3) Le parole «, con reclamo alla corte d'appello del distretto nel quale ha sede la Commissione, nel termine di trenta giorni dalla notificazione della decisione, a cura della parte interessata o, in difetto, nel termine di un anno dal suo deposito» sono state abrogate dall'art. 34.30, lett. a, d.lg. 1° settembre 2011, n. 150. L'art. 36, d.lg. cit., così dispone: «1. Le norme del presente decreto si applicano ai procedimenti instaurati successivamente alla data di entrata in vigore dello stesso. || 2. Le norme abrogate o modificate dal presente decreto continuano ad applicarsi alle controversie pendenti alla data di entrata in vigore dello stesso».

(4) Comma così sostituito dall'art. 34.30, lett. b, d.lg. 1° settembre 2011, n. 150. L'art. 36, d.lg. cit., così dispone: «1. Le norme del presente decreto si applicano ai procedimenti instaurati successivamente alla data di entrata in vigore dello stesso. || 2. Le norme abrogate o modificate dal presente decreto continuano ad applicarsi alle controversie pendenti alla data di entrata in vigore dello stesso».

Si riporta pertanto il testo del comma 2 dell'art. 158 come precedentemente formulato:

«Nel giudizio di impugnazione è obbligatorio il patrocinio di avvocato».

(5) Le parole «nei termini previsti dall'art. 26 del d.lg. 1° settembre 2011, n. 150» sono state così sostituite alle precedenti «nei termini di cui al comma 1» dall'art. 34.30, lett. c, d.lg. 1° settembre 2011, n. 150. L'art. 36, d.lg. cit., così dispone: «1. Le norme del presente decreto si applicano ai procedimenti instaurati successivamente alla data di entrata in vigore dello stesso. || 2. Le norme abrogate o modificate dal presente decreto continuano ad applicarsi alle controversie pendenti alla data di entrata in vigore dello stesso».

(6) Articolo così sostituito art. 45, d.lg. 1° agosto 2006, n. 249, dalla data del 1° giugno 2007 (cfr. art. 55.3, d.lg. cit.). In base all'art. 54.1, d.lg. cit., tale disposizione si applica «ai procedimenti disciplinari promossi dal 1° giugno 2007».

(7) Articolo inserito art. 46, d.lg. 1° agosto 2006, n. 249, e successivamente abrogato dall'art. 34.30, lett. d, d.lg. 1° settembre 2011, n. 150. L'art. 36, d.lg. cit., così dispone: «1. Le norme del presente decreto si applicano ai procedimenti instaurati successivamente alla data di entrata in vigore dello stesso. || 2. Le norme abrogate o modificate dal presente decreto continuano ad applicarsi alle controversie pendenti alla data di entrata in vigore dello stesso».

petenti ai sensi dell'art. 153, comma 1, lett. *a*) e *b*).

2. Se la sanzione da eseguire è stata irrogata al presidente del consiglio notarile distrettuale, alla sua esecuzione provvede chi ne fa le veci.

3. La durata della misura cautelare della sospensione è computata ai fini della durata della sanzione disciplinare della sospensione.

4. Si applica l'art. 145-*bis*, comma 3 (1).

158-*quinquies*. 1. In caso di esercizio dell'azione penale a carico di un notaio, il pubblico ministero ne dà immediatamente comunicazione al presidente del consiglio notarile distrettuale di cui all'art. 153, comma 1, lett. *b*), specificando il reato per il quale si procede.

2. Il procedimento disciplinare è sospeso fino al passaggio in giudicato della sentenza, quando per lo stesso fatto si procede penalmente.

3. La sentenza penale, anche se è stata pronunciata ai sensi dell'art. 444 del codice di procedura penale, fa stato nel procedimento disciplinare quanto all'accertamento del fatto, della sua illiceità penale e dell'affermazione che il fatto è stato commesso dall'autore.

4. Se il processo penale risulta connesso con un procedimento disciplinare, la Commissione può sospendere il procedimento disciplinare, a richiesta del notaio (1).

158-*sexies*. 1. Se risultano addebitati fatti, disciplinarmente rilevanti, che, per la loro gravità, siano incompatibili con l'esercizio delle funzioni notarili, o quando ricorre la necessità di inibire comportamenti illeciti, possono essere disposte in via cautelare la sospensione dell'incolpato dalle funzioni notarili od ogni altra opportuna misura cautelare, ad istanza dell'organo che ha richiesto l'apertura del procedimento disciplinare o di quello che vi è intervenuto ai sensi dell'art. 156-*bis*, comma 5. Se il procedimento non è ancora iniziato, la misura cautelare può essere adottata ad istanza di uno dei soggetti di cui all'art. 153, comma 1, lett. *a*), *b*) e *c*).

2. La sospensione dalle funzioni e le altre misure cautelari possono essere altresì disposte, ad istanza delle parti o dei soggetti di cui al comma 1, nei confronti del notaio contro il quale è stata pronunciata condanna non ancora passata in giudicato per reati di cui all'art. 142-*bis*, a ragione della gravità del fatto ascrittogli, ovvero contro il quale è stata comminata la sanzione disciplinare della destituzione con provvedimento non definitivo.

3. Le misure cautelari di cui ai commi 1 e 2 possono essere revocate in qualsiasi momento, anche d'ufficio, quando vengono meno i relativi presupposti. Le stesse misure, ove disposte prima dell'inizio del procedimento disciplinare, divengono inefficaci se, entro trenta giorni dalla loro adozione, non è richiesta l'apertura del procedimento disciplinare medesimo.

4. Ad istanza dei soggetti di cui al comma 1, è disposta, anche se non è chiesta l'apertura del procedimento disciplinare, la sospensione dall'esercizio delle funzioni del notaio che si trova in stato di custodia cautelare in carcere o agli arresti domiciliari o che stia scontando una pena restrittiva della libertà personale.

5. La sospensione cautelare obbligatoria di cui al comma 4 è revocata, anche d'ufficio, quando è revocata in sede penale la misura cautelare personale, salvo che sussistono i presupposti di cui al comma 1, o quando è stata scontata la pena detentiva. La sospensione obbligatoria, quando non è revocata in presenza dei presupposti di cui al comma 1, diviene inefficace, se non è richiesta l'apertura del procedimento disciplinare nel termine di trenta giorni successivi alla revoca od alla estinzione della misura cautelare personale adottata in sede penale.

6. La sospensione cautelare obbligatoria di cui al comma 4 è revocata, anche d'ufficio, quando è revocata in sede penale la custodia cautelare, salvo che sussistano i presupposti di cui al comma 1, o quando è stata scontata la pena detentiva. Se la sospensione cautelare obbligatoria non è revocata, sussistendo i presupposti di cui al comma 1, essa diviene inefficace se, entro trenta giorni dalla revoca della custodia cautelare, non è richiesta l'apertura del procedimento disciplinare.

7. In ogni caso, le misure cautelari perdono efficacia in caso di decisione, anche non definitiva, di proscioglimento.

8. I provvedimenti dell'autorità giudiziaria penale competente comportanti la sospensione cautelare di cui al comma 4 o la revoca della stessa sono comunicati, a cura dell'autorità giudiziaria che procede, al presidente del consiglio notarile del distretto al quale il notaio è iscritto nonché al consiglio notarile distrettuale competente per l'azione disciplinare, se diverso. Sono altresì comunicati all'archivio notarile del distretto al cui collegio il notaio è iscritto.

9. In ogni caso, la sospensione cautelare non può superare i cinque anni anche non conti-

(1) Articolo inserito art. 46, d.lg. 1° agosto 2006, n. 249, dalla data del 1° giugno 2007 (cfr. art. 55.3, d.lg. cit.). In base all'art. 54.1, d.lg. cit., tale disposizione si applica «ai procedimenti disciplinari promossi dal 1° giugno 2007».

nuativi. Ai fini del computo di tale termine non si tiene conto del periodo durante il quale il procedimento disciplinare è sospeso ai sensi dell'art. 158-*quinquies*, commi 2 e 4 (1).

158-*septies*. 1. Le misure cautelari sono adottate dalla Commissione, se sono richieste prima dell'apertura del procedimento o nel corso dello stesso, fino a quando la decisione della Commissione non è divenuta definitiva.

2. Se il procedimento pende dinanzi alla Corte d'appello od alla Corte di cassazione, per l'adozione di tali misure è competente la Corte d'appello.

3. Le misure cautelari possono essere disposte anche nei casi di sospensione del procedimento disciplinare, ai sensi dell'art. 158-*sexies*, commi 2 e 4 (1).

158-*octies*. 1. Quando è chiesta l'adozione di una misura cautelare, le parti sono convocate immediatamente con provvedimento notificato almeno tre giorni liberi prima della data fissata per l'esame dell'istanza. Se il procedimento disciplinare non è stato ancora promosso, sono convocati il soggetto che richiede l'applicazione delle norme ed il notaio nei cui confronti si procede.

2. La decisione è adottata nel termine di dieci giorni dalla data della presentazione dell'istanza.

3. Quando la convocazione delle parti potrebbe pregiudicare l'attuazione della misura cautelare, l'organo competente provvede immediatamente, assunte, ove occorre, sommarie informazioni. Con lo stesso provvedimento, le parti o i soggetti di cui all'ultimo periodo del comma 1, sono convocati entro dieci giorni per la convalida, modifica o revoca della misura adottata. Il provvedimento è notificato almeno cinque giorni prima della data di convocazione e le parti o i soggetti convocati hanno facoltà di depositare memorie almeno due giorni prima.

4. Il provvedimento è inefficace se non sono contestualmente convocati, ai sensi del comma 3, le parti o i soggetti di cui all'ultimo periodo del comma 1, e perde efficacia se, entro il termine di dieci giorni previsto dallo stesso comma, non è convalidato.

5. L'organo che adotta le misure cautelari può delegare altro notaio per il compimento degli atti necessari ad eliminare il permanere o le conseguenze dannose delle violazioni (1).

158-*novies*. 1. I provvedimenti cautelari pronunciati dalla Commissione e dalla corte di appello sono reclamabili nei modi previsti dall'art. 26 del d.lg. 1° settembre 2011, n. 150 (2).

158-*decies*. 1. Gli atti, i provvedimenti e le decisioni relativi al procedimento disciplinare ed al procedimento cautelare sono comunicati o notificati al notaio nel suo studio o presso il domicilio eletto.

2. Le comunicazioni e le notificazioni agli altri soggetti sono eseguite presso le loro sedi.

[3. Le comunicazioni e le notificazioni degli atti, dei provvedimenti e delle sentenze relativi ai procedimenti disciplinari e cautelari dinanzi alla Corte d'appello e dinanzi alla Corte di cassazione si eseguono nei modi e nelle forme previsti dal codice di procedura civile] (3).

4. Le comunicazioni e le notificazioni previste dal presente capo possono essere eseguite a mezzo telefax o a mezzo posta elettronica certificata, ai sensi dell'art. 48 del d.lg. 7 marzo 2005, n. 82, con le modalità e le decorrenze stabilite con decreto del Ministro della giustizia, di concerto con il Ministro delle innovazioni tecnologiche (1).

(1) Articolo inserito art. 46, d.lg. 1° agosto 2006, n. 249, dalla data del 1° giugno 2007 (cfr. art. 55.3, d.lg. cit.). In base all'art. 54.1, d.lg. cit., tale disposizione si applica «ai procedimenti disciplinari promossi dal 1° giugno 2007».

(2) Articolo inserito art. 46, d.lg. 1° agosto 2006, n. 249, e successivamente così sostituito dall'art. 34.30, lett. e, d.lg. 1° settembre 2011, n. 150. L'art. 36, d.lg. cit., così dispone: «1. Le norme del presente decreto si applicano ai procedimenti instaurati successivamente alla data di entrata in vigore dello stesso. || 2. Le norme abrogate o modificate dal presente decreto continuano ad applicarsi alle controversie pendenti alla data di entrata in vigore dello stesso».

Si riporta pertanto il testo dell'art. 158-*novies* come precedentemente formulato:

«158-*novies*. — 1. I provvedimenti cautelari pronunciati dalla Commissione sono reclamabili dinanzi alla Corte d'appello del distretto nel quale ha sede la Commissione, nel termine di dieci giorni dalla notifica, nelle forme previste dagli artt. 737 e 738 del codice di procedura civile per i procedimenti in camera di consiglio, in quanto compatibili. || 2. I provvedimenti cautelari pronunciati dalla Corte d'appello, ai sensi dell'art. 158-*septies*, comma 2, sono reclamabili dinanzi alla Corte d'appello nel cui distretto è ubicata la sede della Commissione più vicina. || 3. Contro le decisioni pronunciate dalla Corte d'appello in sede di reclamo ai sensi del comma 2, è ammesso ricorso per cassazione per violazione di legge nel termine di venti giorni dalla notifica. La Corte decide in camera di consiglio, sentite le parti. || 4. L'impugnazione dei provvedimenti cautelari non ne sospende l'esecuzione».

(3) Comma abrogato dall'art. 34.30, lett. f, d.lg. 1° settembre 2011, n. 150. L'art. 36, d.lg. cit., così dispone: «1. Le norme del presente decreto si applicano ai procedimenti instaurati successivamente alla data di entrata in vigore dello stesso. || 2. Le norme abrogate o modificate dal presente decreto continuano ad applicarsi alle controversie pendenti alla data di entrata in vigore dello stesso».

158-*undecies*. 1. Le decisioni, anche di natura cautelare, della Commissione, della Corte d'appello e della Corte di cassazione sono comunicate:

a) al Ministero della giustizia;

b) al procuratore generale presso la Corte d'appello del distretto nel quale ha sede il notaio;

c) al procuratore della Repubblica presso il tribunale nel cui circondario ha sede il notaio;

d) al Consiglio nazionale del notariato;

e) al consiglio notarile del distretto nel cui ruolo è iscritto il notaio;

f) all'archivio notarile del distretto nel cui ruolo è iscritto il notaio.

2. Le comunicazioni agli organi di cui alle lett. *b*), *c*), *e*) e *f*), non sono necessarie, quando gli stessi hanno partecipato al procedimento (1).

159. 1. Il notaio che sia stato destituito può domandare di essere riabilitato all'esercizio professionale con deliberazione del consiglio notarile del distretto al cui ruolo era iscritto quando fu destituito nei seguenti casi:

a) se ha ottenuto la riabilitazione ai sensi della legge penale, quando è stato condannato per uno dei reati indicati nell'art. 5, primo comma, n. 3);

b) se, negli altri casi, sono decorsi almeno tre anni dalla destituzione o dalla espiazione della pena.

2. La deliberazione del consiglio è soggetta ad omologazione da parte della Corte d'appello del distretto nel quale ha sede il consiglio notarile. La corte provvede in camera di consiglio, sentito il pubblico ministero ed il notaio interessato.

3. Non può in ogni caso essere riabilitato all'esercizio professionale il notaio che sia stato condannato per falso, frode, abuso d'ufficio, concussione, corruzione, furto, appropriazione indebita aggravata, peculato, truffa e calunnia (2).

CAPO IV

DISPOSIZIONI COMUNI (3)

160. 1. Per quanto non espressamente previsto dalla presente legge, ai procedimenti amministrativi disciplinati dal presente titolo si applicano, le norme di cui alla l. 7 agosto 1990, n. 241, e successive modificazioni (4).

CAPO V

DISPOSIZIONI FINALI E TRANSITORIE

161. È approvata l'annessa tariffa, la quale fa parte integrante della presente legge (5).

162-179. . . . . (*omissis*).

(1) Articolo inserito art. 46, d.lg. 1° agosto 2006, n. 249, dalla data del 1° giugno 2007 (cfr. art. 55.3, d.lg. cit.). In base all'art. 54.1, d.lg. cit., tale disposizione si applica «ai procedimenti disciplinari promossi dal 1° giugno 2007».

(2) Articolo così sostituito art. 47, d.lg. 1° agosto 2006, n. 249. In base all'art. 55.1, d.lg. cit., tale disposizione entra in vigore «il quindicesimo giorno successivo alla data di pubblicazione del presente decreto nella *Gazzetta Ufficiale* della Repubblica Italiana».

(3) Capo inserito dall'art. 48, d.lg. 1° agosto 2006, n. 249, dalla data del 1° giugno 2007 (cfr. art. 55.3, d.lg. cit.). In base all'art. 54.1, d.lg. cit., tale disposizione si applica «ai procedimenti disciplinari promossi dal 1° giugno 2007».

(4) Articolo così sostituito dall'art. 49, d.lg. 1° agosto 2006, n. 249, dalla data del 1° giugno 2007 (cfr. art. 55.3, d.lg. cit.). In base all'art. 54.1, d.lg. cit., tale disposizione si applica «ai procedimenti disciplinari promossi dal 1° giugno 2007».

(5) V., ora, la tariffa approvata con l. 22 novembre 1954, n. 1158.

INDICE ANALITICO*

* All'interno delle voci, l'ordine degli argomenti segue quello del codice civile, non quello alfabetico.

A

E

G

L

M

N

O

Q

R

U

V

ADDENDA

CODICE CIVILE

2044. *Legittima difesa*. — 1. Non è responsabile chi cagiona il danno per legittima difesa di sé o di altri.

Nei casi di cui all'art. 52, commi secondo, terzo e quarto, del codice penale, la responsabilità di chi ha compiuto il fatto è esclusa (1).

Nel caso di cui all'art. 55, secondo comma, del codice penale, al danneggiato è dovuta una indennità la cui misura è rimessa all'equo apprezzamento del giudice, tenuto altresì conto della gravità, delle modalità realizzative e del contributo causale della condotta posta in essere dal danneggiato (1).

(1) Comma aggiunto dall'art. 7, l. 26 aprile 2019, n. 36.

III. PROPRIETÀ

III. 5.

DECRETO DEL PRESIDENTE DELLA REPUBBLICA 6 giugno 2001, n. 380. — *Testo unico delle disposizioni legislative e regolamentari in materia edilizia (Testo A).*

2-*bis* (L). *Deroghe in materia di limiti di distanza tra fabbricati.* — 1. Ferma restando la competenza statale in materia di ordinamento civile con riferimento al diritto di proprietà e alle connesse norme del codice civile e alle disposizioni integrative, le regioni e le province autonome di Trento e di Bolzano introducono (1), con proprie leggi e regolamenti, disposizioni derogatorie al decreto del Ministro dei lavori pubblici 2 aprile 1968, n. 1444, nonché (2) disposizioni sugli spazi da destinare agli insediamenti residenziali, a quelli produttivi, a quelli riservati alle attività collettive, al verde e ai parcheggi, nell'ambito della definizione o revisione di strumenti urbanistici comunque funzionali a un assetto complessivo e unitario o di specifiche aree territoriali.

1-*bis*. Le disposizioni del comma 1 sono finalizzate a orientare i comuni nella definizione di limiti di densità edilizia, altezza e distanza dei fabbricati negli ambiti urbani consolidati del proprio territorio (3).

1-*ter*. In ogni caso di intervento di demolizione e ricostruzione, quest'ultima è comunque consentita nel rispetto delle distanze legittimamente preesistenti purché sia effettuata assicurando la coincidenza dell'area di sedime e del volume dell'edificio ricostruito con quello demolito, nei limiti dell'altezza massima di quest'ultimo (3).

65 (R). *Denuncia dei lavori di realizzazione e relazione a struttura ultimata di opere di conglomerato cementizio armato, normale e precompresso ed a struttura metallica.* — 1. Le opere realizzate con materiali e sistemi costruttivi disciplinati dalle norme tecniche in vigore, prima del loro inizio, devono essere denunciate dal costruttore allo sportello unico (4).

2. . . . . (*omissis*).

3. Alla denuncia devono essere allegati:

a) il progetto dell'opera firmato dal progettista, dal quale risultino in modo chiaro ed esauriente le calcolazioni eseguite, l'ubicazione, il tipo, le dimensioni delle strutture, e quanto altro occorre per definire l'opera sia nei riguardi dell'esecuzione sia nei riguardi della conoscenza delle condizioni di sollecitazione;

b) una relazione illustrativa firmata dal progettista e dal direttore dei lavori, dalla quale risultino le caratteristiche, le qualità e le prestazioni dei materiali che verranno impiegati nella costruzione (5).

4. Lo sportello unico rilascia al costruttore, all'atto stesso della presentazione, l'attestazione dell'avvenuto deposito (6).

5. . . . . (*omissis*).

6. Ultimate le parti della costruzione che incidono sulla stabilità della stessa, entro il termine di sessanta giorni, il direttore dei lavori deposita allo sportello unico una relazione sull'adempimento degli obblighi di cui ai commi 1, 2 e 3, allegando (7):

a) i certificati delle prove sui materiali impiegati emessi da laboratori di cui all'art. 59;

b) per le opere in conglomerato armato precompresso, ogni indicazione inerente alla tesatura dei cavi ed ai sistemi di messa in coazione;

c) l'esito delle eventuali prove di carico,

(1) La parola «introducono» è stata così sostituita alle precedenti «possono prevedere» dall'art. 5.1, lett. a, d.l. 18 aprile 2019, n. 32, non ancora convertito in legge.

(2) La parola «nonché» è stata così sostituita alle precedenti «e possono dettare» dall'art. 5.1, lett. a, d.l. 18 aprile 2019, n. 32, non ancora convertito in legge.

(3) Comma aggiunto dall'art. 5.1, lett. b, d.l. 18 aprile 2019, n. 32, non ancora convertito in legge.

(4) Comma così sostituito dall'art. 3.1, lett. a, n. 1, d.l. 18 aprile 2019, n. 32, non ancora convertito in legge.

(5) Comma così sostituito dall'art. 3.1, lett. a, n. 2, d.l. 18 aprile 2019, n. 32, non ancora convertito in legge.

(6) Comma così sostituito dall'art. 3.1, lett. a, n. 3, d.l. 18 aprile 2019, n. 32, non ancora convertito in legge.

(7) Alinea così sostituito dall'art. 3.1, lett. a, n. 4, d.l. 18 aprile 2019, n. 32, non ancora convertito in legge.

allegando le copie dei relativi verbali firmate per copia conforme.

7. All'atto della presentazione della relazione di cui al comma 6, lo sportello unico rilascia al direttore dei lavori l'attestazione dell'avvenuto deposito su una copia della relazione e provvede altresì a trasmettere tale relazione al competente ufficio tecnico regionale (1).

8. . . . . (*omissis*).

8-*bis*. Per gli interventi di cui all'art. 94-*bis*, comma 1, lett. *b*), n. 2) e lett. *c*), n. 1), non si applicano le disposizioni di cui ai commi 6, 7 e 8 (2).

67 (L, comma 1, 2, 4 e 8; R, i commi 3, 5, 6 e 7). *Collaudo statico* — 1-8. . . . . (*omissis*).

8-*bis*. Per gli interventi di cui all'art. 94-*bis*, comma 1, lett. *b*), n. 2) e lett. *c*), n. 1), il certificato di collaudo è sostituito dalla dichiarazione di regolare esecuzione resa dal direttore dei lavori (3).

93 (R). *Denuncia dei lavori e presentazione dei progetti di costruzioni in zone sismiche*. — 1-2. . . . . (*omissis*).

3. Il contenuto minimo del progetto è determinato dal competente ufficio tecnico della regione. In ogni caso il progetto deve essere esauriente per planimetria, piante, prospetti e sezioni, relazione tecnica, e dagli altri elaborati previsti dalle norme tecniche (4).

4. I progetti relativi ai lavori di cui al presente articolo sono accompagnati da una dichiarazione del progettista che asseveri il rispetto delle norme tecniche per le costruzioni e la coerenza tra il progetto esecutivo riguardante le strutture e quello architettonico, nonché il rispetto delle eventuali prescrizioni sismiche contenute negli strumenti di pianificazione urbanistica (4).

5. Per tutti gli interventi il preavviso scritto con il contestuale deposito del progetto e dell'asseverazione di cui al comma 4, è valido anche agli effetti della denuncia dei lavori di cui all'art. 65 (4).

6-7. . . . . (*omissis*).

94-*bis*. *Disciplina degli interventi strutturali in zone sismiche*. — 1. Ai fini dell'applicazione delle disposizioni di cui a capi I, II e IV della parte seconda del presente testo unico, sono considerati, nel rispetto di quanto previsto agli artt. 52 e 83:

a) interventi «rilevanti» nei riguardi della pubblica incolumità:

1) gli interventi di adeguamento o miglioramento sismico di costruzioni esistenti nelle località sismiche ad alta sismicità (Zona 1 e Zona 2);

2) le nuove costruzioni che si discostino dalle usuali tipologie o che per la loro particolare complessità strutturale richiedano più articolate calcolazioni e verifiche;

3) gli interventi relativi ad edifici di interesse strategico e alle opere infrastrutturali la cui funzionalità durante gli eventi sismici assume rilievo fondamentale per le finalità di protezione civile, nonché relativi agli edifici e alle opere infrastrutturali che possono assumere rilevanza in relazione alle conseguenze di un loro eventuale collasso;

b) interventi di «minore rilevanza» nei riguardi della pubblica incolumità:

1) gli interventi di adeguamento o miglioramento sismico di costruzioni esistenti nelle località sismiche a media sismicità (Zona 3);

2) le riparazioni e gli interventi locali sulle costruzioni esistenti;

3) le nuove costruzioni che non rientrano nella fattispecie di cui alla lett. *a*), n. 2);

c) interventi «privi di rilevanza» nei riguardi della pubblica incolumità:

1) gli interventi che, per loro caratteristiche intrinseche e per destinazione d'uso, non costituiscono pericolo per la pubblica incolumità.

2. Per i medesimi fini del comma 1, il Ministero delle infrastrutture e dei trasporti, d'intesa con la Conferenza Unificata di cui all'art. 8 del d.lg. 28 agosto 1997, n. 281, definisce le linee guida per l'individuazione, dal punto di vista strutturale, degli interventi di cui al medesimo comma 1, nonché delle varianti di carattere non sostanziale per le quali non occorre il preavviso di cui all'art. 93. Nelle more dell'emanazione delle linee guida, le regioni possono comunque dotarsi di specifiche elencazioni o confermare le disposizioni vigenti. A seguito dell'emanazione delle linee guida, le regioni adottano specifiche elencazioni di adeguamento delle stesse.

3. Fermo restando l'obbligo del titolo abilitativo all'intervento edilizio, non si possono iniziare lavori relativi ad interventi «rilevanti», di cui al comma 1, lett. *a*), senza preventiva autorizzazione scritta del competente ufficio tecnico della regione, in conformità all'art. 94.

4. Fermo restando l'obbligo del titolo abilitativo all'intervento edilizio, e in deroga a

(1) Comma così sostituito dall'art. 3.1, lett. a, n. 5, d.l. 18 aprile 2019, n. 32, non ancora convertito in legge.
(2) Comma aggiunto dall'art. 3.1, lett. a, n. 6, d.l. 18 aprile 2019, n. 32, non ancora convertito in legge.
(3) Comma così sostituito dall'art. 3.1, lett. b, d.l. 18 aprile 2019, n. 32, non ancora convertito in legge.
(4) Comma così sostituito dall'art. 3.1, lett. c, d.l. 18 aprile 2019, n. 32, non ancora convertito in legge.

quanto previsto all'art. 94, comma 1, le disposizioni di cui al comma 3 non si applicano per lavori relativi ad interventi di «minore rilevanza» o «privi di rilevanza» di al comma 1, lett. *b*) o lett. *c*).

5. Per gli stessi interventi, non soggetti ad autorizzazione preventiva, le regioni possono istituire controlli anche con modalità a campione.

6. Restano ferme le procedure di cui agli artt. 65 e 67, comma 1, del presente testo unico (1).

(1) Articolo inserito dall'art. 3.1, lett. d, d.l. 18 aprile 2019, n. 32, non ancora convertito in legge.

IV. OBBLIGAZIONI

IV. 2.

LEGGE 30 aprile 1999, n. 130. — *Disposizioni sulla cartolarizzazione dei crediti*.

4. *Modalità ed efficacia della cessione*. — 1-4-*bis*. . . . . (*omissis*).

4-*ter*. In caso di cessione di crediti derivanti da aperture di credito in qualunque forma (1), anche regolate in conto corrente, il diritto di rendere esigibile il credito ceduto è esercitato dalla società cessionaria in conformità alle previsioni del relativo contratto o, in mancanza, con un preavviso non inferiore a quindici giorni. Nel caso di cessione di crediti aventi le caratteristiche di cui al successivo art. 7.1, comma 1, la banca cedente può, altresì, trasferire ad una banca o intermediario finanziario di cui all'art. 106 del d.lg. 1° settembre 1993, n. 385, ai sensi dell'art. 58 del medesimo d.lg. n. 385 del 1993, gli impegni o la facoltà di erogazione derivanti dal relativo contratto di apertura di credito o affidamento, separatamente dal conto cui l'apertura di credito è collegata e mantenendo la domiciliazione del conto medesimo. A seguito della cessione, gli incassi registrati su tale conto continuano a essere imputati ai debiti nascenti dai contratti di apertura di credito o di affidamento, anche se sorti successivamente alla cessione, secondo le modalità contrattualmente previste. Gli incassi costituiscono patrimonio separato a tutti gli effetti da quello della banca cedente domiciliataria del conto e da quello relativo ad altre operazioni. Su ciascun patrimonio separato non sono ammesse azioni da parte di creditori diversi dai portatori dei titoli ovvero dalla banca o dalla società finanziaria di cui al citato art. 106 del d.lg. n. 385 del 1993 cessionarie degli impegni o delle facoltà di erogazione. Si applicano in quanto compatibili le disposizioni dell'art. 3, commi 2 e 2-*bis* (2).

7. *Altre operazioni*. — 1. Le disposizioni della presente legge si applicano, in quanto compatibili:

a) alle operazioni di cartolarizzazione dei crediti realizzate mediante l'erogazione di un finanziamento al soggetto cedente da parte della società per la cartolarizzazione dei crediti emittente i titoli, avente per effetto il trasferimento del rischio inerente ai crediti nella misura e alle condizioni concordate;

b) alle cessioni a fondi comuni di investimento, aventi per oggetto crediti, costituiti ai sensi del d.lg. 24 febbraio 1998, n. 58;

b-bis) alle operazioni di cartolarizzazione dei proventi derivanti dalla titolarità, in capo alla società di cui all'art. 7.2 (3) di beni immobili, beni mobili registrati e diritti reali o personali aventi ad oggetto i medesimi beni.

2-2-*novies*. . . . . (*omissis*).

7.1. *Cartolarizzazione di crediti deteriorati da parte di banche e intermediari finanziari*. — 1-2. . . . . (*omissis*).

3. Nell'ambito di piani di riequilibrio economico e finanziario concordati con il soggetto cedente o di accordi stipulati ai sensi degli artt. 57, 60, 84, 85 e 240 del d.lg. 12 gennaio 2019, n. 14 (4), ovvero di analoghi accordi o procedure volti al risanamento o alla ristrutturazione previsti da altre disposizioni di legge, le società di cartolarizzazione di cui all'art. 3 possono acquisire o sottoscrivere azioni, quote e altri titoli e strumenti partecipativi derivanti dalla conversione di parte dei crediti del cedente e concedere finanziamenti al fine di migliorare le

(1) Le parole «in qualunque forma» sono state inserite dall'art. 23.1, lett. a, n. 1, d.l. 30 aprile 2019, n. 34, non ancora convertito in legge.

(2) I periodi da «Nel caso di cessione» fino a «2-*bis*» sono stati aggiunti dall'art. 23.1, lett. a, n. 2, d.l. 30 aprile 2019, n. 34, non ancora convertito in legge.

(3) Le parole «, in capo alla società di cui all'art. 7.2» sono state inserite dall'art. 23.1, lett. b, d.l. 30 aprile 2019, n. 34, non ancora convertito in legge.

(4) Le parole «degli artt. 57, 60, 84, 85 e 240 del d.lg. 12 gennaio 2019, n. 14» sono state così sostituite alle precedenti «degli artt. 124, 160, 182-*bis* e 186-*bis* del r.d. 16 marzo 1942, n. 267» dall'art. 23.1, lett. c, n. 1.1.1, d.l. 30 aprile 2019, n. 34, non ancora convertito in legge.

prospettive di recupero dei crediti oggetto di cessione e di favorire il ritorno *in bonis* del debitore ceduto. Non si applicano in questo caso le disposizioni degli artt. 2467 e 2497-*quinquies* del codice civile. Le somme in qualsiasi modo rivenienti da tali azioni, quote e altri titoli e strumenti partecipativi sono assimilate, agli effetti della presente legge, ai pagamenti effettuati dai debitori ceduti e sono destinate in via esclusiva al soddisfacimento dei diritti incorporati nei titoli emessi e al pagamento dei costi dell'operazione. Il finanziamento può essere concesso anche ad assuntori di passività dei debitori ceduti ovvero a soggetti con i quali i medesimi debitori hanno rapporti di controllo o di collegamento ai sensi dell'art. 2359 del codice civile (1).

4. Possono essere costituite una o più società veicolo d'appoggio, nella forma di società di capitali, aventi come oggetto sociale esclusivo il compito di acquisire, gestire e valorizzare, nell'interesse esclusivo dell'operazione di cartolarizzazione, direttamente o attraverso una o piu' ulteriori società veicolo d'appoggio, autorizzate ad assumere, totalmente o parzialmente, il debito originario, i beni immobili e mobili registrati nonché gli altri beni e diritti concessi o costituiti, in qualunque forma, a garanzia dei crediti oggetto di cartolarizzazione, ivi compresi i beni oggetto di contratti di locazione finanziaria, anche se risolti, eventualmente insieme con i rapporti derivanti da tali contratti. Il trasferimento dei suddetti beni e diritti può avvenire anche ai sensi dei commi 2 e 3 dell'art. 58 del t.u. bancario, nonché dei commi 4, 5 e 6 del medesimo articolo, anche se non avente a oggetto beni o rapporti giuridici individuabili in blocco. Le stesse modalità si applicano ai trasferimenti ai sensi del comma 5 del presente articolo. Le somme in qualsiasi modo rivenienti dalla detenzione, gestione o dismissione di tali beni e diritti sono dovute dalla società veicolo d'appoggio alla società di cartolarizzazione di cui all'art. 3, sono assimilate, agli effetti della presente legge, ai pagamenti effettuati dai debitori ceduti e sono destinate in via esclusiva al soddisfacimento dei diritti incorporati nei titoli emessi e al pagamento dei costi dell'operazione. I beni, diritti e le somme in qualsiasi modo derivanti dai medesimi nonché ogni altro diritto acquisito nell'ambito dell'operazione di cui al presente comma, o al successivo comma 5, costituiscono patrimonio separato a tutti gli effetti da quello delle società stesse e da quello relativo alle altre operazioni. Sul patrimonio separato non sono ammesse azioni da parte di creditori diversi dalla società di cartolarizzazione nell'interesse dei portatori dei titoli emessi dalla società per la cartolarizzazione dei crediti (2).

4-*bis*. Si applicano le imposte di registro, ipotecaria e catastale in misura fissa sugli atti e le operazioni inerenti il trasferimento a qualsiasi titolo, anche in sede giudiziale o concorsuale, dei beni e diritti di cui ai commi 4 e 5, in favore della società veicolo d'appoggio, inclusi eventuali accolli di debito, e le garanzie di qualunque tipo, da chiunque e in qualsiasi momento prestate, in favore della società di cartolarizzazione o altro finanziatore ed in relazione all'operazione di cartolarizzazione, a valere sui beni e diritti acquistati dalle società veicolo d'appoggio ai sensi del comma 4, le relative eventuali surroghe, postergazioni, frazionamenti e cancellazioni anche parziali, ivi comprese le relative cessioni di credito (3).

4-*ter*. Alla società veicolo d'appoggio cessionaria dei contratti e rapporti di locazione finanziaria e dei beni derivanti da tale attività si applicano le disposizioni in materia fiscale applicabili alle società che esercitano attività di locazione finanziaria. Alle cessioni di immobili oggetto di contratti di leasing risolti o altrimenti cessati per fatto dell'utilizzatore effettuate alla e dalla medesima società si applica l'art. 35, comma 10-*ter*.1, del d.l. 4 luglio 2006, n. 223, convertito, con modificazioni, dalla l. 4 agosto 2006, n. 248. Per le trascrizioni nei pubblici registri e volture catastali effettuate a qualunque titolo in relazione ai beni e diritti acquisiti dalla società veicolo d'appoggio le imposte di registro, ipotecaria e catastale sono dovute in misura fissa (3).

4-*quater*. Per gli atti e i provvedimenti recanti il successivo trasferimento, a favore di soggetti che svolgono attività d'impresa, della proprietà o di diritti reali, anche di garanzia, sui beni immobili acquistati dalle società veicolo d'appoggio in relazione all'operazione di cartolarizzazione, le imposte di registro, ipotecaria e catastale sono dovute in misura fissa, a condizione che l'acquirente dichiari, nel relativo atto, che intende trasferirli entro cinque anni dalla data di acquisto. Ove non si realizzi tale condizione entro il quinquennio successivo, le imposte di registro, ipotecaria e catastale sono

(1) Ultimo periodo aggiunto dall'art. 23.1, lett. c, n. 1.1.2, d.l. 30 aprile 2019, n. 34, non ancora convertito in legge.
(2) Comma così sostituito dall'art. 23.1, lett. c, n. 2, d.l. 30 aprile 2019, n. 34, non ancora convertito in legge.
(3) Comma inserito dall'art. 23.1, lett. c, n. 3, d.l. 30 aprile 2019, n. 34, non ancora convertito in legge.

dovute dall'acquirente nella misura ordinaria e si applica una sanzione amministrativa del 30 per cento, oltre agli interessi di mora di cui all'art. 55, comma 3, del t.u. delle disposizioni concernenti l'imposta di registro, approvato con d.p.r. 26 aprile 1986, n. 131. Dalla scadenza del quinquennio decorre il termine per il recupero delle imposte ordinarie da parte dell'amministrazione finanziaria. Resta fermo quanto previsto dal comma 5 (1).

4-*quinquies*. Gli atti e i provvedimenti di cui al comma 4-*quater* emessi a favore di soggetti che non svolgono attività d'impresa sono assoggettati alle imposte di registro, ipotecaria e catastale nella misura fissa di 200 euro ciascuna sempre che in capo all'acquirente ricorrano le condizioni previste alla nota II-*bis*) all'art. 1 della tariffa, parte prima, allegata al t.u. delle disposizioni concernenti l'imposta di registro, approvato con d.p.r. 26 aprile 1986, n. 131. In caso di dichiarazione mendace nell'atto di acquisto, ovvero di rivendita nel quinquennio dalla data dell'atto, si applicano le disposizioni indicate nella predetta nota (1).

5. Qualora la cessione abbia ad oggetto, unitamente ai beni oggetto di locazione finanziaria, i relativi contratti di locazione finanziaria ovvero i rapporti giuridici derivanti dalla risoluzione di tali contratti, la società veicolo di appoggio (2) di cui al comma 4 deve essere consolidata nel bilancio di una banca o di un intermediario finanziario di cui all'art. 106 del d.lg. 1° settembre 1993, n. 385 (3), anche se non facente parte di un gruppo bancario, e deve essere costituita per specifiche operazioni di cartolarizzazione e destinata a essere liquidata una volta conclusa l'operazione; le limitazioni dell'oggetto sociale, delle possibilità operative e della capacità di indebitamento devono risultare dalla disciplina contrattuale e statutaria. Gli adempimenti derivanti dai contratti e rapporti di locazione finanziaria ceduti ai sensi del presente articolo sono eseguiti dal soggetto che presta i servizi indicati nell'art. 2, comma 3, lett. *c*), ovvero da un soggetto abilitato all'esercizio dell'attività di locazione finanziaria individuato ai sensi del comma 8 del presente articolo. Le disposizioni in materia fiscale applicabili alle società che esercitano attività di locazione finanziaria si applicano integralmente alla società veicolo d'appoggio (4) cessionaria dei contratti e rapporti di locazione finanziaria e dei beni derivanti da tale attività. Alle cessioni di immobili effettuate dalla medesima società si applicano integralmente le agevolazioni originariamente previste dall'art. 35, comma 10-*ter*.1, del d.l. 4 luglio 2006, n. 223, convertito, con modificazioni, dalla l. 4 agosto 2006, n. 248.

6-8. . . . . (*omissis*).

7.2. *Cartolarizzazioni Immobiliari e di beni mobili registrati*. — 1. Le società che effettuano le operazioni di cui all'art. 7, comma 1, lett. *b-bis*), non possono svolgere operazioni di cartolarizzazione di natura diversa da quelle indicate dall'art. 7, comma 1, lett. *b-bis*). Delle obbligazioni nei confronti dei portatori dei titoli, nonché di ogni altro creditore nell'ambito di ciascuna operazione di cartolarizzazione, risponde esclusivamente il patrimonio separato con i beni e diritti di cui al comma 2 del presente articolo. A tali operazioni si applicano le disposizioni di cui all'art. 7.1, comma 8, primo periodo.

2. Per ogni operazione sono individuati i beni ed i diritti destinati al soddisfacimento dei diritti dei portatori dei titoli e delle controparti dei contratti derivati con finalità di copertura dei rischi insiti nei crediti e nei titoli ceduti. I beni e i diritti individuati, le somme in qualsiasi modo derivanti dai medesimi beni, nonché ogni altro diritto acquisito nell'ambito dell'operazione di cartolarizzazione dalle società di cui al comma 1 costituiscono patrimonio separato a tutti gli effetti da quello delle società stesse e da quello relativo alle altre operazioni. Su ciascun patrimonio separato non sono ammesse azioni da parte di qualsiasi creditore diverso dai portatori dei titoli emessi dalle società ovvero dai concedenti i finanziamenti da essi reperiti ovvero dalle controparti dei contratti derivati con finalità di copertura dei rischi insiti nei crediti e nei titoli ceduti (5).

(1) Comma inserito dall'art. 23.1, lett. c, n. 3, d.l. 30 aprile 2019, n. 34, non ancora convertito in legge.

(2) Le parole «di tali contratti, la società veicolo di appoggio» sono state così sostituite alle precedenti «di tali contratti, la società veicolo» dall'art. 23.1, lett. c, n. 4.1.1, d.l. 30 aprile 2019, n. 34, non ancora convertito in legge.

(3) Le parole «nel bilancio di una banca o di un intermediario finanziario di cui all'art. 106 del d.lg. 1° settembre 1993, n. 385» sono state così sostituite alle precedenti «nel bilancio di una banca» dall'art. 23.1, lett. c, n. 4.1.2, d.l. 30 aprile 2019, n. 34, non ancora convertito in legge.

(4) Le parole «d'appoggio» sono state inserite dall'art. 23.1, lett. c, n. 4.1.3, d.l. 30 aprile 2019, n. 34, non ancora convertito in legge.

(5) Articolo aggiunto dall'art. 23.1, lett. d, d.l. 30 aprile 2019, n. 34, non ancora convertito in legge.

IV. 3.

DECRETO LEGGE 14 febbraio 2016, n. 18.. — *Misure urgenti concernenti la riforma delle banche di credito cooperativo, la garanzia sulla cartolarizzazione delle sofferenze, il regime fiscale relativo alle procedure di crisi e la gestione collettiva del risparmio, convertito, con modificazioni, in l. 8 aprile 2016, n. 49.*

4. *Strutturazione dell'operazione di cartolarizzazione*. — 1. Fermo restando quanto previsto dall'art. 2 della l. 30 aprile 1999, n. 130, le operazioni di cartolarizzazione di cui al presente Capo presentano le seguenti caratteristiche:

a) i crediti oggetto di cessione sono trasferiti alla società cessionaria per un importo non superiore al loro valore contabile netto [...] (1) (valore lordo al netto delle rettifiche);

b) l'operazione di cartolarizzazione prevede l'emissione di titoli (i «Titoli») di almeno due classi diverse, in ragione del grado di subordinazione nell'assorbimento delle perdite;

c) la classe di Titoli maggiormente subordinata, denominata «junior», non ha diritto a ricevere il rimborso del capitale, il pagamento degli interessi o altra forma di remunerazione fino al completo rimborso del capitale dei Titoli delle altre classi;

d) possono essere emesse una o più classi di Titoli, denominate «mezzanine», che, con riguardo alla corresponsione degli interessi, sono postergate alla corresponsione degli interessi dovuti alla classe di Titoli denominata «senior» e possono essere antergate al rimborso del capitale dei Titoli senior;

e) può essere prevista la stipula di contratti di copertura finanziaria con controparti di mercato al fine di ridurre il rischio derivante da asimmetrie fra i tassi d'interesse applicati su attività e passività;

f) può essere prevista, al fine di gestire il rischio di eventuali disallineamenti fra i fondi rivenienti dagli incassi e dai recuperi effettuati in relazione al portafoglio dei crediti ceduti e i fondi necessari per pagare gli interessi sui Titoli senior, l'attivazione di una linea di credito per un ammontare sufficiente a mantenere il livello minimo di flessibilità finanziaria coerente con il merito di credito dei Titoli senior;

f-bis) deve essere previsto che il soggetto incaricato della riscossione dei crediti sia sostituito, successivamente alla escussione della garanzia, qualora il rapporto tra gli incassi netti cumulati e gli incassi netti attesi in base al piano di recupero vagliato dall'agenzia esterna di valutazione del merito di credito di cui all'art. 5, comma 1, risulti inferiore al 100 per cento per due date consecutive di pagamento degli interessi, ivi inclusa la data rilevante per la suddetta escussione (2);

f-ter) nel caso di sostituzione, nessuna penale o indennizzo sono dovuti al soggetto sostituito e il medesimo ha l'obbligo di collaborare in buona fede al fine di consentire la rapida ed efficace sostituzione; la società cessionaria dà evidenza di aver adottato idonee procedure che consentano una rapida ed efficace sostituzione; il nuovo soggetto incaricato della riscossione non può essere collegato al soggetto sostituito (2).

5. *Rating*. — 1. Ai fini del rilascio della garanzia dello Stato, i Titoli senior devono avere previamente ottenuto un livello di rating, assegnato da una agenzia esterna di valutazione del merito di credito (ECAI) accettata dalla Banca Centrale Europea al 1° gennaio 2016, non inferiore a BBB o equivalente (3). Qualora ai sensi della normativa applicabile sia richiesto il rilascio di due valutazioni del merito di credito, la seconda valutazione sul medesimo Titolo senior può essere rilasciata da una ECAI registrata ai sensi del reg. (CE) 1060/2009 del Parlamento europeo e del Consiglio, del 16 settembre 2009, e anch'essa non può essere inferiore a BBB o equivalente (3).

2. .... (4).

3-4. .... (*omissis*).

6. *Caratteristiche dei Titoli senior e dei Titoli mezzanine*. — 1. .... (*omissis*).

(1) Le parole «alla data della cessione» sono state soppresse dall'art. 21.1, lett. a, d.l. 25 marzo 2019, n. 22, non ancora convertito in legge. In base all'art. 21.8, d.l. cit., tali disposizioni «non si applicano alle garanzie concesse entro il 6 marzo 2019 ai sensi dell'art. 3 del d.l. n. 18 del 2016».

(2) Lettera aggiunta dall'art. 21.1, lett. b, d.l. 25 marzo 2019, n. 22, non ancora convertito in legge. In base all'art. 21.8, d.l. cit., tali disposizioni «non si applicano alle garanzie concesse entro il 6 marzo 2019 ai sensi dell'art. 3 del d.l. n. 18 del 2016».

(3) Le parole «a BBB o equivalente» sono state così sostituite alle precedenti «all'ultimo gradino della scala di valutazione del merito di credito investment grade» dall'art. 21.2, lett. a, d.l. 25 marzo 2019, n. 22, non ancora convertito in legge. In base all'art. 21.8, d.l. cit., tali disposizioni «non si applicano alle garanzie concesse entro il 6 marzo 2019 ai sensi dell'art. 3 del d.l. n. 18 del 2016».

(4) Comma abrogato dall'art. 21.2, lett. b, d.l. 25 marzo 2019, n. 22, non ancora convertito in legge. In base all'art. 21.8, d.l. cit., tali disposizioni «non si applicano alle garanzie concesse entro il 6 marzo 2019 ai sensi dell'art. 3 del d.l. n. 18 del 2016».

2. Può essere previsto che la remunerazione dei Titoli mezzanine, al ricorrere di determinate condizioni, possa essere differita ovvero postergata al completo rimborso del capitale dei Titoli senior ovvero sia condizionata a obiettivi di performance nella riscossione o recupero in relazione al portafoglio di crediti ceduti. In ogni caso, qualora ad una data di pagamento degli interessi sui Titoli mezzanine, il rapporto tra gli incassi netti cumulati e gli incassi netti attesi in base al piano di recupero vagliato dall'agenzia esterna di valutazione del merito di credito di cui all'art. 5, comma 1, risulti inferiore al 90 per cento, gli interessi sui Titoli mezzanine riferiti a quella data di pagamento sono differiti all'avvenuto integrale rimborso del capitale dei Titoli senior ovvero alla data di pagamento in cui il suddetto rapporto risulti superiore al 100 per cento (1).

7. *Ordine di priorità dei pagamenti.* — 1. . . . . (*omissis*).

1-*bis*. I pagamenti di cui al comma 1, n. 2), sono, in tutto o in parte, condizionati a obiettivi di performance nella riscossione o recupero in relazione al portafoglio di crediti ceduti; in ogni caso, qualora ad una data di pagamento delle somme di cui al comma 1, n. 2), il rapporto tra gli incassi netti cumulati e gli incassi netti attesi in base al piano di recupero vagliato dall'agenzia esterna di valutazione del merito di credito di cui all'art. 5, comma 1, risulti inferiore al 90 per cento, i pagamenti di cui al comma 1, n. 2) che sono condizionati ad obiettivi di performance sono differiti, per la parte che rappresenta un ammontare non inferiore al 20 per cento dei pagamenti complessivi di cui al comma 1, n. 2), fino alla data di completo rimborso del capitale dei Titoli senior ovvero alla data in cui il suddetto rapporto risulti superiore al 100 per cento (2).

9. *Corrispettivo della garanzia dello Stato.* — 1. Ai fini della determinazione del corrispettivo della garanzia dello Stato si fa riferimento a tre Panieri CDS definiti come il paniere di contratti swap sul default di singole società (credit default swap - CDS) riferiti a singoli emittenti italiani la cui valutazione del merito di credito, rilasciata da S&P, Fitch Ratings o Moody's, alla data di entrata in vigore del presente decreto, sia pari a:

i) BBB+/Baa1, BBB/Baa2, o BBB-/Baa3 per il primo Paniere, utilizzato se il rating dei Titoli senior è BBB/Baa2/BBB/BBB;

ii) BBB/Baa2, BBB+/Baa1 o A-/A3 per il secondo Paniere, utilizzato se il rating dei Titoli senior è BBB+/Baa1/BBB+/BBB H;

iii) BBB+/Baa1, A-/A3 o A/A2 per il terzo Paniere, utilizzato se il rating dei Titoli senior è A-/A3/A-/A L (3).

2. Nel caso in cui sui Titoli senior siano stati rilasciati più rating, per l'individuazione del Paniere si considera il rating più basso. La composizione dei Panieri CDS è indicata nell'allegato 1 al presente decreto. La composizione dei Panieri CDS è aggiornata con decreto del Ministro dell'economia e delle finanze, decorsi dodici mesi dall'entrata in vigore del presente decreto, al fine di escludere gli emittenti la cui valutazione del merito di credito sia stata modificata in modo tale da non ricadere più nei rating indicati al comma 1 e di includere nuovi emittenti la cui valutazione del merito di credito sia stata modificata in modo tale da ricadere nei rating indicati al comma 1. La composizione è altresì aggiornata in caso di rinnovo della garanzia ai sensi dell'art. 3, comma 2. Nel caso in cui, in occasione di un aggiornamento della composizione dei panieri CDS, si constati che gli emittenti inclusi in uno o più panieri siano meno di tre il calcolo del corrispettivo della garanzia è definito con decreto del Ministro dell'economia e delle finanze in conformità delle decisioni della Commissione europea (4).

3. La garanzia è concessa a fronte di un corrispettivo annuo determinato a condizioni di mercato sulla base della seguente metodologia, come dettagliata nella formula di cui all'allegato 2 al presente decreto:

a) si determina il valore del prezzo di ciascun CDS incluso nel Paniere CDS di riferimento, definito come la media dei prezzi gior-

(1) Ultimo periodo aggiunto dall'art. 21.3, d.l. 25 marzo 2019, n. 22, non ancora convertito in legge. In base all'art. 21.8, d.l. cit., tali disposizioni «non si applicano alle garanzie concesse entro il 6 marzo 2019 ai sensi dell'art. 3 del d.l. n. 18 del 2016».

(2) Comma così sostituito dall'art. 21.4, d.l. 25 marzo 2019, n. 22, non ancora convertito in legge. In base all'art. 21.8, d.l. cit., tali disposizioni «non si applicano alle garanzie concesse entro il 6 marzo 2019 ai sensi dell'art. 3 del d.l. n. 18 del 2016».

(3) Comma così sostituito dall'art. 21.5, lett. a, d.l. 25 marzo 2019, n. 22, non ancora convertito in legge. In base all'art. 21.8, d.l. cit., tali disposizioni «non si applicano alle garanzie concesse entro il 6 marzo 2019 ai sensi dell'art. 3 del d.l. n. 18 del 2016».

(4) Comma così sostituito dall'art. 21.5, lett. b, d.l. 25 marzo 2019, n. 22, non ancora convertito in legge. In base all'art. 21.8, d.l. cit., tali disposizioni «non si applicano alle garanzie concesse entro il 6 marzo 2019 ai sensi dell'art. 3 del d.l. n. 18 del 2016».

nalieri a metà mercato (cosiddetto mid price), o, in assenza, come la media dei prezzi giornalieri denaro e lettera, dei due mesi (1) precedenti la data di richiesta di concessione della garanzia, calcolata utilizzando i dati estrapolati dalla piattaforma Bloomberg, utilizzando la fonte CMAL (CMA Londra);

b) si determina la media semplice dei prezzi dei singoli CDS inclusi nel Paniere CDS di riferimento, calcolati come specificato nella precedente lett. *a*);

c) il corrispettivo annuo della garanzia è calcolato sul valore residuo dei Titoli senior all'inizio del periodo di pagamento degli interessi ed, è pagato con la stessa modalità degli interessi dei Titoli senior, di cui all'art. 6, comma 1, lett. *c*), ed è pari:

i) per i primi tre anni, alla media semplice dei prezzi dei singoli CDS a tre anni calcolati come specificato nelle precedenti lett. *a*) e *b*);

ii) per i successivi due anni, alla media semplice dei prezzi dei singoli CDS a cinque anni calcolati come specificato nelle precedenti lett. *a*) e *b*);

iii) per gli anni successivi, alla media semplice dei prezzi dei singoli CDS a sette anni calcolati come specificato nelle precedenti lett. *a*) e *b*);

d) il corrispettivo annuo della garanzia deve essere maggiorato di una componente aggiuntiva pari a:

i) 2,76 volte (2) la differenza tra la media di cui alla lett. *c*), punto *ii*) e quella di cui alla lett. *c*), punto *i*), per il quarto e quinto anno, nell'ipotesi in cui i Titoli senior non siano stati completamente rimborsati entro la fine del terzo anno;

ii) 9,23 volte (3) la differenza tra la media di cui alla lett. *c*), punto *iii*) e quella di cui alla lett. *c*), punto *ii*), per il sesto e settimo anno, nell'ipotesi in cui i Titoli senior non siano stati completamente rimborsati entro la fine del quinto anno.

4. . . . . (*omissis*).

IV. 9.

DECRETO LEGISLATIVO 9 ottobre 2002, n. 231. — *Attuazione della direttiva 2000/35/CE relativa alla lotta contro i ritardi di pagamento nelle transazioni commerciali.*

7-*ter*. *Evidenza nel bilancio sociale*. — A decorrere dall'esercizio 2019, nel bilancio sociale le società danno evidenza dei tempi medi di pagamento delle transazioni effettuate nell'anno, individuando altresì gli eventuali ritardi medi tra i termini pattuiti e quelli effettivamente praticati. I medesimi soggetti danno conto nel bilancio sociale anche delle politiche commerciali adottate con riferimento alle suddette transazioni, nonché delle eventuali azioni poste in essere in relazione ai termini di pagamento (4).

(1) Le parole «due mesi» sono state così sostituite alle precedenti «sei mesi» dall'art. 21.5, lett. c, n. 1, d.l. 25 marzo 2019, n. 22, non ancora convertito in legge. In base all'art. 21.8, d.l. cit., tali disposizioni «non si applicano alle garanzie concesse entro il 6 marzo 2019 ai sensi dell'art. 3 del d.l. n. 18 del 2016».

(2) Le parole «2,76 volte» sono state così sostituite alle precedenti «2,70 volte» dall'art. 21.5, lett. c, n. 2, d.l. 25 marzo 2019, n. 22, non ancora convertito in legge. In base all'art. 21.8, d.l. cit. , tali disposizioni «non si applicano alle garanzie concesse entro il 6 marzo 2019 ai sensi dell'art. 3 del d.l. n. 18 del 2016».

(3) Le parole «9,23 volte» sono state così sostituite alle precedenti «8,98 volte» dall'art. 21.5, lett. c, n. 3, d.l. 25 marzo 2019, n. 22, non ancora convertito in legge. In base all'art. 21.8, d.l. cit. , tali disposizioni «non si applicano alle garanzie concesse entro il 6 marzo 2019 ai sensi dell'art. 3 del d.l. n. 18 del 2016».

(4) Articolo inserito dall'art. 22, d.l. 30 aprile 2019, n. 34, non ancora convertito in legge.

XI. IMPRESA E CONSUMATORI

XI. 6.

Decreto legislativo 6 settembre 2005, n. 206. — *Codice del consumo, a norma dell'art. 7 della l. 29 luglio 2003, n. 229.*

139. *Legittimazione ad agire*. . . . . (1).

140. *Procedura*. . . . . (1).

140-*bis*. *Azione di classe*. . . . . (1).

(1) Articolo abrogato dall'art. 5, l. 12 aprile 2019, n. 31. L'art. 7, l. cit., così dispone: «1. Al fine di consentire al Ministero della giustizia di predisporre le necessarie modifiche dei sistemi informativi per permettere il compimento delle attività processuali con modalità telematiche, le disposizioni di cui alla presente legge entrano in vigore decorsi dodici mesi dalla pubblicazione della medesima legge nella *Gazzetta Ufficiale*. || 2. Le disposizioni della presente legge si applicano alle condotte illecite poste in essere successivamente alla data della sua entrata in vigore. Alle condotte illecite poste in essere precedentemente continuano ad applicarsi le disposizioni vigenti prima della medesima data di entrata in vigore».

XVIII. INTERMEDIAZIONE FINANZIARIA

XVIII. 1.

DECRETO LEGISLATIVO 24 febbraio 1998, n. 58. — *Testo unico delle disposizioni in materia di intermediazione finanziaria, ai sensi degli artt. 8 e 21 della l. 6 febbraio 1996, n. 52.*

1. *Definizioni*. — 1. Nel presente decreto legislativo si intendono per:

a)-*i-ter*) . . . . (*omissis*);

i-quater) «società di investimento semplice» (SiS): il FIA italiano, riservato a investitori professionali, costituito in forma di Sicaf che gestisce direttamente il proprio patrimonio e che rispetta tutte le seguenti condizioni:

1) il patrimonio netto non eccede euro 25 milioni;

2) ha per oggetto esclusivo l'investimento diretto del patrimonio raccolto in PMI non quotate su mercati regolamentati di cui all'art. 2 par. 1, lett. *f*), primo alinea, del reg. (UE) 2017/1129 del Parlamento europeo e del Consiglio del 14 giugno 2017 che si trovano nella fase di sperimentazione, di costituzione e di avvio dell'attività, in deroga all'art. 35-*bis*, comma 1, lett. *f*);

3) non ricorre alla leva finanziaria;

4) dispone di un capitale sociale almeno pari a quello previsto dall'art. 2327 del codice civile, in deroga all'art. 35-*bis*, comma 1, lett. *c*) (1).

j)-*w-septies*) . . . . (*omissis*).

1-*bis*-6-*octiesdecies* . . . . (*omissis*).

35-*undecies*. *Deroghe per i GEFIA italiani*. — 1. . . . . (*omissis*).

1-*bis*. Le SiS non applicano le disposizioni attuative dell'art. 6, commi 1, 2 e 2-*bis*). Il sistema di governo e controllo e' adeguato per assicurare la sana e prudente gestione delle SiS e l'osservanza delle disposizioni loro applicabili. Le SiS stipulano un'assicurazione sulla responsabilità civile professionale adeguata ai rischi derivanti dall'attività svolta. Le SiS applicano le disposizioni dettate dalla Consob in materia di commercializzazione di OICR (2).

1-*ter*. In deroga all'art. 35-*bis*, comma 1, lett. *e*), i titolari di partecipazioni indicati all'art. 15, comma 1, rispettano i soli requisiti di onorabilità previsti dall'art. 14. In deroga all'art. 35-*bis*, comma 5, la denominazione sociale della SiS contiene l'indicazione di società di investimento semplice per azioni a capitale fisso (2).

1-*quater*. I soggetti che controllano una SiS, i soggetti da questi direttamente o indirettamente controllati o controllanti, ovvero sottoposti a comune controllo anche in virtù di patti parasociali o vincoli contrattuali ai sensi dell'art. 2359 del codice civile, nonché i soggetti che svolgono funzioni di amministrazione, direzione e controllo presso una o più SiS possono procedere alla costituzione di una o più SiS, nel rispetto del limite complessivo di euro 25 milioni (2).

(1) Lettera inserita dall'art. 27.1, d.l. 30 aprile 2019, n. 34, non ancora convertito in legge.
(2) Comma aggiunto dall'art. 27.2, d.l. 30 aprile 2019, n. 34, non ancora convertito in legge.

XX. BREVETTI E MARCHI

XX. 1.

DECRETO LEGISLATIVO 10 febbraio 2005, n. 30. — *Codice della proprietà industriale, a norma dell'art. 15 della l. 12 dicembre 2002, n. 273.*

10. *Stemmi.* — 1. Gli stemmi e gli altri segni considerati nelle convenzioni internazionali vigenti in materia, nei casi e alle condizioni menzionati nelle convenzioni stesse, nonché i segni contenenti simboli, emblemi e stemmi che rivestano un interesse pubblico inclusi i segni riconducibili alle forze dell'ordine e alle forze armate e i nomi di Stati e di enti pubblici territoriali italiani (1) non possono costituire oggetto di registrazione come marchio d'impresa, a meno che l'autorità competente non ne abbia autorizzato la registrazione.

1-*bis*. Non possono altresì formare oggetto di registrazione parole, figure o segni lesivi dell'immagine o della reputazione dell'Italia (2).

2-4. . . . . (*omissis*).

11-*ter*. *Marchio storico di interesse nazionale*. — 1. I titolari o licenziatari esclusivi di marchi d'impresa registrati da almeno cinquanta anni o per i quali sia possibile dimostrare l'uso continuativo da almeno cinquanta anni, utilizzati per la commercializzazione di prodotti o servizi realizzati in un'impresa produttiva nazionale di eccellenza storicamente collegata al territorio nazionale, possono ottenere l'iscrizione del marchio nel registro dei marchi storici di interesse nazionale di cui all'art. 185-*bis*.

2. Con decreto del Ministro dello sviluppo economico è istituito il logo «Marchio storico di interesse nazionale» che le imprese iscritte nel registro di cui all'art. 185-*bis*, possono utilizzare per le finalità commerciali e promozionali. Con il decreto di cui al primo periodo sono altresì specificati i criteri per l'utilizzo del logo «Marchio storico di interesse nazionale» (3).

55. *Effetti della designazione o dell'elezione dell'Italia*. — 1. La domanda internazionale depositata ai sensi del Trattato di cooperazione in materia di brevetti, ratificato con l. 26 maggio 1978, n. 260, contenente la designazione o l'elezione dell'Italia, indipendentemente dalla designazione dell'Organizzazione europea dei brevetti per la concessione di un brevetto europeo, equivale ad una domanda di brevetto per invenzione industriale o per modello di utilità depositata in Italia alla stessa data, e ne produce gli effetti, se entro trenta mesi dalla data di deposito, o di priorità, ove rivendicata, viene depositata presso l'Ufficio italiano brevetti e marchi una richiesta di apertura della procedura nazionale di concessione del brevetto italiano ai sensi dell'art. 160-*bis*, comma 1 (4).

1-*bis*. La protezione conferita dalla domanda ai sensi del comma 1 decorre dalla data in cui il titolare della medesima abbia reso accessibile al pubblico, tramite l'Ufficio italiano brevetti e marchi, una traduzione in lingua italiana della domanda ovvero l'abbia notificata direttamente al presunto contraffattore. La designazione dell'Italia nella domanda internazionale è considerata priva di effetti sin dall'origine, salvo per quanto disposto dall'art. 46, comma 3, quando la domanda stessa sia stata ritirata o considerata ritirata o quando la designazione dell'Italia sia stata ritirata o respinta, o quando la domanda presso l'Ufficio italiano brevetti e marchi non sia stata depositata entro il termine stabilito dal comma 1 (5).

1-*ter*. Le modalità di applicazione del presente articolo e dell'art. 160-*bis* sono determinate con decreto del Ministero dello sviluppo economico (5).

144. *Atti di pirateria e pratiche di Italian Soun-*

(1) Le parole «inclusi i segni riconducibili alle forze dell'ordine e alle forze armate e i nomi di Stati e di enti pubblici territoriali italiani» sono state aggiunte dall'art. 32.4, lett. a, d.l. 30 aprile 2019, n. 34, non ancora convertito in legge.
(2) Comma aggiunto dall'art. 32.4, lett. b, d.l. 30 aprile 2019, n. 34, non ancora convertito in legge.
(3) Articolo inserito dall'art. 31.1, lett. a, d.l. 30 aprile 2019, n. 34, non ancora convertito in legge.
(4) Comma così sostituito dall'art. 32.16, lett. a, d.l. 30 aprile 2019, n. 34, non ancora convertito in legge.
(5) Comma inserito dall'art. 32.16, lett. b, d.l. 30 aprile 2019, n. 34, non ancora convertito in legge.

ding (1). — 1. (*omissis*).

1-*bis*. Agli effetti delle norme contenute nella presente sezione sono pratiche di Italian Sounding le pratiche finalizzate alla falsa evocazione dell'origine italiana di prodotti (2).

145. *Consiglio nazionale per la lotta alla contraffazione e all'Italian Sounding* (3). — 1. Presso il Ministero dello sviluppo economico è istituito il Consiglio nazionale per la lotta alla contraffazione e all'Italian Sounding (3), con funzioni di indirizzo, impulso e coordinamento delle azioni strategiche intraprese da ogni amministrazione, al fine di migliorare l'insieme dell'azione di contrasto della contraffazione a livello nazionale e della falsa evocazione dell'origine italiana (4).

2. Il Consiglio nazionale per la lotta alla contraffazione e all'Italian Sounding (3) è presieduto dal Ministro dello sviluppo economico o da un rappresentante da lui designato. Al fine di garantire la rappresentanza degli interessi pubblici e privati e assicurare le necessarie sinergie tra amministrazione pubblica e imprese, il Consiglio è composto da un rappresentante del Ministero dello sviluppo economico, da un rappresentante del Ministero dell'economia e delle finanze, da un rappresentante del Ministero degli affari esteri, da un rappresentante del Ministero della difesa, da un rappresentante del Ministero delle politiche agricole alimentari e forestali, da un rappresentante del Ministero dell'interno, da un rappresentante del Ministero della giustizia, da un rappresentante del Ministero per i beni e le attività culturali, da un rappresentante del Ministero del lavoro e delle politiche sociali, da un rappresentante del Ministero della salute, e da un rappresentante del Dipartimento della funzione pubblica, da un rappresentante del Ministero dell'istruzione, dell'università e della ricerca (5), e da un rappresentante designato dall'ANCI. Il Consiglio può invitare a partecipare ai propri lavori, in ragione dei temi trattati, rappresentanti di altre amministrazioni pubbliche nonché delle categorie di imprese, lavoratori e consumatori.

3. Le modalità di funzionamento del Consiglio nazionale per la lotta alla contraffazione e all'Italian Sounding (3) sono definite con decreto del Ministro dello sviluppo economico, di concerto con i Ministri dell'economia e delle finanze, degli affari esteri, della difesa, delle politiche agricole alimentari e forestali, dell'interno, della giustizia, per i beni e le attività culturali, del lavoro e delle politiche sociali e della salute. Le attività di segreteria sono svolte dalla Direzione generale per la lotta alla contraffazione - Ufficio italiano brevetti e marchi.

4. La partecipazione al Consiglio nazionale per la lotta alla contraffazione e all'Italian Sounding (3) non dà luogo alla corresponsione di compensi, emolumenti, indennità o rimborsi spese. All'attuazione dei commi 1, 2 e 3 si provvede nell'ambito delle risorse umane, finanziarie e strumentali disponibili a legislazione vigente.

160-*bis*. *Procedura nazionale della domanda internazionale*. — 1. La richiesta di apertura della procedura nazionale di cui al comma 1 dell'art. 55, da presentare all'Ufficio italiano brevetti e marchi per la concessione del brevetto italiano per invenzione industriale o modello di utilità, deve essere accompagnata da:

a) una traduzione italiana completa della domanda internazionale come pubblicata;

b) i diritti di deposito previsti dalla Tabella A allegata al decreto 2 aprile 2007 del Ministro dello sviluppo economico, di concerto con il Ministro dell'economia e finanze.

2. Alla richiesta di cui al comma 1 si applicano le norme del presente codice, dei regolamenti attuativi e dei decreti sul pagamento dei diritti, in particolare in relazione alla ricevibilità e integrazione delle domande, alla data attribuita alla domanda, alla presentazione di ulteriori documenti e traduzioni che potranno essere richiesti al fine delle procedure di esame e del mantenimento in vita dei titoli.

3. Per la richiesta di brevetto italiano per invenzione industriale basata su una domanda internazionale ai sensi del comma 1 dell'art. 55 la ricerca di anteriorità effettuata nella fase internazionale sostituisce la corrispondente ri-

(1) Le parole «e pratiche di Italian Sounding» sono state aggiunte dall'art. 32.5, lett. a, d.l. 30 aprile 2019, n. 34, non ancora convertito in legge.

(2) Comma aggiunto dall'art. 32.5, lett. b, d.l. 30 aprile 2019, n. 34, non ancora convertito in legge.

(3) Le parole «Consiglio nazionale per la lotta alla contraffazione e all'Italian Sounding» sono state così sostituite alle precedenti «Consiglio nazionale anticontraffazione» dall'art. 32.6, lett. b, d.l. 30 aprile 2019, n. 34, non ancora convertito in legge.

(4) Le parole «e della falsa evocazione dell'origine italiana» sono state aggiunte dall'art. 32.6, lett. a, d.l. 30 aprile 2019, n. 34, non ancora convertito in legge.

(5) Le parole «, da un rappresentante del Ministero dell'istruzione, dell'università e della ricerca,» sono state aggiunte dall'art. 32.6, lett. c, d.l. 30 aprile 2019, n. 34, non ancora convertito in legge.

cerca prevista per la domanda nazionale, ferme restando le altre norme sull'esame previste dal presente codice (1).

185-*bis*. *Registro speciale dei marchi storici di interesse nazionale*. — 1. È istituito, presso l'Ufficio italiano brevetti e marchi, il registro speciale dei marchi storici come definiti dall'art. 11-*ter*.

2. L'iscrizione al registro speciale dei marchi storici è effettuata su istanza del titolare o del licenziatario esclusivo del marchio (2).

185-*ter*. *Valorizzazione dei marchi storici nelle crisi d'impresa*. — 1. Al fine di salvaguardare i livelli occupazionali e la prosecuzione dell'attività produttiva sul territorio nazionale, è istituito presso il Ministero dello sviluppo economico il Fondo per la tutela dei marchi storici di interesse nazionale. Il predetto Fondo opera mediante interventi nel capitale di rischio delle imprese di cui al comma 2. Tali interventi sono effettuati a condizioni di mercato, nel rispetto di quanto previsto dalla Comunicazione della commissione recante gli «Orientamenti sugli aiuti di Stato destinati a promuovere gli investimenti per il finanziamento del rischio (2014/C 19/04). Con decreto del Ministro dello sviluppo economico, di concerto con il Ministro del lavoro e delle politiche sociali, adottato ai sensi dell'art. 17, comma 3 della l. 23 agosto 1988, n. 400, sono stabilite le modalità e i criteri di gestione e di funzionamento del Fondo di cui al primo periodo.

2. L'impresa titolare o licenziataria di un marchio iscritto nel registro speciale di cui all'art. 185-*bis* che intenda chiudere il sito produttivo di origine o comunque quello principale, per cessazione dell'attività svolta o per delocalizzazione della stessa al di fuori del territorio nazionale, con conseguente licenziamento collettivo, notifica senza ritardo al Ministero dello sviluppo economico le informazioni relative al progetto di chiusura o delocalizzazione dello stabilimento e, in particolare:

a) i motivi economici, finanziari o tecnici del progetto di chiusura o delocalizzazione;

b) le azioni tese a ridurre gli impatti occupazionali attraverso, incentivi all'uscita, prepensionamenti, ricollocazione di dipendenti all'interno del gruppo;

c) le azioni che intende intraprendere per trovare un acquirente;

d) le opportunità per i dipendenti di presentare un'offerta pubblica di acquisto ed ogni altra possibilità di recupero degli asset da parte degli stessi.

3. A seguito dell'informativa di cui al comma 2, il Ministero dello sviluppo economico avvia il procedimento per l'individuazione degli interventi mediante le risorse del Fondo di cui al comma 1.

4. La violazione degli obblighi informativi di cui al comma 2 comporta l'applicazione di una sanzione amministrativa pecuniaria nei confronti del titolare dell'impresa titolare o licenziataria esclusiva del marchio da 5.000 euro ad 50.000 euro (2).

(1) Articolo inserito dall'art. 32.17, d.l. 30 aprile 2019, n. 34, non ancora convertito in legge.
(2) Articolo inserito dall'art. 31.1, lett. b, d.l. 30 aprile 2019, n. 34, non ancora convertito in legge.

XXI. CONCORRENZA

XXI. 5.

DECRETO LEGISLATIVO 19 gennaio 2017, n. 3. — *Attuazione della direttiva 2014/104/UE del Parlamento europeo e del Consiglio, del 26 novembre 2014, relativa a determinate norme che regolano le azioni per il risarcimento del danno ai sensi del diritto nazionale per violazioni delle disposizioni del diritto della concorrenza degli Stati membri e dell'Unione europea*.

1. *Ambito di applicazione e oggetto*.— 1. Il presente decreto disciplina, anche con riferimento alle azioni collettive di cui al titolo VIII-*bis* del libro quarto del codice di procedura civile (1), il diritto al risarcimento in favore di chiunque ha subito un danno a causa di una violazione del diritto della concorrenza da parte di un'impresa o di un'associazione di imprese.

2. .... (*omissis*).

(1) Le parole «di cui al titolo VIII-*bis* del libro quarto del codice di procedura civile» sono state così sostituite alle precedenti «di cui all'art. 140-*bis* del codice del consumo di cui al d.lg. 6 settembre 2005, n. 206» dall'art. 6.2, l. 12 aprile 2019, n. 31. L'art. 7, l. cit., così dispone: «1. Al fine di consentire al Ministero della giustizia di predisporre le necessarie modifiche dei sistemi informativi per permettere il compimento delle attività processuali con modalità telematiche, le disposizioni di cui alla presente legge entrano in vigore decorsi dodici mesi dalla pubblicazione della medesima legge nella *Gazzetta Ufficiale*. || 2. Le disposizioni della presente legge si applicano alle condotte illecite poste in essere successivamente alla data della sua entrata in vigore. Alle condotte illecite poste in essere precedentemente continuano ad applicarsi le disposizioni vigenti prima della medesima data di entrata in vigore».

XXII. FALLIMENTO

XXII. 1.

REGIO DECRETO 16 marzo 1942, n. 267. — *Disciplina del fallimento, del concordato preventivo e della liquidazione coatta amministrativa.*

104. *Esercizio provvisorio dell'impresa del fallito.* — *1-6.* . . . . (*omissis*).

7. Durante l'esercizio provvisorio i contratti pendenti proseguono, salvo che il curatore non intenda sospenderne l'esecuzione o scioglierli. È fatto salvo il disposto dell'art. 110, comma 3, del d.lg. 18 aprile 2016, n. 50 (1).

8-9. . . . . (*omissis*).

186-*bis*. *Concordato con continuità aziendale.* — *1-2.* . . . . (*omissis*).

3. Fermo quanto previsto nell'art. 169-*bis*, i contratti in corso di esecuzione alla data di deposito del ricorso, anche stipulati con pubbliche amministrazioni, non si risolvono per effetto dell'apertura della procedura. Sono inefficaci eventuali patti contrari. L'ammissione al concordato preventivo non impedisce la continuazione di contratti pubblici se il professionista designato dal debitore di cui all'art. 67 ha attestato la conformità al piano e la ragionevole capacità di adempimento. Di tale continuazione può beneficiare, in presenza dei requisiti di legge, anche la società cessionaria o conferitaria d'azienda o di rami d'azienda cui i contratti siano trasferiti. Il giudice delegato, all'atto della cessione o del conferimento, dispone la cancellazione delle iscrizioni e trascrizioni. Le disposizioni del presente comma si applicano anche nell'ipotesi in cui l'impresa è stata ammessa a concordato che non prevede la continuità aziendale se il predetto professionista attesta che la continuazione è necessaria per la migliore liquidazione dell'azienda in esercizio (2).

4. Successivamente al deposito della domanda di cui all'art. 161, la partecipazione a procedure di affidamento di contratti pubblici deve essere autorizzata dal tribunale, e, dopo il decreto di apertura, dal giudice delegato, acquisito il parere del commissario giudiziale ove già nominato (3).

5-7. . . . . (*omissis*).

XXII. 1-*bis*.

DECRETO LEGISLATIVO 12 gennaio 2019, n. 14. — *Codice della crisi d'impresa e dell'insolvenza in attuazione della l. 19 ottobre 2017, n. 155* (4).

PARTE PRIMA

CODICE DELLA CRISI DI IMPRESA E DELL'INSOLVENZA

TITOLO I

Disposizioni generali

CAPO I

AMBITO DI APPLICAZIONE E DEFINIZIONI

1. *Ambito di applicazione.* — 1. Il presente codice disciplina le situazioni di crisi o insolvenza del debitore, sia esso consumatore o professionista, ovvero imprenditore che eserciti, anche non a fini di lucro, un'attività commerciale, artigiana o agricola, operando quale persona fisica, persona giuridica o altro ente collettivo, gruppo di imprese o società pubblica, con esclusione dello Stato e degli enti pubblici.

2. Sono fatte salve le disposizioni delle leggi speciali in materia di:

a) amministrazione straordinaria delle grandi imprese. Se la crisi o l'insolvenza di dette imprese non sono disciplinate in via esclusi-

(1) Ultimo periodo aggiunto dall'art. 2.4, lett. a, d.l. 18 aprile 2019, n. 32, non ancora convertito in legge.
(2) Ultimo periodo aggiunto dall'art. 2.4, lett. b, n. 1, d.l. 18 aprile 2019, n. 32, non ancora convertito in legge.
(3) Comma così sostituito dall'art. 2.4, lett. b, n. 2, d.l. 18 aprile 2019, n. 32, non ancora convertito in legge.
(4) Suppl. ord. n. 6 a G.U., 14 febbraio 2019, n. 38.

va, restano applicabili anche le procedure ordinarie regolate dal presente codice;

b) liquidazione coatta amministrativa ai sensi dell'art. 293.

3. Sono fatte salve le disposizioni delle leggi speciali in materia di crisi di impresa delle società pubbliche.

4. Le disposizioni del presente codice in tema di liquidazione coatta amministrativa si applicano nelle regioni a statuto speciale e nelle province autonome di Trento e Bolzano compatibilmente con i rispettivi Statuti e le relative norme di attuazione, anche con riferimento alla l. cost. 18 ottobre 2001, n. 3.

2. *Definizioni*. — 1. Ai fini del presente codice si intende per:

a) «crisi»: lo stato di difficoltà economico-finanziaria che rende probabile l'insolvenza del debitore, e che per le imprese si manifesta come inadeguatezza dei flussi di cassa prospettici a far fronte regolarmente alle obbligazioni pianificate;

b) «insolvenza»: lo stato del debitore che si manifesta con inadempimenti od altri fatti esteriori, i quali dimostrino che il debitore non è più in grado di soddisfare regolarmente le proprie obbligazioni;

c) «sovraindebitamento»: lo stato di crisi o di insolvenza del consumatore, del professionista, dell'imprenditore minore, dell'imprenditore agricolo, delle start-up innovative di cui al d.l. 18 ottobre 2012, n. 179, convertito, con modificazioni, dalla l. 17 dicembre 2012, n. 221, e di ogni altro debitore non assoggettabile alla liquidazione giudiziale ovvero a liquidazione coatta amministrativa o ad altre procedure liquidatorie previste dal codice civile o da leggi speciali per il caso di crisi o insolvenza;

d) «impresa minore»: l'impresa che presenta congiuntamente i seguenti requisiti:

1) un attivo patrimoniale di ammontare complessivo annuo non superiore ad euro trecentomila nei tre esercizi antecedenti la data di deposito della istanza di apertura della liquidazione giudiziale o dall'inizio dell'attività se di durata inferiore;

2) ricavi, in qualunque modo essi risultino, per un ammontare complessivo annuo non superiore ad euro duecentomila nei tre esercizi antecedenti la data di deposito dell'istanza di apertura della liquidazione giudiziale o dall'inizio dell'attività se di durata inferiore;

3) un ammontare di debiti anche non scaduti non superiore ad euro cinquecentomila; i predetti valori possono essere aggiornati ogni tre anni con decreto del Ministro della giustizia adottato a norma dell'art. 348;

e) «consumatore»: la persona fisica che agisce per scopi estranei all'attività imprenditoriale, commerciale, artigiana o professionale eventualmente svolta, anche se socia di una delle società appartenenti ad uno dei tipi regolati nei capi III, IV e VI del titolo V del libro quinto del codice civile, per i debiti estranei a quelli sociali;

f) «società pubbliche»: le società a controllo pubblico, le società a partecipazione pubblica e le società in house di cui all'art. 2, lett. *m*), *n*), *o*), del d.lg. 19 agosto 2016, n. 175 (1);

g) «grandi imprese»: le imprese che, ai sensi dell'art. 3, par. 4, della dir. 2013/34/UE del Parlamento europeo e del Consiglio del 26 giugno 2013, alla data di chiusura del bilancio superano i limiti numerici di almeno due dei tre criteri seguenti:

a) totale dello stato patrimoniale: venti milioni di euro;

b) ricavi netti delle vendite e delle prestazioni: quaranta milioni di euro;

c) numero medio dei dipendenti occupati durante l'esercizio: duecentocinquanta;

h) «gruppo di imprese»: l'insieme delle società, delle imprese e degli enti, escluso lo Stato, che, ai sensi degli artt. 2497 e 2545-*septies* del codice civile, sono sottoposti alla direzione e coordinamento di una società, di un ente o di una persona fisica, sulla base di un vincolo partecipativo o di un contratto; a tal fine si presume, salvo prova contraria, che:

1) l'attività di direzione e coordinamento di società sia esercitata dalla società o ente tenuto al consolidamento dei loro bilanci;

2) siano sottoposte alla direzione e coordinamento di una società o ente le società controllate, direttamente o indirettamente, o sottoposte a controllo congiunto, rispetto alla società o ente che esercita l'attività di direzione e coordinamento.

i) «gruppi di imprese di rilevante dimensione»: i gruppi di imprese composti da un'impresa madre e imprese figlie da includere nel bilancio consolidato, che rispettano i limiti numerici di cui all'art. 3, parr. 6 e 7, della dir. 2013/34/UE del Parlamento europeo e del Consiglio del 26 giugno 2013;

l) «parti correlate»: per parti correlate ai fini del presente codice si intendono quelle indicate come tali nel Regolamento della Consob in materia di operazioni con parti correlate;

(1) In *Leggi coll. XIV, 15*.

m) «centro degli interessi principali del debitore» (COMI): il luogo in cui il debitore gestisce i suoi interessi in modo abituale e riconoscibile dai terzi;

n) «albo dei gestori della crisi e insolvenza delle imprese»: l'albo, istituito presso il Ministero della giustizia e disciplinato dall'art. 356, dei soggetti che su incarico del giudice svolgono, anche in forma associata o societaria, funzioni di gestione, supervisione o controllo nell'ambito delle procedure di regolazione della crisi o dell'insolvenza previste dal presente codice;

o) «professionista indipendente»: il professionista incaricato dal debitore nell'ambito di una delle procedure di regolazione della crisi di impresa che soddisfi congiuntamente i seguenti requisiti:

1) essere iscritto all'albo dei gestori della crisi e insolvenza delle imprese, nonché nel registro dei revisori legali;

2) essere in possesso dei requisiti previsti dall'art. 2399 del codice civile;

3) non essere legato all'impresa o ad altre parti interessate all'operazione di regolazione della crisi da rapporti di natura personale o professionale; il professionista ed i soggetti con i quali è eventualmente unito in associazione professionale non devono aver prestato negli ultimi cinque anni attività di lavoro subordinato o autonomo in favore del debitore, né essere stati membri degli organi di amministrazione o controllo dell'impresa, né aver posseduto partecipazioni in essa;

p) «misure protettive»: le misure temporanee disposte dal giudice competente per evitare che determinate azioni dei creditori possano pregiudicare, sin dalla fase delle trattative, il buon esito delle iniziative assunte per la regolazione della crisi o dell'insolvenza;

q) «misure cautelari»: i provvedimenti cautelari emessi dal giudice competente a tutela del patrimonio o dell'impresa del debitore, che appaiano secondo le circostanze più idonei ad assicurare provvisoriamente gli effetti delle procedure di regolazione della crisi o dell'insolvenza;

r) «classe di creditori»: insieme di creditori che hanno posizione giuridica e interessi economici omogenei;

s) «domicilio digitale»: il domicilio di cui all'art. 1, comma 1, lett. *n-ter*) del d.lg. 7 marzo 2005, n. 82 (1);

t) OCC: organismi di composizione delle crisi da sovraindebitamento disciplinati dal decreto del Ministro della giustizia del 24 settembre 2014, n. 202 e successive modificazioni, che svolgono i compiti di composizione assistita della crisi da sovraindebitamento previsti dal presente codice;

u) OCRI: gli organismi di composizione della crisi d'impresa, disciplinati dal capo II del titolo II del presente codice, che hanno il compito di ricevere le segnalazioni di allerta e gestire la fase dell'allerta e, per le imprese diverse dalle imprese minori, la fase della composizione assistita della crisi.

CAPO II

Principi generali

Sezione I. — *Obblighi dei soggetti che partecipano alla regolazione della crisi o dell'insolvenza*

3. *Doveri del debitore*. — 1. L'imprenditore individuale deve adottare misure idonee a rilevare tempestivamente lo stato di crisi e assumere senza indugio le iniziative necessarie a farvi fronte.

2. L'imprenditore collettivo deve adottare un assetto organizzativo adeguato ai sensi dell'art. 2086 del codice civile, ai fini della tempestiva rilevazione dello stato di crisi e dell'assunzione di idonee iniziative.

4. *Doveri delle parti*. — 1. Nell'esecuzione degli accordi e nelle procedure di regolazione della crisi e dell'insolvenza e durante le trattative che le precedono, debitore e creditori devono comportarsi secondo buona fede e correttezza.

2. In particolare, il debitore ha il dovere di:

a) illustrare la propria situazione in modo completo, veritiero e trasparente, fornendo ai creditori tutte le informazioni necessarie ed appropriate allo strumento di regolazione della crisi o dell'insolvenza prescelto;

b) assumere tempestivamente le iniziative idonee alla rapida definizione della procedura, anche al fine di non pregiudicare i diritti dei creditori;

c) gestire il patrimonio o l'impresa durante la procedura di regolazione della crisi o dell'insolvenza nell'interesse prioritario dei creditori.

3. I creditori hanno il dovere, in particolare, di collaborare lealmente con il debitore, con i soggetti preposti alle procedure di aller-

(1) In *Leggi coll. IV, 4*.

ta e composizione assistita della crisi, con gli organi nominati dall'autorità giudiziaria nelle procedure di regolazione della crisi e dell'insolvenza e di rispettare l'obbligo di riservatezza sulla situazione del debitore, sulle iniziative da questi assunte e sulle informazioni acquisite.

5. *Doveri e prerogative delle autorità preposte*. — 1. I componenti degli organismi e dei collegi preposti alle procedure di allerta e composizione assistita della crisi, ivi compresi i referenti e il personale dei relativi uffici, sono tenuti all'obbligo di riservatezza su tutte le informazioni acquisite nell'esercizio delle loro funzioni e devono conservare il segreto sui fatti e sui documenti di cui hanno conoscenza per ragione del loro ufficio.

2. Tutte le nomine dei professionisti effettuate dall'autorità giudiziaria e dagli organi da esse nominati devono essere improntate a criteri di trasparenza, rotazione ed efficienza; il presidente del tribunale o, nei tribunali suddivisi in sezioni, il presidente della sezione cui è assegnata la trattazione delle procedure di regolazione della crisi o dell'insolvenza vigila sull'osservanza dei suddetti principi e ne assicura l'attuazione mediante l'adozione di protocolli condivisi con i giudici della sezione.

3. Le controversie in cui è parte un organo nominato dall'autorità giudiziaria nelle procedure di regolazione della crisi o dell'insolvenza o comunque un soggetto nei cui confronti è aperta una procedura di regolazione della crisi o dell'insolvenza sono trattate con priorità. Il capo dell'ufficio trasmette annualmente al presidente della corte d'appello i dati relativi al numero e alla durata dei suddetti procedimenti, indicando le disposizioni adottate per assicurarne la celere trattazione. Il presidente della corte d'appello ne dà atto nella relazione sull'amministrazione della giustizia.

4. I componenti degli organismi e dei collegi preposti alle procedure di allerta e composizione assistita della crisi non possono essere tenuti a deporre sul contenuto delle dichiarazioni rese e delle informazioni acquisite nell'esercizio delle loro funzioni, né davanti all'autorità giudiziaria né davanti ad altra autorità. Si applicano le disposizioni dell'art. 200 del codice di procedura penale e le garanzie previste per il difensore dalle disposizioni dell'art. 103 del codice di procedura penale in quanto compatibili.

Sezione II. — *Economicità delle procedure*

6. *Prededucibilità dei crediti*. — 1. Oltre ai crediti così espressamente qualificati dalla legge, sono prededucibili:

a) i crediti relativi a spese e compensi per le prestazioni rese dall'organismo di composizione della crisi di impresa di cui al capo II del titolo II e dall'organismo di composizione della crisi da sovraindebitamento;

b) i crediti professionali sorti in funzione della domanda di omologazione degli accordi di ristrutturazione dei debiti e per la richiesta delle misure protettive, nei limiti del 75% del credito accertato e a condizione che gli accordi siano omologati;

c) i crediti professionali sorti in funzione della presentazione della domanda di concordato preventivo nonché del deposito della relativa proposta e del piano che la correda, nei limiti del 75% del credito accertato e a condizione che la procedura sia aperta ai sensi dell'art. 47;

d) i crediti legalmente sorti durante le procedure concorsuali per la gestione del patrimonio del debitore, la continuazione dell'esercizio dell'impresa, il compenso degli organi preposti e le prestazioni professionali richieste dagli organi medesimi.

2. La prededucibilità permane anche nell'ambito delle successive procedure esecutive o concorsuali.

3. Non sono prededucibili i crediti professionali per prestazioni rese su incarico conferito dal debitore durante le procedure di allerta e composizione assistita della crisi a soggetti diversi dall'OCRI.

Sezione III. — *Principi di carattere processuale*

7. *Trattazione unitaria delle domande di regolazione della crisi o dell'insolvenza*. — 1. Le domande dirette alla regolazione della crisi o dell'insolvenza sono trattate in via d'urgenza e in un unico procedimento; a tal fine ogni domanda sopravvenuta va riunita a quella già pendente.

2. Nel caso di proposizione di più domande, il tribunale tratta in via prioritaria quella diretta a regolare la crisi o l'insolvenza con strumenti diversi dalla liquidazione giudiziale o dalla liquidazione controllata, a condizione che nel piano sia espressamente indicata la convenienza per i creditori e che la domanda medesima non sia manifestamente inammissibile o infondata.

3. Oltre che nei casi di conversione previsti dal presente codice, il tribunale procede, su istanza dei soggetti legittimati, all'apertura della liquidazione giudiziale quando eventuali do-

mande alternative di regolazione della crisi non sono accolte ed è accertato lo stato di insolvenza. Allo stesso modo il tribunale procede nei casi di revoca dei termini concessi dal giudice ai sensi dell'art. 44 e nei casi previsti dall'art. 49, comma 2.

8. *Durata massima delle misure protettive*. — 1. La durata complessiva delle misure protettive non può superare il periodo, anche non continuativo, di dodici mesi, inclusi eventuali rinnovi o proroghe.

9. *Sospensione feriale dei termini e patrocinio legale*. — 1. La sospensione feriale dei termini di cui all'art. 1 della l. 7 ottobre 1969, n. 742 non si applica ai procedimenti disciplinati dal presente codice, salvo che esso non disponga diversamente.

2. Salvi i casi in cui non sia previsto altrimenti, nelle procedure disciplinate dal presente codice, il patrocinio del difensore è obbligatorio.

10. *Comunicazioni telematiche*. — 1. Le comunicazioni poste a carico degli organi di gestione, controllo o assistenza delle procedure disciplinate dal presente codice sono effettuate con modalità telematiche al domicilio digitale risultante dall'Indice nazionale degli indirizzi di posta elettronica certificata (INI-PEC) delle imprese e dei professionisti, quando i destinatari hanno l'obbligo di munirsene.

2. Gli organi di cui al comma 1 attivano, dandone tempestiva comunicazione agli interessati, un domicilio digitale, da utilizzare esclusivamente per le comunicazioni inerenti alla procedura:

a) ai creditori e ai titolari di diritti sui beni che non hanno l'obbligo di munirsene;

b) ai soggetti che hanno sede o che risiedono all'estero;

c) al debitore e al legale rappresentante della società o ente sottoposti a una delle procedure disciplinate dal presente codice.

3. Le comunicazioni ai soggetti per i quali la legge prevede l'obbligo di munirsi di un domicilio digitale e che non hanno provveduto ad istituirlo o comunicarlo sono eseguite esclusivamente mediante deposito in cancelleria. Si procede con le stesse modalità nelle ipotesi di mancata consegna del messaggio elettronico per cause imputabili al destinatario. Le disposizioni di cui al secondo periodo si applicano anche ai soggetti cui è stato assegnato un domicilio digitale ai sensi del comma 2.

4. Per tutta la durata della procedura e per i due anni successivi alla relativa chiusura, gli organi di cui al comma 1 sono tenuti a conservare i messaggi elettronici inviati e ricevuti.

5. Ai fini della validità ed efficacia delle predette comunicazioni, alla posta elettronica certificata è equiparato il servizio di recapito certificato ai sensi dell'art. 1, comma 1-*ter*, del codice dell'amministrazione digitale di cui al d.lg. 7 marzo 2005, n. 82 (1).

6. Le spese per l'attivazione del domicilio digitale previsto dal comma 2 sono a carico della massa.

Sezione IV. — *Giurisdizione internazionale*

11. *Attribuzione della giurisdizione*. — 1. Fatte salve le convenzioni internazionali e la normativa dell'Unione europea, la giurisdizione italiana sulla domanda di apertura di una procedura per la regolazione della crisi o dell'insolvenza disciplinata dalla presente legge sussiste quando il debitore ha in Italia il centro degli interessi principali o una dipendenza.

2. Avverso il provvedimento di apertura di una procedura di regolazione della crisi o dell'insolvenza è ammessa impugnazione per difetto di giurisdizione da chiunque vi abbia interesse. Si applica il procedimento di cui all'art. 51. È sempre ammesso il ricorso per cassazione.

3. La giurisdizione italiana di cui al comma 1 sussiste anche per le azioni che derivano direttamente dalla procedura.

TITOLO II

Procedure di allerta e di composizione assistita della crisi

CAPO I

Strumenti di allerta

12. *Nozione, effetti e ambito di applicazione*. — 1. Costituiscono strumenti di allerta gli obblighi di segnalazione posti a carico dei soggetti di cui agli artt. 14 e 15, finalizzati, unitamente agli obblighi organizzativi posti a carico dell'imprenditore dal codice civile, alla tempestiva rilevazione degli indizi di crisi dell'impresa ed alla sollecita adozione delle misure più idonee alla sua composizione.

2. Il debitore, all'esito dell'allerta o anche prima della sua attivazione, può accedere al procedimento di composizione assistita della crisi, che si svolge in modo riservato e confidenziale dinanzi all'OCRI.

(1) In *Leggi coll. IV, 4.*

3. L'attivazione della procedura di allerta da parte dei soggetti di cui agli artt. 14 e 15, nonché la presentazione da parte del debitore dell'istanza di composizione assistita della crisi di cui all'art. 16, comma 1, non costituiscono causa di risoluzione dei contratti pendenti, anche se stipulati con pubbliche amministrazioni, né di revoca degli affidamenti bancari concessi. Sono nulli i patti contrari.

4. Gli strumenti di allerta si applicano ai debitori che svolgono attività imprenditoriale, esclusi le grandi imprese, i gruppi di imprese di rilevante dimensione, le società con azioni quotate in mercati regolamentati, o diffuse fra il pubblico in misura rilevante secondo i criteri stabiliti dal Regolamento della Commissione nazionale per le società e la borsa – Consob – concernente la disciplina degli emittenti.

5. Sono altresì escluse dall'applicazione degli strumenti di allerta:

a) le banche, le società capogruppo di banche e le società componenti il gruppo bancario;

b) gli intermediari finanziari iscritti nell'albo di cui all'art. 106 del d.lg. 1° settembre 1993, n. 385 (1);

c) gli istituti di moneta elettronica e gli istituti di pagamento;

d) le società di intermediazione mobiliare, le società di gestione del risparmio, le società di investimento a capitale variabile e fisso, le società capogruppo di società di intermediazione mobiliare e le società componenti il gruppo;

e) i fondi comuni di investimento, le succursali di imprese di investimento e di gestori esteri di fondi di investimento alternativi; i depositari centrali;

f) le fondazioni bancarie di cui al d.lg. 17 maggio 1999, n. 153;

g) la Cassa depositi e prestiti di cui al d.l. 30 settembre 2003, n. 269, convertito con modificazioni dalla l. 24 novembre 2003, n. 326;

h) i fondi pensione;

i) le imprese di assicurazione e riassicurazione di cui al codice delle assicurazioni private, di cui al d.lg. 7 settembre 2005, n. 209 (2).

l) le società fiduciarie di cui all'art. 199 del t.u. delle disposizioni in materia di intermediazione finanziaria di cui d.lg. 24 febbraio 1998, n. 58 (3); le società fiduciarie, le società fiduciarie e di revisione e gli enti di gestione fiduciaria disciplinati dalla l. 23 novembre 1939, n. 1966 (4); le società di cui all'art. 2 del d.l. 5 giugno 1986, n. 233, convertito, con modificazioni, dalla l. 1° agosto 1986, n. 430 (5); le società fiduciarie di cui all'art. 60, comma 4, del d.lg. 23 luglio 1996, n. 415.

6. Le imprese escluse sono comunque ammesse a godere delle misure premiali previste dall'art. 25, se ricorrono le condizioni di tempestività previste dall'art. 24.

7. Gli strumenti di allerta si applicano anche alle imprese agricole e alle imprese minori, compatibilmente con la loro struttura organizzativa, ferma la competenza dell'OCC per la gestione della fase successiva alla segnalazione dei soggetti di cui agli artt. 14 e 15 ovvero alla istanza del debitore di composizione assistita della crisi.

8. Per le imprese soggette a liquidazione coatta amministrativa diverse da quelle di cui ai commi 4 e 5, il procedimento di allerta e di composizione assistita della crisi è integrato ai sensi dell'art. 316, comma 1, lett. *a*) e *b*).

9. La pendenza di una delle procedure di regolazione della crisi e dell'insolvenza disciplinate dal presente codice fa cessare gli obblighi di segnalazione di cui gli artt. 14 e 15 e, se sopravvenuta, comporta la chiusura del procedimento di allerta e di composizione assistita della crisi.

13. *Indicatori della crisi.* — 1. Costituiscono indicatori di crisi gli squilibri di carattere reddituale, patrimoniale o finanziario, rapportati alle specifiche caratteristiche dell'impresa e dell'attività imprenditoriale svolta dal debitore, tenuto conto della data di costituzione e di inizio dell'attività, rilevabili attraverso appositi indici che diano evidenza della sostenibilità dei debiti per almeno i sei mesi successivi e delle prospettive di continuità aziendale per l'esercizio in corso o, quando la durata residua dell'esercizio al momento della valutazione è inferiore a sei mesi, per i sei mesi successivi. A questi fini, sono indici significativi quelli che misurano la sostenibilità degli oneri dell'indebitamento con i flussi di cassa che l'impresa è in grado di generare e l'adeguatezza dei mezzi propri rispetto a quelli di terzi. Costituiscono altresì indicatori di crisi ritardi nei pagamenti reiterati e significativi, anche sulla base di quanto previsto nell'art. 24.

2. Il Consiglio nazionale dei dottori com-

(1) In *Leggi coll. XVII, 1.*
(2) In *Leggi coll. VIII, 3.*
(3) In *Leggi coll. XVIII, 1.*
(4) In *Leggi coll. XIV, 1.*
(5) In *Leggi coll. XXII, 5.*

mercialisti ed esperti contabili, tenuto conto delle migliori prassi nazionali ed internazionali, elabora con cadenza almeno triennale, in riferimento ad ogni tipologia di attività economica secondo le classificazioni I.S.T.A.T., gli indici di cui al comma 1 che, valutati unitariamente, fanno ragionevolmente presumere la sussistenza di uno stato di crisi dell'impresa. Il Consiglio nazionale dei dottori commercialisti ed esperti contabili elabora indici specifici con riferimento alle start-up innovative di cui al d.l. 18 ottobre 2012, n. 179, convertito dalla l. 17 dicembre 2012, n. 221, alle PMI innovative di cui al d.l. 24 gennaio 2015, n. 3, convertito, con modificazioni, dalla l. 24 marzo 2015, n. 33 (1), alle società in liquidazione, alle imprese costituite da meno di due anni. Gli indici elaborati sono approvati con decreto del Ministero dello sviluppo economico.

3. L'impresa che non ritenga adeguati, in considerazione delle proprie caratteristiche, gli indici elaborati a norma del comma 2 ne specifica le ragioni nella nota integrativa al bilancio di esercizio e indica, nella medesima nota, gli indici idonei a far ragionevolmente presumere la sussistenza del suo stato di crisi. Un professionista indipendente attesta l'adeguatezza di tali indici in rapporto alla specificità dell'impresa. L'attestazione è allegata alla nota integrativa al bilancio di esercizio e ne costituisce parte integrante. La dichiarazione, attestata in conformità al secondo periodo, produce effetti per l'esercizio successivo.

14. *Obbligo di segnalazione degli organi di controllo societari*. — 1. Gli organi di controllo societari, il revisore contabile e la società di revisione, ciascuno nell'ambito delle proprie funzioni, hanno l'obbligo di verificare che l'organo amministrativo valuti costantemente, assumendo le conseguenti idonee iniziative, se l'assetto organizzativo dell'impresa è adeguato, se sussiste l'equilibrio economico finanziario e quale è il prevedibile andamento della gestione, nonché di segnalare immediatamente allo stesso organo amministrativo l'esistenza di fondati indizi della crisi.

2. La segnalazione deve essere motivata, fatta per iscritto, a mezzo posta elettronica certificata o comunque con mezzi che assicurino la prova dell'avvenuta ricezione, e deve contenere la fissazione di un congruo termine, non superiore a trenta giorni, entro il quale l'organo amministrativo deve riferire in ordine alle soluzioni individuate e alle iniziative intraprese. In caso di omessa o inadeguata risposta, ovvero di mancata adozione nei successivi sessanta giorni delle misure ritenute necessarie per superare lo stato di crisi, i soggetti di cui al comma 1 informano senza indugio l'OCRI, fornendo ogni elemento utile per le relative determinazioni, anche in deroga al disposto dell'art. 2407, primo comma, del codice civile quanto all'obbligo di segretezza.

3. La tempestiva segnalazione all'organo amministrativo ai sensi del comma 1 costituisce causa di esonero dalla responsabilità solidale per le conseguenze pregiudizievoli delle omissioni o azioni successivamente poste in essere dal predetto organo, che non siano conseguenza diretta di decisioni assunte prima della segnalazione, a condizione che, nei casi previsti dal secondo periodo del comma 2, sia stata effettuata tempestiva segnalazione all'OCRI. Non costituisce giusta causa di revoca dall'incarico la segnalazione effettuata a norma del presente articolo.

4. Le banche e gli altri intermediari finanziari di cui all'art. 106 del t.u. bancario (2), nel momento in cui comunicano al cliente variazioni o revisioni o revoche degli affidamenti, ne danno notizia anche agli organi di controllo societari, se esistenti.

15. *Obbligo di segnalazione di creditori pubblici qualificati*. — 1. L'Agenzia delle entrate, l'Istituto nazionale della previdenza sociale e l'agente della riscossione hanno l'obbligo, per i primi due soggetti a pena di inefficacia del titolo di prelazione spettante sui crediti dei quali sono titolari, per il terzo a pena di inopponibilità del credito per spese ed oneri di riscossione, di dare avviso al debitore, all'indirizzo di posta elettronica certificata di cui siano in possesso, o, in mancanza, a mezzo raccomandata con avviso di ricevimento inviata all'indirizzo risultante dall'anagrafe tributaria, che la sua esposizione debitoria ha superato l'importo rilevante di cui al comma 2 e che, se entro novanta giorni dalla ricezione dell'avviso egli non avrà estinto o altrimenti regolarizzato per intero il proprio debito con le modalità previste dalla legge o se, per l'Agenzia delle entrate, non risulterà in regola con il pagamento rateale del debito previsto dall'art. 3-*bis* del d.lg. 18 dicembre 1997, n. 462 o non avrà presentato istanza di composizione assistita della crisi o domanda per l'accesso ad una procedura di regolazione della crisi e dell'insolvenza, essi ne faranno segnalazione all'OCRI, anche per

(1) In *Leggi coll. XVII, 6.*
(2) In *Leggi coll. XVII, 1.*

la segnalazione agli organi di controllo della società.

2. Ai fini del comma 1, l'esposizione debitoria è di importo rilevante:

a) per l'Agenzia delle entrate, quando l'ammontare totale del debito scaduto e non versato per l'imposta sul valore aggiunto, risultante dalla comunicazione della liquidazione periodica di cui all'art. 21-*bis* del d.l. 31 maggio 2010, n. 78, convertito, con modificazioni, dalla l. 30 luglio 2010, n. 122, sia pari ad almeno il 30 per cento del volume d'affari del medesimo periodo e non inferiore a euro 25.000 per volume d'affari risultante dalla dichiarazione modello IVA relativa all'anno precedente fino a 2.000.000 di euro, non inferiore a euro 50.000 per volume d'affari risultante dalla dichiarazione modello IVA relativa all'anno precedente fino a 10.000.000 di euro, non inferiore a euro 100.000, per volume d'affari risultante dalla dichiarazione modello IVA relativa all'anno precedente oltre 10.000.000 di euro;

b) per l'Istituto nazionale della previdenza sociale, quando il debitore è in ritardo di oltre sei mesi nel versamento di contributi previdenziali di ammontare superiore alla metà di quelli dovuti nell'anno precedente e superiore alla soglia di euro 50.000;

c) per l'agente della riscossione, quando la sommatoria dei crediti affidati per la riscossione dopo la data di entrata in vigore del presente codice, autodichiarati o definitivamente accertati e scaduti da oltre novanta giorni superi, per le imprese individuali, la soglia di euro 500.000 e, per le imprese collettive, la soglia di euro 1.000.000.

3. L'avviso al debitore di cui al comma 1 deve essere inviato:

a) dall'Agenzia delle entrate, contestualmente alla comunicazione di irregolarità di cui all'art. 54-*bis* del d.p.r. 26 ottobre 1972, n. 633;

b) dall'Istituto nazionale della previdenza sociale, entro sessanta giorni dal verificarsi delle condizioni di cui al comma 2, lett. *b*;

c) dall'agente della riscossione, entro sessanta giorni dalla data di superamento delle soglie di cui al comma 2, lett. *c*.

4. Scaduto il termine di novanta giorni di cui al comma 1 senza che il debitore abbia dato prova di aver estinto il proprio debito o di averlo altrimenti regolarizzato per intero con le modalità previste dalla legge o di essere in regola con il pagamento rateale previsto dall'art. 3-*bis* del d.lg. 18 dicembre 1997, n. 462, o di aver presentato istanza di composizione assistita della crisi o domanda per l'accesso ad una procedura di regolazione della crisi e dell'insolvenza, i creditori pubblici qualificati di cui al presente articolo procedono senza indugio alla segnalazione all'OCRI. La segnalazione è effettuata con modalità telematiche, definite d'intesa con Unioncamere e InfoCamere. Se il debitore decade dalla rateazione e risultano superate le soglie di cui al comma 2, il creditore procede senza indugio alla segnalazione all'OCRI.

5. I creditori pubblici qualificati di cui al presente articolo non procedono alla segnalazione di cui ai commi 1 e 4 se il debitore documenta di essere titolare di crediti di imposta o di altri crediti verso pubbliche amministrazioni risultanti dalla piattaforma per la gestione telematica del rilascio delle certificazioni, predisposta dal Ministero dell'economia e delle finanze ai sensi dell'art. 4 del decreto del Ministro dell'economia e delle finanze 25 giugno 2012, pubblicato nella *Gazzetta Ufficiale* 2 luglio 2012, n. 152, e dell'art. 3 del decreto del Ministro dell'economia e delle finanze 22 maggio 2012, pubblicato nella *Gazzetta Ufficiale* 21 giugno 2012, n. 143, per un ammontare complessivo non inferiore alla metà del debito verso il creditore pubblico qualificato. La consultazione della piattaforma avviene con modalità telematiche definite d'intesa con il Ministero dell'economia e delle finanze.

6. Le Camere di commercio rendono disponibile, esclusivamente ai creditori pubblici qualificati, un elenco nazionale dei soggetti sottoposti alle misure di allerta, da cui risultino anche le domande dagli stessi presentate per la composizione assistita della crisi o per l'accesso ad una procedura di regolazione della crisi o dell'insolvenza.

7. Per l'Agenzia delle entrate, l'obbligo di cui al comma 1 decorre dalle comunicazioni della liquidazione periodica IVA di cui all'art. 21-*bis* del d.l. 31 maggio 2010, n. 78, convertito con modificazioni dalla l. 30 luglio 2010, n. 122, relative al primo trimestre dell'anno d'imposta successivo all'entrata in vigore del presente codice.

CAPO II

Organismo di composizione della crisi d'impresa

16. *OCRI*. — 1. L'OCRI è costituito presso ciascuna camera di commercio, industria, artigianato e agricoltura, con il compito di ricevere le segnalazioni di cui gli artt. 14 e 15, gestire il procedimento di allerta e assistere l'imprenditore, su sua istanza, nel procedimento di composizione assistita della crisi di cui al capo III.

2. Le segnalazioni dei soggetti qualificati e l'istanza del debitore di cui al comma 1 sono presentate all'OCRI costituito presso la camera di commercio nel cui ambito territoriale si trova la sede legale dell'impresa.

3. L'organismo opera tramite il referente, individuato nel segretario generale della camera di commercio, industria, artigianato e agricoltura, o un suo delegato, nonché tramite l'ufficio del referente, che può essere costituito anche in forma associata da diverse camere di commercio, e il collegio degli esperti di volta in volta nominato ai sensi dell'art. 17.

4. Il referente assicura la tempestività del procedimento, vigilando sul rispetto dei termini da parte di tutti i soggetti coinvolti.

5. Le comunicazioni sono effettuate dall'ufficio del referente mediante posta elettronica certificata.

17. *Nomina e composizione del collegio*. — 1. Ricevuta la segnalazione di cui agli artt. 14 e 15 o l'istanza del debitore di cui all'art. 19, comma 1, il referente procede senza indugio a dare comunicazione della segnalazione stessa agli organi di controllo della società, se esistenti, e alla nomina di un collegio di tre esperti tra quelli iscritti nell'albo di cui all'art. 356 dei quali:

a) uno designato dal presidente della sezione specializzata in materia di impresa del tribunale individuato a norma dell'art. 4 del d.lg. 27 giugno 2003, n. 168, avuto riguardo al luogo in cui si trova la sede dell'impresa, o da un suo delegato;

b) uno designato dal presidente della camera di commercio, industria, artigianato e agricoltura o da un suo delegato, diverso dal referente;

c) uno appartenente all'associazione rappresentativa del settore di riferimento del debitore, individuato dal referente, sentito il debitore, tra quelli iscritti nell'elenco trasmesso annualmente all'organismo dalle associazioni imprenditoriali di categoria; l'elenco contiene un congruo numero di esperti.

2. Le designazioni di cui al comma 1, lett. *a*) e *b*), devono pervenire all'organismo entro tre giorni lavorativi dalla ricezione della richiesta. In mancanza, il referente procede alla designazione in via sostitutiva. Le designazioni di cui al comma 1 sono effettuate secondo criteri di trasparenza e rotazione, tenuto conto in ogni caso della specificità dell'incarico.

3. La richiesta di designazione non deve contenere alcun riferimento idoneo all'identificazione del debitore, salva l'indicazione del settore in cui lo stesso opera e delle dimensioni dell'impresa, desunte dal numero degli addetti e dall'ammontare annuo dei ricavi risultanti dal registro delle imprese.

4. Il referente cura, anche mediante l'individuazione dell'esperto di cui al comma 1, lett. *c*), che nel collegio siano rappresentate le professionalità necessarie per la gestione della crisi sotto il profilo aziendalistico, contabile e legale. Quando riscontra la mancanza di uno dei profili necessari tra i membri designati, provvede con atto motivato alla nomina di un esperto che ne sia munito, sempre tra gli iscritti al medesimo albo, in sostituzione del componente di cui al comma 1, lett. *b*).

5. Entro il giorno successivo alla nomina, i professionisti devono rendere all'organismo, a pena di decadenza, l'attestazione della propria indipendenza sulla base dei presupposti indicati all'art. 2, comma 1, lett. *o*, nn. 2) e 3). I professionisti nominati ed i soggetti con i quali essi sono eventualmente uniti in associazione professionale non devono aver prestato negli ultimi cinque anni attività di lavoro subordinato o autonomo in favore del debitore, né essere stati membri degli organi di amministrazione o controllo dell'impresa, né aver posseduto partecipazioni in essa. In caso di rinuncia o decadenza, il referente procede alla sostituzione dell'esperto.

6. Quando il referente verifica, ricevuta la segnalazione dei soggetti qualificati o l'istanza del debitore, che si tratta di impresa minore ai sensi dell'art. 2, comma 1, lett. *d*), convoca il debitore dinanzi all'OCC competente per territorio indicato dal debitore o in difetto individuato sulla base di un criterio di rotazione, ai fini e dell'eventuale avvio del procedimento di composizione assistita della crisi.

18. *Audizione del debitore*. — 1. Entro quindici giorni lavorativi dalla ricezione della segnalazione o dell'istanza del debitore, l'OCRI convoca dinanzi al collegio nominato ai sensi dell'art. 17 il debitore medesimo nonché, quando si tratta di società dotata di organi di controllo, i componenti di questi ultimi, per l'audizione in via riservata e confidenziale.

2. Il collegio sceglie tra i propri componenti il presidente, che nomina relatore se stesso o altro componente del collegio. Il relatore ha il compito di acquisire e riferire i dati e le informazioni rilevanti.

3. Il collegio, sentito il debitore e tenuto conto degli elementi di valutazione da questi forniti nonché dei dati e delle informazioni assunte, quando ritiene che non sussista la crisi o che si tratti di imprenditore al quale non si applicano gli strumenti di allerta, dispone l'archiviazione delle segnalazioni ricevute. Il collegio dispone in ogni caso l'archiviazione

quando l'organo di controllo societario, se esistente o, in sua mancanza, un professionista indipendente, attesta l'esistenza di crediti di imposta o di altri crediti verso pubbliche amministrazioni per i quali sono decorsi novanta giorni dalla messa in mora, per un ammontare complessivo che, portato in compensazione con i debiti, determina il mancato superamento delle soglie di cui all'art. 15, comma 2, lett. *a*), *b*) e *c*). All'attestazione devono essere allegati i documenti relativi ai crediti. L'attestazione ed i documenti allegati sono utilizzabili solo nel procedimento dinanzi all'OCRI. Il referente comunica l'archiviazione al debitore ed ai soggetti che hanno effettuato la segnalazione.

4. Quando il collegio rileva l'esistenza della crisi, individua con il debitore le possibili misure per porvi rimedio e fissa il termine entro il quale il debitore deve riferire sulla loro attuazione.

5. Se il debitore non assume alcuna iniziativa allo scadere del termine fissato ai sensi del comma 4, il collegio informa con breve relazione scritta il referente, che ne dà immediata comunicazione agli autori delle segnalazioni.

6. Dell'eventuale presentazione dell'istanza di composizione assistita della crisi da parte del debitore, ai sensi dell'art. 19, il referente dà notizia ai soggetti qualificati di cui agli artt. 14 e 15 che non abbiano effettuato la segnalazione, avvertendoli che essi sono esonerati dall'obbligo di segnalazione per tutta la durata del procedimento.

CAPO III

Procedimento di composizione assistita della crisi

19. *Composizione della crisi*. — 1. Su istanza del debitore, formulata anche all'esito dell'audizione di cui all'art. 18, il collegio fissa un termine non superiore a tre mesi, prorogabile fino ad un massimo di ulteriori tre mesi solo in caso di positivi riscontri delle trattative, per la ricerca di una soluzione concordata della crisi dell'impresa, incaricando il relatore di seguire le trattative.

2. Il collegio procede nel più breve tempo possibile ad acquisire dal debitore, o su sua richiesta a predisporre, anche mediante suddivisione dei compiti tra i suoi componenti sulla base delle diverse competenze e professionalità, una relazione aggiornata sulla situazione patrimoniale, economica e finanziaria dell'impresa, nonché un elenco dei creditori e dei titolari di diritti reali o personali, con indicazione dei rispettivi crediti e delle eventuali cause di prelazione.

3. Quando il debitore dichiara che intende presentare domanda di omologazione di accordi di ristrutturazione dei debiti o di apertura del concordato preventivo, il collegio procede, su richiesta del debitore, ad attestare la veridicità dei dati aziendali.

4. L'accordo con i creditori deve avere forma scritta, è depositato presso l'organismo e non è ostensibile a soggetti diversi da coloro che lo hanno sottoscritto. L'accordo produce gli stessi effetti degli accordi che danno esecuzione al piano attestato di risanamento e, su richiesta del debitore e con il consenso dei creditori interessati, è iscritto nel registro delle imprese.

20. *Misure protettive*. — 1. Dopo l'audizione di cui all'art. 18, il debitore che ha presentato istanza per la soluzione concordata della crisi può chiedere alla sezione specializzata in materia di imprese di cui all'art. 1 del d.lg. 27 giugno 2003, n. 168, individuata a norma dell'art. 4 del medesimo decreto legislativo, avuto riguardo al luogo in cui si trova la sede dell'impresa, le misure protettive necessarie per condurre a termine le trattative in corso.

2. Il procedimento è regolato dagli artt. 54 e 55 in quanto compatibili. Il tribunale può sentire i soggetti che abbiano effettuato la segnalazione o il presidente del collegio di cui all'art. 17.

3. La durata iniziale delle misure protettive non può essere superiore a tre mesi e può essere prorogata anche più volte, su istanza del debitore, fino al termine massimo di cui all'art. 19, comma 1, a condizione che siano stati compiuti progressi significativi nelle trattative tali da rendere probabile il raggiungimento dell'accordo, su conforme attestazione resa dal collegio di cui all'art. 17.

4. Durante il procedimento di composizione assistita della crisi di cui all'art. 19 e fino alla sua conclusione, il debitore può chiedere al giudice competente ai sensi del comma 1, che siano disposti il differimento degli obblighi previsti dagli artt. 2446, secondo e terzo comma, 2447, 2482-*bis*, quarto, quinto e sesto comma e 2482-*ter* del codice civile, e la non operatività della causa di scioglimento della società per riduzione o perdita del capitale sociale di cui agli artt. 2484, primo comma, n. 4), e 2545-*duodecies* del codice civile. Su istanza del debitore, il provvedimento può essere pubblicato nel registro delle imprese.

5. Le misure concesse possono essere revocate in ogni momento, anche d'ufficio, se risul-

tano commessi atti di frode nei confronti dei creditori o se il collegio di cui all'art. 17 segnala al giudice competente che non è possibile addivenire a una soluzione concordata della crisi o che non vi sono significativi progressi nell'attuazione delle misure adottate per superare la crisi.

21. *Conclusione del procedimento*. — 1. Se allo scadere del termine di cui all'art. 19, comma 1, non è stato concluso un accordo con i creditori coinvolti e permane una situazione di crisi, il collegio di cui all'art. 17 invita il debitore a presentare domanda di accesso ad una delle procedure previste dall'art. 37 nel termine di trenta giorni.

2. Il debitore può utilizzare la documentazione di cui all'art. 19, commi 2 e 3.

3. Della conclusione negativa del procedimento di composizione assistita della crisi l'OCRI dà comunicazione ai soggetti di cui agli artt. 14 e 15 che non vi hanno partecipato.

4. Gli atti relativi al procedimento e i documenti prodotti o acquisiti nel corso dello stesso possono essere utilizzati unicamente nell'ambito della procedura di liquidazione giudiziale o di un procedimento penale.

22. *Segnalazione al pubblico ministero*. — 1. Se il debitore non compare per l'audizione, o dopo l'audizione non deposita l'istanza di cui all'art. 19, comma 1, senza che sia stata disposta dal collegio l'archiviazione di cui all'art. 18, comma 3, o all'esito delle trattative non deposita domanda di accesso ad una procedura di regolazione della crisi e dell'insolvenza nel termine assegnato ai sensi dell'art. 21, comma 1, il collegio, se ritiene che gli elementi acquisti rendano evidente la sussistenza di uno stato di insolvenza del debitore, lo segnala con relazione motivata al referente che ne dà notizia al pubblico ministero presso il tribunale competente ai sensi dell'art. 27, con atto redatto secondo la normativa anche regolamentare concernente la sottoscrizione, la trasmissione e la ricezione dei documenti informatici.

2. Il pubblico ministero, quando ritiene fondata la notizia di insolvenza, esercita tempestivamente, e comunque entro sessanta giorni dalla sua ricezione, l'iniziativa di cui all'art. 38, comma 1.

23. *Liquidazione del compenso*. — 1. Il compenso dell'OCRI, se non concordato con l'imprenditore, è liquidato ai sensi dell'art. 351, tenuto conto, separatamente, dell'attività svolta per l'audizione del debitore e per l'eventuale procedura di composizione assistita della crisi, nonché dell'impegno in concreto richiesto e degli esiti del procedimento.

CAPO IV

MISURE PREMIALI

24. *Tempestività dell'iniziativa*. — 1. Ai fini dell'applicazione delle misure premiali di cui all'art. 25, l'iniziativa del debitore volta a prevenire l'aggravarsi della crisi non è tempestiva se egli propone una domanda di accesso ad una delle procedure regolate dal presente codice oltre il termine di sei mesi, ovvero l'istanza di cui all'art. 19 oltre il termine di tre mesi, a decorrere da quando si verifica, alternativamente:

a) l'esistenza di debiti per retribuzioni scaduti da almeno sessanta giorni per un ammontare pari ad oltre la metà dell'ammontare complessivo mensile delle retribuzioni;

b) l'esistenza di debiti verso fornitori scaduti da almeno centoventi giorni per un ammontare superiore a quello dei debiti non scaduti;

c) il superamento, nell'ultimo bilancio approvato, o comunque per oltre tre mesi, degli indici elaborati ai sensi dell'art. 13, commi 2 e 3.

2. Su richiesta del debitore, il presidente del collegio di cui all'art. 17 attesta l'esistenza dei requisiti di tempestività previsti dal presente articolo.

25. *Misure premiali*. — 1. All'imprenditore che ha presentato all'OCRI istanza tempestiva a norma dell'art. 24 e che ne ha seguito in buona fede le indicazioni, ovvero ha proposto tempestivamente ai sensi del medesimo articolo domanda di accesso a una delle procedure regolatrici della crisi o dell'insolvenza di cui al presente codice che non sia stata in seguito dichiarata inammissibile, sono riconosciuti i seguenti benefici, cumulabili tra loro:

a) durante la procedura di composizione assistita della crisi e sino alla sua conclusione gli interessi che maturano sui debiti tributari dell'impresa sono ridotti alla misura legale;

b) le sanzioni tributarie per le quali è prevista l'applicazione in misura ridotta in caso di pagamento entro un determinato termine dalla comunicazione dell'ufficio che le irroga sono ridotte alla misura minima se il termine per il pagamento scade dopo la presentazione dell'istanza di cui all'art. 19, comma 1, o della domanda di accesso ad una procedura di regolazione della crisi o dell'insolvenza;

c) le sanzioni e gli interessi sui debiti tributari oggetto della procedura di composizione assistita della crisi sono ridotti della metà nella eventuale procedura di regolazione della crisi o dell'insolvenza successivamente aperta;

d) la proroga del termine fissato dal giudice ai sensi dell'art. 44 per il deposito della proposta di concordato preventivo o dell'accordo di ristrutturazione dei debiti è pari al doppio di quella che ordinariamente il giudice può concedere, se l'organismo di composizione della crisi non ha dato notizia di insolvenza al pubblico ministero ai sensi dell'art. 22;

e) la proposta di concordato preventivo in continuità aziendale concorrente con quella da lui presentata non è ammissibile se il professionista incaricato attesta che la proposta del debitore assicura il soddisfacimento dei creditori chirografari in misura non inferiore al 20% dell'ammontare complessivo dei crediti.

2. Quando, nei reati di cui agli artt. 322, 323, 325, 328, 329, 330, 331, 333 e 341, comma 2, lett. *a*) e *b*), limitatamente alle condotte poste in essere prima dell'apertura della procedura, il danno cagionato è di speciale tenuità, non è punibile chi ha tempestivamente presentato l'istanza all'organismo di composizione assistita della crisi d'impresa ovvero la domanda di accesso a una delle procedure di regolazione della crisi o dell'insolvenza di cui al presente codice se, a seguito delle stesse, viene aperta una procedura di liquidazione giudiziale o di concordato preventivo ovvero viene omologato un accordo di ristrutturazione dei debiti. Fuori dai casi in cui risulta un danno di speciale tenuità, per chi ha presentato l'istanza o la domanda la pena è ridotta fino alla metà quando, alla data di apertura della procedura di regolazione della crisi o dell'insolvenza, il valore dell'attivo inventariato o offerto ai creditori assicura il soddisfacimento di almeno un quinto dell'ammontare dei debiti chirografari e, comunque, il danno complessivo cagionato non supera l'importo di 2.000.000 euro.

TITOLO III

Procedure di regolazione della crisi e dell'insolvenza

CAPO I

Giurisdizione

26. *Giurisdizione italiana*. — 1. L'imprenditore che ha all'estero il centro degli interessi principali, può essere assoggettato ad una procedura di regolazione della crisi e dell'insolvenza nella Repubblica italiana anche se è stata aperta analoga procedura all'estero, quando ha una dipendenza in Italia.

2. Il trasferimento del centro degli interessi principali all'estero non esclude la sussistenza della giurisdizione italiana se è avvenuto nell'anno antecedente il deposito della domanda di regolazione concordata della crisi o della insolvenza o di apertura della liquidazione giudiziale ovvero dopo l'inizio della procedura di composizione assistita della crisi, se anteriore.

3. Sono fatte salve le convenzioni internazionali e la normativa dell'Unione europea.

4. Il tribunale, quando apre una procedura di insolvenza transfrontaliera ai sensi del reg. (UE) 2015/848 del Parlamento europeo e del Consiglio del 20 maggio 2015, dichiara se la procedura è principale, secondaria o territoriale.

CAPO II

Competenza

27. *Competenza per materia e per territorio*. — 1. Per i procedimenti di regolazione della crisi o dell'insolvenza e le controversie che ne derivano relativi alle imprese in amministrazione straordinaria e ai gruppi di imprese di rilevante dimensione è competente il tribunale sede delle sezioni specializzate in materia di imprese di cui all'art. 1 del d.lg. 27 giugno 2003, n. 168. Il tribunale sede della sezione specializzata in materia di imprese è individuato a norma dell'art. 4 del d.lg. 27 giugno 2003, n. 168, avuto riguardo al luogo in cui il debitore ha il centro degli interessi principali.

2. Per i procedimenti di regolazione della crisi o dell'insolvenza diversi da quelli di cui al comma 1 e le controversie che ne derivano è competente il tribunale nel cui circondario il debitore ha il centro degli interessi principali.

3. Il centro degli interessi principali del debitore si presume coincidente:

a) per la persona fisica esercente attività impresa, con la sede legale risultante dal registro delle imprese o, in mancanza, con la sede effettiva dell'attività abituale;

b) per la persona fisica non esercente attività d'impresa, con la residenza o il domicilio e, se questi sono sconosciuti, con l'ultima dimora nota o, in mancanza, con il luogo di nascita. Se questo non è in Italia, la competenza è del Tribunale di Roma;

c) per la persona giuridica e gli enti, anche non esercenti attività d'impresa, con la sede legale risultante dal registro delle imprese o, in mancanza, con la sede effettiva dell'attività abituale o, se sconosciuta, secondo quanto previsto nella lett. *b*), con riguardo al legale rappresentante.

28. *Trasferimento del centro degli interessi principali*. — 1. Il trasferimento del centro degli interessi principali non rileva ai fini della competenza quando è intervenuto nell'anno antecedente al deposito della domanda di regolazione concordata della crisi o della insolvenza o di apertura della liquidazione giudiziale ovvero dopo l'inizio della procedura di composizione assistita della crisi, se anteriore.

29. *Incompetenza*. — 1. Il tribunale decide con ordinanza quando dichiara l'incompetenza. L'ordinanza è trasmessa in copia al tribunale dichiarato competente, unitamente agli atti del procedimento.

2. Il tribunale dichiarato competente, se non richiede d'ufficio il regolamento di competenza ai sensi dell'art. 45 del codice di procedura civile, dispone la prosecuzione del procedimento pendente, dandone comunicazione alle parti.

3. Quando l'incompetenza è dichiarata all'esito del giudizio di cui all'art. 51, il reclamo, per le questioni diverse dalla competenza, è riassunto, a norma dell'art. 50 del codice di procedura civile, dinanzi alla corte di appello competente.

30. *Conflitto positivo di competenza*. — 1. Quando una procedura regolatrice delle crisi o dell'insolvenza è stata aperta da più tribunali, il procedimento prosegue avanti al tribunale competente che si è pronunciato per primo.

2. Il tribunale che si è pronunciato successivamente, se non richiede d'ufficio il regolamento di competenza ai sensi dell'art. 45 del codice di procedura civile, dispone la trasmissione degli atti al tribunale che si è pronunziato per primo. Si applica l'art. 29, in quanto compatibile.

31. *Salvezza degli effetti*. — 1. A seguito del trasferimento del procedimento da un tribunale all'altro restano salvi gli effetti degli atti compiuti nel procedimento davanti al giudice incompetente.

32. *Competenza sulle azioni che derivano dall'apertura delle procedure di liquidazione*. — 1. Il tribunale che ha aperto le procedure di liquidazione è competente a conoscere di tutte le azioni che ne derivano, qualunque ne sia il valore.

2. Nei giudizi che derivano dall'apertura delle procedure di liquidazione promossi innanzi al tribunale incompetente, il giudice, anche d'ufficio, assegna alle parti un termine di non oltre trenta giorni per la riassunzione della causa davanti al giudice competente ai sensi dell'art. 50 del codice di procedura civile e ordina la cancellazione della causa dal ruolo.

CAPO III

Cessazione dell'attività del debitore

33. *Cessazione dell'attività*. — 1. La liquidazione giudiziale può essere aperta entro un anno dalla cessazione dell'attività del debitore, se l'insolvenza si è manifestata anteriormente alla medesima o entro l'anno successivo.

2. Per gli imprenditori la cessazione dell'attività coincide con la cancellazione dal registro delle imprese e, se non iscritti, dal momento in cui i terzi hanno conoscenza della cessazione stessa. È obbligo dell'imprenditore mantenere attivo l'indirizzo del servizio elettronico di recapito certificato qualificato, o di posta elettronica certificata comunicato all'INI-PEC, per un anno decorrente dalla cancellazione.

3. In caso di impresa individuale o di cancellazione di ufficio degli imprenditori collettivi, è fatta comunque salva la facoltà per il creditore o per il pubblico ministero di dimostrare il momento dell'effettiva cessazione dell'attività da cui decorre il termine del comma 1.

4. La domanda di accesso alla procedura di concordato preventivo o di omologazione degli accordi di ristrutturazione dei debiti presentata dall'imprenditore cancellato dal registro delle imprese è inammissibile.

34. *Apertura della liquidazione giudiziale del debitore defunto*. — 1. L'apertura della procedura di liquidazione giudiziale nei confronti del debitore defunto può essere dichiarata quando ricorrono le condizioni di cui all'art. 33.

2. L'erede può chiedere l'apertura della procedura di liquidazione giudiziale nei confronti del debitore defunto, se dimostra di avervi interesse e l'eredità non sia già confusa con il suo patrimonio.

3. L'erede che chiede l'apertura della procedura di liquidazione giudiziale non è soggetto agli obblighi di deposito della documentazione di cui all'art. 39, salva una relazione sulla situazione economico-patrimoniale aggiornata.

4. Con l'apertura della procedura di liquidazione cessano di diritto gli effetti della separazione dei beni ottenuta dai creditori del defunto a norma del codice civile.

35. *Morte del debitore*. — 1. Se il debitore muore dopo l'apertura della procedura di liquidazione concorsuale, questa prosegue nei confronti degli eredi, anche se hanno accettato con beneficio d'inventario.

2. Se ci sono più eredi, la procedura prosegue nei confronti di quello che è designato come rappresentante. In mancanza di accordo sulla designazione, entro quindici giorni dalla

morte del debitore vi provvede il giudice delegato.

36. *Eredità giacente e istituzione di erede sotto condizione sospensiva.* — 1. Nel caso previsto dall'art. 528 del codice civile, la procedura prosegue nei confronti del curatore dell'eredità giacente e nel caso previsto dall'art. 641 del codice civile nei confronti dell'amministratore nominato a norma dell'art. 642 dello stesso codice.

CAPO IV

ACCESSO ALLE PROCEDURE DI REGOLAZIONE DELLA CRISI E DELL'INSOLVENZA

Sezione I. — *Iniziativa per l'accesso alle procedure di regolazione della crisi o dell'insolvenza*

37. *Iniziativa per l'accesso alle procedure di regolazione della crisi o dell'insolvenza.* — 1. La domanda di accesso a una procedura regolatrice della crisi o dell'insolvenza è proposta con ricorso del debitore.

2. La domanda di apertura della liquidazione giudiziale è proposta con ricorso del debitore, degli organi e delle autorità amministrative che hanno funzioni di controllo e di vigilanza sull'impresa, di uno o più creditori o del pubblico ministero.

38. *Iniziativa del pubblico ministero.* — 1. Il pubblico ministero presenta il ricorso per l'apertura della liquidazione giudiziale in ogni caso in cui ha notizia dell'esistenza di uno stato di insolvenza.

2. L'autorità giudiziaria che rileva l'insolvenza nel corso di un procedimento lo segnala al pubblico ministero.

39. *Obblighi del debitore che chiede l'accesso a una procedura regolatrice della crisi o dell'insolvenza.* — 1. Il debitore che chiede l'accesso a una delle procedure di regolazione della crisi o dell'insolvenza deposita presso il tribunale le scritture contabili e fiscali obbligatorie, le dichiarazioni dei redditi concernenti i tre esercizi o anni precedenti ovvero l'intera esistenza dell'impresa o dell'attività economica o professionale, se questa ha avuto una minore durata, i bilanci relativi agli ultimi tre esercizi. Deve inoltre depositare, anche in formato digitale, una relazione sulla situazione economica, patrimoniale e finanziaria aggiornata, uno stato particolareggiato ed estimativo delle sue attività, l'elenco nominativo dei creditori e l'indicazione dei rispettivi crediti e delle cause di prelazione, l'elenco nominativo di coloro che vantano diritti reali e personali su cose in suo possesso e l'indicazione delle cose stesse e del titolo da cui sorge il diritto, un'idonea certificazione sui debiti fiscali, contributivi e per premi assicurativi.

2. Il debitore deve depositare una relazione riepilogativa degli atti di straordinaria amministrazione compiuti nel quinquennio anteriore.

3. Quando la domanda ha ad oggetto l'assegnazione dei termini di cui all'art. 44, comma 1, lett. *a*), il debitore deposita unitamente alla domanda unicamente i bilanci relativi agli ultimi tre esercizi o, per le imprese non soggette all'obbligo di redazione del bilancio, le dichiarazioni dei redditi concernenti i tre esercizi precedenti, l'elenco nominativo dei creditori con l'indicazione dei rispettivi crediti e delle cause di prelazione. L'ulteriore documentazione prevista dai commi 1 e 2 deve essere depositata nel termine assegnato dal tribunale ai sensi dell'art. 44, comma 1, lett. *a*).

Sezione II. — *Procedimento unitario per l'accesso alle procedure di regolazione della crisi o dell'insolvenza*

40. *Domanda di accesso alla procedura.* — 1. Il procedimento per l'accesso a una delle procedure di regolazione della crisi o dell'insolvenza si svolge dinanzi al tribunale in composizione collegiale, con le modalità previste dalla presente sezione.

2. Il ricorso deve indicare l'ufficio giudiziario, l'oggetto, le ragioni della domanda e le conclusioni ed è sottoscritto dal difensore munito di procura.

3. La domanda del debitore, entro il giorno successivo al deposito, è comunicata dal cancelliere al registro delle imprese. L'iscrizione è eseguita entro il giorno seguente e quando la domanda contiene la richiesta di misure protettive il conservatore, nell'eseguire l'iscrizione, ne fa espressa menzione. La domanda, unitamente ai documenti allegati, è trasmessa al pubblico ministero.

4. Nel procedimento di liquidazione giudiziale il debitore può stare in giudizio personalmente.

5. In caso di domanda proposta da un creditore, da coloro che hanno funzioni di controllo e di vigilanza sull'impresa o dal pubblico ministero, il ricorso e il decreto di convocazione devono essere notificati, a cura dell'ufficio, all'indirizzo del servizio elettronico di recapito certificato qualificato o di posta elettronica certificata del debitore risultante dal registro delle imprese ovvero dall'Indice nazionale degli indirizzi di posta elettronica certificata

(INI-PEC) delle imprese e dei professionisti. L'esito della comunicazione è trasmesso con modalità telematica all'indirizzo di posta elettronica certificata del ricorrente.

6. Quando la notificazione a mezzo di posta elettronica certificata di cui al comma 5 non risulta possibile o non ha esito positivo per causa imputabile al destinatario, il ricorso e il decreto sono notificati senza indugio, a cura della cancelleria, mediante il loro inserimento nell'area web riservata ai sensi dell'art. 359. La notificazione si ha per eseguita nel terzo giorno successivo a quello in cui è compiuto l'inserimento.

7. Quando la notificazione non risulta possibile o non ha esito positivo, per cause non imputabili al destinatario, la notifica, a cura del ricorrente, si esegue esclusivamente di persona a norma dell'art. 107, primo comma, del d.p.r. 15 dicembre 1959, n. 1229, presso la sede risultante dal registro delle imprese o, per i soggetti non iscritti nel registro delle imprese, presso la residenza. Quando la notificazione non può essere compiuta con queste modalità, si esegue con il deposito dell'atto nella casa comunale della sede che risulta iscritta nel registro delle imprese ovvero presso la residenza per i soggetti non iscritti nel registro delle imprese, e si perfeziona nel momento del deposito stesso. Per le persone fisiche non obbligate a munirsi del domicilio digitale, del deposito è data notizia anche mediante affissione dell'avviso in busta chiusa e sigillata alla porta dell'abitazione o dell'ufficio e per raccomandata con avviso di ricevimento.

41. *Procedimento per l'apertura della liquidazione giudiziale*. — 1. Il tribunale con decreto convoca le parti non oltre quarantacinque giorni dal deposito del ricorso.

2. Tra la data della notifica e quella dell'udienza deve intercorrere un termine non inferiore a quindici giorni.

3. I termini di cui ai commi 1 e 2 possono essere abbreviati dal presidente del tribunale o dal giudice relatore da lui delegato con decreto motivato, se ricorrono particolari ragioni di urgenza. In tali casi, il presidente del tribunale o il giudice da lui delegato può disporre che il ricorso e il decreto di fissazione dell'udienza siano portati a conoscenza delle parti con ogni mezzo idoneo, omessa ogni formalità non indispensabile alla conoscibilità degli stessi.

4. Il decreto fissa un termine fino a sette giorni prima dell'udienza per la presentazione di memorie o un termine ridotto nel caso di cui al primo periodo del comma 3. Il debitore nel costituirsi, deve depositare i documenti di cui all'art. 39.

5. L'intervento dei terzi che hanno legittimazione a proporre la domanda e del pubblico ministero può avere luogo sino a che la causa non venga rimessa al collegio per la decisione.

6. Il tribunale può delegare al giudice relatore l'audizione delle parti. In tal caso, il giudice delegato provvede all'ammissione ed all'espletamento dei mezzi istruttori richiesti dalle parti o disposti d'ufficio. Il giudice può disporre la raccolta di informazioni da banche dati pubbliche e da pubblici registri.

42. *Istruttoria sui debiti risultanti dai pubblici registri nei procedimenti per l'apertura della liquidazione giudiziale o del concordato preventivo*. — 1. Fermo quanto disposto dall'art. 39, a seguito della domanda di apertura della liquidazione giudiziale o del concordato preventivo, la cancelleria acquisisce, mediante collegamento telematico diretto alle banche dati dell'Agenzia delle entrate, dell'Istituto nazionale di previdenza sociale e del Registro delle imprese, i dati e i documenti relativi al debitore individuati all'art. 367 e con le modalità prescritte nel medesimo articolo.

2. Fino al momento in cui l'art. 367 acquista efficacia, la cancelleria provvede all'acquisizione dei dati e documenti indicati al comma 1 mediante richiesta inoltrata tramite posta elettronica certificata.

43. *Rinuncia alla domanda*. — 1. In caso di rinuncia alla domanda di cui all'art. 40 il procedimento si estingue. È fatta salva la legittimazione del pubblico ministero intervenuto.

2. Sull'estinzione il tribunale provvede con decreto e, nel dichiarare l'estinzione, può condannare la parte che vi ha dato causa alle spese. Il decreto è comunicato al pubblico ministero.

3. Quando la domanda è stata iscritta nel registro delle imprese, il cancelliere comunica immediatamente il decreto di estinzione al medesimo registro per la sua iscrizione da effettuarsi entro il giorno successivo.

44. *Accesso al concordato preventivo e al giudizio per l'omologazione degli accordi di ristrutturazione*. — 1. Il tribunale, su domanda del debitore di accedere a una procedura di regolazione concordata, pronuncia decreto con il quale:

a) se richiesto, fissa un termine compreso tra trenta e sessanta giorni, prorogabile su istanza del debitore in presenza di giustificati motivi e in assenza di domande per l'apertura della liquidazione giudiziale, di non oltre sessanta giorni, entro il quale il debitore deposita la proposta di concordato preventivo con il piano, l'attestazione di veridicità dei dati e di fattibilità e la documentazione di cui all'art. 39, comma 1, oppure gli accordi di ristrutturazione dei debiti;

b) nel caso di domanda di accesso alla procedura di concordato preventivo nomina un commissario giudiziale, disponendo che questi riferisca immediatamente al tribunale su ogni atto di frode ai creditori non dichiarato nella domanda ovvero su ogni circostanza o condotta del debitore tali da pregiudicare una soluzione efficace della crisi. Si applica l'art. 49, comma 3, lett. *f*);

c) dispone gli obblighi informativi periodici, anche relativi alla gestione finanziaria dell'impresa e all'attività compiuta ai fini della predisposizione della proposta e del piano, che il debitore deve assolvere, con periodicità almeno mensile e sotto la vigilanza del commissario giudiziale, sino alla scadenza del termine fissato ai sensi del comma 1, lett. *a*. Con la medesima periodicità, il debitore deposita una relazione sulla situazione patrimoniale, economica e finanziaria che, entro il giorno successivo, è iscritta nel registro delle imprese su richiesta del cancelliere;

d) in caso di nomina del commissario giudiziale, ordina al debitore il versamento, entro un termine perentorio non superiore a dieci giorni, di una somma per le spese della procedura, nella misura necessaria fino alla scadenza del termine fissato ai sensi del comma 1, lett. *a*);

e) ordina l'iscrizione immediata del provvedimento, a cura del cancelliere, nel registro delle imprese.

2. Il tribunale, su segnalazione del commissario giudiziale o del pubblico ministero, con decreto non soggetto a reclamo, sentiti il debitore ed i creditori che hanno proposto ricorso per l'apertura della liquidazione giudiziale e omessa ogni formalità non essenziale al contraddittorio, revoca il provvedimento di concessione dei termini quando accerta una delle situazioni di cui al comma 1, lett. *b*) o quando vi è stata grave violazione degli obblighi informativi di cui al comma 1, lett. *c*). Nello stesso modo il tribunale provvede in caso di violazione dell'obbligo di cui al comma 1, lett. *d*).

3. I termini di cui al comma 1, lett. *a*), *c*) e *d*) non sono soggetti a sospensione feriale dei termini.

4. Nel caso di domanda di accesso al giudizio di omologazione di accordi di ristrutturazione, la nomina del commissario giudiziale deve essere disposta in presenza di istanze per la apertura della procedura di liquidazione giudiziale.

5. Per le società, la domanda di omologazione di accordi di ristrutturazione dei debiti e la domanda di concordato preventivo devono essere approvate e sottoscritte a norma dell'art. 265.

6. Gli accordi, contestualmente al deposito, sono pubblicati nel registro delle imprese e acquistano efficacia dal giorno della pubblicazione.

45. *Comunicazione e pubblicazione del decreto di concessione dei termini*. — 1. Entro il giorno successivo al deposito in cancelleria, il decreto di concessione dei termini per l'accesso al concordato preventivo o per il deposito degli accordi di ristrutturazione di cui all'art. 44, comma 1, lett. *a*), è comunicato al debitore, al pubblico ministero e ai richiedenti l'apertura della liquidazione giudiziale.

2. Nello stesso termine il decreto è trasmesso per estratto a cura del cancelliere all'ufficio del registro delle imprese ai fini della sua iscrizione, da effettuarsi entro il giorno successivo. L'estratto contiene il nome del debitore, il nome dell'eventuale commissario, il dispositivo e la data del deposito. L'iscrizione è effettuata presso l'ufficio del registro delle imprese ove l'imprenditore ha la sede legale e, se questa differisce dalla sede effettiva, anche presso quello corrispondente al luogo ove la procedura è stata aperta.

46. *Effetti della domanda di accesso al concordato preventivo*. — 1. Dopo il deposito della domanda di accesso e fino al decreto di apertura di cui all'art. 47, il debitore può compiere gli atti urgenti di straordinaria amministrazione previa autorizzazione del tribunale. In difetto di autorizzazione gli atti sono inefficaci e il tribunale dispone la revoca del decreto di cui all'art. 44, comma 1.

2. La domanda di autorizzazione contiene idonee informazioni sul contenuto del piano. Il tribunale può assumere ulteriori informazioni, anche da terzi e acquisisce il parere del commissario giudiziale, se nominato.

3. Successivamente al decreto di apertura e fino all'omologazione, sull'istanza di autorizzazione provvede il giudice delegato.

4. I crediti di terzi sorti per effetto degli atti legalmente compiuti dal debitore sono prededucibili.

5. I creditori non possono acquisire diritti di prelazione con efficacia rispetto ai creditori concorrenti, salvo che vi sia l'autorizzazione prevista dai commi 1, 2 e 3. Le ipoteche giudiziali iscritte nei novanta giorni che precedono la data della pubblicazione nel registro delle imprese della domanda di accesso sono inefficaci rispetto ai creditori anteriori.

47. *Apertura del concordato preventivo*. — 1. A seguito del deposito del piano e della proposta di concordato, il tribunale, verificata l'ammissibilità giuridica della proposta e la fattibilità economica del piano ed acquisito, se non disponga già di tutti gli elementi necessari, il parere del commissario giudiziale, se nominato ai sensi dell'art. 44, comma 1, lett. *b*), con decreto:

a) nomina il giudice delegato;

b) nomina ovvero conferma il commissario giudiziale;

c) stabilisce, in relazione al numero dei creditori, alla entità del passivo e alla necessità di assicurare la tempestività e l'efficacia della procedura, la data iniziale e finale per l'espressione del voto dei creditori, con modalità idonee a salvaguardare il contraddittorio e l'effettiva partecipazione, anche utilizzando le strutture informatiche messe a disposizione da soggetti terzi e fissa il termine per la comunicazione del provvedimento ai creditori;

d) fissa il termine perentorio, non superiore a quindici giorni, entro il quale il debitore deve depositare nella cancelleria del tribunale la somma, ulteriore rispetto a quella versata ai sensi dell'art. 44, comma 1, lett. *d*), pari al 50 per cento delle spese che si presumono necessarie per l'intera procedura ovvero la diversa minor somma, non inferiore al 20 per cento di tali spese, che sia determinata dal tribunale.

2. Il decreto è comunicato e pubblicato ai sensi dell'art. 45.

3. Il tribunale, quando accerta la mancanza delle condizioni di ammissibilità e fattibilità di cui al comma 1, sentiti il debitore, i creditori che hanno proposto domanda di apertura della liquidazione giudiziale ed il pubblico ministero, con decreto motivato dichiara inammissibile la proposta e, su ricorso di uno dei soggetti legittimati, dichiara con sentenza l'apertura della liquidazione giudiziale.

4. Il decreto di cui al comma 3 è reclamabile dinanzi alla corte di appello nel termine di quindici giorni dalla comunicazione. La corte di appello, sentite le parti, provvede in camera di consiglio con decreto motivato. Si applicano le disposizioni di cui agli artt. 737 e 738 del codice di procedura civile.

5. La domanda può essere riproposta, decorso il termine per proporre reclamo, quando si verifichino mutamenti delle circostanze.

48. *Omologazione del concordato preventivo e degli accordi di ristrutturazione dei debiti.* — 1. Se il concordato è stato approvato dai creditori, il tribunale fissa l'udienza in camera di consiglio per la comparizione delle parti e del commissario giudiziale, disponendo che il provvedimento sia iscritto presso l'ufficio del registro delle imprese dove l'imprenditore ha la sede legale e, se questa differisce dalla sede effettiva, anche presso l'ufficio del luogo in cui la procedura è stata aperta nonché notificato, a cura del debitore, al commissario giudiziale e agli eventuali creditori dissenzienti.

2. Le opposizioni dei creditori dissenzienti e di qualsiasi interessato devono essere proposte con memoria depositata nel termine perentorio di almeno dieci giorni prima dell'udienza. Il commissario giudiziale deve depositare il proprio motivato parere almeno cinque giorni prima dell'udienza. Il debitore può depositare memorie fino a due giorni prima dell'udienza.

3. Il tribunale verifica la regolarità della procedura, l'esito della votazione, l'ammissibilità giuridica della proposta e la fattibilità economica del piano, tenendo conto dei rilievi del commissario giudiziale. Assume i mezzi istruttori richiesti dalle parti o disposti d'ufficio, anche delegando uno dei componenti del collegio e provvede con sentenza sulla domanda di omologazione del concordato.

4. Quando è depositata una domanda di omologazione di accordi di ristrutturazione, i creditori e ogni altro interessato possono proporre opposizione entro trenta giorni dall'iscrizione degli accordi nel registro delle imprese. Il termine è sospeso nel periodo feriale. Il tribunale, decise le opposizioni in camera di consiglio, provvede all'omologazione con sentenza.

5. Il tribunale omologa gli accordi di ristrutturazione anche in mancanza di adesione da parte dell'amministrazione finanziaria quando l'adesione è decisiva ai fini del raggiungimento delle percentuali di cui all'art. 57, comma 1, e 60 comma 1 e quando, anche sulla base delle risultanze della relazione del professionista indipendente, la proposta di soddisfacimento della predetta amministrazione è conveniente rispetto all'alternativa liquidatoria.

6. La sentenza che omologa il concordato o gli accordi di ristrutturazione è notificata e iscritta a norma dell'art. 45 e produce i propri effetti dalla data della pubblicazione ai sensi dell'art. 133, primo comma, del codice di procedura civile. Gli effetti nei riguardi dei terzi si producono dalla data di iscrizione nel registro delle imprese.

7. Se il tribunale non omologa il concordato preventivo o gli accordi di ristrutturazione, dichiara con sentenza, su ricorso di uno dei soggetti legittimati, l'apertura della liquidazione giudiziale.

49. *Dichiarazione di apertura della liquidazione giudiziale.* — 1. Il tribunale, definite le domande di accesso ad una procedura di regolazione concordata della crisi o dell'insolvenza eventualmente proposte, su ricorso di uno dei soggetti legittimati e accertati i presupposti dell'art. 121, dichiara con sentenza l'apertura della liquidazione giudiziale.

2. Allo stesso modo, su ricorso di uno dei

soggetti legittimati, il tribunale provvede, osservate le disposizioni di cui all'art. 44, comma 2, quando è decorso inutilmente o è stato revocato il termine di cui all'art. 44, comma 1, lett. *a*), quando il debitore non ha depositato le spese di procedura di cui all'art. 44, comma 1, lett. *d*), ovvero nei casi previsti dall'art. 106 o in caso di mancata approvazione del concordato preventivo o quando il concordato preventivo o gli accordi di ristrutturazione non sono stati omologati.

3. Con la sentenza di cui ai commi 1 e 2, il tribunale:

a) nomina il giudice delegato per la procedura;

b) nomina il curatore e, se utile, uno o più esperti per l'esecuzione di compiti specifici in luogo del curatore;

c) ordina al debitore il deposito entro tre giorni dei bilanci e delle scritture contabili e fiscali obbligatorie, in formato digitale nei casi in cui la documentazione è tenuta a norma dell'art. 2215-*bis* del codice civile, nonché dell'elenco dei creditori, se già non eseguito a norma dell'art. 39;

d) stabilisce il luogo, il giorno e l'ora dell'udienza in cui si procederà all'esame dello stato passivo, entro il termine perentorio di non oltre centoventi giorni dal deposito della sentenza, ovvero centocinquanta giorni in caso di particolare complessità della procedura;

e) assegna ai creditori e ai terzi, che vantano diritti reali o personali su cose in possesso del debitore, il termine perentorio di trenta giorni prima dell'udienza di cui alla lett. *d*) per la presentazione delle domande di insinuazione;

f) autorizza il curatore, con le modalità di cui agli artt. 155-*quater*, 155-*quinquies* e 155-*sexies* delle disposizioni di attuazione del codice di procedura civile:

1) ad accedere alle banche dati dell'anagrafe tributaria e dell'archivio dei rapporti finanziari;

2) ad accedere alla banca dati degli atti assoggettati a imposta di registro e ad estrarre copia degli stessi;

3) ad acquisire l'elenco dei clienti e l'elenco dei fornitori di cui all'art. 21 del d.l. 31 maggio 2010, n. 78, convertito dalla l. 30 luglio 2010, n. 122 e successive modificazioni;

4) ad acquisire la documentazione contabile in possesso delle banche e degli altri intermediari finanziari relativa ai rapporti con l'impresa debitrice, anche se estinti;

5) ad acquisire le schede contabili dei fornitori e dei clienti relative ai rapporti con l'impresa debitrice.

4. La sentenza è comunicata e pubblicata ai sensi dell'art. 45. La sentenza produce i propri effetti dalla data della pubblicazione ai sensi dell'art. 133, primo comma, del codice di procedura civile. Gli effetti nei riguardi dei terzi, fermo quanto disposto agli articoli da 163 a 171, si producono dalla data di iscrizione della sentenza nel registro delle imprese.

5. Non si fa luogo all'apertura della liquidazione giudiziale se l'ammontare dei debiti scaduti e non pagati risultanti dagli atti dell'istruttoria è complessivamente inferiore a euro trentamila. Tale importo è periodicamente aggiornato con le modalità di cui all'art. 2, comma 1, lett. *d*).

50. *Reclamo contro il provvedimento che rigetta la domanda di apertura della liquidazione giudiziale*. — 1. Il tribunale, se respinge la domanda di apertura della liquidazione giudiziale, provvede con decreto motivato. Il decreto, a cura del cancelliere, è comunicato alle parti e, quando è stata disposta la pubblicità della domanda, iscritto nel registro delle imprese.

2. Entro trenta giorni dalla comunicazione, il ricorrente o il pubblico ministero possono proporre reclamo contro il decreto alla corte di appello che, sentite le parti, provvede in camera di consiglio con decreto motivato. Si applicano le disposizioni di cui agli artt. 737 e 738 del codice di procedura civile.

3. Il debitore non può chiedere in separato giudizio la condanna del creditore istante alla rifusione delle spese ovvero al risarcimento del danno per responsabilità aggravata ai sensi dell'art. 96 del codice di procedura civile.

4. Il decreto della corte di appello che rigetta il reclamo non è ricorribile per cassazione, è comunicato dalla cancelleria alle parti del procedimento in via telematica, al debitore, se non costituito, ai sensi dell'art. 40, commi 5, 6 e 7 ed è iscritto immediatamente nel registro delle imprese nel caso di pubblicità della domanda.

5. In caso di accoglimento del reclamo, la corte di appello dichiara aperta la liquidazione giudiziale con sentenza e rimette gli atti al tribunale, che adotta, con decreto, i provvedimenti di cui all'art. 49, comma 3. Contro la sentenza può essere proposto ricorso per cassazione, ma i termini sono ridotti della metà. La sentenza della corte di appello e il decreto del tribunale sono iscritti nel registro delle imprese su richiesta del cancelliere del tribunale.

6. I termini di cui agli artt. 33, 34 e 35 si computano con riferimento alla sentenza della corte di appello.

51. *Impugnazioni*. — 1. Contro la sentenza del tribunale che pronuncia sull'omologazione del concordato preventivo o degli accordi di ristrutturazione oppure dispone l'apertura della liquidazione giudiziale le parti possono proporre reclamo. La sentenza che dichiara aperta la liquidazione giudiziale può essere impugnata anche da qualunque interessato. Il reclamo è proposto con ricorso da depositare nella cancelleria della corte di appello nel termine di trenta giorni.

2. Il ricorso deve contenere:

a) l'indicazione della corte di appello competente;

b) le generalità dell'impugnante e del suo procuratore e l'elezione del domicilio nel comune in cui ha sede la corte di appello;

c) l'esposizione dei fatti e degli elementi di diritto su cui si basa l'impugnazione, con le relative conclusioni;

d) l'indicazione dei mezzi di prova di cui il ricorrente intende avvalersi e dei documenti prodotti.

3. Il termine per il reclamo decorre, per le parti, dalla data della notificazione telematica del provvedimento a cura dell'ufficio e, per gli altri interessati, dalla data della iscrizione nel registro delle imprese. Si applica alle parti la disposizione di cui all'art. 327, primo comma, del codice di procedura civile.

4. Il reclamo non sospende l'efficacia della sentenza, salvo quanto previsto dall'art. 52. L'accoglimento del reclamo produce gli effetti di cui all'art. 53.

5. Il presidente, nei cinque giorni successivi al deposito del ricorso, designa il relatore, e fissa con decreto l'udienza di comparizione entro sessanta giorni dal deposito del ricorso.

6. Il ricorso, unitamente al decreto di fissazione dell'udienza, è notificato a cura della cancelleria o in via telematica, al reclamante, al curatore o al commissario giudiziale e alle altre parti entro dieci giorni.

7. Tra la data della notificazione e quella dell'udienza deve intercorrere un termine non minore di trenta giorni.

8. Le parti resistenti devono costituirsi, a pena di decadenza, almeno dieci giorni prima dell'udienza, eleggendo il domicilio nel comune in cui ha sede la corte di appello. La costituzione si effettua mediante il deposito in cancelleria di una memoria contenente l'esposizione delle difese in fatto e in diritto, nonché l'indicazione dei mezzi di prova e dei documenti prodotti.

9. L'intervento di qualunque interessato non può avere luogo oltre il termine stabilito per la costituzione delle parti resistenti con le modalità per queste previste.

10. All'udienza, il collegio, sentite le parti, assume, anche d'ufficio, nel rispetto del contraddittorio, tutti i mezzi di prova che ritiene necessari, eventualmente delegando un suo componente.

11. La corte, esaurita la trattazione, provvede sul ricorso con sentenza entro il termine di trenta giorni.

12. La sentenza è notificata, a cura della cancelleria e in via telematica, alle parti, e deve essere pubblicata e iscritta al registro delle imprese a norma dell'art. 45.

13. Il termine per proporre il ricorso per cassazione è di trenta giorni dalla notificazione.

14. Il ricorso per cassazione non sospende l'efficacia della sentenza.

15. Salvo quanto previsto dall'art. 96 del codice di procedura civile, con la sentenza che decide l'impugnazione, il giudice dichiara se la parte soccombente ha agito o resistito con mala fede o colpa grave e, in tal caso, revoca con efficacia retroattiva l'eventuale provvedimento di ammissione della stessa al patrocinio a spese dello Stato. In caso di società o enti, il giudice dichiara se sussiste mala fede del legale rappresentante che ha conferito la procura e, in caso positivo, lo condanna in solido con la società o l'ente al pagamento delle spese dell'intero processo e al pagamento di una somma pari al doppio del contributo unificato di cui all'art. 9 del d.p.r. 30 maggio 2002, n. 115.

52. *Sospensione della liquidazione, dell'esecuzione del piano o degli accordi*. — 1. Proposto il reclamo, la corte di appello, su richiesta di parte o del curatore, può, quando ricorrono gravi e fondati motivi, sospendere, in tutto o in parte o temporaneamente, la liquidazione dell'attivo, la formazione dello stato passivo e il compimento di altri atti di gestione. Allo stesso modo può provvedere, in caso di reclamo avverso la omologazione del concordato preventivo o degli accordi di ristrutturazione dei debiti, ordinando l'inibitoria, in tutto o in parte o temporanea, dell'attuazione del piano o dei pagamenti.

2. La corte di appello può disporre le opportune tutele per i creditori e per la continuità aziendale.

3. L'istanza di sospensione si propone per il reclamante con il reclamo e per le altre parti con l'atto di costituzione; il presidente, con decreto, ordina la comparizione delle parti dinanzi al collegio in camera di consiglio e dispone che copia del ricorso e del decreto siano notificate alle altre parti e al curatore o al commissario giudiziale, nonché al pubblico ministero.

4. La corte di appello decide con decreto contro il quale non è ammesso ricorso per cassazione.

53. *Effetti della revoca della liquidazione giu-*

diziale, dell'omologazione del concordato e degli accordi di ristrutturazione. — 1. In caso di revoca della liquidazione giudiziale, restano salvi gli effetti degli atti legalmente compiuti dagli organi della procedura. Gli organi della procedura restano in carica, con i compiti previsti dal presente articolo, fino al momento in cui la sentenza che pronuncia sulla revoca passa in giudicato. Salvo quanto previsto dall'art. 147 del d.p.r. 30 maggio 2002, n. 115, le spese della procedura e il compenso al curatore sono liquidati dal tribunale, su relazione del giudice delegato e tenuto conto delle ragioni dell'apertura della procedura e della sua revoca, con decreto reclamabile ai sensi dell'art. 124.

2. Dalla pubblicazione della sentenza di revoca e fino al momento in cui essa passa in giudicato, l'amministrazione dei beni e l'esercizio dell'impresa spettano al debitore, sotto la vigilanza del curatore. Il tribunale, assunte, se occorre, sommarie informazioni ed acquisito il parere del curatore, può autorizzare il debitore a stipulare mutui, transazioni, patti compromissori, alienazioni e acquisti di beni immobili, rilasciare garanzie, rinunciare alle liti, compiere ricognizioni di diritti di terzi, consentire cancellazioni di ipoteche e restituzioni di pegni, accettare eredità e donazioni ed a compiere gli altri atti di straordinaria amministrazione.

3. Gli atti compiuti senza l'autorizzazione del tribunale sono inefficaci rispetto ai terzi. I crediti di terzi sorti per effetto degli atti legalmente compiuti dal debitore sono prededucibili ai sensi dell'art. 98.

4. Con la sentenza che revoca la liquidazione giudiziale, la corte di appello dispone gli obblighi informativi periodici relativi alla gestione economica, patrimoniale e finanziaria dell'impresa, che il debitore deve assolvere sotto la vigilanza del curatore sino al momento in cui la sentenza passa in giudicato. Con la medesima periodicità, stabilita dalla corte di appello, il debitore deposita una relazione sulla situazione patrimoniale, economica e finanziaria dell'impresa. Il tribunale, su istanza del debitore, con decreto non soggetto a reclamo esclude in tutto o in parte la pubblicazione di tale relazione nel registro delle imprese quando la divulgazione dei dati comporta pregiudizio evidente per la continuità aziendale. Entro il giorno successivo al deposito della relazione o della comunicazione al curatore del provvedimento del tribunale che ne dispone la parziale segretazione, la relazione è comunicata dal curatore ai creditori e pubblicata nel registro delle imprese a cura della cancelleria. Il tribunale, a seguito di segnalazione del curatore, del comitato dei creditori o del pubblico ministero, accertata la violazione degli obblighi, con decreto assoggettabile a reclamo ai sensi dell'art. 124, priva il debitore della possibilità di compiere gli atti di amministrazione ordinaria e straordinaria. Il decreto è trasmesso al registro delle imprese per la pubblicazione.

5. In caso di revoca dell'omologazione del concordato o degli accordi di ristrutturazione dei debiti, su domanda di uno dei soggetti legittimati, la corte d'appello, accertati i presupposti di cui all'art. 121, dichiara aperta la liquidazione giudiziale e rimette gli atti al tribunale per l'adozione dei provvedimenti di cui all'art. 49, comma 3. La sentenza che dichiara aperta la liquidazione giudiziale è notificata alle parti a cura della cancelleria della corte d'appello e comunicata al tribunale, nonché iscritta al registro delle imprese. Restano salvi gli effetti degli atti legalmente compiuti dal debitore e dagli organi della procedura prima della revoca.

6. Nel caso previsto dal comma 5, su istanza del debitore il tribunale, ove ricorrano gravi e giustificati motivi, può sospendere i termini per la proposizione delle impugnazioni dello stato passivo e l'attività di liquidazione fino al momento in cui la sentenza che pronuncia sulla revoca passa in giudicato.

Sezione III. — *Misure cautelari e protettive*

54. *Misure cautelari e protettive.* — 1. Nel corso del procedimento per l'apertura della liquidazione giudiziale o della procedura di concordato preventivo o di omologazione degli accordi di ristrutturazione, su istanza di parte, il tribunale può emettere i provvedimenti cautelari, inclusa la nomina di un custode dell'azienda o del patrimonio, che appaiano, secondo le circostanze, più idonei ad assicurare provvisoriamente gli effetti della sentenza che dichiara l'apertura della liquidazione giudiziale o che omologa il concordato preventivo o gli accordi di ristrutturazione dei debiti.

2. Se il debitore ne ha fatto richiesta nella domanda di cui all'art. 40, dalla data della pubblicazione della medesima domanda nel registro delle imprese, i creditori per titolo o causa anteriore non possono, sotto pena di nullità, iniziare o proseguire azioni esecutive e cautelari sul suo patrimonio. Dalla stessa data le prescrizioni rimangono sospese e le decadenze non si verificano.

3. Le misure protettive di cui al comma 2 possono essere richieste dall'imprenditore anche nel corso delle trattative e prima del deposito della domanda di omologazione degli ac-

cordi di ristrutturazione, allegando la documentazione di cui all'art. 57 e la proposta di accordo corredata da un'attestazione del professionista indipendente che attesta che sulla proposta sono in corso trattative con i creditori che rappresentano almeno il sessanta per cento dei crediti e che la stessa, se accettata, è idonea ad assicurare l'integrale pagamento dei creditori con i quali non sono in corso trattative o che hanno comunque negato la propria disponibilità a trattare. La disposizione si applica anche agli accordi di ristrutturazione ad efficacia estesa di cui all'art. 61.

4. Quando le misure protettive di cui al comma 2 o i provvedimenti necessari per condurre a termine le trattative in corso sono richiesti ai sensi dell'art. 20 dal debitore che ha presentato l'istanza di composizione assistita della crisi o sia stato convocato dall'OCRI, la domanda, su istanza del debitore, può essere pubblicata nel registro delle imprese.

5. Il presidente del tribunale o il presidente della sezione cui è assegnata la trattazione delle procedure di regolazione della crisi o dell'insolvenza fissa con decreto l'udienza entro un termine non superiore a trenta giorni dal deposito della domanda. Con provvedimento motivato il presidente del tribunale può fissare l'udienza di cui al primo periodo entro un termine non superiore a quarantacinque giorni dal deposito della domanda. All'esito dell'udienza, provvede, senza indugio, con decreto motivato, fissando la durata delle misure.

6. Le misure protettive disposte conservano efficacia anche se il debitore, prima della scadenza fissata dal giudice ai sensi dell'art. 44, comma 1, lett. *a*) per il deposito degli accordi di ristrutturazione, deposita domanda di apertura del concordato preventivo.

7. L'amministratore delle procedure di insolvenza nominato dal giudice competente ai sensi dell'art. 3, par. 1, del reg. (UE) 2015/848 del Parlamento europeo e del Consiglio del 20 maggio 2015 può chiedere i provvedimenti di cui ai commi 1 e 2 quando nel territorio dello Stato è stata presentata la domanda di cui all'art. 40 o, se non risulta depositata la domanda, nella richiesta sono indicate le condizioni di effettivo ed imminente soddisfacimento non discriminatorio di tutti creditori secondo la procedura concorsuale aperta.

55. *Procedimento.* — 1. Nei casi previsti dall'art. 54, il presidente del tribunale o della sezione cui è assegnata la trattazione delle procedure di regolazione della crisi o dell'insolvenza designa il magistrato cui è affidata la trattazione del procedimento, cui procede direttamente il giudice relatore, se già delegato dal tribunale per l'audizione delle parti.

2. Il giudice, nei casi di cui all'art. 54, comma 1, sentite le parti e omessa ogni formalità non essenziale al contraddittorio, procede nel modo che ritiene più opportuno agli atti di istruzione indispensabili in relazione alla misura richiesta e, quando la convocazione delle parti potrebbe pregiudicare l'attuazione del provvedimento, provvede con decreto motivato, assunte, ove occorra, sommarie informazioni. In tal caso fissa, con lo stesso decreto, l'udienza di comparizione delle parti avanti a sé, ove già non disposta ai sensi dell'art. 41, assegnando all'istante un termine perentorio non superiore a otto giorni per la notifica del ricorso e del decreto alle altre parti. All'udienza il giudice con ordinanza conferma, modifica o revoca i provvedimenti emanati con decreto.

3. Nel caso previsto all'art. 54, comma 2, il giudice, assunte, ove necessario, sommarie informazioni, conferma o revoca con decreto le misure protettive, stabilendone la durata, entro trenta giorni dall'iscrizione della domanda nel registro delle imprese. Il decreto è trasmesso al registro delle imprese per l'iscrizione ed è reclamabile ai sensi dell'art. 124. Se il deposito del decreto non interviene nel termine prescritto cessano gli effetti protettivi prodottisi ai sensi dell'art. 54, comma 2.

4. In caso di atti di frode, su istanza del commissario giudiziale, delle parti del procedimento o del pubblico ministero, il tribunale, sentite le parti e omessa ogni formalità non essenziale al contraddittorio, revoca o modifica le misure protettive. La disposizione si applica anche quando il tribunale accerta che l'attività intrapresa dal debitore non è idonea a pervenire alla composizione assistita della crisi o alla regolazione della crisi e dell'insolvenza.

5. I provvedimenti di cui all'art. 54, commi 1 e 2 possono essere emessi anche dalla corte di appello nel giudizio di reclamo previsto dall'art. 50.

TITOLO IV

Strumenti di regolazione della crisi

CAPO I

Accordi

Sezione I. — *Strumenti negoziali stragiudiziali*

56. *Accordi in esecuzione di piani attestati di risanamento.* — 1. L'imprenditore in stato di crisi o di insolvenza può predisporre un piano, rivolto ai creditori, che appaia idoneo a consentire il risanamento dell'esposizione debitoria dell'impresa e ad assicurare il riequilibrio della situazione finanziaria.

2. Il piano deve avere data certa e deve indicare:

a) la situazione economico-patrimoniale e finanziaria dell'impresa;

b) le principali cause della crisi;

c) le strategie d'intervento e dei tempi necessari per assicurare il riequilibrio della situazione finanziaria;

d) i creditori e l'ammontare dei crediti dei quali si propone la rinegoziazione e lo stato delle eventuali trattative;

e) gli apporti di finanza nuova;

f) i tempi delle azioni da compiersi, che consentono di verificarne la realizzazione, nonché gli strumenti da adottare nel caso di scostamento tra gli obiettivi e la situazione in atto.

3. Al piano debbono essere allegati i documenti di cui all'art. 39.

4. Un professionista indipendente deve attestare la veridicità dei dati aziendali e la fattibilità economica e giuridica del piano.

5. Il piano può essere pubblicato nel registro delle imprese su richiesta del debitore.

6. Gli atti unilaterali e i contratti posti in essere in esecuzione del piano devono essere provati per iscritto e devono avere data certa.

Sezione II. — *Strumenti negoziali stragiudiziali soggetti ad omologazione*

57. *Accordi di ristrutturazione dei debiti*. — 1. Gli accordi di ristrutturazione dei debiti sono conclusi dall'imprenditore, anche non commerciale e diverso dall'imprenditore minore, in stato di crisi o di insolvenza, con i creditori che rappresentino almeno il sessanta per cento dei crediti e sono soggetti ad omologazione ai sensi dell'art. 44.

2. Gli accordi devono contenere l'indicazione degli elementi del piano economico-finanziario che ne consentono l'esecuzione. Il piano deve essere redatto secondo le modalità indicate dall'art. 56. Al piano debbono essere allegati i documenti di cui all'art. 39.

3. Gli accordi devono essere idonei ad assicurare il pagamento integrale dei creditori estranei nei seguenti termini:

a) entro centoventi giorni dall'omologazione, in caso di crediti già scaduti a quella data;

b) entro centoventi giorni dalla scadenza, in caso di crediti non ancora scaduti alla data dell'omologazione.

4. Un professionista indipendente deve attestare la veridicità dei dati aziendali e la fattibilità economica e giuridica del piano. L'attestazione deve specificare l'idoneità dell'accordo e del piano ad assicurare l'integrale pagamento dei creditori estranei nel rispetto dei termini di cui al comma 3.

58. *Rinegoziazione degli accordi o modifiche del piano*. — 1. Se prima dell'omologazione intervengono modifiche sostanziali del piano, è rinnovata l'attestazione di cui all'art. 57, comma 4, e il debitore chiede il rinnovo delle manifestazioni di consenso ai creditori parti degli accordi. L'attestazione deve essere rinnovata anche in caso di modifiche sostanziali degli accordi.

2. Qualora dopo l'omologazione si rendano necessarie modifiche sostanziali del piano, l'imprenditore vi apporta le modifiche idonee ad assicurare l'esecuzione degli accordi, richiedendo al professionista indicato all'art. 57, comma 4, il rinnovo dell'attestazione. In tal caso, il piano modificato e l'attestazione sono pubblicati nel registro delle imprese e della pubblicazione è dato avviso ai creditori a mezzo lettera raccomandata o posta elettronica certificata. Entro trenta giorni dalla ricezione dell'avviso è ammessa opposizione avanti al tribunale, nelle forme di cui all'art. 48.

59. *Coobbligati e soci illimitatamente responsabili*. — 1. Ai creditori che hanno concluso gli accordi di ristrutturazione si applica l'art. 1239 del codice civile.

2. Nel caso in cui l'efficacia degli accordi sia estesa ai creditori non aderenti, costoro conservano impregiudicati i diritti contro i coobbligati, i fideiussori del debitore e gli obbligati in via di regresso.

3. Salvo patto contrario, gli accordi di ristrutturazione della società hanno efficacia nei confronti dei soci illimitatamente responsabili, i quali, se hanno prestato garanzia, continuano a rispondere per tale diverso titolo, salvo che non sia diversamente previsto.

60. *Accordi di ristrutturazione agevolati*. — 1. La percentuale di cui al all'art. 57, comma 1, è ridotta della metà quando il debitore:

a) non proponga la moratoria dei creditori estranei agli accordi;

b) non abbia richiesto e rinunci a richiedere misure protettive temporanee.

61. *Accordi di ristrutturazione ad efficacia estesa*. — 1. Le disposizioni di cui alla presente sezione si applicano, in deroga agli artt. 1372 e 1411 del codice civile, al caso in cui gli effetti dell'accordo vengano estesi anche ai creditori non aderenti che appartengano alla medesima categoria, individuata tenuto conto dell'omogeneità di posizione giuridica ed interessi economici.

2. Ai fini di cui al comma 1 occorre che:

a) tutti i creditori appartenenti alla categoria siano stati informati dell'avvio delle trattative, siano stati messi in condizione di parteciparvi in buona fede e abbiano ricevuto complete e aggiornate informazioni sulla situazione patrimoniale, economica e finanziaria del debitore nonché sull'accordo e sui suoi effetti;

b) l'accordo abbia carattere non liquidatorio, prevedendo la prosecuzione dell'attività d'impresa in via diretta o indiretta ai sensi dell'art. 84, comma 2, e che i creditori vengano soddisfatti in misura significativa o prevalente dal ricavato della continuità aziendale;

c) i crediti dei creditori aderenti appartenenti alla categoria rappresentino il settantacinque per cento di tutti i creditori appartenenti alla categoria, fermo restando che un creditore può essere titolare di crediti inseriti in più di una categoria;

d) i creditori della medesima categoria non aderenti cui vengono estesi gli effetti dell'accordo possano risultare soddisfatti in base all'accordo stesso in misura non inferiore rispetto alla liquidazione giudiziale;

e) il debitore abbia notificato l'accordo, la domanda di omologazione e i documenti allegati ai creditori nei confronti dei quali chiede di estendere gli effetti dell'accordo.

3. I creditori della medesima categoria non aderenti ai quali il debitore chiede di estendere gli effetti dell'accordo possono proporre opposizione ai sensi dell'art. 48, comma 4. Per essi, il termine per proporre opposizione decorre dalla data della comunicazione.

4. In nessun caso, per effetto dell'accordo di ristrutturazione, ai creditori ai quali è stato esteso l'accordo possono essere imposti l'esecuzione di nuove prestazioni, la concessione di affidamenti, il mantenimento della possibilità di utilizzare affidamenti esistenti o l'erogazione di nuovi finanziamenti. Non è considerata nuova prestazione la prosecuzione della concessione del godimento di beni oggetto di contratti di locazione finanziaria già stipulati.

5. Quando un'impresa ha debiti verso banche e intermediari finanziari in misura non inferiore alla metà dell'indebitamento complessivo, l'accordo di ristrutturazione dei debiti può individuare una o più categorie tra tali tipologie di creditori che abbiano fra loro posizione giuridica ed interessi economici omogenei. In tal caso il debitore, con il ricorso di cui all'art. 40, può chiedere, anche se non ricorre la condizione prevista dal comma 2, lett. *b*), che gli effetti dell'accordo vengano estesi anche ai creditori non aderenti appartenenti alla medesima categoria. Restano fermi i diritti dei creditori diversi da banche e intermediari finanziari.

62. *Convenzione di moratoria*. — 1. La convenzione di moratoria conclusa tra un imprenditore, anche non commerciale, e i suoi creditori, diretta a disciplinare in via provvisoria gli effetti della crisi e avente ad oggetto la dilazione delle scadenze dei crediti, la rinuncia agli atti o la sospensione delle azioni esecutive e conservative e ogni altra misura che non comporti rinuncia al credito, in deroga agli artt. 1372 e 1411 del codice civile, è efficace anche nei confronti dei creditori non aderenti che appartengano alla medesima categoria.

2. Ai fini di cui al comma 1 occorre che:

a) tutti i creditori appartenenti alla categoria siano stati informati dell'avvio delle trattative o siano stati messi in condizione di parteciparvi in buona fede e abbiano ricevuto complete e aggiornate informazioni sulla situazione patrimoniale, economica e finanziaria del debitore nonché sulla convenzione e i suoi effetti;

b) i crediti dei creditori aderenti appartenenti alla categoria rappresentino il settantacinque per cento di tutti i creditori appartenenti alla categoria, fermo restando che un creditore può essere titolare di crediti inseriti in più di una categoria;

c) vi siano concrete prospettive che i creditori della medesima categoria non aderenti, cui vengono estesi gli effetti della convenzione, possano risultare soddisfatti all'esito della stessa in misura non inferiore rispetto alla liquidazione giudiziale;

d) un professionista indipendente, abbia attestato la veridicità dei dati aziendali, l'idoneità della convenzione a disciplinare provvisoriamente gli effetti della crisi, e la ricorrenza delle condizioni di cui alla lett. *c*).

3. In nessun caso, per effetto della convenzione, ai creditori della medesima categoria non aderenti possono essere imposti l'esecuzione di nuove prestazioni, la concessione di affidamenti, il mantenimento della possibilità di utilizzare affidamenti esistenti o l'erogazione di nuovi finanziamenti. Non è considerata nuova prestazione la prosecuzione della concessione del godimento di beni oggetto di contratti di locazione finanziaria già stipulati.

4. La convenzione va comunicata, insieme alla relazione del professionista indicato al comma 2, lett. *d*), ai creditori non aderenti mediante lettera raccomandata con avviso di ricevimento o presso il domicilio digitale.

5. Entro trenta giorni dalla comunicazione

può essere proposta opposizione avanti al tribunale.

6. Il tribunale decide sulle opposizioni in camera di consiglio con sentenza.

7. Contro la sentenza che pronuncia sulle opposizioni è ammesso reclamo ai sensi dell'art. 51.

63. *Transazione fiscale e accordi su crediti contributivi*. — 1. Nell'ambito delle trattative che precedono la stipulazione degli accordi di ristrutturazione di cui agli artt. 57, 60 e 61 il debitore può proporre una transazione fiscale. In tali casi l'attestazione del professionista indipendente in possesso dei requisiti di cui all'art. 2, comma 1, lett. *o*), relativamente ai crediti fiscali e previdenziali, deve inerire anche alla convenienza del trattamento proposto rispetto alla liquidazione giudiziale; tale circostanza costituisce oggetto di specifica valutazione da parte del tribunale.

2. La proposta di transazione fiscale, unitamente alla documentazione di cui agli artt. 57, 60 e 61 è depositata presso gli uffici indicati all'art. 88, comma 3. Alla proposta di transazione deve essere allegata la dichiarazione sostitutiva, resa dal debitore o dal suo legale rappresentante ai sensi dell'art. 47 del t.u. delle disposizioni legislative e regolamentari in materia di documentazione amministrativa, di cui al d.p.r. 28 dicembre 2000, n. 445, che la documentazione di cui al periodo precedente rappresenta fedelmente e integralmente la situazione dell'impresa, con particolare riguardo alle poste attive del patrimonio. L'adesione alla proposta è espressa, su parere conforme della competente direzione regionale, con la sottoscrizione dell'atto negoziale da parte del direttore dell'ufficio. Per i tributi amministrati dall'Agenzia delle dogane e dei monopoli l'adesione alla proposta è espressa dalla competente direzione interregionale, regionale e interprovinciale con la sottoscrizione dell'atto negoziale. L'atto è sottoscritto anche dall'agente della riscossione in ordine al trattamento degli oneri di riscossione di cui all'art. 17 del d.lg. 13 aprile 1999, n. 112. L'assenso così espresso equivale a sottoscrizione dell'accordo di ristrutturazione. Ai fini dell'art. 48, comma 5, l'eventuale adesione deve intervenire entro sessanta giorni dal deposito della proposta di transazione fiscale.

3. La transazione fiscale conclusa nell'ambito degli accordi di ristrutturazione è risolta di diritto se il debitore non esegue integralmente, entro novanta giorni dalle scadenze previste, i pagamenti dovuti alle agenzie fiscali e agli enti gestori di forme di previdenza e assistenza obbligatorie.

64. *Effetti degli accordi sulla disciplina societaria*. — 1. Dalla data del deposito della domanda per l'omologazione degli accordi di ristrutturazione disciplinati dagli artt. 57, 60 e 61 ovvero della richiesta di misure cautelari e protettive ai sensi dell'art. 54 relative ad una proposta di accordo di ristrutturazione e sino all'omologazione, non si applicano gli artt. 2446, commi secondo e terzo, 2447, 2482-*bis*, commi quarto, quinto e sesto, e 2482-*ter* del codice civile. Per lo stesso periodo non opera la causa di scioglimento della società per riduzione o perdita del capitale sociale di cui agli artt. 2484, n. 4), e 2545-*duodecies* del codice civile.

2. Resta ferma, per il periodo anteriore al deposito delle domande e della richiesta di misure cautelari e protettive di cui al comma 1, l'applicazione dell'art. 2486 del codice civile.

CAPO II

PROCEDURE DI COMPOSIZIONE DELLE CRISI DA SOVRAINDEBITAMENTO

Sezione I. — *Disposizioni di carattere generale*

65. *Ambito di applicazione delle procedure di composizione delle crisi da sovraindebitamento*. — 1. I debitori di cui all'art. 2, comma 1, lett. *c*) possono proporre soluzioni della crisi da sovraindebitamento secondo le norme del presente capo o del titolo V, capo IX.

2. Si applicano, per quanto non specificamente previsto dalle disposizioni della presente sezione, le disposizioni del titolo III, in quanto compatibili.

3. I compiti del commissario giudiziale o del liquidatore nominati nelle procedure di cui al comma 1 sono svolti dall'OCC. La nomina dell'attestatore è sempre facoltativa.

4. La procedura produce i suoi effetti anche nei confronti dei soci illimitatamente responsabili.

66. *Procedure familiari*. — 1. I membri della stessa famiglia possono presentare un unico progetto di risoluzione della crisi da sovraindebitamento quando sono conviventi o quando il sovraindebitamento ha un'origine comune. Quando uno dei debitori non è un consumatore, al progetto unitario si applicano le disposizioni della sezione III del presente capo.

2. Ai fini del comma 1, oltre al coniuge, si considerano membri della stessa famiglia i parenti entro il quarto grado e gli affini entro il secondo, nonché le parti dell'unione civile e i conviventi di fatto di cui alla l. 20 maggio 2016, n. 76.

3. Le masse attive e passive rimangono distinte.

4. Nel caso in cui siano presentate più richieste di risoluzione della crisi da sovraindebitamento riguardanti membri della stessa famiglia, il giudice adotta i necessari provvedimenti per assicurarne il coordinamento. La competenza appartiene al giudice adito per primo.

5. La liquidazione del compenso dovuto all'organismo di composizione della crisi è ripartita tra i membri della famiglia in misura proporzionale all'entità dei debiti di ciascuno.

Sezione II. — *Ristrutturazione dei debiti del consumatore*

67. *Procedura di ristrutturazione dei debiti*. — 1. Il consumatore sovraindebitato, con l'ausilio dell'OCC, può proporre ai creditori un piano di ristrutturazione dei debiti che indichi in modo specifico tempi e modalità per superare la crisi da sovraindebitamento. La proposta ha contenuto libero e può prevedere il soddisfacimento, anche parziale, dei crediti in qualsiasi forma.

2. La domanda è corredata dell'elenco:

a) di tutti i creditori, con l'indicazione delle somme dovute e delle cause di prelazione;

b) della consistenza e della composizione del patrimonio;

c) degli atti di straordinaria amministrazione compiuti negli ultimi cinque anni;

d) delle dichiarazioni dei redditi degli ultimi tre anni;

e) degli stipendi, delle pensioni, dei salari e di tutte le altre entrate del debitore e del suo nucleo familiare, con l'indicazione di quanto occorre al mantenimento della sua famiglia.

3. La proposta può prevedere anche la falcidia e la ristrutturazione dei debiti derivanti da contratti di finanziamento con cessione del quinto dello stipendio, del trattamento di fine rapporto o della pensione e dalle operazioni di prestito su pegno, salvo quanto previsto dal comma 4.

4. È possibile prevedere che i crediti muniti di privilegio, pegno o ipoteca possano essere soddisfatti non integralmente, allorché ne sia assicurato il pagamento in misura non inferiore a quella realizzabile, in ragione della collocazione preferenziale sul ricavato in caso di liquidazione, avuto riguardo al valore di mercato attribuibile ai beni o ai diritti oggetto della causa di prelazione, come attestato dall'OCC.

5. È possibile prevedere anche il rimborso, alla scadenza convenuta, delle rate a scadere del contratto di mutuo garantito da ipoteca iscritta sull'abitazione principale del debitore se lo stesso, alla data del deposito della domanda, ha adempiuto le proprie obbligazioni o se il giudice lo autorizza al pagamento del debito per capitale ed interessi scaduto a tale data.

6. Il procedimento si svolge dinanzi al tribunale in composizione monocratica.

68. *Presentazione della domanda e attività dell'OCC*. — 1. La domanda deve essere presentata al giudice tramite un OCC costituito nel circondario del tribunale competente ai sensi dell'art. 27, comma 2. Se nel circondario del tribunale competente non vi è un OCC, i compiti e le funzioni allo stesso attribuiti sono svolti da un professionista o da una società tra professionisti in possesso dei requisiti di cui all'art. 358 nominati dal presidente del tribunale competente o da un giudice da lui delegato. Non è necessaria l'assistenza di un difensore.

2. Alla domanda, deve essere allegata una relazione dell'OCC, che deve contenere:

a) l'indicazione delle cause dell'indebitamento e della diligenza impiegata dal debitore nell'assumere le obbligazioni;

b) l'esposizione delle ragioni dell'incapacità del debitore di adempiere le obbligazioni assunte;

c) la valutazione sulla completezza ed attendibilità della documentazione depositata a corredo della domanda;

d) l'indicazione presunta dei costi della procedura.

3. L'OCC, nella sua relazione, deve indicare anche se il soggetto finanziatore, ai fini della concessione del finanziamento, abbia tenuto conto del merito creditizio del debitore, valutato in relazione al suo reddito disponibile, dedotto l'importo necessario a mantenere un dignitoso tenore di vita. A tal fine si ritiene idonea una quantificazione non inferiore all'ammontare dell'assegno sociale moltiplicato per un parametro corrispondente al numero dei componenti il nucleo familiare della scala di equivalenza dell'ISEE di cui al decreto del Presidente del Consiglio dei ministri del 5 dicembre 2013, n. 159.

4. L'OCC, entro sette giorni dall'avvenuto conferimento dell'incarico da parte del debitore, ne dà notizia all'agente della riscossione e agli uffici fiscali, anche degli enti locali, competenti sulla base dell'ultimo domicilio fiscale dell'istante, i quali entro quindici giorni debbono comunicare il debito tributario accertato e gli eventuali accertamenti pendenti.

5. Il deposito della domanda sospende, ai soli effetti del concorso, il corso degli interessi convenzionali o legali fino alla chiusura della

procedura, a meno che i crediti non siano garantiti da ipoteca, da pegno o privilegio, salvo quanto previsto dagli artt. 2749, 2788 e 2855, commi secondo e terzo, del codice civile.

69. *Condizioni soggettive ostative*. — 1. Il consumatore non può accedere alla procedura disciplinata in questa sezione se è già stato esdebitato nei cinque anni precedenti la domanda o ha già beneficiato dell'esdebitazione per due volte, ovvero ha determinato la situazione di sovraindebitamento con colpa grave, malafede o frode.

2. Il creditore che ha colpevolmente determinato la situazione di indebitamento o il suo aggravamento o che ha violato i principi di cui all'art. 124-*bis* del d.lg. 1 settembre 1993, n. 385 (1), non può presentare opposizione o reclamo in sede di omologa, anche se dissenziente, né far valere cause di inammissibilità che non derivino da comportamenti dolosi del debitore.

70. *Omologazione del piano*. — 1. Il giudice, se la proposta e il piano sono ammissibili, dispone con decreto che siano pubblicati in apposita area del sito web del tribunale o del Ministero della giustizia e che ne sia data comunicazione entro trenta giorni, a cura dell'OCC, a tutti i creditori.

2. Ricevuta la comunicazione di cui al comma 1, il creditore deve comunicare all'OCC un indirizzo di posta elettronica certificata. In mancanza, le successive comunicazioni sono effettuate mediante deposito in cancelleria.

3. Nei venti giorni successivi alla comunicazione ogni creditore può presentare osservazioni, inviandole all'indirizzo di posta elettronica certificata dell'OCC, indicato nella comunicazione.

4. Con il decreto di cui al comma 1, il giudice, su istanza del debitore, può disporre la sospensione dei procedimenti di esecuzione forzata che potrebbero pregiudicare la fattibilità del piano. Il giudice, su istanza del debitore, può altresì disporre il divieto di azioni esecutive e cautelari sul patrimonio del consumatore nonché le altre misure idonee a conservare l'integrità del patrimonio fino alla conclusione del procedimento.

5. Le misure protettive sono revocabili su istanza dei creditori, o anche d'ufficio, in caso di atti in frode. Il giudice, salvo che l'istanza di revoca non sia palesemente inammissibile o manifestamente infondata, sente le parti, anche mediante scambio di memorie scritte e provvede con decreto.

6. Entro i dieci giorni successivi alla scadenza del termine di cui al comma 3, l'OCC, sentito il debitore, riferisce al giudice e propone le modifiche al piano che ritiene necessarie.

7. Il giudice, verificata l'ammissibilità giuridica e la fattibilità economica del piano, risolta ogni contestazione, omologa il piano con sentenza e ne dispone, ove necessario, la trascrizione a cura dell'OCC. Con la stessa sentenza dichiara chiusa la procedura.

8. La sentenza di omologa è comunicata ai creditori ed è pubblicata entro quarantotto ore a norma del comma 1. La sentenza è impugnabile ai sensi dell'art. 51.

9. Quando uno dei creditori o qualunque altro interessato, con le osservazioni di cui al comma 3, contesta la convenienza della proposta, il giudice omologa il piano se ritiene che comunque il credito dell'opponente possa essere soddisfatto dall'esecuzione del piano in misura non inferiore all'alternativa liquidatoria.

10. In caso di diniego dell'omologazione, il giudice provvede con decreto motivato e dichiara l'inefficacia delle misure protettive accordate. Su istanza del debitore, verificata la sussistenza dei presupposti di legge, dichiara aperta la procedura liquidatoria ai sensi degli artt. 268 e seguenti.

11. Nei casi di frode l'istanza di cui al comma 10, secondo periodo, può essere presentata anche da un creditore o dal pubblico ministero.

12. Contro il decreto di cui al comma 10, è ammesso reclamo ai sensi dell'art. 50.

71. *Esecuzione del piano*. — 1. L'OCC vigila sull'esatto adempimento del piano, risolve le eventuali difficoltà e le sottopone al giudice, se necessario. Il debitore è tenuto a compiere ogni atto necessario a dare esecuzione al piano omologato. Ogni sei mesi, l'OCC riferisce al giudice per iscritto sullo stato dell'esecuzione.

2. Terminata l'esecuzione, l'OCC, sentito il debitore, presenta al giudice il rendiconto. Il giudice, se approva il rendiconto, procede alla liquidazione del compenso, tenuto conto di quanto eventualmente convenuto con il debitore, e ne autorizza il pagamento.

3. Se non approva il rendiconto, il giudice indica gli atti necessari per l'esecuzione del piano ed un termine per il loro compimento. Se le prescrizioni non sono adempiute nel termine, anche prorogato, il giudice revoca l'omologazione, osservate, in quanto compatibili, le disposizioni di cui all'art. 72.

4. Nella liquidazione del compenso il giudice

(1) In *Leggi coll. XVII, 1*.

tiene conto della diligenza dell'OCC e, se non approva il rendiconto, può escludere il diritto al compenso.

72. *Revoca dell'omologazione.* — 1. Il giudice revoca l'omologazione d'ufficio o su istanza di un creditore, del pubblico ministero o di qualsiasi altro interessato, in contraddittorio con il debitore, quando è stato dolosamente o con colpa grave aumentato o diminuito il passivo, ovvero sottratta o dissimulata una parte rilevante dell'attivo ovvero dolosamente simulate attività inesistenti o se risultano commessi altri atti diretti a frodare le ragioni dei creditori.

2. Il giudice provvede allo stesso modo in caso di inadempimento degli obblighi previsti nel piano o qualora questo sia divenuto inattuabile e non sia possibile modificarlo.

3. L'OCC è tenuto a segnalare al giudice ogni fatto rilevante ai fini della revoca dell'omologazione.

4. La domanda di revoca non può essere proposta e l'iniziativa da parte del tribunale non può essere assunta decorsi sei mesi dalla approvazione del rendiconto.

5. Sulla richiesta di revoca, il giudice sente le parti, anche mediante scambio di memorie scritte e provvede alla revoca, con sentenza reclamabile ai sensi dell'art. 50, o rigetta la richiesta con decreto motivato.

6. La revoca dell'omologazione non pregiudica i diritti acquistati dai terzi in buona fede.

73. *Conversione in procedura liquidatoria.* — 1. In caso di revoca dell'omologazione il giudice, su istanza del debitore, dispone la conversione in liquidazione controllata.

2. Se la revoca consegue ad atti di frode o ad inadempimento, l'istanza di cui al comma 1 può essere proposta anche dai creditori o dal pubblico ministero.

3. In caso di conversione, il giudice concede termine al debitore per l'integrazione della documentazione e provvede ai sensi dell'art. 270.

Sezione III. — *Concordato minore*

74. *Proposta di concordato minore.* — 1. I debitori di cui all'art. 2, comma 1, lett. *c*), in stato di sovraindebitamento, escluso il consumatore, possono formulare ai creditori una proposta di concordato minore, quando consente di proseguire l'attività imprenditoriale o professionale.

2. Fuori dai casi previsti dal comma 1, il concordato minore può essere proposto esclusivamente quando è previsto l'apporto di risorse esterne che aumentino in misura apprezzabile la soddisfazione dei creditori.

3. La proposta di concordato minore ha contenuto libero, indica in modo specifico tempi e modalità per superare la crisi da sovraindebitamento e può prevedere il soddisfacimento, anche parziale, dei crediti attraverso qualsiasi forma, nonché la eventuale suddivisione dei creditori in classi.

4. Per quanto non previsto dalla presente sezione, si applicano le disposizioni del capo III del presente titolo in quanto compatibili.

75. *Documentazione e trattamento dei crediti privilegiati.* — 1. Il debitore deve allegare alla domanda:

a) il piano con i bilanci, le scritture contabili e fiscali obbligatorie e le dichiarazioni dei redditi concernenti i tre anni anteriori o gli ultimi esercizi precedenti se l'attività ha avuto minor durata;

b) una relazione aggiornata sulla situazione economica, patrimoniale e finanziaria;

c) l'elenco di tutti i creditori, con le rispettive cause di prelazione e l'indicazione delle somme dovute;

d) gli atti di straordinaria amministrazione compiuti negli ultimi cinque anni;

e) la documentazione relativa a stipendi, pensioni, salari e altre entrate proprie e della famiglia, con l'indicazione di quanto occorra al mantenimento della stessa.

2. È possibile prevedere che i crediti muniti di privilegio, pegno o ipoteca possano essere soddisfatti non integralmente, allorché ne sia assicurato il pagamento in misura non inferiore a quella realizzabile, in ragione della collocazione preferenziale sul ricavato in caso di liquidazione, avuto riguardo al valore di mercato attribuibile ai beni o ai diritti sui quali insiste la causa di prelazione, come attestato dagli organismi di composizione della crisi.

3. Quando è prevista la continuazione dell'attività aziendale, è possibile prevedere il rimborso, alla scadenza convenuta, delle rate a scadere del contratto di mutuo con garanzia reale gravante su beni strumentali all'esercizio dell'impresa se il debitore, alla data della presentazione della domanda di concordato, ha adempiuto le proprie obbligazioni o se il giudice lo autorizza al pagamento del debito per capitale ed interessi scaduto a tale data. L'OCC attesta anche che il credito garantito potrebbe essere soddisfatto integralmente con il ricavato della liquidazione del bene effettuata a valore di mercato e che il rimborso delle rate a scadere non lede i diritti degli altri creditori.

76. *Presentazione della domanda e attività dell'OCC.* — 1. La domanda è formulata tramite un OCC costituito nel circondario del tribunale competente ai sensi dell'art. 27, comma 2.

2. Alla domanda deve essere allegata una relazione particolareggiata dell'OCC, che comprende:

a) l'indicazione delle cause dell'indebitamento e della diligenza impiegata dal debitore nell'assumere le obbligazioni;

b) l'esposizione delle ragioni dell'incapacità del debitore di adempiere le obbligazioni assunte;

c) l'indicazione della eventuale esistenza di atti del debitore impugnati dai creditori;

d) la valutazione sulla completezza e attendibilità della documentazione depositata a corredo della domanda, nonché sulla convenienza del piano rispetto all'alternativa liquidatoria;

e) l'indicazione presumibile dei costi della procedura;

f) la percentuale, le modalità e i tempi di soddisfacimento dei creditori;

g) l'indicazione dei criteri adottati nella formazione delle classi, ove previste dalla proposta.

3. L'OCC, nella sua relazione, deve indicare anche se il soggetto finanziatore, ai fini della concessione del finanziamento, abbia tenuto conto del merito creditizio del debitore.

4. L'OCC, entro sette giorni dall'avvenuto conferimento dell'incarico da parte del debitore, ne dà notizia all'agente della riscossione e agli uffici fiscali, anche degli enti locali, competenti sulla base dell'ultimo domicilio fiscale dell'istante, i quali entro quindici giorni debbono comunicare il debito tributario accertato e gli eventuali accertamenti pendenti.

5. Il deposito della domanda sospende, ai soli effetti del concorso, il corso degli interessi convenzionali o legali fino alla chiusura della liquidazione, a meno che i crediti non siano garantiti da ipoteca, pegno o privilegio, salvo quanto previsto dagli artt. 2749, 2788 e 2855, commi secondo e terzo, del codice civile.

6. Il procedimento si svolge dinanzi al tribunale in composizione monocratica.

77. *Inammissibilità della domanda di concordato minore*. — 1. La domanda di concordato minore è inammissibile se mancano i documenti di cui agli artt. 75 e 76, se il debitore presenta requisiti dimensionali che eccedono i limiti di cui all'art. 2, comma 1, lett. *d*), nn. 1), 2) e 3), se è già stato esdebitato nei cinque anni precedenti la domanda o ha già beneficiato dell'esdebitazione per due volte o se risultano commessi atti diretti a frodare le ragioni dei creditori.

78. *Procedimento*. — 1. Il giudice, se la domanda è ammissibile, dichiara aperta la procedura con decreto e dispone la comunicazione, a cura dell'OCC, a tutti i creditori della proposta e del decreto.

2. Con il decreto di cui al comma 1, il giudice:

a) dispone la pubblicazione del decreto mediante inserimento in apposita area del sito web del tribunale o del Ministero della giustizia e nel registro delle imprese se il debitore svolge attività d'impresa;

b) ordina, ove il piano preveda la cessione o l'affidamento a terzi di beni immobili o beni mobili registrati, la trascrizione del decreto presso gli uffici competenti;

c) assegna ai creditori un termine non superiore a trenta giorni entro il quale devono fare pervenire all'OCC, a mezzo posta elettronica certificata, la dichiarazione di adesione o di mancata adesione alla proposta di concordato e le eventuali contestazioni;

d) su istanza del debitore, dispone che, sino al momento in cui il provvedimento di omologazione diventa definitivo, non possono, sotto pena di nullità, essere iniziate o proseguite azioni esecutive individuali né disposti sequestri conservativi né acquistati diritti di prelazione sul patrimonio del debitore da parte dei creditori aventi titolo o causa anteriore.

3. L'OCC cura l'esecuzione del decreto.

4. Nella comunicazione di cui al comma 2, lett. *c*), il creditore deve indicare un indirizzo di posta elettronica certificata a cui ricevere tutte le comunicazioni. In mancanza, i provvedimenti sono comunicati mediante deposito in cancelleria.

5. Gli atti eccedenti l'ordinaria amministrazione compiuti senza l'autorizzazione del giudice sono inefficaci rispetto ai creditori anteriori al momento in cui è stata eseguita la pubblicità del decreto.

79. *Maggioranza per l'approvazione del concordato minore*. — 1. Il concordato minore è approvato dai creditori che rappresentano la maggioranza dei crediti ammessi al voto. I creditori muniti di privilegio, pegno o ipoteca, dei quali la proposta prevede l'integrale pagamento, non sono computati ai fini del raggiungimento della maggioranza e non hanno diritto di esprimersi sulla proposta, salvo che non rinuncino in tutto o in parte al diritto di prelazione. I creditori soddisfatti parzialmente ai sensi dell'art. 74, comma 3, sono equiparati ai chirografari per la parte residua del credito.

2. Non sono ammessi al voto e non sono computati ai fini del raggiungimento della maggioranza il coniuge, la parte dell'unione civile e il convivente di fatto del debitore di cui alla l. 20 maggio 2016, n. 76, i parenti e affini

del debitore entro il quarto grado, nonché i cessionari o aggiudicatari dei loro crediti da meno di un anno prima della domanda.

3. In mancanza di comunicazione all'OCC nel termine assegnato, si intende che i creditori abbiano prestato consenso alla proposta nei termini in cui è stata loro trasmessa.

4. Il concordato minore della società produce i suoi effetti anche per i soci illimitatamente responsabili.

5. Il concordato minore non pregiudica i diritti dei creditori nei confronti dei coobbligati, fideiussori del debitore e obbligati in via di regresso, salvo che sia diversamente previsto.

80. *Omologazione del concordato minore*. — 1. Il giudice, verificati la ammissibilità giuridica e la fattibilità economica del piano e il raggiungimento della percentuale di cui all'art. 79 in mancanza di contestazioni, omologa il concordato minore con sentenza, disponendo forme adeguate di pubblicità e, se necessario, la sua trascrizione.

2. Con la sentenza di omologazione, il giudice dichiara chiusa la procedura.

3. Quando uno dei creditori o qualunque altro interessato contesta la convenienza della proposta, il giudice, sentiti il debitore e l'OCC, omologa il concordato minore se ritiene che il credito dell'opponente possa essere soddisfatto dall'esecuzione del piano in misura non inferiore all'alternativa liquidatoria. Il giudice omologa altresì il concordato minore anche in mancanza di adesione da parte dell'amministrazione finanziaria quando l'adesione è decisiva ai fini del raggiungimento della percentuale di cui all'art. 79, comma 1, e, anche sulla base delle risultanze, sul punto, della specifica relazione dell'OCC, la proposta di soddisfacimento dell'amministrazione è conveniente rispetto all'alternativa liquidatoria.

4. Il creditore che ha colpevolmente determinato la situazione di indebitamento o il suo aggravamento, non può presentare opposizione o reclamo in sede di omologa, anche se dissenziente, né far valere cause di inammissibilità che non derivino da comportamenti dolosi del debitore.

5. Il giudice, se rigetta la domanda di omologa, dichiara con decreto motivato l'inefficacia delle misure protettive accordate e, su istanza del debitore, dichiara aperta la procedura di liquidazione controllata ai sensi degli artt. 268 e seguenti.

6. In caso di frode, l'istanza di cui al comma 5 può essere proposta anche da un creditore o dal pubblico ministero.

7. Il decreto è reclamabile ai sensi dell'art. 50.

81. *Esecuzione del concordato minore*. — 1. L'OCC vigila sull'esatto adempimento del concordato minore, risolve le eventuali difficoltà e, se necessario, le sottopone al giudice. Il debitore è tenuto a compiere ogni atto necessario a dare esecuzione al piano omologato.

2. Terminata l'esecuzione, l'OCC, sentito il debitore, presenta al giudice il rendiconto. Il giudice, se approva il rendiconto, procede alla liquidazione del compenso, tenuto conto di quanto eventualmente pattuito con il debitore, e ne autorizza il pagamento.

3. Se non approva il rendiconto, il giudice indica gli atti necessari per l'esecuzione del concordato ed un termine per il loro compimento. Se le prescrizioni non sono adempiute nel termine, anche prorogato, il giudice dichiara risolto il concordato minore, osservate, in quanto compatibili, le disposizioni di cui all'art. 82.

4. Nella liquidazione del compenso il giudice tiene conto della diligenza dell'OCC e, se non approva il rendiconto, può escludere il diritto al compenso.

5. Il giudice provvede allo stesso modo in caso di mancata esecuzione integrale del piano o qualora il piano sia divenuto inattuabile e non sia possibile modificarlo.

82. *Revoca dell'omologazione*. — 1. Il giudice revoca l'omologazione d'ufficio o su istanza di un creditore, del pubblico ministero o di qualsiasi altro interessato, in contraddittorio con il debitore, quando è stato dolosamente o con colpa grave aumentato o diminuito il passivo, ovvero quando è stata sottratta o dissimulata una parte rilevante dell'attivo ovvero quando sono state dolosamente simulate attività inesistenti o quando risultano commessi altri atti diretti a frodare le ragioni dei creditori. La domanda di revoca non può essere proposta e l'iniziativa da parte del tribunale non può essere assunta decorsi sei mesi dall'approvazione del rendiconto.

2. L'OCC è tenuto a segnalare al giudice ogni fatto rilevante ai fini della revoca dell'omologazione.

3. Prima di procedere alla revoca, il giudice sente le parti, anche mediante scambio di memorie scritte e provvede alla revoca con sentenza reclamabile ai sensi dell'art. 50, o rigetta la richiesta con decreto motivato.

4. La revoca dell'omologazione non pregiudica i diritti acquistati dai terzi in buona fede.

83. *Conversione in procedura liquidatoria*. — 1. In ogni caso di revoca o risoluzione il giudice, su istanza del debitore, dispone la conversione in liquidazione controllata.

2. Se la revoca o la risoluzione consegue ad

atti di frode o ad inadempimento, l'istanza di cui al comma 1 può essere proposta anche dai creditori o dal pubblico ministero.

3. In caso di conversione, il giudice concede termine al debitore per l'integrazione della documentazione e provvede ai sensi dell'art. 270.

CAPO III

CONCORDATO PREVENTIVO

Sezione I. — *Presupposti e inizio della procedura*

84. *Finalità del concordato preventivo*. — 1. Con il concordato preventivo il debitore realizza il soddisfacimento dei creditori mediante la continuità aziendale o la liquidazione del patrimonio.

2. La continuità può essere diretta, in capo all'imprenditore che ha presentato la domanda di concordato, ovvero indiretta, in caso sia prevista la gestione dell'azienda in esercizio o la ripresa dell'attività da parte di soggetto diverso dal debitore in forza di cessione, usufrutto, affitto, stipulato anche anteriormente, purché in funzione della presentazione del ricorso, conferimento dell'azienda in una o più società, anche di nuova costituzione, o a qualunque altro titolo, ed è previsto dal contratto o dal titolo il mantenimento o la riassunzione di un numero di lavoratori pari ad almeno la metà della media di quelli in forza nei due esercizi antecedenti il deposito del ricorso, per un anno dall'omologazione. In caso di continuità diretta il piano prevede che l'attività d'impresa è funzionale ad assicurare il ripristino dell'equilibrio economico finanziario nell'interesse prioritario dei creditori, oltre che dell'imprenditore e dei soci. In caso di continuità indiretta la disposizione di cui al periodo che precede, in quanto compatibile, si applica anche con riferimento all'attività aziendale proseguita dal soggetto diverso dal debitore.

3. Nel concordato in continuità aziendale i creditori vengono soddisfatti in misura prevalente dal ricavato prodotto dalla continuità aziendale diretta o indiretta, ivi compresa la cessione del magazzino. La prevalenza si considera sempre sussistente quando i ricavi attesi dalla continuità per i primi due anni di attuazione del piano derivano da un'attività d'impresa alla quale sono addetti almeno la metà della media di quelli in forza nei due esercizi antecedenti il momento del deposito del ricorso. A ciascun creditore deve essere assicurata un'utilità specificamente individuata ed economicamente valutabile. Tale utilità può anche essere rappresentata dalla prosecuzione o rinnovazione di rapporti contrattuali con il debitore o con il suo avente causa.

4. Nel concordato liquidatorio l'apporto di risorse esterne deve incrementare di almeno il dieci per cento, rispetto all'alternativa della liquidazione giudiziale, il soddisfacimento dei creditori chirografari, che non può essere in ogni caso inferiore al venti per cento dell'ammontare complessivo del credito chirografario.

85. *Presupposti per l'accesso alla procedura*. — 1. Per proporre il concordato l'imprenditore, soggetto a liquidazione giudiziale ai sensi dell'art. 121, deve trovarsi in stato di crisi o di insolvenza. È in ogni caso fatto salvo il disposto dell'art. 296.

2. La proposta deve fondarsi su un piano fattibile e presentare i requisiti previsti dall'art. 87.

3. Il piano può prevedere:

a) la ristrutturazione dei debiti e la soddisfazione dei crediti attraverso qualsiasi forma, anche mediante cessione dei beni, accollo, o altre operazioni straordinarie, ivi compresa l'attribuzione ai creditori, nonché a società da questi partecipate, di azioni, quote, ovvero obbligazioni, anche convertibili in azioni, o altri strumenti finanziari e titoli di debito;

b) l'attribuzione delle attività delle imprese interessate dalla proposta di concordato ad un assuntore;

c) la eventuale suddivisione dei creditori in classi;

d) trattamenti differenziati tra creditori appartenenti a classi diverse.

4. Possono costituirsi come assuntori anche i creditori o società da questi partecipate.

5. La formazione delle classi è obbligatoria per i creditori titolari di crediti previdenziali o fiscali dei quali non sia previsto l'integrale pagamento, per i creditori titolari di garanzie prestate da terzi, per i creditori che vengono soddisfatti anche in parte con utilità diverse dal denaro e per i creditori proponenti il concordato e per le parti ad essi correlate.

6. Il trattamento stabilito per ciascuna classe non può avere l'effetto di alterare l'ordine delle cause legittime di prelazione.

7. I creditori muniti di privilegio, pegno o ipoteca, possono essere soddisfatti anche non integralmente, purché in misura non inferiore a quella realizzabile sul ricavato, in caso di liquidazione, dei beni o diritti sui quali sussiste la causa di prelazione, avuto riguardo al loro valore di mercato, al netto del presumibile ammontare delle spese di procedura inerenti al bene o diritto e della quota parte delle spese

generali, attestato da professionista indipendente. La quota residua del credito è trattata come credito chirografario.

86. *Moratoria nel concordato in continuità*. — 1. Il piano può prevedere una moratoria fino a due anni dall'omologazione per il pagamento dei creditori muniti di privilegio, pegno o ipoteca, salvo che sia prevista la liquidazione dei beni o diritti sui quali sussiste la causa di prelazione. Quando è prevista la moratoria i creditori hanno diritto al voto per la differenza fra il loro credito maggiorato degli interessi di legge e il valore attuale dei pagamenti previsti nel piano calcolato alla data di presentazione della domanda di concordato, determinato sulla base di un tasso di sconto pari alla metà del tasso previsto dall'art. 5 del d.lg. 9 ottobre 2002, n. 231, in vigore nel semestre in cui viene presentata la domanda di concordato preventivo.

87. *Piano di concordato*. — 1. Il debitore presenta, con la proposta di concordato e unitamente alla documentazione prevista dall'art. 39, un piano contenente la descrizione analitica delle modalità e dei tempi di adempimento della proposta. Il piano deve indicare:

a) le cause della crisi;

b) la definizione delle strategie d'intervento e, in caso di concordato in continuità, i tempi necessari per assicurare il riequilibrio della situazione finanziaria;

c) gli apporti di finanza nuova, se previsti;

d) le azioni risarcitorie e recuperatorie esperibili, con indicazione di quelle eventualmente proponibili solo nel caso di apertura della procedura di liquidazione giudiziale e delle prospettive di recupero;

e) i tempi delle attività da compiersi, nonché le iniziative da adottare nel caso di scostamento tra gli obiettivi pianificati e quelli raggiunti;

f) in caso di continuità aziendale, le ragioni per le quali questa è funzionale al miglior soddisfacimento dei creditori;

g) ove sia prevista la prosecuzione dell'attività d'impresa in forma diretta, un'analitica individuazione dei costi e dei ricavi attesi dalla prosecuzione dell'attività, delle risorse finanziarie necessarie e delle relative modalità di copertura.

2. Il debitore deve depositare, con la domanda, la relazione di un professionista indipendente, che attesti la veridicità dei dati aziendali e la fattibilità del piano. Analoga relazione deve essere presentata nel caso di modifiche sostanziali della proposta o del piano.

3. In caso di concordato in continuità la relazione del professionista indipendente deve attestare che la prosecuzione dell'attività d'impresa è funzionale al miglior soddisfacimento dei creditori.

88. *Trattamento dei crediti tributari e contributivi*. — 1. Con il piano di concordato il debitore, esclusivamente mediante proposta presentata ai sensi del presente articolo, può proporre il pagamento, parziale o anche dilazionato, dei tributi e dei relativi accessori amministrati dalle agenzie fiscali, nonché dei contributi amministrati dagli enti gestori di forme di previdenza e assistenza obbligatorie e dei relativi accessori, se il piano ne prevede la soddisfazione in misura non inferiore a quella realizzabile, in ragione della collocazione preferenziale, sul ricavato in caso di liquidazione, avuto riguardo al valore di mercato attribuibile ai beni o ai diritti sui quali sussiste la causa di prelazione, indicato nella relazione di un professionista indipendente. Se il credito tributario o contributivo è assistito da privilegio, la percentuale, i tempi di pagamento e le eventuali garanzie non possono essere inferiori o meno vantaggiosi rispetto a quelli offerti ai creditori che hanno un grado di privilegio inferiore o a quelli che hanno una posizione giuridica e interessi economici omogenei a quelli delle agenzie e degli enti gestori di forme di previdenza e assistenza obbligatorie. Se il credito tributario o contributivo ha natura chirografaria, anche a seguito di degradazione per incapienza, il trattamento non può essere differenziato rispetto a quello degli altri crediti chirografari ovvero, nel caso di suddivisione in classi, dei crediti rispetto ai quali è previsto un trattamento più favorevole.

2. L'attestazione del professionista indipendente, relativamente ai crediti fiscali e previdenziali, ha ad oggetto anche la convenienza del trattamento proposto rispetto alla liquidazione giudiziale.

3. Copia della proposta e della relativa documentazione, contestualmente al deposito presso il tribunale, deve essere presentata al competente agente della riscossione e all'ufficio competente sulla base dell'ultimo domicilio fiscale del debitore, unitamente alla copia delle dichiarazioni fiscali per le quali non è pervenuto l'esito dei controlli automatici nonché delle dichiarazioni integrative relative al periodo fino alla data di presentazione della domanda. L'agente della riscossione, non oltre trenta giorni dalla data della presentazione, deve trasmettere al debitore una certificazione attestante l'entità del debito iscritto a ruolo scaduto o sospeso. L'ufficio, nello stesso termine, deve procedere alla liquidazione dei tributi risultanti dalle dichiarazioni e alla notifica dei relativi avvisi di irregolarità, unitamente a

una certificazione attestante l'entità del debito derivante da atti di accertamento, ancorché non definitivi, per la parte non iscritta a ruolo, nonché dai ruoli vistati, ma non ancora consegnati all'agente della riscossione. Dopo la nomina del commissario giudiziale copia dell'avviso di irregolarità e delle certificazioni deve essergli trasmessa per gli adempimenti previsti dagli artt. 105, comma 1, e 106. In particolare, per i tributi amministrati dall'Agenzia delle dogane e dei monopoli, l'ufficio competente a ricevere copia della domanda con la relativa documentazione prevista al primo periodo, nonché a rilasciare la certificazione di cui al terzo periodo, si identifica con l'ufficio che ha notificato al debitore gli atti di accertamento.

4. Relativamente al credito tributario chirografario complessivo, il voto sulla proposta concordataria è espresso dall'ufficio, previo parere conforme della competente direzione regionale.

5. Il voto è espresso dall'agente della riscossione limitatamente agli oneri di riscossione di cui all'art. 17 del d.lg. 13 aprile 1999, n. 112.

89. *Riduzione o perdita del capitale della società in crisi*. — 1. Dalla data del deposito della domanda e sino all'omologazione non si applicano gli artt. 2446, commi secondo e terzo, 2447, 2482-*bis*, commi quarto, quinto e sesto, e 2482-*ter* del codice civile. Per lo stesso periodo non opera la causa di scioglimento della società per riduzione o perdita del capitale sociale di cui agli artt. 2484, n. 4, e 2545-*duodecies* del codice civile.

2. Resta ferma, per il periodo anteriore al deposito delle domande e della proposta di cui al comma 1, l'applicazione dell'art. 2486 del codice civile.

90. *Proposte concorrenti*. — 1. Colui o coloro che, anche per effetto di acquisti successivi alla domanda di concordato, rappresentano almeno il dieci per cento dei crediti risultanti dalla situazione patrimoniale depositata dal debitore, possono presentare una proposta concorrente di concordato preventivo e il relativo piano non oltre trenta giorni prima della data iniziale stabilita per la votazione dei creditori.

2. Ai fini del computo della percentuale del dieci per cento, non si considerano i crediti della società che controlla la società debitrice, delle società da questa controllate e di quelle sottoposte a comune controllo.

3. La proposta concorrente non può essere presentata dal debitore, neppure per interposta persona, dal coniuge, dalla parte di un'unione civile tra persone dello stesso sesso o dal convivente di fatto del debitore, da parenti e affini entro il quarto grado e da parti correlate.

4. La relazione di cui all'art. 87, comma 2 può essere limitata alla fattibilità del piano per gli aspetti che non siano già oggetto di verifica da parte del commissario giudiziale, e può essere omessa se non ve ne sono.

5. Le proposte di concordato concorrenti non sono ammissibili se nella relazione di cui all'art. 87, comma 2, il professionista indipendente attesta che la proposta di concordato del debitore assicura il pagamento di almeno il trenta per cento dell'ammontare dei crediti chirografari. Tale percentuale è ridotta al venti per cento nel caso in cui il debitore abbia richiesto l'apertura del procedimento di allerta o utilmente avviato la composizione assistita della crisi ai sensi dell'art. 24.

6. La proposta può prevedere l'intervento di terzi e, se il debitore ha la forma di società per azioni o a responsabilità limitata, un aumento di capitale della società con esclusione o limitazione del diritto d'opzione.

7. La proposta concorrente prima di essere comunicata ai creditori, deve essere sottoposta al giudizio del tribunale che verifica la correttezza dei criteri di formazione delle classi.

8. Le proposte di concordato, ivi compresa quella presentata dal debitore, possono essere modificate fino a venti giorni prima della votazione dei creditori.

91. *Offerte concorrenti*. — 1. Quando il piano di concordato comprende un'offerta irrevocabile da parte di un soggetto già individuato e avente ad oggetto il trasferimento in suo favore, anche prima dell'omologazione, verso un corrispettivo in denaro o comunque a titolo oneroso, dell'azienda o di uno o più rami d'azienda o di specifici beni, il tribunale o il giudice da esso delegato dispone che dell'offerta stessa sia data idonea pubblicità al fine di acquisire offerte concorrenti. La stessa disciplina si applica in caso di affitto d'azienda.

2. La medesima disciplina si applica quando, prima dell'apertura della procedura di concordato, il debitore ha stipulato un contratto che comunque abbia la finalità del trasferimento non immediato dell'azienda, del ramo d'azienda o di specifici beni aziendali.

3. Se pervengono manifestazioni di interesse, il tribunale o il giudice da esso delegato, dispone con decreto l'apertura della procedura competitiva.

4. Il decreto di cui al comma 3 stabilisce le modalità di presentazione di offerte irrevocabili, prevedendo che ne sia assicurata in ogni caso la comparabilità, i requisiti di partecipazione degli offerenti, le forme e i tempi di accesso alle informazioni rilevanti, gli eventuali limiti al loro utilizzo e le modalità con cui il

commissario deve fornirle a coloro che ne fanno richiesta, le modalità di svolgimento della procedura competitiva, l'aumento minimo del corrispettivo che le offerte devono prevedere, le garanzie che devono essere prestate dagli offerenti, le forme di pubblicità e la data dell'udienza per l'esame delle offerte se la vendita avviene davanti al giudice.

5. La pubblicità è in ogni caso disposta sul portale delle vendite pubbliche di cui all'art. 490 del codice di procedura civile, nelle forme di pubblicità di cui al predetto articolo per quanto compatibili.

6. Le offerte, da presentarsi in forma segreta, non sono efficaci se non conformi a quanto previsto dal decreto e, in ogni caso, quando sottoposte a condizione.

7. Le offerte sono rese pubbliche nel giorno stabilito per la gara alla presenza degli offerenti e di qualunque interessato. Se sono state presentate più offerte migliorative, si procede alla gara tra gli offerenti. La gara deve concludersi almeno venti giorni prima della data fissata per il voto dei creditori, anche quando il piano prevede che la vendita o l'aggiudicazione abbia luogo dopo l'omologazione.

8. Con la vendita o con l'aggiudicazione, se precedente, a soggetto diverso dall'originario offerente indicato nel piano, questi e il debitore sono liberati dalle obbligazioni reciprocamente assunte. In favore dell'originario offerente il commissario dispone il rimborso delle spese e dei costi sostenuti per la formulazione dell'offerta entro il limite massimo del tre per cento del prezzo in essa indicato.

9. Il debitore modifica la proposta ed il piano in conformità all'esito della gara.

10. Nel caso in cui, indetta la gara, non vengano presentate offerte, l'originario offerente rimane vincolato nei termini di cui all'offerta indicata al comma 1.

11. Il presente articolo si applica, in quanto compatibile, nel caso in cui il debitore abbia chiesto l'assegnazione del termine previsto dall'art. 44, comma 1, lett. *a*).

Sezione II. — *Organi e amministrazione*

92. *Commissario giudiziale*. — 1. Il commissario giudiziale è, per quanto attiene all'esercizio delle sue funzioni, pubblico ufficiale.

2. Si applicano al commissario giudiziale gli artt. 126, 133, 134, 136 e 137, in quanto compatibili, nonché le disposizioni di cui agli artt. 35, comma 4-*bis*, e 35.1 del d.lg. 6 settembre 2011, n. 159; si osservano altresì le disposizioni di cui all'art. 35.2 del predetto decreto.

3. Il commissario giudiziale fornisce ai creditori che ne fanno richiesta, valutata la congruità della stessa e previa assunzione di opportuni obblighi di riservatezza, le informazioni utili per la presentazione di proposte concorrenti, sulla base delle scritture contabili e fiscali obbligatorie del debitore, nonché ogni altra informazione rilevante in suo possesso.

4. La disciplina di cui al comma 3 si applica anche in caso di richieste, da parte di creditori o di terzi, di informazioni utili per la presentazione di offerte concorrenti.

5. Il commissario giudiziale comunica senza ritardo al pubblico ministero i fatti che possono interessare ai fini delle indagini preliminari in sede penale e dei quali viene a conoscenza nello svolgimento delle sue funzioni.

93. *Pubblicità del decreto*. — 1. Se il debitore possiede beni immobili o altri beni soggetti a pubblica registrazione, il decreto di apertura è trascritto nei pubblici registri a cura del commissario giudiziale.

Sezione III. — *Effetti della presentazione della domanda di concordato preventivo*

94. *Effetti della presentazione della domanda di concordato*. — 1. Dalla data di presentazione della domanda di accesso al concordato preventivo e fino all'omologazione, il debitore conserva l'amministrazione dei suoi beni e l'esercizio dell'impresa, sotto la vigilanza del commissario giudiziale.

2. Fermo il disposto dell'art. 46, i mutui, anche sotto forma cambiaria, le transazioni, i compromessi, le alienazioni di beni immobili e di partecipazioni societarie di controllo, le concessioni di ipoteche o di pegno, le fideiussioni, le rinunzie alle liti, le ricognizioni di diritti di terzi, le cancellazioni di ipoteche, le restituzioni di pegni, le accettazioni di eredità e di donazioni e in genere gli atti eccedenti l'ordinaria amministrazione, compiuti senza l'autorizzazione del giudice delegato, sono inefficaci rispetto ai creditori anteriori al concordato.

3. L'autorizzazione può essere concessa prima dell'omologazione se l'atto è funzionale al miglior soddisfacimento dei creditori.

4. Con decreto, il tribunale può stabilire un limite di valore al di sotto del quale non è dovuta l'autorizzazione di cui al comma 2.

5. L'alienazione e l'affitto di azienda, di rami di azienda e di specifici beni autorizzati ai sensi del comma 2, sono effettuate tramite procedure competitive, previa stima ed adeguata pubblicità.

6. Il tribunale può autorizzare in caso di ur-

genza gli atti previsti al comma 5 senza far luogo a pubblicità e alle procedure competitive quando può essere compromesso l'interesse dei creditori al miglior soddisfacimento. Del provvedimento e del compimento dell'atto deve comunque essere data adeguata pubblicità.

95. *Disposizioni speciali per i contratti con le pubbliche amministrazioni.* — 1. Fermo quanto previsto nell'art. 97, i contratti in corso di esecuzione, stipulati con pubbliche amministrazioni, non si risolvono per effetto del deposito della domanda di concordato. Sono inefficaci eventuali patti contrari.

2. Il deposito della domanda di accesso al concordato preventivo non impedisce la continuazione di contratti con le pubbliche amministrazioni, se il professionista indipendente ha attestato la conformità al piano, ove predisposto, e la ragionevole capacità di adempimento. Di tale continuazione può beneficiare, in presenza dei requisiti di legge, anche la società cessionaria o conferitaria d'azienda o di rami d'azienda cui i contratti siano trasferiti, purché in possesso dei requisiti per la partecipazione alla gara e per l'esecuzione del contratto. Il giudice delegato, all'atto della cessione o del conferimento, dispone la cancellazione delle iscrizioni e trascrizioni. Le disposizioni del presente comma si applicano anche nell'ipotesi in cui l'impresa sia stata ammessa al concordato liquidatorio quando il professionista indipendente attesta che la continuazione è necessaria per la migliore liquidazione dell'azienda in esercizio.

3. Successivamente al deposito della domanda di cui all'art. 40, la partecipazione a procedure di affidamento di contratti pubblici deve essere autorizzata dal tribunale, e, dopo il decreto di apertura, dal giudice delegato, acquisito il parere del commissario giudiziale ove già nominato.

4. L'autorizzazione consente la partecipazione alla gara previo deposito di una relazione del professionista indipendente che attesta la conformità al piano, ove predisposto, e la ragionevole capacità di adempimento del contratto.

5. Fermo quanto previsto dal comma 4, l'impresa in concordato può concorrere anche riunita in raggruppamento temporaneo di imprese, purché non rivesta la qualità di mandataria e sempre che nessuna delle altre imprese aderenti al raggruppamento sia assoggettata ad una procedura concorsuale.

96. *Norme applicabili dalla data di deposito della domanda di accesso al concordato preventivo.* — 1. Si applicano, con riferimento alla data di presentazione della domanda di accesso al concordato preventivo, le disposizioni degli artt. 145, nonché da 153 a 162.

97. *Contratti pendenti.* — 1. Salvo quanto previsto dall'art. 91, comma 2, i contratti ancora ineseguiti o non compiutamente eseguiti nelle prestazioni principali da entrambe le parti alla data del deposito della domanda di accesso al concordato preventivo, proseguono anche durante il concordato. Il debitore può chiedere, con autonoma istanza, l'autorizzazione alla sospensione o allo scioglimento di uno o più contratti, se la prosecuzione non è coerente con le previsioni del piano né funzionale alla sua esecuzione. Il debitore, unitamente all'istanza, deposita la prova della sua avvenuta notifica alla controparte.

2. L'istanza di sospensione può essere depositata contestualmente o successivamente al deposito della domanda di accesso al concordato; la richiesta di scioglimento può essere depositata solo quando sono presentati anche il piano e la proposta.

3. Salvo quanto previsto al comma 4, con l'istanza il debitore propone anche una quantificazione dell'indennizzo dovuto alla controparte della quale si tiene conto nel piano per la determinazione del fabbisogno concordatario.

4. La controparte può opporsi alla richiesta del debitore depositando una memoria scritta entro sette giorni dall'avvenuta notificazione dell'istanza.

5. Decorso il termine di cui al comma 4, fino al deposito del decreto di apertura previsto dall'art. 47, provvede sull'istanza, con decreto motivato e reclamabile, il tribunale. Dopo il decreto di apertura, provvede il giudice delegato.

6. La sospensione o lo scioglimento del contratto hanno effetto dalla data della notificazione del provvedimento autorizzativo all'altro contraente effettuata a cura del debitore.

7. La sospensione richiesta prima del deposito della proposta e del piano non può essere autorizzata per una durata eccedente il termine concesso dal tribunale ai sensi dell'art. 44, comma 1, lett. *a*). Quando siano stati presentati proposta e piano, la sospensione può essere autorizzata anche per una durata ulteriore, che comunque non può essere superiore a trenta giorni dalla data del decreto di apertura, non ulteriormente prorogabile.

8. Lo scioglimento del contratto non si estende alla clausola compromissoria in esso contenuta.

9. Nel caso in cui sia autorizzata la sospensione o lo scioglimento, il contraente ha diritto ad un indennizzo equivalente al risarcimento

del danno conseguente al mancato adempimento.

10. In caso di mancato accordo sulla misura dell'indennizzo la sua determinazione è rimessa al giudice ordinariamente competente. Il giudice delegato provvede alla quantificazione del credito ai soli fini del voto e del calcolo delle maggioranze ai sensi dell'art. 109.

11. L'indennizzo è soddisfatto come credito chirografario anteriore al concordato, ferma restando la prededuzione del credito conseguente ad eventuali prestazioni eseguite legalmente e in conformità agli accordi o agli usi negoziali dopo la pubblicazione della domanda di accesso al concordato e prima della notificazione di cui al comma 6.

12. In caso di scioglimento del contratto di locazione finanziaria, il concedente ha diritto alla restituzione del bene ed è tenuto a versare al debitore l'eventuale differenza fra la maggiore somma ricavata dalla vendita o da altra collocazione del bene stesso avvenute a valori di mercato, dedotta una somma pari all'ammontare di eventuali canoni scaduti e non pagati fino alla data dello scioglimento, dei canoni a scadere, solo in linea capitale, e del prezzo pattuito per l'esercizio dell'opzione finale di acquisto rispetto al credito residuo in linea capitale. La somma versata al debitore a norma del periodo precedente è acquisita alla procedura. Il concedente ha diritto di far valere verso il debitore un credito determinato nella differenza tra il credito vantato alla data del deposito della domanda e quanto ricavato dalla nuova allocazione del bene. Tale credito è soddisfatto come credito anteriore al concordato. La vendita o l'allocazione sono effettuate secondo i criteri e le modalità di cui all'art. 1, comma 139, della l. 4 agosto 2017, n. 124 (1).

13. Le disposizioni del presente articolo non si applicano ai rapporti di lavoro subordinato, nonché ai contratti di cui agli artt. 173, comma 3, 176 e 185, comma 1.

98. *Prededuzione nel concordato preventivo.* — 1. I crediti prededucibili sono soddisfatti durante la procedura alla scadenza prevista dalla legge o dal contratto.

99. *Finanziamenti prededucibili autorizzati prima dell'omologazione del concordato preventivo o di accordi di ristrutturazione dei debiti.* — 1. Il debitore, anche con la domanda di accesso di cui agli artt. 40 e 44 e nei casi previsti dagli artt. 57, 60, 61 e 87, quando è prevista la continuazione dell'attività aziendale, anche se unicamente in funzione della liquidazione, può chiedere con ricorso al tribunale di essere autorizzato, anche prima del deposito della documentazione che deve essere allegata alla domanda, a contrarre finanziamenti in qualsiasi forma, compresa la richiesta di emissione di garanzie, prededucibili, funzionali all'esercizio dell'attività aziendale sino all'omologa del concordato preventivo o degli accordi di ristrutturazione dei debiti ovvero all'apertura e allo svolgimento di tali procedure e in ogni caso funzionali alla miglior soddisfazione dei creditori.

2. La richiesta può avere ad oggetto anche il mantenimento delle linee di credito autoliquidanti in essere al momento del deposito della domanda di cui al comma 1.

3. Il ricorso deve specificare la destinazione dei finanziamenti, che il debitore non è in grado di reperirli altrimenti e indicare le ragioni per cui l'assenza di tali finanziamenti determinerebbe grave pregiudizio per l'attività aziendale o per il prosieguo della procedura. Il ricorso deve essere accompagnato dalla relazione di un professionista indipendente, che attesti la sussistenza dei requisiti di cui al comma 1, nonché che i finanziamenti sono funzionali alla migliore soddisfazione dei creditori. La relazione non è necessaria quando il tribunale ravvisa l'urgenza di provvedere per evitare un danno grave ed irreparabile all'attività aziendale.

4. Il tribunale, assunte sommarie informazioni, sentito il commissario giudiziale e, se lo ritiene opportuno, sentiti senza formalità i principali creditori, decide in camera di consiglio con decreto motivato entro dieci giorni dal deposito dell'istanza di autorizzazione.

5. Il tribunale può autorizzare il debitore a concedere pegno o ipoteca o a cedere crediti a garanzia dei finanziamenti autorizzati.

6. In caso di successiva apertura della procedura di liquidazione giudiziale, i finanziamenti autorizzati non beneficiano della prededuzione quando risulta congiuntamente che:

a) il ricorso o l'attestazione di cui al comma 3 contengono dati falsi ovvero omettono informazioni rilevanti o comunque quando il debitore ha commesso altri atti in frode ai creditori per ottenere l'autorizzazione;

b) il curatore dimostra che i soggetti che hanno erogato i finanziamenti, alla data dell'erogazione, conoscevano le circostanze di cui alla lett. *a*).

100. *Autorizzazione al pagamento di crediti pregressi.* — 1. Il debitore che presenta domanda di concordato ai sensi degli artt. 44 e 87,

(1) In *Leggi coll. XVII, 15.*

quando è prevista la continuazione dell'attività aziendale, può chiedere al tribunale di essere autorizzato, assunte se del caso sommarie informazioni, a pagare crediti anteriori per prestazioni di beni o servizi, se un professionista indipendente attesta che tali prestazioni sono essenziali per la prosecuzione dell'attività di impresa e funzionali ad assicurare la migliore soddisfazione dei creditori. L'attestazione del professionista non è necessaria per pagamenti effettuati fino a concorrenza dell'ammontare di nuove risorse finanziarie che vengano apportate al debitore senza obbligo di restituzione o con obbligo di restituzione postergato alla soddisfazione dei creditori. Il tribunale può autorizzare, alle medesime condizioni, il pagamento della retribuzione dovuta per la mensilità antecedente il deposito del ricorso ai lavoratori addetti all'attività di cui è prevista la continuazione.

2. Quando è prevista la continuazione dell'attività aziendale, la disciplina di cui al comma 1 si applica, in deroga al disposto dell'art. 154, comma 2, al rimborso, alla scadenza convenuta, delle rate a scadere del contratto di mutuo con garanzia reale gravante su beni strumentali all'esercizio dell'impresa se il debitore, alla data della presentazione della domanda di concordato, ha adempiuto le proprie obbligazioni o se il tribunale lo autorizza al pagamento del debito per capitale ed interessi scaduto a tale data. Il professionista indipendente attesta anche che il credito garantito potrebbe essere soddisfatto integralmente con il ricavato della liquidazione del bene effettuata a valore di mercato e che il rimborso delle rate a scadere non lede i diritti degli altri creditori.

101. *Finanziamenti prededucibili in esecuzione di un concordato preventivo o di accordi di ristrutturazione dei debiti*. — 1. Quando è prevista la continuazione dell'attività aziendale, i crediti derivanti da finanziamenti in qualsiasi forma effettuati, ivi compresa l'emissione di garanzie, in esecuzione di un concordato preventivo ovvero di accordi di ristrutturazione dei debiti omologati ed espressamente previsti nel piano ad essi sottostante sono prededucibili.

2. In caso di successiva ammissione del debitore alla procedura di liquidazione giudiziale, i predetti finanziamenti non beneficiano della prededuzione quando il piano di concordato preventivo o dell'accordo di ristrutturazione dei debiti risulta, sulla base di una valutazione da riferirsi al momento del deposito, basato su dati falsi o sull'omissione di informazioni rilevanti o il debitore ha compiuto atti in frode ai creditori e il curatore dimostra che i soggetti che hanno erogato i finanziamenti, alla data dell'erogazione, conoscevano tali circostanze.

102. *Finanziamenti prededucibili dei soci*. — 1. In deroga agli artt. 2467 e 2497-*quinquies* del codice civile, il beneficio della prededuzione previsto agli artt. 99 e 101 si applica ai finanziamenti erogati dai soci in qualsiasi forma, inclusa l'emissione di garanzie e controgaranzie, fino all'ottanta per cento del loro ammontare.

2. Il medesimo beneficio opera per l'intero ammontare dei finanziamenti qualora il finanziatore abbia acquisito la qualità di socio in esecuzione del concordato preventivo o degli accordi di ristrutturazione dei debiti.

Sezione IV. — *Provvedimenti immediati*

103. *Scritture contabili*. — 1. Il commissario giudiziale, immediatamente dopo il decreto di apertura del concordato preventivo, ne fa annotazione sotto l'ultima scrittura dei libri presentati.

2. I libri sono restituiti al debitore, che deve tenerli a disposizione del giudice delegato e del commissario giudiziale.

104. *Convocazione dei creditori*. — 1. Il commissario giudiziale deve procedere alla verifica dell'elenco dei creditori e dei debitori sulla scorta delle scritture contabili, apportando le necessarie rettifiche.

2. Il commissario giudiziale provvede a comunicare ai creditori a mezzo posta elettronica certificata, se il destinatario ha un indirizzo digitale e, in ogni altro caso, a mezzo lettera raccomandata spedita presso la sede dell'impresa o la residenza del creditore, un avviso contenente la data iniziale e finale del voto dei creditori, la proposta del debitore, il decreto di apertura, il suo indirizzo di posta elettronica certificata, l'invito ad indicare un indirizzo di posta elettronica certificata, le cui variazioni è onere comunicare al commissario. Nello stesso avviso è contenuto l'avvertimento di cui all'art. 200, comma 1, lett. *c*). Tutte le successive comunicazioni ai creditori sono effettuate dal commissario a mezzo posta elettronica certificata.

3. Quando, nel termine di quindici giorni dalla comunicazione dell'avviso, non è comunicato l'indirizzo di cui all'invito previsto dal comma 2 e nei casi di mancata consegna del messaggio di posta elettronica certificata per cause imputabili al destinatario, le comunicazioni si eseguono esclusivamente mediante deposito in cancelleria. Si applica l'art. 10, comma 3.

4. Quando la comunicazione prevista dal

comma 2 è sommamente difficile per il rilevante numero dei creditori o per la difficoltà di identificarli tutti, il tribunale, sentito il commissario giudiziale, può dare l'autorizzazione prevista dall'art. 242.

5. Se vi sono obbligazionisti, il termine per la votazione deve essere raddoppiato. La data iniziale e finale stabilita per il voto è in ogni caso comunicata al rappresentante comune degli obbligazionisti.

105. *Operazioni e relazione del commissario.* — 1. Il commissario giudiziale redige l'inventario del patrimonio del debitore e una relazione particolareggiata sulle cause del dissesto, precisando se l'impresa si trovi in stato di crisi o di insolvenza, sulla condotta del debitore, sulle proposte di concordato e sulle garanzie offerte ai creditori, e la deposita in cancelleria almeno quarantacinque giorni prima della data iniziale stabilita per il voto dei creditori.

2. Nella relazione il commissario illustra le utilità che, in caso di liquidazione giudiziale, possono essere apportate dalle azioni risarcitorie, recuperatorie o revocatorie che potrebbero essere promosse nei confronti di terzi.

3. Qualora siano depositate proposte concorrenti, il commissario giudiziale riferisce in merito ad esse con relazione integrativa da depositare in cancelleria e comunicare ai creditori, con le modalità di cui all'art. 104, comma 2, almeno quindici giorni prima della data iniziale stabilita per il voto dei creditori.

4. La relazione integrativa contiene la comparazione tra tutte le proposte depositate. Le proposte di concordato, ivi compresa quella presentata dal debitore, possono essere modificate fino a venti giorni prima della data iniziale stabilita per il voto dei creditori.

5. Analoga relazione integrativa viene redatta qualora emergano informazioni che i creditori devono conoscere ai fini dell'espressione del voto. Essa è comunicata ai creditori almeno quindici giorni prima della data iniziale stabilita per il voto.

106. *Atti di frode e apertura della liquidazione giudiziale nel corso della procedura.* — 1. Il commissario giudiziale, se accerta che il debitore ha occultato o dissimulato parte dell'attivo, dolosamente omesso di denunciare uno o più crediti, esposto passività insussistenti o commesso altri atti di frode, deve riferirne immediatamente al tribunale, che provvede ai sensi dell'art. 49, comma 2, dandone comunicazione al pubblico ministero e ai creditori. La comunicazione ai creditori è eseguita dal commissario giudiziale.

2. Le disposizioni di cui al comma 1 si applicano anche quando il debitore compie atti non autorizzati o comunque diretti a frodare le ragioni dei creditori, o se in qualunque momento risulta che mancano le condizioni prescritte per l'apertura del concordato previste agli articoli da 84 a 88.

3. All'esito del procedimento, il tribunale, su istanza del creditore o su richiesta del pubblico ministero, apre la procedura di liquidazione giudiziale dei beni del debitore.

Sezione V. — *Voto nel concordato preventivo*

107. *Voto dei creditori.* — 1. Il voto dei creditori è espresso con modalità telematiche.

2. Sono sottoposte alla votazione dei creditori tutte le proposte presentate dal debitore e dai creditori, seguendo, per queste ultime, l'ordine temporale del loro deposito. Il giudice delegato regola l'ordine e l'orario delle votazioni con proprio decreto.

3. Almeno quindici giorni prima della data iniziale stabilita per il voto il commissario giudiziale illustra la sua relazione e le proposte definitive del debitore e quelle eventualmente presentate dai creditori con comunicazione inviata ai creditori, al debitore e a tutti gli altri interessati e depositata nella cancelleria del giudice delegato. Alla relazione è allegato, ai soli fini della votazione, l'elenco dei creditori legittimati al voto con indicazione dell'ammontare per cui sono ammessi.

4. Almeno dieci giorni prima della data iniziale stabilita per il voto, il debitore, coloro che hanno formulato proposte alternative, i coobbligati, i fideiussori del debitore e gli obbligati in via di regresso, i creditori possono formulare osservazioni e contestazioni a mezzo di posta elettronica certificata indirizzata al commissario giudiziale. Ciascun creditore può esporre le ragioni per le quali non ritiene ammissibili o convenienti le proposte di concordato e sollevare contestazioni sui crediti concorrenti. Il debitore ha facoltà di rispondere e contestare a sua volta i crediti, e ha il dovere di fornire al giudice gli opportuni chiarimenti. Il debitore, inoltre, può esporre le ragioni per le quali ritiene non ammissibili o non fattibili le eventuali proposte concorrenti.

5. Il commissario giudiziale dà comunicazione ai creditori, al debitore e a tutti gli altri interessati delle osservazioni e contestazioni pervenute e ne informa il giudice delegato.

6. Il commissario giudiziale deposita la propria relazione definitiva e la comunica ai creditori, al debitore ed agli altri interessati entro cinque giorni prima della data iniziale stabilita per il voto.

7. I provvedimenti del giudice delegato sono comunicati al debitore, ai creditori, al commissario giudiziale e a tutti gli interessati.

8. Il voto è espresso a mezzo posta elettronica certificata inviata al commissario giudiziale. Tutti i dati sono di proprietà del Ministero della Giustizia e debbono essere conservati secondo la disciplina vigente per gli atti giudiziari.

9. I termini previsti dai commi 3, 4 e 6 non sono soggetti alla sospensione feriale dei termini di cui all'art. 1 della l. 7 ottobre 1969, n. 742.

108. *Ammissione provvisoria dei crediti contestati*. — 1. Il giudice delegato può ammettere provvisoriamente in tutto o in parte i crediti contestati ai soli fini del voto e del calcolo delle maggioranze, senza che ciò pregiudichi le pronunzie definitive sulla sussistenza dei crediti stessi. Provvede nello stesso modo in caso di rinuncia al privilegio.

2. I creditori esclusi possono opporsi alla esclusione in sede di omologazione del concordato nel caso in cui la loro ammissione avrebbe avuto influenza sulla formazione delle maggioranze.

109. *Maggioranza per l'approvazione del concordato*. — 1. Il concordato è approvato dai creditori che rappresentano la maggioranza dei crediti ammessi al voto. Nel caso in cui un unico creditore sia titolare di crediti in misura superiore alla maggioranza dei crediti ammessi al voto, il concordato è approvato se, oltre alla maggioranza di cui al periodo precedente, abbia riportato la maggioranza per teste dei voti espressi dai creditori ammessi al voto. Ove siano previste diverse classi di creditori, il concordato è approvato se la maggioranza dei crediti ammessi al voto è raggiunta inoltre nel maggior numero di classi.

2. Quando sono poste al voto più proposte di concordato, si considera approvata la proposta che ha conseguito la maggioranza più elevata dei crediti ammessi al voto; in caso di parità, prevale quella del debitore o, in caso di parità fra proposte di creditori, quella presentata per prima. Quando nessuna delle proposte concorrenti poste al voto sia stata approvata con le maggioranze di cui al primo e secondo periodo del presente comma, il giudice delegato, con decreto da adottare entro trenta giorni dal termine di cui all'art. 110, comma 2, rimette al voto la sola proposta che ha conseguito la maggioranza relativa dei crediti ammessi al voto, fissando il termine per la comunicazione ai creditori e il termine a partire dal quale i creditori, nei venti giorni successivi, possono far pervenire il proprio voto per posta elettronica certificata. In ogni caso si applicano le disposizioni del comma 1.

3. I creditori muniti di privilegio, pegno o ipoteca, ancorché la garanzia sia contestata, dei quali la proposta di concordato prevede l'integrale pagamento, non hanno diritto al voto se non rinunciano in tutto od in parte al diritto di prelazione. Qualora i creditori muniti di privilegio, pegno o ipoteca rinuncino in tutto o in parte alla prelazione, per la parte del credito non coperta dalla garanzia sono equiparati ai creditori chirografari; la rinuncia ha effetto ai soli fini del concordato.

4. I creditori muniti di diritto di prelazione di cui la proposta di concordato prevede la soddisfazione non integrale, sono equiparati ai chirografari per la parte residua del credito.

5. Sono esclusi dal voto e dal computo delle maggioranze il coniuge o il convivente di fatto del debitore, ovvero la parte dell'unione civile con il debitore, i parenti e affini del debitore fino al quarto grado, la società che controlla la società debitrice, le società da questa controllate e quelle sottoposte a comune controllo, nonché i cessionari o aggiudicatari dei loro crediti da meno di un anno prima della domanda di concordato. Sono inoltre esclusi dal voto e dal computo delle maggioranze i creditori in conflitto d'interessi.

6. Il creditore che propone il concordato ovvero le società da questo controllate, le società controllanti o sottoposte a comune controllo, ai sensi dell'art. 2359, primo comma, del codice civile possono votare soltanto se la proposta ne prevede l'inserimento in apposita classe.

110. *Adesioni alla proposta di concordato*. — 1. All'esito della votazione è redatta dal commissario giudiziale apposita relazione in cui sono inseriti i voti favorevoli e contrari dei creditori con l'indicazione nominativa dei votanti e dell'ammontare dei rispettivi crediti. È altresì inserita l'indicazione nominativa dei creditori che non hanno esercitato il voto e dell'ammontare dei loro crediti. Alla relazione è allegata, su supporto informatico, la documentazione relativa all'espressione dei voti.

2. La relazione è depositata in cancelleria il giorno successivo alla chiusura delle operazioni di voto.

3. Quando il commissario giudiziale rileva, dopo l'approvazione del concordato, che sono mutate le condizioni di fattibilità del piano, ne dà avviso ai creditori, i quali possono costituirsi nel giudizio di omologazione fino all'udienza di cui all'art. 48, comma 1, per modificare il voto.

111. *Mancata approvazione del concordato*. — 1. Se nel termine stabilito non si raggiungono le maggioranze richieste, il giudice delegato ne riferisce immediatamente al tribunale, che provvede a norma dell'art. 49, comma 1.

Sezione VI. — *Omologazione del concordato preventivo*

112. *Giudizio di omologazione*. — 1. Se un creditore dissenziente appartenente a una classe dissenziente ovvero, nell'ipotesi di mancata formazione delle classi, i creditori dissenzienti che rappresentano il venti per cento dei crediti ammessi al voto, contestano la convenienza della proposta, il tribunale può omologare il concordato qualora ritenga che il credito possa risultare soddisfatto dal concordato in misura non inferiore rispetto alla liquidazione giudiziale.

2. Le somme spettanti ai creditori contestati, condizionali o irreperibili sono depositate nei modi stabiliti dal tribunale, che fissa altresì le condizioni e le modalità per lo svincolo.

113. *Chiusura della procedura*. — 1. La procedura di concordato preventivo si chiude con la sentenza di omologazione ai sensi dell'art. 48.

114. *Cessioni dei beni*. — 1. Se il concordato consiste nella cessione dei beni, il tribunale nomina nella sentenza di omologazione uno o più liquidatori e un comitato di tre o cinque creditori per assistere alla liquidazione e determina le altre modalità della liquidazione. In tal caso, il tribunale dispone che il liquidatore effettui la pubblicità prevista dall'art. 490, primo comma, del codice di procedura civile e fissa il termine entro cui la stessa deve essere eseguita.

2. Si applicano ai liquidatori gli artt. 126, 134, 136, 137 e 231 in quanto compatibili e l'art. 358. Si applicano altresì al liquidatore le disposizioni di cui agli artt. 35, comma 4-*bis*, e 35.1 del d.lg. 6 settembre 2011, n. 159 e si osservano le disposizioni di cui all'art. 35.2 del predetto decreto.

3. Si applicano al comitato dei creditori gli artt. 138 e 140, in quanto compatibili. Alla sostituzione dei membri del comitato provvede in ogni caso il tribunale.

4. Alle vendite, alle cessioni e ai trasferimenti legalmente posti in essere dopo il deposito della domanda di concordato o in esecuzione di questo, si applicano le disposizioni sulle vendite nella liquidazione giudiziale, in quanto compatibili. La cancellazione delle iscrizioni relative ai diritti di prelazione, nonché delle trascrizioni dei pignoramenti e dei sequestri conservativi e di ogni altro vincolo, sono effettuati su ordine del giudice, salvo diversa disposizione contenuta nella sentenza di omologazione per gli atti a questa successivi.

5. Il liquidatore comunica con periodicità semestrale al commissario giudiziale le informazioni rilevanti relative all'andamento della liquidazione. Il commissario ne dà notizia, con le sue osservazioni, al pubblico ministero e ai creditori e ne deposita copia presso la cancelleria del tribunale.

115. *Azioni del liquidatore giudiziale in caso di cessione dei beni*. — 1. Il liquidatore giudiziale esercita, o se pendente, prosegue, ogni azione prevista dalla legge finalizzata a conseguire la disponibilità dei beni compresi nel patrimonio del debitore e ogni azione diretta al recupero dei crediti.

2. Il liquidatore esercita oppure, se pendente, prosegue l'azione sociale di responsabilità. Ogni patto contrario o ogni diversa previsione contenuti nella proposta o nel piano sono inopponibili al liquidatore e ai creditori sociali.

3. Resta ferma, in ogni caso, anche in pendenza della procedura e nel corso della sua esecuzione, la legittimazione di ciascun creditore sociale a esercitare o proseguire l'azione di responsabilità prevista dall'art. 2394 del codice civile.

116. *Trasformazione, fusione o scissione*. — 1. Se il piano prevede il compimento, durante la procedura oppure dopo la sua omologazione, di operazioni di trasformazione, fusione o scissione della società debitrice, la validità di queste può essere contestata dai creditori solo con l'opposizione all'omologazione.

2. A questo fine, il tribunale, nel provvedimento di fissazione dell'udienza di cui all'art. 48, dispone che il piano sia pubblicato nel registro delle imprese del luogo ove hanno sede le società interessate dalle operazioni di trasformazione, fusione o scissione. Tra la data della pubblicazione e l'udienza devono intercorrere almeno trenta giorni.

3. Gli effetti delle operazioni di cui al comma 1, in caso di risoluzione o di annullamento del concordato, sono irreversibili, salvo il diritto al risarcimento del danno eventualmente spettante ai soci o ai terzi ai sensi degli artt. 2500-*bis*, comma secondo, 2504-*quater*, comma secondo, e 2506-*ter*, comma quinto, del codice civile.

4. Trovano applicazione, in quanto compatibili, le disposizioni contenute nel capo X del titolo V del libro V del codice civile.

117. *Effetti del concordato per i creditori*. — 1. Il concordato omologato è obbligatorio per tutti i creditori anteriori alla pubblicazione nel registro delle imprese della domanda di accesso. Tuttavia essi conservano impregiudicati i diritti contro i coobbligati, i fideiussori del debitore e gli obbligati in via di regresso.

2. Salvo patto contrario, il concordato della società ha efficacia nei confronti dei soci illimitatamente responsabili.

118. *Esecuzione del concordato*. — 1. Dopo l'omologazione del concordato, il commissario giudiziale ne sorveglia l'adempimento, secondo le modalità stabilite nella sentenza di omologazione. Egli deve riferire al giudice ogni fatto dal quale possa derivare pregiudizio ai creditori.

2. Le somme spettanti ai creditori contestati, condizionali o irreperibili sono depositate nei modi stabiliti dal giudice delegato.

3. Il debitore è tenuto a compiere ogni atto necessario a dare esecuzione alla proposta di concordato anche se presentata da uno o più creditori, qualora sia stata approvata e omologata.

4. Nel caso in cui il commissario giudiziale rilevi che il debitore non sta provvedendo al compimento degli atti necessari a dare esecuzione alla proposta o ne sta ritardando il compimento, deve senza indugio riferirne al tribunale. Il tribunale, sentito il debitore, può attribuire al commissario giudiziale i poteri necessari a provvedere in luogo del debitore al compimento degli atti a questo richiesti.

5. Il soggetto che ha presentato la proposta di concordato approvata e omologata dai creditori può denunciare al tribunale i ritardi e le omissioni del debitore mediante ricorso notificato al debitore e al commissario giudiziale con il quale può chiedere al tribunale di attribuire al commissario i poteri necessari per provvedere ai sensi del comma 4 o di revocare l'organo amministrativo, se si tratta di società, nominando un amministratore giudiziario. Sono in ogni caso fatti salvi i diritti di informazione e di voto dei soci di minoranza.

6. Il tribunale provvede in camera di consiglio, sentito il debitore ed il commissario giudiziale. Quando nomina un amministratore giudiziario, stabilisce la durata dell'incarico e gli attribuisce il potere di compiere gli atti necessari a dare esecuzione alla proposta omologata, ivi inclusi, se la proposta prevede un aumento del capitale sociale della società debitrice o altre deliberazioni di competenza dell'assemblea dei soci, la convocazione dell'assemblea avente ad oggetto tali deliberazioni e l'esercizio del diritto di voto nelle stesse per le azioni o quote facenti capo al socio o ai soci di maggioranza. Al liquidatore, se nominato, possono essere attribuiti i compiti di amministratore giudiziario.

7. In caso di trasferimento di beni, il commissario richiede al tribunale, che provvede in composizione monocratica, l'emissione di decreto di cancellazione delle formalità iscritte, delegando ove opportuno al notaio rogante l'atto di trasferimento.

8. In deroga all'art. 2560 del codice civile, l'acquirente o cessionario dell'azienda non risponde dei debiti pregressi, salvo diversa previsione del piano di concordato.

119. *Risoluzione del concordato*. — 1. Ciascuno dei creditori e il commissario giudiziale, ove richiesto da un creditore, possono richiedere la risoluzione del concordato per inadempimento.

2. Al procedimento è chiamato a partecipare l'eventuale garante.

3. Il concordato non si può risolvere se l'inadempimento ha scarsa importanza.

4. Il ricorso per la risoluzione deve proporsi entro un anno dalla scadenza del termine fissato per l'ultimo adempimento previsto dal concordato.

5. Le disposizioni che precedono non si applicano quando gli obblighi derivanti dal concordato sono stati assunti da un terzo con liberazione immediata del debitore.

6. Il procedimento è regolato ai sensi degli artt. 40 e 41.

120. *Annullamento del concordato*. — 1. Il concordato può essere annullato su istanza del commissario o di qualunque creditore, in contraddittorio con il debitore, quando si scopre che è stato dolosamente esagerato il passivo ovvero sottratta o dissimulata una parte rilevante dell'attivo. Non è ammessa altra azione di nullità.

2. Il ricorso per annullamento deve proporsi nel termine di sei mesi dalla scoperta del dolo e, in ogni caso, non oltre due anni dalla scadenza del termine fissato per l'ultimo adempimento previsto nel concordato.

3. Il procedimento è regolato ai sensi degli artt. 40 e 41.

TITOLO V

Liquidazione giudiziale

CAPO I

IMPRENDITORI INDIVIDUALI E SOCIETÀ

Sezione I. — *Presupposti della liquidazione giudiziale e organi preposti*

121. *Presupposti della liquidazione giudiziale*. — 1. Le disposizioni sulla liquidazione giudiziale si applicano agli imprenditori commerciali che non dimostrino il possesso congiunto dei requisiti di cui all'art. 2, comma 1, lett. *d*, e che siano in stato di insolvenza.

122. *Poteri del tribunale concorsuale*. — 1. Il tribunale che ha dichiarato aperta la procedura di liquidazione giudiziale è investito dell'intera procedura e:

a) provvede alla nomina, alla revoca o sostituzione per giustificati motivi degli organi della procedura, quando non è prevista la competenza del giudice delegato;

b) può in ogni tempo sentire in camera di consiglio il curatore, il comitato dei creditori e il debitore;

c) decide le controversie relative alla procedura stessa che non sono di competenza del giudice delegato, nonché i reclami contro i provvedimenti del giudice delegato.

2. I provvedimenti del tribunale sono pronunciati con decreto motivato, salvo che la legge non preveda che il provvedimento sia adottato in forma diversa.

123. *Poteri del giudice delegato*. — 1. Il giudice delegato esercita funzioni di vigilanza e di controllo sulla regolarità della procedura e:

a) riferisce al tribunale su ogni affare per il quale è richiesto un provvedimento del collegio;

b) emette o provoca dalle competenti autorità i provvedimenti urgenti per la conservazione del patrimonio, ad esclusione di quelli che incidono su diritti di terzi che rivendichino un proprio diritto incompatibile con l'acquisizione;

c) convoca il curatore e il comitato dei creditori nei casi prescritti dalla legge e ogni qualvolta lo ravvisi opportuno per il corretto e sollecito svolgimento della procedura;

d) su proposta del curatore, liquida i compensi e dispone l'eventuale revoca dell'incarico conferito alle persone la cui opera è stata richiesta dal medesimo curatore nell'interesse della procedura;

e) provvede sui reclami proposti contro gli atti del curatore e del comitato dei creditori;

f) fatto salvo quanto previsto dall'art. 128, comma 2, autorizza il curatore a stare in giudizio come attore o come convenuto, quando è utile per il miglior soddisfacimento dei creditori. L'autorizzazione deve essere sempre data per atti determinati e per i giudizi deve essere rilasciata per ogni grado di essi;

g) nomina gli arbitri, su proposta del curatore;

h) procede all'accertamento dei crediti e dei diritti vantati da terzi sui beni compresi nella procedura, secondo le disposizioni del capo III.

i) quando ne ravvisa l'opportunità, dispone che il curatore presenti relazioni ulteriori rispetto a quelle previste dall'art. 130, prescrivendone le modalità.

2. Il giudice delegato non può trattare i giudizi che ha autorizzato, né far parte del collegio investito del reclamo proposto contro i suoi atti.

3. I provvedimenti del giudice delegato sono pronunciati con decreto motivato.

124. *Reclamo contro i decreti del giudice delegato e del tribunale*. — 1. Salvo che sia diversamente disposto, contro i decreti del giudice delegato e del tribunale il curatore, il comitato dei creditori, il debitore e ogni altro interessato possono proporre reclamo, rispettivamente, al tribunale o alla corte di appello nel termine perentorio di dieci giorni dalla comunicazione o dalla notificazione per il curatore, per il debitore, per il comitato dei creditori e per chi ha chiesto o nei cui confronti è stato chiesto il provvedimento. Per gli altri interessati, il termine decorre dall'esecuzione delle formalità pubblicitarie previste dalla legge o disposte dal giudice delegato o dal tribunale, se quest'ultimo ha emesso il provvedimento.

2. In ogni caso il reclamo non può più proporsi decorsi novanta giorni dal deposito del provvedimento nel fascicolo della procedura.

3. Il reclamo si propone con ricorso, che deve contenere:

a) l'indicazione del tribunale o della corte di appello competente, del giudice delegato e della procedura di liquidazione giudiziale;

b) le generalità, il codice fiscale del ricorrente e il nome e il domicilio digitale del difensore;

c) l'esposizione delle ragioni di fatto e di diritto su cui si basa il reclamo, con le relative conclusioni;

d) l'indicazione dei mezzi di prova di cui il ricorrente intende avvalersi e dei documenti prodotti.

4. Il reclamo non sospende l'esecuzione del provvedimento impugnato.

5. Il presidente con decreto designa il relatore e fissa l'udienza di comparizione entro quaranta giorni dal deposito del ricorso.

6. Il ricorso, unitamente al decreto di fissazione dell'udienza, deve essere notificato, a cura del reclamante, al curatore, mediante trasmissione al domicilio digitale della procedura, e ai controinteressati, entro cinque giorni dalla comunicazione del decreto.

7. Tra la data della notificazione e quella dell'udienza deve intercorrere un termine non minore di quindici giorni.

8. Il resistente deve costituirsi almeno cin-

que giorni prima dell'udienza, depositando memoria contenente l'indicazione delle proprie generalità e del suo codice fiscale, nonché il nome e domicilio digitale del difensore, nonché l'esposizione delle difese in fatto e in diritto, oltre all'indicazione dei mezzi di prova e dei documenti prodotti.

9. Ogni altro interessato può intervenire nel termine e nei modi previsti dal comma 8.

10. I termini di cui ai commi 7 e 8 possono essere abbreviati dal presidente, con decreto motivato, se ricorrono ragioni di urgenza.

11. All'udienza il collegio, sentite le parti, ammette o assume anche d'ufficio i mezzi di prova, se non ritiene di delegarne l'assunzione al relatore.

12. Entro trenta giorni dall'udienza di comparizione, il collegio provvede sul reclamo con decreto motivato.

125. *Nomina del curatore*. — 1. Il curatore è nominato con la sentenza di apertura della liquidazione giudiziale, osservati gli artt. 356 e 358.

2. Si applicano agli esperti nominati ai sensi dell'art. 49, comma 3, lett. *b*), le disposizioni del comma 1 e degli artt. 123 e da 126 a 136 in quanto compatibili.

3. Al curatore, agli esperti nominati ai sensi dell'art. 49, comma 3, lett. *b*, ed al coadiutore nominato a norma dell'art. 129, comma 2, si applicano le disposizioni di cui agli artt. 35, comma 4-*bis*, e 35.1 del d.lg. 6 settembre 2011, n. 159; si osservano altresì le disposizioni di cui all'art. 35.2 del predetto decreto.

4. I provvedimenti di nomina dei curatori, dei commissari giudiziali e dei liquidatori giudiziali confluiscono nel registro nazionale istituito presso il Ministero della giustizia. Nel registro vengono altresì annotati i provvedimenti di chiusura del fallimento e di omologazione del concordato, nonché l'ammontare dell'attivo e del passivo delle procedure chiuse. Il registro è tenuto con modalità informatiche ed è accessibile al pubblico.

126. *Accettazione del curatore*. — 1. Il curatore deve, entro i due giorni successivi alla comunicazione della nomina, far pervenire in cancelleria la propria accettazione. Se il curatore non osserva questo obbligo il tribunale, in camera di consiglio, provvede d'urgenza alla nomina di altro curatore.

2. Intervenuta l'accettazione, l'ufficio comunica telematicamente al curatore le credenziali per l'accesso al domicilio digitale assegnato alla procedura dal Ministero della giustizia.

127. *Qualità di pubblico ufficiale*. — 1. Il curatore, per quanto attiene all'esercizio delle sue funzioni, è pubblico ufficiale.

128. *Gestione della procedura*. — 1. Il curatore ha l'amministrazione del patrimonio compreso nella liquidazione giudiziale e compie tutte le operazioni della procedura sotto la vigilanza del giudice delegato e del comitato dei creditori, nell'ambito delle funzioni ad esso attribuite.

2. Egli non può stare in giudizio senza l'autorizzazione del giudice delegato, salvo che in materia di contestazioni e di tardive dichiarazioni di crediti e di diritti di terzi sui beni compresi nella liquidazione giudiziale, e salvo che nei procedimenti promossi per impugnare atti del giudice delegato o del tribunale e in ogni altro caso in cui non occorra ministero di difensore.

3. Il curatore non può assumere la veste di avvocato nei giudizi che riguardano la liquidazione giudiziale. Il curatore può tuttavia assumere la veste di difensore, se in possesso della necessaria qualifica nei giudizi avanti al giudice tributario quando ciò è funzionale ad un risparmio per la massa.

129. *Esercizio delle attribuzioni del curatore*. — 1. Il curatore esercita personalmente le funzioni del proprio ufficio e può delegare ad altri specifiche operazioni, previa autorizzazione del comitato dei creditori, con esclusione degli adempimenti di cui agli artt. 198, 200, 203, 205 e 213. L'onere per il compenso del delegato, liquidato dal giudice, è detratto dal compenso del curatore.

2. Il curatore può essere autorizzato dal comitato dei creditori a farsi coadiuvare da tecnici o da altre persone retribuite, compreso il debitore e gli amministratori della società o dell'ente in liquidazione giudiziale, sotto la sua responsabilità. Del compenso riconosciuto a tali soggetti si tiene conto ai fini della liquidazione del compenso del curatore.

130. *Relazioni e rapporti riepilogativi del curatore*. — 1. Il curatore, entro trenta giorni dalla dichiarazione di apertura della liquidazione giudiziale, presenta al giudice delegato un'informativa sugli accertamenti compiuti e sugli elementi informativi acquisiti relativi alle cause dell'insolvenza e alla responsabilità del debitore ovvero degli amministratori e degli organi di controllo della società.

2. Se il debitore o gli amministratori non ottemperano agli obblighi di deposito di cui all'art. 49, comma 3, lett. *c*), il curatore informa senza indugio il pubblico ministero. In tal caso o quando le scritture contabili sono incomplete o comunque risultano inattendibili, il curatore, con riguardo alle operazioni compiute dal debitore nei cinque anni anteriori alla presentazione della domanda cui sia seguita l'apertura

della liquidazione giudiziale, oltre alle ricerche effettuate ai sensi dell'art. 49, comma 3, lett. *f*), può chiedere al giudice delegato di essere autorizzato ad accedere a banche dati, ulteriori rispetto a quelle di cui all'art. 49 e specificamente indicate nell'istanza di autorizzazione.

3. Il giudice delegato può autorizzare il curatore a richiedere alle pubbliche amministrazioni le informazioni e i documenti in loro possesso.

4. Il curatore, entro sessanta giorni dal deposito del decreto di esecutività dello stato passivo, presenta al giudice delegato una relazione particolareggiata in ordine al tempo e alle cause dell'insorgere della crisi e del manifestarsi dell'insolvenza del debitore, sulla diligenza spiegata dal debitore nell'esercizio dell'impresa, sulla responsabilità del debitore o di altri e su quanto può interessare anche ai fini delle indagini preliminari in sede penale.

5. Se il debitore insolvente è una società o altro ente, la relazione espone i fatti accertati e le informazioni raccolte sulla responsabilità degli amministratori e degli organi di controllo, dei soci e, eventualmente, di estranei alla società. Se la società o l'ente fa parte di un gruppo, il curatore deve altresì riferire sulla natura dei rapporti con le altre società o enti e allegare le informazioni raccolte sulle rispettive responsabilità, avuto riguardo agli effetti dei rapporti economici e contrattuali con le altre imprese del gruppo.

6. Quando non si fa luogo all'accertamento del passivo ai sensi dell'art. 209 la relazione di cui ai commi 4 e 5 è depositata entro il termine di centottanta giorni dalla dichiarazione di apertura della liquidazione giudiziale.

7. Le relazioni di cui ai commi 1, 4 e 5 sono trasmesse in copia integrale entro cinque giorni dal deposito al pubblico ministero.

8. Il giudice delegato dispone la secretazione delle parti relative alla responsabilità penale del debitore e di terzi ed alle azioni che il curatore intende proporre qualora possano comportare l'adozione di provvedimenti cautelari, nonché alle circostanze estranee agli interessi della procedura e che investano la sfera personale del debitore.

9. Il curatore, inoltre, entro quattro mesi dal deposito del decreto di esecutività dello stato passivo e, successivamente, ogni sei mesi, presenta al giudice delegato un rapporto riepilogativo delle attività svolte e delle informazioni raccolte dopo le precedenti relazioni, accompagnato dal conto della sua gestione e dagli estratti del conto bancario o postale della procedura relativi agli stessi periodi. Copia del rapporto e dei documenti allegati è trasmessa al comitato dei creditori. Nel termine di quindici giorni, il comitato dei creditori o ciascuno dei suoi componenti possono formulare osservazioni scritte. Nei successivi quindici giorni copia del rapporto, assieme alle eventuali osservazioni, omesse le parti secretate, è trasmessa per mezzo della posta elettronica certificata al debitore, ai creditori e ai titolari di diritti sui beni.

131. *Deposito delle somme riscosse*. — 1. Le somme riscosse a qualunque titolo dal curatore sono depositate entro il termine massimo di dieci giorni sul conto corrente intestato alla procedura di liquidazione aperto presso un ufficio postale o presso una banca scelta dal curatore.

2. Il mancato deposito nel termine è valutato dal tribunale ai fini dell'eventuale revoca del curatore.

3. Il prelievo delle somme è eseguito su copia conforme del mandato di pagamento del giudice delegato e, nel periodo di intestazione «Fondo unico giustizia» del conto corrente, su disposizione di Equitalia Giustizia s.p.a., in conformità a quanto previsto dall'art. 2 del d.l. 16 settembre 2008, n. 143, convertito, con modificazioni, dalla l. 13 novembre 2008, n. 181.

4. Il mandato è sottoscritto dal giudice delegato e dal cancelliere con firma digitale ed è trasmesso telematicamente al depositario nel rispetto delle disposizioni, anche regolamentari, concernenti la sottoscrizione, la trasmissione e la ricezione dei documenti informatici. La trasmissione telematica è oggetto di disciplina con apposito decreto del Ministro della Giustizia, che ne stabilisce modalità, condizioni e limiti. La disposizione acquista efficacia a decorrere dal novantesimo giorno successivo alla pubblicazione nella *Gazzetta Ufficiale* del provvedimento del responsabile dei sistemi informativi automatizzati del Ministero della giustizia, da adottarsi entro un anno dall'entrata in vigore del presente codice, attestante la piena funzionalità dei sistemi di trasmissione telematica.

132. *Integrazione dei poteri del curatore*. — 1. Le riduzioni di crediti, le transazioni, i compromessi, le rinunzie alle liti, le ricognizioni di diritti di terzi, la cancellazione di ipoteche, la restituzione di pegni, lo svincolo delle cauzioni, l'accettazione di eredità e donazioni e gli altri atti di straordinaria amministrazione sono effettuati dal curatore, previa l'autorizzazione del comitato dei creditori.

2. Nel richiedere l'autorizzazione del comitato dei creditori, il curatore formula le proprie conclusioni anche sulla convenienza della proposta.

3. Se gli atti suddetti sono di valore superiore a cinquantamila euro e in ogni caso per le transazioni, il curatore ne informa previamente il giudice delegato, salvo che gli stessi siano già stati autorizzati dal medesimo ai sensi dell'art. 213, comma 7.

4. Il limite di cui al comma 3 può essere adeguato con decreto del Ministro della giustizia.

133. *Reclamo contro gli atti e le omissioni del curatore*. — 1. Contro gli atti di amministrazione e le omissioni del curatore, il comitato dei creditori, il debitore e ogni altro interessato possono proporre reclamo, per violazione di legge, con ricorso al giudice delegato entro otto giorni dalla conoscenza dell'atto o, in caso di omissione, dalla scadenza del termine indicato nella diffida a provvedere. Il giudice delegato, sentite le parti, decide sul reclamo, omessa ogni formalità non indispensabile al contraddittorio.

2. Se il reclamo è accolto, il curatore deve conformarsi alla decisione del giudice delegato.

3. Contro il decreto del giudice delegato può essere proposto il reclamo previsto dall'art. 124.

134. *Revoca del curatore*. — 1. Il tribunale può in ogni tempo, su proposta del giudice delegato o su richiesta del comitato dei creditori o d'ufficio, revocare il curatore.

2. Il tribunale provvede con decreto motivato, sentiti il curatore e il comitato dei creditori.

3. Contro il decreto di revoca o di rigetto dell'istanza di revoca del curatore è ammesso il reclamo alla corte di appello previsto dall'art. 124. Il reclamo non sospende l'efficacia del decreto.

135. *Sostituzione del curatore*. — 1. I creditori che rappresentano la maggioranza dei crediti ammessi possono chiedere la sostituzione del curatore indicandone al tribunale le ragioni. Il tribunale, valutate le ragioni della richiesta, provvede alla nomina del nuovo curatore.

2. Dal computo dei crediti, su istanza di uno o più creditori, sono esclusi quelli i cui titolari si trovino in conflitto di interessi.

136. *Responsabilità del curatore*. — 1. Il curatore adempie ai doveri del proprio ufficio, imposti dalla legge o derivanti dal programma di liquidazione approvato, con la diligenza richiesta dalla natura dell'incarico. Egli deve tenere un registro informatico, consultabile telematicamente, oltre che dal giudice delegato, da ciascuno dei componenti del comitato dei creditori e in cui deve annotare giorno per giorno le operazioni relative alla sua amministrazione. Mensilmente il curatore firma digitalmente il registro e vi appone la marca temporale, in conformità alle regole tecniche per la formazione, la trasmissione, la conservazione, la copia, la duplicazione, la riproduzione e la validazione dei documenti informatici.

2. Il curatore procede alle operazioni di liquidazione contemporaneamente alle operazioni di accertamento del passivo.

3. Durante la liquidazione giudiziale, l'azione di responsabilità contro il curatore revocato o sostituito è proposta dal nuovo curatore, previa autorizzazione del giudice delegato.

4. Il curatore che cessa dal suo ufficio, anche durante la liquidazione giudiziale, nonché al termine dei giudizi e delle altre operazioni di cui all'art. 233, comma 2, deve rendere il conto della gestione a norma dell'art. 231, comunicandolo anche al curatore eventualmente nominato in sua vece, il quale può presentare osservazioni e contestazioni.

5. Il responsabile dei sistemi informativi automatizzati del Ministero della giustizia, entro sei mesi dalla data di entrata in vigore del presente codice, stabilisce le specifiche tecniche necessarie per assicurare la compatibilità tra i software utilizzati per la tenuta del registro di cui al comma 1 con i sistemi informativi del Ministero della giustizia.

137. *Compenso del curatore*. — 1. Il compenso e le spese dovuti al curatore, anche se la liquidazione giudiziale si chiude con concordato, sono liquidati ad istanza del curatore con decreto del tribunale non soggetto a reclamo, su relazione del giudice delegato, secondo le norme stabilite con decreto del Ministro della giustizia.

2. La liquidazione del compenso è fatta dopo l'approvazione del rendiconto e, se del caso, dopo l'esecuzione del concordato. Al curatore è dovuta anche un'integrazione del compenso per l'attività svolta fino al termine dei giudizi e delle altre operazioni di cui all'art. 233, comma 2. È in facoltà del tribunale accordare al curatore acconti sul compenso. Salvo che non ricorrano giustificati motivi, ogni liquidazione di acconto deve essere preceduta dalla esecuzione di un progetto di ripartizione parziale.

3. Se nell'incarico si sono succeduti più curatori, il compenso è stabilito secondo criteri di proporzionalità ed è liquidato, in ogni caso, al termine della procedura, salvi eventuali acconti.

4. Nessun compenso, oltre quello liquidato dal tribunale, può essere preteso dal curatore, nemmeno per rimborso di spese. Le promesse e i pagamenti fatti contro questo divieto sono nulli ed è sempre ammessa la ripetizione di ciò che è stato pagato, indipendentemente dall'e-

sercizio dell'azione penale.

5. Quando sono nominati esperti ai sensi dell'art. 49, comma 3, lett. *b*), alla liquidazione del compenso si applica il comma 3.

138. *Nomina del comitato dei creditori.* — 1. Il comitato dei creditori è nominato dal giudice delegato entro trenta giorni dalla sentenza che ha aperto la liquidazione giudiziale, sulla base delle risultanze documentali, sentito il curatore e tenuto conto della disponibilità ad assumere l'incarico e delle altre indicazioni eventualmente date dai creditori con la domanda di ammissione al passivo o precedentemente. Salvo quanto previsto dall'art. 139, la composizione del comitato può essere modificata dal giudice delegato in relazione alle variazioni dello stato passivo o per altro giustificato motivo.

2. Il comitato è composto di tre o cinque membri scelti tra i creditori, in modo da rappresentare in misura equilibrata quantità e qualità dei crediti e avuto riguardo alla possibilità di soddisfacimento dei crediti stessi.

3. Il comitato, entro dieci giorni dalla nomina, provvede, su convocazione del curatore, a nominare a maggioranza il proprio presidente.

4. Alla sostituzione dei membri del comitato provvede il giudice delegato secondo i criteri dettati dai commi 1 e 2.

5. Il comitato dei creditori si considera costituito con l'accettazione della nomina da parte dei suoi componenti comunicata al curatore che ne informa immediatamente il giudice delegato.

6. Il componente del comitato che si trova in conflitto di interessi si astiene dalla votazione.

7. Ciascun componente del comitato dei creditori può delegare, a sue spese, a un avvocato o a un dottore commercialista, in tutto o in parte, l'espletamento delle proprie funzioni, dandone comunicazione al giudice delegato.

139. *Sostituzione e compenso dei componenti del comitato dei creditori.* — 1. I creditori che rappresentano la maggioranza dei crediti ammessi possono effettuare nuove designazioni in ordine ai componenti del comitato dei creditori, nel rispetto dei criteri di cui all'art. 138. Il giudice delegato provvede alla nomina dei soggetti designati, verificato il rispetto delle condizioni di cui all'art. 138, commi 1 e 2.

2. Dal computo dei crediti, su istanza di uno o più creditori, sono esclusi quelli che si trovino in conflitto di interessi.

3. Il giudice delegato, su istanza del comitato dei creditori, acquisito il parere del curatore, può stabilire che ai componenti del comitato dei creditori sia attribuito, oltre al rimborso delle spese, un compenso per la loro attività, in misura non superiore al dieci per cento di quello liquidato al curatore.

140. *Funzioni e responsabilità del comitato dei creditori e dei suoi componenti.* — 1. Il comitato dei creditori vigila sull'operato del curatore, ne autorizza gli atti ed esprime pareri nei casi previsti dalla legge, ovvero su richiesta del tribunale o del giudice delegato, succintamente motivando le proprie deliberazioni.

2. Il presidente convoca il comitato per le deliberazioni di competenza o quando sia richiesto da un terzo dei suoi componenti.

3. Le deliberazioni del comitato sono prese a maggioranza dei votanti, nel termine massimo di quindici giorni successivi a quello in cui la richiesta è pervenuta al presidente. Il voto può essere espresso in riunioni collegiali o mediante consultazioni telematiche, purché sia possibile conservare la prova della manifestazione di voto.

4. In caso di inerzia, di impossibilità di costituzione per insufficienza di numero o indisponibilità dei creditori, o di funzionamento del comitato o di urgenza, provvede il giudice delegato.

5. Il comitato e ogni suo componente possono ispezionare in qualunque tempo le scritture contabili e i documenti della procedura e hanno diritto di chiedere notizie e chiarimenti al curatore e al debitore. Se ricorrono le circostanze di cui al comma 4 gli stessi poteri possono essere esercitati da ciascun creditore, previa l'autorizzazione del giudice delegato.

6. I componenti del comitato hanno diritto al rimborso delle spese, oltre all'eventuale compenso riconosciuto ai sensi e nelle forme di cui all'art. 139, comma 3.

7. Ai componenti del comitato dei creditori si applica, in quanto compatibile, l'art. 2407, primo e terzo comma, del codice civile.

8. L'azione di responsabilità può essere proposta dal curatore durante lo svolgimento della procedura. Il giudice delegato provvede all'immediata sostituzione dei componenti del comitato dei creditori nei confronti dei quali ha autorizzato l'azione.

141. *Reclamo contro gli atti del comitato dei creditori.* — 1. Contro le autorizzazioni o i dinieghi del comitato dei creditori, il curatore, il debitore e ogni altro interessato possono proporre reclamo, per violazione di legge, al giudice delegato entro otto giorni dalla conoscenza dell'atto. Il giudice delegato decide sul reclamo sentite le parti, omessa ogni formalità non indispensabile al contraddittorio.

2. Contro il decreto del giudice delegato può essere proposto il reclamo previsto dall'art. 124.

Sezione II. — *Effetti dell'apertura della liquidazione giudiziale per il debitore*

142. *Beni del debitore.* — 1. La sentenza che dichiara aperta la liquidazione giudiziale priva dalla sua data il debitore dell'amministrazione e della disponibilità dei suoi beni esistenti alla data di apertura della liquidazione giudiziale.

2. Sono compresi nella liquidazione giudiziale anche i beni che pervengono al debitore durante la procedura, dedotte le passività incontrate per l'acquisto e la conservazione dei beni medesimi.

3. Il curatore, previa autorizzazione del comitato dei creditori, può rinunziare ad acquisire i beni del debitore, compresi quelli che gli pervengono durante la procedura, qualora i costi da sostenere per il loro acquisto e la loro conservazione risultino superiori al presumibile valore di realizzo dei beni stessi.

143. *Rapporti processuali.* — 1. Nelle controversie, anche in corso, relative a rapporti di diritto patrimoniale del debitore compresi nella liquidazione giudiziale sta in giudizio il curatore.

2. Il debitore può intervenire nel giudizio solo per le questioni dalle quali può dipendere un'imputazione di bancarotta a suo carico o se l'intervento è previsto dalla legge.

3. L'apertura della liquidazione giudiziale determina l'interruzione del processo. Il termine per la riassunzione del processo interrotto decorre da quando l'interruzione viene dichiarata dal giudice.

144. *Atti compiuti dal debitore dopo l'apertura della liquidazione giudiziale.* — 1. Gli atti compiuti dal debitore e i pagamenti da lui eseguiti o ricevuti dopo l'apertura della liquidazione giudiziale sono inefficaci rispetto ai creditori.

2. Fermo quanto previsto dall'art. 142, comma 2, sono acquisite alla liquidazione giudiziale tutte le utilità che il debitore consegue nel corso della procedura per effetto degli atti di cui al comma 1.

145. *Formalità eseguite dopo l'apertura della liquidazione giudiziale.* — 1. Le formalità necessarie per rendere opponibili gli atti ai terzi, se compiute dopo la data dell'apertura della liquidazione giudiziale, sono senza effetto rispetto ai creditori.

146. *Beni non compresi nella liquidazione giudiziale.* — 1. Non sono compresi nella liquidazione giudiziale:

a) i beni e i diritti di natura strettamente personale;

b) gli assegni aventi carattere alimentare, gli stipendi, le pensioni, i salari e ciò che il debitore guadagna con la sua attività, entro i limiti di quanto occorre per il mantenimento suo e della sua famiglia;

c) i frutti derivanti dall'usufrutto legale sui beni dei figli, i beni costituiti in fondo patrimoniale e i frutti di essi, salvo quanto è disposto dall'art. 170 del codice civile;

d) le cose che non possono essere pignorate per disposizione di legge.

2. I limiti previsti al comma 1, lett. *b*), sono fissati con decreto motivato del giudice delegato, sentiti il curatore ed il comitato dei creditori, tenuto conto della condizione personale del debitore e di quella della sua famiglia.

147. *Alimenti ed abitazione del debitore.* — 1. Se al debitore vengono a mancare i mezzi di sussistenza, il giudice delegato, sentiti il curatore e il comitato dei creditori, può concedergli un sussidio a titolo di alimenti per lui e per la famiglia.

2. La casa della quale il debitore è proprietario o può godere in quanto titolare di altro diritto reale, nei limiti in cui è necessaria all'abitazione di lui e della famiglia, non può essere distratta da tale uso fino alla sua liquidazione.

148. *Corrispondenza diretta al debitore.* — 1. Il debitore persona fisica, è tenuto a consegnare al curatore la propria corrispondenza di ogni genere, inclusa quella elettronica, riguardante i rapporti compresi nella liquidazione giudiziale.

2. La corrispondenza diretta al debitore che non è una persona fisica è consegnata al curatore.

149. *Obblighi del debitore.* — 1. Il debitore, se persona fisica, nonché gli amministratori o i liquidatori della società o dell'ente nei cui confronti è aperta la liquidazione giudiziale, sono tenuti a comunicare al curatore la propria residenza ovvero il proprio domicilio e ogni loro cambiamento.

2. Se occorrono informazioni o chiarimenti ai fini della gestione della procedura, i soggetti di cui al comma 1 devono presentarsi personalmente al giudice delegato, al curatore o al comitato dei creditori.

3. In caso di legittimo impedimento o di altro giustificato motivo, i medesimi soggetti possono essere autorizzati dal giudice delegato a comparire per mezzo di un procuratore.

Sezione III. — *Effetti dell'apertura della liquidazione giudiziale per i creditori*

150. *Divieto di azioni esecutive e cautelari individuali.* — 1. Salvo diversa disposizione della legge, dal giorno della dichiarazione di apertura della liquidazione giudiziale nessuna azione individuale esecutiva o cautelare anche per crediti maturati durante la liquidazione giudiziale, può essere iniziata o proseguita sui beni compresi nella procedura.

151. *Concorso dei creditori*. — 1. La liquidazione giudiziale apre il concorso dei creditori sul patrimonio del debitore.

2. Ogni credito, anche se munito di diritto di prelazione o prededucibile, nonché ogni diritto reale o personale, mobiliare o immobiliare, deve essere accertato secondo le norme stabilite dal capo III del presente titolo, salvo diverse disposizioni della legge.

3. Le disposizioni del comma 2 si applicano anche ai crediti esentati dal divieto di cui all'art. 150.

152. *Creditori muniti di pegno o privilegio su mobili*. — 1. I crediti garantiti da pegno o assistiti da privilegio a norma degli artt. 2756 e 2761 del codice civile possono essere realizzati al di fuori della liquidazione giudiziale anche durante la procedura, dopo che sono stati ammessi al passivo con prelazione.

2. Per essere autorizzato alla vendita il creditore fa istanza al giudice delegato, il quale, sentiti il curatore e il comitato dei creditori, stabilisce con decreto il tempo della vendita, determinandone le modalità a norma dell'art. 216. Il giudice delegato può assegnare i beni al creditore che ne ha fatto istanza. Il giudice delegato provvede acquisita la valutazione dei beni oggetto del provvedimento di autorizzazione o di assegnazione.

3. Se il ricavato della vendita, al netto delle spese o, in caso di assegnazione, il valore di stima è superiore all'importo del credito ammesso al passivo con prelazione, il creditore ne versa al curatore l'eccedenza.

4. Il giudice delegato, sentito il comitato dei creditori, se è stato nominato, può anche autorizzare il curatore a riprendere le cose sottoposte a pegno o a privilegio, pagando il creditore, o ad eseguire la vendita nei modi stabiliti dal comma 2.

153. *Diritto dei creditori privilegiati nella ripartizione dell'attivo*. — 1. I creditori garantiti da ipoteca, pegno o privilegio fanno valere il loro diritto di prelazione sul prezzo dei beni vincolati per il capitale, gli interessi e le spese; se non sono soddisfatti integralmente, concorrono, per quanto è ancora loro dovuto, con i creditori chirografari nelle ripartizioni del resto dell'attivo.

2. Essi hanno diritto di concorrere anche nelle ripartizioni che si eseguono prima della distribuzione del prezzo dei beni vincolati a loro garanzia. In tal caso, se ottengono un'utile collocazione definitiva su questo prezzo per la totalità del loro credito, computati in primo luogo gli interessi, l'importo ricevuto nelle ripartizioni anteriori viene detratto dalla somma loro assegnata per essere attribuito ai creditori chirografari. Se la collocazione utile ha luogo per una parte del credito garantito, per il capitale non soddisfatto essi hanno diritto di trattenere solo la percentuale definitiva assegnata ai creditori chirografari.

3. L'estensione del diritto di prelazione agli interessi è regolata dagli artt. 2749, 2788 e 2855, commi secondo e terzo, del codice civile, intendendosi equiparata la dichiarazione di apertura della liquidazione giudiziale all'atto di pignoramento. Per i crediti assistiti da privilegio generale, il decorso degli interessi cessa alla data del deposito del progetto di riparto nel quale il credito è soddisfatto anche se parzialmente.

4. Se il credito è garantito da ipoteca, la prelazione si estende anche alle spese della costituzione, dell'iscrizione e della rinnovazione dell'ipoteca.

5. Se il credito è garantito da pegno o assistito da privilegio speciale a norma degli artt. 2756 e 2761 del codice civile, la prelazione si estende anche alle spese della costituzione del pegno e, nel caso previsto dall'art. 152, commi 1 e 2, alle spese di conservazione e vendita del bene costituito in pegno o oggetto del privilegio, nonché alle spese di individuazione e consegna del bene oggetto di pegno non possessorio.

154. *Crediti pecuniari*. — 1. La dichiarazione di apertura della liquidazione giudiziale sospende il corso degli interessi convenzionali o legali, agli effetti del concorso, fino alla chiusura della procedura ovvero fino all'archiviazione disposta ai sensi dell'art. 234, comma 7, a meno che i crediti non siano garantiti da ipoteca, da pegno o privilegio, salvo quanto è disposto dall'art. 153, comma 3.

2. I crediti pecuniari si considerano scaduti, agli effetti del concorso, alla data della dichiarazione di apertura della liquidazione giudiziale.

3. I crediti condizionali partecipano al concorso a norma degli artt. 204, 226 e 227. Sono compresi tra i crediti condizionali quelli che non possono essere fatti valere contro il debitore il cui patrimonio è sottoposto alla liquidazione giudiziale, se non previa escussione di un obbligato principale.

155. *Compensazione*. — 1. I creditori possono opporre in compensazione dei loro debiti verso il debitore il cui patrimonio è sottoposto alla liquidazione giudiziale i propri crediti verso quest'ultimo, ancorché non scaduti prima dell'apertura della procedura concorsuale.

2. La compensazione non ha luogo se il creditore ha acquistato il credito per atto tra vivi dopo il deposito della domanda cui è seguita l'apertura della liquidazione giudiziale o nell'anno anteriore.

156. *Crediti infruttiferi*. — 1. I crediti infruttiferi non ancora scaduti alla data dell'apertura della liquidazione giudiziale sono ammessi al passivo per l'intera somma. Tuttavia ad ogni singola ripartizione saranno detratti gli interessi composti, in ragione del saggio stabilito dall'art. 1284 del codice civile, per il tempo che resta a decorrere dalla data del mandato di pagamento sino al giorno della scadenza del credito.

157. *Obbligazioni ed altri titoli di debito*. — 1. I crediti derivanti da obbligazioni e da altri titoli di debito sono ammessi al passivo per il loro valore nominale, detratti i rimborsi già effettuati; se è previsto un premio da estrarre a sorte, il suo valore attualizzato viene distribuito tra tutti i titoli che hanno diritto al sorteggio.

158. *Crediti non pecuniari*. — 1. I crediti non scaduti, aventi per oggetto una prestazione in danaro determinata con riferimento ad altri valori o aventi per oggetto una prestazione diversa dal danaro, concorrono secondo il loro valore alla data di apertura della liquidazione giudiziale.

159. *Rendita perpetua e rendita vitalizia*. — 1. Se nel passivo della liquidazione giudiziale sono presenti crediti per rendita perpetua, questa è riscattata a norma dell'art. 1866 del codice civile.

2. Il creditore di una rendita vitalizia è ammesso al passivo per una somma equivalente al valore capitale della rendita stessa al momento dell'apertura della liquidazione giudiziale.

160. *Creditore di più coobbligati solidali*. — 1. Il creditore di più coobbligati in solido concorre nella liquidazione giudiziale del patrimonio di quelli che sono sottoposti a tale procedura, per l'intero credito in capitale e accessori, sino al totale pagamento.

2. Il regresso tra i coobbligati può essere esercitato solo dopo che il creditore sia stato soddisfatto per l'intero credito.

161. *Creditore di più coobbligati solidali parzialmente soddisfatto*. — 1. Il creditore che, prima dell'apertura della liquidazione giudiziale, ha ricevuto da un coobbligato in solido con il debitore il cui patrimonio è sottoposto alla procedura concorsuale, o da un fideiussore, una parte del proprio credito, ha diritto di concorrere nella liquidazione giudiziale per la parte non riscossa.

2. Il coobbligato che ha diritto di regresso verso il debitore ha diritto di concorrere nella liquidazione giudiziale di questo per la somma pagata.

3. Tuttavia il creditore ha diritto di farsi assegnare la quota di riparto spettante al coobbligato fino a concorrenza di quanto ancora dovutogli. Resta impregiudicato il diritto verso il coobbligato se il creditore rimane parzialmente insoddisfatto.

162. *Coobbligato o fideiussore con diritto di garanzia*. — 1. Il coobbligato o fideiussore del debitore sottoposto a liquidazione giudiziale che ha un diritto di pegno o di ipoteca sui beni di lui a garanzia della sua azione di regresso concorre nella liquidazione giudiziale per la somma per la quale ha ipoteca o pegno.

2. Il ricavato della vendita dei beni ipotecati o delle cose date in pegno spetta al creditore in deduzione della somma dovuta.

Sezione IV. — *Effetti della liquidazione giudiziale sugli atti pregiudizievoli ai creditori*

163. *Atti a titolo gratuito*. — 1. Sono privi di effetto rispetto ai creditori, se compiuti dal debitore dopo il deposito della domanda cui è seguita l'apertura della liquidazione giudiziale o nei due anni anteriori, gli atti a titolo gratuito, esclusi i regali d'uso e gli atti compiuti in adempimento di un dovere morale o a scopo di pubblica utilità, in quanto la liberalità sia proporzionata al patrimonio del donante.

2. I beni oggetto degli atti di cui al comma 1 sono acquisiti al patrimonio della liquidazione giudiziale mediante trascrizione della sentenza che ha dichiarato l'apertura della procedura concorsuale. Nel caso di cui al presente articolo ogni interessato può proporre reclamo avverso la trascrizione a norma dell'art. 133.

164. *Pagamenti di crediti non scaduti e postergati*. — 1. Sono privi di effetto rispetto ai creditori i pagamenti di crediti che scadono nel giorno della dichiarazione di apertura della liquidazione giudiziale o posteriormente, se sono stati eseguiti dal debitore dopo il deposito della domanda cui è seguita l'apertura della procedura concorsuale o nei due anni anteriori.

2. Sono privi di effetto rispetto ai creditori i rimborsi dei finanziamenti dei soci a favore della società se sono stati eseguiti dal debitore dopo il deposito della domanda cui è seguita l'apertura della procedura concorsuale o nell'anno anteriore. Si applica l'art. 2467, secondo comma, codice civile.

3. La disposizione di cui al comma 2 si applica anche al rimborso dei finanziamenti ef-

fettuati a favore della società assoggettata alla liquidazione giudiziale da chi esercita attività di direzione e coordinamento nei suoi confronti o da altri soggetti ad essa sottoposti.

165. *Azione revocatoria ordinaria*. — 1. Il curatore può domandare che siano dichiarati inefficaci gli atti compiuti dal debitore in pregiudizio dei creditori, secondo le norme del codice civile.

2. L'azione si propone dinanzi al tribunale competente ai sensi dell'art. 27 sia in confronto del contraente immediato, sia in confronto dei suoi aventi causa nei casi in cui sia proponibile contro costoro.

166. *Atti a titolo oneroso, pagamenti, garanzie*. — 1. Sono revocati, salvo che l'altra parte provi che non conosceva lo stato d'insolvenza del debitore:

a) gli atti a titolo oneroso in cui le prestazioni eseguite o le obbligazioni assunte dal debitore sorpassano di oltre un quarto ciò che a lui è stato dato o promesso, se compiuti dopo il deposito della domanda cui è seguita l'apertura della liquidazione giudiziale o nell'anno anteriore;

b) gli atti estintivi di debiti pecuniari scaduti ed esigibili non effettuati con danaro o con altri mezzi normali di pagamento, se compiuti dopo il deposito della domanda cui è seguita l'apertura della liquidazione giudiziale o nell'anno anteriore;

c) i pegni, le anticresi e le ipoteche volontarie costituiti dopo il deposito della domanda cui è seguita l'apertura della liquidazione giudiziale o nell'anno anteriore per debiti preesistenti non scaduti;

d) i pegni, le anticresi e le ipoteche giudiziali o volontarie costituiti dopo il deposito della domanda cui è seguita l'apertura della liquidazione giudiziale o nei sei mesi anteriori per debiti scaduti.

2. Sono altresì revocati, se il curatore prova che l'altra parte conosceva lo stato d'insolvenza del debitore, i pagamenti di debiti liquidi ed esigibili, gli atti a titolo oneroso e quelli costitutivi di un diritto di prelazione per debiti, anche di terzi, contestualmente creati, se compiuti dal debitore dopo il deposito della domanda cui è seguita l'apertura della liquidazione giudiziale o nei sei mesi anteriori.

3. Non sono soggetti all'azione revocatoria:

a) i pagamenti di beni e servizi effettuati nell'esercizio dell'attività d'impresa nei termini d'uso;

b) le rimesse effettuate su un conto corrente bancario che non hanno ridotto in maniera consistente e durevole l'esposizione del debitore nei confronti della banca;

c) le vendite e i preliminari di vendita trascritti ai sensi dell'art. 2645-*bis* del codice civile, i cui effetti non siano cessati ai sensi del comma terzo della suddetta disposizione, conclusi a giusto prezzo e aventi ad oggetto immobili ad uso abitativo, destinati a costituire l'abitazione principale dell'acquirente o di suoi parenti e affini entro il terzo grado, ovvero immobili ad uso non abitativo destinati a costituire la sede principale dell'attività d'impresa dell'acquirente, purché alla data dell'apertura della liquidazione giudiziale tale attività sia effettivamente esercitata ovvero siano stati compiuti investimenti per darvi inizio;

d) gli atti, i pagamenti effettuati e le garanzie concesse su beni del debitore posti in essere in esecuzione del piano attestato di cui all'art. 56 o di cui all'art. 284 e in esso indicati. L'esclusione non opera in caso di dolo o colpa grave dell'attestatore o di dolo o colpa grave del debitore, quando il creditore ne era a conoscenza al momento del compimento dell'atto, del pagamento o della costituzione della garanzia. L'esclusione opera anche con riguardo all'azione revocatoria ordinaria;

e) gli atti, i pagamenti e le garanzie su beni del debitore posti in essere in esecuzione del concordato preventivo e dell'accordo di ristrutturazione omologato e in essi indicati, nonché gli atti, i pagamenti e le garanzie legalmente posti in essere e dal debitore dopo il deposito della domanda di accesso al concordato preventivo o all'accordo di ristrutturazione. L'esclusione opera anche con riguardo all'azione revocatoria ordinaria;

f) i pagamenti eseguiti dal debitore a titolo di corrispettivo di prestazioni di lavoro effettuate da suoi dipendenti o altri suoi collaboratori, anche non subordinati;

g) i pagamenti di debiti liquidi ed esigibili eseguiti dal debitore alla scadenza per ottenere la prestazione di servizi strumentali all'accesso alle procedure di regolazione della crisi e dell'insolvenza previste dal presente codice.

4. Le disposizioni di questo articolo non si applicano all'istituto di emissione, alle operazioni di credito su pegno e di credito fondiario; sono salve le disposizioni delle leggi speciali.

167. *Patrimoni destinati ad uno specifico affare*. — 1. Gli atti che incidono su un patrimonio destinato ad uno specifico affare previsto dall'art. 2447-*bis*, primo comma, lett. *a*), del codice civile sono revocabili quando pregiudicano il patrimonio della società. Il presupposto soggettivo dell'azione è costituito dalla conoscenza dello stato d'insolvenza della società.

168. *Pagamento di cambiale scaduta*. — 1. In deroga a quanto disposto dall'art. 166, comma

2, non può essere revocato il pagamento di una cambiale, se il possessore di questa doveva accettarlo per non perdere l'azione cambiaria di regresso. In tal caso, l'ultimo obbligato in via di regresso, in confronto del quale il curatore provi che conosceva lo stato di insolvenza del principale obbligato quando ha tratto o girato la cambiale, deve versare la somma riscossa al curatore.

169. *Atti compiuti tra coniugi, parti di un'unione civile tra persone dello stesso sesso o conviventi di fatto.* — 1. Gli atti previsti dall'art. 166, compiuti tra coniugi, parti di un'unione civile tra persone dello stesso sesso o conviventi di fatto nel tempo in cui il debitore esercitava un'impresa e quelli a titolo gratuito compiuti tra le stesse persone più di due anni prima della data di deposito della domanda cui è seguita l'apertura della liquidazione giudiziale, ma nel tempo in cui il debitore esercitava un'impresa, sono revocati se il coniuge o la parte di un'unione civile tra persone dello stesso sesso o il convivente di fatto non prova che ignorava lo stato d'insolvenza del debitore.

170. *Limiti temporali delle azioni revocatorie e d'inefficacia.* — 1. Le azioni revocatorie e di inefficacia disciplinate nella presente sezione non possono essere promosse dal curatore decorsi tre anni dall'apertura della liquidazione giudiziale e comunque si prescrivono decorsi cinque anni dal compimento dell'atto.

171. *Effetti della revocazione.* — 1. La revocatoria dei pagamenti avvenuti tramite intermediari specializzati, procedure di compensazione multilaterale o società previste dall'art. 1 della l. 23 novembre 1939, n. 1966 (1), si esercita e produce effetti nei confronti del destinatario della prestazione.

2. Colui che, per effetto della revoca prevista dalle disposizioni precedenti, ha restituito quanto aveva ricevuto è ammesso al passivo della liquidazione giudiziale per il suo eventuale credito.

3. Qualora la revoca abbia ad oggetto atti estintivi di posizioni passive derivanti da rapporti di conto corrente bancario o comunque rapporti continuativi o reiterati, il terzo deve restituire una somma pari alla differenza tra l'ammontare massimo raggiunto dalle sue pretese, nel periodo per il quale è provata la conoscenza dello stato d'insolvenza, e l'ammontare residuo delle stesse, alla data in cui si è aperto il concorso. Resta salvo il diritto del convenuto d'insinuare al passivo un credito d'importo corrispondente a quanto restituito.

(1) In *Leggi coll. XIV, 1.*

Sezione V. — *Effetti della liquidazione giudiziale sui rapporti giuridici pendenti*

172. *Rapporti pendenti.* — 1. Se un contratto è ancora ineseguito o non compiutamente eseguito nelle prestazioni principali da entrambe le parti al momento in cui è aperta la procedura di liquidazione giudiziale l'esecuzione del contratto, fatte salve le diverse disposizioni della presente sezione, rimane sospesa fino a quando il curatore, con l'autorizzazione del comitato dei creditori, dichiara di subentrare nel contratto in luogo del debitore, assumendo, a decorrere dalla data del subentro, tutti i relativi obblighi, ovvero di sciogliersi dal medesimo salvo che, nei contratti ad effetti reali, sia già avvenuto il trasferimento del diritto.

2. Il contraente può mettere in mora il curatore, facendogli assegnare dal giudice delegato un termine non superiore a sessanta giorni, decorso il quale il contratto si intende sciolto.

3. In caso di prosecuzione del contratto, sono prededucibili soltanto i crediti maturati nel corso della procedura.

4. In caso di scioglimento del contratto, il contraente ha diritto di far valere nel passivo della liquidazione giudiziale il credito conseguente al mancato adempimento, senza che gli sia dovuto risarcimento del danno.

5. L'azione di risoluzione del contratto promossa prima dell'apertura della liquidazione giudiziale nei confronti della parte inadempiente spiega i suoi effetti nei confronti del curatore, fatta salva, nei casi previsti, l'efficacia della trascrizione della domanda; se il contraente intende ottenere con la pronuncia di risoluzione la restituzione di una somma o di un bene, ovvero il risarcimento del danno, deve proporre la domanda secondo le disposizioni di cui al capo III del presente titolo.

6. Sono inefficaci le clausole negoziali che fanno dipendere la risoluzione del contratto dall'apertura della liquidazione giudiziale.

7. Sono salve le norme speciali in materia di contratti pubblici.

173. *Contratti preliminari.* — 1. Il curatore può sciogliersi dal contratto preliminare di vendita immobiliare anche quando il promissario acquirente abbia proposto e trascritto prima dell'apertura della liquidazione giudiziale domanda di esecuzione in forma specifica ai sensi dell'art. 2932 del codice civile, ma lo scioglimento non è opponibile al promissario acquirente se la domanda viene successivamente accolta.

2. In caso di scioglimento del contratto preliminare di vendita immobiliare trascritto ai sensi dell'art. 2645-*bis* del codice civile, il promissario acquirente ha diritto di far valere il proprio credito nel passivo, senza che gli sia dovuto il risarcimento del danno, e gode del privilegio di cui all'art. 2775-*bis* del codice civile, a condizione che gli effetti della trascrizione del contratto preliminare non siano cessati anteriormente alla data dell'apertura della liquidazione giudiziale.

3. Fatto salvo quanto previsto dall'art. 174, il contratto preliminare di vendita trascritto ai sensi dell'art. 2645-*bis* del codice civile non si scioglie se ha ad oggetto un immobile ad uso abitativo destinato a costituire l'abitazione principale del promissario acquirente o di suoi parenti ed affini entro il terzo grado ovvero un immobile ad uso non abitativo destinato a costituire la sede principale dell'attività di impresa del promissario acquirente, sempre che gli effetti della trascrizione non siano cessati anteriormente alla data dell'apertura della liquidazione giudiziale e il promissario acquirente ne chieda l'esecuzione nel termine e secondo le modalità stabilite per la presentazione delle domande di accertamento dei diritti dei terzi sui beni compresi nella procedura.

4. Nei casi di subentro del curatore nel contratto preliminare di vendita, l'immobile è trasferito e consegnato al promissario acquirente nello stato in cui si trova. Gli acconti corrisposti prima dell'apertura della liquidazione giudiziale sono opponibili alla massa in misura pari alla metà dell'importo che il promissario acquirente dimostra di aver versato. Il giudice delegato, una volta eseguita la vendita e riscosso interamente il prezzo, ordina con decreto la cancellazione delle iscrizioni relative ai diritti di prelazione, nonché delle trascrizioni dei pignoramenti e dei sequestri conservativi e di ogni altro vincolo.

174. *Contratti relativi a immobili da costruire*. — 1. I contratti di cui all'art. 5 del d.lg. 20 giugno 2005, n. 122, si sciolgono se, prima che il curatore comunichi la scelta tra esecuzione o scioglimento, l'acquirente abbia escusso la fideiussione a garanzia della restituzione di quanto versato al costruttore, dandone altresì comunicazione al curatore. In ogni caso, la fideiussione non può essere escussa dopo che il curatore ha comunicato di voler dare esecuzione al contratto.

175. *Contratti di carattere personale*. — 1. I contratti di carattere personale si sciolgono per effetto dell'apertura della procedura di liquidazione giudiziale nei confronti di uno dei contraenti, salvo che il curatore, con l'autorizzazione del comitato dei creditori e il consenso dell'altro contraente, manifesti la volontà di subentrarvi, assumendo, a decorrere dalla data del subentro, tutti i relativi obblighi.

2. Ai fini di cui al comma 1, i contratti sono di carattere personale quando la considerazione della qualità soggettiva della parte nei cui confronti è aperta la liquidazione giudiziale è stata motivo determinante del consenso.

176. *Effetti sui finanziamenti destinati ad uno specifico affare*. — 1. L'apertura della liquidazione giudiziale della società determina lo scioglimento del contratto di finanziamento di cui all'art. 2447-*bis*, primo comma, lett. *b*), del codice civile quando impedisce la realizzazione o la continuazione dell'operazione. In caso contrario, il curatore, sentito il parere del comitato dei creditori, può decidere di subentrare nel contratto in luogo della società, assumendo, a decorrere dalla data del subentro, tutti i relativi obblighi.

2. Se il curatore non subentra nel contratto, il finanziatore può chiedere al giudice delegato di essere autorizzato, sentito il comitato dei creditori, a realizzare o a continuare l'operazione, in proprio o affidandola a terzi; in tale ipotesi il finanziatore può trattenere i proventi dell'affare e può insinuarsi al passivo della procedura in via chirografaria per l'eventuale credito residuo.

3. Nelle ipotesi ai commi 1, secondo periodo e 2, resta ferma la disciplina prevista dall'art. 2447-*decies*, terzo, quarto e quinto comma, del codice civile.

4. Qualora, nel caso di cui al comma 1, non si verifichi alcuna delle ipotesi previste ai commi 1, secondo periodo e 2, si applica l'art. 2447-*decies*, sesto comma, del codice civile.

177. *Locazione finanziaria*. — 1. In caso di apertura della liquidazione giudiziale del patrimonio dell'utilizzatore, quando il curatore decide di sciogliersi dal contratto di locazione finanziaria a norma dell'art. 172, il concedente ha diritto alla restituzione del bene ed è tenuto a versare alla curatela l'eventuale differenza fra la maggiore somma ricavata dalla vendita o da altra collocazione del bene a valori di mercato rispetto al credito residuo in linea capitale, determinato ai sensi dell'art. 97, comma 12, primo periodo; per le somme già riscosse si applica l'art. 166, comma 3, lett. *a*).

2. Il concedente ha diritto di insinuarsi nello stato passivo per la differenza fra il credito vantato alla data di apertura della liquidazione giudiziale e quanto ricavabile dalla nuova allocazione del bene secondo la stima disposta dal giudice delegato.

3. In caso di apertura della liquidazione giu-

diziale nei confronti di società autorizzata alla concessione di finanziamenti sotto forma di locazione finanziaria, il contratto prosegue. L'utilizzatore conserva la facoltà di acquistare, alla scadenza del contratto, la proprietà del bene, previo pagamento dei canoni e del prezzo pattuito.

178. *Vendita con riserva di proprietà*. — 1. Nella vendita con riserva di proprietà, in caso di apertura della liquidazione giudiziale del patrimonio del compratore, se il prezzo deve essere pagato a termine o a rate, il curatore può subentrare nel contratto con l'autorizzazione del comitato dei creditori. Il venditore può chiedere cauzione a meno che il curatore paghi immediatamente il prezzo con lo sconto dell'interesse legale. Qualora il curatore si sciolga dal contratto, il venditore deve restituire le rate di prezzo già riscosse, salvo il diritto ad un equo compenso per l'uso della cosa, che può essere compensato con il credito avente ad oggetto la restituzione delle rate pagate.

2. L'apertura della liquidazione giudiziale nei confronti del venditore non è causa di scioglimento del contratto.

179. *Contratti ad esecuzione continuata o periodica*. — 1. Se il curatore subentra in un contratto ad esecuzione continuata o periodica deve pagare integralmente il prezzo delle consegne avvenute e dei servizi erogati dopo l'apertura della liquidazione giudiziale.

2. Il creditore può chiedere l'ammissione al passivo del prezzo delle consegne avvenute e dei servizi erogati prima dell'apertura della liquidazione giudiziale.

180. *Restituzione di cose non pagate*. — 1. Se la cosa mobile oggetto della vendita è già stata spedita al compratore prima che nei suoi confronti sia stata aperta la liquidazione, ma non è ancora a sua disposizione nel luogo di destinazione, né altri ha acquistato diritti sulla medesima, il venditore può riprenderne il possesso, assumendo a suo carico le spese e restituendo gli acconti ricevuti, sempreché egli non preferisca dar corso al contratto facendo valere nel passivo il credito per il prezzo, o il curatore non intenda farsi consegnare la cosa pagandone il prezzo integrale.

181. *Contratto di borsa a termine*. — 1. Il contratto di borsa a termine, se il termine scade dopo l'apertura della liquidazione giudiziale del patrimonio di uno dei contraenti, si scioglie alla data dell'apertura della procedura.

2. La differenza fra il prezzo contrattuale e il valore delle cose o dei titoli alla data dell'apertura della procedura è versata al curatore, se il contraente il cui patrimonio è sottoposto a liquidazione giudiziale risulta in credito o è ammessa al passivo nel caso contrario.

182. *Associazione in partecipazione*. — 1. L'associazione in partecipazione si scioglie per effetto dell'apertura della liquidazione giudiziale nei confronti dell'associante.

2. L'associato ha diritto di far valere nel passivo della liquidazione giudiziale il credito per quella parte dei conferimenti che non è assorbita dalle perdite a suo carico.

3. L'associato è tenuto al versamento della parte ancora dovuta nei limiti delle perdite che sono a suo carico. Nei suoi confronti è applicata la procedura prevista dall'art. 260.

183. *Conto corrente, mandato, commissione*. — 1. I contratti di conto corrente, anche bancario, e di commissione, si sciolgono per effetto dell'apertura della liquidazione giudiziale nei confronti di una delle parti.

2. Il contratto di mandato si scioglie per effetto dell'apertura della liquidazione giudiziale nei confronti del mandatario.

3. Se il curatore della liquidazione giudiziale del patrimonio del mandante subentra nel contratto, il credito del mandatario per l'attività compiuta dopo l'apertura della procedura è soddisfatto in prededuzione.

184. *Contratto di affitto di azienda*. — 1. L'apertura della liquidazione giudiziale nei confronti del concedente non scioglie il contratto di affitto d'azienda, ma il curatore, previa autorizzazione del comitato dei creditori, può recedere entro sessanta giorni, corrispondendo alla controparte un equo indennizzo, che, nel dissenso tra le parti, è determinato dal giudice delegato, sentiti gli interessati. L'indennizzo è insinuato al passivo come credito concorsuale.

2. In caso di recesso del curatore e comunque alla scadenza del contratto, si applicano le disposizioni di cui all'art. 212, comma 6.

3. In caso di apertura della liquidazione giudiziale nei confronti dell'affittuario, il curatore può in qualunque tempo, previa autorizzazione del comitato dei creditori, recedere dal contratto, corrispondendo al concedente un equo indennizzo per l'anticipato recesso, che, nel dissenso fra le parti, è determinato dal giudice delegato, sentiti gli interessati. L'indennizzo è insinuato al passivo come credito concorsuale.

185. *Contratto di locazione di immobili*. — 1. L'apertura della liquidazione giudiziale nei confronti del locatore non scioglie il contratto di locazione di immobili e il curatore subentra nel contratto.

2. Qualora, alla data dell'apertura della liquidazione giudiziale, la residua durata del contratto sia superiore a quattro anni, il curatore, entro un anno dall'apertura della procedura, può, previa autorizzazione del comitato

dei creditori, recedere dal contratto corrispondendo al conduttore un equo indennizzo per l'anticipato recesso, che, nel dissenso fra le parti, è determinato dal giudice delegato, sentiti gli interessati. L'indennizzo è insinuato al passivo come credito concorsuale. Il recesso ha effetto decorsi quattro anni dall'apertura della procedura.

3. In caso di apertura della liquidazione giudiziale nei confronti del conduttore, il curatore può in qualunque tempo, previa autorizzazione del comitato dei creditori, recedere dal contratto, corrispondendo al locatore un equo indennizzo per l'anticipato recesso, che nel dissenso fra le parti, è determinato dal giudice delegato, sentiti gli interessati. L'indennizzo è insinuato al passivo come credito concorsuale.

186. *Contratto di appalto*. — 1. Il contratto di appalto si scioglie per effetto dell'apertura della liquidazione giudiziale nei confronti di una delle parti, se il curatore, previa autorizzazione del comitato dei creditori, non dichiara di voler subentrare nel rapporto dandone comunicazione all'altra parte nel termine di sessanta giorni dall'apertura della procedura ed offrendo idonee garanzie.

2. Nel caso di apertura della liquidazione giudiziale nei confronti dell'appaltatore, il rapporto contrattuale si scioglie se la considerazione della qualità soggettiva dello stesso appaltatore è stata un motivo determinante del contratto, salvo che il committente non consenta, comunque, la prosecuzione del rapporto.

187. *Contratto di assicurazione*. — 1. Al contratto di assicurazione contro i danni si applica l'art. 172, salvo il diritto di recesso dell'assicuratore a norma dell'art. 1898 del codice civile se la prosecuzione del contratto può determinare un aggravamento del rischio.

2. Se il curatore comunica di voler subentrare nel contratto, il credito dell'assicuratore è soddisfatto in prededuzione per i premi scaduti dopo l'apertura della liquidazione giudiziale.

188. *Contratto di edizione*. — 1. Gli effetti dell'apertura della liquidazione giudiziale nei confronti dell'editore sul contratto di edizione sono regolati dalla legge speciale.

189. *Rapporti di lavoro subordinato*. — 1. L'apertura della liquidazione giudiziale nei confronti del datore di lavoro non costituisce motivo di licenziamento. I rapporti di lavoro subordinato in atto alla data della sentenza dichiarativa restano sospesi fino a quando il curatore, con l'autorizzazione del giudice delegato, sentito il comitato dei creditori, comunica ai lavoratori di subentrarvi, assumendo i relativi obblighi, ovvero il recesso.

2. Il recesso del curatore dai rapporti di lavoro subordinato sospesi ai sensi del comma 1 ha effetto dalla data di apertura della liquidazione giudiziale. Il subentro del curatore nei rapporti di lavoro subordinato sospesi decorre dalla comunicazione dal medesimo effettuata ai lavoratori. Il curatore trasmette all'Ispettorato territoriale del lavoro del luogo ove è stata aperta la liquidazione giudiziale, entro trenta giorni dalla nomina, l'elenco dei dipendenti dell'impresa in forza al momento dell'apertura della liquidazione giudiziale stessa. Su istanza del curatore il termine può essere prorogato dal giudice delegato di ulteriori trenta giorni, quando l'impresa occupa più di cinquanta dipendenti.

3. Qualora non sia possibile la continuazione o il trasferimento dell'azienda o di un suo ramo o comunque sussistano manifeste ragioni economiche inerenti l'assetto dell'organizzazione del lavoro, il curatore procede senza indugio al recesso dai relativi rapporti di lavoro subordinato. Il curatore comunica la risoluzione per iscritto. In ogni caso, salvo quanto disposto dal comma 4, decorso il termine di quattro mesi dalla data di apertura della liquidazione giudiziale senza che il curatore abbia comunicato il subentro, i rapporti di lavoro subordinato che non siano già cessati si intendono risolti di diritto con decorrenza dalla data di apertura della liquidazione giudiziale, salvo quanto previsto dai commi 4 e 6.

4. Il curatore o il direttore dell'Ispettorato territoriale del lavoro del luogo ove è stata aperta la liquidazione giudiziale, qualora ritengano sussistenti possibilità di ripresa o trasferimento a terzi dell'azienda o di un suo ramo, possono chiedere al giudice delegato, con istanza da depositarsi presso la cancelleria del tribunale, a pena di inammissibilità, almeno quindici giorni prima della scadenza del termine di cui al comma 3, una proroga del medesimo termine. Analoga istanza può in ogni caso essere presentata, personalmente o a mezzo di difensore munito di procura dallo stesso autenticata, anche dai singoli lavoratori, ma in tal caso la proroga ha effetto solo nei confronti dei lavoratori istanti; l'istanza del lavoratore deve contenere, sempre a pena di inammissibilità, elezione di domicilio o indicazione di indirizzo PEC ove ricevere le comunicazioni. Il giudice delegato, qualora il curatore entro il termine di cui al comma 3 non abbia proceduto al subentro o al recesso, entro trenta giorni dal deposito dell'istanza ovvero, in caso di più istanze, dal deposito dell'ultima di queste, può assegnare al curatore un termine non superiore a otto mesi per assumere le determina-

zioni di cui al comma 1. Il giudice delegato tiene conto, nello stabilire la misura del termine, delle prospettive di ripresa delle attività o di trasferimento dell'azienda. Il termine così concesso decorre dalla data di deposito in cancelleria del provvedimento del giudice delegato, che è immediatamente comunicato al curatore e agli eventuali altri istanti. Qualora nel termine così prorogato il curatore non procede al subentro o al recesso, i rapporti di lavoro subordinato che non siano già cessati, si intendono risolti di diritto, salvo quanto previsto al comma 6, con decorrenza dalla data di apertura della liquidazione giudiziale. In tale ipotesi, a favore di ciascun lavoratore nei cui confronti è stata disposta la proroga, è riconosciuta un'indennità non assoggettata a contribuzione previdenziale di importo pari a due mensilità dell'ultima retribuzione di riferimento per il calcolo del trattamento di fine rapporto per ogni anno di servizio, in misura comunque non inferiore a due e non superiore a otto mensilità, che è ammessa al passivo come credito successivo all'apertura della liquidazione giudiziale.

5. Trascorsi quattro mesi dall'apertura della liquidazione giudiziale, le eventuali dimissioni del lavoratore si intendono rassegnate per giusta causa ai sensi dell'art. 2119 del codice civile con effetto dalla data di apertura della liquidazione giudiziale.

6. Nel caso in cui il curatore intenda procedere a licenziamento collettivo secondo le previsioni di cui agli artt. 4, comma 1 e 24, comma 1, della l. 23 luglio 1991 n. 223, trovano applicazione, in deroga a quanto previsto dall'art. 4, commi da 2 a 8, della stessa legge, le seguenti disposizioni:

a) il curatore che intende avviare la procedura di licenziamento collettivo è tenuto a darne comunicazione preventiva per iscritto alle rappresentanze sindacali aziendali costituite a norma dell'art. 19 della l. 20 maggio 1970, n. 300, ovvero alle rappresentanze sindacali unitarie nonché alle rispettive associazioni di categoria. In mancanza delle predette rappresentanze la comunicazione deve essere effettuata alle associazioni di categoria aderenti alle confederazioni maggiormente rappresentative sul piano nazionale; la comunicazione alle associazioni di categoria può essere effettuata per il tramite dell'associazione dei datori di lavoro alla quale l'impresa aderisce o conferisce mandato. La comunicazione è trasmessa altresì all'Ispettorato territoriale del lavoro del luogo ove i lavoratori interessati prestano in prevalenza la propria attività e, comunque, all'Ispettorato territoriale del lavoro del luogo ove è stata aperta la liquidazione giudiziale;

b) la comunicazione di cui alla lett. *a*) deve contenere sintetica indicazione: dei motivi che determinano la situazione di eccedenza; dei motivi tecnici, organizzativi o produttivi, per i quali si ritiene di non poter adottare misure idonee a porre rimedio alla predetta situazione ed evitare, in tutto o in parte, il licenziamento collettivo; del numero, della collocazione aziendale e dei profili professionali del personale eccedente nonché del personale abitualmente impiegato; dei tempi di attuazione del programma di riduzione del personale; delle eventuali misure programmate per fronteggiare le conseguenze sul piano sociale della attuazione del programma medesimo e del metodo di calcolo di tutte le attribuzioni patrimoniali diverse da quelle già previste dalla legislazione vigente e dalla contrattazione collettiva;

c) entro sette giorni dalla data del ricevimento della comunicazione di cui alla lett. *a*), le rappresentanze sindacali aziendali ovvero le rappresentanze sindacali unitarie e le rispettive associazioni formulano per iscritto al curatore istanza per esame congiunto; l'esame congiunto può essere convocato anche dall'Ispettorato territoriale del lavoro, nel solo caso in cui l'avvio della procedura di licenziamento collettivo non sia stato determinato dalla cessazione dell'attività dell'azienda o di un suo ramo. Qualora nel predetto termine di sette giorni non sia pervenuta alcuna istanza di esame congiunto o lo stesso, nei casi in cui è previsto, non sia stato fissato dall'Ispettorato territoriale del lavoro in data compresa entro i quaranta giorni dal ricevimento della comunicazione di cui alla lett. *a*), la procedura si intende esaurita.

d) l'esame congiunto, cui può partecipare il direttore dell'Ispettorato territoriale del lavoro o funzionario da questi delegato, ha lo scopo di esaminare le cause che hanno contribuito a determinare l'eccedenza del personale e le possibilità di utilizzazione diversa di tale personale, o di una sua parte, nell'ambito della stessa impresa, anche mediante contratti di solidarietà e forme flessibili di gestione del tempo di lavoro. Qualora non sia possibile evitare la riduzione di personale, è esaminata la possibilità di ricorrere a misure sociali di accompagnamento intese, in particolare, a facilitare la riqualificazione e la riconversione dei lavoratori licenziati. I rappresentanti sindacali dei lavoratori possono farsi assistere, ove lo ritengano opportuno, da esperti;

e) la procedura disciplinata dal presente comma si applica, ricorrendo le condizioni di cui all'art. 24, comma 1, l. 23 luglio 1991, n. 223, anche quando si intenda procedere al licenziamento di uno o più dirigenti, in tal caso svolgendosi l'esame congiunto in apposito incontro; *f*) la consultazione si intende esaurita qualora, decorsi dieci giorni dal suo inizio, non sia stato raggiunto un accordo sindacale, salvo che il giudice delegato, per giusti motivi ne autorizzi la proroga, prima della sua scadenza, per un termine non superiore a dieci giorni; *g*) raggiunto l'accordo sindacale o comunque esaurita la procedura di cui alle lettere precedenti, il curatore provvede ad ogni atto conseguente ai sensi dell'art. 4, comma 9, della l. 23 luglio 1991, n. 223.

7. In ogni caso, le disposizioni di cui al comma 6 non si applicano nelle procedure di amministrazione straordinaria delle grandi imprese.

8. In caso di recesso del curatore, di licenziamento, dimissioni o risoluzione di diritto secondo le previsioni del presente articolo, spetta al lavoratore con rapporto a tempo indeterminato l'indennità di mancato preavviso che, ai fini dell'ammissione al passivo, è considerata, unitamente al trattamento di fine rapporto, come credito anteriore all'apertura della liquidazione giudiziale. Parimenti, nei casi di cessazione dei rapporti secondo le previsioni del presente articolo, il contributo previsto dall'art. 2, comma 31, della l. 28 giugno 2012, n. 92, che è dovuto anche in caso di risoluzione di diritto, è ammesso al passivo come credito anteriore all'apertura della liquidazione giudiziale.

9. Durante l'esercizio dell'impresa del debitore in liquidazione giudiziale da parte del curatore i rapporti di lavoro subordinato in essere proseguono, salvo che il curatore non intenda sospenderli o esercitare la facoltà di recesso ai sensi della disciplina lavoristica vigente. Si applicano i commi da 2 a 6 e 8 del presente articolo.

190. *Trattamento NASpI*. — 1. La cessazione del rapporto di lavoro ai sensi dell'art. 189 costituisce perdita involontaria dell'occupazione ai fini di cui all'art. 3 del d.lg. 4 marzo 2015, n. 22 e al lavoratore è riconosciuto il trattamento NASpI a condizione che ricorrano i requisiti di cui al predetto articolo, nel rispetto delle altre disposizioni di cui al d.lg. n. 22 del 2015.

191. *Effetti del trasferimento di azienda sui rapporti di lavoro*. — 1. Al trasferimento di azienda nell'ambito delle procedure di liquidazione giudiziale, concordato preventivo e al trasferimento d'azienda in esecuzione di accordi di ristrutturazione si applicano l'art. 47 della l. 29 dicembre 1990, n. 428, l'art. 11 del d.l. 23 dicembre 2013, n. 145, convertito nella l. 21 febbraio 2014, n. 9 e le altre disposizioni vigenti in materia.

192. *Clausola arbitrale*. — 1. Se il contratto in cui è contenuta una clausola compromissoria è sciolto a norma delle disposizioni della presente sezione, il procedimento arbitrale pendente non può essere proseguito.

CAPO II

Custodia e amministrazione dei beni compresi nella liquidazione giudiziale

193. *Sigilli*. — 1. Dichiarata aperta la liquidazione giudiziale, il curatore procede all'immediata ricognizione dei beni e, se necessario, all'apposizione dei sigilli sui beni che si trovano nella sede principale dell'impresa e sugli altri beni del debitore secondo le norme stabilite dal codice di procedura civile, quando non è possibile procedere immediatamente al loro inventario.

2. Il curatore può richiedere l'assistenza della forza pubblica.

3. Se i beni o le cose si trovano in più luoghi e non è agevole l'immediato completamento delle operazioni, il giudice delegato può autorizzare il curatore ad avvalersi di uno o più coadiutori.

4. Per i beni e le cose sulle quali non è possibile apporre i sigilli, si procede a norma dell'art. 758 del codice di procedura civile.

194. *Consegna del denaro, titoli, scritture contabili e di altra documentazione*. — 1. Devono essere consegnati al curatore:

a) il denaro contante;

b) le cambiali e gli altri titoli, compresi quelli scaduti;

c) le scritture contabili e ogni altra documentazione dal medesimo richiesta, se non ancora depositate in cancelleria.

2. Il denaro è dal curatore depositato sul conto corrente della procedura. I titoli e gli altri documenti sono custoditi personalmente dal curatore o, con autorizzazione del giudice delegato, affidati in custodia a terzi.

3. Ogni interessato, se autorizzato dal curatore, può, a sue spese, esaminare le scritture contabili e gli altri documenti acquisiti dallo stesso curatore, ed estrarne copia.

195. *Inventario*. — 1. Il curatore, rimossi, se in precedenza apposti, i sigilli, redige l'inventario nel più breve termine possibile secondo le norme stabilite dal codice di procedura civile, presenti o avvisati il debitore e il comitato dei creditori, se nominato, formando processo verbale delle attività compiute, al quale allega la documentazione fotografica dei beni inventariati. Possono intervenire i creditori.

2. Il curatore, quando occorre, nomina uno stimatore.

3. Prima di chiudere l'inventario il curatore invita il debitore o, se si tratta di società, gli amministratori a dichiarare se hanno notizia di altri beni da comprendere nell'inventario, avvertendoli delle pene stabilite dall'art. 327 in caso di falsa o omessa dichiarazione.

4. L'inventario è redatto in doppio originale e sottoscritto da tutti gli intervenuti. Uno degli originali deve essere depositato nella cancelleria del tribunale.

196. *Inventario di altri beni*. — 1. In deroga a quanto previsto dagli artt. 151, comma 2, e 210, il giudice delegato, su istanza della parte interessata, può, sentiti il curatore e il comitato dei creditori, se già costituito, disporre che non siano inclusi nell'inventario o siano restituiti agli aventi diritto i beni mobili sui quali terzi vantano diritti reali o personali chiaramente e immediatamente riconoscibili.

2. Sono inventariati anche i beni di proprietà del debitore dei quali il terzo detentore ha diritto di rimanere nel godimento in virtù di un titolo opponibile al curatore.

197. *Presa in consegna dei beni del debitore da parte del curatore*. — 1. Il curatore prende in consegna i beni, le scritture contabili e i documenti del debitore di mano in mano che ne fa l'inventario, fatta eccezione per i beni di cui all'art. 196, comma 2.

2. Se il debitore possiede immobili o beni mobili iscritti in pubblici registri, il curatore notifica un estratto della sentenza dichiarativa di fallimento ai competenti uffici, perché sia trascritto nei pubblici registri.

198. *Elenchi dei creditori e dei titolari di diritti immobiliari o mobiliari e bilancio*. — 1. Il curatore, in base alle scritture contabili del debitore e alle altre notizie che può raccogliere, compila l'elenco dei creditori, con l'indicazione dei rispettivi crediti e diritti di prelazione, nonché l'elenco di coloro che appaiono titolari di diritti reali e personali, mobiliari e immobiliari, su beni in possesso o nella disponibilità del debitore, con l'indicazione dei titoli relativi. Gli elenchi sono depositati in cancelleria.

2. Il curatore deve inoltre redigere il bilancio dell'ultimo esercizio, se non è stato presentato dal debitore nel termine stabilito, ed apportare le rettifiche necessarie ai bilanci e agli elenchi presentati dal debitore a norma dell'art. 39.

199. *Fascicolo della procedura*. — 1. Con la pubblicazione della sentenza di liquidazione giudiziale viene assegnato il domicilio digitale e viene formato il fascicolo informatico della procedura, nel quale devono essere contenuti tutti gli atti, i provvedimenti e i ricorsi attinenti al procedimento, opportunamente suddivisi in sezioni, esclusi quelli che, per ragioni di riservatezza, debbono essere custoditi nel fascicolo riservato.

2. I componenti del comitato dei creditori e il debitore possono prendere visione ed estrarre copia di tutti gli atti, i documenti e i provvedimenti inseriti nel fascicolo, fatta eccezione per quelli di cui il giudice delegato ha ordinato la secretazione.

3. Gli altri creditori ed i terzi hanno diritto di prendere visione e di estrarre copia degli atti e dei documenti per i quali sussiste un loro specifico ed attuale interesse, previa autorizzazione del giudice delegato, sentito il curatore.

4. I creditori possono prendere visione ed estrarre copia, a proprie spese, degli atti, dei documenti e dei provvedimenti del procedimento di accertamento del passivo e dei diritti dei terzi sui beni compresi nella liquidazione giudiziale.

CAPO III

Accertamento del passivo e dei diritti dei terzi sui beni compresi nella liquidazione giudiziale

200. *Avviso ai creditori e agli altri interessati*. — 1. Il curatore comunica senza indugio a coloro che, sulla base della documentazione in suo possesso o delle informazioni raccolte, risultano creditori o titolari di diritti reali o personali su beni mobili e immobili di proprietà o in possesso del debitore compresi nella liquidazione giudiziale, per mezzo della posta elettronica certificata, se l'indirizzo del destinatario risulta dal registro delle imprese ovvero dall'Indice nazionale degli indirizzi di posta elettronica certificata delle imprese e dei professionisti e, in ogni altro caso, mediante lettera raccomandata indirizzata alla sede, alla residenza o al domicilio del destinatario:

a) che possono partecipare al concorso trasmettendo la domanda con le modalità indicate nell'art. 201, anche senza l'assistenza di un difensore;

b) la data, l'ora e il luogo fissati per l'esame dello stato passivo e il termine entro cui vanno presentate le domande;

c) ogni utile informazione per agevolare la presentazione della domanda e con l'avvertimento delle conseguenze di cui all'art. 10, comma 3, nonché della sussistenza dell'onere previsto dall'art. 201, comma 3, lett. *e*);

d) il domicilio digitale assegnato alla procedura.

2. Se il creditore ha sede o risiede all'estero, la comunicazione può essere effettuata al suo rappresentante in Italia, se esistente.

201. *Domanda di ammissione al passivo*. — 1. Le domande di ammissione al passivo di un credito o di restituzione o rivendicazione di beni mobili o immobili compresi nella procedura, nonché le domande di partecipazione al riparto delle somme ricavate dalla liquidazione di beni compresi nella procedura ipotecati a garanzia di debiti altrui, si propongono con ricorso da trasmettere a norma del comma 2, almeno trenta giorni prima dell'udienza fissata per l'esame dello stato passivo.

2. Il ricorso può essere sottoscritto anche personalmente dalla parte ed è formato ai sensi degli artt. 20, comma 1-*bis*, ovvero 22, comma 3, del d.lg. 7 marzo 2005, n. 82, e successive modificazioni (1) e, nel termine stabilito dal comma 1, è trasmesso all'indirizzo di posta elettronica certificata del curatore indicato nell'avviso di cui all'art. 200, insieme ai documenti di cui al comma 6. L'originale del titolo di credito allegato al ricorso è depositato presso la cancelleria del tribunale.

3. Il ricorso contiene:

a) l'indicazione della procedura cui si intende partecipare e le generalità del creditore ed il suo numero di codice fiscale, nonché le coordinate bancarie dell'istante o la dichiarazione di voler essere pagato con modalità, diversa dall'accredito in conto corrente bancario, stabilita dal giudice delegato ai sensi dell'art. 230, comma 1;

b) la determinazione della somma che si intende insinuare al passivo, ovvero la descrizione del bene di cui si chiede la restituzione o la rivendicazione, ovvero l'ammontare del credito per il quale si intende partecipare al riparto se il debitore nei cui confronti è aperta la liquidazione giudiziale è terzo datore d'ipoteca;

c) la succinta esposizione dei fatti e degli elementi di diritto che costituiscono la ragione della domanda;

d) l'eventuale indicazione di un titolo di prelazione, nonché la descrizione del bene sul quale la prelazione si esercita, se questa ha carattere speciale;

e) l'indicazione dell'indirizzo di posta elettronica certificata, al quale ricevere tutte le comunicazioni relative alla procedura, le cui variazioni è onere comunicare al curatore.

4. Il ricorso è inammissibile se è omesso o assolutamente incerto uno dei requisiti di cui alle lett. *a*), *b*), o *c*) del comma 3. Se è omesso o assolutamente incerto il requisito di cui alla lett. *d*), il credito è considerato chirografario.

5. Se è omessa l'indicazione di cui al comma 3, lett. *e*), nonché nei casi di mancata consegna del messaggio di posta elettronica certificata per cause imputabili al destinatario si applica l'art. 10, comma 3.

6. Al ricorso sono allegati i documenti dimostrativi del diritto fatto valere.

7. Con la domanda di restituzione o rivendicazione, il terzo può chiedere la sospensione della liquidazione dei beni oggetto della domanda.

8. Il ricorso può essere presentato dal rappresentante comune degli obbligazionisti ai sensi dell'art. 2418, secondo comma, del codice civile, anche per singoli gruppi di creditori.

9. Il giudice ad istanza della parte può disporre che il cancelliere prenda copia dei titoli al portatore o all'ordine presentati e li restituisca con l'annotazione dell'avvenuta domanda di ammissione al passivo.

10. Il procedimento introdotto dalla domanda di cui al comma 1 è soggetto alla sospensione feriale dei termini di cui all'art. 1 della l. 7 ottobre 1969, n. 742.

202. *Effetti della domanda*. — 1. La domanda di cui all'art. 201 produce gli effetti della domanda giudiziale per tutto il corso della liquidazione giudiziale e fino all'esaurimento dei giudizi e delle operazioni che proseguono dopo il decreto di chiusura a norma dell'art. 235.

203. *Progetto di stato passivo e udienza di discussione*. — 1. Il curatore esamina le domande di cui all'art. 201 e predispone elenchi separati dei creditori e dei titolari di diritti su beni mobili e immobili di proprietà o in possesso del debitore, rassegnando per ciascuno le sue motivate conclusioni. Il curatore può eccepire i fatti estintivi, modificativi o impeditivi del diritto fatto valere, nonché l'inefficacia del titolo su cui sono fondati il credito o la prelazione, anche se è prescritta la relativa azione.

2. Il curatore deposita il progetto di stato passivo corredato dalle relative domande nella cancelleria del tribunale almeno quindici giorni prima dell'udienza fissata per l'esame dello stato passivo e nello stesso termine lo trasmette ai creditori e ai titolari di diritti sui beni all'indirizzo indicato nella domanda di ammissione al passivo. I creditori, i titolari di diritti sui beni ed il debitore possono esaminare il progetto e presentare al curatore, con le modalità indicate dall'art. 201, comma 2, osservazioni scritte e

(1) In *Leggi coll. IV, 4*.

documenti integrativi fino a cinque giorni prima dell'udienza.

3. All'udienza fissata per l'esame dello stato passivo, il giudice delegato, anche in assenza delle parti, decide su ciascuna domanda, nei limiti delle conclusioni formulate e avuto riguardo alle eccezioni del curatore, a quelle rilevabili d'ufficio ed a quelle formulate dagli altri interessati. Il giudice delegato può procedere ad atti di istruzione su richiesta delle parti, compatibilmente con le esigenze di speditezza del procedimento. In relazione al numero dei creditori e alla entità del passivo, il giudice delegato può stabilire che l'udienza sia svolta in via telematica con modalità idonee a salvaguardare il contraddittorio e l'effettiva partecipazione dei creditori, anche utilizzando le strutture informatiche messe a disposizione della procedura da soggetti terzi.

4. Il debitore può chiedere di essere sentito.

5. Delle operazioni si redige processo verbale.

204. *Formazione ed esecutività dello stato passivo*. — 1. Il giudice delegato, con decreto succintamente motivato, accoglie in tutto o in parte ovvero respinge o dichiara inammissibile la domanda proposta ai sensi dell'art. 201. La dichiarazione di inammissibilità della domanda non ne preclude la successiva riproposizione.

2. Oltre che nei casi stabiliti dalla legge, sono ammessi al passivo con riserva:

a) i crediti condizionati e quelli indicati all'art. 154, comma 3;

b) i crediti per i quali la mancata produzione del titolo dipende da fatto non riferibile al creditore, a condizione che la produzione avvenga nel termine assegnato dal giudice;

c) i crediti accertati con sentenza del giudice ordinario o speciale non passata in giudicato, pronunziata prima della dichiarazione di apertura della liquidazione giudiziale. Il curatore può proporre o proseguire il giudizio di impugnazione.

3. Se le operazioni non possono esaurirsi in una sola udienza, il giudice ne rinvia la prosecuzione a non più di otto giorni, senza altro avviso per gli intervenuti e per gli assenti.

4. Terminato l'esame di tutte le domande, il giudice delegato forma lo stato passivo e lo rende esecutivo con decreto depositato in cancelleria.

5. Il decreto che rende esecutivo lo stato passivo e le decisioni assunte dal tribunale all'esito dei giudizi di cui all'art. 206, limitatamente ai crediti accertati ed al diritto di partecipare al riparto quando il debitore ha concesso ipoteca a garanzia di debiti altrui, producono effetti soltanto ai fini del concorso.

205. *Comunicazione dell'esito del procedimento di accertamento del passivo*. — 1. Il curatore, immediatamente dopo la dichiarazione di esecutività dello stato passivo, ne dà comunicazione trasmettendo una copia a tutti i ricorrenti, informandoli del diritto di proporre opposizione in caso di mancato accoglimento della domanda.

206. *Impugnazioni*. — 1. Contro il decreto che rende esecutivo lo stato passivo può essere proposta opposizione, impugnazione dei crediti ammessi o revocazione.

2. Con l'opposizione il creditore o il titolare di diritti su beni mobili o immobili contestano che la propria domanda sia stata accolta in parte o sia stata respinta. L'opposizione è proposta nei confronti del curatore.

3. Con l'impugnazione il curatore, il creditore o il titolare di diritti su beni mobili o immobili contestano che la domanda di un creditore o di altro concorrente sia stata accolta. L'impugnazione è rivolta nei confronti del creditore concorrente, la cui domanda è stata accolta. Al procedimento partecipa anche il curatore.

4. Nei casi di cui ai commi 2 e 3, la parte contro cui l'impugnazione è proposta, nei limiti delle conclusioni rassegnate nel procedimento di accertamento del passivo, può proporre impugnazione incidentale anche se è per essa decorso il termine di cui all'art. 207, comma 1.

5. Con la revocazione il curatore, il creditore o il titolare di diritti su beni mobili o immobili, decorsi i termini per la proposizione della opposizione o della impugnazione, possono chiedere che il provvedimento di accoglimento o di rigetto venga revocato se si scopre che essi sono stati determinati da falsità, dolo, errore essenziale di fatto o dalla mancata conoscenza di documenti decisivi che non sono stati prodotti tempestivamente per causa non imputabile all'istante. La revocazione è proposta nei confronti del creditore concorrente, la cui domanda è stata accolta, ovvero nei confronti del curatore quando la domanda è stata respinta. Nel primo caso, al procedimento partecipa il curatore.

6. Gli errori materiali contenuti nello stato passivo sono corretti con decreto del giudice delegato su istanza del creditore o del titolare di diritti sui beni o del curatore, sentito il curatore o la parte interessata.

207. *Procedimento*. — 1. Le impugnazioni di cui all'art. 206 si propongono con ricorso entro il termine perentorio di trenta giorni dalla comunicazione di cui all'art. 205 ovvero, nel caso di revocazione, dalla scoperta della falsità, del dolo, dell'errore o del documento di cui all'art. 206, comma 5.

2. Il ricorso deve contenere:

a) l'indicazione del tribunale, del giudice delegato e della procedura di liquidazione giudiziale;

b) le generalità dell'impugnante e l'elezione del domicilio nel comune ove ha sede il tribunale che ha aperto la liquidazione giudiziale;

c) l'esposizione dei fatti e degli elementi di diritto su cui si basa l'impugnazione e le relative conclusioni;

d) a pena di decadenza, le eccezioni processuali e di merito non rilevabili d'ufficio, nonché l'indicazione specifica dei mezzi di prova di cui il ricorrente intende avvalersi e dei documenti prodotti.

3. Il presidente, nei cinque giorni successivi al deposito del ricorso, designa il relatore, al quale può delegare la trattazione del procedimento, e fissa con decreto l'udienza di comparizione entro sessanta giorni dal deposito del ricorso.

4. Il ricorso, unitamente al decreto di fissazione dell'udienza, deve essere notificato, a cura del ricorrente, al curatore e all'eventuale controinteressato entro dieci giorni dalla comunicazione del decreto.

5. Tra la data della notificazione e quella dell'udienza deve intercorrere un termine non minore di trenta giorni.

6. Le parti resistenti devono costituirsi almeno dieci giorni prima dell'udienza, eleggendo il domicilio nel comune in cui ha sede il tribunale.

7. La costituzione si effettua mediante deposito di una memoria difensiva contenente, a pena di decadenza, le eccezioni processuali e di merito non rilevabili d'ufficio, nonché l'indicazione specifica dei mezzi di prova e dei documenti contestualmente prodotti. L'impugnazione incidentale tardiva si propone, a pena di decadenza, nella memoria di cui al presente comma.

8. Se è proposta impugnazione incidentale tardiva il tribunale adotta i provvedimenti necessari ad assicurare il contraddittorio.

9. L'intervento di qualunque interessato non può avere luogo oltre il termine stabilito per la costituzione delle parti resistenti con le modalità per queste previste.

10. Se nessuna delle parti costituite compare alla prima udienza, il giudice provvede ai sensi dell'art. 309 del codice di procedura civile. Provvede allo stesso modo anche se non compare il ricorrente costituito. Il curatore, anche se non costituito, partecipa all'udienza di comparizione fissata ai sensi del comma 3, per informare le altre parti ed il giudice in ordine allo stato della procedura e alle concrete prospettive di soddisfacimento dei creditori concorsuali.

11. Il giudice provvede all'ammissione e all'espletamento dei mezzi istruttori.

12. Il giudice delegato alla liquidazione giudiziale non può far parte del collegio.

13. Il collegio provvede in via definitiva sull'opposizione, impugnazione o revocazione con decreto motivato, entro sessanta giorni dall'udienza o dalla scadenza del termine eventualmente assegnato per il deposito di memorie.

14. Il decreto è comunicato dalla cancelleria alle parti che, nei successivi trenta giorni, possono proporre ricorso per cassazione.

15. Gli errori materiali contenuti nel decreto sono corretti con decreto dal tribunale senza necessità di instaurazione del contraddittorio se tutte le parti concordano nel chiedere la stessa correzione. Se è chiesta da una delle parti, il presidente del collegio, con decreto da notificarsi insieme con il ricorso, fissa l'udienza nella quale le parti debbono comparire davanti al giudice designato come relatore. Sull'istanza il collegio provvede con decreto, che deve essere annotato sull'originale del provvedimento.

16. Le impugnazioni di cui all'art. 206 sono soggette alla sospensione feriale dei termini di cui all'art. 1 della l. 7 ottobre 1969, n. 742.

208. *Domande tardive*. — 1. Le domande di ammissione al passivo di un credito, di restituzione o rivendicazione di beni mobili e immobili, trasmesse al curatore oltre il termine di trenta giorni prima dell'udienza fissata per la verifica del passivo e non oltre quello di sei mesi dal deposito del decreto di esecutività dello stato passivo sono considerate tardive. In caso di particolare complessità della procedura, il tribunale, con la sentenza che dichiara aperta la liquidazione giudiziale, può prorogare quest'ultimo termine fino a dodici mesi.

2. Il procedimento di accertamento delle domande tardive si svolge nelle stesse forme di cui all'art. 203. Quando vengono presentate domande tardive, il giudice delegato fissa per l'esame delle stesse un'udienza entro i successivi quattro mesi, salvo che sussistano motivi d'urgenza. Il curatore dà avviso della data dell'udienza a coloro che hanno presentato la domanda e ai creditori già ammessi al passivo. Si applicano le disposizioni di cui agli articoli da 201 a 207.

3. Decorso il termine di cui al comma 1, e comunque fino a quando non siano esaurite tutte le ripartizioni dell'attivo della liquidazione giudiziale, la domanda tardiva è ammissibile solo se l'istante prova che il ritardo è dipeso da causa a lui non imputabile e se trasmette la

domanda al curatore non oltre sessanta giorni dal momento in cui è cessata la causa che ne ha impedito il deposito tempestivo. Quando la domanda risulta manifestamente inammissibile perché l'istante non ha indicato le circostanze da cui è dipeso il ritardo o non ne ha offerto prova documentale o non ha indicato i mezzi di prova di cui intende valersi per dimostrarne la non imputabilità, il giudice delegato dichiara con decreto l'inammissibilità della domanda. Il decreto è reclamabile a norma dell'art. 124.

209. *Previsione di insufficiente realizzo*. — 1. Il tribunale, con decreto motivato da adottarsi prima dell'udienza per l'esame dello stato passivo, su istanza del curatore depositata almeno venti giorni prima dell'udienza stessa, corredata da una relazione sulle prospettive della liquidazione, e dal parere del comitato dei creditori, sentito il debitore, dispone non farsi luogo al procedimento di accertamento del passivo relativamente ai crediti concorsuali se risulta che non può essere acquisito attivo da distribuire ad alcuno dei creditori che abbiano chiesto l'ammissione al passivo, salva la soddisfazione dei crediti prededucibili e delle spese di procedura.

2. Le disposizioni di cui al comma 1 si applicano, in quanto compatibili, anche quando la condizione di insufficiente realizzo emerge successivamente alla verifica dello stato passivo.

3. Il curatore comunica il decreto di cui al comma 1 trasmettendone copia ai creditori che abbiano presentato domanda di ammissione al passivo ai sensi degli artt. 201 e 208 i quali, nei quindici giorni successivi, possono presentare reclamo, a norma dell'art. 124, alla corte di appello, che provvede sentiti il reclamante, il curatore, il comitato dei creditori e il debitore.

210. *Procedimenti relativi a domande di rivendica e restituzione*. — 1. Ai procedimenti che hanno ad oggetto domande di restituzione o di rivendicazione, si applica il regime probatorio previsto nell'art. 621 del codice di procedura civile. Se il bene non è stato acquisito all'attivo della procedura, il titolare del diritto, anche nel corso dell'udienza di cui all'art. 207, può modificare l'originaria domanda e chiedere l'ammissione al passivo del controvalore del bene alla data di apertura del concorso. Se il curatore perde il possesso della cosa dopo averla acquisita, il titolare del diritto può chiedere che il controvalore del bene sia corrisposto in prededuzione.

2. Sono salve le disposizioni dell'art. 1706 del codice civile.

3. Il decreto che accoglie la domanda di rivendica di beni o diritti il cui trasferimento è soggetto a forme di pubblicità legale deve essere reso opponibile ai terzi con le medesime forme.

CAPO IV

Esercizio dell'impresa e liquidazione dell'attivo

Sezione I. — *Disposizioni generali*

211. *Esercizio dell'impresa del debitore*. — 1. L'apertura della liquidazione giudiziale non determina la cessazione dell'attività d'impresa quando ricorrono le condizioni di cui ai commi 2 e 3.

2. Con la sentenza che dichiara aperta la liquidazione giudiziale, il tribunale autorizza il curatore a proseguire l'esercizio dell'impresa, anche limitatamente a specifici rami dell'azienda, se dall'interruzione può derivare un grave danno, purché la prosecuzione non arrechi pregiudizio ai creditori.

3. Successivamente, su proposta del curatore, il giudice delegato, previo parere favorevole del comitato dei creditori, autorizza, con decreto motivato, l'esercizio dell'impresa, anche limitatamente a specifici rami dell'azienda, fissandone la durata.

4. Durante il periodo di esercizio, il comitato dei creditori è convocato dal curatore, almeno ogni tre mesi, per essere informato sull'andamento della gestione e per pronunciarsi sull'opportunità di continuare l'esercizio.

5. Se il comitato dei creditori non ravvisa l'opportunità di continuare l'esercizio, il giudice delegato ne ordina la cessazione.

6. Ogni semestre, o comunque alla conclusione del periodo di esercizio, il curatore deve depositare un rendiconto dell'attività. In ogni caso il curatore informa senza indugio il giudice delegato e il comitato dei creditori di circostanze sopravvenute che possono influire sulla prosecuzione dell'esercizio.

7. Il tribunale può ordinare la cessazione dell'esercizio in qualsiasi momento laddove ne ravvisi l'opportunità, con decreto in camera di consiglio non soggetto a reclamo, sentiti il curatore e il comitato dei creditori.

8. Durante l'esercizio i contratti pendenti proseguono, salvo che il curatore non intenda sospenderne l'esecuzione o scioglierli. È fatto salvo il disposto dell'art. 110, comma 3, del d.lg. 18 aprile 2016, n. 50. I crediti sorti nel corso dell'esercizio sono soddisfatti in prededuzione ai sensi dell'art. 221, comma 1, lett. *a*).

9. Al momento della cessazione dell'eserci-

zio si applicano le disposizioni di cui alla sezione V del capo I del titolo V.

10. Il curatore autorizzato all'esercizio dell'impresa non può partecipare a procedure di affidamento di concessioni e appalti di lavori, forniture e servizi ovvero essere affidatario di subappalto.

212. *Affitto dell'azienda o di suoi rami*. — 1. Anche prima della presentazione del programma di liquidazione di cui all'art. 213, su proposta del curatore, il giudice delegato, previo parere favorevole del comitato dei creditori, autorizza l'affitto dell'azienda del debitore a terzi, anche limitatamente a specifici rami, quando appaia utile al fine della più proficua vendita dell'azienda o di parti della stessa.

2. La scelta dell'affittuario è effettuata dal curatore a norma dell'art. 216, sulla base di stima, assicurando, con adeguate forme di pubblicità, la massima informazione e partecipazione degli interessati. La scelta dell'affittuario deve tenere conto, oltre che dell'ammontare del canone offerto, delle garanzie prestate e della attendibilità del piano di prosecuzione delle attività imprenditoriali, avuto riguardo alla conservazione dei livelli occupazionali.

3. Il contratto di affitto stipulato dal curatore nelle forme previste dall'art. 2556 del codice civile deve prevedere il diritto del curatore di procedere alla ispezione della azienda, la prestazione di idonee garanzie per tutte le obbligazioni dell'affittuario derivanti dal contratto e dalla legge, il diritto di recesso del curatore dal contratto che può essere esercitato, sentito il comitato dei creditori, con la corresponsione all'affittuario di un giusto indennizzo da corrispondere in prededuzione.

4. La durata dell'affitto deve essere compatibile con le esigenze della liquidazione dei beni.

5. Il diritto di prelazione a favore dell'affittuario può essere concesso convenzionalmente, previa autorizzazione del giudice delegato e previo parere favorevole del comitato dei creditori. In tale caso, esaurito il procedimento di determinazione del prezzo di vendita dell'azienda o del singolo ramo, il curatore, entro dieci giorni, lo comunica all'affittuario, il quale può esercitare il diritto di prelazione entro cinque giorni dal ricevimento della comunicazione.

6. La retrocessione alla liquidazione giudiziale di aziende, o rami di aziende, non comporta la responsabilità della procedura per i debiti maturati sino alla retrocessione, in deroga a quanto previsto dagli artt. 2112 e 2560 del codice civile. Ai rapporti pendenti al momento della retrocessione si applicano le disposizioni di cui alla sezione V del capo I del titolo V.

213. *Programma di liquidazione*. — 1. Entro sessanta giorni dalla redazione dell'inventario e in ogni caso non oltre centottanta giorni dalla sentenza dichiarativa dell'apertura della liquidazione giudiziale, il curatore predispone un programma di liquidazione da sottoporre all'approvazione del comitato dei creditori. Il mancato rispetto del termine di centottanta giorni di cui al primo periodo senza giustificato motivo è giusta causa di revoca del curatore.

2. Il curatore, previa autorizzazione del comitato dei creditori, può non acquisire all'attivo o rinunciare a liquidare uno o più beni, se l'attività di liquidazione appaia manifestamente non conveniente. In questo caso, il curatore ne dà comunicazione ai creditori i quali, in deroga a quanto previsto nell'art. 150, possono iniziare azioni esecutive o cautelari sui beni rimessi nella disponibilità del debitore. Si presume manifestamente non conveniente la prosecuzione dell'attività di liquidazione dopo sei esperimenti di vendita cui non ha fatto seguito l'aggiudicazione, salvo che il giudice delegato non autorizzi il curatore a continuare l'attività liquidatoria, in presenza di giustificati motivi.

3. Il programma è suddiviso in sezioni in cui sono indicati separatamente criteri e modalità della liquidazione dei beni immobili, della liquidazione degli altri beni e della riscossione dei crediti, con indicazione dei costi e dei presumibili tempi di realizzo. Nel programma sono, inoltre, indicati le azioni giudiziali di qualunque natura e il subentro nelle liti pendenti, con i costi per il primo grado di giudizio. Sono, altresì, indicati gli esiti delle liquidazioni già compiute.

4. Il programma indica gli atti necessari per la conservazione del valore dell'impresa, quali l'esercizio dell'impresa del debitore e l'affitto di azienda, ancorché relativi a singoli rami dell'azienda, nonché le modalità di cessione unitaria dell'azienda, di singoli rami, di beni o di rapporti giuridici individuabili in blocco.

5. Nel programma è indicato il termine entro il quale avrà inizio l'attività di liquidazione dell'attivo ed il termine del suo presumibile completamento. Entro dodici mesi dall'apertura della procedura deve avere luogo il primo esperimento di vendita dei beni e devono iniziare le attività di recupero dei crediti, salvo che il giudice delegato, con decreto motivato, non ne autorizzi il differimento. Il termine per il completamento della liquidazione non può eccedere cinque anni dal deposito della sentenza di apertura della procedura. In casi di eccezionale complessità, questo termine può essere differito a sette anni dal giudice delegato.

6. Per sopravvenute esigenze, il curatore può presentare un supplemento del piano di liquidazione.

7. Il programma è trasmesso al giudice delegato che ne autorizza la sottoposizione al comitato dei creditori per l'approvazione. Il giudice delegato autorizza i singoli atti liquidatori in quanto conformi al programma approvato.

8. Il mancato rispetto dei termini previsti dal programma di liquidazione senza giustificato motivo è causa di revoca del curatore.

Sezione II. — *Vendita dei beni*

214. *Vendita dell'azienda o di suoi rami o di beni o rapporti in blocco.* — 1. La liquidazione dei singoli beni ai sensi delle disposizioni del presente capo è disposta quando risulta prevedibile che la vendita dell'intero complesso aziendale, di suoi rami, di beni o rapporti giuridici individuabili in blocco non consenta una maggiore soddisfazione dei creditori.

2. La vendita del complesso aziendale o di rami dello stesso è effettuata con le modalità di cui all'art. 216, in conformità a quanto disposto dall'art. 2556 del codice civile.

3. Salva diversa convenzione, è esclusa la responsabilità dell'acquirente per i debiti relativi all'esercizio delle aziende cedute sorti prima del trasferimento.

4. Il curatore può procedere altresì alla cessione delle attività e delle passività dell'azienda o dei suoi rami, nonché di beni o rapporti giuridici individuali in blocco, esclusa comunque la responsabilità dell'alienante prevista dall'art. 2560 del codice civile.

5. La cessione dei crediti relativi alle aziende cedute, anche in mancanza di notifica al debitore o di sua accettazione, ha effetto, nei confronti dei terzi, dal momento dell'iscrizione del trasferimento nel registro delle imprese. Tuttavia il debitore ceduto è liberato se paga in buona fede al cedente.

6. I privilegi e le garanzie di qualsiasi tipo, da chiunque prestate o comunque esistenti a favore del cedente, conservano la loro validità e il loro grado a favore del cessionario.

7. Il curatore può procedere alla liquidazione anche mediante il conferimento in una o più società, eventualmente di nuova costituzione, dell'azienda o di rami della stessa, ovvero di beni o crediti, con i relativi rapporti contrattuali in corso, esclusa la responsabilità dell'alienante ai sensi dell'art. 2560 del codice civile e osservate le disposizioni inderogabili contenute nella presente sezione. Le azioni o quote della società che riceve il conferimento possono essere attribuite, nel rispetto delle cause di prelazione, a singoli creditori che vi consentono. Sono salve le diverse disposizioni previste in leggi speciali.

8. Il pagamento del prezzo può essere effettuato mediante accollo di debiti da parte dell'acquirente solo se non viene alterata la graduazione dei crediti.

215. *Cessioni di crediti, azioni revocatorie e partecipazioni e mandato a riscuotere crediti.* — 1. Il curatore può cedere i crediti, compresi quelli di natura fiscale o futuri, anche se oggetto di contestazione; può altresì cedere le azioni revocatorie concorsuali, se i relativi giudizi sono già pendenti.

2. Per la vendita delle partecipazioni in società a responsabilità limitata si applica l'art. 2471 del codice civile.

3. In alternativa alla cessione di cui al comma 1, il curatore può stipulare contratti di mandato per la riscossione dei crediti.

216. *Modalità della liquidazione.* — 1. I beni acquisiti all'attivo della procedura sono stimati da esperti nominati dal curatore ai sensi dell'art. 129, comma 2. La relazione di stima deve essere depositata con modalità telematiche nel rispetto della normativa anche regolamentare concernente la sottoscrizione, la trasmissione e la ricezione dei documenti informatici, nonché delle apposite specifiche tecniche del responsabile per i sistemi informativi automatizzati del Ministero della giustizia. I modelli informatici delle relazioni di stima sono pubblicati sul portale delle vendite pubbliche e, quando la stima riguarda un bene immobile, deve contenere le informazioni previste dall'art. 173-*bis* delle disposizioni per l'attuazione del codice di procedura civile. L'inosservanza della disposizione di cui al secondo periodo costituisce motivo di revoca dell'incarico. La stima può essere omessa per i beni di modesto valore. Il compenso dell'esperto è liquidato a norma dell'art. 161, terzo comma, delle disposizioni per l'attuazione del codice di procedura civile.

2. Le vendite e gli altri atti di liquidazione posti in essere in esecuzione del programma di liquidazione sono effettuati dal curatore o dal delegato alle vendite tramite procedure competitive, anche avvalendosi di soggetti specializzati, con le modalità stabilite con ordinanza dal giudice delegato. Per i beni immobili il curatore pone in essere almeno tre esperimenti di vendita all'anno. Dopo il terzo esperimento andato deserto il prezzo può essere ribassato fino al limite della metà rispetto a quello dell'ultimo esperimento. Fatto salvo quanto previsto dall'art. 147, comma 2, il giudice delegato ordina la liberazione dei beni immobili occupati dal

debitore o da terzi in forza di titolo non opponibile al curatore. Si applica in tal caso l'art. 560, commi terzo e quarto, del codice di procedura civile. Per i beni immobili e gli altri beni iscritti nei pubblici registri, prima del completamento delle operazioni di vendita, è data notizia mediante notificazione da parte del curatore, a ciascuno dei creditori ipotecari o i cui crediti siano assistiti da privilegio sul bene.

3. Il giudice delegato può disporre che le vendite dei beni mobili, immobili e mobili registrati vengano effettuate secondo le disposizioni del codice di procedura civile, in quanto compatibili.

4. Le vendite di cui ai commi 2 e 3 sono effettuate con modalità telematiche tramite il portale delle vendite pubbliche, salvo che tali modalità siano pregiudizievoli per gli interessi dei creditori o per il sollecito svolgimento della procedura.

5. Il giudice delegato dispone la pubblicità, sul portale delle vendite pubbliche, della ordinanza di vendita e di ogni altro atto o documento ritenuto utile e può disporre anche ulteriori forme di pubblicità idonee ad assicurare la massima informazione e partecipazione degli interessati, da effettuarsi almeno trenta giorni prima della vendita. Il termine può essere ridotto esclusivamente nei casi di assoluta urgenza.

6. Gli interessati a presentare l'offerta di acquisto formulano tramite il portale delle vendite pubbliche la richiesta di esaminare i beni in vendita.

7. L'offerta non è efficace se perviene oltre il termine stabilito nell'ordinanza di vendita o se l'offerente non presta cauzione nella misura indicata. Le offerte di acquisto sono efficaci anche se inferiori di non oltre un quarto al prezzo stabilito nell'ordinanza di vendita e sono presentate tramite il portale delle vendite pubbliche.

8. Le vendite e gli atti di liquidazione possono prevedere che il versamento del prezzo abbia luogo ratealmente; si applicano, in quanto compatibili, le disposizioni di cui agli artt. 569, terzo comma, terzo periodo, 574, primo comma, secondo periodo, 585 e 587, primo comma, secondo periodo, del codice di procedura civile.

9. Entro cinque giorni dal trasferimento di ciascun bene, il curatore ne dà notizia agli organi della procedura mediante deposito nel fascicolo informatico.

10. Se alla data di apertura della liquidazione sono pendenti procedure esecutive, il curatore può subentrarvi; in tale caso si applicano le disposizioni del codice di procedura civile; altrimenti, su istanza del curatore, il giudice dell'esecuzione dichiara l'improcedibilità dell'esecuzione, fermi restando gli effetti conservativi sostanziali del pignoramento in favore dei creditori.

11. I dati delle relazioni di stima di cui al comma 1 sono estratti ed elaborati, a cura del Ministero della giustizia, anche nell'ambito di rilevazioni statistiche nazionali e pubblicati sul portale delle vendite pubbliche.

217. *Poteri del giudice delegato.* — 1. Il giudice delegato, su istanza del debitore, del comitato dei creditori o di altri interessati, previo parere dello stesso comitato dei creditori, può sospendere, con decreto motivato, le operazioni di vendita, qualora ricorrano gravi e giustificati motivi ovvero, su istanza presentata dagli stessi soggetti entro dieci giorni dal deposito di cui all'art. 216, comma 9, impedire il perfezionamento della vendita quando il prezzo offerto risulti notevolmente inferiore a quello ritenuto congruo. Se il prezzo offerto è inferiore, rispetto a quello indicato nell'ordinanza di vendita, in misura non superiore ad un quarto, il giudice delegato può impedire il perfezionamento della vendita in presenza di concreti elementi idonei a dimostrare che un nuovo esperimento di vendita può consentire, con elevato grado di probabilità, il conseguimento di un prezzo perlomeno pari a quello stabilito.

2. Per i beni immobili e gli altri beni iscritti in pubblici registri, una volta eseguita la vendita e riscosso interamente il prezzo, il giudice delegato ordina, con decreto, la cancellazione delle iscrizioni relative ai diritti di prelazione, nonché delle trascrizioni dei pignoramenti e dei sequestri conservativi e di ogni altro vincolo.

218. *Vendita dei diritti sulle opere dell'ingegno, sulle invenzioni industriali e sui marchi.* — 1. Il trasferimento dei diritti di utilizzazione economica delle opere dell'ingegno, il trasferimento dei diritti nascenti delle invenzioni industriali, il trasferimento dei marchi e la cessione di banche di dati sono fatte a norma delle rispettive leggi speciali.

219. *Procedimento di distribuzione della somma ricavata.* — 1. Il giudice delegato provvede alla distribuzione della somma ricavata dalla vendita secondo le disposizioni del capo seguente.

2. Il tribunale stabilisce con decreto la somma da attribuire, se del caso, al curatore in conto del compenso finale da liquidarsi a norma dell'art. 137. Tale somma è prelevata sul prezzo insieme alle spese di procedura e di amministrazione.

CAPO V

RIPARTIZIONE DELL'ATTIVO

220. *Procedimento di ripartizione*. — 1. Il curatore, ogni quattro mesi a partire dalla data del decreto previsto dall'art. 204, comma 4, o nel diverso termine stabilito dal giudice delegato, trasmette a tutti i creditori, compresi quelli per i quali è in corso uno dei giudizi di cui all'art. 206, un prospetto delle somme disponibili, nonché, qualora l'entità del passivo accertato consenta una ripartizione in misura apprezzabile, un progetto di ripartizione delle medesime, riservate quelle occorrenti per la procedura. Nel progetto sono collocati anche i crediti per i quali non si applica il divieto di azioni esecutive e cautelari di cui all'art. 150.

2. Nel caso in cui siano in corso giudizi di cui all'art. 206, il curatore, nel progetto di ripartizione di cui al comma 1, indica, per ciascun creditore, le somme immediatamente ripartibili nonché le somme ripartibili soltanto previa consegna di una fideiussione autonoma, irrevocabile e a prima richiesta, rilasciata in favore della procedura da uno dei soggetti di cui all'art. 574, primo comma, secondo periodo, del codice di procedura civile, idonea a garantire la restituzione alla procedura delle somme che risultino ripartite in eccesso, anche in forza di provvedimenti provvisoriamente esecutivi resi nell'ambito dei giudizi di cui all'art. 206, oltre agli interessi, al tasso applicato dalla Banca centrale europea alle sue più recenti operazioni di rifinanziamento principali, a decorrere dal pagamento e sino all'effettiva restituzione. Le disposizioni del periodo precedente si applicano anche ai creditori che avrebbero diritto alla ripartizione delle somme ricavate nel caso in cui risulti insussistente, in tutto o in parte, il credito avente diritto all'accantonamento ovvero oggetto di controversia a norma dell'art. 206.

3. I creditori, entro il termine perentorio di quindici giorni dalla ricezione della comunicazione di cui al comma 1, possono proporre reclamo al giudice delegato contro il progetto di riparto ai sensi dell'art. 133.

4. Decorso tale termine, il giudice delegato, su richiesta del curatore, corredata dal progetto di riparto e dai documenti comprovanti l'avvenuta trasmissione, dichiara esecutivo il progetto di ripartizione.

5. Se sono proposti reclami, il progetto di ripartizione è dichiarato esecutivo con accantonamento delle somme corrispondenti ai crediti oggetto di contestazione. Non si fa luogo ad accantonamento qualora sia presentata in favore della procedura una fideiussione a norma del primo periodo del comma 2, idonea a garantire la restituzione di somme che, in forza del provvedimento che decide il reclamo, risultino ripartite in eccesso, oltre agli interessi nella misura prevista dal predetto secondo periodo del comma 2. Il provvedimento che decide sul reclamo dispone in ordine alla destinazione delle somme accantonate.

6. In presenza di somme disponibili per la ripartizione, il mancato rispetto dell'obbligo di cui al comma 1, costituisce giusta causa di revoca del curatore.

221. *Ordine di distribuzione delle somme*. — 1. Le somme ricavate dalla liquidazione dell'attivo sono erogate nel seguente ordine:

a) per il pagamento dei crediti prededucibili;

b) per il pagamento dei crediti ammessi con prelazione sulle cose vendute secondo l'ordine assegnato dalla legge;

c) per il pagamento dei creditori chirografari, in proporzione dell'ammontare del credito per cui ciascuno di essi sia stato ammesso, compresi i creditori indicati alla lett. *b*), qualora non sia stata ancora realizzata la garanzia, ovvero per la parte per cui essi siano rimasti non soddisfatti dal relativo realizzo;

d) per il pagamento dei crediti postergati.

222. *Disciplina dei crediti prededucibili*. — 1. I crediti prededucibili devono essere accertati con le modalità di cui al capo III del presente titolo, con esclusione di quelli non contestati per collocazione e ammontare, anche se sorti durante l'esercizio dell'impresa del debitore, e di quelli sorti a seguito di provvedimenti di liquidazione di compensi dei soggetti nominati ai sensi dell'art. 123; in questo ultimo caso, se contestati, devono essere accertati con il procedimento di cui all'art. 124.

2. I crediti prededucibili vanno soddisfatti per il capitale, gli interessi e le spese con il ricavato della liquidazione del patrimonio mobiliare e immobiliare, tenuto conto delle rispettive cause di prelazione, con esclusione di quanto ricavato dalla liquidazione dei beni oggetto di pegno ed ipoteca per la parte destinata ai creditori garantiti, salvo il disposto dell'art. 223. Il corso degli interessi cessa al momento del pagamento.

3. I crediti prededucibili sorti nel corso della procedura di liquidazione giudiziale che sono liquidi, esigibili e non contestati per collocazione e per ammontare, possono essere soddisfatti al di fuori del procedimento di riparto se l'attivo è presumibilmente sufficiente a soddisfare tutti i titolari di tali crediti. Il pagamento deve essere autorizzato dal comitato dei creditori ovvero dal giudice delegato.

4. Se l'attivo è insufficiente, la distribuzione deve avvenire secondo i criteri della graduazione e della proporzionalità, conformemente all'ordine assegnato dalla legge.

223. *Conti speciali*. — 1. La massa liquida attiva immobiliare è costituita dalle somme ricavate dalla liquidazione dei beni immobili, come definiti dall'art. 812 del codice civile, e dei loro frutti e pertinenze, nonché dalla quota proporzionale di interessi attivi liquidati sui depositi delle relative somme.

2. La massa liquida attiva mobiliare è costituita da tutte le altre entrate.

3. Il curatore deve tenere un conto autonomo delle vendite dei singoli beni immobili oggetto di privilegio speciale e di ipoteca e dei singoli beni mobili o gruppo di mobili oggetto di pegno e privilegio speciale, con analitica indicazione delle entrate e delle uscite di carattere specifico e della quota di quelle di carattere generale imputabili a ciascun bene o gruppo di beni secondo un criterio proporzionale.

224. *Crediti assistiti da prelazione*. — 1. I crediti assistiti da privilegio generale hanno diritto di prelazione per il capitale, le spese e gli interessi, nei limiti di cui agli artt. 153 e 154, sul prezzo ricavato dalla liquidazione del patrimonio mobiliare, sul quale concorrono in un'unica graduatoria con i crediti garantiti da privilegio speciale mobiliare, secondo il grado previsto dalla legge.

2. I crediti garantiti da ipoteca e pegno e quelli assistiti da privilegio speciale hanno diritto di prelazione per il capitale, le spese e gli interessi, nei limiti di cui agli artt. 153 e 154, sul prezzo ricavato dai beni vincolati alla loro garanzia.

225. *Partecipazione dei creditori ammessi tardivamente*. — 1. I creditori ammessi a norma dell'art. 208 concorrono soltanto alle ripartizioni posteriori alla loro ammissione in proporzione del rispettivo credito, salvo il diritto di prelevare le quote che sarebbero loro spettate nelle precedenti ripartizioni se assistiti da cause di prelazione o se il ritardo è dipeso da cause ad essi non imputabili.

226. *Ripartizioni e diritti in favore del creditore con domanda tardiva*. — 1. Il creditore ammesso a norma dell'art. 208 ha diritto di concorrere sulle somme già distribuite nei limiti di quanto stabilito nell'art. 225. Il titolare di diritti su beni mobili o immobili, se prova che il ritardo nella presentazione della domanda è dipeso da causa non imputabile, può chiedere che siano sospese le attività di liquidazione del bene sino all'accertamento del diritto. Si applica l'art. 208, comma 3.

227. *Ripartizioni parziali*. — 1. Nelle ripartizioni parziali, che non possono superare l'ottanta per cento delle somme da ripartire, devono essere trattenute e depositate, nei modi stabiliti dal giudice delegato, le quote assegnate:

a) ai creditori ammessi con riserva;

b) ai creditori opponenti a favore dei quali sono state disposte misure cautelari;

c) ai creditori opponenti la cui domanda è stata accolta quando la sentenza non è passata in giudicato;

d) ai creditori nei cui confronti sono stati proposti i giudizi di impugnazione e di revocazione.

2. Le somme ritenute necessarie per spese future, per soddisfare il compenso al curatore e ogni altro debito prededucibile devono essere trattenute. In questo caso, l'ammontare della quota da ripartire indicata nel comma 1 deve essere ridotta se la misura dell'ottanta per cento appare insufficiente.

3. Devono essere altresì trattenute e depositate nei modi stabiliti dal giudice delegato le somme ricevute dalla procedura per effetto di provvedimenti provvisoriamente esecutivi e non ancora passati in giudicato.

228. *Scioglimento delle ammissioni con riserva*. — 1. Quando si verifica l'evento che ha determinato l'accoglimento di una domanda con riserva, su istanza del curatore o della parte interessata, il giudice delegato modifica lo stato passivo, con decreto, disponendo che la domanda deve intendersi accolta definitivamente.

229. *Restituzione di somme riscosse*. — 1. I pagamenti effettuati in esecuzione dei piani di riparto non possono essere ripetuti, salvo il caso dell'accoglimento di domande di revocazione.

2. I creditori che hanno percepito pagamenti non dovuti, devono restituire le somme riscosse, oltre agli interessi legali dal momento del pagamento effettuato a loro favore.

230. *Pagamento ai creditori*. — 1. Il curatore provvede al pagamento delle somme assegnate ai creditori nel piano di ripartizione nei modi stabiliti dal giudice delegato, idonei ad assicurare la prova del pagamento stesso.

2. Se prima della ripartizione i crediti ammessi sono stati ceduti, il curatore attribuisce le quote di riparto ai cessionari, qualora la cessione sia stata tempestivamente comunicata, unitamente alla documentazione che attesti, con atto recante le sottoscrizioni autenticate di cedente e cessionario, l'intervenuta cessione. In questo caso, il curatore provvede alla rettifica formale dello stato passivo. Le stesse disposizioni si applicano in caso di surrogazione del creditore.

231. *Rendiconto del curatore*. — 1. Compiuta la liquidazione dell'attivo e prima del riparto finale, nonché in ogni caso in cui cessa dalle funzioni, il curatore presenta al giudice delegato l'esposizione analitica delle operazioni contabili, dell'attività di gestione della procedura, delle modalità con cui ha attuato il programma di liquidazione e il relativo esito.

2. Il giudice ordina il deposito del conto in cancelleria e fissa l'udienza che non può essere tenuta prima che siano decorsi quindici giorni dalla comunicazione del rendiconto a tutti i creditori.

3. Dell'avvenuto deposito e della fissazione dell'udienza il curatore dà immediata comunicazione al debitore, ai creditori ammessi al passivo, a coloro che hanno proposto opposizione, ai creditori in prededuzione non soddisfatti, inviando loro copia del rendiconto e avvisandoli che possono presentare eventuali osservazioni o contestazioni fino a cinque giorni prima dell'udienza con le modalità di cui all'art. 201, comma 2.

4. Se all'udienza stabilita non sorgono contestazioni o su queste viene raggiunto un accordo, il giudice approva il conto con decreto; altrimenti, fissa l'udienza innanzi al collegio che, sentite le parti, provvede in camera di consiglio.

232. *Ripartizione finale*. — 1. Approvato il conto e liquidato il compenso del curatore, il giudice delegato, sentite le proposte del curatore, ordina il riparto finale secondo le norme precedenti.

2. Nel riparto finale vengono distribuiti anche gli accantonamenti precedentemente fatti. Tuttavia, se la condizione non si è ancora verificata ovvero se il provvedimento non è ancora passato in giudicato, la somma è depositata nei modi stabiliti dal giudice delegato, perché, verificatisi gli eventi indicati, possa essere versata ai creditori cui spetta o fatta oggetto di riparto supplementare fra gli altri creditori. Gli accantonamenti non impediscono la chiusura della procedura.

3. Il giudice delegato, nel rispetto delle cause di prelazione, può disporre che a singoli creditori che vi consentono siano assegnati, in luogo delle somme agli stessi spettanti, crediti di imposta del debitore non ancora rimborsati.

4. Per i creditori che non si presentano o sono irreperibili le somme dovute sono nuovamente depositate presso l'ufficio postale o la banca già indicati ai sensi dell'art. 131. Decorsi cinque anni dal deposito, le somme non riscosse dagli aventi diritto e i relativi interessi, se non richieste da altri creditori, rimasti insoddisfatti, sono versate a cura del depositario all'entrata del bilancio dello Stato per essere riassegnate, con decreti del Ministro dell'economia e delle finanze, allo stato di previsione del Ministero della giustizia.

5. Il giudice, anche se è intervenuta l'esdebitazione del debitore, omessa ogni formalità non essenziale al contraddittorio, su ricorso dei creditori rimasti insoddisfatti che abbiano presentato la richiesta di cui al comma 4, dispone la distribuzione delle somme non riscosse fra i soli richiedenti e in base all'art. 221.

CAPO VI

Cessazione della procedura di liquidazione giudiziale

233. *Casi di chiusura*. — 1. Salvo quanto disposto per il caso di concordato, la procedura di liquidazione giudiziale si chiude:

a) se nel termine stabilito nella sentenza con cui è stata dichiarata aperta la procedura non sono state proposte domande di ammissione al passivo;

b) quando, anche prima che sia compiuta la ripartizione finale dell'attivo, le ripartizioni ai creditori raggiungono l'intero ammontare dei crediti ammessi, o questi sono in altro modo estinti e sono pagati tutti i debiti e le spese da soddisfare in prededuzione;

c) quando è compiuta la ripartizione finale dell'attivo;

d) quando nel corso della procedura si accerta che la sua prosecuzione non consente di soddisfare, neppure in parte, i creditori concorsuali, né i crediti prededucibili e le spese di procedura. Tale circostanza può essere accertata con la relazione o con i successivi rapporti riepilogativi di cui all'art. 130.

2. In caso di chiusura della procedura di liquidazione giudiziale di società di capitali, nei casi di cui al comma 1, lett. *a*) e *b*), il curatore convoca l'assemblea ordinaria dei soci per le deliberazioni necessarie ai fini della ripresa dell'attività o della sua cessazione ovvero per la trattazione di argomenti sollecitati, con richiesta scritta, da un numero di soci che rappresenti il venti per cento del capitale sociale. Nei casi di chiusura di cui al comma 1, lett. *c*) e *d*), ove si tratti di procedura di liquidazione giudiziale di società e fatto salvo quanto previsto dall'art. 234, comma 6, secondo periodo, il curatore ne chiede la cancellazione dal registro delle imprese.

3. La chiusura della procedura di liquidazione giudiziale della società nei casi di cui alle lett. *a*) e *b*) determina anche la chiusura della

procedura estesa ai soci ai sensi dell'art. 256, salvo che nei confronti del socio non sia stata aperta una procedura di liquidazione giudiziale come imprenditore individuale.

234. *Prosecuzione di giudizi e procedimenti esecutivi dopo la chiusura*. — 1. La chiusura della procedura nel caso di cui all'art. 233, comma 1, lett. *c*), non è impedita dalla pendenza di giudizi o procedimenti esecutivi, rispetto ai quali il curatore mantiene la legittimazione processuale, anche nei successivi stati e gradi del giudizio, ai sensi dell'art. 143. La legittimazione del curatore sussiste altresì per i procedimenti, compresi quelli cautelari e esecutivi, strumentali all'attuazione delle decisioni favorevoli alla liquidazione giudiziale, anche se instaurati dopo la chiusura della procedura.

2. In deroga all'art. 132, le rinunzie alle liti e le transazioni sono autorizzate dal giudice delegato.

3. Le somme necessarie per spese future ed eventuali oneri relativi ai giudizi pendenti, nonché le somme ricevute dal curatore per effetto di provvedimenti provvisoriamente esecutivi e non ancora passati in giudicato, sono trattenute dal curatore secondo quanto previsto dall'art. 232, comma 2.

4. Dopo la chiusura della procedura, le somme ricevute dal curatore per effetto di provvedimenti definitivi e gli eventuali residui degli accantonamenti sono fatti oggetto di riparto supplementare fra i creditori secondo le modalità disposte dal tribunale con il decreto di cui all'art. 235.

5. In relazione alle eventuali sopravvenienze attive derivanti dai giudizi pendenti non si fa luogo a riapertura della procedura.

6. Con il decreto di chiusura il tribunale impartisce le disposizioni necessarie per il deposito del rapporto riepilogativo di cui all'art. 130, comma 9, di un supplemento di rendiconto, del riparto supplementare e del rapporto riepilogativo finale. La chiusura della procedura a norma del presente comma non comporta la cancellazione della società dal registro delle imprese sino alla conclusione dei giudizi in corso e alla effettuazione dei riparti supplementari, anche all'esito delle ulteriori attività liquidatorie che si siano rese necessarie.

7. Eseguito l'ultimo progetto di ripartizione o comunque definiti i giudizi e procedimenti pendenti, il curatore chiede al tribunale di archiviare la procedura di liquidazione giudiziale. Il tribunale provvede con decreto.

8. Entro dieci giorni dal deposito del decreto di archiviazione, il curatore chiede la cancellazione della società dal registro delle imprese.

235. *Decreto di chiusura*. — 1. La chiusura della procedura di liquidazione giudiziale è dichiarata con decreto motivato del tribunale su istanza del curatore o del debitore ovvero di ufficio, pubblicato nelle forme prescritte dall'art. 45.

2. Quando la chiusura della procedura è dichiarata ai sensi dell'art. 233, comma 1, lett. *d*), prima dell'approvazione del programma di liquidazione, il tribunale decide sentiti il curatore, il comitato dei creditori e il debitore.

3. Contro il decreto che dichiara la chiusura o ne respinge la richiesta è ammesso reclamo a norma dell'art. 124. Contro il decreto della corte di appello, il ricorso per cassazione è proposto nel termine perentorio di trenta giorni, decorrente dalla notificazione o comunicazione del provvedimento per il curatore, per il debitore, per il comitato dei creditori e per chi ha proposto il reclamo o è intervenuto nel procedimento; dal compimento della pubblicità di cui all'art. 45 per ogni altro interessato.

4. Il decreto di chiusura acquista efficacia quando è decorso il termine per il reclamo, senza che questo sia stato proposto, ovvero quando il reclamo è definitivamente rigettato.

5. Con i decreti emessi ai sensi dei commi 1 e 3, sono impartite le disposizioni esecutive volte ad attuare gli effetti della decisione. Allo stesso modo si provvede a seguito del passaggio in giudicato della sentenza di revoca della procedura di liquidazione giudiziale o della definitività del decreto di omologazione del concordato proposto nel corso della procedura stessa.

236. *Effetti della chiusura*. — 1. Con la chiusura cessano gli effetti della procedura di liquidazione giudiziale sul patrimonio del debitore e le conseguenti incapacità personali e decadono gli organi preposti alla procedura medesima.

2. Le azioni esperite dal curatore per l'esercizio di diritti derivanti dalla procedura non possono essere proseguite, fatto salvo quanto previsto dall'art. 234.

3. I creditori riacquistano il libero esercizio delle azioni verso il debitore per la parte non soddisfatta dei loro crediti per capitale e interessi, salvo quanto previsto dagli artt. 278 e seguenti.

4. Il decreto o la sentenza con la quale il credito è stato ammesso al passivo costituisce prova scritta per gli effetti di cui all'art. 634 del codice di procedura civile.

5. Nell'ipotesi di chiusura in pendenza di giudizi ai sensi dell'art. 234, il giudice delegato e il curatore restano in carica ai soli fini di quanto ivi previsto. In nessun caso i creditori possono agire su quanto è oggetto dei giudizi medesimi.

237. *Casi di riapertura della procedura di liquidazione giudiziale.* — 1. Salvo che sia stata pronunciata l'esdebitazione nei casi preveduti dall'art. 233, comma 1, lett. *c*) e *d*), il tribunale, entro cinque anni dal decreto di chiusura, su istanza del debitore o di qualunque creditore, può ordinare che la liquidazione giudiziale già chiusa sia riaperta, quando risulta che nel patrimonio del debitore esistono attività in misura tale da rendere utile il provvedimento.

2. Il tribunale, con sentenza in camera di consiglio, se accoglie l'istanza:

a) richiama in ufficio il giudice delegato e il curatore o li nomina di nuovo;

b) stabilisce i termini previsti dalle lett. *d*) ed *e*) dell'art. 49, comma 3, eventualmente abbreviandoli non oltre la metà; i creditori già ammessi al passivo nella procedura chiusa possono chiedere la conferma del provvedimento di ammissione salvo che intendano insinuare al passivo ulteriori interessi.

3. La sentenza può essere reclamata a norma dell'art. 51.

4. La sentenza è pubblicata a norma dell'art. 45.

5. Il giudice delegato nomina il comitato dei creditori, tenendo conto nella scelta anche dei nuovi creditori.

6. Per le altre operazioni si seguono le norme stabilite nei capi precedenti.

238. *Concorso dei vecchi e nuovi creditori.* — 1. I creditori concorrono alle nuove ripartizioni per le somme loro dovute al momento della riapertura, dedotto quanto hanno percepito nelle precedenti ripartizioni, salve in ogni caso le cause legittime di prelazione.

2. Restano ferme le precedenti statuizioni a norma del capo III del presente titolo.

239. *Effetti della riapertura sugli atti pregiudizievoli ai creditori.* — 1. In caso di riapertura della procedura di liquidazione giudiziale, per le azioni revocatorie relative agli atti del debitore, compiuti dopo la chiusura della procedura, i termini stabiliti dagli artt. 164, 166 e 167, sono computati dalla data della sentenza di riapertura.

2. Sono privi di effetto nei confronti dei creditori gli atti a titolo gratuito e quelli di cui all'art. 169, posteriori alla chiusura e anteriori alla riapertura della procedura.

CAPO VII

CONCORDATO NELLA LIQUIDAZIONE GIUDIZIALE

240. *Proposta di concordato nella liquidazione giudiziale.* — 1. Dichiarata aperta la liquidazione giudiziale, i creditori o i terzi possono proporre un concordato anche prima del decreto che rende esecutivo lo stato passivo, purché sia stata tenuta dal debitore la contabilità e i dati risultanti da essa e le altre notizie disponibili consentano al curatore di predisporre un elenco provvisorio dei creditori da sottoporre all'approvazione del giudice delegato. La proposta non può essere presentata dal debitore, da società cui egli partecipi o da società sottoposte a comune controllo se non dopo il decorso di un anno dalla sentenza che ha dichiarato l'apertura della procedura di liquidazione giudiziale e purché non siano decorsi due anni dal decreto che rende esecutivo lo stato passivo. La proposta del debitore è ammissibile solo se prevede l'apporto di risorse che incrementino il valore dell'attivo di almeno il dieci per cento.

2. La proposta inoltre può prevedere:

a) la suddivisione dei creditori in classi, secondo posizione giuridica ed interessi economici omogenei;

b) trattamenti differenziati fra creditori appartenenti a classi diverse, indicando le ragioni dei trattamenti differenziati dei medesimi;

c) la ristrutturazione dei debiti e la soddisfazione dei crediti attraverso qualsiasi forma, anche mediante cessione dei beni, accollo o altre operazioni straordinarie, ivi compresa l'attribuzione ai creditori, nonché a società da questi partecipate, di azioni, quote ovvero obbligazioni, anche convertibili in azioni o altri strumenti finanziari e titoli di debito.

3. Se la società in liquidazione giudiziale ha emesso obbligazioni o strumenti finanziari oggetto della proposta di concordato, i portatori di tali titoli sono costituiti in classe.

4. La proposta può prevedere che i creditori muniti di privilegio, pegno o ipoteca, non vengano soddisfatti integralmente, purché il piano ne preveda la soddisfazione in misura non inferiore a quella realizzabile, in ragione della collocazione preferenziale, sul ricavato in caso di liquidazione, avuto riguardo al valore di mercato attribuibile ai beni o diritti sui quali sussiste la causa di prelazione, al netto del presumibile ammontare delle spese di procedura inerenti al bene o diritto e della quota parte delle spese generali, indicato nella relazione giurata di un professionista indipendente, iscritto nell'albo dei revisori legali, in possesso dei requisiti di cui all'art. 358 e designato dal tribunale. Il trattamento stabilito per ciascuna classe non può avere l'effetto di alterare l'ordine delle cause legittime di prelazione.

5. La proposta presentata da uno o più creditori o da un terzo può prevedere la cessione,

oltre che dei beni compresi nell'attivo della liquidazione giudiziale, anche delle azioni di pertinenza della massa, purché autorizzate dal giudice delegato, con specifica indicazione dell'oggetto e del fondamento della pretesa. Il proponente può limitare gli impegni assunti con il concordato ai soli creditori ammessi al passivo, anche provvisoriamente, e a quelli che hanno proposto opposizione allo stato passivo o domanda di ammissione tardiva al tempo della proposta. In tale caso, verso gli altri creditori continua a rispondere il debitore, fermo quanto disposto dagli artt. 278 e seguenti in caso di esdebitazione.

241. *Esame della proposta e comunicazione ai creditori.* — 1. La proposta di concordato è presentata con ricorso al giudice delegato, il quale chiede il parere del curatore, con specifico riferimento ai presumibili risultati della liquidazione e alle garanzie offerte. Quando il ricorso è proposto da un terzo, esso deve contenere l'indicazione dell'indirizzo di posta elettronica certificata al quale ricevere le comunicazioni. Si applica l'art. 10, comma 3.

2. Una volta espletato tale adempimento preliminare il giudice delegato, acquisito il parere favorevole del comitato dei creditori, valutata la ritualità della proposta, ordina che la stessa, unitamente al parere del comitato dei creditori e del curatore, venga comunicata a cura di quest'ultimo ai creditori a mezzo posta elettronica certificata, specificando dove possono essere reperiti i dati per la sua valutazione e informandoli che la mancata risposta sarà considerata come voto favorevole. Nel medesimo provvedimento il giudice delegato fissa un termine non inferiore a venti giorni e non superiore a trenta, entro il quale i creditori devono far pervenire nella cancelleria del tribunale eventuali dichiarazioni di dissenso. In caso di presentazione di più proposte o se comunque ne sopraggiunge una nuova prima che il giudice delegato ordini la comunicazione, il comitato dei creditori sceglie quella da sottoporre all'approvazione dei creditori. Su richiesta del curatore, il giudice delegato può ordinare la comunicazione ai creditori di una o di altre proposte, tra quelle non scelte, ritenute parimenti convenienti. Si applica l'art. 140, comma 4.

3. Qualora la proposta contenga condizioni differenziate per singole classi di creditori essa, prima di essere comunicata ai creditori, deve essere sottoposta, con i pareri di cui ai commi 1 e 2, al giudizio del tribunale che verifica il corretto utilizzo dei criteri di cui all'art. 240, comma 2, lett. *a*) e *b*), tenendo conto della relazione giurata di cui al comma 4, dello stesso articolo.

242. *Concordato nel caso di numerosi creditori.* — 1. Ove le comunicazioni siano dirette ad un rilevante numero di destinatari, il giudice delegato può autorizzare il curatore a dare notizia della proposta di concordato, anziché con comunicazione ai singoli creditori, mediante pubblicazione del testo integrale della medesima su uno o più quotidiani a diffusione nazionale o locale.

243. *Voto nel concordato.* — 1. Hanno diritto di voto i creditori indicati nello stato passivo reso esecutivo ai sensi dell'art. 204, compresi i creditori ammessi provvisoriamente e con riserva. Se la proposta è presentata prima che lo stato passivo venga reso esecutivo, hanno diritto al voto i creditori che risultano dall'elenco provvisorio predisposto dal curatore e approvato dal giudice delegato.

2. I creditori muniti di privilegio, pegno o ipoteca, ancorché la garanzia sia contestata, dei quali la proposta di concordato prevede l'integrale pagamento, non hanno diritto al voto se non rinunciano al diritto di prelazione, salvo quanto previsto dal comma 3. La rinuncia può essere anche parziale, purché non inferiore alla terza parte dell'intero credito fra capitale ed accessori.

3. Qualora i creditori muniti di privilegio, pegno o ipoteca rinuncino in tutto o in parte alla prelazione, per la parte del credito non coperta dalla garanzia sono assimilati ai creditori chirografari; la rinuncia ha effetto ai soli fini del concordato.

4. I creditori muniti di diritto di prelazione di cui la proposta di concordato prevede, ai sensi dell'art. 240, comma 4, la soddisfazione non integrale, sono considerati chirografari per la parte residua del credito.

5. Sono esclusi dal voto e dal computo delle maggioranze il coniuge, la parte di un'unione civile tra persone dello stesso sesso, il convivente di fatto del debitore, i suoi parenti e affini fino al quarto grado, la società che controlla la società debitrice, le società da questa controllate e quelle sottoposte a comune controllo, nonché i cessionari o aggiudicatari dei loro crediti da meno di un anno prima della domanda di concordato. Sono inoltre esclusi dal voto e dal computo delle maggioranze i creditori in conflitto d'interessi.

6. Il creditore che propone il concordato ovvero le società da questo controllate, le società controllanti o sottoposte a comune controllo, ai sensi del primo comma dell'art. 2359 del codice civile possono votare soltanto se la proposta ne prevede l'inserimento in apposita classe.

7. I trasferimenti di crediti avvenuti dopo la sentenza che ha dichiarato l'apertura della pro-

cedura di liquidazione giudiziale non attribuiscono diritto di voto, salvo che siano effettuati a favore di banche o altri intermediari finanziari.

244. *Approvazione del concordato nella liquidazione giudiziale*. — 1. Il concordato è approvato dai creditori che rappresentano la maggioranza dei crediti ammessi al voto. Ove siano previste diverse classi di creditori, il concordato è approvato se tale maggioranza si verifica inoltre nel maggior numero di classi.

2. I creditori che non fanno pervenire il loro dissenso nel termine fissato dal giudice delegato si ritengono consenzienti.

3. La variazione del numero dei creditori ammessi o dell'ammontare dei singoli crediti, che avvenga per effetto di un provvedimento emesso successivamente alla scadenza del termine fissato dal giudice delegato per le votazioni, non influisce sul calcolo della maggioranza.

4. Quando il giudice delegato dispone il voto su più proposte di concordato ai sensi dell'art. 241, comma 2, quarto periodo, si considera approvata quella tra esse che ha conseguito il maggior numero di consensi a norma dei commi 1, 2 e 3, e, in caso di parità, la proposta presentata per prima.

245. *Giudizio di omologazione*. — 1. Decorso il termine stabilito per le votazioni, il curatore presenta al giudice delegato una relazione sul loro esito.

2. Se la proposta è stata approvata, il giudice delegato dispone che il curatore ne dia immediata comunicazione a mezzo posta elettronica certificata al proponente, affinché richieda l'omologazione del concordato e ai creditori dissenzienti. Al debitore, se non è possibile procedere alla comunicazione con modalità telematica, la notizia dell'approvazione è comunicata mediante lettera raccomandata con avviso di ricevimento. Con decreto da pubblicarsi a norma dell'art. 45 fissa un termine non inferiore a quindici giorni e non superiore a trenta giorni per la proposizione di eventuali opposizioni, anche da parte di qualsiasi altro interessato, e per il deposito da parte del comitato dei creditori di una relazione motivata col suo parere definitivo. Se il comitato dei creditori non provvede nel termine, la relazione è redatta e depositata dal curatore nei sette giorni successivi.

3. L'opposizione e la richiesta di omologazione si propongono con ricorso a norma dell'art. 124.

4. Se nel termine fissato non vengono proposte opposizioni, il tribunale, verificata la regolarità della procedura e l'esito della votazione, omologa il concordato con decreto motivato non soggetto a gravame.

5. Se sono state proposte opposizioni, il tribunale assume i mezzi istruttori richiesti dalle parti o disposti di ufficio, anche delegando uno dei componenti del collegio. Nell'ipotesi di cui all'art. 244, comma 1, secondo periodo, se un creditore appartenente a una classe dissenziente contesta la convenienza della proposta, il tribunale omologa il concordato se ritiene che il credito può risultare soddisfatto dal concordato in misura non inferiore rispetto alle alternative concretamente praticabili.

6. Il tribunale provvede con decreto motivato pubblicato a norma dell'art. 45.

246. *Efficacia del decreto*. — 1. La proposta di concordato diventa efficace dal momento in cui scadono i termini per opporsi all'omologazione o da quello in cui si esauriscono le impugnazioni previste dall'art. 206.

2. Quando il decreto di omologazione diventa definitivo, il curatore rende conto della gestione ai sensi dell'art. 231 e il tribunale dichiara chiusa la procedura di liquidazione giudiziale.

247. *Reclamo*. — 1. Il decreto del tribunale è reclamabile dinanzi alla corte di appello che pronuncia in camera di consiglio.

2. Il reclamo è proposto con ricorso da depositarsi nella cancelleria della corte di appello nel termine perentorio di trenta giorni dalla notificazione del decreto fatta dalla cancelleria del tribunale.

3. Esso deve contenere i requisiti prescritti dall'art. 51, comma 2.

4. Il presidente, nei cinque giorni successivi al deposito del ricorso, designa il relatore, e fissa con decreto l'udienza di comparizione entro sessanta giorni dal deposito del ricorso.

5. Il ricorso, unitamente al decreto di fissazione dell'udienza, deve essere notificato, a cura del reclamante, entro dieci giorni dalla comunicazione del decreto, al curatore e alle altre parti, che si identificano, se non sono reclamanti, nel debitore, nel proponente e negli opponenti.

6. Tra la data della notificazione e quella dell'udienza deve intercorrere un termine non minore di trenta giorni.

7. Le parti resistenti devono costituirsi almeno dieci giorni prima della udienza, eleggendo il domicilio nel comune in cui ha sede la corte di appello.

8. La costituzione si effettua mediante il deposito in cancelleria di una memoria contenente l'esposizione delle difese in fatto e in diritto, nonché l'indicazione dei mezzi di prova e dei documenti prodotti.

9. L'intervento di qualunque interessato non può aver luogo oltre il termine stabilito per la

costituzione delle parti resistenti, con le modalità per queste previste.

10. All'udienza, il collegio, sentite le parti, assume, anche d'ufficio, i mezzi di prova, eventualmente delegando un suo componente.

11. La corte provvede con decreto motivato.

12. Il decreto è pubblicato a norma dell'art. 45 e notificato alle parti, a cura della cancelleria, ed è impugnabile con ricorso per cassazione entro trenta giorni dalla notificazione.

248. *Effetti del concordato nella liquidazione giudiziale*. — 1. Il concordato omologato è obbligatorio per tutti i creditori anteriori alla sentenza che dichiara l'apertura della procedura di liquidazione giudiziale, compresi quelli che non hanno presentato domanda di ammissione al passivo. A questi non si estendono le garanzie date nel concordato da terzi.

2. I creditori conservano la loro azione per l'intero credito contro i coobbligati, i fideiussori del debitore e gli obbligati in via di regresso.

249. *Esecuzione del concordato nella liquidazione giudiziale*. — 1. Dopo la omologazione del concordato il giudice delegato, il curatore e il comitato dei creditori ne sorvegliano l'adempimento, secondo le modalità stabilite nel decreto di omologazione.

2. Le somme spettanti ai creditori contestati, condizionali o irreperibili, sono depositate nei modi stabiliti dal giudice delegato.

3. Accertata la completa esecuzione del concordato, il giudice delegato ordina lo svincolo delle cauzioni e la cancellazione delle ipoteche iscritte a garanzia e adotta ogni misura idonea per il conseguimento delle finalità del concordato.

4. Il provvedimento è pubblicato ed affisso ai sensi dell'art. 45. Le spese sono a carico del debitore.

250. *Risoluzione del concordato nella liquidazione giudiziale*. — 1. Se le garanzie promesse non vengono costituite o se il proponente non adempie regolarmente gli obblighi derivanti dal concordato, ciascun creditore può chiederne la risoluzione.

2. Il ricorso per la risoluzione deve essere proposto entro un anno dalla scadenza del termine fissato per l'ultimo adempimento previsto nel concordato.

3. Il procedimento è regolato dall'art. 41. Ad esso è chiamato a partecipare anche l'eventuale garante.

4. La sentenza che risolve il concordato riapre la procedura di liquidazione giudiziale ed è provvisoriamente esecutiva. Con essa il tribunale adotta i provvedimenti di cui all'art. 237, comma 2. La sentenza è reclamabile ai sensi dell'art. 51.

5. Le disposizioni del presente articolo non si applicano quando gli obblighi derivanti dal concordato sono stati assunti dal proponente o da uno o più creditori con liberazione immediata del debitore.

6. Non possono proporre istanza di risoluzione i creditori verso cui il terzo, ai sensi dell'art. 240, comma 5, non abbia assunto responsabilità per effetto del concordato.

251. *Annullamento del concordato nella liquidazione giudiziale*. — 1. Il concordato omologato può essere annullato dal tribunale, su istanza del curatore o di qualunque creditore, in contraddittorio con il debitore, quando si scopre che è stato dolosamente esagerato il passivo o che è stata sottratta o dissimulata una parte rilevante dell'attivo.

2. Il ricorso per l'annullamento deve proporsi nel termine di sei mesi dalla scoperta del dolo e, in ogni caso, non oltre due anni dalla scadenza del termine fissato per l'ultimo adempimento previsto nel concordato. Non è ammessa alcuna altra azione di nullità. Si procede a norma dell'art. 250.

3. La sentenza che annulla il concordato riapre la procedura di liquidazione giudiziale ed è provvisoriamente esecutiva. Con essa il tribunale adotta i provvedimenti di cui all'art. 237, comma 2. La sentenza è reclamabile ai sensi dell'art. 51.

252. *Effetti della riapertura della liquidazione giudiziale*. — 1. Nei casi di risoluzione o annullamento del concordato, gli effetti della riapertura della liquidazione giudiziale sono regolati dagli artt. 238 e 239.

2. Possono essere riproposte le azioni revocatorie già iniziate e interrotte per effetto del concordato.

3. I creditori anteriori conservano le garanzie per le somme ancora ad essi dovute in base al concordato risolto o annullato e non sono tenuti a restituire quanto hanno già riscosso.

4. Essi concorrono per l'importo del primitivo credito, detratta la parte riscossa in parziale esecuzione del concordato.

253. *Nuova proposta di concordato*. — 1. Reso esecutivo il nuovo stato passivo, il proponente è ammesso a presentare una nuova proposta di concordato. Questo non può tuttavia essere omologato se prima dell'udienza a ciò destinata non sono depositate, nei modi stabiliti dal giudice delegato, le somme occorrenti per il suo integrale adempimento o non sono prestate garanzie equivalenti.

CAPO VIII

Liquidazione giudiziale e concordato nella liquidazione giudiziale delle società

254. *Doveri degli amministratori e dei liquidatori.* — 1. Gli amministratori e i liquidatori della società in liquidazione giudiziale devono essere sentiti in tutti i casi in cui la legge richiede che sia sentito il debitore e sono tenuti a fornire le informazioni o i chiarimenti necessari per la gestione della procedura richiesti dal curatore o dal comitato dei creditori.

255. *Azioni di responsabilità.* — 1. Il curatore, autorizzato ai sensi dell'art. 128, comma 2, può promuovere o proseguire, anche separatamente:

a) l'azione sociale di responsabilità;

b) l'azione dei creditori sociali prevista dall'art. 2394 e dall'art. 2476, sesto comma, del codice civile;

c) l'azione prevista dall'art. 2476, settimo comma, del codice civile;

d) l'azione prevista dall'art. 2497, quarto comma, del codice civile;

e) tutte le altre azioni di responsabilità che gli sono attribuite da singole disposizioni di legge.

256. *Società con soci a responsabilità illimitata.* — 1. La sentenza che dichiara l'apertura della procedura di liquidazione giudiziale nei confronti di una società appartenente ad uno dei tipi regolati nei capi III, IV e VI del titolo V del libro quinto del codice civile produce l'apertura della procedura di liquidazione giudiziale anche nei confronti dei soci, pur se non persone fisiche, illimitatamente responsabili.

2. La liquidazione giudiziale nei confronti dei soci di cui al comma 1 non può essere disposta decorso un anno dallo scioglimento del rapporto sociale o dalla cessazione della responsabilità illimitata anche in caso di trasformazione, fusione o scissione, se sono state osservate le formalità per renderle note ai terzi. La liquidazione giudiziale è possibile solo se l'insolvenza della società attenga, in tutto o in parte, a debiti esistenti alla data della cessazione della responsabilità illimitata.

3. Il tribunale, prima di disporre la liquidazione giudiziale nei confronti dei soci illimitatamente responsabili, ne ordina la convocazione a norma dell'art. 41.

4. Se dopo l'apertura della procedura di liquidazione giudiziale della società risulta l'esistenza di altri soci illimitatamente responsabili, il tribunale, su istanza del curatore, di un creditore, di un socio nei confronti del quale la procedura è già stata aperta o del pubblico ministero, dispone l'apertura della procedura di liquidazione giudiziale nei confronti dei medesimi. L'istanza può essere proposta anche dai soci e dai loro creditori personali.

5. Allo stesso modo si procede quando, dopo l'apertura della procedura di liquidazione giudiziale nei confronti di un imprenditore individuale o di una società, risulta che l'impresa è riferibile ad una società di cui l'imprenditore o la società è socio illimitatamente responsabile.

6. Contro la sentenza del tribunale è ammesso reclamo a norma dell'art. 51. Al giudizio di reclamo deve partecipare il curatore, il creditore, il socio o il pubblico ministero che ha proposto la domanda di estensione, nonché il creditore che ha proposto il ricorso per l'apertura della procedura di liquidazione giudiziale.

7. In caso di rigetto della domanda, contro il decreto del tribunale l'istante può proporre reclamo alla corte di appello a norma dell'art. 50.

257. *Liquidazione giudiziale della società e dei soci.* — 1. Nei casi previsti dall'art. 256, il tribunale nomina, sia per la liquidazione giudiziale della società, sia per quella nei confronti dei soci, un solo giudice delegato e un solo curatore, pur rimanendo distinte le diverse procedure. Possono essere nominati più comitati dei creditori. Il curatore ha diritto ad un solo compenso.

2. Il patrimonio della società e quello dei singoli soci sono tenuti distinti.

3. Il credito dichiarato dai creditori sociali nella liquidazione giudiziale della società si intende dichiarato per l'intero e con il medesimo eventuale privilegio generale anche nella liquidazione giudiziale aperta nei confronti dei singoli soci. Il creditore sociale ha diritto di partecipare a tutte le ripartizioni fino all'integrale pagamento, salvo il regresso fra le procedure di liquidazione nei confronti dei soci per la parte pagata in più della quota rispettiva.

4. I creditori particolari partecipano soltanto alla liquidazione giudiziale nei confronti dei soci loro debitori.

5. Ciascun creditore può contestare i crediti dei creditori con i quali si trova in concorso.

6. Il curatore della liquidazione giudiziale della società può esercitare l'azione sociale di responsabilità nei confronti del socio amministratore anche se nei suoi confronti non è stata aperta la procedura di liquidazione giudiziale.

258. *Effetti sulla società dell'apertura della liquidazione giudiziale nei confronti dei soci.* — 1. La liquidazione giudiziale aperta nei confronti di uno o più soci illimitatamente responsabili non determina l'apertura della liquidazione giudiziale nei confronti della società.

259. *Liquidazione giudiziale nei confronti di enti ed imprenditori collettivi non societari.* — 1. Le disposizioni di cui agli artt. 254, 255, 256, 257 e 258 si applicano, in quanto compatibili, anche agli enti e imprenditori collettivi non societari e ai loro componenti illimitatamente e personalmente responsabili per le obbligazioni dell'ente.

260. *Versamenti dei soci a responsabilità limitata.* — 1. Nella procedura di liquidazione giudiziale delle società con soci a responsabilità limitata il giudice delegato può, su proposta del curatore, ingiungere con decreto ai soci e ai precedenti titolari delle quote o delle azioni di eseguire i versamenti ancora dovuti, quantunque non sia scaduto il termine stabilito per il pagamento.

2. Contro il decreto emesso a norma del comma 1, può essere proposta opposizione ai sensi dell'art. 645 del codice di procedura civile.

261. *Liquidazione giudiziale di società a responsabilità limitata: polizza assicurativa e fideiussione bancaria.* — 1. Nella procedura di liquidazione giudiziale di società a responsabilità limitata il giudice delegato, ricorrendone i presupposti, può autorizzare il curatore ad escutere la polizza assicurativa o la fideiussione bancaria rilasciata ai sensi dell'art. 2464, quarto e sesto comma, del codice civile.

262. *Patrimoni destinati ad uno specifico affare.* — 1. Se è aperta la liquidazione giudiziale nei confronti della società, l'amministrazione del patrimonio destinato previsto dall'art. 2447-*bis*, primo comma, lett. *a*), del codice civile è attribuita al curatore, che vi provvede con gestione separata.

2. Il curatore provvede a norma dell'art. 216 alla cessione a terzi del patrimonio, al fine di conservarne la funzione produttiva. Se la cessione non è possibile, il curatore provvede alla liquidazione del patrimonio secondo le regole della liquidazione della società in quanto compatibili.

3. Il corrispettivo della cessione al netto dei debiti del patrimonio o il residuo attivo della liquidazione sono acquisiti dal curatore nell'attivo fallimentare, detratto quanto spettante ai terzi che vi abbiano effettuato apporti, ai sensi dell'art. 2447-*ter*, primo comma, lett. *c*), del codice civile.

263. *Patrimonio destinato incapiente e violazione delle regole di separatezza.* — 1. Se a seguito dell'apertura della liquidazione giudiziale nei confronti della società o nel corso della gestione il curatore rileva che il patrimonio destinato è incapiente provvede, previa autorizzazione del giudice delegato, alla sua liquidazione secondo le regole della liquidazione della società, in quanto compatibili.

2. I creditori particolari del patrimonio destinato possono presentare domanda di insinuazione al passivo della procedura di liquidazione giudiziale aperta nei confronti della società nei casi di responsabilità sussidiaria o illimitata previsti dall'art. 2447-*quinquies*, terzo e quarto comma, del codice civile.

3. Se risultano violate le regole di separatezza fra uno o più patrimoni destinati costituiti dalla società e il patrimonio della società medesima, il curatore può proporre l'azione sociale di responsabilità e l'azione dei creditori sociali prevista dall'art. 2394 del codice civile nei confronti degli amministratori e dei componenti degli organi di controllo della società.

264. *Attribuzione al curatore dei poteri dell'assemblea.* — 1. Il curatore può compiere gli atti e le operazioni riguardanti l'organizzazione e la struttura finanziaria della società previsti nel programma di liquidazione, dandone adeguata e tempestiva informazione ai soci ed ai creditori della società. I soci, i creditori ed i terzi interessati possono proporre reclamo ai sensi dell'art. 133.

2. Il programma di liquidazione può prevedere l'attribuzione al curatore, per determinati atti od operazioni, dei poteri dell'assemblea dei soci. Le deliberazioni che non sono prese in conformità della legge o dell'atto costitutivo, possono essere impugnate con reclamo al tribunale ai sensi dell'art. 133. Si applicano, in quanto compatibili, gli articoli da 2377 a 2379-*ter* e l'art. 2479-*ter* del codice civile.

265. *Proposta di concordato nella liquidazione giudiziale della società.* — 1. La proposta di concordato per la società sottoposta a liquidazione giudiziale è sottoscritta da coloro che ne hanno la rappresentanza sociale.

2. La proposta e le condizioni del concordato, salva diversa disposizione dell'atto costitutivo o dello statuto:

a) nelle società di persone, sono approvate dai soci che rappresentano la maggioranza assoluta del capitale;

b) nelle società per azioni, in accomandita per azioni e a responsabilità limitata, nonché nelle società cooperative, sono deliberate dagli amministratori.

3. In ogni caso, la decisione o la deliberazione di cui al comma 2, lett. *b*), deve risultare da verbale redatto da notaio ed è depositata ed iscritta nel registro delle imprese a norma dell'art. 2436 del codice civile.

266. *Effetti del concordato nella liquidazione giudiziale della società.* — 1. Salvo patto contrario, il concordato della società ha effetto anche con riguardo ai soci a responsabilità illimitata e fa cessare la procedura di liquidazione giudiziale aperta nei loro confronti.

2. Contro il decreto di chiusura della liquidazione giudiziale aperta nei confronti del socio è ammesso reclamo a norma dell'art. 124.

267. *Concordato del socio.* — 1. Nella procedura di liquidazione giudiziale di una società con soci a responsabilità illimitata, ciascuno dei soci può proporre un concordato ai creditori sociali e particolari concorrenti nella procedura di liquidazione giudiziale aperta nei suoi confronti.

CAPO IX

Liquidazione controllata del sovraindebitato

268. *Liquidazione controllata.* — 1. Il debitore in stato di sovraindebitamento può domandare con ricorso al tribunale competente ai sensi dell'art. 27, comma 2, l'apertura di una procedura di liquidazione controllata dei suoi beni.

2. La domanda può essere presentata da un creditore anche in pendenza di procedure esecutive individuali e, quando l'insolvenza riguardi l'imprenditore, dal pubblico ministero.

3. Non sono compresi nella liquidazione:

a) i crediti impignorabili ai sensi dell'art. 545 del codice di procedura civile;

b) i crediti aventi carattere alimentare e di mantenimento, gli stipendi, le pensioni, i salari e ciò che il debitore guadagna con la sua attività nei limiti, indicati dal giudice, di quanto occorre al mantenimento suo e della sua famiglia;

c) i frutti derivanti dall'usufrutto legale sui beni dei figli, i beni costituiti in fondo patrimoniale e i frutti di essi, salvo quanto disposto dall'art. 170 del codice civile;

d) le cose che non possono essere pignorate per disposizione di legge.

4. Il deposito della domanda sospende, ai soli effetti del concorso, il corso degli interessi convenzionali o legali fino alla chiusura della liquidazione, a meno che i crediti non siano garantiti da ipoteca, pegno o privilegio e salvo quanto previsto dagli artt. 2749, 2788 e 2855, secondo e terzo comma, del codice civile.

269. *Domanda del debitore.* — 1. Il ricorso può essere presentato personalmente dal debitore, con l'assistenza dell'OCC.

2. Al ricorso deve essere allegata una relazione, redatta dall'OCC, che esponga una valutazione sulla completezza e l'attendibilità della documentazione depositata a corredo della domanda e che illustri la situazione economica, patrimoniale e finanziaria del debitore.

3. L'OCC, entro sette giorni dal conferimento dell'incarico da parte del debitore, ne dà notizia all'agente della riscossione e agli uffici fiscali, anche degli enti locali, competenti sulla base dell'ultimo domicilio fiscale dell'istante.

270. *Apertura della liquidazione controllata.* — 1. Il tribunale, in assenza di domande di accesso alle procedure di cui al titolo IV e verificati i presupposti di cui agli artt. 268 e 269, dichiara con sentenza l'apertura della liquidazione controllata.

2. Con la sentenza il tribunale:

a) nomina il giudice delegato;

b) nomina il liquidatore, confermando l'OCC di cui all'art. 269 o, per giustificati motivi, scegliendolo nell'elenco dei gestori della crisi di cui al decreto del Ministro della giustizia 24 settembre 2014, n. 202. In questo ultimo caso la scelta è effettuata di regola tra i gestori residenti nel circondario del tribunale competente e l'eventuale deroga deve essere espressamente motivata e comunicata al presidente del tribunale;

c) ordina al debitore il deposito entro sette giorni dei bilanci e delle scritture contabili e fiscali obbligatorie, nonché dell'elenco dei creditori;

d) assegna ai terzi che vantano diritti sui beni del debitore e ai creditori risultanti dall'elenco depositato un termine non superiore a sessanta giorni entro il quale, a pena di inammissibilità, devono trasmettere al liquidatore, a mezzo posta elettronica certificata, la domanda di restituzione, di rivendicazione o di ammissione al passivo, predisposta ai sensi dell'art. 201; si applica l'art. 10, comma 3;

e) ordina la consegna o il rilascio dei beni facenti parte del patrimonio di liquidazione, salvo che non ritenga, in presenza di gravi e specifiche ragioni, di autorizzare il debitore o il terzo a utilizzare alcuni di essi. Il provvedimento è titolo esecutivo ed è posto in esecuzione a cura del liquidatore;

f) dispone l'inserimento della sentenza nel sito internet del tribunale o del Ministero della giustizia. Nel caso in cui il debitore svolga attività d'impresa, la pubblicazione è altresì effettuata presso il registro delle imprese;

g) ordina, quando vi sono beni immobili o beni mobili registrati, la trascrizione della sentenza presso gli uffici competenti.

3. Al liquidatore nominato dal tribunale ai sensi del comma 2, lett. *b*), seconda parte, si applicano gli artt. 35, comma 4-*bis*, 35.1 e 35.2 del d.lg. 6 settembre 2011, n. 159.

4. Gli adempimenti di cui al comma 2, lett. *f*) e *g*), sono eseguiti a cura del liquidatore; la sentenza è notificata al debitore, ai creditori e ai titolari di diritti sui beni oggetto di liquidazione.

5. Si applicano l'art. 143 in quanto compatibile e gli artt. 150 e 151; per i casi non regolati dal presente capo si applicano altresì, in quanto compatibili, le disposizioni sul procedimento unitario di cui al titolo III.

6. Se un contratto è ancora ineseguito o non compiutamente eseguito nelle prestazioni principali da entrambe le parti al momento in cui è aperta la procedura di liquidazione controllata, l'esecuzione del contratto rimane sospesa fino a quando il liquidatore, sentito il debitore, dichiara di subentrare nel contratto in luogo del predetto debitore, assumendo, a decorrere dalla data del subentro, tutti i relativi obblighi, ovvero di sciogliersi dal medesimo salvo che, nei contratti ad effetti reali, sia già avvenuto il trasferimento del diritto. Il contraente può mettere in mora il liquidatore, facendogli assegnare dal giudice delegato un termine non superiore a sessanta giorni, decorso il quale il contratto si intende sciolto. In caso di prosecuzione del contratto, sono prededucibili soltanto i crediti maturati nel corso della procedura. In caso di scioglimento del contratto, il contraente ha diritto di far valere nel passivo della liquidazione controllata il credito conseguente al mancato adempimento, senza che gli sia dovuto risarcimento del danno.

271. *Concorso di procedure*. — 1. Se la domanda di liquidazione controllata è proposta dai creditori o dal pubblico ministero e il debitore chiede l'accesso a una procedura di cui al capo II del titolo IV, il giudice concede un termine per l'integrazione della domanda.

2. Nella pendenza del termine di cui al comma 1, non può essere dichiarata aperta la liquidazione controllata e la relativa domanda è dichiarata improcedibile quando sia aperta una procedura ai sensi del capo III del titolo IV. Alla scadenza del termine di cui al comma 1, senza che il debitore abbia integrato la domanda, ovvero in ogni caso di mancata apertura o cessazione delle procedure di cui al capo III del titolo IV, il giudice provvede ai sensi dell'art. 270, commi 1 e 2. Si applicano, in quanto compatibili, gli articoli da 51 a 55.

272. *Elenco dei creditori, inventario dei beni e programma di liquidazione*. — 1. Il liquidatore entro trenta giorni dalla comunicazione della sentenza aggiorna l'elenco dei creditori, ai quali notifica la sentenza ai sensi dell'art. 270, comma 4. Il termine di cui all'art. 270, comma 2, lett. *d*), può essere prorogato di trenta giorni.

2. Entro novanta giorni dall'apertura della liquidazione controllata il liquidatore completa l'inventario dei beni del debitore e redige un programma in ordine a tempi e modalità della liquidazione. Si applica l'art. 213, commi 3 e 4, in quanto compatibile. Il programma è depositato in cancelleria ed approvato dal giudice delegato.

3. Il programma deve assicurare la ragionevole durata della procedura.

273. *Formazione del passivo*. — 1. Scaduti i termini per la proposizione delle domande di cui all'art. 270, comma 2, lett. *d*), il liquidatore predispone un progetto di stato passivo, comprendente un elenco dei titolari di diritti sui beni mobili e immobili di proprietà o in possesso del debitore, e lo comunica agli interessati all'indirizzo di posta elettronica certificato indicato nella domanda. In mancanza della predetta indicazione, il provvedimento si intende comunicato mediante deposito in cancelleria.

2. Entro quindici giorni possono essere proposte osservazioni, con le stesse modalità della domanda di cui all'art. 270, comma 2, lett. *d*).

3. In assenza di osservazioni, il liquidatore forma lo stato passivo, lo deposita in cancelleria e ne dispone l'inserimento nel sito web del tribunale o del Ministero della giustizia.

4. Quando sono formulate osservazioni che il liquidatore ritiene fondate, predispone, entro quindici giorni successivi alla scadenza del termine di cui al comma 2, un nuovo progetto di stato passivo che comunica ai sensi del comma 1.

5. In presenza di contestazioni non superabili ai sensi del comma 4, il liquidatore rimette gli atti al giudice delegato, il quale provvede alla definitiva formazione del passivo con decreto motivato, pubblicato ai sensi del comma 3.

6. Contro il decreto può essere proposto reclamo davanti al collegio, di cui non può far parte il giudice delegato. Il procedimento si svolge senza formalità, assicurando il rispetto del contraddittorio.

274. *Azioni del liquidatore*. — 1. Il liquidatore, autorizzato dal giudice delegato, esercita o se pendente, prosegue, ogni azione prevista dalla legge finalizzata a conseguire la disponibilità dei beni compresi nel patrimonio del debitore e ogni azione diretta al recupero dei crediti.

2. Il liquidatore, sempre con l'autorizzazione del giudice delegato, esercita o, se pendenti, prosegue le azioni dirette a far dichiarare inefficaci gli atti compiuti dal debitore in pregiudizio dei creditori, secondo le norme del codice civile.

3. Il giudice delegato autorizza il liquidatore ad esercitare o proseguire le azioni di cui ai commi 1 e 2, quando è utile per il miglior soddisfacimento dei creditori.

275. *Esecuzione del programma di liquidazione.* — 1. Il programma di liquidazione è eseguito dal liquidatore, che ogni sei mesi ne riferisce al giudice delegato. Il mancato deposito delle relazioni semestrali costituisce causa di revoca dell'incarico ed è valutato ai fini della liquidazione del compenso.

2. Il liquidatore ha l'amministrazione dei beni che compongono il patrimonio di liquidazione. Si applicano le disposizioni sulle vendite nella liquidazione giudiziale, in quanto compatibili. Eseguita la vendita e riscosso interamente il prezzo, il giudice ordina la cancellazione delle iscrizioni relative ai diritti di prelazione, delle trascrizioni dei pignoramenti e dei sequestri conservativi nonché di ogni altro vincolo.

3. Terminata l'esecuzione, il liquidatore presenta al giudice il rendiconto. Il giudice verifica la conformità degli atti dispositivi al programma di liquidazione e, se approva il rendiconto, procede alla liquidazione del compenso del liquidatore.

4. Il giudice, se non approva il rendiconto, indica gli atti necessari al completamento della liquidazione ovvero le opportune rettifiche ed integrazioni del rendiconto, nonché un termine per il loro compimento. Se le prescrizioni non sono adempiute nel termine, anche prorogato, il giudice provvede alla sostituzione del liquidatore e nella liquidazione del compenso tiene conto della diligenza prestata, con possibilità di escludere in tutto o in parte il compenso stesso.

5. Il liquidatore provvede alla distribuzione delle somme ricavate dalla liquidazione secondo l'ordine di prelazione risultante dallo stato passivo, previa formazione di un progetto di riparto da comunicare al debitore e ai creditori, con termine non superiore a giorni quindici per osservazioni. In assenza di contestazioni, comunica il progetto di riparto al giudice che senza indugio ne autorizza l'esecuzione.

6. Se sorgono contestazioni sul progetto di riparto, il liquidatore verifica la possibilità di componimento e vi apporta le modifiche che ritiene opportune. Altrimenti rimette gli atti al giudice delegato, il quale provvede con decreto motivato, reclamabile ai sensi dell'art. 124.

276. *Chiusura della procedura.* — 1. La procedura si chiude con decreto.

2. Con decreto di chiusura, il giudice, su istanza del liquidatore, autorizza il pagamento del compenso liquidato ai sensi dell'art. 275, comma 3 e lo svincolo delle somme eventualmente accantonate.

277. *Creditori posteriori.* — 1. I creditori con causa o titolo posteriore al momento dell'esecuzione della pubblicità di cui all'art. 270, comma 2, lett. *f*), non possono procedere esecutivamente sui beni oggetto di liquidazione.

2. I crediti sorti in occasione o in funzione della liquidazione sono soddisfatti con preferenza rispetto agli altri, con esclusione di quanto ricavato dalla liquidazione dei beni oggetto di pegno e ipoteca per la parte destinata ai creditori garantiti.

CAPO X

Esdebitazione

Sezione I. — *Condizioni e procedimento della esdebitazione nella liquidazione giudiziale e nella liquidazione controllata*

278. *Oggetto e ambito di applicazione.* — 1. L'esdebitazione consiste nella liberazione dai debiti e comporta la inesigibilità dal debitore dei crediti rimasti insoddisfatti nell'ambito di una procedura concorsuale che prevede la liquidazione dei beni.

2. Nei confronti dei creditori per fatto o causa anteriori che non hanno partecipato al concorso l'esdebitazione opera per la sola parte eccedente la percentuale attribuita nel concorso ai creditori di pari grado.

3. Possono accedere all'esdebitazione, secondo le norme del presente capo, tutti i debitori di cui all'art. 1, comma 1.

4. Se il debitore è una società o altro ente, le condizioni stabilite nell'art. 280 devono sussistere anche nei confronti dei soci illimitatamente responsabili e dei legali rappresentanti, con riguardo agli ultimi tre anni anteriori alla domanda cui sia seguita l'apertura di una procedura liquidatoria.

5. L'esdebitazione della società ha efficacia nei confronti dei soci illimitatamente responsabili.

6. Sono salvi i diritti vantati dai creditori nei confronti dei coobbligati e dei fideiussori del debitore, nonché degli obbligati in via di regresso.

7. Restano esclusi dall'esdebitazione:

a) gli obblighi di mantenimento e alimentari;

b) i debiti per il risarcimento dei danni da fatto illecito extracontrattuale, nonché le sanzioni penali e amministrative di carattere pecuniario che non siano accessorie a debiti estinti.

279. *Condizioni temporali di accesso.* — 1. Salvo il disposto dell'art. 280, il debitore ha diritto a conseguire l'esdebitazione decorsi tre anni dall'apertura della procedura di liquidazione o al momento della chiusura della procedura, se antecedente.

2. Il termine di cui al comma 1 è ridotto a due anni quando il debitore ha tempestivamente proposto istanza di composizione assistita della crisi.

280. *Condizioni per l'esdebitazione*. — 1. Il debitore è ammesso al beneficio della liberazione dai debiti a condizione che:

a) non sia stato condannato con sentenza passata in giudicato per bancarotta fraudolenta o per delitti contro l'economia pubblica, l'industria e il commercio, o altri delitti compiuti in connessione con l'esercizio dell'attività d'impresa, salvo che per essi sia intervenuta la riabilitazione. Se è in corso il procedimento penale per uno di tali reati o v'è stata applicazione di una delle misure di prevenzione di cui al d.lg. 6 settembre 2011, n. 159, il beneficio può essere riconosciuto solo all'esito del relativo procedimento;

b) non abbia distratto l'attivo o esposto passività insussistenti, cagionato o aggravato il dissesto rendendo gravemente difficoltosa la ricostruzione del patrimonio e del movimento degli affari o fatto ricorso abusivo al credito;

c) non abbia ostacolato o rallentato lo svolgimento della procedura e abbia fornito agli organi ad essa preposti tutte le informazioni utili e i documenti necessari per il suo buon andamento;

d) non abbia beneficiato di altra esdebitazione nei cinque anni precedenti la scadenza del termine per l'esdebitazione;

e) non abbia già beneficiato dell'esdebitazione per due volte.

281. *Procedimento*. — 1. Il tribunale, contestualmente alla pronuncia del decreto di chiusura della procedura, sentiti gli organi della stessa e verificata la sussistenza delle condizioni di cui agli artt. 278, 279 e 280, dichiara inesigibili nei confronti del debitore i debiti concorsuali non soddisfatti.

2. Allo stesso modo il tribunale provvede, su istanza del debitore, quando siano decorsi almeno tre anni dalla data in cui è stata aperta la procedura di liquidazione giudiziale.

3. Ai fini di cui ai commi 1 e 2, il curatore dà atto, nei rapporti riepilogativi di cui all'art. 130, dei fatti rilevanti per la concessione o il diniego del beneficio.

4. Il decreto del tribunale è comunicato agli organi della procedura, al pubblico ministero, al debitore e ai creditori ammessi al passivo non integralmente soddisfatti, i quali possono proporre reclamo a norma dell'art. 124; il termine per proporre reclamo è di trenta giorni.

5. L'esdebitazione non ha effetti sui giudizi in corso e sulle operazioni liquidatorie, anche se posteriori alla chiusura della liquidazione giudiziale disposta a norma dell'art. 234.

6. Quando dall'esito dei predetti giudizi e operazioni deriva un maggior riparto a favore dei creditori, l'esdebitazione ha effetto solo per la parte definitivamente non soddisfatta.

Sezione II. — *Esdebitazione del sovraindebitato*

282. *Esdebitazione di diritto*. — 1. Per le procedure di liquidazione controllata, l'esdebitazione opera di diritto a seguito del provvedimento di chiusura o anteriormente, decorsi tre anni dalla sua apertura, ed è dichiarata con decreto motivato del tribunale, iscritto al registro delle imprese su richiesta del cancelliere.

2. Restano ferme le preclusioni di cui all'art. 280, comma 1, lett. *a*), e, per il consumatore, anche quella di cui all'art. 69, comma 1.

3. Il provvedimento di cui al comma 1 è comunicato al pubblico ministero e ai creditori, i quali possono proporre reclamo a norma dell'art. 124; il termine per proporre reclamo è di trenta giorni.

283. *Debitore incapiente*. — 1. Il debitore persona fisica meritevole, che non sia in grado di offrire ai creditori alcuna utilità, diretta o indiretta, nemmeno in prospettiva futura, può accedere all'esdebitazione solo per una volta, fatto salvo l'obbligo di pagamento del debito entro quattro anni dal decreto del giudice laddove sopravvengano utilità rilevanti che consentano il soddisfacimento dei creditori in misura non inferiore al dieci per cento. Non sono considerate utilità, ai sensi del periodo precedente, i finanziamenti, in qualsiasi forma erogati.

2. La valutazione di rilevanza di cui al comma 1 deve essere condotta su base annua, dedotte le spese di produzione del reddito e quanto occorrente al mantenimento del debitore e della sua famiglia in misura pari all'assegno sociale aumentato della metà moltiplicato per un parametro corrispondente al numero dei componenti il nucleo familiare della scala di equivalenza dell'ISEE di cui al decreto del Presidente del Consiglio dei ministri del 5 dicembre 2013, n. 159.

3. La domanda di esdebitazione è presentata tramite l'OCC al giudice competente, unitamente alla seguente documentazione:

a) l'elenco di tutti i creditori, con l'indicazione delle somme dovute;

b) l'elenco degli atti di straordinaria amministrazione compiuti negli ultimi cinque anni;

c) la copia delle dichiarazioni dei redditi degli ultimi tre anni;

d) l'indicazione degli stipendi, delle pensioni, dei salari e di tutte le altre entrate del debitore e del suo nucleo familiare.

4. Alla domanda deve essere allegata una relazione particolareggiata dell'OCC, che comprende:

a) l'indicazione delle cause dell'indebitamento e della diligenza impiegata dal debitore nell'assumere le obbligazioni;

b) l'esposizione delle ragioni dell'incapacità del debitore di adempiere le obbligazioni assunte;

c) l'indicazione della eventuale esistenza di atti del debitore impugnati dai creditori;

d) la valutazione sulla completezza ed attendibilità della documentazione depositata a corredo della domanda.

5. L'OCC, nella relazione, deve indicare anche se il soggetto finanziatore, ai fini della concessione del finanziamento, abbia tenuto conto del merito creditizio del debitore, valutato in relazione al suo reddito disponibile, dedotto l'importo necessario a mantenere un dignitoso tenore di vita; a tal fine si ritiene idonea una quantificazione non inferiore a quella indicata al comma 2.

6. I compensi dell'OCC sono ridotti della metà.

7. Il giudice, assunte le informazioni ritenute utili, valutata la meritevolezza del debitore e verificata, a tal fine, l'assenza di atti in frode e la mancanza di dolo o colpa grave nella formazione dell'indebitamento, concede con decreto l'esdebitazione, indicando le modalità e il termine entro il quale il debitore deve presentare, a pena di revoca del beneficio, ove positiva, la dichiarazione annuale relativa alle sopravvenienze rilevanti ai sensi dei commi 1 e 2.

8. Il decreto è comunicato al debitore e ai creditori, i quali possono proporre opposizione nel termine di trenta giorni. Decorsi trenta giorni dall'ultima delle comunicazioni, il giudice, instaurato nelle forme ritenute più opportune il contraddittorio tra i creditori opponenti ed il debitore, conferma o revoca il decreto. La decisione è soggetta a reclamo ai sensi dell'art. 50.

9. L'OCC, nei quattro anni successivi al deposito del decreto che concede l'esdebitazione, vigila sulla tempestività del deposito della dichiarazione di cui al comma 7 e, se il giudice ne fa richiesta, compie le verifiche necessarie per accertare l'esistenza di sopravvenienze rilevanti ai sensi dei commi 1 e 2.

TITOLO VI

Disposizioni relative ai gruppi di imprese

CAPO I

Regolazione della crisi o insolvenza del gruppo

284. *Concordato, accordi di ristrutturazione e piano attestato di gruppo.* — 1. Più imprese in stato di crisi o di insolvenza appartenenti al medesimo gruppo e aventi ciascuna il centro degli interessi principali nello Stato italiano possono proporre con un unico ricorso la domanda di accesso al concordato preventivo di cui all'art. 40 con un piano unitario o con piani reciprocamente collegati e interferenti.

2. Parimenti può essere proposta con un unico ricorso, da più imprese appartenenti al medesimo gruppo e aventi tutte il proprio centro degli interessi principali nello Stato italiano, la domanda di accesso alla procedura di omologazione di accordi di ristrutturazione dei debiti, ai sensi degli artt. 57, 60 e 61.

3. Resta ferma l'autonomia delle rispettive masse attive e passive.

4. La domanda proposta ai sensi dei commi 1 e 2 deve contenere l'illustrazione delle ragioni di maggiore convenienza, in funzione del migliore soddisfacimento dei creditori delle singole imprese, della scelta di presentare un piano unitario ovvero piani reciprocamente collegati e interferenti invece di un piano autonomo per ciascuna impresa. Essa deve inoltre fornire informazioni analitiche sulla struttura del gruppo e sui vincoli partecipativi o contrattuali esistenti tra le imprese e indicare il registro delle imprese o i registri delle imprese in cui è stata effettuata la pubblicità ai sensi dell'art. 2497-*bis* del codice civile. Il bilancio consolidato di gruppo, ove redatto, deve essere allegato al ricorso unitamente alla documentazione prevista, rispettivamente, per l'accesso al concordato preventivo o agli accordi di ristrutturazione. Si applica l'art. 289.

5. Il piano unitario o i piani reciprocamente collegati e interferenti, rivolti ai rispettivi creditori, aventi il contenuto indicato nell'art. 56, comma 2, devono essere idonei a consentire il risanamento dell'esposizione debitoria di ciascuna impresa e ad assicurare il riequilibrio complessivo della situazione finanziaria di ognuna. Un professionista indipendente attesta la veridicità dei dati aziendali e la fattibilità del piano o i piani. Su richiesta delle imprese debitrici, il piano o i piani sono pubblicati nel

registro delle imprese o i registri delle imprese in cui è stata effettuata la pubblicità ai sensi dell'art. 2497-*bis* del codice civile. Si applica l'art. 289.

285. *Contenuto del piano o dei piani di gruppo e azioni a tutela dei creditori e dei soci.* — 1. Il piano concordatario o i piani concordatari di gruppo possono prevedere la liquidazione di alcune imprese e la continuazione dell'attività di altre imprese del gruppo. Si applica tuttavia la sola disciplina del concordato in continuità quando, confrontando i flussi complessivi derivanti dalla continuazione dell'attività con i flussi complessivi derivanti dalla liquidazione, risulta che i creditori delle imprese del gruppo sono soddisfatti in misura prevalente dal ricavato prodotto dalla continuità aziendale diretta o indiretta, ivi compresa la cessione del magazzino.

2. Il piano o i piani concordatari possono altresì prevedere operazioni contrattuali e riorganizzative, inclusi i trasferimenti di risorse infragruppo, purché un professionista indipendente attesti che dette operazioni sono necessarie ai fini della continuità aziendale per le imprese per le quali essa è prevista nel piano e coerenti con l'obiettivo del miglior soddisfacimento dei creditori di tutte le imprese del gruppo.

3. Gli effetti pregiudizievoli delle operazioni di cui al comma 1 possono essere contestati dai creditori dissenzienti appartenenti a una classe dissenziente o, nel caso di mancata formazione delle classi, dai creditori dissenzienti che rappresentano almeno il venti per cento dei crediti ammessi al voto con riguardo ad una singola società, attraverso l'opposizione all'omologazione del concordato di gruppo. I creditori non aderenti possono proporre opposizione all'omologazione degli accordi di ristrutturazione.

4. Il tribunale omologa il concordato o gli accordi di ristrutturazione qualora ritenga, sulla base di una valutazione complessiva del piano o dei piani collegati, che i creditori possano essere soddisfatti in misura non inferiore a quanto ricaverebbero dalla liquidazione giudiziale della singola società.

5. I soci possono far valere il pregiudizio arrecato alle rispettive società dalle operazioni di cui al comma 1 esclusivamente attraverso l'opposizione all'omologazione del concordato di gruppo. Il tribunale omologa il concordato se esclude la sussistenza di un pregiudizio in considerazione dei vantaggi compensativi derivanti alle singole società dal piano di gruppo.

286. *Procedimento di concordato di gruppo.* — 1. Se le diverse imprese del gruppo hanno il proprio centro degli interessi principali in circoscrizioni giudiziarie diverse, è competente il tribunale individuato ai sensi dell'art. 27 in relazione al centro degli interessi principali della società o ente o persona fisica che, in base alla pubblicità prevista dall'art. 2497-*bis* del codice civile, esercita l'attività di direzione e coordinamento oppure, in mancanza, dell'impresa che presenta la maggiore esposizione debitoria in base all'ultimo bilancio approvato.

2. Il tribunale, se accoglie il ricorso, nomina un unico giudice delegato e un unico commissario giudiziale per tutte le imprese del gruppo e dispone il deposito di un unico fondo per le spese di giustizia.

3. I costi della procedura sono ripartiti fra le imprese del gruppo in proporzione delle rispettive masse attive.

4. Il commissario giudiziale, con l'autorizzazione del giudice, può richiedere alla Commissione nazionale per le società e la borsa – Consob – o a qualsiasi altra pubblica autorità informazioni utili ad accertare l'esistenza di collegamenti di gruppo e alle società fiduciarie le generalità degli effettivi titolari di diritti sulle azioni o sulle quote ad esse intestate. Le informazioni sono fornite entro quindici giorni dalla richiesta.

5. I creditori di ciascuna delle imprese che hanno proposto la domanda di accesso al concordato di gruppo, suddivisi per classi qualora tale suddivisione sia prevista dalla legge o dal piano, votano in maniera contestuale e separata sulla proposta presentata dalla società loro debitrice. Il concordato di gruppo è approvato quando le proposte delle singole imprese del gruppo sono approvate dalla maggioranza prevista dall'art. 109.

6. Sono escluse dal voto le imprese del gruppo titolari di crediti nei confronti dell'impresa ammessa alla procedura.

7. Il concordato di gruppo omologato non può essere risolto o annullato quando i presupposti per la risoluzione o l'annullamento si verifichino soltanto rispetto a una o ad alcune imprese del gruppo, a meno che ne risulti significativamente compromessa l'attuazione del piano anche nei confronti delle altre imprese.

CAPO II

Procedura unitaria di liquidazione giudiziale

287. *Liquidazione giudiziale di gruppo.* — 1.

Più imprese in stato di insolvenza, appartenenti al medesimo gruppo e aventi ciascuna il centro degli interessi principali nello Stato italiano, possono essere assoggettate, in accoglimento di un unico ricorso, dinanzi ad un unico tribunale, a una procedura di liquidazione giudiziale unitaria quando risultino opportune forme di coordinamento nella liquidazione degli attivi, in funzione dell'obiettivo del migliore soddisfacimento dei creditori delle diverse imprese del gruppo, ferma restando l'autonomia delle rispettive masse attive e passive. A tal fine il tribunale tiene conto dei preesistenti reciproci collegamenti di natura economica o produttiva, della composizione dei patrimoni delle diverse imprese e della presenza dei medesimi amministratori.

2. In tal caso, il tribunale nomina, salvo che sussistano specifiche ragioni, un unico giudice delegato, un unico curatore, un comitato dei creditori per ciascuna impresa del gruppo.

3. Nel programma di liquidazione il curatore illustra le modalità del coordinamento nella liquidazione degli attivi delle diverse imprese. Le spese generali della procedura sono imputate alle imprese del gruppo in proporzione delle rispettive masse attive.

4. Se le diverse imprese del gruppo hanno il proprio centro degli interessi principali in circoscrizioni giudiziarie diverse, il tribunale competente è quello dinanzi al quale è stata depositata la prima domanda di liquidazione giudiziale. Qualora la domanda di accesso alla procedura sia presentata contemporaneamente da più imprese dello stesso gruppo, è competente il tribunale individuato ai sensi dell'art. 27, in relazione al centro degli interessi principali della società o ente o persona fisica che, in base alla pubblicità prevista dall'art. 2497-*bis* del codice civile, esercita l'attività di direzione e coordinamento oppure, in mancanza, dell'impresa che presenta la più elevata esposizione debitoria in base all'ultimo bilancio approvato.

5. Quando ravvisa l'insolvenza di un'impresa del gruppo non ancora assoggettata alla procedura di liquidazione giudiziale, il curatore designato ai sensi del comma 2, segnala tale circostanza agli organi di amministrazione e controllo ovvero promuove direttamente l'accertamento dello stato di insolvenza di detta impresa.

288. *Procedure concorsuali autonome di imprese appartenenti allo stesso gruppo*. — 1. Nel caso in cui più imprese appartenenti a un medesimo gruppo siano assoggettate a separate procedure di liquidazione giudiziale ovvero a separate procedure di concordato preventivo, eventualmente dinanzi a tribunali diversi, gli organi di gestione delle diverse procedure cooperano per facilitare la gestione efficace di tali procedure.

CAPO III

Procedure di regolazione della crisi o dell'insolvenza di imprese appartenenti ad un gruppo

289. *Domanda di accesso e obblighi di informazione e collaborazione*. — 1. La domanda di accesso a procedure di regolazione della crisi o dell'insolvenza presentata da un'impresa appartenente ad un gruppo deve contenere informazioni analitiche sulla struttura del gruppo e sui vincoli partecipativi o contrattuali esistenti tra le società e imprese e indicare il registro delle imprese o i registri delle imprese in cui è stata effettuata la pubblicità ai sensi dell'art. 2497-*bis* del codice civile. L'impresa deve, inoltre, depositare il bilancio consolidato di gruppo, ove redatto. In ogni caso il tribunale ovvero, successivamente, il curatore o il commissario giudiziale possono, al fine di accertare l'esistenza di collegamenti di gruppo, richiedere alla Consob o a qualsiasi altra pubblica autorità e alle società fiduciarie le generalità degli effettivi titolari di diritti sulle azioni o sulle quote ad esse intestate. Le informazioni sono fornite entro quindici giorni dalla richiesta.

CAPO IV

Norme comuni

290. *Azioni di inefficacia fra imprese del gruppo*. — 1. Nei confronti delle imprese appartenenti al medesimo gruppo possono essere promosse dal curatore, sia nel caso di apertura di una procedura unitaria, sia nel caso di apertura di una pluralità di procedure, azioni dirette a conseguire la dichiarazione di inefficacia di atti e contratti posti in essere nei cinque anni antecedenti il deposito dell'istanza di liquidazione giudiziale, che abbiano avuto l'effetto di spostare risorse a favore di un'altra impresa del gruppo con pregiudizio dei creditori, fatto salvo il disposto dell'art. 2497, primo comma, del codice civile.

2. Spetta alla società beneficiaria provare di non essere stata a conoscenza del carattere pregiudizievole dell'atto o del contratto.

3. Il curatore della procedura di liquidazione giudiziale aperta nei confronti di una società appartenente ad un gruppo può esercitare,

nei confronti delle altre società del gruppo, l'azione revocatoria prevista dall'art. 166 degli atti compiuti dopo il deposito della domanda di apertura della liquidazione giudiziale o, nei casi di cui all'art. 166, comma 1, lett. *a*) e *b*), nei due anni anteriori al deposito della domanda o nell'anno anteriore, nei casi di cui all'art. 166, comma 1, lett. *c*) e *d*).

291. *Azioni di responsabilità e denuncia di gravi irregolarità di gestione nei confronti di imprese del gruppo*. — 1. Il curatore, sia nel caso di apertura di una procedura unitaria, sia nel caso di apertura di una pluralità di procedure, è legittimato ad esercitare le azioni di responsabilità previste dall'art. 2497 del codice civile.

2. Il curatore è altresì legittimato a proporre, nei confronti di amministratori e sindaci delle società del gruppo non assoggettate alla procedura di liquidazione giudiziale, la denuncia di cui all'art. 2409 del codice civile.

292. *Postergazione del rimborso dei crediti da finanziamenti infragruppo*. — 1. I crediti che la società o l'ente o la persona fisica esercente l'attività di direzione e o coordinamento vanta, anche a seguito di escussione di garanzie, nei confronti delle imprese sottoposte a direzione e coordinamento, o che queste ultime vantano nei confronti dei primi sulla base di rapporti di finanziamento contratti dopo il deposito della domanda che ha dato luogo all'apertura della liquidazione giudiziale o nell'anno anteriore, sono postergati rispetto al soddisfacimento degli altri creditori. Se tali crediti sono stati rimborsati nell'anno anteriore alla domanda che ha dato luogo all'apertura della liquidazione giudiziale, si applica l'art. 164.

2. La disposizione di cui al comma 1, primo periodo, non si applica ai finanziamenti previsti dall'art. 102.

TITOLO VII

Liquidazione coatta amministrativa

CAPO I

Natura e norme applicabili

293. *Disciplina applicabile e presupposti*. — 1. La liquidazione coatta amministrativa è il procedimento concorsuale amministrativo che si applica nei casi espressamente previsti dalla legge.

2. La legge determina le imprese soggette a liquidazione coatta amministrativa, i casi per i quali la liquidazione coatta amministrativa può essere disposta e l'autorità competente a disporla.

294. *Rinvio alle norme speciali*. — 1. La liquidazione coatta amministrativa è regolata dalle disposizioni del presente titolo, salvo che le leggi speciali dispongano diversamente.

2. I rinvii al r.d. 16 marzo 1942, n. 267 (1) contenuti in leggi speciali in materia di liquidazione coatta amministrativa si intendono fatti alle disposizioni del presente codice della crisi e dell'insolvenza e secondo le norme di coordinamento.

3. Le disposizioni di questo titolo non si applicano agli enti pubblici.

CAPO II

Procedimento

295. *Liquidazione coatta amministrativa e liquidazione giudiziale*. — 1. Le imprese soggette a liquidazione coatta amministrativa non sono soggette a liquidazione giudiziale, salvo che la legge diversamente disponga.

2. Quando la legge ammette la procedura di liquidazione coatta amministrativa e quella di liquidazione giudiziale, la dichiarazione di apertura della liquidazione giudiziale preclude la liquidazione coatta amministrativa e il provvedimento che ordina la liquidazione coatta amministrativa preclude l'apertura della liquidazione giudiziale.

296. *Rapporti tra concordato preventivo e liquidazione coatta amministrativa*. — 1. Se la legge non dispone diversamente, le imprese soggette a liquidazione coatta amministrativa possono essere sempre ammesse alla procedura di concordato preventivo, osservato, per le imprese non assoggettabili a liquidazione giudiziale, l'art. 297, comma 8.

297. *Accertamento giudiziario dello stato di insolvenza anteriore alla liquidazione coatta amministrativa*. — 1. Salva diversa disposizione delle leggi speciali, se un'impresa soggetta a liquidazione coatta amministrativa con esclusione della liquidazione giudiziale si trova in stato di insolvenza, il tribunale del luogo in cui essa ha il centro degli interessi principali, su ricorso di uno o più creditori o dell'autorità che ha la vigilanza sull'impresa o di questa stessa, dichiara tale stato con sentenza.

2. Il trasferimento del centro degli interessi

(1) In *Leggi coll. XXII, 1*.

principali intervenuto nell'anno antecedente il deposito della domanda per la dichiarazione dello stato di insolvenza non rileva ai fini della competenza.

3. Con la stessa sentenza o con successivo decreto, il tribunale adotta i provvedimenti conservativi che ritenga opportuni nell'interesse dei creditori fino all'inizio della procedura di liquidazione.

4. Prima di provvedere il tribunale deve sentire il debitore, con le modalità di cui all'art. 40 e l'autorità che ha la vigilanza sull'impresa.

5. La sentenza è comunicata entro tre giorni, a norma dell'art. 136 del codice di procedura civile, all'autorità competente perché disponga la liquidazione o, se ne ritiene sussistenti i presupposti, l'avvio della risoluzione ai sensi del decreto di recepimento della dir. 2014/59/UE. Essa è inoltre notificata, e resa pubblica a norma dell'art. 45.

6. Contro la sentenza può essere proposto reclamo da qualunque interessato, a norma dell'art. 51.

7. Il tribunale che respinge il ricorso per la dichiarazione d'insolvenza provvede con decreto motivato. Contro il decreto è ammesso reclamo a norma dell'art. 50.

8. Il tribunale provvede su istanza del commissario giudiziale alla dichiarazione d'insolvenza a norma del presente articolo quando nel corso della procedura di concordato preventivo di un'impresa soggetta a liquidazione coatta amministrativa, con esclusione della liquidazione giudiziale, si verifica la cessazione della procedura e sussiste lo stato di insolvenza. Si applica, in ogni caso, il procedimento di cui al comma 4.

9. Le disposizioni di questo articolo non si applicano agli enti pubblici.

298. *Accertamento giudiziario dello stato d'insolvenza successivo alla liquidazione coatta amministrativa.* — 1. Se l'impresa, al tempo in cui è stata ordinata la liquidazione, si trovava in stato d'insolvenza e questa non è stata preventivamente dichiarata a norma dell'art. 297, il tribunale del luogo in cui essa ha il centro degli interessi principali, su ricorso del commissario liquidatore o del pubblico ministero, accerta tale stato con sentenza in camera di consiglio, anche se la liquidazione è stata disposta per insufficienza di attivo.

2. Si applicano le norme dell'art. 297, commi 3, 4, 5, 6 e 7.

3. Restano salve le diverse disposizioni delle leggi speciali relative all'accertamento dello stato di insolvenza successivo all'apertura della liquidazione coatta amministrativa.

299. *Effetti dell'accertamento giudiziario dello stato d'insolvenza.* — 1. Accertato giudizialmente lo stato d'insolvenza a norma degli artt. 297 e 298, sono applicabili, con effetto dalla data del provvedimento che ha accertato lo stato di insolvenza, le disposizioni del titolo V, capo I, sezione IV, anche nei riguardi dei soci a responsabilità illimitata, sostituito al deposito della domanda di apertura della liquidazione giudiziale il deposito della domanda per l'accertamento dello stato di insolvenza.

2. L'esercizio delle azioni di revoca degli atti compiuti in frode dei creditori compete al commissario liquidatore. Il termine di decadenza di cui all'art. 170 decorre dalla data del provvedimento di nomina del commissario liquidatore, se successivo al provvedimento che accerta lo stato di insolvenza.

3. Il commissario liquidatore presenta al pubblico ministero la relazione prevista dall'art. 130.

300. *Provvedimento di liquidazione.* — 1. Il provvedimento che ordina la liquidazione, entro dieci giorni dalla sua data, è pubblicato integralmente, a cura dell'autorità che lo ha emanato, nella *Gazzetta Ufficiale* della Repubblica italiana ed è comunicato per l'iscrizione all'ufficio del registro delle imprese, salve le altre forme di pubblicità disposte nel provvedimento.

301. *Organi della liquidazione coatta amministrativa.* — 1. Con il provvedimento che ordina la liquidazione o con altro successivo viene nominato un commissario liquidatore. È altresì nominato un comitato di sorveglianza di tre membri o cinque membri, scelti fra persone particolarmente esperte nel ramo di attività esercitato dall'impresa, possibilmente fra i creditori.

2. Qualora l'importanza dell'impresa lo consigli, possono essere nominati tre commissari liquidatori. In tal caso essi deliberano a maggioranza, e la rappresentanza è esercitata congiuntamente da due di essi. Nella liquidazione delle cooperative la nomina del comitato di sorveglianza è facoltativa.

302. *Responsabilità del commissario liquidatore.* — 1. Il commissario liquidatore è, per quanto attiene all'esercizio delle sue funzioni, pubblico ufficiale.

2. Durante la liquidazione l'azione di responsabilità contro il commissario liquidatore revocato è proposta dal nuovo liquidatore con l'autorizzazione dell'autorità che vigila sulla liquidazione.

3. Si applicano al commissario liquidatore le disposizioni degli artt. 129, 134 e 136, comma 1, intendendosi sostituiti nei poteri del tribunale e del giudice delegato quelli dell'autorità che

vigila sulla liquidazione.

303. *Effetti del provvedimento di liquidazione.* — 1. Dalla data del provvedimento che ordina la liquidazione si applicano gli artt. 142, 144, 145, 146 e 147 e se l'impresa è una persona giuridica, cessano le funzioni delle assemblee e degli organi di amministrazione e di controllo, salvo il caso previsto dall'art. 314.

2. Nelle controversie anche in corso, relative a rapporti di diritto patrimoniale, sta in giudizio il commissario liquidatore.

304. *Effetti della liquidazione per i creditori e sui rapporti giuridici preesistenti.* — 1. Dalla data del provvedimento che ordina la liquidazione si applicano le disposizioni del titolo V, capo I, sezioni III e V e le disposizioni dell'art. 165.

2. Si intendono sostituiti nei poteri del tribunale e del giudice delegato l'autorità amministrativa che vigila sulla liquidazione, nei poteri del curatore il commissario liquidatore e, in quelli del comitato dei creditori, il comitato di sorveglianza.

305. *Commissario liquidatore.* — 1. Il commissario liquidatore procede a tutte le operazioni della liquidazione secondo le direttive dell'autorità che vigila sulla liquidazione e sotto il controllo del comitato di sorveglianza.

2. Il commissario prende in consegna i beni compresi nella liquidazione, le scritture contabili e gli altri documenti dell'impresa o dell'ente richiedendo, ove occorra, l'assistenza di un notaio.

3. Il commissario forma quindi l'inventario, nominando, se necessario, uno o più stimatori per la valutazione dei beni.

306. *Relazione del commissario.* — 1. L'imprenditore o, se l'impresa è una società o una persona giuridica, gli amministratori devono rendere al commissario liquidatore il conto della gestione relativo al tempo posteriore all'ultimo bilancio.

2. Il commissario è dispensato dal formare il bilancio annuale, ma deve presentare alla fine di ogni semestre all'autorità che vigila sulla liquidazione una relazione sulla situazione patrimoniale dell'impresa e sull'andamento della gestione, precisando la sussistenza di eventuali indicatori della crisi, accompagnata da un rapporto del comitato di sorveglianza. Nello stesso termine, copia della relazione è trasmessa al comitato di sorveglianza, unitamente agli estratti conto dei depositi postali o bancari relativi al periodo. Il comitato di sorveglianza o ciascuno dei suoi componenti possono formulare osservazioni scritte. Altra copia della relazione è trasmessa, assieme alle eventuali osservazioni, per via telematica all'ufficio del registro delle imprese ed è trasmessa a mezzo di posta elettronica certificata ai creditori e ai titolari di diritti sui beni.

307. *Poteri del commissario.* — 1. L'azione di responsabilità contro gli amministratori e i componenti degli organi di controllo dell'impresa o dell'ente in liquidazione, a norma degli artt. 2393, 2394, 2476, settimo comma, 2497 del codice civile, è esercitata dal commissario liquidatore, previa autorizzazione dell'autorità che vigila sulla liquidazione.

2. Per il compimento degli atti previsti dall'art. 132 di valore indeterminato o superiore a euro 1032,91 e per la continuazione dell'esercizio dell'impresa, il commissario deve essere autorizzato dall'autorità predetta, la quale provvede sentito il comitato di sorveglianza.

308. *Comunicazione ai creditori e ai terzi.* — 1. Entro un mese dalla nomina il commissario comunica a ciascun creditore, a mezzo posta elettronica certificata, se il destinatario ha un domicilio digitale e, in ogni altro caso, a mezzo lettera raccomandata presso la sede dell'impresa o la residenza del creditore, il suo indirizzo di posta elettronica certificata e le somme risultanti a credito di ciascuno secondo le scritture contabili e i documenti dell'impresa. Contestualmente il commissario invita i creditori a indicare, entro il termine di cui al comma 3, il loro indirizzo di posta elettronica certificata, con l'avvertimento sulle conseguenze di cui al comma 4 e relativo all'onere del creditore di comunicarne ogni variazione. La comunicazione s'intende fatta con riserva delle eventuali contestazioni.

2. Analoga comunicazione è fatta a coloro che possono far valere domande di rivendicazione, restituzione e separazione su cose mobili e immobili posseduti dall'impresa.

3. Entro quindici giorni dal ricevimento della comunicazione i creditori e le altre persone indicate dal comma 2 possono far pervenire al commissario mediante posta elettronica certificata le loro osservazioni o istanze.

4. Tutte le successive comunicazioni sono effettuate dal commissario all'indirizzo di posta elettronica certificata indicato ai sensi del comma 1. In caso di mancata indicazione dell'indirizzo di posta elettronica certificata o di mancata comunicazione della variazione, o nei casi di mancata consegna per cause imputabili al destinatario, esse si eseguono mediante deposito in cancelleria. Si applica l'art. 104, commi 2, 3 e 4, in quanto compatibile.

309. *Domande dei creditori e dei terzi.* — 1. I creditori e le altre persone indicate nell'art. 308 che non hanno ricevuto la comunicazione prevista dal predetto articolo possono chiedere mediante raccomandata, entro sessanta giorni dalla pubblicazione del provvedimento di liquidazione nella *Gazzetta Ufficiale*, il riconoscimento dei propri crediti e la restituzione dei loro beni, comunicando l'indirizzo di posta elettronica certificata. Si applica l'art. 308, comma 4.

310. *Formazione dello stato passivo*. — 1. Salvo che le leggi speciali stabiliscano un maggior termine, entro novanta giorni dalla data del provvedimento di liquidazione, il commissario forma l'elenco dei crediti ammessi o respinti e delle domande indicate all'art. 308, comma 2, accolte o respinte, e lo deposita nella cancelleria del tribunale dove ha il centro degli interessi principali. Il commissario trasmette l'elenco dei crediti ammessi o respinti a coloro la cui pretesa non sia in tutto o in parte ammessa a mezzo posta elettronica certificata ai sensi dell'art. 308, comma 4. Con il deposito in cancelleria l'elenco diventa esecutivo.

2. Le impugnazioni, le domande tardive di crediti e le domande di rivendica e di restituzione sono disciplinate dagli artt. 206, 207, 208 e 210, sostituiti al giudice delegato il giudice incaricato per la trattazione di esse dal presidente del tribunale ed al curatore il commissario liquidatore.

3. Restano salve le disposizioni delle leggi speciali relative all'accertamento dei crediti chirografari nella liquidazione delle imprese che esercitano il credito.

311. *Liquidazione dell'attivo*. — 1. Il commissario ha tutti i poteri necessari per la liquidazione dell'attivo, salve le limitazioni stabilite dall'autorità che vigila sulla liquidazione.

2. In ogni caso per la vendita degli immobili e per la vendita dei mobili in blocco occorrono l'autorizzazione dell'autorità che vigila sulla liquidazione e il parere del comitato di sorveglianza.

3. Nel caso di società con soci a responsabilità limitata il presidente del tribunale può, su proposta del commissario liquidatore, ingiungere con decreto ai soci a responsabilità limitata e ai precedenti titolari delle quote o delle azioni di eseguire i versamenti ancora dovuti, quantunque non sia scaduto il termine stabilito per il pagamento.

312. *Ripartizione dell'attivo*. — 1. Le somme ricavate dalla liquidazione dell'attivo sono distribuite secondo l'ordine stabilito nell'art. 221.

2. Previo parere del comitato di sorveglianza, e con l'autorizzazione dell'autorità che vigila sulla liquidazione, il commissario può distribuire acconti parziali a tutti i creditori o ad alcune categorie di essi, anche prima che siano realizzate tutte le attività e accertate tutte le passività.

3. Le domande tardive per l'ammissione di crediti o per il riconoscimento dei diritti reali non pregiudicano le ripartizioni già avvenute, e possono essere fatte valere sulle somme non ancora distribuite, osservate le disposizioni dell'art. 225.

4. Alle ripartizioni parziali si applicano le disposizioni dell'art. 227.

313. *Chiusura della liquidazione*. — 1. Prima dell'ultimo riparto ai creditori, il bilancio finale della liquidazione, con il conto della gestione e il piano di riparto tra i creditori, accompagnati da una relazione del comitato di sorveglianza, devono essere sottoposti all'autorità che vigila sulla liquidazione, la quale ne autorizza il deposito presso la cancelleria del tribunale competente ai sensi dell'art. 27 e liquida il compenso al commissario.

2. Dell'avvenuto deposito, a cura del commissario liquidatore, è data comunicazione ai creditori ammessi al passivo e ai creditori prededucibili con le modalità di cui all'art. 308, comma 4 ed è data notizia mediante inserzione nella *Gazzetta Ufficiale* e nei giornali designati dall'autorità che vigila sulla liquidazione.

3. Gli interessati possono proporre le loro contestazioni con ricorso al tribunale nel termine perentorio di venti giorni, decorrente dalla comunicazione fatta dal commissario a norma del comma 1 per i creditori e dall'inserzione nella *Gazzetta Ufficiale* per ogni altro interessato. Le contestazioni sono comunicate, a cura del cancelliere, all'autorità che vigila sulla liquidazione, al commissario liquidatore e al comitato di sorveglianza, che nel termine di venti giorni possono presentare nella cancelleria del tribunale le loro osservazioni. Il tribunale provvede con decreto in camera di consiglio. Si applicano, in quanto compatibili, le disposizioni dell'art. 124.

4. Decorso il termine senza che siano proposte contestazioni, il bilancio, il conto di gestione e il piano di riparto si intendono approvati, e il commissario provvede alle ripartizioni finali tra i creditori. Si applicano le norme dell'art. 231 e, se del caso, degli artt. 2495 e 2496 del codice civile.

314. *Concordato della liquidazione*. — 1. L'autorità che vigila sulla liquidazione, su parere del commissario liquidatore, sentito il comitato di sorveglianza, può autorizzare l'impresa in liquidazione, uno o più creditori o un terzo a proporre al tribunale un concordato, a norma dell'art. 240, osservate le disposizioni dell'art. 265, se si tratta di società.

2. La proposta di concordato è depositata nella cancelleria del tribunale competente ai sensi dell'art. 27 con il parere del commissario

liquidatore e del comitato di sorveglianza, comunicata dal commissario a tutti i creditori ammessi al passivo con le modalità di cui all'art. 308, comma 4, pubblicata mediante inserzione nella *Gazzetta Ufficiale* e deposito presso l'ufficio del registro delle imprese.

3. I creditori e gli altri interessati possono presentare nella cancelleria le loro opposizioni nel termine perentorio di trenta giorni, decorrente dalla comunicazione fatta dal commissario per i creditori e dall'esecuzione delle formalità pubblicitarie di cui al comma 2 per ogni altro interessato.

4. Il tribunale, sentito il parere dell'autorità che vigila sulla liquidazione, decide sulle opposizioni e sulla proposta di concordato con sentenza in camera di consiglio. Si applicano, in quanto compatibili, le disposizioni degli artt. 245, 246 e 247.

5. Gli effetti del concordato sono regolati dall'art. 248.

6. Il commissario liquidatore con l'assistenza del comitato di sorveglianza sorveglia l'esecuzione del concordato.

315. *Risoluzione e annullamento del concordato*. — 1. Se il concordato non è eseguito, il tribunale, su ricorso del commissario liquidatore o di uno o più creditori, ne pronuncia la risoluzione con sentenza in camera di consiglio. Si applicano le disposizioni dall'art. 250, commi 2, 3, 4, 5 e 6.

2. Su richiesta del commissario o dei creditori il concordato può essere annullato a norma dell'art. 251.

3. Risolto o annullato il concordato, si riapre la liquidazione coatta amministrativa e l'autorità che vigila sulla liquidazione adotta i provvedimenti che ritiene necessari.

CAPO III

Funzioni delle autorità amministrative di vigilanza per la crisi e l'insolvenza

316. *Funzioni delle autorità amministrative di vigilanza*. — 1. Oltre a quanto previsto nei precedenti articoli, le autorità amministrative di vigilanza sono altresì competenti a:

a) ricevere dagli organi interni di controllo dei soggetti vigilati, dai soggetti incaricati della revisione e dell'ispezione e dai creditori qualificati di cui all'art. 15 la segnalazione dei fondati indizi di crisi secondo le disposizioni del titolo II del presente codice;

b) svolgere le funzioni attribuite agli organismi di composizione assistita della crisi, designando i componenti del collegio di cui all'art. 17, comma 1, lett. *b*) e *c*), a seguito della richiesta di nomina del debitore o richiedendo direttamente la costituzione del collegio al referente, ai sensi dell'art. 16. Per l'impresa minore è nominato, con i medesimi poteri del collegio, un commissario tra gli iscritti all'albo speciale di cui all'art. 356. L'apertura della procedura di composizione assistita della crisi non costituisce causa di revoca degli amministratori e dei sindaci;

c) proporre domanda di accertamento dello stato di insolvenza con apertura della liquidazione coatta amministrativa.

TITOLO VIII

Liquidazione giudiziale e misure cautelari

317. *Principio di prevalenza delle misure cautelari reali e tutela dei terzi*. — 1. Le condizioni e i criteri di prevalenza rispetto alla gestione concorsuale delle misure cautelari reali sulle cose indicate dall'art. 142 sono regolate dalle disposizioni del Libro I, titolo IV del d.lg. 6 settembre 2011, n. 159, salvo quanto previsto dagli artt. 318, 319 e 320.

2. Per misure cautelari reali di cui al comma 1 si intendono i sequestri delle cose di cui è consentita la confisca disposti ai sensi dell'art. 321, comma 2, del codice di procedura penale, la cui attuazione è disciplinata dall'art. 104-*bis* delle norme di attuazione, di coordinamento e transitorie del codice di procedura penale.

318. *Sequestro preventivo*. — 1. In pendenza della procedura di liquidazione giudiziale non può essere disposto sequestro preventivo ai sensi dell'art. 321, comma 1, del codice di procedura penale sulle cose di cui all'art. 142, sempre che la loro fabbricazione, uso, porto, detenzione e alienazione non costituisca reato e salvo che la fabbricazione, l'uso, il porto, la detenzione e l'alienazione possano essere consentiti mediante autorizzazione amministrativa.

2. Quando, disposto sequestro preventivo ai sensi dell'art. 321, comma 1, del codice di procedura penale, è dichiarata l'apertura di liquidazione giudiziale sulle medesime cose, il giudice, a richiesta del curatore, revoca il decreto di sequestro e dispone la restituzione delle cose in suo favore.

3. Nel caso di cui al comma 2, il curatore comunica all'autorità giudiziaria che aveva disposto o richiesto il sequestro, la dichiarazione dello stato di insolvenza e di apertura della procedura della liquidazione giudiziale, il provvedimento di revoca o chiusura della liqui-

dazione giudiziale, nonché l'elenco delle cose non liquidate e già sottoposte a sequestro. Il curatore provvede alla cancellazione delle iscrizioni e trascrizioni decorsi novanta giorni dalla comunicazione di cui al primo periodo.

4. Le disposizioni di cui ai commi 1 e 2 non si applicano quando sono sottoposte a sequestro preventivo le cose indicate all'art. 146 e le cose non suscettibili di liquidazione, per disposizione di legge o per decisione degli organi della procedura.

319. *Sequestro conservativo*. — 1. In pendenza della procedura di liquidazione giudiziale non può essere disposto sequestro conservativo ai sensi dell'art. 316 del codice di procedura penale sulle cose di cui all'art. 142.

2. Quando, disposto sequestro conservativo ai sensi dell'art. 316 del codice di procedura penale, è dichiarata l'apertura di liquidazione giudiziale sulle medesime cose, si applica l'art. 150 e il giudice, a richiesta del curatore, revoca il sequestro conservativo e dispone la restituzione delle cose in suo favore.

320. *Legittimazione del curatore*. — 1. Contro il decreto di sequestro e le ordinanze in materia di sequestro il curatore può proporre richiesta di riesame e appello nei casi, nei termini e con le modalità previsti dal codice di procedura penale. Nei predetti termini e modalità il curatore è legittimato a proporre ricorso per cassazione.

321. *Liquidazione coatta amministrativa e misure di prevenzione*. — 1. Le disposizioni che precedono si applicano in quanto compatibili alla liquidazione coatta amministrativa.

TITOLO IX

Disposizioni penali

CAPO I

Reati commessi dall'imprenditore in liquidazione giudiziale

322. *Bancarotta fraudolenta*. — 1. È punito con la reclusione da tre a dieci anni, se è dichiarato in liquidazione giudiziale, l'imprenditore che:

a) ha distratto, occultato, dissimulato, distrutto o dissipato in tutto o in parte i suoi beni ovvero, allo scopo di recare pregiudizio ai creditori, ha esposto o riconosciuto passività inesistenti;

b) ha sottratto, distrutto o falsificato, in tutto o in parte, con lo scopo di procurare a sé o ad altri un ingiusto profitto o di recare pregiudizi ai creditori, i libri o le altre scritture contabili o li ha tenuti in guisa da non rendere possibile la ricostruzione del patrimonio o del movimento degli affari.

2. La stessa pena si applica all'imprenditore, dichiarato in liquidazione giudiziale, che, durante la procedura, commette alcuno dei fatti preveduti dalla lett. *a*) del comma 1, ovvero sottrae, distrugge o falsifica i libri o le altre scritture contabili.

3. È punito con la reclusione da uno a cinque anni l'imprenditore in liquidazione giudiziale che, prima o durante la procedura, a scopo di favorire, a danno dei creditori, taluno di essi, esegue pagamenti o simula titoli di prelazione.

4. Salve le altre pene accessorie, di cui al capo III, titolo II, libro I del codice penale, la condanna per uno dei fatti previsti nel presente articolo importa l'inabilitazione all'esercizio di una impresa commerciale e l'incapacità ad esercitare uffici direttivi presso qualsiasi impresa fino a dieci anni.

323. *Bancarotta semplice*. — 1. È punito con la reclusione da sei mesi a due anni, se è dichiarato in liquidazione giudiziale, l'imprenditore che, fuori dai casi preveduti nell'articolo precedente:

a) ha sostenuto spese personali o per la famiglia eccessive rispetto alla sua condizione economica;

b) ha consumato una notevole parte del suo patrimonio in operazioni di pura sorte o manifestamente imprudenti;

c) ha compiuto operazioni di grave imprudenza per ritardare l'apertura della liquidazione giudiziale;

d) ha aggravato il proprio dissesto, astenendosi dal richiedere la dichiarazione di apertura della propria liquidazione giudiziale o con altra grave colpa;

e) non ha soddisfatto le obbligazioni assunte in un precedente concordato preventivo o liquidatorio giudiziale.

2. La stessa pena si applica all'imprenditore in liquidazione giudiziale che, durante i tre anni antecedenti alla dichiarazione di liquidazione giudiziale ovvero dall'inizio dell'impresa, se questa ha avuto una minore durata, non ha tenuto i libri e le altre scritture contabili prescritti dalla legge o li ha tenuti in maniera irregolare o incompleta.

3. Salve le altre pene accessorie di cui al capo III, titolo II, libro I del codice penale, la condanna importa l'inabilitazione all'esercizio di un'impresa commerciale e l'incapacità ad esercitare uffici direttivi presso qualsiasi impresa fino a due anni.

324. *Esenzioni dai reati di bancarotta*. — 1. Le

disposizioni di cui agli artt. 322, comma 3 e 323 non si applicano ai pagamenti e alle operazioni compiuti in esecuzione di un concordato preventivo o di accordi di ristrutturazione dei debiti omologati o degli accordi in esecuzione del piano attestato ovvero del concordato minore omologato ai sensi dell'art. 80, nonché ai pagamenti e alle operazioni di finanziamento autorizzati dal giudice a norma degli artt. 99, 100 e 101.

325. *Ricorso abusivo al credito*. — 1. Gli amministratori, i direttori generali, i liquidatori e gli imprenditori esercenti un'attività commerciale che ricorrono o continuano a ricorrere al credito, anche al di fuori dei casi di cui agli artt. 322 e 323, dissimulando il dissesto o lo stato d'insolvenza sono puniti con la reclusione da sei mesi a tre anni.

2. La pena è aumentata nel caso di società soggette alle disposizioni di cui al capo II, titolo III, parte IV, del t.u. delle disposizioni in materia di intermediazione finanziaria, di cui al d.lg. 24 febbraio 1998, n. 58, e successive modificazioni (1).

3. Salve le altre pene accessorie di cui al libro I, titolo II, capo III, del codice penale, la condanna importa l'inabilitazione all'esercizio di un'impresa commerciale e l'incapacità ad esercitare uffici direttivi presso qualsiasi impresa fino a tre anni.

326. *Circostanze aggravanti e circostanza attenuante*. — 1. Nel caso in cui i fatti previsti negli artt. 322, 323 e 325 hanno cagionato un danno patrimoniale di rilevante gravità, le pene da essi stabilite sono aumentate fino alla metà.

2. Le pene stabilite negli articoli suddetti sono aumentate:

a) se il colpevole ha commesso più fatti tra quelli previsti in ciascuno degli articoli indicati;

b) se il colpevole per divieto di legge non poteva esercitare un'impresa commerciale.

3. Nel caso in cui i fatti indicati nel comma 1 hanno cagionato un danno patrimoniale di speciale tenuità, le pene sono ridotte fino al terzo.

327. *Denuncia di creditori inesistenti e altre inosservanze da parte dell'imprenditore in liquidazione giudiziale*. — 1. È punito con la reclusione da sei mesi a un anno e sei mesi l'imprenditore in liquidazione giudiziale, il quale, fuori dei casi preveduti all'art. 322, nell'elenco nominativo dei suoi creditori denuncia creditori inesistenti od omette di dichiarare l'esistenza di altri beni da comprendere nell'inventario, ovvero non osserva gli obblighi imposti dagli artt. 49, comma 3, lett. *c*) e 149.

2. Se il fatto è avvenuto per colpa, si applica la reclusione fino ad un anno.

328. *Liquidazione giudiziale delle società in nome collettivo e in accomandita semplice*. — 1. Nella liquidazione giudiziale delle società in nome collettivo e in accomandita semplice le disposizioni del presente capo si applicano ai fatti commessi dai soci illimitatamente responsabili.

CAPO II

Reati commessi da persone diverse dall'imprenditore in liquidazione giudiziale

329. *Fatti di bancarotta fraudolenta*. — 1. Si applicano le pene stabilite nell'art. 322 agli amministratori, ai direttori generali, ai sindaci e ai liquidatori di società in liquidazione giudiziale, i quali hanno commesso alcuno dei fatti preveduti nel suddetto articolo.

2. Si applica alle persone suddette la pena prevista dall'art. 322, comma 1, se:

a) hanno cagionato, o concorso a cagionare, il dissesto della società, commettendo alcuno dei fatti previsti dagli artt. 2621, 2622, 2626, 2627, 2628, 2629, 2632, 2633 e 2634 del codice civile.

b) hanno cagionato con dolo o per effetto di operazioni dolose il dissesto della società.

3. Si applica altresì in ogni caso la disposizione dell'art. 322, comma 4.

330. *Fatti di bancarotta semplice*. — 1. Si applicano le pene stabilite nell'art. 323 agli amministratori, ai direttori generali, ai sindaci e ai liquidatori di società dichiarate in liquidazione giudiziale, i quali:

a) hanno commesso alcuno dei fatti preveduti nel suddetto articolo;

b) hanno concorso a cagionare od aggravare il dissesto della società con inosservanza degli obblighi ad essi imposti dalla legge.

331. *Ricorso abusivo al credito*. — 1. Si applicano le pene stabilite nell'art. 325 agli amministratori ed ai direttori generali di società sottoposte a liquidazione giudiziale, i quali hanno commesso il fatto in esso previsto.

332. *Denuncia di crediti inesistenti*. — 1. Si applicano le pene stabilite nell'art. 327 agli amministratori, ai direttori generali e ai liquidatori di società dichiarate in liquidazione giudiziale, che hanno commesso i fatti in esso indicati.

(1) In *Leggi coll. XVIII, 1.*

333. *Reati dell'institore.* — 1. All'institore dell'imprenditore, dichiarato in liquidazione giudiziale, il quale nella gestione affidatagli si è reso colpevole dei fatti preveduti negli artt. 322, 323, 325 e 327 si applicano le pene in questi stabilite.

334. *Interesse privato del curatore negli atti della liquidazione giudiziale.* — 1. Salvo che al fatto non siano applicabili gli artt. 315, 317, 318, 319, 321, 322 e 323 del codice penale, il curatore che prende interesse privato in qualsiasi atto della liquidazione giudiziale direttamente o per interposta persona o con atti simulati è punito con la reclusione da due a sei anni e con la multa non inferiore a euro 206.

2. La condanna importa l'interdizione dai pubblici uffici.

335. *Accettazione di retribuzione non dovuta.* — 1. Il curatore della liquidazione giudiziale che riceve o pattuisce una retribuzione, in danaro o in altra forma, in aggiunta di quella liquidata in suo favore dal tribunale o dal giudice delegato, è punito con la reclusione da tre mesi a due anni e con la multa da euro 103 a euro 516.

2. Nei casi più gravi alla condanna può aggiungersi l'inabilitazione temporanea all'ufficio di amministratore per la durata non inferiore a due anni.

336. *Omessa consegna o deposito di cose della liquidazione giudiziale.* — 1. Il curatore che non ottempera all'ordine del giudice di consegnare o depositare somme o altra cosa della liquidazione giudiziale, ch'egli detiene a causa del suo ufficio, è punito con la reclusione fino a due anni e con la multa fino a euro 1.032.

2. Se il fatto avviene per colpa, si applica la reclusione fino a sei mesi o la multa fino a euro 309.

337. *Coadiutori del curatore.* — 1. Le disposizioni degli artt. 333, 334 e 335, si applicano anche alle persone che coadiuvano il curatore nell'amministrazione della liquidazione giudiziale.

338. *Domande di ammissione di crediti simulati o distrazioni senza concorso con l'imprenditore in liquidazione giudiziale.* — 1. È punito con la reclusione da uno a cinque anni e con la multa da euro 51 a euro 516 chiunque, fuori dei casi di concorso in bancarotta, anche per interposta persona presenta domanda di ammissione al passivo della liquidazione giudiziale per un credito fraudolentemente simulato.

2. Se la domanda è ritirata prima della verificazione dello stato passivo, la pena è ridotta alla metà.

3. È punito con la reclusione da uno a cinque anni chiunque:

a) dopo l'apertura della procedura di liquidazione giudiziale, fuori dei casi di concorso in bancarotta o di favoreggiamento, sottrae, distrae, ricetta ovvero in pubbliche o private dichiarazioni dissimula beni del debitore assoggettato a liquidazione giudiziale;

b) essendo consapevole dello stato di dissesto dell'imprenditore distrae o ricetta merci o altri beni dello stesso o li acquista a prezzo notevolmente inferiore al valore corrente, se la apertura della liquidazione giudiziale si verifica.

4. La pena, nei casi previsti dalle lett. *a*) e *b*) del comma 3, è aumentata se l'acquirente è un imprenditore che esercita un'attività commerciale.

339. *Mercato di voto.* — 1. Il creditore che stipula con l'imprenditore in liquidazione giudiziale o con altri nell'interesse del predetto vantaggi a proprio favore per dare il suo voto nel concordato o nelle deliberazioni del comitato dei creditori, è punito con la reclusione da sei mesi a tre anni e con la multa non inferiore a euro 103.

2. La somma o le cose ricevute dal creditore sono confiscate.

3. La stessa pena si applica all'imprenditore in liquidazione giudiziale e a chi ha contrattato col creditore nell'interesse dell'imprenditore in liquidazione giudiziale.

340. *Esercizio abusivo di attività commerciale.* — 1. Chiunque esercita un'impresa commerciale, sebbene si trovi in stato di inabilitazione ad esercitarla per effetto di condanna penale, è punito con la reclusione fino a due anni e con la multa non inferiore a euro 103.

CAPO III

Disposizioni applicabili nel caso di concordato preventivo, accordi di ristrutturazione dei debiti, piani attestati e liquidazione coatta amministrativa

341. *Concordato preventivo e accordo di ristrutturazione con intermediari finanziari e convenzione di moratoria.* — 1. È punito con la reclusione da uno a cinque anni l'imprenditore, che, al solo scopo di ottenere l'apertura della procedura di concordato preventivo o di ottenere l'omologazione di un accordo di ristrutturazione o il consenso alla sottoscrizione della convenzione di moratoria, si sia attribuito attività inesistenti, ovvero, per influire sulla formazione delle maggioranze, abbia simulato crediti in tutto o in parte inesistenti.

2. Nel caso di concordato preventivo si applicano:

a) le disposizioni degli artt. 329 e 330 agli amministratori, direttori generali, sindaci e liquidatori di società;

b) la disposizione dell'art. 333 agli institori dell'imprenditore;

c) le disposizioni degli artt. 334 e 335 al commissario del concordato preventivo;

d) le disposizioni degli artt. 338 e 339 ai creditori.

3. Nel caso di accordi di ristrutturazione ad efficacia estesa o di convenzione di moratoria, nonché nel caso di omologa di accordi di ristrutturazione ai sensi dell'art. 48, comma 5, si applicano le disposizioni previste al comma 2, lett. *a*), *b*) e *d*).

342. *Falso in attestazioni e relazioni*. — 1. Il professionista che nelle relazioni o attestazioni di cui agli artt. 56 comma 4, 57, comma 4, 58 commi 1 e 2, 62, comma 2, lett. *d*), 87, commi 2 e 3, 88, commi 1 e 2, 90, comma 5, 100, commi 1 e 2, espone informazioni false ovvero omette di riferire informazioni rilevanti in ordine alla veridicità dei dati contenuti nel piano o nei documenti ad esso allegati, è punito con la reclusione da due a cinque anni e con la multa da 50.000 a 100.000 euro.

2. Se il fatto è commesso al fine di conseguire un ingiusto profitto per sé o per altri, la pena è aumentata.

3. Se dal fatto consegue un danno per i creditori la pena è aumentata fino alla metà.

343. *Liquidazione coatta amministrativa*. — 1. L'accertamento giudiziale dello stato di insolvenza a norma degli artt. 296 e 297 è equiparato alla dichiarazione di apertura della liquidazione giudiziale ai fini dell'applicazione delle disposizioni del presente titolo.

2. Nel caso di liquidazione coatta amministrativa si applicano al commissario liquidatore le disposizioni degli artt. 334, 335 e 336.

CAPO IV

REATI COMMESSI NELLE PROCEDURE DI COMPOSIZIONE DELLE CRISI DA SOVRAINDEBITAMENTO E REATI COMMESSI NELLA PROCEDURA DI COMPOSIZIONE DELLA CRISI

344. *Sanzioni per il debitore e per i componenti dell'organismo di composizione della crisi*. — 1. Salvo che il fatto costituisca più grave reato, è punito con la reclusione da sei mesi a due anni e con la multa da 1.000 a 50.000 euro il debitore che:

a) al fine di ottenere l'accesso alle procedure di composizione delle crisi da sovraindebitamento di cui alle sezioni II e III del capo II del titolo IV aumenta o diminuisce il passivo ovvero sottrae o dissimula una parte rilevante dell'attivo ovvero dolosamente simula attività inesistenti;

b) al fine di ottenere l'accesso alle procedure di cui alle sezioni II e III del capo II del titolo IV e di quelle di cui al capo IX del titolo V, produce documentazione contraffatta o alterata, ovvero sottrae, occulta o distrugge, in tutto o in parte, la documentazione relativa alla propria situazione debitoria ovvero la propria documentazione contabile;

c) nel corso delle procedure di cui alle sezioni II e III del capo II, effettua pagamenti in violazione del piano di ristrutturazione dei debiti o del concordato minore omologati;

d) dopo il deposito del piano di ristrutturazione dei debiti o della proposta di concordato minore, e per tutta la durata della procedura, aggrava la sua posizione debitoria;

e) intenzionalmente non rispetta i contenuti del piano di ristrutturazione dei debiti o del concordato minore.

2. Le pene previste dal comma 1 si applicano al debitore incapiente che, con la domanda di esdebitazione di cui all'art. 283, produce documentazione contraffatta o alterata o sottrae, occulta o distrugge, in tutto o in parte, la documentazione relativa alla propria situazione debitoria ovvero la propria documentazione contabile ovvero omette, dopo il decreto di esdebitazione, la dichiarazione di cui al comma 7 del medesimo art. 283, quando dovuta o in essa attesta falsamente fatti rilevanti.

3. Il componente dell'organismo di composizione della crisi che nella relazione di cui agli artt. 68, 76, 268 e 283 rende false attestazioni in ordine alla veridicità dei dati contenuti nella proposta di cui agli artt. 67 e 75, nella domanda di apertura della liquidazione controllata o nella domanda di esdebitazione di cui all'art. 283, è punito con la reclusione da uno a tre anni e con la multa da 1.000 a 50.000 euro.

4. Le pene di cui al comma 2, si applicano al componente dell'organismo di composizione della crisi che cagiona danno ai creditori omettendo o rifiutando senza giustificato motivo un atto del suo ufficio.

345. *Falso nelle attestazioni dei componenti dell'OCRI*. — 1. Il componente dell'organismo di composizione della crisi di impresa che nell'attestazione di cui all'art. 19, comma 3, espone informazioni false ovvero omette di riferire informazioni rilevanti in ordine alla veridicità dei dati contenuti nel piano o nei documenti ad esso allegati, è punito con la reclusione da due a cinque anni e con la multa da 50.000 a 100.000 euro.

2. Se il fatto è commesso al fine di conseguire un ingiusto profitto per sé o per altri, la pena è aumentata.

3. Se dal fatto consegue un danno per i creditori la pena è aumentata fino alla metà.

CAPO V

DISPOSIZIONI DI PROCEDURA

346. *Esercizio dell'azione penale per reati in materia di liquidazione giudiziale*. — 1. Per reati previsti negli artt. 322, 323, 329 e 330, l'azione penale è esercitata dopo la comunicazione della sentenza di apertura della liquidazione giudiziale di cui all'art. 49.

2. È iniziata anche prima nel caso previsto dall'art. 38 e in ogni altro in cui concorrano gravi motivi e già esista o sia contemporaneamente presentata domanda per ottenere la dichiarazione suddetta.

347. *Costituzione di parte civile*. — 1. Il curatore, il liquidatore giudiziale, il commissario liquidatore e il commissario speciale di cui all'art. 37 del d.lg. 16 novembre 2015, n. 180, possono costituirsi parte civile nel procedimento penale per i reati preveduti nel presente titolo, anche contro l'imprenditore in liquidazione giudiziale.

2. I creditori possono costituirsi parte civile nel procedimento penale per bancarotta fraudolenta quando manca la costituzione del curatore, del commissario liquidatore o del commissario speciale di cui all'art. 37 del d.lg. 16 novembre 2015, n. 180, quando non sia stato nominato il liquidatore giudiziale o quando intendono far valere un titolo di azione propria personale.

TITOLO X

Disposizioni per l'attuazione del codice della crisi e dell'insolvenza, norme di coordinamento e disciplina transitoria

CAPO I

DISPOSIZIONI GENERALI, STRUMENTI DI ALLERTA E COMPOSIZIONE ASSISTITA DELLA CRISI

348. *Adeguamento delle soglie dell'impresa minore*. — 1. Ogni tre anni il Ministro della giustizia può procedere all'aggiornamento dei valori di cui all'art. 2, comma 1, lett. *d*), con decreto adottato sulla base della media delle variazioni degli indici ISTAT dei prezzi al consumo per le famiglie di operai ed impiegati intervenute nel periodo di riferimento.

349. *Sostituzione dei termini fallimento e fallito*. — 1. Nelle disposizioni normative vigenti i termini «fallimento», «procedura fallimentare», «fallito» nonché le espressioni dagli stessi termini derivate devono intendersi sostituite, rispettivamente, con le espressioni «liquidazione giudiziale», «procedura di liquidazione giudiziale» e «debitore assoggettato a liquidazione giudiziale» e loro derivati, con salvezza della continuità delle fattispecie.

350. *Modifiche alla disciplina dell'amministrazione straordinaria*. — 1. . . . (*omissis*) (1).

2. . . . . (*omissis*) (2).

351. *Disposizioni sui compensi dell'OCRI*. — 1. Gli importi spettanti all'OCRI per i costi amministrativi e i compensi dei componenti del collegio sono concordati con il debitore o, in difetto, liquidati dal presidente della sezione specializzata in materia di impresa del tribunale di cui all'art. 17, comma 1, lett. *a*), o da un suo delegato, tenuto conto dell'impegno in concreto richiesto e degli esiti del procedimento, sulla base dei seguenti parametri:

a) in caso di mancata comparizione del debitore, il compenso minimo del curatore ridotto al cinquanta per cento, di cui la metà all'ufficio del referente e la restante metà suddivisa tra i componenti del collegio;

b) per la sola audizione del debitore, il compenso minimo del curatore, di cui un terzo all'ufficio del referente e due terzi da suddividere tra i componenti del collegio;

c) per il procedimento di composizione assistita della crisi, i compensi e i rimborsi delle spese previsti dal decreto del Ministro della giustizia 24 settembre 2014, n. 202, artt. 14, 15 e 16, in quanto compatibili, avuto riguardo all'attivo e al passivo del debitore risultanti dai dati acquisiti dall'organismo.

2. Ai costi fissi che gravano sulle camere di commercio per consentire il funzionamento degli OCRI si provvede mediante il versamento di diritti di segreteria determinati ai sensi dell'art. 18 della l. n. 580 del 29 dicembre 1993.

352. *Disposizioni transitorie sul funzionamento dell'OCRI*. — 1. Sino alla istituzione presso il Ministero della giustizia dell'albo di cui all'art. 356, i componenti del collegio di cui all'art. 17,

(1) Modifica l'art. 3.1, d.lg. 8 luglio 1999, n. 270, in *Leggi coll. XXII, 3*.
(2) Modifica l'art. 2.1, d.l. 23 dicembre 2003, n. 347, conv. in l. 18 febbraio 2004, n. 39, in *Leggi coll. XXII, 4*.

comma 1, lett. *a*) e *b*), sono individuati tra i soggetti iscritti all'albo dei dottori commercialisti e degli esperti contabili o all'albo degli avvocati i quali abbiano svolto funzioni di commissario giudiziale, attestatore o abbiano assistito il debitore nella presentazione della domanda di accesso in almeno tre procedure di concordato preventivo che abbiano superato la fase dell'apertura o tre accordi di ristrutturazione dei debiti che siano stati omologati.

353. *Istituzione di un osservatorio permanente.* — 1. Il Ministro della giustizia, con decreto adottato di concerto con il Ministro dell'economia e delle finanze e con il Ministro per lo sviluppo economico entro un anno dalla data di entrata in vigore del presente decreto, istituisce, anche ai fini di cui all'art. 355, un osservatorio permanente sull'efficienza delle misure di allerta, delle procedure di composizione assistita della crisi di impresa di cui al titolo II.

2. Ai componenti dell'osservatorio non sono corrisposti compensi e gettoni di presenza, rimborsi spese ed altri emolumenti comunque denominati.

354. *Revisione dei parametri.* — 1. Al fine di migliorare la tempestività e l'efficienza delle segnalazioni dirette a favorire l'emersione precoce della crisi di impresa, sulla base dei dati elaborati dall'osservatorio di cui all'art. 353, con regolamento adottato a norma dell'art. 17, comma 2, della l. 23 agosto 1988, n. 400, si provvede all'eventuale revisione delle disposizioni contenute nell'art. 15, con riferimento sia alla tipologia dei debiti sia all'entità degli stessi, nonché dei presupposti della tempestività dell'iniziativa ai sensi dell'art. 24 ai fini delle misure premiali di natura fiscale di cui all'art. 25.

355. *Relazione al Parlamento.* — 1. Entro due anni in sede di prima applicazione, e successivamente ogni tre anni, il Ministro della giustizia presenta al Parlamento una relazione dettagliata sull'applicazione del presente codice, tenuto conto dei dati elaborati dall'osservatorio di cui all'art. 353.

CAPO II

ALBO DEGLI INCARICATI DELLA GESTIONE E DEL CONTROLLO NELLE PROCEDURE

356. *Albo dei soggetti incaricati dall'autorità giudiziaria delle funzioni di gestione e di controllo nelle procedure di cui al codice della crisi e dell'insolvenza.* — 1. È istituito presso il Ministero della giustizia un albo dei soggetti, costituiti anche in forma associata o societaria, destinati a svolgere, su incarico del tribunale, le funzioni di curatore, commissario giudiziale o liquidatore, nelle procedure previste nel codice della crisi e dell'insolvenza. È assicurato il collegamento dati con le informazioni contenute nel registro di cui all'art. 125, comma 4. Il Ministero della giustizia esercita la vigilanza sull'attività degli iscritti all'albo.

2. Possono ottenere l'iscrizione i soggetti che, in possesso dei requisiti di cui all'art. 358, comma 1, lett. *a*), *b*) e *c*), dimostrano di aver assolto gli obblighi di formazione di cui all'art. 4, comma 5, lett. *b*), *c*) e *d*) del decreto del Ministro della giustizia 24 settembre 2014, n. 202 e successive modificazioni. Ai fini del primo popolamento dell'albo, possono ottenere l'iscrizione anche i soggetti in possesso dei requisiti di cui all'art. 358, comma 1, lett. *a*), *b*) e *c*) che documentano di essere stati nominati, alla data di entrata in vigore del presente articolo, in almeno quattro procedure negli ultimi quattro anni, curatori fallimentari, commissari o liquidatori giudiziali. Costituisce condizione per il mantenimento dell'iscrizione l'acquisizione di uno specifico aggiornamento biennale, ai sensi del predetto decreto. La Scuola superiore della magistratura elabora le linee guida generali per la definizione dei programmi dei corsi di formazione e di aggiornamento. I requisiti di cui all'art. 358, comma 1, lett. *b*), devono essere in possesso della persona fisica responsabile della procedura, nonché del legale rappresentante della società tra professionisti o di tutti i componenti dello studio professionale associato.

3. Costituisce requisito per l'iscrizione all'albo il possesso dei seguenti requisiti di onorabilità:

a) non versare in una delle condizioni di ineleggibilità o decadenza previste dall'art. 2382 del codice civile;

b) non essere stati sottoposti a misure di prevenzione disposte dall'autorità giudiziaria ai sensi del d.lg. 6 settembre 2011, n. 159;

c) non essere stati condannati con sentenza passata in giudicato, salvi gli effetti della riabilitazione:

1) a pena detentiva per uno dei reati previsti dalle norme che disciplinano l'attività bancaria, finanziaria, mobiliare, assicurativa e dalle norme in materia di mercati e valori mobiliari, di strumenti di pagamento;

2) alla reclusione per uno dei delitti previsti nel titolo XI del libro V del codice civile o nel presente codice;

3) alla reclusione per un tempo non inferiore a un anno per un delitto contro la pubblica amministrazione, contro la fede pubblica,

contro il patrimonio, contro l'ordine pubblico, contro l'economia pubblica ovvero per un delitto in materia tributaria;

4) alla reclusione per un tempo superiore a due anni per un qualunque delitto non colposo;

d) non avere riportato negli ultimi cinque anni una sanzione disciplinare più grave di quella minima prevista dai singoli ordinamenti professionali.

357. *Funzionamento dell'albo*. — 1. Con decreto del Ministro della giustizia, di concerto con il Ministro dell'economia e delle finanze, da adottare ai sensi dell'art. 17, comma 3, della l. 23 agosto 1988, n. 400, entro il 1° marzo 2020, sono stabilite, in particolare:

a) le modalità di iscrizione all'albo di cui all'art. 356;

b) le modalità di sospensione e cancellazione dal medesimo albo;

c) le modalità di esercizio del potere di vigilanza da parte del Ministero della giustizia.

2. Con lo stesso decreto è stabilito l'importo del contributo che deve essere versato per l'iscrizione e per il suo mantenimento, tenuto conto delle spese per la realizzazione, lo sviluppo e l'aggiornamento dell'albo. Le somme corrisposte a titolo di contributo sono versate all'entrata del bilancio dello Stato per essere riassegnate allo stato di previsione del Ministero della giustizia.

358. *Requisiti per la nomina agli incarichi nelle procedure*. — 1. Possono essere chiamati a svolgere le funzioni di curatore, commissario giudiziale e liquidatore, nelle procedure di cui al codice della crisi e dell'insolvenza:

a) gli iscritti agli albi degli avvocati, dei dottori commercialisti e degli esperti contabili e dei consulenti del lavoro;

b) gli studi professionali associati o società tra professionisti, sempre che i soci delle stesse siano in possesso dei requisiti professionali di cui alla lett. *a*), e, in tal caso, all'atto dell'accettazione dell'incarico, deve essere designata la persona fisica responsabile della procedura;

c) coloro che abbiano svolto funzioni di amministrazione, direzione e controllo in società di capitali o società cooperative, dando prova di adeguate capacità imprenditoriali e purché non sia intervenuta nei loro confronti dichiarazione di apertura della procedura di liquidazione giudiziale.

2. Non possono essere nominati curatore, commissario giudiziale o liquidatore, il coniuge, la parte di un'unione civile tra persone dello stesso sesso, il convivente di fatto, i parenti e gli affini entro il quarto grado del debitore, i creditori di questo e chi ha concorso al dissesto dell'impresa, nonché chiunque si trovi in conflitto di interessi con la procedura.

3. Il curatore, il commissario giudiziale e il liquidatore sono nominati dall'autorità giudiziaria tenuto conto:

a) delle risultanze dei rapporti riepilogativi di cui all'art. 16-*bis*, commi 9-*quater*, 9-*quinquies* e 9-*septies*, del d.l. 18 ottobre 2012, n. 179, convertito, con modificazioni, dalla l. 24 dicembre 2012, n. 228;

b) degli incarichi in corso, in relazione alla necessità di assicurare l'espletamento diretto, personale e tempestivo delle funzioni;

c) delle esigenze di trasparenza e di turnazione nell'assegnazione degli incarichi, valutata la esperienza richiesta dalla natura e dall'oggetto dello specifico incarico;

d) con riferimento agli iscritti agli albi dei consulenti del lavoro, dell'esistenza di rapporti di lavoro subordinato in atto al momento dell'apertura della liquidazione giudiziale, del deposito del decreto di ammissione al concordato preventivo o al momento della sua omologazione.

CAPO III

Disciplina dei procedimenti

359. *Area web riservata*. — 1. L'area web riservata di cui all'art. 40, comma 6, è realizzata dal Ministero dello sviluppo economico, sentita l'Agenzia per l'Italia digitale, avvalendosi delle strutture informatiche di cui all'art. 6-*bis*, comma 4, del d.lg. 7 marzo 2005, n. 82 (*Codice dell'amministrazione digitale*) (1).

2. Il Ministro dello sviluppo economico, di concerto con il Ministro della giustizia e con il Ministro per la pubblica amministrazione, sentito il Garante per la protezione dei dati personali, con decreto da adottarsi entro il 1° marzo 2020, definisce in particolare:

a) la codifica degli eventi che generano avvisi di mancata consegna, distinguendo tra quelli imputabili e quelli non imputabili al destinatario;

b) le modalità di inserimento automatico degli atti nell'area web riservata;

c) le modalità di accesso a ciascuna area da parte dei rispettivi titolari;

(1) In *Leggi coll. IV, 4*.

d) le modalità di comunicazione al titolare dell'area web riservata del link per accedere agevolmente all'atto oggetto della notifica, escludendo la rilevanza di questa comunicazione ai fini del perfezionamento della notifica, già avvenuta per effetto dell'inserimento di cui alla lettera seguente;

e) il contenuto e le modalità di rilascio alla cancelleria dell'attestazione dell'avvenuto inserimento dell'atto da notificare nell'area web riservata;

f) il contenuto della ricevuta di avvenuta notifica mediante inserimento nell'area web riservata e le modalità di firma elettronica;

g) il periodo di tempo per il quale è assicurata la conservazione dell'atto notificato nell'area web riservata.

h) le misure necessarie ad assicurare la protezione dei dati personali.

360. *Disposizioni in materia di obbligatorietà del deposito con modalità telematiche degli atti del procedimento di accertamento dello stato di crisi o di insolvenza*. — 1. . . . . . . (*omissis*) (1).

361. *Norma transitoria sul deposito telematico delle notifiche*. — 1. Quando la notificazione telematica di cui all'art. 40, comma 5, non risulta possibile o non ha esito positivo, per causa imputabile al destinatario e sino all'emanazione del decreto di cui all'art. 359, si applicano le disposizioni di cui all'art. 40, comma 7.

362. *Trattazione delle controversie concorsuali presso la Corte di cassazione*. — 1. Presso la Corte di cassazione, alla sezione incaricata della trattazione delle controversie di cui al presente codice, sono destinati magistrati nel numero richiesto dalle esigenze del servizio, tenuto conto dei procedimenti pendenti e pervenuti e dell'urgenza della definizione.

2. L'assegnazione del personale di magistratura alla sezione di cui al comma 1 ha luogo nei limiti della dotazione organica vigente.

363. *Certificazione dei debiti contributivi e per premi assicurativi*. — 1. L'Istituto nazionale per la previdenza sociale e l'Istituto nazionale per gli infortuni sul lavoro, su richiesta del debitore o del tribunale, comunicano i crediti dagli stessi vantati nei confronti del debitore a titolo di contributi e premi assicurativi, attraverso il rilascio di un certificato unico.

2. L'INPS e l'INAIL, entro novanta giorni dall'entrata in vigore del presente articolo, definiscono i contenuti della comunicazione ed i tempi per il rilascio del certificato unico di cui al comma 1 con proprio provvedimento, approvato dal Ministero del lavoro e delle politiche sociali, di concerto con il Ministero dell'economia e delle finanze e, per i profili di competenza, con il Dipartimento della funzione pubblica.

364. *Certificazione dei debiti tributari*. — 1. Gli uffici dell'Amministrazione finanziaria e degli enti preposti all'accertamento dei tributi di loro competenza rilasciano, su richiesta del debitore o del tribunale, un certificato unico sull'esistenza di debiti risultanti dai rispettivi atti, dalle contestazioni in corso e da quelle già definite per le quali i debiti non sono stati soddisfatti.

2. L'Agenzia delle entrate adotta, entro novanta giorni dalla data di entrata in vigore del presente articolo, con proprio provvedimento, modelli per la certificazione dei carichi pendenti, risultanti al sistema informativo dell'anagrafe tributaria e dell'esistenza di contestazioni, nonché per le istruzioni agli uffici locali dell'Agenzia delle entrate competenti al rilascio e definisce un fac-simile di richiesta delle certificazioni medesime da parte dei soggetti interessati, curando la tempestività di rilascio.

365. *Informazioni sui debiti fiscali, contributivi e per premi assicurativi*. — 1. A seguito della domanda di apertura della liquidazione giudiziale o del concordato preventivo e fino alla emanazione dei provvedimenti di cui agli artt. 363 e 364, la cancelleria acquisisce dagli uffici competenti idonea certificazione sui debiti fiscali, contributivi e per premi assicurativi.

366. . . . . (*omissis*) (2).

367. *Modalità di accesso alle informazioni sui debiti risultanti da banche dati pubbliche*. — 1. Nei procedimenti di cui all'art. 42, comma 1, le pubbliche amministrazioni che gestiscono le banche dati del Registro delle imprese, dell'Anagrafe tributaria e dell'Istituto nazionale di previdenza sociale trasmettono direttamente e automaticamente alla cancelleria, mediante il sistema di cooperazione applicativa ai sensi del d.lg. 7 marzo 2005, n. 82, *Codice dell'amministrazione digitale* (3), i dati e i documenti di cui ai commi 2, 3 e 4.

2. Il Registro delle imprese trasmette alla cancelleria i bilanci relativi agli ultimi tre esercizi, la visura storica, gli atti con cui sono state compiute le operazioni straordinarie e in particolare aumento e riduzione di capitale, fusione e scissione, trasferimenti di azienda o di

(1) Inserisce il comma 4-*bis* nell'art. 16-*bis*, d.l. 18 ottobre 2012, n. 179, conv. in l. 17 dicembre 2012, n. 221.
(2) Sostituisce l'art. 147, d.p.r. 30 maggio 2002, n. 115.
(3) In *Leggi coll. IV, 4*.

rami di azienda. Ulteriori informazioni e documenti possono essere individuati con decreto non avente natura regolamentare del Ministero della giustizia, di concerto con il Ministero dello sviluppo economico.

3. L'Agenzia delle entrate trasmette alla cancelleria le dichiarazioni dei redditi concernenti i tre esercizi o anni precedenti, l'elenco degli atti sottoposti a imposta di registro e i debiti fiscali, indicando partitamente per questi ultimi interessi, sanzioni e gli anni in cui i debiti sono sorti. Con decreto del direttore generale della giustizia civile d'intesa con il direttore generale dell'Agenzia delle entrate possono essere individuati ulteriori documenti e informazioni.

4. L'Istituto nazionale di previdenza sociale trasmette alla cancelleria le informazioni relative ai debiti contributivi. Con decreto del direttore generale della giustizia civile d'intesa con il presidente del predetto Istituto possono essere individuati ulteriori documenti e informazioni.

5. Sino a quando non sono definiti dall'Agenzia per l'Italia digitale gli standard di comunicazione e le regole tecniche di cui all'art. 71 del d.lg. 7 marzo 2005, n. 82 (1), e, in ogni caso, quando l'amministrazione che gestisce la banca dati o il Ministero della giustizia non dispongono dei sistemi informatici per la cooperazione applicativa di cui al codice dell'amministrazione digitale, i dati, i documenti e le informazioni di cui al presente articolo sono acquisiti previa stipulazione, senza nuovi o maggiori oneri per la finanza pubblica, di una convenzione a titolo gratuito e senza nuovi o maggiori oneri per la finanza pubblica, finalizzata alla fruibilità informatica dei dati, sentito il Garante per la protezione dei dati personali.

6. Con le medesime modalità di cui al comma 1 sono altresì trasmesse alla cancelleria le ulteriori informazioni relative al debitore e rilevanti per la sussistenza dei requisiti eccedenti quelli di cui all'art. 2, comma 1, lett. *d*), detenute dalle altre pubbliche amministrazioni individuate dal Ministero della giustizia. Si applica il comma 5.

7. Le disposizioni del presente articolo acquistano efficacia a decorrere dal sessantesimo giorno successivo alla pubblicazione nella *Gazzetta Ufficiale* del provvedimento del responsabile dei sistemi informativi automatizzati del Ministero della giustizia, da adottarsi entro un anno dall'entrata in vigore del presente codice, attestante la piena funzionalità del collegamento telematico, anche a seguito della stipulazione delle convenzioni di cui al comma 5.

CAPO IV

Disposizioni in materia di diritto del lavoro

368. *Coordinamento con la disciplina del diritto del lavoro*. — 1. . . . . (*omissis*) (2).

2. All'art. 10 del d.lg. 4 marzo 2015, n. 23 (3), dopo le parole «comma 12» sono aggiunte le seguenti: «nonché di violazione delle procedure di cui all'art. 189, comma 6, del codice della crisi e dell'insolvenza».

3. . . . . (*omissis*) (4).

4. . . . . (*omissis*) (5).

CAPO V

Disposizioni di coordinamento in tema di liquidazione coatta amministrativa e in altre materie

369. *Norme di coordinamento con le disposizioni del d.lg. 1° settembre 1993, n. 385* (6). — 1. Al d.lg. 1° settembre 1993, n. 385 (6), sono apportate le seguenti modificazioni:

a) all'art. 39, comma 4, le parole «a revocatoria fallimentare» sono sostituite dalle seguenti «alla revocatoria di cui all'art. 166 del codice della crisi e dell'insolvenza» e le parole «L'art. 67 della legge fallimentare» sono sostituite dalle seguenti: «L'art. 166 del codice della crisi dell'insolvenza»;

b) all'art. 69-*septiesdecies*, le parole «agli artt. 64, 65, 66 e 67, 216, primo comma, n. 1) e terzo comma e 217 della legge fallimentare» sono sostituite dalle seguenti: «agli artt. 163, 164, 165, 166, 338, comma 1, lett. *a*) e comma 3, e 339 del codice della crisi e dell'insolvenza»;

c) all'art. 70, comma 7, le parole «il titolo IV della legge fallimentare e» sono soppresse;

(1) In *Leggi coll. IV, 4.*
(2) Modifica l'art. 5.3, l. 23 luglio 1991 n. 223.
(3) In *Leggi coll. XII, 6.*
(4) Modifica l'art. 24, l. 23 luglio 1991, n. 223.
(5) Modifica l'art. 47, l. 29 dicembre 1990, n. 428 e l'art. 11.3, d.l. 23 dicembre 2013, n. 145, conv. in l. 21 febbraio 2014, n. 9.
(6) In *Leggi coll. XVII, 1.*

d) all'art. 80, comma 6, le parole «della legge fallimentare» sono sostituite dalle seguenti: «del codice della crisi e dell'insolvenza»;

e) all'art. 82 sono apportate le seguenti modificazioni:

1) al comma 1, le parole «in cui essa ha la sede legale» sono sostituite dalle seguenti: «dove essa ha il centro degli interessi principali», le parole «dell'art. 195, commi primo, secondo periodo, terzo, quarto, quinto, sesto e ottavo della legge fallimentare» sono sostituite dalle seguenti: «dell'art. 296 del codice della crisi e dell'insolvenza»;

2) al comma 2, le parole «del luogo in cui la banca ha la sede legale» sono sostituite dalle seguenti: «del luogo in cui la banca ha il centro degli interessi principali», le parole «dell'art. 195, terzo, quarto, quinto e sesto comma della legge fallimentare» sono sostituite dalle seguenti: «dell'art. 297 del codice della crisi e dell'insolvenza»;

3) al comma 3, le parole «nell'art. 203 della legge fallimentare» sono sostituite dalle seguenti: «nell'art. 298 del codice della crisi e dell'insolvenza»;

f) all'art. 83 sono apportate le seguenti modificazioni:

1) al comma 2, le parole: «dagli artt. 42, 44, 45 e 66, nonché dalle disposizioni del titolo II, capo III, sezione II e sezione IV della legge fallimentare» sono sostituite dalle seguenti: «dagli artt. 142, 144, 145 e 165, nonché dalle disposizioni del titolo V, capo I, sezione III e V del codice della crisi e dell'insolvenza»;

2) al comma 3, le parole «del luogo dove la banca ha la sede legale» sono sostituite dalle seguenti: «del luogo in cui la banca ha il centro degli interessi principali»;

3) al comma 3-*bis*, le parole «all'art. 56, primo comma, della legge fallimentare» sono sostituite dalle seguenti: «all'art. 155, comma 1, del codice della crisi e dell'insolvenza»;

g) all'art. 86 sono apportate le seguenti modificazioni:

1) al comma 3, le parole «del luogo ove la banca ha la sede legale» sono sostituite dalle seguenti: «del luogo in cui la banca ha il centro degli interessi principali» e le parole «Si applica l'art. 31-*bis*, terzo comma, della legge fallimentare, intendendosi sostituito al curatore il commissario liquidatore» sono sostituite dalle seguenti: «In pendenza della procedura e per il periodo di due anni dalla chiusura della stessa, il commissario liquidatore è tenuto a conservare i messaggi di posta elettronica certificata inviati e ricevuti»;

2) al comma 7, le parole «del luogo ove la banca ha la sede legale» sono sostituite dalle seguenti: «del luogo in cui la banca ha il centro degli interessi principali»;

h) all'art. 87, al comma 2, le parole «del luogo ove la banca ha la sede legale» sono sostituite dalle seguenti: «del luogo in cui la banca ha il centro degli interessi principali» e le parole «l'art. 99, commi 2 e seguenti, della legge fallimentare» sono sostituite dalle seguenti: «l'art. 206, comma 2 e seguenti, del codice della crisi e dell'insolvenza»;

i) all'art. 91 sono apportate le seguenti modificazioni:

1) al primo periodo del primo comma, le parole «dall'art. 111 della legge fallimentare» sono sostituite dalle seguenti: «dall'art. 221 del codice della crisi e dell'insolvenza» e, al secondo periodo, le parole «nell'art. 111, comma primo, n. 1) della legge fallimentare» sono sostituite dalle seguenti: «nell'art. 221, comma 1, lett. *a*), del codice della crisi e dell'insolvenza»;

2) al comma 1-*bis*, le parole «dall'art. 111 della legge fallimentare» sono sostituite dalle seguenti: «dall'art. 221 del codice della crisi e dell'insolvenza»;

3) al comma 3, le parole «dell'art. 111, comma 1, n. 3) della legge fallimentare» sono sostituite dalle seguenti: «dall'art. 221, comma 1, lett. *c*) del codice della crisi e dell'insolvenza»;

l) all'art. 93 sono apportate le seguenti modificazioni:

1) al comma 1, le parole «del luogo dove l'impresa ha la sede legale» sono sostituite dalle seguenti: «del luogo dove l'impresa ha il centro degli interessi principali» e le parole «dell'art. 152, secondo comma, della legge fallimentare» sono sostituite dalle seguenti: «dell'art. 265, comma 2, del codice della crisi e dell'insolvenza»;

2) al comma 3, ultimo periodo, le parole «dall'art. 135 della legge fallimentare» sono sostituite dalle seguenti: «dall'art. 248 del codice della crisi e dell'insolvenza»;

3) al comma 6, le parole «l'art. 131 della legge fallimentare» sono sostituite dalle seguenti: «l'art. 247 del codice della crisi e dell'insolvenza»;

m) all'art. 94, comma 3, le parole «l'art. 215 della legge fallimentare» sono sostituite dalle seguenti: «l'art. 299 del codice della crisi e dell'insolvenza»;

n) all'art. 99, comma 5, le parole «67 della legge fallimentare», ovunque ricorrano, sono sostituite dalle seguenti: «166 del codice della crisi e dell'insolvenza»;

o) all'art. 104, comma 1, le parole «ha sede legale la capogruppo» sono sostituite dalle seguenti: «la capogruppo ha il centro degli interessi principali».

2. La disposizione di cui al comma 1, lett. *a*), si applica alle liquidazioni giudiziali aperte a seguito di domanda depositata o iniziativa comunque esercitata successivamente all'entrata in vigore del presente decreto.

3. La disposizione di cui al comma 1, lett. *b*), si applica agli accordi previsti dal capo 02-I del t.u. bancario (1) e alle prestazioni di sostegno finanziario in loro esecuzione, approvati successivamente all'entrata in vigore del presente decreto.

4. Le disposizioni di cui al comma 1, lett. *d*), *e*), *f*), *g*), *h*), *i*), *l*), *m*), *n*), e *o*), si applicano alle liquidazioni coatte amministrative disposte per effetto di domande depositate o iniziative comunque esercitate successivamente all'entrata in vigore del presente decreto.

370. *Norme di coordinamento con le disposizioni del d.lg. 7 settembre 2005, n. 209*. — 1. . . . . (*omissis*) (2).

371. *Norme di coordinamento con l'art. 16 delle disposizioni di attuazione del codice civile*. — 1. All'art. 16 delle disposizioni di attuazione del codice civile, le parole «201, 207, 208, 209, 210, 212 e 213 del r.d. 16 marzo 1942, n. 267» sono sostituite dalle seguenti: «304, 308, 309, 310, 311, 312 e 313 del codice della crisi e dell'insolvenza».

2. Il comma 1 si applica alle liquidazioni generali del patrimonio disposte per effetto di domande depositate o iniziative comunque esercitate successivamente all'entrata in vigore del presente decreto.

372. . . . . (*omissis*) (3).

CAPO VI

DISPOSIZIONI DI COORDINAMENTO DELLA DISCIPLINA PENALE

373. . . . . (*omissis*) (4).

CAPO VII

ABROGAZIONI

374. *Abrogazioni*. — 1. Il comma 43 dell'art. 23 del d.l. 6 luglio 2011, n. 98, convertito con modificazioni, dalla l. 15 luglio 2011, n. 111 è abrogato.

PARTE SECONDA

MODIFICHE AL CODICE CIVILE

375. *Assetti organizzativi dell'impresa*. — 1. . . . . (*omissis*) (5).

2. . . . . (*omissis*) (6).

376. *Crisi dell'impresa e rapporti di lavoro*. — 1. All'art. 2119 del codice civile, il secondo comma è sostituito dal seguente:

«Non costituisce giusta causa di risoluzione del contratto la liquidazione coatta amministrativa dell'impresa. Gli effetti della liquidazione giudiziale sui rapporti di lavoro sono regolati dal codice della crisi e dell'insolvenza».

377. *Assetti organizzativi societari*. — 1. (7).

2. . . . . (*omissis*) (8).

3. . . . . (*omissis*) (9).

4. . . . . (*omissis*) (10).

5. . . . . (*omissis*) (11).

378. *Responsabilità degli amministratori*. — 1. . . . . (*omissis*) (12).

2. . . . . (*omissis*) (13).

379. *Nomina degli organi di controllo*. — 1. . . . . (*omissis*) (14).

2. . . . . (*omissis*) (15).

3. Le società a responsabilità limitata e le società cooperative costituite alla data di entrata in vigore del presente articolo, quando ricorrono i requisiti di cui al comma 1, devono provvedere a nominare gli organi di controllo o il revisore e, se necessario, ad uniformare l'atto

(1) In *Leggi coll. XVII, 1*.
(2) Modifica gli artt. 238, 245, 248, 249, 254-258, 260, 262, 263, 265, 270, 276 e 281, d.lg 7 settembre 2005, n. 209, in *Leggi coll. VIII, 3*.
(3) Modifica gli artt. 48, 80 e 110, d.lg. 18 aprile 2016, n. 50.
(4) Modifica l'art. 104-*bis* att. p.p.
(5) Sostituisce la rubrica dell'art. 2086 c.
(6) Aggiunge un comma all'art. 2086 c.
(7) Sostituisce il primo comma dell'art. 2257 c.
(8) Sostituisce il primo comma dell'art. 2380-*bis* c.
(9) Sostituisce il primo periodo del primo comma dell'art. 2409-*novies* c.
(10) Sostituisce il primo comma dell'art. 2475 c.
(11) Aggiunge un comma all'art. 2475 c.
(12) Inserisce un comma nell'art. 2476 c.
(13) Aggiunge un comma all'art. 2486 c.
(14) Sostituisce i commi primo e secondo dell'art. 2477 c.
(15) Modifica il quinto comma dell'art. 2477 c. e aggiunge un sesto comma.

costitutivo e lo statuto alle disposizioni di cui al predetto comma entro nove mesi dalla predetta data. Fino alla scadenza del termine, le previgenti disposizioni dell'atto costitutivo e dello statuto conservano la loro efficacia anche se non sono conformi alle inderogabili disposizioni di cui al comma 1. Ai fini della prima applicazione delle disposizioni di cui all'art. 2477 del codice civile, commi secondo e terzo, come sostituiti dal comma 1, si ha riguardo ai due esercizi antecedenti la scadenza indicata nel primo periodo.

4. .... (*omissis*) (1).

380. *Cause di scioglimento delle società di capitali.* — 1. All'art. 2484, primo comma, del codice civile dopo il n. 7) è aggiunto il seguente: «7-*bis*) per l'apertura della procedura di liquidazione giudiziale e della liquidazione controllata».

381. *Disposizioni in materia di società cooperative ed enti mutualistici.* — 1. All'art. 2545-*terdecies*, primo comma, del codice civile, il secondo periodo è sostituito dal seguente:

«Le cooperative che svolgono attività commerciale sono soggette anche a liquidazione giudiziale».

2. All'art. 2545-*sexiesdecies*, primo comma, del codice civile, il primo periodo è sostituito dal seguente:

«Fuori dai casi di cui all'art. 2545-*septiesdecies*, in caso di irregolare funzionamento della società cooperativa, l'autorità di vigilanza può revocare gli amministratori e i sindaci, affidare la gestione della società a un commissario, determinando i poteri e la durata, al fine di sanare le irregolarità riscontrate e, nel caso di crisi o insolvenza, autorizzarlo a domandare la nomina del collegio o del commissario per la composizione assistita della crisi stessa o l'accesso a una delle procedure regolatrici previste nel codice della crisi e dell'insolvenza».

382. *Sostituzione dei termini fallito e fallimento.* — 1. All'art. 2288 del codice civile, il primo comma è sostituito dal seguente:

«È escluso di diritto il socio nei confronti del quale sia stata aperta o estesa la procedura di liquidazione giudiziale secondo il codice della crisi e dell'insolvenza».

2. All'art. 2308 del codice civile, il primo comma è sostituito dal seguente:

«La società si scioglie, oltre che per le cause indicate dall'art. 2272, per provvedimento dell'autorità governativa nei casi stabiliti dalla legge e per l'apertura della procedura di liquidazione giudiziale».

3. All'art. 2497 del codice civile, l'ultimo comma è sostituito dal seguente:

«Nel caso di liquidazione giudiziale, liquidazione coatta amministrativa e amministrazione straordinaria di società soggetta ad altrui direzione e coordinamento, l'azione spettante ai creditori di questa è esercitata dal curatore o dal commissario liquidatore o dal commissario straordinario».

383. *Finanziamenti dei soci.* — 1. All'art. 2467, primo comma, del codice civile sono soppresse le parole «e, se avvenuto nell'anno precedente la dichiarazione di fallimento della società, deve essere restituito».

384. *Abrogazioni di disposizioni del codice civile.* — 1. Dalla data dell'entrata in vigore del presente codice, l'art. 2221 del codice civile è abrogato.

PARTE TERZA

GARANZIE IN FAVORE DEGLI ACQUIRENTI DI IMMOBILI DA COSTRUIRE

385. .... (*omissis*) (2).
386. .... (*omissis*) (3).
387. .... (*omissis*) (4).
388. .... (*omissis*) (5).

PARTE QUARTA

DISPOSIZIONI FINALI E TRANSITORIE

389. *Entrata in vigore.* — 1. Il presente decreto entra in vigore decorsi diciotto mesi dalla data della sua pubblicazione nella *Gazzetta Ufficiale*, salvo quanto previsto al comma 2.

2. Gli artt. 27, comma 1, 350, 356, 357, 359, 363, 364, 366, 375, 377, 378, 379, 385, 386, 387 e 388 entrano in vigore il trentesimo giorno successivo alla pubblicazione nella *Gazzetta Ufficiale* del presente decreto.

3. Le disposizioni di cui agli artt. 3 e 4 del

(1) Modifica il primo comma dell'art. 92 disp. att. c.
(2) Modifica l'art. 3, d.lg. 20 giugno 2005, n. 122, in *Leggi coll. V, 2.*
(3) Modifica l'art. 4, d.lg. 20 giugno 2005, n. 122, in *Leggi coll. V, 2.*
(4) Aggiunge il comma 1-*ter* all'art. 5, d.lg. 20 giugno 2005, n. 122, in *Leggi coll. V, 2.*
(5) Modifica l'art. 6.1, d.lg. 20 giugno 2005, n. 122, in *Leggi coll. V, 2.*

d.lg. 20 giugno 2005, n. 122 (1), come modificati dagli artt. 385 e 386 del presente codice, si applicano anche nelle more dell'adozione dei decreti di cui agli artt. 3, comma 7-*bis*, e 4, comma 1-*bis*, del predetto decreto legislativo (1) e il contenuto della fideiussione e della polizza assicurativa è determinato dalle parti nel rispetto di quanto previsto dalle richiamate disposizioni.

390. *Disciplina transitoria*. — 1. I ricorsi per dichiarazione di fallimento e le proposte di concordato fallimentare, i ricorsi per l'omologazione degli accordi di ristrutturazione, per l'apertura del concordato preventivo, per l'accertamento dello stato di insolvenza delle imprese soggette a liquidazione coatta amministrativa e le domande di accesso alle procedure di composizione della crisi da sovraindebitamento depositati prima dell'entrata in vigore del presente decreto sono definiti secondo le disposizioni del r.d. 16 marzo 1942, n. 267 (2), nonché della l. 27 gennaio 2012, n. 3 (3).

2. Le procedure di fallimento e le altre procedure di cui al comma 1, pendenti alla data di entrata in vigore del presente decreto, nonché le procedure aperte a seguito della definizione dei ricorsi e delle domande di cui al medesimo comma sono definite secondo le disposizioni del r.d. 16 marzo 1942, n. 267 (2), nonché della l. 27 gennaio 2012, n. 3 (3).

3. Quando, in relazione alle procedure di cui ai commi 1 e 2, sono commessi i fatti puniti dalle disposizioni penali del titolo sesto del r.d. 16 marzo 1942, n. 267 (2), nonché della sezione terza del capo II della l. 27 gennaio 2012, n. 3 (3), ai medesimi fatti si applicano le predette disposizioni.

391. *Disposizioni finanziarie e finali*. — 1. Per l'attuazione delle disposizioni di cui al presente decreto legislativo si provvede nel limite delle risorse finanziarie, umane e strumentali disponibili a legislazione vigente, senza nuovi o maggiori oneri per la finanza pubblica.

2. L'attuazione delle disposizioni di cui all'art. 27 avviene nei limiti della dotazione organica del personale amministrativo e di magistratura.

(1) In *Leggi coll. V, 2.*
(2) In *Leggi coll. XXII, 1.*
(3) In *Leggi coll. XXII, 7.*

Provvedimento	Data	Articolo	Pag.

Provvedimento	Data	Articolo	Pag.

Provvedimento	Data	Articolo	Pag.

Provvedimento	Data	Articolo	Pag.

Provvedimento	Data	Articolo	Pag.

Provvedimento	Data	Articolo	Pag.

Provvedimento	Data	Articolo	Pag.

Provvedimento	Data	Articolo	Pag.

Provvedimento	Data	Articolo	Pag.

NOTIZIARIO ZANICHELLI

METTI IN AGENDA IL NUOVO CODICE DELLA CRISI D'IMPRESA E DELL'INSOLVENZA

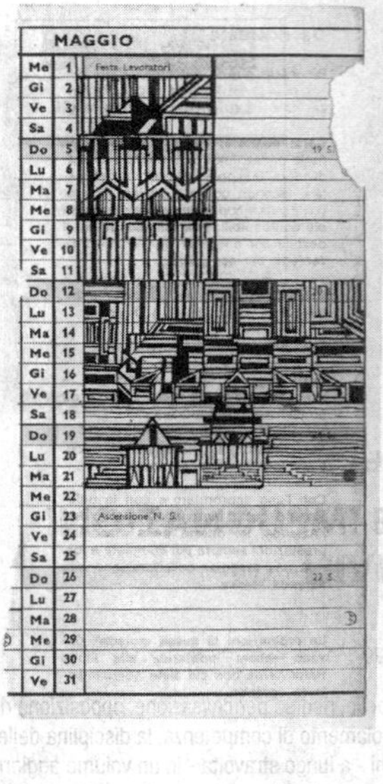

Strumenti del diritto

Il nuovo Codice della crisi di impresa e dell'insolvenza

a cura di Salvatore Sanzo e Diana Burroni

contributi di Diana Burroni, Marta Caprino, Isabella De Cesare, Riccardo Guarino, Loredana Lidonnici, Paolo Liedholm, Marco Losito, Antonio Martino, Silvia Monti, Alice Pini, Anna Porcari, Linda Rizzi, Salvatore Sanzo, Michele Marco Sardella, Matteo Uslenghi

ZANICHELLI EDITORE

Strumenti del diritto

La struttura finanziaria del concordato preventivo

prima e dopo il nuovo Codice della crisi d'impresa e dell'insolvenza

Massimo Fabiani

ZANICHELLI EDITORE

Strumenti del diritto

Il nuovo sovraindebitamento

dopo il Codice della crisi d'impresa e dell'insolvenza

Alberto Crivelli, Roberto Fontana, Salvo Leuzzi, Angelo Napolitano, Federico Rolfi

ZANICHELLI EDITORE

www.zanichelli.it

051/293283

da Mario Mazzola, *Non solo rogiti*, s.d., *munere amicitiae*